# 中国信托业年鉴 2018—2019（上卷）

ALMANAC OF CHINA'S TRUSTEE

中国信托业协会　编

中国金融出版社

责任编辑：贾　真
责任校对：孙　蕊
责任印制：程　颖

**图书在版编目(CIP)数据**

中国信托业年鉴．2018—2019：上下卷/中国信托业协会编．—北京：中国金融出版社，2019．12

ISBN 978－7－5220－0410－5

Ⅰ．①中…　Ⅱ．①中…　Ⅲ．①信托业—中国—2018—2019—年鉴　Ⅳ．①F832．49－54

中国版本图书馆CIP数据核字(2019)第275664号

中国信托业年鉴．2018—2019

Zhongguo Xintuoye Nianjian. 2018—2019

出版发行　中国金融出版社

社址　北京市丰台区益泽路2号

市场开发部　(010)63266347，63805472，63439533(传真)

网上书店　http://www.chinafph.com

(010)63286832，63365686(传真)

读者服务部　(010)66070833，62568380

邮编　100071

印刷　北京市松源印刷有限公司

尺寸　210毫米×285毫米

插页　40

印张　109.5

字数　4001千

版次　2019年12月第1版

印次　2019年12月第1次印刷

定价　780.00元(上、下卷)

ISBN 978－7－5220－0410－5

如出现印装错误本社负责调换　联系电话(010)63263947

2018年11月1日，中国银保监会副主席黄洪、信托部主任赖秀福一行莅临重庆信托调研。

2018年9月7日，原中国证监会主席肖刚莅临华能信托调研资产证券化业务。

2018年8月15日，江西省委副书记、代省长易炼红莅临中航信托调研指导。

2018年7月28日，南京市市长蓝绍敏一行到访平安信托。

2018年4月27日，时任中国银保监会信托部主任邓智毅一行莅临爱建信托调研指导。

2018年1月16日，国家发展和改革委财政金融司陈洪宛司长一行莅临外贸信托调研。

2018年11月8日，时任北京市东城区区委书记张家明一行莅临国民信托走访调研。

2018年11月27日，上海市黄浦区区委书记杲云一行莅临爱建信托开展民营企业走访调研。

2018年4月25日，重庆市妇联主席万相兰一行莅临重庆信托调研。

2018年5月4日，武汉市副市长李有祥莅临国通信托调研。

2018年3月16日，天津东疆保税港区管委会主任沈蕾一行莅临中国民生信托交流。

2018年10月25日，上海银保监局筹备组成员蔡莹一行莅临华澳信托调研指导工作。

2018年3月26日，原广东银监局副局长张坚红一行莅临粤财信托调研。

2018年3月21日，原青海银监局副局长高家宁莅临五矿信托开展案防督导检查工作。

2018年4月27日，原深圳银监局副局长胡艳超莅临华润信托调研。

2018年8月8日，原宁波银监局副局长严斌莅临昆仑信托调研指导工作。

2018年11月12日，福建银保监局筹备组副巡视员陈怡一行莅临兴业信托调研指导工作。

2018年11月16日，北京市东城区区委副书记、区政协党组书记、主席宋铁健一行莅临中国民生信托指导座谈。

2018年7月27日，上海市杨浦区副区长赵亮莅临安信信托调研。

2018年8月30日，成都市锦江区区长王乾一行莅临四川信托交流座谈。

2018年2月13日，厦门市财政局局长黄珠龙莅临厦门国际信托指导工作。

2018年9月11日，天津市国资委副巡视员王世良莅临天津信托调研。

2018年5月22日，廊坊市委常委、三河市委书记韩占山莅临安信信托调研。

2018年6月15日，原湖北银监局非银处处长潘典洲莅临国通信托调研。

2018年6月19日，深圳市福田区副区长何杰莅临华润信托调研。

2018年3月9日，人民银行成都分行反洗钱处副处长赵影一行莅临四川信托调研座谈。

2018年9月26日，西安市碑林区税务局朱雀分局到长安信托开展送税收政策活动。

2018年2月1日，中国信托业协会举办“信托公司IT系统建设与发展”主题沙龙活动。

2018年3月6日，中国信托业协会召开三届十九次常务理事会现场会议。

2018年4月19日，中国信托业协会举办“慈善信托与脱贫攻坚”主题沙龙活动。

2018年4月19日，中国信托业协会召开财税小组第一次会议。

2018年5月6日，中国信托业协会举办“资管新规政策解读专题培训”。

2018年6月28日，中国信托业协会举办“金融开放：信托公司如何作为”主题沙龙活动。

2018年7月9日，中国信托业协会、江西财经大学、中航信托联合筹备的“信托理论与实务”特色课程在江西财经大学开班。

2018年8月2日，中国信托业协会举办“防范化解金融风险：信托公司与不良资产处置”主题沙龙。

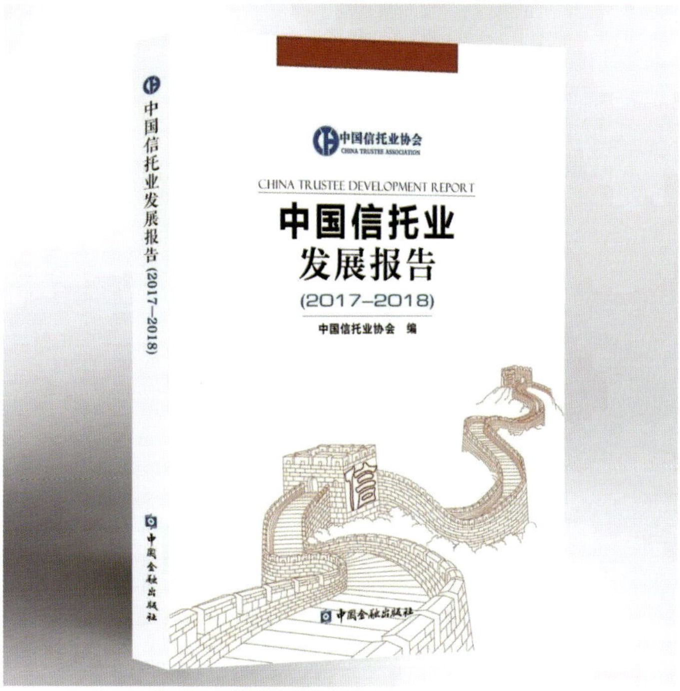


2018年8月17日，中国信托业协会发布《中国信托业发展报告（2017—2018）》。

2018年9月13—14日，中国信托业协会召开协会会员单位联络员第九次会议。

2018年9月19日，中国信托业协会举办“信托公司内部控制管理实务专题培训”。

2018年9月21日，中国信托业协会与上海市律师协会联合举办“资产管理案件与裁决”研讨会。

2018年9月27日，中国信托业协会发布《中国信托业2017年度社会责任报告》。

2018年10月18日，中国信托业协会举办《信托公司受托责任尽职指引》解读专题培训。

2018年10月22日，中国信托业协会举办2018年信托业高层管理研修班。

2018年11月10日，中国信托业协会以“践行诚信 行稳致远”为主题举办2018年度投资者教育活动。

2018年11月21日，中国信托业协会举办“信托公司财富管理业务发展”主题沙龙活动。

2018年12月25—26日，中国信托业协会召开2018年信托业年会暨协会四届一次会员大会现场会议。

2018年12月26日，中国信托业协会召开二届一次监事会现场会议。

2018年12月26日，中国信托业协会召开四届一次理事会现场会议。

2018年12月，中国信托业协会发布《中国信托业年鉴（2017—2018）》。

2018年1月9日，四川信托荣获四川省慈善总会授予的2017年度爱心捐赠单位。

2018年1月13日，东莞信托举办第四届“与爱同行”公益徒步活动。

2018年1月15日，平安信托开展“行善最乐 与爱同行”2018慈善行活动。

2018年1月17日，国元信托开展“不忘初心　牢记使命”主题实践教育活动。

2018年1月22日，昆仑信托荣获宁波市鄞州区授予的“大力神鼎奖”。

2018年2月5日，中融信托赴新疆开展助学捐赠活动。

2018年2月6日，万向信托与多家机构共同举办“与水对话——千岛湖水基金启动仪式”。

2018年2月7日，新时代信托党支部与社区开展党建捐赠活动。

2018年2月8日，陕国投团委组织青年志愿者前往陕西回归儿童救助中心举办爱心沙龙活动。

2018年3月8日，长安信托举行“庆三八 护权益”送金融知识进社区活动。

2018年3月9日，长安信托董事长一行前往患病员工家中慰问。

2018年3月10日，渤海信托组织开展“传承革命精神 凝聚发展力量”红色主题教育活动。

2018年3月14日，厦门国际信托到何厝社区老年活动中心开展“3·15金融消费者权益日”活动。

2018年3月15日，四川信托开展系列消费者权益日宣传活动。

2018年3月15日，新时代信托组织开展“3·15”维护金融消费者权益宣传活动。

2018年3月16日，“国投泰康信托·2018甘肃临洮产业扶贫慈善信托”在甘肃省临洮县正式签约。

2018年3月16日，中航信托与中扶贫成立临洮百合百家慈善信托。

2018年3月20日，国元信托组织员工参加无偿献血活动。

2018年3月21日，渤海信托与到访的粤财信托一行进行会谈交流。

2018年4月2日，华宝信托荣获浦东新区人民政府授予的2017年度“浦东新区金融业突出贡献奖”。

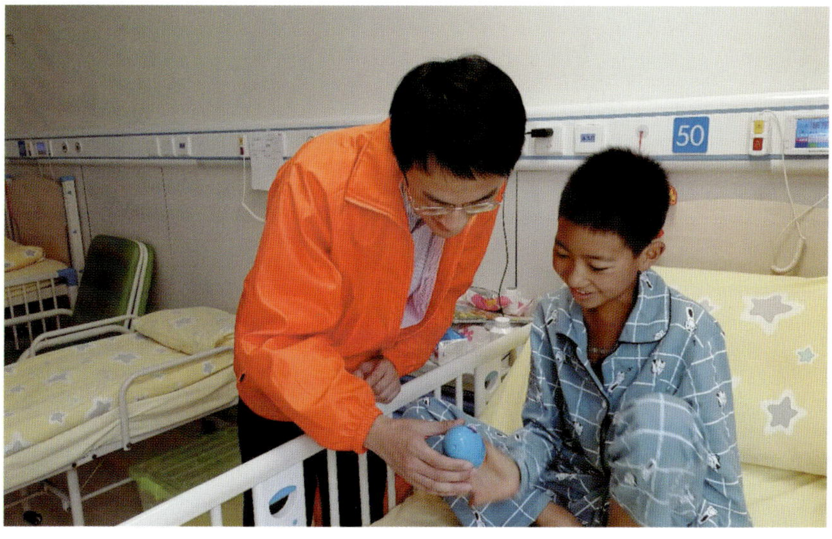

2018年4月2日，紫金信托成立的“紫金·厚德”慈善信托救助少数民族先心病患儿。

2018年4月9日，百瑞信托组织参观河南省廉政文化教育馆。

2018年4月11日，陆家嘴信托联合股东单位陆金发启动精准帮困慈善项目。

2018年4月11日，信托业保障基金公司党委委员、纪委书记徐立军莅临华润信托调研。

2018年4月13日，百瑞信托赴荥阳汜水中心小学开展爱心助学捐赠活动。

2018年4月15日，国通信托走访黄陂贫困家庭。

2018年4月16日，西藏信托向延安市延长县爱心公益协会捐赠教学设备。

2018年4月17日，北方信托党委分管领导到武清区王庆坨镇蔡家地村、四合庄村开展帮扶捐赠工作。

2018年4月20日，华融信托开展“种下一片绿　美化一座城”义务植树活动。

2018年4月21日，2018中航信托善行者公益徒步活动在成都开展。

2018年4月22日，西藏信托开展“不忘初心、牢记使命，团结进取在路上”党群教育拓展活动。

2018年4月26日，上海信托开展“学习十九大　重走一大路”学习教育活动。

2018年4月26日，湖南信托“湘信财富　成就所托”品牌开放日在财信大厦五楼锦绣厅举行。

2018年4月27日，北方信托驻武清区王庆坨镇蔡家地村驻村帮扶组在村大队部与村两委研究帮扶工作。

2018年4月27日，中信信托帮扶钟山区捐赠仪式在六盘水市钟山区会展中心举行。

2018年4月27日，紫金信托党员赴南京抗日航空烈士纪念馆，开展“铭记历史　缅怀先烈”为主题的爱国主义教育活动。

2018年4月，中信信托正式设立“西山区扶贫帮困助学公益项目”。

2018年5月4日，华鑫信托组织开展“青年大学习——新时代、新青年、新使命”五四团日教育活动。

2018年5月4日，江苏信托组织青年员工开展无偿献血活动。

2018年5月4日，新华信托组织青年员工开展“弘扬五四精神、展现青春风采”五四青年节系列活动。

2018年5月4日，英大信托举办金融知识进校园活动。

2018年5月8日，建信信托与安康市慈善协会签署定向扶贫捐赠协议。

2018年5月8日，中原信托组织干部职工参加无偿献血活动。

2018年5月11—12日，厦门国际信托组织到古田会址开展“不忘初心　牢记使命”党员培训活动。

2018年5月17日，中国信登总裁张荣芳一行莅临重庆信托调研。

2018年5月21日，中国PPP基金公司监事会主席邹再华一行莅临湖南信托调研。

2018年5月22日，浙金信托开展公益献爱心活动。

2018年5月25日，新华信托开展学习“贯彻十九大精神，加强廉政建设”系列专题培训。

2018年5月28日，五矿信托组织到廉政教育基地参观，开展反腐倡廉教育活动。

2018年5月30日，杭工商信托党工团代表前往湖山乡中心小学开展“六一微心愿”活动。

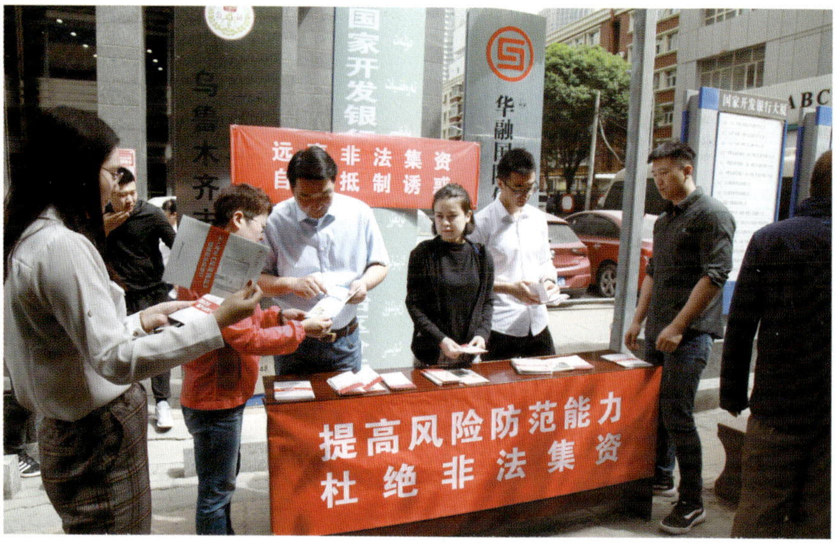


2018年5月30日，华融信托开展防范非法集资宣传活动。

2018年5月30日，吉林信托开展党员教育活动，组织参观一大会址。

2018年5月，中铁信托向金川县安宁镇、撒瓦脚乡等贫困乡捐赠电脑。

2018年6月1日，中国信登总裁张荣芳一行莅临中融信托调研交流。

2018年6月8日，浙金信托开展“弘扬红船精神 牢记初心使命”主题党日活动。

2018年6月8日，中海信托开展“蔚蓝力量”志愿者海洋日活动。

2018年6月11日，中国农业银行吉林省分行行长一行到访吉林信托调研座谈。

2018年6月11日，信托业保障基金公司到访中信信托调研交流。

2018年6月13日，渤海信托开展防范和打击非法集资宣传活动。

2018年6月14日，长城新盛信托组织全体员工开展监管新政暨党风廉政知识竞赛。

2018年6月14日，国元信托开展“一对一”爱心帮扶活动。

2018年6月20日，厦门国际信托再次捐助厦门慈善总会“雨露育青苗”结对帮扶孤困儿童项目。

2018年6月20日，中国民生银行副行长李彬一行莅临中原信托走访调研。

2018年6月21日，陕国投党委组织党员赴延安学习梁家河精神。

2018年6月23日，江苏信托组织全体党员开展“踏寻先辈足迹，弘扬民族精神”革命传统教育活动。

2018年6月26日，重庆信托开展“庆七一、强党性”活动。

2018年6月26日，陆家嘴信托承办《伟大的开端》党史图片展。

2018年6月27日，华鑫信托组织党员、团员和青年代表参观学习“真理的力量——纪念马克思诞辰200周年主题展览”。

2018年6月27日，万向信托作为受托人的“鲁冠球三农扶志基金”慈善信托签署仪式在杭州举行。

2018年6月28日，华宸信托开展“远离非法集资，依法维护自身权益”宣传活动。

2018年6月28日，交银国际信托组织党员干部参观陈云故居，接受爱国主义和党性教育。

2018年6月28日，中国民生信托的精准扶贫慈善信托产品在甘肃正式签约。

2018年6月29日，华宸信托开展“七一”主题党日活动。

2018年6月29日，金谷信托组织开展纪念建党九十七周年党日活动。

2018年6月29日，中江信托普及金融知识守住“钱袋子”活动走进南新乡程湖村。

2018年6月30日，长安信托党支部开展“追寻红色记忆，传承太行精神”暨建党97周年纪念主题活动。

2018年6月30日，新时代信托参加人民银行包头中心支行举办的“守住钱袋子”主题宣传活动。

2018年7月3日，英大信托举办消费者权益保护活动。

2018年7月4日，大业信托党支部举行重温入党誓词主题活动。

2018年7月4日，厦门国际信托获厦门市思明区“纳税特大户”荣誉。

2018年7月5日，国元信托开展纪念建党97周年主题党日活动。

2018年7月8日，华能信托党支部于瓮安参观猴场会议会址。

2018年7月11日，新华信托举行“华恩5号·西藏民族教育扶贫慈善信托”捐赠仪式。

2018年7月13日，北京信托组织团队赴延庆区开展“信托走进延庆”宣讲农村产权交易及信托业务培训。

2018年7月16日，中诚信托携手中国发展研究基金会开展首届爱心公益跑活动。

2018年7月20日，国通信托赴红安参观革命教育基地。

2018年7月20日，中航信托启动企业文化价值观升级项目。

2018年7月23日，中航信托在定点帮扶贫困区永新县曲白乡浆坑村黄桃基地举行开园仪式。

2018年7月24日，山东信托积极组织员工参加无偿献血活动。

2018年7月27日，上海信托举办“冲刺一百天　建功进博会”突击队授旗仪式。

2018年7月28日，云南信托举办以“扬理想之帆，补精神之钙”为主题的习近平新时代中国特色社会主义思想三十讲专题培训。

2018年7月30日，香港国际青年法律交流联会会长范凯杰到昆仑信托访问。

2018年8月2日，长城新盛信托组织全体员工前往革命圣地西柏坡开展主题教育活动。

2018年8月8日，山西信托赴青家墕进行扶贫回访活动。

2018年8月9日，中粮信托开展消费者保护宣传教育活动。

2018年8月10日，国投泰康信托开展网络支付安全宣传活动。

2018年8月11日，华润信托开展"润物耕心·为梦添彩"井冈山华润希望小镇夏令营活动。

2018年8月17日，国投泰康信托组织部分党员赴延安开展主题教育活动。

2018年8月17日，中建投信托在贵州毕节组织开展“银信封”计划公益活动。

2018年8月18日，五矿信托于黄河源区开展水资源考察及保护活动。

2018年8月20日，华宸信托扶贫工作队员走访贫困户。

2018年8月20日，吉林信托组织党员参观南湖革命纪念馆。

2018年8月20日，江苏信托组织党员赴西柏坡开展党史教育活动。

2018年8月24日，陕国投董事长薛季民前往定点帮扶村走访贫困户。

2018年8月24日，新华信托开展青少年金融知识宣传活动。

2018年8月28日，中建投信托首单慈善信托产品“中建投信托·银信封慈善信托1号”成立。

2018年8月28日，中信信托受托设立最大规模个人委托慈善信托——中信信托·农银2018玉爱慈善信托。

2018年8月30日，北京信托举办“基层党支部书记学习习近平新时代中国特色社会主义思想和党的十九大精神培训班”。

2018年8月31日，重庆信托举行“春蕾圆梦慈善信托”2018年助学捐赠仪式。

2018年9月1日，山东信托“彬彬慈善信托”首笔“彬彬奖学金”在云南省永仁县定向援助学校发放。

2018年9月3日，粤财信托开展金融知识进校园活动。

2018年9月4日，交银国际信托党委书记童学卫带队赴上海信托开展学习交流。

2018年9月10日，安信信托与内蒙古乌兰察布教育局签约开展“草原相信明天”精准扶贫项目。

2018年9月10日，中航信托举行中国数字资产（信托）管理研究院暨数字资产D19交流平台成立揭牌仪式。

2018年9月11日，长安信托参加内蒙古乌兰察布定点扶贫慈善信托意向书签约仪式。

2018年9月11日，华宸信托在脱贫攻坚工作座谈会上与察右后旗签约。

2018年9月11日，上海信托开展“学习十九大　重走一大路”内蒙古两旗教育扶贫活动。

2018年9月12日，由中诚信托、阿拉善生态基金会共同担任受托人的“中城银信·阿拉善生态保护慈善信托”正式签约。

2018年9月12日，光大兴陇信托参加由甘肃银监局举办的金融知识进万家消保宣传活动。

2018年9月13日，百瑞信托举办百瑞安鑫·信托金融理论研究集合资金信托计划受益人大会暨《信托金融学》专题研讨会。

2018年9月13日，国投泰康信托荣获民政部颁发的中华慈善奖。

2018年9月14日，华能信托到猴场镇大河村开展扶贫捐赠活动。

2018年9月14日，平安信托开展“金融知识进万家”活动。

2018年9月15日，渤海信托组织开展“保护青山绿水　守卫绿色地球”公益活动。

2018年9月16日，西藏信托设立慈善信托帮扶藏区贫困乡村提高农业生产力。

2018年9月19日，国联信托组织开展“金融知识进校园”活动。

2018年9月20日，四川信托在康定举办2018年“两个计划”扶贫助学仪式。

2018年9月20日，重庆信托开展“金融知识进万家”消费者宣传教育活动。

2018年9月20日，国民信托开展“贴近百姓生活 拉近群众距离”消费者权益保护知识宣传进公园活动。

2018年9月20日，紫金信托志愿者团队与南京市慈善总会共同前往高淳区社会福利院开展献爱心活动。

2018年9月21日，厦门国际信托“临夏希望之旅”慈善爱心团向积石山福利院献爱心。

2018年9月25日，国民信托开展“金融消费者权益保护知识宣传”进社区活动。

2018年9月25日，中江信托“金融知识普及月”活动走进江西财经大学麦庐园校区。

2018年9月27日，北京信托向“一企一村”结对帮扶村（延庆区四海镇郭家湾村）开展定向捐赠活动。

2018年9月27日，西部信托到陕西省渭南市白水县北塬镇杨武村开展图书捐赠活动。

2018年9月27日，华宸信托组织参观廉政教育展览。

2018年9月，云南信托开展“金融知识进万家”宣传普及活动。

2018年9月，云南信托开展“大爱星火之植树造林公益活动”。

2018年9月，金谷信托开展“金融知识普及月　金融知识进万家”宣传活动。

2018年10月11日，外贸信托研究院与京东金融研究院在北京联合发布由双方共同撰写的《共建智能化财富管理生态圈——财富管理与金融科技的融合创新》。

2018年10月15日，杭工商信托党员代表前往富阳场口镇青江村开展基层送服务活动。

2018年10月19日，长安信托作为受托人的中国信登·长安慈·定点扶贫慈善信托顺利签约。

2018年10月19日，华宝信托举办成立20周年老领导座谈会。

2018年10月26日，中国信登党委书记、董事长文海兴一行到西部信托调研交流。

2018年10月27日，西藏信托开展“四讲四爱”企业文化拓展活动。

2018年10月30日，捷信集团亚洲区融资负责人Patrick Sciarrone一行莅临湖南信托开展业务交流。

2018年10月31日，渤海信托首单慈善性质信托项目“新四军华中卫校助学事务信托”正式落地。

2018年11月1日，天津信托成功协办“京津冀慈善信托发展研讨会”。

2018年11月1日，中国信登总裁张荣芳一行莅临交银国际信托调研交流。

2018年11月2日，昆仑信托组织开展“一米公益行”活动。

2018年11月2日，中国信登总裁张荣芳一行莅临陆家嘴信托调研座谈。

2018年11月5日，东莞信托全体党员前往广东省反腐倡廉教育基地学习。

2018年11月9日，民建上海市委与爱建信托在爱建金融大厦举行“爱建梦想专项基金”捐赠仪式。

2018年11月9日，中诚信托支持内蒙古扶贫慈善信托正式签约落地。

2018年11月15日，中国信托业协会秘书长陈艳梅一行到访长安信托。

2018年11月16日，大业信托组织员工前往深圳参观“大潮起珠江——广东改革开放40周年展览”。

2018年11月16日，华澳信托上海信托业务管理总部代表公司参加乌兰布生态公益林冬季植树活动。

2018年11月19日，苏州信托举办苏州市残联·苏州信托爱心捐赠签约揭牌活动。

2018年11月21日，中铁信托与西南财经大学举办大学生就业实习基地揭牌仪式。

2018年11月27日，北京信托组织200余名党员群众参观“伟大的变革——庆祝改革开放40周年大型展览”。

2018年11月27日，华澳信托党总支组织委员、副总裁陈鸣带队参加陆家嘴金融城主题党日活动。

2018年11月28日，中国信托业协会党委书记、专职副会长（常务）漆艰明一行赴广东粤财信托就信托公司服务民营企业情况进行调研。

2018年11月30日，紫金信托党总支副书记伍兵一行对结对帮扶的低收入困难群众进行走访慰问。

2018年12月4日，中国信登党委书记、董事长文海兴一行莅临中原信托走访调研。

2018年12月5日，英大信托人资部和产品研发中心联合党支部赴呼伦贝尔市开展脱贫攻坚工作。

2018年12月6日，中融信托组织投资者参观教育专区。

2018年12月7日，陆家嘴信托赴社区街道开展普及金融安全知识活动。

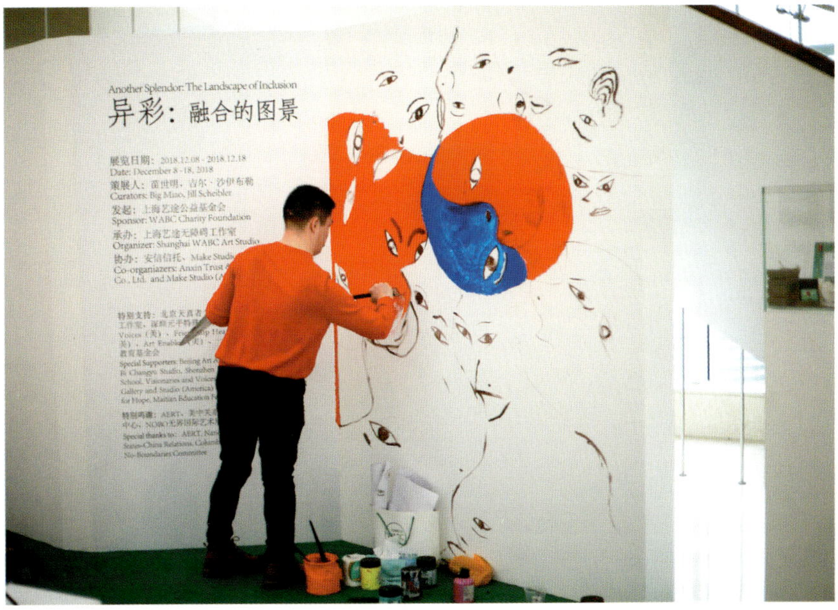


2018年12月8日，安信信托承办WABC精智障碍人群艺术大展。

2018年12月12日，昆仑信托开展宪法宣传周活动。

2018年12月13日，山西信托党委组织开展"送温暖、献爱心"捐助活动。

2018年12月17日，昆仑信托组织参观“伟大的变革——庆祝改革开放40周年大型展览”。

2018年12月18日，四川信托捐款20万元助力炉霍扶贫攻坚。

2018年12月19日，中原信托开展爱心捐赠公益活动。

2018年12月20日，紫金信托冠名赞助的“南京长江大桥开通50周年绿色骑行活动”顺利举行。

2018年12月24日，杭工商信托组织开展“改革传承四十载　扶贫帮困万里行”公益健步走活动。

2018年12月25日，交银国际信托赴湖北省恩施州咸丰县黄金洞乡黄家村开展“冬日暖阳”帮闲助学活动。

2018年12月25日，英大信托组织参观“伟大的变革——庆祝改革开放40周年大型展览”。

2018年12月26日，云南信托向云甲厂村医务室扩建工程捐赠专项扶贫资金18万元。

2018年12月26日，中粮信托开展公益植树活动。

2018年12月26日，中泰信托第四年组织公司员工参加纯山教育基金会的“鞋盒礼物”公益项目，为乡村儿童准备新年礼物。

2018年12月27日，山西信托赴大同市广灵县香炉台小学开展捐赠活动。

2018年12月29日，重庆信托举行“免除民企逾40亿担保债权”签约仪式。

2018年12月29日，金谷信托第一党支部组织为青海省海东市乐都区城台乡城子村儿童捐赠图书。

2018年12月，北大方正集团党委书记、董事长生玉海一行到访中信信托洽谈企业深化合作。

# 目　录
CONTENTS

## 上　卷


**重要文献与政策法规** …… 1

**重要文献** …… 3

2018 年信托业监管工作综述

中国银保监会信托部 …… 3

**政策法规** …… 8

信托公司受托责任尽职指引

（2018 年 9 月 19 日发布实施） …… 8

中国信托登记有限责任公司信托登记管理细则

（自 2018 年 8 月 7 日起施行） …… 19

中国人民银行关于进一步做好受益所有人身份识别工作有关问题的通知

（银发［2018］164 号） …… 24

关于进一步明确规范金融机构资产管理业务指导意见有关事项的通知 …… 28

中国人民银行　中国银行保险监督管理委员会　中国证券监督管理委员会　国家外汇管理局

关于规范金融机构资产管理业务的指导意见

（银发［2018］106 号） …… 30

中国银监会关于进一步深化整治银行业市场乱象的通知

（银监发［2018］4 号） …… 42

商业银行股权管理暂行办法

（中国银行业监督管理委员会令 2018 年第 1 号自 2018 年 1 月 5 日起施行） …… 52

**公司发展与创新** …… 61

中航信托股份有限公司 …… 63

英大国际信托有限责任公司 …… 67

华能贵诚信托有限公司 …… 71

华润深国投信托有限公司 …… 75

平安信托有限责任公司 …… 80

上海国际信托有限公司 …… 85

中国对外经济贸易信托有限公司 …… 90

中融国际信托有限公司 …… 94

中信信托有限责任公司 …… 97

安徽国元信托有限责任公司 …… 102

安信信托股份有限公司 …… 106

北京国际信托有限公司 …… 111

长安国际信托股份有限公司 …… 117

重庆国际信托股份有限公司 …… 122

国投泰康信托有限公司 …… 126

华宝信托有限责任公司 …… 130

华融国际信托有限责任公司 …… 134

建信信托有限责任公司 …… 138

江苏省国际信托有限责任公司 …… 143

交银国际信托有限公司 …… 147

山东省国际信托股份有限公司 …… 151

四川信托有限公司 …… 155

苏州信托有限公司 …… 160

五矿国际信托有限公司 …… 164

兴业国际信托有限公司 …… 169

中诚信托有限责任公司 …… 173

中海信托股份有限公司 …… 177

百瑞信托有限责任公司 …… 180

陕西省国际信托股份有限公司 …… 184

云南国际信托有限公司 …… 188

中铁信托有限责任公司 …… 194
北方国际信托股份有限公司 …… 199
渤海国际信托股份有限公司 …… 203
长城新盛信托有限责任公司 …… 208
大业信托有限责任公司 …… 212
东莞信托有限公司 …… 215
光大兴陇信托有限责任公司 …… 220
广东粤财信托有限公司 …… 224
国联信托股份有限公司 …… 229
国民信托有限公司 …… 234
国通信托有限责任公司 …… 238
杭州工商信托股份有限公司 …… 241
湖南省信托有限责任公司 …… 246
华澳国际信托有限公司 …… 251
华宸信托有限责任公司 …… 255
华鑫国际信托有限公司 …… 259
华信信托股份有限公司 …… 263
吉林省信托有限责任公司 …… 267
昆仑信托有限责任公司 …… 272
陆家嘴国际信托有限公司 …… 275
山西信托股份有限公司 …… 279
上海爱建信托有限责任公司 …… 284
天津信托有限责任公司 …… 290
万向信托股份公司 …… 293
西部信托有限公司 …… 298
西藏信托有限公司 …… 303
厦门国际信托有限公司 …… 311
新华信托股份有限公司 …… 314
新时代信托股份有限公司 …… 317
浙商金汇信托股份有限公司 …… 321
中国金谷国际信托有限责任公司 …… 325
中国民生信托有限公司 …… 329

中建投信托股份有限公司 …… 333
中江国际信托股份有限公司 …… 337
中粮信托有限责任公司 …… 340
中泰信托有限责任公司 …… 344
中原信托有限公司 …… 348
紫金信托有限责任公司 …… 353

## 协会发展与成效 …… 359

### 第一部分　信托行业季度评析 …… 361

2018 年第一季度中国信托业发展评析
中国信托业协会特约研究员　周　萍 …… 361
从高速增长向高质量发展转变——2018 年第二季度中国信托业发展评析
中国信托业协会特约研究员　和晋予 …… 369
2018 年第三季度中国信托业发展评析
中国信托业协会特约研究员　王玉国 …… 390
2018 年中国信托业发展评析
复旦大学信托研究中心主任　殷醒民 …… 403

### 第二部分　中国信托业协会 2018 年工作总结和 2019 年工作计划 …… 416

中国信托业协会 2018 年工作总结 …… 416
中国信托业协会 2019 年工作计划 …… 420

## 大事记 …… 423

# 下　卷

**2018 年度中国信托公司信息披露分析报告** ······ 445

**2018 年度各公司年度报告** ······ 641

安徽国元信托有限责任公司 ······ 643
安信信托股份有限公司 ······ 663
百瑞信托有限责任公司 ······ 671
北方国际信托股份有限公司 ······ 695
北京国际信托有限公司 ······ 711
渤海国际信托股份有限公司 ······ 739
长安国际信托股份有限公司 ······ 757
长城新盛信托有限责任公司 ······ 772
重庆国际信托股份有限公司 ······ 787
大业信托有限责任公司 ······ 804
东莞信托有限公司 ······ 816
光大兴陇信托有限责任公司 ······ 829
广东粤财信托有限公司 ······ 847
国联信托股份有限公司 ······ 860
国民信托有限公司 ······ 875
国通信托有限责任公司 ······ 886
国投泰康信托有限公司 ······ 899
杭州工商信托股份有限公司 ······ 920
湖南省信托有限责任公司 ······ 935
华澳国际信托有限公司 ······ 957
华宝信托有限责任公司 ······ 973
华宸信托有限责任公司 ······ 996
华能贵诚信托有限公司 ······ 1008
华融国际信托有限责任公司 ······ 1018
华润深国投信托有限公司 ······ 1034

华鑫国际信托有限公司 …… 1055
华信信托股份有限公司 …… 1067
吉林省信托有限责任公司 …… 1077
建信信托有限责任公司 …… 1096
江苏省国际信托有限责任公司 …… 1109
交银国际信托有限公司 …… 1121
昆仑信托有限责任公司 …… 1134
陆家嘴国际信托有限公司 …… 1146
平安信托有限责任公司 …… 1171
山东省国际信托股份有限公司 …… 1192
山西信托股份有限公司 …… 1208
陕西省国际信托股份有限公司 …… 1221
上海爱建信托有限责任公司 …… 1229
上海国际信托有限公司 …… 1252
四川信托有限公司 …… 1270
苏州信托有限公司 …… 1286
天津信托有限责任公司 …… 1312
万向信托股份公司 …… 1332
五矿国际信托有限公司 …… 1348
西部信托有限公司 …… 1365
西藏信托有限公司 …… 1381
厦门国际信托有限公司 …… 1398
新华信托股份有限公司 …… 1420
新时代信托股份有限公司 …… 1432
兴业国际信托有限公司 …… 1447
英大国际信托有限责任公司 …… 1463
云南国际信托有限公司 …… 1479
浙商金汇信托股份有限公司 …… 1497
中诚信托有限责任公司 …… 1509
中国对外经济贸易信托有限公司 …… 1526
中国金谷国际信托有限责任公司 …… 1542
中国民生信托有限公司 …… 1557

中海信托股份有限公司 …… 1578
中航信托股份有限公司 …… 1594
中建投信托股份有限公司 …… 1604
中江国际信托股份有限公司 …… 1620
中粮信托有限责任公司 …… 1636
中融国际信托有限公司 …… 1657
中泰信托有限责任公司 …… 1670
中铁信托有限责任公司 …… 1685
中信信托有限责任公司 …… 1700
中原信托有限公司 …… 1714
紫金信托有限责任公司 …… 1726

# 重要文献与政策法规

# 重 要 文 献

## 2018年信托业监管工作综述

中国银保监会信托部

2018年，银保监会坚决贯彻落实党中央、国务院各项决策部署以及国务院领导同志关于信托业监管的重要批示精神，坚持稳中求进工作总基调，坚持规范发展与防范风险相结合，推动信托业加快回归本源发展，增强服务实体经济能力，各项工作取得积极成效。

### 一、行业发展情况

#### （一）市场乱象治理初见成效，信托通道规模显著下降

一是通道业务明显减少。截至2018年末，全行业受托管理信托资产余额为22.70万亿元，较年初减少3.54万亿元，同比下降13.50%，其中绝大部分是各类金融机构利用信托工具进行监管套利、隐匿风险的通道业务，行业粗放式增长势头得到初步遏制。二是同业合作更加规范。截至2018年末，银信类业务实收信托余额为9.98万亿元，较年初减少2.24万亿元。以银信类为主的金融同业合作日益规范，多层嵌套、资金空转现象明显减少。三是盈利水平保持稳定。2018年，全行业实现营业收入1140.63亿元，同比下降4.20%，其中信托业务收入781.75亿元，同比下降2.91%；实现净利润567.80亿元，同比下降12.05%，在去通道、去链条背景下盈利状况总体保持平稳。

#### （二）支持实体经济质效提升，信托服务手段不断丰富

一是支持实体力度不减。截至2018年末，全行业直接投入实体经济领域的信托资产余额为

16.21万亿元，占全部信托资产余额的71.42%，同比提高了8.47个百分点。二是投向结构持续优化。通道类贷款明显压降，有效缩短了交易链条，降低了实体企业融资成本。信托资金投向产能过剩领域的行为大幅减少，投向金融业以及不符合要求的地方政府融资平台等的信托资产规模持续下降。三是服务方式不断创新。通过信托贷款、股债结合、应收账款融资等多种方式，有效拓宽了小微企业和新兴产业融资渠道，弥补银行体系和资本市场不足。积极参与市场化债转股，帮助优质企业有序降杠杆。

### （三）回归本源发展持续推进，受托服务领域逐步拓宽

一是资产证券化领域继续拓展。2家信托公司获准试点企业资产证券化业务，信贷资产证券化和企业资产支持票据业务持续拓展，协助银行和企业盘活存量资产，提高资金周转效率。截至2018年末，资产证券化业务余额为1.79万亿元，同比增长27.63%。二是慈善信托加快发展。截至2018年末，44家信托公司登记备案134笔慈善信托，合同金额为19.74亿元，同比增长124.83%，涉及扶贫、教育、环保、医疗等诸多领域，助力我国慈善事业发展。三是其他本源业务稳步推进。家族信托、年金信托、保险金信托等本源业务稳步发展，在财富传承管理、居民消费升级、社会保障体系建设等方面发挥积极作用。

### （四）行业基础设施不断完善，监管补充作用得到增强

一是信托登记机制逐步完善。信托登记公司进一步明确登记规则，提升登记效率，规范登记管理。截至2018年末，经登记的信托业务为5.25万笔，存量信托业务全部实现补登记。二是行业稳定机制不断探索优化。保障基金公司借鉴国内外金融安全网建设经验，探索创新信托保障基金运用方式方法，增强化险救急的功能作用，缓解行业流动性压力。三是行业自律机制进一步夯实。信托业协会出台《信托公司受托责任尽职指引》，细化明确信托公司受托履职责任，培育行业受托文化。加大投资者教育和行业宣传力度，普及信托文化理念。

## 二、2018年监管工作

### （一）保持战略定力，深入推进乱象整治

一是坚决整治信托通道乱象。紧盯监管套利、脱实向虚类信托通道业务，加大窗口指导、风险提示力度，坚决遏制违规通道业务增长态势。支持开展真正流入实体经济的事务管理类信托，积极满足实体企业的正常融资需求。二是规范机构经营管理行为。组织开展影子银行和交叉金融业务专项检查，强化行为监管，督促落实整改。开展信托公司股权管理评估及整改工作，

严格股东审查，规范股东管理。三是加大处罚问责力度。2018年，通过机构自查和现场检查等方式对各类违法违规行为加大处罚问责力度，强监管、严监管态势持续巩固。

（二）紧盯突出问题，稳妥有序压降风险

一是强化风险早期识别干预。充分运用压力测试等监管工具，评估信托业主要风险，及时处置苗头性、倾向性风险问题，力争实现风险早发现、早干预、早处置。二是加大重点领域的风险防控。紧盯房地产、政府融资平台等业务集中领域，有效防控信用风险。推进信托公司存量非标资金池清理，严禁新增非标资金池，避免行业流动性风险过度积聚。密切关注证券投资信托等交叉金融领域的风险隐患，加强异常交易监测预警。三是加大单体机构监管力度。持续监测单家信托公司的风险变化趋势，摸清风险底数，做好应对预案，有效防控单体机构风险。

（三）谋划发展方向，引导行业改革转型

全面总结改革开放40年来信托业发展的经验教训，站在新的历史方位谋划信托业未来发展方向，明确信托公司应坚持“受托人”的定位，回归本源，专注主业。一是要积极发展具有直接融资特点的资金信托。发挥信托直接融资功能，弱化影子银行的特征，将信托资源高效配置到经济社会发展的重点领域和薄弱环节。二是要培育发展以受托管理为特色的服务信托。充分发挥信托公司在财产独立、风险隔离、受托执行等方面的专业化优势，大力拓宽提供实质性信托服务的业务领域。三是要推动发展体现社会责任的公益信托。引导信托公司积极践行社会责任，助力打好精准脱贫攻坚战，将公益信托打造成我国公益慈善事业的重要渠道。

（四）夯实监管基础，提升风险监管质效

一是弥补监管薄弱环节。稳妥推进资产管理新规过渡期信托业整改工作，明确监管要求，稳定市场预期，把握好监管节奏和力度，避免引发次生风险。参照商业银行的有益做法，强化信托公司股权管理，推动建立“三位一体”股权管理框架。二是强化监管责任落实。压实属地监管责任，持续跟踪信托公司的业务发展和风险异动，加大违法违规惩戒力度，提升监管能力，树立监管权威。强化信托公司异地展业监管联动，防范监管空白。三是加强外部监管协作。加强与人民银行、证监会等部门的信息交流和数据共享，协同采取监管措施，妥善应对各类金融风险跨行业、跨市场传染，共同维护金融安全。

## 三、2019年监管安排

2019年，银保监会将全面贯彻党的十九大和十九届二中、三中全会精神以及中央经济工作会议精神，紧紧围绕“服务实体经济、防控金融风险、深化金融改革”三大任务，坚持不懈地打好防范化解信托业风险攻坚战，坚定不移地推进信托业转型发展和改革开放，深入挖掘服务实体经济潜力，全面提升信托监管工作质效，做好“三管一提高”，即管战略、管风险、管行为、提服务实体经济质效，落实“四个盯住”，即盯项目、盯流向、盯风险、盯责任，加快补齐制度短板，强化党建工作，守住不发生系统性风险底线。

### （一）全面摸清风险底数，有效防范化解风险

一是开展全面风险排查。部署开展全行业风险排查，摸清风险底数，逐家绘制机构风险图谱，重点盯防高风险机构、高风险业务、高风险环节，做到心中有数。二是分类施策推进风险处置。在制定全行业风险防控整体规划的基础上，根据信托公司不同风险状况，划分风险等级，制定差异化的风险处置预案。三是压实风险防范化解责任。督促信托公司落实风险防控主体责任，真实充分暴露风险，积极采取应对措施。进一步夯实属地监管责任，坚持守土尽责和底线思维，确保风险防范化解工作取得实效。

### （二）加快行业转型发展，积极支持实体经济

一是健全公司治理机制。强化股权监管，优化股权结构，规范股东行为，完善“三会一层”履职规范，形成决策科学、制衡合理、运转高效的公司治理机制，有效纠正股东不当干预和内部人控制的问题。二是理顺业务发展规范。引导信托公司培育受托文化，立足“受托人”定位提供信托本源服务，强调信托目的依法合规，厘清受托管理职责边界，不断改进完善产品、服务和渠道，提升本源业务核心竞争能力。三是加大支持实体经济力度。坚决查处拉长融资链条、推高融资成本、监管套利、隐匿风险的“假信托”，破除无效供给。通过创新服务方式支持国家重大发展战略，积极为民营企业、小微企业提供有针对性的信托服务。

### （三）做好政策支持保障，畅通行业发展路径

一是推动完善行业法律体系。配合推进《信托法》修订工作，推动将《信托公司条例》纳入行政法规立法工作计划，争取信托财产登记、税收优惠等政策保障，破除信托业回归本源发展的制度性障碍。二是争取有利的司法实践支持。加强与司法部门的沟通协调，在司法判例中更多适用《信托法》，为行业发展创造公平良好的司法环境。三是完善行业持续发展的政策配套。积极探索信托公司拓宽资本补充渠道，提高行业风险应对能力。

### （四）提升监管工作质效，加大对外开放力度

一是建立一套适合行业发展的监管制度框架。构建符合信托业特点的监管制度体系，推进

信托公司资本管理、股权管理、流动性风险管理、资金信托管理等一系列规制建设，补齐制度短板，强化监管引领和约束作用。二是完善风险监管工具和手段。研究建立信托业监管指标体系，推进压力测试工作常态化，提高风险监管的主动性和前瞻性。推动信托业监管数据标准化建设，提升数据治理能力。进一步完善跨业监管协作机制，发挥“三翼”监管支持作用。三是扩大信托业高水平对外开放。积极引入合格的境外战略投资者，鼓励外资深度参与，丰富市场参与主体，培育信托业国际化发展视野，推动形成广范围、宽领域、深层次的对外开放格局。

# 政策法规

## 信托公司受托责任尽职指引

2018 年 9 月 19 日发布实施

### 第一章　总　则

**第一条**　为进一步规范信托公司的经营行为，明确信托公司开展信托业务的受托责任尽职要求，促进信托公司认真履行受托人义务，保障信托各方当事人的合法权益，维护信托业健康有序发展，根据《中华人民共和国信托法》《信托公司管理办法》《信托公司集合资金信托计划管理办法》《关于规范金融机构资产管理业务的指导意见》等法律、行政法规、部门规章及其他规范性文件，制定本指引。

**第二条**　成为中国信托业协会会员单位的信托公司开展信托业务，适用本指引。

信托文件另有约定的，从其约定，但相关约定不得违背法律、行政法规、部门规章及其他规范性文件和本指引的强制性规定。

**第三条**　信托公司开展信托业务，应当以受益人合法利益最大化为宗旨。

信托公司开展信托业务，应当遵循卖者尽责、买者自负原则，按照信托文件约定的信托目的，恪尽职守，履行诚实、信用、谨慎、有效管理的义务。

信托公司开展信托业务不得为委托人、受益人违法违规提供便利。

**第四条**　信托公司可以将本指引作为信托文件附件，或在信托合同中援引本指引有关内容，向委托人、受益人明示受托人的尽责准则。

信托公司开展信托业务，应当制定符合本指引要求的信托业务操作规程，并按照法律、行政法规、部门规章及其他规范性文件的规定及时修订。信托公司制定的信托业务操作规程应当涵盖尽职调查与审批管理、产品营销与信托设立、运营管理、合同规范、终止清算、信息披露、业务创新等信托业务的各个环节。

## 第二章　尽职调查与审批管理

**第五条**　信托公司设立信托，应当在对信托财产进行管理、运用之前进行尽职调查。

**第六条**　信托公司应当结合业务开展情况，根据委托人意愿以及信托财产运用的不同特点，严格按照公司信托业务操作规程开展尽职调查。

**第七条**　尽职调查过程中，信托公司可以委托会计师事务所、律师事务所、资产评估机构等第三方机构出具专业意见并在项目审议时予以参考。

信托公司无论是自行尽职调查还是委托第三方尽职调查，都应承担与尽职调查相关的风险及责任。

**第八条**　尽职调查完成后，信托公司应当出具尽职调查报告，真实、准确、完整地反映所实施的尽职调查工作。尽职调查报告包括但不限于以下内容：

（一）尽职调查工作简要介绍，包括但不限于调查人员、调查对象、调查时间、调查地点、调查方法等。

（二）调查内容。

（三）调查结论。

尽职调查报告的内容可以由信托公司根据信托财产运用的方式进行适当调整。尽职调查报告、制作尽职调查报告所依据的资料、文件，以及尽职调查报告所采信和确认的资料、文件，均应一并妥善保存。

**第九条**　信托公司办理信托业务原则上应当制作项目的可行性研究报告，从交易结构、交易对手、风险控制措施等方面评估项目的可行性、合法合规性、关联方交易等事项。可行性报告由信托经理、合规风控人员等确认并注明报告日期。尽职调查报告已经包含前述内容的，信托公司可以不另行出具可行性报告，但尽职调查报告应由信托经理、合规风控人员等确认并注明报告日期。

可行性报告的内容可以由信托公司根据信托财产运用的方式进行适当调整。可行性报告、制作可行性报告所依据的资料、文件，以及可行性报告所采信和确认的资料、文件，均应存档。

**第十条**　信托公司应当根据信托项目业务类型及开展业务的实际需要，制定切实可行的项目审批制度，完善项目审批流程，明确项目审批权限及时限。

**第十一条**　信托公司应当按照公司规范，结合尽职调查报告及可行性报告（如有）对拟设信托项目进行审议。审议过程中形成的重要文件及审议结果应以书面形式予以保存。

**第十二条**　信托公司应当在信托文件中向委托人充分揭示可能影响信托财产安全的重大风险以及拟采取的风险防控措施。

## 第三章　产品营销与信托设立

**第十三条**　信托公司营销信托产品，应当坚持“了解产品”和“了解客户”的经营理念，遵循风险匹配原则、审慎合规原则，加强信托产品、营销行为合法性、合规性审查管理，加强信托产品风险等级评定，在有效评估投资者风险承受能力和投资需求的基础上，向投资者销售与其风险识别能力和风险承担能力相匹配的信托产品，不得误导投资者，不得通过对信托产品进行拆分等方式，向风险识别能力和风险承担能力低于产品风险等级的投资者销售信托产品，应当采取有效措施依法保护投资者合法权益。

**第十四条**　信托公司应当加强投资者教育，不断提高投资者的金融知识水平和风险意识，向投资者传递“卖者尽责，买者自负”的理念。

**第十五条**　信托公司向自然人委托人首次推介信托产品或与其签署信托文件之前，应当告知投资者如实提供身份证明文件，要求其填写包括调查问卷、风险揭示书等形式的书面文件或在身份认证后通过法律认可的电子形式等方式，评估其风险承担能力，并要求其在信托文件中或者以其他书面形式承诺信托财产来源的合法性。

信托公司进行问卷调查时，调查事项至少应包括如下内容：投资者的年龄、学历、职业等个人基本信息；投资信托的目的；信托资金来源；过往投资经验；家庭可支配年收入及可投资资产状况；可承受的最大投资损失；对金融相关法律、行政法规、部门规章及其他规范性文件、金融投资市场及信托、基金等金融产品是否有一定的了解；是否清楚信托等金融产品的风险。

信托公司进行问卷调查时，应当要求投资者以书面形式或在身份认证后通过法律认可的电子形式等方式确认其提供的相关信息及资料真实、准确、完整、有效，并自愿承担由此产生的法律风险。

信托公司向自然人委托人推介信托产品时，信托公司作出的委托人风险评估结论有效期不得超过两年，否则应重新进行评估。

**第十六条**　信托公司或代理推介机构推介信托产品，应当遵守法律、行政法规、部门规章及其他规范性文件的规定，根据信托产品的不同特点，对委托人资格和推介范围进行明确界定。信托公司或代理推介机构应当根据所了解的委托人情况推介适当的信托产品，并保存相关记录。

信托公司或代理推介机构推介信托产品时，应当遵守法律、行政法规、部门规章及其他规范性文件的规定，按照分类标准向投资者明示信托产品的类型，并按照确定的产品性质进行投资。产品的实际投向不得违反信托文件约定，如有改变，除高风险类型的产品超出比例范围投资较低风险资产外，应当先行取得投资者书面同意，并履行法律法规以及金融监督管理部门规定的登记备案等程序。

除法律、行政法规、部门规章及其他规范性文件、银行业监督管理部门许可的公开发行的信托产品外，信托公司或代理推介机构不得通过报刊、电台、电视台、互联网等公众传播媒体或者讲座、报告会、分析会等方式向不特定对象进行产品推介。但信托公司或代理推介机构可以通过讲座、报告会、分析会以及官方网站等官方电子系统，向合格投资者进行产品推介。

**第十七条** 信托公司可以自行推介信托产品，也可以委托符合法律、行政法规、部门规章及其他规范性文件规定的其他机构代理推介。信托公司委托其他代理机构代理推介时，相关的推介材料应由信托公司提供，且信托公司应保证推介材料的真实性、准确性，信托公司应当将关于信托产品推介的监管要求体现落实在与代理推介机构的合同约定中，对代理机构代理推介行为进行监控，及时纠正不当代理推介行为，并对代理推介中的违规行为承担责任。

信托公司应当建立信托产品的委托推介授权管理体系，明确代理推介机构的准入标准和程序，制定完善的代理推介内控规范，并应当与代理推介机构以书面的形式明确约定权利与义务以及相关风险的责任承担和转移方式。

信托公司委托其他机构代理推介时，代理推介机构应充分审核投资人的资格，向投资人详尽介绍信托产品并充分揭示风险；不得违反私募原则，进行公开宣传，法律、行政法规、部门规章及其他规范性文件、银行业监督管理部门许可的公开发行的信托产品除外；不得超越推介材料，进行虚假、夸大宣传；不得承诺或变相承诺保本保收益；不得以推介信托产品为名，误导投资人购买其他产品。

信托公司委托其他机构代理推介时，代理推介机构应负责自然人投资者问卷调查及风险承担能力评估等相关事宜，并将最终的调查结果、评估结果及投资人完整、有效的联系方式提交给信托公司。

**第十八条** 委托人认购信托产品、签署信托文件时，信托公司或代理推介机构应当核实签字人的身份。

委托人认购信托产品、签署信托文件时，应当全过程录音录像。录音录像资料应至少保留到信托产品终止日起 6 个月或信托关系解除日起 6 个月，产生纠纷的要保留至纠纷最终解决之日。

委托人通过代理推介机构的客户服务端采用电子合同认购信托产品、签署信托文件的，代理推介机构应当通过其客户端对委托人的认购和签约过程进行录音录像。

**第十九条** 信托公司签署主要交易文件时，应当指派不少于两名工作人员见证签署过程，但法律、行政法规、部门规章及其他规范性文件认可的第三方机构在场公证、见证或委托人另有要求的除外。在委托人见证面签的情况下，信托公司应当与委托人签署书面文件确认与面签相关的风险和责任的承担主体。

本指引所称"主要交易文件"，是指信托公司因管理、运用、处分信托财产而与债务人、融资人、被投资方、担保方（如有）等相关方签署的协议、合同及其他书面文件，具体范围可以由信托公司根据信托财产运用的方式进行适当调整。

**第二十条** 信托公司设立信托，应当遵守法律、行政法规、部门规章及其他规范性文件及本指引规定。

信托的设立，应当有合法的信托目的和确定的信托财产，并且该信托财产必须是委托人合法所有的财产。

**第二十一条** 信托公司设立信托时，不得有以下行为：

（一）以任何方式承诺信托财产不受损失，或者以任何方式承诺最低收益；

（二）进行虚假宣传、夸大预期收益；

（三）夸大公司经营业绩或者恶意贬低同行；

（四）法律、行政法规、部门规章及其他规范性文件所禁止的其他行为。

**第二十二条** 信托公司开展信托业务，应当依法办理信托登记备案手续。

信托公司应当对其所提供的信托登记备案相关文件和信息的真实性、准确性、完整性和及时性负责。

## 第四章 运营管理

**第二十三条** 信托公司应当按照职责分离的原则设立相应工作岗位，保证信托公司对信托业务的风险能够进行事前防范、事中控制、事后监督和纠正，形成健全的内部约束机制和监督机制。

**第二十四条** 信托公司应当建立符合法律、行政法规、部门规章及其他规范性文件、信托行业自律公约规定的信托业务人员的资格认定、培训、考核评价和问责制度，确保从事信托业务的人员具备必要的专业知识、行业经验和管理能力，充分了解相关法律、行政法规、部门规章及其他规范性文件以及信托产品的法律关系、交易结构、主要风险和风险管控方式，遵守行为准则和职业道德标准。

**第二十五条** 信托公司应当建立健全公司内部问责制度，明确各部门、各岗位的职责，对因下列情形导致的风险进行责任认定，并按规定对有关责任人进行责任追究：

（一）违反法律、行政法规、部门规章及其他规范性文件规定的；

（二）违反信托文件约定的；

（三）违反公司制度规定的。

**第二十六条** 信托公司的信托业务部门应当独立于公司的其他部门，其人员不得与公司其他部门的人员相互兼职。

**第二十七条** 信托公司应当将信托财产与其固有财产分别管理、分别记账，并将不同信托文件项下的信托财产分别管理、分别记账。

信托公司不得开展或者参与具有滚动发行、集合运作、分离定价特征的资金池业务。

**第二十八条** 信托公司应当按照法律、行政法规、部门规章及其他规范性文件的规定对信托产品实行净值化管理。

**第二十九条** 法律、行政法规、部门规章及其他规范性文件规定或信托文件约定信托财产应当交由第三方进行保管的，信托公司应当将信托财产交由该保管人进行保管。

**第三十条** 信托公司应当按照信托文件的约定确定收益分配方案，及时向投资者分配收益。

信托公司收取受托人报酬和费用，应当在信托文件中约定收费的具体标准及计算方法。除按信托文件约定收取报酬和费用外，信托公司不得以任何名义直接或间接以信托财产为自己或他人牟利。

信托公司违反法律、行政法规、部门规章及其他规范性文件的规定或信托文件的约定，利用信托财产为自己谋取利益的，所得利益归入信托财产。

信托公司违反信托目的处分信托财产或者因违背管理职责、处理信托事务不当致使信托财产受到损失的，在未恢复信托财产的原状或者未予赔偿前，不得请求给付报酬。

**第三十一条** 信托公司管理、运用、处分信托财产，不得有以下行为：

（一）将信托财产转为其固有财产；

（二）将其管理、运用、处分信托财产所产生的债权与其固有财产产生的债务相抵销，或者将其管理、运用、处分不同委托人的信托财产所产生的债权债务相互抵销；

（三）信托产品成立后至到期日前，擅自改变产品类型及投资资产的比例范围；

（四）将信托财产挪用于非信托目的的用途；

（五）以信托财产提供担保；

（六）以固有财产与信托财产进行交易或者将不同委托人的信托财产进行相互交易，但信托文件另有约定或者经委托人或者受益人同意，并以公允的市场价格进行交易的除外；

（七）为自己或者他人牟取不正当利益或者进行商业贿赂；

（八）法律、行政法规、部门规章及其他规范性文件禁止的其他行为。

信托公司违背管理职责或者处理信托事务不当对第三人所负债务或自己所受的损失，以其固有财产承担。

**第三十二条** 信托公司在运营管理中，应当按照信托文件的约定亲自处理信托事务，委托人或受益人指定信托公司委托第三方代为处理的除外。

信托文件另有约定或有不得已事由时，信托公司可委托会计师事务所、律师事务所、资产评估机构、投资顾问、专业服务管理机构等第三方代为处理。

信托公司依法将信托事务委托他人代理的，应当对他人处理信托事务的行为承担责任。

**第三十三条** 信托公司将信托产品投资于其他机构发行的资产管理产品，从而将信托产品资金委托给其他机构（“受托机构”）进行投资的，应当符合法律、行政法规、部门规章及其他规范性文件的规定。信托公司应与受托机构明确约定，受托机构接受委托后，应切实履行主动管理职责，不得进行转委托。

信托公司应当对受托机构开展尽职调查，实行名单制管理，明确规定受托机构的准入标准和程序、责任和义务、存续期管理、利益冲突防范机制、信息披露义务以及退出机制。信托公司不得因委托其他机构投资而免除自身应当承担的责任。

信托公司不得违反法律、行政法规、部门规章及其他规范性文件的规定接受委托方直接或间接提供的担保，不得与委托人签订抽屉协议，不得为委托人规避监管规定或第三方机构违法违规提供通道服务。

**第三十四条** 信托公司运用人工智能技术开展信托业务应当严格遵守法律、行政法规、部门规章及其他规范性文件有关投资人适当性、投资范围、信息披露、风险隔离等一般性规定，不得借助人工智能业务夸大宣传信托产品或者误导投资人。

**第三十五条** 信托设立后，受益人将其持有的信托受益权依法予以转让或进行其他处置的，信托公司应当予以配合，并可要求受益人承担由此发生的费用。法律、行政法规、部门规章及其他规范性文件另有规定或者信托文件另有约定的除外。

**第三十六条** 信托公司应当根据信托业务的特点，建立信托项目存续期管理规范。信托设立后，信托公司原则上应当至少每季度收集一次相关资料及信息，但信托文件另有约定的，从其约定。信托公司应当依法保存信托财产管理、运用、处分的记录、账册、报表和其他相关资料。

**第三十七条** 信托公司发现信托项目发生或可能发生风险的，应针对具体风险，按照相关文件的约定采取行使诉讼权利或者实施其他法律行为等化解风险手段；相关文件没有约定的，信托公司应当根据具体情况，按照受益人利益最大化的原则采取合理应对措施。

## 第五章 合同规范

**第三十八条** 信托公司应当根据业务实际开展情况，建立完善合同管理制度，根据信托业务类别，明确合同管理的流程及各部门的职责、权限及责任，切实防范合同风险。

**第三十九条** 信托公司应当采取书面形式设立信托。

信托文件应当载明法律、行政法规、部门规章及其他规范性文件规定的必备事项，并就信托当事人在尽职调查、信托设立、信托财产管理、运用和处分中的权利义务及风险责任承担作出明确约定。

信托公司制作信托文件时，对信托文件中免除或限制信托公司责任的条款及风险揭示条款，应当采用足以引起委托人、受益人注意的文字、符号、字体等特别标识或采取其他合理的方式提请委托人、受益人注意。

本指引所称“信托文件”，是指确定信托当事人之间权利义务关系的书面文件。

**第四十条** 信托公司应当按照公司制度制作、审核、签署交易文件，确保交易文件不违反法律、行政法规、部门规章及其他规范性文件的规定，亦不违反信托文件的约定。

交易文件签署后，信托公司应当以自己的名义，依法按照信托文件及交易文件的约定行使相关权利、履行相关义务。

本指引所称“交易文件”，是指信托公司因管理、运用、处分信托财产而与债务人、融资人、被投资方、服务方（包括但不限于提供保管服务、投资顾问服务、财务顾问服务等服务的主体，如有）、担保方（如有）等相关方签署的协议、合同及其他书面文件，具体范围可以由信托公司根据信托财产运用的方式进行适当调整。

**第四十一条** 信托公司应当建立合同保管制度，明确合同保管的流程、部门、权限及责任。

**第四十二条** 信托公司与银行等金融机构开展各项业务合作时，应当签署书面文件明确各参与方的责任。

## 第六章 终止清算

**第四十三条** 出现法律、行政法规、部门规章及其他规范性文件规定的或者信托文件约定的终止情形的，信托终止。

信托终止后，信托公司应当作出处理信托事务的清算报告。清算报告至少应当包括以下内容：

（一）信托的基本信息；

（二）信托财产的管理、运用及处分情况；

（三）信托收益情况及分配情况；

（四）清算报告异议期限及受托人解除责任声明；

（五）法律、行政法规、部门规章及其他规范性文件规定及信托文件约定应当披露的其他内容。

**第四十四条** 信托公司作出清算报告后，可以根据信托文件的约定进行审计。信托文件约定清算报告不需要审计的，信托公司可以提交未经审计的清算报告。

**第四十五条** 信托公司应当按照信托文件约定的时限和方式向受益人或信托财产的权利归属人提交清算报告。信托文件没有约定的，应当在信托终止后十个工作日内提交本指引第四十二条规定的清算报告，但法律、行政法规、部门规章及其他规范性文件另有规定的除外。

受益人或信托财产的权利归属人在异议期限内对清算报告无异议的，信托公司就清算报告所列事项解除责任，但信托公司有不正当行为的除外。

**第四十六条** 对于清算后的剩余信托财产，信托公司应当依法按照信托文件的约定转移给信托财产的权利归属人。

信托财产转移前，由信托公司负责保管。保管期间的收益归属于信托财产，发生的保管费用由被保管的信托财产承担，但信托文件另有约定的除外。

**第四十七条** 信托公司应当为不同信托文件项下的信托分别建档，真实、准确、完整地保存处理信托事务的完整记录，保存期限应当符合法律、行政法规、部门规章及其他规范性文件的规定及信托文件的约定。

**第四十八条** 信托公司对委托人、受益人以及处理信托事务的情况和资料负有依法保密的义务，但法律、行政法规、部门规章及其他规范性文件另有规定或者信托文件另有约定的除外。

## 第七章　信息披露

**第四十九条** 信托公司应当依照法律、行政法规、部门规章及其他规范性文件及信托文件的约定，按时向委托人、受益人披露信息，并保证所披露信息的真实性、准确性和完整性，不得有虚假记载、误导性陈述和重大遗漏。

**第五十条** 除信托文件另有约定外，信托公司应当向委托人充分披露如下信息：

（一）信托基本信息，包括但不限于信托名称、规模、期限、管理运用方式、风控措施、收益分配等；

（二）信托可能涉及的风险及风险承担原则；

（三）信托产品的推介、设立、资金募集情况；

（四）信托公司办理信托业务的资格，代表信托公司与委托人联系的信托经理姓名、联系地址、电话；

（五）法律、行政法规、部门规章及其他规范性文件规定应当披露的其他信息。

**第五十一条** 信托公司应当在信托文件中明确约定受托人报酬、各项信托费用及支付方式，并向委托人充分披露。信托文件签署后，如需调整受托人报酬或各项信托费用的，应当按照法律、行政法规、部门规章及其他规范性文件的规定及信托文件的约定办理。

**第五十二条** 信托成立后，信托公司应当按照信托文件的约定，定期制作信托财产管理报告，并向委托人、受益人进行披露。信托财产管理报告至少应当包括以下内容：

（一）信托财产管理运用、处分及收支情况；

（二）信托经理变更情况；

（三）信托财产运用重大变动说明；

（四）对信托财产可能构成重大影响的诉讼、仲裁以及其他可能损害信托财产、受益人利益的情形。

信托文件对信托财产管理报告的编制及披露另有约定的，从其约定，但相关约定不得违反法律、行政法规、部门规章及其他规范性文件的规定。

**第五十三条** 信托成立后，发生法律、行政法规、部门规章及其他规范性文件规定及信托文件约定应当予以披露的情形的，信托公司应当及时向委托人、受益人披露。

**第五十四条** 信托公司应当在信托文件中明确约定信息披露的具体方式，并按约定的方式进行披露。信托文件没有约定的，信托公司可以采取下列任一方式进行披露：

（一）邮寄；

（二）传真；

（三）电子邮件；

（四）在信托公司官方网站等官方电子系统上披露；

（五）在信托公司的办公场所存放备查；

（六）其他有效方式。

**第五十五条** 委托人、受益人依据法律、行政法规、部门规章及其他规范性文件的规定向信托公司查阅、抄录或者复制与其信托财产有关的信托账目以及处理信托事务的其他文件的，在不违反委托人意愿、亦不损害其他受益人合法权益的前提下，信托公司应当予以接待。信托文件对委托人、受益人的查询条件或查询范围另有约定的，从其约定。

已开立信托受益权账户的委托人、受益人可以通过中国信托登记有限责任公司信托登记系统查询与其权利、义务直接相关且不违背信托文件约定的信托登记信息。当委托人、受益人出现民事行为能力丧失、死亡等情形时，信托财产法定继承人或者承继人等利害关系人，可以凭具有法律效力的文件申请查询与其权利、义务直接相关的信托登记信息。

**第五十六条** 信托公司应当建立健全信息披露管理制度，指定专人负责管理信息披露事务。

信息披露管理制度包括但不限于以下事项：

（一）信托公司向投资者进行信息披露的内容、披露频度、披露方式、披露责任以及披露渠道等事项；

（二）信息披露相关文件、资料的档案管理；

（三）信息披露管理部门、流程、渠道、应急预案及责任；

（四）未按规定披露信息的责任追究机制，对违反规定人员的处理措施。

信息披露管理制度的具体内容由信托公司自行确定，信托公司开展信托业务时，应当明确风险责任，充分做好信息披露和风险揭示。

信托公司应当妥善保管信息披露的相关文件资料，保存期限自信托结束之日起不得少于15年。

## 第八章　业务创新

**第五十七条**　信托公司应当以市场为导向，不断提高自主创新能力和风险管理能力，有效提升核心竞争力，更好地满足合格投资者日益增长的需求，实现信托公司的可持续发展。

信托公司开展创新活动，应当坚持合法合规的原则，遵守法律、行政法规、部门规章及其他规范性文件的规定。信托公司不得以业务创新为名，违反法律、行政法规、部门规章及其他规范性文件的规定或变相逃避监管。

**第五十八条**　在开展创新业务前，信托公司应当对创新业务可行性进行充分研究并出具可行性报告，研究内容包括但不限于创新业务合法合规性、交易结构合理性、风险控制措施有效性、产品风险属性等方面。

**第五十九条**　信托公司应当建立开展创新业务的业务标准、操作规程及审批决策机制。

**第六十条**　在开展创新业务时，信托公司可以在信托文件醒目位置对创新业务进行标识，并对创新业务风险进行特别提示。

## 第九章　自律管理

**第六十一条**　信托公司应当自觉执行本指引，若出现违反本指引的行为，中国信托业协会可以根据其情节，给予责令改正、内部通报批评、暂停行使会员权利、取消会员资格等自律惩戒措施。

在给予自律惩戒的同时，中国信托业协会有权将有关处理情况抄报银行业监督管理部门，并有权建议银行业监督管理部门采取审慎监管措施或实施行政处罚。

**第六十二条**　中国信托业协会负责信托公司涉嫌违反本指引行为的受理及调查。

中国信托业协会在发现信托公司有违反本指引的行为后，可以先对信托公司进行约谈。

协会查证属实后，应及时将处罚意见提交会员大会表决，并可同时出具预处罚通知书。

在自律监管及处罚过程中，涉案信托公司有陈述和申辩的权利。

## 第十章　附　则

**第六十三条**　本指引经中国信托业协会会员大会审议通过后生效。

**第六十四条**　本指引由中国信托业协会负责解释和修订。

# 中国信托登记有限责任公司<br>信托登记管理细则

自2018年8月7日起施行

## 第一章　总　则

**第一条**　为规范信托登记行为，细化信托登记流程，保护信托当事人的合法权益，根据《中华人民共和国信托法》《中国信托登记有限责任公司监督管理办法》《信托登记管理办法》等法律法规和监管规定，制定本细则。

**第二条**　中国信托登记有限责任公司（简称信托登记公司）经银行业监督管理机构批准，在经营业务范围内按照《信托登记管理办法》提供信托登记、信托受益权账户管理、定期或不定期信息报送收集、集合资金信托计划公示等服务。

**第三条**　本细则所称信托登记系统是指信托登记公司建设的用于接收信托机构信托登记申请和定期报送数据、办理信托登记业务及开展信息核对等相关系统的统称。

**第四条**　信托机构应当建立信托登记员制度，指派专人负责办理信托登记业务并明确相关内部管理要求。

信托登记公司为每家信托机构开立信托登记系统专用账户。信托机构应当妥善管理信托登记系统专用账户并自行承担因账户管理不善而导致的后果。

信托机构应当组织相关人员按时参加信托登记公司组织的相关培训，并做好内部转培训工作。

**第五条**　信托机构可以通过信托登记系统录入、数据交互平台上传等多种形式进行信托产品、信托受益权等信息的登记，提高数据的真实性、完整性和有效性。数据交互平台的接入和报送等规则由信托登记公司另行制定。

信托机构应当建立与信托登记公司之间的专用冗余网络，访问信托登记系统，提交信托登记申请，确保登记业务安全、高效开展。

## 第二章　信托登记办理

**第六条**　信托产品分期发行且分期子产品采用“单独建账、单独核算、单独管理”方式运作的，信托机构应当为各期信托子产品办理信托登记，并获取唯一产品编码。

**第七条** 信托机构提交登记申请文件不齐全或者不符合规定形式要求的，或经形式审查不符合登记条件的，信托登记公司应当书面告知补正要求，信托机构应当在收到书面告知后五个工作日内完成补正。

书面告知方式包括信托登记系统通知、电子邮件通知、信函通知、电子指令告知等方式。

**第八条** 信托登记公司有权根据法律、行政法规规定、银行业监督管理机构要求和信托登记、公示披露、统计分析等需要，对信托登记的频率以及在本细则规定的登记信息范围内对具体登记内容进行调整，具体内容以信托登记要素报表为准。

信托登记公司有权根据信托登记系统和各信托机构配套系统建设情况优化登记方式。

## 第三章 信托预登记

**第九条** 信托预登记生成的信托登记系统产品编码是信托产品的唯一身份标识，信托机构应当在认购风险申明书、信托计划说明书、信托合同等信托文件首页显著位置记载此产品编码。

**第十条** 在信托机构申请信托预登记后至信托产品发行或成立前的期间内，信托预登记信息发生重大变动的，应当重新申请办理信托预登记。信托预登记信息发生重大变动的情形包括：

（一）信托产品名称、信托类别、预计存续期限、拟发行或成立的信托规模、信托报告业务类型及其相关信息、信托财产来源、信托财产管理或运用方向和方式等预登记信息发生变动的；

（二）交易结构及交易对手预登记信息发生变动的；

（三）拟采取的风险控制措施和风险提示信息发生变动的；

（四）预计还款来源及信托退出方式发生变动的；

（五）关联交易预登记信息发生变动的；

（六）异地推介预登记信息发生变动的；

（七）预登记的保管方式发生变动的：包括信托产品由保管制变更为非保管制或由非保管制变更为保管制；

（八）信托登记公司规定的其他信息。

信托机构重新申请信托预登记的，信托登记公司终止原信托预登记流程、注销原信托预登记信息，原信托登记系统产品编码自动撤销并失效，同时生成新的信托登记系统产品编码。

**第十一条** 信托产品分期发行且分期子产品未单独办理登记的，在信托产品成立或生效后再次发行前，信托机构应当进行补充预登记，信托登记系统产品编码保持不变。

**第十二条** 信托机构申请办理重新预登记和补充预登记的时间应符合《信托登记管理办法》第十条第一款的规定。

**第十三条** 在信托机构申请信托预登记后至信托产品发行或成立前的期间内，信托机构可以提出撤销预登记。信托机构应提交撤销预登记申请书，经信托登记公司确认后撤销。预登记撤销后，原信托登记系统产品编码自动撤销并失效。

## 第四章　信托初始登记

**第十四条**　信托机构应根据《信托登记管理办法》第十一条第二款的规定提交信托初始登记申请文件和信托初始登记信息，信托初始登记信息包括：

（一）信托产品基本信息；

（二）信托产品账户信息包括但不限于信托产品银行资金账户信息、证券类账户信息等；

（三）信托受益权结构信息；

（四）信托合同信息包括委托人信息、受益人信息、委托人类型、受益人类型、委托人交付信托财产信息、受益权份额信息等；

（五）信托登记公司规定的其他信息。

**第十五条**　信托机构提交加盖公章的信托文件样本，如果同一信托产品具备不同类型版本信托文件的，应当分别提交。本条所称信托文件，指信托当事人为设立信托而制作或者需签署的文件，包括但不限于认购风险申明书、信托计划说明书、信托合同等。

## 第五章　信托变更登记

**第十六条**　信托存续期间，信托登记信息发生重大变动的，信托机构应当申请信托变更登记。信托登记信息发生重大变动的情形包括：

（一）信托产品基本信息发生重大变动的；

（二）信托产品发生新开立、冻结银行资金账户或者证券类账户等情形的；

（三）信托受益权结构信息发生重大变动的；

（四）信托登记公司规定的其他信息。

信托存续期间，如果发生新增关联交易、关联交易类型发生变化或其他需要事前报告的事项，信托机构在申请变更登记前应通过信托登记系统向银行业监督管理机构进行事前报告。

**第十七条**　信托产品分期发行且分期子产品未单独办理登记的，在分期子产品发行后，信托机构还应按要求办理信托变更登记。

**第十八条**　同一项信托登记信息发生多次重大变动的，信托机构应当按变动发生的时间先后顺序依次申请办理信托变更登记。

**第十九条**　信托存续期间，原受托人职责终止的，其信托登记职责由新受托人承继。原受托人有义务将相关信托档案资料交由新受托人，并由新受托人就变更受托人事项申请办理信托预登记。新受托人办理信托预登记后，原受托人应当申请办理变更登记。

## 第六章　信托终止登记

**第二十条**　信托机构应根据《信托登记管理办法》第十三条第二款规定提交信托终止登记申请文件和信托终止登记信息，信托终止登记信息包括：

（一）清算日期；

（二）受托人累计报酬信息；

（三）投资顾问累计报酬信息；

（四）保管人累计报酬信息；

（五）累计分配信托利益信息及实际收益率等信息；

（六）其他费用信息；

（七）信托登记公司规定的其他信息。

**第二十一条**　信托机构申请办理信托终止登记前，发生应当办理信托变更登记情形的，应当在申请办理终止登记前完成所有的信托变更登记。

信托终止登记办理完毕后，信托登记公司不再接受该信托产品的变更登记申请。

## 第七章　信托更正登记

**第二十二条**　信托机构发现信托登记信息错误需要更正的，应根据《信托登记管理办法》第十四条第二款的规定提交信托更正登记申请书和证明发生更正事实的文件。证明发生更正事实的文件应当为记录更正信息文件的原件或其他具有法律效力的文件。

**第二十三条**　信托终止登记办理完毕后，信托机构申请办理信托更正登记的，应当到信托登记公司现场办理。

## 第八章　定期报送

**第二十四条**　信托产品存续期间，信托机构应按照《信托登记管理办法》第四十条的规定，定期向信托登记公司报送信托业务信息，信托业务信息包括：

（一）信托产品会计信息；

（二）信托产品财产运用信息；

（三）信托受益人及受益权信息；

（四）信托产品风险监测信息；

（五）信托业务相关的其他信息。

**第二十五条**　定期报送具体内容及频率以定期报送要素表为准，信托登记公司在银行业监督管理机构的指导下对定期报送要素表进行维护。

**第二十六条** 信托机构应按季向信托登记公司报送集合资金信托计划的信托资金管理报告、信托资金运用及收益情况表。

**第二十七条** 对于法律、行政法规、部门规章和规范性文件等明确规定信托机构应予以披露的事项，信托机构应同时通过信托登记系统将其报送信托登记公司。

## 第九章 信托登记信息保管

**第二十八条** 信托登记公司应当保存以下信托登记信息及相关文件：

（一）信托登记信息；

（二）信托登记相关文件；

（三）信托登记公司出具的受理通知书；

（四）信托登记公司出具的信托登记证明文书；

（五）法律、行政法规、银行业监督管理机构要求信托登记公司予以保存的其他信息及文件。

**第二十九条** 信托登记公司应当妥善保存信托登记信息及相关文件。信托登记公司确有需要，可以委托其他具有一定资质的机构代为保存信托登记信息及相关文件。信托登记公司应当与被委托机构签署书面协议，明确被委托机构信息保管和安全管理等各项义务，并定期检查与评估被委托机构保管情况。

## 第十章 信托登记自律管理

**第三十条** 对信托机构未按规定办理信托登记或者在信托登记中存在信息严重错报、漏报的行为，信托登记公司有权要求信托机构做出解释或说明并进行改正。信托登记公司应当及时将有关情况报告银行业监督管理机构，并视具体情况对其采取口头警示、约见谈话、书面警示、通报批评、公开谴责等管理措施。

**第三十一条** 信托登记公司根据《信托登记管理办法》等相关制度的执行情况确定信托公司监管评级中信托登记公司负责的外部定性评价结果。

## 第十一章 附 则

**第三十二条** 信托业务信息的定期报送和通过信托登记系统开展存续信托产品事前报告的具体方式和开始时间由信托登记公司另行通知。

**第三十三条** 本细则由信托登记公司负责解释、修订。

**第三十四条** 本细则报银行业监督管理机构批准后生效。

# 中国人民银行关于进一步做好受益所有人身份识别工作有关问题的通知

银发［2018］164 号

为落实国务院关于完善反洗钱、反恐怖融资、反逃税监管体制机制的意见，防范违法犯罪分子利用复杂的股权、控制权等关系掩饰、隐瞒真实身份、资金性质或者交易目的、性质，提高受益所有人信息透明度，规范反洗钱义务机构（以下简称义务机构）开展非自然人客户的受益所有人身份识别工作，现就义务机构执行《中国人民银行关于加强反洗钱客户身份识别有关工作的通知》（银发［2017］235 号）有关事项通知如下：

一、受益所有人身份识别工作应当遵循以下主要原则：

（一）勤勉尽责。义务机构及其工作人员应当具备反洗钱有效履职所必需的合规能力、风险意识和职业操守，按照规定做好受益所有人身份的识别、核实以及相关信息、数据或者资料的收集、登记、保存等工作，完整保存能够证明义务机构及其工作人员勤勉尽责的工作记录以及有关信息、数据或者资料。

（二）风险为本。义务机构及其工作人员应当落实风险为本方法，综合分析、合理判断非自然人客户及其业务存在的洗钱、恐怖融资风险，对不同风险的非自然人客户采取差别化的风险控制措施，对风险较高的非自然人客户采取更为严格的强化措施开展受益所有人身份识别工作。

（三）实质重于形式。义务机构及其工作人员应当将了解并确定最终控制非自然人客户及交易过程或者最终享有交易利益的自然人作为受益所有人身份识别工作的目标，采取定量和定性相结合的方法，对非自然人客户的股权、控制权结构以及财务决策、人事任免、经营管理等情况进行综合判断。

二、义务机构应当建立健全并有效实施受益所有人身份识别制度。

（一）将受益所有人身份识别的内部管理制度和操作规程，作为完整有效的客户身份识别制度一项重要内容，并在实施过程中不断完善。根据非自然人客户风险状况和本机构合规管理需要，可以执行比监管规定更为严格的受益所有人身份识别标准。

（二）在与非自然人客户建立业务关系时以及业务关系存续期间，按照规定应当开展客户身份识别的，义务机构应当同时开展受益所有人身份识别工作。

在与非自然人客户业务关系存续期间，义务机构采取持续的客户身份识别措施或者重新识别客户身份的，应当同时开展受益所有人身份识别工作，确保受益所有人信息完整性、准确性和时效性。

（三）加强受益所有人身份识别工作与客户分类管理、交易监测分析、反洗钱名单监控等工作的有效衔接。开展受益所有人身份识别工作发现股权或者控制权复杂等高风险情形的，应当及时主动调整客户洗钱风险等级，提高交易监测分析的频率和强度；发现或者有合理理由怀疑受益所有人与恐怖活动组织及恐怖活动人员名单相关的，应当按规定提交可疑交易报告。

三、义务机构应当根据非自然人客户的法律形态和实际情况，逐层深入并判定受益所有人。按照规定开展受益所有人身份识别工作的，每个非自然人客户至少有一名受益所有人。

（一）公司：对公司实施最终控制不限于直接或间接拥有超过25%（含，下同）公司股权或者表决权，还包括其他可以对公司的决策、经营、管理形成有效控制或者实际影响的任何形式。

1. 直接或者间接拥有超过25%公司股权或者表决权的自然人是判定公司受益所有人的基本方法。需要计算间接拥有股权或者表决权的，按照股权和表决权孰高原则，将公司股权层级及各层级实际占有的股权或者表决权比例相乘求和计算。

2. 如果未识别出直接或者间接拥有超过25%公司股权或者表决权的自然人，或者对满足前述标准的自然人是否为受益所有人存疑的，应当考虑将通过人事、财务等方式对公司进行控制的自然人判定为受益所有人，包括但不限于：直接或者间接决定董事会多数成员的任免；决定公司重大经营、管理决策的制定或者执行；决定公司的财务预算、人事任免、投融资、担保、兼并重组；长期实际支配使用公司重大资产或者巨额资金等。

3. 如果不存在通过人事、财务等方式对公司进行控制的自然人的，应当考虑将公司的高级管理人员判定为受益所有人。对依据《中华人民共和国公司法》《中华人民共和国证券法》等法律法规将高级管理人员判定为受益所有人存疑的，应当考虑将高级管理人员之外的对公司形成有效控制或者实际影响的其他自然人判定为受益所有人。

（二）合伙企业：拥有超过25%合伙权益的自然人是判定合伙企业受益所有人的基本方法。不存在拥有超过25%合伙权益的自然人的，义务机构可以参照公司受益所有人标准判定合伙企业的受益所有人。采取上述措施仍无法判定合伙企业受益所有人的，义务机构至少应当将合伙企业的普通合伙人或者合伙事务执行人判定为受益所有人。

（三）信托：义务机构应当将对信托实施最终有效控制、最终享有信托权益的自然人判定为受益所有人，包括但不限于信托的委托人、受托人、受益人。信托的委托人、受托人、受益人为非自然人的，义务机构应当逐层深入，追溯到对信托实施最终有效控制、最终享有信托权益的自然人，并将其判定为受益所有人。设立信托时或者信托存续期间，受益人为符合一定条件的不特定自然人的，可以在受益人确定后，再将受益人判定为受益所有人。

（四）基金：拥有超过25%权益份额的自然人是判定基金受益所有人的基本方法。不存在拥有超过25%权益份额的自然人的，义务机构可以将基金经理或者直接操作管理基金的自然人判定为受益所有人。基金尚未完成募集，暂时无法确定权益份额的，义务机构可以暂时将基金经理或者直接操作管理基金的自然人判定为受益所有人；基金完成募集后，义务机构应当及时按照规定标准判定受益所有人。

（五）其他：对规定情形之外的其他类型的机构、组织，义务机构可以参照公司受益所有人的判定标准执行；受益所有人身份识别工作涉及理财产品、定向资产管理计划、集合资产管理计划、专项资产管理计划、资产支持专项计划、员工持股计划等未单独列举的情形的，义务机构可以参照基金受益所有人判定标准执行；无法参照执行的，义务机构可以将其主要负责人、主要管理人或者主要发起人等判定为受益所有人。

四、义务机构应当根据洗钱和恐怖融资风险，在受益所有人身份识别工作中分别采取强化、简化或者豁免等措施，建立或者维持与本机构风险管理能力相适应的业务关系。

（一）受益所有人涉及外国政要的，义务机构与非自然人客户建立或者维持业务关系前应当经高级管理层批准或者授权，进一步深入了解客户财产和资金来源，并在业务关系存续期间提高交易监测分析的频率和强度。

（二）外国政要、国际组织高级管理人员等特定自然人既包括外国政要、国际组织高级管理人员，也包括其父母、配偶、子女等近亲亲属，以及义务机构知道或者应当知道的通过工作、生活等产生共同利益关系的其他自然人。

（三）非自然人客户的股权或者控制权结构异常复杂，存在多层嵌套、交叉持股、关联交易、循环出资、家族控制等复杂关系的，受益所有人来自洗钱和恐怖融资高风险国家或者地区等情形，或者受益所有人信息不完整或无法完成核实的，义务机构应当综合考虑成本收益、合规控制、风险管理、国别制裁等因素，决定是否与其建立或者维持业务关系。

决定与上述非自然人客户建立或者维持业务关系的，义务机构应当采取调高客户风险等级、加强资金交易监测分析、获取高级管理层批准等严格的风险管理措施。无法进行受益所有人身份识别工作，或者经评估超过本机构风险管理能力的，不得与其建立或者维持业务关系，并应当考虑提交可疑交易报告。

（四）在洗钱与恐怖融资风险得到有效管理的前提下，例如非自然人客户为股权结构或者控制权简单的公司，为避免妨碍或者影响正常交易，义务机构可以在与非自然人客户建立业务关系后，尽快完成受益所有人身份识别工作。

（五）义务机构应当按照《中国人民银行关于加强反洗钱客户身份识别有关工作的通知》相关规定，严格判断非自然人客户是否属于简化或者豁免受益所有人识别的范畴。无法作出准确判断的，义务机构不得简化或者豁免受益所有人识别；非自然人客户出现高风险情形的，不得简化或者豁免受益所有人识别。

五、义务机构应当积极主动开展受益所有人身份识别工作，履行受益所有人识别义务。

（一）义务机构按照规定负有客户身份识别义务的，应当积极开展受益所有人身份识别工作。受益所有人身份识别工作涉及不同义务机构的，义务机构之间应当就相关信息的提供、核实等提供必要协助或者作出事先约定。

（二）义务机构可以委托符合规定的第三方机构开展受益所有人身份识别工作，但应当通过书面形式确定双方的反洗钱职责。委托符合规定的第三方开展受益所有人身份识别工作的，受益所有人身份识别的最终责任由该义务机构承担。

（三）发行信托、基金、理财、资产管理计划等需要开立账户的，发行机构应当向开立账户的义务机构披露受益所有人信息，开立账户的义务机构可以采信发行机构提供的受益所有人信息。发现或者有合理理由怀疑受益所有人信息有误的，开立账户的义务机构应当自行独立开展受益所有人身份识别工作。

六、义务机构应当充分利用从可靠途径、以可靠方式获取的信息、数据或者资料识别和核实受益所有人信息。

（一）政府主管部门、非自然人客户以及有关自然人依法应当提供、披露的法定信息、数据或者资料，是义务机构开展受益所有人身份识别工作的重要基础。上述法定信息、数据或者资料可以独立作为识别、核实受益所有人身份的证明材料。

询问非自然人客户、要求非自然人客户提供证明材料、收集权威媒体报道、委托商业机构调查等方式只能作为识别、核实受益所有人身份的辅助手段，获取的非法定信息、数据或者资料不得独立作为识别、核实受益所有人身份的证明材料。

（二）义务机构应当根据非自然人客户的法律形态，确定了解、收集并妥善保存与受益所有人身份识别工作有关的信息、数据或者资料的具体范围，并对其采取规定的保密措施。

七、义务机构应当制定切实可行的工作方案，排查、清理异常账户、休眠账户、非实名账户等，按时完成存量客户的受益所有人身份识别工作。存量客户是指2017年10月20日之前建立业务关系，且截至2018年6月30日业务关系仍然正常存续的非自然人客户。受益所有人登记查询办法由中国人民银行另行制定。

八、本通知自发布之日起实施。有关法律、行政法规、规章等另有规定的，从其规定。本通知之前发布的规范性文件与本通知不一致的，以本通知为准。

请中国人民银行上海总部，各分行、营业管理部，各省会（首府）城市中心支行，各副省级城市中心支行将本通知转发至辖区内义务机构。

中国人民银行

2018年6月27日

# 关于进一步明确规范金融机构资产管理业务指导意见有关事项的通知

中国人民银行上海总部，各分行、营业管理部、省会（首府）城市中心支行、副省级城市中心支行；国家开发银行，各政策性银行、国有商业银行、股份制商业银行，中国邮政储蓄银行；各证券公司、基金公司、期货公司、私募投资基金管理机构；各保险资产管理机构：

《关于规范金融机构资产管理业务的指导意见》（银发［2018］106 号文，以下简称《指导意见》）自 2018 年 4 月 27 日发布实施以来，对于规范资产管理市场秩序、防范金融风险发挥了积极作用。为了指导金融机构更好地贯彻执行《指导意见》，确保规范资产管理业务工作平稳过渡，为实体经济创造良好的货币金融环境，经人民银行、银保监会、证监会共同研究，现将有关事项进一步明确如下：

一、按照《指导意见》第十条的规定，公募资产管理产品除主要投资标准化债权类资产和上市交易的股票，还可以适当投资非标准化债权类资产，但应当符合《指导意见》关于非标准化债权类资产投资的期限匹配、限额管理、信息披露等监管要求。

二、过渡期内，金融机构可以发行老产品投资新资产，优先满足国家重点领域和重大工程建设续建项目以及中小微企业融资需求，但老产品的整体规模应当控制在《指导意见》发布前存量产品的整体规模内，且所投资新资产的到期日不得晚于 2020 年底。

三、过渡期内，对于封闭期在半年以上的定期开放式资产管理产品，投资以收取合同现金流量为目的并持有到期的债券，可使用摊余成本计量，但定期开放式产品持有资产组合的久期不得长于封闭期的 1.5 倍；银行的现金管理类产品在严格监管的前提下，暂参照货币市场基金的“摊余成本 + 影子定价”方法进行估值。

四、对于通过各种措施确实难以消化、需要回表的存量非标准化债权类资产，在宏观审慎评估（MPA）考核时，合理调整有关参数，发挥其逆周期调节作用，支持符合条件的表外资产回表。

支持有非标准化债权类资产回表需求的银行发行二级资本债补充资本。

五、过渡期结束后，对于由于特殊原因而难以回表的存量非标准化债权类资产，以及未到期的存量股权类资产，经金融监管部门同意，采取适当安排妥善处理。

六、过渡期内，由金融机构按照自主有序方式确定整改计划，经金融监管部门确认后执行。

请将本通知转发至辖区内分支机构和金融机构执行，同时抄送银保监会、证监会当地派出机构。

中国人民银行办公厅

2018年7月20日

# 中国人民银行　中国银行保险监督管理委员会　中国证券监督管理委员会　国家外汇管理局关于规范金融机构资产管理业务的指导意见

银发［2018］106 号

近年来，我国资产管理业务快速发展，在满足居民和企业投融资需求、改善社会融资结构等方面发挥了积极作用，但也存在部分业务发展不规范、多层嵌套、刚性兑付、规避金融监管和宏观调控等问题。按照党中央、国务院决策部署，为规范金融机构资产管理业务，统一同类资产管理产品监管标准，有效防控金融风险，引导社会资金流向实体经济，更好地支持经济结构调整和转型升级，经国务院同意，现提出以下意见：

一、规范金融机构资产管理业务主要遵循以下原则：

（一）坚持严控风险的底线思维。把防范和化解资产管理业务风险放到更加重要的位置，减少存量风险，严防增量风险。

（二）坚持服务实体经济的根本目标。既充分发挥资产管理业务功能，切实服务实体经济投融资需求，又严格规范引导，避免资金脱实向虚在金融体系内部自我循环，防止产品过于复杂，加剧风险跨行业、跨市场、跨区域传递。

（三）坚持宏观审慎管理与微观审慎监管相结合、机构监管与功能监管相结合的监管理念。实现对各类机构开展资产管理业务的全面、统一覆盖，采取有效监管措施，加强金融消费者权益保护。

（四）坚持有的放矢的问题导向。重点针对资产管理业务的多层嵌套、杠杆不清、套利严重、投机频繁等问题，设定统一的标准规制，同时对金融创新坚持趋利避害、一分为二，留出发展空间。

（五）坚持积极稳妥审慎推进。正确处理改革、发展、稳定关系，坚持防范风险与有序规范相结合，在下决心处置风险的同时，充分考虑市场承受能力，合理设置过渡期，把握好工作的次序、节奏、力度，加强市场沟通，有效引导市场预期。

二、资产管理业务是指银行、信托、证券、基金、期货、保险资产管理机构、金融资产投资公司等金融机构接受投资者委托，对受托的投资者财产进行投资和管理的金融服务。金融机构为委托人利益履行诚实信用、勤勉尽责义务并收取相应的管理费用，委托人自担投资风险并获得收益。金融机构可以与委托人在合同中事先约定收取合理的业绩报酬，业绩报酬计入管理费，须与产品一一对应并逐个结算，不同产品之间不得相互串用。

资产管理业务是金融机构的表外业务，金融机构开展资产管理业务时不得承诺保本保收益。出现兑付困难时，金融机构不得以任何形式垫资兑付。金融机构不得在表内开展资产管理业务。

私募投资基金适用私募投资基金专门法律、行政法规，私募投资基金专门法律、行政法规中没有明确规定的适用本意见，创业投资基金、政府出资产业投资基金的相关规定另行制定。

三、资产管理产品包括但不限于人民币或外币形式的银行非保本理财产品，资金信托，证券公司、证券公司子公司、基金管理公司、基金管理子公司、期货公司、期货公司子公司、保险资产管理机构、金融资产投资公司发行的资产管理产品等。依据金融管理部门颁布规则开展的资产证券化业务，依据人力资源和社会保障部门颁布规则发行的养老金产品，不适用本意见。

四、资产管理产品按照募集方式的不同，分为公募产品和私募产品。公募产品面向不特定社会公众公开发行。公开发行的认定标准依照《中华人民共和国证券法》执行。私募产品面向合格投资者通过非公开方式发行。

资产管理产品按照投资性质的不同，分为固定收益类产品、权益类产品、商品及金融衍生品类产品和混合类产品。固定收益类产品投资于存款、债券等债权类资产的比例不低于80%，权益类产品投资于股票、未上市企业股权等权益类资产的比例不低于80%，商品及金融衍生品类产品投资于商品及金融衍生品的比例不低于80%，混合类产品投资于债权类资产、权益类资产、商品及金融衍生品类资产且任一资产的投资比例未达到前三类产品标准。非因金融机构主观因素导致突破前述比例限制的，金融机构应当在流动性受限资产可出售、可转让或者恢复交易的15个交易日内调整至符合要求。

金融机构在发行资产管理产品时，应当按照上述分类标准向投资者明示资产管理产品的类型，并按照确定的产品性质进行投资。在产品成立后至到期日前，不得擅自改变产品类型。混合类产品投资债权类资产、权益类资产和商品及金融衍生品类资产的比例范围应当在发行产品时予以确定并向投资者明示，在产品成立后至到期日前不得擅自改变。产品的实际投向不得违反合同约定，如有改变，除高风险类型的产品超出比例范围投资较低风险资产外，应当先行取得投资者书面同意，并履行登记备案等法律法规以及金融监督管理部门规定的程序。

五、资产管理产品的投资者分为不特定社会公众和合格投资者两大类。合格投资者是指具备相应风险识别能力和风险承担能力，投资于单只资产管理产品不低于一定金额且符合下列条件的自然人和法人或者其他组织。

（一）具有2年以上投资经历，且满足以下条件之一：家庭金融净资产不低于300万元，家庭金融资产不低于500万元，或者近3年本人年均收入不低于40万元。

（二）最近1年末净资产不低于1000万元的法人单位。

（三）金融管理部门视为合格投资者的其他情形。

合格投资者投资于单只固定收益类产品的金额不低于30万元，投资于单只混合类产品的金额不低于40万元，投资于单只权益类产品、单只商品及金融衍生品类产品的金额不低于100万元。

投资者不得使用贷款、发行债券等筹集的非自有资金投资资产管理产品。

六、金融机构发行和销售资产管理产品，应当坚持"了解产品"和"了解客户"的经营理念，加强投资者适当性管理，向投资者销售与其风险识别能力和风险承担能力相适应的资产管理产品。禁止欺诈或者误导投资者购买与其风险承担能力不匹配的资产管理产品。金融机构不得通过拆分资产管理产品的方式，向风险识别能力和风险承担能力低于产品风险等级的投资者销售资产管理产品。

金融机构应当加强投资者教育，不断提高投资者的金融知识水平和风险意识，向投资者传递"卖者尽责、买者自负"的理念，打破刚性兑付。

七、金融机构开展资产管理业务，应当具备与资产管理业务发展相适应的管理体系和管理制度，公司治理良好，风险管理、内部控制和问责机制健全。

金融机构应当建立健全资产管理业务人员的资格认定、培训、考核评价和问责制度，确保从事资产管理业务的人员具备必要的专业知识、行业经验和管理能力，充分了解相关法律法规、监管规定以及资产管理产品的法律关系、交易结构、主要风险和风险管控方式，遵守行为准则和职业道德标准。

对于违反相关法律法规以及本意见规定的金融机构资产管理业务从业人员，依法采取处罚措施直至取消从业资格，禁止其在其他类型金融机构从事资产管理业务。

八、金融机构运用受托资金进行投资，应当遵守审慎经营规则，制定科学合理的投资策略和风险管理制度，有效防范和控制风险。

金融机构应当履行以下管理人职责：

（一）依法募集资金，办理产品份额的发售和登记事宜。

（二）办理产品登记备案或者注册手续。

（三）对所管理的不同产品受托财产分别管理、分别记账，进行投资。

（四）按照产品合同的约定确定收益分配方案，及时向投资者分配收益。

（五）进行产品会计核算并编制产品财务会计报告。

（六）依法计算并披露产品净值或者投资收益情况，确定申购、赎回价格。

（七）办理与受托财产管理业务活动有关的信息披露事项。

（八）保存受托财产管理业务活动的记录、账册、报表和其他相关资料。

（九）以管理人名义，代表投资者利益行使诉讼权利或者实施其他法律行为。

（十）在兑付受托资金及收益时，金融机构应当保证受托资金及收益返回委托人的原账户、同名账户或者合同约定的受益人账户。

（十一）金融监督管理部门规定的其他职责。

金融机构未按照诚实信用、勤勉尽责原则切实履行受托管理职责，造成投资者损失的，应当依法向投资者承担赔偿责任。

九、金融机构代理销售其他金融机构发行的资产管理产品，应当符合金融监督管理部门规定的资质条件。未经金融监督管理部门许可，任何非金融机构和个人不得代理销售资产管理产品。

金融机构应当建立资产管理产品的销售授权管理体系，明确代理销售机构的准入标准和程序，明确界定双方的权利与义务，明确相关风险的承担责任和转移方式。

金融机构代理销售资产管理产品，应当建立相应的内部审批和风险控制程序，对发行或者管理机构的信用状况、经营管理能力、市场投资能力、风险处置能力等开展尽职调查，要求发行或者管理机构提供详细的产品介绍、相关市场分析和风险收益测算报告，进行充分的信息验证和风险审查，确保代理销售的产品符合本意见规定并承担相应责任。

十、公募产品主要投资标准化债权类资产以及上市交易的股票，除法律法规和金融管理部门另有规定外，不得投资未上市企业股权。公募产品可以投资商品及金融衍生品，但应当符合法律法规以及金融管理部门的相关规定。

私募产品的投资范围由合同约定，可以投资债权类资产、上市或挂牌交易的股票、未上市企业股权（含债转股）和受（收）益权以及符合法律法规规定的其他资产，并严格遵守投资者适当性管理要求。鼓励充分运用私募产品支持市场化、法治化债转股。

十一、资产管理产品进行投资应当符合以下规定：

（一）标准化债权类资产应当同时符合以下条件：

1. 等分化，可交易。

2. 信息披露充分。

3. 集中登记，独立托管。

4. 公允定价，流动性机制完善。

5. 在银行间市场、证券交易所市场等经国务院同意设立的交易市场交易。

标准化债权类资产的具体认定规则由中国人民银行会同金融监督管理部门另行制定。

标准化债权类资产之外的债权类资产均为非标准化债权类资产。金融机构发行资产管理产品投资于非标准化债权类资产的，应当遵守金融监督管理部门制定的有关限额管理、流动性管理等监管标准。金融监督管理部门未制定相关监管标准的，由中国人民银行督促根据本意见要求制定监管标准并予以执行。

金融机构不得将资产管理产品资金直接投资于商业银行信贷资产。商业银行信贷资产受（收）益权的投资限制由金融管理部门另行制定。

（二）资产管理产品不得直接或者间接投资法律法规和国家政策禁止进行债权或股权投资的行业和领域。

（三）鼓励金融机构在依法合规、商业可持续的前提下，通过发行资产管理产品募集资金投向符合国家战略和产业政策要求、符合国家供给侧结构性改革政策要求的领域。鼓励金融机构通过发行资产管理产品募集资金支持经济结构转型，支持市场化、法治化债转股，降低企业杠杆率。

（四）跨境资产管理产品及业务参照本意见执行，并应当符合跨境人民币和外汇管理有关规定。

十二、金融机构应当向投资者主动、真实、准确、完整、及时披露资产管理产品募集信息、资金投向、杠杆水平、收益分配、托管安排、投资账户信息和主要投资风险等内容。国家法律法规另有规定的，从其规定。

对于公募产品，金融机构应当建立严格的信息披露管理制度，明确定期报告、临时报告、重大事项公告、投资风险披露要求以及具体内容、格式。在本机构官方网站或者通过投资者便于获取的方式披露产品净值或者投资收益情况，并定期披露其他重要信息：开放式产品按照开放频率披露，封闭式产品至少每周披露一次。

对于私募产品，其信息披露方式、内容、频率由产品合同约定，但金融机构应当至少每季度向投资者披露产品净值和其他重要信息。

对于固定收益类产品，金融机构应当通过醒目方式向投资者充分披露和提示产品的投资风险，包括但不限于产品投资债券面临的利率、汇率变化等市场风险以及债券价格波动情况，产品投资每笔非标准化债权类资产的融资客户、项目名称、剩余融资期限、到期收益分配、交易结构、风险状况等。

对于权益类产品，金融机构应当通过醒目方式向投资者充分披露和提示产品的投资风险，包括产品投资股票面临的风险以及股票价格波动情况等。

对于商品及金融衍生品类产品，金融机构应当通过醒目方式向投资者充分披露产品的挂钩资产、持仓风险、控制措施以及衍生品公允价值变化等。

对于混合类产品，金融机构应当通过醒目方式向投资者清晰披露产品的投资资产组合情况，并根据固定收益类、权益类、商品及金融衍生品类资产投资比例充分披露和提示相应的投资风险。

十三、主营业务不包括资产管理业务的金融机构应当设立具有独立法人地位的资产管理子公司开展资产管理业务，强化法人风险隔离，暂不具备条件的可以设立专门的资产管理业务经营部门开展业务。

金融机构不得为资产管理产品投资的非标准化债权类资产或者股权类资产提供任何直接或间接、显性或隐性的担保、回购等代为承担风险的承诺。

金融机构开展资产管理业务，应当确保资产管理业务与其他业务相分离，资产管理产品与其代销的金融产品相分离，资产管理产品之间相分离，资产管理业务操作与其他业务操作相分离。

十四、本意见发布后，金融机构发行的资产管理产品资产应当由具有托管资质的第三方机构独立托管，法律、行政法规另有规定的除外。

过渡期内，具有证券投资基金托管业务资质的商业银行可以托管本行理财产品，但应当为每只产品单独开立托管账户，确保资产隔离。过渡期后，具有证券投资基金托管业务资质的商业银行应当设立具有独立法人地位的子公司开展资产管理业务，该商业银行可以托管子公司发行的资产管理产品，但应当实现实质性的独立托管。独立托管有名无实的，由金融监督管理部门进行纠正和处罚。

十五、金融机构应当做到每只资产管理产品的资金单独管理、单独建账、单独核算，不得开展或者参与具有滚动发行、集合运作、分离定价特征的资金池业务。

金融机构应当合理确定资产管理产品所投资资产的期限，加强对期限错配的流动性风险管理，金融监督管理部门应当制定流动性风险管理规定。

为降低期限错配风险，金融机构应当强化资产管理产品久期管理，封闭式资产管理产品期限不得低于90天。资产管理产品直接或者间接投资于非标准化债权类资产的，非标准化债权类资产的终止日不得晚于封闭式资产管理产品的到期日或者开放式资产管理产品的最近一次开放日。

资产管理产品直接或者间接投资于未上市企业股权及其受（收）益权的，应当为封闭式资产管理产品，并明确股权及其受（收）益权的退出安排。未上市企业股权及其受（收）益权的退出日不得晚于封闭式资产管理产品的到期日。

金融机构不得违反金融监督管理部门的规定，通过为单一融资项目设立多只资产管理产品的方式，变相突破投资人数限制或者其他监管要求。同一金融机构发行多只资产管理产品投资同一资产的，为防止同一资产发生风险波及多只资产管理产品，多只资产管理产品投资该资产的资金总规模合计不得超过300亿元。如果超出该限额，需经相关金融监督管理部门批准。

十六、金融机构应当做到每只资产管理产品所投资资产的风险等级与投资者的风险承担能力相匹配，做到每只产品所投资资产构成清晰，风险可识别。

金融机构应当控制资产管理产品所投资资产的集中度：

（一）单只公募资产管理产品投资单只证券或者单只证券投资基金的市值不得超过该资产管理产品净资产的 10%。

（二）同一金融机构发行的全部公募资产管理产品投资单只证券或者单只证券投资基金的市值不得超过该证券市值或者证券投资基金市值的 30%。其中，同一金融机构全部开放式公募资产管理产品投资单一上市公司发行的股票不得超过该上市公司可流通股票的 15%。

（三）同一金融机构全部资产管理产品投资单一上市公司发行的股票不得超过该上市公司可流通股票的 30%。

金融监督管理部门另有规定的除外。

非因金融机构主观因素导致突破前述比例限制的，金融机构应当在流动性受限资产可出售、可转让或者恢复交易的 10 个交易日内调整至符合相关要求。

十七、金融机构应当按照资产管理产品管理费收入的 10% 计提风险准备金，或者按照规定计量操作风险资本或相应风险资本准备。风险准备金余额达到产品余额的 1% 时可以不再提取。风险准备金主要用于弥补因金融机构违法违规、违反资产管理产品协议、操作错误或者技术故障等给资产管理产品财产或者投资者造成的损失。金融机构应当定期将风险准备金的使用情况报告金融管理部门。

十八、金融机构对资产管理产品应当实行净值化管理，净值生成应当符合企业会计准则规定，及时反映基础金融资产的收益和风险，由托管机构进行核算并定期提供报告，由外部审计机构进行审计确认，被审计金融机构应当披露审计结果并同时报送金融管理部门。

金融资产坚持公允价值计量原则，鼓励使用市值计量。符合以下条件之一的，可按照企业会计准则以摊余成本进行计量：

（一）资产管理产品为封闭式产品，且所投金融资产以收取合同现金流量为目的并持有到期。

（二）资产管理产品为封闭式产品，且所投金融资产暂不具备活跃交易市场，或者在活跃市场中没有报价、也不能采用估值技术可靠计量公允价值。

金融机构以摊余成本计量金融资产净值，应当采用适当的风险控制手段，对金融资产净值的公允性进行评估。当以摊余成本计量已不能真实公允反映金融资产净值时，托管机构应当督促金融机构调整会计核算和估值方法。金融机构前期以摊余成本计量的金融资产的加权平均价格与资产管理产品实际兑付时金融资产的价值的偏离度不得达到 5% 或以上，如果偏离 5% 或以上的产品数超过所发行产品总数的 5%，金融机构不得再发行以摊余成本计量金融资产的资产管理产品。

十九、经金融管理部门认定，存在以下行为的视为刚性兑付：

（一）资产管理产品的发行人或者管理人违反真实公允确定净值原则，对产品进行保本保收益。

（二）采取滚动发行等方式，使得资产管理产品的本金、收益、风险在不同投资者之间发生转移，实现产品保本保收益。

（三）资产管理产品不能如期兑付或者兑付困难时，发行或者管理该产品的金融机构自行筹集资金偿付或者委托其他机构代为偿付。

（四）金融管理部门认定的其他情形。

经认定存在刚性兑付行为的，区分以下两类机构进行惩处：

（一）存款类金融机构发生刚性兑付的，认定为利用具有存款本质特征的资产管理产品进行监管套利，由国务院银行保险监督管理机构和中国人民银行按照存款业务予以规范，足额补缴存款准备金和存款保险保费，并予以行政处罚。

（二）非存款类持牌金融机构发生刚性兑付的，认定为违规经营，由金融监督管理部门和中国人民银行依法纠正并予以处罚。

任何单位和个人发现金融机构存在刚性兑付行为的，可以向金融管理部门举报，查证属实且举报内容未被相关部门掌握的，给予适当奖励。

外部审计机构在对金融机构进行审计时，如果发现金融机构存在刚性兑付行为的，应当及时报告金融管理部门。外部审计机构在审计过程中未能勤勉尽责，依法追究相应责任或依法依规给予行政处罚，并将相关信息纳入全国信用信息共享平台，建立联合惩戒机制。

二十、资产管理产品应当设定负债比例（总资产/净资产）上限，同类产品适用统一的负债比例上限。每只开放式公募产品的总资产不得超过该产品净资产的140%，每只封闭式公募产品、每只私募产品的总资产不得超过该产品净资产的200%。计算单只产品的总资产时应当按照穿透原则合并计算所投资资产管理产品的总资产。

金融机构不得以受托管理的资产管理产品份额进行质押融资，放大杠杆。

二十一、公募产品和开放式私募产品不得进行份额分级。

分级私募产品的总资产不得超过该产品净资产的140%。分级私募产品应当根据所投资资产的风险程度设定分级比例（优先级份额/劣后级份额，中间级份额计入优先级份额）。固定收益类产品的分级比例不得超过3:1，权益类产品的分级比例不得超过1:1，商品及金融衍生品类产品、混合类产品的分级比例不得超过2:1。发行分级资产管理产品的金融机构应当对该资产管理产品进行自主管理，不得转委托给劣后级投资者。

分级资产管理产品不得直接或者间接对优先级份额认购者提供保本保收益安排。

本条所称分级资产管理产品是指存在一级份额以上的份额为其他级份额提供一定的风险补偿，收益分配不按份额比例计算，由资产管理合同另行约定的产品。

二十二、金融机构不得为其他金融机构的资产管理产品提供规避投资范围、杠杆约束等监管要求的通道服务。

资产管理产品可以再投资一层资产管理产品，但所投资的资产管理产品不得再投资公募证券投资基金以外的资产管理产品。

金融机构将资产管理产品投资于其他机构发行的资产管理产品，从而将本机构的资产管理产品资金委托给其他机构进行投资的，该受托机构应当为具有专业投资能力和资质的受金融监督管理部门监管的机构。公募资产管理产品的受托机构应当为金融机构，私募资产管理产品的受托机构可以为私募基金管理人。受托机构应当切实履行主动管理职责，不得进行转委托，不得再投资公募证券投资基金以外的资产管理产品。委托机构应当对受托机构开展尽职调查，实行名单制管理，明确规定受托机构的准入标准和程序、责任和义务、存续期管理、利益冲突防范机制、信息披露义务以及退出机制。委托机构不得因委托其他机构投资而免除自身应当承担的责任。

金融机构可以聘请具有专业资质的受金融监督管理部门监管的机构作为投资顾问。投资顾问提供投资建议指导委托机构操作。

金融监督管理部门和国家有关部门应当对各类金融机构开展资产管理业务实行平等准入、给予公平待遇。资产管理产品应当在账户开立、产权登记、法律诉讼等方面享有平等的地位。金融监督管理部门基于风险防控考虑，确实需要对其他行业金融机构发行的资产管理产品采取限制措施的，应当充分征求相关部门意见并达成一致。

二十三、运用人工智能技术开展投资顾问业务应当取得投资顾问资质，非金融机构不得借助智能投资顾问超范围经营或者变相开展资产管理业务。

金融机构运用人工智能技术开展资产管理业务应当严格遵守本意见有关投资者适当性、投资范围、信息披露、风险隔离等一般性规定，不得借助人工智能业务夸大宣传资产管理产品或者误导投资者。金融机构应当向金融监督管理部门报备人工智能模型的主要参数以及资产配置的主要逻辑，为投资者单独设立智能管理账户，充分提示人工智能算法的固有缺陷和使用风险，明晰交易流程，强化留痕管理，严格监控智能管理账户的交易头寸、风险限额、交易种类、价格权限等。金融机构因违法违规或者管理不当造成投资者损失的，应当依法承担损害赔偿责任。

金融机构应当根据不同产品投资策略研发对应的人工智能算法或者程序化交易，避免算法同质化加剧投资行为的顺周期性，并针对由此可能引发的市场波动风险制定应对预案。因算法同质化、编程设计错误、对数据利用深度不够等人工智能算法模型缺陷或者系统异常，导致羊群效应、影响金融市场稳定运行的，金融机构应当及时采取人工干预措施，强制调整或者终止人工智能业务。

二十四、金融机构不得以资产管理产品的资金与关联方进行不正当交易、利益输送、内幕交易和操纵市场，包括但不限于投资于关联方虚假项目、与关联方共同收购上市公司、向本机构注资等。

金融机构的资产管理产品投资本机构、托管机构及其控股股东、实际控制人或者与其有其他重大利害关系的公司发行或者承销的证券，或者从事其他重大关联交易的，应当建立健全内部审批机制和评估机制，并向投资者充分披露信息。

二十五、建立资产管理产品统一报告制度。中国人民银行负责统筹资产管理产品的数据编码和综合统计工作，会同金融监督管理部门拟定资产管理产品统计制度，建立资产管理产品信息系统，规范和统一产品标准、信息分类、代码、数据格式，逐只产品统计基本信息、募集信息、资产负债信息和终止信息。中国人民银行和金融监督管理部门加强资产管理产品的统计信息共享。金融机构应当将含债权投资的资产管理产品信息报送至金融信用信息基础数据库。

金融机构于每只资产管理产品成立后 5 个工作日内，向中国人民银行和金融监督管理部门同时报送产品基本信息和起始募集信息；于每月 10 日前报送存续期募集信息、资产负债信息，于产品终止后 5 个工作日内报送终止信息。

中央国债登记结算有限责任公司、中国证券登记结算有限公司、银行间市场清算所股份有限公司、上海票据交易所股份有限公司、上海黄金交易所、上海保险交易所股份有限公司、中保保险资产登记交易系统有限公司于每月 10 日前向中国人民银行和金融监督管理部门同时报送资产管理产品持有其登记托管的金融工具的信息。

在资产管理产品信息系统正式运行前，中国人民银行会同金融监督管理部门依据统计制度拟定统一的过渡期数据报送模板；各金融监督管理部门对本行业金融机构发行的资产管理产品，于每月 10 日前按照数据报送模板向中国人民银行提供数据，及时沟通跨行业、跨市场的重大风险信息和事项。

中国人民银行对金融机构资产管理产品统计工作进行监督检查。资产管理产品统计的具体制度由中国人民银行会同相关部门另行制定。

二十六、中国人民银行负责对资产管理业务实施宏观审慎管理，会同金融监督管理部门制定资产管理业务的标准规制。金融监督管理部门实施资产管理业务的市场准入和日常监管，加强投资者保护，依照本意见会同中国人民银行制定出台各自监管领域的实施细则。

本意见正式实施后，中国人民银行会同金融监督管理部门建立工作机制，持续监测资产管理业务的发展和风险状况，定期评估标准规制的有效性和市场影响，及时修订完善，推动资产管理行业持续健康发展。

二十七、对资产管理业务实施监管遵循以下原则：

（一）机构监管与功能监管相结合，按照产品类型而不是机构类型实施功能监管，同一类型的资产管理产品适用同一监管标准，减少监管真空和套利。

（二）实行穿透式监管，对于多层嵌套资产管理产品，向上识别产品的最终投资者，向下识别产品的底层资产（公募证券投资基金除外）。

（三）强化宏观审慎管理，建立资产管理业务的宏观审慎政策框架，完善政策工具，从宏观、逆周期、跨市场的角度加强监测、评估和调节。

（四）实现实时监管，对资产管理产品的发行销售、投资、兑付等各环节进行全面动态监管，建立综合统计制度。

二十八、金融监督管理部门应当根据本意见规定，对违规行为制定和完善处罚规则，依法实施处罚，并确保处罚标准一致。资产管理业务违反宏观审慎管理要求的，由中国人民银行按照法律法规实施处罚。

二十九、本意见实施后，金融监督管理部门在本意见框架内研究制定配套细则，配套细则之间应当相互衔接，避免产生新的监管套利和不公平竞争。按照“新老划断”原则设置过渡期，确保平稳过渡。过渡期为本意见发布之日起至 2020 年底，对提前完成整改的机构，给予适当监管激励。过渡期内，金融机构发行新产品应当符合本意见的规定；为接续存量产品所投资的未到期资产，维持必要的流动性和市场稳定，金融机构可以发行老产品对接，但应当严格控制在存量产品整体规模内，并有序压缩递减，防止过渡期结束时出现断崖效应。金融机构应当制定过渡期内的资产管理业务整改计划，明确时间进度安排，并报送相关金融监督管理部门，由其认可并监督实施，同时报备中国人民银行。过渡期结束后，金融机构的资产管理产品按照本意见进行全面规范（因子公司尚未成立而达不到第三方独立托管要求的情形除外），金融机构不得再发行或存续违反本意见规定的资产管理产品。

三十、资产管理业务作为金融业务，属于特许经营行业，必须纳入金融监管。非金融机构不得发行、销售资产管理产品，国家另有规定的除外。

非金融机构违反上述规定，为扩大投资者范围、降低投资门槛，利用互联网平台等公开宣传、分拆销售具有投资门槛的投资标的、过度强调增信措施掩盖产品风险、设立产品二级交易市场等行为，按照国家规定进行规范清理，构成非法集资、非法吸收公众存款、非法发行证券的，依法追究法律责任。非金融机构违法违规开展资产管理业务的，依法予以处罚；同时承诺或进行刚性兑付的，依法从重处罚。

三十一、本意见自发布之日起施行。

本意见所称“金融管理部门”是指中国人民银行、国务院银行保险监督管理机构、国务院证券监督管理机构和国家外汇管理局。“发行”是指通过公开或者非公开方式向资产管理产品的投资者发出认购邀约，进行资金募集的活动。“销售”是指向投资者宣传推介资产管理产品，办理产品申购、赎回的活动。“代理销售”是指接受合作机构的委托，在本机构渠道向投资者宣传推介、销售合作机构依法发行的资产管理产品的活动。

2018 年 4 月 27 日

# 中国银监会关于进一步深化整治银行业市场乱象的通知

银监发［2018］4号

各银监局，机关各部门，各政策性银行、大型银行、股份制银行，邮储银行，外资银行，金融资产管理公司：

为全面贯彻落实党的十九大、中央经济工作会议和全国金融工作会议精神，坚决打好防范化解重大风险攻坚战，银监会决定进一步深化整治银行业市场乱象。现将有关事项通知如下：

## 一、全面开展评估工作

各银行业金融机构和各级监管机构要高度重视，周密安排，精心组织，成立领导小组，层层实行“一把手”负责制，并结合实际制定工作实施方案，确保组织到位、推进到位、落实到位。要全面评估2017年已开展的“三三四十”、信用风险专项排查、“两会一层”风控责任落实等专项治理工作，对照2018年整治银行业市场乱象工作要点，梳理本机构、本部门、本地区存在的突出问题和风险隐患。各银行业金融机构重点评估自查是否全面深入、问题是否真实准确、整改是否及时彻底、问责是否严格到位、发现的风险是否有效化解、制度短板是否得到弥补、制度执行力是否得到加强以及当前仍存在哪些突出问题等。各级监管机构重点评估是否存在检查不深不透、应查未查、发现问题隐瞒不报、应罚未罚及处罚偏松偏软等问题和下一步监管重点，形成“整改—评估—整改”的工作机制。

## 二、统筹推进各项工作

（一）坚持即查即改。各银行业金融机构要把整治银行业市场乱象作为一项常态化的重点工作，与业务经营管理、体制机制改革、合规文化建设等相结合，同研究、同部署、同落实。要切实履行主体责任，将整治乱象转化为内控管理自觉行为，边排查边整改，边问责边教育，边规范边提升，真正敬畏规则、合规经营。

（二）开展现场检查。各级监管机构要把整治银行业市场乱象作为现场检查的重点，突出问题导向和风险导向，结合日常监管情况，找准重点机构、重点风险和重点业务，统筹确定检查对象、范围和比例，有的放矢，精准发力。要注重专项检查与常规检查相结合，采取“双随机”方式，切实提升检查的针对性和有效性。

（三）加强督促指导。银监会各机构监管部和各银监局要按照工作职责，加强对本条线、本地区重点机构和重点业务的督促指导，原则上全年不少于 2 次。对督导发现存在不重视、行动慢、落实差、甚至搞形式主义等情况，要严肃通报、追责问责。银监会将于 2018 年下半年组织专门工作小组对重点地区进行督导，总结交流经验，及时纠正解决方案不细、情况不清、乱象较多、案件多发频发、处罚偏松偏软等问题。

## 三、切实规范各类报告

### （一）评估报告

1. 报告路径和时间要求

各银行业金融机构法人应在汇总分支机构评估情况基础上，于 2018 年 3 月 10 日前将评估报告报送监管部门。其中，银监会直接监管的全国性银行业金融机构报送至对口的机构监管部门，同时抄送现场检查局、审慎局和法规部；各地方法人机构报送至属地银监局。

各银监局要汇总辖内机构情况和自我评估情况，于 2018 年 3 月 20 日前将辖内汇总评估报告报送至现场检查局，同时抄送审慎局和法规部，并按机构类别汇总相关报告报送至对口的机构监管部门。

各机构监管部要按机构类别汇总本条线评估情况，于 2018 年 3 月底前将评估报告报送分管会领导，同时抄送现场检查局、审慎局和法规部。

2. 报告内容。报告应简要概括，突出重点，内容包括但不限于：2017 年已开展的专项治理工作评估情况，包括发现的主要问题、问题处置和风险化解情况、整改和问责情况、治理工作存在的不足等；当前存在的主要问题或风险隐患；下一步工作措施等。

### （二）工作报告

1. 报告路径和时间要求

各银行业金融机构应分别于 2018 年 6 月 10 日前和 12 月 10 日前报送阶段性工作报告和年度工作报告及附表，报告路径同上。

各银监局应认真开展现场检查，并督促指导辖内机构开展整治工作，分别于2018年6月20日前和12月20日前报送阶段性工作报告和年度工作报告、附表及1～2个典型案例，报告路径同上。

各机构监管部应扎实开展督导督查，并汇总本条线机构工作情况，分别于2018年6月底前和12月底前报送阶段性报告和年度报告及附表。

现场检查局应于2018年7月10日前和2019年1月10日前分别完成汇总并上报。

2. 报告内容。包括但不限于：组织实施情况；发现的主要问题和风险隐患；采取的工作措施及成效；下一步计划和意见建议等。

整治工作期间发现的重大风险和重大问题，各银行业金融机构和各级监管机构要及时报告。

## 四、依法严肃处罚问责

各银行业金融机构要建立问题台账，逐一落实整改，明确时限、责任到人，并严格按照党纪、政纪和内部规章进行问责。各级监管机构要及时采取监管措施予以纠正，对严重违法违规行为、屡查屡犯问题、重大案件和风险事件，要依法处罚问题机构和责任人。各级监管机构要严肃各项纪律，严格按照中央“八项规定”和纠正“四风”要求，自觉遵守各项制度规定，依法廉洁开展工作，规范监管行为，防范道德风险。对违反纪律的行为，各级纪检监察部门要坚决纠正，严肃查处。

2018年1月12日

附件1：

## 进一步深化整治银行业市场乱象的意见

为深入贯彻落实党的十九大、中央经济工作会议和全国金融工作会议精神，把主动防范化解金融风险放在更加重要的位置，持续推动整治银行业市场乱象向纵深发展，切实规范银行业经营行为，严守不发生系统性金融风险的底线，现提出以下工作意见。

一、提高思想认识

各银行业金融机构和各级监管机构要准确把握习近平新时代中国特色社会主义思想的理论精髓，充分认识到金融安全事关国家安全、事关治国理政，充分认识到整治市场乱象是防范系统性金融风险的重要内容，充分认识到深化整治银行业市场乱象的长期性、复杂性和艰巨性。要在思想上政治上行动上与以习近平同志为核心的党中央保持高度一致，不折不扣落实党中央、国务院关于金融工作的决策部署，以深化整治银行业市场乱象为重要抓手，切实回归服务实体经济本源，坚决打好防范化解重大风险攻坚战。

二、明确工作目标

各银行业金融机构和各级监管机构要通过深化整治银行业市场乱象，使违法违规问题突出、大案要案高发频发的势头得到有效遏制；使促进资金脱虚向实、回归服务实体经济本源的基础得到切实巩固；使银行业专注主业、实现差异化发展的态势得到加强延续；使依法合规展业、稳健经营发展的文化得到培育深植。

三、深化问题导向

各银行业金融机构和各级监管机构要把发现问题和解决问题作为深化整治银行业市场乱象的出发点和落脚点，紧盯问题多的机构、乱象多的区域、风险集中的业务领域。要坚持"靶向"治疗和重点整治，什么问题查得不彻底就查什么、什么乱象最突出就整治什么、什么方面整改不到位就整改什么、什么责任没有落实就问责什么，着力祛除市场乱象"顽疾"。

四、突出整治重点

各银行业金融机构和各级监管机构要抓住服务实体经济这个根本，严查资金脱实向虚在金融体系空转的行为，严查"阳奉阴违"或选择性落实宏观调控政策和监管要求的行为，积极贯彻新发展理念，形成金融和实体经济、金融和房地产、金融体系内部的良性循环。要抓住完善公司治理这个基础，把整治重点放在规范股东行为、加强股权管理、推动"三会一层"依法合规运作等方面。要抓住影子银行及交叉金融产品风险这个重点，严查同业、理财、表外等业务层层嵌套，业务发展速度与内控和风险管理能力不匹配，违规加杠杆、加链条、监管套利等行为。要抓住依法合规经营这个着力点，坚决根治普遍存在的合规意识淡薄、制度缺失、屡查屡犯等问题痼疾。要抓住金融消费者权益这个关键，严查乱设机构、乱办业务、违法违规销售、利益输送等行为，加强信息披露和金融产品适当性管理，规范市场竞争秩序，切实保障消费者合法权益，维护公众信心。

五、严查案件风险

案件风险是银行业市场乱象最集中、最典型、最突出的表现形式。各级监管机构要按照"一案一策、分类处置、标本兼治"的工作思路，严肃查处银行业案件和重大风险事件。要督促案发机构及时启动应急处置措施及内部问责机制，严肃处理，严肃问责。要按照"一案三查、上追两级"的要求，对案发机构和涉案机构依法处罚问责，同时综合使用审慎监管措施，让违法违规的机构和人员都要付出代价，切实维护银行业良好秩序。要坚持以公开为常态、不公开为例外，按照有关规定及时公布处罚情况，切实发挥"处罚一个、震慑一片"的警示作用。

六、落实主体责任

各银行业金融机构要压实深化整治银行业市场乱象的主体责任。要把加强党的领导贯穿于全过程，党委会要将深化整治银行业市场乱象作为重大决策，专题研究、专题部署；纪委要全程监督纪律执行和任务落实，按照党纪、政纪和内部规章，加大对违法违规人员的问责力度，切实解决内部问责流于形式、处理浮于表面的问题。董事会要担负起最终责任，董事长是第一责任人；高管层要担负起执行责任；监事会要担负起监督责任；上级机构要担负起管理责任，真正使铁的制度、铁的纪律得到铁的执行。

七、把握力度节奏

各银行业金融机构和各级监管机构要坚持稳中求进，在守住不发生系统性金融风险的底线上求稳，在处置违法违规问题、重大案件和高风险事件上求进，坚决整治各类扰乱银行业市场秩序的乱象。要循序渐进，密切关注宏观形势和市场变化，把握好力度和节奏，制定阶段性目标，防止出现政策叠加和力度叠加，防范“处置风险的风险”。要新老划断，对于存量业务，区分问题性质、产生原因和造成后果等情况，给予一定的消化期和过渡期，差别化处置；对于整治银行业市场乱象工作开展以后（2017 年 5 月 1 日后）的新增业务，严格按照法律法规进行规范，依法查处。要分类施策，坚持自查自纠从宽、监管发现从严，对主动发现、主动处置、主动作为的提高监管容忍度；对监管发现、主观恶意、性质恶劣、情节严重的依法从严处罚，特别是对重大案件和风险事件，依法予以顶格处罚。

八、履行监管责任

各级监管机构要坚持“监管姓监”，依法监管，从严监管，廉洁监管，形成有风险没有及时发现就是失职、发现风险没有及时提示和处置就是渎职的严肃监管氛围。要坚持全面监管，既要管传统业务，也要管创新业务；既要管有牌照的违法违规行为，也要管“无牌经营”。对于存在制度短板或监管“盲区”的，要及时弥补、及时纠正，增强监管规则的科学性、针对性。要坚持执法必严、违法必究，严格执行法律、法规和纪律，做到没收违法所得与罚款并重、处罚机构与处罚人员并举，对于涉及其他金融监管部门职责的依法移送相关部门，涉嫌违法犯罪的依法移送司法机关，着力解决监管问责不到位、偏松偏软和区域差异较大等突出问题。各级纪检监察部门要切实发挥监督作用，对监管职责履行不到位、监管权力行使不规范、监管问责处罚不严不实的机构或部门，严格依规依纪进行问责处理。

九、形成监管合力

各级监管机构要强化并表监管，突出功能监管和行为监管，明确各自责任。机构监管部门要加强督导督查；功能和规制监管部门要加强政策指导、数据支持、法律保障和技术支撑；各银监局要扎实开展本辖区的检查和督导工作；各级纪检监察部门要加强整治工作期间的监督执纪问责；各级巡视部门要将深化整治银行业市场乱象作为政治巡视的重要内容。要充分发挥监管、监察和巡视的综合效应，发挥理财登记托管中心、银行业信贷资产登记流转中心、信托登记公司等机构作用，发挥信访、投诉、举报、舆情等社会监督功能，综合运用审慎监管措施、机构监管评级、高管履职评价、行政处罚以及移送司法等手段，加强同银行业金融机构各协会、机构内审部门和外部审计机构的沟通联动，不断增强监管有效性。要自觉服从国务院金融稳定发展委员会的领导，加强与其他金融监管部门的监管协作，强化监管合力。

十、建立长效机制

各银行业金融机构要以深化整治银行业市场乱象为切入点，严格自查自纠，弥补内部控制失效、风险管理不力、制度建设和执行力严重不足的短板，纠正片面追求规模扩张、高速发展的粗放式经营理念，注重向管理要效益、向质量要效益、向服务要效益，真正形成“不能违规、不敢违规、不愿违规”的合规文化。各级监管机构要以深化整治银行业市场乱象为突破口，进一步补齐监管制度短板，形成以制度管业务、以制度管机构、以制度管人员的良好机制，切实解决产生乱象的体制机制问题，进一步优化银行业健康发展的生态环境。

附件2：

## 2018年整治银行业市场乱象工作要点

一、公司治理不健全

1. 股东与股权方面。股东资质不符合规定条件；股东虚假出资、出资不实、抽逃或变相抽逃出资；股东入股资金来源不符合要求，以委托资金、债务资金或其他非自有资金入股；股东委托他人或接受他人委托持有银行股权，存在隐形股东、股权代持等现象；未经批准超比例持有银行股权，或股东及其控股股东、实际控制人、关联方、一致行动人、最终受益人等通过隐瞒、欺骗等不正当手段超比例持有银行股权；违规持有多家商业银行股权；股东不作为，未履行规定的义务；股东乱作为，频繁变更或违规变更股权，或挪用银行资金进行股权交易和并购活动，或滥用权利损害商业银行、存款人、其他股东利益；主要股东直接干预银行经营管理，进行利益输送等。

2. 履职与考评方面。“三会一层”履职不到位，股东大会未有效发挥管控作用，董事会缺乏对战略定位、风险偏好、业务发展速度和规模的合理控制，监事会对董事会与高管层的监督职能未充分发挥，董事会和监事会人员缺位现象突出；董事会下设审计委员会、关联交易控制委员会、薪酬与考核委员会等专业委员会形同虚设，未实际履职或履职不到位、不充分；绩效考评指标设置不合理，合规经营类指标和风险管理类指标权重低于其他类指标，或业务指标层层加码；设立时点性存款规模考评指标，或设定以存款市场份额、排名或同业比较为要求的考评指标；绩效薪酬的延期支付比例不合规，或未能与业务的风险持续时期相匹配，或违规提前支付等。

3. 从业资质方面。董事、高级管理人员未经监管部门核准任职资格而履职；风险总监、合规总监、内审及财务负责人等需要任职资格核准的人员未取得任职资格而履职；董事、高级管理人员任职资格条件发生重大变化导致其不再符合任职资格条件或影响正常履职的，未主动向监管部门报告并采取相应措施等。

二、违反宏观调控政策

4. 违反信贷政策。违规将表内外资金直接或间接、借道或绕道投向股票市场、“两高一剩”等限制或禁止领域，特别是失去清偿能力的“僵尸企业”；违规为地方政府提供债务融资，放大政府性债务；违规为环保排放不达标、严重污染环境且整改无望的落后企业提供授信或融资；违规为固定资产投资项目提供资本金，或向不符合条件的固定资产投资项目提供融资，导致资金滞留或闲置；不尽职审查和管理，导致用于支持棚户区改造、精准扶贫、乡村振兴战略等民生领域的贷款被侵占或挪用；人为调整企业标准形态，规避小微企业贷款指标等。

5. 违反房地产行业政策。直接或变相为房地产企业支付土地购置费用提供各类表内外融资，或以自身信用提供支持或通道；向“四证”不全、资本金未足额到位的商业性房地产开发项目提供融资；发放首付不合规的个人住房贷款；以充当筹资渠道或放款通道等方式，直接或间接为各类机构发放首付贷等行为提供便利；综合消费贷款、个人经营性贷款、信用卡透支等资金用于购房等。

三、影子银行和交叉金融产品风险

6. 违规开展同业业务。同业治理改革不到位；违规突破监管比例规定或期限控制开展同业业务；违规通过与银行、证券、保险、信托、基金等机构合作，隐匿资金来源和底层资产，未按照“穿透式”和“实质重于形式”原则进行风险管理并足额计提资本及拨备，或未将最终债务人纳入统一授信和集中度风险管控；同业投资违规多层嵌套，存在隐匿最终投向、突破投资范围与杠杆限制、期限错配等情形；同业业务接受或提供了直接或间接、显性或隐性的第三方金融机构信用担保，或违规签订“抽屉协议”“阴阳合同”、兜底承诺等；违规通过同业业务充当他行资金管理“通道”，未履行风险管理职责，不掌握底层基础资产信息和实际风险承担情况等。

7. 违规开展理财业务。理财治理改革不完善、不到位；自营业务和代客理财业务未设置风险隔离；理财产品间未实现单独管理、建账和核算，违规开展滚动发行、集合运作、分离定价的资金池理财业务；利用本行自有资金购买本行发行的理财产品，本行信贷资金为本行理财产品提供融资或担保；违规通过发放自营贷款承接存在偿还风险的理财投资业务；理财产品直接投资信贷资产，直接或间接对接本行信贷资产收益权；为非标准化债权资产或股权性融资提供直接或间接、显性或隐性的担保或回购承诺；理财资金投资非标准化债权资产的余额超过监管规定；理财资金通过信托产品投资于权益类金融产品或具备权益类特征的金融产品，但未严格执行合格投资者标准等。

8. 违规开展表外业务。未制定划分表外业务和表内业务的严格统一标准，存在故意模糊界限、随意腾挪的行为；违规开展跨业通道业务，利用各类信托计划、资管计划、委托贷款等，规避资金投向、资产分类、拨备计提、资本占用等监管规定或将表内资产虚假出表；存在名义上为银行代销资管产品，实际上由代销银行主导相关项目，并签订隐性回购条款承担实质风险，或在出现风险后以自营资金承接代销业务风险资产；接受委托人为金融资产管理公司和经营贷款机构的委托贷款业务申请；违规开展资金来源或资金用途不符合规定的委托贷款；委托贷款和自营业务未严格隔离风险，或未实行分账核算、分级授权管理；以信贷资产或资管产品为基础资产，通过特定目的载体以打包、分层、份额化销售等方式，在银行间市场、证券交易所市场以外的场所发行类资产证券化产品，实现资产非洁净出表并减少资本计提等。

9. 违规开展合作业务。选择交易合作对手不审慎，未按规定建立合作机构名单制；与非金融机构开展合作时，存在未有效履行资质审查、尽职调查及后续监督义务等情形；违规开展信托目的违法违规的银信类业务；违规与类金融机构、非持牌金融机构等开展合作；违规与非法中介公司开展业务；违规接受未取得融资担保业务经营许可证的第三方机构提供担保、增信服务以及兜底承诺等变相增信服务；违规为无放贷业务资质的机构提供资金发放贷款，或与无放贷业务资质的机构共同出资发放贷款；违规直接或变相投资以“现金贷”“校园贷”“首付贷”等为基础资产发售的类证券化产品或其他产品等。

四、侵害金融消费者权益

10. 不当销售。假借所属机构名义私自推介、销售未经审批产品的私售“飞单”行为；擅自修改上级单位合同文本，或改造、变造上级单位发行的产品并违规进行销售；代销金融监管机构监管范围外的、不持有金融牌照的机构发行的产品；将代销产品与存款或自身发行的理财产品混淆销售，或允许非本行人员在营业网点从事产品宣传推介、销售等活动；销售理财产品时，承诺回报、虚假宣传、掩饰风险、误导客户；强制捆绑、搭售或诱导客户购买与其风险承受能力不相符合的产品；违背“双录”要求；违规代客操作等。

11. 不当收费。存在以贷转存、存贷挂钩、以贷收费、浮利分费、借贷搭售收费、一浮到顶、转嫁成本等七类附加不合理贷款条件的违法违规行为；违规对小微企业收取承诺费或资金管理费；只收费不服务或其他质价不符的行为等。

五、利益输送

12. 向股东输送利益。违规为股东的融资行为提供显性或隐性担保；直接通过或借道同业、理财、表外等业务，突破比例限制或违反规定向股东提供资金；直接或变相接受本机构股权质押套取资金；股东质押本机构股权数量达到或超过其持有本机构股权的50%时，未对其在股东大会和派出董事在董事会上的表决权进行限制；为股东提供的产品、服务等支付明显高出市场公允价格的费用等。

13. 向关系人员输送利益。直接或变相向关系人发放信用贷款，或员工以优于其他同类客户条件获取本行贷款；以低于同等条件，招收或调入客户的亲属或子女；存在“吃空额”或变相“吃空额”问题，或给关系人员显失公允的薪酬福利待遇；公款存放主体相关负责人员的配偶、子女及其配偶和其他直接利益相关人员为银行业金融机构员工的，未按规定实行回避；对大客户、大企业、大机构相关负责人进行变相商业贿赂等。

六、违法违规展业

14. 未经审批设立机构并展业。未经批准设立分支机构、网点，包括异地事业部、业务部、管理部、代表处、办事处、业务中心、客户中心、经营团队等，并从事业务活动；村镇银行跨经营区域发放贷款、办理票据承兑与贴现（不含转贴现）业务；分支机构或专营机构超法定范围开展业务；超范围授权分支机构开展同业、票据业务等。

15. 违规开展存贷业务。虚存虚贷；授信集中度管理不力，存在多头授信、过度授信、不适当分配授信额度等情形；超授权额度审批并发放贷款；贷款三查严重不尽职，接受壳公司贷款、重复抵质押、虚假抵质押、违规担保；以代销名义向不符合贷款条件的企业进行融资；违规发放流动资金贷款用于固定资产投资或股权投资；违规通过第三方中介、返利、延迟支付、以贷转存、以贷开票等方式吸存；违规通过理财产品、同业业务倒存，虚增存款规模等。

16. 违规开展票据业务。违规办理无真实贸易背景银行承兑汇票业务；滚动循环签发银行承兑汇票，以票吸存，虚增资产负债规模；违规办理不与交易对手面签、不见票据、不出资金、不背书的票据转贴现“清单交易”业务；违规通过“即期卖断 + 买入返售 + 远期买断”、假买断或卖断、附回购承诺、逆程序操作等方式，规避监管要求；违规办理商业票据业务；违规将票据资产转为资管计划，以投资代替贴现，减少资本计提；违规与票据中介、资金掮客合作开展票据业务或票据交易等。

17. 违规掩盖或处置不良资产。资产质量分类严重失真，或人为调整分类掩盖不良；违规通过重组贷款、虚假盘活、过桥贷款、以贷收贷、签订抽屉协议或回购协议等掩盖资产质量；通过各类资管计划违规转让等方式实现不良资产非洁净出表或虚假出表；利用空壳公司或设立其他平台与关联账户融资承接不良贷款；将正常和关注类贷款与不良资产一起打包处置，或附带回购协议打包处置不良资产等。

七、案件与操作风险

18. 员工管理不到位。内外勾结盗用、挪用、套取银行或客户资金；从事非法金融活动，或利用机构名义为非法金融活动提供资金、服务等；利用职权违法违规对外担保；参与民间借贷、非法集资、充当资金掮客、经商办企业或在企业兼职等；未制定或认真执行定期轮岗、强制休假的规定；员工准入和问责不严助推“带病”流动等。

19. 内控管理不到位。违规开立同业账户，或将同业账户出租给第三方使用；未向交易对手的一级法人核实授权真实情况；违规让他人随意进出和使用营业场所或办公场所；违规让他人在营业场所或办公场所开展非法金融业务；违反规定或管理不善造成关键印章失窃、遗失或被盗用；违反规定刻制印章、私自携带印章外出或未经审批在办公场所外使用印章等。

20. 案件查处不到位。案件信息报送不及时，迟报、瞒报、漏报相关信息；应急处置措施不到位，导致资金、资产损失和声誉风险；案件调查不深入，对作案手段、发案原因未查实、不深究；处罚问责力度与案件危害程度不匹配，监管处罚和机构内部问责宽松软，涉嫌刑事案件但未主动移送司法机关；风险排查走过场，后续整改流于形式，同质同类案件反复发生等。

八、行业廉洁风险

21. 业务经营方面。员工利用职务上的便利索取、收受贿赂，或违反国家规定索取、收受各种名义的回扣、手续费；在授信条件、业务审批、合作机构资质、交易对手选择、采购或外包业务招投标等环节设租寻租；放松条件为他人提供融资便利或协助他人从其他金融机构获取融资，以此为个人或关系人谋利；采取不正当竞争方式，甚至欺骗、行贿、其他方面利益交换和远期利益输送等方式获取存款；变相提高实体经济融资成本，以获取不当经营收入等。

22. 信息管理方面。违法违规查询、获取、使用、泄露、出售客户信息或商业秘密，以谋取私利；利用职责便利获取内幕信息、参与内幕交易；违规披露或泄露相关信息，造成负面影响甚至引发声誉风险等。

此外，监管履职方面。超越法定权限或违反法定程序实施监管行为；对发现的违法违规行为未依法予以处理，或在查处中滥用自由裁量权或选择性执法；无正当理由未在规定时限内办结行政许可等监管事项；在监管工作中隐瞒欺骗、弄虚作假，或有不廉洁行为；在监管工作中出现重大失误，造成重大影响或严重损失等。

# 商业银行股权管理暂行办法

中国银行业监督管理委员会令 2018 年第 1 号
自 2018 年 1 月 5 日起施行

## 第一章 总 则

**第一条** 为加强商业银行股权管理，规范商业银行股东行为，保护商业银行、存款人和其他客户的合法权益，维护股东的合法利益，促进商业银行持续健康发展，根据《中华人民共和国公司法》《中华人民共和国银行业监督管理法》《中华人民共和国商业银行法》等法律法规，制定本办法。

**第二条** 本办法适用于中华人民共和国境内依法设立的商业银行。法律法规对外资银行变更股东或调整股东持股比例另有规定的，从其规定。

**第三条** 商业银行股权管理应当遵循分类管理、资质优良、关系清晰、权责明确、公开透明原则。

**第四条** 投资人及其关联方、一致行动人单独或合计拟首次持有或累计增持商业银行资本总额或股份总额百分之五以上的，应当事先报银监会或其派出机构核准。对通过境内外证券市场拟持有商业银行股份总额百分之五以上的行政许可批复，有效期为六个月。审批的具体要求和程序按照银监会相关规定执行。

投资人及其关联方、一致行动人单独或合计持有商业银行资本总额或股份总额百分之一以上、百分之五以下的，应当在取得相应股权后十个工作日内向银监会或其派出机构报告。报告的具体要求和程序，由银监会另行规定。

**第五条** 商业银行股东应当具有良好的社会声誉、诚信记录、纳税记录和财务状况，符合法律法规规定和监管要求。

**第六条** 商业银行的股东及其控股股东、实际控制人、关联方、一致行动人、最终受益人等各方关系应当清晰透明。

股东与其关联方、一致行动人的持股比例合并计算。

**第七条** 商业银行股东应当遵守法律法规、监管规定和公司章程，依法行使股东权利，履行法定义务。

商业银行应当加强对股权事务的管理，完善公司治理结构。

银监会及其派出机构依法对商业银行股权进行监管，对商业银行及其股东等单位和人员的相关违法违规行为进行查处。

**第八条** 商业银行及其股东应当根据法律法规和监管要求，充分披露相关信息，接受社会监督。

**第九条** 商业银行、银监会及其派出机构应当加强对商业银行主要股东的管理。

商业银行主要股东是指持有或控制商业银行百分之五以上股份或表决权，或持有资本总额或股份总额不足百分之五但对商业银行经营管理有重大影响的股东。

前款中的“重大影响”，包括但不限于向商业银行派驻董事、监事或高级管理人员，通过协议或其他方式影响商业银行的财务和经营管理决策以及银监会或其派出机构认定的其他情形。

## 第二章 股东责任

**第十条** 商业银行股东应当严格按照法律法规和银监会规定履行出资义务。

商业银行股东应当使用自有资金入股商业银行，且确保资金来源合法，不得以委托资金、债务资金等非自有资金入股，法律法规另有规定的除外。

**第十一条** 主要股东入股商业银行时，应当书面承诺遵守法律法规、监管规定和公司章程，并就入股商业银行的目的作出说明。

**第十二条** 商业银行股东不得委托他人或接受他人委托持有商业银行股权。

商业银行主要股东应当逐层说明其股权结构直至实际控制人、最终受益人，以及其与其他股东的关联关系或者一致行动关系。

**第十三条** 商业银行股东转让所持有的商业银行股权，应当告知受让方需符合法律法规和银监会规定的条件。

**第十四条** 同一投资人及其关联方、一致行动人作为主要股东参股商业银行的数量不得超过 2 家，或控股商业银行的数量不得超过 1 家。

根据国务院授权持有商业银行股权的投资主体、银行业金融机构，法律法规另有规定的主体入股商业银行，以及投资人经银监会批准并购重组高风险商业银行，不受本条前款规定限制。

**第十五条** 同一投资人及其关联方、一致行动人入股商业银行应当遵守银监会规定的持股比例要求。

**第十六条** 商业银行主要股东及其控股股东、实际控制人不得存在下列情形：

（一）被列为相关部门失信联合惩戒对象；

（二）存在严重逃废银行债务行为；

（三）提供虚假材料或者作不实声明；

（四）对商业银行经营失败或重大违法违规行为负有重大责任；

（五）拒绝或阻碍银监会或其派出机构依法实施监管；

（六）因违法违规行为被金融监管部门或政府有关部门查处，造成恶劣影响；

（七）其他可能对商业银行经营管理产生不利影响的情形。

**第十七条** 商业银行主要股东自取得股权之日起五年内不得转让所持有的股权。

经银监会或其派出机构批准采取风险处置措施、银监会或其派出机构责令转让、涉及司法强制执行或者在同一投资人控制的不同主体之间转让股权等特殊情形除外。

**第十八条** 商业银行主要股东应当严格按照法律法规、监管规定和公司章程行使出资人权利，履行出资人义务，不得滥用股东权利干预或利用其影响力干预董事会、高级管理层根据公司章程享有的决策权和管理权，不得越过董事会和高级管理层直接干预或利用影响力干预商业银行经营管理，进行利益输送，或以其他方式损害存款人、商业银行以及其他股东的合法权益。

**第十九条** 商业银行主要股东应当根据监管规定书面承诺在必要时向商业银行补充资本，并通过商业银行每年向银监会或其派出机构报告资本补充能力。

**第二十条** 商业银行主要股东应当建立有效的风险隔离机制，防止风险在股东、商业银行以及其他关联机构之间传染和转移。

**第二十一条** 商业银行主要股东应当对其与商业银行和其他关联机构之间董事会成员、监事会成员和高级管理人员的交叉任职进行有效管理，防范利益冲突。

**第二十二条** 商业银行股东应当遵守法律法规和银监会关于关联交易的相关规定，不得与商业银行进行不当的关联交易，不得利用其对商业银行经营管理的影响力获取不正当利益。

**第二十三条** 商业银行股东质押其持有的商业银行股权的，应当遵守法律法规和银监会关于商业银行股权质押的相关规定，不得损害其他股东和商业银行的利益。

**第二十四条** 商业银行发生重大风险事件或重大违法违规行为，被银监会或其派出机构采取风险处置或接管等措施的，股东应当积极配合银监会或其派出机构开展风险处置等工作。

**第二十五条** 金融产品可以持有上市商业银行股份，但单一投资人、发行人或管理人及其实际控制人、关联方、一致行动人控制的金融产品持有同一商业银行股份合计不得超过该商业银行股份总额的百分之五。

商业银行主要股东不得以发行、管理或通过其他手段控制的金融产品持有该商业银行股份。

## 第三章 商业银行职责

**第二十六条** 商业银行董事会应当勤勉尽责，并承担股权事务管理的最终责任。

商业银行董事长是处理商业银行股权事务的第一责任人。董事会秘书协助董事长工作，是处理股权事务的直接责任人。

董事长和董事会秘书应当忠实、诚信、勤勉地履行职责。履职未尽责的，依法承担法律责任。

**第二十七条** 商业银行应当建立和完善股权信息管理系统和股权管理制度，做好股权信息登记、关联交易管理和信息披露等工作。

商业银行应当加强与股东及投资者的沟通，并负责与股权事务相关的行政许可申请、股东信息和相关事项报告及资料报送等工作。

**第二十八条** 商业银行应当将关于股东管理的相关监管要求、股东的权利义务等写入公司章程，在公司章程中载明下列内容：

（一）股东应当遵守法律法规和监管规定；

（二）主要股东应当在必要时向商业银行补充资本；

（三）应经但未经监管部门批准或未向监管部门报告的股东，不得行使股东大会召开请求权、表决权、提名权、提案权、处分权等权利；

（四）对于存在虚假陈述、滥用股东权利或其他损害商业银行利益行为的股东，银监会或其派出机构可以限制或禁止商业银行与其开展关联交易，限制其持有商业银行股权的限额、股权质押比例等，并可限制其股东大会召开请求权、表决权、提名权、提案权、处分权等权利。

**第二十九条** 商业银行应当加强对股东资质的审查，对主要股东及其控股股东、实际控制人、关联方、一致行动人、最终受益人信息进行核实并掌握其变动情况，就股东对商业银行经营管理的影响进行判断，依法及时、准确、完整地报告或披露相关信息。

**第三十条** 商业银行董事会应当至少每年对主要股东资质情况、履行承诺事项情况、落实公司章程或协议条款情况以及遵守法律法规、监管规定情况进行评估，并及时将评估报告报送银监会或其派出机构。

**第三十一条** 商业银行应当建立股权托管制度，将股权在符合要求的托管机构进行集中托管。托管的具体要求由银监会另行规定。

**第三十二条** 商业银行应当加强关联交易管理，准确识别关联方，严格落实关联交易审批制度和信息披露制度，及时向银监会或其派出机构报告关联交易情况。

商业银行应当按照穿透原则将主要股东及其控股股东、实际控制人、关联方、一致行动人、最终受益人作为自身的关联方进行管理。

**第三十三条** 商业银行对主要股东或其控股股东、实际控制人、关联方、一致行动人、最终受益人等单个主体的授信余额不得超过商业银行资本净额的百分之十。商业银行对单个主要股东及其控股股东、实际控制人、关联方、一致行动人、最终受益人的合计授信余额不得超过商业银行资本净额的百分之十五。

前款中的授信，包括贷款（含贸易融资）、票据承兑和贴现、透支、债券投资、特定目的载体投资、开立信用证、保理、担保、贷款承诺，以及其他实质上由商业银行或商业银行发行的理财产品承担信用风险的业务。其中，商业银行应当按照穿透原则确认最终债务人。

商业银行的主要股东或其控股股东、实际控制人、关联方、一致行动人、最终受益人等为金融机构的，商业银行与其开展同业业务时，应当遵守法律法规和相关监管部门关于同业业务的相关规定。

**第三十四条** 商业银行与主要股东或其控股股东、实际控制人、关联方、一致行动人、最终受益人发生自用动产与不动产买卖或租赁；信贷资产买卖；抵债资产的接收和处置；信用增值、信用评估、资产评估、法律、信息、技术和基础设施等服务交易；委托或受托销售以及其他交易的，应当遵守法律法规和银监会有关规定，并按照商业原则进行，不应优于对非关联方同类交易条件，防止风险传染和利益输送。

**第三十五条** 商业银行应当加强对股权质押和解押的管理，在股东名册上记载质押相关信息，并及时协助股东向有关机构办理出质登记。

## 第四章　信息披露

**第三十六条** 商业银行主要股东应当及时、准确、完整地向商业银行报告以下信息：

（一）自身经营状况、财务信息、股权结构；

（二）入股商业银行的资金来源；

（三）控股股东、实际控制人、关联方、一致行动人、最终受益人及其变动情况；

（四）所持商业银行股权被采取诉讼保全措施或者被强制执行；

（五）所持商业银行股权被质押或者解押；

（六）名称变更；

（七）合并、分立；

（八）被采取责令停业整顿、指定托管、接管或撤销等监管措施，或者进入解散、破产、清算程序；

（九）其他可能影响股东资质条件变化或导致所持商业银行股权发生变化的情况。

**第三十七条** 商业银行应当通过半年报或年报在官方网站等渠道真实、准确、完整地披露商业银行股权信息，披露内容包括：

（一）报告期末股票、股东总数及报告期间股票变动情况；

（二）报告期末公司前十大股东持股情况；

（三）报告期末主要股东及其控股股东、实际控制人、关联方、一致行动人、最终受益人情况；

（四）报告期内与主要股东及其控股股东、实际控制人、关联方、一致行动人、最终受益人关联交易情况；

（五）主要股东出质银行股权情况；

（六）股东提名董事、监事情况；

（七）银监会规定的其他信息。

**第三十八条** 主要股东相关信息可能影响股东资质条件发生重大变化或导致所持商业银行股权发生重大变化的，商业银行应及时进行信息披露。

**第三十九条** 对于应当报请银监会或其派出机构批准但尚未获得批准的股权事项，商业银行在信息披露时应当作出说明。

## 第五章 监督管理

**第四十条** 银监会及其派出机构应当加强对商业银行股东的穿透监管，加强对主要股东及其控股股东、实际控制人、关联方、一致行动人及最终受益人的审查、识别和认定。商业银行主要股东及其控股股东、实际控制人、关联方、一致行动人及最终受益人，以银监会或其派出机构认定为准。

银监会及其派出机构有权采取下列措施，了解商业银行股东及其控股股东、实际控制人、关联方、一致行动人及最终受益人信息：

（一）要求股东逐层披露其股东、实际控制人、关联方、一致行动人及最终受益人；

（二）要求股东报送资产负债表、利润表和其他财务会计报告和统计报表、公司发展战略和经营管理材料以及注册会计师出具的审计报告；

（三）要求股东及相关人员对有关事项作出解释说明；

（四）询问股东及相关人员；

（五）实地走访或调查股东经营情况；

（六）银监会及其派出机构认为可以采取的其他监管措施。

对与涉嫌违法事项有关的商业银行股东及其控股股东、实际控制人、关联方、·致行动人及最终受益人，银监会及其派出机构有权依法查阅、复制有关财务会计、财产权登记等文件、资料；对可能被转移、隐匿、毁损或者伪造的文件、资料，予以先行登记保存。

**第四十一条** 银监会及其派出机构有权要求商业银行在公司章程中载明股东权利和义务，以及股东应当遵守和执行监管规定和监管要求的内容；有权要求商业银行或股东就其提供的有关资质条件、关联关系或入股资金等信息的真实性作出声明，并承诺承担因提供虚假信息或不实声明造成的后果。

**第四十二条** 银监会及其派出机构有权评估商业银行主要股东及其控股股东、实际控制人、关联方、一致行动人、最终受益人的经营活动，以判断其对商业银行和银行集团安全稳健运行的影响。

**第四十三条** 银监会及其派出机构有权根据商业银行与股东关联交易的风险状况，要求商业银行降低对一个或一个以上直至全部股东及其控股股东、实际控制人、关联方、一致行动人、最终受益人授信余额占其资本净额的比例，限制或禁止商业银行与一个或一个以上直至全部股东及其控股股东、实际控制人、关联方、一致行动人、最终受益人开展交易。

**第四十四条** 银监会及其派出机构根据审慎监管的需要，有权限制同一股东及其关联方、一致行动人入股商业银行的数量、持有商业银行股权的限额、股权质押比例等。

**第四十五条** 银监会及其派出机构应当建立股东动态监测机制，至少每年对商业银行主要股东的资质条件、执行公司章程情况和承诺情况、行使股东权利和义务、落实法律法规和监管规定情况进行评估。

银监会及其派出机构应当将评估工作纳入日常监管，并视情形采取限期整改等监管措施。

**第四十六条** 商业银行主要股东为金融机构的，银监会及其派出机构应当与该金融机构的监管机构建立有效的信息交流和共享机制。

**第四十七条** 商业银行在股权管理过程中存在下列情形之一的，银监会或其派出机构应当责令限期改正；逾期未改正，或者其行为严重危及该商业银行的稳健运行、损害存款人和其他客户合法权益的，经银监会或其省一级派出机构负责人批准，可以区别情形，按照《中华人民共和国银行业监督管理法》第三十七条规定，采取相应的监管措施：

（一）未按要求及时申请审批或报告的；

（二）提供虚假的或者隐瞒重要事实的报表、报告等文件、资料的；

（三）未按规定制定公司章程，明确股东权利义务的；

（四）未按规定进行股权托管的；

（五）未按规定进行信息披露的；

（六）未按规定开展关联交易的；

（七）未按规定进行股权质押管理的；

（八）拒绝或阻碍监管部门进行调查核实的；

（九）其他违反股权管理相关要求的。

**第四十八条** 商业银行股东或其控股股东、实际控制人、关联方、一致行动人、最终受益人等存在下列情形，造成商业银行违反审慎经营规则的，银监会或其派出机构根据《中华人民共和国银行业监督管理法》第三十七条规定，可以责令商业银行控股股东转让股权；限制商业银行股东参与经营管理的相关权利，包括股东大会召开请求权、表决权、提名权、提案权、处分权等：

（一）虚假出资、出资不实、抽逃出资或者变相抽逃出资的；

（二）违规使用委托资金、债务资金或其他非自有资金投资入股的；

（三）违规进行股权代持的；

（四）未按规定进行报告的；

（五）拒绝向商业银行、银监会或其派出机构提供文件材料或提供虚假文件材料、隐瞒重要信息以及迟延提供相关文件材料的；

（六）违反承诺或公司章程的；

（七）主要股东或其控股股东、实际控制人不符合本办法规定的监管要求的；

（八）违规开展关联交易的；

（九）违规进行股权质押的；

（十）拒绝或阻碍银监会或其派出机构进行调查核实的；

（十一）不配合银监会或其派出机构开展风险处置的；

（十二）其他滥用股东权利或不履行股东义务，损害商业银行、存款人或其他股东利益的。

**第四十九条** 商业银行未遵守本办法规定进行股权管理的，银监会或其派出机构可以调整该商业银行公司治理评价结果或监管评级。

商业银行董事会成员在履职过程中未就股权管理方面的违法违规行为提出异议的，最近一次履职评价不得评为称职。

**第五十条** 银监会及其派出机构建立商业银行股权管理和股东行为不良记录数据库，通过全国信用信息共享平台与相关部门或政府机构共享信息。

对于存在违法违规行为且拒不改正的股东，银监会及其派出机构可以单独或会同相关部门和单位予以联合惩戒，可通报、公开谴责、禁止其一定期限直至终身入股商业银行。

## 第六章 法律责任

**第五十一条** 商业银行未按要求对股东及其控股股东、实际控制人、关联方、一致行动人、最终受益人信息进行审查、审核或披露的，由银监会或其派出机构按照《中华人民共和国银行业监督管理法》第四十六条、第四十八条的规定，责令改正，并处二十万元以上五十万元以下罚款；对负有责任的董事长、董事会秘书和其他相关责任人员给予警告，处五万元以上五十万元以下罚款。

**第五十二条** 商业银行存在本办法第四十七条规定的情形之一，情节较为严重的，由银监会或其派出机构按照《中华人民共和国银行业监督管理法》第四十六条、第四十七条、第四十八条规定，处二十万元以上五十万元以下罚款；情节特别严重或者逾期不改正的，可以责令停业整顿或者吊销其经营许可证。对负有责任的董事长、董事会秘书和其他相关责任人员给予警告，处五万元以上五十万元以下罚款，情节严重的，取消其董事和高管任职资格。

**第五十三条** 投资人未经批准持有商业银行资本总额或股份总额百分之五以上的，由银监会或其派出机构按照《中华人民共和国商业银行法》第七十九条规定，责令改正，有违法所得的，没收违法所得，违法所得五万元以上的，并处违法所得一倍以上五倍以下罚款；没有违法所得或违法所得不足五万元的，处五万元以上五十万元以下罚款。

**第五十四条** 商业银行股东或其控股股东、实际控制人、关联方、一致行动人、最终受益人等以隐瞒、欺骗等不正当手段获得批准持有商业银行资本总额或股份总额百分之五以上的，由银监会或其派出机构按照《中华人民共和国行政许可法》的规定，对相关行政许可予以撤销。

## 第七章 附 则

**第五十五条** 本办法所称“以上”均含本数，“以下”“不足”不含本数。

**第五十六条** 本办法中下列用语的含义：

（一）控股股东，是指根据《中华人民共和国公司法》第二百一十六条规定，其出资额占有限责任公司资本总额百分之五十以上或者其持有的股份占股份有限公司股本总额百分之五十以上的股东；出资额或者持有股份的比例虽然不足百分之五十，但依其出资额或者持有的股份所享有的表决权已足以对股东会、股东大会的决议产生重大影响的股东。

（二）实际控制人，是指根据《中华人民共和国公司法》第二百一十六条规定，虽不是公司的股东，但通过投资关系、协议或者其他安排，能够实际支配公司行为的人。

（三）关联方，是指根据《企业会计准则第 36 号关联方披露》规定，一方控制、共同控制另一方或对另一方施加重大影响，以及两方或两方以上同受一方控制、共同控制或重大影响的。但国家控制的企业之间不仅因为同受国家控股而具有关联关系。

（四）一致行动，是指投资者通过协议、其他安排，与其他投资者共同扩大其所能够支配的一个公司股份表决权数量的行为或者事实。达成一致行动的相关投资者，为一致行动人。

（五）最终受益人，是指实际享有商业银行股权收益的人。

**第五十七条** 在中华人民共和国境内依法设立的农村合作银行、农村信用社、贷款公司、农村资金互助社、金融资产管理公司、信托公司、企业集团财务公司、金融租赁公司、汽车金融公司、货币经纪公司、消费金融公司以及经银监会批准设立的其他金融机构，参照适用本办法，银监会另有规定的从其规定。

**第五十八条** 本办法由银监会负责解释。

**第五十九条** 本办法自公布之日起施行。本办法施行前，银监会有关商业银行股权管理的规定与本办法不一致的，按照本办法执行。

# 公司发展与创新

# 中航信托股份有限公司

## 一、2018 年经营概况

2018 年，在监管部门与股东单位的大力支持下，中航信托股份有限公司（以下简称公司）面对日益激烈的市场竞争和不断变化的客户需求，积极落实国家宏观经济金融政策和监管要求，坚持“稳中求进、立足于稳”的工作方针，做好“精细化管理提升年”的各项工作，实现了公司治理不断完善，服务实体经济稳步推进、合规与风险防控能力有效提升，改革转型持续深入，各项工作均取得显著成效，总体呈现了高质量、有效率的发展。2018 年，公司获行业协会评级“A 级”，并当选行业协会第四届理事会会长单位，主要工作表现在以下几个方面。

一是真抓实干，经营质效持续向好。资产规模实现较快增长，截至 2018 年末，公司资产总额达 153.81 亿元，同比增长 30%；所有者权益为 117.94 亿元，同比增长 21%。营收利润继续保持两位数增长，公司全年实现营业总收入为 34 亿元，同比增长 15.41%；利润总额为 24.48 亿元，同比增长 13.7%。经济运行质量平稳向好，2018 年公司净资产收益率为 17.17%，总资产报酬率为 17.97%，经营实力稳步提升。

二是优化结构，服务实体经济不忘初心。2018 年，公司以服务实体经济发展为己任，专注提升主动管理能力，不断优化资产结构。截至 2018 年末，公司存续信托资产规模为 6 327 亿元，其中事务管理类项目规模为 2 671 亿元，年末占比为 42%；主动管理类项目规模为 3 656 亿元，占比为 57.78%。2018 年，公司围绕绿色新能源、高端装备制造、新一代信息技术等九大专业化发展领域做精做深，不断提升金融整合服务能力，通过各领域开展业务合作，强化资源优化配置，优化扩大金融服务生态圈建设。截至 2018 年末，公司九大专业化领域的主动管理类业务规模为 1 390.45 亿元，占主动类项目规模的 38%，业务专业化能力不断提升。

三是战略引领，推进改革转型稳健运行。2018 年，公司始终坚持战略引领，走转型发展道路，持续推动私募投行、资产管理、财富管理三大业务板块协同并进发展。其中，私募投行业务资产质量大幅提升；资产管理板块积极应对新规调整，实现资产管理业务平稳发展与创新开拓，全年未发生流动性风险；财富管理业务客户结构显著优化，流动性风险抵御能力增强，通过搭建一体化数字财富平台，推出六合·增值服务体系，打响“六合·鲲鹏”财富管理品牌。

四是砥砺创新，企业品牌实力与发展活力持续彰显。2018 年，公司以前瞻意识与创新精神主动布局未来发展方向与路径，深入研究金融科技与信托业务及机构自身的融合，创新性地提出“信托科技”概念，促进规范公司治理、合法合规经营，提升行业整体竞争力，更有效地服务实体经济和国民财富管理。同时，公司紧抓数字经济发展机遇，设立独立研究院，推动数字经济与数字信托发展，培育数字经济时代信托公司的核心竞争力；积极关注普惠金融、供应链金融、财富管理等主题热点研究，在行业发表“中航声音”，引领行业创新发展；主动开展绿色信托、慈善信托、医疗信托等领域的研究与实践，设立多个慈善信托项目，积极履行行业责任，引领行业基础理论研究及业务模式研究。

五是承信受托，推动精细化管理迈上新台阶。这一年，公司积极履行受托人职责，深入开展“精细化管理提升年”活动，通过构建受托人尽职管理体系、优化项目存续期管理、税务筹划、财务分析精细化、费用管控等各项工作推进公司各板块业务协同发展，全面提升公司管理水平与发展质量；扎实推进反洗钱、金融消保、综合治理、新闻宣传、信访、舆情管控、科技支撑等专项工作，努力构建和谐的金融消费关系、维护金融秩序的安全与稳定。

六是合规稳健，风险防控扎实推进。在稳中有变的市场环境下，公司有效把控风险，截至 2018 年末，公司净资产为 117.95 亿元，净资本为 101.48 亿元，各项业务风险资本为 74.41 亿元，净资本与各项业务风险资本之和的比为 136.38%，净资本与净资产的比为 86.04%，为投资人创造信托收益达 167.18 亿元，各项风险控制指标均符合监管要求，全年未发生重大风险事件。公司坚持积极稳健的经营原则，通过规范运作，逐步形成“事前防范、事中控制、事后监督”的风险管理规程，制定了系统的风险控制制度和监督联席工作机制，积极管理项目风险，主动揭示风险、制定有效的风险处置方案，盘活风险资产，风险管理能力持续提升。

七是党建引领，推动人才与文化大发展。2018 年，公司深入学习习近平新时代中国特色社会主义思想，严格落实集团公司“1122”党建工作体系，树牢“四个意识”、坚定“四个自信”，通过健全党建制度体系，夯实党建基础工作，加大人力资本建设，积极履行社会责任，切实做好党建、人才建设及文化升级等各项工作。公司持续推进精准脱贫工作，年末顺利实现了定点扶贫村曲白乡浆坑村脱贫摘帽。推动企业文化升级，公司发布《共同信约》，指引大家凝心聚力新时代，实干担当新作为。

## 二、创新业务案例

报告期内，公司不断加强模式创新、产品创新，取得了多项成果。一是在董事会下设立了金融科技委员会，创新研究“信托科技”的内涵、应用及意义；设立独立数字研究院，推动围绕数据管理、应用、经营、服务等方面的研究，打造公司在数据信托方面的领先优势；依托股东背景，承办“中国通用航空创新创业大赛”，建设通用航空产业创新发展平台，成为促进通航产业发展的项目孵化器、资源聚合器和产融助推器；设立天资 ABS 产品，为深度参与资产证券化全产业链发展奠定基础。二是探索搭建财富管理账户体系，推出六合·增值服务体系，增强客户黏性；成立百家百合、青年返乡创业、中慈联科技等多个慈善信托项目，助力公益慈善事业发展；倡导并践行“绿色信托”发展理念，参与信托行业的绿色信托标准制定，创新性打造“绿色产业＋金融生态圈”，促进绿色产业与绿色金融良性互动、协同发展。

## 三、社会责任履行情况

2018 年，公司积极践行中央企业社会责任，不断加强社会责任管理，以实际行动为社会、为客户、为股东创造价值。一是充分发挥信托制度优势，以信托贷款、供应链金融模式支持小微企业发展。2018 年，公司向小微企业投放信贷规模达 79.41 亿元；发起设立“中慈联科技扶贫”“青年返乡创业扶贫”“中扶贫临洮百合百家”等慈善信托项目，助力公益慈善事业发展。二是助力打好精准脱贫攻坚战，加大对定点扶贫点永新县曲白乡浆坑村的扶贫力度。公司从种、产、育、销等多维度支持黄桃产业基地和九岭安居工程，2018 年永新县顺利实现脱贫摘帽，综合贫困发生率控制在 1.02% 以下。三是积极投身社会公益实践。持续开展各类扶贫助困献爱心活动。公司赴四川雅安开展“点滴真情　航空大爱”学雷锋志愿服务活动；组织“吴大观”志愿者服务队赴萍乡市上栗县鸡冠山乡中心小学开展“爱心·航空”志愿服务活动；组织开展“航空科普进校园”活动；组织 180 名“员工＋客户”参加成都善行者公益徒步活动，为留守儿童募集善款达 38.2 万元等。四是健全客户权益保障机制。公司全年组织开展了 75 场金融消费者权益保护、反洗钱、防范和打击非法集资等主题的进社区、进福利院、进高校、进企业的宣传活动，累计向 7.2 万余人次进行宣传。

## 四、2019 年发展规划

2019 年，公司以习近平新时代中国特色社会主义思想为指导，全面贯彻落实党的十九大精神、中央经济工作会议、金融监管部门工作会议、信托业年会及集团公司年度工作会议精神，牢牢把握“一体两翼三创六化”战略总要求，坚持“稳字当先”工作总基调，坚持新发展理念，坚持推动高质量发展，坚持以服务实体经济与人民群众美好生活为主线，以“守正出新、持续转型、优化结构、防化风险”为指导方针，继续深入推进以行业专业化为导向的转型发展，加强绿色信托、家族信托、供应链金融、资产证券化、服务信托等业务创新发展，不断优化公司业务结构、产品结构，培育新的利润增长点；深度推进以客户为核心的运营管理体系，以数字化转型为引领，切实履行好受托人职责，促进运营管理科学化、智能化、可视化；科学防范与化解风险，筑牢风险底线；提升组织活力，发挥事业部制引擎功能，打造忠诚干净担当的高素质队伍，稳步培育公司高质量发展新优势，努力开创公司高质量发展新局面。

# 英大国际信托有限责任公司

## 一、2018 年经营概况

2018 年，面对复杂的外部环境和繁重的发展任务，英大国际信托有限责任公司（以下简称公司）认真贯彻党的十九大精神和第五次全国金融工作会议精神，按照国家电网有限公司（以下简称国网公司）新时代金融业务改革创新发展的要求，紧紧围绕服务实体经济、防控金融风险、深化金融改革三项任务，坚持“面向主业、产融结合、以融促产、协调发展”的方针，以“引战头、活机制、强管理、谋上市、防风险”为重点，立足电网，提高对电力行业相关企业的金融服务水平，创造价值，并向电力产业链上下游延伸，稳步拓展市场，提高发展质量，提升效益贡献，推动公司金融发展转型升级，实现“做强、做优、做专、做精”。

截至 2018 年末，公司实现经营收入为 11.31 亿元，同比增长 6.1%；在大力消除减利因素、足额计提减值准备的基础上，实现利润总额为 7.68 亿元；管理资产总规模为 3279.7 亿元，历史上首次突破 3 000 亿元大关；信托业务规模为 3 189.54 亿元，同比增长 13.2%，累计为受益人创造收益达 136.4 亿元。2018 年，公司行业评级继续保持“A 级”，获得中央国债登记结算有限责任公司“2018 年度中债优秀 ABS 发行人奖”，再次获得北京市 A 级纳税企业，再次当选信托业协会监事长单位。

2018 年，公司立足“服务电网主业、服务电力行业”这一发展定位，大力实施嵌入式发展，电网相关业务质效提升，积极服务股东降本增效，国网公司总部资金运作节税方案成果显著。以国网省电力公司补充医保资金为突破口，首单补充医疗保险资金信托项目成果落地；主动参与、靠前服务，协助国网公司适应跨区输电价格改革新形势，带动业务规模 543 亿元；持续强化金融智库功能，积极为开展供应链金融业务、推进集体企业瘦身健体提供系统解决方案。

2018 年，公司紧抓政策机遇，产融结合、融融合作力度持续加大，业务领域稳步拓展，先后与国网电动汽车公司（以下简称电动汽车公司）、国网国际融资租赁有限公司（以下简称国网租赁）签订战略合作协议；坚持以融促产，与鲁能集团、新源公司、信通集团等产业单位合作规模累计达到 552 亿元。供应链金融业务模式赢得各方认可，获得民生银行授信额度达 100 亿元；清洁能源业务新增14.7亿元，存量规模为53.2亿元。资产证券化业务新增规模为132亿元，同步储备规模为100亿元。首单非金融企业债务融资工具承销业务落地，成功配售额度为8.4亿元。

## 二、创新业务案例

### （一）首单非金融企业债务融资工具承销业务落地

2018年12月14日，公司参与的首单非金融企业债务融资工具承销业务“中国南方电网有限责任公司2018年度定向债务融资工具（永续PPN）”成功落地，标志着公司在银行间市场债务融资工具承销业务领域迈出了重要的一步。公司通过前期的路演和推介工作，成功邀请了保险资产管理公司、商业银行、证券公司、基金公司、财务公司等13家市场机构投资者参与投标，总计投标金额达20.4亿元。此次分销工作，得到了发行人和主承销商的高度认可，公司最终为各方客户配售额度为8.4亿元。

### （二）创新引入补充医保机构资金，持续探索嵌入式发展道路

2018年2月28日，公司首单国网河南省电力公司企业补充医疗保险资金信托项目成功落地，资金规模为1.5亿元。公司深入剖析解读国家关于补充医疗保险资金的运作管理政策，积极与国网河南省电力公司社保中心沟通协调，了解需求，设计专业合理的信托方案，并取得了河南省电力公司、河南省社保管理机构的认可和支持。首单引入1.5亿元补充医保资金用于支持国网河南省电力公司的电网建设和流动资金周转，是公司成功引入低成本资金用于电网建设的又一创新突破。

### （三）产融结合、融融合作新突破

2018年8月22日，公司与电动汽车公司签订战略合作协议，此次战略合作是双方贯彻落实产融结合战略的重要举措，双方将发挥各自在资产端和资金端的优势，拟在电动汽车充换电、电动汽车租售、新能源综合服务、储能设施等领域，通过投贷联动融资服务、产业基金运营管理、资产证券化等多元化模式，加强合作，互惠共赢，加快建设国际一流电动汽车服务卓越品牌。12月21日，公司参与发起设立的雄安联行网络科技股份有限公司正式揭牌，标志着中国最大的新能源汽车充电服务网络平台正式组建。

2018年12月28日，公司与国网租赁签订战略合作协议，双方将以国网公司利益最大化为出发点，立足“服务主业、服务行业”，深化创新融融合作，共同推进嵌入式发展。2018年，双

方在国网公司的支持下探索完成“信托＋租赁”业务合作，并服务国网公司相关业务额为35.4亿元，未来将充分发挥公司与国网租赁的行业优势，在业务、产品、服务、品牌等方面协同发展，实现资源共享、优势互补、合作共赢。

## 三、社会责任履行情况

公司积极响应国家号召，主动承担社会责任，在依法合规经营、保护消费者合法权益、服务实体经济发展、创新绿色金融、参与公益慈善事业、促进人本发展等方面积极实践，特别是在服务电网发展、清洁能源开发消纳方面进行了积极尝试，作出了有益贡献。同时，公司高度重视消费者权益保护工作，依法合规为投资创造安全稳定的收益，未发生损害投资者权益的事件。

## 四、2019年发展规划

### （一）持续拓展股东金融服务业务深度

一是完善国网公司总部资金运作、财务结构优化、税务筹划、“两金”压降、低效资金投运、集体企业资金运作、跨区资产运作等服务模式，提升产融协同规模和效益。二是利用多种金融手段，强化金融“智库”功能，积极提升服务内涵，努力成为股东资源集中调控的重要平台。

### （二）持续发力供应链金融业务

一是加强顶层设计和制度建设，加快标准化产品设计推广，建设智慧供应链核心业务信息系统，建立适应国网生态链的业务管理组织架构。二是坚持产业、资本“双轮”驱动，开发大型发电企业应收电费信托融资项目。三是在产品基础上，按照线缆类、电气类、电费类、工程类细化产品条线，扩大公司影响力。

### （三）巩固完善清洁能源业务

一是依托平台化、基金化、证券化发展，着力提升以融促产能力和市场竞争力，积极打造清洁能源联合体。二是以清洁能源电站业务、储能业务、增量配网业务等为抓手，推动“金融＋EPC”“投资＋运营”等业务模式发展。三是积极与相关实体企业合作开发清洁能源项目，努力引入长期低成本资金，加快清洁能源产品标准化。四是积极服务综合能源、配售电改革、电能替代、电动汽车充换电等新模式、新业态。

（四）拓展储备信托本源业务和一般市场业务

一是回归“受人之托、代人理财”的信托本源，逐步形成家族信托、消费信托、公益（慈善）信托、资产证券化等特色产品系列。二是突出股东的背景特色，挖掘电力产业链商机，稳健拓展绿色能源相关领域的基础设施业务。三是尝试发行债券投资类信托产品，满足投资者的多元化资产配置需求。

（五）稳健开展固有资产运作

一是坚持风控优先、结构合理，在充分授权的前提下，积极开展自主财务和股权投资，优化股权投资结构。二是加强优质权益类资产和固定收益类产品配置，形成短中长期、层次鲜明的资产组合，提升投资效益。三是优化固信协同，进一步释放固有资金的战略支撑作用。

# 华能贵诚信托有限公司

## 一、2018 年经营概况

2018 年，是深入学习贯彻党的十九大精神的开局之年，也是华能贵诚信托有限公司（以下简称公司）重组运营第 10 年。面对错综复杂的外部形势和异常严峻的发展压力，公司上下深入学习贯彻党的十九大精神，变压力为动力，化挑战为机遇，紧紧围绕“着力委托客户重构，完善资产业务结构，构建均衡协调的‘一体两翼’资产池新格局，走质量效益型发展之路”的年度工作总要求，沉着应对，主动作为：一是立足于服务实体经济，围绕优化资产业务结构，突出在精准服务上发力；二是立足于促进资产、资金两端协调发展，围绕构建“一体两翼”新格局，突出推进委托客户重构；三是立足于增强发展动力，围绕核心业务领域，突出强化创新驱动；四是立足于确保公司安全运行，围绕防范经营风险，突出推进合规经营；五是立足于为企业改革发展把关定向，围绕增强发展合力，突出加强企业党建。经过一年的努力，全面超额完成了年度目标任务，实现了公司第一个 10 年发展圆满收官。

发展实力明显增强。2018 年，公司实现利润为 32.05 亿元，同比增长 18.16%；到期结束信托规模为 6 346 亿元，全部安全兑付；新一轮增资扩股完成，公司资本金上升至 61.95 亿元，净资产达到 185 亿元。

发展质量显著提高。2018 年，按照“在规模上退，在质量、效益上进”的指导原则，公司主动压缩低质量、低效益的通道业务，信托规模从 1 万亿元回撤至 7 000 亿元；同时，着力提高主动管理能力，使新增信托业务中自主管理类规模占比达到 83.7%，收入占比达到 96.3%，平均报酬率同比提高 66 个基点，发展质量显著提高。

行业影响不断提升。2018 年，公司被中国华能集团有限公司评选为“年度先进企业”，行业评级为 A 级，监管评级为创新类，公开市场主体评级为 AAA 级，均继续保持行业最高等级。同时，公司成为首批获得“资产支持专项计划管理人”“非金融企业债务融资工具承销”业务资格的信托公司，取得“股指期货交易”业务资格，并获得“2018 年中国优秀信托公司”“最佳信托机构奖”等多个专业奖项。

## 二、创新业务案例

案例1：公司与蚂蚁金融服务集团、浙江网商银行股份有限公司合作的“中金—贵诚惠农微贷第一期资产支持专项计划”于2018年9月在上海证券交易所成功发行，是国内首单专项用于新农村普惠金融的资产支持证券，发行规模为2亿元。一方面，此资产支持证券以符合条件的涉农贷款为基础资产进行证券化融资，通过对涉农贷款进行风险隔离、现金流重组、具有市场公信力的外部评级以及优先劣后的结构分层，为投资者提供更强的信用保障；另一方面，此资产支持证券帮助涉农小微企业和农民获取较低成本的融资贷款，提高涉农小微企业和农民贷款效率，改善涉农小微企业和农民因缺乏可抵押资产和农业生产规模小、周期性强、不确定性大导致难以贷款的处境。公司借助农村电商体系和风险管理系统，通过大数据和云计算技术，有效解决传统金融机构对涉农信贷风险的识别、计量、监测的难题，保障涉农贷款业务的安全运作。公司通过资产证券化路径为新农村普惠金融业务引入多元化、有成本优势的资金，开辟了一条新型的、可持续的精准扶贫路径，通过促进农业主体“科技化”“产业化”，为更多农户及小微企业提供优质、高效、便捷的金融服务，促进乡村振兴、扶贫攻坚进入“精准滴灌”“造血扶贫”的良性循环。

案例2：2018年12月，国内首单以信托公司担任计划管理人的“华能信托—开源—世茂住房租赁资产支持专项计划”在上海证券交易所成功发行，打破了券商、基金子公司对该业务的垄断，拉开了三者公平竞争的序幕。一方面，此资产支持证券由公司作为管理人，世茂集团作为原始权益人，储架发行规模为10亿元，首期发行为2亿元，以租赁住房租金债权作为基础资产，显示了坚决落实党中央国务院“房住不炒”政策定位的业务导向，在有效贯彻党中央提出的“加快建立多主体供给、多渠道保障、租购并举的住房制度”的同时，对于企业拓宽创新融资渠道、增加租赁住房有效供给等方面起到了有效的推动作用；另一方面，管理人范围扩展至信托公司，对于信托公司灵活运用资产证券化工具进行信托产品的标准化改造、充分发挥跨市场资产管理配置能力、扩大金融服务边界具有重要意义。同时，信托公司承担管理人角色，也符合监管部门对于信托公司资产管理业务的定位，对于信托公司逐步摆脱对传统融资类信托业务的依赖、真正提升自身的资产管理能力、实现经营模式的转型升级具有重要推动作用。

案例3：公司通过供应链金融方式，在国家重点支持的风电领域，帮助龙头企业明阳智慧能源集团股份有限公司（以下简称明阳智能）盘活存量资产，支持绿色能源产业发展。公司于2018年7月设立“华能信托·华能新能源供应链融资集合资金信托计划”，信托规模为27 150万元，信托资金用于受让明阳智能基于其与11个下属全资子公司签署的“风力发电机组供货合同”项下已形成的、因履行设备采购、设备安装所形成的对华能新能源的应收账款。明阳智能主要从事新能源高端装备制造、新能源电站投资运营及智能管理业务，自成立以来，始终坚持以“为绿色新能源产业提供全生命周期价值链管理”的理念，发展“两高一低”（高发电量、高利用率和低度电成本）的高端风机成套装备，目前已成为国内最大的非国有风电设备制造商，也是广东省政府批准的第一批战略性新兴产业基地实施单位之一。公司在国家重点支持的风电领域，通过供应链金融模式帮助龙头企业盘活存量资产，有利于支持实体经济和战略新兴产业发展。

案例4：2018年11月，公司担任管理人的“龙源电力集团股份有限公司2018年度第一期绿色资产支持票据”成功发行，是首单以可再生能源电价附加补助收益权为基础资产的绿色ABN产品。此资产支持票据由龙源电力集团股份有限公司发起，采用全平层结构，无外部增信，首期发行规模为10.1亿元，期限为36个月，获得AAA评级，发行票面利率为4.95%，低于市场上同期发行的3年期AAA评级资产证券化产品平均发行价格，充分获得了投资者对此资产支持票据的认可。此资产支持票据创新性地以可再生能源电费补贴收益权为基础资产，在有效规避发电企业与电网公司签署的“购售电合同”中债权转让限制条款的同时，通过交易条款的设计，实现了发起人应收账款的全额出表，在帮助电力企业盘活账面资产、去杠杆、降两金等方面起到了良好的示范效应，也为电力行业推广同类型业务提供了新思路。

## 三、社会责任履行情况

2018年，公司在抓好经营管理的基础上，继续履行中央企业的社会责任。

一是全力支持实体经济发展。公司牢记金融优化资源配置的使命，根据实体经济转型发展的要求，在产业优化、消费升级、新型城镇化、城市服务等领域配置公司资源，通过服务能力和水平的提高，切实帮助实体经济解决发展中遇到的困难和问题。全年公司投向实体经济的规模达到5 532亿元，占公司信托规模的77%；同时，通过优化服务手段、减少中间环节等，使融资人的融资成本平均降低达1个百分点以上。

二是持续为客户提供丰厚的投资回报。公司继续践行“客户优先、诚信为本”的经营理念，不断为各类客户提供优质高效的服务，全年为委托客户创造的收益和为合作银行创造的中间业务收入合计达552.75亿元。

三是加大对贵州经济建设和精准扶贫的支持力度。公司为贵州贡献税收总额达21.86亿元，比上年增长206%；为贵州省经济建设提供投融资规模余额为931.2亿元，投入扶贫资金余额为210.6亿元，有利地配合了当地的精准扶贫工作。

## 四、2019 年发展规划

2019 年，是中华人民共和国成立 70 周年，是公司重组运营第二个 10 年的开局之年。根据外部形势发展变化的特点和公司改革发展深入推进的需要，公司工作的指导思想是，以党的十九大精神为指导，认真贯彻落实上级部门的指示精神，保持战略定力，以全面推进能力建设为总抓手，继续推进“完善资产业务结构，着力委托客户重构，构建均衡协调的‘一体两翼’资产池新格局”建设，奋力夺取重组运营第二个 10 年开门红。

按照这一指导思想，2019 年的目标任务主要包括以下三个方面：一是全面完成公司董事会下达的年度利润指标；二是不发生经营风险事故，确保公司安全运行；三是公司监管评级、行业评级、公开市场主体信用评级继续保持行业最优等级。

围绕上述目标任务，公司 2019 年的主要工作措施有以下几个方面。

第一，紧扣转型攻坚深层次需要，全面推进能力建设。主要是以全面推进能力建设为总抓手，紧紧围绕“5 + 1 + N”开展工作，使能力建设成为公司业务发展的新引擎；要通过“5 + 1 + N”能力建设，使公司在五大核心业务板块固本强基，巩固提升核心竞争能力，形成特色、塑造品牌；在新型业务领域，要以创新促转型，构建公司可持续发展新动能。

第二，紧扣完善资产业务结构，全面挖掘优质资产。主要是围绕不动产和城市服务、普惠金融、资产证券化、资本市场等重点业务领域，展挖并举，纵深推进，不断增强公司的核心竞争力。

第三，紧扣深化委托客户重构，全面加强多层次营销体系建设。主要是在上年着力委托客户重构取得阶段性成果的基础上，通过有针对性的措施，构建具有市场竞争力的营销体系，实现资产资金均衡推进，使公司转型发展取得实质性的成果。

第四，紧扣穿越经济周期目标，全面推进风险管控能力建设。主要是根据目前我国经济金融形势仍处于各类风险逐步暴露阶段的严峻现实，保持对风险的高度敏感和警觉，未雨绸缪，做好应对最坏情形和穿越经济周期、债务周期的思想和组织准备，全面提升公司识别风险、应对风险、防范风险的意识和能力，确保公司安全运营。

第五，紧扣新时代企业改革发展需要，全面推进“三个第一”党的建设工程。主要是根据企业转型发展的需要，坚持以习近平新时代中国特色社会主义思想为指导，全面提升公司各级党组织的政治站位，增强“四个意识”，坚定“四个自信”，做到“两个维护”，为公司改革发展把关定向，推动公司行稳致远。

# 华润深国投信托有限公司

## 一、2018年经营概况

2018年，华润深国投信托有限公司（以下简称公司）坚持践行“平台化+基金化”战略，以“深化改革、转型发展”为管理主题，保持了平稳健康的发展势头。截至2018年末，公司管理信托资产规模为9 549.19亿元，实现营业收入为27.08亿元，净利润为23.06亿元。

### （一）主营业务同比增长

2018年，公司年内累计实现信托业务收入为13.7亿元，同比增长24%，增速在同业中名列前茅，体现了公司的良好经营管理能力和业绩水平。证券投资业务以打造领先的一站式受托管理服务平台为目标，累计实现信托业务收入为5.19亿元，占比为38%。结构金融业务积极响应支持实体经济号召，通过股债结合、分层设计等融资方式，为目标融资者提供量身定制的金融解决方案，累计实现信托业务收入为5.88亿元，占比为43%。资产证券化业务依托业内先进的信息系统，为主流基础资产提供全方位、跨市场、定制化的资产证券化服务，实现信托业务收入为1.71亿元，占比为12%。财富管理业务为个人和机构客户提供全方位的资产配置和综合增值服务，实现财富保值增值。

### （二）创新转型卓有成效

公司充分发挥信托模式多样、制度严谨的优势，开拓新模式、创设新产品、探索新研究、辅以新机制，扎实推进业务转型，为实体经济提供创新性、综合性、多样性的金融支持。一是创新模式，公司成功发行了首单自主管理的消费金融项目华润通1号；获批债券承销资格并实现业务落地，承销规模为6.1亿元；设立家族信托、慈善信托项目19个。二是创新产品，公司长期深耕地产股权投资领域，与华润置地在长三角区域展开合作；涉入互联网投资领域，参与了同程艺龙股权投资；开启净值化之路，创设了固定类产品润钱宝和权益类产品润远系列。三是创新研究，推动博士后创新实践基地落地实施，致力于加强行业研究和产品研发；发布华润信托阳光私募股票多头指数（CREFI），真实全面地展现阳光私募市场动态。四是创新机制，在绩效考核层面给予转型创新部门培育保护期，鼓励业务团队由传统领域向新兴领域转型；股权投资项目引入业务团队强制跟投机制，激发投资团队的主观能动性。

### （三）科技赋能创造效益

科技是战略转型的第一生产力，公司致力于将前沿科技运用于服务提升、促进转型、风险管控和降本增效等领域，打造金融科技的“护城河”。在服务提升方面，推出 MOM 全能管家，实现自动化生成产品业绩分析报告；开发投资分析模型，满足产品创设需求；开通资管业务全能管家微信公众号，支持用户随时查阅产品净值、风险、费用等信息。在促进转型方面，依托人民银行征信和其他数据源，搭建自主风控的普惠金融系统平台；打造行业首家直连上海清算交易所、中央债券登记结算有限责任公司的债券通系统，优化债券运营、结算流程。在风险管控方面，升级交易与运营系统，缩小预估值数据误差；打造智能财富与资产管理平台，提高证券项目风险处置质量。在降本增效方面，开启智能运营体系建设，用机器取代大量人工操作，大幅提升估值和划款效率，降低操作风险；开发建设信托 RPA（机器人流程自动化）系统，获得国家计算机软件著作权。

## 二、创新业务案例

### （一）发布华润信托·阳光私募股票多头指数

2018 年 9 月 14 日，公司发布了华润信托阳光私募股票多头指数（CREFI）及指数月度报告。该指数借鉴了国内首只阳光私募基准业绩指数晨星中国·华润信托中国对冲基金指数（MCRI）的成功经验，进一步优化了成分基金筛选规则，更聚焦于股票多头策略的业绩表现。

### （二）落地非金融企业债券融资工具承销业务

2018 年 11 月 2 日，公司成功承销华润医药控股有限公司 2018 年度第二期中期票据，总计参与投标规模为 7.6 亿元，中标规模为 1.2 亿元，并于 11 月 5 日完成缴款。本期票据最终发行利率为 4.04%，超出市场预期，为发行人募集了低成本资金。

### （三）开发信托 RPA 系统获批软件著作权

2018 年 12 月 18 日，由华润信托开发建设的信托 RPA 系统，以原始取得全部权利的方式获得中国国家版权局颁发的计算机软件著作权登记证书。该系统运用机器人流程自动化（Robotic

Process Automation，RPA）技术，全天无休地对银行账户资金流水、余额等信息进行自动抓取，再通过数据清洗过滤加工，对接公司其他系统，实现数据应用。

## 三、社会责任履行情况

### （一）支持绿色环保产业

2018 年，公司响应“美丽中国”的精神号召，发行华电福新能源股份有限公司 2018 年度第一期、第二期绿色资产支持票据，规模共计 30.64 亿元；发行华润租赁有限公司 2018 年度第一期绿色资产支持票据，发行规模为 13 亿元，募集资金全部用于投资特定绿色环保项目。同时，公司积极为绿色环保产业提供贷款支持，规模余额达 13 亿元，资金投向风能、水处理等绿色环保领域。

### （二）投资医药健康领域

公司积极响应“健康中国”战略，与华润医药合作发行华润医药商业集团有限公司 2018 年度第一期资产支持票据；2018 年 12 月 2 日，公司参与投资的新虹桥和诺医疗细胞治疗中心隆重揭牌，通过成立医疗产业基金公司在该领域投资额逾 4 700 万元。

### （三）践行慈善公益事业

1. 慈善信托

以自有资金、员工定向捐赠首期募集资金 100 万元备案“润心慈善信托计划”，用于扶贫、教育等符合《慈善法》规定的公益项目，通过慈善信托、家族信托形式推进社会慈善公益事业发展。

2. 爱心义卖

公司第五党支部举办爱心公益义卖活动，募集资金为 3.66 万元，持续捐赠贫困山区，两年间捐助了贵州大方县贫困大学新生 1 名、在当地修建“春晖水窖”2 座、捐赠当地学校学生文具及御寒衣物等物质已超过百件。

3. 受灾援助

2018 年 4 月，公司保洁员王德聪老家住宅发生火灾烧毁，获悉这一情况后，公司员工发出爱心捐款倡议，短短三天募集善款 73 428.42 元，交到王德聪手中。

4. 救灾清障

2018 年 9 月 28 日，公司组织开展专题党建活动，动员广大党员群众前往台风“山竹”登陆后受灾严重并尚未清理完成的区域进行义务劳动，助力政府管理部门尽快恢复城市面貌，重建美好家园。

## 四、2019 年发展规划

2019 年，公司将以“提质增效、稳中求新”为管理主题，坚定不移地推动“平台化 + 基金化”战略实施，努力打造“领先的资产管理服务公司”。

### （一）聚焦五大业务方向

一是做精证券投资，从销售单一产品到提供“产品设计 + 投研支持 + 运营服务 + 风险管理”一站式综合金融服务方案；二是做强资产证券化，通过金融科技降低成本、提升效率；三是做优结构金融，坚定不移地推进被动管理向主动管理转型、债权融资向股权投资转型、传统业务向创新业务转型；四是做大普惠金融，整合金融机构、互联网企业、第三方支付等资源搭建普惠金融平台；五是做实财富管理，通过创设权益类、固收类产品丰富财富管理配置，实现财富管理和资产管理的相互促进，破二者互为短板的僵局。

### （二）加大金融科技引领

2019 年，公司将进一步推动各业务条线相关系统建设，加大自主研发力度，引领业务发展。一是优化客户服务，深挖机构客户需求，完善投研功能、加大服务输出、提升用户体验；二是辅助业务拓展，发挥系统运营管理、风险管理优势，助力中小商业银行理财外包管理业务落地；三是强化风险管控，构建信用债违约风险测试模型，探索信贷决策分析模型，缩小风险敞口；四是挖掘数据价值，研究大数据在营销、风控等方面的应用，完善产品业绩归因分析模型，进一步分析区块链在资产证券化领域的应用。

### （三）优化风险管理体系

坚守风险合规底线，贯彻事前识别重于事后防控、全面管理优于查漏补缺的基本原则，不断完善风险管理体系，确保公司各类资产质量持续优化。一是搭建全面风险管理体系，包括信息系统搭建、风控标准宣贯、风险指标定期监测与报告、应急预案制定等；二是健全内部信用评价体系，制定客户主体评级和债项评级管理办法，加大对贷后资产的管理，充分发挥内评体系在筛选合作方、制定准入门槛等方面的作用，优化决策流程；三是建立资产定价管理制度，通过科学的风险资本计量模型，指导各类业务风险定价。

（四）强化党建文化工作

2019 年，公司将继续围绕党的十九大精神要求和战略部署，全力推动党的建设深化巩固。一是深入学习贯彻党的十九大精神，引导广大党员干部树立“四个意识”，坚定“四个自信”，坚决践行“两个维护”；二是全面加强党的政治建设，严格落实党内政治生活制度，充分发挥党对经营管理、业务发展、人才成长的引领作用；三是认真落实国有企业党建工作责任和考核机制，强化公司党委对“三重一大”事项的审核把关，提高经营管理科学化民主化水平；四是坚决拥护国家金融监管政策和决策部署，不断强化合规管理和风险控制，充分发挥服务实体经济的优势作用；五是持续推动党风廉政建设和反腐败工作，严厉整治违反“八项规定”精神的问题，配合做好信访处置和违纪违规问责，维护党纪党规权威；六是积极参与扶贫济困等公益慈善事业，切实履行好中央企业的社会责任，加强宣传贯彻红色文化和企业文化，增强党员群众的政治责任感和历史荣誉感。

# 平安信托有限责任公司

## 一、2018 年经营概况

2018 年，受资管新规落地的影响，资管行业的整体行业形势较为严峻，从公开披露的 2017 年利润排名前五位的信托公司财务报表来看，2018 年其未经审计的净利润较 2017 年下降约为 40%，信托公司整体净利润降幅较大。

平安信托有限责任公司（以下简称公司）经受住资管新政等内外部冲击，积极转型并主动调整业务结构。一方面，坚持“不忘初心”，服务实体经济，积极推动战略转型，压缩事务管理类资产规模，截至 2018 年末，公司信托资产管理规模为 5 341 亿元，预算达成率为 76.3%，同比下降 18.2%；另一方面，进一步加强主动管理业务，截至 2018 年末，公司主动管理业务规模为 2 867 亿元，占比进一步提升为 53.7%。

公司积极转型的同时，2018 年实现经营利润为 28.3 亿元，维持平稳水平；全年实现净利润为 31.7 亿元。另外，因会计准则的重大调整（2018 年 1 月 1 日首日执行 IFRS9 新准则切换），导致信托资产增值部分的 5.1 亿元在未分配利润中体现。

当前，信托传统业务已在亟待转型的十字路口。为了适应经济和行业发展的新常态，在银保监会和深圳银保监局的正确领导下，公司积极面对市场多变的外部环境，在保持业务稳步推进的同时，谋划新战略、转向新模式，将未来几年的核心业务聚焦在金融服务、基建投资、私募股权、投行服务上，同时不断强化智能风控与管理平台，严控风险、赋能业务。金融服务方面，聚焦 B 端客户，为包括金融机构在内的机构投资者提供优质信托产品及资产管理服务。基建投资方面，聚焦城市基础设施、交通、能源等领域，引入民间资本参与到国家各大领域的重点基建项目。私募股权方面，聚焦消费升级、医疗健康、现代服务、尖端科技、先进制造五大领域，为实体经济转型升级助力。投行服务方面，聚焦服务于中小金融机构，为客户提供全方位的资产负债优化服务。2018 年，公司继续秉承“风险创造价值，风控引领市场”的风控理念，持续完善升级全员参与、全流程管控、业务全覆盖的全面风险管理体系。

## 二、创新业务案例

公司在传统业务稳健发展的基础上，积极开展创新与特色业务，具体包括以下几个方面。

### （一）推出“中国平安公益信托产品平台”，服务社会公益

自2002年开始受托管理中国第一只公益类信托之后，公司在公益慈善领域坚持耕耘。由公司搭建的“中国平安公益信托产品平台”是国内首个以服务公益慈善实践为目标的信托产品平台。平台通过发挥信托在财产隔离、资产配置和专业运作方面的独特优势，将基金会与信托公司、委托人与受益人以及金融行为与慈善行为有机结合起来，在“金融+公益”的模式下以企业化的运营模式和商业化的运作手段经营慈善，助力精准扶贫，同时号召更多个人、企业、公益机构等参与进来，进一步激发全社会崇德向善的风气。经过2年多的运作管理，由公司受托管理的“中国平安教育发展慈善信托计划”累计总规模超过2 000万元，已资助包括“幕天公益·捐书助教”“中国支教2.0·远程网络教室”“蔚蓝行动·关注特殊儿童教育”等在内的10余个教育类慈善项目，落地公益资金超过千万元，并通过定向开放募集，壮大资金规模。

### （二）强化信托风控系统平台构建，覆盖业务全生命周期的风险管控

2018年，公司成功搭建“251”全面风险管理体系，实现了对信用风险、市场风险、流动性风险、操作风险、品牌声誉风险、运营风险、信息安全风险、IT运营安全风险的全面风险管控；明确了公司整体风险偏好，建立了九大维度的偏好与限额指标体系；提升了债券管理的精细化和系统化，强化了债券业务全流程管控。同时，依托平安集团领先的AI、大数据技术优势，打造了信托行业首个智能风控平台，全面提升了公司风险管理系统化水平和投融资决策水平。该平台在由《上海证券报》举办的中国信托业峰会暨第十一届“诚信托”评选中摘得“诚信托—创新领先”奖。

### （三）多单资产证券化产品开创行业先河，丰富企业融资渠道

2018年，公司积极创新资产证券化产品，成功推出国内首单互联网消费金融债券通ABN“北京京东世纪贸易有限公司2018年度第一期资产支持票据”，创造性地引入了境外投资者，为融资企业提供了多样化融资服务安排，有效助力企业降低融资成本；推出国内首单支持保障性住房CMBN“北京住总房地产开发有限责任公司2018年度第一期资产支持票据”，在为发起机构实现创新型低成本融资的同时，进一步拓宽了公司资产支持票据的基础资产范围，打开了商业物业的广阔领域。

## 三、社会责任履行情况

### （一）加强党建领导工作

报告期内，公司高度重视党建工作，将党建与日常经营管理相结合，把党的领导写入章程，明确了公司设立党委、纪委，确立人员构成，建立明确的工作机制，贯彻党的方针政策等。公司按照“双向进入、交叉任职”的要求，党委、纪委委员担任公司经营班子重要职务，参与公司治理，党委书记在公司担任副董事长兼总经理职务，将党的理论路线、方针政策和上级党组织要求贯彻到公司经营管理过程中，促进公司持续、健康、稳定发展。

### （二）支持实体经济发展

报告期内，公司投向实体经济规模超过 3 800 亿元，为实体经济提供对接稳定且低成本的资金，助力粤港澳大湾区、长江经济带等我国重点领域的基础设施建设；通过为上市公司提供多元化产品设计及灵活的金融服务方案，支持民营企业发展和国有企业转型升级；作为发行载体的国内首单互联网消费金融债券通 ABN 等多单资产证券化产品开创行业先河，助力企业降低融资成本、丰富企业融资渠道。过去 5 年，公司累计投入实体经济规模超过 1.7 万亿元，累计纳税超过 66 亿元，累计向受益人分配信托利润超过 2 100 亿元。

### （三）助力国家脱贫攻坚

慈善信托是信托业参与精准扶贫的重要途径。近年来，公司发挥自身专业优势，通过推出慈善信托，打造公益信托产品平台，开展精准扶贫活动，开创了“金融 + 公益”的崭新模式。作为国内首只集合永续型慈善信托，由公司受托管理的“中国平安教育发展慈善信托计划”累计总规模超过 2 000 万元。2018 年，该慈善信托为广东省河源市紫金县袁田村 3 所村小学捐赠了网络教室，修缮了厕所等配套设施。经过 2 年多的运作管理，已资助包括“幕天公益 · 捐书助教”“中国支教 2.0 · 远程网络教室”“蔚蓝行动 · 关注特殊儿童教育”等在内的 10 余个教育类慈善项目，落地公益资金超过千万元，并通过定向开放募集，壮大资金规模。

### （四）科技赋能风险管理

防范化解重大风险是 2018 年中央经济工作会议提出的三大攻坚战之一。由于信托业务的复杂性和创新性，近年来，行业各类风险的出现引起了社会公众以及监管部门的关注。公司一直以来都将风险控制放在首要位置，坚守合规底线，做好实质风控，积极防控和化解各类金融风险。

报告期内，公司成功搭建了“251”全面风险管理体系，实现了对信用风险、市场风险、流动性风险、操作风险、品牌声誉风险、运营风险、信息安全风险、IT运营安全风险的全面风险管控；明确了公司整体风险偏好，建立了九大维度的偏好与限额指标体系；提升了债券管理的精细化和系统化，强化了债券业务全流程管控；完善了KYC-KYP-KYA产品销售适配体系，提升了专业投资管理能力。

同时，面对信托业务存在资金端与资产端信息割裂、业务量多且结构复杂、项目覆盖地域广等行业特点，公司依托平安集团AI、大数据等领先的科技优势，打造了行业首个智能风险管理平台——公司智能风控平台。该平台通过将大数据与人工智能引入风控，构建了“1+6”智能风控平台，即通过1个覆盖投前、投中、投后全流程的智能风控平台，在全周期管理流程的基础上，打造智能行研、企业风险画像、财报再造、押品估值、智能法审与智能投中投后六大AI云插件，全面提升风险管理和投融资决策水平。

### （五）关爱员工生活发展

报告期内，公司以工会活动，传统节日关爱及企业文化建设为阵地，年度各项活动有策划、有方向、有主线。工会对外联合各公司、政府和同业工会，组织单身男女员工联谊活动、线上健步走网络公开赛；对内丰富公司关怀范围，开展工会工作者专业技能培训等，三次召开代表大会进行民主评议，维护员工权益；传统节日以“更懂你”为年度关爱主题，开展有系列感的员工关爱活动。同时，在活动组织中充分使用科技手段，让员工更深度地参与和感受公司文化，充分凝聚和建设公司文化，让员工感受到组织的关爱和温暖。

## 四、2019年发展规划

2019年，公司谋划新战略、转向新模式，抓住“机构资产管理、精品另类投行、信托受托服务”业务机会，将未来几年的核心业务聚焦在“金融服务、基建投资、私募股权、投行服务”上，同时不断强化智能风控与管理平台，严控风险、赋能业务，不断提升优质产品和服务的供给能力，并通过丰富多元的金融工具，为实体经济提供全方位的金融服务，力促社会资本与实体经济实现共生共荣，打造行业领先地位。

金融服务方面，聚焦B端客户，为包括金融机构在内的机构投资者提供优质信托产品及资产管理服务。

基建投资方面，以国家战略为指导，顺应“一带一路”倡议以及粤港澳大湾区、长江经济带的发展等需要，聚焦城市基础设施、交通、能源等领域，引入民间资本参与到国家各大领域的重点基建项目。

私募股权方面，以平安集团“金融 + 生态”的双驱动战略为指导；聚焦消费升级、医疗健康、现代服务、尖端科技、先进制造五大领域，完善 PE 投资和管理链条，提供全生命周期、一站式金融服务，依托业内精英团队，通过“募、投、管、退”四个环节，为被投企业提供融资、资产管理、财务顾问、并购重组等服务；助力集团全力打造涵盖金融、地产、汽车、医疗和智慧城市的五大生态圈。

投行服务方面，聚焦服务于中小金融机构，为客户提供全方位的资产负债优化服务。

# 上海国际信托有限公司

## 一、2018 年经营概况

上海国际信托有限公司（以下简称公司）成立于 1981 年，注册资本金为 50 亿元。公司长期致力于合规有序进行产品创新，获得资产证券化、代客境外理财（QDII）业务受托人、股指期货交易业务资格、非金融企业债务融资工具承销商资格，大力优化业务发展布局，积极提升主动管理能力，加速资产管理和财富管理双轮驱动，为公司高质量可持续发展打下了坚实基础。

2018 年，公司全面贯彻落实监管要求，压降资产规模；在定位上回归本源，突出主业；管理上不断深化风险管理，强化合规经营，各项业务不断取得新的突破。公司实现营业收入为 24.04 亿元、信托业务收入为 18.19 亿元、净利润为 13.35 亿元；截至 2018 年末，公司资产总额为 165.18 亿元，净资产为 136.04 亿元，管理信托资产规模为 7 686.85 亿元。公司稳健经营，走高质量发展模式，受到监管部门的肯定，全年未受到监管处罚，未新增主动管理项目风险。2018 年，在银保监会的考核中继续获得最高监管评级，公司连续 3 年获得信托行业“A 级”最高评级，获评“2017 年度上海市银行业机构综合评价 A 类机构”，并荣膺上海黄浦区高端服务业十强企业。

## 二、创新业务案例

2018 年，公司进一步推动转型发展创新，加强前瞻性研究，优化组织架构，突出战略重点，努力将创新成果转化为实际效益，建立新的业务结构和可持续发展模式，回归信托本源，服务实体经济发展。

### （一）进一步疏通货币政策传导机制，满足实体经济和基础设施合理融资需求

2018 年，公司坚持回归金融必须服务实体经济本源定位的方针，严守风控和合规底线，在实体经济领域的资源投入维持高位。截至 2018 年末，公司存续信托产品中投向基础产业的规模

为2 353亿元，规模占比为31%；投向工商企业的规模为1 330亿元，规模占比为18%，二者合计规模占比接近5成，有力地支持了地方基础设施建设，为实体企业发展提供了灵活的资金解决方案。

### （二）大力发展普惠金融，强化小微企业和民营企业等领域金融服务

2018年，公司在服务民营企业和小微企业的信托产品管理规模上不断扩展。民营企业和小微企业作为实体经济的重要组成部分，也是公司重要的业务发力点。公司积极响应党中央民企座谈会精神和监管部门的要求，加强了对成长性新兴行业的实地调研和行业研究，积极接洽相关细分领域领先的民营龙头上市公司，寻找合作机会，目前向国内激光设备制造龙头企业大族集团发放2亿元债权融资项目已成立，助力企业纾困。大族集团子公司大族激光（002008. SZ）是国内激光加工设备生产龙头厂商，国内先进装备制造业重点企业。受2018年以来A股市场持续低迷、公司业绩下滑等因素影响，大族激光股价跌幅较大，导致其面临股权质押平仓风险，资金面紧张。公司经过调研认为，大族激光在小功率激光设备等领域拥有核心技术和优质资产，公司成长性良好，给予集团融资支持有助于其缓解资金链紧张状况，逐步恢复正常生产经营，并在风险可控的前提下给予其融资支持。

### （三）大力发展资产证券化业务，提高资金配置和使用效率

2018年，公司基于在资产证券化领域积累的丰富经验，不断拓展资产证券化业务的展业模式，支持实体经济发展。国务院在宣布金融支持实体经济发展的诸多措施中明确表示，要“逐步推进信贷资产证券化常规化发展，盘活资金支持小微企业发展和经济结构调整”，资产证券化业务是盘活存量资源的有效手段之一。

2018年，公司新增资产证券化业务33单，新成立规模为595亿元。截至2018年末，公司资产证券化业务共存续86单，存续规模为1 009亿元。

### （四）积极发展股权业务，助力新兴产业发展

公司积极关注先进制造业、企业技术改造等领域的业务机会，探索OLED产业、军民融合基金等展业机会，深化与企业的合作，推动相关产业转型升级。公司从市场需求和业务转型出发，积极发展股权投资业务，在健康医疗产业基金、房地产股权基金以及不良资产收购、政府引导基金等领域，进行了一系列探索。

公司已成立普沃文创股权投资基金，基金规模为5. 05亿元，主动参与文化产业项目的投资管理，增强自身主动管理能力；公司已认购3亿元“上海临港东方君和基金”LP份额，公司子公司浦耀信晔参股GP管理公司。2018年，2只基金继续坚持投资科技项目，支持先进制造业发

展。2018年第四季度由公司主动管理的上国投领创母基金已经正式成立。领创母基金为公司首只独立自主募投管退的领新创致私募股权投资母基金，首期总规模为8.622亿元，已成功通过各项工商注册以及中基协私募基金备案流程，目前已正式开始投资运营。在投资领域上，基金选择科创以及国资国企改革两个领域进行重点关注，将金融业务创新与大的战略方向进行了有机结合，目标是实现收益风险的平衡，也进一步实践了金融业支持实体经济发展的使命。

### （五）加速转型创新，加强服务实体经济能力建设

2018年，公司在家族信托和慈善信托等特色业务领域发展迅速，增强了服务实体经济能力，践行了公司的社会责任，加速各类特色业务发展壮大，努力实现全球财富管理和资产管理服务提供商的公司目标。

在家族信托领域，公司是行业先行者，成功推出“信睿家族管理办公室”，为了加强家族信托业务的发展，在组织架构上独立成部，由专门的团队进行负责，实现有序性、规范性、专业性、系统性的发展。2018年，公司新增家族信托32单，规模约为4.35亿元；截至2018年末，存续家族信托196单，规模为25.18亿元。

慈善信托作为公司履行社会责任的重要抓手，秉承服务贫困人群，服务残疾人等特殊人群的宗旨。早在2014年便成立了“上善”系列云南地区教育助学信托计划，目前在教育助学领域，已经在云南、贵州、重庆、内蒙古、甘肃等地区开展教育慈善扶贫。公司在慈善信托领域的贡献获得了社会各界的认可，于“2016中国臻善年会”公司荣登中国企业臻善榜并获得“2016中国臻善企业”的称号。2018年，公司新增3单慈善信托项目，成立规模为755万元。截至2018年末，公司存续6只慈善信托产品，产品存续规模达到2 481万元。

## 三、社会责任履行情况

2018年，公司在严守风险合规底线、提升经营管理水平的同时，将社会责任理念融入发展战略、经营管理与日常工作中，在支持实体经济、支持小微企业和民营企业发展、改善民生、环境保护、客户服务、社会共建等领域积极践行社会责任。公司不断强化信托服务实体经济的力度，将小微企业和民营企业作为重要拓展方向。2018年，投向小微企业的信托计划存续规模达到150亿元，投向民营企业的信托计划存续规模达到1 400亿元。公司主动响应国家重大战略，深度参与扶贫攻坚战。2018年，公司共开展扶贫项目8个，完成四团镇为期5年的帮扶结对项目，与永安社区、星雨儿童康健院等建立结对慰问机制。2018年，公司持续打造“上善公益”慈善信托品牌，连续数年支持云南贫困地区基础教育，并将慈善助学项目的范围拓展至贵州、内蒙古、重庆、甘肃等多地，得到了社会各界的广泛赞誉。公司大力支持文化公益事业，

通过信托计划模式扶持艺术文化领域的各类项目和活动，连续 8 年对高端文化音乐会进行赞助。同时，公司保持军企共建互学传统，与“南京路上好八连”的军企共建合作关系已持续 13 年。公司深入贯彻习近平生态文明思想，坚持自身节能减排，倡导节约资源、降低能耗，推行无纸化办公，开展垃圾减量分类、低碳生活等环保主题活动，积极支持绿色环保项目，履行环境保护职责。2018 年，公司因切实践行企业社会责任，荣获《经济观察报》“年度卓越社会责任信托公司”、《上海证券报》“最佳慈善信托产品奖”等多项荣誉称号。

## 四、2019 年发展规划

### （一）继续对实体经济发展大力支持，尤其是民营和小微企业

2019 年，公司将继续推动信托业务回归本源，坚持金融的本质是服务实体经济，实体经济一直以来都是公司展业的重点领域，公司会坚定地为满足实体经济尤其是民营和小微企业的融资需求服务。同时，公司支持实体经济产业结构调整，尤其是成熟新兴产业和优势传统产业的债性融资需求，助力其从高速增长到高质量发展的转变。

### （二）提升股权投资能力，发展股权投资业务，服务新兴产业发展

2019 年，公司将进一步增加股权业务的支持力度。传统的债性融资只能满足成熟企业的融资需求，而初创企业尤其是科技型初创企业，其经营风险高，抵（质）押资产不足，难以满足债性融资的需求。公司将针对不同生命周期的企业特征，以一级市场、一级半市场、二级市场、股债联动等方式全面灵活参与，形成可复制推广的业务模式，尤其是拓展一级市场的参与力度，继续参与或成立以科创企业为投资标的的股权投资母基金，服务新兴产业发展。

### （三）继续发展资产证券化等金融模式，提高资金配置效率

2019 年，公司将进一步推动资产证券化业务的发展，尤其是针对民营和小微企业、普惠金融业务相关资产的资产证券化业务。加强信贷资产证券化，增强银行业金融机构服务实体经济的能力，优化增量信贷投向，更好地支持“三农”、小微企业等环节。

### （四）加快业态、产品和模式创新，积极拓展消费金融

2019 年，公司将进一步提升自身服务水平和业务领域，大力发展以消费金融为代表的现代金融，以适应市场上多层次的消费需求、满足人民群众日益增长的美好生活需要。公司将在充分调研和论证的基础上探索开展消费金融业务，服务旅游、教育、文化、健康和养老等多种升

级型消费需求，助力居民的消费升级，支持我国由投资拉动型经济体向消费拉动型经济体的转变。

### （五）不断深化财富管理改革，提升服务能力

金融强监管下，P2P 理财大量淘汰、非持牌机构无法开展资管类业务，客户资金回流金融系统的趋势明显。2019 年，公司将积极把握财富管理市场的未来发展趋势，夯实已有客户基础，增强客户黏性，积极开拓新客户，通过代理收付等扩展客户覆盖面，增强公司信托资金募集能力和效率。

# 中国对外经济贸易信托有限公司

## 一、2018 年经营概况

### （一）业绩稳步增长

2018 年，在外部环境严峻复杂、宏观经济结构深度调整、行业监管趋严的大背景下，中国对外经济贸易信托有限公司（以下简称公司）积极推进战略业务转型创新，实现了业绩持续增长。截至 2018 年末，公司实现营业收入为 29. 98 亿元，利润总额为 25. 56 亿元，同比分别增长 16% 和 21%，公司综合实力不断增强。

### （二）市场声誉卓越

2018 年，公司相较于 2017 年行业排名再创新高，并获得监管、行业最高评级。公司持续品牌升级，获取多项重要荣誉，如《上海证券报》评选的“诚信托—卓越公司奖”、《金融时报》联合社科院评选的“年度最具竞争力信托公司”、《银行家》杂志评选的“十佳家族信托创新奖”、《证券时报》评选的“2018 年度优秀创新信托计划”，国务院发展研究中心与中国指数研究院评选的“中国房地产信托综合能力 TOP10”等。

### （三）业务实现多点突破

2018 年，响应股东中化集团“科学至上”的号召，公司倡导创新文化，大力开拓科技、产品、模式等领域的创新，攻坚克难，勇于创新。在小微金融领域，公司创新场景类消费金融项目，为场景端小微企业经营者和消费者提供直接金融服务，切实支持实体经济和消费升级。在产业金融领域，公司探索开展购房尾款、车位融资创新模式，丰富了产品类型，提升了对核心战略客户的综合服务能力。在财富管理领域，公司设计出了以外籍人员作为受益人的境内家族信托结构，进一步提升了公司服务高净值客户的能力。

（四）管理机制逐步升级

在管理机制创新方面，公司在以下四个方面稳步提升。一是立足发展战略，动态调整部门组织架构，以集聚、协同、灵活为原则，逐步打造进化型组织。二是公司实现机制创新，创新性地成立股权投资平台，为探索市场化机制迈出坚实的一步。三是公司进一步升级区域战略，优化管理模式，扩大区域布局，发展特色业务、强化能力下沉，使区域成为公司发展的重要动力。四是围绕“科技赋能”，公司全面推进线上化、自动化和高效化科技金融建设，在小微金融、证券信托、财富管理等领域均产生了一系列重要创新成果。

## 二、创新业务案例

（一）资本市场产品创新

公司证券信托事业部推进 FOF 业务创新，包括乾元 TOT、晋元 TOT、坤元 TOT 等产品。乾元 TOT 产品通过量化研究和定性分析遴选较高收益、较低风险的私募对冲类产品，实现各类对冲策略的互补，在较低风险水平上实现优于债券等固收产品的收益，2018 年，乾元 TOT 产品的收益率优于朝阳永续十亿私募对冲指数，在同类产品中排名第五位。晋元 TOT 产品依托于公司常年合作近百家优秀私募管理人资源，通过数据深度挖掘与现代组合理论，量化配置模型完成组合构建。坤元 TOT 产品在全市场债券类投资管理人中筛选，在分享投资管理人业绩成果的同时配合公司强大的风控实力保障产品的安全，实现低风险稳健收益。

（二）财富管理中心五行生财 APP 上线

公司持续开拓线上营销，面向 C 端客户的 APP 五行生财上线，提供目前信托行业 C 端客户 APP 最多元化的功能服务，实现了产品认购“一站式”在线完成、在售热销产品信息“一网打尽”、专属财富顾问贴心一对一服务、已购产品信息变动实时掌握、轻松享受内容丰富的权益体验。五行生财的建设和上线实现了财富营销工作迈入线上线下融合的新阶段，拓展获客渠道。

（三）证券自动化估值系统

公司自动化估值系统是国内信托行业率先实现全面自动化功能的估值系统，它能够进行 7 × 24 小时无人值守自动工作，通过图像识别等新技术自动完成“数据接收—估值核算—智能复核—报表发送”的全套业务流程，实时将证券投资数据流与资金流交联融通；同时，精准程度显著提升，能够智能复核自动甄别问题并将问题分类处理，此外新系统具有更为强劲的性能，支持海量资金规模和账套数量，整体效率预计提升超过30%。

证券自动化估值系统是证券信息化互联互通、自动化和智能化建设的第一个里程碑，为证券业务全流程［注册登记（TA）、清算拨款、风险控制、信息披露等］互联互通、自动化和智能化建设积累宝贵的经验，证券业务涉及的相关系统具有公司通用性特点，必将提升公司整体互联互通、自动化和智能化水平，相关建设技术、模式和经验具有极强的可推广性、复制性和可操作性。

### （四）外贸信托—中化惠农系列单一资金信托项目惠农3号

小微金融农业创新业务，通过产融结合，挖掘农业金融场景，以农业生产过程管理及实现资金闭环管理的模式有效控制业务风险，突破个体借款人信用不足的问题，公司先后成立了“产融结合”“惠农3号”两个信托项目，分别向个人和企业发放涉农贷款，用于农资采购和农产收购，为解决农业生产“融资难”“融资贵”的问题进行了有益的探索和尝试。

## 三、社会责任履行情况

### （一）绿色金融

公司是业内首家设立绿色金融部的信托公司。秉承绿色发展理念，深耕绿色金融市场，公司研究环保产业各细分领域的特点，致力于服务节能环保、新能源等领域的实体企业，并带动更多资本沉淀到国家倡导鼓励的绿色产业中。公司与多家环保企业对接，探讨包括股权、债权、产业基金、并购基金等各类产融结合的业务模式，以信托工具来推动传统产业绿色化转型，支持绿色环保项目和低碳环保经济。

2018年，公司参与中持污水处理项目，发起设立融景5号中持污水厂股权收益权转让附回购集合资金信托计划，用于河北省宁晋县经济开发区污水集中处理厂项目建设。宁晋县工业园是世界上最大的太阳能级单晶硅生产基地、世界上最大的维生素B12生产基地、全国最大的土霉素碱和灯芯绒生产基地、全国重要的电缆生产基地，是当地重要的经济支柱。该污水集中处理厂建成后，将有效控制水源污染，保障工业园区在符合环保要求下继续合法生产，为当地创造经济价值。

### （二）公益慈善

公司积极响应党和国家有关打赢脱贫攻坚战的号召，切实履行央企的政治责任和社会责任，热心公益慈善事业，包括组织员工采购贫困地区的农产品、为贫困学生捐助衣物和图书、助学贫困学生等。2018 年，为了更好地践行公司“金融好社会”的宗旨，公司设立一家公益基金会作为公司党建“一年一大事”的重要目标之一。通过公司上下一致的努力，公司于 2018 年 12 月 26 日成功获得北京市民政局关于同意设立北京信诺公益基金会的行政申请许可受理决议书，并于 2019 年 1 月 2 日获得基金会登记证书。该基金会是信托行业内第三家公益基金会。

## 四、2019 年发展规划

公司以“金融好社会”为宗旨，持续深化“以客户为中心的产品力和组织力”，积极服务实体经济发展和人民美好生活需要。公司将继续强化“服务 +”能力，促进业务间的协同，逐步提升公司级的、系统化的、综合性的金融服务能力；将继续聚焦小微金融、产业金融、资本市场、财富管理四大领域，打造链式竞争优势。

小微金融领域，公司紧抓消费金融市场发展机遇，坚持“平台 + 数据”策略，构建绿色、共享、开放小微金融生态圈，为小微金融终端服务商提供融资、运营等全流程服务体系，并培养自身对底层资产的把控能力，逐渐形成以风控能力为核心的竞争力。同时，公司积极助力中小微企业的健康发展，围绕中小微企业在生产经营、销售流通等环节的上下游融资需求，开展多元化、创新性金融服务，打造中小微企业新型融资模式，构建数字时代的生态金融服务能力，切实支持实体经济发展。

产业金融领域，公司聚焦头部客户，丰富产业金融内涵，为实体经济注入金融活力，致力于成为细分领域领先的资产管理者。公司在地产、环保等领域不断提升产业理解能力，坚持增量地产业务做强做大、存量地产探索升级、新兴产业深入挖潜的业务策略，通过直接融资进一步服务实体经济。

资本市场领域，目前公司已逐步构建证券信托服务类业务和资管类业务“双翼”发展的体系。证券信托服务类业务以渠道客户和私募管理人客户为根基，植入科技基因，开展受托人服务、基金行政服务、大数据服务、大类资产配置服务等多元化综合服务体系，打造中国领先的资本市场行政服务商。同时，公司还致力于构建以 FOF 管理、研究支持和大数据产品为核心的增值服务产品线，提升增值服务能力。除此之外，公司以证券市场投研能力为基础，不断深化资产管理内涵，从投资研究、资产配置、产品研发、品牌营销全面开展资产管理服务，打造“精品资管”。

财富管理方面，伴随着中国经济的增长，高净值客户财富管理意识逐步增强，公司持续以客户为中心，扩展区域布局，升级线上营销，打造行业领先的财富管理平台。同时，通过培养自身投资咨询水平和资产配置能力，公司构建以增值服务为主要内涵的家族信托业务模式，实现由产品销售向财富管理的转型。

# 中融国际信托有限公司

## 一、2018 年经营概况

2018 年，中融国际信托有限公司（以下简称公司）结合宏观经济形势与金融监管环境变化，积极部署战略转型发展，坚持为实体企业和委托人提供综合优质金融服务的定位，全面提升资产管理能力，推动各项业务平稳发展。

2018 年，公司合并实现营业收入为 58.89 亿元，实现利润总额为 27.06 亿元，净利润为 21.42 亿元。公司自有资产实力持续提升，截至 2018 年末，公司合并总资产为 307 亿元，合并净资产为 194 亿元。受托管理资产方面，公司合并受托管理资产为 7 762 亿元，其中信托资产为 6 547 亿元，子公司受托资产合计 1 215 亿元，受托资产中超过 60% 投资于工商企业、基础产业、房地产等领域。

## 二、创新业务案例

### （一）医疗并购基金案例

随着我国城市居民消费水平的提高，医疗将是消费升级的重点领域。由于肿瘤行业专业性强、门槛较高，人民群众对于优质的肿瘤诊疗资源具有刚性需求，并且可以预计这种需求将随着我国老龄化的加剧而更加强烈。根据中共中央、国务院《关于深化医药卫生体制改革的意见》等一系列文件，国家明确鼓励开展公立医院改革试点，并鼓励、支持和引导社会资本举办非公立医院，但由于肿瘤专科诊疗需要较多大型设备配置、对医院综合实力要求较高，对于民营医院以及小型医院来说壁垒较高，因而通过行业资源整合迅速形成规模效应，可以达到快速占领市场的目的。

为此，公司成立了两个信托计划，通过肿瘤并购基金开展肿瘤医疗机构的收并购投资。该并购基金于 2015—2018 年逐步完成对多家肿瘤为重点科室的相关医院、筛查中心或姑息治疗中心等医疗机构的股权投资，并在有限合伙基金层面引入国内较知名的投资机构优化基金结构。该并购基金已于2018年末完成其投资标的股权的全部出让，投资收益已经向信托计划全部受益人进行了分配，为投资人实现了较高的投资回报。

（二）更加亲民、富有科技感的财富管理系统

公司财富及运营支持中心围绕“强化发行能力、提升客户体验”的目标，持续深化“客户至上”的理念，开展各项工作。公司扩充财富管理队伍和网点布局，全面支持公司产品直销战略，2018年销售规模近2 600亿元。中融财富客户版APP于2018年1月上线，可以为客户提供移动视频面签、资产查询、信息披露等综合服务。APP注册用户已超过1万户。电子合同系统已开发完成，系统集成了人脸识别、银行卡鉴权等多项功能，将于2019年上半年正式上线运行。

## 三、社会责任履行情况

公司时刻铭记自身担负的社会责任，以实际行动诠释“责任中融”的目标。2018年，公司认真履行受托人的各项职责，积极调整业务结构，优化资产配置，在管理好受托资产的同时，引导信托资金服务实体企业。此外，公司通过广泛参与公益活动、设立公益信托等方式支持公益事业发展。

一是积极履行受托人职责，认真做好存续项目风险管控。年内公司累计到期清算信托计划281个，实收信托为1 237亿元，全部实现足额、按期兑付。二是积极响应供给侧结构性改革、产业结构升级、金融服务实体经济的方针，将业务发展与支持国家经济建设、促进民生改善、支持产业链整合、传统行业转型升级相结合，充分发挥信托制度优势，大力拓展消费金融业务、资产证券化业务、供应链金融业务和城市更新业务等。三是依法履行纳税义务，积极参加各类公益活动。公司2018年共缴纳各种税金为18.48亿元。公司连续多年为西部地区的教育事业提供经济支持，助力老少边穷地区的群众脱贫致富，累计对外捐赠物资超过1 500万元。2018年，公司在捐资助学、扶贫济困、慈善信托等方面慈善捐赠支出超过160万元、成立2单慈善信托为196万元。四是维护和保障员工的切身利益，为员工创造便捷的事业成长平台。公司建立了公开公正的薪酬激励以及职位晋升体系，为员工打造透明的、系统的职业发展通道，构建和谐、进取的企业氛围。

## 四、2019年发展规划

在新的监管环境和市场环境下，资管行业将迎来新的发展阶段。新形势下，公司将紧紧围

绕受托人的功能定位，不断提升自身专业管理能力，为委托人和受益人提供优质的信托服务。

在业务规划方面，坚持传统业务和转型业务齐头并进，管好存量的同时，下大力气培育新型业务和新的盈利增长点，推动公司持续稳健发展。持续鼓励开展消费金融、供应链金融、不良资产收购等创新模式业务，充分发挥信托制度优势，大力开展资产证券化业务，支持家族信托、慈善信托等本源业务发展。同时，坚持开展资本市场业务，包括一级市场和二级市场，加强与优秀上市公司的深度合作，充分利用非金融企业债务融资工具承销业务资格，开展债券承销业务。

在风险管理方面，守好合规经营的底线，培育并弘扬高尚厚重的信托文化，始终以服务实体经济为出发点和落脚点。持续强化全员合规的经营意识，做好员工行为管理，按照《银行业金融机构从业人员行为管理指引》的要求，继续做好员工行为管理治理架构、制度建设和组织建设。

# 中信信托有限责任公司

## 一、2018 年经营概况

2018 年，国内外经济环境复杂严峻，经济下行压力继续加大，监管政策持续趋严，金融防控风险任务艰巨。中信信托有限责任公司（以下简称公司）坚决践行国家政策，主动调整业务结构，提升资产质量。截至 2018 年末，公司信托资产余额为 16 522 亿元，同比下降 17%，主动管理型信托资产规模占比为 33.52%，相较于 2017 年提高了 9.12 个百分点；手续费及佣金收入为 55.67 亿元，实现 15 年来信托行业最高水平；净利润为 33.59 亿元，同比下降 6%，依然排名行业第一位，并连续 7 年净利润保持在 30 亿元高位；为受益人分配信托收益为 813 亿元，位居行业首位；获得政府与相关学术机构颁发的 22 个奖项，其中首次代表中国信托行业荣获国际知名媒体《亚洲银行家》授予的“中国最佳信托公司”“中国最佳慈善信托”称号。具体奖项如下：

| 获奖时间 | 所获奖项 |
|---|---|
| 2018 年 12 月 | 在《金融时报》评选的“2018 中国金融机构金牌榜·金龙奖”上，中信信托是唯一一家获评“年度最佳慈善信托公司”的信托公司 |
| 2018 年 12 月 | 在《中国经营报》“中经公益之夜”暨第十届卓越竞争力金融机构评选颁奖盛典上，中信信托荣获“2018 卓越竞争力家族信托品牌”奖 |
| 2018 年 12 月 | 荣获金融界网站评选的“2018 领航中国年度评选杰出信托公司”奖 |
| 2018 年 12 月 | 荣获金融界网站评选的“2018 领航中国年度评选杰出社会责任奖”。中信信托是唯一一家获此奖项的信托公司 |
| 2018 年 11 月 | 荣获《亚洲银行家》评选的“中国最佳信托公司”奖。中信信托是唯一一家荣获此奖项的信托公司 |
| 2018 年 11 月 | 荣获《亚洲银行家》评选的“中国最佳公益慈善信托产品/服务”奖 |
| 2018 年 10 月 | 荣获第九届金鼎奖“年度卓越信托公司”奖 |
| 2018 年 7 月 | 荣获《中证报》评选的“2017 年度金牛集合信托公司”奖 |
| 2018 年 7 月 | 荣获《中证报》评选的“2017 年度金牛信托财富管理”奖 |
| 2018 年 7 月 | 荣获《中证报》评选的“2017 年度金牛慈善信托”奖 |
| 2018 年 7 月 | 荣获《上海证券报》评选的“诚信托”最高奖项——“诚信托·卓越公司”奖 |
| 2018 年 7 月 | 荣获“中信信托—何享健慈善基金会 2017 顺德社区慈善信托”，荣获《上海证券报》评选的“诚信托·最佳慈善信托产品”奖 |

续表

| 获奖时间 | 所获奖项 |
|---|---|
| 2018 年 6 月 | 荣获《银行家》评选的“十佳家族信托管理创新”奖 |
| 2018 年 6 月 | 荣获《证券时报》评选的“年度优秀信托公司”奖 |
| 2018 年 5 月 | 荣获北京市国家税务局、北京市地方税务局评选的“2017 年纳税信用 A 级企业” |
| 2018 年 5 月 | 荣获用益金融信托研究院评选的“信托公司综合实力排名第一” |
| 2018 年 5 月 | 在“2018 中国资产证券化行业年会”上，荣获中国资产证券化百人会论坛、新华社中国经济信息社评选的“最佳信贷 ABS 发行人”奖项 |
| 2018 年 3 月 | 荣获“第七届中国公益节 2017 年度公益集体”奖 |
| 2018 年 1 月 | 荣获《金融理财》评选的“年度金牌信托公司” |
| 2018 年 1 月 | 荣获《证券日报》评选的“金骏马奖——最精耕细作金融机构”奖 |
| 2018 年 1 月 | 荣获《财经》评选的“最佳综合性信托公司”奖 |
| 2018 年 1 月 | 在东方财富网、天天基金网“2017 东方财富风云榜”评选活动中荣膺“2017 年度最佳信托公司”大奖 |

## 二、创新业务案例

2018 年，公司在资产证券化、国际业务、消费金融、家族信托与保险金信托、公益慈善等领域继续引领行业创新。

在投资银行业务方面，公司紧跟实体经济发展变化，及时调整该类业务方向，积极创新业务模式。截至报告期末，公司直接或间接投入实体经济的信托资金约为 13 000 亿元，占信托资产的 68%，参与“一带一路”、基础设施建设以及民生工程、新兴产业等领域的发展。基础建设信托规模超过 3 800 亿元；“京津冀一体化”业务规模超过 1 200 亿元；参与创设总规模为 400 亿元的国家新兴产业创业投资引导基金；发行规模为 200 亿元的贵州筑银扶贫产业基金；推出“中信 · 北京中小企业发展信托基金”系列，为中小企业发放贷款 670 笔，规模超过 85 亿元；公司持续推进政府与社会资本合作（PPP）信托业务拓展，规模近 1 000 亿元，范围从传统基建到公共服务领域，涵盖医疗养老、节能环保、教育培训、物流交通等产业。

在资产管理业务方面，公司为满足客户不同需求，采取多元化资产配置策略，提供不同组合的产品，主要类型包括权益型、混合型等。

在财富管理业务方面，公司服务客户近 900 位，受托资产规模超过 120 亿元，引领中国信托业发展，系列产品包括传世家族信托、恒荣家族信托、幸福传承家族信托、保险金信托等。

服务信托业务是指公司凭借受托人资格、信誉和运营能力，为客户安全地持有资产，并提供相应的配套管理和服务，帮助客户解决资产的托管独立性、流动化等问题，产品包括股权信托、消费信托、资产证券化、企业年金信托、财产权信托、慈善信托等。公司在中央国债登记结算有限责任公司优秀成员评选中荣膺“优秀 ABS 发行人”称号。报告期内，公司资产证券化业务规模超过1 650亿元，连续5年稳居行业领军地位，同时在银行间市场交易商协会发行信托行业第一单由信托公司主导、完成全流程的信托型资产支持票据ABN。在消费金融方面，公司积极融合“互联网+金融+消费”的模式，创新消费贷款与账户管理服务信托。

## 三、社会责任履行情况

公司以“信行天下、信惠百姓”为企业愿景，以“为客户提供最佳增值服务，为股东创造最大价值，为职工搭建更大自我价值实现平台，为行业持续输出发展智慧，为社会作出最大贡献”为使命，积极践行《信托公司社会责任公约》，持续丰富企业社会责任的实践内容。2018年，公司在社会责任方面共获得7个专项荣誉，包括获评《金融时报》唯一的“年度最佳慈善信托公司”奖项、“金融界”的“2018领航中国年度评选杰出社会责任奖”以及《亚洲银行家》的“中国最佳公益慈善信托产品/服务奖”。

### （一）服务实体经济

公司坚持以服务实体经济为展业导向，创新信托产品，借助产融结合，聚焦基础设施建设、环保节能、医疗养老等领域，发挥优势参与国有企业改革，促进产业转型升级、资源优化配置。截至2018年末，直接或间接投入实体经济的信托资金约为11 500亿元，持续推动地方路网配套、垃圾处理、供排水系统、地下管网、湿地河道和景观照明等设施修建。公司积极响应国家绿色金融政策，通过主营业务重点扶持相关产业及企业，推动资源节约型、环境友好型的产业发展，重视企业经营中的外在影响，自始至终树立并贯彻对环境和社会的责任意识，同时将此作为甄选合作伙伴的一个关键考量要素。

### （二）助力精准扶贫

公司加速助力精准扶贫，持续开展教育扶贫、扶志扶贫、健康扶贫等系列公益慈善项目，成立公益慈善领导小组，发布行业首份扶贫公益报告，创立出“双受托人”“投资+扶贫”、中国版DAF、“慈善+金融”等多种模式，备案成立3 000万元的个人委托规模最大的慈善信托，截至2018年末，公司在全国19个省，36个市县，累计成功开展12项扶贫公益信托项目，慈善信托规模达5.37亿元，直接惠及14 744人，间接惠及86 489人。

### （三）以客户为中心

公司坚持以客户为中心，积极建立健全产品设计、信息保护、投诉处理等相关机制，在消费者权益保护方面，公司建立起较为完善的制度和工作体系，年内修订《消费者权益保护工作管理办法》等消保制度，联合北京市朝阳区金融办组织开展“金融知识进万家”“打击非法集资”等投资者教育活动、举办“信行远、爱无疆”的投资者公益登山活动。

（四）以人为本

公司重视员工权益保护，设立“举手制”等职业发展绿色成长通道，举办业务知识竞赛鼓励员工继续在职学习，完善工会组织建设，支持员工俱乐部开展各类文体活动，丰富员工业余生活。

## 四、2019 年发展规划

（一）党建工作

一是加强政治建设，提高政治站位，结合党的工作重点开展学习宣传，坚决贯彻落实中央和集团党委各项决策部署，加强领导班子建设，健全党建工作责任制，督促班子成员自觉履行管党治党责任。二是加强党管干部工作，通过精准科学选人用人来保证良好政治生态。三是加强基层党组织建设，推进党支部标准化、规范化建设，发挥党支部战斗堡垒作用。四是坚持打造和谐文化，以党建工作引领企业文化建设，结合纪念中信集团成立 40 周年，大力传承和弘扬中信集团企业文化。

（二）保持业务平稳健康发展

1. 推进业务转型，优化业务结构

一是在控制风险的前提下，继续调整业务结构，提升主动管理能力，压降高资本消耗业务规模。投资银行业务是公司传统优势领域，在资源、渠道、人才、经验等方面积累突出，未来依然是公司业务的重要基石；2019 年，公司在精耕细作的同时，需要对不同领域、不同行业的融资需求和融资方式保持敏感性，在与美好生活相关的民生工程、高端制造、医疗环保等方面加大开拓力度。资产管理业务是金融机构的核心能力；公司进一步提升能力建设，整合外部资源，在自主投资中强调金融投资策略，推进债券和基金等稳健性投资品种研发，在整合外部投资中，优选合作伙伴，通过 MOM、FOF 等方式，参与二级市场主动投资，利用资金募集和合作伙伴优势，开展主动管理型定增业务。

二是深挖服务信托，提升通道价值。公司将重点发掘信托能力突出、技术含量高、价值贡献大的业务品种，在资产证券化、慈善信托等方面做深做强，加快推进保险资金服务信托业务，推动建立包括“流程控制、账户管理、交易管理、操作风险防控、信息系统支持”等一套符合服务信托特点和市场需求的标准化体系，促进服务信托的规模化发展。

三是进一步提升产品销售能力。在客户拓展方面，公司将继续培养财富管理团队；优化个人客户星级结构，深挖客户需求，促进信托产品配置向家族信托或专户委托转化；继续拓展民营企业、上市公司、慈善组织、大型国企财务公司等机构客户；推动 CRM 系统的升级改造，升级客户交易平台，加强代销渠道系统电子化对接力度；严守合规销售底线，做好消费者权益保护工作。

2. 多措并举，推动创新

一是加快消费金融创新业务发展。公司将进一步加大对中信消费金融公司的支持，积极拓展消费金融业务，优化业务标准与模型，培育场景优势、数据优势，助力零售金融和普惠金融发展。

二是完善鼓励创新机制，增加创新支持。公司将继续从研发投入、人力配置、绩效考核等多个维度，加大对创新业务的扶持力度；加大消费金融、保险金信托等创新业务的系统建设，为业务规模化做好基础性工作。

### （三）信息技术

公司将继续按照“整体规划、自主可控、主动促进”的 IT 建设思路，大力发展金融科技，加大投资力度，为业务创新、运营和风险管理等方面做好技术服务工作。

### （四）人力资本

公司进一步加强人员梯队建设，积极探索员工长期激励机制。

### （五）纪检监察

公司将聚焦全面从严治党，持续督促党委落实主体责任，持续强化管党治党责任压力的传导；坚持关口前移，持续发挥“大监督工作体系”优势，在“治未病”上下功夫；从关心和爱护员工的角度出发，持续强化执纪问责，严肃问责程序，持续营造公司干事创业、风清气正的良好氛围；进一步强化员工廉洁从业意识，开展廉洁文化月活动；建立子公司纪检监察日常工作月度报备、重要事项及时请示机制；持续深化“三转”“三专”要求，充实专职纪检监察人员力量。

# 安徽国元信托有限责任公司

## 一、2018 年经营概况

2018 年，面对复杂多变的经济金融形势和市场环境，安徽国元信托有限责任公司（以下简称公司）牢固坚持“依法合规、稳健经营”理念，切实增强发展的责任使命，严格落实监管要求，主动作为、稳中求进，加强制度建设，强化风险防控，对标新规抓业务，谋划改革促发展，扎实开展党建工作，完成了年度经营管理目标任务，取得了较好的经营业绩。

截至 2018 年 12 月末，公司管理信托资产规模为 1 977.6 亿元；固有资产为 74.5 亿元，较年初增长 1.6%。实现各项业务收入为 6.1 亿元，实现利润总额为 4.6 亿元，净利润为 3.7 亿元。全年为信托受益人实现收益为 130.3 亿元。

2018 年，公司围绕效率与效益原则，加强存续项目管理，加大资金投放力度，提高资金使用效率，拓展投资品种，积极做好固有资金投资运用。截至 2018 年末，公司固有资产为 74.5 亿元。归属母公司的净资产为 65.6 亿元，较年初增长 1.9%。全年新增信托项目 74 个，规模为 621.3 亿元。累计结清信托项目 158 个，规模为 1 289.4 亿元；存续信托项目 487 个，规模为 1 977.6亿元。全年共发行支持安徽省地方建设信托项目 20 个，规模为 192.3 亿元；发行支持实体经济、中小微企业信托项目 54 个，规模为 255.8 亿元。

2018 年，公司凭借良好的经营业绩，在安徽省政府年度全省金融机构支持地方经济发展经营业绩考核中，获评“优秀”最佳等级；在《证券时报》举办的第十一届中国优秀信托公司评选活动中，公司连续第五年获评“区域影响力信托公司”称号；在中央国债登记结算有限责任公司年度中国债券市场优秀成员评选中，第三次荣获“年度中国债券市场优秀发行人”称号。公司发行的“瑞泽 2017 年第一期消费信贷资产支持证券”在 2018 年中国资产证券化和结构性融资行业年会暨第四届中国资产证券化论坛年会上荣获“年度新锐奖”；在《证券时报》举办的第十一届中国优秀信托公司评选活动中，“国元信托 · 华邦银泰城单一资金信托”荣获“‘2018 年度优秀资产证券化信托计划’产品奖”。

## 二、创新业务案例

2018 年，公司围绕资产证券化、家族信托业务等，积极开发符合监管导向、回归信托本源的新型信托产品，加快公司业务转型发展步伐。

### （一）资产证券化

2018 年，公司积极开辟新客户，有效地拓展了资产证券化业务的市场份额。目前，公司已在银行消费信贷的资产证券化领域取得了行业领先地位，特别是具有循环购买优势的产品结构获得了同业认可和良好的市场信誉。2018 年新增资产证券化项目 10 个，规模为 307.64 亿元。截至 2018 年末，公司存续资产证券化项目 24 个，规模为 332.46 亿元，较年初增长 35.37%。

### （二）家族信托

为实现委托人的个性化需求，实现“财富保值增值、财富代际传承、风险隔离、保护隐私”的财富管理目的，公司设立了“安承”系列家族信托产品。2018 年，该系列产品新增规模为 2 000万元。截至 2018 年末，该系列家族信托产品共成立 4 单，存续规模为 1.4 亿元。

## 三、履行社会责任情况

公司在开展业务的过程中，始终坚持经济效益和社会责任的统一，积极履行和实践企业社会责任的价值标准和行为准则，以开拓创新、稳健经营的专业风格积极拓展信托业务，支持企业发展壮大，服务地方经济发展，扶贫助困，积极履行社会责任。

### （一）积极发挥信托功能支持地方建设

公司积极把握来之不易的市场机遇，坚持“立足地方、服务地方”的发展宗旨，围绕安徽中部崛起、“一带一路”倡议等机遇，多渠道共建，开发贷款、股权投资、债权投资等多种类信托产品，支持地方建设发展。全年共发行支持安徽省地方建设信托项目 20 个，募集资金为 192.26 亿元；发行支持“皖江城市带”建设项目 15 个，募集资金为 183.18 亿元；发行支持“合芜蚌”建设项目 14 个，募集资金为 179.17 亿元；发行支持“皖北”建设项目 5 个，募集资金为 9.08 亿元。截至 2018 年末，公司存续支持安徽省地方建设信托项目 104 个，募集资金为 449.53 亿元，资金运用方向包括基础设施建设、开发园区建设、市政设施建设等，在服务地方经济社会发展中发挥了重要作用。

### （二）发挥信托比较优势支持实体经济和中小微企业发展

公司积极响应政策号召，深刻认识服务实体经济工作的重要性和紧迫性，及时传达落实监管要求，制定年度信托业务工作指引，主动将支持供给侧结构性改革和公司转型创新发展结合起来，支持实体经济和中小微企业发展。2018 年，公司新增支持实体经济信托项目 32 个，募集资金为 150.83 亿元；新增支持中小微企业信托项目 35 个，募集资金为 190.57 亿元，投资方向包括制造业、农业、交通运输、金融业、批发零售及服务业等。2018 年 11 月 23 日，公司成立“合肥市高新区中小企业知识产权受益权投资集合资金信托计划”，发行规模为 2 000 万元，以知识产权受益权为投资标的，募集信托资金支持科技型、制造型中小企业和实体经济发展。截至目前，公司存续支持实体经济信托项目 103 个，资金规模为 419.74 亿元；存续支持中小微企业信托项目 153 个，资金规模为 648.87 亿元，投资行业包括汽车业、食品业、生产制造业等多个领域，为实体经济和中小微企业发展发挥应有的作用。

### （三）积极做好普惠金融相关工作

高度重视消费者权益保护工作的开展，强化金融消费者保护，做好普惠金融相关工作。如实向投资者揭示产品风险与收益；尽职履行受托人职责，确保项目稳健运行；进一步规范销售行为，严防销售风险，保护信托当事人的合法权益；积极开展“金融知识进万家”活动；多次开展宣传服务活动，向社会投资者普及金融知识。此外，公司积极做好风险提示和信息披露，坚持公平交易，加强安全管理，确保信息安全，切实保障金融消费者的知情权、隐私权、公平交易权和安全权。

### （四）积极履行社会责任情况

截至 2018 年末，公司存续公益（慈善）信托规模共计 1 810.14 万元。其中，国元慈善信托为 1 410 万元，国元爱心慈善信托为 400.14 万元。资金分别用于支持小岗村扶贫及安徽大学、沙堰希望小学、沙河希望小学贫困学生的助学帮扶。此外，公司员工积极捐款捐物帮助困难学生，从 2011 年起，公司员工个人累计捐款 33.28 万元，帮扶贫困生 363 人次，为贫困落后地区的教育事业作出自己的贡献。

## 四、2019 年发展规划

面对新形势，公司上下将进一步增强紧迫感和危机感，继续深入贯彻落实党的十九大精神以及中央经济工作会议和全国金融工作会议精神，牢固坚持“依法合规、稳健经营”理念，顺应经济形势、监管要求和行业发展趋势，在巩固已有发展成绩的基础上，严守风险底线，加快推进转型创新，不断提高内部管理水平，加强党建工作和班子队伍建设，打造勤勉奋进、务实高效、和谐共进的职场文化，努力实现公司的可持续发展。下一步，公司将积极做好以下几个方面的工作。

### （一）落实改革方案，积极推动公司经营管理迈上新台阶

公司实施财富管理中心的市场化改革方案；进一步加强风险管理机制建设，强化风险管理部、合规管理部的部门职能，夯实风险合规管理的流程操作细节；加强研发部门职能建设，各业务部门齐心协力加快推进创新产品的落地；优化项目管理流程，加快 CRM 等信息系统建设，保障业务发展；加强人才队伍建设，为公司实现可持续发展奠定坚实的基础。

### （二）严控风险，切实做好潜在风险的防范化解

公司继续坚持“稳中求进”的总基调，严格按照监管要求规范展业行为，切实加强风险管理，特别是加强对重点领域的风险防控；加强所有存续项目管理，做精做实项目管理各环节工作，确保项目稳健运行；继续按季度召开项目管理工作会议，切实防范流动性风险；及时开展风险排查，压实风险防范化解责任。

### （三）坚守受托人定位，有效服务实体经济发展

公司回归信托本源业务，坚守受托人定位，依法合规，履职尽责，不断加强专业化能力建设，积极服务实体经济和普惠金融发展；积极提升业务拓展能力，开展资产证券化、房地产、证券投资以及基于信托本源的家族信托、养老信托、公益（慈善）信托、消费信托、信保合作等新型信托业务。

### （四）稳健运作，提高固有资金投资收益

公司关注资金流动性问题，防范流动性风险；关注二级市场，稳健做好二级市场投资管理；切实做好金融股权投资管理工作，提高管理质效；提升优质资产获取能力，提高投资收益。

### （五）深入推进党建工作，加强人才队伍建设，促进廉洁从业

坚持用习近平新时代中国特色社会主义思想武装头脑，深入学习贯彻党的十九大精神和中纪委三次全会精神，树牢“四个意识”，坚定“四个自信”，坚决做到“两个维护”，扎实推进党的政治、思想、组织、作风和纪律建设，为公司改革发展提供坚强的政治保障和组织保障。

# 安信信托股份有限公司

## 一、2018 年经营概况

2018 年，安信信托股份有限公司（以下简称公司）董事会和经营管理层面对复杂多变的外部环境，聚焦监管要求，以积极夯实业务基础为首要任务，全面深化风控体系建设，加快推动财富管理网络的布局。截至报告期末，公司总资产为 3 153 620.19 万元，负债总额为 1 881 478.25万元。2018 年公司主要推进了以下工作。

### （一）坚持实业投行定位，夯实信托主业基础

公司根据资管新规对业务各方面的要求，从资产端、资金端、客户端严格对标监管标准，对存量项目进行了全面的梳理和风险排查，通过强化主动合规管理，谋求提升经营质量，夯实未来转型发展基础。报告期内，公司受托资产规模稳定，截至 2018 年末，公司管理的信托资产规模为 2 336.78 亿元，其中主动管理业务占比为 70.26%。

2018 年，公司固有业务受资本市场波动影响，根据会计准则及相关政策规定，交易性金融资产公允价值变动对部分金融资产计提了减值准备，对当期业绩产生了较大的不利影响。报告期内，公司逐步调整了业务策略，在固有业务资金投融资运用方面，强化流动性属性管理，积极通过收回到期贷款、处置部分资产的方式，盘活固有业务的流动性。同时，减少非流动性资产配置，确保固有资金的流动性，为公司信托业务转型提供支持。

### （二）加快财富管理建设，寻求未来发展动力

报告期内，公司以财富管理业务作为战略性业务进行积极培育。在完善财富管理中心布局及团队建设方面，2018 年，公司在全国一线及重点城市布局，目前财富管理团队已近 300 人，团队派驻全国 12 个地方。在客户开发管理体系建设方面，公司打造了“至金会员体系”，将客户转化为“公司至金会员”，从而提供一系列财富管理之外的增值服务，拓展客户体验，增加客户忠诚度。在品牌建设方面，发布全新“信任之蓝”，升级公司品牌，并结合“至金会员体系”，

与各类一线品牌合作，组织各种艺术人文鉴赏、马拉松、慈善公益等活动近80场，有效提升了新客户引入与老客户的客户黏性。在金融科技方面，自主成功开发CRM、官方APP并对接三方平台，为公司内控管理及财富管理提供了有力支持。经过2018年的筹备，2019年初“公司”APP上线，实现远程“双录”、产品查询预约、会员身份认证、投资资讯推送等功能，进一步提升销售效率及客户体验。

### （三）不断加强风险控制和合规管理建设

在合规经营方面，坚持“合规先行和合规创造价值”的理念，完成了行业评级、监管评级自评、信托产品预登记，保障各类业务合规展业，落实各项监管意见并整改，通过培训、考试等方式，在公司营造全员合规的文化氛围。

在风险管理和控制方面，实行单客户集中度管理，进一步完善风险治理结构，通过完善风险考核体系等顶层设计，重管理、重拨备，在底层资产的架构设计等方面，把风险管控的责任落实到人，权、责、利事先确定，明确问责机制。同时，将风险管理、业务导向等指标纳入激励与考核体系中，建立事务督办单制度，明确责任人、督办人以及要求落实的事项、完成时间及效果等，杜绝推责现象发生。

在投资监管方面，一方面，继续严格落地各项监管工作，确保项目资金安全，包括强化项目监管、增加巡检频次、加强对新员工的培训、完善信息系统等；另一方面，根据公司《信托业务流动性风险管理办法》的有关要求，不定期提示在项目监管过程中发现的潜在流动性风险事件，确保及时对称项目经营及资金信息。同时，每日关注各项目可调用的自由现金流，实现公司临时需求与交易对手资金优化的双向匹配。

### （四）大力建设信托品牌形象，发扬信托品牌价值

2018年，公司大力建设信托品牌形象，发扬信托品牌价值。在品牌呈现上，推出“信任之蓝”全新视觉体系，象征公司回归信托本源，恪守信任初心的努力；提出“IN ANXIN WE TRUST，信任从这里开始”的全新品牌宣言，将“信任文化”作为公司品牌的核心抓手；推出了行业内首部以信任为主题的信托形象宣传片，在创新性的圆形构图中，通过展示公司各主要产业领域的布局，解答信托的最原初问题：“我是谁？我为谁而奋斗？”从而揭示信托助力实体经济发展的核心价值。

公司还积极履行企业社会责任，扶持社会教科文卫体育事业发展。作为官方赞助商及唯一指定信托公司，2018年是公司连续第二年支持上海半程国际马拉松赛、第三年支持上海国际马拉松赛的开展，以“人生马拉松”为核心，丰富品牌内涵。

2018年，公司荣获凤凰网评选的“年度最佳信托公司”、《中国经营报》2018年金融发展论

坛评选的“新时代金融机构实体经济推动奖”、《国际金融报》评选的“2018 国际先锋金融机构”“2018 金融行业先锋品牌”、《证券时报》评选的“2018 年度优秀信托公司”、《上海证券报》评选的第十一届“诚信托卓越公司”奖、《证券时报》及青岛市政府联合颁发的“第十二届中国上市公司价值评选”中国主板上市公司价值百强前十强、2018 年第一财经金融价值榜“年度信托公司”奖、《华夏时报》评选的金蝉奖“2018 年度信托公司”等多个奖项。

## 二、创新业务案例

作为信托养老的开创者，公司立足为日趋严重的老龄化问题提供解决方案，开发出国内真正意义上将信托金融服务与养老服务权益相结合的养老信托产品。“安信·安颐”养老信托产品，为客户家庭做好财富的保值、增值，为未来的养老消费提供资金支持，更通过严格筛选、统一管理，整合专业优质的养老服务供应商，帮助客户或其家庭便捷和优惠地享受居家养老、社区养老和机构养老、保健康复等优质颐养服务。2018 年 6 月 20 日，“安信·安颐养老消费集合资金信托计划”首期正式成立。该计划与颐和苑服务中心合作，引入丹麦高端养老模式，倡导“幸福养老”的核心理念。由于产品的创新性与社会价值，“安信·安颐”养老产品屡获殊荣，在《证券时报》中国信托业发展高峰论坛上荣获“2018 年度优秀创新信托计划”大奖；在《上海证券报》第十一届“诚信托”评选中荣获“诚信托——最佳创新信托产品奖”。

## 三、社会责任履行情况

### （一）加强投资者关系管理

公司继续加强与广大投资者的沟通和交流，为公司战略推进以及股东大会的顺利进行做了大量基础工作。报告期内，组织、接待境内外投资机构调研及媒体采访 30 余次，通过“上证 e 平台”答复投资者问询近 300 次，接听投资者热线电话千余次，积极与投资者沟通，保证将真实的情况传达给市场。

### （二）坚持诚信纳税、大额分红回报投资者

公司作为企业公民依法纳税、积极履行代扣代缴税款的法律义务；依法进行税务登记、设置账簿、保管凭证、纳税申报；如实地向税务机关反映公司的生产经营情况和执行财务制度的情况，按有关规定提供相应的报表和资料，没有瞒报、漏报、误报以及偷税漏税行为。报告期内，公司上缴国家税收 16.05 亿元，为国家财政收入和地方经济发展作出了应有的贡献。2018

年，公司向职工支付工资、社保、福利费用等共计3.76亿元。

2018年，完成2017年的权益分派，公司以年末总股本4 557 614 932股为基数，向全体股东每10股派发现金红利5.00元（含税），共派发2 278 807 466元。以2017年末总股本4 557 614 932股为基数，资本公积金每10股转增2股，共计911 522 987股，公司总股本增加至5 469 137 919股。

### （三）积极参与公益事业、主动承担社会责任

2018年9月，公司与乌兰察布市察右后旗教育局签署了“草原相信明天”察右后旗留守儿童心理支持项目实施意向书，由“上海宋庆龄基金会·公司公益基金”出资20万元，服务于察右后旗贫困地区留守儿童的心理健康及人格培养。2018年12月，公司由“上海宋庆龄基金会·公司公益基金”出资20万元，与上海宋庆龄基金会联合主办“书香有信”作者进社区系列群众读书公益讲座。

在扶助社会弱势群体方面，2018年5月，公司通过信托形式向上海慈善基金会“百姓爱心基金”项目捐赠150万元；向北京立德未来助学公益基金会捐款6万元。

在大学生创业方面，公司公益基金出资10万元支持“黑苹果青年领袖营”活动。在支持脱贫、减贫方面，公司公益基金还成为上海宋庆龄基金会“农民创业接力棒”计划的特别支持单位。该计划已覆盖全国9省的30个项目点，开展项目近40个。

在文体活动方面，公司已成为2016—2021年上海国际马拉松赛、2018—2021年上海国际半程马拉松赛的官方赞助商及唯一指定信托公司。马拉松对于耐力与持久力的锻炼与激发，与公司提倡的“长期托付，稳重选择，成就卓越”的价值观高度吻合。2018年5月，公司向广州市黄埔区青年社会组织联合会2018九龙镇环湖欢乐跑项目捐款5万元。

在2018年的“中法环境月”中，公司邀请法国国宝级艺术家Michel Blazy，主办“时·SHI”环保艺术大展；2018年，公司还与WABC无障碍艺途工作室共同举办“异彩”第二季大展，展出150幅心智障碍艺术家的原生艺术作品。

### （四）关爱员工

报告期内，紧紧围绕“诚信、务实、创新、分享、责任”的企业价值观，先后举办47场企业文化活动，总覆盖人数约为2 283人次。在这些文化活动的推进中，公司不断总结经验并结合实际情况，为安信人量身绘制了涵盖员工关爱、社会责任、社会公益、绩效文化及政策制度建设五个维度的“安信文化地图”，将企业自身文化建设与企业社会责任的履行及员工公益理念的培育有机地结合在了一起。

## 四、2019 年发展规划

一是坚持脱虚向实，服务实体经济，回归信托业务本源，实现精品化差异化发展。公司致力于优化业务结构，着力解决中小企业融资难、融资贵的问题，努力推动信托回归本源，服务实体经济，提升项目主动管理能力和风险控制水平，向委托人和全体股东负责。

二是不断完善风险管理体系和机制，提升公司风险管理能力，以适应公司业务发展变化及流动性风险和信用风险管理需要。对公司现有风险管理制度进行修订和完善，明确董事会、管理层和相关部门在流动性风险、信用风险管理中的职责，确保分工明确，协调有序。强化全过程风险监测体系，加强流动性风险管理和监测，及时预警，动态优化配置风险监控资源，确保风险处置的快速响应和效率。建立和完善项目风险分级应对机制，并制订有效的流动性应急计划。对于部分信用融资客户，公司将通过增加抵（质）押物担保措施、降低融资额度、设置分期还款计划、存量置换、债务重组等方式逐步降低风险敞口，以有效缓释信用风险。

三是强化资产端的风险管理和产业布局。做好存量资产的风险化解及资产的清收工作，加强对存续客户的风险排查及压缩，严格规范和控制新增客户的融资总量，防范系统性风险。同时不断巩固和提升在产业布局方面的优势，通过加强对产业的理解、团队配置和投贷联动的投资方式不断积累优势，构建产业投资壁垒。以“顺应国家战略，促进地区繁荣，创造商业价值”为原则，在粤港澳城市更新、现代医药、现代农业、互联网基础设施建设、新能源、高端养老等领域加快布局。

四是积极推进养老消费信托业务，进一步做好产品创设工作，丰富产品层次，满足市场需求；争取建设一流养老服务平台，满足客户需求，加强销售支持力度，继续提升养老服务平台整合功能；提升养老运营水准，增强颐养顾问内涵；夯实资产配置体系，保障养老资金的稳健持续。

五是精练企业文化，凸显品牌价值，助力财富管理和传承。配合公司财富管理中心的整体营销需求，探索全新的公司整合营销模式，强化品牌渠道建设与管理，进一步提升公司品牌的认知度。加快拓展财富管理中心和直销渠道，深挖潜在客户，充分发挥制度优势，为投资者实现资产保值增值，提升对高净值客户的吸引力。

# 北京国际信托有限公司

## 一、2018年经营概况

截至2018年末，北京国际信托有限公司（以下简称公司）受托管理的信托财产余额为2 269.96亿元，同比下降26.86%，其中，主动管理类规模为1 248.08亿元，占比为56.06%，同比上升14.9个百分点。全年，累计实际向受益人分配信托收益为116.65亿元；实现营业收入总额为16.95亿元；实现利润总额为11.06亿元、净利润为8.3亿元。公司资产总额为118.3亿元，净资产总额为88.74亿元；净资产收益率为9.6%，股本收益率为21.5%。公司各项监管指标全面达标，信托赔偿准备金足额提取，占注册资本金的40.9%。

## 二、创新业务案例

2018年，公司积极推进业务转型创新，设计开发了遗嘱信托、小微企业的信贷资产证券化、"类土地信托+居住与消费权益信托份额化"文化产业信托、城市更新商业物业改造信托、房地产真实股权投资信托、商业房地产抵押贷款支持证券产品（CMBS）、精准扶贫慈善信托等创新产品，公司的投融资能力及客户服务能力得到了市场的高度认可。典型创新业务案例有以下几个。

### （一）全国首单遗嘱信托

为满足高净值客户家业传承的差异化需求、解决非现金资产装入家族信托的过户方式难题，公司研究并设立了全国首单遗嘱信托，实现了我国遗嘱信托领域零的突破。

在遗嘱信托的交易方案中，委托人首先以现金资产设立期限为100年的家族信托，公司作为受托人，根据合同约定条件向各受益人分配信托收益；同时，委托人以目前持有的房产、股权、车辆等非现金财产设立公证遗嘱，即该遗嘱须经公证处履行公证程序以确认其法律效力。在公证遗嘱及家族信托合同的双重约定下，家族信托委托人身故后，公司将作为其遗嘱执行人，确保遗嘱中的相关财产或处置财产的收益完整地装入家族信托中；其子女将作为家族信托的受益人之一，按照信托合同约定持有家族信托一定比例的信托受益权，使该等信托受益权成为该子女的个人财产，不再归属于委托人夫妇的共有财产。

该项目通过将公证遗嘱嵌入家族信托结构的方式，有效避免了非现金资产过户的现实操作困难，为高净值客户实现非现金资产的传承提供了合理的解决方案，进一步满足了高净值客户在子女教育、税收筹划、遗产安排、财富传承、家族治理等方面的多样化需求。

### （二）北京信托·鼎榕资本 001 号集合信托计划

2018 年，公司发行了“北京信托·鼎榕资本 001 号集合信托计划”。该信托产品将“类土地流转”与“居住＋消费权益”进行有机结合，是公司在文化产业领域探索信托创新模式的典型案例。

资金运用层面，信托资金直接用于认购常青藤文化产业投资基金的 LP 份额，通过受让常青藤艺术产业园和常春藤国际艺术小镇项目公司股权并对其进行增资的方式，补充常青藤艺术产业园和常春藤国际艺术小镇的建设运营资金，对京津冀区域某归集后的农村宅基地进行开发建设。

该项目以“类土地流转”的创新模式盘活农村宅基地，同时引入先进的现代化文化产业服务体系，以稳定的土地租金和艺术小镇务工的劳动报酬等形式为农民和农村集体经济组织提供复式收入来源，实现了农村集体建设用地使用权的金融化以及通过盘活土地资源使农民的收入来源多样化。

最后，该项目在资金端引入了消费信托的理念。国际艺术小镇的潜在租户前期可通过认购 B 类信托单位，在交付信托资金后取得艺术小镇约定年限的居住权益，其中信托本金用于折抵小镇物业的租金，每年获得的信托收益以消费券的形式进行分配，后续可用于小镇内的各类消费项目，从而实现了居住权益与消费权益信托结合的创新。

### （三）北京信托·京翰资本 001 号集合资金信托计划

2018 年，公司积极探索以存量资产优化和改造为主的城市更新业务，推出商业物业改造类城市更新基金产品——京翰资本 001 号集合资金信托计划。

公司通过发行信托计划募集资金，用于认购有限合伙企业的优先级与劣后级 LP 份额，最终向一线城市核心区域的老旧物业改造项目提供流动资金。公司合理设置优先级与劣后级 LP 份额的配置比例，既保障了信托计划的本金安全，又为信托计划获取超额收益提供了一定空间。

此外，公司积极履行受托人的主动管理职责，在有限合伙企业层面以委派观察员的方式参与实际决策，同时对项目公司及标的项目实施全流程的风险控制与管理，以确保项目安全有序推进。

本项目具有较强的示范意义与可复制性。一方面，与专业私募基金深度合作，有助于信托公司获取一线城市老旧物业改造项目的优质资源；另一方面，对核心区位的老旧物业进行重新定位与升级改造，全面提升其空间利用及经营管理效率，是充分发挥区位优势、打造一线城市旧改标杆性项目的有效途径。

### （四）北京信托·增益资本068号集合信托计划——郑开海棠公馆项目

2018年，公司以“北京信托·增益资本068号集合信托计划——郑开海棠公馆项目”为契机，积极探索真实股权房地产信托业务模式，稳步推进房地产信托业务转型。

公司通过深入挖掘郑州及周边区域的优质房地产项目资源，培育战略合作伙伴，创新投资模式。公司设立信托计划，将信托资金用于受让项目公司股权并对其进行增资，最终用于标的项目的综合投资开发。与战略合作伙伴合作的前期项目形成优质资产池后，前期项目向战略合作伙伴分配的现金回款将继续为后续合作项目提供资金支持。随着业务合作规模的扩大，优质资产池的担保力将进一步加强，良性循环的运作模式可有效降低投资风险，确保信托资金安全与投资收益的实现。

中后期管理环节中，公司以派出高管、财务人员以及现场管理人员等多种主动管理方式实质参与到各个项目的运作和管理中，全方位把控项目进度与质量。“北京信托·增益资本068号集合信托计划”荣获了“金貔貅奖”“年度金牌市场影响力金融产品”奖项，获得市场的高度认可。

## 三、社会责任履行情况

公司在2018年年报中设置专门章节报告公司全年履行社会责任情况，详细披露了公司履行经济责任、民生责任、受托责任、公益责任、环境责任等方面的做法和成效。

### （一）经济责任——主动服务实体经济

公司积极贯彻落实国家宏观政策和产业政策导向，充分利用信托制度的灵活性参与国家重大战略，助推国家经济结构调整，主动服务实体经济发展。

公司通过城市建设发展基金等模式，支持“一带一路”倡议、京津冀协同发展战略等实施，以及支持雄安新区、通州城市副中心、非首都功能疏解、冬奥会等重点领域重大工程建设。

在支持战略性新兴产业、促进高新技术企业发展等方面，公司以多种方式支持节能环保产业发展，资金分别投向LED照明、余热发电、垃圾和污水处理、清洁能源管理机制开发等领域。

公司以切实行动支持区域协调发展、推动城乡协调发展，在江苏泰州、江苏句容、江苏镇江、江苏海安、安徽亳州、福建晋江、四川宜宾成立了城市发展基金，为地方的城市建设、产业园区开发、交通水利、保障性住房等项目提供资金支持。公司与北京市海淀区、昌平区、密云区、门头沟区等重点区县签署战略合作协议，积极支持北京市区县经济发展。

（二）民生责任——关注社会事业发展

为助推中小微企业成长，公司在服务中小企业的过程中积极探索创新型模式，满足中小企业个性化融资需求，除提供信托贷款外，还提供股权投资、“信托贷款 + 信贷资产”转让、信托应收账款权益投资等多种方式加强中小企业服务创新，形成以政府政策和资源为引导，社会资金为支持，信托、担保公司、商业银行等多方互动的高效率、常态化、应用广、风险低并能互利共赢的全新融资模式。

公司积极响应北京市委、市政府关于农村“土地流转起来、资产经营起来、农民组织起来”的“三起来”号召，联合北京市农村经济研究中心，设计了针对农民个人及农村集体财富管理需求进行服务的“富民系列”信托产品以及配合土地流转信托的资金信托产品。信托方案充分体现了信托制度在服务“三农”领域的优势，有效地支持“三农”的发展。

（三）受托责任——致力保障客户权益与收益

2018 年，公司继续加强对客户合法权益的保护，完善了风险合规体系建设，落实客户权益保障机制。

在过去的一年中，公司进一步完善风控制度、优化业务审批流程，形成了完备的业务审批和中后期管理体系，夯实风控体系，强化尽责管理。

在家族信托、小账户理财、养老消费信托以及资产证券化等业务中，公司发挥信托制度优势，不断开拓创新，更好地满足了客户的需求。

按照《关于规范金融机构资产管理业务的指导意见》与配套出台和细化的系列监管政策、指导意见等要求，公司进一步加强了消费者权益保护体制机制建设，重点加强了销售合规性管理，修订了公司反洗钱内控制度与信托合同等信托文件标准文本，进一步完善 CRM 系统及远程双录移动端建设，业内首次推出了财富人员营销专属电话系统。此外，公司以“普及金融知识，守住钱袋子”和“远离非法集资，防范金融诈骗”为金融知识宣传教育主题，以举办客户活动和系列专题讲座为载体，增强消费者金融防骗意识。

（四）公益责任——深度参与公益慈善

2018 年，公司加大慈善信托理论和公益信托研究，根据研究成果组织开展慈善信托理论及实践的业务研讨会，大力支持相关业务部门开展慈善信托实践活动。

一是“一企一村”帮扶工作及“2018 光彩扶贫慈善信托 001 号”。公司认真落实习总书记关于打赢三年脱贫攻坚战的指示精神和党中央重大战略部署，深入贯彻市委、市政府的决策部署，按照市国资委关于市属企业精准帮扶本市低收入村工作安排，扎实推进市属企业“一企一村”帮扶工作。成立了公司“一企一村”结对帮扶领导小组，基本形成了“一户一策”帮扶方案、分阶段实施方案等多项措施并积极推进：利用信托优势，设立“2018 光彩扶贫慈善信托 001 号”，建立“专款专用、滚动发行、阳光透明”的慈善信托帮扶机制；开展“北京信托‘一企一村’结对帮扶定向捐赠活动”，向帮扶对象捐赠办公电脑 10 台，用于村两委更换老旧办公电脑和党员电教化使用。

二是“北京信托2018 年度艺术梦想001 号教育慈善信托”。该信托计划于2018 年2 月成立，2018 年 2 月 11 日在北京市民政局完成备案，以促进美术教育事业发展、推动文化艺术领域进步为目的，将信托财产用于奖励在美术艺术领域表现突出的学生及人才等。本信托总规模为100 万元，首期规模为40 万元，期限为10 年，委托人为天津常青藤文化传播有限公司，监察人为北京市环球律师事务所。

### （五）环境责任——积极投身于绿色环保

公司大力开展绿色信托，成功开发相关信托计划，投资于综合利用秸秆的技术模式和科技示范基地，以点带面，系统提升全国秸秆综合利用技术水平。

## 四、2019 年发展规划

2019 年，公司按照国家政策指引及金融监管要求，以回归信托本源为核心、以服务实体经济为根本、以转型创新为驱动，优化组织结构与业务流程、强化风险管控，在战略方向、组织结构、内部控制等方面提出新规划、新思路，引导业务向标准化、差异化、专业化方向发展。

一是坚持战略转型与业务引领，聚焦重点业务、重点区域、重点交易伙伴，培育价值发现与业务拓展能力。公司向实业投行及财富管理方向转型，开拓证券投资信托、真实股权投资、资产证券化、产业基金、消费信托、家族信托等创新业务，开发标品信托及投资型信托，提升组合投资管理与资产运作能力；深耕京津冀、长三角、珠三角等国家重点区域，推动可持续性、有影响力的转型项目、创新项目，以点带面、重点突破；围绕国企改革和非首都功能疏解的要求，深化与北京市属国企、区属国企合作；加强战略客户管理，建立战略客户管理机制及动态评定机制，沿着展业方向扩大实业领域深耕优质客户资源，提升针对战略客户全产业链条的综合金融服务能力。

二是积极推动公司前台及中台改革，探索建立创新业务体制机制。稳步推进证券和家族信托与慈善信托两个平台建设，优化展业布局，打造公司投资管理及财富管理团队，推动公司业务专业化发展；加速中台部门改革。稳步推动风险前置，推进项目尽职调查到项目成立阶段的风险监控内嵌，实现风险防控双线责任。完善运营管理体系及项目管理工作机制，以提升风险防控水平为指引，加强项目中后期管理的深度与精度；成立信息科技部，加速信息化建设，优化 OA 系统、小微金融、家族信托、CRM 等信息系统，加强运维保障，进一步增强信息科技对业务和风险防控的支持力度；完善创新业务推广机制，建立金融创新实验室专门负责孵化创新业务，尝试探索具备可复制易推广的业务模式，推动公司重大专项工作开展。

# 长安国际信托股份有限公司

## 一、2018 年经营概况

2018 年，在监管部门和股东单位的大力支持下，长安国际信托股份有限公司（以下简称公司）面对日益激烈的市场竞争和严监管环境下，积极落实国家宏观经济金融政策和监管要求，深入落实转型发展战略，强化全面风险管理，完善内控管理体系，不断优化业务结构，理顺管理流程，有序推进各项重点工作的顺利开展，进一步提升公司主动管理能力。

截至 2018 年末，公司总资产为 89.56 亿元，净资产为 65.07 亿元，净资本为 46.28 亿元，实现营业总收入为 21.10 亿元，净利润为 3.56 亿元，管理信托规模为 5 223 亿元。公司财富中心参与自主发行规模为 400.28 亿元。

2018 年，公司制定了三年发展规划，从定位目标、商业模式、组织体系、风险控制、关键举措等方面对公司未来几年的发展规划进行了详细阐述。公司的战略目标为做“高净值客户的最佳金融生活服务商”。公司将通过打造“六纵六横”来实现上述战略目标。“六纵”是指六大业务条线，分别为投行业务、资本市场、股权投资、创新业务、资产管理、财富管理。六大业务条线旨在通过聚焦细分市场，实行专业化运作，为客户提供具有竞争优势的产品及服务。“六横”是指六大区域，分别为华北、华东、华南、华中、西南、西北。六大区域旨在深耕区域资产和资金，实行综合化经营和特色化并举。通过做大做强“六纵六横”，实现专业化和高效化，快速响应市场需求，获取高附加值业务，推动公司的可持续发展。

2018 年，公司围绕战略定位，按照“抓重点、调结构、补短板、强弱项”的工作思路开展各项工作。聚焦重点业务、重点区域、重点客户，完善内控，强化风控，经营提质增效；集中优势资源，围绕信托本源，积极推动转型，引导业务部门降低通道业务依赖，发挥业务专业禀赋，提升主动管理盈利能力；重点解决资金“瓶颈”的问题，坚持机构客户和个人客户“两手抓”；以“中台专业化、后台集中化”为目标，重塑管理体系，着力提升总部系统支撑业务开展的能力。

## 二、创新业务案例

在信托行业整体进入增速调整期的大背景下，面对复杂的经营形势，公司积极通过业务转型紧跟行业发展新形势，针对业务创新加大系统性资源支持力度。

### （一）资本市场业务案例

资本市场业务方面，公司紧跟资本市场变化步伐，在2018年市场整体波动幅度较大的环境下，及时调整公司资本市场业务打法，谨慎开展主动管理类证券投资业务。深挖客户需求，针对上市公司大股东在市值管理方面的需求，推出了以“鑫单投资单一保证金”模式为代表的市值管理类产品。该类产品通过二级市场及大宗交易的方式，帮助客户合法合规地开展市值管理。该类产品在引入第三方担保机制的前提下，提升投资者资金的安全性，既满足融资方对于市值管理的需求，又兼顾资金退出方案，在行业内尚属首创，具有很强的复制价值。

### （二）国际业务案例

国际业务方面，作为信托行业内为数不多的具有“QDII业务资格”和外汇额度的信托公司，2018年公司针对国内高净值客户对海外资产配置的需求，推出了首单“TRS”（Total Return Swap，总收益互换）类产品“长安盈9号单一资金信托”。该产品通过收益互换的方式，对接境外中资银行优先股份额，设置了灵活的开放条款，满足当市场上出现投资机会时委托人可灵活追加投资的需求。该模式是在当前国内资本市场外汇管制的情况下，创新地使用了稀缺的QDII资源之外的跨境投资模式，在为客户节约交易成本的同时，响应了国家外汇管理局节约使用外汇储备的号召，成功寻找到新的跨境投资渠道，进一步提升了公司在跨境业务领域的创新能力，拓宽了公司国际业务在今后业务开展中的模式选择、资产选择及客户选择，扩大了国际业务在行业内的知名度。

### （三）慈善信托案例

慈善信托方面，公司成功设立了“长安慈——环境保护慈善信托”。信托资金优先用于江苏省特别是泰州地区的环境保护事业。通过与北京合一绿色公益基金会合作，共同实施“扬子清流——长江下游环境慈善支持项目”。计划通过支持环保社会组织、研究机构和环保志愿者调研、监督和宣传等方式保护长江下游江苏段（特别是泰州）的水环境，并在工业污染防治、法律支持、环境教育方面取得了实际效果。

（四）家族信托案例

家族信托方面，作为信托行业较早涉足家族信托的公司。2018 年公司在原有家族信托业务模式的基础上，通过二次创新推出了“平安银行·长安信托·私礼传家标准化他益型家族信托”。相较于以往的自益型家族信托，若委托人一旦身故，会造成无受益人而信托终止的情形，此时信托财产将面临散乱无序继承的风险。而该产品既可以满足客户专户理财的需求，也可以在客户发生意外时，信托财产按照客户生前的意愿定向传承，兼具定向传承与资产配置。在境内家族信托市场尚未完全成熟的阶段，该产品模式具备承前启后的过渡功能。

（五）资产证券化案例

资产证券化服务方面，公司已成功参与各类资产证券化项目规模近600 亿元。昆山市公共交通集团有限公司 2018 年第一期绿色资产支持票据项目符合监管鼓励方向，信托型资产支持票据为标准化资产证券化业务，是银保监会多次强调鼓励的服务实体经济的业务类型，同时该项目是公司参与的首单由交易商协会审批并在银行间发行的非金融企业资产支持票据项目，是全国首单公交客票收益权绿色 ABN，也是全国首单区县级 ABN 项目，具有较强的标杆意义和品牌效果。该项目的成功实施为公司后续 ABN 业务的落地奠定了基础，已实现了业务模式的复制。

## 三、社会责任履行情况

公司秉持“长安心、百年业”的可持续发展理念，始终坚守着对股东的回报之心、对客户的诚挚之心、对员工的关爱之心、对社会的奉献之心，坚定履行受托责任、经济责任、员工责任、环境责任等，坚持把积极履行企业社会责任作为实现战略愿景的重要路径和依托。2018 年，公司分别在诚信纳税、服务实体经济、公益慈善事业、环境保护等方面积极履行社会责任，回馈社会。

公司始终以国家利益为重，在谋求自身稳健、创新发展的同时，恪守诚信之道，合法经营，坚持依法按时缴纳税款、积极履行扣缴义务人代扣代缴税款的义务。2018 年，上缴税款为 12.58 亿元，连续多年被税务机关评为“纳税信用 A 级纳税人”，树立了诚信纳税的良好企业形象和品牌信誉。

公司热心公益慈善事业发展。2018 年，公司新设立慈善信托 3 单，分别为“中国信托业·长安慈·四川慈善总会·定点扶贫慈善信托”“平安慈——平安天年方舟慈善信托”“中国信登·长安慈·定点扶贫慈善信托”。截至 2018 年末，共存续慈善信托 9 单，形成了良好的社会影响。

公司一直以来积极推行绿色办公、低碳办公。公司在管理上降低能耗，不断完善OA办公系统，采取信息技术手段，推行无纸化办公和低碳会议；持续强化员工的环保意识、节能意识，从点滴做起，降低能耗和碳排放。公司积极地参与到环境保护的工作中，并将绿色办公作为坚持不懈履行社会责任的理念和义务。同时，公司主动发挥信托功能优势，积极推进绿色信托。2018年，设立了“长安宁——潍坊亿燃项目贷款单一事务类信托 ”“长安宁·凤城热力项目贷款单一资金信托”“长安宁——浙江陕鼓废水处置项目贷款单一资金信托”等一批绿色环保信托项目。

经过多年的实践累积，公司已经形成了以自身专业化的金融服务能力为核心，以信托产品为驱动的履行社会责任的企业特色，并保持与时俱进，不断创新，塑造了负责任的资产管理和财富管理品牌形象，成为推动提高企业履行社会责任的积极力量。

## 四、2019年发展规划

2019年是我国全面建成小康社会的关键之年，根据中央经济工作会议部署，2019年的经济工作仍将坚持稳中求进总基调，坚持新发展理念，坚持推动经济高质量发展。公司深刻领会中央政治局会议、中央经济工作会议及改革开放40周年大会会议精神，提高风险意识，积极调整业务结构，转变发展思路，发挥信托制度优势，积极履行服务实体的职责，回归信托本源，为实现经济高质量发展提供更加有力的金融支持。

公司将2019年工作的总体思路定为“深化管理、强化营销、极致产品、数字长安”。

### （一）深化管理，坚定不移地贯彻战略体系

公司2019年的工作将紧紧围绕战略体系，细化工作，提高实效，落实到位。以“规范化、职业化、敏捷化”原则，重构八大营销管理体系，夯实基础；以“科学化、差别化、高效化”原则优化业务决策体系，核心是以科学合理的差别化授权体系为基础，构建更加务实、高效的业务决策机制，实现“业务风险与授权架构相匹配”“差异化业务与专业化决策体系相匹配”；通过多维度绩效激励机制架构设计，构建差异化、精准化激励考核体系。

### （二）强化营销，多渠道拓展高净值客户

高效拓宽高净值机构客户渠道，大力拓展高净值自然人客户，是公司业务拓展的首要任务。公司将着力打造营销体系综合优势，实现财富管理条线与业务条线营销深度融合，同时通过四大业务条线打造专业化营销体系；将持续加大财富团队扩充工作，逐步形成资金对接优势，形成业务拓展良性循环，提升公司市场影响力；完善制度，切实落实全员营销策略，构建大发行

平台引导市场化营销。

（三）精化业务，专业高效打造“极致产品”

面对严峻和激烈的市场环境，公司要将业务、产品做到极致，不仅仅体现公司的专业性与严谨性，更是对市场的敬畏。实现理财业务互联网化、非标业务标准化与特色化、标品业务平台化、创新业务批量化、固有业务市场化。

（四）打造数字长安

高效、精准、深度挖掘的信息系统是现代金融企业管理的必备要件。在落实监管机关关于信息科技建设与管理相关指引要求的基础上，公司将继续加强信息化、智能化管理系统建设，对内实现数据化系统提升管理，对外打造智能化系统全面服务平台。

# 重庆国际信托股份有限公司

## 一、2018 年经营概况

2018 年，是全面贯彻落实党的十九大精神开局之年，是改革开放 40 周年，是决胜全面建成小康社会、实施“十三五”规划承上启下的关键一年，也是迈向高质量发展新征程的起步之年。2018 年，重庆国际信托股份有限公司（以下简称公司）秉承“诚信、稳健、创新、求精”的经营理念，在保持传统信托业务规模稳健增长的基础上，科学研判经济金融形势，进一步加强风险控制，加大业务创新力度，强化自主管理能力，提高核心竞争力，各项业务稳步发展。2018 年，母公司固有总资产为 297.85 亿元，实现营业收入为 69.11 亿元，利润总额为 47.62 亿元，净利润为 28.06 亿元。

## 二、创新业务案例

### （一）资产证券化业务

2018 年，公司继续在资产证券化领域积极探索，大力发展 CMBS、ABN 等资产证券化业务，不断拓宽资产证券化业务外延。2018 年 3 月，主导发行了云南省首单 CMBS 产品——“云纺商业物业资产支持专项计划”，并获得了第三届中国商业地产资产证券化合作发展峰会颁发的“杰出 CMBS 产品奖”；与中国中车股份有限公司合作发行了公司首单落地的信托型资产支持票据业务，票据发行规模为 30.79 亿元，帮助企业获得低成本资金，促进信托业务回归服务实体经济本源。

### （二）慈善信托业务

为响应国家脱困扶贫政策，坚决打好精准脱贫攻坚战，2018 年，公司在发行和管理“金色盾牌·重庆人民警察英烈救助基金公益信托”等基金的基础上，成功落地《慈善法》颁布后的首单慈善信托“重庆信托·春蕾圆梦慈善信托”，信托资金用于捐赠重庆市贫困女高中生、女大学生，以及从事相关事业的慈善组织或机构。

（三）消费信托

2018 年，公司继续在消费信托业务领域继续发力，设立了“重庆信托·尊享 3 号消费信托”，信托结构为“理财 + 消费”，投资者通过投资产品获得融汇温泉及重庆融汇丽笙酒店休闲娱乐、餐饮、影院等会员消费权益，不仅实现了投资理财，还将资金和消费品进行了更多结合，使消费品同时具备了金融属性和产业属性，得到了投资者的广泛认可，是公司服务消费、贯彻普惠金融的有效尝试。

## 三、社会责任履行情况

公司始终坚持党的领导，积极贯彻落实国家宏观经济和产业政策，以助力经济发展和服务民生为己任，在深化供给侧结构性改革的背景下，以“十三五”时期经济社会发展的主要目标和基本理念为指引，利用信托制度的灵活性参与国家重大战略，助推国家经济结构调整，主动提高服务实体经济发展质效，在新资管时代拓展服务实体经济的深度和广度。

截至 2018 年末，公司累计为重庆市经济建设募集资金 1 593 亿元，为人民群众创造财产性收入 620 亿元，为促进重庆长江上游经济中心建设发挥了重要作用。公司主动响应“一带一路”倡议，主动对接京津冀协同发展、长江经济带建设等重大项目，提供综合金融支持，大力拓展公司服务社会、服务实体经济的空间。截至 2018 年末，公司在“一带一路”、长江经济带辐射区域内的存续信托业务规模为 1 817.25 亿元，其中服务京津冀地区信托规模为 205.51 亿元。

为解决中小微企业融资难问题，公司集中金融资源成立了多个信托产品，以支持科创企业转型发展。截至 2018 年末，公司为小微企业提供信托业务服务规模余额为 648.54 亿元，为大批小微企业提供了资金支持，帮助其改善经营、升级产品技术，充分激发小微企业发展活力，从而有效带动地区经济发展和就业。

公司在加快自身发展的同时，从未忘记企业的社会责任和使命，坚持开展扶贫助困活动，积极投身公益事业，用心回馈社会，截至 2018 年末，累计向各类慈善活动捐款超过 2.1 亿元，主要包括“金色盾牌·重庆人民警察英烈救助基金公益信托”慰问救助捐款、“春蕾圆梦行动”、酉阳县扶贫捐款、奉节县扶贫捐款等。其中，截至 2018 年末，公司发起设立的“金色盾牌·重庆人民警察英烈救助基金公益信托”已累计拨付慰问救助金 1.49 亿元，共救助慰问公安干警及其家属和相关人员超过 12 000 人次；2018 年 8 月，成立公司首只慈善信托“重庆信托·春蕾圆梦慈善信托”，为今后“春蕾圆梦行动”提供长期资金支持，已累计资助 150 多名重庆当地贫困女大学生。此外，公司作为重庆市政府办公厅扶贫集团成员，累计为酉阳县脱贫攻坚捐款超过 160 万元。2018 年，在市政府扶贫集团的统一安排下，公司扶贫攻坚阵地变更为奉节县，共捐赠 32 万元用于当地扶贫工作开展。

根据监管要求，公司 2018 年消费者权益保护工作有序开展，结合公司实际，加强组织领导，健全制度机制，强化执行落实，提升产品和服务质效，切实保护了消费者的合法权益。公司按照监管部门的统一要求，积极开展 2018 年“金融知识进万家”“普及金融知识万里行”等多项消费者宣传教育活动，在活动开展过程中突出重点、紧抓节点、攻克难点、打造亮点，旨在通过开展常态化、经常性金融知识普及宣传活动，切实提高广大消费者的金融意识和金融素养。本年度未发生投诉及二次投诉的情况，未发生负面舆情及重大突发事件，未发生消费者诉讼及仲裁的情况，未产生侵害消费者基本合法权益的情形。

## 四、2019 年发展规划

2019 年是中华人民共和国成立 70 周年，是全面建成小康社会关键之年，保持经济平稳健康发展尤为重要。公司将不断加强党的领导与基层党组织建设，顺应供给侧结构性改革趋势，进一步提升服务实体经济质效，积极对接粤港澳大湾区、京津冀协同发展及长江经济带等重点区域的项目建设，紧抓市场机遇，加大业务创新力度，为社会经济发展作出更大的贡献。

### （一）加强党的领导与基层党组织建设

一是公司认真贯彻新时代党的建设总要求，深入推进“5＋2”党建总体布局，全面推进思想政治建设、党的组织建设及纪律作风建设，为实现整体战略目标保驾护航。二是公司不断加强思想建设，深入推进党的十九大精神学习宣传贯彻工作，坚持用习近平新时代中国特色社会主义思想武装头脑、指导工作。三是充分利用学习强国 APP，让全体同志在学习的过程中给精神注入新动力，给思想注入新能量，让劳动创造新价值。

### （二）强化风险管理，严控项目风险

在监管趋严、全行业防范系统性金融风险的背景下，一是公司坚守“宁可错过，不可做错”的风控原则，坚持贯彻全面风险管理战略，以深化整治银行业市场乱象为抓手，依法合规经营，严控项目风险，严守风险底线。二是公司加强对国家宏观经济政策、货币信贷政策、财政政策、监管政策等领域的研究，密切关注市场及政策变化，准确判断行业发展趋势，着力加强风险防范的前瞻性；进一步完善风险控制组织架构与管理流程，提高审批效率，全面梳理重点行业和重点项目管理情况，确保不发生重大项目风险；认真从近年来行业发生的风险事件中吸取教训，

做到警钟长鸣，加强公司项目尽职管理能力，提升风险防范意识；加强风险项目管控，通过多种措施多种渠道化解项目风险。

### （三）落实监管新规，进一步提升公司治理水平

严格按照监管部门及监管法律法规的最新要求，积极补齐治理短板、堵塞治理漏洞，制定有效措施。根据《公司法》《信托公司治理指引》等法律法规的规定，参照《商业银行股权管理暂行办法》等监管新规要求，加强股权管理，优化股权结构，规范股东行为；完善履职考评体系，推动“三会一层”依法合规科学履职。梳理、修订相关制度，进一步规范和完善履职方法、路径和流程，提升董事会的运行效率与效果，促进公司治理水平再上台阶。

### （四）积极回归信托本源，坚持服务实体经济

公司坚持信托本业为主体、固有和其他中间业务为补充的总体思路，深入研究市场需求，提升专业的资产管理能力，充分利用信托公司综合经营优势，灵活运用各类业务手段和工具，为企业提供一揽子、一站式的金融服务，满足企业全生命周期需求，打造共赢发展模式，切实提高服务企业质效，为信托业的根深蒂固发展贡献力量。公司坚持金融是服务实体经济的血脉，服务实体经济是金融天职的宗旨，以更好地服务实体经济为出发点和落脚点，以提升实体经济发展的质量和效益为中心，以深化供给侧结构性改革为主线，实现公司与实体经济的良性互动、协调发展。

### （五）坚持实质创新，焕发创新活力

公司主动创新适应市场需求的业务和产品，有效搭建起资金市场和实业市场的桥梁，大力支持新一代信息技术、高端装备制造、绿色低碳、生物医药、数字经济、新材料、海洋经济等战略性新兴产业，提高服务实体经济的效率；要进一步丰富信托产品的供给，积极开发个性化、差异化、定制化金融产品，提高客户服务质量，为金融消费者提供多样化选择，保护投资者的合法权益。

### （六）精耕财富管理市场，打造全新财富品牌

依托信托制度在所有权及收益权分离重构、财产独立性及风险隔离上的特质，信托公司具有开展高端财富管理业务的独特优势。公司将借助在财富管理领域积累的经验，利用在资产端、客户端及专业人才等方面的资源优势，为高净值及超高净值人群在风险隔离、灵活传承、慈善运作和综合投融资配置等方面提供服务。同时，配合公司财富管理整体营销需求，积极探索全新的公司整合营销模式，强化品牌渠道建设与管理，进一步提升公司品牌的认知度，增强客户黏性，最终实现财富管理业务的转型升级。

# 国投泰康信托有限公司

## 一、2018 年经营概况

2018 年是国投泰康信托有限公司（以下简称公司）2016 年至 2018 年三年发展规划的收官之年，面对经济增速下行、金融去杠杆、行业监管趋严的不利环境，公司主动优化业务结构，扎实推进业务转型，在不利的市场环境下保持了良好的经营业绩。2018 年实现营业收入为 10.84 亿元，利润总额为 8.34 亿元，公司主营业务更加巩固，主动管理能力持续提升。

信托业务方面，公司根据监管要求主动压降通道业务规模，加大主动管理业务拓展力，2018 年实现信托业务收入为 8.8 亿元，同比增长 19%；从信托业务收入结构来看，主动管理型业务收入占比相较于上年大幅提高。公司一方面大力拓展政信业务、房地产业务、小微金融业务等支柱业务，使其成为公司经营收入的重要支撑；另一方面，主动把握行业发展方向，稳步推进供应链金融、家族信托、慈善信托、境外理财等创新探索业务，积极培育未来业务增长点。

固有业务方面，2018 年公司不断提升固有业务资产配置效率，积极开展股权投资业务，全力助力信托业务创新转型。一是优化固有财产配置结构，金融产品投资规模及投资收益率均有所提升；二是通过各种管理手段，保障公司融资渠道畅通，为信托业务发展提供流动性支持，满足内部协同需要；三是积极打造自有资金股权投资业务生态圈，并不断建立健全投后管理制度，进一步加强被投资企业的日常运营监控和重大事项管理。

财富管理方面，2018 年公司大力推进财富管理板块建设，财富管理能力提升显著。一是客户结构持续优化，个人客户比例不断提升；二是加强与金融机构代销合作，实现代销规模跨越式增长；三是增加财富团队人员，推进营销网络布局；四是调整优化组织架构，成立营销与客户运营部作为财富管理板块专业中台，理顺信息衔接，提高工作效率；五是加大客户活动力度，定期开展线下客户沙龙，不断提升客户服务质量。

合规风控方面，2018 年公司持续优化内控管理体系，提升风险管理水平，守住业务风险防线。一是发布分类业务合规要点，更新优化法律文件范本，提高项目评审的质量和效率；二是优化业务管理报告模板，完善内控风险制度体系；三是改革信托业务审计管理模式，提高信托业务审计覆盖面，在审计检查中排查员工廉洁从业情况并执行问责；四是做好案件防控、消费者权益保护和反洗钱工作。

## 二、创新业务案例

2018 年，公司信托业务转型与创新取得了显著成绩。股权投资业务加速推进；供应链金融业务的规模和创新收入明显提升；QDII 业务正式落地，国际化业务进程迈出第一步；公司加快布局银行间市场资产支持票据、家族信托、慈善信托等一批具有探索和示范意义的创新业务，并呈现出良好的发展态势，具体案例如下。

### （一）慈善信托

“国投泰康信托·2018 甘肃临洮产业扶贫慈善信托”于 2018 年 3 月成立，总规模为 320 万元，其中国投集团连续 5 年每年出资 50 万元。该慈善信托在扶贫机制上进行创新探索，打造可复制推广、可循环持续的扶贫模式：一是“产业扶贫”建立“造血”机制，信托资金主要运用于当地百合产业的龙头企业，通过扩大百合收购及加工，每年帮扶 130 余家建档立卡贫困户脱贫致富，并带动 2 600 户农户种植百合。二是“精准帮扶”发挥“输血”作用，龙头企业使用信托资金需支付利息，利息按年返回信托计划将直接对当地困难群众进行生活、教育帮扶。在信托存续期内，通过信托资金持续运用，能够持续发挥产业扶贫作用，并在当地政府和合作社的支持下，确保扶贫精准到户、精准到人。产业扶贫项目本身的收益，也有助于贫困地区实现资本积累，从而促进贫困地区区域经济发展。

### （二）股权投资业务

2018 年公司积极开展股权投资业务，落地海尔云贷、金石财策、长远锂科、喜相逢等投资项目，通过股权投资、投贷联动等方式支持国家重点行业领域，提供全链条的金融服务。股权投资是监管引导与鼓励的业务方向，有利于降低实体经济融资成本，支持新兴领域重点行业发展，有机会获得超额投资收益。公司根据产业布局情况，聚焦特定行业，与券商、PE、VC 及产业投资领先机构进行深度合作，积极参与项目投资和后期运营，不断提升专业能力，打造核心竞争力。

### （三）ABN 业务

自 2017 年 11 月首单资产支持票据信托宣告成立之后，公司 2018 年陆续落地了悦达融资租赁有限公司 2018 年度第一期、第二期及第三期资产支持票据信托。本系列 ABN 项目是由悦达租赁作为发起机构和委托人，以选定入池的租赁债权资产作为信托财产信托予发行载体管理机构，以公司为受托人设立的在银行间市场发行的资产支持票据信托。公司与悦达融资租赁有限公司在公募 ABN 领域的持续深入合作，对帮助客户盘活存量资产、提高资产周转率探索出一条新路，同时对在银行间债券市场开展资产证券化业务，进一步拓宽业务范围具有重要意义。

（四）QDII 业务

2018 年，公司获得 QDII 投资额度为 7 000 万美元，成为业内 18 家获批 QDII 额度的信托公司之一。2018 年 12 月，公司首单 QDII 业务“国投泰康信托瑞锦 6 号 QDII 单一资金信托”正式落地，迈出了公司开展国际化业务的第一步，公司业务领域进一步拓宽，服务客户的渠道更为丰富，公司品牌形象和综合实力得到进一步提升。随着国内投资者越来越关注海外市场投资机会，QDII 业务的开展一方面可以更好地满足客户海外资产配置的需求，另一方面布局海外业务已成为行业共同认可的转型方向，而 QDII 业务是信托公司合规开展海外业务的重要领域。

## 三、社会责任履行情况

作为中央企业控股的信托公司和中国信托业协会理事单位，公司秉承“有道而正、信则人任”的核心价值观，以务实的精神、稳健的作风以及细致的服务，为客户、为股东、为社会、为员工创造最大价值。公司严格遵守国家法律法规、监管部门规章、规范性文件以及《信托公司社会责任公约》、公司章程的规定，依法合规稳健经营，所有产品均实现平稳运行，树立了良好的社会形象，荣获“中华慈善奖”“年度金牌风控力信托公司”“年度最佳财富管理信托公司”等多个奖项。

公司积极履行社会责任，主动投身公益慈善事业，将开展公益信托、慈善信托作为重要的战略方向，已成为全国领先的慈善信托业务践行者。2018 年 3 月，公司成功落地“国投泰康信托 · 2018 甘肃临洮产业扶贫慈善信托”，在扶贫机制上进行创新探索，将“产业扶贫”“精准帮扶”结合起来，使精准扶贫更加有效、脱贫成效更加稳固，为打赢脱贫攻坚战探索出一条“输血”“造血”相结合的慈善信托之路。

同时，公司继续做好存续慈善信托项目运营管理。“国投泰康信托 2016 年国投慈善 1 号慈善信托”资助全国贫困县贫困学生及定点帮扶项目，惠及 6 600 余户农村家庭，有力地支持了扶贫攻坚事业发展；“国投泰康信托 2016 年真爱梦想 1 号教育慈善信托”支持甘肃、内蒙古等地中小学校的 10 间“梦想中心”建设，致力于给孩子们“自信、从容、有尊严的未来”；“国投泰康信托 2017 年真爱梦想 2 号教育慈善信托”是全国首单股权慈善信托，自信托项目成立以来，累计支出 10 万元，用于资助“梦想力”课程开发项目第一阶段——“梦想力”基础理论研究项目，促进梦想课程的持续创新，帮助孩子成为真正的“求真、有爱的追梦人”。

在经营过程中，公司高度重视利益相关方的权益保护工作，高度注重风险管控，依照诚实、信用、谨慎、有效的原则，审慎管理信托资产，切实维护客户权益，年度内所有到期项目均实现正常兑付，存续项目运转良好，为客户投资理财的安全性、稳定性提供了必要保障。公司不断健全客户服务体系，以实际行动践行“普惠金融”的理念；公司高度重视客户投诉，持续完善客户投诉受理机制，使客户投诉得到妥善处理；公司重视和保护员工的合法权益，定期组织职业培训，关心员工成长；公司还按照监管部门的要求，积极有效地开展反洗钱、治理商业贿赂和案件防控工作，为维护社会安定和金融秩序作出努力。

## 四、2019 年发展规划

2019 年是公司新三年战略规划的起步之年，公司上下要统一思想，齐心协力，推动公司持续稳健发展。一是要立足新三年战略规划，加强市场研判，坚持科学决策，主动把握市场机会；二是要不断推动公司各类业务的专业化发展，提高资产识别、获取、运作和全周期管理的专业能力，推进核心客户的深度服务；三是不断提升管理水平，统筹规划、明确分工、创新机制、强化落实；四是要加强公司财富团队建设，建立公司产品发行的科学化管理体系；五是提升公司品牌实力，助力业务宣传发展。

# 华宝信托有限责任公司

## 一、2018 年经营概况

华宝信托有限责任公司（以下简称公司）成立于 1998 年，是中国宝武钢铁集团有限公司（以下简称中国宝武）旗下的产业金融业板块成员公司。公司注册资本金为 37.44 亿元（含 1 500万美元），旗下控股华宝基金管理有限公司（中美合资）。

公司始终以“受益人利益最大化”为经营理念，以专业化和差异化发展为基本战略，以资产管理与信托服务为两大主业，立足资本市场，不断强化能力建设、渠道建设和品牌建设。2018 年，公司受托管理信托资产规模达到 5348 亿元（不含企业年金），实现净利润为 12.78 亿元，在信托行业总体平稳收缩的态势下实现稳健发展。

2018 年，公司对组织架构进行了调整，以“专业化发展”“一体化管理”为目标，结合公司自身和资源禀赋，着力公司“四大业务板块”“五 + α 业务条线”布局，推动公司转型发展。公司成立产融业务总部，与中国宝武相关产业单元密切合作，共建高质量钢铁生态圈，实现产业链资源共享和价值提升。

2018 年，公司共新增信托计划 1 256 个（含现金增利分期发行），较上年同期增加 760 个，涵盖证券业务、现金管理类、QDII、投融资等领域。主动管理型新增信托计划 1 097 个，占新增总量的 87%，其中组合投资类 1 057 个、融资类 33 个、股权投资类 3 个、证券投资类 4 个；被动管理型新增信托计划 159 个，占比为 13%，其中事务管理类 131 个、融资类 19 个、证券投资类 2 个、组合投资类 2 个、股权投资类 5 个。

华宝信托在开发产品拓展业务的同时，也致力于风险控制与中后台运营能力提升。2018 年，公司继续以“认真履行受托职责，遵循诚实、信用、谨慎、有效管理的原则，恪尽职守，为受益人的最大利益处理信托事务”为宗旨，有效地保障了受益人利益。1998—2018 年，公司累计为客户实现收益为 1 706 亿元，同时，公司也为股东创造了良好收益，自 1998 年成立以来，连续 21 年都实现盈利。

近年来，公司在各类行业评选中多次荣获重要奖项。其中 2018 年，获中国信托业协会 2017

年度行业评级为 A 级、2017 年度“浦东新区金融业突出贡献奖”、《上海证券报》第十一届“诚信托·卓越公司”奖、《证券时报》第十一届中国优秀信托公司评选的“中国优秀信托公司”奖、《21 世纪经济报道》第十一届“金贝奖·卓越信托公司”奖等公司类奖项。

目前，公司产品利用多种结构和工具覆盖了资本市场、货币市场、实体经济。同时，在风控方面，公司形成了由董事会及管理层直接领导，以风险管理部门为依托，相关职能部门配合，与各个业务部门全面联系的三级风险管理组织体系，公司治理结构及风险控制水平行业领先。

展望未来，公司将继续以机构、高端客户需求为核心，专注于证券、实业等投融资领域，发展产业金融深度融合特色业务，成为中国宝武产业链金融发展的推动者和实践者；立足专业化信托服务，提供另类财富管理和综合金融解决方案，打造行业领先的综合金融服务商。

## 二、创新业务案例

2018 年，公司在进一步加大风险控制力度的基础上，继续推动特色业务发展。

在产业金融深度服务方面，公司作为中国宝武产业金融板块专业团队，根据集团成员单位的产业发展诉求，结合钢铁生态圈金融需求，深耕产业金融。公司深度介入集团各产业单元和钢铁生态圈，运用市场化的金融工具，有效整合社会资本力量，向集团各产业单元和钢铁生态圈中的企业提供产业深度金融服务，为中国宝武“一基五元”发展提供专业贴身的金融服务，助力共建高质量钢铁生态圈。全年共落地项目 12 个，初始规模近 59 亿元。

在资本市场业务方面，公司对部门、人员、业务模式进行了全面的优化，在证券投资业务领域，聚焦现有股票组合账户、FOF 账户的管理，强化全天候大类资产配置能力；在证券融资业务领域，积极开发符合资管新规的结构化产品以满足客户需求，同时，树立以上市公司为核心客户的业务导向，利用信托优势服务实体经济，为上市公司提供全方位的金融解决方案。

在国际信托业务方面，公司继续保持受托境外理财业务优势，2018 年末，存续 QDII 产品 173 个，规模约为 138 亿元。同时，公司提升自身主动管理能力，通过优选海外投顾和海外资管产品，丰富公司产品线，积极向海外产品组合供应商转型。

在工商企业信托业务方面，公司在小微金融业务的制度顶层设计与基础建设方面共同发力，以服务实体经济为发展目标，积极探索业务模式，助力小微企业持续健康发展。

在薪酬福利业务方面，公司继续巩固行业优势地位，做好现有产品的销售、运营管理、IT 系统建设和移动端服务水平提升工作，并深化对公业务渠道建设工作，全年员工福利及持股年度新增缴费创历史最高纪录。同时，公司作为宝武年金的受托人，合理选择大类资产配置方案，全年收益率达 4.25%，名列行业前茅。

在家族信托业务方面，公司大力拓展家族业务市场，推动股权信托、保险金信托、慈善信托等创新型信托落地，初步形成“家族业务生态圈”；“华宝世家华传”系列家族信托产品荣获《证券时报》第十一届中国优秀信托公司评选的“优秀家族信托计划”奖和《上海证券报》第十一届“诚信托·最佳家族信托产品”奖，家族信托全生命周期的信息化管理项目荣获“上海市管理现代化创新成果”奖，公司家族信托业务在业内获得进一步认可。

公司在开发产品拓展业务的同时，也致力于风险控制、中后台运营能力提升及公司品牌建设。在信息化建设和客户服务方面，公司推进多个业务系统的开发，并从提升客户服务手段、加强电子签约等方面加强技术投入，持续提升客户体验。

随着“资管新规”及其配套细则的陆续发布，大资管行业正进入统一监管新时代，在此背景下，公司将充分发挥信托制度多工具、多市场、跨领域的独特优势，促进公司转型发展，加强“专业化发展”“一体化管理”能力建设，以金融服务实体经济发展为重点，实现公司从量到质的全面稳健发展。

## 三、社会责任履行情况

2018 年，公司持续以生态圈上下游机构和高端客户需求为核心，专注于产业金融深度服务、现金管理、金融市场、境外投资、薪酬福利、家族信托等领域，提供另类财富管理和综合金融解决方案，打造中国领先的综合金融服务商。

公司坚持以信托服务产业为目的的金融支持实体经济理念，在集团的统一部署下，发挥产业协同优势，大力支持钢铁生态圈业务发展。根据中国宝武对于欧冶云商最新的战略规划和目标，公司与欧冶云商协同，整合中国宝武的牌照资源，建立多维度、强有力的产业金融发展体系和钢铁行业产业链生态圈。公司从系统搭建、监管沟通、系统支持等方面进行产业金融深度服务。目前已有宝享系列事务管理类产品、欧享系列主动管理类产品。

另外，公司成立首单慈善家族信托，践行慈善事业。公司设立的慈善信托，本金及收益将全部用于根据信托目的筛选出的受益群体。银行担任慈善信托的财务顾问，提供投资建议。引入专业律师事务所担任监察人，公益基金会担任慈善项目执行机构。公司通过长效的慈善捐赠机制，实现专业、透明、高效的资金捐赠效果，并可以将慈善活动拓展到更大范围。

后续，公司将进一步丰富产品线及提升信托服务能力，为各类客户打造更好的产品，提供更好的服务，践行信托社会责任，让更多的市场主体参与信托，享受信托制度的优势。

## 四、2019 年发展规划

公司的发展定位是，立足钢铁生态圈专业化信托服务，为上下游机构和高端客户提供差异化财富管理服务和综合金融解决方案，成为中国宝武钢铁生态圈的重要金融载体和综合金融服务商。在中国宝武钢铁生态圈中成为联结产业和金融的关键组成。

国家：通过产业金融深度融合，真正实现金融支持实体经济。

行业：实现特色化、综合化经营，资产管理规模和利润位居行业前列。

股东：尊重并保护股东的主体地位和利益，创造协同价值。

客户：“受人之托、代人理财”，为客户创造价值。

员工：激发员工潜能，在生态圈建设中实现员工与企业共同成长。

# 华融国际信托有限责任公司

## 一、2018 年经营概况

2018 年，华融国际信托有限责任公司（以下简称公司）全面贯彻落实党的十九大和十九届二中、三中全会精神，认真落实银保监会党委和中国华融党委重大部署，围绕建设“高质量发展新华融”的战略方向，全力应对各类风险，积极谋划公司发展新战略，加快推进公司战略转型，实现了平稳有序发展。

2018 年，公司累计实现营业收入为4.15 亿元，净利润为0.54 亿元。2018 年12 月末，公司资产总额为 162.67 亿元，负债总额为 70.23 亿元，净资产为 92.44 亿元，资产负债率为43.14%。

截至 2018 年末，公司当年新增信托资产规模为 543.94 亿元，管理存续信托资产规模为1 985.65亿元。从行业分布来看，2018 年12 月末，存续项目主要投向金融业、房地产业、水利、环境和公共设施管理业、建筑业，合计金额占比超过 81%。从信托项目属性来看，主动项目规模为906.32 亿元，占比为47.88%，被动项目规模为986.62 亿元，占比为 52.12%，较上年下降5.2 个百分点，去通道效果显现。从投向上来看，投向金融机构、房地产、工商企业、基础产业项目占存续项目的比例分别为31.92%、22.64%、17.61%、13.06%，分布相对较为均匀。

截至2018 年12 月末，公司净资本为68.88 亿元，风险资本为52.01 亿元；净资本/各项业务风险资本的比值为 132.45%，净资本/净资产的比值为 75.48%，分别高于监管要求的100%、40%。

## 二、创新业务案例

### （一）作为机构投资者参与投资资产证券化份额

为深入探寻资产证券化业务领域机遇，力求在合规前提下实现本源业务的进一步突破，

2018年，公司除以SPV参与企业资产证券化业务外，还通过与国内某大型交通集团合作，参与认购其“×××应收账款1—10期资产支持专项计划”份额，实现了从SPV端向上游的延展。

该专项计划设置优先级资产支持证券和次级资产支持证券两类资产支持证券，其中优先级资产支持证券的还本方式为过手摊还型证券，优先级资产支持证券的目标募集总规模为7.866亿元，次级资产支持证券的目标募集总规模为0.414亿元。公司作为投资者，参与认购次级份额。

该专项计划初始基础资产涉及交易对手与债务人签署的40个基础交易合同。截至初始基准日（2018年9月30日），该专项计划初始基础资产对应的应收账款余额合计84 675.43万元，行业涉及五大业务板块。

本次投资是公司参与资产证券化的深度延伸，是从单纯制度管理属性向投资属性的积极尝试。

### （二）试点推出主动管理型“购房尾款”资产证券化产品

为进一步发挥信托制度优势和公司主动管理优势，2018年公司与国内某大型地产公司、知名保理公司合作，试点推出首单主动管理型“购房尾款”资产证券化产品。公司通过SPV架构，真实受让该交易对手购房尾款的应收账款，实现了底层资产的真实隔离。

在真实持有应收账款的架构下，公司对底层资产进行了全面筛选和排查，对于购房者的履约信用和履约能力进行了充分研判，并针对性地设置了担保措施，通过结构化增信方式进一步捆绑了交易方和保理方的双重信用，一方面，从资金流动性上保证了销售款如期回流；另一方面，通过跟踪交易对手经营情况和项目销售的进展，以及对现金流的严格监管，保证了销售款专款专用，实现了投资者、企业的“双赢”。

## 三、社会责任履行情况

2018年，公司深入贯彻落实习近平总书记关于新疆工作总目标再动员会议精神和自治区、乌鲁木齐市“民族团结一家亲”活动动员大会精神，开展好“民族团结一家亲”活动；认真开展精神文明创建活动，全面开展弘扬和培育民族团结精神，积极支持和开展创建文明城市、卫生城市以及文明志愿者服务宣传、社会公益等一系列活动。落实人民银行、新疆银保监局要求，积极开展“宪法边疆行”“金融知识宣传月”“金融知识进万家”“反洗钱和打击非法集资”以及征信及消费者权益知识等一系列宣传教育活动，进一步提高各族群众的法律和金融知识、维护金融消费者合法权利意识和风险识别能力。在扶贫方面，公司2018年共计捐助资金为151.74万元，用于扶助公司在新疆、四川定点扶助地区的贫困群众，进行庭院整治、自来水入户建设、公共浴室建设、购置扶贫用车、购买农产品等基础民生项目。在教育帮扶方面，公司积极贯彻执行中国华融对全系统扶贫工作的指导思想，向华融和田希望小学和希望幼儿园捐赠100万元。在制度方面，公司制定困难员工帮扶救助办法，构建公司困难员工帮扶救助长效机制。另外，公司在经营管理、业务发展、客户服务及消费者权益保护等方面积极履行法律责任、经济责任、公益责任和环境责任，并根据相关法规、监管部门及行业协会要求通过各种渠道进行了信息披露。

## 四、2019年发展规划

### （一）扎实推进“围绕不良做优良，坚守本源做信托”战略实施，加快实现“资管新规”下的战略转型

一是加快回归信托本源，围绕供给侧结构性改革布局业务。公司大力发展信托本源业务，合规开展事务管理类信托业务，着重在资产证券化、消费信托、家族信托、公益信托等业务领域发力，坚决不开展为其他机构进行监管套利的通道业务。优化产业金融与不动产业务结构，支持基础设施建设与重点产业发展；积极开拓资本市场业务，通过股权投资、夹层融资、投贷联动等形式，积极融入并购重组、国企混改等领域，助力产业结构升级。

二是充分挖掘大股东资源，围绕不良做优良。公司发挥股东不良资产处置的专业优势与信托的制度优势，通过“AMC + TRUST”协同模式，大力发展不良资产收购处置、法治化市场化债转股业务，强化与华融分公司在资产端和资金端的双向协同，拓宽信托业务资源和营销渠道。

三是对照“资管新规”进行产品升级和改造。公司以资管新规为引领，顺应打破刚性兑付和净值化管理方向，提升净值型产品设计与管理水平，拓展股票、债券、基金等标准化产品投资业务，在合规前提下，创建符合资管新规要求和监管对信托产品转型要求的净值化主动管理系列产品，力求以新产品线创建带动公司业务的合规转型。

四是改进绩效考核体系，激发干事创业活力。公司进一步完善绩效与报酬相匹配的激励机制，规范考核规则与程序，提升绩效考核透明性和公平性，激发广大员工的积极性。公司按照前台重业绩、中台与前台相挂钩、后台重服务的导向，细化业务考核政策，根据各业务板块特有属性，制定相应考核细则，进一步明确考核评价方式、考核指标及考核结果运用，提高考核的科学性、针对性和有效性。

### （二）建立全面风险防控体系，提高风险防范水平

一是树立正确的业绩观和风险观。公司不断总结和吸取经验教训，坚持底线思维，增强忧患意识，既开拓进取，把握商机，又敬畏监管、敬畏市场、敬畏风险，在尽可能控制风险的前

提下，创造更多“无风险”或“低风险”利润。

二是健全风险防控体系。公司健全风险防控制度体系，加快修订完善资产风险分类办法、资产评估报告审查指导意见、项目后期管理办法、风险管理基本规程、关联交易管理办法、内部控制手册等制度，公司持续打造涵盖制度流程、组织架构、运行机制、信息系统、人力资源和监督考核机制等在内的全流程防控体系，确保公司风险管控能力显著提升。

三是加强风险分析研判。公司管理层会同后台风控人员定期实地走访关键区域、关键领域企业，定期调研银行、信托公司的风控体系及实体企业，了解市场真实风险，由此判断未来的展业方向、风控方法及创新路径，确保各类业务风险可知、可控、可承受。

四是进一步加大风险项目化解力度。公司充分利用多种方式，重视利用市场化手段，有针对性地制定处置化解方案，完善风险项目处置激励约束制度，对确保风险处置化解完成任务，取得实效。

### （三）制度约束和文化自律双向发力，提升公司治理和内控水平

一是持续推进制度梳理修订工作。做好制度后评价工作，公司全面推进各项制度的“废、改、立”，重建公司的制度体系，并在此基础上编制公司制度汇编手册，组织专题培训，提升公司的运转效率和员工业务素养；完善授权管理体系，按照总部要求，明确一级、二级、三级授权管理范围，加快完善各级授权方案。建立制度动态更新机制，保持制度的适应性。

二是以选人、用人为抓手重构积极向上的企业文化。公司将以提升人才队伍结构优化和能力建设为重点，构建符合公司实际的人才吸引、培养、评价和激励约束机制，不断培育“担当务实、坚守底线、自律包容、和谐共荣”的核心企业文化。

# 建信信托有限责任公司

## 一、2018 年经营概况

2018 年，建信信托有限责任公司（以下简称公司）认真落实股东和监管要求，主动加强规范经营，积极实践创新发展，取得了较好的经营业绩。

2018 年，公司实现净利润为 20.56 亿元，较 2017 年增长 11%，全年资本回报率为 17.26%。信托资产规模为 14 039 亿元，与 2017 年基本持平；固有资产规模为 222.75 亿元，同比增长 16.56%。固有资产不良率保持为零，信托项目资产质量较好，总体风险可控。

### （一）发挥信托优势，积极策应建行集团“三大战略”

一是全面布局住房租赁业务。公司创新开发了业内首例房屋租赁权“财产权信托”，并迭代设计出“财产权信托＋资金信托”的双信托“存房”模式，落地全国首单储架长租公寓 CMBS 项目，融资规模为 20 亿元；设立首单银行间市场住房租赁资产支持票据为 40 亿元。

二是精准普惠小微企业、农民工等目标客户。公司依托互联网供应链金融信息服务平台，助力中小企业低成本、高效率融资。截至 2018 年末，公司存量普惠金融贷款客户约 5100 家。公司推出了“农民工综合服务平台”，构建了透明高效的工资发放平台，为改善建筑产业整体生态、构建更大规模的信用支付平台奠定了基础。

三是金融科技助力智慧建信迭代更新。公司推出“乾元智投”系列产品，为市场提供了大类资产配置的“建信建议”；依托建行总行“新一代”系统优势，推进掌上建信、HRMIS、分成管理、下属企业信息管理、数据仓库和财务机器人等系统建设，提升智慧管理能力。

四是扶贫攻坚更加投入。公司设立“建信精准扶贫慈善信托”，定向捐助陕西安康扶贫项目，首期信托资金为 185 万元，惠及贫困农户约 510 户、1 800 人；发行“善行系列”集合资金信托计划，专项捐赠中国妇女发展基金会“微笑行动”公益项目。

### （二）推进业务创新，服务实体经济发展

一是国企改革业务成长为集团“金字招牌”。公司聚焦国企改革“双百行动”，实现试点央

企全覆盖，推出国改一号、二号、三号基金，落地江苏国信、长江文化、长远锂科等10个项目；“国改通”产品接入“新一代”系统，上线“撮合通”新平台，为拟混改客户和投资者提供撮合服务，截至2018年末，有160余家国企客户通过该平台提出390笔投融资需求。

二是股权投资、并购重组业务取得新突破。公司成立新能源产业基金和纾困民营上市公司的股权投资基金；设立投贷联动基金5亿元，推出收购民营上市公司控股权的产业基金，形成以“飞驰合翼并购通”为纽带的业务基础，参与多个并购项目。

三是资产证券化业务确立领先地位。2018年，公司新设公募信贷资产证券化项目42单，较上年翻了一番，累计发行总规模、存量规模和新发行规模分别达到4 900亿元、4 400亿元和3 364亿元，均以明显优势排名信托行业第一，2018年获得中央国债登记结算有限责任公司等机构颁发的“年度优秀ABS发行人”等9个奖项。

四是财富管理业务保持领军优势。截至2018年末，公司存量财富管理业务规模达278亿元，较年初新增73亿元，业务品种和规模稳居行业首位。2018年，公司荣获《亚洲银行家》评选的中国大陆首个“中国最佳家族信托产品/服务”大奖，被《证券时报》评为“年度优秀财富管理品牌”。

五是金融市场业务得到稳步拓展。公司主动投资业务发展态势良好，债券投资收益水平居市场前列；首款偏股混合型产品“盛世宏潮”自2018年7月12日成立至年末，收益跑赢沪深300指数9.4个百分点，同期业绩在偏股混合型基金中排名前列。线上主动融资、同业存款等业务均处于市场领先地位。

### （三）推进精细化管理，着力提高管理水平

2018年是公司的“精细化管理年”，通过补短板、抓细节，管理质量明显提升。

一是风险合规和内控管理水平迈上新台阶。公司加强风险合规管理，落实《资管新规》及配套制度要求；积极配合外部检查，主动推进问题整改，有效提升了合规内控水平；在风险计量监测、风险管理工具应用等方面有新的突破。

二是人力资源管理富有成效。公司有序推进组织机构改革，实施新的职级体系，引进优秀专业人才，优化员工队伍结构，落地培训项目25个。

三是重点运营管理工作完成良好。公司的经营计划与会计核算在促进创收增效方面发挥了积极作用，在规范管理、数据管理等方面取得较好效果。

四是下属企业管理全面加强。公司完善“四集中一垂直”管理框架，清晰界定了下属企业范围，制定了清理规划和优化管理思路，得到总行的认可。

五是策略研究与基础管理水平不断提升。公司投研一体化工作持续推进，行业深度研究有所突破；规章制度体系建设、工作任务管理、档案管理等各项基础管理工作得到优化。

## 二、创新业务案例

2018年，公司坚持立足国家经济建设主战场，围绕实业投行、资产管理、财富管理三个业务方向，在住房租赁、普惠金融、资产证券化等多个业务领域实现市场或行业首创，有效提升了公司的声誉和综合竞争力。

在住房租赁领域，响应党中央“房子是用来住的，不是用来炒的”号召，公司积极落实建设银行集团的住房租赁战略，设计开发并成功落地全国首单房屋租赁权财产权信托项目，依托信托制度优势解决住房租赁的社会痛点。

在普惠金融领域，公司牵头联合建设银行集团10家子公司，共同捐助资金设立慈善信托，定向用于陕西安康地区扶贫项目，助力打赢扶贫攻坚战。

在资产证券化领域，公司信贷资产证券化发行、存量规模稳居市场第一位，并创造多个“首单”，包括国内首单地方AMC资产证券化产品、国内首单基础资产为债转股的资产支持票据、境内首单获得AAA国际评级的个人住房抵押贷款资产支持证券等。

## 三、社会责任履行情况

2018年，公司坚持服务实体经济、服务民生、服务投资者，认真贯彻国家经济金融政策和监管要求，加快转型和创新步伐，满足客户多样化金融需求；始终坚持依法合规、稳健经营，不断完善风险防控体系，有效履行受托人职责和义务，维护受益人利益最大化，所有信托产品均实现了按期清算、足额兑付。

公司积极发挥信托功能优势，多种形式助力精准扶贫。公司设立“建信联合精准扶贫慈善信托”，截至2018年末，已完成捐赠185万元；发行“建信信托－微笑行动慈善信托”，捐赠收益约35万元，用于在安康地区开展的“微笑行动”公益项目，为安康地区贫困家庭的唇腭裂患儿提供免费医疗救助；发行“大爱有声　听建未来”集合信托计划，捐赠信托收益72万元用于上海市儿童医院“人工耳蜗项目”，为贫困的耳蜗移植儿童家庭提供医疗服务；以支持农村基础设施建设和农业产业发展为方向，设立多只脱贫攻坚基金，助力贫困地区加快脱贫攻坚步伐。

公司积极开展消费扶贫，在开展党建、工会等相关活动中，优先选用扶贫特色产品作为采购物资，共计消费约14万元；倡导员工参与“安康半亩茶园扶贫认领计划”和购买特色扶贫产品。

## 四、2019年发展规划

2019年公司主要工作思路是，认真落实股东和监管要求，加强党建引领，全面推进各项业务转型创新，全面优化改革配套工作机制，推动公司加快向建设有信托特色的一流资管机构迈进。

### （一）全面落实建行集团“三大战略”

住房租赁战略方面。一是优化、迭代“财产权信托”存房模式，在更多分行推广应用，形成规模效应。二是推动集中式租赁业务发展，以开放心态加强与领先租赁管理机构的合作，形成资金来源多元化、运营管理市场化、产品模式可复制的信托模式。三是加强 REITs 业务研究，积极寻找符合要求的资产，力争在该领域中占有领先优势。

普惠金融战略、金融科技战略方面。一是大力拓展普惠金融贷款。二是加大“农民工综合服务平台”的建设和推广力度。三是联动其他子公司继续做好“建信联合精准扶贫慈善信托”项目。四是完善“乾元智投”系列产品，提升大类资产配置智能投顾水平。

### （二）全面推进各项业务转型发展

在加强客户营销的基础上，公司推进财富管理业务、股权投资业务、证券市场业务、并购重组业务、资产证券化业务、债券承销业务、项目投融资等业务、国企改革业务、国际业务及固有业务等各项业务转型发展。

### （三）全面优化改革各项配套机制

公司持续优化和改革一系列配套机制，做好相关配套工作。一是建立完善绩效考核激励机制；二是优化业务评审工作机制；三是强化投研一体化工作机制。

### （四）提升风险合规水平，确保转型发展行稳致远

公司推行全面风险管理，加强合规管理与内部控制，提升风险管理的专业化、精细化、数据化、差异化水平，进一步增强风险防控能力。

### （五）提升科技支持能力，服务价值创造和管理提升

公司围绕业务创新和管理提升，加强科技系统建设，重点建设线上直销渠道、开发消费金融信托业务管理系统、推广人工智能技术应用。

### （六）提升综合管理能力，为业务发展提供有力保障

公司在人员总量控制的前提下，重点引进转型业务急需的关键人才，强化内部赋能培训，实施“继任者计划”，着力打造符合一流资管机构要求的人才队伍；加强数据分析和应用，健全

公司数据管理工作机制，力争形成财务、业务、行业等全方位的数据统计分析体系；加强对资管新规、信托项目金融工具新准则等情况的研究，准确把握新情况，妥善解决新问题；要按照业务板块对应组建法律团队，为前台提供专业、高效的法律服务；从预防、发现、应对三个层面加强合规工作，防范合规风险；加强审计监督，切实发挥第三道防线作用。

# 江苏省国际信托有限责任公司

## 一、2018 年经营概况

2018 年，江苏省国际信托有限责任公司（以下简称公司）管理总资产规模为 4 278.61 亿元，其中自有资产规模为 206.44 亿元，受托管理信托资产规模为 4 073.31 亿元；实现营业收入为 22.70 亿元，信托手续费收入为 11.07 亿元，利润总额为 21.71 亿元，净利润为 18.57 亿元。

### （一）提质增效，营运盈利能力稳步提升

面对发展新形势，公司在有效压降规模的同时，及时调整业务方向，努力提高业务收入，推动公司从规模速度型向质量效益型转变。2018 年，公司实现人均净利润为 1 280.97 万元。

### （二）对标同业，市场化薪酬考核持续深化

公司一是深化全员绩效考核导向；二是加强配套管理制度建设，构建了“三位一体”的激励约束体系；三是严肃绩效考核工作，按照“业绩与收益一致、责任与利益一致、贡献与价值一致、风险与回报一致”的考核标准，实行“奖四罚三”激励约束机制。

### （三）筑巢引凤，市场化队伍建设更加有力

公司一是引进了市场化的财富团队和高管；二是扩大了异地信托展业布局，在总结深圳业务部、成都业务部搭建经验的基础上，公司积极在北京、上海进行谋划布局，成立了北京业务总部、上海业务总部；三是人才队伍不断壮大。

### （四）推陈出新，新型信托业务扎实推进

公司薪酬制度和人事制度的市场化改革，有力推动了公司各项业务的发展，随着展业范围的扩大，业务类型的丰富，公司主动管理能力和主动管理信托业务规模占比不断提升。

## 二、创新业务案例

2018 年 9 月 20 日，中共中央、国务院印发了《关于完善促进消费体制机制　进一步激发居民消费潜力的若干意见》（以下简称《意见》），《意见》指出，消费是最终需求，既是生产的最终目的和动力，也是人民对美好生活需要的直接体现。为完善促进消费体制机制，进一步激发居民消费潜力，《意见》要求，进一步提升金融对促进消费的支持作用，鼓励消费金融创新，规范发展消费信贷。

基于此，公司于 2018 年提出了“探索推进并加快复制消费信托业务”的工作部署，以服务消费升级的金融需求。基于车辆融资租赁、综合消费、分期购物等场景，公司先后审批了扬子江 1 号、扬子江 2 号、扬子江 3 号等多个信托项目，扬子江 2 号消费贷款成功落地。

2018 年，实现完成消费金融 1 000 万元，服务超过 600 名具有消费贷款需求的个人客户，该年度逾期率为 2% 左右，全部由保险机构实现了理赔。

通过 2018 年消费金融业务探索，发挥自身制度优势，开展消费金融业务，帮助消费者增强购买力和支付能力，完成跨期消费行为，提升了人们的生活品质；完善公司金融服务体系，在优化公司资产结构、分散公司经营风险的同时，满足不同消费群体不同层次的需求，进一步发挥了改善民生、促进消费的支持作用；实现需求引领和供给侧结构性改革相互促进，进而增强消费对经济发展具有基础性作用。

基于 2018 年的消费金融业务探索，公司组建了专业的消费金融业务部门，并计划着力运用金融科技和大数据建立自身核心科技能力，防范风险的措施。

案例：江苏信托・消费金融扬子江 2 号单一资金信托

2018 年 11 月 5 日，江苏信托设立成立江苏信托・消费金融扬子江 2 号单一资金信托，由徽商银行自营资金进行认购，信托资金用于向符合项目标准的个人发放贷款，贷款用途用于满足借款人综合消费需求，并由阳光信用保证保险股份有限公司（以下简称阳光信保）为消费信贷提供融资增信支持。通过与徽商银行、阳光信保等具有丰富经验和较强专业能力的机构进行合作，该项目实现了经济效益与社会效益的协调统一。

## 三、社会责任履行情况

党的十八大以来，生态文明建设被提高到前所未有的战略高度，绿色发展是“十三五”时期社会经济发展的底色，绿色金融作为支撑绿色产业发展和传统产业绿色改造的金融要素总和，其创新力度和广度关乎绿色经济的增长，鼓励和倡导发展绿色金融已经成为国家发展战略。

2018年4月，财政部CDM中心、江苏省财政厅、江苏银行、江苏信托在南京合作发起“绿色创新投资业务”，这是为贯彻“绿水青山就是金山银山”绿色发展理念，充分发挥国家级基金、地方财政及金融机构各自优势而共同设立的绿色创新金融项目，旨在服务省内低碳环保、节能减排等绿色企业，支持江苏省绿色低碳转型发展。

## 四、2019年发展规划

### （一）以党的领导为核心，持续提升党建水平，为高质量发展把关定向

一是进一步提高政治站位。时刻牢记省属国有金融企业的定位，牢固树立“四个意识”，旗帜鲜明地讲政治，把深入学习贯彻习近平新时代中国特色社会主义思想作为长期重要任务，在学懂弄通做实上下功夫，以实际行动践行“两个维护”。二是持之以恒抓好党风廉政建设。以落实党风廉政建设主体责任为抓手，全面加强党内监督，持之以恒抓好作风建设。强化党委书记“第一责任人”职责，落实班子成员和部门负责人“一岗双责”，形成齐抓共管的良好局面，营造风清气正干事创业的良好氛围。三是进一步提升基层党支部建设。充分发挥党支部作为加强党员教育管理的桥头堡作用，抓好基层党支部书记队伍建设，规范上好“三会一课”。丰富政治学习形式，不断提升政治学习质量和党性修养。

### （二）以转型发展为主线，持续推进信托业务类型多元化，为高质量发展凝聚新动能

公司盘活存量，做优增量，着力增强“三种能力”，即产品设计能力、投管能力和营销能力，提升产品专业化、服务综合化水平，进一步优化业务结构。具体来说，一是继续推进政府平台业务向地方产业基金和PPP业务转型。在合规前提下，按照“四个优于”原则，继续深耕省内地方政府平台融资业务，进一步做优做实做大公司信托业务的基本盘，更好地为地方实体经济发展提供金融服务和支持。二是积极有序地扩大房地产信托、消费信托、资产证券化等新业务规模。三是大力发展服务信托，回归信托本源，充分发挥信托的制度优势，围绕客户需求，提供个性化、定制化、专业化的财务管理服务，扩大ABN、ABS相关业务规模。四是蹄疾步稳地推进异地展业。落地“江苏信托北京业务总部”“江苏信托上海业务总部”，加强公司与北京、上海相关管理部门的对接和各大金融机构的合作交流，进一步扩大公司展业领域。根据展业需要，各总部下设异地团队。五是深化同业合作。以银行、保险等金融机构的实际需求为核心，加强产品设计能力，为金融同业机构提供“定制化”的产品和服务，积极探索开展新的符合监管要求的信托业务模式。做大信保合作业务规模和效益。六是打造规模化、系列化家族信托和

慈善信托。通过市场化财富团队开拓发展一批高净值客户，做大家族信托业务规模。发挥信托优势，积极从脱贫攻坚战、防止污染攻坚战中寻找机会，提升公司品牌形象。七是着力提升资金营销能力建设。做大高净值客户增量营销业务，增强个人客户黏性。

### （三）以做优做强为导向，持续做好固有资产配置，为高质量发展夯实基础

一是进一步做好金融股权投资管理，积极有序地推进优质资产收购工作，进一步提高影响力和控制力，为自身发展创造有利条件。二是进一步拓展资本市场业务，积极研究科创板项目投资机会，对接证券公司、基金公司，寻找相关优质投资标的。三是进一步扩大固有资产投资范围。运用私募股权、创业投资基金管理人等资格，继续推动与医药健康、科技环保、新能源等契合国家战略的新兴产业上市公司的接洽，在优质 Pre－IPO 等项目上寻找机会，锻炼队伍，布局长远。

### （四）以合规稳健为原则，切实做好各类风险防范，为高质量发展守牢底线

公司继续牢固树立合规“红线”意识，秉持风险损失“零容忍”理念，持续提升依法合规经营和风险防控能力。

### （五）以市场化改革为引擎，持续打造人才高地，为高质量发展凝心聚力

公司继续深化体制机制市场化改革，由点到面，推动落实全面市场化改革任务。一是创新市场化考评激励机制。二是持续完善市场化人才机制。三是持续加强员工培训。

### （六）以信息化建设为支撑，持续提升管理质效，为高质量发展保驾护航

公司进一步加大信息化建设投入，提升自主研发能力，实现信息技术对公司转型发展的有效支撑。一是以信息化实现管理的提质增效。二是以信息化促进营销能力提升。三是持续加强信息系统安全和保密工作。

# 交银国际信托有限公司

## 一、2018 年经营概况

2018 年，交银国际信托有限公司（以下简称公司）以打造“最值得信赖的信托资产管理机构”为战略定位，聚焦“专业资产管理、优质受托服务、高端财富管理”三大战略支柱，坚持以服务实体经济为根本，以防控风险为保障，以深化改革为动力，持续推进转型创新，扎实推进高质量发展，全面完成年度计划指标，公司综合实力、行业地位、品牌形象持续提升。

### （一）综合实力持续提升

截至 2018 年末，公司管理资产（AUM）总额为 8 826.48 亿元，信托资产规模行业排名第四位；实现营业收入为 17.28 亿元，同比增长 9%；实现净利润为 10.57 亿元，同比增长 7.90%；净资产为 110.66 亿元，同比增长 10.31%。连续 4 年在信托业协会行业评级中被评为 A 级（最高级）。

### （二）行业地位持续提升

截至 2018 年末，公司营业收入同比增长 9%，行业同比下降 4.2%，快于行业 13.2 个百分点；利润总额同比增长 7.83%，行业同比下降 11.20%，快于行业 19.03 个百分点；信托资产规模同比下降 9.85%，行业同比下降 13.5%，好于行业 3.65 个百分点。信托规模行业排名提升至第 4 位，净利润行业排名提升至第 21 位；人均净利润行业排名提升至第 16 位。

### （三）大力支持实体经济发展

公司坚持与实体经济紧密结合，积极服务供给侧结构性改革，持续加强和改进金融服务薄弱环节，加大对工商企业、基础产业等支持力度。全年投向实体经济信托规模为 921.27 亿元，在新增融资信托规模中占比达到 90.50%。

（四）业务转型加快推进

提升专业管理能力，2018 年末，公司主动管理类信托规模为 1 017 亿元，同比增长 76.46%。回归信托本源，全年发行公募信贷资产证券化规模突破 1 500 亿元，排名行业第二位；公募企业资产支持票据 ABN 发行规模为 60 亿元，位居行业第九；家族信托业务取得实质性突破，成功落地 345 单，规模为 36.39 亿元。连续 5 年蝉联“优秀资产支持证券发行人”，荣获中国资产证券化论坛“2018 年度杰出机构奖”等 9 项大奖。

（五）资产质量保持优良

2018 年公司清算兑付信托规模为 3 179 亿元，信托赔付率和自营不良额双为零。信托资产配置稳健，抵押资产覆盖率充足；自有资金投资五级分类正常，业务整体风险可控。连续 3 年荣获《证券时报》行业评选的“优秀风控信托公司奖”；荣获交通银行“2018 年度风险管理先进单位”称号。

## 二、创新业务案例

（一）信贷资产证券化

2018 年，公司进一步巩固在信贷资产证券化领域的领先优势，成功发行交元 2018 年信用卡分期 ABS、交诚 2018 年不良资产支持证券、交盈 2018 年个人住房 RMBS，工元 2018 年个人住房 RMBS 等多单信贷资产证券化项目，其中“交盈”系列为国内首单基于区块链技术的资产证券化产品。2018 年，公司公募信贷资产证券化发行规模突破 1500 亿元，位居行业第二。凭借全流程专业服务，连续 5 年被中央国债登记结算有限责任公司评为“资产支持证券（ABS）优秀发行人”。

（二）企业资产证券化

2018 年，公司坚持积极服务实体经济，牢牢把握市场发展机遇，大力拓展企业资产证券化业务。公司成功落地上海易鑫租赁、君创融资租赁、中交一航局、二航局、中交一公局等多单公募企业资产证券化项目，发行规模为 60.32 亿元，排名市场第九位。此外，公司还成功落地交银集团内首单 Pre－CMBS 项目。公司通过不断优化 ABN 业务交易结构，以受托服务为基础，向两端延伸服务链和价值链，帮助企业盘活存量，满足“去杠杆、降负债”等需求。

（三）家族财富管理

2018 年，公司紧抓家族财富管理市场需求，新设家族财富管理部，发挥信托跨境、跨业、跨市场的制度优势，根据客户的不同风险偏好提供差异化的高端财富管理产品和服务，帮助客户实现多元化资产配置，满足客户财富保值增值和家族财富传承的需求，通过“定制化产品+个性化服务”等措施，成功发行多单家族财富管理产品，当年新成立项目规模超过 36. 39 亿元。

## 三、社会责任履行情况

一是公司开展“冬日暖阳”帮困助学活动。2018 年 12 月 25 日，公司赴湖北省恩施州咸丰县黄金洞乡黄家村开展“冬日暖阳”帮困助学活动，组织公司党员及员工筹集爱心善款 5. 13 万元看望慰问贫困家庭中小学生。二是公司与交通银行新疆、贵州、广西等分行开展业务联动，大力开拓扶贫项目发展基金类信托计划，为扶贫开发民生工程提供资金支持。截至 2018 年末，扶贫类信托存续资金规模为 63. 46 亿元。三是支持实体经济发展，服务供给侧结构性改革，2018 年公司投向实体经济信托资金规模为 921. 27 亿元。四是公司通过全资子公司出资 7. 5 亿元参与发起设立国家军民融合产业基金，服务于国家军民融合发展战略推进实施。五是公司通过全资子公司出资 2 亿元，参与设立中国健康医疗大数据股份有限公司，承担国家级“互联网+健康医疗”业务运营，服务民生医疗服务，服务人民美好生活。六是公司注重员工关爱，为员工解决“小事、实事、具体事”，开展丰富多彩的员工活动，推动企业与个人共同发展。

## 四、2019 年发展规划

以习近平新时代中国特色社会主义思想为指导，公司积极支持实体经济，围绕“最值得信赖的信托资产管理机构”一个战略目标，夯实“专业资产管理、高端财富管理、优质受托服务”三大战略支柱业务，践行“产融结合、集团协同、创新引领、人才队伍、风险合规、党的建设”六大战略实施路径，重点做好“促转型、拓客户、控风险、优机制、强党建”五项工作。

（一）以价值创造为核心，加快核心业务转型发展

一是做强专业资产管理业务。公司既在传统融资业务上精耕细作，也将主动顺应企业“降杠杆”、产业升级形势变化，增强主动管理能力，积极拓展股权投资、资产证券化、资本市场等重点业务。二是做优高端财富管理业务。公司实行直销与代销、个人与机构、线上与线下“三个并重”，抓好低成本机构客户和权益产品个人客户，支持资产端业务转型。三是做大优质受托

服务业务。公司打造“资产孵化—受托管理—承销发行—产品投资”全链条业务模式，实现信贷、企业资产证券化发展齐头并进。

（二）以客户为中心，不断夯实客户基础

一是加强战略客户建设。公司通过高位营销、经常拜访和有针对性地开展客户活动，及时挖掘客户的信托需求。二是开展智慧营销。公司聚焦重点客户，拓展新兴产业，增强产业链服务能力，结合客户需求提供个性化信托产品。三是加强品牌宣传。通过公司官网和微信公众号、交通银行手机银行、媒体等渠道将公司品牌信息及时传递给市场、客户和投资者，打造品牌形象金字招牌。

（三）加强合规和风险管控，保障业务转型发展

一是结合形势变化有针对性地突出风险管理重点，健全业务内控管理体系。二是切实防范合规风险。坚决落实金融监管政策，稳妥推进资管新规整改工作，加强征信管理、反洗钱和案防工作。三是切实防范商业风险。把好项目准入、审批、监控关口，加强对主动管理、复杂创新类业务风险排查，及时化解和处置风险。

（四）坚持深化改革，释放转型发展动能

一是加快财富销售团队改革。公司加强直销团队建设，积极布局北京等地的异地销售团队。二是优化业务运行机制。公司完善创新孵化机制、项目储备机制和审批运营机制，切实提升业务落地效率。三是加大人力资源改革。公司树立鲜明的用人导向，加大人才引进和培训，加快年轻干部队伍培养，进一步硬化激励约束机制。

（五）坚持党的领导，落实党的建设各项工作

贯彻落实习近平新时代中国特色社会主义思想和党的十九大精神，推动全面从严治党不断向基层延伸，做好党建与业务融合发展；深入推进党风廉政建设，着力深化作风建设，持续保持反腐高压态势。

# 山东省国际信托股份有限公司

## 一、2018 年经营概况

2018 年，山东省国际信托股份有限公司（以下简称公司）坚持“稳中求进、进中提质”的工作基调，转型与创新双驱并进，多措并举服务实体经济，加快回归信托本源步伐，助推经济实现高质量发展。

### （一）经营业绩保持稳定

2018 年，公司实现总收入为 16.95 亿元，同比增长 2.83%；实现合并利润总额为 11.27 亿元，实现归属母公司的净利润为 8.72 亿元。截至 2018 年末，公司合并资产总额为 136.12 亿元，负债总额为 40.71 亿元，所有者权益为 95.41 亿元。2018 年末，公司净资本余额为 79.51 亿元，符合不低于 2 亿元的监管标准；各项风险资本余额为 43.48 亿元，净资本与各项业务风险资本之和的比值为 182.87%，符合不低于 100% 的监管标准；净资本与净资产的比值为 84.87%，符合不低于 40% 的监管标准。

### （二）信托主业稳步提升

信托业务“提质增效”效果明显。截至 2018 年末，公司主动管理业务规模达到 896.58 亿元，占信托业务规模余额的比例为 38.66%，实现信托报酬收入为 6.27 亿元，占信托报酬总收入的比例为 70.37%，收入占比不断提升。事务管理类信托规模、占比实现“双降”。

## 二、创新业务案例

2018 年，公司在巩固传统业务的同时，在股权投资、家族信托、消费金融、文化产业等领域取得较大收获。

（一）股权投资蓄势待发

公司与鲁信创投合作发起设立的“新旧动能转换创投母基金”，总规模为 10 亿元，为山东省第一只新旧动能转换基金，率先支持山东省新旧动能转换重大工程；参与设立合肥泰禾基金管理公司，支持新兴产业崛起。

（二）本源业务走在前列

截至 2018 年末，公司管理的家族信托已签订合同金额为 76.6 亿元，其中实际交付的信托资产规模为 58.36 亿元，同比增长 194.21%，继续位居行业前列。2018 年成功落地一单交付 5 亿元的超大规模资金型家族信托，特殊目的家族信托及保留自主投资权限的家族信托也顺利落地，并正式发布“德善齐家”家族信托品牌，在家族信托业务开拓的广度和深度方面又上新台阶。

（三）消费信托正式落地

2018 年公司自主放款的首单消费金融信托项目正式成立，开启了公司在普惠金融和消费金融领域规模化拓展业务的新篇章，标志着公司在积极响应和贯彻国家普惠金融政策，更好惠及广大人民群众和社会经济发展薄弱环节方面，迈出了有力的一步。

（四）文化产业实现突破

2018 年，公司成功举办迎春京剧盛典、流行音乐会等多场文化演出活动，取得较好的社会反响和经济收益；试水影视剧投资业务，与公安部金盾影视文化中心合作投拍的《也平凡》即将上映。

## 三、社会责任履行情况

（一）服务社会展现国企担当

公司 2018 年向受益人分配信托利益为 132.4 亿元，较好地履行了受托人职责；全年实现各项税金为 7.44 亿元。通过线上、线下联动和“请进来”“走出去”相结合的方式，面向社区、学校和企业开展“金融知识进万家”等系列活动，积极履行消保责任，获得社会好评和监管认可，公司消保工作监管评级较 2017 年提升 3 个等级。公司连续第五年被评为“省级文明单位”。

（二）本源业务助力慈善事业

作为中国慈善联合会慈善信托委员会顾问单位，公司致力于促进慈善信托的应用与普及，取得良好社会效益和品牌效应。同心扬梦慈善信托“孤寡老人专项资助”项目顺利完成，获评“山东慈善奖”最具影响力慈善项目。家族慈善信托、致力于奖学和精准扶贫的“国资惠农·慈善信托”和“彬彬慈善信托”、与鲁信公益基金会合作的嘉和路慈善信托先后设立。截至2018年末，存续标准化慈善信托3单，规模合计为3520万元，慈善信托与家族信托联动的展业模式日趋形成。

（三）聚焦主业纾困实体经济

公司聚焦信托主业，发挥信托的独特制度优势，大力支持实体经济，尤其是高端装备、信息技术、医养健康、文化创意等国家鼓励支持的战略性新兴产业发展，推动高端化工、精品旅游、现代高效农业等传统产业转型升级，助力供给侧结构性改革。公司管理信托资产中投向实体经济的规模占比多年来始终保持在60%以上，2018年达到71%，其中约70%投向了民营企业，大力纾困民企融资难。

（四）特色金融服务美好生活

公司创设兹兰文化系列信托，引入主动管理模式，先后举办钢琴演奏会、京剧盛典、涉外音乐会、流行音乐会等多场文化演出活动，进一步丰富并活跃了文化演出市场。作为唯一金融机构联合发起设立山东省电能替代促进会，服务山东省经济结构调整和大气污染防治。与山东省委老干部局管理的老干部之家杂志社达成战略合作，为全省离退休老干部提供综合金融服务。为山东省残疾人福利基金会、山东省送温暖基金会、山东省慈善总会、山东省公安厅提供专业资产管理服务。

## 四、2019年发展规划

基于对国内外经济金融形势、行业监管环境和资产管理行业竞争态势的分析和判断，立足于公司实际情况，公司拟在2019年重点开展下列工作。

（一）巩固传统优势业务，推动主动管理取得更大突破

一是巩固传统优势业务，确保稳定的利润来源。公司深耕主动管理类房地产信托业务，大力推动“股+债”主动管理项目落地；做大做强家族信托业务，全力打造“德善齐家”家族信托品牌，推出“嫁妆金”与“教育金”标准化产品，抢占标准化家族信托发展先机。积极稳妥地开展基础设施信托业务。二是加快发展创新业务，培育新的利润增长点。公司探索开发创新产品，加大对山东省“十强”产业金融支持力度；研发推出现金管理类产品，丰富公司产品线，

满足客户的闲置资金投资需求，增强客户黏性；稳妥合规地开展消费信托业务，借助第三方支付机构、征信机构等，提升自身风控能力，形成公司稳定的收入来源；探索开展资产证券化业务，争取在信贷资产、物业租金和个人住房贷款等领域实现资产证券化业务的突破。

（二）打造智慧信托平台，构建高净值客户服务生态圈

公司围绕回归信托本源、引领业务转型、提升运营效率、优化用户体验，有序推进以“数据＋科技”为战略支撑的智慧信托平台建设，打造完善的企业级数据中心；成立智慧信托敏捷团队，以高效敏捷的创新机制，推动重点细分领域实现突破。在资金端，加快构建高净值服务生态圈；在资产端，加快积累产业数据和场景数据，为数据授信、数据风控打下坚实基础；在运营端，以用户体验为出发点和落脚点，提升运营效率，进一步释放生产力。

（三）拓宽销售渠道，提升自主销售能力和展业能力

销售渠道建设方面，公司持续拓宽商业银行代销渠道，进一步完善自主营销网点在重点城市的布局，加快引进营销人才，切实提升自主销售能力；继续实施全员营销战略，大力推广信托理念，深入挖掘潜在客户，扩大基础客户规模，提升有效客户存量；探索开展在线营销。业务区域布局方面，公司鼓励、引导业务团队聚焦京津冀、长三角、粤港澳大湾区等全国重点区域进行展业，发掘更多业务机会。

（四）积极筹建境外子公司，加快国际业务布局

公司借助香港上市公司平台优势，努力争取监管支持许可，积极筹建境外子公司，以获取境外金融牌照为契机，加快国际业务布局，满足境内企业和高净值客户的跨境投融资需求；加快引进国际化专业人才，进一步确立和完善人员招聘、人员管理、业绩考核、激励约束等一揽子境外子公司管理制度。

（五）优化内部管控模式，提升风险管理水平

公司深化大运营管理变革，充分发挥前中后台部门联动效应，全面提升内控管理水平和工作效能；进一步完善风险管控流程，针对重点领域和薄弱环节，多措并举化解风险项目；继续加强合规体系建设，提高全员合规意识，真正将制度执行落到实处，防范操作风险；践行研发创造价值理念，加强研发与业务部门的联动，推动创新业务的开拓与落地。

# 四川信托有限公司

## 一、2018 年经营概况

2018 年，宏观经济面临较大下行压力，金融行业形势严峻、竞争激烈，信托业在强监管下积极回归本源、转型变革，行业管理规模有所下降，结构调整明显，新型业务发展较快。四川信托有限公司（以下简称公司）围绕“回归本源、防控风险、合规经营、稳健发展”工作指导方针，积极应对宏观经济形势与市场环境变化，及时调整发展节奏，稳步推进信托业务发展，大力提高固有业务统筹配置能力，不断增强财富团队建设与销售动力，持续强化风险管控和合规管理，优化整合人力资源，内部管理与企业文化建设再上台阶，2018 年公司实现了持续稳健运行。

### （一）资产情况

截至 2018 年末，公司本部资产总额为 99.94 亿元，较年初增长 15.10%；净资产为 75.04 亿元，较年初增长 8.55%。

### （二）收入利润情况

2018 年，公司累计实现收入总额为 23.36 亿元，利润总额为 9.84 亿元，净利润为 7.4 亿元，收入利润均有所下降。

### （三）固有业务情况

截至 2018 年末，公司投资信托产品净值为 53.64 亿元，占比为 53.67%，投资股票为 1.97 亿元，占比为 1.97%，自营贷款净值为 7.56 亿元，占比为 7.56%，货币资金为 13.53 亿元，占比为 13.54%，长期股权投资为 8.45 亿元，占比为 8.46%，应收款项为 7.7 亿元，占比为 7.7%，固定资产及其他为 7.09 亿元，占比为 7.09%。净资本对风险资本覆盖率为 169%。

（四）信托业务情况

截至2018年末，公司存续信托项目855个，管理信托规模余额为3 147.63亿元，比年初减少903.49亿元，降幅为22.3%。2018年共清算信托项目479个，涉及信托规模合计2 570.76亿元，全部平稳兑付。

## 二、创新业务案例

（一）慈善信托

2018年11月，公司成立“临洮定向扶贫慈善信托”，委托临洮县扶贫办作为慈善信托的项目管理人，慈善资金主要用于为农户购买养牛保险，规避农户在养殖过程中肉牛的疾病和死亡风险。该项目采用了“七位一体”的创新扶贫构架，即“政府+银行+信托+保险+龙头企业+慈善组织+贫困户”七位一体模式，形成了整个扶贫产业链的闭环，合理地将信托工具镶嵌入慈善活动中，实现了扶贫行为由“输血式”向“造血式”的转变，成为全国范围内最具有创新性与实践性的慈善信托产品之一。

（二）家族信托业务

2018年，公司成立“锦耀世家家族信托计划”，规模为3 000万元，不同于传统银信合作类家族信托产品、标准化家族信托产品、保险金信托产品。公司“锦耀世家”系列家族信托产品为定制化家族信托产品，更加注重通过搭建家族信托服务体系架构为境内高净值客户量身定制家庭资产隔离保全、子女婚姻风险隔离、财富科学传承、移民税务筹划等综合功能为一体的专属家族财富解决方案，具有信托财产多元化、分配机制弹性化、产品管理期限灵活化等亮点特色。

（三）金融科技业务

公司“锦绣云财富APP”互联网金融系统于2017年立项，2018年建成投产。该系统在设计上基于云计算的智能互联和开放平台思路，不断进行资源整合，构建了保险业生态圈、银行业生态圈、服务业生态圈等三大圈层，并最终形成以四川信托、锦绣财富为核心的科技金融生态圈。“锦绣云财富APP”是服务于高净值客户财富管理需求的移动应用，构建集财富传承、流动性配置、理财超市、移动办公、消费支付、信息资讯等为一体的综合性金融服务平台，其管理模式在全国信托公司中都处于领先地位，具有很强的创新意义。

## 三、社会责任履行情况

### （一）支持实体经济

2018 年，公司充分发挥信托制度优势，大力拓展服务实体经济的广度和深度，全年累计投向实体经济领域的资金规模为 579.37 亿元，成为实体经济发展的有利支持者。

一是响应国家战略。2018 年，公司积极服务国家战略和“一带一路”倡议，在服务“一带一路”倡议和京津冀一体化、长江经济带、供给侧改革、“三去一降一补”、基础设施建设、支持乡村振兴、现代农业、促进区域协调发展等方面，累计投入资金 326.57 亿元。

二是繁荣地方经济发展。2018 年，公司充分发挥信托制度优势，大力拓展信托业务，在支持四川自贸区、西部金融中心、天府新区建设、西部综合枢纽建设等省内经济发展方面，累计投入资金 70.80 亿元。

三是扶持中小企业发展。2018 年，公司通过创新服务模式，提升服务效率，加大信贷投放等方式，助力中小企业发展，同时也为扩大城乡就业、促进经济增长、维护社会稳定作出积极贡献，全年累计为中小企业提供资金支持 360.49 亿元。

四是助力民生改善。2018 年，公司不断加强对民生领域的金融支持，合理配置信贷资源，累计投入资金 213.03 亿元，支持文化、教育、医疗、旅游产业发展及保障房、棚户区建设等，有效改善弱势地区、产业、群体的金融抑制等不平衡局面，积极履行金融企业的社会责任。

五是依法诚信纳税。公司始终以国家利益为重，在谋求自身稳健发展的同时，恪守诚信，合法经营，坚持依法按时足额缴纳税款。开业以来，公司已连续七年荣获“四川省纳税大户”称号，树立了诚信纳税的良好企业形象和品牌信誉；2018 年，公司纳税总额为 11.36 亿元，较 2017 年增长 64.74%，为四川经济社会的发展作出了积极贡献。

### （二）忠实履行受托责任

公司始终秉承“诚信、专业、高效、微笑”的服务理念，尊重客户、重视客户、态度真诚、细致周到，以客户需求为导向，竭诚为客户提供优质、专业、个性化、多元化的综合金融服务。自开业起，公司累计为客户创造收益 1 505.42 亿元。

一是增加客户收益。2018 年，公司设计并推出房地产类、基础建设类、股权投资类等种类繁多的信托产品，不断推进锦绣家族办公室重塑整合，在定制化家族信托、保险金信托、家族慈善信托等方面取得不俗成绩，丰富了信托资金运用方式和服务手段，持续拓宽了投资渠道，进一步满足了客户资产管理和财富管理的多样化需求，全年累计为投资者创造受益 260.32 亿元。

二是维护客户权益。2018 年，公司严格落实监管要求，以客户为中心，不断强化营销管理，组织修订完善客户权益保护的制度办法，确保消费者权益保护工作落到实处。深入开展“征信主题”“防范非法集资”“普及金融知识万里行”“金融知识进万家活动”等消费者权益保护宣传教育活动，在为客户提供全方位优质服务的同时，坚决维护客户的合法权益。

三是提升服务品质。2018 年，公司以“锦绣财富”品牌为载体，进一步强化了“四个平台”建设，全面推进锦绣家族办公室重塑整合，力求为客户提供专业化、个性化、多元化的理财资讯、资产管理和家族财富定制等财富服务；“锦绣俱乐部”则持续为客户提供形式多样、内容丰富的尊享活动，让客户切身感受到公司的真诚关怀与贴心服务。

### （三）支持公益慈善事业

一是创新精准扶贫模式。为全面贯彻落实中共中央、国务院《关于打赢脱贫攻坚战的决定》文件精神和省委、省政府及监管部门关于金融扶贫工作要求，在四川银监局的指导下，公司对口扶贫甘孜州康定市（原康定县）。2018 年，公司在对口扶贫的康定市持续开展“贫困家庭收入增长奖励计划”“青少年教育促进计划”，有效激励在校学生自发成才和贫困户家庭劳动脱贫的内生动力，对水桥村脱贫攻坚工作给予了大力支持，并取得了显著成效。同时，积极开展“以购代捐”、扶贫捐款等活动，助力凉山、德格、炉霍等贫困地区的扶贫攻坚工作，以实际行动为精准扶贫和社会发展作出应有的贡献。

二是打造公益慈善平台。公司始终坚持以服务社会为己任，充分发挥信托功能与制度优势，积极推动社会公益事业的模式创新，先后与四川省慈善总会、成都市慈善总会发起设立锦绣慈善基金、帮基金，搭建金融援助和公益救助平台。2018 年公司推出“尊悦豪生慈善信托”“中民慈善信托”“临洮定向扶贫慈善信托”等多个与公益事业深度结合的信托产品，将信托价值深入社会事业领域，积极履行社会责任，促进公益慈善事业的健康发展。

三是持续开展志愿服务。2018 年，公司在注重自身快速稳健发展的同时，积极开展扶贫赈灾、捐资助学、尊老护幼等公益活动，量身定制“两个计划”，创新建立“授人以渔”的造血扶贫机制；持续开展“暖冬行动”，用爱与关怀收获欢笑与感动；主动认养内蒙古黄沙治理林地，将爱与希望播撒在万里黄沙之中；着力建设“锦绣・爱心之家”，为城市文明建设贡献自己微薄之力，不断推动慈善信托事业持续健康有序的发展。

## 四、发展规划

2019 年，公司将以“立足本源、防控风险、合规经营、稳健发展”为工作指导方针，积极适应新形势、新环境、新要求，扎实推进传统优势业务发展与升级，不断提高资产管理能力、财富配置能力，布局未来利润增长点，立足信托本源，通过风险防控、合规管理、优化运营，强化内控等措施，推动公司高质量发展。

### （一）抓住发展契机，推动业务转型升级

一是发展具有直接融资特点的资金信托。公司发展以受托责任为核心的融资类业务，积极服务实体经济，精耕细作房地产业务，规范发展同业合作业务，积极发展资本市场业务，合规稳健地开展基础设施业务，探索开展消费金融业务。二是发展以受托管理为核心的服务信托。服务信托是以信托财产独立性为前提，以资产账户和权益账户为载体，为客户提供托管运营类金融服务的业务。积极发展家族信托，探索发展以账户管理为基础的各种服务信托，发展资产证券化业务，发展体现社会责任的慈善信托。

### （二）围绕客户需求，提升财富管理综合能力

一是深化打造财富管理团队。二是持续增强资金募集能力。三是不断完善销售规范。

### （三）全员全面全流程参与，抓好风险防控与合规管理

一是继续加强流动性管理。二是全方位提高项目风险防控水平。三是切实推进风险项目化解处置。四是始终抓好依法合规经营。

### （四）加强精细化管理，促进内部管理提质增效

一是加强队伍建设。二是提高财务管理水平。三是提高内部运行效率。四是充分发挥审计监察监督作用。五是加强信息系统建设。六是加强品牌运营与企业文化建设。

# 苏州信托有限公司

## 一、2018 年经营概况

2018 年苏州信托有限公司（以下简称公司）积极响应监管政策，加强服务实体经济，主动控制规模和增速，缩减通道业务防范风险，坚持“防风险、严合规、稳转型、提质效”原则，严格按照合法合规要求开展各项业务。截至 2018 年末，共完成营业收入为 5. 277 亿元，实现利润总额为 4. 74 亿元，新增加信托项目 84 个，增加信托规模为 293. 61 亿元。公司凭借慈心、善举系列慈善信托，荣获苏州银行业协会、苏州市金融学会、苏州广播电视报社举办的“2018 财富苏州 · 金融服务实体经济”年度评选的“创新产品奖”，荣获苏州市慈善总会颁发的“苏州市优秀慈善项目（基金）”，荣获苏州市残疾人工作委员会颁发的“2018 年度优秀公益助残爱心单位”。

## 二、创新业务案例

公司根据战略目标，加大创新力度，深化业务模式创新，分别在资产证券化、慈善信托、文化产业、财富管理等领域取得了实质性的突破。

### （一）资产证券化

公司发挥主动管理能力，加大资产证券化相关业务的拓展力度，积极开拓新的证券化业务类型。公司设立了一单底层资产为商业物业租金收入的非金融企业资产支持票据（ABN），以及以基础资产受托人的身份成立了一单资产证券化单一资金信托，参与交易所双层 SPV 资产证券化项目。

### （二）慈善信托

公司积极管理三单慈善信托项目，共计捐助慈善资金 80 万元，分别用于贵州省铜仁市思南县场坪小学食堂建设、苏州市姑苏区特殊教育学校捐赠及苏州市吴中区“苏信颐家”慈善护理项目，充分发挥信托制度，积极推进慈善事业的发展。此外，公司与爱心企业单位、慈善基金会合作的相关慈善信托项目也正在有序推进中。

（三）文化产业领域

公司设立了两单涉及文化产业领域的信托项目，信托计划资金以受托人的名义投资于影视传媒类和文艺演出类合伙企业。合伙企业主要负责宣传发行国内外优质的拟在国内院线上映的电影以及从事运营或联合运营国内优质的现场演出项目，并通过票房销售、赞助、线上直播等收入获取经营收入、合作收益。

（四）财富管理

财富管理方面，公司初步建立起以平衡配置、稳健配置、积极配置、增强配置为投资策略的华荣系列信托产品、创设各类专户财富管理服务的华彩华丽系列产品，以及以单一特定需求定制的华丰信托产品、现金管理的华冠信托产品四大财富管理类产品体系，满足不同客户对财富管理信托产品的投资需求。

## 三、社会责任履行情况

公司积极履行社会责任，以实现社会的长期利益为发展目标，尽可能高效率地使用信托资源以提供社会需要的产品和服务。

（一）依托慈善信托，推动社会公益事业发展

公司深入探索金融服务社会事业，积极响应苏州市长护险政策，发起设立东山镇“苏信颐家”社区居家慈善护理项目。“苏信颐家”社区居家护理公益项目旨在通过政府指导，慈善信托公益资助，居家定点护理机构提供服务，从而提高困难居家失能、半失能人群的生活质量，提高他们的社会融入程度，实现失能、半失能人群的精准化帮扶和全面发展，目前已确定捐助对象25名。公司共捐助资金25万元，其全部来源于苏州信托善举·2号慈善信托。

（二）关爱社会福利机构，共创美好未来

一是在由苏州市同济儿童匡智中心和姑苏区特殊教育学校举办的“为爱守望　共创美好——全国第28个助残日暨苏州市同济儿童匡智中心成立21周年纪念大会”上，公司捐赠师生价值5万元的运动鞋。

二是公司通过苏州市残联分别与苏州市佳悦特殊儿童早期干预中心、苏州市残疾人福利基金会进行了签约——向苏州市残疾人福利基金会及苏州市佳悦特殊儿童早期干预中心捐赠奥尔夫音乐教室，向市社会福利院捐赠孤残儿童特制轮椅，捐赠费用总计5万元。

三是公司积极响应苏州市慈善总会“同在蓝天下——慈善一日捐”活动，号召全体员工献爱心，共募集善款30 000元。

### （三）精准扶贫，汇聚善的力量

公司迅速响应国家重点区域扶贫开发及建设需求，顺应政策导向，为民生工程提供金融支持。2018年6月初公司来到对口帮扶城市贵州铜仁的思南县香坝镇场坪村举办爱心助学捐赠活动，并现场签订帮扶协议。公司将“慈心1号”慈善信托项目运用于对香坝镇场坪小学的教育设施改造，为师生营造更好的教育学习环境。

## 四、2019年发展规划

2019年，公司将继续学习贯彻人民银行和银保监会相关政策法规和指引要求，推进公司各项转型创新，加强与国家宏观调控政策、产业政策、监管政策的协调配合，紧紧围绕战略规划，扎实做好基础工作，切实加大产品创新投入。有效捕捉市场机会，加快资源能力建设，努力通过自身的发展转型，提升信托服务的专业性、多样性和有效性。

### （一）严守合规、风控底线，确保公司稳健合规发展

公司将以银监部门现场检查为契机，根据监管检查意见，结合整改工作，开展内部合规教育和合规制度修订工作，使公司的各项管理制度得到全面的完善和补充，同时，提升公司合规文化建设水平。以抓落实受托人责任为抓手，从尽职调查、产品设计、后续管理、投资人适应性调查、项目操作廉洁情况调查等方面着手，全面防范市场风险、信用风险、操作风险以及道德风险。

### （二）经营与管理并重，抓管理促经营

全面优化和改进管理模式，修改和调整不适应公司发展的管理思维和操作方式。一是提升风控管理能力。公司要通过制度建设和教育培训，提升员工的风控首位意识，成为深入骨髓、融入血液的公司理念；要全面梳理公司现有风控制度流程，对不适应监管和公司发展要求的制度进行调整和完善。二是提升专业化水平。公司要加强专业化团队的建设和培育，加强员工专业意识和专业能力的培育。三是优化绩效管理。公司要调整评价和激励体系，全面推进举手制，

同时建立相应的约束淘汰机制，实现优胜劣汰，并将合规经营作为绩效考核的最核心要素。四是提升管理效能。公司围绕抓担当意识和作为意识开展效能提升工作，全面梳理公司管理制度，努力革除影响公司效率的陈旧的和不合理的“梗阻”，打通规范高效的运行通道。

（三）坚定信念，坚决回归本源业务，切实服务实体经济

公司将根据监管要求，为充分体现国有金融机构的社会功能，提高公司的政治站位，公司将把回归本源业务，服务实体经济作为未来的经营核心和战略目标。一是依托信托制度优势，积极开展服务类信托，使信托制度能真正成为社会经济运作的润滑剂和助力器。二是积极履行受托义务，全面推进财富管理业务发展。公司努力建设受托文化，把切实履行受托责任作为工作重心，尽快提升服务意识和服务能力，全面梳理提升产品管理水平，重点是加快家族信托和专户理财的业务发展。三是以供应链金融为切入点，加大与实体经济的联系，提高服务实体经济的规模和质量，并尝试开展普惠金融业务。四是继续加大公益信托推进力度，不仅要进一步扩大公益信托规模，更注重提升公益信托的质量，把公益信托与社会救助和扶贫攻坚更密切地结合，切实履行国有金融机构的社会义务，为中国公益事业和扶贫事业添砖加瓦。

（四）做好增资扩股，抓好资源整合

一是力争完成增值扩股工作。增资扩股关系到公司的行业准入和市场声誉，2019 年公司要力争完成增资扩股，引进新的战略投资者。二是抓好内外资源的整合。公司加大内部资源整合力度，探索合规前提下的内部合作；有效利用外部资源，探索拓宽与本地金融机构、股东单位及下属公司的业务合作新路径；要加强与政府、监管部门及股东的沟通，营造良好的经营生态。

# 五矿国际信托有限公司

## 一、2018 年经营概况

### （一）主要经营成绩

2018 年，五矿国际信托有限公司（以下简称公司）实现营业收入为 29.33 亿元。其中，信托业务收入为 23.93 亿元，固有业务收入为 5.4 亿元。实现利润总额为 22.85 亿元，超额完成全年经营目标。公司 2018 年未发生重大经营风险。

截至 2018 年，公司管理信托资产规模为 5 994 亿元，较年初增加 819 亿元，增幅为 15.83%。其中，主动管理规模为 2 866 亿元，增长 104.85%，占比为 47.81%，较上年提高了 21 个百分点；事务管理类项目规模为 3 128.23 亿元，下降 17.15%。公司业务结构显著优化。所有存续项目加权报酬率为 0.48%，较上年提高 10 个基点，增长 26.32%。全年安全兑付信托本金为 3 304 亿元，分配信托收益为 288.7 亿元，为投资者创造了丰厚收益。在全年为新增风险的基础上，积极化解历史不良资产，固有业务不良资产率由 2017 年的 10.37% 下降至 4.84%，风险管理显著提升。

### （二）主要经营举措

坚定不移地落实“双核驱动”战略，三大攻坚战实现新成效。2018 年，面对新时代、新形势和新要求，公司坚决贯彻“双核战略”，打好优质资产获取、可用资金拓展、风险项目处置三大攻坚战，全方位入手，多维度推进，取得积极成效。一是公司全面搭建“双核”管控体系，核心竞争优势逐渐显现。二是公司业务创新扎实推进，优质资产成为利润新增长点。三是公司资金开拓有力实施，财富管理“三足鼎立”框架初步建立。四是公司严把风险防范关，严控新增风险，同时积极处置存量风险，风险处置取得实质性进展。

创新变革管理机制，管理效能提升达到新高度。一是实施“管理重构”，针对之前存在的一系列管理问题，公司推进“四化同步”提质增效改革，结合目前行业领先的人均效能指标管理理念，创建了“激发潜能、考核未来”激励机制。二是为解决公司管理瑕疵，公司推出“质量提升百日行动”，对内部制度进行全面梳理，新发布制度10项、修订制度70项、废止制度6项，合理优化各项流程节点，填补管理盲点。三是公司开创“纵横”管理机制，“纵向到底、横向到边”，通过人员间、部门间的深度协同，进一步打破部门职能边界，扩大工作职责覆盖面。四是公司首创大运营管理模式，建立项目全周期服务体系。

服务支撑愈发高效，发展呈现出新气象。一是加大人才培养力度，实施“翔雁”人才培养计划，为公司培养行业领军人才、精英人才、基石人才，建立360度全面评价考核体系。二是公司持续推进金融科技能力建设，制定2018—2020年IT战略规划，积极运用云计算、移动互联和大数据科技，不断提升金融科技能力。三是综合服务规范高效，OA系统升级换代，公司运营流程更加规范。

切实发挥公司党委领导作用，党建与业务融合取得新进展。一是完善基层组织架构，激发党团队伍活力，选举产生第二届党委、纪委成员，重组设立6个党支部，有力推动党员队伍建设。二是坚持以党建引领业务发展，充分发挥党员示范效应。三是注重思想政治建设，牢牢把握和坚持加强“党的全面领导”这一根本要求，不断增强“四个意识”，坚定“四个自信”，把党的领导贯穿到公司各个领域。

## 二、创新业务案例

2018年，公司在“双核驱动”战略的引领下，积极探索业务转型，业务创新能力持续提升，在供应链金融、产业基金、基建投资、房地产股权投资业务、消费金融等多个领域取得了实质进展。

在供应链金融方面，公司设计推出“前海结算2018年度第一期（至第六期）碧桂园供应链应付账款资产支持票据”“五矿信托——供应链支持系列1—7号集合资金信托计划”；与地产行业龙头企业碧桂园合作，以储架式定向发行方式，落地国内首单银行间市场供应链应付账款ABN项目。自2018年1月至2019年1月，公司累计发行14单ABN产品，规模为83.41亿元，发行产品数量位居行业首位，市场同类型基础资产发行规模位居首位，发行产品总规模位居第七。

在产业基金方面，设计研发“五矿信托——恒信共筑18号—北大资源产业投资基金集合资金信托计划系列项目”，与北大资源以股权合作的方式进行项目开发，通过合理利用信托制度的优势，充分发挥操盘团队的主观能动性，为项目创造价值增量。

在基建领域，公司不仅完成了三只PPP基金框架设计，同时还设计出“五矿信托——基建9号投资集合资金信托计划”，以“股权+债权”的方式与核心客户中建一局开展合作，通过利用项目公司自身信用融资的创新方式，成功在风险可控的前提下实现了更高、更稳的投资回报。

在消费金融业务方面，公司积极响应国家普惠金融政策，研究设计出“五矿信托——优享未来1号单一资金信托计划”，借助行业领先的技术，通过合作方的前端大数据技术和全新风控模型即授权管理模型的借鉴应用，实现对小额资产高校校验、筛选、授信和多维度的风控管理及事后管理工作，同时，公司通过与阳光保险深入合作，推出公司目前唯一针对个人放款的消费金融产品“五矿信托——恒信长宜—鑫享1号集合信托计划”。截至2019年初，公司已积累个人客户为3 000余人，并成立“消费金融运营小组”，上线解压、解押模块，运用科技手段减少人力压力、提高效率与风控能力。

在房地产领域，与核心客户绿城集团合作，推出公司首单同股同权的真股权投资项目，后续陆续推出多单投资房地产领域的真股权项目，为与其他房地产类的核心客户开展更深层次的股权合作奠定了基础，也为资管新规发布之后进一步发展高净值客户提供了产品。

## 三、社会责任履行情况

### （一）公司积极开展慈善信托业务，全力支持精准脱贫攻坚战

2018年，公司备案7单慈善信托，数量居行业首位，项目总规模近1 300万元，全部投向精准脱贫事业。慈善信托支持了包括四川、云南、甘肃、湖南、贵州、青海六省九市县特困地区脱贫事业。教育方面，支持贫困地区“全面改薄”学校，改善教学办学条件，扶贫资金全面向建档立卡家庭倾斜，支持贫困户家庭中进入大学的子女接受高等教育；产业方面，发挥合作社带动作用，加大贫困县、贫困村的特色农业产业发展，助力深度贫困地区脱贫攻坚。

### （二）公司踊跃投身生态文明建设，助力建设美丽中国

2018年，公司牢固树立绿色发展理念，通过“思源”系列慈善信托支持了“直播斑头雁”及“黄河源头科学考察”环保项目。“直播斑头雁”项目以“世界上飞得最高的鸟”斑头雁为对象，用镜头记叙斑头雁北徙的全过程，并在北京、上海、南京等地的17个动物园同步开展线下活动，通过线上线下互动模式激发民众爱护环境、珍惜自然的意识。“黄河源头科学考察”对黄河源区已批复设站河段进行勘察，补充源区河流水系、自然地理、气候特征、下垫面条件等基本信息，为三江源水源保护提供数据基础。公司以慈善信托的模式，创新性地支持了三江源地区生态环保事业，履行央企社会责任，以实践助力美丽中国建设。

## 四、2019 年发展规划

2019 年是公司提质增效、转型发展的深化之年，是深入推进机制体制改革、全面实现超越的关键时期，发展面临的机遇与挑战并存。公司在 2019 年的总体发展思路是：深入贯彻落实党的十九大精神和中央经济工作会议精神，坚持“稳中求进”的总基调，在集团公司与五矿资本的领导下，紧紧围绕高质量发展这一根本要求，更加准确地把握信托基层规律，更加深刻地认识信托文化，更加透彻地理解信托商业模式，深入推进“双核驱动”发展战略，着力提升“四种能力”，持续构筑“两大平台”，做好“三项支撑”，深入推动业务结构转型。总体经营目标是在不发生经营风险的前提下，顺利完成公司的年度考核任务。

为实现上述目标，公司要在抓好事关全局和长远重点工作的同时，重点把握以下几个方面。

### （一）重点提升四种能力，集聚高质量发展的要素资源

一是顺势而为，提升优质资产把控能力，紧扣重要战略机遇新内涵，开展“十百千 +”计划，即十个展业方向、探索百亿级基金产品、落实几个千亿级行业业务规模。二是固强补弱，提升资金获取能力，提升财富管理，深耕机构客户，做大家族信托，整合资金渠道。三是坚守底线，提升风险控制能力，完善风险控制内控体系，持续提升项目风险识别能力，强化合规风控文化建设，处理好历史遗留的不良信托资产。四是谋划长远，提升创新驱动能力，完善和落实激励创新驱动的相关制度，全方位加强对业务创新的支持力度，建立健全创新容错纠错机制。

### （二）持续构筑两大平台，打造高质量发展的动力引擎

一是完善大运营平台，提升项目全周期服务水平，服务业务发展，强化过程管理，整合数据资源，推动资金与资产的统筹协调管理。二是完善人才发展的无形平台，推动人才与公司共同成长，强化人才队伍建设，全面实施“翔雁”人才培养计划，打造具备五矿信托特色的高素质人才管理体系。

### （三）精准做好三项支撑，夯实高质量发展基础

一是发挥科技支撑作用，创新金融服务。积极探索人工智能技术在客户服务、运营管理、财务核算等领域的应用，稳步推进区块链技术在智能合约、供应链金融、资产证券化等领域的应用，不断深化云计算在混合云平台建设中的应用，努力开拓大数据技术在风险控制领域的应用，建设大营销支撑、大运营管理和大数据分析三大核心平台。二是发挥文化支撑作用，持续发扬“脊梁精神”，推动公司四项文化建设，丰富员工文化生活，增强公司的凝聚力与使命感。

三是发挥服务支撑作用，推动公司高效运转，深入贯彻“纵横机制”，提升业务支持部门的服务意识和服务标准。

### （四）牢固树立公司党委领导地位，筑牢高质量发展的保障

坚持党对一切工作的绝对领导，坚持党建与经营同谋划、同部署、同推进，充分发挥公司党委的核心引领作用。树牢“四个意识”，做好“两个维护”，以理论学习为抓手，将党建核心理念融入业务开展，以习近平新时代中国特色社会主义思想武装头脑、指导实践、推动各项工作。牢固树立把工作纪律、风险底线挺在前面的思想意识，时刻绷紧纪律弦，做到警钟长鸣，营造风清气正的业务环境。

# 兴业国际信托有限公司

## 一、2018 年经营概况

2018 年，面对复杂严峻的经营环境，兴业国际信托有限公司（以下简称公司）围绕“建设成为综合性、多元化、有特色的全国一流信托公司”战略目标，准确把握信托发展趋势和市场机遇，积极应对宏观经济金融形势变化，坚持“效益优先、强化转型、优化结构、严防风险”的工作主线，全力推动业务转型和结构调整，不断夯实风险管理基础，大力发展主动管理业务，切实增强实体经济服务能力，各项业务继续保持平稳、健康的发展势头。

截至2018 年末（合并口径），公司资产总额为376.05 亿元，所有者权益为175.42 亿元。报告期内累计实现营业收入为35.92 亿元，利润总额为18.06 亿元，净利润为13.60 亿元。资产质量继续保持优良，各主要指标均符合监管要求，主要体现在以下方面。

### （一）业务转型创新成效显著

业务转型持续推进，主动管理能力和业务创新能力进一步提升。截至2018 年末，公司存续信托业务规模为7 256.25 亿元，其中集合信托业务规模为2 863.76 亿元，占比为39.47%，较年初提升6.75 个百分点；主动管理业务存续规模为1 045.60 亿元，较年初大幅增长30.28%；公司战略转型初战告捷，主动管理能力迈上新台阶。绿色信托业务继续保持行业领先优势。2018 年，公司（含子公司）新增绿色信托规模为205.18 亿元，年末绿色信托存续规模为596.56 亿元，较年初增长20.08%。资产证券化业务保持较快发展势头。2018 年，公司积极推进全链条资产证券化业务落地，信贷资产证券化受托管理业务全年新增发行规模为376.89 亿元，全市场排名第7 位；资产支持票据受托管理业务新增发行规模为53.48 亿元，全市场排名第11 位；公司不断探索开展ABS 业务模式创新，成功落地Pre-ABS 业务24.72 亿元。同时，公司成为首批6 家获准开展非金融企业债务融资工具承销业务的信托公司之一，成功分销行业首单非金融企业债务融资工具，并获得同时担任ABN 受托人与承销商的试点资格，有助于联通传统信托产品与标准化市场，更好地为融资人提供一站式的综合金融服务。资本市场业务得到稳步推进。公司不断完善主动管理类员工持股、大股东和董监高增减持业务等产品结构，大力推广并购融资业务及供应链金融业务，加速培育上市公司优质客群。股权投资业务价值判断能力显著增强。公司充分发挥全资子公司兴业国信资产管理有限公司的专业化平台优势，股权投资项目得到深入推进，行业资源整合能力和专业价值判断能力逐步增强。2018 年，实现孚能科技、依图科技、上海细胞治疗集团等股权投资项目落地，东阳光冬虫夏草等项目得到有效推进。家族信托业务服务能力有所提升。2018 年，公司家族信托业务（含全权委托业务）新增规模为 7. 97 亿元，年末存续规模达 21. 97 亿元，年内实现自主营销落地 3 单家族信托业务。

### （二）持续优化股权结构，子公司发展势头良好

2018 年，公司积极加强与各股东单位、监管部门的沟通协调，顺利推进外方股东澳大利亚国民银行所持公司股权转让工作，引入厦门国贸集团作为新的股东，提升股东综合实力，进一步完善股权结构。截至 2018 年末，公司综合化经营布局已涉及资产管理、期货服务、证券服务、金融研究、登记结算、金融科技、企业集团财务管理、不良资产处置、票据交易、信托登记等领域，综合性金融服务能力进一步提升。子公司业绩持续向好，截至 2018 年末（合并口径），全资子公司——兴业国信资产管理有限公司资产总额为 185. 70 亿元，所有者权益为 51. 89 亿元，报告期内累计实现营业收入为 11. 17 亿元，利润总额为 4. 21 亿元，净利润为 3. 04 亿元。

### （三）风险合规与内控管理体系持续完善

2018 年，公司以“兴航程”合规内控强化执行年活动，持续推进“乱象整治”专项治理工作和信贷文化建设工作为契机，全面提升全员合规意识和合规内控执行力。积极构建适应集团化经营需要、专业务实高效的风险管理体系。成立公司风险管理委员会，发挥其公司风险管理决策机构的作用，建立信托业务风险预警管理机制，对风险进行分级分类管理，提升风险管控的前瞻性和有效性。

### （四）品牌形象和行业影响力进一步提升

2018 年，公司在中国信托业协会组织的行业评级以及中国人民银行福州中心支行组织的综合评价中，均连续 3 年获得最高等级 A 级，并先后在各类权威机构组织的评选活动中荣获“中国优秀信托公司”“杰出信托公司”等多项荣誉。

## 二、创新业务案例

2018 年，公司认真贯彻落实国家宏观政策和金融监管要求，推动业务转型与业务创新，积

极开拓资产支持票据业务、股权投资业务、并购业务的开展，其中典型创新产品和特色业务有以下几个方面。

### （一）资产支持票据业务方面

2018年4月，经中国银行间交易商协会核准，公司成为首批获准开展非金融企业债务融资工具承销业务的信托公司，6月成功分销了信托行业首笔承销业务。同年12月，公司获中国银行间市场交易商协会批准试点在同一资产支持票据业务中同时担任受托机构和承销商。公司积极探索同时担任受托机构和承销商双重角色，并利用好非金融企业债务融资工具的承销资格，为融资人提供了一站式的综合金融服务。

### （二）参与新兴行业股权投资项目

公司全资子公司——兴业国信资产管理有限公司（以下简称兴业国信资管）携手北京汽车集团产业投资有限公司、中科院国科投资、工银亚洲和杭州金控共同完成全球领先的三元软包动力锂电池公司孚能科技（赣州）有限公司（以下简称孚能科技）C2轮融资。兴业国信资管将以此轮参与孚能科技C2轮融资为契机，充分发挥自身在股权投资领域的专业优势，依托兴业银行集团综合金融资源，在高端制造、电子通信、新能源以及节能环保等产业领域培育更多新亮点，以实际行动助力中国制造向高质量发展阶段转型升级。

### （三）并购贷款业务

“兴业信托·榕耀1号集合资金信托计划”是公司首次与知名私募机构合作开展的主动管理并购贷款业务。根据业务特点，设置特有的风控措施，为业务顺利开展及运作提供了保障。该业务的落地进一步拓宽了公司业务转型思路，为后续开展并购类业务提供了良好的业务模式和操作典范。

### （四）打造绿色信托业务品牌

2018年，公司根据《兴业银行绿色金融业务属性认定标准2018版（试行）》的相关精神，继续贯彻落实绿色金融业务发展战略，结合信托产品和行业特征，从自身职能出发，坚持开展差异化的绿色信托业务，持续推动绿色信托业务全面发展。

## 三、社会责任履行情况

公司大力倡导“可持续发展为导向，实施社会责任管理，提升核心竞争力”的发展理念，注重发挥信托制度功能优势，加强金融创新与履行社会责任相结合，积极承担信托公司的经济功能和社会责任，将社会责任工作融入企业价值观、企业文化、战略规划和经营管理中，推动公司积极服务国家战略导向、服务实体经济，并在推动开展社会保障事业、社会公益事业发展等方面积极发挥作用。截至2018年末，公司存续信托规模为7 256.25亿元，其中服务实体经济规模为6 590.43亿元，占比为90.82%。2018年，公司在注册地缴纳各类税费为8.75亿元，积极支持地方经济社会发展。

公司始终致力成为信托行业绿色金融业务的探索者和引领者，积极探索运用多元金融工具创设丰富的绿色信托产品，通过绿色非标债权融资、绿色产业基金、绿色资产证券化等业务模式，为绿色环保企业发展提供综合金融服务。截至2018年末，公司存续绿色信托业务规模为596.56亿元，较年初增长20%，其中年内新增业务规模为205亿元，涵盖交通、水利、新能源、节能环保等领域。

公司坚持以受益人利益为根本出发点，坚持依法合规经营，守住风险底线，规范信息披露，组织做好消费者权益保护工作，切实保障受益人的利益，为维护金融市场稳定和行业稳健发展切实承担好主体责任。2018年，公司为自然人投资者提供信托产品服务，规模达854.2亿元，全年共向投资者分配信托收益达435.04亿元，并通过开展“打击非法集资”宣传教育活动、“金融知识万里行”宣传月活动、“金融知识进万家”宣传月活动以及参展第十六届中国·海峡项目成果交易会等帮助投资者树立理性、正确的投资观念，维护金融消费者的合法权益。

公司响应国家关于打赢脱贫攻坚战的号召，积极履行企业社会责任，助力贫困地区精准脱贫。2018年，公司与福州市鼓楼区慈善总会合作，向“2018年鼓楼区·岷县东西部扶贫协作”项目捐资10万元，推动福建省对甘肃岷县定向扶贫工作；通过捐资助学对援建的3所希望小学年度优秀师生共计66人发放奖励金4.2万元，激励山区贫困学生奋发向上，并对在贫困地区教育事业中无私奉献的教育工作者表达敬意和感谢。

## 四、2019年发展规划

2019年，公司将深入学习贯彻党的十九大精神、中央经济工作会议等精神，坚持稳中求进工作总基调，强化风险底线思维，紧紧围绕“效益优先、严防风险、聚力创新、深化转型”的工作主线，立足服务实体经济，主动回归信托本源，加快提升主动管理能力，持续优化信托业务结构，继续大力夯实客户基础、业务基础及管理基础，以产品模式创新带动资产结构调整，以业务方向创新形成差异化竞争格局，以客户服务创新提升业务综合收益，在有效防范风险的前提下，全面提升公司经营发展的质量和效益。

# 中诚信托有限责任公司

## 一、2018 年经营概况

2018 年是中诚信托有限责任公司（以下简称公司）三年（2017—2019）规划战略的攻坚之年，面对国内外复杂的经济形势及监管环境变化，公司在集团党委和公司党委的领导下，主动适应监管环境变化，坚持“创新、规范、效率、精细化”经营方针，积极拓展业务，严防风险，回归信托本源，服务实体经济，发挥信托公司在资产管理和财富管理领域的优势，推动公司转型进一步深化发展。

截至 2018 年末，公司管理信托财产规模为 3 131.85 亿元，固有总资产为 224.63 亿元，净资产为 168.24 亿元，全年累计实现营业收入为 20.87 亿元，利润总额为 13.22 亿元，净利润为 11.32 亿元，取得了良好的经营业绩。

2018 年，公司主动调整业务规模，优化业务结构，继续巩固传统业务优势，提升主动管理能力。公司主动适应政策和市场变化，深化业务转型创新，着重提升公司经营管理水平。

一是巩固传统地产业务优势，调整优化合作主体和区域布局。公司科学研判市场形势，重点筛选信用较高的优质交易对手和优质区域的项目，严把项目入口关。公司进一步拓展地产业务服务链条的深度和广度，探索开展应收购房尾款、城市更新改造、永续债等创新业务；积极开拓合作伙伴，继续深耕小微金融业务。

二是首批取得债券承销新业务资格，开辟债券市场空间。2018 年 4 月，公司获批“银行间市场交易商协会非金融企业债务融资工具承销资格”，成为信托业内首批取得资格的 6 家机构之一；积极筹备组建债券销售交易部，搭建承销业务团队，成功实现三类债务融资工具的分销落地，开辟了参与银行间债券市场的新空间。

三是多领域探索业务转型升级。公司积极探索开展主动管理类资产配置业务，定制型现金管理项目取得较好的收益回报；成立私募股权投资基金创客基金，已投资项目均运行良好；与中国银行合作开发新西兰睿选系列 QDII 信托计划，为高净值个人客户进行国际化资产配置；推出赤诚传家、挚诚世家、悦诚颂家三大系列家族信托，并成功落地试点项目。

四是进一步完善风控体系，全面提升合规经营能力。公司积极采取多种措施，切实提升项目评审和法律审查的效率，不断完善、优化业务风控标准及措施，实现项目风险评估前置；建立风险审查团队与特定业务类型、法律审查团队与特定业务部门的对接机制，提升了内部沟通交流的效率和质量，实现项目风险评估数量再创历史新高，项目积压情况得到一定改善。

五是统筹调配资源，着力提升财富管理能力。根据市场情况，2018 年，财富管理中心进行重新定位及架构调整，着力提升营销能力，年内新扩充 2 个财富部门，新增销售团队 21 人，整体在资金提供、项目发行及自主销售等方面的能力有了明显提高。

六是梳理内部流程机制，切实提升公司组织效率。公司成立组织效率工作小组，推动公司运营管理机制和组织效率改进提升。经过努力，公司内部信息传达更加通畅，跨部门沟通合作更加高效，项目审批、管理效率等均有所改善，整体组织效率切实得到提升。

七是扎实推进党建工作，营造良好的企业文化。公司坚持党的领导，为经营发展提供坚强的政治保证。充分发挥党建在公司改革发展中的独特优势和重要作用，深化基层组织建设，全面贯彻党的十九大精神，落实党中央和上级党委的各项决策部署。在企业品牌建设方面，公司加大品牌宣传力度，与媒体保持畅通的交流，全年未发生负面舆情。2018 年，公司先后获得多项主流媒体评选的奖项，品牌影响力得到进一步提升。

## 二、创新业务案例

2018 年，公司顺应经济环境的变化和监管部门的监管导向，在原有优势业务的基础上，积极推进转型创新，不断探索新的业务方向，着力开展信托本源业务，在房地产业务优化升级、家族信托、债券分销、慈善信托等领域都取得了一定的进展。2018 年，公司新开发的特色业务有以下几个。

### （一）与大型房地产企业合作购房尾款融资业务

该类业务与大型房地产企业合作，信托资金用于投资大型房地产企业因销售商品房形成的对购房者的应收购房尾款，标的项目购房尾款对应的应收账款在人民银行征信中心动产融资统一登记公示系统做转让登记并公示。

### （二）开发落地家族信托业务，打造专业家族信托服务

为顺应市场发展，满足客户财富传承需求，公司推出赤诚传家、挚诚世家及悦诚颂家三大系列家族信托，帮助高净值客户实现财富保全、财富增值及财富传承的目标。

（三）获得承销业务资格，不断落地债券分销业务

2018 年 4 月，公司成为首批获得银行间市场交易商协会承销业务资格的信托公司之一，可开展非金融企业债务融资工具承销业务。2018 年，公司已成功实现三类债务融资工具的分销落地，既开辟了新的收入来源，又有助于公司通过与公募、标准化市场的互动向标品领域转型发展，为开展标品资产主动管理提供切入空间。

（四）持续落地慈善信托，不断创新业务模式

2018 年，公司成功设立并备案 4 只慈善信托，在慈善信托领域取得较为领先的行业地位。其中，临洮扶贫慈善信托以附转股权的债权投资模式支持临洮地区特色产业发展，对当地困难群众开展日常生活、文化教育帮扶，慈善扶贫效果精准高效；阿拉善生态扶贫慈善信托是内蒙古自治区首个备案的慈善信托，取得了历史性的突破；内蒙古察右中旗、察右后旗两单扶贫慈善信托，构建了“慈善信托 + 保险”的全新扶贫模式。

## 三、社会责任履行情况

公司始终注重回报社会，努力服务实体经济，积极响应并践行金融扶贫，参与定点扶贫、精准扶贫工作，关心和支持公益事业发展，开展慈善信托试点，支持贫困地区教育事业，履行受托人义务，保障受益人权益，关爱员工发展，切实履行社会责任。

一是推进定点扶贫工作。定点扶贫工作是贯彻落实党中央、国务院关于定点扶贫工作的指示精神，切实增强责任感、使命感、紧迫感的重要举措，公司领导班子高度重视，自 2010 年以来，已累计捐赠资金 360 余万元，调动资源积极开展定点扶贫、精准扶贫。

二是大力推进慈善信托落地。公司是国内慈善信托实践的先行者之一，目前管理的 5 单慈善信托，慈善目的涵盖教育、扶贫、生态保护。

2018 年，公司作为多项慈善信托出资人支持慈善信托发展。其中，“中诚信托 2018 年度善爱扶贫慈善信托”是通过发放附转股权的贷款等特色方式，在重点支持甘肃临洮县百合产业发展的同时，带动贫困人口产业脱贫，对贫困地区的特困群众进行精准帮扶，对贫困学生进行精准资助，对贫困地区文化教育事业进行重点支持，从物质、文化、教育等多个领域进行全面扶贫。

“中诚信托 · 中国信托业保障基金公司 · 2018 内蒙古察右中旗扶贫慈善信托”和“中诚信托 · 中国信托业保障基金公司 · 2018 内蒙古察右后旗扶贫慈善信托”采取“慈善信托 + 保险保障”的方式实现精准扶贫，慈善信托资金为当地贫困户购买种植养殖财产保险和人身健康保险，

既解决了贫困人口抗风险能力较低等问题，为其增收提供有效保障，又解决了贫困人口因病返贫的问题，有效降低了返贫或贫困程度加深等风险。

慈善信托是公司灵活运用金融工具开展扶贫工作的创新探索，也是深入贯彻党的十九大精神和中央经济工作会议精神，执行落实监管导向和要求，回归信托本源业务，支持实体经济发展。2019 年公司将继续探索慈善信托，研发出更多具有创新机制的慈善信托，提升公益扶贫的力度和效率。

三是积极联动内外部资源，拓展社会公益活动。公司工会组织员工自发踊跃参加各项公益活动。

2018 年春节前夕，公司书法家协会先后远赴天津向进城务工人员开展“送万福　进万家”公益活动，用手写春联为这些辛勤的城市建造者们送上春节的祝福，为城市建筑务工人员送温暖。

2018 年 7 月，公司联合中国发展研究基金会发起“中诚爱心公益跑”，调动全体员工参与，并向“山村幼儿园计划”捐赠 20 万元，用于改善中西部农村学前教育，最终达到从根源上消除贫困，促进社会公平发展的目的，该项目荣获“WISE 世界教育创新项目奖”，这也是公司探索教育扶贫迈出的重要一步。

## 四、2019 年发展规划

2019 年是公司三年规划战略的收官之年。面对复杂严峻的形势，公司将在集团党委和公司党委的领导下，继续贯彻“创新、规范、效率、规范化”的经营方针，回归信托本源，提升主动管理能力，服务实体经济，按照“12345”的总体思路布局。

坚持稳中求进的工作总基调（坚持“1 个总基调”），紧紧围绕“资产处置攻坚”“转型发展提升”的工作主线（围绕“2 条工作主线”），夯实人员优化、机制政策、资金支持 3 项保障措施（夯实“3 大保障基础”），在巩固地产、同业、资产证券化等传统优势的基础上，重点突破资产市场、国际业务、小微金融、财富管理等转型业务（突破“4 类转型创新业务”），切实抓好战略规划的调整和引导、建立全面风险管理体系、健全运营转型支撑体系、促进股东协同和资源整合、加强党的领导 5 项重点工作（抓好“5 项重点工作”），推动公司向高质量转型发展。

# 中海信托股份有限公司

## 一、2018年经营概况

2018年是全面贯彻党的十九大精神的开局之年，是改革开放40周年。一年来，中海信托股份有限公司（以下简称公司）全体干部员工深入学习贯彻习近平新时代中国特色社会主义精神，按照高质量发展要求，坚持稳中求进的总基调，全力以赴，扎实工作，保持了可持续发展态势。

### （一）资产保持高质量

截至2018年12月末，公司总资产为71.76亿元，较年初减少35.43亿元，减幅为33.05%；净资产为62.76亿元，较年初增加15.30亿元，增幅为32.24%。各项业务稳健发展，不良资产继续保持为零，资产保持高质量。

### （二）盈利状况良好

2018年，公司实现营业收入为12.05亿元，较上年同期增加2.02%；实现营业外收入为10亿元；利润总额为19.95亿元，较上年同期增加102.08%。

### （三）信托主业开展情况

截至2018年12月末，公司存续信托规模为3 701亿元，实现信托报酬为6.21亿元。从信托类型上看，集合类、单一类、财产权类存续项目的规模分别为1 592亿元、718亿元、1 391亿元，分别占43%、19%、38%。主动管理类信托业务中，证券投资类规模为507.77亿元，融资类业务规模为553.16亿元，较好地支持了实体经济的发展。

### （四）自有资金业务开展情况

2018年，公司实现自营业务收入为5.84亿元，较上年增加6.23%。其中，利息净收入为0.93亿元，较上年减少54.27%；未上市股权投资收入为2.41亿元，较上年增加50.82%；金融产品投资收入为 2.02 亿元，较上年增加 18.83%。

## 二、创新业务案例

2018 年，公司坚持“稳中求进，服务市场”的原则，坚持转型创新，培育新利润增长点。

一是大力发展小微金融信托。完成 20 多个城市房管及公证部门房屋抵押登记备案，制定小微企业主经营贷款业务操作指引，上线小微业务系统，落地主动管理项目“蓝海 1 号”“蓝海 2 号”，为 2019 年业务发展开好局、起好步。

二是积极开拓受托境外理财业务。充分利用合格境内机构投资者（QDII）资格，成功落地公司首只参与港股定向增发的 QDII 项目。2018 年 4 月，凭借丰富的投资经验及良好的市场形象，获得国家外管局新增 2 亿美元投资额度的批复，成为首家之前已有额度又获批新增额度的信托公司。

三是保险金信托取得突破。经过近两年酝酿，密切与中信保诚人寿合作，成功落地保险金信托项目。通过加强对保险营销人员培训，扩大营销范围，落地 10 个保险金信托项目，缴费客户累计为 31 人，为公司探索完整的家族信托业务模式奠定了基础。

## 三、社会责任履行情况

公司始终坚持把维护受益人的合法权益放在首位，切实履行诚实、信用、谨慎、有效管理的义务，把好风险关，承担起了国有金融企业维护金融稳定的社会责任。自 2004 年以来，公司累计管理信托资产规模达 57 000 亿元，未发生一笔因公司违反信托目的处分信托财产或者因违背管理职责、处理信托事务不当而损害委托人、受益人利益的情况，未新增任何不良资产。同时，公司发挥信托制度优势，成立了一批规模大、期限长、回报高的项目，有效地支持了实体经济发展。

公司深入贯彻落实全国金融工作会议、中央经济工作会议、习近平总书记在民营企业座谈会上的重要讲话精神，致力于缓解小微企业金融服务供给不充分的问题，在 2017 年落地首单服务于小微金融的小微之星 1 号项目基础上，继续耕耘小微金融业务。2018 年，公司落地小微企业主经营贷款项目 5 个，累计发放贷款为 19.52 亿元，支持小微企业主 1708 户，遍及江苏、广东、重庆、河南、陕西、湖北、天津、四川等多个省、市，以优质金融服务履行了信托公司的社会责任，有效促进了地方经济可持续发展。

公司建立起较为完善的公司治理架构和健全的内部监督制约机制。公司设置有多层次分级授权制度，形成了科学、清晰、合理的组织架构，为公司营造了健康的内部控制环境。

公司持续完善风险控制体系，确保各项业务发展风险可控。结合业务发展实际，公司实施动态的制度管理，从加强全程风控、完善量化风控标准入手，着重提高项目管理各环节的风险防范，形成了有效的管理标准并贯彻实施。

## 四、2019 年发展规划

一是切实履职尽责，全面加强从严治党。深入学习宣传贯彻党的十九大精神，将全体干部职工的思想统一到习近平新时代中国特色社会主义思想上来；切实履行好“一岗双责”。领导班子成员带头落实分管部门党建工作责任，支部书记推进落实好日常党建工作任务；积极完善党建与生产经营深度融合的工作机制，切实把党建工作成效转化为公司发展的核心竞争力。

二是切实回归信托本源，提升现有信托业务的主动管理能力。深挖私募投行业务潜力，加大对资金方的拓展力度，拓展中东部经济相对发达地区政信业务；做好公开市场投研工作，配置一批优质债券标的，做好流动性管理，努力提高证券投资产品投资收益；抓住信贷资产证券化业务发展的有利时机，不断突破；认真做好产品改造，设计符合新规要求的主动管理信托产品，充分满足市场需求。

三是切实开拓创新，布局未来利润增长点。布局小微信托业务，选择与业务模式成熟且符合监管要求的知名获客机构进行合作，进一步丰富产品种类，培育公司新的利润增长点；挖掘头部交易对手，在符合监管及风控标准基础上拓展房地产业务；坚持服务海油主业，为上下游合作伙伴提供针对性的融资服务，探索为兄弟单位提供产、贸、融结合的金融服务。

四是切实合规展业，筑牢风险防控底线。继续做好项目风险与合规审查，加强对重点行业领域如政府融资平台、股票质押融资等业务的风险防范，切实防控金融风险；主动接受监管，加强风险排查，推进和加强反洗钱工作；提倡宽进严出的风控理念，鼓励“适度创新”“理性创新”，通过同业交流、市场调研、制度先行等方式，不定期汇总资管行业典型案例，把控项目风险。

五是切实优化运营，助力信托主业发展。优化运营职能分工，强化交易审核，完善数据治理，提升主动运营能力；建立信托项目全生命周期的管理体系，加强数据录入采集检查，部署智能自动化机器人部署，推进部分工作自动化操作；建立前台业务数据采集、中后台数据管控、核算估值管理、信托基础数据库、报表自动化产出各阶段数据流转机制，加强各环节数据质量管控，制定和完善公司数据标准，梳理数据权限体系，提高公司整体基础数据质量。

# 百瑞信托有限责任公司

## 一、2018 年经营概况

2018 年以来，在股东单位的支持帮助和监管部门的监管指导下，百瑞信托有限责任公司（以下简称公司）面对来自行业内外的压力，以业务转型和团队建设为抓手，开拓创新，克服宏观经济下行和监管趋严趋紧的困难，圆满完成各项指标任务，取得了较好的经营效益。

2018 年，公司实现收入总额为 16.77 亿元，实现利润总额为 13.54 亿元，实现净利润为 10.11 亿元。截至 2018 年 12 月末，公司资产总额为 94.91 亿元，比年初增加 4.22 亿元；净资产为 77.95 亿元，比年初增加 7.80 亿元；管理信托规模为 1 847 亿元，较年初增加 135 亿元。

## 二、创新业务案例

### （一）慈善信托

一是百瑞仁爱·黄河爱心基金慈善信托。2018 年 9 月 18 日，公司作为受托人成功备案国内首单救助自闭症儿童的慈善信托——百瑞仁爱·黄河爱心基金慈善信托。该慈善信托初始规模为 10 万元，期限为永续。

二是百瑞仁爱·沃特节能慈善信托。2018 年 12 月 21 日，百瑞仁爱·沃特节能慈善信托于郑州民政局备案成立。该慈善信托初始规模为 32 万元，期限为永续。该慈善信托用于开展扶贫项目，救助困难人群及家属，资助创新创业，资助公益组织及公益人才培养，发展环境保护事业，维护生态环境。受托人对慈善信托资金进行管理，定期进行信息披露。

三是百瑞仁爱·春晖慈善信托。2018 年 12 月 25 日，公司备案精准扶贫类慈善信托——百瑞仁爱·春晖慈善信托。该慈善信托初始规模为 73.34 万元，期限为 10 年，主要用于支持特定的贫困县、贫困村或者学校的贫困儿童、留守儿童。

## （二）FOF 系列产品

一是百瑞恒益 629 号集合资金信托计划（FOF 基金睿选一期）。2018 年 10 月 17 日，公司成立私募 FOF“百瑞恒益 629 号集合资金信托计划”。该产品规模为 3 890 万元，信托期限为 2 年，存续满 6 个月，受托人可提前清算信托计划。该产品运用量化投资的投资理念，根据对市场环境的判断精选量化中性型、宏观对冲型、指数增强型及股票多头型私募基金，将信托资金投资于股票型私募基金、混合型私募基金、公募基金及信托业保障基金，实现委托人的利益最大化。该产品持续跟踪投顾表现及其策略的市场容量及规模，动态调整配置比例，通过多维风控模型，少量参与量化多头策略，有效减少市场净值波动，将风险降到最低值。

二是百瑞恒益 568 号集合资金信托计划。2018 年 5 月 23 日，公司成立公募 FOF“百瑞恒益 568 号集合资金信托计划”。该产品规模为 1 100 万元，信托期限为 3 年，存续满 6 个月，受托人可提前清算信托计划。本信托产品综合运用 Matlab、Stata 等多种软件，根据基金赋权净值数据，建立回归模型对各只基金的业绩进行合理分解，度量各只基金的稳定择股能力和择时能力，筛选出择股能力强且稳定的基金进行申购，从而获取超额收益。

## （三）资产证券化

中国康富国际租赁股份有限公司 2018 年度第一期资产支持票据。2018 年 11 月 15 日，中国康富国际租赁股份有限公司 2018 年度第一期资产支持票据在银行间市场发行，发行总规模不超过 180 000 万元，票据预计发行规模为 149 033. 30 万元。该产品以发起机构中国康富国际租赁股份有限公司以其合法持有的融资租赁债权、管理权益及其附属担保权益为基础资产，公司作为该基础资产的受托机构和发行载体管理机构，在银行间债券市场向投资者发行 ABN，并以信托财产产生的现金流作为投资人票据收益的来源，以及支付相应税收和费用支出等。

## （四）绿色信托

一是百瑞富诚 424 号集合资金信托计划（武汉地铁）。为支持我国绿色金融的发展，公司运用绿色信贷的应用模式支持节能减排等绿色产业发展。2018 年 11 月 15 日，公司成立绿色信托百瑞富诚 424 号集合资金信托计划（武汉地铁），本信托计划总规模不超过 55 亿元，期限为 10 年。该项目委托人为中国人寿资产管理有限公司等合格机构投资者，募集资金主要用于支持武汉地铁集团日常运营的资金需求，由于城市地铁采用电能驱动，有助于提升城市绿色出行水平，调整城市交通能源结构，因此属于绿色信托范畴。

二是百瑞富诚 378 号集合资金信托计划（淮安中盛永济河项目）。为支持我国绿色金融的发展，公司运用绿色信贷的应用模式支持生态保护和环境污染治理等绿色产业发展。2018 年 3 月 6

日，公司成立绿色信托百瑞富诚378号集合资金信托计划（淮安中盛永济河项目），该信托计划规模不超过1.5亿元，期限为2.5年，募集资金向淮安市中盛投资发展有限公司发放信托贷款，用于淮安市永济河环境整治工程项目建设，为生态环境修复工程，属于绿色信托范畴。

### （五）普惠金融类产品

百瑞恒益613号集合资金信托计划（小微企业兴业贷）。2018年7月25日，百瑞恒益613号集合资金信托计划（小微企业兴业贷）成立。该信托计划存续规模不超过10亿元，总期限不超过15年，募集资金用于向深圳泛华联合投资集团有限公司推荐的借款人发放个人房屋抵押贷款，各笔贷款期限均不超过5年，单笔贷款规模不超过1 000万元。该信托计划所投放的贷款均为经营性贷款，借款人具有经营实体，有一定的还款能力，且单笔贷款金额小、区域分布广，能有效避免集中性违约风险。

## 三、社会责任履行情况

2018年，公司积极承担社会责任，在为交易对手和合格投资者提供专业金融服务的同时，致力于成为合格企业公民，并从支持地方经济发展、保护投资者权益、关爱员工成长、参与公益慈善活动等方面着手，开展了一系列企业社会责任实践活动，取得了良好的经济效益和社会效益，为推动社会和谐、民生改善和行业发展作出了一定贡献。

2018年，公司继续发挥金融工具职能，通过为基础设施建设和实体经济发展提供综合化金融服务的方式，全面参与地方经济建设，并作为郑东新区重点税源单位，全年纳税总额达到4.68亿元，为地方经济建设和财政收入水平的持续提升作出了积极贡献。

在整个信托行业回归信托“受人之托，代人理财”的业务本源的背景下，公司坚持以服务受益人为己任，将客户权益放在第一位，持续开展保护客户权益工作。通过持续打造资产管理平台和综合服务平台，努力提高金融服务水平，为客户获取稳健的财产性收入。公司通过发挥自身专业优势，积极开发具有不同风险收益特征的多元投资产品，为客户提供个性化服务，满足客户多样化需求，并遵循“及时准确、真实完整”的原则，严格进行信托业务的信息披露，充分保证了受益人对信托项目重大事项和经营情况的知情权。2018年公司充分利用线上和线下渠道开展多样化投资者教育活动，普及金融知识，提高投资者风险识别能力，全年共开展投资者教育活动5次，参与客户数量超过600余人次。

2018年，公司积极与爱心企业、人士、慈善组织携手，发挥专业优势，依靠经验积累。2018年，公司先后联手河南省慈善总会、国电投资本控股团工委、沃特节能有限责任公司设立了“百瑞仁爱·黄河爱心基金慈善信托”“百瑞仁爱·春晖慈善信托”“百瑞仁爱·金沃特环保慈善信托”3只慈善信托，募集爱心善款为115万元，致力于为自闭症儿童康复治疗、留守儿童生活教育、恤病助残、环境保护等提供造血式救助。同时，包括“百瑞仁爱·百年慈善信托”“百瑞仁爱·瑞祥慈善信托”“百瑞仁爱·天爱慈善信托”等多只慈善信托也有望在近期发起设立。

2019年，公司将在进一步深化对自己的社会角色全面认知的基础上，继续全面履行合格企业公民职责、努力承担更多的社会责任，力争在实现自身可持续发展的同时，也能在推动地方经济发展、民生工程建设、金融生态改善和社会慈善事业进步等方面作出更大贡献。

## 四、2019年发展规划

2019年，公司将坚持稳中求进的工作主基调，扎实推进业务转型，稳步实施管理提升，继续打造团队的专业能力和竞争力，紧抓风险把控和化解处置，全力实现董事会制定的年度目标。重点做好以下几方面的工作：坚持业务转型，着力发掘利润增长点；坚持政策倾斜，着力营销体系升级；坚持管理提升，着力多措并举求实效；坚持严控风险，着力做好风险处置；坚持从严治党，着力发挥党建作用。

# 陕西省国际信托股份有限公司

## 一、2018 年经营概况

2018 年，陕西省国际信托股份公司（以下简称公司）坚持高质量发展理念，强化创新意识，服务实体经济，有效管控风险，继续保持了稳定的发展态势。截至 2018 年末，公司总资产为 122.79 亿元，净资产为 104.15 亿元，全年实现营业收入为 10.27 亿元，新增省内投融资为 206.44 亿元，上缴国家和地方税费为 1.61 亿元，连续被陕西省国家税务局授予“纳税信用 A 级纳税人”称号。

### （一）信托主业稳健发展

2018 年，公司把握政策导向，主动控制收缩通道类业务规模，积极开发主动管理型业务，信托主业总体实现了规模降、收入增、结构优、质量升。公司信托资产规模为 2 895.24 亿元，信托主业手续费及佣金净收入为 9.55 亿元，实现利润总额为 4.25 亿元，全年新成立信托项目 257 个，开发创新类项目涉及 7 大类共 46 单。总体上看，调整业务结构、提升发展质量势头良好。

### （二）积极运作自有资金

公司积极开展自有资金多元化运作。一是加大融资类项目的投放力度，重点支持省内经济建设，2018 年累计投放自有资金为 26.5 亿元，以确保当期效益。二是积极推进市场化金控战略实施，持续跟踪多个投资标的，增持了长安银行和永安保险股权，其他项目将视情况适时介入。三是加大了对信托业务的支持力度，2018 年累计配置 11 个信托产品共 12.1 亿元。同时，深化与信托业保障基金公司对接，申请流动性支持资金为 27.5 亿元配置了公司的信托计划。此外，发挥合作平台作用，支持信托创新探索等。四是根据证券市场形势，落实“稳降规模、调仓换股”的指导意见，充实强化专业团队力量，以求扭转证券投资浮亏局面。五是通过同业存放、购买货币市场产品等进行流动性管理，力求提高资金效益。

（三）加力服务省内经济

公司2018年为陕西省内投融资206.44亿元，紧贴“五新战略”“三个经济”战略部署，积极支持陕西省重点区域、重大项目建设，全年向西咸新区授信审批通过项目资金为70亿元，为西安、咸阳、宝鸡、榆林等地市企业融资150多亿元，为陕煤集团、陕西旅游集团、陕西电子信息集团等提供投融资20多亿元。同时，进一步加大对民营企业的支持力度，为必康药业、隆基股份、迈科集团、东岭集团、荣民集团等提供了融资服务。

（四）配股工作顺利完成

2018年7月31日，公司配股发行以94.22%的高配率认配数量达8.74亿股，共计募集资金22.71亿元。配股发行工作获得圆满成功后，公司注册资本近40亿元，净资产突破100亿元，资本实力大幅提升，市场竞争力和风险抗御能力进一步增强，为公司各项传统业务和创新业务的开展提供了资本保障。

（五）完善风控体系建设

公司不断完善全面风险管理体系和机制。一是通过强化学习培训等，促使全员增强合规意识、责任意识和底线意识。二是筑牢制度防线，2018年共制定、修订制度20余项，进一步完善了制度体系。三是根据市场及政策变化动态调整业务指引，有效指引业务安全开发运作。四是推行了风控人员外派办公制度，充实了华东区域风控岗、普惠金融事业部中台岗，同时安排中台人员提前介入尽调、主持研讨创新项目等，强化风控效能。五是进一步加强项目风险防控。动态评估存续项目风险状况，加强风险排查预警。同时上线舆情监测系统，充分利用人民银行征信系统等，提升风险预警能力。

（六）持续深化内部改革

公司多措并举强化内部管理，有效提升管理效能。一是积极实施“人才强企”战略，面向全国选聘了业务总监和投资总监，完成了两项改革试点工作。同时，以推动转型创新为着眼点，全年共招聘录用员工193人，专业队伍实力不断增强。二是坚持问题导向，以合规建设深化年活动、整治市场乱象和审计署、审计厅的专项审计等外部监督治理为契机，直面问题、切实整改、严肃问责、强化管理。三是全面梳理评估信息化战略实施成效，开展数据治理，根据需求优化、上线普惠金融系统、财富管理系统、EAST3.0报送系统及电子指令系统等，通过科技赋能，有效发挥引领和支撑作用。四是多载体扩大品牌宣传。公司加大了在省内外机场、写字楼及高档小区等的广告投放力度，积极组织活动扩大影响，有效利用多种载体讲好“陕国投故事”，全面提升了公司品牌价值。

## 二、创新业务案例

案例一：陕国投·汉源202号西凤酒消费信托

公司设立“陕国投·汉源202号西凤酒消费信托”，以西凤酒核心产品“旗帜西凤（珍藏版）”酒为信托标的，通过“消费+理财”的模式，实现产品推广、融资拓展、理财收益、业务创新等多重效应，继续深入探索消费信托业务模式，促进公司转型发展。

案例二：陕国投·上市公司助力脱贫攻坚慈善信托

公司设立“陕国投·上市公司助力脱贫攻坚慈善信托”，慈善捐款用于帮助陕西省141名贫困高考学生缓解升学及生活压力。公司作为中西部地区唯一的上市信托公司、陕西首家上市的省属金融机构，积极响应号召，主动承担责任，利用公司与公益机构各自领域优势，扎实开展相关教育扶贫工作。

案例三：陕国投·AI大数据股权投资集合资金信托计划

公司设立“陕西投·AI大数据股权投资集合资金信托计划”，信托资金用于战略入股人工智能行业龙头明略数据，助力企业整理、分析和利用不同来源的结构化和非结构化大数据资源，挖掘数据间的关联价值，为公安、金融以及工业等类型的客户提供相关大数据解决方案服务。

案例四：陕国投·汉锦65号军民融合股权投资集合资金信托计划

公司设立“陕国投·汉锦65号军民融合股权投资集合资金信托计划”，信托资金用于向西安富成防务科技有限公司进行增资扩股，推动企业通用雷达平台技术的研发与生产，助力企业深度参与军用、民用技术科研合作及技术革新发展。

案例五：陕国投·长秦8号迈科集团准REITs投资集合资金信托计划

公司设立“陕国投·长秦8号迈科集团准REITs投资集合资金信托计划”，信托资金全部用于受让原准REITs优先B类持有人的份额的形式投资参与“西安迈科大厦资产支持专项计划”优先级B类。通过准REITs业务模式，既在资本市场上盘活固定资产，同时又满足了企业资金流动性需求。

## 三、社会责任履行情况

公司始终高度重视社会责任工作，坚持将履行社会责任融入经营管理中，公司履行社会责任情况如下。

一是立根铸魂，全面加强党建工作。公司始终坚持和完善党的领导，通过“四个坚持”——坚持党建融入中心工作、坚持理论学习指导实践、坚持狠抓党建质量水平、坚持紧抓党风廉政建设，不断提升党建工作水平，真正将党建工作与社会责任紧密融合。

二是回归本源，支持实体经济发展。公司通过积极响应国家重大战略、深入推动产业转型发展和促进社会事业进步等多个层面，努力践行经济责任，大力支持实体经济发展。

三是把握需求，致力创造可靠财富。公司认真履行受托责任、坚持做好主营业务、不断提升服务品质，为广大受益人创造理想收益，努力创造财富回馈股东，满足客户个性化投资需求和落实责任担当，切实维护消费者权益。

四是固本深根，防控金融风险。公司从优化治理结构、严格内部控制、完善风险管理体系、加强内部审计和依法合规经营五个方面扎实筑牢全面风险管理防线的具体做法。

五是精准扶贫，助力脱贫攻坚。公司认真贯彻落实省委、省政府脱贫攻坚工作部署，充分发挥信托制度优势，大力推进产业扶贫，不断创新精准扶贫模式，扶贫工作取得了阶段性成效。

六是赤诚之心，助力公益事业。公司不断创新公益信托实践，主动投身扶贫、赈灾、慰问等公益活动和志愿者活动，为促进公益慈善事业发展，公益回馈社会作出积极贡献。

七是保护生态，推进绿色金融。公司始终坚持倡导绿色发展理念，大力探索绿色金融服务模式，践行绿色办公运营、实施绿色低碳采购、开展了一系列绿色环保公益活动。

八是以人为本，关注员工发展。公司秉持尊重人才、培养人才、关心人才的人才观念，通过丰富员工生活、保障员工权益、打造成长平台帮助员工实现自我价值，为公司发展提供持续强劲动力。

## 四、2019 年发展规划

2019 年是决胜全面建成小康社会的关键年，是陕西省实现追赶超越目标的决胜年，更是信托业在新征程上深谋转型升级的突破年，面对新机遇、新挑战，公司将以习近平新时代中国特色社会主义思想为指导，全面贯彻党的十九届历次全会、中央经济工作会议、省委十三届四次全会及中国信托业年会精神，以稳中求进抓经营、高质发展推转型、补齐短板强弱项、担当作为促超越为主线，稳字当先，稳健运营求长远，稳推创新求质量，稳控风险求安全，稳促改革求活力，稳抓管理求效益，坚持稳中求进、稳中求变、稳中求快、稳中求好，落实新发展理念，坚定打造“专业化、集团化、信息化、国际化、品牌化”的“五化陕国投”。

# 云南国际信托有限公司

## 一、2018 年经营概况

云南国际信托有限公司（以下简称公司）2018 年实现营业收入为 6.79 亿元（同比增长 22.97%），其中信托业务收入为 5.53 亿元（同比增长 81.46%），自营业务收入为 1.56 亿元（同比增长 15.94%）。公司实现净利润为 2.96 亿元，同比增长 19.58%。信托资产规模为2 361.26亿元，净资产为 26.19 亿元。按照资金来源划分，单一资金信托为 1 226.79 亿元，集合资金信托为 564.12 亿元，财产权信托为 570.34 亿元。按照投向来看，五大投向所占比例分别为基础产业 10.36%、房地产业 2.43%、证券 9.71%、金融机构 0.29%、工商企业 24.96%、其他 52.25%。

2018 年，公司顺应强监管态势，深耕服务金融、科技金融、产业金融，一方面，在传统业务上，保持稳健有序合规发展，并积极进行结构调整和业务优化；另一方面，在转型创新业务上，坚持主动管理方向和服务实体经济原则，在资产证券化、消费金融、供应链金融、“三农”金融服务等多领域进行深度布局。一是“三农”项目专注普惠金融服务。目前业务模式已经初步成形，金融与科技相结合，对于农民而言，申请便利，放款迅速。二是小微贷款快速发展，公司通过信托贷款方式与多家银行、券商合作，为中小企业提供资金支持，惠泽多行业领域。三是资产证券化业务方面，公司 2018 年继续深入布局，人员储备丰富，制度和风控措施更加完善；在消费金融、供应链金融、小微金融的资产证券化等方面，公司持续深耕并获得了一定的突破，支持了普惠金融事业发展。部分创新业务具有较高的社会意义：公司于 2017 年 11 月 24 日创新成立发行的全国首单“纯双绿”资产支持票据——“中电投融和融资租赁有限公司 2017 年度第一期绿色资产支持票据”（ABN），在 2018 年 12 月 13 日由金融界网主办的第七届“领航中国”年度评选活动中，荣获“优秀资产证券化信托产品奖”。四是公司紧扣国民经济消费拉动新趋势，进一步完善了技术系统与运营支持体系，消费金融业务覆盖场景广泛，吸引多类型资产方并建立了合作关系，放款超过 1 000 万笔，覆盖农业场景、汽车分期、医药分期、租房分期等细分领域。消费金融业务基于公司自主研发的系统以及专业技术团队，彰显科技金融服务力，有效支撑业务的发展。2018 年 12 月 28 日，在《证券日报》主办的第二届“中国证券市场金骏马奖年度评选活动”中，公司以科技在金融领域的积极探索与运用，喜获“智慧金融领航奖”；五是探索供应链金融服务小微企业，多角度发力主动管理业务。在风险可控的情况下，2018年公司大力拓展消费、医药、汽车、农业领域的供应链金融资产，实现对重点行业细分领域的金融服务，借助核心企业信用为产业链上的中小企业提供融资。六是为提升公司的主动管理能力，回归“受人之托，代人理财”的信托金融服务本质，2018年公司积极推进交换债业务、固定收益类产品、并购基金等各类业务。

截至2018年12月31日，公司下设25个部门，其中前台业务部门11个，中后台部门14个，员工320人，较上年同比增加54人，本科及以上人员占比为94.69%。

## 二、创新业务案例

### （一）普惠金融农业贷款案例

公司从2016年开始开展“三农”金融信托业务。从“三农”金融项目金额看，截至2018年末，公司已累计发放“三农”金融领域贷款为78.54亿元，“三农”金融贷款余额为31.48亿元。从“三农”金融项目数量看，截至2018年末，公司已累计发行22个涉农信托项目，存续涉农信托项目16个，典型项目包括云信“农分期”系列信托项目、云信“农之家”系列信托项目等。

经过近三年的发展，公司“三农”金融业务已经累计服务“三农”领域客户超过7 000个，累计放款近9 000笔，金融服务地域涉及安徽、江苏、河南、江西、山东、湖南、湖北等18个省份，涉及农田面积约千万亩。

公司“三农”金融业务主要从农户消费贷及生产经营贷两个领域切入，具体通过如下三种模式提供“三农”金融服务。

一是“场景＋大数据”模式，见图1。

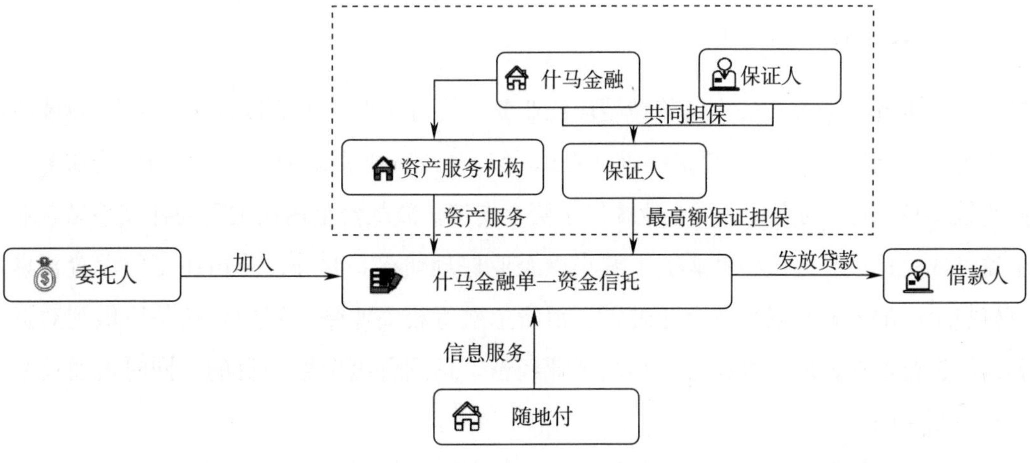


**图1　什马金融项目交易结构**

二是基于核心企业的供应链金融模式，见图2。

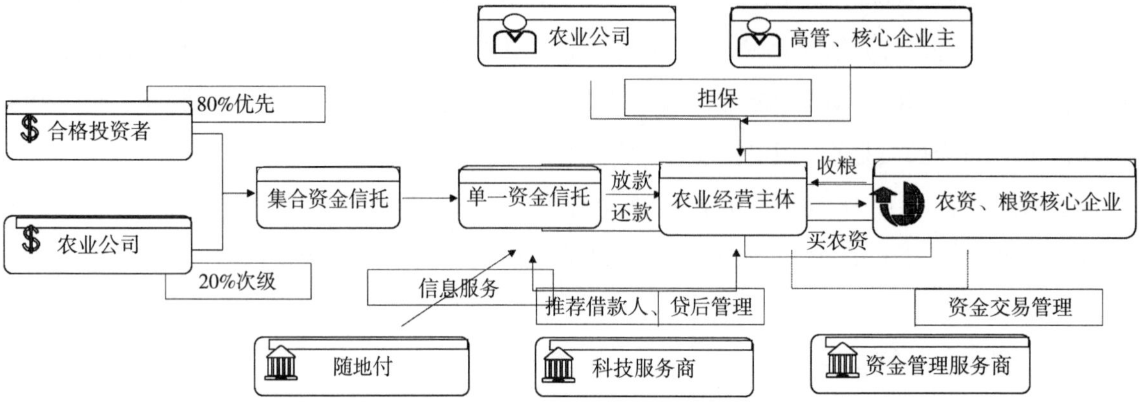


**图2　农之家项目交易结构**

三是“B＋C”模式，见图3。

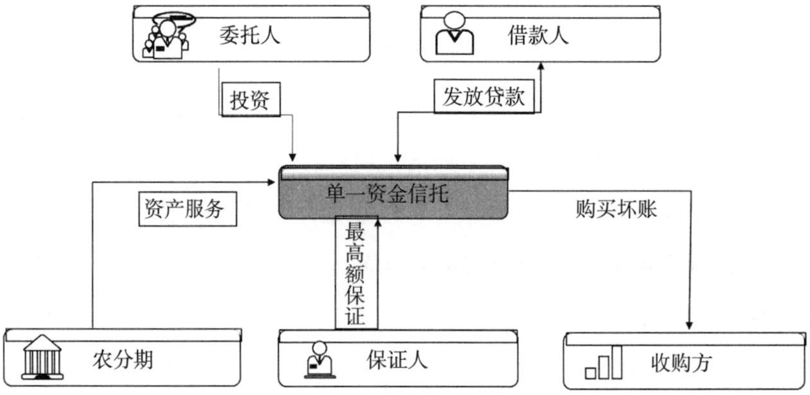


**图3　农分期项目交易结构**

## （二）小微企业金融业务

2017—2018年，通过开展主动管理型信托业务，公司在小微企业以及“三农”领域的放款额已经达到22.1亿元。其中，餐饮行业放款61笔，物流行业放款414笔，另有综合服务、零售等行业放款2 177笔，为大量小微企业提供了资金支持。放款资金用途主要为补充小微企业的流动资金需求或受让供应链核心企业上下游小微企业保理债权。此外，公司还专门设置普惠金融部，以科技金融的方式开展小微企业融资、消费金融等相关业务，利用科技手段做到对资金的用途和流向进行监控，确保资金流入小微企业经营，达到普惠金融的目的，同时也通过系统对接等方式控制风险。

以某信托计划为例，在实践普惠金融战略的背景下，公司针对使用聚合支付平台“收钱吧”

作为日常经营收款工具的小微企业主（包括餐馆经营主、便利店店主、服装店店主等）提供经营贷款等金融服务，基于自主贷款系统及风控模型，实现纯线上审核及放款。截至2018年11月末，累计发放贷款超过2 000笔，笔均金额为2万~3万元，30天以上动态逾期率小于1%，在保证信托贷款安全的同时，满足了大量小微企业主的日常生产经营融资需求。

## 三、社会责任履行情况

公司以履行社会责任为重要导向，不仅利用信托制度优势向实体企业提供金融服务，还在信托法律文件的签署过程中履行社会责任告知义务。同时，将履行社会责任纳入内部控制体系，从制度层面、业务开展层面确立其重要地位。报告期内，公司在多方面践行企业的社会责任。

公司严格遵守国家法律法规、监管部门规章、规范性文件以及公司章程，并主动接受监管部门和社会公众的监督。积极按照国家货币政策、财政政策、产业政策及其他政策适时调整经营战略，关注社会整体利益，维护国家金融秩序和金融安全。

公司坚决履行反洗钱义务，报告年度公司进一步完善了反洗钱数据报送管理以及完善监测模型、反洗钱系统功能建设，并强化了可疑交易数据人工分析工作。2018年累计完成2 218名自然人客户、318名机构客户身份识别工作。报告年度累计发现45个委托人客户证照过期，其中机构客户19个，个人客户26个。客户的过期证照均已补正。

公司主动开展案件防控工作，报告年度累计完成项目案件风险排查549个，规模共计14 461 000.79万元。累计开展4次员工异常行为排查，排查正式员工80人，签署合规责任承诺书80份。

公司诚信经营，自觉履行纳税义务，依法及时足额纳税，为国家及地方财政收入和经济发展作出贡献。

公司作为专业化财富管理机构，充分发挥信托制度优势，积极开发符合社会和市场需求的信托业务及信托理财产品，不断创新服务方式，积极探索盈利模式，以信托功能满足社会理财需求，秉承“受人之托、忠人之事”的原则开展信托业务，恪尽职守，履行诚实、信用、谨慎、有效管理的义务，维护受益人的合法权益。2018年公司向受益人兑付的信托本金及收益共计2 360.13亿元，其中信托收益51.75亿元，涉及信托项目1 309个。

公司积极强化资本金管理与运用，努力创造利润，提高投资回报，为股东创造合理投资价值。2018年实现营业收入为6.79亿元（同比增长22.97%），实现净利润为2.96亿元，同比增长19.58%。

公司始终把消费者权益保护工作作为公司经营发展的重要战略，近年来已逐步建立起了较为完善的消费者权益保护体系。董事会消费者权益保护委员会带领高级管理层组织协调，消保职能部门落实开展消保工作。报告年度新增、修定各类消保制度 9 项，完善消费者权益保护内部考核机制，组织开展了“3·15”消保主题宣传、全员消保培训、“金融普及进校园”等专项活动，取得了较好的社会反响。

公司坚持以员工为本，构建企业文化。培育了一支高素质、高学历、年轻化、专业化的人才队伍。积极开展员工培训，提高员工职业素质和从业技能，为员工提供充分的职业发展机会。

公司每年开展“大爱星火”主题公益活动，旨在将公司的爱传播给众多需要关爱的群体，为需要的人照亮前行的路。“大爱星火”不仅带去大家需要的物资，教会大家学习基础金融知识，同时也带去公司对社会弱势群体的责任和关爱，提高公司职工对于社会的责任感和认同感。同时，公司通过专业的投资管理经验与信托制度完美结合，自 2006 年开始与云南省青少年发展基金会合作，推出了“爱心稳健收益型集合资金信托计划”，并运营至今。

公司继续推进系统化办公，创建节约型社会。在全社会树立节约意识、节约观念，倡导节约文化、节约文明的大背景下，公司积极创建节约型企业，推进无纸化办公，节约成本，降低能耗，提高效率；同时运用金融机构专业优势开展绿色碳权信托，进一步发展碳资产管理能力，力求把自身打造成绿色金融产业的先驱者和领导者。

## 四、2019 年发展规划

### （一）财务指标目标

2019 年公司实现净资产收益率不低于 11%。

### （二）业务发展规划

当前中央定调“六稳”，统一资管格局形成，有利于信托公司优化业务结构，提升业务质量；宏观经济发展长期向好，实体经济转型仍有较大需求，新经济领域发展迅速，医疗器械行业、教育行业、物流等新兴领域的崛起，以及老龄化和财富集中带来理财新机遇，信托仍有较大的市场机会。与此同时，金融科技发展迅猛，有利于信托公司借势促进资产管理能力提升。公司将积极应对市场变化，维持稳健增长局面，继续推进业务转型并形成多元化利润增长点。具体策略如下：一是积极转型，紧扣实体经济和产业需求，重点聚焦相关细分行业，尤其是民生、农业、金融科技、高端制造、基建及物流六大行业，结合各方优势，深耕发展，推进业务增长；二是不断提升公司的科技力和服务力，以科技和服务为基础实现产品力；三是针对普惠金融、大企业非贷款融资、中小企业融资，以及资产管理、财富管理、金融同业等重点业务，重点投入，整合各方资源优势，打造差异化业务特色，提升风险定价能力，为客户提供优质、综合的金融服务；四是自有资金实现保值增值，加强业务支持和投资尝试。

（三）管理工作规划

围绕战略转型和业务发展需要，公司的整体管理工作继续优化，以服务于稳健的经营发展目标，具体包括：一是由高管领衔，监督管理公司战略的落地推进工作；二是建立以客户为中心的组织架构，前中后台积极配合、协调一致；三是推进普惠金融、供应链金融、财富管理等重点业务，引入精英人才，构建数字化全面风控体系，塑造公司新的企业文化，加速推进公司的转型发展。

# 中铁信托有限责任公司

## 一、2018 年经营概况

2018 年，面对经济形势复杂严峻，发展压力多重叠加的环境，中铁信托有限责任公司（以下简称公司）始终坚持以习近平新时代中国特色社会主义思想和党的十九大精神为指导，努力践行“创新、协调、绿色、开放、共享”五大发展理念，积极推进金融供给侧结构性改革，按照“稳中求进”的工作总基调，坚持把合规经营、严控风险放在首要位置，主动收缩较高风险业务规模，向低风险业务方向转型，公司发展保持良好的态势。公司营业收入、固有业务收入、资本利润率、人均净利润四项指标排在行业前 10 位，各类监管指标达标，行业评级保持在前列，获得了“诚信托卓越公司奖”“卓越品牌价值金融机构”“四川银行业服务实体经济先进单位”“中国中铁经营工作先进单位”“成都市五一劳动奖状”等荣誉。同时，公司积极响应党中央精准扶贫号召，选派两名干部到金川县、广汉市挂职扶贫，先后向甘孜州德格县八邦乡色地村、万源市和金川县贫困乡镇等捐赠现金或物资，荣获“四川金融扶贫工作先进单位”“四川慈善‘百企扶贫’行动突出贡献单位”等荣誉，充分彰显了中央企业的社会责任。

## 二、创新业务案例

近几年，公司强化金融辅助主业发展的服务意识和参与意识，加强与房地产、基建、投资等其他实体单位的信息沟通及协同发展，努力为中国中铁成员单位提供综合金融服务，公司担任资产受托机构（SPV）、资金销售推介等多重角色，积极开展以应收账款、无形资产等财产权利和财产权益为基础资产的 ABN 资产证券化业务。

2018 年，具有代表性的有以下 3 单 ABN 项目：一是中铁南方投资集团有限公司 2018 年度第一期资产支持票据；二是中国中铁股份有限公司 2018 年度第一期资产支持票据；三是中铁二局集团有限公司 2018 年度第一期资产支持票据。这 3 单 ABN 项目较为相似，以“中铁南方投资集团有限公司 2018 年度第一期资产支持票据”为例，项目要素如下。

## （一）项目概述

中铁南方投资集团有限公司（以下简称中铁南方）作为发起机构/信托委托人，拟将其合法所有的相关工程应收账款作为基础资产委托给公司，指定公司作为发行载体管理机构/信托受托人，设立“中铁南方投资集团有限公司2018年度第一期资产支持票据”信托，在银行间市场向机构投资者发行以信托财产为支持的资产支持票据，资产支持票据代表信托受益权的相应份额。

资产支持票据划分为优先级资产支持票据和次级资产支持票据，二者分别代表优先级信托受益权和次级信托受益权。资产支持票据发行成功后，公司将所募集资金净额转付给信托委托人中铁南方，委托人将资金用于偿还有息负债，主要为银行借款，合计约14.9925亿元，剩余用于补充流动资金。

## （二）主要参与主体

发起机构/信托委托人：中铁南方投资集团有限公司；发行载体管理机构/信托受托人：中铁信托有限责任公司；优先级差额支付承诺人：中国中铁股份有限公司；主承销商：中国光大银行股份有限公司、光大证券股份有限公司。

此外还有保管银行、律师事务所、评级机构、登记托管服务机构等。

## （三）基础资产

该项目的基础资产涉及发起机构（中铁南方）与12家债务人产生的16笔应收账款。截至初始起算日（2018年9月30日），债权总金额为15.87亿元。

## （四）交易结构图

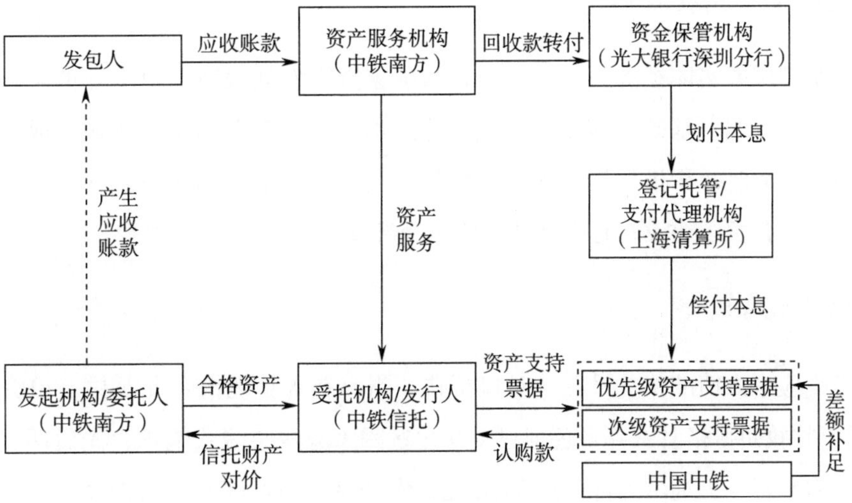


图　交易结构

（五）风控措施

一是超额覆盖，基础资产规模对优先级本息存在一定的超额覆盖。

二是中铁南方作为资产服务机构，负责基础资产应收账款的回款监管、催收等工作。

三是若出现不合格基础资产，委托人应对不合格基础资产予以赎回。

四是中国中铁为优先级受益人提供流动性差额支付承诺。

五是信用触发机制，设置权利完善事件、循环期提前结束事件等投资者保护措施。

总体上看，该项目基础资产优良，权责明确，参与机构均有较高信用，具备良好的内外部增信机制及风控措施。

## 三、社会责任履行情况

2018 年，公司在服务实体经济、消费者权益保护、金融扶贫、慈善事业、绿色发展等方面主动担当、积极作为，公司社会责任充分履行，实现了稳健可持续发展。

（一）支持供给侧结构性改革

公司积极顺应国家政策和监管导向，投身于供给侧结构性改革之中，践行协调发展理念，及时转向拓展低风险业务，实现了业务健康发展与收益、风险的动态平衡；践行创新理念，通过企业资产支持票据创新业务，有效协助实体企业盘活存量资产；践行绿色发展理念，推出了《慈善法》颁布以来四川省首单环保类慈善信托——“中铁信托·明德 1 号宜化环保慈善信托”，资助了深圳市零废弃环保公益事业发展中心等环保项目 19 个，金额共计 147. 6 万元。

（二）支持重大发展战略

公司始终坚持服务实体经济的根本方向，为国家重大发展战略提供专业的金融服务，引导社会资金投向实体企业、基础设施建设、城镇化建设、养老产业等重要领域，成为实体经济发展的有力支持者。同时，积极发挥川内金融机构的功能，全面参与天府新区、成渝城市群、西部金融中心、四川自贸区建设，有力推动了四川经济发展。

（三）助力脱贫攻坚

公司积极响应中央精准扶贫号召，对口帮扶泸州市叙永县枧槽乡九龙村；2018 年 1 月，捐资 39 万元用于甘孜州德格县八邦乡色地村 100 户贫困家庭购买藏式锅炉；先后两次采购贫困户生产的雪梨、雪梨膏、土鸡蛋等价值近 20 万元的农产品，协调邮政部门帮助农户销售樱桃 5 万余斤，切实解决了部分农户农产品销售难题；2018 年 3 月，参与四川省慈善总会组织的“百企扶贫”活动，通过公司爱心基金向万源市茶垭乡老洼坪村、青花镇田湾村捐款，助力当地脱贫攻坚；2018 年 5 月，向金川县安宁镇、撒瓦脚乡等贫困乡镇捐赠电脑 50 台，价值 10 万元，改善当地贫困乡镇办公硬件设施，普及中小学校信息化教学。

### （四）保护客户权益

公司高度重视消费者权益保护工作，不断加强员工培训、开展宣传教育活动，提升全体员工，尤其是直接面对客户的一线工作人员的消费者权益保护意识，全面做好“一专双录”、风险提示、信息披露、资金安全、客户信息保密等各项工作，不断提高服务质量和客户满意度。同时，积极落实人民银行、银保监局的要求，不断加大金融知识宣传力度，开展了金融知识进万家、反洗钱知识宣传月等活动，深入大学校园、社区等场所，发放宣传材料 2 000 余份、举办多场专题讲座，帮助公众提高风险识别和防范能力，引导大家使用正规金融服务，保障自身财产安全，受到了公众一致好评。

## 四、2019 年发展规划

2019 年，公司坚持以习近平新时代中国特色社会主义思想和党的十九大精神为指引，认真贯彻落实中央经济工作会议、信托监管工作会议精神和中国中铁工作会议部署，准确把握当前宏观经济的走势、监管政策的趋势、行业发展的态势，深刻洞悉新时代监管、市场、资金的新特点，坚持“稳中求进、寻求高质量发展”的工作总基调，采取“抓改革促进发展、勤创新优化结构、强管理提质增效、严风控保障安全、抓文化聚集动能”五大举措，走出一条“回归本源专注信托主业、实实在在服务实体经济、勇于担当防控金融风险、善作善成推进体制改革、塑造文化助力高效发展”的稳健可持续发展之路，推进企业发展进程中的质量变革、效率变革、业务变革和动力变革，确保资管新规过渡期各项工作有序推进，确保各项经营目标圆满实现，确保行业影响力稳步提升，确保监管评级处于行业前列，加快建设高质量发展的一流现代金融企业步伐。

公司 2019 年主要经营目标如下。

促增长。继续发挥信托制度、功能、股东优势，服务实体经济，助力治蜀兴川跨越发展。力争 2019 年实现归属母公司净利润不低于 10 亿元。

稳规模。2019 年，在风险整体可控的情况下，对标监管要求、行业发展态势和市场业务契机，力争信托资管规模保持在行业平均水平之上。

保稳定。坚持依法合规经营和廉洁从业，确保公司经营运行安全，内控管理有序；杜绝重大违法违规违纪案件和重大负面新闻。

惠民生。对内创建幸福企业，实现员工收入与企业效益同步增长，确保员工合法权益得到充分保障；大力实施“三让四关爱和十个一工程”，解决职工最困难、最操心、最忧虑的现实问题，不断增强职工的获得感、幸福感和安全感。对外竭诚勤勉尽责，切实维护受益人最大利益；加强消费者权益保护，确保广大消费者合法权益；发挥慈善公益信托作用，助推金融扶贫和普惠金融，积极支持地方打赢脱贫攻坚战。

# 北方国际信托股份有限公司

## 一、2018年经营概况

2018年，北方国际信托股份有限信托公司（以下简称公司）以习近平新时代中国特色社会主义思想为指导，认真贯彻落实党的十九大精神以及中央经济工作会议和全国金融工作会议精神，严格按照监管部门要求，防控金融风险，服务实体经济，回归信托本源，加快转型发展，推动公司向高质量发展转变。

截至2018年末，公司管理资产总额为2 436.44亿元，其中，信托资产为2 384.91亿元，自营资产为51.53亿元；主动管理类信托规模为110.04亿元，较年初增长408.50%。2018年，公司累计实现营业收入为6.26亿元，实现利润总额为5.51亿元，税后净利润为4.19亿元。

公司积极贯彻落实国家宏观经济政策，主动回归信托本源，积极推动业务转型，围绕服务实体经济的宗旨，聚焦行业龙头、优质企业，深入挖掘优质客户资源，构建核心客户体系，提升主动管理能力；积极搭建同业客户体系，与银行、保险、证券、公募基金、私募基金、金融租赁等金融细分子行业建立战略合作关系；恢复设立战略研究所，提升公司研究实力；积极筹建海外业务部，为在成熟的国际市场中寻找业务机会打下基础。

## 二、创新业务案例

### （一）使用自营资金投资指数增强产品

公司以长期价值投资理念配合量化策略，运用自有资金投资指数增强产品，投资标的为沪深300和中证500两种指数增强产品，产品结构为1∶1.5或1∶2的杠杆。

### （二）利用公司信托基金在其他公司设立财产权信托

公司尝试与某信托股份有限公司（以下简称某信托）合作，探索设立北方信托信保基金财产权信托的业务模式。公司作为委托人，将合法持有的信保基金（含本金及利息等）形成的其他应收款作为基础资产，由某信托设立财产权信托。信托财产初始价值等要素在信托计划实际成立时以公司核准数据为准。

## 三、社会责任履行情况

### （一）法律责任

一是坚持将合规经营放在首位。公司将确保国家法律法规和公司内部规章制度的贯彻执行作为内部控制最主要的目标，不断加强合规管理，规范经营。公司建立了较完备的合规管理组织机构，各级机构负有明确的合规职责；具有独立的合规管理部门，有符合专业、素质要求的合规管理人员；制定了能确保合规工作正常开展的管理制度和操作流程，并能有效执行。公司积极倡导和培育良好的合规文化和价值理念，公司员工的合规风险意识，合规责任感有效增强。在业务开展的事前、事中，充分发挥合规管理部门的职能作用，力求对合规风险进行准确识别、揭示；通过加大对合规管理、制度执行的内部审计频度与深度，加强对合规管理的监督。

二是诚信经营、自觉履行纳税义务。公司积极贯彻落实国家宏观经济政策，发挥信托制度优势，聚集社会资本，通过多种方式，为实体经济提供针对性强、附加值高的金融服务。公司积极支持国家财政税收和地方经济建设，并自觉履行纳税义务，依法足额缴纳各类税费。2018年，公司累计缴纳各项税费达4.41亿元，为增加国家和地方财政收入，促进地方经济发展和社会进步作出积极贡献。

### （二）经济责任

公司积极培育和宣传优良的信托文化，增强客户对信托产品和服务的认知，为行业健康发展奠定良好的客户基础。2018年，为进一步丰富信托知识资料，增强金融消费者群体对相关知识的理解性，公司制作了“远离非法集资”“防范电信诈骗”“金融知识进万家”“北方信托蓝海战略”等宣传页和宣传册，内容设计图文并茂，有助于金融消费者群体提升投资信心。公司成立了呼叫中心，在原已有的消保专线基础上，增加400客服人员进行投诉受理或转接服务，实现400热线全年无休的服务理念，保证了消费者投诉建议渠道的畅通，营造了公司与消费者之间的良好氛围。2018年，公司管理产品全部安全兑付，全年为委托人实现收益114.50亿元。

### （三）公益责任

公司贯彻落实国家精准扶贫政策。扎实推进新一轮结对帮扶重点工作，公司党委领导班子成员多次深入武清区王庆坨镇蔡家地村、四合庄村进行实地调研，走访慰问困难群众。2018 年，公司共向帮扶村拨付 295.34 万元，并拨付 8 万余元协调帮扶村所属镇党委做好帮扶村党支部办公用房建设，把推进帮扶村基层党的建设、发展集体经济、完善基础设施等重点工作落实到位。同时，拨付 100 万元用于和田地区对口支援工作。

### （四）人本责任

公司坚持以人为本，服务社会，成就员工。一是对标公司战略，推进实施人才招聘工程。公司借助混改东风，超前谋划，进行人才布局。二是构建培训体系，推进实施培训发展工程。2018 年对新员工培训进行了全新的设计，通过文化宣导、业务培训、团队建设相结合的方式，使新员工感受到公司大家庭的温暖。三是差异考核政策，推进实施绩效优化工程。根据不同条线、部门的职能特点，制定了具有针对性、差异化的考核政策，激励约束并举，精准激励、靶向约束。通过精准考核，打通员工发展路径和通道，形成员工间比能力、讲贡献的良性竞争格局，激发了员工的内在动力。

## 四、2019 年发展规划

2019 年，公司将以习近平新时代中国特色社会主义思想和党的十九大精神为指导，增强“四个意识”，坚定“四个自信”，践行“两个维护”，全面贯彻中央经济工作会议、十九届中央纪委三次全会和天津市委十一届五次全会精神，坚定不移地全面从严治党，坚持底线思维，增强忧患意识，提高防控能力，着力防范化解重大风险；主动回归信托业务本源，服务实体经济，以供给侧结构性改革为主线，着力提高对民营企业、小微企业等实体经济的支持力度；以推进混合所有制改革成功落地为契机，优化完善公司治理，全力推动业务转型，打牢构建与直辖市地位相匹配的全国一流信托公司的坚实基础。

### （一）保持政治定力，以实际行动做到“两个维护”

一是坚定不移地加强党的政治建设，持续深入贯彻落实习近平新时代中国特色社会主义思想和党的十九大精神。二是坚定不移地推进公司全面从严治党向纵深发展。三是抓实管党治党政治责任。四是扎实深入推进专项整治工作。五是持之以恒正风肃纪。六是坚持党管干部、党管人才原则，持续加大从公司内部培养选拔中层管理人员和外部引进人才的工作力度。七是严格党员教育管理。

### （二）不断努力前进，走好混改“最后一公里”

一是推动混改落实落地。二是提前谋划，充分释放混改在体制机制改革方面带来的红利。

三是做好总结，增强宣传效果。

（三）加快业务转型，精准实施蓝海战略

一是聚焦主业、加快布局，深入推动信托业务转型。二是整合资源、有效协同，不断提高资金募集能力。三是做好固信协同、投控结合，打造放大主业的投资体系。四是对标先进、争创一流，切实提高运营管理能力。

（四）高标准严要求，全面提升公司竞争能力

一是增强企业家意识，营造干事创业的良好氛围。二是落实八字方针，提高管理意识和管理能力。三是打造执行力文化，确保公司业务转型落实、落细、落地。

# 渤海国际信托股份有限公司

## 一、2018 年经营概况

2018 年，在信托业由高速增长转向高质量发展的大背景下，渤海国际信托股份有限公司（以下简称公司）主动适应行业与监管格局，对内强身健体，对外有序展业，稳中有为，稳中提质，保持了整体经营的稳健，争得了进一步发展的空间。截至 2018 年 12 月 31 日，公司实现营业收入为 19.85 亿元，实现净利润为 10.17 亿元，管理信托资产规模为 6 203 亿元，全年未出现重大业务风险，公司发展大局平稳有序，发展后劲稳步增强。

### （一）风险管控在实践中日益增强

公司坚持“既要规避风险，更要谋求发展”的风控导向，贴近市场需求，严控实质风险，初步形成了以风险管控促进业务改善的正向传导机制。完善风险偏好管理，结合监管政策及实际情况，通过下发业务指引、提供预审指导、联合尽调等方式，使风控指标的落地有抓手、可执行，促进了风险管理与业务操作的融合；支持重点业务转型，围绕单一主动管理型业务、小微金融业务、信保合作业务等重点布局的业务领域，制定下发了配套政策，进一步优化了审批流程，不断引领业务发展、推动模式升级；持续提升风险管控的前瞻性和敏锐性，通过案例剖析、措施分析、政策解读等多种方式，对业务发展中的共性风险进行了识别、汇总，为业务的发展提供了借鉴和帮助。

### （二）人力资源在完善中凸显作用

公司集中精力夯实绩效激励、组织架构、人员引进、人才培养等基础体系，人力资源的业务合作伙伴作用日益凸显，绩效导向进一步明晰。健身转型，奖优罚劣，建立了“干部能上能下、员工能进能出”的用人机制；人才培养形式进一步丰富。建立了后备人才体系，形成了集中培训、导师制、轮岗锻炼、在线学习等多种人才培养方式，着力打造更加适应发展需求的多样化人才、高素质团队；人力资源配置进一步优化。结合公司发展，组建了财富营销事业部，调整优化了业务团队，引进了多名专业人才，为公司发展提供了人力保障。

（三）信息化建设在推进中走在前列

公司以现有系统的优化、关键系统的建设和技术资源的有效配置为抓手，全面增强信息综合服务能力。实现了 TA、TCMP、AM 和集中划款等现有系统的互联互通，截至 2018 年 12 月末，公司 95% 以上的信托项目实现了系统化管理，具备自动生成利息通知单、加盖电子章、批量生成管理报告等功能，有效降低了工作量，提高了工作效率；不断加大系统设计的前瞻性和新技术的应用，在 EAST3.0 报送、业务财务一体化、电子发票开具、小微业务管理等诸多领域实现了领跑；结合监管要求及实际情况，进一步加强了对系统规划、信息安全、流程优化、人才队伍等的统筹管理，提高了技术资源配置的效益和效率。

（四）党建工作在奋进中彰显作为

深入贯彻学习党的十九大精神，持续推进“两学一做”学习教育常态化，公司的党建工作取得显著成效。强化党的领导作用，将党的领导写入公司章程，明确了党组织在公司治理中的重要位置；进一步提升了纪委书记的任职层级，为纪委书记作用的发挥奠定了基础；组织了党员先锋示范岗、专题民主生活会、党员评议等主题活动，提升了广大党员及干部员工服务公司创新转型战略部署的责任心、使命感。同时，公司 2018 年还先后被评为“海南省先进基层党组织”“海航集团先进基层党组织”。

（五）品牌形象在塑造中持续提升

着力塑造渤海形象，传播渤海声音，公司的行业知名度不断扩大，社会影响力持续提升。深入挖掘品牌内涵，策划报道了改革开放 40 周年、支持民营积极发展、服务实体经济等一系列主题栏目，丰富完善了内刊、公司简介 PPT 等系列公司宣传品，逐步架构了主题鲜明、特色突出、紧扣政策的宣传矩阵；广泛争取各界认可，先后获得《国际金融报》颁发的“2018 最具潜力先锋信托公司”、《金融理财》颁发的“金牌服务力信托公司”等各类荣誉奖项 20 余项，得到中国信托业协会、《经济日报》《金融时报》等权威机构及主流媒体发布、转载公司新闻约2 000 余条，保持了与社会公众的良好互动。

## 二、创新业务开展情况

2018 年，公司主动适应行业发展新常态，在保持业务整体稳健的基础上，持续升级盈利模式，深度拓展业务市场，努力提高信托产品附加值，业务创新取得了明显成效。

### （一）特色业务进一步拓展

抢抓行业格局重塑的发展机遇，公司加快拓展“小微金融”“债券”等特色业务，部分细分领域继续走在行业前列。小微金融方面，以提品质、创品牌为核心，继续在“数据＋平台”上深化内涵，形成了公司统筹、部门合作、资源共享的新型展业模式，大消费金融的业务格局初步形成；债券业务方面，结合市场需求，进一步完善了交易体系，丰富了投资品种，取得了北京金融资产交易所债权融资计划副主承资格，形成了可复制的成熟业务模式。

### （二）创新业务进一步丰富

立足资源禀赋、发挥自身优势，不断培育新的发展动能，公司在诸多领域实现了“从零到一”的突破。在净值型产品方面，按照资管新规的净值化管理要求，完成了“增利宝”“万盈”“广益”系列产品的内部审批及监管报备；在慈善信托方面，落地了公司首单慈善性质信托项目“新四军华中卫校助学事务信托”；在供应链金融方面，与找钢网、第一车贷等机构合作落地了多单业务；在家族信托方面，筹备开发的“尊享系列”咨询型家族信托，已经完成一期项目的预登记。

## 三、社会责任履行情况

2018年，公司坚持以优质高效的金融服务回馈社会，不断提高社会责任意识，丰富社会责任内涵，履行社会责任义务，逐步形成了全面的社会责任体系。

### （一）大力支持实体经济发展

以“扎根实体、服务实体”为发展理念，积极响应监管要求，充分发挥信托优势，为实体经济提供了大量的资金支持和多样化的金融服务。截至2018年12月31日，公司服务实体经济业务存续规模为3 200余亿元，并先后荣获“杰出区域影响力信托公司”、京津冀金融服务实体经济“年度十大机构”等称号。

### （二）全面开展消费者权益保护工作

将消费者权益保护作为公司经营发展战略的重要内容，持续推动消费者权益保护工作，提升服务质量和服务效率。2018年，公司通过举办“3·15消费者权益保护日”“打击非法集资宣传月”“金融知识进万家”等活动，走上街头、走向学校、走进社区，积极宣传普及防范金融风险的常识，进一步提升了广大金融消费者的风险责任意识和风险管理能力。

（三）积极投身于社会公益活动

秉持“为社会做点事，为他人做点事”的企业文化精神，热心社会发展，积极组织参与各类公益活动。2018 年，公司以渤海信托志愿者协会为依托，先后组织开展了学雷锋春运志愿服务、“爱心传送带”、公益植树等各类志愿活动，不断提升志愿服务水平，积极营造文明、和谐、团结、进步的社会氛围。

## 四、2019 年发展规划

2019 年，公司将以“稳中提质”为工作思路，练好内功、稳中求进，在确保整体经营稳健的基础上，全力以赴提升发展质量，努力在新一轮发展中赢得先机、走在前列。

（一）持之以恒加强风险管控，严守依法合规底线

及时调整风控策略，提升风险管控的前瞻性和敏锐性，增强项目预审的有效性，积极防范各类风险；以监管视角为方向，以内部审计为手段，以体系建设为抓手，找准合规与展业的平衡点，树立合规意识，培育合规文化，严控合规风险。

（二）全力以赴应对复杂环境，保持安全稳健发展

进一步发挥传统业务的压舱石作用，大力拓展业务合作的内涵与范围，提升综合服务能力，突出产品和服务特色，增强客户黏性；进一步密切与实体经济的联系，提升服务实体经济的质效；进一步加强网络安全管理，严防科技风险。

（三）坚持不懈完善公司治理，提高规范运作水平

做实“三会一层”，细化各层级的职责、分工和任务，加强履职能力建设，改进监督方式，规范公司经营；做好战略投资人引进，优化股权结构；做细战略规划，充分发挥董事会的核心决策职能和战略指导作用，结合行业发展及公司实际，编制中长期发展规划，实现公司的长远可持续发展。

（四）坚定不移推进创新转型，培育新的增长点

加快调整业务结构，培育主动管理能力，持续提升主动管理业务占比；继续集中资源支持小微金融、资产证券化、资产配置等特色业务，力争保持在细分市场领域的领先地位；不断培育新的发展动能，推进基于信托本源的家族信托、养老信托、慈善信托等新型信托业务。

### （五）集中力量拓展自主营销，补齐销售短板

进一步扩大销售人员队伍，有针对性地引进一批资源型人才，实现销售能力的快速提升；进一步完善产品与营销的协同机制，提升客户开发的针对性和产品发行的效率；进一步做好客户的开发与管理，力争形成机构客户层次多样，自然人客户基数庞大的客户体系。

### （六）统筹兼顾完善基础管理，提升发展保障能力

优化考核机制，细化考核指标，加强考核结果运用，夯实“能上能下，优进劣退”的用人导向；加强培训交流，坚持“走出去”与“请进来”相结合，发扬工匠精神，培养专业能手；优化组织架构，细化管理流程与管理权限，提高组织效率。

### （七）因地制宜夯实党建与文化基础，增强发展凝聚力

坚持党的领导，在思想上、政治上、行动上同党中央保持高度一致，充分发挥党组织和党员干部的模范作用；强化群团工作，认真倾听群众呼声，维护群众权益，为群众办实事、解难事；强化文化建设，以中国传统文化和企业文化为抓手，进一步增强干部员工的认同感和使命感。

# 长城新盛信托有限责任公司

## 一、2018 年经营情况

2018 年，长城新盛信托有限责任公司（以下简称公司）在各方股东的支持下，以“稳增长、提质效、强合规、控风险”为全年工作主线，积极应对复杂严峻的内外部形势，主动适应监管政策变化，迎难而上，顽强拼搏，实现了自身稳健发展。

### （一）发展质效持续提升

公司 2018 年实现营业收入为 45 194 万元，同比增长 27.69%；实现净利润为 24 563 万元，同比增长 36.99%；总资产为 13.73 亿元，同比增长 16.47%；净资本/净资产比例为 90.73%，超过 40% 的监管要求，净资本/风险资本比例为 278.40%，大于 100% 的监管要求。

### （二）风险管控成效明显

公司认真贯彻落实监管要求，把防范和化解风险作为全年工作的重中之重，全面打响风险防范化解攻坚战。一是持续优化部门内部分析研讨、项目论证会集中论证、业务审核会投票表决“三位一体”的审核审批机制，严格落实银监会“双录”要求和公司业务拓展“双承诺”制度。二是严格落实投后管理责任，持续加强存量项目风险监控，定期对存续项目开展投后管理检查及抵押物有效性检查，切实防范各种操作风险和道德风险，不断提高投后管理的深度和广度。三是组织全员学习监管政策，确保最新监管要求及时在全公司范围内得到有效贯彻落实；更新完善公司业务经营双承诺书，明确要求员工遵守《银行业金融机构从业人员职业操守指引》，严防道德风险；根据监管要求，落实对项目风险有重要影响的部分中后台岗位的绩效递延支付。

### （三）内控管理得到加强

一是扎实开展“深治乱象”工作。公司对内控管理和合规建设方面进行全面梳理排查，建立问题台账，坚持立行立改，强化跟踪督导，自查发现的问题已全部在年内整改到位。二是全面优化规章制度。对公司整个制度体系进行了全面梳理和优化再造，确保符合监管要求和公司经营发展需要，公司新增及修订的74项制度已于年内全部印发。三是大力加强IT建设。公司新搭建了证券投资业务、中信登、营销服务平台、增值税等功能模块，按照人民银行要求完成了征信查询前置系统和反洗钱系统的上线，对各个系统进行持续优化，并对公司各地网络硬件设施进行全面升级，大幅提高了信息科技对业务经营管理的支撑保障能力。

### （四）人才队伍建设加快

一是人事制度不断完善。公司修订印发了《职位管理办法》《招聘管理办法》《劳动合同管理办法》等制度文件，规范因私出入境证照管理，落实干部人事档案核查，严格履行选人用人“一报告两评议”程序，推动公司组织人事工作不断完善。二是干部队伍持续加强。坚持正确选人用人导向，坚持德才兼备、以德为先，严格履行干部提拔任用程序，努力把优秀员工选拔上来、重用起来。年内有6名业务主管级以下员工得到提拔，并启动了3名副高级经理级（含）以上员工的晋升工作。三是加强员工专业培训。公司印发了《培训管理办法》，制订了年度培训计划，紧紧围绕公司业务特点，不断强化员工培训教育。2018年组织员工参加行业协会培训26人次，参加集团公司培训12次，外部聘请专家培训5次，公司内部讲座4次，参加其他外部培训33人次，有效提升了员工队伍的业务素质和管理水平。

### （五）党建工作持续完善

公司坚决把思想政治建设摆在首位，确保党在公司的领导核心和政治核心作用得到充分发挥。一是党委核心作用持续增强。坚持以党建引领公司改革发展大局，持续完善党委会工作规则、党委会议事制度，落实党委会前置程序，把加强党的领导和公司经营管理有机结合起来，进一步规范党委工作和公司治理。二是党建理论学习持续加强。深入学习贯彻习近平新时代中国特色社会主义思想，扎实推进“两学一做”学习教育常态化制度化，2018年开展党委中心组集中学习12次。组织公司部门副总经理级以上干部参加党的十九大精神集中轮训，为全体员工购置学习资料，开展专项学习自测。三是党风廉政建设继续强化。始终保持反腐败斗争的高压态势，切实落实反腐倡廉与纪检监察工作任务，建立部门廉政建设责任制，层层签订廉洁经营承诺书。认真开展形式主义、官僚主义集中整治，组织开展“不准收受礼品礼金”、落实中央八项规定精神专项检查，着力改进公司工作作风。四是巡视整改有力落实。坚持问题导向和底线思维，不断提高政治站位，强化政治责任，抓好统筹谋划和全程把关。成立巡视整改工作领导小组，制定整改方案，细化整改措施，严格落实银保监会、集团公司党委巡视反馈意见，全面推动整改要求有效落实。

## 二、社会责任履行情况

### （一）维护委托人利益

2018 年，公司恪尽职守，严格履行受托人诚实、信用、谨慎、有效的管理义务，全年向投资者分配信托利润为 21.5 亿元。严格执行银监会“双录”监管要求，实施信托产品“双录”工作机制，严格落实理财产品专区销售和销售过程同步录音录像的工作要求，维护投资者的合法权益。积极开展征信宣传活动，提升员工的征信合规意识，保护投资者的个人征信。

### （二）开展投资者教育

2018 年，公司积极开展投资者教育，联合对外经济贸易大学举行“金融知识进校园”主题教育活动，向数百名学生开展“远离校园网贷，共建和谐校园”专题讲座，并发放相关宣传资料、进行现场咨询答疑，向广大师生普及金融知识；走进社区，向广大社区居民宣传普及征信、反洗钱知识。

### （三）助力公益事业

2018 年，公司领导带队先后多次前往新疆拜城县多个乡村等进行慰问，累计向陕西陇县、新疆拜城县康齐乡墩艾日克村、拜城县亚吐尔乡哈拉苏村等地区和单位捐款共 40 万元，用于扶贫和捐资助学等活动。

### （四）开展员工关爱

一是积极推进员工的正常福利，提升员工工作幸福度，公司开展了春节、三八节、员工生日送温暖活动；二是公司积极举办文体活动，丰富职工业余生活，为广大职工办理公园年卡、电影卡，并组织开展健步走活动及相应摄影比赛等。

## 三、2019 年发展规划

2019 年公司将深入贯彻落实中央经济工作会议、全国金融工作会议精神，主动适应监管政策和监管格局的新变化，坚决把思想和行动统一到中央对经济金融工作的整体战略部署上来，统一到监管部门的系列监管新政上来，坚持合规经营，坚持稳中求进，提升发展质效，努力推动公司科学稳健发展。

（一）强化依法合规经营，坚决守住风险底线

公司将进一步提高合规意识，带头践行合规经营各项监管要求，严格遵守不破“底线”、不踩“红线”和不碰“高压线”的经营原则，树立“合规创造价值”的经营理念，将其融入经营管理的各个环节和各个层面，形成人人重视合规、人人自觉坚守合规的经营氛围，确保各项经营工作在监管框架下进行。

（二）积极推动业务转型，努力提升发展质效

坚持顺应监管政策导向，以符合国家产业政策支持的行业为主攻方向，加大实体经济支持力度。一是加快做大消费金融业务。二是积极探索慈善信托等新业务。认真落实中央对打好精准脱贫攻坚战的要求和部署，加大对慈善信托的投入力度，力争早日实现零的突破。三是推动新型城镇化业务转型升级。进一步强化业务风控，积极探索并购重组、真实股权投资和资产证券化等业务模式。四是努力做大财富管理业务。持续加强与银行的合作代销，进一步扩宽资金募集渠道；搭建专业化直销团队，加快对外发行产品，努力提高直销能力。

（三）大力加强队伍建设，持续夯实人才基础

一是全面加强党建工作。坚持以“党建+”统领全局工作，牢固树立“四个意识”，严格执行中央经济金融政策和银保监会各项决策部署。二是进一步加强人才队伍建设。继续开展常态化社会招聘，大力引进行业优秀人才；加强对员工的专业培训，采取内部与外部培训相结合，理论培训和实践培训相配合的方式，保障培训的时效性、针对性、实用性，持续提高团队战斗力。三是进一步加强企业文化建设。持续弘扬“尽职尽责、尽心尽力”的工作理念，培育狼性精神、工匠精神、创新精神，营造和巩固公司良好的工作氛围，提升广大员工的责任感、归属感和获得感，持续激发公司转型发展的内生动力。

# 大业信托有限责任公司

## 一、2018 年经营概况

### （一）财务状况及经营指标完成情况

2018 年，金融市场违约风险频出，证券市场持续下跌，监管力度不断趋严，通道业务全面收缩，房地产业务监管持续加强，大业信托有限责任公司（以下简称公司）信托业务受到极大影响，经营风险上升，遇到了极大的经营压力和困难。面对宏观经济、金融市场以及信托行业的复杂形势，公司凝心聚力，克服困难，积极推动公司转型发展，改进风控体系，强化内部控制，加强队伍建设，保证公司平稳运行。

2018 年，公司实现营业收入为 7.79 亿元，其中信托业务收入为 7.05 亿元，固有业务收入为 0.74 亿元，收入的预算完成率为 77.6%。实现拨备前净利润为 3.94 亿元，同比下降 18%；计提拨备为 4.17 亿元（不含一般准备）后，净利润为 1.57 亿元，同比减少 2.4 亿元、减幅为 61%。截至 2018 年末，公司累计计提减值准备为 4.56 亿元，计提预计负债为 1.23 亿元，后续公司将结合实际增加拨备计提，以增强抵御风险能力。

### （二）信托业务开展情况

在业务发展方面，公司紧跟宏观政策和市场变化，主动调整信托业务结构，以提升专业能力和主动管理能力为核心，积极求新、求变，回归信托本质，坚持“受人之托，代人理财”的市场定位，充分发挥自身优势，积极探索创新信托产品，在资本市场、资产证券化、慈善信托、家族信托等业务领域取得开创性进展。

截至 2018 年末，公司累计成立信托产品 1301 只，总规模为 6 300.51 亿元，清算信托产品总规模为 4 890.88 亿元，存续信托产品 359 只，存续规模为 1 409.63 亿元。其中 2018 年新成立信托产品 116 只，信托规模为 358.97 亿元。

## 二、社会责任履行情况

公司以“盛德大业、至诚信托”的立业宗旨和“忠诚、专业、进取、务实”的价值观作为公司实现社会价值、股东价值、员工价值和客户价值的精神内核，通过加大对地方经济发展的支持，加大服务社区和社会捐助力度，打造环保型公司形象等措施，对股东、客户、员工、商业伙伴、社区、环境等利益相关者承担责任和义务，维护和增进社会利益，实现公司和社会协调发展，努力将大业信托建设成为受人尊敬的富有社会责任感的公司。

公司本着为投资客户负责的专业态度，以卓越的管理能力和专业的理财水平，与广大投资客户携手并进，到期的信托产品均实现了100%的兑付率，2018年共清算信托项目214个，全年清算信托规模合计为1 229.12亿元（含部分清算项目），累计共向各类受益人分配信托净利润为75.43亿元，正常兑付214个已清算项目信托本金为1 291.15亿元。在为广大投资者提供优质信托产品以满足其理财需求方面发挥了独特而积极的作用。

## 三、2019年发展规划

为实现可持续发展，公司将通过保持现有的信托规模，维持业务增长动力，通过未来三年的业务发展增加营业收入，尽快覆盖存量风险项目的损失，确保公司持续盈利。在创收的同时，公司将抓住风险项目处置的有利时机，尽快推进风险项目的处置清收，减少风险项目的损失。

一是全力以赴开展风险项目的追收工作。未来两年，风险资产处置清收是公司开展工作的重点。公司将汇集骨干力量，明确分工，落实处置工作的时间进度，综合运用多种风险资产化解方式［包括但不限于直接催收、债权重组、诉讼（仲裁）追偿、委托第三方追偿、以物抵债、减免、资产转让、处置抵（质）押物、破产清算等］，抓住有利的处置时机以最大限度地减少和挽回损失。

二是优化经营模式，探索转型升级之路。公司将围绕“实业投行 + 资产管理 + 财富管理”的模式进行业务拓展与转型，围绕经济热点和服务实体经济这个大局，拓展实业投行的业务范围，强化行业研究，形成专业管理团队，提升主动管理水平。同时，调整传统业务结构，积极拓展创新类产品，结合公司的优势和特点，开展适合公司实际情况的新业务，找到盈利模式清晰、可复制性强的转型方向。

三是加强人员管理，在选人留人的基础上用好人。一方面，公司将保持原有的行之有效的选拔和晋升机制，鼓励年轻骨干力量成长与发展，在绩效考核、激励机制上加强对新团队的培育、引导和激励约束作用；另一方面，整合现有团队，充分发挥“好人举手，末尾淘汰”的机制，合并或裁撤现有团队，优化团队数量，提升团队能力，保证现有骨干业务人员和中后台服务支持人员的稳定性，重点提升风险团队处理不良业务能力，通过积极招募在资产清收和不良资产处理方面有着丰富经验的人才、组织风险案例相关培训、鼓励员工参加不良资产处置行业交流等手段，多措并举提升风险处置能力。此外，公司将修订现行人员管理制度，积极引导员工行为，开展谈心谈话，加强企业凝聚力和向心力。

四是严控风险，稳健经营，切实加强风险管控。公司将坚持稳健经营，多创利润添后劲，严控风险保安全，实现更加安全稳健的发展。

# 东莞信托有限公司

## 一、2018 年经营概况

2018 年，东莞信托有限公司（以下简称公司）坚持以市场为导向，以“新环境　新监管　新发展”为工作重心，深刻理解监管新格局及强监管政策实施，提升合规水平，回归信托本源。公司专注能力与优势，提高资产管理能力，提升资金端与资产端的匹配度，推动公司可持续发展。

截至 2018 年末，公司资产总额为 65.09 亿元，同比增长 50.49%；存续信托项目 226 个，管理信托资产规模为 603.3 亿元，比年初增长 31.23%；公司实现营业收入为 9.18 亿元，同比增长 21.14%；实现净利润为 4.64 亿元，同比增长 17.57%。

### （一）协同信托业务与自营业务发展，稳妥推进公司转型发展

公司始终注重发挥信托业务与自营业务的协同效应，坚持以信托业务为公司主业，同时注重发挥固有资金对各类创新业务的带动作用，支持多元化业务的发展。

在信托业务方面，公司管理层坚持以市场为导向，加强对宏观经济形势和市场环境的分析预判，着力优化信托业务结构。截至 2018 年末，公司融资类信托业务资产规模占信托资产总规模约为 38.00%，占比较年初减少 8.66 个百分点，以逐步摆脱融资类业务占比过高带来的信用风险问题；面对复杂严峻的经济形势，公司仍为投资者实现收益 30.03 亿元，确保 100% 清算率，持续将不良资产率控制在 5% 以下，为公司转型发展强基固本。

在固有业务方面，2018 年公司经批准向中国信托业保障基金有限责任公司申请流动性支持资金 6.594 亿元，为顺利开展信托业务提供流动性保障。为配合公司信托业务的发展，公司安排部分自营资产投资于其发行的信托产品及配置的资管私募产品，并对存量资产配置项目持续跟踪管理，确保风险可控。2018 年公司自营业务实现了良好收益。

### （二）完善财富团队建设，积极拓展机构资金渠道

2018 年，公司在深耕广州、深圳、东莞、中山、佛山等大湾区城市财富中心的基础上，积

极拓展北京、上海、武汉等全国重点城市的财富渠道，不断扩充销售团队，持续完善财富团队建设；与此同时，公司于2018年成功开拓多个金融机构的营销合作渠道以及多户高净值机构客户，在机构资金拓展方面取得重大突破；公司2018年的产品销售规模较2017年净增长达83%，财富端工作获得显著成效。

### （三）健全业务运营与合规制度管理，提升风险管理能力

2018年，公司通过优化《信托业务操作细则》等旧制度为业务全流程操作提供指引，并制定《信托业务银行资金划款用章审批流程指引》等新制度提高业务操作效率，信托管理运营体系得以完善；且全年合计新增制度28项、修订制度30项，进一步完善风险防范机制，健全合规制度管理，增强公司治理机制作用。公司顺应防风险、去杠杆的金融强监管态势，以“资产对应、高效处置”作为项目评价标准，通过优化统一授信管理、双线尽职调查等措施，引入第三方专业咨询公司等方式完善尽职调查管理，不断优化集体评审模式，严防风险底线，切实提升风险管理能力。

## 二、创新业务案例

### （一）积极拓展城市发展基金业务

公司积极搭建城市发展基金类产品的交易结构、法律文本、制度流程、信息系统支撑、管理模式等基础体系，着力拓展房地产投资类、城市更新改造类、不动产投资类、产业地产投资类底层资产，参与不动产领域的开发、销售、持有运营等环节，争取为委托人获得相对较高的投资回报。截至2018年末，“鼎信—华美达酒店”“鼎信—天盈广场系列”“鼎信—星河传说不动产投资”“鼎信—安盈1号”等项目顺利落地，成功打开城市发展基金业务的新局面。

### （二）积极开拓普惠金融业务

公司积极拓展普惠金融信托业务，加大针对小微企业、个人群体的消费金融业务部署，并展开对车贷、房抵贷以及其他商品类特定消费金融业务的探索。其中，公司普惠金融系统于2018年第四季度成功上线，并于2018年12月成功为多个合作省市的车主提供线上批量汽车贷款业务，为开展普惠金融业务积累成功的合作经验；同时，公司积极探讨与泛华金融服务集团有限公司等主体合作的房抵贷业务模式，除各类中小微企业主的经营性贷款支持外，未来适用的合作场景还将涵盖各类个人房抵贷金融服务，为丰富公司产品类型、探索转型发展类业务奠定良好的基础。

### （三）探索发展资产证券化类创新业务

公司与银行合作的信贷类ABN业务取得重要突破。2018年6月22日，由公司发行并承担特殊承体的5个信托计划“惠信38—42号信用卡分期财产权信托”均顺利成立，全部62万笔基础债权资产均正常通过“银行业信贷资产登记流转中心有限公司”的备案审批和流转支持，打造了公司银信合作的新模式。

### （四）以产融结合助推滨海湾新区建设

为充分发挥信托金融创新和资金引导作用，公司与东莞市滨海湾新区控股有限公司形成“金融平台+产业资源”的优势互补格局，于2018年6月14日成立“东莞信托·宏信—长安新河集合资金信托计划”（以下简称“宏信—长安新河项目”），为滨海湾新区的围填海工程、1.5级和二级开发、产业投资等项目提供资金支持。截至2018年12月末，宏信—长安新河项目已顺利划拨第一笔资金300万元，为推进滨海湾新区基础设施建设打下坚实基础。

## 三、社会责任履行情况

### （一）首次设立慈善信托

2018年12月25日，公司成立了“善信—莞慈1号”和“善信—丰泰”两单慈善信托。慈善信托期限为5年，受托规模合计400余万元，是公司在慈善信托领域的新突破，标志其在助力公益慈善事业上又迈出了坚实的一步。

### （二）抓实对口帮扶工作

2018年，公司驻对口帮扶韶关乐昌市三溪镇仕坑村工作队运用59.32万元的扶贫资金建设两座光伏扶贫电站，其收益分别用于村集体增收以及促进贫困户增收脱贫；同时多次赴东莞市内对口帮扶村大朗镇佛子凹村进行实地调研、捐赠和慰问，组织员工向贫困户捐资捐物，并于2018年向其捐赠25万元，用于该村的文化活动服务中心的设备采购，大大丰富和提高了村民的文体生活。

### （三）举办“与爱同行”公益徒步活动

2018年1月13日，公司举办第四届“与爱同行”助学公益徒步活动，向社会传递慈善公益理念，并向“东莞市慈善会东莞信托慈善基金”捐赠50万元慈善资金，用于帮助有需要的社会群体。

## 四、2019 年发展规划

中国国民经济、社会的转型、信托公司发展的分化、金融监管政策的变化、资产管理市场环境的规范、移动互联人工智能大数据等新技术的广泛应用等，带来了深刻的信托业市场调整。这种调整是挑战，也是机遇。公司将坚持回归信托本源，专注公司特点与优势，合理布局经营领域、重点业务和转型业务，以丰富资产管理产品和加强财富管理建设为双轮驱动，加快向高质量发展迈进，努力实现新三年规划目标，推动公司可持续发展。

### （一）加强党的领导，持续深化改革，谋求发展

进一步强调党组织的核心领导作用，政治引领更加突出，党支部建设更加规范；树牢“四个意识”，坚定“四个自信”，坚决做到“两个维护”，落实党对金融工作的一切要求，坚决把中央、省委、市委对金融工作的决策部署落到实处。善于结合公司实际情况，持续地、创造性地落实国有控股金融机构全面深化改革的要求，推动公司高质量发展。

加强与监管部门、行业协会沟通，提高监管评价，争取对公司转型发展的政策支持。积极联系公司股东，打造畅顺的沟通渠道，争取对公司实现倍增发展行动计划的指导与支持。

### （二）挖掘主流业务的机会，积极拓展创新转型业务

在坚持防风险的前提下，保持传统业务稳步发展，挖掘信托主流业务的机会。继续拓展房地产融资、股票质押融资，审慎开展符合公司条件的政信业务以及事务管理类信托业务，进一步夯实公司资产基础，增加盈利收入，在此基础上积极拓展不动产信托业务、普惠金融业务、资产证券化业务等创新转型业务。

### （三）构建和完善财富管理体系，加快财富管理业务发展

加快财富中心在重点区域的布局，强化理财师队伍建设。建立完整的财富营销管理体系，从产品定价、推介、客服、核算及考核、理财师管理等各个环节，制定标准化工作体系，提升财富部门的经营管理水平。

加强营销渠道建设，大力拓展机构型资金客户，拓宽金融机构代销渠道；异地营销部门与所在地信托业务部门发挥联动效应，加强挖掘当地客户资源和业务机会。

### （四）坚守风险底线，提升风险合规管理能力

面对复杂的经济金融形势，公司必须坚守风险底线，防范操作性风险、信用风险、流动性

风险、声誉风险等风险事件的发生。要顺应金融监管形势，打造兼具独立性、连续性、系统性的风险管理体系；持续提升风险管理能力，形成适应公司转型发展需要的风险文化及风险管理应对机制；对房地产等大类资产以及重点业务区域进行动态风险识别，防范系统性风险；针对新型业务的发展需求，适时调整现有内控制度以及填补制度缺失，提升风险合规管理能力。

# 光大兴陇信托有限责任公司

## 一、2018 年经营概况

2018 年，面对复杂严峻的经济金融形势，光大兴陇信托有限责任公司（以下简称公司）各项主要经营指标逆市增长、再创新高，管理资产规模达到 5 739.39 亿元，同比增速 21.24%；营业收入实现 21.29 亿元，同比增速为 87.43%；实现净利润为 11.17 亿元，同比增速为 112.04%，人均净利润为 279.86 万元；上缴税金为 14.98 亿元，兑付投资人收益为 281.83 亿元。公司行业排名大幅度攀升，公司经营及管理业绩得到了市场同业、政府和监管部门的一致好评。

公司在由《证券时报》主办的“2018（第十一届）中国优秀信托公司评选”活动中，荣获“2018 年度优秀慈善信托计划”“2018 年度优秀房地产信托计划”两项奖，并在《中国证券报》指导，金牛理财主办的 2017 年度“金牛理财产品”评选中，荣获“2017 年度金牛集合信托公司奖”称号。

### （一）经营质效持续向好，风险管控持续有效

2018 年，公司坚持产融结合、投贷结合、股债联动的业务发展模式，不断提升对经济周期的精准研判，持续深入优化业务结构，着力强化风险意识，业务发展总体呈现出增长稳健、结构优化、风控适度和绩效呈优的良好局面。

一是基石业务优势进一步巩固，大力开展“城市更新 + 物业提升 + 产业导入”的高附加值住房金融业务，严格遵循“四大原则”开展基础设施业务科学搭建客户体系，不断优化业务结构。二是新兴业务能力进一步提升，产品创新的体制机制实现新的突破，业务创新手段进一步完善，创新业务资格进一步丰富。三是资金募集能力进一步改善，全面推进代销业务，抓紧建设覆盖全国经济热点地区的直销体系。四是风险防控能力进一步增强，实现了项目审批和风险管理分离，独立审批人制度和评审会制度的有机互补与统一。

### （二）持续加强战略引领，着力提升发展质效

为进一步明确公司发展战略，公司举全司之力，积极推进战略优化工作，聘请波士顿咨询为公

司提供了为期十周的战略优化工作咨询服务。围绕建设一流信托公司的战略目标，公司确定了“综合、敏捷、专业、生态”的战略主线，设计了基石业务和新兴业务的业务组合；明确了“投资银行、资产管理、财富管理、权益投资和消费金融”五位一体的资产组合配置体系；制定了详细的落实方案和路径，明确了基于战略规划的指标考核体系，进一步增强了战略引领作用。

### （三）显著改善管理水平，有效提升运营效率

一是公司党建水平不断提高，公司组织全体党员和入党积极分子赴革命老区西柏坡学习，并组织了公司总部和全国各区域总部干部员工参观监狱和劳改农场的警示教育活动。二是公司治理水平不断改善，积极推进增资工作，引入新股东，历时两年的增资30亿元的工作成功实现。三是员工队伍建设不断加强，对业务动能培育进行改革和调整，加快区域业务布局和团队建设，大力推进优秀人才的招聘引进和干部队伍的选拔配置工作。四是公司信息科技建设不断完善，进一步加强制度建设，不断优化系统建设，打造智慧办公平台和大数据平台。

## 二、创新业务案例

### （一）光耀世家系列家族信托

委托人以1 000万元现金设立家族信托，全权委托光大信托管理，期限为15年，配置于公司主动管理项目，期间不分配收益，以五位孙子女、外孙子女为财富传承对象，信托存续期间可为上述受益人安排基于生命周期的财富保障，最终达到财富传承与精神激励的信托目的。

### （二）消费权益信托

通过与光大银行、中青旅集团等成员企业对接，在集团协同部的指导下，公司首单消费权益信托“光大浦汇·中青旅世界杯极光集合资金信托计划”成功发行，产品结构对客户收益分配方式进行了创新，分为四类受益权选择，客户在认购产品时进行选择是否消费世界杯球票或极地旅游，资金投向为浦汇现金管理类产品，本产品成功募集资金1.1亿元，在2018年6月25日正式成立。

## 三、社会责任履行情况

### （一）立足甘肃本土，支持地方经济发展

截至2018年末，公司存量信托项目中，资金投向甘肃省内的规模为102.64亿元。不仅区域

范围涵盖甘肃省内各主要地市，投向也较为丰富，包括基础设施、工商企业、房地产、矿产能源等。充分体现出以支持和服务地方经济建设和实体经济发展为使命的金融央企社会责任。此外，为响应国家支持实体经济、服务民营经济的号召，公司还积极与甘肃省地方法人机构加强业务合作，已与甘肃国投达成合作意向。

### （二）利用专业优势，大力发展慈善信托项目

2018 年，公司慈善信托项目获得跨越式发展，年内实现项目立项评审过会 13 笔，信托目的包括教育、医疗、卫生、环保、社会公益设施，以及对特殊群体的救助等，超额完成了公司年初相关计划设想。其中，4 个项目已通过民政部门备案，规模合计 2 109.7 万元。项目善款拟拨付给甘肃省和政县、临洮县、迭部县以及广东省粤北等贫困山区县乡，用于助老助残、扶贫济困及教育、卫生公益事业等方面，预计未来将使 20 万户左右贫困家庭和人群受益。

### （三）履行社会责任，积极开展扶贫工作

公司按照党中央、国务院打好脱贫攻坚战的要求，发挥自身优势，认真组织开展扶贫工作，取得了一定成效。一是开展定点扶贫助学活动，公司党委在湖南省新化县开展了以“一对一”为主的助学扶贫，利用公司补缴党费对湖南新化县部分乡镇的 20 名贫困家庭学生进行资助和帮扶，从小学开始直至大学毕业，大学毕业后在同等条件下优先录取来公司工作。二是开展扶贫献爱心活动，帮助销售甘肃省金融办定点帮扶对象甘肃省天水市甘谷县移家湾村特产土豆及土豆粉，金额为 12 万元；帮助销售集团指定扶贫地区湖南新化、新田、古丈农产品，金额为 22.5 万元。三是开展爱心捐款活动，干部员工积极参加 2018“幸福工程—救助贫困母亲行动”捐款活动，共募集善款为 28 290 元；以“一对一”爱心助学的形式积极参加“明德助学计划”活动，发动员工自愿资助贫困学生；向集团定点扶贫县捐款为 150 万元。

## 四、2019 年发展规划

### （一）2019 年的工作指导思想和工作目标

2019 年是中华人民共和国成立 70 周年，公司要继续高举习近平新时代中国特色社会主义思想伟大旗帜，全面贯彻党的十九大精神，认真落实中央经济工作会议、全国金融工作会议部署，以“稳发展、强风控、促转型、补短板、夯基础”为发展目标，以“业务组合综合、运营模式敏捷、支撑体系专业、集团定位生态”为发展主线，深入推进公司党的建设和经营管理各项工作。增强“四个意识”，提高政治站位，切实履行管党治党政治责任，把全面从严治党引向深

入；坚持新发展理念和稳中求进的工作总基调，服务实体经济，提高发展质量，实现良性循环，全力践行防范化解金融风险；加快执行“投资银行、资产管理、财富管理、权益投资和消费金融”五大核心业务板块，为构建全国一流信托公司打牢坚实基础；以铁一般的执行力，提升管理水平，为公司改革发展提供坚强保障，力争各项工作再上新台阶。

（二）凝心聚力打造资产端核心竞争力

2019年，公司将加强对经济形势、金融货币政策和行业周期的研究，聚焦能够平抑周期的产业和行业进行展业，在区域布局上，重点关注粤港澳大湾区、长江三角洲地区、经济中心城市以及后发优势集聚区；在客户体系建设上，将按照“以健康为前提、以规模为基础、以特色为优势、以平稳为核心”的标准进行客户判断、筛选和分类，实现特定行业全价值链布局和深度参与；努力形成在市场没有系统性机会的前提下，把握选择性交易机会，在没有长期趋势性机会的前提下，把握短期机遇性机会。

（三）倾注全力形成资金端核心竞争力

一是进一步完善销售框架体系，加强制度建设，从客户、产品、营销等多维度持续发力，提升销售能力。二是继续打造销售能力强、业务水平高的专业化队伍，加强综合业务知识培训，创新营销举措，提升营销精准度。三是组织设立机构客户部，拓宽机构代销渠道，全力开发与营销社保基金、年金、慈善基金等非金融机构客户，开展综合金融服务与专项合作，保障销售渠道及资金来源的多元化。四是以家族信托业务为主，打造家族信托品牌，努力形成长期低成本资金来源。五是加大互联网建设力度，充分利用信息技术对资金端需求提前研判，为客户提供基于互联网线上的财富管理全流程服务。

（四）用心竭力升级公司管控模式

一是坚定不移地加强党的建设，组织开展好党委中心组专题学习研讨、民主生活会制度落实、党委主体责任履职功能发挥等重点工作，推动公司党建工作再上新的台阶。二是坚定不移地推进战略宣贯，加强战略规划落实的组织和制度保障。三是坚定不移地强化风险管理，把握大局，统筹兼顾，进退有度，确保各类业务风险可知、可控、可管。四是坚定不移地优化运营管理，持续推进精细化管理，构建大运营体系。五是坚定不移地提升人力资源管理水平，建立更加全面、系统、科学的人才招聘和选拔任用、职级晋升、绩效考核、薪酬管理等制度体系。六是坚定不移地改善信息科技体系，持续加大在科技人员和资金方面的引进与投入力度。

# 广东粤财信托有限公司

## 一、2018 年经营概况

2018 年，广东粤财信托有限公司（以下简称公司）在股东单位的正确指导和全体员工的共同努力下，公司迎难而上，积极推进业务转型，发力资产管理、私募投行和财富管理业务，全面加强主动管理业务拓展，并大力夯实体制机制及内控管理基础，取得了长足的进步。

截至 2018 年末，公司资产总规模为 2 772. 34 亿元，其中信托资产规模为 2 707. 26 亿元，较年初增加 167. 43 亿元，增长 6. 59%；自营业务资产总额为 65. 08 亿元，比年初增长 4%。经营收入方面，实现营业收入为 9. 50 亿元。其中，手续费及佣金收入为 4. 83 亿元，投资收益为 4. 52 亿元，利息收入为 0. 09 亿元；营业外收入为 0. 02 亿元。利润方面，实现利润总额为 7. 94 亿元，计缴企业所得税为 1. 13 亿元，实现净利润为 6. 81 亿元。自营资产和信托资产全部为正常类资产。

### （一）主动管理业务持续提升

截至 2018 年 12 月 31 日，公司信托资产规模为 2 707 亿元，其中单一信托项目资产规模为 1 497亿元，集合信托项目资产规模为 705 亿元，财产信托项目资产规模为 505 亿元。

与 2017 年相比，公司在集合信托项目规模、集合信托项目占比、集合信托项目平均信托报酬率等指标上都有所提升，集合项目净增加 158 亿元，集合项目在总受托资产规模中占比净提升 4. 5%。与此同时，信托的报酬率也逐步上升，与 2017 年相比提高 10. 7%。

### （二）聚焦服务实体经济，助力湾区建设

截至 2018 年 12 月末，公司服务实体经济项目规模为 1 498. 37 亿元，项目数量为 326 个，较年初增加 478. 27 亿元，占比上升 15. 19 个百分比。除聚焦服务实体经济外，公司加大对广东地区实体经济的投入，服务广东地区实体经济项目规模为 865. 97 亿元，项目数量为 176 个，占所有实体经济项目的 57. 79%。公司抓住粤港澳大湾区建设的发展机遇，聚焦投入粤港澳大湾区项

目，持续加强服务实体经济，推进粤东西北协调发展。其中，投向珠三角主要地市项目共计147个，规模为758.98亿元，主要通过贷款、收益权质押、产业基金等模式投向房地产开发、高速公路建设、基础通信设施、产业园区升级改造、工商企业融资等方向。按照区域风险控制标准，粤东西北区域主要以融资贷款的模式引导资金介入高新园区建设、承接珠三角产业转移园区建设、房地产、商贸城建设等具有强担保的项目，新增及存续规模达106.99亿元。

### （三）财富体系建设快速推进

2018年以来，公司财富管理体系建设快速推进。截至2018年12月31日，公司累计销售产品合计数为94.8058亿元，其中财富中心直销金额为13.023亿元，代销金额为81.7828亿元，销售能力有较大幅度提升。

为加强品牌建设，2018年财富中心开办客户主题活动，共举办了6场，包括6月女性贵宾美学沙龙、8月七夕花艺课堂、9月税务讲座、10月疫苗健康讲座、11月亲子烘焙、12月油画课堂。共邀请超过100位客户参加，有效扩大了粤财品牌知名度，并扩宽了新客户开发的渠道。

## 二、创新业务案例

### （一）普惠金融业务发展态势良好

2018年公司普惠金融事业部正式成立并顺利运行，普惠金融业务归口管理后，落地14个项目，成立规模为30.29亿元，业务类型涉及汽车融资租赁、信用卡代偿、商品分期、现金分期和房产抵押贷款，并已全部实现与资产服务机构的系统对接，形成资金闭环，穿透底层资产。同时谨慎选择合作机构，结合市场情形，寻求拥有庞大用户群体或丰富场景接入的市场头部平台类公司合作，已经与BAT三大互联网巨头均有合作业务落地。

### （二）资产证券化业务大幅度增加

公司2018年落地各类资产证券化项目（含准资产证券化项目）24个，总规模达657亿元，已初步形成集群规模，其中包括作为证券交易所资产证券化原始资产受托人成功发行46亿元雅居乐CMBS，作为银行间市场受托人成功发行25.8亿元招商局通商租赁ABN资产支持票据，受托在银行间市场发行40亿元汇通2018第二期个人汽车抵押贷款资产支持证券等。公司荣获中央国债登记结算有限责任公司评选的“2018年ABS优秀发行人”称号，以及银行业信贷资产登记流转中心评选的“2018年度专业服务奖”。

（三）新业务资格获批，积极推动项目落地

公司继2017年取得全国银行间债券市场乙类账户资格，2018年公司成立多支信托计划，积极参与债券现货交易和债券回购等业务，为进一步开拓债券市场打下良好的基础。此外，2018年11月，公司成功获批非金融企业债务融资工具承销业务资格，对公司业务转型，实现债券一级市场发行承销和二级市场投资管理联动，提高资本市场主动管理能力，提升公司核心竞争力有重要意义。

（四）家族信托、慈善信托业务打响品牌

家族信托方面，公司于2018年6月第七届金交会上成功举办家族信托新闻发布会及家族信托沙龙活动，推出了首期标准化系列产品，收到良好效果；2018年12月19日，公司与羊城晚报社、金羊网、大成律师事务所、广东省商业地产投资协会合作，在广州羊城创意产业园举办了“信托赋能民营企业发展与传承财富论坛”，加强家族信托业务宣传和推广。

慈善信托方面，2018年新成立了3个慈善信托项目，分别是“粤财信托·2018润泽慈善信托计划”“粤财信托·2018扶贫济困慈善信托”“粤财信托·2018爱蕾慈善信托”，资金分别用于促进胃肠道健康与疾病相关微生物组研究技术平台建设项目等医疗研究公益项目、推动定点扶贫以及开展困境儿童救助等慈善活动。

## 三、社会责任履行情况

公司严格遵守国家法律法规，认真贯彻国家经济金融政策以及监管要求；始终坚持诚信经营，自觉履行纳税义务；不断推动信托产品创新，全力支持实体经济发展；有效履行受托人职责与义务，充分维护受益人利益最大化；2018年，公司信托业务为投资者实现营业收入为30.79亿元。

2018年，公司认真开展消费者权益保护工作，按照《银行业消费者权益保护工作指引》《中国人民银行金融消费者权益保护实施办法》等文件要求，大力推进消费权益保护工作。公司消费者权益保护委员会切实发挥职能，将消费者权益保护文化嵌入公司发展战略，不断完善消费者权益保护制度体系，加强金融知识宣传教育，配合监管部门、行业协会开展了“3·15消费者权益日”“金融知识普及，守住‘钱袋子’”“金融知识万里行”“金融知识普及月金融知识进万家”暨“提升金融素养争做金融好网民”等宣传活动，落实消费者权益保护考核及培训，并按要求认真开展产品销售录音录像工作，消费者权益保护工作取得较好成果。

2018年，公司积极探索慈善信托业务，与广东省扶贫办公室、广东省民政厅、广州市民政局、律师事务所探讨慈善信托业务新模式，完成慈善信托两种新业务模式设计，在广州民政局的指导下，基本解决了慈善信托公募问题，为慈善信托后续快速发展奠定了重要基础。2018年，公司新成立了多个慈善信托项目，助力社会慈善公益事业发展。

## 四、2019年发展规划

### （一）业务拓展规划

通过2018年末业务推进会的深入研究，公司明确了2019年展业重点：做实传统业务基本盘；把握实体经济、资本市场新机遇；拓展消费信托、资产证券化、创新业务新空间；提升财富管理新动能。

1. 做实传统业务基本盘。截至2019年初，事务管理类业务、房地产业务仍是信托行业的主要利润来源，且市场需求空间广阔、成本承受能力较强，始终是信托行业竞争的主战场。公司将继续大力提升这一领域的核心竞争力，为持续增长提供支撑。

2. 把握实体经济、资本市场新机遇。作为国有金融企业，服务实体经济是公司的核心使命，从长远来看也是公司安身立命之本；资本市场业务对于信托行业来说，由于非标业务空间持续压缩，也是保持持续发展的必由之路。当前实体经济、资本市场都出现了新的变化，公司将聚焦粤港澳大湾区，做好服务实体经济发展新举措，抢抓资本市场业务机遇，战略布局固收业务。

3. 拓展消费信托、资产证券化及创新业务新空间。一是继续大力拓展消费金融业务，加强与头部企业的合作，重点要按照分类管理、给予分级授信管理，并大力推动自主系统建设，加快推动个人征信体系的建设；二是扎实推进资产证券化业务，提升资产证券化业务专业能力，形成规模效应并提高运作效率和专业性；三是探索推进家族信托、慈善信托、绿色信托、养老信托等创新业务。

4. 提升财富管理新动能。一是进一步强化财富中心在公司战略布局中的地位，加快制订明确的财富中心战略发展计划，将粤港澳大湾区的财富中心建设作为2019年的重要拓展方向；二是实施“线上+线下”同时建设策略，实现精准营销；三是实施适度品牌宣传策略，对公司的品牌进行适度宣传，配合线上活动，定期举行线下丰富多彩的财富沙龙等活动，丰富客户财富管理知识并进行投资者教育。

### （二）内控管理规划

为实现业务的转型升级和有效拓展，需有效的内控管理配合，2019年要做好以下工作。

1. 深化体制机制建设，提升专业团队行动力。一是推动业务部门专业化分工，明确在绩效考核类别中增加相应核心方向考核比重，以引导业务部门聚焦核心业务。二是财富条线细化考核，加快推进在粤港澳大湾区乃至广东各地市的财富中心建设，把资金募集能力建设作为推动公司业务转型的重要工作。三是中台部门按照部门职能进一步完善岗位设置，进一步明确各业务对应小组的专业职能考核。四是其他职能部门要进一步明确专业服务考核标准，强化服务意识，优化服务流程。

2. 落实研发营销领先，提升专业品牌号召力。一是研发创新引领，实行“1 +1 +1”战略。要集中优势资源及业务骨干，加快推动产品研发工作，做到创新产品研发一代，落地一代，培育一代，推动公司的业务从行业的追随者逐步变为行业的引领者。

二是品牌营销高端，打造华南地区首选受托人品牌。要通过在业务深耕华南区域、专业受托服务、舆情控制、品牌宣贯等多重措施推广公司在华南地区的品牌及增强业务影响力。要把打造“华南地区首选受托人”品牌作为推广财富管理、家族信托、慈善信托等业务拓展的重要推手。

3. 运营风控科技化，提升服务体系支撑力。一是在业务运营方面，借助信息科技力量将日常受托服务工作自动化、模块化管理，加快推动业务系统的迭代升级，实现数据治理的准确性、完整性和及时性。二是在风险管控方面，要根据宏观环境及监管政策的变化，加快更新展业指引；强化全面风险管控体系建设，推动全面风险管控体系落地；加快推动相关业务的风险模型落地。三是在合规控制方面，强化合规意识，加强对全体员工的合规宣传和基础培训，进一步明晰不同部门和岗位的合规职责和考核标准，加大问责力度，提高合规能力，有效发挥合规管理“三道防线”的作用。

# 国联信托股份有限公司

## 一、2018 年经营概况

2018 年，国联信托股份有限公司（以下简称公司）主要经营指标及主要工作如下。

### （一）主要经营指标

2018 年，公司实现营业收入为 23 468 万元，实现利润总额为 24 744 万元。公司自营资产规模为 51.24 亿元，信托资产规模为 808.71 亿元。

### （二）主要工作回顾

2018 年，公司围绕目标任务，努力抓好党建根基，积极推动引战混改，深入推行机制改革，攻坚克难风险处置，大力推动发展创新，围绕新的行业发展态势和监管部门进一步深化整治银行业市场乱象的要求，认真组织自查整改并接受银监现场检查。重点开展了以下几项工作。

1. 强抓党建夯实根基，把握公司发展大局。公司始终把党及政治责任摆在经营管理工作的首位，2018 年，公司领导班子将党的领导融入经营管理各个环节，实现党组织把方向、管大局、促落实。

2018 年，党建工作在章程中明确并进一步细化，基层党建工作进一步加强，领导班子和党员干部的思想建设、作风建设和廉政建设进一步强化，公司领导班子加强了各类教育学习，以“围绕发展抓党建，抓好党建促发展”为目标，不断提高公司业务能力和管理水平。公司领导班子主动适应从严治党的新常态，认真履行党风廉政建设的主体责任和监督责任，筑牢思想防线。

2. 努力寻找优质“战投”，全力推进“引战”“混改”。2018 年，公司继续全力推进“引战”工作，但因客观原因制约，“引战”计划尚未能完成。公司与多家机构进行了商谈，也与监管部门进行了多次沟通，但由于目前监管对信托公司的股东限制非常严，在目前的形势下，中央企业、单一控制的大型民企（谋求多家金融机构股权的）甚至银行等均无法获批入股信托公司，很难明确哪类企业符合信托公司股东要求。而且，由于金融“去杠杆”，大多数民企生存压力骤增，要企业拿出一二十亿元自有资金也非易事，公司可选择的“战投”对象的面非常窄。

一年来，尤其是2018年8月，江苏省发展和改革委、江苏省国资委将公司列为江苏省首批混合所有制改革试点企业后，公司多方努力、积极寻找，但截至目前，尚未有合适的战略投资方，以进一步推进“引战”和“混改”工作。

3. 深化市场化改革，拓展空间布局。在信托业务部门率先试点市场化薪酬改革成效明显后，2018年，公司进一步深化机制体制改革，在财富管理中心、国联资本、固有资产业务部推行改革，实现了市场化薪酬改革前台部门全覆盖。

为进一步“走出去”，优化空间布局，2018年，公司加强了渠道建设和物理网点布局，延伸业务触角。公司成立了南京业务部和主攻上海等异地业务的信托业务五部，尝试在资产和资金两端增强公司的异地业务拓展能力，提升品牌辐射效应。

4. 全面自查整改迎检，增强合规风控水平。2018年，公司以资管新规和银行业市场乱象整治工作要求为基础，结合《信托公司受托责任尽职指引》，对各项制度进行了全面梳理修订，优化操作流程，强化制度执行，全面提升风险防控水平，在全公司范围内组织开展了自查工作，并对自查中排查出的问题进行了积极整改和严格问责。

2018年，公司接受了无锡银保监分局的现场检查。公司以现场检查为契机，进行了全面系统的梳理和自查，横向到边，纵向到底，自查覆盖率为100%，对存在的问题及时整改、严格问责，严守合规铁律，构筑风险防控体系。在无锡银保监分局的现场检查中，公司全力配合，并与监管部门积极沟通。

5. 调整优化业务结构，创新业务进一步探索。面对急剧变化的资管市场，2018年，公司着力调整业务结构，优化业务层次，提高主动管理，力推创新转型，实现了主动管理项目及主动管理项目中非传统贷款类项目比例的增长。

截至2018年末，公司通道业务规模比年初压降64.38亿元，下降8.71%；2018年新增的信托项目中，主动管理类占比为99.6%，主动管理类业务中非传统贷款类业务占比为94.9%，超额完成了年初制定的“力争到2018年末，新增信托规模中主动管理类占比不低于50%，主动管理类业务中非传统贷款融资业务占比不低于70%”的目标。

公司继续加强了与银行、证券、保险等金融机构合作的深度和广度，拓宽项目信息来源，除继续与无锡市大型国有企业合作外，还开拓了江苏银行、无锡农商行等代销渠道，并不断向其他金融机构延伸，缓解发行压力。

业务创新上，公司在以下领域实现了突破和进一步探索：一是供应链信托。2018年，公司在供应链信托、Pre－ABS业务等方面强力推动，与广州浪奇成功合作供应链信托，规模为2亿元。后续，公司将立足优质上市公司，发挥信托优势，整合产业链上下游企业金融需求，提高金融资源使用效率。二是并购信托。与无锡金控、天奇股份合作设立总规模为7亿元的循环经济并购基金，成功发行总规模为3.5亿元的信托计划。后续，公司将结合无锡及周边地区上市公司产业整合要求，持续通过并购整合的手段，帮助企业优化产业结构。

公司将不断加强和深化市场化运作，立足无锡上市公司、大型企业集团等并不断拓展外延，努力为企业提供立体化和全产业链的金融服务，打好业务“组合拳”，回归信托本源，支持实体经济发展。

## 二、创新业务案例

### （一）供应链信托业务实践

2018年，公司在供应链金融、Pre-ABS业务等方面强力推动。立足无锡本地、立足优质上市公司，充分发挥信托优势，整合产业链上下游企业金融需求，提高金融资源使用效率，促进产业转型升级。公司与广州浪奇成功合作规模为2亿元的供应链信托。该业务的开展，帮助企业整合产业链上下游企业的金融需求，通过提供全方位的金融服务，提高了金融资源的使用效率。

### （二）并购信托业务实践

结合无锡及周边地区上市公司产业整合要求，公司积极参与企业并购重组，发展并购业务。联合上市公司通过“上市公司+专业PE管理”的模式组建并购基金的业务取得一定成效。目前，与和晶科技（300279）、精华制药（002349）两家上市公司分别组建的“国联和晶并购基金”及“国联精华健康产业基金”运作良好，国联和晶基金首个投资项目也成功被上市公司吸收合并。

公司在2017年完成与无锡金控、天奇股份合作的总规模为7亿元的并购基金设立后，2018年1月，总规模为3.5亿元的信托计划发行成功。该基金设立的目的是并购一家从事将废旧锂电池中的稀缺金属回收再利用的企业，其产品是在大力发展绿色能源过程中不可或缺的金属原料。本项目的落地实施，是围绕无锡产业强市战略，在环保等战略新兴领域开展产业整合与投资、服务实体经济的实际行动落实。

后续，公司将持续通过并购整合的手段，帮助企业优化产业结构。

## 三、社会责任履行情况

公司自成立以来，始终坚持合规经营、诚实守信的基本原则，根据地区经济发展的要求，发挥信托联结三个市场的优势，积极投身于地方经济建设和社会事业的发展，为地方经济和社会事业发展提供有力的金融支持，助推无锡“产业强市”战略实施，在无锡乃至长三角地区建立了一定的品牌和声誉。

一直以来，公司坚持稳健投资的经营风格，将风险控制放在第一位，发行的所有已到期集合信托产品均按合同约定顺利兑付，实际收益率均达到甚至超过了预期收益率，有效保护了投资者和受益人的合法权益不受损害。

公司始终秉承客户价值优先的理念，强调以客户为中心，不断努力提升服务水平，依托国联综合金融平台，在为企业量身定制一揽子金融产品和服务的同时，为地方百姓的财富收入增长提供了重要的投资渠道。

2018 年，公司立足地方，支持区域经济发展，将自身成长与地方经济发展紧密结合，大力促进经济结构调整和产业转型升级，通过开展“产业基金 + 产业信托”“并购基金 + 并购信托”等业务，积极扶持实体企业发展，服务实体经济，用实际行动响应无锡“产业强市”的战略号召。

## 四、2019 年发展规划

2019 年，公司将进一步加强党建引领夯实根基，推进“引战”“混改”完善治理，深化机制改革提升活力，强化合规风控严格执行，调整业务结构加快转型，进一步回归信托本源，服务实体经济。为实现以上目标，2019 年，公司将重点推进以下工作。

### （一）积极寻找“战投”，“引战”“混改”实现突破

近两年来，公司全力推进“引战”工作，但因监管形势变化，公司“引战”工作尚未完成。

2018 年 12 月中旬，中国银保监会出台《信托公司股权管理办法》征求意见稿向各家信托公司征求意见，正式的股权管理办法预计将于短期内出台，届时，关于信托公司股东资质问题可能会有新的要求和解释。

为避免再次出现因监管政策不明造成的人力财力精力浪费，公司将一方面在与接洽中的意向战略投资方努力推进沟通洽谈；另一方面，如没有合适的战略投资备选，拟在《信托公司股权管理办法》正式出台后，根据监管关于信托公司股东的最新要求，明确方向，寻找符合公司发展需求、符合监管规定、符合“混改”目的的战略投资者，早日完成“引战”“混改”工作，通过“引战”和“混改”，实现股权多元化，完善治理、强化激励、提高效率。

作为全省首批混合所有制改革试点企业，公司将全力做好“引战”“混改”工作，通过“引战”，实现股权多元化，在引资的同时，实现引“制”、引“治”、引“智”。

### （二）落实资管新规要求，进一步加强合规风控

资管新规出台，信托面临的行业环境发生改变，公司将进一步强化管理提升内控，加强合规和风险管控，完善制度体系，强化制度执行，坚守合规红线和风险底线，保障资管新规执行。2018 年，公司接受了无锡银保监分局的现场检查，公司将根据监管意见，进一步强化合规风控，整改完善，全力防控金融风险。在风险项目处置方面，公司将根据每个风险项目的具体情况，持续推进风险项目处置工作。

### （三）优化业务结构谋转型，加大服务实体经济

随着资管新规、银行理财子公司等新政纷纷出台，留给信托牌照的空间越来越被挤压。结合公司发展实际，2019 年，公司将围绕回归信托本源、调整业务结构、提升服务实体经济能力、坚决防范化解风险等，进一步增强机遇意识、风险意识、开拓意识、质量意识，全面提升公司信托业务发展的能力、质量和水平。

资产端，公司将着力推动金融创新，开展并购信托、与资本市场相关的权益类信托、供应链信托、家族财富信托、保险金信托、慈善信托等，回归信托本源。在业务开展上，重点加大服务实体经济的力度。资金端，着力解决发行“瓶颈”问题，开拓资金渠道，加强与银行、证券、保险等金融机构合作，开发无锡市大型国有企业等，努力寻找低成本资金。

在当前的严监管环境下，下一步的业务开展中，公司将以“稳”字为先，在监管政策和要求的指引下，坚持回归本源，回归受托人定位，调整业务结构，通过资产端、资金端资源的有效整合，提升多元、综合的服务能力，推进业务的稳健创新，真正实现提质增效，更好地服务实体经济。

# 国民信托有限公司

## 一、2018 年经营概况

2018 年，随着一系列监管政策落地，推动金融“去杠杆”后，信托通道业务大幅收缩，资产规模同步下降，信托行业面临很大的转型压力。国民信托有限公司（以下简称公司）面临信托规模大幅下降压力，但公司上下一心，勤勉尽责，通过研究、探索科学的价格政策，提升信托报酬率，灵活应对市场变化，不断加强内部管理，完成了各项年度经营目标和预算任务，并在公司治理、流动性管理、风险防范、成本收入比控制等工作方面取得了一定成绩。

### （一）经营预算完成情况

2018 年，公司实现净利润为 11 903 万元，营业收入为 87 452 万元，其中信托业务收入为 83 573万元；公司固有资产总额为 361 595 万元，负债总额为 105 595 万元，净资产为 256 000 万元。

### （二）信托业务情况

按照监管要求，公司逐步压缩事务管理类业务规模，主动“去杠杆”“去通道”，存续信托业务规模从年初的 5 209. 72 亿元降至年末的 3 843. 27 亿元，降幅为 26. 23% 。

### （三）管理工作情况

1. 压降信托规模，稳定业务收入。公司在积极“压降”信托规模的同时，大力推进业务转型，并将房地产业务、证券类业务、消费金融类业务作为转型方向，积极探索股权类房地产、房抵贷类消费业务模式。在市场环境不利的情况下，继续加强各信托业务区域总部、各业务部门之间的协调配合，运用灵活的机制，充分调动和利用一切资源，形成合力，提高公司整体业务的拓展能力。

2. 加强风险管理，提升风控能力。公司继续加强风险管理工作，进一步建立健全业务操作规程，完善风险管理制度，切实提升风险管控水平和风险化解能力。一方面，进一步加大处置力度，积极化解存量风险项目；另一方面，加强项目存续期管理，预警防范风险，对于一些重点行业或敏感项目，做到早发现、早预警、早处置，努力将项目风险消除在萌芽状态、初始阶段。2018 年，公司未新增主动管理类风险项目。

3. 完善制度建设，打牢内控体系。公司继续严格执行各项规章制度，依法合规经营，强化内部管理和风险管控。业务管理制度涉及信托业务管理、业务操作流程及管理等各个环节，涵盖业务事前、事中、事后的全过程。2018 年，为适应市场变化、促进业务发展，公司对《基础设施集合类信托业务风控指引》《个人房抵贷业务风控指引》等制度进行了修订。

4. 加强基础工作，运营质量不断提升。公司进一步加强和完善基础管理工作，在财务管理、审批流程设置、IT 系统建设、监管数据报送等方面，不断完善优化工作机制、规范业务流程，基础工作管理的规范性、时效性进一步提高和改善，工作质量不断提升。

## 二、社会责任履行情况

公司本着“以人为本、诚信敬业、专业稳健、创新共赢”的方针，以“为客户提供最佳的增值服务，为股东创造最大的价值，为员工搭建实现自我价值的平台，为行业发展贡献智慧，为社会作出最大贡献”为使命，关注社会整体利益，认真履行各项法律义务，维护国家金融秩序和金融安全，努力培育履行社会责任的企业文化和机制，积极践行《信托公司社会责任公约》，不断丰富企业社会责任的实践内容。

### （一）在践行企业对消费者/客户的责任方面

公司继续秉持公益性、实效性、服务性和持续性的原则，不定期地开展公众金融知识宣传教育活动。在日常业务推广过程中，公司营销人员积极引导消费者树立合理的投资观念，根据自己的风险承受能力选择适当的信托产品；同时，积极宣传金融消费者权益保护理念，使消费者特别是弱势消费者真正知悉自身的权利，懂得如何行使自己的权利，以及在权利受到侵害时能够通过合法途径主张自己的权利，确保其金融消费权益得到真正保护。报告期内，公司组织了四次“金融消费者权益保护国民信托在行动”的宣传教育活动，参与的社会公众累计约 800 人次。

### （二）在践行企业对员工的责任方面

公司一直坚持以人为本，维护员工合法权益，关心员工福利和成长。公司通过调研并结合公司实际情况，制定具有市场竞争力的薪酬激励政策，吸引并留住优秀人才；通过人才培养机制，帮助优秀员工实现职业发展目标和规划，鼓励员工接受在职继续教育，持续开展员工读书活动，支持员工开展各类文体活动，全方位关注员工身心健康发展，努力营造积极向上的文化氛围。

### （三）在普法宣传活动方面

报告期内，公司积极有序地开展普法工作，巩固员工合规经营理念，增强公司普法宣传活动的社会受众面和影响力。在员工普法宣传教育方面，公司积极开展监管信息传达工作，密切关注与行业相关的法律法规、监管政策等信息，并及时向员工传达，提高员工的合规风险识别能力；同时通过举办专项培训、组织考核、网站专栏等方式，进一步提升公司从业人员的合规理念，加强对公司内控合规文化的建设和培养。在宪法宣传方面，公司于“12・4”国家宪法日及宪法宣传周系列宣传活动期间，在公司办公区、网站播放、发布宪法宣传内容，向周边社区居民分发宪法文本并讲解宪法条文。

## 三、2019 年发展规划

### （一）扎实做好基础工作

公司的基础管理工作需要持续根据监管政策变化、行业热点转变、公司业务选择等实际情况予以调整、改进、加强。2019 年，公司将从更新规章制度、改进流程设置、完善组织架构、强化人员管理、重视统计管理、推进系统建设等方面入手，构建符合公司现实状况的企业文化，强化全员风险意识和责任追究意识，树立反思意识，建立求真务实的创新文化，建立规范、高效、全面的基础工作管理机制，精确计划、责任到人、强化执行力，有效支撑信托业务开展及公司稳健发展。

### （二）积极推进公司改革发展

2019 年，面对日益复杂的内外部、主客观形势和不确定的经营环境，公司制定了“改革、转型、发展”的工作思路，确定“合规经营、着力转型、防化风险、稳步前行”的经营方向，下定决心在严峻的形势下，主动求变，主动调整，主动转型，实现稳步发展，促进公司经营管理再上新台阶。

为确保改革转型的顺利开展并取得良好的预期效果，公司引导信托业务向主动管理转型，研究市场形势，确定重点展业方向，在充分做好市场分析和同业调研的基础上，提出具体的展业方向；合理确定公司年度经营目标和业务计划，因地制宜，结合实际合理确定各业务团队的年度业务指标；调整部分公司领导工作分工，调整业务团队分布和组成，强化信托业务事业部建设；调整公司内部组织架构，整合部门，调整部门工作职能，逐步调整中台业务审批职能部门配置，增强主动管理业务审批力量，为业务转型提供保障；明确业务准入标准，优化审批流程，打造风险可控、灵活机动的审批机制；调整激励机制，激发业务转型的内生动力，加大对主动管理类业务的绩效考核和创新业务的激励，切实有效地引导业务部门主动调整业务方向，鼓励开展主动管理业务；积极组织业务培训，加强各类业务操作要点、交易结构设计、主要风控措施及典型案例的培训，强调全员树立信托业务转型发展意识，提升公司主动管理能力；加强调查研究和同业交流，及时掌握信托行业发展动向，研判业务热点，灵活机动地调整业务方向，及时作出反应；着力推动公司财富管理工作开展，加强团队建设，为主动管理信托业务提供保障和支持，并逐步成为公司新的利润增长点；加强与监管之间的沟通交流，严格执行监管意见和要求，依法合规展业。

### （三）积极探索，加快推动业务转型

2019 年，信托公司传统的事务管理类业务依然面临大的监管压力，如何提升自主管理能力，摆脱对事务管理类业务的依赖，实现信托业务的有效转型已成当务之急，当下必须探索新业务类型，培育新的稳定的盈利增长点。首先，持续压缩通道类业务规模，业务管理由“量”向“质”转变，提升公司的盈利能力；其次，大力开展主动管理类业务，结合基金化、投行化和证券化等方式，推进各类证券投资以及房地产股权投资业务；再次，推动财富管理业务的转型。从传统的产品销售中心向满足客户需求转变，为客户提供现金管理、资产配置、消费信托、慈善信托等各类金融服务，以满足高端客户财富管理需要；最后，加大战略客户的营销、管理和服务，提高大客户合作的深度、广度和黏度。

### （四）强化内控，化解存量风险，严防新增风险

2019 年，公司将继续完善内部控制体系，加强对风险状况的定性和定量监测，强化重大风险监控和预警、日常风险信息搜集、报告和处理机制，进一步加强对第三方中介机构管理，加强信托资金放款审核、信托项目存续期管理，实施风险问责制度，督促和激励业务人员实施全过程的控制管理。

# 国通信托有限责任公司

## 一、2018 年经营概况

2018 年在监管要求趋严、行业整体下行的外部环境下，国通信托有限责任公司（以下简称公司）保持稳健发展，取得了好于行业平均水平的成绩，核心业绩指标实现稳步增长，各项监管指标均符合监管要求。

截至 2018 年末，公司总资产为 82.98 亿元，净资产为 55.51 亿元。公司存续信托资产规模为 2 425 亿元，同比增长 3.1%；全年实现营业收入为 12.91 亿元，同比增长 6.73%；实现净利润为 6.52 亿元，同比增长 15.02%。公司净资产收益率达 12.47%。当年新增不良资产为零，新增不良率为零。

公司财富管理在发行总规模、客户数量等各项指标均实现较大增长，一般集合销售总规模为 177.6 亿元，同比增长 57%，其中直销规模为 132.6 亿元，同比增长 27%。

## 二、创新业务案例

### （一）资产证券化

公司承做的首批标准化 ABN（资产支持票据）业务在中国银行间市场成功落地。该笔业务是在银行间市场定向发行的标准化资产证券化产品，由公司与建设银行、中信信托联手发行，总额达 30 亿元。

公司作为受托机构和发行载体，充分借鉴国内信贷资产证券化的成熟做法和实践经验，重点对 ABN 的资产类型、风险隔离、交易结构、信息披露、参与各方的权利与义务等进行详细规范，强化对投资人的合理保护机制。公司将持续丰富银行间市场发行 ABN 产品的经验，不断拓展资产证券化产品业务市场，力争年内资产证券化产品规模突破 200 亿元，跻身信托公司资产证券业务第一方阵。

### （二）绿色信托

公司积极响应绿色信贷业务发展要求，将提高绿色金融服务能力、推进中小企业绿色信贷、构建绿色金融体系作为公司战略规划，持续加大对节能环保产业、新能源产业等绿色项目的支持，致力于实施绿色信贷，将企业环保守法情况作为项目尽职调查和评审的基本前提，对所有项目实行“环保一票否决制”，鼓励和支持环保、节能项目，推动企业走可持续发展道路。

截至2018年末，公司绿色信贷项目存续信托规模为17.95亿元，资金主要用于风能、太阳能等高效清洁能源的开发利用及绿色环保产业的基础设施建设，有力地支持了相关企业的发展。公司将继续加强学习，借鉴先进公司经验，打好基础，加快绿色信贷的发展。一是将绿色信贷理念融入公司业务发展方针、战略、流程、产品和营销中去，让绿色信贷的理念深入企业经营管理之中；二是坚持加大绿色信贷项目的开发力度，大力支持信托项目重点投向环保领域，对于节能环保企业的信托项目在审批时予以优先考虑；三是加强与银行和相关企业的合作力度，进一步发掘绿色信贷市场机会，争取做大绿色信贷规模；四是持续加强员工的绿色信贷知识培训，使抵制环境污染、支持绿色产业成为员工的自觉行动。

## 三、社会责任履行情况

报告期内，公司重视发挥企业社会价值，履行社会责任。一是响应国家政策，坚持“脱虚向实”，加大支持实体经济的支持力度，进一步拓展普惠金融、资产证券化、家族信托等信托本源业务，引导资金优先投向实体经济。二是始终秉持持续为客户创造价值的理念，为合格投资人提供丰富多样的信托产品和个性化定制式的财富管理服务。公司切实履行了“受人之托，代人理财”的受托责任，切实满足了客户财富保值、增值的要求，成为众多高净值客户的投资首选。三是积极设立的“爱·共成长”公益项目，践行社会责任。四是将人才视为企业最有价值的财富，帮助员工提升个人价值，实现公司、客户、员工利益的共同增长。

公司将继续全面履行合格企业公民职责、努力承担更多的社会责任，在实现自身可持续发展的同时，持续回报股东、客户与员工，力争在推动地方经济发展、民生工程建设、金融生态改善和社会公益事业等方面作出新的更大贡献。

## 四、2019年发展规划

2019年是中华人民共和国成立70周年，是全面建成小康社会、实现第一个百年奋斗目标的关键之年，也是公司实现“三年战略目标”的攻坚之年，公司将坚持稳中求进的工作总基调，把防控风险放到更加突出的位置，模范践行金融支持实体经济重大任务，促进公司经营实力明显增强，经营效益稳步提升，资产质量持续改善，经营结构渐趋优化，确保完成各项年度经营目标。

2019 年，公司将着重做好以下七个方面的工作：

一是加强党的领导，构筑党建引领新格局。公司全面加强党的建设，贯彻上级决策部署；加强党风廉政建设，筑牢拒腐防变根基；坚持党委领导核心，党建引领促进发展。

二是强化公司治理，完善夯实公司发展基础。公司加强“三会一层”建设，提升公司治理能效；严格问责管理，强化风险文化；加强目标管理，优化考核体系；加强制度体系，稳固内控基础。

三是执行战略规划，引领公司业务转型升级。在监管部门和集团公司的指导下，公司制定年度经营目标；提升投研水平，推动战略谋划再上新台阶；对标行业头部，打造国内一流信托公司。

四是夯实业务能力，培育差异发展特色优势。深耕信托基础业务，提升金融服务水平。其一是推动传统融资业务升级提档。做专做精基础设施和房地产业务，在合规的前提下，基础设施业务要提升项目准入评审标准，重点关注并持续跟踪平台企业本身的经营状况与还款能力。进一步加强与头部房地产企业合作，升级传统合作方式，探索成立房地产信托基金。强调支持实体经济，有效解决民营和小微企业融资难、融资贵的问题。其二是大力推进资产证券化、普惠金融等创新业务。其三是发挥信托服务职能，大力拓展账户管理性质、财务管理性质等潜力巨大的服务类信托业务。深化财富管理改革，培育资金核心动能。其一是丰富财富管理销售团队人员配置，强化考核，下放权力，实现权责一体化。其二是加强金融同业联系力度，在金融机构代销领域取得较大突破。其三是加强内部沟通，丰富产品类型、提高产品质量、优化产品定价。其四是加强与股东公司、金融机构、上市公司等合作，推动信托项目销售。精准发力产业金融，发挥产融结合优势。其一是继续主导成立产业基金，围绕上市公司和引导基金做并购基金和招商基金。其二是围绕粤港澳大湾区、长江经济带等重点区域和泛半导体、信息安全、大健康、现代服务业等重点产业的上市公司，提供投资银行、财务顾问等服务。其三是发力供应链金融，打造资产管理核心能力，提升对实体产业的服务半径。

五是完善风险架构，构建全面风险管理体系。完善风险管理体系，优化审批资源配置；持续加强流动性管理，提高资金运用效益；加大风险化解力度，做好资产管理工作。

六是优化内部管理，提升精细化管理水平。着力优化财务核算，提升资产负债管理能力；加强核心团队建设，提高专业队伍力量；推动金融信息建设，铸造科技金融平台。

七是加强文化建设，不断提升品牌影响力。以公司愿景为目标，加强企业文化建设；加强新闻舆情管理，着力提升品牌形象。

# 杭州工商信托股份有限公司

## 一、2018 年经营概况

### （一）主要经营指标

截至 2018 年 12 月末，杭州工商信托股份有限公司（以下简称公司）总资产为 53.53 亿元，净资产为 40.75 亿元。2018 年 1—12 月，公司实现总业务收入为 11.38 亿元，同比增长 10.46%，其中，信托业务收入为 7.41 亿元；实现利润总额为 8.50 亿元，净利润为 6.38 亿元，同比增长 11.45%。2018 年公司资本利润率约为 16.72%（合并口径）。

### （二）受托管理信托资产规模

截至 2018 年 12 月末，公司受托管理的信托资产规模为 524.17 亿元，同比增长 3.62%，其中集合资金信托计划 73 个，合计规模为 488.79 亿元；单一资金信托 12 笔，规模为 25.38 亿元；财产信托 1 笔，规模为 10 亿元。

### （三）信托业务清算情况

2018 年，公司共清算信托计划实收信托规模合计 239.55 亿元，其中，完全清算兑付集合资金信托计划规模合计 117.31 亿元，受益人加权平均实际年化收益率为 7.35%；单一资金信托规模合计 17.28 亿元，受益人加权平均实际年化收益率为 4.67%。已清算信托计划均为投资者实现了良好收益。

### （四）推进战略实施

公司充分发挥信托的“投融资兼备”功能及专业子公司的平台优势，助力企业发展、服务实体经济。2018 年，公司分别在供应链金融、资产证券化、慈善信托、家族财富管理等新领域及并购业务、基金化信托产品、股权投资等领域进行有效拓展，提升公司的投资管理能力与金融服务质效。

（五）加强内部管理

一是推进信息化建设，完善流程优化及数据治理。二是注重深化信托业务转型，加强风险管理。三是切实推进金融消费者权益保护工作。四是加强党建工作，为推进战略目标实施提供政治保障。

## 二、创新业务案例

（一）固有业务

公司有序推进固有直接投资业务的开展。截至2018年末，固有投资业务涉足文化出版、融资租赁等多个领域，存续业务按照风险管理要求进行投后管理。2018年，公司以自有资金开展了两笔股权投资业务，累计金额为5 000万元（实缴金额为2 600万元）。

（二）信托业务

一是深化供应链金融服务。2018年1月，公司推出首只医疗供应链金融主题信托基金——“共赢1号医疗供应链金融集合资金信托计划”，已陆续为广西、湖南等地的医疗器械流通企业向公立医院或连锁药房进行耗材或器械配送而形成的资产提供供应链金融服务，累计合作规模为13 750万元；同年3月，“瑞茂通大宗商品供应链金融集合资金信托计划”正式成立，为上市公司瑞茂通供应链管理股份有限公司基于大宗商品交易而形成的资产提供供应链金融服务，累计合作规模为79 510万元。公司运用信托工具介入供应链金融服务模式，助推供应链金融服务实体经济。

二是股权投资信托业务持续推进。公司持续推进“投资化”发展战略，通过“股权投资+债权投资”的方式，开展了涿州项目等投资类信托业务，并积极探索“房地产+”领域的全面金融服务新机会。

三是家族财富管理业务有所突破。结合投资类业务的开展，公司在组合投资、家族信托及家族财富管理业务方面持续跟进相关客户，了解需求并进行沟通交流及设计方案，家族财富管理业务有所突破，已实现10亿元信托资产规模。

四是运用信托功能参与不良资产处置。公司相继推出“聚鑫1号”“聚鑫2号”特殊机会投资集合资金信托计划，以募集的信托资金投入不良金融资产处置行业，通过与专业机构开展业务合作，参与并拓展不良金融资产处置业务，拓宽业务领域。

五是推出并购主题信托基金。在以往多个房地产信托投资基金及其他基金化信托产品的经验基础上，推出首个房地产并购主题信托基金——“杭信·飞鹰20号房地产并购集合资金信托计划”，并对信托产品认缴制进行了首次尝试。该产品为采用分散投资策略、以房地产并购为投资主题的组合投资信托基金，尝试运用信托工具助力房地产行业盘活存量、消化库存，助力房地产供给侧结构性改革。

六是资产证券化业务有所突破。公司联合国开证券推出杭州青山湖安置房信托受益权资产支持专项计划，青山湖 ABS 采用“专项计划 + 信托计划”的双 SPV 结构，已完成放款 9.5 亿元。

七是携手信托同行共同设立慈善信托。公司联合浙江省信托同行共同发起设立“杭工信·之江 1 号生态保护慈善信托”。这是国内首单由多家信托公司共同合作设立的生态保护慈善信托，信托资金用于支持生态保护与公益慈善事业。

八是探索深化员工持股信托业务。公司继续深度挖掘被投资企业在员工持股（员工激励）、表决权信托等方面的具体需求，不断完善交易架构，运用信托制度及股权投资、债权投资等投资方式为客户提供综合性金融解决方案，推出“聚盈”系列等多个员工持股信托计划。

九是尝试开展绿色信托业务。公司与绿色科技地产运营商合作，尝试运用信托投融资功能支持绿色建筑的开发建设。公司推出当代置业晋中华都项目集合资金信托计划，规模约为 3.95 亿元，信托资金以股债结合的投资方式运用于房地产项目。该项目在《绿色住区标准》落地后成功通过认证，成为山西中国人居绿色住区共建项目。

十是支持民营经济发展。2018 年 12 月，公司与杭州金融投资集团有限公司等机构合作成立“杭工信·杭州金投工银稳健发展 1 号集合资金信托计划”，主要以债性方式为杭州的民营上市公司或其股东提供资金支持，维持企业稳定经营，促进地方经济持续发展。

## 三、社会责任履行情况

公司开展了“联乡结村”“春风行动”、助学捐赠、志愿服务等活动，积极承担社会责任，反哺社会，为构建和谐社会贡献力量。

### （一）出资捐赠社会公益基金会

2018 年 7 月，公司向浙江省阳光教育基金会捐款 2 万元；2018 年 12 月，公司向杭州市见义勇为基金会捐赠 5 万元。

### （二）持续开展帮扶工作

公司积极响应杭州市委、市政府号召，自 2007 年起已连续 10 余年主动参与“联乡结村”

帮扶活动，2018 年公司将每年为帮扶对象提供的帮扶资金由 25 万元增加到 30 万元，并结合帮扶对象与公司的实际情况，履行帮扶计划，实现综合施策、精准帮扶。

### （三）开展爱心助学活动

公司通过在浙江省阳光教育基金会建立的“杭州工商信托阳光助学基金”专户，持续为贫困学子们带去温暖。2018 年 5 月，公司的爱心代表们赴浙江省丽水市遂昌县湖山乡中心小学，将 278 份温暖的节日礼物赶在六一儿童节前送到学生手中，并与孩子们进行交流和互动；延续始于 2016 年的爱心助学活动，2018 年 7 月，公司 45 名员工向湖山乡中心小学 13 名贫困学生捐款 13 000 元；公司 3 名员工向江山市廿八都小学贫困学生捐款 1 500 元，持续为贫困学子顺利完成学业提供帮助。

### （四）开展慈善信托业务

公司作为委托人之一及受托人，出资 25 万元，与浙江省信托同行共同发起设立“杭工信·之江 1 号生态保护慈善信托”，运用信托功能支持生态保护与公益慈善事业。

### （五）连续多年热心参与“春风行动”

公司及全体员工积极响应市委、市政府发出的关于杭州市开展“春风行动”的号召，多年来一直广泛参与该项活动，为本市的弱势群体献一份爱心，也为建设和谐杭州担当一份责任。

## 四、2019 年发展规划

### （一）资产端

一是深化、强化房地产信托业务。结合房地产政策研究及公司的业务实践经验，保持较高的合作伙伴选择标准、项目筛选标准及项目（产品）风控要求，重视金融能力与行业能力相结合，提高业务质量，聚焦重点区域、重点项目，深化业务模式。

二是深入执行“投资化、基金化”战略，积极开展投资业务、基金化业务。

三是在梳理、总结的基础上，继续在供应链金融、资产证券化、不良资产处置、财产权信托等领域加大实践。

四是加强研发，探索消费金融、绿色信托、慈善信托等业务。

五是在固有业务方面，注重与公司整体战略目标的配合，加强自有资金运作与信托业务的良性互动，同时强化长中短期配合。

### （二）财富管理（资金端）

一是坚持自主营销，注重直销团队的打造，打造财富品牌。

二是优化销售激励机制，改进考核指标体系。

三是扩充直销团队、增设财富管理网点。

四是论证和探索搭建家族办公室，拓展家族财富管理/家族信托业务。

五是提升客户体验，增加客户黏性。

### （三）管理升级

一是进一步完善组织架构。

二是进一步强化风险管理。其一是围绕风险管控，提高业务标准，优化流程设计。其二是夯实内部基础设施建设，加强合规建设与法务建设，强化管控，构建立体化合规管理体系。其三是改进风险管理工作机制和业务决策机制，完善风险管理制度。

三是推进流程优化。其一是优化业务决策流程等内控流程。其二是进一步加强项目管理及后期管理的标准化，提高产品管理水平。

四是加快推进产品标准化建设。其一是根据资管新规要求，梳理公司现有的产品分类，建立标准化产品类型和标准化产品规范性要求。其二是修订及完善标准化产品审核办法，优化产品审查流程。其三是推动法律文本标准化、项目后期管理标准化等相关工作，建立标准化产品管理体系。

五是机制赋能。其一是建立相对市场化的激励机制。其二是建立前中后台互相评价机制。其三是完善员工晋升机制。其四是引进新团队。其五是优化团队工作制。

六是专业赋能。其一是对公司员工加强系统化、体系化培训，提高员工综合素质。其二是结合公司在房地产信托领域的优势与能力，加强外部业务交流与合作，整合金融能力与专业能力，搭建房地产研究院。

七是品牌赋能。其一是设立公共关系部，引进专业人才，加强品牌建设。其二是通过策略会等多种形式，开发并引流资金客户。其三是与媒体、监管机构等保持良好互动，展示公司品牌形象。

八是科技赋能。其一是以IT建设为抓手，推动系统改造、流程优化、网站改版、官微服务等工作，提升运营效率，开拓新的业务板块。其二是推进流程优化、标准化建设及数据治理工作，完善系统建设及信息化管理。其三是以IT系统建设为契机，兼顾风险与效率，实现流程再造、数据治理、服务提升，提高公司金融服务质量及整体管理水平。

# 湖南省信托有限责任公司

## 一、2018 年经营概况

截至 2018 年末，湖南省信托有限责任公司（以下简称公司）的资产总额达到 102.63 亿元，负债总额达到 27.84 亿元，资产负债率为 27.12%，净资产为 74.74 亿元。公司全年实收信托规模为 1 168 亿元，新增信托产品规模为 986 亿元，其中单一项目为 794 亿元，集合项目为 192 亿元。

2018 年公司实现营业收入为 12.56 亿元，净利润为 10.01 亿元，其中，信托业务收入为 5.40 亿元，固有业务收入为 7.16 亿元。

### （一）公司经营优势

一是区域经济发展所带来的优势。一方面，“一带一路”建设的加快实施，使湖南将沿海产业优势与内地科研优势结合起来，赋予了湖南通过科技创新推动经济竞争能力的“区位红利”，大大提升了湖南发展的战略定位；另一方面，当前湖南正在加快推进“创新引领，开放崛起”战略，产业项目建设也在大力推进之中，抓项目兴产业、发展实体经济、加快转型升级的氛围浓厚。湖南地区尤其是长株潭城市群经济增长加快，基础设施、高科技产业以及房地产业发展迅速，新兴产业、新兴业态金融服务需求不断上升。公司通过充分抓住湖南在推进“创新引领，开放崛起”以及启动内需、扩大消费和深化农村改革等方面的机遇，积极介入湖南本土重点建设项目，利用信托投融资平台功能为省内交通、能源、污水处理、土地储备、园区建设、轻轨建设等大型基础设施建设服务。

二是深厚的政府背景。1985 年，公司经湖南省人民政府批准，正式成立。作为湖南省唯一保留的信托机构，公司能够不断发展壮大，得益于省委、省政府及省财政厅的高度重视和大力支持。从成立之初的财政延伸工具，到回归信托本源，公司依托财政背景，始终围绕湖南省发展大局，发挥功能优势，为地方经济的社会发展提供投融资服务。多年来，与省内各地方政府、主要国有企业、金融机构建立了良好的战略合作关系。截至 2018 年 12 月末，公司集合类地方国企合作业务规模为237亿元。省内外与公司有业务往来的地区逾40个，累计合作的地方国企逾百家，其中正在合作的地方国企86家。

三是丰富的金融资源。公司的实际控制人湖南财信金融控股集团有限公司（以下简称集团）由省人民政府出资，省财政厅履行出资人管理职责，是湖南省唯一的省级地方金融控股平台、省属国有大型骨干企业。旗下拥有湖南信托、财富证券、吉祥人寿、湖南资产管理、财信产业基金、湖南联交所等全资或控股子（孙）公司30余家，业务范围涵盖信托、证券、保险、银行、资产管理、产业基金、产权交易、股权交易、期货、担保、创投、小贷等领域。公司依托集团的资源可为客户提供信托、银行、证券、保险、担保、交易等全方位、一站式金融服务。

四是稳健的风控体系。公司重视治理机制和内控机制的建设，从战略高度强化风险管理，提升风险管理技术，加强信息系统建设，优化绩效考核体系。建立了较为完善的风险管理架构，建立了风险管理的"三道防线"，建立"四级两会"的授权管理体系，实现了风险可控下的稳步发展，从发行第一个产品至今，所有到期集合资金信托计划均如期兑付，并实现了预期收益，荣膺"2018年度优秀风控信托公司"殊荣。

五是高素质的业务团队。公司作为省属国有金融企业，多年来为湖南省基础设施建设、保障性住房建设、园区建设、节能环保、实体经济等领域提供金融支持，合作业务涵盖产业基金、PPP项目、资产证券化、债务融资及财务顾问等多个领域。公司聚集了一批具备信托、银行、金融、法律、财经、信息、管理等较高学历的专业人才，在金融的各个领域拥有丰富的从业经验，分布在产品设计、受托经营、投资管理、市场营销、风险控制等重要岗位，高素质、专业化的人才结构，竞争机制与团队意识的有机统一，构成公司稳健发展的人力资源优势。截至2018年末，公司共有员工188人，博士研究生7人，占比为4%，硕士研究生70人，占比为37%，大学本科94人，占比为50%。2018年，公司还通过多渠道引进了一批年轻化、高学历、高素质的专业人才充实到前台部门和中台部门，其中包括引进3个成熟业务团队，扩充到业务一线；引进业务型人才担任运营管理部负责人。

六是优秀的品牌形象。作为综合金融服务平台，公司以市场为导向、以客户为中心，以优质高效的金融信托服务回馈广大投资者，有效保障了投资者的财富增值；作为公益事业的积极参与者，大力推进医疗、卫生、教育等社会事业发展，不断提升品牌形象和社会影响力，接连获得"诚信托——投资回报奖""AAA级信用企业""区域影响力信托公司""优秀财富管理品牌""年度责任品牌奖""湖南金融创新力量""湖南诚信企业"等众多荣誉。

### （二）公司面临的问题

一是公司的核心业务结构单一，没有形成可持续的业务发展模式，面临业务调整和转型的压力；二是资金募集能力不足，营销一直是公司业务发展的短板；三是自有资金主动管理能力依然不足。

未来，公司将继续坚持以服务地方经济社会发展为宗旨，围绕集团“精干主业、精耕实业”的发展方略，坚持“稳中求变、风控优先、强化协同”的业务发展思路，着力提高服务实体经济的效率和水平，切实防范金融风险，将有限的金融资源投向全省最迫切需要的地方，实现与地方经济的共同腾飞。

## 二、创新业务案例

### （一）信托产品基本情况

案例名称：湖南信托——“惠信 33 号至 37 号信用卡分期财产权信托”

信托规模：“33 号”总规模为 341 396. 64 万元；“34 号”总规模为 341 367. 86；“35 号”总规模为 341 643. 42 万元；“36 号”总规模为 341 723. 11 万元；“37 号”总规模为 343 572. 35 万元。

信托期限：优先 A 级预期到期日为 2020 年 5 月 17 日，优先 B 级与优先 C 级预期到期日为 2020 年 6 月 17 日，次级预期到期日为 2021 年 3 月 17 日。

受益人预期收益率：受益人预期收益率将以信托合同载明的收益率为准。

委托人：中信银行股份有限公司深圳分行。

受托人：湖南省信托有限责任公司。

贷款服务机构：中信银行股份有限公司深圳分行。

评级机构：联合资信评估有限公司。

法律顾问：北京市中伦律师事务所。

保管机构：中信银行股份有限公司深圳分行。

登记机构/流转平台机构：银行业信贷资产登记流转中心有限公司。

### （二）交易结构

中信银行股份有限公司（以下简称中信银行）授权中信银行深圳分行（以下简称委托人或中信银行深圳分行），将信用卡分期债权作为基础资产，通过公司设立惠信 33 号至 37 号共计 5 只信用卡分期财产权信托。信托成立时，中信银行深圳分行是唯一受益人享有信托受益权，信托受益权划分为等额的信托单位，包括优先 A 级信托单位、优先 B 级信托单位、优先 C 级信托单位和次级信托单位，中信银行深圳分行可以在银行业信贷资产登记流转中心有限公司（以下简称银登中心）依法转让其所持有的信托受益权，受让方通过购买并持有相应信托单位取得信托项下的信托受益权，联合资信评估有限公司对各级信托单位进行信用评级，优先 A 级信托单位的信用等级为 AAAsf；优先 B 级信托单位的信用等级为 AAsf；优先 C 级信托单位的信用等级为 A－sf；次级信托单位未予评级。

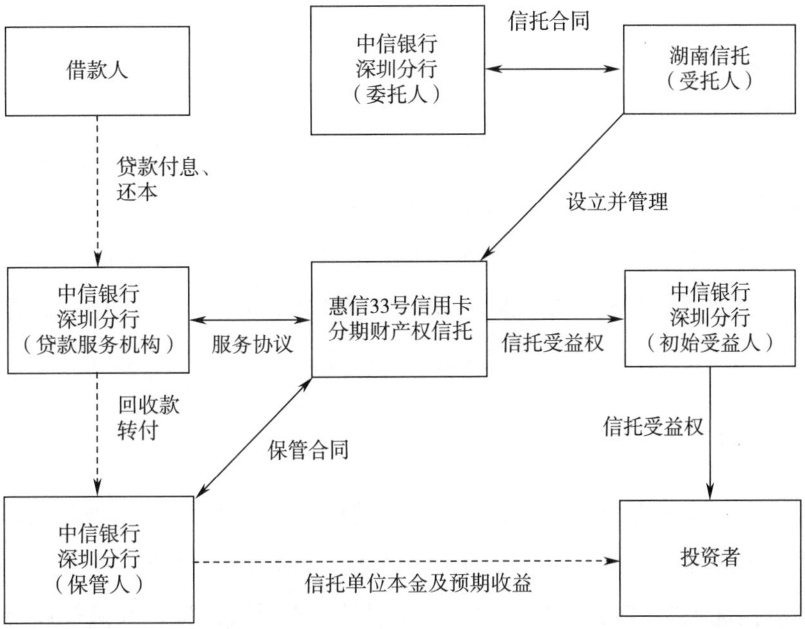


注：5 期信托产品交易结构相同，该交易结构示意图仅为 33 号产品的交易结构图，以示意之用。

**交易结构示意图**

## 三、社会责任履行情况

公司在支持实体经济发展的同时，高度重视公益慈善，彰显国企责任担当。一是 2018 年发行信托计划筹集资金为 1 168 亿元，缴税为 3. 16 亿元，为投资者创造收益为 52 亿元，支持了湖南省经济建设及贵州等西部省份的发展，保障了投资者资金的安全和增值。二是发挥信托功能积极支持公益事业，“湘信・善达农村医疗援助公益信托计划”已运行四年多，首批项目已共援建 10 个县的 51 个村卫生室和 3 个乡镇卫生院，投入资金约为 800 余万元。第二批项目选定辰溪县、绥宁县、城步县、桃源县、邵阳县、茶陵县、桑植县、洞口县 8 个县作为援建实施地，共计 42 个村卫生室、1 个乡镇卫生院的建设，援建资金为 500 万元。第三批项目选定慈利县、石门县、安化县、麻阳苗族自治县、湘潭县、沅陵县和汉寿县作为援建实施地，共计 3 家卫生院 42 家卫生室的建设，援建资金为 770 万元。三是于 2015 年伊始，精心管理和运行“自强助学金慈善信托计划”，截至 2018 年末，共捐助了 320 名高三考入大学的贫困学子。四是为深入贯彻落实党中央、国务院和湖南省委、省政府关于打好打赢脱贫攻坚战的战略部署，更好地履行社会责任，更好地回馈社会，公司向麻阳苗族自治县谭家寨乡腾紫坪村精准扶贫项目捐赠10万元。

## 四、2019年发展规划

### （一）战略规划

紧密围绕财信金控集团“精干主业、精耕实业”发展方略，坚持“稳中求变、风控优先、强化协同”的业务发展思路，通过“调结构、稳收入、降成本、控风险、稳预期、强交流”等措施，提质升级地方国企合作业务，加大对房地产、资本市场、消费金融等业务的开展，稳步提升发展质量和盈利水平。严格控制风险，积极主动谋求创新转型，提升投融资的自主管理能力，加速核心竞争力的形成，推动质量和效益的双提升。

### （二）业务发展规划

业务发展思路为“稳中求变，风控优先，强化协同”。“稳中求变”，即巩固和升级传统优势业务，着力发展薄弱的业务板块，不断优化业务结构，并积极探索新业务模式，确保公司业绩的稳定增长；“风控优先”，即公司始终把合规与风控放在首要位置，在坚守风险底线的基础上来开展业务，绝不追求业绩而放松风控；“强化协同”，即公司将充分依托集团内部资源，加强与各兄弟公司之间的业务联动，实现共赢。

一是信托业务。优化业务结构，其一是推动传统政信业务的提质升级，提高风控标准，优选交易对手，压缩财政实力偏弱的县级地方国企融资规模。其二是谨慎择优开展房地产业务，积极与实力较强的房地产企业展开合作，不断探索和优化业务模式，提高主动管理能力，形成可持续的业务基础。其三是积极开拓资本市场业务，培育主动投资管理能力，为未来财富管理、家族信托等业务奠定基础。其四是加大开展消费金融、供应链金融、资产证券化等业务，打造新动能。

二是自营业务。强化自有资金的运用和管理，坚持安全性、流动性、收益性的原则，在确保安全性的前提下，努力提高公司资金使用效率和收益水平，实现三者的协调统一。同时，加强自营业务与信托业务的协同，增强自有资金对信托业务的支持作用。

三是产品营销。从资金端来看，营销一直是公司业务发展难以突破的“瓶颈”，公司将持续加大营销拓展的力度，内部强化与外部引进相结合，充实营销团队力量，拓展异地营销，坚持全员营销；自主营销与机构代销同时发力，加大金融机构代销的力度，扩大资金来源；多措并举找资金，加强与银行、保险、券商、上市公司合作，努力争取低成本大资金，并根据客户的投资需求和风险偏好量身定做产品。

# 华澳国际信托有限公司

## 一、2018 年经营概况

2018 年，华澳国际信托有限公司（以下简称公司）截至 2018 年末，公司管理信托资产规模为 1 279.32 亿元，同比减少 8.68%；其中，存续主动管理规模为 176.96 亿元，同比增长 8.02%。

2018 年实现营业收入为 7.39 亿元，同比增长 29.40%；净利润为 4.10 亿元，同比增长 35.93%；净资产收益率（ROE）为 11.34%，同比提高 4.72%。

2018 年费效比为 27.66%，同比降低 2.72 个百分点，费效比控制成效好。

### （一）扎实推进各项业务转型，持续优化资产结构和客户群体

一是巩固传统信托业务，提升主动管理能力。2018 年，公司新增事务管理类信托 65 个，新增规模为 415.41 亿元；截至 2018 年末，存续事务管理类资产规模为 1 102.36 亿元，占比为 86.17%。

同时，公司坚持审慎展业原则，有效规避多个风险项目；进一步加强存续业务的风险监测和管理，提前退出风险项目 2 个，规模为 5 亿元；增强风控措施 1 个，规模为 3 亿元。截至 2018 年末，主动管理规模为 176.96 亿元，占比提升 2.21 个百分点。

在巩固大客户基础上积极谋求"服务创新"。例如，与世茂集团合作的首单商业房地产抵押贷款支持证券（CMBS）"澳悦 2018 年第一期财产权信托"，也是北京金融资产交易所首单 CMBS。

2018 年，公司证券信托受股指下跌影响规模下降，但全部存续产品未出现风险事项，以 FOF、银行间债券投资、股票场外质押等为突破口的新增业务稳步推进。

二是挖掘银行证券代销渠道和空间，重塑直销财富管理服务体系。2018 年，公司累计发行主动管理产品 40 款，募集资金为 90.71 亿元，加权平均年化资金成本为 8.23%。其一是建立和深化与兴业银行、海通证券、中信银行的代销合作，新增上架产品 6 款，募集 46.42 亿元，同比

增长 248.22%。其二是集中力量理顺直销激励分配机制，优化直销组织体系和团队编制，着力提升理财专业能力和募集效率；通过品牌活动、增值服务等方式增进互动、提升体验，积极向家族信托、保险金信托等领域拓展。2018 年，公司存续高净值客户从 724 户增加至 1 060 户，增长 46%；直销募集规模为 37.64 亿元。

三是发挥自营投资创收能力，优化流动性管理水平。2018 年，公司固有业务实现营业收入为 4.07 亿元，管理项目 19 个，管理规模为 50 亿元（支持公司信托发行规模为 9.83 亿元）。增加同业授信总额为 12 亿元，获得中国信保投资资金为 10 亿元，有效降低资金成本。多手段化解风险资产，减少新增风险资产为 3.39 亿元。积极探索各类业务合作模式，尝试拓展消费金融市场。

### （二）完善风控合规治理体系，夯实风险管控“三道防线”

2018 年，公司坚持“依法经营、合规展业”基本方针和“风险为本”根本底线，持续推进全面风险管理体系框架建设工作，严把审核关，强化管控力度，持续加强对存续项目投贷后期间管理及资产五级分类归口管理工作，资产质量保持良好，存续项目运营情况正常，各项指标均符合监管要求。2018 年，公司所有清算信托计划均如期或提前兑付。公司 2018 年监管评级等级为发展类、B+，提升 2 级；2018 年人民银行综合评价等级为 B；行业评级等级为 B，提升 1 级。

一是加强合规法律管理，提升整体合规水平。公司持续开展“合规创造价值”专项活动，增强全员合规意识，培育合规文化，提高全员合规风险识别和控制能力，切实有效防范各类合规风险。

二是提升审批服务效率，做好存续项目管理，防范化解潜在风险。公司精准把控项目事前、事中、事后全流程风险要点，巩固前台、中台、后台“三道防线”，加强项目审核效率和质量，防范和控制新发生风险。进一步加强项目存续期间的投贷后管理、风险动态监控和流动性管理，多手段及时处置化解出现信用风险苗头的项目 3 个。

三是强化审计稽核工作，推动内控质量提升。公司完善审计制度建设，规范内部审计工作流程，提升内部审计质量和效果。2018 年公司分别开展消费者权益保护、信托业保障基金等 4 次专项审计，13 人次离任审计项目和 3 次集合信托计划终止审计，并配合集团审计部开展公司 2018 年运营专项审计。严明纪律，持续开展“廉洁约谈”，内部问责四部门 7 人次，教育员工坚守底线、恪尽职守、廉洁从业。

### （三）加强中后台基础管理，提升战略支撑保障能力

围绕“小而美、精而专”的战略目标，2018 年公司进一步完善组织架构，积极打造精干、

高效的中后台战略支撑组织，探索整合运营科技、财务管理资源，加强专业复合型人才队伍建设，推动企业文化和公司品牌建设，保障各项业务稳健发展。

一是优化组织架构，探索建设大运营体系。公司撤销运营管理部、信托财务部，成立运营部和信息科技部，集成现有人力、系统等资源，提升运营效率，探索建设大运营体系。加强科技投入，不断提升 BIP、OA、SAP 等系统运行稳定性和兼容性，切实提升公司审批、项目管理、报表统计的自动化水平。

二是加强人才队伍建设，推动公司品牌形象提升。2018 年公司聘任各类人才 87 人，其中高管 1 人，中层管理人员 15 人，专业人才 41 人，重点保障前台和中台用人需求。通过开展党员“两学一做”、上海国际马拉松、团队拓展和集体生日等活动，凝聚人心、增进共识。

截至 2018 年末，公司荣获《证券时报》“2018 年度突破成长信托公司”奖；第七届中国财经峰会“2018 杰出品牌形象奖”；新经济论坛“摘星奖”——2018 中国最具发展潜力信托公司；公司高级副总裁杨伟琳同志荣获“陆家嘴金融城十大”评选活动“陆家嘴十大金融之星”荣誉称号，运营管理部总经理助理孟宪锋先生荣获“陆家嘴十大海归精英”荣誉称号。

## 二、创新业务案例

### （一）信托业务

2018 年，公司积极支持实体经济并寻求业务模式上的创新。截至 2018 年 12 月末，公司投向工商企业的项目个数为 67 个，存续规模为 326.34 亿元；投向基础产业的项目个数为 116 个，规模为 492.55 亿元。在公司存续的 279 个项目中，支持民营企业的信托项目个数为 47 个，规模合计 249.21 亿元，占比存续规模的 19.52%。投入基础产业的项目达 116 个，存续规模为 492.55 亿元，占存续规模的 38.58%。“华澳·臻益 191 号宜兴城投单一资金信托”“华澳·臻益 200 号镇江交产单一资金信托”“华澳·新农市镇单一资金信托”3 个项目总计信托规模为 10 亿元，均是围绕长三角核心区域，努力通过金融对接、产业对接、社会事务对接来促进长三角一体化的协同发展。

此外，公司在慈善信托、家族信托、FOF 及绿色信托等方面进行了尝试。慈善信托方面，邀请原银监会非银司司长高传捷至公司开展慈善信托的专题讲座，并安排专人至四川西南凉山彝族自治州、内蒙古自治区最西部的阿拉善盟进行实地考察；家族信托方面，首单“臻爱家族一号单一资金信托计划”已于 2019 年 1 月成功落地；“华澳·臻益 194 号华光股份单一资金信托”打开了创新绿色信托的大门，该资金用于承接与实施各类型节能环保服务项目，为公司的重要尝试之一。

（二）财富管理业务

截至2018年末，公司财富条线尚未落地创新业务，但公司高度重视家族信托等本源业务，已从最初的试点态度提升到公司战略高度，依托信托自身灵活的制度优势和强大的创新能力，按照市场化、国际化、标准化、普惠化的发展路径，不断丰富公司资产管理产品线，增强相关投资领域的专业投研力量，提升财富顾问、风控人员、运营支持人员的专业能力，增加业务储备。

## 三、社会责任履行情况

公司通过打造“华澳·臻财富”品牌宣传活动、客户沙龙体验等增值服务方式，增进互动、提升体验，积极向家族信托、保险金信托等领域拓展，全面构建臻财富管理品牌，不断提升华澳特色的可持续竞争优势，提升客户满意度、品牌影响力，树立社会财富优秀管理者的形象。

2018年，公司进一步完善组织架构，积极打造精干、高效的团队，探索整合运营科技、财务管理等资源，加强专业复合型人才队伍建设，重新梳理修订条线岗位序列和职级薪酬框架，解决历史遗留问题，发挥考核激励约束作用。

深入开展公司各党支部民主生活会，增强以推进“两学一做”的学习教育常态化为抓手，着力于党的思想、组织、作风和能力建设，开展了预备党员发展计划、“陪伴失独老人一起过端午节”主题关爱活动、参加中国共产党人家风展览活动、推进党员积分制等工作，充分发挥党组织战斗堡垒作用和党员先锋模范作用。

依法保障职工各项权利，建立民主管理机制，不断完善员工参与制度，召开了2018年职工代表大会，全体职工代表审议通过了新修订的员工手册、劳动合同等制度。不断完善员工保障，关切职工身心健康。开展潍坊街道慈善公益联合捐、陆家嘴金融城龙舟赛、上海国际马拉松等公益活动，进一步丰富了员工业余生活、增强了公司凝聚力和向心力。

## 四、2019年发展规划

2019年，公司的总体经营策略是，面对复杂多变的经营环境，公司坚定“小而美、精而专”的战略目标，坚定不移地贯彻“稳发展、控风险、强基础、促转型、增效益”的发展思路，坚定不移地推进“被动管理向主动管理转型、债权投资向股权投资转型、资产端向资金端转型”，坚持稳中求进，严控风险，整合资源，培养人才，扎实管理，加大科技投入，激发创业创新活力，努力将公司打造成“中国信托行业领先者之一”。

# 华宸信托有限责任公司

## 一、2018 年经营概况

### （一）大力推进股权调整，稳步推动内部改革

2018 年，华宸信托有限责任公司（以下简称公司）继续积极推进股权调整工作，积极协调、配合新老股东单位请示内蒙古自治区政府、国资委、发展和改革委员会等上级部门出具相关解释说明材料，圆满完成对相关事项的解释说明及材料上报工作，于 8 月取得国家银保监会关于核准公司第一大股东变更事项的批复，并高效完成了工商变更登记、备案及信息披露等后续工作。

同时，公司 2018 年入选国务院国资委国企改革“双百企业”行列，在内蒙古自治区国资委的正确领导和大力支持下，有序推进各项改革工作。按照年初工作安排，以“优化工作流程、提高工作效率、强化工作专业性”为导向，积极推进内部机构调整，优化完善配套的岗位设置、激励约束机制，进一步激发活力。

### （二）克服不利条件，稳健开展业务

2018 年，公司充分利用现有条件推进单一类信托业务和自有资金投资业务，并积极学习研讨新形势下业务发展方向，前瞻性地规划公司信息化建设，为下一步业务全面开展、转型创新提供有力支撑。

一是克服不利因素，稳健开展业务。公司将以参与地方政府化解债务风险作为重点业务方向，年初派出调研组陆续前往兴安盟、阿拉善盟、包头、乌海、乌兰察布等地调研，对当地政府债务、资产等情况进行初步了解，力求在严守合规底线、严控风险的前提下，主导或联合其他金融同业，为地方政府化解债务风险提供市场化解决方案。同时，加强优质项目储备，年内对接了多家高端交易对手，就消费金融等业务模式进行了积极探索。

固有业务方面，综合考量产品期限、品种的优化组合，兼顾流动性和收益性，合理配置投

资结构，资金收益水平显著提高。同时，全面分析研究国内理财市场，重点对运行稳健、综合排名靠前的机构、产品进行详细了解，为当前和增资扩股完成后自有资金投资业务提供指导。

二是大力开展学习。公司围绕年内发布的资管新规、行业尽责指引等内容，积极组织员工开展内部研讨、学习，多次聘请业内专家开展专题培训，从政策导向及业务实操等多个角度进行全面解读，更好地把握监管趋势。同时，积极派遣高管、干部参加行业研讨、培训，及时向公司员工传达培训要点，更好地掌握行业动态。

三是强化信息化建设。在全面调研行业信息化发展现状、未来趋势和系统梳理公司当前信息化建设水平、未来需求的基础上，研究制定了《2018—2020 年度 IT 建设规划》。按照分步实施原则，确定了以“强化基础软、硬件保障，符合最新监管要求”为目标的 2018 年 IT 建设任务及相关预算安排，并圆满完成。

### （三）强化中后台管理，为业务发展提供有力支撑

公司坚持依法合规经营，建立了较为全面的内控制度体系，并根据实际不断完善，年内制作了新一版制度汇编，内容涵盖公司现行内部控制、风险管理、业务管理等 12 个大类共计 150 余项制度，确保各项工作均有据可依。同时，通过强化、细化日常考核和开展内部审计等方式，及时发现并整改工作疏漏，确保各项制度执行到位。此外，组建督察组，建立重点工作台账，实时掌握工作进展，有效督促责任部门，确保工作贯彻落实。

同时，坚持问题导向，梳理近几年上级部门考核、各类监管检查、审计、巡视中发现的问题，尤其是内蒙古银保监局在暂停公司业务时指出的各项问题，并以此为切入点，深入查找各条线工作的薄弱环节，追根溯源，结合各项监管要求和公司实际，定方案、抓落实，积极推进恢复业务工作。对于已完成整改的问题，通过合规检查、内部审计稽核等方式，随时监督日常执行情况，防微杜渐，发现问题再次发生或执行不到位的及时予以提示、纠正，督促员工形成良好的工作习惯，有效提升公司整体基础工作水平。

### （四）严抓风险管理，积极推进风险项目处置

2018 年，公司继续严抓日常风险管理。一方面，对拟开展项目进行全面风险审查，有效揭示风险点，把好准入关；强化存续项目管理，开展全面风险排查，实地走访各项目融资方，逐一落实还款来源，发现个别项目存在一定的风险隐患，经统筹安排、积极处置，均已妥善化解。另一方面，重点推进各风险项目的处置工作。召开专门处置会议，根据各项目特点制定了针对性的处置方案和计划并有序推进，并取得了显著成效，部分风险项目以现金回收方式彻底化解，其他各风险项目处置也均取得不同程度的进展，整体情况乐观。

## 二、社会责任履行情况

2018年，公司严格遵守国家法律法规，认真贯彻执行国家经济金融政策以及各项监管要求，大力支持实体经济发展。坚持诚信经营，自觉履行纳税义务，严格按照税法规定及时、足额缴纳各项税款累计408万元。公司主动落实金融机构反洗钱、案防和消费者权益保护责任，不断完善工作制度体系，积极配合监管部门进行金融知识宣传，年内开展了“非法集资宣传月”“金融万里行”等活动。

公司高度重视扶贫工作，年初召开专题会议学习内蒙古自治区脱贫攻坚相关会议文件精神，总结以往年度工作经验、成果，部署年内扶贫工作，选派干部编入对口帮扶点驻村工作队，积极参与到对口帮扶点扎赉特旗前进嘎查的帮扶工作中，资助贫困户抗旱打井、危房改造等。在原有工作基础上，公司充分发挥自身优势，探索扶贫新手段，结合对口帮扶需求，推出自治区首单慈善信托计划——“华宸信托2018济困1号慈善信托”，并响应信托业协会号召，积极参与乌兰察布扶贫工作，分别设立了“华宸信托2018善爱健康慈善信托”“华宸信托2018善爱助学慈善信托”，通过信托项目实现产业扶贫，并与保险机构合作，为建档立卡贫困户提供多重保障，得到了监管部门和行业协会的认可。

## 三、2019年发展规划

### （一）全面加强党的建设，树立正确的经营方向

坚持党的领导、加强党的建设是国有企业的“根”和“魂”，党建是做好经营工作的基础，党建工作的成败决定着国有企业的兴衰。因此，加强华宸信托公司党建工作是头等大事，要把党的建设与公司治理有机结合起来，把政治建设同统一思想和行动结合起来，把思想建设同提高公司凝聚力结合起来，要把组织建设同人才队伍建设有机结合起来，把支部建设同“两学一做”常态化，同“不忘初心、牢记使命”主题教育紧密结合起来，把从严治党同依法治企有机结合起来。

### （二）完善公司治理机制，体现受益人利益最大化的基本原则

公司治理是建立现代企业制度的基础，核心是建立有效的制衡机制。公司依照新修订的《公司法》《信托公司治理指引》，健全股东会、董事会、监事会和经营层，健全决策体系、监督体系和运营体系，强化董事会的决策能力，强化监事会的监督职能，强化经营层的运营管理能力，使其各司其职，形成运行有效、制衡有效、激励有效、约束有效的良性机制。同时，健全分级授权体制，责任层层分解，压力层层传导，形成决策科学、监督有效、运营规范的内部管

理体系，并积极推进增资扩股，增强资本实力和业务支撑能力。

（三）回归信托本源，强化主动服务能力和主动管理能力

资管新规的出台，旨在统一标准、消除套利、穿透监管、打破刚兑、防范风险，因此公司要发挥制度优势，扬长避短，回归受托服务和资产管理这两类本源业务，牢固树立以委托人为中心的服务理念，提高主动管理资产能力，提高资金端和资产端的匹配效率。

（四）全面加强风险管理，不断提升核心竞争能力

公司严格按照《信托法》和信托业务监管规则，建立和完善贯穿前中后台的以及全覆盖、全流程、动态式风险管理体系。要牢固树立为委托人负责的理念，公司按照委托人的风险偏好确定风险控制目标，以融资主体和底层资产作为风险管理目标，建立与各种外部信息的联结共享机制，切实搭建起穿透式的风险管理体系，形成简洁高效的风险管理流程。

（五）全面加强法律合规体系建设

法律合规是加强全面风险管理，实现稳健发展的基本保障。公司按照信托法、资管新规以及监管部门的文件要求，进一步加强制度建设。加强诉讼案件管理，积极应对重大案件和被诉案件，提高案件执行效率，将资产损失、声誉风险控制在最低限度。做细非诉业务指导，做好信托业务和固有业务法律咨询审查。完善授权管理体系，明确各类授权的具体事项。加强法律合规力量，在尽快招聘专业法律人才的同时，聘请专业能力强、业内口碑好的律师事务所和律师作为法律顾问，为信托项目提供法律服务。

（六）深化人事制度改革，建立市场化的选人用人机制

按照以德为先、任人唯贤、人岗匹配这一基本标准，制定华宸信托选人用人的具体条件、程序，体现公开、公正、择优，按照市场化的原则选聘人才，坚决防止选人用人上的官僚主义、形式主义和不正之风，坚持公开、竞争、择优原则，进一步拓宽选人用人渠道，改进选人用人方法，使公开招聘、竞争上岗、外部引入成为选拔公司人员的主要方式。

（七）加强企业文化建设，确保公司行稳致远

牢固树立信义、忠实、审慎、专业、创新的信托文化，消除急功近利的、以自身利益为中心的错误思想，把维护委托人的利益放在首要位置，成为全体员工的行为准则，为稳健经营打好基础。公司要树立和强化团队意识，目标一致，人尽其才，行动默契，形成组合战斗力。要打造学习型组织，务实创新，不断提高服务客户的能力。

# 华鑫国际信托有限公司

## 一、2018年经营概况

2018年，华鑫国际信托有限公司（以下简称公司）紧紧围绕“稳健发展、转型升级”主线，全力抓好“控规模、调结构、降风险、提效益”四大中心任务，不断提升主动管理能力和风险管控水平，持续优化传统业务结构，探索创新业务模式，加大服务实体经济力度，实现了健康持续发展。公司各项监管指标均符合要求，年内荣获“年度纳税信用A级”、监管B－级和行业评级B级、消保评级二级A、“年度金牌品牌力信托公司”、集团公司“信息化A级企业”等称号。

截至2018年末，公司实现营业收入为10.34亿元，利润总额为8.04亿元；资产总额为74.5亿元，负债总额为9.1亿元，所有者权益为65.4亿元，净资产收益率为10.8%；管理资产规模为2 657亿元，其中信托资产为2 583亿元（包括集合信托规模为1 087.79亿元、单一信托规模为1 368.63亿元、财产权信托规模为126.13亿元）。2018年，公司注册资本由22亿元增至35.75亿元。公司各项监管指标依法合规，未发生重大信托业务和固有业务的风险暴露事件，未发生公司和员工违法和严重违纪案件，进一步巩固和提升了稳健、安全的市场形象。

### （一）信托业务结构持续优化

着力提升主动管理能力和业务创新能力，重点聚焦资本市场、房地产、政信等领域以及高潜力细分产业、资产，定向培育专业投研能力，打造优势业务，增强核心竞争力。信托业务结构持续优化，全年新增信托项目232个，规模为937亿元。服务实体经济能力增强，投向工商企业、基础产业、房地产等实体经济的信托资金规模占比超过64%。

### （二）固有投资实现保值增值

“一主多元”业务格局更加完善，投研一体业务模式更加成熟。截至2018年末，公司固有业务投资余额为62.4亿元，实现投资收益为3.14亿元，投资收益率为6.1%，其中权益类收益率为8.9%。

### （三）风险管控能力持续增强

将风险管理与内部控制作为各项工作的重中之重，以“释放活力、管住风险、服务创新”为目标，坚持“依法合规经营与业务稳健发展相结合”的原则，逐步完善覆盖各业务类别、分管控界面的全面风险管理体系，打造轻型高效的全面风险管控新机制。

### （四）经营管理水平持续提升

坚持战略引领，完成了“十三五”战略规划修编，明确一体、两翼、三大方向、四大基石的战略规划，坚持解放思想，坚持新发展理念，保持了公司平稳有序运行。注重加强同业对标管理，形成了年度分析报告及专项提升方案，取得较好成效。

### （五）党建工作再上新台阶

在上级党组织的正确领导下，公司党支部坚持以习近平新时代中国特色社会主义理论体系为指导，深刻学习领会党的十九大、十九届二中、三中全会精神，落实新时代全面从严治党新要求，扎实推进“两学一做”学习教育常态化制度化，扎实做好各项重点工作，为公司改革创新、转型发展提供了坚强有力的思想组织保障。

## 二、创新业务案例

2018 年，受金融市场环境和监管政策的影响，信托业转型加快。公司适应行业发展的要求，积极进行业务创新探索。

在供应链金融创新方面，与北京华电力拓合作，成立供应链金融集合资金信托计划，为上游供应商提供应收账款融资服务。交易对手为北京华电力拓的主要供货商，信托资金受让交易对手持有华电力拓已确权的应收账款，产品分期发行。该项目有效解决了核心企业与上游供应商存在的账期问题，提高了采购资金周转效率，进而有效降低核心企业的采购成本，增加业务规模和市场竞争力，形成各方共惠的多赢格局。

在数字化信托、普惠金融创新方面，成立新网普惠数字 2 号财产权信托。由四川新网银行股份有限公司作为原始权益人和资产服务方，公司作为管理人，利用先进的金融科技手段，对底层信贷资产进行风险控制和管理，并进行信贷资产证券化，在银登中心进行信贷资产流转，支持普惠金融发展。

在 CMBS 业务领域，作为受托人，以双 SPV 结构，成功发行金融街威斯汀酒店资产支持专项计划。该计划当期发行规模为 30.30 亿元，发行利率为 4.96%，为截至发行日年度最低，全场收到投资额88亿元，募集倍数为2.93倍，成功帮助企业盘活了存量资产，丰富了融资渠道。

## 三、社会责任履行情况

### （一）坚持合规自律，依法规范经营

公司严格遵守各项法律法规，认真落实监管要求，积极推进内部控制体系建设，加强自律管理；严格按照有关法律、法规、规章要求，履行信息披露义务；自觉履行纳税义务，依法及时足额纳税；恪守社会公德和商业道德，遵守信托行业自律有关规定，积极践行《信托公司社会责任公约》；履行反洗钱义务，自觉维护国家金融秩序和金融安全；秉承“受人之托、代人理财”的契约精神，忠实履行受托责任。

### （二）积极响应国家宏观政策，服务实体经济

公司积极响应国家宏观政策，聚焦产业结构调整，主动对接“一带一路”建设以及国家级发展战略，优先支持符合国家发展政策的工商企业，为国家重要基础设施项目、战略性新兴产业的发展提供资金来源。投向实体经济的信托资金规模占比超过64%。

### （三）利用专业优势，积极支持公益事业

公司“2017筑梦壹号慈善信托”捐助了3名来自四川省宜宾市贫困家庭的大学生，捐助金额每人4 000元，共计12 000元。下一步，公司还将积极进行社会责任，通过金融机构特有优势，助力慈善爱心事业发展，实现更重要的社会价值。

### （四）勤勉尽责，维护投资者和受托人的利益最大化

公司高度重视消费者权益保护工作，持续健全消费者权益保护制度建设，从产品开发准入环节即融入消保理念，严格筛选交易对手，加强营销过程管理，做好客户风险测评、风险提示、客户面签和双录工作，畅通客户投诉通道，妥善解决客户投诉，努力提高客户满意度，切实保护消费者权益，2018年公司消费者权益保护监管评级为二级A。

## 四、2019年发展规划

2019年，公司将坚持以“稳健发展、转型升级”为主线，以回归信托本源、支持实体经济发展为使命，进一步增强主动管理能力、风险防范能力、价值创造能力、服务主业能力，持续

优化公司经营管理体制机制、业务发展模式、人才队伍结构，强化创新理念，践行产融结合，提供全方位、综合性的信托产品与服务，形成稳健可持续的盈利模式和核心竞争力，确保全面完成各项任务目标，努力开创转型发展的新局面。

一是主动适应求变，优化业务结构，多管齐下推动转型发展。公司坚持投融资并行发展策略，多在投行、财富管理领域下功夫。把握传统业务机会，做细、做深、做专产业链。加快发展创新业务，扩大公司的品牌影响力。

二是坚持价值投资，把握市场机遇，实现固有资金保值增值。公司发挥投研一体化优势，寻找符合公司自身特点的固有业务发展思路，在保证流动性的基础上，进一步拓宽投资渠道，丰富投资品种，提升投资收益。

三是深植合规理念，提升风控效能，牢牢守住不发生系统性风险底线。公司坚决将风险控制放在首要位置，以提高风险辨识能力为基础，以增强风险管控能力为重点，充分利用大数据等科技手段，强化信息管理和数据分析，持续加强全面风险管理体系建设，积极防控和化解各类风险，确保信托业务和固有业务不出现违约事件，确保不发生对公司稳定和形象造成不利影响的事件。

四是拓宽营销渠道，提升专业能力，擦亮华鑫财富管理品牌。公司进一步强化“以客户为中心”的理念，做好中长期财富管理发展规划，实现从产品销售向资产配置转变，从“产品专业化”向“服务专业化”转型，多措并举提升公司财富管理品牌的影响力和知名度。

五是夯实管理基础，激发管理活力，全面提升运营管理水平。公司定期对战略规划进行修订，对组织架构、人员管理、流程管理、绩效考核、信息系统等保障措施进行优化。积极对标央企信托公司，推动管理创新和体制创新，为公司的健康持续发展注入生机与活力。实施专业序列与技术序列“双轨制”发展，畅通员工晋升通道；完善绩效考评管理，优化人员结构，盘活人才资源。

六是抓实党建工作，加强规范化建设，实现党建与发展“同频共振”。公司推动习近平新时代中国特色社会主义思想学习贯彻向纵深发展；推动党的领导全面融入公司治理；推动党风廉政建设不断深入；推动巡视整改工作全面落实到位；推动党建工作向精细化、规范化发展。

# 华信信托股份有限公司

## 一、2018 年经营概况

2018 年，华信信托股份有限公司（以下简称公司）通过开展规范化的金融信托业务，不断完善法人治理结构，坚持防范风险、合规经营、持续创新、稳健发展的方针，积极参与经济建设，为社会提供灵活多样的金融服务，在取得良好经济效益的同时，也赢得了社会各界的广泛好评。

### （一）主要经营管理指标良好

截至 2018 年末，公司固有资产总额为 121.94 亿元，负债总额为 1.37 亿元，所有者权益总额为 120.57 亿元。全年实现营业收入为 11.46 亿元，其中固有业务收入为 5.28 亿元、信托业务收入为 6.18 亿元；实现固有业务利润总额为 10.41 亿元。

### （二）稳步开展信托业务，信托资产继续保持高质量

2018 年共发行信托为 624.6 亿元，兑付信托为 974.7 亿元，信托计划全部按期兑付，实际兑付收益率全部达到发行时的预期收益率；2018 年末，实收信托余额为 1 013.4 亿元；全年实现信托业务营业收入为 25.6 亿元；实现信托利润为 16.9 亿元。

### （三）拓宽金融领域，为大连建设区域性国际金融中心作出贡献

作为地方金融机构，公司以信托功能为基础，积极拓展其他金融领域。目前控股为大通证券股份有限公司和大连良运期货经纪有限公司。大通证券股份有限公司是大连唯一一家法人证券公司，也是辽宁资本实力最强、业务功能最全、监管评级最高的证券公司。大连良运期货经纪有限公司是大连唯一一家法人期货公司。

### （四）严格风险管理，实现稳建经营

作为中国最早成立的信托公司之一，公司一直坚持依法合规、稳健经营，始终将风险防控

放在首位。公司建立健全了科学完善的风险管理组织架构，制定了覆盖经营管理全过程的风险控制制度体系，并有效实施风险管理的监督与纠正机制，实现了防控风险与稳健发展的双重目标。特别是在近年来信托行业规模高速扩张的行业趋势下，公司坚持不盲目追求规模指标、不涉足高风险行业，很好地保持了自身的发展节奏。正是这种稳健的经营风格、完善的风控措施，使公司能够经受得住行业变革的考验，并能持续保持良好的资产质量和优良的经营业绩。自公司开展信托业务以来，全部信托计划均实现按期兑付，实际收益率均达到或超过预期收益率，得到了金融同业和广大客户的普遍认可。

## 二、社会责任履行情况

公司始终将履行企业社会责任作为一项重要的战略举措和对社会的郑重承诺，不断提高金融服务水平，诚信对待客户，合理保护员工合法权益，支持实体经济，热心公益事业，帮助弱势群体，保护生态环境，积极承担企业应尽的社会责任。

公司始终秉承服务实体企业、支持地方经济建设的宗旨，积极引导社会资金投向实体经济，通过贷款、股权、权益投资等灵活多样的方式为企业解决融资难题，促进地方经济转型升级。2018 年末，公司为实体企业提供融资余额 188.89 亿元，其中东北地区企业 67.84 亿元，其中大连本地企业 40.85 亿元。2018 年累计向受益人分配收益 74.84 亿元，实现净利润 8.07 亿元，全年贡献税收 4.64 亿元。

公司热心于慈善事业，2018 年首次创新开办公益信托业务，用于资助贵州贫困地区教育事业。公司一直倡导绿色办公和环保理念，重视人才引进和培养，引导全体员工在工作和生活中厉行节约，降低能耗，减少污染，为职工提供了完善的社会保障和良好的发展平台，切实履行了企业公民的各项社会责任。

公司坚持依法合规经营，严格执行各项监管政策及行业自律公约，维护公平竞争环境。尽职管理信托产品，全部到期信托计划均正常兑付，充分保障了受益人利益，在大连理财市场和信托行业内树立起了诚信服务、健康发展的企业形象。2018 年蝉联《金融时报》评选的“年度最佳风险管理信托公司”称号。

公司重视人才的引进和培训，切实保障员工的合法权益，在合理引导、发挥员工才能的同时，积极开展各项培训活动，不断提升员工综合素质，为员工实现自我价值提供优秀的平台。

## 三、2019 年发展规划

按照全域化、综合化、市场化的基本发展方向，以提升资产管理能力和盈利能力为核心，以风险控制为前提、团队建设为关键、机制完善为保障，致力于发挥信托功能优势，为客户提供安全稳健的金融产品和高效便捷的金融服务，将公司建设成为业内领先、品牌卓著、核心竞争力突出、牌照齐全的金融企业，以卓越的金融产品和服务为客户、股东、员工创造最大化价值。

为实现上述目标，公司将实施以下发展战略。

### （一）全域化战略

目前，公司已在核心城市设立了区域业务总部，负责本地及周边地区业务拓展。其他区域按照先做业务、再设机构的原则，业务量和收入达到一定规模后，再设立专门机构，形成基本覆盖全国主要经济区域的业务营销网络。

### （二）大客户战略

将金融机构、大型民企、上市公司、房企、央企或国企、政府平台公司作为营销重点目标客户。继续推进“总部对总部”战略合作，根据公司目标客户定位，大力开发流动性好、收益合理、涵盖不同领域的优质资产。

### （三）资源整合战略

经过多年发展，公司内外部积累了很多优势资源，今后要进行有效整合，充分利用，以此提升公司综合金融服务和市场竞争力。首先是整合集团内部资源，协同发挥信托、证券、期货功能优势，联合营销，为客户提供全方位、一体化的理财、投融资、投资银行、资产管理等服务，以整合营销模式，提升市场竞争力。其次是整合股东资源，与股东单位在市场、项目、资金、客户等方面开展全方位合作。

### （四）市场化人事薪酬战略

作为市场经济环境下的金融机构，必须要与市场接轨，实现市场化运营。首先是建立市场化的人才队伍。根据发展定位，公司需要大量的优秀专业人才，要通过市场化的选聘机制，面向全社会不拘一格优选各类人才。公司还将聘请专业机构配合完成人才招聘工作，鼓励员工推荐优秀人才，并设“伯乐奖”。在队伍管理上严格实施目标考核，实现能上能下、能进能出。其次是建立市场化的激励约束机制。公司将继续贯彻按劳分配原则，充分调动广大员工的工作积极性、主动性和创造性，激励和吸引优秀人才，既能体现内部公平性与外部竞争性，又将薪酬与业绩相联系，同时坚持严格考核和责任追究的原则。尤其是要加大风险考核在薪酬政策的占比系数，通过审计、考核等多种方式充分揭露风险，引导员工树立起健康、科学的业绩观、发展观。

### （五）全面风险控制战略

稳字当头、做好风控是公司发展至今的最宝贵经验。在当前和今后一个时期，在经济形势和行业发展复杂多变的大环境下，风险控制这根弦只能紧、不能松，并且风险控制在新形势、新条件下要有新思维、新方法。首先要实施流程优化与再造。现代金融企业要靠制度管理、靠流程管理，因此，要根据经济环境、监管政策和自身发展要求，进一步完善制度体系和流程设计，通过制度和流程管理和控制风险。其次要完善信息化风控措施。将风控管理作为公司信息化建设规划的重要领域，通过现代化手段与措施，实现对业务风险的实时监测与管理。最后要做好审计监督。本着全面性原则，审计工作要覆盖各项经营管理活动的全过程，不留死角和盲区。要进一步提升专业性，按业务类别划分专业小组，对各类业务实施专业化管理和审计。

# 吉林省信托有限责任公司

## 一、2018 年经营概况

截至2018年末，吉林省信托有限责任公司（以下简称公司）自有资产为66.88亿元（合并报表为69.78亿元），所有者权益为36.35亿元（合并报表为37.61亿元）。实现营业收入为4.6亿元（合并报表为5.27亿元），实现利润总额为4.66亿元（合并报表为4.42亿元），实现净利润为3.77亿元（合并报表为3.5亿元）。

信托业务方面。截至2018年末，公司管理存续信托计划215个，存续信托规模实现公司历史最高水平为872.84亿元。2018年新发行信托计划67个，新增信托规模为448.42亿元，其中，主动管理型信托规模占比为35%。2018年实现信托报酬为2.1亿元，信托回归主业成效明显，业务结构更趋合理，成为公司利润主要来源。

固有业务方面。金融股权投资收益总体平稳，公司投资参股、控股企业共计12户，其中上市公司3户，2018年实现股权投资收益为1.29亿元。自营贷款业务在审慎稳健的基础上加大短期贷款力度，资金市场业务债券交割量增加，2018年实现利息收入为2.53亿元。证券业务采取多元化的投资策略，2018年实现投资收益为539万元。

## 二、创新业务案例

公司结合东北地区农业经济发展实际情况，也在土地流转信托业务上进行了积极探索。经过前期多次调研及反复论证，自2017年4月成立第一只土地流转信托产品起，截至2018年10月末，已有三只土地流转信托产品在黑龙江省水稻产区成功落地。

公司开展的土地流转信托业务，在信托设立上，采用“财产权+资金”模式，同时为产品配备了土地服务商。此外，公司开展的土地流转信托业务还有一些与业内其他土地信托产品不同的特点。首先，在资金使用方向上，将资金用于扩大农业种植规模，不仅可实现集约化经营、发挥信托的金融属性，还能解决农业集约种植发展道路上的资金约束，直接惠农给其带来财富增值，实现多方共赢。其次，在产品结构设计上，信托计划下游嫁接了有限合伙企业，由信托和合伙企业共同负责信托财产的运营，并聘请农业供应链运营商和种植服务商分别对资金和土地进行专业化管理，这种模式将繁复琐碎的土地和资金日常管理下沉到合伙企业层面管理，使产品运作层次更加清晰，风险隔离机制更加完善。最后，以农业种植收入作为收益分配来源，提供土地种植服务的服务商即为财产权委托人，经济利益的高度一致性将调动其服务积极性进而提供更专业的土地种植服务。

## 三、社会责任履行情况

第一，法律规范的自觉遵守。自觉遵守法律规范，是企业必须履行的社会责任，是必尽责任。

第二，企业价值的充分体现。企业的价值体现在多个方面，对国家和社会要创造财富、缴纳税收等。充分体现企业价值，是企业基本的社会责任，是应尽责任。

第三，道德伦理的高尚追求。讲操守、重品行，保持高尚的道德伦理追求，是中华民族的传统美德。企业在遵守法律规范、体现企业价值的基础上，还应该对社会承担更多的义务，要有善心、有善意、有善举，热心参与社会公益事业。模范实践对道德伦理的高尚追求，是企业在自愿基础上履行的社会责任，是自愿尽责任。

## 四、2019 年发展规划

统筹考虑面临的形势和任务，2019 年，公司经营管理总体思路是，以习近平新时代中国特色社会主义思想为指导，全面贯彻中央和省委各项决策部署，坚持稳中求进总基调，坚持依法合规、稳健经营的工作思路，围绕“稳发展、控风险、促转型、增效益、强党建”重点工作任务，深化从严治党，回归信托本源，强化风险防控，服务实体经济，不断提高自主管理能力和创新能力，全面提升公司治理水平，努力开创公司高质量发展的新局面，更好地服务地方经济社会发展。

### （一）加快推进结构调整，着力推进业务创新

一是要继续优化业务结构。要充分研究政策和市场变化，紧跟国家经济结构调整、产业转型升级的大趋势，继续压缩银信通道类业务规模，大力拓展自主管理信托项目，稳健开展集合信托业务，持续提升主动管理信托规模占信托资产规模的比重。二是要突出回归实体导向。要在满足合规性以及风险可控的大前提下，充分利用和发挥信托制度优势，以股权、债权、基金

等多种方式，为实体经济提供多层次、全方位、宽领域的综合性金融服务，引导社会资金向优质产业配置，实现资本向实与资产增值的双赢。三是要加大业务创新力度。巩固扩大土地流转信托的规模效益，加大宣传推介力度，实现在本省的全面推广，同时打造有公司差异化优势、有鲜明特色的业务产品。要推动小微贷款信托、动产信托、消费信托等创新业务尽快实现突破，培育新的利润增长点，同时，积极布局探索资产证券化、慈善信托、家族信托等创新领域。四是要积极营造鼓励创新、支持转型的工作机制和氛围。公司业务发展创新委员会要完善工作机制、加强组织协调，立足解决业务创新中的实际问题，引导业务部门主动对接市场，第一时间关注市场前沿创新产品，第一时间结合公司实际消化吸收，为我所用。要注重创新产品的分享推广，定期利用学习培训、业务分析会等平台进行创新案例的交流，研究制定针对创新产品的差异考核激励政策。

在具体业务方向上要重点把握以下几个方面。一是厘清通道业务与事务管理类业务的关系。二是牢固树立“以客户为中心”的经营理念。三是要坚持立足本省，与吉林新一轮发展振兴同频共振。另外，以协助银行等金融机构处置不良资产为目的的财产权信托项目以及优质政信合作类项目可能成为一定时期内的业务机会。

### （二）统筹抓好固有业务，推动整体协调发展

进一步提升固有业务市场投资收益，创新资金运作和盈利模式，充分发挥资源优势，把握市场契机，严控业务风险，围绕客户的资金需求，统筹运作证券、贷款、资金市场等固有业务，力争最大限度地发挥自有和拆借资金的使用效益。2019 年还要推动公司担保业务的开展，进一步提升创利水平。

要进一步强化参股、控股公司的管理。坚持优化投资结构，加大资本运作力度，协同信托主业做好投资布局，提高投资管理水平，加强对参股、控股企业的日常管理和对接合作，通过资源共享、交叉融合等方式形成资源整合的协同效应，建立固有资金收益持续稳定增长的良性循环模式。天治基金公司刚刚完成主要领导的调整，新班子要以市场化导向积极认真统筹谋划，完善公司治理机制，重塑市场形象，丰富产品供给，尽快提升基金规模，提高风险防控水平，加强人才队伍建设。天富期货公司要进一步强化合规经营理念，强化对各类风险的管控，以客户需求为导向提升市场服务能力，加强业务创新和管理创新，尽快走上良性发展轨道。

### （三）拓展财富管理业务，积极推动营销体系建设

财富管理业务是与信托制度优势最为贴近契合，最具发展潜力的一项业务。我国目前财富管理市场约为 180 万亿元，到 2020 年将达到 220 万亿元的财富管理规模。公司在这方面进行过积极的探索，也走过一些弯路。未来一个时期，公司经营工作的一个重心就是深耕财富管理业

务。一是要强化责任担当意识。财富管理业务在目前的业务环境下对各信托公司的重要性不言而喻，大力发展这项业务已是信托行业的共识，公司党委对财富管理中心的成立与发展给予充分的关注和高度的重视。财富管理中心业务团队要提高政治站位，不仅要着眼于本部门完成工作任务以及实现部门绩效，而要立足于助力公司业务转型升级推动公司业务持续健康发展的定位开展本部门各项业务，要有应有的责任担当。二是下大力气拓展销售渠道。要行之有效地开展营销工作，积极拓展同业机构客户的合作广度和深度，立足团结和服务省内的高净值人群，加强对三方机构的合作管理，全力以赴地丰富资金来源渠道，竭尽所能地降低发行成本。要积极引入市场化营销团队，进一步提升直销渠道的比重。三是加强制度基础建设。不断完善制度机制和业务流程，将消费者权益保护工作和反洗钱工作贯穿于业务经营及风险防控的全流程。尽快完成信息系统的搭建，完善营销场景的建设，研究构建“吉信财富俱乐部”服务平台，提供形式多样、内容丰富的互动交流，稳定扩大高净值客户群体，增强客户满意度和忠诚度，打造特色财富管理品牌。

### （四）完善风险防控体系，切实守住风险底线

一是要严格履行尽职管理责任。高度关注政府平台、房地产、矿产等行业风险，警惕交易对手资金链条紧张、股权价值缩水、一房多卖、抵（质）押落空、变现能力差等问题，从项目尽职调查、风控措施、后续管理和风险处置等环节入手，提升对基础资产的动态估值能力和对资金流向、资金使用的管理能力，逐单监测项目进度和交易对手经营、财务、信用状况变化，有效防范交易对手偏离主业、过度扩张、高杠杆经营、涉及民间借贷等风险。二是要完善合规风控体系建设。根据监管政策的调整和业务发展的需要，积极做好内部管理制度评价工作，查找制度缺陷，进一步完善岗位职责、工作流程等一系列配套制度建设，把各项合规要求具体化、制度化，做到“有规可依”，同时要确保合规风控责任落实到人，加大制度的执行和检查力度，不断强化制度的约束力和权威性，做到“有规必依”。三是要进一步发挥内审、法务的把关保障作用。要根据公司的风险偏好和重点工作，采取定期和不定期审计、现场和非现场审计、专项审计和外部审计相结合的方式，提高审计项目质量。要认真做好合同协议事前审查、咨询等法律服务工作，严格执行法审意见，遵守工作程序、提高工作效率，不断提高懂法、用法、守法的意识。同时，妥善做好诉讼、清收等方面的工作，进一步加大风险处置和化解力度。四是要大力培育合规风险文化。将实施企业文化战略纳入中心工作，以合规风险文化为核心建立符合现代金融企业和公司人文实际的信托文化，树立企业核心价值观，培育和打造公司软实力，逐步将企业文化根植到员工经营行为及产品服务中。

### （五）大力推动管理升级，不断完善公司治理结构

一是要完善治理机制。坚持将党的领导贯穿到公司治理全过程，尽快完成董事会、监事会

换届工作，理顺经营层的治理架构。二是要加强人力资源管理。牢固树立人才是第一资源的理念，做好关键和紧缺岗位的人才引进，大力加强后备干部储备培养，加快建立数量充足、结构合理、梯次完备、面向未来的高层次人才储备培养体系。三是要加强财务和资产管理。强化成本控制，提高预算管理、会计核算、信息报送等工作的质量和水平。认真做好新个税法的员工个人信息采集工作及专项附加扣除政策的落实，履行好代扣代缴义务，确保每名员工享受到税收优惠的红利。四是要完善信息化系统建设。大力推进 CRM、网上信托和投资 APP 三大系统建设，实现线上销售、咨询等服务功能，加强客户信息的归集和分析，提升展业和管理的效率，为财富管理等业务加快发展提供有力的信息技术支持。同时，继续做好现有系统的升级改造和维护管理，确保信息安全。

### （六）加强和改进党的建设，形成抓落实促发展的良好氛围

一是要提高政治站位。牢固树立“四个意识”，坚定“四个自信”，做到“两个维护”，结合“两学一做”学习教育常态化、制度化，持续深入学习贯彻习近平新时代中国特色社会主义思想，用党的最新理论创新成果武装头脑、指导实践、推动工作。二是要强化廉洁自律。公司党委坚决拥护省委和省纪委有关调查公司前高管的决定，积极配合省纪委做好相关工作。严格落实党风廉政建设责任制，时刻绷紧廉洁自律这根弦，加大巡视监督和执纪问责的力度，切实用好“四种形态”，特别是第一种形态，发现问题及时提醒，“总算账”才能避免“算总账”，这是对同志最大的爱护。三是要落实党建责任。牢牢把握全面从严治党这条主线，按照新时代党的建设总要求，认真落实党建工作责任制，贯彻《中国共产党支部工作条例》，深入实施“新时代吉林基层党组织建设质量提升工程”和“五强一创”工程，不断丰富党建活动载体，开展好中华人民共和国成立 70 周年系列纪念活动，推进基层党建各项工作提质量、上台阶。四是要充分发挥好党员干部的先锋模范作用。公司全体党员干部要真正把自己融入公司改革发展全局中来，更好地适应新形势、新任务、新要求，冲锋在前抓项目、抢市场，以身作则树标杆、做表率，立足工作岗位，争创一流业绩，真正形成敢于担当、勇于负责、务实重行、真抓实干的浓厚氛围。

# 昆仑信托有限责任公司

## 一、2018 年经营概况

2018 年，昆仑信托有限责任公司（以下简称公司）上下贯彻新发展理念，紧跟新时代步伐，聚焦高质量发展，积极服务实体经济，有效防控系统风险，经营业绩稳步增长，党的建设成效突出，企业形象显著提升，综合实力不断增强，实现了持续健康发展。公司荣获宁波市“纳税50 强企业”“鄞州区慈善之光”称号（评奖机构为宁波市鄞州区人民政府）、中国资产证券化年度“创新机构奖”（评奖机构为中国资产证券化研究院）、第十一届“诚信托・最佳创新信托产品奖”（评奖机构为《上海证券报》）、第九届“金貔貅年度金牌信托公司”和“年度金牌创新力金融产品”（评奖机构为《金融理财》杂志）等荣誉。

截至 2018 年末，公司资产总额为 131. 76 亿元，实现收入为 15. 87 亿元，利润总额为 12. 89 亿元，信托规模为 2 896 亿元。盈利能力进一步提高。

2018 年，信托公司业绩普遍承压，就净利润指标来看，多数信托公司的净利润出现下滑，即便是行业前十强，净利润指标相较于 2017 年也出现了不同程度的负增长。在此重压之下，公司是为数不多的净利润呈正向增长的信托公司，发展前景可观。此外，经中国信托业协会 2018 年行业评级初评，确认公司评级结果为 B 级，进一步证明公司综合实力正在逐步上升。

## 二、创新业务案例

2018 年，公司各部门积极研究探索，大胆尝试，创新转型落地有声。一是理顺股权投资管理，创新组织模式，增设总投资顾问，专设股权管理岗位，巩固扩大股权投资业务成果。山东信托、山东 AMC、宁波 AMC 等金融股权投资贡献突出，昆仑信元基金创新业务投资，在互联网金融、消费升级、智能数据、绿色环保、新能源、新媒体等领域广泛布局，截至 2019 年初已投资 46 个项目，收益稳健可期。二是继续巩固在资产证券化业务领域的先发优势，创立全国首单物业费 ABN——中铁建物业收费权资产支持票据、北京首单持有型长租公寓 CMBS——三全公寓资产支持计划，具有标志意义的上海陆家嘴核心物业岚桥国际大厦ABS成功落地，较好地秉承了中央倡导的房住不炒的理念。三是紧随业内创新趋势，尝试保险金信托业务，全年累计落地4单。四是国联基金与昆仑能源积极探索新型合作模式，合资组建昆仑联合能源有限公司，共同开拓LPG零售业务，以专业化管理、高效率决策抢占市场先机。五是天津排放权交易所创新“引战”商务模式，成功引进战略投资者——蚂蚁金融服务集团，股权溢价30倍，成效显著。

## 三、社会责任履行情况

2018年，公司积极履行社会责任，一是开展扶贫帮困，建立困难职工档案，全年累计慰问员工106人次，支出帮扶经费35.7万元。同时还组织员工无偿献血、义务劳动等多项公益活动，树立了良好的社会形象。二是关心员工成长，积极落实体检、防暑降温、疗养等员工福利，组织新春茶话会、青年员工联谊会和“三八”节女工座谈会、趣味运动会等活动；每位员工生日时都会收到公司党委书记、总裁送上的贺卡和工会准备的鲜花、蛋糕。三是重视人才培养，调整薪酬结构，对引进人才、稳定人才起到了较好的作用。四是践行“快乐工作，健康生活”团队理念。积极组织员工参加集团内外体育赛事，篮球、羽毛球、游泳、瑜伽等兴趣小组活动蓬勃开展，为员工强身健体创造条件，丰富员工业余文化生活。五是组织员工培训，学习先进履责事迹，在企业内部营造社会责任工作氛围，参加志愿者活动，提高员工对社会责任工作的认识。六是强化消费者权益保护，修订《录音录像标准话术》，提高“双录”规范性和合规性，完善销售流程，制定《金融知识宣传教育实施办法》，多渠道、多形式开展消费者教育活动，强化客户风险意识。

## 四、2019年发展规划

2019年，公司将继续坚持以习近平新时代中国特色社会主义思想为指导，全面贯彻中国石油集团公司工作会议精神和中油资本工作部署，严格落实监管要求，持续推进“12345”总体战略，深度实施四大发展战略，稳步经营，稳健发展。

### （一）持续推进创新驱动战略，使创新成为高质量发展的不竭动力

创新是金融企业的灵魂。要完善创新体系建设，强化各专业创新工作小组职能，公司领导挂帅，抽调人员，制订计划，持续推动各专业小组创新进程；要明确创新方向、模式和管理，重点鼓励与四大发展战略配套的创新；要完善创新激励机制，对创新能力强、贡献大的团队和个人加大创新激励力度，引导和调动全员参与创新的积极性；要建立创新业务模式交流机制，

由创新团队总结业务模式，公司组织内部交流研讨，为后续创新工作提供可借鉴的经验。

### （二）持续推进人才强企战略，使人才成为高质量发展的根本动能

要坚定不移地推进员工、团队、职务、薪酬等市场化进程，强化业绩导向，激发内生动力；要继续大力开展全员岗位练兵和技能竞赛活动，深化活动内容和形式，营造人人努力成才、人人皆可成才的氛围；党政工团要为员工成才制定措施、搭建平台；各级组织要为员工成长献计出力、创造条件，要努力把公司建成全体员工温暖幸福的家庭、增长知识的学校、展现自我的舞台、公平竞争的赛场，凝聚员工与公司同呼吸、共患难，不断积聚高质量发展的根本动能。

### （三）持续推进区域发展战略，使市场成为高质量发展的关键动作

要按照“主动作为、提前布局”的思路，强化区域布局、业务布局和市场布局。区域布局在近两年发展的基础上继续探索，重点研究在湖北、安徽、江苏区域增设业务团队，拓展区域市场，提升市场份额；业务布局要加强宏观经济政策和产业发展方向研究，明确业务方向、行业比例和重点领域，形成业务结构布局方案；市场布局要深度研究市场、分析市场，进而适应市场、占领市场，增强市场敏感度，提升机会捕捉力，使市场在高质量发展中起到关键的引领作用。

### （四）持续推进规模效益战略，使规模成为高质量发展的强劲动脉

业务规模是企业实力的象征，是企业的另一张名片。一定的信托规模是经济效益的保障，是实现预算目标的基础，是公司高质量发展的前提。有效益不一定有规模，但没有规模就没有长远效益，公司要平衡好监管要求和持续发展的辩证关系，合理提升规模，达到规模经济。要继续合规地开展优质通道业务，促进规模与资本实力进一步匹配；要巩固资产证券化领域成果，大力推进 ABS、ABN 业务，扩大业务范围和规模；要继续加强团队力量，细化体制机制，加大存量资产盘活力度，向存量要资金，增效益，再投入，提规模。

# 陆家嘴国际信托有限公司

## 一、2018 年经营概况

2018 年，经济增速放缓，监管政策多变，市场波动加大，房地产市场受到抑制，股票市场萎靡不振，债市违约频现。随着资管新规配套制度政策不断落地，信托业面临统一监管、同场竞技的大资管竞争。在此背景下，陆家嘴国际信托有限公司（以下简称公司）以市场为导向，积极适应行业“新常态”，圆满完成了年度经营指标。

2018 年，公司实现营业收入为 11.2 亿元，其中信托业务收入为 8.96 亿元，固有业务收入为 2.24 亿元，实现净利润为 4.36 亿元，加权平均净资产收益率为 9.92%。截至 2018 年末，公司存续信托规模为 2 284 亿元，全年未新增风险项目，整体经营稳健，业绩符合预期。

### （一）强化资产端优势，谋划业务转型升级

一是围绕“3+3”业务布局，兼顾传统与创新业务。2018 年，公司制定了新三年战略发展规划，提出了“3+3”业务布局，即巩固升级房地产、基础实施、同业业务“三个核心”，重点推进资产证券化、股权投资、资本市场“三个突破”，在保证传统业务稳步增长的前提下，积极探索新型业务模式。

基础业务方面，公司积极发挥自身资源禀赋，紧密围绕集团“地产+金融”战略布局，着力打造房地产领域的核心竞争力。在展业思路上，由产品驱动向客户需求驱动转型，紧密围绕战略客户，以投资需求为导向，灵活运用多种金融工具，为客户提供定制化服务。

创新业务方面，公司设立专业部门，对资产证券化、融资租赁、供应链金融、消费金融、小微企业贷款等业务进行探索，加大创新布局。业务转型初见成效，落地了首单主动管理类家族信托，总规模为 10 亿元。

二是顺应监管导向，优化业务结构。2018 年，公司积极顺应监管导向，缩减通道业务，信托规模明显下降，主动管理能力大幅提升。

截至 2018 年末，公司存续信托规模为 2 284 亿元，其中单一信托业务占比为 32.99%，集合

信托业务规模占比为62.87%，财产权信托占比为4.14%。信托规模较上年末的2 849.35亿元下降19.83%，其中集合信托规模下降265.93亿元，单一信托规模下降73.94亿元。从存续项目的资金投向来看，房地产、基础产业和工商企业仍然是最重要的投资方向，占比分别为30.42%、27.31%和22.87%，其中，房地产业务占比由2017年末的18.8%提高至30.42%。

公司2018年新增信托规模为997.29亿元，其中主动管理类集合信托为469.69亿元，占比高达47.1%，较2017年的28%提升了19个百分点。公司充分发挥在非标投融资领域的资源整合优势，积极提升主动管理能力，持续优化信托业务结构。

三是发挥双主场优势。公司确立了布局"以上海为中心的长三角区域一体化，以青岛为中心的环渤海都市经济圈"的双主场战略。在青岛地区，公司积极发挥本土优势，紧密围绕本地战略客户需求，奇兵拓展山东战略要地。以青岛为中心的环渤海区域成为公司业务发展的重要增长点，从区域分布看，新增主动管理类集合项目中，山东半岛与青岛地区业务规模合计81.13亿元，占比为17.27%，较2017年的1.17%上升了16个百分点。

### （二）加强资金端能力建设，补齐资金短板

一是加强与金融机构总对总合作，提升业务能级。在同业渠道拓展方面，公司加大对金融机构的合作拓展力度，取得了良好成效。与各家银行持续深度合作，与证券公司开展战略合作与深度合作，在事务管理类项目、代销合作等方面均有所建树。

二是加强营销中心建设，提升资金获取能力。在财富团队建设方面，建立了市场化私人银行团队，专业化战略客户管理团队以及职业化机构客户管理团队，积极打造精细化财富管理队伍。同时，采用市场化激励方式，培育优秀理财经理，引入成熟的外部团队。为更好地引入体系内资金，设立"战略客户部"，重点服务股东、浦东国资以及青岛国资体系内客户，获取长期稳定资金，提高金融服务质量。2018年，公司高净值客户数稳步增长，统筹代销规模显著提高。

三是固有支持信托业务发展。在固有资产管理方面，公司加大信托业务支持力度，从信托与固有综合效益最大化的角度出发配置信托产品，为信托业务提供流动性支持，提高项目落地效率，在支持信托业务发展的同时取得了良好的综合效益。

### （三）加强风险管理，强化合规经营

一是构建风险量化模型，建立差异化风险管理体系。在制定业务指引、明确授权审批管理、建立房地产项目准入"白名单"的基础上，公司自主研发了房地产业务、基础设施类业务的评级模型，其中房地产业务信用评级模型使公司荣获了人民银行青岛市中心支行颁发的"青岛市信用应用实践创新成果优秀单位"称号。通过采用定性与定量相结合的方式，实现对各类风险的科学分析和评估，降低风险发生概率，为后续项目分级评审和分级管理提供了参考依据。同

时，公司针对不同层级的客户，建立差异化风险管理体系，给予差异化授信额度、承做条件和期间管理方案。

二是顺应监管导向，强化合规经营。2018 年是合规提升年，公司积极顺应监管导向，大力倡导合规为先的经营理念，从思想认识、组织保障、活动方案等维度层层开展各项合规活动，通过逐步调整合规政策、加强合规宣导和执行，不断强化贯彻、落实监管要求。同时，通过全员学习、考试等形式，在全公司范围内营造高层垂范、人人合规的良好氛围，增强全员合规意识，构建优越的合规文化氛围。

## 二、创新业务案例

公司积极发挥区位、股东等优势，积极拓展多元化资金渠道，推动创新转型。

在资金端发力家族信托业务。2018 年 6 月，公司成立发行“陆家嘴信托 · 世颂弘远家族信托 1 号”，以资产增值、财富传承、生活保障、子女支持为目的，结合公司的品牌、区域、专业、战略、股东资源、集团资源方面的优势，为委托人有效实现财产保值增值、财富传承提供优质服务。

## 三、社会责任履行情况

### （一）支持文化事业发展，荣获多项行业荣誉

公司独家冠名赞助“东方市民音乐节”2018 年 32 场演出，赞助青岛大剧院“2018 国际艺术汇”系列演出，为提升公司品牌形象、改善客户关系起到积极作用。同时，获得多家业内权威媒体评选的多个重要奖项，主要包括荣获《证券时报》颁发的“2018 年度区域影响力信托公司”、《上海证券报》颁发的“诚信托 · 创新领先奖”“最佳资产证券化信托产品奖”、中国经营报社与中国社会科学院联合颁发的“2018 卓越竞争力发展潜力信托公司”等。

### （二）扶贫济困，践行社会责任

2018 年 10 月在全国扶贫日到来之际，公司参与了由青岛市金融办参与主办的全国扶贫日青岛爱心帮扶行动活动，向青岛市贫困村平度村捐赠善款 3 万元。

### （三）维护客户权益，宣导消保知识

公司已制定了受益权转让、消费者权益保护、客户投诉、销售“双录”等管理办法。在营

销中心下辖设立消费者权益保护部，完善基础管理建设，进一步优化消保工作管理体系。深入了解客户理财需求，定期对客户反馈信息进行统计分析，在此基础上不断优化内部流程，提升客户服务精准度。通过官网、微信等平台宣传“双录”及消费者保护活动，提升客户对公司的认同。

## 四、2019 年发展规划

2019 年，公司将秉承“四端优化”“五项经营”的发展理念，针对资金端和产品端的薄弱环节，加大投入力度，补齐业务短板；针对管理端，推行扶优、扶强、扶新策略，支持部门提升发展能级。努力提升信托业务多元化水平，重塑营销体系立体化水平，强化中台管控专业化水平，提升后台保障精细化水平。

### （一）“五项经营”提水平、促发展

经营区域：以多元化为原则，提升信托业务品质，打造核心竞争力。经营客户：以立体化为目标，完善资金体系建设，提高资金匹配效率。经营风险：以专业化为导向，强化中台管控机制，推进差异化风控体系。经营人力、品牌：以精细化为牵引，提升后台服务保障，增强区域影响力。

### （二）“四端优化”补短板、“三扶持”

在资金端和产品端，重点是补短板。一是资金端，拓宽资金合作渠道，着力打造成为同业机构的资产配置和投资管理平台，针对代销和直销分别形成管理机制，增强资金匹配效率。二是产品端，积极发挥产品管理部的转化作用，搭建连接资产与资金的枢纽，优化产品设计，提高业务品质。

在管理端，重点是扶优、扶强、扶新。一是扶优，对特定领域具有比较优势的优秀部门加大支持力度，打造公司特色化业务体系，提升核心竞争力；二是扶强，对业务能力比较突出的部门给予更多支持，加大资源倾斜力度，打造多个一流团队；三是扶新，对公司发展具有引领作用的战略型业务加大扶持力度，增强固有资金过桥支持，优化考核激励机制，提升项目落地效率。

# 山西信托股份有限公司

## 一、2018 年经营概况

2018 年，山西信托股份有限公司（以下简称公司）实现营业收入为 34 805 万元（含卓融），完成预算 33 000 万元的 105.47%，其中固有业务收入为 18 830 万元，占比为 54.1%，信托业务手续费收入为 15 975 万元，占比为 45.9%。实现净利润为 6 426 万元，完成预算 8 596 万元的 74.75%。年化净资产收益率为 3.28%，较年度预算指标 4.15% 低 0.87 个百分点。

截至 2018 年末，公司固有资产总额为 25.18 亿元，负债总额为 5.96 亿元，净资产为 19.22 亿元。公司管理信托资产规模为 437.99 亿元，较年初 478.66 亿元减少 40.67 亿元，降低了 8.5%。其中主动管理资产规模为 73.76 亿元，占比为 16.84%；被动管理资产规模为 364.23 亿元，占比为 83.16%。

## 二、创新业务案例

公司始终坚持稳中求进的工作总基调，贯彻新发展理念，按照高质量发展的要求，结合信托行业发展态势，推进业务转型和创新。

### （一）审时度势，积极拓展事务管理类信托业务

在政策变动和市场波动的背景下，公司结合自身的管理能力和管理水平，在符合监管规定的前提下，积极拓展资金用于支持山西省经济结构调整和企业发展的事务管理类信托业务。2018 年，公司新增事务管理信托业务规模为 300 多亿元，为公司创造手续费收入为 3 000 多万元。

### （二）抓住机遇，顺利完成投资项目的清算兑付工作

公司紧盯市场，加强研判，抓住 2017 年末到 2018 年 9 月太原市房价上涨，房地产企业复苏

的有利时机，加强与被投资房地产企业的沟通协商，顺利完成了“山水庭院”“滨河果岭”两个投资项目的转让退出，累计为公司实现收入为1.5亿元，占公司全年收入的43%，其中信托手续费收入为0.48亿元，投资收益为1.02亿元。

### （三）主动协同，不断创新小微企业和民营企业金融服务

借助信托和担保双平台，加大对小微企业和民营企业的支持力度，2018年，为山西省中小企业累计提供融资13.15亿元。

公司严格执行国家环保法律法规、产业政策、行业准入政策等规定，关注淘汰落后产能，加大对绿色经济、清洁能源、低碳经济、循环经济的支持；大力发展绿色金融，支持发展绿色循环低碳经济和生态治理，探索能效贷款、排污权抵押贷款、碳排放权抵押贷款等创新业务。其中，公司与产权中心协同，主动引领资金流向绿色循环经济行业，实现绿色配置，给予资金支持1.28亿元，如“山西信托·循环经济3号财产权信托”以“国电华北电力有限公司太原第一热电厂拟处置资产”及“国电太一发电有限责任公司拟处置资产”为处置变现标的；由拟拆除资产向原材料、零部件转变，从而实现资源循环利用，进一步创新、丰富和完善了中小企业金融服务产品和服务模式。

### （四）助力慈善，继续拓展扶贫与公益慈善信托

公司积极推动扶贫与公益慈善信托业务开展，实现财富管理与公益慈善的有机结合，积极筹划和实施“晋善慈善信托”，顺利完成了广灵县“关爱儿童之家”的捐赠工作。

## 三、社会责任履行情况

### （一）支持转型发展，服务实体经济

2018年，公司按照监管部门的相关要求，积极响应，精心组织，立足山西实际，明确工作机制，落实责任部门，细化任务分解，以高度的责任担当意识切实增强支持实体经济发展力度，坚持回归本源，专注主业，优化资源配置，以服务实体经济为根本目标，提高风险防控能力，进一步提升公司服务实体经济质效。

公司结合省内企业现状和行业特征，积极开展普惠金融，紧紧围绕资源型经济转型发展战略，坚持深化供给侧结构性改革与深化转型综改试验区建设有机结合，关注转型综改、重点工程项目，加大对薄弱领域和薄弱环节的支持力度。截至2018年末，公司共为各类工商企业提供信托资金规模为321.1亿元，其中为山西省转型综改建设相关50多家企业提供资金支持65.06

亿元，为重点工程建设提供信托资金3.86亿元。为山西省中小企业累计提供了规模约13.15亿元的资金支持，有效降低了企业的融资成本。

公司进一步创新小微企业金融服务产品和服务模式，继续与担保公司联手，借助信托和担保公司双平台，加大山西省中小企业发展基金系列信托计划发行力度，截至2018年末，共为山西省中小企业累积提供了规模约13.15亿元的资金支持，并逐步降低项目融资成本。其中，设立晋信稳赢系列信托计划，为山西中孚酒业有限公司提供信托贷款3 000万元，为吕梁市汇丰源食品有限公司提供信托贷款2 200万元等。

### （二）扩大“三农”供给，支持民生事业

公司积极推进山西省发展现代农业、增加农民收入、建设社会主义新农村三大任务的实施落实，通过设立的农业产业基金服务“三农”，其中部分借款企业已经获得了当地农委等单位的贷款贴息，项目涵盖制造业、生物制药、食品加工、蔬菜配送、养殖业、批发零售业、商贸等行业，其中绝大多数为山西扶贫办名录企业和农业龙头企业，有效缓解了山西省中小企业融资难的问题。其中，为九牛农业开发有限公司及其下属企业共提供信托贷款约1.06亿元；为海玉园提供信托贷款2 000万元；为乐村淘提供农业基金资金支持1 500万元，等等。

公司在城市绿化、交通、煤气化、供热、供水体系建设、保障房建设、教育、卫生、社会保障体系建设等方面服务居民生活，支持省内民生事业发展。其中，为山西尚宁健康体检中心有限公司提供2 000万元信托资金支持；为洪洞县热力供应有限公司提供资金支持8 000万元；为山西华阳燃气有限公司提供资金支持20 000万元；为运城职业技术学院提供资金支持3 000万元；等等。

### （三）坚持以人为本，促进和谐发展

公司秉承“以人为本”理念，关注员工合法权益的保障，关爱员工生活，通过打造多元培训体系，积极构建多渠道职业发展通道；完善多维度绩效考核机制，建立良性用人机制，鼓励员工积极进取，增强员工的自信心和创造力；开展丰富多彩的文体活动，构建和谐的职场氛围。公司充分利用各项资源，围绕信托行业发展新趋势、监管新要求，策划一系列关于公司业务开展、法律合规管理、项目风险管理和处置、客户服务、党建知识、健康生活等相关培训活动，2018年各类培训活动40余次，参加培训人员220人次。一是派出员工参加中国信托业协会、国内专业培训机构及企业家高端论坛、峰会、年会等组织的培训；二是派员工参加由山西省银行业协会等相关部门组织的各类专业培训；三是组织部分中层管理人员和业务骨干参加在国内各类高等院校和专业培训机构组织开展的专业化培训学习活动及集团公司组织的培训；四是积极开展公司内部培训。如新员工入职培训、《案防工作及相关内容》培训、“舆情应对能力”培训

及各类业务培训等。

### （四）关心困难群体，做好精准扶贫

公司充分发挥行业优势，积极投身公益事业，关心困难群体、关注贫困地区发展，扶危济困，积极回馈社会。公司在扶贫工作中，按照山西省相关部门确定的关于“五位一体”金融精准扶贫的精神，以解决突出制约问题为重点，加大政策倾斜，聚焦精准发力，加大对深度贫困地区金融支持的力度，助力山西省脱贫攻坚战。公司设立“山西信托·金融扶贫资金信托”项目，规模为5 000万元，用于支持、带动临县贫困人口增收脱贫，覆盖了临县23个乡镇中的1 000户建档立卡深度贫困户；成立“晋善慈善信托”公益信托，促进公益慈善事业的发展。公司多次派出员工赴临县青家塢村、凰背局村开展精准扶贫结对帮扶活动，并与临县人民政府、扶贫工作队等紧密合作，探索“金融扶贫 + 产业扶贫”，进一步巩固扶贫成果，扩大帮扶范围，助推深度贫困户脱贫。

## 四、2019 年发展规划

### （一）加强基础管理，推动公司持续健康发展

2019年，公司将围绕发展战略和经营目标，在基础管理上下功夫，全力推动公司持续健康发展。一是要建立健全与公司战略目标和业务发展相匹配的内部组织架构，夯实组织结构基础；二是要制定部门和岗位职责规范，明确部门职能和各岗位职责，做到责权明晰，奖惩有据；三是要深化绩效和人事制度改革，不断健全和完善人事、薪酬、考核、问责等管理制度，推进薪酬差异化管理，实行市场化薪酬分配机制，努力构建科学合理的岗位晋升淘汰机制和激励机制；四是要整合优化工作流程，提升中后台的支撑服务能力，坚持中后台能做的，决不能让前台做，让前台人员把更多精力放在业务的拓展上；五是要提高信息化管理水平，不断完善和挖掘系统模块功能，提高工作效率，确保公司各项工作高效、严谨、有序运转；六是要继续加强员工培训，提升员工能力素质。

### （二）坚持底线思维，打好风险防范与化解攻坚战

公司2019年的风险防控形势更为严峻，存量风险化解任务重，化解难度大；一些存续项目的风险隐患尚未排除，随着经济下行，极有可能形成新的更多更大的风险，风险防控任务更为艰巨。针对这一情况，公司将继续坚持一企一策，分类处置的原则，创新思维，采取多元化手段推进存量风险的化解处置工作。同时，将重点关注房地产、政府融资平台、资金池等领域的

风险管控，层层负责，人人担当，严守风险底线，严控风险增量，力争不再产生新的风险项目；要培育尽职履责的合规文化，严格按照“资管新规”和“信托公司受托责任指引”的要求开展新业务，防范受托履职风险。

### （三）提升主动管理能力，加快公司转型创新发展

近年来，受所处区域经济下滑和控股权转让等因素的影响，公司主动管理能力下降，主动管理业务规模萎缩。为摆脱困境，找到突破口，公司将采取以下措施，提升主动管理能力，加快公司转型。一是发挥区域性地方信托公司的优势，积极融入到本省“示范区”“排头兵”“新高地”的建设中；二是在走出去上下功夫，到发达地区增设异地业务部门，争取扩大异地业务规模；三是在市场化上作文章，在业务部门推行市场化试点，调动员工积极性；四是充分发挥信托业跨市场资源配置的优势，力争在消费金融、供应链金融方面取得实质性进展，将制度优势转化为综合金融服务的能力；五是加大对客服和销售部门的绩效考核力度，从销售规模、客户满意度、服务规范等多维度进行考核，提升销售能力，探索销售的市场化改革，实现公司销售能力与资管能力的平衡发展。

# 上海爱建信托有限责任公司

## 一、2018 年经营概况

2018 年，上海爱建信托有限责任公司（以下简称公司）坚定执行公司的战略规划，从团队与渠道建设、机制优化、精细化管理与内部挖潜、品牌宣建等方面入手，在做好、做精传统业务的基础上全面提升资产获取能力、财富销售能力、风险防范与化解能力，加快创新步伐、着力培育传统业务之外新的业务增长点，实现了较好的经营业绩，确保公司健康可持续发展。2018 年，公司营业收入和净利润分别达到 20.3 亿元和 11.2 亿元，同比分别增长 23.8% 和 28.7%。净资产回报率（ROE）达到 20.3%，净资产近 65 亿元，整体信托资产管理规模为2 507亿元。

### （一）做强传统业务之本，积极寻求新的业务增长点

一直以来，房地产、政信、通道业务为各大信托公司的三大支柱业务，是信托业务收入的主要来源。从中短期来看，虽有调整，但房地产业仍然是国民经济中的重要组成部分，政府融资的循环还要继续，银信通道业务虽逐渐萎缩，但保险与其他投资机构的通道业务需求仍然存在。因此，公司坚定发挥既有优势，明确做强以房地产开发业务为龙头的传统业务之本。在此基础上，公司积极寻求和培育公司新的业务增长点。一是深入挖掘巨大的存量房地产市场的业务机会，推进上海广场类存量房地产业务；二是尝试开展消费金融业务；三是积极布局供应链业务；四是探索银信银团贷款新模式。

### （二）坚定推动资金能力建设，直销与非三方渠道双轮驱动

在资金面总体偏紧的大背景下，公司围绕 2018 年工作会议确定的“举洪荒之力建资金获取能力”工作方针。一是大力加强销售团队建设，直销团队超额完成全年目标。二是全员营销加强银行代销、保险机构投资、银行及其他机构资金直投等渠道建设。通过直销与非三方渠道双轮驱动，有力地保证了公司绝大部分项目的落地和经营业绩的完成。

### （三）精细化管理再上新台阶、内部挖潜效益明显，管理能级持续提升

公司上下在加强资产与外部资金获取能力的同时，一是在合规前提下，盘活表内资产，在

做资金增量的同时，加速资金周转，助力信托发行；二是用好用足同业拆借工具深度挖掘既有资源。在资金募集困难的情况下，通过同业拆借这一流动性管理工具的充分运用，进一步提高了表内外资金的使用效率；三是理顺资金管理体系，提升自有资金运用效率；四是细化管理关注细节，2018 年公司获人民银行上海分行统计报表二等奖。

### （四）强责任重合规补短板，全面风险管理质量不断提高

公司提出“重合规、补短板、强中台、风险管理提质增效”的风险合规管理工作指导思想。风险管理工作紧紧围绕推进全面风险合规管理的总体目标，持续提升风险管理能力。一是通过对中台组织架构重整，进一步明晰各岗位的责任边界，补齐短板，提高全面风险合规管理能力；二是完善全面风险合规管理制度体系；三是再造审批流程，提高审批质量和效率，促进评审人员专业能力建设；四是加强信息系统改造与建设，满足业务发展及管理的需要。

### （五）品牌宣传与建设工作走上正轨

2018 年，公司品牌宣传工作全面展开，品牌建设工作卓有成效。爱建信托“爱兮会（无锡站）”盛大开启；赞助“2017 十大重庆经济年度人物评选”“2018 上海苍南商会团拜会”“2018 上海市各地在沪企业（商会）联合会年会”“2019 第十届顺商新年峰会”；组织“2018 向日葵助学慈善拍卖晚宴”；冠名“2018 世界浙商上海论坛暨上海市浙江商会第十次会员代表大会”“爱建信托杯上海首届中外企业赛艇邀请赛”。同时，运用股东资源在《均瑶时空》杂志投放广告、在吉祥航空投放航机广告。通过一系列的营销活动和品牌推广，使爱建品牌逐步走出上海、植根浙商、深入华东、响遍全国。

### （六）以人为本抓党建，比照“一二三四五”方法论促发展

2018 年，公司党委始终以人为本、以党的十九大精神和习近平新时代中国特色社会主义思想为指导，践行“一二三四五”方法论。紧密围绕业务工作，积极探索转制后党建工作的新思路、新方法，落实党委书记参加信托公司总经理办公会，党委领导带头将全体党员的智慧和力量凝聚到落实各项具体业务任务上来，助力业务经营工作的有序开展。

## 二、创新业务案例

### （一）供应链金融

公司于 2018 年 11 月成立的“爱建长盈卓越—理业臻选集合资金信托计划”，募集总规模预

计 5 亿元。目前已发行第 1 期至第 7 期，实际落地规模约 3 亿元。该项目通过流动资金贷款发放的形式，用于上海理业金服供应链股份有限公司（以下简称理业金服）支付上游采购价款，还款来源于理业金服下游贸易回款。项目的交易结构如下。

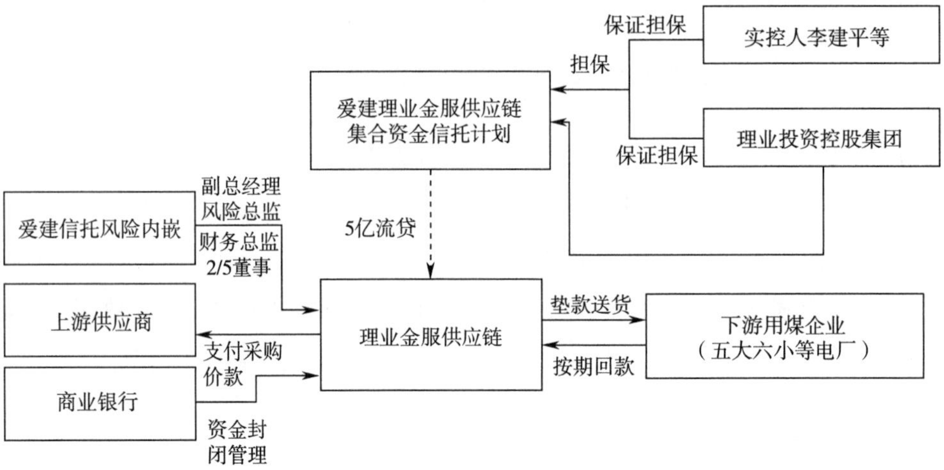


该项目的创新点主要体现以下几个方面。

在合作平台方面，公司与在煤炭供应链领域深耕多年的理业金服公司展开深度合作，其核心团队在煤炭和电力行业拥有丰富的资源和交易经验，目前已整合了深厚的上下游渠道资源，下游与部分电力集团建立了长协合作机制。

在合作模式上，公司采取了“股＋债”的模式（这是信托公司最擅长的模式），一方面，通过股权投资扩大理业金服的资本实力，与其利益进行深度绑定；另一方面，通过债权方式为其提供资金，解决其目前发展所面临的资金“瓶颈”。

在风险管理层面，一是协助平台公司建立及规范公司的规章制度、法人治理结构、资金台账以及信息化建设等；二是派驻人员参与平台公司供应链业务的日常经营管理；三是推动平台公司强化上下游企业的白名单管理制度；四是与平台公司的经营团队签订对赌条款以及由平台的实际控制人提供连带担保。通过上述措施尽可能地降低供应链金融开展过程中潜在的风险。

### （二）消费金融

公司于 2018 年 11 月成立的“分期乐 1 号消费金融集合资金信托计划”，目前落地规模约 5 000万元。助贷机构为深圳市分期乐网络科技有限公司（以下简称分期乐），将信托资金用于向个人借款人发放信托贷款，具体用于借款人在分期乐商城的购物消费。信托资金直接支付至分期乐商城的银行账户，借款人统一还本付息至浦发银行深圳分行的清分户，由浦发银行深圳分行的清分户再划款至信托专户。

增信措施为深圳市乐信融资担保有限公司向爱建信托保证金账户存入信托存续规模的 5% 的

保证金以应对不良的产生；一旦贷款客户产生逾期付息行为，深圳市乐信融资担保有限公司 T+1 日履行代偿该笔资产的当期本息义务，信托计划到期未清偿的资产由深圳市乐信融资担保有限公司回购，相关交易结构图如下。

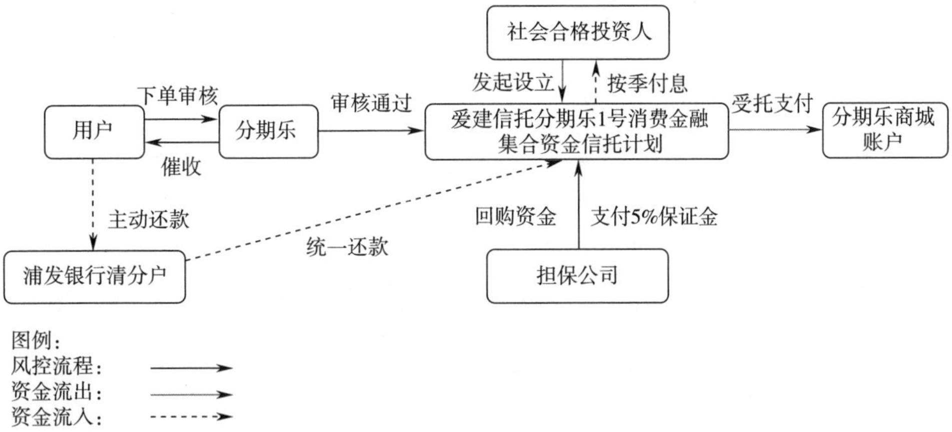


目前公司消费金融业务的合作方有 3 个，分别涉及中小微企业贷款、个人消费金融贷款。目标客户群体主要为具有良好征信的个人及企业群体；筛选标准也主要依赖三方对于借款群体的征信评估，主要依赖征信状况。

在风控措施上，公司消费金融业务的风控措施分为内部增信与外部增信。内部增信主要由结构化安排为主；外部增信包括但不限于服务机构抵（质）押物、担保等措施。

在期间管理上，公司项目主要依托第三方合作服务商，由其判断客户准入门槛并使用三方的决策引擎，公司仅对其管控措施的有效性进行充分地风险评估与揭示。如遇到重大风险事项，及时通知公司决策层级风险管理部进行及时处理；清算过程主要按照合同约定，对项目收益及本金进行核算。未来公司逐步积累学习三方服务机构对于消费金融客户群体的评判手段，逐步向公司自行管理发展。

### （三）慈善信托

慈善信托是信托公司的本源业务，也是不断完善受托职责，践行信托公司社会责任的重点工作。公司于 2018 年开始开展慈善信托，“爱建信托——爱兮韶光·无锡向日葵慈善信托”于 2019 年 1 月完成上海市民政备案，并完成设立。以该项目为例，交易结构及产品要素如下。

1. 信托目的：通过将信托财产用于捐赠给爱心学校、一对一助学学生，从而促进教育、科学、文化、卫生、体育等事业的发展。

2. 委托人：无锡向日葵助学服务中心（无锡市民政局登记的民非组织）。

3. 受托人：上海爱建信托有限责任公司。

4. 监察人：锦天城律师事务所。

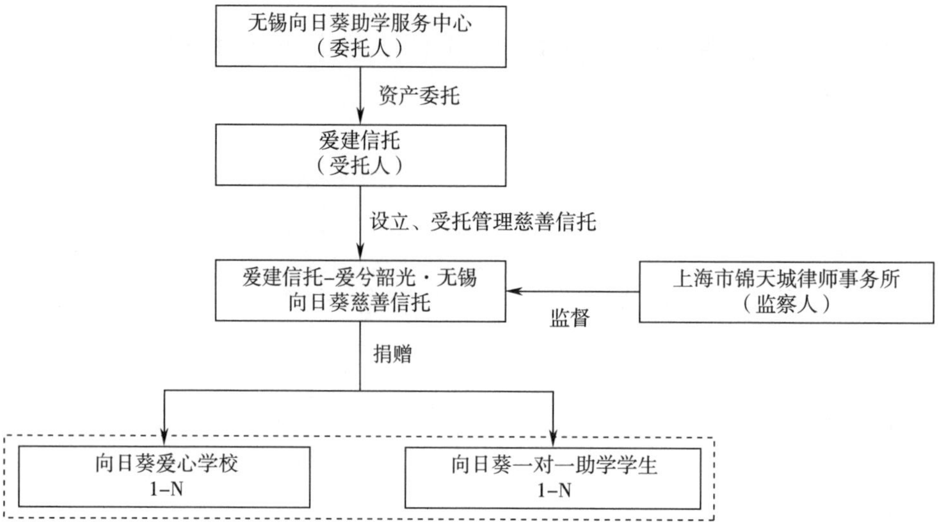


5. 信托财产来源：无锡向日葵自有资金。

6. 信托期限：5 年，信托存续期间，委托人可提前终止信托。

7. 信托财产：30 万元。

8. 受益人：

（1）受益人范围。A 类受益人为贫困及偏远地区爱心学校；B 类受益人为贫困学生。

（2）受益人选取程序。本信托由委托人负责筛选受益人，并将受益人基本信息和《资金使用报告》提供给受托人形式审查，受托人形式审查通过后，由受托人以银行转账形式交付给受益人。

## 三、社会责任履行情况

公司坚定战略，以“守正创新、合规经营、提质增效、转型发展”为经营指导思想，努力提升经营管理水平，将社会责任理念融入发展战略、经营管理与日常工作中，在支持实体经济、改善民生、客户服务等领域积极践行信托行业的社会责任。爱建信托积极创新转型，成立了消费金融推进工作小组、ABS 产品推进工作小组，还获得银保监会批准经营 QDII 资格。在城市更新方面，开发核心城市办公、商业、住宅等业态的综合体项目；在消费金融方面，与大型平台公司合作，开展多个消费金融项目；在供应链金融方面，开发煤炭、建材等行业的供应链金融业务，布局粮食、医药、物流等行业；在特定目的的信托方面，开展家族信托、慈善信托等，服务高净值客户特殊需求，构建未来盈利增长点。公司一直以争做优秀企业公民为己任，热心公益活动。2018 年，与民建扶帮基金会成立了“爱建梦想专项基金”。公司荣获《21 世纪经济报道》评选的“2018 优秀信托公司”、《证券时报》评选的“2018 年度突破成长信托公司”等荣誉称号，以及《上海证券报》“诚信托——成长优势奖”等多个奖项。

## 四、2019 年发展规划

### （一）敬畏市场、主动合规

坚持稳健可持续发展，提升合规、风险管理的有效性与精准性，构建兼顾“创新、效率、公平”的有效机制，培育和提高主动管理能力，保持公司稳健持续发展。

### （二）匠心赋能、全面布局，资产管理与财富管理双轮驱动

1. 资产端的经营策略。

（1）优化房地产业务管理和发展模式，确保基本收益不下降。

（2）开拓非房类融资业务，深入推进消费金融、供应链业务。

（3）积极筹划，适度把握权益类业务机会。

（4）有重点引进资本市场和特色业务团队，从人力源头解决新业务推进和拓展的问题。

2. 资金端的发展策略。

（1）不遗余力加强直销能力建设。

（2）多渠道提升机构资金的获取能力。

（3）加强品牌建设和市场推广力度。

3. 加强风控体系建设，为公司可持续发展保驾护航。

（1）健全和完善风险政策形成机制，提升风险识别与管控能力。

（2）完善信息系统建设，更好地服务公司管理需求。

（3）持续提升人员专业能力，探索“独立审批人制度”。

（4）完善运营、托管等管控体系，落实全流程风险管理要求。

### （三）管理挖潜、优化机制，探索业务运营新模式

1. 在精细化管理方面再挖潜。

2. 探索业务运营新模式。

3. 优化考核激励机制。

# 天津信托有限责任公司

## 一、2018 年经营概况

2018 年，天津信托有限责任公司（以下简称公司）以遵循国家和监管部门法规为依托，以诚信合规、稳健发展高效运营为理念，进一步健全和强化法人治理、内控严密、管理合规的内部控制体系；以业务开拓创新为动力，以风险防控为前提，进一步提升和增强公司的核心竞争力；以受益人利益最大化和股东稳定回报为原则，努力创建公司、股东、客户共赢平台。注重加强人才队伍、企业文化和长效机制建设，不断提高公司的盈利能力、风险控制能力、创新能力、营销能力，正确把握宏观经济形势和政策环境，推进公司又好又快的发展。

截至 2018 年末，公司积极顺应监管要求，管理资产总额为 1568.02 亿元，实现税前利润 6.09 亿元。公司建立了较为完善的公司法人治理结构，进一步加强了内部控制制度建设和风险管理，强化了内部管理和审计制度。公司决策事项程序合法，公司董事、经理和其他高级管理人员能够按照《公司法》、“信托一法三规”、《公司章程》等有关法律法规及监管部门的要求，认真履行相关职责，勤勉工作，积极维护股东利益、公司利益和客户利益。

## 二、创新业务案例

### （一）互联网金融业务稳健发展

公司积极应对监管环境变化对现有互联网金融业务带来的影响，通过努力争取，扩大了与蚂蚁金服合作的业务范围，围绕花呗消费分期、网商贷经营贷款两类主要资产开展信托业务。

### （二）资产证券化业务能力持续提升

2018 年，公司作为受托人和发行人的资产支持票据在银行间债券市场成功发行。又成功设立了“旺农”信托产品，该产品是资产证券化业务在惠农与造血扶贫领域的有益尝试，为城乡低收入人群、困难人群以及农村贫困人口、创业农户的脱贫提供了金融支持。

### （三）家族、慈善信托业务成效显著

2018 年，公司家族、慈善信托业务得到显著发展。先后成功设立数单家族信托与慈善信托，完成为本市 80 岁以上低保低收入老年人投保人身健康意外险和对静海区中旺镇东小屯村等 3 个村的对口帮扶等慈善工作。

### （四）普惠消费金融业务稳步推进

公司继续稳步推进消费金融类业务的发展，开发了消费金融业务相关管理系统，有效促进业务管理的标准化、流程化，提高效率和安全保障，不断提升公司在此类业务的竞争力。

## 三、社会责任履行情况

### （一）强化反洗钱工作

2018 年，公司积极响应中国人民银行对反洗钱工作要求，以《金融机构大额交易和可疑交易报告管理办法》为纲，加强对反洗钱工作的教育和认识，提高工作中的反洗钱意识。

### （二）助力经济社会发展

公司积极响应国家京津冀协同发展战略，努力对应“一核、双城、三轴、四区、多节点”，围绕京津冀协同发展，在京津冀交通一体化、生态环境保护、产业协同发展三大重点领域开展业务。与中央企业合作，推动协同发展，与中国中车股份有限公司签订战略合作协议，寻找合作机会，积极践行京津冀协同发展的战略部署。2018 年 11 月 1 日，公司协办的京津冀慈善信托发展研讨会在天津海河假日酒店召开。研讨会由京津冀三地民政部门主办，京津冀三地民政部门及天津市银保监局相关领导，部分慈善组织、信托机构的负责人和专家学者共计 30 多人参加。截至 2018 年 10 月末，京津冀三地民政部门共成功备案慈善信托 26 单，占全国总备案单数（113 单）的 23%，取得显著发展成果。其中，公司共设立了 7 单慈善信托。

为了深入落实《关于进一步深化民营和小微企业金融服务的实施意见》，响应人民银行“金融服务民营和小微企业百日行”的活动，公司通过深入企业进行实地走访调研，开展金融产品和政策宣传等活动，为民营和小微企业在融资方面给予大力支持，打通政策传导“最后一公里”。公司推动金融支持民营和小微企业各项政策措施落地见效，实现贷款户数增加、投放增长、成本降低的工作目标，为天津民营和小微企业发展营造良好适宜的金融环境。2018 年内，

运用信托资金和自营资金，通过贷款方式，为18家小微企业提供资金支持。

### （三）保障客户合法权益

公司制定了保密工作制度和投资人信息管理方案，在制度上确立了对客户权益、客户资产安全、客户信息保护的措施。并制定和完善了客户投诉制度，对客户投诉受理机制作出规定。确定了投诉受理工作原则，并对投诉反馈在时间上作出明确要求。积极配合监管部门受理的信托产品投资者投诉事项的调查工作，由指定部门经办并在规定时限内向监管部门上报核查结果。

### （四）倡导绿色经营

公司依据国家有关环保法律法规，逐步完善绿色运营、绿色办公、绿色采购等环节的相关政策和制度严格控制对高耗能、高污染行业的信贷投入，杜绝向不符合准入要求甚至违反环保标准的企业及项目发放贷款；加大对绿色经济、低碳经济、循环经济的支持。

公司制定了绿色信贷管理办法，建立了绿色信贷客户名单式管理机制。公司按照名单分类对不同级别的客户设定不同程度的信贷政策倾斜或限制准入措施，对于优质客户（企业从事的行业领域属于绿色经济、低碳经济、循环经济等国家支持行业且无负面舆情等），在经营风险和合规风险可控的前提下，给予优惠措施，优先满足其融资需求。

### （五）履行帮扶职责

2018年，公司选调干部，组成2个工作组，分别进驻天津市静海区中旺镇东、西小屯村和唐官屯镇亚家庄村开展对口扶贫工作。并为他们设立了数单专项慈善信托计划并负责运营。公司党委购买米、面、油，慰问静海区中旺镇东、西小屯村和唐官屯镇亚家庄村困难户。

## 四、2019年发展规划

公司2019—2021年总体战略规划是以习近平新时代中国特色社会主义思想为指导，加强党对金融工作的统一领导，紧紧围绕服务实体经济、防控金融风险、深化金融改革三项任务，坚持稳中求进、回归本源的基本原则，注重受益人利益最大化和股东稳定回报；坚持诚信合规经营理念，注重风险防控，注重体制机制和产品创新，不断提升公司的核心竞争力，努力创建公司、股东、客户共赢平台，同时实现员工价值。

# 万向信托股份公司

2018 年，万向信托股份公司（以下简称公司）继续以“受益人利益最大化”为宗旨，以客户需求为导向，进一步完善公司管理架构，加强风险管理，提升投资能力，丰富产品结构，为受益人提供最优质的服务。

## 一、2018 年经营概况

2018 年，公司资产管理业务平稳发展，主动管理能力和财富募集能力有较大提升，全年所有项目如期清算，在服务信托、公益慈善信托和消费金融方面均取得一定成果，年内完成股份制改制、获得信托行业 A 类评级及资产证券化业务资格，在严峻复杂的金融环境中守正出新，呈现出总体向上的发展态势。截至 2018 年末，公司资产总额为 38.86 亿元。净资产为 29.39 亿元，全年实现营业收入为 10.18 亿元，净利润为 5.05 亿元，实现在行业整体放缓的市场环境中保持稳健经营。

### （一）持续加强投资能力建设，主动管理能力不断提升

2018 年，公司在常规业务领域继续深耕细作，一方面，继续夯实在基础产业、房地产、资本市场等传统领域的业务能力；另一方面，加强提升在特定产业的资管能力，发力以科技金融、消费金融以及水基金信托、慈善信托等领域的创新金融产品，投资能力建设不断加强。

截至 2018 年末，公司受托管理信托总资产为 1 611.69 亿元，其中主动类资产占比从年初的 20.08%上升到 30.69%，在全年新增信托资产管理规模中，新增主动类资产规模占比为 47.13%。公司主动管理能力进一步提升。

### （二）财富管理卓有成效，投资者教育取得实效

在财富管理规模方面，客户资产管理规模不断扩大，高净值客户数持续增长、私人信托业务保持良好发展态势，资金募集能力持续增强。

公司始终将消费者教育服务作为长效工作机制，2018 年共开展了包括消费者权益保护、反

洗钱教育、防范非法集资、防范电信网络诈骗、防范非法民间借贷、不良校园贷及金融知识普及7个主题的35场金融知识宣教活动，宣教面覆盖高校学生、普通市民、景点游客、工人、村民等多个群体，消费者权益保护工作取得实效。

### （三）坚守合规底线、健全风控管理机制

公司坚持以风控为核心的战略发展定位，持续完善全面风险合规管理体系，形成了分工合理、职责明确、运行顺畅、制衡有效的风险管理机制。

将合规培训纳入公司日常的管理体系中，2018年开展覆盖全员的合规考试数场，帮助员工有效提升了对金融专业、信托主业、行业政策法规、风控合规管理等知识的理解和认识。

2018年，公司根据市场变化及监管最新政策及时调整风控要点，对风险准入指引进行动态更新，有效运用风险预警、压力测试等各种工具，做好风险审查工作。公司注重风控管理以查促改，以改促变，及时把握风险全貌。全年积极开展多项业务专项排查工作，确保风险管控工作扎实推进，防范金融风险发生。

### （四）全国战略性布局，团队实力不断提升

公司持续发力全国展业布局，2018年，完成长三角、珠三角、华北地区等地机构网点建设，并同步推进业务团队及财富团队搭建，基本完成全国性战略机构布局。

同时，人员团队专业化水平进一步提升，重点引进一批在业务创新、财富管理、风险管理、产品设计等方面的专业性人才，团队实力不断提升。

### （五）持续推进品牌形象建设

公司注重品牌建设，创建“大盈”财富品牌，将做好客户服务、提升客户体验为财富发展要点。2018年，公司召开西溪财富大型论坛、高管早餐会/下午茶、董事长午宴、慈善之夜等高端论坛活动，举办“世游赛答题赢门票”“Karma车试驾”“万向信托杯·我的金融梦”投票等线上活动以及中小型财富论坛活动若干场，取得了较好的客户反响和品牌效应，成功打造公司财富品牌。

2018年，公司品牌知名度和美誉度持续提升。公司在《证券时报》主办的“第十一届中国优秀信托公司评选”中荣膺“2018年度优秀财富管理品牌”奖；在《上海证券报》主办的中国信托业高峰论坛暨第十一届“诚信托”评选中，公司乐淳家族慈善信托荣膺2017年度“诚信托·最佳家族信托产品奖”。

## 二、创新业务案例

2018 年，公司积极探索创新业务，布局业务转型升级，拓展消费金融、绿色公益信托等创新类业务。

### （一）消费金融领域业务创新

公司在自主研发的消费信托系统平台上，先后与大搜车和花生好车两大汽车消费金融渠道商进行合作，陆续推出车金融系列、车宝系列、汽车租赁系列、钱潮系列等项目，并在此基础上不断纵向探索新的业务模式和交易结构，为后续开展消费金融直投和资产证券化业务打下基础。

### （二）持续探索绿色金融业务模式

公司积极推动金融服务与绿色生态保护相结合，发展绿色信托。2018 年启动了“千岛湖水基金”项目，这是公司“水基金信托”模式在淳安县及建德市千岛湖水源流域的开拓应用。信托模式通过汇集社会资本、归集保护地周边土地/林地进入信托财产，在有效实现保护饮用水水源地及周边林地环境的同时，构建有效的资金流转体系，将金融、环保、公益、扶贫、教育、“三农”等国家重点关注的问题融合起来，另依托“善水基金 2 号”水基金信托，成立的杭州千岛湖湖酷农业科技有限公司，目前已经开展智能无人机植保示范、千岛湖水稻节、水稻农药污染检测、有机生态无公害大米销售等各项活动。公司与北京绿色阳光环保公益基金会合作新设立的绿色阳光慈善信托，通过信托架构实现生态建设、自然保护、绿色低碳、生态文明相关公益事业。

### （三）科技金融领域业务创新

公司以科技创新助推金融创新，着力打造科技金融。在 IT 系统开发建设方面，IT 能力适度超前，有效支持和引导业务的开展。根据实际业务发展，进行升级迭代，提高前中后台工作效率，提升 IT 快速响应能力及系统研发能力。2018 年，公司开发完成大盈展业 APP、钱包业务、电子合同、项目报审、收付息计划、企业征信系统等多个重点项目，并已全面推广使用，自主研发能力大大提升。通过持续完善车贷消费金融管理系统，为创新业务提供良好的支撑，同时开拓更多应用场景，挖掘消费金融潜力。

公司注重加强数据质量管控工作，严格落实监管数据报送的相关要求，在浙江银保监局举办的“2018 年度杭州辖内银行业非现场监管报表考核”及“2018 年度杭州辖内银行业监管统计工作竞赛”中均荣获二等奖。此外，《区块链在信托中的应用研究》课题在中国银保监会信息科技风险管理课题研究成果评比中，获得非银机构课题全国三类成果奖。

## 三、社会责任履行情况

### （一）加强金融服务实体经济力度

为更好地支持民营企业、小微企业和实体经济发展，公司不断优化资金投向结构，在经济社会发展的重点领域和薄弱环节合理分配金融资源。截至2018年末，公司投向民营经济的信托资金余额为964.86亿元，占比达到59.86%，其中2018年投向民营经济的信托业务发生额为624.10亿元，占公司全年新增业务总量的81.40%，公司投向民营经济的资金占比大幅提升。

### （二）大力发展服务信托、促进社会和谐

2018年，公司大力发展服务信托，在公益慈善方面保持领先地位，公司设立的“鲁冠球三农扶志基金”是我国资产规模最大的永久存续性慈善信托，在我国家族信托发展历史上具有标志性意义。

公司2018年共设立公益慈善信托11单，资产原值规模为9.3亿元，在全省备案的17单慈善信托及9.33亿元总量中，规模占比达到99.7%；在全国19.98亿元的总量中，占比达到46.55%，规模及占比稳居全省第一位和全国第一位。

此外，公司成立家族办公室，推出“大盈世家”系列家族信托产品，年内共设立家族信托10余单。

### （三）保障员工权益

公司全面维护职工权益，建立健全具有竞争力、市场化的薪酬体系，完善科学的绩效考核机制，为员工提供良好的职业发展通道。公司关心员工成长，组织开展各类培训，“青年英才计划”是公司鼓励优秀人才脱颖而出，推动公司各项经营的人才培养计划。鼓励员工结合自身工作需要进行进修，提升员工职业能力和综合素质。同时，公司不断完善内部沟通机制，给予每一位员工关怀和信任，与员工平等对话，为员工创造良好的工作环境。

### （四）维护股东利益

2018年，公司经营业绩稳健增长，所有者权益进一步提升，实现了资产保值增值。“三会一层”严守规章制度，严格执行，公平对待所有股东，维护中小股东权益。根据监管要求，公司

将股东管理及股东的权利与义务写入章程，制定《股权管理制度》，确保全体股东充分享有和行使法律法规、规章规定的各项合法权益。

## 四、2019 年发展规划

2019 年，公司将继续以防风险为核心，保持定力，行稳致远；以服务实体经济为导向，不断丰富产品结构，加强资产配置与资产整合能力，通过系统化、标准化提高运营效率和管理水平，向“成为中国最受信任的财富管理机构”目标而积极努力。

# 西部信托有限公司

## 一、2018 年经营概况

2018 年，西部信托有限公司（以下简称公司）实现营业收入为 74 074 万元，较上年度上升 7 949 万元；信托报酬收入为 55 406 万元，较上年增长 14 283 万元；利润总额为 42 945 万元，剔除上年减持陕天然气股票因素后，公司营业收入实际增长 26.65%，利润总额实际增长 15.98%，净利润实际增长 14.16%。超额完成年度经营责任目标。

截至 2018 年末，公司管理信托规模为 3 191 亿元，较年初增加 747 亿元，高于行业整体增速。公司发行信托规模为 2 133 亿元，比上年增加 217 亿元，增幅为 11.33 %。公司集合类和单一类信托项目发行金额均超过上年同期水平。公司信托业务规模持续扩大，管理信托资产规模持续创出新高。

截至 2018 年末，公司管理信托项目共 572 个，发行集合项目为 679 亿元，比上年增加 222 亿元；单一项目为 1 026 亿元，比上年增加 57 亿元；财产权项目为 428 亿元，比上年减少 62 亿元。公司集合类和单一类信托项目发行金额均超过上年同期水平。公司信托业务规模持续扩大，管理信托资产规模持续创出新高。

单一信托项目、集合信托项目、财产权信托占信托总规模的比例分别为 57.37%、27.58%、15.06%；与上年相比银信合作等单一通道类业务占比下降 1.58%，体现公司主动管理能力的集合信托占比增长 6.96%，财产权信托占比下降 5.38%。集合信托占比及增长率较上年均有较大提高，表现为公司业务转型与可持续发展能力的进一步增强。

## 二、创新业务案例

### （一）绿城股权投资集合资金信托

1. 项目背景。2018 年，公司历时 4 个月设计成立了“西部信托·绿城股权投资集合资金信托计划”。该信托计划为公司第一个成功募集并成立的股权投资类房地产业务，项目设计灵活新颖，收益率高，具有一定的先进性和创新性，深受广大客户的欢迎，也为公司此类业务填补了空白。

2. 项目运作模式。“西部信托·绿城股权投资集合资金信托计划”规模为4亿元，预计信托期限为24个月（可根据项目运行情况延长）。信托资金用于对西咸新区绿城颐观房地产有限公司进行增资，项目公司注册资本为1亿元，信托计划出资4亿元，实缴注册资本出资2亿元，剩余2亿元为资本公积，对应股权比例为40%；资信投资（深圳）合伙企业（有限合伙）（以下简称资信投资）出资4亿元，实缴注册资本出资2亿元，剩余2亿元为资本公积，对应股权比例为40%；西安绿城颐乐置业有限公司（以下简称绿城颐乐）合计实缴注册资本为5 000万元，认缴注册资本为5 000万元，对应股权比例为20%。全部投入资金最终由项目公司运用于绿城留香园项目（以下简称标的项目）的开发建设（资金使用完全封闭式管理，仅限于本项目的开发建设、股东分红，支付相关费用等，不允许绿城内部调用）。

### （二）上海逸锟商业保理有限公司2018年度第一期资产支持票据信托

1. 项目模式简介。上海逸锟商业保理有限公司在经营保理业务的过程中，积累较多的保理应收账款债权。为了满足其盘活存量应收账款资产的需求，并结合当前国家鼓励盘活存量资产、支持小微企业融资、大力发展资产证券化的背景，设计了交易结构如下。

逸锟保理将其持有的应收账款债权作为基础资产委托公司设立上海逸锟商业保理有限公司2018年度第一期资产支持票据信托（以下简称本财产权信托），逸锟保理以财产权信托作为发行载体，于银行间债券市场发行资产支持票据（以下简称ABN）。ABN于中国银行间市场交易商协会（以下简称交易商协会）审批注册，在银行间债券市场交易挂牌、银行间市场清算所股份有限公司清算分配，由中诚信国际信用评级有限责任公司进行评级，由北京市金杜律师事务所进行底层资产尽调并出具法律意见，由江苏银行股份有限公司负责承销，ABN是监管机构认定的标准化产品。

项目整体以储架形式上报交易商协会，交易商协会已于2018年4月4日出具了接受注册通知书，注册额度为50亿元。

一期财产权信托总规模为46 974万元，期限为18个月，本信托项下信托受益权分为优先级和次级受益权，优先级信托受益权的规模为44 600万元，次级信托受益权的规模为2 347万元。

2. 项目优势。本项目是以财产权信托作为发行载体于银行间市场挂牌发行的ABN，具有重要的推广意义。

本项目是公司作为发行载体管理机构操作的首单ABN产品，是公司对银行间市场产品的有益探索，打开了公司参与银行间市场标准化产品的大门。

ABN 是监管机构认可的标准化产品，是监管机构鼓励信托业务发展的重要方向之一。

本项目属于供应链 ABN 产品，响应了国家支持小微企业融资、盘活存量资产的号召，有利于从根本上解决中小企业融资难题，真正实践了金融服务实体经济。

此模式可复制性强，为保理资产、融资租赁资产以及其他企业的应收账款资产的盘活打开了新的空间，几十万亿元的保理、融资租赁资产为此类业务提供了广阔的市场，若推广有利于公司资产规模的迅速做大，也就为公司资产证券化业务的推广打下基础。

### （三）车险分期单一资金信托

"西部信托·车险分期单一资金信托"于 2018 年 11 月 26 日成立第一期，规模为 200 万元；2018 年 12 月 14 日成立第二期，规模为 300 万元；2019 年 1 月 3 日成立第三期，规模为 500 万元。截至 2019 年 1 月 3 日合计放款 387 笔、合计 3 723 043.09 元，目前尚未发生需要启动退保的情况。

车险分期类单一资金信托项目，由委托人以自有资金设立单一信托，信托资金用于向合作机构推荐的有意向做车险分期并且符合审批条件的个人（以下简称借款人）以受托支付的方式发放消费贷款，贷款用途为购买车辆保险。具体说，借款人在购买车辆保险时申请贷款并签署借款合同，由贷款人（信托公司）作为投保人和第一受益人、通过受托支付的方式将资金直接支付给保险公司。信托到期前，借款人按照有关合同约定支付贷款本金和利息，以实现信托资金的退出。贷款存续期间，受托人作为车险的第一受益人，赔付资金可直接用于偿还贷款；受托人作为车险的投保人，若借款人逾期并催收失败的可申请退保，退保资金用于偿付贷款。

业务特点。（1）通过保费退赔，使产品本身实现风险闭环和风险敞口可控，避免市场风险所造成的不确定性，减少贷后管理难度和催收的法律风险。（2）信托资金投向明确，以受托支付的形式给付保险机构，消费场景真实，符合监管规定和要求。（3）信托贷款发放后所形成的债权真实、有效、合法，金额小而分散，充分体现大数法则，是优质的 ABS 基础资产，使业务链条得以延展和深化，提高了业务效率和收益，降低了展业的成本。

## 三、社会责任履行情况

2018 年，公司贯彻落实"三重一大"决策制度，加强党风廉政建设；始终坚持依法合规、诚信经营，不断改善和完善法人治理结构、内控及风险管理体系，全面提升风险管理能力；积极支持地方经济建设、提供优质金融服务；保障员工基本权益，提供各类培训、保险保障以及丰富的活动；积极投身金融知识宣传和消费者权益保护工作，不断提升和完善企业的价值观，促进股东、公司以及员工共同发展。

精准扶贫方面。2018 年，公司一是投入专项扶贫资金 90 万元，用于陕西省白水县产业扶贫。二是积极组织公司员工为白水县杨武村捐赠图书，扶贫扶智，共捐赠图书400 余册；三是公司扶贫工作队继续坚持常年驻守，积极协助、鼓励、帮助杨武村养殖合作社及贫困户个体养殖业发展生态养殖，使深源机井发挥经济效益，帮助杨武村新建苹果园。截至目前，公司已圆满完成了各项扶贫任务，全村各项产业预计可实现收入共计 30 万元以上，为杨武村的可持续发展打下坚实的基础。

慈善信托方面。2018 年，公司设立"西部信托・精准扶贫 1 号慈善信托"，立足精准帮扶，通过资助基础设施和公共服务配套工程、特色主导产业扶贫、教育扶贫、健康扶贫、精准兜底脱贫等方式，推动扶贫工作由"输血"向"造血"转变，解决贫困户自我发展和脱贫可持续的问题。鉴于杨武村实现脱贫，该信托于 2018 年 11 月末结束。

公益事业方面。长期以来，公司鼓励员工积极参与志愿服务，通过志愿服务来提升员工的社会责任感。西部信托志愿者服务队自创建以来，2018 年开展了福利院慈善公益活动、"保护古城墙　美化大西安"健步走和"弘扬雷锋精神，争做时代楷模——协助交警安全疏导及交通知识科普活动，以实际行动践行社会主义核心价值观，取得了良好的社会效果。驻村扶贫工作队响应号召，前往白水县留守儿童中心慰问留守儿童。组织客户、员工参与的"劳动体验""爱心体验"等扶贫活动，公司开展了"金融知识进万家""金融知识进校园""金融知识进企业"等活动，宣传金融知识、提高风险防范意识，确保金融安全。

## 四、2019 年发展规划

公司将继续秉承"稳健经营和有质量发展"的经营理念，以"防风险、促转型、补短板、提质效"为总体基调，依托市场化改革机制的动力，持续自我赋能于企业的发展和变革。坚持强化全面风险管理，确保存续信托项目平稳运行；加强创新与转型，提升发展质量；加快财富体系和信息化系统建设；夯实基础管理，提升精细化管理水平，继续坚定地向着专业化金融资产管理公司的方向迈进。

### （一）信托业务经营方面

一是强化产品创新，加快业务转型。二是回归信托本源，探索新的金融同业合作模式。三是严控风险，审慎开展融资类集合信托业务。四是构建财富管理体系，加快财富中心建设。五是持续人才引进，优化业务布局。

### （二）固有业务经营方面

增强固有业务收益的稳定性和可持续性，合理配比风险与收益，慎重选择投资方向和项目。

在保证流动性的前提下，对固有资金的期限结构、收益结构作出合理安排。

（三）夯实基础管理，提升精细化管理水平

公司各职能管理部门要完善目标管理，建立相应的管理评价机制，在履行好管理职能的同时，做好对公司业务的支持和服务。通过加强基础管理，实施精细化管理，提升公司整体的运营能力，包括政务运行和业务运营能力，提高公司综合管理水平。

# 西藏信托有限公司

## 一、2018 年经营概况

2018 年，国内宏观经济下行压力加大，西藏信托有限公司（以下简称公司）展业遇到了一定的困难。在西藏自治区财政厅的大力支持和公司管理层的有力领导下，公司实现了稳步发展。在增速放缓的同时，公司切实加强自身能力建设，补短板、调结构，实现转型升级。

在西藏银保监局的监管及指导下，公司对于监管评级中发现的不足进行了积极有效的整改。最终，公司 2017 年监管评级结果上调为 B -，属于发展类。监管评级的提升对于公司发展、业务开拓具有非常重要的意义。

2018 年，公司实现营业收入为 4.83 亿元，税前利润为 3 亿元，税后净利润为 2.74 亿元，净资产收益率为 12.26%。公司总资产达 26.57 亿元，净资产为 22.45 亿元，扣除分红因素，净资本保值增值 112.34%。公司全年贡献税收为 3.82 亿元。2018 年公司净利润相较于 2017 年有所下降，下降幅度为 41.67%，其中有 2017 年利润为历史新高、基数较高的因素，同时也因为受信托规模压缩和资本市场大幅调整的影响。

### （一）“去通道”“去杠杆”取得重大成效

公司积极响应国家“去通道”“去杠杆”政策要求，通道业务规模大幅下降，截至 2018 年 12 月末，公司实收信托规模为 3 235.31 亿元，较 2017 年末减少 980.96 亿元，其中通道类业务规模约为 2 813.62 亿元，超额完成 2018 年末通道业务规模控制在 3 247.88 亿元以下的计划。

### （二）业务结构实现优化

公司积极谋求转型，在医药健康、教育、节能环保、高科技和快消品等领域，主动创新业务模式，采用投贷结合、股权投资、夹层融资等多种金融手段，提供适应市场新需求的金融产品和服务，有效搭建起资金市场和实体经济发展前沿的桥梁，支持战略性新兴产业及企业的发展。截至 2018 年 12 月末，公司主动管理类信托规模为 421.69 亿元，占比为 13.03%，较 2017

年末的11.02%提高了2.01个百分点，虽然主动管理业务规模占比仍较低，但公司主动管理业务类型有所突破，业务结构实现优化。

### （三）消费金融、供应链金融业务取得重大突破

2018年，公司在业务转型方面继续深耕，把握“互联网+金融”的市场趋势，先后推出服务于个人客户的消费金融业务及服务于小微企业的供应链金融业务，与小米金融、度小满（百度金融）、京东金融、趣店、拍拍贷、乐信、微聚未来（微博）等知名机构建立了较好的合作关系。2018年7月，公司携手趣店成立首单消费金融信托“西藏信托——微方1号单一资金信托”；2018年12月，携手小米金融成立首单消费金融主动管理项目“西藏信托——塔塔米1号集合资金信托计划”。截至12月末，公司消费金融类信托业务规模已经超过9亿元，并与拍拍贷、微聚未来（微博）、乐信3家在互联网金融及个人消费金融领域的领先机构完成了系统对接，为2019年项目落地奠定了基础。

供应链金融方面，公司与京东金融合作，为其上下游的供应商和销售企业提供信托贷款，实现了线上签约、线上放款的业务模式，解决此类小微企业的短期融资难题。此外，公司还与专注于服务个人小微的互联网交易银行众邦银行合作，为多个供应链交易平台提供金融服务。2018年，公司的供应链金融业务累计放款规模已超过30亿元。

### （四）创新发展投贷联动业务

创投债是国内领先的股权及债权相结合的创新投资方式，主要面向行业前景广阔、管理团队经验丰富、经营状况持续稳定的高成长企业提供贷款支持，并发掘潜在的股权升值机会。2018年，公司积极探索投贷联动业务模式，将重心放在高成长企业创投债业务上。截至2019年初，公司已有两单投贷联动业务顺利落地，并有多单项目在积极推进中。其中，公司对瑞幸咖啡的投资是公司投贷联动业务的典型代表。

### （五）积极开展慈善信托业务

公司积极响应“精准扶贫”政策号召，积极发挥信托公司的专业优势，主动创新扶贫模式，加大对慈善信托业务的调研。2018年9月，公司成功发行“西藏信托2018年度静湖扶贫慈善信托”“西藏信托2018年度静海扶贫慈善信托”“西藏信托2018年度静水扶贫慈善信托”（以下合称西藏信托2018年慈善信托项目）。西藏信托2018年慈善信托以募集资金111 300元采购农机设备132台，通过无偿租赁方式提供给西藏自治区日喀则市达那普乡彭冲村村民，以提高当地农机水平及秋收效率，为藏区村民提供帮扶支持。

### （六）企业年金业务资格获得批复

2018 年 12 月，公司取得西藏银保监局筹备组核发的《西藏银保监局筹备组关于核准西藏信托开办企业年金基金管理业务的批复》，批准公司开办企业年金基金管理业务，并同意公司向人力资源和社会保障部申请企业年金基金受托人和投资管理人资格。

### （七）荣膺第十一届“诚信托”投资回报奖

公司长期致力于为投资人创造较高的投资回报。2018 年 7 月，公司在中国信托业峰会暨第十一届“诚信托”评选中再次荣膺“投资回报奖”。“诚信托”奖项由权威财经媒体《上海证券报》主办，已连续举办了十一届，是信托业界最具影响力的评选活动之一。“投资回报奖”是综合考量集合及单一信托的收益率、财产信托收益率、产品规模、风险控制能力等因素评出的奖项，获奖公司的信托收益率需位于业界领先水平。

## 二、创新业务案例

### （一）创投债

为更好地实现金融企业的社会责任以及扩展公司业务条线，2018 年公司创新性地推出“创投债”业务，为中小微创业型企业提供融资支持，助力创业型企业实现经营增长和估值成长，直接服务于实体企业。业务模式为向创业型企业提供信托贷款并获取一定比例的认股权，在降低创业型企业的融资成本的同时，提高公司在我国中小企业发展过程中的参与度。以瑞幸咖啡（中国）有限公司（以下简称瑞幸咖啡）为例，公司在 2018 年 6 月向瑞幸咖啡提供了运营资金的信贷支持，帮助瑞幸咖啡快速成长，并顺利完成下一轮股权融资，与此同时，公司以认股权的形式成为瑞幸咖啡的潜在股东，真正参与到瑞幸咖啡的成长中，实现了金融企业服务实体企业的核心目标。

### （二）初创企业信用贷款

2018 年 4 月，公司向广东希荻微电子有限公司（以下简称希荻微）发放金额为 560 万元的流动基金借款。希荻微是国内一家优秀的模拟芯片设计领域初创企业，其创始团队曾是美国仙童半导体公司移动电源部门的核心研发团队。

希荻微目前也是国内唯一 1 家进入美国高通公司（QUALCOMM，以下简称高通）手机参考设计的集成电路设计公司，自 2016 年 10 月开始与高通达成战略合作。公司在希荻微接获高通批量化生产订单后，向希荻微提供上述用于支付供应商货款、员工工资等用途的流动资金贷款，并定期监控希荻微与高通、主要供应商之间的资金往来。在公司提供的资金支持下，希荻微2018年度销售收入达到7 280万元，相较于2017年度（2 478万元）实现3倍增长，并达到盈亏平衡。目前，希荻微正在与高通及其他知名投资机构洽谈股权融资交易，预计在2019年第二季度完成1亿元额度的股权融资，投后估值10亿元。此外，希荻微已聘请国内知名券商作为保荐人，拟于2020年6月申报科创板IPO，未来有望成为国内模拟芯片设计领域第一梯队企业。

公司将继续发掘国内芯片设计领域的优秀初创企业，提供多样化的资金支持，助力国产高端芯片自主化和高端制造行业的发展。

### （三）消费金融资产证券化

2018年西藏信托深耕消费金融和资产证券化领域，通过与京东数科、中信证券合作，于2018年11月参与了底层资产为京东金条的资产证券化产品——中信证券—京东金融荟享2号信托受益权资产支持专项计划，该项目是京东数科转型为金融服务机构后的首个出表业务，是交易所发行的首个次级溢价项目，也为后续京东数科的资产证券化产品发行CDS做了铺垫，符合信托公司普惠金融的转型方向，也为完善资产证券化产品的定价机制作出了创新。

### （四）慈善信托项目

2018年公司新增3个慈善信托项目，是公司首次设立慈善信托，以“西藏信托2018年度静海扶贫慈善信托”为例。

1. 信托目的。由受托人按委托人的意愿以自己的名义，为信托受益人的利益，将慈善信托财产用于支持西藏贫困地区农业发展，帮助当地尽快实现脱贫。

2. 交易结构。信托募集资金的使用根据信托文件约定，在信托合同约定的慈善目的及受益人设定范围内，由受托人决议的形式进行决定，并向委托人进行公告。

“西藏信托2018年度静海扶贫慈善信托”实际募集资金为44 610.00元，向西藏农牧业生产资料集团日喀则有限公司采购农机具（斜挂式收割机，型号IE－40F）42台，并通过无偿租赁的方式提供给西藏自治区日喀则市达那普乡彭冲村42户贫困村民。

3. 执行人。产品由西藏信托作为受托人主动管理，受益人是由受托人与西藏地区地方政府及其指定的乡镇和村级政府、合作社等机构合作推荐，由北京市中盛律师事务所担任信托财产的监察人，由招商银行股份有限公司天津分行作为信托财产的保管人，并在拉萨市民政局备案。

4. 产品特色及创新点。

（1）产品结构设计出发点源于“授人以鱼不如授人以渔”，公司作为受托人，并未将募集资金直接交付给贫困村民，而是根据藏区贫困村民实际经济生活需要，与农机设备公司联系，购买农机设备并无偿租赁给村民，解决农忙秋收时藏区劳动力不足无法按时秋收的现实问题。采用租赁方式，目的在于将农机设备发放到真正有需要的村民手中，而无偿的方式，则体现了慈善信托的“慈善”意图。本产品期限3年，村民租赁农机设备的期限也为3年，届满后根据农机设备的状态，公司作为受托人将决定是否将其赠送给使用的村民。

（2）慈善信托的受益人设定为西藏地区贫困村民。同时，在项目落地过程中，公司与藏区各级地方政府合作，加深了相互理解。西藏信托立足西藏自治区，尽一己微薄之力反哺藏区。

此外，公司在2018年7月与某美股上市的互金平台合作了第一单线上向个人放款的消费金融业务。这是公司第一次采用信息系统，借助大数据风控，实现线上审核、审批、放款的个人消费金融业务。该项目规模2亿元，期限为“18+18”个月（其中18个月为循环投放期，第19个月开始进入摊还期）。所有借款人为合作互金平台导流符合标准的个人用户，公司通过与头部大数据风控机构合作，对申请的个人用户进行反欺诈、多头及信用风险评估，对审批通过的借款人发放小额消费贷款。借助信息系统，所有的申请、审核、审批及放款都可达到秒级响应，借款一般在5分钟内通过第三方支付系统发放到借款人的银行账户中。目前项目运行平稳，风险可控且收益达到预期。

## 三、社会责任履行情况

公司坚持服务实体经济，积极回馈股东，诚信纳税，维护投资者权益，积极践行企业社会责任。

### （一）规范运作，廉洁从业

公司在日常经营中坚持规范运作，2018年以来进一步加强法人治理建设，加强内部合规文化的培育，加大中后台人员和资源配置。与此同时，公司通过多种途径加强员工廉洁教育，强化党员的廉洁意识，以保证公司员工及管理层的廉洁廉政。

### （二）服务实体经济及民营企业

2018年，公司坚持习近平新时代中国特色社会主义思想，根据党的十九大精神、第五次全国金融工作会议要求及监管机构的规定，对公司发展战略、业务规划进行梳理，将服务实体经济作为公司重点工作之一，通过“降成本”“补短板”等手段支持实体经济发展，增强主动管理能力，引导资金脱虚向实。2018年，公司投入较大人力物力开拓中小企业综合金融服务业务，为中小企业及时提供价格合理、便捷安全的金融服务。

## （三）“三农”及扶贫金融服务情况

2018 年公司积极响应国家“普惠金融”的战略方针，落实党的十九大关于“深化金融体制改革，增强金融服务实体经济能力”的会议精神，坚持金融产品创新，把握“互联网 + 金融”机会，在消费金融领域积极开拓、不断深耕。

1. 开展慈善信托业务。公司积极响应“精准扶贫”政策号召，积极发挥信托公司的专业优势，主动创新扶贫模式，加大对慈善信托业务的调研。2018 年，公司成功发行 3 只慈善信托，以募集资金采购农机设备，通过无偿租赁方式提供给西藏自治区日喀则市达那普乡彭冲村村民，以提高当地农机水平及秋收效率，为藏区村民提供帮扶支持。

2. 开展教育扶贫工作。2018 年 4 月，公司向延安市延长县爱心公益协会捐赠了 10 台高清智能数字电视作为教学设备，用于帮助县内儿童在线远程学习，拓展思维、开阔眼界；公司与藏区 2 名在校大学生进行结对帮扶，为其提供生活费用，减轻大学生家庭负担。

3. 健康扶贫。2018 年 12 月，公司员工代表前往上海徐汇区星雨儿童康健院进行慰问及捐款。

## （四）积极回馈股东

公司将“为股东提供合理稳定的收益”作为公司经营目标之一，通过完善公司治理、强化经营管理、提高企业竞争力，确保公司稳健发展，为股东提供稳定的投资回报，实现国有资产保值增值。

## （五）诚信纳税

公司坚持依法纳税、诚信经营，2018 年公司上缴税费共计 3.82 亿元，以实际行动支持西藏自治区经济发展。

## （六）维护投资者权益

公司注重对投资者权益的保护，在日常工作中致力于为投资者提供方便、快捷、优质、高效的金融服务。2018 年公司共计清算信托项目 306 个，加上期间分配收益的信托项目，共向受益人分配信托收益 2 202 353.48 万元。

公司将公平对待金融消费者的观念融入公司治理和企业文化建设当中，努力建立、健全金融消费者保护机制，把关注和维护金融消费者的合法权益作为公司的重要职责使命之一。

公司在日常工作中，注重投资者教育工作的开展，在官网设置了“信托讲堂”专栏及“进一步打击非法集资活动”专题栏目，向投资者进行金融知识宣传。

### （七）加强反洗钱工作

公司重视反洗钱相关工作的开展，完善反洗钱内控制度，加强系统建设，在反洗钱领导小组的领导下，由专人负责落实反洗钱相关工作，按规定履行客户身份识别、可疑交易报告、客户身份资料和交易记录保存、开展反洗钱宣传、组织反洗钱培训等义务，并积极参与辖区内组织的反洗钱培训及交流，以适应新形势下反洗钱工作，及时掌握反洗钱工作的新动向、新要求。

### （八）践行企业社会责任，关注民生工程

公司在日常经营中，时时关注西藏地区的发展和人民的生活情况，积极帮助西藏当地有需要的居民解决实际困难。同时，公司对涉及民生的项目一贯采取大力支持的政策。2018 年，公司募集资金成立 1 个信托计划，向某从事危废收集处置、再生资源利用和环境服务的公司发放贷款，支持环保企业发展；成立 1 个信托计划向某学校发放贷款用于校区的改扩建。公司持续关注医疗、教育、环保行业发展情况，以期可以更深入地为民生工程贡献公司力量。

### （九）关爱员工

公司坚持“以人为本”的理念，关爱员工，与员工共同分享公司的发展成果。公司制定明确的薪酬激励机制及晋升制度，以帮助员工制定职业规划；为公司员工缴纳企业年金、补充商业保险；为员工提供丰富的内外部培训课程，鼓励员工进行进修，以加强员工的业务能力，提高员工的综合素质。

## 四、2019 年发展规划

2019 年，是中华人民共和国成立 70 周年华诞。西藏信托将不忘初心、牢记使命，毫不动摇地以习近平新时代中国特色社会主义思想为指导，在西藏自治区财政厅的领导下，继续加强各项工作，推动公司发展再上新台阶。公司将重点做好以下几个方面。

### （一）加快推进增资扩股

公司将继续推动增加注册资本工作，力争在 2019 年将注册资本达到 30 亿元，提高公司的抗风险能力。同时，公司将对引入战略投资者事宜进行进一步研讨，为适时引入战略投资者做好准备工作。

### （二）主动经营稳健展业

2019 年努力确保营业收入和利润稳中有进。在增资扩股之后，公司将保持净资产收益率基

本稳定，维持高于行业平均值的水平，业务量和利润随着净资产的增长而增长。2019 年计划实现税后利润超过 4 亿元，税收贡献超过 4 亿元，利税争取突破 10 亿元大关。

（三）强化风险防范及处置

当前经济下行压力有所加大，长期积累的风险隐患有所暴露，企业信用违约风险有所上升，信托行业风险资产持续增加。公司在开展新业务时，将加强风险防控，不盲目追求效益，时刻把风险防控作为首要目标。对于已经形成风险的项目，要稳妥有序处置，在化解风险的同时也着眼于债务人的良性发展，促进金融与实体经济良性互动。

（四）积极谋求业务转型

一是重点发展小微信贷、普惠金融业务。为响应国家“普惠金融”的战略方针，落实党的十九大关于“深化金融体制改革，增强金融服务实体经济能力”的会议精神，公司坚持金融产品创新，把握“互联网 + 金融”机会，在消费金融领域积极开拓、不断深耕。

二是探索业务新模式。公司将继续以消费金融、普惠金融、投贷联动、股权投资业务作为公司未来发展转型方向，加强主动管理能力，提高主动管理类项目的规模，以加强选择融资主体的决策权，服务实体经济及民营企业。同时，公司将在资产证券化业务、企业年金业务方面加大投入，致力于扩大公司业务范围。

三是持续关注藏区特色产业金融服务需求。持续关注藏区“三农”、小微企业、特色农牧业、旅游业、藏药业等特色产业、生态环保等领域的金融服务需求，为繁荣西藏自治区经济、带动相应产业链发展贡献力量。

# 厦门国际信托有限公司

## 一、2018 年经营概况

厦门国际信托有限公司（以下简称公司）是经原中国银行业监督管理委员会批准设立的具有法人资格的非银行金融机构。公司前身厦门国际信托投资公司是由厦门市财政局下属的厦门经济特区财务公司组建而成的，成立于1985 年1 月，已稳健成长了34 年。2007 年8 月，经原中国银行业监督管理委员会核准换发新的金融许可证。目前，公司注册资本为37.5 亿元（其中外汇资本金为1 500 万美元）。股东为厦门金圆金控股份有限公司（占股为80%）、厦门建发集团有限公司（占股为10%）和厦门港务控股集团有限公司（占股为10%），3 家股东均是厦门市属国有企业。

截至2018 年末，公司总资产为59.39 亿元，净资产为50.25 亿元，净资本为44.90 亿元。2018 年公司管理的信托总资产为1 949.76 亿元，实现收入总额为80 190.27 万元（其中固有业务收入为22 660.86 万元，信托业务收入为57 529.41 万元）；实现净利润为4.76 亿元，年内上缴税收为4.83 亿元。

## 二、创新业务案例

2018 年，公司在多个领域实现了业务创新，主要创新成果包括市场化债转股项目等。该系列项目的简介如下。

公司与某银行合作，为安徽省大型现代化国有企业（以下简称大型国企）的子公司开展债转股，通过发放信托贷款置换借款人存量债务，信托贷款规模及到期日与原有债务一致。大型国企为上述贷款提供连带责任担保。信托贷款第一退出方式为债转股，银行将信托收益权转让或是在银行间市场发行 ABN 进行退出。若信托存续期间本信托贷款无法实现债转股，借款人需根据贷款原偿还计划偿还本息。该系列项目中的4 个项目合计规模为18.8534 亿元，经历了归集债权、债转股载体选取、债权转让、债权增资入股等多个步骤，最终在2018 年12 月末成功实施

10.9 亿元转股，实现了市场化债转股降杠杆的目的。

该系列项目，是公司首次开展市场化债转股业务，为公司后续继续贯彻落实国务院《关于积极稳妥降低企业杠杆率的意见》和《关于市场化银行债权转股权的指导意见》的文件精神积累了业务经验，也让公司在切实以金融创新手段支持实体经济发展的道路上迈出了重要一步。

## 三、社会责任履行情况

2018 年，公司充分发挥金融支持实体经济建设的作用，履行国有企业责任，将资金运用于“一带一路”建设、供给侧结构性改革、保障性住房建设、“三农”、教育和医疗等社会事业，鼎力支持和服务区域经济。公司管理的展鸿基金，基金及相关系列信托累计成立规模达 438.38 亿元，服务惠及 39 家厦门国有企业、事业单位。公司设立供应链投资信托为厦门市民营上市公司及时提供资金支持，通过市场化方式实现了纾困目标。公司作为双 SPV 参与的“亚中物流租金资产支持专项计划”成功发行，为“一带一路”商贸流通注入新活力。公司开展小微金融业务，为小微企业主个人提供经营性贷款。此外，公司严格遵守有关政策法规和监管要求，切实履行受托人职责，建立完善的项目风险防控制度，不断健全风险处置机制，持续开展信托和金融知识普及教育，充分揭示风险，有效提升了客户的风险防范意识，切实保障了受益人利益。公司将消费者权益保护工作纳入公司经营发展战略和公司企业文化建设中，通过组织投资策略报告会、专业知识讲座、产品路演等特色活动，巩固了紧密、专属、贴心的客户关系。同时，也继续加强宣传教育，普及理财知识，通过开展“金融知识进万家”、反洗钱和案防教育、金融消费者权益保护宣传、防电信诈骗等活动，推广信托文化价值理念，为投资者了解信托提供了有效途径。

公司一直以积极投身公益事业为己任，强调公益慈善活动的“可持续性”与“专项性”相结合，并积极组织员工参与其中。2018 年，公司继续开展“乐善有恒”公益信托资助困难大学生，并参与了厦门慈善总会“雨露育青苗”活动，再次帮扶了 10 名孤困儿童，捐助金额为 25 000元。公司积极响应国家精准扶贫的号召，紧紧围绕“产业扶贫、精准扶贫”，于 2018 年 9 月联合厦门建发国际旅行社、厦门市慈善总会共同推出“临夏希望之旅慈善信托”，支持欠发达地区和低收入人群，慈善信托第一期、第二期为甘肃省临夏回族自治州捐赠物资价值合计 17.38 万元，结余的信托资金还将通过厦门慈善总会专项用于临夏的慈善事业或经济建设，获得广泛赞誉。公司经过在甘肃省临夏回族自治州实地考察，与厦门派驻当地的扶贫干部进行深入沟通了解，发现临夏地区经济发展较为落后，当地政府财力薄弱，养老院和福利院经费严重不足，特别是临夏积石山县安集乡、小关乡老弱幼群体仍然面临缺少冬衣、冬被过冬的困难情况。公司向养老院、小学、幼儿园捐赠冬被、冬衣，金额为 99 810 元。

## 四、2019 年发展规划

2019 年公司将以党建工作为指引，以“控风险，促转型”为总思路开展工作。公司将进一步将党建工作转化为公司发展动力，继续做好风险防控工作，通过调整优化业务布局，重点推进资产证券化、消费信托、家族信托、慈善信托等创新型业务落地，增加新的收入来源；多渠道开发资金客户，循序渐进解决资金端与资产端不匹配的问题；优化固有资金配置，重点布局资本市场；完善部门设置与人才队伍建设，推动中后台体系建设与岗位职责优化；深化“数字信托”战略，以信息系统为公司转型发展提供技术支撑。公司上下直面竞争压力，齐心协力，迎接挑战，力争实现既定战略目标，持续提升公司的核心竞争力。

# 新华信托股份有限公司

## 一、2018 年经营概况

2018 年，新华信托股份有限公司（以下简称公司）实现营业总收入为 5.19 亿元，利润总额为 0.58 亿元，截至 2018 年末，公司资产总额为 77.84 亿元。

截至 2018 年 12 月 31 日，公司存续信托规模为 1 671.34 亿元，较年初增长 41.44 亿元，其中单一项目为 1 338.27 亿元，集合项目为 151.61 亿元，财产权项目为 181.46 亿元。

2018 年公司新增业务的总规模为 754.24 亿元。其中新增单一项目 175 个，规模为 697.62 亿元，占比为 92.49%；新增集合项目 2 个，规模为 5.33 亿元，占比为 0.71%；新增财产权项目 7 个，规模为 51.29 亿元，占比为 6.80%。

## 二、创新业务案例

继 2017 年 10 月，公司作为受托人发起成立了《慈善法》颁布以来重庆市的首单慈善信托“新华信托·华恩 1 号教育扶贫慈善信托”后，公司继续发挥自身平台与专业优势，于 2018 年相继落地了华恩 5 号、华恩 6 号、华恩 8 号等多单慈善信托项目。信托资金用途涵盖了教育、扶贫、生态建设等多个领域，资金投向重庆、贵州、甘肃、西藏等地的贫困地区。同时，为加强与慈善组织的合作，发挥各自在公益事业中的长处，相互促进、合作互补，共同推动慈善和信托的融合，公司分别与重庆市慈善总会、重庆明天公益基金会等慈善组织合作设立了慈善信托，采用“慈善信托＋基金会”的双驱动模式，兼顾信托公司和慈善组织的优势，综合信托公司的专业投资管理能力和慈善组织较强的募资能力、项目执行能力，实现慈善运作的高透明性、可靠性及保值增值功能，促进慈善信托的发展，更好地满足社会公益需求，对信托行业的声誉和长远发展起到正面推动作用。

## 三、社会责任履行情况

公益事业是扶危济困、凝聚人心、增强正能量的事业。2018 年，公司继续秉承“回报社会、服务社会”的理念，不断探索公益新模式，按照“专业化、品牌化”的运作思路，通过“慈善信托 + 明天公益基金会”两大平台持续推进慈善公益发展，走出了一条具有自身特色的慈善之路，不断成长为一家有社会责任，不断回馈社会、传递爱心的金融企业。

### （一）开展系列品牌公益活动

1. “少年英才”公益项目。与重庆团市委合作开展“少年英才”公益项目，对重庆市范围内 100 余名品学兼优的贫困学子进行资助，该项目为期 5 年，目前已经开展了两年，通过发放书籍、组织夏令营、冬令营活动，推动公司中高层员工与受助青少年结成“一对一”帮扶等，帮助贫困青少年开拓眼界、增强自信、培养自尊自信的良好品格。

2. “青春再出发—涉案未成年人帮教与维权”公益项目。与重庆市检察院合作开展“青春再出发——涉案未成年人帮教与维权公益项目”，对社会关注度较高涉案青少年开展帮助与维权，帮助他们重新回归社会，充分体现司法温情及社会责任。该项目 2017 年首期启动后，在重庆主城六区检察院进行试点，2018 年 8 月该项目进入第二期实施阶段。项目合作范围由试点阶段 6 个检察院扩大至全市 4 个检察分院和 26 个基层检察院，覆盖全部主城区及 17 个区县；合作社会组织由试点的 5 家增加至 28 家；项目服务内容进一步延伸至社会调查、合适成年人到场、亲职教育、临界预防、训诫教育等。

3. “国学经典 · 薪火传承”扶贫助学公益项目。与重庆团市委、重庆国学院合作开展“国学经典 · 薪火传承”扶贫助学公益项目，为 101 名热爱国学的贫困学子提供资助，并连续两年举办“重庆青少年公益国学夏令营”，在青少年中弘扬优秀传统文化。

4. “国学润乡土”教育扶贫公益项目。与重庆团市委、重庆国学院合作开展“国学润乡土”教育扶贫公益项目。2018 年 12 月，重庆明天公益基金会联合共青团重庆市委、重庆国学院共同开展了“国学润乡土”教育扶贫公益项目，该公益项目旨在提升贫困乡村小学语文教师的国学素养、知识储备和授课能力，培育一批国学志愿教师，帮助贫困地区乡村小学学生启蒙国学知识，传播、继承和发扬中华传统文化。

### （二）慈善信托

继 2017 年重庆市第一单慈善信托“新华信托 · 华恩 1 号”成功落地并取得民政备案以来，公司继续努力开展慈善信托业务，经过不断努力与多方沟通协调，2018 年成功设立了 3 笔慈善信托，分别为华恩5号西藏民族教育扶贫慈善信托（以下简称华恩5号）、华恩6号西部生态扶贫慈善信托（以下简称华恩6号）和华恩8号重庆青年志愿服务组织精准帮扶慈善信托（以下简称华恩8号）。

上述慈善信托各具特色，华恩5号与重庆市慈善总会合作，投向民族教育事业；华恩6号响应国家生态环境建设和扶贫政策，支持西部贫困地区荒山造林，帮助山区农民增收、实现绿色脱贫梦；华恩8号则是与重庆市青年志愿服务基金会合作，成立全国首家支持公益组织建设的慈善信托，为重庆市志愿服务组织搭建平台。

企业发展离不开社会，回报社会是一家金融机构应尽的社会责任，创立之初，公司就积极投入公益事业，坚持不懈地履行社会责任，捐资助学、扶贫济困、抗震救灾、支持文化体育等公益事业。未来，公司将一如既往地秉承"回馈社会、服务社会"的公益之心，传播公益文化理念，打造公益服务平台，在践行企业社会责任之路上不断前行。

## 四、2019年发展规划

党的十九大报告明确提出，我国经济已由高速增长阶段转向高质量发展阶段，正处在转变发展方式、优化经济结构、转换增长动力的攻关期。当前内外部形势更为复杂，宏观经济的短期稳定对持续发展更为重要。在未来的发展中，公司一定要认清当前的形势，随着"去杠杆""去通道"的不断推进，信托的黄金时代已经过去了，规模缩量、业态重构、整顿等带来的阵痛在所难免，要有觉悟与准备。在严监管的环境下，谨慎合规经营。因此，公司2019年着力培育新的增长点和新的增长极，服务实体经济，回归信托本源。

# 新时代信托股份有限公司

## 一、2018年经营概况

新时代信托股份有限公司（以下简称公司）的前身是包头市信托投资公司，1987年，经中国人民银行批准正式成立，2003年12月，经中国银行业监督管理委员会核准重新登记并更名为新时代信托投资股份有限公司；2009年6月，经中国银行业监督管理委员会批准更名为新时代信托股份有限公司，并换领新的金融许可证，变更公司名称和业务范围。2013年，经中国银行业监督管理委员会包头银监分局批准，注册资本增至12亿元。2016年8月，经中国银行业监督管理委员会包头银监分局批准，注册资本增至60亿元。

公司秉承审慎合规的经营理念，以主动管理信托资产为基本原则，以净资本管理风险指数为发展导向，打造投融资等多种手段组合的竞争优势，构建集约化、专业化、规模化、基金化和高附加值信托产品线为支撑的业务模式，整体业务驾驭能力、投资决策能力，以及风险识别、判断、防范和控制能力不断增强，资产实力与经营效益持续提升。截至2018年12月31日，公司固有资产总额为114.48亿元，负债总额为29.94亿元，净资产为84.54亿元。

积极践行信托制度，坚持以高标准、高起点、专业化服务和对客户负责的理念开发信托产品，精心构筑信托产品结构和生产线，审慎规范运作，成功打造锦程系列、慧金系列、聚金系列、嘉盛系列、鑫业系列等信托产品，形成具有较强市场影响力和竞争力的信托产品品牌，丰富了金融理财和投融资市场，在金融市场树立了良好的口碑。截至2018年12月31日，公司存续的信托计划887个，管理信托资产总规模为3 293.12亿元。

公司坚守金融服务理念，坚定社会责任，勇于开拓创新，不断超越，努力塑造良好的社会形象，精心培育核心竞争力，致力于建设理念先进、制度科学、技术领先、影响广泛的专业信托公司。公司愿与社会各界精诚合作、共谋发展，携手开创公司的美好未来。

## 二、创新业务案例

公司创新类信托业务担任特定目的的信托受托业务资格、以固有资产从事股权投资业务资格已获得内蒙古银保监局核准批复。同时，公司成立信托研究院，将在配备适量专职研发力量的基础上，充分利用公司内外部的研究资源，实现研究成果的产出。为公司健康快速发展奠定了良好的基础，为公司拓展业务空间和范围创造了必要的条件。

公司积极拓展在私人信托、游学教育信托和家族信托等领域的创新业务，并已经打造出“悠悦”“悠享”“启航”等私人系列产品。

## 三、社会责任履行情况

### （一）健全和完善社会责任体系

公司结合信托行业“八项机制、八大责任”的内在要求以及社会责任的基础理论，建立健全社会责任机制，形成了从董事长、总裁到各职能部门的社会责任工作层层落实，决策、目标和执行分工职责明确的组织体系，并将社会责任内容分解到各项工作之中。依托金融信托专业优势，践行企业社会责任，形成社会责任工作与品牌建设以及公司整体发展有机融合的战略。

### （二）持续开展普及金融知识宣传，维护金融消费者合法权益

2018 年，公司组织人员深入社区持续开展了普及金融知识万里行宣传活动、防范非法集资宣传教育活动、防范电信网络诈骗活动，以及“守信钱袋子”等金融知识进万家宣传系列活动，大力提升公众金融素质和风险防范意识，维护金融消费者权益。

### （三）组织开展慈善公益活动

公司党支部与包头市青山区科学路办事处党支部积极开展党建活动，于 2018 年 2 月 7 日组织开展的捐赠活动中，向社区孤寡老人捐赠价值 2 000 元的米、面、油等食品。

2018 年 7 月，包头市部分农村牧区遭受洪水灾害，公司积极响应监管部门号召，组织开展向受灾较重的包头市固阳县捐款活动，共为灾区群众捐款 5 万元，受到灾区政府和监管机构的高度评价和赞誉。

## 四、2019 年发展规划

### （一）2019 年业务发展规划

2019 年公司将坚持市场化转型方向，以服务实体经济为目标，积极进行业务创新，丰富公

司业务来源和业务类型，培育公司收入新增长点。

1. 服务信托。公司继续加强通道类业务的拓展，并通过通道业务的开展拉动与合作客户在投行、资产证券化、客户共享、产品代销等多领域的业务合作。

2. 保险资金业务。公司要在前期与保险公司合作的良好基础上，大力拓展保险资金业务，力争成为公司主要的收入来源之一。

3. 消费信托。公司将加快推进系统建设，制定专门的风控标准，配备专业人才，争取该项业务尽快落地，尽早开花。

4. 房地产信托。公司将在风险严控的前提下，严选合作方和投向区域，谨慎探索开展房地产信托业务，开拓公司新的业务收入来源。

5. 标准化业务。公司要主动加大资产证券化业务开拓力度，努力形成在资产证券化业务上的竞争力。结合投资者需求和实际情况，围绕以标准化资产为代表的各类资产，积极探索研发标准类型的产品。

6. 慈善信托。公司将在前期探索的基础上，要确保慈善信托业务落地，填补公司慈善信托业务空白。

7. 财富管理。公司将进一步加强产品发行渠道和财富管理能力建设，更加注重从受托人定位出发，以客户为中心，为客户提供财富保值增值服务，打造财富管理品牌。

### （二）2019 年的重点工作

1. 加强作风建设，展现全新工作面貌。公司将大胆选用敢扛事、愿做事、能干事、有担当的人才，以鼓励和带动更多员工积极担当、奋发进取。把那些在攻坚克难中敢于负责、勇于担当、善于作为、实绩突出的人员提上去，从根本上扭转公司的工作作风，提升工作士气，展现焕然一新的工作面貌。

2. 优化人才队伍，完善公司用人机制。公司将根据业务需求，启动更多人才招聘计划，加大引进专业化人才力度，深化公司人才梯度建设，优化公司人才队伍。将加大引入金融科技、合规风控、创新业务等专业人才，同时，按照绩效考核、工作述职等手段，奖优罚劣，进一步完善“庸者下，平者让，能者上”的用人机制。

3. 做实研发体系，提升公司投研能力。公司将配备专职研发力量，做实信托研究院，初步实现公司研发体系成型和成果产生。通过整合内外部资源，充分发挥研究与创新工作的引领、协同作用，建立研究创新和产品创设之间的嫁接桥梁，促进公司和行业的长远持续发展。

4. 利用金融科技，打造数字信托实力。公司将继续推动系统建设，将进一步完善网上信托系统，上线消费金融系统，以提升业务管理效率，提高客户服务质量，增强转型业务的市场竞争力，以提升公司业务创新能力，强化信托业务风险管理和数据管理，提高信托项目运营效率并加速公司转型，打造数字化的信托公司。

5. 加强品牌建设，助力业务开拓发展。公司将在总结现有品牌建设的经验基础上，进一步明晰品牌建设的着力点，以服务业务开拓发展为中心，有选择地进行品牌活动。同时，开始着手品牌建设的基础性工作，如公司统一的VI体系，公司文化内核提炼等。继续做好舆情监控，避免负面舆情产生和传播。统筹利用公司微信公众号、APP、外网等媒介，宣传公司正面形象，为业务开拓发展提供软动力。

# 浙商金汇信托股份有限公司

## 一、2018 年经营概况

2018 年，浙商金汇信托股份有限公司（以下简称公司）在协会、股东、监管机构的悉心指导和大力支持下，在全体员工的共同努力下，公司紧紧围绕“管理提升”的年度工作主基调，坚持“稳中求进”，业务模式进一步丰富，财富管理体系进一步完善，合规经营文化进一步夯实，风控水平进一步提升，内控管理进一步规范。2018 年实现利润总额为 2.07 亿元；截至 2018 年末公司管理的信托规模余额为 1 077.18 亿元。

### （一）顺势而为，业务类型进一步丰富

公司根据政策和监管要求，及时调整信托业务结构，主动压降通道业务，提高风险资本收益率。在房地产业务方面，提高业务准入标准，有序控制业务规模及增速，精挑细选交易对手，严控集中度，审慎做好存续期管理。在业务创新方面，实现了家族信托和慈善信托零的突破。

### （二）乘势而上，财富管理体系进一步完善

公司基本搭建完成以浙江、北京为主的财富营销网络，稳步推进福州等城市的布局。在完善定价发行机制、构建市场化激励考核机制、健全合规销售管理机制等的同时，公司坚持做精品牌，以客户需求为中心，重点打造面向不同客户群体的多层次管理和维护体系。公司 2018 年财富营销规模共计 324.9 亿元，总体客户数增长近 70%。

### （三）规行矩步，合规经营文化进一步夯实

一是积极落实监管要求，完成了“深化整治银行业市场乱象”、资管新规过渡期整改等工作，积极配合监管部门现场督导，及时回复监管问题，有序推进问题整改。二是切实做好监管政策宣贯，通过合规提示、专项工作、全员培训等多种形式，全面、及时、准确地传导监管政策，确保公司全员对监管要求领会到位。三是提升项目准入环节的合规要求，加强政策解读、

处罚案例警示等合规培训，提升全员合规经营意识，在全公司初步形成合规经营文化。四是强化法律事务管理与风险防范，做好法律文本标准化，制定法律审查指引，将法律风险防范落到实处，切实履行受托管理职责。

### （四）因势利导，风控水平进一步提升

一是及时调整公司展业策略，发布了信托业务开展的指导意见，明确各类业务的合规风险准入标准、信托报酬要求以及交易对手集中度控制。二是强化内部培训，宣贯公司展业策略方向、风控要点、尽调要点及操作规范、期间管理的问题。三是从房地产信托业务开始实施“交易对手 + 区域”的双维度研究与审查机制，提升审查质量，提高审批效率，强化部门专业能力。四是制定了《证券投资类信托业务管理办法》，明确公司证券投资类信托业务的各部门职责、授权管理、业务操作规范以及风险应急处置等，还对不符合公司风险标准的上市公司进行名单制管理并定期更新。五是积极开展同业交流，吸取业内优秀的经验和做法，努力达到风控引领业务部门主动了解市场格局的要求。

### （五）强化监督，内控管理进一步规范

公司对 2018 年成立的所有集合信托计划、部分单一信托计划和财产权项目进行专项审计，对项目运行的全过程进行检查，通过了解项目结构、交易对手经营状况、风控措施落实情况以确定项目在合规性及风险控制方面是否存在漏洞，充分发挥内审作为最后一道风险防线的作用。此外，公司重点对风险管理、行政管理、人力资源管理、财务管理和信息技术管理等方面进行全面审计和评价，对检查发现的问题，均在下次检查中进行专门的跟进并出具后续改进报告，确保整改落实到位，有效地促进公司稳健运行和价值提升。

## 二、创新业务案例

2018 年，公司努力创新产品模式，持续丰富服务方式，实现家族信托和慈善信托零的突破。公司就家族信托的产品设计、客户服务和资产配置等进行论证、探索，落地了“京华 1 号”与“京华世家 1 号”两单家族信托项目，标志着公司正式迈入家族信托领域。积极践行社会责任，设立“浙金・露笑科技—阿拉善生态保护慈善信托”与“浙金・乌兰察布市察哈尔右翼后旗精准扶贫慈善信托”，为公司在公益慈善领域进一步发展奠定了基础。

## 三、社会责任履行情况

2017 年，公司在发展普惠金融、支持绿色金融、节能减排、服务实体经济等方面积极履行

社会责任。在日常经营过程中坚持低碳运营，提倡绿色环保。持续加强对消费者金融知识的普及和权益的保护工作，努力共创和谐金融环境。

### （一）落实重大发展战略，开创信托优服务新局面

2018 年，公司紧跟国家及省市重大发展战略，把握经济转型升级思路，从支持战略新兴等先进制造业发展、支持科技企业发展、支持发展绿色信托、支持大湾区建设、支持民营企业高质量发展五个方面拓展业务，强化金融保障作用。

截至 2018 年末，公司已开展对接浙江省重点战略项目 3 个，合计信托规模为 9.85 亿元。已开展支持战略新兴等先进制造业、支持科技企业发展、支持绿色信贷的信托项目共计 20 个，规模合计为 67.45 亿元，涉及高新技术制造业及计算机软硬件技术开发行业和江、浙、沪一带的水利基础设施和环境保护设施建设以及节能环保相关的新能源行业。公司支持大湾区建设信托项目 15 个，规模合计为 68.91 亿元，主要投向房地产及工商企业。公司合作客户大多为民营企业，大力支持优秀民营企业的高质量发展。

### （二）发展普惠金融

2018 年，公司通过信托项目投融资方式，公司支持医疗、教育、养老、消费、涉农及小微企业等民生事业，深耕普惠金融，促进扩大内需和消费升级，为人民创造美好生活提供金融支持。截至 2018 年末，公司开展普惠金融项目 52 个，信托规模共计 98.857 亿元。

### （三）发展绿色金融，践行环保责任

公司对绿色、生态、循环、低碳、新能源、节能环保等新型产业，开辟绿色通道，优先准入、优先审批、优先支持。公司支持绿色产业发展和“治水、治气、治土”等工程，综合运用各类金融工具，多渠道引入资金降低融资成本，提高融资效率，破解绿色项目融资难的问题，努力提升绿色项目的长期商业价值。截至 2018 年末，信托资金投向为污水管网工程、河道整治、生活能源等方向的集合资金信托计划规模合计为 36.65 亿元，有力支持环保、新能源等产业发展。

### （四）精准扶贫，助力小康

公司连续多年为结对帮扶对象浙江省台州市仙居县湫山乡每年提供 2.5 万元扶贫资金，保证资金及时到位，助力帮扶对象尽早打赢脱贫攻坚战，积极落实结对扶贫责任，为实现全面建设小康社会、共建美好生活贡献力量。

（五）为公益事业提供浙金力量

公司党委组织 23 名党员，个人捐款 7 488 元，购买奶粉 3 箱、帮宝适 12 箱，赴杭州市儿童福利院捐赠慰问；组织党员在杭州吴山广场“狮子号”献血屋，共献血约 4 000ML；赴天使之家捐赠慰问，共计捐款 12 000 元。

## 四、2019 年发展规划

2019 年，公司将以问题为导向，紧紧围绕“稳中求进”和“管理提升”，控风险保平稳，谋发展促转型，提管理补短板，强党建聚动力，努力实现公司高质量发展。

2019 年公司将重点做好以下工作：一是切实做好存续项目期间管理（贷后管理）和临期兑付管理；二是在严控风险的前提下平稳拓展新增业务，调整业务结构，培育创新业务；三是适时研订战略规划；四是推进财富管理转型升级；五是深入开展“管理提升年”活动；六是全面梳理完善管理制度和系统流程；七是加强内部沟通协调，提升管理执行力；八是强化选人用人、内部培训和考核机制；九是持续加强党的建设，积极探索党建工作创新；十是深化建设清廉浙金；十一是党建引领企业文化建设。

# 中国金谷国际信托有限责任公司

## 一、2018 年经营概况

2018 年，在外部经济环境复杂多变及强监管形势下，中国金谷国际信托有限责任公司（以下简称公司）继续坚持“稳中有进、进中求变”的工作基调和“稳健经营、稳步发展”的经营策略，紧紧围绕深化转型发展和强化风险管控两个重点开展工作，秉持合规文化，夯实经营基础，严控经营风险，提高发展质量，促进公司稳健持续运营。截至 2018 年 12 月 31 日，公司存续信托资产规模为 1 401 亿元，达到公司重新登记开业以来最高规模；实现营业收入为 5. 12 亿元；实现净利润为 1. 72 亿元。

### （一）坚持高质量、专业化发展，不断提升服务实体经济水平

2018 年，公司积极响应国家政策要求，为实体经济企业提供多方位的综合金融服务，信托资金新增投放实体经济领域 65. 02 亿元，占当年新增投融资规模（不含资产证券化及证券投资等标准化业务）的 34%；传统业务结构转型持续升级，客户质量明显提升，区域策略进一步优化，当年新增主动类业务投资类占比为 91%，新增主动管理类业务投放于外部信用评级为 2A 级及以上级客户的规模占比达 91%，其中投放于 3A 级客户的规模占比达 64%，投放区域重点集中在京津冀、粤港澳大湾区、长三角等地区；坚持创新驱动，转型业务稳步推进，2018 年资产证券化业务新增规模占公司新增规模的 74%，新增收入占公司新增收入的 29%，对公司业务增长贡献度明显提升，业务品种逐步丰富，基础资产类型进一步多样化。

### （二）坚持回归信托业务本源，打造“金谷财富”品牌

2018 年，公司阶段性完成“金谷财富”品牌搭建工作，加强财富管理中心团队建设，开启线上线下相结合的业务推介和营销模式，产品营销能力得到显著提升。2018 年公司自主发行新增规模为 13. 8 亿元，同比增长 270%。

### （三）坚持风险处置和风险防控两手抓，加强风险管理与合规体系建设

2018 年，在市场违约事件频发的情况下，公司通过对项目加强形势预判，持续跟踪项目、重点监测、提早下手，确保了全年流动性安全。结合市场情况和公司整体风险偏好水平对《信托业务指引与产品手册》进行修订，进一步丰富风险管理工具，强化风险管理体系基础性建设。

### （四）坚持强化基础管理，持续提升精细化管理水平

2018 年，结合自身业务发展和监管要求，及时修订、完善公司相关制度，营造主动合规氛围，普及全员合规理念，提高内控合规管理水平；根据监管要求开展数据治理工作，建立工作分工协调机制和监督管理机制，持续提升监管数据质量；认真贯彻落实监管部门要求，充分发挥监审联动作用，开展离职离任审计、信托期间管理专题审计、全面风险管理专项审计等，有效提升了公司内部控制监督效能；进一步加强信息化建设，更好地支持公司各类业务信息化管理；对业务档案实施即时归档管理，有效提升了业务档案归档的及时性、完整性和逻辑性；进一步探索员工培训新形式，采用传统面授、线上学习、专题培训、课题研究等多种方式，提升了员工业务素质和工作技能。

## 二、创新业务案例

公司积极响应国家优化金融资源配置、盘活存量资金，支持实体经济发展的政策，结合自身业务战略转型，在资产证券化业务领域不断创新发展，取得较好成效。截至 2018 年 12 月 31 日，公司资产证券化业务累计发行规模已达 1 729 亿元，其中 2018 年新增发行资产证券化类业务 6 单，规模为 663. 18 亿元。公司积极开展企业资产证券化（ABN、交易所 ABS 项目）和私募资产证券化业务，业务品种逐步丰富。基础资产也向信用卡贷款、个人汽车抵押贷款、个人住房抵押贷款和租赁资产等领域不断扩展。公司先后荣获中央国债登记结算有限责任公司“2018 年度中国债券市场优秀成员”“资产支持证券优秀 ABS 发行人”称号，获得了银行业信贷资产登记流转中心 2018 年度信贷资产登记流转业务先进机构“专业服务奖”。

公司充分发挥信托功能优势、回归信托本源，布局慈善信托业务。自 2017 年开展该业务以来，已形成“信达大爱”扶贫慈善信托及“丝绸之路”科研慈善信托 2 个慈善系列品牌，慈善资金分别用于扶贫济困领域及支持“一带一路”领域研究项目。其中，2018 年设立两单慈善信托项目，均成功在北京市民政局备案，规模合计为 947 万元。慈善信托资金改善了新疆、青海等 12 个省、市、自治区部分贫困群众的生活和教育，资助的科研课题探索了“一带一路”倡议下沿线城市的发展模式，均产生了较好的社会效应，是公司业务转型创新的积极尝试。

## 三、社会责任履行情况

公司始终坚持党的领导，秉承“胸怀服务社会理想、坚守诚信为本理念”，恪守谨慎、稳健的经营方针，以受益人的利益最大化为宗旨，专注于信托产品的创新与推广，诚信经营，依法纳税，在有效防控金融风险、服务实体经济发展方面，在服务人民美好生活、积极助力脱贫攻坚方面，在支持绿色发展、促进公益慈善事业以及提升人本价值方面，做实事，出实效，积极履行社会责任。

### （一）积极贯彻落实国家宏观经济和产业政策，服务实体经济发展

2018 年，公司积极响应国家政策要求，坚持把支持实体经济、加快转型发展放在公司重要战略地位上，加大向“一带一路”建设以及京津冀协同发展、长江经济带、粤港澳大湾区等国家重点战略领域的资金投放，大力支持国家政策鼓励的节能环保、新能源等新兴领域，以实际行动服务实体经济。

### （二）为投资者创造可靠财富

公司以受益人利益最大化为宗旨，信守承诺，勇于承担社会责任，最大限度地为信托投资者创造收益。公司 2018 年共向投资者分配信托收益为 59.1 亿元。

### （三）积极开展公益（慈善）信托实践

2018 年，公司设立“金谷信托 2018 信达大爱 1 号（扶贫及教育）慈善信托”，致力于贫困地区群众生活改善和教育支持，信托规模合计为 347 万元，受益地区涵盖新疆、青海、云南、甘肃、贵州等多个贫困地区。同年，公司设立“金谷信托 2018 丝绸之路（科研）1 号慈善信托”，通过慈善信托方式支持“一带一路”课题研究，推进“一带一路”科学研究发展，该项目已对“加强中国城镇化经验共享推进海上丝绸之路城市群建设”等课题给予了资助。

### （四）坚持普及金融知识，维护消费者合法权益

2018 年，公司开展“金融知识普及月　金融知识进万家”暨“提升金融素养　争做金融好网民”宣传活动。针对金融产品投资者对金融知识的薄弱环节和金融需求，重点向公众普及常见防骗招数、非法集资活动的常见手段，引导公众合理选择金融产品和服务，提高防范金融风险的能力，切实维护金融消费者合法权益。该活动共现场宣传 5 次，受众消费者 500 余人，累计发放宣传材料十余种，累计 5 300 余份。

### （五）不断完善员工关爱体系，推动员工与企业共同成长

通过开展员工培训、保障员工职业健康、开展员工文体活动及员工帮扶等，切实增强员工福利，保障员工权益。

## 四、2019 年发展规划

2019 年，公司将坚持“稳中有进、进中求变”的工作基调和“稳健经营、稳步发展”的经营策略，坚定不移地走高质量发展之路，持续打造专业经营、效率至上、创造价值的核心竞争优势。一是坚持现有专业化发展及转型创新双驱动布局，提高专业化水平，继续深化业务转型及结构调整，坚持客户导向，深耕专业领域，立足回归信托本源，切实服务实体经济。二是加强营销渠道和营销团队建设，提升产品营销能力。三是把合规经营和风险管控提升到更加突出的位置，强化风险防范和流动性管理，严控新增项目风险，加强对存续项目的跟踪排查，强化问责机制，不断提升抗风险能力。

# 中国民生信托有限公司

## 一、2018 年经营概况

2018 年，中国民生信托有限公司（以下简称公司）在公司董事会和管理层的正确领导下，在监管机构的帮助指导下，扎实工作、锐意进取，业务发展和经营管理再上新台阶。

2018 年，公司全体人员在董事会的支持下，恪尽职守，勤勉尽责，积极贯彻落实各项战略举措，持续打造“投资银行管理型”金融机构，继续坚持“财富、投资、投行、资管、融资”五大市场定位。公司以转型发展取得的阶段性成果为基础，切实优化经营管理流程，在资本层面、治理层面和经营管理层面都取得了较大进步，自主投资能力、资产管理能力、财富管理能力持续提升，为公司健康快速发展及战略转型夯实基础。

公司以保障委托人的合法权益为最高准则，秉承合规、稳健的经营思路，着力开发优质项目，追求风险可控的经济利益；公司以服务实体经济为目标，为优质企业和客户提供多样化的金融服务。

公司目前经营的业务品种主要包括信托业务和固有业务。信托业务品种主要包括单一资金信托、集合资金信托、财产信托等。信托财产的运用方式主要有贷款和投资。固有业务主要是自有资金的同业存款、发放贷款和投资信托产品、资管计划等。

报告期内，公司业务保持平稳较快发展，截至 2018 年末，公司实现净利润为 10.8 亿元，公司实际管理信托资产为 1 813.89 亿元，管理契约型私募基金资产为 181.50 亿元，公司固有资产总额达到 152.33 亿元。报告期内，公司累计向信托受益人支付的投资收益总额达 102.13 亿元。公司严格履行了受托人的尽职管理职责，实现了信托业务的主要预期目标，最大化地维护受益人利益。报告期内，公司上年存续信托项目 215 个，上年存续信托本金规模为 1 855.16 亿元，本年新增信托项目 53 个，新增信托本金规模为 2 562.60 亿元；清算信托项目 90 个，到期信托本金规模为 2 631.48 亿元。报告期末，存续信托项目 178 个，存续信托本金余额为 1 786.28 亿元，信托资产总额为 1 813.89 亿元。

公司固有业务主要包括自有资金的同业存款、发放贷款和投资信托产品、资管计划等。报告期内，公司继续秉承谨慎稳健原则，在提高资金运用效率的同时，进一步强化业务风险防范与风险监控，确保公司资产的稳健增长。报告期末，公司固有资产合计为152 亿元。在私募基金业务方面，截至2018 年末，公司存续基金项目38 个，存续基金本金余额为183. 10 亿元。

## 二、创新业务案例

### （一）船舶基金业务

船舶基金业务是公司特色业务之一，属于非金融资产管理模式。公司主要利用国际航运市场成熟的投融资模式，以多元化金融业务为依托，在非标准化资产管理（船舶资产）领域进行投融资服务，公司也是目前全国信托行业68 家公司中唯一具有航运板块业务的信托公司。2017 年初，“民益公主轮”顺利交船，意味着民生信托的航运业务顺利起航，2018 年公司紧盯市场及行业趋势，与航运市场资深的船舶管理公司、船东等各方开展密切合作，抓住当下干散货船舶的最好投资时点，完成多艘船的交割，通过赚取船舶资产买卖价差及获取期间稳定的租金收益等方式，实现良好收益。

### （二）跨境投资业务

跨境投资业务是公司持续关注的业务领域之一。公司旨在抓住海外优质资产投资机会，满足投资人海外资产配置需求。2018 年末至2019 年初，公司根据美元债市场行情，择机成立了美元债投资项目。基于过往成功运作经验及审慎投资原则，该项目以标的债券的持有到期作为主要投资策略，优选大型基金公司、投行等作为合作机构，并以优质的中资企业境外债券为投资标的，由公司进行主动决策和投资管理，在投资实施前对标的债券主体进行严格信用风险甄别，同时通过方案设计强化风险控制，尽量规避市场波动风险与到期退出的信用风险。

## 三、社会责任履行情况

公司始终秉持“得益于社会，奉献于社会”的核心价值观。2018 年以来，在严防风险底线的前提下，公司以服务实体经济为目标，进一步打造主动管理能力，旨在为优质企业和客户提供多样化金融服务，同时积极拥抱新兴产业，响应国家扶贫号召，在慈善信托等公益领域取得突破。

2018 年，为切实响应服务实体经济的发展战略，公司积极投身国家船舶工业和航运事业、高端制造业、新能源汽车、新一代信息技术产业、乡村振兴项目等实体经济中，不懈地探索金融资本与产业资本高质量协同发展的道路。

为落实习主席关于“坚决打赢脱贫攻坚战”指示精神，响应中国银保监会关于积极支持精准扶贫工作的号召，在中国信托业协会的组织引导下，公司设立首只慈善信托——“中国民生信托·甘肃临洮民生精准扶贫慈善信托”，旨在支持临洮县困难群众帮扶及助学等。通过固有资金捐赠与设立慈善信托的有效结合，公司实现了利用信托工具进行金融扶贫工作的有益尝试。金融扶贫工作预计持续5年，从2018年开始，公司将每年捐赠资金40万元用于精准扶贫工作，共计200万元。公司在中国互联网新闻中心主办的2018年度“中国网之优秀金融扶贫先锋榜”评选中获评“精准扶贫先锋机构”。

在职工权益保护方面，公司2018年共组织培训59次，1 940人次参与培训。其中，内部培训25次，总计1 788人次参与线下培训活动；外部培训34次，共涵盖152人次。在培训内容上，紧跟监管政策调整，并持续关注市场环境的变化，配合推进业务的创新与发展。为增加团队凝聚力、为员工提供展示平台，公司举办了丰富多彩的活动，新春联欢会、“悠悠夏日”摄影比赛、2018年度运动会、羽毛球比赛、篮球比赛等。同时，公司切实做好员工福利关怀，生日祝福、疾病慰问、新生贺礼等，公司为员工投保了补充医疗保险、意外伤害险两种商业保险，每年组织员工进行健康检查，每月为员工提供午餐补贴和通信补贴。

在客户和消费者权益保护方面，公司始终坚持“以客户为中心”的服务理念，积极开展内部员工培训，改善服务态度，强化客户服务意识，建立客服工作标准化和专业化，不断提升客户服务品质。通过不断优化现有的工作流程，有效改善了认购/申购确认函出具、财产证明出具及各类信息披露的时效性问题；通过收益分配方案设置增加复核节点、受益权转让款项经过公司账户、开通产品转投业务等一系列创新，不断提高客户资金安全性和业务便捷性。在2018年对新老客户进行的抽样客户满意度调查中，经过加权计算，整体客户满意度得分为93.8，达到了公司客户满意度90分的服务质量目标。

## 四、2019年发展规划

2019年公司继续在“投资、融资、投行、资管、财富”五大领域发力布局，全力打造“自主投资能力、资产管理能力、财富管理能力”三台强大的发动机，将公司打造成为专业化、条线化、阳光化的“投资银行管理型”大型金融机构。

2019年，公司将继续坚持以五大市场定位为指引，投资方面加强固有中长期投资布局；投行方面加强行业纵深化的Pre－IPO、PE投资与并购重组业务；资管方面加强证券、债券类，资产证券化类，以及消费金融类等金融标品类业务，同时加强商业不动产类、船舶类、强生息基础设施类等非金融产品资管业务；融资方面加强地产等行业的投贷联动；财富方面形成多收益类型、多产品类型、多渠道销售等。在某些行业领域以基金“募、投、管、退”的主动方式突破信托“先资产，后发行”的被动方式，学习非持牌优秀 PE 机构业务模式，推动商业模式革新，持续深化转型发展。设立基金管理总部，推动基金管理业务实践；积极推进实践“慈善信托”，开启公司履行社会责任的新阶段。

# 中建投信托股份有限公司

## 一、2018 年经营概况

2018 年，中建投信托股份有限公司（以下简称公司）深入贯彻落实党的十九大精神以及中央经济工作会议和全国金融工作会议精神，围绕公司发展规划要求，紧跟资管行业的环境变化，坚持“稳中求进”总基调，在严格遵循各项监管要求的基础上，把握新环境下的展业机遇，大力推动业务结构多元化，全面重塑财富管理业务体系，有效提升综合金融服务能力，并在健全风险内控管理机制、创新品牌活动内涵、优化人力资源配置、强化信息技术建设等方面取得积极进展。

2018 年，公司实现营业收入为 18.93 亿元，同比增长 4%。其中，信托业务收入为 13.04 亿元，基本与上年同期持平；固有业务收入为 5.89 亿元，同比增长 14%。实现净利润为 9.16 亿元，同比下降 9%。公司存续信托项目 410 个，信托总规模为 1 671 亿元，其中集合信托规模为 991 亿元，占比为 59%。

2018 年，公司新增集合信托规模（含当年新增、当年清算信托计划）为 570 亿元。其中，自主募集为 344 亿元，包括个人客户规模为 225 亿元，占比为 65%；机构客户规模为 119 亿元，占比为 35%。

### （一）财富管理业务战略布局初显成效

2018 年，公司优化财富管理组织架构，设立财富业务总部，对各区域财富中心进行统一的条线化管理，并优化财富中心绩效考核方案，完善内部荣誉激励机制，有效促进公司财富管理业务做大做强。2018 年实现自主募集规模为 232.78 亿元，同比增幅为 61%。

### （二）创新管理业务取得积极突破

2018 年，公司密切关注宏观经济形势及信托行业发展变化，深化落实党的十九大提出的“深化金融体制改革、增强金融服务实体经济能力”的要求，在稳步拓展传统信托业务的同时，积极推动产品创新，推动资产证券化业务、债券投资标品信托业务、房地产股权投资业务取得积极突破。

### （三）风险防范和风险管理水平持续加强

2018 年，公司进一步深化全面风险管理体系建设，形成针对押品管理体系、操作风险损失数据收集等工作的细化方案。建立交易对手授信管理制度，并对核心客户进行持续跟踪和全面风险评价。针对主动管理类房地产、工商企业等信托项目，于项目到期 3 个月前开展风险排查，提高风险主动管理能力。

### （四）品牌影响力和企业形象逐步提升

2018 年，公司不断提升专业能力，获得业界各项荣誉和普遍认可。7 月，荣获由《上海证券报》主办评选的 2017 年度“诚信托——最佳资产证券化信托产品奖”。12 月，荣获由中信银行授予的 2018 年度“中信银行——最佳合作机构”，荣获由东方财富网、天天基金网联合主办评选的 2018 东方财富风云榜“最佳信托公司”。同时，荣获由中国银保监会授予的中国银保监会信息科技风险管理课题研究成果全国二等奖。

## 二、创新业务案例

一是在资产证券化领域，公司积极发掘优质基础资产，基础资产类型包括融资租赁、商业物业、购房尾款、物业费、信托受益权等。截至 2018 年末，公司存续资产证券化规模为 310 亿元，同比增长 142%。

二是在债券投资标品信托领域，公司持续强化在标品信托业务领域的主动管理能力，持续推出汇泉添添利、汇泉月月盈系列产品。在债券市场产品设计、投资研究、信用分析等方面获得较大的提升，并形成投前研究、组合策略、投资交易、投后跟踪、归因分析的债券投资主动管理闭环，开发出覆盖地产、基建、电子等 10 个领域的行业信用评价模型和以等级锚为代表的主体信用评价工具。截至 2018 年末，公司累计管理规模为 99.9 亿元，同比增长 78.6%。

三是在慈善信托领域，公司充分结合自身品牌公益活动“银信封计划”为契机，以公司员工为委托人设立公司首单慈善信托——中建投信托·银信封慈善信托 1 号（具体交易结构图见下图），募集规模为 13.1977 万元，用于支持“银信封计划”践行过程中所发现的、需要帮助的乡村教师及学校进行捐助。此外，由浙江省辖区的杭州工商信托、万向信托以及公司共同成立“之江信托慈善联盟”，于 2018 年 8 月设立“之江 1 号生态保护信托”，由各方各出资 25 万元，首批资金用于乌兰布和生态保护项目中近百亩防护林的认养。

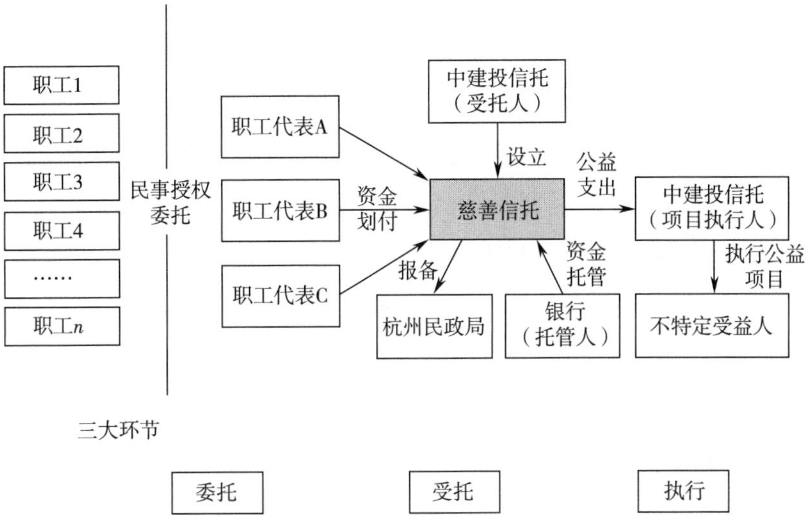


**图　中建投信托·银信封慈善信托1号交易结构**

## 三、社会责任履行情况

2018年，公司秉承“价值创造、以人为本、和谐发展”的社会责任理念，立足于公司发展中各利益相关方的普遍诉求，服务于经济发展、产业转型、结构升级与社会进步的可持续发展大局，致力于实现企业发展、员工发展、社会发展的和谐统一。

一是坚持新发展理念，积极履行企业发展责任。2018年，公司积极提升资本运营和资产经营能力，截至2018年末，公司净资产为73.97亿元（同比增长10.9%），实现净利润为9.16亿元，较好地实现了国有资产保值增值。积极发挥信托制度优势，设立政信类信托计划规模超过90亿元，进一步发挥社会资本对民生工程和地方经济建设的支持作用。

二是重视现代企业治理文化，推动公司治理规范。公司积极贯彻落实中央关于深化国企改革的工作要求，2018年正式获准设立股份公司并完成工商变更登记，注册资本增至50亿元。积极落实股东关于公司引战工作的各项要求，扎实做好前期尽调材料准备、“引战”方案要点、经营亮点提炼等工作，为公司下一步对接资本市场，推动实现股权多元化夯实基础。

三是认真履行受托责任，提升金融综合服务水平。公司积极推进消费者权益保护工作，通过强化信托产品与服务的信息披露义务，持续做好“双录”工作，积极推进理财经理内部培训与投资者宣传教育工作，切实提升投资者的满意度和忠诚度。通过多维度组织举办系列品牌客户活动、优化客户积分商城建设等方式，不断提升高净值客户服务能力。2018年，公司实现客户投资者收益为110亿元，同比增长33%。

四是坚持以人为本，认真履行员工发展责任。公司持续优化员工职业素质和专业能力培训体系，针对不同层级（类别）的员工开展各类专题培训，推出“森林”系列人才培养计划。公司进一步研究完善员工社会保障体系，为员工提供稳定的就业岗位和合理的薪酬福利待遇，连续第二年组织实施“员工入司周年”（星辰计划）文化纪念活动，推动和提升企业文化凝聚力。

五是举办特色公益项目，积极践行社会公益。公司连续第三年开展“银信封”计划年度公益项目，通过走访寻找最美教师，传播教师的可贵品质和师生间的动人情义。2018 年，累计组织 43 人次青年员工走访吉林延边、贵州毕节、山东曲阜、重庆万州等地，与当地师生开展爱心互动。公司还积极参与慈善信托，2018 年共设立或参与设立慈善信托 2 笔，在慈善公益事业中发挥专业价值和履行社会责任。

## 四、2019 年发展规划

2019 年是“资管新规”平稳过渡的关键之年，信托行业的转型发展更为迫切。公司将在严格落实“资管新规”各项要求，确保合规经营的基础上，积极把握市场机遇，以“平台化”“基金化”“资产证券化”展业思路为方向，主动布局战略业务，实现传统优势业务和战略业务均衡发展。稳步发展财富管理业务，实现资产端和财富端的平衡发展。同时，把防范化解金融风险和服务实体经济有机结合起来，强化运营保障支持效能，积极打造稳定优质的资产管理平台。

一是深耕成熟业务领域。持续巩固债权信托核心优势，深耕房地产及基础设施建设等领域，确保公司盈利基础。加快整合机构业务渠道资源，优化资源配置，实现客户统一营销、资产统一对接、运营统一管理，深入挖掘同业金融机构的合作需求，扩大市场份额。

二是着力拓展转型业务领域。通过布局资产证券化、债券投资、地产基金、普惠金融四个战略业务，建立均衡的业务体系。

三是持续深化财富管理业务领域。稳步推进公司财富管理业务发展，提高财富条线产品设计能力，加快推进固定收益业务、私募股权投资、标品信托三大产品线的全面覆盖。

# 中江国际信托股份有限公司

## 一、2018 年经营概况

截至 2018 年 12 月末，中江国际信托股份有限公司（以下简称公司）总资产为 94.24 亿元，净资产为 74.47 亿元，全年实现营业收入为 3.5 亿元，实现利润总额为 1.07 亿元。年末信托资产余额为 1 368.62 亿元。

### （一）做好经营管理工作

1. 聚焦主营业务，各项任务扎实推进。一是探索调整业务方向。公司探索研究从传统融资业务向证券投资、股权投资业务的转型，调整了传统城乡发展业务的操作模式。二是平稳推进城乡发展业务。在严控风险的前提下，始终发挥自身优势，致力于振兴、服务实体经济。三是积极谋划营销转型。虽然 2018 年经济金融形势不景气，但公司依然积极营销产品，并开展了财富管理业务创新，积极筹备首单家族信托业务；开展“金融消保，我们在行动”“普及金融知识，守住钱袋子”“金融知识普及月，金融知识进万家”“提升金融素养、争做金融好网民”等系列活动，维护公司的市场品牌形象。

2. 聚焦精细化管理，维护公司平稳运营。一是风险管理体系不断完善。开展了“两加强、两遏制”“三违反、三套利、四不当”、银行业金融市场乱象综合整治、银行业涉嫌非法集资风险专项排查、涉嫌非法集资广告资讯信息排查清理、反洗钱宣传月等专项活动；完成了《关于规范金融机构资产管理业务的指导意见》自查整改工作；并在江西银保监局、人民银行南昌中支的各项现场检查、执法检查中不断规范各项工作，防范各类金融风险。二是底线管理更加严肃。公司通过制度的执行强化各项管控行为，从严底线管理，强化规则意识，严格按制度办事，提升了执行力。三是监督问责持续加强。公司将“深化整治乱象”作为贯穿 2018 年的工作重点，成立了专项工作组，制定了整治方案，同时开展了全面自查工作，对自查发现的问题进行整改和问责，对相关部门负责人给予通报批评或罚款处罚。

（二）强化党建工作

聚焦大党建工作，引领公司健康发展。按照从严治党的要求，2018 年完成了党组织换届选举工作；通过讲党课、网络视频、党员自学等多种形式深入学习宣传贯彻党的十九大精神；严肃党内政治生活，严格落实“三会一课”、组织生活会等制度，积极开展党员活动日、学习红色家书，推动“两学一做”学习教育常态化，全面提升党建质量。

## 二、社会责任履行情况

（一）守法合规稳健发展

公司按照“突出信托主业、服务地方经济”的经营宗旨，依法合规经营。积极履行中国信托业协会行业自律公约。

2018 年，对 2017 年以来有关“三违反”“三套利”“四不当”、银行业市场乱象整治“十方面”、信用风险专项排查、“二会一层”风控责任落实等专项治理工作开展情况和成效进行了全面自评估，并开展了自查排查专项活动。积极推广宣传“防范非法集资公益广告片”，开展了防范非法集资宣传教育工作；开展了银行业涉嫌非法集资风险排查及涉嫌非法集资广告资讯信息排查清理等一系列专项活动。切实履行公司反洗钱义务，做好洗钱行为风险排查。开展了警企共建活动，加强公司和公安部门的联系与合作，增强了案件防控和风险处置能力。为适应市场情况和监管政策的变化，修订完善内控制度体系，形成新的制度汇编，强化了制度的执行力。

（二）注入经济调整活力

2018 年公司立足于促进经济结构调整转型，注重支持实体经济发展。公司紧扣实体经济企业的投融资需求，通过引进和募集等多种方式，服务于实体经济的各个方面，如用于道路桥梁搭建、市政工程等支持基础产业设施建设；支持房地产市场建设项目（含保障性安居工程）；支持工商企业发展，广泛投资于林木、热电、餐饮、物流、交通运输、矿产、生物科技、制药、农业、机械制造等行业。

在平台融资需求减少、政府债务置换、企业还款压力加大等因素的影响下，公司始终坚定不移地支持地方经济。围绕服务江西各级政府和企业，通过政信合作、银信合作等多样化的合作方式，募集和引进省内外的资金，先后为本省 11 个设区市和 80 多个县市区级的大中小型企业、上市公司、高等院校发行信托计划，提供信托融资。

（三）致力推进财富管理

公司充分发挥信托产品的多样性、灵活性，拓展投资渠道，为投资者提供多层次、各种收益水平、风险等级不同的产品。例如，公司发行的集合资金信托产品，有较稳定收益的政信合作产品，收益较高的股票收益权转让信托产品；又如，公司发行的单一资金产品，为机构客户、银行理财和非理财资金、证券公司资产管理计划提供良好的投资服务。

公司始终倡导客户至上的经营原则，充分保护客户的合法权益。公司制定了《信托产品营销管理规定》《信托客户服务管理规定》《信托业务客户服务应对方（预）案》等有关规定。在产品营销中，严格按照监管部门的法规操作，落实面签和录音录像，并在录音录像时按照监管规定进行充分的风险提示，签订认购风险说明书、信托投资不承诺保底、集合资金信托计划营销执行合格投资者购买的监管规定。在项目的风险控制措施上，采取了多种保证措施，如属地发行、土地抵押、应收账款质押、股票质押、第三方保证、预警线及平仓线的设计等，保护投资者利益，提升客户服务水平。

（四）积极推进金融消费者权益保护工作

高度重视金融消费者权益保护工作，通过不断完善制度建设、依法合规开展经营活动、认真倾听落实客户建议、积极开展金融知识宣传教育活动等措施，充分尊重并自觉保障金融消费者的财产安全权、知情权、自主选择权、公平交易权、依法求偿权、受教育权、受尊重权、信息安全权等各项合法权益，积极防范和化解金融风险，努力参与构建和谐稳定的金融消费关系、维护金融秩序的安全与稳定。

2018 年，公司完善金融消费者权益保护的相关制度，积极开展了各项金融知识宣传教育活动：在“3·15 消费者权益保护日”开展宣传教育活动；6—12 月，每月持续开展“金融消保，我们在行动”活动；6 月开展“普及金融知识，守住钱袋子”活动；9 月集中开展“金融知识进万家”活动。宣传足迹遍布社区、农村、高校、企业、商场，向社会大众及在校学生普及金融消费者权益保护及信托知识。

## 三、2019 年发展规划

截至 2018 年末，公司正在配合推进股权转让工作，因此，2019 年的核心工作为继续配合推进完成股权转让工作，确保平稳过渡。一方面，全力以赴地维持传统业务的稳定，开展低风险业务；另一方面，全力以赴地加强风险管理及预防。具体发展规划将由新的控股股东到位后明确。

# 中粮信托有限责任公司

## 一、2018 年经营概况

2018 年，中粮信托有限责任公司（以下简称公司）顺应国家战略，结合集团产业，体现中粮特色，首次明确三大核心竞争力方向：产业金融服务能力、消费金融服务能力以及财富专业管理能力。公司按照核心竞争力架构，将业务团队调整为产业金融部、大消费金融部以及财富管理部三大部门，实现公司资源的重组优化，提升公司的运营效率。此外，公司成立薪酬委员会、信息化委员会、问责委员会，设立联络专员制度，提升执行效率。

同时，公司不断完善风险管控体系、推进市场化机制建设、强化后台保障体系，通过完善风险闭环管理架构、设立全面风险管理办公室、开展风险排查“自查自纠”、改革投决会机制、建立 MD 职级体系、加强人才引进与培训、升级信息技术系统等一系列改革举措和制度建设，为公司的发展提供内生动力，推进公司的可持续发展。

经营业绩方面，受整体市场环境影响，公司 2018 年营业收入完成情况较上年有所下降，公司全年完成营业收入为 5.48 亿元，实现净利润为 0.58 亿元。

## 二、创新业务案例

农业金融是公司特色化战略业务，历经多年探索与创新，打造了供应链金融、农地金融等特色化农业金融业务模式，在普惠金融服务中小微企业、金融服务“三农”等方面有着突出贡献与表现，多次获得监管部门与中粮集团内外的好评和奖项。截至 2018 年末，公司共成立农业金融信托项目 273 个，累计发行规模为 351 亿元，涉及耕地面积累计近 43 万亩，惠及上万户农户；2018 年重点拓展农业供应链金融、农地金融及金融扶贫。

农业供应链金融方面，截至 2018 年 12 月 31 日，公司累计向集团内近百家中小微经销商发放信托贷款近 18 亿元。2018 年受整体市场环境不乐观、实体经济下行、金融“去杠杆”等影响，各家金融机构纷纷收贷中小微企业。而公司则根据米、面、油等各品类中小企业特点，分别以“管理提升亮点、规模增长亮点、业务储备亮点、模式创新亮点、风险控制亮点”制定2018年供应链金融业务规划，坚持向中粮集团下游米、面、油、红酒、饲料近55家经销商发放信托贷款近3亿元，保障集团内部米、面、油和红酒中小企业经销商旺季备货资金需求，给专业化公司直接带来3亿元销售收入，按照60天周转一次，至少可实现销售收入为6亿元。

农地金融方面，“宁安模式”是公司重点推进的农地金融业务。2018年初，公司协同中粮贸易与黑龙江宁安政府签署战略合作协议，在黑龙江宁安市打造农业全产业生态闭环实验区，通过引入中粮期货、中粮贸易、三聚环保和一重集团等企业，为当地玉米种植业从“种”到“收”再到“售”提供一条龙服务，形成农业产业闭环，为更多涉农企业及资本资源导入农业产业提供了安全、透明、可控的实体场景。截至2019年初已扶持当地4个玉米种植专业合作社标准化建设，解决秸秆处理、绿色肥料供应、土地翻耕等问题，并引入中粮期货与当地合作社签署了期货报价协议。同时，中粮贸易已在宁安当地开展收粮工作，公司的农业产业化系统已完成全部合作社的农业流程可视化，可满足不同主体的远程监测需求。

金融扶贫方面，2018年公司与安徽农担合作发行信托计划，向国家级贫困县安徽金寨发放信托贷款为2 050万元，带动建档立卡贫困户267人，支持了大别山革命老区农业发展农村建设。

## 三、社会责任履行情况

2018年，公司坚持服务实体经济、服务民生、服务投资者，认真贯彻国家经济金融政策和监管要求，加快转型和创新步伐，满足客户多样化金融需求，积极践行企业社会责任；公司始终坚持依法合规、稳健经营，不断完善风险防控体系，有效履行受托人职责和义务，维护受益人利益最大化。报告期内，公司向受益人分配信托利益为109.2亿元。同时，公司在客户服务及消费者权益保护、扶贫、反洗钱等方面积极履行相应社会责任。

公司秉持“忠实良益，信任托付”的消费者权益保护理念，本年度在相关制度建设和具体措施落实方面均取得较大进步。第一，建立健全消费者权益保护各项规章制度。公司对部分现行制度进行修订，对缺失制度进行补充，为保护投资者合法权益提供了有力的制度保障。第二，进一步落实消费者权益保护工作的责任分工。在公司内形成董事会风控审计与消保委员会授权监督、高级管理层有效指导、各部门协同配合的组织架构。第三，强化消费者权益保护工作职能。在产品与服务管理中纳入消费者权益保护工作内容，要求消费者权益保护责任部门对项目发行可行性进行评议。第四，多渠道开展金融知识宣传工作。公司积极组织宣传教育活动，广泛宣传金融知识，提高社会公众防范风险和金融消费者权益保护意识。

扶贫工作方面，2018年公司与安徽省农业信贷融资担保有限公司签署战略合作协议，并合作发行信托计划向国家级贫困县安徽金寨11个猕猴桃种植专业合作社、3个家庭农场、1个农业龙头企业发放信托贷款为2 050万元，开拓金融扶贫新模式，通过临时和固定用工、土地流转和入股的方式，带动建档立卡贫困户267人。公司通过信托计划给国家扶贫地区金寨县的猕猴桃合作社提供了信托资金支持，从而有助于该产业做优做强，创新金融产品，支持了大别山革命老区农业发展、农村建设，助力国家扶贫战略，践行金融扶贫的企业责任。

反洗钱工作方面，公司自开业以来按照中国人民银行的工作要求，逐步贯彻执行《反洗钱法》及配套规定，不断完善及改进反洗钱工作机制，不断推动公司反洗钱工作发展。报告期内，公司陆续修订、制定了一系列反洗钱制度，使制度短板得到弥补，反洗钱工作开展有据可依；公司于2018年4月9日设立反洗钱工作委员会，负责贯彻落实中国人民银行等监管部门制定的反洗钱工作方针、政策，监督指导反洗钱工作，并对反洗钱工作中的重大问题作出决策，组织架构建设进一步完善。此外，报告期内，公司继续做好客户身份识别与交易记录保存工作，完善反洗钱系统建设，加强与监管部门的沟通与交流，并将客户服务活动与反洗钱宣传工作相结合，通过制作宣传海报、利用公司网站、微信公众号等渠道，强化反洗钱宣传工作，不断提升客户对反洗钱工作的认识，取得了良好的宣传效果。

## 四、2019年发展规划

面对行业环境的重大变化和挑战，公司不断加快公司战略转型的部署推动。2019年是公司布局战略转型的关键，公司将完成扩大农金规模、升级传统业务、布局财富中心以及推进信息建设四个方面的转型工作。

### （一）立足农业金融，扩大行业影响

作为中粮集团下属公司，开展农业金融业务，服务集团主业，是公司的立身之本，也是公司谋求差异化发展的必然路径。2019年，公司将农地金融业务、供应链金融业务确立为农业金融业务的重点发展方向，具体举措包括以下几个方面。

第一，在制度建设方面，特别是在MD定级和业绩指标设置上，向农地金融团队和供应链金融（上、下游）团队倾斜。

第二，在农地业务方面，进一步扩大覆盖面积，增强行业影响。同时，继续推广宁安农业产业化模式，建立能够覆盖农村土地、多业态叠加、第一、第二、第三产业融合的产业体系。

第三，供应链业务方面，加深与蒙牛乳业、中粮糖业的合作，扩大上游订单农业（供应链金融）在集团内的覆盖范围，利用信息系统提高效率。

### （二）探索房地产股权投资，升级传统业务模式

房地产业务在信托行业中仍占据重要位置，信托业协会数据显示，2018 年投向房地产业的资金规模呈逐季度增长态势。

公司决定在合规前提下，审慎开展房地产股权投资信托业务，升级地产业务模式；通过股权投资模式，站在股东的角度参与项目开发全过程管理，提高主动管理能力，控制项目风险。

### （三）布局财富中心，打造财富专业管理能力

2018 年，公司成立财富中心，并将财富专业管理能力确立为公司核心竞争力之一。2019 年，公司将继续推进既定战略，以构建专业客户管理体系、布局区域化财富中心建设为重点，增强公司的募资能力。

构建专业客户管理体系方面，在 2018 年基础数据库完善及 CRM 一期上线之后，2019 年 CRM 二期建设将针对迭代需求，利用强大的系统支持销售工作，实现对客户及销售人员的精细化管理。同时，借鉴私人银行的客户服务体系，探索为公司客户提供差异化服务。

布局区域化异地财富中心建设方面，根据各业务团队提供的与资产配置相对应的营销工作需要，筹建 1 ~2 家异地财富中心，有计划、有步骤地实现异地营销。

### （四）升级信息技术，支持业务转型发展

信息系统建设是公司实现转型变革的有力推手，2019 年公司将继续推进信息系统的全面转型升级工作，提升运营管理效率，提高客户服务质量。

具体来说，第一，继续巩固核心业务系统，实现 PM、TA、FA 的上线并行；第二，建设消费金融业务平台，助力业务发展；第三，完善监管报送平台，提高工作效率；第四，研发综合运营分析管理平台，基于数据中心推进数据化治理，重点关注运营分析、管理报表、量化风控；第五，完善营销线系统建设，推进营销一体化及线上营销。

# 中泰信托有限责任公司

## 一、2018 年经营概况

2018 年，中泰信托有限责任公司（以下简称公司）管理信托业务规模为 287.56 亿元，取得营业收入为 2.85 亿元。截至 2018 年末，公司资产总额为 45.58 亿元。

### （一）固有业务

截至 2018 年末，公司资产总计为 45.58 亿元，同比增加 1.46 亿元，增幅为 3.31%；公司负债总计为 2.02 亿元，同比增加 0.08 亿元；资产负债率为 4.43%，处于较低水平；所有者权益总计为 43.56 亿元，同比增加 1.38 亿元，增幅为 3.27%，公司整体资产实力进一步增强。

公司固有资产结构主要是长期股权投资为 20.76 亿元、持有至到期投资为 4.75 亿元、可供出售金融资产余额为 7.25 亿元、交易性金融资产余额为 4.87 亿元和货币资金余额为 4.75 亿元等。

在董事会授权下，2018 年，公司固有业务投资综合收益率为 6.33%；相比 2017 年综合收益率 4.36% 提升了约 2 个百分点。投资能力明显增强。

### （二）信托业务

截至 2018 年末，公司受托管理的信托规模总计 287.56 亿元，其中集合信托规模为 96.44 亿元，单一信托规模为 186.85 亿元，财产权信托规模为 4.26 亿元。从管理责任看，事务管理类信托规模为 205.09 亿元，主动管理类信托规模为 82.47 亿元。受托管理信托项目 109 个，其中单一信托 73 个，集合信托 33 个，财产权信托 3 个。

2018 年，公司信托规模和信托报酬收入均大幅下降，主要是受宏观经济、资产管理市场竞争激烈以及公司集合业务受限的影响。全年公司实际提取信托报酬为 1.177 亿元，其中单一信托提取 0.587 亿元，占比为 49.88%；集合信托提取 0.590 亿元，占比为 50.12%。

## 二、创新业务案例

### （一）中泰——安诚1号家族财富管理信托

公司接受委托人的委托，为满足委托人特定的投资需求，资产隔离、财富传承和家族企业规范化管理的目的，设立本信托，初始信托规模为2 000万元。公司对其委托的资产进行管理运作，当信托财产为现金类资产时，信托资金可用于投向现金类产品、银行内部评级为低风险的银行理财产品、非标准化债权类产品、银行间市场发行的利率债、信用债、向符合政策规定的委托人指定的由其控股的家族企业提供贷款等。当信托财产为非现金类资产时，信托财产根据委托人指令进行持有、转让等非负债类运作。委托人出具的投资指令，必要时可委托公司提供必要的尽职调查服务，并向委托人出具尽职调查报告，在委托人知悉并认可该投资风险后，公司在上述资产运作范围内，履行信托财产运作职责。

### （二）中泰——弘瑞系列·分期乐信托贷款单一指定用途资金信托

2018年3月，公司成立“中泰——弘瑞系列·分期乐信托贷款单一指定用途资金信托”，期限为3年，信托资金运用方式为信托资金依照委托人的指令，用于向分期乐推荐并最终经受托人审核通过的合格自然人借款人发放个人消费贷款，通过借款人还本付息实现信托利益，回收的信托资金可用于复投。截至2018年末，本信托累计放款1 253.52万元，剩余贷款规模为331.65万元，存续信托规模为544万元。“现金贷”新规颁布以后，未来对于此类创新类产品，消费金融业务已经协调消费金融合作方，将严格按照新规要求，做到合法合规运行，真正地服务于实体经济，满足人民美好生活需要。消费金融类业务也是当下公司的重点业务，未来在展业过程中，公司将进一步强调主动管理；更为审慎地选择交易对手。

### （三）中泰——贵州遵义播州国投融资租赁集合资金信托计划

本项目为一般集合类项目，信托规模为4.5亿元。信托资金以融资租赁的方式向遵义市播州区国有资产投资经营（集团）有限责任公司（以下简称播州国投）提供融资，最终用于补充日常运营资金，融资租赁的标的物为播州国投拥有的遵义市播州区西大街、幸福路道路管网及附属设施。信托期满由播州国投足额支付融资租赁租金实现信托资金的退出。信托期限为3年，主要还款来源为播州国投管网租赁收入及项目建设收入。公司设立该信托项目，旨在达成引导社会闲置资源，支持城市基础设施建设，服务实体经济的目标。

## 三、社会责任履行情况

公司始终坚持市场化、差异化、规模化的发展路线，致力于在明晰的发展战略指导下，依托优秀的企业文化和价值观、人力资本体系、法人治理结构，构建运转流畅的资产管理体系、风险运营体系和财富管理体系，将公司打造成可持续创新的综合性金融服务平台。

公司通过资金信托、财产权信托等方式涵盖信托贷款、金融租赁等法律法规所许可的全品类。目前公司已经与越来越多的金融机构开展更为紧密的合作，业务条线齐全，布局合理。在进一步提升主动管理能力的同时，支持实体经济发展，相应国家重大政策号召（如“一带一路”建设，中国制造2025等）。

2018年，在企业社会责任方面，公司在以专业能力支持实体经济发展、支持民生保障类事业发展、保护投资者权益等工作的基础上，中泰信托员工第四年参与“鞋盒礼物”公益项目，为乡村儿童准备新年礼物。公司的消费者权益保护工作委员会和消费者权益保护小组积极工作，组织包括“3·15”消费者权益保护日、反洗钱宣传教育活动等，并在日常工作中审慎、妥善地履行企业的社会责任、及时处理投资者的咨询、投诉和建议意见。

## 四、2019年发展规划

### （一）建设高质量业务团队，夯实业务发展基础

信托业务方面，第一，全力推进单一信托业务，适度兼顾集合项目储备。第二，构建公司本部（上海）和异地总部（北京、厦门）“三地联动”的空间格局。异地总部总经理为业务分管副总裁，对异地总部业务发展全面负责。2019年，异地总部要做好业务团队组建，及各职能条线人员的合理配备，成为新的利润中心。第三，在团队实际招募中，坚持“两条腿走路”。人力资源部从市场上公开招聘，同时鼓励“以现有团队招募新团队”“以现有人员举荐新人员”的方式，降低招募成本、提升招募成效。

固有业务方面，首先，严格按照监管部门的督导意见，将固有业务纳入公司“法人财产管理体系”，规范运行；其次，依据董事会授权范围，公司层做好固有资金管理与运用，在保证流动性和安全性的前提下，提升资产组合收益；最后，继续优化固有业务评审体系，提升决策和操作效率。

### （二）聚焦产品体系构架，推进“产品”向“商品”的转化实效

一方面，围绕公司层面制定的业务发展方向与重点，充分调动公司资源，集中力量开发产

品（模型）；另一方面，各部门发挥特长，服务广大客户、贴近真实市场、提供综合方案、整合内外资源，以实际效益为评判标准。吸收先进经验、规划发展路径、形成工作方案、持续滚动优化，提升“产品”向“商品”的转化成效。

（三）推进机制体制的优化迭代，满足发展新要求

1. 聚焦费用收支计划，加强“全面预算管理”。2019 年，公司信托业务收入压力较大，必须有效组织好各项资源，协调好各项经营活动，提升收入、节约成本。目前阶段，公司应以财务预算为重点，做好收支平衡；避免“贫困思维”限制经营管理活动；另外，公司将持续完善各项制度流程，夯实预算执行的基础。

2. 以“全面风险管理，全员合规管理”为抓手，实现经营活动的“全过程”管控。公司实行全面风险管理，建立健全风险管理体系。公司各部门明确风险管理目标、风险评估方法等活动，实现事前、事中和事后“过程化”管理，避免单纯的事后问责与纠偏。其中，风险评估方法一定要围绕公司经营目标，结合业务的风险偏好、风险容忍度、风险对策、压力测试等基本指标来选择。

划定公司的风险容忍度。全面风险管理有利于公司发展战略与公司风险容忍度相一致，让增长、风险与回报相关联，从而协助董事会划定达成目标的可承受风险底线，使经营层更好地执行董事会下达的经营目标，在“红线内”全力推动业务，获取合理收益。

风险管理信息系统。一方面，充分利用好“舆情监控”系统数据和其他互联网数据，及时准确地作出风险识别、预警，合理干预；另一方面，逐步开展业务信息数据的梳理与定量分析，建立符合行业特征及公司业务重点的风险管理模型。

公司实行全员合规管理，在 2019 年发展中，首先将积极推进合规文化建设，防范金融服务伴随的信用风险、操作风险、声誉风险；其次，公司正在运行及未来发布的制度，由合规管理部负责解释，杜绝任何形式的制度黑洞与制度套利；再次，全员合规管理与全面风险管理相呼应，公司的监督部门将对经营管理活动的“事前、事中、事后”全过程介入，避免单纯的事后问责与纠偏；最后，应主动寻求合规空间，与风险管理相呼应，并且在满足合规底线基础上，尽可能简明制度、简化流程，让员工与管理者都更加高效的操作与执行。

3. 以信息技术引领业务发展，实现弯道超车。在当前快速发展的信息时代，信息技术往往会带来颠覆性的商业变革或巨大的商业机会。公司计划通过升级或更换现有系统，打造一套业内领先的业务系统，推进公司的业务发展和精细化管理。新系统须满足可配置、可二次开发的要求，面向互联网化、面向新型组织、面向未来五年、面向监管要求、面向风险管理。

# 中原信托有限公司

## 一、2018 年经营概况

2018 年，面对经济下行压力加大、企业违约风险上升、资本市场大幅波动的严峻形势和艰巨繁重的改革发展任务，中原信托有限公司（以下简称中原信托或公司）积极应对，认真谋划，坚持稳中求进的工作总基调，按照“控风险、抓转型、强管理”的经营思路，坚定信心、迎难而上，抢抓机遇、主动作为，守住了风险底线，实现了平稳运行，在转型发展的道路上迈出了坚实步伐。截至 2018 年末，公司资产总额为 1 891.37 亿元，其中信托资产为 1 795.71 亿元，固有资产为 95.66 亿元；净资产为 84.12 亿元，同比增加 3.66 亿元，增长 4.54%；全年实现总收入 12.57 亿元，发生支出 6.57 亿元，实现利润总额为 5.998 亿元，实现净利润为 4.15 亿元。

### （一）主要业务实现健康发展

2018 年，公司着力促进业务拓展，推动信托业务、固有业务协调发展。全年为 132 个项目提供信托融资 685 亿元，年末信托业务规模为 1 795.71 亿元，实现信托业务收入为 8.2 亿元。固有资金投资的 7 家企业股权权益达到 35.02 亿元，比上年增长 5.68%，其中郑州银行实现 A 股上市，河南资产和洛银金租发展态势良好，长城基金、焦作中旅银行和洛阳银行保持稳健发展。

### （二）营销工作取得积极成效

2018 年，公司加大对自然人及一般机构客户开发，做好营销策划，提升品牌知名度，实现自然人及一般机构销售规模为 83.52 亿元，同比增加 2.79 亿元、增长 3.5%。开展与金融机构代销合作，丰富销售渠道，实现代销规模为 29.89 亿元，同比增加 16.47 亿元、增长 122.7%。合理安排产品发行，提高发行的科学性，全年柜台共发行 77.88 亿元，平均每月发行 6.5 亿元，同比增长 10.6%。

### （三）风险与合规管理工作扎实有效

一是严把项目准入关。根据经济金融形势和经营环境的变化，及时调整项目授信原则和准入标准，修订《项目评审办法》等内控制度，制定创新业务风控要求，努力从源头防控项目风险。二是加强存续项目管理。修订《信托项目风险排查制度》，完善风险排查机制，扎实做好尽职管理，确保项目安全运行，全年累计清算到期项目596个，兑付本金为847亿元，分配收益为127亿元，信托受益人利益得到了充分保障。三是严格落实各项监管要求，认真开展"市场乱象"专项治理等工作，提升员工合规意识，遏制合规风险发生。

## 二、创新业务案例

公司转型创新业务稳步推进。采取优先评审、优先销售、提高考核系数等政策措施，大力发展消费信托、供应链信托、资产证券化、家族信托、股权投资信托等转型创新业务。其中消费信托项目"安惠"系列规模达到24.1亿元，比上年同期增长约80%。持续开展"恒业系列"家族信托，积极尝试供应链信托和资产证券化项目，努力开拓慈善信托业务，大力发展风险较小或风险分散的资产管理、财富管理以及服务信托等转型创新业务，逐步构建可持续发展的新业务模式。

## 三、社会责任履行情况

### （一）管理和服务责任

一是努力构建分工合理、制衡有力、监督到位、运行顺畅的法人治理结构，进一步完善了董事会对高级经营层、高级经营层对下属的授权体系，贯彻落实"三重一大"决策制度，细化了各个层级的职责边界、议事规则和决策程序。二是严格遵循有关法律、规则和准则要求，按照"行为有规、授权有度、检查有力、控制有效"的内控合规总体要求，努力健全合规管理机制，积极开展合规管理工作，实现对风险进行事前防范、事中控制、事后监督。三是竭诚服务客户，完善产品服务体系。本着"以客户为中心"的服务理念，竭诚为客户提供优质、高效的资产管理和财富管理服务。积极开展各种形式的客户活动，全年举办客户活动30余次，持续加强与客户的沟通和交流。

### （二）经济和诚信责任

在"稳增长、促转型、强营销、控风险"的战略指导下，公司深化体制机制改革，创新业务模式，优化业务结构，深入挖掘河南自贸区及国家中心城市等国家战略发展机遇，围绕河南打好“四张牌”，全力支持河南省实体经济发展。全年新增省内信托融资规模为305亿元，占比为44.5%，较2017年提高7.8%。公司在全国范围内拓展市场，业务发展形成以郑州为中心，辐射华北、华东、华南、西南等区域的战略布局，全年实现总收入为12.57亿元，实现净利润为4.15亿元，为股东创造了价值。

### （三）员工责任

一是坚持以人为本的员工发展理念，不断优化员工成长环境，在招聘、录用、岗位调动、薪酬待遇、干部选拔任用等各环节坚持公开、公平、公正原则，保障员工重大事项的知情权、参与权和监督权。同时，公司不断健全员工福利保障体系，定期组织员工体检，完善员工后勤生活保障。

二是加强员工专业培训。全年组织全员现场培训8次，参加外派培训项目86个，累计参训872人次。培训内容涉及财富管理与营销技能提升、信托产品与业务创新、监管政策与反洗钱、新员工岗前培训、信托业务系统培训、合规与风险管理知识培训等多个方面。

三是关爱女性员工和退休员工。公司积极组织女性员工“三八节”活动和退休员工“重阳节”活动，将对员工关爱落到实处。坚持对老员工“三必访”和节假日慰问，为其提供生活保障和关爱。

## 四、2019年发展规划

2019年，公司的工作重心是强化风控、狠抓营销、换挡提质、力促转型。总体思路是深化改革，着力破解体制机制难题；强化风控，着力化解和防控风险；开拓创新，着力推进业务转型；狠抓营销，着力增强销售能力；稳中求进，着力做好固有业务；加强管理，着力提高管理水平；从严治党，着力保障改革发展大局。

### （一）深化改革，着力破解体制机制难题

一是继续推进混合所有制改革。混合所有制改革是决定公司发展的百年大计和顶层设计，有利于公司引进国内一流企业的资本、机制、资源，进一步完善股权结构、公司治理和激励约束机制，推动业务转型升级，促进公司实现跨越式发展。二是争取实施职业经理人制度。在公司出资人职责调整到位后，将全力推进此项工作，争取早日建立市场化导向的选人用人机制和薪酬分配机制。

### （二）强化风控，着力化解和管控风险

一是重树风控理念，在项目准入上精挑细选。努力做到“两个降低”“两个宁可”“四个不做”。二是完善组织体系，提高风险管理部门的权威性，为风险管理提供组织保障。三是扎实做好风险化解和防控工作，做好风险暴露项目资产处置和资金回收、防范受托责任风险。

### （三）开拓创新，着力推进业务转型

一是反思传统信托业务模式。针对目前行业核心私募投行模式的缺陷，努力创设一种风险分散、有流动性缓释机制、能支撑信托公司主要收入的业务模式。二是坚定不移地推动信托业务转型。坚定不移地走“模式基金化”“产品标准化”“管理净值化”的转型之路，进行业务再造、制度再造、管理再造，推动信托业务向“受人之托、代人理财”的信托本源回归，由单一产品的资金提供者向基金化组合投资的资产管理者转变。三是把握好业务转型与发展的关系。一方面，坚定转型信心，对转型业务从考核机制、人力资源、项目评审、产品发行等方面给予大力支持；另一方面，精挑细选做一部分传统模式的自主开发业务，防止转型阶段公司业绩出现较大波动。

### （四）狠抓营销，着力增强销售能力

一是加强自然人客户团队建设。优化整合自然人客户资源和人力资源，进一步增强自然人营销力量，加大对财富顾问的培训力度，不断提高营销团队的综合素质和业务水平。二是大力拓展机构客户。公司加强与银行、券商、基金销售公司等持牌金融机构的代销合作，丰富和扩大资金来源渠道；加强产品创新和二次开发，努力为客户提供个性化、定制化的产品，提高营销针对性和有效性。三是加强营销管理。发挥营销策划对营销活动的支持作用，开展丰富多彩的客户活动，提升营销活动成效。

### （五）稳中求进，着力做好固有业务

一是充分利用公司金融股权、固定资产、交付的信托保障基金等资产，加强与各类金融机构的合作，研究探索新的融资渠道。二是盘活变现现有收益性差、流动性差的资产，增强固有资产的流动性。三是拓宽短期投资渠道，增加短期投资品种，探索开展现金管理类业务，尝试组合投资管理模式，提高备付资金收益水平。

### （六）加强管理，着力提高管理水平

一是深入研究政策法规和行业动态，研究公司经营发展中的重点、难点和短板，研究学习

先进信托公司的业务模式，着力提高研究的实用性和针对性。二是结合业务转型完善激励约束机制，加强对现有人才的培养力度，吸引和留住优秀人才。三是完善财务指标考核办法，加强对计划指标的管控分析，为经营决策提供依据。四是继续完善消费信托信息系统，对接代理销售信息系统，优化网上信托信息系统，满足业务发展需要。

### （七）从严治党，着力保障改革发展大局

一是抓好学习教育。深入学习贯彻习近平新时代中国特色社会主义思想、党的十九届历次全会精神，树牢“四个意识”，坚定“四个自信”，做到“两个坚决维护”。二是加强党组织建设。根据省管金融企业管理体制调整情况，统筹规划、组织好公司党委换届工作。落实“三会一课”等制度，着力推进基层党支部规范化、标准化建设。三是落实纪检监察要求。围绕深化改革发展中心任务，着力政治监督、纠正“四风”、执纪问责、以案促改、压实责任等重点领域，推动纪检监察工作深入开展，使公司党风廉政建设再上新台阶。

# 紫金信托有限责任公司

## 一、2018 年经营概况

2018 年，紫金信托有限责任公司（以下简称公司）立足于“中小金融机构服务供应商、中产家庭理财好伙伴”的战略定位，按照“两赋能、两变革”，即专业赋能、科技赋能、组织变革、模式变革的整体思路，积极探索，勇于创新，有序推进公司稳健可持续发展。

截至 2018 年末，公司净资产规模为 38.25 亿元。2018 年，公司实现营业收入为 8.04 亿元，利润总额为 6.10 亿元，净利润为 4.48 亿元，净资产收益率为 12.01%。

在中诚信国际发布的 2018 年度信用评级报告中，公司获评 AA + 级主体信用评级，评级展望为稳定。在信托业协会的行业评级中连续第三年获得最高评级 A 级，信托行业监管评级中获得 B - 级。2018 年，公司荣获南京市国资委授予的“新时代先锋”先进基层党组织称号，南京市鼓楼区政府颁发的“年度经济发展突出贡献单位”荣誉称号，“紫金·厚德”慈善信托获得江苏慈善奖“最具影响力慈善项目”、南京市慈善奖“最具爱心慈善公益项目”、南京市团委“青年公益项目类三等奖”“2018 年度优秀慈善信托计划”等诸多荣誉。

### （一）业务结构优化升级，创新领域实现突破

2018 年，公司聚焦特定行业，加强在新零售和泛文娱、节能环保和新能源、供应链金融、医疗健康、智能制造等领域的研究和拓展；严选房地产优质企业，抓住核心区域、核心资产，拓展与房地产企业总对总的战略合作关系，实现客户深耕；着重发力与核心同业机构的合作，深度挖掘合作渠道；投行业务聚焦多元资产配置，积极研究与实践开放式净值型基金化产品。

公司利用资源禀赋，在普惠金融、资产证券化等业务领域实现创新突破，支持服务实体经济。公司积极推进信托型资产支持票据业务，助力优秀民营企业盘活资产存量，优化债务结构；公司将普惠金融业务的发展提升到战略高度，构建完善业务模式，初步形成“车、房、人”三大细分普惠金融领域的产品布局。

### （二）推动专业财富管理，提升客户服务

公司秉承“客户至上”的服务理念，坚持做“为客户提供定制式服务的财富管理人”。2018年，公司加大对企业客户和中产家庭客户的开拓力度，销售规模、存续客户数量显著提升，为公司后续发展奠定基础。公司所有产品均按预期兑付，全年共向受益人分配信托利益超106亿元。

客户服务体系重点围绕“闺蜜下午茶、读书俱乐部、棋牌俱乐部、行者俱乐部、摄影俱乐部”五大俱乐部展开，2018年组织客户服务活动超35场，有力地增强了客户对公司的认知和黏性，进一步提升公司品牌度。

### （三）强化风控合规，稳健展业

公司秉承“合规、稳健”的文化底色，践行“风控至上、合规于心”的理念。2018年，面对严峻的外部监管环境，公司积极落实“去通道”“服务实体”、规范金融机构平台业务等行业发展要求，注重以制度建设指导依法合规展业，及时进行制度修订，开展业务专题学习研究、业务交流研讨活动，强化全员合规意识。

公司加强完善风险管理政策体系，推动业务转型升级和区域战略布局，在既定的风险管理政策框架下，对各业务板块实施差别化的风险管理策略。2018年，公司风险管理制度和内控制度有效运行，全部固有资产、信托资产安全受控，实现了质量、规模、效益的均衡统一。

## 二、创新业务案例

当前从中央到地方都在鼓励、推动绿色发展，公司与南京地铁创新开展的绿色资产证券化项目践行了国家绿色发展理念，有利于推进南京低碳智慧型城市建设。

### （一）项目概要

南京地铁绿色资产证券化项目第一期于2018年5月成功在上海证券交易所公开发行，发行规模为12亿元，最长期限为10年，票面利率为4.90%～5.13%。第二期规模不超过10亿元，期限不超过12年，正在申报中。

一是设立资金信托，发放信托贷款。原始权益人南京地铁委托公司设立资金信托，公司作为受托人向基础债务人资源公司发放信托贷款，用于轨道交通项目建设和偿还轨道交通项目贷款。

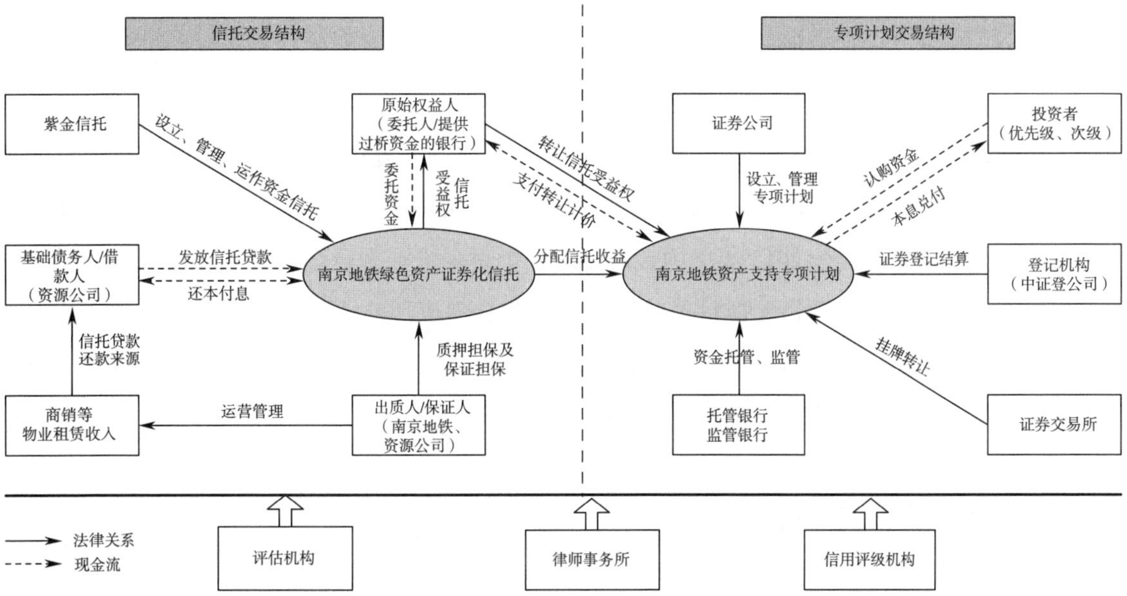


**南京地铁绿色资产证券化项目交易结构**

二是将租赁收入质押给信托作为第一还款来源。出质人南京地铁将1号线及1号线南延线的平面广告位租赁收入应收账款质押给公司，同时，出质人资源公司将1号线及1号线南延线部分上盖物业及地下站内物业租赁收入应收账款质押给公司，以该特定地铁附属物业及地下空间租赁收入作为信托贷款的主要还款来源。

三是设立专项计划，购买基础资产。券商设立专项资产管理计划，以募集资金购买南京地铁信托受益权。

四是收到信托利益后，兑付投资人。在正常情况下，资产服务机构根据合同约定，归集特定地铁附属物业及地下空间租赁收入，偿还信托贷款本息；专项计划收到信托利益后，向资产支持证券持有人兑付本息。

## （二）项目创新点

一是盘活存量资产，提升资金使用效率。截至目前，南京地铁运营板块仍处于亏损状态。本项目将地铁物业收入未来产生的现金流变现，盘活了存量资产，增加了经营性资产的流动性，使得资金的回收速度加快、资金使用效率提升。

二是双重增信，提升项目信用。第一层次的增信在信托层面，通过质押担保、超额现金流覆盖、基础债务人加速清偿、保证人保证担保等信用增级措施实现。由南京地铁作为出质人，将特定资产应收账款质押给公司，为信托贷款还本付息提供质押担保。拟入池的租赁收入超额覆盖应偿付的信托贷款本息。设置加速清偿时间，如果触发，基础债务人需提前清偿全部未偿本息和信托报酬，资产支持证券提前到期。南京地铁作为保证人，为信托贷款还本付息、加速清偿义务提供不可撤销的连带责任保证担保。第二层次的增信在资管计划层面，设置了优先级和次级资产支持证券，优先级证券可以获得内部信用支持。

三是专业绿色认证，有效降低了融资成本。南京属于国家发展和改革委 2017 年 1 月印发的《国家发展改革委印发关于开展第三批国家低碳省区和低碳城市试点工作的通知》低碳省市试点项目。本项目资金用途属于 2015 年中国金融学会绿色金融专业委员会编制发布的《绿色债券支持项目目录》中绿色债券项目支持目录范围。根据联合赤道环境评价有限公司为本项目出具的第三方评估报告，认定项目募集资金为绿色用途。该项目受到了市场广泛认可，发行票面利率为 4.90% ~5.13%，为同期市场上同类型 ABS 项目最低利率。

## 三、社会责任履行情况

公司秉承“责任・专业・开放・分享”的企业文化，以“诚”为本，以“信”为基，在严格履行受托人职责的同时，将社会责任理念和要求融入公司发展。

公司将履行国企社会责任、发挥制度优势助力公益慈善事业视为使命。2018 年，公司设立“紫金・厚德 8 号”慈善信托，通过整合公司专业财产管理能力和慈善机构项目运作管理能力，汇聚各方慈善力量救助困难家庭中罹患大病儿童及残障儿童。截至 2018 年 12 月 31 日，“紫金・厚德”公益慈善信托计划共募集资金超过 670 万元，救助困难家庭大病儿童及残障儿童 430 人次。公司联合南京小银星艺术团星剧团，根据“紫金・厚德”真实故事，改编南京首部儿童慈善主题原创音乐剧《音・为爱》，该剧公演的票房收入作为慈善财产全部进入“紫金・厚德 8 号”慈善信托。公司通过丰富多彩的慈善公益活动，引导更多社会资源和力量参与公益事业。

公司将维护消费者权益有机融入经营管理、企业文化和日常工作。2018 年，公司进一步建立健全消费者权益保护制度体系，并积极开展金融知识宣传，增强消费者识别和防范金融风险的能力。

2018 年，公司严格遵守法律法规、监管部门规章、规范性文件，坚持诚信经营，稳健发展；自觉履行纳税义务，依法、及时、足额纳税；严格履行受托人职责，强化建设全面风险体系，保障委托人及受益人利益；秉承“以人为本”的人才发展理念，营造良好的工作环境，促进员工与公司共成长。

## 四、2019 年发展规划

2019 年公司将在全面推进“两变革、两赋能”的基础上，做好“加减乘除”，重新出发再创业。“对内做减法，收敛聚焦”，删减业务支脉，业务重心进一步聚焦。“对外做加法，做大朋友圈”，扩大“双中”战略客群，提升同业合作的话语权。“效能提升做乘法，控制风险做除法”，严格控制风险，深化组织变革，提升服务条线专业化、信息化，实现管理效能倍增。

资产管理条线聚焦不动产、产业金融、普惠金融三大板块，做好“减法”，在细分市场逐步达到行业领先地位；金融产品条线通过“加法”增强对金融同业客群的服务能力，提升话语权；财富管理条线推进客户拓展、完善组织架构、做精客户服务，实施“加法”，做大客群，更好地满足“双中”战略客户需求；专业服务条线通过深化专业赋能、科技赋能，用“乘法”实现服务效能倍增；基础支持条线做“乘法”，实现对人力资源、金融科技、公司品牌的有效管理，提升平台对公司发展的支撑力。

2019 年，将在公司管理层的带领下，公司全面推进五大条线工作，直面挑战，抢抓机遇，实现本轮战略规划完美收官，完成新三年发展的全面布局。

# 协会发展与成效

# 第一部分　信托行业季度评析

## 2018 年第一季度中国信托业发展评析

中国信托业协会特约研究员　周　萍

### 一、信托资产规模降低初见成效，固有资产持续增长

#### （一）信托资产

截至 2018 年第一季度末，全国 68 家信托公司受托资产规模为 25.61 万亿元，较 2017 年第四季度末下降 2.41%，为近两年来首次负增长；同比增速较 2017 年第四季度末的 29.8% 进一步放缓至 16.6%。其中，融资类信托规模为 4.43 万亿元，较 2017 年第四季度末微幅回落约 35 亿元，占比由 16.87% 升至 17.28%；投资类信托规模为 6.05 万亿元，较 2017 年第四季度末减少 1 245亿元，占比由 23.51% 升至 23.60%；事务管理类信托规模为 15.14 万亿元，较 2017 年第四季度末减少 5 044 亿元，尽管占比仍接近 60%，但较 2017 年第四季度回落 0.5 个百分点，扭转自 2014 年以来占比不断上升的局面。这是监管部门加大信托通道乱象整治，督促信托业回归本源的结果，多家信托公司响应监管政策，自主控制规模和增速，信托通道业务规模大幅缩减，行业过快增长势头得到遏制，信托业治乱象、防风险效果初显，预计下一个季度的信托资产规模增速将延续下降态势。

2014 年第一季度至 2018 年第一季度信托资产及其同比增速见图 1。

从信托资金来源来看，截至 2018 年第一季度末，单一资金信托占比为 45.54%，较 2017 年第四季度末下降 0.19 个百分点；集合资金信托占比为 38.73%，较 2017 年第四季度末增加约 1 个百分点；管理财产类信托占比为 15.73%，较 2017 年第四季度末下降 0.8 个百分点。尽管单

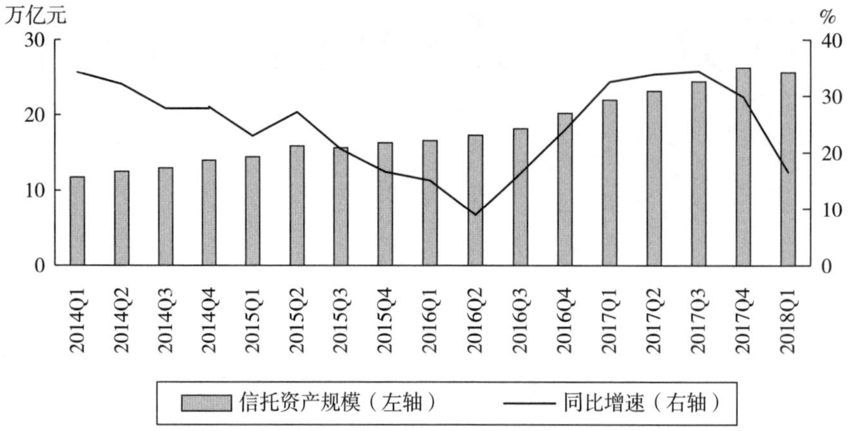


**图 1　2014 年第一季度至 2018 年第一季度信托资产及其同比增速**

一资金信托占比仍然占据着信托资产的半壁江山，但占比逐年下降。受传统银信合作通道业务面临萎缩，银行资金来源受限等因素的影响，单一资金信托占比或进一步降低，加之信托公司不断提升主动管理能力，集合资金信托占比有望不断增加。

2014 年第一季度至 2018 年第一季度信托资产按功能分类的规模及其占比见图 2。

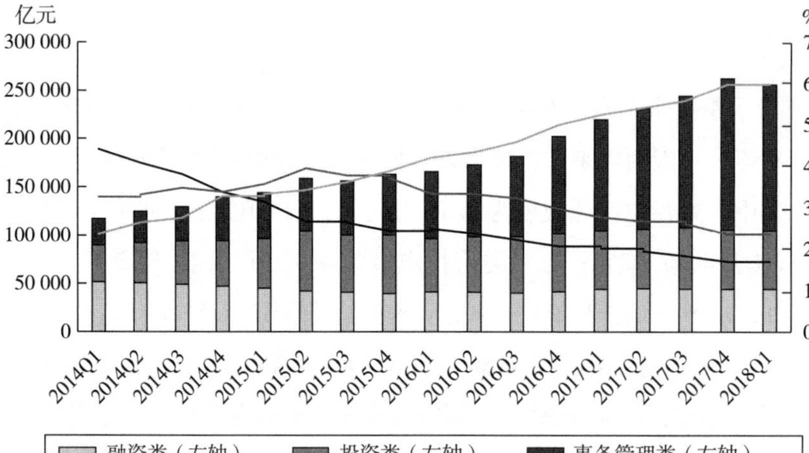


**图 2　2014 年第一季度至 2018 年第一季度信托资产按功能分类的规模及其占比**

## （二）固有资产

截至 2018 年第一季度末，固有资产规模为 6 682.28 亿元，较 2017 年第一季度末上升

15.74%；较2017年第四季度末上升1.57%，这主要源于注册资本金的增加与盈利水平的提高。

从固有资产类别来看，投资类资产占比仍最大，且呈小幅上升趋势，2018年第一季度末占比为78.45%，较2017年第四季度末上升3.04个百分点。货币类资产与贷款类资产占比双双下降，分别较上季度末下降3.53个和0.92个百分点。投资类资产占比仍最大，且呈现出小幅上升趋势，这表明信托公司日益重视固有资金的运用效率，增加对于长期股权、证券类业务的配置比重。

从所有者权益的构成来看，截至2018年第一季度末，实收资本为2 463.36亿元，占比为46.22%，较2017年第四季度末上升0.17个百分点；未分配利润为1 586.86亿元，占比为29.77%，较2017年第四季度上升0.25个百分点。信托公司的资本是否充足，是监管部门的关注重点，信托公司或进一步增资扩股。

2014年第一季度至2018年第一季度所有者权益及其同比增速见图3。

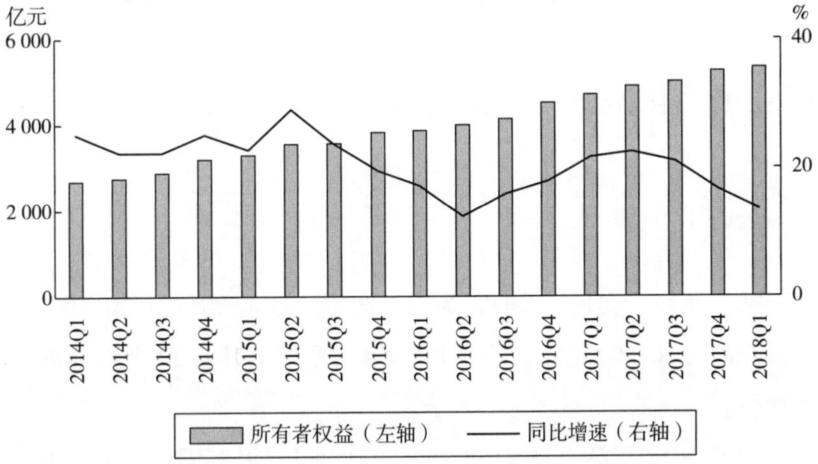


**图3　2014年第一季度至2018年第一季度所有者权益及其同比增速**

## （三）风险项目

截至2018年第一季度末，信托行业风险项目659个，规模为1 491.32亿元，信托资产风险率为0.58%，较2017年第四季度末上升0.08个百分点。其中，集合类信托占比为53.53%，较2017年第四季度末上升6.37个百分点，这主要缘于房地产业务融资渠道受限，政府平台公司违约事件频发。在打破刚性兑付的背景下，尽管信托行业新增风险项目和风险率或进一步小幅上升，但信托公司主动管理能力与风控能力都在进一步加强，总体风险仍可控。

2015年第一季度至2018年第一季度信托资产风险率见图4。

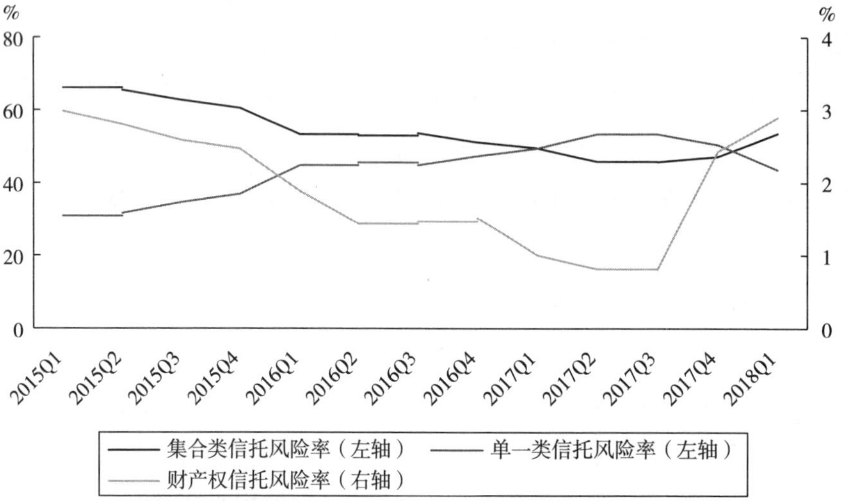


**图 4　2015 年第一季度至 2018 年第一季度信托资产风险率**

## 二、经营业绩小幅提升，但信托报酬率继续回落

### （一）经营业绩

2018 年第一季度，信托业实现经营收入为 243.36 亿元，较 2017 年第一季度上升 11.98 个百分点；信托业利润总额为 167.67 亿元，较 2017 年第一季度上升 8.39 个百分点，增速连续 4 个季度维持个位数增长。

2014 年第一季度至 2018 年第一季度经营收入、利润总额及其同比增速见图 5。

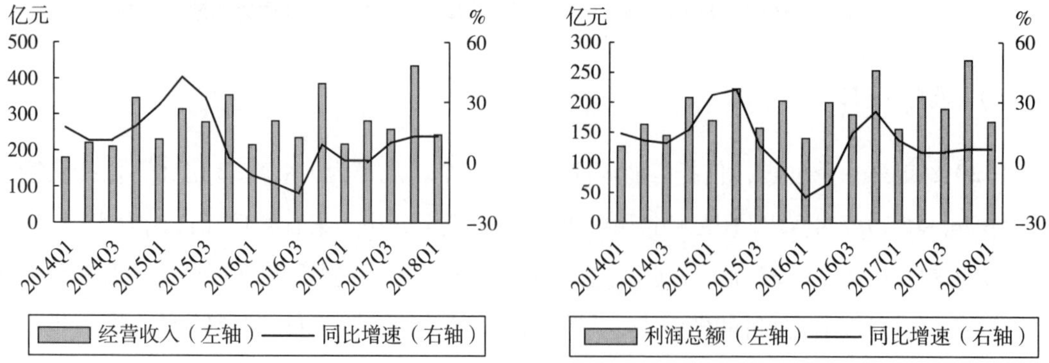


**图 5　2014 年第一季度至 2018 年第一季度经营收入、利润总额及其同比增速**

## （二）收入结构

2018 年第一季度，信托业务收入为 182.04 亿元，较 2017 年第一季度上升 13.75%，占比为 74.80%，较 2017 年第四季度上升 7.18 个百分点；固有业务收入为 58.75 亿元，较 2017 年第一季度上升 18.16%，占比为 24.14%，较 2017 年第四季度下降 5.03 个百分点。在中央强调金融服务实体经济的政策背景下，信托公司回归主业趋势明显，信托业务仍是行业利润增长的主要来源。

2014 年第一季度至 2018 年第一季度信托业务收入、固有业务收入及其同比增速见图 6。

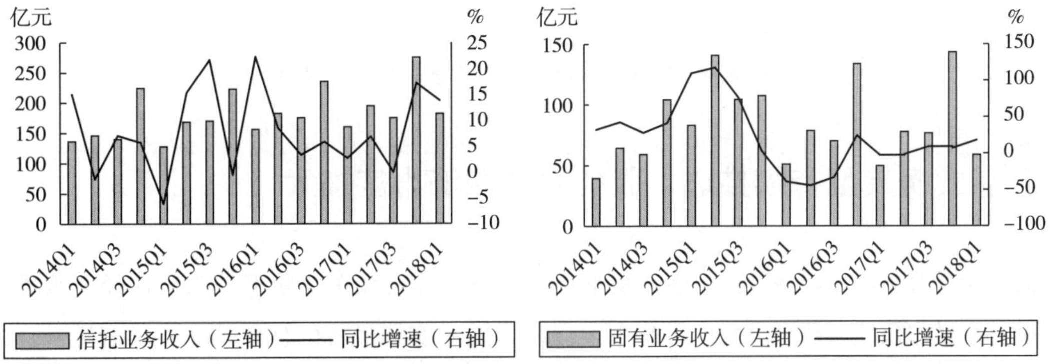


**图 6　2014 年第一季度至 2018 年第一季度信托业务收入、固有业务收入及其同比增速**

## （三）经营效率

从人均创利来看，2018 年第一季度人均利润为 61.45 万元，较 2017 年第一季度上升 0.36%。2014 年第一季度至 2018 年第一季度的人均利润差异并不是很大，表明近几年来，在金融去杠杆、防风险政策的背景下，信托公司治理结构不断优化，主动管理能力与风险防控水平不断提高，中后台基础设施建设力度不断加大，中后台人数不断增多，行业人均创利逐渐由“粗放型”向“精细型”回归。

从信托报酬率来看，2018 年第一季度平均年化综合信托报酬率为 0.35%，创近两年来新低。伴随资管新规靴子落地，通道业务逐渐清理，业务结构有望加快调整，信托报酬率的成长空间或有所提高。

2014 年第一季度至 2018 年第一季度人均利润与信托报酬率见图 7。

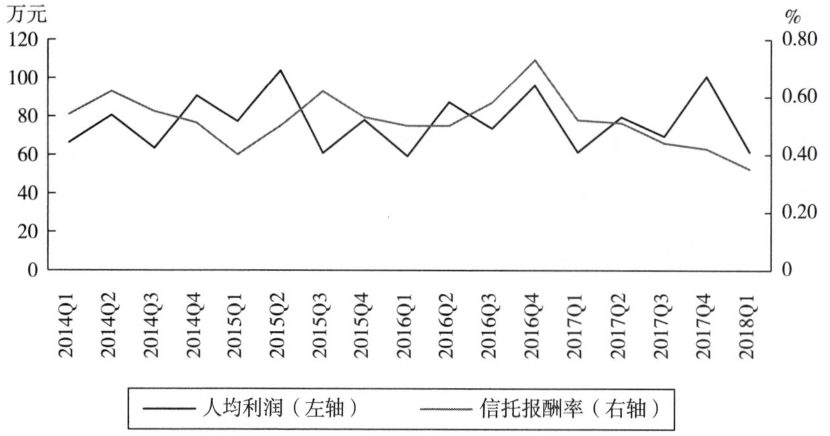


**图 7　2014 年第一季度至 2018 年第一季度人均利润与信托报酬率**

## 三、业务转型持续推进，服务实体经济力度加大

信托业是服务实体经济的践行者，贯彻中央经济工作会议关于更好地为实体经济服务的政策方针，在做好风险防范和处置的前提下，促进金融和实体经济的良性循环。从信托资金的投向来看，截至 2018 年第一季度末，投向工商企业的信托资金占比依然稳居榜首，随后依次为金融机构、基础产业、证券投资、房地产。对比 2017 年第四季度末，工商企业与房地产占比有所增加；金融机构、基础产业以及证券投资占比有所下降。

2014 年第一季度至 2018 年第一季度信托资产投向及其占比见图 8。

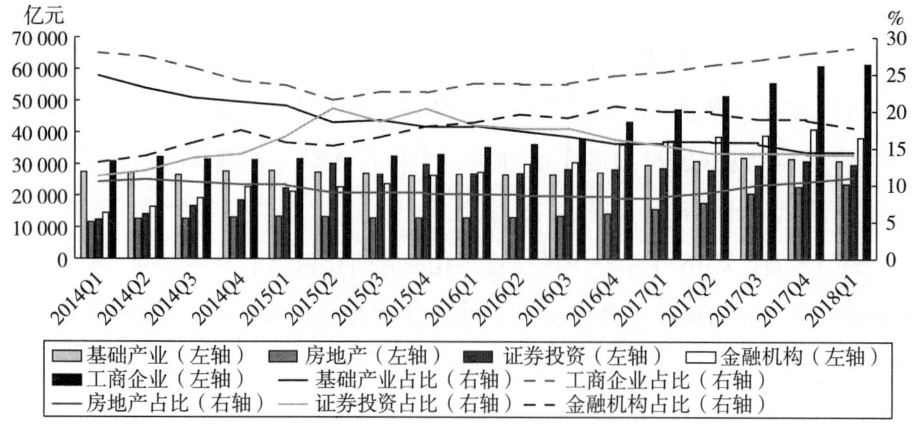


**图 8　2014 年第一季度至 2018 年第一季度信托资产投向及其占比**

### （一）工商企业

自2012年第二季度以来，工商企业始终处于信托资金投向的第一大领域。截至2018年第一季度末，投向工商企业的信托资金规模达6.15万亿元，较2017年第四季度末上升0.9%，占比为28.52%，较2017年第四季度末上升0.68个百分点；累计新增项目规模占比为26.24%，较2017年第四季度末上升1.23个百分点。信托公司积极响应国家服务实体经济的号召，加大战略新兴领域的投资，如流入信息传输、计算机和软件业的资金信托达2 673.99亿元，较2017年第一季度末上升13.43%。

### （二）金融机构

截至2018年第一季度末，资金信托对金融机构的投资规模为3.84万亿元，较2017年第四季度末下降6.61%，占比为17.78%，较2017年第四季度末下降0.98个百分点；累计新增项目占比为9.19%，较2017年第四季度末下降3.07个百分点。自2017年第一季度以来，资金信托流向金融机构的占比呈逐步降低的走势，这主要缘于近年来中央加大对于金融同业业务整治的力度，消除通道与多层嵌套的监管套利，预计同业合作逐步回归理性。

### （三）基础产业

截至2018年第一季度末，基础产业信托规模为3.11万亿元，较2017年第四季度末下降2.07%，占比为14.40%，较2017年第四季度末下降0.09个百分点；累计新增项目占比为6.91%，较2017年第四季度末下降1.39个百分点。在防范化解地方政府债务风险，打击地方政府违规举债，清理PPP变相融资力度不减的态势下，预计流向基础产业的资金信托或进一步萎缩。

### （四）证券投资

截至2018年第一季度末，证券投资信托规模为2.99万亿元，较2017年第四季度末下降3.53%，占比为13.86%，较2017年第四季度末下降0.29个百分点；累计新增项目占比为6.73%，与2017年第四季度末下降0.98个百分点。受资管新规影响，非标投资受限，标准化证券资产迎来发展机遇，预计证券投资占比将增加。

### （五）房地产业

截至2018年第一季度末，房地产投资信托规模为2.37万亿元，较2017年第四季度末上升3.87%，占比为10.99%，较2017年第四季度末上升0.57个百分点；累计新增项目占比为

10. 27%，较 2017 年第四季度末上升 1. 11 个百分点。目前，房企融资需求仍较大，在房地产市场严调控与金融强监管的压力下，房企发债、银行贷款、股权融资等融资渠道或进一步受限，短期对信托融资的需求或难以降低。

## 四、主动适应监管格局，紧抓转型发展机遇

### （一）强监管态势延续，信托规模将进一步降低

在中央“去杠杆、防风险”的政策引导下，信托公司积极响应号召，主动降低规模，2018 年第一季度末，信托资产规模季度环比增速由正转负。伴随资管新规“靴子”落地，消除通道与多层嵌套、规范非标投资、打破刚性兑付成为监管主基调，银行理财对信托产品的需求降低，资金信托规模大概率收缩。

### （二）“去杠杆”力度不减，潜在违约风险不可忽视

自 2016 年下半年以来，全球宏观经济共振回暖，信托业增资扩股提高资本实力，信托公司盈利能力保持良好，偿债能力增强，风险管控与抵御能力提升。但近期债市违约频繁爆发，不少信托公司牵涉其中，信托产品潜在违约风险压力增大。

### （三）传统业务限制增加，新兴业务拓展动力增强

在防风险、严合规、稳转型、提质效的指导思想下，传统房地产与政府融资平台信托业务合规风险提高，展业难度增大。信托公司的展业范围将逐渐从房地产、政府融资平台扩展至消费升级、产业升级等新兴领域。比如，随着居民人均可支配收入与超前消费观念的增强，消费金融业务发展空间巨大；随着中国高净值人群数量不断增加，家族财富的保值增值与传承等需求日益增加，财富管理业务迎来发展机遇期。

### （四）响应国家重大战略号召，加大服务实体经济力度

2017 年全国金融工作会议确定了金融“回本源”“服务实体”“防风险”的总基调。作为金融的一个重要分支，信托公司始终将服务实体经济作为成长的主线。凭借信托资产可投向货币市场、资本市场与实业市场的制度灵活性优势，信托公司将积极支持“中国制造 2025”“一带一路”“军民融合”及“乡村振兴”等重大国家举措的落地实施。

# 从高速增长向高质量发展转变

## ——2018年第二季度中国信托业发展评析

中国信托业协会特约研究员　和晋予

2018年第二季度，中国信托业的发展延续了第一季度以来平稳回落的基本格局。在资管新规和一系列监管政策的共同作用下，信托业管理资产规模连续回落，发展效益水平小幅下滑，同时也体现出信托资产结构不断优化、行业资本实力继续增强、主动管理能力持续提高、转型发展步伐更加坚定等积极因素。信托业已经开始从高速增长阶段向高质量发展阶段转变。

## 一、信托资产规模回落结构优化

2018年第二季度，在"去杠杆、去通道"等监管政策的影响下，信托业管理资产规模继续下滑，其中下降最为明显的是以单一、事务管理信托为主的通道类业务，新增信托资产结构明显优化，信托业务的主动管理水平进一步提升，发展质量有所提高。

### （一）信托资产规模连续平稳回落

2018年第二季度，行业管理信托资产规模比第一季度又有所下降，第二季度末信托资产余额为24.27万亿元，比第一季度末的25.61万亿元下降了1.34万亿元。这是自2010年季度统计数据以来，首次出现信托资产规模的连续下滑。从信托资产规模的季度同比增速来看，这一数据自2017年第四季度开始出现下降，近三个季度的数据分别是29.81%、16.60%、4.88%，2018年第二季度的信托资产规模回到了2017年第二、第三季度之间的水平。从季度环比增速来看，下降的速度相对比较平稳，2018年前两个季度环比降幅分别为2.41%和5.25%，并未出现大幅波动，总体上呈现出平稳回落趋势。

2013年第一季度至2018年第二季度信托业管理资产规模增长情况见图1。

信托资产规模的持续平稳回落，与宏观经济和监管环境密切相关。2018年上半年，宏观经

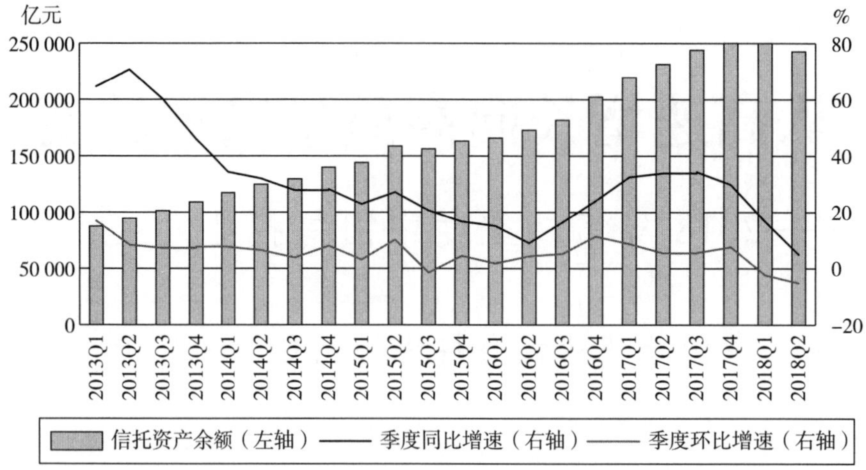


**图1　2013 年第一季度至 2018 年第二季度信托业管理资产规模增长情况**

济增长速度稳中趋缓，第一季度增速为 6.8%，第二季度增速下降 6.7%；上半年固定资产投资增速为 6.0%，比第一季度回落 1.5 个百分点；社会消费品零售总额同比增长 9.4%，回落 0.4 个百分点；货物进出口顺差为 9 013 亿元，比上年同期收窄 26.7%。信托资产规模的增速与 GDP 增速的相关性较高，自 2013 年以来，两者的相关系数达到 0.87，变动趋势基本保持一致。但是从 2018 年上半年来看，信托资产规模增速的下降，除了受到 GDP 增速放缓的影响之外，上半年监管政策密集出台、监管力度不断加强也是重要的影响因素。

2013 年第一季度至 2018 年第二季度信托资产规模增速与 GDP 增速见图 2。

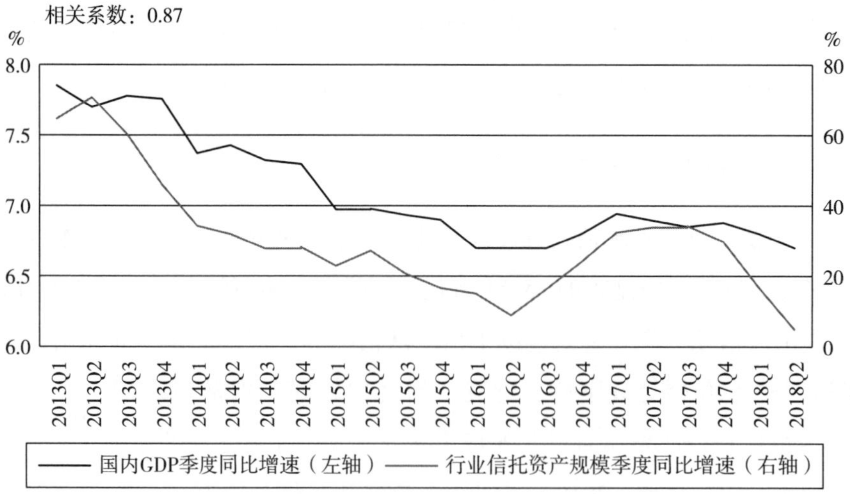


**图2　2013 年第一季度至 2018 年第二季度信托资产规模增速与 GDP 增速**

## （二）单一与事务管理信托规模下降明显

信托资产规模持续平稳回落，主要因素是单一类、事务管理类业务的下降，信托资产结构质量进一步优化。

一是从信托资产来源结构看，单一资金信托规模下降更快，占比持续降低。第二季度单一资金信托规模从第一季度的 11.66 万亿元下降至 10.84 万亿元，降幅为 7%；而集合资金信托规模从 9.92 万亿元小幅下降至 9.51 万亿元，降幅为 4.1%；财产权信托规模从 4.03 万亿元下降至 3.91 万亿元，降幅为 2.9%。单一资金信托占比自 2013 年第三季度以来，一直延续下降趋势，2018 年第二季度占比为 44.68%，比上季度的 45.54% 下降了 0.84 个百分点；但集合资金信托占比有所提升，第二季度为 39.20%，比第一季度提升 0.48 个百分点；财产权信托占比也略有提升，第二季度为 16.12%，比第一季度提升 0.39 个百分点。单一信托的下降对信托资产规模下降的贡献最大，贡献度为 61.05%。

2013 年第一季度至 2018 年第二季度信托资产来源结构变动情况见图 3。

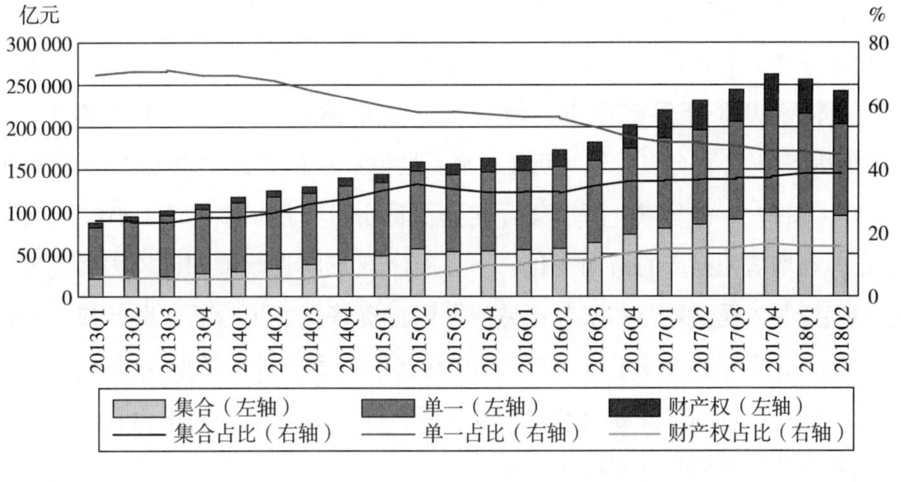


**图 3　2013 年第一季度至 2018 年第二季度信托资产来源结构变动情况**

二是从信托功能看，事务管理类业务规模和比重都有所下降。第二季度事务管理类信托规模下降明显，从第一季度的 15.14 万亿元下降到 14.30 万亿元，减少了 8 414 亿元；而投资类规模从第一季度的 6.05 万亿元下降到 5.59 万亿元，减少了 4 558 亿元；融资类规模从第一季度的 4.43 万亿元下降到 4.38 万亿元，仅减少了 475 亿元。第二季度事务管理类信托占比为 58.93%，比第一季度下降了 0.19 个百分点；投资类信托占比为 23.03%，下降了 0.57 个百分点；但融资类信托占比上升了 0.76 个百分点至 18.04%。事务管理类信托的下降是信托规模下降的主要因素，贡献度达到 62.57%。

2013 年第一季度至 2018 年第二季度信托资产运用结构变动情况见图 4。

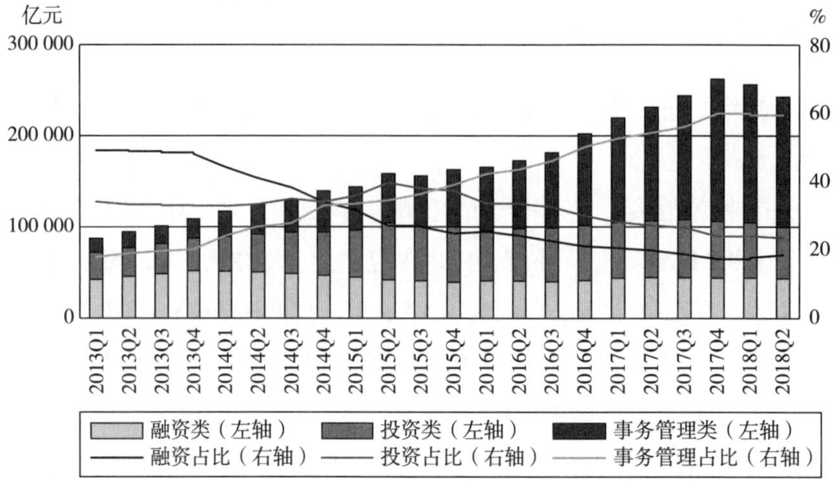


**图 4　2013 年第一季度至 2018 年第二季度信托资产运用结构变动情况**

### （三）新增信托资产来源结构更为优化

从新增信托资产的来源结构看，自 2013 年以来，新增单一资金信托季度累计值占全部新增信托规模的比重总体呈下降趋势，而相应的新增集合资金信托和财产权信托的季度累计值总体保持上升。具体到 2018 年第二季度，新增单一资金信托占比由上季度的 37.81% 下降到 35.30%，降幅达 2.51 个百分点，较为明显；而新增财产权信托占比由上季度的 30.66% 上升到 33.47%，上升了 2.81 个百分点；新增集合信托占比由上季度的 31.53% 小幅调整至 31.23%，基本保持稳定。新增信托财产的结构变化，一方面体现了监管政策和监管力度不断加强，以单一信托为主的通道业务受到规范和限制；另一方面在资管新规出台后，财产权信托得到较快发展，特别是资产证券化等业务属于信托发挥制度优势、大力推进的转型业务，上半年发展迅速。因此，新增单一信托比重的下降和财产权信托比重的上升，体现了新增信托结构的优化，反映出第二季度信托业务发展质量有所提升。

2013 年第一季度至 2018 年第二季度新增信托财产来源结构变动（当年累计值）见图 5。

### （四）银信合作业务规模明显下降

2017 年 12 月，中国银监会出台《关于规范银信类业务的通知》，对银信合作业务进行规范；2018 年又出台《关于进一步整治银行业市场乱象的通知》，对监管套利的通道业务进行严格限制。一系列监管政策强化了对银信合作业务的监管力度，扭转了自 2017 年以来银信合作业务的快速增长局面。2018 年第一、第二季度，银信合作业务规模的连续下降，主要是以规避监管为目的的通道业务规模下降，在一定程度上挤出了信托资产规模的“水分”，有利于行业提质增效和长远发展。

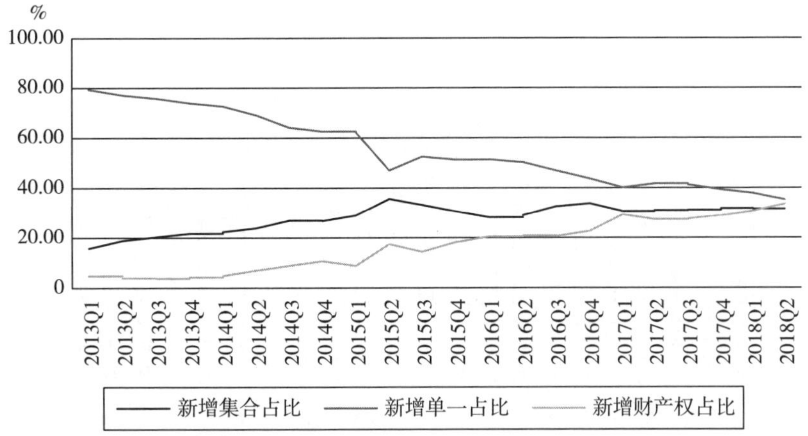


**图5　2013年第一季度至2018年第二季度新增信托财产来源结构变动（当年累计值）**

## 二、发展效益水平出现小幅调整

2018年第二季度信托业发展效益水平出现了小幅调整，行业收入和利润水平同比下降，人均创效能力也有所下调，但是信托业务收入对行业收入水平还是起到重要的支撑作用。发展效益的小幅调整，一方面是信托业去通道、压规模、告别粗放增长阶段的必然结果；另一方面也反映了宏观经济增速稳中有降、资本市场波动加大对行业收入水平的影响。

### （一）营业收入和利润不同程度下降

2018年第二季度，信托业营业收入和利润总额当季值同比均有所下降。从营业收入来看，第二季度全行业实现营业收入新增269.96亿元，比第一季度的243.36亿元环比增长10.93%。但是若剔除季节因素观察同比增速的话，则出现了一定下降，同比2017年第二季度下降了3.94%，这也是2016年第四季度以来的最低点。从利润总额来看，第二季度全行业新增利润总额为192.38亿元，环比第一季度的167.67亿元增长了14.74%；但是同比增速同样出现下降，降幅为8.16%，明显超过了营业收入降幅。

2013年第一季度至2018年第二季度营业收入与利润总额当季值及其同比增速见图6。

从当年累计值来看，第二季度全行业营业收入累计值达到513.32亿元，平均每家公司达到7.55亿元，同比略增了3.11%，绝对数值虽然没有下降，但同比增速比第一季度下降了9.14个百分点。第二季度全行业利润总额累计值达到360.05亿元，平均每家公司为5.29亿元，同比下降了1.32%，增速比第一季度下滑9.24个百分点。尽管营业收入和利润总额的当年累计值下降幅度远小于第二季度新增值，但是如果第三、第四季度行业发展效益如果不能明显改观，那么

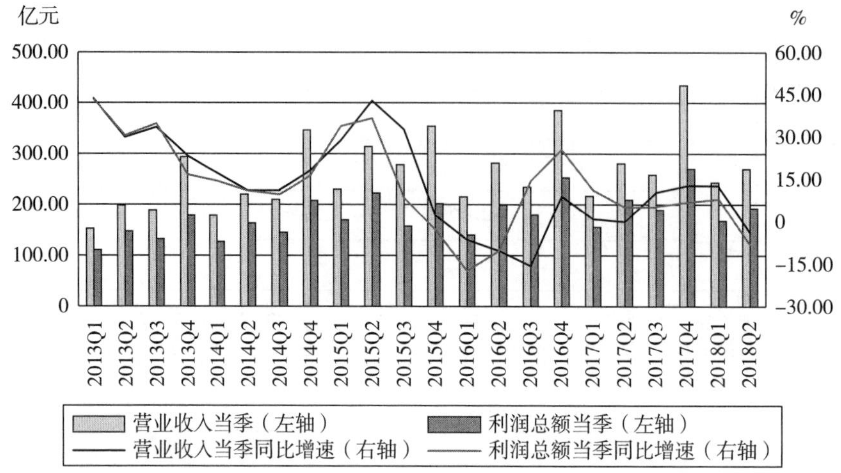


**图 6　2013 年第一季度至 2018 年第二季度营业收入与利润总额当季值及其同比增速**

全年的收入与利润水平可能会出现“双降”格局。

2013 年第一季度至 2018 年第二季度营业收入与利润总额当年累计值及其同比增速见图 7。

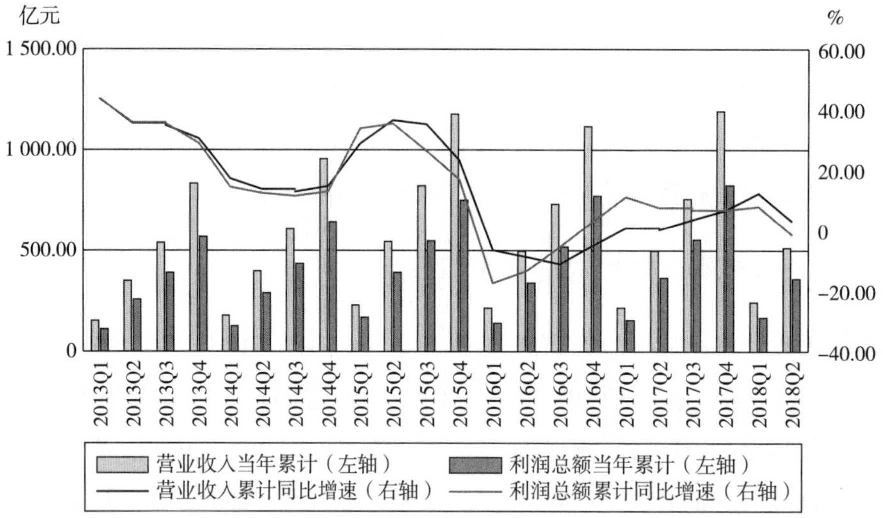


**图 7　2013 年第一季度至 2018 年第二季度营业收入与利润总额当年累计值及其同比增速**

### （二）信托业务收入增速下滑

第二季度伴随着信托资产规模的下降，信托业务收入增速也出现了明显下滑。从第二季度数据来看，68 家信托公司共实现信托业务收入的当年累计值达到 362.36 亿元，平均每家公司为 5.33 亿元；同比增速仅为 2.11%，比第一季度的 13.63% 下降了 11.52 个百分点。第二季度全行业信托业务收入新增 180.32 亿元，比第一季度略降 1.72 亿元，平均每家公司为 2.65 亿元；同比增速从第一季度的 13.63% 降至 -7.38%，不仅增速下降幅度较大，而且绝对数值比 2017 年同期还有所下滑。造成第二季度信托业务收入持续下降的主要原因有两方面：一是信托资产规模的下降，在一系列监管政策的影响下，第二季度信托资产规模下降了1.34万亿元，对信托业务收入的影响可能会更加长远；二是货币市场流动性相对偏紧，银行资金投资信托受到限制，主动管理类信托产品的资金募集较为困难，造成信托计划成立率较低，而此类业务信托报酬率更高，从而导致信托业务收入增速的明显下滑。

2013年第一季度至2018年第二季度信托业务收入及其同比增速变动见图8。

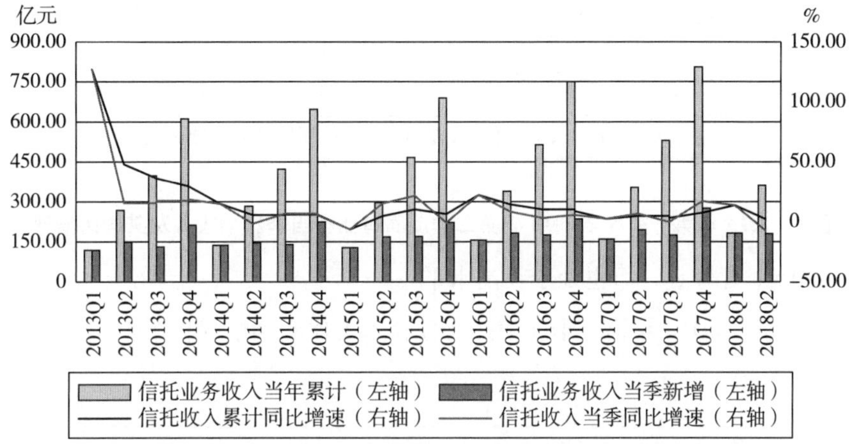


**图8　2013年第一季度至2018年第二季度信托业务收入及其同比增速变动**

### （三）固有业务收入同比略有增长

与信托业务当季新增收入同比略有下降相比，第二季度固有业务新增收入同比略有增长，保持了相对稳定。从数量上来看，第二季度固有新增收入规模为80.11亿元，同比增速为3.15%，尽管比第一季度同比增速18.16%有较大幅度的下降，但是仍保持了正向的增长。第一、第二季度固有业务累计收入规模为138.86亿元，平均每家公司为2.04亿元；与2017年同期相比，固有业务2018年累计收入增长幅度为9.01%，当然这主要得益于2018年第一季度固有业务收入的良好表现。

2013年第一季度至2018年第二季度固有业务当季新增收入及其同比增速见图9。

### （四）信托业务收入占比仍保持较高水平

信托业务是信托公司的主营业务，信托业务收入是信托公司营业收入的重要支撑。从第二季度数据来看，信托业务收入占营业收入的比重为70.59%，尽管比第一季度的74.80%略有下降，但仍保持了较高的水平，高于2017年第三、第四季度数值，仍然是信托公司营业收入的主要贡献来源。从当季新增数据来看，第二季度信托业务收入占比为66.79%，虽然比第一季度这

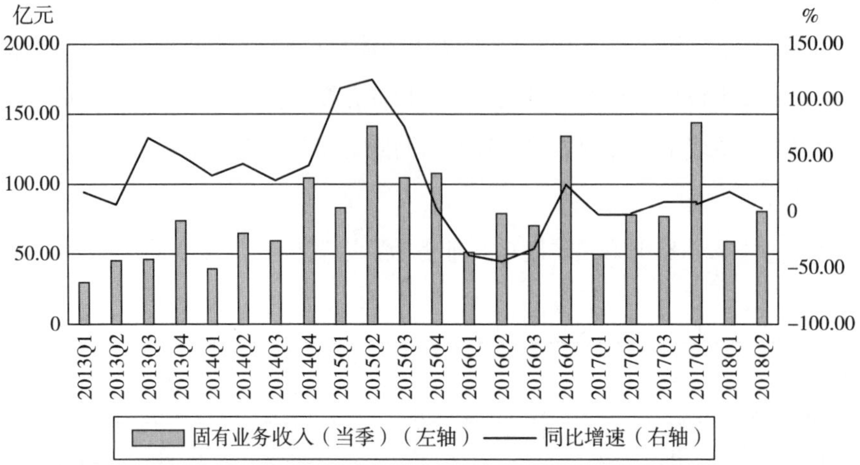


**图 9　2013 年第一季度至 2018 年第二季度固有业务当季新增收入及其同比增速**

一指标下降了 8.01 个百分点，但也处于较高水平。

2013 年第一季度至 2018 年第二季度信托业务收入占比变动情况见图 10。

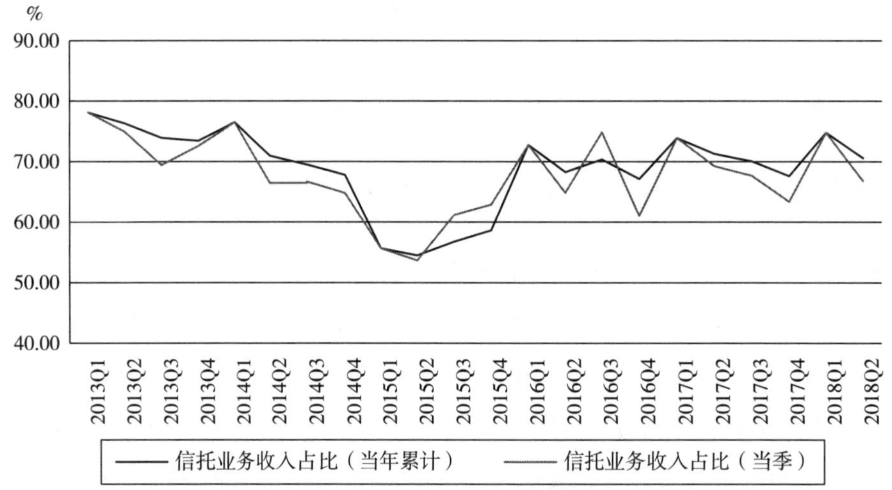


**图 10　2013 年第一季度至 2018 年第二季度信托业务收入占比变动情况**

### （五）人均创效水平略有降低

从人均创效指标来看，第二季度信托行业人均创造的利润水平比 2017 年同期也略有降低。2018 年第二季度行业人均利润为 130.50 万元，比 2017 年同期的 140.82 万元下降了 7.33%。从季度同比增速来看，2018 年第二季度人均利润同比增速比第一季度降低了 7.69 个百分点。

2013 年第一季度至 2018 年第二季度人均利润（当年累计）及其增速变动见图 11。

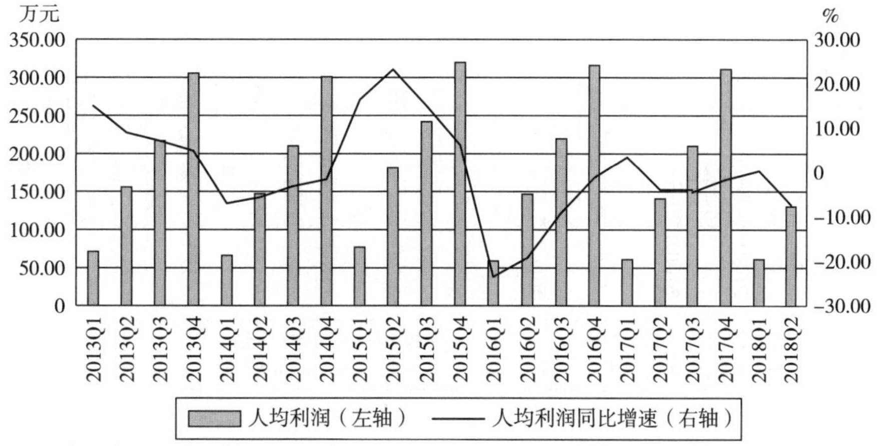


图 11　2013 年第一季度至 2018 年第二季度人均利润（当年累计）及其增速变动

## 三、行业资本实力持续得到增强

自 2018 年以来，尽管信托资产规模连续两个季度小幅下降，但行业资本实力持续得到增强，实收资本规模不断提升。同时也要看到，信托公司固有资金的运用仍以投资为主，随着信托业务的持续发展，对固有资金流动性的需求有所提高。

### （一）固有资产规模持续增长，但增速放缓

资本实力是信托业做大做强的重要保障。从历年数据统计可以看到，信托业固有资产规模一直维持稳健上升的趋势，到 2018 年第二季度，行业固有资产规模已达 6 893. 28 亿元，比上季度环比增加 211 亿元；68 家信托公司平均固有资产规模为 101. 37 亿元。全行业所有者权益规模达到 5 419. 84 亿元，比上季度环比增加 89. 78 亿元；平均每家信托公司所有者权益规模为 79. 70 亿元。

但从增速来看，无论是固有资产规模还是所有者权益，其增速都有明显放缓。固有资产规模第二季度同比增速为 12. 46%，较第一季度的 15. 74% 进一步下滑，并且连续三个季度增速下降；所有者权益第二季度同比增速为 10. 97%，较第一季度的 13. 52% 下滑 2. 55 个百分点，并且连续四个季度增速下滑。

2013 年第一季度至 2018 年第二季度行业固有资产与所有者权益变动情况见图 12。

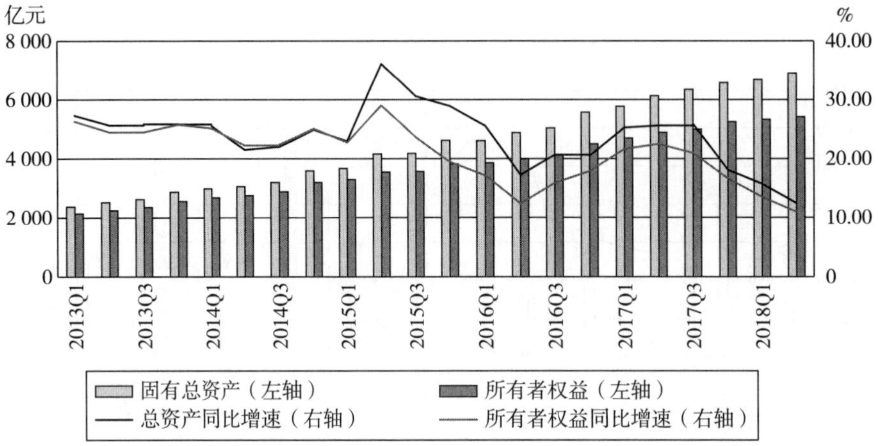


**图 12　2013 年第一季度至 2018 年第二季度行业固有资产与所有者权益变动情况**

## （二）信托行业实收资本规模进一步增加

自 2013 年以来，行业实收资本规模连续保持上升趋势，并且自 2016 年以来增长较快。2018 年第二季度，全行业实收资本规模达到 2 580. 33 亿元，平均每家公司为 37. 95 亿元，比 2017 年同期增长 16. 33%，比第一季度环比增长 4. 75%。尽管增长速度比 2016 年有所下降，但总体规模仍然保持了较为明显的增长。

2013 年第一季度至 2018 年第二季度行业实收资本及其同比增速见图 13。

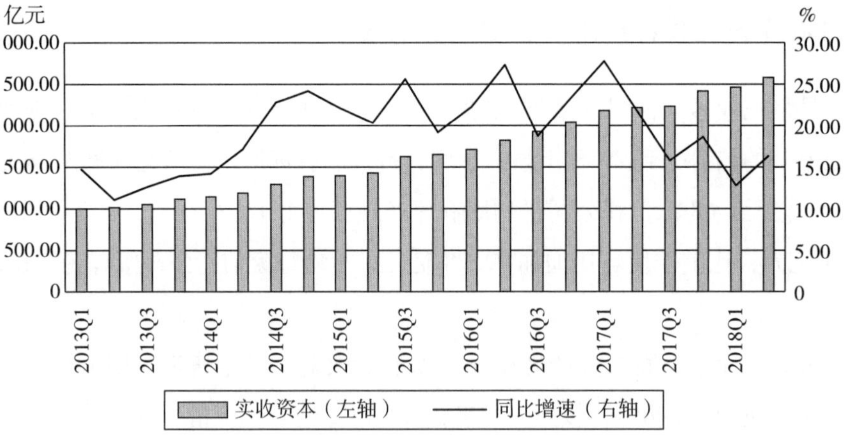


**图 13　2013 年第一季度至 2018 年第二季度行业实收资本及其同比增速**

信托行业实收资本的增加，主要来自信托公司的增资。信托公司的增资需求主要有以下三个方面：一是拓展业务对资本金的需求，资本实力更强的信托公司在行业地位、公司品牌、业务拓展等方面更具优势；二是满足净资本管理的需求，一些信托公司在快速发展的过程中，净资本数量不足，无法满足业务快速发展的净资本要求，因此产生增资需求；三是固有资金流动性压力较大，需要增资补充流动性。近3年来，多家信托公司纷纷进行增资，2016年有22家信托公司共增加注册资本为385.65亿元，平均每家增资为17.53亿元；2017年有21家信托公司增加注册资本为403.12亿元，平均每家增资为19.20亿元；2018年第一、第二季度，共有7家信托公司增加注册资本为176.42亿元，平均每家增资为25.20亿元。

## （三）固有资金运用方式仍以投资为主

从固有资金运用方式来看，自2013年以来，固有资金投资类占比总体呈不断上升的趋势，由2013年第一季度的58.86%上升至2018年第二季度的78.05%，上升了19.19个百分点。第二季度固有资金投资类占比虽然较第一季度的78.45%略有下降，但仍远高于货币类占比的6.90%和贷款类占比的4.63%，占据绝对主导地位。与之相比，固有资金货币类与贷款类占比自2013年以来总体延续了下降趋势。

2013年第一季度至2018年第二季度固有资产运用方式结构变化见图14。

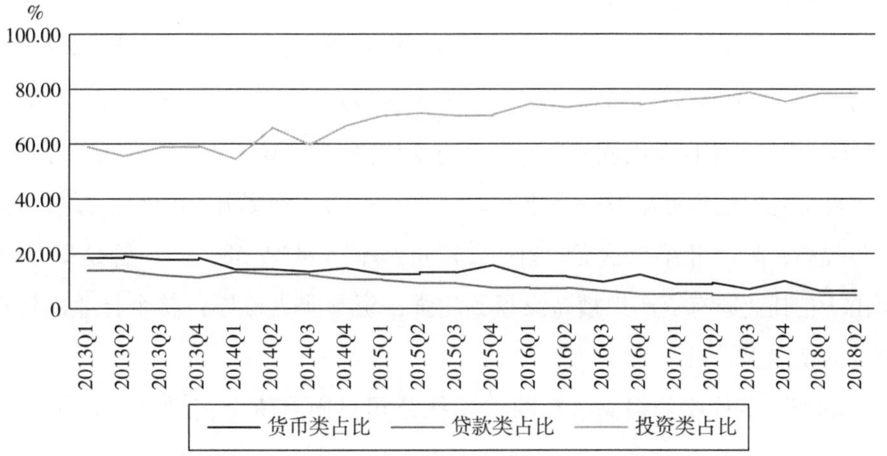


**图14　2013年第一季度至第2018年第二季度固有资产运用方式结构变化**

固有资金投资类占比的不断增加，还体现在固有投资收益在固有业务收入中占据绝对比重。自2013年以来，固有投资收益的当季新增数额，除了2016年第一季度至第三季度同比下降之外，其余各季度均保持增长。2018年第二季度固有投资收益当季新增63.88亿元，占固有业务收入比重高达79.74%。受到资本市场波动加大等外部因素影响，第二季度固有投资收益增速比第一季度的20.44%有明显下滑，仅为3.83%，但从数值上看仍然保持了同比正向增长。

2013年第一季度至2018年第二季度行业当季固有投资收益变动与占比情况见图15。

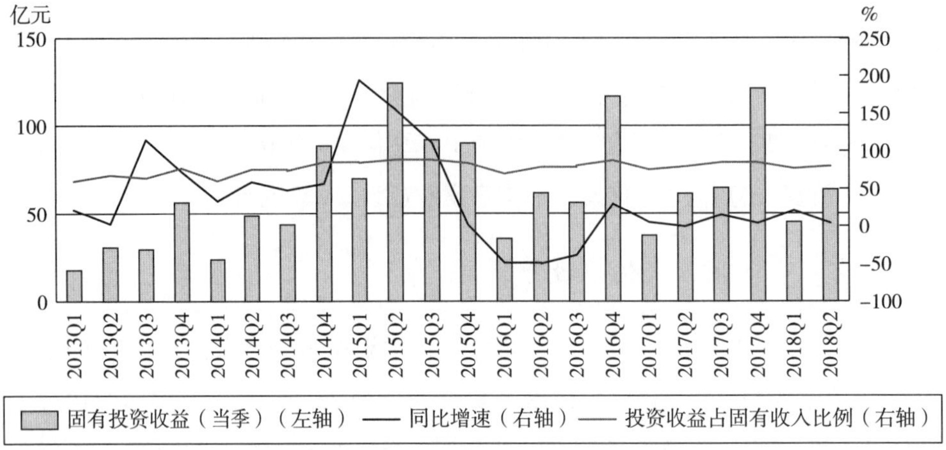


**图 15　2013 年第一季度至 2018 年第二季度行业当季固有投资收益变动与占比情况**

### （四）固有资金流动性需求有所增长

近年来，信托业固有总资产和所有者权益之间的差额越来越大，这部分差额主要是在同业拆借市场拆入的短期资金，或从信托保障基金公司得到的流动性支持。从数据来看，固有负债在 2013 年第一季度仅有 232.34 亿元，到 2018 年第二季度增长至 1 473.44 亿元，增长 534.17%。尽管 2017 年第四季度固有负债规模有所回落，但 2018 年第一、第二季度又迅速恢复增长，第二季度的规模达到近年来最高水平。固有负债的不断提升，导致信托公司固有资产负债率也进一步提高，2018 年第二季度的固有资产负债率达到 21.38%，尽管是 2013 年以来的最高水平，但由于信托业固有资产规模持续得到增强，资本实力雄厚，整个行业的资产负债率仍处于风险可控的范围内。

固有负债和资产负债率的提高，反映出信托公司对固有资金流动性的需求不断增长。当前信托公司流动性需求增长最主要的原因是上半年货币市场流动性偏紧，信托公司以往来源于同业的机构资金渠道得到一定规范和限制，项目发行难度不断加大，固有资金在投资信托产品、支持信托业务发展方面发挥了较大作用，但同时也占用了一部分流动性。信托公司未来仍将加大转型发展力度，大力开展主动管理业务，预计对固有资金流动性的支持需求仍将进一步增加。

2013 年第一季度至 2018 年第二季度固有负债与资产负债率变动见图 16。

## 四、信托资金配置领域仍以实体经济为主

第二季度资金信托（不包括财产权信托）的信托资金配置领域结构发生一定变化，工商企

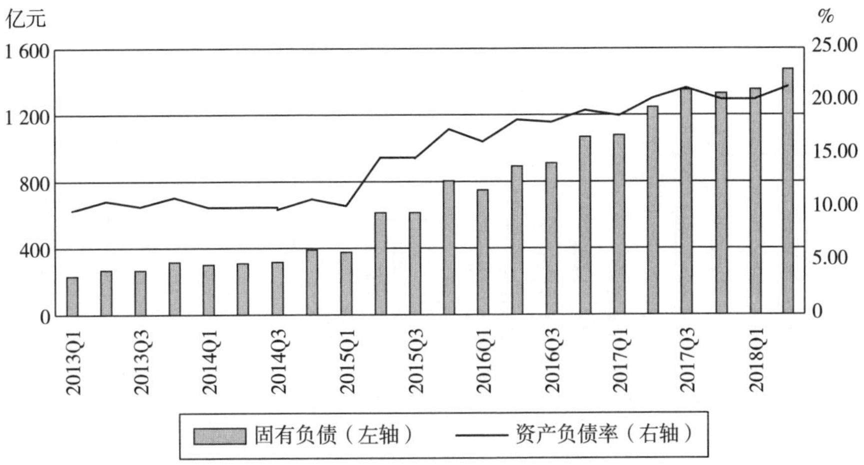


**图16　2013 年第一季度至 2018 年第二季度固有负债与资产负债率变动**

业信托资金规模略有下降，但占比仍然小幅提升，房地产信托规模明显增加，基础产业信托却延续了第一季度以来的下降态势，证券投资信托下滑也较为明显。第二季度工商企业、房地产和基础产业三个领域的信托资金规模总占比从第一季度的 53.91% 上升至 56.12%，表明信托资金配置领域仍以实体经济为主，其配置比重不断提升。

## （一）工商企业信托资金规模略有下降

从行业数据来看，第二季度工商企业仍然是信托资金的首要配置领域，工商企业信托余额达到 59 505.92 亿元，尽管比上季度 61 549.41 亿元略有减少，但由于信托资产规模的下降，工商企业信托占比由 28.52% 进一步提升到了 29.23%，增加了 0.71 个百分点。从新增数据来看，第二季度工商企业信托当年累计新增 8 695.98 亿元，与上年同期的 14 684.13 亿元相比下降较为明显；新增工商企业信托在新增信托资产规模中的比重，也由第一季度的 26.24% 下降至第二季度的 24.75%，尽管这一比重仍然较高，但也反映出工商企业信托在 2018 年第一、第二季度发展的动力不足。

2013 年第一季度至 2018 年第二季度工商企业信托余额、新增（当年累计）及其占比见图 17。

工商企业信托规模减少、增速下降，与宏观经济形势和工商企业经营情况密切相关。经统计测算，自 2012 年以来，工商企业信托的同比增速与工业增加值季度同比增速高度相关，相关系数达到 0.804。从 2013 年第一季度开始，工商企业信托同比增速开始下行，在 2015 年第二季度达到最低点；而工业增加值同比增速也经历了这样一个变化过程。之后工业增加值同比增速有所恢复，而工商信托余额季度同比增速也开始上行。2018 年第一季度开始工业增加值增速受到宏观环境的影响又有下降，工商企业信托同比增速下降速度更加明显。

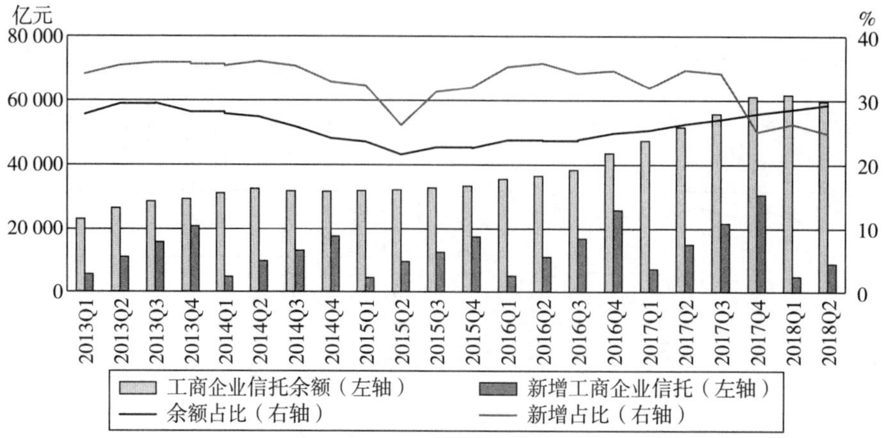


**图 17　2013 年第一季度至 2018 年第二季度工商企业信托余额、新增（当年累计）及其占比**

2012 年第一季度至 2018 年第二季度工商企业信托与工业增加值季度同比增速对比见图 18。

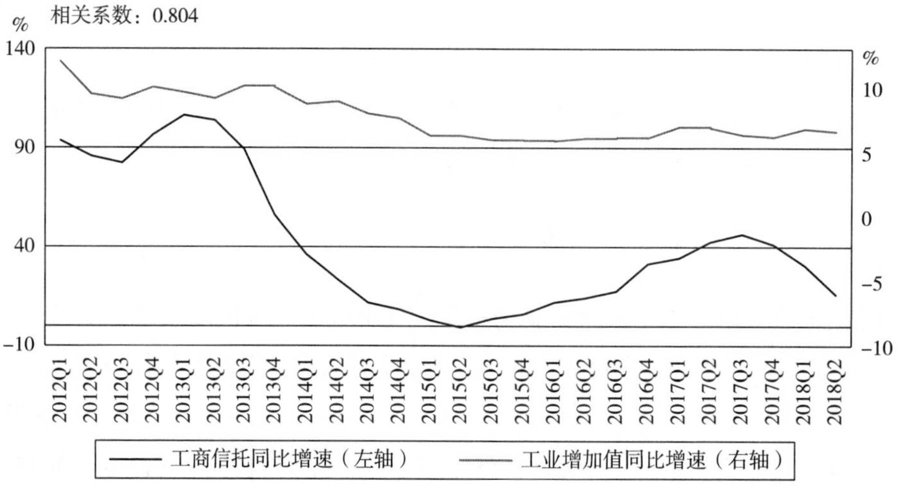


**图 18　2012 年第一季度至 2018 年第二季度工商企业信托与工业增加值季度同比增速对比**

## （二）房地产领域信托资金配置力度加大

房地产行业的持续健康发展，对宏观经济增长具有重要的支撑作用。在房地产企业融资渠道持续收紧的情况下，信托以资金运用方式的灵活优势和金融工具的综合优势，在合规的前提下以多种形式开展房地产信托业务，对宏观经济的稳定增长起到了一定的积极作用。2018 年第二季度，信托资金配置到房地产领域的规模为 25 072.49 亿元，比第一季度的 23 710.76 亿元增长了 1 361.73 亿元，其占信托资产的比重由 10.99%提升到 12.32%。第二季度房地产信托新增规模当年累计为 4 280.73 亿元，占全部新增信托规模的 18.31%，比第一季度占比提升了 3.5 个百分点。房地产在 2018 年新增信托资金配置领域中的地位不断提升。

2013 年第一季度至 2018 年第二季度房地产信托余额、新增（当年累计）及其占比见图 19。

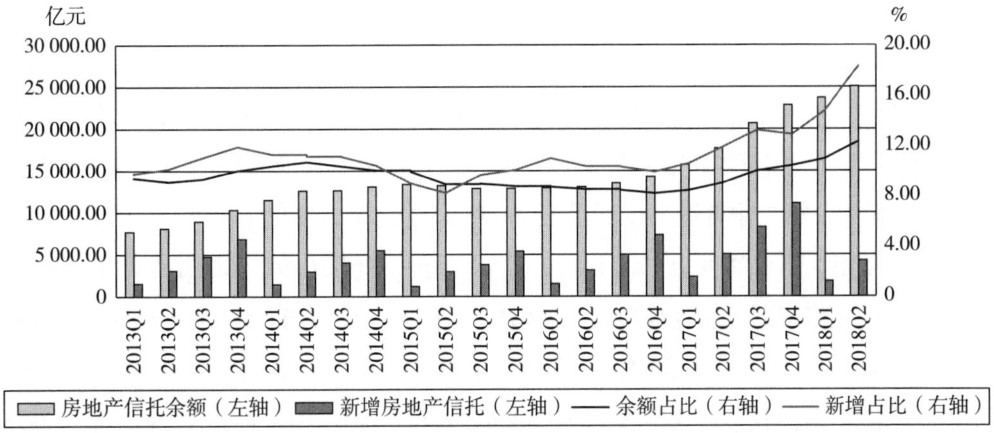


**图 19　2013 年第一季度至 2018 年第二季度房地产信托余额、新增（当年累计）及其占比**

## （三）基础产业信托资金规模下滑明显

受到地方政府融资渠道收紧的影响，信托资金在基础产业配置规模自 2017 年第三季度以后，连续 3 个季度出现下滑。2018 年第二季度基础产业信托规模为 29 667.51 亿元，比第一季度的 31 083.67 亿元减少了 1 416.16 亿元，下滑比较明显；其在信托资产规模中的占比为 14.57%，比第一季度略有增加。从新增指标来看，第二季度基础产业信托当年累计新增仅为 2 283.15 亿元，占所有新增信托规模的 9.77%，比第一季度又下降了 0.2 个百分点；与 2017 年第二季度相比下降幅度较大，仅相当于 2017 年同期 5 844.78 亿元的 39.06%。无论是余额还是新增，基础产业在信托资金配置领域中的地位都在持续下降。

2013 年第一季度至 2018 年第二季度基础产业信托余额、新增（当年累计）及其占比见图 20。

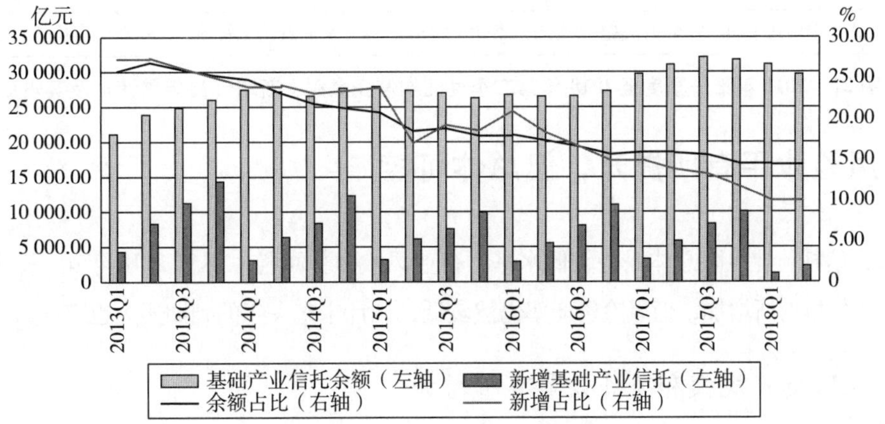


**图 20　2013 年第一季度至 2018 年第二季度基础产业信托余额、新增（当年累计）及其占比**

（四）证券领域信托资金配置受市场影响较大

信托资金在证券领域的配置与资本市场的发展状况密切相关。自2013年以来，证券信托规模的变化与资本市场大致趋同。2017年第四季度是证券信托的历史最高点，规模达到31 006.55亿元；但2018年上半年资本市场总体下行，证券信托规模也相应出现下降，第一季度规模下降到29 913.35亿元，第二季度进一步下滑至26 332.76亿元，环比下降了11.97%。证券信托余额占比也出现下滑，第二季度为12.94%，比第一季度下降了0.92个百分点。从新增情况来看，第二季度证券信托当年累计新增规模只有1 616.53亿元，仅相当于2017年同期3 313.41亿元的48.79%；新增占比也从第一季度的9.70%下降到6.92%。分项来看，新增证券信托中股票和债券同比下降幅度最大：股票新增规模为1 032.62亿元，同比下降了45.50%；基金新增215.20亿元，占比为13.31%，新增规模同比下降了26.41%；债券新增368.71亿元，占比为22.81%，新增规模同比下降了67.27%。这些数据均反映出，在2018年资本市场的大环境影响下，信托资金配置到证券领域的动力持续减弱。

2013年第一季度至2018年第二季度证券信托余额、新增（当年累计）及其占比见图21。

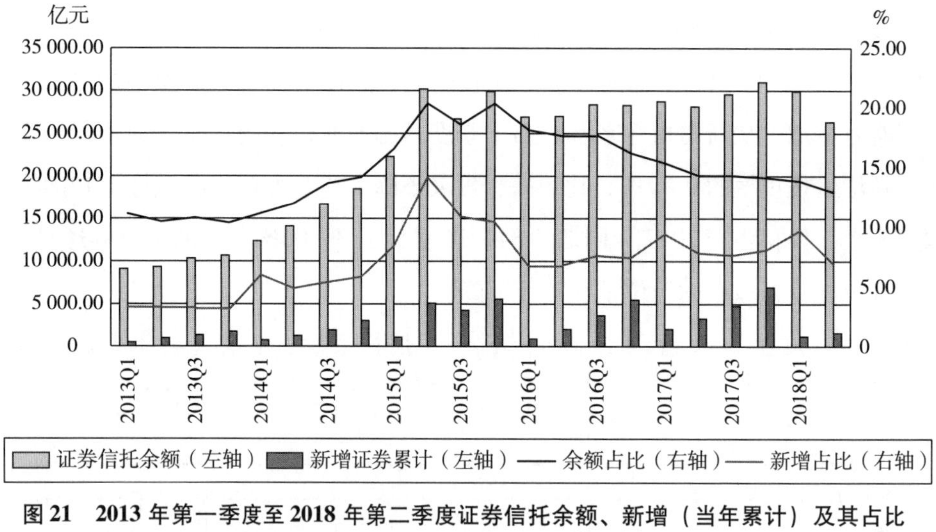


**图21　2013年第一季度至2018年第二季度证券信托余额、新增（当年累计）及其占比**

## 五、风险水平有所提升，但总体可控

近年来，信托行业风险总体保持较低水平，行业风险整体可控。尽管2018年第一、第二季度风险资产规模和数量有所增加，但风险资产率仍然较低，预计未来一年的到期压力也有所减小。

（一）风险资产规模和项目数量有所增加

从风险资产规模和风险项目数量的变动来看，2018年第二季度，信托行业风险水平有所提升。一是风险资产规模持续增加，第二季度末达到1 913.03亿元，为2015年以来最高，比第一季度末增加了421.71亿元，自2017年第四季度以来，2018年已经连续2个季度增长。二是风险项目个数明显增加，第二季度末为773个，比第一季度末增加114个，自2016年第四季度以来风险项目个数连续增加。

信托业风险项目和风险资产规模的增加与宏观环境息息相关。2018年以来国家加大了对地方政府融资和房地产的政策调控力度，收紧了融资渠道，造成了基础设施融资较为困难，地方政府偿债能力有所下降，部分地区的房地产销售遭到严格调控，因此对部分信政合作项目和房地产信托项目产生一定的流动性影响。目前，中央已经调整了宏观政策导向，将采取更加积极的财政政策和稳健的货币政策，保持流动性合理宽裕，防范化解金融风险的政策力度也将加强。因此，预计未来一段时间信托行业风险水平可能有所降低。

2015年第一季度至2018年第二季度信托行业风险资产规模和项目个数变动见图22。

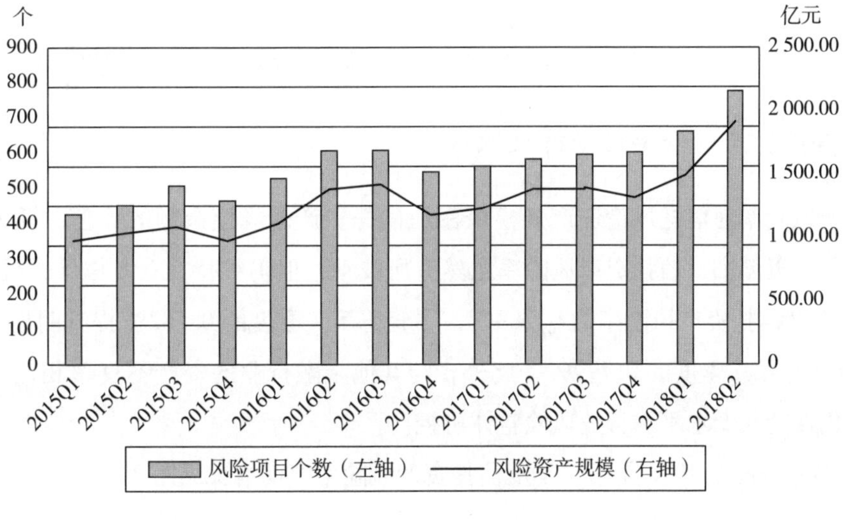


**图22　2015年第一季度至2018年第二季度信托行业风险资产规模和项目个数变动**

## （二）集合信托风险提升更加明显

从信托行业风险资产分类来看，集合信托风险提升更为明显，单一和财产权信托风险水平有所下降。第二季度末，集合信托风险资产规模为1 189.44亿元，比第一季度的798.29亿元增加了391.15亿元，增长较为显著；集合信托风险资产规模占全部风险资产规模的比重也从第一季度的53.53%上升到第二季度的62.18%，成为信托风险资产规模中比重最大的部分。相比之下，单一信托的风险规模由第一季度的649.85亿元小幅上升到第二季度的687.56亿元，增长5.80%；占比从第一季度的43.58%下降到第二季度的35.94%，从2017年第三季度以来维持下降趋势。财产权信托的风险资产规模和占比比第一季度都有降低。

2013 年第一季度至 2018 年第二季度信托行业风险资产分类及其占比见图 23。

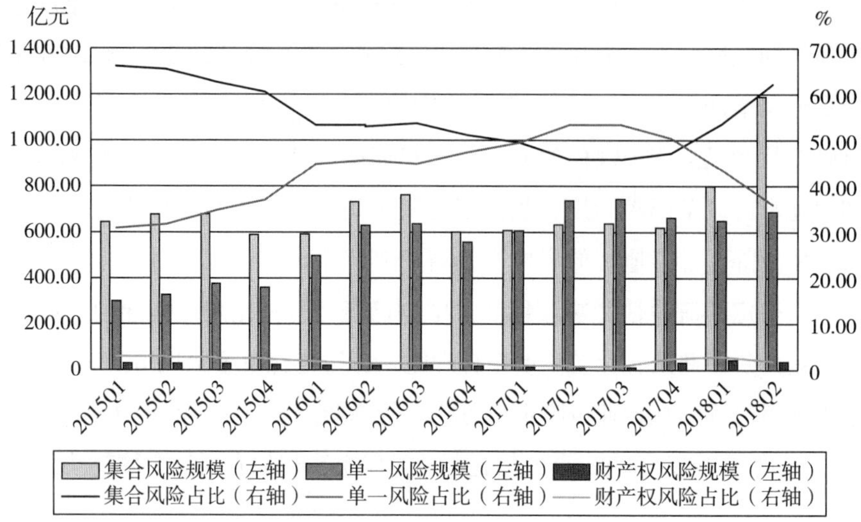


**图 23　2013 年第一季度至 2018 年第二季度信托行业风险资产分类及其占比**

## （三）信托资产风险率仍保持较低水平

信托资产风险率为信托风险资产规模余额与信托资产总规模余额的比值，反映的是行业风险的整体水平。近年来，信托资产风险率虽然有所波动，但仍维持在 0.8 以下，处于较低水平。2018 年第二季度信托资产风险率为 0.788%，尽管比第一季度的 0.582% 提升明显，但从历史来看仍低于 2016 年第二季度的 0.799%。此外，与其他金融行业的资产不良率相比，信托行业的风险资产率仍保持较低水平，行业风险整体可控。

2015 年第一季度至 2018 年第二季度信托资产风险率变动情况见图 24。

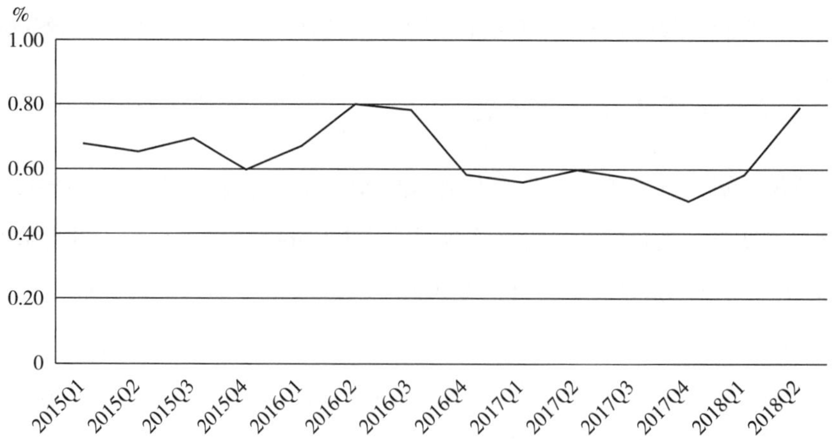


**图 24　2015 年第一季度至 2018 年第二季度信托资产风险率变动情况**

### （四）未来一年到期压力有所缓解

从未来一年信托到期情况看，预计未来信托到期压力也将有所缓解。第二季度末发布的数据显示，未来一年的信托到期规模为5.57万亿元，比第一季度末的预计数据下降了3 782亿元，连续2个季度出现下调。从到期项目数量来看，第二季度末预计未来一年到期项目为1.42万个，比第一季度末的预计数据1.49万个下降了659个，延续了第一季度的下调趋势。在未来一年预计到期的信托资产中，集合信托预计到期规模也在下降，由第一季度末的2.49万亿元下降到第二季度末的2.42万亿元。上述3个指标充分表明，从当前预计未来一年的到期兑付压力有所缓解，尤其是集合信托到期压力有所下降，有利于行业风险的总体可控。

2015年第一季度至2018年第二季度信托项目未来一年到期情况见图25。

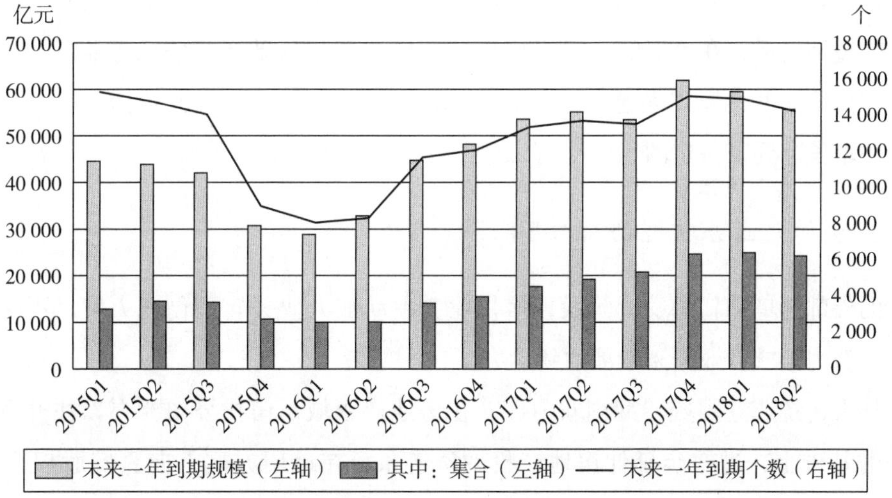


**图25　2015年第一季度至2018年第二季度信托项目未来一年到期情况**

## 六、主动提升行业未来发展质量水平

党的十九大报告指出，我国经济已由高速增长阶段转向高质量发展阶段。信托业作为金融行业的重要组成部分，正处于增速回落、结构调整的关键时期，也处于由高速增长向高质量发展阶段转换的关键时期。着眼未来，信托业要从以下三个方面主动提升行业发展的质量水平。

### （一）主动提高服务实体经济能力

服务实体经济是金融行业持续发展的根本任务。未来信托公司仍要坚持把服务实体经济放在首位，主动发挥信托金融工具优势，满足实体经济投融资需求。

一是要服务实体经济发展的长期需求。尽管当前实体经济发展面临更为复杂的内外部因素，但从长期来看，必须要坚持深化供给侧结构性改革，一方面，要加快培育战略新兴产业、高端制造业等实体经济长期发展的新动能；另一方面，要适当调整总需求结构，提高国家重大战略项目的投资力度，提升消费在经济增长中的拉动作用。信托业要把握好实体经济发展规律，充分发挥自身优势，支持战略新兴产业、国家重大战略项目等投融资需求；要进一步开展小微金融、消费信托等业务，为消费升级提供金融服务；要优化开展中小企业金融服务，提升实体经济发展的长期活力。

二是要抓住实体经济调整的短期机遇。现阶段，基础产业等重点领域投资仍是我国经济增长的重要动力。在宏观经济增速稳中趋缓、下行压力不断加大的情况下，基础产业等重点领域适度发展仍是下一个阶段保持经济基本稳定、防范化解金融风险的重要措施。特别是在下半年财政政策和货币政策有所调整、“去杠杆”转向“稳杠杆”的宏观形势下，信托业一定要抓住实体经济调整的短期机遇，在合规的前提下优化开展房地产和基础产业信托等业务，一方面，可以发挥在这些传统业务领域积累起来的专业优势，有效控制风险、提升价值；另一方面，也为稳定宏观经济增长起到了一定的积极作用。

### （二）主动加大业务转型创新力度

面临新的外部环境和新的发展阶段，信托业要主动加大业务转型创新力度，不断提升自身的专业能力，努力形成行业未来发展的新动力。

一是要加大传统业务领域转型创新力度。在房地产领域，信托公司要在以往开发贷、前端融资等业务的基础上，进一步延伸房地产投融资链条，在运用方式上向真实股权投资、ABS、REITS 等方向转型，在基础资产上由住宅向商业地产、存量房产、城市更新等领域拓展。在小微金融领域，要借助系统优势，深入消费细分场景开展业务，通过信用数据体系和风险模型来识别、控制风险，提高小微金融业务专业化水平。在证券投资领域，要进一步提升主动投资能力和资产配置能力，可以借助智能投顾等创新方式，满足不同风险偏好客户的需求，成为客户信赖的专业投资机构。在工商企业领域，要发挥信托综合金融服务优势，通过投贷联动、债转股等多种转型创新方式，满足企业投融资需求。

二是要加快资产证券化、财产权信托的发展。开展资产证券化、财产权信托业务，可以充分发挥信托制度优势，有效盘活各类资产存量，并且不属于资管新规内容范围，得到了监管机构的鼓励和支持。关于资产证券化业务，一方面，信托公司要积极拓展基础资产来源，提高基础资产领域的专业水平和产品设计能力，提升自身价值；另一方面，要拓展证券化市场、丰富证券化产品类型，全面提升在银行间市场、交易所市场资产证券化业务能力。关于财产权信托，尽管存在信托财产登记等法律问题，但信托公司也要积极探索各类财产信托化的思路，为未来开展此类业务做好准备。

三是要提升财富管理业务水平。信托公司开展财富管理业务，一方面，为了满足自身产品发行的资金需求；另一方面，可以满足高净值人士或机构的财富管理需要，这两者是有机统一的。资管新规对信托公司机构和个人客户的标准提出了新要求，对产品发行进行了进一步规范，未来信托公司将更加重视提升财富管理业务水平。在产品发行方面，要加大个人客户和非金融机构客户的开拓力度，不断提升公司财富管理品牌的影响力和知名度，搭建类型和数量较为丰富的产品体系，形成资金和资产端的有效协同；在客户服务方面，要提高财富管理信息化水平，合规有效利用现代化信息手段，改善客户服务，提升客户体验；在创新发展方面，要提供更多现金管理、资产配置、保险金信托等服务，满足更多高端客户的需求。

四是要推动家族信托、慈善信托等本源业务发展。尽管家族信托、慈善信托目前难以形成信托公司重要的利润贡献来源，但着眼未来，开展家族信托、慈善信托等本源业务，是信托业回归信托本源、提升发展质量的重要体现。在家族信托领域，部分信托公司不断加大发展力度，推出了全权委托、家族传承等一系列产品，家族信托客户数量也有显著增长。在慈善信托方面，民政部慈善信息公开平台数据显示，第二季度末慈善信托备案数量已达到 88 单，财产总规模为 9. 94 亿元，未来在脱贫攻坚、污染防治、教育医疗、文化发展等领域具有广阔的发展空间。

### （三）主动加强合规风控体系建设

新的发展阶段对信托公司的合规风控水平提出了新的要求。在监管力度不断加强、风险水平有所提升的情况下，信托公司要主动加强合规风控体系建设力度，切实防范化解行业风险。

一是要强化合规意识，提高合规管理水平。近年来监管政策密集出台，监管处罚明显加强，尤其是监管部门更加强调要根据穿透原则来判断业务的合规性，这就要求信托公司在未来要高度重视合规风险。一方面，要大力提升全员合规意识，及时加强对监管政策、合规要求的学习和理解，特别是对不同业务类型的合规要求要有具体认识；另一方面，要加强合规管理，同时与监管部门保持及时沟通，降低业务开展的合规风险。

二是要提升风险管理的专业化、精细化水平。当前信托行业风险水平有所提升，这就要求信托公司要进一步加大风险管理力度，有效化解项目风险、预防潜在风险。一方面，要根据业务的专业化发展需求进行专业化的风险管理，准确识别不同业务类型的重要风险点，提高风险管理的有效性；另一方面，要提升风险管理全过程的精细化水平，尤其是在资管新规对信托产品进行净值化管理的要求下，信托产品存续期的风险管理更为重要。因此，未来信托公司要从风险管理的全流程角度，建立起符合资管新规要求、满足不同业务风险管理需要的全面风险管理体系。

# 2018 年第三季度中国信托业发展评析

中国信托业协会特约研究员　王玉国

2018 年前三个季度，我国经济总体平稳，继续保持在合理区间，但下行压力有所加大。与资管新规相关的实施细则也陆续落地，2018 年 7 月人民银行下发《关于进一步明确规范金融机构资产管理业务指导意见有关事项的通知》，明确了过渡期资管业务的宏观审慎安排；8 月中国银保监会信托部下发了《关于加强规范资产管理业务过渡期内信托监管工作的通知》（信托函［2018］37 号），明确了信托业落实新规和过渡期整改要求。面对复杂的形势，第三季度信托业管理资产规模继续回落，发展效益水平小幅下滑，风险暴露有所上升，但总体保持平稳回落格局，从长远着眼要加快转型布局。

## 一、资产规模

### （一）信托资产规模平稳回落

1. 存量规模。截至 2018 年第三季度末，行业管理信托资产余额为 23.14 万亿元，较第二季度末下降了 1.13 万亿元，与第二季度相比，规模下降幅度有所收窄。从信托资产规模的季度增速变化来看，第三季度同比增速为 -5.19%，自 2010 年季度统计数据以来首次跌入负值区间；季度环比增速为 -4.65%，较第二季度跌幅缩小 0.6%，总体呈现出平稳回落趋势。

2011 年第一季度至 2018 年第三季度信托业管理资产规模增长情况见图 1。

从信托资产来源结构看，集合资金信托占比持续稳步提高。截至 2018 年第三季度末，集合资金信托规模为 9.24 万亿元，较上季度末略为下降 0.27 万亿元，相对占比达到 39.93%，继续保持了 2015 年第四季度以来相对比例稳步上升的态势。单一资金信托规模为 10.25 万亿元，较第二季度末下降 0.59 万亿元，相对占比为 44.32%，较第二季度末下降 0.37%，也是本季度信托规模下降的主要因素。管理财产信托规模为 3.65 万亿元，较第二季度末下降 0.27 万亿元，相对占比为 15.75%，占比降幅与单一资金信托变化基本持平。

2013 年第一季度至 2018 年第三季度信托资产来源结构变动情况见图 2。

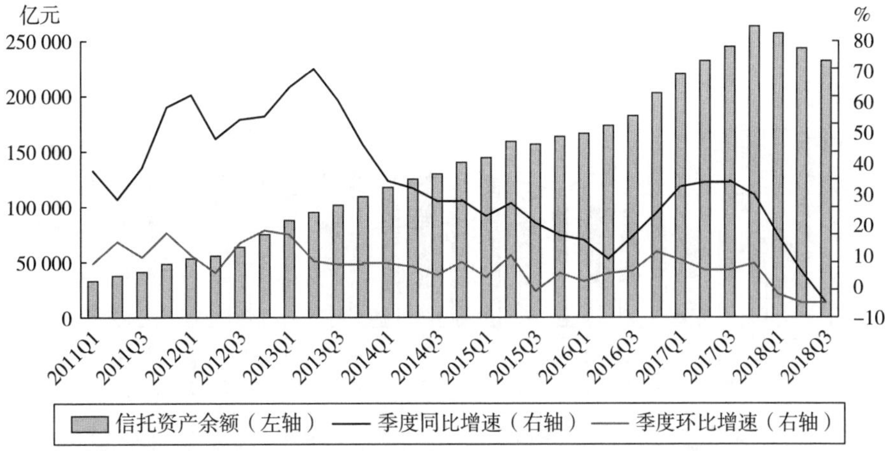


**图 1　2011 年第一季度至 2018 年第三季度信托业管理资产规模增长情况**

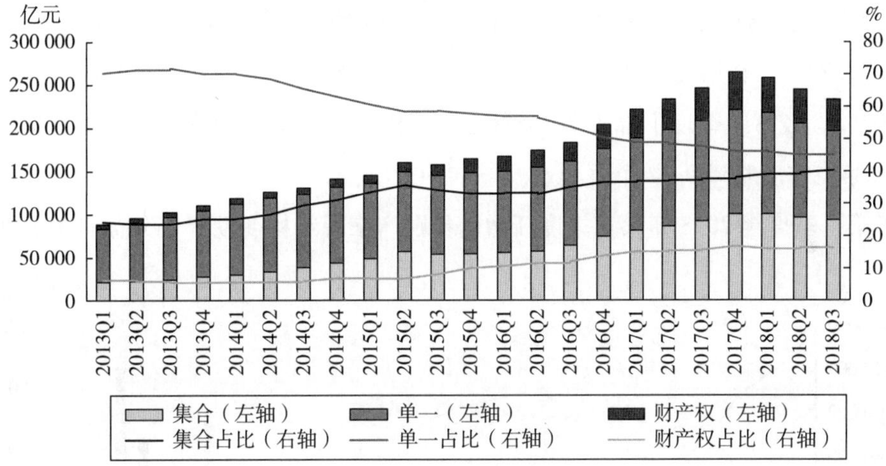


**图 2　2013 年第一季度至 2018 年第三季度信托资产来源结构变动情况**

从信托功能看，事务管理类业务延续回落态势。截至 2018 年第三季度末，事务管理类信托规模为 13.61 万亿元，较第二季度末减少 0.69 万亿元，延续 2018 年以来持续下降的态势，依然是信托规模下降的主要因素；相对占比为 58.82%，较第二季度末下降 0.11 个百分点。投资类信托规模为 5.29 万元，较第二季度末减少 0.30 万亿元；相对占比为 22.85%，较第二季度末下降 0.19 个百分点。融资类信托规模为 4.24 万亿元，较第二季度末减少 0.14 万亿元；相对占比为 18.33%，较第二季度末略升 0.29 个百分点。

2013 年第一季度至 2018 年第三季度信托资产运用结构变动情况见图 3。

2. 新增规模。截至 2018 年第三季度末，本年累计新增信托项目 12 036 个，规模为 4.77 万亿元，较上年同期相比降低了 3.86 万亿元，同比下降 44.73%，一定程度上反映了当前信托业

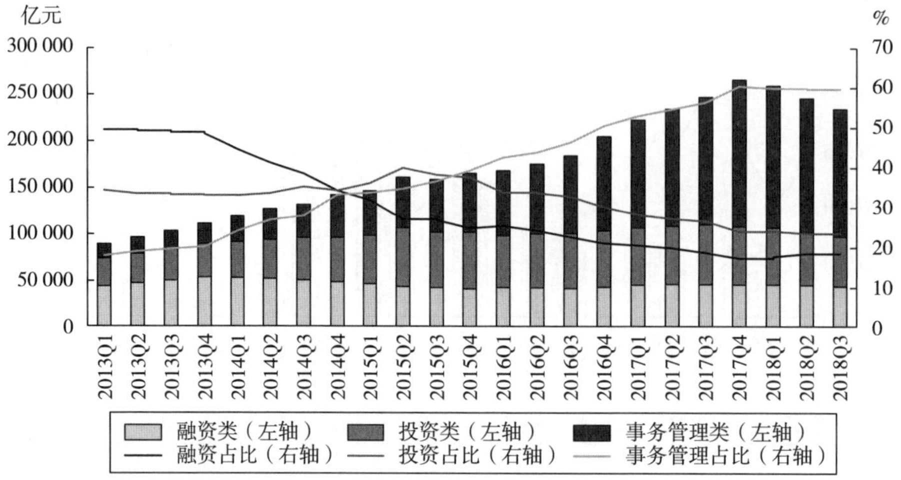


**图 3　2013 年第一季度至 2018 年第三季度信托资产运用结构变动情况**

发展面临的挑战。从新增信托资产的来源结构看，本年累计集合资金信托新增规模为 1. 56 万亿元，占比为 32. 73%，较第二季度上升 1. 50 个百分点；单一资金信托新增规模为 1. 62 万亿元，占比为 34. 02%，较第二季度下降 1. 28 个百分点；财产信托新增规模为 1. 59 万亿元，占比为 33. 25%，较第二季度略降 0. 12 个百分点。

2010 年第一季度至 2018 年第三季度新增信托财产来源结构变动（当年累计值）见图 4。

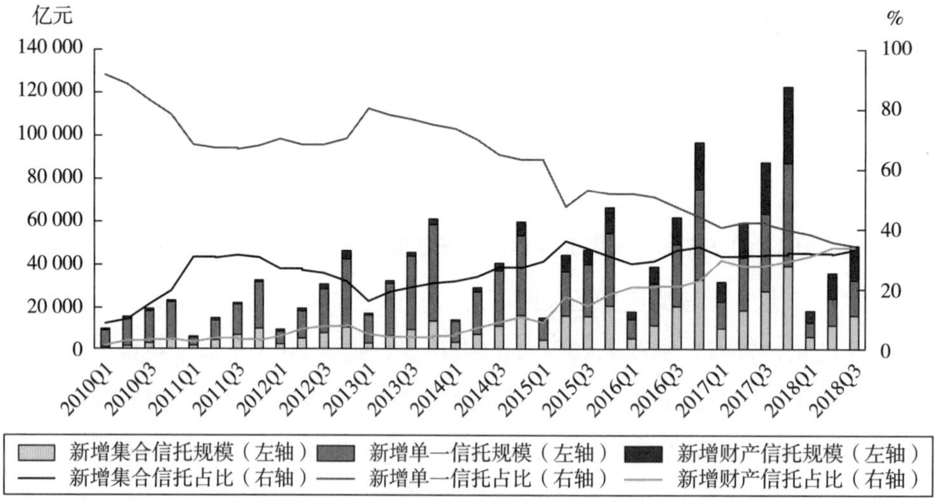


**图 4　2010 年第一季度至 2018 年第三季度新增信托财产来源结构变动（当年累计值）**

3. 未来一年信托到期情况。第三季度末发布的数据显示，未来一年的信托到期规模为 5. 48 万亿元，比第二季度末的预计数据下降了 925 亿元，连续三个季度出现下降，短期信托到期压力有所缓解。但从集合信托预计到期规模数据来看，第三季度末的预计规模为 2. 46 万亿元，较第二季度末数据略有上升，且最近四个季度连续保持相对高位水平，到期兑付压力仍需重视。

2015 年第一季度至 2018 年第三季度未来一年到期信托项目情况见图 5。

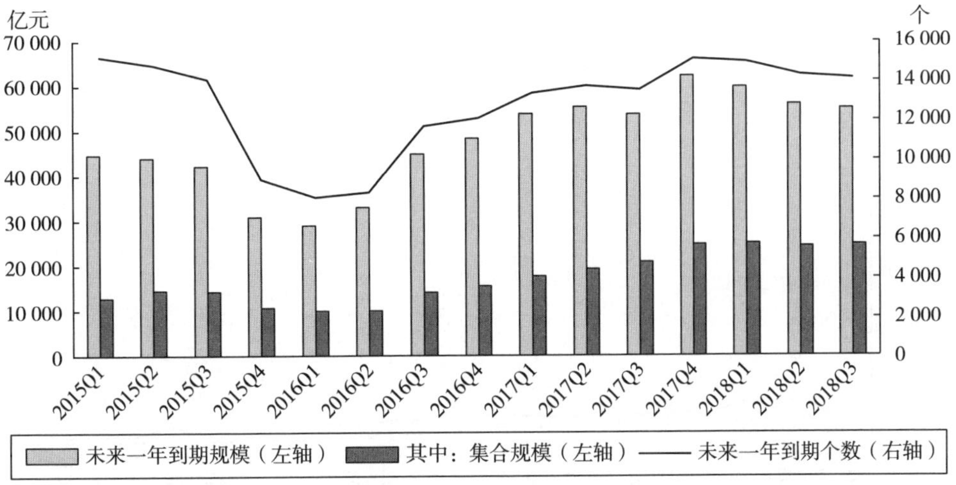


**图 5　2015 年第一季度至 2018 年第三季度未来一年到期信托项目情况**

## （二）固有资产平稳增长

1. 固有资产规模及运用构成。截至 2018 年第三季度末，行业固有资产规模达到 6 903. 63 亿元，比上季度环比微增 10. 35 亿元；季度同比增速为 8. 80%，较第二季度的 12. 46% 进一步下滑，增速明显放缓。

2012 年第一季度至 2018 年第三季度行业固有资产变动情况见图 6。

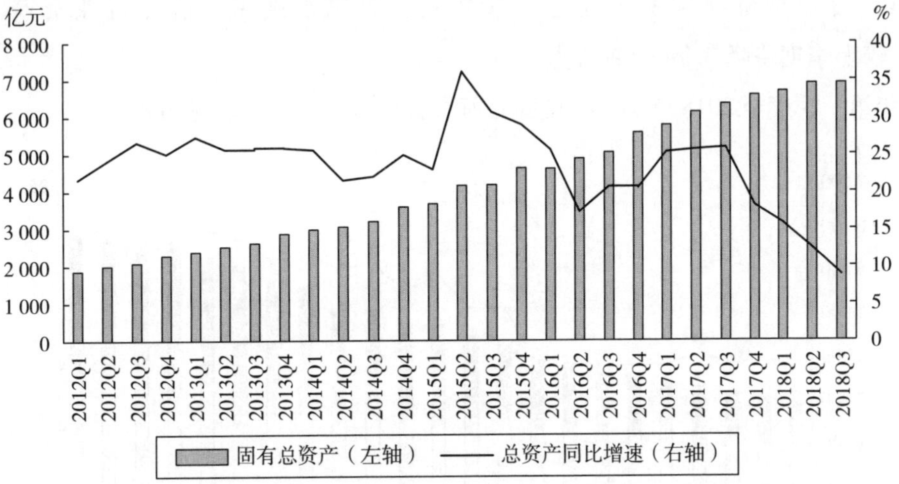


**图 6　2012 年第一季度至 2018 年第三季度行业固有资产变动情况**

从固有资产的运用方式来看，投资类占比继续保持主导地位。截至 2018 年第三季度末，投资类运用占比为 79. 51%，较第二季度继续上升 1. 46 个百分点；货币类运用占比为 5. 97%，较第二季度下降 0. 93 个百分点，贷款类运用占比为 4. 86%，较第二季度略升 0. 23 个百分点，总体来讲，贷款类、货币类运用方式延续了 2013 年以来的下降趋势。

2013 年第一季度末至 2018 年第三季度末固有资产运用方式结构变化见图 7。

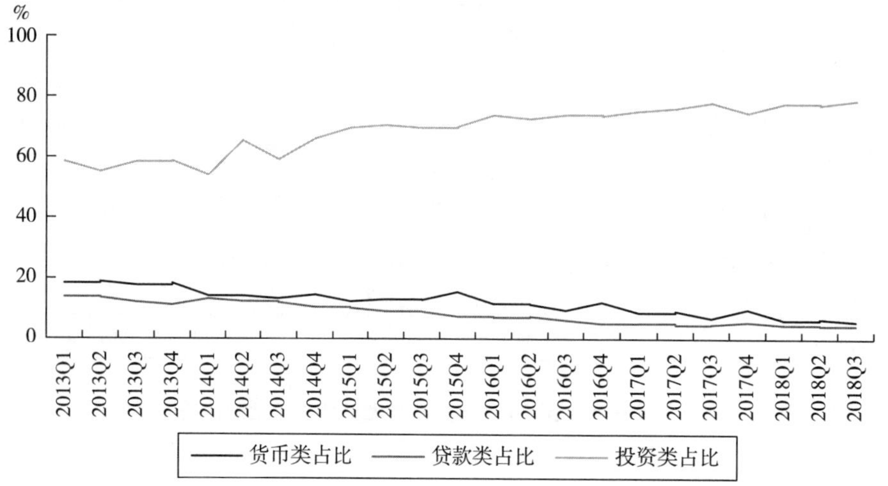


**图 7　2013 年第一季度末至 2018 年第三季度末固有资产运用方式结构变化**

2. 固有权益资本及其构成。从权益资本构成情况看，截至 2018 年第三季度末行业实收资本规模为 2 605. 59 亿元，较上季度环比增加 25. 26 亿元，较 2017 年末增加 187. 89 亿元，增速较 2017 年有所回落，经过 2016 年、2017 年的增资高峰，2018 年以来行业增资热潮相对褪去。第三季度末信托赔偿准备金规模为 237. 78 亿元，与上季度基本持平，较 2017 年末增加 16. 66 亿元，行业抵御风险能力需进一步提高。第三季度末，信托行业资产负债率为 20. 64%，较上季度略降 0. 74 个百分点。

2013 年第一季度至 2018 年第三季度固有所有者权益与负债变动见图 8。

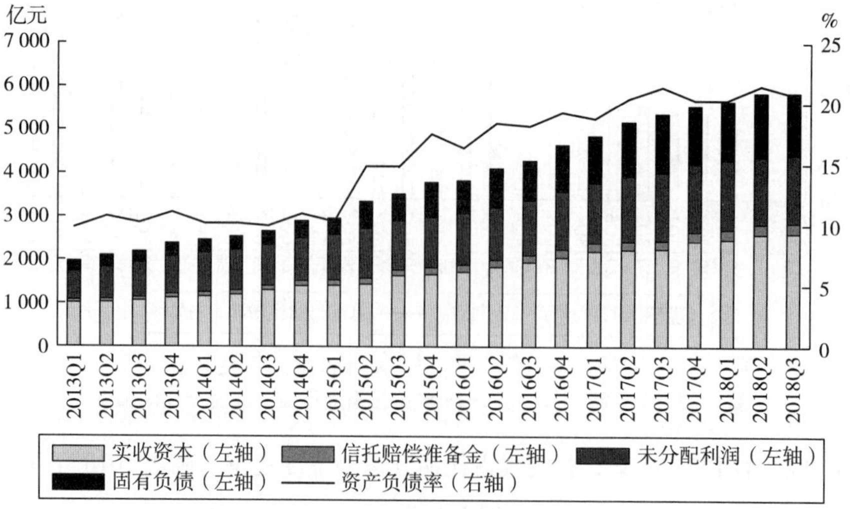


**图 8　2013 年第一季度至 2018 年第三季度固有所有者权益与负债变动**

### （三）风险项目

从风险资产规模和风险项目数量的变动来看，截至2018年第三季度末信托行业风险项目个数832个，规模为2 159.73亿元，项目个数和规模分别较上季度增加59个、246.70亿元，自2017年第四季度以来持续增长。从信托风险项目的构成看，第三季度末集合资金信托风险资产规模为1 387.00亿元，占比为64.22%，规模比第二季度增加了197.56亿元，增长较为显著；单一资金信托风险资产规模为732.86亿元，占比为33.93%，规模比第二季度增加了45.30亿元；财产权信托规模为39.83亿元，占比为1.85%，规模略有增长。第三季度末行业的信托资产风险率为0.93%，较第二季度末上升了0.142%，增长幅度也比较明显。行业风险项目情况的变化很大程度上反映了2018年以来经济下行压力加大、政策调控、信用违约风险上升的影响。

2014年第三季度至2018年第三季度信托行业风险资产规模和项目个数变动见图9。

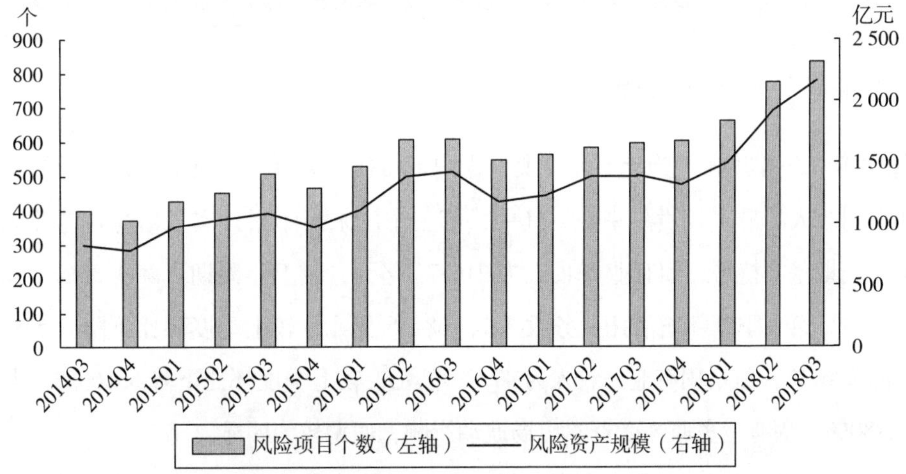


**图9　2014年第三季度至2018年第三季度信托行业风险资产规模和项目个数变动**

## 二、发展效益

### （一）经营业绩调整下降

截至2018年第三季度末，全行业实现营业收入为747.66亿元，较上年同期相比略降1.15%，总体保持平稳；行业实现利润总额为494.43亿元，较上年同期相比下降10.72%。从当季度数据来看，第三季度行业新增营业收入为234.33亿元，较上季度环比减少13.2%，较上年同期相比减少9.35%；季度新增利润总额为134.38亿元，较上季度环比减少30.15%，较上年同期相比减少28.88%，降幅相较于第二季度有较明显扩大，经营业绩指标持续调整压力较大。

2013年第一季度至2018年第三季度营业收入与利润总额当年累计值及其同比增速见图10。

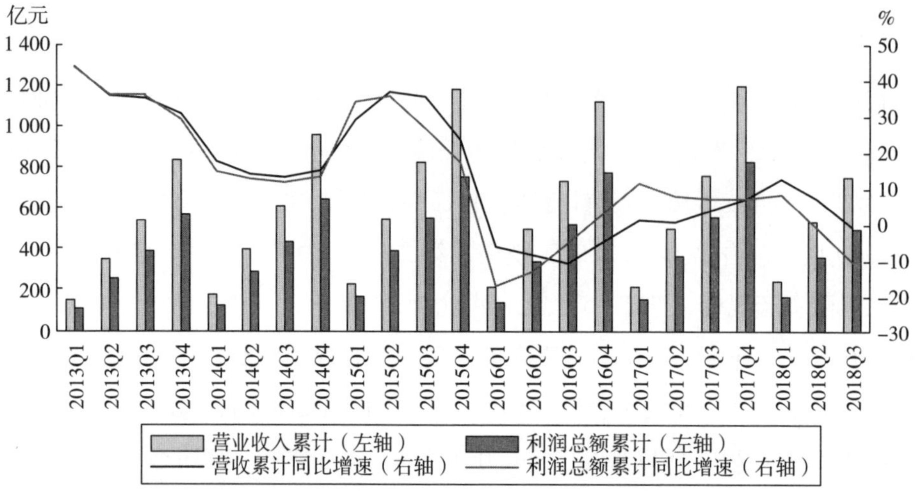


**图10　2013 年第一季度至 2018 年第三季度营业收入与利润总额当年累计值及其同比增速**

## （二）信托主业收入占比稳定

截至 2018 年第三季度末，当年累计实现收入中，信托业务收入占营业收入的比重为 71.01%，仍然是信托公司收入的最主要贡献来源。其中，第三季度末当年累计实现信托业务收入为 530.91 亿元，与上年同期基本持平；固有业务收入为 216.75 亿元，较上年同期下降 4.30%。从季度新增收入的情况来看，第三季度新增信托业务收入为 168.55 亿元，较上季度环比下降 6.53%，与上年同期相比下降 3.67%；新增固有业务收入为 47.79 亿元，较上季度环比下降 55.60%，与上年同期相比下降 42.80%，固有业务收入受资本市场波动影响，回调较为明显。

2013 年第一季度至 2018 年第三季度信托业务收入及其同比增速变动见图 11。

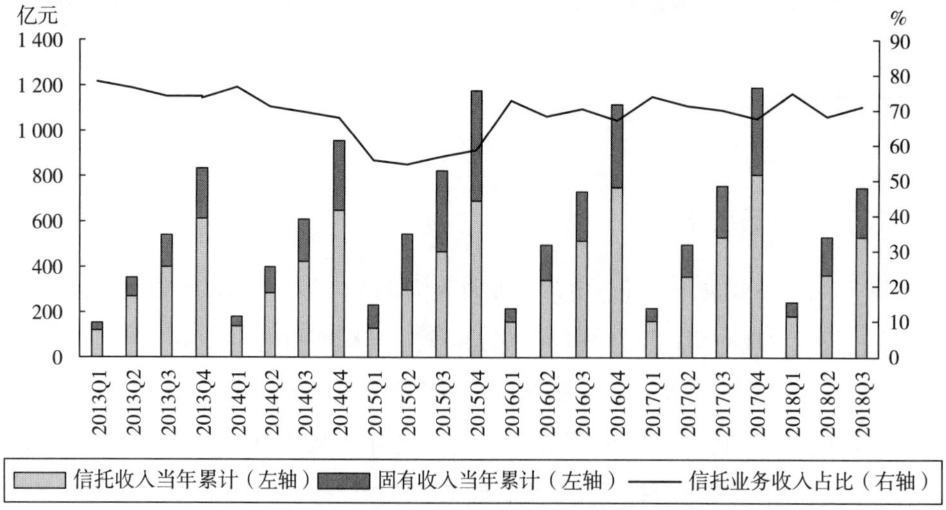


**图11　2013 年第一季度至 2018 年第三季度信托业务收入及其同比增速变动**

## （三）经营效率常态化回归

从人均创效指标来看，截至2018年第三季度信托行业人均利润为174.01万元，较上年同期的210.29万元下降了17.25%；行业人均利润的季度同比增速为－17.25%，从2018年第一季度以来连续2个季度负增长，且增速较第二季度的跌幅扩大了9.92个百分点，行业创利水平继续常态化回归。

2010年第一季度至2018年第三季度人均利润（当年累计）及其增速变动情况见图12。

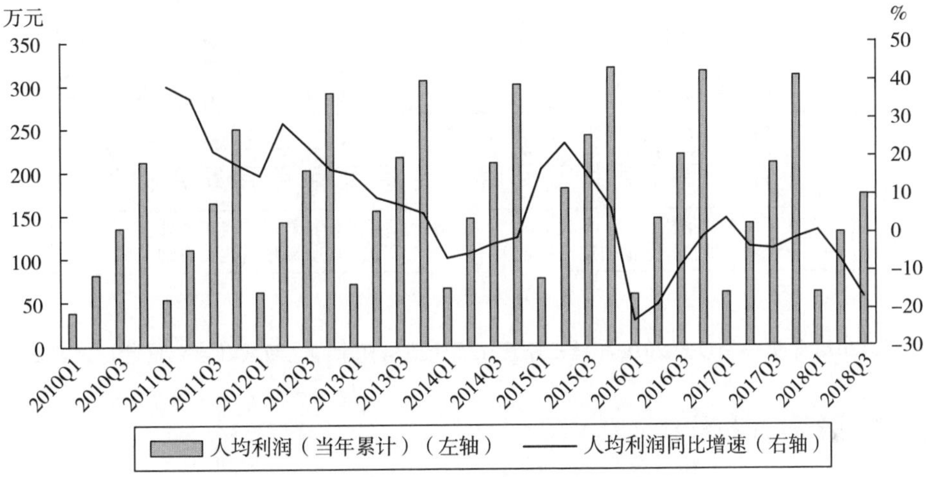


**图12　2010年第一季度至2018年第三季度人均利润（当年累计）及其增速变动**

# 三、信托资金配置领域

截至2018年第三季度末，信托资金配置领域结构发生一定变化，投向工商企业继续排在首位，资金规模略有下降但占比仍然小幅提升，投向房地产的规模有所上升，投向金融机构、基础产业、证券投资等领域的信托规模和占比都继续下降。

## （一）投向工商企业继续稳居首位

从第三季度末行业数据来看，工商企业仍然是信托资金的首要配置领域。投向工商企业的资金信托余额为5.75万亿元，尽管比上季度末的5.95万亿元减少了0.2万亿元，但由于总体信托资产规模的下降，在资金信托中占比达到29.49%，较第二季度末的占比略增加0.26个百分点，保持持续上升的态势。从新增数据来看，第三季度末当年投向工商企业的信托累计新增规模为1.21万亿元，与上年同期相比少增0.93万亿元，但在新增资金信托资产规模中的比例仍然达到37.95%，反映出信托加快向服务实体经济回归的趋势。

2013年第一季度至2018年第三季度工商企业信托余额、新增（当年累计）及其占比见图13。

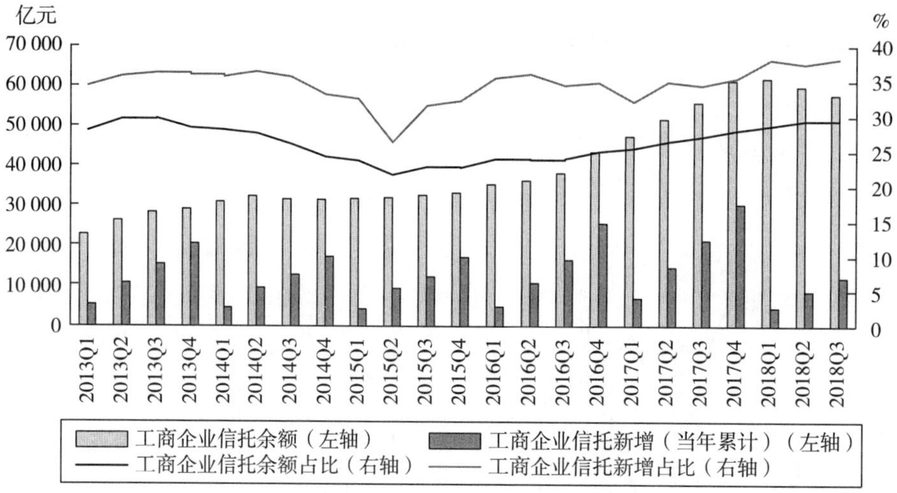


**图13　2013年第一季度至2018年第三季度工商企业信托余额、新增（当年累计）及其占比**

### （二）投向金融机构持续回落

从第三季度末行业数据来看，投向金融机构的信托余额为3.15万亿元，比上季度末的3.44万亿元相比下降8.65%，与2017年第四季度末的高点4.11万亿元相比，经过连续三个季度的调整，下降比例达到23.36%；投向金融机构的信托余额在资金信托中占比为16.14%，较第二季度末的占比下降0.78个百分点。从新增数据来看，第三季度末当年新增投向金融机构的信托规模为0.39万亿元，与上年同期相比减少0.74万亿元，在新增信托资产规模中的比例为12.15%，较上年同期下降5.74%。这反映出信托行业落实治乱象、防风险相关要求，主动压降金融同业通道规模，已经取得一定成效。

2013年第一季度至2018年第三季度金融机构信托余额、新增（当年累计）及其占比见图14。

### （三）投向基础产业略有企稳

从第三季度末行业数据来看，投向基础产业的资金信托规模为2.85万亿元，与上季度末的2.97万亿元下降了3.80%，连续四个季度出现下滑，与2017年第三季度末的高点3.21万亿元下降了11.21%；投向基础产业的信托余额在资金信托中占比为14.64%，与第二季度末占比基本持平。从新增数据来看，第三季度末当年新增投向基础产业的信托规模为0.32万亿元，与上

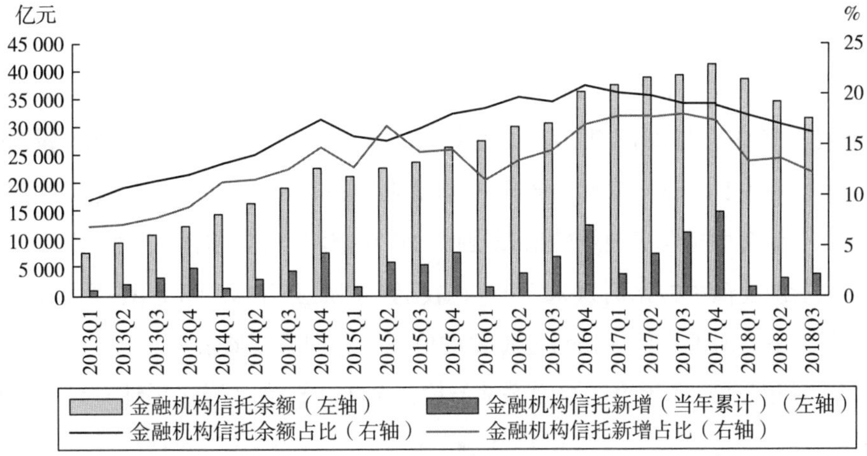


**图 14　2013 年第一季度至 2018 年第三季度金融机构信托余额、新增（当年累计）及其占比**

年同期相比减少 0.51 万亿元，在新增信托资产规模中的比例为 9.91%，较上年同期下降 3.32 个百分点。随着中央加大基础设施领域补短板力度政策的推进落实，基础产业在信托资金配置领域中的相对地位将进一步企稳。

2013 年第一季度至 2018 年第三季度基础产业信托余额、新增（当年累计）及其占比见图 15。

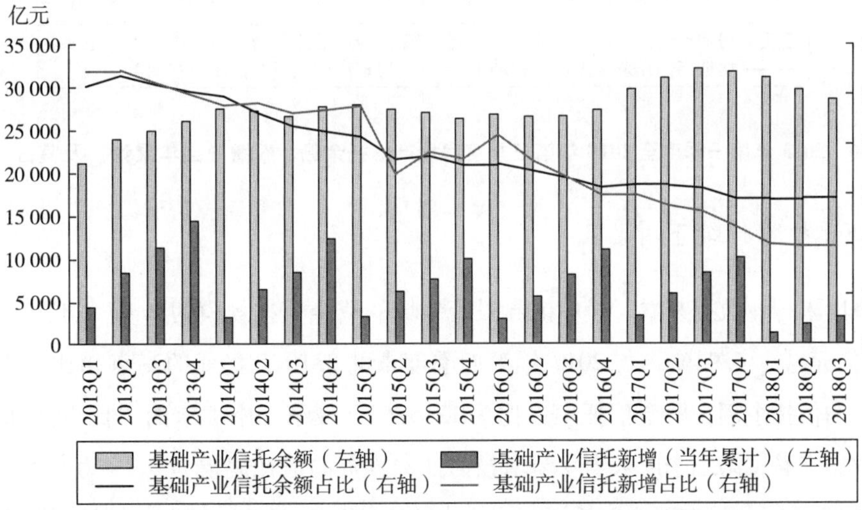


**图 15　2013 年第一季度至 2018 年第三季度基础产业信托余额、新增（当年累计）及其占比**

（四）房地产信托增速放缓

从第三季度末行业数据来看，投向房地产业的资金信托规模为 2.62 万亿元，较上季度末的 2.51 万亿元略增 4.37%，与 2017 年第三季度末的 2.07 万亿元增长了 26.57%；投向房地产的信托余额在资金信托中占比为 13.42%，较第二季度末的占比上升 1.1 个百分点。从新增数据来看，第三季度末当年新增投向房地业的信托规模为 0.64 万亿元，与上年同期相比减少 0.19 万亿元，在新增信托资产规模中的比例为 20.26%，较上年同期上升 7.04%。在当前经济下行、房地产调控持续的压力下，房地产信托仍将是重要的信托投资配置领域之一。

2013 年第一季度至 2018 年第三季度房地产信托余额、新增（当年累计）及其占比见图 16。

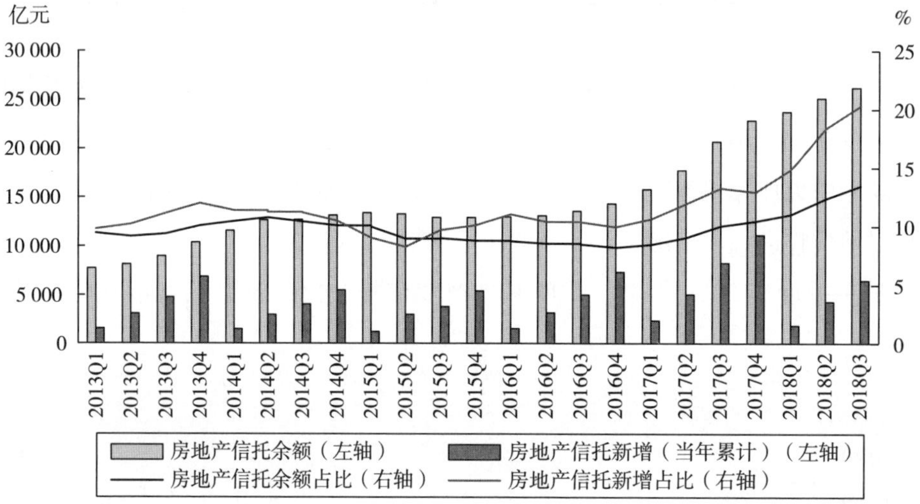


**图 16　2013 年第一季度至 2018 年第三季度房地产信托余额、新增（当年累计）及其占比**

（五）证券投资持续下滑

从第三季度末行业数据来看，投向证券投资领域的资金信托规模为 2.45 万亿元，较上季度末的 2.62 万亿元减少 6.94%，与 2017 年第四季度末的 3.10 万亿元的高点相比减少 17.15%；投向证券投资的信托余额在资金信托中占比为 12.57%，较第三季度末的占比下降 0.37 个百分点。从新增数据来看，第三季度末当年新增投向证券投资的信托规模为 0.19 万亿元，与上年同期相比减少 0.29 万亿元，在新增信托资产规模中的比例为 5.97%，较上年同期下降 1.69%。证券投资受制于资本市场走势影响，在信托资金配置中的相对比例自 2015 年第四季度以来持续下滑，随着 2018 年 10 月以来金融监管部门密集出台稳定市场预期的政策，资本市场逐步企稳且活跃，证券投资信托配置也有望迎来新的转机。

2013 年第一季度至 2018 年第三季度证券信托余额、新增（当年累计）及其占比见图 17。

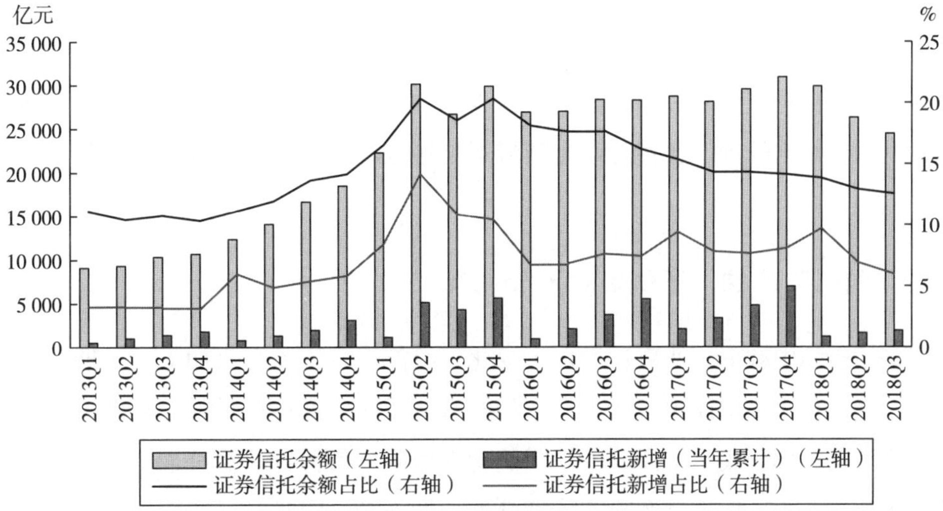


图17 2013年第一季度至2018年第三季度证券信托余额、新增（当年累计）及其占比

## 四、回归本源，开启转型发展新征程

当前信托行业发展状况既反映了宏观经济运行和金融监管环境变化的影响，也进一步表明过去驱动信托业发展的模式很难维继。随着资管新规配套制度政策的渐次落地，信托业面临全新的竞争环境和监管要求，只有坚持回归信托本源，服务实体经济，主动融入我国经济社会改革发展的大局中，顺势而为，才能实现行业的成功转型和持续高质量发展。

### （一）深入挖掘信托优势，创新服务实体经济

当前民营企业、中小企业融资难、融资贵问题再次凸显。信托业要切实把思想和行动统一到中央对民营企业的判断和部署上来，充分发挥信托的灵活优势，结合各类民营企业的特点，通过提供投贷联动、股权投资、并购基金、定向增发等综合性、个性化金融方案，缓解民营企业、中小企业发展资金"瓶颈"问题。同时，信托公司要继续深化产融结合创新，发挥各自股东及自身的行业资源禀赋优势，通过证券化、供应链金融、PPP、产业基金等形式，深度参与资产盘活和产业结构优化，服务实体经济。

### （二）坚持回归本源，加快向高质量发展转型

随着我国经济进入高质量发展阶段，信托业在资管新规的引领下，要加快回归本源，提升专业化的受托服务能力，谋划新的发展模式。2018年9月，中国信托业协会发布《信托公司受托责任尽职指引》，对规范受托履职行为作出进一步要求。信托公司首先要回归受托人的本源功

能定位，通过《信托公司受托责任尽职指引》等规范引导，从信托受益人利益最大化出发，在信托财产管理中依法合规、勤勉尽责，成为践行信托责任的市场标杆。同时，要溯本追源，借鉴吸收，研究探索信托在新时代我国社会经济发展中的功能空间，找准市场定位，在经济结构转型、消费升级、财富管理、慈善公益等领域不断培育壮大创新型业务，形成新的可持续业务模式。

### （三）加强风险防控，守住金融风险底线

当前经济运行稳中有变，外部环境发生变化，经济下行压力有所加大，长期积累的风险隐患有所暴露，企业信用违约风险有所上升，信托行业风险资产持续增加。近期，金融市场出现较大幅度异常波动，部分股票质押业务暴露流动性风险，信托行业要贯彻中央有关精神，稳妥有序处置相关业务风险，促进金融与实体经济的良性互动。同时，要加快提升风险管理的专业化、精细化水平，管理好经济下行、资管新规整改双重因素叠加带来的风险压力，落实好防范化解重大金融风险的“三大攻坚战”的重要任务，保障行业的平稳健康发展。

# 2018 年中国信托业发展评析

复旦大学信托研究中心主任　殷醒民

2018 年第四季度，中国经济实现 6.4% 的增长率，对比第三季度 6.5% 的增长率，经济面临下行压力。基于外部环境的明显变化，宏观经济政策正以主动预调、微调的方式来形成推动高质量发展的强大合力，向好态势的苗头逐渐显现。中国信托业协会发布“2018 年第四季度信托公司业务数据”的各项指标表明，保持经济运行在合理区间的政策要求进一步提振市场信心，信托业较好地把握了行业发展的节奏和力度，适时调整发展重点，实现了降中趋稳、提质增效的整体效果。与第三季度相比，第四季度信托业出现了四个新特点：一是信托资产规模呈现出降中趋稳的态势，资产质量有所优化，资产配置能力则是稳中变强；二是信托业日益提高防控金融风险意识，在主动收缩业务规模的前提下，人均利润同比的微升反映了行业“增效”的努力；三是单一信托占比平稳下降，体现信托公司主动管理能力的集合信托占比平稳上升，一升一降的稳速显示了信托业取得的“提质”进展；四是服务实体经济成为行业共识，尽管资金信托总数减少，而流向工商企业的资金占比是稳中有升的。

## 一、信托资产规模降中趋稳

### （一）信托资产

2018 年 4 月，《关于规范金融机构资产管理业务的指导意见》（即资管新规）提出了严控风险的底线思维，就是要减少存量风险，严防增量风险。截至 2018 年第四季度末，全国 68 家信托公司受托资产减少到 22.70 万亿元，比 2017 年第四季度末下降了 13.50%。从季度环比增速看，第一季度环比增速为 -2.41%，第二季度和第三季度环比增速分别为 -5.25% 和 -4.65%，第四季度则为 -1.89%。2018 年 4 个季度的信托资产规模分别减少 6 322.35 亿元、13 446.17 亿元、11 292.33 亿元、4 379.47 亿元，第四季度不足 5 000 亿元减少的数字要比第二季度和第三季度下降的幅度明显收窄。受托资产规模经过前三个季度的较大幅度调整，第四季度进入了波动相对较小的平稳阶段。

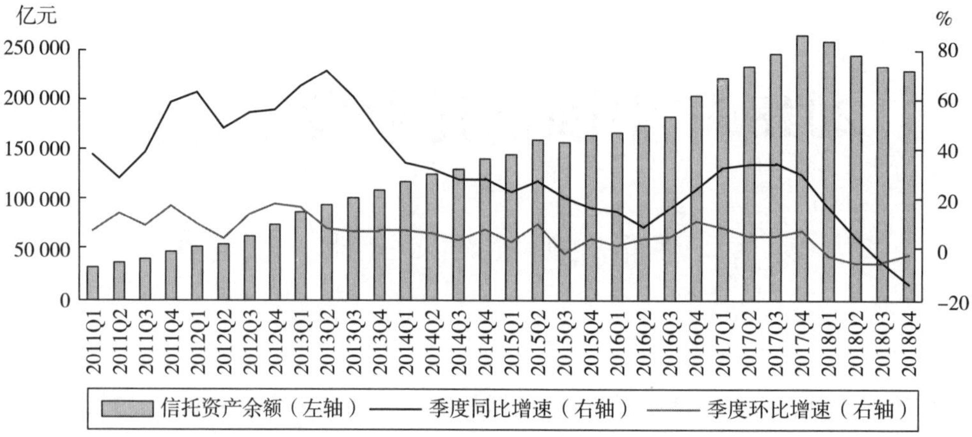


**图 1　2011 年第一季度至 2018 年第四季度信托业管理资产规模变动情况**

从图 1 中的季度信托资产余额和同比增速曲线可见，2015 年第三季度至 2017 年第四季度的 10 个季度受托资产规模是增加的，而 2018 年 4 个季度受托资产规模呈下降态势。第四季度同比与环比增速的升降差异显示，第四季度可能是一个“节点”，即季度同比增速延续下降，而季度环比增速的回稳使得资产规模变动相对平滑。当前，信托业面临的双重任务是，既要有效防控金融风险，消除各种风险“雷点”，又要积极推动业务转型，在防控风险中避免资产规模的大起大落。下一步信托业要以前瞻性的宏观思路发挥信托业提高资金配置效率的独特作用，预计下一个季度的增速会再现“变中更稳”特点。

### （二）固有资产运用

截至 2018 年第四季度末，固有资产规模达到 7 193.15 亿元，比 2017 年第四季度末的 6 578.99亿元增长 9.34%。从季度环比增速来看，2018 年前三个季度分别为 1.57%、3.16%、0.15%，第四季度环比增速为 4.19%。自 2014 年第三季度以来，投资类在固有资产运用中的占比是稳步上升的。2017 年第四季度的投资类占比为 75.41%，2018 年第一季度为 78.45%，环比上升 3 个百分点；2018 年第四季度的占比为 77.79%，高于 2017 年第四季度，略低于 2018 年前三个季度，总体上是平稳的。如果从投资类的资产数来看，2018 年 4 个季度均是逐季增长，4 个季度环比增长率分别为 5.67%、2.62%、2.03%、1.94%，第四季度的平稳性更为显著。

2013 年第一季度至 2018 年第四季度固有资产运用方式结构变化见图 2。

2018 年货币类资产变动有以下两个特点：一是 2018 年第四季度为 609.79 亿元，同比下降 7.16%，其占比为 8.48%，稍低于 2017 年第四季度的 9.98%；二是 2018 年前三个季度的货币类资产占比分别为 6.45%、6.90%、5.97%，第四季度占比则上升到 8.48%，可能反映了信托公司在年末增加流动性的考虑，以应对不可预期的经营风险。

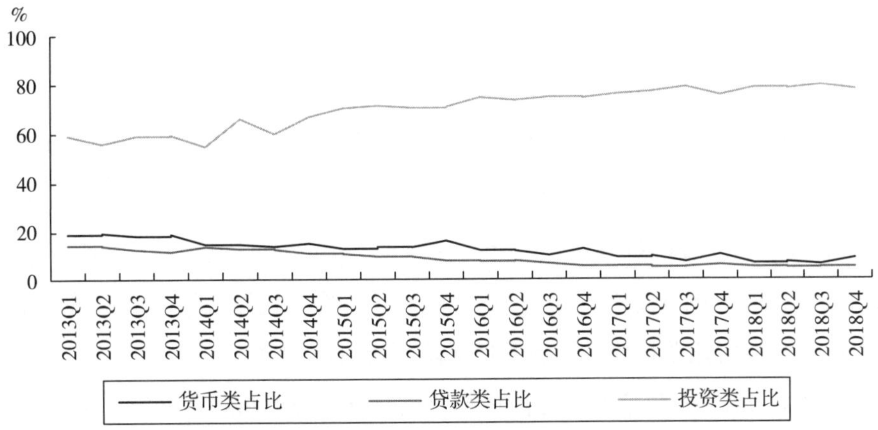


**图2　2013年第一季度至2018年第四季度固有资产运用方式结构变化**

2018年第四季度的贷款类资产为354.87亿元，同比2017年第四季度下降6.79%；占比为4.93%，也低于2017年第四季度的5.79%。

## （三）所有者权益与应对风险的赔偿准备

2018年第四季度末，所有者权益为5 749.30亿元，同比增长9.50%。2018年前三个季度所有者权益环比增长分别为1.51%、1.68%、1.09%，第四季度环比增速为4.94%。从所有者权益的构成来看，截至2018年第四季度末，实收资本为2 654.15亿元，占所有者权益的46.16%，比2018年第三季度末下降1.4个百分点；与2017年第四季度末的46.05%基本持平。

信托公司提升资本实力，目的是增强推动业务发展和防控风险的把握能力。同比增速呈现出年度之间的行业发展差异性，环比增速变化却是行业面对各种经济因素变动的短期调整，既有临时和应急的特点，也带有一定的趋势性，资本实力大小在一定程度上影响信托公司受托资产规模。只要中国经济基本面继续保持“向好”的趋势，采取不同形式的增资方式来扩充资本实力，仍然是不少信托公司尤其是资本实力相对较小、积极向上的动力更强的信托公司的战略目标。经济一旦转暖，预估2019年的中小信托公司增资活跃度会有所上升。

2018年第四季度末，未分配利润为1 631.13亿元，所占比例为28.37%，与第二季度末的28.29%和第三季度末的28.45%相比，没有大的变化。

基于中国经济增长率微降态势和金融风险点的有所增加，信托业不断提高应对可能风险的赔偿准备。截至2018年第四季度末，信托赔偿准备金为260.71亿元，同比增长17.90%，比2017年第四季度末的221.12亿元多39.59亿元，环比第三季度末的237.78亿元增长9.64%。信托赔偿准备金占所有者权益的比例从2017年第四季度末的4.21%提高到2018年第三季度末的4.34%，再到第四季度末的4.53%，反映了信托业增强应对风险的资金准备。在受托资产规模有所缩减的背景下，信托业的风险抵御能力有了提升。

（四）风险项目个数

中国信托业协会数据显示，2018 年第三季度末的风险项目比第二季度增加 59 个，规模比第二季度的 1 913.03 亿元增长 12.90%；第四季度末的信托行业风险项目个数为 872 个，比第三季度末增加40 个，规模为2 221.89 亿元，比第三季度的2 159.73 亿元增长2.88%，信托资产风险率为0.98%，比第三季度的0.93%上升0.05 个百分点。在严控增量风险的监管政策要求下，信托业齐心协力排查存量信托项目风险隐患，使风险压力有所缓释。

2014 年第三季度至2018 年第四季度信托行业风险资产规模和项目个数变动见图3。

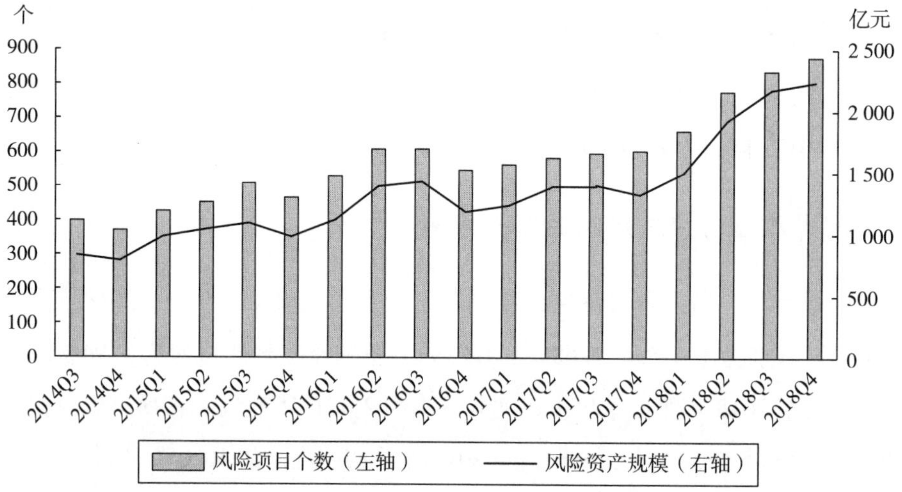


**图3　2014 年第三季度至2018 年第四季度信托行业风险资产规模和项目个数变动**

总体而言，行业管控风险的意识不能放松，管控风险的措施要落实到位，更要坚持不懈地排除各种可能发生风险的“盲区”和“雷区”，防微杜渐，坚决守住信托业不发生系统性风险的底线。

## 二、信托经营业绩降中有升

2018 年10 月31 日，中共中央政治局提出要做好“六稳”工作，有效应对外部经济环境变化，确保经济平稳运行。信托业坚定不移地落实中央政策，在强化风险意识的同时推动行业加快转型，信托业绩有了新的起色。

## （一）经营业绩

通常情况下，第四季度营业收入是全年最高的。2018 年第四季度，信托业实现营业收入为 392.97 亿元，同比 2017 年第四季度的 434.36 亿元下降 9.53%，这是信托业主动收缩规模的预期结果；环比第三季度的 234.34 亿元增长 67.69%，表明在宏观政策调整的指引下，有利于信托业发展的政策效应开始渐渐释放。有退有进，才能从容应对。

2013 年第一季度至 2018 年第四季度信托业务收入及其同比增速变动见图 4。

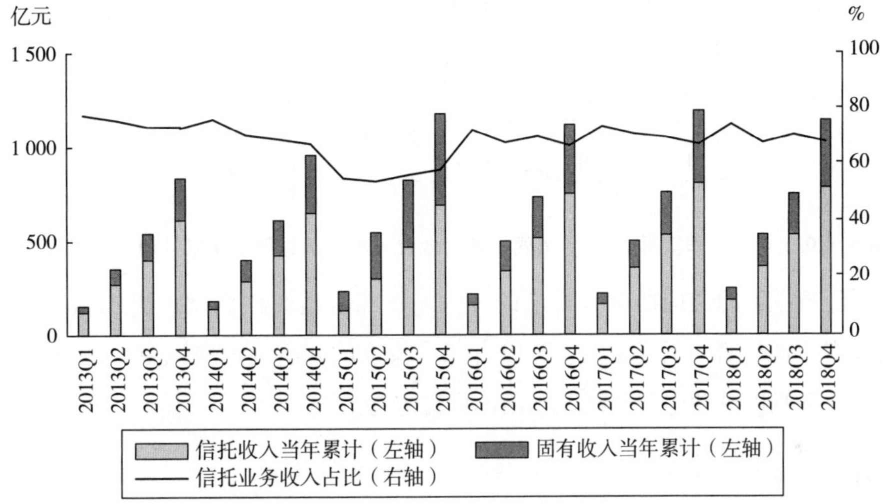


**图 4　2013 年第一季度至 2018 年第四季度信托业务收入及其同比增速变动**

2018 年第四季度，信托业务收入为 250.85 亿元，比 2017 年第四季度的 275.31 亿元下降 8.88%；信托业务收入占经营收入之比为 63.83%，环比第三季度的 71.93% 有一定幅度的减少，主要是投资收益占比上升了。在经历几年的增资扩股潮之后，不少信托公司的主动投资实力增强，投资能力提升。2018 年第四季度投资收益达到 89.31 亿元，同比 2017 年第四季度的 121.18 亿元下降 26.30%，环比第三季度的 46.15 亿元增长 93.52%；投资收益占比为 22.73%，比第一季度的 19.69% 要高一些。

从图 5 中可见，2018 年第二季度和第三季度利润增速是明显快速下降的。2018 年第四季度，信托业利润为 237.37 亿元，同比 2017 年第四季度的 270.32 亿元下降 12.19%；环比第三季度的 134.38 亿元增长 76.64%。第四季度信托业经营业绩的改善与宏观经济部门及时传递政策调整信号有密不可分的联系，也与部分信托公司不失时机地布局新的业务方向和抢抓发展项目直接有关。尽管不少信托公司出现净利润下滑，部分信托公司则逆风飞扬，越战越勇，信托公司之间的业绩差异说明市场机会始终向勇者敞开。2018 年第四季度，利息收入为 20.81 亿元，同比 2017 年第四季度的 22.21 亿元下降 6.30%，占比为 5.30%，比第三季度的 6.50% 稍低一些。总体上看，第四季度的收入与利润变化要比前三个季度显得平稳。

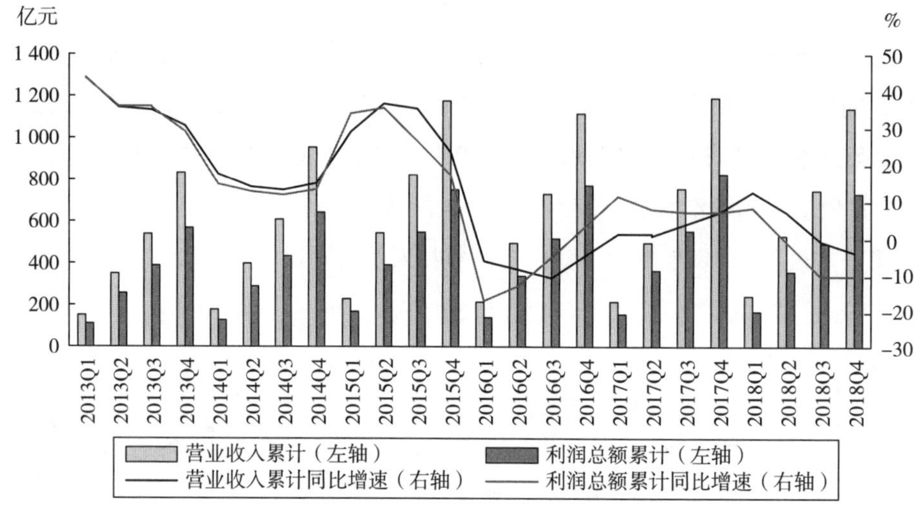


**图 5　2013 年第一季度至 2018 年第四季度营业收入与利润总额当年累计值及其同比增速**

随着宏观经济政策的逆周期调节力度的加大，意味着适时预调微调更加精准，政策略为偏松的基调会改变市场预期的不确定性。2019 年第一季度的利润增长应该更加平稳，而 2018 年几个季度的向下波动难以撼动中国经济基本面的向好趋势。

### （二）受托管理成效

2018 年第二季度以来，经济下行压力有所加大，必然影响到信托项目的实际收益率。2018 年 12 月单月清算项目 1 947 个，年化综合实际收益率为 4.91%，相比第二季度末单月的 5.57% 和第三季度末单月的 5.05% 是逐季下降的，同比 2017 年 12 月的 9.42% 则要低 4.51 个百分点。

经济运行从来就不是一条水平线，也不会始终是一条下降线。当经济运行从下降缓慢趋稳与逐渐转升时，信托项目年化综合实际收益率也将是同方向的变动。

## 三、信托资金来源与运用结构的优化

### （一）信托资金来源

2018 年，信托业是在“去通道”的监管压力下加快了转型步伐，并在资金来源调整方面取得了看得见的成绩，集合信托占比上升，单一信托占比下降，管理财产信托占比较为稳定。如图 6 和图 7 所示，对新增信托财产的来源结构变动分析则更加清楚地显示信托业资金来源结构转型的进展，就是逐步削减以机构客户为主导的单一资金信托规模，增加集合信托和财产信托的业务比重。2016 年第四季度前，单一资金信托规模占比在 50% 以上。

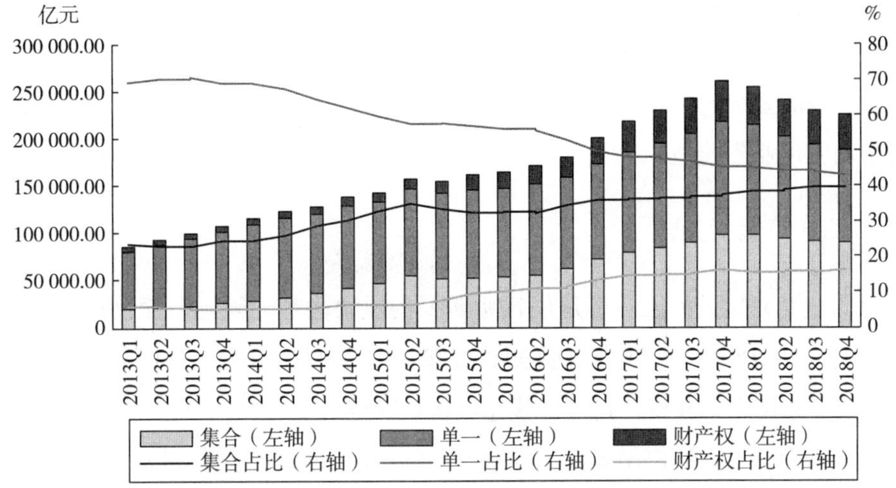


**图 6　2013 年第一季度至 2018 年第四季度信托资产来源结构变动态势**

截至 2018 年第四季度末，集合资金信托规模为 9. 11 万亿元，占比为 40. 12%，同比上升 2. 38 个百分点；单一信托规模为 9. 84 万亿元，占比为 43. 33%，同比下降 2. 4 个百分点；管理财产信托为 3. 76 万亿元，占比为 16. 55%，同比 16. 53% 是难分秋色。

从信托财产来源的环比增速看，单一信托是下滑的，2018 年前三个季度分别下降 3. 83%、7. 03%、5. 44%，第四季度下降 4. 00%；财产权信托前三个季度环比分别下降 7. 14%、2. 98%、6. 65%，第四季度从降转升，增长 3. 01%。第四季度的变化更体现出行业的资金来源结构正在优化。

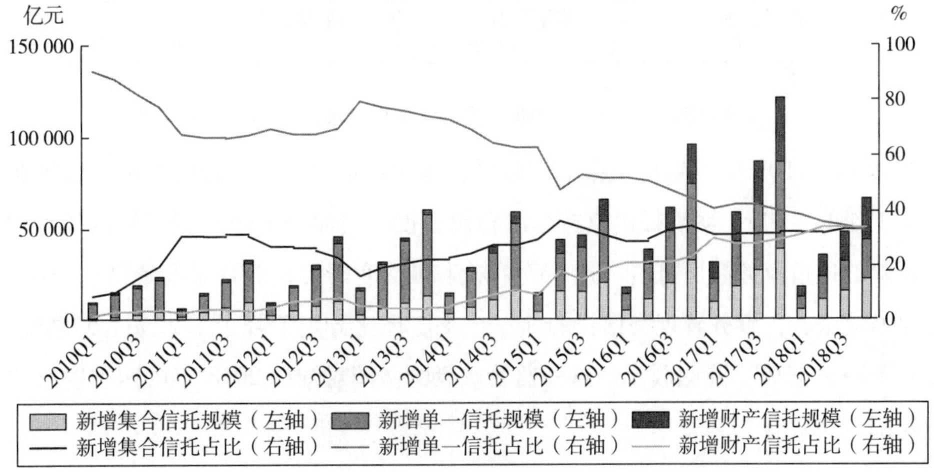


**图 7　2010 年第一季度至 2018 年第四季度新增信托财产来源结构变动（当年累计值）**

自资管新规正式落地以来，新增非主动管理类产品的数量占比不断下降。图 7 记录了新增信托来源结构的变动线，2018 年 4 个季度的单一信托占比沿着下降线平缓滑行，至 2018 年第四季度在新增信托占比中已经低于集合信托占比和财产信托占比了。这可能使 2018 年第四季度成为信托业转型发展的分水岭，新增集合信托与财产信托占比一举超越单一信托占比，体现了行业正快速向主动管理业务转型。

（二）信托资产的运用

稳妥地降低融资类信托占比一直是信托业转型的重要内容之一。截至 2018 年第四季度末，融资类信托占比为 19. 15%，比 2013 年第四季度末 47. 76% 占比下降 28 个百分点。相比 2018 年第三季度末，第四季度末信托资产运用方式总体保持稳定。

2013 年第一季度至 2018 年第四季度信托资产运用结构变动情况见图 8。

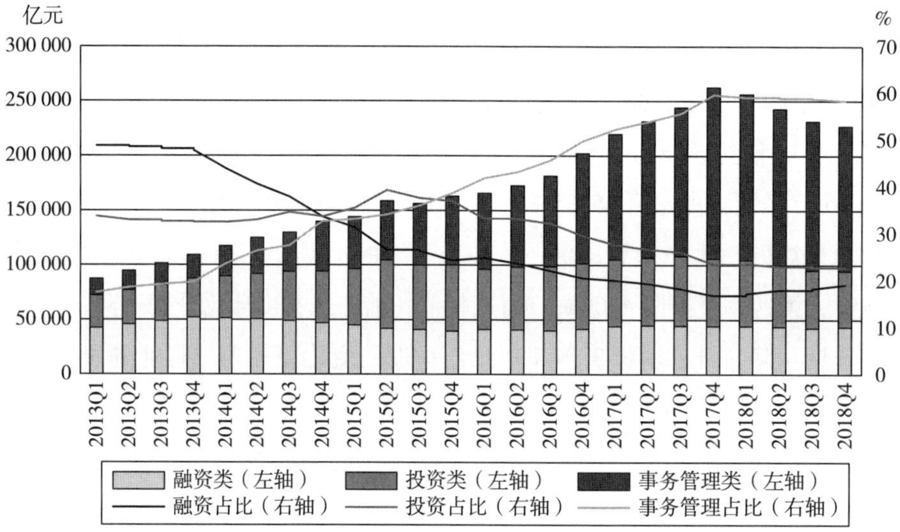


**图 8　2013 年第一季度至 2018 年第四季度信托资产运用结构变动情况**

2018 年 8 月 17 日，中国银保监会信托监督管理部发布《关于加强规范资产管理业务过渡期内信托监管工作的通知》，明确提出支持合法合规、投资实体经济事务管理类信托，对于监管套利、隐匿风险的通道业务严厉打击。这一政策对第四季度的信托业资金配置结构产生实际影响，从季度环比增速来看，事务管理类信托的前三个季度环比分别下降了 3. 22%、5. 56%、4. 83%，第四季度则下降 2. 66%，降幅收窄。这一监管政策的微调对维护 2018 年第四季度后的金融稳定与经济稳定都有切实意义。

（三）信托资产的投向

服务实体经济是防范系统性金融风险的根本举措。信托业按照“六稳”要求，妥善地平衡信托资产规模下降与适当稳定流入实体经济部门资金数量的比率关系，积极支持国家重大战略实施，提高金融服务效率。2018 年第三季度和第四季度，信托业着重在引导资金进入工商企业和加大基础设施领域补短板方面下功夫，为创设新的增长动能发挥信托资金的跨界优势，形成经济与金融政策合力。

截至 2018 年第四季度末，资金信托为 18.95 万亿元，同比 2017 年第四季度末 21.91 万亿元下降 13.51%。从资金信托余额在五大领域的占比来看，2018 年第四季度末的排序是工商企业（29.90%）、金融机构（15.99%）、基础产业（14.59%）、房地产业（14.18%）、证券市场（11.59%）；如果从新增信托的占比来看，2018 年第四季度的五大领域排序是工商企业（37.45%）、房地产业（20.03%）、金融机构（8.67%）、基础产业（6.54%）、证券市场（3.43%）。

1. 工商企业

截至 2018 年第四季度末，资金信托流向工商企业有 5.67 万亿元，同比 2017 年第四季度末 6.10 万亿元下降 7.12%，几乎只是同期资金信托下降 13.51% 的 50%，充分体现了信托业长期支持实体经济发展的坚定态度。尽管 2018 年第二季度后流向工商企业的资金信托余额逐季下降，3 个季度分别下降了 3.32%、3.38%、1.47%，下降幅度越来越收窄。与此同时，工商企业的占比则是稳步上升的，2018 年第四季度末的占比为 29.90%，要比 2017 年第四季度末 27.84% 提高 2 个百分点，居五大领域的首位。

资金信托所覆盖的实体经济部门是相当广泛的。制造业是实体经济中的最主要部门，截至 2018 年第四季度末，流向制造业的资金信托为 5 712.83 亿元，同比 2017 年第四季度末 5 639.89 亿元增长 1.29%；环比第三季度末 5 554.79 亿元增长 2.85%。

2013 年第一季度至 2018 年第四季度工商企业信托余额、新增（当年累计）及其占比见图 9。

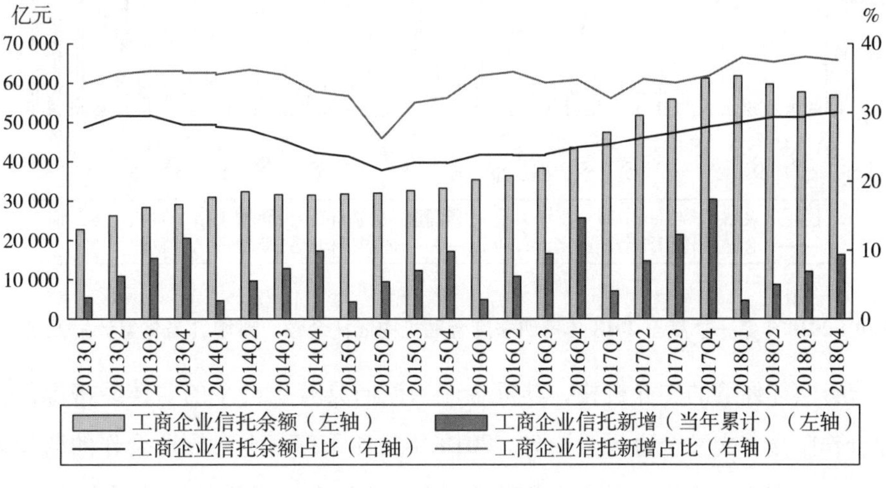


**图 9　2013 年第一季度至 2018 年第四季度工商企业信托余额、新增（当年累计）及其占比**

2018 年第二季度至第四季度，流向信息传输、计算机服务与软件业的资金信托分别是 2 461. 64亿元、2 422. 15 亿元和2 384. 61 亿元，说明信息经济服务部门的资金信托规模并未跟着资金信托规模减少而明显下降。此外，流向科技服务业的资金信托始终保持了增长态势，2018 年第四季度末的资金信托余额为 1 022. 06 亿元，同比 2017 年第四季度末的 809. 29 亿元增长 26. 29%；环比第三季度末的965. 13 亿元增长 5. 90%。要强调的是，第四季度末的资金信托余额同比下降 13. 51%，而流向这三大实体经济部门的资金是平稳与增加的。

从新增数据看，第四季度末工商企业新增资金信托为 16 288. 29 亿元，占比提高到 37. 45%。信托业正在为推动包括制造业在内的大多数实体经济部门的高质量发展提供资金支持，以扎扎实实的行动服务实体经济。

2. 金融机构

2018 年第四季度末，信托资金流向金融机构为 3. 03 万亿元，同比 2017 年第四季度末 4. 11 万亿元下降 26. 29%，下降幅度仅次于证券市场信托资金数；环比第三季度末下降 3. 70%。2018 年第四季度末的余额占比从第三季度末的 16. 14% 减少到 15. 99%，仍居资金信托配置的第二大领域。

2010 年第一季度至 2018 年第四季度金融机构信托余额、新增（当年累计）及其占比见图 10。

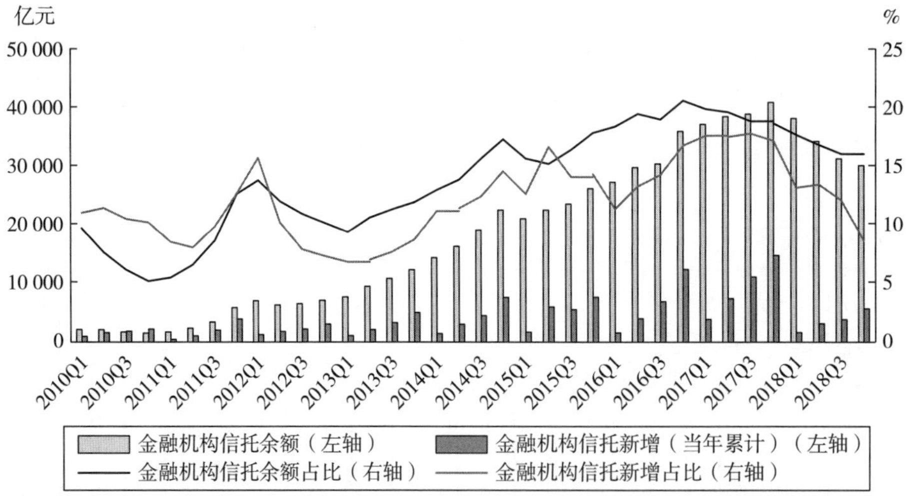


**图 10　2010 年第一季度至 2018 年第四季度金融机构信托余额、新增（当年累计）及其占比**

金融是服务实体经济的中介机构，其资金应当流向具有生产率的实体经济部门，过于频繁的金融同业合作隐含着交叉金融风险隐患。2018 年第四季度，金融同业合作的监管力度并未放松，以往来自银行等金融机构的资金数量明显下降，使得金融机构新增信托占比从 2018 年第三季度的 12. 15% 下降到 8. 67%。

3. 基础产业

基础产业是资金信托配置的第三大领域，2018 年第四季度末的资金信托余额为 2. 76 万亿元。尽管其同比 2017 年第四季度末的 3. 17 万亿元下降 12. 92%，2018 年 4 个季度的占比都是稳定在 14. 40% ~14. 64%。2018 年投向基础产业的资金信托规模在一定程度上受到上半年信政合作政策调整的影响。下半年的政策倾向有所转变，2018 年 7 月 31 日的中共中央政治局工作会议特别指出，加大基础设施领域补短板的力度。由于政策效应有时滞性，一方面，2018 年第四季度还是延续了前两个季度的减少特征，基础产业新增信托占比从第三季度末的 9. 91% 下降到第四季度末的 6. 54%；另一方面，从新增信托数来看，第四季度新增规模为 1 162. 01 亿元，环比第三季度新增信托的 876. 66 亿元增长 32. 55%，扩大基础设施领域投资的政策效应开始显现。

2010 年第一季度至 2018 年第四季度基础产业信托余额、新增（当年累计）及其占比见 11。

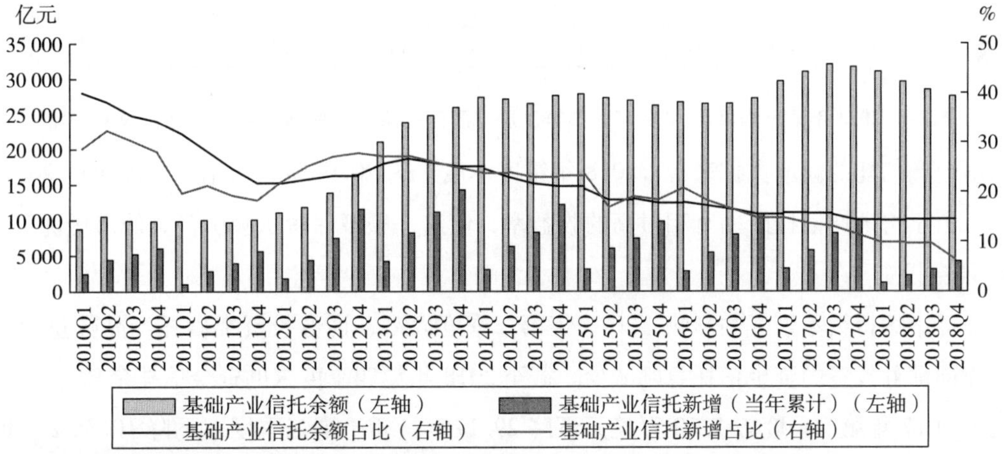


**图 11　2010 年第一季度至 2018 年第四季度基础产业信托余额、新增（当年累计）及其占比**

从保持经济健康发展和社会稳定的大局来看，要增加有利于经济稳定增长的基础设施投资项目，有远见的信托公司需要提前做好准备，为2019 年的更多基础设施项目落地开出一个好局。

可以预期，政信合作的方式正变得更加规范，信托公司既要克服“等一等”的观望情绪，又要谨慎选择具有较强财政收入能力的区域进行合作。唯有在别人之前跨出坚实的步子，下好先手棋，才能抢抓新的业务机遇。

4. 房地产业

2018 年资金信托配置中的鲜明特征是流向实体经济部门的资金数在增加，占比在上升，其中房地产信托的占比是逐季上升 0. 5 ~1. 5 个百分点。2018 年第四季度末房地产信托余额的占比为 14. 18%，环比第三季度末的 13. 42% 增长 0. 76 个百分点，同比 2017 年第四季度末的 10. 42% 高 3. 76 个百分点。流入房地产业的信托资金呈小幅度的增长数字，2018 年第四季度末房地产信托资金余额为 2. 69 万亿元，同比 2017 年第四季度末 2. 28 万亿元增长 17. 72%；环比第三季度末

2.62 万亿元增长 2.76%。

2013 年第一季度至 2018 年第四季度房地产信托余额、新增（当年累计）及其占比见图 12。

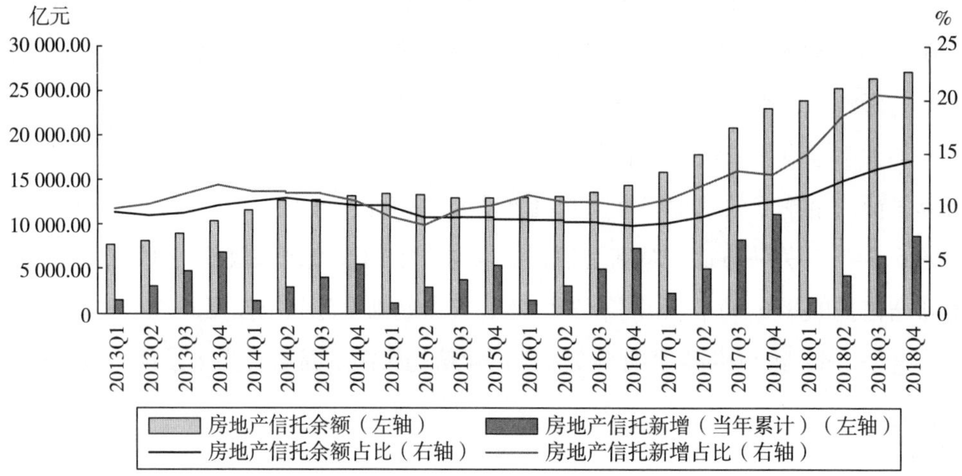


**图 12　2013 年第一季度至 2018 年第四季度房地产信托余额、新增（当年累计）及其占比**

从房地产信托的新增占比来看，2018 年第四季度末为 20.03%，与第三季度末的 20.26% 不相上下。由于房地产信托产品有相对高的收益率，使这一领域保持了吸引资金的市场优势。

5. 证券投资

受证券市场持续不景气的影响，2018 年第二季度以来，证券投资类信托产品数量出现连续下滑，流向证券投资的资金信托急剧减少。截至 2018 年第四季度末的资金信托余额为 2.20 万亿元，同比 2017 年第四季度末 3.10 万亿元下降 29.17%；环比第三季度末下降 10.38%。证券信托余额在资金信托的占比从 2017 年第四季度末的 14.15% 跌至 2018 年第四季度末的 11.59%。证券投资的新增信托占比从 2018 年第三季度末的 5.97% 下降到第四季度末的 3.43%。一时之间，似乎风光不再。资金的逐利规律告诉我们，低迷的证券市场不仅难以吸引资金流入，而且还会促使滞留在证券市场上的资金源源不断流出。

在新的季度里，一方面，政策部门要防范金融市场异常波动和共振对市场的负面冲击；另一方面，扩大国内市场需求的经济促进政策会使非周期性行业的部分上市公司受益，加上“科创板”落地的利好消息，证券市场向好的迹象是期望之中的。然而，要使受挫的市场信心有所激活的时间或许会更长一些。

大地回春，万象更新。2019 年，信托业要在以习近平同志为核心的党中央领导下，坚决落实党中央、国务院的决策部署，全力防控突出风险，提升信托业服务实体经济能力。新的一年里，信托业要保持奋进的精神，坚守服务实体经济的基本原则，坚守信托文化，更加准确地把握信托发展规律。要打造核心专业能力，回归本源业务、聚焦本源业务、开拓本源业务、不断推进业务转型发展。同时，信托业要在为实体经济服务的过程中化解和处置金融风险，继续打

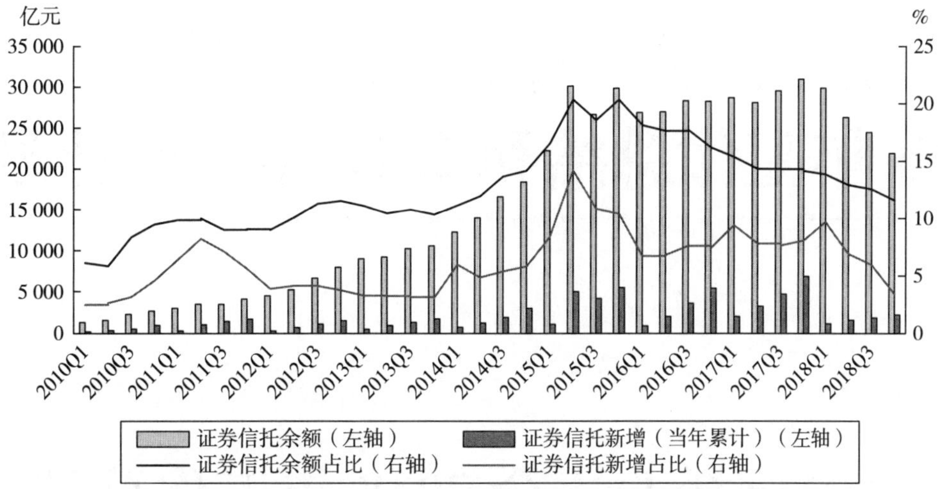


**图 13　2010 年第一季度至 2018 年第四季度证券信托余额、新增（当年累计）及其占比**

好防控金融风险的攻坚战。

# 第二部分　中国信托业协会 2018 年工作总结和 2019 年工作计划

## 中国信托业协会 2018 年工作总结

2018 年，中国信托业协会以习近平新时代中国特色社会主义思想为指导，牢固树立“四个意识”，不断增强“四个自信”，坚决践行“两个维护”，推动协会在金融领域改革发展进程中进一步发挥作用，取得了一定成果。

### 一、行业自律工作取得新进展

一是《信托公司行业评级指引（试行）》要求，继续开展行业评级工作，通过资本实力、风险管理能力、增值能力、社会责任等方面的指标要求，强化信托公司对优化资本结构、提升主动管理及风控能力重要性和紧迫性的认识，这是在当前内外复杂多变、风险易于相互传导的金融形势下，协会配合监管部门加强风险应对与防范的重要举措。

二是发布《信托公司受托责任尽职指引》，这是我国资管行业第一份规范受托人职责的自律性文件，是在资管新规颁布、信托行业原有经营理念亟须根本性调整的当下，协会积极贯彻落实中央金融工作要求，坚持问题导向，以引领行业、顺应金融业改革发展大势为着眼点，在为行业补短板、促转型方面所作的具体有效切入，今后还将在受托人职责规范上进一步发力，推动信托公司切实履行勤勉尽责义务、坚守依法合规经营底线。

三是将法律、合规等知识与相关要求贯穿到协会各项培训研讨工作中，定期组织会员单位开展监管政策、自律规则解读，就信托项目风险化解的措施与方法、信托公司不良资产处置等议题组织公司高层研讨，持续强化信托行业防范化解金融风险意识。

## 二、会员维权工作迈上新台阶

一是关注信托公司涉诉情况，维护公司合法权益。2018 年协会依托“信托业权益保障工作小组”，协助两家信托公司协调诉讼事宜。当前，资金信托诉讼争议焦点在于对信托法律关系的认定，究其原因在于《信托法》普及率不高，部分法官对信托原理了解不深。为此，协会一方面积极配合监管部门就完善《信托法》及相关配套制度开展研究工作、呼吁《信托法》尽快修法；另一方面主动加强与最高人民法院及地方有关法院的沟通联系，阐述我国信托制度的独特性、传递信托理念。这一工作富有成效，2018 年，最高人民法院专门就《关于审理公司为他人提供担保纠纷案件适用法律问题的解释（征求意见稿）》《关于审理金融不良债权转让案件若干问题的规定》征求协会意见建议，北京市第三中级人民法院专门召开“信托案件司法实务问题研讨会”并邀请协会参会作有关研讨，北京市朝阳区人民法院专门到协会就信托业诉讼问题交换意见。上述多种形式的交流作为完善我国金融法治体系研究的有机组成部分，必然可以为信托领域司法实践与金融实践的更加融合奠定更为有力的基础。

二是提升行业财税方面的维权力度。2018 年，协会专门研究成立了“信托业财税工作小组”，履行搭建交流平台、组织开展前瞻性研究、举办财税专题培训、与有关部门沟通协调等职能。考虑到完善的内部控制是确保有效管理风险的前提，小组成立后第一时间举办了内部控制管理实务培训，加强信托公司对健全内部控制机制重要性的认识。小组还对一段时间以来行业反映强烈的增值税实际操作问题进行了梳理汇总，择机报送有关部门。

## 三、协调优势得到新发挥

一是引导信托公司积极参与精准脱贫攻坚战。协会作为中国银保监会定点扶贫工作领导小组成员积极探索创新金融扶贫模式、提高脱贫成效，截至 2018 年末，组织调动 14 家信托公司与定点扶贫县/旗（甘肃省和政县、临洮县，内蒙古自治区乌兰察布察右中旗、后旗）签订合同金额为 1 606 万元（已落地 742 万元，剩余 864 万元将于 5 年内陆续落地）。其中，在甘肃两县的扶贫实践从全国 600 多个扶贫参选案例中脱颖而出，入选《人民日报》和中国扶贫基金会举办的“大国扶贫　决胜 2020”精品扶贫案例最优秀的 40 个案例。利用慈善信托助力扶贫这一模式得到了监管部门及多方认可。

二是引导信托公司积极参与污染防治攻坚战。协会作为绿色金融标准工作组成员参与人民银行绿金委绿色金融研究，与中国银保监会政研局共同牵头绿色信托标准制定研究工作，在行业倡导绿色金融理念。

三是围绕监管及行业关注议题举办“主题沙龙”等交流活动。2018 年共计举办“主题沙龙”5 期，涉及防范化解金融风险、脱贫攻坚以及信托业参与金融业开放等重要议题；举办“资产管理案件管辖与裁决”研讨会，邀请上海金融法院、上海市地方法院等法官及仲裁机构、律所等专家解读有关政策、分享有关经验。此类交流活动较为有效地发挥了协会的桥梁纽带职能，在信托公司和监管部门、有关司法机关及其他部门之间构建了高效的沟通平台。

四是开展信托金融理论研究，推动学科建设。当前信托业缺乏科学、系统金融理论体系支撑，呈现出立业无根基、展业无方向、守业无目标的困境。针对此种情况，协会正在尝试组织搭建信托业金融理论体系的基本框架，目前已着手《信托金融学》教材编写，突出信托业的金融属性。同时，大力推动将信托纳入院校专业教育体系，落实其金融学科地位，目前已在江西财经大学开设“信托理论与实务”本科特色选修课程，首期选课的学生人数近千人。翻译出版了《美国信托监管指引：资产管理》和《日本信托银行年报与信托税制》，作为“信托金融理论研究丛书”首期两本，今后还将继续开展对行业有益的丛书翻译工作。

五是引导信托投资者树立理性、正确的投资观念。以“践行诚信　行稳致远”为主题开展投资者教育活动，促进信托投资者与信托业共同成长。

六是举办 2018 年信托业年会。年会以“信托业与改革开放 40 周年——新时代、新使命、新征程”为主题，中国银保监会黄洪副主席出席会议并讲话，为信托业站在新的历史方位转型发展指明了方向。

## 四、服务质量实现新提升

一是紧扣行业发展战略和人才需求开展培训。培训工作是人才队伍建设的基础性工作，协会一直以来坚持把对接金融发展趋势和市场高素质人才需求作为培训工作的重要目标，着力完善培训机制，截至目前已构建包括信托高管研修班、信托中层研修班、面向普通从业人员的全员培训班以及行业热点、焦点专题培训班在内的多层次培训体系，还专门建设了在线教学平台，便利从业人员线上参加培训。2018 年，协会举办高管研修班 1 期、中层研修班 2 期，约 200 人次参训；面授全员培训班 6 期，连同在线培训，总计约 700 人次参训；专题培训 3 期，300 余人次参训。此外，为确保教学与试题内容与时俱进，协会对《信托基础》教材进行了修订，并设计了“信托基础”“信托公司经营实务”“信托监管与自律”三门课程的《教学大纲》，此后将根据《教学大纲》开展题库建设工作，进一步提升教学质量和考试针对性。

二是着力营造良好的舆论环境。良好的声誉是信托业展业前提。协会着力保持与媒体的良性沟通，深化重点媒体关系，截至 2018 年末已与《人民日报》、新华社、《金融时报》等 29 家媒体建立了跑口记者合作关系，宣传途径不断增加。每季度在官网、官微发布经信托部授权的行业主要数据和数据评析，央视财经频道及《经济日报》《金融时报》《证券日报》《中国证券报》等各类财经媒体进行报道或转载，宣传效果明显增强。坚持每个工作日收集媒体报道汇编形成《信托每日舆情》报监管部门、发信托公司，全年共计编制发布250期。定期作舆情分析，全年形成月度分析12期、季度分析4期，无重大舆情发生。

三是展现行业积极正面形象。编纂并发布《中国信托业2017年度社会责任报告》《中国信托业发展报告（2017—2018）》《2018年信托业专题研究报告》以及《中国信托业年鉴（2017—2018）》，成为传递行业价值的重要载体。

## 五、内部治理取得新成效

一是坚持依规治会，严格按照《章程》规定开展活动、履行职能，确保会员大会、理事会、常务理事会、监事会、秘书处职责明确、各司其职，2018年，共召开3次会员大会、4次理事会、2次常务理事会、3次监事会，2018年末顺利完成协会换届工作。

二是履行信托保障基金理事会职责，定期组织召开保障基金理事会议，及时形成基金理事会2017年履职情况报告并报监管部门。

三是认真执行财经纪律和协会会费管理规定及财务规定，做好会费的“收、管、用”，自觉接受理事会、会员大会的审查，积极配合国家审计单位和会计师事务所到协会开展审计工作，2018年接受审计5次，评价良好。

四是下大力气优化协会自律、行业研究、人才与培训三个专业委员会职责定位，健全组织架构、完善人员配备，拟于2019年正式开展工作，这既是协会自身不断发展进步的内在需要，也是对监管部门规范金融业治理、防范化解金融风险要求所作出的进一步回应。

# 中国信托业协会 2019 年工作计划

2019 年是中华人民共和国成立 70 周年，是打赢“三大攻坚战”承上启下的一年。2019 年，协会将继续紧密团结在以习近平同志为核心的党中央周围，以习近平新时代中国特色社会主义思想为指导，恪守本职、再接再厉，务求在金融业改革发展新征程中发挥更加积极的作用。

## 一、巩固行业自律建设

一是以信托公司行业评级为抓手，进一步配合监管部门对信托公司的目标性监督管理，积极引导信托公司强化资本实力、有效防控风险、履行社会责任。

二是分阶段、分步骤促使《信托公司受托责任尽职指引》所涉各项要求落地，2019 年完成《信托从业人员自律公约》和《消费者权益保护自律公约》的制定工作。

三是推进信托行业信用体系建设，探索开展涉金融严重失信人名单管理工作，加强信托业诚信文化建设。

四是继续推进绿色信托及其标准研究工作，促进绿色信托业务有章可循。

五是研究探索信托项目实施标准与评估机制，规范信托公司自律经营，研究制定《投资者调查问卷示范文本》及《尽职调查报告模板》。

## 二、拓展行业维权渠道

一是大力加强与司法机关的沟通联动，探索在金融业法治建设逐步健全的背景下，信托司法实践进一步理解信托金融实践的有效方法。

二是积极探索和开发更多有效维权手段和途径，争取有利于行业健康发展的外部环境。

三是重点关注行业性风险暴露事件，协助做好风险项目的化解与处置，积极向监管部门及有关机构反映信托公司诉求。

## 三、提升协调沟通能力

一是在巩固前期行业扶贫成果的基础上，深耕细挖慈善信托在扶贫领域的应用，推动信托公司加大帮扶项目投入，带动更多贫困户脱贫致富。

二是深化信托金融理论研究，在信托金融理论教材建设方面实现阶段性进展。

三是探索发挥投资者与信托公司之间纠纷的专业调解作用，尝试建设纠纷调解渠道。

四是继续推动重点课题等行业研究工作，促进信托公司通过理论促进业务实践更好地适应转型发展新常态。

五是紧扣习近平新时代中国特色社会主义思想和国家大政方针开展宣传工作，探索行业新闻发布手段和渠道的拓展与创新，进一步提升行业新闻舆论传播力、引导力、影响力、公信力。

六是根据宏观经济形势变化、监管部门要求、行业热点、会员单位需求等情况，持续定期举办主题沙龙活动。

七是依法合规行使信托保障基金公司、信托登记公司股东职权。

## 四、进一步提升服务质效

一是切实发挥行业自律、研发以及人才与培训专业委员会职能作用，通过合理管用的制度机制设计谋求三个专业委员会各司其职、围绕协会中心工作合力攻坚的良好局面，不断增强专业委员会的活力和成效。

二是坚持以推动信托业人才建设为目标，做好行业人才建设工作规划，进一步加强从业人员教育培训工作，统筹各层级、各条线、各类岗位从业人员的需求，改善线上、线下教学模式，推进教材修订工作。

三是大力开展投资者教育活动，促进信托投资者与信托业共同成长。

四是继续编制发布信托业社会责任报告、行业发展报告、重点课题研究报告、年鉴等刊物。

# 大事记

## 1 月

1 月 3 日，原北京银监局核准李广存中国对外经济贸易信托有限公司董事任职资格。

1 月 3 日，华宝信托有限责任公司、上海国际信托有限公司分别荣获中国人民银行上海分行授予的 2017 年度上海市中资法人金融机构统计工作“一等奖”及“二等奖”。

1 月 3 日，重庆国际信托股份有限公司荣获中央国债登记结算有限责任公司授予的 2017 年度“优秀资产托管机构进步奖”。

1 月 3 日，四川信托有限公司、中融国际信托有限公司入围 2017 年度银行间本币市场交易 300 强。

1 月 4—15 日，中国信托业协会以通讯方式召开三届十八次常务理事会议。

1 月 5 日，中航信托股份有限公司协同广东省爱飞客公益基金会向贵州安顺贫困学生捐赠 150 余份温暖包及新年暖心祝福。

1 月 9 日，四川信托有限公司荣获四川省慈善总会授予的 2017 年度“爱心捐赠单位”荣誉称号。

1 月 9 日，山东省国际信托股份有限公司荣获山东省财政厅授予的“山东省金融企业绩效评价等级 AAA 级”荣誉称号。

1 月 12 日，北京国际信托有限公司获得北京市财政局 2016 年度金融企业绩效评价优秀（AA 级）。

1 月 13 日，东莞信托有限公司举办第四届“与爱同行”助学公益徒步活动，并向“东莞市慈善会东莞信托慈善基金”捐赠 50 万元。

1 月 16 日，原江西银监局同意中江国际信托股份有限公司变更股权结构。

1 月 16 日，华宝信托有限责任公司课题研究报告《信息科技运维与风险管理一体化体系的研究与应用》荣获原中国银监会银行业信息科技风险管理高层指导委员会授予的 2017 年度“银行业信息科技风险管理课题研究非银机构二类成果奖”。

1 月 18 日，原湖北银监局核准岳建强国通信托有限责任公司副总裁任职资格。

1 月 18 日，原北京银监局同意英大国际信托有限责任公司注册资本由 30. 22 亿元变更为 40. 29 亿元。

1 月 18 日，安徽国元信托有限责任公司、渤海国际信托股份有限公司、长安国际信托股份有限公司、华融国际信托有限责任公司、建信信托有限责任公司、交银国际信托有限公司、中国金谷国际信托有限责任公司、中海信托股份有限公司、中融国际信托有限公司、中信信托有限责任公司等荣获中央国债登记结算有限责任公司授予的“优秀 ABS 发行人”称号；华宝信托有限责任公司、交银国际信托有限公司、中融国际信托有限公司等荣获中央国债登记结算有限责任公司授予的“优秀资产管理机构”称号。

1 月 21 日，华能贵诚信托有限公司荣获贵州金融工会授予的 2017 年度全国金融系统“五一”劳动奖状及 2017 年度贵州金融系统“五一”劳动奖状。

1 月 22 日，昆仑信托荣获浙江省宁波市鄞州区委政府授予的“鄞州区大力神鼎奖”。

1 月 23 日，紫金信托有限责任公司与江苏银行联合开展慈善信托服务，探索创新慈善信托发展模式。

1 月 25 日，原湖南银监局核准刘宛晨湖南省信托有限责任公司董事、副总裁任职资格。

1 月 29 日，广东粤财信托有限公司荣获联合资信评估有限公司主体信用 AAA 级评级。

1 月 30 日，原北京银监局核准中粮信托有限责任公司修订后的《公司章程》。

1 月 31 日，原江苏银监局核准郑刚、马伟华苏州信托有限公司董事任职资格；核准顾迎斌、庄毓敏、王则斌苏州信托有限公司独立董事任职资格。

1 月，中信信托获评 2016—2017 年全国金融系统思想政治工作标兵单位。

1 月，陕西省国际信托股份有限公司荣获陕西省国资委授予的“陕西省软件正版化工作示范单位”和“2017 年度思想政治工作先进单位”称号。

1 月，杭州工商信托股份有限公司荣获杭州市委、市政府授予的杭州市 2017 年“春风行动”先进单位。

1 月，长安国际信托股份有限公司荣获西安市公安局高新分局授予的“2017 年西安市高新技术开发区单位内部安全保卫工作先进单位”荣誉称号。

1 月，华融国际信托有限责任公司连续第八年荣获新疆维吾尔自治区精神文明建设指导委员会授予的“自治区文明单位”荣誉称号。

1 月，中铁信托有限责任公司荣获北京金交所“2018 年度应收账款债权融资计划业务最佳发行载体管理机构奖”。

## 2 月

2 月 1 日，中国信托业协会举办“信托公司 IT 系统建设与发展”主题沙龙活动。

2 月 1 日，原北京银监局核准王晓薇建信信托有限责任公司首席财务官（副总裁）任职资格。

2 月 1 日，中航信托股份有限公司连续 8 年荣获“2017 年度江西省综治工作（平安建设）先进单位”称号。

2 月 5 日，原重庆银监局核准祁绍斌重庆国际信托股份有限公司副总经理（副总裁）任职资格。

2 月 6 日，交银国际信托有限公司荣获武汉市江汉区委、区政府授予的“江汉区促进区域发展突出贡献奖”。

2 月 7 日，原上海银监局核准武彪上海爱建信托有限责任公司总经理助理任职资格。

2 月 8 日，陕西省国际信托股份有限公司党委书记、董事长薛季民荣获省国资委授予的“2017 年度思想政治工作先进个人”称号。

2 月 10 日，中航信托股份有限公司慰问走访定点帮扶永新县曲白乡浆坑村并就脱贫攻坚工作进行调研。

2 月 12 日，原上海银监局同意上海爱建信托有限责任公司注册资本由 30 亿元（含外汇资本金 500 万美元）变更为 42 亿元（含外汇资本金 500 万美元）。

2 月 14 日，原青岛银监局核准崔斌陆家嘴国际信托有限公司董事、总经理任职资格。

2 月 22 日，原河南银监局核准苏小军百瑞信托有限责任公司总裁任职资格。

2 月 24 日，陕西省国际信托股份有限公司计划财务部岳晓红荣获人民银行西安分行授予的“2017 年优秀统计员”称号。

2 月，陕西省国际信托股份有限公司荣获人民银行西安分行授予的“2017 年西安市金融统计工作先进单位”奖项。

## 3 月

3 月 1 日，原云南银监局核准云南国际信托有限公司受托境外理财业务资格；核准许荣华云南国际信托有限公司副总裁任职资格。

3 月 2 日，渤海国际信托股份有限公司组织志愿者赴石家庄正定国际机场开展“情暖春运路渤海公益行”志愿服务活动。

3 月 4 日，中航信托股份有限公司联合中国扶贫基金会养老项目部开展“吴大观志愿服务队・点滴真情・航空大爱”学雷锋志愿服务活动。

3 月 4 日，万向信托股份公司荣获浙江省金融学会授予的 2018 年度浙江省金融学会重点研究课题优秀奖。

3 月 5 日，原陕西银监局核准柴进长安国际信托股份有限公司董事任职资格。

3 月 6 日，中国信托业协会召开三届十九次常务理事会现场会议。

3 月 9 日，厦门国际信托有限公司人力资源部获评“厦门市直机关‘巾帼文明岗’”荣誉称号。

3 月 10 日，渤海国际信托股份有限公司赴爱国主义教育基地中国人民抗日战争纪念馆、卢沟桥，组织开展“传承革命精神、凝聚发展力量”红色主题教育活动。

3 月 10 日，紫金信托有限责任公司荣获“鼓楼区 2017 年度经济发展突出贡献单位”荣誉称号。

3 月 12—19 日，中国信托业协会以通讯方式召开三届十七次理事会议。

3 月 13 日，原北京银监局核准中国民生信托有限公司修订后的《公司章程》。

3 月 13 日，紫金信托有限责任公司在南京市金融发展促进会举办的“2017 年度南京金融业优秀金融理论研究成果”评选中的两篇论文分别获得三等奖和优秀奖。

3 月 16 日，国投泰康信托有限公司在原中国银监会定点扶贫县甘肃省临洮县正式签约“2018 甘肃临洮产业扶贫慈善信托”。

3 月 16 日，渤海国际信托股份有限公司组织开展主题为“守护绿水青山　保卫美丽家园”的公益植树活动。

3 月 18 日，华能贵诚信托有限公司员工将募集物资捐献给贵阳市所属的困难学校。

3 月 19 日，原北京银监局核准陈国钢、柯卡生中粮信托有限责任公司独立董事任职资格。

3 月 19 日，原山东银监局同意山东省国际信托股份有限公司注册资本由 20 亿元变更为 25.88 亿元。

3 月 21 日，原北京银监局核准赵远波华鑫国际信托有限公司董事任职资格。

3 月 22—29 日，中国信托业协会以通讯方式召开一届九次监事会议。

3 月 22 日，原陕西银监局核准袁政长安国际信托股份有限公司副总裁任职资格。

3 月 23 日，中国金谷国际信托有限责任公司设立的“金谷信托 2018 丝绸之路（科研）1 号慈善信托”在北京市民政局完成备案。

3 月 26—30 日，中国信托业协会与复旦大学联合举办 2018 年第一期信托公司中层及业务骨干培训班。

3 月 26 日，国通信托有限责任公司组织员工志愿者探望公司“爱・共成长”公益项目资助的黄陂区蔡店乡家境贫寒学生。

3 月 28 日，山东省国际信托股份有限公司获批以固有资产从事股权投资业务资格。

3 月 28 日，原江苏银监局核准刘燕松紫金信托有限责任公司董事、总裁任职资格。

3 月 29 日，原北京银监局核准华鑫国际信托有限公司修订后的《公司章程》。

3 月 29 日，原天津银监局同意天津信托有限责任公司变更股权结构。

3 月 29 日，万向信托股份公司荣获原浙江银监局授予的“2018 年度杭州辖内银行业非现场监管报表考核和监管统计工作竞赛二等奖”。

3 月，杭州工商信托股份有限公司荣获浙江省政府授予的“2017 年度金融机构支持浙江经济社会发展三等奖”。

3月，中铁信托有限责任公司荣获原四川银监局授予的“2017年度四川银行业服务实体经济先进单位”称号。

3月，长安国际信托股份有限公司荣获中国人民银行西安分行营业管理部授予的“2017年西安市金融统计工作先进单位”。

## 4月

4月2日，渤海国际信托股份有限公司荣获“河北省守合同重信用企业”称号。

4月2日，华宝信托有限责任公司荣获浦东新区人民政府授予的2017年度“浦东新区金融业突出贡献奖”。

4月3日，原北京银监局核准华淑蕊华鑫国际信托有限公司董事任职资格。

4月3日，中海信托股份有限公司、上海国际信托有限公司荣获黄浦区政府颁发的“2017年度上海市黄浦区高端服务业100强企业”荣誉称号。

4月4—20日，中国信托业协会以通讯方式召开三届十七次会员大会。

4月4日，原上海银监局同意安信信托股份有限公司注册资本由45.58亿元变更为54.69亿元。

4月4日，原河南银监局核准袁飞、苏小军、张迎军百瑞信托有限责任公司董事任职资格。

4月8日，原北京银监局同意华鑫国际信托有限公司变更股权结构；同意华鑫国际信托有限公司注册资本由22亿元变更为35.75亿元。

4月9日，国通信托有限责任公司荣获湖北省金融学会授予的2017年度“金融科研课题优秀成果二等奖”和“先进会员单位”称号。

4月10日，国通信托有限责任公司向武汉市黄陂区学生资助管理中心捐赠25 000元，用于资助50名贫困学生。

4月11日，万向信托股份公司荣获浙江省人民政府办公室授予的“2017年度支持浙江经济社会发展先进单位三等奖”。

4月13日，原山东银监局核准牛序成山东省国际信托股份有限公司副总经理任职资格。

4月16日，原贵州银监局同意华能贵诚信托有限公司住所变更为“贵州省贵阳市观山湖区长岭北路55号贵州金融城1期商务区10号楼23层、24层”。

4月17日，原浙江银监局核准中建投信托有限责任公司名称变更为中建投信托股份有限公司（英文名称为JIC Trust Co., Ltd.）；核准中建投信托股份有限公司修订后的《公司章程》；同意中建投信托股份有限公司注册资本由16.66亿元变更为50亿元；同意中建投信托股份有限公司住所变更为“杭州市教工路18号世贸丽晶城欧美中心1号楼（A座）18－19层C、D区”。

4 月 18 日，中国信托业协会召开财税工作小组第一次会议。

4 月 18 日，华能贵诚信托有限公司、华润深国投信托有限公司、上海国际信托有限公司、兴业国际信托有限公司、中诚信托有限责任公司、中信信托有限责任公司获得银行间市场交易商协会“非金融企业债务融资工具承销业务资格”。

4 月 18 日，上海国际信托有限公司当选上海市银行业同业公会中资理事单位。

4 月 18 日，中航信托股份有限公司荣获“2017 年度江西银监局辖内银行业金融机构统计工作考评先进工作单位”荣誉称号。

4 月 19 日，中国信托业协会举办“慈善信托与脱贫攻坚”主题沙龙活动。

4 月 19—27 日，中国信托业协会以通讯方式召开三届十八次理事会议。

4 月 19 日，原北京银监局核准羿锦峰华鑫国际信托有限公司董事任职资格。

4 月 19 日，原上海银监局核准赵德源上海爱建信托有限责任公司董事任职资格；核准吴文新上海爱建信托有限责任公司总经理任职资格。

4 月 19 日，天津信托有限责任公司荣获国家税务局授予的“2017 年度 A 级纳税人”称号。

4 月 21 日，中国扶贫基金会发起举办由中航信托股份有限公司冠名的 2018 中航信托成都善行者公益徒步活动。

4 月 24 日，陕西省扶贫开发办公室、中共陕西省委组织部联合发文，表彰西部信托有限公司、扶贫专干刘永柏分别为陕西省 2017 年度联县包村扶贫考核优秀单位、个人。

4 月 24 日，北京国际信托有限公司、华鑫国际信托有限公司荣获原北京银监局授予的“消费者权益保护工作评级二级 A”荣誉称号。

4 月 25 日，中海信托股份有限公司经国家外汇管理局审批，新增合格境内机构投资者（QDII）投资额度为 2 亿美元。

4 月 26 日，四川信托有限公司荣获“2016 年度全国其他类金融企业绩效评价 AAA 级企业”称号。

4 月 26 日，重庆国际信托股份有限公司荣获重庆市总工会授予的“重庆五一劳动奖状”。

4 月 28 日—5 月 11 日，中国信托业协会以通讯方式召开三届十八次会员大会。

4 月，西藏信托有限公司响应“精准扶贫”政策号召，向延安市延长县爱心公益协会捐赠教学设备。

4 月，中信信托有限责任公司正式设立“西山区扶贫帮困助学公益项目”，定向资助云南省昆明市西山区困难家庭大学生。

4 月，中信信托与六盘水钟山区再次推出“贵州六盘水钟山区城投”项目，在助力经济发展的同时，支持当地精准扶贫事业。

4 月，中诚信托有限责任公司杭州业务部荣获中国金融工会全国委员会授予的“全国金融先锋号”荣誉称号。

4 月，华宝信托有限责任公司财富管理中心荣获上海市总工会、上海市人力资源和社会保障局授予的“上海市工人先锋号”荣誉称号；财富管理中心青年团队荣获共青团上海市委员会、上海市人力资源和社会保障局授予的“上海市青年五四奖章集体”荣誉称号。

## 5 月

5 月 2 日，原湖北银监局核准交银国际信托有限公司修订后的《公司章程》。

5 月 3 日，重庆国际信托股份有限公司、新华信托股份有限公司荣获重庆市银行业协会授予的 2017 年度“社会责任公益慈善爱心奖”。

5 月 4 日，原北京银监局核准建信信托有限责任公司修订后的《公司章程》。

5 月 5 日，安信信托股份有限公司连续第二次被纳入 MSCI 新兴市场指数，成为唯一入选的信托概念股。

5 月 5 日，苏州信托有限公司“爱心走　微公益”行走金鸡湖公益徒步活动圆满举行。

5 月 6 日，中国信托业协会举办资管新规政策解读专题培训。

5 月 8 日，原北京银监局核准孙彦敏中粮信托有限责任公司董事长任职资格。

5 月 8 日，中航信托股份有限公司与中华环境保护基金会作为共同受托人正式启动“中航信托·绿色生态慈善信托”九寨沟生态恢复工程。

5 月 11 日，安信信托股份有限公司通过慈善信托财产向上海慈善基金会捐资 150 万元，用于弱势群体关怀。

5 月 15 日，原湖南银监局核准刘宛晨湖南省信托有限责任公司总裁任职资格。

5 月 17 日，中航信托股份有限公司在原江西银监局辖内银行业金融机构 2017 年度消费者权益保护工作中获评一级。

5 月 18 日，苏州信托有限公司向苏州市同济儿童匡智中心和姑苏区特殊教育学校捐赠价值 5 万元的运动鞋。

5 月 18 日，安徽国元信托有限责任公司在安徽省政府年度全省金融机构支持地方经济发展经营业绩考核中获评“优秀”最佳等级。

5 月 28 日，原江西银监局核准贾鸿鹏中航信托股份有限公司董事任职资格。

5 月 29 日，原深圳银监局同意华润深国投信托有限公司注册资本由 60 亿元变更为 110 亿元。

5 月 29 日，原浙江银监局核准万向信托有限公司名称变更为万向信托股份公司；核准万向信托股份公司修订后的《公司章程》。

5 月 30 日，国投泰康信托有限公司获批 QDII 投资额度为 0.7 亿美元。

5 月 30 日，杭州工商信托股份有限公司赴浙江省丽水市遂昌县湖山小学，送出 278 份六一儿童节礼物。

5 月 30 日，长安国际信托股份有限公司在原陕西银监局举办的 2017 年“西安银行杯”金融知识网络创意设计大赛活动中，荣获“优秀组织奖”；该公司组织拍摄的微视频《可怕的陷阱》荣获三等奖。

5 月 30 日，广东粤财信托有限公司荣获中诚信证券评估有限公司主体信用 AAA 级评级。

5 月 31 日，重庆国际信托股份有限公司获批 QDII 投资额度 0.5 亿美元。

5 月，中铁信托有限责任公司荣获原四川银监局授予的“2017 年度四川金融扶贫先进单位”称号。

5 月，昆仑信托有限责任公司荣获宁波市“纳税 50 强企业”。

5 月，中信信托有限责任公司荣获北京市国家税务局、北京市地方税务局联合授予的“2017 年纳税信用 A 级企业”称号。

5 月，天津信托有限责任公司池玉波同志荣获天津市银行业协会颁发的“《2017 年天津市银行业社会责任报告》编制工作贡献奖”。

## 6 月

6 月 1 日，原黑龙江银监局同意中融国际信托有限公司注册地址变更为哈尔滨市松北区科技创新城创新二路 277 号。

6 月 1 日，苏州信托有限公司将“慈心 1 号”慈善信托项目运用于对口帮扶城市贵州铜仁的对香坝镇场坪小学的教育设施改造。

6 月 1 日，紫金厚德志愿者走进南京市宁声听力语言康复中心，陪伴听障儿童并送上节日关怀和礼物。

6 月 1 日，上海国际信托有限公司获评中国人民银行上海分行“2017 年度上海市银行业机构综合评价 A 类机构”称号。

6 月 1 日，上海国际信托有限公司获评原上海银监局办公室颁发的“2017 年度消费者权益保护工作二级 A”最高等级。

6 月 20 日，原上海银监局核准高超安信信托股份有限公司副董事长任职资格。

6 月 20 日，原陕西银监局核准张金顺长安国际信托股份有限公司董事、总裁任职资格；核准方灏长安国际信托股份有限公司副总裁任职资格。

6 月 21 日，上海国际信托有限公司获评中国人民银行上海分行“2017 年度上海市金融机构金融消费权益保护评估 A 级机构”称号。

6 月 22 日，原北京银监局核准翟红卫英大国际信托有限责任公司董事会秘书任职资格。

6 月 22 日，东莞信托有限公司荣获广东金融百优奖评选组织委员会授予的 2018 年广东金融百优奖之“十优金融文化公益奖”。

6 月 25 日，中国信托业协会与复旦大学联合举办 2018 年第二期信托公司中层及业务骨干培训班。

6 月 25 日，原青岛银监局同意陆家嘴国际信托有限公司注册资本由 30 亿元变更为 40 亿元；核准陆家嘴国际信托有限公司修订后的《公司章程》。

6 月 27 日，原江苏银监局同意江苏省国际信托有限责任公司注册资本由 26.84 亿元变更为 37.60 亿元。

6 月 27 日，原浙江银监局核准张趺中建投信托股份有限公司董事会秘书任职资格；核准王新宇中建投信托股份有限公司董事任职资格。

6 月 27 日，万向信托股份公司设立鲁冠球三农扶志基金。

6 月 28 日，中国信托业协会举办“金融开放：信托公司如何作为”主题沙龙活动。

6 月 28 日，中信信托有限责任公司成为首批具有资产证券化管理人试点资格的信托公司。

6 月 29 日，原江西银监局核准中航信托股份有限公司修订后的《公司章程》。

6 月 29 日，中共渤海国际信托股份有限公司委员会在“海南省两新组织庆祝中国共产党成立 97 周年暨表彰大会”上获评“海南省先进基层党组织”。

6 月 29 日，紫金信托有限责任公司党总支荣获中共南京市国资委委员会授予的国资系统“新时代先锋”先进基层党组织称号。

6 月，新时代信托股份有限公司荣获包头市金融职工众筹保险精准扶贫项目优秀组织奖称号。

6—10 月，中建投信托股份有限公司连续第 3 年开展“银信封”计划公益活动，全年共组织 43 人次志愿者前往吉林延边、贵州毕节、山东曲阜、重庆万州践行公益。

## 7 月

7 月 6 日，中国金谷国际信托有限责任公司马逸凡荣获中国人民银行征信中心授予的 2017 年度企业征信系统数据质量工作优秀个人。

7 月 9 日，中国信托业协会、江西财经大学、中航信托联合筹备的“信托理论与实务”特色课程在江西财经大学开班。

7 月 12 日，原上海银监局核准张轶华宝信托有限责任公司总经理任职资格。

7 月 12 日，原浙江银监局核准王波万向信托股份公司副总裁任职资格。

7 月 12 日，长安国际信托股份有限公司研究成果荣获 2017 年原陕西银监局重点研究课题“研究类优秀成果奖”一等奖，子课题研究成果《资管产品开征增值税的效应研究》荣获银保监会“2017 年度银行业优秀研究成果”三等奖。

7 月 13 日，原浙江银监局核准高峻峰、邱旭天中建投信托股份有限公司总经理助理任职资格。

7 月 16 日，原北京银监局核准沈树忠中诚信托有限责任公司财务总监任职资格。

7 月 17 日，原厦门银监局同意厦门国际信托有限公司注册资本由 35 亿元（含 1 500 万美元）变更为 37.5 亿元（含 1 500 万美元）。

7 月 19 日，原陕西银监局核准王满仓长安国际信托股份有限公司独立董事任职资格；核准傅齐长安国际信托股份有限公司总裁助理任职资格。

7 月 20 日，长安国际信托股份有限公司在西安市实干赶超奋进争优表彰大会上荣获“纳税百强企业”荣誉。

7 月 23 日，原安徽银监局核准许斌安徽国元信托有限责任公司董事长任职资格；核准许植安徽国元信托有限责任公司董事任职资格；核准朱艳安徽国元信托有限责任公司独立董事任职资格。

7 月 23 日，原北京银监局核准褚玉华鑫国际信托有限公司董事长任职资格。

7 月 23 日，原北京银监局核准罗苓宁中国民生信托有限公司副总裁任职资格。

7 月 23 日，原上海银监局核准李爱民华澳国际信托有限公司总裁助理任职资格。

7 月 25 日，上海国际信托有限公司出资 600 万元，携手高净值客户共同发起设立上信上善慈善信托。

7 月 27 日，原大连银监局核准刘雯华信信托股份有限公司董事任职资格。

7 月 31 日，原江西银监局核准周祺中航信托股份有限公司总会计师任职资格。

7 月，山西信托股份有限公司杨森同志荣获中国共产党山西省直属机关工作委员会授予的“2017 年度优秀党委工作者”称号。

7 月，建信信托有限责任公司荣获中国金融思想政治工作研究会《紫光阁》杂志授予的 2018 年全国金融系统党建创新成果微视频展示活动“优秀提名案例”。

7 月，长安国际信托股份有限公司荣获西安市财政局授予的“先进党支部”荣誉。

7 月，天津信托有限责任公司荣获中国人民银行征信中心授予的“2017 年度企业征信系统数据质量工作优秀机构”；徐海音同志荣获“2017 年度企业征信系统数据质量工作优秀个人”。

7 月，陕西省国际信托股份有限公司荣获西安市委、市政府授予的“纳税百强企业”奖项；荣获陕西省国资委授予的“先进基层党组织”奖项。

## 8 月

8 月 2 日，中国信托业协会举办“防范化解金融风险：信托公司与不良资产处置”主题沙龙。

8 月 2 日，中国信托业协会召开会员权益保障工作小组 2018 年度第一次会议。

8 月 3 日，原江苏银监局同意紫金信托有限责任公司变更股权结构。

8 月 7 日，原北京银监局核准吉学斌华鑫国际信托有限公司副总经理任职资格。

8 月 8 日，原北京银监局核准刘伟华鑫国际信托有限公司财务总监任职资格；核准王晓波华鑫国际信托有限公司副总经理任职资格。

8 月 9 日，原浙江银监局核准侯春枫中建投信托股份有限公司首席风险官任职资格。

8 月 9 日，“紫金信托·厚德 6 号”慈善信托计划荣获江苏省政府第四届江苏慈善奖“最具影响力慈善项目”称号。

8 月 10 日，原河南银监局核准陈立军百瑞信托有限责任公司首席风险官任职资格。

8 月 14 日，原浙江银监局核准谭硕中建投信托股份有限公司董事任职资格。

8 月 15 日，中国对外经济贸易信托有限公司扶贫工作队赴内蒙古阿鲁科尔沁旗，开展“信暖行动　心系阿旗”主题扶贫活动。

8 月 17 日，中国信托业协会发布《中国信托业发展报告（2017—2018）》。

8 月 19 日，原内蒙古银监局同意华宸信托有限责任公司变更股权结构。

8 月 22 日，原上海银监局核准刘凯湘中海信托股份有限公司独立董事任职资格。

8 月 23 日，原上海银监局核准华澳国际信托有限公司修改后的《公司章程》。

8 月 24 日，原上海银监局核准庄海燕安信信托股份有限公司财务总监任职资格。

8 月 27 日，“中信信托·农银 2018 玉爱慈善信托”在广东省民政厅备案成功，该信托本金及收益将全部用于救助广东省患有先天性心脏病的儿童及贫困家庭孩子上学。

8 月 28 日，“中建投信托·银信封慈善信托 1 号”成立，用于支持落后地区的学校发展。

8 月 29 日，原无锡银监分局核准国联信托股份有限公司修订后的《公司章程》。

8 月 29 日，“紫金信托·厚德 7 号”慈善信托计划荣获 2018 年南京市青年创益项目（青年公益项目类）三等奖。

8 月 30 日，原江苏银监局核准紫金信托有限责任公司以固有资产从事股权投资业务资格。

8 月 30 日，由杭州工商信托股份有限公司联合万向信托股份公司、中建投信托股份有限公司共同设立的生态保护慈善信托——“杭工信·之江 1 号生态保护慈善信托”正式成立，首批资金用于乌兰布和生态保护项目中近百亩防护林的认养。

## 9 月

9 月 3 日，原陕西银监局核准程守太长安国际信托股份有限公司独立董事任职资格。

9 月 3 日，原山东银监局核准岳增光山东省国际信托股份有限公司总经理任职资格。

9 月 3 日，华鑫国际信托有限公司筑梦壹号慈善信托捐助 3 名来自四川宜宾的贫困家庭大学生，捐款金额共计 12 000 元。

9 月 4 日，原宁波银监局核准昆仑信托有限责任公司修订后的《公司章程》。

9 月 4 日，原浙江银监局核准余勇文万向信托股份公司董事会秘书任职资格；核准王建、徐初斌万向信托股份公司董事任职资格。

9 月 4 日，中国金谷国际信托有限责任公司设立的“金谷信托 2018 信达大爱 1 号（扶贫及教育）慈善信托”在北京市民政局完成备案。

9 月 4 日，上海国际信托有限公司参与上海市民政局围绕关爱认知症群体开展的“携手慈善，守护爱的记忆”主题活动。

9 月 4 日，“紫金信托 · 厚德 6 号”慈善信托计划荣获首届“南京慈善奖”最具爱心慈善公益项目奖。

9 月 5 日，原江苏银监局核准江苏省国际信托有限责任公司修订后的《公司章程》。

9 月 5 日，四川信托有限公司在四川省慈善总会举办的“百企扶贫”主题交流活动中荣获“百企扶贫”突出贡献单位。

9 月 5 日，重庆国际信托股份有限公司董事长翁振杰、新华信托股份有限公司总经理项琥荣获民建重庆市委授予的“改革开放四十周年优秀企业家”称号。

9 月 6 日，原北京银监局核准陈德彪中粮信托有限责任公司董事任职资格。

9 月 6 日，原云南银监局核准舒广云南国际信托有限公司总裁任职资格。

9 月 10 日，原北京银监局同意中国对外经济贸易信托有限公司变更股权结构；同意中国对外经济贸易信托有限公司注册资本由 22 亿元变更为 27.41 亿元。

9 月 10 日，原北京银监局核准吴浩军中粮信托有限责任公司董事、总经理任职资格。

9 月 10 日，原上海银监局同意上海爱建信托有限责任公司注册资本由 42 亿元（含外汇资本金 500 万美元）变更为 46.03 亿元（含外汇资本金 500 万美元）。

9 月 10 日，安信信托股份有限公司与银保监会对口扶贫的内蒙古乌兰察布市教育局签订协议，开展“草原相信明天”留守儿童心理志愿项目。

9 月 10 日，昆仑信托荣获鄞州区委政府授予的“鄞州区慈善之光”称号。

9 月 11 日，山东省国际信托股份有限公司“同心扬梦慈善信托”荣获山东省民政厅授予的第六届“山东慈善奖——最具影响力慈善项目”。

9 月 13—14 日，中国信托业协会召开协会会员单位联络员第九次会议。

9 月 13 日，百瑞安鑫·信托金融理论研究集合资金信托计划受益人大会暨《信托金融学》专题研讨会在郑州召开。

9 月 13 日，国投泰康信托有限公司在由民政部主办的第十届“中华慈善奖”表彰大会上荣获“中华慈善奖”。

9 月 14 日，华能贵诚信托有限公司赴公司定点扶贫单位贵州省瓮安县猴场镇大河村开展扶贫捐赠活动。

9 月 15 日，渤海国际信托股份有限公司组织开展“保护青山绿水　守卫绿色地球”公益活动。

9 月 18 日，中国信托业协会发布《信托公司受托责任尽职指引》。

9 月 18 日，原云南银监局核准龙超云南国际信托有限公司独立董事任职资格。

9 月 19 日，中国信托业协会举办“信托公司内部控制管理实务专题培训”。

9 月 20 日，四川信托有限公司志愿者举行 2018 年“两个计划”扶贫助学仪式，以“帮信托”为平台投入资金 38.4 万元。

9 月 20 日，紫金信托有限责任公司志愿者团队与南京市慈善总会共同前往高淳区社会福利院开展献爱心活动。

9 月 21 日，中国信托业协会与上海市律师协会联合举办“资产管理案件管辖与裁决”研讨会。

9 月 26 日，苏州信托有限公司开展“同在蓝天下——慈善一日捐”活动，募集善款30 000 元捐赠苏州市慈善总会。

9 月 27 日，中国信托业协会发布《中国信托业 2017 年度社会责任报告》。

9 月 27 日，北京国际信托有限公司赴结对帮扶村（四海镇郭家湾村）开展调研和定向捐赠活动。

9 月 28 日，原北京银监局核准陈众中粮信托有限责任公司副总经理任职资格；核准张雪中粮信托有限责任公司财务总监任职资格。

9 月 28 日，原甘肃银监局同意光大兴陇信托有限责任公司变更股权结构。

9 月，国通信托有限责任公司荣获原湖北银监局“2018 年上半年湖北银行业金融机构政务信息工作先进单位”。

9 月，山西信托股份有限公司荣获山西省直属机关精神文明建设委员会授予的“省直精神文明单位”称号。

9 月，陕西省国际信托股份有限公司荣获陕西省国资委授予的“2017 年度经营业绩优秀企业”奖项；荣获广州市慈善协会授予的“长者饭堂爱心捐赠企业”奖项。

9月，山东省国际信托股份有限公司连续六年获得山东省金融企业绩效评价最高优秀AAA级。

9月，中铁信托有限责任公司被四川省慈善总会授予“四川慈善‘百企扶贫’突出贡献单位”称号。

9月，长安国际信托股份有限公司荣获国家税务总局陕西省税务局颁发的“A级纳税人”称号。

## 10月

10月8日，原江苏银监局核准长谷川宽树紫金信托有限责任公司副总裁任职资格。

10月9日，华澳国际信托有限公司高级副总裁杨伟琳同志荣获“陆家嘴十大金融之星”荣誉称号，运营管理部总经理助理孟宪锋先生荣获“陆家嘴十大海归精英”荣誉称号。

10月10日，原北京银监局核准张勇、张文生中粮信托有限责任公司副总经理任职资格。

10月13日，中信信托有限责任公司在全国七地同日开展“信行远　爱无疆——用脚步践行公益”2018重阳公益登山活动。

10月17日，中信信托有限责任公司第8个公益和慈善信托项目在陕西延川落地，通过支出20万元为延川县47个贫困村卫生所采购专项针对老年人慢性病的辅助治疗器具。

10月17日，华宸信托设立内蒙古自治区首单慈善信托“华宸信托2018济困1号慈善信托”，促进扎赉特旗济困事业发展。

10月18日，中国信托业协会举办《信托公司受托责任尽职指引》解读专题培训。

10月18日，原广东银监局同意广东粤财信托有限公司住所变更为“广州市东风中路481号粤财大厦1楼自编C区、4楼、14楼、40楼”。

10月22日，中国信托业协会举办2018年信托高层管理研修班。

10月23—29日，中国信托业协会以通讯方式召开三届十九次理事会议。

10月23日，浙江银保监局筹备组核准严宁中建投信托股份有限公司独立董事任职资格。

10月23日，浙江银保监局筹备组核准浙商金汇信托股份有限公司修订后的《公司章程》；同意浙商金汇信托股份有限公司住所变更为“庆春路199号6－8层、1－2层西面商铺”。

10月24—29日，中国信托业协会以通讯方式召开一届十次监事会议。

10月25日，中信信托有限责任公司与仁怀市人民政府携手举办扶贫捐赠活动，35万元捐赠善款将专项用于仁怀市九仓镇白果寺村青龙山村民人车桥、断头路及破损道路建设项目。

10月26日，上海银保监局筹备组核准吴瑞忠华澳国际信托有限公司董事任职资格。

10 月 26 日，湖北银保监局筹备组核准童学卫交银国际信托有限公司董事长任职资格。

10 月 31 日，北京银保监局筹备组核准王宝魁建信信托有限责任公司董事长任职资格。

10 月 31 日，上海银保监局筹备组核准万刚中泰信托有限责任公司副总裁任职资格。

10 月，华宸信托有限责任公司陆续设立“华宸信托 2018 善爱健康慈善信托”“华宸信托 2018 善爱助学慈善信托”等慈善信托项目，助力乌兰察布脱贫攻坚工作。

10 月，陆家嘴国际信托有限公司参与了由青岛市总体部署、青岛市金融办参与主办的全国扶贫日青岛爱心帮扶行动活动，向青岛市贫困村平度市仁兆镇冷家村庄村捐赠善款 3 万元。

10 月，平安信托有限责任公司协助平安集团与三川能源合作建设西藏自治区扶贫项目试点——西藏山南某水电站工程。

10 月，新时代信托股份有限公司荣获包头市颁发的“非公有制经济纳税先进企业”称号。

## 11 月

11 月 2 日，中信信托有限责任公司受邀参加北京市慈善组织捐助特困群体帮扶项目签约暨爱心物资发放仪式。

11 月 5 日，中信信托有限责任公司第二次荣获 100 万元纳税贡献奖励金。

11 月 6 日，浙江银保监局筹备组核准张颖锋浙商金汇信托股份有限公司总经理助理任职资格。

11 月 6 日，“紫金 · 厚德”慈善信托救助的五名青海省少数民族先心病患儿，在南京儿童医院顺利完成心脏手术。

11 月 8 日，《中信信托有限责任公司 OA 系统大监督软件》经中国版权保护中心审核，获得中华人民共和国国家版权局计算机软件著作权登记证书。

11 月 10 日，中国信托业协会以“践行诚信　行稳致远”为主题举办 2018 年度投资者教育活动。

11 月 13 日，重庆银保监局筹备组核准叶凌风重庆国际信托股份有限公司副总经理（副总裁）任职资格。

11 月 13 日，西藏银保监局筹备组核准西藏信托有限公司修订后的《公司章程》。

11 月 14 日，原新疆银监局核准庞洪梅华融国际信托有限责任公司总经理任职资格。

11 月 14 日，江苏银保监局筹备组核准沈光俊苏州信托有限公司董事长任职资格。

11 月 14 日，华能贵诚信托有限公司财务机器人（银行流水综合管理系统）以原始取得全部权利的方式获得国家版权局颁发的计算机软件著作权登记证书。

11 月 14 日，厦门国际信托有限公司团支部获得厦门金融团工委授予的“2017 年度厦门金融系统五四红旗团支部”称号，财富管理中心李怡婷同志获得“2017 年度厦门金融系统优秀共青团干部”称号，法务合规部黄敏同志获得“2017 年度厦门金融系统优秀共青团员”称号。

11 月 15 日，浙江银保监局筹备组核准杭州工商信托股份有限公司修订后的《公司章程》。

11 月 15 日，浙江银保监局筹备组核准万向信托股份公司特定目的信托受托机构资格。

11 月 15 日，原云南银监局核准田泽望云南国际信托有限公司副董事长任职资格。

11 月 15 日，浙江银保监局筹备组核准谭硕中建投信托股份有限公司总经理任职资格。

11 月 16 日，原新疆银监局核准王文兵长城新盛信托有限责任公司董事、董事长任职资格。

11 月 19 日，深圳银保监局筹备组核准华润深国投信托有限公司修订后的《公司章程》。

11 月 19 日，青岛银保监局筹备组核准陆家嘴国际信托有限公司修订后的《公司章程》。

11 月 19 日，苏州信托有限公司向苏州市残疾人福利基金会及苏州市佳悦特殊儿童早期干预中心捐赠奥尔夫音乐教室，向市社会福利院捐赠孤残儿童特制轮椅，费用总计 5 万元。

11 月 20 日，原新疆银监局核准庞洪梅华融国际信托有限责任公司董事会董事、副董事长任职资格。

11 月 20 日，江苏银保监局筹备组核准严珊江苏省国际信托有限责任公司副总经理任职资格。

11 月 21 日，中国信托业协会举办“信托公司财富管理业务发展”主题沙龙活动。

11 月 22 日，苏州信托有限公司设立的“苏信颐家”社区居家慈善护理项目向困难居家失能、半失能人群共计捐助 25 万元，资金来源于苏信善举 · 2 号慈善信托。

11 月 22 日，广东粤财信托有限公司、建信信托有限责任公司、英大国际信托有限责任公司、中国对外经济贸易信托有限公司、中航信托股份有限公司、中融国际信托有限公司获得中国银行间市场交易商协会非金融企业债务融资工具承销业务资格。

11 月 23 日，江苏银保监局筹备组核准王长江江苏省国际信托有限责任公司独立董事任职资格；核准唐进、刘志红江苏省国际信托有限责任公司董事任职资格；核准裴硕秋江苏省国际信托有限责任公司职工董事任职资格。

11 月 23 日，上海国际信托有限公司“上善”系列上信海亮中西部地区教育助学慈善信托的云南地区教师来沪培训项目合作协议签约仪式在云南省教育厅举行。

11 月 23 日，紫金信托有限责任公司以自有资金出资 100 万元设立“紫金 · 厚德 8 号”慈善信托，专项救助困难家庭大病儿童和残障儿童。

11 月 23 日，重庆国际信托股份有限公司行政管理部荣获重庆市妇女联合会授予的“重庆市巾帼文明岗”称号。

11 月 26 日，北京银保监局筹备组核准张一冰中国对外经济贸易信托有限公司副总经理任职资格；核准王大为中国对外经济贸易信托有限公司董事会秘书任职资格。

11 月 26 日，上海银保监局筹备组核准陈乃道中泰信托有限责任公司总裁任职资格。

11 月 26 日，中国金谷国际信托有限责任公司《档案工作与公司业务融合 助力企业持续发展》荣获国家档案局授予的“全国企业档案工作管理创新优秀案例三等奖”。

11 月 27 日，天津银保监局筹备组同意北方国际信托股份有限公司变更股权结构。

11 月 28 日，中海信托股份有限公司正式取得公司个人征信系统的信用报告查询权限。

11 月 29 日，中国银保监会同意中江国际信托股份有限公司变更股权结构。

11 月 29 日，北京银保监局筹备组核准秦江卫中国对外经济贸易信托有限公司首席风控官任职资格。

11 月 29 日，苏州银保监分局筹备组核准苏州信托有限公司修订后的《公司章程》。

11 月 29 日，国通信托有限责任公司荣获湖北银保监局筹备组颁发的“最佳组织奖”。

11 月 30 日，紫金信托有限责任公司对结对帮扶的低收入困难群众进行了入户走访调研和慰问。

11 月，五矿国际信托有限公司成立“五矿信托三江源精准扶贫 6 号慈善信托”与“五矿信托三江源精准扶贫 7 号慈善信托”，并组织爱心捐赠活动。

11 月，中国信托业协会就信托行业服务民营企业、支持实体经济开展系列调研。

11 月，中铁信托有限责任公司跻身四川百强企业第 74 位，服务业百强企业第 30 位。

## 12 月

12 月 3 日，深圳银保监局筹备组核准谢兰军华润深国投信托有限公司独立董事任职资格；核准郭庆卫华润深国投信托有限公司董事任职资格；核准张宏山华润深国投信托有限公司总经理助理任职资格。

12 月 4 日，山东银保监局筹备组同意山东省国际信托股份有限公司注册资本由 25.88 亿元变更为 46.59 亿元。

12 月 4 日，天津银保监局筹备组核准金树良北方国际信托股份有限公司总经济师任职资格；核准北方国际信托股份有限公司修订后的《公司章程》。

12 月 5 日，上海银保监局筹备组核准黄晓峰中海信托股份有限公司董事长任职资格；核准张德荣中海信托股份有限公司董事、总裁任职资格；核准中海信托股份有限公司修订后的《公司章程》。

12 月 7 日，中航信托股份有限公司加入绿色债券标准委员会成为非常任成员单位。

12 月 8 日，安信信托股份有限公司携手 WABC 无障碍艺途基金会，在安信空间展出“异彩·第二季”精智障碍艺术家原生艺术大展，呼吁全社会共同关注精智艺术人群生存成长。

12 月 10 日，北京银保监局筹备组核准华鑫国际信托有限公司修订后的《公司章程》。

12 月 10 日，天津银保监局筹备组核准董刚、刘德发北方国际信托股份有限公司总经理助理任职资格；核准张文栋北方国际信托股份有限公司运营总监任职资格。

12 月 11 日，北京银保监局筹备组核准中国对外经济贸易信托有限公司修订后的《公司章程》。

12 月 11 日，福建银保监局筹备组同意兴业国际信托有限公司变更股权结构。

12 月 11 日，上海银保监局筹备组核准华宝信托有限责任公司修订后的《公司章程》。

12 月 11 日，上海银保监局筹备组核准中泰信托有限责任公司修订后的《公司章程》。

12 月 12 日，山西银保监局筹备组核准山西信托股份有限公司修订后的《公司章程》。

12 月 12 日，陕西省国际信托股份有限公司监察审计部于晓峰荣获陕西省国资委授予的“省属企业内部审计工作先进个人”称号，计划财务部姬莹荣获“省属企业财务管理工作先进个人”称号。

12 月 12 日，紫金信托有限责任公司荣获南京市档案局颁发的“2018 年度档案年检先进单位”称号。

12 月 13 日，山东银保监局筹备组核准山东省国际信托股份有限公司修订后的《公司章程》。

12 月 14 日，上海银保监局核准上海爱建信托有限责任公司受托境外理财业务资格。

12 月 14 日，浙江银保监局筹备组核准万向信托股份公司修订后的《公司章程》。

12 月 15 日，四川信托“锦绣・爱心之家”正式投入使用，为户外劳动者们提供休憩之地，为城市文明建设贡献一份力量。

12 月 17 日，湖北银保监局核准国通信托有限责任公司修订后的《公司章程》。

12 月 18 日，四川信托有限公司通过“帮一帮慈善信托”向成都市锦江区社会组织发展基金会捐款 20 万元，专项用于炉霍县脱贫攻坚相关项目。

12 月 19 日，中原信托有限公司“与善同行　与爱同在”爱心团队为河南登封市唐庄镇第四小学送去图书、御寒物资及体育用品。

12 月 20 日，华宝信托有限责任公司申报的《家族信托全生命周期的信息化管理》项目荣获上海市企业管理现代化创新成果评审委员会授予的“2018 年上海市企业管理现代化创新成果三等奖”。

12 月 24 日，中信信托有限责任公司成为辽宁省机关事业单位职业年金计划受托人候补机构。

12 月 25—26 日，中国信托业协会召开 2018 年信托业年会暨协会四届一次会员大会现场会议。

12 月 25 日，广东银保监局核准陈英东莞信托有限公司总经理任职资格。

12 月 25 日，中信信托有限责任公司与重庆市黔江区政府携手举办“中信信托·黔江区爱心帮扶公益项目”慈善捐赠活动，捐赠 30 万元资金主要用于资助当地因遭遇重大疾病、家庭重大变故等导致生活及学习困难的儿童。

12 月 26 日，中国信托业协会召开四届一次理事会现场会议、二届一次监事会现场会议。

12 月 26 日，包头银监分局核准新时代信托股份有限公司修订后的《公司章程》。

12 月 26 日，兴业国际信托有限公司获中国银行间市场交易商协会试点批复，可在同一资产支持票据业务中同时担任受托机构和承销商。

12 月 27 日，内蒙古银保监局核准华宸信托有限责任公司修订后的《公司章程》。

12 月 27 日，新疆银保监局核准华融国际信托有限责任公司修订后的《公司章程》。

12 月 27 日，中融国际信托有限公司荣获中国妇女发展基金会颁发的“感恩 30 年——特别致谢”奖。

12 月 28 日，北京银保监局核准北京国际信托有限公司修订后的《公司章程》。

12 月 28 日，北京银保监局核准建信信托有限责任公司修订后的《公司章程》。

12 月 28 日，北京银保监局核准中诚信托有限责任公司修订后的《公司章程》。

12 月 28 日，广东银保监局同意东莞信托有限公司注册资本由 12 亿元变更为 14.5 亿元。

12 月 28 日，广东银保监局核准刘发宏广东粤财信托有限公司职工董事任职资格；核准广东粤财信托有限公司修订后的《公司章程》。

12 月 28 日，甘肃银保监局同意光大兴陇信托有限责任公司注册资本由 34.18 亿元变更为 64.18 亿元。

12 月 28 日，湖北银保监局核准交银国际信托有限公司修订后的《公司章程》。

12 月 28 日，上海银保监局核准安信信托股份有限公司修订后的《公司章程》。

12 月 28 日，由华宝信托有限责任公司家族个人客户发起设立的“华宝信托有限责任公司·农银 2018 纵联慈善信托”正式成立。

12 月 28 日，中建投信托股份有限公司荣获由中国银保监会授予的中国银保监会信息科技风险管理课题研究成果全国二等奖，万向信托股份公司荣获非银机构课题三类成果奖。

12 月 29 日，陕西银保监局核准长安国际信托股份有限公司修订后的《公司章程》。

12 月 29 日，四川银保监局核准陈赤中铁信托有限责任公司总经理任职资格。

12 月 29 日，云南银保监局核准云南国际信托有限公司修订后的《公司章程》。

12 月 29 日，中海信托股份有限公司党委书记、董事长黄晓峰荣获上海市黄浦区“自主创新领军人才”称号。

12 月 29 日，紫金信托在中诚信国际信用跟踪评级发布的报告中再次获评信用等级 AA+级，评级展望为稳定。

12月，中国信托业协会发布《中国信托业年鉴（2017—2018）》。

12月，北京银保监局核准英大国际信托有限责任公司修订后的《公司章程》。

12月，深圳银保监局核准沈建厅、李锐平安信托有限责任公司董事任职资格；核准平安信托有限责任公司修订后的《公司章程》。

12月，西藏银保监局核准西藏信托有限公司企业年金基金管理业务资格。

12月，中国人民银行西安分行、陕西银保监局筹备组、陕西证监局等联合发文，授予长安国际信托股份有限公司先进单位称号并进行通报表扬。

12月，华融国际信托有限责任公司荣获人民银行乌鲁木齐中心支行授予的“货币监测分析工作二等奖”。

12月，陕西省国际信托股份有限公司荣获陕西省国资委授予的“省属企业厂务公开民主管理工作先进单位奖”和“2018年度省属企业内部审计工作先进集体奖”。

12月，建信信托有限责任公司荣获中国并购公会授予的“最佳并购管理奖”。

12月，新时代信托股份有限公司荣获包头市信用体系建设领导小组授予的2018年包头市“诚信企业”荣誉称号。

12月，中铁信托有限责任公司荣获成都市总工会授予的“成都市五一劳动奖状”。

12月，北京国际信托有限公司卓玮同志荣获“北京市金融系统优秀工会工作者”荣誉称号。

# 中国信托业年鉴 2018—2019（下卷）

ALMANAC OF CHINA'S TRUSTEE

中国信托业协会　编

中国金融出版社

# 目　录

CONTENTS

## 下　卷

**2018年度中国信托公司信息披露分析报告** ······ 445

**2018年度各公司年度报告** ······ 641

安徽国元信托有限责任公司 ······ 643
安信信托股份有限公司 ······ 663
百瑞信托有限责任公司 ······ 671
北方国际信托股份有限公司 ······ 695
北京国际信托有限公司 ······ 711
渤海国际信托股份有限公司 ······ 739
长安国际信托股份有限公司 ······ 757
长城新盛信托有限责任公司 ······ 772
重庆国际信托股份有限公司 ······ 787
大业信托有限责任公司 ······ 804
东莞信托有限公司 ······ 816
光大兴陇信托有限责任公司 ······ 829
广东粤财信托有限公司 ······ 847
国联信托股份有限公司 ······ 860
国民信托有限公司 ······ 875
国通信托有限责任公司 ······ 886
国投泰康信托有限公司 ······ 899
杭州工商信托股份有限公司 ······ 920
湖南省信托有限责任公司 ······ 935

华澳国际信托有限公司 …… 957
华宝信托有限责任公司 …… 973
华宸信托有限责任公司 …… 996
华能贵诚信托有限公司 …… 1008
华融国际信托有限责任公司 …… 1018
华润深国投信托有限公司 …… 1034
华鑫国际信托有限公司 …… 1055
华信信托股份有限公司 …… 1067
吉林省信托有限责任公司 …… 1077
建信信托有限责任公司 …… 1096
江苏省国际信托有限责任公司 …… 1109
交银国际信托有限公司 …… 1121
昆仑信托有限责任公司 …… 1134
陆家嘴国际信托有限公司 …… 1146
平安信托有限责任公司 …… 1171
山东省国际信托股份有限公司 …… 1192
山西信托股份有限公司 …… 1208
陕西省国际信托股份有限公司 …… 1221
上海爱建信托有限责任公司 …… 1229
上海国际信托有限公司 …… 1252
四川信托有限公司 …… 1270
苏州信托有限公司 …… 1286
天津信托有限责任公司 …… 1312
万向信托股份公司 …… 1332
五矿国际信托有限公司 …… 1348
西部信托有限公司 …… 1365
西藏信托有限公司 …… 1381
厦门国际信托有限公司 …… 1398
新华信托股份有限公司 …… 1420
新时代信托股份有限公司 …… 1432
兴业国际信托有限公司 …… 1447
英大国际信托有限责任公司 …… 1463
云南国际信托有限公司 …… 1479

浙商金汇信托股份有限公司 …… 1497
中诚信托有限责任公司 …… 1509
中国对外经济贸易信托有限公司 …… 1526
中国金谷国际信托有限责任公司 …… 1542
中国民生信托有限公司 …… 1557
中海信托股份有限公司 …… 1578
中航信托股份有限公司 …… 1594
中建投信托股份有限公司 …… 1604
中江国际信托股份有限公司 …… 1620
中粮信托有限责任公司 …… 1636
中融国际信托有限公司 …… 1657
中泰信托有限责任公司 …… 1670
中铁信托有限责任公司 …… 1685
中信信托有限责任公司 …… 1700
中原信托有限公司 …… 1714
紫金信托有限责任公司 …… 1726

# 2018年度中国信托公司信息披露分析报告

# 2018 年度中国信托公司信息披露分析报告摘要

## 第一章　信托公司的基本信息

本章主要介绍了68 家信托公司披露的公司基本信息、注册资本以及股东情况等。

## 第二章　信托公司年度报告的质量评价——关于审计报告

本章对信托公司被出具的审计报告类型及执行《企业会计准则》的情况进行分析，以此作为后面章节对信托公司进行分析的一个依据。

## 第三章　信托公司财务指标排行榜

本章列出信托公司 2018 年度的各项主要财务数据，并做简要的比较分析。

## 第四章　固有资产报表总体分析

本章将68 家信托公司披露的 2018 年固有资产部分的会计报表（分为合并报表和母公司单体报表），包括资产负债表、利润表和所有者权益变动表，分别汇总成代表中国信托行业固有资产整体的汇总报表，以此来分析中国信托公司固有资产整体的财务状况和经营成果。

## 第五章　信托资产报表总体分析

本章将68 家信托公司披露的 2018 年信托资产部分的会计报表，包括资产负债表和利润表，分别汇总成代表中国信托行业信托资产整体情况的汇总报表，以此来分析中国信托公司信托资产整体的财务状况和经营成果。

## 第六章　财务报表附注及其他项目的分析

本章分析了在会计报表附注部分披露的包括或有事项、自营资产风险分类、资产损失准备计提以及关联方关系及其交易等各项情况。同时，就信托公司 2018 年年报中对经营因素的认可情况作了详细的统计，以便于相关部门决策参考。

## 第七章　公司治理结构及人员结构

本章就信托公司的公司治理情况进行分析。

# 编制说明

2018 年纳入统计范围的信托公司和 2017 年一致，共计 68 家。

在进行《2018 年度中国信托公司信息披露分析报告》的编制过程中，关注到在 68 家信托公司披露的 2018 年度审计报告中，共有 6 家信托公司本年披露的期初净资产与上年披露的年末净资产不一致；6 家信托公司本年披露的上年净利润与上年披露的当年净利润不一致。在这些产生差异的公司中，所有公司均披露了差异原因。由于年鉴篇幅所限，不可能一一列示其差异产生的原因和数据调整过程，因此在计算本年各项指标排名时以信托公司本年披露的年初数为准，同时列报上年净资产数和上年净利润数，以供信息使用者参考。

在对 68 家信托公司报表进行汇总统计时，采用各公司的合并报表进行统计分析，同时注意到信托公司报表所采用的货币单位不一致，大部分公司以万元为单位，部分公司以元为单位。为便于汇总合并，我们统一以万元做单位，对于存量部分以元为单位的报表进行折算，由于折算差异可能造成部分表格的明细构成与合计数存在尾差。

2018 年，第三章到第五章仍然从资本实力、业务能力、盈利能力、信托理财能力和抗风险能力五方面指标入手，希望借此能建立更加合理的“信托公司综合评价体系”。

# 2018 年度中国信托公司信息披露分析报告

第一章　信托公司的基本信息 …… 453
一、信息披露情况总览 …… 453
（一）信托公司披露户数及其地区分布情况 …… 453
（二）信托公司变更公司名称情况的披露 …… 453
（三）信托公司基本情况的披露 …… 454
（四）信托公司董事会、监事会及高管对年报意见的披露 …… 457
（五）信托公司重大事项临时公告的披露 …… 457
二、信托公司实收资本及股东情况 …… 458
（一）信托公司实收资本及股东 2017 年、2018 年的综合变动情况分析 …… 458
（二）信托公司年末股东和大股东情况分析 …… 460
（三）信托公司股东变更情况分析 …… 464
（四）原银监会及其派出机构对公司检查后提出整改意见 …… 465
（五）原银监会及其省级派出机构认定的其他有必要让客户及相关利益人了解的重要信息 …… 470
第二章　信托公司年度报告的质量评价——关于审计报告 …… 472
一、信托公司 2018 年、2017 年审计报告类型分类汇总情况 …… 472
二、信托公司 2018 年、2017 年会计师事务所审计情况 …… 472
三、信托公司 2018 年、2017 年执行的会计制度统计 …… 474
第三章　信托公司财务指标排行榜 …… 479
一、信托公司单项财务指标排行榜 …… 479
（一）固有资产相关指标 …… 479
（二）信托资产相关指标 …… 498
二、信托公司一些总体指标排名 …… 511
（一）信托公司总资产排行榜 …… 511
（二）2018 年末信托资产规模资本比例排行榜 …… 513
（三）信托公司总收入排行榜 …… 515
（四）现金比率排行榜 …… 517
（五）流动比率排行榜 …… 518
三、信托公司一些其他指标排名 …… 520
（一）固有资产资产负债率增减变动情况排行榜 …… 520
（二）已清算结束信托项目综合实际年化收益率排行榜 …… 522
（三）信托资产配比分析 …… 524
（四）信托公司人均净利润排行榜 …… 530
（五）信托公司资本利润率排行榜 …… 532
（六）信托公司风控指标排行榜 …… 533
（七）信托风险赔偿率排行榜 …… 535
第四章　固有资产报表总体分析 …… 537
一、合并报表数据 …… 537
（一）固有资产财务状况总体分析 …… 537
（二）固有资产经营成果总体分析 …… 539
（三）固有资产所有者权益总体分析 …… 540
（四）固有资产报表结构比率分析 …… 543
二、母公司报表数据 …… 549
（一）母公司固有资产财务状况总体分析 …… 549
（二）固有资产经营成果总体分析 …… 550
（三）母公司固有资产所有者权益总体分析 …… 551

（四）母公司固有资产报表结构比率分析 …… 552
第五章　信托资产报表总体分析 …… 556
一、2018 年信托资产汇总报表分析 …… 556
（一）信托业务汇总报表 …… 556
（二）信托资产汇总结构分析 …… 558
（三）信托资产经营成果及结构分析 …… 560
二、信托资产管理情况分析 …… 563
（一）信托资产运用及分布情况分析 …… 563
（二）集合类、单一类和财产管理类信托项目变动情况 …… 564
第六章　财务报表附注及其他项目的分析 …… 567
一、或有事项情况 …… 567
（一）对外担保和或有事项情况 …… 567
（二）公司本年发生或存在的重大诉讼仲裁事项 …… 567
二、重要资产转让及其出售的说明 …… 568
三、自营资产风险分类情况 …… 569
四、资产损失准备计提和覆盖情况 …… 570
（一）资产损失准备的计提 …… 570
（二）资产准备覆盖分析 …… 574
五、自营股票投资、基金投资、债券投资、长期股权投资和代理业务的分析 …… 577
六、自营贷款分析 …… 579
七、关联方关系及其交易的披露 …… 580
（一）关联方及其交易汇总 …… 580
（二）固有资产与关联方关联交易 …… 581
（三）信托资产与关联方关联交易 …… 582
（四）固有财产与信托财产相互交易 …… 583
（五）信托资产与信托财产相互交易 …… 584
八、子公司及其合并情况 …… 585
九、信托公司 2018 年年报中对经营因素的认可情况分析 …… 586
（一）关于经营目标 …… 586
（二）关于经营方针 …… 586
（三）关于战略规划 …… 586
（四）关于经济金融形势认识 …… 586
（五）关于经营有利因素的认识 …… 587
（六）关于经营不利因素的认识 …… 587
（七）关于内部控制职能部门的认识 …… 587
（八）关于风险管理可能遇到的风险的认识 …… 587
（九）关于风险管理基本原则与政策的认识 …… 588
（十）关于风险管理组织机构与职责的认识 …… 588
（十一）关于信用风险状况的认识 …… 588
（十二）关于信用风险管理措施的认识 …… 588
（十三）关于市场风险状况的认识 …… 589
（十四）关于市场风险管理措施的认识 …… 589
（十五）关于操作风险状况的认识 …… 589
（十六）关于操作风险管理措施的认识 …… 589
（十七）关于其他风险状况的认识 …… 590
（十八）关于其他风险管理措施的认识 …… 590
第七章　公司治理结构及人员结构 …… 591
一、2018 年公司股东会、董事会和监事会三会情况分析 …… 591
（一）股东会、董事会和监事会三会会议次数 …… 591
（二）董事会及其基本情况分析 …… 593

（三）独立董事分析 …… 616
（四）监事会及其基本情况分析 …… 621
（五）信托公司股东派出董事和监事情况分析 …… 626
二、公司高管情况分析 …… 628
（一）公司高管变动情况分析 …… 628
（二）公司及其董事、监事和高级管理人员受到处罚的情况 …… 631
三、人员结构分析 …… 632
（一）员工数量分析 …… 632
（二）年龄构成分析 …… 633
（三）高管人员性别构成分析 …… 634
（四）学历构成分析 …… 634
（五）高管人员从业年限结构分析 …… 635
（六）员工岗位汇总分析 …… 636
四、信托公司聘请律师事务所的情况分析 …… 637

# 第一章 信托公司的基本信息

## 一、信息披露情况总览

本章主要介绍68家公司的基本情况,包括信托公司的基本信息、注册资本、股东情况等。

在原银监会颁发的《信托投资公司信息披露管理暂行办法》的附件《年度报告内容与格式》中要求公司在重要提示及目录中刊登声明:本公司董事会及董事保证本报告所载资料不存在任何虚假记载、误导性陈述或者重大遗漏,并对其内容的真实性、准确性和完整性承担个别及连带责任。公司负责人、主管会计工作负责人及会计机构负责人(会计主管人员)应当声明:保证年度报告中财务报告的真实、完整。2018年所有68家信托公司披露的年度报告都作了这样的声明,因此之后进行的所有分析均是基于这样的假设:所有披露的信息内容都是真实、准确、完整的。

2018年68家信托公司固有业务中,44家明确披露已执行《企业会计准则》(2006年),20家披露已执行《企业会计准则》(2006年)及2014年新修订/颁布的《企业会计准则》,1家披露同时执行《企业会计准则》(2006年)和《金融负债与权益工具的区分及相关会计处理规定》(2014年),1家披露同时执行《企业会计准则》(2006年)和《信托业务会计核算办法》(2005年),1家披露同时执行《企业会计准则》和《金融企业会计制度》(2014年),1家披露同时执行2014年新修订/颁布的《企业会计准则》和《国际财务报告准则》。由于信托公司披露的年度报告没有统一的格式,使得部分公司财务报表格式存在较大的差异:有的公司采用了一般企业的财务报表披露格式,有的公司参考采用了原银监会的财务报表格式,还有的公司根据自身业务的特点对相关报表格式进行了调整和补充,导致财务报表列示的科目差别较大,很难统一到一个格式中。为了使各公司的指标具有可比性,我们在统计这些数据时按照统一的口径作了适当的调整。

2018年信托公司财务报表涉及上年金额和本年金额的披露,部分公司对比较报表年初数进行了调整,但在2018年年报中未详细披露数据的调整过程。由于年鉴篇幅所限,无法一一列示其差异原因和数据调整过程,因此本报告中对于公司披露的2017年年末数与2018年年初数不一致的情况,以2018年年初数作为统计口径。

本报告所有的统计都是依据信托公司公开披露的2018年年报内容进行的。以下是信托公司披露的基本信息汇总分析。

### (一)信托公司披露户数及其地区分布情况

**表1-1-1 信托公司2016年、2017年、2018年披露户数比较**

| 项目 | 2016年 | 2017年 | 2018年 |
|---|---|---|---|
| 披露户数 | 68 | 68 | 68 |

**表1-1-2 披露的信托公司2016年、2017年、2018年在各省、市、自治区分布情况**

| 省份 | | 北京 | 上海 | 广东 | 江苏 | 山东 | 陕西 | 安徽 | 福建 | 河南 | 辽宁 | 内蒙古 | 天津 | 浙江 | 重庆 | 甘肃 | 黑龙江 |
|---|---|---|---|---|---|---|---|---|---|---|---|---|---|---|---|---|---|
| 分布户数 | 2016年 | 11 | 7 | 5 | 4 | 2 | 3 | 2 | 2 | 2 | 1 | 2 | 2 | 5 | 2 | 1 | 1 |
| | 2017年 | 11 | 7 | 5 | 4 | 2 | 3 | 2 | 2 | 2 | 1 | 2 | 2 | 5 | 2 | 1 | 1 |
| | 2018年 | 11 | 7 | 5 | 4 | 2 | 3 | 2 | 2 | 2 | 1 | 2 | 2 | 5 | 2 | 1 | 1 |
| 省份 | | 湖南 | 吉林 | 江西 | 山西 | 西藏 | 新疆 | 云南 | 河北 | 湖北 | 四川 | 贵州 | 青海 | 广西 | 宁夏 | 海南 | 合计 |
| 分布户数 | 2016年 | 1 | 1 | 2 | 1 | 1 | 2 | 1 | 1 | 2 | 2 | 1 | 1 | — | — | — | 68 |
| | 2017年 | 1 | 1 | 2 | 1 | 1 | 2 | 1 | 1 | 2 | 2 | 1 | 1 | — | — | — | 68 |
| | 2018年 | 1 | 1 | 2 | 1 | 1 | 2 | 1 | 1 | 2 | 2 | 1 | 1 | — | — | — | 68 |

信托公司位于北京的有11家,上海有7家,广东和浙江各有5家,大部分省、市、自治区有1~4家不等,广西、宁夏、海南三个省或自治区均没有信托公司。

### (二)信托公司变更公司名称情况的披露

截至2018年12月31日,有两家公司变更公司名称,内容如下。

1. 2018年4月,经中国银行保险监督管理委员会浙江监管局批复同意,公司名称由中建投信托有限责任公司更名为中建投信托股份有限公司(英文名称为JIC Trust Co., Ltd.)。

2. 经万向信托有限公司2017年第二次临时股东会会议审议,并报浙江银保监局批准(浙银监复[2018]150号),2018年5月29日,公司变更为股份有限公司,名称变更为万向信托股份公司(英文名称为Wanxiang Trust Co.,Ltd.)。

## (三)信托公司基本情况的披露

**表1-1-3 披露的信托公司2018年基本情况**

| 公司法定中文名称 | 公司形式 | 注册资本(万元) | 法定代表人 | 注册地址 | 所在省份 |
|---|---|---|---|---|---|
| 重庆国际信托股份有限公司 | 股份有限公司 | 1 500 000.00 | 翁振杰 | 重庆市渝北区龙溪街道金山路9号附7号 | 重庆 |
| 平安信托有限责任公司 | 有限责任公司 | 1 300 000.00 | 任汇川 | 深圳市福田区益田路5033号平安金融中心27层(东北、西北、西南)、29层(东南、西南、西北)、31层(3120室、3122室)、32层、33层 | 广东 |
| 中融国际信托有限公司 | 有限责任公司 | 1 200 000.00 | 刘洋 | 哈尔滨市松北区科技创新城创新二路277号 | 黑龙江 |
| 华润深国投信托有限公司 | 有限责任公司 | 1 100 000.00 | 刘晓勇 | 深圳市福田区中心四路1-1号嘉里建设广场第三座第10~12层 | 广东 |
| 昆仑信托有限责任公司 | 有限责任公司 | 1 022 705.89 | 肖华 | 浙江省宁波市鄞州区和济街180号1幢24~27层 | 浙江 |
| 中信信托有限责任公司 | 有限责任公司 | 1 000 000.00 | 陈一松 | 北京市朝阳区新源南路6号京城大厦 | 北京 |
| 中国民生信托有限公司 | 有限责任公司 | 700 000.00 | 卢志强 | 北京市东城区建国门内大街28号民生金融中心C座19层 | 北京 |
| 华信信托股份有限公司 | 股份有限公司 | 660 000.00 | 董永成 | 大连市西岗区大公街34号 | 辽宁 |
| 华能贵诚信托有限公司 | 有限责任公司 | 619 455.74 | 田军 | 贵州省贵阳市观山湖区长岭北路55号贵州金融城1期商务区10号楼23层、24层 | 贵州 |
| 五矿国际信托有限公司 | 有限责任公司 | 600 000.00 | 王卓 | 青海生物科技产业园纬二路18号 | 青海 |
| 新时代信托股份有限公司 | 股份有限公司 | 600 000.00 | 赵利民 | 内蒙古包头市钢铁大街甲5号信托金融大楼 | 内蒙古 |
| 交银国际信托有限公司 | 有限责任公司 | 576 470.59 | 童学卫 | 湖北省武汉市江汉区建设大道847号瑞通广场B座16~17层 | 湖北 |
| 安信信托股份有限公司 | 股份有限公司 | 546 913.79 | 王少钦 | 上海市控江路1553~1555号A座301室 | 上海 |
| 上海国际信托有限公司 | 有限责任公司 | 500 000.00 | 潘卫东 | 中国上海市九江路111号 | 上海 |
| 兴业国际信托有限公司 | 有限责任公司 | 500 000.00 | 沈卫群 | 福州市鼓楼区五四路137号信和广场25~26层 | 福建 |
| 中建投信托股份有限公司 | 股份有限公司 | 500 000.00 | 王文津 | 杭州市教工路18号世贸丽晶城欧美中心1号楼(A座)18~19层C、D区 | 浙江 |
| 中铁信托有限责任公司 | 有限责任公司 | 500 000.00 | 马永红 | 成都市武侯区航空路1号国航世纪中心B座20层、21层、22层 | 四川 |
| 中航信托股份有限公司 | 股份有限公司 | 465 726.71 | 姚江涛 | 江西省南昌市红谷滩新区赣江北大道1号中航广场24~25层 | 江西 |
| 上海爱建信托有限责任公司 | 有限责任公司 | 460 268.46 | 周伟忠 | 上海市徐汇区肇嘉浜路746号3~8层 | 上海 |
| 新华信托股份有限公司 | 股份有限公司 | 420 000.00 | 李桂林 | 重庆市江北区北城一路6号 | 重庆 |
| 英大国际信托有限责任公司 | 有限责任公司 | 402 900.60 | 王剑波 | 北京市东城区建国门内大街乙18号院1号楼英大国际大厦4层 | 北京 |
| 百瑞信托有限责任公司 | 有限责任公司 | 400 000.00 | 王振京 | 河南省郑州市郑东新区商务外环路10号中原广发金融大厦 | 河南 |
| 陆家嘴国际信托有限公司 | 有限责任公司 | 400 000.00 | 黎作强 | 青岛市崂山区香港东路195号3号楼青岛上实中心12层 | 山东 |
| 陕西省国际信托股份有限公司 | 股份有限公司 | 396 401.28 | 薛季民 | 西安市高新区科技路50号金桥国际广场C座 | 陕西 |
| 广东粤财信托有限公司 | 有限责任公司 | 380 000.00 | 陈彦卿 | 广东省广州市越秀区东风中路481号粤财大厦1楼自编C区4楼、14楼、40楼 | 广东 |
| 江苏省国际信托有限责任公司 | 有限责任公司 | 376 033.66 | 胡军 | 江苏省南京市长江路2号22~26层 | 江苏 |
| 厦门国际信托有限公司 | 有限责任公司 | 375 000.00 | 洪文瑾 | 厦门市思明区展鸿路82号厦门国际金融中心39~42层 | 福建 |
| 华宝信托有限责任公司 | 有限责任公司 | 374 400.00 | 张轶 | 中国(上海)自由贸易试验区世纪大道100号环球金融中心59层 | 上海 |
| 中原信托有限公司 | 有限责任公司 | 365 000.00 | 崔泽军 | 中国河南省郑州市商务外环路24号中国人保大厦 | 河南 |
| 渤海国际信托股份有限公司 | 股份有限公司 | 360 000.00 | 郑宏 | 石家庄市新石中路377号B座22~23层 | 河北 |
| 华鑫国际信托有限公司 | 有限责任公司 | 357 484.04 | 褚玉 | 北京市西城区宣武门内大街2号华电大厦B座11层 | 北京 |
| 四川信托有限公司 | 有限责任公司 | 350 000.00 | 牟跃 | 成都市锦江区人民南路2段18号川信红照壁大厦 | 四川 |
| 光大兴陇信托有限责任公司 | 有限责任公司 | 341 819.05 | 闫桂军 | 甘肃省兰州市城关区东岗西路555号 | 甘肃 |
| 长安国际信托股份有限公司 | 股份有限公司 | 333 000.00 | 高成程 | 西安市高新区科技路33号高新国际商务中心23层、24层 | 陕西 |
| 国通信托有限责任公司 | 有限责任公司 | 320 000.00 | 冯鹏熙 | 武汉市江汉区新华街296号汉江国际1栋1单元32~38层 | 湖北 |
| 华融国际信托有限责任公司 | 有限责任公司 | 303 565.33 | 庞洪梅 | 新疆乌鲁木齐市天山区中山路333号 | 新疆 |
| 中江国际信托股份有限公司 | 股份有限公司 | 300 505.17 | 裘强 | 南昌市北京西路88号江信国际金融大厦 | 江西 |
| 安徽国元信托有限责任公司 | 有限责任公司 | 300 000.00 | 许斌 | 安徽省合肥市庐阳区宿州路20号 | 安徽 |
| 国联信托股份有限公司 | 股份有限公司 | 300 000.00 | 周卫平 | 无锡市滨湖区太湖新城金融一街8号国联金融大厦 | 江苏 |
| 中国对外经济贸易信托有限公司 | 有限责任公司 | 274 062.11 | 杨林 | 北京市西城区复兴门内大街28号凯晨世贸中心中座6层 | 北京 |
| 山东省国际信托股份有限公司 | 股份有限公司 | 258 825.00 | 万众 | 山东省济南市历下区解放路166号 | 山东 |
| 华澳国际信托有限公司 | 有限责任公司 | 250 000.00 | 张宏 | 中国(上海)自由贸易试验区花园石桥路33号花旗集团大厦1702室 | 上海 |

续表

| 公司法定中文名称 | 公司形式 | 注册资本(万元) | 法定代表人 | 注册地址 | 所在省份 |
|---|---|---|---|---|---|
| 中海信托股份有限公司 | 股份有限公司 | 250 000.00 | 张德荣 | 上海市蒙自路763号36楼 | 上海 |
| 中诚信托有限责任公司 | 有限责任公司 | 245 666.67 | 牛成立 | 北京市东城区安外大街2号 | 北京 |
| 紫金信托有限责任公司 | 有限责任公司 | 245 300.00 | 陈峥 | 江苏省南京市鼓楼区中山北路2号紫峰大厦30层 | 江苏 |
| 湖南省信托有限责任公司 | 有限责任公司 | 245 132.00 | 王双云 | 长沙市天心区城南西路1号财信大厦6~9层 | 湖南 |
| 中粮信托有限责任公司 | 有限责任公司 | 230 000.00 | 孙彦敏 | 北京市朝阳区朝阳门南大街8号中粮福临门大厦11层 | 北京 |
| 北京国际信托有限公司 | 有限责任公司 | 220 000.00 | 李民吉 | 北京市朝阳区安立路30号院1号楼、2号楼 | 北京 |
| 中国金谷国际信托有限责任公司 | 有限责任公司 | 220 000.00 | 彭新 | 北京市西城区金融大街33号通泰大厦C座10层 | 北京 |
| 国投泰康信托有限公司 | 有限责任公司 | 219 054.55 | 叶柏寿 | 北京市西城区阜成门北大街2号楼16层、17层 | 北京 |
| 天津信托有限责任公司 | 有限责任公司 | 170 000.00 | 赵毅 | 天津市河西区围堤道125~127号天信大厦 | 天津 |
| 浙商金汇信托股份有限公司 | 股份有限公司 | 170 000.00 | 余艳梅 | 浙江省杭州市庆春路199号6~8层、1~2层西面商铺 | 浙江 |
| 吉林省信托有限责任公司 | 有限责任公司 | 159 659.75 | 邰戈 | 吉林省长春市人民大街9889号 | 吉林 |
| 建信信托有限责任公司 | 有限责任公司 | 152 727.00 | 王宝魁 | 安徽省合肥市九狮桥街45号 | 安徽 |
| 杭州工商信托股份有限公司 | 股份有限公司 | 150 000.00 | 虞利明 | 浙江省杭州市江干区迪凯国际中心41层 | 浙江 |
| 西部信托有限公司 | 有限责任公司 | 150 000.00 | 徐朝晖 | 陕西省西安市东新街232号 | 陕西 |
| 东莞信托有限公司 | 有限责任公司 | 145 000.00 | 黄晓雯 | 东莞松山湖高新技术产业开发区创新科技园2号楼 | 广东 |
| 山西信托股份有限公司 | 股份有限公司 | 135 700.00 | 刘叔肄 | 山西省太原市府西街69号 | 山西 |
| 万向信托股份公司 | 股份有限公司 | 133 900.00 | 肖风 | 浙江省杭州市下城区体育场路429号天和大厦4~6层及9~17层 | 浙江 |
| 苏州信托有限公司 | 有限责任公司 | 120 000.00 | 沈光俊 | 苏州市工业园区苏雅路308号信投大厦18~22层 | 江苏 |
| 云南国际信托有限公司 | 有限责任公司 | 120 000.00 | 刘刚 | 云南省昆明市南屏街(云南国托大厦) | 云南 |
| 北方国际信托股份有限公司 | 股份有限公司 | 100 099.89 | 包立杰 | 天津经济技术开发区第三大街39号 | 天津 |
| 大业信托有限责任公司 | 有限责任公司 | 100 000.00 | 陈俊标 | 广州市花都区迎宾大道163号高晟广场2栋11层 | 广东 |
| 国民信托有限公司 | 有限责任公司 | 100 000.00 | 肖鹰 | 北京市东城区安外西滨河路18号院1号 | 北京 |
| 西藏信托有限公司 | 有限责任公司 | 100 000.00 | 周贵庆 | 西藏拉萨市经济开发区博达路1号阳光新城别墅区A7栋 | 西藏 |
| 华宸信托有限责任公司 | 有限责任公司 | 80 000.00 | 甄学军 | 内蒙古自治区呼和浩特市赛罕区如意西街23号 | 内蒙古 |
| 中泰信托有限责任公司 | 有限责任公司 | 51 660.00 | 吴庆斌 | 上海市中华路1600号黄浦中心大厦17层、18层 | 上海 |
| 长城新盛信托有限责任公司 | 有限责任公司 | 30 000.00 | 喻林 | 乌鲁木齐经济技术开发区卫星路475号紫金矿业研发大厦A座11层 | 新疆 |

**表1-1-4 披露的信托公司2018年基本情况(续)**

| 公司简称 | 邮编 | 网址 | 电子信箱 | 负责信息披露事务人姓名 | 年度审计报告出具日期 | 披露媒体 |
|---|---|---|---|---|---|---|
| 爱建信托 | 200030 | www.ajxt.com.cn | ajmail-1@ajfc.com.cn | 李洋洋 | 2019年3月31日 | 《上海证券报》 |
| 安信信托 | 200092 | www.anxintrust.com | 600816@anxintrust.com | 陶瑾宇 | 2019年4月29日 | 《中国证券报》《上海证券报》《证券时报》《证券日报》 |
| 百瑞信托 | 450018 | www.brxt.net | brxt@brxt.net | 王克槿 | 2019年2月25日 | 《上海证券报》《证券时报》 |
| 北方信托 | 300457 | www.nitic.cn/ | sunchenxi@nitic.cn | 王辉 | 2019年4月26日 | 《证券时报》 |
| 北京信托 | 100012 | www.bjitic.com | webmaster@bjitic.com | 夏彬 | 2019年1月31日 | 《上海证券报》 |
| 渤海信托 | 050090 | www.bohaitrust.com | xch_li@bohaitrust.com | 马建军 | 2019年2月26日 | 《证券时报》 |
| 大业信托 | 510800 | www.dytrustee.com | info@dytrustee.com | 汪鑫 | 2019年3月17日 | 《金融时报》 |
| 东莞信托 | 523808 | www.dgxt.com | bgs@dgxt.com | 冯杰 | 2019年2月28日 | 《证券时报》 |
| 光大兴陇信托 | 730030 | www.ebtrust.com | contact@ebtrust.com | 李招军 | 2019年4月18日 | 《证券时报》 |
| 国联信托 | 214131 | www.gltic.com.cn | gltic@gltic.com.cn | 朱文革 | 2019年3月5日 | 《金融时报》 |
| 国民信托 | 100011 | www.natrust.cn | info@natrust.cn | 付然 | 2019年4月18日 | 《上海证券报》 |
| 国通信托 | 430000 | www.gt-trust.com | info@gt-trust.com | 岳建强 | 2019年3月28日 | 《金融时报》 |
| 国投泰康信托 | 100034 | www.sdictktrust.com | sdictktrust@sdictktrust.com | 李涛 | 2019年3月22日 | 《证券时报》《金融时报》《上海证券报》 |
| 国元信托 | 230001 | www.gyxt.com.cn | xtbgs@gyxt.com.cn | 虞焰智 | 2019年4月11日 | 《上海证券报》 |
| 杭州工商信托 | 310016 | www.hztrust.com | hztrust@hztrust.com | 张锐 | 2019年4月26日 | 《证券时报》 |
| 湖南信托 | 410015 | www.huntic.com | huntic@huntic.com | 邓冰 | 2019年4月4日 | 《证券时报》《上海证券报》 |
| 华澳信托 | 200120 | www.huaao-trust.com | enquiry@huaao-trust.com | 陈鸣 | 2019年3月6日 | 《证券时报》 |
| 华宝信托 | 200120 | www.hwabaotrust.com | hbservice@hwabaotrust.com | 张晓喆 | 瑞华审字[2019]31270002号 | 《中国证券报》《上海证券报》《证券时报》 |
| 华宸信托 | 010011 | www.hctrust.cn | hctrust@hctrust.cn | 晋军 | 2019年3月29日 | 《证券时报》 |

续表

| 公司简称 | 邮编 | 网址 | 电子信箱 | 负责信息披露事务人姓名 | 年度审计报告出具日期 | 披露媒体 |
|---|---|---|---|---|---|---|
| 华能信托 | 550081 | www. hngtrust. com | public@ hngtrust. com | 赵刚 | 2019 年 3 月 15 日 | 《金融时报》 |
| 华融信托 | 830002 | www. huarongtrust. com. cn | hrxt@ chamc. com. cn | 郭睿 | 2019 年 4 月 18 日 | 《上海证券报》 |
| 华润信托 | 518048 | www. crctrust. com | crctrust@ crctrust. com | 郭庆卫 | 2019 年 4 月 22 日 | 《证券时报》 |
| 华鑫信托 | 100031 | www. cfitc. com | hxxt@ cfitc. com | 李扬建 | 2019 年 3 月 20 日 | 《金融时报》 |
| 华信信托 | 116011 | www. huaxintrust. com | huaxin@ hxtic. cn | 黄铎 | 2019 年 3 月 15 日 | 《金融时报》 |
| 吉林信托 | 130022 | www. jptic. com. cn | jptic@ jptic. com. cn | 曹轩 | 2019 年 4 月 10 日 | 《证券时报》 |
| 建信信托 | 230001 | www. ccbtrust. com. cn | jxxt@ ccbtrust. com. cn | 王晓薇 | 2019 年 4 月 19 日 | 《金融时报》 |
| 江苏信托 | 210005 | www. jsitc. net | jsitc@ jsitc. net | 王会清 | 2019 年 4 月 19 日 | 《证券时报》 |
| 交银国际信托 | 430015 | www. bocommtrust. com | jygx@ bocommtrust. com | 赵德刚 | 2019 年 4 月 26 日 | 《金融时报》《上海证券报》《证券时报》 |
| 金谷信托 | 100033 | www. jingutrust. com | wangchong@ cinda. com. cn | 王崇 | 2019 年 3 月 28 日 | 《金融时报》 |
| 昆仑信托 | 315042 | www. kunluntrust. com | klinfo@ cnpc. com. cn | 黄志斌 | 2019 年 4 月 23 日 | 《金融时报》《证券时报》 |
| 陆家嘴信托 | 266071 | www. ljzitc. com. cn | ljzxt@ ljzitc. com. cn | 马家顺 | 2019 年 4 月 12 日 | 《上海证券报》 |
| 平安信托 | 518048 | trust. pingan. com | Pub_PATMB@ pingan. com. cn | 顾攀 | 2019 年 3 月 28 日 | 《证券时报》《中国证券报》《上海证券报》《证券日报》《金融时报》 |
| 厦门国际信托 | 361008 | www. xmitic. com | master@ xmitic. com | 李自成 | 2019 年 3 月 25 日 | 《证券时报》 |
| 山东信托 | 250013 | www. sitic. com. cn | ir1697@ luxin. cn | 贺创业 | 2019 年 3 月 22 日 | 《上海证券报》 |
| 山西信托 | 030002 | www. sxxt. net | websxxt@ sxxt. net | 陈强 | 2019 年 4 月 19 日 | 《金融时报》 |
| 陕国投 | 710075 | www. siti. com. cn | sgtdm@ siti. com. cn | 孙一娟 | 2019 年 4 月 24 日 | 《中国证券报》《证券时报》 |
| 上海信托 | 200002 | www. shanghaitrust. com | info@ shanghaitrust. com | 吴海波 | 2019 年 4 月 18 日 | 《上海证券报》 |
| 四川信托 | 610016 | www. schtrust. com | schtrust@ schtrust. com | 陈洪亮 | 2019 年 4 月 24 日 | 《金融时报》《证券时报》《上海证券报》 |
| 苏州信托 | 215021 | www. trustsz. com | sztic@ trustsz. com | 张言 | 2019 年 1 月 30 日 | 《证券时报》 |
| 天津信托 | 300074 | www. tjtrust. com | office@ tjtrust. com | 韩立新 | 2019 年 3 月 28 日 | 《证券时报》 |
| 外贸信托 | 100031 | www. fotic. com. cn | fotic@ sinochem. com | 王大为 | 2019 年 4 月 24 日 | 《上海证券报》 |
| 万向信托 | 310006 | www. wxtrust. com | wxtrust@ wxtrust. com | 陆炯 | 2019 年 2 月 28 日 | 《证券时报》 |
| 五矿信托 | 810003 | www. mintrust. com | Mintrust – fortune@ mintrust. com | 蔡琦 | 2019 年 3 月 25 日 | 《金融时报》《证券时报》 |
| 西部信托 | 710004 | www. wti – xa. com | wti – xa@ wti – xa. com | 齐冰 | 2019 年 2 月 1 日 | 《上海证券报》 |
| 西藏信托 | 850000 | www. ttco. cn | wujy@ ttco. cn | 荀诗敏 | 2019 年 2 月 26 日 | 《上海证券报》 |
| 新华信托 | 400023 | www. nct – china. com | service@ nct – china. com | 姜志暤 | 2019 年 4 月 26 日 | 《上海证券报》《金融时报》 |
| 新时代信托 | 014030 | www. xsdxt. com | xsdxt@ xsdxt. com | 陈永利 | 2019 年 4 月 26 日 | 《证券日报》 |
| 兴业信托 | 350003 | www. ciit. com. cn | contact@ ciit. com. cn | 杨刚强 | 2019 年 4 月 15 日 | 《上海证券报》《证券时报》 |
| 英大信托 | 100005 | www. yditc. sgcc. com. cn | yditc@ yditc. sgcc. com. cn | 翟红卫 | 2019 年 3 月 10 日 | 《金融时报》 |
| 粤财信托 | 510045 | www. utrusts. com | wealth@ utrust. cn | 陈韶辉 | 2019 年 4 月 24 日 | 《证券时报》 |
| 云南信托 | 650021 | www. yntrust. com | ynxt@ yntrust. com | 舒广 | 2019 年 3 月 26 日 | 《金融时报》 |
| 长安信托 | 710075 | www. caitc. cn | chentuo@ caitc. cn | 谷林强 | 2019 年 4 月 23 日 | 《上海证券报》《金融时报》《证券时报》 |
| 长城新盛信托 | 830026 | www. gwxstrust. com | gwxs@ gwxstrust. com | 孟庄 | 2019 年 4 月 9 日 | 《上海证券报》 |
| 浙金信托 | 310006 | www. zhejintrust. com | zjtrust@ zjtrust. com | 戴俊 | 大华审字[2019]003420 | 《金融时报》《证券时报》《中国证券报》《上海证券报 》 |
| 中诚信托 | 100013 | www. cctic. com. cn | contactus@ cctic. com. cn | 魏青 | 2019 年 4 月 26 日 | 《金融时报》 |
| 中国民生信托 | 100005 | www. msxt. com | minshengtrust@ msxt. com | 李永平 | 2019 年 3 月 26 日 | 《证券时报》《上海证券报》 |
| 中海信托 | 200023 | www. zhtrust. com | zhtrust@ cnooc. com. cn | 刘显忠 | 2019 年 2 月 11 日 | 《中国证券报》《上海证券报》《证券时报》 |
| 中航信托 | 330038 | www. avictc. com | zhxt@ avictc. com | 罗国华 | 未附完整审计报告 | 《金融时报》《证券时报》 |
| 中建投信托 | 310012 | www. jictrust. cn | gs_zh@ jictrust. cn | 谭硕 | 2019 年 4 月 18 日 | 《上海证券报》 |
| 中江信托 | 330046 | www. jxi. cn | office@ zjgjxt. com □ | 贾俊 | 2019 年 3 月 12 日 | 《证券时报》 |
| 中粮信托 | 100020 | www. cofco – trust. com | majz@ cofco. com | 吴浩军 | 2019 年 3 月 25 日 | 《金融时报》 |
| 中融信托 | 150028 | www. zritc. com | zritc@ zritc. com | 游宇 | 2019 年 3 月 20 日 | 《金融时报》《上海证券报》 |
| 中泰信托 | 200021 | www. zhongtaitrust. com | zhongtai@ zhongtaitrust. com | 李颖 | 2019 年 3 月 25 日 | 《证券时报》 |
| 中铁信托 | 610041 | www. crtrust. com | crtc@ crtrust. com | 舒军华 | 2019 年 3 月 29 日 | 《证券时报》《上海证券报》 |
| 中信信托 | 100004 | trust. ecitic. com | citict@ cititrust. com. cn | 戴家凯 | 2019 年 3 月 22 日 | 《金融时报》 |
| 中原信托 | 450016 | www. zyxt. com. cn | info@ zyxt. com. cn | 刘飞 | 2019 年 2 月 27 日 | 《证券时报》《上海证券报》 |
| 重庆信托 | 401147 | www. cqiti. com | cqiti@ cqiti. com | 吕维 | 2019 年 4 月 18 日 | 《上海证券报》《证券时报》 |
| 紫金信托 | 210008 | www. zjtrust. com. cn | bgs@ zjtrust. com. cn | 高晓俊 | 2019 年 2 月 20 日 | 《证券时报》 |

## （四）信托公司董事会、监事会及高管对年报意见的披露

**1. 董事会对年报意见的披露**

根据原银监会颁发的《信托投资公司信息披露管理暂行办法》的附件《年度报告内容与格式》，要求公司在重要提示及目录中刊登声明：本公司董事会及董事保证本报告所载资料不存在任何虚假记载、误导性陈述或者重大遗漏，并对其内容的真实性、准确性和完整性承担个别及连带责任。68 家董事均按要求作了声明保证。

**2. 监事会对年报意见的披露**

根据原银监会颁发的《信托投资公司信息披露管理暂行办法》的附件《年度报告内容与格式》，要求公司监事会应当对本公司依法运作情况、财务报告是否真实反映公司的财务状况和经营成果等发表独立意见。2018 年年报中68 家信托公司的监事会均发表了相关意见，认为公司依法运作、财务报告真实反映了公司的财务状况和经营成果。

**3. 高管对年报意见的披露**

根据原银监会颁发的《信托投资公司信息披露管理暂行办法》的附件《年度报告内容与格式》，要求公司负责人、主管会计工作负责人及会计机构负责人（会计主管人员）应当声明：保证年度报告中财务报告的真实、完整。68 家公司均按要求完整披露了高管发表的声明。

## （五）信托公司重大事项临时公告的披露

**表 1－1－5　披露的信托公司 2018 年临时公告情况**

| 公司简称 | 期内临时报告的披露次数 | 公司简称 | 期内临时报告的披露次数 |
|---|---|---|---|
| 陕国投 | 37 | 山西信托 | 1 |
| 陆家嘴信托 | 5 | 上海信托 | 1 |
| 北方信托 | 4 | 四川信托 | 1 |
| 浙金信托 | 4 | 外贸信托 | 1 |
| 中粮信托 | 4 | 西藏信托 | 1 |
| 华能信托 | 3 | 兴业信托 | 1 |
| 华润信托 | 3 | 英大信托 | 1 |
| 建信信托 | 3 | 中国民生信托 | 1 |
| 昆仑信托 | 3 | 中航信托 | 1 |
| 粤财信托 | 3 | 中融信托 | 1 |
| 云南信托 | 3 | 中铁信托 | 1 |
| 长安信托 | 3 | 中信信托 | 1 |
| 中建投信托 | 3 | 中原信托 | 1 |
| 中泰信托 | 3 | 爱建信托 | — |
| 紫金信托 | 3 | 北京信托 | — |
| 百瑞信托 | 2 | 渤海信托 | — |
| 东莞信托 | 2 | 大业信托 | — |
| 国元信托 | 2 | 国联信托 | — |
| 杭州工商信托 | 2 | 国通信托 | — |
| 湖南信托 | 2 | 国投泰康信托 | — |
| 华鑫信托 | 2 | 华澳信托 | — |
| 交银国际信托 | 2 | 华融信托 | — |
| 厦门国际信托 | 2 | 吉林信托 | — |
| 苏州信托 | 2 | 江苏信托 | — |
| 万向信托 | 2 | 金谷信托 | — |
| 西部信托 | 2 | 平安信托 | — |
| 新时代信托 | 2 | 山东信托 | — |
| 中海信托 | 2 | 天津信托 | — |
| 安信信托 | 1 | 五矿信托 | — |
| 光大兴陇信托 | 1 | 新华信托 | — |
| 国民信托 | 1 | 长城新盛信托 | — |
| 华宝信托 | 1 | 中诚信托 | — |
| 华宸信托 | 1 | 中江信托 | — |
| 华信信托 | 1 | 重庆信托 | — |

根据《信托投资公司信息披露管理暂行办法》第十八条规定:

信托投资公司发生重大事项,应当制作重大事项临时报告并向社会披露。重大事项包括(但不限于)下列情况:(一)公司第一大股东变更及原因;(二)公司董事长、总经理变动及原因;(三)公司董事报告期内累计变更超过50%;(四)信托经理和信托业务人员报告期内累计变更超过30%;(五)公司章程、注册资本、注册地和公司名称的变更;(六)公司合并、分立、解散等事项;(七)公司更换为其审计的会计师事务所;(八)公司更换为其服务的律师事务所;(九)法律法规规定的其他重要事项。

上述信托公司中,除了上市公司,陕国投、安信信托和山东信托外分别披露了37次、1次和无临时报告外,陆家嘴信托披露了5次公告,北方信托、浙金信托和中粮信托披露了4次公告,41家公司披露了1~3次不等的临时公告,20家公司期内无临时公告。

## 二、信托公司实收资本及股东情况

### (一)信托公司实收资本及股东2017年、2018年的综合变动情况分析

从整体来说,信托公司平均注册资本2018年较2017年增加了28 258.38万元,增幅为7.87%,平均股东家数较上年略有减少,平均持股10%以上的股东家数较上年略有增加,第一大股东平均持股比例略有增加,第二大股东平均持股比例略有增加,第三大股东平均持股比例略有减少。应当来说,股本增加而股权构成基本稳定,说明股东对信托公司的发展充满信心。信托公司2017年、2018年注册资本及股东综合情况详见表1-2-1。

**表1-2-1 信托公司2017年、2018年注册资本及股东综合情况**

| 项目 | 2017年末 | 2018年末 | 增减变动 |
|---|---|---|---|
| 平均注册资本(万元) | 359 012.76 | 387 271.14 | 28 258.38 |
| 平均股东家数 | 5.54 | 5.52 | -0.02 |
| 平均持股10%以上股东家数 | 2.16 | 2.18 | 0.02 |
| 第一大股东平均持股比例(%) | 64.16 | 64.19 | 0.03 |
| 第二大股东平均持股比例(%) | 19.63 | 19.84 | 0.21 |
| 第三大股东平均持股比例(%) | 11.27 | 9.71 | -1.56 |

注:2017年末披露的信托公司共68家。计算平均股东数时不包括陕国投、安信信托和山东信托三家上市公司,共采用65家数据进行平均计算;计算平均持股10%以上股东数时各家全部披露,共采用68家数据进行平均计算;2017年末第一大股东平均持股比例计算的基数是68家信托公司的平均数据,第二大股东平均持股比例计算的基数是67家信托公司的平均数据,第三大股东平均持股比例计算的基数是45家信托公司的平均数据。

2018年末披露的信托公司共68家。计算平均股东数时不包括陕国投、安信信托和山东信托三家上市公司,共采用65家数据进行平均计算;计算平均持股10%以上股东数时各家全部披露,共采用68家数据进行平均计算;2018年末第一大股东平均持股比例计算的基数是68家信托公司的平均数据,第二大股东平均持股比例计算的基数是68家信托公司的平均数据,第三大股东平均持股比例计算的基数是52家信托公司的平均数据。

2018年末平均股本比2017年末增加了28 258.38万元,达到387 271.14万元。超过平均股本的公司有24家,占全部68家公司的35.29%,低于平均股本的公司占64.71%,说明部分信托公司的规模与2017年相比已有所增长。信托公司2017年、2018年股本情况详见表1-2-2。信托公司股本变动情况明细详见表1-2-3。

**表1-2-2 信托公司2017年、2018年股本情况(按2018年末股本数进行排序)**

| 排名 | 公司简称 | 上期股本(万元) | 股本增加 | 股本减少 | 本期股本(万元) | 排名 | 公司简称 | 上期股本(万元) | 股本增加 | 股本减少 | 本期股本(万元) |
|---|---|---|---|---|---|---|---|---|---|---|---|
| 1 | 重庆信托 | 1 500 000.00 | — | — | 1 500 000.00 | 20 | 新华信托 | 420 000.00 | — | — | 420 000.00 |
| 2 | 平安信托 | 1 300 000.00 | — | — | 1 300 000.00 | 21 | 英大信托 | 302 175.45 | 100 725.15 | — | 402 900.60 |
| 3 | 中融信托 | 1 200 000.00 | — | — | 1 200 000.00 | 22 | 陆家嘴信托 | 300 000.00 | 100 000.00 | — | 400 000.00 |
| 4 | 华润信托 | 600 000.00 | 500 000.00 | — | 1 100 000.00 | 23 | 百瑞信托 | 400 000.00 | — | — | 400 000.00 |
| 5 | 昆仑信托 | 1 022 705.89 | — | — | 1 022 705.89 | 24 | 陕国投 | 309 049.17 | 87 352.11 | — | 396 401.28 |
| 6 | 中信信托 | 1 000 000.00 | — | — | 1 000 000.00 | 25 | 粤财信托 | 380 000.00 | — | — | 380 000.00 |
| 7 | 中国民生信托 | 700 000.00 | — | — | 700 000.00 | 26 | 江苏信托 | 268 389.90 | 107 643.76 | — | 376 033.66 |
| 8 | 华信信托 | 660 000.00 | — | — | 660 000.00 | 27 | 厦门国际信托 | 350 000.00 | 25 000.00 | — | 375 000.00 |
| 9 | 华能信托 | 420 000.00 | 199 455.74 | — | 619 455.74 | 28 | 华宝信托 | 374 400.00 | — | — | 374 400.00 |
| 10 | 新时代信托 | 600 000.00 | — | — | 600 000.00 | 29 | 中原信托 | 365 000.00 | — | — | 365 000.00 |
| 11 | 五矿信托 | 600 000.00 | — | — | 600 000.00 | 30 | 渤海信托 | 360 000.00 | — | — | 360 000.00 |
| 12 | 交银国际信托 | 576 470.59 | — | — | 576 470.59 | 31 | 华鑫信托 | 220 000.00 | 137 484.04 | — | 357 484.04 |
| 13 | 安信信托 | 455 761.49 | 91 152.30 | — | 546 913.79 | 32 | 四川信托 | 350 000.00 | — | — | 350 000.00 |
| 14 | 中铁信托 | 500 000.00 | — | — | 500 000.00 | 33 | 光大兴陇信托 | 341 819.05 | — | — | 341 819.05 |
| 15 | 中建投信托 | 166 574.00 | 333 426.00 | — | 500 000.00 | 34 | 长安信托 | 333 000.00 | — | — | 333 000.00 |
| 16 | 兴业信托 | 500 000.00 | — | — | 500 000.00 | 35 | 国通信托 | 320 000.00 | — | — | 320 000.00 |
| 17 | 上海信托 | 500 000.00 | — | — | 500 000.00 | 36 | 华融信托 | 303 565.33 | — | — | 303 565.33 |
| 18 | 中航信托 | 465 726.71 | — | — | 465 726.71 | 37 | 中江信托 | 300 505.17 | — | — | 300 505.17 |
| 19 | 爱建信托 | 300 000.00 | 160 268.46 | — | 460 268.46 | 38 | 国元信托 | 300 000.00 | — | — | 300 000.00 |

续表

| 排名 | 公司简称 | 上期股本（万元） | 股本增加 | 股本减少 | 本期股本（万元） | 排名 | 公司简称 | 上期股本（万元） | 股本增加 | 股本减少 | 本期股本（万元） |
|---|---|---|---|---|---|---|---|---|---|---|---|
| 39 | 国联信托 | 300 000. 00 | — | — | 300 000. 00 | 55 | 杭州工商信托 | 150 000. 00 | — | — | 150 000. 00 |
| 40 | 外贸信托 | 220 000. 00 | 54 062. 11 | — | 274 062. 11 | 56 | 西部信托 | 150 000. 00 | — | — | 150 000. 00 |
| 41 | 山东信托 | 258 825. 00 | — | — | 258 825. 00 | 57 | 东莞信托 | 120 000. 00 | 25 000. 00 | — | 145 000. 00 |
| 42 | 中海信托 | 250 000. 00 | — | — | 250 000. 00 | 58 | 山西信托 | 135 700. 00 | — | — | 135 700. 00 |
| 43 | 华澳信托 | 250 000. 00 | — | — | 250 000. 00 | 59 | 万向信托 | 133 900. 00 | — | — | 133 900. 00 |
| 44 | 中诚信托 | 245 666. 67 | — | — | 245 666. 67 | 60 | 苏州信托 | 120 000. 00 | — | — | 120 000. 00 |
| 45 | 紫金信托 | 245 300. 00 | — | — | 245 300. 00 | 61 | 云南信托 | 120 000. 00 | — | — | 120 000. 00 |
| 46 | 湖南信托 | 245 132. 00 | — | — | 245 132. 00 | 62 | 北方信托 | 100 099. 89 | — | — | 100 099. 89 |
| 47 | 中粮信托 | 230 000. 00 | — | — | 230 000. 00 | 63 | 国民信托 | 100 000. 00 | — | — | 100 000. 00 |
| 48 | 北京信托 | 220 000. 00 | — | — | 220 000. 00 | 64 | 西藏信托 | 100 000. 00 | — | — | 100 000. 00 |
| 49 | 金谷信托 | 220 000. 00 | — | — | 220 000. 00 | 65 | 大业信托 | 100 000. 00 | — | — | 100 000. 00 |
| 50 | 国投泰康信托 | 219 054. 55 | — | — | 219 054. 55 | 66 | 华宸信托 | 80 000. 00 | — | — | 80 000. 00 |
| 51 | 天津信托 | 170 000. 00 | — | — | 170 000. 00 | 67 | 中泰信托 | 51 660. 00 | — | — | 51 660. 00 |
| 52 | 浙金信托 | 170 000. 00 | — | — | 170 000. 00 | 68 | 长城新盛信托 | 30 000. 00 | — | — | 30 000. 00 |
| 53 | 吉林信托 | 159 659. 75 | — | — | 159 659. 75 | | 平均数 | 359 012. 76 | 28 258. 38 | — | 387 271. 14 |
| 54 | 建信信托 | 152 727. 00 | — | — | 152 727. 00 | | 合计数 | 24 412 867. 61 | 1 921 569. 67 | — | 26 334 437. 28 |

注:68 家信托公司的股本 2018 年比 2017 年总体增加了 1 921 569. 67 万元。其中,增资最大的是华润信托,增加了 500 000. 00 万元。

**表 1－2－3　信托公司股本变动情况明细**

| 公司简称 | 上期股本（万元） | 本期股本（万元） | 增减变动 | 注册资本变动原因 |
|---|---|---|---|---|
| 安信信托 | 455 761. 49 | 546 913. 79 | 91 152. 30 | 2018 年 3 月 6 日,公司 2017 年度股东大会审议通过《2017 年度利润分配及资本公积金转增股本的预案》,本次利润分配及转增股本以方案实施前的公司总股本 4 557 614 932 股为基数,每股派发现金红利 0. 5 元(含税),以资本公积金向全体股东每股转增 0. 2 股,共派发现金红利为 2 278 807 466 元,转增 911 522 987 股,本次分配后总股本为 5 469 137 919 股。<br>报告期内,公司 2017 年度资本公积金转增股本实施完成,公司总股本增加至 5 469 137 919 股(详见 2018 年 4 月 25 日,上海证券交易所网站、《中国证券报》《上海证券报》《证券时报》《证券日报》,公告编号:2018 －013 号,《安信信托股份有限公司 2018 年年度权益分派实施公告》)。 |
| 东莞信托 | 120 000. 00 | 145 000. 00 | 25 000. 00 | 2018 年 12 月 28 日,经中国银行保险监督管理委员会广东监管局《关于东莞信托有限公司变更注册资本及调整股权结构的批复》(粤银保监复[2018]68 号)批准,公司注册资本由 12 亿元增加至 14. 5 亿元。据此公司于 2018 年 12 月 29 日在东莞市工商行政管理局办理了变更注册资本的手续。本次变更由东莞发展控股股份有限公司(其实际控制人为东莞市人民政府国有资产监督管理委员会)出资认缴上述全部增加的注册资本。 |
| 陕国投 | 309 049. 17 | 396 401. 28 | 87 352. 11 | 2018 年 4 月 11 日,公司收到中国证券监督管理委员会《关于核准陕西省国际信托股份有限公司配股的批复》(证监许可[2018]479 号),核准了公司本次配股发行。公司以总股本 3 090 491 732 股为基数,按每 10 股配售 3 股的比例,以 2. 60 元/股的发行价格,向 2018 年 7 月 16 日登记在册的全体股东配股,发行价格为 2. 60 元/股,配股认购股份数量合计为 873 521 114 股。 |
| 厦门国际信托 | 350 000. 00 | 375 000. 00 | 25 000. 00 | 2018 年,公司以股东会临时会议方式,通过通讯表决形成多份决议:通过《关于调整 2018 年度部分预算项目的决议》《关于将公司第五届董事会董事杨清榕变更为李云祥的决议》《关于向厦门国际信托有限公司增资 2. 5 亿元的决议》《公司章程修正案》。 |
| 华润信托 | 600 000. 00 | 1 100 000. 00 | 500 000. 00 | 2018 年 5 月,经中国银行保险监督管理委员会深圳监管局核准,公司注册资本由 60 亿元增加至 110 亿元,股权结构不变。2018 年 6 月 26 日,公司在《上海证券报》第 95 版披露《关于增加注册资本金的公告》,经公司 2018 年第二次股东会决议通过,并报中国银行保险监督管理委员会深圳监管局核准(核准文件:深银监复[2018]94 号),以未分配利润转增 50 亿元注册资本,增资后公司实收资本由 60 亿元增加至 110 亿元,股东出资比例不变。 |
| 英大信托 | 302 175. 45 | 402 900. 60 | 100 725. 15 | 2018 年公司引入战略投资者,中国南方电网有限责任公司成功入股,持有公司 25% 股权,成为第二大股东。公司股权和治理结构进一步优化,为改革发展带来了新机遇。 |
| 外贸信托 | 220 000. 00 | 274 062. 11 | 54 062. 11 | 经中国外贸信托 2018 年第三次股东会议审议通过,并经北京银监局核准(京银监复[2018]450 号),中国外贸信托注册资本由 22 亿元增加至 2 740 621 140. 33 元,增加的注册资本由中化资本有限公司出资。中国外贸信托已就上述事项完成工商变更登记备案手续。增资后,中国外贸信托的股东名称、出资金额和出资比例:中化资本有限公司出资 2 657 468 896. 20 元,出资比例为 96. 97%;中化集团财务有限责任公司出资 83 152 244. 13 元,出资比例为 3. 03%。 |

续表

| 公司简称 | 上期股本（万元） | 本期股本（万元） | 增减变动 | 注册资本变动原因 |
|---|---|---|---|---|
| 中建投信托 | 166 574.00 | 500 000.00 | 333 426.00 | 2018 年 4 月，经中国银行保险监督管理委员会浙江监管局批复同意，公司名称由中建投信托有限责任公司更名为中建投信托股份有限公司（英文名称为 JICTrustCo. Ltd.）。注册资本由 1 665 740 000 元增加至 5 000 000 000元。增资后，各股东持股比例保持不变。其中，中国建银投资有限责任公司持有股份数为 4 502 500 000 股，持股比例为 90.05%；建投控股有限责任公司持有股份数为 497 500 000 股，持股比例为 9.95%。 |
| 华能信托 | 420 000.00 | 619 455.74 | 199 455.74 | 在股东的支持下，公司 2018 年继续增资扩股，确保公司现金流能够持续满足长短期资金需求和监管要求。截至 2018 年末，公司注册资本由 42 亿元增加至 61.94557406 亿元。 |
| 爱建信托 | 300 000.00 | 460 268.46 | 160 268.46 | 2018 年 2 月 12 日，爱建信托收到上海银保监局《关于同意上海爱建信托有限责任公司变更注册资本的批复》（沪银监复[2018]94 号），公司注册资本金由 300 000 万元（含外汇资本金 500 万美元）增加至 420 000 万元（含外汇资本金 500 万美元），原有股东及股权比例保持不变。<br>2018 年 9 月 10 日，爱建信托收到上海银保监局《关于同意上海爱建信托有限责任公司变更注册资本的批复》（沪银监复[2018]484 号），公司注册资本金由 420 000 万元（含外汇资本金 500 万美元）增加至 460 268.4564 万元（含外汇资本金 500 万美元），原有股东及股权比例保持不变。 |
| 华鑫信托 | 220 000.00 | 357 484.04 | 137 484.04 | 2018 年 5 月 23 日，经股东方同意并报北京银监局批准，中国华电集团有限公司将所持有的 51% 股份转让给中国华电集团资本控股有限公司，同时中国华电集团资本控股有限公司增加资本金 28 亿元，增资后实收资本为 35.7 亿元，中国华电集团资本控股有限公司占比为 69.84%，中国华电集团财务有限公司占比为 30.16%。 |
| 陆家嘴信托 | 300 000.00 | 400 000.00 | 100 000.00 | 经陆家嘴国际信托有限公司 2018 年度股东会第五次会议审议通过，并报中国银行保险监督管理委员会青岛监管局批复同意（青银监复[2018]99 号），陆家嘴国际信托有限公司的注册资本金由 30 亿元增加至 40 亿元，公司股东的出资比例保持不变，《公司章程》已作相应修改。以上变更已于 2018 年 7 月 27 日完成工商变更手续。 |
| 江苏信托 | 268 389.90 | 376 033.66 | 107 643.76 | 经与各股东协商一致，江苏信托 3 家股东江苏国信、苏豪控股、江苏农垦以现金方式对公司进行增资，增资总额为 49.09 亿元。其中，江苏国信增资 40 亿元，持股比例保持不变，为 81.4904%；苏豪控股增资 7.38 亿元，持股比例由 9.2548% 变为 10.9106%；江苏农垦增资 1.7 亿元，持股比例由 4.6274% 变为 4.2962%；江苏高投未增资，持股比例由 4.6274% 变为 3.3028%。2018 年 6 月 27 日，中国银监会江苏监管局（现已更名为中国银保监会江苏监管局）批复同意公司变更注册资本（苏银监复[2018]140 号），公司注册资本由 26.84 亿元变更为 37.60 亿元。 |

## （二）信托公司年末股东和大股东情况分析

**表 1-2-4　披露的信托公司 2018 年末股东数量及持股比例 10% 以上股东数汇总情况**

| 公司简称 | 股东家数（家） | 其中：持股比例 10% 以上股东家数（家） | 公司简称 | 股东家数（家） | 其中：持股比例 10% 以上股东家数（家） |
|---|---|---|---|---|---|
| 安信信托 | 上市公司 | 1 | 新时代信托 | 4 | 3 |
| 山东信托 | 上市公司 | 3 | 长城新盛信托 | 4 | 3 |
| 陕国投 | 上市公司 | 2 | 江苏信托 | 4 | 2 |
| 北方信托 | 24 | 2 | 国联信托 | 4 | 2 |
| 西部信托 | 24 | 1 | 昆仑信托 | 3 | 2 |
| 华信信托 | 20 | 3 | 山西信托 | 3 | 1 |
| 中铁信托 | 17 | 1 | 苏州信托 | 3 | 3 |
| 中诚信托 | 15 | 3 | 厦门国际信托 | 3 | 3 |
| 中江信托 | 13 | 3 | 中原信托 | 3 | 2 |
| 北京信托 | 10 | 4 | 渤海信托 | 3 | 3 |
| 四川信托 | 10 | 3 | 浙金信托 | 3 | 2 |
| 杭州工商信托 | 9 | 2 | 爱建信托 | 3 | 1 |
| 华能信托 | 8 | 2 | 大业信托 | 3 | 3 |
| 百瑞信托 | 8 | 3 | 金谷信托 | 3 | 1 |
| 国元信托 | 7 | 2 | 陆家嘴信托 | 3 | 3 |
| 长安信托 | 7 | 4 | 五矿信托 | 3 | 2 |
| 英大信托 | 7 | 2 | 中粮信托 | 3 | 2 |
| 东莞信托 | 6 | 2 | 国通信托 | 3 | 3 |
| 中泰信托 | 6 | 3 | 上海信托 | 3 | 1 |

续表

| 公司简称 | 股东家数(家) | 其中:持股比例10%以上股东家数(家) | 公司简称 | 股东家数(家) | 其中:持股比例10%以上股东家数(家) |
|---|---|---|---|---|---|
| 紫金信托 | 6 | 2 | 粤财信托 | 2 | 1 |
| 中国民生信托 | 6 | 2 | 建信信托 | 2 | 2 |
| 兴业信托 | 6 | 1 | 湖南信托 | 2 | 1 |
| 新华信托 | 6 | 4 | 华宝信托 | 2 | 1 |
| 云南信托 | 6 | 4 | 平安信托 | 2 | 1 |
| 华宸信托 | 6 | 3 | 西藏信托 | 2 | 2 |
| 吉林信托 | 5 | 1 | 华润信托 | 2 | 2 |
| 华融信托 | 5 | 2 | 外贸信托 | 2 | 1 |
| 天津信托 | 5 | 2 | 中海信托 | 2 | 1 |
| 重庆信托 | 5 | 2 | 中信信托 | 2 | 2 |
| 万向信托 | 5 | 2 | 交银国际信托 | 2 | 2 |
| 光大兴陇信托 | 4 | 2 | 中建投信托 | 2 | 1 |
| 国民信托 | 4 | 4 | 中航信托 | 2 | 2 |
| 国投泰康信托 | 4 | 3 | 华澳信托 | 2 | 2 |
| 中融信托 | 4 | 3 | 华鑫信托 | 2 | 2 |
| | | | 平均数 | 5.52 | 2.18 |

注:计算股东平均数时上市公司未包含在内。

50家信托公司的第一大股东持股比例超过了50%,处于绝对控股地位。披露的信托公司2018年末第一大股东的持股比例排序详见表1-2-5。

**表1-2-5 披露的信托公司2018年末第一大股东的持股比例排序**

| 排名 | 公司简称 | 第一大股东名称 | 持股比例(%) | 第一大股东性质 |
|---|---|---|---|---|
| 1 | 平安信托 | 中国平安保险(集团)股份有限公司 | 99.8800 | 股份有限公司 |
| 2 | 爱建信托 | 上海爱建集团股份有限公司 | 99.3300 | 股份有限公司 |
| 3 | 粤财信托 | 广东粤财投资控股有限公司 | 98.1400 | 有限责任公司 |
| 4 | 华宝信托 | 中国宝武钢铁集团有限公司 | 98.0000 | 有限责任公司 |
| 5 | 吉林信托 | 吉林省财政厅 | 97.4960 | 机关法人 |
| 6 | 上海信托 | 上海浦东发展银行股份有限公司 | 97.3333 | 股份有限公司 |
| 7 | 外贸信托 | 中化资本有限公司 | 96.9700 | 有限责任公司 |
| 8 | 湖南信托 | 湖南财信投资控股有限责任公司 | 96.0000 | 有限责任公司 |
| 9 | 中海信托 | 中国海洋石油集团有限公司 | 95.0000 | 有限责任公司 |
| 10 | 金谷信托 | 中国信达资产管理股份有限公司 | 92.2900 | 股份有限公司 |
| 11 | 山西信托 | 山西金融投资控股集团有限公司 | 90.7000 | 有限责任公司 |
| 12 | 中建投信托 | 中国建银投资有限责任公司 | 90.0500 | 有限责任公司 |
| 13 | 交银国际信托 | 交通银行股份有限公司 | 85.0000 | 股份有限公司 |
| 14 | 中航信托 | 中航投资控股有限公司 | 82.7300 | 有限责任公司 |
| 15 | 中国民生信托 | 武汉中央商务区股份有限公司 | 82.7071 | 股份有限公司 |
| 16 | 昆仑信托 | 中油资产管理有限公司 | 82.1800 | 有限责任公司 |
| 17 | 江苏信托 | 江苏国信股份有限公司 | 81.4904 | 股份有限公司 |
| 18 | 西藏信托 | 西藏自治区财政厅 | 80.0000 | 机关法人 |
| 19 | 厦门国际信托 | 厦门金圆金控股份有限公司 | 80.0000 | 股份有限公司 |
| 20 | 中信信托 | 中国中信有限公司 | 80.0000 | 有限责任公司 |
| 21 | 中铁信托 | 中国中铁股份有限公司 | 78.9110 | 股份有限公司 |
| 22 | 五矿信托 | 五矿资本控股有限公司 | 78.0020 | 有限责任公司 |
| 23 | 浙金信托 | 浙江东方金融控股集团股份有限公司 | 78.0000 | 股份有限公司 |
| 24 | 华融信托 | 中国华融资产管理股份有限公司 | 76.7900 | 股份有限公司 |
| 25 | 万向信托 | 中国万向控股有限公司 | 76.5000 | 有限责任公司 |
| 26 | 中粮信托 | 中粮资本投资有限公司 | 76.0095 | 有限责任公司 |
| 27 | 兴业信托 | 兴业银行股份有限公司 | 73.0000 | 股份有限公司 |
| 28 | 陆家嘴信托 | 上海陆家嘴金融发展有限公司 | 71.6060 | 有限责任公司 |
| 29 | 苏州信托 | 苏州国际发展集团有限公司 | 70.0100 | 有限责任公司 |
| 30 | 国联信托 | 无锡市国联发展(集团)有限公司 | 69.9190 | 有限责任公司 |

续表

| 排名 | 公司简称 | 第一大股东名称 | 持股比例(%) | 第一大股东性质 |
|---|---|---|---|---|
| 31 | 华鑫信托 | 中国华电集团资本控股有限公司 | 69.8400 | 有限责任公司 |
| 32 | 华能信托 | 华能资本服务有限公司 | 67.9200 | 有限责任公司 |
| 33 | 国通信托 | 武汉金融控股(集团)有限公司 | 67.5100 | 有限责任公司 |
| 34 | 建信信托 | 中国建设银行股份有限公司 | 67.0000 | 股份有限公司 |
| 35 | 重庆信托 | 同方国信投资控股有限公司 | 66.9900 | 有限责任公司 |
| 36 | 英大信托 | 国网英大国际控股集团有限公司 | 63.4100 | 有限责任公司 |
| 37 | 东莞信托 | 东莞金融控股集团有限公司 | 60.8276 | 有限责任公司 |
| 38 | 紫金信托 | 南京紫金投资集团有限责任公司 | 60.0100 | 有限责任公司 |
| 39 | 中原信托 | 河南投资集团有限公司 | 58.9656 | 有限责任公司 |
| 40 | 新时代信托 | 新时代远景(北京)投资有限公司 | 58.5400 | 有限责任公司 |
| 41 | 杭州工商信托 | 杭州市金融投资集团有限公司 | 57.9920 | 有限责任公司 |
| 42 | 西部信托 | 陕西省电力建设投资开发公司 | 57.7800 | 有限责任公司 |
| 43 | 国投泰康信托 | 国投资本控股有限公司 | 55.0000 | 有限责任公司 |
| 44 | 安信信托 | 上海国之杰投资发展有限公司 | 52.4400 | 有限责任公司 |
| 45 | 天津信托 | 天津海泰控股集团有限公司 | 51.5800 | 有限责任公司 |
| 46 | 渤海信托 | 海航资本集团有限公司 | 51.2300 | 有限责任公司 |
| 47 | 光大兴陇信托 | 中国光大集团股份公司 | 51.0000 | 股份有限公司 |
| 48 | 华润信托 | 华润股份有限公司 | 51.0000 | 股份有限公司 |
| 49 | 百瑞信托 | 国家电投集团资本控股有限公司 | 50.2400 | 有限责任公司 |
| 50 | 华澳信托 | 北京融达投资有限公司 | 50.0100 | 有限责任公司 |
| 51 | 国元信托 | 安徽国元金融控股集团有限责任公司 | 49.6875 | 有限责任公司 |
| 52 | 山东信托 | 山东省鲁信投资控股集团有限公司 | 47.1200 | 有限责任公司 |
| 53 | 长安信托 | 西安投资控股有限公司 | 40.4400 | 有限责任公司 |
| 54 | 新华信托 | 上海珊瑚礁信息系统有限公司 | 40.0000 | 有限责任公司 |
| 55 | 大业信托 | 中国东方资产管理股份有限公司 | 41.6700 | 有限责任公司 |
| 56 | 中融信托 | 经纬纺织机械股份有限公司 | 37.4700 | 股份有限公司 |
| 57 | 华宸信托 | 内蒙古交通投资(集团)有限责任公司 | 36.5000 | 有限责任公司 |
| 58 | 陕国投 | 陕西煤业化工集团有限责任公司 | 35.0500 | 有限责任公司 |
| 59 | 长城新盛信托 | 中国长城资产管理股份有限公司/新疆生产建设兵团国有资产经营有限公司 | 35.0000 | 股份有限公司 |
| 60 | 北京信托 | 北京市国有资产经营有限责任公司 | 34.3000 | 有限责任公司 |
| 61 | 中诚信托 | 中国人民保险集团股份有限公司 | 32.9200 | 股份有限公司 |
| 62 | 中江信托 | 领锐资产管理股份有限公司 | 32.7400 | 股份有限公司 |
| 63 | 北方信托 | 天津泰达投资控股有限公司 | 32.3300 | 有限责任公司 |
| 64 | 四川信托 | 四川宏达(集团)有限公司 | 32.0388 | 有限责任公司 |
| 65 | 国民信托 | 上海丰益股权投资基金有限公司 | 31.7300 | 有限责任公司 |
| 66 | 中泰信托 | 中国华闻投资控股有限公司 | 31.5700 | 有限责任公司 |
| 67 | 华信信托 | 华信汇通集团有限公司 | 25.9100 | 有限责任公司 |
| 68 | 云南信托 | 云南省财政厅 | 25.0000 | 机关法人 |

经统计，2018 年，信托公司第一大股东平均持股比例为 64.19%，第二大股东平均持股比例为 19.84%，第三大股东平均持股比例为 9.71%。前三大股东平均合计持股比例为 91.45%。披露的信托公司 2018 年末前三大股东名称及持股比例详见表 1－2－6。

**表 1－2－6　披露的信托公司 2018 年末前三大股东名称及持股比例**

| 公司简称 | 第一大股东名称 | 第一大股东持股比例(%) | 第二大股东名称 | 第二大股东持股比例(%) | 第三大股东名称 | 第三大股东持股比例(%) |
|---|---|---|---|---|---|---|
| 国元信托 | 安徽国元金融控股集团有限责任公司 | 49.6875 | 深圳中海投资管理有限公司 | 40.3750 | 安徽皖投资产管理有限公司 | 9.0000 |
| 安信信托 | 上海国之杰投资发展有限公司 | 52.4400 | 中国证券金融股份有限公司 | 4.4100 | 上海公信实业有限公司 | 3.3300 |
| 北方信托 | 天津泰达投资控股有限公司 | 32.3300 | 天津渤海文化产业投资有限公司 | 25.4300 | 天津泰达股份有限公司 | 5.4000 |
| 北京信托 | 北京市国有资产经营有限责任公司 | 34.3000 | 航天科技财务有限责任公司 | 15.3200 | 威益投资有限公司 | 15.3000 |
| 中铁信托 | 中国中铁股份有限公司 | 78.9110 | 中铁二局集团有限公司 | 7.2317 | 成都工投资产经营有限公司 | 3.4291 |
| 东莞信托 | 东莞金融控股集团有限公司 | 60.8276 | 东莞发展控股股份有限公司 | 22.2069 | 东莞市东资经济贸易有限公司 | 4.9655 |
| 光大兴陇信托 | 中国光大集团股份公司 | 51.0000 | 甘肃省国有资产投资集团有限公司 | 43.9800 | 天水市财政局 | 4.0000 |

续表

| 公司简称 | 第一大股东名称 | 第一大股东持股比例(%) | 第二大股东名称 | 第二大股东持股比例(%) | 第三大股东名称 | 第三大股东持股比例(%) |
|---|---|---|---|---|---|---|
| 粤财信托 | 广东粤财投资控股有限公司 | 98.1400 | 广东省科技创业投资有限公司 | 1.8600 | — | — |
| 国民信托 | 上海丰益股权投资基金有限公司 | 31.7300 | 上海璟安实业有限公司 | 27.5500 | 上海创信资产管理有限公司 | 24.1600 |
| 国投泰康信托 | 国投资本控股有限公司 | 55.0000 | 泰康保险集团股份有限公司 | 32.9800 | 悦达资本股份有限公司 | 10.0000 |
| 杭州工商信托 | 杭州市金融投资集团有限公司 | 57.9920 | 绿地金融投资控股集团有限公司 | 19.9000 | 百大集团股份有限公司 | 6.2625 |
| 建信信托 | 中国建设银行股份有限公司 | 67.0000 | 合肥兴泰金融控股(集团)有限公司 | 33.0000 | — | — |
| 湖南信托 | 湖南财信投资控股有限责任公司 | 96.0000 | 湖南省国有投资经营有限公司 | 4.0000 | — | — |
| 华宝信托 | 中国宝武钢铁集团有限公司 | 98.0000 | 舟山市国有资产投资经营有限公司 | 2.0000 | — | — |
| 吉林信托 | 吉林省财政厅 | 97.4960 | 吉林碳素有限公司 | 0.6260 | 吉林化纤集团有限责任公司 | 0.6260 |
| 中江信托 | 领锐资产管理股份有限公司 | 32.7400 | 大连昱辉科技发展有限公司 | 25.1100 | 江西省金融控股集团有限公司 | 20.7600 |
| 昆仑信托 | 中油资产管理有限公司 | 82.1800 | 天津经济技术开发区国有资产经营公司 | 12.8200 | 广博控股集团有限公司 | 5.0000 |
| 平安信托 | 中国平安保险(集团)股份有限公司 | 99.8800 | 上海市糖业烟酒(集团)有限公司 | 0.1200 | — | — |
| 山东信托 | 山东省鲁信投资控股集团有限公司 | 47.1200 | 中油资产管理有限公司 | 18.7500 | 香港中央结算(代理人)有限公司 | 14.5100 |
| 山西信托 | 山西金融投资控股集团有限公司 | 90.7000 | 太原市海信资产管理有限公司 | 8.3000 | 山西国际电力集团有限公司 | 1.0000 |
| 陕国投 | 陕西煤业化工集团有限责任公司 | 35.0500 | 陕西省高速公路建设集团公司 | 21.6200 | 华宝信托有限责任公司 | 2.1500 |
| 华融信托 | 中国华融资产管理股份有限公司 | 76.7900 | 长城人寿保险股份有限公司 | 14.6400 | 珠海市华策集团有限公司 | 7.3200 |
| 苏州信托 | 苏州国际发展集团有限公司 | 70.0100 | 苏州文化旅游发展集团有限公司 | 19.9900 | 联想控股股份有限公司 | 10.0000 |
| 天津信托 | 天津海泰控股集团有限公司 | 51.5800 | 天津市泰达国际控股(集团)有限公司 | 42.1100 | 安邦人寿保险股份有限公司 | 3.9031 |
| 长安信托 | 西安投资控股有限公司 | 40.4400 | 上海淳大资产管理有限公司 | 21.8000 | 上海证大投资管理有限公司 | 15.6000 |
| 西部信托 | 陕西省电力建设投资开发公司 | 57.7800 | 陕西省产业投资有限公司 | 8.6600 | 重庆中侨置业有限公司 | 6.3600 |
| 西藏信托 | 西藏自治区财政厅 | 80.0000 | 西藏自治区投资有限公司 | 20.0000 | — | — |
| 厦门国际信托 | 厦门金圆金控股份有限公司 | 80.0000 | 厦门建发集团有限公司 | 10.0000 | 厦门港务控股集团有限公司 | 10.0000 |
| 华润信托 | 华润股份有限公司 | 51.0000 | 深圳市人民政府国有资产监督管理委员会 | 49.0000 | — | — |
| 华信信托 | 华信汇通集团有限公司 | 25.9100 | 北京万联同创网络科技有限公司 | 19.9000 | 沈阳品成投资有限公司 | 15.4200 |
| 英大信托 | 国网英大国际控股集团有限公司 | 63.4100 | 中国南方电网有限责任公司 | 25.0000 | 中国电力财务有限公司 | 3.9100 |
| 中诚信托 | 中国人民保险集团股份有限公司 | 32.9200 | 国华能源投资有限公司 | 20.3500 | 兖矿集团有限公司 | 10.1800 |
| 外贸信托 | 中化资本有限公司 | 96.9700 | 中化集团财务有限责任公司 | 3.0300 | — | — |
| 中海信托 | 中国海洋石油集团有限公司 | 95.0000 | 中国中信有限公司 | 5.0000 | — | — |
| 中融信托 | 经纬纺织机械股份有限公司 | 37.4700 | 中植企业集团有限公司 | 32.9900 | 哈尔滨投资集团有限责任公司 | 21.5400 |
| 中泰信托 | 中国华闻投资控股有限公司 | 31.5700 | 上海新黄浦置业股份有限公司 | 29.9700 | 广联(南宁)投资股份有限公司 | 20.0000 |
| 中信信托 | 中国中信有限公司 | 80.0000 | 中信兴业投资集团有限公司 | 20.0000 | — | — |
| 中原信托 | 河南投资集团有限公司 | 58.9656 | 河南中原高速公路股份有限公司 | 31.9103 | 河南省豫粮粮食集团有限公司 | 9.1241 |
| 重庆信托 | 同方国信投资控股有限公司 | 66.9900 | 国寿投资控股有限公司 | 26.0400 | 上海淮矿资产管理有限公司 | 4.1000 |
| 渤海信托 | 海航资本集团有限公司 | 51.2300 | 北京海航金融控股有限公司 | 26.6700 | 中国新华航空集团有限公司 | 22.1000 |
| 交银国际信托 | 交通银行股份有限公司 | 85.0000 | 湖北省交通投资集团有限公司 | 15.0000 | — | — |
| 中建投信托 | 中国建银投资有限责任公司 | 90.0500 | 建投控股有限责任公司 | 9.9500 | — | — |
| 华能信托 | 华能资本服务有限公司 | 67.9200 | 贵州产业投资(集团)有限责任公司 | 31.4800 | 人保投资控股有限公司 | 0.1600 |
| 浙金信托 | 浙江东方金融控股集团股份有限公司 | 78.0000 | 中国国际金融股份有限公司 | 17.5000 | 传化集团有限公司 | 4.5000 |
| 爱建信托 | 上海爱建集团股份有限公司 | 99.3300 | 上海爱建纺织品有限公司 | 0.3300 | 上海爱建进出口有限公司 | 0.3300 |
| 新时代信托 | 新时代远景(北京)投资有限公司 | 58.5400 | 上海人广实业发展有限公司 | 24.3900 | 潍坊科微投资有限公司 | 14.6300 |
| 中航信托 | 中航投资控股有限公司 | 82.7300 | 华侨银行有限公司 | 17.2700 | — | — |
| 华澳信托 | 北京融达投资有限公司 | 50.0100 | 重庆财信企业集团有限公司 | 49.9900 | — | — |
| 大业信托 | 中国东方资产管理股份有限公司 | 41.6700 | 广州金融控股集团有限公司 | 38.3300 | 广东京信电力集团有限公司 | 20.0000 |
| 华鑫信托 | 中国华电集团资本控股有限公司 | 69.8400 | 中国华电集团财务有限公司 | 30.1600 | — | — |
| 金谷信托 | 中国信达资产管理股份有限公司 | 92.2900 | 中国妇女活动中心 | 6.2500 | 中国海外工程有限责任公司 | 1.4600 |
| 陆家嘴信托 | 上海陆家嘴金融发展有限公司 | 71.6060 | 青岛国信金融控股有限公司 | 18.2820 | 青岛国信发展(集团)有限责任公司 | 10.1120 |
| 四川信托 | 四川宏达(集团)有限公司 | 32.0388 | 中海信托股份有限公司 | 30.2534 | 四川宏达股份有限公司 | 22.1605 |
| 五矿信托 | 五矿资本控股有限公司 | 78.0020 | 青海省国有资产投资管理有限公司 | 21.2040 | 西宁城市投资管理有限公司 | 0.7940 |
| 中粮信托 | 中粮资本投资有限公司 | 76.0095 | 蒙特利尔银行 | 19.9900 | 中粮财务有限责任公司 | 4.0005 |
| 紫金信托 | 南京紫金投资集团有限责任公司 | 60.0100 | 三井住友信托银行股份有限公司 | 19.9900 | 三胞集团有限公司 | 5.1080 |

续表

| 公司简称 | 第一大股东名称 | 第一大股东持股比例（%） | 第二大股东名称 | 第二大股东持股比例（%） | 第三大股东名称 | 第三大股东持股比例（%） |
|---|---|---|---|---|---|---|
| 长城新盛信托 | 中国长城资产管理股份有限公司/新疆生产建设兵团国有资产经营有限公司 | 35.0000 | 德阳市国有资产经营有限公司 | 27.0000 | — | — |
| 中国民生信托 | 武汉中央商务区股份有限公司 | 82.7071 | 浙江泛海建设投资有限公司 | 10.7143 | 北京首都旅游集团有限责任公司 | 6.4286 |
| 万向信托 | 中国万向控股有限公司 | 76.5000 | 浙江烟草投资管理有限责任公司 | 14.4900 | 北京中邮资产管理有限公司 | 3.9700 |
| 国通信托 | 武汉金融控股（集团）有限公司 | 67.5100 | 东亚银行有限公司 | 19.9900 | 北大方正集团有限公司 | 12.5000 |
| 百瑞信托 | 国家电投集团资本控股有限公司 | 50.2400 | 摩根大通 | 19.9900 | 郑州市财政局 | 15.6500 |
| 江苏信托 | 江苏国信股份有限公司 | 81.4904 | 江苏省苏豪控股集团有限公司 | 10.9106 | 江苏省农垦集团有限公司 | 4.2962 |
| 兴业信托 | 兴业银行股份有限公司 | 73.0000 | 福建省能源集团有限责任公司 | 8.4167 | 厦门国贸集团股份有限公司 | 8.4167 |
| 上海信托 | 上海浦东发展银行股份有限公司 | 97.3333 | 上海汽车集团股权投资有限公司 | 2.0000 | 上海新黄浦置业股份有限公司 | 0.6667 |
| 新华信托 | 上海珊瑚礁信息系统有限公司 | 40.0000 | 上海纪辉资产管理有限公司 | 21.4300 | 新产业投资股份有限公司 | 17.3300 |
| 云南信托 | 云南省财政厅 | 25.0000 | 涌金实业（集团）有限公司 | 24.5000 | 上海纳米创业投资有限公司 | 23.0000 |
| 国联信托 | 无锡市国联发展（集团）有限公司 | 69.9190 | 无锡市地方电力公司 | 12.1950 | 无锡华光锅炉股份有限公司 | 9.7560 |
| 华宸信托 | 内蒙古交通投资（集团）有限责任公司 | 36.5000 | 中国大唐集团资本控股有限公司 | 32.4500 | 内蒙古自治区人民政府国有资产监督管理委员会 | 30.2000 |

注：计算平均持股比例时，相关股东情况未披露的信托公司不包含在内。

## （三）信托公司股东变更情况分析

**表 1-2-7　披露的信托公司 2018 年股东变更次数及期内变更详细列示**

| 公司简称 | 股东变更次数（次） | 期内股东变更详细列示 |
|---|---|---|
| 北方信托 | 1 | 2018 年 11 月 27 日，根据中国银行保险监督管理委员会天津监管局《天津银保监局筹备组关于北方国际信托股份有限公司变更股权的批复》（津银保监筹［2018］172 号），津联集团有限公司将所持有公司 112 227 970 股股份、天津市财政局将所持有公司 62 419 161 股股份、天津津融投资服务集团有限公司将所持有公司 41 808 064 股股份、天津市医药集团有限公司将所持有公司 28 937 830 股股份、天津泰达投资控股有限公司将法院裁定给其的原天津轮船实业发展集团股份有限公司所持有公司 9 206 273 股股份转让给天津渤海文化产业投资有限公司。<br>2019 年 2 月 20 日，公司在天津市滨海新区市场监督管理局完成变更股权后股东信息的工商备案，并按照《天津银保监局筹备组关于北方国际信托股份有限公司变更股权的批复》（津银保监筹［2018］172 号）要求，向中国银行保险监督管理委员会天津监管局报告。 |
| 中铁信托 | 1 | 报告期内，股东中铁二局集团有限公司名称变更为中铁二局建设有限公司。 |
| 东莞信托 | 1 | 2018 年 8 月，公司股东广东福地科技总公司企业名称变更为广东福地投资有限公司，企业类型由全民所有制变更为有限责任公司（国有控股）。<br>2018 年 12 月 28 日，经中国银行保险监督管理委员会广东监管局《关于东莞信托有限公司变更注册资本及调整股权结构的批复》（粤银保监复［2018］68 号）批准，公司注册资本由 12 亿元增至 14.5 亿元。据此公司于 2018 年 12 月 29 日在东莞市工商行政管理局办理了变更注册资本的手续。本次变更由东莞发展控股股份有限公司（其实际控制人为东莞市人民政府国有资产监督管理委员会）出资认缴上述全部增加的注册资本。 |
| 光大兴陇信托 | 1 | 2018 年 9 月 28 日，根据原银监会甘肃监管局《关于白银市财政局拟将所持光大兴陇信托有限责任公司 3 481 万元股权无偿划转至甘肃金融控股集团有限公司名下的批复》（甘银监复［2018］122 号），白银市财政局所持公司 3 481 万元股权无偿划转至甘肃金融控股集团有限公司名下。2019 年 2 月 14 日，公司接到甘肃省市场监督管理局《内资公司变更通知书》，公司股权结构变更为：中国光大集团股份公司出资 174 327.72 万元、占比为 51.00%；甘肃省国有资产投资集团有限公司出资 150 337.49 万元，占比为 43.98%；天水市财政局出资 13 672.84 万元，占比为 4.00%；甘肃金融控股集团有限公司出资 3 481.00 万元，占比为 1.02%。 |
| 杭州工商信托 | 1 | 公司股东浙江大学圆正控股集团有限公司因自身发展需要，将名称变更为浙江大学控股集团有限公司，2018 年 5 月 17 日，经公司 2017 年度股东大会决议，对《公司章程》中涉及股东名册的相关条款相应进行修改。上述《公司章程》修改已经浙江银保监局筹备组同意（浙银保监筹复［2018］159 号，并已完成工商登记备案。 |
| 华宝信托 | 1 | 2018 年 4 月 24 日，公司股东会作出决议，同意舟山市财政局将其持有的公司 2% 股权无偿划转至舟山市国有资产投资经营有限公司。2018 年 12 月 24 日，上海银保监局向公司出具《上海银保监局关于核准华宝信托有限责任公司变更股权及调整股权结构的批复》（沪银保监复［2018］25 号），核准舟山市国有资产投资经营有限公司受让舟山市财政局持有的公司 2% 股权。<br>2019 年 2 月 2 日完成工商变更登记后，原股东舟山市财政局不再持有公司股权，舟山市国有资产投资经营有限公司持有公司 2% 股权。 |
| 中江信托 | 1 | 报告期内，根据江西省政府《关于印发江西省金融控股集团重组方案的通知》（赣府发［2014］31 号）及江西省政府办公厅抄告单（赣府厅抄字［2016］8 号）文件精神，并经江西银监局批复同意（赣银监复［2018］6 号），江西省财政厅所持有的中江国际信托股份有限公司全部股权 61 436.4876 万股（占比为 20.4444%）、江西省财政投资管理公司所持有的中江国际信托股份有限公司全部股权 936 万股（占比为 0.3115%）划转给江西省金融控股集团有限公司。 |

| 公司简称 | 股东变更次数(次) | 期内股东变更详细列示 |
|---|---|---|
| 天津信托 | 1 | 2018年3月29日,原银监会天津监管局以(津银监复[2018]67号)下发了《关于天津信托有限责任公司变更股权结构的批复》,批准公司原股东天津市滨海新区财政局将所持有的公司1.05%的全部股权转让给天津教育发展投资有限公司。截至2018年4月13日,有关股权变更的工商登记办理完毕。 |
| 英大信托 | 1 | 2017年,公司前五名股东为国网英大控股集团有限公司、中国电力财务有限公司、济南市新能源投资有限责任公司、国网上海市电力公司、济钢集团有限公司。2018年前五名股东变更为国网英大控股集团有限公司、中国南方电网有限责任公司、中国电力财务有限公司、济南市新能源投资有限责任公司、国网上海市电力公司。<br>变动原因:2018年,中国南方电网有限责任公司作为战略投资者成功入股公司,持有公司25%股权,成为第二大股东。 |
| 外贸信托 | 1 | 经中国外贸信托2018年第三次股东会议审议通过,并经北京银监局核准(京银监复[2018]450号),中国中化股份有限公司将其持有的中国外贸信托96.22%股权无偿划转给中化资本有限公司。中国外贸信托已就上述事项完成工商变更登记备案手续。调整后,中国外贸信托控股股东由中国中化股份有限公司变更为中化资本有限公司。 |
| 中原信托 | 1 | 因股东经营战略调整,经股东会2018年第八次会议审议通过和中国银行保险监督管理委员会河南监管局《河南银保监局关于中原信托有限公司变更股权比例及调整股权结构的批复》(豫银保监复[2019]10号)批准,由河南投资集团有限公司受让河南盛润控股集团有限公司持有的中原信托股权。转受让后,河南投资集团有限公司持有中原信托58.96563%的股权,河南盛润控股集团有限公司不再持有公司股权。另外两家股东持股比例不变。 |
| 华鑫信托 | 1 | 根据集团金融改革整体规划,公司股东变更为中国华电集团资本控股有限公司,持股比例为69.84%;中国华电集团财务有限公司,持股比例为30.16%。 |
| 紫金信托 | 1 | 2018年8月1日,公司2018年股东会第三次临时会议审议通过《关于三胞集团有限公司转让部分股权的议案》,南京紫金投资集团有限责任公司、三井住友信托银行股份有限公司、南京江北新区产业投资集团有限公司、江苏金智科技股份有限公司同意放弃该部分股权的优先受让权,三胞集团有限公司将其持有的公司4.89%的股权(对应出资额为1.2亿元)转让给南京新工投资集团有限责任公司。<br>2018年8月3日,中国银保监会江苏监管局核准三胞集团有限公司将持有的公司4.89%的股权转让给南京新工投资集团有限责任公司(苏银监复[2018]67号)。股权转让后,公司股东构成及出资比例为南京紫金投资集团有限责任公司出资比例为60.01%,三井住友信托银行股份有限公司出资比例为19.99%,三胞集团有限公司出资比例为5.11%,南京江北新区产业投资集团有限公司出资比例为5.00%,江苏金智科技股份有限公司出资比例为5.00%,南京新工投资集团有限责任公司出资比例为4.89%。 |
| 兴业信托 | 1 | 2018年12月11日,原福建银保监局筹备组以闽银保监筹复[2018]106号文核准,同意厦门国贸集团股份有限公司受让澳大利亚国民银行持有的公司8.4167%的股权。2019年1月25日,公司完成上述股权变更事项的工商变更登记手续,并换发新的营业执照。 |
| 华宸信托 | 1 | 为改善公司治理架构,提高资本实力和抗风险能力,经内蒙古自治区人民政府决定,由内蒙古交通投资(集团)有限责任公司受让包头钢铁(集团)有限责任公司所持有的公司股权。上述股权转让事项已经中国银保监会核准(银保监复[2018]146号),转让后公司第一大股东变更为内蒙古交通投资集团有限责任公司,持有公司36.5%的股权。 |

注:2018年内共有15家信托公司发生了股东变更相关事项。

## (四)原银监会及其派出机构对公司检查后提出整改意见

**表1-2-8 披露的信托公司2018年对原银监会及其派出机构对公司检查后提出整改意见详细列示**

| 公司名称 | 整改意见 |
|---|---|
| 国元信托 | 2018年,金融行业延续强监管、严监管之势,监管部门强化了对辖内金融机构的现场检查和监督指导,尤其要求贯彻落实资管新规,并对照新规对存续业务进行整改。2018年,安徽银监局共对公司进行了3次现场检查,并下发了3份《检查意见书》和2份《监管意见书》,公司按照要求进行了整改和落实,具体情况如下:<br>(1)2018年4月16日至2018年4月20日,安徽银监局对公司向奇瑞汽车股份有限公司及其关联企业授信业务进行了现场检查,并于7月31日下发《检查意见书》(皖银保监[2018]38号)。《检查意见书》对公司提出加大风险排查力度、规范开展流动资金贷款、加强穿透式资金监控等整改意见。公司高度重视,逐条对照问题进行分析,制定相应的整改方案,并于8月30日向银监局报送整改落实情况报告。<br>(2)2018年10月16日至2018年10月29日,安徽银监局对公司近三年现场检查后续整改情况进行了现场检查,并于12月27日下发了《检查意见书》(皖银保监[2018]3号)。安徽银保监局对公司最近三年的整改工作给予了整改率较高、问责力度较大的总体评价,但也存在内控机制、风险管理、系统建设、业务合规等整改不到位的情况。对此,公司制定了《关于贯彻落实〈检查意见书〉相关工作的通知》,要求各部门统一思想、形成共识,高度重视整改工作,相关部门要根据分工切实制定整改措施,严格按照完成时限落实整改工作,并建立整改台账,实行销号管理,及时报送整改工作进展情况。相关整改及问责情况报告,公司于2019年3月7日报送安徽银保监局。<br>(3)2018年11月5日至2018年11月16日,安徽银保监局筹备组对公司开展了信息科技风险现场检查,并于12月7日下发《检查意见书》(皖银保监筹[2018]220号)。《检查意见书》指出公司在信息科技治理及网络安全管控等方面存在一些问题,并提出整改意见。对此,公司高度重视,及时传达检查意见,部署安排整改工作,明确牵头部门和分管领导,对照梳理问题,研究制定整改方案,依据相关规定进行问责,将监管要求落实情况报送监管部门。<br>(4)2018年5月和2018年9月,安徽银监局先后向公司下发了2017年监管意见书和2018年上半年监管意见书,肯定了公司积极发挥信托业务功能、主动调整适应监管规则作出的变革,但也指出存在一些问题和风险。为此,公司结合现状和发展规划,制定相应的改进措施,逐项落实监管意见,将贯彻落实情况报送安徽银监局。 |
| 北方信托 | 截至信息披露日的报告期内,中国银行保险监督管理委员会天津监管局对公司落实深化整治银行业市场乱象情况和房地产业务进行了专项现场检查,并提出监管意见及建议。公司高度重视,认真制定各项整改措施,组织相关部门和人员,逐一安排落实,并将有关落实情况上报银保监局。公司将切实贯彻落实监管意见,牢固树立合规经营意识,加强内部管理和制度建设,积极创新业务模式,不断提升核心竞争力,努力实现公司的持续、稳定和健康发展。 |

续表

| 公司名称 | 整改意见 |
| --- | --- |
| 中铁信托 | 2018 年 9 月至 2018 年 11 月，四川银监局对公司实施了现场检查，提出了如下整改意见：严格按照市场化要求规范融资管理，切实加强风险识别和防范，落实企业举债准入条件，按商业化原则履行相关程序，审慎评估举债人财务能力和还款来源。为融资平台公司等企业提供融资时，不得要求或接受地方政府及其所属部门以担保函、承诺函、安慰函等任何形式提供担保。严格遵照执行中央关于政府债务管控最新要求。<br>报告期内，针对上述监管意见，公司高度重视，董事会、经理层及各部门都组织了学习和讨论，对存在的问题进行了及时纠正，并制定了整改措施：<br>（1）进一步推进项目风险管控。一是对现有制度、流程进行再梳理、再优化，全面推行项目的标准化、模板化、信息化和规范化，建立健全从项目申报、尽调可研、项目评审、贷后管理、后期清算等的全过程有效管控机制。二是全面提高业务的准入门槛，注重合作方的实力，加强项目商业判断，在提高项目质量的源头上防范风险。三是强化贷中审查和贷后管理，提高项目运行过程中的主动管理和主动监控，建立“早识别、早预警、早发现、早处置”的风险识别处置机制，从过程中监控风险。<br>（2）全面打造合规经营长效建设。一是树牢合规经营思想，把合规经营自律意识转换为自觉行动，以监管导向把脉业务拓展方向，扎实推进资管新规过渡方案，认真开展专项检查与整改，持续开展治理金融乱象活动，经常开展合规自查和违规警示教育。二是以企业文化为引领，从组织架构、制度体系、内控防线、合规评价、培训提升等方面扎实推进合规文化建设；把监管合规要求嵌入到业务的贷前调查、贷中审查和贷后管理的各个环节，全面提升合规经营管理能力和水平。三是强化项目风险防控、运营稽核、内控审计监督，严格风险合规问责，建立健全集教育、预警、防范、处置和追责于一体化的风控合规体系，推动形成全员不敢违规、不能违规、不想违规的长效机制。 |
| 光大兴陇信托 | 2018 年甘肃银保监局对公司采取了非现场监管与现场检查相结合的审慎监管措施，上半年和下半年累计进行了两次“市场乱象专项整治”相关的现场督导与检查。甘肃银保监局从以下四方面提出了整改意见及要求：<br>（1）进一步强化公司治理结构，建立健全各项内控制度。<br>（2）切实推进合规文化建设。<br>（3）信托公司要发挥独特功能优势，提高服务实体经济质效。<br>（4）对此次检查发现的制度薄弱环节和具体问题项目，公司要按相关监管要求进行认真整改，并适时组织“回头看”，扩大和巩固整改成效，防止问题反弹。<br>公司严格根据以上整改意见和要求积极落实整改问责，建立整改问题跟踪台账，及时向监管部门上报整改报告，同时，加强内部追责处罚力度，确保合规压力的有效传导。 |
| 粤财信托 | 2018 年原银监会下发了《关于进一步深化整治银行业市场乱象的通知》《关于加强信托公司风险防控工作和过渡期整改的通知》等专项法规文件，公司按要求进行了全面自查，并针对制度、业务和管理中存在的问题分别认真进行了整改；2018 年广东银监局对公司进行了全面的现场检查，针对现场检查提出的公司治理、内部控制和业务方面的问题，公司按照检查要求积极予以整改。 |
| 国民信托 | （1）2018 年 6 月，北京银监局向公司出具了《2017 年度监管意见书》，对公司股权、流动性风险管控和转型发展等方面提出了加强和改进意见。公司已组织相关部门和人员对监管意见进行落实，现已基本完善。<br>（2）2018 年 10 月至 11 月，北京银保监局检查组对公司深化整治乱象和房地产业务进行了现场检查，对公司治理、落实宏观调控政策、风险管控、内控管理等方面提出了加强和改进意见。针对现场检查指出的问题，公司认真分析形成原因并落实改进方案。 |
| 杭州工商信托 | 2018 年 4 月，浙江银监局下发了《中国银监会浙江监管局关于杭州工商信托股份有限公司 2017 年度监管的意见》（浙银监发[2018]85 号），评价公司在 2017 年着力提升内部管理，继续坚持主动管理、深耕市场的经营路线，努力优化项目选择标准和管控措施，受托管理资产规模稳步上升，盈利状况良好，经营总体稳定，各项风险基本可控。同时，监管机构针对公司在合规管理、风险防控、消费者权益保护、数据质量管理等方面存在的问题，提出了监管意见。公司召开高级管理层会议专题研究讨论，拟订整改计划，通过“进一步加强合规管理”“进一步提升风险防控能力”“进一步强化消费者权益保护工作”“进一步完善数据质量管理”等工作举措，认真落实上述监管意见。<br>2018 年 12 月，浙江银保监局下发《中国银保监会浙江监管局关于杭州工商信托股份有限公司现场检查的意见》（浙银保监检[2018]5 号），评价公司始终坚持特色化市场定位，不断提升主动管理能力，主动管理业务占比显著高于行业平均水平，盈利水平保持优良，各类风险总体可控。同时指出公司在公司治理和内控管理、合规管理和风险管控、金融消费者权益保护、信息科技治理和信息科技风险管理等方面存在问题并提出监管要求。公司高度重视监管意见，召开高级管理层会议专题研究讨论，由风险管理部牵头各相关部门针对监管提出的问题进行梳理，逐一对照并制定了相应的整改方案，一定比例的问题已在第一时间内完成整改，尚未整改完毕的事项也已制定了切实可行的整改计划，在后续整改工作的推进和落实过程中明确整改完成时间并落实到相关部门和责任人，确保整改到位；公司通过进一步规范公司治理体系、完善合规及内控制度、持续提升合规管理和风险管控能力、持续做好消费者权益保护工作、强化信息科技治理能力和风险管理能力等方面的工作进一步健全合规经营长效机制。 |
| 建信信托 | 2017 年监管意见：<br>（1）2018 年 5 月 29 日，公司收到北京银监局印发的《建信信托有限责任公司 2017 年度监管意见书》，7 月 31 日，公司向北京银监局上报《建信信托有限责任公司关于 2017 年监管意见整改落实情况的报告》。<br>（2）2018 年 8 月 10 日，北京银监局向公司反馈了建信信托 2017 年度监管意见书整改落实情况提交材料清单，要求公司提供整改落实情况涉及的相关材料，公司已于 2018 年 8 月 17 日按要求提供了相关材料。<br>影子银行和交叉金融业务现场检查意见：<br>2018 年 12 月 14 日，北京银保监局筹备组印发《关于建信信托影子银行和交叉金融业务的现场检查意见书》，公司已于 2019 年 2 月 20 日向北京银保监局提交了整改方案，并正在按照方案认真整改落实。 |
| 湖南信托 | 报告期内，湖南银监局于 2018 年 5 月 17 日与公司进行了年度审慎监管会谈，出具了《监管会谈纪要》，并提出了监管意见。公司高度重视，积极落实整改。整改情况如下：<br>一是规范公司治理，修订《公司章程》，做好董事会换届选举工作。二是提高“三会一层”运作质效，加强股东会和董事会会议会前工作。三是修订《重大业务决策会工作规程》和《投资决策会工作规程》，规范和调整治理架构。四是修订《合规风险管理办法》，完善风险制度体系。五是制定《声誉风险管理办法》，按季排查声誉风险。六是清退公司超期持有的非金融企业股权。七是制定《现金管理类信托业务管理办法》，规范管理现金增利信托计划。八是分离与财信酒店的共管机房，保障机房的独立和安全。九是完成组织机构、选人用人机制、薪酬激励机制的改革实施工作。十是继续推进“三三四十”等专项治理和信用风险排查等工作发现问题的整改工作。十一是对照整治银行业市场乱象的工作要点，深入排查经营行为并定期报告。 |

续表

| 公司名称 | 整改意见 |
| --- | --- |
| 华宝信托 | 上海银监局（现为上海银保监局）根据银保监会2018年现场检查计划，于2018年3月至2018年7月，对公司开展了专项检查，重点为对公司银信合作业务进行抽查，并于2018年10月23日向公司出具了本次现场检查的书面意见，主要对公司部分银信合作业务提出了监管要求。公司已按要求制订并上报了整改方案，目前正在稳步推进实施中。 |
| 吉林信托 | 原银监会吉林银监局于2018年4月至2018年6月对公司资管及同业业务、信托业务、兑付风险、合规整改落实情况进行了现场检查，并于检查后下发了现场检查意见书。按照该意见书的要求，公司组织相关业务部室针对检查中存在的问题进行梳理和分析，制订了切实可行的整改方案，认真落实各项监管意见和要求，以使公司信托业务依法合规、稳健开展。具体做法：<br>（1）强化内控执行力度，提高现代治理能力，牢固树立依法合规经营理念。<br>（2）持续强化风险防控理念，强化了贷后风险管理工作，加大风险处置力度。<br>（3）强化合规、风险管理制度机制建设，完善风险管理制度审批流程，杜绝违规操作行为发生。<br>（4）夯实内部管理基础工作，提升内部审批流程的规范性、归档文件的完整性。<br>（5）持续加强尽职管理，提高自主管理信托财产能力。<br>（6）强化制度约束与制衡机制，加大内控制度执行力度。<br>（7）加大监管意见落实力度，加强责任追究。<br>（8）全面提升员工素质，倡导合规风险文化。 |
| 昆仑信托 | 2018年，公司共收到《宁波银监局关于昆仑信托有限责任公司2017年度的监管意见》《昆仑信托有限责任公司2018年深化整治银行业市场乱象现场检查意见书》两份监管意见书，收到上述监管意见后，公司领导组织相关部门认真学习意见精神，并逐一分解、研究、制定整改措施，已基本完成了两份监管意见的整改落实。 |
| 山西信托 | 山西银保监局（原山西银监局）于2018年3月至2018年5月就公司“大客户授信”“进一步深化整治市场乱象”等方面的工作进行了现场检查。针对检查中提出的意见，公司逐条对照落实，认真制订整改计划，积极整改。针对检查发现的具体问题，公司建立台账，明确时限，修订完善相关内控制度，严肃整改落实，切实提升合规经营意识、内控管理水平和服务实体经济能力。 |
| 苏州信托 | 2018年10月30日至11月15日，中国银保监会苏州监管分局就公司治理、内部控制、风险管理、固有业务、信托业务、信息系统等方面对公司进行了全面现场检查。针对全面现场检查意见书中提出的问题，公司立即组织相关部门逐一讨论和分析，按规定及时将整改方案以书面形式向中国银保监会苏州监管分局报告。公司积极落实监管意见，进一步优化治理、健全制度、加强内控能力，确保公司的长远稳健发展。 |
| 天津信托 | 2018年5月，天津银监局组织召开了公司2017年监管会议，对公司2017年经营管理成效进行了评价，认为公司2017年整体经营稳健，同时对公司提出了监管意见。公司领导高度重视，积极部署落实监管意见，逐项制定整改方案及台账，将责任明确落实到人，确保限时整改到位。 |
| 长安信托 | 中国银行保险监督管理委员会陕西监管局在对公司开展现场检查后下发了监管意见，公司高度重视，及时向全体股东进行了通报，董事会、监事会、高级管理层进行了专题学习研究，并制定了切实可行的整改方案，有序推进落实各项监管意见。<br>公司持续强化“三会一层”建设，通过调整业务授权、完善董事会风险管理委员会议事规则、细化监事会监督评价内容、优化项目风险决策体系等，进一步健全公司治理架构和运行机制，提升公司治理的有效性。<br>公司积极探索建立有利于可持续发展和战略目标实现的绩效考核体系，在推进完善现行考评指标设置的同时，将进一步强化绩效考评的内部审计监督。<br>公司坚持严格风险审查和资金投向的合规审查，穿透识别每笔自有资金最终投向的底层资产，同时按照实质重于形式的监管要求，推进完善期间管理体系，全面提升期间履职管理水平，切实履行受托人职责。<br>公司响应国家号召，初步明确了普惠金融业务体系规划，通过建立健全汽车贷款制度体系和业务系统，推动公司普惠金融业务体系的搭建和建设。<br>公司持续推进合规文化建设，通过建立健全制度体系，进一步明确公司案件防控、账户管理等工作要求，通过自上而下在全公司范围内组织开展全员全面风险管理及合规学习活动，切实强化全员风险管理及合规意识。<br>公司将在认真落实监管意见的基础上，不断提升风险控制能力和管理水平，加强规范性管理，立足西部、面向全国，创国内一流信托公司。 |
| 西藏信托 | 2018年3月22日，中国银行业监督管理委员会西藏监管局下发《中国银监会西藏监管局关于西藏信托有限公司2017年度监管意见书》（藏银监发[2018]42号），对公司提出如下监管意见：<br>（1）进一步完善公司治理建设；<br>（2）强化资本实力，完善长远发展战略；<br>（3）完善风险合规管理，强化内部问责力度；<br>（4）要进一步提升风险项目处置质效；<br>（5）严格防范银信类信托业务合规风险；<br>（6）扎实做好市场乱象整治工作；<br>（7）要进一步助推党风廉政工作有效落地。<br>2018年6月6日，中国银行业监督管理委员会西藏监管局下发《西藏银监局办公室关于亟待加强合规管理的监管意见》（藏银监办发[2018]96号），对公司提出如下监管意见：<br>（1）加强规制建设；<br>（2）防控风险隐患；<br>（3）严控通道类业务规模。<br>2018年12月10日，西藏银保监局筹备组下发《西藏银保监局筹备组关于西藏信托信息科技风险快速巡查的意见书》（藏银保监（筹）[2018]86号），对公司提出如下监管意见：<br>（1）完善信息科技治理结构，提升信息科技治理水平；<br>（2）加强业务连续性管理，提升应急管理能力；<br>（3）加强信息科技制度建设，提高信息科技管理水平；<br>（4）提升对信息安全管理的认识，加强信息安全管理工作。<br>就西藏银保监局提出的上述整改意见，公司组织员工认真学习，明确了整改落实目标，落实整改的责任部门和责任人，目前各项整改措施均按照公司的既定目标有序进行。 |

续表

| 公司名称 | 整改意见 |
| --- | --- |
| 厦门国际信托 | 2018 年厦门银保监局对公司开展了“进一步深化整治银行业市场乱象”的现场检查，并向公司下发《中国银保监会厦门监管局关于厦门国际信托有限公司深化整治市场乱象专项检查的现场检查意见书》（厦银保监发［2018］3 号）。公司现场检查意见书所提问题逐一对照，认真落实和整改，并将有关整改计划和进展情况书面报告厦门银保监局。 |
| 华润信托 | 中国银行保险监督管理委员会深圳监管局于 2018 年 4 月至 6 月对公司开展了“影子银行与交叉金融”专项检查，对公司业务合规经营、治理架构、内控体系等方面给予了肯定评价，但同时指出公司在制度建设、信息报送、合规及风险管控等方面还存在一些薄弱环节，有待进一步改进和完善。2018 年，公司根据检查意见认真制定整改规划，扎实推进整改落实，目前已按监管要求完成了检查要求的整改和优化工作，为公司稳健经营提供基础保障。 |
| 华信信托 | 2018 年，大连银保监局对公司开展了大客户授信业务、资金池业务、信息科技、深化整治银行业市场乱象等多项监管检查。公司对监管部门的检查工作高度重视，成立以公司总裁为组长的“整改工作领导小组”，针对监管部门每次《现场检查意见书》提出的问题，组织有关部门人员，逐项进行研究，制定整改方案并监督落实。公司利用监管检查的契机，强化高管层履职意识，规范完善各项规章制度，提升信托项目管理能力，使公司的经营管理水平和风险管控能力得到进一步提高。 |
| 中诚信托 | 报告期内，北京银保监局对公司进行了专项现场检查工作；公司结合现场检查及自查工作反映的情况，通过梳理制度体系、规范业务操作流程、优化系统功能、严肃内部问责等方式，进一步提升了公司内部控制及风险管理水平。 |
| 中融信托 | 2018 年，中国银行保险监督管理委员会黑龙江监管局对公司开展了“影子银行和交叉金融”的专项检查，公司积极配合检查工作。根据检查情况，银保监局对公司提出了银信合作业务存在尽调及贷后管理不完善等问题，对于监管发现的问题，公司完善了银信合作业务的操作标准，并进一步加强了对银信合作业务的合规性审核要求，针对违规项目制订了相应的整改计划，根据监管要求逐步落实整改。同时，公司进一步提升银信合作业务的合规性要求，优化业务合规管控手段，以加强公司风险合规管理体系建设，为业务持续健康发展奠定基础。 |
| 中泰信托 | 2018 年 4 月 23 日，上海银监局向公司下发了《上海银监局关于中泰信托有限责任公司 2017 年度的监管意见》（沪银监发［2018］100 号，以下简称监管意见）。公司收到上述监管意见后，高度重视，迅速向董事会、股东单位、北京信托等相关各方进行了报告，同时组织相关部门和人员进行了专题研究，针对监管意见，拟定了贯彻落实监管要求的方案，将贯彻落实监管部门监管意见的具体工作进行了任务分解，明确落实整改的部门分工和责任，持续推进后续整改措施。公司专门组织三会一层成员现场讨论学习相关监管文件精神，提升合规意识。目前公司已按照整改计划完成了大部分整改工作，剩下部分将依计划推进完成。对于监管机关关注的实际控制人阳光化工作，公司高度重视，积极推进股权事务管理工作，并为北京信托和股东推进实际控制人阳光化工作提供股权事务管理层面的工作支持，已进行了股东信息梳理、关联交易核查等工作，后续公司将继续敦促股东单位完成整改，尽快落实监管要求。 |
| 中信信托 | 报告期内，公司接受北京银保监局影子银行和交叉金融业务专项检查，按照监管要求上报整改工作方案，相关整改工作有序推进中。同期，公司按照北京银保监局要求，组织开展了深化整治市场乱象、扫黑除恶斗争等专项工作，进行了房地产资金信托、服务信托等业务自查，进一步提高完善了公司内部控制与风险合规管理水平。 |
| 中原信托 | 报告期内，公司按照中国银保监会河南监管局的要求，组织开展了“银行业市场乱象排查与整治”工作，有效完成了“三套利”“三违反”“四不当”“十大乱象”专项治理、信用风险排查的全面评估工作，并将排查发现的问题进行了全面的整改；进一步排查了公司在内控制度、日常管理方面的短板和不足，通过完善业务制度、管控流程、强化精细化管理等措施，着力强化了业务、内控、系统、人员执业行为方面的规范管理，公司整体风险、合规管理水平进一步提高。 |
| 重庆信托 | 报告期内，重庆银监局根据对公司的现场检查和非现场监管，就公司进一步完善公司治理、内部制度、提高合规经营意识、加强后续管理、持续创新等提出了监管要求。公司认真落实监管要求，积极整改，不断完善。公司在报告期内对规章制度进行了重新修订、补充和完善，进一步加强业务流程管理，特别是事前尽职调查和事后检查工作，成功化解了个别项目存在的风险隐患；强化内部问责机制，确立持续创新，坚持服务实体经济的基本原则，确保公司业务合规、持续、稳健发展。 |
| 渤海信托 | 2018 年 5 月 9 日至 6 月 30 日，河北银保监局对公司进行了“进一步深化整治银行业市场乱象”现场检查。公司对《河北银监局关于渤海国际信托股份有限公司进一步深化整治银行业市场乱象现场检查意见书》（冀银监发［2018］107 号）中发现的问题和提出的监管意见高度重视，组织相关部门逐一核查问题产生的原因，并责任到人，限期整改，形成的整改报告已于 2018 年 10 月向河北银保监局报送。 |
| 交银国际信托 | 报告期内，湖北银保监局于 2018 年 4 月至 6 月对公司开展了进一步深化整治银行业市场乱象及通道业务专项现场检查，未发现公司有重大实质性风险。对公司治理、内部控制、业务开展及规范经营等方面提出的检查意见和监管要求，积极推进整改工作落实。 |
| 中建投信托 | 2018 年，中国银行业监督管理委员会浙江监管局对公司下发了《中国银监会浙江监管局关于中建投信托有限责任公司 2017 年度监管的意见》，认为公司 2017 年不断丰富和健全业务体系，进一步增强主动管理能力，交易对手层级整体提升，创新业务转型步伐加快；公司着力强化中后台建设，持续推进制度流程和系统建设，强化风险管理和内控管理，各类风险总体可控。同时，该监管局认为公司存在公司治理不够完善、合规管理有待加强、风险管控能力待提升、消费者权益保护工作有待提高等问题。<br>公司认真落实监管提出的各项意见，多次召开专题会议学习、讨论监管问题和整改措施，部署和安排整改落实工作，通过进一步加强合规管理等多项整改措施，从完善体制机制及强化制度执行方面切实落实长效机制建设，在保证公司业务快速发展的同时，管理水平不断提升，为公司持续发展提供坚实保障。 |
| 浙金信托 | 浙江银监局下发《关于浙商金汇信托股份有限公司 2017 年度监管的意见》（浙银监发［2018］82 号），向公司提出三方面监管意见：一是进一步完善公司治理；二是建立全员主动合规文化，强化合规执行力建设；三是提升风险防控能力；四是强化金融消费者权益保护工作。根据监管意见，2018 年公司真抓实干，攻坚克难，在业务拓展、财富管理、品牌推广、合规风控、团队建设、党建工作等各方面取得了良好成效。<br>2018 年 3 月 28 日至 2018 年 4 月 27 日，浙江银保监局检查组对公司开展了进一步深化整治银行业市场乱象暨信贷风险管理及资产质量真实性专项现场检查，出具了《中国银监会浙江监管局关于浙商金汇信托股份有限公司现场检查的意见》（浙银监检［2018］10 号），就公司治理和内部控制方面、重点领域业务合规和风控方面、金融消费者权益保护工作方面提出若干检查意见。针对检查意见，公司成立专门整改工作小组，制定整改措施，对完善公司治理、加强内控建设和信托业务开展及管理等方面进行了针对性整改。 |
| 爱建信托 | 2018 年 9 月 13 日，上海银监局下发《上海银监局关于爱建信托信息科技风险快速巡查的意见》（沪银监发［2018］150 号）。公司已经在 2018 年 10 月制定和报送了相应的整改方案，并积极开展专项整改工作。经过 3 个多月的努力，各项整改任务基本完成。<br>2019 年 3 月 7 日，上海银保监局下发《上海银保监局关于上海爱建信托有限责任公司 2018 年度的监管意见》（沪银保监发［2019］20 号）。收到监管意见后，公司高度重视，逐步对照监管意见及关注重点进行了对照梳理，制定相应的落实方案和计划。通过强化制度执行，优化公司自有资金运营管理，持续做强直销团队、不断提升直销规模及比例，回归“受人之托，代人理财”的信托本源；通过动态调整风控政策、合理优化业务准入标准，推动存续项目期间管理进一步精细化、专业化，以及严格执行房地产压力测试、发挥风险预警前瞻性作用等方式强化业务管控，切实防范房地产业务风险；排查梳理事务管理类业务流程及合同、及时整改优化管理，进一步加强事务管理类业务期间管理及风险处置，严格履行事务管理类业务的受托责任；健全销售管理制度、规范销售流程和标准，并开展存续项目销售排查，及时整改规范，同时探索以信息科技手段提升销售合规化管理效果，从根源上提升管理质效。 |

续表

| 公司名称 | 整改意见 |
|---|---|
| 新时代信托 | 报告期内，中国银行保险监督管理委员会包头监管分局（原中国银行业监督管理委员会包头监管分局）对公司进行了档案和重空管理现场检查，并统一对辖内金融机构就非法集资风险专项排查、整治银行业市场乱象、金融机构客户信息保护等进行了工作部署。<br>公司按照中国银行保险监督管理委员会包头监管分局要求组织开展了各项工作的自查，结合检查、自查反映的问题，公司通过完善业务制度、优化管控流程、强化规范操作、严肃责任追究等措施，着力强化业务、内控、系统、人员执业行为等方面的规范管理。公司将进一步围绕落实金融监管意见，提高服务意识，严防风险，加大创新力度，全面认真落实各项专项治理工作，努力尽到金融服务者的职责，促进国家经济健康稳定的发展。 |
| 中航信托 | 报告期内，江西银监局对公司下发了监管意见书，公司高度重视，严格落实监管意见要求，向江西银监局反馈了公司在压缩通道业务、规范并加强固有业务管理、加强开放式证券投资信托产品管理及房地产信托业务规模管控等方面的工作措施及成效，切实提升了业务发展质量，增强了风险防控能力。 |
| 华鑫信托 | 2018 年 9 月，北京银监局对公司进行现场检查，并于 12 月末下发检查意见书。公司按照相关监管要求，部分已整改完毕，部分整改落实中。 |
| 金谷信托 | 根据北京银监局（京银监罚决字[2018]3 号）文件处罚要求，公司已按要求执行。 |
| 陆家嘴信托 | 2018 年中国银保监会青岛监管局通过监管谈话等方式对公司加强非现场监管，要求公司对关联交易管理、房地产业务、合规管理体系开展自查，同时要求公司进一步完善各项内控机制，包括完善绩效考核管理机制、制定长期发展战略、加强关联方名单管理、加强消费者权益保护机制建设等方面。根据相关意见精神，公司认真总结日常经营活动中存在的不足，并通过修订制度、优化流程、明确责任、强化管理等多种手段积极开展相关整改工作，进一步推进了公司全面合规风险管理体系的建设。 |
| 五矿信托 | 2018 年，中国银保监会青海监管局先后对公司下发了《2017 年度监管意见书》《监管提示书》等监管文件，监管局在推动业务创新转型、提升服务经济质效、压降事务管理类信托业务规模等方面向公司提出了监管意见、提示了风险。公司高度重视，认真落实监管意见，开展了一系列自查与专项排查整改工作，多次召开专题会议，明确工作目标和要求、制订整改计划，不断完善具体工作举措。通过整改落实各项监管意见及监管提示，公司的内控管理、公司治理、经营管理等各项能力水平进一步提高，公司内部控制体系更加完善，为公司可持续健康发展打下了坚实的基础。 |
| 紫金信托 | 报告期内，中国银保监会江苏监管局对公司日常经营管理提出一些意见和要求，公司已严格按要求落实。 |
| 长城新盛信托 | 2019 年 3 月 21 日，中国银保监会新疆监管局办公室向公司出具了《关于长城新盛信托有限责任公司 2018 年度监管情况的通报》（新银保监办发[2019]95 号），指出了公司存在的主要问题：一是资本实力明显不足，风险抵御和发展后劲弱；二是个别存续项目信用风险存在隐患；三是资金投向过于集中，业务结构有待优化；四是经营发展缓慢，核心竞争力存在短板。<br>针对上述问题，公司在 2019 年工作中做了安排调整：一是根据新疆生产建设兵团党委对兵团国有企业改革的要求，兵团国资拟对外转让其持有长城信托的股权，待本次转让事项完毕后公司将积极建议、敦促股东方补充资本金，以提高公司的风险防御能力和发展后劲；二是加大项目的投后监管力度，特别是加强对存在信用风险隐患的存续项目建立风险台账制度进行监管并制定风险化解措施预案，采取项目经理蹲守和中后台部门协助督办、建立风险隐患项目专职化解机制，逐步消除项目风险隐患；三是在稳步推进存续项目清算退出、补充公司资本金的过程中，公司将积极推进业务结构优化调整，探索开展创新性业务，打造专业素质好、创新能力强的员工队伍，不断提升公司的核心竞争力。 |
| 中国民生信托 | 2018 年 9 月 17 日至 2018 年 9 月 30 日，原北京银监局对公司开展了深化整治银行业市场乱象专项现场检查，并出具了《北京银保监局关于中国民生信托有限公司深化整治银行业市场乱象的现场检查意见书》（京银保监发[2018]15 号，以下简称《监管意见书》）。收到《监管意见书》后，公司高度重视，组织相关部门召开专题会议并制定整改方案，以整改促提升。截至 2018 年 12 月 31 日，整改工作仍在进行中。 |
| 万向信托 | 2018 年 4 月 19 日，浙江银保监局向公司下发《2017 年度监管的意见》（浙银监发[2018]84 号），对公司治理架构和内控机制建设、经营情况、风控建设等给予肯定，并对内部控制、经营管理、业务结构等提出监管意见。公司高度重视、全面审视、及时制定并推进整改措施，于 2018 年 6 月制订整改计划并在 11 月前完成全面整改。<br>2018 年 5 月 23 日，浙江银保监局向公司下发《2017 年消保考评意见》（浙银监发[2018]118 号），对公司消保制度体系建设、制度执行情况、内部考核与管理等提出监管意见，公司于 2018 年 5 月制订整改计划并予以全面落实。 |
| 山东信托 | 报告期内，山东银保监局筹备组根据《中国银监会关于进一步深化整治银行业市场乱象的通知》和《中国银监会办公厅关于印发 2018 年现场检查计划的通知》，于 2018 年 9 月 10 日至 2018 年 9 月 30 日对公司开展「进一步深化整治市场乱象」专项检查，并于 2018 年 11 月 28 日发出检查意见。公司针对检查意见中指出的问题，制定了有针对性的整改方案，整改工作取得积极进展。 |
| 百瑞信托 | 公司一贯理解、支持和配合各级监管部门的监管工作，对监管部门的监管意见高度重视，及时按照有关要求进行整改，得到了监管部门的肯定。<br>2018 年，公司针对监管部门提出的监管意见和建议，及时逐项制定整改措施，并通过加强领导、责任到人等手段，认真落实到位。整改意见及整改落实情况如下：<br>（1）明确业务转型方向，提高核心竞争力。为加快转型发展，明确自身定位，提高核心竞争力，公司针对目前市场情况和监管要求，坚定业务转型信念，明确业务转型方向，确定转型的战略范围，围绕服务实体经济、做好本源业务、顺应资管新政的信托业发展方向，拓展以家族信托和慈善信托为代表的信托本源业务，积极探索个人消费金融、房地产并购、REITS 等业务。<br>（2）完善内控合规体系建设，强化风险管理。以业务发展为中心，坚持合法合规、坚持风险防控，持续完善内控合规体系建设，同时以开展 2018 年"风险合规年"工作为契机，系统梳理风险管理框架、管理机制、制度体系，查缺补漏，夯实管理基础；做实"风险合规年"各项工作，以合规微电影拍摄、风险合规知识测试、公众号宣传、合规啄木鸟等活动为抓手，大力宣贯风险合规理念，强化全员风险意识，全面提升公司风险合规管理水平。<br>（3）强化项目管控措施，提升尽职管理能力。一是强化事前风险管理，严把项目准入关，适时调整风控标准和合规指导标准，防范项目事前风险；二是强化事中风险管理，做深专项排查、做实常规排查，摸清风险底数，强化排查结果运用；三是加强信息披露工作，做好后期管理；四是做好重点业务领域风险防控，如加大房地产业务的风险防范力度、加强流动性风险管理和交叉金融风险防控等方面工作。<br>（4）按照监管要求，做好资管新规过渡期整改工作。按照资管新规等相关要求，公司进行了全面摸底排查，同时审慎评估过渡期内面临的各种潜在风险及可能对公司产生的影响，分别制定资管新规过渡期内存量信托产品整改方案和风险防控预案。下一步，将在过渡期内分阶段有序进行整改，逐笔压缩递减至符合监管要求，同时认真做好风险防范等应对措施。 |

续表

| 公司名称 | 整改意见 |
|---|---|
| 江苏信托 | 2018年6月19日至2018年7月9日，原中国银行业监督管理委员会江苏监管局（现更名为中国银行保险监督管理委员会江苏监管局）对公司开展了现场检查，并于2018年12月4日出具了《现场检查意见书》（苏银保监筹[2018]439号）。根据现场检查结果，公司建立了"三会一层"的治理架构，各治理主体权责基本明确，运行较为顺畅，当前的公司治理架构对公司稳健运营和风险防控发挥了正面积极的作用。制定了各类规章制度，前台、中台、后台分离制衡，固有与信托业务之间、不同信托项目之间能够实现隔离，未发现恶意侵害信托受益人权益的重大案件。公司固有业务能够按照授权要求，履行必要的审批流程；信托业务尽职调查、风控合规审查及审批流程较为规范，主动管理的信托项目未发生导致受益人利益损失的重大风险。公司能够认真落实监管要求，对日常监管中发现的相关问题进行整改。近年上线的核心业务系统对提高公司经营效率和防范内控风险起到了积极作用，整体信息化水平有所提升。公司能够按照监管要求开展深化整治银行业市场乱象工作，对相关业务进行认真评估及自查，并对自查发现的问题积极采取措施加以整改。但检查也发现，公司在法人治理、内部控制、业务合规性等方面仍需进一步改进优化。<br>收到《现场检查意见书》后，公司高度重视，立即召开专题会议，对《现场检查意见书》提出的问题进行逐项梳理，认真研究整改方案，部署落实相关工作。在整改工作中，公司不断强化政策传导，完善公司治理，提升内控水平，规范业务开展，落实检查意见。通过整改，公司进一步增强内生动力，提高业务管理水平、强化风险防控意识，坚持问题导向，突出整治重点，长短结合、标本兼治，把握力度节奏，坚持稳中求进，落实主体责任，全面提升整治乱象工作成效。持续增强合规经营的主动性和自觉性，大力提升风险防控水平，切实巩固服务实体经济的基础，着力构建合规经营、行稳致远的长效机制。 |
| 兴业信托 | 报告期内，中国银保监会福建监管局通过对公司的非现场监管及现场监管，对公司进一步加强信托业务合规管理、加强风险防控、提升服务实体经济质效、深化体制机制改革等提出了监管意见。公司认真按照监管要求，稳步推进业务转型，逐步回归信托本源，强化风险合规管控，严守金融风险底线，深化党的领导体制，完善公司治理，持续推进深化整治市场乱象工作及信贷文化建设工作，确保合规稳健经营。 |
| 上海信托 | 公司于2018年12月5日收到上海银保监局下发的《关于上海国际信托有限公司深化乱象整治和房地产业务专项检查的意见》（沪银保监发[2018]3号）。上海银保监局认为公司基本能够根据法律法规及公司内部制度的要求开展业务，风控及合规管理基本有效。同时，上海银保监局结合现场检查情况对公司在房地产业务资金流向监控、信保合作管理责任界定、子公司展业模式等方面提出了监管意见。<br>公司对此高度重视，组织深入学习和讨论，针对现场检查意见制定了相应的整改措施，逐项落实现场检查意见。 |
| 新华信托 | 报告期内，重庆银保监局对公司法人治理、经营管理、业务开展及落实监管要求情况进行了提示，公司已按照监管意见或要求逐笔开展整改工作。 |
| 云南信托 | 2018年6月，公司收到《中国银监会云南监管局办公室关于2018年云南国际信托有限公司监管工作的意见》（云银监办发[2018]62号，以下简称《2018年监管意见》）。对于《2018年监管意见》提出的各项要求，公司高度重视，结合公司经营管理实际，落实了《2018年监管意见》各项要求，并已将有关落实情况书面报告云南银保监局。 |
| 国联信托 | 2018年无锡银保监分局对公司进行了现场检查，对于监管部门提出的问题，公司上下高度重视，积极落实整改计划。<br>第一，严格落实整改，持续跟踪整改措施，总结成效与不足。第二，剖析问题根源，进一步强化内控建设，从源头上杜绝同类问题的发生。第三，持续开展自查，强化常态措施，构建合规经营和风险管控的长效机制。第四，营造合规文化，深入开展合规培训，优化现有合规理念。第五，调整业务结构，加快业务转型，回归信托本源，更好地服务实体经济。 |
| 华宸信托 | 2018年11月5日至2018年11月16日内蒙古银保监局围绕公司治理和内部管理、固有业务和信托业务对公司进行了现场检查，公司根据自查和检查中所出现的制度、业务、管理中存在的问题认真进行了整改，有力地推动了公司治理结构的完善、内控水平提高、固有业务和信托业务规范操作，提升了公司的内控合规经营水平。 |
| 华融信托 | 2018年，按照监管机构的统一部署安排，新疆银监局对公司进行了现场评级工作，公司积极配合。在公司完成的《信托公司监管评级评分操作表》基础上，新疆银监局对照各项指标体系进行了现场初评，并就各项指标同各部门进行了详细的沟通，目前后续程序正在进行中。公司将按照《信托公司监管评级办法》中关于监管评级定量和定性要素的规定，逐步提升公司经营管理能力和风险管理能力，提高监管评级结果。 |

注：2018年内共有51家信托公司披露了整改事项。

## （五）原银监会及其省级派出机构认定的其他有必要让客户及相关利益人了解的重要信息

| 公司简称 | 重要信息 |
|---|---|
| 国元信托 | 报告期内，公司已按有关规定充分披露相关信息，无银保监会及其省级派出机构认定的其他有必要让客户及相关利益人了解的重要信息。 |
| 北方信托 | 2018年4月8日，公司增资扩股项目在天津产权交易中心正式挂牌。<br>2019年2月20日，公司完成国有股权整合工作，股东单位数量由27家变更为24家。 |
| 中江信托 | 经中国银保监会于2018年11月29日批复（银保监复[2018]306号），同意雪松控股集团有限公司受让领锐资产管理股份有限公司、大连昱辉科技发展有限公司、天津瀚晟同创科技发展有限公司和深圳市振辉利科技有限公司合计持有的公司71.3005%股权。<br>报告期内，股权转让工作尚在进行中。 |
| 西藏信托 | 根据《信托公司净资本管理办法》规定，公司净资本监管风险控制指标执行情况如下：<br>净资本/各项业务风险资本之和 =192 085.05万元/120 003.15万元×100% =160.07% ≥100%（监管标准）<br>净资本/净资产 =192 085.05万元/224 492.66万元×100% =85.56% ≥40%（监管标准） |
| 中诚信托 | 截至2018年12月31日，公司净资本余额为115.17亿元（≥2亿元），净资本/各项业务风险资本之和为201.24%（≥100%），净资本/净资产的比例为68.65%（≥40%），各项指标均符合监管要求。 |

续表

| 公司简称 | 重要信息 |
|---|---|
| 中海信托 | (1)2018年1月,公司荣获中央国债登记结算有限责任公司颁发的“2017年中债优秀ABS发行人”奖项。<br>(2)2018年4月,公司荣获黄浦区政府颁发的“2017年度上海市黄浦区高端服务业100强企业”荣誉称号,这是公司第七次获得该荣誉。<br>(3)2018年4月,经国家外汇管理局审批,公司新增合格境内机构投资者(QDII)投资额度2亿美元,成为首批之前已有额度又获批新增额度的信托公司。<br>(4)2018年6月,公司“远航1号集合资金信托计划”项目在《证券时报》举办的“优秀信托公司”奖项评选中荣获“优秀证券投资信托计划”奖。<br>(5)2018年7月,公司“远航1号集合资金信托计划”项目在《上海证券报》举办的“诚信托”奖项评选中荣获“最佳证券投资信托产品奖”。<br>(6)2018年11月,公司正式取得公司个人征信系统的信用报告查询权限,成为上海首家唯一一家上线此功能的信托公司。 |
| 中融信托 | 报告期内,公司相继得到新闻媒体及社会各方的积极评价,获得主要荣誉如下:<br>(1)荣获中央国债登记结算有限责任公司颁发“优秀资产管理机构”。<br>(2)荣获银行业信贷资产登记流转中心有限公司颁发“专业服务奖”。<br>(3)荣获《上海证券报》评选的“诚信托—卓越公司奖”。<br>(4)荣获《经济观察报》评选的“卓越家族财富管理信托公司奖”。<br>(5)荣获《证券时报》评选的“2018年度中国优秀信托公司”。<br>(6)荣获《证券时报》评选的“2018年度优秀财富管理品牌”。<br>(7)荣获《金融时报》评选的“2018年度最佳风险管理信托公司”。 |
| 江苏信托 | 根据《信托公司净资本管理办法》规定,公司净资本监管风险控制指标(根据审计报告数据计算)执行情况如下:<br>净资本/各项业务风险资本之和=1 499 882.35万元/593 885.87万元×100%=252.55%≥100%(监管标准)<br>净资本/净资产=1 499 882.35万元/1 779 080.48万元×100%=84.31%≥40%(监管标准) |
| 新华信托 | 2018年10月22日,根据北京市高级人民法院《协助执行通知书》[(2018)京民初169号],该院对原告厦门麟真贸易有限公司诉被告人和投资控股股份有限公司股权转让纠纷一案的民事裁定书已经发生法律效力,根据《中华人民共和国民事诉讼法》相关规定:冻结人和投资控股股份有限公司持有的新华信托股份有限公司股份238 185 938股(人和投资控股股份有限公司共计持有公司238 185 938股,占5.67%);冻结期限为三年,自2018年10月22日起至2021年10月21日止;在本案审理期间至执行程序终结前,未经该院准许,被冻结或查封的财产,不得转移、变卖,不得设定抵押担保等权利负担,不得转让过户或进行其他任何形式的变更。<br>2019年1月17日,根据北京市高级人民法院《民事裁定书》[(2018)京民初169号之一]《民事裁定书》[(2018)京民初169号之二],因原告厦门麟真贸易有限公司撤回对人和投资控股股份有限公司的起诉,并解除对人和投资控股股份有限公司采取的全部财产保全措施。据此,上述股权冻结事项终结。 |
| 云南信托 | 云南信托以履行社会责任为重要导向,不仅利用信托制度优势向实体企业提供金融服务,还在信托法律文件的签署过程中履行社会责任告知义务。同时,将履行社会责任纳入内部控制体系,从制度层面、业务开展层面确立其重要地位。报告期内,公司在多方面践行企业的社会责任。<br>公司严格遵守国家法律法规、监管部门规章、规范性文件及公司章程,并主动接受监管部门和社会公众的监督。积极按照国家货币政策、财政政策、产业政策及其他政策适时调整经营战略,关注社会整体利益,维护国家金融秩序和金融安全。<br>公司坚决履行反洗钱义务,报告年度公司进一步完善了反洗钱数据报送管理、完善监测模型、完善反洗钱系统功能建设,并强化可疑交易数据人工分析工作。2018年累计完成2218名自然人客户、318名机构客户身份识别工作。报告年度累计发现45个委托人客户证照过期,其中机构客户19个,个人客户26个。客户的过期证照均已补正。<br>公司主动开展案件防控工作,报告年度累计完成项目案件风险排查549个,规模共计14 461 000.79万元;累计开展4次员工异常行为排查,排查正式员工80人,签署合规责任承诺书80份。<br>公司诚信经营,自觉履行纳税义务,依法及时足额纳税,为国家及地方财政收入和经济发展作贡献。<br>公司作为专业化财富管理机构,充分发挥信托制度优势,积极开发符合社会和市场需求的信托业务及信托理财产品,不断创新服务方式,积极探索盈利模式,以信托功能满足社会理财需求,秉承“受人之托、忠人之事”的原则开展信托业务,恪尽职守,履行诚实、信用、谨慎、有效管理的义务,维护受益人的合法权益。2018年公司向受益人兑付的信托本金及收益共计2 360.13亿元,其中信托收益为51.75亿元,涉及信托项目1 309个。<br>公司积极强化资本金管理与运用,努力创造利润,提高投资回报,为股东创造合理投资价值。2018年公司实现营业收入为6.79亿元,同比增长22.97%,实现净利润为2.96亿元,同比增长19.58%。<br>公司始终把消费者权益保护工作作为公司经营发展的重要战略,近年来已逐步建立起了较为完善的消费者权益保护体系。董事会消费者权益保护委员会带领高级管理层组织协调,消保职能部门落实开展消保工作。报告年度新增、修定各类消保制度9篇,完善消费者权益保护内部考核机制,组织开展了“3·15”消保主题宣传、全员消保培训、金融普及进校园等专项活动,取得了较好的社会反响。<br>公司坚持以员工为本,构建企业文化。培育了一支高素质、高学历、年轻化、专业化的人才队伍。积极开展员工培训,提高员工职业素质和从业技能,为员工提供充分的职业发展机会。<br>公司每年开展“大爱星火”主题公益活动。“大爱星火”不仅带去大家需要的物资,教会大家学习基础金融知识,也带去公司对社会弱势群体的关爱,提高公司职工对于社会的责任感和认同感。同时,公司通过专业的投资管理经验与信托制度完美结合,自2006年开始与云南省青少年发展基金会合作,推出了爱心稳健收益型集合资金信托计划,并运营至今。<br>2018年,公司继续推进系统化办公,创建节约型社会。在全社会树立节约意识、节约观念,倡导节约文化、节约文明的大背景下云南信托积极创建节约型企业,推进无纸化办公,节约成本,降低能耗,提高效率;同时运用金融机构专业优势开展绿色碳权信托,进一步发展碳资产管理能力,力求把自身打造成绿色金融产业的先驱和领导者。 |
| 华宸信托 | 根据内蒙古银保监局《关于华宸信托有限责任公司修改公司章程的批复》(内银保监复[2018]45号),核准公司修改《公司章程》。本次修改章程主要根据中国银保监会《关于信托机构参照〈商业银行股权管理暂行办法〉加强股权管理的通知》(银保监办发[2018]75号)要求修改完善《公司章程》相关条款,并根据全国国有企业党建工作会议精神和内蒙古自治区国资委批复意见,将党建工作相关内容写入《公司章程》。 |

注:2018年内共有11家信托公司披露了重要信息。

# 第二章　信托公司年度报告的质量评价
## ——关于审计报告

在本章节中，我们对信托公司被出具的审计报告类型及执行《企业会计准则》的情况进行分析，以此作为后面章节对信托公司进行分析的依据之一。

## 一、信托公司 2018 年、2017 年审计报告类型分类汇总情况

**表 2－1－1　信托公司 2018 年、2017 年审计报告意见类型汇总比较**

| 审计意见 | 2018 年 | | 2017 年 | |
|---|---|---|---|---|
| | 份数 | 百分比（%） | 份数 | 百分比（%） |
| 标准无保留意见 | 65 | 95.59 | 68 | 100.00 |
| 无保留意见＋强调事项段 | 2 | 2.94 | — | — |
| 无保留意见＋其他事项段 | 1 | 1.47 | — | — |
| 保留意见 | — | — | — | — |
| 无法表示意见 | — | — | — | — |
| 合计 | 68 | 100.00 | 68 | 100.00 |

2018 年，会计师事务所对 65 家信托公司年报审计出具了标准无保留意见的审计报告，对 2 家信托公司出具了带强调事项段的无保留意见审计报告，对 1 家信托公司出具带其他事项段的无保留意见，表明绝大部分的财务报告在重大方面公允反映了被审计信托公司的财务状况和经营成果。2017 年，会计师事务所对所有 68 家信托公司年报审计也均出具了标准无保留意见的审计报告，从审计意见来看，信托公司财务信息的质量有所下滑。

按照《中国注册会计师审计具体准则第 1501 号——审计报告》的相关规定：如果会计师认为财务报表已经按照适用的企业会计准则和相关财务会计法规的规定，在所有重大方面公允反映了被审计单位的财务状况、经营成果和现金流量；并且注册会计师已经按照独立审计准则计划和实施了审计工作，在审计过程中未受到限制；此外也不存在应当调整或披露而被审计单位未予调整或披露的重要事项情形时，注册会计师应当出具无保留意见的审计报告。而如果会计师认为整体财务报表是公允的，但存在会计政策的选用、会计估计的做出或财务报表的披露不符合适用的会计准则和相关会计制度的规定，虽影响重大，但不至于出具否定意见的审计报告；以及因审计范围受到限制，不能获取充分、适当的审计证据，虽影响重大，但不至于出具无法表示意见的审计报告时，注册会计师应当出具保留意见的审计报告。

## 二、信托公司 2018 年、2017 年会计师事务所审计情况

**表 2－2－1　信托公司 2018 年、2017 年聘请的会计师事务所资格情况**

| 公司简称 | 聘请的会计师事务所 | 资格情况 |
|---|---|---|
| 国元信托 | 天职国际会计师事务所（特殊普通合伙） | 证券期货资格 |
| 安信信托 | 立信会计师事务所（特殊普通合伙） | 证券期货资格 |
| 百瑞信托 | 大信会计师事务所（特殊普通合伙） | 证券期货资格 |
| 北方信托 | 安永华明会计师事务所（特殊普通合伙） | 证券期货资格 |
| 北京信托 | 天职国际会计师事务所（特殊普通合伙） | 证券期货资格 |
| 中铁信托 | 普华永道中天会计师事务所（特殊普通合伙） | 证券期货资格 |
| 东莞信托 | 中审众环会计师事务所（特殊普通合伙） | 证券期货资格 |
| 光大兴陇信托 | 安永华明会计师事务所（特殊普通合伙） | 证券期货资格 |
| 粤财信托 | 致同会计师事务所（特殊普通合伙） | 证券期货资格 |
| 国联信托 | 江苏公证天业会计师事务所（特殊普通合伙） | 证券期货资格 |
| 国民信托 | 安永华明会计师事务所（特殊普通合伙） | 证券期货资格 |
| 国投信托 | 立信会计师事务所（特殊普通合伙） | 证券期货资格 |
| 杭州工商信托 | 德勤华永会计师事务所（特殊普通合伙） | 证券期货资格 |

续表

| 公司简称 | 聘请的会计师事务所 | 资格情况 |
|---|---|---|
| 建信信托 | 普华永道中天会计师事务所(特殊普通合伙) | 证券期货资格 |
| 湖南信托 | 天职国际会计师事务所(特殊普通合伙) | 证券期货资格 |
| 华宝信托 | 瑞华会计师事务所(特殊普通合伙) | 证券期货资格 |
| 吉林信托 | 中准会计师事务所(特殊普通合伙) | 证券期货资格 |
| 江苏信托 | 天衡会计师事务所(特殊普通合伙) | 证券期货资格 |
| 中江信托 | 江西信德会计师事务所有限责任公司 | 证券期货资格 |
| 兴业信托 | 德勤华永会计师事务所(特殊普通合伙) | 证券期货资格 |
| 华宸信托 | 大华会计师事务所(特殊普通合伙) | 证券期货资格 |
| 昆仑信托 | 立信会计师事务所(特殊普通合伙) | 证券期货资格 |
| 平安信托 | 普华永道中天会计师事务所(特殊普通合伙) | 证券期货资格 |
| 山东信托 | 普华永道中天会计师事务所(特殊普通合伙)和罗兵咸永道会计师事务所 | 证券期货资格 |
| 山西信托 | 毕马威华振会计师事务所(特殊普通合伙) | 证券期货资格 |
| 陕国投 | 信永中和会计师事务所(特殊普通合伙) | 证券期货资格 |
| 上海信托 | 普华永道中天会计师事务所(特殊普通合伙) | 证券期货资格 |
| 华融信托 | 德勤华永会计师事务所(特殊普通合伙) | 证券期货资格 |
| 苏州信托 | 天衡会计师事务所(特殊普通合伙) | 证券期货资格 |
| 天津信托 | 中审华会计师事务所(特殊普通合伙) | 证券期货资格 |
| 长安信托 | 希格玛会计师事务所(特殊普通合伙) | 证券期货资格 |
| 西部信托 | 瑞华会计师事务所(特殊普通合伙) | 证券期货资格 |
| 西藏信托 | 天职国际会计师事务所(特殊普通合伙) | 证券期货资格 |
| 厦门国际信托 | 中审众环会计师事务所(特殊普通合伙) | 证券期货资格 |
| 新华信托 | 大信会计师事务所(特殊普通合伙) | 证券期货资格 |
| 华润信托 | 天职国际会计师事务所(特殊普通合伙) | 证券期货资格 |
| 华信信托 | 中勤万信会计师事务所(特殊普通合伙) | 证券期货资格 |
| 英大信托 | 天健会计师事务所(特殊普通合伙) | 证券期货资格 |
| 云南信托 | 中审众环会计师事务所(特殊普通合伙) | 证券期货资格 |
| 中诚信托 | 天职国际会计师事务所(特殊普通合伙) | 证券期货资格 |
| 外贸信托 | 毕马威华振会计师事务所(特殊普通合伙) | 证券期货资格 |
| 中海信托 | 立信会计师事务所(特殊普通合伙) | 证券期货资格 |
| 中融信托 | 大信会计师事务所(特殊普通合伙) | 证券期货资格 |
| 中泰信托 | 中审亚太会计师事务所(特殊普通合伙) | 证券期货资格 |
| 中信信托 | 信永中和会计师事务所(特殊普通合伙) | 证券期货资格 |
| 中原信托 | 中审华会计师事务所(特殊普通合伙) | 证券期货资格 |
| 重庆信托 | 信永中和会计师事务所(特殊普通合伙) | 证券期货资格 |
| 渤海信托 | 中兴财光华会计师事务所(特殊普通合伙) | 证券期货资格 |
| 交银国际信托 | 普华永道中天会计师事务所(特殊普通合伙) | 证券期货资格 |
| 中建投信托 | 安永华明会计师事务所(特殊普通合伙) | 证券期货资格 |
| 华能信托 | 大信会计师事务所(特殊普通合伙) | 证券期货资格 |
| 浙金信托 | 大华会计师事务所(特殊普通合伙) | 证券期货资格 |
| 爱建信托 | 立信会计师事务所(特殊普通合伙) | 证券期货资格 |
| 新时代信托 | 大信会计师事务所(特殊普通合伙) | 证券期货资格 |
| 中航信托 | 中审众环会计师事务所(特殊普通合伙) | 证券期货资格 |
| 华澳信托 | 信永中和会计师事务所 (特殊普通合伙) | 证券期货资格 |
| 大业信托 | 天职国际会计师事务所(特殊普通合伙) | 证券期货资格 |
| 国通信托 | 中审众环会计师事务所(特殊普通合伙) | 证券期货资格 |
| 华鑫信托 | 天职国际会计师事务所(特殊普通合伙) | 证券期货资格 |
| 金谷信托 | 安永华明会计师事务所(特殊普通合伙) | 证券期货资格 |
| 陆家嘴信托 | 普华永道中天会计师事务所(特殊普通合伙) | 证券期货资格 |
| 四川信托 | 致同会计师事务所(特殊普通合伙) | 证券期货资格 |
| 五矿信托 | 致同会计师事务所(特殊普通合伙) | 证券期货资格 |

续表

| 公司简称 | 聘请的会计师事务所 | 资格情况 |
| --- | --- | --- |
| 中粮信托 | 信永中和会计师事务所(特殊普通合伙) | 证券期货资格 |
| 紫金信托 | 立信会计师事务所(特殊普通合伙) | 证券期货资格 |
| 长城新盛信托 | 德勤华永会计师事务所(特殊普通合伙) | 证券期货资格 |
| 中国民生信托 | 中兴华会计师事务所(特殊普通合伙) | 证券期货资格 |
| 万向信托 | 大华会计师事务所(特殊普通合伙) | 证券期货资格 |

经统计分析,2018 年的审计报告均是由具有证券期货资格的会计师事务所出具的,相对于 2017 年,对信托公司进行审计的会计师事务所仍有较大的集中。2018 年有天职国际会计师事务所(特殊普通合伙)、立信会计师事务所(特殊普通合伙)、普华永道中天会计师事务所(特殊普通合伙)、安永华明会计师事务所(特殊普通合伙)、大信会计师事务所(特殊普通合伙)、中审华会计师事务所(特殊普通合伙)、德勤华永会计师事务所(特殊普通合伙)、大华会计师事务所(特殊普通合伙)、信永中和会计师事务所(特殊普通合伙)和致同会计师事务所(特殊普通合伙),共 10 家会计师事务所,分别为 3 ~8 家信托公司进行了财务报表审计,其中天职国际会计师事务所(特殊普通合伙)为 8 家信托公司提供审计服务,立信会计师事务所(特殊普通合伙) 和普华永道中天会计师事务所(特殊普通合伙)为 6 家信托公司提供审计服务,安永华明会计师事务所(特殊普通合伙)、大信会计师事务所(特殊普通合伙)和中审华会计师事务所(特殊普通合伙)为 5 家信托公司提供了审计服务,德勤华永会计师事务所(特殊普通合伙)为 4 家信托公司提供了审计服务,大华会计师事务所(特殊普通合伙)、信永中和会计师事务所(特殊普通合伙)和致同会计师事务所(特殊普通合伙)为 4 家信托公司提供审计服务。这 10 家会计师事务所共为 48 家信托公司提供了审计服务,占 2018 年信托公司总户数的 70.59%。

在 68 家信托公司中,有 12 家在 2018 年变更了会计师事务所,占 2018 年全部信息披露户数的 17.65%,相对于 2017 年的 23.52%,该比例略微下降,但是我们仍然提请监管部门对信托公司会计师事务所变更事项作必要的要求和监管,对会计师事务所变更应该要求信托公司和前任会计师事务所做出专项声明,以避免有的公司可能通过更换会计师事务所实现其特殊目的。

**表 2-2-2　信托公司 2018 年与 2017 年聘请的会计师事务所变更情况统计**

| 公司简称 | 2018 年聘请的会计师事务所 | 2017 年聘请的会计师事务所 |
| --- | --- | --- |
| 北方信托 | 安永华明会计师事务所(特殊普通合伙) | 瑞华会计师事务所(特殊普通合伙) |
| 中江信托 | 江西信德会计师事务所有限责任公司 | 北京中证天通会计师事务所(特殊普通合伙) |
| 华宸信托 | 大华会计师事务所(特殊普通合伙) | 瑞华会计师事务所(特殊普通合伙) |
| 长安信托 | 希格玛会计师事务所(特殊普通合伙) | 四川华信(集团)会计师事务所(特殊普通合伙) |
| 厦门国际信托 | 中审众环会计师事务所(特殊普通合伙) | 北京兴华会计师事务所(特殊普通合伙) |
| 英大信托 | 天健会计师事务所(特殊普通合伙) | 中天运会计师事务所(特殊普通合伙) |
| 中信信托 | 信永中和会计师事务所(特殊普通合伙) | 毕马威华振会计师事务所(特殊普通合伙) |
| 中建投信托 | 安永华明会计师事务所(特殊普通合伙) | 德勤华永会计师事务所(特殊普通合伙) |
| 华鑫信托 | 天职国际会计师事务所(特殊普通合伙) | 立信会计师事务所(特殊普通合伙) |
| 陆家嘴信托 | 普华永道中天会计师事务所(特殊普通合伙) | 安永华明会计师事务所(特殊普通合伙) |
| 五矿信托 | 致同会计师事务所(特殊普通合伙) | 天健会计师事务所(特殊普通合伙) |
| 中粮信托 | 信永中和会计师事务所(特殊普通合伙) | 天职国际会计师事务所(特殊普通合伙) |

## 三、信托公司 2018 年、2017 年执行的会计制度统计

**表 2-3-1　信托公司 2018 年与 2017 年执行的会计制度比较**

| 固有业务执行的会计制度 | 2018 年 | 2017 年 | 信托业务执行的会计制度 | 2018 年 | 2017 年 |
| --- | --- | --- | --- | --- | --- |
| | 家数 | 家数 | | 家数 | 家数 |
| 《企业会计准则》(2006 年) | 49 | 51 | 《企业会计准则》(2006 年) | 48 | 52 |
| 《企业会计准则》(2014 年) | 2 | 0 | 《企业会计准则》(2014 年) | 1 | 0 |
| 《企业会计准则》(2006 年、2014 年) | 15 | 13 | 《企业会计准则》(2006 年、2014 年) | 15 | 11 |
| 《企业会计准则》(2006 年、2014 年)及《金融负债与权益工具的区分及相关会计处理规定》(2014 年) | — | 1 | 《企业会计准则》(2006 年、2014 年)及《金融负债与权益工具的区分及相关会计处理规定》(2014 年) | — | 1 |
| 《企业会计准则》(2006 年)《信托业务会计核算办法》(2005 年) | — | 1 | 《企业会计准则》(2006 年)《信托业务会计核算办法》(2005 年) | — | 1 |

续表

| 固有业务执行的会计制度 | 2018 年 | 2017 年 | 信托业务执行的会计制度 | 2018 年 | 2017 年 |
|---|---|---|---|---|---|
| | 家数 | 家数 | | 家数 | 家数 |
| 《企业会计准则》<br>《金融企业会计制度》(2014 年) | 1 | 1 | 《企业会计准则》<br>《金融企业会计制度》(2014 年) | 1 | 1 |
| 《国际会计准则》 | 1 | 1 | 《信托业务会计核算办法》(2005 年) | 1 | 1 |
| | | | 《国际会计准则》 | 1 | 1 |
| 合计 | 68 | 68 | 合计 | 68 | 68 |

2018 年 68 家信托公司固有业务中,49 家明确披露已执行《企业会计准则》(2006 年),2 家披露已执行《企业会计准则》(2014 年),15 家披露已执行《企业会计准则》(2006 年)及 2014 年新修订/颁布的《企业会计准则》,1 家披露同时执行《企业会计准则》(2006 年)和《金融企业会计制度》(2014 年),1 家披露执行《国际会计准则》,另外部分信托企业已经率先执行新的收入准则和金融资产准则。

2018 年 68 家信托公司信托业务中,48 家明确披露已执行《企业会计准则》(2006 年),1 家披露已执行《企业会计准则》(2014 年), 15 家已披露执行《企业会计准则》(2006 年)及 2014 年新修订/颁布的《企业会计准则》,1 家披露同时执行《企业会计准则》和《金融企业会计制度》(2014 年),1 家披露执行《信托业务会计核算办法》(2005 年),1 家披露执行《国际会计准则》。

**表 2-3-2　2018 年 68 家信托公司披露执行的会计制度统计**

| 公司简称 | 2018 年固有业务执行的会计制度 | 2018 年信托业务执行的会计制度 |
|---|---|---|
| 国元信托 | 《企业会计准则》(2006 年) | 《企业会计准则》(2006 年) |
| 安信信托 | 《企业会计准则》(2006 年) | 《企业会计准则》(2006 年) |
| 百瑞信托 | 《企业会计准则》(2006 年、2014 年) | 《企业会计准则》(2006 年、2014 年) |
| 北方信托 | 《企业会计准则》(2014 年) | 《企业会计准则》(2014 年) |
| 北京信托 | 《企业会计准则》(2006 年) | 《企业会计准则》(2006 年) |
| 中铁信托 | 《企业会计准则》(2006 年) | 《企业会计准则》(2006 年) |
| 东莞信托 | 《企业会计准则》(2006 年) | 《企业会计准则》(2006 年) |
| 光大兴陇信托 | 《企业会计准则》(2006 年、2014 年) | 《企业会计准则》(2006 年、2014 年) |
| 粤财信托 | 《企业会计准则》(2006 年) | 《企业会计准则》(2006 年) |
| 国联信托 | 《企业会计准则》(2006 年、2014 年) | 《企业会计准则》(2006 年、2014 年) |
| 国民信托 | 《企业会计准则》(2006 年、2014 年) | 《企业会计准则》(2006 年、2014 年) |
| 国投信托 | 《企业会计准则》(2006 年、2014 年) | 《企业会计准则》(2006 年、2014 年) |
| 杭州工商信托 | 《企业会计准则》(2006 年、2014 年) | 《企业会计准则》(2006 年、2014 年) |
| 建信信托 | 《企业会计准则》(2006 年) | 《企业会计准则》(2006 年) |
| 湖南信托 | 《企业会计准则》(2006 年) | 《企业会计准则》(2006 年) |
| 华宝信托 | 《企业会计准则》(2006 年) | 《企业会计准则》(2006 年) |
| 吉林信托 | 《企业会计准则》(2006 年、2014 年) | 《企业会计准则》(2006 年、2014 年) |
| 江苏信托 | 《企业会计准则》(2014 年) | 《企业会计准则》(2014 年) |
| 中江信托 | 《企业会计准则》(2006 年) | 《企业会计准则》(2006 年) |
| 兴业信托 | 《企业会计准则》(2006 年) | 《企业会计准则》(2006 年) |
| 华宸信托 | 《企业会计准则》(2006 年) | 《企业会计准则》(2006 年) |
| 昆仑信托 | 《企业会计准则》和《金融企业会计制度》(2014 年) | 《企业会计准则》和《金融企业会计制度》(2014 年) |
| 平安信托 | 《企业会计准则》(2006 年) | 《企业会计准则》(2006 年) |
| 山东信托 | 《国际会计准则》 | 《国际会计准则》 |
| 山西信托 | 《企业会计准则》(2006 年) | 《企业会计准则》(2006 年) |
| 陕国投 | 《企业会计准则》(2006 年) | 《企业会计准则》(2006 年) |
| 上海信托 | 《企业会计准则》(2006 年、2014 年) | 《企业会计准则》(2006 年、2014 年) |
| 华融信托 | 《企业会计准则》(2006 年) | 《企业会计准则》(2006 年) |
| 苏州信托 | 《企业会计准则》(2006 年) | 《企业会计准则》(2006 年) |
| 天津信托 | 《企业会计准则》(2006 年) | 《企业会计准则》(2006 年) |
| 长安信托 | 《企业会计准则》(2006 年) | 《企业会计准则》(2006 年) |
| 西部信托 | 《企业会计准则》(2006 年) | 《企业会计准则》(2006 年) |
| 西藏信托 | 《企业会计准则》(2006 年) | 《企业会计准则》(2006 年) |
| 厦门国际信托 | 《企业会计准则》(2006 年) | 《企业会计准则》(2006 年) |

续表

| 公司简称 | 2018 年固有业务执行的会计制度 | 2018 年信托业务执行的会计制度 |
|---|---|---|
| 新华信托 | 《企业会计准则》(2006 年、2014 年) | 《企业会计准则》(2006 年、2014 年) |
| 华润信托 | 《企业会计准则》(2006 年) | 《企业会计准则》(2006 年) |
| 华信信托 | 《企业会计准则》(2006 年) | 《企业会计准则》(2006 年) |
| 英大信托 | 《企业会计准则》(2006 年) | 《企业会计准则》(2006 年) |
| 云南信托 | 《企业会计准则》(2006 年) | 《企业会计准则》(2006 年) |
| 中诚信托 | 《企业会计准则》(2006 年) | 《企业会计准则》(2006 年) |
| 外贸信托 | 《企业会计准则》(2006 年) | 《企业会计准则》(2006 年) |
| 中海信托 | 《企业会计准则》(2006 年、2014 年) | 《企业会计准则》(2006 年、2014 年) |
| 中融信托 | 《企业会计准则》(2006 年、2014 年) | 《企业会计准则》(2006 年、2014 年) |
| 中泰信托 | 《企业会计准则》(2006 年) | 《企业会计准则》(2006 年) |
| 中信信托 | 《企业会计准则》(2006 年) | 《企业会计准则》(2006 年) |
| 中原信托 | 《企业会计准则》(2006 年) | 《企业会计准则》(2006 年) |
| 重庆信托 | 《企业会计准则》(2006 年) | 《企业会计准则》(2006 年) |
| 渤海信托 | 《企业会计准则》(2006 年) | 《企业会计准则》(2006 年) |
| 交银国际信托 | 《企业会计准则》(2006 年) | 《企业会计准则》(2006 年) |
| 中建投信托 | 《企业会计准则》(2006 年) | 《企业会计准则》(2006 年) |
| 华能信托 | 《企业会计准则》(2006 年) | 《信托业务会计核算办法》(2005 年) |
| 浙金信托 | 《企业会计准则》(2006 年、2014 年) | 《企业会计准则》(2006 年、2014 年) |
| 爱建信托 | 《企业会计准则》(2006 年、2014 年) | 《企业会计准则》(2006 年、2014 年) |
| 新时代信托 | 《企业会计准则》(2006 年、2014 年) | 《企业会计准则》(2006 年、2014 年) |
| 中航信托 | 《企业会计准则》(2006 年) | 《企业会计准则》(2006 年) |
| 华澳信托 | 《企业会计准则》(2006 年) | 《企业会计准则》(2006 年) |
| 大业信托 | 《企业会计准则》(2006 年) | 《企业会计准则》(2006 年) |
| 国通信托 | 《企业会计准则》(2006 年) | 《企业会计准则》(2006 年) |
| 华鑫信托 | 《企业会计准则》(2006 年) | 《企业会计准则》(2006 年) |
| 金谷信托 | 《企业会计准则》(2006 年) | 《企业会计准则》(2006 年) |
| 陆家嘴信托 | 《企业会计准则》(2006 年) | 《企业会计准则》(2006 年) |
| 四川信托 | 《企业会计准则》(2006 年) | 《企业会计准则》(2006 年) |
| 五矿信托 | 《企业会计准则》(2006 年) | 《企业会计准则》(2006 年) |
| 中粮信托 | 《企业会计准则》(2006 年、2014 年) | 《企业会计准则》(2006 年、2014 年) |
| 紫金信托 | 《企业会计准则》(2006 年) | 《企业会计准则》(2006 年) |
| 长城新盛信托 | 《企业会计准则》(2006 年) | 《企业会计准则》(2006 年) |
| 中国民生信托 | 《企业会计准则》(2006 年) | 《企业会计准则》(2006 年) |
| 万向信托 | 《企业会计准则》(2006 年) | 《企业会计准则》(2006 年) |

**表 2-3-3　2017 年 68 家信托公司披露执行的会计制度统计**

| 公司简称 | 2017 年固有业务执行的会计制度 | 2017 年信托业务执行的会计制度 |
|---|---|---|
| 国元信托 | 《企业会计准则》(2006 年) | 《企业会计准则》(2006 年) |
| 安信信托 | 《企业会计准则》(2006 年) | 《企业会计准则》(2006 年) |
| 百瑞信托 | 《企业会计准则》(2006 年、2014 年) | 《企业会计准则》(2006 年、2014 年) |
| 北方信托 | 《企业会计准则》(2006 年、2014 年) | 《企业会计准则》(2006 年、2014 年) |
| 北京信托 | 《企业会计准则》(2006 年) | 《企业会计准则》(2006 年) |
| 中铁信托 | 《企业会计准则》(2006 年) | 《企业会计准则》(2006 年) |
| 东莞信托 | 《企业会计准则》(2006 年) | 《企业会计准则》(2006 年) |
| 光大兴陇信托 | 《企业会计准则》(2006 年、2014 年)及《金融负债与权益工具的区分及相关会计处理规定》(2014 年) | 《企业会计准则》(2006 年、2014 年)及《金融负债与权益工具的区分及相关会计处理规定》(2014 年) |
| 粤财信托 | 《企业会计准则》(2006 年) | 《企业会计准则》(2006 年) |
| 国联信托 | 《企业会计准则》(2006 年、2014 年) | 《企业会计准则》(2006 年、2014 年) |
| 国民信托 | 《企业会计准则》(2006 年、2014 年) | 《企业会计准则》(2006 年、2014 年) |
| 国投信托 | 《企业会计准则》(2006 年、2014 年) | 《企业会计准则》(2006 年、2014 年) |

续表

| 公司简称 | 2017 年固有业务执行的会计制度 | 2017 年信托业务执行的会计制度 |
|---|---|---|
| 杭州工商信托 | 《企业会计准则》(2006 年、2014 年) | 《企业会计准则》(2006 年、2014 年) |
| 建信信托 | 《企业会计准则》(2006 年) | 《企业会计准则》(2006 年) |
| 湖南信托 | 《企业会计准则》(2006 年) | 《企业会计准则》(2006 年) |
| 华宝信托 | 《企业会计准则》(2006 年) | 《企业会计准则》(2006 年) |
| 吉林信托 | 《企业会计准则》(2006 年、2014 年) | 《企业会计准则》(2006 年、2014 年) |
| 江苏信托 | 《企业会计准则》(2006 年) | 《企业会计准则》(2006 年) |
| 中江信托 | 《企业会计准则》(2006 年) | 《企业会计准则》(2006 年) |
| 兴业信托 | 《企业会计准则》(2006 年) | 《企业会计准则》(2006 年) |
| 华宸信托 | 《企业会计准则》(2006 年) | 《企业会计准则》(2006 年) |
| 昆仑信托 | 《企业会计准则》和《金融企业会计制度》(2014 年) | 《企业会计准则》和《金融企业会计制度》(2014 年) |
| 平安信托 | 《企业会计准则》(2006 年) | 《企业会计准则》(2006 年) |
| 山东信托 | 《国际会计准则》 | 《国际会计准则》 |
| 山西信托 | 《企业会计准则》(2006 年) | 《企业会计准则》(2006 年) |
| 陕国投 | 《企业会计准则》(2006 年) | 《企业会计准则》(2006 年) |
| 上海信托 | 《企业会计准则》(2006 年) | 《企业会计准则》(2006 年) |
| 华融信托 | 《企业会计准则》(2006 年)、《信托业务会计核算办法》(2005 年) | 《企业会计准则》(2006 年)、《信托业务会计核算办法》(2005 年) |
| 苏州信托 | 《企业会计准则》(2006 年、2014 年) | 《企业会计准则》(2006 年) |
| 天津信托 | 《企业会计准则》(2006 年) | 《企业会计准则》(2006 年) |
| 长安信托 | 《企业会计准则》(2006 年) | 《企业会计准则》(2006 年) |
| 西部信托 | 《企业会计准则》(2006 年) | 《企业会计准则》(2006 年) |
| 西藏信托 | 《企业会计准则》(2006 年) | 《企业会计准则》(2006 年) |
| 厦门国际信托 | 《企业会计准则》(2006 年) | 《企业会计准则》(2006 年) |
| 新华信托 | 《企业会计准则》(2006 年) | 《企业会计准则》(2006 年) |
| 华润信托 | 《企业会计准则》(2006 年) | 《企业会计准则》(2006 年) |
| 华信信托 | 《企业会计准则》(2006 年) | 《企业会计准则》(2006 年) |
| 英大信托 | 《企业会计准则》(2006 年) | 《企业会计准则》(2006 年) |
| 云南信托 | 《企业会计准则》(2006 年) | 《企业会计准则》(2006 年) |
| 中诚信托 | 《企业会计准则》(2006 年) | 《企业会计准则》(2006 年) |
| 外贸信托 | 《企业会计准则》(2006 年) | 《企业会计准则》(2006 年) |
| 中海信托 | 《企业会计准则》(2006 年、2014 年) | 《企业会计准则》(2006 年、2014 年) |
| 中融信托 | 《企业会计准则》(2006 年、2014 年) | 《企业会计准则》(2006 年、2014 年) |
| 中泰信托 | 《企业会计准则》(2006 年) | 《企业会计准则》(2006 年) |
| 中信信托 | 《企业会计准则》(2006 年) | 《企业会计准则》(2006 年) |
| 中原信托 | 《企业会计准则》(2006 年) | 《企业会计准则》(2006 年) |
| 重庆信托 | 《企业会计准则》(2006 年) | 《企业会计准则》(2006 年) |
| 渤海信托 | 《企业会计准则》(2006 年) | 《企业会计准则》(2006 年) |
| 交银国际信托 | 《企业会计准则》(2006 年) | 《企业会计准则》(2006 年) |
| 中建投信托 | 《企业会计准则》(2006 年) | 《企业会计准则》(2006 年) |
| 华能信托 | 《企业会计准则》(2006 年) | 《信托业务会计核算办法》(2005 年) |
| 浙金信托 | 《企业会计准则》(2006 年、2014 年) | 《企业会计准则》(2006 年、2014 年) |
| 爱建信托 | 《企业会计准则》(2006 年、2014 年) | 《企业会计准则》(2006 年) |
| 新时代信托 | 《企业会计准则》(2006 年、2014 年) | 《企业会计准则》(2006 年、2014 年) |
| 中航信托 | 《企业会计准则》(2006 年) | 《企业会计准则》(2006 年) |
| 华澳信托 | 《企业会计准则》(2006 年) | 《企业会计准则》(2006 年) |
| 大业信托 | 《企业会计准则》(2006 年) | 《企业会计准则》(2006 年) |
| 国通信托 | 《企业会计准则》(2006 年) | 《企业会计准则》(2006 年) |
| 华鑫信托 | 《企业会计准则》(2006 年) | 《企业会计准则》(2006 年) |
| 金谷信托 | 《企业会计准则》(2006 年) | 《企业会计准则》(2006 年) |
| 陆家嘴信托 | 《企业会计准则》(2006 年) | 《企业会计准则》(2006 年) |
| 四川信托 | 《企业会计准则》(2006 年) | 《企业会计准则》(2006 年) |

续表

| 公司简称 | 2017 年固有业务执行的会计制度 | 2017 年信托业务执行的会计制度 |
|---|---|---|
| 五矿信托 | 《企业会计准则》(2006 年) | 《企业会计准则》(2006 年) |
| 中粮信托 | 《企业会计准则》(2006 年) | 《企业会计准则》(2006 年) |
| 紫金信托 | 《企业会计准则》(2006 年) | 《企业会计准则》(2006 年) |
| 长城新盛信托 | 《企业会计准则》(2006 年) | 《企业会计准则》(2006 年) |
| 中国民生信托 | 《企业会计准则》(2006 年) | 《企业会计准则》(2006 年) |
| 万向信托 | 《企业会计准则》(2006 年) | 《企业会计准则》(2006 年) |

# 第三章　信托公司财务指标排行榜

2018年我们汇总统计了信托公司的财务指标，分别对各项指标进行按照金额、比率等大小排序。希望通过这些指标的分析建立信托公司综合评价体系。该体系主要包含五个方面的能力分析：资本实力、业务能力、盈利能力、信托理财能力和抗风险能力。本文中仅对指标进行列示和相应的描述，各项指标分别按照金额、比率大小排序，不对公司的综合评价进行排名。

| 评价标准 | 评价指标 | 公式 | 索引号 |
|---|---|---|---|
| 资本实力 | 总资产 | | 表3-1-1 |
| | 净资产 | | 表3-1-7 |
| 盈利能力 | 营业总收入 | | 表3-1-3 |
| | 营业费用收入比 | 营业费用/营业收入×100% | 表3-1-12 |
| | 净利润 | | 表3-1-8 |
| | 人均净利润 | 净利润/员工总人数 | 表3-3-9 |
| | 信托报酬率 | 信托业务收入/实收信托资产平均余额×100% | 表3-1-25 |
| | 资本利润率 | 净利润/所有者权益平均余额×100% | 表3-3-11 |
| 业务能力 | 信托资产余额 | | 表3-1-19 |
| | 信托资产余额年度增量 | 期末信托资产余额-期初信托资产余额 | 表5-1-4 |
| | 年度新增信托业务规模 | | 表3-3-7 |
| | 固有总资产年度增量 | 固有总资产期末余额-固有总资产期初余额 | 表3-1-1 |
| | 固有资产增长率 | (本期固有资产余额/上期固有资产余额-1)×100% | 表3-1-1 |
| | 信托业务收入 | | 表3-1-21 |
| | 信托业务收入增长率 | (本期信托业务收入/上期信托业务收入-1)×100% | 表3-1-21 |
| | 信托业务收入占比 | 信托业务收入/营业总收入×100% | 表3-1-23 |
| | 自营业务收入 | | 表3-1-3 |
| | 自营业务收入增长率 | (本期自营业务收入/上期自营业务收入-1)×100% | 表3-1-3 |
| 信托理财能力 | 信托产品年度清算综合收益率 | | 表3-3-3 |
| | 集合信托年度清算收益率 | | 表3-3-3 |
| | 主动管理型信托资产余额 | | 表3-3-6 |
| | 主动管理型信托资产占比 | 主动管理型信托资产余额/信托资产余额×100% | 表3-3-6 |
| | 集合信托资产余额 | | 表3-3-4 |
| | 集合信托资产占比 | 集合信托资产余额/信托资产余额×100% | 表3-3-4 |
| | 信托净利润 | | 表5-1-7 |
| | 信托资产利润率 | 信托净利润/信托总资产平均余额 | 表5-1-9 |
| 抗风险能力 | 净资本 | | 表3-3-13 |
| | 净资本/净资产 | | 表3-3-13 |
| | 风险覆盖率 | 净资本/各项风险资本准备之和 | 表3-3-13 |
| | 固有不良资产率 | | 表6-3-1 |
| | 信托风险准备金余额 | 信托赔偿准备金余额+一般风险准备金余额 | 表3-1-16 |
| | 信托赔偿准备金提取率 | 信托赔偿准备金余额/注册资本×100% | 表3-1-17 |
| | 信托风险赔偿率 | 信托风险准备余额/信托资产余额×100% | 表3-3-14 |

## 一、信托公司单项财务指标排行榜

### (一)固有资产相关指标

**表3-1-1　固有资产合并资产总额排行榜**

| 排名 | 公司简称 | 2018年12月31日(万元) | 2017年12月31日(万元) | 增长率(%) |
|---|---|---|---|---|
| 1 | 重庆信托 | 22 989 814.72 | 22 474 570.38 | 2.29 |
| 2 | 平安信托 | 15 707 631.87 | 13 889 267.55 | 13.09 |
| 3 | 中信信托 | 3 791 253.24 | 3 618 878.73 | 4.76 |

续表

| 排名 | 公司简称 | 2018年12月31日(万元) | 2017年12月31日(万元) | 增长率(%) |
|---|---|---|---|---|
| 4 | 兴业信托 | 3 760 453.78 | 3 599 545.41 | 4.47 |
| 5 | 安信信托 | 3 153 620.19 | 2 512 611.56 | 25.51 |
| 6 | 中融信托 | 3 072 743.22 | 2 878 829.50 | 6.74 |
| 7 | 华润信托 | 2 387 940.69 | 2 224 429.83 | 7.35 |
| 8 | 中诚信托 | 2 305 009.63 | 2 265 988.74 | 1.72 |
| 9 | 上海信托 | 2 250 974.71 | 2 504 764.43 | −10.13 |
| 10 | 建信信托 | 2 227 495.51 | 1 910 983.20 | 16.56 |
| 11 | 华能信托 | 2 133 590.79 | 1 385 136.89 | 54.03 |
| 12 | 江苏信托 | 2 064 442.22 | 1 325 878.21 | 55.70 |
| 13 | 四川信托 | 1 991 077.63 | 1 937 189.76 | 2.78 |
| 14 | 中铁信托 | 1 795 478.71 | 1 716 430.25 | 4.61 |
| 15 | 五矿信托 | 1 650 898.43 | 1 179 960.94 | 39.91 |
| 16 | 华融信托 | 1 626 734.94 | 1 327 724.70 | 22.52 |
| 17 | 中航信托 | 1 538 081.60 | 1 184 022.55 | 29.90 |
| 18 | 中国民生信托 | 1 523 261.53 | 1 333 649.80 | 14.22 |
| 19 | 外贸信托 | 1 500 318.55 | 1 253 174.77 | 19.72 |
| 20 | 渤海信托 | 1 403 722.60 | 1 401 426.35 | 0.16 |
| 21 | 山东信托 | 1 361 175.20 | 1 290 204.70 | 5.50 |
| 22 | 昆仑信托 | 1 317 571.74 | 1 303 304.55 | 1.09 |
| 23 | 华宝信托 | 1 257 862.52 | 1 278 538.87 | −1.62 |
| 24 | 陕国投 | 1 227 935.32 | 944 821.19 | 29.96 |
| 25 | 华信信托 | 1 219 451.11 | 1 360 128.16 | −10.34 |
| 26 | 交银国际信托 | 1 212 645.02 | 1 040 016.19 | 16.60 |
| 27 | 北京信托 | 1 183 215.21 | 1 104 616.30 | 7.12 |
| 28 | 新时代信托 | 1 150 532.73 | 1 034 754.84 | 11.19 |
| 29 | 光大兴陇信托 | 1 101 582.85 | 585 467.95 | 88.15 |
| 30 | 湖南信托 | 1 030 402.94 | 887 164.92 | 16.15 |
| 31 | 爱建信托 | 990 236.96 | 706 710.45 | 40.12 |
| 32 | 中原信托 | 956 566.65 | 1 005 373.96 | −4.85 |
| 33 | 百瑞信托 | 949 133.45 | 906 914.37 | 4.66 |
| 34 | 中江信托 | 942 448.89 | 1 099 636.05 | −14.29 |
| 35 | 陆家嘴信托 | 906 230.68 | 810 915.49 | 11.75 |
| 36 | 英大信托 | 901 660.40 | 620 201.91 | 45.38 |
| 37 | 长安信托 | 895 600.27 | 849 294.25 | 5.45 |
| 38 | 中建投信托 | 860 618.16 | 884 438.71 | −2.69 |
| 39 | 国投泰康信托 | 857 257.83 | 761 343.47 | 12.60 |
| 40 | 国通信托 | 829 842.15 | 576 169.19 | 44.03 |
| 41 | 新华信托 | 778 375.04 | 658 982.77 | 18.12 |
| 42 | 天津信托 | 749 330.18 | 629 273.08 | 19.08 |
| 43 | 华鑫信托 | 744 682.07 | 499 726.19 | 49.02 |
| 44 | 国元信托 | 744 540.55 | 732 622.74 | 1.63 |
| 45 | 中海信托 | 717 588.62 | 1 071 895.39 | −33.05 |
| 46 | 吉林信托 | 697 785.06 | 699 698.24 | −0.27 |
| 47 | 东莞信托 | 650 939.67 | 432 548.01 | 50.49 |
| 48 | 粤财信托 | 650 849.34 | 625 804.68 | 4.00 |
| 49 | 厦门国际信托 | 603 771.00 | 585 505.00 | 3.12 |
| 50 | 华澳信托 | 570 827.93 | 492 592.55 | 15.88 |
| 51 | 西部信托 | 555 547.21 | 733 702.77 | −24.28 |
| 52 | 中粮信托 | 549 586.23 | 631 116.47 | −12.92 |
| 53 | 杭州工商信托 | 535 336.00 | 456 212.00 | 17.34 |
| 54 | 北方信托 | 515 312.04 | 457 400.43 | 12.66 |
| 55 | 国联信托 | 512 365.00 | 545 226.00 | −6.03 |
| 56 | 苏州信托 | 496 084.41 | 478 496.95 | 3.68 |

续表

| 排名 | 公司简称 | 2018年12月31日(万元) | 2017年12月31日(万元) | 增长率(%) |
|---|---|---|---|---|
| 57 | 金谷信托 | 473 788.70 | 410 656.26 | 15.37 |
| 58 | 山西信托 | 462 655.25 | 384 059.91 | 20.46 |
| 59 | 中泰信托 | 455 862.91 | 441 118.91 | 3.34 |
| 60 | 紫金信托 | 421 478.25 | 425 241.62 | -0.88 |
| 61 | 万向信托 | 388 636.17 | 406 212.08 | -4.33 |
| 62 | 国民信托 | 361 595.08 | 430 744.49 | -16.05 |
| 63 | 浙金信托 | 310 092.01 | 360 790.35 | -14.05 |
| 64 | 云南信托 | 307 662.38 | 279 701.89 | 10.00 |
| 65 | 大业信托 | 271 625.75 | 242 559.91 | 11.98 |
| 66 | 西藏信托 | 265 661.99 | 246 165.57 | 7.92 |
| 67 | 长城新盛信托 | 137 303.77 | 117 832.12 | 16.52 |
| 68 | 华宸信托 | 121 621.88 | 131 238.75 | -7.33 |
| 合计 | | 114 077 419.14 | 104 581 604.21 | 9.08 |
| 平均 | | 1 677 609.11 | 1 537 964.77 | 9.08 |

注:由于存在会计政策变更等因素造成部分本年年初的金额和2017年年末的金额存在部分调整差异,本年统计的数据按照各企业在公布的审计报告确认的年初数为准。

68家信托公司固有资产总额达到11 407.74亿元,比2017年增加9.08%。其中资产总额增长的有52家,减少的有16家;其中增长幅度最大的为光大兴陇信托,增长了88.15%。固有资产总额分布情况见表3-1-2。

**表3-1-2 固有资产总额分布情况**

| 项目 | 2018年 | | | 2017年 | | |
|---|---|---|---|---|---|---|
| | 家数(家) | 资产总额(万元) | 占比(%) | 家数(家) | 资产总额(万元) | 占比(%) |
| 100亿元以上 | 30 | 90 936 919.21 | 79.72 | 30 | 83 512 932.58 | 79.85 |
| 50亿~100亿元 | 25 | 18 666 431.39 | 16.36 | 20 | 14 375 373.65 | 13.75 |
| 10亿~50亿元 | 13 | 4 474 068.55 | 3.92 | 18 | 6 693 297.98 | 6.40 |
| 10亿元以下 | — | — | — | — | — | — |
| 合计 | 68 | 114 077 419.14 | 100.00 | 68 | 104 581 604.21 | 100.00 |

超过100亿元的信托公司有30家,与2017年保持一致,这30家公司占68家信托公司固有资产总额的79.72%;2018年所有公司固有资产总额均大于10亿元。

**表3-1-3 固有资产营业总收入排行榜**

| 排名 | 公司简称 | 2018年度(万元) | 2017年度(万元) | 增长率(%) |
|---|---|---|---|---|
| 1 | 平安信托 | 1 619 364.43 | 1 653 608.69 | -2.07 |
| 2 | 重庆信托 | 691 059.55 | 708 912.19 | -2.52 |
| 3 | 中融信托 | 588 884.57 | 653 460.43 | -9.88 |
| 4 | 中信信托 | 536 524.35 | 739 895.86 | -27.49 |
| 5 | 建信信托 | 453 477.29 | 327 373.64 | 38.52 |
| 6 | 上海信托 | 392 436.38 | 434 500.63 | -9.68 |
| 7 | 兴业信托 | 359 193.20 | 313 369.35 | 14.62 |
| 8 | 华能信托 | 349 188.55 | 342 582.90 | 1.93 |
| 9 | 中航信托 | 339 910.05 | 294 090.35 | 15.58 |
| 10 | 外贸信托 | 299 775.72 | 258 446.50 | 15.99 |
| 11 | 五矿信托 | 293 328.36 | 213 817.51 | 37.19 |
| 12 | 中铁信托 | 288 527.01 | 289 180.46 | -0.23 |
| 13 | 四川信托 | 278 764.41 | 313 522.13 | -11.09 |
| 14 | 华宝信托 | 275 975.45 | 277 981.44 | -0.72 |
| 15 | 华润信托 | 270 783.08 | 267 536.71 | 1.21 |
| 16 | 中诚信托 | 248 221.10 | 226 358.72 | 9.66 |
| 17 | 中国民生信托 | 236 850.89 | 330 938.79 | -28.43 |
| 18 | 江苏信托 | 227 019.03 | 199 974.29 | 13.52 |
| 19 | 光大兴陇信托 | 212 924.18 | 113 602.26 | 87.43 |
| 20 | 长安信托 | 210 141.83 | 231 846.12 | -9.36 |

续表

| 排名 | 公司简称 | 2018 年度(万元) | 2017 年度(万元) | 增长率(%) |
|---|---|---|---|---|
| 21 | 爱建信托 | 202 900.57 | 163 833.05 | 23.85 |
| 22 | 渤海信托 | 198 492.55 | 213 586.26 | -7.07 |
| 23 | 中建投信托 | 189 280.34 | 181 954.42 | 4.03 |
| 24 | 交银国际信托 | 172 762.33 | 158 499.09 | 9.00 |
| 25 | 北京信托 | 169 519.25 | 201 889.13 | -16.03 |
| 26 | 百瑞信托 | 167 410.15 | 183 221.42 | -8.63 |
| 27 | 山东信托 | 163 390.20 | 164 784.10 | -0.85 |
| 28 | 昆仑信托 | 150 670.17 | 157 757.39 | -4.49 |
| 29 | 国投泰康信托 | 150 360.96 | 179 566.55 | -16.26 |
| 30 | 国通信托 | 129 066.85 | 120 926.87 | 6.73 |
| 31 | 湖南信托 | 125 574.39 | 117 421.91 | 6.94 |
| 32 | 中海信托 | 120 489.56 | 118 109.50 | 2.02 |
| 33 | 中原信托 | 118 510.43 | 176 035.68 | -32.68 |
| 34 | 天津信托 | 116 495.52 | 130 091.31 | -10.45 |
| 35 | 华信信托 | 114 565.59 | 140 209.80 | -18.29 |
| 36 | 陆家嘴信托 | 113 677.55 | 121 946.53 | -6.78 |
| 37 | 杭州工商信托 | 113 197.00 | 101 615.00 | 11.40 |
| 38 | 英大信托 | 113 157.87 | 106 712.55 | 6.04 |
| 39 | 华鑫信托 | 103 407.15 | 114 355.01 | -9.57 |
| 40 | 陕国投 | 102 733.45 | 115 059.84 | -10.71 |
| 41 | 厦门国际信托 | 102 267.00 | 118 435.00 | -13.65 |
| 42 | 万向信托 | 101 811.42 | 104 883.71 | -2.93 |
| 43 | 粤财信托 | 95 011.70 | 107 072.63 | -11.26 |
| 44 | 东莞信托 | 91 845.86 | 75 821.04 | 21.14 |
| 45 | 国民信托 | 87 451.67 | 71 025.48 | 23.13 |
| 46 | 紫金信托 | 80 432.18 | 80 062.39 | 0.46 |
| 47 | 大业信托 | 77 910.98 | 93 978.46 | -17.10 |
| 48 | 浙金信托 | 74 051.02 | 52 282.33 | 41.64 |
| 49 | 华澳信托 | 73 778.63 | 59 353.72 | 24.30 |
| 50 | 西部信托 | 71 872.94 | 64 947.76 | 10.66 |
| 51 | 新时代信托 | 71 444.40 | 111 817.86 | -36.11 |
| 52 | 云南信托 | 67 925.24 | 55 235.33 | 22.97 |
| 53 | 吉林信托 | 62 653.02 | 56 498.69 | 10.89 |
| 54 | 北方信托 | 62 551.28 | 60 021.72 | 4.21 |
| 55 | 中粮信托 | 58 553.22 | 112 721.18 | -48.05 |
| 56 | 国元信托 | 57 755.21 | 67 529.69 | -14.47 |
| 57 | 苏州信托 | 55 340.13 | 84 905.18 | -34.82 |
| 58 | 新华信托 | 51 911.05 | 82 522.88 | -37.09 |
| 59 | 金谷信托 | 51 179.42 | 80 234.50 | -36.21 |
| 60 | 西藏信托 | 48 290.09 | 66 659.95 | -27.56 |
| 61 | 长城新盛信托 | 45 193.97 | 35 392.91 | 27.69 |
| 62 | 中江信托 | 35 027.74 | 94 471.39 | -62.92 |
| 63 | 国联信托 | 30 201.00 | 38 117.00 | -20.77 |
| 64 | 山西信托 | 30 130.48 | 28 867.74 | 4.37 |
| 65 | 中泰信托 | 28 769.13 | 43 621.41 | -34.05 |
| 66 | 华宸信托 | 5 170.90 | 4 567.77 | 13.20 |
| 67 | 华融信托 | 8 641.05 | 202 475.94 | -95.73 |
| 68 | 安信信托 | -85 077.91 | 559 242.79 | -115.21 |
| 合计 | | 12 550 104.17 | 13 771 340.83 | -8.87 |
| 平均 | | 184 560.36 | 202 519.72 | -8.87 |

注:由于各家公司的报告格式不一致,在统计利润表时我们对报表项目进行了调整,具体调整结果见第四章、表 4 -1 -3 汇总利润表。

2018 年信托行业营业总收入为 1 255. 01 亿元，相较于 2017 年下降了 8. 87%，其中下降的有 38 家，下降幅度最大的为安信信托；上涨幅度最大的为光大兴陇信托，增长了 87. 43%。

**表 3 -1 -4　固有资产营业总收入分布情况**

| 项目 | 2018 年 | | | 2017 年 | | |
|---|---|---|---|---|---|---|
| | 家数(家) | 营业总收入(万元) | 占比(%) | 家数(家) | 营业总收入(万元) | 占比(%) |
| 50 亿元以上 | 4 | 3 435 832. 90 | 27. 38 | 5 | 4 315 119. 96 | 31. 33 |
| 10 亿 ~50 亿元 | 38 | 7 776 256. 84 | 61. 96 | 42 | 8 160 103. 53 | 59. 25 |
| 5 亿 ~10 亿元 | 17 | 1 191 667. 96 | 9. 50 | 16 | 1 145 550. 51 | 8. 32 |
| 5 亿元以下 | 9 | 146 346. 46 | 1. 17 | 5 | 150 566. 83 | 1. 09 |
| 合计 | 68 | 12 550 104. 17 | 100. 00 | 68 | 13 771 340. 83 | 100. 00 |

营业收入超过 50 亿元的信托公司有 4 家，占 68 家信托公司合计数的 27. 38%，较 2017 年少了 1 家；主要收入集中在10 亿 ~50 亿元，占 68 家信托公司合计数的 61. 96%。

**表 3 -1 -5　固有资产利润总额排行榜**

| 排名 | 公司简称 | 2018 年度(万元) | 2017 年度(万元) | 增长率(%) |
|---|---|---|---|---|
| 1 | 平安信托 | 716 061. 52 | 814 097. 07 | -12. 04 |
| 2 | 重庆信托 | 476 205. 36 | 556 162. 49 | -14. 38 |
| 3 | 中信信托 | 453 965. 20 | 437 414. 27 | 3. 78 |
| 4 | 华能信托 | 320 518. 99 | 271 268. 19 | 18. 16 |
| 5 | 华润信托 | 279 641. 22 | 259 590. 73 | 7. 72 |
| 6 | 中融信托 | 270 610. 77 | 362 075. 14 | -25. 26 |
| 7 | 建信信托 | 268 847. 05 | 243 068. 38 | 10. 61 |
| 8 | 外贸信托 | 255 599. 80 | 211 867. 16 | 20. 64 |
| 9 | 中航信托 | 244 609. 12 | 215 273. 00 | 13. 63 |
| 10 | 五矿信托 | 228 491. 91 | 155 242. 86 | 47. 18 |
| 11 | 上海信托 | 219 782. 51 | 267 830. 32 | -17. 94 |
| 12 | 江苏信托 | 217 144. 89 | 185 424. 97 | 17. 11 |
| 13 | 中海信托 | 199 517. 87 | 98 734. 41 | 102. 08 |
| 14 | 兴业信托 | 180 618. 08 | 193 856. 73 | -6. 83 |
| 15 | 华宝信托 | 168 303. 75 | 171 357. 00 | -1. 78 |
| 16 | 中铁信托 | 161 594. 93 | 196 221. 11 | -17. 65 |
| 17 | 爱建信托 | 149 069. 37 | 115 400. 68 | 29. 18 |
| 18 | 光大兴陇信托 | 148 450. 25 | 70 309. 91 | 111. 14 |
| 19 | 中国民生信托 | 145 679. 57 | 243 181. 06 | -40. 09 |
| 20 | 中诚信托 | 142 844. 33 | 162 745. 38 | -12. 23 |
| 21 | 交银国际信托 | 140 427. 93 | 130 225. 74 | 7. 83 |
| 22 | 渤海信托 | 135 554. 38 | 167 963. 86 | -19. 30 |
| 23 | 百瑞信托 | 135 438. 33 | 141 201. 09 | -4. 08 |
| 24 | 昆仑信托 | 128 929. 08 | 109 088. 80 | 18. 19 |
| 25 | 中建投信托 | 120 714. 94 | 133 505. 20 | -9. 58 |
| 26 | 湖南信托 | 113 056. 63 | 105 582. 52 | 7. 08 |
| 27 | 山东信托 | 112 684. 70 | 111 941. 40 | 0. 66 |
| 28 | 北京信托 | 110 609. 81 | 135 293. 26 | -18. 24 |
| 29 | 四川信托 | 104 891. 24 | 134 949. 52 | -22. 27 |
| 30 | 华信信托 | 104 141. 61 | 128 718. 08 | -19. 09 |
| 31 | 国通信托 | 87 477. 76 | 75 547. 62 | 15. 79 |
| 32 | 国投泰康信托 | 85 811. 04 | 110 069. 29 | -22. 04 |
| 33 | 杭州工商信托 | 85 046. 00 | 76 349. 00 | 11. 39 |
| 34 | 华鑫信托 | 80 361. 84 | 79 027. 69 | 1. 69 |
| 35 | 粤财信托 | 79 394. 78 | 110 685. 81 | -28. 27 |

续表

| 排名 | 公司简称 | 2018年度(万元) | 2017年度(万元) | 增长率(%) |
|---|---|---|---|---|
| 36 | 英大信托 | 76 858.42 | 80 712.04 | -4.77 |
| 37 | 厦门国际信托 | 68 260.00 | 83 822.00 | -18.57 |
| 38 | 万向信托 | 67 935.51 | 72 170.58 | -5.87 |
| 39 | 东莞信托 | 61 663.23 | 51 326.03 | 20.14 |
| 40 | 紫金信托 | 61 034.63 | 59 563.44 | 2.47 |
| 41 | 天津信托 | 60 679.89 | 55 773.90 | 8.80 |
| 42 | 中原信托 | 59 975.33 | 108 585.24 | -44.77 |
| 43 | 陆家嘴信托 | 59 273.19 | 66 446.02 | -10.79 |
| 44 | 北方信托 | 55 113.38 | 54 206.68 | 1.67 |
| 45 | 华澳信托 | 54 810.65 | 40 416.43 | 35.61 |
| 46 | 苏州信托 | 49 199.38 | 69 067.64 | -28.77 |
| 47 | 新时代信托 | 47 863.10 | 70 104.46 | -31.73 |
| 48 | 长安信托 | 47 580.15 | 111 368.99 | -57.28 |
| 49 | 国元信托 | 45 878.04 | 56 251.30 | -18.44 |
| 50 | 吉林信托 | 44 168.87 | 32 242.46 | 36.99 |
| 51 | 西部信托 | 42 945.27 | 44 638.53 | -3.79 |
| 52 | 陕国投 | 42 512.28 | 46 253.00 | -8.09 |
| 53 | 云南信托 | 38 602.76 | 33 099.62 | 16.63 |
| 54 | 长城新盛信托 | 33 174.71 | 23 940.42 | 38.57 |
| 55 | 西藏信托 | 29 992.05 | 51 470.05 | -41.73 |
| 56 | 国联信托 | 24 744.00 | 32 769.00 | -24.49 |
| 57 | 金谷信托 | 22 968.01 | 37 626.52 | -38.96 |
| 58 | 大业信托 | 20 841.82 | 54 007.04 | -61.41 |
| 59 | 浙金信托 | 20 653.22 | 20 597.87 | 0.27 |
| 60 | 国民信托 | 16 277.00 | 15 452.04 | 5.34 |
| 61 | 中泰信托 | 15 613.93 | 28 119.71 | -44.47 |
| 62 | 中江信托 | 10 726.61 | 19 687.00 | -45.51 |
| 63 | 华融信托 | 9 263.80 | 118 908.09 | -92.21 |
| 64 | 新华信托 | 7 196.23 | 13 627.25 | -47.19 |
| 65 | 中粮信托 | 4 146.21 | 75 468.16 | -94.51 |
| 66 | 山西信托 | 768.87 | 4 870.48 | -84.21 |
| 67 | 华宸信托 | -16 117.17 | 7 324.75 | -320.04 |
| 68 | 安信信托 | -244 250.41 | 487 421.36 | -150.11 |
| 合计 | | 7 812 449.55 | 9 108 607.84 | -14.23 |
| 平均 | | 114 888.96 | 133 950.12 | -14.23 |

注：由于各家公司的报告格式不一致，在统计利润表时我们对报表项目进行了调整，具体调整结果见第四章、表4-1-3汇总利润表。

2018年信托行业利润总额为781.24亿元，比2017年下降了14.23%，其中增长的有28家，增长幅度最大的为光大兴陇信托，增长了111.14%。

**表3-1-6　固有资产利润总额分布情况**

| 项目 | 2018年 | | | 2017年 | | |
|---|---|---|---|---|---|---|
| | 家数(家) | 利润总额(万元) | 占比(%) | 家数(家) | 利润总额(万元) | 占比(%) |
| 20亿元以上 | 12 | 3 951 478.34 | 50.58 | 12 | 4 369 249.17 | 47.97 |
| 10亿~20亿元 | 18 | 2 502 526.81 | 32.03 | 22 | 3 038 335.61 | 33.36 |
| 1亿~10亿元 | 32 | 1 597 436.86 | 20.45 | 32 | 1 688 827.83 | 18.54 |
| 1亿元以下 | 6 | -238 992.47 | -3.06 | 2 | 12 195.23 | 0.13 |
| 合计 | 68 | 7 812 449.55 | 100.00 | 68 | 9 108 607.84 | 100.00 |

2018 年利润总额超过 20 亿元的共有 12 家，与 2017 年保持一致，合计利润总额 395. 15 亿元，占全部 68 家公司利润总额的 50. 58%；低于 1 亿元以下的上升为 6 家。

2018 年利润总额上升的公司仅有 28 家，其中上升幅度最大的公司为光大兴陇信托。

**表 3 -1 -7　固有资产净资产排行榜**

| 排名 | 公司简称 | 2018 年 12 月 31 日（万元） | 本年列报 2017 年数（万元） | 上年列报 2017 年数（万元） | 2017 年末与 2018 年初数差异（万元） |
|---|---|---|---|---|---|
| 1 | 平安信托 | 5 183 514. 33 | 5 202 323. 24 | 5 202 323. 24 | — |
| 2 | 重庆信托 | 3 276 530. 94 | 2 934 752. 28 | 2 088 735. 61 | 846 016. 67 |
| 3 | 中信信托 | 2 521 344. 59 | 2 265 586. 77 | 2 270 252. 37 | -4 665. 60 |
| 4 | 华润信托 | 2 030 657. 17 | 1 891 543. 98 | 1 891 543. 97 | 0. 01 |
| 5 | 中融信托 | 1 940 594. 32 | 1 854 014. 67 | 1 854 014. 67 | — |
| 6 | 华能信托 | 1 847 023. 33 | 1 222 346. 69 | 1 222 346. 69 | — |
| 7 | 江苏信托 | 1 779 080. 48 | 1 137 839. 15 | 1 137 839. 15 | — |
| 8 | 兴业信托 | 1 754 244. 54 | 1 668 863. 76 | 1 637 938. 53 | 30 925. 23 |
| 9 | 中诚信托 | 1 711 352. 92 | 1 682 282. 66 | 1 695 998. 47 | -13 715. 81 |
| 10 | 上海信托 | 1 594 359. 90 | 1 438 179. 70 | 1 438 179. 70 | — |
| 11 | 建信信托 | 1 358 068. 21 | 1 153 998. 73 | 1 153 998. 74 | -0. 01 |
| 12 | 昆仑信托 | 1 283 268. 81 | 1 260 880. 07 | 1 260 880. 07 | — |
| 13 | 安信信托 | 1 272 141. 94 | 1 619 148. 19 | 1 619 148. 19 | — |
| 14 | 外贸信托 | 1 258 865. 02 | 895 266. 51 | 895 266. 51 | — |
| 15 | 五矿信托 | 1 236 204. 20 | 1 137 868. 08 | 1 137 868. 08 | — |
| 16 | 华信信托 | 1 205 707. 73 | 1 174 730. 76 | 1 174 730. 76 | — |
| 17 | 渤海信托 | 1 203 323. 95 | 1 154 385. 92 | 1 154 385. 92 | — |
| 18 | 中航信托 | 1 179 390. 44 | 974 574. 48 | 974 574. 48 | — |
| 19 | 交银国际信托 | 1 106 641. 77 | 1 003 209. 74 | 1 003 209. 74 | — |
| 20 | 中国民生信托 | 1 072 747. 46 | 1 104 752. 84 | 1 104 752. 84 | — |
| 21 | 陕国投 | 1 041 485. 82 | 793 112. 96 | 793 112. 96 | — |
| 22 | 华宝信托 | 980 132. 65 | 897 862. 23 | 897 862. 23 | — |
| 23 | 山东信托 | 954 069. 20 | 914 754. 00 | 914 754. 00 | — |
| 24 | 华融信托 | 924 423. 97 | 962 064. 28 | 961 979. 00 | 85. 28 |
| 25 | 中铁信托 | 910 981. 45 | 838 979. 36 | 838 979. 36 | — |
| 26 | 四川信托 | 900 450. 65 | 839 832. 81 | 839 832. 81 | — |
| 27 | 光大兴陇信托 | 897 175. 60 | 501 988. 17 | 501 988. 17 | — |
| 28 | 北京信托 | 887 373. 81 | 841 353. 38 | 841 353. 38 | — |
| 29 | 新时代信托 | 845 297. 55 | 808 047. 99 | 808 047. 99 | — |
| 30 | 英大信托 | 844 268. 26 | 610 605. 11 | 610 605. 11 | — |
| 31 | 中原信托 | 841 232. 73 | 804 665. 67 | 804 665. 67 | — |
| 32 | 百瑞信托 | 779 453. 88 | 701 450. 22 | 701 450. 22 | — |
| 33 | 湖南信托 | 751 500. 07 | 687 063. 01 | 687 063. 02 | -0. 01 |
| 34 | 中江信托 | 744 688. 87 | 870 545. 57 | 870 545. 57 | — |
| 35 | 中建投信托 | 739 704. 80 | 667 032. 93 | 667 032. 93 | — |
| 36 | 国元信托 | 679 381. 64 | 667 117. 92 | 667 117. 92 | — |
| 37 | 国投泰康信托 | 669 534. 36 | 608 450. 89 | 608 450. 89 | — |
| 38 | 华鑫信托 | 653 711. 70 | 451 627. 21 | 451 627. 21 | — |
| 39 | 长安信托 | 650 655. 11 | 658 795. 36 | 658 795. 36 | — |
| 40 | 爱建信托 | 648 856. 05 | 449 686. 12 | 449 686. 12 | — |
| 41 | 中海信托 | 627 647. 74 | 474 634. 58 | 474 634. 58 | — |
| 42 | 粤财信托 | 627 250. 05 | 564 170. 96 | 564 170. 96 | — |
| 43 | 新华信托 | 594 546. 41 | 603 015. 31 | 603 015. 31 | — |
| 44 | 国通信托 | 555 108. 04 | 490 316. 49 | 490 316. 49 | — |
| 45 | 东莞信托 | 541 782. 81 | 399 178. 13 | 399 178. 13 | — |
| 46 | 天津信托 | 513 788. 62 | 455 751. 00 | 455 751. 00 | — |
| 47 | 厦门国际信托 | 510 030. 00 | 488 124. 00 | 488 124. 00 | — |

续表

| 排名 | 公司简称 | 2018 年 12 月 31 日(万元) | 本年列报 2017 年数(万元) | 上年列报 2017 年数(万元) | 2017 年末与 2018 年初数差异(万元) |
|---|---|---|---|---|---|
| 48 | 陆家嘴信托 | 487 792. 47 | 384 246. 10 | 384 246. 10 | — |
| 49 | 国联信托 | 471 506. 00 | 485 814. 00 | 485 814. 00 | — |
| 50 | 西部信托 | 455 372. 06 | 565 807. 57 | 565 807. 57 | — |
| 51 | 苏州信托 | 447 518. 62 | 425 789. 50 | 425 789. 50 | — |
| 52 | 中粮信托 | 438 963. 70 | 475 772. 11 | 475 772. 11 | — |
| 53 | 中泰信托 | 435 122. 05 | 422 799. 80 | 422 799. 80 | — |
| 54 | 北方信托 | 434 808. 97 | 429 117. 67 | 429 117. 67 | — |
| 55 | 杭州工商信托 | 407 492. 00 | 369 365. 00 | 369 365. 00 | — |
| 56 | 金谷信托 | 401 297. 68 | 384 533. 12 | 384 533. 12 | — |
| 57 | 华澳信托 | 382 518. 18 | 341 476. 56 | 341 476. 56 | — |
| 58 | 紫金信托 | 382 469. 49 | 363 218. 11 | 363 218. 11 | — |
| 59 | 吉林信托 | 376 118. 90 | 399 324. 27 | 399 324. 27 | — |
| 60 | 万向信托 | 293 884. 75 | 243 335. 63 | 243 335. 63 | — |
| 61 | 云南信托 | 261 932. 08 | 232 360. 92 | 232 360. 92 | — |
| 62 | 国民信托 | 255 999. 99 | 244 096. 95 | 244 096. 95 | — |
| 63 | 西藏信托 | 224 492. 66 | 221 680. 24 | 221 680. 24 | — |
| 64 | 浙金信托 | 207 126. 07 | 191 734. 23 | 191 734. 23 | — |
| 65 | 山西信托 | 188 288. 66 | 203 247. 45 | 203 247. 45 | — |
| 66 | 大业信托 | 184 974. 06 | 181 446. 53 | 181 446. 53 | — |
| 67 | 华宸信托 | 99 135. 35 | 117 011. 70 | 117 011. 70 | — |
| 68 | 长城新盛信托 | 91 544. 46 | 67 002. 03 | 67 002. 03 | — |
| 合计 | | 63 057 952. 10 | 57 575 953. 35 | 56 717 307. 60 | 858 645. 76 |
| 平均 | | 927 322. 82 | 846 705. 20 | 834 078. 05 | |

注：报表披露中绝对值差异小于等于 1 万元的视为尾差，不计入不一致范围。本次排名以公司本年披露的年初数为准，同时列报上年净资产。

由于本年部分企业选择了最新的收入准则和金融资产准则，由于会计政策变更等原因，很多公司审计报告中披露的期初净资产与上年披露存在差异，共有 5 家信托公司本年披露的期初净资产与上年披露的年末净资产不一致，所有公司均披露了政策变更的原因。

2018 年信托行业固有资产净资产总额为 6 305. 80 亿元，比 2017 年增长了 9. 52%，其中增长的有 55 家，增长幅度最大的为光大兴陇信托，增长了 78. 72%。

68 家信托公司平均净资产为 92. 73 亿元，净资产超过 100 亿元的有 21 家，低于 10 亿元的仅有 2 家。

**表 3－1－8　固有资产净利润排行榜**

| 排名 | 公司简称 | 2018 年(万元) | 本年列报 2017 年数(万元) | 上年列报 2017 年数(万元) | 2017 年末与 2018 年初数差异(万元) |
|---|---|---|---|---|---|
| 1 | 平安信托 | 571 133. 26 | 645 374. 82 | 645 366. 80 | 8. 02 |
| 2 | 重庆信托 | 372 715. 24 | 448 012. 55 | 335 489. 25 | 112 523. 30 |
| 3 | 中信信托 | 335 866. 59 | 359 036. 62 | 359 036. 61 | 0. 01 |
| 4 | 华能信托 | 241 829. 99 | 208 735. 72 | 208 735. 71 | 0. 01 |
| 5 | 华润信托 | 230 593. 85 | 224 771. 33 | 224 771. 33 | — |
| 6 | 中融信托 | 214 223. 14 | 280 538. 23 | 280 538. 23 | — |
| 7 | 建信信托 | 205 586. 40 | 185 217. 47 | 185 217. 47 | — |
| 8 | 外贸信托 | 194 613. 69 | 162 144. 01 | 162 144. 01 | — |
| 9 | 江苏信托 | 185 740. 90 | 161 797. 29 | 161 797. 29 | — |
| 10 | 中航信托 | 184 664. 70 | 162 825. 09 | 162 825. 09 | — |
| 11 | 五矿信托 | 171 995. 31 | 116 812. 62 | 116 812. 62 | — |
| 12 | 上海信托 | 170 675. 51 | 204 074. 10 | 204 074. 10 | — |
| 13 | 中海信托 | 159 408. 14 | 78 633. 17 | 78 633. 17 | — |
| 14 | 兴业信托 | 136 038. 45 | 147 395. 26 | 146 482. 27 | 912. 99 |
| 15 | 华宝信托 | 127 789. 10 | 130 390. 97 | 130 390. 97 | — |
| 16 | 中铁信托 | 122 966. 91 | 147 789. 81 | 147 789. 81 | — |

续表

| 排名 | 公司简称 | 2018年(万元) | 本年列报2017年数(万元) | 上年列报2017年数(万元) | 2017年末与2018年初数差异(万元) |
|---|---|---|---|---|---|
| 17 | 中诚信托 | 119 589.34 | 135 522.06 | 135 522.07 | -0.01 |
| 18 | 光大兴陇信托 | 111 665.56 | 52 663.65 | 52 663.65 | — |
| 19 | 爱建信托 | 111 528.37 | 86 649.48 | 86 649.49 | -0.01 |
| 20 | 中国民生信托 | 107 986.08 | 181 513.76 | 181 513.76 | — |
| 21 | 交银国际信托 | 105 735.04 | 97 989.79 | 97 989.79 | — |
| 22 | 渤海信托 | 101 662.59 | 126 370.55 | 126 370.55 | — |
| 23 | 百瑞信托 | 101 147.41 | 103 558.93 | 103 558.93 | — |
| 24 | 湖南信托 | 99 982.11 | 88 139.38 | 88 139.38 | — |
| 25 | 昆仑信托 | 97 803.61 | 82 467.14 | 82 467.14 | — |
| 26 | 中建投信托 | 91 583.12 | 99 978.82 | 99 978.82 | — |
| 27 | 山东信托 | 87 224.80 | 89 480.50 | 89 480.50 | — |
| 28 | 北京信托 | 83 299.88 | 101 685.99 | 101 685.99 | — |
| 29 | 华信信托 | 80 678.88 | 100 030.41 | 100 030.41 | — |
| 30 | 四川信托 | 77 825.32 | 99 911.29 | 99 911.29 | — |
| 31 | 粤财信托 | 68 061.76 | 96 809.68 | 96 809.67 | 0.01 |
| 32 | 国投泰康信托 | 65 205.92 | 83 008.63 | 83 008.63 | — |
| 33 | 国通信托 | 65 178.99 | 56 669.83 | 56 669.83 | — |
| 34 | 杭州工商信托 | 63 769.00 | 57 216.00 | 57 216.00 | — |
| 35 | 华鑫信托 | 59 879.10 | 60 617.12 | 60 617.12 | — |
| 36 | 英大信托 | 59 311.24 | 60 889.99 | 60 889.99 | — |
| 37 | 天津信托 | 58 419.03 | 53 295.38 | 53 295.38 | — |
| 38 | 厦门国际信托 | 51 831.00 | 66 248.00 | 66 248.00 | — |
| 39 | 万向信托 | 50 549.13 | 55 307.10 | 55 307.10 | — |
| 40 | 东莞信托 | 46 409.13 | 39 474.57 | 39 474.57 | — |
| 41 | 紫金信托 | 44 763.38 | 43 014.45 | 43 014.45 | — |
| 42 | 陆家嘴信托 | 44 097.12 | 49 609.07 | 49 609.07 | — |
| 43 | 北方信托 | 41 944.98 | 42 427.81 | 42 427.81 | — |
| 44 | 中原信托 | 41 488.88 | 76 311.59 | 76 311.59 | — |
| 45 | 华澳信托 | 41 041.62 | 30 201.31 | 30 201.31 | — |
| 46 | 苏州信托 | 37 637.02 | 52 047.33 | 52 047.33 | — |
| 47 | 新时代信托 | 37 249.56 | 54 799.09 | 54 799.09 | — |
| 48 | 国元信托 | 36 820.51 | 47 186.66 | 47 186.66 | — |
| 49 | 长安信托 | 35 613.18 | 94 753.65 | 94 753.65 | — |
| 50 | 吉林信托 | 35 003.99 | 27 522.84 | 27 522.84 | — |
| 51 | 西部信托 | 32 836.42 | 34 470.73 | 34 470.73 | — |
| 52 | 陕国投 | 31 947.42 | 35 223.65 | 35 223.65 | — |
| 53 | 云南信托 | 29 571.16 | 24 730.06 | 24 730.08 | -0.02 |
| 54 | 西藏信托 | 27 357.16 | 46 896.79 | 46 896.79 | — |
| 55 | 长城新盛信托 | 24 563.20 | 17 929.56 | 17 929.56 | — |
| 56 | 国联信托 | 19 556.00 | 26 920.00 | 26 920.00 | — |
| 57 | 金谷信托 | 17 184.74 | 28 105.45 | 28 105.45 | — |
| 58 | 大业信托 | 15 726.35 | 40 662.71 | 40 662.71 | — |
| 59 | 浙金信托 | 15 391.84 | 15 439.61 | 15 439.61 | — |
| 60 | 中泰信托 | 14 413.94 | 24 017.18 | 24 017.18 | — |
| 61 | 国民信托 | 11 903.04 | 11 270.04 | 11 270.04 | — |
| 62 | 中江信托 | 7 757.08 | 17 261.93 | 17 261.93 | — |
| 63 | 新华信托 | 5 847.42 | 10 902.70 | 10 902.70 | — |

续表

| 排名 | 公司简称 | 2018 年(万元) | 本年列报 2017 年数(万元) | 上年列报 2017 年数(万元) | 2017 年末与 2018 年初数差异(万元) |
|---|---|---|---|---|---|
| 64 | 华融信托 | 5 390.15 | 89 732.04 | 89 683.61 | 48.43 |
| 65 | 中粮信托 | 2 582.77 | 59 017.12 | 59 017.12 | — |
| 66 | 山西信托 | 1 408.48 | 5 175.45 | 5 175.45 | — |
| 67 | 华宸信托 | -11 924.22 | 5 101.14 | 5 101.13 | 0.01 |
| 68 | 安信信托 | -183 390.36 | 366 821.23 | 366 821.23 | — |
| 合计 | | 6 055 950.42 | 7 116 598.29 | 7 003 105.55 | 113 492.74 |
| 平均 | | 89 058.09 | 104 655.86 | 102 986.85 | |

注：报表披露中差异绝对值小于等于 1 万元的视为尾差，不计入不一致范围。共有 10 家信托公司本年披露的上年净利润与上年披露的当年净利润不一致，本次排名以公司本年披露的上年数为准，同时列示上年披露的净利润数。

2018 年净利润超过 1 亿元的有 61 家，超过 10 亿元的有 23 家，比 2017 年多了 1 家，22 家信托公司合计净利润为 438.52 亿元，占 68 家信托公司净利润合计数的 72.41%。

**表 3-1-9　固有资产净利润分布情况**

| 项目 | 2018 年 | | | 2017 年 | | |
|---|---|---|---|---|---|---|
| | 家数(家) | 净利润(万元) | 占比(%) | 家数(家) | 净利润(万元) | 占比(%) |
| 30 亿元以上 | 3 | 1 279 715.09 | 21.13 | 4 | 1 819 245.22 | 25.56 |
| 10 亿~30 亿元 | 20 | 3 105 440.48 | 51.28 | 18 | 2 881 173.60 | 40.49 |
| 1 亿~10 亿元 | 38 | 1 843 123.53 | 30.43 | 44 | 2 405 902.89 | 33.81 |
| 1 亿元以下 | 7 | -172 328.68 | -2.85 | 2 | 10 276.59 | 0.14 |
| 合计 | 68 | 6 055 950.42 | 100.00 | 68 | 7 116 598.29 | 100.00 |

**表 3-1-10　固有资产净资产收益率排行榜**

| 排名 | 公司简称 | 2018 年收益率(%) | 2017 年收益率(%) |
|---|---|---|---|
| 1 | 长城新盛信托 | 26.83 | 26.76 |
| 2 | 中海信托 | 25.40 | 16.57 |
| 3 | 万向信托 | 17.20 | 22.73 |
| 4 | 爱建信托 | 17.19 | 19.27 |
| 5 | 中航信托 | 15.66 | 16.71 |
| 6 | 杭州工商信托 | 15.65 | 15.49 |
| 7 | 外贸信托 | 15.46 | 18.11 |
| 8 | 建信信托 | 15.14 | 16.05 |
| 9 | 五矿信托 | 13.91 | 10.27 |
| 10 | 中铁信托 | 13.50 | 17.62 |
| 11 | 中信信托 | 13.32 | 15.85 |
| 12 | 湖南信托 | 13.30 | 12.83 |
| 13 | 华能信托 | 13.09 | 17.08 |
| 14 | 华宝信托 | 13.04 | 14.52 |
| 15 | 百瑞信托 | 12.98 | 14.76 |
| 16 | 光大兴陇信托 | 12.45 | 10.49 |
| 17 | 中建投信托 | 12.38 | 14.99 |
| 18 | 西藏信托 | 12.19 | 21.16 |
| 19 | 国通信托 | 11.74 | 11.56 |
| 20 | 紫金信托 | 11.70 | 11.84 |
| 21 | 重庆信托 | 11.38 | 15.27 |
| 22 | 天津信托 | 11.37 | 11.69 |
| 23 | 华润信托 | 11.36 | 11.88 |
| 24 | 云南信托 | 11.29 | 10.64 |
| 25 | 中融信托 | 11.04 | 15.13 |

续表

| 排名 | 公司简称 | 2018 年收益率(%) | 2017 年收益率(%) |
|---|---|---|---|
| 26 | 平安信托 | 11.02 | 12.41 |
| 27 | 粤财信托 | 10.85 | 17.16 |
| 28 | 华澳信托 | 10.73 | 8.84 |
| 29 | 上海信托 | 10.70 | 14.19 |
| 30 | 江苏信托 | 10.44 | 14.22 |
| 31 | 厦门国际信托 | 10.16 | 13.57 |
| 32 | 中国民生信托 | 10.07 | 16.43 |
| 33 | 国投泰康信托 | 9.74 | 13.64 |
| 34 | 北方信托 | 9.65 | 9.89 |
| 35 | 交银国际信托 | 9.55 | 9.77 |
| 36 | 北京信托 | 9.39 | 12.09 |
| 37 | 吉林信托 | 9.31 | 6.89 |
| 38 | 华鑫信托 | 9.16 | 13.42 |
| 39 | 山东信托 | 9.14 | 9.78 |
| 40 | 陆家嘴信托 | 9.04 | 12.91 |
| 41 | 四川信托 | 8.64 | 11.90 |
| 42 | 东莞信托 | 8.57 | 9.89 |
| 43 | 大业信托 | 8.50 | 22.41 |
| 44 | 渤海信托 | 8.45 | 10.95 |
| 45 | 苏州信托 | 8.41 | 12.22 |
| 46 | 兴业信托 | 7.75 | 8.83 |
| 47 | 昆仑信托 | 7.62 | 6.54 |
| 48 | 浙金信托 | 7.43 | 8.05 |
| 49 | 西部信托 | 7.21 | 6.09 |
| 50 | 英大信托 | 7.03 | 9.97 |
| 51 | 中诚信托 | 6.99 | 8.06 |
| 52 | 华信信托 | 6.69 | 8.52 |
| 53 | 长安信托 | 5.47 | 14.38 |
| 54 | 国元信托 | 5.42 | 7.07 |
| 55 | 中原信托 | 4.93 | 9.48 |
| 56 | 国民信托 | 4.65 | 4.62 |
| 57 | 新时代信托 | 4.41 | 6.78 |
| 58 | 金谷信托 | 4.28 | 7.31 |
| 59 | 国联信托 | 4.15 | 5.54 |
| 60 | 中泰信托 | 3.31 | 5.68 |
| 61 | 陕国投 | 3.07 | 4.44 |
| 62 | 中江信托 | 1.04 | 1.98 |
| 63 | 新华信托 | 0.98 | 1.81 |
| 64 | 山西信托 | 0.75 | 2.55 |
| 65 | 中粮信托 | 0.59 | 12.40 |
| 66 | 华融信托 | 0.58 | 9.33 |
| 67 | 华宸信托 | -12.03 | 4.36 |
| 68 | 安信信托 | -14.42 | 22.66 |
| 平均值 | | 9.60 | 12.36 |

2018 年固有资产净资产收益率为 9.60%,比 2017 有较大幅度的下降,下降比率为 22.30%,其中低于 6%的有 16 家,比 2017 年增加 8 家。

表 3-1-11　固有资产平均净资产收益率分布情况

| 指标 | 家数(家) | 平均净资产收益率(%) |
| --- | --- | --- |
| 大于等于6%的 | 52 | 11.25 |
| 3%~6%(含3%) | 9 | 3.99 |
| 0~3% | 5 | 0.80 |
| 0以下 | 2 | -14.24 |

表 3-1-12　成本收入比排行榜

| 排名 | 公司简称 | 2018年 | | | 2017年 | | |
| --- | --- | --- | --- | --- | --- | --- | --- |
| | | 业务及管理费(万元) | 营业总收入(万元) | 成本收入比(%) | 业务及管理费(万元) | 营业总收入(万元) | 成本收入比(%) |
| 1 | 江苏信托 | 12 361.94 | 227 019.03 | 5.45 | 13 687.07 | 199 974.29 | 6.84 |
| 2 | 湖南信托 | 9 667.28 | 125 574.39 | 7.70 | 10 858.05 | 117 421.91 | 9.25 |
| 3 | 华信信托 | 9 897.85 | 114 565.59 | 8.64 | 10 679.01 | 140 209.80 | 7.62 |
| 4 | 山东信托 | 16 683.20 | 163 390.20 | 10.21 | 19 471.50 | 164 784.10 | 11.82 |
| 5 | 华能信托 | 35 966.87 | 349 188.55 | 10.30 | 68 153.20 | 342 582.90 | 19.89 |
| 6 | 天津信托 | 16 792.38 | 116 495.52 | 14.41 | 16 580.85 | 130 091.31 | 12.75 |
| 7 | 外贸信托 | 47 771.81 | 299 775.72 | 15.94 | 38 895.66 | 258 446.50 | 15.05 |
| 8 | 粤财信托 | 15 401.18 | 95 011.70 | 16.21 | 6 574.57 | 107 072.63 | 6.14 |
| 9 | 国联信托 | 5 002.00 | 30 201.00 | 16.56 | 4 692.00 | 38 117.00 | 12.31 |
| 10 | 建信信托 | 75 243.26 | 453 477.29 | 16.59 | 65 817.21 | 327 373.64 | 20.10 |
| 11 | 百瑞信托 | 27 914.07 | 167 410.15 | 16.67 | 34 653.13 | 183 221.42 | 18.91 |
| 12 | 中海信托 | 20 557.77 | 120 489.56 | 17.06 | 18 924.14 | 118 109.50 | 16.02 |
| 13 | 国元信托 | 9 910.49 | 57 755.21 | 17.16 | 10 627.09 | 67 529.69 | 15.74 |
| 14 | 渤海信托 | 34 111.71 | 198 492.55 | 17.19 | 36 452.03 | 213 586.26 | 17.07 |
| 15 | 中铁信托 | 49 956.86 | 288 527.01 | 17.31 | 51 269.31 | 289 180.46 | 17.73 |
| 16 | 交银国际信托 | 30 180.41 | 172 762.33 | 17.47 | 31 462.05 | 158 499.09 | 19.85 |
| 17 | 英大信托 | 20 222.65 | 113 157.87 | 17.87 | 19 177.71 | 106 712.55 | 17.97 |
| 18 | 大业信托 | 13 945.45 | 77 910.98 | 17.90 | 39 377.79 | 93 978.46 | 41.90 |
| 19 | 华润信托 | 49 726.21 | 270 783.08 | 18.36 | 45 941.61 | 267 536.71 | 17.17 |
| 20 | 昆仑信托 | 29 386.01 | 150 670.17 | 19.50 | 25 450.27 | 157 757.39 | 16.13 |
| 21 | 五矿信托 | 58 616.01 | 293 328.36 | 19.98 | 41 231.43 | 213 817.51 | 19.28 |
| 22 | 重庆信托 | 143 603.19 | 691 059.55 | 20.78 | 132 284.55 | 708 912.19 | 18.66 |
| 23 | 中原信托 | 25 114.26 | 118 510.43 | 21.19 | 21 393.54 | 176 035.68 | 12.15 |
| 24 | 华鑫信托 | 23 286.36 | 103 407.15 | 22.52 | 29 399.77 | 114 355.01 | 25.71 |
| 25 | 紫金信托 | 19 028.60 | 80 432.18 | 23.66 | 18 984.02 | 80 062.39 | 23.71 |
| 26 | 杭州工商信托 | 27 181.00 | 113 197.00 | 24.01 | 24 657.00 | 101 615.00 | 24.27 |
| 27 | 苏州信托 | 13 628.60 | 55 340.13 | 24.63 | 15 109.72 | 84 905.18 | 17.80 |
| 28 | 爱建信托 | 51 771.81 | 202 900.57 | 25.52 | 41 144.11 | 163 833.05 | 25.11 |
| 29 | 长城新盛信托 | 11 659.70 | 45 193.97 | 25.80 | 12 635.25 | 35 392.91 | 35.70 |
| 30 | 中航信托 | 90 262.34 | 339 910.05 | 26.55 | 80 022.07 | 294 090.35 | 27.21 |
| 31 | 中国民生信托 | 64 208.59 | 236 850.89 | 27.11 | 86 304.42 | 330 938.79 | 26.08 |
| 32 | 新华信托 | 14 187.43 | 51 911.05 | 27.33 | 39 339.52 | 82 522.88 | 47.67 |
| 33 | 中建投信托 | 52 100.06 | 189 280.34 | 27.53 | 50 994.48 | 181 954.42 | 28.03 |
| 34 | 华澳信托 | 20 422.28 | 73 778.63 | 27.68 | 19 615.78 | 59 353.72 | 33.05 |
| 35 | 新时代信托 | 19 867.45 | 71 444.40 | 27.81 | 24 838.88 | 111 817.86 | 22.21 |
| 36 | 金谷信托 | 14 320.56 | 51 179.42 | 27.98 | 15 081.33 | 80 234.50 | 18.80 |
| 37 | 中粮信托 | 16 467.97 | 58 553.22 | 28.12 | 27 577.72 | 112 721.18 | 24.47 |

续表

| 排名 | 公司简称 | 2018 年 | | | 2017 年 | | |
|---|---|---|---|---|---|---|---|
| | | 业务及管理费（万元） | 营业总收入（万元） | 成本收入比（%） | 业务及管理费（万元） | 营业总收入（万元） | 成本收入比（%） |
| 38 | 国通信托 | 36 451. 88 | 129 066. 85 | 28. 24 | 38 317. 85 | 120 926. 87 | 31. 69 |
| 39 | 光大兴陇信托 | 61 693. 65 | 212 924. 18 | 28. 97 | 34 881. 19 | 113 602. 26 | 30. 70 |
| 40 | 中信信托 | 157 682. 14 | 536 524. 35 | 29. 39 | 163 201. 54 | 739 895. 86 | 22. 06 |
| 41 | 中诚信托 | 75 249. 72 | 248 221. 10 | 30. 32 | 67 849. 36 | 226 358. 72 | 29. 97 |
| 42 | 北京信托 | 52 338. 14 | 169 519. 25 | 30. 87 | 62 458. 86 | 201 889. 13 | 30. 94 |
| 43 | 东莞信托 | 29 479. 03 | 91 845. 86 | 32. 10 | 23 895. 57 | 75 821. 04 | 31. 52 |
| 44 | 万向信托 | 33 335. 60 | 101 811. 42 | 32. 74 | 32 721. 22 | 104 883. 71 | 31. 20 |
| 45 | 厦门国际信托 | 34 101. 00 | 102 267. 00 | 33. 35 | 31 102. 00 | 118 435. 00 | 26. 26 |
| 46 | 陕国投 | 34 513. 57 | 102 733. 45 | 33. 60 | 29 397. 82 | 115 059. 84 | 25. 55 |
| 47 | 兴业信托 | 124 018. 48 | 359 193. 20 | 34. 53 | 113 135. 03 | 313 369. 35 | 36. 10 |
| 48 | 陆家嘴信托 | 40 562. 65 | 113 677. 55 | 35. 68 | 54 966. 69 | 121 946. 53 | 45. 07 |
| 49 | 平安信托 | 578 866. 18 | 1 619 364. 43 | 35. 75 | 579 828. 23 | 1 653 608. 69 | 35. 06 |
| 50 | 西部信托 | 25 943. 66 | 71 872. 94 | 36. 10 | 19 636. 90 | 64 947. 76 | 30. 23 |
| 51 | 西藏信托 | 18 511. 97 | 48 290. 09 | 38. 33 | 14 262. 43 | 66 659. 95 | 21. 40 |
| 52 | 华宝信托 | 106 286. 63 | 275 975. 45 | 38. 51 | 108 053. 88 | 277 981. 44 | 38. 87 |
| 53 | 吉林信托 | 25 230. 18 | 62 653. 02 | 40. 27 | 22 592. 79 | 56 498. 69 | 39. 99 |
| 54 | 北方信托 | 26 531. 61 | 62 551. 28 | 42. 42 | 782. 50 | 60 021. 72 | 1. 30 |
| 55 | 云南信托 | 28 850. 36 | 67 925. 24 | 42. 47 | 21 965. 70 | 55 235. 33 | 39. 77 |
| 56 | 国投泰康信托 | 63 898. 75 | 150 360. 96 | 42. 50 | 68 549. 74 | 179 566. 55 | 38. 18 |
| 57 | 上海信托 | 171 584. 35 | 392 436. 38 | 43. 72 | 162 525. 83 | 434 500. 63 | 37. 41 |
| 58 | 长安信托 | 93 062. 18 | 210 141. 83 | 44. 29 | 101 244. 54 | 231 846. 12 | 43. 67 |
| 59 | 国民信托 | 39 209. 37 | 87 451. 67 | 44. 84 | 34 615. 82 | 71 025. 48 | 48. 74 |
| 60 | 中泰信托 | 13 759. 60 | 28 769. 13 | 47. 83 | 12 954. 46 | 43 621. 41 | 29. 70 |
| 61 | 四川信托 | 136 255. 93 | 278 764. 41 | 48. 88 | 139 433. 74 | 313 522. 13 | 44. 47 |
| 62 | 中融信托 | 307 801. 07 | 588 884. 57 | 52. 27 | 285 693. 25 | 653 460. 43 | 43. 72 |
| 63 | 华宸信托 | 2 908. 18 | 5 170. 90 | 56. 24 | 3 038. 02 | 4 567. 77 | 66. 51 |
| 64 | 浙金信托 | 42 221. 27 | 74 051. 02 | 57. 02 | 30 689. 37 | 52 282. 33 | 58. 70 |
| 65 | 中江信托 | 23 297. 42 | 35 027. 74 | 66. 51 | 27 857. 62 | 94 471. 39 | 29. 49 |
| 66 | 山西信托 | 22 129. 90 | 30 130. 48 | 73. 45 | 19 834. 13 | 28 867. 74 | 68. 71 |
| 67 | 华融信托 | 39 532. 92 | 8 641. 05 | 457. 50 | 43 418. 63 | 202 475. 94 | 21. 44 |
| 68 | 安信信托 | 69 269. 61 | −85 077. 91 | −81. 42 | 83 167. 98 | 559 242. 79 | 14. 87 |
| 合计 | | 3 711 002. 62 | 12 550 104. 17 | 29. 57 | 3 681 430. 56 | 13 771 340. 83 | 26. 73 |

注：由于安信信托本年度收入为负数，成本收入比为负数，故统计比例时将其放入超过50%中。

2018 年 68 家信托公司总体的成本收入比为 29. 57%，比 2017 年增加了 2. 84 个百分点。其中，28 家信托公司成本收入比降低，比例超过 50%的有 7 家公司，比 2017 年多了 4 家（包括安信信托）；低于 10%的有 3 家，比 2017 少 2 家。固有资产成本收入比分布情况见表 3 −1 −13。

**表 3 −1 −13　固有资产成本收入比分布情况**

| 项目 | 2018 年 | | 2017 年 | |
|---|---|---|---|---|
| | 家数（家） | 成本收入比（%） | 家数（家） | 成本收入比（%） |
| 50%以上 | 7 | 77. 21 | 3 | 62. 49 |
| 30% ~50% | 21 | 35. 56 | 22 | 37. 91 |
| 10% ~20% | 37 | 20. 95 | 38 | 20. 27 |
| 10%以下 | 3 | 6. 83 | 5 | 6. 82 |
| 合计 | 68 | 29. 57 | 68 | 26. 73 |

表3-1-14　固有资产每股净资产排行榜

| 排名 | 公司简称 | 2018年12月31日(元) | 2017年12月31日(元) |
|---|---|---|---|
| 1 | 建信信托 | 8.89 | 7.56 |
| 2 | 中泰信托 | 8.42 | 8.18 |
| 3 | 中诚信托 | 6.97 | 6.85 |
| 4 | 江苏信托 | 4.73 | 4.24 |
| 5 | 外贸信托 | 4.59 | 4.07 |
| 6 | 北方信托 | 4.34 | 4.29 |
| 7 | 北京信托 | 4.03 | 3.82 |
| 8 | 平安信托 | 3.99 | 4.00 |
| 9 | 东莞信托 | 3.74 | 3.33 |
| 10 | 苏州信托 | 3.73 | 3.55 |
| 11 | 山东信托 | 3.69 | 3.53 |
| 12 | 兴业信托 | 3.51 | 3.34 |
| 13 | 渤海信托 | 3.34 | 3.21 |
| 14 | 上海信托 | 3.19 | 2.88 |
| 15 | 湖南信托 | 3.07 | 2.80 |
| 16 | 国投泰康信托 | 3.06 | 2.78 |
| 17 | 长城新盛信托 | 3.05 | 2.23 |
| 18 | 华融信托 | 3.05 | 3.17 |
| 19 | 西部信托 | 3.04 | 3.77 |
| 20 | 天津信托 | 3.02 | 2.68 |
| 21 | 华能信托 | 2.98 | 2.91 |
| 22 | 杭州工商信托 | 2.72 | 2.46 |
| 23 | 陕国投 | 2.63 | 2.57 |
| 24 | 光大兴陇信托 | 2.62 | 1.47 |
| 25 | 华宝信托 | 2.62 | 2.40 |
| 26 | 四川信托 | 2.57 | 2.40 |
| 27 | 国民信托 | 2.56 | 2.44 |
| 28 | 中航信托 | 2.53 | 2.09 |
| 29 | 中信信托 | 2.52 | 2.27 |
| 30 | 中海信托 | 2.51 | 1.90 |
| 31 | 中江信托 | 2.48 | 2.90 |
| 32 | 吉林信托 | 2.36 | 2.50 |
| 33 | 安信信托 | 2.33 | 3.55 |
| 34 | 中原信托 | 2.30 | 2.20 |
| 35 | 国元信托 | 2.26 | 2.22 |
| 36 | 西藏信托 | 2.24 | 2.22 |
| 37 | 万向信托 | 2.19 | 1.82 |
| 38 | 重庆信托 | 2.18 | 1.96 |
| 39 | 云南信托 | 2.18 | 1.94 |
| 40 | 英大信托 | 2.10 | 2.02 |
| 41 | 五矿信托 | 2.06 | 1.90 |
| 42 | 长安信托 | 1.95 | 1.98 |
| 43 | 百瑞信托 | 1.95 | 1.75 |
| 44 | 交银国际信托 | 1.92 | 1.74 |
| 45 | 中粮信托 | 1.91 | 2.07 |
| 46 | 大业信托 | 1.85 | 1.81 |

续表

| 排名 | 公司简称 | 2018 年 12 月 31 日(元) | 2017 年 12 月 31 日(元) |
|---|---|---|---|
| 47 | 华润信托 | 1. 85 | 3. 15 |
| 48 | 华鑫信托 | 1. 83 | 2. 05 |
| 49 | 华信信托 | 1. 83 | 1. 78 |
| 50 | 金谷信托 | 1. 82 | 1. 75 |
| 51 | 中铁信托 | 1. 82 | 1. 68 |
| 52 | 国通信托 | 1. 73 | 1. 53 |
| 53 | 粤财信托 | 1. 65 | 1. 48 |
| 54 | 中融信托 | 1. 62 | 1. 55 |
| 55 | 国联信托 | 1. 57 | 1. 62 |
| 56 | 紫金信托 | 1. 56 | 1. 48 |
| 57 | 中国民生信托 | 1. 53 | 1. 58 |
| 58 | 华澳信托 | 1. 53 | 1. 37 |
| 59 | 中建投信托 | 1. 48 | 4. 00 |
| 60 | 新华信托 | 1. 42 | 1. 44 |
| 61 | 爱建信托 | 1. 41 | 1. 50 |
| 62 | 新时代信托 | 1. 41 | 1. 35 |
| 63 | 山西信托 | 1. 39 | 1. 50 |
| 64 | 厦门国际信托 | 1. 36 | 1. 39 |
| 65 | 昆仑信托 | 1. 25 | 1. 23 |
| 66 | 华宸信托 | 1. 24 | 1. 46 |
| 67 | 陆家嘴信托 | 1. 22 | 1. 28 |
| 68 | 浙金信托 | 1. 22 | 1. 13 |
|  | 平均 | 2. 39 | 2. 36 |

68 家信托公司平均每股净资产为 2. 39 元，比 2017 年有所下降；所有公司的每股净资产均大于 1. 00 元，其中 36 家信托公司每股净资产超过了 2. 00 元，较 2017 年少了 5 家。

**表 3 – 1 – 15　固有资产货币资金排行榜**

| 排名 | 公司简称 | 2018 年 12 月 31 日（万元） | 2017 年 12 月 31 日（万元） | 增减（万元） |
|---|---|---|---|---|
| 1 | 重庆信托 | 3 549 567. 01 | 2 281 225. 81 | 1 268 341. 20 |
| 2 | 平安信托 | 2 884 515. 19 | 3 442 700. 30 | –558 185. 11 |
| 3 | 中融信托 | 1 150 056. 95 | 903 127. 90 | 246 929. 06 |
| 4 | 光大兴陇信托 | 785 856. 28 | 231 960. 51 | 553 895. 77 |
| 5 | 四川信托 | 448 010. 89 | 606 151. 00 | –158 140. 11 |
| 6 | 建信信托 | 441 253. 91 | 495 146. 92 | –53 893. 01 |
| 7 | 兴业信托 | 419 541. 81 | 281 638. 62 | 137 903. 19 |
| 8 | 中信信托 | 395 551. 29 | 915 573. 73 | –520 022. 44 |
| 9 | 上海信托 | 356 088. 20 | 268 970. 21 | 87 117. 99 |
| 10 | 中铁信托 | 342 868. 52 | 287 974. 01 | 54 894. 51 |
| 11 | 华宝信托 | 230 055. 11 | 196 948. 76 | 33 106. 35 |
| 12 | 中诚信托 | 183 013. 56 | 150 766. 70 | 32 246. 86 |
| 13 | 中航信托 | 164 121. 19 | 50 981. 96 | 113 139. 23 |
| 14 | 北京信托 | 155 767. 75 | 108 079. 40 | 47 688. 35 |
| 15 | 中国民生信托 | 135 775. 23 | 277 429. 26 | –141 654. 03 |
| 16 | 华信信托 | 121 327. 13 | 52 499. 39 | 68 827. 74 |
| 17 | 万向信托 | 120 394. 97 | 96 859. 48 | 23 535. 49 |
| 18 | 陕国投 | 119 252. 84 | 31 846. 78 | 87 406. 06 |
| 19 | 昆仑信托 | 110 788. 25 | 84 883. 28 | 25 904. 97 |
| 20 | 山东信托 | 108 125. 40 | 117 280. 80 | –9 155. 40 |

续表

| 排名 | 公司简称 | 2018年12月31日（万元） | 2017年12月31日（万元） | 增减（万元） |
|---|---|---|---|---|
| 21 | 国投泰康信托 | 106 113.40 | 87 154.27 | 18 959.13 |
| 22 | 中原信托 | 100 449.10 | 129 999.73 | -29 550.63 |
| 23 | 交银国际信托 | 99 948.75 | 104 532.39 | -4 583.64 |
| 24 | 湖南信托 | 99 579.75 | 47 728.55 | 51 851.20 |
| 25 | 华融信托 | 91 457.89 | 84 555.55 | 6 902.34 |
| 26 | 金谷信托 | 87 691.59 | 47 430.40 | 40 261.19 |
| 27 | 东莞信托 | 87 240.44 | 20 036.53 | 67 203.91 |
| 28 | 长城新盛信托 | 84 577.21 | 77 408.11 | 7 169.10 |
| 29 | 西藏信托 | 79 234.95 | 89 207.48 | -9 972.53 |
| 30 | 厦门国际信托 | 77 474.00 | 44 485.00 | 32 989.00 |
| 31 | 渤海信托 | 65 702.02 | 495 183.87 | -429 481.85 |
| 32 | 粤财信托 | 65 188.17 | 28 016.57 | 37 171.60 |
| 33 | 新时代信托 | 63 558.99 | 48 438.00 | 15 120.98 |
| 34 | 云南信托 | 62 934.20 | 126 645.26 | -63 711.06 |
| 35 | 安信信托 | 61 631.16 | 298 575.09 | -236 943.93 |
| 36 | 长安信托 | 55 101.90 | 91 822.88 | -36 720.98 |
| 37 | 吉林信托 | 54 620.26 | 42 201.52 | 12 418.74 |
| 38 | 北方信托 | 50 370.11 | 10 072.29 | 40 297.82 |
| 39 | 中泰信托 | 47 545.15 | 6 622.19 | 40 922.96 |
| 40 | 华润信托 | 46 732.34 | 46 239.30 | 493.04 |
| 41 | 外贸信托 | 43 367.85 | 72 081.84 | -28 713.99 |
| 42 | 天津信托 | 41 666.72 | 52 557.42 | -10 890.70 |
| 43 | 中海信托 | 39 652.24 | 220 434.40 | -180 782.16 |
| 44 | 中建投信托 | 35 943.88 | 29 414.79 | 6 529.09 |
| 45 | 五矿信托 | 33 970.95 | 53 929.81 | -19 958.86 |
| 46 | 国民信托 | 27 319.82 | 11 494.80 | 15 825.02 |
| 47 | 苏州信托 | 26 681.71 | 67 499.91 | -40 818.20 |
| 48 | 英大信托 | 22 925.34 | 75 398.46 | -52 473.12 |
| 49 | 爱建信托 | 22 503.43 | 88 565.71 | -66 062.28 |
| 50 | 山西信托 | 21 731.11 | 15 588.41 | 6 142.70 |
| 51 | 华宸信托 | 19 779.35 | 4 073.17 | 15 706.18 |
| 52 | 百瑞信托 | 19 765.46 | 37 850.98 | -18 085.52 |
| 53 | 中江信托 | 19 727.52 | 62 558.65 | -42 831.13 |
| 54 | 陆家嘴信托 | 15 050.92 | 18 742.93 | -3 692.01 |
| 55 | 中粮信托 | 13 769.47 | 7 979.19 | 5 790.28 |
| 56 | 国通信托 | 13 091.36 | 9 802.56 | 3 288.79 |
| 57 | 华鑫信托 | 12 870.02 | 5 033.73 | 7 836.29 |
| 58 | 大业信托 | 11 390.27 | 114 948.11 | -103 557.84 |
| 59 | 紫金信托 | 9 463.10 | 28 671.42 | -19 208.32 |
| 60 | 杭州工商信托 | 9 002.00 | 11 754.00 | -2 752.00 |
| 61 | 华澳信托 | 7 343.70 | 79 941.54 | -72 597.84 |
| 62 | 国联信托 | 6 941.00 | 8 298.00 | -1 357.00 |
| 63 | 浙金信托 | 6 087.42 | 15 393.34 | -9 305.92 |
| 64 | 江苏信托 | 5 418.92 | 2 848.15 | 2 570.77 |
| 65 | 华能信托 | 4 339.95 | 82 522.87 | -78 182.92 |
| 66 | 国元信托 | 3 909.86 | 3 097.24 | 812.62 |
| 67 | 新华信托 | 3 417.86 | 3 012.98 | 404.88 |
| 68 | 西部信托 | 3 025.37 | 3 164.90 | -139.53 |
| 合计 | | 14 209 239.47 | 13 995 059.12 | 214 180.35 |
| 平均 | | 208 959.40 | 205 809.69 | 3 149.71 |

注：为了使各家公司报告对货币资金披露的一致，表中的货币资金包括货币资金、存放中央银行款项、存放同业款项和其他货币资金和拆出资金。

2018 年 68 家信托公司货币资金总额为 1 420. 92 亿元,比 2017 年增加 21. 42 亿元。其中增长的有 37 家公司,增长最多的为重庆信托。

**表 3 - 1 - 16　信托风险准备金余额排行榜**

| 排名 | 公司简称 | 2018 年 12 月 31 日(万元) | 2017 年 12 月 31 日(万元) | 增减(万元) |
|---|---|---|---|---|
| 1 | 平安信托 | 467 994. 10 | 378 718. 14 | 89 275. 96 |
| 2 | 中信信托 | 177 629. 83 | 159 094. 54 | 18 535. 29 |
| 3 | 中铁信托 | 167 616. 82 | 151 001. 93 | 16 614. 90 |
| 4 | 上海信托 | 153 885. 69 | 142 548. 67 | 11 337. 02 |
| 5 | 交银国际信托 | 131 871. 37 | 91 368. 60 | 40 502. 76 |
| 6 | 江苏信托 | 123 590. 36 | 103 274. 76 | 20 315. 60 |
| 7 | 新华信托 | 122 489. 10 | 120 120. 02 | 2 369. 08 |
| 8 | 中融信托 | 122 405. 23 | 109 289. 96 | 13 115. 26 |
| 9 | 华润信托 | 118 417. 79 | 105 792. 84 | 12 624. 95 |
| 10 | 北京信托 | 106 788. 00 | 95 468. 83 | 11 319. 17 |
| 11 | 华宝信托 | 100 851. 61 | 90 843. 43 | 10 008. 18 |
| 12 | 四川信托 | 97 868. 40 | 84 493. 61 | 13 374. 79 |
| 13 | 重庆信托 | 95 181. 70 | 79 771. 19 | 15 410. 51 |
| 14 | 华能信托 | 84 514. 73 | 64 334. 76 | 20 179. 97 |
| 15 | 外贸信托 | 83 214. 86 | 69 716. 35 | 13 498. 51 |
| 16 | 五矿信托 | 79 830. 70 | 65 032. 84 | 14 797. 86 |
| 17 | 山东信托 | 75 607. 30 | 71 877. 20 | 3 730. 10 |
| 18 | 国投泰康信托 | 73 638. 12 | 62 043. 56 | 11 594. 55 |
| 19 | 安信信托 | 72 043. 86 | 72 043. 86 | — |
| 20 | 华信信托 | 71 219. 39 | 70 565. 64 | 653. 75 |
| 21 | 中航信托 | 66 462. 18 | 50 588. 18 | 15 874. 00 |
| 22 | 兴业信托 | 64 811. 02 | 61 163. 27 | 3 647. 75 |
| 23 | 中诚信托 | 62 198. 49 | 62 198. 49 | — |
| 24 | 中海信托 | 58 993. 83 | 53 397. 17 | 5 596. 66 |
| 25 | 国元信托 | 58 324. 02 | 55 706. 31 | 2 617. 71 |
| 26 | 新时代信托 | 57 368. 98 | 49 546. 29 | 7 822. 69 |
| 27 | 百瑞信托 | 57 364. 45 | 51 735. 46 | 5 628. 99 |
| 28 | 国通信托 | 55 229. 82 | 61 292. 70 | -6 062. 89 |
| 29 | 中粮信托 | 53 664. 65 | 53 664. 65 | — |
| 30 | 爱建信托 | 52 065. 12 | 36 797. 32 | 15 267. 80 |
| 31 | 昆仑信托 | 51 483. 92 | 31 588. 70 | 19 895. 22 |
| 32 | 湖南信托 | 49 667. 81 | 42 389. 92 | 7 277. 89 |
| 33 | 渤海信托 | 49 300. 29 | 44 217. 16 | 5 083. 13 |
| 34 | 建信信托 | 48 886. 80 | 51 943. 86 | -3 057. 06 |
| 35 | 长安信托 | 46 965. 20 | 48 584. 77 | -1 619. 57 |
| 36 | 中国民生信托 | 43 534. 04 | 32 637. 98 | 10 896. 06 |
| 37 | 中建投信托 | 41 727. 84 | 37 148. 68 | 4 579. 16 |
| 38 | 吉林信托 | 40 770. 20 | 40 770. 20 | — |
| 39 | 英大信托 | 39 514. 12 | 32 121. 37 | 7 392. 75 |
| 40 | 粤财信托 | 38 205. 39 | 34 388. 05 | 3 817. 34 |
| 41 | 华融信托 | 37 221. 67 | 37 221. 67 | — |

续表

| 排名 | 公司简称 | 2018 年 12 月 31 日(万元) | 2017 年 12 月 31 日(万元) | 增减(万元) |
|---|---|---|---|---|
| 42 | 北方信托 | 36 233. 50 | 33 425. 99 | 2 807. 51 |
| 43 | 西部信托 | 35 285. 53 | 33 643. 71 | 1 641. 82 |
| 44 | 厦门国际信托 | 35 133. 00 | 31 461. 00 | 3 672. 00 |
| 45 | 陆家嘴信托 | 33 900. 73 | 19 384. 58 | 14 516. 15 |
| 46 | 天津信托 | 31 472. 83 | 28 551. 88 | 2 920. 95 |
| 47 | 中江信托 | 31 346. 93 | 28 406. 33 | 2 940. 60 |
| 48 | 华鑫信托 | 29 484. 66 | 22 816. 37 | 6 668. 29 |
| 49 | 陕国投 | 29 196. 20 | 27 598. 83 | 1 597. 37 |
| 50 | 东莞信托 | 28 802. 40 | 22 563. 06 | 6 239. 34 |
| 51 | 中原信托 | 28 205. 12 | 26 130. 67 | 2 074. 45 |
| 52 | 西藏信托 | 28 090. 32 | 26 722. 46 | 1 367. 86 |
| 53 | 国联信托 | 27 271. 00 | 26 798. 00 | 473. 00 |
| 54 | 杭州工商信托 | 26 950. 00 | 23 893. 00 | 3 057. 00 |
| 55 | 光大兴陇信托 | 26 881. 36 | 18 534. 91 | 8 346. 45 |
| 56 | 山西信托 | 23 763. 74 | 23 598. 00 | 165. 74 |
| 57 | 苏州信托 | 22 559. 00 | 21 234. 72 | 1 324. 28 |
| 58 | 大业信托 | 21 955. 58 | 9 730. 88 | 12 224. 70 |
| 59 | 云南信托 | 17 808. 12 | 15 614. 45 | 2 193. 68 |
| 60 | 紫金信托 | 17 385. 22 | 15 147. 05 | 2 238. 17 |
| 61 | 中泰信托 | 16 829. 72 | 17 226. 82 | -397. 10 |
| 62 | 金谷信托 | 16 426. 24 | 15 567. 00 | 859. 24 |
| 63 | 华澳信托 | 15 899. 05 | 12 078. 65 | 3 820. 40 |
| 64 | 国民信托 | 13 508. 56 | 12 913. 41 | 595. 15 |
| 65 | 万向信托 | 12 263. 90 | 9 736. 44 | 2 527. 46 |
| 66 | 浙金信托 | 7 150. 73 | 5 942. 82 | 1 207. 91 |
| 67 | 华宸信托 | 7 123. 48 | 7 123. 48 | — |
| 68 | 长城新盛信托 | 3 330. 52 | 2 104. 56 | 1 225. 96 |
| 合计 | | 4 224 676. 25 | 3 694 452. 02 | 530 224. 23 |
| 平均 | | 62 127. 59 | 54 330. 18 | 7 797. 42 |

注：信托风险准备金余额 = 信托风险准备余额 + 一般风险准备余额。

2018 年 68 家信托公司期末信托风险准备金余额为 422. 47 亿元，比 2017 年增加 14. 35%，其中 6 家公司本年未计提风险准备，4 家公司本期风险准备金减少。

**表 3 - 1 - 17　信托风险准备金余额提取率排行榜**

| 排名 | 公司简称 | 信托风险准备金(万元) | 股本(万元) | 提取率(%) |
|---|---|---|---|---|
| 1 | 北京信托 | 106 788. 00 | 220 000. 00 | 48. 54 |
| 2 | 北方信托 | 36 233. 50 | 100 099. 89 | 36. 20 |
| 3 | 平安信托 | 467 994. 10 | 1 300 000. 00 | 36. 00 |
| 4 | 国投泰康信托 | 73 638. 12 | 219 054. 55 | 33. 62 |
| 5 | 中铁信托 | 167 616. 82 | 500 000. 00 | 33. 52 |
| 6 | 江苏信托 | 123 590. 36 | 376 033. 66 | 32. 87 |
| 7 | 中泰信托 | 16 829. 72 | 51 660. 00 | 32. 58 |
| 8 | 建信信托 | 48 886. 80 | 152 727. 00 | 32. 01 |
| 9 | 上海信托 | 153 885. 69 | 500 000. 00 | 30. 78 |
| 10 | 外贸信托 | 83 214. 86 | 274 062. 11 | 30. 36 |

续表

| 排名 | 公司简称 | 信托风险准备金(万元) | 股本(万元) | 提取率(%) |
|---|---|---|---|---|
| 11 | 山东信托 | 75 607.30 | 258 825.00 | 29.21 |
| 12 | 新华信托 | 122 489.10 | 420 000.00 | 29.16 |
| 13 | 西藏信托 | 28 090.32 | 100 000.00 | 28.09 |
| 14 | 四川信托 | 97 868.40 | 350 000.00 | 27.96 |
| 15 | 华宝信托 | 100 851.61 | 374 400.00 | 26.94 |
| 16 | 吉林信托 | 40 770.20 | 159 659.75 | 25.54 |
| 17 | 中诚信托 | 62 198.49 | 245 666.67 | 25.32 |
| 18 | 中海信托 | 58 993.83 | 250 000.00 | 23.60 |
| 19 | 西部信托 | 35 285.53 | 150 000.00 | 23.52 |
| 20 | 中粮信托 | 53 664.65 | 230 000.00 | 23.33 |
| 21 | 交银国际信托 | 131 871.37 | 576 470.59 | 22.88 |
| 22 | 大业信托 | 21 955.58 | 100 000.00 | 21.96 |
| 23 | 湖南信托 | 49 667.81 | 245 132.00 | 20.26 |
| 24 | 东莞信托 | 28 802.40 | 145 000.00 | 19.86 |
| 25 | 国元信托 | 58 324.02 | 300 000.00 | 19.44 |
| 26 | 苏州信托 | 22 559.00 | 120 000.00 | 18.80 |
| 27 | 天津信托 | 31 472.83 | 170 000.00 | 18.51 |
| 28 | 杭州工商信托 | 26 950.00 | 150 000.00 | 17.97 |
| 29 | 中信信托 | 177 629.83 | 1 000 000.00 | 17.76 |
| 30 | 山西信托 | 23 763.74 | 135 700.00 | 17.51 |
| 31 | 国通信托 | 55 229.82 | 320 000.00 | 17.26 |
| 32 | 云南信托 | 17 808.12 | 120 000.00 | 14.84 |
| 33 | 百瑞信托 | 57 364.45 | 400 000.00 | 14.34 |
| 34 | 中航信托 | 66 462.18 | 465 726.71 | 14.27 |
| 35 | 长安信托 | 46 965.20 | 333 000.00 | 14.10 |
| 36 | 渤海信托 | 49 300.29 | 360 000.00 | 13.69 |
| 37 | 华能信托 | 84 514.73 | 619 455.74 | 13.64 |
| 38 | 国民信托 | 13 508.56 | 100 000.00 | 13.51 |
| 39 | 五矿信托 | 79 830.70 | 600 000.00 | 13.31 |
| 40 | 安信信托 | 72 043.86 | 546 913.79 | 13.17 |
| 41 | 兴业信托 | 64 811.02 | 500 000.00 | 12.96 |
| 42 | 华融信托 | 37 221.67 | 303 565.33 | 12.26 |
| 43 | 爱建信托 | 52 065.12 | 460 268.46 | 11.31 |
| 44 | 长城新盛信托 | 3 330.52 | 30 000.00 | 11.10 |
| 45 | 华信信托 | 71 219.39 | 660 000.00 | 10.79 |
| 46 | 华润信托 | 118 417.79 | 1 100 000.00 | 10.77 |
| 47 | 中江信托 | 31 346.93 | 300 505.17 | 10.43 |
| 48 | 中融信托 | 122 405.23 | 1 200 000.00 | 10.20 |
| 49 | 粤财信托 | 38 205.39 | 380 000.00 | 10.05 |
| 50 | 英大信托 | 39 514.12 | 402 900.60 | 9.81 |
| 51 | 新时代信托 | 57 368.98 | 600 000.00 | 9.56 |
| 52 | 厦门国际信托 | 35 133.00 | 375 000.00 | 9.37 |
| 53 | 万向信托 | 12 263.90 | 133 900.00 | 9.16 |
| 54 | 国联信托 | 27 271.00 | 300 000.00 | 9.09 |
| 55 | 华宸信托 | 7 123.48 | 80 000.00 | 8.90 |
| 56 | 陆家嘴信托 | 33 900.73 | 400 000.00 | 8.48 |
| 57 | 中建投信托 | 41 727.84 | 500 000.00 | 8.35 |
| 58 | 华鑫信托 | 29 484.66 | 357 484.04 | 8.25 |

续表

| 排名 | 公司简称 | 信托风险准备金（万元） | 股本（万元） | 提取率（%） |
|---|---|---|---|---|
| 59 | 光大兴陇信托 | 26 881.36 | 341 819.05 | 7.86 |
| 60 | 中原信托 | 28 205.12 | 365 000.00 | 7.73 |
| 61 | 金谷信托 | 16 426.24 | 220 000.00 | 7.47 |
| 62 | 陕国投 | 29 196.20 | 396 401.28 | 7.37 |
| 63 | 紫金信托 | 17 385.22 | 245 300.00 | 7.09 |
| 64 | 华澳信托 | 15 899.05 | 250 000.00 | 6.36 |
| 65 | 重庆信托 | 95 181.70 | 1 500 000.00 | 6.35 |
| 66 | 中国民生信托 | 43 534.04 | 700 000.00 | 6.22 |
| 67 | 昆仑信托 | 51 483.92 | 1 022 705.89 | 5.03 |
| 68 | 浙金信托 | 7 150.73 | 170 000.00 | 4.21 |
| 合计 | | 4 224 676.25 | 26 334 437.28 | 16.04 |
| 平均 | | 62 127.59 | 387 271.14 | |

2018 年 68 家信托公司平均信托赔偿准备金提取率为 16.04%，有 31 家公司超过平均值。其中，超过 30% 的有 10 家公司，低于5% 的有 1 家公司。信托公司平均信托赔偿准备金提取率分布情况见表 3－1－18。

**表 3－1－18　信托公司平均信托赔偿准备金提取率分布情况**

| 项目 | 家数（家） |
|---|---|
| 30%以上 | 10 |
| 15%～30% | 21 |
| 5%～15% | 36 |
| 5%以下 | 1 |
| 合计 | 68 |

## （二）信托资产相关指标

**表 3－1－19　信托资产总额排行榜**

| 排名 | 公司简称 | 2018 年 12 月 31 日（万元） | 2017 年 12 月 31 日（万元） | 增长率（%） |
|---|---|---|---|---|
| 1 | 中信信托 | 165 219 704.37 | 198 672 975.97 | －16.84 |
| 2 | 建信信托 | 140 393 891.69 | 140 966 996.55 | －0.41 |
| 3 | 华润信托 | 95 491 944.59 | 134 693 939.73 | －29.10 |
| 4 | 交银国际信托 | 87 052 154.49 | 96 562 955.22 | －9.85 |
| 5 | 上海信托 | 76 868 476.77 | 91 239 146.83 | －15.75 |
| 6 | 兴业信托 | 72 894 840.15 | 93 216 512.33 | －21.80 |
| 7 | 华能信托 | 72 789 739.76 | 101 025 339.76 | －27.95 |
| 8 | 中融信托 | 65 466 498.96 | 66 990 705.08 | －2.28 |
| 9 | 中航信托 | 63 269 867.23 | 65 776 656.21 | －3.81 |
| 10 | 渤海信托 | 62 033 224.29 | 75 497 485.03 | －17.83 |
| 11 | 五矿信托 | 59 939 679.14 | 51 746 920.27 | 15.83 |
| 12 | 光大兴陇信托 | 58 062 985.42 | 47 845 948.99 | 21.35 |
| 13 | 华宝信托 | 53 482 292.69 | 59 558 947.04 | －10.20 |
| 14 | 平安信托 | 53 412 359.98 | 65 275 619.93 | －18.17 |
| 15 | 长安信托 | 52 053 924.89 | 60 140 473.28 | －13.45 |
| 16 | 外贸信托 | 44 905 978.77 | 50 060 882.05 | －10.30 |
| 17 | 中铁信托 | 42 660 827.00 | 43 434 756.00 | －1.78 |
| 18 | 江苏信托 | 40 733 140.20 | 55 114 402.06 | －26.09 |
| 19 | 国民信托 | 38 556 657.74 | 52 190 912.53 | －26.12 |
| 20 | 中海信托 | 37 012 842.51 | 41 866 307.11 | －11.59 |
| 21 | 新时代信托 | 35 312 322.38 | 32 885 915.11 | 7.38 |
| 22 | 四川信托 | 32 348 784.94 | 41 822 810.54 | －22.65 |
| 23 | 西藏信托 | 32 189 666.45 | 42 445 820.88 | －24.16 |

续表

| 排名 | 公司简称 | 2018 年 12 月 31 日(万元) | 2017 年 12 月 31 日(万元) | 增长率(%) |
|---|---|---|---|---|
| 24 | 西部信托 | 32 080 344. 64 | 24 840 650. 54 | 29. 14 |
| 25 | 英大信托 | 31 895 360. 29 | 28 164 152. 55 | 13. 25 |
| 26 | 中诚信托 | 31 318 526. 43 | 32 601 932. 79 | -3. 94 |
| 27 | 昆仑信托 | 29 447 708. 71 | 35 193 495. 49 | -16. 33 |
| 28 | 陕国投 | 28 952 434. 37 | 45 322 169. 48 | -36. 12 |
| 29 | 粤财信托 | 27 072 592. 63 | 25 398 340. 19 | 6. 59 |
| 30 | 国投泰康信托 | 26 933 411. 03 | 36 280 514. 55 | -25. 76 |
| 31 | 华鑫信托 | 25 825 405. 50 | 29 740 210. 19 | -13. 16 |
| 32 | 爱建信托 | 25 412 324. 45 | 33 276 792. 64 | -23. 63 |
| 33 | 国通信托 | 24 844 251. 62 | 23 895 072. 03 | 3. 97 |
| 34 | 北方信托 | 23 849 086. 07 | 29 415 986. 05 | -18. 92 |
| 35 | 山东信托 | 23 750 676. 64 | 27 167 497. 98 | -12. 58 |
| 36 | 云南信托 | 23 612 561. 37 | 36 963 991. 17 | -36. 12 |
| 37 | 安信信托 | 23 367 843. 70 | 23 255 132. 25 | 0. 48 |
| 38 | 陆家嘴信托 | 23 323 711. 02 | 28 699 032. 67 | -18. 73 |
| 39 | 北京信托 | 22 699 570. 76 | 31 018 941. 50 | -26. 82 |
| 40 | 华融信托 | 19 856 521. 84 | 33 574 453. 47 | -40. 86 |
| 41 | 国元信托 | 19 776 305. 20 | 26 343 019. 09 | -24. 93 |
| 42 | 厦门国际信托 | 19 497 640. 00 | 30 110 009. 00 | -35. 25 |
| 43 | 百瑞信托 | 19 076 180. 20 | 17 628 402. 84 | 8. 21 |
| 44 | 重庆信托 | 19 046 912. 83 | 18 823 264. 83 | 1. 19 |
| 45 | 中国民生信托 | 18 138 911. 23 | 18 711 140. 58 | -3. 06 |
| 46 | 中原信托 | 17 957 182. 67 | 19 552 038. 22 | -8. 16 |
| 47 | 新华信托 | 17 901 702. 62 | 17 622 681. 01 | 1. 58 |
| 48 | 中建投信托 | 16 938 947. 12 | 17 024 646. 77 | -0. 50 |
| 49 | 中粮信托 | 16 375 708. 15 | 19 525 483. 97 | -16. 13 |
| 50 | 万向信托 | 16 116 942. 54 | 19 012 684. 33 | -15. 23 |
| 51 | 紫金信托 | 15 728 707. 94 | 21 046 244. 29 | -25. 27 |
| 52 | 天津信托 | 14 931 752. 43 | 21 737 785. 69 | -31. 31 |
| 53 | 大业信托 | 14 105 386. 92 | 19 945 531. 00 | -29. 28 |
| 54 | 金谷信托 | 14 009 609. 97 | 11 620 935. 27 | 20. 55 |
| 55 | 中江信托 | 13 686 180. 11 | 15 756 829. 13 | -13. 14 |
| 56 | 华澳信托 | 12 793 171. 25 | 14 008 808. 68 | -8. 68 |
| 57 | 湖南信托 | 11 841 338. 00 | 7 665 795. 00 | 54. 47 |
| 58 | 浙金信托 | 10 805 206. 45 | 15 851 066. 32 | -31. 83 |
| 59 | 华信信托 | 10 163 370. 30 | 13 869 052. 06 | -26. 72 |
| 60 | 吉林信托 | 8 728 398. 80 | 8 358 623. 74 | 4. 42 |
| 61 | 苏州信托 | 8 444 962. 96 | 9 278 363. 53 | -8. 98 |
| 62 | 国联信托 | 8 087 140. 00 | 8 585 980. 00 | -5. 81 |
| 63 | 东莞信托 | 6 033 010. 73 | 4 597 062. 14 | 31. 24 |
| 64 | 杭州工商信托 | 5 241 772. 00 | 5 058 845. 00 | 3. 62 |
| 65 | 山西信托 | 4 528 682. 66 | 4 955 991. 41 | -8. 62 |
| 66 | 中泰信托 | 2 875 574. 71 | 3 723 437. 62 | -22. 77 |
| 67 | 长城新盛信托 | 2 767 729. 95 | 3 471 236. 62 | -20. 27 |
| 68 | 华宸信托 | 219 913. 77 | 396 583. 84 | -44. 55 |
| 合计 | | 2 272 212 476. 98 | 2 628 122 336. 01 | -13. 54 |
| 平均 | | 33 414 889. 37 | 38 648 857. 88 | -13. 54 |

2018 年 68 家信托公司信托资产总额达到 227 221. 25 亿元,比 2017 年下降 13. 54%。其中仅有 16 家公司增长,增幅最大的为湖南信托。

信托资产总额超过 1 000. 00 亿元的公司有 59 家,比 2017 年的 50 家增加 1 家;59 家信托公司资产总额达到 222 528. 53 亿元,占整个信托资产总额的 97. 87%,68 家信托公司信托资产总额平均为 3 341. 49 亿元,超过平均值的仅有 21 家公司。信托资产总额分布情况见表 3 -1 -20。

**表3－1－20　信托资产总额分布情况**

| 项目 | 2018年 | | | 2017年 | | |
|---|---|---|---|---|---|---|
| | 家数(家) | 信托资产总额(万元) | 占比(%) | 家数(家) | 信托资产总额(万元) | 占比(%) |
| 1万亿元以上 | 2 | 305 613 596.06 | 13.45 | 4 | 575 359 252.01 | 21.89 |
| 0.5万亿~1万亿元 | 13 | 872 817 988.36 | 38.41 | 13 | 883 371 617.86 | 33.61 |
| 0.1万亿~0.5万亿元 | 44 | 1 046 853 706.98 | 46.07 | 41 | 1 113 299 547.24 | 42.36 |
| 0.1万亿元以下 | 9 | 46 927 185.58 | 2.07 | 10 | 56 091 918.90 | 2.13 |
| 合计 | 68 | 2 272 212 476.98 | 100.00 | 68 | 2 628 122 336.01 | 100.00 |

**表3－1－21　信托资产营业收入排行榜**

| 排名 | 公司简称 | 2018年(万元) | 2017年(万元) | 增长率(%) |
|---|---|---|---|---|
| 1 | 建信信托 | 7 171 351.31 | 6 177 291.45 | 16.09 |
| 2 | 中信信托 | 7 024 115.05 | 7 807 201.41 | -10.03 |
| 3 | 华能信托 | 5 451 912.27 | 5 755 573.69 | -5.28 |
| 4 | 交银国际信托 | 4 680 385.56 | 4 448 119.77 | 5.22 |
| 5 | 渤海信托 | 4 396 938.58 | 3 473 927.70 | 26.57 |
| 6 | 中航信托 | 3 770 910.46 | 3 728 017.65 | 1.15 |
| 7 | 中融信托 | 3 552 568.54 | 4 987 828.28 | -28.78 |
| 8 | 兴业信托 | 3 537 567.26 | 5 850 909.57 | -39.54 |
| 9 | 上海信托 | 3 537 324.19 | 5 861 344.92 | -39.65 |
| 10 | 五矿信托 | 3 059 984.15 | 3 204 161.90 | -4.50 |
| 11 | 平安信托 | 2 993 561.31 | 4 946 500.11 | -39.48 |
| 12 | 江苏信托 | 2 721 028.20 | 2 434 748.07 | 11.76 |
| 13 | 光大兴陇信托 | 2 575 103.62 | 2 456 250.98 | 4.84 |
| 14 | 长安信托 | 2 572 293.42 | 3 089 525.28 | -16.74 |
| 15 | 中铁信托 | 2 372 713.00 | 2 710 217.00 | -12.45 |
| 16 | 华宝信托 | 2 191 775.29 | 1 891 391.39 | 15.88 |
| 17 | 中诚信托 | 2 056 045.91 | 1 304 992.88 | 57.55 |
| 18 | 昆仑信托 | 2 052 057.94 | 1 249 597.49 | 64.22 |
| 19 | 国民信托 | 2 021 989.25 | 2 447 214.52 | -17.38 |
| 20 | 西藏信托 | 1 803 986.93 | 3 081 454.52 | -41.46 |
| 21 | 国投泰康信托 | 1 774 567.69 | 1 967 478.41 | -9.80 |
| 22 | 四川信托 | 1 762 161.73 | 2 909 146.52 | -39.43 |
| 23 | 安信信托 | 1 749 913.95 | 2 430 816.73 | -28.01 |
| 24 | 中海信托 | 1 657 746.81 | 1 833 089.26 | -9.57 |
| 25 | 新时代信托 | 1 570 925.85 | 1 699 737.03 | -7.58 |
| 26 | 西部信托 | 1 544 448.77 | 1 366 429.35 | 13.03 |
| 27 | 华润信托 | 1 538 218.07 | 5 468 149.56 | -71.87 |
| 28 | 陆家嘴信托 | 1 520 255.02 | 1 630 603.23 | -6.77 |
| 29 | 国元信托 | 1 461 639.97 | 1 089 869.39 | 34.11 |
| 30 | 万向信托 | 1 389 300.66 | 1 253 290.01 | 10.85 |
| 31 | 中原信托 | 1 381 357.47 | 1 131 423.54 | 22.09 |
| 32 | 百瑞信托 | 1 323 431.22 | 1 319 986.41 | 0.26 |
| 33 | 北方信托 | 1 308 878.68 | 1 640 069.73 | -20.19 |
| 34 | 山东信托 | 1 293 687.30 | 1 800 222.28 | -28.14 |
| 35 | 中建投信托 | 1 282 665.74 | 1 000 768.03 | 28.17 |
| 36 | 北京信托 | 1 282 507.77 | 1 353 383.25 | -5.24 |
| 37 | 英大信托 | 1 262 707.71 | 1 438 894.17 | -12.24 |
| 38 | 紫金信托 | 1 154 457.74 | 1 089 107.61 | 6.00 |
| 39 | 中江信托 | 1 110 506.46 | 1 371 199.39 | -19.01 |
| 40 | 国通信托 | 1 096 436.03 | 1 271 163.09 | -13.75 |

续表

| 排名 | 公司简称 | 2018 年(万元) | 2017 年(万元) | 增长率(%) |
|---|---|---|---|---|
| 41 | 爱建信托 | 1 086 956.20 | 1 511 632.06 | -28.09 |
| 42 | 天津信托 | 1 080 112.61 | 601 244.93 | 79.65 |
| 43 | 中国民生信托 | 1 057 786.04 | 1 237 308.23 | -14.51 |
| 44 | 中粮信托 | 999 741.62 | 1 230 323.75 | -18.74 |
| 45 | 浙金信托 | 956 865.45 | 761 362.80 | 25.68 |
| 46 | 华融信托 | 935 854.96 | 1 997 361.39 | -53.15 |
| 47 | 新华信托 | 833 513.35 | 1 885 927.27 | -55.80 |
| 48 | 重庆信托 | 793 796.21 | 767 919.62 | 3.37 |
| 49 | 大业信托 | 757 577.07 | 1 020 985.55 | -25.80 |
| 50 | 厦门国际信托 | 664 757.00 | 1 751 014.00 | -62.04 |
| 51 | 华澳信托 | 628 357.13 | 418 203.88 | 50.25 |
| 52 | 金谷信托 | 571 297.72 | 674 093.63 | -15.25 |
| 53 | 湖南信托 | 507 053.00 | 472 005.00 | 7.43 |
| 54 | 吉林信托 | 505 874.50 | 434 483.44 | 16.43 |
| 55 | 苏州信托 | 501 357.44 | 784 132.25 | -36.06 |
| 56 | 国联信托 | 498 307.00 | 497 308.00 | 0.20 |
| 57 | 杭州工商信托 | 442 211.00 | 412 996.00 | 7.07 |
| 58 | 东莞信托 | 369 936.16 | 264 223.88 | 40.01 |
| 59 | 山西信托 | 342 869.95 | 275 765.69 | 24.33 |
| 60 | 粤财信托 | 307 903.02 | 738 726.55 | -58.32 |
| 61 | 长城新盛信托 | 267 950.37 | 147 960.89 | 81.10 |
| 62 | 华信信托 | 256 007.88 | 871 547.96 | -70.63 |
| 63 | 中泰信托 | 243 267.23 | 491 352.96 | -50.49 |
| 64 | 华宸信托 | 23 291.30 | 53 724.54 | -56.65 |
| 65 | 外贸信托 | -153 908.12 | 4 544 671.14 | -103.39 |
| 66 | 华鑫信托 | -937 061.65 | 1 557 036.67 | -160.18 |
| 67 | 云南信托 | -1 003 825.26 | 1 067 726.29 | -194.02 |
| 68 | 陕国投 | -2 102 188.84 | 2 031 806.67 | -203.46 |
| 合计 | | 108 445 087.22 | 140 473 940.61 | -22.80 |
| 平均 | | 1 594 780.69 | 2 065 793.24 | -22.80 |

2018 年 68 家信托公司信托资产营业收入达 100 亿元以上的有 43 家，占全部营业收入的 93.35%。68 家信托公司平均营业收入为 159.48 亿元，超过平均水平的有 24 家公司。信托资产营业收入分布情况见表 3-1-22。

**表 3-1-22　信托资产营业收入分布情况**

| 项目 | 2018 年 | | | 2017 年 | | |
|---|---|---|---|---|---|---|
| | 家数(家) | 信托资产营业收入(万元) | 占比(%) | 家数(家) | 信托资产营业收入(万元) | 占比(%) |
| 500 亿元以上 | 3 | 19 647 378.63 | 18.12 | 6 | 36 920 470.60 | 26.28 |
| 100 亿~500 亿元 | 40 | 81 586 903.10 | 75.23 | 45 | 94 886 417.99 | 67.55 |
| 10 亿~100 亿元 | 20 | 11 384 498.06 | 10.50 | 16 | 8 613 327.48 | 6.13 |
| 10 亿元以下 | 5 | -4 173 692.57 | -3.85 | 1 | 53 724.54 | 0.04 |
| 合计 | 68 | 108 445 087.22 | 100.00 | 68 | 140 473 940.61 | 100.00 |

**表 3-1-23　信托业务收入排行榜**

| 排名 | 公司简称 | 信托手续费及佣金收入(万元) | 其他业务收入中的信托部分收入(万元) | 业务收入合计(万元) | 收入合计(万元) | 信托业务收入占比(%) |
|---|---|---|---|---|---|---|
| 1 | 中信信托 | 545 000.76 | — | 545 000.76 | 648 557.74 | 84.03 |
| 2 | 平安信托 | 343 762.51 | — | 343 762.51 | 1 956 752.01 | 17.57 |

续表

| 排名 | 公司简称 | 信托手续费及佣金收入（万元） | 其他业务收入中的信托部分收入（万元） | 业务收入合计（万元） | 收入合计（万元） | 信托业务收入占比（%） |
|---|---|---|---|---|---|---|
| 3 | 中航信托 | 293 214. 31 | — | 293 214. 31 | 355 770. 82 | 82. 42 |
| 4 | 四川信托 | 251 859. 81 | — | 251 859. 81 | 323 556. 03 | 77. 84 |
| 5 | 华能信托 | 244 673. 85 | — | 244 673. 85 | 379 275. 69 | 64. 51 |
| 6 | 外贸信托 | 234 351. 96 | — | 234 351. 96 | 302 929. 12 | 77. 36 |
| 7 | 五矿信托 | 233 154. 80 | — | 233 154. 80 | 311 902. 00 | 74. 75 |
| 8 | 中铁信托 | 225 974. 64 | — | 225 974. 64 | 304 436. 75 | 74. 23 |
| 9 | 建信信托 | 216 973. 40 | — | 216 973. 40 | 463 585. 43 | 46. 80 |
| 10 | 兴业信托 | 211 755. 00 | — | 211 755. 00 | 452 705. 50 | 46. 78 |
| 11 | 中融信托 | 209 202. 00 | — | 209 202. 00 | 611 587. 00 | 34. 21 |
| 12 | 中国民生信托 | 183 792. 69 | 19 575. 14 | 203 367. 83 | 260 165. 58 | 78. 17 |
| 13 | 长安信托 | 181 462. 53 | 10 204. 29 | 191 666. 82 | 211 003. 16 | 90. 84 |
| 14 | 重庆信托 | 189 804. 84 | — | 189 804. 84 | 1 272 976. 85 | 14. 91 |
| 15 | 爱建信托 | 186 139. 65 | — | 186 139. 65 | 217 326. 16 | 85. 65 |
| 16 | 渤海信托 | 179 638. 22 | — | 179 638. 22 | 233 969. 97 | 76. 78 |
| 17 | 光大兴陇信托 | 178 745. 62 | — | 178 745. 62 | 212 926. 29 | 83. 95 |
| 18 | 上海信托 | 175 775. 33 | — | 175 775. 33 | 422 134. 22 | 41. 64 |
| 19 | 安信信托 | 153 994. 72 | — | 153 994. 72 | 10 251. 73 | 1502. 13 |
| 20 | 华润信托 | 131 527. 68 | — | 131 527. 68 | 318 098. 15 | 41. 35 |
| 21 | 中建投信托 | 130 269. 91 | — | 130 269. 91 | 195 848. 46 | 66. 52 |
| 22 | 中诚信托 | 126 469. 21 | — | 126 469. 21 | 273 816. 46 | 46. 19 |
| 23 | 国通信托 | 118 483. 69 | — | 118 483. 69 | 135 450. 62 | 87. 47 |
| 24 | 江苏信托 | 110 673. 85 | — | 110 673. 85 | 234 537. 64 | 47. 19 |
| 25 | 交银国际信托 | 107 166. 47 | — | 107 166. 47 | 172 777. 34 | 62. 03 |
| 26 | 华宝信托 | 106 166. 10 | — | 106 166. 10 | 282 084. 79 | 37. 64 |
| 27 | 北京信托 | 105 795. 00 | — | 105 795. 00 | 182 671. 68 | 57. 92 |
| 28 | 陕国投 | 97 852. 11 | — | 97 852. 11 | 115 211. 69 | 84. 93 |
| 29 | 百瑞信托 | 97 284. 79 | — | 97 284. 79 | 176 651. 81 | 55. 07 |
| 30 | 华融信托 | 93 941. 10 | — | 93 941. 10 | 43 073. 63 | 218. 09 |
| 31 | 英大信托 | 89 664. 90 | — | 89 664. 90 | 113 205. 65 | 79. 21 |
| 32 | 山东信托 | 89 130. 10 | — | 89 130. 10 | 182 670. 30 | 48. 79 |
| 33 | 国投泰康信托 | 87 896. 00 | — | 87 896. 00 | 159 446. 53 | 55. 13 |
| 34 | 昆仑信托 | 87 307. 48 | — | 87 307. 48 | 158 654. 18 | 55. 03 |
| 35 | 陆家嘴信托 | 85 446. 00 | — | 85 446. 00 | 131 473. 00 | 64. 99 |
| 36 | 国民信托 | 83 572. 73 | — | 83 572. 73 | 91 913. 00 | 90. 93 |
| 37 | 中原信托 | 82 556. 61 | — | 82 556. 61 | 125 675. 79 | 65. 69 |
| 38 | 万向信托 | 81 420. 55 | — | 81 420. 55 | 105 688. 75 | 77. 04 |
| 39 | 厦门国际信托 | 79 287. 00 | — | 79 287. 00 | 106 878. 00 | 74. 18 |
| 40 | 杭州工商信托 | 73 642. 00 | 448. 00 | 74 090. 00 | 113 816. 00 | 65. 10 |
| 41 | 紫金信托 | 71 605. 28 | — | 71 605. 28 | 83 085. 24 | 86. 18 |
| 42 | 华鑫信托 | 71 450. 10 | — | 71 450. 10 | 104 665. 94 | 68. 26 |
| 43 | 东莞信托 | 71 427. 61 | — | 71 427. 61 | 91 846. 06 | 77. 77 |
| 44 | 大业信托 | 70 538. 66 | — | 70 538. 66 | 79 426. 12 | 88. 81 |
| 45 | 中海信托 | 62 070. 18 | — | 62 070. 18 | 219 834. 80 | 28. 23 |
| 46 | 华信信托 | 61 807. 76 | — | 61 807. 76 | 116 824. 40 | 52. 91 |
| 47 | 浙金信托 | 60 920. 46 | — | 60 920. 46 | 77 000. 12 | 79. 12 |
| 48 | 云南信托 | 56 532. 12 | — | 56 532. 12 | 68 658. 80 | 82. 34 |
| 49 | 西部信托 | 55 406. 22 | — | 55 406. 22 | 74 108. 97 | 74. 76 |

续表

| 排名 | 公司简称 | 信托手续费及佣金收入(万元) | 其他业务收入中的信托部分收入(万元) | 业务收入合计(万元) | 收入合计(万元) | 信托业务收入占比(%) |
|---|---|---|---|---|---|---|
| 50 | 湖南信托 | 53 973.00 | — | 53 973.00 | 125 682.00 | 42.94 |
| 51 | 中江信托 | 52 053.95 | — | 52 053.95 | 35 251.86 | 147.66 |
| 52 | 西藏信托 | 48 897.53 | — | 48 897.53 | 48 895.35 | 100.00 |
| 53 | 北方信托 | 46 946.33 | — | 46 946.33 | 64 149.88 | 73.18 |
| 54 | 天津信托 | 46 790.77 | 28.30 | 46 819.07 | 122 735.10 | 38.15 |
| 55 | 粤财信托 | 45 721.32 | — | 45 721.32 | 97 872.55 | 46.72 |
| 56 | 中粮信托 | 45 294.37 | — | 45 294.37 | 60 084.71 | 75.38 |
| 57 | 长城新盛信托 | 42 689.59 | — | 42 689.59 | 45 219.22 | 94.41 |
| 58 | 华澳信托 | 41 544.70 | — | 41 544.70 | 88 745.11 | 46.81 |
| 59 | 新时代信托 | 41 484.69 | — | 41 484.69 | 74 800.88 | 55.46 |
| 60 | 苏州信托 | 37 438.00 | — | 37 438.00 | 55 339.00 | 67.65 |
| 61 | 国元信托 | 34 154.64 | — | 34 154.64 | 60 592.82 | 56.37 |
| 62 | 金谷信托 | 33 086.71 | — | 33 086.71 | 54 986.23 | 60.17 |
| 63 | 新华信托 | 25 654.08 | — | 25 654.08 | 56 984.08 | 45.02 |
| 64 | 国联信托 | 22 578.00 | — | 22 578.00 | 30 201.00 | 74.76 |
| 65 | 吉林信托 | 20 552.62 | — | 20 552.62 | 66 433.65 | 30.94 |
| 66 | 中泰信托 | 11 108.44 | — | 11 108.44 | 29 499.55 | 37.66 |
| 67 | 山西信托 | 10 248.44 | — | 10 248.44 | 45 800.03 | 22.38 |
| 68 | 华宸信托 | 908.32 | — | 908.32 | 5 215.56 | 17.42 |
| 合计 | | 7 747 713.79 | 30 255.73 | 7 777 969.52 | 14 455 394.54 | 53.81 |
| 平均 | | 113 936.97 | 444.94 | 114 381.90 | 212 579.33 | 53.81 |

注:由于企业自行编制的收入结构表中很多存在口径差异,我们本次统一按照收入总额中不包括信托手续费支出与利息支出披露。

2018 年 68 家信托公司业务收入合计 777.80 亿元,68 家信托公司平均信托收入为 11.44 亿元,超过平均水平的有 23 家。本年度信托业务收入占固有资产营业收入的比重为 53.81%,比 2017 年有所下降。其中超过平均占比的公司有 46 家。

**表 3－1－24　信托资产实收信托排行榜**

| 排名 | 公司简称 | 2018 年(万元) | 2017 年(万元) | 增长率(%) |
|---|---|---|---|---|
| 1 | 中信信托 | 159 471 685.10 | 189 845 682.67 | -16.00 |
| 2 | 建信信托 | 134 050 286.59 | 134 768 660.30 | -0.53 |
| 3 | 华润信托 | 89 938 400.59 | 124 589 334.21 | -27.81 |
| 4 | 交银国际信托 | 85 442 619.37 | 94 454 280.67 | -9.54 |
| 5 | 上海信托 | 75 700 366.86 | 89 746 944.31 | -15.65 |
| 6 | 兴业信托 | 72 562 508.91 | 91 662 742.36 | -20.84 |
| 7 | 华能信托 | 71 975 807.37 | 99 728 892.37 | -27.83 |
| 8 | 中融信托 | 64 983 553.11 | 64 857 470.74 | 0.19 |
| 9 | 中航信托 | 62 387 667.80 | 64 894 889.80 | -3.86 |
| 10 | 渤海信托 | 61 297 560.33 | 74 965 338.01 | -18.23 |
| 11 | 五矿信托 | 59 366 447.79 | 51 133 584.75 | 16.10 |
| 12 | 光大兴陇信托 | 57 393 949.79 | 47 339 321.64 | 21.24 |
| 13 | 长安信托 | 52 225 807.41 | 59 396 945.40 | -12.07 |
| 14 | 平安信托 | 51 365 002.80 | 62 297 305.50 | -17.55 |
| 15 | 华宝信托 | 48 389 135.18 | 54 770 467.35 | -11.65 |
| 16 | 外贸信托 | 42 906 857.24 | 45 599 089.74 | -5.90 |
| 17 | 中铁信托 | 42 185 841.00 | 42 830 031.00 | -1.50 |
| 18 | 江苏信托 | 39 410 894.41 | 53 868 486.42 | -26.84 |
| 19 | 国民信托 | 38 432 717.12 | 52 097 161.88 | -26.23 |
| 20 | 中海信托 | 36 733 352.86 | 40 707 443.19 | -9.76 |
| 21 | 新时代信托 | 32 931 225.97 | 30 131 718.32 | 9.29 |
| 22 | 西藏信托 | 32 353 148.64 | 42 162 674.93 | -23.27 |

续表

| 排名 | 公司简称 | 2018 年(万元) | 2017 年(万元) | 增长率(%) |
|---|---|---|---|---|
| 23 | 西部信托 | 31 912 913. 62 | 24 436 021. 83 | 30. 60 |
| 24 | 英大信托 | 31 858 148. 76 | 28 125 253. 84 | 13. 27 |
| 25 | 四川信托 | 31 476 312. 74 | 40 511 202. 46 | -22. 30 |
| 26 | 陕国投 | 30 859 657. 31 | 44 537 846. 93 | -30. 71 |
| 27 | 中诚信托 | 30 476 813. 47 | 31 769 367. 95 | -4. 07 |
| 28 | 昆仑信托 | 28 963 724. 88 | 34 864 805. 06 | -16. 93 |
| 29 | 华鑫信托 | 26 939 461. 96 | 29 693 476. 29 | -9. 27 |
| 30 | 粤财信托 | 26 796 901. 37 | 24 483 408. 49 | 9. 45 |
| 31 | 国投泰康信托 | 26 735 450. 94 | 36 143 060. 52 | -26. 03 |
| 32 | 爱建信托 | 25 073 546. 63 | 32 791 580. 82 | -23. 54 |
| 33 | 云南信托 | 24 276 470. 01 | 36 684 979. 39 | -33. 82 |
| 34 | 国通信托 | 24 249 469. 60 | 23 518 519. 82 | 3. 11 |
| 35 | 北方信托 | 23 429 905. 01 | 28 705 636. 97 | -18. 38 |
| 36 | 山东信托 | 23 192 163. 07 | 26 340 763. 36 | -11. 95 |
| 37 | 陆家嘴信托 | 22 842 427. 61 | 28 493 476. 91 | -19. 83 |
| 38 | 安信信托 | 22 770 653. 95 | 22 852 791. 94 | -0. 36 |
| 39 | 北京信托 | 22 264 632. 06 | 30 440 447. 67 | -26. 86 |
| 40 | 厦门国际信托 | 19 738 970. 00 | 29 969 611. 00 | -34. 14 |
| 41 | 国元信托 | 19 283 908. 44 | 25 965 789. 96 | -25. 73 |
| 42 | 华融信托 | 18 929 381. 36 | 32 205 325. 03 | -41. 22 |
| 43 | 重庆信托 | 18 830 802. 49 | 18 818 682. 47 | 0. 06 |
| 44 | 百瑞信托 | 18 468 993. 93 | 17 116 354. 87 | 7. 90 |
| 45 | 中国民生信托 | 17 862 825. 86 | 18 551 551. 88 | -3. 71 |
| 46 | 中原信托 | 17 707 109. 43 | 19 325 243. 07 | -8. 37 |
| 47 | 新华信托 | 16 713 448. 84 | 16 299 071. 42 | 2. 54 |
| 48 | 中建投信托 | 16 709 832. 43 | 16 811 974. 47 | -0. 61 |
| 49 | 中粮信托 | 16 141 757. 22 | 19 137 630. 74 | -15. 65 |
| 50 | 万向信托 | 15 924 973. 67 | 18 870 653. 29 | -15. 61 |
| 51 | 紫金信托 | 15 587 222. 65 | 20 876 623. 82 | -25. 34 |
| 52 | 天津信托 | 14 727 986. 23 | 21 699 388. 25 | -32. 13 |
| 53 | 大业信托 | 14 096 310. 01 | 19 864 309. 97 | -29. 04 |
| 54 | 金谷信托 | 13 833 939. 01 | 11 323 487. 33 | 22. 17 |
| 55 | 中江信托 | 13 147 733. 90 | 15 273 000. 56 | -13. 92 |
| 56 | 华澳信托 | 12 767 538. 60 | 13 805 304. 00 | -7. 52 |
| 57 | 湖南信托 | 11 683 973. 00 | 7 461 294. 00 | 56. 59 |
| 58 | 浙金信托 | 10 771 773. 61 | 15 821 158. 65 | -31. 92 |
| 59 | 华信信托 | 10 134 164. 26 | 13 634 638. 93 | -25. 67 |
| 60 | 吉林信托 | 8 654 193. 09 | 8 300 714. 14 | 4. 26 |
| 61 | 苏州信托 | 8 272 465. 19 | 9 038 817. 89 | -8. 48 |
| 62 | 国联信托 | 8 027 844. 00 | 8 450 743. 00 | -5. 00 |
| 63 | 东莞信托 | 5 815 147. 76 | 4 383 255. 21 | 32. 67 |
| 64 | 杭州工商信托 | 5 082 603. 00 | 4 922 504. 00 | 3. 25 |
| 65 | 山西信托 | 4 379 887. 42 | 4 786 620. 45 | -8. 50 |
| 66 | 长城新盛信托 | 2 755 426. 38 | 3 471 404. 85 | -20. 63 |
| 67 | 中泰信托 | 2 681 650. 06 | 3 575 271. 96 | -24. 99 |
| 68 | 华宸信托 | 205 880. 11 | 376 781. 93 | -45. 36 |
| 合计 | | 2 224 561 231. 17 | 2 556 378 312. 95 | -12. 98 |
| 平均 | | 32 714 135. 75 | 37 593 798. 72 | -12. 98 |

2018 年信托资产实收信托总额达到 222 456. 12 亿元，比 2017 年下降了 12. 98%，其中下降的有 52 家公司，增长的仅有 16 家。增长额超过 500 亿元的仅有 3 家公司，其中增长额最大为光大兴陇信托。

68 家公司平均实收信托为 3 271. 41 亿元，超过 1 000 亿元的有 59 家，比 2017 年增加了 1 家公司。

表3-1-25 信托资产信托报酬率排行榜

| 排名 | 公司简称 | 信托业务收入（万元） | 实收信托 | | 信托报酬率（%） |
|---|---|---|---|---|---|
| | | | 2018年（万元） | 2017年（万元） | |
| 1 | 杭州工商信托 | 74 090.00 | 5 082 603.00 | 4 922 504.00 | 1.48 |
| 2 | 东莞信托 | 71 427.61 | 5 815 147.76 | 4 383 255.21 | 1.40 |
| 3 | 长城新盛信托 | 42 689.59 | 2 755 426.38 | 3 471 404.85 | 1.37 |
| 4 | 中国民生信托 | 203 367.83 | 17 862 825.86 | 18 551 551.88 | 1.12 |
| 5 | 重庆信托 | 189 804.84 | 18 830 802.49 | 18 818 682.47 | 1.01 |
| 6 | 中建投信托 | 130 269.91 | 16 709 832.43 | 16 811 974.47 | 0.78 |
| 7 | 四川信托 | 251 859.81 | 31 476 312.74 | 40 511 202.46 | 0.70 |
| 8 | 安信信托 | 153 994.72 | 22 770 653.95 | 22 852 791.94 | 0.68 |
| 9 | 爱建信托 | 186 139.65 | 25 073 546.63 | 32 791 580.82 | 0.64 |
| 10 | 平安信托 | 343 762.51 | 51 365 002.80 | 62 297 305.50 | 0.60 |
| 11 | 湖南信托 | 53 973.00 | 11 683 973.00 | 7 461 294.00 | 0.56 |
| 12 | 百瑞信托 | 97 284.79 | 18 468 993.93 | 17 116 354.87 | 0.55 |
| 13 | 中铁信托 | 225 974.64 | 42 185 841.00 | 42 830 031.00 | 0.53 |
| 14 | 外贸信托 | 234 351.96 | 42 906 857.24 | 45 599 089.74 | 0.53 |
| 15 | 华信信托 | 61 807.76 | 10 134 164.26 | 13 634 638.93 | 0.52 |
| 16 | 国通信托 | 118 483.69 | 24 249 469.60 | 23 518 519.82 | 0.50 |
| 17 | 万向信托 | 81 420.55 | 15 924 973.67 | 18 870 653.29 | 0.47 |
| 18 | 中航信托 | 293 214.31 | 62 387 667.80 | 64 894 889.80 | 0.46 |
| 19 | 浙金信托 | 60 920.46 | 10 771 773.61 | 15 821 158.65 | 0.46 |
| 20 | 中原信托 | 82 556.61 | 17 707 109.43 | 19 325 243.07 | 0.45 |
| 21 | 苏州信托 | 37 438.00 | 8 272 465.19 | 9 038 817.89 | 0.43 |
| 22 | 五矿信托 | 233 154.80 | 59 366 447.79 | 51 133 584.75 | 0.42 |
| 23 | 大业信托 | 70 538.66 | 14 096 310.01 | 19 864 309.97 | 0.42 |
| 24 | 中诚信托 | 126 469.21 | 30 476 813.47 | 31 769 367.95 | 0.41 |
| 25 | 北京信托 | 105 795.00 | 22 264 632.06 | 30 440 447.67 | 0.40 |
| 26 | 紫金信托 | 71 605.28 | 15 587 222.65 | 20 876 623.82 | 0.39 |
| 27 | 华融信托 | 93 941.10 | 18 929 381.36 | 32 205 325.03 | 0.37 |
| 28 | 中江信托 | 52 053.95 | 13 147 733.90 | 15 273 000.56 | 0.37 |
| 29 | 山东信托 | 89 130.10 | 23 192 163.07 | 26 340 763.36 | 0.36 |
| 30 | 中泰信托 | 11 108.44 | 2 681 650.06 | 3 575 271.96 | 0.36 |
| 31 | 长安信托 | 191 666.82 | 52 225 807.41 | 59 396 945.40 | 0.34 |
| 32 | 光大兴陇信托 | 178 745.62 | 57 393 949.79 | 47 339 321.64 | 0.34 |
| 33 | 陆家嘴信托 | 85 446.00 | 22 842 427.61 | 28 493 476.91 | 0.33 |
| 34 | 中融信托 | 209 202.00 | 64 983 553.11 | 64 857 470.74 | 0.32 |
| 35 | 厦门国际信托 | 79 287.00 | 19 738 970.00 | 29 969 611.00 | 0.32 |
| 36 | 华澳信托 | 41 544.70 | 12 767 538.60 | 13 805 304.00 | 0.31 |
| 37 | 中信信托 | 545 000.76 | 159 471 685.10 | 189 845 682.67 | 0.31 |
| 38 | 华宸信托 | 908.32 | 205 880.11 | 376 781.93 | 0.31 |
| 39 | 英大信托 | 89 664.90 | 31 858 148.76 | 28 125 253.84 | 0.30 |
| 40 | 华能信托 | 244 673.85 | 71 975 807.37 | 99 728 892.37 | 0.28 |
| 41 | 国投泰康信托 | 87 896.00 | 26 735 450.94 | 36 143 060.52 | 0.28 |
| 42 | 国联信托 | 22 578.00 | 8 027 844.00 | 8 450 743.00 | 0.27 |
| 43 | 昆仑信托 | 87 307.48 | 28 963 724.88 | 34 864 805.06 | 0.27 |
| 44 | 渤海信托 | 179 638.22 | 61 297 560.33 | 74 965 338.01 | 0.26 |
| 45 | 金谷信托 | 33 086.71 | 13 833 939.01 | 11 323 487.33 | 0.26 |
| 46 | 陕国投 | 97 852.11 | 30 859 657.31 | 44 537 846.93 | 0.26 |
| 47 | 兴业信托 | 211 755.00 | 72 562 508.91 | 91 662 742.36 | 0.26 |
| 48 | 天津信托 | 46 819.07 | 14 727 986.23 | 21 699 388.25 | 0.26 |
| 49 | 中粮信托 | 45 294.37 | 16 141 757.22 | 19 137 630.74 | 0.26 |

续表

| 排名 | 公司简称 | 信托业务收入（万元） | 实收信托 | | 信托报酬率（%） |
|---|---|---|---|---|---|
| | | | 2018 年（万元） | 2017 年（万元） | |
| 50 | 华鑫信托 | 71 450. 10 | 26 939 461. 96 | 29 693 476. 29 | 0. 25 |
| 51 | 吉林信托 | 20 552. 62 | 8 654 193. 09 | 8 300 714. 14 | 0. 24 |
| 52 | 江苏信托 | 110 673. 85 | 39 410 894. 41 | 53 868 486. 42 | 0. 24 |
| 53 | 山西信托 | 10 248. 44 | 4 379 887. 42 | 4 786 620. 45 | 0. 22 |
| 54 | 上海信托 | 175 775. 33 | 75 700 366. 86 | 89 746 944. 31 | 0. 21 |
| 55 | 华宝信托 | 106 166. 10 | 48 389 135. 18 | 54 770 467. 35 | 0. 21 |
| 56 | 西部信托 | 55 406. 22 | 31 912 913. 62 | 24 436 021. 83 | 0. 20 |
| 57 | 云南信托 | 56 532. 12 | 24 276 470. 01 | 36 684 979. 39 | 0. 19 |
| 58 | 国民信托 | 83 572. 73 | 38 432 717. 12 | 52 097 161. 88 | 0. 18 |
| 59 | 北方信托 | 46 946. 33 | 23 429 905. 01 | 28 705 636. 97 | 0. 18 |
| 60 | 粤财信托 | 45 721. 32 | 26 796 901. 37 | 24 483 408. 49 | 0. 18 |
| 61 | 建信信托 | 216 973. 40 | 134 050 286. 59 | 134 768 660. 30 | 0. 16 |
| 62 | 中海信托 | 62 070. 18 | 36 733 352. 86 | 40 707 443. 19 | 0. 16 |
| 63 | 新华信托 | 25 654. 08 | 16 713 448. 84 | 16 299 071. 42 | 0. 16 |
| 64 | 国元信托 | 34 154. 64 | 19 283 908. 44 | 25 965 789. 96 | 0. 15 |
| 65 | 新时代信托 | 41 484. 69 | 32 931 225. 97 | 30 131 718. 32 | 0. 13 |
| 66 | 西藏信托 | 48 897. 53 | 32 353 148. 64 | 42 162 674. 93 | 0. 13 |
| 67 | 华润信托 | 131 527. 68 | 89 938 400. 59 | 124 589 334. 21 | 0. 12 |
| 68 | 交银国际信托 | 107 166. 47 | 85 442 619. 37 | 94 454 280. 67 | 0. 12 |
| 合计 | | 7 777 969. 52 | 2 224 561 231. 17 | 2 556 378 312. 95 | 0. 33 |

注：1. 信托报酬率 = 信托业务收入 ÷ 实收信托平均余额 ×100%。
2. 信托业务收入 = 信托手续费收入 + 其他业务信托收入。
3. 实收信托平均余额 =（期初实收信托余额 + 期末实收信托余额）÷2。

信托资产平均信托报酬率已经连续多年下降，从 2015 年的 0. 48% 降低到 2018 年的 0. 33%，2018 年有 35 家信托公司的信托报酬率小于平均值 0. 33%。2015—2018 年信托资产平均信托报酬率见图 3 –1 –1。

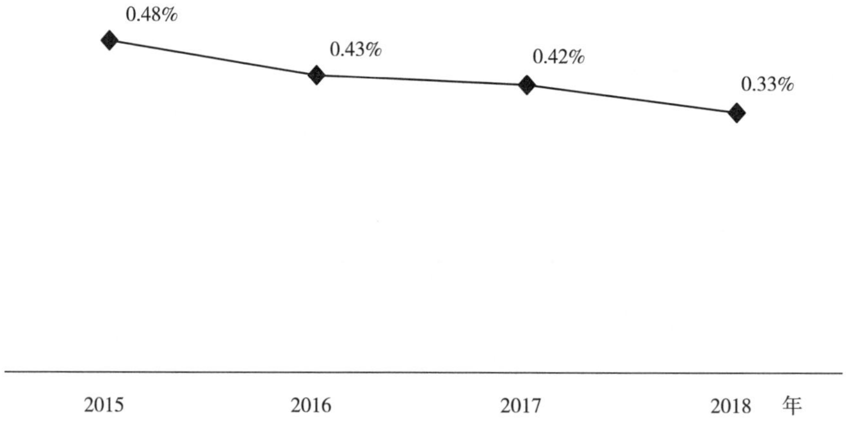


**图 3 –1 –1　2015—2018 年信托资产平均信托报酬率**

**表 3 –1 –26　信托资产信托权益（净资产）排行榜**

| 排名 | 公司简称 | 2018 年（万元） | 2017 年（万元） | 增长率（%） |
|---|---|---|---|---|
| 1 | 中信信托 | 163 171 204. 58 | 196 221 060. 00 | –16. 84 |
| 2 | 建信信托 | 139 414 455. 11 | 139 860 869. 16 | –0. 32 |
| 3 | 华润信托 | 90 499 567. 03 | 128 343 512. 36 | –29. 49 |
| 4 | 交银国际信托 | 86 494 459. 62 | 95 893 920. 73 | –9. 80 |
| 5 | 上海信托 | 76 042 494. 30 | 90 354 686. 25 | –15. 84 |

续表

| 排名 | 公司简称 | 2018 年(万元) | 2017 年(万元) | 增长率(%) |
|---|---|---|---|---|
| 6 | 华能信托 | 72 754 532. 73 | 101 009 196. 02 | -27. 97 |
| 7 | 兴业信托 | 72 698 632. 65 | 93 028 194. 23 | -21. 85 |
| 8 | 中融信托 | 63 901 335. 53 | 64 935 232. 91 | -1. 59 |
| 9 | 中航信托 | 62 904 752. 78 | 65 474 641. 15 | -3. 93 |
| 10 | 渤海信托 | 61 604 669. 21 | 75 282 078. 52 | -18. 17 |
| 11 | 五矿信托 | 59 524 529. 34 | 51 560 244. 26 | 15. 45 |
| 12 | 光大兴陇信托 | 57 312 958. 72 | 47 587 664. 67 | 20. 44 |
| 13 | 平安信托 | 52 771 765. 87 | 64 791 109. 38 | -18. 55 |
| 14 | 华宝信托 | 52 767 976. 53 | 58 273 490. 50 | -9. 45 |
| 15 | 长安信托 | 51 898 815. 39 | 59 894 465. 02 | -13. 35 |
| 16 | 外贸信托 | 43 986 353. 03 | 49 770 954. 77 | -11. 62 |
| 17 | 中铁信托 | 42 608 378. 00 | 43 372 250. 00 | -1. 76 |
| 18 | 江苏信托 | 40 673 655. 99 | 55 082 706. 77 | -26. 16 |
| 19 | 国民信托 | 38 427 903. 34 | 52 114 538. 70 | -26. 26 |
| 20 | 中海信托 | 36 761 163. 75 | 41 701 592. 80 | -11. 85 |
| 21 | 新时代信托 | 35 280 985. 54 | 32 458 346. 73 | 8. 70 |
| 22 | 西藏信托 | 32 140 699. 73 | 42 326 905. 97 | -24. 07 |
| 23 | 四川信托 | 31 969 339. 41 | 41 458 668. 95 | -22. 89 |
| 24 | 西部信托 | 31 908 355. 51 | 24 616 966. 92 | 29. 62 |
| 25 | 英大信托 | 31 874 157. 49 | 28 153 999. 67 | 13. 21 |
| 26 | 中诚信托 | 30 972 258. 24 | 32 320 020. 21 | -4. 17 |
| 27 | 昆仑信托 | 29 362 959. 86 | 35 119 366. 65 | -16. 39 |
| 28 | 陕国投 | 28 860 733. 03 | 45 254 205. 01 | -36. 23 |
| 29 | 粤财信托 | 26 996 738. 47 | 25 344 044. 96 | 6. 52 |
| 30 | 国投泰康信托 | 26 711 132. 00 | 36 228 298. 05 | -26. 27 |
| 31 | 华鑫信托 | 25 540 744. 89 | 29 540 846. 69 | -13. 54 |
| 32 | 爱建信托 | 25 303 207. 61 | 33 062 600. 14 | -23. 47 |
| 33 | 国通信托 | 24 074 040. 62 | 23 564 961. 01 | 2. 16 |
| 34 | 北方信托 | 23 781 406. 17 | 29 368 855. 29 | -19. 03 |
| 35 | 山东信托 | 23 529 859. 28 | 26 880 611. 68 | -12. 47 |
| 36 | 云南信托 | 23 475 413. 09 | 36 854 452. 71 | -36. 30 |
| 37 | 安信信托 | 23 081 785. 24 | 23 103 658. 91 | -0. 09 |
| 38 | 陆家嘴信托 | 22 913 599. 46 | 28 612 018. 51 | -19. 92 |
| 39 | 北京信托 | 22 649 438. 50 | 30 955 814. 06 | -26. 83 |
| 40 | 厦门国际信托 | 19 454 526. 00 | 30 056 939. 00 | -35. 27 |
| 41 | 国元信托 | 19 448 252. 94 | 26 062 733. 68 | -25. 38 |
| 42 | 百瑞信托 | 18 598 234. 38 | 17 214 667. 23 | 8. 04 |
| 43 | 重庆信托 | 18 555 137. 12 | 18 431 393. 31 | 0. 67 |
| 44 | 华融信托 | 18 320 595. 51 | 32 478 708. 33 | -43. 59 |
| 45 | 中国民生信托 | 17 805 240. 41 | 18 610 591. 34 | -4. 33 |
| 46 | 中原信托 | 17 759 263. 11 | 19 406 669. 74 | -8. 49 |
| 47 | 新华信托 | 17 487 178. 51 | 17 161 670. 19 | 1. 90 |
| 48 | 中建投信托 | 16 847 669. 00 | 16 930 823. 80 | -0. 49 |
| 49 | 中粮信托 | 16 341 402. 65 | 19 499 150. 43 | -16. 19 |
| 50 | 万向信托 | 16 030 536. 45 | 18 940 914. 53 | -15. 37 |
| 51 | 紫金信托 | 15 721 823. 69 | 21 033 418. 04 | -25. 25 |
| 52 | 天津信托 | 14 852 320. 83 | 21 720 957. 76 | -31. 62 |

续表

| 排名 | 公司简称 | 2018年(万元) | 2017年(万元) | 增长率(%) |
|---|---|---|---|---|
| 53 | 大业信托 | 14 042 639.00 | 19 909 219.18 | -29.47 |
| 54 | 金谷信托 | 13 911 457.21 | 11 533 004.48 | 20.62 |
| 55 | 中江信托 | 13 429 661.49 | 15 581 943.85 | -13.81 |
| 56 | 华澳信托 | 12 661 426.18 | 13 831 139.07 | -8.46 |
| 57 | 湖南信托 | 11 695 588.00 | 7 538 160.00 | 55.15 |
| 58 | 浙金信托 | 10 702 724.01 | 15 836 179.22 | -32.42 |
| 59 | 华信信托 | 10 142 556.61 | 13 855 713.64 | -26.80 |
| 60 | 吉林信托 | 8 658 653.21 | 8 304 500.30 | 4.26 |
| 61 | 苏州信托 | 8 376 235.01 | 9 167 033.49 | -8.63 |
| 62 | 国联信托 | 8 086 804.00 | 8 530 499.00 | -5.20 |
| 63 | 东莞信托 | 5 970 556.21 | 4 569 202.98 | 30.67 |
| 64 | 杭州工商信托 | 5 143 296.00 | 4 988 250.00 | 3.11 |
| 65 | 山西信托 | 4 433 087.83 | 4 876 226.76 | -9.09 |
| 66 | 中泰信托 | 2 853 553.01 | 3 676 829.90 | -22.39 |
| 67 | 长城新盛信托 | 2 759 252.06 | 3 470 115.72 | -20.49 |
| 68 | 华宸信托 | 210 740.87 | 382 217.00 | -44.86 |
| 合计 | | 2 246 946 868.95 | 2 603 375 922.28 | -13.69 |
| 平均 | | 33 043 336.31 | 38 284 940.03 | -13.69 |

2018年信托资产信托权益总额为224 694.69亿元，比2017年下降13.69%。其中上涨的仅有15家公司，增长额超过500亿元的仅有3家公司。

68家公司平均信托权益为3 304.33亿元，超过1 000亿元的有59家，比2017年增加了1家公司。信托资产信托权益总额分布情况见表3-1-27。

**表3-1-27　信托资产信托权益总额分布情况**

| 项目 | 2018年 | | | 2017年 | | |
|---|---|---|---|---|---|---|
| | 家数(家) | 信托权益(万元) | 占比(%) | 家数(家) | 信托权益(万元) | 占比(%) |
| 1万亿元以上 | 2 | 302 585 659.69 | 13.47 | 4 | 565 434 637.54 | 21.72 |
| 0.5万亿~1万亿元 | 13 | 861 176 489.70 | 38.33 | 12 | 826 685 308.42 | 31.75 |
| 0.1万亿~0.5万亿元 | 44 | 1 036 692 541.36 | 46.14 | 42 | 1 155 752 941.17 | 44.39 |
| 0.1万亿元以下 | 9 | 46 492 178.20 | 2.07 | 10 | 55 503 035.15 | 2.13 |
| 合计 | 68 | 2 246 946 868.95 | 100.00 | 68 | 2 603 375 922.28 | 100.00 |

**表3-1-28　信托资产长期股权投资占比排行榜**

| 排名 | 公司简称 | 长期股权投资(万元) | 信托资产总额(万元) | 长期股权投资占比(%) |
|---|---|---|---|---|
| 1 | 中粮信托 | 6 099 589.33 | 16 375 708.15 | 37.25 |
| 2 | 长城新盛信托 | 899 808.50 | 2 767 729.95 | 32.51 |
| 3 | 北京信托 | 5 764 498.51 | 22 699 570.76 | 25.39 |
| 4 | 重庆信托 | 4 509 993.24 | 19 046 912.83 | 23.68 |
| 5 | 中泰信托 | 517 618.90 | 2 875 574.71 | 18.00 |
| 6 | 苏州信托 | 1 475 462.22 | 8 444 962.96 | 17.47 |
| 7 | 中航信托 | 10 909 632.13 | 63 269 867.23 | 17.24 |
| 8 | 中江信托 | 2 304 765.11 | 13 686 180.11 | 16.84 |
| 9 | 中诚信托 | 5 192 165.81 | 31 318 526.43 | 16.58 |
| 10 | 陆家嘴信托 | 3 710 189.28 | 23 323 711.02 | 15.91 |
| 11 | 爱建信托 | 3 893 946.88 | 25 412 324.45 | 15.32 |
| 12 | 安信信托 | 3 276 515.13 | 23 367 843.70 | 14.02 |
| 13 | 百瑞信托 | 2 660 639.39 | 19 076 180.20 | 13.95 |
| 14 | 昆仑信托 | 3 819 999.04 | 29 447 708.71 | 12.97 |
| 15 | 华融信托 | 2 558 459.89 | 19 856 521.84 | 12.88 |
| 16 | 中融信托 | 8 404 524.25 | 65 466 498.96 | 12.84 |

续表

| 排名 | 公司简称 | 长期股权投资(万元) | 信托资产总额(万元) | 长期股权投资占比(%) |
|---|---|---|---|---|
| 17 | 华能信托 | 9 317 591.20 | 72 789 739.76 | 12.80 |
| 18 | 大业信托 | 1 788 857.39 | 14 105 386.92 | 12.68 |
| 19 | 华宝信托 | 6 305 454.51 | 53 482 292.69 | 11.79 |
| 20 | 中信信托 | 18 320 004.03 | 165 219 704.37 | 11.09 |
| 21 | 兴业信托 | 7 877 491.39 | 72 894 840.15 | 10.81 |
| 22 | 长安信托 | 5 595 313.20 | 52 053 924.89 | 10.75 |
| 23 | 粤财信托 | 2 829 284.08 | 27 072 592.63 | 10.45 |
| 24 | 国投泰康信托 | 2 779 213.85 | 26 933 411.03 | 10.32 |
| 25 | 浙金信托 | 1 095 032.14 | 10 805 206.45 | 10.13 |
| 26 | 陕国投 | 2 785 440.14 | 28 952 434.37 | 9.62 |
| 27 | 中铁信托 | 4 069 139.00 | 42 660 827.00 | 9.54 |
| 28 | 中原信托 | 1 681 679.22 | 17 957 182.67 | 9.36 |
| 29 | 中国民生信托 | 1 685 133.39 | 18 138 911.23 | 9.29 |
| 30 | 北方信托 | 2 192 391.41 | 23 849 086.07 | 9.19 |
| 31 | 华宸信托 | 20 000.00 | 219 913.77 | 9.09 |
| 32 | 杭州工商信托 | 463 400.00 | 5 241 772.00 | 8.84 |
| 33 | 光大兴陇信托 | 5 052 432.21 | 58 062 985.42 | 8.70 |
| 34 | 华鑫信托 | 2 127 366.09 | 25 825 405.50 | 8.24 |
| 35 | 国元信托 | 1 601 753.71 | 19 776 305.20 | 8.10 |
| 36 | 金谷信托 | 1 100 766.45 | 14 009 609.97 | 7.86 |
| 37 | 西部信托 | 2 404 275.17 | 32 080 344.64 | 7.49 |
| 38 | 江苏信托 | 2 955 198.38 | 40 733 140.20 | 7.26 |
| 39 | 山东信托 | 1 689 500.12 | 23 750 676.64 | 7.11 |
| 40 | 华澳信托 | 903 559.38 | 12 793 171.25 | 7.06 |
| 41 | 紫金信托 | 1 106 931.00 | 15 728 707.94 | 7.04 |
| 42 | 渤海信托 | 4 333 389.92 | 62 033 224.29 | 6.99 |
| 43 | 新华信托 | 1 086 839.35 | 17 901 702.62 | 6.07 |
| 44 | 四川信托 | 1 937 802.89 | 32 348 784.94 | 5.99 |
| 45 | 山西信托 | 243 130.41 | 4 528 682.66 | 5.37 |
| 46 | 国通信托 | 1 318 530.76 | 24 844 251.62 | 5.31 |
| 47 | 五矿信托 | 3 124 242.95 | 59 939 679.14 | 5.21 |
| 48 | 天津信托 | 766 541.85 | 14 931 752.43 | 5.13 |
| 49 | 中建投信托 | 856 367.69 | 16 938 947.12 | 5.06 |
| 50 | 中海信托 | 1 775 985.11 | 37 012 842.51 | 4.80 |
| 51 | 厦门国际信托 | 825 103.00 | 19 497 640.00 | 4.23 |
| 52 | 上海信托 | 3 245 868.23 | 76 868 476.77 | 4.22 |
| 53 | 国民信托 | 1 620 193.64 | 38 556 657.74 | 4.20 |
| 54 | 万向信托 | 651 266.12 | 16 116 942.54 | 4.04 |
| 55 | 云南信托 | 914 966.64 | 23 612 561.37 | 3.87 |
| 56 | 建信信托 | 5 127 500.36 | 140 393 891.69 | 3.65 |
| 57 | 英大信托 | 1 137 526.00 | 31 895 360.29 | 3.57 |
| 58 | 吉林信托 | 245 084.00 | 8 728 398.80 | 2.81 |
| 59 | 国联信托 | 218 177.00 | 8 087 140.00 | 2.70 |
| 60 | 平安信托 | 1 207 254.28 | 53 412 359.98 | 2.26 |
| 61 | 交银国际信托 | 1 496 529.92 | 87 052 154.49 | 1.72 |
| 62 | 外贸信托 | 468 508.80 | 44 905 978.77 | 1.04 |
| 63 | 湖南信托 | 109 196.00 | 11 841 338.00 | 0.92 |
| 64 | 西藏信托 | 271 054.37 | 32 189 666.45 | 0.84 |
| 65 | 华润信托 | 644 306.90 | 95 491 944.59 | 0.67 |
| 66 | 东莞信托 | 38 188.29 | 6 033 010.73 | 0.63 |
| 67 | 华信信托 | 42 590.46 | 10 163 370.30 | 0.42 |
| 68 | 新时代信托 | 72 076.00 | 35 312 322.38 | 0.20 |
| 合计 | | 187 523 236.01 | 2 272 212 476.98 | 8.25 |

2018 年末信托资产中长期股权投资总额为 18 752. 32 亿元，占全部信托资产的 8. 25%。68 家信托公司中超过平均值的有 33 家公司。

**表 3－1－29　交易性金融资产占比排行榜**

| 排名 | 公司简称 | 交易性金融资产（万元） | 信托资产总额（万元） | 交易性金融资产占比（%） |
|---|---|---|---|---|
| 1 | 外贸信托 | 18 550 079. 90 | 44 905 978. 77 | 41. 31 |
| 2 | 华润信托 | 39 440 280. 95 | 95 491 944. 59 | 41. 30 |
| 3 | 江苏信托 | 16 468 474. 40 | 40 733 140. 20 | 40. 43 |
| 4 | 中海信托 | 9 507 166. 50 | 37 012 842. 51 | 25. 69 |
| 5 | 东莞信托 | 1 543 254. 73 | 6 033 010. 73 | 25. 58 |
| 6 | 华宝信托 | 12 520 227. 77 | 53 482 292. 69 | 23. 41 |
| 7 | 粤财信托 | 6 138 261. 24 | 27 072 592. 63 | 22. 67 |
| 8 | 陕国投 | 5 586 045. 32 | 28 952 434. 37 | 19. 29 |
| 9 | 北方信托 | 3 900 432. 61 | 23 849 086. 07 | 16. 35 |
| 10 | 光大兴陇信托 | 8 893 868. 65 | 58 062 985. 42 | 15. 32 |
| 11 | 交银国际信托 | 11 567 685. 04 | 87 052 154. 49 | 13. 29 |
| 12 | 华鑫信托 | 2 910 932. 03 | 25 825 405. 50 | 11. 27 |
| 13 | 西藏信托 | 3 437 587. 80 | 32 189 666. 45 | 10. 68 |
| 14 | 平安信托 | 5 321 981. 45 | 53 412 359. 98 | 9. 96 |
| 15 | 北京信托 | 2 260 472. 32 | 22 699 570. 76 | 9. 96 |
| 16 | 兴业信托 | 7 051 531. 24 | 72 894 840. 15 | 9. 67 |
| 17 | 中诚信托 | 2 923 544. 15 | 31 318 526. 43 | 9. 33 |
| 18 | 爱建信托 | 2 239 477. 74 | 25 412 324. 45 | 8. 81 |
| 19 | 山东信托 | 2 061 098. 22 | 23 750 676. 64 | 8. 68 |
| 20 | 云南信托 | 2 019 554. 92 | 23 612 561. 37 | 8. 55 |
| 21 | 上海信托 | 6 290 892. 71 | 76 868 476. 77 | 8. 18 |
| 22 | 四川信托 | 2 646 552. 49 | 32 348 784. 94 | 8. 18 |
| 23 | 建信信托 | 11 443 312. 20 | 140 393 891. 69 | 8. 15 |
| 24 | 长安信托 | 4 131 270. 69 | 52 053 924. 89 | 7. 94 |
| 25 | 华融信托 | 1 474 165. 49 | 19 856 521. 84 | 7. 42 |
| 26 | 华信信托 | 672 158. 21 | 10 163 370. 30 | 6. 61 |
| 27 | 国投泰康信托 | 1 575 866. 16 | 26 933 411. 03 | 5. 85 |
| 28 | 中信信托 | 8 704 478. 68 | 165 219 704. 37 | 5. 27 |
| 29 | 重庆信托 | 739 295. 56 | 19 046 912. 83 | 3. 88 |
| 30 | 新时代信托 | 1 323 371. 61 | 35 312 322. 38 | 3. 75 |
| 31 | 苏州信托 | 305 989. 84 | 8 444 962. 96 | 3. 62 |
| 32 | 中泰信托 | 81 584. 89 | 2 875 574. 71 | 2. 84 |
| 33 | 新华信托 | 465 515. 42 | 17 901 702. 62 | 2. 60 |
| 34 | 中融信托 | 1 557 308. 97 | 65 466 498. 96 | 2. 38 |
| 35 | 中江信托 | 281 686. 66 | 13 686 180. 11 | 2. 06 |
| 36 | 五矿信托 | 1 206 212. 23 | 59 939 679. 14 | 2. 01 |
| 37 | 中国民生信托 | 348 538. 33 | 18 138 911. 23 | 1. 92 |
| 38 | 天津信托 | 247 417. 80 | 14 931 752. 43 | 1. 66 |
| 39 | 华澳信托 | 189 867. 55 | 12 793 171. 25 | 1. 48 |
| 40 | 厦门国际信托 | 272 680. 00 | 19 497 640. 00 | 1. 40 |
| 41 | 西部信托 | 431 380. 70 | 32 080 344. 64 | 1. 34 |
| 42 | 中航信托 | 809 236. 61 | 63 269 867. 23 | 1. 28 |
| 43 | 湖南信托 | 145 539. 00 | 11 841 338. 00 | 1. 23 |
| 44 | 昆仑信托 | 332 265. 72 | 29 447 708. 71 | 1. 13 |
| 45 | 浙金信托 | 110 371. 63 | 10 805 206. 45 | 1. 02 |
| 46 | 华能信托 | 634 682. 80 | 72 789 739. 76 | 0. 87 |
| 47 | 长城新盛信托 | 22 000. 00 | 2 767 729. 95 | 0. 79 |

续表

| 排名 | 公司简称 | 交易性金融资产(万元) | 信托资产总额(万元) | 交易性金融资产占比(%) |
|---|---|---|---|---|
| 48 | 吉林信托 | 67 428.45 | 8 728 398.80 | 0.77 |
| 49 | 百瑞信托 | 126 715.42 | 19 076 180.20 | 0.66 |
| 50 | 大业信托 | 85 163.27 | 14 105 386.92 | 0.60 |
| 51 | 山西信托 | 25 702.02 | 4 528 682.66 | 0.57 |
| 52 | 国元信托 | 104 065.00 | 19 776 305.20 | 0.53 |
| 53 | 中粮信托 | 82 100.33 | 16 375 708.15 | 0.50 |
| 54 | 金谷信托 | 68 687.57 | 14 009 609.97 | 0.49 |
| 55 | 渤海信托 | 303 647.70 | 62 033 224.29 | 0.49 |
| 56 | 国民信托 | 112 229.69 | 38 556 657.74 | 0.29 |
| 57 | 中铁信托 | 55 489.00 | 42 660 827.00 | 0.13 |
| 58 | 陆家嘴信托 | 28 939.84 | 23 323 711.02 | 0.12 |
| 59 | 中建投信托 | 8 116.88 | 16 938 947.12 | 0.05 |
| 60 | 中原信托 | 7 683.24 | 17 957 182.67 | 0.04 |
| 61 | 安信信托 | 432.39 | 23 367 843.70 | 0.00 |
| 62 | 紫金信托 | — | 15 728 707.94 | — |
| 63 | 国联信托 | — | 8 087 140.00 | — |
| 64 | 国通信托 | — | 24 844 251.62 | — |
| 65 | 万向信托 | — | 16 116 942.54 | — |
| 66 | 英大信托 | — | 31 895 360.29 | — |
| 67 | 杭州工商信托 | — | 5 241 772.00 | — |
| 68 | 华宸信托 | — | 219 913.77 | — |
| 合计 | | 211 861 999.74 | 2 272 212 476.98 | 9.32 |

2018 年末信托资产中交易性金融资产总额为 21 186.20 亿元，占全部信托资产的 9.32%。较 2017 年的 11.43% 下降了 2.09%，68 家信托公司中超过平均值的有 17 家公司。其中，外贸信托占比达到 41.31%，再次高居榜首。

## 二、信托公司一些总体指标排名

### (一)信托公司总资产排行榜

**表 3-2-1　信托公司总资产排行榜**

| 排名 | 公司简称 | 固有资产总计(万元) | 信托资产总计(万元) | 总资产(万元) | 固有资产总额占比(%) |
|---|---|---|---|---|---|
| 1 | 中信信托 | 3 791 253.24 | 165 219 704.37 | 169 010 957.61 | 2.24 |
| 2 | 建信信托 | 2 227 495.51 | 140 393 891.69 | 142 621 387.20 | 1.56 |
| 3 | 华润信托 | 2 387 940.69 | 95 491 944.59 | 97 879 885.28 | 2.44 |
| 4 | 交银国际信托 | 1 212 645.02 | 87 052 154.49 | 88 264 799.51 | 1.37 |
| 5 | 上海信托 | 2 250 974.71 | 76 868 476.77 | 79 119 451.48 | 2.85 |
| 6 | 兴业信托 | 3 760 453.78 | 72 894 840.15 | 76 655 293.93 | 4.91 |
| 7 | 华能信托 | 2 133 590.79 | 72 789 739.76 | 74 923 330.55 | 2.85 |
| 8 | 平安信托 | 15 707 631.87 | 53 412 359.98 | 69 119 991.85 | 22.73 |
| 9 | 中融信托 | 3 072 743.22 | 65 466 498.96 | 68 539 242.18 | 4.48 |
| 10 | 中航信托 | 1 538 081.60 | 63 269 867.23 | 64 807 948.83 | 2.37 |
| 11 | 渤海信托 | 1 403 722.60 | 62 033 224.29 | 63 436 946.89 | 2.21 |
| 12 | 五矿信托 | 1 650 898.43 | 59 939 679.14 | 61 590 577.57 | 2.68 |
| 13 | 光大兴陇信托 | 1 101 582.85 | 58 062 985.42 | 59 164 568.27 | 1.86 |
| 14 | 华宝信托 | 1 257 862.52 | 53 482 292.69 | 54 740 155.21 | 2.30 |
| 15 | 长安信托 | 895 600.27 | 52 053 924.89 | 52 949 525.16 | 1.69 |
| 16 | 外贸信托 | 1 500 318.55 | 44 905 978.77 | 46 406 297.32 | 3.23 |
| 17 | 中铁信托 | 1 795 478.71 | 42 660 827.00 | 44 456 305.71 | 4.04 |
| 18 | 江苏信托 | 2 064 442.22 | 40 733 140.20 | 42 797 582.42 | 4.82 |
| 19 | 重庆信托 | 22 989 814.72 | 19 046 912.83 | 42 036 727.55 | 54.69 |

续表

| 排名 | 公司简称 | 固有资产总计（万元） | 信托资产总计（万元） | 总资产（万元） | 固有资产总额占比（%） |
|---|---|---|---|---|---|
| 20 | 国民信托 | 361 595. 08 | 38 556 657. 74 | 38 918 252. 82 | 0. 93 |
| 21 | 中海信托 | 717 588. 62 | 37 012 842. 51 | 37 730 431. 13 | 1. 90 |
| 22 | 新时代信托 | 1 150 532. 73 | 35 312 322. 38 | 36 462 855. 11 | 3. 16 |
| 23 | 四川信托 | 1 991 077. 63 | 32 348 784. 94 | 34 339 862. 57 | 5. 80 |
| 24 | 中诚信托 | 2 305 009. 63 | 31 318 526. 43 | 33 623 536. 06 | 6. 86 |
| 25 | 英大信托 | 901 660. 40 | 31 895 360. 29 | 32 797 020. 69 | 2. 75 |
| 26 | 西部信托 | 555 547. 21 | 32 080 344. 64 | 32 635 891. 84 | 1. 70 |
| 27 | 西藏信托 | 265 661. 99 | 32 189 666. 45 | 32 455 328. 44 | 0. 82 |
| 28 | 昆仑信托 | 1 317 571. 74 | 29 447 708. 71 | 30 765 280. 45 | 4. 28 |
| 29 | 陕国投 | 1 227 935. 32 | 28 952 434. 37 | 30 180 369. 69 | 4. 07 |
| 30 | 国投泰康信托 | 857 257. 83 | 26 933 411. 03 | 27 790 668. 86 | 3. 08 |
| 31 | 粤财信托 | 650 849. 34 | 27 072 592. 63 | 27 723 441. 97 | 2. 35 |
| 32 | 华鑫信托 | 744 682. 07 | 25 825 405. 50 | 26 570 087. 57 | 2. 80 |
| 33 | 安信信托 | 3 153 620. 19 | 23 367 843. 70 | 26 521 463. 89 | 11. 89 |
| 34 | 爱建信托 | 990 236. 96 | 25 412 324. 45 | 26 402 561. 41 | 3. 75 |
| 35 | 国通信托 | 829 842. 15 | 24 844 251. 62 | 25 674 093. 77 | 3. 23 |
| 36 | 山东信托 | 1 361 175. 20 | 23 750 676. 64 | 25 111 851. 84 | 5. 42 |
| 37 | 北方信托 | 515 312. 04 | 23 849 086. 07 | 24 364 398. 11 | 2. 12 |
| 38 | 陆家嘴信托 | 906 230. 68 | 23 323 711. 02 | 24 229 941. 70 | 3. 74 |
| 39 | 云南信托 | 307 662. 38 | 23 612 561. 37 | 23 920 223. 75 | 1. 29 |
| 40 | 北京信托 | 1 183 215. 21 | 22 699 570. 76 | 23 882 785. 97 | 4. 95 |
| 41 | 华融信托 | 1 626 734. 94 | 19 856 521. 84 | 21 483 256. 78 | 7. 57 |
| 42 | 国元信托 | 744 540. 55 | 19 776 305. 20 | 20 520 845. 75 | 3. 63 |
| 43 | 厦门国际信托 | 603 771. 00 | 19 497 640. 00 | 20 101 411. 00 | 3. 00 |
| 44 | 百瑞信托 | 949 133. 45 | 19 076 180. 20 | 20 025 313. 65 | 4. 74 |
| 45 | 中国民生信托 | 1 523 261. 53 | 18 138 911. 23 | 19 662 172. 76 | 7. 75 |
| 46 | 中原信托 | 956 566. 65 | 17 957 182. 67 | 18 913 749. 32 | 5. 06 |
| 47 | 新华信托 | 778 375. 04 | 17 901 702. 62 | 18 680 077. 66 | 4. 17 |
| 48 | 中建投信托 | 860 618. 16 | 16 938 947. 12 | 17 799 565. 28 | 4. 84 |
| 49 | 中粮信托 | 549 586. 23 | 16 375 708. 15 | 16 925 294. 38 | 3. 25 |
| 50 | 万向信托 | 388 636. 17 | 16 116 942. 54 | 16 505 578. 71 | 2. 35 |
| 51 | 紫金信托 | 421 478. 25 | 15 728 707. 94 | 16 150 186. 19 | 2. 61 |
| 52 | 天津信托 | 749 330. 18 | 14 931 752. 43 | 15 681 082. 61 | 4. 78 |
| 53 | 中江信托 | 942 448. 89 | 13 686 180. 11 | 14 628 629. 00 | 6. 44 |
| 54 | 金谷信托 | 473 788. 70 | 14 009 609. 97 | 14 483 398. 67 | 3. 27 |
| 55 | 大业信托 | 271 625. 75 | 14 105 386. 92 | 14 377 012. 66 | 1. 89 |
| 56 | 华澳信托 | 570 827. 93 | 12 793 171. 25 | 13 363 999. 18 | 4. 27 |
| 57 | 湖南信托 | 1 030 402. 94 | 11 841 338. 00 | 12 871 740. 94 | 8. 01 |
| 58 | 华信信托 | 1 219 451. 11 | 10 163 370. 30 | 11 382 821. 41 | 10. 71 |
| 59 | 浙金信托 | 310 092. 01 | 10 805 206. 45 | 11 115 298. 46 | 2. 79 |
| 60 | 吉林信托 | 697 785. 06 | 8 728 398. 80 | 9 426 183. 86 | 7. 40 |
| 61 | 苏州信托 | 496 084. 41 | 8 444 962. 96 | 8 941 047. 37 | 5. 55 |
| 62 | 国联信托 | 512 365. 00 | 8 087 140. 00 | 8 599 505. 00 | 5. 96 |
| 63 | 东莞信托 | 650 939. 67 | 6 033 010. 73 | 6 683 950. 40 | 9. 74 |
| 64 | 杭州工商信托 | 535 336. 00 | 5 241 772. 00 | 5 777 108. 00 | 9. 27 |
| 65 | 山西信托 | 462 655. 25 | 4 528 682. 66 | 4 991 337. 91 | 9. 27 |
| 66 | 中泰信托 | 455 862. 91 | 2 875 574. 71 | 3 331 437. 62 | 13. 68 |
| 67 | 长城新盛信托 | 137 303. 77 | 2 767 729. 95 | 2 905 033. 72 | 4. 73 |
| 68 | 华宸信托 | 121 621. 88 | 219 913. 77 | 341 535. 65 | 35. 61 |
| 合计 | | 114 077 419. 14 | 2 272 212 476. 98 | 2 386 289 896. 12 | 4. 78 |

注：总资产 = 固有资产总计 + 信托资产总计。

2018 年末总资产达到 238 628. 99 亿元，较 2017 年的 271 303. 17 亿元下降 12. 04%，平均固有资产总额占比为 4. 78%。其中比例最低的为西藏信托，仅为 0. 82%。从 2016 年开始连续 3 年固有资产占总资产的比重持续增长。

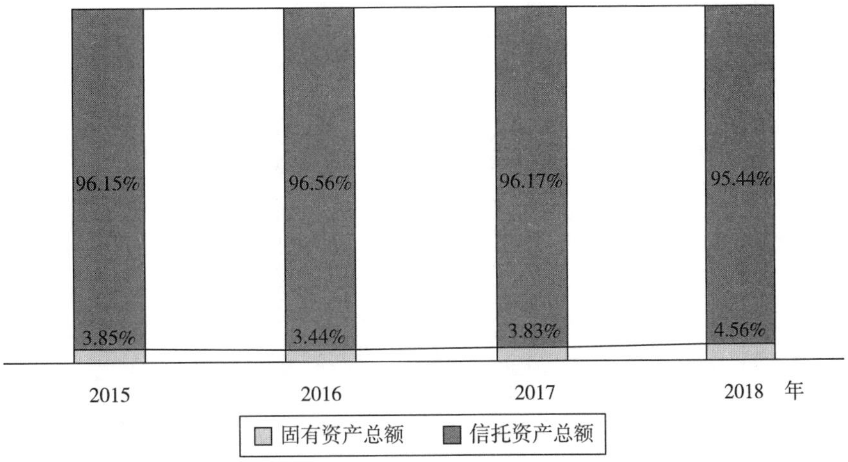


**图 3 -2 -1　2015—2018 年信托公司总资产情况**

其中，总资产排名前 10 的信托公司总资产为 93 094. 22 亿元，占 68 家信托公司总资产的 39. 01%。这 10 家公司固有资产占其总资产的比重为 4. 09%，以平安信托的 22. 73% 最高。交银国际信托最低，为 1. 37%。总资产排名前 10 的信托公司总资产情况见图 3 -2 -2。

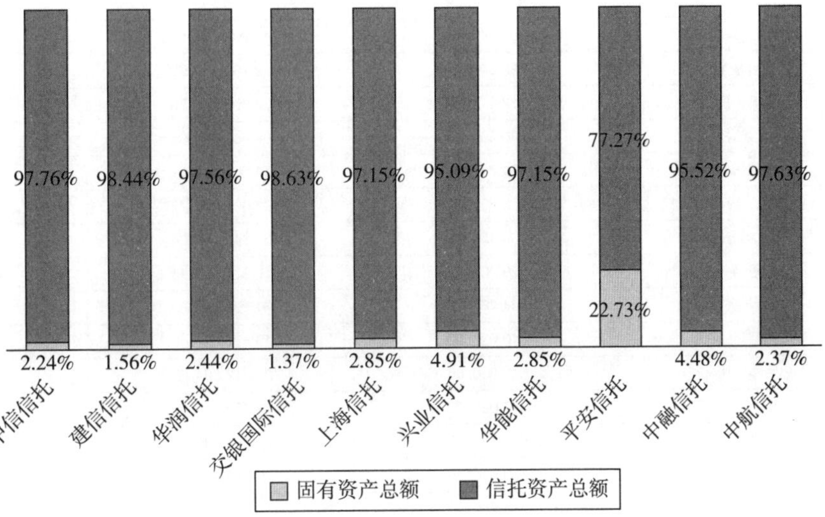


**图 3 -2 -2　总资产排名前 10 的信托公司总资产情况**

## (二)2018 年末信托资产规模资本比例排行榜

**表 3 -2 -2　信托资产规模资本比例排行榜**

| 排名 | 公司简称 | 净资产(万元) | 信托资产(万元) | 信托资产规模资本比例(%) |
|---|---|---|---|---|
| 1 | 华宸信托 | 99 135. 35 | 219 913. 77 | 45. 08 |
| 2 | 重庆信托 | 3 276 530. 94 | 19 046 912. 83 | 17. 20 |
| 3 | 中泰信托 | 435 122. 05 | 2 875 574. 71 | 15. 13 |
| 4 | 华信信托 | 1 205 707. 73 | 10 163 370. 30 | 11. 86 |
| 5 | 平安信托 | 5 183 514. 33 | 53 412 359. 98 | 9. 70 |
| 6 | 东莞信托 | 541 782. 81 | 6 033 010. 73 | 8. 98 |
| 7 | 杭州工商信托 | 407 492. 00 | 5 241 772. 00 | 7. 77 |

续表

| 排名 | 公司简称 | 净资产（万元） | 信托资产（万元） | 信托资产规模资本比例（%） |
|---|---|---|---|---|
| 8 | 湖南信托 | 751 500. 07 | 11 841 338. 00 | 6. 35 |
| 9 | 中国民生信托 | 1 072 747. 46 | 18 138 911. 23 | 5. 91 |
| 10 | 国联信托 | 471 506. 00 | 8 087 140. 00 | 5. 83 |
| 11 | 中诚信托 | 1 711 352. 92 | 31 318 526. 43 | 5. 46 |
| 12 | 安信信托 | 1 272 141. 94 | 23 367 843. 70 | 5. 44 |
| 13 | 中江信托 | 744 688. 87 | 13 686 180. 11 | 5. 44 |
| 14 | 苏州信托 | 447 518. 62 | 8 444 962. 96 | 5. 30 |
| 15 | 中原信托 | 841 232. 73 | 17 957 182. 67 | 4. 68 |
| 16 | 华融信托 | 924 423. 97 | 19 856 521. 84 | 4. 66 |
| 17 | 江苏信托 | 1 779 080. 48 | 40 733 140. 20 | 4. 37 |
| 18 | 中建投信托 | 739 704. 80 | 16 938 947. 12 | 4. 37 |
| 19 | 昆仑信托 | 1 283 268. 81 | 29 447 708. 71 | 4. 36 |
| 20 | 吉林信托 | 376 118. 90 | 8 728 398. 80 | 4. 31 |
| 21 | 山西信托 | 188 288. 66 | 4 528 682. 66 | 4. 16 |
| 22 | 百瑞信托 | 779 453. 88 | 19 076 180. 20 | 4. 09 |
| 23 | 山东信托 | 954 069. 20 | 23 750 676. 64 | 4. 02 |
| 24 | 北京信托 | 887 373. 81 | 22 699 570. 76 | 3. 91 |
| 25 | 陕国投 | 1 041 485. 82 | 28 952 434. 37 | 3. 60 |
| 26 | 天津信托 | 513 788. 62 | 14 931 752. 43 | 3. 44 |
| 27 | 国元信托 | 679 381. 64 | 19 776 305. 20 | 3. 44 |
| 28 | 新华信托 | 594 546. 41 | 17 901 702. 62 | 3. 32 |
| 29 | 长城新盛信托 | 91 544. 46 | 2 767 729. 95 | 3. 31 |
| 30 | 华澳信托 | 382 518. 18 | 12 793 171. 25 | 2. 99 |
| 31 | 中融信托 | 1 940 594. 32 | 65 466 498. 96 | 2. 96 |
| 32 | 金谷信托 | 401 297. 68 | 14 009 609. 97 | 2. 86 |
| 33 | 外贸信托 | 1 258 865. 02 | 44 905 978. 77 | 2. 80 |
| 34 | 四川信托 | 900 450. 65 | 32 348 784. 94 | 2. 78 |
| 35 | 中粮信托 | 438 963. 70 | 16 375 708. 15 | 2. 68 |
| 36 | 英大信托 | 844 268. 26 | 31 895 360. 29 | 2. 65 |
| 37 | 厦门国际信托 | 510 030. 00 | 19 497 640. 00 | 2. 62 |
| 38 | 爱建信托 | 648 856. 05 | 25 412 324. 45 | 2. 55 |
| 39 | 华能信托 | 1 847 023. 33 | 72 789 739. 76 | 2. 54 |
| 40 | 华鑫信托 | 653 711. 70 | 25 825 405. 50 | 2. 53 |
| 41 | 国投泰康信托 | 669 534. 36 | 26 933 411. 03 | 2. 49 |
| 42 | 紫金信托 | 382 469. 49 | 15 728 707. 94 | 2. 43 |
| 43 | 兴业信托 | 1 754 244. 54 | 72 894 840. 15 | 2. 41 |
| 44 | 新时代信托 | 845 297. 55 | 35 312 322. 38 | 2. 39 |
| 45 | 粤财信托 | 627 250. 05 | 27 072 592. 63 | 2. 32 |
| 46 | 国通信托 | 555 108. 04 | 24 844 251. 62 | 2. 23 |
| 47 | 中铁信托 | 910 981. 45 | 42 660 827. 00 | 2. 14 |
| 48 | 华润信托 | 2 030 657. 17 | 95 491 944. 59 | 2. 13 |
| 49 | 陆家嘴信托 | 487 792. 47 | 23 323 711. 02 | 2. 09 |
| 50 | 上海信托 | 1 594 359. 90 | 76 868 476. 77 | 2. 07 |
| 51 | 五矿信托 | 1 236 204. 20 | 59 939 679. 14 | 2. 06 |
| 52 | 渤海信托 | 1 203 323. 95 | 62 033 224. 29 | 1. 94 |
| 53 | 浙金信托 | 207 126. 07 | 10 805 206. 45 | 1. 92 |
| 54 | 中航信托 | 1 179 390. 44 | 63 269 867. 23 | 1. 86 |

续表

| 排名 | 公司简称 | 净资产(万元) | 信托资产(万元) | 信托资产规模资本比例(%) |
|---|---|---|---|---|
| 55 | 华宝信托 | 980 132.65 | 53 482 292.69 | 1.83 |
| 56 | 万向信托 | 293 884.75 | 16 116 942.54 | 1.82 |
| 57 | 北方信托 | 434 808.97 | 23 849 086.07 | 1.82 |
| 58 | 中海信托 | 627 647.74 | 37 012 842.51 | 1.70 |
| 59 | 光大兴陇信托 | 897 175.60 | 58 062 985.42 | 1.55 |
| 60 | 中信信托 | 2 521 344.59 | 165 219 704.37 | 1.53 |
| 61 | 西部信托 | 455 372.06 | 32 080 344.64 | 1.42 |
| 62 | 大业信托 | 184 974.06 | 14 105 386.92 | 1.31 |
| 63 | 交银国际信托 | 1 106 641.77 | 87 052 154.49 | 1.27 |
| 64 | 长安信托 | 650 655.11 | 52 053 924.89 | 1.25 |
| 65 | 云南信托 | 261 932.08 | 23 612 561.37 | 1.11 |
| 66 | 建信信托 | 1 358 068.21 | 140 393 891.69 | 0.97 |
| 67 | 西藏信托 | 224 492.66 | 32 189 666.45 | 0.70 |
| 68 | 国民信托 | 255 999.99 | 38 556 657.74 | 0.66 |
| 合计 | | 63 057 952.10 | 2 272 212 476.98 | 2.78 |
| 平均 | | 927 322.82 | 33 414 889.37 | |

2018 年信托资产规模资本比例整体相较于 2017 年的 2.16%有所上升,其中高于平均值的有 33 家公司。超过 10%的有 4 家公司,主要都集中在 1% ~5%。2015—2018 年信托资产规模资本分布情况见表 3 -2 -3。

**表 3 -2 -3　2015—2018 年信托资产规模资本分布情况**

| 项目 | 2018 年 | 2017 年 | 2016 年 | 2015 年 |
|---|---|---|---|---|
| 大于 10% | 4 | 3 | 4 | 1 |
| 5% ~10% | 10 | 14 | 10 | 9 |
| 1% ~5%以下 | 51 | 46 | 51 | 56 |
| 小于 1% | 3 | 5 | 3 | 2 |
| 合计 | 68 | 68 | 68 | 68 |

## (三)信托公司总收入排行榜

**表 3 -2 -4　信托公司总收入排行榜**

| 排名 | 公司简称 | 固有资产营业收入(万元) | 信托资产营业收入(万元) | 总收入(万元) | 固有资产营业收入/信托资产营业收入(%) |
|---|---|---|---|---|---|
| 1 | 建信信托 | 453 477.29 | 7 171 351.31 | 7 624 828.60 | 6.32 |
| 2 | 中信信托 | 536 524.35 | 7 024 115.05 | 7 560 639.40 | 7.64 |
| 3 | 华能信托 | 349 188.55 | 5 451 912.27 | 5 801 100.82 | 6.40 |
| 4 | 交银国际信托 | 172 762.33 | 4 680 385.56 | 4 853 147.89 | 3.69 |
| 5 | 平安信托 | 1 619 364.43 | 2 993 561.31 | 4 612 925.74 | 54.09 |
| 6 | 渤海信托 | 198 492.55 | 4 396 938.58 | 4 595 431.13 | 4.51 |
| 7 | 中融信托 | 588 884.57 | 3 552 568.54 | 4 141 453.11 | 16.58 |
| 8 | 中航信托 | 339 910.05 | 3 770 910.46 | 4 110 820.51 | 9.01 |
| 9 | 上海信托 | 392 436.38 | 3 537 324.19 | 3 929 760.57 | 11.09 |
| 10 | 兴业信托 | 359 193.20 | 3 537 567.26 | 3 896 760.46 | 10.15 |
| 11 | 五矿信托 | 293 328.36 | 3 059 984.15 | 3 353 312.51 | 9.59 |
| 12 | 江苏信托 | 227 019.03 | 2 721 028.20 | 2 948 047.23 | 8.34 |
| 13 | 光大兴陇信托 | 212 924.18 | 2 575 103.62 | 2 788 027.80 | 8.27 |
| 14 | 长安信托 | 210 141.83 | 2 572 293.42 | 2 782 435.25 | 8.17 |
| 15 | 中铁信托 | 288 527.01 | 2 372 713.00 | 2 661 240.01 | 12.16 |
| 16 | 华宝信托 | 275 975.45 | 2 191 775.29 | 2 467 750.74 | 12.59 |
| 17 | 中诚信托 | 248 221.10 | 2 056 045.91 | 2 304 267.01 | 12.07 |
| 18 | 昆仑信托 | 150 670.17 | 2 052 057.94 | 2 202 728.11 | 7.34 |

续表

| 排名 | 公司简称 | 固有资产营业收入（万元） | 信托资产营业收入（万元） | 总收入（万元） | 固有资产营业收入/信托资产营业收入（%） |
|---|---|---|---|---|---|
| 19 | 国民信托 | 87 451. 67 | 2 021 989. 25 | 2 109 440. 92 | 4. 33 |
| 20 | 四川信托 | 278 764. 41 | 1 762 161. 73 | 2 040 926. 14 | 15. 82 |
| 21 | 国投泰康信托 | 150 360. 96 | 1 774 567. 69 | 1 924 928. 65 | 8. 47 |
| 22 | 西藏信托 | 48 290. 09 | 1 803 986. 93 | 1 852 277. 02 | 2. 68 |
| 23 | 华润信托 | 270 783. 08 | 1 538 218. 07 | 1 809 001. 15 | 17. 60 |
| 24 | 中海信托 | 120 489. 56 | 1 657 746. 81 | 1 778 236. 37 | 7. 27 |
| 25 | 安信信托 | −85 077. 91 | 1 749 913. 95 | 1 664 836. 04 | −4. 86 |
| 26 | 新时代信托 | 71 444. 40 | 1 570 925. 85 | 1 642 370. 25 | 4. 55 |
| 27 | 陆家嘴信托 | 113 677. 55 | 1 520 255. 02 | 1 633 932. 57 | 7. 48 |
| 28 | 西部信托 | 71 872. 94 | 1 544 448. 77 | 1 616 321. 71 | 4. 65 |
| 29 | 国元信托 | 57 755. 21 | 1 461 639. 97 | 1 519 395. 18 | 3. 95 |
| 30 | 中原信托 | 118 510. 43 | 1 381 357. 47 | 1 499 867. 90 | 8. 58 |
| 31 | 万向信托 | 101 811. 42 | 1 389 300. 66 | 1 491 112. 08 | 7. 33 |
| 32 | 百瑞信托 | 167 410. 15 | 1 323 431. 22 | 1 490 841. 37 | 12. 65 |
| 33 | 重庆信托 | 691 059. 55 | 793 796. 21 | 1 484 855. 76 | 87. 06 |
| 34 | 中建投信托 | 189 280. 34 | 1 282 665. 74 | 1 471 946. 08 | 14. 76 |
| 35 | 山东信托 | 163 390. 20 | 1 293 687. 30 | 1 457 077. 50 | 12. 63 |
| 36 | 北京信托 | 169 519. 25 | 1 282 507. 77 | 1 452 027. 02 | 13. 22 |
| 37 | 英大信托 | 113 157. 87 | 1 262 707. 71 | 1 375 865. 58 | 8. 96 |
| 38 | 北方信托 | 62 551. 28 | 1 308 878. 68 | 1 371 429. 96 | 4. 78 |
| 39 | 中国民生信托 | 236 850. 89 | 1 057 786. 04 | 1 294 636. 93 | 22. 39 |
| 40 | 爱建信托 | 202 900. 57 | 1 086 956. 20 | 1 289 856. 77 | 18. 67 |
| 41 | 紫金信托 | 80 432. 18 | 1 154 457. 74 | 1 234 889. 92 | 6. 97 |
| 42 | 国通信托 | 129 066. 85 | 1 096 436. 03 | 1 225 502. 88 | 11. 77 |
| 43 | 天津信托 | 116 495. 52 | 1 080 112. 61 | 1 196 608. 13 | 10. 79 |
| 44 | 中江信托 | 35 027. 74 | 1 110 506. 46 | 1 145 534. 20 | 3. 15 |
| 45 | 中粮信托 | 58 553. 22 | 999 741. 62 | 1 058 294. 84 | 5. 86 |
| 46 | 浙金信托 | 74 051. 02 | 956 865. 45 | 1 030 916. 47 | 7. 74 |
| 47 | 华融信托 | 8 641. 05 | 935 854. 96 | 944 496. 01 | 0. 92 |
| 48 | 新华信托 | 51 911. 05 | 833 513. 35 | 885 424. 40 | 6. 23 |
| 49 | 大业信托 | 77 910. 98 | 757 577. 07 | 835 488. 05 | 10. 28 |
| 50 | 厦门国际信托 | 102 267. 00 | 664 757. 00 | 767 024. 00 | 15. 38 |
| 51 | 华澳信托 | 73 778. 63 | 628 357. 13 | 702 135. 76 | 11. 74 |
| 52 | 湖南信托 | 125 574. 39 | 507 053. 00 | 632 627. 39 | 24. 77 |
| 53 | 金谷信托 | 51 179. 42 | 571 297. 72 | 622 477. 14 | 8. 96 |
| 54 | 吉林信托 | 62 653. 02 | 505 874. 50 | 568 527. 52 | 12. 39 |
| 55 | 苏州信托 | 55 340. 13 | 501 357. 44 | 556 697. 57 | 11. 04 |
| 56 | 杭州工商信托 | 113 197. 00 | 442 211. 00 | 555 408. 00 | 25. 60 |
| 57 | 国联信托 | 30 201. 00 | 498 307. 00 | 528 508. 00 | 6. 06 |
| 58 | 东莞信托 | 91 845. 86 | 369 936. 16 | 461 782. 02 | 24. 83 |
| 59 | 粤财信托 | 95 011. 70 | 307 903. 02 | 402 914. 72 | 30. 86 |
| 60 | 山西信托 | 30 130. 48 | 342 869. 95 | 373 000. 43 | 8. 79 |
| 61 | 华信信托 | 114 565. 59 | 256 007. 88 | 370 573. 47 | 44. 75 |
| 62 | 长城新盛信托 | 45 193. 97 | 267 950. 37 | 313 144. 34 | 16. 87 |
| 63 | 中泰信托 | 28 769. 13 | 243 267. 23 | 272 036. 36 | 11. 83 |
| 64 | 外贸信托 | 299 775. 72 | −153 908. 12 | 145 867. 60 | −194. 78 |
| 65 | 华宸信托 | 5 170. 90 | 23 291. 30 | 28 462. 20 | 22. 20 |
| 66 | 华鑫信托 | 103 407. 15 | −937 061. 65 | −833 654. 50 | −11. 04 |
| 67 | 云南信托 | 67 925. 24 | −1 003 825. 26 | −935 900. 02 | −6. 77 |
| 68 | 陕国投 | 102 733. 45 | −2 102 188. 84 | −1 999 455. 39 | −4. 89 |
| 合计 | | 12 550 104. 17 | 108 445 087. 22 | 120 995 191. 39 | 11. 57 |

注：总收入＝固有资产营业收入＋信托资产营业收入。

2018 年 68 家信托公司总收入为 12 099. 52 亿元,2017 年总收入为 15 393. 05 亿元,减少了 20. 95%,其中固有资产营业收入下降了 8. 87%,信托资产营业收入下降 22. 80%。

2018 年固有资产营业收入与信托资产营业收入之比平均值为 11. 57%,比 2017 年的平均值 11. 45%略有下降。其中有 26 家公司的固有资产营业收入与信托资产营业收入之比超过平均值。其中安信信托、陕国投等 5 家信托公司,由于固有资产营业收入或者信托资产收入中存在负数,故其比例为负数。

## (四)现金比率排行榜

表 3 -2 -5　现金比率排行榜

| 排名 | 公司简称 | 2018 年 | 2017 年 | 较上年增减 |
|---|---|---|---|---|
| 1 | 华融信托 | 35. 66 | 2. 43 | 33. 23 |
| 2 | 交银国际信托 | 15. 52 | 11. 08 | 4. 44 |
| 3 | 昆仑信托 | 9. 75 | 3. 60 | 6. 15 |
| 4 | 华信信托 | 8. 84 | 3. 43 | 5. 42 |
| 5 | 金谷信托 | 8. 32 | 2. 22 | 6. 10 |
| 6 | 长城新盛信托 | 6. 43 | 5. 95 | 0. 48 |
| 7 | 中泰信托 | 6. 19 | 5. 77 | 0. 42 |
| 8 | 光大兴陇信托 | 5. 27 | 3. 19 | 2. 09 |
| 9 | 华鑫信托 | 4. 31 | 4. 25 | 0. 07 |
| 10 | 厦门国际信托 | 4. 28 | 4. 35 | -0. 07 |
| 11 | 国民信托 | 3. 93 | 5. 95 | -2. 01 |
| 12 | 西藏信托 | 3. 56 | 6. 68 | -3. 11 |
| 13 | 建信信托 | 3. 52 | 4. 36 | -0. 84 |
| 14 | 中铁信托 | 3. 42 | 0. 92 | 2. 50 |
| 15 | 北方信托 | 3. 41 | 3. 22 | 0. 19 |
| 16 | 粤财信托 | 2. 76 | 2. 42 | 0. 34 |
| 17 | 紫金信托 | 2. 68 | 4. 58 | -1. 91 |
| 18 | 中融信托 | 2. 32 | 2. 11 | 0. 21 |
| 19 | 国通信托 | 2. 26 | 1. 40 | 0. 86 |
| 20 | 山东信托 | 2. 12 | 2. 80 | -0. 67 |
| 21 | 华宝信托 | 1. 78 | 0. 78 | 1. 00 |
| 22 | 云南信托 | 1. 68 | 2. 97 | -1. 29 |
| 23 | 上海信托 | 1. 65 | 0. 93 | 0. 71 |
| 24 | 四川信托 | 1. 56 | 1. 36 | 0. 21 |
| 25 | 陆家嘴信托 | 1. 52 | 0. 56 | 0. 96 |
| 26 | 山西信托 | 1. 47 | 5. 49 | -4. 02 |
| 27 | 万向信托 | 1. 29 | 0. 61 | 0. 68 |
| 28 | 英大信托 | 1. 23 | 8. 56 | -7. 34 |
| 29 | 中江信托 | 1. 18 | 2. 69 | -1. 51 |
| 30 | 中海信托 | 1. 15 | 0. 85 | 0. 30 |
| 31 | 新时代信托 | 1. 12 | 0. 82 | 0. 30 |
| 32 | 国联信托 | 1. 12 | 0. 27 | 0. 85 |
| 33 | 平安信托 | 1. 09 | 0. 98 | 0. 11 |
| 34 | 国投泰康信托 | 1. 04 | 1. 16 | -0. 12 |
| 35 | 中信信托 | 0. 94 | 1. 65 | -0. 70 |
| 36 | 华宸信托 | 0. 91 | 0. 37 | 0. 54 |
| 37 | 苏州信托 | 0. 89 | 2. 22 | -1. 33 |
| 38 | 兴业信托 | 0. 89 | 0. 49 | 0. 40 |
| 39 | 中原信托 | 0. 87 | 0. 65 | 0. 22 |
| 40 | 东莞信托 | 0. 85 | 0. 84 | 0. 02 |
| 41 | 安信信托 | 0. 85 | 3. 17 | -2. 31 |
| 42 | 长安信托 | 0. 83 | 1. 33 | -0. 50 |

续表

| 排名 | 公司简称 | 2018 年 | 2017 年 | 较上年增减 |
|---|---|---|---|---|
| 43 | 五矿信托 | 0.79 | 1.79 | -1.00 |
| 44 | 百瑞信托 | 0.78 | 0.58 | 0.20 |
| 45 | 陕国投 | 0.77 | 0.46 | 0.32 |
| 46 | 天津信托 | 0.73 | 2.41 | -1.68 |
| 47 | 华能信托 | 0.63 | 1.19 | -0.56 |
| 48 | 北京信托 | 0.62 | 0.50 | 0.12 |
| 49 | 中航信托 | 0.51 | 0.33 | 0.18 |
| 50 | 杭州工商信托 | 0.44 | 0.54 | -0.10 |
| 51 | 中诚信托 | 0.42 | 1.06 | -0.65 |
| 52 | 湖南信托 | 0.40 | 0.36 | 0.04 |
| 53 | 中建投信托 | 0.40 | 0.14 | 0.26 |
| 54 | 吉林信托 | 0.36 | 0.36 | 0.00 |
| 55 | 渤海信托 | 0.34 | 2.04 | -1.70 |
| 56 | 中国民生信托 | 0.32 | 1.21 | -0.90 |
| 57 | 外贸信托 | 0.29 | 0.22 | 0.07 |
| 58 | 中粮信托 | 0.28 | 0.22 | 0.06 |
| 59 | 爱建信托 | 0.27 | 2.28 | -2.02 |
| 60 | 重庆信托 | 0.26 | 0.21 | 0.05 |
| 61 | 大业信托 | 0.16 | 2.47 | -2.31 |
| 62 | 华润信托 | 0.15 | 0.17 | -0.02 |
| 63 | 国元信托 | 0.14 | 0.05 | 0.09 |
| 64 | 新华信托 | 0.09 | 0.14 | -0.04 |
| 65 | 华澳信托 | 0.08 | 0.54 | -0.45 |
| 66 | 江苏信托 | 0.06 | 0.14 | -0.08 |
| 67 | 西部信托 | 0.06 | 0.06 | 0.00 |
| 68 | 浙金信托 | 0.06 | 0.29 | -0.23 |
| 平均 | | 0.81 | 0.66 | 0.15 |

注：1. 平均值由68家信托公司合计数计算得出。

2. 计算时货币资金为各家报告中的货币资金、现金及存放中央银行款项、存放同业款项、贵金属、拆出资金、其他货币资金汇总金额。

3. 现金比率 =（货币资金 + 交易性金融资产）/流动负债。

4. 流动比率 = 流动资产/流动负债。

2018 年 68 家信托公司总体现金比率较上年上升 0.15，现金比率增长的有 39 家公司，增长最多的为华融信托；现金比率减少的有 29 家公司，减少最多的为英大信托。

2018 年现金比率大于 1 的有 34 家，低于 0.5 的有 19 家。信托公司现金比率分布情况见表 3-2-6。

**表 3-2-6 信托公司现金比率分布情况**

| 项目 | 2018 年 | 2017 年 |
|---|---|---|
| 大于3 | 15 | 16 |
| 1~3 | 19 | 21 |
| 0.5~1 | 15 | 13 |
| 小于0.5 | 19 | 18 |
| 合计 | 68 | 68 |

## （五）流动比率排行榜

**表 3-2-7 流动比率排行榜**

| 排名 | 公司简称 | 2018 年 | 2017 年 | 较上年增减 |
|---|---|---|---|---|
| 1 | 华融信托 | 53.68 | 10.25 | 43.43 |
| 2 | 金谷信托 | 18.24 | 2.22 | 16.02 |
| 3 | 交银国际信托 | 15.52 | 27.81 | -12.29 |

续表

| 排名 | 公司简称 | 2018 年 | 2017 年 | 较上年增减 |
|---|---|---|---|---|
| 4 | 国通信托 | 13. 42 | 11. 92 | 1. 50 |
| 5 | 昆仑信托 | 10. 99 | 3. 99 | 7. 00 |
| 6 | 华信信托 | 9. 75 | 12. 86 | -3. 11 |
| 7 | 新华信托 | 8. 05 | 11. 99 | -3. 93 |
| 8 | 中泰信托 | 7. 98 | 7. 45 | 0. 53 |
| 9 | 长城新盛信托 | 6. 45 | 6. 01 | 0. 44 |
| 10 | 华鑫信托 | 5. 88 | 5. 36 | 0. 53 |
| 11 | 光大兴陇信托 | 5. 29 | 3. 41 | 1. 88 |
| 12 | 北方信托 | 4. 56 | 4. 94 | -0. 38 |
| 13 | 国民信托 | 4. 56 | 8. 26 | -3. 70 |
| 14 | 陆家嘴信托 | 4. 41 | 2. 95 | 1. 46 |
| 15 | 厦门国际信托 | 4. 34 | 4. 40 | -0. 06 |
| 16 | 中铁信托 | 4. 32 | 1. 58 | 2. 74 |
| 17 | 西藏信托 | 4. 31 | 6. 91 | -2. 60 |
| 18 | 中建投信托 | 4. 31 | 2. 78 | 1. 53 |
| 19 | 建信信托 | 3. 97 | 5. 22 | -1. 24 |
| 20 | 苏州信托 | 3. 95 | 2. 22 | 1. 73 |
| 21 | 山东信托 | 3. 47 | 6. 13 | -2. 66 |
| 22 | 西部信托 | 3. 26 | 1. 57 | 1. 68 |
| 23 | 山西信托 | 3. 15 | 9. 97 | -6. 83 |
| 24 | 中江信托 | 3. 11 | 3. 94 | -0. 83 |
| 25 | 渤海信托 | 3. 04 | 2. 10 | 0. 95 |
| 26 | 中粮信托 | 3. 02 | 3. 21 | -0. 20 |
| 27 | 粤财信托 | 2. 97 | 2. 92 | 0. 05 |
| 28 | 紫金信托 | 2. 68 | 4. 58 | -1. 90 |
| 29 | 上海信托 | 2. 50 | 2. 13 | 0. 36 |
| 30 | 安信信托 | 2. 42 | 4. 97 | -2. 55 |
| 31 | 中融信托 | 2. 35 | 2. 17 | 0. 18 |
| 32 | 英大信托 | 2. 33 | 11. 01 | -8. 68 |
| 33 | 陕国投 | 2. 25 | 1. 18 | 1. 08 |
| 34 | 四川信托 | 2. 16 | 2. 25 | -0. 08 |
| 35 | 天津信托 | 2. 15 | 10. 48 | -8. 33 |
| 36 | 华宝信托 | 2. 08 | 0. 84 | 1. 23 |
| 37 | 华澳信托 | 2. 00 | 2. 42 | -0. 42 |
| 38 | 万向信托 | 2. 00 | 1. 53 | 0. 46 |
| 39 | 云南信托 | 1. 95 | 3. 15 | -1. 20 |
| 40 | 长安信托 | 1. 84 | 2. 94 | -1. 11 |
| 41 | 国联信托 | 1. 84 | 1. 16 | 0. 67 |
| 42 | 中海信托 | 1. 83 | 0. 95 | 0. 88 |
| 43 | 兴业信托 | 1. 80 | 1. 65 | 0. 15 |
| 44 | 中信信托 | 1. 73 | 2. 11 | -0. 38 |
| 45 | 平安信托 | 1. 66 | 1. 58 | 0. 09 |
| 46 | 新时代信托 | 1. 52 | 3. 53 | -2. 01 |
| 47 | 国投泰康信托 | 1. 48 | 1. 33 | 0. 15 |
| 48 | 浙金信托 | 1. 34 | 0. 67 | 0. 67 |
| 49 | 华润信托 | 1. 27 | 1. 17 | 0. 10 |
| 50 | 中原信托 | 1. 17 | 0. 78 | 0. 39 |

续表

| 排名 | 公司简称 | 2018 年 | 2017 年 | 较上年增减 |
|---|---|---|---|---|
| 51 | 华能信托 | 1.10 | 1.19 | -0.09 |
| 52 | 华宸信托 | 1.05 | 0.91 | 0.14 |
| 53 | 东莞信托 | 0.95 | 1.15 | -0.20 |
| 54 | 百瑞信托 | 0.86 | 0.70 | 0.16 |
| 55 | 北京信托 | 0.85 | 1.35 | -0.50 |
| 56 | 中诚信托 | 0.81 | 2.15 | -1.34 |
| 57 | 五矿信托 | 0.79 | 1.79 | -1.00 |
| 58 | 重庆信托 | 0.63 | 0.69 | -0.05 |
| 59 | 中航信托 | 0.61 | 0.42 | 0.19 |
| 60 | 外贸信托 | 0.53 | 0.39 | 0.14 |
| 61 | 杭州工商信托 | 0.47 | 0.62 | -0.14 |
| 62 | 国元信托 | 0.47 | 0.07 | 0.39 |
| 63 | 吉林信托 | 0.46 | 0.45 | 0.01 |
| 64 | 湖南信托 | 0.41 | 0.37 | 0.04 |
| 65 | 中国民生信托 | 0.39 | 1.48 | -1.09 |
| 66 | 爱建信托 | 0.33 | 2.95 | -2.62 |
| 67 | 大业信托 | 0.32 | 2.68 | -2.36 |
| 68 | 江苏信托 | 0.09 | 0.18 | -0.09 |
| 平均 | | 1.37 | 1.30 | 0.07 |

2018 年 68 家信托公司总体流动比率基本持平，流动比率增长的有 35 家公司，增长最多的为华融信托；现金比率减少的有 33 家公司，减少最多的为交银国际信托。

2018 年流动比率大于 1 的有 52 家，低于 1 的有 16 家。信托公司流动比率分布情况见表 3-2-8。

**表 3-2-8 信托公司流动比率分布情况**

| 项目 | 2018 年 | 2017 年 |
|---|---|---|
| 大于 10 | 5 | 7 |
| 5~10 | 6 | 8 |
| 1~5 | 41 | 39 |
| 小于 1 | 16 | 14 |
| 合计 | 68 | 68 |

## 三、信托公司一些其他指标排名

### （一）固有资产资产负债率增减变动情况排行榜

**表 3-3-1 固有资产资产负债率增减变动情况排行榜**

| 排名 | 公司简称 | 2018 年 12 月 31 日 | | | 2017 年 12 月 31 日 | | | 资产负债率增减变动（%） |
|---|---|---|---|---|---|---|---|---|
| | | 资产总计（万元） | 负债总计（万元） | 资产负债率（%） | 资产总计（万元） | 负债总计（万元） | 资产负债率（%） | |
| 1 | 安信信托 | 3 153 620.19 | 1 881 478.25 | 59.66% | 2 512 611.56 | 893 463.38 | 35.56 | 24.10 |
| 2 | 五矿信托 | 1 650 898.43 | 414 694.23 | 25.12 | 1 179 960.94 | 42 092.86 | 3.57 | 21.55 |
| 3 | 国通信托 | 829 842.15 | 274 734.11 | 33.11 | 576 169.19 | 85 852.70 | 14.90 | 18.21 |
| 4 | 华融信托 | 1 626 734.94 | 702 310.97 | 43.17 | 1 327 724.70 | 365 660.42 | 27.54 | 15.63 |
| 5 | 新华信托 | 778 375.04 | 183 828.63 | 23.62 | 658 982.77 | 55 967.46 | 8.49 | 15.12 |
| 6 | 中国民生信托 | 1 523 261.53 | 450 514.04 | 29.58 | 1 333 649.80 | 228 896.96 | 17.16 | 12.41 |
| 7 | 山西信托 | 462 655.25 | 274 366.59 | 59.30 | 384 059.91 | 180 812.46 | 47.08 | 12.22 |
| 8 | 北方信托 | 515 312.04 | 80 503.07 | 15.62 | 457 400.43 | 28 282.74 | 6.18 | 9.44 |
| 9 | 东莞信托 | 650 939.67 | 109 156.86 | 16.77 | 432 548.01 | 33 369.88 | 7.71 | 9.05 |
| 10 | 金谷信托 | 473 788.70 | 72 491.02 | 15.30 | 410 656.26 | 26 123.14 | 6.36 | 8.94 |
| 11 | 华宸信托 | 121 621.88 | 22 486.53 | 18.49 | 131 238.75 | 14 227.05 | 10.84 | 7.65 |

续表

| 排名 | 公司简称 | 2018 年 12 月 31 日 | | | 2017 年 12 月 31 日 | | | 资产负债率增减变动(%) |
|---|---|---|---|---|---|---|---|---|
| | | 资产总计(万元) | 负债总计(万元) | 资产负债率(%) | 资产总计(万元) | 负债总计(万元) | 资产负债率(%) | |
| 12 | 大业信托 | 271 625.75 | 86 651.68 | 31.90 | 242 559.91 | 61 113.39 | 25.20 | 6.71 |
| 13 | 中航信托 | 1 538 081.60 | 358 691.17 | 23.32 | 1 184 022.55 | 209 448.09 | 17.69 | 5.63 |
| 14 | 西藏信托 | 265 661.99 | 41 169.33 | 15.50 | 246 165.57 | 24 485.33 | 9.95 | 5.55 |
| 15 | 交银国际信托 | 1 212 645.02 | 106 003.24 | 8.74 | 1 040 016.19 | 36 806.45 | 3.54 | 5.20 |
| 16 | 长安信托 | 895 600.27 | 244 945.16 | 27.35 | 849 294.25 | 190 498.90 | 22.43 | 4.92 |
| 17 | 杭州工商信托 | 535 336.00 | 127 844.00 | 23.88 | 456 212.00 | 86 847.00 | 19.04 | 4.84 |
| 18 | 英大信托 | 901 660.40 | 57 392.15 | 6.37 | 620 201.91 | 9 596.78 | 1.55 | 4.82 |
| 19 | 新时代信托 | 1 150 532.73 | 305 235.18 | 26.53 | 1 034 754.84 | 226 706.85 | 21.91 | 4.62 |
| 20 | 湖南信托 | 1 030 402.94 | 278 902.90 | 27.07 | 887 164.92 | 200 101.90 | 22.56 | 4.51 |
| 21 | 平安信托 | 15 707 631.87 | 10 524 117.54 | 67.00 | 13 889 267.55 | 8 686 944.31 | 62.54 | 4.46 |
| 22 | 光大兴陇信托 | 1 101 582.85 | 204 407.25 | 18.56 | 585 467.95 | 83 479.78 | 14.26 | 4.30 |
| 23 | 天津信托 | 749 330.18 | 235 541.56 | 31.43 | 629 273.08 | 173 522.08 | 27.58 | 3.86 |
| 24 | 吉林信托 | 697 785.06 | 321 666.16 | 46.10 | 699 698.24 | 300 373.97 | 42.93 | 3.17 |
| 25 | 华鑫信托 | 744 682.07 | 90 970.37 | 12.22 | 499 726.19 | 48 098.98 | 9.63 | 2.59 |
| 26 | 华澳信托 | 570 827.93 | 188 309.75 | 32.99 | 492 592.55 | 151 115.99 | 30.68 | 2.31 |
| 27 | 国投泰康信托 | 857 257.83 | 187 723.46 | 21.90 | 761 343.47 | 152 892.58 | 20.08 | 1.82 |
| 28 | 华能信托 | 2 133 590.79 | 286 567.46 | 13.43 | 1 385 136.89 | 162 790.20 | 11.75 | 1.68 |
| 29 | 中融信托 | 3 072 743.22 | 1 132 148.89 | 36.84 | 2 878 829.50 | 1 024 814.83 | 35.60 | 1.25 |
| 30 | 北京信托 | 1 183 215.21 | 295 841.40 | 25.00 | 1 104 616.30 | 263 262.93 | 23.83 | 1.17 |
| 31 | 山东信托 | 1 361 175.20 | 407 106.00 | 29.91 | 1 290 204.70 | 375 450.70 | 29.10 | 0.81 |
| 32 | 中泰信托 | 455 862.91 | 20 740.86 | 4.55 | 441 118.91 | 18 319.11 | 4.15 | 0.40 |
| 33 | 中江信托 | 942 448.89 | 197 760.03 | 20.98 | 1 099 636.05 | 229 090.47 | 20.83 | 0.15 |
| 34 | 华润信托 | 2 387 940.69 | 357 283.52 | 14.96 | 2 224 429.83 | 332 885.85 | 14.96 | — |
| 35 | 中诚信托 | 2 305 009.63 | 593 656.70 | 25.76 | 2 265 988.74 | 583 706.08 | 25.76 | 0.00 |
| 36 | 国元信托 | 744 540.55 | 65 159.17 | 8.75 | 732 622.74 | 65 505.85 | 8.94 | -0.19 |
| 37 | 兴业信托 | 3 760 453.78 | 2 006 209.24 | 53.35 | 3 599 545.41 | 1 930 681.65 | 53.64 | -0.29 |
| 38 | 江苏信托 | 2 064 442.22 | 285 361.74 | 13.82 | 1 325 878.21 | 188 039.06 | 14.18 | -0.36 |
| 39 | 建信信托 | 2 227 495.51 | 869 427.31 | 39.03 | 1 910 983.20 | 756 984.48 | 39.61 | -0.58 |
| 40 | 昆仑信托 | 1 317 571.74 | 34 302.93 | 2.60 | 1 303 304.55 | 42 424.48 | 3.26 | -0.65 |
| 41 | 陕国投 | 1 227 935.32 | 186 449.51 | 15.18 | 944 821.19 | 151 708.23 | 16.06 | -0.87 |
| 42 | 厦门国际信托 | 603 771.00 | 93 741.00 | 15.53 | 585 505.00 | 97 380.00 | 16.63 | -1.11 |
| 43 | 重庆信托 | 22 989 814.72 | 19 713 283.78 | 85.75 | 22 474 570.38 | 19 539 818.10 | 86.94 | -1.19 |
| 44 | 苏州信托 | 496 084.41 | 48 565.79 | 9.79 | 478 496.95 | 52 707.45 | 11.02 | -1.23 |
| 45 | 中铁信托 | 1 795 478.71 | 884 497.26 | 49.26 | 1 716 430.25 | 877 450.89 | 51.12 | -1.86 |
| 46 | 四川信托 | 1 991 077.63 | 1 090 626.98 | 54.78 | 1 937 189.76 | 1 097 356.96 | 56.65 | -1.87 |
| 47 | 爱建信托 | 990 236.96 | 341 380.91 | 34.47 | 706 710.45 | 257 024.33 | 36.37 | -1.89 |
| 48 | 云南信托 | 307 662.38 | 45 730.29 | 14.86 | 279 701.89 | 47 340.97 | 16.93 | -2.06 |
| 49 | 国联信托 | 512 365.00 | 40 859.00 | 7.97 | 545 226.00 | 59 412.00 | 10.90 | -2.92 |
| 50 | 渤海信托 | 1 403 722.60 | 200 398.65 | 14.28 | 1 401 426.35 | 247 040.43 | 17.63 | -3.35 |
| 51 | 中信信托 | 3 791 253.24 | 1 269 908.65 | 33.50 | 3 618 878.73 | 1 353 291.96 | 37.40 | -3.90 |
| 52 | 中粮信托 | 549 586.23 | 110 622.54 | 20.13 | 631 116.47 | 155 344.36 | 24.61 | -4.49 |
| 53 | 百瑞信托 | 949 133.45 | 169 679.55 | 17.88 | 906 914.37 | 205 464.15 | 22.66 | -4.78 |
| 54 | 西部信托 | 555 547.21 | 100 175.15 | 18.03 | 733 702.77 | 167 895.20 | 22.88 | -4.85 |
| 55 | 紫金信托 | 421 478.25 | 39 008.76 | 9.26 | 425 241.62 | 62 023.51 | 14.59 | -5.33 |
| 56 | 粤财信托 | 650 849.34 | 23 599.31 | 3.63 | 625 804.68 | 61 633.72 | 9.85 | -6.22 |
| 57 | 陆家嘴信托 | 906 230.68 | 418 438.21 | 46.17 | 810 915.49 | 426 669.39 | 52.62 | -6.44 |
| 58 | 华宝信托 | 1 257 862.52 | 277 729.58 | 22.08 | 1 278 538.87 | 380 676.63 | 29.77 | -7.69 |
| 59 | 中原信托 | 956 566.65 | 115 333.92 | 12.06 | 1 005 373.96 | 200 708.29 | 19.96 | -7.91 |

续表

| 排名 | 公司简称 | 2018 年 12 月 31 日 | | | 2017 年 12 月 31 日 | | | 资产负债率增减变动(%) |
|---|---|---|---|---|---|---|---|---|
| | | 资产总计(万元) | 负债总计(万元) | 资产负债率(%) | 资产总计(万元) | 负债总计(万元) | 资产负债率(%) | |
| 60 | 长城新盛信托 | 137 303.77 | 45 759.32 | 33.33 | 117 832.12 | 50 830.09 | 43.14 | -9.81 |
| 61 | 中建投信托 | 860 618.16 | 120 913.36 | 14.05 | 884 438.71 | 217 405.78 | 24.58 | -10.53 |
| 62 | 外贸信托 | 1 500 318.55 | 241 453.53 | 16.09 | 1 253 174.77 | 357 908.26 | 28.56 | -12.47 |
| 63 | 华信信托 | 1 219 451.11 | 13 743.38 | 1.13 | 1 360 128.16 | 185 397.40 | 13.63 | -12.50 |
| 64 | 上海信托 | 2 250 974.71 | 656 614.81 | 29.17 | 2 504 764.43 | 1 066 584.73 | 42.58 | -13.41 |
| 65 | 浙金信托 | 310 092.01 | 102 965.94 | 33.20 | 360 790.35 | 169 056.12 | 46.86 | -13.65 |
| 66 | 国民信托 | 361 595.08 | 105 595.09 | 29.20 | 430 744.49 | 186 647.54 | 43.33 | -14.13 |
| 67 | 万向信托 | 388 636.17 | 94 751.41 | 24.38 | 406 212.08 | 162 876.45 | 40.10 | -15.72 |
| 68 | 中海信托 | 717 588.62 | 89 940.89 | 12.53 | 1 071 895.39 | 597 260.81 | 55.72 | -43.19 |
| 合计 | | 114 077 419.14 | 51 019 467.04 | 44.72 | 104 581 604.21 | 47 005 650.86 | 44.95 | -0.22 |

2018 年 68 家信托公司整体资产负债率为 44.72%，与 2017 年基本持平，其中有 33 家公司上涨，35 家公司下降。其中上涨最多的是安信信托，下降最多的是中海信托。

2018 年资产负债率在 20% 以上的有 38 家公司，仅有 4 家公司资产负债率低于 5%。固有资产平均资产负债率分布情况见表 3-3-2。

**表 3-3-2　固有资产平均资产负债率分布情况**

| 项目 | 2018 年 | | 2017 年 | |
|---|---|---|---|---|
| | 家数(家) | 平均资产负债率(%) | 家数(家) | 平均资产负债率(%) |
| 40% 以上 | 10 | 71.23 | 14 | 69.98 |
| 20% ~40% | 28 | 29.36 | 23 | 29.84 |
| 5% ~20% | 26 | 13.73 | 26 | 13.99 |
| 5% 以下 | 4 | 2.54 | 5 | 3.26 |
| 合计 | 68 | 44.72 | 68 | 44.95 |

## (二) 已清算结束信托项目综合实际年化收益率排行榜

**表 3-3-3　已清算结束信托项目综合实际年化收益率排行榜**

| 排名 | 公司简称 | 实收信托金额(万元) | | | 加权平均实际年化收益率(%) | | | 综合实际年化收益率(%) |
|---|---|---|---|---|---|---|---|---|
| | | 集合类 | 单一类 | 财产管理类 | 集合类 | 单一类 | 财产管理类 | |
| 1 | 浙金信托 | 2 752 980.72 | 7 470 642.28 | 2 032 264.54 | 6.89 | 10.30 | 5.97 | 8.82 |
| 2 | 国联信托 | 3 683 718.00 | 1 226 838.00 | — | 7.90 | 7.57 | 0.00 | 7.82 |
| 3 | 安信信托 | 2 502 311.00 | 3 255 371.18 | 1 054 788.19 | 7.51 | 8.21 | 6.37 | 7.67 |
| 4 | 中原信托 | 2 642 020.07 | 2 098 802.00 | 136 300.00 | 6.56 | 9.06 | 1.08 | 7.48 |
| 5 | 山西信托 | 507 995.70 | 3 072 077.00 | 72 850.00 | 10.28 | 7.03 | 7.01 | 7.48 |
| 6 | 中泰信托 | 323 996.00 | 853 065.11 | — | 7.66 | 7.02 | 0.00 | 7.20 |
| 7 | 万向信托 | 5 800 340.42 | 3 207 889.01 | 1 003 414.98 | 7.12 | 7.67 | 5.66 | 7.15 |
| 8 | 中融信托 | 4 483 129.51 | 4 174 071.04 | 3 713 556.15 | 9.75 | 3.78 | 7.46 | 7.05 |
| 9 | 杭州工商信托 | 1 173 130.00 | 172 835.04 | — | 7.35 | 4.67 | 0.00 | 7.01 |
| 10 | 苏州信托 | 1 192 688.87 | 1 517 210.87 | — | 6.74 | 7.10 | 0.00 | 6.94 |
| 11 | 北方信托 | 1 802 273.10 | 12 642 431.25 | 3 001 749.78 | 7.46 | 7.47 | 4.34 | 6.93 |
| 12 | 百瑞信托 | 4 331 647.85 | 2 949 582.69 | 836 653.37 | 8.11 | 6.77 | 0.59 | 6.85 |
| 13 | 山东信托 | 2 979 052.07 | 6 830 430.55 | 31 751.88 | 5.83 | 7.17 | 1.77 | 6.75 |
| 14 | 华融信托 | 4 588 021.08 | 5 781 522.35 | 4 539 989.05 | 7.29 | 4.99 | 8.41 | 6.74 |
| 15 | 中航信托 | 6 690 157.14 | 13 870 004.27 | 1 380 565.24 | 7.33 | 6.26 | 6.95 | 6.63 |
| 16 | 新时代信托 | 3 071 529.27 | 7 616 839.60 | 3 919 954.59 | 7.35 | 6.83 | 5.53 | 6.59 |
| 17 | 吉林信托 | 164 390.00 | 2 265 750.26 | 356 018.74 | 8.08 | 7.31 | 0.62 | 6.50 |
| 18 | 中建投信托 | 4 828 879.84 | 1 959 017.00 | 727 105.57 | 7.17 | 7.20 | | 6.48 |
| 19 | 东莞信托 | 1 113 795.00 | 463 798.00 | — | 6.70 | 5.53 | 0.00 | 6.36 |
| 20 | 华宸信托 | 64 785.00 | 131 316.93 | — | 9.27 | 4.90 | 0.00 | 6.34 |

续表

| 排名 | 公司简称 | 实收信托金额(万元) | | | 加权平均实际年化收益率(%) | | | 综合实际年化收益率(%) |
|---|---|---|---|---|---|---|---|---|
| | | 集合类 | 单一类 | 财产管理类 | 集合类 | 单一类 | 财产管理类 | |
| 21 | 五矿信托 | 5 976 938.79 | 5 012 895.89 | 3 621 450.00 | 6.27 | 6.90 | 5.63 | 6.33 |
| 22 | 紫金信托 | 1 826 998.52 | 2 788 908.86 | 1 339 304.01 | 6.25 | 6.15 | 6.65 | 6.29 |
| 23 | 中信信托 | 17 193 750.89 | 23 889 866.87 | 19 373 843.11 | 7.99 | 5.87 | 5.28 | 6.28 |
| 24 | 华能信托 | 25 492 101.33 | 11 297 344.57 | 26 669 819.62 | 6.45 | 6.22 | 6.05 | 6.24 |
| 25 | 中江信托 | 1 564 099.44 | 2 953 242.00 | 191 223.40 | 6.67 | 6.35 | 0.61 | 6.22 |
| 26 | 渤海信托 | 11 441 959.76 | 20 159 491.92 | 10 203 160.61 | 7.48 | 6.63 | 3.33 | 6.06 |
| 27 | 西藏信托 | 2 069 771.00 | 4 571 952.00 | 4 683 422.00 | 5.64 | 6.71 | 5.49 | 6.01 |
| 28 | 昆仑信托 | 2 335 868.34 | 6 318 018.16 | 827 777.08 | 6.45 | 5.77 | 6.30 | 5.98 |
| 29 | 建信信托 | 3 516 077.27 | 1 688 415.84 | 1 062 590.61 | 6.76 | 4.73 | 5.23 | 5.96 |
| 30 | 西部信托 | 1 999 882.17 | 5 216 281.00 | 3 369 241.93 | 5.84 | 6.69 | 4.72 | 5.90 |
| 31 | 中粮信托 | 2 269 401.45 | 1 765 287.88 | 805 037.87 | 5.21 | 6.89 | 5.34 | 5.84 |
| 32 | 光大兴陇信托 | 14 869 539.94 | 7 835 482.47 | 3 213 141.89 | 5.56 | 6.03 | 5.78 | 5.73 |
| 33 | 中铁信托 | 8 701 275.00 | 7 600 888.00 | 1 521 252.00 | 5.70 | 5.71 | 5.41 | 5.68 |
| 34 | 四川信托 | 5 505 381.00 | 8 565 707.00 | 560 796.00 | 7.02 | 4.86 | 2.92 | 5.60 |
| 35 | 上海信托 | 7 491 278.18 | 5 161 174.22 | 3 008 802.25 | 4.33 | 6.94 | 6.27 | 5.56 |
| 36 | 中海信托 | 6 383 292.16 | 5 339 347.00 | 3 737 610.60 | 5.39 | 6.00 | 5.14 | 5.54 |
| 37 | 交银国际信托 | 1 671 769.50 | 7 748 979.39 | 181 258.75 | 6.60 | 5.42 | 0.74 | 5.54 |
| 38 | 江苏信托 | 1 212 551.00 | 4 265 575.00 | 668 750.00 | 5.82 | 5.53 | 4.39 | 5.46 |
| 39 | 华宝信托 | 1 922 168.82 | 3 226 425.80 | 566 360.46 | 4.41 | 6.33 | 3.42 | 5.40 |
| 40 | 湖南信托 | 1 919 910.00 | 919 759.00 | 2 794 046.00 | 2.28 | 4.84 | 7.69 | 5.38 |
| 41 | 陆家嘴信托 | 4 205 063.87 | 9 472 105.33 | 2 641 040.00 | 4.95 | 5.56 | 5.37 | 5.37 |
| 42 | 国投泰康信托 | 2 393 370.00 | 9 889 100.44 | 2 597 390.24 | 7.53 | 6.13 | 0.48 | 5.37 |
| 43 | 华信信托 | 3 383 828.00 | 2 508 121.59 | 1 511 218.80 | 6.58 | 6.87 | 0.00 | 5.34 |
| 44 | 国通信托 | 2 923 894.00 | 2 587 872.20 | 23 100.00 | 6.37 | 4.04 | 6.22 | 5.28 |
| 45 | 新华信托 | 116 685.19 | 3 482 358.96 | 302 379.13 | 5.49 | 5.67 | 0.70 | 5.28 |
| 46 | 英大信托 | 832 116.55 | 2 622 957.56 | 5 153 338.94 | 8.98 | 5.43 | 4.57 | 5.26 |
| 47 | 天津信托 | 6 273 801.03 | 3 106 108.41 | 627 740.70 | 5.83 | 4.51 | 1.93 | 5.18 |
| 48 | 重庆信托 | 4 394 508.62 | 2 358 910.57 | 421 480.73 | 6.16 | 2.39 | 7.15 | 4.98 |
| 49 | 国元信托 | 1 074 539.00 | 3 693 667.32 | 2 079 312.14 | 3.83 | 5.77 | 4.01 | 4.93 |
| 50 | 兴业信托 | 9 456 293.00 | 22 387 366.00 | 7 596 365.00 | 4.53 | 4.98 | 4.84 | 4.85 |
| 51 | 长安信托 | 12 187 581.79 | 9 927 754.82 | 3 004 594.74 | 4.34 | 4.52 | 7.82 | 4.83 |
| 52 | 厦门国际信托 | 8 428 117.00 | 9 422 197.00 | 577 046.00 | 4.49 | 5.28 | 1.52 | 4.80 |
| 53 | 爱建信托 | 7 736 652.78 | 5 084 728.52 | 2 715 540.58 | 2.96 | 6.72 | 5.65 | 4.66 |
| 54 | 平安信托 | 16 774 784.34 | 15 819 316.93 | 7 933 072.90 | 5.71 | 4.02 | 2.45 | 4.41 |
| 55 | 北京信托 | 3 602 353.76 | 13 215 091.91 | 10 006 155.09 | 9.46 | 5.58 | 1.00 | 4.39 |
| 56 | 外贸信托 | 5 610 108.37 | 4 079 821.67 | 2 199 478.67 | 4.35 | 3.79 | 5.52 | 4.37 |
| 57 | 金谷信托 | 2 922 724.32 | 902 496.02 | 2 890 885.27 | 3.18 | 8.12 | 4.03 | 4.21 |
| 58 | 中诚信托 | 3 759 558.21 | 8 425 037.26 | 2 405 375.56 | 3.06 | 4.75 | 3.44 | 4.10 |
| 59 | 华澳信托 | 1 166 870.00 | 2 374 480.13 | 561 303.24 | 2.36 | 4.86 | 4.12 | 4.05 |
| 60 | 大业信托 | 3 520 404.61 | 2 791 904.70 | 825 498.50 | 1.98 | 7.72 | 0.08 | 4.01 |
| 61 | 中国民生信托 | 2 886 312.00 | 2 322 888.00 | 274 500.00 | 3.45 | 4.20 | 7.84 | 3.99 |
| 62 | 粤财信托 | 2 132 889.50 | 4 058 403.98 | 4 131 643.22 | 0.96 | 5.25 | 3.49 | 3.66 |
| 63 | 国民信托 | 5 423 364.47 | 21 939 884.65 | 1 493 391.89 | -13.35 | 6.24 | 5.19 | 2.50 |
| 64 | 长城新盛信托 | — | 46 850.00 | 352 340.50 | 0.00 | 3.68 | 1.58 | 1.83 |
| 65 | 华润信托 | 7 792 798.99 | 4 517 678.77 | 9 442 855.91 | -9.74 | 0.91 | 9.23 | 0.71 |
| 66 | 云南信托 | 7 145 508.30 | 8 886 474.23 | 1 327 407.68 | -3.51 | 2.03 | 7.33 | 0.15 |
| 67 | 陕国投 | 9 282 655.49 | 9 062 094.30 | 1 311 150.00 | -8.22 | 5.87 | 5.29 | -0.82 |
| 68 | 华鑫信托 | 6 599 061.37 | 3 383 231.22 | 750 008.33 | -12.90 | 6.29 | 6.47 | -5.50 |
| 平均 | | 4 736 569.11 | 5 974 315.29 | 2 740 609.77 | 4.84 | 5.86 | 4.05 | 5.29 |

注:已清算结束信托项目综合实际年化收益率=(集合类实收信托合计×集合类加权平均实际年化收益率+单一类实收信托合计×单一类加权平均实际年化收益率+财产权实收信托合计×财产权类加权平均实际年化收益率)/(集合、单一、财产权实收信托合计)。

2018 年，68 家信托公司整体已清算结束信托项目加权平均实际年化收益率为 5. 29%，较上年 6. 49% 下降了 1. 2 个百分点，高于平均值的有 43 家公司。没有超过 10% 的企业，低于 4% 的有 9 家。

## （三）信托资产配比分析

### 1. 期末信托资产配比分析

**表 3 -3 -4　期末信托资产增长排行榜（按类别分类）**

| 排名 | 公司简称 | 2018 年 | | | | 2017 年合计（万元） | 增长率（%） |
|---|---|---|---|---|---|---|---|
| | | 集合类（万元） | 单一类（万元） | 财务管理类（万元） | 合计（万元） | | |
| 1 | 湖南信托 | 4 211 327. 00 | 3 534 381. 00 | 4 095 630. 00 | 11 841 338. 00 | 7 665 795. 00 | 54. 47 |
| 2 | 东莞信托 | 2 961 277. 17 | 1 810 238. 73 | 1 261 494. 83 | 6 033 010. 73 | 4 597 062. 14 | 31. 24 |
| 3 | 西部信托 | 8 876 413. 29 | 18 361 462. 42 | 4 842 468. 93 | 32 080 344. 64 | 24 840 650. 54 | 29. 14 |
| 4 | 光大兴陇信托 | 27 824 436. 01 | 27 554 896. 46 | 2 014 617. 32 | 57 393 949. 79 | 47 339 321. 64 | 21. 24 |
| 5 | 金谷信托 | 3 709 891. 24 | 1 978 958. 45 | 8 320 760. 28 | 14 009 609. 97 | 11 620 935. 27 | 20. 55 |
| 6 | 五矿信托 | 37 900 825. 22 | 13 691 787. 21 | 8 347 066. 71 | 59 939 679. 14 | 51 746 920. 28 | 15. 83 |
| 7 | 英大信托 | 2 133 651. 64 | 4 442 816. 70 | 25 318 891. 95 | 31 895 360. 29 | 28 164 152. 55 | 13. 25 |
| 8 | 百瑞信托 | 13 743 469. 49 | 3 838 715. 41 | 1 493 995. 29 | 19 076 180. 19 | 17 628 402. 84 | 8. 21 |
| 9 | 新时代信托 | 22 375 597. 04 | 4 048 614. 78 | 8 888 110. 56 | 35 312 322. 38 | 32 885 915. 11 | 7. 38 |
| 10 | 粤财信托 | 7 052 951. 38 | 14 971 804. 99 | 5 047 836. 26 | 27 072 592. 63 | 25 398 340. 20 | 6. 59 |
| 11 | 国联信托 | 2 774 233. 00 | 5 811 747. 00 | — | 8 585 980. 00 | 8 087 140. 00 | 6. 17 |
| 12 | 吉林信托 | 564 367. 91 | 5 824 136. 05 | 2 339 894. 83 | 8 728 398. 79 | 8 358 623. 74 | 4. 42 |
| 13 | 国通信托 | 10 535 034. 68 | 12 214 926. 83 | 2 094 290. 11 | 24 844 251. 62 | 23 895 072. 03 | 3. 97 |
| 14 | 杭州工商信托 | 4 887 899. 00 | 253 873. 00 | 100 000. 00 | 5 241 772. 00 | 5 058 845. 00 | 3. 62 |
| 15 | 新华信托 | 2 597 515. 41 | 13 462 493. 98 | 1 841 693. 23 | 17 901 702. 62 | 17 622 681. 01 | 1. 58 |
| 16 | 重庆信托 | 14 054 204. 03 | 3 249 855. 64 | 1 742 853. 16 | 19 046 912. 83 | 18 823 264. 83 | 1. 19 |
| 17 | 安信信托 | 14 620 133. 74 | 5 884 263. 53 | 2 863 446. 43 | 23 367 843. 70 | 23 255 132. 25 | 0. 48 |
| 18 | 建信信托 | 28 829 668. 84 | 63 316 563. 57 | 48 247 659. 28 | 140 393 891. 69 | 140 966 996. 55 | −0. 41 |
| 19 | 中建投信托 | 10 083 033. 03 | 4 321 418. 22 | 2 534 495. 87 | 16 938 947. 12 | 17 024 646. 77 | −0. 50 |
| 20 | 中铁信托 | 14 764 592. 00 | 18 655 271. 00 | 9 240 964. 00 | 42 660 827. 00 | 43 434 756. 00 | −1. 78 |
| 21 | 中融信托 | 45 267 279. 24 | 12 477 702. 33 | 7 721 517. 39 | 65 466 498. 96 | 66 990 705. 08 | −2. 28 |
| 22 | 中国民生信托 | 13 320 164. 19 | 4 818 103. 50 | 643. 53 | 18 138 911. 22 | 18 711 140. 58 | −3. 06 |
| 23 | 中航信托 | 37 522 938. 62 | 24 371 651. 99 | 1 375 276. 62 | 63 269 867. 23 | 65 776 656. 21 | −3. 81 |
| 24 | 中诚信托 | 13 208 573. 16 | 15 540 886. 05 | 2 569 067. 22 | 31 318 526. 43 | 32 601 932. 79 | −3. 94 |
| 25 | 中原信托 | 9 166 808. 95 | 7 465 923. 37 | 1 324 450. 35 | 17 957 182. 67 | 19 552 038. 22 | −8. 16 |
| 26 | 山西信托 | 1 384 287. 57 | 2 880 996. 10 | 263 398. 99 | 4 528 682. 66 | 4 955 991. 41 | −8. 62 |
| 27 | 华澳信托 | 2 033 129. 88 | 8 633 502. 26 | 2 126 539. 11 | 12 793 171. 25 | 14 008 808. 68 | −8. 68 |
| 28 | 苏州信托 | 3 702 529. 51 | 4 362 414. 07 | 380 019. 38 | 8 444 962. 96 | 9 278 363. 53 | −8. 98 |
| 29 | 交银国际信托 | 48 893 854. 11 | 37 544 777. 28 | 613 523. 10 | 87 052 154. 49 | 96 562 955. 22 | −9. 85 |
| 30 | 华宝信托 | 12 911 077. 16 | 39 382 138. 87 | 1 189 076. 65 | 53 482 292. 68 | 59 558 947. 05 | −10. 20 |
| 31 | 外贸信托 | 32 548 350. 40 | 7 680 797. 30 | 4 676 831. 07 | 44 905 978. 77 | 50 060 882. 05 | −10. 30 |
| 32 | 中海信托 | 15 916 273. 00 | 7 184 535. 00 | 13 912 035. 00 | 37 012 843. 00 | 41 866 307. 00 | −11. 59 |
| 33 | 山东信托 | 10 088 200. 42 | 12 913 882. 29 | 748 593. 93 | 23 750 676. 64 | 27 167 497. 98 | −12. 58 |
| 34 | 中江信托 | 3 916 083. 69 | 8 078 238. 61 | 1 691 857. 81 | 13 686 180. 11 | 15 756 829. 13 | −13. 14 |
| 35 | 华鑫信托 | 10 877 860. 20 | 13 686 281. 77 | 1 261 263. 54 | 25 825 405. 51 | 29 740 210. 19 | −13. 16 |
| 36 | 长安信托 | 26 868 282. 87 | 20 665 123. 03 | 4 520 518. 99 | 52 053 924. 89 | 60 140 473. 28 | −13. 45 |
| 37 | 万向信托 | 7 615 208. 85 | 7 302 698. 81 | 1 199 034. 88 | 16 116 942. 54 | 19 012 684. 33 | −15. 23 |
| 38 | 上海信托 | 26 276 404. 30 | 32 764 386. 47 | 17 827 686. 00 | 76 868 476. 77 | 91 239 146. 83 | −15. 75 |
| 39 | 中粮信托 | 6 261 539. 62 | 7 115 202. 11 | 2 998 966. 42 | 16 375 708. 15 | 19 525 483. 98 | −16. 13 |
| 40 | 中信信托 | 64 783 762. 03 | 68 692 105. 14 | 31 743 837. 20 | 165 219 704. 37 | 198 672 975. 97 | −16. 84 |
| 41 | 昆仑信托 | 12 230 071. 96 | 9 989 265. 38 | 6 744 387. 54 | 28 963 724. 88 | 34 864 805. 06 | −16. 93 |
| 42 | 渤海信托 | 11 571 112. 14 | 45 774 970. 57 | 4 687 141. 58 | 62 033 224. 29 | 75 497 485. 03 | −17. 83 |
| 43 | 平安信托 | 32 769 063. 26 | 18 822 505. 70 | 1 820 791. 02 | 53 412 359. 98 | 65 275 619. 93 | −18. 17 |
| 44 | 陆家嘴信托 | 14 578 564. 95 | 7 589 259. 47 | 1 155 886. 60 | 23 323 711. 02 | 28 699 032. 67 | −18. 73 |

续表

| 排名 | 公司简称 | 2018 年 | | | | 2017 年合计（万元） | 增长率(%) |
|---|---|---|---|---|---|---|---|
| | | 集合类（万元） | 单一类（万元） | 财务管理类(万元) | 合计（万元） | | |
| 45 | 北方信托 | 5 766 120. 62 | 16 000 375. 93 | 2 082 589. 52 | 23 849 086. 07 | 29 415 986. 05 | -18. 92 |
| 46 | 长城新盛信托 | 164 327. 79 | 2 437 592. 42 | 165 809. 74 | 2 767 729. 95 | 3 471 236. 62 | -20. 27 |
| 47 | 兴业信托 | 18 262 107. 00 | 41 563 797. 00 | 13 068 936. 00 | 72 894 840. 00 | 93 216 512. 00 | -21. 80 |
| 48 | 四川信托 | 14 629 793. 07 | 17 297 391. 81 | 421 600. 06 | 32 348 784. 94 | 41 822 810. 54 | -22. 65 |
| 49 | 中泰信托 | 964 435. 45 | 1 868 514. 20 | 42 625. 06 | 2 875 574. 71 | 3 723 437. 61 | -22. 77 |
| 50 | 爱建信托 | 15 292 150. 09 | 7 362 900. 06 | 2 757 274. 30 | 25 412 324. 45 | 33 276 792. 64 | -23. 63 |
| 51 | 西藏信托 | 5 449 597. 37 | 12 677 946. 51 | 14 062 122. 57 | 32 189 666. 45 | 42 445 820. 88 | -24. 16 |
| 52 | 国元信托 | 4 234 426. 36 | 11 262 365. 00 | 4 279 513. 85 | 19 776 305. 21 | 26 343 019. 05 | -24. 93 |
| 53 | 紫金信托 | 8 514 560. 03 | 3 563 893. 93 | 3 650 253. 98 | 15 728 707. 94 | 21 046 244. 29 | -25. 27 |
| 54 | 国投泰康信托 | 11 592 885. 39 | 12 561 726. 10 | 2 778 799. 54 | 26 933 411. 03 | 36 280 514. 55 | -25. 76 |
| 55 | 江苏信托 | 6 219 645. 67 | 33 727 190. 60 | 786 303. 92 | 40 733 140. 19 | 55 114 402. 06 | -26. 09 |
| 56 | 国民信托 | 3 544 072. 60 | 33 552 623. 43 | 1 459 961. 71 | 38 556 657. 74 | 52 190 912. 53 | -26. 12 |
| 57 | 华信信托 | 5 081 760. 76 | 4 274 374. 45 | 807 235. 09 | 10 163 370. 30 | 13 869 052. 06 | -26. 72 |
| 58 | 北京信托 | 12 678 781. 08 | 7 032 213. 84 | 2 988 575. 83 | 22 699 570. 75 | 31 018 941. 49 | -26. 82 |
| 59 | 华能信托 | 22 216 288. 91 | 21 889 427. 65 | 28 684 023. 20 | 72 789 739. 76 | 101 025 339. 76 | -27. 95 |
| 60 | 华润信托 | 27 150 660. 16 | 41 445 443. 33 | 26 895 841. 10 | 95 491 944. 59 | 134 693 939. 73 | -29. 10 |
| 61 | 大业信托 | 7 349 965. 42 | 5 690 245. 63 | 1 065 175. 87 | 14 105 386. 92 | 19 945 531. 00 | -29. 28 |
| 62 | 天津信托 | 3 118 458. 76 | 7 825 755. 40 | 3 987 538. 27 | 14 931 752. 43 | 21 737 785. 69 | -31. 31 |
| 63 | 浙金信托 | 4 454 602. 07 | 3 862 071. 68 | 2 488 532. 70 | 10 805 206. 45 | 15 851 066. 32 | -31. 83 |
| 64 | 厦门国际信托 | 6 953 836. 00 | 12 216 988. 00 | 326 815. 00 | 19 497 639. 00 | 30 110 009. 00 | -35. 25 |
| 65 | 陕国投 | 13 751 096. 34 | 14 623 470. 68 | 577 867. 35 | 28 952 434. 37 | 45 322 169. 48 | -36. 12 |
| 66 | 云南信托 | 5 641 191. 41 | 12 267 920. 56 | 5 703 449. 41 | 23 612 561. 38 | 36 963 991. 17 | -36. 12 |
| 67 | 华融信托 | 12 261 436. 62 | 4 427 141. 55 | 3 167 943. 67 | 19 856 521. 84 | 33 574 453. 47 | -40. 86 |
| 68 | 华宸信托 | 67 269. 61 | 142 496. 66 | 10 147. 50 | 219 913. 77 | 396 583. 85 | -44. 55 |
| 合计 | | 913 571 409. 78 | 982 539 438. 86 | 375 447 448. 20 | 2 271 558 296. 84 | 2 626 788 177. 79 | -13. 52 |

2018 年，68 家信托公司期末信托资产总额为 227 155. 83 亿元，比 2017 年下降了 13. 52%，其中上涨的仅有 17 家公司，涨幅最大的为湖南信托。

2018 年期末信托资产中集合类为 91 357. 14 亿元，单一类为 98 253. 94 亿元，财务管理类为 37 544. 74 亿元；单一类与集合类资产比重合计为 83. 47%，与 2017 年的 83. 45%基本保持一致，占有绝对的比重，财务管理类仍占比较少。

**表 3 -3 -5　信托资产分类情况**

单位：%

| 项目 | 2018 年 | 2017 年 |
|---|---|---|
| 集合类 | 40. 22 | 37. 88 |
| 单一类 | 43. 25 | 45. 57 |
| 财务管理类 | 16. 53 | 16. 55 |
| 合计 | 100. 00 | 100. 00 |

**表 3 -3 -6　期末信托资产增长率排行榜（按类型分类）**

| 排名 | 公司简称 | 2018 年 | | | 2017 年 | | | 合计增长率（%） |
|---|---|---|---|---|---|---|---|---|
| | | 主动管理型（万元） | 被动管理型（万元） | 合计（万元） | 主动管理型（万元） | 被动管理型（万元） | 合计（万元） | |
| 1 | 湖南信托 | 3 416 059. 00 | 8 425 279. 00 | 11 841 338. 00 | 3 501 032. 00 | 4 164 763. 00 | 7 665 795. 00 | 54. 47 |
| 2 | 东莞信托 | 4 267 708. 73 | 1 765 302. 00 | 6 033 010. 73 | 4 403 687. 94 | 193 374. 20 | 4 597 062. 14 | 31. 24 |
| 3 | 西部信托 | 10 367 595. 79 | 21 712 748. 86 | 32 080 344. 65 | 3 921 955. 28 | 20 918 695. 26 | 24 840 650. 54 | 29. 14 |
| 4 | 光大兴陇信托 | 21 367 489. 99 | 36 026 459. 80 | 57 393 949. 79 | 10 540 971. 69 | 36 798 349. 95 | 47 339 321. 64 | 21. 24 |
| 5 | 金谷信托 | 3 459 210. 26 | 10 550 399. 71 | 14 009 609. 97 | 5 905 181. 64 | 5 715 753. 63 | 11 620 935. 27 | 20. 55 |
| 6 | 五矿信托 | 28 657 386. 24 | 31 282 292. 90 | 59 939 679. 14 | 13 894 202. 25 | 37 852 718. 03 | 51 746 920. 28 | 15. 83 |
| 7 | 英大信托 | 1 493 192. 56 | 30 364 956. 20 | 31 858 148. 76 | 2 687 851. 57 | 25 437 402. 27 | 28 125 253. 84 | 13. 27 |
| 8 | 百瑞信托 | 13 665 690. 05 | 5 410 490. 14 | 19 076 180. 19 | 10 440 911. 82 | 7 187 491. 02 | 17 628 402. 84 | 8. 21 |

续表

| 排名 | 公司简称 | 2018 年 | | | 2017 年 | | | 合计增长率（%） |
|---|---|---|---|---|---|---|---|---|
| | | 主动管理型（万元） | 被动管理型（万元） | 合计（万元） | 主动管理型（万元） | 被动管理型（万元） | 合计（万元） | |
| 9 | 新时代信托 | 2 583 530. 68 | 32 728 791. 70 | 35 312 322. 38 | 16 242 009. 06 | 16 643 906. 05 | 32 885 915. 11 | 7. 38 |
| 10 | 粤财信托 | 12 474 742. 82 | 14 597 849. 81 | 27 072 592. 63 | 10 307 495. 59 | 15 090 844. 61 | 25 398 340. 20 | 6. 59 |
| 11 | 国联信托 | 1 191 227. 00 | 7 394 753. 00 | 8 585 980. 00 | 1 336 095. 00 | 6 751 045. 00 | 8 087 140. 00 | 6. 17 |
| 12 | 吉林信托 | 2 207 508. 03 | 6 520 890. 76 | 8 728 398. 79 | 1 221 628. 53 | 7 136 995. 20 | 8 358 623. 73 | 4. 42 |
| 13 | 国通信托 | 7 676 371. 90 | 17 167 879. 72 | 24 844 251. 62 | 5 667 867. 96 | 18 227 204. 07 | 23 895 072. 03 | 3. 97 |
| 14 | 杭州工商信托 | 4 980 391. 00 | 261 381. 00 | 5 241 772. 00 | 5 006 330. 00 | 52 515. 00 | 5 058 845. 00 | 3. 62 |
| 15 | 新华信托 | 2 539 456. 02 | 15 362 246. 60 | 17 901 702. 62 | 2 766 155. 61 | 14 856 525. 40 | 17 622 681. 01 | 1. 58 |
| 16 | 重庆信托 | 8 999 622. 73 | 10 047 290. 10 | 19 046 912. 83 | 9 316 490. 81 | 9 506 774. 02 | 18 823 264. 83 | 1. 19 |
| 17 | 安信信托 | 16 418 491. 25 | 6 949 352. 45 | 23 367 843. 70 | 15 851 048. 82 | 7 404 083. 43 | 23 255 132. 25 | 0. 48 |
| 18 | 建信信托 | 24 671 271. 50 | 115 722 620. 19 | 140 393 891. 69 | 42 000 077. 18 | 98 966 919. 37 | 140 966 996. 55 | −0. 41 |
| 19 | 中建投信托 | 11 321 389. 80 | 5 617 557. 32 | 16 938 947. 12 | 10 463 343. 82 | 6 561 302. 95 | 17 024 646. 77 | −0. 50 |
| 20 | 中铁信托 | 6 238 353. 00 | 36 422 474. 00 | 42 660 827. 00 | 5 882 780. 00 | 37 551 976. 00 | 43 434 756. 00 | −1. 78 |
| 21 | 中融信托 | 42 910 323. 96 | 22 556 175. 00 | 65 466 498. 96 | 43 228 023. 71 | 23 762 681. 36 | 66 990 705. 07 | −2. 28 |
| 22 | 中国民生信托 | 14 157 291. 54 | 3 981 619. 68 | 18 138 911. 22 | 14 039 404. 32 | 4 671 736. 25 | 18 711 140. 57 | −3. 06 |
| 23 | 中航信托 | 36 558 679. 72 | 26 711 187. 51 | 63 269 867. 23 | 29 303 897. 24 | 36 472 758. 97 | 65 776 656. 21 | −3. 81 |
| 24 | 中诚信托 | 9 960 179. 78 | 21 358 346. 65 | 31 318 526. 43 | 9 006 840. 17 | 23 595 092. 62 | 32 601 932. 79 | −3. 94 |
| 25 | 中原信托 | 5 581 518. 07 | 12 375 664. 60 | 17 957 182. 67 | 5 521 870. 60 | 14 030 167. 62 | 19 552 038. 22 | −8. 16 |
| 26 | 山西信托 | 807 905. 34 | 3 720 777. 32 | 4 528 682. 66 | 1 016 050. 50 | 3 939 940. 91 | 4 955 991. 41 | −8. 62 |
| 27 | 华澳信托 | 1 769 553. 50 | 11 023 617. 75 | 12 793 171. 25 | 1 627 693. 37 | 12 381 115. 31 | 14 008 808. 68 | −8. 68 |
| 28 | 苏州信托 | 3 402 719. 98 | 5 042 242. 98 | 8 444 962. 96 | 3 290 552. 44 | 5 987 811. 09 | 9 278 363. 53 | −8. 98 |
| 29 | 交银国际信托 | 21 087 794. 71 | 65 964 359. 78 | 87 052 154. 49 | 15 754 325. 43 | 80 808 629. 79 | 96 562 955. 22 | −9. 85 |
| 30 | 华宝信托 | 24 821 813. 75 | 28 660 478. 93 | 53 482 292. 68 | 25 454 713. 26 | 34 104 233. 79 | 59 558 947. 05 | −10. 20 |
| 31 | 外贸信托 | 17 854 250. 33 | 27 051 728. 44 | 44 905 978. 77 | 18 597 032. 53 | 31 463 849. 52 | 50 060 882. 05 | −10. 30 |
| 32 | 中海信托 | 10 609 263. 00 | 26 403 580. 00 | 37 012 843. 00 | 15 506 998. 00 | 26 359 309. 00 | 41 866 307. 00 | −11. 59 |
| 33 | 中江信托 | 10 217 695. 06 | 3 468 485. 05 | 13 686 180. 11 | 11 264 848. 32 | 4 491 980. 81 | 15 756 829. 13 | −13. 14 |
| 34 | 华鑫信托 | 4 430 659. 89 | 21 394 745. 62 | 25 825 405. 51 | 5 017 374. 48 | 24 722 835. 71 | 29 740 210. 19 | −13. 16 |
| 35 | 长安信托 | 15 396 951. 93 | 36 656 972. 96 | 52 053 924. 89 | 19 988 386. 80 | 40 152 086. 48 | 60 140 473. 28 | −13. 45 |
| 36 | 万向信托 | 4 945 867. 52 | 11 171 075. 02 | 16 116 942. 54 | 3 818 195. 86 | 15 194 488. 47 | 19 012 684. 33 | −15. 23 |
| 37 | 上海信托 | 18 417 809. 20 | 58 450 667. 57 | 76 868 476. 77 | 19 243 540. 39 | 71 995 606. 44 | 91 239 146. 83 | −15. 75 |
| 38 | 中粮信托 | 5 911 423. 92 | 10 464 284. 23 | 16 375 708. 15 | 8 570 100. 51 | 10 955 383. 47 | 19 525 483. 98 | −16. 13 |
| 39 | 中信信托 | 55 377 518. 25 | 109 842 186. 12 | 165 219 704. 37 | 48 484 796. 47 | 150 188 179. 50 | 198 672 975. 97 | −16. 84 |
| 40 | 昆仑信托 | 17 575 152. 56 | 11 388 572. 32 | 28 963 724. 88 | 18 483 996. 12 | 16 380 808. 94 | 34 864 805. 06 | −16. 93 |
| 41 | 渤海信托 | 10 264 975. 94 | 51 768 248. 35 | 62 033 224. 29 | 3 504 699. 06 | 71 992 785. 97 | 75 497 485. 03 | −17. 83 |
| 42 | 平安信托 | 28 669 886. 86 | 24 742 473. 12 | 53 412 359. 98 | 30 216 992. 25 | 35 058 627. 68 | 65 275 619. 93 | −18. 17 |
| 43 | 陆家嘴信托 | 8 675 782. 61 | 14 647 928. 41 | 23 323 711. 02 | 8 725 131. 04 | 19 973 901. 63 | 28 699 032. 67 | −18. 73 |
| 44 | 北方信托 | 1 100 361. 36 | 22 748 724. 71 | 23 849 086. 07 | 216 379. 95 | 29 199 606. 10 | 29 415 986. 05 | −18. 92 |
| 45 | 长城新盛信托 | 2 013 443. 68 | 754 286. 27 | 2 767 729. 95 | 2 289 433. 28 | 1 181 803. 34 | 3 471 236. 62 | −20. 27 |
| 46 | 兴业信托 | 11 035 136. 00 | 61 859 704. 00 | 72 894 840. 00 | 9 669 673. 00 | 83 546 839. 00 | 93 216 512. 00 | −21. 80 |
| 47 | 四川信托 | 10 410 258. 91 | 21 938 526. 02 | 32 348 784. 93 | 12 028 769. 55 | 29 794 040. 99 | 41 822 810. 54 | −22. 65 |
| 48 | 中泰信托 | 675 852. 77 | 2 199 721. 94 | 2 875 574. 71 | 945 301. 92 | 2 778 135. 69 | 3 723 437. 61 | −22. 77 |
| 49 | 爱建信托 | 7 383 730. 05 | 18 028 594. 40 | 25 412 324. 45 | 5 787 065. 45 | 27 489 727. 19 | 33 276 792. 64 | −23. 63 |
| 50 | 西藏信托 | 5 449 597. 37 | 26 740 069. 09 | 32 189 666. 46 | 7 198 218. 76 | 35 247 602. 12 | 42 445 820. 88 | −24. 16 |
| 51 | 国元信托 | 1 303 541. 15 | 18 472 764. 06 | 19 776 305. 21 | 1 480 199. 06 | 24 862 819. 99 | 26 343 019. 05 | −24. 93 |
| 52 | 紫金信托 | 5 078 525. 90 | 10 650 182. 04 | 15 728 707. 94 | 4 643 964. 36 | 16 402 279. 93 | 21 046 244. 29 | −25. 27 |
| 53 | 国投泰康信托 | 7 722 251. 62 | 19 211 159. 41 | 26 933 411. 03 | 6 056 795. 62 | 30 223 718. 93 | 36 280 514. 55 | −25. 76 |
| 54 | 江苏信托 | 6 073 151. 55 | 34 659 988. 65 | 40 733 140. 20 | 5 465 362. 97 | 49 649 039. 09 | 55 114 402. 06 | −26. 09 |
| 55 | 国民信托 | 658 688. 07 | 37 897 969. 67 | 38 556 657. 74 | 2 826 406. 27 | 49 364 506. 26 | 52 190 912. 53 | −26. 12 |
| 56 | 华信信托 | 5 056 987. 64 | 5 106 382. 66 | 10 163 370. 30 | 6 527 330. 73 | 7 341 721. 33 | 13 869 052. 06 | −26. 72 |

续表

| 排名 | 公司简称 | 2018 年 | | | 2017 年 | | | 合计增长率(%) |
|---|---|---|---|---|---|---|---|---|
| | | 主动管理型(万元) | 被动管理型(万元) | 合计(万元) | 主动管理型(万元) | 被动管理型(万元) | 合计(万元) | |
| 57 | 北京信托 | 12 581 887. 26 | 10 117 683. 49 | 22 699 570. 75 | 12 961 990. 23 | 18 056 951. 26 | 31 018 941. 49 | -26. 82 |
| 58 | 华能信托 | 23 629 079. 79 | 49 160 659. 97 | 72 789 739. 76 | 29 539 914. 58 | 71 485 425. 18 | 101 025 339. 76 | -27. 95 |
| 59 | 华润信托 | 40 225 698. 73 | 55 266 245. 86 | 95 491 944. 59 | 61 783 890. 27 | 72 910 049. 46 | 134 693 939. 73 | -29. 10 |
| 60 | 大业信托 | 3 104 854. 75 | 11 000 532. 17 | 14 105 386. 92 | 4 508 868. 69 | 15 436 662. 31 | 19 945 531. 00 | -29. 28 |
| 61 | 天津信托 | 4 063 672. 55 | 10 868 079. 88 | 14 931 752. 43 | 2 780 410. 13 | 18 957 375. 56 | 21 737 785. 69 | -31. 31 |
| 62 | 浙金信托 | 3 612 925. 87 | 7 192 280. 58 | 10 805 206. 45 | 3 287 676. 22 | 12 563 390. 10 | 15 851 066. 32 | -31. 83 |
| 63 | 厦门国际信托 | 3 277 516. 00 | 16 220 122. 00 | 19 497 638. 00 | 5 860 879. 00 | 24 249 130. 00 | 30 110 009. 00 | -35. 25 |
| 64 | 陕国投 | 13 531 103. 87 | 15 421 330. 50 | 28 952 434. 37 | 24 257 242. 94 | 21 064 926. 54 | 45 322 169. 48 | -36. 12 |
| 65 | 云南信托 | 7 514 472. 12 | 16 098 089. 26 | 23 612 561. 38 | 15 229 006. 42 | 21 734 984. 75 | 36 963 991. 17 | -36. 12 |
| 66 | 华融信托 | 10 050 801. 23 | 9 805 720. 61 | 19 856 521. 84 | 14 655 414. 54 | 18 919 038. 93 | 33 574 453. 47 | -40. 86 |
| 67 | 华宸信托 | 83 000. 52 | 136 913. 25 | 219 913. 77 | 297 741. 30 | 98 842. 54 | 396 583. 84 | -44. 55 |
| 合计 | | 743 038 244. 53 | 1 504 732 163. 16 | 2 247 770 407. 69 | 807 661 278. 04 | 1 818 261 266. 38 | 2 625 922 544. 42 | |
| 比重(%) | | 33. 06 | 66. 94 | 100. 00 | 30. 76 | 69. 24 | 100. 00 | 33. 74 |

注：1. 2018 年末信托资产按类型分类与类别分类金额存在差异，是尾差造成的。
2. 山东信托未披露相关数据。

2018 年期末，信托资产中主动管理型信托资产为 74 303. 82 亿元，占比为 33. 06%，被动管理型信托资产为 150 473. 22 亿元，占比为 66. 94%，较减少了 3. 7 个百分点；在 68 家信托公司中仅有 14 家公司主动管理型占比超过被动管理型。

由于各家公司类型中披露的明细与合计金额存在差异，我们未对信托资产类型中的细分进行统计，仅作出汇总分析，详见表 5 -2 -9 和表 5 -2 -10。

**2. 本期新增信托资产配比分析**

**表 3 -3 -7　本期新增信托资产类别情况**

| 排名 | 公司简称 | 集合类(万元) | 单一类(万元) | 财务管理类(万元) | 合计(万元) |
|---|---|---|---|---|---|
| 1 | 建信信托 | 3 127 588. 68 | 7 448 766. 47 | 38 566 642. 80 | 49 142 997. 95 |
| 2 | 中信信托 | 22 173 009. 73 | 9 687 695. 48 | 6 269 104. 02 | 38 129 809. 23 |
| 3 | 光大兴陇信托 | 24 647 175. 78 | 10 119 858. 71 | 1 205 757. 96 | 35 972 792. 45 |
| 4 | 华能信托 | 20 096 980. 34 | 6 238 479. 13 | 9 370 721. 06 | 35 706 180. 53 |
| 5 | 渤海信托 | 6 149 409. 27 | 17 079 614. 04 | 4 907 810. 86 | 28 136 834. 17 |
| 6 | 中国民生信托 | 22 493 641. 52 | 3 132 432. 47 | — | 25 626 073. 99 |
| 7 | 交银国际信托 | 23 563 887. 69 | 1 890 661. 19 | — | 25 454 548. 88 |
| 8 | 五矿信托 | 18 285 888. 78 | 2 187 185. 64 | 3 854 242. 94 | 24 327 317. 36 |
| 9 | 中铁信托 | 5 149 089. 00 | 12 082 582. 00 | 6 979 259. 00 | 24 210 930. 00 |
| 10 | 国通信托 | 9 474 291. 59 | 10 413 098. 29 | 3 800 725. 64 | 23 688 115. 52 |
| 11 | 中航信托 | 16 437 282. 89 | 5 715 080. 48 | 854 165. 24 | 23 006 528. 61 |
| 12 | 英大信托 | 125 984. 00 | 1 508 778. 26 | 20 195 672. 77 | 21 830 435. 03 |
| 13 | 西部信托 | 6 794 062. 09 | 10 256 719. 20 | 4 284 719. 62 | 21 335 500. 91 |
| 14 | 华润信托 | 3 365 699. 00 | 2 111 743. 00 | 13 787 751. 00 | 19 265 193. 00 |
| 15 | 兴业信托 | 5 896 313. 00 | 6 102 976. 00 | 5 938 905. 00 | 17 938 194. 00 |
| 16 | 新时代信托 | 9 078 990. 00 | 7 644 211. 15 | 684 629. 96 | 17 407 831. 11 |
| 17 | 国民信托 | 732 920. 00 | 15 395 861. 48 | 585 670. 00 | 16 714 451. 48 |
| 18 | 四川信托 | 10 311 565. 73 | 6 073 438. 08 | 223 010. 97 | 16 608 014. 78 |
| 19 | 粤财信托 | 4 416 883. 31 | 5 728 403. 00 | 6 069 691. 30 | 16 214 977. 61 |
| 20 | 上海信托 | 4 155 501. 76 | 1 580 053. 44 | 9 309 925. 82 | 15 045 481. 02 |
| 21 | 长安信托 | 5 647 919. 39 | 7 513 784. 95 | 1 725 790. 74 | 14 887 495. 08 |
| 22 | 中海信托 | 1 730 416. 40 | 1 156 099. 13 | 11 938 322. 50 | 14 824 838. 03 |
| 23 | 中融信托 | 4 655 051. 69 | 3 589 993. 77 | 4 782 061. 06 | 13 027 106. 52 |
| 24 | 外贸信托 | 8 436 215. 59 | 1 333 115. 01 | 3 132 722. 68 | 12 902 053. 28 |
| 25 | 平安信托 | 9 207 213. 44 | 1 851 328. 69 | 730 211. 56 | 11 788 753. 69 |
| 26 | 百瑞信托 | 9 457 934. 85 | 647 524. 98 | 1 495 444. 72 | 11 600 904. 55 |

续表

| 排名 | 公司简称 | 集合类（万元） | 单一类（万元） | 财务管理类（万元） | 合计（万元） |
|---|---|---|---|---|---|
| 27 | 爱建信托 | 6 708 868. 29 | 3 875 987. 71 | 962 695. 97 | 11 547 551. 97 |
| 28 | 中建投信托 | 7 285 949. 44 | 1 845 206. 35 | 1 822 083. 20 | 10 953 238. 99 |
| 29 | 安信信托 | 3 760 380. 63 | 745 100. 00 | 5 676 198. 39 | 10 181 679. 02 |
| 30 | 陆家嘴信托 | 6 107 683. 32 | 3 727 173. 93 | 138 000. 00 | 9 972 857. 25 |
| 31 | 湖南信托 | 1 917 481. 00 | 1 087 160. 00 | 6 851 837. 00 | 9 856 478. 00 |
| 32 | 金谷信托 | 1 349 870. 00 | 908 271. 76 | 6 661 816. 29 | 8 919 958. 05 |
| 33 | 厦门国际信托 | 3 910 043. 00 | 4 219 897. 00 | 559 927. 00 | 8 689 867. 00 |
| 34 | 山东信托 | 5 549 572. 06 | 2 576 842. 12 | 532 629. 25 | 8 659 043. 43 |
| 35 | 华鑫信托 | 2 137 816. 99 | 5 430 397. 60 | 655 450. 00 | 8 223 664. 59 |
| 36 | 云南信托 | 1 704 334. 46 | 5 580 964. 93 | 820 052. 61 | 8 105 352. 00 |
| 37 | 中诚信托 | 2 156 831. 87 | 5 676 011. 00 | 206 059. 97 | 8 038 902. 84 |
| 38 | 陕国投 | 3 883 507. 59 | 3 788 464. 50 | 128 613. 20 | 7 800 585. 29 |
| 39 | 万向信托 | 4 836 095. 42 | 2 273 318. 00 | 557 585. 35 | 7 666 998. 77 |
| 40 | 新华信托 | 53 249. 71 | 6 976 207. 37 | 512 919. 00 | 7 542 376. 08 |
| 41 | 华宝信托 | 2 536 562. 00 | 4 274 479. 73 | 465 998. 94 | 7 277 040. 67 |
| 42 | 中原信托 | 2 705 103. 45 | 3 131 284. 72 | 1 012 011. 25 | 6 848 399. 42 |
| 43 | 国投泰康信托 | 3 276 016. 86 | 3 328 285. 93 | 150 187. 90 | 6 754 490. 69 |
| 44 | 国元信托 | 498 088. 20 | 1 645 752. 00 | 4 068 634. 00 | 6 212 474. 20 |
| 45 | 重庆信托 | 3 556 910. 00 | 1 648 484. 00 | 953 377. 85 | 6 158 771. 85 |
| 46 | 西藏信托 | 1 170 257. 50 | 3 340 052. 26 | 1 122 623. 28 | 5 632 933. 04 |
| 47 | 天津信托 | 2 440 114. 36 | 529 268. 17 | 2 581 072. 38 | 5 550 454. 91 |
| 48 | 华融信托 | 4 075 263. 77 | 1 202 685. 04 | 161 500. 00 | 5 439 448. 81 |
| 49 | 华澳信托 | 1 199 221. 00 | 2 997 509. 88 | 845 000. 00 | 5 041 730. 88 |
| 50 | 北京信托 | 2 221 956. 34 | 1 825 639. 00 | 815 966. 92 | 4 863 562. 26 |
| 51 | 北方信托 | 760 670. 48 | 3 579 825. 16 | 216 806. 00 | 4 557 301. 64 |
| 52 | 吉林信托 | 174 624. 60 | 3 031 518. 15 | 1 278 026. 36 | 4 484 169. 11 |
| 53 | 中粮信托 | 1 210 573. 09 | 616 459. 71 | 2 240 999. 72 | 4 068 032. 52 |
| 54 | 江苏信托 | 2 332 940. 72 | 1 215 211. 33 | 90 819. 65 | 3 638 971. 70 |
| 55 | 浙金信托 | 2 541 530. 00 | 1 035 423. 44 | 51 763. 00 | 3 628 716. 44 |
| 56 | 紫金信托 | 2 058 438. 30 | 401 119. 52 | 1 144 357. 92 | 3 603 915. 74 |
| 57 | 大业信托 | 2 354 500. 00 | 1 037 400. 00 | 197 800. 00 | 3 589 700. 00 |
| 58 | 东莞信托 | 1 338 492. 00 | 416 733. 00 | 1 802 135. 00 | 3 557 360. 00 |
| 59 | 中江信托 | 853 178. 00 | 1 287 461. 00 | 1 244 276. 90 | 3 384 915. 90 |
| 60 | 山西信托 | 435 337. 00 | 2 701 048. 20 | 31 905. 00 | 3 168 290. 20 |
| 61 | 苏州信托 | 2 205 049. 65 | 665 997. 58 | 65 100. 00 | 2 936 147. 23 |
| 62 | 华信信托 | 1 414 533. 00 | 1 282 631. 82 | 225 000. 00 | 2 922 164. 82 |
| 63 | 昆仑信托 | 851 960. 00 | 741 103. 20 | 706 997. 97 | 2 300 061. 17 |
| 64 | 杭州工商信托 | 1 954 390. 00 | 150 600. 00 | 100 000. 00 | 2 204 990. 00 |
| 65 | 国联信托 | 492 167. 00 | 4 900. 00 | — | 497 067. 00 |
| 66 | 中泰信托 | 45 000. 00 | 412 800. 00 | — | 457 800. 00 |
| 67 | 华宸信托 | 52. 61 | 15 000. 00 | 10 147. 50 | 25 200. 11 |
| 68 | 长城新盛信托 | 5 000. 00 | — | — | 5 000. 00 |
| 平均 | | 351 680 529. 23 | 249 719 159. 15 | 208 361 333. 99 | 809 761 022. 37 |
| 比重(%) | | 43. 43 | 30. 84 | 25. 73 | 100. 00 |

2018 年 68 家信托公司本期新增信托资产总额为 80 976. 10 亿元，较 2017 年 150 186. 26 亿元有较大幅度的下滑，本年新增最多的是建信信托，增加了 4 914. 30 亿元；本期新增类别中集合类占 43. 43%，单一类占 30. 84%，财务管理类占 25. 73%，各家公司新增的类别各不相同。

表 3－3－8　本期新增信托资产类型情况

| 排名 | 公司简称 | 主动管理型（万元） | 被动管理型（万元） | 合计（万元） |
|---|---|---|---|---|
| 1 | 建信信托 | 2 682 556. 86 | 46 460 441. 09 | 49 142 997. 95 |
| 2 | 中信信托 | 21 813 484. 88 | 16 316 324. 35 | 38 129 809. 23 |
| 3 | 光大兴陇信托 | 21 110 787. 63 | 14 862 004. 82 | 35 972 792. 45 |
| 4 | 华能信托 | 23 866 726. 34 | 11 839 454. 19 | 35 706 180. 53 |
| 5 | 渤海信托 | 7 160 057. 88 | 20 976 776. 29 | 28 136 834. 17 |
| 6 | 中国民生信托 | 25 013 916. 58 | 612 157. 41 | 25 626 073. 99 |
| 7 | 交银国际信托 | 5 865 095. 00 | 19 589 453. 88 | 25 454 548. 88 |
| 8 | 五矿信托 | 18 977 732. 83 | 5 349 584. 54 | 24 327 317. 36 |
| 9 | 中铁信托 | 3 843 663. 00 | 20 367 267. 00 | 24 210 930. 00 |
| 10 | 国通信托 | 6 918 997. 77 | 16 769 117. 75 | 23 688 115. 52 |
| 11 | 中航信托 | 18 527 366. 89 | 4 479 161. 72 | 23 006 528. 61 |
| 12 | 英大信托 | 137 298. 61 | 21 693 136. 42 | 21 830 435. 03 |
| 13 | 西部信托 | 9 167 566. 97 | 12 167 933. 95 | 21 335 500. 91 |
| 14 | 华润信托 | 3 777 018. 00 | 15 488 175. 00 | 19 265 193. 00 |
| 15 | 兴业信托 | 7 432 532. 00 | 10 505 662. 00 | 17 938 194. 00 |
| 16 | 新时代信托 | 1 935 890. 00 | 15 471 941. 11 | 17 407 831. 11 |
| 17 | 国民信托 | 263 586. 16 | 16 450 865. 32 | 16 714 451. 48 |
| 18 | 四川信托 | 8 343 674. 29 | 8 264 340. 49 | 16 608 014. 78 |
| 19 | 粤财信托 | 5 701 328. 64 | 10 513 648. 97 | 16 214 977. 61 |
| 20 | 上海信托 | 3 760 907. 92 | 11 284 573. 10 | 15 045 481. 02 |
| 21 | 长安信托 | 4 792 311. 68 | 10 095 183. 40 | 14 887 495. 08 |
| 22 | 中海信托 | 1 462 414. 39 | 13 362 423. 64 | 14 824 838. 03 |
| 23 | 中融信托 | 4 162 518. 60 | 8 864 587. 92 | 13 027 106. 52 |
| 24 | 外贸信托 | 2 099 928. 80 | 10 802 124. 48 | 12 902 053. 28 |
| 25 | 平安信托 | 9 366 450. 45 | 2 422 303. 24 | 11 788 753. 69 |
| 26 | 百瑞信托 | 9 894 003. 13 | 1 706 901. 42 | 11 600 904. 55 |
| 27 | 爱建信托 | 5 443 173. 45 | 6 104 378. 52 | 11 547 551. 97 |
| 28 | 中建投信托 | 8 758 952. 83 | 2 194 286. 16 | 10 953 238. 99 |
| 29 | 安信信托 | 4 175 480. 63 | 6 006 198. 39 | 10 181 679. 02 |
| 30 | 陆家嘴信托 | 4 760 404. 89 | 5 212 452. 36 | 9 972 857. 25 |
| 31 | 湖南信托 | 1 871 611. 00 | 7 984 867. 00 | 9 856 478. 00 |
| 32 | 金谷信托 | 879 357. 66 | 8 040 600. 39 | 8 919 958. 05 |
| 33 | 厦门国际信托 | 4 450 119. 00 | 4 239 748. 00 | 8 689 867. 00 |
| 34 | 山东信托 | 4 003 729. 10 | 4 655 314. 33 | 8 659 043. 43 |
| 35 | 华鑫信托 | 1 309 027. 38 | 6 914 637. 22 | 8 223 664. 59 |
| 36 | 云南信托 | 3 267 030. 04 | 4 838 321. 96 | 8 105 352. 00 |
| 37 | 中诚信托 | 5 645 201. 00 | 2 393 701. 84 | 8 038 902. 84 |
| 38 | 陕国投 | 3 844 380. 58 | 3 956 204. 71 | 7 800 585. 29 |
| 39 | 万向信托 | 3 613 717. 50 | 4 053 281. 27 | 7 666 998. 77 |
| 40 | 新华信托 | 23 156. 83 | 7 519 219. 25 | 7 542 376. 08 |
| 41 | 华宝信托 | 2 894 352. 79 | 4 382 687. 88 | 7 277 040. 67 |
| 42 | 中原信托 | 2 015 322. 83 | 4 833 076. 59 | 6 848 399. 42 |
| 43 | 国投泰康信托 | 2 663 365. 57 | 4 091 125. 12 | 6 754 490. 69 |
| 44 | 国元信托 | 415 500. 20 | 5 796 974. 00 | 6 212 474. 20 |
| 45 | 重庆信托 | 2 378 530. 00 | 3 780 241. 85 | 6 158 771. 85 |
| 46 | 西藏信托 | 1 173 492. 15 | 4 459 440. 89 | 5 632 933. 04 |
| 47 | 天津信托 | 3 421 134. 36 | 2 129 320. 55 | 5 550 454. 91 |
| 48 | 华融信托 | 4 216 763. 77 | 1 222 685. 04 | 5 439 448. 81 |
| 49 | 华澳信托 | 887 595. 00 | 4 154 135. 88 | 5 041 730. 88 |
| 50 | 北京信托 | 2 055 281. 34 | 2 808 280. 92 | 4 863 562. 26 |
| 51 | 北方信托 | 579 177. 16 | 3 978 124. 48 | 4 557 301. 64 |
| 52 | 吉林信托 | 1 558 655. 40 | 2 925 513. 71 | 4 484 169. 11 |
| 53 | 中粮信托 | 1 394 692. 24 | 2 673 340. 28 | 4 068 032. 52 |

续表

| 排名 | 公司简称 | 主动管理型（万元） | 被动管理型（万元） | 合计（万元） |
|---|---|---|---|---|
| 54 | 江苏信托 | 2 471 173. 72 | 1 167 797. 98 | 3 638 971. 70 |
| 55 | 浙金信托 | 2 425 130. 00 | 1 203 586. 44 | 3 628 716. 44 |
| 56 | 紫金信托 | 2 449 618. 54 | 1 154 297. 20 | 3 603 915. 74 |
| 57 | 大业信托 | 1 809 600. 00 | 1 780 100. 00 | 3 589 700. 00 |
| 58 | 东莞信托 | 1 481 141. 00 | 2 076 219. 00 | 3 557 360. 00 |
| 59 | 中江信托 | 2 531 737. 90 | 853 178. 00 | 3 384 915. 90 |
| 60 | 山西信托 | 97 800. 00 | 3 070 490. 20 | 3 168 290. 20 |
| 61 | 苏州信托 | 2 421 594. 73 | 514 552. 50 | 2 936 147. 23 |
| 62 | 华信信托 | 1 414 533. 00 | 1 507 631. 82 | 2 922 164. 82 |
| 63 | 昆仑信托 | 938 944. 00 | 1 361 117. 17 | 2 300 061. 17 |
| 64 | 杭州工商信托 | 1 983 130. 00 | 221 860. 00 | 2 204 990. 00 |
| 65 | 国联信托 | 495 067. 00 | 2 000. 00 | 497 067. 00 |
| 66 | 中泰信托 | 67 800. 00 | 390 000. 00 | 457 800. 00 |
| 67 | 华宸信托 | 10 200. 11 | 15 000. 00 | 25 200. 11 |
| 68 | 长城新盛信托 | 5 000. 00 | — | 5 000. 00 |
| 平均 | | 326 379 490. 00 | 483 381 532. 40 | 809 761 022. 37 |
| 比重（%） | | 40. 31 | 59. 69 | 100. 00 |

承接表 3 -3 -6，本期新增信托资产类型中主动管理型占 40. 31%，被动管理型占 59. 69%，各家公司新增的类别各不相同；其中主动管理型大于被动管理型的有 23 家信托公司。

## （四）信托公司人均净利润排行榜

**表 3 -3 -9　信托公司人均净利润排行榜**

| 排名 | 公司简称 | 2018 年人数（人） | 2017 年人数（人） | 净利润（万元） | 人均净利润（万元/人） |
|---|---|---|---|---|---|
| 1 | 重庆信托 | 151 | 151 | 372 715. 24 | 1 858. 59 |
| 2 | 江苏信托 | 148 | 142 | 185 740. 90 | 1 280. 97 |
| 3 | 平安信托 | 382 | 743 | 571 133. 26 | 1 015. 35 |
| 4 | 中海信托 | 195 | 188 | 159 408. 14 | 830. 25 |
| 5 | 华能信托 | 351 | 341 | 241 829. 99 | 699. 94 |
| 6 | 中航信托 | 405 | 363 | 184 664. 70 | 603. 97 |
| 7 | 五矿信托 | 450 | 325 | 171 995. 31 | 585. 88 |
| 8 | 湖南信托 | 197 | 159 | 99 982. 11 | 562. 00 |
| 9 | 中铁信托 | 240 | 230 | 122 966. 91 | 557. 00 |
| 10 | 外贸信托 | 505 | 415 | 194 613. 69 | 555. 65 |
| 11 | 华润信托 | 376 | 360 | 230 593. 85 | 497. 02 |
| 12 | 百瑞信托 | 202 | 214 | 101 147. 41 | 486. 29 |
| 13 | 华信信托 | 159 | 176 | 80 678. 88 | 481. 66 |
| 14 | 交银国际信托 | 229 | 218 | 105 735. 04 | 478. 44 |
| 15 | 中信信托 | 683 | 646 | 335 866. 59 | 462. 71 |
| 16 | 粤财信托 | 163 | 132 | 68 061. 76 | 458. 33 |
| 17 | 山东信托 | 221 | 199 | 87 224. 80 | 415. 36 |
| 18 | 渤海信托 | 241 | 250 | 101 662. 59 | 414. 10 |
| 19 | 华宝信托 | 333 | 336 | 127 789. 10 | 382. 03 |
| 20 | 天津信托 | 157 | 149 | 58 419. 03 | 381. 82 |
| 21 | 昆仑信托 | 268 | 245 | 97 803. 61 | 380. 56 |
| 22 | 上海信托 | 395 | 395 | 170 675. 51 | 374. 33 |
| 23 | 英大信托 | 162 | 159 | 59 311. 24 | 373. 03 |
| 24 | 中诚信托 | 329 | 326 | 119 589. 34 | 362. 39 |

续表

| 排名 | 公司简称 | 2018 年人数(人) | 2017 年人数(人) | 净利润(万元) | 人均净利润(万元/人) |
|---|---|---|---|---|---|
| 25 | 杭州工商信托 | 194 | 193 | 63 769.00 | 328.00 |
| 26 | 爱建信托 | 401 | 282 | 111 528.37 | 326.11 |
| 27 | 华鑫信托 | 197 | 200 | 59 879.10 | 318.51 |
| 28 | 建信信托 | 383 | 372 | 205 586.40 | 291.82 |
| 29 | 光大兴陇信托 | 491 | 309 | 111 665.56 | 279.86 |
| 30 | 西藏信托 | 104 | 101 | 27 357.16 | 263.05 |
| 31 | 北京信托 | 268 | 260 | 83 299.88 | 260.00 |
| 32 | 中国民生信托 | 487 | 394 | 107 986.08 | 255.61 |
| 33 | 东莞信托 | 210 | 176 | 46 409.13 | 240.46 |
| 34 | 长城新盛信托 | 101 | 106 | 24 563.20 | 237.33 |
| 35 | 紫金信托 | 175 | 158 | 44 763.38 | 234.36 |
| 36 | 苏州信托 | 160 | 144 | 37 637.02 | 232.33 |
| 37 | 国元信托 | 162 | 155 | 36 820.51 | 232.31 |
| 38 | 华澳信托 | 207 | 164 | 41 041.62 | 229.48 |
| 39 | 浙金信托 | 311 | 364 | 15 391.84 | 227.00 |
| 40 | 国联信托 | 81 | 74 | 19 556.00 | 222.22 |
| 41 | 中建投信托 | 429 | 407 | 91 583.12 | 220.55 |
| 42 | 厦门国际信托 | 230 | 223 | 51 831.00 | 208.90 |
| 43 | 国通信托 | 359 | 317 | 65 178.99 | 192.84 |
| 44 | 北方信托 | 276 | 167 | 41 944.98 | 176.61 |
| 45 | 万向信托 | 360 | 244 | 50 549.13 | 167.38 |
| 46 | 中原信托 | 257 | 257 | 41 488.88 | 160.81 |
| 47 | 新时代信托 | 235 | 234 | 37 249.56 | 158.51 |
| 48 | 陆家嘴信托 | 312 | 298 | 44 097.12 | 147.98 |
| 49 | 国投泰康信托 | 214 | 207 | 65 205.92 | 142.06 |
| 50 | 吉林信托 | 166 | 172 | 35 003.99 | 135.49 |
| 51 | 西部信托 | 296 | 255 | 32 836.42 | 118.97 |
| 52 | 金谷信托 | 151 | 145 | 17 184.74 | 116.11 |
| 53 | 中融信托 | 804 | 1974 | 214 223.14 | 113.12 |
| 54 | 云南信托 | 320 | 266 | 29 571.16 | 101.00 |
| 55 | 四川信托 | 734 | 749 | 77 825.32 | 99.88 |
| 56 | 大业信托 | 161 | 161 | 15 726.35 | 97.68 |
| 57 | 兴业信托 | 576 | 566 | 136 038.45 | 96.11 |
| 58 | 中泰信托 | 130 | 174 | 14 413.94 | 94.83 |
| 59 | 陕国投 | 599 | 498 | 31 947.42 | 58.25 |
| 60 | 长安信托 | 659 | 659 | 35 613.18 | 53.09 |
| 61 | 国民信托 | 235 | 247 | 11 903.04 | 49.29 |
| 62 | 新华信托 | 155 | 167 | 5 847.42 | 36.32 |
| 63 | 中江信托 | 287 | 265 | 7 757.08 | 27.03 |
| 64 | 中粮信托 | 231 | 215 | 2 582.77 | 20.56 |
| 65 | 华融信托 | 353 | 391 | 5 390.15 | 14.61 |
| 66 | 山西信托 | 237 | 233 | 1 408.48 | 4.71 |
| 67 | 华宸信托 | 80 | 80 | −11 924.22 | −149.05 |
| 68 | 安信信托 | 425 | 257 | −183 390.36 | −537.80 |
| 合计 | | 20 145.00 | 20 142.00 | 6 055 950.42 | 300.64 |

注:1. 人均净利润以各家公司披露金额为准。

2. 山东信托、陕国投、安信信托未披露人均净利润,我们采用本期净利润/全年平均人数计算得出。

3. 合计行的人均利润我们也采用本期所有公司净利润合计数/(2017 年人数 +2018 年人数) ×2 计算得出。

68 家公司总体的平均人均净利润为 300. 64 万元,较 2017 年的 360. 11 万元降幅较大,下降了 16. 51%,仅有 17 家公司增加,其余 51 家公司均减少。人均利润在 1 000 万元以上的有 3 家公司,100 万元以下的增至 14 家信托公司。

**表 3 -3 -10　信托公司人均利润分布情况**

| 项目 | 2018 年 | 2017 年 |
|---|---|---|
| | 家数(家) | 家数(家) |
| 1 000 万元以上 | 3 | 3 |
| 500 万 ~1 000 万元 | 7 | 13 |
| 100 万 ~500 万元 | 44 | 45 |
| 100 万元以下 | 14 | 7 |
| 合计 | 68 | 68 |

## (五)信托公司资本利润率排行榜

**表 3 -3 -11　信托公司资本利润率排行榜**

| 排名 | 公司简称 | 2018 年(%) | 2017 年(%) | 增减额 |
|---|---|---|---|---|
| 1 | 长城新盛信托 | 30. 99 | 30. 89 | 0. 10 |
| 2 | 中海信托 | 28. 92 | 17. 11 | 11. 81 |
| 3 | 中江信托 | 21. 83 | 21. 83 | 0. 00 |
| 4 | 爱建信托 | 20. 30 | 20. 32 | -0. 02 |
| 5 | 万向信托 | 18. 82 | 25. 26 | -6. 44 |
| 6 | 外贸信托 | 18. 07 | 19. 48 | -1. 41 |
| 7 | 华能信托 | 17. 62 | 17. 92 | -0. 30 |
| 8 | 中航信托 | 17. 15 | 20. 29 | -3. 14 |
| 9 | 杭州工商信托 | 16. 72 | 16. 91 | -0. 19 |
| 10 | 建信信托 | 16. 37 | 17. 17 | -0. 80 |
| 11 | 中铁信托 | 16. 11 | 20. 48 | -4. 37 |
| 12 | 光大兴陇信托 | 15. 96 | 10. 96 | 5. 00 |
| 13 | 五矿信托 | 14. 49 | 13. 67 | 0. 82 |
| 14 | 中信信托 | 14. 03 | 16. 68 | -2. 65 |
| 15 | 湖南信托 | 13. 90 | 23. 56 | -9. 66 |
| 16 | 百瑞信托 | 13. 66 | 15. 81 | -2. 15 |
| 17 | 华宝信托 | 13. 61 | 15. 30 | -1. 69 |
| 18 | 中建投信托 | 13. 05 | 16. 14 | -3. 09 |
| 19 | 重庆信托 | 12. 93 | 17. 13 | -4. 20 |
| 20 | 江苏信托 | 12. 74 | 15. 22 | -2. 48 |
| 21 | 国通信托 | 12. 47 | 12. 27 | 0. 20 |
| 22 | 西藏信托 | 12. 26 | 22. 71 | -10. 45 |
| 23 | 天津信托 | 12. 05 | 12. 43 | -0. 38 |
| 24 | 紫金信托 | 12. 01 | 12. 21 | -0. 20 |
| 25 | 云南信托 | 11. 97 | 11. 24 | 0. 73 |
| 26 | 华润信托 | 11. 88 | 12. 69 | -0. 81 |
| 27 | 中融信托 | 11. 48 | 18. 29 | -6. 81 |
| 28 | 粤财信托 | 11. 43 | 18. 74 | -7. 31 |
| 29 | 华澳信托 | 11. 34 | 10. 83 | 0. 51 |
| 30 | 东莞信托 | 11. 04 | 10. 11 | 0. 93 |
| 31 | 平安信托 | 11. 00 | 12. 82 | -1. 82 |
| 32 | 华鑫信托 | 10. 83 | 14. 40 | -3. 57 |
| 33 | 上海信托 | 10. 41 | 14. 54 | -4. 13 |
| 34 | 四川信托 | 10. 27 | 14. 27 | -4. 00 |
| 35 | 国投泰康信托 | 10. 20 | 13. 95 | -3. 75 |
| 36 | 中国民生信托 | 10. 20 | 17. 56 | -7. 36 |
| 37 | 交银国际信托 | 10. 02 | 11. 44 | -1. 42 |
| 38 | 陆家嘴信托 | 9. 99 | 12. 75 | -2. 76 |
| 39 | 厦门国际信托 | 9. 90 | 15. 95 | -6. 05 |

续表

| 排名 | 公司简称 | 2018年(%) | 2017年(%) | 增减额 |
|---|---|---|---|---|
| 40 | 北方信托 | 9.71 | 10.22 | -0.51 |
| 41 | 北京信托 | 9.64 | 12.61 | -2.97 |
| 42 | 山东信托 | 9.33 | 11.55 | -2.22 |
| 43 | 吉林信托 | 9.03 | 16.26 | -7.23 |
| 44 | 苏州信托 | 8.95 | 11.71 | -2.76 |
| 45 | 渤海信托 | 8.62 | 13.60 | -4.98 |
| 46 | 大业信托 | 8.58 | 24.57 | -15.99 |
| 47 | 英大信托 | 8.15 | 0.00 | 8.15 |
| 48 | 兴业信托 | 7.95 | 9.56 | -1.61 |
| 49 | 浙金信托 | 7.75 | 11.19 | -3.44 |
| 50 | 昆仑信托 | 7.69 | 9.38 | -1.69 |
| 51 | 中诚信托 | 7.05 | 8.20 | -1.15 |
| 52 | 华信信托 | 6.83 | 8.28 | -1.45 |
| 53 | 西部信托 | 6.43 | 5.45 | 0.98 |
| 54 | 国元信托 | 5.65 | 7.69 | -2.04 |
| 55 | 长安信托 | 5.32 | 15.61 | -10.29 |
| 56 | 中原信托 | 5.02 | 9.91 | -4.89 |
| 57 | 国民信托 | 4.76 | 4.73 | 0.03 |
| 58 | 新时代信托 | 4.51 | 7.16 | -2.65 |
| 59 | 金谷信托 | 4.38 | 7.59 | -3.21 |
| 60 | 国联信托 | 4.09 | 5.39 | -1.30 |
| 61 | 中泰信托 | 3.36 | 5.84 | -2.48 |
| 62 | 陕国投 | 1.74 | 4.50 | -2.76 |
| 63 | 中粮信托 | 1.08 | 11.66 | -10.58 |
| 64 | 新华信托 | 0.98 | 1.85 | -0.87 |
| 65 | 山西信托 | 0.57 | 4.15 | -3.58 |
| 66 | 华融信托 | 0.57 | 10.94 | -10.37 |
| 67 | 安信信托 | -0.32 | 24.53 | -24.84 |
| 68 | 华宸信托 | -11.03 | 4.25 | -15.28 |
| 平均 | | 10.04 | 15.38 | -5.34 |

注:1. 资本利润率 = 净利润/所有者权益平均余额 ×100%。
2. 我们以各信托公司审计报告中披露的数字为准。
3. 陕国投、安信信托、山东信托未披露2018年资本利润率,我们采用公式计算得出2018年资本利润率。

2018年68家信托公司平均资本利润率为10.04%,比2017年降低了5.34个百分点,有53家公司的资本利润率都出现下降,具体比例分布详见表3-3-12。

**表3-3-12 信托公司平均资本利润率分布情况**

| 项目 | 2018年 | 2017年 |
|---|---|---|
| 20%以上 | 4.00 | 10.00 |
| 10%~20% | 33.00 | 41.00 |
| 5%~10% | 19.00 | 11.00 |
| 5%以下 | 12.00 | 6.00 |
| 合计 | 68.00 | 68.00 |

## (六)信托公司风控指标排行榜

根据《信托公司净资本管理办法》(中国银行业监督管理委员会令2010年第5号)的有关规定,信托公司需达到以下风险控制指标要求:

(1)信托公司净资本不得低于20 000万元。

(2)信托公司净资本不得低于各项风险资本之和的100%。

(3)信托公司净资本不得低于净资产的40%。

2018年68家信托公司中有1家公司未披露其净资本和各项风险资本,披露的67家信托公司全部符合监管要求。

表3-3-13　信托公司风控指标排行榜（以净资本与各项业务风险资本之比大小排序）

| 排名 | 公司简称 | 净资本（亿元） | 各项业务风险资本（亿元） | 风险覆盖率（%） | 净资本与净资产之比（%） |
|---|---|---|---|---|---|
| 1 | 华宸信托 | 5.93 | 1.14 | 520.08 | 59.85 |
| 2 | 中泰信托 | 33.31 | 6.50 | 512.71 | 77.00 |
| 3 | 英大信托 | 69.10 | 15.81 | 437.00 | 82.00 |
| 4 | 华信信托 | 82.37 | 21.21 | 388.43 | 68.32 |
| 5 | 苏州信托 | 28.71 | 9.95 | 288.64 | 77.30 |
| 6 | 中铁信托 | 69.84 | 24.79 | 281.69 | 81.17 |
| 7 | 长城新盛信托 | 8.30 | 2.98 | 278.13 | 90.66 |
| 8 | 湖南信托 | 65.80 | 23.79 | 276.61 | 87.56 |
| 9 | 中江信托 | 47.41 | 17.25 | 274.84 | 63.66 |
| 10 | 东莞信托 | 46.85 | 17.96 | 260.85 | 86.47 |
| 11 | 重庆信托 | 190.75 | 73.63 | 259.08 | 84.88 |
| 12 | 厦门国际信托 | 44.90 | 17.58 | 255.37 | 89.36 |
| 13 | 江苏信托 | 149.99 | 59.39 | 252.55 | 84.31 |
| 14 | 中融信托 | 157.05 | 64.44 | 243.72 | 91.26 |
| 15 | 中原信托 | 65.55 | 26.92 | 243.46 | 77.92 |
| 16 | 金谷信托 | 29.69 | 13.06 | 227.40 | 73.99 |
| 17 | 中海信托 | 54.44 | 24.80 | 219.55 | 86.74 |
| 18 | 华宝信托 | 65.90 | 30.40 | 216.83 | 67.24 |
| 19 | 华能信托 | 160.84 | 75.06 | 214.26 | 87.17 |
| 20 | 华润信托 | 108.74 | 51.33 | 211.83 | 55.20 |
| 21 | 陕国投 | 75.18 | 35.91 | 209.36 | 72.19 |
| 22 | 中国民生信托 | 86.73 | 41.78 | 207.60 | 80.64 |
| 23 | 国民信托 | 21.85 | 10.57 | 206.67 | 85.35 |
| 24 | 华澳信托 | 31.15 | 15.18 | 205.20 | 54.57 |
| 25 | 云南信托 | 22.39 | 11.05 | 203.00 | 85.00 |
| 26 | 中诚信托 | 115.17 | 57.23 | 201.24 | 68.65 |
| 27 | 新华信托 | 36.38 | 18.18 | 200.06 | 61.18 |
| 28 | 天津信托 | 27.21 | 13.78 | 197.47 | 52.95 |
| 29 | 上海信托 | 117.50 | 59.62 | 197.09 | 86.37 |
| 30 | 北京信托 | 64.99 | 33.80 | 192.28 | 74.50 |
| 31 | 平安信托 | 171.45 | 89.21 | 192.20 | 82.80 |
| 32 | 外贸信托 | 104.82 | 55.04 | 190.45 | 82.82 |
| 33 | 中信信托 | 168.00 | 88.00 | 190.18 | 69.25 |
| 34 | 中建投信托 | 60.40 | 32.13 | 187.96 | 81.65 |
| 35 | 国元信托 | 56.60 | 30.66 | 184.64 | 86.27 |
| 36 | 紫金信托 | 32.00 | 17.42 | 183.69 | 83.66 |
| 37 | 新时代信托 | 71.53 | 39.40 | 181.53 | 84.62 |
| 38 | 山西信托 | 14.28 | 8.27 | 172.67 | 74.80 |
| 39 | 渤海信托 | 80.73 | 46.89 | 172.16 | 67.09 |
| 40 | 吉林信托 | 18.64 | 10.89 | 171.15 | 51.28 |
| 41 | 光大兴陇信托 | 82.93 | 48.48 | 171.06 | 92.44 |
| 42 | 昆仑信托 | 108.33 | 63.48 | 170.65 | 84.42 |
| 43 | 兴业信托 | 130.46 | 76.83 | 170.00 | 83.00 |
| 44 | 四川信托 | 56.60 | 33.51 | 169.00 | 75.00 |
| 45 | 百瑞信托 | 59.37 | 35.59 | 166.80 | 76.16 |
| 46 | 国联信托 | 36.20 | 22.05 | 164.16 | 77.33 |
| 47 | 西藏信托 | 19.21 | 12.00 | 160.07 | 85.56 |
| 48 | 华鑫信托 | 54.82 | 34.42 | 159.28 | 83.86 |
| 49 | 中粮信托 | 38.08 | 24.29 | 157.00 | 89.00 |
| 50 | 杭州工商信托 | 30.77 | 20.27 | 151.79 | 77.52 |
| 51 | 长安信托 | 46.28 | 32.13 | 144.00 | 71.00 |
| 52 | 北方信托 | 27.83 | 19.39 | 143.56 | 64.01 |
| 53 | 万向信托 | 26.77 | 18.79 | 142.41 | 91.07 |
| 54 | 爱建信托 | 51.64 | 36.49 | 141.53 | 79.59 |
| 55 | 五矿信托 | 105.13 | 77.00 | 136.54 | 85.04 |

续表

| 排名 | 公司简称 | 净资本(亿元) | 各项业务风险资本(亿元) | 风险覆盖率(%) | 净资本与净资产之比(%) |
|---|---|---|---|---|---|
| 56 | 中航信托 | 101.48 | 74.41 | 136.38 | 86.04 |
| 57 | 粤财信托 | 54.97 | 40.60 | 135.38 | 87.04 |
| 58 | 华融信托 | 68.85 | 51.98 | 132.46 | 75.69 |
| 59 | 陆家嘴信托 | 37.96 | 28.70 | 132.27 | 78.17 |
| 60 | 大业信托 | 15.98 | 12.34 | 129.57 | 83.43 |
| 61 | 交银国际信托 | 100.31 | 77.90 | 128.80 | 90.90 |
| 62 | 西部信托 | 43.00 | 34.54 | 124.48 | 94.42 |
| 63 | 建信信托 | 81.01 | 65.13 | 124.38 | 62.91 |
| 64 | 国投泰康信托 | 46.88 | 37.72 | 124.30 | 70.02 |
| 65 | 安信信托 | 66.98 | 56.48 | 118.59 | 55.58 |
| 66 | 国通信托 | 44.69 | 38.73 | 115.38 | 80.50 |
| 67 | 浙金信托 | 15.37 | 13.97 | 110.07 | 74.29 |
| 合计 | | 4 468.89 | 2 380.22 | 187.75 | 77.16 |

注:1. 合计的净资本与各项业务风险资本之比 =67 家净资本合计/67 家各项业务风险资本。
2. 合计的净资本与净资产之比 =67 家净资本合计/67 家公司报表披露净资产之和。

2018 年,68 家信托公司除山东信托未披露外,其余 67 家净资本合计 4 468.89 亿元,有 2 家公司低于 10 亿元;净资本与各项业务风险资本之比为 187.75%,其中最低的也有 110.07%;净资本与净资产之比为 77.16%,其中最低的为 51.28%,均超过监管要求。

## (七)信托风险赔偿率排行榜

**表 3-3-14 信托风险赔偿率排行榜**

| 排名 | 公司简称 | 信托风险准备金(万元) | 信托资产总额(万元) | 信托风险赔偿率(%) |
|---|---|---|---|---|
| 1 | 华宸信托 | 7 123.48 | 219 913.77 | 3.239 |
| 2 | 平安信托 | 467 994.10 | 53 412 359.98 | 0.876 |
| 3 | 华信信托 | 71 219.39 | 10 163 370.30 | 0.701 |
| 4 | 新华信托 | 122 489.10 | 17 901 702.62 | 0.684 |
| 5 | 中泰信托 | 16 829.72 | 2 875 574.71 | 0.585 |
| 6 | 山西信托 | 23 763.74 | 4 528 682.66 | 0.525 |
| 7 | 杭州工商信托 | 26 950.00 | 5 241 772.00 | 0.514 |
| 8 | 重庆信托 | 95 181.70 | 19 046 912.83 | 0.500 |
| 9 | 东莞信托 | 28 802.40 | 6 033 010.73 | 0.477 |
| 10 | 北京信托 | 106 788.00 | 22 699 570.76 | 0.470 |
| 11 | 吉林信托 | 40 770.20 | 8 728 398.80 | 0.467 |
| 12 | 湖南信托 | 49 667.81 | 11 841 338.00 | 0.419 |
| 13 | 中铁信托 | 167 616.82 | 42 660 827.00 | 0.393 |
| 14 | 国联信托 | 27 271.00 | 8 087 140.00 | 0.337 |
| 15 | 中粮信托 | 53 664.65 | 16 375 708.15 | 0.328 |
| 16 | 山东信托 | 75 607.30 | 23 750 676.64 | 0.318 |
| 17 | 安信信托 | 72 043.86 | 23 367 843.70 | 0.308 |
| 18 | 江苏信托 | 123 590.36 | 40 733 140.20 | 0.303 |
| 19 | 四川信托 | 97 868.40 | 32 348 784.94 | 0.303 |
| 20 | 百瑞信托 | 57 364.45 | 19 076 180.20 | 0.301 |
| 21 | 国元信托 | 58 324.02 | 19 776 305.20 | 0.295 |
| 22 | 国投泰康信托 | 73 638.12 | 26 933 411.03 | 0.273 |
| 23 | 苏州信托 | 22 559.00 | 8 444 962.96 | 0.267 |
| 24 | 中建投信托 | 41 727.84 | 16 938 947.12 | 0.246 |
| 25 | 中国民生信托 | 43 534.04 | 18 138 911.23 | 0.240 |
| 26 | 中江信托 | 31 346.93 | 13 686 180.11 | 0.229 |
| 27 | 国通信托 | 55 229.82 | 24 844 251.62 | 0.222 |
| 28 | 天津信托 | 31 472.83 | 14 931 752.43 | 0.211 |
| 29 | 爱建信托 | 52 065.12 | 25 412 324.45 | 0.205 |

续表

| 排名 | 公司简称 | 信托风险准备金（万元） | 信托资产总额（万元） | 信托风险赔偿率（%） |
|---|---|---|---|---|
| 30 | 上海信托 | 153 885.69 | 76 868 476.77 | 0.200 |
| 31 | 中诚信托 | 62 198.49 | 31 318 526.43 | 0.199 |
| 32 | 华宝信托 | 100 851.61 | 53 482 292.69 | 0.189 |
| 33 | 华融信托 | 37 221.67 | 19 856 521.84 | 0.187 |
| 34 | 中融信托 | 122 405.23 | 65 466 498.96 | 0.187 |
| 35 | 外贸信托 | 83 214.86 | 44 905 978.77 | 0.185 |
| 36 | 厦门国际信托 | 35 133.00 | 19 497 640.00 | 0.180 |
| 37 | 昆仑信托 | 51 483.92 | 29 447 708.71 | 0.175 |
| 38 | 新时代信托 | 57 368.98 | 35 312 322.38 | 0.162 |
| 39 | 中海信托 | 58 993.83 | 37 012 842.51 | 0.159 |
| 40 | 中原信托 | 28 205.12 | 17 957 182.67 | 0.157 |
| 41 | 大业信托 | 21 955.58 | 14 105 386.92 | 0.156 |
| 42 | 北方信托 | 36 233.50 | 23 849 086.07 | 0.152 |
| 43 | 交银国际信托 | 131 871.37 | 87 052 154.49 | 0.151 |
| 44 | 陆家嘴信托 | 33 900.73 | 23 323 711.02 | 0.145 |
| 45 | 粤财信托 | 38 205.39 | 27 072 592.63 | 0.141 |
| 46 | 五矿信托 | 79 830.70 | 59 939 679.14 | 0.133 |
| 47 | 华澳信托 | 15 899.05 | 12 793 171.25 | 0.124 |
| 48 | 华润信托 | 118 417.79 | 95 491 944.59 | 0.124 |
| 49 | 英大信托 | 39 514.12 | 31 895 360.29 | 0.124 |
| 50 | 长城新盛信托 | 3 330.52 | 2 767 729.95 | 0.120 |
| 51 | 金谷信托 | 16 426.24 | 14 009 609.97 | 0.117 |
| 52 | 华能信托 | 84 514.73 | 72 789 739.76 | 0.116 |
| 53 | 华鑫信托 | 29 484.66 | 25 825 405.50 | 0.114 |
| 54 | 紫金信托 | 17 385.22 | 15 728 707.94 | 0.111 |
| 55 | 西部信托 | 35 285.53 | 32 080 344.64 | 0.110 |
| 56 | 中信信托 | 177 629.83 | 165 219 704.37 | 0.108 |
| 57 | 中航信托 | 66 462.18 | 63 269 867.23 | 0.105 |
| 58 | 陕国投 | 29 196.20 | 28 952 434.37 | 0.101 |
| 59 | 长安信托 | 46 965.20 | 52 053 924.89 | 0.090 |
| 60 | 兴业信托 | 64 811.02 | 72 894 840.15 | 0.089 |
| 61 | 西藏信托 | 28 090.32 | 32 189 666.45 | 0.087 |
| 62 | 渤海信托 | 49 300.29 | 62 033 224.29 | 0.079 |
| 63 | 万向信托 | 12 263.90 | 16 116 942.54 | 0.076 |
| 64 | 云南信托 | 17 808.12 | 23 612 561.37 | 0.075 |
| 65 | 浙金信托 | 7 150.73 | 10 805 206.45 | 0.066 |
| 66 | 光大兴陇信托 | 26 881.36 | 58 062 985.42 | 0.046 |
| 67 | 国民信托 | 13 508.56 | 38 556 657.74 | 0.035 |
| 68 | 建信信托 | 48 886.80 | 140 393 891.69 | 0.035 |
| 合计 | | 4 224 676.25 | 2 272 212 476.98 | 0.186 |
| 平均 | | 62 127.59 | 33 414 889.37 | |

2018 年，68 家信托公司的平均信托风险赔偿率为 0.186%，有 34 家公司超过平均值。

# 第四章　固有资产报表总体分析

本章汇总了2018年68家信托公司固有资产部分的合并报表和单体报表，对于没有合并报表的公司我们在合并报表统计中汇总了单体报表数据；这些报表包括资产负债表、利润表、所有者权益变动表。汇总成报表代表中国信托行业固有资产整体状况，以此来分析中国信托公司固有资产整体的财务状况和经营成果。

## 一、合并报表数据

### (一)固有资产财务状况总体分析

表4-1-1　2018年固有资产汇总资产负债表

单位：万元

| 资产 | 年末数 | 年初数 | 负债和所有者权益 | 年末数 | 年初数 |
|---|---|---|---|---|---|
| 现金及存放中央银行款项 | 4 252 172.36 | 3 307 992.47 | 同业及其他金融机构存放款项 | 553 881.33 | 873 707.24 |
| 存放同业款项 | 1 934 086.97 | 3 268 261.06 | 向中央银行借款 | 61 100.00 | 143 820.00 |
| 贵金属 | — | — | 短期借款 | 2 043 075.65 | 1 978 932.12 |
| 其他货币资金 | — | — | 拆入资金 | 15 253 012.82 | 13 704 948.46 |
| 拆出资金 | 1 400 402.16 | 577 333.99 | 交易性金融负债 | 1 142 330.54 | 1 210 960.96 |
| 货币资金 | 6 622 577.97 | 6 841 471.60 | 衍生金融负债 | 8 082.56 | 3 091.27 |
| 交易性金融资产 | 13 766 304.05 | 8 449 141.47 | 卖出回购金融资产款 | 4 534 571.39 | 5 421 792.22 |
| 衍生金融资产 | 360 629.67 | 143 389.29 | 存入保证金 | 324 346.69 | 281 489.18 |
| 买入返售金融资产 | 4 094 198.97 | 5 824 968.87 | 应付款项 | 113 134.76 | 24 545.69 |
| 应收利息 | 268 745.07 | 214 351.32 | 应付手续费及佣金 | 6 570.06 | 7 474.07 |
| 应收股利 | 21 154.69 | 14 577.15 | 预收款项 | 640 962.13 | 721 352.45 |
| 分为贷款和应收款类的投资 | 5 068 138.98 | 6 223 283.48 | 应付职工薪酬 | 2 157 461.82 | 2 217 362.58 |
| 应收手续费及佣金 | 26 750.79 | 6 630.88 | 应交税费 | 1 823 284.65 | 1 293 495.92 |
| 应收款项 | 5 965 851.65 | 6 353 366.28 | 代理买卖证券款 | 2 801 209.00 | 2 591 168.46 |
| 结算备付金 | 980 895.19 | 710 586.55 | 代理业务负债 | 1 596.82 | 1 617.19 |
| 存出保证金 | 225 141.48 | 190 768.75 | 应付利息 | 140 882.38 | 121 949.70 |
| 其他应收款 | 1 753 983.85 | 1 538 947.01 | 应付股利 | 138 640.76 | 86 679.69 |
| 预付款项 | 25 275.68 | 22 385.85 | 其他应付款 | 2 157 234.75 | 2 624 634.42 |
| 存货 | 82 753.67 | 43 994.41 | 一年内到期的非流动负债 | 284 840.99 | 146 794.35 |
| 其他流动资产 | 438 793.67 | 306 153.97 | 其他流动负债 | 347 234.07 | 354 759.21 |
| 流动资产合计 | 47 287 856.87 | 44 037 604.42 | 流动负债合计 | 34 533 453.16 | 33 810 575.17 |
| 发放贷款和垫款 | 12 556 700.04 | 10 411 696.60 | 长期借款 | 153 324.86 | 598 309.00 |
| 可供出售金融资产 | 33 497 559.75 | 33 272 987.75 | 应付债券 | 5 669 479.57 | 3 704 707.47 |
| 长期应收款 | — | — | 递延收益 | 21 624.76 | 20 886.94 |
| 长期股权投资 | 7 659 949.23 | 6 640 694.66 | 长期应付款 | 69 159.30 | 66 746.21 |
| 投资性房地产 | 139 163.58 | 104 813.27 | 预计负债 | 453 123.02 | 377 018.34 |
| 持有至到期投资 | 5 864 303.07 | 4 153 960.96 | 递延所得税负债 | 184 745.18 | 376 701.27 |
| 固定资产 | 425 705.19 | 420 289.75 | 其他负债 | 9 934 557.20 | 8 050 706.46 |
| 固定资产清理 | — | — | 长期负债合计 | 16 486 013.88 | 13 195 075.69 |
| 在建工程 | 92 390.90 | 114 182.38 | 负债合计 | 51 019 467.04 | 47 005 650.86 |
| 无形资产 | 156 256.03 | 478 963.82 | 所有者权益 | | |
| 开发支出 | 954.19 | 124.09 | 实收资本(或股本) | 26 334 437.28 | 24 412 867.61 |
| 长期待摊费用 | 36 978.13 | 18 083.59 | 资本公积 | 6 989 458.90 | 5 356 120.41 |
| 递延所得税资产 | 1 436 637.06 | 1 185 388.46 | 其他综合收益 | -91 720.15 | 638 707.74 |
| 抵债资产 | 2 546.64 | 2 070.12 | 盈余公积 | 4 571 682.88 | 4 024 851.40 |
| 代理业务资产 | — | — | 信托赔偿准备金 | 1 129 092.11 | 968 394.68 |

续表

| 资产 | 年末数 | 年初数 | 负债和所有者权益 | 年末数 | 年初数 |
|---|---|---|---|---|---|
| 商誉 | 64 512.77 | 64 544.69 | 一般风险准备 | 3 095 584.14 | 2 726 057.34 |
| 信托受益权 | 195 499.44 | 114 159.25 | 未分配利润 | 17 856 184.19 | 16 554 471.69 |
| 其他非流动资产 | 4 660 406.23 | 3 562 040.41 | 归属于母公司所有者权益合计 | 59 884 719.35 | 54 681 470.87 |
| 非流动资产合计 | 66 789 562.27 | 60 543 999.80 | 少数股东权益 | 3 173 232.75 | 2 894 482.48 |
| | | | 所有者权益合计 | 63 057 952.10 | 57 575 953.35 |
| 资产总计 | 114 077 419.14 | 104 581 604.21 | 负债和所有者权益总计 | 114 077 419.14 | 104 581 604.21 |

注：其他非流动资产中包含报表尾差。

我们对资产负债表按大类进行了分析，其增减变动情况见表4－1－2。

**表4－1－2　2018年固有资产汇总简式资产负债表增减变动明细**

| 项目 | 2018年（万元） | 2017年（万元） | 增减额（万元） | 增减率（%） | 平均每户增减（万元） |
|---|---|---|---|---|---|
| 流动资产 | 47 287 856.87 | 44 037 604.42 | 3 250 252.46 | 7.38 | 47 797.83 |
| 非流动资产 | 66 789 562.27 | 60 543 999.80 | 6 245 562.47 | 10.32 | 91 846.51 |
| 资产合计 | 114 077 419.14 | 104 581 604.21 | 9 495 814.93 | 9.08 | 139 644.34 |
| 流动负债 | 34 533 453.16 | 33 810 575.17 | 722 877.99 | 2.14 | 10 630.56 |
| 长期负债 | 16 486 013.88 | 13 195 075.69 | 3 290 938.19 | 24.94 | 48 396.15 |
| 负债合计 | 51 019 467.04 | 47 005 650.86 | 4 013 816.18 | 8.54 | 59 026.71 |
| 归属于母公司所有者权益 | 59 884 719.35 | 54 681 470.87 | 5 203 248.48 | 9.52 | 76 518.36 |
| 少数股东权益 | 3 173 232.75 | 2 894 482.48 | 278 750.26 | 9.63 | 4 099.27 |
| 所有者权益合计 | 63 057 952.10 | 57 575 953.35 | 5 481 998.75 | 9.52 | 80 617.63 |
| 资产负债率（%） | 44.72 | 44.95 | −0.22 | −0.50 | |

2018年信托行业固有资产总规模为11 407.74亿元，比2017年增加了949.58亿元，增幅为9.08%。其中主要为非流动资产增加了624.56亿元，导致资产增长率增长。负债总额为5 101.95亿元，比2017年增加了401.38亿元，增幅为8.54%。所有者权益增加了548.20亿元，主要是实收资本及未分配利润增加导致。

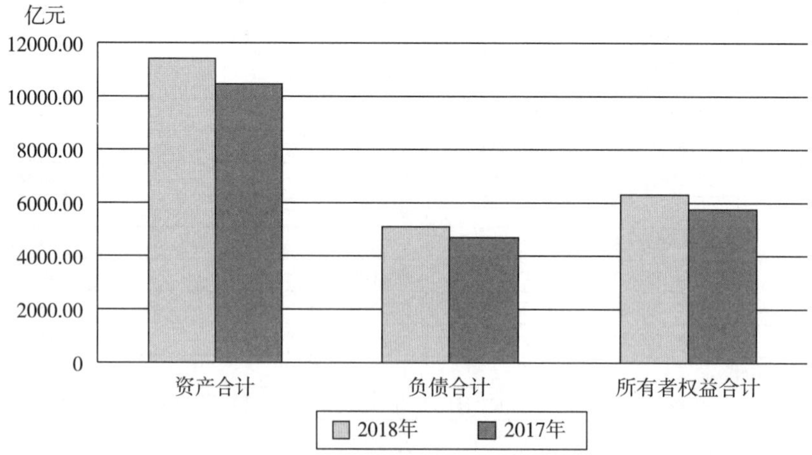


**图4－1－1　固定资产汇总资产负债情况**

2018年信托行业固有资产资产负债率为44.72%，较上年略有下降，主要是资产增长率大于负债增长率所致。

## (二)固有资产经营成果总体分析

表4-1-3 2018年汇总利润表

| 项目 | 本年实际数(万元) | 上年实际数(万元) | 增减数 | |
|---|---|---|---|---|
| | | | 金额(万元) | 比例(%) |
| 一、营业总收入 | 12 550 104.17 | 13 771 340.83 | -1 221 236.67 | -8.87 |
| 1. 营业收入 | 338 030.84 | 270 856.70 | 67 174.14 | 24.80 |
| 2. 利息净收入 | 696 444.26 | 864 302.49 | -167 858.24 | -19.42 |
| 利息收入 | 2 101 887.73 | 1 985 351.47 | 116 536.26 | 5.87 |
| 利息支出 | 1 405 443.48 | 1 121 048.98 | 284 394.50 | 25.37 |
| 3. 金融企业往来净收入 | — | — | — | — |
| 金融企业往来收入 | — | — | — | — |
| 金融企业往来支出 | — | — | — | — |
| 4. 手续费及佣金净收入 | 8 782 784.25 | 9 102 703.26 | -319 919.00 | -3.51 |
| 手续费及佣金收入 | 8 972 449.24 | 9 279 859.40 | -307 410.17 | -3.31 |
| 手续费及佣金支出 | 189 664.98 | 177 156.15 | 12 508.84 | 7.06 |
| 5. 租赁收入 | — | 128.50 | -128.50 | -100.00 |
| 6. 投资收益(损失以"-"号填列) | 2 943 147.64 | 3 107 353.13 | -164 205.50 | -5.28 |
| 7. 公允价值变动收益(损失以"-"号填列) | -724 547.60 | 66 523.58 | -791 071.18 | -1 189.16 |
| 8. 汇兑收益(损失以"-"号填列) | 4 507.32 | -6 978.25 | 11 485.57 | -164.59 |
| 9. 其他业务收入 | 509 737.45 | 366 451.42 | 143 286.04 | 39.10 |
| 二、营业总支出 | 4 992 848.60 | 4 567 552.39 | 425 296.21 | 9.31 |
| 1. 营业成本 | 281 583.88 | 212 451.42 | 69 132.46 | 32.54 |
| 2. 营业税金及附加 | 109 761.50 | 118 331.09 | -8 569.59 | -7.24 |
| 3. 业务及销售管理费用 | 3 691 190.97 | 3 681 430.56 | 9 760.42 | 0.27 |
| 4. 财务费用 | — | — | — | — |
| 5. 资产减值损失 | 792 164.44 | 478 008.11 | — | 65.72 |
| 6. 其他业务成本 | 118 147.81 | 77 331.21 | — | 52.78 |
| 三、营业利润(亏损以"-"号填列) | 7 557 255.56 | 9 203 788.44 | -1 646 532.88 | -17.89 |
| 加:营业外收入 | 317 669.51 | 81 550.30 | 236 119.21 | 289.54 |
| 减:营业外支出 | 62 475.52 | 176 730.90 | -114 255.38 | -64.65 |
| 四、利润总额(亏损总额以"-"号填列) | 7 812 449.55 | 9 108 607.84 | -1 296 158.29 | -14.23 |
| 减:所得税费用 | 1 756 499.13 | 1 992 009.55 | -235 510.42 | -11.82 |
| 五、净利润(净亏损以"-"号填列) | 6 055 950.42 | 7 116 598.29 | -1 060 647.88 | -14.90 |
| 六、其他综合收益 | -609 896.11 | -519 908.34 | -89 987.77 | 17.31 |
| 七、综合收益总额 | 5 446 054.31 | 6 596 689.95 | -1 150 635.64 | -17.44 |

注:其他业务收入中包含了其他业务收入、补贴收入和资产处置收入等。

2018 年信托行业汇总净利润为 605. 60 亿元，较上年的 711. 66 亿元减少了 14. 90%；汇总综合收益总额为 544. 61 亿元，减少了 17. 44%。

汇总利润表中，2018 年的营业总收入为 1 255. 01 亿元，下降 8. 87%。其中，手续费及佣金净收入为 897. 24 亿元，占营业总收入的 69. 98%，投资收益为 294. 31 亿元，占营业收入的 23. 45%；营业总支出为 499. 28 亿元，增长 9. 31%，其中业务及销售管理费用 369. 12 亿元，占营业总支出的 73. 93%。

另外，2018 年由于会计政策变更等原因，部分公司对年初数进行了追溯调整，各科目的期初数，与上年年末数有所差异，以本年报告披露数为准。

## （三）固有资产所有者权益总体分析

2018 年，所有者权益为 6 305. 80 亿元，较上年增加 548. 20 亿元，增幅为 9. 52%，其中股本占比为 41. 76%，较上年略有增长；资本公积占比为 11. 08%，较上年增加 30. 49%；其他综合收益占比为 -0. 15%，较上年减少 114. 36%，盈余公积占比为 7. 25%，较上年略有增长，风险准备金占比为 6. 70%，较上年略有增长，未分配利润占比为 28. 32%，与上年基本持平。本年所有者权益结构与上年基本相同，详见表 4 -1 -4。

**表 4 -1 -4　固有资产所有者权益的组成占比**

| 项目 | 2018 年 | | 2017 年 | | 增减 | |
|---|---|---|---|---|---|---|
| | 金额（万元） | 比率（%） | 金额（万元） | 比率（%） | 金额（万元） | 比率（%） |
| 股本 | 26 334 437. 28 | 41. 76 | 24 412 867. 61 | 42. 40 | 1 921 569. 67 | 7. 87 |
| 资本公积 | 6 989 458. 90 | 11. 08 | 5 356 120. 41 | 9. 30 | 1 633 338. 49 | 30. 49 |
| 其他综合收益 | -91 720. 15 | -0. 15 | 638 707. 74 | 1. 11 | -730 427. 89 | -114. 36 |
| 盈余公积 | 4 571 682. 88 | 7. 25 | 4 024 851. 40 | 6. 99 | 546 831. 48 | 13. 59 |
| 风险准备金 | 4 224 676. 25 | 6. 70 | 3 694 452. 02 | 6. 42 | 530 224. 23 | 14. 35 |
| 未分配利润 | 17 856 184. 19 | 28. 32 | 16 554 471. 69 | 28. 75 | 1 301 712. 50 | 7. 86 |
| 归属于母公司所有者权益合计 | 59 884 719. 35 | 94. 97 | 54 681 470. 87 | 94. 97 | 5 203 248. 48 | 9. 52 |
| 少数股东权益 | 3 173 232. 75 | 5. 03 | 2 894 482. 48 | 5. 03 | 278 750. 26 | 9. 63 |
| 所有者权益合计 | 63 057 952. 10 | 100. 00 | 57 575 953. 35 | 100. 00 | 5 481 998. 75 | 9. 52 |

68 家公司 2018 年股本共增加 192. 16 亿元，2018 年股本发生变动的情况分析见第一章。

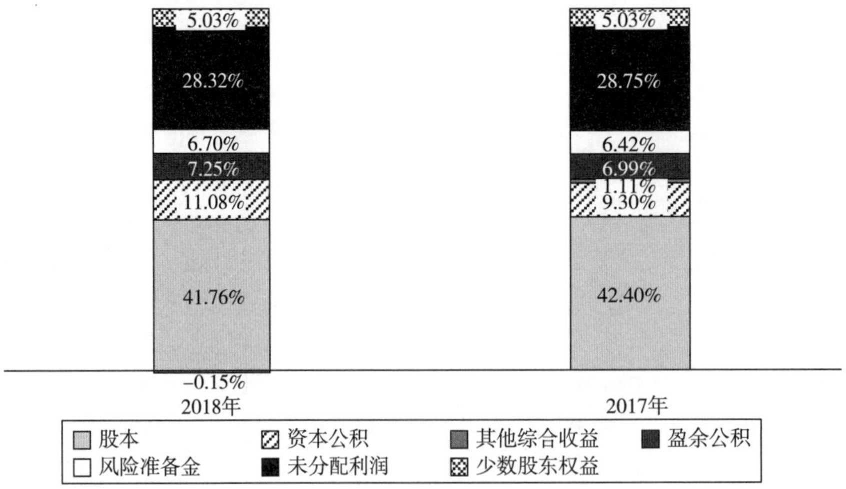


注：在编制汇总所有者权益变动表中，存在部分公司与资产负债表数据上的尾差，汇总时未将尾差调整。

**图 4 -1 -2　2017—2018 年固有资产所有者权益结构**

表 4-1-5　2018 年汇总所有者权益变动表

单位：万元

| 项目 | 本年金额 | | | | | | | | |
|---|---|---|---|---|---|---|---|---|---|
| | 归属于母公司所有者权益 | | | | | | | 少数股东权益 | 所有者权益合计 |
| | 实收资本（或股本） | 资本公积 | 其他综合收益 | 盈余公积 | 信托赔偿准备 | 一般风险准备 | 未分配利润 | | |
| 一、上年年末余额 | 24 412 867. 62 | 5 326 120. 41 | 661 947. 00 | 4 022 325. 20 | 967 132. 54 | 2 726 151. 73 | 16 538 671. 79 | 2 894 482. 49 | 57 549 698. 78 |
| 加：会计政策变更 | — | — | -68 692. 62 | 2 526. 22 | 1 263. 11 | -93. 31 | 36 205. 44 | 375. 69 | -28 415. 47 |
| 前期差错更正 | — | — | — | — | — | — | — | — | — |
| 其他 | — | 30 000. 00 | 3 702. 09 | 21. 79 | 10. 90 | — | 1 110. 46 | — | 34 845. 24 |
| 二、本年年初余额 | 24 412 867. 62 | 5 356 120. 41 | 596 956. 47 | 4 024 873. 21 | 968 406. 55 | 2 726 058. 42 | 16 575 987. 69 | 2 894 858. 18 | 57 556 128. 55 |
| 三、本年增减变动金额（减少以"-"号填列 | 1 921 569. 67 | 1 663 337. 48 | -688 673. 62 | 546 809. 66 | 160 685. 54 | 369 503. 13 | 1 280 291. 04 | 278 373. 57 | 5 531 896. 48 |
| （一）净利润 | — | -3 380. 28 | -688 673. 62 | — | — | — | 5 789 802. 19 | 324 889. 08 | 6 089 243. 07 |
| （二）其他综合收益 | | | | | | | 5 789 802. 19 | 299 440. 89 | -666 605. 71 |
| 1. 可供出售金融资产公允价值变动净额 | — | -3 380. 28 | -688 673. 62 | — | — | — | — | 25 448. 19 | -583 175. 17 |
| 2. 权益法下被投资单位其他所有者权益变动的影响 | — | — | -583 175. 17 | — | — | — | — | — | -53 130. 39 |
| 3. 与计入所有者权益项目相关的所得税影响 | — | -3 545. 80 | -49 584. 59 | — | — | — | — | — | 375. 75 |
| 4. 其他 | — | — | 375. 75 | — | — | — | — | — | -30 145. 59 |
| 5. 未披露 | — | 251. 52 | -31 690. 54 | — | — | — | — | 1 293. 43 | -530. 31 |
| 净利润及其他综合收益小计 | — | -86. 00 | -24 599. 07 | — | — | — | — | 24 154. 76 | 5 422 637. 37 |
| （三）所有者投入和减少资本 | 996 991. 37 | 1 752 857. 78 | — | — | — | — | -39. 96 | 11 007. 62 | 2 760 816. 81 |
| 1. 所有者投入资本 | 996 991. 37 | 1 677 857. 36 | — | — | — | — | — | -58 277. 86 | 2 616 570. 87 |
| 2. 股份支付计入所有者权益的金额 | — | — | — | — | — | — | — | — | — |
| 3. 分立减资（或其他） | — | 75 000. 43 | — | — | — | — | -39. 96 | 69 285. 47 | 144 245. 94 |
| （四）利润分配 | — | — | — | 596 535. 30 | 160 685. 54 | 369 503. 13 | -3 651 669. 14 | -57 622. 21 | -2 582 567. 38 |
| 1. 提取盈余公积 | — | — | — | 596 535. 30 | — | — | -596 535. 30 | — | — |
| 2. 提取信托赔偿准备 | — | — | — | — | 160 685. 54 | 17 679. 76 | -178 365. 30 | — | — |
| 3. 一般风险准备 | — | — | — | — | — | 349 373. 57 | -349 373. 57 | -102. 99 | -102. 99 |
| 4. 所有者的分配 | — | — | — | — | — | — | -2 526 925. 70 | -57 064. 99 | -2 583 990. 69 |
| 5. 其他 | — | — | — | — | — | 2 449. 80 | -469. 27 | -454. 23 | 1 526. 30 |
| （五）所有者权益内部结转 | 924 578. 30 | -86 140. 02 | — | -49 725. 63 | — | — | -857 802. 06 | 99. 09 | -68 990. 32 |
| 1. 资本公积转增资本 | 91 152. 30 | -91 152. 30 | — | — | — | — | — | — | — |
| 2. 盈余公积转增资本 | — | — | — | — | — | — | — | — | — |
| 3. 盈余公积弥补亏损 | — | — | — | — | — | — | — | — | — |
| 4. 其他 | 833 426. 00 | 5 012. 28 | — | -49 725. 63 | — | — | -857 802. 06 | 99. 09 | -68 990. 32 |
| 未披露变更原因的调整事项 | — | -30 000. 00 | — | — | — | 22. 62 | -92. 52 | — | -30 069. 90 |
| 四、本年年末余额 | 26 334 437. 30 | 6 989 457. 90 | -91 717. 15 | 4 571 682. 87 | 1 129 092. 09 | 3 095 584. 18 | 17 856 186. 20 | 3 173 231. 75 | 63 057 955. 13 |

续表

| 项目 | 上年金额 | | | | | | | | |
|---|---|---|---|---|---|---|---|---|---|
| | 归属于母公司所有者权益 | | | | | | | 少数股东权益 | 所有者权益合计 |
| | 实收资本（或股本） | 资本公积 | 其他综合收益 | 盈余公积 | 信托赔偿准备 | 一般风险准备 | 未分配利润 | | |
| 一、上年年末余额 | 20 381 640. 90 | 4 543 571. 91 | 1 199 613. 34 | 3 378 475. 39 | 835 035. 55 | 2 241 833. 17 | 14 174 857. 14 | 2 578 248. 47 | 49 333 275. 87 |
| 加：会计政策变更 | — | — | — | — | — | — | — | — | — |
| 前期差错更正 | — | 118 867. 61 | -118 867. 61 | -1 923. 34 | -961. 67 | -288. 50 | -30 066. 69 | — | -33 240. 20 |
| 其他 | — | 27 500. 00 | — | — | — | — | -842. 66 | 16 508. 37 | 43 165. 71 |
| 二、本年年初余额 | 20 381 640. 90 | 4 689 939. 52 | 1 080 745. 73 | 3 376 552. 05 | 834 073. 88 | 2 241 544. 67 | 4 143 947. 79 | 2 594 756. 84 | 49 343 201. 37 |
| 三、本年增减变动金额（减少以"-"号填列 | 4 031 226. 73 | 667 941. 31 | -418 798. 73 | 645 773. 14 | 133 058. 66 | 489 525. 50 | 2 396 502. 33 | 306 651. 34 | 8 251 880. 29 |
| （一）净利润 | — | 2 079. 64 | -418 798. 73 | — | — | — | 6 807 800. 27 | 235 717. 08 | 6 626 798. 25 |
| （二）其他综合收益 | — | — | — | — | — | — | 6 807 800. 27 | 266 085. 69 | 7 073 885. 95 |
| 1. 可供出售金融资产公允价值变动净额 | — | 2 079. 64 | -418 798. 73 | — | — | — | — | -30 368. 61 | -447 087. 70 |
| 2. 权益法下被投资单位其他所有者权益变动的影响 | — | — | -247 215. 37 | — | — | — | — | -9. 42 | -247 224. 79 |
| 3. 与计入所有者权益项目相关的所得税影响 | — | 1 281. 75 | -5 576. 94 | — | — | — | — | — | -4 295. 19 |
| 4. 其他 | — | — | 497. 80 | — | — | — | — | — | 497. 80 |
| 5. 未披露 | — | 2 297. 81 | 15 140. 04 | — | — | — | — | — | 17 437. 85 |
| 净利润及其他综合收益小计 | — | -1 499. 92 | -181 644. 27 | — | — | — | — | -30 359. 19 | -213 503. 38 |
| （三）所有者投入和减少资本 | 1 965 042. 66 | 1 309 480. 48 | — | — | — | — | -558. 22 | 115 746. 50 | 3 389 711. 42 |
| 1. 所有者投入资本 | 1 965 042. 66 | 1 294 412. 31 | — | — | — | — | — | 81 977. 81 | 3 341 432. 78 |
| 2. 股份支付计入所有者权益的金额 | — | -125. 50 | — | — | — | — | — | 7. 80 | -117. 70 |
| 3. 分立减资（或其他） | — | 15 193. 67 | — | — | — | — | -558. 22 | 33 760. 89 | 48 396. 35 |
| （四）利润分配 | — | — | — | 652 668. 50 | 133 058. 66 | 490 745. 09 | -2 994 471. 78 | -68 076. 74 | -1 786 076. 27 |
| 1. 提取盈余公积 | — | — | — | 652 668. 50 | — | — | -652 668. 50 | — | — |
| 2. 提取信托赔偿准备 | — | — | — | — | 128 574. 48 | 29 029. 88 | -155 099. 38 | — | 2 504. 98 |
| 3. 一般风险准备 | — | — | — | — | 4 484. 18 | 461 715. 21 | -463 000. 60 | — | 3 198. 79 |
| 4. 所有者的分配 | — | — | — | — | — | — | -1 723 295. 56 | -80 947. 44 | -1 804 243. 00 |
| 5. 其他 | — | — | — | — | — | — | -407. 74 | 12 870. 70 | 12 462. 96 |
| （五）所有者权益内部结转 | 2 066 184. 07 | -643 618. 80 | — | -6 895. 36 | — | — | -1 416 267. 94 | 23 264. 50 | 22 666. 46 |
| 1. 资本公积转增资本 | 785 524. 07 | -640 556. 07 | — | -6 468. 00 | — | — | -138 500. 00 | — | — |
| 2. 盈作公积转增资本 | — | — | — | — | — | — | — | — | — |
| 3. 盈余公积弥补亏损 | — | — | — | — | — | — | — | — | — |
| 4. 其他 | 1 280 660. 00 | -3 062. 74 | — | -427. 36 | — | — | -1 277 767. 94 | 23 264. 50 | 22 666. 46 |
| 未披露变更原因的调整事项 | — | -31 760. 42 | — | — | — | -4 918. 44 | -1 778. 33 | -6 925. 70 | -45 382. 89 |
| 四、本年年末余额 | 24 412 867. 62 | 5 326 120. 41 | 661 947. 00 | 4 022 325. 20 | 967 132. 54 | 2 726 151. 73 | 16 538 671. 78 | 2 894 482. 48 | 57 549 698. 77 |

## (四)固有资产报表结构比率分析

### 1. 资产结构分析

2018 年信托行业整体固有资产总额为 11 407.74 亿元,比 2017 年增长 9.08%;其中流动资产增长 7.38%,非流动资产增长7.97%。

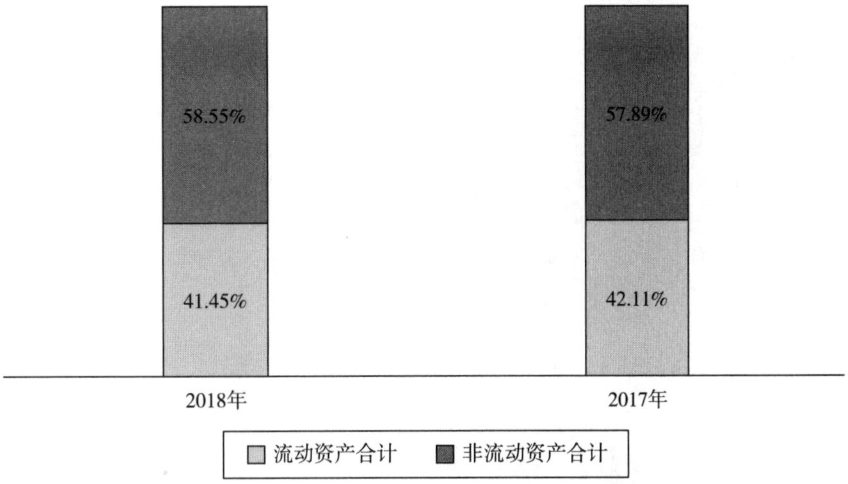


图 4-1-3 固有资产比重结构

表 4-1-6 固有资产汇总报表资产结构分析

| 科目 | 2018 年 12 月 31 日 | | 2017 年 12 月 31 日 | | 增减 | |
|---|---|---|---|---|---|---|
| | 金额(万元) | 占比(%) | 金额(万元) | 占比(%) | 金额(万元) | 比例(%) |
| 货币资产 | 14 209 239.47 | 12.46 | 13 995 059.12 | 13.38 | 214 180.35 | 1.53 |
| 金融资产 | 18 221 132.68 | 15.97 | 14 417 499.63 | 13.79 | 3 803 633.05 | 26.38 |
| 往来资产 | 14 335 937.38 | 12.57 | 15 274 897.28 | 14.61 | -938 959.90 | -6.15 |
| 其他流动资产 | 521 547.34 | 0.46 | 350 148.38 | 0.33 | 171 398.96 | 48.95 |
| 流动资产合计 | 47 287 856.87 | 41.45 | 44 037 604.42 | 42.11 | 3 250 252.46 | 7.38 |
| 长期投资等投资资产 | 59 578 512.10 | 52.23 | 54 479 339.97 | 52.09 | 5 099 172.13 | 9.36 |
| 固定资产等实物资产 | 657 259.67 | 0.58 | 639 285.40 | 0.61 | 17 974.28 | 2.81 |
| 无形资产等非实物资产 | 456 747.20 | 0.40 | 677 945.56 | 0.65 | -221 198.36 | -32.63 |
| 其他非流动资产 | 6 097 043.30 | 5.34 | 4 747 428.87 | 4.54 | 1 349 614.42 | 28.43 |
| 非流动资产合计 | 66 789 562.27 | 58.55 | 60 543 999.80 | 57.89 | 6 245 562.47 | 7.97 |
| 资产合计 | 114 077 419.14 | 100.00 | 104 581 604.21 | 100.00 | 9 495 814.93 | 9.08 |

注:由于在统计分析过程中,各家公司审计报告的科目设置并不一致,我们根据资产的流动属性将资产重新分类,分类明细如下:流动资产包括:(1)货币资产:现金及存放中央银行款项、存放同业款项、贵金属、其他货币资金、拆出资金、货币资金。(2)金融资产:交易性金融资产、衍生金融资产、买入返售金融资产。(3)往来资产:应收利息、应收股利、分为贷款和应收款类的投资、应收手续费及佣金、应收款项、结算备付金、存出保证金、其他应收款、预付款项。(4)其他流动资产:存货及其他流动资产。非流动资产包括:(1)长期投资等投资资产:发放贷款和垫款、可供出售金融资产、长期应收款、长期股权投资、持有至到期投资。(2)固定资产等实物资产:投资性房地产、固定资产、固定资产清理、在建工程。(3)无形资产等非实物资产:无形资产、开发支出、长期待摊费用、抵债资产、代理业务资产、商誉、信托受益权。(4)其他非流动资产:核算递延所得税资产和其他资产项目。

2018 年流动资产总额为 4 728.79 亿元,比上年增长 7.38%,主要为金融资产增加;流动资产占资产总额的 41.45%,与 2017 年基本持平。非流动资产为 6 678.96 亿元,比上年增加 624.56 亿元,增幅为 7.97%,主要表现在长期投资等投资资产的增加,其中可供出售金融资产增加 214.50 亿元最为可观。

从资产项目结构来看,长期投资等长期资产、流动资产占比依然较大。其中,货币资产占比为 12.46%,长期投资等长期资产占比为 52.23%,两者共占总资产的 64.68%;与上年的 65.47% 基本持平。

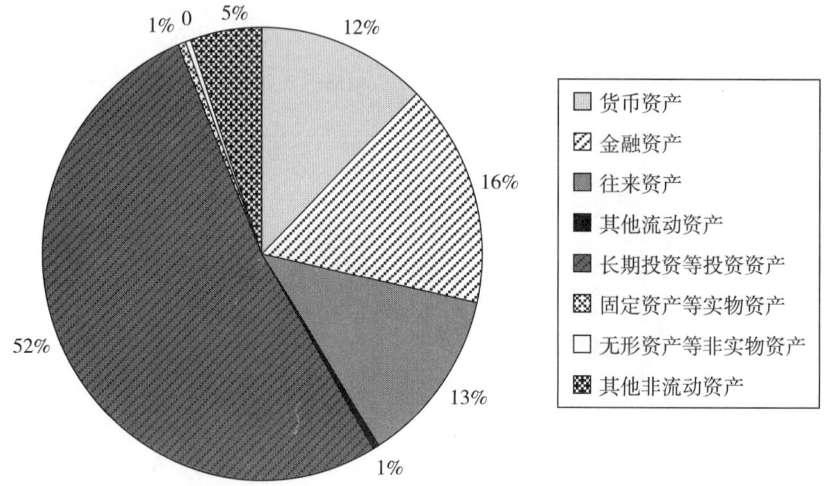


图4－1－4　2018年固有资产汇总报表资产结构

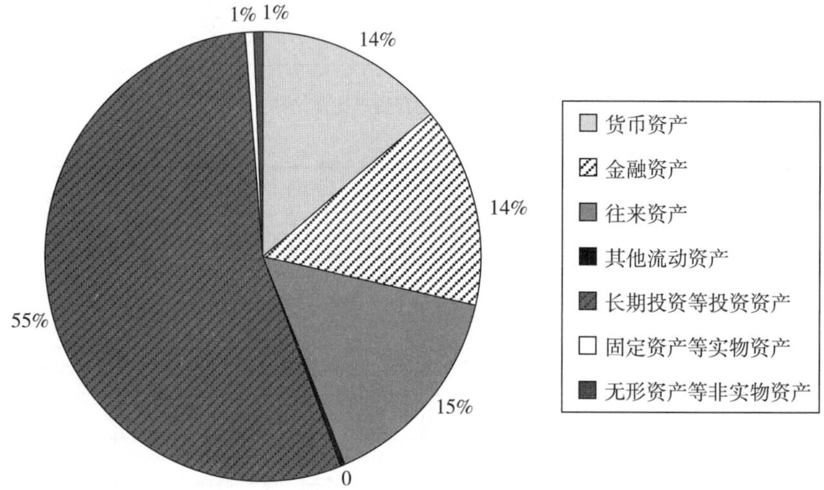


图4－1－5　2017年固有资产汇总报表资产结构

2. 负债结构分析

表4－1－7　固有资产汇总报表负债结构分析

| 科目 | 2018年12月31日 | | 2017年12月31日 | | 增减 | |
|---|---|---|---|---|---|---|
| | 金额（万元） | 比例（%） | 金额（万元） | 比例（%） | 金额（万元） | 比例（%） |
| 流动负债合计 | 34 533 453.16 | 67.69 | 33 810 575.17 | 71.93 | 722 877.99 | 2.14 |
| 长期负债合计 | 16 486 013.88 | 32.31 | 13 195 075.69 | 28.07 | 3 290 938.19 | 24.94 |
| 合计 | 51 019 467.04 | 100.00 | 47 005 650.86 | 100.00 | 4 013 816.18 | 8.54 |

2018年整个信托行业的负债结构并未发生重大变化，整体负债随着资产的增长上升8.54%，其中流动负债增加2.14%，长期负债增加24.94%。

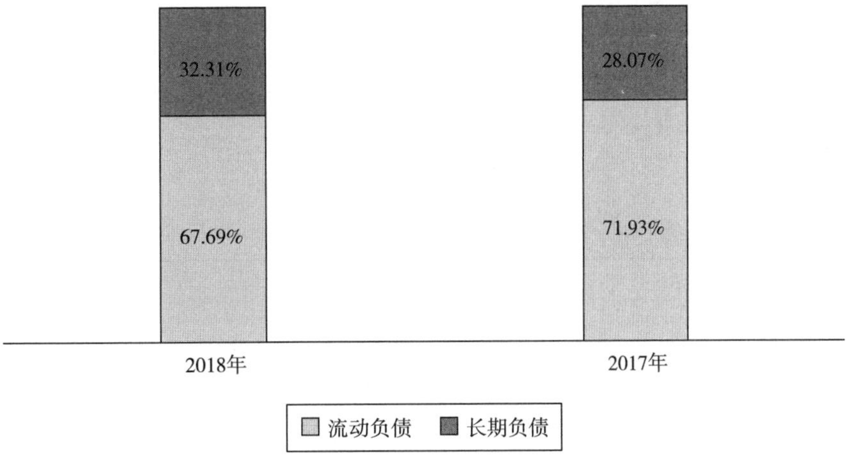


图 4-1-6　固有资产汇总报表负债结构

表 4-1-8　固有资产汇总报表长期负债结构分析

| 科目 | 2018 年 12 月 31 日 | | 2017 年 12 月 31 日 | | 增减 | |
|---|---|---|---|---|---|---|
| | 金额(万元) | 比例(%) | 金额(万元) | 比例(%) | 金额(万元) | 比例(%) |
| 长期借款 | 153 324.86 | 0.93 | 598 309.00 | 4.53 | -444 984.14 | -74.37 |
| 应付债券 | 5 669 479.57 | 34.39 | 3 704 707.47 | 28.08 | 1 964 772.10 | 53.03 |
| 递延收益 | 21 624.76 | 0.13 | 20 886.94 | 0.16 | 737.81 | 3.53 |
| 长期应付款 | 69 159.30 | 0.42 | 66 746.21 | 0.51 | 2 413.09 | 3.62 |
| 预计负债 | 453 123.02 | 2.75 | 377 018.34 | 2.86 | 76 104.68 | 20.19 |
| 递延所得税负债 | 184 745.18 | 1.12 | 376 701.27 | 2.85 | -191 956.09 | -50.96 |
| 其他负债 | 9 934 557.20 | 60.26 | 8 050 706.46 | 61.01 | 1 883 850.73 | 23.40 |
| 长期负债合计 | 16 486 013.88 | 100.00 | 13 195 075.69 | 100.00 | 3 290 938.19 | 24.94 |

2018 年,长期负债比上年增加了 329.09 亿元,其中长期借款和递延所得税负债减少,应付债券、其他负债、预计负债等增加。

**3. 偿债能力分析**

(1)资产负债率分析

资产负债率 = 汇总负债总额 ÷ 汇总资产总额 ×100%

表 4-1-9　固有资产汇总报表资产负债率分析

单位: %

| 项目 | 2018 年 | 2017 年 | 增减 |
|---|---|---|---|
| 资产负债率 | 44.72 | 44.95 | -0.22 |

2018 年,信托公司汇总资产负债率为 44.72%,与上年基本持平。

(2)流动比率分析

流动比率 = 汇总流动资产 ÷ 汇总流动负债

表 4-1-10　固有资产汇总报表流动比率分析

| 项目 | 2018 年 | 2017 年 | 增减 |
|---|---|---|---|
| 流动比率 | 1.37 | 1.30 | 0.07 |

2018 年,固有资产流动比率为 1.37,较上年上升了 0.07,企业短期偿债能力基本保持不变。68 家公司中流动比率增长的有 35 家公司,增长最多的为华融信托;现金比率减少的有 33 家公司,减少最多的为交银国际信托;其中,2018 年流动比率大于 1 的有 52 家,低于 1 的有 16 家(详见表 3-2-7)。

(3)现金比率分析

现金偿债比率 = 汇总(货币资金 + 存放中央银行款项 + 存放同业款项 + 其他货币资金) ÷ 汇总流动负债

**表 4-1-11　固有资产汇总现金偿债比率分析**

| 项目 | 2018 年 | 2017 年 | 增减 |
|---|---|---|---|
| 现金偿债比率 | 0. 41 | 0. 42 | -0. 01 |

现金偿债比率较上年下降 0. 01。

**4. 盈利能力分析**

（1）营业利润分析

**表 4-1-12　固有资产汇总报表营业利润率**

| 项目 | 2018 年（万元） | 2017 年（万元） | 增减（万元） | 变动比率（%） |
|---|---|---|---|---|
| 营业总收入 | 12 550 104. 17 | 13 771 340. 83 | -1 221 236. 67 | -8. 87 |
| 营业总成本 | 4 992 848. 60 | 4 567 552. 39 | 425 296. 21 | 9. 31 |
| 营业利润 | 7 557 255. 56 | 9 203 788. 44 | -1 646 532. 88 | -17. 89 |
| 营业利润率（%） | 60. 22 | 66. 83 | -6. 62 | -9. 90 |

2018 年信托行业整体营业利润率降低了 17. 89%，由于营业总收入下降 8. 87%，营业成本上升幅度达 9. 31%。

（2）收入结构分析

**表 4-1-13　固有资产汇总报表营业收入组成明细**

| 项目 | 2018 年 | | 2017 年 | | 增减 | |
|---|---|---|---|---|---|---|
| | 金额（万元） | 比例（%） | 金额（万元） | 比例（%） | 金额（万元） | 比例（%） |
| 1. 营业收入 | 338 030. 84 | 2. 69 | 270 856. 70 | 1. 97 | 67 174. 14 | 24. 80 |
| 2. 利息净收入 | 696 444. 26 | 5. 55 | 864 302. 49 | 6. 28 | -167 858. 24 | -19. 42 |
| 3. 金融企业往来净收入 | — | — | — | — | — | — |
| 4. 手续费及佣金净收入 | 8 782 784. 25 | 69. 98 | 9 102 703. 26 | 66. 10 | -319 919. 00 | -3. 51 |
| 5. 租赁收入 | — | 0. 00 | 128. 50 | 0. 00 | -128. 50 | -100. 00 |
| 6. 投资收益 | 2 943 147. 64 | 23. 45 | 3 107 353. 13 | 22. 56 | -164 205. 50 | -5. 28 |
| 7. 公允价值变动收益 | -724 547. 60 | -5. 77 | 66 523. 58 | 0. 48 | -791 071. 18 | -1189. 16 |
| 8. 汇兑收益 | 4 507. 32 | 0. 04 | -6 978. 25 | -0. 05 | 11 485. 57 | -164. 59 |
| 9. 其他业务收入 | 509 737. 45 | 4. 06 | 366 451. 42 | 2. 66 | 143 286. 04 | 39. 10 |
| 营业总收入合计 | 12 550 104. 17 | 100. 00 | 13 771 340. 83 | 100. 00 | -1 221 236. 67 | -8. 87 |

注：营业收入单独列示披露。

2018 年营业总收入为 1 255. 01 亿元，较上年的 1 377. 13 亿元减少了 122. 12 亿元，降幅为 8. 87%。除主营业务中营业收入、其他业务收入和汇兑收益有所上涨外，其余的均有所下降，其中公允价值变动收益下降最多，下降了 1189. 16%，营业总收入构成中，手续费及佣金净收入占比最大，达到 69. 98%，其次是投资收益，占比为 22. 97%。

（3）固有业务资产收益率分析

**表 4-1-14　固有资产汇总报表资产收益率情况**

| 项目 | 2018 年（万元） | 2017 年（万元） | 增减（%） |
|---|---|---|---|
| 净利润 | 6 055 950. 42 | 7 116 598. 29 | -14. 90 |
| 净资产 | 63 057 952. 10 | 57 575 953. 35 | 9. 52 |
| 净资产收益率（%） | 9. 60 | 12. 36 | -2. 76 |
| 总资产 | 114 077 419. 14 | 104 581 604. 21 | 9. 08 |
| 总资产收益率（%） | 5. 31 | 6. 80 | -1. 50 |

2018 年整个信托行业的总资产收益率为 5. 31%，比 2017 年减少 1. 50%；净资产收益为 9. 60%，比 2017 年减少了 2. 76%。主要由于净利润减少 14. 90%，但净资产增长 9. 52%。68 家信托公司净资产收益率都为正值，超过 6% 的公司有 52 家（见表 3-1-10）。

(4)综合收益总额分析

**表4-1-15　汇总综合收益总额变动情况**

| 项目 | 2018年(万元) | 2017年(万元) | 增减额(万元) | 增减率(%) |
|---|---|---|---|---|
| 营业利润 | 7 557 255.56 | 9 203 788.44 | -1 646 532.88 | -17.89 |
| 营业外收入 | 317 669.51 | 81 550.30 | 236 119.21 | 289.54 |
| 营业外支出 | 62 475.52 | 176 730.90 | -114 255.38 | -64.65 |
| 利润总额 | 7 812 449.55 | 9 108 607.84 | -1 296 158.29 | -14.23 |
| 所得税费用 | 1 756 499.13 | 1 992 009.55 | -235 510.42 | -11.82 |
| 净利润 | 6 055 950.42 | 7 116 598.29 | -1 060 647.88 | -14.90 |
| 其他综合收益 | -609 896.11 | -519 908.34 | -89 987.77 | 17.31 |
| 综合收益总额 | 5 446 054.31 | 6 596 689.95 | -1 150 635.64 | -17.44 |

2018年整个信托行业的综合收益总额为544.61亿元,比2017年减少115.06亿元,减少17.44%。其中,净利润减少14.90%,其他综合收益减少17.31%。与2017年相比有较大幅度的下降。

2018年68家信托公司中,综合收益出现亏损的有9家公司,其中安信信托亏损金额最大,为19.02亿元(见表4-1-16)。

**表4-1-16　固有资产综合收益的组成占比**

| 排名 | 公司简称 | 利润总额(万元) | 所得税费用(万元) | 净利润(万元) | 其他综合收益(万元) | 综合收益总额(万元) | 占汇总利润比例(%) |
|---|---|---|---|---|---|---|---|
| 1 | 平安信托 | 716 061.52 | 144 928.26 | 571 133.26 | 54 474.87 | 625 608.13 | 11.49 |
| 2 | 重庆信托 | 476 205.36 | 103 490.12 | 372 715.24 | 19 818.45 | 392 533.69 | 7.21 |
| 3 | 中信信托 | 453 965.20 | 118 098.61 | 335 866.59 | 32 737.92 | 368 604.51 | 6.77 |
| 4 | 中航信托 | 244 609.12 | 59 944.42 | 184 664.70 | 57 409.40 | 242 074.10 | 4.44 |
| 5 | 华能信托 | 320 518.99 | 78 689.00 | 241 829.99 | — | 241 829.99 | 4.44 |
| 6 | 建信信托 | 268 847.05 | 63 260.65 | 205 586.40 | 481.21 | 206 067.61 | 3.78 |
| 7 | 中融信托 | 270 610.77 | 56 387.63 | 214 223.14 | -10 503.90 | 203 719.24 | 3.74 |
| 8 | 江苏信托 | 217 144.89 | 31 403.99 | 185 740.90 | 12 366.35 | 198 107.25 | 3.64 |
| 9 | 华润信托 | 279 641.22 | 49 047.37 | 230 593.85 | -46 216.82 | 184 377.03 | 3.39 |
| 10 | 上海信托 | 219 782.51 | 49 107.00 | 170 675.51 | 467.96 | 171 143.47 | 3.14 |
| 11 | 五矿信托 | 228 491.91 | 56 496.60 | 171 995.31 | -3 571.61 | 168 423.70 | 3.09 |
| 12 | 中海信托 | 199 517.87 | 40 109.73 | 159 408.14 | -6 394.97 | 153 013.17 | 2.81 |
| 13 | 外贸信托 | 255 599.80 | 60 986.11 | 194 613.69 | -45 858.94 | 148 754.75 | 2.73 |
| 14 | 中铁信托 | 161 594.93 | 38 628.03 | 122 966.91 | -1 100.54 | 121 866.37 | 2.24 |
| 15 | 华宝信托 | 168 303.75 | 40 514.65 | 127 789.10 | -7 137.52 | 120 651.58 | 2.22 |
| 16 | 百瑞信托 | 135 438.33 | 34 290.92 | 101 147.41 | 15 664.60 | 116 812.01 | 2.14 |
| 17 | 兴业信托 | 180 618.08 | 44 579.63 | 136 038.45 | -19 732.44 | 116 306.01 | 2.14 |
| 18 | 光大兴陇信托 | 148 450.25 | 36 784.69 | 111 665.56 | — | 111 665.56 | 2.05 |
| 19 | 爱建信托 | 149 069.37 | 37 541.00 | 111 528.37 | -96.64 | 111 431.73 | 2.05 |
| 20 | 中国民生信托 | 145 679.57 | 37 693.49 | 107 986.08 | — | 107 986.08 | 1.98 |
| 21 | 中诚信托 | 142 844.33 | 23 254.99 | 119 589.34 | -13 742.40 | 105 846.94 | 1.94 |
| 22 | 交银国际信托 | 140 427.93 | 34 692.89 | 105 735.04 | — | 105 735.04 | 1.94 |
| 23 | 湖南信托 | 113 056.63 | 13 074.52 | 99 982.11 | -2 665.06 | 97 317.05 | 1.79 |
| 24 | 渤海信托 | 135 554.38 | 33 891.79 | 101 662.59 | -5 800.61 | 95 861.98 | 1.76 |
| 25 | 山东信托 | 112 684.70 | 25 459.90 | 87 224.80 | 605.00 | 87 829.80 | 1.61 |
| 26 | 北京信托 | 110 609.81 | 27 309.93 | 83 299.88 | -2 055.10 | 81 244.78 | 1.49 |
| 27 | 昆仑信托 | 128 929.08 | 31 125.47 | 97 803.61 | -17 003.42 | 80 800.19 | 1.48 |
| 28 | 中建投信托 | 120 714.94 | 29 131.82 | 91 583.12 | -18 911.25 | 72 671.87 | 1.33 |
| 29 | 杭州工商信托 | 85 046.00 | 21 277.00 | 63 769.00 | 1 358.00 | 65 127.00 | 1.20 |
| 30 | 国通信托 | 87 477.76 | 22 298.78 | 65 178.99 | -387.44 | 64 791.55 | 1.19 |
| 31 | 四川信托 | 104 891.24 | 27 065.92 | 77 825.32 | -14 606.90 | 63 218.42 | 1.16 |
| 32 | 粤财信托 | 79 394.78 | 11 333.02 | 68 061.76 | -4 982.70 | 63 079.06 | 1.16 |
| 33 | 国投泰康信托 | 85 811.04 | 20 605.12 | 65 205.92 | -4 122.45 | 61 083.47 | 1.12 |

续表

| 排名 | 公司简称 | 利润总额(万元) | 所得税费用(万元) | 净利润(万元) | 其他综合收益(万元) | 综合收益总额(万元) | 占汇总利润比例(%) |
|---|---|---|---|---|---|---|---|
| 34 | 天津信托 | 60 679.89 | 2 260.86 | 58 419.03 | -397.67 | 58 021.36 | 1.07 |
| 35 | 英大信托 | 76 858.42 | 17 547.18 | 59 311.24 | -5 709.35 | 53 601.89 | 0.98 |
| 36 | 万向信托 | 67 935.51 | 17 386.39 | 50 549.13 | — | 50 549.13 | 0.93 |
| 37 | 华鑫信托 | 80 361.84 | 20 482.74 | 59 879.10 | -10 254.53 | 49 624.57 | 0.91 |
| 38 | 紫金信托 | 61 034.63 | 16 271.25 | 44 763.38 | — | 44 763.38 | 0.82 |
| 39 | 陆家嘴信托 | 59 273.19 | 15 176.06 | 44 097.12 | — | 44 097.12 | 0.81 |
| 40 | 厦门国际信托 | 68 260.00 | 16 429.00 | 51 831.00 | -9 534.00 | 42 297.00 | 0.78 |
| 41 | 中原信托 | 59 975.33 | 18 486.45 | 41 488.88 | -109.93 | 41 378.95 | 0.76 |
| 42 | 华澳信托 | 54 810.65 | 13 769.03 | 41 041.62 | — | 41 041.62 | 0.75 |
| 43 | 东莞信托 | 61 663.23 | 15 254.10 | 46 409.13 | -7 054.45 | 39 354.68 | 0.72 |
| 44 | 新时代信托 | 47 863.10 | 10 613.55 | 37 249.56 | — | 37 249.56 | 0.68 |
| 45 | 华信信托 | 104 141.61 | 23 462.73 | 80 678.88 | -49 701.91 | 30 976.97 | 0.57 |
| 46 | 北方信托 | 55 113.38 | 13 168.40 | 41 944.98 | -11 328.82 | 30 616.16 | 0.56 |
| 47 | 陕国投 | 42 512.28 | 10 564.86 | 31 947.42 | -1 481.96 | 30 465.46 | 0.56 |
| 48 | 云南信托 | 38 602.76 | 9 031.60 | 29 571.16 | — | 29 571.16 | 0.54 |
| 49 | 西藏信托 | 29 992.05 | 2 634.89 | 27 357.16 | — | 27 357.16 | 0.50 |
| 50 | 长城新盛信托 | 33 174.71 | 8 611.51 | 24 563.20 | -20.77 | 24 542.43 | 0.45 |
| 51 | 国元信托 | 45 878.04 | 9 057.53 | 36 820.51 | -15 556.79 | 21 263.72 | 0.39 |
| 52 | 苏州信托 | 49 199.38 | 11 562.36 | 37 637.02 | -17 907.90 | 19 729.12 | 0.36 |
| 53 | 金谷信托 | 22 968.01 | 5 783.27 | 17 184.74 | — | 17 184.74 | 0.32 |
| 54 | 大业信托 | 20 841.82 | 5 115.47 | 15 726.35 | — | 15 726.35 | 0.29 |
| 55 | 浙金信托 | 20 653.22 | 5 261.38 | 15 391.84 | — | 15 391.84 | 0.28 |
| 56 | 中泰信托 | 15 613.93 | 1 199.99 | 14 413.94 | -2 091.69 | 12 322.25 | 0.23 |
| 57 | 国民信托 | 16 277.00 | 4 373.96 | 11 903.04 | — | 11 903.04 | 0.22 |
| 58 | 长安信托 | 47 580.15 | 11 966.96 | 35 613.18 | -27 103.43 | 8 509.75 | 0.16 |
| 59 | 华融信托 | 9 263.80 | 3 873.65 | 5 390.15 | 1 412.36 | 6 802.51 | 0.12 |
| 60 | 新华信托 | 7 196.23 | 1 348.81 | 5 847.42 | -14 316.32 | -8 468.90 | -0.16 |
| 61 | 山西信托 | 768.87 | -639.61 | 1 408.48 | -13 760.27 | -12 351.79 | -0.23 |
| 62 | 国联信托 | 24 744.00 | 5 188.00 | 19 556.00 | -33 863.00 | -14 307.00 | -0.26 |
| 63 | 吉林信托 | 44 168.87 | 9 164.88 | 35 003.99 | -49 636.97 | -14 632.98 | -0.27 |
| 64 | 华宸信托 | -16 117.17 | -4 192.95 | -11 924.22 | -5 952.15 | -17 876.37 | -0.33 |
| 65 | 中粮信托 | 4 146.21 | 1 563.45 | 2 582.77 | -39 391.18 | -36 808.41 | -0.68 |
| 66 | 西部信托 | 42 945.27 | 10 108.86 | 32 836.42 | -123 771.92 | -90 935.51 | -1.67 |
| 67 | 中江信托 | 10 726.61 | 2 969.53 | 7 757.08 | -136 063.60 | -128 306.52 | -2.36 |
| 68 | 安信信托 | -244 250.41 | -60 860.05 | -183 390.36 | -6 792.91 | -190 183.27 | -3.49 |
| | 合计 | 7 812 449.55 | 1 756 499.13 | 6 055 950.42 | -609 896.11 | 5 446 054.31 | 100.00 |

(5)固有资产人均利润

**表4-1-17　固有资产汇总报表人均利润最高和最低前五位公司排名**

| 最高前五位 | | | 最低前五位 | | |
|---|---|---|---|---|---|
| 序号 | 公司简称 | 人均利润(万元) | 序号 | 公司简称 | 人均利润(万元) |
| 1 | 重庆信托 | 1 858.59 | 1 | 中粮信托 | 20.56 |
| 2 | 江苏信托 | 1 280.97 | 2 | 华融信托 | 14.61 |
| 3 | 平安信托 | 1 015.35 | 3 | 山西信托 | 4.71 |
| 4 | 中海信托 | 830.25 | 4 | 华宸信托 | -149.05 |
| 5 | 华能信托 | 699.94 | 5 | 安信信托 | -537.8 |

注:明细详见表3-3-9。

## 二、母公司报表数据

### (一)母公司固有资产财务状况总体分析

表4-2-1 2018年母公司固有资产汇总资产负债表

单位:万元

| 资产 | 年末数 | 年初数 | 负债和所有者权益(或股东权益) | 年末数 | 年初数 |
|---|---|---|---|---|---|
| 现金及存放中央银行款项 | 1 337 656.02 | 764 278.46 | 向中央银行借款 | — | 4 000.00 |
| 存放同业款项 | 1 550 218.44 | 2 821 202.52 | 同业及其他金融机构存放款项 | — | — |
| 贵金属 | — | — | 短期借款 | 483 000.00 | 212 800.00 |
| 其他货币资金 | — | — | 拆入资金 | 2 001 500.00 | 1 411 730.00 |
| 拆出资金 | 231 321.47 | 230 034.70 | 交易性金融负债 | — | 1 438.55 |
| 货币资金 | 3 266 007.59 | 2 983 899.99 | 衍生金融负债 | — | — |
| 交易性金融资产 | 7 008 262.62 | 3 945 963.42 | 卖出回购金融资产款 | 37 987.17 | — |
| 衍生金融资产 | 360 629.67 | 141 672.19 | 吸收存款 | — | — |
| 买入返售金融资产 | 1 277 369.91 | 1 085 298.11 | 存入保证金 | 198.41 | 174.05 |
| 应收利息 | 92 877.59 | 72 298.38 | 应付手续费及佣金 | 635.75 | 7 320.05 |
| 应收股利 | 23 276.55 | 14 548.51 | 应付款项 | 591 050.55 | 635 192.48 |
| 分为贷款和应收款类 | 2 363 178.14 | 2 798 496.21 | 预收款项 | 1 736 537.62 | 1 776 638.21 |
| 应收手续费及佣金 | 26 118.66 | 6 049.84 | 应付职工薪酬 | 1 707 557.84 | 1 179 961.43 |
| 应收款项 | 1 209 643.34 | 1 105 456.90 | 应交税费 | — | — |
| 结算备付金 | 101.64 | 44.10 | 代理买卖证券款 | 1 596.82 | 1 617.19 |
| 存出保证金 | — | — | 代理业务负债 | 17 912.20 | 5 980.65 |
| 其他应收款 | 1 680 498.04 | 1 508 957.84 | 代理兑付证券款 | 136 369.14 | 83 669.75 |
| 预付款项 | 6 201.70 | 6 158.15 | 应付利息 | 1 873 419.73 | 2 451 791.90 |
| 存货 | — | — | 应付股利 | — | — |
| 其他流动资产 | 369 820.79 | 264 908.96 | 其他应付款 | 322 940.39 | 247 664.92 |
| 流动资产合计 | 20 803 182.15 | 17 749 268.27 | 一年内到期的非流动负债 | 483 000.00 | 212 800.00 |
| 发放中长期贷款 | — | — | 其他流动负债 | 2 001 500.00 | 1 411 730.00 |
| 发放贷款和垫款 | 3 140 006.54 | 3 486 417.15 | 流动负债合计 | 8 910 705.62 | 8 019 979.18 |
| 可供出售金融资产 | 28 948 533.18 | 27 691 405.55 | 递延收益 | 19 873.36 | 16 970.32 |
| 长期应收款 | — | — | 长期借款 | 93 800.00 | 393 800.00 |
| 长期股权投资 | 10 159 748.14 | 9 542 234.04 | 长期应付款 | 116 525.72 | 107 030.48 |
| 投资性房地产 | 108 049.38 | 69 390.97 | 预计负债 | 384 792.44 | 321 555.18 |
| 持有至到期投资 | 2 551 326.35 | 2 189 703.47 | 应付债券 | — | — |
| 固定资产 | 319 709.40 | 306 540.14 | 递延所得税负债 | 179 768.77 | 316 719.92 |
| 固定资产清理 | — | — | 其他负债 | 4 594 504.91 | 3 889 042.44 |
| 在建工程 | 19 882.78 | 50 385.00 | 长期负债合计 | 5 389 265.21 | 5 045 118.33 |
| 无形资产 | 94 643.58 | 80 868.07 | 负债合计 | 14 299 970.82 | 13 065 097.51 |
| 开发支出 | 954.19 | 95.31 | 所有者权益(或股东权益): | | |
| 长期待摊费用 | 34 212.58 | 27 802.33 | 实收资本(或股本) | 26 334 437.29 | 24 412 867.62 |
| 递延所得税资产 | 1 277 340.06 | 977 856.60 | 资本公积 | 6 803 181.75 | 5 139 923.01 |
| 抵债资产 | 2 546.64 | 2 070.12 | 盈余公积 | 4 572 181.98 | 4 025 349.51 |
| 代理业务资产 | — | — | 信托赔偿准备金 | 1 143 635.44 | 979 207.91 |
| 商誉 | — | — | 一般风险准备 | 2 633 576.64 | 2 361 728.32 |
| 信托受益权 | 195 499.44 | 114 159.25 | 未分配利润 | 15 955 200.66 | 14 850 933.90 |
| 其他非流动资产 | 3 951 890.37 | 3 141 714.68 | 外币折算差额 | — | — |

续表

| 资产 | 年末数 | 年初数 | 负债和所有者权益（或股东权益） | 年末数 | 年初数 |
|---|---|---|---|---|---|
| 非流动资产合计 | 50 804 342. 63 | 47 680 642. 67 | 其他综合收益 | — | — |
| | | | 归属于母公司所有者权益合计 | 57 307 553. 96 | 52 364 813. 43 |
| | | | 少数股东权益 | — | — |
| | | | 所有者权益（或股东权益）合计 | 57 307 553. 96 | 52 364 813. 43 |
| 资产总计 | 71 607 524. 78 | 65 429 910. 94 | 负债和所有者权益（或股东权益）总计 | 71 607 524. 78 | 65 429 910. 94 |

注：1. 其他非流动资产中包含报表尾差。

2. 山东信托由于本年度在香港上市，故披露信息中未包含母公司相关数据，本次统计中未包含山东信托。

我们对资产负债表按大类进行了分析，其增减变动情况见表 4 –2 –2。

**表 4 –2 –2　2018 年母公司固有资产简式资产负债表增减变动明细**

| 项目 | 2018 年（万元） | 2017 年（万元） | 增减额（万元） | 增减率（%） | 平均每户增减（万元） |
|---|---|---|---|---|---|
| 流动资产 | 20 803 182. 15 | 17 749 268. 27 | 3 053 913. 88 | 17. 21 | 44 910. 50 |
| 非流动资产 | 50 804 342. 63 | 47 680 642. 67 | 3 123 699. 95 | 6. 55 | 45 936. 76 |
| 资产合计 | 71 607 524. 78 | 65 429 910. 94 | 6 177 613. 84 | 9. 44 | 90 847. 26 |
| 流动负债 | 8 910 705. 62 | 8 019 979. 18 | 890 726. 44 | 11. 11 | 13 098. 92 |
| 长期负债 | 5 389 265. 21 | 5 045 118. 33 | 344 146. 87 | 6. 82 | 5 060. 98 |
| 负债合计 | 14 299 970. 82 | 13 065 097. 51 | 1 234 873. 31 | 9. 45 | 18 159. 90 |
| 所有者权益合计 | 57 307 553. 96 | 52 364 813. 43 | 4 942 740. 53 | 9. 44 | 72 687. 36 |
| 资产负债率（%） | 19. 97 | 19. 97 | 0. 00 | 0. 00 | 0. 00 |

2018 年信托行业母公司固有资产总规模为 7 160. 75 亿元，比 2017 年增加了 617. 76 亿元，增幅为 9. 44%。其中非流动资产增加 312. 37 亿元是导致资产总额较大幅度增长的主要因素。负债总额为 1 430. 00 亿元，比 2017 年增加了 123. 49 亿元，增幅为 9. 45%，主要因流动负债大幅度增长所致。所有者权益增加了 494. 27 亿元，主要是实收资本及资本公积增加所致。

2018 年信托行业固有资产资产负债率为 19. 97%，与 2017 年保持一致，主要是负债增长幅度与资产总额增长一致。

## （二）固有资产经营成果总体分析

**表 4 –2 –3　2018 年母公司汇总利润表**

| 项目 | 本年实际数（万元） | 上年实际数（万元） | 增减数 | |
|---|---|---|---|---|
| | | | 金额（万元） | 比例（%） |
| 一、营业总收入 | 12 693 117. 79 | 12 572 597. 68 | 120 520. 11 | 0. 96 |
| 1. 营业收入 | 349 829. 92 | 316 562. 67 | 33 267. 25 | 10. 51 |
| 2. 利息净收入 | 424 648. 04 | 541 658. 73 | –117 010. 69 | –21. 60 |
| 利息收入 | 1 179 224. 52 | 1 104 736. 40 | 74 488. 12 | 6. 74 |
| 利息支出 | 754 576. 48 | 563 077. 67 | 191 498. 81 | 34. 01 |
| 3. 金融企业往来净收入 | — | — | — | — |
| 金融企业往来收入 | — | — | — | — |
| 金融企业往来支出 | — | — | — | — |
| 4. 手续费及佣金净收入 | 8 662 143. 02 | 8 659 937. 43 | 2 205. 59 | 0. 03 |
| 手续费及佣金收入 | 8 851 881. 18 | 8 821 529. 98 | 30 351. 20 | 0. 34 |
| 手续费及佣金支出 | 189 738. 16 | 161 592. 55 | 28 145. 60 | 17. 42 |
| 5. 租赁收入 | — | 128. 50 | –128. 50 | –100. 00 |
| 6. 投资收益（损失以“ –”号填列） | 2 946 489. 98 | 2 908 656. 77 | 37 833. 21 | 1. 30 |
| 7. 公允价值变动收益（损失以“ –”号填列） | –173 085. 22 | –165 133. 42 | –7 951. 80 | 4. 82 |

续表

| 项目 | 本年实际数(万元) | 上年实际数(万元) | 增减数 | |
|---|---|---|---|---|
| | | | 金额(万元) | 比例(%) |
| 8. 汇兑收益(损失以"-"号填列) | -2 930.49 | 990.12 | -3 920.61 | -395.97 |
| 9. 其他业务收入 | 486 022.53 | 309 796.88 | 176 225.65 | 56.88 |
| 10. 证券销售差价收入(亏损以"-"号填列) | — | — | — | — |
| 11. 基金管理收入 | — | — | — | — |
| 12. 补贴收入 | — | — | — | — |
| 13. 信托业务收入 | — | — | — | — |
| 14. 担保业务收入 | — | — | — | — |
| 15. 房地产销售收入 | — | — | — | — |
| 二、营业总支出 | 4 788 815.84 | 4 261 676.16 | 527 139.68 | 12.37 |
| 1. 营业支出 | 283 513.45 | 214 753.46 | 68 759.99 | 32.02 |
| 2. 营业税金及附加 | 110 124.14 | 173 626.86 | -63 502.72 | -36.57 |
| 3. 业务(销售、管理)费用 | 3 579 872.15 | 3 439 244.25 | 140 627.91 | 4.09 |
| 4. 财务费用 | 38.84 | — | 38.84 | — |
| 5. 资产减值损失 | 676 332.59 | 366 506.73 | 309 825.86 | 84.53 |
| 6. 其他业务成本 | 138 934.66 | 67 544.86 | 71 389.80 | 105.69 |
| 7. 房地产销售成本 | — | — | — | — |
| 三、营业利润(亏损以"-"号填列) | 7 904 301.96 | 8 330 348.42 | -426 046.46 | -5.11 |
| 加:营业外收入 | 99 371.09 | 121 929.48 | -22 558.38 | -18.50 |
| 减:营业外支出 | 73 979.47 | 160 290.94 | -86 311.47 | -53.85 |
| 四、利润总额(亏损总额以"-"号填列) | 7 929 693.58 | 8 291 986.95 | -362 293.38 | -4.37 |
| 减:所得税费用 | 1 703 937.30 | 1 809 201.60 | -105 264.30 | -5.82 |
| 五、净利润(净亏损以"-"号填列) | 6 225 756.27 | 6 482 785.35 | -257 029.08 | -3.96 |
| 其中:被合并方在合并前实现的净利润 | — | — | — | — |
| 归属于母公司所有者的净利润 | — | — | — | — |
| 少数股东损益 | — | — | — | — |
| 六、其他综合收益 | -488 458.10 | -391 022.69 | -97 435.41 | 24.92 |
| 七、综合收益总额 | 5 737 298.18 | 6 091 762.66 | -354 464.48 | -5.82 |

2018年信托行业母公司汇总净利润为622.58亿元,较上年的648.28亿元下降了3.96%,综合收益总额为573.73亿元,较上年下降了5.82%。

母公司汇总利润表中,2018年的营业总收入为1 269.31亿元,增长0.96%。其中,手续费及佣金净收入为866.21亿元,占营业总收入的68.24%,投资收益294.65亿元,占营业收入的23.21%;营业总支出为478.88亿元,较上年增长12.37%,其中业务及销售管理费用为357.99亿元,占营业总支出的74.75%。

2018年由于会计政策变更等原因,部分公司对年初数进行了追溯调整,各项目的期初数和上年年末数有所差异,以本年报告披露数为准。

### (三)母公司固有资产所有者权益总体分析

2018年,所有者权益为5 730.76亿元,较上年增加494.27亿元,增幅为9.44%,其中股本占比为45.95%,较上年增加19.66%;资本公积占比为11.87%,较上年增加32.36%;其他综合收益占比为-0.23%,较上年减少122.64%,盈余公积占比为7.98%,较上年增加13.58%,风险准备金占比为6.59%,较上年增加13.06%,未分配利润占比为27.84%,较上年增加7.44%。所有者权益中除其他综合收益外各项均有所增长(见表4-2-4)。

表 4－2－4　母公司固有资产所有者权益的组成占比

| 项目 | 2018 年 | | 2017 年 | | 2018 年增减 | |
|---|---|---|---|---|---|---|
| | 金额（万元） | 比率（%） | 金额（万元） | 比率（%） | 金额（万元） | 比率（%） |
| 股本 | 26 334 437.29 | 45.95 | 24 412 867.62 | 46.62 | 1 921 569.67 | 7.87 |
| 资本公积 | 6 803 181.75 | 11.87 | 5 139 923.01 | 9.82 | 1 663 258.74 | 32.36 |
| 其他综合收益 | －134 659.80 | －0.23 | 594 803.16 | 1.14 | －729 462.96 | －122.64 |
| 盈余公积 | 4 572 181.98 | 7.98 | 4 025 349.51 | 7.69 | 546 832.47 | 13.58 |
| 风险准备金 | 3 777 212.08 | 6.59 | 3 340 936.23 | 6.38 | 436 275.85 | 13.06 |
| 未分配利润 | 15 955 200.66 | 27.84 | 14 850 933.90 | 28.36 | 1 104 266.76 | 7.44 |
| 所有者权益合计 | 57 307 553.96 | 100.00 | 52 364 813.43 | 100.00 | 4 942 740.53 | 9.44 |

注：部分信托公司未披露母公司所有者权益变动表，我们未单独列示汇总母公司所有者权益变动表。

## （四）母公司固有资产报表结构比率分析

### 1. 母公司资产结构分析

2018 年信托行业母公司整体固有资产总额为 6 637.83 亿元，比 2017 年增长 8.27%。其中流动资产增长 17.21%，非流动资产增长 4.62%。

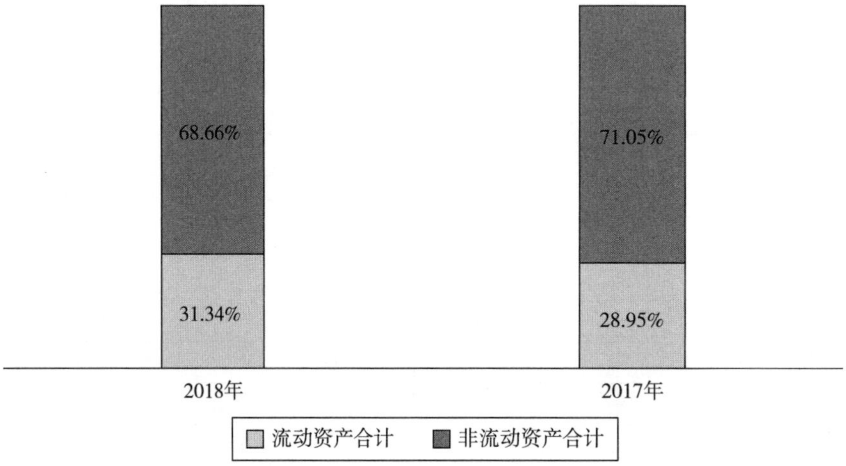


图 4－2－1　母公司 2018 年固有资产比重

表 4－2－5　母公司固有资产汇总报表资产结构分析

| 科目 | 2018 年 12 月 31 日 | | 2017 年 12 月 31 日 | | 增减 | |
|---|---|---|---|---|---|---|
| | 金额（万元） | 比例（%） | 金额（万元） | 比例（%） | 金额（万元） | 比例（%） |
| 货币资产 | 6 385 203.51 | 9.62 | 6 799 415.67 | 11.09 | －414 212.16 | －6.09 |
| 金融资产 | 8 646 262.20 | 13.03 | 5 172 933.72 | 8.44 | 3 473 328.48 | 67.14 |
| 往来资产 | 5 401 895.65 | 8.14 | 5 512 009.91 | 8.99 | －110 114.27 | －2.00 |
| 其他流动资产 | 369 820.79 | 0.56 | 264 908.96 | 0.43 | 104 911.83 | 39.60 |
| 流动资产合计 | 20 803 182.15 | 31.34 | 17 749 268.27 | 28.95 | 3 053 913.88 | 17.21 |
| 长期投资等投资资产 | 44 799 614.21 | 67.49 | 42 909 760.20 | 69.99 | 1 889 854.01 | 4.40 |
| 固定资产等实物资产 | 447 641.55 | 0.67 | 426 316.11 | 0.70 | 21 325.45 | 5.00 |
| 无形资产等非实物资产 | 327 856.43 | 0.49 | 224 995.08 | 0.37 | 102 861.34 | 45.72 |
| 其他非流动资产 | 5 229 230.44 | 7.88 | 4 119 571.28 | 6.72 | 1 109 659.16 | 26.94 |
| 非流动资产合计 | 45 575 112.19 | 68.66 | 43 561 071.39 | 71.05 | 2 014 040.80 | 4.62 |
| 资产合计 | 66 378 294.34 | 100.00 | 61 310 339.66 | 100.00 | 5 067 954.68 | 8.27 |

注：由于在统计分析过程中，各家公司审计报告的科目设置并不一致，我们根据资产的流动属性将资产重新分类，分类规则和合并规则一致。

由表 4－2－5 可知,2018 年,流动资产总额为 2 080. 32 亿元,比上年增长 17. 21%,主要为金融资产投资增加造成;流动资产占资产总额的 31. 34%,比 2017 年略有增长。非流动资产为 4 557. 51 亿元,比上年增加 201. 40 亿元,增幅为 4. 62%,主要体现在长期投资等投资资产的增加,其中可供出售金融资产增加 125. 71 亿元,增长幅度最大。

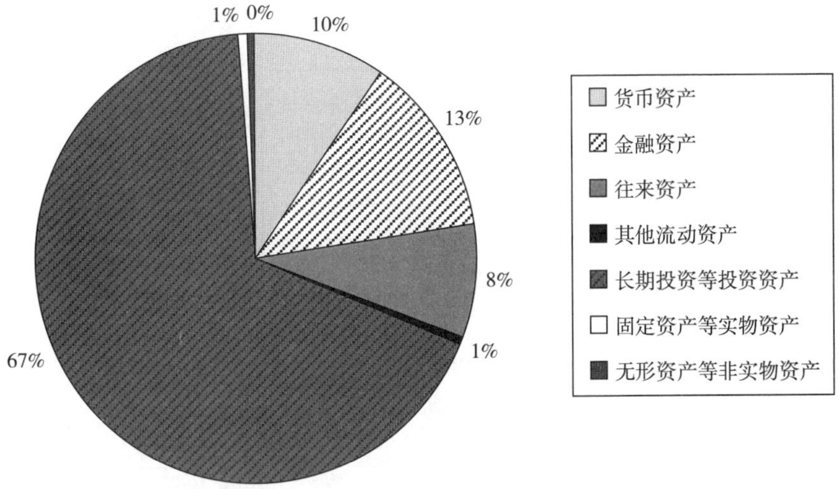


图 4－2－2　母公司 2018 年固有资产汇总报表资产结构

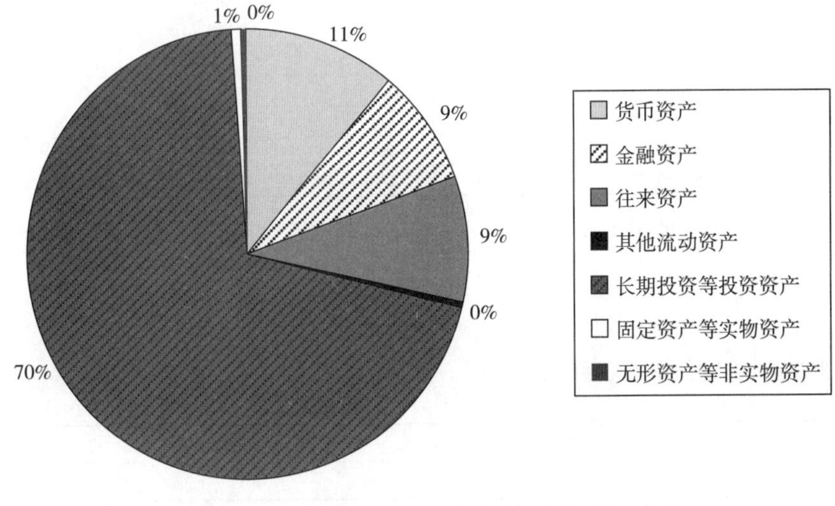


图 4－2－3　母公司 2017 年固定资产汇总报表资产结构

从资产项目结构来看,货币资金和长期投资占比依然较大。其中,货币资金占比 9. 62%,长期投资等长期资产占比为 67. 49%,两者共占总资产的 77. 11%;与上年的 81. 08%略有下降。

**2. 母公司负债结构分析**

**表 4－2－6　母公司固有资产汇总报表负债结构分析**

| 科目 | 2018 年 12 月 31 日 | | 2017 年 12 月 31 日 | | 增减 | |
|---|---|---|---|---|---|---|
| | 金额(万元) | 比例(%) | 金额(万元) | 比例(%) | 金额(万元) | 比例(%) |
| 流动负债合计 | 8 910 705. 62 | 62. 31 | 8 019 979. 18 | 61. 38 | 890 726. 44 | 11. 11 |
| 长期负债合计 | 5 389 265. 21 | 37. 69 | 5 045 118. 33 | 38. 62 | 344 146. 87 | 6. 82 |
| 合计 | 14 299 970. 82 | 100. 00 | 13 065 097. 51 | 100. 00 | 1 234 873. 31 | 9. 45 |

2018 年,整个负债结构并未发生重大变化,基本上保持着短期负债占比 60%左右,长期负债 40%左右的比例,但整体负债金额有所增长,增长率为 9. 45%,其中流动负债增长 11. 11%,长期负债增长 6. 82%(见表 4－2－6)。

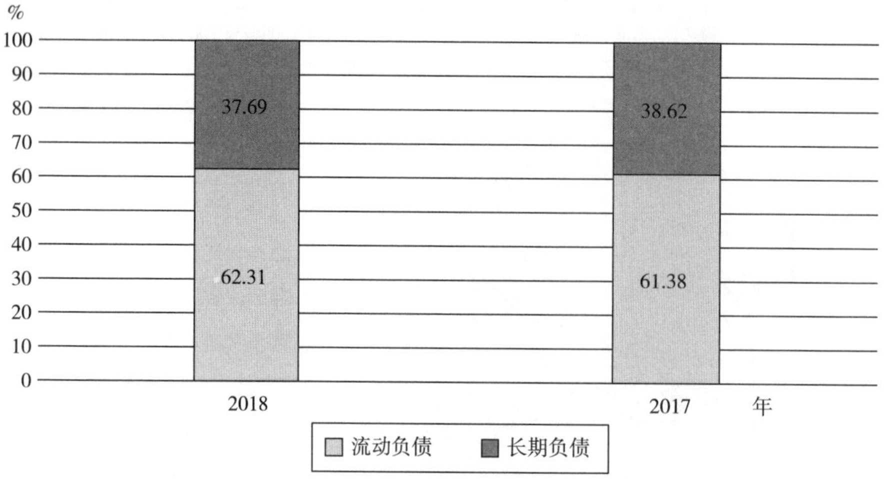


**图 4－2－4　固有资产汇总报表负债结构**

**表 4－2－7　母公司固有资产汇总报表长期负债结构分析**

| 科目 | 2018 年 12 月 31 日 | | 2017 年 12 月 31 日 | | 增减 | |
|---|---|---|---|---|---|---|
| | 金额（万元） | 比例（%） | 金额（万元） | 比例（%） | 金额（万元） | 比例（%） |
| 长期借款 | 93 800. 00 | 1. 74 | 393 800. 00 | 7. 81 | －300 000. 00 | －76. 18 |
| 应付债券 | — | — | — | — | — | — |
| 递延收益 | 19 873. 36 | 0. 37 | 16 970. 32 | 0. 34 | 2 903. 04 | 17. 11 |
| 长期应付款 | 116 525. 72 | 2. 16 | 107 030. 48 | 2. 12 | 9 495. 24 | 8. 87 |
| 预计负债 | 384 792. 44 | 7. 14 | 321 555. 18 | 6. 37 | 63 237. 26 | 19. 67 |
| 递延所得税负债 | 179 768. 77 | 3. 34 | 316 719. 92 | 6. 28 | －136 951. 14 | －43. 24 |
| 其他负债 | 4 594 504. 91 | 85. 25 | 3 889 042. 44 | 77. 09 | 705 462. 47 | 18. 14 |
| 长期负债合计 | 5 389 265. 21 | 100. 00 | 5 045 118. 33 | 100. 00 | 344 146. 87 | 6. 82 |

2018 年，长期负债比上年增加了 34. 41 亿元，其中其他负债增长 70. 55 亿元，为长期负债增长的主要因素。

**3. 偿债能力分析**

（1）母公司资产负债率分析

资产负债率＝汇总负债总额÷汇总资产总额×100%

**表 4－2－8　母公司固有资产汇总报表资产负债率分析**

单位：%

| 项目 | 2018 年 | 2017 年 | 增减 |
|---|---|---|---|
| 资产负债率 | 19. 97 | 19. 97 | 0. 00 |

2018 年信托公司汇总母公司资产负债率为 19. 97%，较上年小幅提高。

（2）流动比率分析

流动比率＝汇总流动资产÷汇总流动负债

**表 4－2－9　固有资产汇总报表流动比率分析**

| 项目 | 2018 年 | 2017 年 | 增减 |
|---|---|---|---|
| 流动比率 | 2. 33 | 2. 21 | 0. 12 |

2018 年固有资产流动比率为 2. 33，较上年增长了 0. 12，企业短期偿债能力基本保持不变。

（3）母公司现金比率分析

现金偿债比率＝汇总（货币资金＋存放中央银行款项＋存放同业款项＋其他货币资金）÷汇总流动负债

**表 4－2－10　固有资产汇总现金偿债比率分析**

| 项目 | 2018 年 | 2017 年 | 增减 |
|---|---|---|---|
| 现金偿债比率 | 0. 72 | 0. 85 | －0. 13 |

现金偿债比率较上年下降0.13%。

4. **盈利能力分析**

(1)营业利润分析

**表4-2-11 固有资产汇总报表营业利润率**

| 项目 | 2018年(万元) | 2017年(万元) | 增减(万元) | 变动比率(%) |
| --- | --- | --- | --- | --- |
| 营业总收入 | 12 693 117.79 | 12 572 597.68 | 120 520.11 | 0.96 |
| 营业总成本 | 4 788 815.84 | 4 261 676.16 | 527 139.68 | 12.37 |
| 营业利润 | 7 904 301.96 | 8 330 348.42 | -426 046.46 | -5.11 |
| 营业利润率(%) | 62.27 | 66.26 | -3.99 | -6.02 |

2018年信托行业营业总收入略有上升,营业成本有所上升,营业利润率达到62.27%,较上年下降了6.02%。

(2)收入结构分析

**表4-2-12 固有资产汇总报表营业收入组成明细**

| 项目 | 2018年 | | 2017年 | | 增减 | |
| --- | --- | --- | --- | --- | --- | --- |
| | 金额(万元) | 比例(%) | 金额(万元) | 比例(%) | 金额(万元) | 比例(%) |
| 1. 营业收入 | 349 829.92 | 2.76 | 316 562.67 | 2.52 | 33 267.25 | 10.51 |
| 2. 利息净收入 | 424 648.04 | 3.35 | 541 658.73 | 4.31 | -117 010.69 | -21.60 |
| 3. 金融企业往来净收入 | — | 0.00 | — | 0.00 | 0.00 | 0.00 |
| 4. 手续费及佣金净收入 | 8 662 143.02 | 68.24 | 8 659 937.43 | 68.88 | 2 205.59 | 0.03 |
| 5. 租赁收入 | — | 0.00 | 128.50 | 0.00 | -128.50 | -100.00 |
| 6. 投资收益 | 2 946 489.98 | 23.21 | 2 908 656.77 | 23.13 | 37 833.21 | 1.30 |
| 7. 公允价值变动收益 | -173 085.22 | -1.36 | -165 133.42 | -1.31 | -7 951.80 | 4.82 |
| 8. 汇兑收益 | -2 930.49 | -0.02 | 990.12 | 0.01 | -3 920.61 | -395.97 |
| 9. 其他业务收入 | 486 022.53 | 3.83 | 309 796.88 | 2.46 | 176 225.65 | 56.88 |
| 营业总收入合计 | 12 693 117.79 | 100.00 | 12 572 597.68 | 100.00 | 120 520.11 | 0.96 |

注:本期将营业收入单独列示披露。

2018年营业总收入为1 269.31亿元,较上年的1 257.26亿元增加了12.05亿元,增加0.96%。其中手续费及佣金收入增长0.22亿元,增长幅度为0.03%。

营业总收入构成中,手续费及佣金净收入占比最大,达到68.24%,其次是投资收益,占比为23.21%。

5. **固有业务资产收益率分析**

**表4-2-13 固有资产汇总报表资产收益率情况**

| 项目 | 2018年(万元) | 2017年(万元) | 增减 |
| --- | --- | --- | --- |
| 净利润 | 6 225 756.27 | 6 482 785.35 | -3.96% |
| 净资产 | 57 307 553.96 | 52 364 813.43 | 9.44% |
| 净资产收益率(%) | 10.86 | 12.38 | -1.52 |
| 总资产 | 71 607 524.78 | 65 429 910.94 | 9.44% |
| 总资产收益率(%) | 8.69 | 9.91 | -1.21 |

2018年整个信托行业的总资产收益率为8.69%,比2017年下降1.21%;净资产收益为10.86%,比2017年减少了1.52%。其中,净利润减少了25.70亿元,下降3.96%;净资产增加了494.27亿元,增长9.44%。

6. **综合收益总额分析**

**表4-2-14 汇总综合收益总额变动情况**

| 项目 | 2018年(万元) | 2017年(万元) | 增减额(万元) | 增减率(%) |
| --- | --- | --- | --- | --- |
| 营业利润 | 7 904 301.96 | 8 330 348.42 | -426 046.46 | -5.11 |
| 营业外收入 | 99 371.09 | 121 929.48 | -22 558.38 | -18.50 |
| 营业外支出 | 73 979.47 | 160 290.94 | -86 311.47 | -53.85 |
| 利润总额 | 7 929 693.58 | 8 291 986.95 | -362 293.38 | -4.37 |
| 所得税费用 | 1 703 937.30 | 1 809 201.60 | -105 264.30 | -5.82 |
| 净利润 | 6 225 756.27 | 6 482 785.35 | -257 029.08 | -3.96 |
| 其他综合收益 | -488 458.10 | -391 022.69 | -97 435.41 | 24.92 |
| 综合收益总额 | 5 737 298.18 | 6 091 762.66 | -354 464.48 | -5.82 |

2018年整个信托行业的综合收益总额为573.73亿元,比2017年减少35.45亿元,下降5.82%。其中,营业利润较上年下降5.11%,故本年综合收益较上年有所减少。

# 第五章　信托资产报表总体分析

本章将2018年68家信托公司披露的信托资产部分的会计报表，包括信托资产负债表和信托项目利润及利润分配表分别汇总成代表中国信托行业信托资产整体状况的汇总报表，对中国信托公司信托资产的整体财务状况和经营成果进行分析。

## 一、2018年信托资产汇总报表分析

### （一）信托业务汇总报表

表5-1-1　信托资产的汇总资产负债表

| 信托资产 | 年末数（万元） | 年初数（万元） | 增减额（万元） | 增减率（%） |
|---|---|---|---|---|
| 信托资产： | | | | |
| 货币资金 | 68 026 380.38 | 89 199 955.89 | -21 173 575.51 | -23.74 |
| 拆出资金 | 2 839 070.00 | 2 895 000.00 | -55 930.00 | -1.93 |
| 存出保证金 | 161 547.11 | 264 509.88 | -102 962.77 | -38.93 |
| 交易性金融资产 | 211 861 999.74 | 300 390 207.86 | -88 528 208.13 | -29.47 |
| 衍生金融资产 | 13 765.07 | 37 373.20 | -23 608.13 | -63.17 |
| 结算备付金 | 51 968.77 | 82 551.98 | -30 583.21 | -37.05 |
| 应收票据 | 546 274.54 | 1 356 339.77 | -810 065.23 | -59.72 |
| 应收利息 | 262 018.83 | 257 464.51 | 4 554.32 | 1.77 |
| 应收股利 | 132 853.91 | 109 739.17 | 23 114.74 | 21.06 |
| 应收款项 | 125 505 516.01 | 113 801 369.87 | 11 704 146.14 | 10.28 |
| 买入返售资产 | 78 343 167.52 | 85 982 540.97 | -7 639 373.45 | -8.88 |
| 其他应收款 | 3 196 551.83 | 2 842 774.88 | 353 776.95 | 12.44 |
| 贷款 | 851 490 237.26 | 912 322 578.57 | -60 832 341.31 | -6.67 |
| 可供出售金融资产 | 364 135 474.12 | 426 211 147.58 | -62 075 673.46 | -14.56 |
| 持有至到期投资 | 222 719 637.26 | 295 405 878.01 | -72 686 240.75 | -24.61 |
| 长期股权投资 | 187 523 236.01 | 197 734 787.47 | -10 211 551.46 | -5.16 |
| 长期应收款 | 20 746 830.91 | 25 645 225.55 | -4 898 394.64 | -19.10 |
| 固定资产 | — | — | — | — |
| 投资性房地产 | 104 361.53 | 33 854.40 | 70 507.13 | 208.27 |
| 无形资产 | 3 426 045.92 | 4 412 508.83 | -986 462.91 | -22.36 |
| 长期待摊费用 | 9 205.78 | 4 770.62 | 4 435.16 | 92.97 |
| 其他资产 | 131 116 334.47 | 169 131 756.99 | -38 015 422.52 | -22.48 |
| 信托资产合计 | 2 272 212 476.98 | 2 628 122 336.01 | -355 909 859.03 | -13.54 |

续表

| 信托负债和信托权益 | 年末数(万元) | 年初数(万元) | 增减额(万元) | 增减率(%) |
|---|---|---|---|---|
| 信托负债: | | | | |
| 应付受托人报酬 | 725 663. 45 | 848 699. 61 | -123 036. 16 | -14. 50 |
| 应付托管费 | 112 953. 19 | 106 822. 30 | 6 130. 89 | 5. 74 |
| 应付管理人报酬 | 221. 49 | 38. 66 | 182. 83 | 472. 92 |
| 应付受益人收益 | 3 112 295. 76 | 2 320 258. 99 | 792 036. 77 | 34. 14 |
| 应付销售服务费 | 48 378. 39 | 33 251. 93 | 15 126. 46 | 45. 49 |
| 衍生金融负债 | — | 13. 75 | -13. 75 | -100. 00 |
| 卖出回购资产款 | 3 822 143. 65 | 5 585 036. 09 | -1 762 892. 44 | -31. 56 |
| 应付股利 | 91 845. 20 | 111 525. 73 | -19 680. 53 | -17. 65 |
| 应付账款 | 313 974. 13 | 343 053. 32 | -29 079. 18 | -8. 48 |
| 预收账款 | 5. 00 | 15. 00 | -10. 00 | -66. 67 |
| 应交税金 | 479 674. 27 | 38 674. 68 | 440 999. 59 | 1 140. 28 |
| 其他应付款项 | 15 912 516. 01 | 14 393 077. 96 | 1 519 438. 05 | 10. 56 |
| 长期应付款 | — | — | 0. 00 | — |
| 应付利息 | 21. 69 | — | 21. 69 | — |
| 交易性金融负债 | — | 81 327. 58 | -81 327. 58 | -100. 00 |
| 其他负债 | 645 915. 79 | 884 618. 12 | -238 702. 33 | -26. 98 |
| 信托负债合计 | 25 265 608. 03 | 24 746 413. 72 | 600 500. 20 | 2. 43 |
| 信托权益: | — | — | — | — |
| 实收信托 | 2 224 561 231. 17 | 2 556 378 312. 95 | -331 817 081. 78 | -12. 98 |
| 资本公积 | 10 213 846. 24 | 9 844 123. 33 | 369 722. 90 | 3. 76 |
| 其他综合收益 | -86 558. 46 | 536 207. 83 | -622 766. 28 | -116. 14 |
| 外币报表折算差额 | 13 255. 67 | 5 707. 89 | 7 547. 78 | 132. 23 |
| 未分配利润 | 12 245 094. 33 | 36 611 570. 29 | -24 366 475. 96 | -66. 55 |
| 信托权益合计 | 2 246 946 868. 95 | 2 603 375 922. 28 | -356 429 053. 33 | -13. 69 |
| 信托负债及信托权益合计 | 2 272 212 476. 98 | 2 628 122 336. 01 | -355 828 553. 14 | -13. 54 |

注:在统计过程中,由于部分公司报表存在尾差,在汇总报表时将其全部计入"其他负债"科目。

2018 年披露所涉及的 68 家信托公司整体信托项目资产合计 227 221. 25 亿元,比 2017 年减少 13. 54%,信托负债增长 2. 43%,信托权益减少 13. 69%。

**表 5-1-2 信托资产的汇总简式资产负债表**

| 信托资产 | 2018 年 12 月 31 日(万元) | 2017 年 12 月 31 日(万元) | 增减额(万元) | 增减率(%) |
|---|---|---|---|---|
| 信托资产合计 | 2 272 212 476. 98 | 2 628 122 336. 01 | -355 909 859. 03 | -13. 54 |
| 信托负债合计 | 25 265 608. 03 | 24 746 413. 72 | 519 194. 31 | 2. 10 |
| 信托权益合计 | 2 246 946 868. 95 | 2 603 375 922. 28 | -356 429 053. 34 | -13. 69 |
| 信托资产负债率(%) | 1. 11 | 0. 94 | — | — |

2018 年信托行业信托项目资产负债率为 1. 11%，较上年有所上升，信托资产一般资产负债率都在 1% 左右，负债占比较低。

2018 年信托资产资产总额比 2017 年减少了 35 590. 99 亿元，减少 13. 54%；其中减少最多的为交易性金融资产，减少了 8 852. 82亿元，其次是持有至到期投资减少了 7 268. 62 亿元。

相比资产总额的大额减少，信托负债增加的金额为 51. 92 亿元，增长 2. 10%。信托资产的权益合计减少了 35 642. 91 亿元，主要是实收信托减少了 33 181. 71 亿元。

**表 5 –1 –3　信托资产的汇总简式利润表**

| 项目 | 2018 年（万元） | 2017 年（万元） | 增减额（万元） | 增减率（%） |
|---|---|---|---|---|
| 一、营业收入 | 108 445 087. 22 | 140 473 940. 61 | –32 028 853. 39 | –22. 80 |
| 利息收入 | 76 215 814. 21 | 71 900 560. 91 | 4 315 253. 30 | 6. 00 |
| 投资收益 | 45 968 825. 69 | 61 595 456. 79 | –15 626 631. 10 | –25. 37 |
| 租赁收入 | 8 307. 20 | 910. 67 | 7 396. 53 | 812. 21 |
| 公允价值变动损益 | –17 829 106. 64 | 3 254 956. 92 | –21 084 063. 55 | –647. 75 |
| 汇兑损益（损失以"–"号填列） | 7 591. 06 | –12 602. 47 | 20 193. 53 | –160. 23 |
| 其他收入 | 4 073 655. 70 | 3 734 657. 79 | 338 997. 90 | 9. 08 |
| 二、营业支出 | 14 459 922. 63 | 14 307 991. 23 | 151 931. 40 | 1. 06 |
| 三、营业税金及附加 | 324 970. 90 | 7 513. 07 | 317 457. 83 | 4 225. 41 |
| 四、营业外收支 | –19 481. 12 | 27 266. 67 | –46 747. 79 | –171. 45 |
| 五、扣除资产损失前的信托利润 | 93 640 712. 57 | 126 185 702. 98 | –32 544 990. 41 | –25. 79 |
| 减：资产减值损失 | 630 290. 08 | 33 990. 17 | 596 299. 91 | 1 754. 33 |
| 加：其他综合收益 | –1 561 371. 41 | 279 586. 55 | –1 840 957. 96 | –658. 46 |
| 六、综合收益 | 91 449 051. 08 | 126 431 299. 36 | –34 982 248. 28 | –27. 67 |
| 加：期初未分配信托利润 | 36 611 078. 35 | 28 832 503. 41 | 7 778 574. 94 | 26. 98 |
| 加：未分配信托利润平准金 | 2 181 883. 74 | 565 899. 78 | 1 615 983. 96 | 285. 56 |
| 加：其他转入 | 135 106. 89 | 14 982. 18 | 120 124. 71 | 801. 78 |
| 减：其他综合收益 | –1 561 371. 41 | 279 586. 55 | –1 840 957. 962 | –658. 46 |
| 七、可供分配的信托利润 | 131 938 491. 47 | 155 565 098. 18 | –23 626 606. 71 | –15. 19 |
| 减：本期已分配信托利润 | 122 211 667. 10 | 118 654 519. 57 | 3 557 147. 53 | 3. 00 |
| 加：损益平准金 | 2 518 269. 97 | –299 008. 33 | 2 817 278. 30 | –942. 21 |
| 加：未注明原因的事项 | — | — | — | — |
| 八、期末未分配信托利润 | 12 245 094. 33 | 36 611 570. 28 | –24 366 475. 94 | –66. 55 |

注：对部分未披露上年金额的信托公司，采用 2014 年报告的数据进行统计。

2018 年，信托业务收入为 10 844. 51 亿元，比 2017 年的 14 047. 39 亿元减少了 3 202. 89 亿元，减少 22. 80%。除租赁收入、其他收入和利息收入外其他项目全部减少，减少最多的是公允价值变动损益，减少了 2 108. 41 亿元。

2018 年综合收益为 9 144. 91 亿元，比 2017 年减少了 3 498. 22 亿元。本年将可供分配利润中的 92. 63% 用于分配，比 2017 年的 76. 27% 大幅增加。年末未分配信托利润为 1 224. 51 亿元，比 2017 年减少了 2 436. 65 亿元。

信托利润点依然来自利息收入和投资收益，分别占营业总收入的 70. 28% 和 42. 39%。

## （二）信托资产汇总结构分析

**表 5 –1 –4　信托资产汇总报表资产结构分析**

| 项目 | 2018 年 12 月 31 日 | | 2017 年 12 月 31 日 | | 增减 | |
|---|---|---|---|---|---|---|
| | 金额（万元） | 占比（%） | 金额（万元） | 占比（%） | 金额（万元） | 比率（%） |
| 货币资金 | 68 026 380. 38 | 2. 99 | 89 199 955. 89 | 3. 39 | –21 173 575. 51 | –23. 74 |
| 拆出资金 | 2 839 070. 00 | 0. 12 | 2 895 000. 00 | 0. 11 | –55 930. 00 | –1. 93 |
| 存出保证金 | 161 547. 11 | 0. 01 | 264 509. 88 | 0. 01 | –102 962. 77 | –38. 93 |
| 交易性金融资产 | 211 861 999. 74 | 9. 32 | 300 390 207. 86 | 11. 43 | –88 528 208. 13 | –29. 47 |
| 衍生金融资产 | 13 765. 07 | 0. 00 | 37 373. 20 | 0. 00 | –23 608. 13 | –63. 17 |
| 结算备付金 | 51 968. 77 | 0. 00 | 82 551. 98 | 0. 00 | –30 583. 21 | –37. 05 |
| 应收票据 | 546 274. 54 | 0. 02 | 1 356 339. 77 | 0. 05 | –810 065. 23 | –59. 72 |
| 应收利息 | 262 018. 83 | 0. 01 | 257 464. 51 | 0. 01 | 4 554. 32 | 1. 77 |
| 应收股利 | 132 853. 91 | 0. 01 | 109 739. 17 | 0. 00 | 23 114. 74 | 21. 06 |
| 应收款项 | 125 505 516. 01 | 5. 52 | 113 801 369. 87 | 4. 33 | 11 704 146. 14 | 10. 28 |
| 买入返售资产 | 78 343 167. 52 | 3. 45 | 85 982 540. 97 | 3. 27 | –7 639 373. 45 | –8. 88 |

续表

| 项目 | 2018 年 12 月 31 日 | | 2017 年 12 月 31 日 | | 增减 | |
|---|---|---|---|---|---|---|
| | 金额(万元) | 占比(%) | 金额(万元) | 占比(%) | 金额(万元) | 比率(%) |
| 其他应收款 | 3 196 551. 83 | 0. 14 | 2 842 774. 88 | 0. 11 | 353 776. 95 | 12. 44 |
| 贷款 | 851 490 237. 26 | 37. 47 | 912 322 578. 57 | 34. 71 | -60 832 341. 31 | -6. 67 |
| 可供出售金融资产 | 364 135 474. 12 | 16. 03 | 426 211 147. 58 | 16. 22 | -62 075 673. 46 | -14. 56 |
| 持有至到期投资 | 222 719 637. 26 | 9. 80 | 295 405 878. 01 | 11. 24 | -72 686 240. 75 | -24. 61 |
| 长期股权投资 | 187 523 236. 01 | 8. 25 | 197 734 787. 47 | 7. 52 | -10 211 551. 46 | -5. 16 |
| 长期应收款 | 20 746 830. 91 | 0. 91 | 25 645 225. 55 | 0. 98 | -4 898 394. 64 | -19. 10 |
| 固定资产 | 0. 00 | 0. 00 | 0. 00 | 0. 00 | 0. 00 | 0. 00 |
| 投资性房地产 | 104 361. 53 | 0. 00 | 33 854. 40 | 0. 00 | 70 507. 13 | 208. 27 |
| 无形资产 | 3 426 045. 92 | 0. 15 | 4 412 508. 83 | 0. 17 | -986 462. 91 | -22. 36 |
| 长期待摊费用 | 9 205. 78 | 0. 00 | 4 770. 62 | 0. 00 | 4435. 16 | 92. 97 |
| 其他资产 | 131 116 334. 47 | 5. 77 | 169 131 756. 99 | 6. 44 | -38 015 422. 52 | -22. 48 |
| 信托资产运用合计 | 2 272 212 476. 98 | 100. 00 | 2 628 122 336. 01 | 100. 00 | -355 909 859. 03 | -13. 54 |

从资产结构来看,贷款(包括发放贷款和客户贷款)合计为 85 149. 02 亿元,贷款占总信托资产的 37. 47%,其次可供出售金融资产总额达 36 413. 55 亿元,占总资产的 16. 03%。

2018 年,信托行业整体信托资产降幅达到 13. 54%,从减少额上看,最主要的是交易性金融资产、可供出售金融资产、持有至到期投资、贷款,其 4 项总额合计比上年合计减少 28 412. 25 亿元,占信托资产总减少额的 79. 83%;应收账款增加金额较多,其他变动额不大。

**表 5 -1 -5　信托资产汇总报表信托权益结构分析**

| 项目 | 2018 年 12 月 31 日 | | 2017 年 12 月 31 日 | | 增减 | |
|---|---|---|---|---|---|---|
| | 金额(万元) | 占比(%) | 金额(万元) | 占比(%) | 金额(万元) | 比率(%) |
| 实收信托 | 2 224 561 231. 17 | 99. 00 | 2 556 378 312. 95 | 98. 19 | -331 817 081. 78 | -12. 98 |
| 资本公积 | 10 213 846. 24 | 0. 45 | 9 844 123. 33 | 0. 38 | 369 722. 90 | 3. 76 |
| 其他综合收益 | -86 558. 46 | 0. 00 | 536 207. 83 | 0. 02 | -622 766. 28 | -116. 14 |
| 外币折算差额 | 13 255. 67 | 0. 00 | 5 707. 89 | 0. 00 | 7 547. 78 | 132. 23 |
| 未分配利润 | 12 245 094. 33 | 0. 54 | 36 611 570. 29 | 1. 41 | -24 366 475. 96 | -66. 55 |
| 信托权益合计 | 2 246 946 868. 95 | 100. 00 | 2 603 375 922. 28 | 100. 00 | -356 429 053. 33 | -13. 69 |

2018 年信托资产的权益合计为 224 694. 69 亿元,其中实收信托总额达 222 456. 12 亿元,占信托权益总额的 99. 00%。信托权益增加的主要原因是实收信托的增加。表 5 -1 -2 中也有所阐述。

**表 5 -1 -6　信托资产汇总报表收入结构分析**

| 项目 | 2018 年 12 月 31 日 | | 2017 年 12 月 31 日 | | 增减 | |
|---|---|---|---|---|---|---|
| | 金额(万元) | 占比(%) | 金额(万元) | 占比(%) | 金额(万元) | 比率(%) |
| 利息收入 | 76 215 814. 21 | 70. 28 | 71 900 560. 91 | 51. 18 | 4 315 253. 30 | 6. 00 |
| 投资收益 | 45 968 825. 69 | 42. 39 | 61 595 456. 79 | 43. 85 | -15 626 631. 10 | -25. 37 |
| 租赁收入 | 8 307. 20 | 0. 01 | 910. 67 | 0. 00 | 7 396. 53 | 812. 21 |
| 公允价值变动损益 | -17 829 106. 64 | -16. 44 | 3 254 956. 92 | 2. 32 | -21 084 063. 55 | -647. 75 |
| 汇兑损益 | 7 591. 06 | 0. 01 | -12 602. 47 | -0. 01 | 20 193. 53 | -160. 23 |
| 其他收入 | 4 073 655. 70 | 3. 76 | 3 734 657. 79 | 2. 66 | 338 997. 90 | 9. 08 |
| 营业收入合计 | 108 445 087. 22 | 100. 00 | 140 473 940. 61 | 100. 00 | -32 028 853. 39 | -22. 80 |

2018 年营业总收入比 2017 年降低了 3 202. 89 亿元,除汇兑损益、公允价值变动损益和投资收益外,其他主要项目均有所增加。其中,公允价值变动损益降低最多,降低 2 108. 41 亿元,降幅为 647. 75%;投资收益降低 1 562. 66 亿元,降幅为 25. 37%。

从公司收入结构分析,利息收入与投资收益是收入总额的主要来源,这与资产分布情况有关。发放贷款和客户贷款合计占资产总额的37. 47%,导致利息收入占收入的比例为 70. 28%;金融资产(包括交易性金融资产、可供出售金融资产和持有至到期投资)占资产总额的35. 15%;对外投资(包括短期投资、长期债权投资、长期股权投资及其他长期投资)占资产总额的8. 25%,导致投资收益占收入总额的比例为 42.39%。

## （三）信托资产经营成果及结构分析

### 表5-1-7 信托资产汇总报表利润总额结构

单位：万元

| 排名 | 公司简称 | 营业收入 | 营业支出 | 营业税金及附加 | 营业外收支 | 减：资产减值损失 | 其他综合收益 | 综合收益 |
|---|---|---|---|---|---|---|---|---|
| 1 | 建信信托 | 7 171 351. 31 | 462 573. 56 | 9 653. 18 | — | — | — | 6 230 368. 25 |
| 2 | 中信信托 | 7 024 115. 05 | 1 018 551. 05 | 28 824. 31 | — | 5 482. 10 | — | 5 971 257. 59 |
| 3 | 华能信托 | 5 451 912. 27 | 528 600. 39 | 12 279. 44 | — | 11 265. 39 | 6 789. 52 | 4 906 556. 57 |
| 4 | 交银国际信托 | 4 680 385. 56 | 337 213. 83 | 13 241. 11 | — | 56 125. 15 | 17 685. 11 | 4 291 490. 58 |
| 5 | 渤海信托 | 4 396 938. 58 | 373 189. 16 | — | — | 1. 30 | — | 4 023 748. 12 |
| 6 | 中航信托 | 3 770 910. 46 | 387 356. 65 | 8 477. 69 | — | 522. 09 | -26 615. 55 | 3 347 938. 48 |
| 7 | 上海信托 | 3 537 324. 19 | 350 058. 47 | 13 231. 50 | — | 5 789. 26 | 11 915. 40 | 3 180 160. 36 |
| 8 | 兴业信托 | 3 537 567. 26 | 416 461. 32 | — | — | — | — | 3 121 105. 94 |
| 9 | 中融信托 | 3 552 568. 54 | 605 276. 54 | — | — | — | -271 810. 03 | 2 675 481. 97 |
| 10 | 五矿信托 | 3 059 984. 15 | 430 372. 24 | 7 049. 12 | — | — | — | 2 622 562. 79 |
| 11 | 江苏信托 | 2 721 028. 20 | 147 204. 45 | 4 108. 74 | — | — | — | 2 569 715. 01 |
| 12 | 平安信托 | 2 993 561. 31 | 419 774. 11 | 10 096. 47 | 4 384. 37 | — | — | 2 568 075. 10 |
| 13 | 光大兴陇信托 | 2 575 103. 62 | 281 519. 93 | 9 979. 25 | — | — | — | 2 283 604. 44 |
| 14 | 中铁信托 | 2 372 713. 00 | 220 164. 00 | — | — | — | — | 2 152 549. 00 |
| 15 | 昆仑信托 | 2 052 057. 94 | 138 898. 59 | 4 938. 19 | — | — | — | 1 908 221. 16 |
| 16 | 国民信托 | 2 021 989. 25 | 156 833. 44 | 8 181. 25 | — | — | — | 1 856 974. 56 |
| 17 | 中诚信托 | 2 056 045. 91 | 238 306. 49 | 5 640. 10 | — | — | — | 1 812 099. 32 |
| 18 | 长安信托 | 2 572 293. 42 | 351 099. 12 | — | — | — | -426 178. 07 | 1 795 016. 23 |
| 19 | 华宝信托 | 2 191 775. 29 | 136 956. 88 | 4 105. 17 | — | — | -350 857. 10 | 1 699 856. 14 |
| 20 | 西藏信托 | 1 803 986. 93 | 114 215. 84 | 4 141. 72 | — | 18 152. 90 | — | 1 667 476. 47 |
| 21 | 国投泰康信托 | 1 774 567. 69 | 139 807. 12 | 5 865. 18 | — | — | — | 1 628 895. 39 |
| 22 | 安信信托 | 1 749 913. 95 | 185 486. 17 | 4 214. 29 | — | 2 400. 00 | — | 1 557 813. 49 |
| 23 | 新时代信托 | 1 570 925. 85 | 79 381. 65 | — | — | — | — | 1 491 544. 20 |
| 24 | 四川信托 | 1 762 161. 73 | 300 617. 67 | 6 070. 09 | — | — | — | 1 455 473. 97 |
| 25 | 西部信托 | 1 544 448. 77 | 116 648. 23 | 5 251. 84 | — | — | 166. 74 | 1 422 715. 43 |
| 26 | 中海信托 | 1 657 746. 81 | 258 420. 98 | 6 440. 34 | — | — | — | 1 392 885. 49 |
| 27 | 国元信托 | 1 461 639. 97 | 86 841. 27 | 4 459. 04 | — | — | — | 1 370 339. 66 |
| 28 | 陆家嘴信托 | 1 520 255. 02 | 167 013. 27 | 4 544. 93 | — | — | — | 1 348 696. 82 |
| 29 | 中原信托 | 1 381 357. 47 | 140 022. 01 | 3 796. 00 | — | — | — | 1 237 539. 46 |
| 30 | 万向信托 | 1 389 300. 66 | 166 153. 63 | 3 129. 92 | — | — | — | 1 220 017. 11 |
| 31 | 百瑞信托 | 1 323 431. 22 | 123 938. 24 | 3 623. 25 | — | — | — | 1 195 869. 73 |
| 32 | 英大信托 | 1 262 707. 71 | 103 712. 02 | 4 121. 35 | — | — | — | 1 154 874. 34 |
| 33 | 中建投信托 | 1 282 665. 74 | 156 925. 60 | 3 570. 31 | — | — | — | 1 122 169. 83 |
| 34 | 北京信托 | 1 282 507. 77 | 158 260. 08 | 3 819. 60 | — | — | — | 1 120 428. 09 |
| 35 | 北方信托 | 1 308 878. 68 | 143 261. 04 | 4 833. 97 | — | — | -44 725. 43 | 1 116 058. 24 |
| 36 | 山东信托 | 1 293 687. 30 | 187 565. 25 | 4 369. 92 | — | — | 1 078. 29 | 1 102 830. 42 |
| 37 | 紫金信托 | 1 154 457. 74 | 109 417. 52 | 2 868. 38 | — | — | — | 1 042 171. 84 |
| 38 | 中江信托 | 1 110 506. 46 | 82 698. 64 | 2 408. 49 | — | — | — | 1 025 399. 33 |
| 39 | 国通信托 | 1 096 436. 03 | 153 160. 96 | 3 471. 71 | — | — | — | 939 803. 36 |
| 40 | 中粮信托 | 999 741. 62 | 73 674. 21 | 3 020. 29 | — | — | — | 923 047. 12 |
| 41 | 华润信托 | 1 538 218. 07 | 530 680. 98 | 11 771. 23 | — | 49 228. 32 | — | 889 271. 69 |
| 42 | 浙金信托 | 956 865. 45 | 87 837. 65 | 1 974. 72 | — | — | -6 264. 70 | 860 788. 38 |
| 43 | 爱建信托 | 1 086 956. 20 | 246 218. 93 | 3 866. 56 | — | — | — | 836 870. 71 |
| 44 | 新华信托 | 833 513. 35 | 70 747. 22 | 2 711. 02 | — | — | 45 720. 13 | 805 775. 24 |
| 45 | 华融信托 | 935 854. 96 | 177 506. 88 | 3 967. 12 | — | — | — | 754 380. 96 |

续表

| 排名 | 公司简称 | 营业收入 | 营业支出 | 营业税金及附加 | 营业外收支 | 减:资产减值损失 | 其他综合收益 | 综合收益 |
|---|---|---|---|---|---|---|---|---|
| 46 | 天津信托 | 1 080 112. 61 | 438 590. 22 | 4 412. 36 | — | — | 116 714. 64 | 753 824. 67 |
| 47 | 中国民生信托 | 1 057 786. 04 | 248 614. 64 | 2 375. 80 | — | — | -89 089. 66 | 717 705. 94 |
| 48 | 大业信托 | 757 577. 07 | 113 188. 48 | — | — | — | — | 644 388. 60 |
| 49 | 重庆信托 | 793 796. 21 | 235 560. 43 | 3 222. 04 | — | — | — | 555 013. 74 |
| 50 | 华澳信托 | 628 357. 13 | 72 505. 31 | 2 131. 69 | — | — | — | 553 720. 13 |
| 51 | 吉林信托 | 505 874. 50 | 29 836. 10 | 1 505. 85 | — | — | — | 474 532. 55 |
| 52 | 金谷信托 | 571 297. 72 | 97 415. 49 | 14 487. 01 | — | — | — | 459 395. 22 |
| 53 | 国联信托 | 498 307. 00 | 37 752. 00 | 1 286. 00 | — | — | — | 459 269. 00 |
| 54 | 湖南信托 | 507 053. 00 | 55 286. 00 | 1 924. 00 | — | — | — | 449 843. 00 |
| 55 | 苏州信托 | 501 357. 44 | 51 634. 95 | 1 381. 52 | — | — | — | 448 340. 97 |
| 56 | 厦门国际信托 | 664 757. 00 | 218 542. 00 | 4 192. 00 | — | — | — | 442 023. 00 |
| 57 | 杭州工商信托 | 442 211. 00 | 88 651. 00 | 1 363. 00 | — | — | — | 352 197. 00 |
| 58 | 山西信托 | 342 869. 95 | 19 409. 73 | 765. 92 | — | — | — | 322 694. 30 |
| 59 | 东莞信托 | 369 936. 16 | 109 535. 75 | 1 106. 06 | — | — | -179. 34 | 259 115. 01 |
| 60 | 中泰信托 | 243 267. 23 | 23 057. 20 | — | — | — | — | 220 210. 03 |
| 61 | 长城新盛信托 | 267 950. 37 | 46 956. 67 | 838. 39 | — | — | — | 220 155. 31 |
| 62 | 华信信托 | 256 007. 88 | 84 775. 03 | 1 934. 19 | — | — | — | 169 298. 66 |
| 63 | 粤财信托 | 307 903. 02 | 138 752. 04 | 21 371. 93 | — | — | — | 147 779. 05 |
| 64 | 华宸信托 | 23 291. 30 | 804. 35 | 79. 49 | — | — | — | 22 407. 46 |
| 65 | 外贸信托 | -153 908. 12 | 670 607. 13 | 6 757. 97 | 33 400. 36 | 8 996. 66 | — | -806 869. 52 |
| 66 | 华鑫信托 | -937 061. 65 | 147 109. 76 | 3 884. 36 | — | — | — | -1 088 055. 77 |
| 67 | 云南信托 | -1 003 825. 26 | 160 163. 60 | 3 815. 71 | — | 3 978. 77 | -551 986. 06 | -1 723 769. 40 |
| 68 | 陕国投 | -2 102 188. 84 | 202 187. 69 | 6 496. 51 | — | — | — | -2 310 873. 04 |
| | 合计 | 108 445 087. 22 | 14 451 558. 85 | 333 448. 59 | -19 481. 12 | 630 698. 26 | -1 567 636. 11 | 91 442 264. 29 |

2018 年信托资产汇总综合收益总额合计 9 144. 22 亿元，其中超过 500 亿元的有 2 家，金额在 100 亿 ~500 亿元的有 36 家公司，10 亿元以下的有 5 家公司。

**表 5-1-8　信托资产汇总综合收益总额分布情况**

| 项目 | 2018 年 | | |
|---|---|---|---|
| | 家数(家) | 利润总额(万元) | 占比(%) |
| 500 亿元以上 | 2 | 12 201 625. 84 | 13. 34 |
| 100 亿 ~500 亿元 | 36 | 71 488 355. 08 | 78. 18 |
| 10 亿 ~100 亿元 | 25 | 13 659 443. 64 | 14. 94 |
| 10 亿元以下 | 5 | -5 907 160. 27 | -6. 46 |
| 合计 | 68 | 91 442 264. 29 | 100. 00 |

**表 5-1-9　信托资产汇总报表总信托资产综合收益率**

| 排名 | 公司简称 | 综合收益(万元) | 平均信托资产(万元) | 总信托资产综合收益率(%) |
|---|---|---|---|---|
| 1 | 华宸信托 | 22 407. 46 | 308 248. 81 | 7. 27 |
| 2 | 长城新盛信托 | 220 155. 31 | 3 119 483. 29 | 7. 06 |
| 3 | 中江信托 | 1 025 399. 33 | 14 721 504. 62 | 6. 97 |
| 4 | 万向信托 | 1 220 017. 11 | 17 564 813. 44 | 6. 95 |
| 5 | 杭州工商信托 | 352 197. 00 | 5 150 308. 50 | 6. 84 |
| 6 | 山西信托 | 322 694. 30 | 4 742 337. 04 | 6. 80 |
| 7 | 安信信托 | 1 557 813. 49 | 23 311 487. 98 | 6. 68 |
| 8 | 中泰信托 | 220 210. 03 | 3 299 506. 17 | 6. 67 |
| 9 | 中建投信托 | 1 122 169. 83 | 16 981 796. 95 | 6. 61 |
| 10 | 中原信托 | 1 237 539. 46 | 18 754 610. 45 | 6. 60 |
| 11 | 百瑞信托 | 1 195 869. 73 | 18 352 291. 52 | 6. 52 |
| 12 | 浙金信托 | 860 788. 38 | 13 328 136. 39 | 6. 46 |
| 13 | 国元信托 | 1 370 339. 66 | 23 059 662. 15 | 5. 94 |
| 14 | 昆仑信托 | 1 908 221. 16 | 32 320 602. 10 | 5. 90 |

续表

| 排名 | 公司简称 | 综合收益(万元) | 平均信托资产(万元) | 总信托资产综合收益率(%) |
|---|---|---|---|---|
| 15 | 渤海信托 | 4 023 748. 12 | 68 765 354. 66 | 5. 85 |
| 16 | 中诚信托 | 1 812 099. 32 | 31 960 229. 61 | 5. 67 |
| 17 | 紫金信托 | 1 042 171. 84 | 18 387 476. 12 | 5. 67 |
| 18 | 华能信托 | 4 906 556. 57 | 86 907 539. 76 | 5. 65 |
| 19 | 吉林信托 | 474 532. 55 | 8 543 511. 27 | 5. 55 |
| 20 | 国联信托 | 459 269. 00 | 8 336 560. 00 | 5. 51 |
| 21 | 江苏信托 | 2 569 715. 01 | 47 923 771. 13 | 5. 36 |
| 22 | 中航信托 | 3 347 938. 48 | 64 523 261. 72 | 5. 19 |
| 23 | 陆家嘴信托 | 1 348 696. 82 | 26 011 371. 85 | 5. 19 |
| 24 | 国投泰康信托 | 1 628 895. 39 | 31 606 962. 79 | 5. 15 |
| 25 | 中粮信托 | 923 047. 12 | 17 950 596. 06 | 5. 14 |
| 26 | 苏州信托 | 448 340. 97 | 8 861 663. 25 | 5. 06 |
| 27 | 中铁信托 | 2 152 549. 00 | 43 047 791. 50 | 5. 00 |
| 28 | 西部信托 | 1 422 715. 43 | 28 460 497. 59 | 5. 00 |
| 29 | 东莞信托 | 259 115. 01 | 5 315 036. 44 | 4. 88 |
| 30 | 五矿信托 | 2 622 562. 79 | 55 843 299. 71 | 4. 70 |
| 31 | 交银国际信托 | 4 291 490. 58 | 91 807 554. 86 | 4. 67 |
| 32 | 湖南信托 | 449 843. 00 | 9 753 566. 50 | 4. 61 |
| 33 | 新华信托 | 805 775. 24 | 17 762 191. 82 | 4. 54 |
| 34 | 西藏信托 | 1 667 476. 47 | 37 317 743. 67 | 4. 47 |
| 35 | 建信信托 | 6 230 368. 25 | 140 680 444. 12 | 4. 43 |
| 36 | 新时代信托 | 1 491 544. 20 | 34 099 118. 75 | 4. 37 |
| 37 | 山东信托 | 1 102 830. 42 | 25 459 087. 31 | 4. 33 |
| 38 | 平安信托 | 2 568 075. 10 | 59 343 989. 96 | 4. 33 |
| 39 | 光大兴陇信托 | 2 283 604. 44 | 52 954 467. 21 | 4. 31 |
| 40 | 北方信托 | 1 116 058. 24 | 26 632 536. 06 | 4. 19 |
| 41 | 北京信托 | 1 120 428. 09 | 26 859 256. 13 | 4. 17 |
| 42 | 华澳信托 | 553 720. 13 | 13 400 989. 97 | 4. 13 |
| 43 | 天津信托 | 753 824. 67 | 18 334 769. 06 | 4. 11 |
| 44 | 国民信托 | 1 856 974. 56 | 45 373 785. 14 | 4. 09 |
| 45 | 中融信托 | 2 675 481. 97 | 66 228 602. 02 | 4. 04 |
| 46 | 四川信托 | 1 455 473. 97 | 37 085 797. 74 | 3. 92 |
| 47 | 中国民生信托 | 717 705. 94 | 18 425 025. 91 | 3. 90 |
| 48 | 国通信托 | 939 803. 36 | 24 369 661. 83 | 3. 86 |
| 49 | 英大信托 | 1 154 874. 34 | 30 029 756. 42 | 3. 85 |
| 50 | 大业信托 | 644 388. 60 | 17 025 458. 96 | 3. 78 |
| 51 | 上海信托 | 3 180 160. 36 | 84 053 811. 80 | 3. 78 |
| 52 | 兴业信托 | 3 121 105. 94 | 83 055 676. 24 | 3. 76 |
| 53 | 金谷信托 | 459 395. 22 | 12 815 272. 62 | 3. 58 |
| 54 | 中海信托 | 1 392 885. 49 | 39 439 574. 81 | 3. 53 |
| 55 | 中信信托 | 5 971 257. 59 | 181 946 340. 17 | 3. 28 |
| 56 | 长安信托 | 1 795 016. 23 | 56 097 199. 09 | 3. 20 |
| 57 | 华宝信托 | 1 699 856. 14 | 56 520 619. 87 | 3. 01 |
| 58 | 重庆信托 | 555 013. 74 | 18 935 088. 83 | 2. 93 |
| 59 | 爱建信托 | 836 870. 71 | 29 344 558. 55 | 2. 85 |
| 60 | 华融信托 | 754 380. 96 | 26 715 487. 66 | 2. 82 |
| 61 | 厦门国际信托 | 442 023. 00 | 24 803 824. 50 | 1. 78 |
| 62 | 华信信托 | 169 298. 66 | 12 016 211. 18 | 1. 41 |
| 63 | 华润信托 | 889 271. 69 | 115 092 942. 16 | 0. 77 |
| 64 | 粤财信托 | 147 779. 05 | 26 235 466. 41 | 0. 56 |
| 65 | 外贸信托 | -806 869. 52 | 47 483 430. 41 | -1. 70 |
| 66 | 华鑫信托 | -1 088 055. 77 | 27 782 807. 85 | -3. 92 |
| 67 | 云南信托 | -1 723 769. 40 | 30 288 276. 27 | -5. 69 |
| 68 | 陕国投 | -2 310 873. 04 | 37 137 301. 92 | -6. 22 |
|  | 合计 | 91 442 264. 29 | 2 450 167 406. 49 | 3. 73 |

2018年信托资产总资产综合收益率为3.73%，其中没有一家公司超过10%，5%～10%的有27家信托公司，3%～5%的有30家信托公司，3%以下的有11家信托公司。

**表5-1-10　信托资产总资产综合收益率分布情况**

| 项目 | 2017年 | |
|---|---|---|
| | 家数(家) | 平均综合收益率(%) |
| 10%以上 | — | — |
| 5%～10% | 27 | 5.74 |
| 3%～5% | 30 | 2.93 |
| 3%以下 | 11 | -0.54 |
| 合计 | 68 | 3.73 |

## 二、信托资产管理情况分析

### (一)信托资产运用及分布情况分析

**表5-2-1　信托资产分布及运用情况**

| 资产运用情况 | | | 资产分布情况 | | |
|---|---|---|---|---|---|
| 项目 | 金额(万元) | 比例(%) | 项目 | 金额(万元) | 比例(%) |
| 货币资产 | 68 180 879.68 | 2.99 | 基础产业 | 316 470 670.12 | 13.89 |
| 客户贷款 | 863 047 834.24 | 37.89 | 房地产业 | 276 096 811.40 | 12.12 |
| 交易性金融资产 | 212 346 031.22 | 9.32 | 证券 | 277 608 849.99 | 12.19 |
| 应收账款 | 17 886 910.58 | 0.79 | 实业 | 417 957 155.39 | 18.35 |
| 买入返售金融资产 | 13 924 221.21 | 0.61 | 金融 | 411 993 871.95 | 18.09 |
| 可供出售金融资产 | 361 372 124.35 | 15.86 | 教育 | — | — |
| 持有至到期投资 | 236 905 870.75 | 10.40 | 其他企业 | — | — |
| 长期股权投资 | 184 862 965.39 | 8.12 | 工商企业 | 153 328 991.35 | 6.73 |
| 融资租赁 | 228 360.00 | 0.00 | 债券 | 1 323 371.61 | 0.06 |
| 长期应收款 | 5 727 783.47 | 0.25 | 基金 | 0.00 | — |
| 投资性房地产 | 30 000.00 | 0.00 | 其他 | 423 178 540.00 | 18.58 |
| 无形资产 | 0.00 | 0.00 | — | — | — |
| 买入返售资产 | 907 814.07 | 0.04 | — | — | — |
| 其他 | 312 537 466.85 | 13.72 | — | — | — |
| 信托资产总额 | 2 277 958 261.81 | 100.00 | 信托资产总额 | 2 277 958 261.81 | 100.00 |

注：其他中包含尾差。

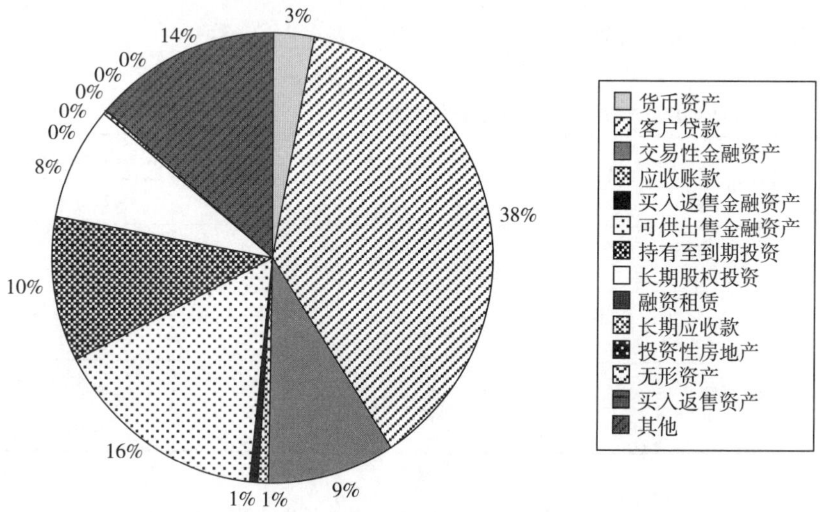


**图5-2-1　信托资产运用分析**

2018 年信托资产总额为 227 795. 83 亿元，从资产结构情况分析，客户贷款占资产的比重最大，达到 37. 89%；从资产投向分布分析，主要集中在金融、证券、基础产业、实业、房地产业五大产业，占比为 74. 63%，其他产业占比为 18. 58%（见表 5 –2 –1、图 5 –2 –1）。

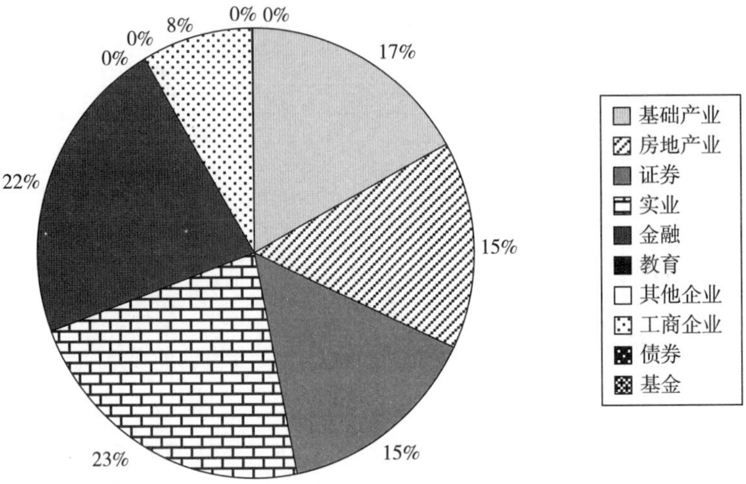


图 5 –2 –2　信托资产分布分析

## （二）集合类、单一类和财产管理类信托项目变动情况

表 5 –2 –2　2018 年中止的集合类、单一类和财产管理类信托项目数量、金额汇总分析

| 项目 | 2018 年 | | | 2017 年 | | |
|---|---|---|---|---|---|---|
| | 份数（份） | 合计金额（万元） | 金额比重（%） | 份数（份） | 合计金额（万元） | 金额比重（%） |
| 集合类 | 7 788 | 322 086 700. 00 | 35. 21 | 5 367 | 250 505 238. 99 | 31. 32 |
| 单一类 | 8 674 | 406 253 439. 79 | 44. 41 | 8 086 | 405 427 241. 44 | 50. 69 |
| 财产管理类 | 1 569 | 186 361 464. 03 | 20. 37 | 1 420 | 143 850 425. 65 | 17. 99 |
| 合计 | 18 031 | 914 701 603. 58 | 100. 00 | 14 873 | 799 782 906. 08 | 100. 00 |

2018 年中止的信托项目数量比 2017 年少 3158 个，金额比 2017 年多 11 491. 87 亿元。其中，单一类信托项目资产金额占比为 44. 41%，比 2017 年有所下降。

2018 年中止的信托项目资产加权平均实际年化收益率为 5. 29%，详见表 3 –3 –3。

表 5 –2 –3　2018 年中止的集合类加权平均实际收益率前五名

| 公司简称 | 加权平均实际收益率（%） |
|---|---|
| 浙金信托 | 10. 28 |
| 国联信托 | 9. 75 |
| 安信信托 | 9. 46 |
| 中原信托 | 9. 27 |
| 山西信托 | 8. 98 |
| 总体平均 | 4. 84 |

注：明细表详见表 3 –3 –3。

从披露的中止的集合类加权平均实际收益率看，按 68 家信托公司简单平均计算，加权平均实际收益率约为 4. 84%，低于 2017 年中止的集合类加权平均实际收益率 7. 45%，同时高于银行贷款利率。

本年有 22 家信托公司集合类信托项目资产加权平均实际年化收益率低于 5%。

**表 5－2－4　2018 年中止的单一类加权平均实际收益率前五名**

| 公司简称 | 加权平均实际收益率(%) |
|---|---|
| 浙金信托 | 10.30 |
| 中原信托 | 9.06 |
| 安信信托 | 8.21 |
| 金谷信托 | 8.12 |
| 大业信托 | 7.72 |
| 总体平均 | 5.86 |

注:明细表详见表 3－3－3。

从披露的中止的单一类加权平均实际收益率看,按 68 家信托公司简单平均计算,加权平均实际收益率约为 5.86%,较集合类项目收益率高,比上年中止的单一类加权平均实际收益率略有下降;68 家信托公司中有 20 家信托公司平均收益率均低于 5%。

**表 5－2－5　2018 年新增的集合类、单一类和财产管理类信托项目数量、金额汇总分析**

| 类别 | 份数(份) | 合计金额(万元) | 金额比重(%) |
|---|---|---|---|
| 集合类 | 9 177 | 355 283 009.05 | 42.51 |
| 单一类 | 7 829 | 261 397 164.89 | 31.28 |
| 财产管理类 | 1 601 | 219 040 323.36 | 26.21 |
| 新增合计 | 18 607 | 835 720 496.32 | 100.00 |
| 其中:主动管理型 | 11 086 | 327 023 153.33 | 39.13 |
| 被动管理型 | 7 521 | 508 697 343.00 | 60.87 |

2018 年新增的信托项目中,单一类、集合类信托项目比重较大,分别占合计金额的 31.28% 和 42.51%,财产类信托项目金额占合计项目金额的 26.21%。另外,新增项目类型中,被动管理型占比为 60.87%(见表 3－3－6)。

**表 5－2－6　2018 年信托公司已清算结束主动管理型资产运用情况**

| 已清算结束信托项目 | 项目个数(个) | 实收信托合计金额(万元) | 金额占比(%) |
|---|---|---|---|
| 证券投资类 | 2 125 | 67 656 179.31 | 23.19 |
| 股权投资类 | 587 | 29 301 561.39 | 10.04 |
| 融资类 | 2 717 | 129 141 998.56 | 44.26 |
| 事务管理类 | 413 | 24 602 232.13 | 8.43 |
| 权益类 | 221 | 3 188 473.80 | 1.09 |
| 其他投资类 | 770 | 37 915 476.32 | 12.99 |
| 合计 | 5 860 | 291 805 921.51 | 100.00 |

2018 年已清算结束的主动管理型信托项目实收信托金额合计 29 180.59 亿元,其中融资类比重最大,占比为 44.26%。由于在各家年报披露中,存在未披露加权平均实际年化信托报酬率或加权平均实际年化收益率的情况,我们在本次年鉴中未进行统计分析。

**表 5－2－7　2018 年信托公司已清算结束被动管理型资产运用情况**

| 已清算结束信托项目 | 项目个数(个) | 实收信托合计金额(万元) | 金额占比(%) |
|---|---|---|---|
| 证券投资类 | 1 033 | 38 201 492.95 | 6.14 |
| 股权投资类 | 322 | 11 363 398.93 | 1.83 |
| 融资类 | 2 129 | 105 826 160.70 | 17.01 |
| 事务管理类 | 7 530 | 457 444 429.45 | 73.54 |
| 其他投资类 | 160 | 9 237 841.56 | 1.49 |
| 合计 | 11 174 | 622 073 323.59 | 100.00 |

2018 年已清算结束的被动管理型信托项目实收信托金额合计 62 207.33 亿元,其中事务管理类比重最大,占比为 73.54%。由于在各家年报披露中,存在未披露加权平均实际年化信托报酬率或加权平均实际年化收益率的情况,我们在本次年鉴中未进行统计分析。

表 5 -2 -8　信托资产的期初数、期末数

| 信托资产 | 期初数 | | 期末数 | |
|---|---|---|---|---|
| | 金额(万元) | 比重(%) | 金额(万元) | 比重(%) |
| 集合类 | 995 287 564.00 | 37.89 | 913 571 409.78 | 40.22 |
| 单一类 | 1 197 473 825.00 | 45.59 | 982 539 438.86 | 43.25 |
| 财产管理类 | 434 026 788.80 | 16.52 | 375 447 448.20 | 16.53 |
| 合计 | 2 626 788 177.80 | 100.00 | 2 271 558 296.84 | 100.00 |

2018 年信托资产期末数总金额为 227 155.83 亿元，比 2017 年减少 35 522.99 亿元，减幅为 13.52%；其中单一类比重最大，占期末数的 43.25%（见表 3 -3 -4）。

表 5 -2 -9　主动管理型信托业务的信托资产期初数、期末数

| 主动管理型信托资产 | 期初数 | | 期末数 | |
|---|---|---|---|---|
| | 金额(万元) | 比重(%) | 金额(万元) | 比重(%) |
| 证券投资类 | 204 355 968.71 | 26.16 | 139 417 733.18 | 18.76 |
| 股权投资类 | 135 591 263.98 | 17.35 | 136 151 224.53 | 18.32 |
| 融资类 | 314 815 448.70 | 40.29 | 356 224 367.79 | 47.94 |
| 事物管理类 | 28 421 186.31 | 3.64 | 14 754 552.86 | 1.99 |
| 权益类 | 10 972 601.70 | 1.40 | 11 626 738.18 | 1.56 |
| 其他投资类 | 87 164 045.28 | 11.16 | 84 863 627.98 | 11.42 |
| 合计 | 781 320 514.68 | 100.00 | 743 038 244.52 | 100.00 |

2018 年主动管理型信托业务的信托资产期末数总金额为 74 303.82 亿元，比 2017 年增加 3 828.23 亿元，增幅为 4.90%；其中融资类比重最大，占期末数的 47.94%（见表 3 -3 -6）。

表 5 -2 -10　被动管理型信托业务的信托资产期初数、期末数

| 被动管理型信托资产 | 期初数 | | 期末数 | |
|---|---|---|---|---|
| | 金额(万元) | 比重(%) | 金额(万元) | 比重(%) |
| 证券投资类 | 141 810 190.05 | 7.80 | 92 237 458.38 | 6.13 |
| 股权投资类 | 95 336 861.84 | 5.24 | 76 619 576.02 | 5.09 |
| 融资类 | 289 223 661.12 | 15.91 | 217 929 483.75 | 14.48 |
| 事物管理类 | 1 242 406 197.59 | 68.33 | 1 085 172 397.03 | 72.12 |
| 权益类 | 9 339 491.48 | 0.51 | 30 346.42 | 0.00 |
| 其他投资类 | 40 144 864.31 | 2.21 | 32 742 901.56 | 2.18 |
| 合计 | 1 309 512 504.88 | 100.00 | 1 504 732 163.16 | 100.00 |

2018 年被动管理型信托业务的信托资产期末数总金额为 150 473.22 亿元，比 2017 年增加 31 352.91 亿元，增幅为 17.24%，其中事务管理类比重最大，占期末数的 72.12%（见表 3 -3 -6）。

# 第六章　财务报表附注及其他项目的分析

本章对财务报表附注披露的一些重要事项进行了分析,包括或有事项、自营资产风险分类情况、资产损失准备计提情况以及关联方关系及其交易等各项情况。同时,本章节还对信托公司在2018年年报中对经营因素的认可情况作了详细的统计,以便相关部门决策参考。

## 一、或有事项情况

### (一)对外担保和或有事项情况

#### 1. 对外担保总额分析

**表6-1-1　2018年末信托公司担保事项汇总**

| 币种 | 2018年末担保金额(万元) | 2017年末担保金额(万元) | 增减额(万元) | 增减率(%) |
|---|---|---|---|---|
| 人民币 | 123 874.00 | 47 536.00 | 76 338.00 | 160.59 |

经过对68家公司的统计,2018年末涉及对外担保的公司共有3家,对外担保金额为12.39亿元,比上年增加了7.63亿元。2018年末信托公司对外担保的详细情况见表6-1-2。

**表6-1-2　2018年信托公司涉及对外担保的详细情况**

单位:万元

| 公司简称 | 被担保单位 | 年初担保金额 | 年末担保金额 |
|---|---|---|---|
| 北方信托 | 未披露 | — | 76 500.00 |
| 厦门国际信托 | 厦门市市政项目担保 | 2 636.00 | 2 474.00 |
| 渤海信托 | 未披露 | 44 900.00 | 44 900.00 |
| 合计 | | 47 536.00 | 123 874.00 |

#### 2. 对外担保与净资产的比较分析

68家信托公司披露的2018年末担保事项合计12.39亿元,占68家公司自有净资产总额6 305.80亿元的0.2%。有担保事项的公司年末担保额均没有超过净资产;担保额占净资产比例的平均值为4.22%,超过平均值的有1家,情况见表6-1-3。

**表6-1-3　2018年末信托公司担保金额占自有净资产比例情况**

| 公司简称 | 期末担保金额(万元) | 期末净资产(万元) | 担保占净资产比(%) |
|---|---|---|---|
| 北方信托 | 76 500.00 | 434 808.97 | 17.59 |
| 厦门国际信托 | 2 474.00 | 510 030.00 | 0.49 |
| 渤海信托 | 44 900.00 | 1 203 323.95 | 3.73 |
| 合计 | 123 874.00 | 2 148 162.92 | 4.22 |

### (二)公司本年发生或存在的重大诉讼仲裁事项

2018年68家信托公司中有59家披露没有诉讼仲裁事项,33家披露有诉讼仲裁事项,情况见表6-1-4。

7家披露有诉讼仲裁事项的信托公司合计存在12件诉讼仲裁案件,涉及金额约为14亿元(其中有2个案件未披露涉案金额),平均每个案件约11 658.66万元。

**表6-1-4　披露信托公司诉讼仲裁事件**

| 公司简称 | 总诉讼件数(件) | 涉诉金额(万元) | 件数(起诉)(件) | 金额(起诉)(万元) | 件数(被诉)(件) | 金额(被诉)(万元) |
|---|---|---|---|---|---|---|
| 安信信托 | 5 | 175 200.00 | 4 | 138 000.00 | 1 | 37 200.00 |
| 百瑞信托 | 2 | 100 000.00 | 2 | 100 000.00 | — | — |
| 中铁信托 | 2 | 未披露[1] | 1 | 未披露[1] | 1 | 未披露[1] |
| 东莞信托 | 4 | 50 000.00 | 4 | 50 000.00 | — | — |
| 光大兴陇信托 | 3 | 6 186.38 | 3 | 6 186.38 | — | — |
| 国联信托 | 5 | 36 445.20 | 3 | 15 475.20 | 2 | 20 970.00 |
| 国投泰康信托 | 2 | 20 300.00 | — | — | 2 | 20 300.00 |

续表

| 公司简称 | 总诉讼件数(件) | 涉诉金额（万元） | 件数(起诉)(件) | 金额(起诉)（万元） | 件数(被诉)(件) | 金额(被诉)（万元） |
|---|---|---|---|---|---|---|
| 湖南信托 | 23 | 208 405. 90 | 18 | 143 090. 90 | 5 | 65 315. 00 |
| 华宝信托 | 1 | 未披露[2] | 1 | 未披露[2] | — | — |
| 中江信托 | 1 | 未披露[3] | 1 | 未披露[3] | — | — |
| 兴业信托 | 3 | 未披露[4] | 3 | 未披露[4] | — | — |
| 昆仑信托 | 4 | 122 346. 77 | 4 | 122 346. 77 | — | — |
| 山东信托 | 15 | 292 516. 00 | 13 | 288 904. 00 | 2 | 3 612. 00 |
| 山西信托 | 4 | 116 021. 00 | 3 | 112 371. 00 | 1 | 3 650. 00 |
| 陕国投 | 3 | 92 857. 19 | 3 | 92 857. 19 | — | — |
| 苏州信托 | 3 | 22 839. 66 | 3 | 22 839. 66 | — | — |
| 长安信托 | 11 | 323 282. 00 | 10 | 260 978. 00 | 1 | 62 304. 00 |
| 西部信托 | 2 | 13 297. 00 | 1 | 13 000. 00 | 1 | 297. 00 |
| 厦门国际信托 | 1 | 未披露[5] | 1 | 未披露[5] | — | — |
| 新华信托 | 4 | 55 476. 00 | 2 | 44 150. 00 | 2 | 11 326. 00 |
| 中泰信托 | 3 | 33 805. 98 | 3 | 33 805. 98 | — | — |
| 重庆信托 | 3 | 92 040. 00 | 2 | 62 040. 00 | 1 | 30 000. 00 |
| 渤海信托 | 1 | 12 400. 00 | 1 | 12 400. 00 | — | — |
| 中建投信托 | 2 | 未披露[6] | 2 | 未披露[6] | — | — |
| 爱建信托 | 2 | 73 960. 00 | 1 | 65 000. 00 | 1 | 8 960. 00 |
| 新时代信托 | 2 | 16 700. 00 | — | — | 2 | 16 700. 00 |
| 国通信托 | 3 | 22 000. 00 | 3 | 22 000. 00 | — | — |
| 金谷信托 | 4 | 80 000. 00 | 1 | 80 000. 00 | 3 | 未披露[7] |
| 四川信托 | 2 | 3 140. 85 | 1 | 140. 85 | 1 | 3 000. 00 |
| 五矿信托 | 13 | 389 847. 42 | 10 | 362 319. 99 | 3 | 27 527. 43 |
| 中粮信托 | 12 | 244 732. 97 | 11 | 232 927. 97 | 1 | 11 805. 00 |
| 长城新盛信托 | 1 | 未披露[8] | 1 | 未披露[8] | — | — |
| 万向信托 | 5 | 未披露[9] | 5 | 未披露[9] | — | — |
| 合计 | 151 | 2 603 800. 32 | 121 | 2 280 833. 89 | 30 | 322 966. 43 |

注：1. 截至2018年12月31日，对于中铁信托作为被告的微信图片侵权案未决诉讼，目前正在按照司法程序进行处置。对于中铁信托作为原告方的未决诉讼，公司已根据实际情况对相关贷款计提损失准备，未决诉讼不会对公司产生进一步的重大财务影响。未披露明确涉案金额。

2. 华宝信托有信托项目项下发生了交易对手违约，作为受托人，为了积极维护受益人权益，已向法院提起了民事诉讼。未披露明确涉案金额。

3. 2018年11月30日，中江信托起诉张巍、国盛金融控股集团股份有限公司、杜力（以下简称三被告）侵权责任纠纷一案已经江西省高级人民法院受理，受理通知书号为（2018）赣民初170号。起诉理由为：国盛金融控股集团股份有限公司取得国盛证券100%的股权后，三被告非但未保持国盛证券经营管理团队稳定，反而将国盛证券经营管理团队进行了全面替换和改组，原有管理团队不得已退出国盛证券的经营管理。三被告的上述行为，中江信托曾多次向三被告提出异议，但三被告仍然继续掌控国盛证券的经营管理权。三被告的上述行为严重违反了其承诺及约定。未披露明确涉案金额。

4. 兴业信托新增重大未决诉讼事项3笔，均系按照委托人指令办理相关诉讼工作。未披露明确涉案金额。

5. 厦门国际信托有限公司与被执行人江苏宏图高科技股份有限公司、三胞集团有限公司、袁亚非仲裁执行一案。未披露明确涉案金额。

6. 中建投信托新增信托业务涉及的以公司为原告的诉讼案件2件，暂未开庭审理。未披露明确涉案金额。

7. (1)金谷信托作为金谷·广西利海股权财产事务管理类信托受托人，委托人冯隆陆于2018年2月起诉金谷信托。北京市西城区人民法院已于2018年10月一审判决金谷信托胜诉。委托人上诉，案件正在二审审理程序中。(2)北京世宸房地产开发有限公司于2018年2月起诉金谷信托，案件正在一审审理程序中。(3)中国妇女活动中心、中国海外工程有限责任公司于2018年3月起诉金谷信托，要求判令金谷信托于2017年12月5日作出的第六次股东会会议决议无效，案件正在一审审理程序中。未披露明确涉案金额。

8. 长城新盛信托共涉及1起重大诉讼，是"长城新盛·华业资本应收账款投资基金1号"项目项下案件，具体情况如下：自2018年9月以来，北京华业资本控股股份有限公司突发医疗应收账款存在虚构交易可能及投资逾期等突发重大负面事件，债务人、华业资本以及关联方未能按照合同约定履行回购义务，项目发生逾期。公司迅速应对并采取措施，已向债务人宣布项目提前到期，同时启动了向法院申请强制执行的相关程序，截至2018年末有关法院已正式立案并对债务人及保证人（担保人）的相关资产进行查封。未披露明确涉案金额。

9. 新增5起万向信托作为原告的诉讼案件，其中1起案件已判决万向信托胜诉，其余4起报告期内未开庭或未判决。上述5起案件均为事务管理类信托项目，即通道项目，均为我司配合委托人以万向信托名义提起诉讼，诉讼结果由委托人自行承担。未披露明确涉案金额。

## 二、重要资产转让及其出售的说明

根据68家信托公司2018年年度报告中披露的重要资产转让及出售说明统计，共有1家信托公司本年发生了重要资产的转让（见表6－2－1）。

**表6－2－1　2018年信托公司重要资产转让及出售说明**

| 公司简称 | 金额(万元) | 备注 |
|---|---|---|
| 中海信托 | 未披露 | 附注[1] |

注:1. 2018年11月,经双方协商一致,中海信托与四川濠吉食品集团有限公司解除四川信托有限公司股权转让协议。

## 三、自营资产风险分类情况

根据68家信托公司在其2018年年度报告中披露的自营信用风险资产及其分类情况统计,2018年末自营资产合计为4 776.70亿元,2018年末正常类自营信用风险资产占95.14%,关注类自营信用风险资产占2.51%,不良类自营信用风险资产占2.35%。2018年纳入分类的自营信用风险资产为5 694.9亿元,比2017年增加918.20亿元,增加比例为19.22%;2017年末正常类自营信用风险资产占95.14%,关注类自营信用风险资产占2.51%,不良类自营信用风险资产占2.35%(见表6－3－1)。

**表6－3－1　2018年末与2017年末信托公司自营资产五级分类汇总比较**

| 类别 | 2018年末 | | 2017年末 | | 增减率(%) |
|---|---|---|---|---|---|
| | 金额(万元) | 比例(%) | 金额(万元) | 比例(%) | |
| 正常 | 52 093 743.70 | 91.47 | 45 446 500.01 | 95.14 | -3.67 |
| 关注 | 3 203 215.94 | 5.62 | 1 196 820.74 | 2.51 | 3.12 |
| 次级 | 657 960.31 | 1.16 | 259 241.62 | 0.54 | 0.61 |
| 可疑 | 452 472.69 | 0.79 | 363 498.97 | 0.76 | 0.03 |
| 损失 | 541 673.92 | 0.95 | 500 976.00 | 1.05 | -0.10 |
| 合计 | 56 949 066.56 | 100.00 | 47 767 037.34 | 100.00 | — |
| 不良比例 | 1 652 106.92 | 2.90 | 1 123 716.59 | 2.35 | — |

2017年末不良资产率情况见表6－3－2。

**表6－3－2　2017年末自营资产五级分类不良比例由高到低排序**

| 公司简称 | 不良比例(%) | 公司简称 | 不良比例(%) |
|---|---|---|---|
| 山西信托 | 14.57 | 华能信托 | 0.17 |
| 北方信托 | 12.16 | 平安信托 | 0.09 |
| 华宸信托 | 10.92 | 华澳信托 | 0.06 |
| 五矿信托 | 10.67 | 外贸信托 | 0.04 |
| 昆仑信托 | 10.32 | 东莞信托 | 0.02 |
| 中泰信托 | 10.28 | 华鑫信托 | 0.01 |
| 华宝信托 | 10.01 | 中江信托 | 0.01 |
| 浙金信托 | 9.59 | 安信信托 | — |
| 新华信托 | 9.38 | 北京信托 | — |
| 西藏信托 | 8.87 | 中铁信托 | — |
| 吉林信托 | 7.72 | 粤财信托 | — |
| 天津信托 | 6.94 | 国联信托 | — |
| 陆家嘴信托 | 5.62 | 国投泰康信托 | — |
| 中信信托 | 5.43 | 杭州工商信托 | — |
| 华润信托 | 5.05 | 建信信托 | — |
| 华融信托 | 4.77 | 湖南信托 | — |
| 金谷信托 | 4.29 | 江苏信托 | — |
| 中建投信托 | 3.25 | 山东信托 | — |
| 陕国投 | 2.97 | 苏州信托 | — |
| 中诚信托 | 2.77 | 厦门国际信托 | — |
| 国民信托 | 2.65 | 华信信托 | — |
| 西部信托 | 2.52 | 云南信托 | — |
| 四川信托 | 2.25 | 中海信托 | — |
| 大业信托 | 1.63 | 中融信托 | — |
| 渤海信托 | 1.57 | 中原信托 | — |
| 国元信托 | 1.42 | 重庆信托 | — |

续表

| 公司简称 | 不良比例(%) | 公司简称 | 不良比例(%) |
|---|---|---|---|
| 爱建信托 | 1.22 | 交银国际信托 | — |
| 光大兴陇信托 | 1.14 | 中航信托 | — |
| 百瑞信托 | 1.09 | 国通信托 | — |
| 上海信托 | 1.05 | 中粮信托 | — |
| 长安信托 | 0.86 | 紫金信托 | — |
| 兴业信托 | 0.46 | 长城新盛信托 | — |
| 英大信托 | 0.25 | 中国民生信托 | — |
| 新时代信托 | 0.20 | 万向信托 | — |

注:68家信托公司中,渤海信托、五矿信托、昆仑信托、国元信托4家公司披露的不良资产率与计算有差异。

**表6-3-3 2018年末自营资产五级分类不良比例由高到低排序**

| 公司简称 | 不良比例(%) | 公司简称 | 不良比例(%) |
|---|---|---|---|
| 华宸信托 | 32.67 | 上海信托 | 0.48 |
| 中粮信托 | 22.04 | 北京信托 | 0.47 |
| 新华信托 | 15.11 | 光大兴陇信托 | 0.40 |
| 昆仑信托 | 10.64 | 英大信托 | 0.15 |
| 山西信托 | 10.45 | 华能信托 | 0.11 |
| 中泰信托 | 9.96 | 平安信托 | 0.09 |
| 安信信托 | 9.01 | 国联信托 | 0.07 |
| 天津信托 | 8.71 | 外贸信托 | 0.03 |
| 华宝信托 | 8.43 | 华澳信托 | 0.02 |
| 吉林信托 | 8.16 | 中江信托 | 0.01 |
| 西藏信托 | 7.89 | 中铁信托 | — |
| 中诚信托 | 7.69 | 东莞信托 | — |
| 中信信托 | 6.29 | 粤财信托 | — |
| 兴业信托 | 5.58 | 国投泰康信托 | — |
| 北方信托 | 5.17 | 杭州工商信托 | — |
| 五矿信托 | 4.89 | 建信信托 | — |
| 四川信托 | 4.82 | 湖南信托 | — |
| 华润信托 | 4.82 | 江苏信托 | — |
| 陆家嘴信托 | 4.47 | 山东信托 | — |
| 中建投信托 | 4.14 | 苏州信托 | — |
| 西部信托 | 4.03 | 厦门国际信托 | — |
| 浙金信托 | 3.84 | 华信信托 | — |
| 金谷信托 | 3.75 | 云南信托 | — |
| 长安信托 | 3.50 | 中海信托 | — |
| 国民信托 | 3.31 | 中融信托 | — |
| 陕国投 | 2.96 | 中原信托 | — |
| 大业信托 | 2.89 | 重庆信托 | — |
| 渤海信托 | 2.87 | 交银国际信托 | — |
| 国元信托 | 2.43 | 国通信托 | — |
| 华融信托 | 1.76 | 华鑫信托 | — |
| 新时代信托 | 1.68 | 紫金信托 | — |
| 百瑞信托 | 1.20 | 长城新盛信托 | — |
| 爱建信托 | 0.84 | 中国民生信托 | — |
| 中航信托 | 0.49 | 万向信托 | — |

注:68家信托公司中,国元信托、昆仑信托、华润信托、中诚信托、渤海信托5家公司披露的不良资产率与计算有差异。

## 四、资产损失准备计提和覆盖情况

### (一)资产损失准备的计提

68家信托公司在2018年年报中披露汇总分析,2018年初资产损失准备余额为195.1亿元,2018年计提87.59亿元,转回

27.03 亿元，核销 17.9 亿元，2018 年末余额为 237.87 亿元。汇总的资产损失准备计提详见表 6 –4 –1。

**表 6 –4 –1　信托公司资产损失准备计提情况**

单位：万元

| 类别 | 期初金额 | 本期计提金额 | 本期转回金额 | 本期核销金额 | 期末金额 |
|---|---|---|---|---|---|
| 贷款损失准备 | 277 975.56 | 229 870.18 | 49 591.27 | 23 300.00 | 434 954.57 |
| 其他资产减值准备 | 1 673 047.51 | 645 986.77 | 220 697.48 | 154 599.84 | 1 943 737.96 |
| 可供出售金融资产减值准备 | 866 604.17 | 317 865.06 | 98 693.40 | 123 535.80 | 962 241.02 |
| 持有至到期投资减值准备 | 30 888.18 | 46 196.27 | 8 961.11 | 5 567.72 | 62 555.62 |
| 长期股权投资减值准备 | 89 288.58 | 69 661.85 | 145.44 | 244.00 | 158 560.99 |
| 应收款项类资产 | 42 412.97 | 47 822.81 | 1 075.53 | 0.00 | 89 160.24 |
| 坏账准备 | 342 131.40 | 103 242.75 | 55 886.18 | 25 252.32 | 364 235.67 |
| 固定资产减值准备 | 635.50 | 26 137.01 | 7.10 | 0.00 | 26 765.41 |
| 投资性房地产减值准备 | 3 269.62 | 0.00 | 0.00 | 0.00 | 3 269.62 |
| 其他减值准备 | 297 817.09 | 35 061.02 | 55 928.72 | 0.00 | 276 949.39 |
| 合计 | 1 951 023.07 | 875 856.95 | 270 288.75 | 177 899.84 | 2 378 692.53 |

注：其他减值准备包含存货跌价准备、拆出资金减值准备、抵债资产减值准备等。

对 68 家信托公司披露的资产准备余额、风险资产准备余额、非风险资产准备余额进行排序，由高到低的排序结果详见表 6 –4 –2。

**表 6 –4 –2　信托公司 2018 年末资产准备合计余额情况**

单位：万元

| 公司简称 | 全部准备总额 | 公司简称 | 全部准备总额 |
|---|---|---|---|
| 华润信托 | 200 772.42 | 华能信托 | 16 615.92 |
| 中铁信托 | 154 263.00 | 华融信托 | 15 951.97 |
| 中信信托 | 147 206.88 | 西部信托 | 13 686.28 |
| 安信信托 | 137 790.72 | 光大兴陇信托 | 13 482.17 |
| 中原信托 | 134 192.68 | 百瑞信托 | 11 982.82 |
| 天津信托 | 113 901.16 | 北京信托 | 10 993.00 |
| 金谷信托 | 110 312.20 | 国元信托 | 10 578.20 |
| 昆仑信托 | 98 777.59 | 华澳信托 | 9 256.76 |
| 新华信托 | 94 159.67 | 中融信托 | 7 091.00 |
| 外贸信托 | 89 637.07 | 交银国际信托 | 6 036.63 |
| 华宝信托 | 81 786.27 | 爱建信托 | 6 009.50 |
| 中诚信托 | 74 933.29 | 中航信托 | 4 245.38 |
| 五矿信托 | 64 825.23 | 湖南信托 | 3 964.00 |
| 陆家嘴信托 | 53 192.00 | 苏州信托 | 3 699.00 |
| 国通信托 | 48 749.11 | 紫金信托 | 3 158.00 |
| 国民信托 | 48 070.54 | 重庆信托 | 2 475.83 |
| 华鑫信托 | 46 589.68 | 中海信托 | 2 096.60 |
| 大业信托 | 45 557.03 | 平安信托 | 1 829.34 |
| 渤海信托 | 43 014.08 | 万向信托 | 1 050.00 |
| 中泰信托 | 39 041.16 | 国联信托 | 915.00 |
| 兴业信托 | 38 771.00 | 江苏信托 | 719.24 |
| 北方信托 | 36 358.57 | 厦门国际信托 | 427.00 |
| 中粮信托 | 34 921.90 | 建信信托 | 106.18 |
| 山西信托 | 31 790.86 | 杭州工商信托 | 95.00 |
| 四川信托 | 31 590.62 | 东莞信托 | 76.32 |
| 华宸信托 | 30 231.72 | 中江信托 | 66.00 |
| 中建投信托 | 28 235.33 | 粤财信托 | 0.00 |
| 中国民生信托 | 26 653.22 | 国投泰康信托 | 0.00 |
| 上海信托 | 25 335.00 | 陕国投 | 0.00 |
| 西藏信托 | 22 804.44 | 华信信托 | 0.00 |
| 浙金信托 | 21 787.85 | 云南信托 | 0.00 |
| 英大信托 | 20 569.10 | 长城新盛信托 | 0.00 |
| 新时代信托 | 19 803.33 | 山东信托 | 未披露 |
| 吉林信托 | 19 447.24 | | |
| 长安信托 | 17 013.44 | 合计 | 2 378 692.53 |

**表 6-4-3　信托公司 2018 年末风险资产准备合计余额情况**

单位：万元

| 公司简称 | 风险资产准备 | 公司简称 | 风险资产准备 |
|---|---|---|---|
| 安信信托 | 90 116.25 | 粤财信托 | — |
| 天津信托 | 84 783.61 | 国民信托 | — |
| 中信信托 | 70 068.82 | 国投泰康信托 | — |
| 渤海信托 | 33 430.00 | 杭州工商信托 | — |
| 中泰信托 | 30 716.06 | 建信信托 | — |
| 陆家嘴信托 | 29 913.00 | 湖南信托 | — |
| 中诚信托 | 26 910.00 | 华宝信托 | — |
| 长安信托 | 14 683.92 | 江苏信托 | — |
| 北京信托 | 10 166.00 | 兴业信托 | — |
| 国元信托 | 6 613.42 | 昆仑信托 | — |
| 华鑫信托 | 5 738.65 | 平安信托 | — |
| 吉林信托 | 5 454.86 | 山西信托 | — |
| 光大兴陇信托 | 3 964.05 | 陕国投 | — |
| 中建投信托 | 3 804.10 | 上海信托 | — |
| 西部信托 | 3 522.21 | 华融信托 | — |
| 新华信托 | 3 441.43 | 西藏信托 | — |
| 北方信托 | 3 000.00 | 华润信托 | — |
| 重庆信托 | 2 468.24 | 华信信托 | — |
| 万向信托 | 1 050.00 | 云南信托 | — |
| 金谷信托 | 972.45 | 外贸信托 | — |
| 四川信托 | 900.00 | 中海信托 | — |
| 爱建信托 | 780.00 | 中融信托 | — |
| 交银国际信托 | 675.00 | 中原信托 | — |
| 中航信托 | 585.00 | 华能信托 | — |
| 国联信托 | 375.00 | 浙金信托 | — |
| 中国民生信托 | 200.00 | 新时代信托 | — |
| 苏州信托 | 199.00 | 大业信托 | — |
| 华宸信托 | 150.00 | 国通信托 | — |
| 厦门国际信托 | 125.00 | 五矿信托 | — |
| 华澳信托 | 75.00 | 中粮信托 | — |
| 中江信托 | 66.00 | 紫金信托 | — |
| 英大信托 | 7.50 | 长城新盛信托 | — |
| 百瑞信托 | — | 山东信托 | 未披露 |
| 中铁信托 | — | | |
| 东莞信托 | — | 合计 | 434 954.57 |

2018 年 68 家披露年报的信托公司中，除山东信托外，有 35 家没有计提风险资产准备。

**表 6-4-4　信托公司 2018 年末非风险资产准备合计情况**

单位：万元

| 公司简称 | 可供出售金融资产减值准备 | 持有至到期投资减值准备 | 长期股权投资减值准备 | 应收款项减值准备 | 坏账准备 | 固定资产减值准备 | 投资性房地产减值准备 | 其他资产减值准备 | 合计 |
|---|---|---|---|---|---|---|---|---|---|
| 华润信托 | — | — | — | — | 11 438.34 | — | 409.89 | 188 924.19 | 200 772.42 |
| 中铁信托 | — | — | 141 730.00 | — | 12 533.00 | — | — | — | 154 263.00 |
| 中原信托 | 127 549.61 | — | — | — | 6 643.07 | — | — | — | 134 192.68 |
| 金谷信托 | 104 630.54 | — | — | — | — | — | — | 4 709.21 | 109 339.75 |
| 昆仑信托 | 41 598.41 | — | 188.67 | — | 56 990.51 | — | — | — | 98 777.59 |
| 新华信托 | 30 333.30 | — | — | — | 60 384.94 | — | — | — | 90 718.24 |
| 外贸信托 | 88 037.36 | — | 401.79 | — | 1 197.92 | — | — | — | 89 637.07 |
| 华宝信托 | 74 702.84 | — | 7 066.23 | — | 17.20 | — | — | — | 81 786.27 |

续表

| 公司简称 | 可供出售金融资产减值准备 | 持有至到期投资减值准备 | 长期股权投资减值准备 | 应收款项减值准备 | 坏账准备 | 固定资产减值准备 | 投资性房地产减值准备 | 其他资产减值准备 | 合计 |
|---|---|---|---|---|---|---|---|---|---|
| 中信信托 | 73 347.29 | — | 469.16 | — | — | — | — | 3 321.61 | 77 138.06 |
| 五矿信托 | 14 000.00 | — | — | — | 50 825.23 | — | — | — | 64 825.23 |
| 国通信托 | — | — | — | — | 48 749.11 | — | — | — | 48 749.11 |
| 国民信托 | — | — | — | 38 951.99 | 9 118.55 | — | — | — | 48 070.54 |
| 中诚信托 | 38 393.14 | — | 1 591.60 | — | 8 038.55 | — | — | — | 48 023.29 |
| 安信信托 | 9 770.00 | — | — | 6 859.31 | 4 915.24 | 26 129.91 | — | — | 47 674.46 |
| 大业信托 | — | 44 796.09 | — | — | 760.94 | — | — | — | 45 557.03 |
| 华鑫信托 | 39 728.99 | — | — | 1 122.04 | — | — | — | — | 40 851.03 |
| 兴业信托 | 33 060.00 | — | — | 5 711.00 | — | — | — | — | 38 771.00 |
| 中粮信托 | 32 214.98 | — | — | — | 2 706.92 | — | — | — | 34 921.90 |
| 北方信托 | 30 809.77 | 1 792.18 | — | — | 707.28 | — | — | 49.34 | 33 358.57 |
| 山西信托 | 23 347.25 | — | 3 300.00 | — | 242.43 | 203.77 | — | 4 697.41 | 31 790.86 |
| 四川信托 | 3 866.00 | — | — | — | 26 824.62 | — | — | — | 30 690.62 |
| 华宸信托 | 10 457.43 | — | — | — | 19 617.74 | — | — | 6.55 | 30 081.72 |
| 天津信托 | 9 570.00 | — | — | — | 4 040.10 | — | — | 15 507.45 | 29 117.55 |
| 中国民生信托 | 26 338.06 | — | — | — | 115.16 | — | — | — | 26 453.22 |
| 上海信托 | — | — | 53.60 | — | — | — | — | 25 281.40 | 25 335.00 |
| 中建投信托 | 8 405.00 | — | 1 540.85 | 14 322.32 | 163.06 | — | — | — | 24 431.23 |
| 陆家嘴信托 | 21 513.00 | — | — | — | 1 766.00 | — | — | — | 23 279.00 |
| 西藏信托 | — | 13 041.85 | — | — | — | — | — | 9 762.59 | 22 804.44 |
| 浙金信托 | — | — | — | 15 665.59 | 6 122.26 | — | — | — | 21 787.85 |
| 英大信托 | 20 446.65 | — | — | — | 114.95 | — | — | — | 20 561.60 |
| 新时代信托 | 19 124.56 | — | — | — | 678.77 | — | — | — | 19 803.33 |
| 华能信托 | 9 004.82 | — | — | — | 2 234.43 | — | — | 5 376.67 | 16 615.92 |
| 华融信托 | — | — | — | — | 5 808.57 | — | — | 10 143.40 | 15 951.97 |
| 吉林信托 | 6 271.30 | 1.50 | 297.75 | — | 6 939.09 | — | — | 482.74 | 13 992.38 |
| 百瑞信托 | 11 387.30 | — | — | — | 586.87 | — | — | 8.65 | 11 982.82 |
| 西部信托 | 7 515.19 | 2 481.00 | — | — | 167.88 | — | — | — | 10 164.07 |
| 渤海信托 | 6 460.85 | — | — | — | 263.50 | — | 2 859.73 | — | 9 584.08 |
| 光大兴陇信托 | — | — | — | 6 527.99 | — | 73.53 | — | 2 916.60 | 9 518.12 |
| 华澳信托 | 8 113.53 | — | — | — | 1 068.23 | — | — | — | 9 181.76 |
| 中泰信托 | 3 349.48 | — | — | — | 4 975.62 | — | — | — | 8 325.10 |
| 中融信托 | 7 044.00 | — | — | — | 47.00 | — | — | — | 7 091.00 |
| 交银国际信托 | — | — | — | — | 545.91 | — | — | 4 815.72 | 5 361.63 |
| 爱建信托 | 3 668.77 | — | — | — | 1 519.94 | — | — | 40.79 | 5 229.50 |
| 国元信托 | 3 225.00 | — | — | — | 739.78 | — | — | — | 3 964.78 |
| 湖南信托 | 3 941.00 | — | — | — | 23.00 | — | — | — | 3 964.00 |
| 中航信托 | 994.30 | — | — | — | 2 666.08 | — | — | — | 3 660.38 |
| 苏州信托 | 3 500.00 | — | — | — | — | — | — | — | 3 500.00 |
| 紫金信托 | 3 158.00 | — | — | — | — | — | — | — | 3 158.00 |
| 长安信托 | 409.28 | — | — | — | 858.15 | 358.20 | — | 703.89 | 2 329.52 |
| 中海信托 | 2 002.70 | — | — | — | 93.90 | — | — | — | 2 096.60 |
| 平安信托 | — | — | 1 829.34 | — | — | — | — | — | 1 829.34 |
| 北京信托 | — | — | 92.00 | — | 735.00 | — | — | — | 827.00 |
| 江苏信托 | 500.00 | — | — | — | 219.24 | — | — | — | 719.24 |
| 国联信托 | 375.00 | 165.00 | — | — | — | — | — | — | 540.00 |
| 厦门国际信托 | — | 278.00 | — | — | 24.00 | — | — | — | 302.00 |
| 建信信托 | — | — | — | — | — | — | — | 106.18 | 106.18 |
| 杭州工商信托 | — | — | — | — | — | — | — | 95.00 | 95.00 |

续表

| 公司简称 | 可供出售金融资产减值准备 | 持有至到期投资减值准备 | 长期股权投资减值准备 | 应收款项减值准备 | 坏账准备 | 固定资产减值准备 | 投资性房地产减值准备 | 其他资产减值准备 | 合计 |
|---|---|---|---|---|---|---|---|---|---|
| 东莞信托 | 76.32 | — | — | — | — | — | — | — | 76.32 |
| 重庆信托 | — | — | — | — | 7.59 | — | — | — | 7.59 |
| 粤财信托 | — | — | — | — | — | — | — | — | — |
| 国投泰康信托 | — | — | — | — | — | — | — | — | — |
| 中江信托 | — | — | — | — | — | — | — | — | — |
| 华信信托 | — | — | — | — | — | — | — | — | — |
| 云南信托 | — | — | — | — | — | — | — | — | — |
| 长城新盛信托 | — | — | — | — | — | — | — | — | — |
| 万向信托 | — | — | — | — | — | — | — | — | — |
| 山东信托 | 未披露 | 未披露 | 未披露 | 未披露 | 未披露 | 未披露 | 未披露 | 未披露 | 未披露 |
| 陕国投 | 未披露 | 未披露 | 未披露 | 未披露 | 未披露 | 未披露 | 未披露 | 未披露 | 未披露 |
| 合计 | 962 241.02 | 62 555.62 | 158 560.99 | 89 160.24 | 364 235.67 | 26 765.41 | 3 269.62 | 276 949.39 | 1 943 737.96 |

2018 年 68 家披露年报的信托公司中有 7 家没有计提非风险资产准备。

## (二)资产准备覆盖分析

根据68 家信托公司在2018 年报中的披露汇总分析，2017 年末风险资产余额为4 776.70 亿元,2018 年末风险资产余额为5 694.90 亿元; 2017 年末资产减值准备余额为212.79 亿元,2018 年末资产减值准备余额为237.87 亿元;2017 年末风险资产减值准备余额为27.63 亿元,2018 年末风险资产减值准备余额为43.50 亿元。根据上述数据计算,2017 年末资产准备覆盖率为 2.03%,2018 年末资产准备覆盖率为 2.09%; 2017 年末风险资产准备覆盖率为 0.58%,2018 年末风险资产准备覆盖率为 0.76%。信托公司的风险资产安全水平上升。68 家信托公司汇总的资产准备覆盖情况见表 6 -4 -5。

**表 6 -4 -5　信托公司资产损失准备覆盖情况分析**

| 项目 | 2017 年末 | 2018 年末 |
|---|---|---|
| 资产总额(万元) | 104 581 604.21 | 114 077 419.14 |
| 风险资产总额(万元) | 47 767 037.34 | 56 949 066.56 |
| 全部准备总额(万元) | 2 127 859.85 | 2 378 692.53 |
| 风险资产准备总额(万元) | 276 313.75 | 434 954.57 |
| 资产准备覆盖率(%) | 2.03 | 2.09 |
| 风险资产准备覆盖率(%) | 0.58 | 0.76 |

我们对 68 家信托公司 2018 年末的资产准备覆盖率和风险资产准备覆盖率进行排序,详见表 6 -4 -6 和表 6 -4 -7。

**表 6 -4 -6　信托公司 2018 年末资产准备覆盖率**

| 公司简称 | 风险资产准备合计(万元) | 风险资产总额(万元) | 风险资产准备覆盖率(%) |
|---|---|---|---|
| 华宸信托 | 30 231.72 | 121 621.88 | 24.86 |
| 金谷信托 | 110 312.20 | 473 788.70 | 23.28 |
| 大业信托 | 45 557.03 | 271 625.75 | 16.77 |
| 天津信托 | 113 901.16 | 749 330.18 | 15.20 |
| 中原信托 | 134 192.68 | 956 566.65 | 14.03 |
| 国民信托 | 48 070.54 | 361 595.08 | 13.29 |
| 新华信托 | 94 159.67 | 778 375.04 | 12.10 |
| 中铁信托 | 154 263.00 | 1 795 478.71 | 8.59 |
| 西藏信托 | 22 804.44 | 265 661.99 | 8.58 |
| 中泰信托 | 39 041.16 | 455 862.91 | 8.56 |
| 华润信托 | 200 772.42 | 2 387 940.69 | 8.41 |
| 昆仑信托 | 98 777.59 | 1 317 571.74 | 7.50 |
| 北方信托 | 36 358.57 | 515 312.04 | 7.06 |
| 浙金信托 | 21 787.85 | 310 092.01 | 7.03 |
| 山西信托 | 31 790.86 | 462 655.25 | 6.87 |
| 华宝信托 | 81 786.27 | 1 257 862.52 | 6.50 |
| 中粮信托 | 34 921.90 | 549 586.23 | 6.35 |
| 华鑫信托 | 46 589.68 | 744 682.07 | 6.26 |

续表

| 公司简称 | 风险资产准备合计(万元) | 风险资产总额(万元) | 风险资产准备覆盖率(%) |
|---|---|---|---|
| 外贸信托 | 89 637.07 | 1 500 318.55 | 5.97 |
| 国通信托 | 48 749.11 | 829 842.15 | 5.87 |
| 陆家嘴信托 | 53 192.00 | 906 230.68 | 5.87 |
| 安信信托 | 137 790.72 | 3 153 620.19 | 4.37 |
| 五矿信托 | 64 825.23 | 1 650 898.43 | 3.93 |
| 中信信托 | 147 206.88 | 3 791 253.24 | 3.88 |
| 中建投信托 | 28 235.33 | 860 618.16 | 3.28 |
| 中诚信托 | 74 933.29 | 2 305 009.63 | 3.25 |
| 渤海信托 | 43 014.08 | 1 403 722.60 | 3.06 |
| 吉林信托 | 19 447.24 | 697 785.06 | 2.79 |
| 西部信托 | 13 686.28 | 555 547.21 | 2.46 |
| 英大信托 | 20 569.10 | 901 660.40 | 2.28 |
| 长安信托 | 17 013.44 | 895 600.27 | 1.90 |
| 中国民生信托 | 26 653.22 | 1 523 261.53 | 1.75 |
| 新时代信托 | 19 803.33 | 1 150 532.73 | 1.72 |
| 华澳信托 | 9 256.76 | 570 827.93 | 1.62 |
| 四川信托 | 31 590.62 | 1 991 077.63 | 1.59 |
| 国元信托 | 10 578.20 | 744 540.55 | 1.42 |
| 百瑞信托 | 11 982.82 | 949 133.45 | 1.26 |
| 光大兴陇信托 | 13 482.17 | 1 101 582.85 | 1.22 |
| 上海信托 | 25 335.00 | 2 250 974.71 | 1.13 |
| 兴业信托 | 38 771.00 | 3 760 453.78 | 1.03 |
| 华融信托 | 15 951.97 | 1 626 734.94 | 0.98 |
| 北京信托 | 10 993.00 | 1 183 215.21 | 0.93 |
| 华能信托 | 16 615.92 | 2 133 590.79 | 0.78 |
| 紫金信托 | 3 158.00 | 421 478.25 | 0.75 |
| 苏州信托 | 3 699.00 | 496 084.41 | 0.75 |
| 爱建信托 | 6 009.50 | 990 236.96 | 0.61 |
| 交银国际信托 | 6 036.63 | 1 212 645.02 | 0.50 |
| 湖南信托 | 3 964.00 | 1 030 402.94 | 0.38 |
| 中海信托 | 2 096.60 | 717 588.62 | 0.29 |
| 中航信托 | 4 245.38 | 1 538 081.60 | 0.28 |
| 万向信托 | 1 050.00 | 388 636.17 | 0.27 |
| 中融信托 | 7 091.00 | 3 072 743.22 | 0.23 |
| 国联信托 | 915.00 | 512 365.00 | 0.18 |
| 厦门国际信托 | 427.00 | 603 771.00 | 0.07 |
| 江苏信托 | 719.24 | 2 064 442.22 | 0.03 |
| 杭州工商信托 | 95.00 | 535 336.00 | 0.02 |
| 东莞信托 | 76.32 | 650 939.67 | 0.01 |
| 平安信托 | 1 829.34 | 15 707 631.87 | 0.01 |
| 重庆信托 | 2 475.83 | 22 989 814.72 | 0.01 |
| 中江信托 | 66.00 | 942 448.89 | 0.01 |
| 建信信托 | 106.18 | 2 227 495.51 | — |
| 粤财信托 | — | 650 849.34 | — |
| 国投泰康信托 | — | 857 257.83 | — |
| 陕国投 | — | 1 227 935.32 | — |
| 华信信托 | — | 1 219 451.11 | — |
| 云南信托 | — | 307 662.38 | — |
| 长城新盛信托 | — | 137 303.77 | — |
| 山东信托 | 未披露 | 1 361 175.20 | |
| 合计 | 2 378 692.53 | 114 077 419.14 | |

表 6-4-7　信托公司 2017 年末风险资产准备覆盖率

| 公司简称 | 风险资产准备合计(万元) | 风险资产总额(万元) | 风险资产准备覆盖率(%) |
|---|---|---|---|
| 天津信托 | 84 783.61 | 787 053.84 | 10.77 |
| 中泰信托 | 30 716.06 | 481 050.10 | 6.39 |
| 安信信托 | 90 116.25 | 1 567 164.53 | 5.75 |
| 陆家嘴信托 | 29 913.00 | 709 035.00 | 4.22 |
| 中信信托 | 70 068.82 | 1 914 346.44 | 3.66 |
| 吉林信托 | 5 454.86 | 153 102.27 | 3.56 |
| 渤海信托 | 33 430.00 | 1 471 630.00 | 2.27 |
| 长安信托 | 14 683.92 | 912 613.72 | 1.61 |
| 中诚信托 | 26 910.00 | 2 162 160.40 | 1.24 |
| 国元信托 | 6 613.42 | 700 361.63 | 0.94 |
| 北京信托 | 10 166.00 | 1 145 820.00 | 0.89 |
| 华鑫信托 | 5 738.65 | 744 682.07 | 0.77 |
| 西部信托 | 3 522.21 | 559 247.99 | 0.63 |
| 北方信托 | 3 000.00 | 513 942.22 | 0.58 |
| 金谷信托 | 972.45 | 196 481.91 | 0.49 |
| 中投信托 | 3 804.10 | 855 473.18 | 0.44 |
| 新华信托 | 3 441.43 | 775 121.16 | 0.44 |
| 万向信托 | 1 050.00 | 262 988.88 | 0.40 |
| 光大兴陇信托 | 3 964.05 | 1 079 607.91 | 0.37 |
| 华宸信托 | 150.00 | 151 853.60 | 0.10 |
| 四川信托 | 900.00 | 967 217.06 | 0.09 |
| 重庆信托 | 2 468.24 | 2 956 531.88 | 0.08 |
| 爱建信托 | 780.00 | 985 797.92 | 0.08 |
| 国联信托 | 375.00 | 509 284.00 | 0.07 |
| 交银国际 | 675.00 | 1 206 761.71 | 0.06 |
| 苏州信托 | 199.00 | 474 353.00 | 0.04 |
| 中航信托 | 585.00 | 1 522 665.50 | 0.04 |
| 中国民生信托 | 200.00 | 669 599.03 | 0.03 |
| 厦门信托 | 125.00 | 582 180.00 | 0.02 |
| 华澳信托 | 75.00 | 564 876.11 | 0.01 |
| 中江信托 | 66.00 | 874 315.16 | 0.01 |
| 英大信托 | 7.50 | 892 768.65 | — |
| 百瑞信托 | — | 948 926.53 | — |
| 中铁信托 | — | 1 405 423.00 | — |
| 东莞信托 | — | 643 149.14 | — |
| 粤财信托 | — | 70 050.33 | — |
| 国民信托 | — | 363 867.02 | — |
| 国投信托 | — | 777 580.00 | — |
| 杭州工商信托 | — | 506 982.00 | — |
| 建信信托 | — | 1 345 310.57 | — |
| 湖南信托 | — | 101 103.00 | — |
| 华宝信托 | — | 886 663.71 | — |
| 江苏信托 | — | 201 416.76 | — |
| 兴业信托 | — | 1 446 815.00 | — |
| 昆仑信托 | — | 1 000 335.52 | — |
| 平安信托 | — | 1 972 008.96 | — |

续表

| 公司简称 | 风险资产准备合计(万元) | 风险资产总额(万元) | 风险资产准备覆盖率(%) |
|---|---|---|---|
| 山西信托 | — | 218 601. 71 | — |
| 陕国投 | — | 1 178 553. 74 | — |
| 上海信托 | — | 1 638 261. 07 | — |
| 华融信托 | — | 175 366. 55 | — |
| 西藏信托 | — | 288 466. 43 | — |
| 华润信托 | — | 2 449 309. 92 | — |
| 华信信托 | — | 724 691. 18 | — |
| 云南信托 | — | 75 207. 12 | — |
| 外贸信托 | — | 1 541 844. 89 | — |
| 中海信托 | — | 709 588. 71 | — |
| 中融信托 | — | 1 320 515. 00 | — |
| 中原信托 | — | 42 500. 00 | — |
| 华能信托 | — | 2 104 679. 04 | — |
| 浙金信托 | — | 272 397. 06 | — |
| 新时代信托 | — | 23 642. 81 | — |
| 大业信托 | — | 105 933. 01 | — |
| 方正东亚 | — | 750 028. 27 | — |
| 五矿信托 | — | 1 692 686. 71 | — |
| 中粮信托 | — | 199 051. 51 | — |
| 紫金信托 | — | 415 473. 42 | — |
| 长城新盛信托 | — | 2 550. 00 | — |
| 山东信托 | 未披露 | — | — |
| 合计 | 434 954. 57 | 56 949 066. 56 | — |

## 五、自营股票投资、基金投资、债券投资、长期股权投资和代理业务的分析

根据68家信托公司2018年年报披露,2018年末自营股票投资、基金投资、债券投资、长期股权投资、代理业务和其他投资的总额为4 141. 14亿元,比2017年末增加169. 4亿元,主要是其他投资的增加所致。从构成来看,其他投资业务占59. 37%,为主要业务内容。68家信托公司整体汇总情况见表6-5-1,各家信托公司的具体业务情况见表6-5-2。

**表6-5-1 信托公司自营股票投资、基金投资、债券投资、长期股权投资和代理业务情况分析**

| 项目 | 2018年末(万元) | 2018年末比例(%) | 2017年末(万元) | 2017年末比例(%) | 变动比例(%) |
|---|---|---|---|---|---|
| 自营股票投资 | 2 023 324. 39 | 4. 89 | 2 667 096. 92 | 6. 72 | -24. 14 |
| 基金投资 | 3 388 685. 17 | 8. 18 | 3 319 494. 05 | 8. 36 | 2. 08 |
| 债券投资 | 900 302. 86 | 2. 17 | 828 335. 53 | 2. 09 | 8. 69 |
| 长期股权投资 | 10 068 625. 94 | 24. 31 | 10 036 763. 33 | 25. 27 | 0. 32 |
| 其他投资 | 24 587 735. 24 | 59. 37 | 22 593 487. 93 | 56. 89 | 8. 83 |
| 担保业务 | 217 841. 35 | 0. 53 | 47 503. 46 | 0. 12 | 358. 58 |
| 代理业务(委托业务) | 153 890. 17 | 0. 37 | 154 136. 45 | 0. 39 | -0. 16 |
| 其他(信托代保管) | 71 042. 11 | 0. 17 | 70 712. 11 | 0. 18 | 0. 47 |
| 合计 | 41 411 447. 23 | 100 | 39 717 529. 78 | 100 | 4. 26 |

**表6-5-2 信托公司2018年末具体业务情况**

单位:万元

| 公司简称 | 自营股票投资 | 基金投资 | 债券投资 | 长期股权投资 | 其他投资 | 担保业务 | 代理业务(委托业务) | 其他(信托代保管) | 合计 |
|---|---|---|---|---|---|---|---|---|---|
| 国元信托 | 17 316. 66 | 7 349. 52 | — | 337 606. 13 | 76 759. 41 | — | — | — | 439 031. 72 |
| 安信信托 | — | — | — | — | — | — | — | — | — |
| 百瑞信托 | 99 419. 66 | 80 000. 00 | — | 122 992. 20 | 443 837. 26 | — | — | — | 746 249. 12 |
| 北方信托 | | 31 072. 95 | 2 986. 97 | 43 265. 86 | 34 387. 56 | 76 500. 00 | — | — | 188 213. 34 |

续表

| 公司简称 | 自营股票投资 | 基金投资 | 债券投资 | 长期股权投资 | 其他投资 | 担保业务 | 代理业务（委托业务） | 其他（信托代保管） | 合计 |
|---|---|---|---|---|---|---|---|---|---|
| 北京信托 | 55 233.00 | 10 826.00 | 12 849.00 | 55 553.00 | 299 349.00 | — | 1 392.89 | — | 435 202.89 |
| 中铁信托 | 65 987.00 | 40 021.00 | — | 96 534.00 | — | — | 3 668.00 | — | 206 210.00 |
| 东莞信托 | — | — | — | 9 063.97 | 531 452.34 | — | — | — | 540 516.31 |
| 光大兴陇信托 | 6 257.73 | 39 388.40 | — | — | 237 391.77 | — | — | — | 283 037.90 |
| 粤财信托 | — | 20 829.36 | 4 000.00 | 198 777.16 | 231 792.47 | — | — | — | 455 398.99 |
| 国联信托 | 3 974.00 | — | 21 894.00 | 160 257.00 | 273 504.00 | — | 1 930.00 | — | 461 559.00 |
| 国民信托 | — | 58 012.62 | — | — | 185 447.71 | — | — | — | 243 460.33 |
| 国投泰康信托 | — | 30 288.00 | — | 12 741.00 | 609 792.00 | — | — | — | 652 821.00 |
| 杭州工商信托 | 222.00 | — | 14 746.00 | 28 603.00 | 382 946.00 | — | 4 211.00 | — | 430 728.00 |
| 建信信托 | 539.03 | 40 000.00 | — | 478 651.20 | 390 748.35 | — | — | — | 909 938.58 |
| 湖南信托 | 2 884.00 | 6 840.00 | 3 090.00 | 432 403.00 | 479 706.00 | — | — | — | 924 923.00 |
| 华宝信托 | 1 081.47 | 110 281.48 | — | 77 844.43 | 404 998.17 | — | — | — | 594 205.55 |
| 吉林信托 | 1 642.71 | 5 178.29 | 51 767.90 | 447 998.65 | 4 249.01 | — | — | — | 510 836.56 |
| 江苏信托 | 4 075.18 | 11 378.39 | — | 838 608.31 | 678 571.11 | — | — | — | 1 532 632.99 |
| 中江信托 | 394 687.64 | 52 999.88 | 66 420.00 | 112 974.82 | 93 182.78 | — | — | — | 720 265.12 |
| 兴业信托 | — | 126 830.00 | 30 625.00 | 404 516.00 | 1 213 598.00 | — | — | — | 1 775 569.00 |
| 华宸信托 | — | 26 260.48 | 3 987.30 | 1 700.96 | 42 430.48 | — | — | — | 74 379.22 |
| 昆仑信托 | 38 773.57 | 91 001.15 | — | 8 974.09 | — | — | — | — | 138 748.81 |
| 平安信托 | — | 151 601.25 | — | 767 854.26 | 854 952.83 | — | — | — | 1 774 408.34 |
| 山东信托 | — | — | — | — | — | — | — | — | — |
| 山西信托 | 12 687.25 | — | — | 70 259.80 | — | — | — | — | 82 947.05 |
| 陕国投 | — | — | — | — | — | — | — | — | — |
| 上海信托 | 9 609.23 | 157 961.55 | 3 523.37 | 145 668.23 | 900 469.26 | — | 2 864.42 | 1 330.00 | 1 221 426.06 |
| 华融信托 | 9 390.76 | 44 260.53 | — | 1 628.17 | 1 340 182.33 | — | — | — | 1 395 461.79 |
| 苏州信托 | 56 338.00 | — | — | 12 547.00 | 265 037.00 | — | — | — | 333 922.00 |
| 天津信托 | 377.83 | 15 107.93 | 25 004.27 | 145 233.72 | 191 234.25 | — | — | — | 376 958.00 |
| 长安信托 | — | 190 469.49 | 6 694.34 | 32 225.96 | — | — | — | — | 229 389.79 |
| 西部信托 | 262 909.15 | 53 000.00 | — | — | 224 972.26 | — | — | — | 540 881.41 |
| 西藏信托 | 15 722.01 | — | 5 000.00 | — | 40 728.33 | — | — | — | 61 450.34 |
| 厦门国际信托 | 28 727.00 | 59 968.00 | 1 469.00 | 82 101.00 | 323 282.00 | 2 474.00 | 3 308.00 | — | 501 329.00 |
| 新华信托 | 103.23 | — | — | 36 535.35 | 342 296.19 | — | 1 188.79 | — | 380 123.56 |
| 华润信托 | — | 33 045.99 | 129 907.40 | 1 225 139.54 | 496 794.51 | — | — | — | 1 884 887.44 |
| 华信信托 | 255 091.84 | — | — | 260 477.87 | — | 93 999.89 | 1 030.45 | — | 610 600.05 |
| 英大信托 | 10 809.53 | 209 998.82 | 72 915.85 | — | 549 470.03 | — | — | — | 843 194.23 |
| 云南信托 | — | — | 14 000.00 | — | 204 799.44 | — | — | — | 218 799.44 |
| 中诚信托 | 12 672.35 | 194 473.04 | — | 929 886.91 | 705 949.17 | — | — | — | 1 842 981.47 |
| 外贸信托 | 119 765.73 | 40 863.98 | — | 87 382.06 | — | — | — | — | 248 011.77 |
| 中海信托 | 6 525.38 | 63 314.39 | — | 289 732.59 | 358 016.27 | — | — | — | 717 588.63 |
| 中融信托 | 30 453.84 | 1 048 316.83 | 126 851.50 | 221 452.99 | — | — | — | — | 1 427 075.16 |
| 中泰信托 | 30 780.00 | — | 10 684.51 | 200 892.20 | 127 232.63 | — | — | — | 369 589.34 |
| 中信信托 | 6 121.57 | 5 446.73 | 1 574.09 | 295 853.44 | 1 073 380.97 | — | 72 527.79 | — | 1 454 904.59 |
| 中原信托 | — | — | 91.45 | — | 540 088.25 | — | — | — | 540 179.70 |
| 重庆信托 | 170 262.92 | 21 333.66 | — | 780 142.48 | 1 649 277.73 | — | — | — | 2 621 016.79 |
| 渤海信托 | 1 866.85 | — | — | 60 610.49 | 670 650.58 | 44 867.46 | — | — | 777 995.38 |
| 交银国际信托 | — | — | 32 500.00 | 76 288.00 | — | — | — | — | 108 788.00 |
| 中建投信托 | 6 529.25 | 65 347.57 | — | 33 965.75 | 452 291.98 | — | 4 538.86 | — | 562 673.41 |
| 华能信托 | 97 480.70 | 43 218.21 | 10 997.48 | 20 000.00 | — | — | — | — | 171 696.39 |
| 浙金信托 | — | — | — | — | 250 732.71 | — | — | — | 250 732.71 |
| 爱建信托 | — | — | — | — | — | — | 57 229.97 | 69 712.11 | 126 942.08 |
| 新时代信托 | — | — | — | — | — | — | — | — | — |
| 中航信托 | — | — | — | 285 249.69 | 977 052.62 | — | — | — | 1 262 302.31 |
| 华澳信托 | — | 3 360.00 | — | — | 491 902.02 | — | — | — | 495 262.02 |

续表

| 公司简称 | 自营股票投资 | 基金投资 | 债券投资 | 长期股权投资 | 其他投资 | 担保业务 | 代理业务（委托业务） | 其他（信托代保管） | 合计 |
|---|---|---|---|---|---|---|---|---|---|
| 大业信托 | — | — | — | — | — | — | — | — | — |
| 国通信托 | 14 590. 70 | 6 001. 97 | 156 658. 19 | — | 494 664. 44 | — | — | — | 671 915. 30 |
| 华鑫信托 | 19 993. 57 | 90 332. 22 | 90 000. 00 | — | 417 857. 60 | — | — | — | 618 183. 39 |
| 金谷信托 | — | — | — | — | 253 786. 52 | — | — | — | 253 786. 52 |
| 陆家嘴信托 | — | 8 001. 00 | — | — | 573 429. 00 | — | — | — | 581 430. 00 |
| 四川信托 | 2 708. 65 | — | — | 84 453. 03 | 560 516. 00 | — | — | — | 647 677. 68 |
| 五矿信托 | 16 908. 67 | 84 390. 38 | 55. 15 | 50 000. 00 | 1 376 399. 40 | — | — | — | 1 527 753. 60 |
| 中粮信托 | 111 192. 65 | 9 178. 66 | — | 2 510. 00 | — | — | — | — | 122 881. 31 |
| 紫金信托 | 21 612. 08 | 635. 45 | 10. 09 | 1 470. 63 | 381 017. 82 | — | — | — | 404 746. 07 |
| 长城新盛信托 | — | — | — | — | — | — | — | — | — |
| 中国民生信托 | — | — | — | — | 688 097. 71 | — | — | — | 688 097. 71 |
| 万向信托 | — | 500. 00 | — | — | 197 029. 97 | — | — | — | 197 529. 97 |
| 合计 | 2 023 324. 39 | 3 388 685. 17 | 900 302. 86 | 10 068 625. 94 | 24 587 735. 24 | 217 841. 35 | 153 890. 17 | 71 042. 11 | 41 411 447. 23 |

## 六、自营贷款分析

2018 年末，68 家信托公司中有安信信托、中江信托、山东信托、山西信托、陕国投 5 家公司没有披露前五名自营贷款的信息。在披露自营贷款信息的信托公司中有 30 家披露无自营贷款。有 20 家信托公司前五名自营贷款占全部自营贷款的比例为 100%，风险非常集中。68 家信托公司前五名自营贷款占自营贷款总额的比例情况见表 6 –6 –1。

**表 6 –6 –1　2018 年信托公司前五名自营贷款占自营贷款总额的比例情况**

| 公司简称 | 前五名自营贷款占总自营贷款比例（%） | 公司简称 | 前五名自营贷款占总自营贷款比例（%） |
|---|---|---|---|
| 中泰信托 | 100. 00 | 粤财信托 | 无自营贷款 |
| 光大兴陇信托 | 100. 00 | 国民信托 | 无自营贷款 |
| 国联信托 | 100. 00 | 国投泰康信托 | 无自营贷款 |
| 杭州工商信托 | 100. 00 | 建信信托 | 无自营贷款 |
| 华宸信托 | 100. 00 | 湖南信托 | 无自营贷款 |
| 苏州信托 | 100. 00 | 华宝信托 | 无自营贷款 |
| 长安信托 | 100. 00 | 江苏信托 | 无自营贷款 |
| 西藏信托 | 100. 00 | 兴业信托 | 无自营贷款 |
| 厦门国际信托 | 100. 00 | 昆仑信托 | 无自营贷款 |
| 新华信托 | 100. 00 | 平安信托 | 无自营贷款 |
| 英大信托 | 100. 00 | 华融信托 | 无自营贷款 |
| 中诚信托 | 100. 00 | 天津信托 | 无自营贷款 |
| 中海信托 | 100. 00 | 华润信托 | 无自营贷款 |
| 中原信托 | 100. 00 | 华信信托 | 无自营贷款 |
| 重庆信托 | 100. 00 | 云南信托 | 无自营贷款 |
| 交银国际信托 | 100. 00 | 外贸信托 | 无自营贷款 |
| 华澳信托 | 100. 00 | 华能信托 | 无自营贷款 |
| 陆家嘴信托 | 100. 00 | 浙金信托 | 无自营贷款 |
| 渤海信托 | 100. 00 | 新时代信托 | 无自营贷款 |
| 中航信托 | 100. 00 | 大业信托 | 无自营贷款 |
| 金谷信托 | 98. 97 | 国通信托 | 无自营贷款 |
| 中融信托 | 97. 48 | 华鑫信托 | 无自营贷款 |
| 爱建信托 | 94. 87 | 五矿信托 | 无自营贷款 |
| 吉林信托 | 93. 76 | 中粮信托 | 无自营贷款 |
| 西部信托 | 87. 86 | 紫金信托 | 无自营贷款 |
| 四川信托 | 87. 57 | 长城新盛信托 | 无自营贷款 |
| 百瑞信托 | 81. 49 | 中国民生信托 | 无自营贷款 |
| 北方信托 | 79. 47 | 万向信托 | 无自营贷款 |
| 中信信托 | 77. 22 | 安信信托 | 未披露 |

续表

| 公司简称 | 前五名自营贷款占总自营贷款比例(%) | 公司简称 | 前五名自营贷款占总自营贷款比例(%) |
|---|---|---|---|
| 中建投信托 | 74.19 | 中江信托 | 未披露 |
| 国元信托 | 51.95 | 山东信托 | 未披露 |
| 北京信托 | 35.60 | 山西信托 | 未披露 |
| 中铁信托 | 无自营贷款 | 陕国投 | 未披露 |
| 东莞信托 | 无自营贷款 | 上海信托 | 未披露 |

## 七、关联方关系及其交易的披露

关联交易一直是公司经营的一个“瓶颈”，在公司业务发展良好和不良两个阶段均会发生大量的关联交易。在业务发展良好时，公司可能会向关联方输送利益；在业务发展不良时，关联方可能会向公司输送利益。即使在公司业务发展一般时，也会由于种种原因与关联方发生关联交易。因此关联交易也就一直成为公众和监管部门关注的重点。

### （一）关联方及其交易汇总

经统计，2018 年 68 家信托公司关联方数量为 933 家，关联交易总金额为 10 484.80 亿元。

**表 6 -7 -1　2018 年信托公司关联方交易情况，关联方交易金额由高到低排序**

| 公司简称 | 关联交易方数量 | 关联交易金额(万元) | 公司简称 | 关联交易方数量 | 关联交易金额(万元) |
|---|---|---|---|---|---|
| 兴业信托 | 15 | 27 666 691 | 厦门国际信托 | 10 | 142 875 |
| 英大信托 | 136 | 26 151 494 | 湖南信托 | 4 | 111 748 |
| 华润信托 | 17 | 8 876 181 | 云南信托 | 2 | 110 290 |
| 中海信托 | 10 | 6 407 843 | 大业信托 | 3 | 92 300 |
| 上海信托 | 6 | 3 500 929 | 粤财信托 | 3 | 82 275 |
| 建信信托 | 8 | 3 265 686 | 华宝信托 | 4 | 81 778 |
| 重庆信托 | 69 | 2 891 723 | 国元信托 | 14 | 65 821 |
| 平安信托 | 33 | 2 869 981 | 天津信托 | 2 | 32 500 |
| 国投泰康信托 | 21 | 2 771 699 | 中泰信托 | 4 | 29 483 |
| 中国民生信托 | 19 | 2 589 373 | 西藏信托 | 1 | 13 043 |
| 百瑞信托 | 3 | 2 067 720 | 中江信托 | 1 | 10 000 |
| 华融信托 | 9 | 1 916 776 | 外贸信托 | 6 | 5 255 |
| 五矿信托 | 9 | 1 829 989 | 浙金信托 | 7 | 5 126 |
| 中信信托 | 29 | 1 412 887 | 交银国际信托 | 3 | 4 300 |
| 华能信托 | 10 | 1 409 693 | 中建投信托 | 2 | 3 012 |
| 渤海信托 | 13 | 1 227 922 | 爱建信托 | 9 | 1 454 |
| 中原信托 | 79 | 1 151 848 | 四川信托 | 3 | 987 |
| 昆仑信托 | 4 | 1 132 000 | 山西信托 | 1 | 711 |
| 长安信托 | 35 | 722 168 | 吉林信托 | 4 | 612 |
| 华信信托 | 1 | 491 875 | 万向信托 | 2 | 439 |
| 光大兴陇信托 | 5 | 464 988 | 国联信托 | 2 | 438 |
| 江苏信托 | 7 | 446 749 | 西部信托 | 6 | 347 |
| 北方信托 | 5 | 411 600 | 国通信托 | 1 | 285 |
| 华鑫信托 | 32 | 402 366 | 杭州工商信托 | 1 | 8 |
| 中航信托 | 16 | 372 021 | 国民信托 | — | — |
| 金谷信托 | 4 | 353 867 | 华澳信托 | — | — |
| 苏州信托 | 70 | 346 330 | 华宸信托 | — | — |
| 中融信托 | 22 | 319 939 | 长城新盛信托 | — | — |
| 北京信托 | 14 | 287 682 | 中诚信托 | 65 | -956 646 |
| 东莞信托 | 15 | 259 698 | 安信信托 | 未披露 | 未披露 |
| 陆家嘴信托 | 9 | 233 227 | 山东信托 | 未披露 | 未披露 |
| 紫金信托 | 5 | 230 284 | 陕国投 | 未披露 | 未披露 |
| 中铁信托 | 10 | 196 661 | 新时代信托 | 未披露 | 未披露 |
| 中粮信托 | 32 | 179 422 | | | |
| 新华信托 | 1 | 150 504 | 合计 | 933 | 104 848 259 |

## (二)固有资产与关联方关联交易

从表6－7－2分析发现，固有资产与关联方的交易主要集中在投资和其他两个方面，关于其他的具体内容，信托公司年报中未详细披露。总体看来，固有资产与关联方之间的交易比2017年有所上升，应收账款大幅上升。68家信托公司2018年固有资产与关联方交易的汇总表及明细表分别见表6－7－2和表6－7－3。

**表6－7－2　固有资产与关联方关联交易汇总表**

| 项目 | 2017年末余额(万元) | 2017年末比例(%) | 2018年末余额(万元) | 2018年末比例(%) | 增减率(%) |
|---|---|---|---|---|---|
| 贷款 | — | — | — | — | — |
| 投资 | 2 321 596. 18 | 60. 22 | 2 892 738. 56 | 60. 22 | 24. 60 |
| 租赁 | 4 437. 02 | 0. 12 | 6 992. 43 | 0. 12 | 57. 59 |
| 担保 | — | — | — | — | — |
| 应收账款 | 103 889. 18 | 2. 69 | 511 753. 43 | 2. 69 | 392. 60 |
| 其他 | 1 425 334. 76 | 36. 97 | 838 109. 41 | 36. 97 | -41. 20 |
| 合计 | 3 855 257. 14 | 100. 00 | 4 249 593. 83 | 100. 00 | 10. 23 |

**表6－7－3　2018年末固有资产与关联方关联交易余额明细，由高到低排序**

单位：万元

| 公司简称 | 关联交易余额 | 公司简称 | 关联交易余额 |
|---|---|---|---|
| 中融信托 | 986 098. 29 | 中航信托 | 366. 20 |
| 平安信托 | 676 654. 97 | 新华信托 | 259. 43 |
| 华信信托 | 553 384. 41 | 华能信托 | 9. 11 |
| 重庆信托 | 468 085. 00 | 中原信托 | — |
| 华融信托 | 333 898. 59 | 中江信托 | — |
| 中诚信托 | 263 044. 59 | 中海信托 | — |
| 建信信托 | 237 355. 27 | 长城新盛信托 | — |
| 北京信托 | 181 998. 00 | 粤财信托 | — |
| 英大信托 | 152 986. 22 | 新时代信托 | — |
| 华润信托 | 103 384. 87 | 西藏信托 | — |
| 长安信托 | 93 751. 25 | 天津信托 | — |
| 国投泰康信托 | 76 086. 06 | 苏州信托 | — |
| 上海信托 | 63 823. 27 | 四川信托 | — |
| 金谷信托 | 52 465. 20 | 陕国投 | — |
| 厦门国际信托 | 48 537. 00 | 山西信托 | — |
| 中泰信托 | 29 483. 30 | 昆仑信托 | — |
| 吉林信托 | 24 950. 00 | 华鑫信托 | — |
| 国元信托 | 24 862. 00 | 华宝信托 | — |
| 五矿信托 | 18 586. 13 | 华澳信托 | — |
| 中信信托 | 17 809. 65 | 杭州工商信托 | — |
| 西部信托 | 13 000. 00 | 国民信托 | — |
| 北方信托 | 11 000. 00 | 国通信托 | — |
| 交银国际信托 | 10 000. 00 | 东莞信托 | — |
| 浙金信托 | 7 481. 16 | 大业信托 | — |
| 中铁信托 | 7 460. 00 | 渤海信托 | — |
| 云南信托 | 5 000. 00 | 百瑞信托 | — |
| 陆家嘴信托 | 4 265. 91 | 爱建信托 | — |
| 中建投信托 | 3 011. 94 | 兴业信托 | -29 959. 75 |
| 华宸信托 | 2 767. 67 | 江苏信托 | -89 811. 44 |
| 中粮信托 | 1 597. 52 | 湖南信托 | -109 400. 00 |
| 外贸信托 | 1 481. 24 | 山东信托 | 未披露 |
| 中国民生信托 | 1 472. 54 | 光大兴陇信托 | 未披露 |
| 紫金信托 | 1 470. 63 | 安信信托 | 未披露 |
| 万向信托 | 438. 61 | | |
| 国联信托 | 438. 00 | 合计 | 4 249 592. 84 |

## （三）信托资产与关联方关联交易

信托资产与关联方的交易主要集中在贷款和其他方面，信托资产与关联方贷款交易约占整个信托资产与关联方交易的4.27%，信托资产与关联方投资交易约占整个信托资产与关联方交易的4.55%，信托资产与关联方其他交易约占整个信托资产与关联方交易的90.12%。68家信托公司2018年信托资产与关联方交易的汇总表及明细表分别见表6－7－4和表6－7－5。

**表6－7－4　信托资产与关联方关联交易汇总分析**

| 项目 | 2017年末余额（万元） | 2017年末比例（%） | 2018年末余额（万元） | 2018年末比例（%） | 增减率（%） |
|---|---|---|---|---|---|
| 贷款 | 19 046 412.57 | 10.64 | 7 155 174.03 | 4.27 | －62.43 |
| 投资 | 9 527 396.69 | 5.32 | 7 633 381.63 | 4.55 | －19.88 |
| 租赁 | 55 812.90 | 0.03 | 55 812.90 | 0.03 | — |
| 担保 | 259 500.00 | 0.15 | 94 500.00 | 0.06 | －63.58 |
| 应收账款 | 165 878.00 | 0.09 | 1 619 439.00 | 0.97 | 876.28 |
| 其他 | 149 909 115.93 | 83.76 | 151 089 846.21 | 90.12 | 0.79 |
| 合计 | 178 964 116.09 | 100.00 | 167 648 153.77 | 100.00 | －6.32 |

**表6－7－5　2018年末信托资产与关联方关联交易余额明细，由高到低排序**

单位：万元

| 公司简称 | 关联交易余额 | 公司简称 | 关联交易余额 |
|---|---|---|---|
| 建信信托 | 86 937 196.15 | 大业信托 | 92 300.00 |
| 兴业信托 | 27 696 651.20 | 五矿信托 | 91 812.90 |
| 英大信托 | 26 151 493.96 | 北京信托 | 86 652.21 |
| 华润信托 | 5 176 781.08 | 华宝信托 | 53 372.00 |
| 中海信托 | 4 809 785.08 | 华鑫信托 | 50 800.00 |
| 中国民生信托 | 1 792 907.74 | 东莞信托 | 40 000.00 |
| 国联信托 | 1 588 889.00 | 天津信托 | 37 500.00 |
| 华融信托 | 1 582 877.89 | 江苏信托 | 29 090.03 |
| 陕国投 | 1 258 300.00 | 国投泰康信托 | 20 423.50 |
| 渤海信托 | 1 227 922.00 | 四川信托 | 15 500.00 |
| 昆仑信托 | 1 132 000.00 | 中泰信托 | 13 658.00 |
| 长城新盛信托 | 886 598.50 | 西藏信托 | 13 043.40 |
| 平安信托 | 845 573.51 | 中江信托 | 10 000.00 |
| 西部信托 | 751 736.75 | 浙金信托 | 6 700.00 |
| 长安信托 | 628 417.20 | 粤财信托 | — |
| 北方信托 | 616 800.00 | 国民信托 | — |
| 中诚信托 | 430 893.75 | 杭州工商信托 | — |
| 重庆信托 | 388 782.95 | 吉林信托 | — |
| 中航信托 | 370 477.00 | 华宸信托 | — |
| 陆家嘴信托 | 328 478.94 | 山西信托 | — |
| 金谷信托 | 301 401.76 | 苏州信托 | — |
| 中融信托 | 246 911.04 | 新华信托 | — |
| 紫金信托 | 228 813.68 | 华信信托 | — |
| 百瑞信托 | 199 600.00 | 外贸信托 | — |
| 上海信托 | 192 849.99 | 交银国际信托 | — |
| 中铁信托 | 189 201.00 | 中建投信托 | — |
| 爱建信托 | 167 967.97 | 华能信托 | — |
| 湖南信托 | 148 600.00 | 新时代信托 | — |
| 中粮信托 | 145 880.00 | 华澳信托 | — |
| 中信信托 | 138 131.64 | 国通信托 | — |
| 万向信托 | 113 678.95 | 安信信托 | 未披露 |

续表

| 公司简称 | 关联交易余额 | 公司简称 | 关联交易余额 |
|---|---|---|---|
| 中原信托 | 113 000.00 | 光大兴陇信托 | 未披露 |
| 云南信托 | 105 290.00 | 山东信托 | 未披露 |
| 国元信托 | 99 075.00 | | |
| 厦门国际信托 | 94 338.00 | 合计 | 167 648 153.77 |

## (四)固有财产与信托财产相互交易

### 表6-7-6　固有财产与信托财产相互交易汇总分析

单位:万元

| 项目 | 2018年末 |
|---|---|
| 余额 | 20 943 450.74 |
| 发生额 | 4 455 304.68 |

### 表6-7-7　固有财产与信托财产关联交易余额情况

单位:万元

| 公司简称 | 2018年末 | 公司简称 | 2018年末 |
|---|---|---|---|
| 重庆信托 | 1 594 308.00 | 紫金信托 | 188 370.20 |
| 五矿信托 | 1 289 619.40 | 中粮信托 | 188 272.27 |
| 华融信托 | 1 271 143.87 | 浙金信托 | 176 960.00 |
| 中航信托 | 907 811.49 | 北京信托 | 169 744.00 |
| 外贸信托 | 863 627.40 | 建信信托 | 143 938.14 |
| 中国民生信托 | 804 370.00 | 苏州信托 | 135 900.00 |
| 上海信托 | 798 134.38 | 光大兴陇信托 | 133 495.74 |
| 交银国际信托 | 715 265.46 | 粤财信托 | 131 411.67 |
| 爱建信托 | 687 228.33 | 中海信托 | 128 290.00 |
| 昆仑信托 | 676 805.23 | 厦门国际信托 | 128 057.00 |
| 山东信托 | 671 238.00 | 西藏信托 | 116 815.70 |
| 兴业信托 | 598 924.24 | 山西信托 | 101 421.06 |
| 华润信托 | 558 253.60 | 西部信托 | 99 189.00 |
| 东莞信托 | 502 011.57 | 英大信托 | 94 540.00 |
| 中原信托 | 490 628.24 | 北方信托 | 86 912.72 |
| 陆家嘴信托 | 477 084.68 | 渤海信托 | 71 600.62 |
| 中信信托 | 476 707.80 | 中江信托 | 58 920.00 |
| 国通信托 | 451 189.44 | 华宸信托 | 31 571.96 |
| 江苏信托 | 393 487.25 | 中泰信托 | 24 496.29 |
| 四川信托 | 379 089.94 | 国联信托 | 16 819.00 |
| 百瑞信托 | 365 503.36 | 国元信托 | 15 223.00 |
| 新华信托 | 358 396.81 | 国民信托 | 10 285.28 |
| 华宝信托 | 353 720.00 | 长城新盛信托 | 2 550.00 |
| 杭州工商信托 | 340 485.00 | 中铁信托 | — |
| 中建投信托 | 317 854.10 | 湖南信托 | — |
| 华鑫信托 | 300 428.30 | 吉林信托 | — |
| 陕国投 | 277 090.00 | 天津信托 | — |
| 国投泰康信托 | 273 708.00 | 华信信托 | — |
| 平安信托 | 256 015.64 | 华能信托 | — |

续表

| 公司简称 | 2018 年末 | 公司简称 | 2018 年末 |
|---|---|---|---|
| 长安信托 | 251 330. 26 | 新时代信托 | — |
| 大业信托 | 235 565. 99 | 华澳信托 | — |
| 中融信托 | 228 462. 00 | 金谷信托 | — |
| 万向信托 | 197 029. 97 | 安信信托 | 未披露 |
| 云南信托 | 195 499. 43 | | |
| 中诚信托 | 189 569. 91 | 合计 | 21 002 370. 74 |

## （五）信托资产与信托财产相互交易

### 表 6 –7 –8　信托资产与信托财产相互交易汇总分析

单位：万元

| 项目 | 2018 年末 |
|---|---|
| 余额 | 61 930 096. 91 |
| 发生额 | 530 076. 17 |

### 表 6 –7 –9　信托资产与信托财产关联交易余额情况

单位：万元

| 公司简称 | 2018 年末 | 公司简称 | 2018 年末 |
|---|---|---|---|
| 建信信托 | 9 844 358. 34 | 浙金信托 | 301 893. 88 |
| 光大兴陇信托 | 6 735 538. 42 | 国通信托 | 298 760. 00 |
| 中信信托 | 4 677 362. 56 | 新华信托 | 285 986. 83 |
| 华宝信托 | 3 553 099. 00 | 陕国投 | 218 970. 00 |
| 华润信托 | 3 037 761. 78 | 英大信托 | 206 940. 00 |
| 交银国际信托 | 2 774 513. 79 | 长安信托 | 176 748. 82 |
| 中国民生信托 | 2 719 009. 41 | 山东信托 | 148 835. 00 |
| 外贸信托 | 2 612 914. 00 | 山西信托 | 129 372. 14 |
| 昆仑信托 | 1 991 130. 85 | 湖南信托 | 96 712. 00 |
| 五矿信托 | 1 635 070. 20 | 华鑫信托 | 51 137. 79 |
| 百瑞信托 | 1 502 616. 59 | 北方信托 | 30 258. 00 |
| 上海信托 | 1 357 871. 69 | 国元信托 | 17 187. 00 |
| 东莞信托 | 1 314 656. 14 | 西部信托 | 10 000. 00 |
| 江苏信托 | 1 249 666. 07 | 中铁信托 | — |
| 西藏信托 | 1 245 803. 25 | 粤财信托 | — |
| 平安信托 | 1 156 120. 10 | 国民信托 | — |
| 中建投信托 | 1 154 593. 38 | 吉林信托 | — |
| 兴业信托 | 1 123 850. 86 | 中江信托 | — |
| 华能信托 | 1 069 698. 68 | 华宸信托 | — |
| 云南信托 | 921 177. 66 | 华融信托 | — |
| 紫金信托 | 896 207. 20 | 天津信托 | — |
| 万向信托 | 798 951. 48 | 厦门国际信托 | — |
| 中融信托 | 717 285. 79 | 华信信托 | — |
| 中海信托 | 695 300. 58 | 中诚信托 | — |
| 国联信托 | 659 948. 00 | 中泰信托 | — |
| 四川信托 | 583 828. 21 | 渤海信托 | — |
| 大业信托 | 567 902. 96 | 新时代信托 | — |
| 中原信托 | 548 220. 00 | 中航信托 | — |
| 国投泰康信托 | 520 237. 00 | 华澳信托 | — |

续表

| 公司简称 | 2018 年末 | 公司简称 | 2018 年末 |
|---|---|---|---|
| 重庆信托 | 440 546. 57 | 金谷信托 | — |
| 爱建信托 | 391 453. 10 | 中粮信托 | — |
| 北京信托 | 385 074. 00 | 长城新盛信托 | — |
| 陆家嘴信托 | 374 382. 78 | 安信信托 | 未披露 |
| 杭州工商信托 | 354 815. 00 | | |
| 苏州信托 | 346 330. 01 | 合计 | 61 930 096. 91 |

## 八、子公司及其合并情况

2018 年,68 家信托公司中有 27 家公司不需要编制合并报表,在需要编制合并报表的 41 家公司中,有 28 家披露了合并子公司数量,共计合并了 82 家子公司。具体情况见表 6 –8 –1。

**表 6 –8 –1　2018 年信托公司对合并范围内的子公司的披露情况**

| 公司简称 | 是否合并报表 | 子公司数量 | 公司简称 | 是否合并报表 | 子公司数量 |
|---|---|---|---|---|---|
| 中融信托 | 是 | 24 | 交银国际信托 | 是 | 未披露 |
| 苏州信托 | 是 | 9 | 中建投信托 | 是 | 未披露 |
| 平安信托 | 是 | 8 | 华能信托 | 是 | 未披露 |
| 中诚信托 | 是 | 6 | 浙金信托 | 是 | 未披露 |
| 光大兴陇信托 | 是 | 4 | 中航信托 | 是 | 未披露 |
| 建信信托 | 是 | 3 | 华澳信托 | 是 | 未披露 |
| 上海信托 | 是 | 3 | 中国民生信托 | 是 | 未披露 |
| 华润信托 | 是 | 3 | 中江信托 | 否 | — |
| 东莞信托 | 是 | 2 | 华宸信托 | 否 | — |
| 吉林信托 | 是 | 2 | 天津信托 | 否 | — |
| 兴业信托 | 是 | 2 | 长安信托 | 否 | — |
| 中信信托 | 是 | 2 | 西部信托 | 否 | — |
| 重庆信托 | 是 | 2 | 西藏信托 | 否 | — |
| 四川信托 | 是 | 2 | 新华信托 | 否 | — |
| 中粮信托 | 是 | 2 | 英大信托 | 否 | — |
| 北京信托 | 是 | 1 | 云南信托 | 否 | — |
| 中铁信托 | 是 | 1 | 外贸信托 | 否 | — |
| 国联信托 | 是 | 1 | 中海信托 | 否 | — |
| 国投泰康信托 | 是 | 1 | 中泰信托 | 否 | — |
| 杭州工商信托 | 是 | 1 | 中原信托 | 否 | — |
| 厦门国际信托 | 是 | 1 | 渤海信托 | 否 | — |
| 陆家嘴信托 | 是 | 1 | 爱建信托 | 否 | — |
| 长城新盛信托 | 是 | 1 | 新时代信托 | 否 | — |
| 湖南信托 | 是 | 0 | 大业信托 | 否 | — |
| 江苏信托 | 是 | 0 | 国通信托 | 否 | — |
| 昆仑信托 | 是 | 0 | 华鑫信托 | 否 | — |
| 华融信托 | 是 | 0 | 紫金信托 | 否 | — |
| 华信信托 | 是 | 0 | 万向信托 | 否 | — |
| 国元信托 | 是 | 未披露 | 安信信托 | 不适用 | — |
| 粤财信托 | 是 | 未披露 | 百瑞信托 | 不适用 | — |
| 华宝信托 | 是 | 未披露 | 北方信托 | 不适用 | — |
| 山东信托 | 是 | 未披露 | 国民信托 | 不适用 | — |
| 山西信托 | 是 | 未披露 | 金谷信托 | 不适用 | — |
| 陕国投 | 是 | 未披露 | 五矿信托 | 不适用 | — |

## 九、信托公司2018年年报中对经营因素的认可情况分析

### (一)关于经营目标

共有68家公司均对经营目标作出了表述。

从68家披露了经营目标的信托公司年报分析,如表6-9-1所示,认同目标前五名依次为依法合规、稳健经营;推进业务转型,不断提高主动管理能力;追求风险控制和收益的最佳平衡;实现社会、股东、客户、员工四方共赢;深化公司治理及运营体系的优化调整。

**表6-9-1　认同前五名的经营目标**

| 经营目标 | 认同公司数(家) |
|---|---|
| 依法合规、稳健经营 | 44 |
| 推进业务转型,不断提高主动管理能力 | 31 |
| 追求风险控制和收益的最佳平衡 | 24 |
| 实现社会、股东、客户、员工四方共赢 | 13 |
| 深化公司治理及运营体系的优化调整 | 11 |

### (二)关于经营方针

共有68家公司披露了经营方针。

从68家披露了经营方针的信托公司年报分析,如表6-9-2所示为经营方针认同前五名。

**表6-9-2　认同前五名的经营方针**

| 经营方针 | 认同公司数(家) |
|---|---|
| 严控风险,稳健经营 | 47 |
| 稳健发展,快速增长和可持续发展之间的均衡状态 | 41 |
| 产品创新为投资者提供更加多样化、个性化的金融服务 | 21 |
| 加快拓展财富管理中心和直销渠道 | 14 |
| 加强业务专业化,引进专业化人才 | 13 |

### (三)关于战略规划

共有64家公司披露了战略规划。

从64家披露了战略规划的信托公司年报分析,如表6-9-3所示,为战略规划认同前五名。说明大部分公司将"安全稳健运作作为公司发展的第一要务"作为战略规划的重点。

**表6-9-3　认同前五名的战略规划**

| 战略规划 | 认同公司数(家) |
|---|---|
| 安全稳健运作作为公司发展的第一要务 | 27 |
| 推进金融科技在信托领域的应用 | 24 |
| 增强风险控制能力 | 17 |
| 发展中转型,成为全方位布局、规模领先的信托公司 | 15 |
| 成就客户与员工价值,引领行业发展 | 7 |

### (四)关于经济金融形势认识

共有57家公司披露了对经济形势的认识。

从57家披露了对经济金融形势认识的信托公司年报分析,如表6-9-4所示。

**表6-9-4　认同前五名的经济金融形势分析**

| 经济金融形势 | 认同公司数(家) |
|---|---|
| 总体平稳、稳中有进态势持续显现 | 48 |
| 持续深入开展供给侧结构性改革,完成"三去一降一补" | 36 |
| 结构调整深化优化 | 27 |
| 消费转型升级态势明显,消费规模逐步扩大 | 23 |
| 一系列产业发展方向,多个新兴产业将迎来重大改革发展机遇 | 19 |

## （五）关于经营有利因素的认识

共有66家公司披露了经营有利因素。

从66家披露了经营有利因素的信托公司年报分析，如表6－9－5所示，为经营有利因素认同前五名。排名前两位的是对"以供给侧结构性改革为主线，推动经济发展质量变革""财富管理和资产管理领域蕴含巨大的市场潜力"的认同。

**表6－9－5　认同前五名经营有利因素分析**

| 经营有利因素 | 认同公司数（家） |
|---|---|
| 以供给侧结构性改革为主线，推动经济发展质量变革 | 44 |
| 财富管理和资产管理领域蕴含巨大的市场潜力 | 27 |
| 金融科技将赋能信托业务 | 25 |
| 信托公司加强业务创新，加强精细化发展，积极推动业务创新 | 16 |
| 监管机构坚持风险防范与创新发展并行，2018年资管新规及一系列配套政策的出台 | 12 |

## （六）关于经营不利因素的认识

共有66家公司披露了经营不利因素。

从66家披露了经营不利因素的信托公司年报分析，如表6－9－6所示，为经营不利因素认同前五名。

**表6－9－6　认同前五名的经营不利因素分析**

| 经营不利因素 | 认同公司数（家） |
|---|---|
| 宏观经济增长动力不足，企业违约事件频发，信托行业面临较大市场风险 | 37 |
| 在严监管的背景下，信托行业迎来转型阵痛期 | 29 |
| 中美贸易摩擦、逆全球化和保护主义抬头等国际经济环境变化 | 27 |
| 金融市场流动性的降低，获得同业资金的难度加大，信托产品发行成本上升 | 17 |
| 刚性兑付的打破，将一定程度上降低信托产品的吸引力，渠道销售难度加大 | 13 |

## （七）关于内部控制职能部门的认识

共有68家公司披露了内部控制职能部门。

从68家披露了内部控制职能部门的信托公司年报分析，对信托公司内部控制认为有效的、应当建立的职能部门前五名的部门为三会及管理层、董事会合规与风险管理委员会、董事会审计委员会、风险及合规管理部、稽核审查部。认同前五名的对内部控制职能部门认同分析见表6－9－7。

**表6－9－7　认同前五名的对内部控制职能部门认同分析**

| 内部控制职能部门 | 认同公司数（家） |
|---|---|
| 股东会、董事会、监事会及管理层 | 66 |
| 董事会合规与风险管理委员会 | 49 |
| 董事会审计委员会 | 39 |
| 风险及合规管理部 | 34 |
| 稽核审查部 | 27 |

## （八）关于风险管理可能遇到的风险的认识

共有68家公司均披露了可能遇到的风险。

从68家披露了"可能遇到的风险"的信托公司年报分析可以看出，信托公司认为风险管理可能遇到的前四名风险分别为信用风险、市场风险、操作风险、其他风险。认同前四名的风险管理可能遇到的风险分析见表6－9－8。

**表6－9－8　认同前四名的风险管理可能遇到的风险分析**

| 可能遇到的风险 | 认同公司数（家） |
|---|---|
| 信用风险 | 68 |
| 市场风险 | 68 |
| 操作风险 | 68 |
| 其他风险 | 65 |

## （九）关于风险管理基本原则与政策的认识

共有48家公司披露了风险管理的基本原则和政策。

从48家披露了风险管理的基本原则和政策的信托公司年报分析，如表6-9-9所示，为风险管理基本原则与政策认同前五名。

**表6-9-9 认同前五名的风险管理基本原则与政策的分析**

| 风险管理基本原则与政策 | 认同公司数（家） |
| --- | --- |
| 全面性原则 | 35 |
| 独立性原则 | 34 |
| 审慎性原则 | 33 |
| 有效性原则 | 33 |
| 及时性原则 | 31 |

## （十）关于风险管理组织机构与职责的认识

共有65家公司披露了风险管理的组织机构与职责。

从65家披露了风险管理的组织机构与职责的信托公司年报分析，如表6-9-10所示，为风险管理基本组织机构与职责认同前五名。

**表6-9-10 认同前五名的风险管理组织机构与职责的分析**

| 风险管理组织机构与职责 | 认同公司数（家） |
| --- | --- |
| 合规及风险控制委员会：拟定公司的风险管理政策和指导原则，风险的评估、识别、防范和认定 | 60 |
| 董事会：承担风险管理的最终责任，对公司进行全面风险管理，掌握公司面临的各项重大风险及其风险管理状况，做出有效控制风险的决策 | 58 |
| 合规风险部门：发挥日常监督、控制和预警的职能，对公司经营管理和执业行为的监察监督 | 36 |
| 稽核审查部：对各项经营风险控制情况进行全面监督检查和评价 | 33 |
| 公司各职能部门是公司风险控制措施的具体执行部门 | 33 |

## （十一）关于信用风险状况的认识

共有68家公司认同信用风险，信用风险是指在交易过程中由于交易对手方或相关交易方产生的交易不确定性。

68家公司均披露了具体风险点，如表6-9-11所示，为信用风险状况认同前四名。

**表6-9-11 认同前四名的信用风险状况的分析**

| 信用风险 | 认同公司数（家） |
| --- | --- |
| 交易对手和合作方的信用状况及履约能力的变化 | 62 |
| 宏观经济形势和金融市场复杂多变，去杠杆和强化监管 | 21 |
| 证券投资中的券商、股权投资中的被投资人造成的不确定性 | 10 |
| 应收、其他应收款项中的信用风险 | 9 |

## （十二）关于信用风险管理措施的认识

共有68家公司披露了信用风险管理措施。

从68家披露了信用风险管理措施的信托公司年报分析，如表6-9-12所示，为信用风险管理措施认同前五名，公司基本贯彻了事前、事中、事后风险管理，保持了风险管理的连贯性。针对信贷业务中信用风险较高的情况，大部分信托公司均认真落实了加强对交易对手尽职调查等事前防范。

**表6-9-12 认同前五名的信用风险管理措施的分析**

| 信用风险管理措施 | 认同公司数（家） |
| --- | --- |
| 对交易对手进行信用调查与分析，形成尽职调查报告 | 46 |
| 强化业务部门的后期尽职管理职能，提高抵御风险的能力 | 39 |
| 关注交易对手经营管理及财务状况，适时调整合作规模及产品 | 21 |
| 严格制定的项目审批操作流程及放款审查要求来进行风险事中控制 | 18 |
| 通过对项目的后续管理和排查预警进行风险事后控制 | 16 |

## （十三）关于市场风险状况的认识

共有68家公司披露了市场风险状况，认为股价、汇率、利率、其他价格等金融市场变量波动对盈利的影响是主要的市场风险。另有个别公司提到了同业竞争风险、通货膨胀和经济周期风险等。认同前四名的市场风险状况的分析见表6－9－13。

**表6－9－13　认同前四名的市场风险状况的分析**

| 市场风险 | 认同公司数（家） |
|---|---|
| 股价波动风险 | 56 |
| 利率风险 | 54 |
| 同业竞争形成的风险 | 38 |
| 其他价格波动的影响 | 37 |

## （十四）关于市场风险管理措施的认识

共有67家公司披露了市场风险管理措施。

如表6－9－14所示，大多数公司采取了考验自身投研实力的主动性措施：关注国家宏观政策变化，规避限制类行业和相关项目。

**表6－9－14　认同前五名的市场风险管理措施的分析**

| 市场风险管理措施 | 认同公司数（家） |
|---|---|
| 公司制定管理制度，规范操作程序 | 16 |
| 配备与业务规模和市场风险管理要求相适应的专业团队 | 13 |
| 有价证券投资管理状况进行实时监测，增强对资本市场走向及证券投资产品走势的预判 | 11 |
| 严格遵循组合投资、分散风险的原则 | 10 |
| 提高证券估值效率和风险评估的科学性，强化预警平仓等风险防范措施 | 9 |

## （十五）关于操作风险状况的认识

共有65家公司明确披露了操作风险中可能的风险点。

认同前五名的操作风险状况的分析见表6－9－15。

**表6－9－15　认同前五名的操作风险状况的分析**

| 操作风险 | 认同公司数（家） |
|---|---|
| 不完善或有问题的内部程序和信息科技系统 | 56 |
| 操作者个人原因 | 51 |
| 信息系统还不够全面及时 | 32 |
| 外部事件影响 | 17 |
| 内部控制缺失 | 11 |

## （十六）关于操作风险管理措施的认识

共有65家公司披露了操作风险管理措施。

认同前五名的操作风险管理措施的分析见表6－9－16。

**表6－9－16　认同前五名的操作风险管理措施的分析**

| 操作风险管理措施 | 认同公司数（家） |
|---|---|
| 严格内控合规管理，严格岗位分离，规范员工行为 | 62 |
| 严格内控合规管理，严格岗位分离，规范员工行为 | 49 |
| 坚持前台、中台、后台分离和部门、岗位之间相互制衡原则，明确工作职责 | 36 |
| 公司不断加强制度培训，提高员工的规范意识和责任意识 | 36 |
| 通过技术手段对操作权限和内容进行程序设定、制定应急预案等措施控制操作风险 | 17 |

## （十七）关于其他风险状况的认识

共有61家公司披露了其他风险状况。认同前五名的其他风险状况的分析见表6－9－17。

**表6－9－17 认同前五名的其他风险状况的分析**

| 其他风险状况 | 认同公司数（家） |
|---|---|
| 声誉风险：由于公司操作失误，违反有关规定，资产质量下降不能到期偿债和管理不善等原因，对其外部市场造成的不良影响 | 43 |
| 政策风险：宏观政策以及监管政策的变动对公司经营环境和发展所造成的风险 | 41 |
| 道德风险：由于内部人员蓄意违法或与利益主体串通所引起的风险 | 39 |
| 法律风险：公司在业务经营中由于合同内容等方面在法律上有缺陷或不完善而发生法律纠纷等风险 | 31 |
| 合规风险：公司因没有遵循法律、规则和准则可能遭受法律制裁、监管处罚、重大财务损失和声誉损失的风险 | 26 |

## （十八）关于其他风险管理措施的认识

共有52家公司披露了其他风险管理措施。
认同前五名的其他风险管理措施的分析见表6－9－18。

**表6－9－18 认同前五名的其他风险管理措施的分析**

| 其他风险管理措施 | 认同公司数（家） |
|---|---|
| 公司严格依法合规经营，建立健全内部控制制度、组织架构以规范与控制公司经营行为 | 38 |
| 公司坚持“诚实守信”原则，审慎尽职履行受托人管理职责 | 32 |
| 公司继续大力加强信息系统建设，在推动业务发展的同时切实防范相关风险 | 26 |
| 关注监管政策变化，增强政策敏感度，积极防范合规风险 | 18 |
| 加强舆情和声誉风险管理，建立重大风险事项的汇报制度 | 13 |

# 第七章　公司治理结构及人员结构

本章就信托公司的公司治理情况进行分析。

## 一、2018 年公司股东会、董事会和监事会三会情况分析

### (一)股东会、董事会和监事会三会会议次数

2018 年,65 家信托公司在年报中不同程度地披露了三会会议的情况详见表 7 -1 -1。

2018 年有 65 家信托公司披露了股东大会的召开情况，66 家信托公司披露了董事会和监事会的召开情况，其中，股东会召开次数为 273 次,65 家公司平均股东会召开次数为 4. 20 次;董事会召开次数为 591 次,66 家公司平均董事会召开次数为 8. 95 次;监事会召开次数为 214 次,66 家公司平均监事会召开次数为 3. 24 次。2017 年的此三项平均数字分别为 4. 49 次、9. 02 次和 3. 00 次。

**表 7 -1 -1　68 家信托公司 2018 年三会的会议情况**

| 公司简称 | 年度股东会会议次数(次) | 年度董事会会议次数(次) | 年度监事会会议次数(次) |
|---|---|---|---|
| 爱建信托 | 1 | 2 | 3 |
| 安信信托 | 2 | 11 | 6 |
| 百瑞信托 | 4 | 16 | 7 |
| 北方信托 | 8 | 22 | 5 |
| 北京信托 | 2 | 2 | 2 |
| 渤海信托 | 5 | 9 | 3 |
| 大业信托 | 4 | 3 | 2 |
| 东莞信托 | 8 | 10 | 5 |
| 光大兴陇信托 | 5 | 10 | 1 |
| 国联信托 | 2 | 4 | 3 |
| 国民信托 | 7 | 8 | 3 |
| 国通信托 | 2 | 4 | 2 |
| 国投泰康信托 | 3 | 7 | 3 |
| 国元信托 | 2 | 5 | 3 |
| 杭州工商信托 | 2 | 4 | 4 |
| 湖南信托 | 3 | 18 | 5 |
| 华澳信托 | 6 | 7 | 4 |
| 华宝信托 | 4 | 9 | 3 |
| 华宸信托 | 2 | 3 | 2 |
| 华能信托 | 4 | 7 | 2 |
| 华融信托 | 1 | 2 | 2 |
| 华润信托 | 4 | 6 | 2 |
| 华鑫信托 | 4 | 1 | 1 |
| 华信信托 | 6 | 8 | 2 |
| 吉林信托 | 未披露 | 未召开 | 2 |
| 建信信托 | 8 | 16 | 4 |
| 江苏信托 | 3 | 21 | 1 |
| 交银国际信托 | 6 | 7 | 2 |
| 金谷信托 | 4 | 8 | 1 |

续表

| 公司简称 | 年度股东会会议次数(次) | 年度董事会会议次数(次) | 年度监事会会议次数(次) |
|---|---|---|---|
| 昆仑信托 | 5 | 7 | 2 |
| 陆家嘴信托 | 6 | 10 | 5 |
| 平安信托 | 5 | 8 | 2 |
| 厦门国际信托 | 1 | 1 | 1 |
| 山东信托 | 3 | 9 | 5 |
| 山西信托 | 5 | 7 | 2 |
| 陕国投 | 5 | 14 | 9 |
| 上海信托 | 4 | 10 | 2 |
| 四川信托 | 5 | 10 | 2 |
| 苏州信托 | 5 | 8 | 3 |
| 天津信托 | 8 | 11 | 6 |
| 外贸信托 | 6 | 10 | 5 |
| 万向信托 | 3 | 3 | 3 |
| 五矿信托 | 未披露 | 未披露 | 未披露 |
| 西部信托 | 3 | 6 | 2 |
| 西藏信托 | 4 | 9 | 4 |
| 新华信托 | 5 | 6 | 2 |
| 新时代信托 | 4 | 2 | 2 |
| 兴业信托 | 4 | 9 | 3 |
| 英大信托 | 3 | 3 | 1 |
| 粤财信托 | 5 | 12 | 3 |
| 云南信托 | 4 | 15 | 7 |
| 长安信托 | 1 | 47 | 5 |
| 长城新盛信托 | 3 | 10 | 2 |
| 浙金信托 | 8 | 11 | 4 |
| 中诚信托 | 4 | 5 | 2 |
| 中国民生信托 | 4 | 2 | 2 |
| 中海信托 | 4 | 6 | 2 |
| 中航信托 | 3 | 7 | 3 |
| 中建投信托 | 5 | 12 | 4 |
| 中江信托 | 未披露 | 未披露 | 未披露 |
| 中粮信托 | 2 | 11 | 2 |
| 中融信托 | 5 | 10 | 2 |
| 中泰信托 | 4 | 18 | 5 |
| 中铁信托 | 3 | 13 | 4 |
| 中信信托 | 5 | 14 | 2 |
| 中原信托 | 8 | 11 | 11 |
| 重庆信托 | 4 | 7 | 3 |
| 紫金信托 | 5 | 7 | 5 |
| 合计 | 273 | 591 | 214 |
| 平均 | 4.20 | 8.95 | 3.24 |

## (二)董事会及其基本情况分析

### 1. 董事的变更分析

经统计,有49家信托公司在2018年内发生了董事会人员的变更,其余19家明确披露了2018年内没有发生董事的变更。具体变更情况详见表7-1-2。

**表7-1-2 信托公司2018年董事变更情况**

| 公司简称 | 是否变更 | 变更次数(次) | 董事变更详情列示 |
|---|---|---|---|
| 爱建信托 | 是 | 1 | 2018年1月5日,公司股东会同意调整第五届董事会成员:蒋明康不再担任副董事长;张建中不再担任董事。 |
| 安信信托 | 是 | 8 | 杨晓波个人原因辞去董事、总裁职务。<br>因退休,赵宝英不再担任公司董事、副总裁职务。<br>因独立董事任职期限届满,朱荣恩不再担任独立董事职务。<br>因独立董事任职期限届满,邵平不再担任独立董事职务。<br>因独立董事任职期限届满,佘云辉不再担任独立董事职务。<br>公司2018年第一次临时股东大会聘任陈世敏为独立董事。<br>公司2018年第一次临时股东大会聘任王开国为独立董事。<br>公司2018年第一次临时股东大会聘任张军为独立董事。 |
| 百瑞信托 | 否 | | |
| 北方信托 | 否 | | |
| 北京信托 | 否 | | |
| 渤海信托 | 是 | 4 | 2018年1月17日,经2018年第一次临时股东大会审议通过,选举陈虹先生出任公司董事。<br>2018年4月26日,经2017年度股东大会审议通过,选举孟庆斌先生担任公司独立董事。<br>2018年9月17日,经2018年第三次临时股东大会审议通过,董事会进行换届选举,成小云先生接替郑宏先生出任公司董事;经第二届董事会第一次会议审议通过,选举成小云先生出任公司董事长。<br>2018年9月17日,因董事任期届满,孙志坤先生不再担任公司董事职务。<br>上述新任董事、独立董事的任职资格均已获得河北银保监局核准。 |
| 大业信托 | 否 | | |
| 东莞信托 | 是 | 1 | 2018年4月26日,经公司第四届董事会第五十二次会议审议通过,同意丁暖容同志申请辞去公司副董事长职务,并于2018年4月起不再履行公司副董事长职责。 |
| 光大兴陇信托 | 是 | 1 | 2018年6月26日,经光大兴陇信托有限责任公司2018年第二次临时股东会审议通过,吴少华同志不再担任公司董事职务。 |
| 国联信托 | 是 | 1 | 2018年4月,公司董事会换届选举,选举产生国联信托股份有限公司第四届董事会董事,新一届董事的任职资格已经江苏银保监局全部核准通过。 |
| 国民信托 | 是 | 2 | 2019年2月,经公司董事会审议通过,并报北京银保监局核准,杨小阳先生不再担任公司董事、董事长职务,由肖鹰先生出任公司董事长,同时,肖鹰先生不再担任公司副董事长职务。<br>2019年3月,石俊志先生董事任职期满,不再担任公司董事职务。 |
| 国通信托 | 是 | 2 | 报告期内,经股东会审议通过,选举唐武先生为公司第三届董事会董事,孙楚明先生不再担任公司董事。2018年4月25日,中国银保监会湖北监管局核准唐武先生担任公司董事的任职资格(鄂银监复[2018]80号)。<br>报告期内,经股东会审议通过,选举梁达文先生为公司第三届董事会独立董事。2018年6月14日,中国银保监会湖北监管局核准梁达文先生担任公司独立董事的任职资格(鄂银监复[2018]128号)。 |
| 国投泰康信托 | 是 | 1 | 报告期内,崔宏琴女士因任期届满,经2018年4月24日公司2017年度股东会审议决定,崔宏琴女士不再担任公司董事,选举陈冰女士为公司董事。2018年7月23日陈冰女士经北京银监局核准任职资格后正式履职。 |
| 国元信托 | 否 | | |
| 杭州工商信托 | 是 | 1 | 2018年10月,周宇先生不再担任公司董事职务,经公司2018年第一次临时股东大会研究讨论,选举江龙先生为公司第八届董事会继任董事,2018年12月12日,获浙江银保监局筹备组批复(浙银保监筹复[2018]314号),核准江龙先生的董事任职资格,任期至第八届董事会届满之日止。 |
| 湖南信托 | 否 | | |
| 华澳信托 | 是 | 2 | 原董事郑俊先生、熊伟女士于2018年4月27日经股东会批准不再担任董事职务,由吴瑞忠先生于2018年4月27日经股东会批准担任董事职务,其任职资格于2018年10月26日经监管部门核准。<br>原公司董事、董事长张宏先生于2018年11月5日经股东会批准不再担任董事职务,经董事会批准不再担任董事长职务,由吴瑞忠先生代行董事长职务(已按要求向监管部门报告)。 |

续表

| 公司简称 | 是否变更 | 变更次数（次） | 董事变更详情列示 |
|---|---|---|---|
| 华宝信托 | 是 | 2 | 2019年2月12日，公司股东会选举朱永红、张轶、孔祥清、王明东、李磊、赵欣舸（独立董事）、廖海（独立董事）、张续超（独立董事）为公司第七届董事会董事。职工董事1名，由职工通过职工代表大会、职工大会或者其他形式民主选举产生。免去朱可炳、王波董事职务，免去林利军独立董事职务。新任董事朱永红、张轶、王明东、张续超（独立董事）、职工董事，自监管部门核准任职资格且发文后正式履职；<br>2019年2月13日，公司职工代表大会在上海市世纪大道100号52层现场召开，选举卢晓亮为公司职工董事；<br>2019年3月11日，公司收到上海银保监局关于核准张轶、王明东、卢晓亮任职资格的批复；<br>2019年3月15日，公司第七届董事会第一次会议以通讯方式召开。通过《关于选举董事长的议案》，选举朱永红为公司董事长，免去朱可炳董事长的职务；<br>2019年3月22日，公司收到上海银保监局关于核准张续超任职资格的批复；<br>2019年4月15日，公司收到上海银保监局关于核准朱永红任职资格的批复。 |
| 华宸信托 | 否 | | |
| 华能信托 | 否 | | |
| 华融信托 | 是 | 5 | 经2018年第三次临时股东会审议通过，同意免去沈易明董事职务；<br>经2018年第四次临时股东会审议通过，同意推选庞洪梅为公司董事，同意增设董事会关联交易委员会；<br>经2018年第五次临时股东会审议通过，同意推选魏哲明为公司董事，免去王小选董事职务；<br>经2018年第二十一次临时董事会审议通过，同意推举马肯·穆哈买提都拉先生代为履行公司董事长职务；<br>经2018年第二十六次临时董事会审议通过，同意推举庞洪梅为公司副董事长。 |
| 华润信托 | 是 | 2 | 2018年10月，经股东会审议，选举谢兰军担任公司独立董事；同年12月，谢兰军独立董事任职资格经中国银行保险监督管理委员会深圳监管局核准；<br>2018年10月，董事孟扬因退休辞任，股东会选举郭庆卫担任公司董事，同年12月，郭庆卫董事任职资格经中国银行保险监督管理委员会深圳监管局核准。 |
| 华鑫信托 | 是 | 1 | 根据工作需要，按照股东方提名并经公司股东会选举，北京银监局核准，褚玉担任公司董事长，赵远波、华淑蕊、羿锦峰担任公司非独立董事；<br>因工作原因，李长旭、张泽星、郝彬、袁亚男、李文峰不再担任公司董事。 |
| 华信信托 | 是 | 1 | 报告期内，股东大会选举刘雯担任第十一届董事会董事，杨家思不再担任董事。 |
| 吉林信托 | 是 | 1 | 报告期内，吉林省人民政府任命郜戈同志为吉林省信托有限责任公司董事长，并免去其吉林省信托有限责任公司总经理职务。 |
| 建信信托 | 是 | 2 | 因年龄原因，程双起于2018年2月不再担任董事；<br>李春信于2018年6月不再担任董事。 |
| 江苏信托 | 是 | 1 | 2018年11月23日，江苏银保监局筹备组核准王长江为公司独立董事，唐进、刘志红为公司董事，裴硕秋为公司职工董事（苏银保监筹[2018]307号）。范健不再担任公司独立董事，余亦民、徐清不再担任公司董事，李起年不再担任公司职工董事。 |
| 交银国际信托 | 是 | 3 | 2018年8月，赵炯因工作变动原因不再担任董事长、总裁职务。<br>2018年9月，公司召开股东会及董事会，选举童学卫为董事长。<br>2018年12月，公司召开股东会，选举李依贫为执行董事，刘红忠、王华为独立董事。赵海慧不再担任本公司董事职务，张纯不再担任本公司独立董事职务。 |
| 金谷信托 | 否 | | |
| 昆仑信托 | 是 | 1 | 原独立董事施天涛、李忠臣变更为寇日明、崔树霖，主要是由于公司董事会换届选举。 |
| 陆家嘴信托 | 是 | 1 | 由于第三届董事会任期届满，2018年4月20日，2018年度股东会第四次会议选举了第四届董事会，任命了新的董事，并在第四届董事会第一次会议上选举了新的董事长，第四届董事会成员如下：董事长黎作强、董事崔斌、奚峰、邓友成，独立董事李颖琦、毕玥、张广鸿。 |
| 平安信托 | 是 | 1 | 报告期内，董事会完成换届，第六届董事会成立，任汇川先生继续担任公司董事长，宋成立先生继续担任公司副董事长；李锐先生、沈建厅先生出任公司董事，项有志先生、张健先生不再担任公司董事。 |
| 厦门国际信托 | 是 | 1 | 2018年3月30日，公司原董事杨清榕变更为李云祥。 |
| 山东信托 | 是 | 4 | 本公司原执行董事、董事长王映黎女士由于任期届满，不再担任本公司执行董事、董事长，同时不再担任人事与提名委员会主席、业务决策委员会主席以及战略与风控委员会主席。<br>万众先生已于2018年7月10日获董事会委任为董事长，其董事长的任职资格已获山东银保监局核准，自2019年1月9日起生效。<br>经董事会委任，万众先生担任人事与提名委员会主席、业务决策委员会主席以及战略与风控委员会主席。万众先生不再担任薪酬委员会委员。金同水先生获委任为薪酬委员会委员。<br>岳增光先生已经本公司于2018年7月10日举行之2018年度第一次临时股东大会选举为本公司执行董事，并经董事会委任，担任信托委员会委员、业务决策委员会委员以及战略与风控委员会委员。岳增光先生执行董事的任职资格已于2018年8月28日获得山东银保监局核准，其在上述委员会的任职已经作实。 |
| 山西信托 | 否 | | |

续表

| 公司简称 | 是否变更 | 变更次数(次) | 董事变更详情列示 |
|---|---|---|---|
| 陕国投 | 否 | | |
| 上海信托 | 是 | 1 | 公司于2018年3月30日以通讯方式召开2018年第一次股东会议,同意增补陆永涛同志为公司第六届董事会董事,并于2018年7月23日经中国银保监会上海监管局核准任职资格。冯金安同志不再担任公司董事职务。 |
| 四川信托 | 否 | | |
| 苏州信托 | 是 | 1 | 根据《关于沈光俊、袁维静同志职务调整的通知》(苏国发[2018]34号),经控股股东苏州国际发展集团有限公司党委研究,经第五届董事会第二次会议审议通过,提名沈光俊同志为苏州信托有限公司董事长人选,袁维静同志不再担任苏州信托有限公司董事长职务。江苏银保监局筹备组下发《关于沈光俊任职资格的批复》(苏银保监筹[2018]188号),核准沈光俊苏州信托有限公司董事长的任职资格。第五届董事会第六次临时会议同意《关于任命沈光俊同志为公司董事长的议案》。 |
| 天津信托 | 是 | 1 | 天津信托有限责任公司2018年股东会第六次临时会议(2018年10月15日通讯表决方式)和第八届董事会第八次会议审议通过了冯伟不再担任天津信托有限责任公司股东董事职务,同意黄建平担任天津信托有限责任公司股东董事职务。截至目前,黄建平的股东董事任职资格正待监管部门核准过程中。 |
| 外贸信托 | 是 | 1 | 2018年12月13日,中国外贸信托2018年第二次股东决定书通过决议:李广存、於乐民不再担任中国外贸信托董事职务。 |
| 万向信托 | 是 | 5 | 冯立民,董事,2018年5月21日换届。<br>葛旋,董事,2018年5月21日换届。<br>王柱,董事,2018年12月6日个人原因。<br>2018年8月31日,经浙江银保监局批复,徐初斌正式任命为董事。<br>2018年8月31日,经浙江银保监局批复,王建正式任命为董事。 |
| 五矿信托 | 是 | 1 | 2018年3月,中国银监会青海监管局核准陈闽玉公司董事任职资格(青银监复[2018]19号)。 |
| 西部信托 | 否 | | |
| 西藏信托 | 是 | 1 | 因工作调整,公司董事朱永良同志辞去公司董事职务。公司股东会补选孙杰同志为公司第五届董事会董事。 |
| 新华信托 | 否 | | |
| 新时代信托 | 是 | 1 | 2017年,董事于雷先生、向开润先生申请辞去董事职务,因其离职将导致董事会履职人数低于法定人数要求,因此以上两位董事2018年继续履职。 |
| 兴业信托 | 是 | 3 | 2019年2月2日,公司原董事蓝玉权先生向本公司董事会提交书面辞呈。因公司原股东澳大利亚国民银行已转让其所持有的公司全部股权,根据《中华人民共和国公司法》和《公司章程》规定,蓝玉权先生作为澳大利亚国民银行提名的董事,辞去公司第五届董事会董事及董事会下设专业委员会委员职务。<br>2019年2月24日,公司2019年第二次临时股东会选举产生了公司第六届董事会及成员,林艳女士不再担任公司董事及董事会下设专业委员会委员职务。<br>经福建银保监局以闽银保监复[2019]163号、闽银保监复[2019]164号文件批复,核准林中、吴军兴业国际信托有限公司董事的任职资格。 |
| 英大信托 | 否 | | |
| 粤财信托 | 是 | 2 | 报告期内,公司原董事代表林波先生、王海先生,原独立董事王聪先生因个人原因辞去董事/独立董事职务,不再担任公司董事(独立董事)。公司2018年第三次股东会推荐刘发宏先生担任公司职工董事。刘发宏先生的董事任职资格于2018年12月28日获监管部门核准。 |
| 云南信托 | 是 | 3 | 2018年9月18日经《中国银监会云南监管局关于龙超任职资格的批复》(云银监复[2018]160号)批准,龙超先生正式履行公司独立董事职责。<br>2018年11月15日经《中国银监会云南监管局关于田泽望任职资格的批复》(云银监复[2018]219号)批准,田泽望先生正式履行公司副董事长职责。<br>2019年3月22日经《云南银保监局关于甘煜任职资格的批复》(云银保监复[2019]121号)批准,甘煜先生正式获批公司董事及董事长资格。工商变更登记手续正在办理过程中。 |
| 长安信托 | 否 | | |
| 长城新盛信托 | 是 | 1 | 报告期内,根据股东长城资产提名推荐,经公司第二十七次(临时)股东会会议和第二届第三十六次(临时)董事会会议审议表决通过并上报监管部门核准同意,王文兵任公司董事、董事长。 |
| 浙金信托 | 是 | 1 | 因蓝翔先生辞去公司董事职务,2018年11月30日公司股东大会选举余艳梅女士为公司董事,余艳梅女士的董事任职资格已获中国银监会浙江监管局核准。 |
| 中诚信托 | 是 | 1 | 2018年7月16日,取得《北京银监局关于核准肖祥云中诚信托有限责任公司董事任职资格的批复》(京银监复[2018]338号),核准肖祥云为中诚信托有限责任董事,尹新全先生不再担任公司董事职务。 |
| 中国民生信托 | 否 | | |
| 中海信托 | 是 | 3 | 2018年4月13日,公司年度股东大会审议同意选举刘凯湘担任公司独立董事职务,其任职资格已获原上海银保监局筹备组核准。<br>2018年9月18日,公司第四届董事会第八次会议审议同意选举黄晓峰董事担任公司董事长职务,其任职资格已获原上海银保监局筹备组核准。<br>2018年10月8日,公司股东大会2018年第三次临时会议审议同意免去温冬芬公司董事、董事长职务,选举张德荣担任公司董事职务,其任职资格已获原上海银保监局筹备组核准。 |

续表

| 公司简称 | 是否变更 | 变更次数(次) | 董事变更详情列示 |
|---|---|---|---|
| 中航信托 | 是 | 1 | 2018年4月，经江西银监局核准拟任董事任职资格，第三届董事会正式履职，成员为姚江涛、章建康、张戈、贾鸿鹏、林文坚、康慧珍、朱武祥、胡援成、杨涛，董事会选举姚江涛担任董事长。 |
| 中建投信托 | 是 | 3 | 2018年6月，公司收到浙江银监局下发的浙银监复[2018]184号、浙银监复[2018]185号文件，分别核准张昳董事会秘书、王新宇董事任职资格。<br>2018年8月，公司收到浙江银监局下发的浙银监复[2018]243号文件，核准谭硕董事任职资格。<br>2018年10月，公司收到浙江银保监局筹备组下发的浙银保监筹复[2018]1号文件，核准严宁独立董事任职资格。 |
| 中江信托 | 否 | | |
| 中粮信托 | 是 | 3 | 2018年3月，经监管部门核准，公司增聘柯卡生、陈国钢担任公司独立董事；因股权董事人数调减、退休原因，马建平、秦涛不再担任公司董事。<br>因上级决定并工作安排原因，2018年5月经监管部门核准，公司董事长由邬小蕙更换为孙彦敏。<br>因上级决定并工作安排原因，2018年9月经监管部门核准，公司董事由邬小蕙、马王军更换为吴浩军、陈德彪。 |
| 中融信托 | 否 | | |
| 中泰信托 | 是 | 1 | 报告期内，董事周雄先生因工作调整原因向董事会提出辞职。经公司董事会、股东会审议通过，周雄先生不再担任公司董事。 |
| 中铁信托 | 是 | 6 | 2018年1月，公司股东会2018年第一次会议审议通过了《关于选举第五届董事会董事、独立董事的议案》，选举马永红、景开强、何文、蒲良海、董晖为第五届董事会董事；选举周国华、陈永生、龙宗智为第五届董事会独立董事。2018年8月，新任董事蒲良海任职资格获得原中国银监会四川监管局核准。<br>根据相关规定，公司于2018年1月召开一届五次职代会联席会议2018年第一次(扩大)会议，选举邹纯余为第五届董事会职工董事，其任职资格于2018年8月获得原中国原银监会四川监管局核准。<br>经公司第五届董事会第三次会议审议通过，同意董晖不再担任本公司董事。<br>经公司第五届董事会第十一次会议审议通过，同意景开强不再担任公司董事、退休；蒲良海不再担任本公司董事。<br>经公司股东会2018年第二次会议选举，原中国银监会四川监管局核准冯晓群中铁信托有限责任公司董事的任职资格，冯晓群正式履行公司董事职责。<br>经公司股东会2018年第三次(临时)会议选举，中国银保监会四川监管局核准陈赤中铁信托有限责任公司董事的任职资格，陈赤正式履行公司董事职责。 |
| 中信信托 | 是 | 3 | 2018年7月，董事会选举薄伟康为公司副董事长；报告期末，任职资格尚在北京银保监局核准中。<br>2018年4月，张翔燕因工作变动不再担任公司副董事长、董事职务。<br>2018年12月，任霞因工作变动不再担任公司董事职务。 |
| 中原信托 | 是 | 2 | 因董事长黄曰珉同志达到退休年龄，经股东会2018年第六次会议和董事会五届二十次会议审议通过黄曰珉同志辞去董事、董事长、董事会风险管理委员会主任委员等职务，由崔泽军董事在董事长缺位期间代为履行董事长职责。<br>经股东方河南投资集团有限公司推荐和公司股东会2018年第六次会议选举，闫万鹏同志当选公司第五届董事会董事。 |
| 重庆信托 | 是 | 3 | 报告期内，公司股东大会选举翁振杰先生、刘仁军先生、时平生先生、刘勤勤先生、王荣武先生、窦仁政先生、谢维宪先生、刘青先生、刘蓉女士为公司第二届董事会股东代表董事；选举史锦杰先生、王友伟先生、王淑慧女士、雷世文先生为公司第二届董事会独立董事。王晓岩先生、赵立军先生、战涛先生不再担任公司董事。刘仁军先生、刘青先生、刘蓉女士的任职资格尚待监管部门核准。 |
| 紫金信托 | 是 | 2 | 2018年1月15日，公司2018年度股东会第一次临时会议审议通过《关于第三届董事会换届选举的议案》，选举陈峥女士、山胁徹哉先生、刘燕松先生、王瑞女士、赵磊先生为公司第三届董事会董事，选举夏亮先生为公司第三届董事会独立董事。2018年10月26日，公司2018年度股东会第四次临时会议审议通过《关于选举公司独立董事的议案》，选举陈景善女士为公司独立董事。公司第三届董事会由以上7名当选董事组成。陈景善女士的任职资格尚须获得中国银保监会或其派出机构的核准。<br>2018年1月15日，公司第三届董事会第一次会议，通过《关于选举第三届董事会董事长的议案》，选举陈峥女士担任公司第三届董事会董事长，选举山胁徹哉先生担任公司第三届董事会副董事长。<br>2018年3月28日，中国银保监会江苏监管局核准刘燕松先生紫金信托有限责任公司董事、总裁任职资格(苏银监复[2018]71号文)。 |

**2. 董事构成分析**

68家信托公司2018年末董事会人员合计580人，其中男性占比为84.89%，是女性人数的6.58倍。

**表7-1-3　68家信托公司2018年末董事会人员性别构成分析**

| 公司简称 | 董事会成员人数(人) | 其中男性人数(人) | 男性人数比例(%) | 其中女性人数(人) | 女性人数比例(%) |
|---|---|---|---|---|---|
| 爱建信托 | 9 | 9 | 100.00 | | 0.00 |
| 安信信托 | 6 | 5 | 83.33 | 1 | 16.67 |
| 百瑞信托 | 11 | 11 | 100.00 | 0 | 0.00 |
| 北方信托 | 11 | 7 | 63.64 | 4 | 36.36 |
| 北京信托 | 13 | 未披露 | | 未披露 | |

续表

| 公司简称 | 董事会成员人数(人) | 其中男性人数(人) | 男性人数比例(%) | 其中女性人数(人) | 女性人数比例(%) |
|---|---|---|---|---|---|
| 渤海信托 | 7 | 7 | 100.00 | — | — |
| 大业信托 | 9 | 9 | 100.00 | — | — |
| 东莞信托 | 6 | 5 | 83.33 | 1 | 16.67 |
| 光大兴陇信托 | 5 | 4 | 80.00 | 1 | 20.00 |
| 国联信托 | 9 | 9 | 100.00 | — | — |
| 国民信托 | 8 | 7 | 87.50 | 1 | 12.50 |
| 国通信托 | 7 | 7 | 100.00 | — | — |
| 国投泰康信托 | 8 | 7 | 87.50 | 1 | 12.50 |
| 国元信托 | 9 | 7 | 77.78 | 2 | 22.22 |
| 杭州工商信托 | 9 | 8 | 88.89 | 1 | 11.11 |
| 湖南信托 | 7 | 5 | 71.43 | 2 | 28.57 |
| 华澳信托 | 5 | 4 | 80.00 | 1 | 20.00 |
| 华宝信托 | 7 | 7 | 100.00 | — | — |
| 华宸信托 | 6 | 6 | 100.00 | — | — |
| 华能信托 | 9 | 4 | 44.44 | 5 | 55.56 |
| 华融信托 | 12 | 10 | 83.33 | 2 | 16.67 |
| 华润信托 | 9 | 7 | 77.78 | 2 | 22.22 |
| 华鑫信托 | 6 | 3 | 50.00 | 3 | 50.00 |
| 华信信托 | 12 | 11 | 91.67 | 1 | 8.33 |
| 吉林信托 | 3 | 3 | 100.00 | — | — |
| 建信信托 | 5 | 5 | 100.00 | — | — |
| 江苏信托 | 9 | 8 | 88.89 | 1 | 11.11 |
| 交银国际信托 | 9 | 8 | 88.89 | 1 | 11.11 |
| 金谷信托 | 9 | 9 | 100.00 | — | — |
| 昆仑信托 | 9 | 8 | 88.89 | 1 | 11.11 |
| 陆家嘴信托 | 7 | 5 | 71.43 | 2 | 28.57 |
| 平安信托 | 11 | 11 | 100.00 | — | — |
| 厦门国际信托 | 9 | 7 | 77.78 | 2 | 22.22 |
| 山东信托 | 7 | 6 | 85.71 | 1 | 14.29 |
| 山西信托 | 6 | 6 | 100.00 | — | — |
| 陕国投 | 7 | 6 | 85.71 | 1 | 14.29 |
| 上海信托 | 9 | 8 | 88.89 | 1 | 11.11 |
| 四川信托 | 7 | 5 | 71.43 | 2 | 28.57 |
| 苏州信托 | 8 | 7 | 87.50 | 1 | 12.50 |
| 天津信托 | 12 | 8 | 66.67 | 4 | 33.33 |
| 外贸信托 | 7 | 6 | 85.71 | 1 | 14.29 |
| 万向信托 | 12 | 12 | 100.00 | — | — |
| 五矿信托 | 9 | 7 | 77.78 | 2 | 22.22 |
| 西部信托 | 10 | 8 | 80.00 | 2 | 20.00 |
| 西藏信托 | 11 | 11 | 100.00 | — | — |
| 新华信托 | 9 | 7 | 77.78 | 2 | 22.22 |
| 新时代信托 | 9 | 8 | 88.89 | 1 | 11.11 |
| 兴业信托 | 9 | 9 | 100.00 | — | — |
| 英大信托 | 9 | 8 | 88.89 | 1 | 11.11 |
| 粤财信托 | 4 | 3 | 75.00 | 1 | 25.00 |
| 云南信托 | 10 | 9 | 90.00 | 1 | 10.00 |
| 长安信托 | 11 | 11 | 100.00 | — | — |
| 长城新盛信托 | 9 | 8 | 88.89 | 1 | 11.11 |
| 浙金信托 | 10 | 9 | 90.00 | 1 | 10.00 |
| 中诚信托 | 13 | 12 | 92.31 | 1 | 7.69 |
| 中国民生信托 | 12 | 11 | 91.67 | 1 | 8.33 |
| 中海信托 | 8 | 6 | 75.00 | 2 | 25.00 |

续表

| 公司简称 | 董事会成员人数（人） | 其中男性人数（人） | 男性人数比例（%） | 其中女性人数（人） | 女性人数比例（%） |
|---|---|---|---|---|---|
| 中航信托 | 9 | 8 | 88.89 | 1 | 11.11 |
| 中建投信托 | 9 | 6 | 66.67 | 3 | 33.33 |
| 中江信托 | 9 | 9 | 100.00 | — | — |
| 中粮信托 | 9 | 8 | 88.89 | 1 | 11.11 |
| 中融信托 | 7 | 6 | 85.71 | 1 | 14.29 |
| 中泰信托 | 9 | 8 | 88.89 | 1 | 11.11 |
| 中铁信托 | 8 | 7 | 87.50 | 1 | 12.50 |
| 中信信托 | 8 | 6 | 75.00 | 2 | 25.00 |
| 中原信托 | 7 | 6 | 85.71 | 1 | 14.29 |
| 重庆信托 | 10 | 9 | 90.00 | 1 | 10.00 |
| 紫金信托 | 6 | 4 | 66.67 | 2 | 33.33 |
| 合计 | 580 | 491 | 84.66 | 76 | 13.10 |
| 平均 | 8.53 | | | | |

注：北京信托披露的董事会成员信息中未包含性别情况。

68 家信托公司 2018 年末董事会成员年龄在 40 岁以上的有 564 人，占全部总人数的 95.87%，没有 20 岁以下的董事成员。

**表 7－1－4　披露的信托公司 2018 年末董事会人员年龄构成分析**

| 公司简称 | 董事会成员人数（人） | 其中 30～39 岁人数（人） | 30～39 岁人数比例（%） | 其中 40 岁以上人数（人） | 40 岁以上人数比例（%） | 董事的平均年龄（岁） |
|---|---|---|---|---|---|---|
| 爱建信托 | 9 | — | — | 9 | 100.00 | 53.44 |
| 安信信托 | 6 | 1 | 16.67 | 5 | 83.33 | 55.17 |
| 百瑞信托 | 11 | — | — | 11 | 100.00 | 61.36 |
| 北方信托 | 11 | — | — | 11 | 100.00 | 55.55 |
| 北京信托 | 13 | — | — | 13 | 100.00 | 53.62 |
| 渤海信托 | 7 | 1 | 14.29 | 6 | 85.71 | 48.29 |
| 大业信托 | 9 | — | — | 9 | 100.00 | 56.22 |
| 东莞信托 | 6 | — | — | 6 | 100.00 | 57.17 |
| 光大兴陇信托 | 6 | — | — | 6 | 100.00 | 53.67 |
| 国联信托 | 9 | — | — | 9 | 100.00 | 49.44 |
| 国民信托 | 8 | 1 | 12.50 | 7 | 87.50 | 52.75 |
| 国通信托 | 7 | — | — | 7 | 100.00 | 50.86 |
| 国投泰康信托 | 8 | 1 | 12.50 | 7 | 87.50 | 49.38 |
| 国元信托 | 9 | 1 | 11.11 | 8 | 88.89 | 51.56 |
| 杭州工商信托 | 9 | — | — | 9 | 100.00 | 53.44 |
| 湖南信托 | 7 | — | — | 7 | 100.00 | 51.86 |
| 华澳信托 | 5 | — | — | 5 | 100.00 | 55.40 |
| 华宝信托 | 7 | — | — | 7 | 100.00 | 46.86 |
| 华宸信托 | 6 | — | — | 6 | 100.00 | 54.67 |
| 华能信托 | 9 | 2 | 22.22 | 7 | 77.78 | 50.89 |
| 华融信托 | 12 | 1 | 8.33 | 11 | 91.67 | 52.92 |
| 华润信托 | 9 | — | — | 9 | 100.00 | 52.78 |
| 华鑫信托 | 6 | — | — | 6 | 100.00 | 48.67 |
| 华信信托 | 12 | 1 | 8.33 | 11 | 91.67 | 53.08 |
| 吉林信托 | 3 | — | — | 3 | 100.00 | 48.00 |
| 建信信托 | 5 | — | — | 5 | 100.00 | 58.00 |
| 江苏信托 | 9 | — | — | 9 | 100.00 | 50.67 |
| 交银国际信托 | 9 | — | — | 9 | 100.00 | 52.89 |
| 金谷信托 | 9 | — | — | 9 | 100.00 | 53.67 |
| 昆仑信托 | 9 | — | — | 9 | 100.00 | 52.11 |
| 陆家嘴信托 | 7 | 1 | 14.29 | 6 | 85.71 | 46.00 |

续表

| 公司简称 | 董事会成员人数(人) | 其中30~39岁人数(人) | 30~39岁人数比例(%) | 其中40岁以上人数(人) | 40岁以上人数比例(%) | 董事的平均年龄(岁) |
|---|---|---|---|---|---|---|
| 平安信托 | 11 | — | — | 11 | 100.00 | 53.82 |
| 厦门国际信托 | 9 | — | — | 9 | 100.00 | 52.67 |
| 山东信托 | 7 | — | — | 7 | 100.00 | 49.43 |
| 山西信托 | 6 | 1 | 16.67 | 5 | 83.33 | 44.50 |
| 陕国投 | 7 | — | — | 7 | 100.00 | 56.57 |
| 上海信托 | 9 | — | — | 9 | 100.00 | 53.56 |
| 四川信托 | 7 | 1 | 14.29 | 6 | 85.71 | 54.14 |
| 苏州信托 | 8 | — | — | 8 | 100.00 | 49.38 |
| 天津信托 | 12 | — | — | 12 | 100.00 | 47.75 |
| 外贸信托 | 7 | — | — | 7 | 100.00 | 54.00 |
| 万向信托 | 12 | 2 | 16.67 | 10 | 83.33 | 52.67 |
| 五矿信托 | 9 | — | — | 9 | 100.00 | 49.44 |
| 西部信托 | 10 | — | — | 10 | 100.00 | 47.40 |
| 西藏信托 | 11 | — | — | 11 | 100.00 | 49.09 |
| 新华信托 | 9 | — | — | 9 | 100.00 | 51.11 |
| 新时代信托 | 9 | — | — | 9 | 100.00 | 45.89 |
| 兴业信托 | 9 | — | — | 9 | 100.00 | 53.78 |
| 英大信托 | 9 | — | — | 9 | 100.00 | 54.33 |
| 粤财信托 | 4 | 1 | 25.00 | 3 | 75.00 | 47.25 |
| 云南信托 | 10 | 1 | 10.00 | 9 | 90.00 | 48.20 |
| 长安信托 | 11 | 1 | 9.09 | 10 | 90.91 | 47.91 |
| 长城新盛信托 | 9 | — | — | 9 | 100.00 | 51.00 |
| 浙金信托 | 10 | — | — | 10 | 100.00 | 49.00 |
| 中诚信托 | 13 | — | — | 13 | 100.00 | 53.69 |
| 中国民生信托 | 12 | — | — | 12 | 100.00 | 56.17 |
| 中海信托 | 8 | — | — | 8 | 100.00 | 55.38 |
| 中航信托 | 9 | 2 | 22.22 | 7 | 77.78 | 49.67 |
| 中建投信托 | 9 | 2 | 22.22 | 7 | 77.78 | 50.78 |
| 中江信托 | 9 | — | — | 9 | 100.00 | 59.33 |
| 中粮信托 | 9 | — | — | 9 | 100.00 | 54.78 |
| 中融信托 | 7 | — | — | 7 | 100.00 | 47.43 |
| 中泰信托 | 9 | 1 | 11.11 | 8 | 88.89 | 51.33 |
| 中铁信托 | 8 | — | — | 8 | 100.00 | 53.63 |
| 中信信托 | 8 | — | — | 8 | 100.00 | 51.38 |
| 中原信托 | 7 | — | — | 7 | 100.00 | 52.29 |
| 重庆信托 | 10 | — | — | 10 | 100.00 | 58.30 |
| 紫金信托 | 6 | 2 | 33.33 | 4 | 66.67 | 46.00 |
| 合计 | 589 | 25 | 4.24 | 564 | 95.76 | |

### 3. 董事会下设机构情况分析

经统计,68家信托公司中有64家完整地设置了审计委员会、风险管理委员会和人事薪酬委员会(见表7-1-5)。

**表7-1-5 信托公司2018年末董事会下设机构情况分析**

| 公司简称 | 董事会下是否设置了审计委员会 | 董事会下是否设置了风险管理委员会 | 董事会下是否设置了人事薪酬委员会 |
|---|---|---|---|
| 爱建信托 | 是 | 是 | 是 |
| 安信信托 | 是 | 是 | 是 |
| 百瑞信托 | 是 | 是 | 是 |
| 北方信托 | 是 | 是 | 是 |
| 北京信托 | 是 | 是 | 是 |
| 渤海信托 | 是 | 是 | 是 |

续表

| 公司简称 | 董事会下是否设置了审计委员会 | 董事会下是否设置了风险管理委员会 | 董事会下是否设置了人事薪酬委员会 |
| --- | --- | --- | --- |
| 大业信托 | 是 | 是 | 是 |
| 东莞信托 | 是 | 是 | 是 |
| 光大兴陇信托 | 是 | 是 | 是 |
| 国联信托 | 是 | 是 | 是 |
| 国民信托 | 是 | 是 | 是 |
| 国通信托 | 是 | 是 | 是 |
| 国投泰康信托 | 是 | 是 | 是 |
| 国元信托 | 是 | 是 | 是 |
| 杭州工商信托 | 是 | 是 | 是 |
| 湖南信托 | 是 | 是 | 是 |
| 华澳信托 | 是 | 是 | 是 |
| 华宝信托 | 是 | 是 | 是 |
| 华宸信托 | 是 | 是 | 是 |
| 华能信托 | 是 | 是 | 是 |
| 华融信托 | 是 | 是 | 是 |
| 华润信托 | 是 | 是 | 是 |
| 华鑫信托 | 是 | 是 | 是 |
| 华信信托 | 是 | 是 | 是 |
| 吉林信托 | 是 | 是 | 是 |
| 建信信托 | 是 | 是 | 是 |
| 江苏信托 | 是 | 是 | 是 |
| 交银国际信托 | 是 | 是 | 否 |
| 金谷信托 | 是 | 是 | 是 |
| 昆仑信托 | 是 | 是 | 是 |
| 陆家嘴信托 | 是 | 是 | 是 |
| 平安信托 | 是 | 是 | 是 |
| 厦门国际信托 | 是 | 否 | 是 |
| 山东信托 | 是 | 是 | 是 |
| 山西信托 | 是 | 是 | 是 |
| 陕国投 | 是 | 是 | 是 |
| 上海信托 | 是 | 是 | 是 |
| 四川信托 | 是 | 是 | 是 |
| 苏州信托 | 是 | 是 | 是 |
| 天津信托 | 是 | 是 | 是 |
| 外贸信托 | 是 | 是 | 是 |
| 万向信托 | 是 | 是 | 否 |
| 五矿信托 | 是 | 是 | 是 |
| 西部信托 | 是 | 是 | 是 |
| 西藏信托 | 是 | 是 | 是 |
| 新华信托 | 是 | 是 | 是 |
| 新时代信托 | 是 | 是 | 是 |
| 兴业信托 | 是 | 是 | 是 |
| 英大信托 | 是 | 是 | 是 |
| 粤财信托 | 是 | 是 | 否 |
| 云南信托 | 是 | 是 | 是 |
| 长安信托 | 是 | 是 | 是 |
| 长城新盛信托 | 是 | 是 | 是 |
| 浙金信托 | 是 | 是 | 是 |
| 中诚信托 | 是 | 是 | 是 |
| 中国民生信托 | 是 | 是 | 是 |

续表

| 公司简称 | 董事会下是否设置了审计委员会 | 董事会下是否设置了风险管理委员会 | 董事会下是否设置了人事薪酬委员会 |
|---|---|---|---|
| 中海信托 | 是 | 是 | 是 |
| 中航信托 | 是 | 是 | 是 |
| 中建投信托 | 是 | 是 | 是 |
| 中江信托 | 是 | 是 | 是 |
| 中粮信托 | 是 | 是 | 是 |
| 中融信托 | 是 | 是 | 是 |
| 中泰信托 | 是 | 是 | 是 |
| 中铁信托 | 是 | 是 | 是 |
| 中信信托 | 是 | 是 | 是 |
| 中原信托 | 是 | 是 | 是 |
| 重庆信托 | 是 | 是 | 是 |
| 紫金信托 | 是 | 是 | 是 |

按照监管部门的信息披露要求，信托公司应当披露董事会下设机构的年度会议情况。经统计，在68家信托公司中，有23家未作任何披露（见表7－1－6）。

**表7－1－6 披露的68家信托公司2018年董事会下设委员会开会情况**

| 公司简称 | 年度董事会下设审计委员会会议次数 | 年度董事会下设风险管理委员会会议次数 | 年度董事会下设人事薪酬委员会会议次数 |
|---|---|---|---|
| 爱建信托 | 1 | 2 | 1 |
| 安信信托 | 未披露 | 未披露 | 未披露 |
| 百瑞信托 | 未披露 | 未披露 | 未披露 |
| 北方信托 | 7 | 7 | 4 |
| 北京信托 | 共9次 | — | — |
| 渤海信托 | 2 | 2 | 5 |
| 大业信托 | 4 | 1 | 1 |
| 东莞信托 | 3 | 2 | 3 |
| 光大兴陇信托 | 3 | 1 | 2 |
| 国联信托 | 3 | 3 | 2 |
| 国民信托 | 共15次 | — | — |
| 国通信托 | 2 | 2 | 1 |
| 国投泰康信托 | 1 | 1 | 1 |
| 国元信托 | 5 | 5 | 5 |
| 杭州工商信托 | 3 | 3 | 3 |
| 湖南信托 | 2 | 2 | 1 |
| 华澳信托 | 未披露 | 未披露 | 未披露 |
| 华宝信托 | 5 | 5 | 2 |
| 华宸信托 | 未披露 | 未披露 | 未披露 |
| 华能信托 | 1 | 1 | 1 |
| 华融信托 | 未披露 | 未披露 | 未披露 |
| 华润信托 | 未披露 | 未披露 | 未披露 |
| 华鑫信托 | 未披露 | 未披露 | 未披露 |
| 华信信托 | 4 | 6 | 3 |
| 吉林信托 | 未披露 | 未披露 | 未披露 |
| 建信信托 | 4 | 4 | 0 |
| 江苏信托 | 未披露 | 未披露 | 未披露 |
| 交银国际信托 | 未披露 | 未披露 | 未披露 |
| 金谷信托 | 4 | 4 | 1 |

续表

| 公司简称 | 年度董事会下设审计委员会会议次数 | 年度董事会下设风险管理委员会会议次数 | 年度董事会下设人事薪酬委员会会议次数 |
|---|---|---|---|
| 昆仑信托 | 2 | 2 | 3 |
| 陆家嘴信托 | 2 | 4 | 2 |
| 平安信托 | 2 | 3 | 3 |
| 厦门国际信托 | 未披露 | 未披露 | 未披露 |
| 山东信托 | 4 | 1 | 3 |
| 山西信托 | 1 | 1 | 2 |
| 陕国投 | 8 | 8 | 4 |
| 上海信托 | 2 | 4 | 2 |
| 四川信托 | 未披露 | 未披露 | 未披露 |
| 苏州信托 | 3 | 4 | 2 |
| 天津信托 | 2 | 2 | 1 |
| 外贸信托 | 8 | 9 | 2 |
| 万向信托 | 2 | 2 | |
| 五矿信托 | 未披露 | 未披露 | 未披露 |
| 西部信托 | 2 | 2 | 4 |
| 西藏信托 | 5 | 3 | 3 |
| 新华信托 | 3 | 2 | 2 |
| 新时代信托 | 未披露 | 未披露 | 未披露 |
| 兴业信托 | 3 | 3 | 2 |
| 英大信托 | 未披露 | 未披露 | 未披露 |
| 粤财信托 | 1 | 5 | 3 |
| 云南信托 | 9 | 13 | 3 |
| 长安信托 | 5 | 4 | 9 |
| 长城新盛信托 | 未披露 | 未披露 | 未披露 |
| 浙金信托 | 未披露 | 未披露 | 未披露 |
| 中诚信托 | 1 | 2 | 1 |
| 中国民生信托 | 1 | 1 | 2 |
| 中海信托 | 11 | 11 | 6 |
| 中航信托 | 未披露 | 未披露 | 未披露 |
| 中建投信托 | 5 | 5 | 4 |
| 中江信托 | 未披露 | 未披露 | 未披露 |
| 中粮信托 | 未披露 | 未披露 | 未披露 |
| 中融信托 | 未披露 | 未披露 | 未披露 |
| 中泰信托 | 0 | 0 | 3 |
| 中铁信托 | 1 | 1 | 3 |
| 中信信托 | 未披露 | 未披露 | 未披露 |
| 中原信托 | 2 | — | — |
| 重庆信托 | 未披露 | 未披露 | 未披露 |
| 紫金信托 | 4 | 4 | 5 |

经统计，68 家信托公司都在董事会下设了审计委员会，其中 60 家信托公司对董事会下设审计委员会的委员人数作了披露，63 家信托公司对审计委员会的职能作了披露。通过对 60 家已经披露的审计委员会委员人数情况分析，审计委员会的平均设置人数为 3. 40 人。董事会下设审计委员会情况分析详见表 7 –1 –7。

表7－1－7　信托公司2018年末董事会下设审计委员会情况分析

| 公司简称 | 是否设置 | 审计委员会人数（人） | 审计委员会职能 |
| --- | --- | --- | --- |
| 爱建信托 | 是 | 3 | 确定公司合规管理的总体目标；审议公司合规管理组织机构设置及其职责；向董事会提交公司合规管理年度报告；对公司信托业务和自营业务的合规管理情况进行监督；审议公司自有财产和信托财产合规状况的评估报告；提出完善公司合规管理的建议；对公司信息披露的真实性、准确性、完整性和合规性等进行监督；提出案防工作整体要求、审议批准案防工作总体政策和审议案防工作报告，推动案防管理体系建设、考核评估本机构案防工作有效性，监督案防工作的内审稽核；明确高级管理层有关案防职责及权限，确保高级管理层采取必要措施有效监测、预警和处置案件风险；对公司关联交易业务风险进行评估，对重大关联交易事项进行审查并提交董事会审议；审查公司年度关联交易报告，并提交董事会审议；监督公司内部审计制度及其实施；提议聘请或更换外部审计机构等。 |
| 安信信托 | 是 | 未披露 | 未披露 |
| 百瑞信托 | 是 | 4 | 审议公司一般关联交易业务与重大关联交易业务的开展；审查公司年度报告；聘请或解聘年度财务报表外部审计机构；审议公司内部控制的健全性和有效性报告；审议公司内部审计报告及年度审计报告；检查会计政策、财务报告程序和财务状况；监督公司内部审计和外部审计中发现的问题及整改情况；审议审计、关联交易管理相关制度、政策；其他应当审议的事项。 |
| 北方信托 | 是 | 5 | 代表董事会对公司运作和经营活动中的风险进行监督、控制和管理，对公司经营活动行使审计评价和监督职能，是公司经营风险的防范与控制机构，也是对公司内部、外部审计和内控活动进行监督、核查的机构。 |
| 北京信托 | 是 | 3 | 1. 提议聘请或更换外部审计机构；<br>2. 监督公司的内部审计制度及其实施；<br>3. 负责内部审计与外部审计之间的沟通；<br>4. 审核公司的财务信息及其披露；<br>5. 审查公司内控制度，对重大关联交易进行审计。 |
| 渤海信托 | 是 | 3 | 主要负责检查公司风险及合规状况、会计政策、财务报告程序和财务状况；负责公司年度审计工作，提出外部审计机构的聘请与更换建议，并就审计后的财务报告信息真实性、准确性、完整性和及时性作出判断性报告，提交董事会审议；监督高级管理层关于信用风险、流动性风险、市场风险、操作风险、合规风险和声誉风险等风险的控制情况，对公司风险政策、管理状况及风险承受能力进行定期评估，提出完善公司风险管理和内部控制的意见。 |
| 大业信托 | 是 | 3 | 主要对公司的内部审计制度进行评价，对内部审计工作进行核查。 |
| 东莞信托 | 是 | 3 | 主要负责董事会要求的审计事项，监督公司的内部审计制度及其实施，审查公司内控制度。 |
| 光大兴陇信托 | 是 | 3 | 负责检查、监督公司内部控制及实施，并提出完善内部控制的意见；负责检查监督公司内部审计工作、内部审计制度及实施；负责对公司重大关联交易进行审计等。 |
| 国联信托 | 是 | 3 | 审查和监督公司风险管理政策、制度，并对其执行情况进行评价。 |
| 国民信托 | 是 | 3 | 负责公司重大的会计和审计事项；协助董事会对财务报告提供独立审阅及监察意见，并监察外聘审计师是否独立客观及审计程序是否有效；监察公司业绩表现，包括财务报表，账目及正式公告的完整性、准确性等董事会授予的职责。 |
| 国通信托 | 是 | 3 | 向董事会提交公司全面风险管理年度报告；确定公司风险管理的总体目标、风险偏好、风险承受度、风险管理策略和重大风险管理解决方案；对公司信托业务和固有业务的风险控制及管理情况进行监督；对公司固有财产和信托财产的风险状况进行定期评估；对公司关联交易业务风险进行评估，对重大关联交易事项进行审查并提交董事会审议；组织制定和修改公司风险控制制度，提出完善公司风险管理和内部控制的建议；审议公司风险管理组织机构设置及其职责；为董事会督导公司风险管理文化建设提供建议；对公司信息披露的真实性、准确性、完整性和合规性等进行监督；监督公司内部审计制度及其实施；负责内部审计与外部审计之间的沟通；审核公司的财务信息及其披露；检查公司内部控制制度的制定、完善和执行；提议聘请或更换外部审计机构；董事会授予的其他职责。 |
| 国投泰康信托 | 是 | 2 | 1. 审议公司内部审计报告；<br>2. 审议公司年度风险管理报告；<br>3. 审议公司年度案件防控报告和反洗钱报告；<br>4. 委托外部审计机构，公司内部、外部审计的沟通、监督和核查工作；<br>5. 对公司内控机制和风险管理方面存在的问题进行评价、分析；<br>6. 有权向董事会提交内部控制、审计、风险管理方面的议案；<br>7. 推进公司法治建设，提出指导意见和建议；<br>8. 董事会授予的其他职责。 |
| 国元信托 | 是 | 3 | 负责检查公司风险及合规状况、会计政策、财务报告程序和财务状况；负责公司年度审计工作，提出外部审计机构的聘请与更换建议，并就审计后的财务报告信息真实性、准确性、完整性和及时性作出判断性报告，提交董事会审议。<br>负责监督高管层关于信用风险、流动性风险、市场风险、操作风险、合规风险和声誉风险等风险的控制情况，对公司风险政策、管理状况及风险承受能力进行定期评估，提出完善公司风险管理和内部控制的意见。<br>负责关联交易的管理、审查和批准，控制关联交易风险。 |
| 杭州工商信托 | 是 | 3 | 提议聘用或更换会计师事务所；监督公司的内部审计制度的建立及其实施；负责内部审计及外部审计之间的沟通，了解定期报告的编制和相关重大调整情况，并向董事会报告；审阅总裁提交的公司年度财务报告、审计报告等，并向董事会提出建议；审阅公司的财务信息及其披露；审查公司的内控制度；审阅内审部门提交的内审报告；对总裁编制的预算提出建议；董事会授权的其他事宜。 |

续表

| 公司简称 | 是否设置 | 审计委员会人数(人) | 审计委员会职能 |
| --- | --- | --- | --- |
| 湖南信托 | 是 | 3 | 负责拟定公司风险控制管理战略、风险管理政策和内部控制流程，并对其实施情况进行监督和评价；监督公司内部审计制度及其实施，审核公司财务情况，提议聘用、更换或解聘公司审计机构等。 |
| 华澳信托 | 是 | 3 | 1. 根据国家金融政策、市场情况和公司发展方向，制定重点业务管理及经营风险的防范与控制措施；<br>2. 负责督促公司依法履行董事会赋予的职责，对公司执行经董事会批准的年度经营计划的过程及结果进行监督和审计；<br>3. 对公司合规、合法运营进行审计和监督；<br>4. 对会计报表、会计账目及相关材料进行审计，审查财务收支的真实性、合法性、效益性；<br>5. 审议董事会要求的其他事项；<br>6. 评估审计报告中所提出的相关问题以及行动建议；<br>7. 审批审计工作计划；<br>8. 评估审计团队的工作表现；<br>9. 参与评估审计稽核部的工作绩效；<br>10. 审核公司的重大关联交易；<br>11. 对公司关联交易情况进行监督检查；<br>12. 审议执行委员会请求的其他事项。 |
| 华宝信托 | 是 | 3 | 董事会风险管理和审计委员会是董事会设立的专门工作机构，主要负责公司合规和风险管理、监督和评估；公司内外部审计的沟通、监督和核查工作。 |
| 华宸信托 | 是 | 2 | 提议聘请或更换外部审计机构；监督公司的制度建设及其执行情况；负责内部审计与外部审计之间的沟通；审核公司的财务信息及其披露；审查公司内控制度，对重大关联交易进行审查；董事会授权的其他事项。 |
| 华能信托 | 是 | 3 | 拟定公司风险管理政策和重大风险管理解决方案；审议公司风险管理组织机构设置及其职责；定期审查公司风险管理、合规管理、内部审计工作报告，就完善内部控制向董事会提出建议；董事会授予的其他职责。 |
| 华融信托 | 是 | 3 | 监督董事会决议的执行情况；检查公司内部控制制度执行和风险管理制度落实情况；提议聘请或更换外部审计机构；检查公司内部审计工作，监督公司内部审计制度完善及其实施，对内部审计部门的工作程序和工作效果进行评价；督促公司确保内部审计部门有效履职，并协调内部审计与外部审计之间的沟通，与外部审计讨论由审计师提交审计委员会注意的影响单位效益的年度报表或其他事项；审核公司的财务信息及其披露；在公司重大财务问题的处理上提出独立的意见；在报请董事长批准后，审计委员会可直接组织实施专门、专项审计；对审计负责人任职进行初审；向董事会汇报其决定、建议；公司董事会授权的其他事宜。 |
| 华润信托 | 是 | 未披露 | 负责检查公司财务报告；监督公司内部审计制度及其实施，批准授权范围内的关联交易事项；评估公司内控制度健全性及关联交易情况；审核公司财务信息及其披露，检查、监督公司关联交易管理情况；批准公司内部审计部门负责人的任免；提出外部审计机构的聘请与更换建议。 |
| 华鑫信托 | 是 | 3 | 负责内外部审计的沟通、监督和核查工作以及重大关联交易的审核。 |
| 华信信托 | 是 | 3 | 监督管理内部审计工作；对高管人员的经营行为进行检查监督。 |
| 吉林信托 | 是 | 未披露 | 负责批准公司内部审计制度、中长期审计规划和年度工作计划，监督公司的内部审计基本制度及其实施及内部审计与外部审计之间的沟通。 |
| 建信信托 | 是 | 2 | 1. 向董事会提议聘请或更换外部审计机构；<br>2. 监督公司的内部审计制度的制定及其实施；<br>3. 负责内部审计与外部审计之间的沟通；<br>4. 审核公司的各项相关业务信息及其披露；<br>5. 评价公司的内控制度；<br>6. 监督监管机构及其他外部部门对公司提出意见的整改，并向董事会报告；<br>7. 董事会授予的其他职责。 |
| 江苏信托 | 是 | 3 | 审议关于公司财务审计、内部控制的规划、制度、规则、报告等，为董事会决策提供依据和建议；监督公司内部审计制度实施。 |
| 交银国际信托 | 是 | 3 | 提议聘请或更换外部审计机构；审议并报请董事会批准内部审计制度并监督实施情况；审议公司经审计的财务信息披露事项；评价公司内部控制和风险管理制度设计的合理性和运行的有效性，并根据需要对重大关联交易、重大投资进行审计等。 |
| 金谷信托 | 是 | 3 | 负责公司的风险控制、管理、监督和评估以及公司内外部审计的沟通、监督和核查等工作。 |
| 昆仑信托 | 是 | 3 | 检查内部审计监督部门职责要求、目标及有关的审计监督政策；监督公司内部审计质量与财务信息披露；检查公司风险及合规状况；负责公司年度审计工作。 |
| 陆家嘴信托 | 是 | 3 | 监督公司内部审计制度及其实施；负责内部审计与外部审计之间的沟通；审核公司的财务信息及其披露；提议聘请或更换外部审计机构；董事会授予的其他职责。 |
| 平安信托 | 是 | 3 | 提议聘请或更换外部审计机构；审核公司内部审计基本制度；听取并审议外部审计机构报告；监督公司内部审计制度及其实施；监督公司遵守国家法律、法规等合规经营情况等。 |
| 厦门国际信托 | 是 | 3 | 提议聘请和更换外部审计机构；审批公司年度审计工作计划；每季度听取并审议审计部的工作报告；审批公司年度审计工作报告，并报董事会审议；审议批准公司案防工作总体政策，推动案防管理体系建议；明确高级管理层有关案防职责及权限，确保高级管理层采取必要措施有效监测、预警和处置案件风险；提出案防工作整体要求，审议案防工作报告；考核评估公司案防工作有效性；确保内审稽核对案防工作进行有效审查和监督。 |

续表

| 公司简称 | 是否设置 | 审计委员会人数(人) | 审计委员会职能 |
|---|---|---|---|
| 山东信托 | 是 | 3 | 1. 就外聘审计师的委任、重新委任及罢免撤换向董事会提供建议,批准外聘审计师的薪酬及聘用条款,及处理任何有关该审计师辞职或辞退该审计师的问题;<br>2. 按适用的标准检讨及监察外聘审计师是否独立客观及审计程序是否有效;审计委员会应于审计工作开始前先与审计师讨论审计性质及范畴及有关申报责任;<br>3. 就外聘审计师提供非审计服务制定政策,并予以执行。就此规定而言,外聘审计师包括与负责审计的公司处于同一控制权、所有权或管理权之下的任何机构,或一个合理知悉所有有关资料的第三方,在合理情况下会断定该机构属于该负责审计的公司的本土业务或国际业务的一部分的任何机构。审计委员会应就其认为必须采取的行动或改善的事项向董事会报告,并提出建议;<br>4. 监察公司的财务报表及公司年度报告及账目、半年度报告及(若拟刊发)季度报告的完整性、准确性及公正性,并审阅报表及报告所载有关财务申报的重大意见。审计委员会在向董事会提交财务报表及公司年度报告及账目、半年度报告及(若拟刊发)季度报告前对有关报表及报告作出审阅时,应特别针对下列事项:<br>(1)会计政策及实务的任何更改;<br>(2)涉及重要判断的事项;<br>(3)因审计而出现的重大调整;<br>(4)企业持续经营的假设及任何保留意见;<br>(5)是否遵守会计准则;<br>(6)是否遵守有关财务申报的上市规则及其他法律规定。<br>5. 就上述第四项而言:<br>(1)审计委员会委员须与公司的董事会及高级管理人员联络。审计委员会须至少每年与公司的外聘审计师召开两次会议;<br>(2)审计委员会应考虑于该等报告及账目中所反映或需反映的任何重大或不寻常事项,并须适当考虑任何由公司的属下会计及财务汇报职员、监察主任或审计师提出的事项。<br>6. 检讨公司的财务监控,以及(除非有另设的董事会辖下风险控制审计委员会又或董事会本身会明确处理)检讨公司的风险管理及内部监控系统;<br>7. 与管理层讨论风险管理及内部监控系统,确保管理层已履行职责建立及维持有效的系统。讨论内容应包括考虑公司在会计及财务汇报职能方面的资源、员工资历及经验是否足够以及员工所接受的培训课程和有关预算是否充足;<br>8. 主动或应董事会的委派,就有关风险管理及内部监控事宜的重要调查结果及管理层对调查结果的响应进行研究;<br>9. 须确保内部和外聘审计师的工作得到协调;也须确保内部审核功能在公司内部有足够资源运作,并且有适当的地位;以及审查及监察内部审核功能是否有效;<br>10. 检讨集团的财务及会计政策及实务;<br>11. 检查外聘审计师给予管理层的审核情况说明函件、审计师就会计记录、财务账目或监控制度向管理层提出的任何重大疑问及管理层作出的响应;<br>12. 确保董事会及时响应与外聘审计师给予管理层的审核情况说明函件中提出的事宜;<br>13. 就上市规则的附录14中标题为"审核审计委员会"内所载的事宜向董事会汇报;<br>14. 审计委员会应处理以下事项:<br>(1)检讨公司是否设定如下安排:公司雇员可暗中就财务汇报、内部监控或其他方面可能发生的不正当行为提出关注。审计委员会应确保有适当安排,让公司对此等事宜作出公平独立的调查及采取适当行动;<br>(2)审计委员会应制定举报政策及系统,让雇员及其他与公司有往来的人士可暗中向审计委员会提出其对任何可能关于公司的不正当行为的关注;<br>15. 担任公司与外聘审计师之间的主要代表,负责监察二者之间的关系;<br>16. 公司董事会授权的其他事宜。 |
| 山西信托 | 是 | 7 | 审定公司风险管理的原则和政策,推动案防管理体系建设。在授权范围内,对公司重大事项的风险进行评审,检查、指导公司日常风险管理、案防工作;审定公司内部审计计划,监督公司财务运行,提议聘请或更换外部审计机构。 |
| 陕国投 | 是 | 3 | 风险管理与审计委员会的主要职责:1. 向董事会提交公司全面风险管理年度报告;2. 确定公司风险管理的总体目标、风险偏好、风险承受度、风险管理策略和重大风险管理解决方案;3. 为董事会督导公司风险管理文化建设提供建议;4. 审批重大风险管理政策和程序;5. 审议公司风险管理组织机构设置及其职责;6. 提出完善公司风险管理和内部控制的建议;7. 审批公司拟开展的以下活动:(1)设立新机构;(2)从事重大收购和投资;(3)开发新产品、对现有产品进行重大改动、拓展新的业务领域等金融创新;8. 对公司自有财产和信托财产的风险状况进行定期评估;9. 对公司信托业务和自营业务的风险控制及管理情况进行监督;10. 对公司信息披露的真实性、准确性、完整性和合规性等进行监督;审批全面风险和各类重要风险的信息披露;11. 监督公司内部审计制度及其实施;12. 负责内部审计与外部审计之间的沟通;13. 审核公司的财务信息及其披露;14. 提议聘请或更换外部审计机构;15. 审议批准案防工作总体政策,推动案防管理体系建设;明确高级管理层有关案防职责及权限,确保高级管理层采取必要措施有效监测、预警和处置案件风险;提出案防工作整体要求,审议案防工作报告;考核评估本机构案防工作有效性;确保内审稽核对案防工作进行有效审查和监督;16. 风险管理部和监察审计部每季度应制订下一季度履职计划,经董事会办公室报董事长审定;17. 董事会安排的事宜及相关法律法规中涉及的其他事项。 |
| 上海信托 | 是 | 3 | 监督公司的内部审计制度实施;负责内部审计与外部审计之间的沟通;审核公司的财务信息及其披露;对重大关联交易进行审计;提议聘请或更换外部审计机构;董事会授权的其他事宜。 |
| 四川信托 | 是 | 3 | 提议聘请或更换外部审计机构;监督公司的内部审计制度及其实施;负责内部审计与外部审计之间的沟通;审核公司的财务信息及其披露;审查公司内控制度等。 |

续表

| 公司简称 | 是否设置 | 审计委员会人数（人） | 审计委员会职能 |
|---|---|---|---|
| 苏州信托 | 未披露 | | |
| 天津信托 | 是 | 4 | 负责对公司内外部审计和信息披露以及重大关联交易进行监督和审查。 |
| 外贸信托 | 是 | 2 | 提出公司审计监督体系设置建议，包括组织机构、部门职责等；指导制定内部审计制度，审议年度审计计划，审核内部审计报告，监督内部审计质量，跟踪审计整改情况，并向董事会提出建议；指导内部审计部门开展风险及合规状况检查；评价和监督内部控制健全性和执行的有效性，并向董事会提出完善公司内部控制的建议；审核公司的财务报告、会计政策及其变动情况，监督财务信息披露，并向董事会提出建议；提议聘请或更换外部审计机构；指导内部审计部门与社会中介机构、纪检部门和国家审计机关间的沟通；对其他影响公司发展的重大事项进行专项调查，并向董事会报告。 |
| 万向信托 | 是 | 3 | 确定公司风险管理的总体目标、风险偏好、风险承受度、风险管理策略和重大风险管理解决方案；评估公司关联交易业务风险；监督公司信托业务和自营业务的风险控制及管理；监督公司信息披露的真实性、准确性、完整性和合规性；提出完善公司风险管理和内部控制及内部审计实施的建议等。 |
| 五矿信托 | 是 | 3 | 主要负责拟订公司风险管理政策和重大风险管理解决方案，督促公司各项业务的合规、合法运作，以防范和控制业务风险。 |
| 西部信托 | 是 | 3 | 对管理层的经营情况、内控制度的制定和执行情况的监督检查。 |
| 西藏信托 | 是 | 3 | 监督、审核公司内部审计制度及其实施、信息披露、财务信息；负责内部审计与外部审计之间的沟通；提议聘请或更换外部审计机构等。 |
| 新华信托 | 是 | 3 | 提议聘请全国前十大会计师事务所及四大会计师事务所（即普华永道、安永、毕马威和德勤）中的一家对公司年度财务情况进行审计，由董事会报股东大会批准；负责任命公司内审稽核部门负责人；审议公司内部审计的主要制度，报董事会审核批准后组织实施；审议公司内审稽核部门年度工作计划、中长期审计规划，并对其工作进行监督、指导；定期向董事会报告审计工作情况，并抄送监事会和高级管理层；审议公司的内部审计报告，将审议意见报董事会审核批准，并抄送公司高级管理人员、监事会，呈报监管部门；配合监管部门、监事会进行检查活动，组织执行前述部门、组织机构和注册会计师检查审计意见或建议，并对该检查意见或建议不执行或执行不力的部门及人员，向公司提出处理意见；公司董事会授予的其他职权。 |
| 新时代信托 | 未披露 | | |
| 兴业信托 | 是 | 5 | 主要负责公司审计与风险的控制、管理、评估和监督，同时负责本公司内、外部审计的沟通、监督和核查工作以及重大关联交易的审核。 |
| 英大信托 | 是 | 3 | 负责监督公司内、外部审计工作。 |
| 粤财信托 | 是 | 7 | 监督公司的内部审计制度及其实施；审核、批准公司年度审计计划、审计报告；向董事会推荐并聘请外部审计机构对公司进行审计；评估公司内部控制有效性；负责审议批准公司内部审计质量内部评估报告；负责批准聘请内部审计质量外部评估机构；负责内部审计与外部审计之间的沟通；负责公司关联交易的管理，根据授权批准或备案一般关联交易，审查公司重大关联交易，并提交董事会审议批准；定期向董事会汇报工作情况，并提交书面报告；有关法律、法规、公司章程规定及董事会授权的其他职责。 |
| 云南信托 | 是 | 3 | 监督公司的内部审计制度及其实施。 |
| 长安信托 | 是 | 4 | 监督公司重大经营活动的合法、合规性，保证有关法律、法规、监管规章的贯彻执行；提议聘请或更换外部审计机构；审核公司的财务信息及其披露；审核公司的重大关联交易；负责拟定对公司的财务活动进行检查、监督的方案；负责拟定对董事和高级管理层成员进行离任审计的方案；对公司重大事项进行专项审计等。 |
| 长城新盛信托 | 是 | 3 | 1. 经董事会授权，审核内部审计章程等重要制度和报告；<br>2. 选聘公司年度审计所需的会计师事务所，如财政部、银保监会等有关部门有特殊规定的从其规定；<br>3. 审批公司年度内部审计计划，指导、考核和评价内部审计工作；<br>4. 审查公司内控制度，监督、检查公司内部控制制度的建立、健全与执行情况；<br>5. 董事会授权的其他职权。 |
| 浙金信托 | 是 | 3 | 研究国家宏观经济金融政策，分析市场变化，提出有效风险管理建议，研究公司风险控制指标体系；监督公司对国家金融方针、政策、法规及各项规章的执行情况，及时提出整改意见并进行纠正；研究公司风险管理体系，审议有关风险管理报告、合规报告及风险管理计划，了解公司风险管理决策体系的有效性，提出风险管理的组织构架、控制程序、风险处置等决策建议，完善公司风险管理和内部控制；对公司战略规划的实施过程进行监督和评估，对公司高级管理层在业务经营中的风险控制及管理情况进行监督；督促公司高级管理层定期对公司固有财产和信托财产的风险状况进行评估，并采取必要的措施有效识别、监测和控制、缓释风险；审议公司创新产品的风险控制情况；审议公司经营管理中重大风险的预警预控、应急预案；组织对公司重大经营风险事件的风险评估工作，审议高级管理层提交的重大突发事件、重大风险事件的应对处置方案；审议公司案防工作总体方案，推动案防体系建设；明确高级管理层在案防工作中的职责及权限；审议案防工作报告，考核评估公司案防工作有效性；督促高级管理层制定和执行反洗钱政策、制度和程序，并对反洗钱工作进行监督和评价；审议公司高级管理层关于重大反洗钱事项及反洗钱风险整体状况的报告；审议公司内部审计年度工作计划，并提请董事会批准；根据内部审计年度工作计划，对内部审计工作的开展进行监督、指导；董事会授权的其他事宜。 |
| 中诚信托 | 是 | 3 | 1. 对聘请或更换外部审计机构提出建议；<br>2. 审议评价公司的内部审计制度，并对其执行情况进行检查；<br>3. 审议评价公司重要的会计及财务政策并提出意见和建议；<br>4. 审议评价公司的财务报告及其信息披露状况；<br>5. 必要时对公司经营活动提出专项审计建议；<br>6. 审议公司内部重大违反财经纪律的事项，并提出处理建议；<br>7. 公司董事会授权的其他相关事项。 |

续表

| 公司简称 | 是否设置 | 审计委员会人数(人) | 审计委员会职能 |
|---|---|---|---|
| 中国民生信托 | 是 | 5 | 1. 对公司信息披露的真实性、准确性、完整性和合规性等进行监督;<br>2. 监督公司内部审计制度及其实施;<br>3. 负责内部审计与外部审计之间的沟通;<br>4. 审核公司的财务信息及其披露;<br>5. 提议聘请或更换外部审计机构;<br>6. 董事会授予的其他职责。 |
| 中海信托 | 是 | 3 | 提议聘请或更换外部审计机构;监督公司的内部审计制度及其实施;负责内部审计与外部审计之间的沟通;审核公司的财务信息及其披露;审查公司内控制度等。 |
| 中航信托 | 是 | 3 | 负责监督公司内、外部审计工作。 |
| 中建投信托 | 是 | 5 | 1. 根据公司发展战略,制定审核公司风险管理工作规划,评价公司战略目标和经营计划所涉及的风险因素,并向董事会提出建议;<br>2. 定期审核、评议公司风险管理政策,促进风险管理政策的合法合规和及时有效;<br>3. 从风险控制角度,监督公司各项规章制度的执行情况,并对公司重大经营决策进行风险监测和评价;<br>4. 审阅公司风险管理工作报告,对风险管理工作提出改善意见和建议;<br>5. 审核、批准公司的风险控制流程与风险计量模型和方法的监测、调整等相关工作;<br>6. 审核、评议公司年度审计工作规划;<br>7. 负责对公司内部审计制度的有效性及其执行情况进行监督;<br>8. 负责内部审计与外部审计之间的沟通与协调;<br>9. 提议聘请或更换外部审计机构;<br>10. 董事会授权的其他事宜。 |
| 中江信托 | 未披露 | | |
| 中粮信托 | 是 | 3 | 1. 制定、审核、批准公司的风险管理和内部控制的政策、程序并报请董事会审议;<br>2. 对公司信托业务、自营业务及其他业务的风险控制及风险管理政策、程序、执行情况进行监督;<br>3. 对公司固有财产和信托财产的风险状况进行定期评估;<br>4. 对公司合规风控部、审计部的工作程序和工作效果进行评议;<br>5. 提议聘请或更换外部审计机构;<br>6. 监督公司的制度建设及其执行情况;<br>7. 监督董事会决议的执行情况;<br>8. 审核公司的财务信息及其披露;<br>9. 审查公司内控制度;<br>10. 公司董事会授权的其他事项。 |
| 中融信托 | 是 | 3 | 对公司重大的投资项目、信托资金运用及中介业务进行风险评估和预测,提出风险防范措施;对公司重大的投资项目、信托计划运作及中介业务的执行情况进行监控;针对业务过程中的异常情况做出预警并及时报告董事会等;提议聘请或更换外部审计机构;监督公司内部稽核审计制度实施情况;审核公司重大财务信息及其披露情况;监督公司资金信托业务过程合规性;审查固有业务关联交易合规性、可能导致的各项风险以及是否符合公司长期发展战略。 |
| 中泰信托 | 是 | 5 | 负责公司的风险控制、管理、监督和评估,及公司内外部审计的沟通、监督和核查等工作。 |
| 中铁信托 | 是 | 2 | 负责公司风险的控制、管理、监督和评估;公司关联交易的审查;公司内、外部审计的监督和核查工作。 |
| 中信信托 | 是 | 3 | 审核和监督风险控制和内部审计年度计划的制定和执行,评估风险控制和审计结果,并提出改进建议等。 |
| 中原信托 | 是 | 4 | 审议公司年度内部审计工作计划,审议聘用或者解聘外部审计机构,监督和指导内部审计工作,监督和审核公司的财务信息,审查公司内控制度的有效性,对重大关联交易进行审计,董事会授予的其他职责。 |
| 重庆信托 | 是 | 5 | 负责审定公司内部审计制度;负责提议聘请或更换外部审计机构;负责审定公司内部审计部门的年度审计工作计划;负责审定公司内部审计部门提交的年度工作总结;负责批准公司内部审计方案;负责公司内部审计部门负责人的任免;负责研究审定公司内部审计部门报送的审计报告;指导公司内部审计工作,检查、监督公司内部审计实施情况;负责对公司内部审计部门工作成效进行评价;审查评估公司内部控制的健全性和有效性;监督公司业务经营活动的真实性、合法性等。 |
| 紫金信托 | 是 | 2 | 合法合规性审查;<br>风险控制审查;<br>财务及内控审查;<br>审计工作及审查;<br>关联交易审查;<br>案防工作及审查;<br>公司董事会授权的其他事宜。 |

经统计,67 家信托公司在董事会下设了风险管理委员会,其中 59 家信托公司对董事会下设风险管理委员会的委员人数作了披露,61 家信托公司对风险管理委员会的职能作了披露。通过对 59 家已经披露的风险管理委员会委员人数情况分析可见,风险管理

委员会的平均设置人数为 3. 47 人。董事会下设风险管理委员会情况分析详见表 7 –1 –8。

**表 7 –1 –8　信托公司 2018 年末董事会下设风险管理委员会情况分析**

| 公司简称 | 是否设置 | 风险管理委员会人数（人） | 风险管理委员会职能 |
|---|---|---|---|
| 爱建信托 | 是 | 3 | 拟定公司风险管理的总体目标、风险偏好、风险承受度、风险管理策略和重大风险管理解决方案，听取上海爱建集团股份有限公司意见后，报董事会审议；审议公司风险管理组织机构设置及其职责；向董事会提交公司风险管理年度报告；对公司信托业务和自营业务的风险控制及管理情况进行监督；审议公司自有财产和信托财产风险状况的评估报告；提出完善公司风险管理的建议；为董事会督导公司风险管理文化建设提供建议。 |
| 安信信托 | 是 | 未披露 | 未披露 |
| 百瑞信托 | 是 | 4 | 审议公司年度合规及风险管理政策；审查公司风险偏好和风险承受能力；审议公司全面风险评估报告、合规报告及风险管理报告；审议重大决策的风险评估报告及重大风险解决方案；对风险政策、管理状况及风险承受能力进行定期评估；监督经营层关于信用风险、流动性风险、市场风险、操作风险、合规风险、声誉风险、洗钱风险、案防风险等风险的控制情况；监督、检查公司经营活动合法合规性；审议风险管理相关制度、政策；其他应当审议的事项。 |
| 北方信托 | 是 | 5 | 代表董事会对公司运作和经营活动中的风险进行监督、控制和管理，对公司经营活动行使审计评价和监督职能，是公司经营风险的防范与控制机构，也是对公司内、外部审计和内控活动进行监督、核查的机构。 |
| 北京信托 | 是 | 4 | 1. 负责制定公司风险管理的目标和政策；<br>2. 完善和健全公司风险管理的体系建设；<br>3. 制定公司风险管理的流程管控程序。 |
| 渤海信托 | 是 | 3 | 主要负责检查公司风险及合规状况、会计政策、财务报告程序和财务状况；负责公司年度审计工作，提出外部审计机构的聘请与更换建议，并就审计后的财务报告信息真实性、准确性、完整性和及时性作出判断性报告，提交董事会审议；监督高级管理层关于信用风险、流动性风险、市场风险、操作风险、合规风险和声誉风险等风险的控制情况，对公司风险政策、管理状况及风险承受能力进行定期评估，提出完善公司风险管理和内部控制的意见。 |
| 大业信托 | 是 | 3 | 强化董事会在防范公司经营风险中的作用，并对公司长期发展战略和资产结构、投资方向以及重大投资决策进行审议评价并提出建议。 |
| 东莞信托 | 是 | 3 | 建立风险管理制度，对重大业务风险进行识别、监视和综合管理。 |
| 光大兴陇信托 | 是 | 4 | 根据公司总体战略，审核和修订公司风险政策，对其实施情况及效果进行监督和评价，并向董事会提出建议；对项目风险进行预警、评价；董事会授予的其他职责。 |
| 国联信托 | 是 | 3 | 审查和监督公司风险管理政策、制度，并对其执行情况进行评价。 |
| 国民信托 | 是 | 3 | 负责公司内控和风险管理体系、政策的建立和完善；拟定公司关联交易政策，审议重大关联交易；根据授权，对重要信托项目进行审批；负责组织对公司存在重大风险隐患或出现的重大风险事故的内部调查工作等董事会授予的其他职责。 |
| 国通信托 | 是 | 3 | 向董事会提交公司全面风险管理年度报告；确定公司风险管理的总体目标、风险偏好、风险承受度、风险管理策略和重大风险管理解决方案；对公司信托业务和固有业务的风险控制及管理情况进行监督；对公司固有财产和信托财产的风险状况进行定期评估；对公司关联交易业务风险进行评估，对重大关联交易事项进行审查并提交董事会审议；组织制定和修改公司风险控制制度，提出完善公司风险管理和内部控制的建议；审议公司风险管理组织机构设置及其职责；为董事会督导公司风险管理文化建设提供建议；对公司信息披露的真实性、准确性、完整性和合规性等进行监督；监督公司内部审计制度及其实施；负责内部审计与外部审计之间的沟通；审核公司的财务信息及其披露；检查公司内部控制制度的制定、完善和执行；提议聘请或更换外部审计机构；董事会授予的其他职责。 |
| 国投泰康信托 | 是 | 2 | 1. 审议公司内部审计报告；<br>2. 审议公司年度风险管理报告；<br>3. 审议公司年度案件防控报告和反洗钱报告；<br>4. 委托外部审计机构，公司内、外部审计的沟通、监督和核查工作；<br>5. 对公司内控机制和风险管理方面存在的问题进行评价、分析；<br>6. 有权向董事会提交内部控制、审计、风险管理方面的议案；<br>7. 推进公司法治建设，提出指导意见和建议；<br>8. 董事会授予的其他职责。 |
| 国元信托 | 是 | 3 | 负责检查公司风险及合规状况、会计政策、财务报告程序和财务状况；负责公司年度审计工作，提出外部审计机构的聘请与更换建议，并就审计后的财务报告信息真实性、准确性、完整性和及时性作出判断性报告，提交董事会审议。<br>负责监督高管层关于信用风险、流动性风险、市场风险、操作风险、合规风险和声誉风险等风险的控制情况，对公司风险政策、管理状况及风险承受能力进行定期评估，提出完善公司风险管理和内部控制的意见。<br>负责关联交易的管理、审查和批准，控制关联交易风险。 |
| 杭州工商信托 | 是 | 3 | 审议公司的合规与风险管理构架、风险战略和合规与风险管理基本政策，并提请董事会批准；研究宏观国家经济金融政策、分析市场变化，提出有效执行的实施建议和行业风险管理建议，研究公司风险约束指标体系；监督公司对国家金融方针、政策、法规及各项业务规章的执行情况，对公司管理内控薄弱环节和存在的问题提出整改意见，并要求及时进行纠正；研究公司发展战略、风险管理体系，审阅有关风险管理报告、合规（包括合规、反洗钱、案防、舆情等合规相关事项）报告及相关计划，了解公司合规与风险管理决策体系的有效性，指导公司的合规与风险管理工作，提出改进合规与风险管理的组织架构、控制程序、风险处置等决策建议，完善公司合规与风险管理和内部控制；对战略规划的实施过程进行监督和评估，对公司高级管理层在业务、经营、操作等方面的风险控制及管理情况进行监督；督促高级管理层定期对公司固有财产和信托财产的风险状况进行评估，并采取必要的措施有效识别、监测和控制、防范风险；组织对公司重大经营风险事件的风险评估工作，审议高级管理层提交的重大突发事件、重大风险的解决方案；董事会授权的其他事宜。 |

续表

| 公司简称 | 是否设置 | 风险管理委员会人数(人) | 风险管理委员会职能 |
|---|---|---|---|
| 湖南信托 | 是 | 3 | 负责拟定公司风险控制管理战略、风险管理政策和内部控制流程,并对其实施情况进行监督和评价;监督公司内部审计制度及其实施,审核公司财务情况,提议聘用、更换或解聘公司审计机构等。 |
| 华澳信托 | 是 | 3 | 1. 审议公司的信托及固有资本的贷款、投资、产品发行等业务;<br>2. 确定信托产品及发行和服务的定价原则;<br>3. 年度风险控制评估;<br>4. 董事会决定的其他事项。 |
| 华宝信托 | 是 | 3 | 董事会风险管理和审计委员会是董事会设立的专门工作机构,主要负责公司合规和风险管理、监督和评估;公司内、外部审计的沟通、监督和核查工作。 |
| 华宸信托 | 是 | 3 | 对公司信托业务、自营业务及其他业务的风险控制及风险管理情况进行监督;对公司固有财产和信托财产的风险状况进行定期评估;提出完善公司风险管理和内部控制的建议;对公司内部稽核部门的工作程序和工作效果进行评估;董事会授权的其他事项。 |
| 华能信托 | 是 | 3 | 拟定公司风险管理政策和重大风险管理解决方案;审议公司风险管理组织机构设置及其职责;定期审查公司风险管理、合规管理、内部审计工作报告,就完善内部控制向董事会提出建议;董事会授予的其他职责。 |
| 华融信托 | 是 | 3 | 根据公司总体发展战略,对公司的风险管理框架体系、风险管理基本政策和管理制度,提出意见和建议;根据董事会权限,负责审议相关重大事项及项目,并对公司章程以及在信用、市场、操作等方面的风险控制情况进行督查;审阅经营管理层提交的风险管理目标或风险管理计划,并监督其落实执行;审阅或听取经营管理层风险管理报告及风险管理操作执行情况汇报;督导经营管理层风险战略、风险管理程序及风险识别、评估、监测的有效性;督导公司信息科技部风险管理工作的执行情况和效能;董事会授权的其他事宜。 |
| 华润信托 | 是 | 未披露 | 负责对高级管理层在合规、业务、市场、操作等方面的风险控制情况和薪酬方案的实施情况进行监督;对公司的风险状况进行定期评估并提出完善风险管理、内部控制和薪酬方案的意见;审议公司薪酬管理制度和政策。 |
| 华鑫信托 | 是 | 3 | 负责公司风险的控制、管理、监督和评估。 |
| 华信信托 | 是 | 3 | 制定完善公司业务风险管理与控制政策;评估、识别与防范业务风险;审议风险资产分类与不良资产处置方案;审议核准资产五级分类。 |
| 吉林信托 | 是 | 未披露 | 负责制定、审核风险控制制度,监督制度执行。对重大业务事项从风险管理角度向董事会提出意见和建议。 |
| 建信信托 | 是 | 3 | 1. 根据公司总体战略,研究拟定公司风险战略和风险管理政策,报董事会审定,并对其实施情况进行监督和评价;<br>2. 监督和评价风险管理部门的设置、组织方式、工作程序,并提出改善意见;<br>3. 指导公司的风险管理工作和内控制度建设;<br>4. 审议公司风险和内控报告,对公司风险和内控状况进行定期评估,提出完善公司风险管理和内部控制的意见;<br>5. 对公司首席风险官的工作进行评价;<br>6. 审批各项业务管理办法中注明需由董事会审议的重大经营项目,具体的审批权限按董事会相关文件执行;<br>7. 董事会授予的其他职责。 |
| 江苏信托 | 是 | 3 | 审核公司关于风险管控、关联交易的规划、制度、规则、报告等,为董事会决策提供依据和建议;对公司经营的风险控制及管理情况进行监督。 |
| 交银国际信托 | 是 | 3 | 拟定公司风险管理的总体战略和原则;检查和评价公司整体风险和风险管理体系;定期向董事会报告风险管理状况;确定总体风险容忍度及审批总体风险管理相关指标等。 |
| 金谷信托 | 是 | 3 | 负责公司的风险控制、管理、监督和评估以及公司内外部审计的沟通、监督和核查等工作。 |
| 昆仑信托 | 是 | 3 | 组建公司风险管理系统;对公司日常经营管理风险进行整体分析和评估;负责公司的危机处理工作;对公司运作过程中的重大事项进行风险管理和控制;负责公司案防工作。 |
| 陆家嘴信托 | 是 | 3 | 向董事会提交公司全面风险管理年度报告;确定公司风险管理的总体目标、风险偏好、风险承受度、风险管理策略和重大风险管理解决方案;提出完善公司风险管理和内部控制的建议;对公司信托业务和固有业务的风险控制及管理情况进行监督;对公司固有财产和信托财产的风险管理状况进行定期评价;对公司关联交易业务风险进行评估,对重大关联交易事项进行审查并提交董事会审议;董事会授予的其他职责。 |
| 平安信托 | 是 | 3 | 审核公司风险治理架构和风险管理策略;审议公司整体风险偏好和风险限额;督促公司管理层采取必要措施有效识别、评估、监测和控制风险;评估公司管理层关于信用风险、流动性风险、操作风险和市场风险等风险的控制情况,提出完善建议;审议公司风险管理报告;董事会授予的其他职责。 |
| 厦门国际信托 | 否 | | |
| 山东信托 | 是 | 3 | 1. 根据宏观经济环境、行业发展趋势和公司经营状况,对公司中长期发展战略进行研究并提出建议;<br>2. 检查、监督和评估本公司发展战略的执行情况;<br>3. 组织制订公司信托业务、自营业务发展等专项规划;<br>4. 了解和掌握本公司面临的各项重大风险及其风险管理现状;<br>5. 审议公司年度或专项风险管理报告;<br>6. 审查公司风险管理的体制机制是否健全、政策措施是否有效、风险控制流程是否合理;<br>7. 审议风险策略、重大风险管理解决方案以及重大决策、重大风险、重大事件和重要业务流程的判断标准或判断机制;<br>8. 审查、监督公司遵守、执行法律法规的情况;<br>9. 为公司信托业务的风险防控提供意见和建议;<br>10. 董事会规定的其他职责。 |

续表

| 公司简称 | 是否设置 | 风险管理委员会人数(人) | 风险管理委员会职能 |
|---|---|---|---|
| 山西信托 | 是 | 7 | 审定公司风险管理的原则和政策，推动案防管理体系建设。在授权范围内，对公司重大事项的风险进行评审，检查、指导公司日常风险管理、案防工作；审定公司内部审计计划，监督公司财务运行，提议聘请或更换外部审计机构。 |
| 陕国投 | 是 | 3 | 1. 向董事会提交公司全面风险管理年度报告；<br>2. 确定公司风险管理的总体目标、风险偏好、风险承受度、风险管理策略和重大风险管理解决方案；<br>3. 为董事会督导公司风险管理文化建设提供建议；<br>4. 审批重大风险管理政策和程序；<br>5. 审议公司风险管理组织机构设置及其职责；<br>6. 提出完善公司风险管理和内部控制的建议；<br>7. 审批公司拟开展的以下活动：(1)设立新机构；(2)从事重大收购和投资；(3)开发新产品、对现有产品进行重大改动、拓展新的业务领域等金融创新；<br>8. 对公司自有财产和信托财产的风险状况进行定期评估；<br>9. 对公司信托业务和自营业务的风险控制及管理情况进行监督；<br>10. 对公司信息披露的真实性、准确性、完整性和合规性等进行监督；审批全面风险和各类重要风险的信息披露；<br>11. 监督公司内部审计制度及其实施；<br>12. 负责内部审计与外部审计之间的沟通；<br>13. 审核公司的财务信息及其披露；<br>14. 提议聘请或更换外部审计机构；<br>15. 审议批准案防工作总体政策，推动案防管理体系建设；明确高级管理层有关案防职责及权限，确保高级管理层采取必要措施有效监测、预警和处置案件风险；提出案防工作整体要求，审议案防工作报告；考核评估本机构案防工作有效性；确保内审稽核对案防工作进行有效审查和监督；<br>16. 风险管理部和监察审计部每季度应制订下一季度履职计划，经董事会办公室报董事长审定；<br>17. 董事会安排的事宜及相关法律法规中涉及的其他事项。 |
| 上海信托 | 是 | 3 | 对公司高级管理层在信托业务和自营业务方面的风险控制及管理情况进行监督；对公司固有财产和信托财产的风险状况进行定期评估；提出完善公司风险管理和内部控制的建议；董事会授权的其他事宜。 |
| 四川信托 | 是 | 3 | 研究公司发生重大、突发性事项的对策；研究制定总体风险管理、关联交易控制政策供董事会审议；研究公司风险管理的战略结构和资源，并使之与公司的内部风险管理政策相兼容；研究重要的风险边界；对相关的风险管理、关联交易控制政策进行监督、审查和向董事会提出建议等。 |
| 苏州信托 | 未披露 | | |
| 天津信托 | 是 | 4 | 负责审核公司风险管理的政策和程序，审定公司风险管理目标，督促公司管理层建立必要的风险识别、衡量、监测和控制制度，监督和评价公司风险管理的全面性、有效性以及高级管理层在风险管理方面的履职情况。 |
| 外贸信托 | 是 | 1 | 贯彻落实董事会风险管理总体要求，对公司风险管理工作进行指导及监督，为董事会提供决策支持意见和管理改善建议，并在条例规定的范围内进行业务事项审批决策。 |
| 万向信托 | 是 | 3 | 确定公司风险管理的总体目标、风险偏好、风险承受度、风险管理策略和重大风险管理解决方案；评估公司关联交易业务风险；监督公司信托业务和自营业务的风险控制及管理；监督公司信息披露的真实性、准确性、完整性和合规性；提出完善公司风险管理和内部控制及内部审计实施的建议等。 |
| 五矿信托 | 是 | 3 | 主要负责拟定公司风险管理政策和重大风险管理解决方案，督促公司各项业务的合规、合法运作，以防范和控制业务风险。 |
| 西部信托 | 是 | 5 | 对公司所面临的风险状况进行评估，并提出相应的意见。 |
| 西藏信托 | 是 | 3 | 确定公司风险管理的总体目标、风险偏好、风险承受度、风险管理策略和重大风险管理解决方案。 |
| 新华信托 | 是 | 3 | 组织拟订公司的战略发展规划，并对公司战略发展规划的执行情况进行跟踪检查；组织制定公司信托业务风险管理策略和风险偏好，并提交董事会批准；审议公司风险控制及合规管理相关的主要管理制度（包括警示机制），并结合监管部门的要求实时更新；对公司风险政策、管理状况及风险承受能力进行定期评估，并出具评估报告；针对股东、监管部门等提出的风险管理工作中存在的重大问题，拟订整改方案并组织实施，并就整改情况书面呈报股东、监管部门；建立健全有效的反洗钱工作内部控制体系，明确各层级反洗钱岗位职责；听取高级管理层关于反洗钱重大事项和反洗钱风险整体状态的评估报告，适时作出调整有关政策的决定；协调反洗钱工作中的重大和疑难问题，提出解决方案；董事会授予的其他职责。 |
| 新时代信托 | 未披露 | | |
| 兴业信托 | 是 | 5 | 主要负责公司审计与风险的控制、管理、评估和监督，同时负责公司内、外部审计的沟通、监督和核查工作以及重大关联交易的审核。 |
| 英大信托 | 是 | 3 | 监督、评估公司的风险管理状况，提出完善风险管理意见，监督、评估公司风险管理部门的工作。 |
| 粤财信托 | 是 | 7 | 审议公司内部管理制度、风险控制制度和监控制度；审议、制定各类操作业务操作细则和财务控制制度；监控投资项目、信托项目的风险；评估公司经营风险并提出整改意见；监督公司的内部审计制度及其实施；审核、批准公司年度审计计划、审计报告；向董事会推荐并聘请外部审计机构对公司进行审计；负责内部审计与外部审计之间的沟通；定期向董事会汇报工作情况，并提交书面报告；董事会授权的其他事项。 |
| 云南信托 | 是 | 3 | 研究、考核公司的风险控制制度，并提出建议。 |

续表

| 公司简称 | 是否设置 | 风险管理委员会人数(人) | 风险管理委员会职能 |
|---|---|---|---|
| 长安信托 | 是 | 5 | 每年定期评估公司全面风险管理的现状及存在的问题,并针对具体问题提出合理化建议;确定公司整体风险偏好,并对公司出台的各类业务风险管理指引进行评价;确定公司案防工作总体政策,推动案防管理体系建设;对公司高级管理层在信托、信贷、市场、操作等方面的风险控制进行监督;对公司自有财产和信托财产的风险状况进行定期评估;提出完善公司风险管理和内部控制的建议等。 |
| 长城新盛信托 | 是 | 5 | (1)组织研究公司风险防范体系和组织方案;<br>(2)对公司信托业务和固有业务的风险控制及管理情况进行监督;<br>(3)对公司自有财产和信托财产的风险状况进行整体评价;<br>(4)向董事会提交公司全面风险管理年度报告;<br>(5)对战略规划的实施过程进行监督和评估,督促经营管理层持续改进风险管控能力;<br>(6)组织研究公司风险管理体系,提出改进风险管理体系的决策程序及建议;<br>(7)组织制定公司风险管理体系,监督检查公司内部风险控制制度执行情况;<br>(8)董事会授权的其他职权。 |
| 浙金信托 | 是 | 3 | 研究国家宏观经济金融政策,分析市场变化,提出有效风险管理建议,研究公司风险控制指标体系;监督公司对国家金融方针、政策、法规及各项规章的执行情况,及时提出整改意见并进行纠正;研究公司风险管理体系,审议有关风险管理报告、合规报告及风险管理计划,了解公司风险管理决策体系的有效性,提出风险管理的组织构架、控制程序、风险处置等决策建议,完善公司风险管理和内部控制;对公司战略规划的实施过程进行监督和评估,对公司高级管理层在业务经营中的风险控制及管理情况进行监督;督促公司高级管理层定期对公司固有财产和信托财产的风险状况进行评估,并采取必要的措施有效识别、监测和控制、缓释风险;审议公司创新产品的风险控制情况;审议公司经营管理中重大风险的预警预控、应急预案;组织对公司重大经营风险事件的风险评估工作,审议高级管理层提交的重大突发事件、重大风险事件的应对处置方案;审议公司案防工作总体方案,推动案防体系建设;明确高级管理层在案防工作中的职责及权限;审议案防工作报告,考核评估公司案防工作有效性;督促高级管理层制定和执行反洗钱政策、制度和程序,并对反洗钱工作进行监督和评价;审议公司高级管理层关于重大反洗钱事项及反洗钱风险整体状况的报告;审议公司内部审计年度工作计划,并提请董事会批准;根据内部审计年度工作计划,对内部审计工作的开展进行监督、指导;董事会授权的其他事宜。 |
| 中诚信托 | 是 | 3 | 1. 建立企业风险文化,监督管理层开展全面风险管理,拟定风险偏好,确保风险限额的设立;<br>2. 向董事会提交公司全面风险管理年度报告,并对完善公司风险管理和内部控制提出建议;<br>3. 审议决策公司应对和处置风险事件、风险项目的方案;<br>4. 审议评价公司风险管理策略、政策、程序、组织机构设置及其职责;<br>5. 审议公司经营班子制定的公司内部风险控制制度,并对其完备性和有效性进行评价;<br>6. 对公司信托业务、自营业务及创新业务的风险控制及管理情况进行监督;<br>7. 对公司信息披露的真实性、准确性、完整性和合规性等进行监督;<br>8. 审议批准公司案防工作总体政策、推动案防管理体系建设,明确高级管理层有关案防的职责及权限,审议案防工作报告,评估公司案防工作有效性;<br>9. 董事会授权的其他风险管理事项。 |
| 中国民生信托 | 是 | 5 | 1. 向董事会提交公司全面风险管理年度报告;<br>2. 确定公司风险管理的总体目标、风险偏好、风险承受度、风险管理策略和重大风险管理解决方案;<br>3. 对公司信托业务和自营业务的风险控制及管理情况进行监督;<br>4. 对公司自有财产和信托财产的风险状况进行定期评估;<br>5. 对公司关联交易业务风险进行评估,对重大关联交易事项进行审查并提交董事会审议;<br>6. 提出完善公司风险管理和内部控制的建议;<br>7. 审议公司风险管理组织机构设置及其职责;<br>8. 为董事会督导公司风险管理文化建设提供建议;<br>9. 董事会授予的其他职责。 |
| 中海信托 | 是 | 3 | 研究董事与总裁人员考核的标准,进行考核并提出建议;研究和审查董事、高级管理人员的薪酬政策与方案等。 |
| 中航信托 | 是 | 3 | 监督、评估公司的风险管理状况,提出完善风险管理意见,监督、评估公司风险管理部门的工作。 |
| 中建投信托 | 是 | 5 | 1. 根据公司发展战略,制订审核公司风险管理工作规划,评价公司战略目标和经营计划所涉及的风险因素,并向董事会提出建议;<br>2. 定期审核、评议公司风险管理政策,促进风险管理政策的合法合规和及时有效;<br>3. 从风险控制角度,监督公司各项规章制度的执行情况,并对公司重大经营决策进行风险监测和评价;<br>4. 审阅公司风险管理工作报告,对风险管理工作提出改善意见和建议;<br>5. 审核、批准公司的风险控制流程与风险计量模型和方法的监测、调整等相关工作;<br>6. 审核、评议公司年度审计工作规划;<br>7. 负责对公司内部审计制度的有效性及其执行情况进行监督;<br>8. 负责内部审计与外部审计之间的沟通与协调;<br>9. 提议聘请或更换外部审计机构;<br>10. 董事会授权的其他事宜。 |
| 中江信托 | 未披露 | | |

续表

| 公司简称 | 是否设置 | 风险管理委员会人数(人) | 风险管理委员会职能 |
|---|---|---|---|
| 中粮信托 | 是 | 3 | 1. 制定、审核、批准公司的风险管理和内部控制的政策、程序并报请董事会审议;<br>2. 对公司信托业务、自营业务及其他业务的风险控制及风险管理政策、程序、执行情况进行监督;<br>3. 对公司固有财产和信托财产的风险状况进行定期评估;<br>4. 对公司合规风控部、审计部的工作程序和工作效果进行评议;<br>5. 提议聘请或更换外部审计机构;<br>6. 监督公司的制度建设及其执行情况;<br>7. 监督董事会决议的执行情况;<br>8. 审核公司的财务信息及其披露;<br>9. 审查公司内控制度;<br>10. 公司董事会授权的其他事项。 |
| 中融信托 | 是 | 3 | 对公司重大的投资项目、信托资金运用及中介业务进行风险评估和预测，提出风险防范措施；对公司重大的投资项目、信托计划运作及中介业务的执行情况进行监控；针对业务过程中的异常情况做出预警并及时报告董事会等；提议聘请或更换外部审计机构；监督公司内部稽核审计制度实施情况；审核公司重大财务信息及其披露情况；监督公司资金信托业务过程合规性；审查固有业务关联交易的合规性、可能导致的各项风险及是否符合公司长期发展战略。 |
| 中泰信托 | 是 | 5 | 负责公司的风险控制、管理、监督和评估，及公司内外部审计的沟通、监督和核查等工作。 |
| 中铁信托 | 是 | 2 | 负责公司风险的控制、管理、监督和评估；公司关联交易的审查；公司内、外部审计的监督和核查工作。 |
| 中信信托 | 是 | 2 | 负责拟定风险管理战略、风险管理政策和内部控制原则，监督风险管理和内部控制系统的健全性、合理性和执行的有效性，指导公司全面风险管理和内部控制工作。 |
| 中原信托 | 是 | 4 | 对公司发展战略和运营模式进行风险评价；对公司风险管理体系进行评价；对公司资产风险状况进行评价；董事会交办的事项。 |
| 重庆信托 | 是 | 5 | 制定公司全面风险管理的总体目标和政策，制定公司风险管理基本制度；负责对包括信用风险、交易风险、结构性利率风险、汇率风险、流动性风险、运营风险等在内的所有风险进行全面管理；负责董事会授权范围内公司固有业务的审批；负责集合资金信托业务和特定的单一信托业务的审批；负责对公司信托新产品的风险评判；负责制定公司不良资产监控与管理策略，批准不良资产经营和清收计划；负责公司风险管理突发事项和紧急事项的应急处理；负责定期评价公司风险管理状况和相关政策的执行状况。 |
| 紫金信托 | 是 | 2 | 1. 合法合规性审查;<br>2. 风险控制审查;<br>3. 财务及内控审查;<br>4. 审计工作及审查;<br>5. 关联交易审查;<br>6. 案防工作及审查;<br>7. 公司董事会授权的其他事宜。 |

经统计，65家信托公司在董事会下设了人事薪酬委员会，59家信托公司对董事会下设人事薪酬委员会的委员人数的设置作了披露，60家信托公司对董事会下设人事薪酬委员会的职能作了披露。信托公司2018年末董事会下设人事薪酬委员会情况分析见表7-1-9。通过对59家已经披露的人事薪酬委员会的委员人数情况分析可见，人事薪酬委员会的平均设置人数为3.29人。

**表7-1-9 信托公司2018年末董事会下设人事薪酬委员会情况分析**

| 公司简称 | 是否设置 | 人事薪酬委员会人数(人) | 人事薪酬委员会职能 |
|---|---|---|---|
| 爱建信托 | 是 | 3 | 高级管理人员的提名和审核；研究制定高管人员的薪酬计划与考核方案；审查高管人员的职责履行情况并对其进行年度绩效考评；监督公司薪酬制度的制定与执行情况。 |
| 安信信托 | 是 | 未披露 | 未披露 |
| 百瑞信托 | 是 | 4 | 审查董事、高级管理人员资格及选任；审议董事、监事薪酬方案；审议公司内部管理机构的设置与调整方案；审查公司工资总额机制、薪酬管理方案及公司工资总额；审查公司高级管理人员年度考核结果及高级管理人员薪酬；决定办理董事、监事及高级管理人员履职责任保险；监督公司年度用工总量、薪酬制度执行情况；审议人力资源管理相关制度、政策；其他应当审议的事项。 |
| 北方信托 | 是 | 5 | 代表董事会对公司激励机制建设、薪酬分配进行管理，是公司薪酬分配的管理机构，负责拟定董事和高级管理层成员的选任程序和标准，对董事和高级管理层的任职资格进行初步审核，并向董事会提出建议。 |
| 北京信托 | 是 | 3 | 1. 根据经营活动情况、资产规模和股权结构对董事会的规模和构成向董事会提出建议;<br>2. 研究董事和经营班子的选择标准和程序，并向董事会提出建议;<br>3. 广泛搜寻合格的董事和经营班子的人选;<br>4. 对董事候选人和经理人选进行审查并提出建议;<br>5. 对须提请董事会聘任的其他高级管理人员进行审查并提出建议;<br>6. 根据董事及高级管理人员管理岗位的主要范围、职责、重要性以及其他相关企业相关岗位的薪酬水平制定薪酬计划或方案;<br>7. 薪酬计划或方案主要包括但不限于绩效评价标准、程序及主要评价体系，奖励和惩罚的主要方案和制度等;<br>8. 审查公司董事(非独立董事)及高级管理人员履行职责情况并对其进行年度绩效考评;<br>9. 负责对公司薪酬制度执行情况进行监督。 |

续表

| 公司简称 | 是否设置 | 人事薪酬委员会人数(人) | 人事薪酬委员会职能 |
|---|---|---|---|
| 渤海信托 | 是 | 3 | 主要负责拟定董事和高级管理层成员的选任程序和标准,对董事和高级管理层成员的任职资格进行初步审核,并向董事会提出建议;审议公司薪酬管理制度和政策,拟定董事和高级管理层成员的薪酬方案,向董事会提出薪酬方案建议,并监督方案实施;制定公司董事及高级管理层成员的考核标准并进行考核。 |
| 大业信托 | 是 | 3 | 旨在评价公司的绩效考核办法和薪酬管理制度,并提出建议。 |
| 东莞信托 | 是 | 3 | 拟定董事和高管人员的选任程序和标准,对董事和高管人员的任职资格进行初步审核;负责董事及高级管理人员的任职、薪酬与考核管理。 |
| 光大兴陇信托 | 是 | 3 | 拟定董事、独立董事、监事及高级管理人员的薪酬方案,并向董事会提出薪酬方案的建议;负责对公司薪酬制度执行情况进行监督;拟定董事会年度费用预算方案,向董事会提出建议;董事会授予的其他职责。 |
| 国联信托 | 是 | 3 | 负责审核人力资源管理政策,研究薪酬策略,决定薪酬标准。 |
| 国民信托 | 是 | 3 | 拟定董事和高级管理人员的薪酬标准;依据董事会批准的高级管理人员激励考核标准对其进行考核;对公司人力资源发展规划及长期激励策略进行研究等董事会授予的其他职责。 |
| 国通信托 | 是 | 3 | 研究董事、监事、总经理和其他高级管理人员的薪酬标准,根据董事、监事、总经理和其他高级管理人员的职责与重要性,参考同业相关岗位的薪酬水平,制定薪酬计划或方案并监督薪酬计划或方案的实施;拟定考核标准,审查董事、总经理和其他高级管理人员履行职责情况并对其进行年度绩效考评,提交考核评价意见;负责对公司薪酬制度执行情况进行监督;研究董事、高级管理层人员的选择标准和程序,并向董事会提出建议;广泛搜寻合格的董事和经理层人员的人选;对董事、高级管理层人员人选进行审查并提出建议;董事会授予的其他职权。 |
| 国投泰康信托 | 是 | 3 | 1. 制定公司的薪酬体系和激励体系;<br>2. 制定公司经营管理人员的考核体系;<br>3. 根据董事会批准的考核指标在董事会授权范围内进行考核等工作;<br>4. 制定为员工设置的基于股权的激励计划或奖励;<br>5. 对公司薪酬与考核制度执行情况进行监督;<br>6. 有权向董事会提交薪酬与考核方面的议案;<br>7. 董事会授予的其他职责。 |
| 国元信托 | 是 | 3 | 负责对董事和高管层成员的任职资格进行初步审核,并向董事会提出建议。负责审议公司薪酬管理制度和政策,拟定董事和高管层成员的薪酬方案,向董事会提出薪酬方案建议,并监督方案实施。 |
| 杭州工商信托 | 是 | 3 | 研究董事、高级管理经理人员的选择标准和程序并提出建议;广泛搜寻合格的董事和高级管理人员的人选;对董事候选人和高级管理人员人选进行审查并提出建议;研究董事与高级管理人员绩效考核的标准并提出建议;就公司董事及高级管理人员的薪酬政策及架构,以及制定该等政策的程序等薪酬政策向董事会提出建议;对公司薪酬制度的执行情况进行监督;董事会授权的其他事宜。 |
| 湖南信托 | 是 | 3 | 负责制定公司发展战略,并负责监督、检查公司战略和年度计划、投资方案的执行情况;负责拟定公司高级管理人员选择标准、选择程序,对其任职资格和任职条件进行初步审核等;负责拟定公司内部机构设置及人力资源整体调配方案;负责拟定公司薪酬和其他激励计划,并监督实施。 |
| 华澳信托 | 是 | 3 | 1. 在董事会授权的范围内,研究和审定公司的薪酬政策和方案,制定和修改公司员工和高级管理层的薪酬及激励政策、商业养老方案以及董事会不时决定的其他有关的重大方针。<br>2. 每年至少审议一次公司薪酬制度的有关政策、目标及具体条款,并向董事会提出修订建议。<br>3. 根据公司的有关薪酬政策和目标,每年对公司总裁的工作业绩进行一次考核,根据考核结果确定其薪资水平和激励政策。<br>4. 根据公司薪酬制度的有关政策和目标,每年对公司其他高级管理人员的工作业绩进行一次考核,根据考核结果确定其薪资奖励水平。<br>5. 制定有关公司高级管理人员薪酬制度的年度评估报告。<br>6. 就有关薪酬激励制度向董事会提出建议。 |
| 华宝信托 | 是 | 3 | 负责制定公司董事及高级管理人员的考核标准并进行考核;制定、审查公司董事及高级管理人员的薪酬政策与方案;制定公司长期激励机制和方案,为公司发展提供人才激励保障;制定公司人力资源发展规划。 |
| 华宸信托 | 是 | 1 | 寻找符合要求的董事候选人(候选人也可以由股东、董事或其他人推荐),并根据银监会关于金融机构高级管理人员任职资格的要求对其进行初步审查;寻找符合要求的总经理、副总经理、董事会秘书、财务总监候选人(可以由股东、董事或其他人推荐),并根据银监会关于金融机构高级管理人员任职资格的要求对其进行初步审查;拟订执行董事及高级管理人员的薪酬待遇,并就非执行董事的薪酬向董事会提出建议;董事会授权的其他事项。 |
| 华能信托 | 是 | 3 | 拟定公司高级管理人员的薪酬与奖励政策,并提请董事会审批;对公司高级管理人员进行考核,并出具绩效评价报告,报董事会核准;审议公司职工的薪酬福利及绩效考核方案;董事会授予的其他职责。 |
| 华融信托 | 是 | 3 | 提名独立董事人选,对独立董事的资格条件进行审查并提出建议;研究和审查董事、高级管理人员的薪酬政策与方案,并向董事会提出建议;审议高级管理层提交的公司人力资源和薪酬政策及基本管理制度,提请董事会决定,并监督相关政策和基本管理制度的执行;董事会授权的其他事宜。 |
| 华润信托 | 否 | | |

续表

| 公司简称 | 是否设置 | 人事薪酬委员会人数（人） | 人事薪酬委员会职能 |
|---|---|---|---|
| 华鑫信托 | 是 | 3 | 负责制定公司董事及高级人员的考核标准并进行考核；制定、审查公司董事及高级管理人员的薪酬政策与方案；制定公司长期激励机制和方案，为公司发展提供人才激励保障；制定公司人力资源发展规划。 |
| 华信信托 | 是 | 3 | 对公司薪酬体系、绩效考核、人力资源进行规划管理。 |
| 吉林信托 | 是 | 未披露 | 负责董事会任命人员提名及资格审核，负责薪酬制度及具体方案的评估、审定以及落实情况的跟踪、监督。 |
| 建信信托 | 是 | 3 | 1. 组织拟订董事和高级管理人员的选任标准和程序，并对其候选人进行初审，提请董事会决定；<br>2. 审议公司薪酬方案，提请董事会决定，并监督其执行；<br>3. 组织拟订公司董事、监事的业绩考核办法和薪酬方案，提交董事会审议；<br>4. 组织对公司董事、监事及高级管理层的业绩考核，提出对董事、监事及高级管理层薪酬分配的建议，提交董事会审议；<br>5. 检查及批准向执行董事及高级管理人员支付的与丧失或终止职务或委任有关的赔偿，以确保该等赔偿按有关合同条款决定；若未能按有关合约条款决定，有关赔偿也须合理适当；<br>6. 检查及批准因董事行为失当而解雇或罢免有关董事所涉及的赔偿安排，以确保该等安排按有关合约条款决定；若未能按有关合约条款决定，有关赔偿亦须合理适当；<br>7. 董事会授予的其他职责。 |
| 江苏信托 | 是 | 3 | 审议关于公司薪酬考核的规划、制度、规则、报告等，为董事会决策提供依据和建议；监督公司薪酬考核政策实施。 |
| 交银国际信托 | 否 | | |
| 金谷信托 | 是 | 3 | 负责制定、审查公司高级管理人员（以下简称高管人员）的薪酬政策与方案，拟定公司高管人员的考核标准并进行考核，接受董事会授权的其他事项。 |
| 昆仑信托 | 是 | 4 | 研究拟定公司整体薪酬政策；拟定公司高级管理人员的薪酬制度、考核办法和激励方案；对公司高级管理人员进行绩效考评；对公司整体薪酬制度的执行情况进行指导、监督。 |
| 陆家嘴信托 | 是 | 3 | 根据公司经营发展战略、资产规模和业务结构等，对董事会的规模和结构向董事会提出建议；拟定公司董事和高级管理人员的选任程序和标准，对董事和高级管理人员的任职资格和条件进行初步审核，并向董事会提出建议；拟定公司董事和高级管理人员的考核标准，据此进行考核并提出建议；拟定公司董事和高级管理人员的具体薪酬和激励方案，向董事会提出薪酬方案的建议，并监督实施；董事会授权的其他事宜。 |
| 平安信托 | 是 | 3 | 审议公司提名与薪酬管理的策略和计划；审核公司人员编制、薪酬总额、薪酬制度、年度薪酬方案、考核方案；审议公司考核与奖惩制度等。 |
| 厦门国际信托 | 是 | 3 | 审查公司董事、高管人员的年度薪酬、年度效益工资提取办法、基本（固定）薪酬管理制度、员工企业年金方案并提交董事会审定；对公司薪酬制度执行情况进行监督。 |
| 山东信托 | 是 | 3 | 1. 就董事及高级管理层的整体薪酬政策及架构，以及就设立正规而具有透明度的程序制定薪酬政策，向董事会提出建议；<br>2. 评审公司董事和高级管理人员的履职情况并对其进行绩效考核评价；<br>3. 对公司薪酬制度执行情况进行监督；<br>4. 因应董事会所订企业方针及目标而检讨及批准管理层的薪酬建议；<br>5. 就厘定个别执行董事及高级管理层的薪酬待遇，包括非金钱利益、退休金权利及赔偿金额（包括丧失或终止职务或委任的赔偿）向董事会提出建议；<br>6. 就非执行董事的薪酬向董事会提出建议；<br>7. 考虑同类公司支付的薪酬，须付出的时间及职责以及集团内其他职位的雇用条件；<br>8. 检讨及批准向执行董事及高级管理层就其丧失或终止职务或委任而须支付的赔偿，以确保该等赔偿与合约条款一致；若未能与合约条款一致，赔偿也须公平合理，不致过多；<br>9. 检讨及批准因董事行为失当而解雇或罢免有关董事所涉及的赔偿安排，以确保该等安排与合约条款一致；若未能与合约条款一致，有关赔偿也须合理适当；<br>10. 确保任何董事或其任何联系人（根据上市规则的定义）不得参与厘定他自己的薪酬；<br>11. 就其他执行董事的薪酬建议咨询董事长及（或）总经理；<br>12. 董事会授权的其他事宜。 |
| 山西信托 | 是 | 5 | 审定公司的薪酬制度，制定公司高级管理人员的绩效评价标准和薪酬标准。 |
| 陕国投 | 是 | 3 | 1. 根据董事及高级管理人员管理岗位的主要范围、职责、重要性以及其他相关企业相关岗位的薪酬水平制定薪酬计划或方案；<br>2. 薪酬计划或方案主要包括但不限于绩效评价标准、程序及主要评价体系，奖励和惩罚的主要方案和制度等；<br>3. 审查公司董事（非独立董事）及高级管理人员的履行职责情况并对其进行年度绩效考评；<br>4. 负责对薪酬制度执行情况进行监督；<br>5. 人力资源部每季度应制订下一季度履职计划，经董事会办公室报公司董事长审定；<br>6. 董事会安排的事宜及相关法律法规中涉及的其他事项。 |
| 上海信托 | 是 | 3 | 研究、拟定和执行公司董事、经理及其他高级管理人员的考核标准和办法，并提出意见或建议；研究、拟定和审查公司董事、经理及其他高级管理人员的薪酬政策和方案，并提出意见或建议；审查公司董事及高级管理人员的履行职责情况并对其进行年度绩效考评；负责对公司薪酬制度执行情况进行监督检查；建议聘请外部中介机构提供专业咨询意见；董事会授权的其他事宜。 |

续表

| 公司简称 | 是否设置 | 人事薪酬委员会人数（人） | 人事薪酬委员会职能 |
|---|---|---|---|
| 四川信托 | 是 | 3 | 研究董事和总裁的选择标准和程序并提出建议；广泛搜寻合格的董事和总裁人选；对董事候选人和总裁人选进行审查并提出建议等。 |
| 苏州信托 | 未披露 | | |
| 天津信托 | 是 | 3 | 根据董事、高级管理人员和公司员工管理岗位的主要范围、职责、重要性及其他相关公司相关岗位的薪酬水平制定薪酬计划或方案；薪酬计划或方案主要包括但不限于绩效评价标准、程序及主要评价体系，奖励和惩罚的主要方案和制度等；审查公司董事及高级管理人员履行职责的情况并对其进行年度绩效考评；负责对公司薪酬制度执行情况进行监督；董事会授权的其他事宜。 |
| 外贸信托 | 是 | 1 | 研究、制定公司高级管理人员的选择标准、程序和方法以及总经理继任计划（包括人选）；对提名的高级管理人员人选进行考察；负责拟订公司高级管理人员的经营业绩考核办法和薪酬管理办法，报董事会审批；按董事会确定的管理办法，考核、评价高级管理人员的业绩，并依据考核结果，向董事会提出高级管理人员的薪酬兑现建议；研究公司整体薪酬和员工考核管理办法，并向董事会提出建议。 |
| 万向信托 | 否 | | |
| 五矿信托 | 是 | 3 | 主要负责拟定公司的薪酬及绩效考核方案，对公司高级管理人员进行考核，研究公司董事、总经理人选的选择标准和程序并提出建议。 |
| 西部信托 | 是 | 3 | 负责制定公司董事、高管人员的薪酬标准与方案，审查公司董事、高级管理人员履行职责并对其进行年度考核；负责对公司薪酬制度执行情况进行监督。 |
| 西藏信托 | 是 | 3 | 提名董事、经理层人员董事、经理层人员；审议关于公司薪酬考核的规划、制度、规则、报告等，为董事会决策提供依据和建议；监督公司薪酬考核政策实施。 |
| 新华信托 | 是 | 3 | 审议公司考核、奖惩及薪酬等涉及公司人事管理的主要制度和政策，并检查督导执行情况；根据董事、高级管理人员的岗位职责、重要性，拟订董事、高级管理层的薪酬方案和激励制度；根据监事会对董事、高级管理层履职评价情况，进行年度绩效考评，制定具体的奖惩方案；检查督导公司人事制度、薪酬制度的执行情况，并定期向董事会作报告；董事会授予的其他权限。 |
| 新时代信托 | 未披露 | | |
| 兴业信托 | 是 | 5 | 主要负责拟定董事和高级管理人员的薪酬方案、考核标准，监督方案的实施。 |
| 英大信托 | 是 | 3 | 负责审核公司的人事与薪酬管理制度，监督公司人力资源管理工作，对人力资源管理及绩效考核等工作提出建议和意见。 |
| 粤财信托 | 是 | 7 | 根据公司的经营活动情况、资产规模和股权结构对董事会及高级管理人员的规模和构成提出建议；研究董事和高级管理人员的选择标准及程序，并向董事会提出建议；在公司内及公开人才市场上广泛收集合格的董事和高级管理人员的人选；对董事候选人和高级管理人员人选进行审查并提出建议；根据董事会成员及公司高级管理人员的工作范围、职责、重要性及外部薪酬水平，提上述人员的薪酬计划或分配方案；薪酬计划或方案包括但不限于对董事会成员及公司高级管理人员的绩效评价标准、程序和主要评价体系等；审查公司董事会成员及高级管理人员的履职情况并对其年度绩效进行考评；负责对公司薪酬制度执行情况进行监督；董事会授权的其他事宜。 |
| 云南信托 | 是 | 3 | 研究董事、高管、董事会秘书以及由总裁提请董事会认定的其他管理人员的选择标准和程序及考核标准，并提出建议。 |
| 长安信托 | 是 | 3 | 研究董事、高级管理人员的选择标准和程序，并向董事会提出建议；广泛搜寻合格的董事和高级管理人员的人选；对董事候选人和高级管理人员人选进行审查并提出建议；对须提请董事会聘任的其他高级管理人员进行审查并提出建议等。 |
| 长城新盛信托 | 是 | 5 | 1. 研究和审查董事、监事津贴方案及高级管理人员和公司员工的薪酬政策与方案；<br>2. 研究和审查高级管理人员的考核标准与方案；<br>3. 审查公司高级管理人员的履行职责情况并组织对其进行年度绩效考评；<br>4. 对公司薪酬制度执行情况进行监督；<br>5. 董事会授权薪酬委员会的其他职权。 |
| 浙金信托 | 是 | 2 | 研究董事、高级管理经理人员的选择标准和程序并提出建议；广泛搜寻合格的董事和高级管理人员的人选；对董事候选人和高级管理人员的人选进行审查并提出建议；研究董事与高级管理人员绩效考核的标准并提出建议；公司董事及高级管理人员的薪酬政策及架构，以及制定该政策的程序等薪酬政策向董事会提出建议；对公司薪酬制定的执行情况进行监督；董事会授权的其他事宜。 |
| 中诚信托 | 是 | 3 | 1. 根据董事及高级管理人员管理岗位的主要范围、职责、重要性以及其他相关企业相关岗位的薪酬水平拟定薪酬计划或方案；<br>2. 根据公司的经营情况比较全国同行业平均业绩水平，对公司提出的经营目标及奖惩办法进行评价并提出建议；<br>3. 审查公司董事及高级管理人员的履行职责情况并对公司董事及高级管理人员的奖惩提出建议；<br>4. 审议公司绩效考核制度、薪酬管理制度，提交董事会决定，并负责对绩效考核制度、薪酬管理制度执行情况进行监督；<br>5. 根据公司的经营成果对董事长、总裁等高级管理人员的特殊贡献奖励提出意见和建议；<br>6. 董事会授权的其他事项。 |
| 中国民生信托 | 是 | 5 | 1. 研究董事、监事、总裁和其他高级管理人员的薪酬标准，根据董事、监事、总裁和其他高级管理人员的职责与重要性，参考同业相关岗位的薪酬水平，制定薪酬计划或方案，并监督薪酬计划或方案的实施；<br>2. 拟定考核标准，审查董事、总裁和其他高级管理人员履行职责情况并对其进行年度绩效考评，提交考核评价意见；<br>3. 负责对公司薪酬制度执行情况进行监督；<br>4. 研究董事、经理层人员的选择标准和程序，并向董事会提出建议；<br>5. 广泛搜寻合格的董事和经理层人员的人选；<br>6. 对董事、经理层人员人选进行审查并提出建议；<br>7. 董事会授权的其他职权。 |

续表

| 公司简称 | 是否设置 | 人事薪酬委员会人数（人） | 人事薪酬委员会职能 |
|---|---|---|---|
| 中海信托 | 是 | 3 | 研究公司其发生重大、突发性事项的对策；研究制定总体风险管理、关联交易控制政策供董事会审议；研究公司风险管理的战略结构和资源，并使之与公司的内部风险管理政策相兼容；研究重要的风险边界；对相关的风险管理、关联交易控制政策进行监督、审查和向董事会提出建议等。 |
| 中航信托 | 是 | 3 | 研究董事与高级管理人员考核的标准，进行考核并提出建议；研究与审查董事、高级管理人员的薪酬政策与方案。 |
| 中建投信托 | 是 | 5 | 1. 研究、拟订公司高级经营管理人员业绩考核办法和薪酬管理办法并提交董事会；<br>2. 研究并提出公司高级经营管理人员的年度薪酬方案，依据公司高级经营管理人员的业绩，拟订薪酬及奖惩建议方案并提交董事会；<br>3. 监督公司薪酬制度与奖惩制度的执行情况；<br>4. 董事会授权的其他事宜。 |
| 中江信托 | 未披露 | | |
| 中粮信托 | 未披露 | | |
| 中融信托 | 是 | 3 | 制定公司高管人员的考核标准和薪酬标准，对公司高管人员的薪酬及奖励执行情况进行监督、检查并向董事会报告。拟定董事和高级管理人员的选任程序和标准；对董事和高级管理人员的任职资格进行初步审核，并向董事会提出建议。 |
| 中泰信托 | 是 | 5 | 负责制定董事及高级管理人员的薪酬政策、考核标准并进行考核。 |
| 中铁信托 | 是 | 3 | 拟定董事和高管人员的选任程序和标准，对董事和高管人员的任职资格进行初步审核；负责董事及高级管理人员的任职、薪酬与考核管理。 |
| 中信信托 | 是 | 3 | 负责拟定董事、高级管理人员、员工的薪酬、福利和其他激励计划，并监督方案的实施；拟定高级管理人员的选择标准、选择程序；对高级管理人员人选的任职资格和条件进行初步审核等。 |
| 中原信托 | 是 | 3 | 审议确定公司薪酬相关制度以及负责人年薪发放标准和发放办法。 |
| 重庆信托 | 是 | 5 | 对董事会的规模和构成向董事会提出建议；制订董事及高级管理人员薪酬计划或方案；研究董事、高级管理人员的选择标准和程序，并向董事会提出建议；搜寻合格的独立董事和高级管理人员的人选；对董事、高级管理人员人选进行审查并提出建议；审查公司董事及高级管理人员的履行职责情况；负责对公司薪酬制度执行情况进行监督；董事会授权的其他事宜。 |
| 紫金信托 | 是 | 3 | 审核公司薪酬政策或方案；<br>审查公司董事及高级管理人员的履行职责情况并对其进行年度绩效考评；<br>根据公司经营活动情况、资产规模和股权结构对董事会的规模和构成向董事会提出建议；<br>研究董事、高级管理人员的选择标准和程序，并向董事会提出建议；<br>向股东会、董事会提名董事和高级管理人员候选人；<br>对董事、高级管理人员人选进行审查并提出建议；<br>董事会授权的其他事宜。 |

## （三）独立董事分析

除吉林信托由于公司董事会董事人数不足，未达到法定人数，独立董事空缺的原因，未对独立董事进行任何披露外，其余 67 家信托公司均详细披露了独立董事人员情况。具体情况见表 7 -1 -10、表 7 -1 -11、表 7 -1 -12。

设立独立董事是加强公司治理的一个重要手段。上市公司一般要求独立董事人数占全部董事人数的 1/3 以上，这对公司治理非常重要，共有 45 家信托公司符合这一标准。除吉林信托外，北京信托未披露董事的性别，其他 66 家公司独立董事男性人数合计为 156 人，占总人数的 84.78%，女性人数合计为 28 人，占总人数的 15.22%；其中 30 ~39 岁的人数为 3 人，占总人数的 1.60%，40 岁以上的人数为 185 人，占总人数的 98.40%；独立董事的平均年龄为 54.99 岁，高于董事平均年龄。

**表 7 -1 -10　披露的信托公司 2018 年末独立董事人数构成分析**

| 公司简称 | 董事会成员人数（人） | 独立董事成员人数（人） | 独立董事占比（%） |
|---|---|---|---|
| 爱建信托 | 9 | 3 | 33.33 |
| 安信信托 | 6 | 3 | 50.00 |
| 百瑞信托 | 11 | 3 | 27.27 |
| 北方信托 | 11 | 4 | 36.36 |
| 北京信托 | 13 | 4 | 30.77 |
| 渤海信托 | 7 | 3 | 42.86 |
| 大业信托 | 9 | 3 | 33.33 |
| 东莞信托 | 6 | 2 | 33.33 |
| 光大兴陇信托 | 6 | 3 | 50.00 |
| 国联信托 | 9 | 3 | 33.33 |
| 国民信托 | 8 | 4 | 50.00 |

续表

| 公司简称 | 董事会成员人数(人) | 独立董事成员人数(人) | 独立董事占比(%) |
|---|---|---|---|
| 国通信托 | 7 | 2 | 28.57 |
| 国投泰康信托 | 8 | 2 | 25.00 |
| 国元信托 | 9 | 3 | 33.33 |
| 杭州工商信托 | 9 | 3 | 33.33 |
| 湖南信托 | 7 | 2 | 28.57 |
| 华澳信托 | 5 | 2 | 40.00 |
| 华宝信托 | 7 | 3 | 42.86 |
| 华宸信托 | 6 | 2 | 33.33 |
| 华能信托 | 9 | 3 | 33.33 |
| 华融信托 | 12 | 3 | 25.00 |
| 华润信托 | 9 | 3 | 33.33 |
| 华鑫信托 | 6 | 2 | 33.33 |
| 华信信托 | 12 | 3 | 25.00 |
| 吉林信托 | 3 | — | — |
| 建信信托 | 5 | 2 | 40.00 |
| 江苏信托 | 9 | 3 | 33.33 |
| 交银国际信托 | 9 | 3 | 33.33 |
| 金谷信托 | 7 | 2 | 28.57 |
| 昆仑信托 | 9 | 3 | 33.33 |
| 陆家嘴信托 | 7 | 3 | 42.86 |
| 平安信托 | 11 | 3 | 27.27 |
| 厦门国际信托 | 9 | 3 | 33.33 |
| 山东信托 | 7 | 3 | 42.86 |
| 山西信托 | 6 | 1 | 16.67 |
| 陕国投 | 7 | 3 | 42.86 |
| 上海信托 | 9 | 3 | 33.33 |
| 四川信托 | 7 | 3 | 42.86 |
| 苏州信托 | 8 | 3 | 37.50 |
| 天津信托 | 12 | 2 | 16.67 |
| 外贸信托 | 7 | 3 | 42.86 |
| 万向信托 | 12 | 5 | 41.67 |
| 五矿信托 | 9 | 3 | 33.33 |
| 西部信托 | 10 | 3 | 30.00 |
| 西藏信托 | 11 | 3 | 27.27 |
| 新华信托 | 9 | 3 | 33.33 |
| 新时代信托 | 9 | 3 | 33.33 |
| 兴业信托 | 9 | 3 | 33.33 |
| 英大信托 | 9 | 3 | 33.33 |
| 粤财信托 | 4 | 1 | 25.00 |
| 云南信托 | 10 | 3 | 30.00 |
| 长安信托 | 11 | 3 | 27.27 |
| 长城新盛信托 | 9 | 3 | 33.33 |
| 浙金信托 | 10 | 2 | 20.00 |
| 中诚信托 | 13 | 3 | 23.08 |
| 中国民生信托 | 12 | 4 | 33.33 |
| 中海信托 | 8 | 3 | 37.50 |
| 中航信托 | 9 | 3 | 33.33 |
| 中建投信托 | 9 | 3 | 33.33 |
| 中江信托 | 9 | 1 | 11.11 |
| 中粮信托 | 9 | 3 | 33.33 |

续表

| 公司简称 | 董事会成员人数(人) | 独立董事成员人数(人) | 独立董事占比(%) |
|---|---|---|---|
| 中融信托 | 7 | 2 | 28.57 |
| 中泰信托 | 9 | 4 | 44.44 |
| 中铁信托 | 8 | 3 | 37.50 |
| 中信信托 | 8 | 3 | 37.50 |
| 中原信托 | 7 | 2 | 28.57 |
| 重庆信托 | 10 | 4 | 40.00 |
| 紫金信托 | 6 | 1 | 16.67 |
| 合计 | 579 | 188 | 32.47 |
| 平均 | 8.51 | 2.81 | |

**表 7-1-11　披露的信托公司 2018 年末独立董事人员性别构成分析**

| 公司简称 | 独立董事人员数(人) | 其中男性人数(人) | 男性所占比例(%) | 其中女性人数(人) | 女性所占比例(%) |
|---|---|---|---|---|---|
| 爱建信托 | 3 | 3 | 100.00 | — | — |
| 安信信托 | 3 | 3 | 100.00 | — | — |
| 百瑞信托 | 3 | 3 | 100.00 | — | — |
| 北方信托 | 4 | 1 | 25.00 | 3 | 75.00 |
| 北京信托 | 4 | 未披露 | — | 未披露 | — |
| 渤海信托 | 3 | 3 | 100.00 | — | — |
| 大业信托 | 3 | 3 | 100.00 | — | — |
| 东莞信托 | 2 | 2 | 100.00 | — | — |
| 光大兴陇信托 | 3 | 2 | 66.67 | 1 | 33.33 |
| 国联信托 | 3 | 3 | 100.00 | — | — |
| 国民信托 | 4 | 3 | 75.00 | 1 | 25.00 |
| 国通信托 | 2 | 2 | 100.00 | — | — |
| 国投泰康信托 | 2 | 2 | 100.00 | — | — |
| 国元信托 | 3 | 2 | 66.67 | 1 | 33.33 |
| 杭州工商信托 | 3 | 3 | 100.00 | — | — |
| 湖南信托 | 2 | 1 | 50.00 | 1 | 50.00 |
| 华澳信托 | 2 | 1 | 50.00 | 1 | 50.00 |
| 华宝信托 | 3 | 3 | 100.00 | — | — |
| 华宸信托 | 2 | 2 | 100.00 | — | — |
| 华能信托 | 3 | 1 | 33.33 | 2 | 66.67 |
| 华融信托 | 3 | 3 | 100.00 | — | — |
| 华润信托 | 3 | 1 | 33.33 | 2 | 66.67 |
| 华鑫信托 | 2 | — | — | 2 | 100.00 |
| 华信信托 | 3 | 3 | 100.00 | — | — |
| 吉林信托 | 0 | | — | — | — |
| 建信信托 | 2 | 2 | 100.00 | — | — |
| 江苏信托 | 3 | 3 | 100.00 | — | — |
| 交银国际信托 | 3 | 3 | 100.00 | — | — |
| 金谷信托 | 2 | 2 | 100.00 | — | — |
| 昆仑信托 | 3 | 3 | 100.00 | — | — |
| 陆家嘴信托 | 3 | 1 | 33.33 | 2 | 66.67 |
| 平安信托 | 3 | 3 | 100.00 | — | — |
| 厦门国际信托 | 3 | 3 | 100.00 | — | — |
| 山东信托 | 3 | 2 | 66.67 | 1 | 33.33 |
| 山西信托 | 1 | — | — | 1 | 100.00 |
| 陕国投 | 3 | 2 | 66.67 | 1 | 33.33 |
| 上海信托 | 3 | 3 | 100.00 | — | — |
| 四川信托 | 3 | 1 | 33.33 | 2 | 66.67 |

续表

| 公司简称 | 独立董事人员数(人) | 其中男性人数(人) | 男性所占比例(%) | 其中女性人数(人) | 女性所占比例(%) |
|---|---|---|---|---|---|
| 苏州信托 | 3 | 2 | 66.67 | 1 | 33.33 |
| 天津信托 | 2 | 2 | 100.00 | — | — |
| 外贸信托 | 3 | 3 | 100.00 | — | — |
| 万向信托 | 5 | 5 | 100.00 | — | — |
| 五矿信托 | 3 | 2 | 66.67 | 1 | 33.33 |
| 西部信托 | 3 | 3 | 100.00 | — | — |
| 西藏信托 | 3 | 3 | 100.00 | — | — |
| 新华信托 | 3 | 2 | 66.67 | 1 | 33.33 |
| 新时代信托 | 3 | 3 | 100.00 | — | — |
| 兴业信托 | 3 | 3 | 100.00 | — | — |
| 英大信托 | 3 | 3 | 100.00 | — | — |
| 粤财信托 | 1 | 1 | 100.00 | — | — |
| 云南信托 | 3 | 3 | 100.00 | — | — |
| 长安信托 | 3 | 3 | 100.00 | — | — |
| 长城新盛信托 | 3 | 3 | 100.00 | — | — |
| 浙金信托 | 2 | 2 | 100.00 | — | — |
| 中诚信托 | 3 | 3 | 100.00 | — | — |
| 中国民生信托 | 4 | 4 | 100.00 | — | — |
| 中海信托 | 3 | 2 | 66.67 | 1 | 33.33 |
| 中航信托 | 3 | 3 | 100.00 | — | — |
| 中建投信托 | 3 | 3 | 100.00 | — | — |
| 中江信托 | 1 | 1 | 100.00 | — | — |
| 中粮信托 | 3 | 2 | 66.67 | 1 | 33.33 |
| 中融信托 | 2 | 2 | 100.00 | — | — |
| 中泰信托 | 4 | 4 | 100.00 | — | — |
| 中铁信托 | 3 | 3 | 100.00 | — | — |
| 中信信托 | 3 | 3 | 100.00 | — | — |
| 中原信托 | 2 | 1 | 50.00 | 1 | 50.00 |
| 重庆信托 | 4 | 3 | 75.00 | 1 | 25.00 |
| 紫金信托 | 1 | 1 | 100.00 | — | — |
| 合计 | 188 | 156 | 84.78 | 28 | 14.89 |

注:北京信托未披露独立董事性别情况。

**表7-1-12 披露的信托公司2018年末独立董事人员年龄构成分析**

| 公司简称 | 独立董事人员数(人) | 其中30~39岁人数(人) | 30~39岁比例(%) | 其中40岁以上人数(人) | 40岁以上比例(%) | 独立董事平均年龄(岁) |
|---|---|---|---|---|---|---|
| 爱建信托 | 3 | — | — | 3 | 100.00 | 54.33 |
| 安信信托 | 3 | — | — | 3 | 100.00 | 58.33 |
| 百瑞信托 | 3 | — | — | 3 | 100.00 | 47.67 |
| 北方信托 | 4 | — | — | 4 | 100.00 | 62.50 |
| 北京信托 | 4 | — | — | 4 | 100.00 | 4.17 |
| 渤海信托 | 3 | 1 | 33.33 | 2 | 66.67 | 48.00 |
| 大业信托 | 3 | — | — | 3 | 100.00 | 69.33 |
| 东莞信托 | 2 | — | — | 2 | 100.00 | 54.50 |
| 光大兴陇信托 | 3 | — | — | 3 | 100.00 | 56.67 |
| 国联信托 | 3 | — | — | 3 | 100.00 | 51.33 |
| 国民信托 | 4 | — | — | 4 | 100.00 | 57.25 |
| 国通信托 | 2 | — | — | 2 | 100.00 | 57.00 |
| 国投泰康信托 | 2 | — | — | 2 | 100.00 | 56.50 |
| 国元信托 | 3 | 1 | 33.33 | 2 | 66.67 | 47.67 |

续表

| 公司简称 | 独立董事人员数(人) | 其中30～39岁人数(人) | 30～39岁比例(%) | 其中40岁以上人数(人) | 40岁以上比例(%) | 独立董事平均年龄(岁) |
|---|---|---|---|---|---|---|
| 杭州工商信托 | 3 | — | — | 3 | 100.00 | 60.00 |
| 湖南信托 | 2 | — | — | 2 | 100.00 | 60.00 |
| 华澳信托 | 2 | — | — | 2 | 100.00 | 60.00 |
| 华宝信托 | 3 | — | — | 3 | 100.00 | 48.33 |
| 华宸信托 | 2 | — | — | 2 | 100.00 | 53.50 |
| 华能信托 | 3 | — | — | 3 | 100.00 | 56.67 |
| 华融信托 | 3 | — | — | 3 | 100.00 | 58.00 |
| 华润信托 | 3 | — | — | 3 | 100.00 | 56.67 |
| 华鑫信托 | 2 | — | — | 2 | 100.00 | 52.50 |
| 华信信托 | 3 | — | — | 3 | 100.00 | 59.33 |
| 吉林信托 | — | — | — | — | — | — |
| 建信信托 | 2 | — | — | 2 | 100.00 | 63.00 |
| 江苏信托 | 3 | — | — | 3 | 100.00 | 54.33 |
| 交银国际信托 | 3 | — | — | 3 | 100.00 | 54.00 |
| 金谷信托 | 2 | — | — | 2 | 100.00 | 62.50 |
| 昆仑信托 | 3 | — | — | 3 | 100.00 | 54.67 |
| 陆家嘴信托 | 3 | 1 | 33.33 | 2 | 66.67 | 46.00 |
| 平安信托 | 3 | — | — | 3 | 100.00 | 58.67 |
| 厦门国际信托 | 3 | — | — | 3 | 100.00 | 57.33 |
| 山东信托 | 3 | — | — | 3 | 100.00 | 49.67 |
| 山西信托 | 1 | — | — | 1 | 100.00 | 42.00 |
| 陕国投 | 3 | — | — | 3 | 100.00 | 60.67 |
| 上海信托 | 3 | — | — | 3 | 100.00 | 60.00 |
| 四川信托 | 3 | — | — | 3 | 100.00 | 55.33 |
| 苏州信托 | 3 | — | — | 3 | 100.00 | 56.33 |
| 天津信托 | 2 | — | — | 2 | 100.00 | 46.00 |
| 外贸信托 | 3 | — | — | 3 | 100.00 | 58.67 |
| 万向信托 | 5 | — | — | 5 | 100.00 | 58.60 |
| 五矿信托 | 3 | — | — | 3 | 100.00 | 49.00 |
| 西部信托 | 3 | — | — | 3 | 100.00 | 48.33 |
| 西藏信托 | 3 | — | — | 3 | 100.00 | 51.00 |
| 新华信托 | 3 | — | — | 3 | 100.00 | 59.33 |
| 新时代信托 | 3 | — | — | 3 | 100.00 | 45.33 |
| 兴业信托 | 3 | — | — | 3 | 100.00 | 61.67 |
| 英大信托 | 3 | — | — | 3 | 100.00 | 61.00 |
| 粤财信托 | 1 | — | — | 1 | 100.00 | 48.00 |
| 云南信托 | 3 | — | — | 3 | 100.00 | 56.33 |
| 长安信托 | 3 | — | — | 3 | 100.00 | 50.67 |
| 长城新盛信托 | 3 | — | — | 3 | 100.00 | 48.00 |
| 浙金信托 | 2 | — | — | 2 | 100.00 | 52.50 |
| 中诚信托 | 3 | — | — | 3 | 100.00 | 60.00 |
| 中国民生信托 | 4 | — | — | 4 | 100.00 | 67.75 |
| 中海信托 | 3 | — | — | 3 | 100.00 | 63.33 |
| 中航信托 | 3 | — | — | 3 | 100.00 | 53.67 |
| 中建投信托 | 3 | — | — | 3 | 100.00 | 61.00 |
| 中江信托 | 1 | — | — | 1 | 100.00 | 70.00 |
| 中粮信托 | 3 | — | — | 3 | 100.00 | 59.67 |
| 中融信托 | 2 | — | — | 2 | 100.00 | 50.50 |
| 中泰信托 | 4 | — | — | 4 | 100.00 | 57.75 |

续表

| 公司简称 | 独立董事人员数(人) | 其中30~39岁人数(人) | 30~39岁比例(%) | 其中40岁以上人数(人) | 40岁以上比例(%) | 独立董事平均年龄(岁) |
|---|---|---|---|---|---|---|
| 中铁信托 | 3 | — | — | 3 | 100.00 | 57.00 |
| 中信信托 | 3 | — | — | 3 | 100.00 | 57.00 |
| 中原信托 | 2 | — | — | 2 | 100.00 | 54.00 |
| 重庆信托 | 4 | — | — | 4 | 100.00 | 64.25 |
| 紫金信托 | 1 | — | — | 1 | 100.00 | 44.00 |
| 合计 | 188 | 3 | 1.65 | 185 | 98.40 | 54.99 |

## (四)监事会及其基本情况分析

68家信托公司中,有40家信托公司披露监事会及其基本情况没有发生变动、28家信托公司披露了监事变更次数和变更的详情,监事变更情况见表7-1-13。

**表7-1-13　披露的信托公司2018年监事变更情况**

| 公司简称 | 是否变更 | 变更次数 | 期内监事变更详情列示 |
|---|---|---|---|
| 爱建信托 | 是 | 3 | 2018年1月5日,公司股东会同意调整第四届监事会成员:马金不再担任监事长、监事;刘兵军不再担任监事;增补张建中、张凤翔为监事。<br>2018年1月5日,公司第四届监事会第三次会议推举张建中为公司第四届监事会监事长。<br>2018年12月19日,公司股东会同意调整第四届监事会成员,张建中不再担任监事,其监事长职务随之不再担任;增补杨毅为监事。 |
| 安信信托 | 否 | — | — |
| 百瑞信托 | 否 | — | — |
| 北方信托 | 否 | — | — |
| 北京信托 | 否 | — | — |
| 渤海信托 | 否 | — | — |
| 大业信托 | 否 | — | — |
| 东莞信托 | 否 | — | — |
| 光大兴陇信托 | 是 | 1 | 2018年2月,陆代森同志退休,不再担任公司监事会主席职务。 |
| 国联信托 | 否 | — | — |
| 国民信托 | 是 | 2 | 2018年3月,经公司股东会审议通过,陶蓉女士辞任监事,并选举常存女士为监事。<br>2018年4月,经监事会选举,常存女士出任监事会主席。 |
| 国通信托 | 是 | 2 | 报告期内,经会员代表(职工代表)大会通过,选举李艳桃女士、吴宏亮先生为公司第三届职工代表监事,李群元先生、王晶先生不再担任公司职工监事。<br>报告期内,经股东会审议通过,选举郝飚先生为公司第三届监事会监事,王桢先生不再担任公司第三届监事会监事。经监事会审议通过,选举郝飚先生为公司第三届监事会监事长。 |
| 国投泰康信托 | 否 | — | — |
| 国元信托 | 否 | — | — |
| 杭州工商信托 | 否 | — | — |
| 湖南信托 | 否 | — | — |
| 华澳信托 | 是 | 2 | 2018年4月27日,经股东会批准,职工监事彭烃烃女士不再担任职工监事职务。<br>根据公司职工民主选举,2018年4月27日经股东会批准,由孙朋云先生担任职工监事职务。<br>2018年11月6日,经股东会批准公司监事长夏勇先生不再担任监事职务,经监事会批准不再担任监事长职务。<br>2018年11月6日,经股东会批准,由张宏先生担任监事职务,经监事会选举担任监事长职务。 |
| 华宝信托 | 否 | — | — |
| 华宸信托 | 是 | 1 | 根据上级主管部门相关文件、规定,张世宏同志不再担任公司监事。 |
| 华能信托 | 否 | — | — |
| 华融信托 | 是 | 1 | 经公司2018年第一次临时股东会审议通过,同意推选黄增伟为公司监事,免去王金梅监事职务。 |
| 华润信托 | 是 | 1 | 2018年10月,监事会主席施长跃、职工监事杜新春因退休辞任监事职务,股东会选举李富川为公司监事,职工代表大会选举陈晓芬为公司职工监事。 |
| 华鑫信托 | 是 | 1 | 刘晖担任公司监事长,卢勇、常法迪担任公司监事。<br>任明霞、刘伟、王晓波不再担任公司监事。 |
| 华信信托 | 否 | — | — |

续表

| 公司简称 | 是否变更 | 变更次数 | 期内监事变更详情列示 |
| --- | --- | --- | --- |
| 吉林信托 | 否 | — | — |
| 建信信托 | 否 | — | — |
| 江苏信托 | 是 | 1 | 2018 年 7 月 9 日，公司股东会召开第三次会议，选举章明、张瑞琪、王涛先生为公司第五届监事会监事，崇志兵为第五届监事会职工监事。浦宝英、杨炳生不再担任公司监事，魏东不再担任公司职工监事。 |
| 交银国际信托 | 是 | 1 | 2018 年 11 月，公司召开股东会及监事会，选举郑智勇为监事长，姚永杰因到龄退休不再担任公司监事长职务。 |
| 金谷信托 | 否 | — | — |
| 昆仑信托 | 是 | 1 | 由于公司监事会换届选举，原监事会主席姜力孚变更为朱德操，原监事丁泉、胡志明变更为陈六亿、杨远。 |
| 陆家嘴信托 | 是 | 1 | 由于第三届监事会任期届满，2018 年 4 月 20 日，2018 年度股东会第四次会议选举产生了第四届监事会，任命新的非职工董事，并由第四届监事会第一次会议选举了新的监事会主席，第四届监事会成员如下：监事会主席蔡嵘、监事肖霄、扈鑫，职工监事汪晖、章惠。 |
| 平安信托 | 否 | — | — |
| 厦门国际信托 | 否 | — | — |
| 山东信托 | 是 | 2 | 公司股东代表监事杨公民先生以及王曰普先生因任期届满，不再担任公司股东代表监事职务。<br>郭守贵先生及王志梅女士于 2018 年第一次临时股东大会上获委任为第二届监事会股东代表监事。 |
| 山西信托 | 否 | — | — |
| 陕国投 | 是 | 2 | 公司监事会于 2018 年 4 月 26 日收到监事会主席段小昌先生提交的书面辞职报告，因工作原因段小昌先生提请辞去公司第八届监事会监事职务，辞职后不再担任公司其他职务。<br>2018 年 6 月 15 日，公司 2018 年第二次临时股东大会选举黎惠民为公司第八届监事会监事，第八届监事会第二十三次会议选举黎惠民为公司第八届监事会监事长。 |
| 上海信托 | 否 | — | — |
| 四川信托 | 否 | — | — |
| 苏州信托 | 否 | — | — |
| 天津信托 | 否 | — | — |
| 外贸信托 | 否 | — | — |
| 万向信托 | 否 | — | — |
| 五矿信托 | 否 | — | — |
| 西部信托 | 否 | — | — |
| 西藏信托 | 是 | 1 | 因工作调整，公司监事会主席汪建中同志辞去公司监事会主席职务。公司股东会补选宿城旺同志为公司第五届监事会监事，并由监事会选举其为公司第五届监事会主席。 |
| 新华信托 | 否 | — | — |
| 新时代信托 | 否 | — | — |
| 兴业信托 | 是 | 1 | 2019 年 2 月 24 日，公司 2019 年第二次临时股东会选举产生了公司第六届监事会及成员，叶美秀女士不再担任公司监事职务。 |
| 英大信托 | 否 | — | — |
| 粤财信托 | 是 | 1 | 公司原监事长陈海青先生因个人原因辞去监事长职务，不再担任公司监事长。公司 2018 年第二次股东会推荐蒋健冬女士担任公司监事，第六届监事会 2018 年第一次会议选举蒋健冬女士为公司监事长。 |
| 云南信托 | 是 | 3 | 公司于 2018 年 5 月 31 日召开 2017 年度股东会议，审议通过了《关于监事会换届选举股东监事的议案》，公司股东涌金实业（集团）有限公司选派监事由王润稣先生变更为穆越女士；公司股东上海纳米创业投资有限公司选派监事由曲舒心女士变更为许悦女士；公司股东云南合和（集团）股份有限公司选派监事由华士国先生变更为文俊先生。 |
| 长安信托 | 否 | — | — |
| 长城新盛信托 | 否 | — | — |
| 浙金信托 | 是 | 1 | 因余艳梅女士辞去公司监事职务，2018 年 11 月 30 日，公司股东大会选举李庆玲女士为公司监事。 |
| 中诚信托 | 是 | 2 | 2018 年 4 月 27 日，中诚信托 2017 年度股东会选举曹剑锋先生为中诚信托第五届监事会监事，王玉江先生不再担任中诚信托监事职务。<br>2018 年 6 月 21 日，中诚信托 2018 年第一次临时股东会选举战彦领先生为中诚信托第五届监事会监事，殷召峰先生不再担任中诚信托监事职务。 |
| 中国民生信托 | 是 | 4 | 2018 年 5 月 1 日，冯宗苏因年龄原因退休，不再担任公司监事会主席职务。<br>2018 年 6 月 7 日，经职工代表大会 2018 年第一次会议审议通过，补充选举马世崧为公司第二届监事会职工代表监事。<br>2018 年 6 月 20 日，经 2018 年第二次临时股东会审议通过，选举宋宏谋为公司第二届监事会监事，苏刚不再担任监事职务。<br>2018 年 6 月 25 日，经第二届监事会第六次会议审议通过，选举赵英伟为公司第二届监事会主席，选举宋宏谋为公司第二届监事会副主席。 |
| 中海信托 | 否 | — | — |

续表

| 公司简称 | 是否变更 | 变更次数 | 期内监事变更详情列示 |
| --- | --- | --- | --- |
| 中航信托 | 是 | 1 | 第三届监事会自换届之日起正式履职，成员为吴壮、廖晓春、杨志芳，监事会选举吴壮担任监事会主席。 |
| 中建投信托 | 是 | 1 | 2018年3月，经公司股东会2018年第一次会议审议批准、第三届监事会第十一次会议审议通过，选举崔建为公司第三届监事会主席，杜文和不再担任监事会主席职务。 |
| 中江信托 | 是 | 1 | 免去贾俊监事后未增补。 |
| 中粮信托 | 否 | — | — |
| 中融信托 | 否 | — | — |
| 中泰信托 | 否 | — | — |
| 中铁信托 | 是 | 3 | 2018年1月，公司股东会2018年第一次会议审议通过了《关于选举第五届监事会监事的议案》，选举解义才、侯社中、游勇进为第五届监事会监事。<br>根据相关规定，公司于2018年1月召开一届五次职代会联席会议2018年第一次（扩大）会议，选举严震、马东开为第五届监事会职工监事。<br>经公司二届一次职代会联席会议2018年第二次（扩大）会议审议通过，同意严震不再担任本公司职工监事。 |
| 中信信托 | 否 | — | — |
| 中原信托 | 否 | — | — |
| 重庆信托 | 是 | 1 | 报告期内，公司股东大会选举雷万亚女士、张小龙先生和吕朝阳先生为公司第二届监事会股东代表监事，与职工代表监事胡雪莲女士、李静女士共同组成公司第二届监事会。康乐女士不再担任公司监事。 |
| 紫金信托 | 是 | 1 | 2018年1月15日，公司2018年度股东会第一次临时会议审议通过《关于第三届监事会换届选举的议案》，选举陈玲女士、渠泉先生为公司第三届监事会监事（非职工代表监事）。根据公司2017年11月29日职工代表大会决议，李薇女士被选举为公司职工代表监事。公司第三届监事会由以上3名当选监事组成。 |

截至2018年末，68家信托公司均设立了监事及监事会，合计监事284人，平均每家设置监事4.18人。除北京信托未披露监事性别外，其他67家信托公司男性合计192人，占69.31%；女性85人，占30.69%。与董事的性别构成比较，监事的女性占比大于董事的女性占比。从监事的年龄结构来看，20～29岁的人有2人，占0.70%；30～39岁的有42人，占14.79%；40岁以上的有241人，占84.86%；而监事的平均年龄为47.03岁，年龄结构比董事要年轻。总体来说，监事人数及其构成基本合理。具体详见表7－1－14、表7－1－15。

**表7－1－14　披露的信托公司2018年末监事会人员性别构成分析**

| 公司简称 | 监事会成员人数（人） | 其中男性人数（人） | 男性比例（%） | 其中女性人数（人） | 女性比例（%） |
| --- | --- | --- | --- | --- | --- |
| 爱建信托 | 6 | 5 | 83.33 | 1 | 16.67 |
| 安信信托 | 3 | 1 | 33.33 | 2 | 66.67 |
| 百瑞信托 | 8 | 6 | 75.00 | 2 | 25.00 |
| 北方信托 | 6 | 3 | 50.00 | 3 | 50.00 |
| 北京信托 | 7 | 未披露 | — | 未披露 | — |
| 渤海信托 | 3 | 2 | 66.67 | 1 | 33.33 |
| 大业信托 | 5 | 2 | 40.00 | 3 | 60.00 |
| 东莞信托 | 7 | 3 | 42.86 | 4 | 57.14 |
| 光大兴陇信托 | 2 | — | — | 2 | 100.00 |
| 国联信托 | 3 | 2 | 66.67 | 1 | 33.33 |
| 国民信托 | 3 | 1 | 33.33 | 2 | 66.67 |
| 国通信托 | 5 | 3 | 60.00 | 2 | 40.00 |
| 国投泰康信托 | 3 | 2 | 66.67 | 1 | 33.33 |
| 国元信托 | 3 | 2 | 66.67 | 1 | 33.33 |
| 杭州工商信托 | 3 | 2 | 66.67 | 1 | 33.33 |
| 湖南信托 | 3 | 2 | 66.67 | 1 | 33.33 |
| 华澳信托 | 3 | 3 | 100.00 | — | — |
| 华宝信托 | 3 | 3 | 100.00 | — | — |
| 华宸信托 | 3 | 3 | 100.00 | — | — |
| 华能信托 | 3 | 2 | 66.67 | 1 | 33.33 |
| 华融信托 | 8 | 6 | 75.00 | 2 | 25.00 |
| 华润信托 | 3 | 2 | 66.67 | 1 | 33.33 |

续表

| 公司简称 | 监事会成员人数(人) | 其中男性人数(人) | 男性比例(%) | 其中女性人数(人) | 女性比例(%) |
| --- | --- | --- | --- | --- | --- |
| 华鑫信托 | 3 | 2 | 66.67 | 1 | 33.33 |
| 华信信托 | 3 | 3 | 100.00 | — | — |
| 吉林信托 | 3 | 2 | 66.67 | 1 | 33.33 |
| 建信信托 | 4 | 4 | 100.00 | — | — |
| 江苏信托 | 6 | 5 | 83.33 | 1 | 16.67 |
| 交银国际信托 | 3 | 3 | 100.00 | — | — |
| 金谷信托 | 6 | 3 | 50.00 | 3 | 50.00 |
| 昆仑信托 | 5 | 5 | 100.00 | — | — |
| 陆家嘴信托 | 5 | 4 | 80.00 | 1 | 20.00 |
| 平安信托 | 3 | 2 | 66.67 | 1 | 33.33 |
| 厦门国际信托 | 3 | 3 | 100.00 | — | — |
| 山东信托 | 9 | 7 | 77.78 | 2 | 22.22 |
| 山西信托 | 4 | 1 | 25.00 | 3 | 75.00 |
| 陕国投 | 3 | 3 | 100.00 | — | — |
| 上海信托 | 3 | 3 | 100.00 | — | — |
| 四川信托 | 3 | 2 | 66.67 | 1 | 33.33 |
| 苏州信托 | 5 | 3 | 60.00 | 2 | 40.00 |
| 天津信托 | 3 | 1 | 33.33 | 2 | 66.67 |
| 外贸信托 | 3 | 3 | 100.00 | — | — |
| 万向信托 | 3 | 3 | 100.00 | — | — |
| 五矿信托 | 3 | 2 | 66.67 | 1 | 33.33 |
| 西部信托 | 3 | 3 | 100.00 | — | — |
| 西藏信托 | 3 | 3 | 100.00 | — | — |
| 新华信托 | 5 | 5 | 100.00 | — | — |
| 新时代信托 | 3 | 2 | 66.67 | 1 | 33.33 |
| 兴业信托 | 3 | 3 | 100.00 | — | — |
| 英大信托 | 3 | 3 | 100.00 | — | — |
| 粤财信托 | 3 | — | — | 3 | 100.00 |
| 云南信托 | 7 | 4 | 57.14 | 3 | 42.86 |
| 长安信托 | 6 | 3 | 50.00 | 3 | 50.00 |
| 长城新盛信托 | 5 | 5 | 100.00 | — | — |
| 浙金信托 | 3 | — | — | 3 | 100.00 |
| 中诚信托 | 12 | 9 | 75.00 | 3 | 25.00 |
| 中国民生信托 | 9 | 7 | 77.78 | 2 | 22.22 |
| 中海信托 | 3 | — | — | 3 | 100.00 |
| 中航信托 | 3 | 3 | 100.00 | — | — |
| 中建投信托 | 5 | 3 | 60.00 | 2 | 40.00 |
| 中江信托 | 2 | 2 | 100.00 | — | — |
| 中粮信托 | 4 | 3 | 75.00 | 1 | 25.00 |
| 中融信托 | 3 | 2 | 66.67 | 1 | 33.33 |
| 中泰信托 | 3 | 1 | 33.33 | 2 | 66.67 |
| 中铁信托 | 4 | 3 | 75.00 | 1 | 25.00 |
| 中信信托 | 3 | 1 | 33.33 | 2 | 66.67 |
| 中原信托 | 5 | 5 | 100.00 | — | — |
| 重庆信托 | 5 | 2 | 40.00 | 3 | 60.00 |
| 紫金信托 | 3 | 1 | 33.33 | 2 | 66.67 |
| 合计 | 284 | 192 | 69.31 | 85 | 30.69 |

表 7-1-15　披露的信托公司 2018 年末监事会人员年龄构成分析

| 公司简称 | 监事会成员人数(人) | 其中 20～29 岁人数(人) | 20～29 岁比例(%) | 其中 30～39 岁人数(人) | 30～39 岁比例(%) | 其中 40 岁以上人数(人) | 40 岁以上比例(%) | 监事的平均年龄(岁) |
|---|---|---|---|---|---|---|---|---|
| 爱建信托 | 6 | — | — | 1 | 16.67 | 5 | 83.33 | 47.83 |
| 安信信托 | 3 | — | — | 1 | 33.33 | 2 | 66.67 | 43.67 |
| 百瑞信托 | 8 | — | — | 2 | 25.00 | 6 | 75.00 | 46.75 |
| 北方信托 | 6 | — | — | — | — | 6 | 100.00 | 51.33 |
| 北京信托 | 7 | — | — | — | — | 7 | 100.00 | 52.71 |
| 渤海信托 | 3 | — | — | — | — | 3 | 100.00 | 50.33 |
| 大业信托 | 5 | — | — | — | — | 5 | 100.00 | 46.40 |
| 东莞信托 | 7 | — | — | 1 | 14.29 | 6 | 85.71 | 49.86 |
| 光大兴陇信托 | 2 | — | — | — | — | 2 | 100.00 | 48.50 |
| 国联信托 | 3 | — | — | 2 | 66.67 | 1 | 33.33 | 36.33 |
| 国民信托 | 3 | — | — | 1 | 33.33 | 2 | 66.67 | 40.67 |
| 国通信托 | 5 | — | — | 1 | 20.00 | 4 | 80.00 | 45.60 |
| 国投泰康信托 | 3 | — | — | — | — | 3 | 100.00 | 49.00 |
| 国元信托 | 3 | — | — | 1 | 33.33 | 2 | 66.67 | 47.00 |
| 杭州工商信托 | 3 | — | — | — | — | 3 | 100.00 | 43.67 |
| 湖南信托 | 3 | — | — | — | — | 3 | 100.00 | 50.33 |
| 华澳信托 | 3 | — | — | 2 | 66.67 | 1 | 33.33 | 44.67 |
| 华宝信托 | 3 | — | — | — | — | 3 | 100.00 | 47.33 |
| 华宸信托 | 3 | — | — | — | — | 3 | 100.00 | 51.67 |
| 华能信托 | 3 | — | — | — | — | 3 | 100.00 | 54.33 |
| 华融信托 | 8 | — | — | 3 | 37.50 | 5 | 62.50 | 46.75 |
| 华润信托 | 3 | — | — | 1 | 33.33 | 2 | 66.67 | 46.67 |
| 华鑫信托 | 3 | — | — | 1 | 33.33 | 2 | 66.67 | 45.67 |
| 华信信托 | 3 | — | — | 1 | 33.33 | 2 | 66.67 | 48.67 |
| 吉林信托 | 3 | — | — | — | — | 3 | 100.00 | 57.67 |
| 建信信托 | 4 | — | — | — | — | 4 | 100.00 | 53.50 |
| 江苏信托 | 6 | — | — | — | — | 6 | 100.00 | 47.50 |
| 交银国际信托 | 3 | — | — | — | — | 3 | 100.00 | 48.00 |
| 金谷信托 | 6 | — | — | — | — | 6 | 100.00 | 45.17 |
| 昆仑信托 | 5 | — | — | 1 | 20.00 | 4 | 80.00 | 44.80 |
| 陆家嘴信托 | 5 | — | — | 2 | 40.00 | 3 | 60.00 | 40.40 |
| 平安信托 | 3 | — | — | 1 | 33.33 | 2 | 66.67 | 40.33 |
| 厦门国际信托 | 3 | — | — | — | — | 3 | 100.00 | 49.67 |
| 山东信托 | 9 | — | — | 2 | 22.22 | 7 | 77.78 | 44.67 |
| 山西信托 | 4 | — | — | — | — | 4 | 100.00 | 46.00 |
| 陕国投 | 3 | — | — | — | — | 3 | 100.00 | 50.67 |
| 上海信托 | 3 | — | — | — | — | 3 | 100.00 | 51.33 |
| 四川信托 | 3 | — | — | — | — | 3 | 100.00 | 52.33 |
| 苏州信托 | 5 | — | — | — | — | 5 | 100.00 | 48.20 |
| 天津信托 | 3 | — | — | 1 | 33.33 | 2 | 66.67 | 44.00 |
| 外贸信托 | 3 | — | — | — | — | 3 | 100.00 | 54.67 |
| 万向信托 | 3 | — | — | 1 | 33.33 | 2 | 66.67 | 44.33 |
| 五矿信托 | 3 | — | — | 1 | 33.33 | 2 | 66.67 | 41.00 |
| 西部信托 | 3 | — | — | — | — | 3 | 100.00 | 47.67 |
| 西藏信托 | 3 | — | — | 1 | 33.33 | 2 | 66.67 | 42.33 |
| 新华信托 | 5 | — | — | — | — | 5 | 100.00 | 48.60 |
| 新时代信托 | 3 | — | — | 1 | 33.33 | 2 | 66.67 | 47.00 |
| 兴业信托 | 3 | — | — | — | — | 3 | 100.00 | 48.33 |
| 英大信托 | 3 | — | — | — | — | 3 | 100.00 | 47.67 |

续表

| 公司简称 | 监事会成员人数（人） | 其中20~29岁人数（人） | 20~29岁比例（%） | 其中30~39岁人数（人） | 30~39岁比例（%） | 其中40岁以上人数（人） | 40岁以上比例（%） | 监事的平均年龄（岁） |
|---|---|---|---|---|---|---|---|---|
| 粤财信托 | 3 | — | — | 1 | 33.33 | 2 | 66.67 | 46.00 |
| 云南信托 | 7 | 2 | 28.57 | 2 | 28.57 | 4 | 57.14 | 37.29 |
| 长安信托 | 6 | — | — | 1 | 16.67 | 5 | 83.33 | 46.17 |
| 长城新盛信托 | 5 | — | — | — | — | 5 | 100.00 | 47.40 |
| 浙金信托 | 3 | — | — | 1 | 33.33 | 2 | 66.67 | 51.00 |
| 中诚信托 | 12 | — | — | 1 | 8.33 | 11 | 91.67 | 46.58 |
| 中国民生信托 | 9 | — | — | 1 | 11.11 | 8 | 88.89 | 46.33 |
| 中海信托 | 3 | — | — | 1 | 33.33 | 2 | 66.67 | 43.33 |
| 中航信托 | 3 | — | — | 1 | 33.33 | 2 | 66.67 | 48.33 |
| 中建投信托 | 5 | — | — | 2 | 40.00 | 3 | 60.00 | 42.80 |
| 中江信托 | 2 | — | — | — | — | 2 | 100.00 | 59.50 |
| 中粮信托 | 4 | — | — | — | — | 4 | 100.00 | 51.75 |
| 中融信托 | 3 | — | — | — | — | 3 | 100.00 | 46.33 |
| 中泰信托 | 3 | — | — | — | — | 3 | 100.00 | 48.00 |
| 中铁信托 | 4 | — | — | — | — | 4 | 100.00 | 46.25 |
| 中信信托 | 3 | — | — | — | — | 3 | 100.00 | 47.33 |
| 中原信托 | 5 | — | — | 1 | 20.00 | 4 | 80.00 | 45.80 |
| 重庆信托 | 5 | — | — | 1 | 20.00 | 4 | 80.00 | 47.60 |
| 紫金信托 | 3 | — | — | — | — | 3 | 100.00 | 46.00 |
| 合计 | 284 | 2 | 0.70 | 42 | 14.79 | 241 | 84.86 | 47.28 |

## （五）信托公司股东派出董事和监事情况分析

根据68家信托公司所披露的情况，除华鑫信托未披露董事和监事是否由股东单位派出外，其余67家公司由股东派出的董事为449人，占67家公司董事会总人数573人的78.36%，其中，有21家信托公司的董事成员全部由股东派出，平均每家公司派出6.70人。

由股东派出的监事共176人，占67家公司监事会总人数284人的63.08%。由此可见，目前信托公司的董事和监事绝大部分是由股东派出，股东对信托公司日常经营的控制非常明显。股东派出董事和监事情况分析见表7-1-16。

**表7-1-16　2018年末股东派出董事和监事情况分析**

| 公司简称 | 董事 | | | 监事 | | |
|---|---|---|---|---|---|---|
| | 总人数（人） | 其中股东单位派出人数（人） | 股东单位派出占比（%） | 总人数（人） | 其中股东单位派出人数（人） | 股东单位派出占比（%） |
| 爱建信托 | 9 | 9 | 100.00 | 6 | 4 | 66.67 |
| 安信信托 | 6 | 3 | 50.00 | 3 | 1 | 33.33 |
| 百瑞信托 | 11 | 10 | 90.91 | 8 | 5 | 62.50 |
| 北方信托 | 11 | 9 | 81.82 | 6 | 4 | 66.67 |
| 北京信托 | 13 | 8 | 61.54 | 7 | 5 | 71.43 |
| 渤海信托 | 7 | 4 | 57.14 | 3 | — | — |
| 大业信托 | 9 | 8 | 88.89 | 5 | 3 | 60.00 |
| 东莞信托 | 6 | 6 | 100.00 | 7 | 4 | 57.14 |
| 光大兴陇信托 | 6 | 3 | 50.00 | 2 | 1 | 50.00 |
| 国联信托 | 9 | 9 | 100.00 | 3 | 2 | 66.67 |
| 国民信托 | 8 | 4 | 50.00 | 3 | 2 | 66.67 |
| 国通信托 | 7 | 5 | 71.43 | 5 | 3 | 60.00 |
| 国投泰康信托 | 8 | 8 | 100.00 | 3 | 2 | 66.67 |
| 国元信托 | 9 | 9 | 100.00 | 3 | 2 | 66.67 |
| 杭州工商信托 | 9 | 9 | 100.00 | 3 | 2 | 66.67 |
| 湖南信托 | 7 | 6 | 85.71 | 3 | 2 | 66.67 |
| 华澳信托 | 5 | 5 | 100.00 | 3 | 2 | 66.67 |
| 华宝信托 | 7 | 7 | 100.00 | 3 | 2 | 66.67 |

续表

| 公司简称 | 董事 | | | 监事 | | |
|---|---|---|---|---|---|---|
| | 总人数(人) | 其中股东单位派出人数(人) | 股东单位派出占比(%) | 总人数(人) | 其中股东单位派出人数(人) | 股东单位派出占比(%) |
| 华宸信托 | 6 | 4 | 66.67 | 3 | 2 | 66.67 |
| 华能信托 | 9 | 5 | 55.56 | 3 | 2 | 66.67 |
| 华融信托 | 12 | 12 | 100.00 | 8 | 5 | 62.50 |
| 华润信托 | 9 | 6 | 66.67 | 3 | 2 | 66.67 |
| 华鑫信托 | 6 | 未披露 | — | 3 | 未披露 | — |
| 华信信托 | 12 | 6 | 50.00 | 3 | 2 | 66.67 |
| 吉林信托 | 3 | 2 | 66.67 | 3 | 1 | 33.33 |
| 建信信托 | 5 | 3 | 60.00 | 4 | 2 | 50.00 |
| 江苏信托 | 9 | 8 | 88.89 | 6 | 4 | 66.67 |
| 交银国际信托 | 9 | 6 | 66.67 | 3 | 2 | 66.67 |
| 金谷信托 | 7 | 5 | 71.43 | 6 | 5 | 83.33 |
| 昆仑信托 | 9 | 8 | 88.89 | 5 | 3 | 60.00 |
| 陆家嘴信托 | 7 | 4 | 57.14 | 5 | 3 | 60.00 |
| 平安信托 | 11 | 8 | 72.73 | 3 | 1 | 33.33 |
| 厦门国际信托 | 9 | 6 | 66.67 | 3 | 2 | 66.67 |
| 山东信托 | 7 | 4 | 57.14 | 9 | 6 | 66.67 |
| 山西信托 | 6 | 5 | 83.33 | 4 | 2 | 50.00 |
| 陕国投 | 7 | 4 | 57.14 | 3 | 2 | 66.67 |
| 上海信托 | 9 | 5 | 55.56 | 3 | 2 | 66.67 |
| 四川信托 | 7 | 7 | 100.00 | 3 | 2 | 66.67 |
| 苏州信托 | 8 | 7 | 87.50 | 5 | 3 | 60.00 |
| 天津信托 | 12 | 11 | 91.67 | 3 | 2 | 66.67 |
| 外贸信托 | 7 | 7 | 100.00 | 3 | 2 | 66.67 |
| 万向信托 | 12 | 7 | 58.33 | 3 | 2 | 66.67 |
| 五矿信托 | 9 | 5 | 55.56 | 3 | 2 | 66.67 |
| 西部信托 | 10 | 6 | 60.00 | 3 | 2 | 66.67 |
| 西藏信托 | 11 | 11 | 100.00 | 3 | 2 | 66.67 |
| 新华信托 | 9 | 6 | 66.67 | 5 | 3 | 60.00 |
| 新时代信托 | 9 | 3 | 33.33 | 3 | 2 | 66.67 |
| 兴业信托 | 9 | 9 | 100.00 | 3 | 2 | 66.67 |
| 英大信托 | 9 | 8 | 88.89 | 3 | 2 | 66.67 |
| 粤财信托 | 4 | 2 | 50.00 | 3 | 2 | 66.67 |
| 云南信托 | 10 | 10 | 100.00 | 7 | 4 | 57.14 |
| 长安信托 | 11 | 10 | 90.91 | 6 | 4 | 66.67 |
| 长城新盛信托 | 9 | 8 | 88.89 | 5 | 3 | 60.00 |
| 浙金信托 | 10 | 10 | 100.00 | 3 | 2 | 66.67 |
| 中诚信托 | 13 | 8 | 61.54 | 12 | 7 | 58.33 |
| 中国民生信托 | 12 | 12 | 100.00 | 9 | 6 | 66.67 |
| 中海信托 | 8 | 5 | 62.50 | 3 | 2 | 66.67 |
| 中航信托 | 9 | 6 | 66.67 | 3 | 2 | 66.67 |
| 中建投信托 | 9 | 8 | 88.89 | 5 | 3 | 60.00 |
| 中江信托 | 9 | 9 | 100.00 | 2 | 1 | 50.00 |
| 中粮信托 | 9 | 9 | 100.00 | 4 | 3 | 75.00 |
| 中融信托 | 7 | 5 | 71.43 | 3 | 2 | 66.67 |
| 中泰信托 | 9 | 9 | 100.00 | 3 | 2 | 66.67 |
| 中铁信托 | 8 | 4 | 50.00 | 4 | 3 | 75.00 |
| 中信信托 | 8 | 8 | 100.00 | 3 | 2 | 66.67 |
| 中原信托 | 7 | 4 | 57.14 | 5 | 3 | 60.00 |
| 重庆信托 | 10 | 6 | 60.00 | 5 | 3 | 60.00 |
| 紫金信托 | 6 | 6 | 100.00 | 3 | 2 | 66.67 |
| 合计 | 579 | 449 | 78.36 | 284 | 176 | 63.08 |

注:在计算合计比例时未包含华鑫信托。

## 二、公司高管情况分析

### (一)公司高管变动情况分析

2018 年 68 家信托公司中 53 家公司披露有高管的变动，详见表 7－2－1。

**表 7－2－1　2018 年高管变更情况**

| 公司简称 | 是否变更 | 变更次数 | 期内高管变更详情列示 |
|---|---|---|---|
| 爱建信托 | 是 | 2 | 2018 年 2 月 7 日，上海银监局核准武彪爱建信托总经理助理任职资格。<br>2018 年 4 月 19 日，上海银监局核准赵德源爱建信托董事任职资格；核准吴文新爱建信托总经理任职资格。 |
| 安信信托 | 是 | 6 | 因工作岗位调整，武国建不再担任董事会秘书。<br>公司第七届董事会第五十八次会议聘任副总裁陶瑾宇兼任董事会秘书。<br>公司第七届董事会第六十次会议聘任庄海燕为财务总监。<br>因个人原因，杨晓波辞去董事、总裁职务。<br>公司第七届董事会第六十三次会议指定董事邵明安代为履行总裁职责。 |
| 百瑞信托 | 否 | — | — |
| 北方信托 | 是 | — | — |
| 北京信托 | 是 | — | — |
| 渤海信托 | 是 | 2 | 2018 年 1 月 17 日，经第一届董事会第二十四次会议审议通过，聘任章全明先生担任公司副总裁。<br>2018 年 4 月 26 日，经第一届董事会第二十五次会议审议通过，聘任李力盛先生担任公司首席风控官。<br>上述新任高级管理人员的任职资格均已获得河北银保监局核准。 |
| 大业信托 | 是 | 1 | 2017 年 4 月，孙多伟先生因个人原因辞去公司财务总监职务，公司董事会聘任黄志坤先生担任公司财务总监职务。2018 年 1 月 30 日，中国银监会广东监管局下发《关于黄志坤任职资格的批复》（粤银监复[2018]28 号），核准了黄志坤先生的高管任职资格。 |
| 东莞信托 | 是 | 3 | 2018 年 4 月 26 日，经公司第四届董事会第五十二次会议审议通过，同意解聘高级管理人员陈贺健，并于 2018 年 4 月起不再履行公司副总经理职责。<br>2018 年 4 月 26 日，经公司第四届董事会第五十二次会议审议通过，同意解聘高级管理人员郑建文，并于 2018 年 4 月起不再履行公司副总经理职责。<br>2018 年 8 月 28 日，经公司第四届董事会第五十六次会议审议通过，同意增聘陈英为公司总经理；并经中国银行保险监督管理委员会广东监管局《关于陈英任职资格的批复》（粤银保监复[2018]21 号）核准，陈英于 2018 年 12 月正式履职。 |
| 光大兴陇信托 | 是 | 1 | 2018 年 10 月 30 日，经光大兴陇信托有限责任公司第一届董事会第三十九次会议审议通过，免去李春菊同志公司副总裁职务。 |
| 国联信托 | 否 | — | — |
| 国民信托 | 是 | 1 | 2019 年 4 月，经公司董事会审议通过，石俊志先生不再担任公司总经理职务，由肖鹰先生代为履行公司总经理职责。 |
| 国通信托 | 是 | 1 | 报告期内，经董事会审议通过，聘任黄健旋先生担任公司副总裁、首席风险官，方灏先生不再担任公司副总裁、首席风险官。2019 年 2 月 21 日，中国银保监会湖北监管局核准黄健旋先生担任公司副总裁、首席风险官的任职资格（鄂银保复[2019]200 号）。 |
| 国投泰康信托 | 是 | 2 | 2017 年 7 月 26 日，公司第五届董事会第十四次会议同意聘任包态群先生为公司总经理助理。2018 年 6 月 1 日包态群先生经北京银监局核准任职资格后正式履职。<br>2018 年 9 月 21 日，公司第六届董事会第三次会议同意聘任高嵩女士为公司总经理助理。2018 年 11 月 13 日高嵩女士经北京银监局核准任职资格后正式履职。 |
| 国元信托 | 否 | — | — |
| 杭州工商信托 | 是 | 1 | 公司原总裁丁建萍先生因个人原因于 2018 年 9 月提请辞职，第八届董事会第三次会议审议通过《关于公司高级管理人员变更的议案》，同意丁建萍先生的辞职，丁建萍先生不再担任公司总裁等职务，聘任丁建萍先生为公司首席顾问；同意由资产管理总监江龙先生代为行使总裁职权。 |
| 湖南信托 | 是 | 3 | 2018 年 5 月 2 日，根据湖南财信金融控股集团有限公司有关干部任免文件精神，因工作需要，张仁兴同志不再担任公司董事会秘书职务。《关于公司原董事会秘书张仁兴同志任期经济责任审计报告》经 2018 年 7 月 24 日召开的公司第四届董事会第一百零四次临时会议审议通过。<br>2018 年 5 月 3 日，公司董事会收到副总裁张林新同志的辞职报告，因个人原因，张林新同志申请不再担任公司副总裁。根据《公司法》和《公司章程》等有关规定，张林新同志的辞职报告自送达董事会之日起生效。《原副总裁张林新同志离任审计报告》经 2018 年 9 月 26 日召开的第四届董事会第十八次会议审议通过。<br>报告期内，2018 年 5 月 15 日，经第四届董事会第九十九次临时会议审议通过，聘任刘宛晨同志为湖南省信托有限责任公司总裁，聘任邓冰同志为湖南省信托有限责任公司董事会秘书、总裁助理；刘宛晨同志总裁任职资格，邓冰同志董事会秘书、总裁助理任职资格已获得监管机构湖南银监局核准（湘银监复[2018]170 号）。 |
| 华澳信托 | 是 | 1 | 2018 年 5 月 2 日，经董事会批准，原首席风控官高杰女士不再担任首席风控官职务，2018 年 7 月 18 日正式离职。<br>2018 年 5 月 2 日，经董事会批准，李爱民先生担任公司总裁助理，其任职资格于 2018 年 7 月 23 日经监管部门核准。 |

续表

| 公司简称 | 是否变更 | 变更次数 | 期内高管变更详情列示 |
|---|---|---|---|
| 华宝信托 | 是 | 3 | 2018 年 2 月，刘惠不再担任公司副总经理。<br>2018 年 5 月，杨一鎏任公司总经理助理。<br>2018 年 7 月，张轶任公司总经理。 |
| 华宸信托 | 是 | 2 | 甄学军同志不再担任公司总经理职务，范永胜同志不再担任公司副总经理职务。 |
| 华能信托 | 否 | — | — |
| 华融信托 | 是 | 1 | 经 2018 年第 23 次临时董事会审议通过，同意任庞洪梅为公司总经理，免去叶天放总经理（拟任）职务。 |
| 华润信托 | 是 | 1 | 2018 年 10 月，董事会聘任张宏山为公司总经理助理；同年 12 月，张宏山总经理助理任职资格经中国银行保险监督管理委员会深圳监管局核准。 |
| 华鑫信托 | 是 | 1 | 经董事会研究，北京银监局核准，王晓波、吉学斌担任公司副总经理，刘伟担任公司财务总监。<br>赵远波不再担任公司副总经理、总法律顾问。 |
| 华信信托 | 是 | 2 | 报告期内，侯宇辞去副总裁职务；叶凌风辞去副总裁、董事会秘书职务。 |
| 吉林信托 | 是 | 1 | 报告期内，吉林省人民政府任命郃戈同志为吉林省信托有限责任公司董事长，并免去其吉林省信托有限责任公司总经理职务。 |
| 建信信托 | 是 | 4 | 因工作调整，吴振广于 2018 年 8 月不再担任首席风险官（常务副总裁）；王宝魁于 2018 年 10 月不再担任总裁职务。<br>经监管核准，孙庆文自 2019 年 3 月起任总裁、执行董事；周志賽、吴宁、黎代福自 2019 年 4 月起任副总裁。 |
| 江苏信托 | 是 | 1 | 2018 年 11 月 20 日，江苏银保监局筹备组核准严珊为公司副总经理（苏银保监筹[2018]277 号）。 |
| 交银国际信托 | 是 | 1 | 2018 年 12 月，公司召开董事会，聘任李依贫为公司总裁，聘任唐云岳为公司副总裁。 |
| 金谷信托 | 否 | — | — |
| 昆仑信托 | 是 | 1 | 姚飞辞去副总裁职务。 |
| 陆家嘴信托 | 是 | 3 | 公司原总经理丁文忠因个人原因于 2017 年 12 月向公司提出辞职。2018 年 1 月 11 日，公司召开了第三届董事会第二十一次会议，批准《关于解聘丁文忠总经理职务并聘请崔斌担任总经理的议案》，解除丁文忠总经理职务并聘请崔斌担任总经理。2018 年 2 月 8 日，青岛银监局下发《青岛银监局关于核准崔斌陆家嘴国际信托有限公司董事、总经理任职资格的批复》（青银监复[2018]33 号），核准崔斌总经理的任职资格。<br>公司副总经理舒榕怀于 2018 年 2 月 9 日退休，从 2018 年 2 月 10 日起不再担任公司副总经理职务。<br>2018 年 7 月 6 日，公司召开了第四届董事会第四次会议（临时会议），审议通过了《关于聘任公司副总经理的议案》《关于任免公司董事会秘书的议案》，同意聘任马家顺任公司副总经理、董事会秘书。2018 年 9 月 25 日，青岛银监局下发《青岛银监局关于核准马家顺陆家嘴国际信托有限公司副总经理、董事会秘书任职资格的批复》（青银监复[2018]166 号），核准马家顺陆家嘴国际信托有限公司副总经理、董事会秘书的任职资格。 |
| 平安信托 | 是 | 1 | 报告期内，因工作调整，郑建家、庞洪梅不再担任公司副总经理。 |
| 厦门国际信托 | 是 | 1 | 2018 年 2 月，公司召开全体党员大会选举产生第一届党委、纪委，公司风险总监兰文伟任党委委员、纪委书记，2018 年 5 月，经控股股东党委研究决定，兰文伟担任公司副职领导。 |
| 山东信托 | 是 | 3 | 公司原总经理万众先生由于任期届满，不再担任公司总经理职务。<br>公司于 2018 年 1 月 22 日召开一届二十三次董事会会议，审议通过了《关于聘任公司副总经理的议案》，同意聘任牛序成先生担任公司副总经理，其担任本公司副总经理的任职资格已于 2018 年 4 月 13 日获得山东银监局批准。<br>2018 年 7 月 10 日举行的 2018 年度第一次临时股东大会选举岳增先生为公司执行董事，并经董事会委任，担任公司总经理。岳增先生的总经理任职资格已于 2018 年 9 月 3 日经山东银监局核准。 |
| 山西信托 | 否 | — | — |
| 陕国投 | 是 | 3 | 公司董事会于 2019 年 3 月 22 日收到业务总监黄琨递交的书面辞职报告。黄琨女士因计划留学，申请辞去公司业务总监职务，辞职后不再担任公司任何职务。<br>2018 年 10 月 29 日，经公司第八届董事会第三十四次会议审议，决定聘任张仲和为公司业务总监。<br>2018 年 10 月 29 日，经公司第八届董事会第三十四次会议审议，决定聘任冯栋为公司投资总监。 |
| 上海信托 | 是 | 1 | 公司于 2018 年 9 月 6 日以通讯方式召开第六届董事会第二十三次会议，同意聘任严军同志为公司副总经理，并于 2018 年 10 月 25 日经上海银保监局筹备组核准任职资格后正式任职。 |
| 四川信托 | 否 | — | — |
| 苏州信托 | 否 | — | — |
| 天津信托 | 是 | 1 | 2019 年 2 月 15 日，中国银保监会天津监管局津银保监复[2019]62 号文正式核准付岩为天津信托有限责任公司总经理助理的任职资格，即日起，开始履行天津信托有限责任公司总经理助理职责。 |

续表

| 公司简称 | 是否变更 | 变更次数 | 期内高管变更详情列示 |
|---|---|---|---|
| 外贸信托 | 是 | 4 | 2018 年 10 月 17 日，中国外贸信托第六届董事会第二十三次会议通过决议：提名张一冰任中国外贸信托副总经理；提名秦江卫任中国外贸信托首席风控官、总法律顾问；提名王大为任中国外贸信托董事会秘书；免去李银熙担任的中国外贸信托总法律顾问职务；免去张一冰担任的中国外贸信托董事会秘书职务。张一冰、王大为的任职资格于 2018 年 11 月 26 日获北京银保监局筹备组核准；秦江卫的任职资格于 2018 年 11 月 29 日获北京银保监局筹备组核准。 |
| 万向信托 | 是 | 2 | 2018 年 7 月 12 日，经浙江银保监局批复，王波正式任命为副总裁。<br>2018 年 8 月 31 日，经浙江银保监局批复，余勇文正式任命为董事会秘书。 |
| 五矿信托 | 否 | — | — |
| 西部信托 | 否 | — | — |
| 西藏信托 | 否 | — | — |
| 新华信托 | 否 | — | — |
| 新时代信托 | 是 | 3 | 报告期内，副总裁王晓滨先生、总裁助理边涛先生因个人原因辞职；因工作调整，公司免去郑大刚先生副总裁、董事会秘书职务。公司聘请张亮先生为董事会秘书，其任职资格目前处于监管部门核准过程中。 |
| 兴业信托 | 是 | 1 | 经公司第五届董事会第十次会议审议通过，林艳女士因工作调整的原因，辞去公司财务总监职务。 |
| 英大信托 | 是 | 1 | 2018 年 6 月，经北京银监局核准，翟红卫担任公司董事会秘书。 |
| 粤财信托 | 是 | 2 | 公司原总经理王海先生因个人原因辞去总经理职务，不再担任公司总经理。因工作需要，公司原副总经理陈海珍女士不再担任公司副总经理，原总经理助理徐茹斌女士不再担任公司总经理助理。 |
| 云南信托 | 是 | 2 | 2018 年 3 月 1 日经《中国银监会云南监管局关于许荣华任职资格的批复》（云银监复[2018]26 号）批准，许荣华先生正式履行公司副总裁职责。<br>公司原总裁田泽望先生因个人原因辞去总裁职务，2018 年 9 月 6 日经《中国银监会云南监管局关于舒广任职资格的批复》（云银监复[2018]153 号）批准，舒广先生正式履行公司总裁职责。 |
| 长安信托 | 是 | 5 | 2018 年 3 月 30 日，公司董事会批准崔进才先生因个人原因辞去公司总裁职务。<br>2018 年 4 月 18 日，陈英先生因个人原因辞去公司常务副总裁职务；2018 年 4 月 19 日，唐乾山先生因个人原因辞去公司副总裁职务。鉴于公司换届，不再聘任陈英先生、唐乾山先生担任公司高级管理人员。<br>2018 年 4 月 23 日，公司第三届董事会第一次会议聘任张金顺先生为公司总裁，聘任方灏先生为公司常务副总裁，聘任瞿文康先生、张胜先生、袁政先生、黄海涛先生、喻福兴先生为公司副总裁，聘任黄立军先生、姜燕女士、傅齐先生为公司总裁助理，聘任谷林强先生为董事会秘书。袁政先生的任职资格于 2018 年 3 月 22 日经中国银行业监督管理委员会陕西监管局核准；张金顺先生、方灏先生的任职资格于 2018 年 6 月 20 日经中国银行业监督管理委员会陕西监管局核准；傅齐先生的任职资格于 2018 年 7 月 19 日经中国银行业监督管理委员会陕西监管局核准。<br>2018 年 11 月 6 日，公司董事会批准姜燕女士因个人原因辞去公司总裁助理职务。 |
| 长城新盛信托 | 否 | — | — |
| 浙金信托 | 是 | 3 | 经公司董事会审议通过，同意聘任张颖锋先生为公司总经理助理。中国银保监会浙江监管局于 2018 年 11 月 6 日核准张颖锋先生的总经理助理任职资格。<br>因工作调动需要，2018 年 11 月 15 日刘伟先生辞去副总经理职务。<br>因工作调动需要，2018 年 11 月 15 日曹学文先生辞去副总经理职务。 |
| 中诚信托 | 是 | 1 | 2018 年 7 月 16 日，取得《北京银监局关于核准沈树忠中诚信托有限责任公司财务总监任职资格的批复》（京银监复[2018]333 号），核准沈树忠为中诚信托有限责任财务总监。 |
| 中国民生信托 | 是 | 2 | 2018 年 3 月 14 日，解玉平因个人原因，不再担任公司副总裁职务。<br>2018 年 5 月 4 日，经第二届董事会第十二次会议审议通过，聘任罗苓宁为公司副总裁。 |
| 中海信托 | 是 | 1 | 2018 年 9 月 18 日，经公司第四届董事会第八次会议审议通过，免去黄晓峰公司总裁职务，聘任张德荣担任公司总裁职务。张德荣总裁任职资格已获原上海银保监局筹备组核准。 |
| 中航信托 | 是 | 1 | 2018 年 7 月，经第三届董事会第二次会议审议通过，并经江西银监局核准，周祺担任公司总会计师。 |
| 中建投信托 | 是 | 6 | 2018 年 3 月，经公司第三届董事会第四十次会议审议，同意解聘江峡公司副总经理职务。<br>2018 年 4 月，公司原总经理刘屹因个人原因向公司提出辞去总经理职务的申请。2018 年 5 月，经公司第三届董事会第四十二次会议审议，同意刘屹辞去总经理职务，暂由副总经理谭硕代为履职。<br>2018 年 6 月，公司收到浙江银监局下发的浙银监复[2018]184 号文件，核准张昳董事会秘书任职资格。<br>2018 年 7 月，公司收到浙江银监局下发的浙银监复[2018]201 号文件，核准高峻峰、邱旭天总经理助理任职资格。<br>2018 年 8 月，公司收到浙江银监局下发的浙银监复[2018]238 号文件，核准侯春枫首席风险官任职资格。<br>2018 年 11 月，公司收到浙江银保监局筹备组下发的浙银保监筹复[2018]151 号文件，核准谭硕总经理任职资格。 |
| 中江信托 | 否 | — | — |

续表

| 公司简称 | 是否变更 | 变更次数 | 期内高管变更详情列示 |
|---|---|---|---|
| 中粮信托 | 是 | 6 | 2018年1月，经公司董事会同意，拟增聘卢勇、宗亮、米佳担任公司总经理助理，该任职资格尚需监管部门核准。<br>2018年5月，因上级决定并因工作安排的原因，辛伟不再担任公司总经理，选聘吴浩军担任公司总经理，吴浩军总经理任职资格获得核准前，由公司时任副总经理陈德彪代为履行总经理职责。吴浩军总经理任职资格于2018年9月获得核准。<br>2018年6月，因工作调整，张瑜不再担任公司董事会秘书；公司董事会于2018年12月同意公司现任副总经理马建泽兼任董事会秘书，该任职资格尚需监管部门核准。<br>2018年9月、10月，经监管部门核准，公司提拔公司原总经理助理张勇、陈众、张文生担任副总经理，增聘张雪担任财务总监。<br>2018年12月，经监管部门核准，李永东到任公司副总经理兼首席风险官，陈德彪不再分管公司风控合规部、法律部及资产管理部事务。<br>2019年1月，因工作调整，陆吕佳、陈德彪均不再担任公司副总经理。 |
| 中融信托 | 是 | 1 | 2018年6月，刘伟器副总裁的工作变动，经第五届董事会第三十三次会议通过。 |
| 中泰信托 | 是 | 2 | 报告期内，公司原总裁周雄先生因个人原因向董事会提出辞职，原副总裁周旭先生、原财务总监李旻先生因个人健康原因向董事会提出辞职。经公司董事会审议通过，周雄先生不再担任公司总裁职务，公司副总裁陈乃道先生代为履行总裁职责，周旭先生不再担任公司副总裁职务，李旻先生不再担任公司财务总监职务。<br>报告期内，经公司董事会会议决定，并经上海银保监局筹备组核准，陈乃道先生就任公司总裁、万刚先生就任公司副总裁。 |
| 中铁信托 | 是 | 3 | 经公司第五届董事会第一次会议审议通过，李文众不再担任公司副总经理，任副巡视员。<br>因退休年龄，经公司第五届董事会第十一次会议审议通过，景开强不再担任公司总经理；王石不再担任公司副总经理，任副巡视员；陈赤不再担任公司副总经理。<br>经公司第五届董事会第十一次会议聘任，陈赤为公司总经理，严震为公司副总经理。2018年12月，中国银保监会四川监管局核准陈赤中铁信托有限责任公司总经理的任职资格；2019年1月，中国银保监会四川监管局核准严震中铁信托有限责任公司副总经理的任职资格。 |
| 中信信托 | 是 | 3 | 2018年1月，董事会聘任戴家凯为董事会秘书；8月，董事会聘任戴家凯为公司副总经理；上述任职资格已获得北京银保监局核准。<br>赵娜因工作变动不再担任公司副总经理。 |
| 中原信托 | 否 | — | — |
| 重庆信托 | 是 | 1 | 报告期内，公司董事会聘任祁绍斌先生、叶凌风先生为公司副总经理（副总裁），其副总经理（副总裁）任职资格已分别经重庆银保监局（原重庆银监局）《关于祁绍斌任职资格的批复》（渝银监复［2018］19号）、《关于叶凌风任职资格的批复》（渝银保监筹复［2018］44号）核准。报告期内，杨云先生不再担任公司副总经理（副总裁）。 |
| 紫金信托 | 是 | 1 | 2018年3月22日，公司第三届董事会第四次会议，通过《关于聘任公司副总裁的议案》，聘任长谷川宽树先生为公司副总裁。2018年10月8日，中国银保监会江苏监管局核准长谷川宽树先生紫金信托有限责任公司副总裁任职资格（苏银监复［2018］213号）。 |

## （二）公司及其董事、监事和高级管理人员受到处罚的情况

48家信托公司明确表示公司及其董事、监事和高级管理人员未受到处罚，另外20家公司受到了相关的处罚。公司及其董事、监事和高级管理人员受到处罚的情况详见表7－2－2。

**表7－2－2　2018年公司及其董事、监事和高级管理人员受到处罚的情况**

| 公司简称 | 是否受到处罚 | 处罚次数 | 期内处罚的详情列示 |
|---|---|---|---|
| 北方信托 | 是 | 1 | 2018年7月，中国人民银行天津分行对公司下达了行政处罚决定书，对公司作出罚款5万元的行政处罚。 |
| 北京信托 | 是 | 1 | 报告期内，公司因信托资产金融工具及信托贷款行业和企业规模划分有误等原因，被中国人民银行成都分行处以2万元罚款；公司董事、监事和高级管理人员未受到处罚。 |
| 光大兴陇信托 | 是 | 1 | 2018年6月12日，中国银监会甘肃监管局下发《行政处罚决定书》（甘银监罚［2018］6号），因将信托资金用于发放土地储备贷款而对公司作出罚款30万元的行政处罚决定。 |
| 国民信托 | 是 | 2 | 报告期内，公司收到了北京银保监局和其他行政机关下发的行政处罚决定共计2项。公司已足额缴纳罚款，并已对存在的问题进行了整改。 |
| 国投泰康信托 | 是 | 1 | 报告期内，北京银监局下发行政处罚信息公开表（京银监罚决字［2018］4号），公司因未按"穿透"原则向下识别底层资产合规性，被责令改正并给予30万元罚款的行政处罚。 |
| 湖南信托 | 是 | 1 | 报告期内，湖南银监局于2018年12月13日出具《行政处罚决定书》（湘银监罚决字［2018］44号），因公司违反了《中华人民共和国银行业监督管理法》第二十一条的规定，对公司作出罚款30万元的行政处罚。 |
| 华润信托 | 是 | 2 | 报告期内，中国银行保险监督管理委员会深圳监管局对公司作出行政处罚两次，处罚方式为罚款。除前述事项外公司及其董事、监事和高级管理人员没有受到监管部门处罚的情况发生。 |
| 金谷信托 | 是 | 1 | 根据北京银监局京银监罚决字［2018］3号文件处罚要求，公司已按要求执行。 |
| 陆家嘴信托 | 是 | 1 | 公司于2018年12月29日收到中国人民银行青岛市中心支行下发的行政处罚决定书，对公司客户身份识别、可疑交易报告存在的问题合计处罚45万元。 |
| 平安信托 | 是 | 1 | 报告期内，中国银行保险监督管理委员会深圳监管局对公司业务开展作出行政处罚一次，处罚方式为罚款。 |

续表

| 公司简称 | 是否受到处罚 | 处罚次数 | 期内处罚的详情列示 |
|---|---|---|---|
| 厦门国际信托 | 是 | 1 | 公司于2018年1月9日收到厦银监罚决字[2018]5号的行政处罚决定书，于2018年6月21日收到厦银监罚决字[2018]6号的行政处罚决定书，公司已按要求执行。除前述事项外，公司及其董事、监事和高级管理人员没有其他受到处罚的情况。 |
| 天津信托 | 是 | 1 | 2018年1月，天津银监局对公司2017年现场检查的存量业务中发现的证券信托结构化比例等个别问题，对公司作出行政处罚，处罚方式为罚款。公司董事、监事和高级管理人员无受到处罚情况。 |
| 外贸信托 | 是 | 1 | 公司于2017年7月7日收到国家外汇管理局北京外汇管理部的行政处罚决定书，因2014年9月取得境外投资额度后，在20个工作日内未到注册所在地外汇局办理合格投资者基本信息登记，被处以行政处罚2万元。公司已于2016年完成合格投资者基本信息登记。 |
| 万向信托 | 是 | 2 | 报告期内，公司董事、监事和高级管理人员未有受到处罚情形，浙江银保监局对公司两起通道类业务分别进行行政处罚20万元、30万元。 |
| 云南信托 | 是 | 1 | 2018年9月，因结构化证券投资信托产品优先受益人与劣后受益人投资资金配置比例超过规定比例要求、违规委托非金融机构推介信托产品，经《中国银监会云南监管局行政处罚决定书》（云银监罚决字[2018]20号）对公司作出罚款50万元的行政处罚。 |
| 中海信托 | 是 | 1 | 因公司原副总裁魏志刚涉嫌受贿，2016年7月26日，江苏省人民检察院决定对其指定居所监视居住；2016年9月8日，江苏省人民检察院决定对其刑事拘留；2016年9月23日，江苏省人民检察院决定对其逮捕；2017年11月6日，魏志刚被正式提起公诉；2018年5月8日，魏志刚案件开庭审理。<br>2016年7月29日起，公司党委会决定终止魏志刚在党内的表决权、选举权和被选举权等党员权利，暂停其行政、管理职务。 |
| 中航信托 | 是 | 1 | 2018年12月，江西银监局对公司出具了《行政处罚决定书》（赣银监罚决字[2018]25号）。针对公司存在“个别固有资金投资信托计划受托人为唯一受益人、固有资金受让劣后信托收益权成为信托计划劣后受益人、优先委托人与劣后委托人投资资金比例超过2:1的结构化股票投资信托计划屡次延期且比例不断扩大”等三项违法违规行为，处以行政罚款。 |
| 中江信托 | 是 | 1 | 2018年4月16日，江西银监局《行政处罚决定书》（赣银监罚决字[2018]1号），涉及公司于2016年9月20日成立的金马491号景东县银生水务公司贷款集合资金信托计划。江西银监局认定公司开展此笔贷款集合资金信托计划违规要求地方政府提供担保，属于违反审慎经营规则的行为，处以30万元罚款。 |
| 中原信托 | 是 | 1 | 报告期内，公司收到中国银行保险监督管理委员会河南监管局下发的《行政处罚决定书》（豫银监罚决字[2018]26号）《行政处罚决定书》（豫银监罚决字[2018]27号），因公司未按监管要求计提拨备及以固有财产与信托财产进行交易给予行政处罚并处以60万元罚款。目前公司已完成整改。除前述事项外，公司及董事、监事和高级管理人员没有受到处罚的情况。 |
| 紫金信托 | 是 | 1 | 2018年1月17日，中国银监会江苏监管局下发《行政处罚决定书》（苏银监罚决字[2018]5号），认定公司存在违规以固有资产进行股权投资的事实，对公司作出罚款60万元的行政处罚。截至报告期末，公司已全部缴纳该罚款。 |

## 三、人员结构分析

对年报中所披露的信托公司人员构成来看，各信托公司普遍拥有一定比例的博士研究生、硕士研究生及本科以上学历的人员，行业从业人员的整体素质较好。就从业经历而言，大多数人员基本具备了相应的业务经验和一定的专业理财能力。岗位分布包括前台一线业务部门、中台二线业务管理部门、后台三线综合管理部门三个层次。其中，前台一线业务部门包括信托公司自营、信托业务中直接为客户提供服务的部门，如自营资产管理、运作部门；信托业务的产品研发、营销部门等；中台二线业务管理部门包括直接为公司自营及信托业务运作提供支持、进行管理与监督的部门，如研究、风险控制、财务核算、稽核审计、信息技术、法律等部门；后台三线综合管理部门包括除一线、二线以外的其他部门，如人力资源部门、行政管理部门、工会、党办、机关党委等。总体来说，信托公司目前的人员构成基本合理。

### （一）员工数量分析

**表7-3-1　2018年末员工人数前五名信托公司情况**

| 序号 | 公司简称 | 人数（人） |
|---|---|---|
| 1 | 中融信托 | 804 |
| 2 | 四川信托 | 734 |
| 3 | 中信信托 | 683 |
| 4 | 长安信托 | 659 |
| 5 | 陕国投 | 599 |

**表 7-3-2　2018 年末员工人数后五名信托公司情况**

| 序号 | 公司简称 | 人数(人) |
|---|---|---|
| 1 | 中泰信托 | 130 |
| 2 | 西藏信托 | 104 |
| 3 | 长城新盛信托 | 101 |
| 4 | 国联信托 | 81 |
| 5 | 华宸信托 | 80 |

## (二)年龄构成分析

### 1. 全体员工的年龄构成

2017 年 68 家公司披露的员工总人数为 20 563 人,有 2 家没有披露具体的人员年龄段构成。通过对其余 66 家公司人员年龄构成分析可以看出,20~29 岁的人数占 29. 71%,30~39 岁的人数占 49. 82%,40 岁以上的人数占 20. 46%。人员年龄汇总分析见表 7-3-3。

**表 7-3-3　信托公司人员年龄汇总分析**

| 年龄段 | 2018 年员工人数(人) | 所占比例(%) | 2017 年员工人数(人) | 所占比例(%) |
|---|---|---|---|---|
| 20~29 岁 | 5 453 | 27. 91 | 6. 072 | 29. 71 |
| 30~39 岁 | 10 127 | 51. 83 | 9 182 | 49. 82 |
| 40 岁以上 | 3 959 | 20. 26 | 4 182 | 20. 46 |
| 小计 | 19 539 | 100. 00 | 19 436 | 100. 00 |
| 统计公司数量 | 66 | | 67 | |
| 员工总人数 | 20 145 | | 20 142 | |

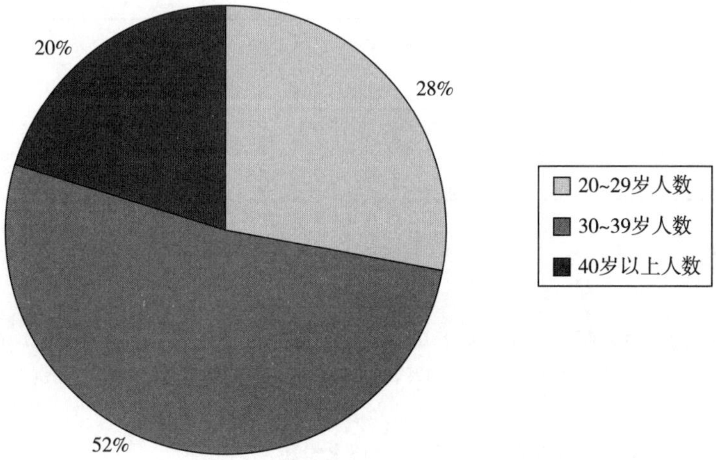


**图 7-3-1　2018 年员工年龄汇总分析**

### 2. 高级管理人员年龄构成分析

2018 年 68 家信托公司的高级管理人员总人数为 463 人,平均每家 6. 81 人;2017 年 68 家信托公司的高管总人数为 467 人,平均每家 6. 86 人;2018 年各信托公司的平均高管人数略小于 2017 年的平均高管人数。

通过对 68 家公司高级管理人员年龄构成的分析可以看出,主要集中在 40 岁以上的年龄段,占 92. 01%。高管年龄汇总分析见表 7-3-4。

**表 7-3-4　信托公司高级管理人员年龄汇总分析**

| 分类 | 2018 年末人数(人) | 占比(%) | 2017 年末人数(人) | 占比(%) |
|---|---|---|---|---|
| 20~29 岁 | — | — | — | — |
| 30~39 岁 | 37 | 7. 99 | 38 | 8. 14 |
| 40~49 岁 | 253 | 54. 64 | 263 | 56. 32 |
| 50 岁以上 | 173 | 36. 93 | 166 | 35. 55 |
| 小计 | 463 | 100. 00 | 467 | 100. 00 |

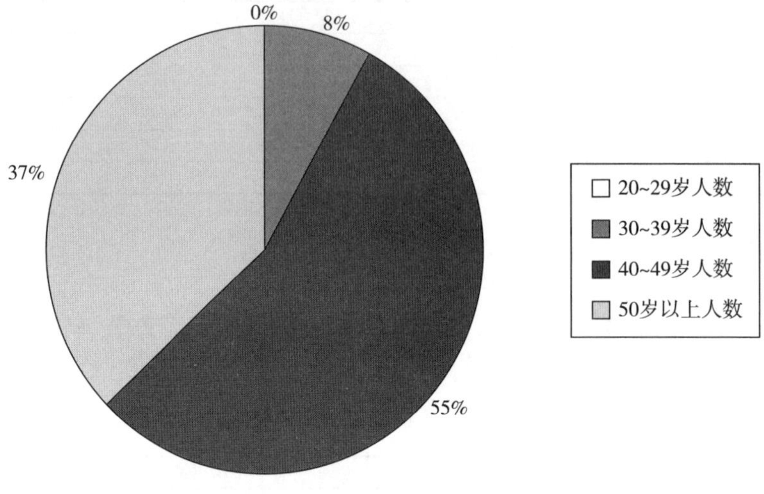


图7-3-2 2018年末高管人员年龄汇总分析

## (三)高管人员性别构成分析

2018年68家信托公司的高管人员总人数为463人,男性从业人员占78.40%,比2017年有所提高。高管人员性别汇总分析见表7-3-5。

表7-3-5 2018年末68家信托公司高管人员性别汇总分析

| 分类 | 2018年末人数(人) | 占比(%) | 2017年末人数(人) | 占比(%) |
|---|---|---|---|---|
| 男性 | 363 | 78.40 | 365 | 78.16 |
| 女性 | 100 | 21.60 | 102 | 21.84 |
| 小计 | 467 | 100.00 | 467 | 100.00 |

## (四)学历构成分析

### 1. 员工的学历构成

2018年68家公司披露的员工总人数为20 563人,员工学历结构比较分析见表7-3-6。与2017年相比较,2018年其他类人员学历的比例下降了0.11%,大专人员的比例下降了1.04%,本科的比例下降了3.07%,硕士的比例上升了4.17%,博士的比例基本持平。

表7-3-6 2018年、2017年披露的信托公司员工学历结构比较分析

| 学历 | 2018年 | | 2017年 | | 2018年与2017年学历结构比较(%) |
|---|---|---|---|---|---|
| | 人数(人) | 比例(%) | 人数(人) | 比例(%) | |
| 其他 | 151 | 0.75 | 174 | 0.86 | -0.11 |
| 大专 | 841 | 4.17 | 1 049 | 5.21 | -1.04 |
| 本科 | 8 488 | 42.13 | 9 104 | 45.20 | -3.07 |
| 硕士 | 10 250 | 50.88 | 9 408 | 46.71 | 4.17 |
| 博士 | 415 | 2.06 | 407 | 2.02 | 0.04 |
| 总计 | 20 145 | 100.00 | 20 142 | 100.00 | |

### 2. 高管人员的学历构成

68家信托公司中,2家未在年报中披露高管人员学历构成,2家高管人员的人数为10人。2018年66家信托公司高管的学历构成分析见表7-3-7。与2017年情况相比较,2018年高管人员中博士的比例有所提高。

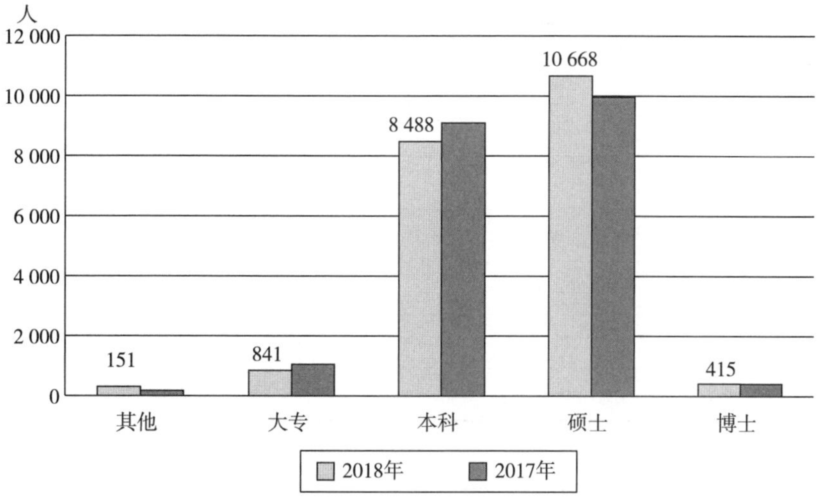


图7－3－3　员工学历结构比较分析

表7－3－7　高管人员学历结构与上年比较分析

| 学历 | 2018 年 | | 2017 年 | | 2018 年与 2017 年学历结构比较(%) |
|---|---|---|---|---|---|
| | 人数(人) | 比例(%) | 人数(人) | 比例(%) | |
| 其他 | 0 | 0.00 | 1 | 0.22 | -0.22 |
| 大专 | 8 | 1.77 | 6 | 1.31 | 0.46 |
| 本科 | 134 | 29.58 | 140 | 30.63 | -1.05 |
| 硕士 | 258 | 56.95 | 261 | 57.11 | -0.16 |
| 博士 | 53 | 11.70 | 49 | 10.72 | 0.98 |
| 总计 | 4 | 100.00 | 457 | 100.00 | |

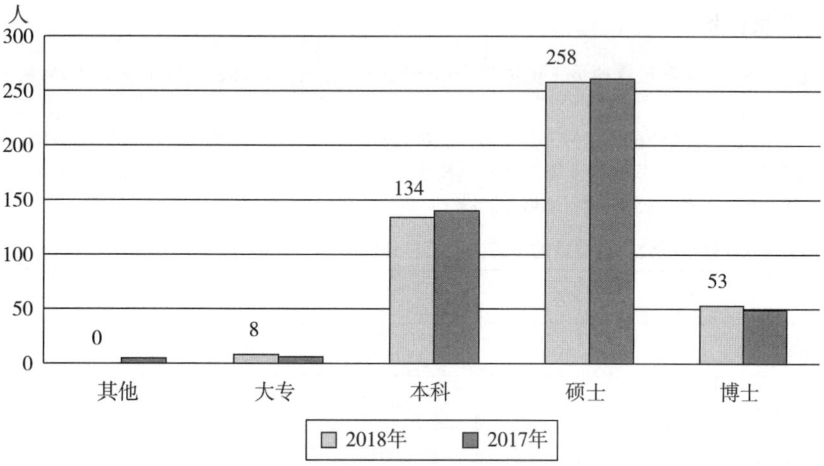


图7－3－4　高管人员学历结构比较分析

## (五)高管人员从业年限结构分析

68 家信托公司中,3 家公司未在年报中披露高管人员从业年限结构,3 家高管人员人数为 19 人。在披露的65 家信托公司中,从业年限 15 年以上的高管人员人数高于上年。高管人员从业年限与上年结构分析详见表 7－3－8。

表 7-3-8　2018 年末信托公司高管人员从业年限与上年结构分析

| 从业年限 | 2018 年 | | 2017 年 | | 2018 年与 2017 年从业年限比较(%) |
|---|---|---|---|---|---|
| | 人数(人) | 比例(%) | 人数(人) | 比例(%) | |
| 3 年以下 | 6 | 1.34 | 5 | 1.12 | 0.22 |
| 3~4 年 | 2 | 0.45 | 5 | 1.12 | -0.67 |
| 5~8 年 | 27 | 6.03 | 31 | 6.94 | -0.91 |
| 9~14 年 | 76 | 16.96 | 79 | 17.67 | -0.71 |
| 15 年以上 | 337 | 75.22 | 327 | 73.15 | 2.07 |
| 合计 | 448 | 100.00 | 447 | 100.00 | |

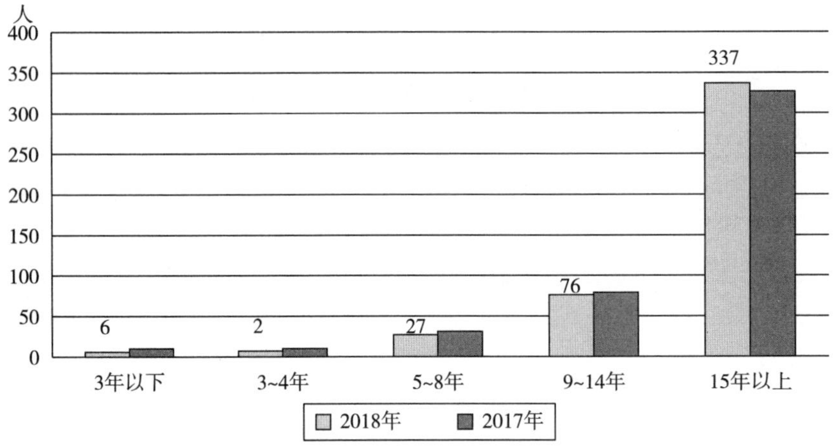


图 7-3-5　高管人员从业年限结构分析

## (六)员工岗位汇总分析

2018 年,68 家信托公司中,有 3 家披露的员工岗位构成中未区分自营业务人员和信托业务人员,1 家公司未披露员工岗位情况。

分析中,3 家披露员工岗位但未区分自营业务人员和信托业务人员的公司员工,我们全部统计在了信托业务人员中,员工岗位汇总分析见表 7-3-9。2018 年末信托公司自营业务人员与信托业务人员占公司人数的 60.74%,为主要的员工;董事、监事及高管人员占公司人数的 3.17%,其他人员占公司人数的 36.09%。

表 7-3-9　2018 年末 68 家信托公司已披露的员工岗位汇总分析

| 分类 | 人数(人) | 结构比例(%) |
|---|---|---|
| 董事、监事及高管人员 | 634 | 3.17 |
| 自营业务人员 | 1 286 | 6.43 |
| 信托业务人员 | 10 865 | 54.31 |
| 其他人员 | 7 220 | 36.09 |
| 合计 | 20 005 | 100.00 |

注:此表中的高管人员人数合计与前述表中的差异是公司部分高管人员及职工监事分别为信托业务人员和其他人员。

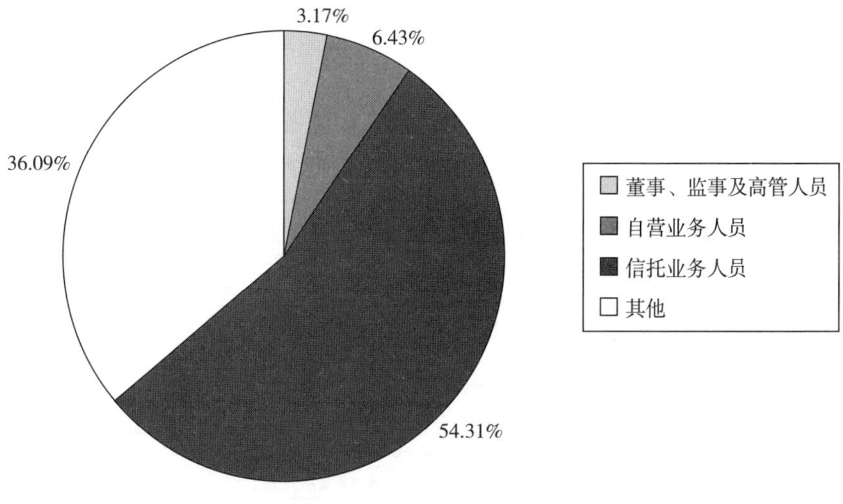


图7－3－6　员工岗位汇总分析

表7－3－10　2018年末披露的信托公司各岗位与效益分析

| | 自营业务 | 信托业务 |
|---|---|---|
| 人数(人) | 1 286 | 10 865 |
| 营业收入(万元) | 12 550 104.17 | 108 445 087.22 |
| 人均营业收入(万元) | 9 759.02 | 9 981.14 |
| 净利润(万元) | 6 055 950.42 | 93 029 903.61 |
| 人均净利润(万元) | 4 709.14 | 8 562.35 |
| 资产总额(万元) | 114 077 419.14 | 2 272 212 476.98 |
| 人均资产总额(万元) | 88 707.17 | 209 131.38 |

对68家披露了员工岗位构成的信托公司2018年从事自营业务和信托业务的人员与业务经营效益进行分析后可以得出：

1. 从事自营业务人员的人均营业收入为9 759.02万元，比从事信托业务人员的人均营业收入9 981.14万元少222.12万元。

2. 从事自营业务人员的人均净利润为4 709.14万元，比从事信托业务人员的人均净利润8 562.35万元少3 853.21万元。

3. 从事自营业务人员的人均资产总额为88 707.17万元，比从事信托业务人员的人均资产总额209 131.38万元少120 424.21万元。

这里应当指出的是，自营业务数据是经过审计的，而信托业务数据未经审计，该因素可能会给数据的计算带来差异。

## 四、信托公司聘请律师事务所的情况分析

68家信托公司中，有17家没有披露聘请律师事务所的相关情况，1家明确表示没有聘任律师事务所，其余50家披露了聘请的律师事务所的名称及其地址。在50家披露了律师事务所情况的信托公司中，山东信托、紫金信托聘请了两家律师事务所，厦门国际信托聘请了三家律师事务所，金谷信托聘请了五家律师事务所。信托公司年度律师事务所聘请情况见表7－4－1。

表7－4－1　2018年信托公司披露的年度律师事务所聘请情况

| 公司简称 | 年度律师事务所 | 律师事务所地址 |
|---|---|---|
| 爱建信托 | 未披露 | 未披露 |
| 安信信托 | 未披露 | 未披露 |
| 百瑞信托 | 北京市金杜律师事务所 | 北京市朝阳区东三环中路1号环球金融中心东楼18层 |
| 北方信托 | 未披露 | 未披露 |
| 北京信托 | 北京市华贸硅谷律师事务所 | 北京市朝阳区慧忠路5号远大中心C座17层 |
| 渤海信托 | 未披露 | 未披露 |
| 大业信托 | 中伦文德律师事务所 | 北京市朝阳区西坝河南路1号金泰大厦19层 |
| 东莞信托 | 山东鲁宁律师事务所 | 青岛市崂山区深圳路179号华沃大厦T1栋5层 |
| 光大兴陇信托 | 北京德恒律师事务所 | 北京市西城区金融街19号富凯大厦B座12层 |

续表

| 公司简称 | 年度律师事务所 | 律师事务所地址 |
|---|---|---|
| 国联信托 | 江苏漫修律师事务所 | 江苏省无锡市智慧路18号智慧大厦607室 |
| 国民信托 | 北京观韬中茂律师事务所 | 北京市西城区金融大街5号新盛大厦B座18层 |
| 国通信托 | 北京六明律师事务所 | 北京市朝阳区光华路7号汉威大厦东区15层15A1 |
| 国投泰康信托 | 北京天达共和律师事务所 | 北京市朝阳区东三环北路8号亮马河大厦1座20层 |
| 国元信托 | 中天恒律师事务所 | 安徽省合肥市濉溪路287号金鼎广场A座8层 |
| 杭州工商信托 | 浙江天册律师事务所 | 浙江省杭州市杭大路1号黄龙世纪广场A座11楼 |
| 湖南信托 | 未披露 | 未披露 |
| 华澳信托 | 无 | 无 |
| 华宝信托 | 上海市锦天城律师事务所 | 上海市浦东新区花园石桥路33号花旗集团大厦14楼 |
| 华宸信托 | 未披露 | 未披露 |
| 华能信托 | 北京中盛律师事务所 | 北京市朝阳区建外大街永安东里甲3号通用国际中心1号楼A座23层 |
| 华融信托 | 北京德恒律师事务所 | 北京市西城区金融街19号富凯大厦B座12层 |
| 华润信托 | 广东经天律师事务所 | 深圳市滨河大道5022号联合广场A座25层 |
| 华鑫信托 | 北京德恒律师事务所 | 北京市西城区金融大街19号富凯大厦B座12层 |
| 华信信托 | 辽宁双护律师事务所 | 大连市沙河口区西安路90号广荣大厦1601室 |
| 吉林信托 | 吉林开晟律师事务所 | 长春市绿园区普阳街128号晨光国际大厦B座14楼 |
| 建信信托 | 未披露 | 未披露 |
| 江苏信托 | 江苏世纪同仁律师事务所 | 江苏省南京市北京西路26号4～5楼 |
| 交银国际信托 | 上海市锦天城律师事务所 | 上海市浦东新区银城中路501号上海中心大厦 |
| 金谷信托 | 北京市中伦律师事务所 | 北京市朝阳区建国门外大街甲6号SK大厦31/36/37层 |
|  | 北京市环球律师事务所 | 北京市朝阳区建国路81号华贸中心1号写字楼15层 |
|  | 北京市京都律师事务所 | 北京市朝阳区景华南街5号远洋光华国际C座23层 |
|  | 北京植德律师事务所 | 北京市东城区东直门南大街1号来福士中心办公楼5层 |
|  | 北京市中凯律师事务所 | 北京市东城区安德路大街甲61号红都商务中心6层B1－616室 |
| 昆仑信托 | 上海市锦天城律师事务所 | 上海市浦东新区银城中路501号上海中心大厦11层、12层 |
| 陆家嘴信托 | 上海市锦天城律师事务所 | 上海市浦东新区银城中路501号上海中心大厦11楼 |
| 平安信托 | 未披露 | 未披露 |
| 厦门国际信托 | 上海锦天城（厦门）律师事务所 | 厦门市思明区展鸿路82号厦门金融中心大厦23层 |
|  | 福建天衡联合律师事务所 | 厦门市厦禾路666号海翼大厦A栋16层、17层 |
|  | 福建闽翔律师事务所 | 福建省厦门市嘉禾路298号（吕厝福隆国际大厦）702室 |
| 山东信托 | 上海市锦天城律师事务所 | 上海浦东新区花园石桥路33号 |
|  | 方达律师事务所 | 香港中环康乐广场8号交易广场1期26楼 |
| 山西信托 | 北京大成（太原）律师事务所 | 太原市长风西街16号万国城MOMA16号楼3层 |
| 陕国投 | 未披露 | 未披露 |
| 上海信托 | 锦天城律师事务所 | 上海市浦东新区银城中路501号上海中心大厦12层 |
| 四川信托 | 泰和泰律师事务所 | 成都高新区天府大道中段199号棕榈泉国际中心16～17楼 |
| 苏州信托 | 江苏新天伦律师事务所 | 苏州工业园区苏桐路37号（星海街口）四号楼3～4楼 |
| 天津信托 | 未披露 | 未披露 |
| 外贸信托 | 未披露 | 未披露 |
| 万向信托 | 未披露 | 未披露 |
| 五矿信托 | 未披露 | 未披露 |
| 西部信托 | 北京金诚同达律师事务所西安分所 | 西安市沣惠南路华晶广场B座15层 |
| 西藏信托 | 北京市嘉源律师事务所 | 北京市西城区复兴门内大街158号远洋大厦F408 |
| 新华信托 | 未披露 | 未披露 |
| 新时代信托 | 大信会计师事务所<br>内蒙古炳鸿律师事务所 | 北京市海淀区知春路一号学院国际大厦15层<br>包头市青山区恒源银座25层 |
| 兴业信托 | 未披露 | 未披露 |
| 英大信托 | 北京市兰台律师事务所 | 北京市朝阳区曙光西里甲1号第三置业大厦B座29层 |
| 粤财信托 | 广东君信律师事务所 | 广州市农林下路83号广发银行大厦20楼 |
| 云南信托 | 云南八谦律师事务所 | 云南省昆明市滇池路914号摩根道5栋 |

续表

| 公司简称 | 年度律师事务所 | 律师事务所地址 |
|---|---|---|
| 长安信托 | 北京市康达(西安)律师事务所 | 西安市雁塔区太白南路139号云图中心十五层 |
| 长城信托 | 北京中简律师事务所 | 北京市西城区朗琴国际b座1115 |
| 浙金信托 | 上海锦天城律师事务所 | 上海市浦东新区花园石桥路33号花旗集团大厦14楼 |
| 中诚信托 | 未披露 | 未披露 |
| 中国民生信托 | 未披露 | 未披露 |
| 中海信托 | 上海市锦天城律师事务所 | 上海市浦东新区花园石桥路33号花旗大厦14层 |
| 中航信托 | 北京市君泽君律师事务所 | 北京市西城区金融大街9号金融街中心南楼六层 |
| 中建投信托 | 浙江天册律师事务所 | 浙江省杭州市杭大路1号黄龙世纪广场A座11楼 |
| 中江信托 | 江西豫章律师事务所 | 江西省南昌市红谷中大道1402号 |
| 中粮信托 | 北京市君泽君律师事务所 | 北京市西城区金融大街9号金融街中心南楼6层 |
| | 北京市君泽君(上海)律师事务所 | 上海市杨高南路729号陆家嘴世纪金融广场13楼 |
| 中融信托 | 中伦律师事务所上海分所 | 上海市浦东新区世纪大道8号国金中心二期10~11楼 |
| 中泰信托 | 上海市锦天城律师事务所 | 上海市浦东新区银城中路501号上海中心大厦11层、12层 |
| 中铁信托 | 泰和泰律师事务所 | 成都市高新区天府大道中段199号棕榈泉国际中心16楼、17楼 |
| 中信信托 | 北京市嘉源律师事务所 | 北京市西城区复兴门内大街158号远洋大厦F407室 |
| 中原信托 | 北京市大成律师事务所郑州分所 | 郑州市商务外环路20号海联大厦4层 |
| 重庆信托 | 重庆索通律师事务所 | 重庆市渝中区瑞天路56号企业天地4号楼九层 |
| 紫金信托 | 锦天城律师事务所(上海) | 上海市浦东新区花园石桥路33号花旗集团大厦14楼 |
| | 北京中伦律师事务所 | 北京市建国门外大街甲6号SK大厦36~37层 |

# 2018年度各公司年度报告

# 安徽国元信托有限责任公司

## 1. 重要提示

1.1　本公司董事会及董事保证本报告所载资料不存在任何虚假记载、误导性陈述或者重大遗漏，并对其内容的真实性、准确性和完整性承担个别及连带责任。

1.2　未有董事对年度报告内容的真实性、准确性和完整性无法保证或存在异议的情况。

1.3　本公司独立董事蒋敏、王昊、朱艳声明，保证年度报告内容的真实、准确、完整。

1.4　天职国际会计师事务所（特殊普通合伙）根据中国注册会计师审计准则对本公司年度财务报告进行审计，出具了标准无保留意见的审计报告。

1.5　本公司董事长许斌、总裁许植、总会计师朱先平及计划财务部总经理陈红原声明，保证本年度报告中财务报告的真实、完整。

## 2. 公司概况

### 2.1　公司简介

2.1.1　公司法定中文名称：安徽国元信托有限责任公司
中文名称缩写：国元信托
公司法定英文名称：Anhui Guoyuan Trust Co. ,Ltd.
英文名称缩写：Guoyuan Trust

2.1.2　法定代表人：许斌

2.1.3　注册地址：安徽省合肥市庐阳区宿州路20号
邮政编码：230001
公司国际互联网网址：www. gyxt. com. cn
电子信箱：xtbgs@ gyxt. com. cn

2.1.4　公司信息披露事务负责人：虞焰智
联系电话：(0551)62631010
传真：(0551)62620261
电子信箱：yuyanzhi@ gyxt. com. cn

2.1.5　公司选定的信息披露报纸：《上海证券报》

2.1.6　公司年度报告备置地点：安徽省合肥市庐阳区宿州路20号17层及公司网站

2.1.7　公司聘请的会计师事务所：天职国际会计师事务所（特殊普通合伙）
住所：北京市海淀区车公庄西路19号外文文化创意园12号楼

2.1.8　公司聘请的律师事务所：中天恒律师事务所
住所：安徽省合肥市濉溪路287号金鼎广场A座八层

### 2.2　组织结构

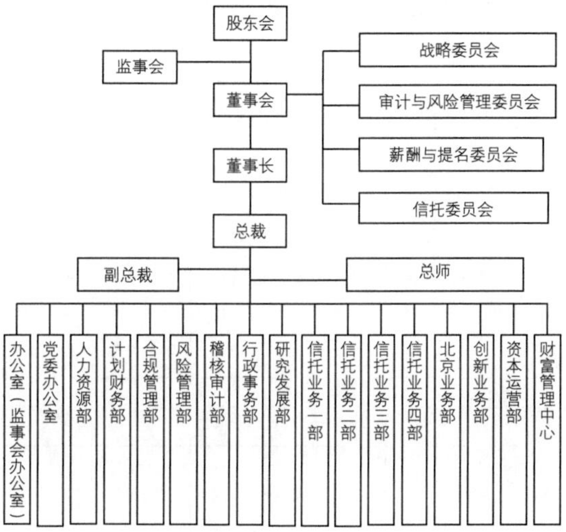


## 3. 公司治理

### 3.1　股东

报告期末股东总数7个，前3个股东为安徽国元金融控股集团有限责任公司、深圳中海投资管理有限公司、安徽皖投资产管理有限公司。其中，安徽国元金融控股集团有限责任公司和安徽皖投资产管理有限公司为国有独资公司。

| 股东名称 | 持股比例(%) | 法人代表 | 注册资本(万元) | 注册地址 | 主要经营业务及主要财务情况 |
|---|---|---|---|---|---|
| 安徽国元金融控股集团有限责任公司 | 49.6875 | 李　工 | 300 000.00 | 安徽省合肥市蜀山区梅山路18号 | 经营国家授权的集团公司及所属控股企业全部国有资产和国有股权，资本运营、资产管理、收购兼并等。2018年末，资产总额为10 241 389.76万元，负债为6 155 348.80万元，归属于母公司所有者权益为1 393 869.34万元，归属于母公司净利润为28 603.94万元。 |
| 深圳中海投资管理有限公司 | 40.375 | 陈晓峰 | 265 000.00 | 深圳市罗湖区翠竹街道翠竹路2058号旭飞华达园裙楼三楼309-3A | 股权投资、投资管理、受托资产管理，建筑、投资项目咨询、监理，房地产、国内贸易等。2018年末，资产总额为465 640.84万元，负债为67 262.34万元，所有者权益为398 378.50万元，净利润为11 820.26万元。 |

续表

| 股东名称 | 持股比例(%) | 法人代表 | 注册资本(万元) | 注册地址 | 主要经营业务及主要财务情况 |
|---|---|---|---|---|---|
| 安徽皖投资产管理有限公司 | 9 | 李家宏 | 100 000.00 | 安徽省合肥市包河区望江东路46号皖投置业园办公楼 | 管理、经营、处置托管资产及不良资产，股权、债权投融资业务，资产管理及项目服务，投资咨询服务。2018年末，资产总额为127 916万元，负债为769万元，所有者权益为127 147万元，净利润为3 134万元。 |
| 安徽皖维高新材料股份有限公司 | 0.625 | 吴福胜 | 192 589.47 | 安徽省巢湖市巢维路56号 | 各种高低聚合度和醇解度的PVA系列产品、高强高模聚乙烯醇纤维、超高强高模PVA短纤及长丝、PVA水溶性纤维、聚乙烯醇薄膜、PVB树脂、可再分散性乳胶粉、黏合剂用相关产品、聚乙烯醇强力纱、涤纶纤维、聚酯切片、聚醋酸乙烯乳液、高档面料、水泥、石灰的制造、销售，工业与民用建筑工程施工三级（建筑分公司经营），设备安装，机械加工，铁路轨道衡计量经营，建筑用石料、水泥用混合材、化工产品的生产与销售，自营和代理各类商品和技术的进出口业务。2018年末，资产总额为917 097.25万元，负债为454 830.06万元，所有者权益为460 763.72万元，净利润为13 010.34万元。 |
| 安徽新力金融股份有限公司 | 0.1875 | 吴　昊 | 48 400.00 | 安徽省巢湖市长江西路269号 | 互联网信息服务，投资管理及咨询等。2018年末，资产总额为564 490.36万元，负债为460 706.02万元，所有者权益为103 784.34万元，净利润为5 297.13万元。 |
| 安徽国生电器有限责任公司 | 0.0625 | 于　伟 | 2 100.00 | 安徽省合肥市庐阳区沿河路106号 | 家电销售、维修及服务，房屋租赁等。2018年末，资产总额为29 419.69万元，负债为23 932.94万元，所有者权益为5 486.75万元，净利润为－1 052.93万元。 |
| 安徽省信用担保集团有限公司 | 0.0625 | 钱　力 | 1 076 600.00 | 合肥市蜀山区怀宁路288号安徽担保大厦（置地投资广场B座） | 贷款担保、票据承兑担保、贸易融资担保、项目担保、信用证担保业务等。2018年末，资产总额为2 412 135.36万元，负债为520 839.69万元，所有者权益为1 891 295.66万元，净利润为－8 195.64万元。 |

## 3.2 董事和独立董事

董事

| 姓名 | 职务 | 性别 | 年龄(岁) | 选任日期 | 所推举的股东名称 | 该股东持股比例(%) | 简要履历 |
|---|---|---|---|---|---|---|---|
| 许　斌 | 董事长 | 男 | 55 | 2018年4月24日 | 金控集团 | 49.6875 | 历任安徽大学教师，安徽省国际信托投资公司法律部主任，国元集团法律部主任，国元信托总部总经理、监事长，国元集团总法律顾问；现任国元集团党委委员、副总经理兼任国元信托党委书记、董事长。 |
| 芦　辉 | 董事 | 女 | 57 | 2018年4月24日 | 金控集团 | 49.6875 | 历任安徽省国际信托投资公司计划财务部科长、副经理，国元集团计划财务部经理、副总会计师；现任国元集团总会计师。 |
| 许　植 | 董事 | 男 | 51 | 2018年4月24日 | 金控集团 | 49.6875 | 历任安徽大学教师，安徽省国际信托投资公司、国元信托部门副总经理、总经理，国元信托副总裁、总裁；现任国元信托董事、总裁。 |
| 庞金营 | 董事 | 男 | 51 | 2018年4月24日 | 中海投资 | 40.375 | 历任中国海外集团有限公司财务资金部助理总经理、副总经理、总经理；现任中海物业集团有限公司执行董事、副总裁。 |
| 陈德有 | 董事 | 男 | 48 | 2018年4月24日 | 中海投资 | 40.375 | 历任中建总公司党校辅导员、鸿达大厦项目财务负责人、资金部律师，中建电子公司办公室负责人，北京建孚律师事务所兼职律师，中海集团中星网（北京）财务负责人、财务资金部助理总经理，中海集团助理总法律顾问兼法律事务部总经理；现任中海地产集团公司副总裁。 |
| 于上游 | 董事 | 男 | 59 | 2018年4月24日 | 中海投资 | 40.375 | 历任中国黑龙江国际经济技术合作公司海外投资管理项目经理，中国建筑工程总公司高级经济师，中国海外集团有限公司财务资金部副总经理，中海财务有限公司董事及总经理，中国海外金融投资有限公司副董事长，深圳市中海投资管理有限公司副总经理，中海工银中国投资管理有限公司副总裁兼合规主管，中国海外宏洋集团有限公司执行董事；现任中国海外集团金融业务部总经理。 |

独立董事

| 姓名 | 所在单位及职务 | 性别 | 年龄(岁) | 选任日期 | 所推举的股东名称 | 该股东持股比例(%) | 简要履历 |
|---|---|---|---|---|---|---|---|
| 蒋　敏 | 安徽天禾律师事务所合伙人 | 男 | 53 | 2018年4月24日 | 金控集团 | 49.6875 | 1987年9月至1990年7月，安徽大学法律系研究生，法学硕士学位；1990年研究生毕业后进入法律事务所从事专职律师工作。 |
| 王　昊 | 南京审计大学审计科学研究院副院长、研究员 | 男 | 52 | 2018年4月24日 | 中海投资 | 40.375 | 1986年7月至1999年11月任南京大学科技处科员、副主任科员，科技开发部副主任；1999年11月至今任南京审计大学科研处副处长、处长，经管实验中心主任，审计信息工程重点实验室主任，审计科学研究院副院长，研究员。 |
| 朱　艳 | 上海念桐投资管理有限公司总裁 | 女 | 38 | 2018年4月24日 | 金控集团 | 49.6875 | 2003年至2012年任华普天健会计师事务所审计项目经理、审计部门经理；2012年至2017年任华普天健会计师事务所审计合伙人；荣获“全国注册会计师行业审计工作岗位能手”及全国“青年岗位能手”称号；现任上海念桐投资管理有限公司总裁。 |

## 3.3 监事

| 姓名 | 职务 | 性别 | 年龄(岁) | 选任日期 | 所推举的股东名称 | 该股东持股比例(%) | 简要履历 |
|---|---|---|---|---|---|---|---|
| 徐景明 | 监事长 | 男 | 55 | 2018年4月24日 | 金控集团 | 49.6875 | 历任肥东县人民银行副股长、股长、副行长、行长,人民银行合肥中心支行合作处副处长,人民银行淮北市中心支行副行长,淮北银监分局局长,安徽银监局政策法规处处长、非银处处长,国元信托副总裁;现任国元信托监事长、纪委书记。 |
| 陈浩 | 监事 | 男 | 32 | 2018年4月24日 | 中海投资 | 40.375 | 2007年7月至2011年7月任中海地产苏州公司财务资金部财务主管、高级财务主管,2011年7月至2012年9月任中国海外集团有限公司财务资金部财务经理,2012年9月至2014年7月任中国海外集团有限公司财务资金部高级财务经理;2014年7月至今任中国海外集团有限公司财务资金部助理总经理。 |
| 宋菊芳 | 监事 | 女 | 54 | 2018年4月24日 | 职工监事 | — | 历任中国农业银行芜湖市支行营业部会计股长、内勤主任,安徽省国际信托投资公司长江路营业部副主任、合肥分公司财务部经理,国元信托机构信托部、稽核审计部科长、业务经理、高级业务经理、计划财务部副总经理;现任国元信托风险管理部副总经理。 |

## 3.4 高级管理人员

| 姓名 | 职务 | 性别 | 年龄(岁) | 选任日期 | 金融从业年限(年) | 学历 | 专业 | 简要履历 |
|---|---|---|---|---|---|---|---|---|
| 许植 | 总裁 | 男 | 51 | 2018年4月24日 | 20 | 硕士 | 法学 | 历任安徽大学教师,安徽省国际信托投资公司、国元信托部门副总经理、总经理,国元信托副总裁、总裁;现任国元信托董事、总裁。 |
| 黄庆兵 | 副总裁 | 男 | 52 | 2018年4月24日 | 22 | 硕士 | 工商管理 | 历任南京大学工程师,直属机关团总支副书记,华泰证券投资银行部业务经理、高级经理、投资银行业务内核委员,中海财务公司助理总经理,中国海外金融投资公司助理总经理,深圳中海投资助理总经理;现任国元信托副总裁。 |
| 魏世春 | 副总裁 | 男 | 48 | 2018年4月24日 | 26 | 硕士 | 政治经济学 | 历任安徽省信托投资公司综合计划部科员、营业部副主任、办公室副主任、资金计划部副经理、经理,国元信托董事会秘书兼计划财务部总经理、总经济师;现任国元信托副总裁。 |
| 朱先平 | 总会计师 | 男 | 52 | 2018年4月24日 | 21 | 本科 | 工业管理工程 | 历任巢湖东风矿副科长、科长、副矿长,安徽省国际信托投资公司部门副经理、国元信托稽核部经理、计划财务部总经理、董事会秘书;现任国元信托总会计师。 |
| 虞焰智 | 董事会秘书 | 男 | 54 | 2018年4月24日 | 21 | 本科 | 计算机 | 历任合肥炮兵学院教员,安徽省国际信托投资公司电脑中心副主任;国元证券网上经纪业务部副总经理、国元信托信息技术部总经理、办公室主任、人力资源部总经理;现任国元信托董事会秘书。 |
| 程碧波 | 副总裁 | 女 | 52 | 2018年4月24日 | 21 | 硕士 | 工商管理 | 历任安徽省国际信托投资公司投资咨询公司副总经理、证券研究部总经理,国元信托信托业务二部总经理,国元信托总裁助理;现任国元信托副总裁。 |
| 陈康 | 副总裁 | 男 | 48 | 2018年4月24日 | 27 | 本科 | 法学 | 历任安徽省国际信托投资公司法律事务部业务主任,国元信托法律事务部副主任、风险及合规管理部总经理;现任国元信托副总裁。 |

## 3.5 公司员工

| 项目 | | 2018年 | | 2017年 | |
|---|---|---|---|---|---|
| | | 人数(人) | 比例(%) | 人数(人) | 比例(%) |
| 年龄分布 | 25岁以下 | — | — | — | — |
| | 25~29岁 | 28 | 17.28 | 25 | 16.13 |
| | 30~39岁 | 53 | 32.72 | 50 | 32.26 |
| | 40岁以上 | 81 | 50 | 80 | 51.61 |
| 学历分布 | 博士 | 1 | 0.62 | 1 | 0.65 |
| | 硕士 | 70 | 43.21 | 61 | 39.35 |
| | 本科 | 70 | 43.21 | 70 | 45.16 |
| | 专科 | 21 | 12.96 | 23 | 14.84 |
| | 其他 | — | — | — | — |
| 岗位分布 | 董事、监事及高管人员 | 10 | 6.17 | 10 | 6.45 |
| | 自营业务人员 | 8 | 4.94 | 8 | 5.16 |
| | 信托业务人员 | 80 | 49.38 | 78 | 50.32 |
| | 其他人员 | 64 | 39.51 | 59 | 38.07 |

# 4. 经营管理

## 4.1 经营方针、战略规划

### 4.1.1 经营方针

公司的经营方针是坚持"依法合规、稳健经营"理念,深入贯彻落实监管各项决策部署,围绕提升公司核心竞争力,在防范化解金融风险的基础上,加快推进业务转型,不断提高主动管理能力和直销能力,推动信托回归本源,服务实体经济和地方建设发展,实现公司持续、稳定、健康发展。

### 4.1.2 战略规划

中期目标:2019—2021年,努力将公司发展成为具有市场影响力、形象良好、资产优良、业务创新能力强、专业化水平高、服务质量好、管理体制灵活、富有竞争力的现代金融企业,发挥党委领导作用,达到完善的公司法人治理结构、规范化的经营管理制度、专业化的公司员工队伍和回归本源的业务定位,进而将公司建设成为区域综合优势明显的信托公司。

长期目标:以将公司建设成为植根地方、辐射全国,服务地方、服务广大社会投资者的行业先进的财富管理机构为战略目标,成长为内部管理更规范、业务结构更合理、创新能力强、区域综合优势明显的金融服务机构。

## 4.2 所经营业务的主要内容

公司业务主要分为信托业务和固有业务两个大类,信托业务主要从事资金信托、财产信托、股权信托、财务顾问等业务,业务品种主要包括集合资金信托、单一资金信托、财产权信托,按运用方式分为贷款、交易性金融资产、持有至到期投资和长期股权投资等；固有业务主要包括贷款、股权投资和金融产品投资等业务。

自营资产运用与分布表

| 资产运用 | 金额（万元） | 占比（%） | 资产分布 | 金额（万元） | 占比（%） |
|---|---|---|---|---|---|
| 货币资产 | 3 909.94 | 0.53 | 基础产业 | 50 200.00 | 6.74 |
| 贷款及应收款 | 151 182.05 | 20.30 | 房地产业 | 62 463.51 | 8.39 |
| 交易性金融资产 | 5 034.54 | 0.68 | 证券市场 | 34 080.75 | 4.58 |
| 可供出售金融资产 | 69 836.86 | 9.38 | 实业 | 105 756.83 | 14.20 |
| 持有至到期投资 | 20 000.00 | 2.69 | 金融机构 | 482 678.22 | 64.83 |
| 长期股权投资 | 337 606.13 | 45.34 | 其他 | 9 361.50 | 1.26 |
| 其他 | 156 971.29 | 21.08 | | | |
| 资产总计 | 744 540.81 | 100.00 | 资产总计 | 744 540.81 | 100.00 |

注：其他资产中主要项目包括买入返售金融资产、固定资产、无形资产、递延所得税资产。

信托资产运用与分布表

| 资产运用 | 金额（万元） | 占比（%） | 资产分布 | 金额（万元） | 占比（%） |
|---|---|---|---|---|---|
| 货币资产 | 135 331.73 | 0.68 | 基础产业 | 9 609 327.28 | 48.59 |
| 贷款及应收款 | 12 871 921.31 | 65.09 | 房地产业 | 255 807.00 | 1.29 |
| 交易性金融资产 | 104 065.00 | 0.53 | 证券市场 | 104 065.00 | 0.53 |
| 可供出售金融资产 | 0.00 | 0 | 实业 | 4 198 923.39 | 21.23 |
| 持有至到期投资 | 4 697 193.40 | 23.75 | 金融机构 | 5 063 227.45 | 25.60 |
| 长期股权投资 | 1 601 753.71 | 8.10 | 其他 | 544 955.09 | 2.76 |
| 其他 | 366 040.06 | 1.85 | | | |
| 资产总计 | 19 776 305.21 | 100.00 | 资产总计 | 19 776 305.21 | 100.00 |

## 4.3 市场分析

### 4.3.1 影响公司业务发展的有利因素

国内宏观经济延续了稳中有进、稳中向好的发展态势，整体形势好于预期，经济活力、动力及潜力不断释放，稳定性、协调性及可持续性明显增强，实现了平稳健康发展。2018 年，国内生产总值达到 90 万亿元，较 2017 年增长 6.6%。

截至 2018 年末，信托行业管理的信托资产规模达到 22.70 万亿元，比年初下降 13.5%。控制规模增长，提高发展质量，巩固风险防控，进一步回归信托本源，助力实体经济，深入开展转型创新，呈现出发展新格局。

公司牢固坚持“依法合规、稳健经营”理念，严格落实监管要求，强化风险防范，提升内控管理，积极推进转型创新，努力提升主动管理能力，稳中求进，保持公司持续稳定发展。

### 4.3.2 影响公司业务发展的不利因素

国内经济形势仍面临不少困难和挑战，在经济结构变革、新旧动能转换的重要时期，还存在很多不确定、不稳定的因素，提质增效任重道远。

信托行业处于转型和强监管的大环境下，利润总额增速总体放缓，行业分化进一步加剧，专业化管理水平和核心竞争力仍有待提高。

公司创新能力不足，政信合作业务集中度偏高，存在一定程度的通道业务路径依赖，创新能力、资产管理和财富管理能力仍需加强。

## 4.4 内部控制

### 4.4.1 内部控制环境和内部控制文化

公司建立了由股东会、董事会、监事会和高级管理层组成的分工明确、权责对应、合理制衡的公司治理结构，实现了“三会一层”的治理体系规范运作。

公司董事会下设战略委员会、审计与风险管理委员会、薪酬与提名委员会、信托委员会四个专业委员会，通过加强对公司长期发展战略、重大投资决策和风险控制、高管任职与考核、信息披露等方面的管理和监督，进一步完善了治理结构，促进了董事会科学高效决策。

公司内设部门设置健全，职责清晰，建立起多部门联动的内部控制格局和风险隔离机制，加强全流程内控管理，有效防范各类风险。

公司不断加强内部控制文化建设，通过开展一系列以“案防、征信、信息安全、反洗钱、制度和业务操作”为主题的学习培训、合规文化建设活动，使全体员工全面掌握应知应会的内控要求和相关业务操作流程，牢固树立“依法合规，稳健经营”理念，形成了审慎稳健、勤勉尽责、理性创新、全员参与的内部控制和风险管理文化。

为加大宣传力度，公司内网专设了政策法规、合规建设、监管文件、规章制度等专栏，及时向全体员工传递最新的法律法规及监管政策，不断强化员工的职业操守和合规理念。

### 4.4.2 内部控制措施

公司业务流程包括前台业务部门、中台合规风控部门、后台职能支持三大模块，前台、中台、后台不相容岗位职责分离，基本形成了事前防范、事中控制、事后监督和纠正的内控机制。

4.4.2.1 绩效考评控制

公司建立和实施绩效考核办法，科学设置考核指标，并于每年年初为各部门制定年度考核目标，年末进行考核和客观评价。

公司将合规类指标纳入董事会对公司的经营业绩考核指标中，并按照监管要求的“合规、风险指标要显著高于其他类指标的原则”修订公司的《绩效考核办法》，合理设置考评指标和权重，提高内控、合规、风险管理类指标分值；将内部控制执行与评价纳入合规类指标；将反映公司风险状况及变动趋势的指标纳入风险指标；将案防工作纳入考核指标。

4.4.2.2 授权审批控制

公司各级管理人员按照规章制度要求，在授权范围内行使职权和承担责任。

根据监管要求，结合实际，公司制定了《内部控制评价暂行办法》《内部控制管理暂行办法》《内部授权管理暂行办法》，并印发实施。

4.4.2.3 不相容岗位职责分离控制

公司业务流程严格按照前台、中台、后台划分，按照监管要求和公司制度、操作规程、业务指引、风险偏好，前台负责业务受理、初审及具体操作，包括尽职调查、审批后的合同签署、产品发售、后续管理和客户服务等工作；中台贯穿业务决策程序和管理环节，负责项目合法合规性审查、风险控制审查、议事决策、业务综合管理和过程控制，与前台部门共同完成事前防范和事中控制；后台负责财务管理、信息化支持、行政保障、人力资源管理和审计监督，实现内控流程的后端控制。

4.4.2.4 预算控制

公司每年年初开展预算工作，要求各部门在客观分析经济形势的基础上，合理确定部门年度预算。同时，公司年度考评中将年初预算作为年度考核的重要指标，强化预算约束。

4.4.2.5 财产保全控制

公司建立财产日常管理机制和定期清查机制，采取财产记录、实物保管、定期盘点、账实核对等措施，确保财产安全。

4.4.2.6 会计系统控制

财务部门按照国家颁布的会计准则进行会计核算，严格履行会计监督职能，认真执行财务会计制度，通过规范的账务处理流程、可靠的会计凭证、完整的账簿登记、严格的信息核对保障公司各项经营管理活动能够通过会计信息得到准确反映。

4.4.2.7 运营分析控制

公司定期召开经营分析工作会议，通过对外部经营环境与内部经营管理活动进行分析，发现存在的问题，分析原因，提出改进建议，为公司制定年度业务工作指引提供依据。

报告期内，为切实落实监管要求，公司修订、制定了《稽核审计制度》《全面风险管理办法(试行)》《内部控制评价暂行办法》《内部控制管理暂行办法》《高级管理人员年度考核办法》《流动性风险管理办法》《资产风险分类管理规定(试行)》《适当性管理办法》《征信管理规定》《集合资金信托业务关联交易信息披露细则》等31项制度，进一步健全内控管理体系。通过不断完善风险管理与控制制度和控制流程，有效地减少了经营活动全过程的风险控制薄弱环节。

报告期内，公司根据宏观经济形势、监管政策的变化，按照资管新规要求，修订了《集合资金信托业务尽职调查指引》及尽职调查报告书模板、标准合同文本等，并成立了资管新规学习领导小组，分专题进行研究讨论，积极应对资管新规，顺应监管导向。

通过上述内控措施，进一步保障公司在严守合规底线的前提下稳健发展。

**4.4.3 信息交流与反馈**

4.4.3.1 内部信息传达机制

公司及时印发各类文件和规章制度，并在办公内网上开辟《重要通知》《公司文件》《最新来文》《信托研究》《法律园地》《合规建设》《信托业务制度及流程》等栏目，能够及时将最新的法律法规、监管要求、行业动态及本单位的经营和风险状况传递给员工。

4.4.3.2 信息报告机制

通过总裁办公会、季度经营形势分析会、项目管理工作交流汇报会、各部门工作情况汇报以及定期、不定期会议等形式，各部门及各岗位能将经营过程中存在的重大问题及时向高级管理层报告，管理层定期向董事会、监事会、股东和监管部门报告。

4.4.3.3 外部沟通机制

公司注重加强与监管部门的沟通和汇报，定期报送财务报表、统计报表、年度财务报告、项目发行与管理报告等，真实、完整、准确、及时地反映公司经营管理状况，重大事项及时汇报请示，就内外部审计情况、风险状况、经营情况及时向监管部门沟通、报告。此外，公司积极参加业内举行的各种研讨会，加强业内交流与合作。

公司严格按照法律法规和《公司章程》的规定，根据监管机构的要求，真实、准确、及时、完整地披露了2018年度报告。通过公司网站、媒体等途径及时向客户公开披露公司经营状况、信托财产管理状况等信息，并根据文件约定向相关利益人提交书面文件，披露相关信息。此外，公司还通过电话、电子邮件、微信平台等途径与投资者进行交流。报告期内，公司内控制度得到有效执行，未发生因违反内控制度对公司财务状况、经营成果产生重大影响的事项。

**4.4.4 监督评价与纠正**

4.4.4.1 内部审计监督机制

内审部门是公司的内部稽核审计监督机构，具有独立性，由董事长直接分管。内部专项审计主要包括内部控制风险管理审计、反洗钱工作审计、征信管理工作审计及集合信托项目审计等均按照年度计划如期开展。内部审计能及时、全面、准确地发现公司内控存在的缺陷与隐患，及时以审计报告、专项报告等形式向公司报告。

4.4.4.2 外部审计监督机制

公司年报审计会计师事务所为天职国际会计师事务所(特殊普通合伙)，由董事会选聘，该会计师事务所执业记录良好。公司2018年度审计报告中审计意见为标准无保留意见。

4.4.4.3 内部控制的评价机制

公司每年对内部控制的建设和执行情况进行检查评价，出具年度内部控制评价报告，评价结果能真实反映公司的内控水平。

4.4.4.4 内部控制的纠正机制

公司内外部检查、审计发现的问题能得到限期整改，公司制定有岗位问责和重大事故责任追究制度，并能有效落实。

## 4.5 风险管理

公司始终坚持“依法合规、稳健经营”的理念，通过建立职责分工合理的组织架构，制定健全的内部规章制度，将现代风险管理技术与传统风险管理方法相结合，对可能产生的风险及时作出响应，并采取事前防范、事中控制、事后处置等措施，有效控制风险事件，强化公司内部管理。2018年，公司进一步完善风险管理专项内控制制度。全年，公司风险管理工作有序开展，保障了公司业务稳健发展。

**4.5.1 信用风险**

公司信用风险应对措施主要通过对交易对手的尽职调查进行事前控制，以交易结构设计、风险定价、设定担保、项目跟踪管理、风险监测等手段防范和监督交易对手信用风险变化，具体包括以下几个方面。

一是交易前，根据最新监管要求，公司制定并严格执行尽职调查工作指引等制度。2018年，公司根据《关于规范金融机构资产管理业务的指导意见》(银发[2018]106号，以下简称资管新规)的相关要求，对原有尽职调查工作指引、贷款标准化合同文本等进行了修订、完善。新的尽职调查工作指引进一步细化了尽职调查工作的相关内容，体现了公司作为受托人的受托理念，为科学评估交易对手履约意愿与能力、担保措施有效性等提供了制度保障。

二是审查阶段，固有项目与集合项目建立了三级评审体系，对业务进行集体评审与决策，提出风险控制具体要求。

三是管理阶段，公司对存续项目进行分类管理，对于固有项目与主动管理类集合项目，公司按照合同约定与公司规定全面收集融资方、担保方等交易对手的经营和财务数据，了解其异常变动情况等，定期对企业或者项目进行现场检查，对于风险较大的行业与业务类型，加大现场检查频率，监测项目风险状况及抵(质)押物价值变化情况。对于事务管理类信托，公司严格按照《中国银监会办公厅关于信托公司风险监管的指导意见》（银监办发［2014］99号）的要求，根据信托文件的约定与委托人（受益人）的指令，履行账户管理、收益分配等信托合同约定事务的管理职责。同时，公司加强项目风险监测与预警，要求项目经理在后续管理过程中，对于发现的各种影响项目安全运行的风险信号严格按照公司要求及时在内网上填报“风险信号预警报送单”；风险管理部定期监测项目本息回收情况，不定期监测各业务部门项目风险预警信号，建立预警项目风险监测台账，加强该类项目的风险监测。此外，公司建立到期项目检查交流汇报会与重点项目督办会工作机制，项目经理与业务部门负责人定期汇报到期项目兑付工作安排情况与存续单一项目管理情况，风险管理部、稽核审计部作为独立第三方汇报到期项目的非现场检查情况；对于已出现风险的项目，公司领导定期督办处置工作进展，多途径保障存续项目安全运行、督促风险项目尽快化解。

截至2018年末，公司管理信托资产规模为1 977.63亿元，其中集合信托规模为423.44亿元，单一信托规模为1 554.19亿元；2018年，公司结清信托项目158个，资金规模为1 289.44亿元，其中集合项目20个，规模为67.99亿元，单一项目138个，规模为1 221.45亿元。2018年，公司新增风险项目7个，风险资产规模合计为303 686万元；化解或部分化解风险项目8个，风险资产规模合计为281 353.23万元，其中全部化解的风险项目5个，风险资产规模为258 233.12万元；部分化解的风险项目3个，风险资产规模为23 120.11万元。2018年末，公司存续的信托风险项目5个，资产规模合计96 065.89万元，较年初净增加2个，风险资产规模净增加22 332.77万元。上述存续的信托风险项目虽均为事务管理类单一资金信托，项目投资风险均由委托人（受益人）或信托财产承担，公司无须承担项目的实质风险，但仍牢固树立红线意识，切实履行受托人的责任与义务，严格依法依规依责，高度重视并做好处置工作。

为进一步加强资产风险分类，准确反映资产风险状况，2018年，公司制定了《资产风险分类管理规定（试行）》。截至2018年末，公司固有业务中信用不良资产为17 004.67万元，较年初增加了6 992.06万元。2018年末，固有不良资产包括4个逾期贷款项目，金额合计11 863.42万元；投资的资管计划为1 990万元；非金融企业股权为2 470万元；应收利息和其他应收款为681.25万元。上述不良资产中次级类为7 000.74万元、可疑类为2 470万元、损失类为7 533.93万元。

根据监管要求，公司对存续信托项目也进行了资产风险分类。截至2018年末，公司信托业务中不良资产为58 990万元，其中损失类为29 990万元、可疑类为29 000万元。

**4.5.2 市场风险**

公司市场风险主要表现在开展资产管理业务与固有业务过程中，投资于有公开市场价值的金融产品或者其他产品时，因股价、市场汇率、利率及其他产品价格变动，金融产品或者其他产品的价值发生波动导致资产遭受损失的可能性。公司主要采取以下措施以应对市场风险。

一是及时识别、计量、监测和控制市场风险，将市场风险控制在公司可承受的范围之内，实现风险可控前提下的效益最大化。

二是对市场风险较高的业务采取极为审慎的态度开展。截至2018年末，公司信托业务中，未开展主动管理类诸如私募阳光化有价证券信托等证券市场投资类信托，也未开展投资货币市场的主动类信托业务。固有业务中，开展自营股票投资业务控制在相对较小的额度内。2018年，证券投资业务主要为参与新股网下配售，目前为无风险投资；未开展市场风险敏感度较高的金融衍生品投资业务及外汇交易业务。截至2018年末，公司固有业务中购买股票、基金及公司以外的信托产品合计14 098.86万元，占所有者权益的2.04%。固有资金主要用于投资金融股权中高流动性、低风险的金融产品及固定收益型产品。

三是严格按照国家产业政策和监管要求进行资金投放。对于主营业务为参与地方建设的政府背景类企业合作业务，公司严格按照监管要求与市场化原则规范开展，明确风险缓释措施，进行区域限额管理与单笔业务限额管理。对于产能过剩行业，公司高度关注该行业的市场情况、融资方实力及资金真实用途等，截至2018年末，公司固有资金和信托资金均未投向产能过剩项目。对于房地产项目，公司高度关注房地产市场情况、融资方实力及项目区位，采取审慎的态度开展该类业务，截至2018年末，公司存续房地产信托业务8笔，资金规模为255 807万元，其中集合业务1笔，资金规模为37 907万元；单一业务7笔，资金规模为217 900万元，均为事务管理类业务。固有业务中房地产贷款业务1笔，资金规模为14 700万元。上述房地产项目均运行正常，未发现影响项目安全运行的风险因素。

四是按监管要求开展房地产相关业务压力测试。2018年8～9月，公司按照监管要求及公司文件规定，对截至2018年6月末的存续的房地产相关业务开展压力测试，测试结果表明：公司表内外房地产相关业务风险总体处于可控范围内。

**4.5.3 流动性风险**

公司严格按照《信托公司管理办法》等监管规定，加强负债业务管理。为进一步规范公司流动性风险管理，2018年6月，公司制定了《流动性风险管理规定》，按该制度要求，计划财务部按时编制资金预算表，通过测算和分析未来一定时期的资产及负债的现金流、或有资产及或有负债的潜在现金流等，制定流动性补充计划，安排资金来源和运用，保障公司经营的持续、稳健。截至2018年末，公司带息负债总额为16 000万元，除此之外，公司未开展其他融资性负债业务。公司流动性风险主要表现在公司虽有清偿能力，却无法及时获得充足资金或无法以合理成本及时获得充足资金以满足下列情形：一是不能按期清偿到期债务；二是无法按计划投放固有项目；三是信托项目不能按期清算、分配，公司应承担赔偿责任时的资金需求。对此，公司主要采取以下措施应对流动性风险。

第一，计划财务部门定期进行资金需求测算，做好流动性安排。

第二，保持固有业务足够的可变现资产，做好因未尽管理职责，信托项目出现风险时，需以固有资金进行赔付的准备。

第三，项目设计时，根据还款方的现金流及债务情况合理安排项目期限，避免项目还款方出现流动性风险。

第四，项目管理阶段，根据还款方经营管理情况，预测其现金流，特别是到期前3个月、1个月、7天、3天四个时点还款资金安排情况，强化尽职管理，避免出现因尽职管理不到位，导致项目出现风险，需以固有资金进行赔付的情形。

第五，制订并落实《恢复与处置计划》，建立流动性补足机制。

第六，按监管要求开展流动性压力测试。2018年8～9月，公司按照《流动性风险管理规定》，对2018年1～6月公司整体流动性进行压力测试,测试结果表明:风险缓释后,在轻度与中度压力情景下,公司均不存在现金流缺口;在重度压力情景下,公司现金流存在一定缺口,但若剔除公司根据固有资金结余情况自主决定的资金投放计划影响,在重度压力情景下,公司现金流也不存在缺口。

#### 4.5.4 操作风险

公司操作风险主要表现在因公司治理、内控机制失效或因员工出现失误、欺诈等问题。操作风险表现在信托业务和固有业务的整个管理过程中,公司主要采取以下措施应对操作风险。

一是按照"规范管理、制度先行"的原则开展各类业务,确保每项业务在尽职调查、受理申请、交易结构设计、审查审批、营销签约、项目管理、清算分配等各阶段全流程合法合规。2018 年,为进一步提升公司自主管理能力,公司主动按照资管新规要求,修订、完善了部分与业务相关的内控制度,如《集合资金信托业务尽职调查指引》《集合资金信托业务信息披露管理办法》《适当性管理办法》《信托产品代理销售暂行规定》等。同时,为加强内部管控,公司还修订、完善了部分综合管理相关制度,如《全面风险管理办法(试行)》《稽核审计制度》《资产风险分类管理规定(试行)》《案件防控工作管理制度》等。下一步,公司将继续加强制度建设、强化内部管控,防范操作风险。

二是建立了职责分离、相互监督制约的内控机制。公司建立和完善了有效的投资决策机制,实行严格的复核审核程序。

三是通过监管部门监督检查与公司内部风险排查工作,查找经营管理中的不足,补缺补漏,及时整改经营管理过程中不合规、不完善之处。2018 年,监管部门对公司开展现场检查两次。同时,公司风险管理部门根据监管要求开展了多项风险排查,主要包括对季度风险排查、银行业市场乱象整治工作、规范经营与风险提示相关排查、银信合作业务情况的排查、不良资产批量转让及与地方资产管理公司业务合作情况的排查、重点领域风险情况调研、存量政府性融资业务的排查与调研等;稽核审计部门作为后台部门,加强对集合项目的审计和反洗钱、征信管理工作的专项审计等。通过上述内外检查,有效防范项目风险与操作风险,及时补缺补漏。

四是强化考核问责,依据公司岗位问责制度,对监管要求与公司制度执行不力的部门与人员进行问责处罚,强化员工合规操作意识。

#### 4.5.5 案件风险

公司高度重视案件防控工作,强化案防工作的组织领导。具体采取以下措施防范案件风险:

一是进一步梳理、完善《案件防控工作管理办法》,在原有制度的基础上,进一步明确了监事会对董事会和高管层落实案防工作职责的监督功能。同时,制订了 2018 年案件防控工作计划,明确了全年案件防控工作重点及案件风险防范措施。

二是强化合规、廉洁教育。2018 年,公司组织开展了多场与"合规"相关的全员学习培训活动,加强对有关法律、法规、监管政策及公司管理制度的学习,使员工全面掌握应知应会的监管要求和公司内控制度。同时,公司高度重视反腐倡廉、廉洁从业教育,加强全体员工对经营风险、道德风险防范工作的长期性、艰巨性、必要性和重要性的认识。公司结合"讲严立"专题警示教育,组织员工观看"徽商集团窝案"教育片等,召开组织生活会,对照"讲严立"专题开展批评与自我批评等。此外,公司开展员工廉洁风险隐患排查,强化员工合规与廉洁从业意识,防范员工欺诈或利用开展业务之机牟取不当的利益。

三是开展多项案件风险相关排查工作。2018 年,公司根据监管要求和 2018 年案件防控工作计划安排,主要开展了季度合规风险排查、"现金贷"业务自查、财务印章及现金保管情况检查等排查工作,均未发现重大违法违规行为引发的案件风险的情形。

四是强化绩效考核。公司已将案件防控工作纳入对各部门的年度考核目标中,明确部门主要负责人为案件防控工作第一责任人,需严格执行公司各项制度,有效防范和控制操作风险,杜绝案件和违规违纪行为发生,年度综合绩效目标考核实行案件防控工作"一票否决制",即部门及部门员工出现案件或重大违纪行为,部门和部门主要负责人不能参加先进部门和先进个人的评比。同时,公司对案件风险事件实行严格的责任追究,切实提升公司各部门案件防控的能力,把监管部门对案防工作的各项要求落到实处,有效提升内控和案防工作水平。

#### 4.5.6 信息科技风险

公司高度重视信息系统建设与安全运行,遵守国家、行业对网络安全、信息安全相关规定,根据相关 IT 管理制度和安全策略建立健全公司的信息安全管理制度,规范操作流程,不断加强软硬件的人力、物力投入,加大员工培训,牢固树立信息安全意识,信息系统建设水平不断提升,网络安全防控能力大大增强,有力地保障了公司业务的稳健开展。防范信息科技风险具体采取以下措施:

一是制定了由安全策略、管理制度、操作规程等构成的全面的信息安全管理制度,建立较为完善的信息系统应急预案,并设立完整的信息安全管理流程,控制信息安全管理。

二是加强物理环境建设,对机房的物理访问实行门禁控制,系统密码均由专门人员掌管,计算机终端无人看管时锁定,机房采用集中监控,监控清晰全面,实行 24 小时不间断监控,建立完备、有效的机房技术文档。

三是采取有效的网络安全管理措施,公司目前拥有两条电信互联网线路,带宽为 100MB,通过互联网交换机接入出口防火墙,出口防火墙后端挂接入侵检测系统。通过上网行为管理系统及核心交换机的策略管理,对内外网进行逻辑划分。公司严格控制接入互联网的台式机数量,对接入互联网的台式电脑登记对应网卡 MAC 和 IP 地址,并在核心交换机的策略规则上进行控制,禁止其接入公司内网网段,防止数据互通。网络设备管理配置均由专人分管负责,确保合理操作,保障网络通畅、安全。

四是积极配合监管检查,努力按照监管要求提升信息科技风险防控能力。2018 年 11 月,监管部门对公司的信息科技风险开展现场检查,根据监管部门要求,结合公司实际,认真落实各项监管要求,提升信息科技风险防控能力。

公司重视对网络安全的投入,2018 年,公司不断加大投入,建设了资产证券化、增值税管理、征信查询前置系统等信息系统。下一步,公司将围绕保障支持公司业务发展,开展业务信息系统综合建设方案调研,分阶段实施,使公司的信息系统能够切实满足业务发展需要。

#### 4.5.7 声誉风险

公司高度重视声誉风险管理工作,做好舆情监测,强化服务意识和沟通意识,正确引导各方预期,积极营造良好的外部环境，保障公司稳健发展。

一方面，作为专业理财机构，公司勤勉尽责、恪尽职守，切实履行受托人责任，严格按照监管要求和公司《信息披露管理办法》进行信息披露，公开、及时发布公司重要信息，提升信息透明度，合理引导各方预期；另一方面，公司加强舆情监测，重点关注可能导致声誉风险的各类隐患，提前准备应急预案，提升应对能力。主动加强与新闻媒体及行业协会的沟通与联系，加大正面宣传力度。加强消费者权益保护，积极引导消费者树立正确的信托金融理念，提高公众的风险意识，防止发生因公众投诉、上访等可能引起的群体性事件或金融风险，积极维护地方金融安全和社会稳定。

公司不断建立健全舆情监测机制，按照公司制定的《声誉风险管理办法》等，安排专人每日定时进行舆情监测，加强对各类媒体发布的涉及本机构信息的监测，建立舆情工作台账，并认真做好舆情搜索、收集、登记和报送工作。特别是在重要的时间节点，加强动态监测，每日报告舆情监测情况。2018 年，公司共监测各类网络信息 3 600 余条，未发现有重大负面舆情与影响公司声誉风险事件的发生。同时，公司在省政府年度金融机构支持地方经济发展经营业绩考核中，获评“优秀”等级；在《证券时报》举办的第十一届中国优秀信托公司评选活动中，连续第五年获评“‘区域影响力’信托公司”。

#### 4.5.8 净资本管理

《信托公司净资本管理办法》规定信托公司的净资本监管标准为，净资本不低于 2 亿元；净资本/各项业务风险资本不低于 100%；净资本/净资产不低于 40%。

截至 2018 年末，母公司净资本风险控制指标为，净资本为 566 037.53万元；各项业务风险资本为306 559.07万元；净资本与各项业务风险资本之比为 184.64%；净资本与净资产之比为 86.27%，各项指标均符合监管标准。

## 5. 报告期末及上一年度末的比较式会计报表

### 5.1 自营资产

#### 5.1.1 会计师事务所审计意见全文

**审 计 报 告**

天职业字[2019]14378 号

安徽国元信托有限责任公司全体股东：

一、审计意见

我们审计了安徽国元信托有限责任公司（以下简称国元信托）财务报表，包括 2018 年 12 月 31 日的合并及母公司资产负债表，2018 年度的合并及母公司利润表、合并及母公司现金流量表、合并及母公司所有者权益变动表，以及财务报表附注。

我们认为，后附的财务报表在所有重大方面按照企业会计准则的规定编制，公允反映了国元信托 2018 年 12 月 31 日的合并及母公司财务状况以及 2018 年度的合并及母公司经营成果和现金流量。

二、形成审计意见的基础

我们按照中国注册会计师审计准则的规定执行了审计工作。审计报告的“注册会计师对财务报表审计的责任”部分进一步阐述了我们在这些准则下的责任。按照中国注册会计师职业道德守则，我们独立于国元信托，并履行了职业道德方面的其他责任。我们相信，我们获取的审计证据是充分、适当的，为发表审计意见提供了基础。

三、管理层和治理层对财务报表的责任

管理层负责按照企业会计准则的规定编制财务报表，使其实现公允反映，并设计、执行和维护必要的内部控制，以使财务报表不存在由于舞弊或错误导致的重大错报。

在编制财务报表时，管理层负责评估国元信托的持续经营能力，披露与持续经营相关的事项（如适用），并运用持续经营假设，除非管理层计划清算、终止运营或别无其他现实的选择。

治理层负责监督国元信托的财务报告过程。

四、注册会计师对财务报表审计的责任

我们的目标是对财务报表整体是否不存在由于舞弊或错误导致的重大错报获取合理保证，并出具包含审计意见的审计报告。合理保证是高水平的保证，但并不能保证按照审计准则执行的审计在某一重大错报存在时总能发现。错报可能由于舞弊或错误导致，如果合理预期错报单独或汇总起来可能影响财务报表使用者依据财务报表作出的经济决策，则通常认为错报是重大的。

在按照审计准则执行审计工作的过程中，我们运用了职业判断，并保持职业怀疑。同时，我们也执行以下工作：

（1）识别和评估由于舞弊或错误导致的财务报表重大错报风险，设计和实施审计程序以应对这些风险，并获取充分、适当的审计证据，作为发表审计意见的基础。由于舞弊可能涉及串通、伪造、故意遗漏、虚假陈述或凌驾于内部控制之上，未能发现由于舞弊导致的重大错报的风险高于未能发现由于错误导致的重大错报的风险。

（2）了解与审计相关的内部控制，以设计恰当的审计程序，但目的并非对内部控制的有效性发表意见。

（3）评价管理层选用会计政策的恰当性和作出会计估计及相关披露的合理性。

（4）对管理层使用持续经营假设的恰当性得出结论。同时，根据获取的审计证据，就可能导致对国元信托持续经营能力产生重大疑虑的事项或情况是否存在重大不确定性得出结论。如果我们得出结论认为存在重大不确定性，审计准则要求我们在审计报告中提请报表使用者注意财务报表中的相关披露；如果披露不充分，我们应当发表非无保留意见。我们的结论基于截至审计报告日可获得的信息。然而，未来的事项或情况可能导致国元信托不能持续经营。

（5）评价财务报表的总体列报、结构和内容（包括披露），并评价财务报表是否公允反映相关交易和事项。

（6）就国元信托中实体或业务活动的财务信息获取充分、适当的审计证据，以对财务报表发表审计意见。我们负责指导、监督和执行集团审计，并对审计意见承担全部责任。

我们与治理层就计划的审计范围、时间安排和重大审计发现等事项进行沟通，包括沟通我们在审计中识别的值得关注的内部控制缺陷。

中国·北京　　　　中国注册会计师：周学民

二〇一九年四月十一日　　　　中国注册会计师：江　峰

## 5.1.2 资产负债表

### 资产负债表

编制单位：安徽国元信托有限责任公司　　2018 年 12 月 31 日　　单位：万元

| 资产 | 合并 | | 母公司 | | 负债和所有者权益 | 合并 | | 母公司 | |
|---|---|---|---|---|---|---|---|---|---|
| | 期末余额 | 期初余额 | 期末余额 | 期初余额 | | 期末余额 | 期初余额 | 期末余额 | 期初余额 |
| 资产 | | | | | 负债 | | | | |
| 货币资金 | 2. 27 | 4. 65 | 2. 27 | 4. 65 | 向中央银行借款 | — | — | — | — |
| 存放同业款项 | 3 907. 59 | 3 092. 59 | 3 893. 31 | 3 088. 15 | 同业及其他金融机构存放款项 | — | — | — | — |
| 预付款项 | 10. 51 | 45. 04 | 10. 51 | 45. 04 | 拆入资金 | — | — | — | — |
| 拆出资金 | — | — | — | — | 吸收存款 | — | — | — | — |
| 以公允价值计量且其变动计入当期损益的金融资产 | 5 034. 54 | 15. 78 | 5 034. 54 | 15. 78 | 以公允价值计量且其变动计入当期损益的金融负债 | — | — | — | — |
| 衍生金融资产 | — | — | — | — | 衍生金融负债 | — | — | — | — |
| 买入返售金融资产 | 20 065. 22 | — | 20 065. 22 | — | 卖出回购金融资产款项 | — | — | — | — |
| 应收利息 | — | — | — | — | 已发行存款证 | — | — | — | — |
| 应收股利 | — | — | — | — | 应付职工薪酬 | 7 368. 18 | 8 396. 63 | 7 368. 18 | 8 396. 63 |
| 其他应收款 | 1 121. 54 | 1 666. 04 | 1 132. 26 | 1 665. 95 | 应交税费 | 30 815. 19 | 7 079. 86 | 30 811. 16 | 7 075. 82 |
| 发放贷款和垫款 | 150 050. 00 | 122 460. 00 | 150 050. 00 | 122 460. 00 | 应付利息 | — | — | — | — |
| 可供出售金融资产 | 69 836. 86 | 79 817. 05 | 69 836. 86 | 79 817. 05 | 应付股利 | — | — | — | — |
| 持有至到期投资 | 20 000. 00 | 30 000. 00 | 20 000. 00 | 30 000. 00 | 其他应付款 | 26 557. 71 | 49 271. 68 | 26 547. 71 | 49271. 38 |
| 应收款项类投资 | — | — | — | — | 应付债券 | — | — | — | — |
| 长期股权投资 | 337 606. 13 | 347 502. 33 | 360 870. 63 | 370 766. 83 | 其中：优先股 | — | — | — | — |
| 投资性房地产 | — | — | — | — | 永续债 | — | — | — | — |
| 固定资产 | 2 891. 09 | 3 078. 94 | 2 889. 59 | 3 078. 94 | 递延所得税负债 | 393. 14 | 730. 73 | 393. 14 | 730. 73 |
| 在建工程 | 46 528. 51 | 46 528. 51 | — | — | 其他负债 | 24. 95 | 26. 95 | 24. 95 | 26. 95 |
| 固定资产清理 | — | — | — | — | 负债合计 | 65 159. 17 | 65 505. 85 | 65 145. 14 | 65501. 81 |
| 无形资产 | 256. 98 | 242. 88 | 256. 98 | 242. 88 | 所有者权益 | — | — | — | — |
| 商誉 | — | — | — | — | 实收资本 | 300 000. 00 | 300 000. 00 | 300 000. 00 | 300 000. 00 |
| 递延所得税资产 | 4 689. 98 | 3 639. 77 | 4 690. 15 | 3 639. 77 | 其他权益工具 | — | — | — | — |
| 其他资产 | 82 539. 51 | 94 530. 18 | 82 539. 51 | 94 530. 18 | 其中：优先股 | — | — | — | — |
| | — | — | — | — | 永续债 | — | — | — | — |
| | — | — | — | — | 资本公积 | 135 134. 31 | 135 134. 31 | 135 134. 31 | 135 134. 31 |
| | — | — | — | — | 减：库存股 | — | — | — | — |
| | — | — | — | — | 其他综合收益 | −5 460. 26 | 10 096. 54 | −5 460. 26 | 10 096. 54 |
| | — | — | — | — | 专项储备 | — | — | — | — |
| | — | — | — | — | 盈余公积 | 51 524. 91 | 47 841. 90 | 51 524. 91 | 47 841. 90 |
| | — | — | — | — | 一般风险准备 | 58 324. 02 | 55 706. 31 | 58 324. 02 | 55 706. 31 |
| | — | — | — | — | 未分配利润 | 116 599. 20 | 95 074. 36 | 116 603. 71 | 95 074. 36 |
| | — | — | — | — | 归属于母公司所有者权益合计 | 656 122. 18 | 643 853. 42 | 656 126. 69 | 643 853. 42 |
| | — | — | — | — | 少数股东权益 | 23 259. 46 | 23 264. 50 | — | — |
| | — | — | — | — | 所有者权益合计 | 679 381. 64 | 667 117. 92 | 656 126. 69 | 643 853. 42 |
| 资产总计 | 744 540. 81 | 732 623. 77 | 721 271. 83 | 709 355. 24 | 负债及所有者权益合计 | 744 540. 81 | 732 623. 77 | 721 281. 83 | 709 355. 24 |

单位负责人：许斌　　财务负责人：朱先平　　会计机构负责人：陈红原

### 5.1.3 利润表

**利润表**

编制单位:安徽国元信托有限责任公司　　2018 年度　　单位:万元

| 项目 | 合并 | | 母公司 | |
| --- | --- | --- | --- | --- |
| | 本期发生额 | 上期发生额 | 本期发生额 | 上期发生额 |
| 一、营业收入 | 57 755. 21 | 67 529. 69 | 57 755. 19 | 67 529. 69 |
| 利息净收入 | 8 067. 08 | 6 613. 40 | 8 067. 06 | 6 613. 40 |
| 利息收入 | 10 636. 29 | 8 201. 52 | 10 636. 27 | 8 201. 52 |
| 利息支出 | 2 569. 21 | 1 588. 12 | 2 569. 21 | 1 588. 12 |
| 手续费及佣金净收入 | 34 802. 43 | 33 487. 24 | 34 802. 43 | 33 487. 24 |
| 手续费及佣金收入 | 35 033. 29 | 33 660. 05 | 35 033. 29 | 33 660. 05 |
| 手续费及佣金支出 | 230. 87 | 172. 81 | 230. 87 | 172. 81 |
| 投资收益(损失以"-"号填列) | 14 820. 06 | 27 287. 07 | 14 820. 06 | 27 287. 07 |
| 其中:对联营企业及合营企业的投资收益 | 9 160. 61 | 17 729. 34 | 9 160. 61 | 17 729. 34 |
| 公允价值变动收益(损失以"-"号填列) | -2. 67 | 68. 58 | -2. 67 | 68. 58 |
| 汇兑收益(损失以"-"号填列) | -1. 83 | -2. 62 | -1. 83 | -2. 62 |
| 其他业务收入 | 55. 96 | 76. 02 | 55. 96 | 76. 02 |
| 资产处置收益(损失以"-"号填列) | 14. 19 | | 14. 19 | |
| 二、营业支出 | 11 913. 88 | 11 137. 70 | 11 904. 49 | 11 137. 70 |
| 税金及附加 | 430. 52 | 386. 57 | 422. 46 | 386. 57 |
| 业务及管理费 | 9 910. 49 | 10 627. 09 | 9 908. 59 | 10 627. 09 |
| 资产减值损失 | 1 572. 88 | 124. 04 | 1 573. 44 | 124. 04 |
| 其他业务成本 | — | — | — | — |
| 三、营业利润(亏损以"-"号填列) | 45 841. 33 | 56 391. 98 | 45 850. 70 | 56 391. 98 |
| 加:营业外收入 | 51. 72 | 50. 26 | 51. 72 | 50. 26 |
| 减:营业外支出 | 15. 00 | 190. 95 | 15. 00 | 190. 95 |
| 四、利润总额(亏损总额以"-"号填列) | 45 878. 04 | 56 251. 29 | 45 887. 42 | 56 251. 29 |
| 减:所得税费用 | 9 057. 53 | 9 064. 64 | 9 057. 36 | 9 064. 64 |
| 五、净利润(净亏损以"-"号填列) | 36 820. 51 | 47 186. 65 | 36 830. 06 | 47 186. 65 |
| 其中:被合并方在合并前实现的净利润 | — | — | — | — |
| 归属于母公司所有者的净利润 | 36 825. 55 | 47 186. 65 | 36 830. 06 | 47 186. 65 |
| 少数股东损益 | -5. 04 | — | — | — |
| 六、其他综合收益的税后净额 | -15 556. 79 | -4 289. 53 | -15 556. 79 | -4 289. 53 |
| 归属母公司所有者的其他综合收益的税后净额 | -15 556. 79 | -4 289. 53 | -15 556. 79 | -4 289. 53 |
| 七、综合收益总额 | 21 263. 72 | 42 897. 13 | 21 273. 27 | 42 897. 13 |
| 归属于母公司所有者的综合收益总额 | 21 268. 76 | 42 897. 13 | 21 273. 27 | 42 897. 13 |

单位负责人:许斌　　财务负责人:朱先平　　会计机构负责人:陈红原

## 5.1.4 所有者权益变动表

**合并所有者权益变动表**

编制单位:安徽国元信托有限责任公司　　2018 年度　　单位:万元

| 项目 | 本期金额 | | | | | | | | | | | |
|---|---|---|---|---|---|---|---|---|---|---|---|---|
| | 归属于母公司所有者权益 | | | | | | | | | | 少数股东权益 | 所有者权益合计 |
| | 实收资本(或股本) | 其他权益工具 | | | 资本公积 | 减:库存股 | 其他综合收益 | 盈余公积 | 一般风险准备 | 未分配利润 | | |
| | | 优先股 | 永续债 | 其他 | | | | | | | | |
| 一、上年年末余额 | 300 000.00 | — | — | — | 135 134.31 | — | 10 096.54 | 47 841.90 | 55 706.31 | 95 074.36 | 23 264.50 | 667 117.92 |
| 加:会计政策变更 | — | — | — | — | — | — | — | — | — | — | — | — |
| 前期差错更正 | — | — | — | — | — | — | — | — | — | — | — | — |
| 同一控制下企业合并 | — | — | — | — | — | — | — | — | — | — | — | — |
| 其他 | — | — | — | — | — | — | — | — | — | — | — | — |
| 二、本年年初余额 | 300 000.00 | — | — | — | 135 134.31 | — | 10 096.54 | 47 841.90 | 55 706.31 | 95 074.36 | 23 264.50 | 667 117.92 |
| 三、本年增减变动金额(减少以"-"号填列) | — | — | — | — | — | — | -15 556.79 | 3 683.01 | 2 617.71 | 21 524.84 | -5.04 | 12 263.72 |
| (一)综合收益总额 | — | — | — | — | — | — | -15 556.79 | — | — | 36 825.55 | -5.04 | 21 263.72 |
| (二)所有者投入和减少资本 | — | — | — | — | — | — | — | — | — | — | — | — |
| 1. 所有者投入的普通股 | — | — | — | — | — | — | — | — | — | — | — | — |
| 2. 其他权益工具持有者投入资本 | — | — | — | — | — | — | — | — | — | — | — | — |
| 3. 股份支付计入股东权益的金额 | — | — | — | — | — | — | — | — | — | — | — | — |
| 4. 其他 | — | — | — | — | — | — | — | — | — | — | — | — |
| (三)利润分配 | — | — | — | — | — | — | — | 3 683.01 | 2 617.71 | -15 300.71 | — | -9 000.00 |
| 1. 提取盈余公积 | — | — | — | — | — | — | — | 3 683.01 | — | -3 683.01 | — | — |
| 2. 提取一般风险准备 | — | — | — | — | — | — | — | — | 2 617.71 | -2 617.71 | — | — |
| 3. 对所有者(或股东)的分配 | — | — | — | — | — | — | — | — | — | -9 000.00 | — | -9 000.00 |
| 4. 结转重新计量设定受益计划净负债或净资产所产生的变动 | — | — | — | — | — | — | — | — | — | — | — | — |
| 5. 其他 | — | — | — | — | — | — | — | — | — | — | — | — |
| (四)所有者权益内部结转 | — | — | — | — | — | — | — | — | — | — | — | — |
| 1. 资本公积转增资本(或股本) | — | — | — | — | — | — | — | — | — | — | — | — |
| 2. 盈余公积转增资本(或股本) | — | — | — | — | — | — | — | — | — | — | — | — |
| 3. 盈余公积弥补亏损 | — | — | — | — | — | — | — | — | — | — | — | — |
| 4. 其他 | — | — | — | — | — | — | — | — | — | — | — | — |
| (五)其他 | — | — | — | — | — | — | — | — | — | — | — | — |
| 四、本年年末余额 | 300 000.00 | — | — | — | 135 134.31 | — | -5 460.26 | 51 524.91 | 58 324.02 | 116 599.20 | 23 259.46 | 679 381.64 |

单位负责人:许斌　　财务负责人:朱先平　　会计机构负责人:陈红原

## 合并所有者权益变动表（续）

编制单位：安徽国元信托有限责任公司　　　　2018 年度　　　　单位：万元

| 项　目 | 上期金额 | | | | | | | | | | | |
|---|---|---|---|---|---|---|---|---|---|---|---|---|
| | 归属于母公司所有者权益 | | | | | | | | | | 少数股东权益 | 所有者权益合计 |
| | 实收资本（或股本） | 其他权益工具 | | | 资本公积 | 减：库存股 | 其他综合收益 | 盈余公积 | 一般风险准备 | 未分配利润 | | |
| | | 优先股 | 永续债 | 其他 | | | | | | | | |
| 一、上年年末余额 | 300 000. 00 | — | — | — | 118 867. 61 | — | 14 386. 07 | 43 123. 24 | 47 849. 56 | 75 463. 12 | — | 599 689. 59 |
| 加：会计政策变更 | — | — | — | — | — | — | — | — | — | — | — | — |
| 前期差错更正 | — | — | — | — | — | — | — | — | — | — | — | — |
| 同一控制下企业合并 | — | — | — | — | — | — | — | — | — | — | — | — |
| 其他 | — | — | — | — | — | — | — | — | — | — | — | — |
| 二、本年年初余额 | 300 000. 00 | — | — | — | 118 867. 61 | — | 14 386. 07 | 43 123. 24 | 47 849. 56 | 75 463. 12 | — | 599 689. 59 |
| 三、本年增减变动金额（减少以"－"号填列） | — | — | — | — | 16 266. 71 | — | −4 289. 53 | 4 718. 67 | 7 856. 75 | 19 611. 24 | 23 264. 50 | 67 428. 33 |
| （一）综合收益总额 | — | — | — | — | — | — | −4 289. 53 | — | — | 47 186. 65 | — | 42 897. 13 |
| （二）所有者投入和减少资本 | — | — | — | — | 16 266. 71 | — | — | — | — | — | 23 264. 50 | 39 531. 21 |
| 1. 所有者投入的普通股 | — | — | — | — | — | — | — | — | — | — | 23 264. 50 | 23 264. 50 |
| 2. 其他权益工具持有者投入资本 | — | — | — | — | — | — | — | — | — | — | — | — |
| 3. 股份支付计入股东权益的金额 | — | — | — | — | — | — | — | — | — | — | — | — |
| 4. 其他 | — | — | — | — | 16 266. 71 | — | — | — | — | — | — | 16 266. 71 |
| （三）利润分配 | — | — | — | — | — | — | — | 4 718. 67 | 7 856. 75 | −27 575. 41 | — | −15 000. 00 |
| 1. 提取盈余公积 | — | — | — | — | — | — | — | 4 718. 67 | — | −4 718. 67 | — | — |
| 2. 提取一般风险准备 | — | — | — | — | — | — | — | — | 7 856. 75 | −7 856. 75 | — | — |
| 3. 对所有者（或股东）的分配 | — | — | — | — | — | — | — | — | — | −15 000. 00 | — | −15 000. 00 |
| 4. 结转重新计量设定受益计划净负债或净资产所产生的变动 | — | — | — | — | — | — | — | — | — | — | — | — |
| 5. 其他 | — | — | — | — | — | — | — | — | — | — | — | — |
| （四）所有者权益内部结转 | — | — | — | — | — | — | — | — | — | — | — | — |
| 1. 资本公积转增资本（或股本） | — | — | — | — | — | — | — | — | — | — | — | — |
| 2. 盈余公积转增资本（或股本） | — | — | — | — | — | — | — | — | — | — | — | — |
| 3. 盈余公积弥补亏损 | — | — | — | — | — | — | — | — | — | — | — | — |
| 4. 其他 | — | — | — | — | — | — | — | — | — | — | — | — |
| （五）其他 | — | — | — | — | — | — | — | — | — | — | — | — |
| 四、本年年末余额 | 300 000. 00 | — | — | — | 135 134. 31 | — | 10 096. 54 | 47 841. 90 | 55 706. 31 | 95 074. 36 | 23 264. 50 | 667 117. 92 |

单位负责人：许斌　　　　财务负责人：朱先平　　　　会计机构负责人：陈红原

## 母公司所有者权益变动表

编制单位：安徽国元信托有限责任公司　　2018 年度　　单位：万元

| 项目 | 本期金额 | | | | | | | | | | |
|---|---|---|---|---|---|---|---|---|---|---|---|
| | 实收资本 | 其他权益工具 | | | 资本公积 | 减：库存股 | 其他综合收益 | 盈余公积 | 一般风险准备 | 未分配利润 | 所有者权益合计 |
| | | 优先股 | 永续债 | 其他 | | | | | | | |
| 一、上年年末余额 | 300 000. 00 | — | — | — | 135 134. 31 | — | 10 096. 54 | 47 841. 90 | 55 706. 31 | 95 074. 36 | 643 853. 42 |
| 加：会计政策变更 | — | — | — | — | — | — | — | — | — | — | — |
| 前期差错更正 | — | — | — | — | — | — | — | — | — | — | — |
| 其他 | — | — | — | — | — | — | — | — | — | — | — |
| 二、本年年初余额 | 300 000. 00 | — | — | — | 135 134. 31 | — | 10 096. 54 | 47 841. 90 | 55 706. 31 | 95 074. 36 | 643 853. 42 |
| 三、本年增减变动金额（减少以“－”号填列） | — | — | — | — | — | — | -15 556. 79 | 3 683. 01 | 2 617. 71 | 21 529. 25 | 12 273. 27 |
| （一）综合收益总额 | — | — | — | — | — | — | -15 556. 79 | — | — | 36 830. 06 | 21 273. 27 |
| （二）所有者投入和减少资本 | — | — | — | — | — | — | — | — | — | — | — |
| 1. 所有者投入的普通股 | — | — | — | — | — | — | — | — | — | — | — |
| 2. 其他权益工具持有者投入资本 | — | — | — | — | — | — | — | — | — | — | — |
| 3. 股份支付计入股东权益的金额 | — | — | — | — | — | — | — | — | — | — | — |
| 4. 其他 | — | — | — | — | — | — | — | — | — | — | — |
| （三）利润分配 | — | — | — | — | — | — | — | 3 683. 01 | 2 617. 71 | -15 300. 71 | -9 000. 00 |
| 1. 提取盈余公积 | — | — | — | — | — | — | — | 3 683. 01 | — | -3 683. 01 | — |
| 2. 提取一般风险准备 | — | — | — | — | — | — | — | — | 2 617. 71 | -2 617. 71 | — |
| 3. 对所有者（或股东）的分配 | — | — | — | — | — | — | — | — | — | -9 000. 00 | -9 000. 00 |
| 4. 结转重新计量设定受益计划净负债或净资产所产生的变动 | — | — | — | — | — | — | — | — | — | — | — |
| 5. 其他 | — | — | — | — | — | — | — | — | — | — | — |
| （四）所有者权益内部结转 | — | — | — | — | — | — | — | — | — | — | — |
| 1. 资本公积转增资本（或股本） | — | — | — | — | — | — | — | — | — | — | — |
| 2. 盈余公积转增资本（或股本） | — | — | — | — | — | — | — | — | — | — | — |
| 3. 盈余公积弥补亏损 | — | — | — | — | — | — | — | — | — | — | — |
| 4. 其他 | — | — | — | — | — | — | — | — | — | — | — |
| （五）其他 | — | — | — | — | — | — | — | — | — | — | — |
| 四、本年年末余额 | 300 000. 00 | — | — | — | 135 134. 31 | — | -5 460. 26 | 51 524. 91 | 58 324. 02 | 116 603. 71 | 656 126. 69 |

单位负责人：许斌　　财务负责人：朱先平　　会计机构负责人：陈红原

## 母公司所有者权益变动表（续）

编制单位：安徽国元信托有限责任公司　　2018 年度　　单位：万元

| 项　目 | 上期金额 | | | | | | | | | | |
|---|---|---|---|---|---|---|---|---|---|---|---|
| | 实收资本 | 其他权益工具 | | | 资本公积 | 减：库存股 | 其他综合收益 | 盈余公积 | 一般风险准备 | 未分配利润 | 所有者权益合计 |
| | | 优先股 | 永续债 | 其他 | | | | | | | |
| 一、上年年末余额 | 300 000. 00 | — | — | — | 118 867. 61 | — | 14 386. 07 | 43 123. 24 | 47 849. 56 | 75 463. 12 | 599 689. 59 |
| 加：会计政策变更 | — | — | — | — | — | — | — | — | — | — | — |
| 前期差错更正 | — | — | — | — | — | — | — | — | — | — | — |
| 其他 | — | — | — | — | — | — | — | — | — | — | — |
| 二、本年年初余额 | 300 000. 00 | — | — | — | 118 867. 61 | — | 14 386. 07 | 43 123. 24 | 47 849. 56 | 75 463. 12 | 599 689. 59 |
| 三、本年增减变动金额（减少以"－"号填列） | — | — | — | — | 16 266. 71 | — | －4 289. 53 | 4 718. 67 | 7 856. 75 | 19 611. 24 | 44 163. 83 |
| （一）综合收益总额 | — | — | — | — | — | — | －4 289. 53 | — | — | 47 186. 65 | 42 897. 13 |
| （二）所有者投入和减少资本 | — | — | — | — | 16 266. 71 | — | — | — | — | — | 16 266. 71 |
| 1. 所有者投入的普通股 | — | — | — | — | — | — | — | — | — | — | — |
| 2. 其他权益工具持有者投入资本 | — | — | — | — | — | — | — | — | — | — | — |
| 3. 股份支付计入股东权益的金额 | — | — | — | — | — | — | — | — | — | — | — |
| 4. 其他 | — | — | — | — | 16 266. 71 | — | — | — | — | — | 16 266. 71 |
| （三）利润分配 | — | — | — | — | — | — | — | 4 718. 67 | 7 856. 75 | －27 575. 41 | －15 000. 00 |
| 1. 提取盈余公积 | — | — | — | — | — | — | — | 4 718. 67 | — | －4 718. 67 | — |
| 2. 提取一般风险准备 | — | — | — | — | — | — | — | — | 7 856. 75 | －7 856. 75 | — |
| 3. 对所有者（或股东）的分配 | — | — | — | — | — | — | — | — | — | －15 000. 00 | －15 000. 00 |
| 4. 结转重新计量设定受益计划净负债或净资产所产生的变动 | — | — | — | — | — | — | — | — | — | — | — |
| 5. 其他 | — | — | — | — | — | — | — | — | — | — | — |
| （四）所有者权益内部结转 | — | — | — | — | — | — | — | — | — | — | — |
| 1. 资本公积转增资本（或股本） | — | — | — | — | — | — | — | — | — | — | — |
| 2. 盈余公积转增资本（或股本） | — | — | — | — | — | — | — | — | — | — | — |
| 3. 盈余公积弥补亏损 | — | — | — | — | — | — | — | — | — | — | — |
| 4. 其他 | — | — | — | — | — | — | — | — | — | — | — |
| （五）其他 | — | — | — | — | — | — | — | — | — | — | — |
| 四、本年年末余额 | 300 000. 00 | — | — | — | 135 134. 31 | — | 10 096. 54 | 47 841. 80 | 55 706. 31 | 95 074. 36 | 643 853. 42 |

单位负责人：许斌　　财务负责人：朱先平　　会计机构负责人：陈红原

## 5.2 信托资产

### 5.2.1 信托项目资产负债汇总表

编制单位：安徽国元信托有限责任公司　　2018 年 12 月 31 日　　单位：万元

| 信托资产 | 期末余额 | 年初余额 | 信托负债和信托权益 | 期末余额 | 年初余额 |
|---|---|---|---|---|---|
| 信托资产： | | | 信托负债： | | |
| 货币资金 | 135 331.73 | 296 499.46 | 交易性金融负债 | — | — |
| 拆出资金 | — | — | 衍生金融负债 | — | — |
| 存出保证金 | — | — | 应付受托人报酬 | — | — |
| 交易性金融资产 | 104 065.00 | 95 892.18 | 应付托管费 | — | — |
| 衍生金融资产 | — | — | 应付受益人收益 | — | — |
| 买入返售金融资产 | — | — | 应交税费 | 2.45 | — |
| 其中：买入返售证券 | — | — | 应付销售服务费 | — | — |
| 买入返售信贷资产 | — | — | 其他应付款项 | 328 049.83 | 280 285.37 |
| 应收款项 | 309 190.43 | 277 372.14 | 其他负债 | — | — |
| 发放贷款 | 12 871 921.31 | 16 105 495.83 | 信托负债合计 | 328 052.28 | 280 285.37 |
| 其中：基础产业 | 6 281 145.50 | 7 498 432.36 | 信托权益： | | |
| 房地产 | 230 807.00 | 443 284.00 | 实收信托 | 19 283 908.44 | 25 965 789.96 |
| 其他产业 | 6 359 968.81 | 8 163 779.47 | 其中：资金信托 | 15 116 400.76 | 19 950 009.68 |
| 可供出售金融资产 | — | — | 集合 | 4 150 552.91 | 4 332 323.39 |
| 持有至到期投资 | 4 697 193.40 | 7 695 951.95 | 单一 | 10 965 847.85 | 15 617 686.30 |
| 长期应收款 | — | — | 财产信托 | 4 167 507.68 | 6 015 780.27 |
| 长期股权投资 | 1 601 753.71 | 1 805 980.05 | 资本公积 | — | — |
| 其中：基础产业 | 1 159 513.00 | 1 159 453.00 | 未分配利润 | 164 344.50 | 96 943.72 |
| 房地产 | — | — | 信托权益合计 | 19 448 252.93 | 26 062 733.68 |
| 其他产业 | 442 240.71 | 646 527.05 | | | |
| 投资性房地产 | — | — | | | |
| 固定资产 | — | — | | | |
| 无形资产 | — | — | | | |
| 长期待摊费用 | — | — | | | |
| 其他资产 | 56 849.64 | 65 827.44 | | | |
| 其中：融资租赁资产 | — | — | | | |
| 信托资产总计 | 19 776 305.21 | 26 343 019.05 | 信托负债及信托权益总计 | 19 776 305.21 | 26 343 019.05 |

单位负责人：许斌　　财务负责人：朱先平　　会计机构负责人：陈红原

### 5.2.2 信托项目利润及利润分配汇总表

编制单位：安徽国元信托有限责任公司　　2018 年度　　单位：万元

| 项目 | 本年金额 | 上年金额 |
|---|---|---|
| 1. 营业收入 | 1 461 639.97 | 1 089 869.39 |
| 1.1 利息收入 | 945 674.08 | 629 077.35 |
| 1.2 投资收益 | 515 448.73 | 462 814.51 |
| 1.2.1 其中：对联营企业和合营企业投资收益 | — | — |
| 1.3 公允价值变动收益 | 437.90 | -2 060.32 |
| 1.4 租赁收入 | — | — |
| 1.5 汇兑收益 | — | — |
| 1.6 其他收入 | 79.26 | 37.85 |
| 2. 支出 | 91 300.31 | 68 815.91 |
| 2.1 营业税金及附加 | 4 459.04 | 452.00 |
| 2.2 受托人报酬 | 36 104.91 | 34 300.75 |
| 2.3 保管费 | 7 630.21 | 8 439.49 |
| 2.4 投资管理费 | 65.00 | 406.83 |
| 2.5 销售服务费 | 2.46 | 735.79 |

续表

| 项目 | 本年金额 | 上年金额 |
|---|---|---|
| 2.6 交易费用 | 117.11 | 70.80 |
| 2.7 资产减值损失 | — | — |
| 2.8 其他费用 | 42 921.58 | 24 410.24 |
| 3. 信托净利润 | 1 370 339.67 | 1 021 053.48 |
| 4. 其他综合收益 | — | — |
| 5. 综合收益 | 1 370 339.67 | 1 021 053.48 |
| 6. 加：期初未分配信托利润 | 96 943.72 | 83 981.11 |
| 7. 可供分配的信托利润 | 1 467 283.39 | 1 105 034.59 |
| 8. 减：本期已分配信托利润 | 1 302 938.89 | 1 008 090.87 |
| 9. 期末未分配信托利润 | 164 344.50 | 96 943.72 |

单位负责人：许斌　　财务负责人：朱先平　　会计机构负责人：陈红原

## 6. 会计报表附注

### 6.1 会计报表编制基准不符合会计核算基本前提的说明

报告期内公司无上述事项。

## 6.2 或有事项说明

报告期内公司无上述事项。

## 6.3 重要资产转让及其出售的说明

报告期内公司无重大资产转让及其出售。

## 6.4 会计报表中重要项目的明细资料

### 6.4.1 自营资产经营情况

6.4.1.1 按信用风险资产五级分类结果披露信用风险资产的期初数、期末数

| 信用风险资产五级分类 | 正常类（万元） | 关注类（万元） | 次级类（万元） | 可疑类（万元） | 损失类（万元） | 信用风险资产合计（万元） | 不良资产合计（万元） | 不良资产率（%） |
|---|---|---|---|---|---|---|---|---|
| 期初数 | 684 868.04 | 10 238.11 | 0 | 2 470.00 | 7 542.60 | 705 118.75 | 10 012.60 | 1.37 |
| 期末数 | 673 795.69 | 9 561.27 | 7 000.74 | 2 470.00 | 7 533.93 | 700 361.63 | 17 004.67 | 2.28 |

注：不良资产合计 = 次级类 + 可疑类 + 损失类。

6.4.1.2 各项资产减值损失准备的期初数、本期计提、本期转回、本期核销、期末数

单位：万元

| | 期初数 | 本期计提 | 本期转回 | 其他变化 | 期末数 |
|---|---|---|---|---|---|
| 贷款损失准备 | 5 003.42 | 1 610.00 | — | — | 6 613.42 |
| 其他资产减值准备 | 4 001.90 | -37.12 | — | — | 3 964.78 |
| 可供出售金融资产减值准备 | 3 225.00 | — | — | — | 3 225.00 |
| 持有至到期投资减值准备 | — | — | — | — | — |
| 长期股权投资减值准备 | — | — | — | — | — |
| 坏账准备 | 776.90 | -37.12 | — | — | 739.78 |
| 固定资产减值准备 | — | — | — | — | — |
| 其他减值准备 | — | — | — | — | — |

6.4.1.3 按照投资品种分类，固有股票投资、基金投资、债券投资、股权投资等投资业务的期初数、期末数

单位：万元

| | 自营股票 | 基金 | 债券 | 长期股权投资 | 其他投资 | 合计 |
|---|---|---|---|---|---|---|
| 期初数 | 20 692.18 | 2 905.09 | | 347 502.33 | 92 286.38 | 463 385.98 |
| 期末数 | 17 316.66 | 7 349.52 | | 337 606.13 | 76 759.41 | 439 031.72 |

6.4.1.4 按投资入股金额排序，前五名的自营长期股权投资的企业名称、占被投资企业权益的比例、主要经营活动及投资损益情况等

| 企业名称 | 占被投资企业权益的比例（%） | 主要经营活动 | 投资损益（万元） |
|---|---|---|---|
| 1. 国元证券股份有限公司 | 13.54 | 证券经纪、证券买卖 | 9 077.34 |
| 2. 金信基金管理有限公司 | 31.00 | 基金募集、基金销售、特定客户资产管理 | 27.58 |
| 3. 安徽国元基金管理有限公司 | 12.50 | 基金募集、基金销售、特定客户资产管理 | 68.86 |
| 4. 安徽国滨物业管理有限公司 | 30.00 | 物业管理 | -13.17 |

6.4.1.5 前五名的自营贷款的企业名称、占贷款总额的比例和还款情况等

| 企业名称 | 占贷款总额的比例（%） | 还款情况 |
|---|---|---|
| 1. 郎溪道其建设工程有限公司 | 13.92 | 正常 |
| 2. 宁国市新农村建设投资有限公司 | 9.57 | 正常 |
| 3. 安徽淮海实业发展集团有限公司 | 9.57 | 正常 |
| 4. 安徽省皖北煤电集团有限责任公司 | 9.51 | 正常 |
| 5. 安徽省盐业房地产有限公司 | 9.38 | 正常 |

6.4.1.6 表外业务的期初数、期末数；按照代理业务、担保业务和其他类型表外业务分别披露表外业务的期初数、期末数情况

单位：万元

| 表外业务 | 期初数 | 期末数 |
|---|---|---|
| 担保业务 | — | — |
| 代理业务（委托业务） | — | — |
| 其他 | — | — |
| 合计 | — | — |

6.4.1.7 公司当年的收入结构

| 收入结构 | 金额（万元） | 占比（%） |
|---|---|---|
| 手续费及佣金收入 | 35 033.29 | 57.80 |
| 其中：信托手续费收入 | 34 154.64 | 56.35 |
| 投资银行业务收入 | 878.65 | 1.45 |
| 利息收入 | 10 636.29 | 17.55 |
| 其他业务收入 | 68.32 | 0.11 |
| 其中：计入信托业务收入部分 | — | — |
| 投资收益 | 14 820.06 | 24.45 |
| 其中：股权投资收益 | 9 870.15 | 16.29 |
| 证券投资收益 | 409.55 | 0.68 |
| 其他投资收益 | 4 540.36 | 7.49 |
| 公允价值变动收益 | -2.67 | 0.00 |
| 营业外收入 | 51.72 | 0.09 |
| 收入合计 | 60 607.01 | 100.00 |

注：1. 手续费及佣金收入、利息收入、其他业务收入、投资收益、营业外收入均应为损益表中的一级科目，其中手续费及佣金收入、利息收入、营业外收入为未抵减相应支出的全年累计实际收入数。

2. 其他业务收入中包含汇兑收益、租赁收入等。

### 6.4.2 信托财产管理情况

6.4.2.1 信托资产的期初数、期末数

单位：万元

| 信托资产 | 期初数 | 期末数 |
|---|---|---|
| 集合 | 4 414 228.03 | 4 234 426.36 |
| 单一 | 15 865 829.05 | 11 262 365.00 |
| 财产权 | 6 062 961.97 | 4 279 513.85 |
| 合计 | 26 343 019.05 | 19 776 305.21 |

6.4.2.1.1 主动管理型信托业务的信托资产期初数、期末数

单位：万元

| 主动管理型信托资产 | 期初数 | 期末数 |
|---|---|---|
| 证券投资类 | 128 824.60 | — |
| 股权投资类 | 17 122.68 | 17 112.97 |
| 融资类 | 946 289.38 | 982 645.07 |
| 事务管理类 | 1 791.65 | 400.14 |
| 合计 | 1 480 199.06 | 1 303 541.15 |

6.4.2.1.2　被动管理型信托业务的信托资产期初数、期末数

单位:万元

| 被动管理型信托资产 | 期初数 | 期末数 |
|---|---|---|
| 证券投资类 | 1 294 616.43 | 104 065.00 |
| 股权投资类 | 1 832 857.94 | 1 630 293.26 |
| 融资类 | 13 928 800.72 | 9 592 738.44 |
| 事务管理类 | 6 136 885.86 | 4 460 598.49 |
| 合　计 | 24 862 819.99 | 18 472 764.06 |

6.4.2.2　本年度已清算结束信托项目

6.4.2.2.1　本年度已清算结束信托项目

| 已清算结束信托项目 | 项目个数(个) | 实收信托合计金额(万元) | 加权平均实际年化收益率(%) |
|---|---|---|---|
| 集合类 | 25 | 1 074 539.00 | 3.83 |
| 单一类 | 92 | 3 693 667.32 | 5.77 |
| 财产管理类 | 29 | 2 079 312.14 | 4.01 |

注:加权平均实际年化收益率=(信托项目1的实际年化收益率×信托项目1的实收信托+…+信托项目$n$的实际年化收益率×信托项目$n$的实收信托)/(信托项目1的实收信托+…+信托项目$n$的实收信托)×100%。

6.4.2.2.2　本年度已清算结束的主动管理型信托项目

| 已清算结束主动管理型信托项目 | 项目个数(个) | 实收信托合计金额(万元) | 加权平均实际年化信托报酬率(%) | 加权平均实际年化收益率(%) |
|---|---|---|---|---|
| 证券投资类 | — | — | — | — |
| 投资类 | 12 | 365 572.00 | 1.35 | 5.12 |
| 融资类 | 9 | 640 800.00 | 0.87 | 5.85 |
| 事务管理类 | — | — | — | — |

注:加权平均实际年化收益率=(信托项目1的实际年化收益率×信托项目1的实收信托+…+信托项目$n$的实际年化收益率×信托项目$n$的实收信托)/(信托项目1的实收信托+…+信托项目$n$的实收信托)×100%。

6.4.2.2.3　本年度已清算结束的被动管理型信托项目

| 已清算结束被动管理型信托项目 | 项目个数(个) | 实收信托合计金额(万元) | 加权平均实际年化信托报酬率(%) | 加权平均实际年化收益率(%) |
|---|---|---|---|---|
| 证券投资类 | — | — | — | — |
| 投资类 | 3 | 50 500.00 | 0.11 | 5.81 |
| 融资类 | 91 | 3 683 667.31 | 0.09 | 5.77 |
| 事务管理类 | 31 | 2 106 979.14 | 0.05 | 4.03 |

6.4.2.3　本年度新增的信托项目

| 新增信托项目 | 项目个数(个) | 实收信托合计金额(万元) |
|---|---|---|
| 集合类 | 29 | 498 088.20 |
| 单一类 | 32 | 1 645 752.00 |
| 财产管理类 | 13 | 4 068 634.00 |
| 新增合计 | 74 | 6 212 474.20 |
| 其中:主动管理型 | 27 | 415 500.20 |
| 被动管理型 | 47 | 5 796 974.00 |

注:本年新增信托项目是指在本报告年度内累计新增的信托项目个数和金额,包含本年度新增并于本年度内结束的项目和本年度新增至报告期末仍在持续管理的信托项目,以及本年度开放式产品金额。

6.4.2.4　信托业务创新成果和特色业务有关情况

(1)继续大力推进资产证券化业务。公司目前已取得了一定的先发优势和比较优势,基础资产不断丰富,发行主体不断多元化,公募私募并驾齐驱,规模效应显现。2018年,公司共发行资产证券化产品10个,发行规模为307.6亿元。截至2018年12月末,公司存续信贷资产证券化项目规模为332.5亿元。全年公司参与的资产证券化业务规模(信贷ABS、企业ABS和ABN)达到260.18亿元,在信托行业中排名第八。发行信贷ABS规模为199.96亿元,位列全国银行间市场资产证券化业务发行机构份额第六,较2017年排名上升了八位,在资产证券化细分领域取得了可喜的成绩。发行的“金陵2016年2期资产支持证券财产权信托”项目被评为“2017年度优秀资产证券化信托计划”。

(2)首批家族信托业务成功落地。为加快财富管理业务发展,2017年,公司组建了家族财富管理团队,提供家族客户财富管理金融服务。截至2018年末,该系列家族信托产品共计发行1.4亿元,在收益分配、投资管理、服务流程等方面具有定制化的特点,以实现委托人的个性化需求安排,帮助委托人实现财富保值增值、财富代际传承、风险隔离等财富管理目的。

(3)在慈善信托领域有所突破。公司成功设立了安徽省首单慈善信托产品“国元慈善信托”,资金用于国元安大奖学金项目和小岗村创新奖励基金项目。该产品设立根据慈善法等法律法规,履行当地民政部门和监管部门备案手续,截至2018年末,信托规模达1 810万元,有效支持安徽省社会慈善事业发展。

6.4.2.5　履行受托人义务情况

公司作为受托人,严格按照《信托法》《信托公司管理办法》《信托公司集合资金信托计划管理办法》及信托文件对受托人义务的规定,在管理信托财产时,恪尽职守,履行诚实、信用、谨慎、有效管理的义务,为受益人的最大利益处理信托事务。

公司将信托财产与其固有财产分别管理、分别记账,并将不同委托人的信托财产设立信托专户,单独记账,单独核算。

按照信托文件的约定,及时履行定期信托计划的信息披露及报告事项。每个信托计划设立后5个工作日内,在公司网站发布成立公告。并按照信托合同的约定,定期发布信托项目管理报告。信托合同终止时,根据信托合同的约定,向受益人支付信托财产及收益。同时,在信托终止后10个工作日内作出处理信托事务的清算报告。

妥善保管处理信托事务的完整记录、原始凭证及有关资料,保存期自本信托终止之日起15年。同时对委托人、受益人以及处理信托事务的情况和资料依法保密。

报告期内,公司管理的信托项目运作正常,全年到期清算销户信托项目158个,资金规模为1 289.44亿元,未出现因公司自身责任而导致信托资产损失的情况,信托业务稳健发展。

## 6.5　关联方关系及其交易的披露

### 6.5.1　关联交易方的数量、关联交易的总金额及关联交易的定价政策等

| | 关联交易方数量(个) | 关联交易金额(万元) | 定价政策 |
|---|---|---|---|
| 合计 | 14 | 65 821 | 市场公允价 |

### 6.5.2 关联交易方与本公司的关系性质，关联交易方的名称、法定代表人，注册地址、注册资本及主营业务等

| 关系性质 | 关联方名称 | 法定代表人 | 注册地址 | 注册资本（万元） | 主营业务 |
|---|---|---|---|---|---|
| 持有公司49.6875%股权的实际控制人 | 安徽国元金融控股集团有限责任公司 | 李　工 | 安徽省合肥市蜀山区梅山路18号 | 300 000 | 经营国家授权的集团公司及所属控股企业全部国有资产和国有股权，资本运营，资产管理，收购兼并，资产重组，投资咨询。 |
| 同受母公司控制 | 安徽国元投资有限责任公司 | 邵文革 | 安徽省合肥市庐阳区宿州路20号 | 150 000 | 股权、债权、产业投资管理及咨询，高新技术及产品开发、转让、销售，房地产开发、销售及租赁服务，物业管理，企业财务顾问及担保，企业资产重组、兼并咨询服务，机械设备租赁服务，资产管理及转让咨询服务，商务信息咨询服务，金融信息咨询服务。 |
| 同受母公司控制、公司持有股权13.54% | 国元证券股份有限公司 | 蔡　咏 | 安徽省合肥市梅山路18号 | 336 544.7047 | 证券经纪，证券投资咨询，与证券交易、证券投资活动有关的财务顾问，证券承销与保荐，证券自营，证券资产管理，融资融券，证券投资基金代销，为期货公司提供中间介绍业务，代销金融产品，保险兼业代理业务。 |
| 同受母公司控制 | 国元农业保险股份有限公司 | 吴　天 | 安徽省合肥市蜀山区长江西路315号 | 210 392.89 | 农业保险，财产损失保险，责任保险，法定责任保险，信用保险和保证保险，短期健康保险和意外伤害保险，上述业务的再保险业务，公司农业保险及其他涉农保险保费收入总和占全部保费收入的比例不得低于60%。 |
| 同受母公司控制、公司持有12.5%的股权 | 安徽国元基金管理有限公司 | 许　斌 | 安徽省合肥高新技术产业开发区创新大道2800号合肥创新产业园二期E1栋856室 | 4 000 | 受托管理股权投资基金企业的投资业务，资产经营管理，投资管理。 |
| 同受母公司控制 | 安徽国元种子投资基金有限公司 | 许　斌 | 安徽省合肥高新技术产业开发区创新大道2800号合肥创新产业园二期E1栋855室 | 100 000 | 股权投资、基金投资、债权及其他投资，投资顾问，投资管理，投资咨询，资产管理。 |
| 同受母公司控制 | 安徽省农业产业化发展基金有限公司 | 许　斌 | 合肥市包河区锦绣大道与黑龙江路交口（滨湖金融小镇） | 280 000 | 创业投资，股权投资，投资顾问，投资管理，投资咨询。 |
| 同受母公司控制 | 安徽国元保险经纪股份有限公司 | 查镜钦 | 安徽省合肥市长江中路168号 | 1 500 | 为投保人拟订投保方案、选择保险人、办理投保手续，协助被保险人或受益人进行索赔，再保险经纪业务，为委托人提供防灾、防损或风险评估、风险管理咨询服务，中国银保监会批准的其他业务。 |
| 同受母公司控制 | 安徽国元创投有限责任公司 | 邵文革 | 安徽省合肥市经济技术开发区翠微路6号海恒大厦316号、318号 | 50 000 | 创业投资及咨询，为创业企业提供创业管理服务业务，参加设立创业投资企业与创业投资管理顾问，股权管理咨询。 |
| 受母公司间接控制 | 国元股权投资有限公司 | 陈家元 | 中国（上海）自由贸易试验区民生路1199弄1号3层B区 | 100 000 | 使用自有资金或者设立直投基金，对企业进行股权投资或者债权投资，或投资于与股权投资、债权投资相关的其他投资基金，为客户提供与股权投资、债权投资相关的财务顾问服务，经中国证监会认可开展的其他业务。 |
| 受母公司间接控制 | 国元创新投资有限公司 | 陈　平 | 安徽省合肥市包河区包河大道118号包河区机关后勤服务中心三楼310室 | 150 000 | 项目投资，股权投资。 |
| 受母公司间接控制 | 芜湖国信大酒店有限公 司 | 董帮琪 | 芜湖开发区浦江路5号 | 3 000 | 客房、餐饮、桑拿、美容美发、娱乐服务，日用百货销售；瓶装酒、烟零售，房屋及场地租赁、办公设备租赁、车辆租赁，农副产品收购（除粮、棉、油），洗衣、健身、会务服务，食堂后勤服务，酒店管理与培训咨询，养老服务咨询。 |
| 公司持有31%的股权并有重大影响 | 金信基金管理有限公司 | 殷克胜 | 深圳市前海深港合作区前湾一路1号A栋201室 | 10 000 | 基金募集、基金销售、特定客户资产管理、资产管理和中国证监会许可的其他业务。 |
| 公司持有50%的股权，实际控制 | 合肥海臻房地产开发有限公司 | 李　勇 | 合肥市包河区滨湖区林芝路278号烟墩社区服务中心办公318室 | 29 404 | 房地产信息咨询，公司和股东自持物业的经营管理，餐饮服务，楼宇机电配套设备管理及维修，保洁服务，停车场管理。 |

6.5.3 本公司与关联方的重大交易事项

6.5.3.1 固有与关联方交易情况:贷款、投资、租赁、应收账款、担保、其他方式等期初汇总数、本期发生额汇总数、期末汇总数

单位:万元

| 固有与关联方关联交易 | | | | |
|---|---|---|---|---|
| | 期初数 | 借方发生额 | 贷方发生额 | 期末数 |
| 贷款 | — | — | — | — |
| 投资 | 6 999 | — | 30 | 6 969 |
| 租赁 | — | — | — | — |
| 担保 | — | — | — | — |
| 应收账款 | — | — | — | — |
| 其他 | 25 212 | 1 244 | 8 562 | 17 894 |
| 合计 | 32 211 | 1 244 | 8 592 | 24 862 |

6.5.3.2 信托与关联方交易情况:贷款、投资、租赁、应收账款、担保、其他方式等期初汇总数、本期发生额汇总数、期末汇总数

单位:万元

| 信托与关联方关联交易 | | | | |
|---|---|---|---|---|
| | 期初数 | 借方发生额 | 贷方发生额 | 期末数 |
| 贷款 | 16 500 | — | 16 500 | — |
| 投资 | 125 275 | 57 400 | 83 600 | 99 075 |
| 租赁 | — | — | — | — |
| 担保 | — | — | — | — |
| 应收账款 | — | — | — | — |
| 其他 | — | — | — | — |
| 合计 | 141 775 | 57 400 | 100 100 | 99 075 |

6.5.3.3 信托公司自有资金运用于自己管理的信托项目(固信交易)、信托公司管理的信托项目之间的相互(信信交易)交易金额,包括余额和本报告年度的发生额

6.5.3.3.1 固有与信托财产之间的交易金额期初汇总数、本期发生额汇总数、期末汇总数

单位:万元

| 固有财产与信托财产相互交易 | | | |
|---|---|---|---|
| | 期初数 | 本期发生额 | 期末数 |
| 合计 | 21 223.00 | -6 000.00 | 15 223.00 |

6.5.3.3.2 信托资产与信托财产之间的交易金额期初汇总数、本期发生额汇总数、期末汇总数

单位:万元

| 信托资产与信托财产相互交易 | | | |
|---|---|---|---|
| | 期初数 | 本期发生额 | 期末数 |
| 合计 | 13 410.00 | 3 777.00 | 17 187.00 |

6.5.4 关联方逾期未偿还公司资金的详细情况以及公司为关联方担保发生或即将发生垫款的详细情况

报告期内公司无上述事项。

### 6.6 会计制度的披露

公司固有业务自2008年1月1日起执行财政部2006年颁布的《企业会计准则》。

公司信托业务自2010年1月1日起执行财政部2006年颁布的《企业会计准则》。

## 7. 财务情况说明书

### 7.1 利润实现和分配情况

2018年,公司实现净利润为36 830.06万元,加2017年初未分配利润95 074.36万元,可供分配利润为131 904.42万元。根据法律法规要求和公司股东会决议,提取盈余公积3 683.01万元,提取一般风险准备2 617.70万元,支付普通股股利9 000.00万元,年末未分配利润为116 603.71万元。

### 7.2 主要财务指标

| 指标名称 | 指标值 |
|---|---|
| 资本利润率(%) | 5.65 |
| 加权年化信托报酬率(%) | 0.17 |
| 人均净利润(万元) | 232.31 |

注:1. 资本利润率=净利润/所有者权益平均余额×100%。
2. 加权年化信托报酬率=(信托项目1的实际年化信托报酬率×信托项目1的实收信托+信托项目2的实际年化信托报酬率×信托项目2的实收信托+…+信托项目$n$的实际年化信托报酬率×信托项目$n$的实收信托)/(信托项目1的实收信托+信托项目2的实收信托+…+信托项目$n$的实收信托)×100%。
3. 人均净利润=净利润/年平均人数。
4. 平均值采取年初、年末余额简单平均法。
5. 公式为:a(平均)=(年初数+年末数)/2。

### 7.3 对本公司财务状况、经营成果有重大影响的其他事项

无。

## 8. 特别事项揭示

### 8.1 前五名股东报告期内变动情况及原因

报告期内,公司股东无变化。

### 8.2 董事、监事及高级管理人员变动情况及原因

(1)2018年4月25日,公司召开2017年度股东会,许斌、芦辉、许植、庞金营、于上游、陈德有、蒋敏、王昊、朱艳9人当选为公司董事,其中蒋敏、王昊、朱艳3人为独立董事,组成公司第六届董事会。徐景明、陈浩当选为公司监事,与公司职工民主选举产生的职工代表宋菊芳组成公司第六届监事会。

(2)2018年4月25日,公司第六届董事会第一次会议选举许斌为公司董事长。

(3)2018年4月25日,公司第六届监事会第一次会议选举徐景明为公司监事长。

(4)2018年4月25日,公司第六届董事会第一次会议聘任许植担任公司总裁;聘任黄庆兵、魏世春、程碧波、陈康担任公司副总裁;聘任朱先平担任公司总会计师;聘任虞焰智担任公司董事会秘书。

### 8.3 变更注册资本、变更注册地或公司名称、公司分立合并事项

报告期内,公司注册资本、注册地和公司名称未发生变更,

未发生分立合并事项。

## 8.4 公司的重大诉讼事项

报告期内，无重大诉讼事项。

## 8.5 公司及其董事、监事和高级管理人员受到处罚的情况

报告期内，公司及其董事、监事和高级管理人员未发生受到处罚的情况。

## 8.6 银监会及其派出机构对公司检查的整改情况

2018年，金融行业延续强监管、严监管之势，监管部门强化了对辖内金融机构的现场检查和监督指导，尤其要求贯彻落实资管新规，并对照新规对存续业务进行整改。2018年，安徽银保监局共对公司进行了3次现场检查，并下发了3份《检查意见书》和2份《监管意见书》，公司按照要求进行了整改和落实，具体情况如下：

2018年4月16日至20日，安徽银保监局对公司向某集团公司及其关联企业授信业务进行了现场检查，并于7月31日下发《检查意见书》（皖银保监[2018]38号）。《检查意见书》对公司提出加大风险排查力度、规范开展流动资金贷款、加强穿透式资金监控等整改意见。公司高度重视，逐条对照问题进行分析，制定相应的整改方案，并于8月30日向银保监局报送整改落实情况报告。

2018年10月16日至29日，安徽银保监局对公司近3年现场检查后续整改情况进行了现场检查，并于12月27日下发《检查意见书》（皖银保监[2018]3号）。安徽银保监局对公司最近3年的整改工作给予了整改率较高、问责力度较大的总体评价，但也存在内控机制、风险管理、系统建设、业务合规等整改不到位的情况。对此，公司制定了《关于贯彻落实〈检查意见书〉相关工作的通知》，要求各部门统一思想、形成共识，高度重视整改工作，相关部门要根据分工切实制定整改措施，严格按照完成时限落实整改工作，并建立整改台账，实行销号管理，及时报送整改工作进展情况。相关整改及问责情况报告，公司于2019年3月7日报送安徽银保监局。

2018年11月5日至16日，安徽银保监局筹备组对公司开展了信息科技风险现场检查，并于12月7日下发《检查意见书》（皖银保监筹[2018]220号）。《检查意见书》指出，公司在信息科技治理及网络安全管控等方面存在一些问题，并提出整改意见。对此，公司高度重视，及时传达检查意见，部署安排整改工作，明确牵头部门和分管领导，对照梳理问题，研究制定整改方案，依据相关规定进行问责，将监管要求落实情况报送监管部门。

2018年5月和9月，安徽银监局先后向公司下发了2017年度监管意见书和2018年上半年度监管意见书，肯定了公司积极发挥信托业务功能、主动调整适应监管规则做出的变革，但也指出存在一些问题和风险。为此，公司结合现状和发展规划，制定相应的改进措施，逐项落实监管意见，将贯彻落实情况报送安徽银监局。

## 8.7 本年度重大事项临时报告的简要内容、披露时间、所披露的媒体及其版面

2018年4月28日，公司在《证券时报》B25版刊登了公司下列重大事项临时报告内容。

（1）2018年4月25日，公司召开2017年度股东会，许斌、芦辉、许植、庞金营、于上游、陈德有、蒋敏、王昊、朱艳9人当选为公司董事，其中蒋敏、王昊、朱艳3人为独立董事，组成公司第六届董事会，许植、朱艳的董事任职资格还须经监管机关审查核准。徐景明、陈浩当选为公司监事，与公司职工民主选举产生的职工代表宋菊芳组成公司第六届监事会。

（2）2018年4月25日，公司第六届董事会第一次会议选举许斌为公司董事长，任职资格还须经监管机关审查核准。在此期间，确定许斌代为履行公司董事长职务，代履职时间不超过6个月。

（3）2018年4月25日，公司第六届董事会第一次会议聘任许植担任公司总裁；聘任黄庆兵、魏世春、程碧波、陈康担任公司副总裁；聘任朱先平担任公司总会计师；聘任虞焰智担任公司董事会秘书。上述高管人员任职资格已经监管机关审查核准。

（4）2018年4月25日，公司第六届监事会第一次会议选举徐景明为公司监事长。

（5）公司2016年度股东会和2017年第一次临时股东会对《公司章程》进行了修订，并已经监管机关审查核准，已完成工商备案手续。

（6）公司董事会2018年第一次临时会议选聘天职国际会计师事务所（特殊普通合伙）为公司年报审计机构。

2018年7月31日，公司在《证券时报》B43版刊登了公司下列重大事项临时报告内容。

（1）经公司2017年度股东会、董事会六届一次会议选举，任职资格报中国银行业监督管理委员会安徽监管局审查核准（皖银监复[2018]75号），许斌同志担任公司董事长。

（2）经公司2017年度股东会选举，任职资格报中国银行业监督管理委员会安徽监管局审查核准（皖银监复[2018]75号），许植同志担任公司董事，朱艳同志担任公司独立董事。

（3）公司法定代表人变更为许斌，已完成工商变更登记手续。

（4）接到公司第一大股东安徽国元控股（集团）有限责任公司（以下简称国元集团）通知，经安徽省国资委批准，国元集团的公司名称由安徽国元控股（集团）有限责任公司变更为安徽国元金融控股集团有限责任公司，并已完成工商登记变更手续。此事项对公司的经营活动不构成影响，公司的第一大股东和实际控制人未发生变化。

## 8.8 银保监会及其省级派出机构认定的其他有必要让客户及相关利益人了解的重要信息

报告期内，公司已按有关规定充分披露相关信息，无银保监会及其省级派出机构认定的其他有必要让客户及相关利益人了解的重要信息。

# 安信信托股份有限公司

## 1. 重要提示

1.1　2018 年度报告摘要来自年度报告全文，为全面了解本公司的经营成果、财务状况及未来发展规划，投资者应当到上海证券交易所网站等中国证监会指定媒体上仔细阅读年度报告全文。

1.2　公司董事会、监事会及董事、监事、高级管理人员保证年度报告内容的真实、准确、完整，不存在虚假记载、误导性陈述或重大遗漏，并承担个别和连带的法律责任。

1.3　公司全体董事出席董事会会议。

1.4　立信会计师事务所(特殊普通合伙)为公司出具了标准无保留意见的审计报告。

1.5　经董事会审议的报告期利润分配预案或公积金转增股本预案

经立信会计师事务所(特殊普通合伙)审计确认，公司 2018 年实现归属于母公司净利润为 -183 279.62 万元，期末可供分配利润为 173 182.73 万元。

鉴于公司 2018 年的净利润为负数，根据《公司章程》的有关规定，综合考虑公司发展阶段和下一步经营需要，2018 年公司不进行利润分配，也不进行资本公积金转增股本。

## 2. 公司概况

### 2.1　公司简介

| 公司股票简况 | | | | |
|---|---|---|---|---|
| 股票种类 | 股票上市交易所 | 股票简称 | 股票代码 | 变更前股票简称 |
| A股 | 上海证券交易所 | 安信信托 | 600816 | 鞍山信托 |

| 联系人和联系方式 | 董事会秘书 | 证券事务代表 |
|---|---|---|
| 姓名 | 陶瑾宇 | |
| 办公地址 | 上海市黄浦区广东路 689 号海通证券大厦 29 楼 | |
| 电话 | 021-63410710 | |
| 电子信箱 | 600816@anxintrust.com | |

### 2.2　报告期公司主要业务简介

公司目前经营的主要业务包括固有业务和信托业务。

**2.2.1　主要业务**

2.2.1.1　固有业务

固有业务是指信托公司运用自有资本开展的业务，主要包括但不限于贷款、租赁、投资、同业存放、同业拆放等。公司的固有业务包括固有资金存贷款及投资业务。该类业务由公司内设的固有业务部负责。报告期内，公司的利息收入及投资收益情况如下：

单位：万元

| 项目 | 2018 年 | 2017 年 | 2016 年 |
|---|---|---|---|
| 利息净收入 | 1 390.81 | 12 603.22 | 17 767.65 |
| 其中：利息收入 | 72 489.90 | 49 822.30 | 32 650.95 |
| 利息支出 | 71 099.09 | 37 219.08 | 14 883.30 |
| 投资收益 | -8 527.50 | 78 463.14 | 27 977.43 |
| 公允价值变动收益 | -231 721.92 | -59 773.91 | 27 236.62 |

2.2.1.2　信托业务

信托业务是指公司作为受托人，按照委托人意愿以公司名义对受托的货币资金或其他财产进行管理或处分，并从中收取手续费的业务。公司的信托业务主要由其下设的各信托业务部门负责开展经营。报告期内，公司与信托业务相关的收入体现在手续费及佣金收入中，具体情况如下：

单位：万元

| 项目 | 2018 年 | 2017 年 | 2016 年 |
|---|---|---|---|
| 手续费及佣金收入 | 155 974.19 | 527 950.34 | 452 410.89 |
| 其中：信托报酬 | 153 994.72 | 524 374.31 | 439 342.31 |
| 手续费及佣金支出 | 2 221.35 | | 796.69 |
| 手续费及佣金净收入 | 153 752.84 | 527 950.34 | 451 614.20 |

**2.2.2　经营模式**

公司以基于产业的主动管理型信托业务为核心主业，以“实业投行”为战略定位，以产融结合的模式和股债联动的投资方式，灵活运用多种创新金融工具，根据不同产业及企业的特性，致力于在资产端为实业企业提供全方位、个性化的创新金融服务方案，在客户端提供多元化、多层次的投资理财产品，构建连通资产管理与财富管理的桥梁，以客户为中心着力打造信托行业特色的“财富管理平台”。固有业务以自有资金服务主业为宗旨，以安全性、流动性、低风险性为投资原则，布局具备成长性的优质金融资产，在获取稳定投资收益的同时谋求协同发展效应。

**2.2.3　行业情况**

信托行业作为我国经济和金融的重要组成部分，充分利用其业务的综合性、灵活性和敏锐性，通过对社会闲置资金的多方式运用、跨市场配置，以债权融资、股权投资、投贷联动、产业基金、资产证券化等方式投入实体经济，有效弥补了传统信贷业务的不足。同时，信托公司发挥资产管理的专业优势，以多类型信托产品满足投资者多样化、特色化和个性化的投资需求，为国民财富的保值增值提供了更丰富的途径。近年来，信托行业在规模快速扩张，服务实体经济能力不断加强的同时，也出现了多层嵌套、影子银行不易监管等问题，行业系统性风险有所上升，发展模式有待转型和升级。在控制和降低宏观经济杠杆率，经济从高速增长向高质量增长转变的大背景下，2018 年 4 月，《关于规范金融机构资产管理业务的指导意见》(以下简称资管新规)发布，严格规范资管行业进入“降杠杆、破刚兑、去嵌套”的新规时期。2018 年 8 月，银保监会信托部下发《关于加强规范资产管理业务过渡期内信托监管工作的通知》(信托函[2018]37 号)，进一步明确信托业落实新规和过渡期整改的要求。资管新规的落地有利于降低资管行业系统性金融风险，促进资管行业在统一的监管框架和公平的市场准入下公平竞争、健康发展。此外，《信托登记管理办法》在2018年全面实施，完善了信托行业的基础性建设，提高了信托业务的透明度和规范性，为行业发展与监管提供了丰富的数据和资料；同时，该管理办法提高了信托产品及业务相关数据的可获取性，有利于投资者自主判断、培养自负险意识，从而有利于打破刚兑规则的实施。然而对于信托行业而言，资管新规“去通道、控分级、降杠杆、除嵌套”等一系列监管规定的落地在短期内意味着转型升级的阵痛，行业的规模及效益均受到了影响。

## 2.3 公司主要会计数据和财务指标

### 2.3.1 近3年的主要会计数据和财务指标

| | 2018年 | 2017年 | 本年比上年增减(%) | 2016年 |
|---|---|---|---|---|
| 总资产(元) | 31 536 201 940.49 | 25 126 115 640.70 | 25.51 | 19 125 695 062.24 |
| 营业收入(元) | -850 779 080.55 | 5 592 427 918.12 | -115.21 | 5 245 959 043.75 |
| 归属于上市公司股东的净利润(元) | -1 832 796 150.45 | 3 668 212 257.98 | -149.96 | 3 033 947 447.70 |
| 归属于上市公司股东的扣除非经常性损益的净利润(元) | -1 997 225 417.68 | 3 538 433 031.51 | -156.44 | 2 935 978 113.31 |
| 归属于上市公司股东的净资产(元) | 12 011 949 119.20 | 16 191 481 860.03 | -25.81 | 13 718 166 573.28 |
| 经营活动产生的现金流量净额(元) | -2 534 048 351.03 | 1 730 039 924.46 | -246.47 | 2 993 793 908.96 |
| 基本每股收益(元/股) | -0.3351 | 0.6708 | -149.96 | 0.6493 |
| 稀释每股收益(元/股) | -0.3351 | 0.6708 | -149.96 | 0.6493 |
| 加权平均净资产收益率(%) | -13.54 | 25.23 | -38.77 | 41.15 |

### 2.3.2 报告期分季度的主要会计数据

单位:元

| | 第一季度(1~3月) | 第二季度(4~6月) | 第三季度(7~9月) | 第四季度(10~12月) |
|---|---|---|---|---|
| 营业收入 | 1 589 563 138.55 | 23 801 001.99 | -333 337 272.51 | -2 130 805 948.58 |
| 归属于上市公司股东的净利润 | 1 055 975 607.62 | 22 529 976.20 | -1 054 418 260.23 | -1 856 883 474.04 |
| 归属于上市公司股东的扣除非经常性损益后的净利润 | 1 056 712 540.35 | -139 912 273.80 | -1 054 418 522.73 | -1 859 607 161.50 |
| 经营活动产生的现金流量净额 | -713 819 494.12 | 1 940 063 050.23 | 1 467 903 749.44 | -5 228 195 656.58 |

## 2.4 股本及股东情况

### 2.4.1 普通股股东和表决权恢复的优先股股东数量及前10名股东持股情况

| | |
|---|---|
| 截至报告期末普通股股东总数(户) | 84 624 |
| 年度报告披露日前上月末的普通股股东总数(户) | 152 680 |
| 截至报告期末表决权恢复的优先股股东总数(户) | — |
| 年度报告披露日前上月末表决权恢复的优先股股东总数(户) | — |

前10名股东持股情况

| 股东名称(全称) | 报告期内增减 | 期末持股数量(股) | 比例(%) | 持有有限售条件的股份数量(股) | 质押或冻结情况 | | 股东性质 |
|---|---|---|---|---|---|---|---|
| | | | | | 股份状态 | 数量(股) | |
| 上海国之杰投资发展有限公司 | | 2 867 929 342 | 52.44 | 204 847 399 | 冻结 | 1 959 068 | 境内非国有法人 |
| 中国证券金融股份有限公司 | | 241 360 938 | 4.41 | — | 无 | — | 国有法人 |
| 上海公信实业有限公司 | | 182 086 577 | 3.33 | 182 086 577 | 无 | — | 境内非国有法人 |
| 瀚博汇鑫(天津)投资有限公司 | | 159 325 756 | 2.91 | 159 325 756 | 质押 | 158 016 927 | 境内非国有法人 |
| 山东岚桥港有限公司 | | 136 564 932 | 2.50 | 136 564 932 | 质押 | 136 564 932 | 境内非国有法人 |
| 湘财证券股份有限公司 | | 113 804 108 | 2.08 | 113 804 108 | 无 | — | 境内非国有法人 |
| 香港中央结算有限公司 | | 54 608 357 | 1.00 | — | 无 | — | 境外法人 |
| 中央汇金资产管理有限责任公司 | | 49 542 240 | 0.91 | — | 无 | — | 国有法人 |
| 重庆振玺投资发展有限公司 | | 41 766 800 | 0.76 | — | 无 | — | 境内非国有法人 |
| 全国社保基金——八组合 | | 27 799 944 | 0.51 | — | 无 | — | 其他 |
| 上述股东关联关系或一致行动的说明 | 公司股东中上海国之杰投资发展有限公司为公司实际控制人高天国先生控制的企业，其余股东公司未知是否存在关联关系及一致行动的情况。 | | | | | | |
| 表决权恢复的优先股股东及持股数量的说明 | | | | | | | |

2.4.2 公司与控股股东之间的产权及控制关系

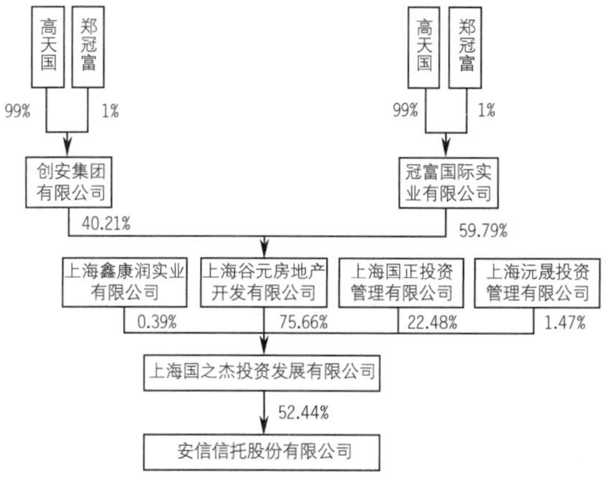


2.4.3 公司与实际控制人之间的产权及控制关系

无。

2.4.4 报告期末公司优先股股东总数及前 10 名股东情况

无。

## 2.5 公司债券情况

无。

# 3. 经营情况讨论与分析

## 3.1 报告期内主要经营情况

报告期内，公司共实现营业收入 -85 077.91 万元，归属于母公司的净利润为 -183 279.62 万元。截至报告期末，公司总资产为 3 153 620.19 万元，比 2017 年末增加 641 008.63 万元，增幅为 25.51%；负债总额为 1 881 478.25 万元，资产负债率为 60%，比 2017 年末上升 24 个百分点。

报告期内，公司董事会和经营管理层带领公司主要推进了以下工作：

坚持实业投行定位，夯实信托主业基础。在国内经济转型、去杠杆持续推进、中美贸易争端、美元加息周期等不利因素的大环境下，实体经济绩效改善速度趋缓，偿债能力呈现分化，叠加资金渠道有限及融资成本抬高，部分实体企业经营压力进一步传向金融行业，导致金融机构的风险管理压力加大。公司一直定位实业投行、立足信托本源、深耕主动管理业务、投贷联动形式服务实体经济，底层资产的实体企业经营压力传导尤为明显。据中国信托业协会《2018 年度中国信托业发展评析》，2018 年信托业不仅管理资产规模连续 4 个季度下滑，全年营业收入、利润及信托业务收入较 2017 年同比均有所下降。

报告期内，公司根据资管新规对业务各方面的要求，从资产端、资金端、客户端严格对标监管标准对存量项目进行了全面的梳理和风险排查，通过强化主动合规管理，谋求提升经营质量，夯实未来转型发展的基础。报告期内，公司受托资产规模稳定，截至 2018 年 12 月末，公司管理的信托资产规模为 2 336.78亿元，其中主动管理业务占比为 70.26%。

截至报告期末，存续信托项目 324 个，受托管理信托资产规模为 2 336.78 亿元；已完成清算的信托项目 75 个，清算信托规模为 681.25 亿元；新增设立信托项目 123 个，新增信托规模为 1 018.17 亿元。其中，新增集合类信托项目 93 个，实收信托规模为 376.04 亿元；新增单一类信托项目 30 个，实收信托规模为 642.13 亿元。

（1）信托资金投向。2018 年信托资金主要投向实业、房地产、基础产业等领域。同时深化业务结构调整，向生物医药、港口物流等多个行业和领域进行拓展和布局。

（2）主动管理型信托业务。主动管理型信托业务规模占信托资产总规模的比例为 70%。

（3）信托业务风险。公司执行各项信托业务管理制度，信托业务的开展及后续管理均严格以受益人利益最大化等为宗旨依法操作。

2018 年，公司固有业务受资本市场波动影响，根据会计准则及相关政策，交易性金融资产公允价值变动及对部分金融资产计提了减值准备，对当期业绩产生较大不利影响。报告期内，公司逐步调整了业务策略，固有业务资金投融资运用方面，强化流动性属性管理，积极通过收回到期贷款、处置部分资产的方式，盘活固有业务的流动性。同时，减少非流动性资产配置，确保固有资金的流动性，为公司信托业务转型提供支持。

加快财富管理建设，寻求未来发展动力。在资管新规和一系列监管政策的共同作用下，主动管理型业务成为信托业转型的必然方向，财富管理则为其中的重要抓手。报告期内，公司以财富管理业务作为战略性业务进行积极培育，主动转换思路，将销售产品向资产配置升级，以客户需求为中心，在不断满足客户日益丰富的理财需求同时拓展公司资金来源。

在完善财富管理中心布局及团队建设方面，2018 年，公司在全国一线及重点城市布局，目前财富管理团队已近 300 人，团队派驻全国 12 地。在客户开发管理体系建设方面，公司打造了“至金会员体系”，将客户转化为“安信信托至金会员”，从而提供一系列财富管理之外的增值服务，拓展客户体验，增加客户忠诚度。在品牌建设方面，发布全新“信任之蓝”，升级公司品牌，并结合“至金会员体系”，与各类一线品牌合作，组织各种艺术人文鉴赏、马拉松、慈善公益等活动近 80 场，有效地提升新客户引入与老客户的客户黏性。在金融科技方面，自主成功开发 CRM、官方 APP 并对接三方平台，为公司内控管理及财富管理提供了有力支持。经过 2018 年的筹备，2019 年初“安信信托”APP 上线，实现远程“双录”、产品查询预约、会员身份认证、投资资讯推送等功能，进一步提升销售效率及客户体验。

不断加强风险控制和合规管理建设。资管新规提出了严控风险的底线思维，要减少存量风险，严控增量风险。风险管理是未来信托公司核心竞争力的重要组成部分。公司不断加强合规风控建设，提升风险抵御能力。

在合规经营方面，坚持“合规先行和合规创造价值”的理念，完成了行业评级、监管评级自评、信托产品预登记，保障各类业务合规展业，落实各项监管意见并整改，通过培训、考试等方式，在公司营造全员合规的文化氛围。

在风险管理和控制方面，实行单客户集中度管理，进一步完善风险治理结构，通过完善风险考核体系等顶层设计、重管理、重拨备，从底层资产的架构设计等方面，把风险管控的责任落实到人，权责利事先确定，明确问责机制。同时，将风险管理、业务导向等指标纳入激励与考核体系中，建立事务督办单制度，明确责任人、督办人、要求落实的事项、完成时间及效果等，杜绝推责现象发生。

在投资监管方面，一方面，继续严格落地各项监管工作确保项目资金安全，包括强化项目监管、增加巡检频次、加强对新员工的培训、完善信息系统等；另一方面，根据公司《信托业务流动性风险管理办法》的有关要求，不定期提示在项目监管过程中发现的潜在流动性风险事件，确保及时对称项目经营及资金信息。同时，每日关注各项目可调用自由现金流，实现公司临时需求与交易对手资金优化的双向匹配。

大力建设信托品牌形象，发扬信托品牌价值。资管新规要求打破刚兑，倚重财富管理，新的行业趋势给信托品牌建设提出了新要求、新挑战。公司在2018年大力建设信托品牌形象，发扬信托品牌价值。在品牌呈现上，响应“脱虚向实，回归本源”的号召，以“纯粹、简洁、深刻”为基础理念，致敬“国际克莱因蓝”这一最为纯净的蓝色，推出“信任之蓝”全新视觉体系，象征公司回归信托本源，恪守信任初心的努力；提出“IN ANXIN WE TRUST，信任从这里开始”的全新品牌宣言，将“信任文化”作为公司品牌的核心抓手；推出了行业内首部以信任为主题的信托形象宣传片，在创新性的圆形构图中，通过展示公司各主要产业领域的布局，解答信托的最原初问题：“我是谁？我为谁而奋斗？”从而揭示信托助力实体经济发展的核心价值。

公司还积极履行企业社会责任，广泛参与慈善、扶贫事业，扶持社会教科文卫体育事业发展，以建立更具影响力的、负责任的企业公民品牌形象。作为官方赞助商及唯一指定信托公司，公司在2018年连续第二年支持上海半程国际马拉松赛、第三年支持上海国际马拉松赛的开展，以“人生马拉松”为核心，丰富品牌内涵。

报告期内，公司荣获凤凰网评选的“年度最佳信托公司”、《中国经营报》2018金融发展论坛评选的“新时代金融机构实体经济推动奖”、《国际金融报》评选的“2018国际先锋金融机构”“2018金融行业先锋品牌”、《证券时报》评选的“2018年度优秀信托公司”、《上海证券报》评选的第十一届“诚信托”卓越公司奖、《证券时报》及青岛市政府联合颁发的“第十二届中国上市公司价值评选”中国主板上市公司价值百强前十强、第一财经金融价值榜“2018年度信托公司”奖、《华夏时报》评选的金蝉奖“2018年度信托公司”等多个奖项。

### 3.2 导致暂停上市的原因

无。

### 3.3 面临终止上市的情况和原因

无。

### 3.4 公司对会计政策、会计估计变更原因及影响的分析说明

无。

报告期内公司的会计政策、会计估计没有变更。2019年4月29日，公司分别召开第七届董事会第六十七次、第七届监事会第四十一次会议，审议通过了《关于会计政策变更的议案》，根据财政部相关文件规定及银行业监管机构相关监管规则，公司拟自2019年1月1日起执行新金融工具准则、新财务报表格式，同时废止《信托业务准备金计提制度》，自2019年1月1日起不再计提信托业务准备金。

新金融工具准则的执行不会对会计政策变更之前的公司总资产、负债总额、净资产及净利润产生影响；财务报表格式的变更仅对公司财务报表相关科目列示产生影响，对当期和本次会计政策变更之前财务状况、经营成果和现金流量均无影响。对信托业务准备金计提的调整仅是对负债与所有者权益相关科目进行调整。

### 3.5 公司对重大会计差错更正原因及影响的分析说明

无。

### 3.6 与上年度财务报告相比，对财务报表合并范围发生变化的，公司应当作出具体说明

无。

截至2018年12月31日，公司合并财务报表范围包括本公司控制的结构化主体。

本期合并财务报表范围及其变化情况详见本附注“七、合并范围的变更”“八、在其他主体中的权益”。

## 4. 2018年自营资产分布情况

| 资产运用 | 金额(万元) | 占比(%) | 资产分布 | 金额(万元) | 占比(%) |
|---|---|---|---|---|---|
| 货币资产 | 61 631 | 1.95 | 基础产业 | — | — |
| 贷款 | 1 477 048 | 46.84 | 房地产业 | 147 950 | 4.69 |
| 金融资产 | 844 696 | 26.78 | 证券 | 195 819 | 6.21 |
| 长期投资 | 107 421 | 3.41 | 实业 | 1 329 098 | 42.15 |
| 其他 | 662 824 | 21.02 | 其他 | 1 480 753 | 46.95 |
| 资产总计 | 3 153 620 | 100 | 资产总计 | 3 153 620 | 100 |

## 5. 会计师事务所审计意见

一、审计意见

我们审计了安信信托股份有限公司（以下简称安信信托）财务报表，包括2018年12月31日的合并及母公司资产负债表，2018年度的合并及母公司利润表、合并及母公司现金流量表、合并及母公司股东权益变动表以及相关财务报表附注。

我们认为，后附的财务报表在所有重大方面按照企业会计准则的规定编制，公允反映了安信信托2018年12月31日的合并及母公司财务状况以及2018年度的合并及母公司经营成果和现金流量。

二、形成审计意见的基础

我们按照中国注册会计师审计准则的规定执行了审计工作。审计报告的“注册会计师对财务报表审计的责任”部分进一步阐述了我们在这些准则下的责任。按照中国注册会计师职业道德守则，我们独立于安信信托，并履行了职业道德方面

的其他责任。我们相信,我们获取的审计证据是充分、适当的,为发表审计意见提供了基础。

三、关键审计事项

关键审计事项是我们根据职业判断,认为对本期财务报表审计最为重要的事项。这些事项的应对以对财务报表整体进行审计并形成审计意见为背景,我们不对这些事项单独发表意见。我们确定下列事项是需要在审计报告中沟通的关键审计事项。

| 关键审计事项 | 该事项在审计中是如何应对的 |
|---|---|
| 1. 结构化主体合并 | |
| 事项描述:<br>请参阅合并财务报表附注七。截至2018年12月31日,安信信托纳入合并报表的结构化主体的总资产为200.30亿元。<br>安信信托在多项结构化主体中担任信托计划受托人或投资者角色。<br>管理层需就是否对结构化主体存在控制,以确定结构化主体是否应纳入合并财务报表范围作出重大判断。<br>根据管理层对结构化主体的权力的评估,以及从结构化主体中获取的可变回报以及权力与可变回报的关系,管理层确定安信信托对部分结构化主体拥有控制权,并对其进行合并。<br>考虑是否存在控制涉及管理层的重大判断以及包含在合并资产负债表中的结构化主体的金额,该事项被确定为关键审计事项。 | 审计应对:<br>我们获取并阅读了安信信托投资项目的合同,以评估安信信托对结构化主体的权力范围,对结构化主体承担或享有的可变回报权益以及权力与可变回报的关系。<br>我们复核了管理层在可变回报定量计算中使用的数据,并对管理层对安信信托承担或享有的可变回报的结果进行了重新计算。<br>基于上述审计程序结果,现有证据能够支持管理层关于是否对结构化主体进行合并的判断。 |
| 2. 发放贷款和垫款、债券投资的减值 | |
| 事项描述:<br>请参阅合并财务报表附注五(十)(十四)。截至2018年12月31日,安信信托发放贷款和垫款、债权投资账面价值分别为147.70亿元和45.30亿元,占合并总资产的比例为61.20%,相应的减值准备余额分别为9.01亿元和0.69亿元。<br>减值准备余额反映了管理层在资产负债表日采用个别评估以及组合评估的方法,对相关金融资产已发生损失的最佳估计。<br>管理层对企业发放贷款和垫款、债权投资金融资产单独进行减值测试。如有客观证据表明企业贷款已经发生减值的,管理层定期对其未来现金流金额和时间进行估计,评估企业贷款账面价值与其预计未来现金流量现值之间的差异,以计提减值准备。<br>若单独测试未有明显减值迹象的,根据贷款及底层资产五级分类结果,在资产组合中再进行减值测试,并按一定比例计提减值准备。<br>考虑到安信信托发放贷款和垫款、债权投资金融资产的识别和损失准备评估过程均涉及重大的管理层判断,该事项被确定为关键审计事项。 | 审计应对:<br>我们对发放贷款和垫款、债权投资的减值评估和减值计算相关内部控制设计和运行的有效性进行了评估和测试,这些控制包括及时识别已减值金融资产的控制、复核计提减值准备的方法、过程及结果。<br>我们抽取样本,就借款人财务状况、非财务信息及其他因素方面复核管理层作出的评估结果是否合理。<br>对本期计提减值准备的减值贷款和债权投资,我们复核了管理层计算过程及结果。<br>基于上述审计程序结果,现有证据能够支持管理层在发放贷款及垫款减值评估中所采取的方法。 |

续表

| 关键审计事项 | 该事项在审计中是如何应对的 |
|---|---|
| 3. 信托业务准备金 | |
| 事项描述:<br>请参阅合并财务报表附注五(三十五)。截至2018年12月31日,安信信托计提信托业务准备金余额为5.67亿元。<br>管理层分析评估其作为受托人管理的信托资产质量,判断是否存在可能发生损失的风险;如有客观证据表明已经发生损失的信托资产,管理层定期对其未来现金流金额和时间进行估计,评估信托资产账面价值与其预计未来现金流量现值之间的差异,以计提信托业务准备金。其他则按照组合方法计提信托业务准备金。<br>考虑到安信信托的信托资产质量识别和损失评估过程均涉及重大的管理层判断,该事项被确定为关键审计事项。 | 审计应对:<br>我们对信托资产质量评估和信托业务准备金计算相关内部控制设计和运行的有效性进行了评估和测试,这些控制包括及时识别风险的控制、复核计提信托业务准备金的方法、过程及结果。<br>对本期通过单项评估方式计提信托业务准备金的信托资产,我们复核了管理层预计未来现金流量现值计算过程及结果。对本期通过组合方法计提信托业务准备金的信托资产,我们复核了管理层计算过程及结果。<br>基于上述审计程序结果,现有证据能够支持管理层对计提信托业务准备金所作的判断和估计。 |
| 4. 手续费及佣金收入 | |
| 事项描述:<br>请参阅合并财务报表附注五(四十八)。2018年,安信信托确认手续费及佣金收入为15.60亿元,其中信托报酬为15.40亿元,占比为98.73%,较2017年同期减少70.63%。<br>安信信托管理层对公司管理的信托计划交易对手状况、可供分配信托利益等因素进行评估,认为由于公司管理的部分信托计划交易对手未能正常按照合同约定支付信托报酬,虽然公司根据信托合同约定有提取信托报酬的权利,但是暂无充足证据表明相关信托报酬能如期收到,安信信托对该等项目未确认或未足额确认信托报酬。<br>考虑到安信信托的信托报酬评估过程涉及重大的管理层判断,该事项被确定为关键审计事项。 | 审计应对:<br>我们对信托报酬的提取和确认相关内部控制设计和运行的有效性进行了评估和测试。<br>对超过一定规模的信托计划,获取并阅读信托合同、交易合同、投后管理报告等文件主要条款,并执行重新计算程序。<br>获取未足额提取信托报酬项目清单,了解分析未足额提取信托报酬的原因。<br>抽取一定比例的项目,对交易对手进行函证、走访,了解信托项目底层资产质量,核实安信信托管理层对信托项目的判断。<br>基于上述审计程序结果,现有证据能够支持管理层对信托报酬确认的判断和估计。 |

四、其他信息

安信信托管理层(以下简称管理层)对其他信息负责。其他信息包括安信信托2018年年度报告中涵盖的信息,但不包括财务报表和我们的审计报告。

我们对财务报表发表的审计意见不涵盖其他信息,我们也不对其他信息发表任何形式的鉴证结论。

结合我们对财务报表的审计,我们的责任是阅读其他信息,在此过程中,考虑其他信息是否与财务报表或我们在审计过程中了解到的情况存在重大不一致或者似乎存在重大错报。

基于我们已执行的工作,如果我们确定其他信息存在重大错报,我们应当报告该事实。在这方面,我们无任何事项需要报告。

五、管理层和治理层对财务报表的责任

管理层负责按照企业会计准则的规定编制财务报表,使其实现公允反映,并设计、执行和维护必要的内部控制,以使财务报表不存在由于舞弊或错误导致的重大错报。

在编制财务报表时,管理层负责评估安信信托的持续经营能力,披露与持续经营相关的事项(如适用),并运用持续经营假设,除非计划进行清算、终止运营或别无其他现实的选择。

治理层负责监督安信信托的财务报告过程。

六、注册会计师对财务报表审计的责任

我们的目标是对财务报表整体是否不存在由于舞弊或错误导致的重大错报获取合理保证,并出具包含审计意见的审计报告。合理保证是高水平的保证,但并不能保证按照审计准则执行的审计在某一重大错报存在时总能发现。错报可能由于舞弊或错误导致,如果合理预期错报单独或汇总起来可能影响财务报表使用者依据财务报表作出的经济决策,则通常认为错报是重大的。

在按照审计准则执行审计工作的过程中,我们运用职业判断,并保持职业怀疑。同时,我们也执行以下工作:

(1)识别和评估由于舞弊或错误导致的财务报表重大错报风险,设计和实施审计程序以应对这些风险,并获取充分、适当的审计证据,作为发表审计意见的基础。由于舞弊可能涉及串通、伪造、故意遗漏、虚假陈述或凌驾于内部控制之上,未能发现由于舞弊导致的重大错报的风险高于未能发现由于错误导致的重大错报的风险。

(2)了解与审计相关的内部控制,以设计恰当的审计程序。

(3)评价管理层选用会计政策的恰当性和作出会计估计及相关披露的合理性。

(4)对管理层使用持续经营假设的恰当性得出结论。同时,根据获取的审计证据,就可能导致对安信信托持续经营能力产生重大疑虑的事项或情况是否存在重大不确定性得出结论。如果我们得出结论认为存在重大不确定性,审计准则要求我们在审计报告中提请报表使用者注意财务报表中的相关披露;如果披露不充分,我们应当发表非无保留意见。我们的结论基于截至审计报告日可获得的信息。然而,未来的事项或情况可能导致安信信托不能持续经营。

(5)评价财务报表的总体列报、结构和内容(包括披露),并评价财务报表是否公允反映相关交易和事项。

(6)就安信信托中实体或业务活动的财务信息获取充分、适当的审计证据,以对财务报表发表审计意见。我们负责指导、监督和执行集团审计,并对审计意见承担全部责任。

我们与治理层就计划的审计范围、时间安排和重大审计发现等事项进行沟通,包括沟通我们在审计中识别出的值得关注的内部控制缺陷。

我们还就已遵守与独立性相关的职业道德要求向治理层提供声明,并与治理层沟通可能被合理认为影响我们独立性的所有关系和其他事项,以及相关的防范措施(如适用)。

从与治理层沟通过的事项中,我们确定哪些事项对本期财务报表审计最为重要,因而构成关键审计事项。我们在审计报告中描述这些事项,除非法律法规禁止公开披露这些事项,或在极少数情形下,如果合理预期在审计报告中沟通某事项造成的负面后果超过在公众利益方面产生的益处,我们确定不应在审计报告中沟通该事项。

## 6. 2018 年度信托业务年度报告(未经审计)

### 6.1 信托财务报表

#### 6.1.1 信托项目资产负债汇总表

**资产负债表**

编制单位:安信信托股份有限公司　　2018 年 12 月 31 日　　单位:万元

| 信托资产 | 期末数 | 期初数 | 信托负债和信托权益 | 期末数 | 期初数 |
|---|---|---|---|---|---|
| 信托资产: | | | 信托负债: | | |
| 货币资金 | 120 125.03 | 425 664.13 | 交易性金融负债 | — | — |
| 拆出资金 | — | — | 衍生金融负债 | — | — |
| 存出保证金 | — | — | 应付受托人报酬 | 4 152.27 | 75 933.36 |
| 交易性金融资产 | 432.39 | — | 应付保管费 | 222.09 | 87.43 |
| 衍生金融资产 | — | — | 应付受益人收益 | 136 726.68 | 53 572.15 |
| 买入返售金融资产 | — | — | 应交税费 | 16 231.27 | — |
| 应收款项 | 7 091 114.64 | 5 910 801.98 | 应付销售服务费 | — | — |
| 发放贷款 | 11 672 614.06 | 12 479 505.77 | 其他应付款项 | 128 726.15 | 21 880.40 |
| 可供出售金融资产 | — | — | 其他负债 | — | — |
| 持有至到期投资 | 1 207 042.45 | 1 039 243.99 | 信托负债合计 | 286 058.46 | 151 473.34 |
| 长期应收款 | — | — | | — | — |
| 长期股权投资 | 3 276 515.13 | 3 399 916.38 | 信托权益: | — | — |
| 投资性房地产 | — | — | 实收信托 | 22 770 653.95 | 22 852 791.94 |
| 固定资产 | — | — | 资本公积 | 3 247.00 | — |
| 无形资产 | — | — | 外币报表折算差额 | — | — |
| 长期待摊费用 | — | — | 未分配利润 | 307 884.29 | 250 866.97 |
| 其他资产 | — | — | 信托权益合计 | 23 081 785.24 | 23 103 658.91 |
| 信托资产总计 | 23 367 843.70 | 23 255 132.25 | 信托负债及信托权益总计 | 23 367 843.70 | 23 255 132.25 |

#### 6.1.2 信托项目利润及利润分配汇总表

利润及利润分配表

编制单位：安信信托股份有限公司　　2018 年度　　单位：万元

| 项目 | 本年累计金额 | 上年累计金额 |
|---|---|---|
| 1. 营业收入 | 1 749 913.95 | 2 430 816.73 |
| 1.1 利息收入 | 856 654.11 | 1 317 405.58 |
| 1.2 投资收益 | 448 210.35 | 453 197.94 |
| 1.2.1 对联营企业和合营企业的投资收益 | 0.00 | 0.00 |
| 1.3 公允价值变动损益 | 0.00 | 0.00 |
| 1.4 租赁收入 | 0.00 | 0.00 |
| 1.5 汇兑损益 | 0.00 | 0.00 |
| 1.6 其他收入 | 445 049.49 | 660 213.21 |
| 2. 支出 | 192 100.46 | 672 480.08 |
| 2.1 税金及附加 | 4 214.29 | 0.00 |
| 2.2 受托人报酬 | 139 606.57 | 616 997.10 |
| 2.3 保管费 | 6 270.22 | 8 038.63 |
| 2.4 投资管理费 | 0.00 | 0.00 |
| 2.5 销售服务费 | 5 231.60 | 3 012.69 |
| 2.6 交易费用 | 0.00 | 0.00 |
| 2.7 资产减值损失 | 2 400.00 | 5 734.44 |
| 2.8 其他费用 | 34 377.78 | 38 697.22 |
| 3. 信托净利润 | 1 557 813.49 | 1 758 336.65 |
| 4. 其他综合收益 | 0.00 | -4 840.00 |
| 5. 综合收益 | 1 557 813.49 | 1 753 496.65 |
| 6. 加：期初未分配信托利润 | 250 866.97 | 87 294.13 |
| 7. 可供分配的信托利润 | 1 808 680.46 | 1 845 630.78 |
| 8. 减：本期已分配信托利润 | 1 500 796.17 | 1 594 763.81 |
| 9. 期末未分配信托利润 | 307 884.29 | 250 866.97 |

## 6.2 编制基础

公司以信托业务实际发生的交易和事项，按行业监管要求及国家相关财务会计制度规定予以确认和计量，并编制信托财务报表。

## 6.3 会计报表中重要项目的明细资料

### 6.3.1 信托资产

单位：万元

| 信托资产 | 期初数 | 期末数 |
|---|---|---|
| 集合 | 13 840 731.19 | 14 620 133.74 |
| 单一 | 8 964 803.72 | 5 884 263.53 |
| 财产权 | 449 597.34 | 2 863 446.43 |
| 合计 | 23 255 132.25 | 23 367 843.70 |

#### 6.3.1.1 主动管理型信托业务的信托资产

单位：万元

| 主动管理型信托资产 | 期初数 | 期末数 |
|---|---|---|
| 证券投资类 | — | — |
| 其他投资类 | 9 405 094.24 | 9 361 209.05 |
| 融资类 | 6 445 954.58 | 7 057 282.20 |
| 事务管理类 | — | — |
| 合计 | 15 851 048.82 | 16 418 491.25 |

#### 6.3.1.2 被动管理型信托业务的信托资产

单位：万元

| 被动管理型信托资产 | 期初数 | 期末数 |
|---|---|---|
| 证券投资类 | — | — |
| 其他投资类 | — | — |
| 融资类 | 6 523.97 | — |
| 事务管理类 | 7 397 559.46 | 6 949 352.45 |
| 合计 | 7 404 083.43 | 6 949 352.45 |

### 6.3.2 本年度已清算结束的信托项目

| 已清算结束信托项目 | 项目个数(个) | 实收信托合计金额(万元) | 加权平均实际年化收益率(%) |
|---|---|---|---|
| 集合类 | 20 | 2 502 311.00 | 7.51 |
| 单一类 | 52 | 3 255 371.18 | 8.21 |
| 财产管理类 | 3 | 1 054 788.19 | 6.37 |

#### 6.3.2.1 本年度已清算结束的主动管理型信托项目

| 已清算结束主动管理型信托项目 | 项目个数(个) | 实收信托合计金额(万元) | 加权平均实际年化信托报酬率(%) | 加权平均实际年化收益率(%) |
|---|---|---|---|---|
| 证券投资类 | — | — | — | — |
| 其他投资类 | 9 | 652 937.00 | 3.87 | 8.09 |
| 融资类 | 31 | 1 912 135.18 | 3.14 | 7.74 |
| 事务管理类 | — | — | — | — |

#### 6.3.2.2 本年度已清算结束的被动管理型信托项目

| 已清算结束被动管理型信托项目 | 项目个数(个) | 实收信托合计金额(万元) | 加权平均实际年化信托报酬率(%) | 加权平均实际年化收益率(%) |
|---|---|---|---|---|
| 证券投资类 | — | — | — | — |
| 其他投资类 | — | — | — | — |
| 融资类 | — | — | — | — |
| 事务管理类 | 35 | 4 247 398.19 | 0.27 | 7.95 |

### 6.3.3 本年度新增信托项目

| 新增信托项目 | 项目个数(个) | 实收信托合计金额(万元) |
|---|---|---|
| 集合类 | 93 | 3 760 380.63 |
| 单一类 | 12 | 745 100.00 |
| 财产管理类 | 18 | 5 676 198.39 |
| 新增合计 | 123 | 10 181 679.02 |
| 其中：主动管理型 | 101 | 4 175 480.63 |
| 被动管理型 | 22 | 6 006 198.39 |

### 6.3.4 信托资产运用与分布表

| 资产运用 | 金额(万元) | 占比(%) | 资产分布 | 金额(万元) | 占比(%) |
|---|---|---|---|---|---|
| 货币资金 | 120 125.03 | 0.51 | 基础产业 | 865 803.52 | 3.71 |
| 贷款 | 11 672 614.06 | 49.95 | 房地产 | 5 887 127.13 | 25.19 |
| 交易性金融资产 | 432.39 | 0.00 | 证券市场 | — | 0.00 |
| 可供出售金融资产 | 0.00 | 0.00 | 实业 | 12 259 628.48 | 52.46 |
| 持有至到期投资 | 1 207 042.45 | 5.17 | 金融机构 | — | 0.00 |
| 长期股权投资 | 3 276 515.13 | 14.02 | 其他 | 4 355 284.57 | 18.64 |
| 其他 | 7 091 114.64 | 30.35 | | | |
| 信托资产总计 | 23 367 843.70 | 100.00 | 信托资产总计 | 23 367 843.70 | 100.00 |

## 6.4 关联关系及其交易

### 6.4.1 信托与关联方交易情况

本期无信托与关联方之间的交易。

### 6.4.2 信托公司自有资金运用于自己管理的信托项目、信托公司管理的信托项目之间关联交易情况

公司用自有资金运用于自己管理的信托计划的信托受益权，期初金额为 70.12 亿元，本期购买金额为 235.02 亿元，本

期赎回金额为256.25亿元，期末余额为48.89亿元。

### 6.5 主要财务指标

| 指标名称 | 指标值 |
|---|---|
| 加权年化信托报酬率(%) | 0.65 |

### 6.6 公司履行受托人义务情况及因公司自身责任而导致的信托资产损失情况

近年来，部分信托业务受宏观经济面影响，出现了不同程度的流动性风险。对此，公司已制定相应的风险管理策略，并建立了有效的危机处理机制。公司根据《信托法》《信托公司管理办法》等相关法律法规和信托文件的规定，在管理和处分信托财产时，履行了恪尽职守、诚实、信用、谨慎、有效管理的义务。本报告期内，没有发生任何损害受益人利益的情况，也无自身责任而导致信托财产损失的情况。

### 6.7 信托赔偿准备金的提取、使用和管理情况

根据2008年11月18日召开的第二次临时股东大会通过的修改后的《公司章程》规定，公司从2008年起按母公司税后净利润的5%提取信托赔偿准备金。本年度提取信托赔偿准备金为零，信托赔偿准备金余额为50 975.54万元。

# 百瑞信托有限责任公司

## 1. 重要提示

1.1 公司董事会及董事保证本报告所载资料不存在任何虚假记载、误导性陈述或者重大遗漏，并对其内容的真实性、准确性和完整性承担个别及连带责任。本年度报告摘要摘自年度报告全文，客户及相关利益人欲了解详细内容，应阅读年度报告全文。

1.2 公司全体董事出席了董事会，无董事声明异议。

1.3 公司独立董事曾刚先生、王京宝先生、任志毅先生声明，保证本年度报告内容的真实性、准确性和完整性。

1.4 大信会计师事务所（特殊普通合伙）为公司出具了标准无保留意见的审计报告。

1.5 公司总裁苏小军先生、副总裁张迎军先生和计划财务部总经理刘芳女士声明，保证本年度报告中财务会计报告的真实、完整。

## 2. 公司概况

### 2.1 公司简介

2.1.1 公司历史沿革

公司前身为郑州信托投资公司，始建于1986年4月，初始注册资本为1 000万元，注册地河南省郑州市；1988年7月，公司开始与郑州市财务开发公司合署办公；1990年11月，郑州市财政局将公司的注册资本补充为5 006.7万元；1992年10月，公司与郑州市财务开发公司分设重组，1993年2月重组开业；2002年9月，经中国人民银行总行批准，公司重新登记，更名为百瑞信托投资有限责任公司，注册资本为35 000万元；2007年11月，经中国银行保险监督管理委员会（以下简称银保监会）批准，公司换领新的金融许可证后更名为百瑞信托有限责任公司。自2008年3月起，公司历经数次增资扩股，截至2018年末注册资本为400 000万元。

2.1.2 公司法定中文名称：百瑞信托有限责任公司
中文简称：百瑞信托
公司法定英文名称：Bridge Trust Co.，Ltd.
英文缩写：BRTC
公司法定代表人：王振京
公司注册地址：河南省郑州市郑东新区商务外环路10号中原广发金融大厦
邮政编码：450018
公司网址：www.brxt.net
公司电子信箱：brxt@brxt.net

2.1.3 公司负责信息披露事务的高级管理人员：副总裁兼董事会秘书王克槿女士
联系电话：0371-65817171
电子信箱：wkj@brxt.net

2.1.4 公司负责信息披露事务的联系人：董事会办公室总经理康磊先生
联系电话：0371-65817003
电子信箱：kanglei@brxt.net
传真：0371-69177300

2.1.5 公司选定的信息披露报纸：《上海证券报》《证券时报》

2.1.6 公司年度报告备置地点：董事会办公室

2.1.7 公司聘请的会计师事务所：大信会计师事务所（特殊普通合伙）
住所：北京市海淀区知春路1号学院国际大厦1504室

2.1.8 公司聘请的律师事务所：北京市金杜律师事务所
住所：北京市朝阳区东三环中路1号环球金融中心东楼18层

### 2.2 组织结构

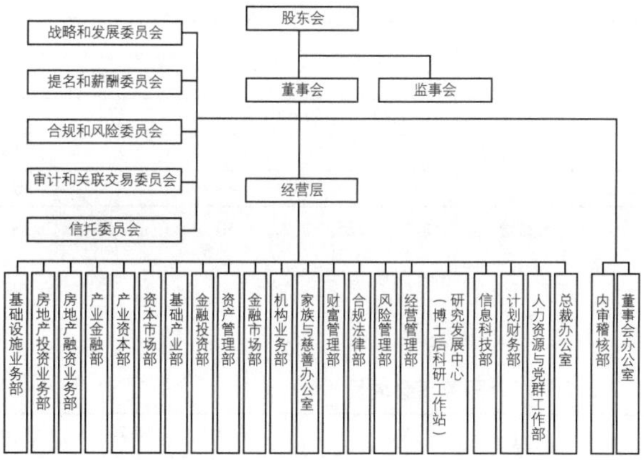


## 3. 公司治理

### 3.1 公司股东

3.1.1 截至2018年12月31日，公司共有8家股东，最终实际控制人为国家电力投资集团有限公司（以下简称国家电投集团公司）。股东国家电投集团资本控股有限公司（以下简称资本控股）为国家电投集团公司二级子公司。以下是持有本公司10%以上（含10%）出资比例的股东情况。

| 股东名称 | 持股比例(%) | 法定代表人 | 注册资本(亿元) | 注册地址 | 主要经营业务及2018年末主要财务情况 |
| --- | --- | --- | --- | --- | --- |
| 国家电投集团资本控股有限公司 | 50.24 | 王振京 | 73.99 | 北京市西城区金融大街28号院3号楼 | 主要经营业务:股权投资与资产管理;资产受托管理;投、融资业务的研发与创新;委托与受托投资;为企业重组、并购、创业投资提供服务;投资顾问、投资咨询;有色金属产品销售;组织展览、会议服务(企业依法自主选择经营项目,开展经营活动;依法须经批准的项目,经相关部门批准后依批准的内容开展经营活动;不得从事本市产业政策禁止和限制类项目的经营活动)。<br>主要财务情况(合并报表):资产总额为2 316 016.51万元,负债总额为710 884.10万元,所有者权益为1 605 132.41万元。 |
| 摩根大通 | 19.99 | — | — | c/o CT Corporation, 1209 Orange Street, Wilmington, New Castle, Delaware, DE 19801－1120, USA. | 主要经营业务:零售及社区银行,企业及投资银行,商业银行和资产管理。<br>主要财务情况(合并报表):资产总额为26 225.32亿美元,负债总额为23 660.17亿美元,所有者权益总额为2 565.15亿美元。 |
| 郑州市财政局 | 15.65 | 赵新民 | — | 郑州市兴华南街39号 | 政府职能部门。 |

注:资本控股注册资本尚未办理工商变更。

#### 3.1.2 公司出资前三位股东的主要股东情况

##### 3.1.2.1 资本控股主要股东情况

| 主要股东名称 | 持股比例(%) | 法定代表人 | 注册资本(亿元) | 注册地址 | 主要经营业务及2018年末主要财务情况 |
| --- | --- | --- | --- | --- | --- |
| 国家电力投资集团有限公司 | 64.46 | 钱智民 | 350 | 北京市西城区金融大街28号院3号楼 | 主要经营业务:项目投资;电源、电力、热力、铝土矿、氧化铝、电解铝的开发、建设、经营、生产及管理(不在北京地区开展);电能设备的成套、配套、监造、运行及检修;销售电能及配套设备、煤炭(不在北京地区开展实物煤的交易、储运活动);铁路运输;施工总承包;专业承包;工程建设与监理;招投标服务及代理;技术开发、技术咨询、技术服务;电力及相关业务的咨询服务;物业管理;货物进出口;技术进出口;代理进出口(企业依法自主选择经营项目,开展经营活动;铁路运输以及依法须经批准的项目,经相关部门批准后依批准的内容开展经营活动;不得从事本市产业政策禁止和限制类项目的经营活动)。<br>主要财务情况(合并报表,未经审计):资产总额为108 030 146.72万元,负债总额为84 745 107.08万元,所有者权益为23 285 039.65万元。 |

##### 3.1.2.2 摩根大通主要股东情况

| 主要股东名称 | 持股比例(%) | 法定代表人 | 注册资本 | 注册地址 | 主要经营业务 |
| --- | --- | --- | --- | --- | --- |
| The Vanguard Group | 7.79 | — | — | 100 Vanguard Boulevard Malvern, PA 19355 | 投资管理 |
| BlackRock, Inc. | 6.5 | — | — | 55 East 52nd Street, New York, NY 10055 | 投资管理 |

注:此处主要股东指截至2018年12月31日持有摩根大通5%以上(含5%)普通股股份的股东。

##### 3.1.2.3 郑州市财政局为机关法人

## 3.2 公司董事

### 3.2.1 公司董事会成员

| 姓名 | 职务 | 性别 | 年龄(岁) | 选任日期 | 任期(年) | 所推举的股东名称 | 股东持股比例(%) | 简要履历 |
| --- | --- | --- | --- | --- | --- | --- | --- | --- |
| 王振京 | 董事长 | 男 | 55 | 2017年4月27日 | 3 | 资本控股 | 50.24 | 曾在河南省电力工业局、河南省电力公司工作;2002年12月至2013年12月在中国电力投资集团公司历任财务与产权管理部、财务部副主任;2013年12月至2017年4月分别任中电投融和控股投资有限公司执行董事、总经理、党组书记,中电投财务有限公司董事长、党组成员,国家电投集团资本控股有限公司执行董事、党组书记;2017年4月至2018年5月在国家电投集团资本控股有限公司任执行董事、党委书记,百瑞信托有限责任公司董事长;2018年5月至今在国家电投集团资本控股有限公司任董事长、党委书记,百瑞信托有限责任公司董事长。 |
| 陈立 | 董事 | 男 | 46 | 2017年4月27日 | 3 | 资本控股 | 50.24 | 曾在湖南省建行湖南电力专业分行、建行长沙市迎宾办事处、建行长沙市马王堆分理处工作;2010年7月至2016年3月分别在国家核电技术公司财务部、国核财务有限公司资金部、中电投财务有限公司计划资金部历任业务主管、副经理及副总经理(部门总经理级);2016年3月至2016年7月在国家电投集团资本控股有限公司战略发展部任副总经理(部门总经理级);2016年7月至2018年5月在国家电投集团资本控股有限公司战略发展部任总经理;2018年5月至今在国家电投集团资本控股有限公司任总经理助理兼战略发展部总经理。 |

续表

| 姓名 | 职务 | 性别 | 年龄（岁） | 选任日期 | 任期（年） | 所推举的股东名称 | 股东持股比例（%） | 简要履历 |
|---|---|---|---|---|---|---|---|---|
| 袁　飞 | 董事 | 男 | 45 | 2018 年 4 月 4 日 | 2 | 资本控股 | 50.24 | 曾在南阳蒲山电厂、南阳蒲山发电运营中心、南阳方达发电运行有限公司、南阳热电有限责任公司工作；2008 年 8 月至 2014 年 7 月在中电投河南电力有限公司历任党群工作部、人力资源部薪酬、劳动组织主管、高级主管；2014 年 7 月至 2017 年 2 月分别在中电投融和控股投资有限公司、国家电投集团资本控股有限公司任人力资源部薪酬绩效经理；2017 年 2 月至 2018 年 5 月在国家电投集团资本控股有限公司人力资源部任副总经理；2018 年 5 月至 2019 年 1 月在国家电投集团资本控股有限公司人力资源部任副总经理（主持工作）；2019 年 1 月至今在国家电投集团资本控股有限公司人力资源部任总经理。 |
| 苏小军 | 执行董事 | 男 | 46 | 2018 年 4 月 4 日 | 2 | 资本控股 | 50.24 | 曾任公司信托业务二部总经理、业务总监；2012 年 7 月至 2018 年 2 月任公司副总裁（2017 年 12 月至 2018 年 2 月代为履行总裁职权）；2018 年 2 月至 2018 年 12 月任公司总裁、党支部副书记；2018 年 12 月至今任公司总裁、党委副书记。 |
| 樊玉涛 | 董事 | 男 | 53 | 2017 年 4 月 27 日 | 3 | 郑州股东 | 29.77 | 1988 年 7 月起在郑州市财政局工作，历任预算处处长、国库处处长；2009 年 7 月至 2016 年 2 月任总经济师；2016 年 2 月至今任党组成员、副局长。 |
| 王建伟 | 董事 | 男 | 51 | 2019 年 4 月 12 日 | 1 | 郑州股东 | 29.77 | 曾在郑州惠济区政府办公室、郑州市公用事业局工作，2002 年 4 月至 2015 年 8 月在郑州市污水净化有限公司历任纪委书记、副总经理、党委书记、总经理；2015 年 8 月至今，在郑州自来水投资控股有限公司任党委委员、董事、副总经理。 |
| 何耀东 | 董事 | 男 | 44 | 2017 年 4 月 27 日 | 3 | 摩根大通 | 19.99 | 曾在香港德勤会计师事务所、瑞士信贷第一波士顿香港有限公司工作；2005 年 8 月至 2011 年 8 月在摩根大通集团工作，历任亚洲地区信贷市场业务控制专员、亚洲地区自营投资管理首席财务官、中国区财务总监及首席运营官；2011 年 8 月至 2016 年 9 月任摩根大通亚太区财务控制总监；2016 年 9 月至 2017 年 2 月在摩根大通任亚太区财务控制总监兼东南亚、韩国、中国香港及中国台湾地区首席运营官；2017 年 2 月至 2018 年 7 月在摩根大通任东南亚、韩国、中国香港及中国台湾地区首席运营官；2018 年 7 月至今在摩根大通任亚太区首席财务官。 |
| 张迎军 | 职工董事 | 男 | 49 | 2018 年 4 月 4 日 | 2 | — | — | 曾在人民银行濮阳市中心支行、濮阳银监分局、新乡银监分局工作；2013 年 6 月至 2015 年 11 月在河南银监局党委办公室任副主任、非银行业金融机构监管处任副处长（主持工作）；2015 年 11 月至 2017 年 4 月在信阳银监分局任党委书记、局长；2017 年 4 月起在公司工作，2017 年 6 月至 2017 年 8 月任公司副总裁；2017 年 8 月至 2018 年 12 月任公司副总裁、党支部书记；2018 年 12 月至今任公司副总裁、党委书记。 |

注：1. 郑州市财政局、郑州自来水投资控股有限公司、郑州市金水区财政局、巩义市财政局、登封市财政局和中牟县财政局合称为郑州股东。

2. “选任日期”栏中袁飞董事、苏小军董事、张迎军董事、王建伟董事任职时间为监管部门核准资格时间，其他董事任职时间为公司股东会审议通过时间。

### 3.2.2　公司独立董事

| 姓名 | 所在单位及职务 | 性别 | 年龄（岁） | 选任日期 | 所推举的股东名称 | 股东持股比例（%） | 简要履历 |
|---|---|---|---|---|---|---|---|
| 曾　刚 | 中国社会科学院金融研究所银行研究室主任、教授 | 男 | 44 | 2017 年 4 月 27 日 | 资本控股 | 50.24 | 2003 年 7 月至 2005 年 9 月在中国社会科学院金融研究所货币理论与政策研究室任助理研究员；2005 年 9 月至 2008 年 10 月在中国社会科学院金融所国际金融与经济研究室任副主任，副研究员；2008 年 10 月至 2015 年 12 月在中国社会科学院金融所银行研究室历任副主任、副研究员，主任、研究员；2015 年 12 月至今任国家金融与发展实验室副主任、中国社会科学院金融所银行研究室主任、中国社科院中小银行研究基地主任，多所高校兼职教授、博士生导师。 |
| 王京宝 | 河南大正律师事务所合伙人律师、主任 | 男 | 56 | 2017 年 7 月 19 日 | 郑州股东 | 29.77 | 曾在许昌地区中级人民法院、许昌地区律师事务所、河南省经济律师事务所工作；1997 年 3 月至今任河南大正律师事务所合伙人律师、主任。 |
| 任志毅 | 上海市方达律师事务所合伙人律师 | 男 | 43 | 2017 年 7 月 19 日 | 摩根大通 | 19.99 | 2003 年 10 月至 2011 年 3 月在年利达律师事务所任律师、资深律师；2011 年 3 月至 2013 年 3 月在第一创业摩根大通证券有限公司任法务合规部主管；2013 年 3 月至 2016 年 6 月在摩根大通中国区任合规总监；2016 年 6 月至今在上海市方达律师事务所任合伙人律师。 |

注：“选任日期”栏中王京宝董事、任志毅董事任职时间为监管部门核准资格时间，曾刚董事任职时间为公司股东会审议通过时间。

### 3.3 监事

| 姓名 | 职务 | 性别 | 年龄（岁） | 选任日期 | 任期（年） | 所推举的股东名称 | 该股东持股比例（%） | 简要履历 |
|---|---|---|---|---|---|---|---|---|
| 张玉柱 | 监事会主席 | 男 | 57 | 2017年4月27日 | 3 | 郑州股东 | 29.77 | 曾在郑州煤炭管理干部学院（现河南工程学院）、郑州市经济体制改革委员会工作；2001年10月至2016年3月在郑州市财政局历任综合规划处处长，商贸金融处处长，税政条法处处长；2016年3月至2017年4月在郑州市财政局任总经济师；2017年4月至2018年11月在郑州市财政局任总经济师，百瑞信托有限责任公司监事会主席；2018年11月至今任百瑞信托有限责任公司监事会主席。 |
| 高鹏飞 | 监事 | 男 | 49 | 2017年4月27日 | 3 | 资本控股 | 50.24 | 曾在山东电力集团公司财务部、审计办公室综合审计处工作；2008年4月至2016年3月在国家电投保险经纪公司历任总经理助理、副总经理、执行董事兼总经理；2016年3月至2018年5月在国家电投集团资本控股有限公司任副总会计师兼财务管理部总经理；2018年5月至今在国家电投集团资本控股有限公司任总经理助理兼专职董监事办公室主任。 |
| 董生玉 | 监事 | 男 | 44 | 2017年4月27日 | 3 | 资本控股 | 50.24 | 曾在中瑞华恒信会计师事务所、安永华明会计师事务所、毕马威华振会计师事务所工作；2008年3月至2014年5月在中电投财务有限公司历任结算管理部会计主管、投资管理部投行业务管理经理、总经理助理兼财务顾问经理；2014年5月至2016年12月分别在中电投融和控股投资有限公司、国家电投集团资本控股有限公司历任监察审计与风险管理部副总经理、审计与风险管理部副总经理；2016年12月至2018年5月在国家电投集团资本控股有限公司监察审计部任副总经理；2018年5月至2018年8月在国家电投集团资本控股有限公司财务管理部任副总经理（主持工作）；2018年8月至2018年12月在国家电投集团资本控股有限公司财务管理部任总经理；2018年12月至今在国家电投集团资本控股有限公司计划财务部任总经理。 |
| 梁　斌 | 监事 | 男 | 45 | 2017年4月27日 | 3 | 摩根大通 | 19.99 | 1997年8月至2005年7月在香港高伟绅国际律师事务所工作；2005年7月至今在摩根大通法律部任职，现任摩根大通集团中国区法律总监。 |
| 申中辉 | 监事 | 男 | 46 | 2018年12月19日 | 1 | 郑州股东 | 29.77 | 1995年12月至1998年10月在巩义市站街镇财政所工作；1998年10月至2011年10月，在巩义市投资评审中心工作；2011年10月至今在巩义市财政局国有资产管理科任职。 |
| 赵　群 | 职工监事 | 男 | 60 | 2018年4月4日 | 2 | — | — | 曾在中原机械厂、郑州市财政局工作；1992年10月至2002年9月在公司历任办公室主任、副总经理兼党支部副书记、党支部书记、工会主席；2002年9月至2015年7月在公司任党支部书记、工会主席；2015年7月至2017年8月在公司任党支部副书记、工会主席；2017年8月至2018年12月在公司任工会主席、党支部委员；2018年12月至今在公司任工会主席。 |
| 郭晓茹 | 职工监事 | 女 | 34 | 2017年4月27日 | 3 | — | — | 2010年7月至2011年12月在公司信托业务二部任信托助理；2011年12月至2016年2月在公司房地产业务部任信托经理、高级信托经理；2016年2月至2017年7月在公司房地产融资业务部任副总经理；2017年7月至2018年3月在公司房地产融资业务部任副总经理、公司党支部委员；2018年3月至2018年12月在公司房地产融资业务部任总经理、公司党支部委员；2018年12月至今在公司房地产融资业务部任总经理。 |
| 岳慎芳 | 职工监事 | 女 | 39 | 2019年3月4日 | 1 | — | — | 曾在广东信德盛律师事务所任律师；2007年10月至2014年3月在公司合规法律部任合规法律主管、高级合规法律主管；2014年3月至2018年3月在公司合规法律部任副总经理；2018年3月至今在公司合规法律部任总经理。 |

### 3.4 高级管理人员

| 姓名 | 职务 | 性别 | 年龄（岁） | 选任日期 | 金融从业年限（年） | 学历 | 专业 | 简要履历 |
|---|---|---|---|---|---|---|---|---|
| 苏小军 | 总裁 | 男 | 46 | 2018年2月11日 | 23 | 硕士研究生 | 工商管理 | 曾任公司信托业务二部总经理、业务总监；2012年7月至2018年2月任公司副总裁（2017年12月至2018年2月代为履行总裁职权）；2018年2月至2018年12月任公司总裁、党支部副书记；2018年12月至今任公司总裁、党委副书记。 |
| 张迎军 | 副总裁 | 男 | 49 | 2017年6月15日 | 29 | 硕士研究生 | 政治经济学 | 曾在人民银行濮阳市中心支行、濮阳银监分局、新乡银监分局工作；2013年6月至2015年11月在河南银监局党委办公室任副主任、非银行业金融机构监管处任副处长（主持工作）；2015年11月至2017年4月在信阳银监分局任党委书记、局长；2017年4月起在公司工作，2017年6月至2017年8月任公司副总裁；2017年8月至2018年12月任公司副总裁、党支部书记；2018年12月至今任公司副总裁、党委书记。 |

续表

| 姓　名 | 职　务 | 性别 | 年龄（岁） | 选任日期 | 金融从业年限（年） | 学历 | 专业 | 简要履历 |
|---|---|---|---|---|---|---|---|---|
| 罗　靖 | 执行总裁 | 男 | 44 | 2014年5月13日 | 11 | 博士研究生 | 金融学 | 曾任公司研究发展中心高级研究员、主任、业务总监；2012年3月至2014年5月任公司副总裁；2014年5月至2018年12月任公司执行总裁；2018年12月至今任公司执行总裁，党委委员。 |
| 刘英辉 | 副总裁 | 女 | 51 | 2014年5月13日 | 24 | 硕士研究生 | 工商管理 | 曾任公司信托业务一部总经理、业务总监兼信托业务一部和信托业务三部总经理；2010年7月至今任公司副总裁。 |
| 王克槿 | 副总裁兼董事会秘书 | 女 | 46 | 2017年8月15日 | 24 | 硕士研究生 | 经济法 | 曾任公司总裁办公室副主任、主任、人力资源部总经理、董事会秘书兼人力资源部总经理；2011年3月至2014年5月任公司董事会秘书兼财务总监；2014年5月至2017年8月任公司董事会秘书；2017年8月至2018年12月任公司副总裁兼董事会秘书、党支部专职副书记；2018年12月至今任公司副总裁兼董事会秘书，党委委员，纪委书记。 |
| 陈立军 | 首席风险官 | 男 | 47 | 2018年8月3日 | 14 | 硕士研究生 | 法律 | 曾任公司合规风险部副总经理、合规风险部总经理、合规总监；2013年2月至2018年8月任公司业务总监，期间曾分别代职机构业务部、基础设施业务部、产业资本部、基础产业部、产业金融部、资本市场部总经理；2018年8月至2018年12月任公司首席风险官；2018年12月至今任公司首席风险官、党委委员。 |

注："选任日期"栏中苏小军总裁、张迎军副总裁、王克槿副总裁兼董事会秘书、陈立军首席风险官任职时间为监管部门核准资格/变更备案时间，其他高管任职时间为公司董事会审议通过时间。

## 3.5　公司员工

| 项目 | | 报告期年度 | | 上年度 | |
|---|---|---|---|---|---|
| | | 人数（人） | 比例（%） | 人数（人） | 比例（%） |
| 年龄分布 | 25岁以下 | 1 | 0 | 3 | 1 |
| | 25～29岁 | 34 | 17 | 43 | 20 |
| | 30～39岁 | 115 | 57 | 115 | 54 |
| | 40岁以上 | 52 | 26 | 53 | 25 |
| 学历分布 | 博士 | 13 | 7 | 15 | 7 |
| | 硕士 | 139 | 69 | 144 | 67 |
| | 本科 | 43 | 21 | 47 | 22 |
| | 专科 | 2 | 1 | 3 | 2 |
| | 其他 | 5 | 2 | 5 | 2 |
| 岗位分布 | 董事、监事及其他高级管理人员 | 10 | 5 | 9 | 4 |
| | 自营业务人员 | 12 | 6 | 16 | 8 |
| | 信托业务人员 | 125 | 62 | 127 | 59 |
| | 其他人员 | 55 | 27 | 62 | 29 |

注：1."董事、监事及其他高级管理人员"不含未在公司就职的董事和监事。

2. 报告期末职工总数为202人，平均年龄为36岁。

# 4. 经营管理

## 4.1　经营目标、方针和战略规划

### 4.1.1　经营目标和方针

"追求卓越，与时俱进，做中国信托业的百年老店"是公司坚持追求的经营目标，"客户至上，品誉第一，稳健高效，精诚服务"是公司始终秉承的经营方针。2018年，公司紧密结合中国资产管理行业发展，立足信托主业，在房地产、基础设施、工商企业三大传统业务持续优化、推进的基础上，及时把握市场变化，积极开拓家族信托、慈善信托、量化投资、资产证券化等创新类信托业务，通过满足客户多样化理财需求提升现有客户的品牌忠诚度，大力扩展高净值客户群体，以市场为导向，在市场中求生存，在竞争中求发展，通过全方位的制度化建设，保证各项业务规范运作，保障公司的可持续发展，提高盈利能力。

### 4.1.2　战略规划

根据最新行业发展态势和股东期望，公司滚动修订《公司"十三五"及中长期（2016—2025年）发展战略规划》，以确保持续健康发展。为贯彻党的十九大精神，响应全国金融工作会议要求，积极适应新的发展环境和监管环境变化，2018年公司积极布局，制定业务转型方案，将顺应转型方向、市场空间大、可复制的业务确定为公司的战略业务，具体包括产业金融业务、美好金融业务、信托本源业务和投资投行业务。为保障业务转型顺利推进，公司对现有组织架构进行调整，在坚持业务流程化、信息化、管理扁平化、风险内控管理与制度建设系统化的基础上，根据国有企业改革、战略业务发展和募投管退全流程管理需要，对信托业务部门重新整合优化，前台信托团队分为战略业务团队和传统业务团队：战略业务团队有家族与慈善办公室、金融市场部、产业金融部、资本市场部和金融投资部；传统业务团队有基础设施业务部、房地产投资业务部、房地产融资业务部、产业资本部和基础产业部。未来，公司将大力推动营销体系建设，坚持以客户为中心，提升服务能力，从客户需求和市场实际出发设计产品，发展私募投行、资产管理、财富管理，通过持续创新、建立专长，为客户提供定制化、差异化的综合理财方案，培育具有忠诚度的高净值客户群体，努力发展成为行业领先的以营销为引领的资产管理公司。

## 4.2 所经营业务的主要内容

自营资产运用与分布表

| 资产运用 | 金额（万元） | 占比（%） | 资产分布 | 金额（万元） | 占比（%） |
|---|---|---|---|---|---|
| 货币资产 | 19 765.46 | 2.08 | 基础产业 | 1 500.00 | 0.16 |
| 贷款及应收款 | 182 336.27 | 19.21 | 房地产业 | 123 000.00 | 12.96 |
| 交易性金融资产 | 80 000.00 | 8.43 | 证券市场 | 99 419.66 | 10.47 |
| 可供出售金融资产 | 654 861.82 | 69.00 | 实业 | 115 024.52 | 12.12 |
| 持有至到期投资 | — | — | 金融机构 | 7 580.00 | 0.80 |
| 长期股权投资 | — | — | 其他 | 602 609.25 | 63.49 |
| 其他 | 12 169.88 | 1.28 | — | — | — |
| 资产总计 | 949 133.43 | 100.00 | 资产总计 | 949 133.43 | 100 |

信托资产运用与分布表

| 资产运用 | 金额（万元） | 占比（%） | 资产分布 | 金额（万元） | 占比（%） |
|---|---|---|---|---|---|
| 货币资产 | 204 400.01 | 1.07 | 基础产业 | 4 183 814.38 | 21.93 |
| 贷款 | 9 873 197.37 | 51.76 | 房地产业 | 4 176 954.20 | 21.9 |
| 交易性金融资产 | 126 715.42 | 0.66 | 证券市场 | 7 968.52 | 0.04 |
| 可供出售金融资产 | 2 294 662.28 | 12.03 | 实业 | 6 054 391.77 | 31.74 |
| 持有至到期投资 | — | — | 金融机构 | 1 872 753.02 | 9.82 |
| 长期股权投资 | 2 660 639.39 | 13.95 | 其他 | 2 780 298.2 | 14.57 |
| 其他 | 3 916 565.72 | 20.53 | — | — | — |
| 信托资产总计 | 19 076 180.19 | 100.00 | 信托资产总计 | 19 076 180.19 | 100 |

## 4.3 市场分析

### 4.3.1 宏观经济金融形势

2018 年，我国宏观经济总体平稳、稳中有进，展现出强大的韧性和深厚的潜力。经济总量突破 90 万亿元，较 2017 年增加近 8 万亿元，稳居世界第二位。全年进出口总额首次突破 30 万亿元，保持世界第一。与此同时，经济增速、就业情况、物价指数、工业利润等主要宏观指标处在合理区间。逆势上扬的数据，折射出稳中有进的态势，说明中国经济发展健康稳定的基本面没有改变，支撑高质量发展的生产要素条件没有改变，长期稳中向好的总体势头没有改变，中国拥有巨大的发展韧性、潜力和回旋余地。2018 年，我国发展环境日趋复杂，困难挑战不断增加，经济下行压力持续加大。但需要看到的是，我国经济发展中的许多问题是结构调整阵痛的表现，是前进中的问题。从长远来看，一旦经历了阵痛期的调整，就能为中国经济可持续发展打下坚实的基础。

2017 年全国金融工作会议召开，关于未来一段时期金融改革发展和维护金融稳定的大政方针和顶层架构已经确立，2018 年“两会”后又进一步强化和完善，监管体制也做了调整。在新的架构下，金融监管协调机制切实加强，货币政策、财政政策、监管政策、产业政策之间的协调机制更加有效，以人民银行为核心的宏观审慎管理理念和框架逐步确立，系统性风险防范机制进一步强化。同时，审慎管理的基本制度逐步改进，例如以规范资管行业发展为导向的资管新规和以治理金融控股集团野蛮成长为导向的非金融企业投资金融机构监管指导意见的出台，进一步补齐了监管制度短板；持续开展互联网金融风险专项整治；建立金融市场外部冲击风险应对机制，保持股市、汇市、债市、房市的基本稳定，保持人民币汇率在合理均衡水平上的基本稳定；金融改革开放加快推进等。2018 年，一系列措施收到显著成效，宏观杠杆率过快上升势头得到遏制，金融风险总体收敛，金融乱象得到初步治理，资管业务逐步回归代客理财本源，债券市场刚性兑付有序打破，市场约束显著增强，金融机构合规意识、投资者风险意识显著提升。从总体来看，我国经济金融风险可控，系统性风险发生概率较小。

### 4.3.2 影响本公司业务发展的主要因素

4.3.2.1 促进公司业务发展的有利因素

4.3.2.1.1 政策变化带来新的业务机遇

2018 年，随着银监会、保监会的合并，中国统一监管体系正式形成，诸多的监管政策也表现出统一性，包括资管新规、理财新规和私募资管新规的全局平衡；信用评级体系的互联互通；债券市场监管的有机统一；互联网金融与民间借贷的协调行动；助力小微企业的“几家抬”；2018 年 7 月以来拯救实体经济的齐心协力及防范金融风险的频繁沟通等。

对于信托行业而言，影响最大的政策当属资管新规的颁布。2018 年初以来，一系列体现严监管、强监管的政策接连出台，金融机构已经明确感知监管重点，因此对于资管新规所表现出来的落实监管的坚决态度和周密部署已有预期，也提前进行了相关安排。资管新规作为一股自上而下的强大推动力，倒逼信托机构加速转型升级。

第一，信托机构需要及时优化业务结构、转换业务模式。信托机构要逐步摆脱对传统业务的过度依赖，积极回归“受人之托，代人理财”的业务本源；树立主动管理展业思路，培养主动管理能力和专业化投资能力；降低债权融资类业务占比，重点发展以证券投资、并购投资、项目股权投资、PE 投资、投贷联动等资产管理业务，更多地对接标准化债权资产、权益类资产投资，摆脱影子银行色彩；积极培育财富管理类业务，以适应日益增多的高净值客户需求，最大限度地发挥信托自由度；积极发展资产证券化业务，随着该领域市场不断扩张，信托公司的受托管理和投行业务将大有可为。另外，具备事务管理特征的慈善信托、消费信托等也具备较大发展空间。

第二，信托公司需要及时推进产品创新以及产品模式升级。一方面，为了适应刚兑打破，信托公司有必要通过投资组合等方式分散投资风险；另一方面，信托公司有必要推出更多具有信托比较优势的标准化产品，改变传统盈利模式，遵循“卖者尽责，买者自负”原则。

第三，信托机构需要大力培育和塑造信托文化、合规文化和风险文化。在打破刚兑的市场环境下，信托机构需要强化受托人责任意识，明确受托人行为边界，构建以忠诚义务和谨慎义务为核心的信用文化氛围，树立受益人利益最大化且谨慎稳健的作风，探索新的风险缓释和风险化解机制。随着新业务领域的不断拓展，信托机构需要妥善处理好发展、创新与合规的关系，在合规框架下进行业务探索。此外，在业务结构、产品模式不断发生深刻变化的背景下，信托机构要加快专业人才引进，运用金融科技手段，增强风险识别、研判能力，以应对市场风险、信用风险以及操作风险。毋庸置疑，资管新规的实施，将有助于推动信托行业从高速发展向高质量发展转变。短期内，各项经营指标及资管规模可能出现波动，但是从长期看，将是一个行业重塑的过程，无论从风险管理、市场秩序，还是从产品结构、客户结构等角度看，信托行业都将得到更为健康、稳健的发展。行业内各信托机构将逐步摆脱同质化的业务特点，根据自身资源禀赋，走特色化、差异化、精细化的发展道路。

2018 年，公司顺应监管要求也作出了一系列动作，不仅调整了战略发展规划，还大刀阔斧地进行了组织结构调整，力图最大限度地实现战略目标要求。未来，面对政策带来的发展机遇，公司将紧紧围绕产业金融、美好金融、本源业务及投资投行等业务重点，加强资产证券化、同业业务、消费金融、家族信托、慈善信托、现金管理、量化投资等产品开发，通过标准化、透明化、基金化的产品设计，积极实现传统业务优化和创新业务拓展的“双轮”驱动发展。

4.3.2.1.2　集团联动发展进一步深化

2018 年，公司根据控股股东要求，紧紧围绕国家电投集团金融板块“四化”“四中心”发展定位，以强化风控为前提，以提升业绩为核心，以转型创新为方向，以管理升级为抓手，以人才培养为基石，不断加大与集团业务的对接力度，先后在清洁能源产业基金、资产证券化等方面持续投入，同时在国家电投集团内部资产重组、核电产业链打造等方面寻求业务机会，进一步强化公司对集团业务的支撑作用。此外，为了应对降杠杆政策以及市场资金趋紧的局面，解决集团由于项目缺乏后续建设资金而难以竣工投产的状况，公司和国家电投产业基金公司共同设立产业基金，以股债结合的模式，股权部分增资扩股进入项目公司，债权部分通过信托贷款进行投放，退出阶段寻找产业链上下游战略合作伙伴进行并购，这种模式在贵州金元绥阳化工项目中已经做了积极的尝试。未来，随着资管新规的实施，信托行业服务于实体经济的途径将得到极大丰富，公司将充分发挥“实业投行”的资源禀赋优势，大力支持国企改革、战略新兴行业发展，不断提高服务实体经济的质效。

4.3.2.1.3　研发能力持续增强

公司始终关注研发和创新型人才的引进与培养。围绕整体战略发展规划，公司建立了以研究发展中心和博士后科研工作站为平台，渗透公司经营各个环节的产品创新工作体系。通过构建上述平台，引入高学历人才，为公司产品创新和研发能力提升提供了更为强劲的动力。通过前端项目开发与研究，公司逐步形成在业务中研发、以研发推动业务的金融创新模式与产品开发特点，随着研发团队的建设以及研究成果的不断推出，引起了外部媒体和其他研究机构的广泛关注，提高了公司在业内的知名度，也获得了监管部门的良好评价。

4.3.2.2　影响公司业务发展的不利因素

在宏观经济承压、金融监管趋严的背景下，公司发展面临着很多不利因素。主要体现在，房地产业务和基础设施业务开展空间受限，传统业务难以支撑营业收入持续增长；公司正值转型初期，家族信托、慈善信托、资产证券化、量化投资等创新业务尚未形成稳定的利润增长极；营销体系升级迫在眉睫，高端私人客户服务内容和品质有待丰富和提升，互联网营销平台建设相对滞后；企业品牌建设相对滞后。目前，信托行业已经到了品牌制胜的阶段，通过开展品牌建设咨询和有序推进企业形象宣传及舆情管理等工作，公司逐步搭建了切合公司实际的品牌建设基础体系，但与公司发展和业务开展对品牌建设的需求相比，品牌建设仍任重而道远。

## 4.4　内部控制概况

### 4.4.1　内部控制环境和内部控制文化

为保证公司规范运作，有效防范和化解经营风险，确保公司经营、财务和其他信息真实、准确、完整，最大限度地维护信托当事人、债权人、公司股东及其他利益相关者的合法权益，公司按照《公司法》《信托公司治理指引》及相关法律法规的要求，建立了包括股东会、董事会、监事会和高级管理层在内的完善的法人治理结构，各自根据“公司章程”确定的职责范围行使职权，在保持相互独立的基础上，做到了有机协调和相互制衡。

公司通过建立和完善法人治理结构，强化决策机制，充分发挥股东会、董事会和监事会的决策与监督作用。公司采用多种方式将良好、诚信的企业文化在公司内传播，通过责任目标的制定、激励考核机制的导向、晋升通道的完善、以企业文化为主题的各类活动开展增加员工归属感和忠诚度。同时也将“诚信、创新、务实、高效”的理念和“快乐工作、诚信为本、合规经营、敢于承担”的员工行为规范贯穿于公司的各项制度和日常经营管理中，并最终落实在履行受托人职责上。公司牢固树立内部控制和合规风险管理优先的审慎经营理念，积极培养员工的合规风险防范意识，营造浓厚的内控文化氛围。

### 4.4.2　内部控制措施

4.4.2.1　履行内部控制职能的部门

公司根据业务发展的需要设立了业务部门和职能部门，并按照职责分离的原则设立相应的工作岗位，各个岗位都有明确的岗位职责说明和清晰的报告关系。在此基础上，公司努力建立健全内部约束机制，实行前台、中台、后台的岗位职责分离。

4.4.2.2　内部控制的主要政策、制度、程序及执行情况

公司遵循全面性、审慎性、制衡性和相匹配原则，确定业务受理及初审、业务决策及风险控制、业务核算及业务监督相分离的部门和岗位，建立了对风险进行事前防范、事中控制、事后监督和纠正的动态机制。

公司内部控制制度由公司法人治理制度、基本管理制度、具体规章组成。其中，公司法人治理制度包括《公司章程》《董事、监事产生办法》《股东会议事规则》《董事会议事规则》《监事会议事规则》等。公司基本管理制度包括《内部控制管理制度》《风险管理制度》《关联交易管理制度》《财务管理制度》《人力资源管理制度》《信托业务管理制度》《固有业务管理制度》《反腐败、反贿赂、反舞弊管理制度》《内部审计制度》《信息披露管理制度》等。公司具体规章包括基本管理制度的实施细则或具体业务的管理办法及其附属流程。

《公司章程》的制定充分考虑了《公司法》及相关法律法规的要求，股东会、董事会、监事会、高级管理层等相应的议事规则切实可行，董事会下属委员会有明确的委员构成、职权权限和工作细则，公司日常管理和业务经营决策等环节均有章可循。

内部控制执行方面，一是由公司董事会下属的合规和风险

委员会监督检查公司经营活动的合法合规性等，信托委员会监督公司管理信托财产时依法履行受托人职责的情况等；二是公司各部门进行自我评估和分析，对发现内部控制的隐患和缺陷及时报告，并据此对相关规章制度进行调整和补充，使得公司的各项规章制度在实际工作中得到有效执行；三是公司合规法律部与内审稽核部分别承担检查公司制度执行情况、定期评价内部控制设计合理性及运行有效性职责。通过以上措施，公司内部控制体系不断完善，同时经营层的自律和独立于经营层的外部监督，保证了内部控制体系在促进业务稳健经营和持续发展方面能够有效发挥作用。

**4.4.3 信息交流与反馈**

公司内部信息交流方面，通过建立各项规章制度，明确了公司股东会、董事会、监事会、高级管理层、各部门负责人及员工信息传递职责和报告路径，从而使各级管理者和员工能够及时了解和掌握公司的经营管理情况，有效履行各自的职责。

公司与外部信息交流方面，一是采取书面、邮件、网站公告等形式，向监管部门、受益人报告公司的重大事项和项目管理情况；二是通过推动品牌建设，树立公司良好的企业形象，并通过在网站、微信平台设立信息披露专栏，及时更新和发布公司各类信息和运营动态，让客户更加全面和及时地了解公司、认知公司；三是通过微信互动、设立呼叫中心和在营业场所提供面对面咨询服务等方式，向客户推介产品信息、进行投资者教育，以更好地履行自身诚实、信用、谨慎、有效管理的义务；四是不断提升公司内刊“百瑞财富”的编辑质量，并通过向重点客户和合作伙伴免费寄送，使其成为客户了解公司的重要载体。

**4.4.4 监督评价与纠正**

公司的内控监督体系包括以下三个层面：一是对股东会负责的监事会，主要对董事会、董事及高级管理人员履职情况行使监督职能。二是董事会下属的合规和风险委员会、审计和关联交易委员会，其中合规和风险委员会主要负责监督、检查公司经营活动的合法合规性，审议风险管理相关制度政策、重大决策的风险评估报告及重大风险解决方案，审议公司全面风险评估报告、风险管理报告及合规报告等。审计和关联交易委员会主要负责检查会计政策、财务报告程序及财务状况；审议公司内部控制的健全性和有效性报告；聘请或解聘年度财务报表外部审计机构；监督公司内部审计和外部审计中发现的问题及整改情况等。三是对公司董事会负责的内审稽核部和对经营层负责的合规法律部。内审稽核部主要根据董事会的要求，对公司业务经营、财务管理、内部控制进行检查、监督和评价，并对发现的问题督促整改，同时审查和评价风险管理的充分性和有效性；合规法律部主要根据经营层的要求，督导内控制度建设、检查内控制度的执行情况，并组织对开展业务活动中的合规与法律风险的研究、监控与评价。

为了保证稳健经营，防范和化解经营风险，明确风险责任，公司对不履行或不正确履行国家法律法规和公司内部规章制度的人员进行责任追究。

## 4.5 风险管理

**4.5.1 风险管理概况**

4.5.1.1 公司经营活动中可能遇到的风险

基于金融行业运营环境和信托业特征，公司在经营活动中可能遇到的风险主要包括战略风险、信用风险、操作风险、市场风险、合规风险、声誉风险、流动性风险及其他风险。

4.5.1.2 公司风险管理的基本原则和控制政策

为了防范和化解经营风险，保证稳健经营，公司在董事会的领导下，确立了如下风险管理基本原则和政策。

4.5.1.2.1 全面性原则

风险管理涵盖各类别风险，涵盖固有业务和信托业务，贯穿于项目立项、尽职调查、预审核、决策审批、项目管理、事中风险管理至资产保全等全部环节，公司将上述各类业务及各个环节所包含的风险纳入统一的风险管理体系中。

4.5.1.2.2 独立性原则

保持风险管理决策、监控的独立性，并与业务决策适当分离。公司风控中心在董事会、合规和风险委员会的领导下，客观评价经营风险，独立履行风险管理职能；在业务调研和决策环节，保持风险管理决策和业务决策的适度分离，在业务实施前，独立进行风险研判和风险评判。

4.5.1.2.3 客观性原则

正确认识风险的客观存在，避免利益冲突或偏见，如实反映公司的风险状况，遵循内容真实、数字准确、资料可靠的原则。

4.5.1.2.4 前瞻主动原则

风险管理部门及业务部门相互协作，前瞻性地开展风险研究及管理工作，主动识别、选择和承担风险，完善管控措施，确保风险可控；充分了解客户、了解业务，特别是对于公司新介入的创新业务模式，本着实质重于形式的原则，强化立项环节的风险评估和全程风险监控，确保风险可承受。

4.5.1.2.5 定量和定性相结合原则

通过建立完善的风险管理指标体系，依托定量分析和定性分析手段评价和控制风险。

4.5.1.2.6 风险与收益匹配原则

通过主动控制，平衡收益和风险，每类业务活动都应获得至少与其所承担风险相匹配的收益，并实现资本优化配置。

4.5.1.2.7 制衡性原则

坚持内控优先，全面分析公司经营环节和业务流程，合理设置体现制衡原则的前台、中台、后台岗位职责，明确划分相关部门之间、岗位之间、上下级机构之间的职责，建立职责分离、横向与纵向相互监督制约的机制。

4.5.1.2.8 信托财产单独管理原则

信托业务系统和固有业务系统的部门和人员分离；信托业务和固有业务分别由不同的高级管理人员分工管理，实现高管人员分工分离；信托财务和固有财务的人员、账表、资产分离，对每项信托业务单独开户、单独核算、单独管理，维护信托财产的独立性，形成管理防火墙。

4.5.1.2.9 风险信息充分披露原则

培育信托产品的合格投资人，强化风险意识，在信托产品设计和销售中充分识别和揭示风险。

4.5.1.3 公司风险管理的组织结构和职责划分

公司建立了以董事会、合规和风险委员会、高级管理层、基层风险管理单位为主体的风险管理组织体系。

董事会就公司全面风险管理工作的有效性对股东会负责，在其下设合规和风险委员会的协助下，了解公司的风险状况，制定公司的风险管理政策;批准需要董事会批准的公司任何合规和内部控制政策或程序。

合规和风险委员会对董事会负责,为董事会决策提供支持。负责监督、检查公司经营活动的合法合规性,审查经营层提交的公司全面风险评估和合规报告,提出整改意见并督促改进,审查重大风险管理解决方案及重大决策的风险评估报告,审查风险管理制度、政策等。

高级管理层负责执行公司风险管理政策,审查监督风险管理程序及具体操作规程,及时向董事会及其下设委员会、监事会报告风险管理情况。

公司基层风险管理单位包含前台、中台、后台所有与风险管理工作有关的部门,对各部门严格按照风险管理"三道防线"的原则划分风险管理责任。

业务部门承担风险管理的第一道防线职责,负责主动承担业务经营活动所承担的风险,实施积极主动的管理,严格执行公司的风险偏好、风险管理政策、程序和集中度限额,确保业务活动不偏离风险管理要求。

风险管理部、合规法律部、经营管理部为第二道防线。其中,风险管理部负责围绕事前、事中、事后的全流程开展风险管理工作,包括项目尽职调查与评审评判、组织项目评审和决策、事中风险管理、参与事后风险处置等;合规法律部负责公司合规管理和法律事务工作,开展合规风险监控与评价,开展法律事务管理,为业务开展提供法律技术支持,保障运营的合法性和合规性;经营管理部负责公司存续项目后期管理,开展合同执行性工作并对发现的风险信息进行反馈和报告。

内审稽核部为第三道防线,负责对业务运行过程和结果进行独立的审计检查和监督,对风险管理运行和结果进行监督和评价。

上述各部门负责人为本部门风险管理工作的第一责任人,在各自职责范围内承担相应的风险管理职责,负责部门内部基础风险管理工作,将本部门相关风险信息向公司高级管理层和风险管理部门报告。

**4.5.2 风险状况**

4.5.2.1 合规风险状况

公司面临的合规风险主要是指公司因没有遵循法律、规则和准则可能遭受法律制裁、监管处罚、重大财务损失和声誉损失的风险。

公司合规管理的目标是通过建立健全合规管理框架,实现对合规风险的有效识别和管理,促进全面合规管理体系建设,确保依法合规经营。同时,公司加强合规文化建设,积极倡导和培育优良的合规文化和价值观念,通过合规制度建设、合规培训、合规信息传递等方式,努力营造合规经营、合规决策、合规管理的有效氛围,使合规文化贯穿日常经营始终,并将合规文化建设融入企业文化建设全过程。

4.5.2.2 信用风险状况

公司面临的信用风险主要来自交易对手未能或不愿意履行合同义务而使公司遭受财产损失的可能性。公司根据河南银保监局《转发〈中国银行业监督管理委员会关于非银行金融机构全面推行资产质量五级分类管理的通知〉的通知》(豫银监发[2004]93号)要求,定期对公司资产质量进行五级分类。

公司按照《金融企业准备金计提管理办法》(财金[2012]20号)的规定,对承担风险和损失的资产提取呆账准备金,具体包括贷款(含抵押、质押、保证等)、股权和债权投资、存放同业款项、应收账款、其他应收款、应收利息、应收股利等债权和股权。

准备金分为一般准备金和资产减值准备金。一般准备金余额原则上不得低于风险资产期末余额的1.5%,资产减值准备按照资产风险分类结果计提,其中关注类为3%,次级类为30%,可疑类为60%,损失类为100%。

2018年,公司不良资产期初数为9 868.48万元,期末数为11 343.93万元,已足额计提资产减值准备。

以动产、不动产、财产权等设定抵押、质押担保的,需提供抵押物、质押物权属证明及有权部门出具的价值评估报告。公司从业务类型出发制定了相应的抵(质)押率标准,具体设定时结合抵押物评估值、质押物面值、抵(质)押物净值、潜在的价值损失及处置变现的程度从严掌控。

担保人的主体资格调查按照融资人的资格调查方式和要求进行,除此之外,还需符合《担保法》及其司法解释中有关担保人资格禁止性条款的规定。

4.5.2.3 市场风险状况

公司面临的市场风险主要来自因市场价格(利率、汇率、股票价格等)的不利变动而使公司业务发生损失的风险。市场风险存在于公司的交易和非交易业务中,可细分为利率风险、汇率风险和股票价格风险等。

利率风险是指市场利率变动的不确定性给公司造成损失的可能性。公司在开展信托贷款类业务时,对贷款利率和受益人收益率均采用固定利率或均采用浮动利率的方式进行设置,对冲利率风险;在开展固有贷款业务时,综合对未来利率走势的预测和交易成本等因素,有效应对可能发生的利率风险。2018年市场利率的变化对公司经营收益未产生明显影响,2018年汇率波动未对公司造成影响。

公司密切关注宏观经济政策变化,加强证券投资研究,通过信托产品结构化设计、组合投资策略等以提高公司抵御证券价格波动风险的能力。2018年,A股三大股指下跌均超过20%,公司的证券业务也受到一定影响,但公司开展的证券业务规模较小,证券价格波动风险对公司整体经营未产生明显影响。

4.5.2.4 操作风险状况

公司面临的操作风险主要是由不完善或有问题的内部程序、人员、系统以及外部事件所造成损失的风险。

目前公司的内控制度体系已覆盖各项业务的全部操作环节,建立了完善的授权体系,各项制度和流程的执行效果达到预期目标。报告期内无该类风险发生。

4.5.2.5 流动性风险状况

流动性风险是指公司虽然有清偿能力,但无法以合理成本及时获得充足资金以应对资产增长或支付偿付到期债务的风险。目前,公司已建立了完善的流动性风险管理体系,通过日常限额管理、定期流动性压力测试等措施加强流动性风险管理。报告期内公司流动性状况良好,无流动性风险事件发生。

4.5.2.6 其他风险状况

其他风险主要包括法律风险和声誉风险等。

法律风险是指公司签订合同的内容在法律上有缺陷或不完善而发生法律纠纷甚至无法履约,以及法律的不完善或修订使收益产生的不确定性。报告期内无该类风险发生。

声誉风险是指由公司经营、管理及其他行为或外部事件导致利益相关方对公司负面评价的风险。报告期内无该类风险发生。

**4.5.3 风险管理**

4.5.3.1 合规风险管理

公司合规风险管理主要是通过建立健全合规风险管理框架，实现对合规风险的有效识别和管理，促进全面风险管理体系建设，确保依法合规经营。公司开展固有与信托相关业务时严格遵循相关法律法规监管要求，业务创新不突破政策底线，最大限度地维护公司股东、委托人、受益人及其他利益相关者的利益。具体措施包括以下几个方面。

第一，根据国家电投集团公司《关于开展2018年内控合规体系深化提升工作的通知》要求和资本控股2018年"风险合规年"工作部署，开展内控合规体系建设提升工作，继续巩固、深化、完善和提升内控合规体系，确保体系常态化运行，切实提升依法治企能力与合规经营水平。

第二，及时跟进2018年监管政策要求，明晰合规底线，制定并执行风险为本的内控合规管理计划，识别并控制合规法律风险。

第三，开展合规文化建设，通过开展合规培训教育等，倡导全员主动合规、合规创造价值等合规理念，持续提升员工合规意识和专业合规技能。

第四，公司建立有效的合规激励、问责、考核制度，严格对违规行为进行责任认定与追究，并对其采取有效纠正措施，及时改进经营管理流程，适时修订相关政策、程序和操作指南。

2018年，公司严格执行监管政策，并按照资本控股下发的"八大体系"和风险管理制度体系要求，累计新建和升版风险管理方面管理制度53项；全面梳理管理制度对各业务环节的关键控制要求，形成内控合规表单35项，并将上述表单嵌入业务系统，通过制度约束、流程约束、系统约束加强合规风险管理，有效提升公司内控水平。

4.5.3.2 信用风险管理

公司信用风险管理主要通过充分研判宏观经济、政策及行业变化，提前布局，以组合管理、过程管理和目标管理为手段，优化业务结构和客户结构，将风险敞口控制在可承受范围内。具体措施包括以下几个方面。

第一，强化组合管理。一是设定限额，防范集中度风险。以现有的集中度管理办法为抓手，根据交易对手所属行业、行业地位、与公司的战略协同作用等设定差异化的合作限额，防范单一客户集中度风险。二是优化业务结构。结合监管要求和市场竞争变化，及时调整房地产、基础设施等业务的准入标准，引导业务向传统行业中的优质客户开展。

第二，强化过程管理。一是加强立项审查，对于不符合风控标准、风险缓释措施不足的项目不予立项，降低后续人力、物力、财力投入。二是系统摸排存续业务的风险状况，对传统业务中融资渠道单一、风险缓释不足的项目有计划、有重点地跟踪和排查，扩大风险监控范畴，掌握风险底数，提前制定应对措施，保障公司平稳运营。

第三，强化目标管理。设定业务规模占比、风险项目与不良资产率、单一最大（集团）客户风险集中度等风险指标，将信用风险控制在可接受范围内。

第四，2018年，公司继续强化"三道防线"建设，业务部门是第一道防线，中后台部门是第二道防线，内审稽核部是第三道防线。通过强化第一道防线的源头控制及第二道防线的抽查、督促和跟踪，实现有效的风险管控。内审稽核部通过开展风险监督评价工作，促进公司不断提升风险管理体系与流程的健全性、合理性及有效性。

第五，2018年，公司持续完善信用风险预警体系，妥善处理各项风险信号，实行严格的信用风险报告制度，有效管理信用风险。

4.5.3.3 市场风险管理

市场风险管理是指识别、计量、监测和控制市场风险的全过程，其目标是通过将市场风险控制在公司可以承受的合理范围内，以实现风险调整后的收益率最大化。

4.5.3.3.1 公司市场风险管理策略

公司制定了与业务性质、规模、复杂程度和风险特征相适应的，与总体业务发展战略、管理能力、资本实力和能够承担的总体风险水平相一致的市场风险管理原则和程序；对每项业务和产品中的市场风险因素进行分解和分析，及时、准确地识别所有交易和非交易业务中市场风险的类别和性质；建立了完善的市场风险管理内部控制体系，并将其作为公司整体内部控制体系的有机组成部分。

4.5.3.3.2 市场风险管理措施

公司关注国家宏观政策变化，规避限制类行业和相关项目；加强行业风险研究，规避宏观面和行业周期产生的市场风险；进行资产组合管理，动态调整资产配置方案；控制总体证券投资规模和股票持仓数量，设定证券投资限制性指标和止损点；控制行业集中度，拓展多元化投资领域和项目；贷款合同及相关文件进行浮动利率变化的事前约定，规避利率风险。

4.5.3.4 操作风险管理

4.5.3.4.1 公司操作风险管理的基本策略是加强内控制度建设和落实

公司操作风险管理坚持内控优先，全面分析经营环节和业务流程，合理设置体现制衡原则的前台、中台、后台岗位职责，明确划分相关部门之间、岗位之间的职责，建立职责分离、横向与纵向相互监督制约的机制；优化公司经营决策和管理，密切关注信息系统、风险报告和监控系统可能出现的疏漏，建立和完善授权制度，进行不同岗位制衡安排，防患于未然；按照公司责任追究制度、风险管理制度及业务管理制度中的罚则规定，对违规人员进行问责。

4.5.3.4.2 操作风险管理措施

完善公司各项规章制度和操作流程，切实加强执行力度；强调业务管理的过程控制，设置事前、事中和事后相互支持和制约的职责关系；进行合理的岗位设置和有效的职责分离，建立严格的复核和审批程序；制定项目尽职调研和尽职管理相关制度，规范业务操作流程；加强业务创新，提高产品设计质量和强化风险保障措施；对内控制度的执行情况和制度完备性进行定期检查，并督促及时整改。

2018年，公司深入开展多项制度建设和升版工作，涵盖风险识别、合同审核、后期管理等各关键环节，进一步完善了公司内控制度；加强制度执行力度的检查，以稽核审计为主，有针对性的专项检查为补充，全面查堵执行漏洞，提升公司内控水平，防范操作风险发生。

4.5.3.5　流动性风险管理

4.5.3.5.1　公司流动性风险管理策略

公司流动性风险管理策略的取向是稳健，即在适当平衡公司资产收益性和流动性的基础上，保持适度流动性，将流动性风险控制在可以承受的合理范围之内，确保公司的安全运营和良好的公众形象。公司在内部定价以及考核激励等相关制度中充分考虑流动性风险因素，防止因过度追求业务扩张和短期利润而放松流动性风险管理。

4.5.3.5.2　流动性风险管理措施

严格执行《公司流动性风险管理暂行办法》有关流动性限额管理的规定，加强流动性限额管理；按季度开展流动性压力测试，分析下一季度影响流动性的主要风险因素，采取有针对性的措施，以防范极端情况下的流动性风险，保障公司正常经营；通过严格控制固有项目、信托项目的风险，防范信用风险向流动性风险传导；积极探索通过增资扩股或者其他合法合规方式增强公司抵御流动性风险的能力。

4.5.3.6　其他风险管理

公司法律风险管理策略包括由法务人员全程参与项目运作始终，支撑业务项目立项、尽职调查、审核审批、放款实施及后期管理等各环节平稳实施，防范和控制法律风险；通过规范法律文本审核、盖章等关键环节控制，防范法律文本风险；通过法律培训、考试与教育，提高公司全员的法律风险意识；通过引入律师事务所广泛参与业务及管理，提升公司法律风险管理水平。公司通过建立健全的法律工作体系，利用法律手段推进业务的规范化运作，促进公司的稳健经营和发展战略目标的实现。

公司声誉风险管理策略包括将声誉构建与发展战略和企业文化进行有机结合，通过尽职管理和充分信息披露以塑造专业和诚信形象，对可能影响公司声誉的业务坚决不予开展等。同时，公司依托专业舆情监控系统的技术支持和舆情管理制度体系的不断完善，实现对各类与公司有关舆情的全天候监控，建立声誉风险突发事件应急机制，确保公司能够在第一时间发现负面舆情并迅速作出反应，避免公司声誉受到损害。

# 5. 2018 年度及上年度比较式会计报表

## 5.1　自营资产

### 5.1.1　会计师事务所审计意见全文

**审 计 报 告**

大信审字[2019]第1－00586号

百瑞信托有限责任公司：

一、审计意见

我们审计了百瑞信托有限责任公司(以下简称贵公司)的财务报表，包括2018年12月31日的资产负债表，2018年度的利润表、现金流量表、所有者权益变动表，以及财务报表附注。

我们认为，后附的财务报表在所有重大方面按照企业会计准则的规定编制，公允反映了贵公司2018年12月31日的财务状况以及2018年度的经营成果和现金流量。

二、形成审计意见的基础

我们按照中国注册会计师审计准则的规定执行了审计工作。审计报告的“注册会计师对财务报表审计的责任”部分进一步阐述了我们在这些准则下的责任。按照中国注册会计师职业道德守则，我们独立于贵公司，并履行了职业道德方面的其他责任。我们相信，我们获取的审计证据是充分、适当的，为发表审计意见提供了基础。

三、管理层和治理层对财务报表的责任

管理层负责按照企业会计准则的规定编制财务报表，使其实现公允反映，并设计、执行和维护必要的内部控制，以使财务报表不存在由于舞弊或错误导致的重大错报。

四、注册会计师对财务报表审计的责任

我们的目标是对财务报表整体是否不存在由于舞弊或错误导致的重大错报获取合理保证，并出具包含审计意见的审计报告。合理保证是高水平的保证，但并不能保证按照审计准则执行的审计在某一重大错报存在时总能发现。错报可能由于舞弊或错误导致，如果合理预期错报单独或汇总起来可能影响财务报表使用者依据财务报表作出的经济决策，则通常认为错报是重大的。

在按照审计准则执行审计工作的过程中，我们运用职业判断，并保持职业怀疑。同时，我们也执行以下工作：

(1)识别和评估由于舞弊或错误导致的财务报表重大错报风险，设计和实施审计程序以应对这些风险，并获取充分、适当的审计证据，作为发表审计意见的基础。由于舞弊可能涉及串通、伪造、故意遗漏、虚假陈述或凌驾于内部控制之上，未能发现由于舞弊导致的重大错报的风险高于未能发现由于错误导致的重大错报的风险。

(2)了解与审计相关的内部控制，以设计恰当的审计程序，但目的并非对内部控制的有效性发表意见。

(3)评价管理层选用会计政策的恰当性和作出会计估计及相关披露的合理性。

(4)对管理层使用持续经营假设的恰当性得出结论。同时，根据获取的审计证据，就可能导致对贵公司持续经营能力产生重大疑虑的事项或情况是否存在重大不确定性得出结论。如果我们得出结论认为存在重大不确定性，审计准则要求我们在审计报告中提请报表使用者注意财物报表中的相关披露；如果披露不充分，我们应当发表非无保留意见。我们的结论基于截至审计报告日可获得的信息。然而，未来的事项或情况可能导致贵公司不能持续经营。

(5)评价财务报表的总体列报、结构和内容(包括披露)，并评价财务报表是否公允反映相关交易和事项。

我们与治理层就计划的审计范围、时间安排和重大审计发现等事项进行沟通，包括沟通我们在审计中识别出的值得关注的内部控制缺陷。

大信会计师事务所(特殊普通合伙)　　　中国注册会计师：

中国·北京　　　　　　　　　　　　　中国注册会计师：

二〇一九年二月二十五日

### 5.1.2 资产负债表

**资产负债表**

编制单位：百瑞信托有限责任公司　　2018 年 12 月 31 日　　单位：万元

| 项　目 | 年末金额 | 年初金额 |
|---|---|---|
| 流动资产： | — | — |
| 货币资金 | 19 765.46 | 37 850.98 |
| 拆出资金 | — | — |
| 以公允价值计量且其变动计入当期损益的金融资产 | 80 000.00 | 63 399.70 |
| 衍生金融资产 | — | — |
| 应收票据 | — | — |
| 应收账款 | 583.61 | 9 587.54 |
| 预付款项 | — | — |
| 应收利息 | — | — |
| 应收股利 | — | — |
| 其他应收款 | 8 752.66 | 10 471.29 |
| 买入返售金融资产 | — | — |
| 划分为持有待售的资产 | — | — |
| 年内到期的非流动资产 | — | — |
| 其他流动资产 | — | — |
| 流动资产合计 | 109 101.72 | 121 309.51 |
| 非流动资产： | — | — |
| 发放贷款及垫款 | 173 000.00 | 170 000.00 |
| 可供出售金融资产 | 654 861.82 | 607 638.67 |
| 持有至到期投资 | — | — |
| 长期应收款 | — | — |
| 长期股权投资 | — | — |
| 投资性房地产 | — | — |
| 固定资产原价 | 8 519.16 | 8 781.31 |
| 减：累计折旧 | 4 600.50 | 4 258.21 |
| 固定资产净值 | 3 918.66 | 4 523.10 |
| 减：固定资产减值准备 | 8.65 | 8.65 |
| 固定资产净额 | 3 910.01 | 4 514.45 |
| 在建工程 | — | — |
| 工程物资 | — | — |
| 固定资产清理 | — | — |
| 无形资产 | 1 538.59 | 847.34 |
| 开发支出 | — | — |
| 长期待摊费用 | 104.09 | 89.06 |
| 递延所得税资产 | 6 617.21 | 2 515.34 |
| 其他非流动资产 | — | — |
| 其中：特准储备物资 | — | — |
| 非流动资产合计 | 840 031.71 | 785 604.86 |
| 资 产 总 计 | 949 133.43 | 906 914.37 |

法定代表人：王振京　　主管会计工作负责人：张迎军　　会计机构负责人：刘芳

**资产负债表（续）**

编制单位：百瑞信托有限责任公司　　2018 年 12 月 31 日　　单位：万元

| 项　目 | 年末金额 | 年初金额 |
|---|---|---|
| 流动负债： | — | — |
| 短期借款 | — | — |
| 拆入资金 | — | — |
| 以公允价值计量且其变动计入当期损益的金融负债 | — | — |
| 衍生金融负债 | — | — |
| 应付票据 | — | — |
| 应付账款 | — | — |
| 预收款项 | — | — |
| 卖出回购金融资产款 | — | — |
| 应付手续费及佣金 | — | — |
| 应付职工薪酬 | 1 007.34 | 815.58 |
| 其中：应付工资 | — | — |
| 应付福利费 | — | — |
| 应交税费 | 13 751.40 | 14 832.45 |
| 其中：应交税金 | 13 751.40 | 14 737.25 |
| 应付利息 | — | — |
| 应付股利 | — | — |
| 其他应付款 | 112 483.38 | 157 574.04 |
| 划分为持有待售的负债 | — | — |
| 一年内到期的非流动负债 | — | — |
| 其他流动负债 | — | — |
| 流动负债合计 | 127 242.12 | 173 222.07 |
| 非流动负债： | — | — |
| 长期借款 | — | — |
| 应付债券 | — | — |
| 长期应付款 | — | — |
| 长期应付职工薪酬 | — | — |
| 专项应付款 | — | — |
| 预计负债 | 32 477.14 | 31 110.23 |
| 递延收益 | — | — |
| 递延所得税负债 | 9 960.29 | 1 131.85 |
| 其他非流动负债 | — | — |
| 其中：特种储备基金 | — | — |
| 非流动负债合计 | 42 437.43 | 32 242.08 |
| 负 债 合 计 | 169 679.55 | 205 464.15 |
| 所有者权益： | — | — |
| 实收资本 | 400 000.00 | 400 000.00 |
| 国家资本 | 320 040.00 | 320 040.00 |
| 其中：国有法人资本 | 220 160.00 | 220 160.00 |
| 集体资本 | — | — |
| 民营资本 | — | — |
| 其中：个人资本 | — | — |
| 外商资本 | 79 960.00 | 79 960.00 |
| 减：已归还投资 | — | — |
| 实收资本净额 | 400 000.00 | 400 000.00 |
| 其他权益工具 | — | — |
| 其中：优先股 | — | — |
| 永续债 | — | — |
| 资本公积 | 7 983.90 | 7 609.33 |
| 其他综合收益 | 19 060.16 | 3 395.56 |
| 盈余公积 | 65 227.02 | 55 112.28 |
| 其中：法定公积金 | 65 227.02 | 55 112.28 |
| 一般风险准备 | 57 364.45 | 51 735.46 |
| 未分配利润 | 229 818.35 | 183 597.59 |
| 所有者权益合计 | 779 453.88 | 701 450.22 |
| 负债和所有者权益总计 | 949 133.43 | 906 914.37 |

法定代表人：王振京　　主管会计工作负责人：张迎军　　会计机构负责人：刘芳

### 5.1.3 利润和利润分配表

**利润表**

编制单位:百瑞信托有限责任公司　　2018 年度　　单位:万元

| 项　　目 | 本年金额 | 上年金额 |
|---|---|---|
| 一、营业收入 | 167 410.16 | 183 221.42 |
| 利息净收入 | 11 115.42 | 11 379.96 |
| 其中:利息收入 | 20 044.05 | 20 188.37 |
| 利息支出 | 8 928.64 | 8 808.41 |
| 手续费及佣金净收入 | 97 284.79 | 125 864.26 |
| 其中:手续费及佣金收入 | 97 284.79 | 125 864.26 |
| 手续费及佣金支出 | — | — |
| 投资收益(亏损以"-"号填列) | 58 585.08 | 46 793.66 |
| 其中:对联营企业和合营企业的投资收益 | — | — |
| 公允价值变动收益(亏损以"-"号填列) | — | — |
| 租赁收入 | — | 128.50 |
| 其他业务收入 | 75.79 | 48.26 |
| 汇兑损益 | 349.08 | -993.22 |
| 二、营业支出 | 32 213.10 | 41 982.14 |
| 营业税金及附加 | 893.08 | 1 282.79 |
| 业务及管理费 | 27 914.07 | 34 653.13 |
| 资产减值损失 | 3 405.95 | 6 046.22 |
| 其他业务成本 | — | — |
| 三、营业利润(亏损以"-"号填列) | 135 197.05 | 141 239.29 |
| 加:营业外收入 | 313.02 | 103.04 |
| 其中:非流动资产处置利得 | — | 2.73 |
| 非货币性资产交换利得 | — | — |
| 政府补助 | — | — |
| 债务重组利得 | — | — |
| 减:营业外支出 | 71.74 | 141.23 |
| 其中:非流动资产处置损失 | — | — |
| 非货币性资产交换损失 | — | — |
| 债务重组损失 | — | — |
| 四、利润总额(亏损总额以"-"号填列) | 135 438.34 | 141 201.10 |
| 减:所得税费用 | 34 290.92 | 37 642.16 |
| 五、净利润(净亏损以"-"号填列) | 101 147.42 | 103 558.93 |
| 六、其他综合收益的税后净额 | 15 664.60 | -10 807.67 |
| (一)以后不能重分类净损益的其他综合收益 | — | — |

续表

| 项　　目 | 本年金额 | 上年金额 |
|---|---|---|
| 其中:1. 重新计量设定受益计划净负债或净资产的变动 | — | — |
| 2. 权益法下在被投资单位不能重分类净损益的其他综合收益中享有的份额 | — | — |
| (二)以后将重分类净损益的其他综合收益 | 15 664.60 | -10 807.67 |
| 其中:1. 权益法下在被投资单位以后将重分类净损益的其他综合收益中享有的份额 | — | — |
| 2. 可供出售金融资产公允价值变动损益 | 15 664.60 | -10 807.67 |
| 3. 持有至到期投资重分类为可供出售金融资产损益 | — | — |
| 4. 现金流量套期损益的有效部分 | — | — |
| 5. 外币财务报表折算差额 | — | — |
| 七、综合收益总额 | 116 812.02 | 92 751.27 |

法定代表人:王振京　　主管会计工作负责人:张迎军　　会计机构负责人:刘芳

**利润分配表**

编制单位:百瑞信托有限责任公司　　2018 年度　　单位:万元

| 项　　目 | 本年累计数 | 上年累计数 |
|---|---|---|
| 本年净利润 | 101 147.42 | 103 558.93 |
| 加:(一)年初未分配利润 | 183 597.59 | 97 957.33 |
| (二)盈余公积弥亏 | — | — |
| (三)其他调整因素 | — | — |
| (四)会计政策变更 | — | — |
| 可供分配的利润 | 284 745.01 | 201 516.26 |
| 减:(一)单项留用的利润 | — | — |
| (二)补充流动资本 | — | — |
| (三)提取法定盈余公积 | 10 114.74 | 10 355.92 |
| (四)提取法定公益金 | — | — |
| (五)提取信托赔偿准备金 | 5 057.37 | 5 177.96 |
| (六)提取一般准备金 | 571.61 | 2 384.81 |
| (七)提取企业发展基金 | — | — |
| (八)利润归还投资 | — | — |
| (九)其他 | — | — |
| 可供投资者分配的利润 | — | — |
| 减:(一)应付优先股股利 | 39 182.93 | — |
| (二)提取任意盈余公积 | — | — |
| (三)应付普通股股利 | — | — |
| (四)转作资本(股本)的普通股股利 | — | — |
| (五)其他 | — | — |
| 未分配利润 | 229 818.35 | 183 597.59 |

法定代表人:王振京　　主管会计工作负责人:张迎军　　会计机构负责人:刘芳

### 5.1.4 所有者权益变动表

**所有者权益变动表**

编制单位:百瑞信托有限责任公司　　2018 年度　　单位:万元

| 项目 | 本年数 | | | | | | | | | | |
|---|---|---|---|---|---|---|---|---|---|---|---|
| | 实收资本 | 其他权益工具 | | | 资本公积 | 减:库存股 | 其他综合收益 | 盈余公积 | 一般风险准备 | 未分配利润 | 所有者权益合计 |
| | | 优先股 | 永续债 | 其他 | | | | | | | |
| 一、上年年末余额 | 400 000.00 | — | — | — | 7 609.33 | — | 3 395.56 | 55 112.28 | 51 735.46 | 183 597.59 | 701 450.22 |
| 加:会计政策变更 | — | — | — | — | — | — | — | — | — | — | — |
| 前期差错更正 | — | — | — | — | — | — | — | — | — | — | — |
| 其他 | — | — | — | — | — | — | — | — | — | — | — |
| 二、本年年初余额 | 400 000.00 | — | — | — | 7 609.33 | — | 3 395.56 | 55 112.28 | 51 735.46 | 183 597.59 | 701 450.22 |
| 三、本期增减变动金额(减少以"-"号填列) | — | — | — | — | 374.57 | — | 15 664.60 | 10 114.74 | 5 628.98 | 46 220.76 | 78 003.66 |
| (一)综合收益总额 | — | — | — | — | — | — | 15 664.60 | — | — | 101 147.42 | 116 812.02 |
| (二)所有者投入和减少资本 | — | — | — | — | 374.57 | — | — | — | — | — | 374.57 |
| 1. 所有者投入资本 | — | — | — | — | — | — | — | — | — | — | — |
| 2. 股份支付计入所有者权益的金额 | — | — | — | — | — | — | — | — | — | — | — |
| 3. 其他 | — | — | — | — | 374.57 | — | — | — | — | — | 374.57 |
| (三)利润分配 | — | — | — | — | — | — | — | 10 114.74 | 5 628.98 | -54 926.66 | -39 182.93 |
| 1. 提取盈余公积 | — | — | — | — | — | — | — | 10 114.74 | — | -10 114.74 | — |
| 2. 提取一般风险准备 | — | — | — | — | — | — | — | — | 5 628.98 | -5 628.98 | — |
| 3. 对股东的分配 | — | — | — | — | — | — | — | — | — | -39 182.93 | -39 182.93 |
| 4. 其他 | — | — | — | — | — | — | — | — | — | — | — |
| (四)股东权益内部结转 | — | — | — | — | — | — | — | — | — | — | — |
| 1. 资本公积转增资本 | — | — | — | — | — | — | — | — | — | — | — |
| 2. 盈余公积转增资本 | — | — | — | — | — | — | — | — | — | — | — |
| 3. 盈余公积弥补亏损 | — | — | — | — | — | — | — | — | — | — | — |
| 4. 其他 | — | — | — | — | — | — | — | — | — | — | — |
| (五)其他 | — | — | — | — | — | — | — | — | — | — | — |
| 四、本期期末余额 | 400 000.00 | — | — | — | 7 983.90 | — | 19 060.16 | 65 227.02 | 57 364.44 | 229 818.35 | 779 453.88 |

法定代表人:王振京　　主管会计工作负责人:张迎军　　会计机构负责人:刘芳

**所有者权益变动表(续)**

编制单位:百瑞信托有限责任公司　　2018 年度　　单位:万元

| 项目 | 上年数 | | | | | | | | | | |
|---|---|---|---|---|---|---|---|---|---|---|---|
| | 实收资本 | 其他权益工具 | | | 资本公积 | 减:库存股 | 其他综合收益 | 盈余公积 | 一般风险准备 | 未分配利润 | 所有者权益合计 |
| | | 优先股 | 永续债 | 其他 | | | | | | | |
| 一、上年年末余额 | 400 000.00 | — | — | — | 7 609.33 | — | 14 203.22 | 44 756.37 | 44 172.70 | 97 957.33 | 608 698.95 |
| 加:会计政策变更 | — | — | — | — | — | — | — | — | — | — | — |
| 前期差错更正 | — | — | — | — | — | — | — | — | — | — | — |
| 其他 | — | — | — | — | — | — | — | — | — | — | — |
| 二、本年年初余额 | 400 000.00 | — | — | — | 7 609.33 | — | 14 203.22 | 44 756.37 | 44 172.70 | 97 957.33 | 608 698.95 |
| 三、本期增减变动金额(减少以"-"号填列) | — | — | — | — | — | — | -10 807.67 | 10 355.92 | 7 562.77 | 85 640.25 | 92 751.27 |
| (一)综合收益总额 | — | — | — | — | — | — | -10 807.67 | — | — | 103 558.93 | 92 751.27 |
| (二)所有者投入和减少资本 | — | — | — | — | — | — | — | — | — | — | — |
| 1. 所有者投入资本 | — | — | — | — | — | — | — | — | — | — | — |
| 2. 股份支付计入所有者权益的金额 | — | — | — | — | — | — | — | — | — | — | — |
| 3. 其他 | — | — | — | — | — | — | — | — | — | — | — |

续表

| 项目 | 上年数 | | | | | | | | | | |
|---|---|---|---|---|---|---|---|---|---|---|---|
| | 实收资本 | 其他权益工具 | | | 资本公积 | 减:库存股 | 其他综合收益 | 盈余公积 | 一般风险准备 | 未分配利润 | 所有者权益合计 |
| | | 优先股 | 永续债 | 其他 | | | | | | | |
| (三)利润分配 | — | — | — | — | — | — | — | 10 355.92 | 7 562.77 | -17 918.68 | — |
| 1. 提取盈余公积 | — | — | — | — | — | — | — | 10 355.92 | — | -10 355.92 | — |
| 2. 提取一般风险准备 | — | — | — | — | — | — | — | — | 7 562.77 | -7 562.77 | — |
| 3. 对股东的分配 | — | — | — | — | — | — | — | — | — | — | — |
| 4. 其他 | — | — | — | — | — | — | — | — | — | — | — |
| (四)股东权益内部结转 | — | — | — | — | — | — | — | — | — | — | — |
| 1. 资本公积转增资本 | — | — | — | — | — | — | — | — | — | — | — |
| 2. 盈余公积转增资本 | — | — | — | — | — | — | — | — | — | — | — |
| 3. 盈余公积弥补亏损 | — | — | — | — | — | — | — | — | — | — | — |
| 4. 其他 | — | — | — | — | — | — | — | — | — | — | — |
| (五)其他 | — | — | — | — | — | — | — | — | — | — | — |
| 四、本期期末余额 | 400 000.00 | — | — | — | 7 609.33 | — | 3 395.56 | 55 112.28 | 51 735.46 | 183 597.59 | 701 450.22 |

法定代表人:王振京　　主管会计工作负责人:张迎军　　会计机构负责人:刘芳

## 5.2 信托资产

### 5.2.1 信托项目资产负债汇总表

**信托项目资产负债表**

编制单位:百瑞信托有限责任公司　　2018 年 12 月 31 日　　单位:万元

| 信托资产 | 期末余额 | 期初余额 | 信托负债和信托权益 | 期末余额 | 期初余额 |
|---|---|---|---|---|---|
| 信托资产 | — | — | 信托负债 | — | — |
| 货币资金 | 204 400.01 | 91 909.79 | 交易性金融负债 | — | — |
| 拆出资金 | — | — | 衍生金融负债 | — | — |
| 存出保证金 | — | — | 应付受托人报酬 | 1 804.59 | 10 949.78 |
| 交易性金融资产 | 126 715.42 | 55 217.89 | 应付托管费 | 44.97 | — |
| 衍生金融资产 | — | — | 应付受益人收益 | 4 780.72 | 4 623.21 |
| 买入返售金融资产 | 431 373.90 | 880 498.19 | 应交税费 | 10 082.67 | — |
| 应收款项 | 121 199.95 | 133 438.62 | 应付销售服务费 | — | — |
| 发放贷款 | 9 873 197.37 | 7 915 188.57 | 其他应付款项 | 461 232.85 | 398 162.62 |
| 可供出售金融资产 | 2 294 662.28 | 2 976 303.83 | 预计负债 | — | — |
| 持有至到期投资 | — | — | 其他负债 | — | — |
| 长期应收款 | — | — | 信托负债合计 | 477 945.81 | 413 735.61 |
| 长期股权投资 | 2 660 639.39 | 3 638 773.00 | — | — | — |
| 其他长期投资 | — | — | — | — | — |
| 投资性房地产 | — | — | 信托权益 | — | — |
| 固定资产 | — | — | 实收信托 | 18 468 993.93 | 17 116 354.87 |
| 无形资产 | — | — | 资本公积 | 112 054.88 | 106 700.00 |
| 长期待摊费用 | 1 932.42 | 2 246.86 | 损益平准金 | — | — |
| 其他资产 | 3 362 059.46 | 1 934 826.09 | 未分配利润 | 17 185.57 | -8 387.64 |
| 减:各项资产减值准备 | — | — | 信托权益合计 | 18 598 234.38 | 17 214 667.23 |
| 信托资产总计 | 19 076 180.19 | 17 628 402.84 | 信托负债和信托权益总计 | 19 076 180.19 | 17 628 402.84 |

法定代表人:王振京　　主管会计工作负责人:张迎军　　会计机构负责人:刘芳

5.2.2 信托项目利润及利润分配汇总表

信托项目利润及利润分配表

编制单位:百瑞信托有限责任公司　　2018 年度　　单位:万元

| 项　目 | 本年数 | 上年数 |
|---|---|---|
| 1. 营业收入 | 1 323 431.22 | 1 319 986.42 |
| 1.1 利息收入 | 707 444.83 | 717 581.09 |
| 1.2 投资收益(损失以“-”号填列) | 446 456.79 | 385 224.48 |
| 1.2.1 其中:对联营企业和合营企业的投资收益 | — | — |
| 1.3 公允价值变动收益(损失以“-”号填列) | 106.35 | — |
| 1.4 租赁收入 | — | — |
| 1.5 汇兑损益(损失以“-”号填列) | — | — |
| 1.6 其他收入 | 169 423.25 | 217 180.84 |
| 2. 支出 | 127 561.48 | 156 209.88 |
| 2.1 营业税金及附加 | 3 623.25 | — |
| 2.2 受托人报酬 | 99 740.35 | 132 124.58 |
| 2.3 保管费 | 6 047.38 | 8 234.00 |
| 2.4 投资管理费 | 1 679.54 | 1 557.17 |
| 2.5 销售服务费 | 9 600.08 | 128.10 |
| 2.6 交易费用 | 26.98 | 138.45 |
| 2.7 资产减值损失 | — | — |
| 2.8 其他费用 | 6 843.91 | 13 778.20 |
| 2.9 其他支出 | 249.39 | 249.39 |
| 3. 信托净利润(净亏损以“-”号填列) | 1 195 869.74 | 1 163 776.54 |
| 4. 其他综合收益 | — | — |
| 5. 综合收益 | 1 195 869.74 | 1 163 776.54 |
| 6. 加:期初未分配信托利润 | -8 387.64 | -31 277.00 |
| 7. 可供分配的信托利润 | 1 187 482.10 | 1 132 499.54 |
| 8. 减:本期已分配信托利润 | 1 170 296.53 | 1 140 887.17 |
| 9. 期末未分配信托利润 | 17 185.57 | -8 387.64 |

法定代表人:王振京　　主管会计工作负责人:张迎军　　会计机构负责人:刘芳

## 6. 会计报表附注

### 6.1 报告年度会计报表编制基准、会计政策、会计估计和核算方法发生的变化

**6.1.1 会计报表编制基准不符合会计核算基本前提的说明**

报告期内无上述事项。

**6.1.2 重要会计政策和会计估计说明**

6.1.2.1 计提资产减值准备的范围和方法

6.1.2.1.1 计提资产减值准备的原则

公司根据谨慎性原则,预计各项资产可能发生的损失,对可能发生的各项损失计提一般准备和资产减值准备。

6.1.2.1.2 计提范围和方法

6.1.2.1.2.1 一般准备计提范围和方法

根据财政部《金融企业准备金计提管理办法》(财金[2012]20 号)规定,为了防范经营风险,增强金融企业抵御风险能力,促进金融企业稳健经营和健康发展,金融企业应提取一般准备作为利润分配处理,并作为股东权益的组成部分。公司根据标准对风险资产所面临的风险状况定量分析,确定潜在风险估计值。对于潜在风险估计值高于资产减值准备的差额,计提一般准备。当潜在风险估计值低于资产减值准备时,可不计提一般准备。一般准备余额原则上不得低于风险资产期末余额的 1.5%。难以一次性达到 1.5%的,可以分年到位,原则上不得超过 5 年。

6.1.2.1.2.2 资产减值准备计提范围和方法

除了以公允价值计量且其变动计入当期损益的金融资产外,公司在每个资产负债表日对其他金融资产的账面价值进行检查,有客观证据表明金融资产发生减值的,计提减值准备。根据公司资产五级分类结果,按照《金融企业准备金计提管理办法》(财金[2012]20 号)规定,对承担风险和损失的资产应计提准备金,具体包括发放贷款和垫款、可供出售类金融资产、持有至到期投资、长期股权投资、存放同业、拆出资金、抵债资产、其他应收款项等。

公司按照正常类为零,关注类为 3%,次级类为 30%,可疑类为 60%,损失类为 100%计提资产减值准备。在确认减值损失后,期后如有客观证据表明该金融资产价值已恢复,且客观上与确认该损失后发生的事项有关,原确认的减值损失予以转回,可供出售权益工具投资的减值损失转回确认为其他综合收益,可供出售债务工具的减值损失转回计入当期损益。在活跃市场中没有报价且其公允价值不能可靠计量的权益工具投资,或与该权益工具挂钩并须通过交付该权益工具结算的衍生金融资产的减值损失,不予转回。

对于固定资产、在建工程、使用寿命有限的无形资产、以成本模式计量的投资性房地产及对子公司、合营企业、联营企业的长期股权投资、商誉等长期资产,公司于资产负债表日判断是否存在减值迹象。如存在减值迹象的,则估计其可收回金额,进行减值测试。商誉、使用寿命不确定的无形资产和尚未达到可使用状态的无形资产,无论是否存在减值迹象,每年均进行减值测试。减值测试结果表明资产的可收回金额低于其账面价值的,按其差额计提减值准备并计入减值损失。上述资产减值损失一经确认,以后期间不予转回。

6.1.2.2 金融资产四分类的范围和标准

以常规方式买卖金融资产,按交易日进行会计确认和终止确认。金融资产在初始确认时划分为以公允价值计量且其变动计入当期损益的金融资产、持有至到期投资、贷款和应收款项以及可供出售金融资产。

6.1.2.2.1 以公允价值计量且其变动计入当期损益的金融资产的范围和标准

以公允价值计量且其变动计入当期损益的金融资产包括交易性金融资产和指定为以公允价值计量且其变动计入当期损益的金融资产。交易性金融资产是指满足下列条件之一的金融资产:(1)取得该金融资产的目的,主要是为了近期内出售;(2)属于进行集中管理的可辨认金融工具组合的一部分,且有客观证据表明公司近期采用短期获利方式对该组合进行管理;(3)属于衍生工具,但是被指定且为有效套期工具的衍生工具、属于财务担保合同的衍生工具、与在活跃市场中没有报价且其公允价值不能可靠计量的权益工具投资挂钩并须通过交付该权益工具结算的衍生工具除外。

符合下述条件之一的金融资产,在初始确认时可指定为以公允价值计量且其变动计入当期损益的金融资产:(1)该指定可以消除或明显减少由于该金融资产的计量基础不同所导致的相关利得或损失在确认或计量方面不一致的情况;(2)公司风险管理或投资策略的正式书面文件已载明,对该金融资产所在的金融资产组合或金融资产和金融负债组合以公允价值为基础进行管理、评价并向关键管理人员报告。

6.1.2.2.2　持有至到期投资金融资产的范围和标准

持有至到期投资金融资产是指到期日固定、回收金额固定或可确定，且公司有明确意图和能力持有至到期的非衍生金融资产。

6.1.2.2.3　贷款和应收款项的范围和标准

贷款和应收款项是指在活跃市场中没有报价、回收金额固定或可确定的非衍生金融资产。公司划分为贷款和应收款的金融资产包括应收票据、应收账款、应收利息、应收股利及其他应收款等。

6.1.2.2.4　可供出售金融资产的范围和标准

可供出售金融资产包括初始确认时即被指定为可供出售的非衍生金融资产，以及除了以公允价值计量且其变动计入当期损益的金融资产、贷款和应收款项、持有至到期投资以外的金融资产。

6.1.2.3　交易性金融资产核算方法

交易性金融资产初始确认时以公允价值计量，相关的交易费用直接计入损益。后续计量采用公允价值进行计量，公允价值变动形成的利得或损失以及与该等金融资产相关的股利和利息收入计入当期损益。

6.1.2.4　可供出售金融资产核算方法

可供出售金融资产初始确认时以公允价值计量，相关交易费用计入初始确认金额。

可供出售债务工具投资期末成本按照其摊余成本法确定，即初始确认金额扣除已偿还的本金，加上或减去采用实际利率法将该初始确认金额与到期日金额之间的差额进行摊销形成的累计摊销额，并扣除已发生的减值损失后的金额。可供出售权益工具投资的期末成本为其初始取得成本。

可供出售金融资产采用公允价值进行后续计量，公允价值变动形成的利得或损失，除减值损失和外币货币性金融资产与摊余成本相关的汇兑差额计入当期损益外，确认为其他综合收益，在该金融资产终止确认时转出，计入当期损益。但是，在活跃市场中没有报价且其公允价值不能可靠计量的权益工具投资，以及与该权益工具挂钩并须通过交付该权益工具结算的衍生金融资产，按照成本进行后续计量。

可供出售金融资产持有期间取得的利息及被投资单位宣告发放的现金股利，计入投资收益。

6.1.2.5　持有至到期投资核算方法

持有至到期投资初始确认时以公允价值计量，相关交易费用计入初始确认金额。

持有至到期投资采用实际利率法，按摊余成本进行后续计量，在终止确认、发生减值或摊销时产生的利得或损失，计入当期损益。

实际利率法是指按照金融资产或金融负债（含一组金融资产或金融负债）的实际利率计算其摊余成本及各期利息收入或支出的方法。实际利率是指将金融资产或金融负债在预期存续期间或适用的更短期间内的未来现金流量，折现为该金融资产或金融负债当前账面价值所使用的利率。

在计算实际利率时，公司将在考虑金融资产或金融负债所有合同条款的基础上预计未来现金流量（不考虑未来的信用损失），同时还将考虑金融资产或金融负债合同各方之间支付或收取的、属于实际利率组成部分的各项收费、交易费用及折价或溢价等。

6.1.2.6　长期股权投资核算方法

长期股权投资是指公司对被投资单位具有控制、共同控制或重大影响的长期股权投资。公司对被投资单位不具有控制、共同控制或重大影响的长期股权投资，作为可供出售金融资产或以公允价值计量且其变动计入当期损益的金融资产核算。

6.1.2.6.1　投资成本的确定

对于企业合并形成的长期股权投资，如为同一控制下的企业合并取得的长期股权投资，在合并日按照取得被合并方所有者权益账面价值的份额作为初始投资成本。通过非同一控制下的企业合并取得的长期股权投资，企业合并成本包括购买方付出的资产、发生或承担的负债、发行的权益性证券的公允价值之和；购买方为企业合并发生的审计、法律服务、评估咨询等中介费用以及其他相关管理费用，应当于发生时计入当期损益；购买方作为合并对价发行的权益性证券或债务性证券的交易费用，应当计入权益性证券或债务性证券的初始确认金额。

除企业合并形成的长期股权投资外的其他股权投资，按成本进行初始计量，该成本视长期股权投资取得方式的不同，分别按照公司实际支付的现金购买价款、公司发行的权益性证券的公允价值、投资合同或协议约定的价值、非货币性资产交换交易中换出资产的公允价值或原账面价值、该项长期股权投资自身的公允价值等方式确定。与取得长期股权投资直接相关的费用、税金及其他必要支出也计入投资成本。

6.1.2.6.2　长期股权投资的后续计量及损益确认方法

对被投资单位具有共同控制（构成共同经营者除外）或重大影响的长期股权投资，采用权益法核算。此外，公司财务报表采用成本法核算能够对被投资单位实施控制的长期股权投资。

采用成本法核算时，长期股权投资按初始投资成本计价，除取得投资时实际支付的价款或者对价中包含的已宣告但尚未发放的现金股利或者利润外，当期投资收益按照享有被投资单位宣告发放的现金股利或利润确认。

采用权益法核算时，长期股权投资的初始投资成本大于投资时应享有被投资单位可辨认净资产公允价值份额的，不调整长期股权投资的初始投资成本；初始投资成本小于投资时应享有被投资单位可辨认净资产公允价值份额的，其差额计入当期损益，同时调整长期股权投资的成本。

采用权益法核算时，当期投资损益为应享有或应分担的被投资单位当年实现的净损益的份额。在确认应享有被投资单位净损益的份额时，以取得投资时被投资单位各项可辨认资产等的公允价值为基础，并按照公司的会计政策及会计期间，对被投资单位的净利润进行调整后确认。对于公司与联营企业及合营之间发生的未实现内部交易损益，按照持股比例计算属于公司的部分予以抵销，在此基础上确认投资损益。但公司与被投资单位发生的未实现内部交易损失，按照《企业会计准则第8号——资产减值》等规定属于所转让资产减值损失的，不予以抵销。对被投资单位的其他综合收益，相应调整长期股权投资的账面价值确认为其他综合收益并计入资本公积。

在确认应分担被投资单位发生的净亏损时，以长期股权投资的账面价值和其他实质上构成对被投资单位净投资的长期权益减记至零为限。此外，如公司对被投资单位负有承担额外损失的义务，则按预计承担的义务确认预计负债，计入当期投资损失。被投资单位以后期间实现净利润的，公司在收益分享额弥补未确认的亏损分担额后，恢复确认收益分享额。

对于公司首次执行新会计准则之前已经持有的对联营企业和合营企业的长期股权投资，如存在与该投资相关的股权投资借方差额，按原剩余期限直线摊销的金额计入当期损益。

收购少数股权时，在编制合并财务报表时，因购买少数股权新增的长期股权投资与按照新增持股比例计算应享有子公司自购买日（或合并日）开始持续计算的净资产份额之间的差额，调整资本公积，资本公积不足冲减的，调整留存收益。

除合并财务报表外的其他情形下的长期股权投资处置，对于处置的股权，其账面价值与实际取得价款的差额，计入当期损益；采用权益法核算的长期股权投资，在处置时将原计入所有者权益的其他综合收益部分按相应的比例转入当期损益。对于剩余股权，按其账面价值确认为长期股权投资或其他相关金融资产，并按前述长期股权投资或金融资产的会计政策进行后续计量。涉及对剩余股权由成本法转为权益法核算的，按相关规定进行追溯调整。

6.1.2.7 投资性房地产核算方法

投资性房地产是指为赚取租金或资本增值，或两者兼有而持有的房地产。投资性房地产应当能够单独计量和出售，包括已出租的土地使用权、持有并准备增值后转让的土地使用权和已出租的建筑物。

对于外购投资性房地产按照取得时的成本进行初始计量，成本包括购买价款、相关税费和可直接归属于该资产的其他支出。公司采用成本模式对投资性房地产进行后续计量。

6.1.2.8 固定资产计价和折旧方法

6.1.2.8.1 固定资产确认条件

固定资产是指为生产商品、提供劳务、出租或经营管理而持有的，使用寿命超过1个会计年度的有形资产。固定资产仅在与其有关的经济利益很可能流入公司，且其成本能够可靠地计量时才予以确认。固定资产按成本并考虑预计弃置费用因素的影响进行初始计量。

6.1.2.8.2 固定资产的分类、计价方法及折旧方法

固定资产从达到预定可使用状态的次月起，在使用寿命内计提折旧。各类固定资产的使用寿命、预计净残值和年折旧率、折旧方法如下：

| 固定资产类别 | 折旧年限（年） | 预计净残值率（%） | 年折旧率（%） | 折旧方法 |
|---|---|---|---|---|
| 房屋建筑物 | 20～35 | 5 | 2.71～4.75 | 平均年限法 |
| 电子设备 | 3～5 | 5 | 19.00～31.67 | 平均年限法 |
| 安全保卫设备 | 5 | 5 | 19 | 平均年限法 |
| 办公设备 | 5 | 5 | 19 | 平均年限法 |
| 交通运输设备 | 4～5 | 5 | 19.00～23.75 | 平均年限法 |

预计净残值是指假定固定资产预计使用寿命已满并处于使用寿命终了时的预期状态，公司目前从该项资产处置中获得的扣除预计处置费用后的金额。

6.1.2.8.3 融资租入固定资产的认定依据及计价方法

融资租赁为实质上转移了与资产所有权有关的全部风险和报酬的租赁，其所有权最终可能转移，也可能不转移。以融资租赁方式租入的固定资产采用与固有固定资产一致的政策计提租赁资产折旧。能够合理确定租赁期届满时取得租赁资产所有权的在租赁资产使用寿命内计提折旧，无法合理确定租赁期届满能够取得租赁资产所有权的，在租赁期与租赁资产使用寿命两者中较短的期间内计提折旧。

6.1.2.8.4 固定资产后续支出的处理

与固定资产有关的后续支出，如果与该固定资产有关的经济利益很可能流入且其成本能可靠地计量，则计入固定资产成本，并终止确认被替换部分的账面价值。除此之外的其他后续支出，在发生时计入当期损益。

当固定资产处于处置状态或预期通过使用或处置不能产生经济利益时，终止确认该固定资产。固定资产出售、转让、报废或毁损的处置收入扣除其账面价值和相关税费后的差额计入当期损益。

公司至少于年度终了对固定资产的使用寿命、预计净残值和折旧方法进行复核，如发生改变则作为会计估计变更处理。

6.1.2.9 无形资产计价及摊销政策

6.1.2.9.1 无形资产的确认及计价方法

无形资产是指公司拥有或者控制的没有实物形态的可辨认非货币性资产。

无形资产按成本进行初始计量。与无形资产有关的支出，如果相关的经济利益很可能流入公司且其成本能可靠地计量，则计入无形资产成本。除此之外的其他项目的支出，在发生时计入当期损益。

取得的土地使用权通常作为无形资产核算。自行开发建造厂房等建筑物，相关的土地使用权支出和建筑物建造成本则分别作为无形资产和固定资产核算。如为外购的房屋及建筑物，则将有关价款在土地使用权和建筑物之间进行分配，难以合理分配的，全部作为固定资产处理。

6.1.2.9.2 无形资产的摊销

使用寿命有限的无形资产自可供使用时起，对其原值减去预计净残值和已计提的减值准备累计金额在其预计使用寿命内采用直线法分期摊销。使用寿命不确定的无形资产不予摊销。

期末，对使用寿命有限的无形资产的使用寿命和摊销方法进行复核，如发生变更则作为会计估计变更处理。此外，还对使用寿命不确定的无形资产的使用寿命进行复核，如果有证据表明该无形资产为企业带来经济利益的期限是可预见的，则估计其使用寿命并按照使用寿命有限的无形资产的摊销政策进行摊销。

6.1.2.10 长期应收款的核算方法

长期应收款的核算内容包括融资租赁产生的应收款项和采用递延方式具有融资性质的提供劳务等产生的应收款项。

出租人融资产生的应收租赁款初始价值按租赁开始日最低租赁收款额与初始直接费用之和进行入账。

采用递延方式分期收款提供劳务产生的长期应收款，在满足收入确认条件时，初始价值按应收的合同或协议价款入账。

6.1.2.11 长期待摊费用的摊销政策

长期待摊费用为已经发生但应由报告期和以后各期负担的分摊期限在1年以上的各项费用。长期待摊费用在预计受益期间按直线法摊销。

6.1.2.12 合并会计报表的编制方法

公司对合并财务报表按照《企业会计准则第33号——合并财务报表》执行。

合并财务报表以母公司和纳入合并范围的子公司的个别财务报表为基础，根据其他有关资料为依据，按照权益法调整对子公司的长期股权投资后，由母公司编制。合并时对内部权益性投资与子公司所有者权益、内部投资收益与子公司利润分配、内部交易事项、内部债权债务进行抵销。

合并成本大于合并中取得的被购买方可辨认净资产公允价值份额的差额，确认为商誉。合并成本小于合并中取得的被购买方可辨认净资产公允价值份额的，其差额计入当期损益。

子公司所采用的会计政策与母公司保持一致。对于子公司所采用的会计政策与母公司不一致的，在编制合并财务报表时，应按母公司会计政策进行必要的调整。

6.1.2.13　收入确认原则和方法

公司的收入包括利息收入、手续费及佣金收入、证券投资业务收入和其他收入。收入在经济利益很可能流入公司，且金额能够可靠计量，并同时满足下列条件时予以确认。

6.1.2.13.1　利息收入

信息收入是指存放于中国人民银行和同业的款项、买入返售金融资产及发放贷款及垫款所产生的利息收入，按照他人使用公司货币资金的时间和实际利率计算确定。发放贷款到期(含展期，下同)90天后尚未收回的，其应计利息停止计入当期利息收入，纳入表外核算；已计提的贷款应收利息，在贷款到期90天后仍未收回的，或在应收利息逾期90天后仍未收到的，冲减原已计入损益的利息收入，转作表外核算。已核销贷款收回超过原本金部分，以及在表外核算的应收利息如有收回，计入当期利息收入。

6.1.2.13.2　手续费及佣金收入

手续费及佣金收入是指公司为客户提供各类信托服务包括信托产品报酬收入以及由信托项目延伸的咨询服务费收入、公司提供的中介服务所取得的收入，如财务咨询顾问服务费收入、委托贷款手续费收入及其他金融服务等各种手续费收入。信托业务收入按照信托合同的约定来确认。中介服务所取得的收入按照合同或协议的约定来确认。

6.1.2.13.3　其他业务收入

其他业务收入在提供相关服务且与其相关的经济利益能够可靠计量时确认。

6.1.2.13.4　投资收益

投资收益包括证券投资业务收入和股权投资业务收入。其中，证券投资业务收入是证券出售时，按成交价(扣除实际支付的交易手续费用)与成本价的差额确认收入；股权投资业务收入是在成本法下，按收到股权分红款、收到股权处置款与投资成本的差额确认收入。

6.1.2.14　所得税的会计处理方法

某些资产、负债项目的账面价值与其计税基础之间的差额，以及未作为资产和负债确认但按照税法规定可以确定其计税基础的项目的账面价值与计税基础之间的差额产生的暂时性差异，采用资产负债表债务法确认递延所得税资产及递延所得税负债。

与商誉的初始确认有关，以及与既不是企业合并、发生时也不影响会计利润和应纳税所得额(或可抵扣亏损)的交易中产生的资产或负债的初始确认有关的应纳税暂时性差异，不予确认有关的递延所得税负债。此外，对与子公司、联营企业及合营企业投资相关的应纳税暂时性差异，如果公司能够控制暂时性差异转回的时间，而且该暂时性差异在可预见的未来很可能不会转回，也不予确认有关的递延所得税负债。除上述例外情况，公司确认其他所有应纳税暂时性差异产生的递延所得税负债。

与既不是企业合并、发生时也不影响会计利润和应纳税所得额(或可抵扣亏损)的交易中产生的资产或负债的初始确认有关的可抵扣暂时性差异，不予确认有关的递延所得税资产。此外，对与子公司、联营企业及合营企业投资相关的可抵扣暂时性差异，如果暂时性差异在可预见的未来不是很可能转回，或者未来不是很可能获得用来抵扣可抵扣暂时性差异的应纳税所得额，不予确认有关的递延所得税资产。除上述例外情况，公司以很可能取得用来抵扣可抵扣暂时性差异的应纳税所得额为限，确认其他可抵扣暂时性差异产生的递延所得税资产。

对于能够结转以后年度的可抵扣亏损和税款抵减，以很可能获得用来抵扣可抵扣亏损和税款抵减的未来应纳税所得额为限，确认相应的递延所得税资产。

资产负债表日，对于递延所得税资产和递延所得税负债，根据《税法》的规定，按照预期收回相关资产或清偿相关负债期间的适用税率计量。

于资产负债表日，对递延所得税资产的账面价值进行复核，如果未来很可能无法获得足够的应纳税所得额用于抵扣递延所得税资产的利益，则减记递延所得税资产的账面价值。在很可能获得足够的应纳税所得额时，减记的金额予以转回。

6.1.2.15　信托报酬确认原则和方法

与信托业务相关的利益能够流入公司；收入的金额能够可靠地计量；按照合同、协议约定的收费时间和方法，信托服务已经提供或者有关合同已经履行。

6.1.2.16　会计估计变更

报告期内无会计估计变更。

## 6.2　或有事项说明

公司不存在对外担保及其他或有事项。

## 6.3　重要资产转让及其出售的说明

无。

## 6.4　会计报表中重要项目的明细资料

### 6.4.1　自营资产经营情况

6.4.1.1　信用风险资产的期初数、期末数

| 信用风险资产五级分类 | 正常类(万元) | 关注类(万元) | 次级类(万元) | 可疑类(万元) | 损失类(万元) | 信用风险资产合计(万元) | 不良资产合计(万元) | 不良资产率(%) |
|---|---|---|---|---|---|---|---|---|
| 期初数 | 890 283.37 | 8 847.45 | 178.52 | — | 9 689.96 | 908 999.30 | 9 868.48 | 1.09 |
| 期末数 | 912 335.36 | 25 247.24 | 178.52 | 5.50 | 11 159.91 | 948 926.53 | 11 343.93 | 1.20 |

注：不良资产合计 = 次级类 + 可疑类 + 损失类。

6.4.1.2 各项资产减值损失准备的期初金额、本期计提金额、本期转回金额、本期核销金额、期末金额

单位:万元

| | 期初金额 | 本期计提金额 | 本期转回金额 | 本期核销金额 | 期末金额 |
|---|---|---|---|---|---|
| 贷款损失准备 | — | — | — | — | — |
| 一般准备 | — | — | — | — | — |
| 专项准备 | — | — | — | — | — |
| 其他资产减值准备 | 8.65 | — | — | — | 8.65 |
| 可供出售金融资产减值准备 | 7 679.35 | 18 504.80 | 14 796.85 | — | 11 387.30 |
| 持有至到期投资减值准备 | — | — | — | — | — |
| 长期股权投资减值准备 | — | — | — | — | — |
| 坏账准备 | 2 373.38 | 219.14 | 2 005.65 | — | 586.87 |
| 投资性房地产减值准备 | — | — | — | — | — |

6.4.1.3 自营股票投资、基金投资、债券投资、股权投资等投资业务的期初数、期末数

单位:万元

| | 自营股票投资 | 基金投资 | 债券投资 | 股权投资 | 其他投资 | 合计 |
|---|---|---|---|---|---|---|
| 期初数 | 59 703.69 | 40 000.00 | — | 91 234.48 | 487 779.55 | 678 717.72 |
| 期末数 | 99 419.66 | 80 000.00 | — | 122 992.20 | 443 837.26 | 746 249.12 |

6.4.1.4 按投资入股金额排序,前三名的自营长期股权投资的企业名称、占被投资企业权益的比例、主要经营活动及投资收益情况

| 企业名称 | 占被投资企业权益的比例(%) | 主要经营活动 | 投资损益(万元) |
|---|---|---|---|
| 中原资产管理有限公司 | 10 | 投资与资产管理;不良资产收购、管理及处置;私募基金管理;财务咨询服务;互联网信息服务。 | 954.97 |
| 坤煜(厦门)投资合伙企业(有限合伙) | 10 | 对第一产业、第二产业、第三产业的投资(法律、法规另有规定除外);投资管理(法律、法规另有规定除外);投资咨询(法律、法规另有规定除外)。 | 86.36 |
| 广发信德(珠海)医疗产业投资中心(有限合伙) | 16.86 | 股权投资或与股权投资相关的债权投资及法律允许的其他投资活动,与股权投资相关的投资顾问、投资管理、财务顾问服务(依法须经批准的项目,经相关部门批准后方可开展经营活动)。 | 2 603.66 |

注:投资损益是指按照企业会计准则规定,核算股权投资确认损益并计入披露年度利润表的金额。

6.4.1.5 前三名的自营贷款的企业名称、占贷款总额的比例和还款情况

| 企业名称 | 占贷款总额的比例(%) | 还款情况 |
|---|---|---|
| 许昌濮水新城房地产开发有限公司 | 23.12 | 正常 |
| 郑州浙瓯置业有限公司 | 16.18 | 正常 |
| 汝阳杜康酿酒有限公司 | 14.45 | 正常 |

6.4.1.6 表外业务的期初数、期末数

单位:万元

| 表外业务 | 期初数 | 期末数 |
|---|---|---|
| 担保业务 | — | — |
| 代理业务(委托业务) | — | — |
| 其他 | — | — |
| 合计 | — | — |

注:代理业务主要反映因客观原因应规范而尚未完成规范的历史遗留委托业务,包括委托贷款和委托投资。

6.4.1.7 公司当年的收入结构

| 收入结构 | 金额(万元) | 占比(%) |
|---|---|---|
| 手续费及佣金收入 | 97 284.79 | 58.00 |
| 其中:信托手续费收入 | 97 284.79 | 58.00 |
| 投资银行业务收入 | — | — |
| 利息收入 | 11 115.42 | 6.63 |
| 其他业务收入 | 75.79 | 0.05 |
| 其中:计入信托业务收入部分 | — | — |
| 投资收益 | 58 585.08 | 34.92 |
| 其中:股权投资收益 | 8 038.72 | 4.79 |
| 证券投资收益 | 3 259.87 | 1.94 |
| 其他投资收益 | 47 286.49 | 28.19 |
| 汇兑损益 | 349.08 | 0.21 |
| 营业外收入 | 313.02 | 0.19 |
| 收入合计 | 167 723.18 | 100.00 |

注:1. 手续费及佣金收入、其他业务收入、投资收益、营业外收入均应为损益表中的科目,其中手续费及佣金收入、营业外收入为未抵减相应支出的全年累计实现收入数。
2. 利息收入为抵减利息支出的利息净额。
3. 其他业务收入中包含租赁业务收入等。

**6.4.2 信托资产管理情况**

6.4.2.1 信托资产的期初数、期末数

单位:万元

| 信托资产 | 期初数 | 期末数 |
|---|---|---|
| 集合 | 10 130 782.62 | 13 743 469.49 |
| 单一 | 6 206 067.92 | 3 838 715.41 |
| 财产权 | 1 291 552.30 | 1 493 995.29 |
| 合计 | 17 628 402.84 | 19 076 180.19 |

6.4.2.1.1 主动管理型信托业务的信托资产期初数、期末数,分证券投资类、股权投资类、融资类、事务管理类及其他投资分别披露

单位:万元

| 主动管理型信托资产 | 期初数 | 期末数 |
|---|---|---|
| 证券投资类 | 55.10 | 7 984.12 |
| 股权投资类 | 3 134 213.84 | 3 439 783.24 |
| 融资类 | 4 075 748.95 | 7 393 686.39 |
| 事务管理类 | 899.79 | 893.65 |
| 其他投资 | 3 229 994.14 | 2 823 342.65 |
| 合计 | 10 440 911.82 | 13 665 690.05 |

6.4.2.1.2 被动管理型信托业务的信托资产期初数、期末数，分证券投资类、股权投资类、融资类、事务管理类及其他投资分别披露

单位：万元

| 被动管理型信托资产 | 期初数 | 期末数 |
|---|---|---|
| 证券投资类 | — | — |
| 股权投资类 | 700 406.21 | 570 700.80 |
| 融资类 | 231 882.81 | 124 628.30 |
| 事务管理类 | 6 044 994.10 | 4 535 446.37 |
| 其他投资 | 210 207.90 | 179 714.67 |
| 合计 | 7 187 491.02 | 5 410 490.14 |

6.4.2.2 本年度已清算结束的信托项目个数、实收信托合计金额、加权平均实际年化收益率

6.4.2.2.1 本年度已清算结束的集合类、单一类资金信托项目和财产管理类信托项目个数、实收信托合计金额、加权平均实际年化收益率

| 已清算结束信托项目 | 项目个数(个) | 实收信托合计金额(万元) | 加权平均实际年化收益率(%) |
|---|---|---|---|
| 集合类 | 100 | 4 331 647.85 | 8.11 |
| 单一类 | 61 | 2 949 582.69 | 6.77 |
| 财产管理类 | 7 | 836 653.37 | 0.59 |

注：1. 收益率是指信托项目清算后，给受益人赚取的实际收益水平。

2. 加权平均实际年化收益率 =(信托项目 1 的实际年化收益率 × 信托项目 1 的实收信托 + 信托项目 2 的实际年化收益率 × 信托项目 2 的实收信托 + … + 信托项目 $n$ 的实际年化收益率 × 信托项目 $n$ 的实收信托)/(信托项目 1 的实收信托 + 信托项目 2 的实收信托 + … + 信托项目 $n$ 的实收信托) ×100%。

6.4.2.2.2 本年度已清算结束的主动管理型信托项目个数、实收信托合计金额、加权平均实际年化收益率，分证券投资类、股权投资类、融资类、事务管理类及其他投资分别披露

| 已清算结束的信托项目 | 项目个数(个) | 实收信托合计金额(万元) | 加权平均实际年化信托报酬率(%) | 加权平均实际年化收益率(%) |
|---|---|---|---|---|
| 证券投资类 | — | — | — | — |
| 股权投资类 | 8 | 889 866.00 | 0.80 | 7.22 |
| 融资类 | 65 | 2 927 153.85 | 1.96 | 8.03 |
| 事务管理类 | — | — | — | — |
| 其他投资 | 35 | 1 352 087.00 | 0.56 | 8.07 |

注：加权平均实际年化信托报酬率 =(信托项目 1 的实际年化信托报酬率 × 信托项目 1 的实收信托 + 信托项目 2 的实际年化信托报酬率 × 信托项目 2 的实收信托 + … + 信托项目 $n$ 的实际年化信托报酬率 × 信托项目 $n$ 的实收信托)/(信托项目 1 的实收信托 + 信托项目 2 的实收信托 + … + 信托项目 $n$ 的实收信托) ×100%。

6.4.2.2.3 本年度已清算结束的被动管理型信托项目个数、实收信托合计金额、加权平均实际年化收益率，分证券投资类、股权投资类、融资类、事务管理类及其他投资分别披露

| 已清算结束的信托项目 | 项目个数(个) | 实收信托合计金额(万元) | 加权平均实际年化信托报酬率(%) | 加权平均实际年化收益率(%) |
|---|---|---|---|---|
| 证券投资类 | — | — | — | — |
| 股权投资类 | 1 | 30 000 | 0.03 | 0.70 |
| 融资类 | — | — | — | — |
| 事务管理类 | 59 | 2 918 777.06 | 0.16 | 5.05 |
| 其他投资 | — | — | — | — |

6.4.2.3 本年度新增的集合类、单一类和财产管理类信托项目个数、实收信托合计金额

| 新增信托项目 | 项目个数(个) | 实收信托合计金额(万元) |
|---|---|---|
| 集合类 | 93 | 9 457 934.85 |
| 单一类 | 20 | 647 524.98 |
| 财产管理类 | 15 | 1 495 444.72 |
| 新增合计 | 128 | 11 600 904.55 |
| 其中：主动管理型 | 107 | 9 894 003.13 |
| 被动管理型 | 21 | 1 706 901.42 |

注：本年新增信托项目指在本报告年度内累计新增的信托项目个数和金额。包含本年度新增并于本年度内结束的项目和本年度新增至报告期末仍在持续管理的信托项目。

6.4.2.4 信托业务创新成果和特色业务有关情况

按照 2018 年初确定的工作安排和重点，公司积极推动业务转型，在创新业务领域取得积极进展，主要体现在以下四个方面。

第一，回归本源业务，探索家族信托业务模式。公司于 2018 年初成立了家族与慈善办公室，不仅深耕传统的资金类家族信托，同时探讨和开展了非上市公司股权、上市公司股份、信托受益权以及古董字画等动产类家族信托业务，目前多个创新类型项目正在推进中。此外，公司已经形成比较成熟的标准化家族信托合同，定制化家族信托的设计也累积了相当丰富的经验。

第二，紧抓发展机遇，满足客户慈善需求。2018 年，公司共设立 3 单慈善信托。2018 年 9 月，公司联手河南省慈善总会发起设立“百瑞仁爱·黄河爱心基金慈善信托”，这是我国第一单自闭症儿童救助慈善信托，募集善款及收益将专项用于开展自闭症患儿的救助活动，包括直接救治、组织慈善活动、资助相关师资培训等。同年 12 月，“百瑞仁爱·沃特节能慈善信托”落地，这是国内首单由节能环保公司牵头发起的慈善信托，项目重点资助节能环保公益组织及公益人才培养，发展环境保护事业，维护生态环境。2018 年 12 月，由股东资本控股党委主导、资本控股团工委组织、集团金融板块全员共同参与捐赠的“百瑞仁爱·春晖慈善信托”也在郑州市民政局完成备案并正式设立。截至 2018 年末，公司共设立 6 单标准化慈善信托，募集善款超过 900 万元，资助的公益慈善项目涵盖偏远贫困地区教育援助和留守儿童救助、特定区域环境保护、节能环保事业资助、脑瘫儿童及自闭症儿童救助等多个领域。

第三，加大转型力度，试水量化投资。在股票市场的量化投资领域，公司创新工作思路，目前共存续两只量化投资产品。“百瑞恒益 568 号集合资金信托计划(FOF 基金优选策略一期)”于 2018 年 5 月 22 日成立，截至 2019 年 4 月 16 日净值为 1.002，能够战胜同时期 70% 左右的主动股票型公募基金；“百瑞恒益 629 号集合资金信托计划(FOF 基金睿选一期)”于 2018 年 10 月 18 日成立，截至 2019 年 4 月 16 日净值达到 1.0554，产品周胜率为 87%，周累计最大回撤 0.27%，持仓的 7 只子基金全部实现盈利。未来，公司还将继续加大在私募 FOF、指数增强、行业轮动等方向的量化投资拓展力度，积极探索其他量化模型，促进公司量化投资业务发展。

第四，拓展业务种类，持续发力新领域。在支持小微企业方面，公司主要涉及汽车金融和小微企业经营贷款两大类业务，其中汽车金融方面成立两个信托项目，交易对手均为乘用车及商用车租赁领域的行业龙头，通过穿透监管底层资产的运营情况，深入了解汽车租赁行业的运作模式、盈利能力及风险点，为后续业务积累经验；小微企业经营贷方面，成立小微企业兴业贷等项目，主要面向一二线城市小微企业主发放经营性贷款，是公司首次尝试直接面向C端客户的信托产品；现金管理业务方面，在安鑫悦盈、安鑫睿盈的基础上，公司根据资管新规要求成立了现金管理产品安鑫享盈，丰富了现金管理业务的产品线。2018 年，公司现金管理产品的总规模取得较大突破，为客户和集团内公司提供了优质的流动性金融产品，实现了闲置资金的安全增值。

6.4.2.5　本公司履行受托人义务情况及因本公司自身责任而导致的信托资产损失情况

6.4.2.5.1　本公司履行受托人义务情况

公司作为受托人，严格按照《信托法》等法律法规以及监管部门的要求，履行以下义务。

公司管理信托财产时恪尽职守，本着诚实、信用、谨慎、有效管理的原则为受益人的最大利益处理信托事务；公司妥善保管处理信托事务的完整记录、原始凭证及有关资料，并且按照信托合同的约定将信托财产的管理运用、处分及收支情况，报告委托人和受益人；公司对委托人、受益人以及处理信托事务的情况和资料依法保密；公司以信托财产为限向受益人支付信托利益；法律法规及信托合同规定的其他义务。

6.4.2.5.2　因本公司自身责任而导致的信托资产损失情况

报告期内无上述事项。

## 6.5　关联方关系及其交易的披露

**6.5.1 关联交易方的数量、关联交易的总金额及关联交易的定价政策等**

| | 关联交易方数量 | 关联交易总金额（万元） | 定价政策 |
|---|---|---|---|
| 合计 | 3 | 2 067 719.95 | 市场价 |

注：关联交易的统计范围应基本与银保监会非现场监管信息系统中关于关联交易的范围和口径一致。关联交易总金额中，信托与关联方之间的交易金额为 199 600.00 万元；信托项目之间的交易金额为 1 502 616.59 万元；固有与信托财产之间的交易金额为 365 503.36 万元。

**6.5.2　关联交易方与本公司的关系性质、关联交易方的名称、法定代表人、注册地址、注册资本及主营业务等**

| 关系性质 | 关联方名称 | 法定代表人 | 注册地址 | 注册资本（万元） | 主营业务 |
|---|---|---|---|---|---|
| 股东关联企业 | 青海黄河上游水电开发有限责任公司 | 谢小平 | 青海省西宁市五四路西路 43 号 | 1 274 510 | 从事电站的开发与建设；电站的生产、经营；硅产品和太阳能发电设备的生产、销售；铝锭、铝合金及铝型材的生产、销售；碳素制品的生产、销售；经营国家禁止和指定公司经营以外的进出口商品；经营进出口代理业务；配售电；热力生产及供应；火电厂生产的粉煤灰、干渣、脱硫石膏副产品的销售；废旧物资的综合利用及销售（不含危险废物）；送出线路租赁；多晶硅、三氯氢硅、四氯氢硅销售（仅限取得许可的分支机构经营）（以上经营范围依法须经批准的项目，经相关部门批准后方可开展经营活动）。 |
| 信托公司以托管或信托等其他方式控制的企业 | 兰州新区城市投资发展基金合伙企业（有限合伙） | 执行事务合伙人：北京富诚宝鼎投资基金管理有限公司 | 甘肃省兰州市兰州新区商业服务中心 4 号楼 | — | 项目投资、股权投资、股权投资管理、投资管理及咨询、企业管理及咨询。 |

注：其他关联交易方为公司受托管理的信托项目。

**6.5.3　本公司与关联方的重大交易事项**

6.5.3.1　固有与关联方交易情况

报告期内无上述事项。

6.5.3.2　信托与关联方交易情况

单位：万元

| 信托与关联方关联交易 | | | | |
|---|---|---|---|---|
| | 期初数 | 借方发生额 | 贷方发生额 | 期末数 |
| 贷款 | 61 400.00 | 0.00 | 2 800.00 | 58 600.00 |
| 投资 | 574 000.00 | 0.00 | 433 000.00 | 141 000.00 |
| 租赁 | 0.00 | 0.00 | 0.00 | 0.00 |
| 担保 | 0.00 | 0.00 | 0.00 | 0.00 |
| 应收账款 | 0.00 | 0.00 | 0.00 | 0.00 |
| 其他 | 78 248.19 | 0.00 | 78 248.19 | 0.00 |
| 合计 | 713 648.19 | 0.00 | 514 048.19 | 199 600.00 |

注：以信托资产为关联方提供投融资等服务，或以担保等方式为关联方融资提供便利的业务均应纳入统计披露范围。

6.5.3.3　信托公司固有资金运用于自己管理的信托项目（固信交易），信托公司管理的信托项目之间的相互（信信交易）交易金额

6.5.3.3.1　固有与信托财产之间的交易

单位：万元

| 固有财产与信托财产相互交易 | | | |
|---|---|---|---|
| | 期初数 | 本期发生额 | 期末数 |
| 合计 | 381 394.60 | −15 891.24 | 365 503.36 |

注：以固有资金投资公司自己管理的信托项目收益权，或购买自己管理的信托项目的信托资产均应纳入统计披露范围。

6.5.3.3.2　信托项目之间的交易

单位：万元

| 信托资产与信托财产相互交易 | | | |
|---|---|---|---|
| | 期初数 | 本期发生额 | 期末数 |
| 合计 | 2 466 088.22 | −963 471.63 | 1 502 616.59 |

注：以公司受托管理的一个信托项目的资金购买自己管理的另一个信托项目的收益权或信托项下资产均应纳入统计披露范围。

6.5.4 关联方逾期未偿还本公司资金的详细情况以及本公司为关联方担保发生或即将发生垫款的详细情况

报告期内无上述事项。

### 6.6 会计制度的披露

公司固有业务、信托业务均执行财政部2006年颁布的《企业会计准则——基本准则》(财政部令第33号)、《财政部关于印发〈企业会计准则第1号——存货〉等38项具体准则的通知》(财会[2006]3号)及2014年财政部分别以财会[2014]6号、7号、8号、14号、23号颁布的《企业会计准则第39号——公允价值计量》《企业会计准则第30号——财务报表列报(2014年修订)》《企业会计准则第9号——职工薪酬(2014年修订)》《企业会计准则第2号——长期股权投资(2014年修订)》《企业会计准则第37号——金融工具列报(2014年修订)》。

## 7. 财务情况说明书

### 7.1 利润实现和分配情况

2018年,公司实现净利润为101 147.42万元。根据《金融企业准备金计提管理办法(财金[2012]20号)》规定,从净利润中足额提取一般准备金为571.61万元;根据《公司章程》规定,以净利润的10%足额提取了法定盈余公积金为10 114.74万元;根据《信托公司管理办法》(中国银行业监督管理委员会令[2007]第2号),公司年末提取信托赔偿准备金为5 057.37万元;期末未分配利润累计为229 818.35万元。

### 7.2 主要财务指标

| 指标名称 | 指标值 |
|---|---|
| 资本利润率(%) | 13.66 |
| 加权年化信托报酬率(%) | 1.01 |
| 人均净利润(万元) | 486.29 |

注:1. 资本利润率=净利润/所有者权益平均余额×100%。

2. 加权年化信托报酬率=(信托项目1的实际年化信托报酬率×信托项目1的实收信托+信托项目2的实际年化信托报酬率×信托项目2的实收信托+…+信托项目n的实际年化信托报酬率×信托项目n的实收信托)/(信托项目1的实收信托+信托项目2的实收信托+…+信托项目n的实收信托)×100%。

3. 人均净利润=净利润/年平均人数。

4. 平均值采取年初、年末余额简单平均法。

5. 公式为:a(平均)=(年初数+年末数)/2。

### 7.3 对本公司财务状况、经营成果有重大影响的其他事项

报告期内无上述事项。

## 8. 净资本、风险资本以及风险控制指标

### 8.1 净资本

截至2018年12月31日,公司净资产为779 453.88万元,净资本为593 662.40万元。

### 8.2 风险资本

截至2018年12月31日,公司各项业务风险资本之和为355 905.07万元,其中固有业务风险资本为142 559.37万元,信托业务风险资本为213 345.70万元。

### 8.3 风险控制指标

根据《信托公司净资本管理办法》(中国银行业监督管理委员会令2010年第5号)的有关规定,信托公司需达到以下风险控制指标要求:

(1)信托公司净资本不得低于20 000万元。

(2)信托公司净资本不得低于各项风险资本之和的100%。

(3)信托公司净资本不得低于净资产的40%。

截至2018年12月31日,公司净资本为593 662.40万元,净资本比各项业务风险资本之和为166.80%,净资本比净资产为76.16%,符合以上风险控制指标要求。

## 9. 特别事项简要揭示

### 9.1 前五名股东报告期内变动情况及原因

报告期内无上述事项。

### 9.2 董事、监事及高级管理人员变动情况及原因

9.2.1 董事、监事人员变动情况及原因

9.2.1.1 董事变动情况及原因

2018年4月,经股东会审议,第六届董事会董事苏琛女士、执行董事石笑东先生、职工董事赵群先生辞去职务;经股东会审议及河南银保监局核准,袁飞先生、苏小军先生、张迎军先生分别当选公司第六届董事会董事、执行董事和职工董事。

2019年4月,经股东会审议,第六届董事会董事张可欣先生辞去职务;经股东会审议及河南银保监局核准,王建伟先生当选公司第六届董事会董事。

9.2.1.2 监事变动情况及原因

2018年4月,经公司工会选举,第六届监事会职工监事高志杰先生辞去职务,赵群先生当选公司第六届监事会职工监事。

2018年12月,经股东会审议,第六届监事会监事宋继军先生辞去职务,申中辉先生当选第六届监事会监事。

2019年2月,经公司工会选举,第六届监事会职工监事闫继红女士辞去职务,岳慎芳女士当选第六届监事会职工监事。

9.2.2 高级管理人员变动情况及原因

2018年2月,经董事会审议及河南银监局核准,苏小军先生当选公司总裁。

2018年6月,公司副总裁李东垚先生辞职,并向河南银保监局进行了报告。

2018年8月,经董事会审议及河南银保监局核准,陈立军先生当选公司首席风险官。

### 9.3 公司的重大未决诉讼事项

本年度公司的重大未决诉讼事项为信托业务,固有业务无重大诉讼事项。

本年度,公司信托业务尚未终结的重大诉讼事项为2件,被诉对象均为融资方及相关担保方。一是案涉标的为借款本金40 000万元及利息,2013年进入司法强制执行程序,目前被

诉方的破产重整正在执行中；二是案涉标的为受让价款60 000万元及费用，2018 年本案已进入法院二审程序。

### 9.4 公司及其董事、监事和高级管理人员受到处罚的情况

报告期内无上述事项。

### 9.5 对银保监会及其派出机构所提监管意见的整改情况

公司一贯理解、支持和配合各级监管部门的监管工作，对监管部门的监管意见高度重视，及时按照有关要求进行整改，得到监管部门的肯定。

2018 年，公司针对监管部门提出的监管意见和建议，及时逐项制订整改措施，并通过加强领导、责任到人等手段，认真落实到位。整改意见及整改落实情况如下。

#### 9.5.1 明确业务转型方向，提高核心竞争力

为加快转型发展，明确自身定位，提高核心竞争力，公司针对目前市场情况和监管要求，坚定业务转型信念，明确业务转型方向，确定转型的战略范围，围绕服务实体经济、做好本源业务、顺应资管新政的信托业发展方向，拓展以家族信托和慈善信托为代表的信托本源业务，积极探索个人消费金融、房地产并购、REITS 等业务。

#### 9.5.2 完善内控合规体系建设，强化风险管理

以业务发展为中心，坚持合法合规、坚持风险防控，持续完善内控合规体系建设，同时以开展 2018 年度“风险合规年”工作为契机，系统梳理风险管理框架、管理机制、制度体系，查缺补漏，夯实管理基础；做实“风险合规年”各项工作，以合规微电影拍摄、风险合规知识测试、公众号宣传、合规啄木鸟等活动为抓手，大力宣贯风险合规理念，强化全员风险意识，全面提升公司风险合规管理水平。

#### 9.5.3 强化项目管控措施，提升尽职管理能力

一是强化事前风险管理，严把项目准入关，适时调整风控标准和合规指导标准，防范项目事前风险；二是强化事中风险管理，做深专项排查、做实常规排查，摸清风险底数，强化排查结果运用；三是加强信息披露工作，做好后期管理；四是做好重点业务领域的风险防控，如加大房地产业务的风险防范力度、加强流动性风险管理和交叉金融风险防控等方面的工作。

#### 9.5.4 按照监管要求，做好资管新规过渡期整改工作

按照资管新规等相关要求，公司进行了全面摸底排查，同时审慎评估过渡期内面临的各种潜在风险及可能对公司产生的影响，分别制定资管新规过渡期内存量信托产品整改方案和风险防控预案。下一步，将在过渡期内分阶段有序进行整改，逐笔压缩递减至符合监管要求，同时认真做好风险防范等应对措施。

### 9.6 本年度重大事项临时报告的简要内容、披露时间、所披露的媒体及其版面

| 序号 | 披露内容 | 披露时间 | 披露媒体及版面 |
|---|---|---|---|
| 1 | 关于公司总裁调整的公告 | 2018 年 2 月 23 日 | 《上海证券报》第 9 版 |
| 2 | 公司 2017 年度报告摘要 | 2018 年 4 月 27 日 | 《上海证券报》第 54 版 |

### 9.7 银保监会及其省级派出机构认定的其他有必要让客户及相关利益人了解的重要信息

报告期内无上述事项。

## 10. 公司监事会意见

报告期内，公司监事会成员认真负责、勤勉审慎，通过列席董事会、参加或列席经营层会议等方式，对公司依法运作情况进行监督。在此基础上，监事会发表如下独立意见。

### 10.1 公司依法运作情况

2018 年公司董事会按照股东会的决议要求，切实履行了各项决议，决策程序符合《中华人民共和国公司法》《中华人民共和国信托法》《公司章程》及监管部门的有关规定。公司建立了完善的内部控制制度，董事和高级管理人员在履行职责及行使职权时，履行诚信和勤勉尽责的义务，遵守国家法律法规和《公司章程》，以维护公司股东利益为出发点，认真执行股东会决议。公司目标明确、管理科学、决策民主、运作规范。

### 10.2 检查公司财务情况

监事会长期关注公司财务情况，通过与相关负责人直接沟通并获取公司财务会计报告，了解最新监管政策及公司经营管理的情况，积极履行监督职责。同时监事会通过电话征询会计师事务所、查阅审计报告等方式，认为经大信会计师事务所（特殊普通合伙）出具的标准无保留意见的审计报告（大信审字[2019]第 1－00586 号）真实、客观地反映公司 2018 年度的财务状况和经营成果。

# 北方国际信托股份有限公司

## 1. 重要提示

1.1　本公司董事会及董事保证本报告所载资料不存在任何虚假记载、误导性陈述或者重大遗漏，并对其内容的真实性、准确性和完整性承担个别及连带责任。

1.2　公司全体董事均出席了董事会并对公司 2018 年年度报告发表了同意的意见。

1.3　独立董事王爱俭、苑德军、戴金平、毛翔对公司 2018 年年度报告基于独立判断立场，发表意见如下：公司 2018 年度报告属实，内容真实、准确、完整。

1.4　安永华明会计师事务所（特殊普通合伙）出具了标准无保留意见的审计报告。

1.5　公司法定代表人、总经理包立杰，主管会计工作负责人王燕滨，会计机构负责人李学娟声明：保证年度报告中财务报告的真实、完整。

## 2. 公司概况

### 2.1　公司简介

| | | |
|---|---|---|
| 1 | 法定名称（及缩写） | 北方国际信托股份有限公司（北方信托） |
| 2 | 英文名称（及缩写） | Northern International Trust Co., Ltd.（NITIC） |
| 3 | 法定代表人 | 包立杰 |
| 4 | 注册地址 | 天津经济技术开发区第三大街 39 号 |
| 5 | 邮政编码 | 300457 |
| 6 | 办公地址 | 天津市河西区友谊路 5 号北方金融大厦 |
| 7 | 邮政编码 | 300201 |
| 8 | 互联网网址 | http://www.nitic.cn/ |
| 9 | 负责信息披露高级管理人员 | 王辉 |
| 10 | 联系人 | 孙晨曦 |
| 11 | 联系电话 | 022-28370688 |
| 12 | 传真 | 022-28370088 |
| 13 | 电子信箱 | sunchenxi@nitic.cn |
| 14 | 公司信息披露的报纸名称 | 《证券时报》 |
| 15 | 公司年度报告备置地点 | 天津市河西区友谊路 5 号北方金融大厦 26 层 |
| 16 | 公司聘请的会计师事务所名称及住所 | 安永华明会计师事务所（特殊普通合伙）<br>北京市东城区东长安街 1 号东方广场安永大楼 17 层 01－12 室 |

### 2.2　组织结构

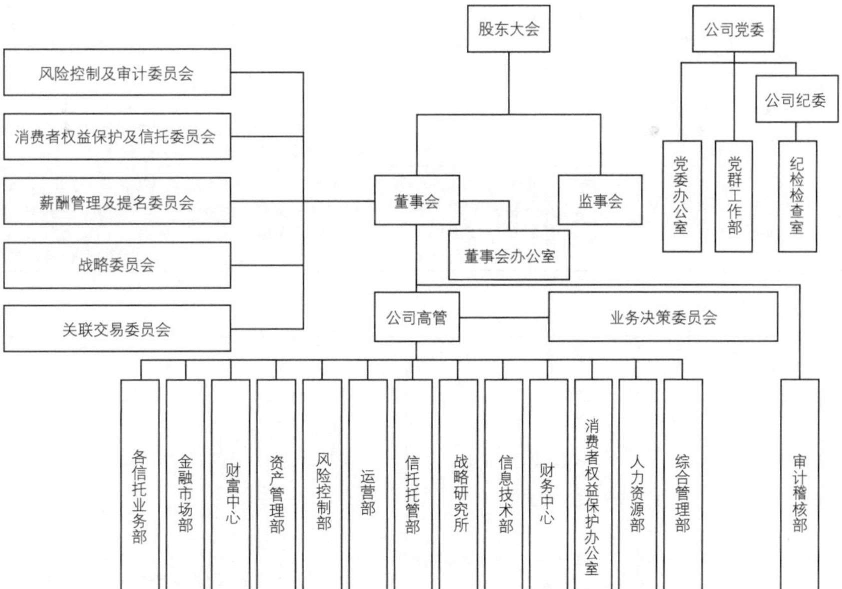


## 3. 公司治理

### 3.1　股东

截至信息披露日，公司股东单位数量为 24 家。公司前三位股东情况：

| 股东名称 | 出资比例（%） | 法人代表 | 注册资本（万元） | 注册地址 | 主要经营业务及主要财务情况 |
|---|---|---|---|---|---|
| ★天津泰达投资控股有限公司 | 32.33 | 张秉军 | 1 007 695 | 天津经济技术开发区盛达街9号1201 | 以自有资金对区域内基础设施开发建设、金融、保险、证券业、房地产业、交通运输业、电力、燃气、蒸汽及水电生产和供应业、建筑业、仓储业、旅游业、餐饮业、旅馆业、娱乐服务业、广告、租赁服务业的投资；高新技术开发、咨询、服务、转让；房屋租赁；基础设施建设；土地开发整理；汽车租赁、设备租赁（不含融资租赁）（依法须经批准的项目，经相关部门批准后方可开展经营活动）。 |
| 天津渤海文化产业投资有限公司 | 25.43 | 于学昕 | 392 900 | 天津市河西区友谊北路61号银都大厦5层 | 对文化艺术产业进行投资；文化场馆及设施的租赁；广告业务；商务信息咨询；百货、工艺美术品销售；物业服务（以上范围内国家有专营专项规定的按规定办理）。 |
| 天津泰达股份有限公司 | 5.43 | 胡军 | 147 557.3852 | 天津开发区第三大街16号 | 以自有资金对建筑业、房地产业、纺织业、化学纤维制造业、批发零售业、交通运输、仓储业、电力生产和供应业、环境和公共设施管理业、住宿和餐饮业、科学研究和技术服务业、教育业、文化、体育和娱乐业等行业投资；资产经营管理（金融资产除外）；投资咨询服务；自有房屋租赁及管理服务（依法须经批准的项目，经相关部门批准后方可开展经营活动）。 |

## 3.2 董事

董事长、副董事长、董事

| 姓 名 | 职 务 | 性别 | 年龄（岁） | 选任日期 | 所推举的股东名称 | 该股东持股比例（%） | 简要履历 |
|---|---|---|---|---|---|---|---|
| 申小林 | 董事 | 男 | 52 | 2014年4月22日 | 天津泰达投资控股有限公司 | 32.33 | 曾任国家冶金工业部经济发展研究中心经济师、高级经济师，首钢总公司计划财务部副部长、高级会计师，中央企业工作委员会国有重点大型企业监事会专职监事，国务院国资委国有重点大型企业监事会专职监事；现任天津泰达投资控股有限公司董事、副总经理、党委委员，渤海银行、泰达国际董事。 |
| 贾晋平 | 董事 | 男 | 55 | 2014年4月22日 | 天津泰达电力有限公司 | 4.31 | 曾任兰州大学管理学院教师，中国化工进出口总公司甘肃公司业务主办，中粮集团甘肃分公司副科长、科长、总经理助理，天津泰达投资控股有限公司项目评估部副部长、风险控制部副部长；现任天津泰达投资控股有限公司总经理助理兼财务中心党支部书记。 |
| 朱文芳 | 董事 | 女 | 51 | 2014年4月22日 | 天津泰达投资控股有限公司 | 32.33 | 曾任兰州公共交通公司宣传干事，天津开发区工业投资公司企划部干部，天津泰达集团投资部干部、办公室副主任，天津泰达投资控股有限公司证券部副经理、证券部经理，天津泰达投资控股有限公司金融事业部经理、金融事业部党支部书记；2018年4月2日起代为履行北方国际信托股份有限公司董事长职务6个月。 |
| 包立杰 | 董事 | 男 | 48 | 2015年11月4日 | 职工代表 | — | 曾任天津滨海信托投资公司部门副经理，香港津诚财务公司经理，北方国际信托股份有限公司业务发展总部副总经理、信托业务一部总经理、公司总经理助理、公司副总经理；现任北方国际信托股份有限公司党委副书记、总经理。 |
| 胡 军 | 董事 | 男 | 42 | 2014年4月22日 | 天津泰达股份有限公司 | 5.43 | 曾任中国工商银行天津分行房地产信贷部高级主管，天津泰达投资控股有限公司投资管理部副经理、经理；现任天津泰达股份有限公司董事长，天津泰达集团有限公司副总经理、董事，天津市泰达国际控股（集团）有限公司董事，天津滨海新兴产业投资股份有限公司董事。 |
| 侯维民 | 董事 | 男 | 60 | 2014年12月5日 | 天津津融投资服务集团有限公司 | 4.18 | 曾任天津市国际信托投资公司国际金融部业务员、国际金融部经理助理、信贷部副经理，天津国际投资有限公司信贷部副经理、资产管理部副经理（主持工作）、资产管理部经理、总经理助理兼资产管理部经理、党委委员、副总经理；现任天津津融投资服务集团有限公司党委委员、副总经理。 |
| 于学昕 | 董事 | 男 | 53 | 2015年3月25日 | 津联集团有限公司 | 11.21 | 曾任天津市油漆助剂厂干部，天津市化学工业局干部，天津市经委调整工业办公室科员、副主任科员、主任科员、副主任，天津市国资委企业改革改组处副处长、综合协调处处长，天津市国有企业监事会正处级领导职务专职监事（处长），天津渤海国资公司副总经理、常务副总经理、总经理、党委书记，天津津联投资控股有限公司房地产开发部部长、总经理助理；现任天津渤海文化产业投资有限公司董事长。 |

独立董事

| 姓 名 | 所在单位及职务 | 性别 | 年龄（岁） | 选任日期 | 所推举的股东名称 | 该股东持股比例（%） | 简要履历 |
|---|---|---|---|---|---|---|---|
| 王爱俭 | | 女 | 64 | 2014年4月22日 | 天津保税区投资有限公司 | 1.35 | 曾任天津财经大学副校长，第十一届全国人大代表，第十二届全国政协委员。 |
| 苑德军 | | 男 | 68 | 2014年4月22日 | 天津市宁发集团有限公司 | 4.75 | 曾在中国人民银行所属的哈尔滨金融高等专科学校任教，曾任天津财经大学学术委员会、学位委员会委员、天津市哲学社会科学"九五"规划经济学科组成员；现任北京市京华金融研究院名誉院长，专家委员会委员。 |
| 戴金平 | 南开大学国家经济战略研究院副院长 | 女 | 54 | 2014年4月22日 | 天津市大安房地产开发有限公司 | 3.37 | 曾任河北经贸大学教师，南开大学教师，南开大学国经所所长，南开大学深圳金融工程学院副院长，跨国公司研究中心副主任；现任南开大学国家经济战略研究院副院长、教授、博士生导师。 |
| 毛 翔 | 天津市吉威汇英商务咨询公司经理、中审联会计师事务所北京分所经理 | 女 | 64 | 2015年12月23日 | 监事会 | — | 曾在二轻局按扣厂会计科工作，曾在天津市计划委员会财政金融处工作，先后负责主抓市财政局及国资委、计算机网络等方面的工作，兼任市计划委员会团副书记，后被派往委机关下属三产主持建立会计师事务所，后组建天津吉威会计师事务所、商务咨询公司、评估公司、税务咨询公司、深圳鹏城会计师事务所北京分所，均任负责人；现任天津市吉威汇英商务咨询公司经理、中审联会计师事务所北京分所经理。 |

## 3.3 监事

监事会成员

| 姓 名 | 职 务 | 性别 | 年龄（岁） | 选任日期 | 所推举的股东名称 | 该股东持股比例（%） | 简要履历 |
|---|---|---|---|---|---|---|---|
| 徐 松 | 监事长 | 男 | 49 | 2016年12月9日 | 天津市津能投资有限公司 | 1.73 | 曾任中共天津市委统战部干部处副主任科员、主任科员，天津市人大常委会办公厅主任科员级、副处级秘书，天津通信科技发展有限公司书记、副总经理、总经理，天津华泽集团副总经理；现任北方信托党委副书记、监事长、工会主席。 |
| 王春丽 | 监事 | 女 | 50 | 2014年9月10日 | 天津天药药业股份有限公司 | 3.37 | 曾任天津NEC财务部长，艾迪斯鼎力科技（天津）有限公司财务总监，天津天药药业股份有限公司总经理助理兼财务部长，天津天药药业股份有限公司董事、财务总监；现任天津天药药业股份有限公司董事会秘书。 |
| 蒲彦泉 | 监事 | 男 | 59 | 2014年4月22日 | 中国海洋石油渤海有限公司 | 3.89 | 曾任渤海公司财务部科长，海油发展油建财务部经理，渤海公司财务部资金经理，中海油渤海公司计划管理部经理，现任中海油渤海公司副总经济师。 |
| 王振忠 | 监事 | 男 | 53 | 2014年4月22日 | 天津水务建设有限公司 | 0.35 | 曾任天津市经济体制改革委员会干部，君安证券天津业务部总经理，渤海证券有限公司董事、副总裁，中国节能投资公司总经理助理兼资本运营部主任；现任天津滨海海胜股权投资基金管理有限公司董事长。 |
| | | | | | 天津市津东房地产投资开发集团有限公司 | 0.26 | |
| | | | | | 天津火炬科技发展公司 | 0.26 | |
| | | | | | 天津海晶汇利实业有限公司 | 0.20 | |
| | | | | | 天津渤海化工有限责任公司天津化工厂 | 0.19 | |
| | | | | | 中信天津工业发展公司 | 0.18 | |
| | | | | | 天津大沽化工投资发展有限公司 | 0.11 | |
| | | | | | 天津经济技术开发区工业投资公司 | 0.02 | |
| 夏金玲 | 监事 | 女 | 51 | 2014年4月22日 | 职工代表 | — | 曾任天津滨海信托财务部经理，北方信托计划财务部副经理、托管部经理，天津北信财务咨询服务有限公司副总经理，北方国际信托投资股份有限公司稽核专员，天津北信中乒投资发展有限公司副总经理兼财务总监，北方国际信托股份有限公司审计稽核部副总经理；现任北方国际信托股份有限公司运营部总经理。 |
| 翟绍菁 | 监事 | 女 | 46 | 2014年10月22日 | 职工代表 | — | 曾在天津市人民政府办公厅信息处从事政务信息编辑工作、天津市人民政府法制办公室复议应诉指导处工作，曾任北方国际信托股份有限公司风险控制主管；现任北方国际信托股份有限公司风险控制部副总经理（主持工作）。 |

## 3.4 高级管理人员

| 姓 名 | 职务 | 性别 | 年龄（岁） | 选任日期 | 金融从业年限（年） | 学历 | 专业 | 简要履历 |
|---|---|---|---|---|---|---|---|---|
| 包立杰 | 总经理 | 男 | 48 | 2015年11月 | 25 | 本科 | 国际金融 | 曾任天津滨海信托投资公司部门副经理、香港津诚财务公司经理，北方国际信托股份有限公司业务发展总部副总经理、信托业务一部总经理、公司总经理助理、公司副总经理；现任北方国际信托股份有限公司党委副书记、总经理。 |
| 陆 妍 | 副总经理 | 女 | 50 | 2008年8月 | 22 | 硕士 | 工商管理 | 曾任天津国际信托投资公司经理助理，天津泰达集团投资部项目经理，北方信托证券管理总部负责人、总经理助理兼证券投资部总经理；现任北方信托副总经理。 |
| 王燕滨 | 副总经理 | 男 | 56 | 2014年11月 | 37 | 硕士 | 工商管理 | 曾任内蒙古银行学校教研室主任、团委书记、学生科科长，内蒙古自治区证券公司发行部、上海业务部总经理、公司总经理助理、副总经理，海通证券股份有限公司天津营业部、北京营业部总经理，北方信托业务二部总经理、总经理助理；现任北方信托副总经理。 |
| 金树良 | 总经济师 | 男 | 52 | 2018年12月 | 25 | 硕士 | 世界经济 | 曾任北京大学经济学院国际经济系教师，海南省证券公司副总裁，北京华宇世纪投资有限公司副总裁，昆仑证券有限责任公司总裁，北方信托总经理助理兼资产管理部总经理，渤海财产保险股份有限公司常务副总经理、总经理，北方信托总经理助理；现任北方信托总经济师。 |
| 王 辉 | 董事会秘书 | 男 | 48 | 2016年12月 | 24 | 博士 | 金融工程 | 曾在北方信托电脑部、证券部、投资管理二部任职，曾任战略发展研究所综合研究室副主任、战略发展研究所副所长、综合管理部总经理、公司总经理助理；现任北方信托董事会秘书。 |
| 曾广炜 | 风险总监 | 男 | 49 | 2017年2月 | 18 | 本科 | 会计 | 曾任中国燕兴天津公司财务科副科长，天津开发区总公司会计，天津滨海新兴产业公司财务部副经理，北方信托业务四部副经理、证券投资部副总经理、财务中心总经理、风险控制部总经理、公司总经理助理；现任北方信托风险总监。 |

续表

| 姓 名 | 职务 | 性别 | 年龄（岁） | 选任日期 | 金融从业年限（年） | 学历 | 专业 | 简要履历 |
|---|---|---|---|---|---|---|---|---|
| 董 刚 | 总经理助理 | 男 | 43 | 2018年12月 | 18 | 硕士 | 管理科学与工程 | 曾在工商银行石家庄支行、天津仁爱投资公司任职，曾在北方信托投资银行部、业务发展总部、信托业务一部任职，曾任北方信托信托业务一部副总经理、信托业务一部副总经理（主持工作）、信托业务一部总经理、公司业务总监、公司首席总监；现任北方信托总经理助理。 |
| 刘德发 | 总经理助理 | 男 | 48 | 2018年12月 | 25 | 本科 | 会计 | 曾任天津第五建筑公司财务部出纳，曾在北方信托会计部、投资管理部、投资银行部、理财中心、信托业务一部任职，曾任北方信托滨海业务部副总经理（主持工作）、信托业务三部总经理、公司业务总监、公司首席总监；现任北方信托总经理助理。 |
| 张文栋 | 运营总监 | 男 | 42 | 2018年12月 | 17 | 硕士 | 世界经济 | 曾在深圳新产业投资股份有限公司资产管理部任职，曾在北方信托、业务拓展部、信托业务总部、综合业务部、信托业务二部任职，曾任北方信托信托业务二部副总经理（主持工作）、信托业务二部总经理、公司业务总监、公司首席总监；现任北方信托运营总监。 |

### 3.5 公司员工

| 项 目 | | 报告期年度 | | 上年度 | |
|---|---|---|---|---|---|
| | | 人数（人） | 比例（%） | 人数（人） | 比例（%） |
| 年龄分布 | 25岁以下 | 6 | 2.18 | 1 | 0.6 |
| | 25～29岁 | 61 | 22.1 | 35 | 20.96 |
| | 30～39岁 | 118 | 42.75 | 59 | 35.33 |
| | 40岁以上 | 91 | 32.97 | 72 | 43.11 |
| 学历分布 | 博士 | 5 | 1.81 | 5 | 3 |
| | 硕士 | 152 | 55.07 | 89 | 53.29 |
| | 本科 | 110 | 39.86 | 65 | 38.92 |
| | 专科 | 8 | 2.9 | 7 | 4.19 |
| | 其他 | 1 | 0.36 | 1 | 0.6 |
| 岗位分布 | 董事、监事及高管人员 | 9 | 3.26 | 6 | 3.59 |
| | 自营业务人员 | 12 | 4.35 | 11 | 6.59 |
| | 信托业务人员 | 111 | 40.22 | 84 | 50.3 |
| | 其他人员 | 144 | 52.17 | 66 | 39.52 |

注：自营业务人员是指按照岗位分工，专门或至少从事固有资金使用和固有资产管理有关业务的员工；信托业务人员是指按照岗位分工，专门或至少从事信托资金募集、使用和信托资产管理各项业务的员工；对于人力资源部等类似无法明确区分的综合部门归为其他人员。

## 4. 经营管理

### 4.1 经营目标、经营方针、战略规划

北方信托始终坚持“投资中国”和“一个确定、两个代表、两个覆盖”的投资理念（即风险可控情况下赚取确定性收益，投资标的要代表社会进步和区域经济增长，资产价值要能够覆盖时间成本和变现成本），打造符合全球金融发展趋势和经济发展规律的、头部的新型金融发展平台。

在经营发展战略方面，公司以“错位竞争”策略和中长期视角，为机构投资者和高净值客户提供多元化风险收益特征的金融产品，为产业集团客户提供跨周期、全方位的金融服务；本着“尊重客户、造福社会”的初衷，将自身可调动的资本与资产交给最合适、最优秀的公司和团队去打理，经过社会资源的重新整合提升资产配置效率，进而推动社会进步，携手客户、股东等相关方“分享中国经济增长”。公司将以推进混合所有制改革成功落地为契机，充分激发体制机制活力，用企业家的精神助力转型发展，全面打造“强执行力文化”，持续深化推动回归信托本源，在混合所有制改革成功落地后利用3～5年的时间进入行业头部。

在转型发展方面，公司将紧紧围绕非标债权市场、债券市场、股权的一级PE市场和新三板市场、股权投资的一级半和并购市场、股权投资的二级交易市场以及衍生品市场等六大类资产领域，搭建具有强大协同效应的客户体系；不断提升鉴别、获取及运营优质资产的核心能力，打造风险控制过硬的项目风险全流程监测体系，提升公司固有资产和信托资产投资水平；在资产行业平衡、标的平衡、利润平衡和流动性平衡中，力争实现重点经济区域全覆盖、六大类资产领域全覆盖、细分子行业头部企业全覆盖。

### 4.2 所经营业务的主要内容

#### 4.2.1 自营资产运用与分布

自营资产运用与分布表

| 资产运用 | 金额（万元） | 占比（%） | 资产分布 | 金额（万元） | 占比（%） |
|---|---|---|---|---|---|
| 货币资产 | 50 370.11 | 9.77 | 基础产业 | 6 587.81 | 1.28 |
| 贷款及应收款 | 87 600.00 | 17.00 | 房地产业 | 19 919.87 | 3.87 |
| 交易性金融资产 | 24 265.47 | 4.71 | 证券市场 | 44 313.51 | 8.60 |
| 可供出售金融资产 | 103 945.12 | 20.17 | 实业 | 30 372.42 | 5.89 |
| 持有至到期投资 | 1 194.79 | 0.23 | 金融机构 | 234 445.75 | 45.50 |
| 长期股权投资 | 39 500.75 | 7.67 | 其他 | 179 672.68 | 34.87 |
| 其他资产 | 208 435.80 | 40.45 | | | |
| 资产合计 | 515 312.04 | 100.00 | 资产总计 | 515 312.04 | 100.00 |

#### 4.2.2 信托资产运用与分布

信托资产运用与分布表

| 资产运用 | 金额（万元） | 占比（%） | 资产分布 | 金额（万元） | 占比（%） |
|---|---|---|---|---|---|
| 货币资产 | 190 452.55 | 0.80 | 基础产业 | 3 903 795.21 | 16.37 |
| 贷款 | 11 301 124.97 | 47.39 | 房地产 | 1 666 309.40 | 6.99 |
| 交易性金融资产 | 3 900 432.61 | 16.35 | 证券 | 4 233 845.14 | 17.75 |
| 可供出售金融资产 | 1 637 782.51 | 6.87 | 实业（工商企业） | 7 543 436.80 | 31.63 |
| 持有至到期投资 | 4 150 701.39 | 17.40 | 金融机构 | 744 150.29 | 3.12 |
| 长期股权投资 | 2 192 391.41 | 9.19 | 其他 | 5 757 549.23 | 24.14 |
| 其他 | 476 200.63 | 2.00 | | | |
| 资产总计 | 23 849 086.08 | 100.00 | 资产总计 | 23 849 086.08 | 100.00 |

## 4.3 市场分析

### 4.3.1 有利因素

宏观经济保持了稳中向好的态势。2018 年是全面贯彻党的十九大精神的开局之年,经济发展以供给侧结构性改革为主线,贯彻新发展理念,落实高质量发展要求,着力打好三大攻坚战,加快改革开放步伐,经济结构不断优化,发展新动能快速成长。经济社会发展的主要预期目标得到较好实现:经济保持了中高速增长,经济总量再上新台阶;价格涨幅低于预期,居民消费价格温和上涨;城镇就业继续扩大,新增就业大幅增加;进出口稳中向好,国际收支基本平衡。

区域经济焕发出新的活力。天津坚持推进京津冀协同发展战略,经济结构进一步优化,新动能加快成长,营商环境持续向好,拼质量、拼效益、拼结构、拼绿色的高质量发展态势正在形成。同时,天津不断推进金融改革创新,建设金融创新运营示范区,并加大对高质量金融人才的引进和培养。未来,天津将立足于现有资源禀赋和产业优势,打造"一网、三链、四集群"的现代服务业产业体系和"一核、三带、六园区"的新格局,推动功能再造和产业重构。

信托行业迎来转型发展新机遇。基于当前宏观经济环境和监管环境,信托行业正从高度依赖房地产、政府平台类企业融资与牌照通道套利的增长模式回归到信托本源,真正发挥优化资源配置的作用。2018 年 4 月,资管新规出台,加速推动信托行业破除刚性兑付,压缩通道规模,向主动管理型业务转型。信托公司作为资管行业的重要一员,在制度红利、业务范围、专业能力及创新意识方面都具有显著的竞争优势。中国居民财富的不断积累,企业投融资需求的不断增强,将为信托行业带来稳定的增长动力,未来信托业务拥有巨大发展潜力。

公司发展实现了多个突破。一是党的政治建设扎实深入,形成了以党建促发展的良好局面;二是业务转型取得一定突破,主动管理资产规模、集合信托发行规模均达到历史最高水平;三是"蓝海战略"初见成效,业务布局加速落地,与多方战略合作实现协同,资金端竞争力稳步提升;四是"两会一部"加强审批监管,风控体系日趋完善;五是公司内部管理不断完善,强化全面从严治企,提高了工作执行力及队伍凝聚力。

### 4.3.2 不利因素

宏观经济总体保持较强韧性,但在新旧动能转换阶段,国内经济长期快速发展积累的风险隐患暴露增多,经济面临下行压力;全球经济错综复杂,地缘政治风险依然较大,出口增长面临压力,股、债、汇等金融市场波动增大;近几年受房地产拉动的居民部门负债率增速过快,整体消费增速回升动力依然不足。

行业面临较大的转型压力。2018 年以来,信托业监管持续加强,金融去杠杆导致信托业通道业务规模明显减少,行业整体资产规模有所下降。在资管新规打破刚性兑付的背景下,信托产品吸引力下降,资金募集难度加大。同时,2018 年 12 月《商业银行理财子公司管理办法》正式发布后,将对整个大资管行业的格局产生重大影响,信托公司将面临更大的竞争压力。

公司发展仍面临困难和挑战。资产端压力逐步增大,既要聚焦主业,又要深入推动业务转型,客户集群建设、资产配置计划还有待进一步细化,综合服务能力有待提升。整合资源、战略协同、资金募集能力有待提高,人才团队建设、运营管理能力还需进一步强化。

## 4.4 内部控制概况

公司在持续稳健发展的同时,始终将业务的合规性、风险的有效防控作为前提和保证。公司已经建立起一套较完善的内部控制体系,具备明确的内控目标和原则,覆盖公司各项业务、所有部门和人员。公司坚持倡导合规企业文化,注重引导员工树立合规意识和风险意识,并通过严格业务审批权限、规范业务操作流程、完善全员合规管理责任制、监督考核与奖惩制对员工的行为进行规范、监督。2018 年,在防风险、强监管的大背景下,公司牢牢守住风险底线,通过中台运营部门有效隔离风险,显著提高业务推进效率。通过厘清托管部和财务中心边界,实现公司信托财产、人员和系统的完全独立核算、独立管理。

公司已建立了三个层级的内部控制机构,形成了分工合理、职责明确、运行顺畅、制衡有效的风险管理机制。各级机构均严格履行职责,保证对各种业务风险进行事前、事中、事后的有效监管和控制。

公司已建立了一套涵盖公司经营管理各方面及所有业务种类的制度体系。制度中既有原则规范,又包含操作流程、风险点和防范措施,保证可操作性,并根据监管法规政策变化、监管部门检查后的要求、公司经营管理的需要及时进行修订、新订。2018 年,扎实做好整章建制工作,将 185 项制度整理汇编成册,废止旧制度 49 项。公司为各项业务的开发、决策、实施、后期管理设定了标准化、规范化的流程,将业务全流程纳入系统管理,并根据需要对系统进行不断升级改造,完善系统功能、优化系统流程,以保证业务的规范有序开展。

## 4.5 风险管理概况

公司经营活动中可能遇到的风险包括信用风险、市场风险、操作风险、其他风险等。

信用风险即违约风险,是指交易对手不能全部或部分按时履行合约义务而造成财务上损失的风险。公司涉及客户信用风险的业务包括存放同业款项、贷款、担保和应收款项。对于信用风险的管理,公司在转型的关键时期,坚决贯彻落实蓝海战略,做好大类资产结构布局;合理规划行业、区域、客户结构,覆盖重点经济区域,以京津冀一体化为契机,紧抓粤港澳大湾区建设机遇,筛选优质客户,与全国百强企业或行业区域龙头企业达成战略合作。注重事前对交易对手、项目的尽职调查,业务方案设定保证担保、资产抵押、权利质押等多种信用增级方式,项目实施过程中加强跟踪检查,项目结束后及时进行稽核和评价。

2018 年,在风险控制部增加了尽调复核职责,通过对业务部门项目尽调结果换手复核,进一步充实完善尽调结果,深入挖掘项目风险点;建立了业务预审会机制,对业务进行全方位评估分析,以对上报业务决策委员会审议的业务进行筛选把关;在审计稽核部增加定期对项目后期管理进行审查的职责,强化公司业务决策及风控措施的有效落实。对于固有资产,按要求进行五级分类管理。对除存放同业款项之外的表内信用类资产计提一般准备和专项准备。对出现信用风险的业务，在保证国有资产安全的前提下，公司妥善制定策略，积极协调各方，稳健化解存量不良资产。2018 年，公司未新增风险资产，存续风险资产处置取得重大进展。

市场风险是指公司在信托资产及其固有资产合法经营中，因为利率、汇率、股价、股指、商品价格等市场价格的波动而产生的风险。对于市场风险的管理，公司加强对经济及金融形势的分析预测，注重关注市场变动，并提出相应对策及业务调整方案。贴近市场需求，积极推进业务"蓝海战略"。在资产端确立了"一个确定，两个代表、两个覆盖"的"错位竞争"的资产配置理念。公司将紧紧围绕非标债权市场、股权的一级 PE 市场和新三板市场、股权投资的一级半市场、股权投资的二级市场以及衍生品市场六大领域开展业务，努力实现业务领域、投资行业、收入结构的合理布局，使业务收入结构更加合理，收入、利润等保持在较稳定的水平。对房地产、"两高一剩"、政府融资平台等重点行业、重点类型业务定期进行监测，密切关注市场情况，加强风险防范。

操作风险主要是指因内控机制不健全、管理失误、操作系统不完善，或其他一些人为的错误而导致损失的可能性。对于操作风险的管理，一方面，公司围绕固有、信托资产运营管理、证券投资、会计核算、资金交易、信息系统及文档管理等日常经营、业务开展的各个方面，制定管理规定和操作流程，明确操作权限和内容，严格遵循"决策与操作分离""业务操作与风险监控分离"等原则；另一方面，加强对制度执行的检查、评价，推行责任追究机制，同时加强员工培训，提高员工风险意识。通过建立满足业务需要信息管理系统，将业务全流程纳入系统管理，设定严格的流程与使用权限，赋予风控、审计部门监督权，减少人为的操作风险。2018 年，公司继续优化内部流程，编制操作手册，落实操作细节。

其他风险主要包括合规风险和道德风险。合规风险是指公司经营活动、业务开展因未能遵循国家法律法规、监管部门规则和公司内部规章制度，而可能遭受法律制裁、监管处罚、财务或声誉损失的风险。道德风险主要表现为公司内部人员蓄意违法违规或与公司的利益主体串通而给信托受益人或公司自身带来损失的可能。对于其他风险的管理，公司将合规风险管理作为公司风险管理的基础，从完善公司治理、内控制度、加强合规组织机构及配套机制建设、培育良好合规文化等方面，构建有效的合规风险管理机制。2018 年，公司大力推进合规经营，强化合规经营理念，加强合规管理的全面性和主动性，确保监管政策落地；把整治乱象作为常态化重点工作，将整治乱象转化为合规管理自觉行为；按照审慎监管会谈要求，做好通道业务规模管控，确保公司通道业务规模、金融同业通道业务规模、银信通道业务规模落实压缩目标。资管新规发布后，公司通过逐笔审查存量业务是否符合资管新规的相关要求并制定时间表明确整改时限，保证整改计划有序推进，开展新增信托业务要求各要素均符合资管新规的规定。

通过加强党的建设、员工思想政治方面教育，强化内控机制，严格业务流程与监督制衡，加大检查监督的频率和力度，防范道德风险的发生。

### 4.6 净资本管理

2018 年末，公司净资本为 278 320.10 万元。各项风险资本之和为 193 875.83 万元，其中固有业务风险资本为 43 159.66万元、信托业务风险资本为 150 716.17 万元。

## 5. 报告期末及上一年度末的比较式会计报表

### 5.1 自营资产

#### 5.1.1 会计师事务所审计结论

安永华明会计师事务所审计了北方国际信托股份有限公司的财务报表，包括 2018 年 12 月 31 日的资产负债表，2018 年度的利润表、股东权益变动表和现金流量表以及相关财务报表附注。

安永华明会计师事务所认为，北方国际信托股份有限公司的财务报表在所有重大方面按照企业会计准则的规定编制，公允反映了北方国际信托股份有限公司 2018 年 12 月 31 日的财务状况以及 2018 年度的经营成果和现金流量。

#### 5.1.2 资产负债表

**资产负债表**

编制单位：北方国际信托股份有限公司　　2018 年 12 月 31 日　　单位：万元

| 资产 | 2018－12－31 | 2017－12－31 |
|---|---|---|
| 货币资金 | 50 370.11 | 10 072.29 |
| 以公允价值计量且变动计入当期损益的金融资产 | 24 265.47 | 49 907.66 |
| 买入返售金融资产 | 20 911.53 | 31 090.01 |
| 应收利息 | 4 244.75 | 1 010.45 |
| 发放贷款和垫款 | 87 600.00 | 90 686.00 |
| 可供出售金融资产 | 138 161.46 | 128 335.40 |
| 持有至到期投资 | 1 194.79 | 1 789.97 |
| 长期股权投资 | 5 284.41 | 5 124.52 |
| 投资性房地产 | 981.59 | 1 015.21 |
| 固定资产 | 6 198.84 | 2 203.76 |
| 无形资产 | 1 240.57 | 1 272.52 |
| 递延所得税资产 | 16 003.94 | 14 509.60 |
| 其他资产 | 158 854.58 | 120 383.04 |
| 资产总计 | 515 312.04 | 457 400.41 |
| 负债 | | |
| 应付职工薪酬 | 14 013.05 | 13 571.88 |
| 应交税费 | 7 878.12 | 5 069.81 |
| 递延所得税负债 | | 281.95 |
| 其他负债 | 58 611.90 | 9 359.10 |
| 负债合计 | 80 503.07 | 28 282.73 |
| 所有者权益 | | |
| 股本 | 100 099.89 | 100 099.89 |
| 资本公积 | | |
| 其他综合收益 | －10 470.48 | 858.34 |
| 盈余公积 | 43 622.02 | 39 427.52 |
| 一般风险准备 | 7 369.76 | 6 659.50 |
| 信托赔偿准备 | 28 863.74 | 26 766.49 |
| 未分配利润 | 265 324.04 | 255 305.93 |
| 所有者权益合计 | 434 808.97 | 429 117.67 |
| 负债及所有者权益总计 | 515 312.04 | 457 400.41 |

单位负责人：包立杰　　主管会计工作负责人：王燕滨　　会计机构负责人：李学娟

### 5.1.3 利润表

**利润表**

编制单位:北方国际信托股份有限公司　　2018 年度　　单位:万元

| 项目 | 2018 年度 | 2017 年度 |
|---|---|---|
| 一、营业收入 | 62 551.29 | 60 021.72 |
| 利息净收入 | 22 256.23 | 11 063.86 |
| 利息收入 | 23 196.72 | 11 097.28 |
| 利息支出 | -940.49 | -33.42 |
| 手续费及佣金净收入 | 46 900.84 | 45 129.71 |
| 手续费及佣金收入 | 47 099.68 | 45 356.73 |
| 手续费及佣金支出 | -198.84 | -227.02 |
| 投资收益 | 1 434.07 | 5 559.75 |
| 公允价值变动损益 | -8 115.19 | -1 863.73 |
| 汇兑损益 | 0.27 | -0.34 |
| 其他业务收入 | 75.06 | 132.47 |
| 二、营业支出 | -7 477.89 | -20 126.84 |
| 业务及管理费 | -26 531.61 | -18 962.02 |
| 税金及附加 | -696.34 | -782.50 |
| 资产减值损失 | 19 750.06 | -382.32 |
| 三、营业利润 | 55 073.40 | 39 894.89 |
| 营业外收入 | 459.26 | 14 409.33 |
| 营业外支出 | -419.27 | -97.53 |
| 四、利润总额 | 55 113.39 | 54 206.68 |
| 所得税费用 | -13 168.40 | -11 778.87 |
| 五、净利润 | 41 944.99 | 42 427.81 |
| 六、其他综合收益的税后净额 | -11 328.82 | 827.59 |
| 将重分类进损益的其他综合收益 | -11 328.82 | 827.59 |
| 权益法下可转损益的其他综合收益 | -138.00 | -13.61 |
| 可供出售金融资产公允价值变动 | -11 190.82 | 841.21 |
| 七、综合收益总额 | 30 616.16 | 43 255.40 |

单位负责人:包立杰　　主管会计工作负责人:王燕滨　　会计机构负责人:李学娟

### 5.1.4 股东权益变动表

**股东权益变动表**

编制单位:北方国际信托股份有限公司　　2018 年度　　单位:万元

| | 股本 | 资本公积 | 其他综合收益 | 盈余公积 | 一般风险准备 | 信托赔偿准备 | 未分配利润 | 股东权益合计 |
|---|---|---|---|---|---|---|---|---|
| 2018 年 1 月 1 日余额 | 100 099.89 | — | 858.34 | 39 427.52 | 6 659.50 | 26 766.49 | 255 305.93 | 429 117.67 |
| 本年增减变动金额 | — | — | — | — | — | — | — | — |
| (一)综合收益总额 | — | — | -11 328.82 | — | — | — | 41 944.99 | 30 616.16 |
| (二)利润分配 | — | — | — | — | — | — | — | — |
| 1. 提取盈余公积 | — | — | — | 4 194.50 | — | — | -4 194.50 | |
| 2. 提取一般风险准备 | — | — | — | — | 710.26 | — | -710.26 | — |
| 3. 提取信托赔偿准备 | — | — | — | — | — | 2 097.25 | -2 097.25 | |
| 4. 对股东的分配 | — | — | — | — | — | — | -24 924.87 | -24 924.87 |
| 2018 年 12 月 31 日余额 | 100 099.89 | — | -10 470.48 | 43 622.02 | 7 369.76 | 28 863.74 | 265 324.04 | 434 808.97 |

单位负责人:包立杰　　主管会计工作负责人:王燕滨　　会计机构负责人:李学娟

## 5.2 信托资产

### 5.2.1 信托项目资产负债汇总表

**信托项目资产负债表**

编制单位:北方国际信托股份有限公司　　2018 年 12 月 31 日　　单位:万元

| 信托资产 | 期末数 | 期初数 | 信托负债和信托权益 | 期末数 | 期初数 |
|---|---|---|---|---|---|
| 信托资产: | | | 信托负债: | | |
| 货币资金 | 190 452.55 | 57 839.26 | 交易性金融负债 | — | — |
| 拆出资金 | 0.00 | 0.00 | 衍生金融负债 | — | — |
| 存出保证金 | 0.00 | 0.00 | 卖出回购金融资产款 | — | — |
| 交易性金融资产 | 3 900 432.61 | 4 704 631.63 | 应付受托人报酬 | 1 612.06 | 3 168.35 |
| 衍生金融资产 | 0.00 | 0.00 | 应付托管费 | 955.85 | 2 702.01 |
| 买入返售资产 | 213 412.54 | 355 042.45 | 应付受益人收益 | 32 034.29 | 21 318.84 |
| 应收款项 | 250 588.09 | 278 239.09 | 应交税费 | 4 892.79 | 0.00 |
| 发放贷款 | 11 301 124.97 | 12 076 367.70 | 应付销售服务费 | — | — |
| 可供出售金融资产 | 1 637 782.51 | 1 570 942.23 | 其他应付款项 | 28 184.91 | 19 941.56 |
| 持有至到期投资 | 4 150 701.39 | 7 880 653.28 | 预计负债 | — | — |
| 长期应收款 | 12 200.00 | 57 500.00 | 其他负债 | — | — |
| 长期股权投资 | 2 192 391.41 | 2 434 770.41 | 信托负债合计 | 67 679.90 | 47 130.76 |
| 投资性房地产 | — | — | 信托权益: | | |
| 固定资产 | — | — | 实收信托 | 23 429 905.01 | 28 705 636.97 |
| 无形资产 | — | — | 资本公积 | 62 288.45 | 36 513.67 |
| 长期待摊费用 | — | — | 未分配利润 | 289 212.71 | 626 704.65 |
| 其他资产 | — | — | | | |
| | | | 信托权益合计 | 23 781 406.17 | 29 368 855.29 |
| 信托资产总计 | 23 849 086.07 | 29 415 986.05 | 信托资产总计 | 23 849 086.07 | 29 415 986.05 |

5.2.2 信托项目利润及利润分配汇总表

信托项目利润及利润分配表

编制单位：北方国际信托股份有限公司　　2018 年度　　单位：万元

| 项　目 | 本年 | 上年 |
|---|---|---|
| 一、营业收入 | 1 308 878.68 | 1 640 069.73 |
| 利息收入 | 934 534.57 | 1 186 858.15 |
| 投资收益（损失以“－”号填列）投资收入 | 466 963.48 | 509 153.99 |
| 其中：对联营企业和合营企业的投资收益 | — | — |
| 公允价值变动收益（损失以“－”号填列） | -92 951.80 | -55 960.28 |
| 租赁收入 | — | — |
| 汇兑损益（损失以“－”号填列） | — | — |
| 其他收入 | 332.43 | 17.87 |
| 二、营业支出 | 148 095.01 | 165 897.35 |
| 营业税金及附加 | 4 833.97 | — |
| 业务及管理费 | 143 261.04 | 165 897.35 |
| 资产减值损失 | — | — |
| 三、信托利润（净亏损以“－”号填列） | 1 160 783.67 | 1 474 172.38 |
| 加：其他综合收益 | -44 725.43 | 1 768.94 |
| 四、综合收益 | 1 116 058.24 | 1 475 941.32 |
| 加：期初未分配信托利润 | 627 104.26 | 687 221.60 |
| 五、可供分配的信托利润 | 1 743 162.50 | 2 163 162.92 |
| 减：本期已分配信托利润 | 1 453 949.79 | 1 536 458.27 |
| 六、期末未分配信托利润 | 289 212.71 | 626 704.65 |

## 6. 会计报表附注

### 6.1 简要说明报告年度会计报表编制基准、会计政策、会计估计和核算方法发生的变化

公司自营业务遵循 2014 年度颁布的新《企业会计准则——基本准则》《企业会计准则——应用指南》以及财政部颁布的《企业会计准则实施问题专家工作组意见》和其他规章制度。本年度未发生重大变化。

**6.1.1 计提资产减值准备的范围和方法**

公司于资产负债表日判断资产是否存在可能发生减值的迹象，存在减值迹象的，公司将估计其可收回金额，进行减值测试。

可收回金额根据资产的公允价值减去处置费用后的净额与资产预计未来现金流量的现值两者之间较高者确定。公司以单项资产为基础估计其可收回金额；难以对单项资产的可收回金额进行估计的，以该资产所属的资产组为基础确定资产组的可收回金额。资产组的认定，以资产组产生的主要现金流入是否独立于其他资产或者资产组的现金流入为依据。

当资产或者资产组的可收回金额低于其账面价值时，公司将其账面价值减记至可收回金额，减记的金额计入当期损益，同时计提相应的资产减值准备。

上述资产减值损失一经确认，在以后会计期间不再转回。

6.1.1.1 持有至到期投资、贷款和应收款项减值

公司有客观证据表明该金融资产发生减值的，计提减值准备。对单项金额重大的金融资产单独进行减值测试，如有客观证据表明其已发生减值，确认减值损失，计入当期损益。对单项金额不重大的金融资产，包括在具有类似信用风险特征的金融资产组合中进行减值测试或单独进行减值测试。单独测试未发生减值的金融资产（包括单项金额重大和不重大的金融资产），包括在具有类似信用风险特征的金融资产组合中再进行减值测试。已单项确认减值损失的金融资产，不包括在具有类似信用风险特征的金融资产组合中进行减值测试。

发生减值时，将该金融资产的账面价值通过备抵项目减记至预计未来现金流量（不包括尚未发生的未来信用损失）现值，减记金额计入当期损益。如有客观证据表明该金融资产价值已恢复，且客观上与确认该损失后发生的事项有关，原确认的减值损失予以转回，计入当期损益。

6.1.1.2 可供出售金融资产减值

如果有客观证据表明该金融资产发生减值，原计入其他综合收益的因公允价值下降形成的累计损失，予以转出，计入当期损益。该转出的累计损失，为可供出售金融资产的初始取得成本扣除已收回本金和已摊销金额、当前公允价值和原已计入损益的减值损失后的余额。

可供出售权益工具投资发生的减值损失，不通过损益转回，减值之后发生的公允价值增加直接在其他综合收益中确认。对于已确认减值损失的可供出售债务工具，在随后的会计期间公允价值已上升且客观上与确认原减值损失确认后发生的事项有关的，原确认的减值损失予以转回，计入当期损益。

如果有客观证据表明以成本计量的金融资产发生减值，将该金融资产的账面价值与按照类似金融资产当时市场收益率对未来现金流量折现确定的现值之间的差额，确认为减值损失，计入当期损益。发生的减值损失一经确认，不再转回。

**6.1.2 金融资产四分类的范围和标准**

以常规方式买卖金融资产，按交易日进行会计确认和终止确认。金融资产在初始确认时划分为以公允价值计量且其变动计入当期损益的金融资产、持有至到期投资、贷款和应收款项以及可供出售金融资产。

**6.1.3 以公允价值计量且其变动计入当期损益的金融资产**

以公允价值计量且其变动计入当期损益的金融资产，包括交易性金融资产和初始确认时指定为以公允价值计量且其变动计入当期损益的金融资产。对于此类金融资产，在初始确认时以公允价值计量，相关交易费用直接计入当期损益，采用公允价值进行后续计量，所有已实现和未实现的损益均计入当期损益。以公允价值计量且其变动计入当期损益的金融资产相关的股利或利息收入，计入当期损益。

在初始确认时将某金融资产划分为以公允价值计量且其变动计入当期损益的金融资产后，不能重分类为其他类金融资产；其他类金融资产也不能重分类为以公允价值计量且其变动计入当期损益的金融资产。

**6.1.4 可供出售金融资产核算方法**

可供出售金融资产是指初始确认时即指定为可供出售的非衍生金融资产，以及除上述金融资产类别以外的金融资产。对于此类金融资产，在初始确认时以公允价值计量，相关交易费用计入初始确认金额；采用公允价值进行后续计量。其折价或溢价采用实际利率法进行摊销并确认为利息收入或费用。除减值损失及外币货币性金融资产的汇兑差额确认为当期损益外，可供出售金融资产的公允价值变动作为其他综合收益确认，直到该金融资产终止确认或发生减值时，其累计利得或损失转入当期损益。与可供出售金融资产相关的股利或利息收入，计入当期损益。

对于在活跃市场中没有报价且其公允价值不能可靠计量的权益工具投资，按成本计量。

6.1.5 持有至到期投资核算方法

持有至到期投资是指到期日固定、回收金额固定或可确定，且公司有明确意图和能力持有至到期的非衍生金融资产。对于此类金融资产，在初始确认时以公允价值计量，相关交易费用计入初始确认金额；采用实际利率法，按照摊余成本进行后续计量，其摊销或减值以及终止确认产生的利得或损失，均计入当期损益。

6.1.6 长期股权投资核算方法

长期股权投资包括对子公司、合营企业和联营企业的权益性投资。长期股权投资在取得时以初始投资成本进行初始计量。

公司对被投资单位具有共同控制或重大影响的，长期股权投资采用权益法核算。共同控制是指按照相关约定对某项安排所共有的控制，并且该安排的相关活动必须经过分享控制权的参与方一致同意后才能决策。重大影响是指对被投资单位的财务和经营政策有参与决策的权利，但并不能够控制或者与其他方一起共同控制这些政策的制定。

采用权益法时，长期股权投资的初始投资成本大于投资时应享有被投资单位可辨认净资产公允价值份额的，归入长期股权投资的初始投资成本；长期股权投资的初始投资成本小于投资时应享有被投资单位可辨认净资产公允价值份额的，其差额计入当期损益，同时调整长期股权投资的成本。

采用权益法时，取得长期股权投资后，按照应享有或应分担的被投资单位实现的净损益和其他综合收益的份额，分别确认投资损益和其他综合收益并调整长期股权投资的账面价值。在确认应享有被投资单位净损益的份额时，以取得投资时被投资单位可辨认资产等的公允价值为基础，按照公司的会计政策及会计期间，并抵销与联营企业及合营企业之间发生的内部交易损益按照应享有的比例计算归属于投资方的部分（但内部交易损失属于资产减值损失的，应全额确认），对被投资单位的净利润进行调整后确认，但投出或出售的资产构成业务的除外。按照被投资单位宣告分派的利润或现金股利计算应享有的部分，相应减少长期股权投资的账面价值。公司确认被投资单位发生的净亏损，以长期股权投资的账面价值以及其他实质上构成对被投资单位净投资的长期权益减记至零为限，公司负有承担额外损失义务的除外。对于被投资单位除净损益、其他综合收益和利润分配以外股东权益的其他变动，调整长期股权投资的账面价值并计入股东权益。

处置长期股权投资，其账面价值与实际取得价款的差额，计入当期损益。采用权益法核算的长期股权投资，因处置终止采用权益法的，原权益法核算的相关其他综合收益采用与被投资单位直接处置相关资产或负债相同的基础进行会计处理，因被投资方除净损益、其他综合收益和利润分配以外的其他股东权益变动而确认的股东权益，全部转入当期损益；仍采用权益法的，原权益法核算的相关其他综合收益采用与被投资单位直接处置相关资产或负债相同的基础进行会计处理并按比例转入当期损益，因被投资方除净损益、其他综合收益和利润分配以外的其他股东权益变动而确认的股东权益，按相应的比例转入当期损益。

6.1.7 贷款和应收款项

贷款和应收款项是指在活跃市场中没有报价、回收金额固定或可确定的非衍生金融资产。对于此类金融资产，在初始确认时以公允价值计量，相关交易费用计入初始确认金额；采用实际利率法，按照摊余成本进行后续计量，其摊销或减值产生的利得或损失，均计入当期损益。

6.1.8 投资性房地产核算方法

投资性房地产是指为赚取租金或资本增值，或两者兼有而持有的房地产，包括已出租的土地使用权、已出租的建筑物。

投资性房地产按照成本进行初始计量。与投资性房地产有关的后续支出，如果与该资产有关的经济利益很可能流入且其成本能够可靠地计量，则计入投资性房地产成本。否则，于发生时计入当期损益。

公司采用成本模式对投资性房地产进行后续计量。公司将投资性房地产的成本扣除预计净残值和累计减值准备后在使用寿命内按年限平均法计提折旧。投资性房地产的使用寿命、预计净残值率及年折旧率如下：

| 投资性房地产类别 | 使用寿命（年） | 预计净残值率（%） | 年折旧率（%） |
|---|---|---|---|
| 房屋及建筑物 | 40~42 | 5 | 2.3~2.4 |
| 土地使用权 | 37 | — | 2.7 |

6.1.9 固定资产计价和折旧方法

固定资产仅在与其有关的经济利益很可能流入公司，且其成本能够可靠地计量时才予以确认。与固定资产有关的后续支出，符合该确认条件的，计入固定资产成本，并终止确认被替换部分的账面价值；否则，在发生时计入当期损益。

固定资产按照成本进行初始计量。购置固定资产的成本包括购买价款、相关税费以及使该资产达到预定可使用状态前所发生的可直接归属于该项资产的其他支出。固定资产的折旧采用年限平均法计提，各类固定资产的使用寿命、预计净残值率及年折旧率如下：

| 固定资产类别 | 使用寿命（年） | 预计净残值率（%） | 年折旧率（%） |
|---|---|---|---|
| 房屋及建筑物 | 20~44 | 5 | 2.2~4.8 |
| 办公及电子设备 | 3~5 | 5 | 19.0~31.7 |
| 运输设备 | 5 | 5 | 19.0 |
| 其他设备 | 3 | 5 | 31.7 |

公司至少于每年年度终了，对固定资产的使用寿命、预计净残值和折旧方法进行复核，必要时进行调整。

6.1.10 无形资产计价及摊销政策

无形资产仅在与其有关的经济利益很可能流入公司，且其成本能够可靠地计量时才予以确认，并以成本进行初始计量。但非同一控制下企业合并中取得的无形资产，其公允价值能够可靠地计量的，即单独确认为无形资产并按照公允价值计量。

无形资产按照其能为公司带来经济利益的期限确定使用寿命，无法预见其为公司带来经济利益期限的作为使用寿命不确定的无形资产。无形资产的使用寿命如下：

| 无形资产类别 | 使用寿命（年） |
|---|---|
| 土地使用权 | 40 |

公司至少于每年年度终了，对使用寿命有限的无形资产的使用寿命及摊销方法进行复核，必要时进行调整。

**6.1.11 长期待摊费用的摊销政策**

长期待摊费用是已经发生但应由本期和以后各期负担的、分摊期限在1年以上的各项费用，按预计受益期间采用直线法分期平均分摊。

**6.1.12 收入确认原则和方法**

收入在经济利益很可能流入公司且金额能够可靠地计量，并同时满足下列条件时予以确认。

6.1.12.1 利息收入

金融资产的利息收入实际利率法计算并计入当期损益。利息收入包括折价或溢价摊销，或生息资产的初始账面价值与到期日金额之间的其他差异按实际利率法计算进行的摊销。

实际利率法是指按金融资产或金融负债的实际利率计算其摊除成本及利息收入或利息支出的方法。实际利率是将金融工具在于其存续期间或适用的更短期间内的未来现金流量，折现为该金融工具当前账面价值所使用的利率。在计算实际利率时，公司会在考虑金融工具（如提前还款权等）的所有合同条款（但不会考虑未来信用损失）的基础上预计未来现金流量。计算项目包括属于实际利率组成部分的订约方之间所支付或收取的各项收费、交易费用及溢价或折价。

金融资产发生减值损失后，确认利息收入所使用的利率为计量减值损失时对未来现金流量进行贴现时使用的利率。

6.1.12.2 手续费、佣金及其他收入

手续费及佣金收入主要包括信托报酬及咨询顾问费，其中信托报酬是根据信托合同规定的方法或标准确认应由信托项目承担的受托人报酬；咨询顾问费按照提供劳务收入的确认条件，在提供劳务交易的结果能够可靠估计时确认为收入。

**6.1.13 所得税的会计处理方法**

所得税包括当期所得税和递延所得税。除由于企业合并产生的调整商誉，或与直接计入股东权益的交易或者事项相关的计入股东权益外，均作为所得税费用或收益计入当期损益。

公司对于当期和以前期间形成的当期所得税负债或资产，按照税法规定计算的预期应缴纳或返还的所得税金额计量。

公司根据资产、负债于资产负债表日的账面价值与计税基础之间的暂时性差异，以及未作为资产和负债确认但按照税法规定可以确定其计税基础的项目的账面价值与计税基础之间的差额产生的暂时性差异，采用资产负债表债务法计提递延所得税。

各种应纳税暂时性差异均据以确认递延所得税负债，除以下情况。

（1）应纳税暂时性差异是在以下交易中产生的。商誉的初始确认，或者具有以下特征的交易中产生的资产或负债的初始确认：该交易不是企业合并，并且交易发生时既不影响会计利润也不影响应纳税所得额或可抵扣亏损。

（2）对于与子公司、合营企业及联营企业投资相关的应纳税暂时性差异，该暂时性差异转回的时间能够控制并且该暂时性差异在可预见的未来很可能不会转回。

对于可抵扣暂时性差异、能够结转以后年度的可抵扣亏损和税款抵减，公司以很可能取得用来抵扣可抵扣暂时性差异、可抵扣亏损和税款抵减的未来应纳税所得额为限，确认由此产生的递延所得税资产，除非发生以下情形。

（1）可抵扣暂时性差异是在以下交易中产生的：该交易不是企业合并，并且交易发生时既不影响会计利润也不影响应纳税所得额或可抵扣亏损。

（2）对于与子公司、合营企业及联营企业投资相关的可抵扣暂时性差异，同时满足下列条件的，确认相应的递延所得税资产：暂时性差异在可预见的未来很可能转回，且未来很可能获得用来抵扣可抵扣暂时性差异的应纳税所得额。

公司于资产负债表日，对于递延所得税资产和递延所得税负债，依据税法规定，按照预期收回该资产或清偿该负债期间的适用税率计量，并反映资产负债表日预期收回资产或清偿负债方式的所得税影响。

公司于资产负债表日，对递延所得税资产的账面价值进行复核，如果未来期间很可能无法获得足够的应纳税所得额用于抵扣递延所得税资产的利益，减记递延所得税资产的账面价值。公司于资产负债表日，重新评估未确认的递延所得税资产，在很可能获得足够的应纳税所得额可供所有或部分递延所得税资产转回的限度内，确认递延所得税资产。

## 6.2 或有事项说明

2018年末，公司发生对外担保额为76 500万元。

2018年初担保余额为零，年末担保余额为76 500万元。无逾期担保情况发生。在被担保单位未履行偿债义务的情况下，公司将承担相应债务。

## 6.3 重要资产转让及其出售的说明

无。

## 6.4 会计报表中重要项目的明细资料

**6.4.1 披露自营资产经营情况**

6.4.1.1 按信用风险五级分类结果披露信用风险资产的期初数、期末数

| 风险分类 | 正常类（万元） | 关注类（万元） | 次级类（万元） | 可疑类（万元） | 损失类（万元） | 信用风险资产合计（万元） | 不良资产合计（万元） | 不良资产率（%） |
|---|---|---|---|---|---|---|---|---|
| 期初数 | 339 982.31 | 93 512.72 | 14 065.13 | 44 138.00 | 1 830.96 | 493 529.12 | 60 034.09 | 12.16 |
| 期末数 | 404 536.41 | 82 836.25 | 21 676.47 | 3 062.13 | 1 830.96 | 513 942.22 | 26 569.56 | 5.17 |

注：不良资产合计＝次级类＋可疑类＋损失类。

6.4.1.2 各项资产减值损失准备的期初数、本期计提、本期转回、本期核销、期末数

单位:万元

| | 期初数 | 本期计提 | 本期转回 | 本期核销 | 期末数 |
|---|---|---|---|---|---|
| 贷款损失准备 | 31 442.00 | 1 500.00 | 29 942 | — | 3 000.00 |
| 可供出售金融资产减值准备 | 22 710.00 | 8 099.77 | — | — | 30 809.77 |
| 持有至到期投资减值准备 | 1 200.00 | 592.18 | — | — | 1 792.18 |
| 长期股权投资减值准备 | — | — | — | — | 0.00 |
| 坏账准备 | 707.28 | — | — | — | 707.28 |
| 投资性房地产减值准备 | — | — | — | — | 0.00 |
| 其他减值准备 | 49.34 | — | — | — | 49.34 |
| 各项资产减值损失准备合计 | 56 108.62 | 10 191.95 | 29 942.00 | — | 36 358.57 |

6.4.1.3 按照投资品种分类，分别披露固有业务股票投资、基金投资、债券投资、股权投资等投资业务的期初数、期末数

单位:万元

| | 自营股票 | 基金 | 债券 | 长期股权投资 | 其他投资 | 合计 |
|---|---|---|---|---|---|---|
| 期初数 | 50.80 | 44 470.91 | 7 323.88 | 43 265.86 | 24 598.73 | 119 710.18 |
| 期末数 | — | 31 072.95 | 2 986.97 | 43 265.86 | 34 387.56 | 111 713.34 |

6.4.1.4 按投资入股金额排序，前五名的自营长期股权投资的企业名称、占被投资企业权益的比例、主要经营活动及投资收益情况等

| 企业名称 | 占被投资企业权益的比例(%) | 主要经营活动 | 投资收益(万元) |
|---|---|---|---|
| 长城嘉信资产管理有限公司 | 22.00 | 特定客户资产管理业务 | 297.89 |
| 长城基金管理有限公司 | 17.65 | 基金募集、基金销售、资产管理等 | 882.35 |
| 渤海财产保险股份有限公司 | 6.77 | 财产损失险、责任险、信用保险和保证保险、短期健康险和意外伤害险等 | 无 |
| 天津津南村镇银行股份有限公司 | 6.67 | 吸收公众存款，发放短期、中长期贷款，办理国内结算等 | 518.89 |
| 天津滨海农村商业银行股份有限公司 | 2.86 | 吸收存款、发放贷款、办理结算、同业拆借、办理票据承兑和贴现等 | 无 |

注:投资损益是指按照企业会计准则规定，核算股权投资确认损益并计入披露年度利润表的金额。

6.4.1.5 前五名的自营贷款的企业名称、占贷款总额的比例和还款情况等(从大到小顺序排列)

| 企业名称 | 占贷款总额的比例(%) | 还款情况 |
|---|---|---|
| 天津源泰投资控股有限公司 | 30.35 | 未到期 |
| 内蒙古天宇信力置业发展有限责任公司 | 19.87 | 未到期 |
| 天津冶金集团中兴盛达钢业有限公司 | 11.04 | 逾期 |
| 亿达建设集团有限公司 | 11.04 | 未到期 |
| 永泰红磡控股集团有限公司 | 7.17 | 未到期 |

6.4.1.6 表外业务的期初数、期末数，按照担保业务、代理业务和其他类型表外业务分别披露

单位:万元

| 表外业务 | 期初数 | 期末数 |
|---|---|---|
| 担保业务 | — | 76 500 |
| 代理业务 | — | — |
| 其他 | — | — |
| 合计 | — | 76 500 |

注:代理业务主要反映因客观原因应规范而尚未完成规范的历史遗留委托业务，包括委托贷款和委托投资。

6.4.1.7 公司当年的收入结构(母公司口径、并表口径同时披露)

| 收入结构 | 金额(万元) | 占比(%) |
|---|---|---|
| 手续费及佣金收入 | 47 099.68 | 73.42 |
| 其中:信托手续费收入 | 46 946.33 | 73.18 |
| 投资银行业务收入 | — | — |
| 利息收入 | 23 196.72 | 36.16 |
| 其他业务收入 | 75.34 | 0.12 |
| 其中:计入信托业务收入部分 | — | — |
| 投资收益 | 1 434.07 | 2.24 |
| 其中:股权投资收益 | 1 962.60 | 3.06 |
| 证券投资收益 | -780.80 | -1.22 |
| 其他投资收益 | 252.27 | 0.39 |
| 公允价值变动收益 | -8 115.19 | -12.65 |
| 营业外收入 | 459.26 | 0.72 |
| 收入合计 | 64 149.88 | 100.00 |

注:1. 手续费及佣金收入、利息收入、其他业务收入、投资收益、营业外收入均应为损益表中的科目，其中手续费及佣金收入、利息收入、营业外收入为未抵减相应支出的全年累计实现收入数。

2. 其他收入中75.06万元是房租收入。

**6.4.2 披露信托财产管理情况**

6.4.2.1 信托资产的期初数、期末数

单位:万元

| 信托资产 | 期初数 | 期末数 |
|---|---|---|
| 集合 | 5 981 950.89 | 5 766 120.62 |
| 单一 | 18 541 330.33 | 16 000 375.93 |
| 财产权 | 4 892 704.83 | 2 082 589.52 |
| 合计 | 29 415 986.05 | 23 849 086.07 |

6.4.2.1.1 主动管理型信托业务的信托资产期初数、期末数，分证券投资、股权投资、融资类、事务管理类分别披露

单位:万元

| 主动管理型信托资产 | 期初数 | 期末数 |
|---|---|---|
| 证券投资类 | — | — |
| 股权投资类 | 1 600.15 | 2 600.14 |
| 融资类 | 214 779.80 | 1 097 761.22 |
| 事务管理类 | — | — |
| 合计 | 216 379.95 | 1 100 361.36 |

6.4.2.1.2　被动管理型信托业务的信托资产期初数、期末数，分证券投资类、股权投资类、融资类、事务管理类分别披露

单位：万元

| 被动管理型信托资产 | 期初数 | 期末数 |
| --- | --- | --- |
| 证券投资类 | 3 496 866.29 | — |
| 股权投资类 | 377 685.53 | — |
| 融资类 | 1 273 619.13 | — |
| 事务管理类 | 24 051 435.15 | 22 748 724.71 |
| 合计 | 29 199 606.10 | 22 748 724.71 |

6.4.2.2　本年度已清算结束的信托项目个数、实收信托合计金额、加权平均实际年化收益率

6.4.2.2.1　本年度已清算结束的集合类、单一类资金信托项目和财产管理类信托项目个数、实收信托合计金额、加权平均实际年化收益率

| 已清算结束的信托项目 | 项目个数（个） | 实收信托合计金额（万元） | 加权平均实际年化收益率（%） |
| --- | --- | --- | --- |
| 集合类 | 59 | 1 802 273.10 | 7.4578 |
| 单一类 | 160 | 12 642 431.25 | 7.4676 |
| 财产管理类 | 25 | 3 001 749.78 | 4.3355 |

注：1. 收益率是指信托项目清算后，给受益人赚取的实际收益水平。

2. 加权平均实际年化收益率 =（信托项目 1 的实际年化收益率 × 信托项目 1 的实收信托 + 信托项目 2 的实际年化收益率 × 信托项目 2 的实收信托 + … + 信托项目 $n$ 的实际年化收益率 × 信托项目 $n$ 的实收信托）/（信托项目 1 的实收信托 + 信托项目 2 的实收信托 + … + 信托项目 $n$ 的实收信托）×100%。

6.4.2.2.2　本年度已清算结束的主动管理型信托项目个数、实收信托合计金额、加权平均实际年化收益率，分证券投资类、股权投资类、融资类、事务管理类分别计算并披露

| 已清算结束的信托项目 | 项目个数（个） | 实收信托合计金额（万元） | 加权平均实际年化信托报酬率（%） | 加权平均实际年化收益率（%） |
| --- | --- | --- | --- | --- |
| 证券投资类 | — | — | — | — |
| 股权投资类 | 1 | 3 540.00 | 2.4388 | 10.0851 |
| 融资类 | 2 | 18 182.00 | 1.9620 | 8.1742 |
| 事务管理类 | — | — | — | — |

注：加权平均实际年化信托报酬率 =（信托项目 1 的实际年化信托报酬率 × 信托项目 1 的实收信托 + 信托项目 2 的实际年化信托报酬率 × 信托项目 2 的实收信托 + … + 信托项目 $n$ 的实际年化信托报酬率 × 信托项目 $n$ 的实收信托）/（信托项目 1 的实收信托 + 信托项目 2 的实收信托 + … + 信托项目 $n$ 的实收信托）×100%。

6.4.2.2.3　本年度已清算结束的被动管理型信托项目个数、实收信托合计金额、加权平均实际年化收益率，分证券投资、股权投资类、融资类、事务管理类分别计算并披露

| 已清算结束的信托项目 | 项目个数（个） | 实收信托合计金额（万元） | 加权平均实际年化信托报酬率（%） | 加权平均实际年化收益率（%） |
| --- | --- | --- | --- | --- |
| 证券投资类 | — | — | — | — |
| 股权投资类 | — | — | — | — |
| 融资类 | — | — | — | — |
| 事务管理类 | 241 | 17 424 732.13 | 0.1768 | 6.9249 |

6.4.2.3　本年度新增的集合类、单一类和财产管理类信托项目个数、实收信托合计金额

| 新增信托项目 | 项目个数（个） | 实收信托合计金额（万元） |
| --- | --- | --- |
| 集合类 | 47 | 760 670.48 |
| 单一类 | 93 | 3 579 825.16 |
| 财产管理类 | 3 | 216 806.00 |
| 新增合计 | 143 | 4 557 301.64 |
| 其中：主动管理型 | 36 | 579 177.16 |
| 被动管理型 | 107 | 3 978 124.48 |

注：本年新增信托项目指在本报告年度内累计新增的信托项目个数和金额。包含本年度新增并于本年度内结束的项目和本年度新增至报告期末仍在持续管理的信托项目。

6.4.2.4　本公司履行受托人义务情况及因公司自身责任而导致的信托资产损失情况（合计金额、原因等）

无。

## 6.5　关联方关系及其交易的披露

### 6.5.1　关联交易方的数量、关联交易的总金额及关联交易的定价政策等

| | 关联交易方数量（个） | 关联交易金额（万元） | 定价政策 |
| --- | --- | --- | --- |
| 合计 | 5 | 411 600.00 | 市场定价 |

注：关联交易定义应以《公司法》《企业会计准则第 36 号——关联方披露》有关规定为准。

### 6.5.2　关联交易方与公司的关系性质、关联交易方的名称、法定代表人、注册地址、注册资本及主营业务等

| 关系性质 | 关联方名称 | 法定代表人 | 注册地址 | 注册资本（万元） | 主营业务 |
| --- | --- | --- | --- | --- | --- |
| 同一控制人 | 渤海财产保险股份有限公司 | 许宁 | 天津市河西区解放南路256号泰达大厦 | 162 500 | 财产损失保险；责任保险；信用保险和保证保险；短期健康保险和意外伤害保险；上述业务的再保险业务；国家法律、法规允许的保险资金运用业务；经保监会批准的其他业务（以上经营范围涉及行业许可的凭许可证件，在有效期限内经营，国家有专项专营规定的按规定办理）。 |
| 公司股东的关联企业 | 成都泰达时代房地产开发有限公司 | 杨智勇 | 中国（四川）自由贸易试验区成都市高新区天府大道北段1288号泰达时代中心1栋4单元19层 | 10 000 | 房地产开发；房屋销售和租赁、房地产信息咨询服务（依法须经批准的项目，经相关部门批准后方可开展经营活动）。 |
| 同一控制人 | 福建津汇房地产开发有限公司 | 于志丹 | 泉州市洛江区万福街万源花苑A幢二楼 | 59 245 | 房地产开发与销售；物业管理及租赁；室内建筑装饰工程；园林绿化工程；销售：建筑装饰材料（不含危险化学品）（依法须经批准的项目，经相关部门批准后方可开展经营活动）。 |

续表

| 关系性质 | 关联方名称 | 法定代表人 | 注册地址 | 注册资本(万元) | 主营业务 |
| --- | --- | --- | --- | --- | --- |
| 控股子公司 | 泰达宏利基金管理有限公司 | 弓劲梅 | 北京市西城区金融大街7号英蓝国际金融中心南楼三层 | 18 000 | 基金募集;基金销售;资产管理;中国证监会许可的其他业务(依法须经批准的项目,经相关部门批准后依批准的内容开展经营活动)。 |
| 公司股东的关联企业 | 天津国泰会展有限公司 | 王　龙 | 天津市西青经济开发区赛达新兴产业园赛达九纬路8号E1座609室 | 273 372 | 会展服务;基础设施建设;以自有资金对房地产业投资;广告业务;仓储;房屋租赁;代收水费、电费、燃气费、物业费(依法须经批准的项目,经相关部门批准后方可开展经营活动)。 |
| 公司股东的关联企业 | 天津市泰达国际控股(集团)有限公司 | 卢志永 | 天津经济技术开发区盛达街9号泰达大厦金融广场11层 | 1 037 279 | 重点对金融业及国民经济其他行业进行投资控股;监督、管理控股投资企业的各种国内、国际业务;投资管理及相关咨询服务;进行金融综合产品的设计,促进机构间协同,推动金融综合经营;对金融机构的中介服务;金融及相关行业计算机管理、网络系统的设计、建设、管理、维护、咨询服务、技术服务;资产受托管理(依法须经批准的项目,经相关部门批准后方可开展经营活动)。 |
| 公司的股东 | 天津泰达股份有限公司 | 胡　军 | 天津开发区第三大街16号 | 147 557 | 以自有资金对建筑业、房地产业、纺织业、化学纤维制造业、批发零售业、交通运输、仓储业、电力生产和供应业、环境和公共设施管理业、住宿和餐饮业、科学研究和技术服务业、教育业、文化、体育和娱乐业等行业投资;资产经营管理(金融资产除外);投资咨询服务;自有房屋租赁及管理服务(依法须经批准的项目,经相关部门批准后方可开展经营活动)。 |
| 公司股东的关联企业 | 天津泰达集团有限公司 | 房大海 | 天津市开发区第三大街16号 | 358 000 | 工业、商业、房地产业的投资、房产开发与销售;经营与管理及科技开发咨询业务;化学仟维及其原料、包装物的制造和销售;自营和代理各类商品及技术的进出口业务(国家限定公司经营或禁止进出口的商品及技术除外);对基础设施开发建设进行投资;自有房屋租赁及管理;产权交易代理中介服务(依法须经批准的项目,经相关部门批准后方可开展经营活动)。 |
| 公司股东 | 天津泰达投资控股有限公司 | 张秉军 | 天津经济技术开发区盛达街9号1201 | 1 007 695 | 以自有资金对区域内基础设施开发建设、金融、保险、证券业、房地产业、交通运输业、电力、燃气、蒸汽及水的生产和供应业、建筑业、仓储业、旅游业、餐饮业、旅馆业、娱乐服务业、广告、租赁服务业的投资;高新技术开发、咨询、服务、转让;房屋租赁;基础设施建设;土地开发整理;汽车租赁、设备租赁(不含融资租赁)(依法须经批准的项目,经相关部门批准后方可开展经营活动)。 |
| 公司股东的关联企业 | 天津星科置业有限公司 | 张文涛 | 天津市津南区八里台工业园区建设路6号A区206室 | 3 000 | 房地产开发;物业管理;自有房屋租赁;酒店管理;广告设计、制作、代理、发布(依法须经批准的项目,经相关部门批准后方可开展经营活动)。 |
| 公司股东的关联企业 | 天津星天房地产开发有限公司 | 刘华洲 | 天津市津南区八里台工业园区建设路6号A区207室 | 3 000 | 房地产开发;房屋中介服务;代理销售商品房;企业管理咨询服务;自有房屋租赁;装饰装修工程设计、施工;建筑用材料、装饰装修材料批发兼零售(依法须经批准的项目,经相关部门批准后方可开展经营活动)。 |

**6.5.3　公司与关联方的重大交易事项**

6.5.3.1　固有财产与关联方:贷款、投资、租赁、担保、应收账款、其他方式等期初汇总数、本期借方和贷方发生额汇总数、期末汇总数

单位:万元

| 固有与关联方关联交易 | | | | |
| --- | --- | --- | --- | --- |
| | 期初数 | 借方发生额 | 贷方发生额 | 期末数 |
| 贷款 | — | — | — | — |
| 投资 | 11 000.00 | — | — | 11 000.00 |
| 租赁 | — | — | — | — |
| 担保 | — | — | — | — |
| 应收账款 | — | — | — | — |
| 其他 | — | — | — | — |
| 合计 | 11 000.00 | — | — | 11 000.00 |

注:无自营资产与关联方重大关联交易具体情况。

6.5.3.2　信托资产与关联方:贷款、投资、租赁、应收账款、担保、其他方式等期初汇总数、本期发生额汇总数、期末汇总数

单位:万元

| 信托与关联方关联交易 | | | | |
| --- | --- | --- | --- | --- |
| | 期初数 | 借方发生额 | 贷方发生额 | 期末数 |
| 贷款 | 553 440.00 | 411 600.00 | 359 240.00 | 605 800.00 |
| 投资 | 15 080.00 | — | 4 080.00 | 11 000.00 |
| 租赁 | — | — | — | — |
| 担保 | — | — | — | — |
| 应收账款 | — | — | — | — |
| 其他 | — | — | — | — |
| 合计 | 568 520.00 | 411 600.00 | 363 320.00 | 616 800.00 |

注:无信托资产与关联方重大关联交易具体情况。

6.5.3.3 信托公司自有资金运用于自己管理的信托项目（固信交易）、信托公司管理的信托项目之间的相互（信信交易）交易金额，包括余额和本报告年度的发生额

6.5.3.3.1 固有财产与信托财产之间的交易金额期初汇总数、本期发生额汇总数、期末汇总数

单位：万元

| 固有财产与信托财产相互交易 | | | |
|---|---|---|---|
| | 期初数 | 本期发生额 | 期末数 |
| 合计 | 83 512.72 | 3 400 | 86 912.72 |

注：1. 以固有资金投资公司自己管理的信托项目受益权，或购买自己管理的信托项目的信托资产均应纳入统计披露范围。
2. 无固有财产和信托资产之间重大关联交易具体情况。

6.5.3.3.2 信托资产与信托财产之间的交易金额期初汇总数、本期发生额汇总数、期末汇总数

单位：万元

| 信托资产与信托财产相互交易 | | | |
|---|---|---|---|
| | 期初数 | 本期发生额 | 期末数 |
| 合计 | 128 258.00 | −98 000.00 | 30 258.00 |

注：以公司受托管理的一个信托项目的资金购买自己管理的另一个信托项目的受益权或信托项下资产均应纳入统计披露范围。

**6.5.4 逐笔披露关联方逾期未偿还公司资金的详细情况及公司为关联方担保发生或即将发生垫款的详细情况**

无。

### 6.6 会计制度的披露

固有业务（自营业务）、信托业务执行会计制度的名称及颁布的年份如下。

公司自营业务遵循 2014 年度颁布的新《企业会计准则——基本准则》《企业会计准则——应用指南》以及财政部颁布的《企业会计准则实施问题专家工作组意见》及财政部颁布的其他规章制度。

信托业务执行 2014 年度颁布的新《企业会计准则——基本准则》。

## 7. 财务情况说明书

### 7.1 利润实现和分配情况（母公司口径和并表口径同时披露）

#### 7.1.1 母公司口径

2018 年，公司实现净利润41 944.99万元，按净利润的10%提取盈余公积金为4 194.5万元、按5%提取信托赔偿准备金为2 097.25万元，本年应计提一般风险准备金为710.26万元，进行上述分配后，留存净利润为34 942.98万元。年初未分配利润为255 305.93万元，2018 年向股东分红为24 924.87万元，2018 年末可供分配利润为265 324.04万元。

### 7.2 主要财务指标

#### 7.2.1 母公司口径

续表

| 指标名称 | 指标值 |
|---|---|
| 资本利润率（%） | 9.71 |
| 加权年化信托报酬率（%） | 0.1786 |
| 人均净利润（万元） | 176.61 |

注：1. 资本利润率 = 净利润/所有者权益平衡 ×100%。
2. 加权年化信托报酬率 =（信托项目 1 的实际年化信托报酬率 × 信托项目 1 的实收信托 + 信托项目 2 的实际年化信托报酬率 × 信托项目 2 的实收信托 + … + 信托项目 $n$ 的实际年化信托报酬率 × 信托项目 $n$ 的实收信托）/（信托项目 1 的实收信托 + 信托项目 2 的实收信托 + … + 信托项目 $n$ 的实收信托） ×100%。
3. 人均净利润 = 净利润/年平均人数。
4. 平均值采取年初、年末余额简单平均法。
5. 公式为：a（平均）=（年初数 + 年末数）/2。

### 7.3 对公司财务状况、经营成果有重大影响的其他事项

无。

## 8. 特别事项揭示

### 8.1 前五名股东报告期内变动情况及原因

2018 年 11 月 27 日，根据中国银行保险监督管理委员会天津监管局《天津银保监局筹备组关于北方国际信托股份有限公司变更股权的批复》（津银保监筹[2018]172 号），津联集团有限公司将所持有公司 112 227 970 股股份、天津市财政局将所持有公司 62 419 161 股股份、天津津融投资服务集团有限公司将所持有公司 41 808 064 股股份、天津市医药集团有限公司将所持有公司 28 937 830 股股份、天津泰达投资控股有限公司将法院裁定给其的原天津轮船实业发展集团股份有限公司所持有公司 9 206 273 股股份转让给天津渤海文化产业投资有限公司。

2019 年 2 月 20 日，公司在天津市滨海新区市场监督管理局完成变更股权后股东信息的工商备案，并按照《天津银保监局筹备组关于北方国际信托股份有限公司变更股权的批复》（津银保监筹[2018]172 号）要求，向中国银行保险监督管理委员会天津监管局报告。

截至信息披露日的报告期内，公司前五名股东变动情况如表所示。

| 报告期初 | | | 报告期末 | | |
|---|---|---|---|---|---|
| | 股东单位名称 | 持股比例（%） | | 股东单位名称 | 持股比例（%） |
| 1 | 天津泰达投资控股有限公司 | 32.33 | 1 | 天津泰达投资控股有限公司 | 32.33 |
| 2 | 津联集团有限公司 | 11.21 | 2 | 天津渤海文化产业投资有限公司 | 25.43 |
| 3 | 天津市财政局 | 6.23 | 3 | 天津泰达股份有限公司 | 5.43 |
| 4 | 天津泰达股份有限公司 | 5.43 | 4 | 天津市宁发集团有限公司 | 4.75 |
| 5 | 天津市宁发集团有限公司 | 4.75 | 5 | 天津泰达热电有限公司 | 4.32 |
| — | — | — | | 天津泰达水业有限公司 | 4.32 |
| — | — | — | | 天津泰达电力有限公司 | 4.32 |

### 8.2 董事、监事及高级管理人员变动情况及原因

根据公司 2018 年 4 月 2 日召开的第三届董事会 2018 年

第五次临时会议决议，免去王建东北方国际信托股份有限公司董事长职务，推举朱文芳代为履行北方国际信托股份有限公司董事长职务，代为履职的时间不超过6个月。

根据公司2016年1月25日召开的第三届董事会2016年第一次临时会议决议，聘任金树良担任公司总经济师，任职资格经《天津银保监局筹备组关于金树良任职资格的批复》（津银保监筹［2018］189号）核准，金树良自核准之日起履行相应职责。

根据公司2018年8月30日召开的第三届董事会2018年第十一次临时会议决议，聘任董刚担任公司总经理助理，任职资格经《天津银保监局筹备组关于董刚任职资格的批复》（津银保监筹［2018］220号）核准，董刚自核准之日起履行相应职责。

根据公司2018年8月30日召开的第三届董事会2018年第十一次临时会议决议，聘任刘德发担任公司总经理助理，任职资格经《天津银保监局筹备组关于刘德发任职资格的批复》（津银保监筹［2018］222号）核准，刘德发自核准之日起履行相应职责。

根据公司2018年8月30日召开的第三届董事会2018年第十一次临时会议决议，聘任张文栋担任公司运营总监，任职资格经《天津银保监局筹备组关于张文栋任职资格的批复》（津银保监筹［2018］219号）核准，张文栋自核准之日起履行相应职责。

## 8.3 变更注册资本、变更注册地或公司名称、公司分立合并事项

截至信息披露日，公司无注册资本、注册地、公司名称变更及分立合并事项。

## 8.4 公司重大诉讼事项

截至信息披露日，智造（中国）项目的4.41亿元不良贷款已全部收回。公司不存在重大诉讼事项。

## 8.5 公司及其董事、监事和高级管理人员受到处罚的情况

2018年7月，中国人民银行天津分行对公司下达了行政处罚决定书，对公司作出罚款5万元的行政处罚。

截至信息披露日，监管部门没有发生对公司董事、监事和高级管理人员进行处罚的情况。

## 8.6 银保监会及其派出机构对公司检查后的整改情况

截至信息披露日的报告期内，中国银行保险监督管理委员会天津监管局对公司落实深化整治银行业市场乱象情况和房地产业务进行了专项现场检查，并提出监管意见及建议。公司高度重视，认真制定各项整改措施，组织相关部门和人员，逐一安排落实，并将有关落实情况上报银保监局。公司将切实贯彻落实监管意见，牢固树立合规经营意识，加强内部管理和制度建设，积极创新业务模式，不断提升核心竞争力，努力实现公司的持续、稳定和健康发展。

## 8.7 本年度重大事项临时报告的简要内容、披露时间、所披露的媒体及其版面

2018年4月9日，公司在《证券时报》B055版就朱文芳代为履行公司董事长职务事项进行了重大事项临时披露。

2018年12月10日，公司在《证券时报》B037版就公司修改章程事项进行了重大事项临时披露。

2019年1月9日，公司在《证券时报》B001版就变更2018年度年审会计师事务所事项进行了重大事项临时披露。

2019年3月20日，公司在《证券时报》B011版就公司修改章程事项进行了重大事项临时披露。

## 8.8 其他重大需披露信息

2018年4月8日，公司增资扩股项目在天津产权交易中心正式挂牌。

2019年2月20日，公司完成国有股权整合工作，股东单位数量由27家变更为24家。

## 8.9 公司履行社会责任情况

### 8.9.1 法律责任

8.9.1.1 坚持将合规经营放在首位

公司将确保国家法律法规和公司内部规章制度的贯彻执行作为内部控制最主要的目标，不断加强合规管理，规范经营。公司建立了完备合规管理组织架构，各级机构负有明确的合规职责；具有独立的合规管理部门，有符合专业、素质要求的合规管理人员；制定了能确保合规工作正常开展的管理制度和操作流程，并能有效执行。公司积极倡导和培育良好的合规文化和价值理念，提升全员合规意识和全流程风险控制意识。完善项目立项会和预审会制度，力求对合规风险进行准确识别、揭示；强化审计稽核部的项目事中监测职能，形成业务风险控制的完整闭环，进一步提升公司的风险控制能力。

8.9.1.2 诚信经营、自觉履行纳税义务

公司积极贯彻落实国家宏观经济政策，发挥信托制度优势，聚集社会资本，通过多种方式为实体经济提供针对性强、附加值高的金融服务。公司积极支持国家财政税收和地方经济建设，并自觉履行纳税义务，依法足额缴纳各类税费。2018年，公司累计缴纳各项税费4.41亿元，为增加国家和地方财政收入，促进地方经济发展和社会进步作出积极贡献。

### 8.9.2 经济责任

公司积极培育和宣传优良的消费者权益文化，教育引导客户加深信托产品和服务的认知，为行业健康发展奠定良好的客户基础。2018年，公司完成远离非法集资、防范电信诈骗、金融知识进万家、北方信托蓝海战略“消费者权益保护”等主题宣传活动，加强反洗钱、反恐怖融资、反逃税及警惕非法集资等主题宣传，深入社区宣讲《信托法》，通过一系列活动提升金融消费者的辨识能力和投资信心；进一步充实消费者权益保护专线客服队伍，进一步优化专线客服的投诉受理，保证消费者投诉建议渠道畅通，营造良好的消费者保护氛围。2018年，公司实现营业收入为6.26亿元，实现净利润为4.19亿元，公司管理产品全部安全兑付，全年为委托人创造收益111.61亿元。

#### 8.9.3 公益责任

公司贯彻落实国家精准扶贫政策，委派3名骨干员工驻村工作，扎实推进新一轮结对帮扶重点工作，公司党委领导班子成员多次深入武清区王庆坨镇蔡家地村、四合庄村进行实地调研，走访慰问困难群众。全年向帮扶村累计拨付295.34万元，并拨付8万余元资金协调帮扶村所属镇党委做好帮扶村党支部办公用房的建设，把推进帮扶村基层党的建设、发展集体经济、完善基础设施等重点工作落实到位。同时，公司还拨付100万元专门用于和田地区对口支援工作，体现了国有企业的责任和担当。

#### 8.9.4 人本责任

公司坚持以人为本，服务社会，成就员工。一是对标公司战略，推进实施人才招聘工程。公司借助混改东风，超前谋划，进行人才布局。二是构建培训体系，推进实施培训发展工程。2018年，公司对新员工培训进行全新设计，通过文化宣导、业务培训、团队建设相结合的方式，使新员工尽快融入公司，与公司整体战略和企业文化步调一致。三是差异考核政策，推进实施绩效优化工程。根据不同条线、部门的职能特点，制定具有针对性、差异化的考核政策，激励约束并举，精准激励、靶向约束，并通过精准考核打通员工发展路径和通道，形成员工间比能力、讲贡献的良性竞争格局，激发员工的内在动力。

## 9. 监事会独立意见

监事会认为，截至信息披露日的报告期内，董事会运作规范、程序合法；公司董事、高管人员履职时，能够忠于职守、勤勉尽责。未发现公司董事、高级管理人员在执行公司职务时违反法律法规、违背公司规章制度或损害公司股东、公司利益的行为。公司建立了较为完善的内部控制体系和健全的风险管控体系，信息披露及时、准确、完整。公司年度报告真实地反映了公司的财务状况和经营成果。

# 北京国际信托有限公司

## 1. 重要提示

1.1 本公司董事会及董事保证本报告所载资料不存在任何虚假记载、误导性陈述或者重大遗漏，并对其内容的真实性、准确性和完整性承担个别及连带责任。本年度报告摘要摘自年度报告全文，客户及相关利益人欲了解详细内容，应阅读年度报告全文。

1.2 无董事对年度报告内容的真实性、准确性、完整性发表无法保证或存在异议的声明。

1.3 独立董事贝多广、王化成、吴晶妹、王剑钊4人保证本报告所载资料不存在任何虚假记载、误导性陈述或者重大遗漏，并对其内容的真实性、准确性和完整性承担个别及连带责任。

1.4 天职国际会计师事务所(特殊普通合伙)为本公司出具了无保留意见的审计报告。

1.5 公司负责人法定代表人李民吉、总经理周瑞明、总会计师吴京林声明：保证年度报告中财务会计报告的真实、完整。

## 2. 公司概况

### 2.1 公司简介

北京国际信托有限公司(以下简称公司或本公司)成立于1984年10月，2000年3月增资改制成为多家企业参股的非银行金融机构。2002年3月，经中国人民银行批准重新登记。2007年，经中国银行业监督管理委员会批准，公司实施了引进境外战略投资人的股权重组，同时按照信托新规的要求换发了新的金融许可证。公司注册资本金为22亿元。

公司始终恪守"谨慎、诚信、尽职、创新"的理念，坚持防范风险、合规经营、持续创新、稳健发展的方针。公司在现代企业制度基础上建立了日臻完善的法人治理结构；拥有高素质、专业化的业务管理团队；具备较雄厚的产品研发、创新实力并已形成系列品牌；建立了涵盖各类业务操作流程、内控制度在内的较为完备的风险管理体系。基于健全的内部管理架构和有效的激励机制，并依托于良好和谐的外部环境，公司业务取得了快速发展。截至2018年末，公司净资产达到88.74亿元，受托管理的信托财产余额为2 269.96亿元，分配信托财产收益为116.65亿元。公司以自身不断提升的综合实力为投资人创造了安全、稳定的信托财产增值收益，成为广大投资人值得信赖的金融机构。公司为中国信托业协会会员、常务理事单位。

2.1.1 中文名称：北京国际信托有限公司
中文名称缩写：北京信托
英文名称：Beijing International Trust Co. , Ltd.
英文名称缩写：BJITIC

2.1.2 法定代表人：李民吉
地　　址：北京市朝阳区安立路30号院1号、2号楼
邮政编码：100012
网　　址：www. bjitic. com
电子信箱：webmaster@ bjitic. com

2.1.3 信息披露事务负责人：夏彬
电　　话：010-59680888
传　　真：010-59680999
电子信箱：xiabin@ bjitic. com

2.1.4 信息披露报纸：《上海证券报》

2.1.5 年度报告备置地点：北京市朝阳区安立路30号院1号、2号楼

2.1.6 公司聘请的会计师事务所：天职国际会计师事务所(特殊普通合伙)
住所：北京市海淀区车公庄西路19号68号楼A-1和A-5区域

2.1.7 公司聘请的律师事务所：北京市华贸硅谷律师事务所
住所：北京市朝阳区慧忠路5号远大中心C座17层

2.1.8 财务报表数据口径说明

本公司于2011年5月投资设立北京国投汇成创业投资管理有限公司，持有其100%的股权，自2012年起本公司按照《企业会计准则》编制合并报表。本公司于2014年4月发起投资设立北信瑞丰基金管理有限公司，持有其60%的股权，自2014年起本公司按照《企业会计准则》编制合并报表。

根据会计准则规定，本年财务报表同时存在"合并报表"和"公司报表"两个概念。除特殊说明外，本报告中的相关分析均为合并报表数据口径。

除特别说明外，本报告所有信托业务数值保留至小数点后两位数，若出现总数与各分项数值之和尾数不符的情况，均为四舍五入原因造成的。

## 2.2 组织结构

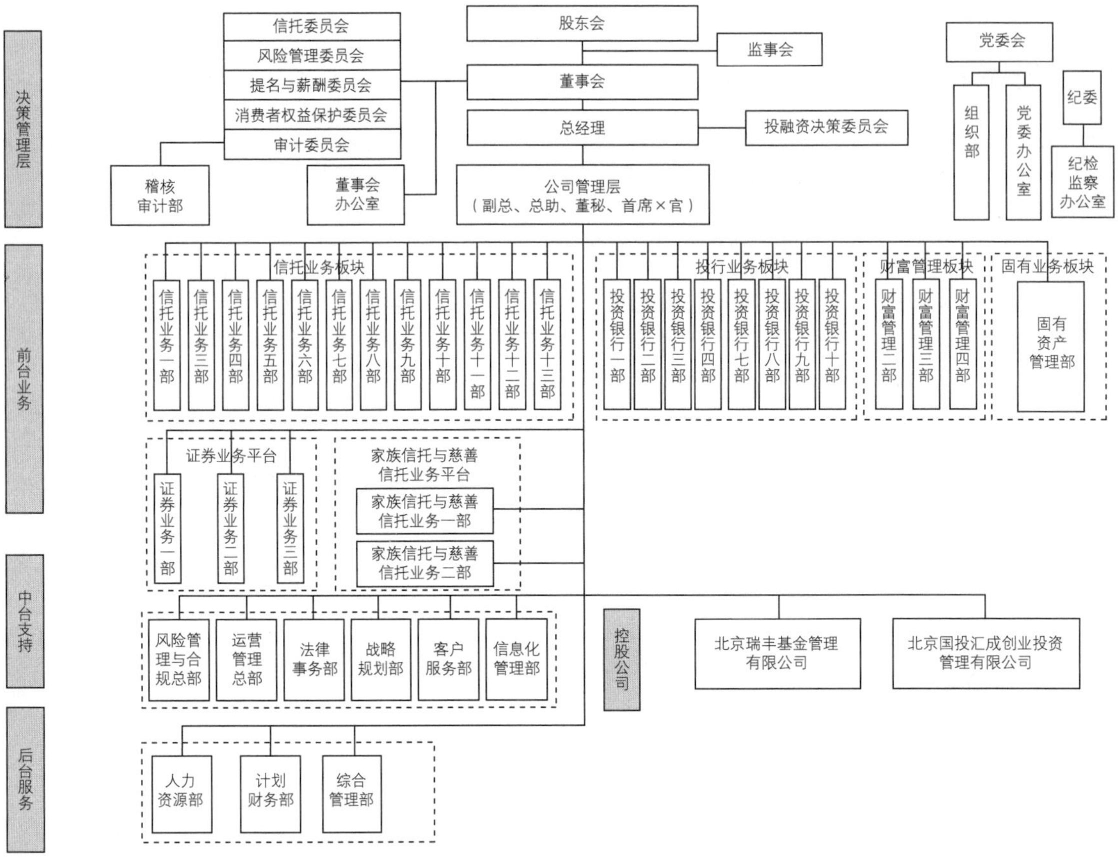


# 3. 公司治理

## 3.1 股东

| 序号 | 股东名称 | 持股金额（元） | 占比（%） |
|---|---|---|---|
| 1 | 北京市国有资产经营有限责任公司 | 754 600 000.00 | 34.30 |
| 2 | 航天科技财务有限责任公司 | 337 127 377.02 | 15.32 |
| 3 | 威益投资有限公司（Win Eagle Investments Limited） | 336 713 485.67 | 15.30 |
| 4 | 中国石油化工股份有限公司 | 314 285 714.29 | 14.29 |
| 5 | 上海游久游戏股份有限公司 | 139 595 297.85 | 6.35 |
| 6 | 杭州钢铁集团有限公司 | 135 142 857.14 | 6.14 |
| 7 | 天津经济技术开发区投资有限公司 | 72 204 464.40 | 3.28 |
| 8 | 鹏丰投资有限公司 | 55 371 428.57 | 2.52 |
| 9 | 北京宏达信资产经营有限公司 | 36 102 232.20 | 1.64 |
| 10 | 北京市海淀区欣华农工商公司 | 18 857 142.86 | 0.86 |
|  | 合　计 | 2 200 000 000 | 100 |

## 3.2 董事

| 序号 | 姓名 | 董事性质 | 担任本机构及其他机构职务 | 国别 | 年龄（岁） | 选任时间 | 任期（年） | 代表股东 | 该股东持股比例（%） |
|---|---|---|---|---|---|---|---|---|---|
| 1 | 李民吉 | 董事 | 法定代表人 | 中国 | 53 | 2015年9月 | 3 | 北京市国有资产经营有限责任公司 | 34.3 |
| 2 | 周瑞明 | 董事 | 党委副书记、副董事长、总经理 | 中国 | 55 | 2016年3月 | 3 | 北京市国有资产经营有限责任公司 | 34.3 |
| 3 | 徐 哲 | 董事 | 副董事长<br>北京市国有资产经营有限责任公司党委委员、董事、副总裁 | 中国 | 48 | 2016年2月 | 3 | 北京市国有资产经营有限责任公司 | 34.3 |
| 4 | 张育明 | 董事 | 董事<br>航天科技财务有限责任公司 | 中国 | 60 | 2017年3月 | 3 | 航天科技财务有限责任公司 | 15.32 |
| 5 | 于宏英 | 董事 | 董事<br>中诚信投资集团有限公司总裁 | 中国 | 54 | 2016年3月 | 3 | 威益投资有限公司<br>（Win Eagle Investments Limited） | 15.30 |
| 6 | 朱汪友 | 董事 | 董事<br>中国石化销售有限公司华北分公司<br>副总经理 | 中国 | 50 | 2016年1月 | 3 | 中国石油化工股份有限公司 | 14.29 |
| 7 | 许汉章 | 董事 | 董事<br>上海游久游戏股份有限公司党委书记 | 中国 | 62 | 2015年9月 | 3 | 上海游久游戏股份有限公司 | 6.35 |
| 8 | 吴东明 | 董事 | 董事<br>杭钢集团有限公司总会计师、杭钢股份董事长 | 中国 | 48 | 2017年7月 | 3 | 杭州钢铁集团有限公司 | 6.14 |
| 9 | 贝多广 | 独立董事 | 独立董事<br>中国人民大学中国普惠金融研究院理事会联席主席兼院长 | 中国 | 61 | 2016年2月 | 3 | 无 | 无 |
| 10 | 王化成 | 独立董事 | 独立董事<br>中国人民大学商学院教授 | 中国 | 55 | 2016年3月 | 3 | 无 | 无 |
| 11 | 吴晶妹 | 独立董事 | 独立董事<br>中国人民大学财政金融学院教授 | 中国 | 54 | 2016年3月 | 3 | 无 | 无 |
| 12 | 王剑钊 | 独立董事 | 独立董事<br>北京奋迅律师事务所合伙人 | 中国 | 50 | 2016年1月 | 3 | 无 | 无 |
| 13 | 夏 彬 | 职工董事 | 董事会秘书 | 中国 | 47 | 2016年2月 | 3 | 无 | 无 |

## 3.3 监事

| 序号 | 姓名 | 监事性质 | 担任本机构及其他机构职务 | 国别 | 年龄（岁） | 选任时间 | 任期（年） | 代表股东 | 该股东持股比例（%） |
|---|---|---|---|---|---|---|---|---|---|
| 1 | 王进才 | 监事 | 天津经济技术开发区投资有限公司副总经理 | 中国 | 59 | 2015年9月 | 3 | 天津经济技术开发区投资有限公司 | 3.28 |
| 2 | 王深坤 | 监事 | 航天科技财务有限责任公司副总经理 | 中国 | 45 | 2016年12月 | 3 | 航天科技财务有限责任公司 | 15.32 |
| 3 | 孟福增 | 监事 | 已退休 | 中国 | 64 | 2015年9月 | 3 | 鹏丰投资有限公司 | 2.52 |
| 4 | 刘 率 | 监事 | 北京宏达信资产经营有限公司财务总监 | 中国 | 43 | 2015年9月 | 3 | 北京宏达信资产经营有限公司 | 1.64 |
| 5 | 韩新梅 | 监事 | 北京市海淀区欣华农工商公司监事会主任 | 中国 | 53 | 2015年9月 | 3 | 北京市海淀区欣华农工商公司 | 0.86 |
| 6 | 韩 波 | 职工监事 | 北京国际信托有限公司<br>战略规划部总经理 | 中国 | 46 | 2015年9月 | 3 | — | — |
| 7 | 董 颖 | 职工监事 | 北京国际信托有限公司<br>稽核审计部总经理 | 中国 | 59 | 2015年9月 | 3 | — | — |

## 3.4 高级管理人员

| 姓名 | 职务 | 性别 | 年龄（岁） | 任职日期 | 金融从业年限（年） | 学历 | 专业 | 简要履历 |
|---|---|---|---|---|---|---|---|---|
| 周瑞明 | 党委副书记、副董事长、总经理 | 男 | 55 | 2016年3月 | 25 | 博士 | 企业管理 | 中国社会科学院研究生院管理学博士，历任中国人民银行金管司干部，原国务院证券管理委员会办公室副处长、国内市场处处长，中国证券监督管理委员会上市公司部监管二处处长、信息统计部副主任、党委办公室副主任、宣传部副部长，共青团中国证监会委员会书记，北京国际信托有限公司党委副书记、纪委书记、副总经理；现为公司党委副书记、副董事长、总经理。 |

续表

| 姓　名 | 职　务 | 性别 | 年龄（岁） | 任职日期 | 金融从业年限（年） | 学历 | 专　业 | 简要履历 |
|---|---|---|---|---|---|---|---|---|
| 瞿　纲 | 副总经理 | 男 | 44 | 2013年2月 | 18 | 硕士 | 工商管理 | 中国科学院研究生院工商管理硕士，历任中国建设银行岳阳分行营业部外汇业务部副经理、经理，中国建银投资有限责任公司处室负责人，中投信托有限责任公司党委委员、副总经理，中国建银投资有限责任公司组负责人；现为公司党委委员、副总经理。 |
| 幸宇晖 | 副总经理 | 女 | 54 | 2014年5月 | 30 | 硕士 | 国际金融 | 中国人民大学金融硕士，北京国际信托有限公司国际金融部、国际业务部、金融业务部、资金信托部、信托总部等部门经理，北京国际信托有限公司总经理助理、首席风控官兼风险管理部总经理；现为公司党委委员、副总经理。 |
| 何晓峰 | 副总经理 | 男 | 46 | 2014年10月 | 14 | 硕士 | 工商管理 | 清华大学工商管理硕士，历任北京国际信托公司信托一部信托经理、信托总部副总经理、高级信托经理、房地产信托业务总部总经理、不动产信托事业一部第一责任人；现为公司党委委员、副总经理。 |
| 吴京林 | 总会计师 | 男 | 54 | 2008年7月 | 25 | 硕士 | 国际工商管理 | 美国德克萨斯大学阿灵顿分校EMBA，历任北京国际信托有限公司稽核审计部经理、计划财务部经理、副总会计师等职务；现为公司党委委员、总会计师。 |
| 黄晓炜 | 总经理助理 | 女 | 48 | 2013年6月 | 24 | 硕士 | 政治经济学 | 中国人民大学经济学硕士，历任北京国际信托有限公司大户交易室经理、信托总部高级信托经理、合规与风险管理部经理、信托业务运营管理部总经理、首席风控官兼风险管理部经理等职务；现为公司总经理助理兼人力资源部总经理。 |
| 夏　彬 | 董事会秘书 | 男 | 47 | 2015年3月 | 11 | 硕士 | 政治经济学 | 浙江大学政治经济学硕士，先后在君安证券、国信证券等公司任职，担任深业集团深业投资开发公司投资总部总经理，中电投资控股公司中电基金合伙人；现为公司董事会秘书。 |
| 孟广杰 | 首席运营官 | 女 | 47 | 2019年1月 | 24 | 硕士 | 会计学 | 中央财经大学会计硕士，历任北京国际信托有限公司信托财务部高级业务经理、托管部副总经理、总经理、运营管理总部总经理。 |

公司专职党委副书记1人。

| 姓　名 | 职　务 | 性别 | 年龄（岁） | 任职日期 | 金融从业年限（年） | 学历 | 专　业 | 简要履历 |
|---|---|---|---|---|---|---|---|---|
| 何燕卿 | 党委副书记 | 男 | 56 | 2016年3月 | 2 | 研究生 | 法律 | 中共北京市委党校法学专业研究生，历任北京市大兴县地税局常务副局长，丰台区地税局局长，丰台区发改委主任、北京化学工业集团有限公司副总经理等职务；现为公司党委副书记。 |

### 3.5　公司员工

报告期内，公司职工人数为268人，平均年龄为35岁。

| 项　目 | | 报告期年度（2018年） | | 报告期年度（2017年） | |
|---|---|---|---|---|---|
| | | 人数（人） | 比例（%） | 人数（人） | 比例（%） |
| 年龄分布 | 20岁以下 | 0 | 0 | 0 | 0 |
| | 20~29岁 | 64 | 23.9 | 68 | 26.2 |
| | 30~39岁 | 148 | 55.2 | 130 | 50.0 |
| | 40岁以上 | 56 | 20.9 | 62 | 23.8 |
| 学历分布 | 博士 | 7 | 2.6 | 7 | 2.7 |
| | 硕士 | 191 | 71.3 | 174 | 66.9 |
| | 本科 | 65 | 24.3 | 71 | 27.3 |
| | 专科 | 5 | 1.9 | 8 | 3.1 |
| | 其他 | 0 | 0.0 | 0 | 0.0 |
| 岗位分布 | 高管人员 | 6 | 2.2 | 6 | 2.3 |
| | 自营业务人员 | 4 | 1.5 | 8 | 3.1 |
| | 信托业务人员 | 233 | 86.9 | 219 | 84.2 |
| | 其他人员 | 25 | 9.3 | 27 | 10.4 |

## 4.　经营管理

### 4.1 经营目标、经营方针、战略规划

经营目标：以诚信合规、稳健发展为理念，充分发挥信托功能，建成战略清晰、实力雄厚、管理严谨、风控完备、队伍精良、执行得力的卓越信托公司。

经营方针：继续坚持防范风险、合规经营、持续创新、稳健发展的方针。

战略规划：将遵循国家和监管部门法规，遵循信托业的发展规律，安全稳健运作作为公司发展的第一要务，进一步优化公司法人治理结构，在内部组织、决策流程、产品研发和营销、风险控制和管理、信息管理系统、人力资源等方面实施有效管理，进一步加大风险控制的深度管理，强化规范发展，使公司形成具有自身鲜明特色的业务结构和可持续健康发展盈利模式，形成品种多样、结构合理的新型信托业务结构，扩大信托资产管理规模，确立自身在信托领域的专长优势，为机构投资者和私人投资者提供一流的信托金融服务，并努力使股东获得较好的回报，共享财富稳定增值收益。

## 4.2 所经营业务的主要内容

### 4.2.1 自营资产运用与分布表

| 资产运用 | 金额（万元） | 占比（%） | 资产分布 | 金额（万元） | 占比（%） |
|---|---|---|---|---|---|
| 货币资产 | 155 768 | 13.16 | 基础产业 | 0 | 0.00 |
| 贷款及应收款 | 565 580 | 47.80 | 房地产业 | 129 231 | 10.92 |
| 交易性金融资产 | 26 185 | 2.21 | 证券市场 | 78 913 | 6.67 |
| 可供出售金融资产 | 217 471 | 18.38 | 实业 | 462 195 | 39.06 |
| 持有至到期投资 | 184 744 | 15.61 | 金融机构 | 484 820 | 40.97 |
| 长期股权投资 | 5 411 | 0.46 | 其他 | 28 057 | 2.37 |
| 其他 | 28 057 | 2.37 | | | |
| 资产总计 | 1 183 215 | 100.00 | 资产总计 | 1 183 215 | 100.00 |

### 4.2.2 信托资产运用与分布表

| 资产运用 | 金额（万元） | 占比（%） | 资产分布 | 金额（万元） | 占比（%） |
|---|---|---|---|---|---|
| 货币资产 | 103 894.00 | 0.46 | 基础产业 | 3 935 931.58 | 17.34 |
| 贷款及拆出 | 8 869 808.08 | 39.07 | 房地产 | 6 650 622.94 | 29.30 |
| 交易性金融资产 | 2 260 472.32 | 9.96 | 证券市场 | 2 749 393.62 | 12.11 |
| 可供出售金融资产 | 886 732.14 | 3.91 | 实业 | 3 066 713.79 | 13.51 |
| 持有至到期投资 | 3 703 154.38 | 16.31 | 金融机构 | 5 656 658.21 | 24.92 |
| 长期股权投资 | 5 764 498.51 | 25.39 | 其他 | 640 250.61 | 2.82 |
| 其他 | 1 111 011.32 | 4.89 | | | |
| 信托总资产 | 22 699 570.75 | 100.00 | 信托总资产 | 22 699 570.75 | 100.00 |

## 4.3 市场分析

### 4.3.1 宏观经济形势分析

2018 年，在以习近平同志为核心的党中央坚强领导下，国民经济运行保持在合理区间，总体平稳、稳中有进态势持续显现。GDP 同比增速达 6.6%，实现了预期的发展目标。经济稳定性与协调性持续显现，主要表现为以下几个方面：一是经济新动能培育壮大。随着创新驱动发展战略的大力实施，新产业、新业态、新商业模式层出不穷，新技术、新产品、新服务不断涌现，新动能成为保持经济平稳增长的重要动力。二是持续深入开展供给侧结构性改革，完成“三去一降一补”的重要任务。在去产能方面，工业产能利用率显著提升，相关产品价格出现明显上涨；在去库存方面，房地产库存大幅下降；在去杠杆方面，总体债务率上升势头得到了有效控制；在降成本和补短板方面，我国陆续出台了一系列减税降费、优化口岸营商环境促进跨境贸易便利化等有效措施。三是结构调整深化优化。全国固有资产投资增加，民间投资回升强劲，民营企业加杠杆意愿提升，第三产业投资加速，制造业成为投资的主动力，投资结构不断优化，房地产投资保持韧性。四是消费对经济增长的推动作用更加显著。2018 年最终消费支出对经济增长的贡献率为 76.2%，消费转型升级态势明显，消费规模逐步扩大，消费水平进一步提高，消费结构不断改善。新兴业态和新商业模式快速发展，消费品市场业态结构、商品结构、城乡结构持续优化，消费继续发挥经济增长主要驱动力的作用；居民收入结构继续优化、居民消费水平与生活品质继续提高。

我国经济持续增长的同时，外部环境发生明显变化，中国经济面临的外部风险加大，需要密切关注国际经济增速放缓、中美贸易战、人民币贬值等问题所带来的连锁性影响。

### 4.3.2 金融形势分析

2018 年，人民银行继续坚持稳健中性的货币政策，进一步疏通货币政策传导机制，继续强化政策统筹协调，前瞻性地采取了一系列有力措施，积极应对错综复杂的内外部形势变化，为供给侧结构性改革和高质量发展营造了适宜的货币金融环境。其主要表现在以下几方面：一是灵活开展公开市场操作。通过降准、新增 MLF 等方式提供中长期流动性，改善银行体系流动性期限结构。同时，针对地方债发行速度加快、第三方支付机构交存备付金和季节性因素等引起的流动性短期变化，灵活开展逆回购操作，保持银行体系流动性合理充裕，维护货币市场利率平稳运行。二是开展中期借贷便利和常备借贷便利操作，保证基础货币供给。三是降低部分金融机构存款准备金率，增加金融机构支持小微企业、民营企业和创新型企业的资金来源，增强内生经济增长动力，推动实体经济健康发展。四是发挥宏观审慎评估（MPA）的逆周期调节作用，适时调整外汇风险准备金率。五是支持扩大小微企业和民营企业等重点领域与薄弱环节的信贷投放，深入推进金融精准扶贫，深化小微企业服务，做好乡村振兴、科技、文化、资产证券化等金融服务。

2018 年是金融监管大年。银监会和保监会合并，金融监管体系进一步完善。一是我国金融监管政策统一性加强，包括资管新规、理财新规与私募资管新规的全局平衡；信用评级体系的互联互通、债券市场监管的有机统一、互联网金融与民间借贷的协调行动、助力小微企业金融服务的监管新思路等。二是积极推进金融开放，主要体现在跨境人民币结算、金融市场放开外资进入、金融机构放开外资持股比例限制、明确外资投资准入负面清单等四个方面。三是资管合并监管，大资管新规、理财新规、信托资管新规、证监体系私募资管新规陆续问世，大资管行业配套政策陆续推进。四是服务实体经济与民生发展。以疏通货币政策传导机构、加快基建项目建设、加强实体经济服务为导向，深度支持贫困地区脱贫攻坚，服务“三农”、民营和小微企业。

### 4.3.3 影响公司业务发展的主要因素

#### 4.3.3.1 有利因素

宏观经济发展基本面向好，为信托业的发展奠定了良好的社会基础和经济基础。国家进一步加大京津冀协同发展规划、雄安新区规划、“一带一路”建设和“珠三角”“长三角”、环渤海以及成渝城市群等战略布局，积极稳妥推进区域发展与产业布局；基础设施投资快速增长，民生工程建设加快，供给侧结构性改革成效明显；随着居民收入提高和消费升级，旅游、文化、养老、健康、体育“五大幸福产业”快速发展，新消费潜能加快释放，间接融资发展空间巨大。

“强监管”背景下信托行业转型调整。监管政策频繁发布，在一定程度上促进了信托行业有序、规范发展。《关于加强资产管理业务过渡期内信托监管工作的通知》确保信托行业在资管新规指引下实现平稳过渡，《信托公司受托责任尽职指引》有效界定了信托公司作为受托人的具体职责，有利于进一步规范信托业务操作，《中国信托登记有限责任公司信托登记管理细则》对于规范信托登记工作、加快信托登记改革起到了积极的促进作用。在资管新规和一系列监管政策的共同作用下，信托行业减量提效，信托资产结构不断优化、行业资本实力继续增强、主动管理能力持续提高、转型发展步伐更加坚定，信托业从高速增长阶段向高质量发展阶段转变。

信托公司加强业务创新。2018年，信托公司加强精细化发展，积极推动业务创新，在资产证券化、房地产股权投资、家族信托、消费信托、慈善信托等领域业务特色明显，同时，加强风险防控，实现资金来源及投向更加多元化，不断增强主动管理能力。

公司层面不断提升公司治理水平及专业管理能力。2018年，公司冷静分析宏观经济金融形势，打造强大中台强化风险前置与管控，严守风险底线，实现稳步发展；公司深耕传统业务，加速业务创新。公司在原有的房地产领域推动真实股权投资，以综合金融手段积极服务区域发展与地方政府。在TOF、可交换债、阳光私募、家族信托、遗嘱信托、资产证券化、慈善信托等领域不断实践，为公司展业进行了有益的探索；重构CRM系统、研发家族信托服务系统、银联代理收付系统、小微系统及个贷系统，架设新的基础数据平台，提高数据质量，增强服务功能，优化业务流程，积极迎接科技金融时代的到来；公司通过博士后科研工作站、“种子计划”、校园招聘等多种方式积极储备优秀人才。

4.3.3.2 不利因素

宏观经济增长动力不足，企业违约事件频发，信托行业面临较大市场风险；证券市场持续低迷，极大影响了证券投资业务的拓展；政信合作、房地产市场无论是在市场层面还是在政策层面均出现了一系列变化，市场展业限制不断增多。

2018年，在严监管的背景下，信托行业迎来转型“阵痛期”。资金端上，市场资金整体偏紧，资金成本较高；资产端上，实体融资需求叠加信用风险暴露，信托资金投向上项目风险集聚。

银行理财新规明确了未来银行成立的独立的银行理财子公司将开展理财业务，在私募理财方面，银行理财子公司将对信托行业形成较大的竞争压力。

2018年人民币购汇监管日趋严格，资金出境渠道受限，人民币汇率走势尚不明朗。信托行业海外跨境投资受到较大影响。

政信合作、房地产市场无论是在市场层面还是在政策层面均出现了剧烈变化，市场展业限制不断增多，缺乏业务亮点和趋势性机会。

## 4.4 内部控制

### 4.4.1 内部控制环境和内部控制文化

4.4.1.1 公司内部控制遵循原则

全面性原则。内部控制覆盖公司的所有部门和岗位，渗透各项业务过程和业务环节。

审慎性原则。内部控制的核心是有效防范各种风险，公司组织体系的构成、内部管理制度的建立以防范风险、审慎经营为出发点。

独立性原则。公司内部机构的设置权责分明，各业务部门相对独立，部门之间建立防火墙。

有效性原则。公司内部管理制度具有高度的权威性。

适时性原则。公司内控制度随着公司经营战略、经营方针、经营理念等内部环境的变化和国家法律法规、政策制度等外部环境的变化进行相应的修改和完善。

相互制约原则。公司在内部组织结构的设计上形成一种相互制约的机制，建立不同岗位之间的制衡体系。

4.4.1.2 公司内部控制的主要政策和程序

授权控制。根据业务发展需要，建立相应的权限管理体系，实行法人统一授权和管理。

岗位分离。明确有关部门分设，有关岗位分离，自营和信托业务人员不相互兼职等。

资产隔离。对自营资产和信托资产分别管理。

规范操作。对各项业务制定系统、成文的业务流程和操作指引，实行统一规范的业务标准和操作要求。

### 4.4.2 组织保障

通过规范法人治理结构、建立内控组织、制定业务运作基本政策和工作流程、完善授权制度、充实内部审计系统等内容，形成内控制度，主要包括以下五个层次。

4.4.2.1 董事会

负责建立和完善公司的风险管理体系并保持其有效性，负责督促、检查和评价公司的各项内部控制制度的建立与执行，评价公司经营的主要风险，确定这些风险的可控性和可承受程度，并对其负有最终的责任。

4.4.2.2 监事会

履行程序化的监督检查职能，具体负责监督董事会和经营层相关风险管理制度的执行情况，并形成报告提交股东会审议。

4.4.2.3 风险管理委员会

董事会层面的董事会风险管理委员会侧重宏观、中观的风险管理，履行公司风险管理的目标和政策，建立健全公司风险管理体系建设和流程管控程序等职责。投融资决策委员会作为董事会风险管理委员会下设的经营层面的风险管理机构，侧重微观具体工作，在董事会授权范围内审议公司业务方案及具体项目，对公司经营管理及业务开展过程中的风险防范提出指导意见，审议业务经营管理过程中风险监控的措施，对显现的风险制定化解措施。

4.4.2.4 经营层

经营层负责执行由股东会、董事会批准的年度业务发展计划，履行风险目标设定和资源分配等职能，确定适当的内控政策、各业务系列风险管理的具体目标。

4.4.2.5 各职能部门和业务管理部门

通过建立合理的业务流程和内部控制制度，明确各部门的职责、部门之间的分工和协作关系。具体为：风险与合规管理部门负责对业务风险进行审核、管理，建立风险体系和各类业务流程系统，统筹管理公司合规事务，负责项目所有法律文件的最终审查，对业务开展提供全流程法律支持；运营管理部门负责信托存续期的管理和监控，负责监督控制信托业务财务运作；稽核审计部门负责完善内部审计流程，定期进行业务全过程管理的检查；计划财务部门负责监督控制全公司经济效益的落实情况；人力资源部门负责人力资源的配置和管理，考核评价员工的风险管理职责的完成情况；战略规划部门负责公司发展战略的研究及公司信托业务创新平台的建立；综合管理部门负责公司对外联络、公司形象及宣传、公司内控制度维护，监督公司整个信息系统的安全性和信息流的规范性。

4.4.3 制度保证

本着规范管理、防范风险的原则，加强内控制度的建设并不断进行完善，已制定了包括公司治理、业务管理、合规内控、综合管理等在内的类别清晰、体系完整的多项制度，以及实施细则和操作流程，形成较完善的制度保障体系。同时通过标准合同文本指引方式，规范法律文件，基本形成标准化、规范化、制度化的业务管理体系。为适应业务发展需要，加强内控管理，报告期内按照公司内控制度修订计划，已完成对公司内控制度的全面修订工作，并实施了业务管理流程的优化工作。

4.4.4 流程约束

公司注重执行力管理和程序管理，在既有的五道防范业务风险的“防火墙”的基础上，将每一道“防火墙”继续细化和对接，使业务流程上下环节协调和相互制衡。

一是项目前期尽职调查。项目评审人员下沉至项目现场，风险监控延伸内嵌到前期尽调阶段，确保项目前期尽职调查的审慎性，切实做好项目的基础调研工作。

二是实行初审制度。公司初审制度，所有项目的前期尽调资料提交风险与合规管理部门、运营管理部门和客户服务部门进行前期审核。初审各部门负责组织项目风险审核与控制工作，重点把握项目的合规性、资料的完整性、经济可行性、风险揭示的充分性、法律文件严谨性及中后期管理方案的可行性、营销与消费者权益保护方案的合理性等内容。

三是投融资决策委员会决策。实行委员问责制的投融资决策委员会对项目进行综合评判、直接审查，是防范业务风险最重要的环节。

四是风险与合规管理部门在资金拨付前的把关控制，运营管理部门对信托项目实行独立、标准化的集中管理。

五是风险与合规管理部门和稽核审计部门的追踪监控和评价预警。严格执行风险控制制度和稽核审计制度，着重对信托项目进行始点管理和过程管理。依据信托项目日常管理及重大事项管理制度、信托财产风险评估制度、信息披露制度及危机处理制度，把控风险控制流程。

4.4.5 信息交流与反馈

公司梳理了所有前中后期业务流程，根据人员变动和各部门需求继续完善综合业务管理系统和流程，实现了数据流、信息流和资金流的共享。公司优化了项目审批及中后期项目管理业务流程系统，系统针对各个业务环节和操作流程建立了一整套较为规范合理的风险防范和监控功能。公司信息传递路径通畅，各项信息上通下达，交流反馈快捷，确保了公司安全运行和持续发展。

4.4.6 监督评价与纠正机制

公司建立自控、互控、监控三结合的内控机制，对内部控制活动进行检查、评价、监督和纠正。

业务部门对各项业务和项目进行跟踪管理，一旦发现存在问题，及时予以自纠。

风险与合规管理部门按照风险管理的事前严格调查和审查以及事中、事后跟踪管理和监控不同阶段的管理特征，规范相应的内部审批、操作和风险管理的程序，细化和完善内控制度，通过制度化、流程化监控、管理信托业务流程的具体执行。

稽核审计部门对业务的各项运作和风险管理进行动态审计和检查，对业务的开展进行合规性检查，并进行有效性评价和风险识别，对相关人员的行为规范进行监督和检查；根据审计的结果撰写审计报告，对被审计项目或信托经理作出客观评价，并提出意见或建议；对内审报告作出的结论和处理意见的执行及整改情况进行后期追踪检查，督促整改落实。

## 4.5 风险管理

4.5.1 风险管理概况

报告期内公司贯彻减量提质的发展战略，严控风险、追求质量、全力转型、深耕资产。面对复杂经济形势，公司始终把业务风险管控作为公司经营管理的首要任务，化挑战为机遇，积极贯彻落实监管部门对风险防控工作的各项要求。公司坚持进一步完善风险管理架构和风控体系的基础建设，明确了年度风险管理政策和目标，严格落实风险防控双线责任，落实风险责任制，从严履行受托人责任，严守风险底线，全力保证信托财产安全运行，努力做到防风险、不出事。

4.5.1.1 进一步强化项目全过程管控，防范发生受托人责任风险

公司严格执行年度风险管理政策，加强了对风控条线部门的人力资源配置；细化了岗位设置和职能分工，风控管理链条进一步延伸，实现项目成立前的全流程管控和项目风险监控内嵌。强化了对业务部门负责人和员工在日常工作中的风控要求，加强项目和业务的风险管控，动态把握项目中后期进程，做好舆情风险管理和风险项目的跟踪处置等工作。

项目立项尽调阶段。2018 年，公司修订了《项目审议管理办法（试行）》，进一步明确了初审责任，提升了项目初审质量；全面梳理决策会审批机制，严格落实独立评审制、匿名评审制、主管副总回避制、审批时效限制等风险控制措施，严守风险底线。

2018 年，公司进一步优化项目审议流程，实现评审人员下沉至项目现场进行尽调，参与项目方案设计，从而实现了项目尽职调查阶段到项目成立阶段的风险监控内嵌。通过项目现场实地考察，公司提前掌握业务动向，在项目交易结构、合规性以及风控措施等多方面进行把关，为不同类型业务在项目前期提供专业化建议和意见，同时为公司审议、决策提供参考。公司加强对项目基础材料和尽调情况的审慎核查，规范尽职调查程序，防范受托人责任风险，加强业务尽职调查基础资料审核力度，确保审议质量。同时，公司调整完善了会计师、评估师等中介机构的选聘流程，加强了对项目实质性风险的识别判断与细节把控，从源头上严格把控风险。通过公开招标，择优选择国内排名领先的大型会计师事务所及评估师事务所，将服务机构范围大幅缩小，建立战略合作机构库，公司所有项目的尽职调查与评估工作由公司指定部门统一聘任，进一步加强了对中介机构服务质量的集中管理。

项目存续期的中后期管理阶段。公司将提升项目管理水平，有效防范兑付风险作为存续期项目监控的首要任务，2018 年，公司制定了《信托项目中后期管理办法（试行）》，对中后期管理职责进一步细化及丰富，并通过制定常用中后期管理措施的统一标准等一系列操作指引，提升中后期管理的规范化和精细化水平，通过在事前审查、事中管理及事后处置等进行全流程的管控，风险防范作用进一步升级。

4.5.1.2　加强舆情监测，防范发生舆情风险

公司全面扩展风险管控的关注面，将声誉风险作为公司核心风险、系统性风险的重要内容强化管理。一是借助专业化手段将舆情监测内容和范围扩宽，监测目标由全网络平台到各类相关媒体，从不同层面和角度开展舆情监测工作；二是提升公司服务水平，进一步完善客户投诉机制与消费者权益保护机制，及时解决客户反映的问题，提升客户服务满意度；三是设置预警机制，制定应急处置预案，细化突发事件报送流程，形成公司快速反应的联动机制，有效地防范公司的声誉风险。

4.5.1.3　建立业务展业指引，完善内控制度体系建设

2018 年，公司持续优化内控制度，根据业务发展及监管环境的实际情况，修订完善风险管理的各项制度办法，根据业务发展需要分门别类地拟定业务标准文本。主要修订、制定了公司《风险管理办法》《个人房产抵押贷款业务管理办法》《证券投资信托业务投资顾问管理办法》《股指期货信托业务管理办法（试行）》《融资类房地产信托业务风控指引》等内控制度及业务指引，界定了风险边界，引导业务布局。

**4.5.2　风险状况**

4.5.2.1　信用风险状况

信用风险主要表现为公司交易对手不能履行合约义务带来的风险，其中包括业务合作伙伴、贷款对象的信用风险，资金往来银行的信用风险，从而导致公司资产价值发生变动遭受损失的风险。公司自营信用风险资产合计 1 145 820 万元，其中正常类信用风险资产为 1 140 420 万元，可疑类为 500 万元，损失类为 4 900 万元。

4.5.2.2　市场风险状况

市场风险主要表现为因市场价格——利率、汇率、股票价格和商品价格等的不利变动而使公司的表内和表外业务发生损失的风险，具体表现为经济运行周期变化风险、金融市场利率波动风险、通货膨胀风险、房地产交易风险、证券市场、货币市场交易风险等。这些风险的存在不但影响信托财产的价值及信托收益水平，也将影响公司由于资产负债结构不匹配等而导致公司整体的、当前和未来收入的损失。报告期内，公司未发生因市场风险所造成的损失。

4.5.2.3　操作风险状况

操作风险主要是公司内部控制、系统及运营过程中的错误或疏忽或外部事件而可能引起潜在损失的风险，表现在信息系统还不够全面及时，风险评估、风险管理的程序和结构、会计系统还不够完善，以及人员操作不规范和责任心不强等方面。报告期内，公司未发生因操作风险所造成的损失。

4.5.2.4　其他风险状况

其他风险主要是指公司业务开展中的合规风险、政策风险、公司信誉风险、人员道德风险等。报告期内，公司未发生因上述风险所造成的损失。

**4.5.3　风险管理**

4.5.3.1　信用风险管理

信用风险主要表现为公司交易对手不能履行合约义务带来的风险，其中包括业务合作伙伴、贷款对象的信用风险，资金往来银行的信用风险，从而导致公司资产价值发生变动遭受损失的风险。为有效规避信用风险，公司主要实施以下风险管理手段。

（1）公司通过事前评估、事中控制、事后评价的风险控制体系来防范和规避信用风险。密切结合国家宏观调控政策、产业导向政策和地区经济发展战略，加强对融资对象的运营状况和信用分析；完善业务各环节的责任评议，做到责任到岗、责任考评、责任追究三个环节紧密相扣，环环问责。

（2）抵（质）押品确认的主要原则：抵（质）押品必须是抵（质）押人所有的或依法有权处分的财产；要求抵（质）押品所有权人在房产、土地等主管部门办理抵（质）押登记手续。

（3）公司根据财政部《金融企业准备金计提管理办法》（财金[2012]20 号）的规定，计提准备金，包括一般准备和相关资产减值准备。一般准备余额原则上不得低于风险资产期末余额的 1.5%。

（4）公司按不低于净利润 5% 的比例从税后利润中计提信托赔偿准备。该赔偿准备累计总额达到本公司注册资本的 20% 时，可不再提取信托赔偿准备金。

4.5.3.2　市场风险管理

面临种种复杂多变的市场风险，公司调整了信托业务布局。一是在房地产业务方面，公司实施了主动收缩的策略，采取了更加审慎的房地产项目准入政策，同时稳步推进房地产信托业务转型，将房地产项目的风险监控作为公司风险管理工作的重点，对于新增项目从房地产业态、所在区域、交易对手信用等方面充分识别风险，针对存量项目做好动态评估与压力测试，落实还款来源，防范兑付风险。二是在政信合作方面，公司调整了政信业务的区域布局和交易模式。积极响应京津冀协同发展的国家战略大局和雄安新区建设的千年大计，以及北京市副中心建设和非首都功能疏解的指导方针，优化区域布局，同时加强了对地方政府债务风险的甄别，结合财政收入结构、债务余额占 GDP 比重等指标衡量地方政府偿债能力，在此基础上对政信合作业务实施名单制管理。三是公司稳妥开展资本市场业务，着重培养公司自主管理能力。四是公司对于证券投资信托业务的投资人考核其真实的资金实力与风险承受能力，保障了证券业务的平稳运行。

报告期内公司未发生因市场风险所造成的损失。

4.5.3.3　操作风险管理

公司严格履行受托人职责，从严格内控合规管理，严格岗位分离，规范员工行为，保障信息系统安全管理等方面防范操作风险，结合内控制度审计成果，启动了内控制度的集中修订，加强内控执行力；对公司业务审批流程进行持续的优化，明确节点责任；适时优化公司信息系统，为提高管理效能，启动了信息数据智能化项目，推行大数据库建设。

报告期内公司未发生因操作风险所造成的损失。

4.5.3.4　其他风险管理

公司强化了合法合规经营的制度保障，持续关注法律、法规的最新发展，正确理解和准确把握其内涵，并及时对业务程序和操作指引进行梳理和修订；注重员工培训，提高员工的业务技能和风险管理意识；加强职业道德教育，增强员工的工作责任心，提高公司信誉。

报告期内公司未发生因上述风险所造成的损失。

## 4.6　社会责任

**4.6.1　经济责任——主动服务实体经济**

公司积极贯彻落实国家宏观政策和产业政策导向，充分利

用信托制度的灵活性参与国家重大战略，助推国家经济结构调整，主动服务实体经济发展。

公司通过城市建设发展基金等模式，支持“一带一路”倡议以及京津冀协同发展等国家战略，支持雄安新区、通州城市副中心、非首都功能疏解、冬奥会等重点领域重大工程建设。

在支持战略性新兴产业、促进高新技术企业发展等方面，公司以多种方式支持节能环保产业发展，资金分别投向 LED 照明、余热发电、垃圾和污水处理、清洁能源管理机制开发等领域。

公司以切身行动支持区域协调发展，推动城乡协调发展，在江苏泰州、江苏句容、江苏镇江、江苏海安、安徽亳州、福建晋江、四川宜宾成立了城市发展基金，为地方城市建设、产业园区开发、交通水利、保障性住房等项目提供资金支持。公司与北京海淀区、昌平区、密云区、门头沟区等重点区县签署战略合作协议，积极支持北京市区县经济发展。

#### 4.6.2 民生责任——关注社会事业发展

为助推中小微企业成长，公司在服务中小企业的过程中积极探索创新型模式，满足中小企业个性化融资需求，除提供信托贷款外，还采用股权投资、“信托贷款 + 信贷资产转让”、信托应收账款权益投资等多种方式加强中小企业服务创新，形成以政府政策和资源为引导，社会资金为支持，信托、担保公司、商业银行等多方互动的高效率、常态化、应用广、风险低并能互利共赢的全新融资模式。

公司积极响应北京市委、市政府关于农村“土地流转起来、资产经营起来、农民组织起来”的“三起来”号召，联合北京市农村经济研究中心，设计了针对农民个人和农村集体财富管理需求进行服务的“富民系列”信托产品及配合土地流转信托的资金信托产品。信托方案充分体现了信托制度在服务“三农”领域的优势，有效地支持了“三农”的发展。

#### 4.6.3 受托责任——致力创造可靠财富

2018 年，公司继续加强对客户合法权益的保护，完善了风险合规体系建设，落实客户权益保障机制。

在过去的一年中，公司进一步完善风控制度、优化业务审批流程，形成了完备的业务审批和中后期管理体系，夯实风控体系，强化尽责。

在家族信托、小账户理财、养老消费信托及资产证券化等业务中，公司发挥信托制度优势，不断开拓创新，更好地满足了客户的需求。

按照《关于规范金融机构资产管理业务的指导意见》与配套出台和细化的系列监管政策和指导意见等要求，公司进一步加强了消费者权益保护体制机制建设，重点加强了销售合规性管理，修订了公司反洗钱内控制度与信托合同等信托文件标准文本，进一步完善了 CRM 系统及远程双录移动端建设，业内首次推出了财富人员营销专属电话系统。此外，公司以“普及金融知识，守住钱袋子”“远离非法集资—防范金融诈骗”为金融知识宣传教育主题，以举办客户活动和系列专题讲座为载体，增强金融消费者的金融防骗意识。

#### 4.6.4 公益责任——深度参与公益慈善

2018 年，公司加大慈善信托理论和公益信托研究，根据研究成果组织开展慈善信托理论及实践的业务研讨会，大力支持相关业务部门开展慈善信托实践活动。

公司认真落实习总书记关于打赢三年脱贫攻坚战的指示精神和党中央重大战略部署，深入贯彻市委、市政府的决策部署，按照市国资委关于市属企业精准帮扶本市低收入村工作安排，扎实推进市属企业“一企一村”帮扶工作。公司成立了“一企一村”结对帮扶领导小组，基本形成了“一户一策”帮扶方案、分阶段实施方案等多项措施并积极推进，设立“光彩扶贫 001 号慈善信托”，建立“专款专用、滚动发行、阳光透明”的慈善信托帮扶机制；开展北京信托“一企一村”结对帮扶定向捐赠活动，向帮扶对象捐赠办公电脑 10 台，用于村两委更换老旧办公电脑和党员电教化使用。

#### 4.6.5 环境责任——积极投身绿色环保

公司大力开展绿色信托，成功开发相关信托计划，投资于综合利用秸秆的技术模式和科技示范基地，以点带面，系统提升全国秸秆综合利用技术水平。

## 5. 报告期末及上一年度末的比较式会计报表

### 5.1 自营资产（经审计）

#### 5.1.1 会计师事务所审计结论

**审 计 报 告**

天职业字［2019］3026 号

北京国际信托有限公司全体股东：

一、审计意见

我们审计了后附的北京国际信托有限公司（以下简称北京信托）财务报表，包括 2018 年 12 月 31 日的合并及母公司资产负债表，2018 年度的合并及母公司利润表、合并及母公司现金流量表、合并及母公司所有者权益变动表，以及财务报表附注。

我们认为，后附的财务报表在所有重大方面按照企业会计准则的规定编制，公允反映了北京信托 2018 年 12 月 31 日的合并及母公司财务状况以及 2018 年度的合并及母公司经营成果和现金流量。

二、形成审计意见的基础

我们按照中国注册会计师审计准则的规定执行了审计工作。审计报告的“注册会计师对财务报表审计的责任”部分进一步阐述了我们在这些准则下的责任。按照中国注册会计师职业道德守则，我们独立于北京信托，并履行了职业道德方面的其他责任。我们相信，我们获取的审计证据是充分、适当的，为发表审计意见提供了基础。

三、管理层和治理层对财务报表的责任

管理层负责按照企业会计准则的规定编制财务报表，使其实现公允反映，并设计、执行和维护必要的内部控制，以使财务报表不存在由于舞弊或错误导致的重大错报。

在编制财务报表时，管理层负责评估北京信托的持续经营能力，披露与持续经营相关的事项（如适用），并运用持续经营假设，除非计划进行清算、终止运营或别无其他现实的选择。

治理层负责监督北京信托的财务报告过程。

四、注册会计师对财务报表审计的责任

我们的目标是对财务报表整体是否不存在由于舞弊或错

误导致的重大错报获取合理保证，并出具包含审计意见的审计报告。合理保证是高水平的保证，但并不能保证按照审计准则执行的审计在某一重大错报存在时总能发现。错报可能由于舞弊或错误导致，如果合理预期错报单独或汇总起来可能影响财务报表使用者依据财务报表作出的经济决策，则通常认为错报是重大的。

在按照审计准则执行审计工作的过程中，我们运用职业判断，并保持职业怀疑。同时，我们也执行以下工作：

（1）识别和评估由于舞弊或错误导致的财务报表重大错报风险，设计和实施审计程序以应对这些风险，并获取充分、适当的审计证据，作为发表审计意见的基础。由于舞弊可能涉及串通、伪造、故意遗漏、虚假陈述或凌驾于内部控制之上，未能发现由于舞弊导致的重大错报的风险高于未能发现由于错误导致的重大错报的风险。

（2）了解与审计相关的内部控制，以设计恰当的审计程序，但目的并非对内部控制的有效性发表意见。

（3）评价管理层选用会计政策的恰当性和作出会计估计及相关披露的合理性。

（4）对管理层使用持续经营假设的恰当性得出结论。同时，根据获取的审计证据，就可能导致对北京信托持续经营能力产生重大疑虑的事项或情况是否存在重大不确定性得出结论。如果我们得出结论认为存在重大不确定性，审计准则要求我们在审计报告中提请报表使用者注意财务报表中的相关披露；如果披露不充分，我们应当发表非无保留意见。我们的结论基于截至审计报告日可获得的信息。

（5）评价财务报表的总体列报、结构和内容，并评价财务报表是否公允反映相关交易和事项。

（6）就北京信托中实体或业务活动的财务信息获取充分、适当的审计证据，以对财务报表发表审计意见。我们负责指导、监督和执行集团审计，并对审计意见承担全部责任。

我们与治理层就计划的审计范围、时间安排和重大审计发现等事项进行沟通，包括沟通我们在审计中识别出的值得关注的内部控制缺陷。

中国·北京　　注册会计师：谭宪才

二〇一九年一月三十一日　　注册会计师：迟文洲

#### 5.1.2　资产负债表

**合并及公司资产负债表**

编制单位：北京国际信托有限公司　　2018 年 12 月 31 日　　单位：元

| 项　目 | 行次 | 期末数 | | 期初数 | |
|---|---|---|---|---|---|
| | | 合并 | 母公司 | 合并 | 母公司 |
| 资产： | 1 | | | | |
| 现金及银行存款 | 2 | 138 524 868. 15 | 35 586 302. 97 | 173 913 912. 05 | 15 858 685. 85 |
| 存放中央银行款项 | 3 | | | | |
| 存放同业款项 | 4 | 1 419 152 670. 25 | 1 419 152 670. 25 | 906 880 124. 35 | 906 880 124. 35 |
| 贵金属 | 5 | | | | |
| 预付账款 | 6 | 13 676 734. 92 | 2 937 845. 95 | 8 074 591. 44 | 114 468. 44 |
| 以公允价值计量且其变动计入当期损益的金融资产 | 7 | 261 847 172. 53 | 125 485 157. 53 | 229 483 554. 20 | 94 505 240. 20 |
| 衍生金融资产 | 8 | | | | |
| 买入返售金融资产 | 9 | 1 400 000. 00 | | 1 803 241 080. 00 | 1 803 241 080. 00 |
| 应收账款 | 10 | 416 607 637. 31 | 375 403 466. 31 | 255 588 029. 93 | 222 914 551. 93 |
| 应收利息 | 11 | 20 721 667. 23 | 20 656 822. 23 | 60 533 934. 50 | 60 386 944. 45 |
| 应收股利 | 12 | 11 690 473. 27 | | | |
| 其他应收款 | 13 | 223 438 971. 04 | 73 624 534. 21 | 5 708 288. 85 | 2 858 627. 37 |
| 发放贷款和垫款 | 14 | 4 968 266 198. 28 | 4 968 266 198. 28 | 4 068 576 969. 83 | 4 068 576 969. 83 |
| 可供出售金融资产 | 15 | 2 174 707 556. 23 | 2 073 451 258. 23 | 2 034 179 802. 49 | 1 939 305 989. 49 |
| 持有至到期投资 | 16 | 1 847 440 000. 00 | 1 847 440 000. 00 | 1 149 135 422. 99 | 1 149 135 422. 99 |
| 长期股权投资 | 17 | 54 106 862. 84 | 405 900 000. 00 | 91 339 328. 60 | 337 278 142. 06 |
| 投资性房地产 | 18 | | | | |
| 固定资产原价 | 19 | 57 321 905. 65 | 46 023 416. 87 | 56 462 035. 08 | 45 363 100. 30 |
| 减：累计折旧 | 20 | 40 593 565. 41 | 30 939 051. 90 | 37 681 106. 01 | 28 998 946. 41 |
| 固定资产净值 | 21 | 16 728 340. 24 | 15 084 364. 97 | 18 780 929. 07 | 16 364 153. 89 |
| 减：固定资产减值准备 | 22 | | | | |
| 固定资产净额 | 23 | 16 728 340. 24 | 15 084 364. 97 | 18 780 929. 07 | 16 364 153. 89 |
| 工程物资 | 24 | | | | |
| 在建工程 | 25 | | | | |
| 固定资产清理 | 26 | | | | |
| 无形资产 | 27 | 3 987 415. 72 | 2 053 303. 72 | 3 828 813. 18 | 1 092 965. 18 |
| 长期待摊费用 | 28 | 111 946 296. 49 | 110 353 199. 49 | 115 978 437. 85 | 115 801 238. 85 |
| 递延所得税资产 | 29 | 147 909 247. 01 | 147 760 792. 94 | 120 919 805. 04 | 121 234 159. 16 |
| 其他资产 | 30 | | | | |
| 资产总计 | 31 | 11 832 152 111. 51 | 11 623 155 917. 08 | 11 046 163 024. 37 | 10 855 548 764. 04 |

企业负责人：李民吉　　主管会计工作负责人：吴京林　　会计机构负责人：魏东华

## 合并及公司资产负债表(续)

编制单位:北京国际信托有限公司　　2018 年 12 月 31 日　　单位:元

| 项　目 | 行次 | 期末数 | | 期初数 | |
|---|---|---|---|---|---|
| | | 合并 | 母公司 | 合并 | 母公司 |
| 负债: | 34 | | | | |
| 向中央银行借款 | 35 | | | | |
| 同业及其他金融机构存放款项 | 36 | | | | |
| 拆入资金 | 37 | | | 1 580 000 000. 00 | 1 580 000 000. 00 |
| 以公允价值计量且其变动计入当期损益的金融负债 | 38 | | | | |
| 衍生金融负债 | 39 | | | | |
| 卖出回购金融资产款 | 40 | | | | |
| 应付账款 | 41 | 5 101 650. 00 | | 8 522 354. 00 | |
| 应付职工薪酬 | 42 | 753 487 363. 20 | 730 624 818. 13 | 664 158 071. 06 | 641 267 235. 78 |
| 应交税费 | 43 | 375 962 766. 17 | 369 169 196. 55 | 272 692 675. 02 | 265 969 373. 96 |
| 应付利息 | 44 | | | | |
| 应付股利 | 45 | | | | |
| 预收账款 | 46 | | | | |
| 其他应付款 | 47 | 1 822 890 260. 15 | 1 801 733 612. 63 | 103 647 229. 37 | 88 430 003. 39 |
| 递延所得税负债 | 48 | 972 001. 15 | 942 751. 15 | 3 608 925. 20 | 3 608 925. 20 |
| 预计负债 | 49 | | | | |
| 其他负债 | 50 | | | | |
| 负债合计 | 51 | 2 958 414 040. 67 | 2 902 470 378. 46 | 2 632 629 254. 65 | 2 579 275 538. 33 |
| 所有者权益: | 52 | | | | |
| 实收资本 | 53 | 2 200 000 000. 00 | 2 200 000 000. 00 | 2 200 000 000. 00 | 2 200 000 000. 00 |
| 国家资本 | 54 | | | | |
| 集体资本 | 55 | | | | |
| 法人资本 | 56 | 1 863 286 514. 33 | 1 863 286 514. 33 | 1 863 286 514. 33 | 1 863 286 514. 33 |
| 其中:国有法人资本 | 57 | 1 613 360 412. 85 | 1 613 360 412. 85 | 1 613 360 412. 85 | 1 613 360 412. 85 |
| 集体法人资本 | 58 | | | | |
| 个人资本 | 59 | | | | |
| 外商资本 | 60 | 336 713 485. 67 | 336 713 485. 67 | 336 713 485. 67 | 336 713 485. 67 |
| 资本公积 | 61 | 1 664 567 702. 24 | 1 664 000 000. 00 | 1 664 000 000. 00 | 1 664 000 000. 00 |
| 减:库存股 | 62 | | | | |
| 其他综合收益 | 63 | -13 356 599. 68 | -10 708 401. 28 | 7 109 535. 68 | 9 584 343. 08 |
| 其中:外币报表折算差额 | 64 | | | | |
| 盈余公积 | 65 | 815 753 910. 38 | 815 753 910. 38 | 734 083 404. 65 | 734 083 404. 65 |
| 一般风险准备 | 66 | 167 880 014. 94 | 167 880 014. 94 | 154 688 335. 18 | 154 688 335. 18 |
| 信托赔偿准备 | 67 | 900 000 000. 00 | 900 000 000. 00 | 800 000 000. 00 | 800 000 000. 00 |
| 未分配利润 | 68 | 3 028 119 210. 80 | 2 983 760 014. 58 | 2 742 676 052. 71 | 2 713 917 142. 80 |
| 外币报表折算差额 | 69 | | | | |
| 归属于母公司权益合计 | 70 | 8 762 964 238. 68 | 8 720 685 538. 62 | 8 302 557 328. 22 | 8 276 273 225. 71 |
| 少数股东权益 | 71 | 110 773 832. 16 | | 110 976 441. 50 | |
| 所有者权益(或股东权益)合计 | 72 | 8 873 738 070. 84 | 8 720 685 538. 62 | 8 413 533 769. 72 | 8 276 273 225. 71 |
| 负债和所有者权益(或股东权益)总计 | 73 | 11 832 152 111. 51 | 11 623 155 917. 08 | 11 046 163 024. 37 | 10 855 548 764. 04 |

企业负责人:李民吉　　主管会计工作负责人:吴京林　　会计机构负责人:魏东华

### 5.1.3 利润表

**合并及公司利润表**

2018 年度

编制单位：北京国际信托有限公司　　　　单位：元

| 项　目 | 行次 | 本期数 | | 上期数 | |
|---|---|---|---|---|---|
| | | 合并 | 母公司 | 合并 | 母公司 |
| 一、营业收入 | 1 | 1 695 192 547. 32 | 1 557 380 823. 56 | 2 018 891 302. 24 | 1 847 565 606. 93 |
| 利息净收入 | 2 | 217 770 388. 35 | 217 157 044. 35 | 312 881 195. 30 | 304 351 625. 03 |
| 利息收入 | 3 | 332 368 518. 11 | 331 755 174. 11 | 374 211 750. 86 | 365 682 180. 59 |
| 利息支出 | 4 | 114 598 129. 76 | 114 598 129. 76 | 61 330 555. 56 | 61 330 555. 56 |
| 手续费及佣金净收入 | 5 | 1 170 107 928. 49 | 1 064 089 303. 49 | 1 362 792 445. 70 | 1 227 419 557. 70 |
| 手续费及佣金收入 | 6 | 1 181 677 671. 20 | 1 075 659 046. 20 | 1 380 897 297. 69 | 1 245 524 409. 69 |
| 手续费及佣金支出 | 7 | 11 569 742. 71 | 11 569 742. 71 | 18 104 851. 99 | 18 104 851. 99 |
| 投资收益/（损失） | 8 | 297 640 518. 56 | 273 925 984. 97 | 319 683 798. 54 | 307 450 374. 61 |
| 其中：对联营企业和合营企业的投资收益/（损失） | 9 | 5 708 870. 46 | | −7 909 696. 10 | −12 289 574. 22 |
| 公允价值变动收益/（损失） | 10 | 1 165 076. 96 | 2 114 427. 96 | 8 555 933. 57 | 7 293 484. 57 |
| 汇兑收益/（损失） | 11 | 94 062. 79 | 94 062. 79 | −135 729. 05 | −135 729. 05 |
| 其他业务收入 | 12 | 8 300 150. 17 | | 14 423 658. 18 | 1 186 294. 07 |
| 其他收益 | 13 | 114 422. 00 | | 690 000. 00 | |
| 二、营业支出 | 14 | 584 856 379. 41 | 472 456 863. 49 | 665 503 615. 40 | 536 618 614. 08 |
| 税金及附加 | 15 | 11 010 465. 23 | 10 455 917. 11 | 13 065 589. 96 | 12 157 393. 28 |
| 业务及管理费 | 16 | 523 381 427. 31 | 412 065 865. 43 | 624 588 632. 75 | 495 672 000. 55 |
| 资产减值损失 | 17 | 50 464 486. 87 | 49 935 080. 95 | 27 849 392. 69 | 28 789 220. 25 |
| 其他业务成本 | 18 | | | | |
| 三、营业利润 | 19 | 1 110 336 167. 91 | 1 084 923 960. 07 | 1 353 387 686. 84 | 1 310 946 992. 85 |
| 加：营业外收入 | 20 | 5 348 040. 70 | 4 016 256. 66 | 455 927. 01 | 371 192. 01 |
| 减：营业外支出 | 21 | 9 586 111. 26 | 4 035 450. 25 | 911 002. 37 | 701 546. 45 |
| 四、利润总额 | 22 | 1 106 098 097. 35 | 1 084 904 766. 48 | 1 352 932 611. 48 | 1 310 616 638. 41 |
| 减：所得税费用 | 23 | 273 099 278. 83 | 268 199 692. 61 | 336 072 737. 71 | 325 898 983. 06 |
| 五、净利润 | 24 | 832 998 818. 52 | 816 705 073. 87 | 1 016 859 873. 77 | 984 717 655. 35 |
| 归属于母公司所有者的净利润 | 25 | 832 432 394. 72 | 816 705 073. 87 | 1 006 362 210. 87 | 984 717 655. 35 |
| 少数股东损益 | 26 | 566 423. 80 | | 10 497 662. 90 | |
| 持续经营损益 | 27 | 832 998 818. 52 | 816 705 073. 87 | 1 016 859 873. 77 | 984 717 655. 35 |
| 终止经营损益 | 28 | | | | |
| 六、其他综合收益的税后净额 | 29 | −20 551 016. 36 | −20 292 744. 36 | 7 782 679. 92 | 9 418 094. 92 |
| （一）以后不能重分类进损益的其他综合收益 | 30 | | | — | — |
| 其中：1. 重新计量设定受益计划净负债或净资产的变动 | 31 | | | | |
| 2. 权益法下在被投资单位不能重分类进损益的其他综合收益中享有的份额 | 32 | | | | |
| （二）以后将重分类进损益的其他综合收益 | 33 | −20 551 016. 36 | −20 292 744. 36 | 7 782 679. 92 | 9 418 094. 92 |
| 其中：1. 权益法下在被投资单位以后将重分类进损益的其他综合收益中享有的份额 | 34 | | | | |
| 2. 可供出售金融资产公允价值变动损益 | 35 | −20 551 016. 36 | −20 292 744. 36 | 7 782 679. 92 | 9 418 094. 92 |
| 3. 持有至到期投资重分类为可供出售金融资产损益 | 36 | | | | |
| 4. 现金流量套期损益的有效部分 | 37 | | | | |
| 5. 外币报表折算差额 | 38 | | | | |
| 七、综合收益总额 | 39 | 812 447 802. 16 | 796 412 329. 51 | 1 024 642 553. 69 | 994 135 750. 27 |
| 归属于母公司所有者的综合收益总额 | 40 | 811 966 259. 36 | 796 412 329. 51 | 1 014 799 056. 79 | 994 135 750. 27 |
| *归属于少数股东的综合收益总额 | 41 | 481 542. 80 | | 9 843 496. 90 | |
| 八、每股收益 | 42 | | | | |
| 基本每股收益 | 43 | | | | |
| 稀释每股收益 | 44 | | | | |

企业负责人：李民吉　　　　主管会计工作负责人：吴京林　　　　会计机构负责人：魏东华

## 5.1.4 所有者权益变动表

### 合并所有者权益变动表

2018 年度

编制单位:北京国际信托有限公司

单位:元

| 项目 | 行次 | 本年金额 | | | | | | | | | | | | | |
|---|---|---|---|---|---|---|---|---|---|---|---|---|---|---|---|
| | | 归属于母公司所有者权益 | | | | | | | | | | | 少数股东权益 | 所有者权益合计 | |
| | | 实收资本(或股本) | 其他权益工具 | 资本公积 | 减:库存股 | 其他综合收益 | 专项储备 | 盈余公积 | Δ一般风险准备 | Δ信托赔偿准备 | 未分配利润 | 其他 | 小计 | | |
| 栏次 | — | 1 | 2 | 3 | 4 | 5 | 6 | 7 | 8 | — | 9 | 10 | 11 | 12 | 13 |
| 一、上年年末余额 | 1 | 2 200 000 000. 00 | — | 1 664 000 000. 00 | — | 7 109 535. 68 | — | 734 083 404. 65 | 154 688 335. 18 | 800 000 000. 00 | 2 742 676 052. 71 | | 8 302 557 328. 22 | 110 976 441. 50 | 8 413 533 769. 72 |
| 加:会计政策变更 | 2 | — | — | — | — | — | — | — | — | — | — | — | — | — | — |
| 前期差错更正 | 3 | | — | — | — | — | — | — | — | — | — | — | — | — | — |
| 其他 | 4 | — | — | — | — | — | — | — | — | — | — | — | — | — | — |
| 二、本年年初余额 | 5 | 2 200 000 000. 00 | — | 1 664 000 000. 00 | — | 7 109 535. 68 | — | 734 083 404. 65 | 154 688 335. 18 | 800 000 000. 00 | 2 742 676 052. 71 | — | 8 302 557 328. 22 | 110 976 441. 50 | 8 413 533 769. 72 |
| 三、本年增减变动金额(减少以"-"号填列) | 6 | — | — | 567 702. 24 | — | -20 466 135. 36 | — | 81 670 505. 73 | 13 191 679. 76 | 100 000 000. 00 | 285 443 158. 09 | — | 460 406 910. 46 | -202 609. 34 | 460 204 301. 12 |
| (一)综合收益总额 | 7 | — | — | — | — | -20 466 135. 36 | — | — | — | — | 832 432 394. 72 | — | 811 966 259. 36 | 481 542. 80 | 812 447 802. 16 |
| (二)所有者投入和减少资本 | 8 | — | — | — | — | — | — | — | — | — | — | — | — | 890 847. 86 | 890 847. 86 |
| 1. 所有者投入的普通股 | 9 | — | — | — | — | — | — | — | — | — | — | — | — | 6 000 000. 00 | 6 000 000. 00 |
| 2. 其他权益工具持有者投入资本 | 10 | — | — | — | — | — | — | — | — | — | — | — | — | — | — |
| 3. 股份支付计入所有者权益的金额 | 11 | — | — | — | — | — | — | — | — | — | — | — | — | — | — |
| 4. 其他 | 12 | — | — | — | — | — | — | — | — | — | — | — | — | -5 109 152. 14 | -5 109 152. 14 |
| (三)专项储备提取和使用 | 13 | — | — | — | — | — | — | — | — | — | — | — | — | — | — |
| 1. 计提专项储备 | 14 | — | — | — | — | — | — | — | — | — | — | — | — | — | — |
| 2. 使用专项储备 | 15 | — | — | — | — | — | — | — | — | — | — | — | — | — | — |
| (四)利润分配 | 16 | — | — | — | — | — | — | 81 670 505. 73 | 13 191 679. 76 | 100 000 000. 00 | -546 862 202. 09 | — | -352 000 016. 60 | -1 575 000. 00 | -353 575 016. 60 |
| 1. 提取盈余公积 | 17 | — | — | — | — | — | — | 81 670 505. 73 | — | — | -81 670 505. 73 | — | — | — | — |
| 其中:法定公积金 | 18 | — | — | — | — | — | — | 81 670 505. 73 | — | — | -81 670 505. 73 | — | — | — | — |
| 任意公积金 | 19 | — | — | — | — | — | — | — | — | — | — | — | — | — | — |
| #储备基金 | 20 | — | — | — | — | — | — | — | — | — | — | — | — | — | — |
| #企业发展基金 | 21 | — | — | — | — | — | — | — | — | — | — | — | — | — | — |
| #利润归还投资 | 22 | — | — | — | — | — | — | — | — | — | — | — | — | — | — |
| 2. 提取一般风险准备 | 23 | — | — | — | — | — | — | — | 13 191 679. 76 | — | -13 191 679. 76 | — | — | — | — |
| 3. 对所有者(或股东)的分配 | 24 | — | — | — | — | — | — | — | — | — | -352 000 000. 00 | — | -352 000 000. 00 | -1 575 000. 00 | -353 575 000. 00 |
| 4. 提取信托赔偿准备 | 25 | — | — | — | — | — | — | — | — | 100 000 000. 00 | -100 000 000. 00 | — | — | — | — |
| 5. 其他 | 26 | — | — | — | — | — | — | — | — | — | -16. 60 | — | -16. 60 | — | -16. 60 |
| (五)所有者权益内部结转 | 27 | — | — | 567 702. 24 | — | — | — | — | — | — | -127 034. 54 | — | 440 667. 70 | — | 440 667. 70 |
| 1. 资本公积转增资本(或股本) | 28 | — | — | — | — | — | — | — | — | — | — | — | — | — | — |
| 2. 盈余公积转增资本(或股本) | 29 | — | — | — | — | — | — | — | — | — | — | — | — | — | — |
| 3. 盈余公积弥补亏损 | 30 | — | — | — | — | — | — | — | — | — | — | — | — | — | — |
| 4. 结转重新计量设定受益计划净负债或净资产所产生的变动 | 31 | — | — | — | — | — | — | — | — | — | — | — | — | — | — |
| 5. 其他 | 32 | — | — | 567 702. 24 | — | — | — | — | — | — | -127 034. 54 | — | 440 667. 70 | — | 440 667. 70 |
| 四、本年年末余额 | 33 | 2 200 000 000. 00 | — | 1 664 567 702. 24 | — | -13 356 599. 68 | — | 815 753 910. 38 | 167 880 014. 94 | 900 000 000. 00 | 3 028 119 210. 80 | — | 8 762 964 238. 68 | 110 773 832. 16 | 8 873 738 070. 84 |

企业负责人:李民吉　　主管会计工作负责人:吴京林　　会计机构负责人:魏东华

## 合并所有者权益变动表（续）

2018 年度

编制单位：北京国际信托有限公司　　　　单位：元

| 项目 | 行次 | 上年金额 | | | | | | | | | | | | |
|---|---|---|---|---|---|---|---|---|---|---|---|---|---|---|
| | | 归属于母公司所有者权益 | | | | | | | | | | | 少数股东权益 | 所有者权益合计 |
| | | 实收资本（或股本） | 其他权益工具 | 资本公积 | 减：库存股 | 其他综合收益 | 专项储备 | 盈余公积 | △一般风险准备 | △信托赔偿准备 | 未分配利润 | 其他 | 小计 | | |
| 栏次 | — | 1 | 2 | 3 | 4 | 5 | 6 | 7 | 8 | — | 9 | 10 | 11 | 12 | 13 |
| 一、上年年末余额 | 1 | 2 200 000 000. 00 | — | 1 664 000 000. 00 | — | -1 327 310. 24 | — | 635 611 637. 45 | 116 080 401. 90 | 700 000 000. 00 | 2 325 393 542. 32 | — | 7 639 758 271. 43 | 74 336 944. 60 | 7 714 095 216. 03 |
| 加：会计政策变更 | 2 | — | — | — | — | — | — | — | — | — | — | — | — | — | — |
| 前期差错更正 | 3 | — | — | — | — | — | — | — | — | — | — | — | — | — | — |
| 其他 | 4 | — | — | — | — | — | — | — | — | — | — | — | — | — | — |
| 二、本年年初余额 | 5 | 2 200 000 000. 00 | — | 1 664 000 000. 00 | — | -1 327 310. 24 | — | 635 611 637. 45 | 116 080 401. 90 | 700 000 000. 00 | 2 325 393 542. 32 | — | 7 639 758 271. 43 | 74 336 944. 60 | 7 714 095 216. 03 |
| 三、本年增减变动金额（减少以“－”号填列） | 6 | — | — | — | — | 8 436 845. 92 | — | 98 471 767. 20 | 38 607 933. 28 | 100 000 000. 00 | 417 282 510. 39 | — | 662 799 056. 79 | 36 639 496. 90 | 699 438 553. 69 |
| （一）综合收益总额 | 7 | — | — | — | — | 8 436 845. 92 | — | — | — | — | 1 006 362 210. 87 | — | 1 014 799 056. 79 | 9 843 496. 90 | 1 024 642 553. 69 |
| （二）所有者投入和减少资本 | 8 | — | — | — | — | — | — | — | — | — | — | — | — | 30 380 000. 00 | 30 380 000. 00 |
| 1. 所有者投入的普通股 | 9 | — | — | — | — | — | — | — | — | — | — | — | — | 30 380 000. 00 | 30 380 000. 00 |
| 2. 其他权益工具持有者投入资本 | 10 | — | — | — | — | — | — | — | — | — | — | — | — | — | — |
| 3. 股份支付计入所有者权益的金额 | 11 | — | — | — | — | — | — | — | — | — | — | — | — | — | — |
| 4. 其他 | 12 | — | — | — | — | — | — | — | — | — | — | — | — | — | — |
| （三）专项储备提取和使用 | 13 | — | — | — | — | — | — | — | — | — | — | — | — | — | — |
| 1. 计提专项储备 | 14 | — | — | — | — | — | — | — | — | — | — | — | — | — | — |
| 2. 使用专项储备 | 15 | — | — | — | — | — | — | — | — | — | — | — | — | — | — |
| （四）利润分配 | 16 | — | — | — | — | — | — | 98 471 767. 20 | 38 607 933. 28 | 100 000 000. 00 | -589 079 700. 48 | — | -352 000 000. 00 | -3 584 000. 00 | -355 584 000. 00 |
| 1. 提取盈余公积 | 17 | — | — | — | — | — | — | 98 471 767. 20 | — | — | -98 471 767. 20 | — | — | — | — |
| 其中：法定公积金 | 18 | — | — | — | — | — | — | 98 471 767. 20 | — | — | -98 471 767. 20 | — | — | — | — |
| 任意公积金 | 19 | — | — | — | — | — | — | — | — | — | — | — | — | — | — |
| #储备基金 | 20 | — | — | — | — | — | — | — | — | — | — | — | — | — | — |
| #企业发展基金 | 21 | — | — | — | — | — | — | — | — | — | — | — | — | — | — |
| #利润归还投资 | 22 | — | — | — | — | — | — | — | — | — | — | — | — | — | — |
| 2. 提取一般风险准备 | 23 | — | — | — | — | — | — | — | 38 607 933. 28 | — | -38 607 933. 28 | — | — | — | — |
| 3. 对所有者（或股东）的分配 | 24 | — | — | — | — | — | — | — | — | — | -352 000 000. 00 | — | -352 000 000. 00 | -3 584 000. 00 | -355 584 000. 00 |
| 4. 提取信托赔偿准备 | 25 | — | — | — | — | — | — | — | — | 100 000 000. 00 | -100 000 000. 00 | — | — | — | — |
| 5. 其他 | 26 | — | — | — | — | — | — | — | — | — | — | — | — | — | — |
| （五）所有者权益内部结转 | 27 | — | — | — | — | — | — | — | — | — | — | — | — | — | — |
| 1. 资本公积转增资本（或股本） | 28 | — | — | — | — | — | — | — | — | — | — | — | — | — | — |
| 2. 盈余公积转增资本（或股本） | 29 | — | — | — | — | — | — | — | — | — | — | — | — | — | — |
| 3. 盈余公积弥补亏损 | 30 | — | — | — | — | — | — | — | — | — | — | — | — | — | — |
| 4. 结转重新计量设定受益计划净负债或净资产所产生的变动 | 31 | — | — | — | — | — | — | — | — | — | — | — | — | — | — |
| 5. 其他 | 32 | — | — | — | — | — | — | — | — | — | — | — | — | — | — |
| 四、本年年末余额 | 33 | 2 200 000 000. 00 | — | 1 664 000 000. 00 | — | 7 109 535. 68 | — | 734 083 404. 65 | 154 688 335. 18 | 800 000 000. 00 | 2 742 676 052. 71 | — | 8 302 557 328. 22 | 110 976 441. 50 | 8 413 533 769. 72 |

企业负责人：李民吉　　　　主管会计工作负责人：吴京林　　　　会计机构负责人：魏东华

# 公司所有者权益变动表

2018 年度

编制单位:北京国际信托有限公司

单位:元

| 项　　目 | 行次 | 本年金额 | | | | | | | | | | | |
|---|---|---|---|---|---|---|---|---|---|---|---|---|---|
| | | 实收资本(或股本) | 其他权益工具 | 资本公积 | 减:库存股 | 其他综合收益 | 专项储备 | 盈余公积 | △一般风险准备 | △信托赔偿准备 | 未分配利润 | 其他 | 所有者权益合计 |
| 栏次 | — | 1 | 2 | 3 | 4 | 5 | 6 | 7 | 8 | — | 9 | 10 | 11 |
| 一、上年年末余额 | 1 | 2 200 000 000. 00 | — | 1 664 000 000. 00 | — | 9 584 343. 08 | — | 734 083 404. 65 | 154 688 335. 18 | 800 000 000. 00 | 2 713 917 142. 80 | — | 8 276 273 225. 71 |
| 加:会计政策变更 | 2 | — | — | — | — | — | — | — | — | — | — | — | |
| 前期差错更正 | 3 | — | — | — | — | — | — | — | — | — | — | — | |
| 其他 | 4 | — | — | — | — | — | — | — | — | — | — | — | — |
| 二、本年年初余额 | 5 | 2 200 000 000. 00 | — | 1 664 000 000. 00 | — | 9 584 343. 08 | — | 734 083 404. 65 | 154 688 335. 18 | 800 000 000. 00 | 2 713 917 142. 80 | — | 8 276 273 225. 71 |
| 三、本年增减变动金额(减少以"-"号填列) | 6 | — | — | — | — | -20 292 744. 36 | — | 81 670 505. 73 | 13 191 679. 76 | 100 000 000. 00 | 269 842 871. 78 | — | 444 412 312. 91 |
| (一)综合收益总额 | 7 | — | — | — | — | -20 292 744. 36 | — | — | — | — | 816 705 073. 87 | — | 796 412 329. 51 |
| (二)所有者投入和减少资本 | 8 | — | — | — | — | — | — | — | — | — | — | — | — |
| 1. 所有者投入的普通股 | 9 | — | — | — | — | — | — | — | — | — | — | — | — |
| 2. 其他权益工具持有者投入资本 | 10 | — | — | — | — | — | — | — | — | — | — | — | — |
| 3. 股份支付计入所有者权益的金额 | 11 | — | — | — | — | — | — | — | — | — | — | — | — |
| 4. 其他 | 12 | — | — | — | — | — | — | — | — | — | — | — | — |
| (三)专项储备提取和使用 | 13 | — | — | — | — | — | — | — | — | — | — | — | — |
| 1. 计提专项储备 | 14 | — | — | — | — | — | — | — | — | — | — | — | — |
| 2. 使用专项储备 | 15 | — | — | — | — | — | — | — | — | — | — | — | — |
| (四)利润分配 | 16 | — | — | — | — | — | — | 81 670 505. 73 | 13 191 679. 76 | 100 000 000. 00 | -546 862 202. 09 | — | -352 000 016. 60 |
| 1. 提取盈余公积 | 17 | — | — | — | — | — | — | 81 670 505. 73 | — | — | -81 670 505. 73 | — | — |
| 其中:法定公积金 | 18 | — | — | — | — | — | — | 81 670 505. 73 | — | — | -81 670 505. 73 | — | — |
| 任意公积金 | 19 | — | — | — | — | — | — | — | — | — | — | — | — |
| #储备基金 | 20 | — | — | — | — | — | — | — | — | — | — | — | — |
| #企业发展基金 | 21 | — | — | — | — | — | — | — | — | — | — | — | — |
| #利润归还投资 | 22 | — | — | — | — | — | — | — | — | — | — | — | — |
| 2. 提取一般风险准备 | 23 | — | — | — | — | — | — | — | 13 191 679. 76 | — | -13 191 679. 76 | — | — |
| 3. 对所有者(或股东)的分配 | 24 | — | — | — | — | — | — | — | — | — | -352 000 000. 00 | — | -352 000 000. 00 |
| 4. 提取信托赔偿准备 | 25 | — | — | — | — | — | — | — | — | 100 000 000. 00 | -100 000 000. 00 | — | — |
| 5. 其他 | 26 | — | — | — | — | — | — | — | — | — | -16. 60 | — | |
| (五)所有者权益内部结转 | 27 | — | — | — | — | — | — | — | — | — | | — | |
| 1. 资本公积转增资本(或股本) | 28 | — | — | — | — | — | — | — | — | — | — | — | — |
| 2. 盈余公积转增资本(或股本) | 29 | — | — | — | — | — | — | — | — | — | — | — | — |
| 3. 盈余公积弥补亏损 | 30 | — | — | — | — | — | — | — | — | — | — | — | — |
| 4. 结转重新计量设定受益计划净负债或净资产所产生的变动 | 31 | — | — | — | — | — | — | — | — | — | — | — | — |
| 5. 其他 | 32 | — | — | — | — | — | — | — | — | — | — | — | — |
| 四、本年年末余额 | 33 | 2 200 000 000. 00 | — | 1 664 000 000. 00 | — | -10 708 401. 28 | — | 815 753 910. 38 | 167 880 014. 94 | 900 000 000. 00 | 2 983 760 014. 58 | — | 8 720 685 538. 62 |

企业负责人:李民吉　　主管会计工作负责人:吴京林　　会计机构负责人:魏东华

## 公司所有者权益变动表（续）

2018 年度

编制单位：北京国际信托有限公司　　　　单位：元

| 项目 | 行次 | 上年金额 | | | | | | | | | | |
|---|---|---|---|---|---|---|---|---|---|---|---|---|
| | | 实收资本（或股本） | 其他权益工具 | 资本公积 | 减：库存股 | 其他综合收益 | 专项储备 | 盈余公积 | △一般风险准备 | △信托赔偿准备 | 未分配利润 | 其他 | 所有者权益合计 |
| 栏次 | — | 1 | 2 | 3 | 4 | 5 | 6 | 7 | 8 | — | 9 | 10 | 11 |
| 一、上年年末余额 | 1 | 2 200 000 000. 00 | — | 1 664 000 000. 00 | — | 166 248. 16 | — | 635 611 637. 45 | 116 080 401. 90 | 700 000 000. 00 | 2 318 279 187. 93 | — | 7 634 137 475. 44 |
| 加：会计政策变更 | 2 | — | — | — | — | — | — | — | — | — | — | — | — |
| 前期差错更正 | 3 | — | — | — | — | — | — | — | — | — | — | — | — |
| 其他 | 4 | — | — | — | — | — | — | — | — | — | — | — | — |
| 二、本年年初余额 | 5 | 2 200 000 000. 00 | — | 1 664 000 000. 00 | — | 166 248. 16 | — | 635 611 637. 45 | 116 080 401. 90 | 700 000 000. 00 | 2 318 279 187. 93 | — | 7 634 137 475. 44 |
| 三、本年增减变动金额（减少以"－"号填列） | 6 | — | — | — | — | 9 418 094. 92 | — | 98 471 767. 20 | 38 607 933. 28 | 100 000 000. 00 | 395 637 954. 87 | — | 642 135 750. 27 |
| （一）综合收益总额 | 7 | — | — | — | — | 9 418 094. 92 | — | — | — | — | 984 717 655. 35 | — | 994 135 750. 27 |
| （二）所有者投入和减少资本 | 8 | — | — | — | — | — | — | — | — | — | — | — | — |
| 1. 所有者投入的普通股 | 9 | — | — | — | — | — | — | — | — | — | — | — | — |
| 2. 其他权益工具持有者投入资本 | 10 | — | — | — | — | — | — | — | — | — | — | — | — |
| 3. 股份支付计入所有者权益的金额 | 11 | — | — | — | — | — | — | — | — | — | — | — | — |
| 4. 其他 | 12 | — | — | — | — | — | — | — | — | — | — | — | — |
| （三）专项储备提取和使用 | 13 | — | — | — | — | — | — | — | — | — | — | — | — |
| 1. 计提专项储备 | 14 | — | — | — | — | — | — | — | — | — | — | — | — |
| 2. 使用专项储备 | 15 | — | — | — | — | — | — | — | — | — | — | — | — |
| （四）利润分配 | 16 | — | — | — | — | — | — | 98 471 767. 20 | 38 607 933. 28 | 100 000 000. 00 | −589 079 700. 48 | — | −352 000 000. 00 |
| 1. 提取盈余公积 | 17 | — | — | — | — | — | — | 98 471 767. 20 | — | — | −98 471 767. 20 | — | — |
| 其中：法定公积金 | 18 | — | — | — | — | — | — | 98 471 767. 20 | — | — | −98 471 767. 20 | — | — |
| 任意公积金 | 19 | — | — | — | — | — | — | — | — | — | — | — | — |
| #储备基金 | 20 | — | — | — | — | — | — | — | — | — | — | — | — |
| #企业发展基金 | 21 | — | — | — | — | — | — | — | — | — | — | — | — |
| #利润归还投资 | 22 | — | — | — | — | — | — | — | — | — | — | — | — |
| 2. 提取一般风险准备 | 23 | — | — | — | — | — | — | — | 38 607 933. 28 | — | −38 607 933. 28 | — | — |
| 3. 对所有者（或股东）的分配 | 24 | — | — | — | — | — | — | — | — | — | −352 000 000. 00 | — | −352 000 000. 00 |
| 4. 提取信托赔偿准备 | 25 | — | — | — | — | — | — | — | — | 100 000 000. 00 | −100 000 000. 00 | — | — |
| 5. 其他 | 26 | — | — | — | — | — | — | — | — | — | — | — | |
| （五）所有者权益内部结转 | 27 | — | — | — | — | — | — | — | — | — | — | — | — |
| 1. 资本公积转增资本（或股本） | 28 | — | — | — | — | — | — | — | — | — | — | — | — |
| 2. 盈余公积转增资本（或股本） | 29 | — | — | — | — | — | — | — | — | — | — | — | — |
| 3. 盈余公积弥补亏损 | 30 | — | — | — | — | — | — | — | — | — | — | — | — |
| 4. 结转重新计量设定受益计划净负债或净资产所产生的变动 | 31 | — | — | — | — | — | — | — | — | — | — | — | — |
| 5. 其他 | 32 | — | — | — | — | — | — | — | — | — | — | — | — |
| 四、本年年末余额 | 33 | 2 200 000 000. 00 | — | 1 664 000 000. 00 | — | 9 584 343. 08 | — | 734 083 404. 65 | 154 688 335. 18 | 800 000 000. 00 | 2 713 917 142. 80 | — | 8 276 273 225. 71 |

企业负责人：李民吉　　　　主管会计工作负责人：吴京林　　　　会计机构负责人：魏东华

## 5.2 信托资产

### 5.2.1 信托项目资产负债汇总表

**信托项目资产负债汇总表**

2018 年 12 月 31 日

编制单位：北京国际信托有限公司　　单位：万元

| 信托资产 | 期初数 | 期末数 | 信托负债和信托权益 | 期初数 | 期末数 |
|---|---|---|---|---|---|
| 信托资产： | | | 信托负债： | | |
| 货币资金 | 88 951. 97 | 95 193. 65 | 交易性金融负债 | — | — |
| 拆出资金 | 1 800 000. 00 | 2 407 000. 00 | 衍生金融负债 | — | — |
| 存出保证金 | 13 718. 09 | 8 700. 35 | 应付受托人报酬 | 314. 96 | 1 497. 72 |
| 交易性金融资产 | 2 858 954. 54 | 2 260 472. 32 | 应付托管费 | 807. 28 | 810. 61 |
| 衍生金融资产 | — | — | 应付受益人收益 | 12 967. 68 | 2 401. 10 |
| 买入返售金融资产 | 346 919. 72 | 599 353. 73 | 应交税费 | — | 3 381. 62 |
| 应收款项 | 285 618. 34 | 250 279. 78 | 应付销售服务费 | 32. 43 | 389. 57 |
| 发放贷款 | 6 386 817. 49 | 6 462 808. 08 | 其他应付款项 | 49 005. 08 | 41 651. 62 |
| 可供出售金融资产 | 1 289 440. 75 | 886 732. 14 | 预计负债 | — | — |
| 持有至到期投资 | 12 763 419. 11 | 3 703 154. 38 | 其他负债 | — | — |
| 长期应收款 | 3 329. 84 | 1 496. 48 | 信托负债合计 | 63 127. 44 | 50 132. 24 |
| 长期股权投资 | 4 817 258. 33 | 5 764 498. 51 | | | |
| 投资性房地产 | — | — | 信托权益： | | |
| 固定资产 | — | — | 实收信托 | 30 440 447. 67 | 22 264 632. 06 |
| 无形资产 | 118 029. 91 | 1 588. 93 | 资本公积 | 105 086. 52 | 20 563. 03 |
| 长期待摊费用 | — | — | 损益平准金 | — | — |
| 其他资产 | 246 483. 41 | 258 292. 41 | 未分配利润 | 410 279. 87 | 364 243. 41 |
| 减：各项资产减值准备 | — | — | 信托权益合计 | 30 955 814. 06 | 22 649 428. 51 |
| 信托资产总计 | 31 018 941. 49 | 22 699 570. 75 | 信托负债及信托权益总计 | 31 018 941. 49 | 22 699 570. 75 |

会计机构负责人：孟广杰　　复核：陆雅清　　制表：马政毅

### 5.2.2 信托项目利润及利润分配汇总表

**信托项目利润及利润分配汇总表**

2018 年度

编制单位：北京国际信托有限公司　　单位：万元

| 项目 | 本年数 | 上年数 |
|---|---|---|
| 1. 营业收入 | 1 282 507. 78 | 1 353 383. 27 |
| 1. 1 利息收入 | 678 267. 30 | 809 216. 57 |
| 1. 2 投资收益（损失以“－”号填列） | 605 663. 13 | 552 541. 65 |
| 1. 2. 1 其中：对联营企业和合营企业的投资收益 | — | — |
| 1. 3 公允价值变动收益（损失以“－”号填列） | −32 610. 48 | −7 767. 64 |
| 1. 4 租赁收入 | 0. 00 | 0. 32 |
| 1. 5 汇兑损益（损失以“－”号填列） | 52. 70 | −549. 21 |
| 1. 6 其他收入 | 31 135. 12 | −58. 44 |
| 2. 支出 | 162 079. 68 | 196 388. 98 |
| 2. 1 税金及附加 | 3 819. 60 | −199. 17 |
| 2. 2 受托人报酬 | 107 890. 95 | 119 964. 23 |
| 2. 3 托管费 | 14 505. 55 | 6 668. 73 |
| 2. 4 投资管理费 | 9 826. 56 | 18 278. 78 |
| 2. 5 销售服务费 | 5 479. 91 | 4 280. 42 |

续表

| 项目 | 本年数 | 上年数 |
|---|---|---|
| 2. 6 交易费用 | 680. 68 | 1 088. 84 |
| 2. 7 资产减值损失 | — | 2 000. 00 |
| 2. 8 其他费用 | 19 876. 43 | 44 307. 14 |
| 3. 信托净利润（净亏损以“－”号填列） | 1 120 428. 09 | 1 156 994. 28 |
| 4. 其他综合收益 | — | — |
| 5. 综合收益 | 1 120 428. 09 | 1 156 994. 28 |
| 6. 加：期初未分配信托利润 | 410 279. 87 | 437 596. 72 |
| 7. 可供分配的信托利润 | 1 530 707. 96 | 1 594 591. 00 |
| 8. 减：本期已分配信托利润 | 1 166 464. 55 | 1 184 311. 14 |
| 9. 期末未分配信托利润 | 364 243. 41 | 410 279. 87 |

会计机构负责人：孟广杰　　复核：陆雅清　　制表：马政毅

## 6. 会计报表附注

### 6.1 简要说明报告年度会计报表编制基准、会计政策、会计估计和核算方法发生的变化

#### 6.1.1 计提资产减值准备的范围和方法

根据财政部《金融企业准备金计提管理办法》（财金

[2012]20 号)的规定,公司计提一般准备和资产减值准备。原则上一般准备余额不得低于风险资产期末余额的 1.5%。公司按中国银行业监督管理委员会《关于非银行金融机构全面推行资产质量五级分类管理的通知》(银监发[2004]4 号)文件规定实行以风险为基础的五级分类,按资产风险特征划分为若干组合,计提资产减值准备,包括贷款损失准备、坏账准备和长期投资减值准备。各项组合计提比例如下。

| 风险程度 | 计提比例(%) |
| --- | --- |
| 正常类 | 1 |
| 关注类 | 3 |
| 次级类 | 25 |
| 可疑类 | 50 |
| 损失类 | 100 |

**6.1.2　金融工具**

金融工具存在活跃市场的,本公司采用活跃市场中的报价确定其公允价值。活跃市场中的报价是指易于定期从交易所、经纪商、行业协会、定价服务机构等获得的价格,且代表了在公平交易中实际发生的市场交易的价格。金融工具不存在活跃市场的,本公司采用估值技术确定其公允价值。估值技术包括参考熟悉情况并自愿交易的各方最近进行的市场交易中使用的价格、参照实质上相同的其他金融工具当前的公允价值、现金流量折现法和期权定价模型等。

6.1.2.1　金融资产的确认及计量

本公司按照取得金融资产的目的,将持有的金融资产分成以下四类:以公允价值计量且其变动计入当期损益的金融资产,包括交易性金融资产和指定为以公允价值计量且其变动计入当期损益的金融资产;持有至到期投资;贷款和应收款项;可供出售金融资产。金融资产在初始确认时以公允价值计量,对于不属于以公允价值计量且其变动计入当期损益的金融资产,在初始确认时还需要加上可直接归属于该金融资产购置的相关交易费用。

6.1.2.1.1　以公允价值计量且其变动计入当期损益的金融资产

以公允价值计量且其变动计入当期损益的金融资产包括为交易而持有的金融资产,或是初始确认时就被管理层指定为以公允价值计量且其变动计入当期损益的金融资产。

交易性金融资产是指满足下列条件之一的金融资产:(1)取得该金融资产的目的,主要是为了近期内出售;(2)初始确认时即属于进行集中管理的可辨认金融工具组合的一部分,且有客观证据表明本公司近期采用短期获利方式对该组合进行管理;(3)属于衍生工具,但是,被指定且为有效套期工具的衍生工具、属于财务担保合同的衍生工具、与在活跃市场中没有报价且其公允价值不能可靠计量的权益工具投资挂钩并须通过交付该权益工具结算的衍生工具除外。

以公允价值计量且其变动计入当期损益的金融资产采用公允价值进行后续计量,公允价值变动形成的利得或损失以及与该等金融资产相关的股利和利息收入计入当期损益。

本公司交易性金融资产主要包括从二级市场购入的股票、债券和基金以及从一级市场通过网上配售方式认购的新股等。

6.1.2.1.2　持有至到期投资

持有至到期投资是指到期日固定、回收金额固定或可确定,且本公司有明确意图和能力持有至到期的非衍生金融资产。

持有至到期投资采用实际利率法,按摊余成本进行后续计量,在终止确认、发生减值或摊销时产生的利得或损失,计入当期损益。

实际利率法是指按照金融资产或金融负债(含一组金融资产或金融负债)的实际利率计算其摊余成本及各期利息收入或支出的方法。实际利率是指将金融资产或金融负债在预期存续期间或适用的更短期间内的未来现金流量,折现为该金融资产或金融负债当前账面价值所使用的利率。

在计算实际利率时,本公司将在考虑金融资产或金融负债所有合同条款的基础上预计未来现金流量(不考虑未来的信用损失),同时还将考虑金融资产或金融负债合同各方之间支付或收取的、属于实际利率组成部分的各项收费、交易费用及折价或溢价等。

6.1.2.1.3　贷款和应收款项

贷款和应收款项是指具有固定或可确定回收金额,缺乏活跃市场的非衍生金融资产,且本公司没有意图立即或在短期内出售该等资产。贷款和应收款项的价值以按实际利率法计算的摊余成本减去减值准备计量。

当贷款和应收款项被终止确认、出现减值或在摊销时所产生的利得或损失,均计入当期损益。

6.1.2.1.4　可供出售金融资产

可供出售金融资产是指那些被指定为可供出售的非衍生金融资产,或未划分为贷款和应收款项类投资、持有至到期投资或以公允价值计量且其变动计入当期损益的金融资产这三类的其他金融资产。在后续计量期间,该类金融资产以公允价值计量。可供出售金融资产的公允价值变动所带来的未实现收益,在该金融资产被终止确认或发生减值之前,列入资本公积(其他资本公积)。在该金融资产被终止确认或发生减值时,以前计入资本公积中的累计公允价值变动应转入当期损益。

本公司将从一级市场通过网下配售方式认购的锁定期在 3 个月以上(含 3 个月)的新股,认购的封闭期在 3 个月以上(含 3 个月)的开放式基金,持有上市公司限售股权且对上市公司不具有控制、共同控制或重大影响的,持有的非上市公司的股权或股权收益权且不具有控制、共同控制或重大影响的划分为可供出售金融资产。

对于在活跃市场中没有报价且其公允价值不能可靠计量的权益工具投资,以及与该权益工具挂钩并须通过交付该权益工具结算的衍生金融资产,按成本计量。

6.1.2.2　金融资产的减值测试和减值准备计提方法

资产负债表日对以公允价值计量且其变动计入当期损益的金融资产以外的金融资产的账面价值进行检查,如有客观证据表明该金融资产发生减值的,计提减值准备。

对单项金额重大的金融资产单独进行减值测试;对单项金额不重大的金融资产,可以单独进行减值测试,或包括在具有类似信用风险特征的金融资产组合中进行减值测试;单独测试未发生减值的金融资产(包括单项金额重大和不重大的金融资产),包括在具有类似信用风险特征的金融资产组合中再进行减值测试。

按摊余成本计量的金融资产，期末有客观证据表明其发生了减值的，根据其账面价值与预计未来现金流量现值之间的差额确认减值损失。在活跃市场中没有报价且其公允价值不能可靠计量的权益工具投资，或与该权益工具挂钩并须通过交付该权益工具结算的衍生金融资产发生减值时，将该权益工具投资或衍生金融资产的账面价值，与按照类似金融资产当时市场收益率对未来现金流量折现确定的现值之间的差额，确认为减值损失。可供出售金融资产的公允价值发生较大幅度下降，或在综合考虑各种相关因素后，预期这种下降趋势属于非暂时性的，确认其减值损失，并将原直接计入所有者权益的公允价值累计损失一并转出计入减值损失。

6.1.2.3 贷款

6.1.2.3.1 贷款种类和范围

(1)短期贷款及中长期贷款的分类依据

本公司贷款种类按贷款的发放期限之长短确定。凡合同期限在1年以内(含1年)的贷款作为短期贷款，合同期限在1~5年(含5年)的贷款作为中期贷款，合同期限在5年以上的贷款作为长期贷款。本公司单项金额重大的贷款标准：余额为500万元以上的贷款。

(2)逾期贷款的划分依据

逾期贷款是指贷款本金逾期90天以内的没有收回的贷款和透支及垫款。

(3)非应计贷款的划分依据和会计处理方法

非应计贷款是指贷款本金或利息逾期达到或超过90天没有收回的贷款和透支及垫款。非应计贷款不计提应收利息。

(4)自营贷款与委托贷款划分依据

自营贷款是指本公司自主发放并承担风险，并由本公司收取本金和利息的贷款；委托贷款是指由委托人提供资金，由本公司根据委托人确定的贷款对象、用途、金额、期限、利率等而代理发放、监督使用并协助收回的贷款，其风险由委托人承担，本公司发放委托贷款时，不代垫资金。

6.1.2.3.2 计提贷款损失准备的范围和方法

贷款损失准备计提范围为本公司承担风险和损失的贷款(含抵押、质押、保证、信用等贷款)、贴现、信用垫款(如银行承兑汇票垫款、担保垫款、信用证垫款等)、进出口押汇、应收账款保理等表内外信贷资产。

以本公司上述表内外信贷资产按风险分类(五级分类)的结果为基础，结合实际情况，如对借款人还款能力、财务状况、抵押担保充分性等的评价，充分评估可能存在的损失，分析确定各类信贷资产应计提损失准备总额。各类贷款计提贷款损失准备的比例如下。

| 贷款级次 | 贷款损失准备计提比例(%) |
|---|---|
| 正常类 | 1 |
| 关注类 | 3 |
| 次级类 | 25 |
| 可疑类 | 50 |
| 损失类 | 100 |

对于本公司不承担风险的委托贷款等，则不计提贷款损失准备。

提取的贷款损失准备计入当期损益，发生贷款损失，冲减已计提的贷款损失准备。已核销的贷款损失以后又收回的，其冲减的贷款损失准备则予以转回。

6.1.2.4 应收款项

应收款项包括应收账款、其他应收款等。

6.1.2.4.1 单项金额重大并单项计提坏账准备的应收账款

本公司单项金额重大的应收款项标准：余额为500万元以上的应收账款、余额为300万元以上的其他应收款。

单项金额重大并单项计提坏账准备的计提方法：对于单项金额重大的应收款项单独进行减值测试，有客观证据表明发生了减值，根据其未来现金流量现值低于其账面价值的差额计提坏账准备。

单项金额重大经单独测试未发生减值的应收款项，再按应收款项组合计提坏账准备。

6.1.2.4.2 按组合计提坏账的应收款项

对于单项金额非重大的应收款项，与经单独测试后未减值的应收款项一起按信用风险特征划分为若干组合，根据以前年度与之相同或相类似的，具有类似信用风险特征的应收款项组合的实际损失率为基础，结合现时情况确定以下各项组合计提坏账准备的比例，据此计算当期应计提的坏账准备。

| 风险程度 | 计提比例(%) |
|---|---|
| 正常类 | 1 |
| 关注类 | 3 |
| 次级类 | 25 |
| 可疑类 | 50 |
| 损失类 | 100 |

本公司向金融机构转让不附追索权的应收账款，按交易款项扣除已转销应收账款的账面价值和相关税费后的差额计入当期损益。

提取的坏账准备计入当期损益，发生坏账损失，冲减已计提的坏账准备。已核销的坏账损失以后又收回的，其冲减的坏账准备则予以转回。

**6.1.3 长期股权投资核算方法**

6.1.3.1 投资成本的确定

同一控制下的企业合并形成的，合并方以支付现金、转让非现金资产、承担债务或发行权益性证券作为合并对价的，在合并日按照取得被合并方所有者权益在最终控制方合并财务报表中的账面价值的份额作为其初始投资成本。长期股权投资初始投资成本与支付的合并对价的账面价值或发行股份的面值总额之间的差额调整资本公积；资本公积不足冲减的，调整留存收益。

非同一控制下的企业合并形成的，在购买日按照支付的合并对价的公允价值作为其初始投资成本。

除企业合并形成以外的，以支付现金取得的，按照实际支付的购买价款作为其初始投资成本；以发行权益性证券取得的，按照发行权益性证券的公允价值作为其初始投资成本；投资者投入的，按照投资合同或协议约定的价值作为其初始投资成本(合同或协议约定价值不公允的除外)。

6.1.3.2 后续计量及损益确认方法

对被投资单位能够实施控制的长期股权投资采用成本法核算,在编制合并财务报表时按照权益法进行调整;对具有共同控制或重大影响的长期股权投资,采用权益法核算。

6.1.3.3 确定对被投资单位具有控制、重大影响的依据

按照合同约定,与被投资单位相关的重要财务和经营决策需要分享控制权的投资方一致同意的,认定为共同控制;对被投资单位的财务和经营政策有参与决策的权力,但并不能够控制或者与其他方一起共同控制这些政策的制定的,认定为重大影响。

6.1.3.4 减值测试方法及减值准备计提方法

对子公司、联营企业及合营企业的投资,在资产负债表日有客观证据表明其发生减值的,按照账面价值与可收回金额的差额计提相应的减值准备。

**6.1.4 固定资产计价和折旧方法**

6.1.4.1 固定资产确认条件、计价和折旧方法

本公司的固定资产是指为提供劳务、出租或经营管理而持有,并且使用年限超过1年的有形资产。固定资产在同时满足下列条件时予以确认:与该固定资产有关的经济利益很可能流入企业;该固定资产的成本能够可靠计量。

固定资产取得时按照实际成本进行初始计量。外购固定资产的成本,以购买价款、相关税费、使固定资产达到预定可使用状态前所发生的可归属于该项资产的运输费、装卸费、安装费和专业人员服务费等确定。

6.1.4.2 各类固定资产的折旧方法

本公司采用年限平均法计提折旧,固定资产自达到预定可使用状态时开始计提折旧,终止确认时或划分为持有待售非流动资产是停止计提折旧。在不考虑减值准备的情况下,公司根据固定资产类别、预计使用寿命和预计净残值率分别确定折旧率如下:

| 固定资产类别 | 预计净残值率(%) | 预计使用寿命(年) | 年折旧率(%) |
|---|---|---|---|
| 房屋及建筑物 | 3 | 30~45 | 2.16~3.23 |
| 机器设备 | 3 | 10 | 9.7 |
| 运输设备 | 3 | 6 | 16.17 |
| 电子设备及其他 | 3 | 3~6 | 16.17~32.33 |

预计净残值是指假定固定资产预计使用寿命已满并处于使用寿命终了时的预期状态,本公司目前从该项资产处置中获得的扣除预计处置费用后的金额。

与固定资产有关的后续支出,如果与该固定资产有关的经济利益很可能流入本公司且其成本能可靠计量,则计入固定资产成本,并终止确认被替换部分的账面价值,除此以外的其他后续支出,在发生时计入当期损益。固定资产装修费用符合资本化条件的,本公司予以资本化。

以融资租赁方式租入的固定资产采用与自有固定资产一致的政策计提租赁资产折旧,能够合理确定租赁期届满时取得租赁资产所有权的在租赁资产使用寿命内计提折旧;无法合理确定租赁期届满能够取得租赁资产所有权的,在租赁期与租赁资产使用寿命两者中较短的期间内计提折旧。

本公司定期对固定资产的使用寿命、预计净残值和折旧方法进行复核,如发生改变则作为会计估计变更处理。

固定资产出售、转让、报废或毁损的处置收入扣除其账面价值和相关税费后的差额计入当期损益。

**6.1.5 在建工程**

在建工程达到预定可使用状态时,按工程实际成本转入固定资产。已达到预定可使用状态但尚未办理竣工决算的,先按估计价值转入固定资产,待办理竣工决算后再按实际成本调整原暂估价值,但不再调整原已计提的折旧。

资产负债表日,有迹象表明在建工程发生减值的,按照账面价值与可收回金额的差额计提相应的减值准备。

**6.1.6 无形资产**

无形资产是指本公司拥有或控制的没有实物形态的可辨认非货币性资产。无形资产按成本进行初始计量。与无形资产有关的支出,如果相关的经济利益很可能流入本公司且其成本能可靠计量,则计入无形资产成本。除此以外的其他无形资产项目支出,在发生时计入当期损益。

使用寿命有限的无形资产自可供使用时起,对其原值在其预计的使用寿命内采用直线法分期平均摊销。本公司定期对无形资产的使用寿命及摊销方法进行复核,如发生变更则作为会计估计变更处理。

使用寿命确定的无形资产,在资产负债表日有迹象表明发生减值的,按照账面价值与可收回金额的差额计提相应的减值准备;使用寿命不确定的无形资产和尚未达到可使用状态的无形资产,无论是否存在减值迹象,每年均进行减值测试。

内部研究开发项目研究阶段的支出,于发生时计入当期损益。内部研究开发项目开发阶段的支出,同时满足下列条件的,确认为无形资产:(1)完成该无形资产以使其能够使用或出售在技术上具有可行性;(2)具有完成该无形资产并使用或出售的意图;(3)无形资产产生经济利益的方式,包括能够证明运用该无形资产生产的产品存在市场或无形资产自身存在市场,无形资产将在内部使用的,能证明其有用性;(4)有足够的技术、财务资源和其他资源支持,以完成该无形资产的开发,并有能力使用或出售该无形资产;(5)归属于该无形资产开发阶段的支出能够可靠计量。

本公司无形资产为计算机软件,是使用寿命有限的无形资产,摊销方法如下:

| 类别 | 使用寿命(年) | 摊销方法 |
|---|---|---|
| 计算机软件 | 2 | 直线法 |

本公司于本年年度终了,对使用寿命有限的无形资产的使用寿命及摊销方法进行复核,与以前估计不同的,调整权限估计数,并按会计估计变更处理。

本公司期末预计某项无形资产已经不能给企业带来未来经济利益的,将该无形资产的账面价值全部转入当期损益。

**6.1.7 抵债资产**

本公司取得抵债资产时,按公允价值入账。为取得抵债资产支付的抵债资产欠缴的税费、垫付的诉讼费用和取得抵债资产支付的相关税费计入抵债资产价值。

本公司处置抵债资产时,如果取得的处置收入大于抵债资产账面价值,其差额计入营业外收入;如果取得的处置收入小

于抵债资产账面价值，其差额计入营业外支出；保管过程中发生的费用直接计入其他业务支出；处置过程中发生的费用从处置收入中抵减。

本公司将抵债资产列入其他资产。

**6.1.8 职工薪酬**

职工薪酬是指本公司为获得职工提供的服务或解除劳动关系而给予的除股份支付以外各种形式的报酬或补偿。职工薪酬包括短期薪酬、离职后福利、辞退福利和其他长期职工福利。本公司提供给职工配偶、子女、受赡养人、已故员工遗属及其他受益人等的福利，也属于职工薪酬。

6.1.8.1 短期薪酬

本公司在职工提供服务的会计期间，将实际发生的短期薪酬确认为负债，并计入当期损益或相关资产成本。其中，非货币性福利按照公允价值计量。

6.1.8.2 辞退福利

本公司在职工劳动合同到期之前解除与职工的劳动关系，或者为鼓励职工自愿接受裁减而提出给予补偿，在本公司不能单方面撤回解除劳动关系计划或裁减建议时间和确认与涉及支付辞退福利的重组相关的成本费用时间两者孰早日，确认因解除与职工的劳动关系给予补偿而产生的负债，同时计入当期损益。

6.1.8.3 设定提存计划

本公司职工参加了由当地劳动和社会保障部门组织实施的社会基本养老保险。本公司以当地规定的社会基本养老保险缴纳基数和比例，按月向当地社会基本养老保险经办机构缴纳养老保险费。职工退休后，当地劳动及社会保障部门有责任向已退休员工支付社会基本养老金。本公司在职工提供服务的会计期间，将根据上述社保规定计算应缴纳的金额确认为负债，并计入当期损益或相关资产成本。

6.1.8.4 设定收益计划

6.1.8.4.1 内退福利

本公司向接受内部退休安排的职工提供内退福利。内退福利是指向未达到国家规定的退休年龄、经本公司批准自愿退出工作岗位的职工支付的工资及为其缴纳的社会保险费等。本公司自内部退休安排开始之日起至职工达到正常退休年龄止，向内退职工支付内部退养福利。对于内退福利，本公司比照辞退福利进行会计处理，在符合辞退福利相关确认条件时，将自职工停止提供服务日至正常退休日期间拟支付的内退福利，确认为负债，计入当期损益。精算假设变化及福利标准调整引起的差异于发生时计入当期损益。

6.1.8.4.2 其他补充退休福利

本公司也向满足一定条件的职工提供国家规定的保险制度外的补充退休福利，该等补充退休福利属于设定受益计划，资产负债表上确认的设定受益负债为设定受益义务的现值减去计划资产的公允价值。设定受益义务每年由独立精算师采用与义务期限和币种相似的国债利率、以预期累积福利单位法计算。与补充退休福利相关的服务费用(包括当期服务成本、过去服务成本和结算利得或损失)和利息净额计入当期损益或相关资产成本，重新计量设定受益计划净负债或净资产所产生的变动计入其他综合收益。

本公司按规定参加由政府机构设立的职工社会保障体系，包括基本养老保险、医疗保险、住房公积金及其他社会保障制度，相应的支出于发生时计入相关资产成本或当期损益。

养老保险、医疗保险、住房公积金等社会保险基金计算比例如下：

| 名称 | 比例(%) |
|---|---|
| 基本养老保险费 | 19.00 |
| 基本医疗保险费 | 9.00 |
| 大额医疗费用互助资金 | 1.00 |
| 补充养老保险 | 8.33 |
| 补充医疗保险费 | 5.00 |
| 失业保险费 | 0.80 |
| 工伤保险费 | 0.20 |
| 住房公积金 | 12.00 |
| 生育保险 | 0.80 |

在职工劳动合同到期之前解除与职工的劳动关系，或为鼓励职工自愿接受裁减而提出给予补偿的建议，如果本公司已经制定正式的解除劳动关系计划或提出自愿裁减建议并即将实施，同时本公司不能单方面撤回解除劳动关系计划或裁减建议的，确认因解除与职工劳动关系给予补偿产生的预计负债，并计入当期损益。

**6.1.9 预计负债**

当与或有事项相关的义务同时符合以下条件，本公司将其确认为预计负债：(1)该义务是企业承担的现时义务；(2)该义务的履行很可能导致经济利益流出企业；(3)该义务的金额能够可靠计量。

预计负债按照履行相关现时义务所需支出的最佳估计数进行初始计量。

企业应当在资产负债表日对预计负债的账面价值进行复核，如有确凿证据表明预计负债账面价值不能真实反映当前最佳估计数的，应当按照当前最佳估计数对该账面价值进行调整。

企业清偿预计负债所需支出全部或部分预期由第三方补偿的，补偿金额只有在基本确定能够收到时才能作为资产单独确认。确认的补偿金额不应当超过预计负债的账面价值。

**6.1.10 收入确认原则和方法**

收入是本公司在开展日常业务活动过程中所取得的各项收入，主要包括利息收入、手续费及佣金收入、投资收益及其他业务收入等。

在相关的经济利益能够流入及收入的金额能够可靠计量时，本公司确认收入。

6.1.10.1 利息收入

利息收入是指本公司发放自营贷款，按期计提利息所确认的收入。

利息收入按照实际利率法确认，实际利率与合同利率差异较小的，也可按合同利率计算。

实际利率法是指按照金融资产或金融负债的实际利率计算其摊余成本及各期利息收入或利息支出的方法。实际利率是指将金融资产或金融负债在预期存续期间或适用的更短期间内的未来现金流量，折现为该金融资产或金融负债当前账面价值所使用的利率。在确定实际利率时，本公司在考虑金融资产或金融负债所有合同条款的基础上预计未来现金流量，但不考虑未来信用损失，本公司支付或收取的、属于实际利率组成部分的各项收费、交易费用及溢价或折价等，在确定实际利率时予以考虑。

另外，根据财政部有关规定，本公司发放的贷款按期计提利息并确认收入。发放贷款到期（含展期，下同）90 天后尚未收回的，其应计利息停止计入当期利息收入，纳入表外核算，原在表内反映的应计利息同时冲销当期损益，转入表外核算；同时该笔贷款转作非应计贷款，以后每期计息均在表外核算，不确认当期收益。

金融企业往来存款利息收入在收到存款银行结息通知单时确认存款利息收入。

拆借利息收入按让渡资金使用权的时间和适用利率计算确定。

金融资产发生减值后，利息收入应当按照确定减值损失时对未来现金流量进行折现采用的折现率作为利率确认计算。

6.1.10.2 手续费及佣金收入

手续费及佣金收入主要包括托管及其他受托业务佣金、顾问和咨询费收入。托管及其他受托业务佣金是根据信托合同规定的计提方法、计提标准确认应由信托项目承担的受托人报酬；顾问和咨询费收入，如所提供金融咨询服务的结果能够可靠估计的情况较小，则按合同或协议约定确认收入。

6.1.10.3 投资收益

本公司的投资收益划分为持有金融工具产生的投资收益和持有长期股权投资产生的投资收益。

对于持有金融工具产生的投资收益，本公司根据持有金融工具的不同，按对应金融工具的确认和计量标准确认投资收益。

对于长期股权投资，在采用成本法核算时，当被投资单位宣告发放现金股利或分派利润时，本公司确认投资收益；在采用权益法核算时，根据被投资单位实现的净利润或经调整后的净利润计算应享有的份额，确认投资收益；出售或处置长期股权投资时，按所获得的收入与投资账面价值之间的差额确认投资收益。

6.1.10.4 汇兑收益

在交易已经完成，实际收到款项时确认汇兑收益。

**6.1.11 支出确认原则**

支出主要包括利息支出、手续费佣金支出及其他业务支出等。

利息支出采用实际利率法确认在利润表中。实际利率与合同利率差异较小的，也可按合同利息计算。

手续费及佣金支出及其他业务支出按权责发生制原则确认和计量。

**6.1.12 租赁**

本公司将租赁分为融资租赁和经营租赁。

6.1.12.1 经营租赁

公司为承租人时，在租赁期内各个期间按照直线法将租金计入相关资产成本或确认为当期损益，发生的初始直接费用，直接计入当期损益。或有租金在实际发生时计入当期损益。

公司为出租人时，在租赁期内各个期间按照直线法将租金确认为当期损益，发生的初始直接费用，除金额较大的予以资本化并分期计入损益外，均直接计入当期损益；或有租金在实际发生时计入当期损益。

6.1.12.2 融资租赁

公司为承租人时，在租赁期开始日，公司以租赁开始日租赁资产公允价值与最低租赁付款额现值中两者较低者作为租入资产的入账价值，将最低租赁付款额作为长期应付款的入账价值，其差额为未确认融资费用，发生的初始直接费用计入租赁资产价值。在租赁期各个期间，采用实际利率法计算确认当期的融资费用。采用与自有固定资产相一致的折旧政策计提租赁资产折旧。能够合理确定租赁期届满时取得租赁资产所有权的，应当在租赁资产使用寿命内计提折旧。无法合理确定租赁期届满时能够取得租赁资产所有权的，应当在租赁期与租赁资产使用寿命两者中较短的期间内计提折旧。

公司为出租人时，在租赁期开始日，公司以租赁开始日最低租赁收款额与初始直接费用之和作为应收融资租赁款的入账价值，同时记录未担保余值；将最低租赁收款额、初始直接费用及未担保余值之和与其现值之和的差额确认为未实现融资收益。在租赁期各个期间，采用实际利率法计算确认当期的融资收入。

**6.1.13 政府补助**

政府补助需同时满足政府补助所附条件及本公司能够收到政府补助的两个条件时予以确认，包括财政拨款、财政贴息、税收返还、无偿划拨非货币性资产。

政府补助为货币性资产的，按照收到的金额计量；政府补助为非货币性资产的，按照公允价值计量，公允价值不能可靠取得的，按照名义金额计量。

与资产相关的政府补助确认为递延收益，在相关资产使用寿命内平均分配，计入当期损益；使用寿命结束前处置毁损的，将递延收益一次性转入当期损益。

与收益相关的政府补助，用于补偿以后期间的相关费用或损失的，确认为递延收益，在相关费用的期间，计入当期损益；用于补偿已发生的相关费用或损失的，直接计入当期损益。

**6.1.14 所得税的会计处理方法**

所得税包括当期所得税（当期应交所得税）和递延所得税，均作为所得税费用或收益计入当期损益，但不包括直接计入所有者权益的交易或事项的所得税影响。

本公司对于当期和以前期间形成的当期所得税负债或资产，按照税法规定计算的预期应交纳或返还的所得税金额计量。

本公司根据资产与负债于资产负债表日的账面价值与计税基础之间的暂时性差异，采用资产负债表债务法计提递延所得税。

各种应纳税暂时性差异均据以确认递延所得税负债，除非应纳税暂时性差异是在以下交易中产生的。

（1）商誉的初始确认，或者具有以下特征的交易中产生的资产或负债的初始确认：该交易不是企业合并，并且交易发生时既不影响会计利润也不影响应纳税所得额。

（2）对于与子公司、合营企业及联营企业投资相关的应纳税暂时性差异，该暂时性差异转回的时间能够控制并且该暂时性差异在可预见的未来很可能不会转回。

本公司以很可能取得用来抵扣可抵扣暂时性差异的应纳税所得额为限，确认由可抵扣暂时性差异产生的递延所得税资产，除非可抵扣暂时性差异是在以下交易中产生的。

（1）该交易不是企业合并，并且交易发生时既不影响会计利润也不影响应纳税所得额。

（2）对于与子公司、合营企业及联营企业投资相关的可抵扣暂时性差异，未能满足：暂时性差异在可预见的未来很可能转回，且未来很可能获得用来抵扣可抵扣暂时性差异的应纳税所得额。

本公司于资产负债表日，对于递延所得税资产和递延所得税负债，依据税法规定，按照预期收回该资产或清偿该负债期间的适用税率计量，并反映资产负债表日预期收回资产或清偿负债方式的所得税影响。

于资产负债表日，本公司对递延所得税资产的账面价值进行复核。如果未来期间很可能无法获得足够的应纳税所得额用以抵扣递延所得税资产的利益，减记递延所得税资产的账面价值。在很可能获得足够的应纳税所得额时，减记的金额予以转回。

#### 6.1.15 信托业务核算办法

根据《中华人民共和国信托法》等规定，信托财产与属于受托人所有的财产（即固定财产）相区别，不得归入受托人的固有财产或者成为固有财产的一部分。

本公司信托财产是指因承诺信托而取得的财产，对于因信托财产的管理、运用、处分或者其他情形而取得的财产，也归入信托财产。

信托财产不属于本公司的固有资产，也不属于本公司对受益的负债。本公司终止时，信托财产不属于清算资产。

本公司对信托财产与固有财产分别管理、分别记账，并将不同委托人的信托财产分别管理、分别记账。

本公司的信托项目是指根据信托文件的约定，单独或者集合管理、运用、处分信托财产的基本单位，本公司以每个信托项目作为独立的会计核算主体，独立核算信托财产的管理、运用和处分情况。各信托项目分别记账、独立核算并编制财务报表。信托项目财务报表不列入本财务报表。

#### 6.1.16 信托赔偿准备金的计提

根据中国人民银行颁布的《信托投资公司管理办法》有关规定，公司按税后利润的5%计提信托赔偿准备金，公司信托赔偿准备金累计额为公司注册资本的20%以上时，不再提取。提取的信托赔偿准备金主要用于弥补因管理操作不善而对信托财产造成的损失。

虽然信托赔偿准备累计总额已超过本公司注册资本的20%，本公司因提高公司抗风险能力的需要，效仿银保监会设计的信托业救助基金的基本理念和方案，把公司会计科目项下的信托赔偿准备加上公司对项目责任人预留的风险准备金等，设立公司信托项目缓解风险救助基金，从2015年起，分6年每年计提1亿元，共计提取6亿元。本期计提1亿元信托赔偿准备金。

#### 6.1.17 一般准备的计提

一般风险准备是从净利润中提取的、用于部分弥补尚未识别的可能性损失的准备金。

本公司运用动态拨备原理，采用标准法对风险资产所面临的风险状况定量分析，确定潜在风险估计值。计算风险资产的潜在风险估计值后，对于潜在风险估计值高于资产减值准备的，扣减已计提的资产减值准备，计提一般风险准备。当潜在风险估值低于资产减值准备时，不计提一般风险准备。

动态拨备是金融企业根据宏观经济形势变化，采取逆周期计提拨备的方法，即在宏观经济上行周期、风险资产违约率相对较低时多计提拨备，增强财务缓冲能力；在宏观经济下行周期、风险资产违约率相对较高时少计提拨备，并动用积累的拨备吸收资产损失的做法。

本公司每年年度终了对承担风险和损失的资产计提一般风险准备，具体包括发放贷款和垫款、可供出售金融资产、持有至到期投资、长期股权投资、存放同业、拆出资金、抵债资产、应收款项等，一般准备余额原则上不得低于风险资产期末余额的1.5%。

本公司采用标准法确认潜在风险估计值，按潜在风险估计值与资产减值准备的差额，对风险资产计提一般准备。其中，信贷资产根据金融监管部门的有关规定进行风险分类，标准风险系数暂定为正常类1.5%、关注类3%、次级类30%、可疑类60%、损失类100%；对于其他风险资产参照信贷资产进行风险分类，采用的标准风险系数同上述信贷资产标准风险系数。

财政部将根据宏观经济形势变化，参考金融企业不良贷款额、不良贷款率、不良贷款拨备覆盖率、贷款拨备率、贷款总拨备率等情况，适时调整计提一般风险准备的风险资产范围、标准风险系数、一般风险准备占风险资产的比例要求。本公司将根据财政部的要求适时进行相应调整。

一般风险准备计提不足的，原则上不得进行税后利润分配。一般风险准备经本公司董事会、股东大会审批通过，并报经同级财政部门备案后，可用一般准备弥补亏损，但不得用于分红。因特殊原因，经董事会、股东大会审批通过后，并报经同级财政部门备案后，可将一般准备转为未分配利润。

## 6.2 或有事项说明

无公司对外担保及其他或有事项的期初数、期末数及其对公司存在的影响。

## 6.3 重要资产转让及其出售的说明

无。

## 6.4 会计报表中重要项目的明细资料

#### 6.4.1 披露自营资产经营情况

6.4.1.1 按信用风险五级分类结果披露信用风险资产的期初数、期末数

| 信用风险资产五级分类 | 正常类（万元） | 关注类（万元） | 次级类（万元） | 可疑类（万元） | 损失类（万元） | 信用风险资产合计（万元） | 不良资产合计（万元） | 不良资产率（%） |
|---|---|---|---|---|---|---|---|---|
| 期初数 | 960 856 | 70 400 | — | — | — | 1 031 256 | — | — |
| 期末数 | 1 140 420 | — | — | 500 | 4 900 | 1 145 820 | 5 400 | 0.47 |

注：不良资产合计＝次级类＋可疑类＋损失类。

6.4.1.2　各项资产减值损失准备的期初数、本期计提、本期转回、本期核销、期末数

单位：万元

| | 期初数 | 本期计提 | 本期转回 | 本期核销 | 期末数 |
|---|---|---|---|---|---|
| 贷款损失准备 | 5 532 | 4 634 | — | — | 10 166 |
| 一般准备 | 4 124 | 946 | — | — | 5 070 |
| 专项准备 | 1 408 | 3 688 | — | — | 5 096 |
| 其他资产减值准备 | 443 | 472 | 149 | — | 827 |
| 可供出售金融资产减值准备 | — | — | — | — | — |
| 持有至到期投资减值准备 | — | — | — | — | — |
| 长期股权投资减值准备 | 121 | 59 | 88 | — | 92 |
| 坏账准备 | 322 | 413 | — | — | 735 |
| 投资性房地产减值准备 | — | — | — | — | — |

6.4.1.3　自营股票投资、基金投资、债券投资、股权投资等投资业务的期初数、期末数

单位：万元

| | 自营股票 | 基金 | 债券 | 长期股权投资 | 其他投资 | 合计 |
|---|---|---|---|---|---|---|
| 期初数 | 13 503 | 43 332 | 9 445 | 9 134 | 455 324 | 530 738 |
| 期末数 | 55 233 | 10 826 | 12 849 | 55 553 | 299 349 | 433 810 |

6.4.1.4　按投资入股金额排序，前三名的自营长期股权投资的企业名称、占被投资企业权益的比例及投资收益情况等（依大小顺序排列）

| 企业名称 | 占被投资企业权益的比例（%） | 投资收益（万元） |
|---|---|---|
| 1. 深圳前海京信供销基金管理有限公司 | 35 | 725 |
| 2. 中合供销（上海）股权投资基金管理有限公司 | 40 | 51 |
| 3. 北京富智阳光投资管理有限公司 | 49 | — |

6.4.1.5　前三名的自营贷款的企业名称、占贷款总额的比例和还款情况等（依大小顺序排列）

| 企业名称 | 占贷款总额的比例（%） | 还款情况（万元） |
|---|---|---|
| 1. 晟融国际融资租赁有限公司 | 9.16 | 正常 |
| 2. 无锡苏源置业有限公司 | 8.68 | 正常 |
| 3. 华熙置地有限公司 | 5.92 | 正常 |

6.4.1.6　表外业务的期初数、期末数

单位：万元

| 表外业务 | 期初数 | 期末数 |
|---|---|---|
| 担保业务 | — | — |
| 代理业务（委托业务） | 1 382.77 | 1 392.89 |
| 其他 | — | — |
| 合计 | 1 382.77 | 1 392.89 |

6.4.1.7　公司当年的收入结构

| 收入结构 | 金额（万元） | 占比（%） |
|---|---|---|
| 手续费及佣金收入 | 118 168 | 64.69 |
| 其中：信托手续费收入 | 105 795 | 57.92 |
| 投资银行业务收入 | 12 373 | 6.77 |
| 利息收入 | 33 237 | 18.19 |
| 其他业务收入 | 851 | 0.47 |
| 其中：计入信托业务收入部分 | — | — |
| 投资收益 | 29 764 | 16.29 |
| 其中：股权投资收益 | 9 410 | 5.15 |
| 证券投资收益 | −7 057 | −3.86 |
| 其他投资收益 | 27 411 | 15.01 |
| 公允价值变动收益 | 117 | 0.06 |
| 营业外收入 | 535 | 0.29 |
| 收入合计 | 182 671 | 100.00 |

注：手续费及佣金收入、利息收入、其他业务收入、投资收益、营业外收入均应为损益表中的一级科目，其中手续费及佣金收入、利息收入、营业外收入为未抵减掉相应支出的全年累计实现收入数。

**6.4.2　披露信托财产管理情况**

6.4.2.1　信托资产的期初数、期末数

单位：万元

| 信托资产 | 期初数 | 期末数 |
|---|---|---|
| 集合 | 11 832 531.05 | 12 678 781.08 |
| 单一 | 6 828 891.32 | 7 032 213.84 |
| 财产权 | 12 357 519.13 | 2 988 575.83 |
| 合计 | 31 018 941.49 | 22 699 570.75 |

6.4.2.1.1　主动管理型信托业务的信托资产期初数、期末数

单位：万元

| 主动管理型信托资产 | 期初数 | 期末数 |
|---|---|---|
| 证券投资类 | 3 173 879.92 | 2 870 784.78 |
| 其他金融产品投资 | 541 501.37 | 446 146.98 |
| 股权投资类 | 2 351 583.99 | 2 820 546.94 |
| 其他投资 | 93 756.08 | 108 827.22 |
| 融资类 | 6 716 356.16 | 6 284 042.54 |
| 事务管理类 | 84 912.71 | 51 538.80 |
| 合计 | 12 961 990.23 | 12 581 887.26 |

注：1. 上市公司股票受益权统计在证券投资类。
2. 自2016年起将其他金融产品投资从证券投资类分离统计。
3. 其他投资为信托资金直接投资于艺术品、贵金属等。

6.4.2.1.2　被动管理型信托业务的信托资产期初数、期末数

单位：万元

| 被动管理型信托资产 | 期初数 | 期末数 |
|---|---|---|
| 证券投资类 | 15 033.01 | — |
| 股权投资类 | — | — |
| 融资类 | 35 174.37 | 35 174.90 |
| 事务管理类 | 18 006 743.88 | 10 082 508.59 |
| 合计 | 18 056 951.26 | 10 117 683.49 |

6.4.2.2 本年度已清算结束的信托项目个数、实收信托合计金额、加权平均实际年化收益率

6.4.2.2.1 本年度已清算结束的集合类、单一类资金信托项目和财产管理类信托项目个数、实收信托合计金额、加权平均实际年化收益率

| 已清算结束的信托项目 | 项目个数(个) | 实收信托合计金额(万元) | 加权平均实际年化收益率(%) |
|---|---|---|---|
| 集合 | 47 | 3 602 353.76 | 9.46 |
| 单一 | 182 | 13 215 091.91 | 5.58 |
| 财产权 | 7 | 10 006 155.09 | 1.00 |

注:实收信托合计金额是信托本金累计给付额。

6.4.2.2.2 本年度已清算结束的主动管理型信托项目个数、实收信托合计金额、加权平均实际年化信托报酬率、加权平均实际年化收益率

主动管理

| 已清算结束信托项目 | 项目个数(个) | 实收信托合计金额(万元) | 加权平均实际年化信托报酬率(%) | 加权平均实际年化收益率(%) |
|---|---|---|---|---|
| 证券投资类 | 4 | 8 270 064.87 | 0.20 | 5.78 |
| 其他金融产品投资 | 5 | 77 230.00 | 0.74 | 7.34 |
| 股权投资类 | 12 | 701 115.00 | 1.97 | 8.50 |
| 其他投资类 | — | — | — | — |
| 融资类 | 30 | 2 068 318.00 | 1.89 | 8.58 |
| 事务管理类 | — | — | — | — |

注:1. 实收信托合计金额是信托本金累计给付额。
2. 上市公司股票受益权投资统计在证券投资类。
3. 自2016年起将其他金融产品投资从证券投资类分离统计。
4. 其他投资为信托资金直接投资于艺术品、贵金属等。

6.4.2.2.3 本年度已清算结束的被动管理型信托项目个数、实收信托合计金额、加权平均实际年化信托报酬率、加权平均实际年化收益率

被动管理

| 已清算结束的信托项目 | 项目个数(个) | 实收信托合计金额(万元) | 加权平均实际年化信托报酬率(%) | 加权平均实际年化收益率(%) |
|---|---|---|---|---|
| 证券投资类 | 1 | 3 199 029.21 | 0.10 | 6.23 |
| 股权投资类 | — | — | — | — |
| 融资类 | — | — | — | — |
| 事务管理类 | 184 | 12 507 843.68 | 0.02 | 1.93 |

注:实收信托合计金额是信托本金累计给付额。

6.4.2.3 本年度新增的集合类、单一类和财产管理类信托项目个数、实收信托合计金额

| 新增信托项目 | 项目个数(个) | 实收信托合计金额(万元) |
|---|---|---|
| 集合 | 45 | 2 221 956.34 |
| 单一 | 45 | 1 825 639.00 |
| 财产权 | 3 | 815 966.92 |
| 合计 | 93 | 4 863 562.26 |
| 其中:主动管理型 | 47 | 2 055 281.34 |
| 被动管理型 | 46 | 2 808 280.92 |

注:实收信托合计金额是本年新增信托项目累计新增的实收信托金额。

6.4.2.4 信托业务创新成果和特色业务

报告期间,公司审时度势,及时调整,把握住了公司战略发展的大方向,一如既往地坚持公司业务转型与实践创新,为公司的展业提供了良好的借鉴。

积极服务北京"四个中心"及京津冀一体化。公司加强对环北京地区的业务拓展,着力针对北京市文化中心及科创中心建设、京津冀区域棚改、城市更新、基建配套建设等领域进行业务拓展。以城市发展基金、"股权+债券"、产业基金、政府引导基金+金融资本、"类土地流转+居住权益与消费权益信托份额化"等多种方式助力北京市发展和京津冀区域经济建设。

房地产业务积极转型。2018年公司持续发力,积极推进地产业务转型,注重投资标的遴选,深入发掘重点城市群的优质地产资源,继续推进京津冀地区、中原城市群、长三角地区以及珠三角地区重点区域的房地产项目,聚焦核心城市群,积极探索收益共享、风险共担的真实股权投资模式,实现地产业态重组升级,不断提升项目研判和主动管理能力,走高质量发展道路。如"增益资本068号集合信托——郑开海棠公馆"项目以其完善的风控体系,领先于市场的收益水平获得了市场的充分认可;结合习总书记提出的"房住不炒"的总基调,公司密切关注长租公寓市场,研究通过信贷模式、投贷联动、资产证券化、消费金融等多种模式展业。

证券投资平台建设成果显著。2018年公司设立了大证券平台,积极引进人才,制定了专门扶持证券业务发展的激励考核制度及《证券平台营销激励办法》,以证券平台为依托,组建了包括信评、投研、资产组合、资产证券化和渠道等专业化团队。依托于大证券平台,设立了公司首单TOF产品,重启了阳光私募业务,挖掘了潜在投资型客户资源,稳步开展信贷资产证券化、企业资产证券化业务,积极尝试可交换债、债券结构化投资业务,为未来证券业务的开展探索了可行的方向。

资产证券化业务有所突破。公司与华夏银行合作成立行业第一单小微企业信贷资产证券化业务,规模为10亿元。该业务是全国性商业银行首单底层资产是民营和小微企业贷款的ABS业务,也是支持民营和中小微企业,解决其融资难、融资贵的有益尝试。发行公司首单CMBS产品,积极参与项目资产归集、产品设计、监管沟通等全流程,为未来公司企业资产证券化新型业务拓展提供借鉴。

"三农"服务进一步加强。2018年,农村集体资产信托化管理规模持续增长,覆盖村集体达到57个,尤其是首次在北京市海淀区落地,为富民产品继续拓展做好储备。公司积极响应推动金融支持"三农"事业的号召,与北京市农业融资担保公司合作,向北京德青源农业科技股份有限公司等北京市农业企业发放信托贷款,扩宽了北京市农业企业的融资渠道、有助于保障首都的"菜篮子""米袋子",进一步巩固了公司与北京市属金融机构专业分工、优势互补的战略协同,也为公司储备了PE业务的潜在投资标的。

家族信托业务不断创新。公司设立全国首单遗嘱信托,首创将非现金资产通过遗嘱形式委托至家族信托的模式,实现了我国遗嘱信托领域零的突破,开启家族信托服务新时代。此项目避免非现金资产过户的现实操作困境和纷扰,实现了受托人角色的增加与转换,开创了遗嘱信托公证的先河,满足了客户家业传承及受益人养老、医疗、生活、学习、哺育后代、人身伤害

追责等各类需求。公司设立了首单保险金信托，进一步拓展了家族信托的外延。

消费金融业务迅速起步。2018 年，消费金融业务发展快速，新增规模为 8.30 亿元。公司以房抵贷业务为切入点，严格把关底层资产、资金用途、交易对手各重要环节，创新业务模式，积极服务小微企业，稳步推进消费金融业务，为公司业务转型提供新方向。

6.4.2.5 截至本报告期末，公司通过归集专户认缴资金信托对应的信托业保障基金余额为 136 390.27 万元。

## 6.5 关联方关系及其交易的披露

### 6.5.1 关联交易方的数量、关联交易的总金额及关联交易的定价政策等

| 关联交易方数量 | 关联交易定价政策 | 关联交易总金额（万元） |
| --- | --- | --- |
| 14 | 基金以市场公允价值计价；<br>信托产品以合同约定的收益级别定价 | 287 682 |

### 6.5.2 关联交易方与本公司的关系性质、关联交易方的名称、法定代表人、注册地址、注册资本及主营业务等

公司子公司北信瑞丰基金管理有限公司，法定代表人周瑞明，公司注册地址为北京市怀柔区九渡河镇黄坎村 735 号，公司注册资本为 17 000 万元，主营业务为基金募集、基金销售、资产管理。

公司子公司北信瑞丰基金管理有限公司之子公司上海北信瑞丰资产管理有限公司，法定代表人周瑞明，公司注册地址为上海市虹口区欧阳路 196 号 10 号楼 5 层 01 室，公司注册资本为 3 000 万元，主营业务为资产管理、投资咨询、投资管理、企业管理咨询、商务咨询、实业投资、市场信息咨询与调查（不得从事社会调查、社会调研、民意调查、民意测验）、市场营销策划、财务咨询（不得从事代理记账）、金融信息服务（不得从事金融业务）。

### 6.5.3 本公司与关联方的重大交易事项

北信瑞丰稳定收益 C 基金为公司认购的由北信瑞丰基金管理有限公司发行并管理的北信瑞丰稳定收益 C 基金。该基金不直接从二级市场买入股票、权证等，不参与一级市场的新股申购或增发新股。本公司截至 2018 年 12 月 31 日，该基金公允价值变动为 1 626 159.69 元。

北信瑞丰宜投宝 B 基金为公司认购的由北信瑞丰基金管理有限公司发行并管理的北信瑞丰宜投宝 B 基金。该基金成立于 2014 年 11 月 20 日，基金类型为货币型，该基金投资于法律法规及监管机构允许投资的金融工具，包括现金、通知存款、短期融资券、超短期融资券、1 年以内（含 1 年）的银行定期存款及大额存单、期限在 1 年以内（含 1 年）的债券回购、期限在 1 年以内（含 1 年）的中央银行票据、剩余期限在 397 天以内（含 397 天）的债券、资产支持证券及中期票据，以及法律法规或中国证监会、中国人民银行允许基金投资的其他具有良好流动性的货币市场工具。本公司截至 2018 年 12 月 31 日，出售全部持有份额。

北信瑞丰研究精选股票型证券投资基金为公司认购的由北信瑞丰基金管理有限公司发行并管理的北信瑞丰研究精选股票型证券投资基金。该基金成立于 2017 年 6 月 28 日，基金类型为股票型，投资范围为具有良好流动性的金融工具，可以投资于股票、债券、债券回购、银行存款、货币市场工具、资产支持证券、权证、股指期货及中国证监会允许投资的其他金融工具。本公司截至 2018 年 12 月 31 日，该基金公允价值变动为 -6 266 886.87 元。

北信瑞丰鼎利债券型证券投资基金为公司认购的由北信瑞丰基金管理有限公司发行并管理的北信瑞丰鼎利债券型证券投资基金。该基金类型为债券型，投资范围为具有良好流动性的金融工具，可以投资于股票、权证、债券、资产支持证券、债券回购、货币市场工具、银行存款、同业存单等，以及法律法规或中国证监会允许基金投资的其他金融工具。本公司截至 2018 年 12 月 31 日，该基金公允价值变动为零。

北信瑞丰产业升级多策略混合型证券投资基金为公司认购的由北信瑞丰基金管理有限公司发行并管理的北信瑞丰产业升级多策略混合型证券投资基金。该基金成立于 2017 年 6 月 23 日，基金类型为混合型，投资范围为具有良好流动性的金融工具，包括国内依法发行上市的股票、债券、资产支持证券、债券回购、货币市场工具、权证、股指期货及法律法规或中国证监会允许基金投资的其他金融工具。本公司截至 2018 年 12 月 31 日，该基金公允价值变动为 -9 637 141.20 元。

银驰资本 2015005 号集合资金信托计划、仟亿资本 002 号集合信托计划、仟亿资本 001 号集合资金信托计划、锦程财富 012 号集合资金信托计划、增益资本 018 号集合信托计划、城市发展财富 028 号集合资金信托计划、睿盈财富 017 号集合资金信托计划均是本公司发行并管理的信托产品。北信瑞丰资产丰祥 5 号专项资产管理计划、北信瑞丰资产丰祥 14 号专项资产管理计划是北信瑞丰基金管理有限公司发行并管理的资产管理计划。本公司以固有资金进行投资，截至 2018 年 12 月 31 日，持有银驰资本 2015005 号集合资金信托计划份额为零，持有仟亿资本 002 号集合信托计划份额为 1 亿元，持有仟亿资本 001 号集合资金信托计划份额为零，持有锦程财富 012 号集合资金信托计划份额为 11 660 万元，持有增益资本 018 号集合信托计划份额为零，持有城市发展财富 028 号集合资金信托计划份额为 143 400 万元，持有睿盈财富 017 号集合资金信托计划份额为 4 684 万元，持有北信瑞丰资产丰祥 5 号专项资产管理计划份额为零，持有北信瑞丰资产丰祥 14 号专项资产管理计划份额为零。

6.5.3.1 固有与关联方：贷款、投资、租赁、应收账款、担保、其他方式等期初汇总数、本期借方和贷方发生额汇总数、期末汇总数

单位：万元

| 固有与关联方关联交易 | | | | |
| --- | --- | --- | --- | --- |
| | 期初数 | 借方发生额 | 贷方发生额 | 期末数 |
| 贷款 | — | — | — | — |
| 投资 | 108 784 | 180 448 | 107 234 | 181 998 |
| 租赁 | — | — | — | — |
| 担保 | — | — | — | — |
| 应收账款 | — | — | — | — |
| 其他 | — | — | — | — |
| 合计 | 108 784 | 180 448 | 107 234 | 181 998 |

6.5.3.2 信托与关联方交易情况：贷款、投资、租赁、应收账款、担保、其他方式等期初汇总数、本期借方发生额和贷方发生额汇总数、期末汇总数

单位：万元

| 信托与关联方关联交易 | | | | |
|---|---|---|---|---|
| | 期初数 | 借方发生额 | 贷方发生额 | 期末数 |
| 贷款 | — | — | — | — |
| 投资 | 112 326.17 | 5 231.86 | 30 905.82 | 86 652.21 |
| 租赁 | — | — | — | — |
| 担保 | — | — | — | — |
| 应收账款 | — | — | — | — |
| 其他 | — | — | — | — |
| 合计 | 112 326.17 | 5 231.86 | 30 905.82 | 86 652.21 |

6.5.3.3 固有财产与信托财产之间的交易金额期初汇总数、本期发生额汇总数、期末汇总数

单位：万元

| 固有财产与信托财产相互交易 | | | |
|---|---|---|---|
| | 期初数 | 本期发生额 | 期末数 |
| 合计 | 139 845.54 | 29 898.46 | 169 744.00 |

6.5.3.4 信托项目之间的交易金额期初汇总数、本期发生额汇总数、期末汇总数

单位：万元

| 信托资产与信托财产相互交易 | | | |
|---|---|---|---|
| | 期初数 | 本期发生额 | 期末数 |
| 合计 | 279 654.00 | 105 420.00 | 385 074.00 |

**6.5.4 关联方逾期未偿还公司资金的情况以及公司为关联方担保发生或即将发生垫款的情况**

无。

### 6.6 会计制度的披露

公司固有业务（自营业务）自2008年1月1日起执行财政部2006年发布的《企业会计准则》，信托业务自2010年1月1日起执行《企业会计准则》。

## 7. 财务情况说明书

### 7.1 利润实现和分配情况

单位：万元

| | |
|---|---|
| 利润总额 | 110 610 |
| 减：所得税费用 | 27 310 |
| 净利润 | 83 300 |
| 减：少数股东损益 | 57 |
| 提取法定盈余公积 | 8 167 |
| 提取一般风险准备 | 1 319 |
| 信托赔偿准备 | 10 000 |
| 加：期初未分配利润 | 274 256 |
| 减：本期利润分配 | 35 200 |
| 期末未分配利润 | 302 812 |

### 7.2 主要财务指标

| 指标名称 | 指标值 |
|---|---|
| 资本利润率（%） | 9.64 |
| 加权年化信托报酬率（%） | 0.28 |
| 人均净利润（万元） | 260 |

注：1. 资本利润率＝净利润/所有者权益平均余额×100%。

2. 加权年化信托报酬率＝（信托项目1的实际年化信托报酬率×信托项目1的实收信托＋信托项目2的实际年化信托报酬率×信托项目2的实收信托＋…＋信托项目$n$的实际年化信托报酬率×信托项目$n$的实收信托）/（信托项目1的实收信托＋信托项目2的实收信托＋…＋信托项目$n$的实收信托）×100%。

3. 人均净利润＝净利润/年平均人数。

4. 平均值采取年初及各季末余额移动算术平均法。

5. 公式为：a（平均）＝$(a_0/2+a_1+a_2+a_3+a_4/2)/4$。

### 7.3 对本公司财务状况、经营成果有重大影响的其他事项

无。

### 7.4 公司净资本情况

**信托公司风险控制指标监管报表**

2018年12月31日

| 项目 | 期末余额 | 监管标准 | 备注 |
|---|---|---|---|
| 净资本（万元） | 649 927 | ≥2亿元 | 达标 |
| 固有业务风险资本（万元） | 135 237 | — | — |
| 信托业务风险资本（万元） | 202 774 | — | — |
| 其他业务风险资本（万元） | — | — | — |
| 各项业务风险资本之和（万元） | 338 011 | — | — |
| 净资本/各项业务风险资本之和（%） | 192.28 | ≥100 | 达标 |
| 净资本/净资产（%） | 74.50 | ≥40 | 达标 |

## 8. 特别事项简要揭示

### 8.1 前五名股东报告期内的变动情况

2018年公司股东情况无变化。前五名股东现为北京市国有资产经营有限责任公司、航天科技财务有限责任公司、威益投资有限公司、中国石油化工股份有限公司、上海游久游戏股份有限公司。

### 8.2 董事、监事及高级管理人员变动情况

报告期内，履职的董事会、监事会、高管组成情况如下：董事会成员为李民吉、周瑞明、徐哲、张育明、于宏英、朱汪友、许汉章、吴东明、贝多广、王化成、吴晶妹、王剑钊、夏彬，共13人；监事会成员为王进才、王深坤、孟福增、刘率、韩新梅、韩波、董颖，共7人；高管人员为周瑞明、瞿纲、幸宇晖、何晓峰、吴京林、黄晓炜、夏彬，共7人。以上人员的任职资格均已获得监管部门核准。孟广杰同志于2018年7月6日被公司董事会聘任为公司首席运营官，并于2019年1月8日获得中国银行保险监督管理委员会北京监管局的任职资格核准（京银保监复[2019]16号），已开始履职。

### 8.3 公司重大未决诉讼事项

无。

### 8.4 会计师事务所出具的审计报告

会计师事务所出具了无保留意见的审计报告。

### 8.5 公司及其董事、监事和高级管理人员受到处罚的情况

无。

### 8.6 银保监会及其派出机构对公司检查后提出的整改意见之整改情况简要说明

报告期内北京银保监局未对公司进行现场检查。

### 8.7 本年度重大事项临时报告

无。

### 8.8 银保监会及其派出机构认定的其他有必要让客户及其相关利益人了解的重要信息

无。

## 9. 公司监事会对公司依法运作情况、财务报告情况的独立意见

公司监事会认为，公司董事会各项决议符合《公司法》等法律法规和《公司章程》的规定，公司经营管理活动合法合规，高级管理层认真执行股东会、董事会的各项决议，经营业绩良好，圆满完成了报告期年初制订的经营计划。公司经营中未出现违规操作行为，未出现损害公司、股东及受益人利益的行为。公司财务报告真实、客观反映了公司的财务状况和经营成果。

# 渤海国际信托股份有限公司

## 1. 重要提示

1.1 本公司董事会及董事保证本报告所载资料不存在任何虚假记载、误导性陈述或者重大遗漏,并对其内容的真实性、准确性和完整性承担个别及连带责任。

1.2 本公司独立董事朱玉杰、苏敬勤、孟庆斌对本报告内容的真实性、准确性和完整性表示认可。

1.3 中兴财光华会计师事务所(特殊普通合伙)为本公司出具了标准无保留意见的审计报告。

1.4 公司董事长郑宏、执行董事兼总裁马建军、财务总监董丁丁声明:保证年度报告中财务会计报告的真实、完整。

## 2. 公司概况

### 2.1 公司简介

渤海国际信托股份有限公司前身为河北省国际信托投资有限责任公司,成立于 1983 年 12 月,2004 年 1 月公司获准重新登记,注册资本金为 32 565 万元(含 1 500 万美元),2006 年 12 月完成重组,2007 年 2 月增资扩股后,注册资本金增加至 72 565 万元(含 1 500 万美元)。2007 年 11 月,中国银监会批准公司名称变更为渤海国际信托有限公司。2009 年 3 月由原股东再次增资 7 000 万元,注册资本金增加至 79 565 万元(含 1 500万美元)。2011 年 6 月,海航资本控股有限公司(现更名为海航资本集团有限公司)增资 120 435 万元,注册资本金增加至 200 000 万元(含 1 500 万美元)。2015 年 8 月公司完成股改,更名为渤海国际信托股份有限公司。2017 年 2 月,渤海信托注册资本金增加至 360 000 万元。

| | |
|---|---|
| 法定中文名称 | 渤海国际信托股份有限公司 |
| 法定中文缩写名称 | 渤海信托 |
| 公司法定英文名称 | Bohai International Trust Co., Ltd. |
| 法定英文缩写名称 | BITC |
| 法定代表人 | 郑宏 |
| 注册地址 | 石家庄市新石中路 377 号 B 座 22-23 层 |
| 公司网址 | www.bohaitrust.com |
| 邮政编码 | 050090 |
| 信息披露事务联系人 | 李晓晨,电话:010-57583390;传真:010-59782079;电子信箱:xch_li@bohaitrust.com |
| 选定的信息披露报纸 | 《证券时报》 |
| 信息披露事务负责人 | 马建军 |
| 公司年报备置地点 | 石家庄市新石中路 377 号 B 座 22-23 层 |
| 聘请的会计师事务所 | 中兴财光华会计师事务所(特殊普通合伙) |
| 聘请的会计师事务所住所 | 北京市西城区阜成门外大街 2 号 22 层 A24 |

### 2.2 组织结构

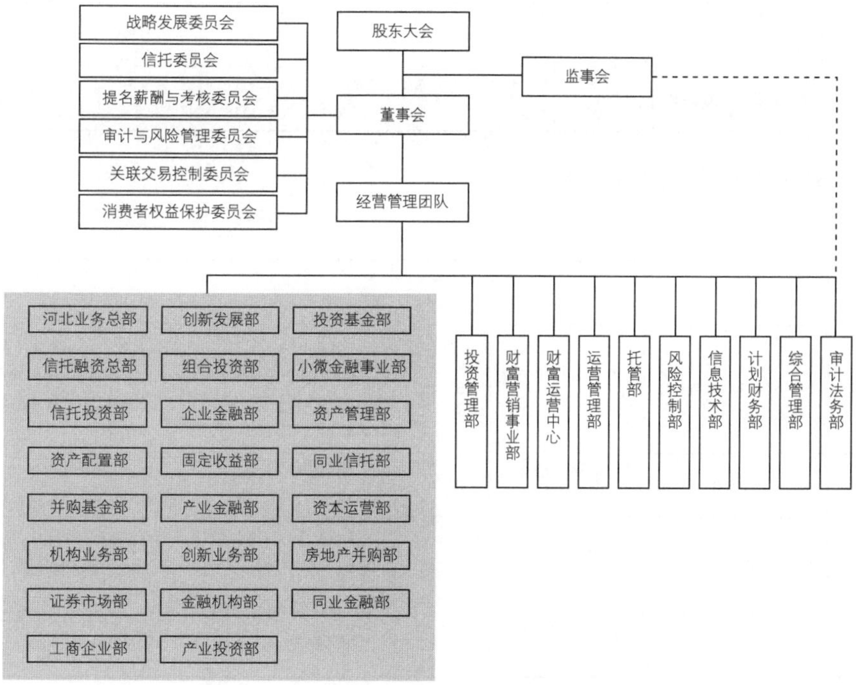

## 3. 公司治理

### 3.1 股东

截至 2018 年末，股东总数 3 家，母公司为海航资本集团有限公司，最终控制方为海南省慈航公益基金会。

| 股东名称 | 持股比例（%） | 法人代表 | 注册资本（万元） | 注册地址 | 主要经营业务 |
|---|---|---|---|---|---|
| 海航资本集团有限公司 | 51.23 | 金　川 | 3 348 035 | 海南省海口市海秀路 29 号 | 企业资产重组、购并及项目策划；财务顾问中介服务；信息咨询服务，交通能源新技术、新材料的投资开发；航空器材的销售及租赁业务；建筑材料、酒店管理；游艇码头设施投资。 |
| 北京海航金融控股有限公司 | 26.67 | 于　波 | 2 120 000 | 北京市丰台区丽泽路 18 号院 1 号楼 701－31 室 | 投资与资产管理；投资咨询；经济贸易咨询；企业策划；财务咨询（不得开展审计、验资、查账、评估、会计咨询、代理记账等需经专项审批的业务，不得出具相应的审计报告、验资报告、查账报告、评估报告等文字材料）；技术开发；技术服务。［（1）未经有关部门批准，不得以公开方式募集资金；（2）不得公开开展证券类产品和金融衍生品交易活动；（3）不得发放贷款；（4）不得对所投资企业以外的其他企业提供担保；（5）不得向投资者承诺投资本金不受损失或者承诺最低收益；不得以公开方式募集资金；不得公开交易证券类产品和金融衍生品；不得发放贷款；不得向所投资企业以外的其他企业提供担保；不得向投资者承诺投资本金不受损失或者承诺最低收益。企业依法自主选择经营项目，开展经营活动；依法须经批准的项目，经相关部门批准后依批准的内容开展经营活动；不得从事本市产业政策禁止和限制类项目的经营活动］。 |
| 中国新华航空集团有限公司 | 22.10 | 罗　军 | 438 665 | 北京市顺义区天竺镇府前一街 16 号 | 由天津始发（部分航班由北京始发）至国内部分城市的航空客货运输业务；与航空运输相关的服务业务；自有房地产经营；资产管理；航空器材、建筑材料、装饰材料、化工产品（不含危险化学品）、电子产品、日用百货、纺织品、机械、电子设备、黑色金属的销售；广告设计、制作、代理、发布；设计和制作印刷品广告，利用《新华航空》杂志发布国内外广告；进出口业务（企业依法自主选择经营项目，开展经营活动；依法须经批准的项目，经相关部门批准后依批准的内容开展经营活动；不得从事本市产业政策禁止和限制类项目的经营活动）。 |

海航资本集团有限公司的第一大股东

| 股东名称 | 持股比例（%） | 法人代表 | 注册资本（万元） | 注册地址 | 主要经营业务 |
|---|---|---|---|---|---|
| 海航集团有限公司 | 88.05 | 陈　峰 | 6 000 000 | 海口市美兰区国兴大道 7 号新海航大厦 25 层 | 航空运输及机场的投资与管理；酒店及高尔夫球场的投资与管理；信息技术服务；飞机及航材进出口贸易；能源、交通、新技术、新材料的投资开发及股权运作；境内劳务及商务服务中介代理。 |

### 3.2 董事、董事会及其下属委员会

董事长、董事

| 姓　名 | 职　务 | 性别 | 年龄（岁） | 选任日期 | 所推举股东名称 | 该股东持股比例（%） | 简要履历 |
|---|---|---|---|---|---|---|---|
| 郑　宏 | 董事长 | 男 | 52 | 2017 年 8 月 9 日 | 海航资本集团有限公司 | 51.23 | 历任海南航空股份有限公司总经理、财务总监，海航集团有限公司财务总监，海航机场集团有限公司首席运营官兼财务总监、副董事长，海航集团华东总部有限公司财务总监，渤海国际信托股份有限公司执行董事兼总裁，海航资本集团有限公司财务总监、运营总裁；现任海航物流集团有限公司副总裁。 |
| 马建军 | 执行董事 | 男 | 47 | 2017 年 1 月 18 日 | 中国新华航空集团有限公司 | 22.10 | 历任渤海国际信托股份有限公司信托业务部副总经理、信托业务二部总经理、总裁助理、副总裁；现任渤海国际信托股份有限公司执行董事兼总裁。 |
| 李令星 | 董事 | 男 | 51 | 2013 年 3 月 26 日 | 海航资本集团有限公司 | 51.23 | 历任河北省国际信托投资有限公司稽核审计部总经理，海航资本集团有限公司合规管理部总经理；现任渤海人寿保险股份有限公司副总经理，渤海国际信托股份有限公司董事。 |
| 陈　虹 | 董事 | 男 | 44 | 2018 年 3 月 20 日 | 北京海航金融控股有限公司 | 26.67 | 现任中南财经政法大学法学院经济法系副教授，渤海国际信托股份有限公司董事。 |

注：2018 年 9 月 17 日渤海信托董事会进行换届选举，经股东大会、董事会选举，成小云先生接替郑宏先生担任渤海信托董事、董事长职务，成小云先生的董事、董事长任职资格于 2019 年 2 月 28 日获得河北银保监局核准。

独立董事

| 姓　名 | 职　务 | 性别 | 年龄(岁) | 选任日期 | 所推举股东名称 | 该股东持股比例(%) | 简要履历 |
|---|---|---|---|---|---|---|---|
| 朱玉杰 | 独立董事 | 男 | 49 | 2017年11月28日 | — | — | 历任清华大学经济管理学院金融系助教、讲师、副教授;现任清华大学经济管理学院金融系教授,渤海国际信托股份有限公司独立董事。 |
| 苏敬勤 | 独立董事 | 男 | 57 | 2017年11月28日 | — | — | 历任大连理工大学图书情报专业教研室副主任,技术经济研究所所长,管理学院党总支副书记、党委书记、副院长、党委组织部部长、党校常务副校长、管理学院副院长;现任大连理工大学管理学院院长,中国工业科技管理大连培训中心主任,渤海国际信托股份有限公司独立董事。 |
| 孟庆斌 | 独立董事 | 男 | 38 | 2018年7月20日 | — | — | 现任中国人民大学商学院财务金融系副教授,渤海国际信托股份有限公司独立董事。 |

董事会下属委员会

| 董事会下属委员会名称 | 职责 | 组成人员 | 职务 |
|---|---|---|---|
| 战略发展委员会 | 主要负责制定公司经营管理目标和长期发展战略,监督、检查年度经营计划、投资方案的执行情况。 | 郑　宏 | 主任委员 |
| | | 马建军 | 委员 |
| | | 陈　虹 | 委员 |
| | | 朱玉杰 | 委员 |
| | | 孟庆斌 | 委员 |
| 信托委员会 | 主要负责督促公司依法履行受托职责。当公司或其股东利益与受益人利益发生冲突时,保证公司为受益人的最大利益服务。 | 朱玉杰 | 主任委员 |
| | | 马建军 | 委员 |
| | | 陈　虹 | 委员 |
| 提名薪酬与考核委员会 | 主要负责拟定董事和高级管理层成员的选任程序和标准,对董事和高级管理层成员的任职资格进行初步审核,并向董事会提出建议;审议公司薪酬管理制度和政策,拟定董事和高级管理层成员的薪酬方案,向董事会提出薪酬方案建议,并监督方案实施;制定公司董事及高级管理层成员的考核标准并进行考核。 | 苏敬勤 | 主任委员 |
| | | 郑　宏 | 委员 |
| | | 马建军 | 委员 |
| 审计与风险管理委员会 | 主要负责检查公司风险及合规状况、会计政策、财务报告程序和财务状况;负责公司年度审计工作,提出外部审计机构的聘请与更换建议,并就审计后的财务报告信息真实性、准确性、完整性和及时性作出判断性报告,提交董事会审议;监督高级管理层关于信用风险、流动性风险、市场风险、操作风险、合规风险和声誉风险等风险的控制情况,对公司风险政策、管理状况及风险承受能力进行定期评估,提出完善公司风险管理和内部控制的意见。 | 朱玉杰 | 主任委员 |
| | | 李令星 | 委员 |
| | | 陈　虹 | 委员 |
| 关联交易控制委员会 | 主要负责公司关联交易的管理、审批,控制关联交易风险。 | 孟庆斌 | 主任委员 |
| | | 李令星 | 委员 |
| | | 陈　虹 | 委员 |
| 消费者权益保护委员会 | 主要负责制定公司金融消费者权益保护工作的战略、政策和目标,对消费者权益保护工作进行总体规划指导,督促高管层有效执行和落实相关工作。 | 郑　宏 | 主任委员 |
| | | 马建军 | 委员 |

## 3.3 监事、监事会及其下属委员会

监事会成员

| 姓　名 | 职　务 | 性别 | 年龄(岁) | 选任日期 | 所推举股东名称 | 该股东持股比例(%) | 简要履历 |
|---|---|---|---|---|---|---|---|
| 程庆芳 | 监事会主席 | 男 | 55 | 2017年9月25日 | — | — | 历任苏州纺织机械厂工程师,苏州市职业大学教师,苏州通宝期货经纪有限公司经纪人,上海中期经纪有限公司苏州营业部业务经理,海航期货股份有限公司苏州营业部业务经理、苏州营业部负责人、副总经理、总经理、董事、董事长;现任渤海国际信托股份有限公司监事会主席。 |
| 唐晓蕾 | 职工监事 | 女 | 45 | 2013年3月29日 | — | — | 历任渤海国际信托股份有限公司法律事务主管、审计法务部总经理;现任渤海国际信托股份有限公司职工监事、运营管理部总经理。 |
| 童　清 | 外部监事 | 男 | 51 | 2013年3月29日 | — | — | 历任华安财产保险股份有限公司董事长特别助理、副总裁;现任华安财产保险股份有限公司执行董事兼总裁,渤海国际信托股份有限公司外部监事。 |

## 3.4 公司高级管理人员

| 姓 名 | 职 务 | 性别 | 年龄（岁） | 任职日期 | 金融从业年限（年） | 学历 | 专业 | 简要履历 |
|---|---|---|---|---|---|---|---|---|
| 马建军 | 总裁 | 男 | 47 | 2017 年 1 月 18 日 | 21 | 本科 | 金融学 | 历任渤海国际信托股份有限公司信托业务部副总经理、信托业务二部总经理、总裁助理、副总裁；现任渤海国际信托股份有限公司执行董事兼总裁。 |
| 符高萌 | 副总裁 | 男 | 49 | 2017 年 7 月 14 日 | 26 | 本科 | 财政学 | 历任海南省信托投资公司信贷主管、投资部副经理、资金部副经理，海南海信期货经纪有限公司交割部总经理、海南营业部总经理、总经理助理，国泰君安证券股份有限责任公司海口营业部市场部经理、资本运作部经理，幸运旅行社项目经理，渤海国际信托股份有限公司信托业务部信托经理、信托业务二部高级经理、信托业务五部信托业务总监、副总经理、总裁助理；现任渤海国际信托股份有限公司副总裁。 |
| 姜鲁宁 | 副总裁 | 女 | 35 | 2017 年 9 月 7 日 | 10 | 硕士 | 法律 | 历任渤海国际信托股份有限公司信托业务二部总经理助理、副总经理、北京业务一部总经理、信托融资总部总经理；现任渤海国际信托股份有限公司副总裁。 |
| 章全明 | 副总裁 | 男 | 51 | 2018 年 3 月 20 日 | 18 | 硕士 | 金融学 | 历任人民银行营业管理部副主任科员，原中国银监会北京监管局副科长、科长、副处长，国民信托有限公司副总裁，中节能财务有限公司副总经理；现任渤海国际信托股份有限公司副总裁。 |
| 董丁丁 | 财务总监 | 男 | 38 | 2016 年 8 月 15 日 | 11 | 硕士 | 金融学 | 历任海南航空股份有限公司飞行计划员、机组资源管理员，海航集团财务有限公司金融服务部信贷信息助理、信贷信息主管、客户经理、总经理助理，资金信贷部副总经理、总经理；现任渤海国际信托股份有限公司财务总监。 |
| 李力盛 | 首席风控官 | 男 | 39 | 2018 年 7 月 20 日 | 4 | 本科 | 会计 | 历任普华永道会计师事务所高级审计师，中国海洋石油总公司高级审计师，新东方教育科技集团有限公司审计经理，百年城集团财务总监，首开商业地产有限公司财务总监，渤海国际信托有限公司审计法务部副总经理、风险控制部副总经理、总经理；现任渤海国际信托股份有限公司首席风控官兼风险控制部总经理。 |
| 李欣 | 总裁助理 | 女 | 36 | 2017 年 9 月 7 日 | 12 | 本科 | 统计学 | 历任扬子江地产集团有限公司综合管理部薪酬绩效主管，扬子江保险经纪有限公司综合管理部人力资源主管、部门经理，海航资本集团有限公司人力资源部薪酬绩效中心经理、部门副总经理；现任渤海国际信托股份有限公司总裁助理兼综合管理部总经理。 |
| 侯庆涛 | 总裁助理 | 男 | 36 | 2017 年 9 月 7 日 | 8 | 硕士 | 法律 | 历任渤海国际信托股份有限公司信托业务一部信托运营助理、信托经理、高级信托经理、河北业务总部信托业务总监、创新发展部信托业务总监、副总经理、总经理；现任渤海国际信托股份有限公司总裁助理兼创新发展部总经理。 |

## 3.5 公司员工

| 项目 | | 报告期年度 | | 上年度 | |
|---|---|---|---|---|---|
| | | 人数（人） | 比例（%） | 人数（人） | 比例（%） |
| 年龄分布 | 20 岁以下 | — | — | — | — |
| | 20～29 岁 | 80 | 33.20 | 79 | 31.60 |
| | 30～39 岁 | 130 | 53.94 | 135 | 54.00 |
| | 40 岁以上 | 31 | 12.86 | 36 | 14.40 |
| 学历分布 | 博士 | 2 | 0.83 | 1 | 0.40 |
| | 硕士 | 113 | 46.89 | 121 | 48.40 |
| | 本科 | 123 | 51.04 | 123 | 49.20 |
| | 专科 | 3 | 1.24 | 5 | 2.00 |
| | 其他 | — | — | — | — |
| 岗位分布 | 董事、监事及高管人员 | 9 | 3.74 | 8 | 3.20 |
| | 自营业务人员 | 5 | 2.07 | 6 | 2.40 |
| | 信托业务人员 | 130 | 53.94 | 130 | 52.00 |
| | 其他人员 | 97 | 40.25 | 106 | 42.40 |

# 4. 经营管理

## 4.1 经营目标、经营方针、战略规划

### 4.1.1 经营目标

公司立足信托本源，遵循金融本质规律，服务社会经济发展，通过优质的产品和服务，成为客户资产保值增值的理财专家和首选管家；紧密结合国家宏观战略，信息时代的新型社会特征，选择一个业务方向，形成一个业务模式，走差异化发展的道路；注重沉淀长远价值，对国家负责，对社会负责，对员工负责，对股东负责，致力于成长为核心竞争优势明显、可持续发展能力强的综合金融服务机构。

### 4.1.2 经营方针

公司坚持“诚信、业绩、创新”的企业理念，以诚信树品牌，以创新促发展，以客户为中心，以市场为导向，规范经营，严控风险，通过优异的经营业绩，实现国家、社会、员工和股东价值的共同增长。

### 4.1.3 战略规划

公司立足“受人之托、代人理财”的信托本源，以“扎根实体、服务实体”为发展理念，以资产管理和信托业务为依托，战

略培育财富管理的核心竞争力，为客户提供综合金融服务，致力于使渤海信托成为国内差异化和综合金融服务能力领先的信托公司。

## 4.2 所经营业务的主要内容

自营资产运用与分布表

| 资产运用 | 金额(万元) | 占比(%) | 资产分布 | 金额(万元) | 占比(%) |
|---|---|---|---|---|---|
| 货币资产 | 65 702.02 | 4.68 | 基础产业 | 2 030.57 | 0.14 |
| 贷款及应收款 | 83 150.68 | 5.92 | 房地产业 | 8 626.09 | 0.61 |
| 以公允价值及其变动计入当期损益的金融资产 | 1 874.25 | 0.13 | 证券市场 | 6 292.82 | 0.45 |
| 可供出售金融资产 | 731 253.68 | 52.09 | 实业 | 947 497.89 | 67.50 |
| 持有至到期投资 | — | — | 金融机构 | 384 802.57 | 27.42 |
| 长期股权投资 | — | — | 其他 | 54 472.66 | 3.88 |
| 其他 | 521 741.97 | 37.18 | — | | |
| 资产总计 | 1 403 722.60 | 100.00 | 资产总计 | 1 403 722.60 | 100.00 |

信托资产运用与分布表

| 资产运用 | 金额(万元) | 占比(%) | 资产分布 | 金额(万元) | 占比(%) |
|---|---|---|---|---|---|
| 货币资产 | 2 388 433.69 | 3.85 | 基础产业 | 7 282 460.84 | 11.74 |
| 贷款 | 37 867 305.66 | 61.04 | 房地产 | 7 355 986.35 | 11.86 |
| 以公允价值及其变动计入当期损益的金融资产 | 303 647.70 | 0.49 | 证券市场 | 2 294 069.45 | 3.70 |
| 可供出售金融资产 | 0.00 | 0.00 | 实业 | 29 385 277.39 | 47.37 |
| 持有至到期投资 | 17 042 094.88 | 27.47 | 金融机构 | 12 684 322.01 | 20.45 |
| 长期股权投资 | 4 333 389.92 | 6.99 | 其他 | 3 031 108.25 | 4.88 |
| 其他 | 98 352.44 | 0.16 | — | | |
| 信托资产总计 | 62 033 224.29 | 100.00 | 信托资产总计 | 62 033 224.29 | 100.00 |

## 4.3 市场分析

### 4.3.1 有利因素

国内经济总体运行平稳、稳中有进，国内生产总值增长6.6%，总量首次突破90万亿元，供给侧结构性改革持续深化，经济结构不断优化，给信托业带来了新的发展机遇。

京津冀协同发展取得明显进展，区域经济协调性显著提升，作为河北省唯一一家信托公司，公司具有得天独厚的优势条件。

资管新规正式落地，金融监管顶层设计不断完善，为信托业改革发展指明了方向，规划了蓝图，设计了路线。

公司顶层设计进一步完善，转型步伐不断加快，在主动管理、风险管控、自主营销等方面有了较为明显的提升，发展基础持续夯实。

### 4.3.2 不利因素

在经济下行压力加大、中美贸易摩擦升级的大背景下，宏观经济波动性加剧，经营面临较多不确定性。

资管规则相继统一，资管格局正在重塑，信托的牌照优势日趋弱化，同业竞争进一步加剧。

实体经济持续承压，各类项目风险频发，信用违约风险上升，信托业在客户资源、业务模式、风险防控等方面面临巨大挑战。

随着监管强化和金融去杠杆，信托资产规模降幅明显，传统业务模式难以为继，创新转型尚处于探索之中，短期内缺乏新的增长点。

## 4.4 内部控制

### 4.4.1 内部控制机制依据和内部控制机制覆盖范围

4.4.1.1 内部控制机制依据

渤海信托内部控制评估工作的依据是《公司法》《信托公司管理办法》《信托公司治理指引》等法律法规，《渤海国际信托股份有限公司章程》(以下简称《公司章程》)《渤海国际信托股份有限公司内部控制指引》及其他相关规章制度。

4.4.1.2 内部控制机制覆盖范围

渤海信托内部控制评估涵盖公司治理结构"三会一层"，固有、信托两大业务体系及前台、中台、后台各部门。

### 4.4.2 内部控制制度及执行情况

4.4.2.1 公司治理内控

《公司章程》规范、完善，股东大会、董事会和监事会的议事规则和决策程序健全，董事会和董事长的决策权限明确、具体，对关联交易设置了专门的审议规则和决策机制；董事会、监事会及董事会下设的战略发展委员会、信托委员会、审计与风险管理委员会、提名薪酬与考核委员会、关联交易控制委员会以及消费者权益保护委员会的议事规则健全，决策程序完善，工作职责明确和年度工作计划具体，且落实情况良好，为公司内部控制的运作提供了良好的基础和环境。股东大会正常有效地行使在决定公司经营方针和投资计划、更换董事、批准财务预算和决算方案等方面的权利。董事会、监事会能够正常有效地行使《公司章程》所赋予的各项职权。

公司股东严格遵守法律、行政法规和监管机构的规定履行出资人义务和行使出资人的权利。公司建立了规范的关联交易管理制度，涉及关联交易项目均严格执行相关审核原则和程序，关联交易活动遵循了平等、自愿、信用和对价的商业原则，向利益关系人予以充分披露关联交易的定价依据，关联交易均按监管要求事先向监管机构报告。

在公司经营管理过程中，董事会、监事会和公司高级管理人员认真履行了《公司章程》及公司内部控制制度所赋予的职责，遵守《公司法》《金融违法行为处罚办法》《金融机构高级管理人员任职资格管理办法》等相关法律法规以及《公司章程》和内部控制制度所列示的禁止性规定，展现了公正廉洁、遵纪守法、忠于职守、重视内控、规范经营、严防风险的高度责任意识和优良的工作作风；组织管理能力和业务能力与任职相称。

4.4.2.2 业务控制

4.4.2.2.1 信托业务与固有业务独立机制

根据《中华人民共和国信托法》《信托公司管理办法》《信托公司集合资金信托计划管理办法》等相关法律规定，公司的信托业务和固有业务完全独立，形成"防火墙"，确保相关人员、系统及财产不交叉；《渤海国际信托股份有限公司审批流程指引》对此也进行了明确的确认和区分。

4.4.2.2.2 项目独立评审机制

按照《渤海信托业务评审指引》《渤海信托融资项目尽职调查工作指引》等相关制度，公司的项目尽职调查、审查、评审、审批、执行、后期管理、信息反馈、审计监督基本是相互分离的，项目尽职调查基本上客观、如实地记录和报告了业务状况和风险状况，风险控制部和业务评审委员会在项目审查、评审环节独立发表意见。业务评审委员会在公平公开的前提下的评审项目，业务评审委员对于项目的评审遵循独立客观原则。

4.4.2.2.3　风险量化机制

公司按照《渤海国际信托股份有限公司交易对手及项目评级指引》对交易对手进行量化评估。交易对手及项目评级由定量评价和定性评价构成，评级要素包括市场竞争地位、信誉状况、管理水平、财务指标及项目评估五个方面。交易对手及项目评级通过对潜在交易对手及拟融资项目主要风险要素的评价，系统分析和识别潜在交易对手及项目存在的风险和问题，据此确定对潜在交易对手融资需求拟采取的风控措施。

4.4.2.2.4　项目操作指引规范化机制

公司重视完善风险管理制度，通过完善业务管理制度，明确业务操作规范。随着业务发展，公司相关部门不断总结风险管理工作经验，积极落实监管要求，逐步提高风险管理工作水平，适时制定并修订《信托项目过程管理办法》《信托业务合同签署和风控措施落实管理办法》《金融消费者权益保护制度》《金融消费者权益保护工作考核评价办法》《产品信息公开查询平台管理制度》《金融消费者投诉处理制度》《金融知识宣传教育管理办法》《集合信托产品销售专区和录音录像管理工作制度》《集合资金信托业务客户认购资金退款事项操作指引》《集合资金信托业务信息披露操作指引》《集合资金信托受益权转让登记操作指引》《信托业务档案管理办法》等操作指引，将公司的风险管理理念和工作经验固化到规章制度中，使业务标准和操作程序更加明确，风险管理更加有效。

4.4.2.2.5　项目审计机制

根据监管要求，公司跟踪审核业务整改情况。监管机构开展年度例行现场检查后，根据发现的问题，提出一系列监管要求，需要公司管理层或信托业务部门马上落实，对相关问题进行整改。审计法务部对业务部门的整改工作进行审计监督，有效保证了监管要求的落实和缺陷项目的整改，降低了公司经营风险。此外，公司修订并发布《内部审计管理制度》，定期向股东及公司领导上报公司业务发展情况、执行差异及处理情况、即将到期项目还款来源落实情况。上述措施为公司加强内部控制、有效落实各项管理制度、提早落实到期项目还款来源、敦促业务部门及时对已出现执行差异的项目提出和落实解决方案、防范与化解各类经营风险、提升非现场审计风险监控工作水平等，提供了有力的支持。

4.4.2.2.6　合规管理机制

为防控合规风险，由风险控制部合规内控管理模块专职负责合规内控事宜。公司与各业务部门签订《风险合规责任书》《案件防控责任书》，落实业务风险合规责任和金融机构案件防控责任。此外，风险控制部密切保持与当地监管部门的工作联系和信息沟通，确保公司治理、业务经营等诸方面均能较好落实监管政策，依法依规稳健经营。

4.4.2.2.7　业务流程监控机制

信息技术部按照《信息化需求管理制度》编制 IT 建设方案并与开发商恒生电子公司协商落实系统开发，积极推进公司业务流程监控系统建设，为科学开展风险管理创造条件。

4.4.2.2.8　注重过程管理机制

为进一步规范信托项目运营管理，提高运营管理水平，公司成立运营管理部。公司以《信托项目过程管理办法》《信托业务合同签署和风控措施落实管理办法》《信托项目风险应急响应和处置办法》《关于集合资金信托及固有资金贷款项目运营管理工作有关问题的通告》相关制度为依托，严格控制项目操作风险，提高项目过程管理水平。

4.4.2.3　授权审批控制

公司授权管理制度规定清晰、明确。董事会在公司日常经营管理方面对总裁合理授权，经营管理层各位高级管理人员、职能部门负责人和关键岗位均在公司经营相应层次和项目管理的相应环节有适度授权，且授权范围及额度根据市场形势及公司业务运作实际需要适时调整。特别是固有资金运用和费用预算审批，在不同层级有明确的授权额度。从实际运行情况看，目前各层级、各类型授权范围及额度是适当的，符合公司经营需要，也能够满足风险控制要求。

4.4.2.4　重大投资控制

对于重大投资项目，公司设有投资风险评估与控制（项目小组、风险控制部、业务评审委员会和审计与风险管理委员会）、财务成本收益监管与控制（计划财务部和财务总监）、董事会决策控制和股东大会授权控制多层次控制机制。

4.4.2.5　信息披露控制

公司信息反馈机制完善，内部报告路径明确完整，交流渠道通畅，不断加强信息系统建设，逐步实现信息的共享，确保公司股东、董事会、监事会和高管层能够及时全面了解公司的经营和内控情况；公司通过监管报表、专项报告、事前报告和重大事项报告等形式向监管部门及时报送各种数据信息和资料；公司严格执行信息披露的监管要求，根据信托文件约定通过公司网站和书面通知的形式，向当事人全面披露信托财产管理运用的相关信息，按时披露公司年报和重要经营信息等重大事项。信息披露内容真实、完整、充分，按照监管机构的规定刊登在全国性报纸上向公众披露有关信息。

4.4.2.6　财务管理内部控制

4.4.2.6.1　核算管理方面

公司认真贯彻落实《中华人民共和国会计法》《企业财务会计报告条例》《企业会计准则》等有关法律、法规；以实际发生的交易或事项为依据，提供的会计信息能够如实反映财务状况、经营成果和现金流量；按照公司制度规定的会计处理方法进行会计核算，核算及时、清晰明了，会计指标口径一致，相互可比；能够及时、准确上报各种财务报表。

4.4.2.6.2　资金管理方面

公司的现金管理和银行存款管理均按照《现金管理暂行条例》《人民币银行结算账户管理办法》认真执行，严格账户开立审批制度；根据公司业务开展模式，完善公司资金管理形式，并按照流程严格执行，做到既配合业务部门及时完成资金的划转，同时保证了资金的安全和相对可控。

4.4.2.6.3　税收管理方面

公司计划财务部将纳税管理责任落实到具体岗位，实行纳税专管制度；日常税务申报及时；按照税务机关《发票管理办法》购买和正确使用各种发票；按照国务院财政、税务主管部门规定的保管期限保管账簿、记账凭证、完税凭证及其他有关资料。

4.4.2.7　预算控制

公司严格执行相关预算管理办法，控制日常各项经济活动的支出。

4.4.2.8　财产保护控制

公司计划财务部按照相关制度每月进行固定资产折旧的计提、无形资产的摊销；按时对资产变动状况进行维护，并保证账务处理正确、及时；对账面保留的原有业务产生的债权、资产，计划财务部积极配合资产处置，提出财务建议和意见，降低公司的不良资产率。

4.4.2.9　绩效考评控制

公司高度重视绩效考评工作，通过完善的绩效考评机制，建立竞争意识强又公平公正的公司环境。目前，公司绩效考评从工作业绩、胜任素质、合规管理、风险控制、价值准则，民主评议六个方面展开。根据全员考核成绩确定考核等级，并根据考核等级对干部员工进行相应的激励和处罚，建立起绩效考评与员工激励的联动机制，使绩效考评真正落到实处。

4.4.2.10　反洗钱内部控制

为了建立健全反洗钱工作管理机制，加强公司反洗钱工作，有效预防洗钱活动，保持公司经营稳健，公司制定并修订《反洗钱工作管理制度及操作流程》《客户身份识别和客户风险等级划分管理办法》《洗钱和恐怖融资风险自评估管理办法》。要求各相关部门按照中国人民银行《人民币银行结算账户管理办法》相关规定，严格审查客户提供的法定代表人身份证、经办人身份证、企业营业执照、组织机构代码证、国地税务登记证以及贷款卡信息等证明文件和资料，确保其真实性、完整性和有效性。交易对手是自然人的，严格审查自然人的身份证明等基本资料。真正做到"了解客户""识别客户"。对于委托人的信托财产，公司按照《信托法》等有关法律规定严格审查其来源的合法性，严禁与财产来源不明确的委托人开展业务。

4.4.2.11　重大突发事件应急控制

公司制定了《渤海信托信托项目风险应急响应和处置办法》，为应对业务及其他方面的重大突发事件作了预先准备。为妥善处置重大突发事件，在组织领导、工作程序、物质准备、信息披露及反馈等方面进行了周密的计划和安排，将事件对公司的不利影响降到最低。

4.4.2.12　信息系统保障机制

公司的信息系统可全流程支持公司现有全部业务开展。此外，公司为严格防范信息技术风险，积极部署双活系统。2018年，公司在全部信息系统均已实现双机热备的基础上，按照"分系统、分步骤"的原则，完成了14个核心生产运营系统的双活，同时聘请专业的信息安全团队为公司提供漏洞扫描、网络防护、渗透测试及应急响应服务，为信息系统运营安全提供了有效保障。

**4.4.3　内部控制监督体系**

内部控制监督体系由公司的董事会、经营管理层和全体员工共同建立并实施的，公司为控制风险，实现经营管理目标，通过制定和执行一系列制度、程序和方法，对风险进行识别、评估、控制、监测和纠正的动态持续过程和机制。

**4.4.4　内部审计机制**

审计法务部担任着公司内部审计的职能，按照《信托公司管理办法》《信托公司治理指引》及公司制定的《内部审计管理制度》的有关规定，每年进行两次年度审计。在日常工作中，对公司业务后期管理的跟踪等进行实时、不定期的监督审查。此外，审计法务部还依照《内部审计管理制度》对拟离任的公司高管进行审计，以核查其在任职期间是否依法合规履行自己的权利和义务。

**4.4.5　内部控制缺陷认定及跟踪整改机制**

公司通过不断完善内控机制，已形成了以合规审核、风险管理和内部审计为主，业务授权控制、会计控制以及业务流程环节控制等方面共同作用的内部监督评价与纠正机制，实现了内控缺陷的及时发现和自主纠正。监督评价机制的有效运作，一方面促进了业务操作流程的不断优化和完善，另一方面增强了对操作风险的实时掌控，使内部监督制约机制更加健全有效。同时，审计法务部按照监管要求和公司制度对内部控制机制和业务运作进行监督、检查与跟踪评价，发现问题迅速自纠。公司高级管理层高度重视监管意见和专业机构的审计结果，根据监管政策和业务发展现状，及时梳理公司规章制度和业务审批流程，不断修订完善，确保内部控制体系的科学有效运行。

公司定期聘请外部审计机构对公司的经营状况、财务状况和内部控制状况进行外部审计，并积极采纳外部审计机构的意见，改善和健全自身的内部控制。

## 4.5　风险管理

**4.5.1　风险管理概况**

公司始终坚持"全员风控"的理念，将"三会一层"和前台、中台、后台的各部门、各岗位均纳入了公司风险管理体系，以董事会下设的审计与风险管理委员会做原则统领，经营层下设的业务评审委员会和风险控制部、审计法务部、运营管理部，前台各业务部门（团队）负责具体项目的筛选和风险识别。公司全面实施风险管理精细化、流程化体系建设，明确风险防控目标和职责。通过健全和完善审计与风险管理委员会的功能和作用，建立直接向董事会汇报的内控管理机制；通过建立完善资产质量考核体系和问责制，形成良好的风险管理文化；通过建立重大事项报告和信息沟通制度，为董事会、监事会履行职责和正确决策提供基础。

董事会作为公司的经营决策机构，对公司风险管理承担最终责任；监事会对董事会、董事会审计与风险管理委员会、公司高级管理层风险管理的有效性进行监督；董事会审计与风险管理委员会统筹负责风险管理政策的制定，并对其执行情况进行监督。高级管理层负责公司风险管理的有效执行，承担有效管理和执行风险管理的责任。业务评审委员会作为总裁领导下的风险管理及决策机构，主要负责对公司的固有项目、信托项目以及与项目有关的其他重大事项进行审查、评估和决策。前台业务部门直接管理，承担风险管理的直接责任；运营管理与风险控制部门统筹推动，承担制定政策和流程，监测和管理风险的责任；审计法务部门监督检查，承担业务部门和风险管理部门履职情况的审计责任。公司建立"三道防线"的风险管理体系，不断促进业务流程优化和系统升级，合理保障公司的稳健经营和健康发展。

公司高度重视风险管理，认为风险管理能力是公司核心竞争力的重要构成，是公司持续稳健发展的基本保障，持续关注业务经营所面临的信用风险、市场风险、流动性风险、操作风险和声誉风险等各类风险。

4.5.2 **风险状况**

4.5.2.1 信用风险状况

信用风险是指由于债务人或交易对手不能履行或不能按时履行其合同义务，或者信用状况的不利变动而导致的风险。报告期末公司自营业务信用风险资产按资产质量进行五级分类并按规定标准足额提取呆账准备金，公司按规定提取信托赔偿准备金和各项资产减值损失准备。信托业务信用风险资产按照资产五级分类标准均为正常，报告期内，信托业务均按期清算，无违约和逾期现象出现。

4.5.2.2 市场风险状况

市场风险是指因市场价格（利率、汇率、股票价格和商品价格）的不利变动而使公司表内业务和表外业务发生损失的风险。公司开展的证券投资业务比重较低，固有业务和信托业务整体受股价波动的影响较轻；公司融资类业务存在利率风险，面临由于利率水平不利变动产生的收益相对减少的利率风险；商品价格的不利变动可能给交易对手带来销售下降或成本上升收益减少，进而给公司财产或者信托财产带来市场风险；报告期内公司未开展外币业务，汇率变动不会对公司的盈利能力和财务状况产生直接影响。

4.5.2.3 操作风险状况

操作风险是指因内部程序、人员和业务系统的不完善或者工作失误给公司造成损失的风险。报告期内，公司不断优化业务操作指引和工作流程，进一步完善以风险管理为导向的综合业务管理平台，前台、中台、后台各部门的业务操作更加规范，公司各项业务运行正常，未发生操作风险事件。

4.5.2.4 合规风险状况

合规风险是指公司因没有遵循法律、规则和准则可能遭受法律制裁、监管处罚、重大财务损失和声誉损失的风险。报告期内，银保监会组织开展“进一步深化整治银行业市场乱象工作”专项检查，公司从始至终高度重视整治市场乱象工作，认真组织落实各项自查事项，内部自查、配合检查、整改落实等具体工作，工作成果得到监管机构认可。公司未因开展违法违规业务或受托履职不当受到监管处罚，也未因法律风险管控不当导致交易无效或发生重大财务损失。

4.5.2.5 其他风险状况

公司面临的其他风险主要是指声誉风险和战略风险等。报告期内，公司未发生声誉风险和战略风险事件。

4.5.3 **风险管理**

4.5.3.1 信用风险管理

公司通过规范尽调程序和尽调报告内容，并对业务人员进行专项培训，不断加强尽职调查工作，实施交易对手信用风险量化管理，审慎选择交易对手，严控项目信用风险。公司融资类信托业务普遍采取实物抵押、权利质押、企业保证等风控措施。报告期内，公司交易对手均具有良好的信用记录，没有违约事件发生。在项目前期尽调阶段，业务部门切实履行受托责任，确保收集的信息完整、真实；在立项审批阶段，业务评审委员会和风险控制部独立评估项目风险及风控措施的充足性、有效性，审核合同资料；在项目操作阶段，运营管理部督导业务部门严格落实项目风控措施；在项目执行过程管理中，运营管理部监督项目经理实时跟踪评价交易对手的风险状况。运营管理部建立业务管理台账，加强对公司整体信用风险的动态管理，定期向业务部门收集项目履约情况、风控措施落实情况及还款来源落实情况，进行风险监测。

4.5.3.2 市场风险管理

公司加强对证券投资业务的专业培训，利用外部专业研究机构提供的信息和数据，加强对经济形势、金融市场行情、重点行业状况和行业周期的研究，确定投资范围、设计预警线和止损限额；增设专门实时监控岗位、降低股票质押率和增强信息披露等方式，有效防范股价波动风险；对部分业务通过合同约定实行浮动利率，有效规避利率风险；对于受商品价格影响较大的交易对手，加强对其所处行业的跟踪研究，动态关注其产销情况和盈利能力的变动状况，有效防范商品价格波动带来的风险。报告期内，公司未发生因市场风险造成的损失。

4.5.3.3 操作风险管理

公司高度重视内部控制制度建设，根据监管政策和业务发展需要，不断修订和完善《渤海信托审批流程指引》及各项业务操作流程，调整授权体系，明确岗位职责和操作规范，实行岗位职责和监督检查相结合，形成不同部门和不同岗位之间的既协作配合又监督制衡的关系。信托业务及固有业务实行调查评估、预审、审批、风险监测与监督检查相互分离的原则，风险管控流程覆盖了信托项目及固有项目的设立、信托财产及固有资金的运用与管理、固有融资到期偿还以及信托计划终止与清算等所有业务环节。加强员工业务技能和企业文化培训，提高员工的业务素质、工作品质和职业道德水平；制定并完善各类合同文本模板，提升业务规范化程度和操作效率，降低操作风险隐患。

4.5.3.4 合规风险管理

公司始终将合规文化作为企业文化的一个重要组成部分来培育，倡导和培育的合规基调和理念：在公司上下倡导并积极推行诚信和正直的道德行为准则和价值观念，努力培育所有员工的合规意识，强化合规理念、意识和行为准则，促进公司内部合规与外部监管之间的有效互动；合规人人有责，合规应从公司高层做起，主动合规；合规创造价值；依法合规是公司生存与发展的生命线。公司坚持开展制度文件合规审查机制，从制度源头上完善内控建设、加强合规管理；持续开展各类业务合规审核机制，将合规审核内嵌于公司业务审批流程当中，各类业务均需履行合规审查，以实现对各项业务的事前合规审查；深入开展合规文化培训与宣导，培育守法合规意识，纠正片面追求规模扩张、高速发展的粗放式经营理念，注重向管理要效益、向质量要效益、向服务要效益，真正形成“不能违规、不敢违规、不愿违规”的合规文化。

4.5.3.5 其他风险管理

公司不断强化全面风险管理的理念，在合规经营和稳健发展的基础上，着力提升公司的品牌价值和市场形象。

## 4.6 金融消费者权益保护

公司在监管部门的要求和指导下，有序开展消费者权益保护各项工作，不断完善公司各项机制建设，稳步推进公司消费者宣传教育长效机制建设规划，持续提高金融消费者金融素质及风险意识。

公司董事会下设有消费者权益保护委员会，负责制定公司消费者权益保护工作的目标和政策，对相关工作进行总体规划指导；消费者权益保护委员会定期召开工作会议，并向董事会提交有关工作报告。

2018 年，公司共开展了“3 · 15”消费者权益保护日、防范与打击非法集资宣传月、金融知识普及宣传月、客户沙龙等各类宣传教育活动 10 余场次，进一步提高了社会公众防范风险和正确使用金融服务的意识和能力，充分履行金融机构义务。

### 4.7　社会责任履行情况

报告期内，公司围绕“回归本源”“服务实体经济”“防范金融风险”等具体要求，发挥多层次、多领域、多渠道配置资源的优势，积极落实国家重大战略，不断将社会资金引入实体经济领域，全年新增服务实体业务规模达 1 350 亿元。公司逐步推进消费者权益保护长效机制建设，组织开展各类投资者教育活动。渤海信托积极开展形式多样、内容丰富的志愿活动，向社会注入暖流，全年累计开展志愿服务活动 10 余场，受到社会公众一致好评。2018 年，公司荣膺多项社会责任类奖项，奖项涵盖综合金融服务、依法纳税、党建、人力资源建设等多个方面，逐步塑造出“诚实守信，规范经营”和积极履行社会责任的正面品牌形象。

## 5. 报告期末及上一年度末的比较式会计报表

### 5.1　自营资产

#### 5.1.1　会计师事务所审计意见全文

**审 计 报 告**

中兴财光华审会字[2019]第 215002 号

渤海国际信托股份有限公司全体股东：

一、审计意见

我们审计了渤海国际信托股份有限公司（以下简称渤海信托公司）财务报表，包括 2018 年 12 月 31 日的资产负债表，2018 年度的利润表、现金流量表、股东权益变动表以及财务报表附注。

我们认为，后附的财务报表在所有重大方面按照企业会计准则的规定编制，公允反映了渤海信托公司 2018 年 12 月 31 日的财务状况以及 2018 年度的经营成果和现金流量。

二、形成审计意见的基础

我们按照中国注册会计师审计准则的规定执行了审计工作。审计报告的“注册会计师对财务报表审计的责任”部分进一步阐述了我们在这些准则下的责任。按照中国注册会计师职业道德守则，我们独立于渤海信托公司，并履行了职业道德方面的其他责任。我们相信，我们获取的审计证据是充分、适当的，为发表审计意见提供了基础。

三、管理层和治理层对财务报表的责任

渤海信托公司管理层（以下简称管理层）负责按照企业会计准则的规定编制财务报表，使其实现公允反映，并设计、执行和维护必要的内部控制，以使财务报表不存在由于舞弊或错误导致的重大错报。

在编制财务报表时，管理层负责评估渤海信托公司的持续经营能力，披露与持续经营相关的事项（如适用），并运用持续经营假设，除非管理层计划清算渤海信托公司、终止运营或别无其他现实的选择。

治理层负责监督渤海信托公司的财务报告过程。

四、注册会计师对财务报表审计的责任

我们的目标是对财务报表整体是否不存在由于舞弊或错误导致的重大错报获取合理保证，并出具包含审计意见的审计报告。合理保证是高水平的保证，但并不能保证按照审计准则执行的审计在某一重大错报存在时总能发现。错报可能由于舞弊或错误导致，如果合理预期错报单独或汇总起来可能影响财务报表使用者依据财务报表作出的经济决策，则通常认为错报是重大的。

在按照审计准则执行审计工作的过程中，我们运用职业判断，并保持职业怀疑。同时，我们也执行以下工作：

（1）识别和评估由于舞弊或错误导致的财务报表重大错报风险，设计和实施审计程序以应对这些风险，并获取充分、适当的审计证据，作为发表审计意见的基础。由于舞弊可能涉及串通、伪造、故意遗漏、虚假陈述或凌驾于内部控制之上，未能发现由于舞弊导致的重大错报的风险高于未能发现由于错误导致的重大错报的风险。

（2）了解与审计相关的内部控制，以设计恰当的审计程序，但目的并非对内部控制的有效性发表意见。

（3）评价管理层选用会计政策的恰当性和作出会计估计及相关披露的合理性。

（4）对管理层使用持续经营假设的恰当性得出结论。同时，根据获取的审计证据，就可能导致对渤海信托公司持续经营能力产生重大疑虑的事项或情况是否存在重大不确定性得出结论。如果我们得出结论认为存在重大不确定性，审计准则要求我们在审计报告中提请报表使用者注意财务报表中的相关披露；如果披露不充分，我们应当发表非无保留意见。我们的结论基于截至审计报告日可获得的信息。然而，未来的事项或情况可能导致渤海信托公司不能持续经营。

（5）评价财务报表的总体列报、结构和内容（包括披露），并评价财务报表是否公允反映相关交易和事项。

我们与治理层就计划的审计范围、时间安排和重大审计发现等事项进行沟通，包括沟通我们在审计中识别出的值得关注的内部控制缺陷。

中兴财光华会计师事务所（特殊普通合伙）　　中国注册会计师：

中国·北京　　中国注册会计师：

2019 年 2 月 26 日

### 5.1.2 资产负债表

**资产负债表**

单位：元

| 项　目 | 期末余额 | 期初余额 |
|---|---|---|
| 资产： | — | — |
| 现金及存放中央银行款项 | 11 863. 14 | 24 633. 14 |
| 存放同业款项 | 657 008 325. 23 | 4 951 814 059. 26 |
| 贵金属 | — | — |
| 拆出资金 | — | — |
| 以公允价值计量且其变动计入当期损益的金融资产 | 18 742 499. 62 | 91 108 926. 01 |
| 买入返售金融资产 | 5 046 300 013. 00 | — |
| 其他应收款 | 373 606 786. 52 | 133 948 631. 54 |
| 发放贷款和垫款 | 457 900 000. 00 | 5 493 500 000. 00 |
| 可供出售金融资产 | 7 312 536 762. 93 | 3 264 607 068. 23 |
| 持有至到期投资 | — | — |
| 长期股权投资 | — | — |
| 投资性房地产 | 21 139 388. 24 | 21 816 691. 52 |
| 固定资产 | 2 707 176. 10 | 3 228 048. 29 |
| 在建工程 | 6 901 432. 34 | 9 524 649. 81 |
| 无形资产 | 10 301 885. 94 | 2 618 352. 58 |
| 递延所得税资产 | 128 953 403. 26 | 39 964 186. 88 |
| 长期待摊费用 | 1 116 494. 16 | 2 108 289. 37 |
| 其他资产 | — | — |
| 资产合计 | 14 037 226 030. 48 | 14 014 263 536. 63 |

**资产负债表（续表）**

单位：元

| 项　目 | 期末余额 | 期初余额 |
|---|---|---|
| 负债： | — | — |
| 向中央银行借款 | — | — |
| 同业及其他金融机构存放款项 | — | — |
| 拆入资金 | — | — |
| 以公允价值计量且其变动计入当期损益的金融负债 | — | — |
| 衍生金融负债 | — | — |
| 卖出回购金融资产款 | — | — |
| 吸收存款 | — | — |
| 应付职工薪酬 | 91 220 888. 59 | 92 198 266. 59 |
| 应交税费 | 248 393 411. 77 | 159 199 023. 76 |
| 其他应付款 | 1 664 124 618. 33 | 2 218 759 433. 23 |
| 预计负债 | — | — |
| 长期借款 | — | — |
| 应付债券 | — | — |
| 递延所得税负债 | — | — |
| 其他负债 | 247 604. 74 | 247 604. 74 |
| 负债合计 | 2 003 986 523. 43 | 2 470 404 328. 32 |
| 股东权益： | — | — |
| 股本 | 3 600 000 000. 00 | 3 600 000 000. 00 |
| 资本公积 | 5 603 586 997. 66 | 5 603 586 997. 66 |
| 减：库存股 | — | — |
| 其他综合收益 | -58 006 091. 65 | |

续表

| 项　目 | 期末余额 | 期初余额 |
|---|---|---|
| 盈余公积 | 357 243 533. 36 | 255 580 942. 31 |
| 一般风险准备 | 217 712 066. 39 | 217 712 066. 39 |
| 信托赔偿准备金 | 275 290 810. 21 | 224 459 514. 69 |
| 未分配利润 | 2 037 412 191. 08 | 1 642 519 687. 26 |
| 股东权益合计 | 12 033 239 507. 05 | 11 543 859 208. 31 |
| 负债和股东权益总计 | 14 037 226 030. 48 | 14 014 263 536. 63 |

### 5.1.3 利润表

**利润表**

单位：元

| 项　目 | 本年金额 | 上年金额 |
|---|---|---|
| 一、营业收入 | 1 984 925 510. 76 | 2 135 862 641. 98 |
| 利息净收入 | 306 643 262. 05 | 80 375 086. 69 |
| 利息收入 | 436 640 095. 36 | 182 106 100. 54 |
| 利息支出 | 129 996 833. 31 | 101 731 013. 85 |
| 手续费及佣金净收入 | 1 572 412 375. 58 | 1 682 179 736. 23 |
| 手续费及佣金收入 | 1 796 382 216. 13 | 1 923 068 073. 22 |
| 手续费及佣金支出 | 223 969 840. 55 | 240 888 336. 99 |
| 投资收益（损失以“-”号填列） | 112 630 373. 32 | 199 773 159. 76 |
| 其中：对联营企业和合营企业的投资收益 | — | — |
| 公允价值变动损益（损失以“-”号填列） | -8 648 678. 60 | 172 785 898. 91 |
| 汇兑损益（损失以“-”号填列） | 2 569. 20 | -3 141. 42 |
| 资产处置收益（损失以“-”号填列） | 30. 49 | -10 585. 84 |
| 其他收益 | — | — |
| 其他业务收入 | 1 885 578. 72 | 762 487. 65 |
| 二、营业支出 | 626 689 774. 65 | 455 692 851. 29 |
| 税金及附加 | 14 247 552. 21 | 16 077 920. 41 |
| 业务及管理费 | 341 117 121. 46 | 364 520 313. 70 |
| 资产减值损失 | 270 647 797. 70 | 74 417 313. 90 |
| 其他业务成本 | 677 303. 28 | 677 303. 28 |
| 三、营业利润（亏损以“-”号填列） | 1 358 235 736. 11 | 1 680 169 790. 69 |
| 加：营业外收入 | 810 055. 90 | 8 711. 70 |
| 减：营业外支出 | 3 501 984. 42 | 539 945. 11 |
| 四、利润总额（亏损总额以“-”号填列） | 1 355 543 807. 59 | 1 679 638 557. 28 |
| 减：所得税费用 | 338 917 897. 14 | 415 933 045. 44 |
| 五、净利润（净亏损以“-”号填列） | 1 016 625 910. 45 | 1 263 705 511. 84 |
| （一）持续经营净利润（净亏损以“-”号填列） | 1 016 625 910. 45 | 1 263 705 511. 84 |
| （二）终止经营净利润（净亏损以“-”号填列） | — | — |
| 六、每股收益： | — | — |
| 基本每股收益 | — | — |
| 稀释每股收益 | — | — |
| 七、其他综合收益 | -58 006 091. 65 | — |
| 八、综合收益总额 | 958 619 818. 80 | 1 263 705 511. 84 |

#### 5.1.4 所有者权益变动表

**所有者权益(股东权益)变动表**

单位:元

| 项目 | 本年金额 | | | | | | | |
|---|---|---|---|---|---|---|---|---|
| | 实收资本(股本) | 资本公积 | 其他综合收益 | 盈余公积 | 一般风险准备 | 信托赔偿准备金 | 未分配利润 | 所有者权益合计 |
| 一、上年年末余额 | 3 600 000 000. 00 | 5 603 586 997. 66 | — | 255 580 942. 31 | 217 712 066. 39 | 224 459 514. 69 | 1 642 519 687. 26 | 11 543 859 208. 31 |
| 加:1. 会计政策变更 | — | — | — | — | — | — | — | — |
| 2. 前期差错更正 | — | — | — | — | — | — | — | — |
| 二、本年年初余额 | 3 600 000 000. 00 | 5 603 586 997. 66 | — | 255 580 942. 31 | 217 712 066. 39 | 224 459 514. 69 | 1 642 519 687. 26 | 11 543 859 208. 31 |
| 三、本年增减变动金额(减少以"-"号填列) | — | — | -58 006 091. 65 | 101 662 591. 05 | — | 50 831 295. 52 | 394 892 503. 82 | 489 380 298. 74 |
| (一)本年净利润 | — | — | — | — | — | — | 1 016 625 910. 45 | 1 016 625 910. 45 |
| (二)其他综合收益 | — | — | -58 006 091. 65 | — | — | — | — | — |
| 上述(一)和(二)小计 | — | — | -58 006 091. 65 | — | — | — | 1 016 625 910. 45 | 958 619 818. 80 |
| (三)股东投入和减少资本 | — | — | — | — | — | — | — | — |
| 1. 股东投入资本 | — | — | — | — | — | — | — | — |
| 2. 股份支付计入股东权益的金额 | — | — | — | — | — | — | — | — |
| 3. 其他 | — | — | — | — | — | — | — | — |
| (四)利润分配 | — | — | — | 101 662 591. 05 | — | 50 831 295. 52 | -621 733 406. 63 | -469 239 520. 06 |
| 1. 提取盈余公积 | — | — | — | 101 662 591. 05 | — | — | -101 662 591. 05 | — |
| 2. 提取一般风险准备 | — | — | — | — | — | — | | — |
| 3. 提取信托赔偿准备金 | — | — | — | — | — | 50 831 295. 52 | -50 831 295. 52 | — |
| 4. 对股东的分配 | — | — | — | — | — | — | -469 239 520. 06 | -469 239 520. 06 |
| (五)股东权益内部结转 | — | — | — | — | — | — | — | — |
| 1. 资本公积转增股本 | — | — | — | — | — | — | — | — |
| 2. 盈余公积转增股本 | — | — | — | — | — | — | — | — |
| 3. 盈余公积弥补亏损 | — | — | — | — | — | — | — | — |
| 4. 其他 | — | — | — | — | — | — | — | — |
| 四、本年年末余额 | 3 600 000 000. 00 | 5 603 586 997. 66 | -58 006 091. 65 | 357 243 533. 36 | 217 712 066. 39 | 275 290 810. 21 | 2 037 412 191. 08 | 12 033 239 507. 05 |

## 5.2 信托资产

#### 5.2.1 信托项目资产负债汇总表

**信托项目资产负债汇总表**

单位:万元

| 信托资产 | 2018 年 12 月 31 日 | 2017 年 12 月 31 日 | 信托负债和信托权益 | 2018 年 12 月 31 日 | 2017 年 12 月 31 日 |
|---|---|---|---|---|---|
| 信托资产: | | | 信托负债: | | |
| 货币资金 | 2 388 433. 69 | 2 169 309. 52 | 交易性金融负债 | — | — |
| 拆出资金 | — | — | 衍生金融负债 | — | — |
| 存出保证金 | — | — | 应付账款 | 5 734. 00 | 5 734. 00 |
| 买入返售金融资产 | — | — | 应付受托人报酬 | — | — |
| 以公允价值及其变动计入当期损益的金融资产 | 303 647. 70 | 1 022 684. 05 | 应付托管费 | — | — |
| 衍生金融资产 | — | — | 应付受益人收益 | — | — |

续表

| 信托资产 | 2018 年 12 月 31 日 | 2017 年 12 月 31 日 | 信托负债和信托权益 | 2018 年 12 月 31 日 | 2017 年 12 月 31 日 |
|---|---|---|---|---|---|
| 持有至到期投资 | 17 042 094. 88 | 28 316 131. 63 | 其他应付款项 | 420 231. 38 | 209 672. 51 |
| 应收账款 | 200. 00 | 9 140. 00 | 应交税金 | 2 589. 70 | — |
| 应收利息 | — | — | 卖出回购金融资产款 | — | — |
| 应收股利 | — | — | 其他负债 | — | — |
| 应收票据 | — | — | 信托负债合计 | 428 555. 08 | 215 406. 51 |
| 其他应收款 | 98 152. 44 | 193 367. 97 | | | |
| 长期应收款 | — | — | | | |
| 长期股权投资 | 4 333 389. 92 | 4 129 493. 78 | | | |
| 发放贷款 | 37 867 305. 66 | 39 657 358. 08 | | | |
| 可供出售金融资产 | — | — | 信托权益： | | |
| 投资性房地产 | — | — | 实收信托 | 61 297 560. 33 | 74 965 338. 01 |
| 融资租赁资产 | — | — | 资本公积 | — | — |
| 固定资产 | — | — | 损益平准金 | — | — |
| 固定资产清理 | — | — | 未分配利润 | 307 108. 88 | 316 740. 51 |
| 无形资产 | — | — | 信托权益合计 | 61 604 669. 21 | 75 282 078. 52 |
| 长期待摊费用 | — | — | | | |
| 其他资产 | — | — | | | |
| 信托资产总计 | 62 033 224. 29 | 75 497 485. 03 | 信托负债和信托权益总计 | 62 033 224. 29 | 75 497 485. 03 |

5. 2. 2　信托项目利润及利润分配汇总表

信托项目利润及利润分配汇总表

单位：万元

| 项　目 | 2018 年度 | 2017 年度 |
|---|---|---|
| 一、营业收入 | 4 396 938. 58 | 3 473 927. 71 |
| 利息收入 | 2 900 687. 99 | 2 128 720. 77 |
| 投资收入 | 1 465 056. 87 | 1 286 831. 62 |
| 租赁收入 | — | — |
| 其他收入 | 31 193. 72 | 58 375. 31 |
| 二、营业费用 | 373 189. 16 | 377 447. 14 |
| 三、营业税金及附加 | — | — |
| 四、扣除资产损失前的信托利润 | 4 023 749. 42 | 3 096 480. 57 |
| 减：资产减值损失 | 1. 30 | — |
| 五、扣除资产损失后的信托利润 | 4 023 748. 12 | 3 096 480. 57 |
| 加：期初未分配信托利润 | 316 740. 51 | 21 799. 69 |
| 六、可供分配的信托利润 | 4 340 488. 63 | 3 118 280. 26 |
| 减：本期已分配信托利润 | 4 033 379. 75 | 2 801 539. 75 |
| 七、期末未分配信托利润 | 307 108. 88 | 316 740. 51 |

## 6. 会计报表附注

### 6. 1　财务报表的编制基础

**6. 1. 1　编制基础**

本公司财务报表以持续经营假设为基础，根据实际发生的交易和事项，按照财政部于 2006 年 2 月 15 日及以后颁布的《企业会计准则——基本准则》和各项具体会计准则、企业会计准则应用指南、企业会计准则解释及其他相关规定（以下合称企业会计准则）的披露规定编制。

根据企业会计准则的相关规定，本公司会计核算以权责发生制为基础。除某些金融工具外，本财务报表均以历史成本为计量基础。资产如果发生减值，则按照相关规定计提相应的减值准备。

**6. 1. 2　持续经营**

本公司自本报告期末至少 12 个月内具备持续经营能力，无影响持续经营能力的重大事项。

### 6. 2　重要会计政策和会计估计说明

**6. 2. 1　计提资产减值准备的范围和方法**

公司按照《中国银行业监督管理委员会关于非银行金融机构全面推行资产质量五级分类管理的通知》（银监发［2004］4 号）的相关规定要求，计提相应的资产减值准备。

**6. 2. 2　金融工具的分类**

管理层按照取得持有金融资产和承担金融负债的目的，将其划分为以公允价值计量且其变动计入当期损益的金融资产或金融负债，包括交易性金融资产或金融负债和直接指定为以公允价值计量且其变动计入当期损益的金融资产或金融负债、持有至到期投资、贷款和应收款项、可供出售金融资产、其他金融负债等。

**6. 2. 3　长期股权投资**

6. 2. 3. 1　投资成本的确定

6. 2. 3. 1. 1　企业合并形成的长期股权投资

同一控制下的企业合并，合并方以支付现金、转让非现金资产或承担债务方式作为合并对价的，应当在合并日按照被合并方所有者权益在最终控制方合并财务报表中的账面价值的份额作为长期股权投资的初始投资成本。长期股权投资初始投资成本与支付的现金、转让的非现金资产以及所承担债务账面价值之间的差额，应当调整资本公积；资本公积不足冲减的，调整留存收益。

合并方以发行权益性证券作为合并对价的，应当在合并日按照被合并方所有者权益在最终控制方合并财务报表中的账面价值的份额作为长期股权投资的初始投资成本。按照发行股份的面值总额作为股本，长期股权投资初始投资成本与所发行股份面值总额之间的差额，应当调整资本公积；资本公积不足冲减的，调整留存收益。

非同一控制下的企业合并，购买方在购买日应当按照《企业会计准则第20号——企业合并》的有关规定确定的合并成本作为长期股权投资的初始投资成本。

合并方或购买方为企业合并发生的审计、法律服务、评估咨询等中介费用以及其他相关管理费用，应当于发生时计入当期损益。

6.2.3.1.2　其他方式取得的长期股权投资

以支付现金取得的长期股权投资，应当按照实际支付的购买价款作为初始投资成本。初始投资成本包括与取得长期股权投资直接相关的费用、税金及其他必要支出。

以发行权益性证券取得的长期股权投资，应当按照发行权益性证券的公允价值作为初始投资成本。与发行权益性证券直接相关的费用，应当按照《企业会计准则第37号——金融工具列报》的有关规定确定。

通过非货币性资产交换取得的长期股权投资，其初始投资成本应当按照《企业会计准则第7号——非货币性资产交换》的有关规定确定。

通过债务重组取得的长期股权投资，其初始投资成本应当按照《企业会计准则第12号——债务重组》的有关规定确定。

6.2.3.2　长期股权投资的核算

投资方能够对被投资单位实施控制的长期股权投资应当采用成本法核算。投资方对联营企业和合营企业的长期股权投资，采用权益法核算。

**6.2.4　投资性房地产**

投资性房地产包括已出租的土地使用权、持有并准备增值后转让的土地使用权和已出租的建筑物。

投资性房地产按照成本进行初始计量，采用成本模式进行后续计量，按期预计使用寿命及净残值率对建筑物和土地使用权计提折旧或摊销。投资性房地产的预计使用寿命、净残值率及折旧率列示如下：

| 项目 | 折旧年限(年) | 残值率(%) | 年折旧率(%) |
|---|---|---|---|
| 房屋及建筑物 | 20~40 | 5 | 2.38~4.75 |

资产负债表日，若单项投资性房地产的可收回金额低于账面价值时，将资产账面价值减记至可收回金额，减记的金额确认为资产减值损失，计入当期损益，同时计提相应的资产减值准备。投资性房地产减值一经确认，在以后会计期间不再转回。

当投资性房地产被处置，或者永久退出使用且预计不能从其处置中取得经济利益时，终止确认该项投资性房地产。投资性房地产出售、转让、报废或毁损的处置收入扣除其账面价值和相关税费后的金额计入当期损益。

**6.2.5　固定资产及其累计折旧**

6.2.5.1　固定资产确认条件、计价和折旧方法

固定资产是指为生产商品、提供劳务、出租或经营管理而持有的，使用年限超过一个会计年度的有形资产。

固定资产以取得时的实际成本入账，并从其达到预定可使用状态的次月起采用年限平均法计提折旧。

6.2.5.2　各类固定资产的折旧方法

| 类别 | 使用年限(年) | 残值率(%) | 年折旧率(%) |
|---|---|---|---|
| 房屋及建筑物 | 20~40 | 5 | 2.38~4.75 |
| 运输设备 | 5 | 5 | 19 |
| 电子设备 | 5 | 5 | 19 |
| 机器设备 | 5 | 5 | 19 |
| 办公家具 | 5 | 5 | 19 |

资产负债表日，有迹象表明固定资产发生减值的，按照账面价值与可收回金额的差额计提相应的减值准备。

**6.2.6　无形资产**

无形资产包括土地使用权、专利权及非专利技术等，按成本进行初始计量。

使用寿命有限的无形资产，在使用寿命内按照与该项无形资产有关的经济利益的预期实现方式系统合理地摊销，无法可靠确定预期实现方式的，采用直线法摊销。摊销方式如下：

| 项目 | 使用寿命(年) | 摊销方法 | 备注 |
|---|---|---|---|
| 软件 | 5~10 | 直线法 | |

使用寿命确定的无形资产，在资产负债表日有迹象表明发生减值的，按照账面价值与可收回金额的差额计提相应的减值准备；使用寿命不确定的无形资产和尚未达到可使用状态的无形资产，无论是否存在减值迹象，每年均进行减值测试。

**6.2.7　在建工程**

在建工程同时满足经济利益很可能流入、成本能够可靠计量则予以确认。在建工程按建造该项资产达到预定可使用状态前所发生的实际成本计量。

在建工程达到预定可使用状态时，按工程实际成本转入固定资产。已达到预定可使用状态但尚未办理竣工决算的，先按估计价值转入固定资产，待办理竣工决算后再按实际成本调整原暂估价值，但不再调整原已计提的折旧。

资产负债表日，有迹象表明在建工程发生减值的，按照账面价值与可收回金额的差额计提相应的减值准备。

**6.2.8　长期待摊费用的摊销政策**

长期待摊费用按实际发生额入账，在受益期或规定的期限内分期平均摊销。如果长期待摊的费用项目不能使以后会计期间受益则将尚未摊销的该项目的摊余价值全部转入当期损益。

**6.2.9　收入确认原则**

销售商品收入确认的标准及收入确认时间的具体判断标准：已将商品所有权上的主要风险和报酬转移给购买方；既没有保留与所有权相联系的继续管理权，也没有对已售出的商品实施有效控制；收入的金额能够可靠计量；相关的经济利益很

可能流入企业；相关的已发生或将要发生的成本能够可靠计量时，确认商品销售收入实现。

提供劳务交易的结果在资产负债表日能够可靠估计的（同时满足收入的金额能够可靠计量、相关经济利益很可能流入、交易的完工进度能够可靠确定、交易中已发生和将发生的成本能够可靠计量），采用完工百分比法确认提供劳务的收入，并按已完成工作的测量确定提供劳务交易的完工进度。提供劳务交易的结果在资产负债表日不能够可靠估计的，若已经发生的劳务成本预计能够得到补偿的，按已经发生的劳务成本金额确认提供劳务收入，并按相同金额结转劳务成本；若已经发生的劳务成本预计不能够得到补偿的，将已经发生的劳务成本计入当期损益，不确认劳务收入。

让渡资产使用权在同时满足相关的经济利益很可能流入、收入金额能够可靠计量时，确认让渡资产使用权的收入。利息收入按照他人使用本公司货币资金的时间和实际利率计算确定；使用费收入按有关合同或协议约定的收费时间和方法计算确定。

#### 6.2.10 所得税的会计处理方法

所得税包括当期所得税和递延所得税。除由于企业合并产生的调整商誉，或与直接计入所有者权益的交易或者事项相关的递延所得税计入所有者权益外，均作为所得税费用计入当期损益。

当期所得税是按照当期应纳税所得额计算的当期应交所得税金额。应纳税所得额是根据有关税法规定对本年度税前会计利润做相应调整后得出。

本公司根据资产、负债于资产负债表日的账面价值与计税基础之间的暂时性差异，采用资产负债表债务法确认递延所得税。

### 6.3 或有事项说明

截至 2018 年末，公司对外担保余额为 4.49 亿元。

### 6.4 资产负债表日后事项

无。

### 6.5 会计报表中重要项目的明细资料

#### 6.5.1 披露自营资产经营情况

6.5.1.1 按信用风险五级分类结果披露信用风险资产的期初数、期末数

| 信用风险资产五级分类 | 正常类（万元） | 关注类（万元） | 次级类（万元） | 可疑类（万元） | 损失类（万元） | 信用风险资产合计（万元） | 不良资产合计（万元） | 不良资产率（%） |
|---|---|---|---|---|---|---|---|---|
| 期初数 | 1 375 801.00 | 8 690.00 | 12 240.00 | — | 9 856.00 | 1 406 587.00 | 22 096.00 | 0.65 |
| 期末数 | 1 391 895.00 | 37 542.00 | 3 720.00 | — | 38 473.00 | 1 471 630.00 | 42 193.00 | 0.14 |

注：不良资产合计＝次级类＋可疑类＋损失类。

6.5.1.2 各项资产减值损失准备的期初数、本期计提、本期转回、本期核销、期末数

单位：万元

| | 期初数 | 本期计提 | 本期转回 | 本期核销 | 期末数 |
|---|---|---|---|---|---|
| 贷款损失准备 | 3 000.00 | 30 430.00 | — | — | 33 430.00 |
| 一般准备 | — | — | — | — | — |
| 专项准备 | 3 000.00 | 30 430.00 | — | — | 33 430.00 |
| 其他资产减值准备 | — | — | — | — | — |
| 可供出售金融资产减值准备 | 9 979.25 | — | 3 518.40 | — | 6 460.85 |
| 持有至到期投资减值准备 | — | — | — | — | — |
| 长期股权投资减值准备 | — | — | — | — | — |
| 坏账准备 | 110.32 | 153.18 | — | — | 263.50 |
| 投资性房地产减值准备 | 2 859.73 | — | — | — | 2 859.73 |

6.5.1.3 按照投资品种分类，分别披露固有业务股票投资、基金投资、债券投资、股权投资等投资业务的期初数、期末数

单位：万元

| 项目 | 自营股票 | 基金 | 债券 | 股权 | 理财产品 | 合计 |
|---|---|---|---|---|---|---|
| 期初数 | 6 103.49 | — | 0.30 | 61 965.14 | 267 502.67 | 335 571.60 |
| 期末数 | 1 866.85 | — | — | 60 610.49 | 670 650.58 | 733 127.92 |

6.5.1.4 按投资入股金额排序，前五名的自营长期股权投资的企业名称、占被投资企业权益的比例、主要经营活动及投资收益情况等

| 企业名称 | 占被投资企业权益的比例（%） | 主要经营活动 | 投资损益（万元） |
|---|---|---|---|
| — | — | — | — |

注：投资损益是指按照企业会计准则规定，核算股权投资确认损益并计入披露年度利润表的金额。

6.5.1.5 前三名自营贷款的项目编号、占贷款总额的比例和还款情况等

| 项目 | 占贷款总额的比例（%） | 还款情况 |
|---|---|---|
| 1 | 29.02 | 尚未到期 |
| 2 | 25.88 | 逾期 |
| 3 | 25.25 | 尚未到期 |

6.5.1.6 表外业务的期初数、期末数；按照代理业务、担保业务和其他类型表外业务分别披露

单位：万元

| 表外业务 | 期初数 | 期末数 |
|---|---|---|
| 担保业务 | 44 867.46 | 44 867.46 |
| 代理业务（委托业务） | — | — |
| 其他 | — | — |
| 合计 | 44 867.46 | 44 867.46 |

注：代理业务主要反映因客观原因应规范而尚未完成规范的历史遗留委托业务，包括委托贷款和委托投资。

无其他表外业务。

6.5.1.7 公司当年的收入结构

| 收入结构 | 金额(万元) | 占比(%) |
|---|---|---|
| 手续费及佣金收入 | 179 638.22 | 76.78 |
| 其中:信托手续费收入 | 179 638.22 | 76.78 |
| 投资银行业务收入 | — | — |
| 利息收入 | 43 664.01 | 18.66 |
| 其他业务收入 | 188.56 | 0.08 |
| 其中:计入信托业务收入部分 | — | — |
| 投资收益 | 11 263.04 | 4.82 |
| 其中:股权投资收益 | 667.59 | 0.29 |
| 证券投资收益 | -320.28 | -0.14 |
| 其他投资收益 | 10 915.73 | 4.67 |
| 公允价值变动收益 | -864.87 | -0.37 |
| 资产处置收益 | — | — |
| 营业外收入 | 81.01 | 0.03 |
| 收入合计 | 233 969.97 | 100.00 |

### 6.5.2 披露信托财产管理情况

6.5.2.1 信托资产的期初数、期末数

单位:万元

| 信托资产 | 期初数 | 期末数 |
|---|---|---|
| 集合 | 16 867 356.34 | 11 571 112.14 |
| 单一 | 48 638 249.62 | 45 774 970.57 |
| 财产权 | 9 991 879.07 | 4 687 141.58 |
| 合计 | 75 497 485.03 | 62 033 224.29 |

6.5.2.1.1 主动管理型信托业务的信托资产期初数、期末数,分证券投资类、股权投资类、融资类、事务管理类分别披露

单位:万元

| 主动管理型信托资产 | 期初数 | 期末数 |
|---|---|---|
| 证券投资类 | — | — |
| 股权投资类 | 65 590.00 | 864 768.68 |
| 融资类 | 3 359 109.06 | 8 722 025.12 |
| 事务管理类 | 80 000.00 | 678 182.14 |
| 合计 | 3 504 699.06 | 10 264 975.94 |

6.5.2.1.2 被动管理型信托业务的信托资产期初数、期末数,分证券投资类、股权投资类、融资类、事务管理类分别披露

单位:万元

| 被动管理型信托资产 | 期初数 | 期末数 |
|---|---|---|
| 证券投资类 | 3 133 788.84 | 2 294 069.45 |
| 股权投资类 | 3 939 003.11 | 3 326 986.11 |
| 融资类 | 54 442 686.73 | 41 114 817.65 |
| 事务管理类 | 10 477 307.29 | 5 032 375.14 |
| 合计 | 71 992 785.97 | 51 768 248.35 |

6.5.2.2 本年度已清算结束的信托项目个数、实收信托合计金额、加权平均实际年化收益率

6.5.2.2.1 本年度已清算结束的集合类、单一类资金信托项目和财产管理类信托项目个数、实收信托合计金额、加权平均实际年化收益率

| 已清算结束的信托项目 | 项目个数(个) | 实收信托合计金额(万元) | 加权平均实际年化收益率(%) |
|---|---|---|---|
| 集合类 | 64 | 11 441 959.76 | 7.48 |
| 单一类 | 465 | 20 159 491.92 | 6.63 |
| 财产管理类 | 124 | 10 203 160.61 | 3.33 |

注:1. 收益率是指信托项目清算后,给受益人赚取的实际收益水平。

2. 加权平均实际年化收益率=(信托项目1的实际年化收益率×信托项目1的实收信托+信托项目2的实际年化收益率×信托项目2的实收信托+…+信托项目$n$的实际年化收益率×信托项目$n$的实收信托)/(信托项目1的实收信托+信托项目2的实收信托+…+信托项目$n$的实收信托)×100%。

6.5.2.2.2 本年度已清算结束的主动管理型信托项目个数、实收信托合计金额、加权平均实际年化信托报酬率、加权平均实际年化收益率,分证券投资类、股权投资类、融资类、事务管理类分别计算并披露

| 已清算结束的信托项目 | 项目个数(个) | 实收信托合计金额(万元) | 加权平均实际年化信托报酬率(%) | 加权平均实际年化收益率(%) |
|---|---|---|---|---|
| 证券投资类 | 0 | — | | |
| 股权投资类 | 2 | 73 281.32 | 0.80 | 7.46 |
| 融资类 | 36 | 1 844 198.68 | 1.04 | 7.41 |
| 事务管理类 | 2 | 144 300.00 | 0.15 | 9.50 |

注:加权平均实际年化信托报酬率=(信托项目1的实际年化信托报酬率×信托项目1的实收信托+信托项目2的实际年化信托报酬率×信托项目2的实收信托+…+信托项目$n$的实际年化信托报酬率×信托项目$n$的实收信托)/(信托项目1的实收信托+信托项目2的实收信托+…+信托项目$n$的实收信托)×100%。

6.5.2.2.3 本年度已清算结束的被动管理型信托项目个数、实收信托合计金额、加权平均实际年化信托报酬率、加权平均实际年化收益率,分证券投资类、股权投资类、融资类、事务管理类分别计算并披露

| 已清算结束的信托项目 | 项目个数(个) | 实收信托合计金额(万元) | 加权平均实际年化信托报酬率(%) | 加权平均实际年化收益率(%) |
|---|---|---|---|---|
| 证券投资类 | 46 | 1 204 419.39 | 0.32 | 1.43 |
| 股权投资类 | 6 | 570 412.65 | 0.29 | 7.29 |
| 融资类 | 434 | 27 947 777.17 | 0.28 | 6.88 |
| 事务管理类 | 127 | 10 020 223.08 | 0.26 | 3.92 |

6.5.2.3 本年度新增的集合类、单一类和财产管理类信托项目个数、实收信托合计金额

| 新增信托项目 | 项目个数(个) | 实收信托合计金额(万元) |
|---|---|---|
| 集合类 | 53 | 6 149 409.27 |
| 单一类 | 335 | 17 079 614.04 |
| 财产管理类 | 59 | 4 907 810.86 |
| 新增合计 | 447 | 28 136 834.17 |
| 其中:主动管理型 | 166 | 7 160 057.88 |
| 被动管理型 | 281 | 20 976 776.29 |

注:本年度新增信托项目指在本报告年度内累计新增的信托项目个数和金额,包含本年度新增并于本年度内结束的项目和本年度新增至报告期末仍在持续管理的信托项目。

6.5.2.4 信托业务创新成果和特色业务有关情况

2018年公司业务创新亮点纷呈,在诸多领域实现了"从零到一"的突破。一是在净值型产品方面,完成了"增利宝""万盈""广益"系列产品的内部审批及监管报备;二是在慈善信托方面,落地了公司首单慈善性质信托项目"新四军华中卫校助学事务信托";三是在供应链金融方面,与找钢网等机构合作落地了多单业务;四是在家族信托方面,筹备开发的"尊享系列"咨询型家族信托,已经完成一期项目的预登记。同时,特色业务进一步拓展,部分细分领域继续走在全国前列。一是在小微金融方面,以"提品质、创品牌"为核心,继续在"数据+平台"上深化内涵,形成了公司统筹、部门合作、资源共享的新型展业模式,大消费金融的业务格局初步形成;二是在债券业务方面,进一步完善了交易体系,丰富了投资品种,取得了北京金融资产交易所债权融资计划副主承资格,形成了可复制的成熟业务模式。

6.5.2.5 本公司履行受托人义务情况及因本公司自身责任而导致的信托资产损失情况(合计金额、原因等)

在本信托年度,公司作为受托人,严格遵守《信托法》《信托

公司管理办法》等法律法规及公司规章制度，每一个信托项目分别开立了信托财产专用账户，对不同的信托资产单独进行管理和核算，公司管理的信托资产与固有资产由不同的部门和人员分别进行管理，信息隔离；同时，公司始终坚持诚实、信用、谨慎、有效管理的原则，牢固树立风险管理的理念，严格按照《信托合同》中约定的管理方式、权限，忠实地为委托人管理、运用及处分信托财产，保证了信托财产的安全完整和受益人的最大利益。

截至目前，公司无信托财产损失情况发生。

## 6.6 关联方关系及其交易的披露

### 6.6.1 关联交易方的数量、关联交易的总金额及关联交易的定价政策等

| | 关联交易方数量（个） | 关联交易金额（万元） | 定价政策 |
|---|---|---|---|
| 合计 | 13 | 1 227 922.00 | 公平的协议价格 |

### 6.6.2 关联交易方与本公司的关系性质、关联交易方的名称、法定代表人、注册地址、注册资本及主营业务等

| 序号 | 关系性质 | 关联方名称 | 法定代表人 | 注册地址 | 注册资本（万元） | 主营业务 |
|---|---|---|---|---|---|---|
| 1 | 母公司之母公司 | 海航集团有限公司 | 陈　峰 | 海口市美兰区国兴大道7号新海航大厦25层 | 6 000 000.00 | 航空运输及机场的投资与管理；酒店及高尔夫球场的投资与管理；信息技术服务；飞机及航材进出口贸易；能源、交通、新技术、新材料的投资开发及股权运作；境内劳务及商务服务中介代理。 |
| 2 | 母公司 | 海航资本集团有限公司 | 金　川 | 海南省海口市海秀路29号 | 3 348 035.00 | 企业资产重组、购并及项目策划；财务顾问中介服务；信息咨询服务；交通能源新技术、新材料的投资开发；航空器材的销售及租赁业务；建筑材料、酒店管理；游艇码头设施投资。 |
| 3 | 受同一最终控制人控制 | 海航旅游集团有限公司 | 李维军 | 海口市美兰区国兴大道7号新海航大厦23层 | 1 750 000.00 | 酒店项目开发、管理；旅游项目投资和管理；装饰装修工程；建筑材料；家用电器、电子产品、通信设备的销售。 |
| 4 | 受同一最终控制人控制 | 海航商业控股有限公司 | 何家福 | 北京市顺义区南法信镇府前街12号207室 | 1 309 755.00 | 项目投资及投资管理；货物进出口、技术进出口、代理进出口；专业承包；技术开发、技术咨询、技术服务、技术转让；设备租赁（汽车除外）；销售服装鞋帽、五金交电、日用杂品、文化体育用品、日用百货、珠宝首饰、针纺织品。 |
| 5 | 受同一最终控制人控制 | 海航资产管理集团有限公司 | 李令通 | 海南省海口市国贸大道45号银通国际中心28层 | 2 226 000.00 | 投资管理，企业管理，企业资产管理与咨询；投资财务顾问；股权投资，实业投资；承担各类型工业与民用建设项目的策划、管理，室内外装饰装修工程，酒店项目投资管理，高尔夫地产投资、赛事组织和策划，高尔夫旅游业服务及咨询服务，高尔夫球场投资，建筑材料、家用电器、电子产品、通信设备的销售。 |
| 6 | 受同一控制人重大影响 | 浦航租赁有限公司 | 戚裔彬 | 中国（上海）自由贸易试验区正定路530号A5库区集中辅助区三层318室 | 1 268 340.00 | 融资租赁业务；自有设施设备租赁；租赁交易咨询（经纪业务除外）；实业投资（股权投资除外）；财务咨询（代理记账业务除外）；向国内外购买融资租赁资产；从事与主营业务相关的货物进出口业务（依法须经批准的项目，经相关部门批准后方可开展经营活动）。 |
| 7 | 受同一最终控制人控制 | 海航实业集团有限公司 | 黄琪珺 | 北京市朝阳区建国路108号18层A区 | 1 357 974.08 | 项目投资；投资管理；企业管理；销售机械设备；机械设备租赁。 |
| 8 | 受同一控制人控制 | 天津渤海四号租赁有限公司 | 时　晨 | 天津自贸试验区（东疆保税港区）澳洲路6262号查验库办公区202室 | 10.00 | 融资租赁业务；租赁业务；向国内外购买租赁财产；租赁财产的残值处理及维修；租赁交易咨询。 |
| 9 | 受同一控制人控制 | 海口渤海四号租赁有限公司 | 时　晨 | 海南省澄迈县老城经济开发区南一环路69号海口综合保税区联检大楼301房-4 | 10.00 | 融资租赁（金融租赁公司特有的经营内容除外）业务、租赁业务、租赁财产的残值处理及维修、租赁业务的咨询、向国内外购买租赁资产、货物及技术进出口。 |
| 10 | 受同一最终控制人控制 | 长江租赁有限公司 | 邢明月 | 天津自贸试验区（空港经济区）环河南路88号2-2034室 | 1 079 000.00 | 国内外各种先进或适用的生产设备、通信设备、医疗设备、科研设备、检验检测设备、工程机械、交通运输工具（包括飞机、汽车、船舶）等机械设备及其附带技术的直接租赁、转租赁、回租赁、杠杆租赁、委托租赁、联合租赁等不同形式的本外币融资性租赁业务；自有公共设施、房屋、桥梁、隧道等不动产及基础设施租赁；根据承租人的选择，从国内外购买租赁业务所需的货物及附带技术；租赁物品残值变卖及处理业务；租赁交易咨询和担保业务；投资管理；财务顾问咨询；信息咨询服务；以自有资金对交通、能源、新技术、新材料及游艇码头设施进行投资；酒店管理；经商务部批准的其他业务；兼营与主营业务有关的商业保理业务（依法须经批准的项目，经相关部门批准后方可开展经营活动）。 |

续表

| 序号 | 关系性质 | 关联方名称 | 法定代表人 | 注册地址 | 注册资本(万元) | 主营业务 |
|---|---|---|---|---|---|---|
| 11 | 受同一最终控制人控制 | 海航生态科技集团有限公司 | 桂海鸿 | 海口市国兴大道7号海航大厦16楼 | 752 500.00 | 科技产品的开发、研制;数据中心;科技、能源、物流的投资开发;商务信息咨询。 |
| 12 | 受同一最终控制人控制 | 海航酒店控股集团有限公司 | 包宗保 | (上海)自由贸易试验区金湘路333号1011室 | 1 037 730.99 | 实业投资;酒店经营;酒店管理;酒店用品采购;旅游资源项目开发。 |
| 13 | 海航集团联营企业 | 大新华航空有限公司 | 陈　峰 | 海南省海口市海秀路29号 | 600 832.40 | 航空运输;航空维修和服务;机上供应品;与航空运输相关的延伸服务;机场的投资管理;候机楼服务和经营管理,酒店管理。 |

**6.6.3　逐笔披露本公司与关联方的重大交易事项**

6.6.3.1　固有与关联方交易情况:贷款、投资、租赁、应收账款、担保、其他方式等期初汇总数、本期借方和贷方发生额汇总数、期末汇总数

单位:万元

| 固有与关联方关联交易 | | | | |
|---|---|---|---|---|
| | 期初数 | 借方发生额 | 贷方发生额 | 期末数 |
| 贷款 | — | — | — | — |
| 投资 | — | — | — | — |
| 租赁 | — | — | — | — |
| 担保 | — | — | — | — |
| 应收账款 | — | — | — | — |
| 其他 | — | — | — | — |
| 合计 | — | — | — | — |

6.6.3.2　信托与关联方交易情况:贷款、投资、租赁、应收账款、担保、其他方式等期初汇总数、本期借方和贷方发生额汇总数、期末汇总数

单位:万元

| 信托与关联方关联交易 | | | | |
|---|---|---|---|---|
| | 期初数 | 借方发生额 | 贷方发生额 | 期末数 |
| 贷款 | 2 124 206.00 | 90 000.00 | 1 001 284.00 | 1 212 922.00 |
| 投资 | 85 000.00 | — | 70 000.00 | 15 000.00 |
| 租赁 | — | — | — | — |
| 担保 | — | — | — | — |
| 应收账款 | — | — | — | — |
| 其他 | — | — | — | — |
| 合计 | 2 209 206.00 | 90 000.00 | 1 071 284.00 | 1 227 922.00 |

6.6.3.3　信托公司自有资金运用于自已管理的信托项目(固信交易)、信托公司管理的信托项目之间的相互(信信交易)交易金额,包括余额和本报告年度的发生额

6.6.3.3.1　固有与信托财产之间的交易金额期初汇总数、本期发生额汇总数、期末汇总数

单位:万元

| 固有财产与信托财产相互交易 | | | |
|---|---|---|---|
| | 期初数 | 本期发生额 | 期末数 |
| 合计 | 68 900.00 | 2 700.62 | 71 600.62 |

注:以固有资金投资公司自己管理的信托项目受益权,或购买自己管理的信托项目的信托资产均应纳入统计披露范围。

6.6.3.3.2　信托项目之间的交易金额期初汇总数、本期发生额汇总数、期末汇总数

单位:万元

| 信托资产与信托财产相互交易 | | | |
|---|---|---|---|
| | 期初数 | 本期发生额 | 期末数 |
| 合计 | — | — | — |

注:以公司受托管理的一个信托项目的资金购买自己管理的另一个信托项目的受益权或信托项下资产均应纳入统计披露范围。

**6.6.4　逐笔披露关联方逾期未偿还本公司资金的详细情况以及本公司为关联方担保发生或即将发生垫款的详细情况**

无。

## 6.7　会计制度的披露

固有业务及信托业务均执行2006年及以后颁布的《企业会计准则——基本准则》和各项具体会计准则、企业会计准则应用指南、企业会计准则解释及其他相关规定。

# 7.　财务情况说明书

## 7.1　利润实现和分配情况

经中兴财光华会计师事务所(特殊普通合伙)审计后,公司2018年实现利润总额为135 554.38万元,扣除所得税33 891.79万元,净利润为101 662.59万元,根据《信托公司管理办法》及《公司章程》规定,提取5%的信托赔偿准备金为5 083.13万元,根据《公司法》提取法定盈余公积金为10 166.26万元,经2018年第二次临时股东大会审议通过对2017年度留存收益分配为46 923.95万元,期末可供股东分配的利润为203 741.22万元。

## 7.2　主要财务指标

| 指标名称 | 指标值 |
|---|---|
| 资本利润率(%) | 8.62 |
| 加权年化信托报酬率(%) | 0.35 |
| 人均净利润(万元) | 414.10 |

注:1. 资本利润率=净利润/所有者权益平均余额×100%。

2. 加权年化信托报酬率=(信托项目1的实际年化信托报酬率×信托项目1的实收信托+信托项目2的实际年化信托报酬率×信托项目2的实收信托+…+信托项目$n$的实际年化信托报酬率×信托项目$n$的实收信托)/(信托项目1的实收信托+信托项目2的实收信托+…+信托项目$n$的实收信托)×100%。

3. 人均净利润=净利润/平均人数。

4. 平均值采取年初、年末余额简单平均法。

5. 公式为:a(平均)=(年初数+年末数)/2。

### 7.3 对本公司财务状况、经营成果有重大影响的其他事项

报告期内，未发生对财务状况、经营成果有重大影响的其他事项。

### 7.4 公司净资本情况

报告期内，公司依据《信托公司净资本管理办法》积极推进净资本管理工作。

| 指标名称 | 指标值 | 监管标准 |
|---|---|---|
| 净资本(万元) | 807 256.35 | ≥2 亿元 |
| 各项业务风险资产之和(万元) | 468 885.89 | — |
| 净资本/各项业务风险资本之和(%) | 172.16 | ≥100 |
| 净资本/净资产(%) | 67.09 | ≥40 |

## 8. 特别事项简要揭示

### 8.1 前五名股东报告期内变动情况及原因

报告期内，公司的股东无变化。

### 8.2 董事、监事及高级管理人员变动情况及原因

#### 8.2.1 董事变动情况

2018 年 1 月 17 日，经 2018 年第一次临时股东大会审议通过，选举陈虹先生出任公司董事。

2018 年 4 月 26 日，经 2017 年年度股东大会审议通过，选举孟庆斌先生担任公司独立董事。

2018 年 9 月 17 日，经 2018 年第三次临时股东大会审议通过，董事会进行换届选举，成小云先生接替郑宏先生出任公司董事；经第二届董事会第一次会议审议通过，选举成小云先生出任公司董事长。

2018 年 9 月 17 日，因董事任期届满，孙志坤先生不再担任公司董事职务。

上述新任董事、独立董事的任职资格均已获得河北银保监局核准。

#### 8.2.2 监事变动情况

报告期内，无监事变动情况。

#### 8.2.3 高级管理人员变动情况

2018 年 1 月 17 日，经第一届董事会第二十四次会议审议通过，聘任章全明先生担任公司副总裁。

2018 年 4 月 26 日，经第一届董事会第二十五次会议审议通过，聘任李力盛先生担任公司首席风控官。

上述新任高级管理人员的任职资格均已获得河北银保监局核准。

### 8.3 变更注册资本、变更注册地或公司名称、公司分立合并事项

报告期内，无相关变更事项。

### 8.4 公司的重大诉讼事项

宝塔化工案件，涉诉金额约 1.24 亿元，目前处于执行阶段，已取得部分回款，该案保全的财产充足，预计本案不会给公司造成损失。

### 8.5 公司及其董事、监事和高级管理人员受到处罚的情况

报告期内，公司及董事、监事和高级管理人员未受到相关处罚。

### 8.6 银保监会及其派出机构对公司检查后提出整改意见的，应简单说明整改情况

2018 年 5 月 9 日至 6 月 30 日，河北银保监局对公司进行了“进一步深化整治银行业市场乱象”现场检查。公司对《河北银监局关于渤海国际信托股份有限公司进一步深化整治银行业市场乱象现场检查意见书》（冀银监发[2018]107 号）中发现的问题和提出的监管意见高度重视，组织相关部门逐一核查问题产生的原因，并责任到人，限期整改，形成的整改报告已于 2018 年 10 月向河北银保监局报送。

### 8.7 本年度重大事项临时报告的简要内容、披露时间、所披露的媒体及其版面

报告期内，无重大事项临时报告披露。

### 8.8 银保监会及其省级派出机构认定的其他有必要让客户及相关利益人了解的重要信息

报告期内无上述事项。

## 9. 公司监事会意见

监事会认为，报告期内，公司能够按照合法决策程序对重大事项进行决策，对所开展的业务经营活动符合《公司法》《信托法》《信托管理办法》及《信托公司治理指引》等有关法律规定，内部控制制度较为完善，没有发现公司董事、高级管理人员在执行公司职务时有违法违纪和损害委托人、受益人、公司及股东利益的行为。公司财务报告真实客观地反映了公司的财务状况和经营成果。

# 长安国际信托股份有限公司

## 1. 重要提示

1.1　本公司董事会及董事保证本报告所载资料不存在任何虚假记载、误导性陈述或者重大遗漏,并对其内容的真实性、准确性和完整性承担个别及连带责任。

1.2　公司独立董事程守太、王满仓、施继元声明:保证本年度报告内容真实、准确、完整。

1.3　本公司2018年度财务报告经希格玛会计师事务所(特殊普通合伙)审计,并出具了标准无保留意见的审计报告。

1.4　公司董事长高成程、总裁张金顺、主管会计工作负责人张胜及会计机构负责人马华声明:保证年度报告中财务会计报告的真实、完整。

## 2. 公司概况

### 2.1　公司简介

长安国际信托股份有限公司的前身为西安市信托投资公司,1986年8月经中国人民银行批准成立,是国有独资的非银行金融机构。1999年12月公司增资改制为有限责任公司。2002年4月,经中国人民银行总行批准,在信托业清理整顿中予以单独保留。2003年12月经中国银行业监督管理委员会陕西监管局批准,换发了新的中华人民共和国金融许可证。2008年1月,经中国银行业监督管理委员会批准,公司名称变更为西安国际信托有限公司,注册资本变更为3.6亿元。2009年12月经中国银行业监督管理委员会陕西监管局批准,公司注册资本变更为5.1亿元。2011年7月,经中国银行业监督管理委员会陕西监管局批准,公司注册资本变更为5.58亿元。2011年11月,经中国银行业监督管理委员会批准,公司整体变更并更名为长安国际信托股份有限公司,注册资本变更为7.5888亿元。2011年12月,经中国银行业监督管理委员会陕西监管局批准,公司注册资本变更为12.5888亿元。2014年3月,经中国银行业监督管理委员会陕西监管局批准,公司注册资本变更为13.46 022 857亿元。2016年2月,经中国银行业监督管理委员会陕西监管局批准,公司注册资本变更为33.3亿元。

2.1.1　公司法定中文名称:长安国际信托股份有限公司(简称:长安信托)

公司法定英文名称:Chang'an International Trust Co.,Ltd.(缩写:CITC)

2.1.2　公司法定代表人:高成程

2.1.3　公司注册地址:西安市高新区科技路33号高新国际商务中心23层、24层

公司邮政编码:710075

公司国际互联网网址:http://www.caitc.cn

2.1.4　负责信息披露事务人:董事会秘书　谷林强

信息披露事务联系人:陈拓

联系电话:029-87995909

传　　真:029-87990856

电子信箱:chentuo@caitc.cn

2.1.5　公司选定的信息披露报纸:《上海证券报》《金融时报》《证券时报》

2.1.6　公司年度报告备置地点:西安市高新区科技路33号高新国际商务中心24层

2.1.7　公司聘请的会计师事务所名称:希格玛会计师事务所(特殊普通合伙)

住所:陕西省西安市浐灞生态区浐灞大道一号外事大厦6层

2.1.8　公司聘请的律师事务所名称:北京市康达(西安)律师事务所

住所:西安市雁塔区太白南路139号云图中心十五层

### 2.2　组织结构

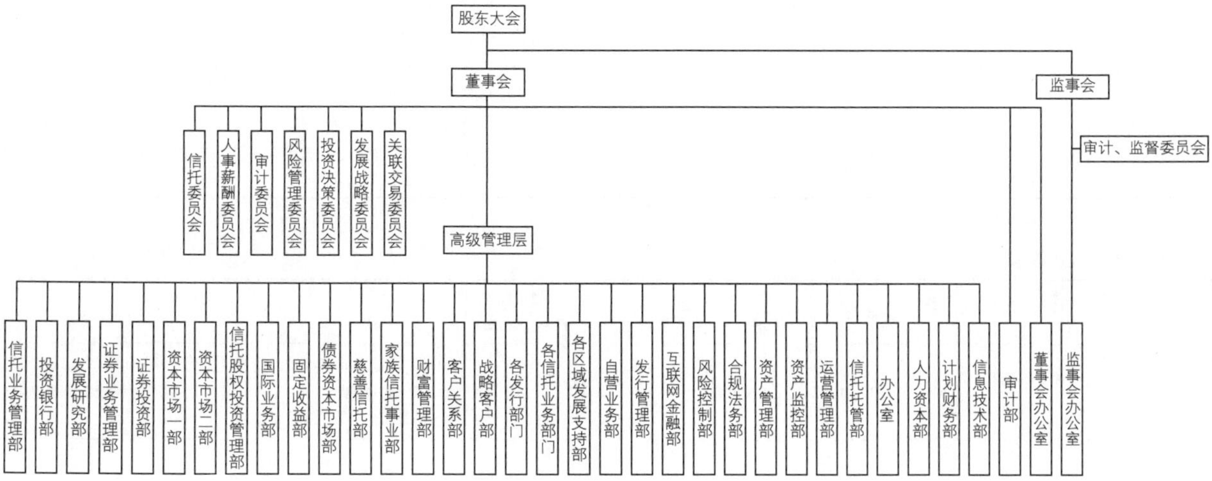

## 3. 公司治理

### 3.1 股东

| 报告期末股东总数 | 7 | | | | | |
|---|---|---|---|---|---|---|
| 持有本公司10%以上(含)股份的股东 | | | | | | |
| 股东名称 | 年末持股数（万股） | 持股比例（%） | 法定代表人 | 注册资本（万元） | 注册地址 | 主要经营业务 |
| 西安投资控股有限公司 | 134 662.2138 | 40.44 | 巩宝生 | 1 422 989.992577 | 西安市高新区科技五路8号数字大厦四层 | 投资业务;项目融资;资产管理;资产重组与购并;财务咨询等。 |
| 上海淳大资产管理有限公司 | 72 605.2237 | 21.80 | 吴　秀 | 252 000 | 中国(上海)自由贸易试验区长柳路100号一层G室 | 实业投资;投资管理咨询;企业管理咨询。 |
| 上海证大投资管理有限公司 | 51 938.6594 | 15.60 | 朱南松 | 200 000 | 中国(上海)自由贸易试验区民生路1199弄1号16层1908室 | 投资管理;资产管理。 |
| 上海景林投资发展有限公司 | 48 922.8308 | 14.69 | 周国华 | 100 000 | 上海市浦东新区杨园南路116号3幢222室 | 资产经营管理(除金融业务);实业投资;企业管理咨询等。 |

注:上海淳大资产管理有限公司和上海证大投资管理有限公司存在关联关系。

### 3.2 董事、独立董事

#### 3.2.1 董事

| 姓名 | 职务 | 性别 | 年龄（岁） | 选任日期 | 所推举的股东名称 | 该股东持股比例(%) | 简要履历 |
|---|---|---|---|---|---|---|---|
| 高成程 | 董事长 | 男 | 50 | 2018年4月23日 | 西安投资控股有限公司 | 40.44 | 曾任西安市国际信托投资公司投资租赁部副主任、主任,西安市生产资金管理分局副局长,西安市经济技术投资担保有限公司副总经理、总经理,西安国际信托有限公司董事长;现任长安国际信托股份有限公司董事长。 |
| 张金顺 | 董事 | 男 | 53 | 2018年4月23日 | 上海淳大资产管理有限公司 | 21.80 | 曾任中国民生银行北京分行党委委员、副行长,中国民生银行武汉分行党委书记、行长,中国民生银行科技开发部党委书记、总经理,平安银行总行党委委员、副行长,平安信托党委书记、董事长,深圳市钜盛华股份有限公司总裁兼CEO,深圳市宝能投资集团有限公司副董事长等;现任长安国际信托股份有限公司总裁、董事,兼任前海人寿保险股份有限公司董事长、深圳市前海融资租赁金融交易中心有限公司董事长、中国南玻集团股份有限公司董事。 |
| 刘建利 | 董事 | 男 | 47 | 2018年4月23日 | 西安投资控股有限公司 | 40.44 | 曾任西安旅游股份有限公司副总经理、董事会秘书;现任西安投资控股有限公司副总经理。 |
| 鹿　山 | 董事 | 男 | 41 | 2018年4月23日 | 西安投资控股有限公司 | 40.44 | 曾任西安西格玛消防科技股份有限公司副总经理,华融渝富股权投资基金管理有限公司投资总监,西安财经学院教师;现任西安投资控股有限公司副总经理。 |
| 徐　良 | 董事 | 男 | 46 | 2018年4月23日 | 上海淳大资产管理有限公司 | 21.80 | 曾任深圳发展银行罗湖支行行长助理,平安银行成都分行行长助理、副行长,行长、党委书记;现任嘉腾控股有限公司董事长。 |
| 葛　岗 | 董事 | 男 | 49 | 2018年4月23日 | 上海证大投资管理有限公司 | 15.60 | 曾任成都第八建筑工程公司财务科科长,万腾实业集团有限公司常务副总经理、副总裁等;现任万腾实业集团有限公司总裁。 |
| 王　岗 | 董事 | 男 | 50 | 2018年4月23日 | 上海景林投资发展有限公司 | 14.69 | 曾任深圳市越众(集团)股份有限公司副总经理,成都中信城市建设有限公司总经理,中信地产成都有限公司党委书记、董事长;现任西藏嘉宜新能源科技有限公司董事长,拉萨市禹巽商贸有限责任公司董事长。 |
| 柴　进 | 董事 | 男 | 39 | 2018年4月23日 | 陕西鼓风机(集团)有限公司 | 6.11 | 曾任北大方正集团总务部财务主管,北京北大方正电子有限公司运营管理部运营主管,西安陕鼓动力股份有限公司融资服务部部长助理、副部长;现任西安陕鼓动力股份有限公司投资副总监。 |

注:上表"选任日期"为股东大会选举通过时间。

#### 3.2.2 独立董事

| 姓名 | 所在单位及职务 | 性别 | 年龄（岁） | 选任日期 | 所推举的股东名称 | 该股东持股比例(%) | 简要履历 |
|---|---|---|---|---|---|---|---|
| 程守太 | 泰和泰律师事务所首席合伙人 | 男 | 51 | 2018年4月23日 | 董事会 | / | 曾任山东省司法学校教师,泰来集团公司董事长助理,成都开元律师事务所专职律师,四川兴立律师事务所合伙人;现任泰和泰律师事务所首席合伙人。 |

续表

| 姓名 | 所在单位及职务 | 性别 | 年龄（岁） | 选任日期 | 所推举的股东名称 | 该股东持股比例（%） | 简要履历 |
|---|---|---|---|---|---|---|---|
| 王满仓 | 西北大学经济管理学院金融系主任、教授 | 男 | 55 | 2018年4月23日 | 西安投资控股有限公司 | 40.44 | 曾任西北大学经济管理学院管理系助教、讲师、副教授；现任西北大学经济管理学院教授、金融系主任。 |
| 施继元 | 上海立信会计金融学院教授 | 男 | 46 | 2018年4月23日 | 上海证大投资管理有限公司、上海景林投资发展有限公司 | 15.60、14.69 | 曾任上海金融学院国际金融学院教授、副院长；现任上海立信会计金融学院教授，上海金融学会票据专业委员会副秘书长。 |

注：上表"选任日期"为股东大会选举通过时间。

## 3.3 监事

| 姓名 | 职务 | 性别 | 年龄（岁） | 选任日期 | 所推举的股东名称 | 该股东持股比例（%） | 简要履历 |
|---|---|---|---|---|---|---|---|
| 周文革 | 监事会主席 | 男 | 52 | 2018年4月23日 | 西安投资控股有限公司 | 40.44 | 曾任陆军第47集团军139师415团副连长、连长，西安陆军学院正连职、副营职、正营职教员，西安市财政局控办干部，西安市财政局组织人事处副处长、处长；现任长安国际信托股份有限公司监事会主席。 |
| 田洪涛 | 监事 | 男 | 47 | 2018年4月23日 | 上海淳大资产管理有限公司 | 21.80 | 曾任联想集团控股公司审计师、审计部副总经理，神州数码控股公司经营管理部副总经理、企业发展部总经理、审计部总经理、集团总裁助理兼企业运营部总经理、法律部总经理、风险管理委员会负责人，神州数码副总裁兼财务部总经理、南区总裁，并任集团财经委员会和人力资源委员会负责人、神州数码集团CFO（常务副总裁）；MI能源控股有限公司执行董事兼执行总裁；现任北京慧康天诚医药科技有限公司董事长。 |
| 衡春妮 | 监事 | 女 | 44 | 2018年4月23日 | 上海证大投资管理有限公司 | 15.60 | 曾任广元市工商银行会计处，华夏证券广元营业部财务经理，成都中加国联投资有限公司财务总监；现任万腾实业集团财务管理中心副总经理。 |
| 刘　朵 | 监事 | 女 | 32 | 2018年4月23日 | 西安高新技术产业开发区科技投资服务中心 | 0.97 | 曾任中国人寿保险股份有限公司业务助理；现任西安市高新区财政局所属西安高新技术开发区科技投资服务中心会计。 |
| 刘　静 | 职工代表监事 | 女 | 49 | 2018年4月23日 | — | — | 曾任西安国际信托投资有限公司投资银行部投资经理、投资银行部副总经理、信托二部副总经理；现任长安国际信托股份有限公司审计部总经理。 |
| 刘　斌 | 职工代表监事 | 男 | 53 | 2018年4月23日 | — | — | 曾任建设银行西安市分行人事教育处团专干、信托投资公司信贷员，建设银行西安经开支行办公室、审批部、房地产金融部负责人，建行西安市分行房信部公司部负责人，西安华夏资产管理公司副总经理，长安国际信托股份有限公司总裁办公室、证券业务管理部、信托业务管理部负责人；现任长安国际信托股份有限公司战略客户部负责人。 |

注：周文革先生、田洪涛先生、衡春妮女士和刘朵女士的"选任日期"为股东大会选举通过时间；刘静女士和刘斌先生的"选任日期"为第三届监事会成立日期。

## 3.4 高级管理人员

| 姓　名 | 职　务 | 性别 | 年龄（岁） | 选任日期 | 金融从业年限（年） | 学历 | 专业 | 简要履历 |
|---|---|---|---|---|---|---|---|---|
| 张金顺 | 总裁 | 男 | 53 | 2018年4月23日 | 23 | 博士 | 世界经济 | 曾任中国民生银行北京分行党委委员、副行长，中国民生银行武汉分行党委书记、行长，中国民生银行科技开发部党委书记、总经理，平安银行总行党委委员、副行长，平安信托党委书记、董事长，深圳市钜盛华股份有限公司总裁兼CEO，深圳市宝能投资集团有限公司副董事长等；现任长安国际信托股份有限公司总裁、董事，兼任前海人寿保险股份有限公司董事长、深圳市前海融资租赁金融交易中心有限公司董事长、中国南玻集团股份有限公司董事。 |
| 方　灏 | 常务副总裁 | 男 | 44 | 2018年4月23日 | 18 | 博士 | 人口、资源与环境经济学 | 曾任中江信托股份有限公司风险管理处处长，国民信托有限责任公司风险管理部总经理，国通信托有限责任公司首席风险控制官；现任长安国际信托股份有限公司常务副总裁。 |
| 瞿文康 | 副总裁 | 男 | 52 | 2018年4月23日 | 32 | 硕士 | 经济管理 | 曾在西安市财政局、西安市国际信托投资有限公司工作，曾任西安市生产资金管理分局副主任、主任，西安市经济技术投资担保有限公司计财部主任、财务总监、副总经理兼财务负责人；现任长安国际信托股份有限公司副总裁。 |

续表

| 姓名 | 职务 | 性别 | 年龄(岁) | 选任日期 | 金融从业年限(年) | 学历 | 专业 | 简要履历 |
|---|---|---|---|---|---|---|---|---|
| 张胜 | 副总裁 | 男 | 55 | 2018年4月23日 | 31 | 博士 | 电路与系统 | 曾任中国银行朔州支行副科长、科长,华夏银行太原支行个人金融处处长、营业部主任、行长助理、副行长、纪委书记,华夏银行网络银行部总经理、信息技术部总经理、总行机关党委委员、副首席信息官,华夏银行海口分行行长、党委书记,平安银行总行北京首席代表;现任长安国际信托股份有限公司副总裁。 |
| 袁政 | 副总裁 | 男 | 47 | 2018年4月23日 | 23 | 本科 | 金融学 | 曾任深圳发展银行长城大厦支行副行长,深圳发展银行龙华支行行长,深圳发展银行总行信贷管理部总经理助理兼信贷监测与预警室经理,深圳发展银行总行资产保全部信贷执行官,深圳发展银行总行信贷管理部副总经理,深圳发展银行成都分行副行长兼信贷执行官,平安银行上海分行副行长兼信贷执行官,平安银行杭州分行副行长兼信贷执行官,平安银行电子信息产业金融事业部副总裁;现任长安国际信托股份有限公司副总裁。 |
| 黄海涛 | 副总裁 | 男 | 51 | 2018年4月23日 | 30 | 工商管理硕士 | 工商管理 | 曾任陕西省邮政储汇局局长助理,商洛市邮政局副局长,陕西省邮政储汇局副局长,中国邮政储蓄银行陕西省分行副行长,中邮证券有限责任公司总经理;现任长安国际信托股份有限公司副总裁。 |
| 喻福兴 | 副总裁 | 男 | 51 | 2018年4月23日 | 31 | 本科 | 信息技术应用与管理 | 曾任建行浙江省信托投资有限公司信贷科科长,金信信托投资有限公司信托业务二部副经理,平安信托投资有限公司浙江营销中心总经理助理,长安国际信托股份有限公司信托六部总经理、总裁助理;现任长安国际信托股份有限公司副总裁。 |
| 黄立军 | 总裁助理 | 男 | 42 | 2018年4月23日 | 13 | 博士 | 经济学 | 曾任安信证券研究中心任金融分析师,宏源证券研究所行业公司部主管、公司战略小组成员、所长助理、副所长;现任长安国际信托股份有限公司总裁助理。 |
| 傅齐 | 总裁助理 | 男 | 41 | 2018年4月23日 | 23 | 本科 | 会计学 | 曾任深圳发展银行成都分行科华北路支行行长助理,深圳发展银行成都分行市场四部团队负责人,平安银行成都分行金融城支行筹备负责人、行长,平安银行成都分行行长室销售总监;现任长安国际信托股份有限公司总裁助理。 |
| 谷林强 | 董事会秘书 | 男 | 52 | 2018年4月23日 | 24 | 本科 | 管理科学 | 曾任陕西商业专科学校校长办公室秘书,长安国际信托股份有限公司投资银行部副总经理、证券业务部总经理、控股子公司总经理、自营业务部副总经理;现任长安国际信托股份有限公司董事会秘书、董事会办公室主任。 |

注:上表"选任日期"为董事会审议通过时间。

### 3.5 公司员工

| 项目 | | 报告期年度 | | 上年度 | |
|---|---|---|---|---|---|
| | | 人数(人) | 比例(%) | 人数(人) | 比例(%) |
| 年龄分布 | 25岁以下 | 4 | 0.56 | 7 | 1.06 |
| | 25~29岁 | 148 | 20.58 | 156 | 23.67 |
| | 30~39岁 | 406 | 56.47 | 347 | 52.66 |
| | 40岁以上 | 161 | 22.39 | 149 | 22.61 |
| 学历分布 | 博士 | 16 | 2.23 | 10 | 1.52 |
| | 硕士 | 371 | 51.60 | 344 | 52.20 |
| | 本科 | 303 | 42.14 | 273 | 41.42 |
| | 专科 | 29 | 4.03 | 32 | 4.86 |
| | 其他 | 0 | 0 | 0 | 0 |
| 岗位分布 | 董事、监事及高管 | 13 | 1.81 | 15 | 2.28 |
| | 自营业务人员 | 4 | 0.56 | 4 | 0.61 |
| | 信托业务人员 | 341 | 47.43 | 295 | 44.76 |
| | 其他人员 | 361 | 50.20 | 345 | 52.35 |

## 4. 经营管理

### 4.1 经营目标、经营方针、战略规划

#### 4.1.1 经营目标

公司以有效服务实体经济为根本出发点,以满足社会日益增长的财富保值增值需求为核心驱动,以合规经营为基本原则,充分发挥信托功能优势和专业特长,不断做强做精信托主业,把自身打造为具有核心竞争力的专业资产管理和财富管理机构,成为信誉卓越、品牌响亮的受托人,实现长期可持续的稳健发展。

#### 4.1.2 经营方针

公司坚持创新、进取、专业、务实的企业文化,以全面满足客户的投融资需求为目标,以提升主动管理能力为着力点,以增强风险控制能力和专业人才队伍建设为保障,通过持续推进业务和产品创新,不断完善产品和客户服务体系,为客户提供专业、诚信的综合金融服务。

#### 4.1.3 战略规划

公司的战略目标为做"高净值客户的最佳金融生活服务商"。公司将通过打造"六纵六横"来实现上述战略目标。"六纵"是指六大业务条线,分别为投行业务、资本市场、股权投资、创新业务、资产管理、财富管理。六大业务条线旨在通过聚焦

细分市场，实行专业化运作，为客户提供具有竞争优势的产品及服务。“六横”是指六大区域，分别为华北、华东、华南、华中、西南、西北。六大区域旨在深耕区域资产和资金，实行综合化经营和特色化并举。通过做大做强“六纵六横”，实现专业化和高效化，快速响应市场需求，获取高附加值业务，推动公司的可持续发展。

## 4.2 所经营业务的主要内容

### 4.2.1 自营资产运用与分布情况

自营资产运用与分布表

| 资产运用 | 金额（万元） | 占比（%） | 资产分布 | 金额（万元） | 占比（%） |
|---|---|---|---|---|---|
| 货币资金 | 55 101.90 | 6.15 | 基础产业 | 19 602.11 | 2.19 |
| 贷款及应收款 | 225 796.22 | 25.21 | 房地产 | 87 900.00 | 9.81 |
| 交易性金融资产 | 92 436.43 | 10.32 | 证券市场 | 145 821.11 | 16.28 |
| 可供出售金融资产 | 422 188.04 | 47.14 | 实业 | 117 471.78 | 13.12 |
| 长期股权投资 | 32 225.96 | 3.60 | 金融机构 | 448 047.25 | 50.03 |
| 其他 | 67 851.72 | 7.58 | 其他 | 76 758.02 | 8.57 |
| 资产总计 | 895 600.27 | 100.00 | 资产总计 | 895 600.27 | 100.00 |

### 4.2.2 信托资产运用与分布情况

信托资产运用与分布表

| 资产运用 | 金额（万元） | 占比（%） | 资产分布 | 金额（万元） | 占比（%） |
|---|---|---|---|---|---|
| 货币资产 | 739 195.81 | 1.42 | 基础产业 | 7 045 359.27 | 13.54 |
| 贷款 | 22 349 622.96 | 42.93 | 房地产 | 7 060 648.30 | 13.56 |
| 交易性金融资产 | 4 131 270.69 | 7.94 | 证券市场 | 3 983 313.03 | 7.65 |
| 可供出售金融资产 | 3 481 103.92 | 6.69 | 实业 | 22 378 885.21 | 42.99 |
| 买入返售金融资产 | 7 520 907.88 | 14.45 | 金融机构 | 3 475 933.09 | 6.68 |
| 持有至到期投资 | 6 953 611.95 | 13.36 | 其他 | 8 109 785.99 | 15.58 |
| 长期股权投资 | 5 595 313.20 | 10.75 | | | |
| 其他 | 1 282 898.48 | 2.46 | | | |
| 信托资产总计 | 52 053 924.89 | 100.00 | 信托资产总计 | 52 053 924.89 | 100.00 |

## 4.3 市场分析

### 4.3.1 影响本公司业务发展的有利因素

2018年在信托行业整体进入增速调整期的大背景下，信托公司的发展由增规模转变为增质效，公司积极通过业务转型紧跟行业发展新形势。一方面，基于当前的宏观经济环境和监管环境，信托行业正在从高度依赖房地产、政府平台类企业融资与牌照通道的增长模式向回归信托本源、服务实体经济、强调主动管理能力的方向转变，业务结构逐步优化，为公司的长远发展指明了方向；另一方面，作为资管行业的重要子板块，信托业在制度红利、业务范围、专业能力及创新意识方面具有较强的竞争优势，公司也将充分发挥制度优势加快创新转型的步伐。与此同时，随着中国家族财富的不断积累，公司高净值客户日益增多，对财富管理的需求持续上升，以家族信托为代表的财产管理类信托将为公司带来稳定的利润增长点。

### 4.3.2 影响本公司业务发展的不利因素

2018年信托行业景气度下滑，信托行业发展面临的挑战增多。一是资管新规的出台客观上使得业务规模出现萎缩，需要信托公司提升主动管理能力，强化专业化水平，增强资源整合能力，实现信托业务由机会型发展向专注化发展；二是风险管控压力增大，风险项目尤其是集合信托风险项目大幅增加，要求信托公司提升风控能力，完善全面风险管理建设，强化风险集中度管控，加强风险识别、风险评估、风险监测和风险处置的能力；三是在业务增速放缓及风险管控的双重压力下，信托公司业绩增速波动性加大。

## 4.4 内部控制

### 4.4.1 内部控制环境和内部控制文化

按照《中华人民共和国公司法》《信托公司治理指引》等相关法律法规的要求，公司建立了股东大会、董事会、监事会和高级管理层为核心的法人治理结构。公司的股东大会、董事会、监事会和高级管理层各司其职，各治理主体按照法律法规的有关规定和“独立运作、有效制衡、相互合作、协调运转”的原则，建立了合理的激励、约束机制，科学、高效地决策、执行和监督。

公司内部控制建设的总体目标是遵循法律法规及监管规定，保证经营合法合规；有效整合资源，确保经济、高效地实现公司目标；建立健全内部控制制度，做到有规可循；保障各项业务有序进行、信息传递畅通无误；保障公司资产安全及财务报告质量。

公司十分重视并积极培育内部控制文化，强调内控建设人人有责。公司从控制环境、制度文化、行为准则等多层次、全方位营造内控优先的管理理念，通过咨询、培训等方式，积极学习借鉴先进管理措施；通过制度规范、宣导教育、考核激励及全员问责等多种方式，倡导营造良好的内控文化氛围，保障内部控制的有效实施。

### 4.4.2 内部控制措施

2018年，公司持续推进内部控制体系建设。一是根据公司“六纵六横”“八大管理体系”的管理结构，调整了相关部门的工作职责。结合制度、流程的制定和优化，进一步调整《内控手册》和《内控评价手册》的内控控制节点；二是持续跟踪前期发现的内控问题，严格按照相关要求推进解决。

### 4.4.3 信息交流与反馈

公司在与外部信息交流方面，一是根据监管相关要求及时报备业务方案，汇报公司管理、经营情况及监管政策执行情况；二是树立良好的外部形象，通过公司官网及时更新和发布公司动态、产品推介、信息披露等方面的信息；三是借助公司内刊《信长安》向客户及合作伙伴传递公司的声音。

公司在内部信息交流方面，一是通过总裁办公会、季度工作会等各种会议、行业业务动态及信托业务月报、风控信息快报、工作周报等各种内部文件，加强公司各部门之间的沟通，并快速解决业务和管理中出现的问题；二是通过公司OA系统、门户网站、视频会议系统等信息化平台建设，进一步加强公司内部交流的便利性、保密性。

4.4.4　**监督评价与纠正**

公司建立了多层次的内控监管体系：监事会依法履行监督职能，对公司董事、高级管理层履职情况进行监督；董事会下设各专业委员会不定期召开会议，检查监督内部控制体系的运行情况；审计部对公司各项经营活动及内部控制制度的执行情况进行检查和评价，提出改进建议并督导落实整改。

## 4.5　风险管理

4.5.1　**风险管理概况**

2018年，在全面风险管理体系搭建初见成效的基础上，公司持续深化和完善全面风险管理体系建设，以"顶层设计"理念为核心持续推进已识别风险点的落实整改和新风险点的识别、评估，以此不断提升公司整体风险管理体系的层次和质量；适时修订和完善风险管理制度，调整并创新风险管理手段，加强业务全流程的风险监督和管控。

在现有组织架构基础上，公司按照"权责明确、合理制衡、信息沟通顺畅"的原则，从全面风险管理的角度，搭建职责清晰的风险管理组织架构，具体可描述为"三道防线"。

第一道防线由公司高级管理层搭建，具体包括全面风险管理小组各成员部门、全面风险管理小组、总裁办公会。其中，全面风险管理小组各成员部门围绕公司经营过程中的战略、业务、人事、财务、信息技术等，在各自职责范围内进行风险监控，督促各项风险管理措施落实到位，是风险管理的具体实施主体；全面风险管理小组组织、协调各成员部门开展风险管理工作，评估公司风险管理现状，是风险管理的组织、评估主体；总裁办公会就风险管理的有效性对董事会负责，是第一道防线的最高决策机构。

第二道防线由董事会、监事会及董事会风险管理委员会、董事会审计委员会搭建。其中，董事会风险管理委员会督促高级管理层识别、计量、监测及控制经营过程中的各类风险，对高级管理层的风险管理情况进行评估，是对第一道防线管理情况的评估主体；董事会审计委员会作为内审监督主体，对第一道防线管理的有效性进行内部审计监督；董事会就风险管理的有效性对股东大会负责，是公司风险管理战略的制定主体；监事会定期获取风险管理报告及其他重大报告，是风险管理的监督主体。

第三道防线由股东大会搭建，股东大会负责决定公司中长期发展战略、修改《公司章程》、审批董事会相关报告，从发展方向、顶层设计、风险管理监督方面对公司重大事项进行决策，是公司风险管理战略的决策主体。

4.5.2　**风险状况**

4.5.2.1　信用风险

信用风险是指交易对手未能履约所造成的风险，主要表现为在信托贷款、资金回购、后续资金安排、担保、履约承诺等交易过程中，借款人、回购人、担保人、保管人（托管人）等交易对手不能或不愿履约而使信托资产或固有资产遭受损失的可能性。

4.5.2.2　市场风险

市场风险是指由于市场价格或利率波动而导致的对金融产品或其他产品的资产价值产生负面波动，主要表现为因市场价格，如利率、汇率、股票价格和商品价格等的不利变动而使公司信托资产和固有资产发生损失的风险。

4.5.2.3　操作风险

操作风险是指由不完善或有问题的内部程序、员工和信息科技系统，以及外部事件所造成损失的风险，主要表现为公司信息系统还不够全面，内控程序和结构还不够完善，以及人员操作不规范和责任心不强等造成损失的风险。

4.5.2.4　其他风险

其他风险主要是指公司业务开展中的法律风险、合规风险、声誉风险和人员道德风险等。

4.5.3　**风险管理**

4.5.3.1　信用风险管理

2018年，公司持续完善信用风险的管理架构，主要从业务准入、期间管理和兑付管理三个环节进行严控，提升整体风险管理质效。

业务准入环节。结合内外部环境变化，公司陆续出台了房地产业务、政信合作类业务、股票质押业务、资产证券化业务、股票投资类业务、债券业务、跨境业务以及事务管理类信托8类业务风险管理指引，涵盖了公司重点开展的各业务领域。业务指引中清晰、明确地规定了各类业务开展原则、准入标准，向前端业务部门传达了公司的风险偏好和管理要求。

期间管理环节。2018年，公司进一步优化固有业务和信托业务的期间管理职能，统一管理架构，实现了风险管理条线从事前风险识别评估到事中风险决策，再到事后风险监测处置全链条闭环管理，加强风险信息分享，提高信息内部传递效率和风险管理协同能力。

兑付管理环节。在行业风险加速暴露、兑付压力增大、市场流动性趋紧、监管趋严的背景下，公司及时调整优化兑付管理和监控排查工作，着力推进"控风险、抓履职"，将"谁主管谁负责、谁审批谁负责、谁签字谁负责、谁经办谁负责"的风险管理责任落实到位。

4.5.3.2　市场风险管理

公司不断提高市场风险的管理能力。一是在项目投资方案的设计和审查中，抓住大类资产配置的核心风控逻辑，遵循组合投资、分散风险的原则，限制单一资产集中度，限制高风险资产的配置比例，限制对冲策略的风险敞口；二是产品运行期间，按照合同约定对项目每日盯盘、预警、止损以监控市场风险，准确把握不同市场行情下资产风险敞口大小。

4.5.3.3　操作风险管理

公司持续落实监管规定及公司操作风险管理策略，以内控体系为基础，优化操作风险管理结构，完善操作风险管理制度，提升操作风险管理的有效性及水平。一是深入市场乱象整治，对照监管要求开展全面自查工作。结合2018年乱象整治要点，公司按照"自查—整改—自查"的工作要求，组织开展了乱象整治评估、管理短板自查、全面风险排查工作，着力将乱象问题找准、查深、挖透。二是推动整合证券类业务和家族信托业务的期间管理，并通过管理加信息化手段提升管理精细化程度，防范操作风险。三是加强对各部门操作执行情况的审计监督，通过对审计发现的问题跟踪整改，不断完善操作漏洞，提升管理质量。同时，加大对发现的问题的责任追究力度，强化制度执行，对操作犯规行为起到警示作用。

4.5.3.4 其他风险管理

公司强化全员的合法合规经营意识,持续关注有关法律法规的最新变化,正确理解和准确把握其内涵,并及时对业务程序和操作指引进行梳理和修订。同时,不断加强职业道德教育,增强员工的工作责任心。

## 4.6 净资本管理

2018 年末,公司净资本风险控制指标:净资本为 4 627 965 465元,各项业务风险资本之和为3 212 840 656元,净资本/各项业务风险资本之和为 144%,净资本/净资产为 71%。2018 年,公司积极调整优化资产和业务结构,净资本各项监管指标均达到监管要求。

## 4.7 消费者权益保护

2018 年,公司严格按照监管机构要求,对消保工作全面布局,加强内部配合协作,认真贯彻落实消保相关理念和原则,提高消保工作的推动成效。

在制度建设方面,公司出台了针对消保工作的内部审计、内部考评、信息安全等专门制度,进一步完善了消保制度体系建设。

在项目管理方面,公司加强了对消费者需求和发行市场的了解,将投资者的真实需求作为项目评审工作的重要考虑因素;在产品推介销售环节,坚持在产品销售专区对金融消费者进行各项公示,准确撰写产品推介材料,严格执行销售“双录”操作,同时规范开展对“双录”文件的质检、资料保存、客户信息保护及查阅等工作;在产品期间运营环节,加强了项目期间运营的统一管理,切实保证信托项目健康运行,全力维护消费者的资金安全。

在金融知识宣传方面,公司 2018 年组织开展了“3·15 金融消费者权益日”“金融知识普及月金融知识进万家”等多项活动。一方面,充分发挥线上活动覆盖面广、传播速度快的优势,通过微课堂、微电影等方式,向社会公众主动普及金融知识;另一方面,在投资时报官网、今日头条、新浪网、凤凰网等 20 余家主流网络媒体,主动发布信息,受到大量用户的阅读关注。同时,因在宣传活动中表现突出,监管机构先后两次评选公司为先进单位,并进行通报表扬。

在消保培训方面,公司联合人民银行西安分行、陕西银保监局、陕西金融消费纠纷调解中心等部门,组织消保专项培训,切实提高员工专业技能。此外,公司组织了消保知识全员考试,实现消保培训员工全覆盖,在消保考核考试机制建设方面进行了积极的探索尝试。

## 4.8 企业社会责任

公司秉持“长安心、百年业”的可持续发展理念,始终坚守对股东的回报之心、对客户的诚挚之心、对员工的关爱之心、对社会的奉献之心,坚定履行受托责任、经济责任、员工责任、环境责任等,坚持把积极履行企业社会责任作为实现战略愿景的重要路径和依托。2018 年,公司分别在诚信纳税、服务实体经济、公益慈善事业、环境保护等方面积极履行社会责任,回馈社会。

公司始终以国家利益为重,在谋求自身稳健、创新发展的同时,恪守诚信之道,合法经营,坚持依法按时缴纳税款、积极履行扣缴义务人代扣代缴税款的义务。2018 年,上缴税款 12.58 亿元,连续多年被税务机关评为“纳税信用 A 级纳税人”,树立了诚信纳税的良好企业形象和品牌信誉。

公司热心公益慈善事业发展。2018 年,公司新设立慈善信托 3 单,分别为“中国信托业·长安慈·四川慈善总会·定点扶贫慈善信托”“平安慈——平安天年方舟慈善信托”“中国信登·长安慈·定点扶贫慈善信托”。截至 2018 年末,共存续慈善信托 9 单,形成了良好的社会影响。

公司一直以来积极推行绿色办公、低碳办公。公司在管理上降低能耗,不断完善 OA 办公系统,采取信息技术手段,推行无纸化办公和低碳会议;持续强化员工的环保意识、节能意识,从点滴做起,降低能耗和碳排放。公司身体力行地参与到环境保护的工作中,并将绿色办公作为坚持不懈履行社会责任的理念和义务。同时,公司主动发挥信托功能优势,积极推进绿色信托。2018 年,设立了“长安宁——潍坊亿燃项目贷款单一事务类信托 ”“长安宁——凤城热力项目贷款单一资金信托”“长安宁——浙江陕鼓废水处置项目贷款单一资金信托”等一批绿色环保信托项目。

经过多年的实践累积,公司已经形成了以自身专业化的金融服务能力为核心,以信托产品为驱动的履行社会责任的企业特色,并保持与时俱进,不断创新,塑造了负责任的资产管理和财富管理品牌形象,成为推动提高企业履行社会责任的积极力量。

# 5. 报告期末及上一年度末的比较式会计报表

## 5.1 自营资产

### 5.1.1 会计师事务所审计意见全文

审 计 报 告

希会审字[2019]0998 号

长安国际信托股份有限公司:

一、审计意见

我们审计了长安国际信托股份有限公司(以下简称贵公司)财务报表,包括 2018 年 12 月 31 日的资产负债表,2018 年度的利润表、现金流量表、所有者权益变动表以及相关财务报表附注。

我们认为,后附的财务报表在所有重大方面按照企业会计准则的规定编制,公允反映了贵公司 2018 年 12 月 31 日的财务状况以及 2018 年度的经营成果和现金流量。

二、形成审计意见的基础

我们按照中国注册会计师审计准则的规定执行了审计工作。审计报告的“注册会计师对财务报表审计的责任”部分进一步阐述了我们在这些准则下的责任。按照中国注册会计师职业道德守则,我们独立于贵公司,并履行了职业道德方面的其他责任。我们相信,我们获取的审计证据是充分、适当的,为发表审计意见提供了基础。

三、其他事项

如会计附注十、其他重要事项(一)至(四)所述,贵公司

2018 年度股东大会决议核销 5.86 亿元，个别呆账他项权利处于执行中。

四、管理层和治理层对财务报表的责任

贵公司管理层（以下简称管理层）负责按照企业会计准则的规定编制财务报表，使其实现公允反映，并设计、执行和维护必要的内部控制，以使财务报表不存在由于舞弊或错误导致的重大错报。

在编制财务报表时，管理层负责评估贵公司的持续经营能力，披露与持续经营相关的事项（如适用），并运用持续经营假设，除非管理层计划清算贵公司、终止运营或别无其他现实的选择。

治理层负责监督贵公司的财务报告过程。

五、注册会计师对财务报表审计的责任

我们的目标是对财务报表整体是否不存在由于舞弊或错误导致的重大错报获取合理保证，并出具包含审计意见的审计报告。合理保证是高水平的保证，但并不能保证按照审计准则执行的审计在某一重大错报存在时总能发现。错报可能由于舞弊或错误导致，如果合理预期错报单独或汇总起来可能影响财务报表使用者依据财务报表作出的经济决策，则通常认为错报是重大的。

在按照审计准则执行审计工作的过程中，我们运用职业判断，并保持职业怀疑。同时，我们也执行以下工作：

（一）识别和评估由于舞弊或错误导致的财务报表重大错报风险，设计和实施审计程序以应对这些风险，并获取充分、适当的审计证据，作为发表审计意见的基础。由于舞弊可能涉及串通、伪造、故意遗漏、虚假陈述或凌驾于内部控制之上，未能发现由于舞弊导致的重大错报的风险高于未能发现由于错误导致的重大错报的风险。

（二）了解与审计相关的内部控制，以设计恰当的审计程序，但目的并非对内部控制的有效性发表意见。

（三）评价管理层选用会计政策的恰当性和作出会计估计及相关披露的合理性。

（四）对管理层使用持续经营假设的恰当性得出结论。同时，根据获取的审计证据，就可能导致对贵公司持续经营能力产生重大疑虑的事项或情况是否存在重大不确定性得出结论。如果我们得出结论认为存在重大不确定性，审计准则要求我们在审计报告中提请报表使用者注意财务报表中的相关披露；如果披露不充分，我们应当发表非无保留意见。我们的结论基于截至审计报告日可获得的信息。然而，未来的事项或情况可能导致贵公司不能持续经营。

（五）评价财务报表的总体列报、结构和内容（包括披露），并评价财务报表是否公允反映相关交易和事项。

我们与治理层就计划的审计范围、时间安排和重大审计发现等事项进行沟通，包括沟通我们在审计中识别出的值得关注的内部控制缺陷。

希格玛会计师事务所（特殊普通合伙）

中国注册会计师：曹爱民

中国 · 西安　　中国注册会计师：袁蓉

二〇一九年四月二十三日

### 5.1.2 资产负债表

**资产负债表**

2018 年 12 月 31 日

编制单位：长安国际信托股份有限公司　　单位：元

| 项目 | 2018 年 12 月 31 日 | 2017 年 12 月 31 日 |
|---|---|---|
| 流动资产： | | |
| 货币资金 | 551 019 031.55 | 918 228 785.89 |
| 结算备付金 | — | — |
| 拆出资金 | — | — |
| 以公允价值计量且其变动计入当期损益的金融资产 | 924 364 305.19 | 718 943 359.06 |
| 应收票据及应收账款 | — | — |
| 预付款项 | 14 235 963.73 | 17 193 007.60 |
| 应收保费 | — | — |
| 买入返售金融资产 | — | 493 800 000.00 |
| 应收分保合同准备金 | — | — |
| 其他应收款 | 1 780 357 282.04 | 1 486 486 489.33 |
| 存货 | — | — |
| 一年内到期的非流动资产 | — | — |
| 其他流动资产 | — | — |
| 流动资产合计 | 3 269 976 582.51 | 3 634 651 641.88 |
| 非流动资产： | — | — |
| 发放贷款及垫款 | 477 604 885.95 | 23 814 670.23 |
| 可供出售金融资产 | 4 221 880 387.53 | 4 038 968 333.88 |
| 持有至到期投资 | — | 17 855 440.00 |
| 长期应收款 | — | — |
| 长期股权投资 | 322 259 631.88 | 324 442 236.48 |
| 投资性房地产 | — | — |
| 固定资产 | 71 204 207.38 | 77 249 336.36 |
| 在建工程 | 8 889 841.81 | 4 320 589.49 |
| 生产性生物资产 | — | — |
| 油气资产 | — | — |
| 无形资产 | 16 109 372.02 | 15 166 227.23 |
| 开发支出 | 9 541 916.07 | 953 090.64 |
| 商誉 | — | — |
| 长期待摊费用 | 19 552 563.06 | 15 405 805.74 |
| 递延所得税资产 | 531 944 438.40 | 340 115 159.34 |
| 其他非流动资产 | 7 038 920.00 | — |
| 非流动资产合计 | 5 686 026 164.10 | 4 858 290 889.39 |
| 资产总计 | 8 956 002 746.61 | 8 492 942 531.27 |

法定代表人：高成程　　主管会计工作负责人：张　胜　　会计机构负责人：马　华

**资产负债表（续表）**

2018 年 12 月 31 日

编制单位：长安国际信托股份有限公司　　单位：元

| 项目 | 2018 年 12 月 31 日 | 2017 年 12 月 31 日 |
|---|---|---|
| 流动负债： | | |
| 短期借款 | — | — |
| 向中央银行借款 | — | — |
| 吸收存款及同业存放 | — | — |
| 拆入资金 | 900 000 000.00 | 300 000 000.00 |
| 以公允价值计量且其变动计入当期损益的金融负债 | — | — |
| 应付票据及应付账款 | — | — |
| 预收款项 | 280 231 312.05 | 253 162 239.31 |

续表

| 项目 | 2018 年 12 月 31 日 | 2017 年 12 月 31 日 |
|---|---|---|
| 卖出回购金融资产款 | — | — |
| 应付手续费及佣金 | — | — |
| 应付职工薪酬 | 354 591 149. 36 | 326 451 349. 17 |
| 应交税费 | 218 825 564. 66 | 324 990 706. 15 |
| 其他应付款 | 25 914 269. 41 | 30 197 873. 27 |
| 应付分保账款 | — | — |
| 保险合同准备金 | — | — |
| 代理买卖证券款 | — | — |
| 代理承销证券款 | — | — |
| 一年内到期的非流动负债 | — | — |
| 其他流动负债 | — | — |
| 流动负债合计 | 1 779 562 295. 48 | 1 234 802 167. 90 |
| 非流动负债: | | |
| 长期借款 | — | — |
| 应付债券 | — | — |
| 长期应付款 | — | — |
| 预计负债 | — | — |
| 长期应付职工薪酬 | 669 128 286. 25 | 639 911 769. 18 |
| 递延所得税负债 | 761 063. 55 | 30 275 018. 33 |
| 其他非流动负债 | — | — |
| 非流动负债合计 | 669 889 349. 80 | 670 186 787. 51 |
| 负债合计 | 2 449 451 645. 28 | 1 904 988 955. 41 |
| 股东权益: | | |
| 股本 | 3 330 000 000. 00 | 3 330 000 000. 00 |
| 资本公积 | 9 828 804. 44 | 9 828 804. 44 |
| 减:库存股 | — | — |
| 盈余公积 | 613 821 696. 37 | 578 208 511. 59 |
| 信托赔偿准备金 | 316 155 237. 54 | 298 348 645. 15 |
| 一般风险准备 | 153 496 780. 00 | 187 499 068. 06 |
| 未分配利润 | 2 293 845 980. 27 | 2 123 631 621. 61 |
| 其他综合收益 | -210 597 397. 29 | 60 436 925. 01 |
| 股东权益合计 | 6 506 551 101. 33 | 6 587 953 575. 86 |
| 负债和股东权益总计 | 8 956 002 746. 61 | 8 492 942 531. 27 |

法定代表人:高成程　　主管会计工作负责人:张　胜　　会计机构负责人:马　华

### 5. 1. 3　利润表

**利润表**

2018 年度

编制单位:长安国际信托股份有限公司　　单位:元

| 项　目 | 本期发生额 | 上期发生额 |
|---|---|---|
| 一、营业总收入 | 2 109 921 032. 67 | 2 339 025 821. 89 |
| 手续费及佣金收入 | 1 814 625 281. 73 | 1 780 231 934. 24 |
| 其他业务收入 | 102 042 893. 42 | 72 811 137. 00 |
| 利息收入 | 33 395 200. 06 | 17 359 250. 82 |
| 已赚保费 | — | — |
| 其他收益 | 2 550 901. 57 | 5 216 871. 94 |
| 投资收益(损失以“-”号填列) | 238 771 944. 30 | 948 589 557. 28 |
| 公允价值变动收益(损失以“-”号填列) | -81 529 658. 23 | -485 208 964. 34 |
| 资产处置收益(损失以“-”号填列) | 58 691. 36 | 33 004. 29 |
| 汇兑收益(损失以“-”号填列) | 5 778. 46 | -6 969. 34 |
| 二、营业总成本 | 1 634 045 986. 18 | 1 222 476 359. 22 |

续表

| 项　目 | 本期发生额 | 上期发生额 |
|---|---|---|
| 利息支出 | 8 502 722. 23 | 20 564 583. 34 |
| 手续费及佣金支出 | — | — |
| 退保金 | — | — |
| 赔付支出净额 | — | — |
| 提取保险合同准备金净额 | — | — |
| 保单红利支出 | — | — |
| 分保费用 | — | — |
| 税金及附加 | 15 954 096. 01 | 15 298 349. 83 |
| 业务及管理费 | 930 621 803. 36 | 1 012 445 391. 44 |
| 管理费用 | — | — |
| 财务费用 | — | — |
| 资产减值损失 | 678 967 364. 58 | 174 168 034. 61 |
| 三、营业利润(亏损以“-”号填列) | 475 875 046. 49 | 1 116 549 462. 67 |
| 加:营业外收入 | 169 274. 07 | 109 812. 75 |
| 减:营业外支出 | 242 838. 03 | 2 969 414. 00 |
| 四、利润总额(亏损总额以“-”号填列) | 475 801 482. 53 | 1 113 689 861. 42 |
| 减:所得税费用 | 119 669 634. 76 | 166 153 336. 36 |
| 五、净利润(净亏损以“-”号填列) | 356 131 847. 77 | 947 536 525. 06 |
| (一)持续经营净利润 | 356 131 847. 77 | 947 536 525. 06 |
| (二)终止经营净利润 | — | — |
| 六、其他综合收益的税后净额 | -271 034 322. 30 | 118 378 313. 03 |
| (一)以后不能重分类进损益的其他综合收益 | — | — |
| 其中:1. 重新计量设定受益计划净负债或净资产的变动 | — | — |
| 2. 权益法下在被投资单位不能重分类进损益的其他综合收益中享有的份额 | — | — |
| (二)以后将重分类进损益的其他综合收益 | -271 034 322. 30 | 118 378 313. 03 |
| 其中:1. 权益法下在被投资单位以后将重分类进损益的其他综合收益中享有的份额 | -586 366. 16 | -307 948. 72 |
| 2. 可供出售金融资产公允价值变动损益 | -270 447 956. 14 | 118 686 261. 75 |
| 3. 持有至到期投资重分类为可供出售金融资产损益 | — | — |
| 4. 现金流量套期损益的有效部分 | — | — |
| 5. 外币财务报表折算差额 | — | — |
| 6. 其他 | — | — |
| 归属于少数股东的其他综合收益的税后净额 | — | — |
| 七、综合收益总额 | 85 097 525. 47 | 1 065 914 838. 09 |
| 八、每股收益: | | |
| (一)基本每股收益 | 0. 11 | 0. 28 |
| (二)稀释每股收益 | 0. 11 | 0. 28 |

法定代表人:高成程　　主管会计工作负责人:张　胜　　会计机构负责人:马　华

## 5.2 信托资产

### 5.2.1 信托项目资产负债汇总

**信托项目资产负债表**

编制单位：长安国际信托股份有限公司　　2018 年 12 月 31 日　　单位：万元

| 信托资产 | 期末数 | 信托负债和信托权益 | 期末数 |
|---|---|---|---|
| 信托资产： | | 信托负债： | |
| 货币资金 | 739 195.81 | 交易性金融负债 | — |
| 拆出资金 | — | 应付受托人报酬 | 4 192.51 |
| 存出保证金 | 0.82 | 应付托管费 | 781.49 |
| 交易性金融资产 | 4 131 270.69 | 应付受益人收益 | 67 547.17 |
| 买入返售金融资产 | 7 520 907.88 | 其他应付款项 | 74 271.46 |
| 应收款项 | 1 269 406.62 | 应交税费 | 7 607.98 |
| 发放贷款 | 22 349 622.96 | 应付销售服务费 | 708.89 |
| 可供出售金融资产 | 3 481 103.92 | 其他负债 | — |
| 持有至到期投资 | 6 953 611.95 | 信托负债合计 | 155 109.50 |
| 长期股权投资 | 5 595 313.20 | 信托权益： | |
| 固定资产 | — | 实收信托 | 52 225 807.41 |
| 无形资产 | — | 资本公积 | 296 528.16 |
| 长期应收款 | — | 其他综合收益 | -180 905.00 |
| 长期待摊费用 | 0.29 | 未分配利润 | -442 615.18 |
| 其他资产 | 13 490.75 | 信托权益合计 | 51 898 815.39 |
| 信托资产总计 | 52 053 924.89 | 信托负债及信托权益总计 | 52 053 924.89 |

法定代表人：高成程　　会计主管：李　杰　　审核：申维飞　　制表：孙晓毓

### 5.2.2 信托项目利润及利润分配汇总表

**信托项目利润及利润分配汇总表**

编制单位：长安国际信托股份有限公司　　2018 年度　　单位：万元

| 项　目 | 本年累计数 |
|---|---|
| 一、营业收入 | 2 572 293.43 |
| 利息收入 | 2 780 516.37 |
| 投资收益 | 221 260.68 |
| 公允价值变动损益 | -430 547.19 |
| 租赁收入 | — |
| 汇兑损益 | -101.13 |
| 其他收入 | 1 164.69 |
| 二、营业支出 | 351 099.12 |
| 三、信托净利润 | 2 221 194.30 |
| 四、其他综合收益 | -426 178.07 |
| 五、综合收益 | 1 795 016.23 |
| 加：期初未分配信托利润 | 186 323.18 |
| 六、可供分配的信托利润 | 2 407 517.49 |
| 减：本期已分配信托利润 | 2 850 132.66 |
| 七、期末未分配信托利润 | -442 615.18 |

法定代表人：高成程　　会计主管：李　杰　　审核：申维飞　　制表：孙晓毓

# 6. 会计报表附注

## 6.1 简要说明报告年度会计报表编制基准、会计政策、会计估计和核算方法发生的变化

无。

## 6.2 或有事项说明

无。

## 6.3 重要资产转让及其出售的说明

无。

## 6.4 会计报表中重要项目的明细资料

### 6.4.1 披露自营资产经营情况

6.4.1.1 按信用风险五级分类结果披露信用风险资产的期初数、期末数

| 信用风险资产五级分类 | 正常类（万元） | 关注类（万元） | 次级类（万元） | 可疑类（万元） | 损失类（万元） | 信用风险资产合计（万元） | 不良资产合计（万元） | 不良资产率（%） |
|---|---|---|---|---|---|---|---|---|
| 期初数 | 848 841.48 | 462.01 | — | — | 7 380.77 | 856 684.26 | 7 380.77 | 0.86 |
| 期末数 | 858 414.18 | 22 243.15 | — | 30 775.62 | 1 180.77 | 912 613.72 | 31 956.39 | 3.50 |

注：不良资产合计 = 次级类 + 可疑类 + 损失类。

逐笔说明不良信用资产的账面金额、形成时间、债务人名称、收回可能性

| 编号 | 债务人名称 | 账面金额（万元） | 资产种类 | 形成时间 | 收回可能性 |
|---|---|---|---|---|---|
| 1 | 西安经济技术开发区资产投资有限公司 | 792.57 | 其他应收款 | 2006 年 12 月 | 形成损失 |
| 2 | 政策性房改房职工交纳款与房款差额 | 358.20 | 固定资产清理 | — | 形成损失 |
| 3 | 代垫信集楼俊项目款项 | 30.00 | 其他应收款 | 2015 年 2 月 | 形成损失 |
| 4 | 浙江浙农锦城资产管理有限公司 | 29 367.84 | 贷款 | 2018 年 11 月 | 处置中 |
| 5 | 信集金业抵债资产 | 1 407.78 | 其他非流动资产 | 2018 年 12 月 | 处置中 |
| | 合计 | 31 956.39 | — | — | — |

6.4.1.2 各项资产减值损失准备的期初数、本期计提、本期转回、本期核销、期末数；贷款的一般准备、专项准备和其他资产减值准备应分别披露

单位：万元

| 项目 | 期初数 | 本期增加 | 本期减少 | | 期末数 |
|---|---|---|---|---|---|
| | | | 转回 | 转销 | |
| 一、坏账准备 | 822.57 | 355.76 | — | 320.18 | 858.15 |
| 二、贷款损失准备 | — | 14 683.92 | — | — | 14 683.92 |
| 三、可供出售金融资产减值准备 | 6 209.24 | 58 676.40 | 6 200.00 | 58 276.36 | 409.28 |
| 四、持有至到期投资减值准备 | — | — | — | — | — |
| 五、长期股权投资减值准备 | — | — | — | — | — |
| 六、投资性房地产减值准备 | — | — | — | — | — |
| 七、固定资产减值准备 | 358.20 | — | — | — | 358.20 |
| 八、工程物资减值准备 | — | — | — | — | — |
| 九、在建工程减值准备 | — | — | — | — | — |
| 十、生产性生物资产减值准备 | — | — | — | — | — |
| 十一、油气资产减值准备 | — | — | — | — | — |

续表

| 项目 | 期初数 | 本期增加 | 本期减少 | | 期末数 |
|---|---|---|---|---|---|
| | | | 转回 | 转销 | |
| 十二、无形资产减值准备 | — | — | — | — | — |
| 十三、商誉减值准备 | — | — | — | — | — |
| 十四、其他 | — | 703.89 | — | — | 703.89 |
| 合　计 | 7 390.01 | 74 419.97 | 6 200.00 | 58 596.54 | 17 013.44 |

6.4.1.3　自营股票投资、基金投资、债券投资、股权投资等投资业务的期初数、期末数

单位:万元

| 项目 | 自营股票 | 基金 | 债券 | 长期股权投资 |
|---|---|---|---|---|
| 期初数 | 5.86 | 259 200.08 | 4 148.60 | 32 444.22 |
| 期末数 | | 190 469.49 | 6 694.34 | 32 225.96 |

6.4.1.4　前五名的自营长期股权投资的企业名称、占被投资企业权益的比例、主要经营活动及投资收益情况等(从大到小顺序排列)

| 企业名称 | 投资比例(%) | 经营活动 | 投资收益情况 |
|---|---|---|---|
| 上海淳璞投资管理中心(有限合伙) | 62.50 | 投资管理、咨询、企业管理咨询、实业投资、财务咨询。 | 本年按权益法核算确认 -541.96 万元 |
| 长安基金管理有限公司 | 29.63 | 公开募集证券投资基金管理,基金销售,特定客户资产管理。 | 本年按权益法核算确认 417.31 万元 |
| 西安企业资本服务中心有限公司 | 13.16 | 为企业融资、并购相关业务提供服务;为非上市公司债权、合伙企业财产份额及有关财产权益类产品转让提供服务;其他相关业务。 | 本年按权益法核算确认 -34.93 万元 |
| 青岛溢源润达投资管理有限公司 | 40.00 | 自有资金对外投资及投资咨询。 | 本年按权益法核算确认 -0.04 万元 |
| 西安财金合作发展基金投资管理有限公司 | 40.00 | 一般经营项目:股权投资、项目投资、资产管理咨询、投资管理。 | 账面价值为零,不确认投资收益 |

注:西安股权托管交易中心有限公司于 2018 年 3 月更名为西安企业资本服务中心有限公司,同时经营范围发生变更。

6.4.1.5　前五名的自营贷款的企业名称、占贷款总额的比例及还款情况等(从大到小顺序排列)

| 企业名称 | 占贷款总额的比例(%) | 还款情况 |
|---|---|---|
| 浙江浙农锦城资产管理有限公司 | 47.03 | 未到期 |
| 内蒙古远兴能源股份有限公司 | 20.83 | 未到期 |
| 厦门穆嘉商业保理有限公司 | 16.01 | 未到期 |
| 北京昂内中天置业有限公司 | 16.01 | 未到期 |
| 汽车消费贷 | 0.12 | 未到期 |
| 总计 | 100.00 | — |

6.4.1.6　表外业务的期初数、期末数;按照代理业务、担保业务和其他类型表外业务分别披露

无。

6.4.1.7　公司当年的收入结构

| 收入结构 | 金额(万元) | 占比(%) |
|---|---|---|
| 手续费及佣金收入 | 181 462.53 | 86.00 |
| 其中:信托手续费收入 | 181 462.53 | 100.00 |
| 投资银行业务收入 | — | — |
| 利息收入 | 3 339.52 | 1.58 |
| 其他业务收入 | 10 204.29 | 4.84 |
| 其中:计入信托业务收入的部分 | 10 204.29 | 100.00 |
| 投资收益 | 23 877.19 | 11.32 |
| 其中:股权投资收益 | 316.29 | 1.32 |
| 证券投资收益 | 12 653.42 | 52.99 |
| 其他投资收益 | 10 907.48 | 45.68 |
| 公允价值变动损益及汇兑损益 | -8 152.39 | -3.86 |
| 其他收益 | 255.09 | 0.12 |
| 资产处置收益 | 5.87 | 0.00 |
| 营业外收入 | 16.93 | 0.01 |
| 合计 | 211 009.03 | 100.00 |

### 6.4.2　信托资产管理情况

6.4.2.1　信托资产的期初数、期末数

单位:万元

| 信托资产 | 期初数 | 期末数 |
|---|---|---|
| 集合 | 32 489 277.41 | 26 868 282.87 |
| 单一 | 22 202 157.26 | 20 665 123.03 |
| 财产权 | 5 449 038.61 | 4 520 518.99 |
| 合计 | 60 140 473.28 | 52 053 924.89 |

6.4.2.1.1　主动管理型信托业务的信托资产期初数、期末数

单位:万元

| 主动管理型信托资产 | 期初数 | 期末数 |
|---|---|---|
| 证券投资类 | 6 696 811.92 | 3 063 529.65 |
| 股权投资类 | 1 417 577.29 | 2 482 093.36 |
| 权益投资类 | 2 324 617.38 | 1 506 753.94 |
| 融资类 | 7 949 022.58 | 8 343 322.96 |
| 事务管理类 | 1 600 357.63 | 1 252.02 |
| 合计 | 19 988 386.80 | 15 396 951.93 |

6.4.2.1.2　被动管理型信托业务的信托资产期初数、期末数

单位:万元

| 被动管理型信托资产 | 期初数 | 期末数 |
|---|---|---|
| 证券投资类 | 1 738 471.00 | 644 568.00 |
| 股权投资类 | 516 316.31 | 23 000.15 |
| 权益投资类 | 778 176.76 | 30 346.42 |
| 融资类 | 2 559 958.16 | 638 816.78 |
| 事务管理类 | 34 559 164.25 | 35 320 241.61 |
| 合计 | 40 152 086.48 | 36 656 972.96 |

6.4.2.2　本年度已清算结束的集合类、单一类资金信托项目和财产管理类信托项目数量、实收信托合计金额、加权平均实际年化收益率

6.4.2.2.1　本年度已清算结束的集合类、单一类资金信托项目和财产管理类信托项目个数、实收信托金额、加权平均实际年化收益率

| 已清算结束的信托项目 | 项目个数(个) | 实收信托合计金额(万元) | 加权平均实际年化收益率(%) |
|---|---|---|---|
| 集合类 | 225 | 12 187 581.79 | 4.34 |
| 单一类 | 245 | 9 927 754.82 | 4.52 |
| 财产管理类 | 42 | 3 004 594.74 | 7.82 |

6.4.2.2.2　本年度已清算结束的主动管理型信托项目个数、实收信托合计金额、加权平均实际年化信托报酬率、加权平均实际年化收益率

| 已清算结束的信托项目 | 项目个数(个) | 实收信托合计金额(万元) | 加权平均实际年化信托报酬率(%) | 加权平均实际年化收益率(%) |
|---|---|---|---|---|
| 证券投资类 | 80 | 4 386 396.95 | 0.18 | 0.50 |
| 股权投资类 | 17 | 941 125.90 | 1.73 | 5.35 |
| 其他权益投资 | 46 | 1 095 256.80 | 0.54 | 8.46 |
| 融资类 | 68 | 2 696 370.60 | 1.21 | 7.42 |
| 事务管理类 | — | — | — | — |

6.4.2.2.3　本年度已清算结束的被动管理型信托项目个数、实收信托合计金额、加权平均实际年化信托报酬率、加权平均实际年化收益率

| 已清算结束的信托项目 | 项目个数(个) | 实收信托合计金额(万元) | 加权平均实际年化信托报酬率(%) | 加权平均实际年化收益率(%) |
|---|---|---|---|---|
| 证券投资类 | 20 | 432 317.17 | 0.26 | -5.35 |
| 股权投资类 | — | — | — | — |
| 其他权益投资 | 1 | 133 000.00 | 0.11 | 7.62 |
| 融资类 | 14 | 1 768 350.00 | 0.19 | 11.26 |
| 事务管理类 | 266 | 13 667 113.93 | 0.17 | 4.84 |

6.4.2.3　本年度新增的集合类、单一类资金信托项目和财产管理类信托项目个数、实收信托合计金额

| 新增信托项目 | 项目个数(个) | 实收信托合计金额(万元) |
|---|---|---|
| 集合类 | 122 | 5 647 919.39 |
| 单一类 | 255 | 7 513 784.95 |
| 财产管理类 | 60 | 1 725 790.74 |
| 新增合计 | 437 | 14 887 495.08 |
| 其中：主动管理型 | 94 | 4 792 311.68 |
| 被动管理型 | 343 | 10 095 183.40 |

6.4.2.4　信托业务创新成果和特色业务有关情况

公司在“强监管、去杠杆、去通道”的政策环境下，继续以创新促转型的发展思路，积极把握市场机遇。2018年，公司家族信托、国际业务、资产证券化、慈善信托、消费金融等创新业务亮点深化发展。一是家族信托业务在保持行业第一梯队优势的前提下，实现了客户需求定制化服务；二是国际业务实现盈利，通过多种类海外资产的全面配置，逐步在市场中树立起品牌效应；三是资产证券化业务承做种类更加丰富，成功落地ABN产品；四是积极开展慈善信托，充分发挥服务型信托产品功能，助力社会公益事业发展；五是升级消费金融业务，在原有的消费金融业务构架基础上，进一步打造多场景消费业务集中平台。

6.4.2.5　本公司履行受托人义务情况及因公司自身责任而导致信托资产的损失情况（合计金额、原因等）

无。

## 6.5　关联方关系及其交易的披露

**6.5.1　关联交易方的数量、关联交易的总金额及关联交易的定价政策等**

| | 关联交易数量 | 关联交易余额(万元) | 定价政策 |
|---|---|---|---|
| 合计 | 35 | 722 168.45 | 公允价格 |

注：关联交易是指信托公司以自有资产、信托资产为关联方提供投融资等服务，或以担保等方式为关联方融资提供便利的业务。关联交易的统计范围应基本与银监会非现场监管信息系统中关于关联交易的范围和口径一致，也可增加为关联方提供咨询等其他非投融资类业务服务的信息。

**6.5.2　关联交易方与本公司的关系性质、关联交易方的名称、法定代表人、注册地址、注册资本及主营业务等**

| 关系性质 | 关联方名称 | 法定代表人/执行事务合伙人 | 注册地址 | 注册资本(万元) | 主营业务 |
|---|---|---|---|---|---|
| 股东 | 西安投资控股有限公司 | 巩宝生 | 西安市高新区科技五路8号数字大厦四层 | 1 422 989.992577 | 投资业务；项目融资；资产管理；资产重组与购并；财务咨询；物业管理；其他市政府批准的业务等。 |
| 股东 | 陕西鼓风机（集团）有限公司 | 李宏安 | 西安市临潼区代王街办 | 13 738.247096 | 大型压缩机、鼓风机、通风机及各种透平机械的开发、制造、销售、维修、服务等。 |
| 公司与股东发起设立 | 北京长安信托公益基金会 | 姜　燕 | 北京市东城区建国门内大街28号民生金融中心A座8层 | 200 | 扶贫济困，资助与教育发展、医疗救助、环境保护相关的公益项目。 |
| 股东控制的关联方 | 西安投融资担保有限公司 | 赵增宽 | 西安市曲江新区雁塔南路2216号曲江国际大厦1幢1单元12001室 | 310 000 | 主营贷款担保、票据承兑担保、贸易融资担保、项目融资担保、信用证担保及其他法律、法规许可的融资性担保业务等。 |
| 股东控制的关联方 | 西安陕鼓动力股份有限公司 | 李宏安 | 西安市高新区沣惠南路8号 | 163 877.0233 | 大型压缩机、鼓风机、通风机及各种透平机械的开发、制造、销售、维修服务、技术咨询、技术服务、技术转让、技术培训。 |
| 股东控制的关联方 | 德祥汽车产业有限公司 | 吕　颖 | 西安经济技术开发区文景路（中段）16号白桦林国际A座11层 | 994 000 | 汽车生产线项目建设；厂房建设；建筑工程、市政工程的施工等。 |

续表

| 关系性质 | 关联方名称 | 法定代表人/执行事务合伙人 | 注册地址 | 注册资本（万元） | 主营业务 |
|---|---|---|---|---|---|
| 能施加重大影响的关联方 | 长安基金管理有限公司 | 万跃楠 | 上海市虹口区丰镇路806号3幢371室 | 27 000 | 公开募集证券投资基金管理，基金销售，特定客户资产管理。 |
| 能施加重大影响的关联方 | 长安新生（深圳）金融投资有限公司 | 方　灏 | 深圳市前海深港合作区前湾一路1号A栋201室 | 16 909.42 | 投资兴办实业（具体项目另行申报）；投资管理、投资咨询；金融信息咨询等。 |
| 能施加重大影响的关联方的参股公司 | 长安财富资产管理有限公司（长安） | 袁丹旭 | 上海市虹口区广纪路738号2幢428室 | 10 000 | 特定客户资产管理业务以及中国证监会许可的其他业务。 |
| 信托计划控股公司 | 长安盛世（深圳）资产管理有限公司 | 谭卫东 | 深圳市前海深港合作区前湾一路1号A栋201室 | 30 000 | 受托资产管理（不得从事信托、金融资产管理、证券资产管理等业务）；投资管理、投资顾问（均不含限制项目）等。 |
| 信托计划持股公司 | 深圳前海中证长凯投资管理有限公司 | 符　砺 | 深圳市前海深港合作区前湾一路1号A栋201室 | 5 000 | 投资管理、投资咨询；受托管理股权投资基金；商务信息咨询、财务咨询等。 |
| 信托计划持股公司 | 湖北长江德馨投资管理有限公司 | 杜三湖 | 武汉市汉阳区汉阳大道139号11层10室 | 1 000 | 投资管理；对商业、房地产业、农业、工业、建筑业、服务业投资；商务信息咨询等。 |
| 信托计划持股公司 | 青岛福地润达创业投资中心（有限合伙） | 青岛溢源润达投资管理有限公司 | 山东省青岛市崂山区同安路882－1号颐杰鸿泰大厦1号楼808室 | — | 创业投资业务；代理其他创业投资企业等机构或个人创业投资业务；创业投资咨询业务等。 |
| 信托计划持股公司 | 西安长典投资管理有限合伙企业 | 西安经济技术开发区资产投资有限公司 | 西安市高新区科技路33号高新国际商务中心24层3－S室 | — | 实业投资、投资管理和咨询等。 |
| 信托计划持股公司 | 西安汉长安城投资有限公司 | 雷　灏 | 西安市石化大道乾源庄酒店内 | 120 000 | 土地整理；基础设施建设；城中村改造；房地产开发；城乡统筹建设；绿化工程施工；物业管理；旅游商贸开发等。 |
| 信托计划持股公司 | 宜昌绿色产业基金管理有限公司 | 陈兆平 | 宜昌市伍家岗区沿江大道182号 | 1 000 | 管理或受托管理股权类投资并从事相关咨询业务等。 |
| 信托计划持股公司 | 深圳长安兴业不动产股权投资管理有限公司 | 樊振东 | 深圳市前海深港合作区前湾一路1号A栋201室 | 2 000 | 受托资产管理、投资管理、股权投资、受托管理股权投资基金等。 |
| 信托计划持股公司 | 华夏阳光地产有限公司 | 王明坤 | 云南省昆明市西山区滇池度假区滇池路1037号华夏曦岸2栋6楼 | 86 000 | 房地产开发和经营。 |
| 信托计划持股公司 | 宝鸡市中小企业融资担保有限公司 | 崔勤学 | 陕西省宝鸡市金台区金台大道17号 | 31 630 | 主营贷款担保、票据承兑担保、贸易融资担保、项目融资担保、信用证担保业务及其他法律、法规许可的融资性担保业务等。 |
| 信托计划持股公司 | 西咸新区茯茶镇文化产业集团有限公司 | 褚　炜 | 陕西省西咸新区泾河新城茯茶镇商业街5号楼 | 30 000 | 茯茶文化产业园开发与经营；茯茶及文化衍生品研发、检测、生产与经营；房地产开发与经营；物业管理等。 |
| 公司董事长 | 高成程 | — | — | — | — |
| 公司高管 | 瞿文康 | — | — | — | — |
| 公司高管 | 喻福兴 | — | — | — | — |

**6.5.3　逐笔披露本公司与关联方的重大交易事项**

6.5.3.1　固有财产与关联方：贷款、投资、租赁、应收账款、担保、其他方式等期初汇总数、本期发生额汇总数、期末汇总数

单位：万元

| 固有财产与关联方关联交易 | | | |
|---|---|---|---|
| | 期初数 | 本期发生额 | 期末数 |
| 贷款 | — | — | — |
| 投资 | 233 834.59 | －140 083.34 | 93 751.25 |
| 租赁 | — | — | — |
| 担保 | — | — | — |
| 应收账款 | — | — | — |
| 其他 | — | — | — |
| 合计 | 233 834.59 | －140 083.34 | 93 751.25 |

6.5.3.2　信托资产与关联方：贷款、投资、租赁、应收账款、担保、其他方式等期初汇总数、本期发生额汇总数、期末汇总数

单位：万元

| 信托资产与关联方关联交易 | | | |
|---|---|---|---|
| | 期初数 | 本期发生额 | 期末数 |
| 关联人认购 | 44 920.00 | 1 040.00 | 45 960.00 |
| 贷款 | 1 300.00 | — | 1 300.00 |
| 投资 | 429 213.76 | 34 168.16 | 463 381.94 |
| 租赁 | — | — | — |
| 担保 | 14 500.00 | 80 000.00 | 94 500.00 |
| 应收账款 | — | — | — |
| 其他 | 165 428.96 | －142 153.70 | 23 275.26 |

6.5.3.3 信托公司自有资金运用于自己管理的信托项目(固信交易)、信托公司管理的信托项目之间的相互(信信交易)交易金额,包括余额和本报告年度的发生额

6.5.3.3.1 固有财产与信托财产之间的交易金额期初汇总数、本期发生额汇总数、期末汇总数

单位:万元

| 固有财产与信托财产相互交易 | | | |
|---|---|---|---|
| | 期初数 | 本期发生额 | 期末数 |
| 合计 | 90 845.49 | 160 484.77 | 251 330.26 |

6.5.3.3.2 信托项目之间的交易金额期初汇总数、本期发生额汇总数、期末汇总数

单位:万元

| 信托资产与信托财产相互交易 | | | |
|---|---|---|---|
| | 期初数 | 本期发生额 | 期末数 |
| 合计 | 330 343.20 | -153 594.38 | 176 748.82 |

**6.5.4 逐笔披露关联方逾期未偿还本公司资金的详细情况以及本公司为关联方担保发生或即将发生垫款的详细情况**

未偿还的关联方款项是西安经济技术开发区资产投资有限公司欠款为792.56万元,是本公司原控股子公司,注册资本为1 500万元,该欠款主要用于补充其营运资金不足,逾期时间在9年以上。

**6.5.5 其他需披露的关联交易事项**

报告期内公司以信托计划募集资金出资分别与深圳前海中证长凯投资管理有限公司及湖北长江德馨投资管理有限公司等关联方共同设立有限合伙企业的信托项目共计12个。

### 6.6 会计制度的披露

固有业务(自营业务)、信托业务执行会计制度的名称及颁布的年份

本公司固有业务和信托业务财务报表均执行2006年2月15日财政部颁布的《企业会计准则》(财政部令第33号)、《企业会计准则应用指南》(财会[2006]18号)以及财政部后续修订或颁布的各项新准则。

本公司编制的固有业务财务报表反映了本公司2018年12月31日的财务状况、2018年度的经营成果和现金流量等信息。

## 7. 财务情况说明书

### 7.1 利润实现和分配情况

单位:万元

| | |
|---|---|
| 利润总额(亏损总额以"-"号填列) | 47 580.15 |
| 减:所得税费用 | 11 966.96 |
| 净利润(净亏损以"-"号填列) | 35 613.18 |
| 其中:归属于母公司所有者的净利润 | 35 613.18 |
| 少数股东损益 | — |
| 每股收益(元): | — |
| (一)基本每股收益 | 0.11 |
| (二)稀释每股收益 | 0.11 |
| 其他综合收益 | -27 103.43 |
| 综合收益总额 | 8 509.75 |

按照《公司章程》的规定,税后利润按以下顺序进行分配:按照10%提取法定盈余公积为35 613 184.78元;按照5%提取信托赔偿准备金为17 806 592.39元;按照《金融企业准备金计提管理办法》(财金[2012]20号)计提一般风险准备为-34 002 288.06元;向投资者分配利润,具体分配方案由董事会提出预案,股东大会决定。

2018年末可供分配的未分配利润为2 293 845 980.27元。

### 7.2 主要财务指标

| 指标名称 | 指标值 |
|---|---|
| 资本利润率(%) | 5.32 |
| 信托报酬率(%) | 0.34 |
| 人均净利润(万元) | 53.09 |

注:1. 资本利润率=净利润/所有者权益平均余额×100%。

2. 信托报酬率=信托业务收入/实收信托平均余额×100%。

3. 人均净利润=净利润/年平均人数。

4. 平均值采取年初及各季末余额移动算术平均法。

5. 公式为:a(平均)=($a_0$/2+$a_1$+$a_2$+$a_3$+$a_4$/2)/4。

### 7.3 对本公司财务状况、经营成果有重大影响的其他事项

无。

## 8. 特别事项揭示

### 8.1 前五名股东报告期内变动情况及原因

无。

### 8.2 董事、监事及高级管理人员变动情况及原因

**8.2.1 董事变动情况及原因**

2018年3月20日,公司董事崔进才先生向董事会递交了辞呈,辞去公司董事职务。

2018年4月23日,公司2017年度股东大会选举高成程先生、张金顺先生、刘建利先生、鹿山先生、徐良先生、葛岗先生、王岿先生、柴进先生为公司第三届董事会董事,选举程守太先生、王满仓先生、施继元先生为公司第三届董事会独立董事。柴进先生的任职资格于2018年3月5日经中国银行业监督管理委员会陕西监管局核准;张金顺先生的任职资格于2018年6月20日经中国银行业监督管理委员会陕西监管局核准;王满仓先生的任职资格于2018年7月19日经中国银行业监督管理委员会陕西监管局核准;程守太先生的任职资格于2018年9月3日经中国银行业监督管理委员会陕西监管局核准。

**8.2.2 监事变动情况及原因**

2018年1月25日,公司全体股东一致同意选举刘朵女士为公司第二届监事会监事。

2018年3月23日,公司工会选举刘静女士、刘斌先生为公司第三届监事会职工监事。

2018年4月23日,刘峥嵘先生、白伏波先生因届满不再担任公司监事会监事。

2018年4月23日,公司2017年度股东大会选举周文革先生、田洪涛先生、衡春妮女士、刘朵女士为公司第三届监事会监事。

#### 8.2.3 高级管理人员变动情况

2018年3月30日,公司董事会批准崔进才先生因个人原因辞去公司总裁职务。

2018年4月18日,陈英先生因个人原因辞去公司常务副总裁职务;2018年4月19日,唐乾山先生因个人原因辞去公司副总裁职务。鉴于公司换届,不再聘任陈英先生、唐乾山先生担任公司高级管理人员。

2018年4月23日,公司第三届董事会第一次会议聘任张金顺先生为公司总裁,聘任方灏先生为公司常务副总裁,聘任瞿文康先生、张胜先生、袁政先生、黄海涛先生、喻福兴先生为公司副总裁,聘任黄立军先生、姜燕女士、傅齐先生为公司总裁助理,聘任谷林强先生为董事会秘书。袁政先生的任职资格于2018年3月22日经中国银行业监督管理委员会陕西监管局核准;张金顺先生、方灏先生的任职资格于2018年6月20日经中国银行业监督管理委员会陕西监管局核准;傅齐先生的任职资格于2018年7月19日经中国银行业监督管理委员会陕西监管局核准。

2018年11月6日,公司董事会批准姜燕女士因个人原因辞去公司总裁助理职务。

### 8.3 变更注册资本、变更注册地或公司名称、公司分立合并事项

无。

### 8.4 公司的重大诉讼事项

2018年,公司以前年度存续执行案件共计6宗,标的金额合计为177 850万元,全部为信托业务项下,公司申请法院执行融资方、担保方的案件,分别为信集志高项目(30 000万元及利息、罚息、违约金等)、信集楼俊项目(120 000万元及利息、罚息及违约金等)、信集锋威(6 500万元及利息、罚息、违约金等)、信集东绒(2)(8 200万元及利息、罚息、违约金等)、信集镁二(5 000万元及利息、罚息、违约金等)、信集艺投(8 150万元及利息、罚息、违约金等)。

2018年,公司新增执行案件3宗、诉讼案件1宗,标的金额合计为83 128万元,全部为信托业务项下,公司申请法院执行或起诉融资方、担保方的案件。其中,执行案件分别为信集金业项目(17 800万元及利息、罚息、违约金等)、信集万福项目(30 000万元及利息、罚息、违约金等)、稳健21号项目(5 328万元及利息、罚息、违约金等);诉讼案件为宁集启成项目(30 000万元及利息、罚息、违约金等)。

2018年,公司被诉案件主要为信集楼俊项目系列案件,涉及金额合计62 304万元。

2018年,公司共收回资金为25 951万元,为信托业务项下信集神牛项目收回11 627万元、信集润基项目收回14 000万元、信集志高项目收回324万元。

### 8.5 公司及其董事、监事和高级管理人员受到处罚的情况

无。

### 8.6 银监会及其派出机构检查意见的整改情况

中国银行保险监督管理委员会陕西监管局在对公司开展现场检查后下发了监管意见书,公司高度重视,及时向全体股东进行了通报,董事会、监事会、高级管理层进行了专题学习研究,并制定了切实可行的整改方案,有序推进落实各项监管意见。

公司持续强化"三会一层"建设,通过调整业务授权、完善董事会风险管理委员会议事规则、细化监事会监督评价内容、优化项目风险决策体系等,进一步健全公司治理架构和运行机制,提升公司治理的有效性。

公司积极探索建立有利于可持续发展和战略目标实现的绩效考核体系,在推进完善现行考评指标设置的同时,将进一步强化绩效考评的内部审计监督。

公司坚持严格风险审查和资金投向的合规审查,穿透识别每笔自有资金最终投向的底层资产,同时按照实质重于形式的监管要求,推进完善期间管理体系,全面提升期间履职管理水平,切实履行受托人职责。

公司响应国家号召,初步明确了普惠金融业务体系规划,通过建立健全汽车贷款制度体系和业务系统,推动公司普惠金融业务体系的搭建和建设。

公司持续推进合规文化建设,通过建立健全制度体系,进一步明确公司案件防控、账户管理等工作要求,通过自上而下在全公司范围内组织开展全员全面风险管理及合规学习活动,切实强化全员风险管理及合规意识。

公司将在认真落实监管意见的基础上,不断提升风险控制能力和管理水平,加强规范性管理,立足西部、面向全国,创国内一流信托公司。

### 8.7 本年度重大事项临时报告的简要内容、披露时间、所披露的媒体及其版面

鉴于公司原总裁辞职,2018年4月9日公司在《上海证券报》第115版刊登《长安国际信托股份有限公司关于总裁变动的公告》。

鉴于公司变更了会计师事务所,2018年4月27日公司在《上海证券报》第10版刊登《长安国际信托股份有限公司关于变更会计师事务所的公告》。

鉴于公司总裁变更,2018年9月17日公司在《上海证券报》第31版刊登《长安国际信托股份有限公司关于总裁变动的公告》。

### 8.8 银监会及其省级派出机构认定的其他有必要让客户及相关利益人了解的重要信息

无。

## 9. 公司监事会意见

监事会认为,报告期内公司能够按照合法决策程序对重大事项进行决策,所开展的业务经营活动符合《中华人民共和国公司法》《中华人民共和国信托法》《信托公司管理办法》《信托公司治理指引》等有关法律法规的规定。没有发现公司董事、高级管理层履行职务时有违法违规、违反《公司章程》或损害公司及股东利益的行为。监事会认为,希格玛会计师事务所(特殊普通合伙)出具的2018年度无保留意见的审计报告,真实、客观地反映了公司的财务状况和经营结果。

# 长城新盛信托有限责任公司

## 1. 重要提示

1.1 本公司董事会及董事保证本报告所载资料不存在任何虚假记载、误导性陈述或者重大遗漏,并对其内容的真实性、准确性和完整性承担个别及连带责任。

1.2 本公司未有董事对年度报告内容的真实性、准确性、完整性无法保证或存在异议。

1.3 公司独立董事刘普、马德贵、闫晓旭声明:保证年度报告内容的真实性、准确性、完整性。

1.4 执行本公司审计的会计事务所未对公司出具保留意见(或否定意见、无法表示意见)的审计报告。

1.5 公司董事长王文兵、总经理喻林、财务总监王敏声明:保证本年度财务报告的真实、完整。

## 2. 公司概况

### 2.1 公司简介

长城新盛信托有限责任公司(以下简称长城信托)是在重组原伊犁哈萨克自治州信托投资公司基础上设立。伊犁哈萨克自治州信托投资公司设立于1988年12月9日,是经中国人民银行新疆维吾尔自治区分行(新人银[88]金管字第70号)批准并经伊犁哈萨克自治州工商局登记注册,由伊犁哈萨克自治州财政局出资的国有独资地方性金融机构,注册资本3 000万元。

在信托业第五次清理整顿过程中,2003年12月17日中国银监会下发了《关于同意伊犁州信托投资公司重组方案的复函》(银监函[2003]205号),伊犁哈萨克自治州信托投资公司由此被中国银监会列为13家遗留问题信托公司之一。

2011年9月30日,中国银监会下发了《关于伊犁哈萨克自治州信托投资公司重新登记等有关事项的批复》(银监复[2011]408号),批准由中国长城资产管理公司(2016年更名为中国长城资产管理股份有限公司,以下简称长城资产)、新疆生产建设兵团国有资产经营公司(2016年更名为新疆生产建设兵团国有资产经营有限责任公司,以下简称兵团国资)、深圳市盛金创业投资发展有限公司(后更名为深圳市盛金投资控股有限公司,以下简称深圳盛金)、伊犁哈萨克自治州财信融通融资担保有限公司(以下简称伊犁财信)等四家公司在对伊犁哈萨克自治州信托投资公司进行重组的基础上进行增资扩股、更名、改制等事项变更重组。2011年10月8日由中国银监会新疆监管局发放了金融许可证,同日在新疆维吾尔自治区工商局经济技术开发区分局领取了换发后的企业法人营业执照,公司名称由“伊犁哈萨克自治州信托投资公司”变更为“新疆长城新盛信托有限责任公司”,公司注册资本由3 000万元变更为30 000万元。

2013年11月8日,经国家工商总局核准并经中国银监会新疆监管局批准,公司名称再次变更为长城新盛信托有限责任公司。

2015年8月21日,经中国银监会新疆监管局核准并经工商登记变更,长城资产下属的全资子公司德阳市国有资产经营有限公司(以下简称德阳国资)受让了深圳盛金所持有长城信托17%的全部股权,由此,长城信托股权结构发生了根本性变化。

2016年12月30日,经中国银监会新疆监管局批复同意并经工商登记变更,长城资产下属的全资子公司德阳国资再次受让了伊犁财信所持有长城信托10%的股权;此次股权转(受)让后,德阳国资合计持有长城信托27%的股权,伊犁财信持有长城信托3%的股权。

2.1.1 公司法定名称

公司中文名称:长城新盛信托有限责任公司

公司英文名称:Great Wall Xinsheng Trust Co., Ltd.

公司英文名称缩写:GWXS TRUST

2.1.2 公司法定代表人:喻林

2.1.3 公司注册地址:乌鲁木齐经济技术开发区卫星路475号紫金矿业研发大厦A座11层

公司邮政编码:830026

公司国际互联网网址:www.gwxstrust.com

公司电子信箱:gwxs@gwxstrust.com

2.1.4 公司负责信息披露事务人员

联系人:孟　庄

联系电话:0991-3775363

传　　真:0991-3775362

电子信箱:mengzhuang@gwxstrust.com

2.1.5 公司信息披露报纸名称:《上海证券报》

年度报告备置地点:乌鲁木齐经济技术开发区卫星路475号紫金矿业研发大厦A座11层和北京市西城区月坛北街2号月坛大厦B座7层

登载年度报告的互联网网址:www.gwxstrust.com

2.1.6 公司聘请的会计师事务所名称:德勤华永会计师事务所(特殊普通合伙)北京分所

公司聘请的会计师事务所住所:北京东长安街1号东方广场东方经贸城西二办公楼8层

2.1.7 公司聘请的律师事务所名称:北京中简律师事务所

公司聘请的律师事务所住所:北京市西城区朗琴国际b座1115

### 2.2 组织结构

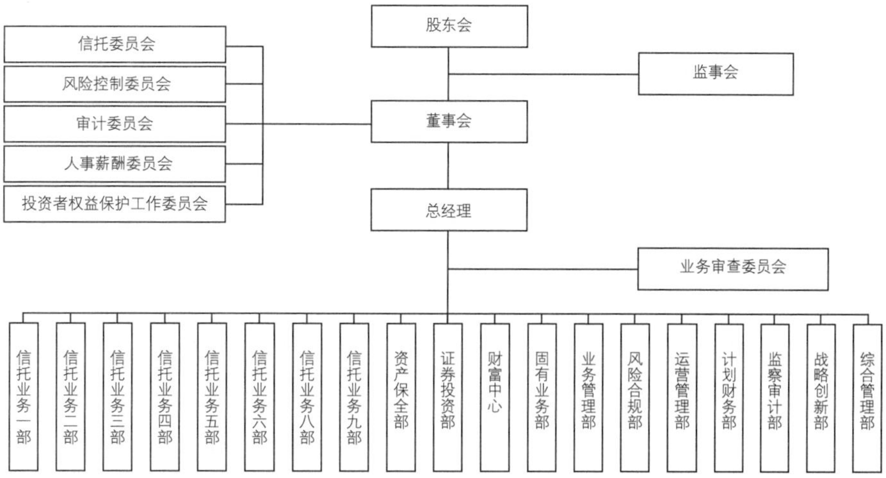


## 3. 公司治理

### 3.1 股东

报告期末股东总数为4家(3家股东持有10%以上股份)。按股东持股比例从大到小排列如下:

| 股东名称 | 持股比例(%) | 法定代表人 | 注册资本(万元) | 注册地址 | 主要经营业务及主要财务情况 |
|---|---|---|---|---|---|
| ★长城资产 | 35 | 沈晓明 | 4 315 010.7216 | 北京市西城区月坛北街2号 | 收购、受托经营金融机构不良资产,对不良资产进行管理、投资和处置;债权转股权,对股权资产进行管理、投资和处置;对外投资;买卖有价证券;发行金融债券、同业拆借和向其他金融机构进行商业融资;破产管理;财务、投资、法律及风险管理咨询和顾问;资产及项目评估;经批准的资产证券化业务、金融机构托管和关闭清算业务;非金融机构不良资产业务;国务院银行业监督管理机构批准的其他业务。财务状况良好。 |
| 兵团国资 | 35 | 丁志民 | 135 156.4415 | 乌鲁木齐市扬子江路188号 | 新疆生产建设兵团授权范围国有资产经营管理;国有资产产(股)权交易;商业信息咨询;房屋租赁。财务状况良好。 |
| 德阳国资 | 27 | 桑自国 | 10 000 | 四川省德阳市泰山南路二段733号15层 | 资产置换、转让与销售,债务重组、资产重组及并购,基金投资与管理;股权投资、投资、财务及法律咨询(依法须经批准的项目,经相关部门批准后方可开展经营活动)。财务状况良好。 |
| 伊犁财信 | 3 | 李刚别克 | 100 023.3507 | 伊宁市新滨河路怡安家园1号综合楼 | 贷款担保、票据承兑担保、贸易融资担保、项目融资担保、信用证担保及其他融资性担保业务;兼营诉讼保全担保;投标担保、预付款担保、工程履约担保、尾付款如约偿付担保等履约担保业务;与担保业务有关的融资咨询、财务顾问等中介服务;以自有资金进行投资;办理债券发行担保业务;国家及自治区规定的其他业务。财务状况良好。 |

注:由于德阳国资为长城资产全资子公司,故长城资产为长城信托的实际控制人。

### 3.2 董事

董事长、副董事长、董事

| 姓名 | 职务 | 性别 | 年龄(岁) | 选任日期 | 所推举的股东名称 | 该股东持股比例(%) | 简要履历 |
|---|---|---|---|---|---|---|---|
| 王文兵 | 董事长 | 男 | 57 | 2018年11月14日 | 长城资产 | 35 | 法学学士,西南政法学院刑事侦察专业,经济师,历任福建省人民警察学校教官,中国农业银行福建省分行机关党委、政工办干部,监察室干部,办公室副主任,长城资产福州办事处综合管理部(人力资源部)处长,长城资产重庆办事处副总经理,长城资产法律事务部副总经理、总经理,长城资产法律总监;现任长城资产运营总监,长城信托党委书记、董事长。 |
| 陈一滔 | 副董事长 | 女 | 54 | 2015年11月16日 | 兵团国资 | 35 | 硕士研究生、解放军空军工程大学管理科学与工程专业,高级会计师,历任新疆生产建设兵团外经贸局计财处、新疆农垦纺织五矿化工机械进出口公司任计财部经理,新疆农垦进出口公司任董事、常务副总经理,兵团国资总经理助理兼财务部经理,兵团国资副总经理、总经理、董事长;现任新疆生产建设兵团投资有限责任公司董事长。 |

续表

| 姓　名 | 职　务 | 性别 | 年龄（岁） | 选任日期 | 所推举的股东名称 | 该股东持股比例（%） | 简要履历 |
|---|---|---|---|---|---|---|---|
| 顾　涛 | 董　事 | 男 | 48 | 2016 年 3 月 21 日 | 长城资产 | 35 | 华中理工大学工学、中国政法大学法学双学士，证券、银行风险管理、律师从业资格，高级经济师，历任农业银行北京分行资产保全处科员、主任科员，长城资产北京办事处债权管理部项目经理、法律事务部高级经理（副处级），长城资产法律事务部法律审核处副处长、诉讼业务管理处高级副经理、重大诉讼项目处高级经理、专项资产经营管理事业部副主任，长城国融担保有限公司风险总监（总经理助理级）、党委委员、董事，长城资产深圳办事处党委委员、风险总监（副总经理级）；现任长城信托党委委员、副总经理、执行董事。 |
| 段合明 | 董　事 | 男 | 55 | 2017 年 10 月 23 日 | 德阳国资 | 27 | 硕士研究生，经济师，历任石河子联合中学教师，兵团经济专科学校教师，人民银行新疆区分行科员，新疆银监局办公室主任科员、副主任、调研员、非银处处长；现任长城信托党委委员、纪委书记、风险总监、工会主席、执行董事。 |
| 蔺怀华 | 董　事 | 男 | 50 | 2015 年 11 月 16 日 | 兵团国资 | 35 | 法学学士，兰州大学法学专业，执业律师，历任新疆维吾尔自治区高级人民法院审判员，新疆国通律师事务所律师，新疆元正律师事务所律师；现任兵团国资法律顾问、新疆元正盛业律师事务所律师。 |
| 喻　林 | 董　事 | 男 | 51 | 2015 年 11 月 16 日 | 职工董事 | — | 大学本科，湖南财经学院工业企业管理专业，经济师，历任中国农业银行湖南省分行信贷管理处副主任科员，长城资产长沙办事处资产经营部主任科员，湖南天一科技股份有限公司副总经理，长城资产长沙办事处资产经营部主任科员，长城资产长沙办事处资产经营一部高级副经理，长城资产长沙办事处资产经营一部高级副经理（主持工作），长城资产长沙办事处资产经营三部高级副经理（主持工作），长城资产长沙办事处资产经营三部高级经理，长城资产长沙办事处业务拓展一部高级经理，长城资产长沙办事处党委委员、总经理助理，长城资产长沙办事处党委委员、副总经理，长城信托第一副总经理；现任长城信托党委副书记、总经理、执行董事，公司法定代表人。 |

独立董事

| 姓　名 | 职务 | 性别 | 年龄（岁） | 选任日期 | 所推举的股东名称 | 该股东持股比例（%） | 简要履历 |
|---|---|---|---|---|---|---|---|
| 刘　普 | 独立董事 | 男 | 46 | 2015 年 11 月 16 日 | 长城资产 | 35 | 博士研究生，武汉大学经济学专业，历任河北滏阳律师事务所律师，河北平乡人民法院审判员，清华控股有限公司高级管理人员，北京市洪范律师事务所高级合伙人、律师，清华大学社科学院经济学研究所博士后研究，陕西省国际信托股份有限公司北京业务部总经理；现任北京天驰君泰律师事务所高级合伙人兼清华大学中国企业发展研究中心研究员、中国政法大学票据法研究中心副主任、中国银行业协会首届首席法律顾问。 |
| 马德贵 | 独立董事 | 男 | 56 | 2015 年 11 月 16 日 | 兵团国资 | 35 | 硕士研究生，中国社会科学院研究生院工业经济系企业管理专业，历任新疆鄯善县县委办公室文秘，乌鲁木齐市政府办公厅、新疆生产建设兵团党委办公厅秘书，新疆生产建设兵团供销合作公司副总经理，北京鸿运集团新疆分公司总经理，海南睿丰投资公司董事长助理；现任国泰君安证券股份有限公司乌鲁木齐营业部总经理。 |
| 闫晓旭 | 独立董事 | 男 | 42 | 2017 年 10 月 23 日 | 德阳国资 | 27 | 硕士研究生，厦门大学民商法专业，执业律师，历任山西某律师事务所律师助理、大唐移动通讯设备有限公司法律顾问、中国航空技术进出口总公司法律顾问、北京君泽君律师事务所律师；现任北京君泽君律师事务所合伙人。 |

## 3.3 监事

监事会成员

| 姓名 | 职务 | 性别 | 年龄（岁） | 选任日期 | 所推举的股东名称 | 该股东持股比例（%） | 简要履历 |
|---|---|---|---|---|---|---|---|
| 李　勇 | 监事会主席 | 男 | 43 | 2016 年 5 月 23 日 | 兵团国资 | 35 | 大学毕业、经济学学士，新疆财经大学货币银行学专业，历任新疆驰远会计师事务所审计主办，兵团国资公司审计部业务主办、财务管理部副经理；现任兵团国资公司风险管控部经理。 |
| 黄　虎 | 监事会副主席 | 男 | 55 | 2015 年 11 月 16 日 | 长城资产 | 35 | 研究生毕业，硕士学位，长江商学院 EMBA 工商管理专业，高级经济师，历任农业银行广东省分行人事处干部科干部、副科长、科长、处长助理、副处长（主持全面工作），农业银行广东省江门市分行党组成员、副行长并兼任外海支行行长，农业银行广州市分行党委委员、广州穗西支行行长（正处级），农业银行广东省韶关市分行党委书记、行长，长城资产广州办事处党委委员、副总经理、纪委书记，长城资产海口办事处党委书记、总经理；现任长城融资担保有限公司监事长、长城资产（国际）控股有限公司董事、长城国富置业有限公司董事、长城环亚控股有限公司非执行董事。 |

续表

| 姓名 | 职务 | 性别 | 年龄（岁） | 选任日期 | 所推举的股东名称 | 该股东持股比例（%） | 简要履历 |
|---|---|---|---|---|---|---|---|
| 顾　雷 | 监事 | 男 | 53 | 2016 年 3 月 21 日 | 德阳国资 | 27 | 研究生毕业，法学博士学位，中国人民大学刑法学专业，历任上海市人民政府办公厅科员，海通证券有限公司发行部经理，上海财政证券公司证券发行部经理，上海财经大学法学院副教授，长城资产投资银行部高级经理（正处级）、投资银行部受托代理处高级经理、市场拓展部（投资银行部）业务拓展一处高级经理、机构协同部经营监测处高级经理、战略发展部（博士后工作站）研究与刊物编辑处高级经理、天津金融资产交易所有限责任公司总经理助理。 |
| 郭　韬 | 职工监事 | 男 | 41 | 2015 年 11 月 16 日 | 职工代表大会 | — | 硕士研究生毕业，中国人民大学经济法学专业，历任长城资产法律事务部、债权管理部副主任科员、法律事务部主任科员、业务主管、高级副经理，长城信托产品研发与运营部总经理兼综合部总经理；现任长城信托资产保全部总经理。 |
| 耿全会 | 职工监事 | 男 | 45 | 2015 年 11 月 16 日 | 职工代表大会 | — | 大学毕业，新疆大学法律专业，历任河南洛阳市九都律师事务所律师助理、执业律师，新疆丝路律师事务所执业律师，长城资产乌鲁木齐办事处债权管理处业务员，长城资产乌鲁木齐办事处综合管理处法律事务部业务主管，长城资产乌鲁木齐办事处资产经营二部（南疆项目组）项目经理，长城资产乌鲁木齐办事处资产经营部（北疆项目组）项目经理，伊犁信托重组小组成员，长城信托审计部高级经理；现任长城信托业务九部高级经理。 |

本公司监事会未下设委员会。

### 3.4　高级管理人员

| 姓　名 | 职务 | 性别 | 年龄（岁） | 选任日期 | 金融从业年限（年） | 学历 | 专业 |
|---|---|---|---|---|---|---|---|
| 喻　林 | 总经理 | 男 | 50 | 2016 年 3 月 21 日 | 28 | 本科 | 企业管理 |
| 顾　涛 | 副总经理 | 男 | 47 | 2017 年 2 月 10 日 | 22 | 本科 | 法律 |
| 段合明 | 风险总监 | 男 | 54 | 2017 年 5 月 15 日 | 23 | 硕士 | 农业经济及管理 |
| 王　敏 | 财务总监 | 女 | 51 | 2016 年 5 月 23 日 | 7 | 硕士 | 金融 |
| 杨　辰 | 副总经理 | 男 | 53 | 2011 年 10 月 8 日 | 12 | 硕士 | 金融 |
| 孟　庄 | 董事会秘书 | 男 | 58 | 2011 年 10 月 8 日 | 33 | 大专 | 人事管理 |
| 李　凯 | 副巡视员 | 男 | 59 | 2011 年 10 月 8 日 | 37 | 大专 | 金融 |

### 3.5　公司员工

最近两个年度职工人数、年龄分布、学历分布、岗位分布，所有层级加总整体为 100%。

| 项目 | | 报告期年度 | | 上年度 | |
|---|---|---|---|---|---|
| | | 人数（人） | 比例（%） | 人数（人） | 比例（%） |
| 年龄分布 | 25 岁以下 | 2 | 1.98 | 2 | 1.89 |
| | 25～29 岁 | 19 | 18.81 | 26 | 24.53 |
| | 30～39 岁 | 60 | 59.41 | 57 | 53.77 |
| | 40 岁以上 | 20 | 19.80 | 21 | 19.81 |
| 学历分布 | 博士 | 2 | 1.98 | 3 | 2.83 |
| | 硕士 | 63 | 62.38 | 62 | 58.49 |
| | 本科 | 32 | 31.68 | 37 | 34.91 |
| | 专科 | 4 | 3.96 | 4 | 3.77 |
| | 其他 | — | — | — | — |
| 岗位分布 | 高管人员 | 8 | 7.92 | 8 | 7.55 |
| | 自营业务人员 | 5 | 4.95 | 7 | 6.60 |
| | 信托业务人员 | 77 | 76.24 | 79 | 74.53 |
| | 其他人员 | 11 | 10.89 | 12 | 11.32 |

注：自营业务人员是指按照岗位分工，专门或至少主要从事固有资金使用和固有资产管理有关业务的职工；信托业务人员是指按照岗位分工，专门或主要从事信托资金使用和信托资产管理各项业务的职工；对于人力资源部等类似无法明确区分的综合部门归为其他人员。

## 4. 经营管理

### 4.1　经营目标、经营方针、战略规划

#### 4.1.1　经营目标

以习近平新时代中国特色社会主义思想为引领，深入贯彻落实党的十九大和十九届二中全会、三中全会、中央经济工作会议精神，坚持“稳中求进、顺势而为、量力而行、质量为先”的工作总基调，加强合规经营，优化内部管理，夯实转型基础，推动公司平安稳健持续发展。

#### 4.1.2　经营方针

遵循稳健、创新、和谐、发展的经营方针，根据客户需求、风险偏好，公司充分发挥信托独特的制度优势，采用信托贷款、股权投资、投资理财、资产管理、财富传承等多种方式，为客户提供多样化、专业化的综合金融服务。

#### 4.1.3　战略规划

以习近平新时代中国特色社会主义思想为指导，立足重点城市，辐射全国市场，坚持客户至上的理念，坚持依法合规、稳健经营，依托雄厚的股东背景及其在资产管理领域的竞争优势，专心致力于信托主业，努力做大固收类业务，稳妥开展证券投资等资本市场业务，积极探索 RAITS、消费信托、家族信托、慈善信托等创新类业务，不断提高公司的风险控制能力、业务创新能力及运营管理能力，将公司发展成为具有一定品牌影响力、具有较强市场竞争力的专业化金融服务机构。

## 4.2 所经营业务的主要内容

### 4.2.1 经营的主要业务、品种

公司业务主要分为固有业务及信托业务。

### 4.2.2 资产组合与分布

公司自营资产中，货币资产占总资产的比例为 61.60%，贷款及应收账款占比为 0.23%，交易性金融资产占比为 14.66%，可供出售金融资产占比为 2.55%，其他资产占比为 20.97%。

自营资产运用与分布表

| 资产运用 | 金额（万元） | 占比（%） | 资产分布 | 金额（万元） | 占比（%） |
| --- | --- | --- | --- | --- | --- |
| 货币资产 | 84 577.21 | 61.60 | 基础产业 | — | — |
| 贷款及应收款 | 310.34 | 0.23 | 房地产业 | — | — |
| 交易性金融资产 | 20 126.75 | 14.66 | 证券市场 | — | — |
| 可供出售金融资产 | 3 503.39 | 2.55 | 实业 | — | — |
| 持有至到期投资 | — | — | 金融机构 | 108 517.69 | 79.03 |
| 长期股权投资 | — | — | 其他 | 28 786.09 | 20.97 |
| 其他 | 28 786.09 | 20.97 | — | — | — |
| 资产总计 | 137 303.77 | 100.00 | 资产总计 | 137 303.77 | 100.00 |

注：资产运用中的其他，包括其他应收款为 26 748.87 万元、待抵扣进项税为 89.04 万元、固定资产为 228.11 万元、无形资产为 452.43 万元、长期待摊费用为 14.67 万元、递延所得税资产为 1 252.96 万元。

信托资产运用与分布表

| 资产运用 | 金额（万元） | 占比（%） | 资产分布 | 金额（万元） | 占比（%） |
| --- | --- | --- | --- | --- | --- |
| 货币资产 | 1 472.78 | 0.05 | 基础产业 | 89 813.4.00 | 3.24 |
| 贷款 | 91 690.00 | 3.31 | 房地产 | 1 143 790.74 | 41.33 |
| 交易性金融资产 | 22 000.00 | 0.80 | 证券市场 | 46 846.81 | 1.69 |
| 可供出售金融资产 | 101 881.71 | 3.68 | 实业 | 1 348 967.38 | 48.74 |
| 持有至到期投资 | 236 227.26 | 8.54 | 金融机构 | — | — |
| 长期股权投资 | 899 808.50 | 32.51 | 其他 | 138 311.62 | 5.00 |
| 其他 | 1 414 649.70 | 51.11 | — | — | — |
| 信托资产总计 | 2 767 729.95 | 100.00 | 信托资产总计 | 2 767 729.95 | 100.00 |

### 4.2.3 资本充足率、资产质量和盈利状况

2018 年末，公司固有资产为 137 303.77 万元，固有负债为45 759.32万元，所有者权益为 91 544.46 万元。公司资本充足，所有者权益比率为 66.67%。

2018 年末，公司无不良资产，整体资产质量较好。

报告期内，公司实现收入合计 45 193.97 万元，利润总额为 33 174.71 万元，净利润为 24 563.20 万元。公司 2018 年总资产利润率（税前利润/年均总资产）为 26.01%，资本利润率（净利润/年均所有者权益）为 30.99% ，主营业务收益率（净利润/营业总收入）为 54.35%。

## 4.3 市场分析

### 4.3.1 有利因素

国家供给侧结构性改革深入推进，资本市场可从推动存量经济重组、培育增量经济发展两个维度推进经济转型，在去杠杆、去泡沫的监管政策下，市场风险已得到缓释，资产价格已经达到了合理估值，为公司获取优质资产，开展资本市场业务带来难得的发展机遇。

国民财富快速增长，企业和个人对不同类型资产配置和财富传承的需求日益旺盛，为信托公司开展资产管理业务，发挥信托本源优势提供有利条件。

政府要求房地产市场平稳健康发展，保持经济在合理区间内运行，行业新增房地产资金信托规模持续攀升，房地产市场保持旺盛的投资需求，为公司适时适机开展房地产业务提供了有利市场条件。

依托股东资源和品牌优势，在市场上有较高认知度，为业务开展提供得天独厚的条件。

### 4.3.2 不利因素

国内经济发展呈现降速提质，经济下行尚未触底企稳，隐藏着较大的不确定性和风险隐患，中美贸易战等国际环境变化带来的不利影响叠加，经济转型期间的"阵痛"愈发明显，当前拓展业务将面临更大的市场风险。

随着国家防范化解重大风险攻坚战的打响，金融监管持续加强，《关于规范金融机构资产管理业务的指导意见》等多个办法陆续出台，强调穿透监管、去杠杆、去通道，对信托影响较大。

随着《商业银行理财业务监督管理办法》的出台，更高层次、更加规范、更加激烈的资管市场的竞争时代已经来临，信托公司的传统主流业务模式将受到更大冲击。

## 4.4 内部控制

### 4.4.1 内部控制环境和内部控制文化

公司按照《公司法》《信托公司治理指引》《企业内部控制基本规范》等法律法规以及公司章程的相关要求，建立了由股东会、董事会、监事会、高级管理层组成的分工合理、职责明确、报告关系清晰的公司治理结构。

公司董事会和高级管理层重视公司内部控制机制的建设。董事会下设风险控制委员会，负责审核公司内控机制的建设规划。公司股东会按照章程规定，负责风险管理的决策，并通过授权管理、投资决策管理、人力资源管理、财务管理、运营管理和运营保障管理等制度建设，建立公司风险管理的制度体系并维持其有效性。董事会风险控制委员会负责对公司风险管理的政策、项目执行过程实施风险监督和评审，并按照公司风险管理总体要求，制定风险管理监督、风险计量检测和风险控制流程等风险监控制度。公司经营管理层根据股东会和董事会制定的风险管理政策、程序，负责对风险控制过程实施管理，对风险控制过程出现和可能出现的风险，制定和采取风险控制措施并及时报告董事会和股东会。

风险合规部负责公司风险管理基本政策的制定，起草制定各类风险管理制度，负责建立和完善风险管理体系，进行风险识别、计量和控制，开展公司内部风险评估和报告，参与各类业务的风险评估、管理及对合法性和合规性进行审核，指导公司内部全面开展风险管理。公司风险管理程序是公司在融资、贷款、投资及重大经营决策上，实行"六审一会"制度，"六审"即部门负责人及分管副总、风险合规部、运营管理部、业务管理部、财务总监、风险总监审核；"一会"即业务审查委员会审查，根据项目审批权限，部分项目需报公司董事会审议决策。操作程序是业务部门在对项目进行调查并由部门负责人与分管副

总进行初审，通过后报送风险合规部、运营管理部、业务管理部进行风险及合规性、投融资对象财务状况、业务流程及综合审查；通过后报财务总监、风险总监审查，通过后提请业务审查委员会进行审批，之后报总经理决策。

4.4.2 内部控制措施

公司已构建起较为完备的内控质控职能体系，实现内部控制职能的分层控制。公司内部控制职能部门为风险合规部、业务管理部、综合管理部、计划财务部、运营管理部和监察审计部。公司内部控制遵循全面、审慎、有效、独立的原则。

公司持续健全在各层级、各业务流程、各关键操作环节的控制措施，将人工控制与自动控制相结合，不断改造和升级信息系统，逐步实现关键风险点的自动化管控和监督；前台、中台、后台各部门权责明晰，相互监督制衡的运行机制贯穿于全业务流程。

公司内控的控制活动包括不相容职务分离控制、授权审批控制、业务流程控制、会计系统控制、财产保护控制、运营分析控制、信息系统控制和绩效考评控制，并建立业务预警、应急机制等。报告期内，公司股东会按照章程规定，负责风险管理的决策，并通过授权管理、投资决策管理、人力资源管理、财务管理、运营管理和运营保障管理等制度建设，建立公司风险管理的制度体系并维持其有效性。公司业务审查委员会负责对信托项目的审核。公司固有业务按照项目金额大小由股东会、董事会和经营管理层分层授权审核。董事会风险控制委员会负责对公司风险管理的政策、项目执行过程实施风险监督和评审，并按照公司风险管理总体要求，制定风险管理监督、风险计量检测和风险控制流程等风险监控制度。公司经营管理层根据股东会和董事会制定的风险管理政策、程序，负责对风险控制过程实施管理。对风险控制过程出现和可能出现的风险，制定和采取风险控制措施并及时报告董事会和股东会。风险合规部负责公司风险管理基本政策的制定，起草制定各类风险管理制度，负责建立和完善风险管理体系，进行风险识别、计量和控制，开展公司内部风险评估和报告，参与各类业务的风险评估、管理及对合法性和合规性进行审核，指导公司内部全面开展风险管理。

4.4.3 信息交流与反馈

报告期内，公司不断完善信息交流与反馈机制。在信息传达方面，通过办公自动化系统或专题会议形式，将最新的法律法规、监管要求、信托行业及内部经营风险状况等信息及时传递给相关部门，确保员工充分掌握信息并及时作出反馈。在信息报告方面，制定了清晰的信息报告流程，确保各部门将经营过程中存在的重大问题和风险事项及时报告高级管理层、董事会、监事会和相关监管部门。在外部沟通方面，公司严格遵循监管要求，与监管部门建立了完备的沟通和报告机制，及时就公司的经营情况、风险状况、内外部审计情况等向监管部门报告。在部门间工作协调方面，公司内部搭建了高效畅通的信息交流渠道，通过定期会议和随时沟通实现跨部门协作。

4.4.4 监督评价与纠正

公司通过建立自控、互控、监控三位一体的机制，对内部控制活动进行检查、评价、监督和纠正。业务部门对各项业务跟踪管理，经常检查其经营状况，一旦发现存在问题，迅速予以自纠；风险合规管理部门和财务管理部门分别行使中后台风险管理职能和监督职能，相关部门、岗位之间互相制衡、监督，一旦发现问题，均要求限时纠正。

## 4.5 风险管理

4.5.1 风险管理概况

公司风险管理的基本原则是合规性。公司经营活动与所涉及的法律、规则和准则及自身规章制度相一致。全面性。风险管理涵盖各项业务管理的各环节，并渗透到各项业务过程中。制衡性。明确划分相关部门、岗位之间的职责，建立职责分离、横向与纵向相互监督制约的机制。资产隔离性。将公司自营资产与信托资产、不同委托人的信托财产分别管理、分别记账、独立核算。流动性。突出现金流量管理在公司经营活动中的重要性。程序性。公司风险管理组织系统的安排遵循事前授权审批、事中控制和事后审计监督三道程序。可衡量性。采用定性分析与定量分析相结合的方法控制风险。公司股东会按照章程规定，负责风险管理的决策，并通过授权管理、投资决策管理、人力资源管理、财务管理、运营管理和运营保障管理等制度建设，建立公司风险管理的制度体系并维持其有效性。公司业务审查委员会负责对信托项目的审核。董事会风险控制委员会负责对公司风险管理的政策、项目执行过程实施风险监督和评审，并按照公司风险管理总体要求，制定风险管理监督、风险计量检测和风险控制流程等风险监控制度。

公司高级管理层根据股东会和董事会制定的风险管理政策、程序，负责对风险控制过程实施管理。对风险控制过程出现和可能出现的风险，制定和采取风险控制措施并及时报告董事会和股东会。风险合规部负责公司风险管理基本政策的制定，起草制定各类风险管理制度，负责建立和完善风险管理体系，进行风险识别、计量和控制，开展公司内部风险评估和报告，参与各类业务的风险评估、管理及对合法性和合规性进行审核，指导公司内部全面开展风险管理。

4.5.2 风险状况

公司经营活动中可能遇到的主要风险有信用风险、市场风险、操作风险等。

4.5.2.1 信用风险状况

信用风险主要指交易对手不履行义务的可能性，主要表现为在贷款、资产回购、后续资金安排、担保、履约承诺、资金往来、证券投资等交易过程中，借款人、担保人、保管人（托管人）、证券投资开户券商、银行等交易对手不履行承诺，不能或不愿履行合约承诺而使信托财产或固有财产遭受潜在损失的可能性。

公司信托业务的信用风险主要来自融资类信托业务。报告期内，公司按照信托文件要求完成了多个融资类信托项目的终止清算，实现了信托业务的预期目标，对于存续项目公司针对信用风险采取了控制措施，履行了受托人的尽职管理职责。

4.5.2.2 市场风险状况

市场风险主要指在金融市场等投资业务过程中，投资于有公开市场价值的金融产品或者其他产品时，金融产品或者其他产品的价格发生波动导致公司信托财产或固有财产遭受损失的可能性。同时，市场风险还具有很强的传导效应，某些信用风险的根源可能也来自于交易对手的市场风险。

报告期内，公司无在公开市场交易的金融产品，受市场风险影响有限。

4.5.2.3 操作风险状况

操作风险表现为由于公司治理机制、内部控制失效或者有关责任人出现失误、欺诈等问题，公司没有充分及时地做好尽职调查、持续监控、信息披露等工作，未能及时作出应有的反应，或作出的反应明显有失专业和常理，甚至违规违约；公司没有履行勤勉尽职管理的义务，或者无法出具充分有效的证据和记录，证明自己已履行勤勉尽职管理的义务。

报告期内，公司按照内部控制制度严格操作流程，明确岗位职责，加强合规宣传，与各部门负责人签订了党风廉政建设和风险防范目标责任书，无操作风险事项的发生。

4.5.2.4 其他风险状况

其他风险主要是指公司业务开展中的流动性风险、政策风险、信誉风险、道德风险等。公司固有业务流动性强，发生流动性风险的可能性较小。政策、信誉、道德风险方面，公司没有发生因信托财产管理、处分不当或其他信托公司的原因，致使信托财产遭受损失，进而致公司声誉受损的情况。公司注重将各方股东的优秀企业文化融入到公司内部管理中，致力塑造诚信、专业的公司形象，通过尽职管理和充分披露等方式，避免产生对公司不良影响事件的发生。

**4.5.3 风险管理**

4.5.3.1 信用风险管理

为适应公司业务规模和业务模式的发展变化，公司继续完善风险管理体系和制度建设。公司强调全流程风险管理、强调风险管理关口前置、强调完善信用风险管理的制度体系、强调对交易对手履约情况的持续跟踪，以各类业务准入政策、业务报审及审批流程等为抓手，严格执行信用风险的事前防范、事中控制和事后检查制度。

信用风险的管理：一是公司严格实行“贷前调查、贷中审查、贷后检查”。在贷前调查（项目立项）阶段，公司规范项目尽职调查的程序、重点和方法；在贷中审查（项目审批）阶段，公司风险合规部进行预审，公司项目评审委员会对业务进行项目可行性风险评估；在贷后检查（项目运营）阶段，公司要求业务部门持续监控交易对手的履约能力。二是注重信用风险的分散和补偿。在产品交易结构设计上，公司综合运用规避、预防、分散、转移、补偿等手段管理风险，尽力降低信用风险敞口。比如：公司通过引入金融机构信用、财产抵押、权利质押等担保方式，将融资主体的信用风险进行分散、转移。为防止因抵（质）押物价值变化扩大信用风险敞口，公司对拟抵（质）押资产设置了抵（质）押率上限，作为价值变化的缓冲；通过账户管理归集和监控项目本身的现金流，作为履约的主要资金来源；在可能的情况下监管交易对手账户，监督资金使用，防止挪用；通过信托受益权的优先劣后安排，将具有不同风险偏好和风险承受能力的客户分开；加大交易对手违约成本，使交易对手不敢轻易违约；通过现场过程监控和非现场信息监控，及时了解项目进展、交易对手经营和资金使用状况；安排信托受益权的流通转让，分散信用风险。三是按照银保监会要求，定期对公司资产进行风险分类；四是严格按财政部和银保监会的要求，提足包括呆账准备金、信托赔偿准备金在内的各项准备金。

4.5.3.2 市场风险管理

市场风险的管理：一是加强对经济及金融形势的分析预测，并据此提出资产配置及其调整方案。密切跟踪市场，及时调整投资策略和投资组合，密切关注经济运行状况，严格规避政策导向变化带来的不利影响；二是坚持稳健原则，在投资组合中配置足够的固定收益类低风险投资品种；三是对证券投资组合的净值、仓位和投资集中度等指标事先设定预警点或止损点；四是通过投资分散化（组合对冲）降低非系统性风险；五是在业务决策和管理过程中，分别通过压力测试进行分析和评估，进行动态跟踪管理；六是积极贯彻落实监管部门有关文件精神，及时对公司信托业务中的房地产业务、证券投资业务和银信合作等业务提出风险提示，密切专注市场变化，加强防范业务风险的措施。

4.5.3.3 操作风险管理

操作风险的管理：一是制定和完善公司内部控制制度，在业务操作、会计系统、信息披露、信息系统、人力资源管理、关联交易、档案管理、紧急事件应变等方面，建立行之有效的内控制度和内控流程。二是明确岗位职责，即在合理的组织机构基础上，将各部门的业务活动和管理活动细化为各个具体的工作岗位，按照岗位确定职责和权限，做到定岗、定责、定职、定编、定人，从而建立起公司内部相互制约、相互督促的工作网络。三是在建立岗位职责的基础上，制定公司的业务授权制度和问责制度。通过授权机制，将从业人员的灵活性和责任制结合起来。四是不断整合公司各项业务流程和管理流程，逐步实现前台、中台、后台分离的业务操作流程化管理。五是建立管理防火墙，以信托财产和固有财产为隔离基础，实现信托业务系统和自营业务系统的部门和人员分离；高管人员管理分工分离；信托财务和自营财务的部门、人员、账表、资产和办公场所分离；每个信托财产的分离，即对每项信托业务单独开户、单独核算、单独管理。六是强调信息系统支持。七是制定公司员工行为规范，加强对员工守法意识、职业道德的教育。八是重视合规文化建设，宣传合规政策，使员工牢固树立“风险管理是公司经营的基础、效益的前提和核心竞争力的保证”这一风险管理核心价值观念。

4.5.3.4 其他风险管理

其他风险的管理：一是加强员工合规培训，要求员工认真学习并执行有关的法律法规，增强合规意识，提高员工的风险管理意识和风险管理水平。二是加强对运作项目的现金流量管理，同时做好公司现金流量的预测和安排。三是加强职业道德教育，规范职业行为，把职业道德、职业操守作为员工教育的一个重要内容，不断增强员工的工作责任心，严格控制道德风险。

## 4.6 企业社会责任

公司恪尽职守，严格履行受托人诚实、信用、谨慎、有效的管理义务，依托自身在资产管理、风险控制等方面的优势，为投资者创造信托财富，为企业提供全面金融服务。截至2018年末，公司已向投资者分配信托利润21.5亿元，为全国多家企业提供全面的金融服务；公司自觉守法经营、照章纳税、公平竞争、合作共赢等理念，积极参与社会公益活动。作为在新疆地区注册的企业，积极贯彻落实中央关于维护社会稳定和长治久安这个新疆工作的总目标，本年度共向新疆南疆地区捐款20万元，用于扶贫和助学活动；认真落实精准扶贫政策，向股东长城资产定点扶贫县陕西陇县捐赠扶贫款20万元。2018年，公司已向注册地新疆乌鲁木齐市经济开发区交纳各项税费合计1.79亿元，获得经济开发区政府颁发的“纳税突出贡献企业”荣誉称号。公司不断完善员工关爱体系，推动员工与企业共同成长，通过节日慰问、困难职工情况摸查、文体活动等工作，切实增强员工福利，保障员工权益。

### 4.7 消费者权益保护

2018年公司围绕“资管新规”等最新监管要求持续更新、完善与消费者权益保护相关的管理制度，并设立北京财富中心作为消费者保护工作的牵头部门。公司在位于北京财富中心的消费者权益保护活动专区内放置相关的宣传折页、书籍、海报等，便于来访消费者随时取阅；并在年内开展了包括“‘3·15’消费者权益保护宣传咨询服务月活动”“金融知识进万家”在内的一系列知识讲座宣传活动，走进基层、走进社区、走进学校以及利用线上公众号平台开展了丰富多样的宣教活动，在普及金融知识的同时，提高了消费者的自我权益保护意识。上述举措使公司消费者权益保护工作机制和管理能力得以持续改进提高。

## 5. 报告期末及上一年度末的比较式会计报表

### 5.1 自营资产

#### 5.1.1 会计师事务所审计意见全文

**审 计 报 造**

德师京报(审)字(19)第P00703号

长城新盛信托有限责任公司管理层：

一、审计意见

我们审计了长城新盛信托有限责任公司(以下简称长城新盛信托)的财务报表，包括2018年12月31日的合并及母公司资产负债表、2018年度的合并及母公司利润表、合并及母公司现金流量表、合并及母公司所有者权益变动表以及相关财务报表附注。

我们认为，后附的财务报表在所有重大方面按照企业会计准则的规定编制，公允反映了长城新盛信托2018年12月31日的合并及母公司财务状况以及2018年度的合并及母公司经营成果和合并及母公司现金流量。

二、形成审计意见的基础

我们按照中国注册会计师审计准则的规定执行了审计工作。审计报告的“注册会计师对财务报表审计的责任”部分进一步阐述了我们在这些准则下的责任。按照中国注册会计师职业道德守则，我们独立于长城新盛信托，并履行了职业道德方面的其他责任。我们相信，我们获取的审计证据是充分、适当的，为发表审计意见提供了基础。

三、管理层和治理层对财务报告的责任

长城新盛信托管理层负责按照企业会计准则的规定编制财务报表，使其实现公允反映，并设计、执行和维护必要的内部控制，以使财务报表不存在由于舞弊或错误导致的重大错报。

在编制财务报表时，管理层负责评估长城新盛信托的持续经营能力，披露与持续经营相关的事项(如适用)，并运用持续经营假设，除非管理层计划清算长城新盛信托、终止运营或别无其他现实的选择。

治理层负责监督长城新盛信托的财务报告过程。

四、注册会计师对财务报表审计的责任

我们的目标是对财务报表整体是否不存在由于舞弊或错误导致的重大错报获取合理保证，并出具包含审计意见的审计报告。合理保证是高水平的保证，但并不能保证按照审计准则执行的审计在某一重大错报存在时总能发现。错报可能由于舞弊或错误导致，如果合理预期错报单独或汇总起来可能影响财务报表使用者依据财务报表作出的经济决策，则通常认为错报是重大的。

在按照审计准则执行审计工作的过程中，我们运用职业判断，并保持职业怀疑。同时，我们也执行以下工作：

(1)识别和评估由于舞弊或错误导致的财务报表重大错报风险，设计和实施审计程序以应对这些风险，并获取充分、适当的审计证据，作为发表审计意见的基础。由于舞弊可能涉及串通、伪造、故意遗漏、虚假陈述或凌驾于内部控制之上，未能发现由于舞弊导致的重大错报的风险高于未能发现由于错误导致的重大错报的风险。

(2)了解与审计相关的内部控制，以设计恰当的审计程序，但目的并非对内部控制的有效性发表意见。

(3)评价管理层选用会计政策的恰当性和作出会计估计及相关披露的合理性。

(4)对管理层使用持续经营假设的恰当性得出结论。同时，根据获取的审计证据，就可能导致对长城新盛信托持续经营能力产生重大疑虑的事项或情况是否存在重大不确定性得出结论。如果我们得出结论认为存在重大不确定性，审计准则要求我们在审计报告中提请报表使用者注意财务报表中的相关披露；如果披露不充分，我们应当发表非无保留意见。我们的结论基于截至审计报告日可获得的信息。然而，未来的事项或情况可导致长城新盛信托不能持续经营。

(5)评价财务报表的总体列报、结构和内容(包括披露)，并评价财务报表是否公允反映相关交易和事项。

(6)就长城新盛信托中实体或业务活动的财务信息获取充分、适当的审计证据，以对财务报表发表审计意见。我们负责指导、监督和执行集团审计，并对审计意见承担全部责任。

我们与治理层就计划的审计范围、时间安排和重大审计发现等事项进行沟通，包括沟通我们在审计中识别出的值得关注的内部控制缺陷。

德勤华永会计师事务所(特殊普通合伙)北京分所

中国注册会计师：郭新华

秦俊

中国·北京　　2019年4月9日

### 5.1.2 资产负债表

**合并及公司资产负债表**

2018 年 12 月 31 日

编制单位:长城新盛信托有限责任公司　　　　单位:元

| 项目 | 附注 | 本集团 | | 本公司 | |
|---|---|---|---|---|---|
| | | 本年累计数 | 上年累计数 | 本年累计数 | 上年累计数 |
| 资产 | | | | | |
| 货币资金 | 1 | 845 772 114. 74 | 774 081 119. 80 | 845 772 114. 74 | 744 555 761. 88 |
| 以公允价值计量且其变动 | | | | | |
| 计入当期损益的金融资产 | 2 | 201 267 494. 33 | — | 201 267 494. 33 | — |
| 可供出售金融资产 | 3 | 35 033 906. 42 | 366 369 953. 27 | 35 033 906. 42 | 366 369 953. 27 |
| 长期股权投资 | 4 | — | — | — | 30 000 000. 00 |
| 应收款项 | 5 | 3 103 368. 16 | 8 484 250. 23 | 3 103 368. 16 | 8 484 250. 23 |
| 固定资产 | 6 | 2 281 113. 00 | 1 886 043. 49 | 2 281 113. 00 | 1 886 043. 49 |
| 无形资产 | 7 | 4 524 345. 56 | 2 029 178. 83 | 4 524 345. 56 | 2 029 178. 83 |
| 递延所得税资产 | 8 | 12 529 628. 91 | 20 471 732. 95 | 12 529 628. 91 | 20 325 238. 19 |
| 其他资产 | 9 | 268 525 776. 70 | 4 998 886. 80 | 268 525 776. 70 | 4 998 449. 91 |
| 资产总计 | | 1 373 037 747. 82 | 1 178 321 165. 37 | 1 373 037 747. 82 | 1 178 648 875. 80 |
| 负债 | | | | | |
| 应付职工薪酬 | 10 | 107 660 707. 21 | 83 143 705. 30 | 107 660 707. 21 | 83 046 971. 46 |
| 应交税费 | 11 | 55 179 392. 29 | 47 017 381. 78 | 55 179 392. 29 | 47 002 341. 78 |
| 其他负债 | 12 | 294 753 058. 61 | 378 139 794. 70 | 294 753 058. 61 | 378 139 794. 70 |
| 负债合计 | | 457 593 158. 11 | 508 300 881. 78 | 457 593 158. 11 | 508 189 107. 94 |
| 所有者权益 | | | | | |
| 实收资本 | 13 | 300 000 000. 00 | 300 000 000. 00 | 300 000 000. 00 | 300 000 000. 00 |
| 其他综合收益 | 23 | — | 207 692. 06 | — | 207 692. 06 |
| 盈余公积 | 14 | 66 610 475. 86 | 42 091 224. 47 | 66 610 475. 86 | 42 091 224. 47 |
| 信托赔偿准备 | 15 | 33 305 237. 94 | 21 045 612. 24 | 33 305 237. 94 | 21 045 612. 24 |
| 未分配利润 | 16 | 515 528 875. 91 | 306 675 754. 82 | 515 528 875. 91 | 307 115 239. 09 |
| 归属于母公司所有者权益合计 | | 915 444 589. 71 | 670 020 283. 59 | 915 444 589. 71 | 670 459 767. 86 |
| 少数股东权益 | | — | — | — | — |
| 所有者权益合计 | | 915 444 589. 71 | 670 020 283. 59 | 915 444 589. 71 | 670 459 767. 86 |
| 负债和所有者权益总计 | | 1 373 037 747. 82 | 1 178 321 165. 37 | 1 373 037 747. 82 | 1 178 648 875. 80 |

### 5.1.3 利润表

**合并及公司利润表**

2018 年 12 月 31 日

编制单位:长城新盛信托有限责任公司　　　　单位:元

| 项目 | 附注 | 本集团 | | 本公司 | |
|---|---|---|---|---|---|
| | | 本年累计数 | 上年累计数 | 本年累计数 | 上年累计数 |
| 营业收入 | | 451 939 741. 16 | 353 929 105. 68 | 450 587 744. 12 | 353 871 322. 09 |
| 利息收入 | 17 | 22 420 860. 08 | 6 953 701. 46 | 22 203 260. 49 | 6 895 917. 87 |
| 手续费及佣金净收入 | 18 | 426 895 872. 76 | 340 340 036. 93 | 426 895 872. 76 | 340 340 036. 93 |
| 手续费及佣金收入 | | 426 895 872. 76 | 345 308 726. 45 | 426 895 872. 76 | 345 308 726. 45 |
| 手续费及佣金支出 | | — | 4 968 689. 52 | — | 4 968 689. 52 |
| 投资收益 | 19 | 1 272 385. 07 | 6 553 776. 30 | 137 987. 62 | 6 553 776. 30 |
| 公允价值变动损益 | | 1 267 494. 33 | — | 1 267 494. 33 | — |
| 资产处置收益 | | 83 128. 92 | 81 590. 99 | 83 128. 92 | 81 590. 99 |
| 营业支出 | | 119 539 385. 14 | 123 892 213. 52 | 118 773 367. 13 | 123 248 450. 90 |
| 税金及附加 | 20 | 2 942 352. 36 | 2 464 711. 67 | 2 942 317. 36 | 2 449 671. 67 |
| 业务及管理费 | 21 | 116 597 032. 78 | 126 352 501. 85 | 115 831 049. 77 | 125 723 779. 23 |
| 资产减值损失 | | — | (4 925 000. 00) | — | (4 925 000. 00) |
| 营业利润 | | 332 400 356. 02 | 230 036 892. 16 | 331 814 376. 99 | 230 622 871. 19 |
| 加:营业外收入 | | 335 523. 63 | 9 575 800. 00 | 335 523. 63 | 9 575 800. 00 |

续表

| 项目 | 附注 | 本集团 | | 本公司 | |
|---|---|---|---|---|---|
| | | 本年累计数 | 上年累计数 | 本年累计数 | 上年累计数 |
| 减:营业外支出 | | 988 778.23 | 208 478.19 | 988 778.23 | 208 478.19 |
| 利润总额 | | 331 747 101.42 | 239 404 213.97 | 331 161 122.39 | 239 990 193.00 |
| 减:所得税费用 | 22 | 86 115 103.24 | 60 108 600.14 | 85 968 608.48 | 60 255 094.90 |
| 净利润 | | 245 631 998.18 | 179 295 613.83 | 245 192 513.91 | 179 735 098.10 |
| (一)按经营持续性分类 | | | | | |
| 1. 持续经营净利润 | | 245 631 998.18 | 179 295 613.83 | 245 192 513.91 | 179 735 098.10 |
| 2. 终止经营净利润 | | — | — | — | — |
| (二)按所有权归属分类 | | | | | |
| 1. 少数股东损益 | | — | — | — | — |
| 2. 归属于母公司所有者的净利润 | | 245 631 998.18 | 179 295 613.83 | 245 192 513.91 | 179 735 098.10 |
| 其他综合收益的税后净额 | 23 | (207 692.06) | 7 595.73 | (207 692.06) | 7 595.73 |
| 归属于母公司所有者的其他综合收益的税后净额 | | (207 692.06) | 7 595.73 | (207 692.06) | 7 595.73 |
| 以后将重分类进损益的其他综合收益<br>—可供出售金融资产公允价值变动损益 | | (207 692.06) | 7 595.73 | (207 692.06) | 7 595.73 |
| 归属于少数股东的其他综合收益的税后净额 | | — | — | — | — |
| 综合收益总额 | | 245 424 306.12 | 179 303 209.56 | 244 984 821.85 | 179 742 693.83 |
| 归属于母公司所有者的综合收益总额 | | 245 424 306.12 | 179 303 209.56 | 244 984 821.85 | 179 742 693.83 |
| 归属于少数股东的综合收益总额 | | — | — | — | — |

### 5.1.4 所有者权益变动表

**合并所有者权益变动表**

2018 年 12 月 31 日

编制单位:长城新盛信托有限责任公司　　　　单位:元

| 本集团 | 本年度 | | | | | |
|---|---|---|---|---|---|---|
| | 实收资本 | 其他综合收益 | 盈余公积 | 信托赔偿准备 | 未分配利润 | 所有者权益合计 |
| 一、2018 年 1 月 1 日余额 | 300 000 000.00 | 207 692.06 | 42 091 224.47 | 21 045 612.24 | 306 675 754.82 | 670 020 283.59 |
| 二、本年增减变动金额 | | | | | | |
| 1. 净利润 | — | — | — | — | 245 631 998.18 | 245 631 998.18 |
| 2. 其他综合收益 | — | (207 692.06) | — | — | — | (207 692.06) |
| (一) 综合收益总额 | — | (207 692.06) | — | — | 245 631 998.18 | 245 424 306.12 |
| (二)利润分配 | | | | | | |
| 1. 提取盈余公积 | — | — | 24 519 251.39 | — | (24 519 251.39) | — |
| 2. 提取信托赔偿准备 | — | — | — | 12 259 625.70 | (12 259 625.70) | — |
| 三、2018 年 12 月 31 日余额 | 300 000 000.00 | — | 66 610 475.86 | 33 305 237.94 | 515 528 875.91 | 915 444 589.71 |

| 本集团 | 上年度 | | | | | |
|---|---|---|---|---|---|---|
| | 实收资本 | 其他综合收益 | 盈余公积 | 信托赔偿准备 | 未分配利润 | 所有者权益合计 |
| 一、2017 年 1 月 1 日余额 | 300 000 000.00 | 200 096.33 | 24 117 714.66 | 12 058 857.33 | 154 340 405.71 | 490 717 074.03 |
| 二、本年增减变动金额 | | | | | | |
| 1. 净利润 | — | — | — | — | 179 295 613.83 | 179 295 613.83 |
| 2. 其他综合收益 | — | 7 595.73 | — | — | — | 7 595.73 |
| (一) 综合收益总额 | — | 7 595.73 | — | — | 179 295 613.83 | 179 303 209.56 |
| (二)利润分配 | | | | | | |
| 1. 提取盈余公积 | — | — | 17 973 509.81 | — | (17 973 509.81) | — |
| 2. 提取信托赔偿准备 | — | — | — | 8 986 754.91 | (8 986 754.91) | — |
| 三、2017 年 12 月 31 日余额 | 300 000 000.00 | 207 692.06 | 42 091 224.47 | 21 045 612.24 | 306 675 754.82 | 670 020 283.59 |

**母公司所有者权益变动表**

2018 年 12 月 31 日

编制单位：长城新盛信托有限责任公司　　　　单位：元

| 本公司 | 本年度 | | | | | |
|---|---|---|---|---|---|---|
| | 实收资本 | 其他综合收益 | 盈余公积 | 信托赔偿准备 | 未分配利润 | 所有者权益合计 |
| 一、2018 年 1 月 1 日余额 | 300 000 000. 00 | 207 692. 06 | 42 091 224. 47 | 21 045 612. 24 | 307 115 239. 09 | 670 459 767. 86 |
| 二、本年增减变动金额 | | | | | | |
| 1. 净利润 | — | — | — | — | 245 192 513. 91 | 245 192 513. 91 |
| 2. 其他综合收益 | — | (207 692. 06) | — | — | — | (207 692. 06) |
| (一) 综合收益总额 | — | (207 692. 06) | — | — | 245 192 513. 91 | 244 984 821. 85 |
| (二) 利润分配 | | | | | | |
| 1. 提取盈余公积 | — | — | 24 519 251. 39 | — | (24 519 251. 39) | — |
| 2. 提取信托赔偿准备 | — | — | — | 12 259 625. 70 | (12 259 625. 70) | — |
| 三、2018 年 12 月 31 日余额 | 300 000 000. 00 | — | 66 610 475. 86 | 33 305 237. 94 | 515 528 875. 91 | 915 444 589. 71 |

| 本公司 | 上年度 | | | | | |
|---|---|---|---|---|---|---|
| | 实收资本 | 其他综合收益 | 盈余公积 | 信托赔偿准备 | 未分配利润 | 所有者权益合计 |
| 一、2017 年 1 月 1 日余额 | 300 000 000. 00 | 200 096. 33 | 24 117 714. 66 | 12 058 857. 33 | 154 340 405. 71 | 490 717 074. 03 |
| 二、本年增减变动金额 | | | | | | |
| 1. 净利润 | — | — | — | — | 179 735 098. 10 | 179 735 098. 10 |
| 2. 其他综合收益 | — | 7 595. 73 | — | — | — | 7 595. 73 |
| (一) 综合收益总额 | — | 7 595. 73 | — | — | 179 735 098. 10 | 179 742 693. 83 |
| (二) 利润分配 | | | | | | |
| 1. 提取盈余公积 | — | — | 17 973 509. 81 | — | (17 973 509. 81) | — |
| 2. 提取信托赔偿准备 | — | — | — | 8 986 754. 91 | (8 986 754. 91) | — |
| 三、2017 年 12 月 31 日余额 | 300 000 000. 00 | 207 692. 06 | 42 091 224. 47 | 21 045 612. 24 | 307 115 239. 09 | 670 459 767. 86 |

## 5. 2　信托资产

### 5. 2. 1　信托项目资产负债汇总表

**信托项目资产负债及利润权益情况表**

报送口径：境内汇总数据　　　报表日期：2018 年 12 月

第一部分：信托资产负债表　　　单位：万元

| 序号 | 项目 | A | B |
|---|---|---|---|
| | | 期末余额 | 年初余额 |
| 1 | 信托资产： | | |
| 2 | 1. 货币资金 | 1 472. 78 | 37 579. 08 |
| 3 | 2. 拆出资金 | — | — |
| 4 | 3. 存出保证金 | — | — |
| 5 | 4. 交易性金融资产 | 22 000. 00 | — |
| 6 | 5. 衍生金融资产 | — | — |
| 7 | 6. 买入返售金融资产 | 1 374 831. 10 | 1 369 364. 89 |
| 8 | 其中：6. 1 买入返售证券 | 1 490. 00 | 15 850. 24 |
| 9 | 6. 2 买入返售信贷资产 | — | — |
| 10 | 7. 应收款项 | 9 818. 60 | 2 055. 31 |
| 11 | 8. 发放贷款 | 91 690. 00 | 112 640. 00 |
| 12 | 其中：8. 1 基础产业 | — | — |
| 13 | 8. 2 房地产 | — | — |
| 14 | 9. 可供出售金融资产 | 101 881. 71 | 419 145. 73 |
| 15 | 10. 持有至到期投资 | 236 227. 26 | 380 048. 11 |
| 16 | 11. 长期应收款 | 30 000. 00 | 80 000. 00 |
| 17 | 12. 长期股权投资 | 899 808. 50 | 1 070 403. 50 |
| 18 | 其中：12. 1 基础产业 | — | — |
| 19 | 12. 2 房地产 | 144 953. 50 | 162 953. 50 |
| 20 | 13. 投资性房地产 | — | — |
| 21 | 14. 固定资产 | — | — |
| 22 | 15. 无形资产 | — | — |
| 23 | 16. 长期待摊费用 | — | — |

续表

| 序号 | 项目 | A | B |
|---|---|---|---|
| | | 期末余额 | 年初余额 |
| 24 | 17. 其他资产 | — | — |
| 25 | 18. 信托资产总计 | 2 767 729. 95 | 3 471 236. 62 |
| 26 | 19. 各项资产减值准备 | — | — |
| 27 | 信托负债： | | |
| 28 | 20. 交易性金融负债 | — | — |
| 29 | 21. 衍生金融负债 | — | — |
| 30 | 22. 应付受托人报酬 | 1 419. 33 | 19. 95 |
| 31 | 23. 应付托管费 | 0. 38 | 5. 41 |
| 32 | 24. 应付受益人收益 | 6 426. 52 | — |
| 33 | 25. 应交税费 | 35. 03 | — |
| 34 | 26. 应付销售服务费 | — | — |
| 35 | 27. 其他应付款项 | 596. 63 | 1 095. 54 |
| 36 | 28. 其他负债 | — | — |
| 37 | 29. 信托负债合计 | 8 477. 89 | 1 120. 90 |
| 38 | 信托权益： | | |
| 39 | 30. 实收信托 | 2 755 426. 38 | 3 471 404. 85 |
| 40 | 30. 1 资金信托 | 2 589 726. 38 | 2 953 364. 34 |
| 41 | 30. 1. 1 集合 | 164 253. 50 | 159 253. 50 |
| 42 | 30. 1. 2 单一 | 2 425 472. 88 | 2 794 110. 84 |
| 43 | 30. 2 财产信托 | 165 700. 00 | 518 040. 51 |
| 44 | 30. 2. 1 信贷资产证券化 | — | — |
| 45 | 30. 2. 2 其他资产(准)证券化 | — | — |
| 46 | 31. 资本公积 | — | — |
| 47 | 32. 外币报表折算差额 | — | — |
| 48 | 33. 未分配利润 | 3 825. 68 | -1 289. 13 |
| 49 | 34. 信托权益合计 | 2 759 252. 06 | 3 470 115. 72 |
| 50 | 35. 信托负债和信托权益总计 | 2 767 729. 95 | 3 471 236. 62 |

注：鉴于 2009 年初信托项目资产负债汇总表中多个项目已于年末清算结束，没有必要追溯调整，故 2009 年报披露该表可不披露年初数据，自 2010 年后严格按照格式规定执行。

5.2.2　信托项目利润及利润分配汇总表

**信托项目资产负债及利润权益情况表**

报送口径:境内汇总数据　　　报表日期:2018 年 12 月

第二部分:信托项目利润表　　　单位:万元

| 序号 | 项目 | A | B |
|---|---|---|---|
| | | 本年累计数 | 上年累计数 |
| 1 | 1. 营业收入 | 267 950.37 | 147 960.89 |
| 2 | 1.1 利息收入 | 133 725.06 | 72 945.69 |
| 3 | 1.2 投资收益(损失以“-”号填列) | 134 225.30 | 75 015.20 |
| 4 | 1.2.1 其中:对联营企业和合营企业的投资收益 | — | — |
| 5 | 1.3 公允价值变动收益(损失以“-”号填列) | — | — |
| 6 | 1.4 租赁收入 | — | — |
| 7 | 1.5 汇兑损益(损失以“-”号填列) | — | — |
| 8 | 1.6 其他收入 | 0.01 | — |
| 9 | 2. 支出 | 47 795.06 | 28 877.82 |
| 10 | 2.1 营业税金及附加 | 838.39 | — |
| 11 | 2.2 受托人报酬 | 46 409.59 | 28 428.00 |
| 12 | 2.3 托管费 | 152.96 | 97.19 |
| 13 | 2.4 投资管理费 | — | — |
| 14 | 2.5 销售服务费 | — | — |
| 15 | 2.6 交易费用 | 0.58 | 19.40 |
| 16 | 2.7 资产减值损失 | — | — |
| 17 | 2.8 其他费用 | 393.54 | 333.23 |
| 18 | 3. 信托净利润(净亏损以“-”号填列) | 220 155.31 | 119 083.07 |
| 19 | 4. 其他综合收益 | — | — |
| 20 | 5. 综合收益 | 220 155.31 | 119 083.07 |
| 21 | 6. 加:期初未分配信托利润 | -1 289.13 | 42.47 |
| 22 | 7. 可供分配的信托利润 | 218 866.18 | 119 125.54 |
| 23 | 8. 减:本期已分配信托利润 | 215 040.50 | 120 414.67 |
| 24 | 9. 期末未分配信托利润 | 3 825.68 | -1 289.13 |
| 25 | 10. 职工人数 | 107 | 110 |

注:鉴于2009 年初信托信托项目利润及利润分配汇总表中多个项目已于年末清算结束,没有必要追溯调整,故2009 年报披露该表可不披露年初数据,自2010 年后严格按照格式规定执行。

# 6. 会计报表附注

## 6.1　会计报表编制基准不符合会计核算基本前提的说明

### 6.1.1　会计报表不符合会计核算基本前提的事项

本公司无上述情况。

### 6.1.2　纳入合并范围的子公司

纳入合并范围的子公司为新疆长城创新投资管理有限公司,经营范围为直接投资、投资管理、资产管理、投资咨询、财务顾问等,注册地为新疆乌鲁木齐经济技术开发区喀什西路 499 号龙海置业综合楼811 室,注册资本与实际投资额为 3 000 万元,长城新盛信托有限责任公司持股比例为 100%,合并期间为 2017 年5 月(成立)至 2018 年 11 月,该子公司于 2018 年 11 月清算完毕并已完成工商注销登记。

## 6.2　或有事项说明

本公司不存在对外担保及其他或有事项。

## 6.3　重要资产转让及其出售的说明

本公司 2018 年未发生重要资产的转让。

## 6.4　会计报表中重要项目的明细资料

### 6.4.1　披露自营资产经营情况

6.4.1.1　按信用风险五级分类结果披露信用风险资产的期初数、期末数

| 信用风险资产五级分类 | 正常类(万元) | 关注类(万元) | 次级类(万元) | 可疑类(万元) | 损失类(万元) | 信用风险资产合计(万元) | 不良资产合计(万元) | 不良资产率(%) |
|---|---|---|---|---|---|---|---|---|
| 期初数 | — | — | — | — | — | — | — | — |
| 期末数 | 2 550 | — | — | — | — | 2 550 | — | — |

注:不良资产合计 = 次级类 + 可疑类 + 损失类。

6.4.1.2　各项资产减值损失准备的期初数、本期计提、本期转回、本期核销、期末数

报告期内,公司无此类业务。

6.4.1.3　按照投资品种分类,分别披露固有业务股票投资、基金投资、债券投资、股权投资等投资业务的期初数、期末数

报告期内,公司无此类业务。

6.4.1.4　按投资入股金额排序,前五名自营长期股权投资的企业名称、占被投资企业权益的比例、主要经营活动及投资收益情况等

本公司于 2017 年 5 月 5 日投资成立全资子公司新疆长城创新投资管理有限公司,注册资本为 3 000 万元,占被投资企业权益的 100%。新疆长城创新投资管理有限公司经营范围为直接投资、投资管理、资产管理、投资咨询、财务顾问等,2018 年 11 月该子公司清算完毕,报告期内清算净收益为 -1 134 397.45元。

除以上长期股权投资外,本公司未投资其他企业的股权。

6.4.1.5　前五名自营贷款的企业名称、占贷款总额的比例和还款情况等

报告期内,公司无此类业务。

6.4.1.6　表外业务的期初数、期末数,按照代理业务、担保业务和其他类型表外业务分别披露

报告期内,公司无此类业务。

6.4.1.7　公司当年的收入结构

| 收入结构 | 合并金额(万元) | 占比(%) | 公司金额(万元) | 占比(%) |
|---|---|---|---|---|
| 手续费及佣金收入 | 42 689.59 | 94.39 | 42 689.59 | 94.67 |
| 其中:信托手续费收入 | 42 689.59 | 94.39 | 42 689.59 | 94.67 |
| 投资银行业务收入 | — | — | — | — |
| 利息收入 | 2 242.09 | 4.96 | 2 220.33 | 4.92 |
| 其他业务收入(资产处置收益) | 8.31 | 0.02 | 8.31 | 0.02 |
| 其中:计入信托业务收入部分 | — | — | — | — |
| 投资收益 | 127.24 | 0.28 | 13.80 | 0.03 |
| 其中:股权投资收益 | — | — | -113.44 | -0.25 |
| 证券投资收益 | — | — | — | — |
| 其他投资收益 | 127.24 | 0.28 | 127.24 | 0.28 |
| 公允价值变动收益 | 126.75 | 0.28 | 126.75 | 0.28 |
| 营业外收入 | 33.55 | 0.07 | 33.55 | 0.07 |
| 收入合计 | 45 227.53 | 100 | 45 092.33 | 100 |

注:手续费及佣金收入、利息收入、其他业务收入、投资收益、营业外收入均应为损益表中的科目,其中手续费及佣金收入、利息收入、营业外收入为未抵减掉相应支出的全年累计实现收入数。

报告年度实现信托业务收入的总额，其中以手续费及佣金确认的信托业务收入金额，以业绩报酬形式确认的信托业务收入金额和以其他形式确认的信托业务收入金额。

**6.4.2 披露信托财产管理情况**

6.4.2.1 信托资产的期初数、期末数

单位：万元

| 信托资产 | 期初数 | 期末数 |
|---|---|---|
| 集合 | 159 253.50 | 164 327.79 |
| 单一 | 2 793 875.72 | 2 437 592.42 |
| 财产权 | 518 107.40 | 165 809.74 |
| 合计 | 3 471 236.62 | 2 767 729.95 |

6.4.2.1.1 主动管理型信托业务的信托资产期初数、期末数

单位：万元

| 主动管理型信托资产 | 期初数 | 期末数 |
|---|---|---|
| 证券投资类 | — | — |
| 股权投资类 | 509 544.54 | 382 793.59 |
| 融资类 | 1 779 888.74 | 1 630 650.09 |
| 事务管理类 | — | — |
| 合计 | 2 289 433.28 | 2 013 443.68 |

6.4.2.1.2 被动管理型信托业务的信托资产期初数、期末数

单位：万元

| 被动管理型信托资产 | 期初数 | 期末数 |
|---|---|---|
| 证券投资类 | 40 209.16 | 23 011.44 |
| 股权投资类 | 1 000.00 | — |
| 融资类 | 16 340.09 | 25 168.21 |
| 事务管理类 | 1 124 254.09 | 706 106.62 |
| 合计 | 1 181 803.34 | 754 286.27 |

6.4.2.2 本年度已清算结束的信托项目个数、实收信托合计金额、加权平均实际年化收益率

本年度已清算信托项目8个，实收信托合计金额为399 190.50万元，加权平均实际年化收益率为1.83%。

6.4.2.2.1 本年度已清算结束的集合类、单一类资金信托项目和财产管理类信托项目个数、实收信托合计金额、加权平均实际年化收益率

| 已清算结束的信托项目 | 项目个数（个） | 实收信托合计金额（万元） | 加权平均实际年化收益率（%） |
|---|---|---|---|
| 集合类 | — | — | — |
| 单一类 | 3 | 46 850.00 | 3.68 |
| 财产管理类 | 5 | 352 340.50 | 1.58 |

注：1. 收益率是指信托项目清算后，给受益人赚取的实际收益水平。
2. 加权平均实际年化收益率 =（信托项目 1 的实际年化收益率 × 信托项目 1 的实收信托 + 信托项目 2 的实际年化收益率 × 信托项目 2 的实收信托 +… + 信托项目 $n$ 的实际年化收益率 × 信托项目 $n$ 的实收信托）/（信托项目 1 的实收信托 + 信托项目 2 的实收信托 +… + 信托项目 $n$ 的实收信托）×100%。

6.4.2.2.2 本年度已清算结束的主动管理型信托项目个数、实收信托合计金额、加权平均实际年化信托报酬率、加权平均实际年化收益率

| 已清算结束的信托项目 | 项目个数（个） | 实收信托合计金额（万元） | 加权平均实际年化信托报酬率（%） | 加权平均实际年化收益率（%） |
|---|---|---|---|---|
| 证券投资类 | 1 | 39 000.00 | 2.10 | 4.01 |
| 股权投资类 | — | — | — | — |
| 融资类 | — | — | — | — |
| 事务管理类 | — | — | — | — |

注：加权平均实际年化信托报酬率 =（信托项目 1 的实际年化信托报酬率 × 信托项目 1 的实收信托 + 信托项目 2 的实际年化信托报酬率 × 信托项目 2 的实收信托 +… + 信托项目 $n$ 的实际年化信托报酬率 × 信托项目 $n$ 的实收信托）/（信托项目 1 的实收信托 + 信托项目 2 的实收信托 +… + 信托项目 $n$ 的实收信托）×100%。

6.4.2.2.3 本年度已清算结束的被动管理型信托项目个数、实收信托合计金额、加权平均实际年化信托报酬率、加权平均实际年化收益率

| 已清算结束的信托项目 | 项目个数（个） | 实收信托合计金额（万元） | 加权平均实际年化信托报酬率（%） | 加权平均实际年化收益率（%） |
|---|---|---|---|---|
| 证券投资类 | — | — | — | — |
| 股权投资类 | — | — | — | — |
| 融资类 | 1 | 6 850.00 | 0.03 | 2.36 |
| 事务管理类 | 6 | 353 340.50 | 0.0153 | 1.58 |

6.4.2.3 本年度新增的集合类、单一类和财产管理类信托项目个数、实收信托合计金额

| 新增信托项目 | 项目个数（个） | 实收信托合计金额（万元） |
|---|---|---|
| 集合类 | 1 | 5 000.00 |
| 单一类 | — | — |
| 财产管理类 | — | — |
| 新增合计 | 1 | 5 000.00 |
| 其中：主动管理型 | 1 | 5 000.00 |
| 被动管理型 | — | — |

注：本年新增信托项目是指在本报告年度内累计新增的信托项目个数和金额，包含本年度新增并于本年度内结束的项目和本年度新增至报告期末仍在持续管理的信托项目。

6.4.2.4 信托业务创新成果和特色业务有关情况

公司目前正在积极探索创新业务和特色业务。

6.4.2.5 本公司履行受托人义务情况及因本公司自身责任而导致的信托资产损失情况

本公司严格遵守信托法律法规及信托文件对受托人义务的规定，为受益人的最大利益处理信托事务，管理信托财产时，恪守职守，履行诚实、信用、谨慎、有效管理的义务。

报告期内，本公司无因自身责任而导致的信托资产损失情况。

6.4.2.6 信托赔偿准备金的提取、使用和管理情况

本公司严格按照《信托公司管理办法》规定，2018年仍按照税后利润的5%提取信托赔偿准备金，当信托赔偿准备金累计总额达到公司注册资本的20%时不再提取，目前尚未达到20%的比例。本公司报告期内未发生需使用信托赔偿准备金弥补亏损的情况。

## 6.5 关联方关系及其交易的披露

**6.5.1 关联交易方的数量、关联交易的总金额及关联交易的定价政策等**

| | 关联交易方数量 | 关联交易金额（万元） | 定价政策 |
|---|---|---|---|
| 合计 | 6 | 38 431.39 | 按市场公允价格 |

6.5.2　关联交易方与本公司的关系性质、关联交易方的名称、法定代表人、注册地址、注册资本及主营业务等

| 关系性质 | 关联方名称 | 法定代表人 | 注册地址 | 注册资本（万元） | 主营业务 |
|---|---|---|---|---|---|
| 股东 | 中国长城资产管理股份有限公司 | 沈晓明 | 北京市西城区月坛北街2号 | 4 315 010.72 | 不良资产收购。 |
| 受同一母公司控制 | 长城国融投资管理有限公司 | 许良军 | 北京市丰台区丽泽路18号院1号楼401－05室 | 30 003.00 | 对私募股权基金、能源、信息传输业的投资与投资管理等。 |
| 受同一母公司控制 | 长生人寿保险有限公司 | 孟晓东 | 上海市静安区南京西路688号5楼 | 216 700.00 | 人寿保险、健康保险和意外伤害保险等保险业务。 |
| 受同一母公司控制 | 长城华西银行股份有限公司 | 谭运财 | 四川省德阳市蒙山街14号 | 230 372.10 | 吸收公众存款；发放短期、中期和长期贷款；办理国内结算；办理票据贴现等。 |
| 受同一母公司控制 | 上海斯格威大酒店有限公司 | 邢秀燕 | 上海市黄浦区打浦路15号 | 20 000.00 | 房地产开发经营，自有房屋租赁，物业管理。 |
| 受同一母公司控制 | 长城金桥金融咨询有限公司 | 梁　哲 | 北京市西城区月坛北街2号 | 5 000.00 | 金融债权估值；项目评估；企业信用评估和咨询。 |

6.5.3　逐笔披露本公司与关联方的重大交易事项

6.5.3.1　固有与关联方交易情况：贷款、投资、租赁、应收账款、担保、其他方式等期初汇总数、本期借方和贷方发生额汇总数、期末汇总数

报告期内，公司无此类业务。

6.5.3.2　信托与关联方交易情况：贷款、投资、租赁、应收账款、担保、其他方式等期初汇总数、本期借方和贷方发生额汇总数、期末汇总数

单位：万元

| 信托与关联方关联交易 | | | | |
|---|---|---|---|---|
| | 期初数 | 借方发生额 | 贷方发生额 | 期末数 |
| 贷款 | 137 640.00 | — | 25 950.00 | 111 690.00 |
| 投资 | 1 007 050.65 | — | 232 142.15 | 774 908.50 |
| 租赁 | — | — | — | — |
| 担保 | — | — | — | — |
| 应收账款 | — | — | — | — |
| 其他 | — | — | — | — |
| 合计 | 1 144 690.65 | — | 258 092.15 | 886 598.50 |

6.5.3.3　信托公司自有资金运用于自己管理的信托项目（固信交易）、信托公司管理的信托项目之间的相互（信信交易）交易金额，包括余额和本报告年度的发生额

6.5.3.3.1　固有与信托财产之间的交易金额期初汇总数、本期发生额汇总数、期末汇总数

单位：万元

| 固有财产与信托财产相互交易 | | | |
|---|---|---|---|
| | 期初数 | 本期发生额 | 期末数 |
| 合计 | — | 2550.00 | 2550.00 |

注：以固有资金投资公司自己管理的信托项目受益权，或购买自己管理的信托项目的信托资产均应纳入统计披露范围。

6.5.3.3.2　信托项目之间的交易金额期初汇总数、本期发生额汇总数、期末汇总数

报告期内，公司无此类业务。

6.5.4　逐笔披露关联方逾期未偿还本公司资金的详细情况以及本公司为关联方担保发生或即将发生垫款的详细情况

报告期内，公司无此类业务。

## 6.6　会计制度的披露

本报告期公司固有业务及信托业务均执行中华人民共和国财政部颁布的《企业会计准则》（财会[2006]3号）及相关规定。

# 7. 财务情况说明书

## 7.1　利润实现和分配情况

### 7.1.1　母公司层面的利润实现和分配情况

2018年，利润总额为33 116.11万元；所得税费用为8 596.86万元；净利润为24 519.25万元；提取法定盈余公积金为2 451.93万元；按照《信托公司管理办法》规定，按照税后利润的5%提取信托赔偿准备金为1 225.96万元；2018年可分配利润为2 0841.36万元；2018年末公司累计可分配利润为5 1552.89万元。

考虑公司实际情况，2018年公司拟不进行利润分配。

### 7.1.2　合并口径的利润实现和分配情况

2018年，利润总额为33 174.71万元；所得税费用为8 611.51万元；净利润为24 563.20万元；提取法定盈余公积金为2 451.93万元；按照《信托公司管理办法》规定，按照税后利润的5%提取信托赔偿准备金为1 225.96万元；2018年可分配利润为20 885.31万元；2018年末公司累计可分配利润为51 552.89万元。

考虑公司实际情况，2018年公司拟不进行利润分配。

## 7.2　主要财务指标

| 指标名称 | 合并指标值 | 母公司指标值 |
|---|---|---|
| 资本利润率（%） | 30.99 | 30.92 |
| 加权年化信托报酬率（%） | 1.66 | 1.66 |
| 人均净利润（万元） | 237.33 | 239.21 |

注：1. 资本利润率＝净利润/所有者权益平均余额×100%。
2. 加权年化信托报酬率＝（信托项目1的实际年化信托报酬率×信托项目1的实收信托＋信托项目2的实际年化信托报酬率×信托项目2的实收信托＋…＋信托项目$n$的实际年化信托报酬率×信托项目$n$的实收信托）/（信托项目1的实收信托＋信托项目2的实收信托＋…＋信托项目$n$的实收信托）×100%。
3. 人均净利润＝净利润/年平均人数。
4. 平均值采取年初、年末余额简单平均法。
5. 公式为：a（平均）＝（年初数＋年末数）/2。

## 7.3　对本公司财务状况、经营成果有重大影响的其他事项

报告期内，无对本公司财务状况、经营成果有重大影响的其他事项。

# 8. 特别事项揭示

## 8.1　前五名股东报告期内变动情况及原因

报告期内，公司所有股东均未发生变化。

## 8.2 董事、监事及高级管理人员变动情况及原因

报告期内，根据股东长城资产提名推荐，经公司第二十七次（临时）股东会会议和第二届第三十六次（临时）董事会会议审议表决通过并上报监管部门核准同意，王文兵任公司董事、董事长。

报告期内，公司监事及高级管理人员未发生变动。

## 8.3 变更注册资本、变更注册地或公司名称、公司分立合并事项的说明

报告期内，未发生变更注册资本、变更注册地和公司分立合并事项。

## 8.4 公司的重大诉讼事项

### 8.4.1 重大未决诉讼事项

报告期内，公司共涉及1起重大诉讼，是"长城新盛·华业资本应收账款投资基金1号"项目项下案件，具体情况如下：自2018年9月以来，北京华业资本控股股份有限公司突发医疗应收账款存在虚构交易可能及投资逾期等突发重大负面事件，债务人、华业资本以及关联方未能按照合同约定履行回购义务，项目发生逾期。公司迅速应对并采取措施，已向债务人宣布项目提前到期，同时启动了向法院申请强制执行的相关程序，截至2018年末，有关法院已正式立案并对债务人及保证人（担保人）的相关资产进行查封。

### 8.4.2 报告期内，公司无以前年度发生，于本报告年度内终结的诉讼事项

### 8.4.3 报告期内，公司无本报告年度发生，于本报告年度内终结的诉讼事项

## 8.5 公司及其董事、监事和高级管理人员受到处罚的情况

报告期内，无公司及其董事、监事和高级管理人员受到处罚的情况。

## 8.6 中国银保监会及其派出机构对公司检查后提出整改意见的整改情况

2019年3月21日，中国银保监会新疆监管局办公室向公司出具了《关于长城新盛信托有限责任公司2018年度监管情况的通报》（新银保监办发[2019]95号），指出了公司存在的主要问题：一是资本实力明显不足，风险抵御和发展后劲弱；二是个别存续项目信用风险存在隐患；三是资金投向过于集中，业务结构有待优化；四是经营发展缓慢，核心竞争力存在短板。

针对上述问题，公司在2019年度工作中做了安排调整，一是根据新疆生产建设兵团党委对兵团国有企业改革的要求，兵团国资拟对外转让其持有长城信托的股权，待本次转让事项完毕后公司将积极建议、敦促股东方补充资本金，以提高公司的风险防御能力和发展后劲；二是加大项目的投后监管力度，特别是加强对存在信用风险隐患的存续项目建立风险台账制度进行监管并制定风险化解措施预案，采取项目经理蹲守和中后台部门协助督办、建立风险隐患项目专职化解机制，逐步消除项目风险隐患；三是在稳步推进存续项目清算退出、补充公司资本金的过程中，公司将积极推进业务结构优化调整，探索开展创新性业务，打造专业素质好、创新能力强的员工队伍，不断提升公司的核心竞争力。

## 8.7 本年度重大事项临时报告的简要内容、披露时间、所披露的媒体及其版面

本年度公司无重大事项对媒体进行披露。

## 8.8 中国银保监会及其省级派出机构认定的其他有必要让客户及相关利益人了解的重要信息

报告期内，未发生中国银保监会及其省级派出机构认定的其他有必要让客户及相关利益人了解的重要信息。

## 8.9 风险资本和净资本情况

### 8.9.1 风险资本情况

截至2018年末，根据《信托公司净资本管理办法》第三章风险资本的计算公式，公司固有业务风险资本为7 635.67万元，信托业务风险资本为22 203.53万元，其他业务风险资本为零，公司2018年末各项风险资本之和为29 839.20万元。

### 8.9.2 净资本情况

截至2018年末，根据《信托公司净资本管理办法》，公司基于审计后的净资产调整计算的净资本为82 993.06万元，大于年末净资产的40%，也高于风险资本。

# 9. 公司监事会意见

监事会认为，公司2018年能够认真贯彻国家法律、法规、公司章程和制度的要求，依法合规促发展，不断完善内控制度、持续强化风险管控。董事及高级管理人员能够遵守国家有关金融法律法规和《公司法》的有关规定，认真履职，未发现有违法、违规及违章行为，也没有损害公司利益、股东利益和委托人利益的行为。公司2018年度财务报告客观真实地反映了公司的实际财务状况和经营成果，中介机构出具了无保留意见审计报告，本年度报告的内容和格式符合中国银保监会的规定。

# 重庆国际信托股份有限公司

## 1. 重要提示

1.1 本公司董事会及董事保证本报告所载资料不存在任何虚假记载、误导性陈述或者重大遗漏，并对其内容的真实性、准确性和完整性承担个别及连带责任。

1.2 本公司独立董事雷世文、史锦杰、王友伟、王淑慧认为本报告内容是真实、准确、完整的。

1.3 信永中和会计师事务所(特殊普通合伙)为本公司出具了标准无保留意见的审计报告。

1.4 本公司负责人翁振杰先生、财务负责人吕维女士及财务部门负责人刘影女士声明:保证年度报告中财务报告的真实、完整。

## 2. 公司概况

### 2.1 公司简介

2.1.1 历史沿革

公司的前身是重庆国际信托投资公司，1984 年 10 月经中国人民银行批准成立，注册资本金为 3 500 万元。2002 年 1 月，公司引入战略投资者进行增资改制，并经中国人民银行总行《中国人民银行关于重庆国际信托投资有限公司重新登记有关事项的批复》(银复[2002]9 号)批准，获准重新登记，注册资本金增至 10.3373 亿元(含美元 1 565 万元)。2004 年末，公司进一步增资扩股，注册资本金增至 16.3373 亿元，取得了中国银行业监督管理委员会重庆监管局颁发的中华人民共和国金融许可证(编号为 K10226530H002)和重庆市工商行政管理局颁发的企业法人营业执照(注册号为 5000001800019)。2007 年 10 月，经中国银行业监督管理委员会《中国银监会关于重庆国际信托投资有限公司变更公司名称和业务范围的批复》(银监复[2007]461 号)批准变更公司名称、业务范围并领取新的金融许可证(编号为 K0051H250000001)。2010 年 11 月，经中国银行业监督管理委员会《关于批准重庆国际信托有限公司增加注册资本及调整股权结构等有关事项的批复》(银监复[2010]552 号)批准，公司注册资本由 16.3373 亿元增至 24.3873 亿元，公司股权结构由单一股东持股变更为多家机构投资者共同持股，该事项于 2010 年 12 月 22 日完成工商变更登记(注册号为 500000000005609)。2015 年 9 月，经中国银行业监督管理委员会重庆监管局渝《关于重庆国际信托有限公司变更名称及注册资本的批复》(银监复[2015]114 号)批准，公司完成股份制改造，变更名称为重庆国际信托股份有限公司，注册资本由 24.3873 亿元增至 128 亿元，该事项于 2015 年 9 月 29 日完成工商变更登记(注册号 91500000202805720T)。2017 年 12 月，经中国银行业监督管理委员会重庆监管局《关于重庆国际信托股份有限公司变更注册资本的批复》(渝银监复[2017]189 号)批准，公司注册资本金增至 150 亿元，该事项于 2017 年 12 月 21 日完成工商变更登记。

2.1.2 公司的法定中文名称:重庆国际信托股份有限公司
中文名称缩写:重庆信托
公司法定英文名称:Chongqing International Trust Inc.
英文名称缩写:CQITI

2.1.3 公司负责人:翁振杰

2.1.4 注册地址:重庆市渝北区龙溪街道金山路 9 号附 7 号

2.1.5 邮政编码:401147

2.1.6 公司国际互联网网址:http://www.cqiti.com

2.1.7 电子信箱:cqiti@cqiti.com

2.1.8 信息披露事务负责人:吕维
联系电话:023-89035888
传真:023-89035998
电子信箱:cqiti@cqiti.com

2.1.9 年度报告备置地点:重庆市渝中区民权路 107 号
信息披露报纸:《上海证券报》《证券时报》

2.1.10 聘请的会计师事务所:
信永中和会计师事务所(特殊普通合伙)
住所:北京市东城区朝阳门北大街 8 号富华大厦 A 座 8 层

2.1.11 聘请的律师事务所:
重庆索通律师事务所
住所:重庆市渝中区华盛路 7 号企业天地 7 号楼 10 层、11 层、12 层

## 2.2 组织结构

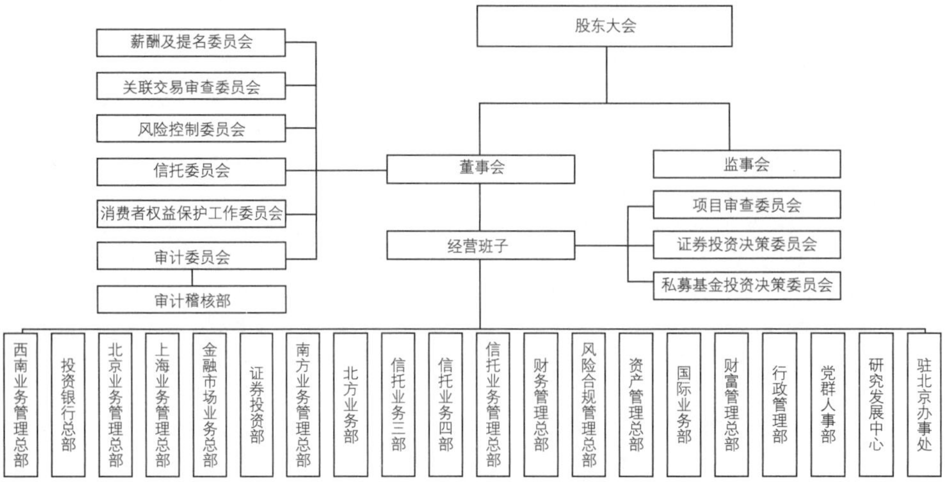


# 3. 公司治理

## 3.1 前三位股东

| 股东名称 | 持股比例(%) | 法定代表人 | 注册资本(亿元) | 注册地址 | 主要经营业务及主要财务情况 |
|---|---|---|---|---|---|
| 同方国信投资控股有限公司 | 66.99 | 刘勤勤 | 25.74 | 重庆市渝北区龙溪街道金山路9号附7号 | 依法进行项目投资与管理、投资咨询业务等。截至2018年末，同方国信合并资产总额为27 831 262.33万元，合并所有者权益为5 136 305.72万元，归属于母公司所有者权益为3 004 579.93万元；2018年，归属于母公司的净利润为269 252万元。 |
| 国寿投资控股有限公司 | 26.04 | 尹兆君 | 37.00 | 北京市朝阳区景华南街5号17层(14)1703单元 | 投资及投资管理；资产管理。2018年末，合并资产总额为2 147 371.52万元，合并所有者权益为1 526 650.22万元，归属于母公司净利润为152 009.51万元。 |
| 上海淮矿资产管理有限公司 | 4.10 | 马坤明 | 13.00 | 上海市浦东新区浦东南路256号803、804室 | 资产管理；实业投资；投资咨询；财务咨询；企业管理咨询；知识产权代理；国内贸易（除专项规定）；从事货物及技术的进出口业务。2018年末，合并资产总额为800 487.69万元，合并所有者权益为593 640.33万元。 |

注：2019年4月，上海淮矿资产管理有限公司注册资本增至16亿元。

## 3.2 董事

董事长、副董事长、董事

| 姓名 | 职务 | 性别 | 年龄(岁) | 选任日期 | 所推举的股东名称 | 该股东持股比例(%) | 简要履历 |
|---|---|---|---|---|---|---|---|
| 翁振杰 | 董事长 | 男 | 56 | 2018年11月30日 | 同方国信投资控股有限公司 | 66.99 | 硕士研究生，高级经济师，享受国务院特殊津贴专家。历任重庆三峡银行股份有限公司董事长，西南证券股份有限公司董事长，重庆市第三、第四届人大代表和人大常委会常委，民建九届中央经济委员会委员，民建十届中央财政金融委员会副主任等职；现任重庆国际信托股份有限公司董事长，重庆三峡银行股份有限公司董事，合肥科技农村商业银行股份有限公司董事，国都证券股份有限公司董事，中国信托业保障基金有限责任公司董事，中国信托登记有限责任公司董事，民建重庆市委副主委，政协重庆市第五届委员会常务委员，民建十一届中央财政金融委员会副主任。 |
| 时平生 | 董事 | 男 | 55 | 2018年11月30日 | 同方国信投资控股有限公司 | 66.99 | 硕士研究生，助理研究员。历任陕西证券常务副总经理，ITG（香港）风险投资公司北京代表处首席代表等职；现任中国新纪元有限公司董事长，重庆国际信托股份有限公司董事。 |
| 谢维宪 | 董事 | 男 | 63 | 2018年11月30日 | 同方国信投资控股有限公司 | 66.99 | 大学本科，高级工程师（管理）。历任中共中央政法委员会干部，北京市公安局海淀分局副局长，公安部正局级干部；现任重庆国际信托股份有限公司董事。 |
| 刘勤勤 | 董事 | 男 | 62 | 2018年11月30日 | 同方国信投资控股有限公司 | 66.99 | 硕士研究生，讲师、编辑。历任军事经济学院教官，财务理论教研室主任，总后勤部财务结算中心副主任等职；现任同方国信投资控股有限公司总经理，重庆国际信托股份有限公司董事。 |

续表

| 姓　名 | 职　务 | 性别 | 年龄（岁） | 选任日期 | 所推举的股东名称 | 该股东持股比例（%） | 简要履历 |
|---|---|---|---|---|---|---|---|
| 王荣武 | 董事 | 男 | 41 | 2018年11月30日 | 同方国信投资控股有限公司 | 66.99 | 博士研究生。历任中国民生银行北京管理部投资银行处、公司银行处处长、金融资产运营管理中心总经理，中国民生银行总行团委副书记等职；现任重庆国际信托股份有限公司董事。 |
| 窦仁政 | 董事 | 男 | 49 | 2018年11月30日 | 同方国信投资控股有限公司 | 66.99 | 硕士研究生，高级经济师。历任中国人民银行银行监管一司监管二处副处长，中国银监会财务会计部财务管理处副处长、会计制度处处长、中国银监会财务会计部副主任、中国银监会人事部副主任、组织部副部长及中国银监会国有重点金融机构监事会专职监事；现任重庆国际信托股份有限公司董事、总经理。 |

独立董事

| 姓　名 | 所在单位及职务 | 性别 | 年龄（岁） | 选任日期 | 所推举的单位名称 | 该股东持股比例（%） | 简要履历 |
|---|---|---|---|---|---|---|---|
| 雷世文 | 北京市天驰君泰律师事务所 | 男 | 54 | 2018年11月30日 | 重庆国际信托股份有限公司 | — | 硕士研究生。曾任职于安徽省机械工业厅、国家工商行政管理局；现任北京天驰君泰律师事务所高级合伙人、律师，重庆国际信托股份有限公司独立董事。 |
| 史锦杰 | 重庆市劳动保障局退休干部 | 男 | 71 | 2018年11月30日 | 重庆国际信托股份有限公司 | — | 大学本科，高级经济师。历任重庆市市中区副区长，巴南区区委书记，重庆市劳动保障局局长，重庆市三届政协常委等职；现任重庆国际信托股份有限公司独立董事。 |
| 王淑慧 | 北京化工大学经济管理学院硕士研究生导师 | 女 | 58 | 2018年11月30日 | 重庆国际信托股份有限公司 | — | 大学本科，教授，北京市教学名师。注册会计师、注册税务师、注册资产评估师。历任北京化工大学经济管理学院副院长、会计系与财务管理系主任等职；现任北京化工大学经济管理学院硕士研究生导师，重庆国际信托股份有限公司独立董事。 |
| 王友伟 | 重庆市国资委退休干部 | 男 | 74 | 2018年11月30日 | 重庆国际信托股份有限公司 | — | 高级经济师。历任重庆市团委书记，市总工会常务副主席，市旅游局局长、市企业工委、国资委副书记等职；现任重庆国际信托股份有限公司独立董事。 |

## 3.3 监事

监事会成员

| 姓　名 | 职　务 | 性别 | 年龄（岁） | 选任日期 | 所推举股东名称 | 该股东持股比例（%） | 简要履历 |
|---|---|---|---|---|---|---|---|
| 雷万亚 | 监事会主席 | 女 | 64 | 2018年11月30日 | 同方国信投资控股有限公司 | 66.99 | 硕士研究生，一级高级检察官。曾任重庆市人民检察院副检察长；现任重庆国际信托股份有限公司纪委书记、监事会主席。 |
| 吕朝阳 | 监事 | 男 | 47 | 2018年11月30日 | 上海淮矿资产管理有限公司 | 4.10 | 硕士研究生。现任上海淮矿资产管理有限公司董事、总经理，重庆国际信托股份有限公司监事。 |
| 张小龙 | 监事 | 男 | 43 | 2018年11月30日 | 国寿投资控股有限公司 | 26.04 | 硕士研究生。现任国寿投资控股有限公司风险管理部/信用评估部总经理助理，重庆国际信托股份有限公司监事。 |
| 胡雪莲 | 职工监事 | 女 | 45 | 2018年11月30日 | 重庆国际信托股份有限公司职代会 | — | 硕士研究生，注册会计师。现任重庆国际信托股份有限公司投资银行总部总裁、职工监事。 |
| 李　静 | 职工监事 | 女 | 39 | 2018年11月30日 | 重庆国际信托股份有限公司职代会 | — | 硕士研究生，律师。现任重庆国际信托股份有限公司党群人事部总裁、职工监事。 |

## 3.4 高级管理人员

| 姓　名 | 职　务 | 性别 | 年龄（岁） | 选任时期 | 金融从业年限（年） | 学　历 | 专　业 |
|---|---|---|---|---|---|---|---|
| 窦仁政 | 总经理 | 男 | 49 | 2018年12月7日 | 21 | 硕士 | 货币银行学 |
| 吕　维 | 副总裁 | 女 | 46 | 2018年12月7日 | 13 | 硕士 | 民商法 |
| 方　莉 | 副总裁 | 女 | 45 | 2018年12月7日 | 9 | 大专 | EMBA |
| 潘　峰 | 副总裁 | 男 | 42 | 2018年12月7日 | 19 | 本科 | 政治经济学 |
| 罗怀建 | 副总裁 | 男 | 42 | 2018年12月7日 | 19 | 本科 | 金融学、经济法 |
| 杨　帆 | 副总裁 | 男 | 58 | 2018年12月7日 | 27 | 博士 | 国际金融管理 |
| 祁绍斌 | 副总裁 | 男 | 51 | 2018年12月7日 | 26 | 博士 | 农业经济管理 |
| 叶凌风 | 副总裁 | 男 | 46 | 2018年12月7日 | 18 | 博士 | 国民经济 |

### 3.5 公司员工

| 项　目 | | 报告期 | |
|---|---|---|---|
| | | 人数(人) | 比例(%) |
| 学历分布 | 博士 | 7 | 4.64 |
| | 硕士 | 94 | 62.24 |
| | 本科 | 43 | 28.48 |
| | 专科 | 7 | 4.64 |
| | 其他 | — | — |
| 总人数(人) | | 151 | |
| 平均年龄(岁) | | 36 | |

## 4. 经营管理

### 4.1 经营目标、经营方针、战略规划

#### 4.1.1 经营目标

突出信托主业地位，公司以创新为核心推动信托业务拓展，重点为优质客户特别是机构客户提供综合性金融产品和服务；深化与其他金融机构的合作，不断提高控制、驾驭风险的能力，形成可持续发展的盈利模式和核心竞争力。在信托服务领域奠定全国性的行业领先地位，将公司建设成为全国一流的金融机构，充分实现公司价值、股东权益和社会效益的和谐发展。

#### 4.1.2 经营方针

公司坚持科学发展观，以诚信树品牌，以创新促发展；严控风险，稳健经营，发展壮大与风险防控并重，坚持依法合规经营。

#### 4.1.3 战略规划

公司立足重庆，紧跟"一带一路"倡议、长江经济带建设以及京津冀协同发展和成渝城市群发展规划等国家重大战略部署，以基础设施建设和金融投资为核心，大力发展信托主业，不断探索前沿业务，积极推进金融创新，力争公司信托规模、管理水平、盈利能力不断迈向新的高度；同时，积极探索与国内外金融机构的合作，引进优质战略资本及先进管理技术，不断提升公司的资本实力、管理水平和盈利能力。

### 4.2 经营业务的主要内容

#### 4.2.1 公司经营业务

公司经营业务由自营业务、信托业务等构成。自营业务主要开展贷款、金融机构股权投资、证券投资等业务；信托业务主要开展资金信托、财产或财产权信托、信贷(票据)资产转让、投资银行等业务。

#### 4.2.2 公司信托业务的主要品种

公司信托业务的主要品种是单一资金信托、集合资金信托、股权信托，按运用方式分为投资类信托、贷款类信托、财产(财产权)管理类信托。

#### 4.2.3 资产组合与分布

**自营资产运用与分布表**

| 资产运用 | 金额(万元) | 占比(%) | 资产分布 | 金额(万元) | 占比(%) |
|---|---|---|---|---|---|
| 货币资产 | 52 368.84 | 1.76 | 基础产业 | — | — |
| 贷款及应收款 | 229 965.43 | 7.72 | 房地产业 | 40 373.06 | 1.36 |

续表

| 资产运用 | 金额(万元) | 占比(%) | 资产分布 | 金额(万元) | 占比(%) |
|---|---|---|---|---|---|
| 以公允价值计量且其变动计入当期损益的金融资产 | 44 273.97 | 1.49 | 证券市场 | 191 596.58 | 6.43 |
| 可供出售金融资产 | 1 745 267.85 | 58.59 | 实业 | — | — |
| 持有至到期投资 | — | — | 金融机构 | 2 535 189.01 | 85.12 |
| 长期股权投资 | 780 142.48 | 26.19 | 其他 | 211 376.17 | 7.09 |
| 其他 | 126 516.25 | 4.25 | | | |
| 资产总计 | 2 978 534.82 | 100.00 | 资产总计 | 2 978 534.82 | 100.00 |

**信托资产运用与分布表**

| 资产运用 | 金额(万元) | 占比(%) | 资产分布 | 金额(万元) | 占比(%) |
|---|---|---|---|---|---|
| 货币资产 | 201 319.10 | 1.06 | 基础产业 | 784 800.00 | 4.12 |
| 贷款及应收款 | 6 645 820.67 | 34.89 | 房地产业 | 2 103 787.00 | 11.05 |
| 以公允价值计量且其变动计入当期损益的金融资产 | 743 565.66 | 3.90 | 证券市场 | 954 943.35 | 5.01 |
| 可供出售金融资产 | 6 930 566.38 | 36.39 | 实业 | 11 398 591.53 | 59.84 |
| 持有至到期投资 | 15 647.78 | 0.08 | 金融机构 | 1 943 953.04 | 10.21 |
| 长期股权投资 | 4 509 993.24 | 23.68 | 其他 | 1 860 837.91 | 9.77 |
| 其他 | — | — | — | — | — |
| 信托资产总计 | 19 046 912.83 | 100.00 | 信托资产总计 | 19 046 912.83 | 100.00 |

### 4.3 市场分析

面对国际政治经济风云变幻和国内结构调整阵痛带来的巨大困难挑战，党中央保持战略定力，坚持底线思维，加大改革开放创新力度，不断完善宏观调控，积极稳妥地应对中美经贸摩擦，强化稳就业、稳金融、稳外贸、稳外资、稳投资、稳预期，统筹稳增长、促改革、调结构、惠民生、防风险各项工作，经济运行实现了总体平稳、稳中有进，保持中高速增长。2018 年，国内生产总值首次突破 90 万亿元，比 2017 年增长 6.6%；分季度看，国内生产总值连续 16 个季度增速在 6.4% ~7.0%，经济运行稳定性和韧性明显增强。经济增速位居世界前五大经济体之首，对世界经济增长贡献率在 30% 左右，仍是世界经济增长的动力之源。

2019 年是中华人民共和国成立 70 周年，是全面建成小康社会的关键之年，保持经济平稳健康发展尤为重要。尽管当前国际环境深刻变化，国内结构性矛盾突出，经济运行稳中有变、变中有忧，下行压力加大，但我国发展仍处于重要战略机遇期，经济发展韧性好、潜力足、空间大的特征不会改变，长期向好的基本面不会改变。

#### 4.3.1 有利因素

4.3.1.1 供给侧结构性改革继续深化，信托发展迎来新机遇

深化金融供给侧结构性改革必须贯彻落实新发展理念，强化金融服务功能，找准金融服务重点，以服务实体经济、服务人民生活为本。信托业的发展与整体宏观经济的发展和经济结构的调整有着密切联系。随着供给侧结构性改革的深化，我国

实体经济转型升级步伐开始加快，传统企业产能优化、结构升级的资金需求巨大。实体经济转型升级中涉及的定增、并购重组等业务机会为信托业的转型和发展带来大量的新机会。同时，随着建设现代化经济体系和深化金融体制改革的推进，包括信托业在内的金融业服务实体经济的能力也将得到进一步提升。

4.3.1.2 财富管理需求旺盛，信托产品优势明显

当前中国财富管理市场规模达6万亿美元，财富管理产品线上化渗透率为34.6%，我国的财富管理已经进入繁荣发展的新时代。由于信托具备财富传承、风险隔离等天然优势，对于高净值客群的吸引力日趋上升，随着信托回归本源业务步伐的加快，居民收入的快速增长和居民财富的累积，以家族信托为代表的财富管理类信托业务发展空间巨大，将会为信托行业带来稳定的利润增长点，并持续注入转型发展的创新动力。

4.3.1.3 信托顶层设计深入推进，行业制度建设日趋完善

伴随着《关于规范金融机构资产管理业务的指导意见》《信托登记管理办法》《信托公司受托责任尽职指引》的正式发布，《信托法》修订和《信托公司管理条例》立法的有序推进，以及监管层正在研究、起草、完善《信托公司股权管理办法》《资金信托管理办法》《信托资本监管办法》等重要行业法规，信托业将迎来新的发展机遇。银保监会构建的信托业"一体三翼"运行体系将全面发挥作用，中国信登将继续推进形成以信托产品交易流转为核心的市场机制，为最终实现信托财产登记创造有利条件。以上基础设施建设的完善为信托行业长远健康发展奠定了坚实的基础。

4.3.1.4 公司资本实力逐步增强，市场竞争力稳步提高

公司坚持秉承"诚信、稳健、创新、求精"的经营理念，积极回归"受人之托、代人理财"的信托本源，在稳健发展传统信托业务的基础上，发挥信托专业优势，不断提高金融创新能力，严控风险，合规经营。公司注册资本为150亿元，归属于母公司净资产为229亿元，资本充足，资产优良，各项经营指标位居行业前列，为进一步提高服务实体经济能力和抗风险能力，实现持续稳定健康发展奠定了坚实的基础。

**4.3.2 不利因素**

4.3.2.1 监管政策继续趋严，信托业务面临结构调整

在党中央"防控金融风险"的整体工作部署下，2019年，包括信托业在内的整个金融行业将继续面临更严格、更全面、更有效的强监管政策。各监管机构合作，将逐步落实去通道、降杠杆、打破刚性兑付等政策。短期内可能使信托业面临资产配置和资金来源收窄的双重压力，信托传统经营模式受到挑战，通道类业务将持续缩减，如何顺应监管与市场形势，加强主动管理能力建设，寻求稳定可持续的增长点，将是信托公司最迫切的问题。

4.3.2.2 经济增速放缓，业务拓展及风险管理压力加大

尽管供给侧改革成效初现，但经济结构调整仍在深入推进，新的增长动能还未完全形成，预计2019年经济增速将继续放缓。部分实体企业经营困难将向信托行业传导。一方面，符合准入条件的项目将减少，加大信托公司展业难度；另一方面，局部风险仍处持续暴露期，房市调控效应、地方融资平台的处置等也会为信托带来新的风险隐患，这些因素都将对信托公司业务拓展和风险管理带来压力。相较于固有业务而言，当前信托业务的规模、增速、收入都已处于主导地位，但结合市场主导的信托产品为单一资金信托、事务管理类信托、被动管理型信托这一事实来看，目前信托公司依赖于牌照优势或者制度红利优势还比较明显，主动管理能力或整体管控能力还有待提升，信托业固守原有优势，业务开发、业务创新能力不足，衍生服务与高附加值产品相对于其他金融机构处于低水平。

4.3.2.3 资管市场竞争加剧，资金募集难度增加

2018年，资管新规"靴子"落地，未来大资管的竞争格局将愈加激烈。一方面，转型对相关机构的资管业务收入和利润增长形成一定冲击；另一方面，多家机构也以打破刚兑为核心，加大各种收益浮动的净值型产品的发行力度，并进行一系列业务架构和模式的调整，大资管行业的经营将更加多元化。此外，公司地处我国西部地区，人均资产在国内处于偏低水平，高净值客户较少，信托资金的募集难度较高，使得公司在竞争中的优势将有所削弱。

## 4.4 内部控制

**4.4.1 内部控制环境和内部控制文化**

公司按照《公司法》《信托公司管理办法》《信托公司治理指引》《信托公司受托责任尽职指引》和监管部门的要求，完善公司治理的相关制度和实施细则，进一步明确了"三会一层"的权责和制约关系，公司经营班子与下属部门也形成了有效的授权分责关系。

公司坚持"诚信、稳健、创新、求精"的经营理念，坚持以人为本，追求效率与效益，综合运用激励与福利机制，在积极向上的企业文化体系中实现员工与公司共同成长进步。

**4.4.2 内部控制措施**

公司董事会下设关联交易审查委员会、风险控制委员会、审计委员会、信托委员会、薪酬及提名委员会、消费者权益保护工作委员会，各委员会职责清晰、分工明确，协助董事会开展公司各项工作；引入了独立董事制度，并由独立董事出任信托委员会、审计委员会、关联交易审查委员会和消费者权益保护工作委员会主任委员，以控制公司重大业务的经营风险，实现公司业务的健康可持续发展；监事会有效履行监督职责。

公司按职责分离的原则设置内部各部门。前台部门（业务部门）对业务进行受理和初审，并负责实施项目的具体操作；中台（信托业务管理总部、风险合规管理总部等）对业务进行审查和事中控制；后台（财务管理总部等）对业务进行财务核算和管理。通过内部约束机制达到强化中台、后台对前台的控制反映和监督评价。

为了进一步完善业务经营机制、防范和化解风险，2018年，公司新制定了《信托业务档案管理办法》《业务连续性管理暂行办法》《案件报送及处置工作规程》等制度，并对公司业务和风险管理制度进行全面梳理、修订和分类整理，进一步明晰了各类信托业务管理流程，加强了项目的全流程管理。

**4.4.3 信息交流与反馈**

公司内部建立了良好的信息交流与反馈制度，通过公司内网、会议、座谈、报告、讲座等方式，公司经营班子和员工之间开展有效的互动和交流，相互传递政策信息；通过公司外部网站及报纸等媒介，根据法律法规规定向公众披露公司资产经营状

况;根据信托文件约定向信托委托人(受益人)及时披露信托财产管理运用等相关信息。

4.4.4 监督评价与纠正

公司的内控机制通过内部的自我完善和外部的检查督促来实现监督、评价和纠正,并在实际工作中得到检验。一是自我检验纠错,二是经监管部门的检查提示,在出现遗漏或不足时公司会采取相应措施加以完善。

公司从多方面入手,充分发挥内部审计的监督作用。2018年,内部审计的范围和深度进一步加强,全年出具各类内审报告253份。对审计过程中发现的问题及时与各部门沟通,要求限期完善或整改,并采取后续审计等方式进行跟踪,对防止风险出现或扩大,促进业务合法、合规、稳健经营发挥了积极作用。

## 4.5 风险管理

4.5.1 风险管理概况

公司坚持"宁可错过,不可做错"的风险管理理念,已形成一套比较完善和行之有效的风控机制、规章制度和操作流程,促进公司各项业务可持续发展。公司经营活动中可能遇到的风险主要有信用风险、市场风险、操作风险、其他风险(如政策风险、法律风险、道德风险、声誉风险)等。

4.5.2 风险状况

4.5.2.1 信用风险状况

信用风险主要是交易对手违约带来的风险,主要来自借款、对外担保、投资等业务。报告期内,公司严格按财政部和中国银保监会的要求,提足各项准备金。2018年末,公司信用风险资产按照资产五级分类标准分类结果为:(1)正常类资产为2 956 278.82万元;(2)关注类资产为253.06万元;(3)次级类资产无;(4)可疑类资产无;(5)损失类资产无。公司不良资产期初数为零、期末数为零。

4.5.2.2 市场风险状况

公司面临的市场风险主要是因股价、市场汇率、利率及其他价格因素变动而产生和可能产生的风险。对于公司开展的股票质押信托业务,侧重于选择业绩面好的股票,设置较低的质押率;同时引入了保证金追加制度和止损线,以有效防范市场波动风险;公司目前暂未开展外币业务,不受汇率市场变动影响;公司的信托贷款项目大部分为固定利率贷款,市场利率的变动对投资者的收益及公司信托报酬影响较小。

4.5.2.3 操作风险状况

操作风险主要是由于公司内部程序、人员、系统的不完善或失误,或外部事件而引发的风险。为实现公司标准化、制度化、规范化管理,报告期内,公司进一步清理、修订、拟订了一系列规章制度和操作流程,以提高预防和控制操作风险的能力;同时公司结合业务发展需要,加强员工培训,提高员工技能,加强流程控制;对于外部事件可能给公司经营带来的风险,公司制定专门的应急预案,实行突发事件预案管理。报告期内,公司未发生因操作风险带来的损失。

4.5.2.4 其他风险状况

公司面临的其他风险主要有政策风险、法律风险、道德风险、声誉风险等。报告期内,公司适时关注宏观经济政策、行业发展政策和信托业监管政策的变化对公司经营和业务运作带来的影响,顺应政策要求合理设计项目方案;加强公司员工专业技能、职业道德培训,组织开展合规考试,提升依法合规意识和风险管控能力。

4.5.3 风险管理

4.5.3.1 信用风险管理

公司对信用风险的管理,一是加强事前对交易对手(项目)或债务人的尽职调查,严格按照业务流程开展业务,强化项目风险控制措施的有效性和合法合规性;二是事中对交易对手(项目)进行跟踪检查,及时发现风险隐患苗头;三是对重点项目制定应急处置预案,及时化解已发生的风险,降低损失程度;四是事后对已结束项目进行审计和后续评价,以获取管理经验。此外,在产品结构设计时,通过结构化配置和多样化组合投资来分散和降低风险。

在自有业务方面,公司严格控制对外担保,截至报告日,对外担保余额为零;公司的短期投资主要投资于质地优良、风险低的金融类产品。2018年末,公司存续固有贷款余额为164 549万元,规模较小,风险可控。

在信托业务方面,公司依法合规履行受托人职责,按照公司信托业务相关管理制度以及各专门委员会议事规则的规定,从立项、审批、报备、产品发行,到项目后续管理、风险披露、清算分配,严格履行相应的审批手续。

4.5.3.2 市场风险管理

在加强市场风险管理方面,公司采取以下控制措施:发挥现有研发人员作用,积极吸引人才,加强对国家宏观经济政策、货币信贷政策、财政政策等领域的研究,及时掌握市场变化,为调整投资决策提供依据;对产业市场、资本市场等领域实行分散投资,根据公司整体安排,适时调整各领域的投资规模,合理安排期限结构;强化日常风险监控和报告制度,以便及时处置化解风险。

4.5.3.3 操作风险管理

公司根据最新监管规定及公司业务发展需要、部门调整等实际情况,对内部业务及风险管理制度等进行了一系列补充、修订和完善。公司坚持信托财产与固有财产之间,不同信托财产之间分别管理、分别记账的原则,在部门设置和人员安排上使前台、中台、后台部门分设和人员分离,业务交易、会计记录和后续管理监督分离;加强对员工的业务技能培训,强化员工的责任意识和道德水准;修改完善公司各类法律文本,以便规范化、标准化运行;通过制定业务操作制度和员工行为管理规范,强化员工法律意识、合规意识、风险意识;制定应急预案,适时启动奖惩机制等措施防范和控制操作风险。

4.5.3.4 其他风险管理

公司通过加强对宏观经济政策和行业政策的跟踪、研究,提高预见性;公司风险合规管理总部、信托业务管理总部、财务管理总部对交易行为或合同进行内部审查,聘请专门的律师事务所和会计师事务所协助公司开展项目法律审查和咨询,以防范和控制业务风险;公司加强职业道德和思想教育建设,通过开展培训和座谈、员工行为管理等措施防范和控制道德风险。公司还将根据业务发展规模的不断扩大和市场变化等情况,对公司风险管理措施进一步修改和完善。

## 4.6 企业社会责任

公司始终坚持党的领导,积极贯彻落实国家宏观经济和产业政策，以助力经济发展和服务民生为己任，在深化供给侧结构性改革背景下，以“十三五”时期经济社会发展的主要目标和基本理念为指引，利用信托制度的灵活性参与国家重大战略，助推国家经济结构调整，主动提高服务实体经济发展质效，在新资管时代拓展服务实体经济的深度和广度。

截至2018年末，公司累计为重庆市经济建设募集资金为1 593亿元，为人民群众创造财产性收入为620亿元，为促进重庆长江上游经济中心建设发挥了重要作用。公司主动响应“一带一路”倡议，主动对接京津冀协同发展、长江经济带建设等重大项目，提供综合金融支持，大力拓展公司服务社会、服务实体经济的空间。截至2018年末，公司在“一带一路”、长江经济带辐射区域内存续信托业务规模为1 817.25亿元，其中服务京津冀地区的信托规模为205.51亿元。

为解决中小微企业融资难的问题，公司集中金融资源成立了多个信托产品，以支持科创企业转型发展。截至2018年末，公司为小微企业提供信托业务服务规模为648.54亿元，为大批小微企业提供了资金支持，帮助其改善经营，升级产品技术，充分激发小微企业发展活力，从而有效带动地区经济发展和就业。

公司在加快自身发展的同时，从未忘记企业的社会责任和使命，坚持开展扶贫助困活动，积极投身公益事业，用心回馈社会。截至2018年末，公司累计向各类慈善活动捐款超过2.1亿元，主要包括“金色盾牌·重庆人民警察英烈救助基金公益信托”慰问救助捐款、“春蕾圆梦行动”、酉阳县扶贫捐款、奉节县扶贫捐款等。其中，公司发起设立的金色盾牌·重庆人民警察英烈救助基金公益信托已累计拨付慰问救助金1.49亿元，共救助慰问公安干警及其家属和相关人员超过12 000人次；2018年8月，公司成立首只慈善信托，名为重庆信托·春蕾圆梦慈善信托，为今后“春蕾圆梦行动”提供长期资金支持，已累计资助150多名重庆当地贫困女大学生。此外，公司作为重庆市政府办公厅扶贫集团成员，累计为酉阳县脱贫攻坚捐款超过160万元，2018年在市政府扶贫集团的统一安排下，公司扶贫攻坚阵地变更为奉节县，共捐赠32万元用于当地扶贫工作的开展。

根据监管要求，公司2018年消费者权益保护工作有序开展，结合公司实际，加强组织领导，健全制度机制，强化执行落实，提升产品和服务质效，切实保护了消费者的合法权益。公司按照监管部门的统一要求，积极开展2018年“金融知识进万家”“普及金融知识万里行”等多项消费者宣传教育活动，在活动开展过程中突出重点、紧抓节点、攻克难点、打造亮点，旨在通过开展常态化、经常性金融知识普及宣传活动，切实提高广大消费者的金融意识和金融素养。2018年，公司未发生投诉及二次投诉情况，未发生负面舆情及重大突发事件情况，未发生消费者诉讼及仲裁情况，未产生侵害消费者基本合法权益的情形。

## 5. 报告期末及上一年度末的比较式会计报表

### 5.1 自营资产

#### 5.1.1 会计师事务所审计意见

信永中和会计师事务所（特殊普通合伙）审计了公司财务报表，包括2018年12月31日的合并及母公司资产负债表，2018年度的合并及母公司利润表、合并及母公司现金流量表、合并及母公司所有者权益变动表以及财务报表附注。会计师事务所认为，公司财务报表在所有重大方面按照企业会计准则的规定编制，公允反映了公司2018年12月31日的合并及母公司财务状况以及2018年度的合并及母公司经营成果和现金流量。

#### 5.1.2 资产负债表

5.1.2.1 母公司资产负债表

**资产负债表**

2018年12月31日　　单位：万元

| 资　产 | 期末数 | 期初数 | 负债和所有者权益 | 期末数 | 期初数 |
|---|---|---|---|---|---|
| 资　产： | | | 负　债： | | |
| 现金及存放银行款项 | 52 368.84 | 99 507.40 | 向中央银行借款 | | |
| 拆出资金 | 5 000.00 | | 拆入资金 | 232 000.00 | 230 000.00 |
| 以公允价值计量且其变动计入当期损益的金融资产 | 44 273.97 | 38 881.92 | 交易性金融负债 | | |
| 买入返售金融资产 | 46 969.96 | 21 482.00 | 卖出回购金融资产款 | | |
| 应收股利 | 3 430.00 | | 应付职工薪酬 | 42 184.05 | 55 523.19 |
| 应收利息 | 339.92 | 2 183.64 | 应交税费 | 83 136.67 | 59 461.49 |
| 应收手续费及佣金 | 25 930.32 | 3 963.37 | 应付利息 | 1 309.58 | 914.75 |
| 其他应收款 | 33 184.42 | 15 123.85 | 其他应付款 | 24 255.12 | 41 321.38 |
| 预付账款 | | | 预收手续费及佣金 | 635.75 | 1 339.55 |
| 贷款及垫款 | 162 080.77 | 307 221.50 | 应付债券 | | |
| 可供出售金融资产 | 1 745 267.85 | 1 470 042.24 | 递延所得税负债 | 7 804.81 | 16 768.91 |
| 持有至到期投资 | | | 其他负债 | 340 000.00 | 340 000.00 |

续表

| 资　　产 | 期末数 | 期初数 | 负债和所有者权益 | 期末数 | 期初数 |
|---|---|---|---|---|---|
| 长期股权投资 | 780 142. 48 | 758 652. 39 | 负债合计 | 731 325. 98 | 745 329. 27 |
| 投资性房地产 | 528. 07 | 545. 91 | | | |
| 固定资产 | 3 425. 87 | 3 587. 24 | 所有者权益： | | |
| 无形资产 | 30. 01 | 54. 04 | 实收资本 | 1 500 000. 00 | 1 500 000. 00 |
| 递延所得税资产 | 20 494. 75 | 21 979. 96 | 资本公积 | 213 169. 49 | 213 169. 49 |
| 抵债资产 | | | 其他综合收益 | -141 604. 48 | -116 243. 58 |
| 其他资产 | 55 067. 59 | 46 281. 57 | 盈余公积 | 101 652. 38 | 75 813. 18 |
| | | | 一般风险准备 | 43 993. 12 | 41 524. 83 |
| | | | 信托赔偿准备 | 50 826. 19 | 37 906. 59 |
| | | | 未分配利润 | 479 172. 14 | 292 007. 25 |
| | | | 所有者权益合计 | 2 247 208. 84 | 2 044 177. 76 |
| 资产总计 | 2 978 534. 82 | 2 789 507. 03 | 负债和所有者权益总计 | 2 978 534. 82 | 2 789 507. 03 |

5. 1. 2. 2　合并资产负债表

**合并资产负债表**

2018 年 12 月 31 日

单位：万元

| 资　　产 | 期末数 | 期初数 | 负债和所有者权益 | 期末数 | 期初数 |
|---|---|---|---|---|---|
| 资　产： | | | 负　债： | | |
| 现金及存放银行款项 | 2 483 977. 41 | 2 095 264. 78 | 向中央银行借款 | 61 100. 00 | 139 820. 00 |
| 拆出资金 | 1 065 589. 60 | 185 961. 03 | 同业及其他金融机构存放款项 | 553 881. 33 | 873 707. 24 |
| 以公允价值计量且其变动计入当期损益的金融资产 | 519 939. 04 | 1 194 058. 39 | 拆入资金 | 1 000 124. 26 | 124 285. 74 |
| 买入返售金融资产 | 1 192 509. 61 | 2 851 912. 53 | 卖出回购金融资产款 | 1 099 079. 75 | 2 949 776. 79 |
| 应收利息 | 123 993. 78 | 107 885. 52 | 吸收存款 | 12 446 388. 56 | 12 379 932. 72 |
| 应收手续费及佣金 | 26 562. 45 | 4 544. 41 | 应付职工薪酬 | 74 814. 81 | 85 054. 96 |
| 其他应收款 | 37 005. 17 | 19 453. 52 | 应交税费 | 89 987. 70 | 82 657. 53 |
| 预付账款 | 150. 28 | 92. 91 | 应付利息 | 133 157. 90 | 114 071. 78 |
| 发放贷款及垫款 | 6 496 846. 92 | 4 692 017. 74 | 应付股利 | 2 271. 62 | 1 345. 07 |
| 可供出售金融资产 | 3 257 381. 73 | 3 802 394. 06 | 其他应付款 | 211 654. 91 | 123 412. 40 |
| 持有至到期投资 | 2 560 676. 66 | 1 698 948. 06 | 预收手续费及佣金 | 6 289. 08 | 1 472. 69 |
| 应收款项类投资 | 4 467 425. 02 | 5 107 601. 88 | 应付债券 | 3 633 283. 21 | 2 244 038. 31 |
| 长期股权投资 | 410 491. 02 | 389 000. 93 | 递延所得税负债 | 8 536. 58 | 19 383. 83 |
| 投资性房地产 | 528. 07 | 545. 91 | 其他负债 | 392 714. 07 | 400 859. 04 |
| 固定资产 | 35 220. 15 | 37 164. 18 | 负债合计 | 19 713 283. 78 | 19 539 818. 10 |
| 在建工程 | 23 608. 48 | 16 513. 57 | 所有者权益： | | |
| 无形资产 | 12 281. 21 | 9 114. 85 | 实收资本 | 1 500 000. 00 | 1 500 000. 00 |
| 商誉 | | | 资本公积 | 213 222. 78 | 213 222. 78 |
| 递延所得税资产 | 85 401. 16 | 103 149. 47 | 其他综合收益 | -128 641. 23 | -116 389. 69 |
| 其他资产 | 190 226. 96 | 158 946. 64 | 盈余公积 | 101 724. 31 | 75 885. 11 |
| | | | 一般风险准备 | 44 355. 51 | 41 864. 60 |
| | | | 信托赔偿准备 | 50 826. 19 | 37 906. 59 |
| | | | 未分配利润 | 508 496. 07 | 299 076. 72 |
| | | | 归属于母公司的权益 | 2 289 983. 63 | 2 051 566. 11 |
| | | | 少数股东权益 | 986 547. 31 | 883 186. 17 |
| | | | 所有者权益合计 | 3 276 530. 94 | 2 934 752. 28 |
| 资产总计 | 22 989 814. 72 | 22 474 570. 38 | 负债和所有者权益总计 | 22 989 814. 72 | 22 474 570. 38 |

### 5.1.3 利润表

#### 5.1.3.1 母公司利润表

**利润表**

2018 年度　　单位:万元

| 项　　目 | 本年数 | 上年数 |
|---|---|---|
| 一、营业收入 | 320 958.24 | 386 986.65 |
| 利息净收入 | -7 380.01 | 1 631.87 |
| 利息收入 | 16 565.00 | 21 592.45 |
| 利息支出 | 23 945.01 | 19 960.58 |
| 手续费及佣金净收入 | 198 670.65 | 213 566.24 |
| 手续费及佣金收入 | 199 149.31 | 214 121.84 |
| 手续费及佣金支出 | 478.66 | 555.60 |
| 投资收益(损失以"-"号填列) | 138 400.64 | 169 871.24 |
| 其中:对联营企业和合营企业的投资收益 | 31 557.94 | 82 072.70 |
| 公允价值变动收益(损失以"-"号填列) | -9 609.79 | 1 141.65 |
| 汇兑收益(损失以"-"号填列) | 0.04 | 0.08 |
| 其他业务收入 | 808.87 | 775.57 |
| 其他收益 | 67.84 | |
| 二、营业支出 | 3 861.69 | 11 504.69 |
| 税金及附加 | 1 805.27 | 7 435.80 |
| 业务及管理费 | 4 250.07 | 4 443.81 |
| 资产减值损失 | -2 211.49 | -392.76 |
| 其他业务成本 | 17.84 | 17.84 |
| 三、营业利润(亏损以"-"号填列) | 317 096.55 | 375 481.96 |
| 加:营业外收入 | 11 193.47 | 11 906.91 |
| 减:营业外支出 | 176.15 | 528.92 |
| 四、利润总额(亏损总额以"-"号填列) | 328 113.87 | 386 859.95 |
| 减:所得税费用 | 69 721.89 | 56 389.21 |
| 五、净利润(净亏损以"-"号填列) | 258 391.98 | 330 470.74 |
| 六、其他综合收益的税后净额 | -25 360.90 | -61 055.14 |
| 七、综合收益总额 | 233 031.08 | 269 415.60 |

#### 5.1.3.2 合并利润表

**合并利润表**

2018 年度　　单位:万元

| 项　　目 | 本年数 | 上年数 |
|---|---|---|
| 一、营业收入 | 691 059.55 | 708 912.19 |
| 利息净收入 | 356 833.77 | 346 907.50 |
| 利息收入 | 924 242.10 | 845 474.91 |
| 利息支出 | 567 408.33 | 498 567.41 |
| 手续费及佣金净收入 | 211 245.94 | 235 621.88 |
| 手续费及佣金收入 | 217 727.73 | 241 486.41 |
| 手续费及佣金支出 | 6 481.79 | 5 864.53 |
| 投资收益(损失以"-"号填列) | 130 696.30 | 123 016.91 |
| 其中:对联营企业和合营企业的投资收益 | 31 557.94 | 34 212.21 |
| 公允价值变动收益(损失以"-"号填列) | -11 403.06 | 1 363.65 |
| 汇兑收益(损失以"-"号填列) | 1 370.72 | -166.65 |
| 其他业务收入 | 209.64 | 113.07 |
| 资产处置收益(损失以"-"号填列) | 224.31 | 1 314.47 |
| 其他收益 | 1 881.93 | 741.36 |
| 二、营业支出 | 225 797.17 | 164 551.98 |
| 税金及附加 | 6 762.47 | 13 496.47 |
| 业务及管理费 | 143 603.19 | 132 284.55 |
| 资产减值损失 | 73 861.26 | 18 527.28 |
| 其他业务成本 | 1 570.25 | 243.68 |
| 三、营业利润(亏损以"-"号填列) | 465 262.38 | 544 360.21 |
| 加:营业外收入 | 11 504.14 | 12 517.87 |
| 减:营业外支出 | 561.16 | 715.59 |
| 四、利润总额(亏损总额以"-"号填列) | 476 205.36 | 556 162.49 |
| 减:所得税费用 | 103 490.12 | 108 149.94 |
| 五、净利润(净亏损以"-"号填列) | 372 715.24 | 448 012.55 |
| 归属于母公司的净利润 | 280 646.44 | 331 113.81 |
| 少数股东损益 | 92 068.80 | 116 898.74 |
| 六、其他综合收益的税后净额 | 19 818.45 | -101 526.85 |
| 七、综合收益总额 | 392 533.69 | 346 485.70 |
| 归属于母公司股东的综合收益总额 | 268 394.90 | 269 987.68 |
| 归属于少数股东的综合收益总额 | 124 138.79 | 76 498.02 |

### 5.1.4 所有者权益变动表

#### 5.1.4.1 母公司所有者权益变动表

**所有者权益变动表**

2018 年度

单位：万元

| 项　目 | 本年金额 | | | | | | | |
|---|---|---|---|---|---|---|---|---|
| | 实收资本 | 资本公积 | 其他综合收益 | 盈余公积 | 一般风险准备 | 信托赔偿准备 | 未分配利润 | 所有者权益合计 |
| 一、上年年末余额 | 1 500 000. 00 | 213 169. 49 | -116 243. 58 | 75 813. 18 | 41 524. 83 | 37 906. 59 | 292 007. 25 | 2 044 177. 76 |
| 加：会计政策变更 | | | | | | | | |
| 前期差错更正 | | | | | | | | |
| 其他 | | | | | | | | |
| 二、本年年初余额 | 1 500 000. 00 | 213 169. 49 | -116 243. 58 | 75 813. 18 | 41 524. 83 | 37 906. 59 | 292 007. 25 | 2 044 177. 76 |
| 三、本年增减变动金额（减少以"－"号填列） | | | -25 360. 90 | 25 839. 20 | 2 468. 29 | 12 919. 60 | 187 164. 89 | 203 031. 08 |
| （一）综合收益总额 | | | -25 360. 90 | | | | 258 391. 98 | 233 031. 08 |
| （二）所有者投入和减少资本 | | | | | | | | |
| 1. 所有者投入资本 | | | | | | | | |
| 2. 股份支付计入所有者权益的金额 | | | | | | | | |
| 3. 其他 | | | | | | | | |
| （三）利润分配 | | | | 25 839. 20 | 2 468. 29 | 12 919. 60 | -71 227. 09 | -30 000. 00 |
| 1. 提取盈余公积 | | | | 25 839. 20 | | | -25 839. 20 | |
| 2. 提取一般风险准备 | | | | | 2 468. 29 | | -2 468. 29 | |
| 3. 提取信托赔偿准备 | | | | | | 12 919. 60 | -12 919. 60 | |
| 4. 对所有者（或股东）的分配 | | | | | | | -30 000. 00 | -30 000. 00 |
| （四）所有者权益（或股东权益）内部结转 | | | | | | | | |
| 1. 资本公积转增资本（或股本） | | | | | | | | |
| 2. 盈余公积转增资本（或股本） | | | | | | | | |
| 3. 盈余公积弥补亏损 | | | | | | | | |
| 4. 一般风险准备弥补亏损 | | | | | | | | |
| 5. 其他 | | | | | | | | |
| 四、本年年末余额 | 1 500 000. 00 | 213 169. 49 | -141 604. 48 | 101 652. 38 | 43 993. 12 | 50 826. 19 | 479 172. 14 | 2 247 208. 84 |

**所有者权益变动表（续）**

2018 年度

单位：万元

| 项　目 | 上年金额 | | | | | | | |
|---|---|---|---|---|---|---|---|---|
| | 实收资本 | 资本公积 | 其他综合收益 | 盈余公积 | 一般风险准备 | 信托赔偿准备 | 未分配利润 | 所有者权益合计 |
| 一、上年年末余额 | 1 280 000. 00 | 213 169. 49 | -55 188. 44 | 44 689. 45 | 38 235. 02 | 22 344. 73 | 301 945. 32 | 1 845 195. 57 |
| 加：会计政策变更 | | | | | | | | |
| 前期差错更正 | | | | -1 923. 34 | -288. 50 | -961. 67 | -16 059. 90 | -19 233. 41 |
| 其他 | | | | | | | | |
| 二、本年年初余额 | 1 280 000. 00 | 213 169. 49 | -55 188. 44 | 42 766. 11 | 37 946. 52 | 21 383. 06 | 285 885. 42 | 1 825 962. 16 |
| 三、本年增减变动金额（减少以"—"号填列） | 220 000. 00 | | -61 055. 14 | 33 047. 07 | 3 578. 31 | 16 523. 53 | 6 121. 83 | 218 215. 60 |
| （一）综合收益总额 | | | -61 055. 14 | | | | 330 470. 74 | 269 415. 60 |
| （二）所有者投入和减少资本 | | | | | | | | |
| 1. 所有者投入资本 | | | | | | | | |
| 2. 股份支付计入所有者权益的金额 | | | | | | | | |
| 3. 其他 | | | | | | | | |
| （三）利润分配 | | | | 33 047. 07 | 3 578. 31 | 16 523. 53 | -104 348. 91 | -51 200. 00 |
| 1. 提取盈余公积 | | | | 33 047. 07 | | | -33 047. 07 | |
| 2. 提取一般风险准备 | | | | | 3 578. 31 | | -3 578. 31 | |
| 3. 提取信托赔偿准备 | | | | | | 16 523. 53 | -16 523. 53 | |
| 4. 对所有者（或股东）的分配 | | | | | | | -51 200. 00 | -51 200. 00 |
| （四）所有者权益（或股东权益）内部结转 | 220 000. 00 | | | | | | -220 000. 00 | |
| 1. 资本公积转增资本（或股本） | | | | | | | | |
| 2. 盈余公积转增资本（或股本） | | | | | | | | |
| 3. 盈余公积弥补亏损 | | | | | | | | |
| 4. 一般风险准备弥补亏损 | | | | | | | | |
| 5. 其他 | 220 000. 00 | | | | | | -220 000. 00 | |
| 四、本年年末余额 | 1 500 000. 00 | 213 169. 49 | -116 243. 58 | 75 813. 18 | 41 524. 83 | 37 906. 59 | 292 007. 25 | 2 044 177. 76 |

5.1.4.2　合并所有者权益变动表

## 合并所有者权益变动表

2018 年度

单位:万元

| 项　　目 | 本年金额 | | | | | | | | |
|---|---|---|---|---|---|---|---|---|---|
| | 归属于母公司股东的权益 | | | | | | | 少数股东权益 | 所有者权益合计 |
| | 实收资本 | 资本公积 | 其他综合收益 | 盈余公积 | 一般风险准备 | 信托赔偿准备 | 未分配利润 | | |
| 一、上年年末余额 | 1 500 000.00 | 213 222.78 | -116 389.69 | 75 885.11 | 41 864.60 | 37 906.59 | 299 076.72 | 883 186.17 | 2 934 752.28 |
| 加:会计政策变更 | | | | | | | | | |
| 前期差错更正 | | | | | | | | | |
| 其他 | | | | | | | | | |
| 二、本年年初余额 | 1 500 000.00 | 213 222.78 | -116 389.69 | 75 885.11 | 41 864.60 | 37 906.59 | 299 076.72 | 883 186.17 | 2 934 752.28 |
| 三、本年增减变动金额(减少以“-”号填列) | | | -12 251.54 | 25 839.20 | 2 490.91 | 12 919.60 | 209 419.35 | 103 361.14 | 341 778.66 |
| (一)综合收益总额 | | | -12 251.54 | | | | 280 646.44 | 124 138.79 | 392 533.69 |
| (二)所有者投入和减少资本 | | | | | | | | | |
| 1. 所有者投入资本 | | | | | | | | | |
| 2. 股份支付计入所有者权益的金额 | | | | | | | | | |
| 3. 其他 | | | | | | | | | |
| (三)利润分配 | | | | 25 839.20 | 2 468.29 | 12 919.60 | -71 227.09 | -20 777.65 | -50 777.65 |
| 1. 提取盈余公积 | | | | 25 839.20 | | | -25 839.20 | | |
| 2. 提取一般风险准备 | | | | | 2 468.29 | | -2 468.29 | | |
| 3. 提取信托赔偿准备 | | | | | | 12 919.60 | -12 919.60 | | |
| 4. 对所有者(或股东)的分配 | | | | | | | -30 000.00 | -20 777.65 | -50 777.65 |
| (四)所有者权益内部结转 | | | | | | | | | |
| 1. 资本公积转增资本 | | | | | | | | | |
| 2. 盈余公积转增资本 | | | | | | | | | |
| 3. 盈余公积弥补亏损 | | | | | | | | | |
| 4. 一般风险准备弥补亏损 | | | | | | | | | |
| 5. 其他 | | | | | | | | | |
| (五)同一控制下合并结转 | | | | | | | | | |
| (六)其他 | | | | | 22.62 | | | | 22.62 |
| 四、本年年末余额 | 1 500 000.00 | 213 222.78 | -128 641.23 | 101 724.31 | 44 355.51 | 50 826.19 | 508 496.07 | 986 547.31 | 3 276 530.94 |

## 合并所有者权益变动表(续)

2018 年度

单位:万元

| 项　　目 | 上年金额 | | | | | | | | |
|---|---|---|---|---|---|---|---|---|---|
| | 归属于母公司股东的权益 | | | | | | | 少数股东权益 | 所有者权益合计 |
| | 实收资本 | 资本公积 | 其他综合收益 | 盈余公积 | 一般风险准备 | 信托赔偿准备 | 未分配利润 | | |
| 一、上年年末余额 | 1 280 000.00 | 213 222.78 | -55 263.56 | 44 761.38 | 38 531.42 | 22 344.73 | 308 371.72 | 837 974.79 | 2 689 943.26 |
| 加:会计政策变更 | | | | | | | | | |
| 前期差错更正 | | | | -1 923.34 | -288.50 | -961.67 | -16 059.90 | | -19 233.41 |
| 其他 | | | | | | | | | |
| 二、本年年初余额 | 1 280 000.00 | 213 222.78 | -55 263.56 | 42 838.04 | 38 242.92 | 21 383.06 | 292 311.82 | 837 974.79 | 2 670 709.85 |
| 三、本年增减变动金额(减少以“-”号填列) | 220 000.00 | | -61 126.13 | 33 047.07 | 3 621.68 | 16 523.53 | 6 764.90 | 45 211.38 | 264 042.43 |
| (一)综合收益总额 | | | -61 126.13 | | | | 331 113.81 | 76 498.02 | 346 485.70 |
| (二)所有者投入和减少资本 | | | | | | | | | |
| 1. 所有者投入资本 | | | | | | | | | |
| 2. 股份支付计入所有者权益的金额 | | | | | | | | | |
| 3. 其他 | | | | | | | | | |
| (三)利润分配 | | | | 33 047.07 | 3 578.31 | 16 523.53 | -104 348.91 | -31 286.64 | -82 486.64 |
| 1. 提取盈余公积 | | | | 33 047.07 | | | -33 047.07 | | |
| 2. 提取一般风险准备 | | | | | 3 578.31 | | -3 578.31 | | |
| 3. 提取信托赔偿准备 | | | | | | 16 523.53 | -16 523.53 | | |
| 4. 对所有者(或股东)的分配 | | | | | | | -51 200.00 | -31 286.64 | -82 486.64 |
| (四)所有者权益内部结转 | 220 000.00 | | | | | | -220 000.00 | | |
| 1. 资本公积转增资本 | | | | | | | | | |
| 2. 盈余公积转增资本 | | | | | | | | | |
| 3. 盈余公积弥补亏损 | | | | | | | | | |
| 4. 一般风险准备弥补亏损 | | | | | | | | | |
| 5. 其他 | 220 000.00 | | | | | | -220 000.00 | | |
| (五)同一控制下合并结转 | | | | | | | | | |
| (六)其他 | | | | | 43.37 | | | | 43.37 |
| 四、本年年末余额 | 1 500 000.00 | 213 222.78 | -116 389.69 | 75 885.11 | 41 864.60 | 37 906.59 | 299 076.72 | 883 186.17 | 2 934 752.28 |

## 5.2 信托资产

### 5.2.1 信托项目资产负债汇总表

**信托项目资产负债表**

2018 年 12 月 31 日　　单位:万元

| 信托资产 | 期末余额 | 期初余额 | 信托负债和信托权益 | 期末余额 | 期初余额 |
|---|---|---|---|---|---|
| 信托资产: | — | — | 信托负债: | — | — |
| 货币资金 | 201 319. 10 | 468 759. 01 | 交易性金融负债 | — | — |
| 拆出资金 | — | — | 衍生金融负债 | — | — |
| 存出保证金 | — | — | 应付受托人报酬 | 261. 06 | 32. 02 |
| 以公允价值计量且其变动计入当期损益的金融资产 | 739 295. 56 | 1 717 529. 36 | 应付托管费 | 25. 17 | 34. 13 |
| 衍生金融资产 | — | — | 应付受益人收益 | 430. 55 | 385. 20 |
| 买入返售金融资产 | 4 270. 10 | 62 620. 42 | 应交税费 | 2 799. 95 | 92. 00 |
| 应收款项 | 1 341 880. 76 | 854 365. 81 | 应付销售服务费 | — | — |
| 发放贷款 | 5 303 939. 91 | 3 544 917. 05 | 其他应付款项 | 488 258. 98 | 391 328. 17 |
| 可供出售金融资产 | 6 930 566. 38 | 8 645 080. 97 | 预计负债 | — | — |
| 持有至到期投资 | 15 647. 78 | — | 其他负债 | — | — |
| 长期应收款 | — | — | 信托负债合计 | 491 775. 71 | 391 871. 52 |
| 长期股权投资 | 4 509 993. 24 | 3 529 992. 21 | | | |
| 投资性房地产 | — | — | | | |
| 固定资产 | — | — | 信托权益: | | |
| 无形资产 | — | — | 实收信托 | 18 830 802. 49 | 18 818 682. 47 |
| 长期待摊费用 | — | — | 资本公积 | — | — |
| 其他资产 | — | — | 未分配利润 | -275 665. 37 | -387 289. 16 |
| 减:各项资产减值准备 | — | — | 信托权益合计 | 18 555 137. 12 | 18 431 393. 31 |
| 信托资产总计: | 19 046 912. 83 | 18 823 264. 83 | 信托负债和信托权益总计: | 19 046 912. 83 | 18 823 264. 83 |

### 5.2.2 信托项目利润及利润分配汇总表

**信托项目利润及利润分配表**

2018 年度　　单位:万元

| 项　目 | 本年数 | 上年数 |
|---|---|---|
| 一、营业收入 | 793 796. 21 | 767 919. 62 |
| 利息收入 | 330 083. 98 | 291 618. 71 |
| 投资收益(损失以"-"号填列) | 345 453. 97 | 601 338. 21 |
| 其中:对联营企业和合营企业的投资收益 | — | — |
| 公允价值变动收益(损失以"-"号填列) | -52 601. 05 | -235 691. 03 |
| 租赁收入 | — | — |
| 汇兑损益(损失以"-"号填列) | — | — |
| 其他收入 | 170 859. 31 | 110 653. 73 |
| 二、营业支出 | 238 782. 47 | 262 303. 93 |
| 税金及附加 | 3 222. 04 | — |
| 受托人报酬 | 167 283. 06 | 198 395. 30 |
| 保管费 | 3 049. 31 | 3 858. 53 |
| 投资管理费 | 554. 47 | 1 184. 99 |
| 销售服务费 | 791. 97 | 4 731. 80 |
| 交易费用 | — | 3. 95 |
| 资产减值损失 | — | — |
| 其他费用 | 63 881. 62 | 54 129. 36 |
| 三、信托净利润(净亏损以"-"号填列) | 555 013. 74 | 505 615. 69 |
| 四、其他综合收益 | — | — |
| 五、综合收益 | 555 013. 74 | 505 615. 69 |
| 加:期初未分配信托利润 | -387 289. 16 | -98 743. 48 |
| 六、可供分配的信托利润 | 167 724. 58 | 406 872. 21 |
| 减:本期已分配信托利润 | 443 389. 95 | 794 161. 37 |
| 七、期末未分配信托利润 | -275 665. 37 | -387 289. 16 |

# 6. 会计报表附注

## 6.1 会计报表编制基准、会计政策、会计估计和核算方法的变化

报告年度会计报表编制基准、会计估计和会计政策未发生变化。

公司持有重庆三峡银行 28.9957% 的股权,为其控股股东,按照《企业会计准则》的有关规定和证监会《首发业务若干问题解答(一)》的有关解释,自 2018 年起,公司将其纳入合并报表,相关合并认定为同一控制下的企业合并;其他核算方法未发生变化。

## 6.2 或有事项说明

### 6.2.1 对外担保

单位:万元

| 项目 | 年末数 | 年初数 |
|---|---|---|
| 对外担保 | — | — |
| 合计 | — | — |

### 6.2.2 重大承诺事项

本报告期内公司无重大承诺事项。

## 6.3 重要资产转让及其出售的说明

本报告期内公司无重要资产转让及其出售情况。

## 6.4 会计报表中重要项目的明细资料

### 6.4.1 自营资产经营情况

6.4.1.1 资产风险分类结果

| 信用风险资产五级分类 | 正常类（万元） | 关注类（万元） | 次级类（万元） | 可疑类（万元） | 损失类（万元） | 信用风险资产合计（万元） | 不良资产合计（万元） | 不良资产率（%） |
|---|---|---|---|---|---|---|---|---|
| 期初数 | 2 767 733.18 | 293.95 | — | — | — | 2 768 027.13 | 0.00 | 0.00 |
| 期末数 | 2 956 278.82 | 253.06 | — | — | — | 2 956 531.88 | 0.00 | 0.00 |

6.4.1.2 各项资产减值损失准备

单位：万元

| 项 目 | 期初数 | 本期计提 | 本期核销 | 其他增加 | 期末数 |
|---|---|---|---|---|---|
| 贷款损失准备 | 4 678.50 | −2 210.26 | — | — | 2 468.24 |
| 一般准备 | 4 678.50 | −2 210.26 | — | — | 2 468.24 |
| 专项准备 | — | — | — | — | — |
| 其他资产减值准备 | 8.82 | −1.23 | — | — | 7.59 |
| 可供出售金融资产减值准备 | — | — | — | — | — |
| 持有至到期投资减值准备 | — | — | — | — | — |
| 长期股权投资减值准备 | — | — | — | — | — |
| 坏账准备 | 8.82 | −1.23 | — | — | 7.59 |
| 投资性房地产减值准备 | — | — | — | — | — |

6.4.1.3 股票投资、基金投资、债券投资、股权投资等投资业务

单位：万元

| 项目 | 自营股票 | 基金 | 债券 | 长期股权投资 | 其他投资 | 合计 |
|---|---|---|---|---|---|---|
| 期初数 | 220 666.87 | 342.75 | 1 016.19 | 758 652.39 | 1 333 027.51 | 2 313 705.71 |
| 期末数 | 170 262.92 | 21 333.66 | — | 780 142.48 | 1 649 277.73 | 2 621 016.79 |

6.4.1.4 前三名的自营长期股权投资

| 企业名称 | 占被投资企业权益的比例（%） | 主要经营活动 | 投资损益（万元） |
|---|---|---|---|
| 1. 重庆三峡银行股份有限公司 | 28.9957 | 人民币业务；吸收存款；发放贷款；办理国内结算等经中国人民银行批准的业务。 | 7 027.02 |
| 2. 合肥科技农村商业银行股份有限公司 | 24.99 | 吸收公众存款；发放短期、中期和长期贷款；办理国内结算等经中国银行业监督管理委员会批准的业务。 | 19 526.50 |
| 3. 中国信托业保障基金有限责任公司 | 13.04 | 受托管理保障基金；参与托管和关闭清算信托公司；通过融资、注资等方式向信托公司提供流动性支持；收购、受托经营信托公司的固有财产，并进行管理、投资和处置等依法经相关部门批准后依批准展开的经营活动。 | 12 476.65 |

6.4.1.5 前三名的自营贷款

| 企业名称 | 占贷款总额的比例（%） | 还款情况 |
|---|---|---|
| 雅居乐教育投资管理有限公司 | 60.77 | 已于 2019 年 1 月 2 日收回 |
| 四川九寨天堂国际会议度假中心有限公司 | 24.31 | 尚未到期 |
| 重庆中渝物业发展有限公司 | 12.16 | 尚未到期 |

6.4.1.6 表外业务

单位：万元

| 表外业务 | 期初数 | 期末数 |
|---|---|---|
| 担保业务 | — | — |
| 代理业务（委托业务） | — | — |
| 其他 | — | — |
| 合计 | — | — |

6.4.1.7 公司当年的收入结构

**母公司口径**

| 收入结构 | 金额（万元） | 占比（%） |
|---|---|---|
| 手续费及佣金收入 | 199 149.31 | 55.85 |
| 其中：信托手续费收入 | 189 804.84 | 53.23 |
| 投资银行业务收入 | 9 344.47 | 2.62 |
| 利息收入 | 16 565.00 | 4.65 |
| 其他业务收入 | 876.75 | 0.25 |
| 投资收益 | 138 400.64 | 38.81 |
| 其中：股权投资收益 | 42 014.96 | 11.78 |
| 证券投资收益 | 3 690.80 | 1.03 |
| 其他投资收益 | 92 694.88 | 26.00 |
| 公允价值变动收益 | −9 609.79 | −2.70 |
| 营业外收入 | 11 193.47 | 3.14 |
| 收入合计 | 356 575.38 | 100.00 |

**合并口径**

| 收入结构 | 金额（万元） | 占比（%） |
|---|---|---|
| 手续费及佣金收入 | 217 727.73 | 17.06 |
| 其中：信托手续费收入 | 189 804.84 | 14.87 |
| 银行理财手收费收入 | 10 272.66 | 0.81 |
| 基金管理费及销售服务费收入 | 5 298.81 | 0.42 |
| 其他 | 12 351.42 | 0.96 |
| 利息收入 | 924 242.10 | 72.41 |
| 其他业务收入 | 3 686.60 | 0.28 |
| 投资收益 | 130 696.30 | 10.24 |
| 其中：股权投资收益 | 31 557.94 | 2.47 |
| 证券投资收益 | 4 872.66 | 0.38 |
| 其他投资收益 | 94 265.70 | 7.39 |
| 公允价值变动收益 | −11 403.06 | −0.89 |
| 营业外收入 | 11 504.14 | 0.90 |
| 收入合计 | 1 276 453.81 | 100.00 |

### 6.4.2 信托财产管理情况

6.4.2.1 信托资产

单位：万元

| 信托资产 | 期初数 | 期末数 |
|---|---|---|
| 集 合 | 14 355 454.89 | 14 054 204.03 |
| 单 一 | 3 216 279.54 | 3 249 855.64 |
| 财产权 | 1 251 530.40 | 1 742 853.16 |
| 合 计 | 18 823 264.83 | 19 046 912.83 |

6.4.2.1.1 主动管理型信托业务

单位：万元

| 主动管理型信托资产 | 期初数 | 期末数 |
|---|---|---|
| 证券投资类 | 1 500 132.68 | 771 211.51 |
| 股权投资类 | 2 580 064.25 | 2 941 328.53 |
| 融资类 | 4 943 922.13 | 4 845 150.04 |
| 事务管理类 | 292 371.75 | 441 932.65 |
| 合 计 | 9 316 490.81 | 8 999 622.73 |

6.4.2.1.2 被动管理型信托业务

单位：万元

| 被动管理型信托资产 | 期初数 | 期末数 |
|---|---|---|
| 证券投资类 | 768 008.67 | 167 411.63 |
| 股权投资类 | 3 772 030.55 | 3 813 096.20 |
| 融资类 | 3 983 815.06 | 4 739 349.12 |
| 事务管理类 | 982 919.74 | 1 327 433.15 |
| 合　计 | 9 506 774.02 | 10 047 290.10 |

6.4.2.2 本年度已清算结束的信托项目

6.4.2.2.1 按信托类型分类

| 已清算结束的信托项目 | 项目个数（个） | 实收信托合计金额（万元） | 加权平均实际年化收益率（%） |
|---|---|---|---|
| 集合类 | 47 | 4 394 508.62 | 6.16 |
| 单一类 | 33 | 2 358 910.57 | 2.39 |
| 财产管理类 | 4 | 421 480.73 | 7.15 |

6.4.2.2.2 主动管理型

| 已清算结束的信托项目 | 项目个数（个） | 实收信托合计金额（万元） | 加权平均实际年化信托报酬率（%） | 加权平均实际年化收益率（%） |
|---|---|---|---|---|
| 证券投资类 | 12 | 1 473 600.00 | 0.72 | 5.77 |
| 股权投资类 | 0 | 0.00 | 0.00 | 0.00 |
| 融资类 | 20 | 2 062 392.00 | 0.92 | 6.02 |
| 事务管理类 | 0 | 0.00 | 0.00 | 0.00 |

6.4.2.2.3 被动管理型

| 已清算结束的信托项目 | 项目个数（个） | 实收信托合计金额（万元） | 加权平均实际年化信托报酬率（%） | 加权平均实际年化收益率（%） |
|---|---|---|---|---|
| 证券投资类 | 10 | 1 388 817.73 | 0.24 | 0.35 |
| 股权投资类 | 5 | 315 359.43 | 1.04 | 7.08 |
| 融资类 | 33 | 1 513 250.03 | 0.45 | 5.99 |
| 事务管理类 | 4 | 421 480.73 | 0.17 | 7.15 |

6.4.2.3 本年度新增的信托项目

| 新增信托项目 | 项目个数（个） | 实收信托合计金额（万元） |
|---|---|---|
| 集合 | 29 | 3 556 910.00 |
| 单一 | 18 | 1 648 484.00 |
| 财产权 | 8 | 953 377.85 |
| 新增合计 | 55 | 6 158 771.85 |
| 其中：主动管理型 | 27 | 2 378 530.00 |
| 被动管理型 | 28 | 3 780 241.85 |

6.4.2.4 信托业务创新成果和特色业务有关情况

6.4.2.4.1 资产证券化业务

2018 年，公司继续在资产证券化领域积极探索，大力发展 CMBS、ABN 等资产证券化业务，不断拓宽资产证券化业务外延。2018 年 3 月，主导发行了云南省首单 CMBS 产品——云纺商业物业资产支持专项计划，并获得了第三届中国商业地产资产证券化合作发展峰会颁发的“杰出 CMBS 产品”奖；与中国中车股份有限公司合作发行了公司首单落地的信托型资产支持票据业务，票据发行规模为 30.79 亿元，帮助企业获得低成本资金，促进信托业务回归服务实体经济本源。

6.4.2.4.2 慈善信托业务

为响应国家脱困扶贫政策，坚决打好精准脱贫攻坚战，2018 年，公司在发行和管理“金色盾牌・重庆人民警察英烈救助基金公益信托”等项目基础上，成功落地《慈善法》颁布后的公司首单慈善信托“重庆信托・春蕾圆梦慈善信托”，信托资金用于捐赠重庆市贫困女高中生、女大学生，以及从事相关事业的慈善组织/机构。

6.4.2.4.3 消费信托

2018 年，公司在消费信托业务领域继续发力，设立了重庆信托・尊享 3 号消费信托，信托结构为“理财 + 消费”，投资者通过投资产品获得融汇温泉及重庆融汇丽笙酒店休闲娱乐、餐饮、影院等会员消费权益，不仅实现了投资理财，还将资金和消费品进行了更多结合，使消费品同时具备了金融属性和产业属性，得到投资者广泛认可，是公司服务消费、贯彻普惠金融的有效尝试。

6.4.2.5 本公司履行受托人义务的情况及因本公司自身责任而导致的信托资产损失情况

作为信托计划的受托人，公司严格按照国家法律、法规和信托合同的约定，从事信托活动。在信托成立之前，对委托人明示信托投资的风险，不承诺保底收益；在信托计划履行过程中，恪尽诚实、信用、谨慎、有效管理的义务，对所有信托项目均单独开户，单独核算，严格收支管理；从后期管理上，设置专职的信托经理，对信托项目实行及时跟踪管理和书面报告制度，真实记录并全面反映信托项目管理情况和财务状况，根据法律法规要求和信托文件约定，对信托项目的运行情况在公司网站上进行定期披露。

截至报告期末，所有信托项目均按时分配收益，无拖延拒付情况，也未出现因本公司自身责任而导致信托资产出现损失的情况。

## 6.5 关联方关系及其交易

**6.5.1 关联交易方的数量、关联交易的总金额及关联交易的定价政策**

| | 关联交易方数量 | 关联交易金额（万元） | 定价政策 |
|---|---|---|---|
| 合计 | 69 | 2 891 722.52 | 按市价公平定价 |

**6.5.2 关联交易方与本公司的关系性质、关联交易方的名称、法人代表、注册地址、注册资本及主营业务**

| 序　号 | 关联性质 | 关联方名称 | 法定代表人或负责人 | 注册地址 | 注册资本（万元） | 主营业务 |
|---|---|---|---|---|---|---|
| 1 | 母公司 | 同方国信投资控股有限公司 | 刘勤勤 | 重庆 | 257 416.25 | 项目投资与管理。 |
| 2 | 同一母公司 | 重庆路桥股份有限公司 | 江　津 | 重庆 | 109 836.78 | 城市道路桥梁等基础设施的投资、建设、管理等。 |
| 3 | 同一母公司 | 重庆渝涪高速公路有限公司 | 谷安东 | 重庆 | 200 000.00 | 重庆渝涪高速公路经营管理、设计、代理国内广告。 |
| 4 | 同一母公司 | 重庆饭店有限公司 | 吴琼思 | 重庆 | 1 400.00 | 饮食、食品加工销售、旅游、车队服务、康乐中心、写字楼出租等。 |
| 5 | 同一母公司 | 重庆未来投资有限公司 | 卢　俊 | 重庆 | 6 000.00 | 实业、股权及市场开发投资、资产经营管理、国内贸易等。 |
| 6 | 同一母公司 | 重庆普丰置业发展有限公司 | 李　俊 | 重庆 | 16 100.00 | 房地产开发、物业管理、房屋及车库租赁、销售；资产经营管理咨询；企业项目投资咨询等。 |

续表

| 序号 | 关联性质 | 关联方名称 | 法定代表人或负责人 | 注册地址 | 注册资本（万元） | 主营业务 |
|---|---|---|---|---|---|---|
| 7 | 同一母公司 | 重庆国投物业管理有限公司 | 张雁乔 | 重庆 | 50.00 | 物业管理；会议及展览服务。 |
| 8 | 同一最终控制方 | 重庆国投财富投资管理有限公司 | 周　艳 | 重庆 | 100.00 | 企业投资管理；企业财务咨询，投资咨询，企业管理咨询，企业营销策划，承办经批准的商务文化交流活动。 |
| 9 | 同一最终控制方 | 重庆国信资产管理有限公司 | 贾　玫 | 重庆 | 1 000.00 | 投资业务；投资咨询，商务信息咨询、市场营销策划。 |
| 10 | 被投资单位 | 益民基金管理有限公司 | 翁振杰 | 重庆 | 10 000.00 | 基金管理业务、发起设立基金。 |
| 11 | 被投资单位 | 重庆三峡银行股份有限公司 | 丁世录 | 重庆 | 557 397.50 | 人民币业务。吸收公众存款；发放短期、中期和长期贷款；办理国内结算等经中国人民银行批准的业务。 |
| 12 | 被投资单位 | 合肥科技农村商业银行股份有限公司 | 胡忠庆 | 合肥 | 180 034.64 | 吸收公众存款；发放短期、中期和长期贷款；办理国内结算等经中国银行业监督管理委员会批准的业务。 |
| 13 | 被投资单位 | 中国信托业保障基金有限责任公司 | 刘宏宇 | 北京 | 1 150 000.00 | 受托管理保障基金；参与托管和关闭清算信托公司；通过融资、注资等方式向信托公司提供流动性支持；收购、受托经营信托公司的固有财产，并进行管理、投资和处置等依法经相关部门批准后依批准展开的经营活动。 |
| 14 | 被投资单位 | 国泓资产管理有限公司 | 康　健 | 北京 | 10 000.00 | 特定客户资产管理业务以及中国证监会许可的其他业务；投资咨询；财务咨询。 |
| 15 | 被投资单位 | 国都证券股份有限公司 | 王少华 | 北京 | 583 000.00 | 证券经纪；证券投资咨询；与证券交易、证券投资活动有关的财务顾问；证券承销与保荐；证券自营；证券资产管理；证券投资基金代销；为期货公司提供中间介绍业务；融资融券业务；代销金融产品业务；公开募集证券投资基金管理业务。 |
| 16 | 被投资单位 | 中国信托登记有限责任公司 | 文海兴 | 上海 | 300 000.00 | 集合信托计划发行公示；信托产品及其信托受益权登记；信托受益权账户的设立和管理；信托产品及其权益的估值、评价、查询、咨询等相关服务；信托产品权属纠纷的查询和举证；提供其他不需要办理法定权属登记的信托财产的公示登记服务；国务院银行业监督管理机构批准的其他业务。 |
| 17 | 重要参股公司 | 重庆银行股份有限公司 | 林　军 | 重庆 | 312 705.48 | 吸收公众存款；发放短期、中期和长期贷款；办理国内结算；办理票据承兑贴现；发行金融债券；代理发行、代理兑付、承销政府债券；买卖政府债券；从事同业拆借；提供信用证服务及担保；代理收付款项及代办保险业务；提供保管箱业务；信贷资产转让业务；办理地方财政周转金的委托贷款业务。 |
| 18 | 集合信托项下投资的公司 | 重庆三峡资产管理有限公司 | 胡雪莲 | 重庆 | 120 707.44 | 从事投资业务及相关投资资产的经营管理（不得从事金融业务），投融资咨询服务，企业重组、兼并的咨询及代理服务，财务顾问服务。 |

### 6.5.3　重大关联方交易

6.5.3.1　固有与关联方交易

单位：万元

| | 期初数 | 借方发生额 | 贷方发生额 | 期末数 |
|---|---|---|---|---|
| 贷款 | — | — | — | — |
| 投资 | 8 085.00 | — | — | 8 085.00 |
| 租赁 | — | 777.52 | 777.52 | — |
| 担保 | — | — | — | — |
| 应收账款 | — | — | — | — |
| 其他 | 480 000.00 | 485 560.20 | 465 560.20 | 460 000.00 |
| 合计 | 488 085.00 | 486 337.72 | 466 337.72 | 468 085.00 |

6.5.3.2　信托与关联方交易

单位：万元

| | 期初数 | 借方发生额 | 贷方发生额 | 期末数 |
|---|---|---|---|---|
| 贷款 | — | 395 000.00 | 7 600.00 | 387 400.00 |
| 投资 | — | — | — | — |
| 租赁 | — | — | — | — |
| 担保 | — | — | — | — |
| 应收账款 | — | — | — | — |
| 其他 | 101 589.10 | — | 100 206.15 | 1 382.95 |
| 合计 | 101 589.10 | 395 000.00 | 107 806.15 | 388 782.95 |

6.5.3.3　固信交易与信信交易

6.5.3.3.1　固信交易

单位：万元

| 固有财产与信托财产相互交易 | | | |
|---|---|---|---|
| | 期初数 | 本期发生额 | 期末数 |
| 合计 | 1 276 577.00 | 317 731.00 | 1 594 308.00 |

固有财产与信托财产相互交易本年增加 3 078 376 万元，本年减少 2 760 645 万元。

6.5.3.3.2　信信交易

单位：万元

| 信托资产与信托财产相互交易 | | | |
|---|---|---|---|
| | 期初数 | 本期发生额 | 期末数 |
| 合计 | 468 749.23 | −28 202.66 | 440 546.57 |

**6.5.4　报告期末，关联方逾期未偿还本公司资金和为关联方担保发生或即将发生垫款的情况**

无。

### 6.6　会计制度的披露

报告年度，公司自营业务、信托业务均执行企业会计准则。

## 7. 财务情况说明书

### 7.1 利润实现和分配情况

#### 7.1.1 利润实现和分配情况(母公司)

本报告期初,公司未分配利润为292 007.25万元,2018年实现净利润为258 391.98万元,提取法定盈余公积为25 839.20万元,提取信托赔偿准备为12 919.60万元,提取一般风险准备为2 468.29万元,向股东分配2017年现金红利为30 000万元后,剩余可供股东分配的利润为为479 172.14万元,将用于以后年度分配。

#### 7.1.2 利润实现和分配情况(合并口径)

本报告期初归属于母公司的未分配利润为299 076.72万元,2018年实现的归属于母公司的净利润为280 646.44万元,提取法定盈余公积为25 839.20万元,提取信托赔偿准备为12 919.60万元,提取一般风险准备为2 468.29万元,向股东分配2017年现金红利为30 000万元后,剩余可供母公司股东分配的利润为508 496.07万元,将用于以后年度分配。

### 7.2 主要财务指标

#### 7.2.1 主要财务指标(母公司)

| 指标名称 | 指标值 |
|---|---|
| 资本收益率(%) | 12.04 |
| 加权年化信托报酬率(%) | 1.03 |
| 人均净利润(万元) | 1 711.21 |

#### 7.2.2 主要财务指标(并表口径)

| 指标名称 | 指标值 |
|---|---|
| 资本利润率(%) | 12.93 |
| 加权年化信托报酬率(%) | 1.03 |
| 人均净利润(万元) | 1 858.59 |

### 7.3 对本公司财务状况、经营成果有重大影响的其他事项

无。

### 7.4 公司净资本情况

| 指标名称 | 指标值 | 监管标准 |
|---|---|---|
| 净资本(万元) | 1 907 470.01 | ≥2亿元 |
| 各项业务风险资本之和(万元) | 736 255.49 | — |
| 净资本/各项业务风险资本之和(%) | 259.08 | ≥100 |
| 净资本/净资产(%) | 84.88 | ≥40 |

## 8. 特别事项揭示

### 8.1 前五名股东报告期内变动情况及原因

无。

### 8.2 董事、监事及高级管理人员变动情况及原因

报告期内,公司股东大会选举翁振杰先生、刘仁军先生、时平生先生、刘勤勤先生、王荣武先生、窦仁政先生、谢维宪先生、刘青先生、刘蓉女士为公司第二届董事会股东代表董事;选举史锦杰先生、王友伟先生、王淑慧女士、雷世文先生为公司第二届董事会独立董事。王晓岩先生、赵立军先生、战涛先生不再担任公司董事。刘仁军先生、刘青先生、刘蓉女士的任职资格尚待监管部门核准。

报告期内,公司股东大会选举雷万亚女士、张小龙先生和吕朝阳先生为公司第二届监事会股东代表监事,与职工代表监事胡雪莲女士、李静女士共同组成公司第二届监事会。康乐女士不再担任公司监事。

报告期内,公司董事会聘任祁绍斌先生、叶凌风先生为公司副总经理(副总裁),其副总经理(副总裁)任职资格已分别经重庆银保监局(原重庆银监局)《关于祁绍斌任职资格的批复》(渝银监复[2018]19号)《关于叶凌风任职资格的批复》(渝银保监筹复[2018]44号)核准。报告期内,杨云先生不再担任公司副总经理(副总裁)。

2019年4月23日,刘仁军先生、刘蓉女士董事任职资格经重庆银保监局《重庆银保监局关于刘仁军、刘蓉任职资格的批复》(渝银保监复[2019]154号)核准。

### 8.3 重大未决诉讼事项

固有业务无未结、新办诉讼案件。

信托业务新办诉讼案件1件。公司与天津丽智置业有限公司、中弘卓业集团有限公司、王永红、韩文虹借款合同纠纷案,涉案本金为3.01亿元,该案已于2018年6月5日由重庆市高级人民法院立案受理,2018年12月18日收到法院判决,支持公司诉讼请求。

以第三人身份应诉案件1件。公司与中国工商银行股份有限公司安庆分行、雨润控股集团有限公司、江苏雨润农产品集团有限公司、桐城市雨润生物科技有限公司、江苏地华实业集团有限公司、祝义财、吴学琴合同纠纷案,涉案本金为3亿元,该案已于2018年1月29日由安徽省高级人民法院立案受理并完成涉案财产查封冻结。该案中,公司与原告、被告不存在债权债务关系,仅因作为信托受托人,持有雨润肉类产业集团有限公司部分股权,原告为冻结该部分股权将公司列为第三人。公司于2018年4月28日收到法院传票并于6月1日向法院提交事实陈述材料。2018年12月29日收到法院判决,公司无须承担责任,但原告有权拍卖公司持有的雨润肉类产业集团有限公司股权。

未结诉讼案件1件。公司与重庆华辰物业发展有限公司、林锋、吴育建合同纠纷案,涉案本金为3.194亿元,该案已于2017年7月7日由重庆市高级人民法院立案受理并由该院查封涉案财产。2018年10月24日收到法院判决,支持公司诉讼请求。2018年11月6日,重庆华辰物业发展有限公司提起上诉。

### 8.4 对会计师事务所出具的有保留意见、否定意见或无法表示意见的审计报告的，公司董事会应就所涉及事项作出说明

无。

### 8.5 公司及其董事、监事和高级管理人员受到处罚的情况

无。

### 8.6 银监会及其派出机构对公司检查后提出整改意见的整改情况

报告期内，重庆银监局根据对公司的现场检查和非现场监管，对公司进一步完善公司治理、内部制度、提高合规经营意识、加强后续管理、持续创新等提出了监管要求。公司认真落实监管要求，积极整改，不断完善。公司在报告期内对规章制度进行了重新修订、补充和完善，进一步加强业务流程管理，特别是事前尽职调查和事后检查工作，成功化解了个别项目存在的风险隐患；强化内部问责机制，确立持续创新，坚持服务实体经济的基本原则，确保公司业务合规、持续、稳健发展。

### 8.7 本年度重大事项临时报告的简要内容、披露时间、所披露的媒体及其版面

无。

### 8.8 银监会及其省级派出机构认定的其他有必要让客户及相关利益人了解的重要信息

无。

## 9. 公司监事会意见

监事会对任期内公司的生产经营活动进行了监督检查，监事会认为：

2018 年，公司认真贯彻科学发展观，务实推进信托业务稳步开展，存续信托资产为 1 904.69 亿元，全年实现利润总额为 47.62 亿元、归属于母公司净利润为 28.06 亿元。

董事会及各位董事认真执行了股东大会的各项决议，勤勉尽责，未出现损害公司、股东利益的行为，董事会的各项决议符合《公司法》等法律法规和《公司章程》的要求，重大决策思路清晰，为公司稳健发展奠定了基础。

2018 年，公司经营班子认真执行了董事会的各项决议，取得了良好的经营业绩，圆满完成了公司年初制定的经营计划和利润目标，实现了公司可持续发展，经营中未出现违规操作行为。

# 大业信托有限责任公司

## 1. 重要提示

1.1 本公司董事会及董事保证本报告所载资料不存在任何虚假记载、误导性陈述或者重大遗漏，并对其内容的真实性、准确性和完整性承担个别及连带责任。

1.2 独立董事王仲兴先生、华庆成先生、俞二牛先生认为本报告内容是真实、准确、完整的。

1.3 本公司董事长陈俊标先生、总经理王毅先生、财务总监黄志坤先生及会计机构负责人谢祖江先生声明：保证年度报告中财务报告的真实、完整。

## 2. 公司概况

### 2.1 公司简介

大业信托有限责任公司是经中国银监会批准的，在重组原广州科技信托投资公司的基础上，重新登记的非银行金融机构。公司注册资本为10亿元，注册地为广州市，在北京、上海和武汉设有业务管理部。公司在2011年3月10日获取了金融许可证，并在2011年3月16日换取新的营业执照正式开业，经允许从事经中国银行业监督管理委员会依照有关法律、行政法规和其他规定批准的业务。

2.1.1 公司的法定名称

中文名称：大业信托有限责任公司

中文简称：大业信托

英文名称：Daye Trust Co. ,Ltd

英文缩写：Daye Trust

2.1.2 公司法定代表人：陈俊标

2.1.3 公司注册地址：广州市花都区迎宾大道163号高晟广场2栋11层

邮政编码：510800

公司国际互联网网址：http://www.dytrustee.com

电子信箱：info@dytrustee.com

2.1.4 公司负责信息披露事务的高级管理人员：汪鑫

电话：020-22679358

传真：020-66356822

电子信箱：wangx@dytrustee.com

2.1.5 公司选定的信息披露报纸：《金融时报》

2.1.6 公司年度报告备置地点：广州市花都区迎宾大道163号高晟广场2栋11层

2.1.7 公司聘请的会计师事务所：天职国际会计师事务所（特殊普通合伙）深圳分所

地址：深圳市福田区深南大道6009号绿景广场B座17楼

2.1.8 公司聘请的律师事务所：中伦文德律师事务所

地址：中国北京市朝阳区西坝河南路1号金泰大厦19层

### 2.2 组织结构

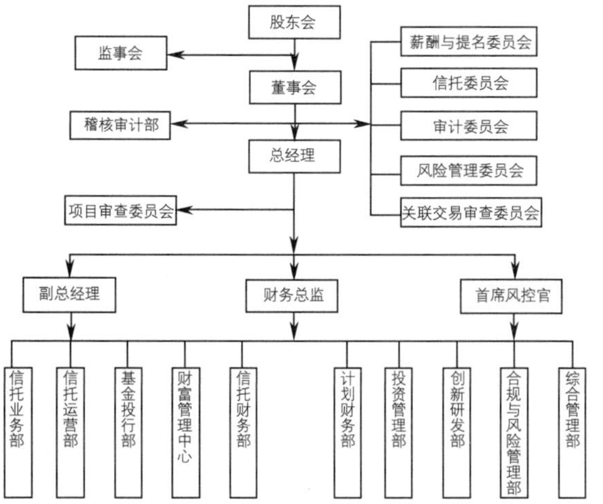


## 3. 公司治理

### 3.1 公司治理结构

股东

截至报告期末公司股东共3家。股东情况如下：

| 股东名称 | 持股比例（%） | 法人代表 | 注册资本（万元） | 注册地址 | 主要经营业务 |
|---|---|---|---|---|---|
| 广州金融控股集团有限公司 | 38.33 | 李舫金 | 637 095.6472 | 广州市天河区体育西路191号中石化大厦B塔26楼2601-2624号房 | 运用自有资金进行授权范围内的国有资产经营及管理。 |
| 中国东方资产管理股份有限公司 | 41.67 | 吴　跃 | 5 536 278.6326 | 北京市西城区阜成门内大街410号 | 收购、受托经营金融机构不良资产，对不良资产进行管理、投资和处置；债权转股权，对股权资产进行管理、投资和处置；对外投资；买卖有价证券；发行金融债券、同业拆借和向其他金融机构进行商业融资；破产管理等。 |
| 广东京信电力集团有限公司 | 20 | 许玉琪 | 18 638.00 | 佛山市南海区西樵镇新田南海发电一厂行政楼二楼 | 国内贸易；电力投资；投资策划；商务信息咨询；电力技术的咨询服务；物业管理。 |

## 3.2 董事

董事长、董事

| 姓　名 | 职　务 | 性别 | 年龄(岁) | 选任日期 | 所推举的股东名称 | 该股东持股比例(%) | 简要履历 |
|---|---|---|---|---|---|---|---|
| 陈俊标 | 董事长 | 男 | 52 | 2015年8月3日 | 广州金融控股集团有限公司 | 38.33 | 曾任广发基金资金财务部副总经理,浙江升华拜克生物股份有限公司董事兼董事会秘书、副总经理兼财务负责人,广州国际控股集团有限公司产权管理部总经理,大业信托有限责任公司董事会秘书。 |
| 张文健 | 董事 | 男 | 47 | 2015年4月28日 | 广东京信电力集团有限公司 | 20 | 曾任农行花都金狮支行(兼狮岭皮革城支行)行长,农行花都支行公司业务部经理与电子银行部经理,农行花都雅宝新城支行行长,农行花都支行电子银行部经理,农行花都龙珠路支行行长;现任佛山市南海京能小额贷款有限公司总经理。 |
| 徐　胤 | 董事 | 男 | 48 | 2015年8月21日 | 广州金融控股集团有限公司 | 38.33 | 曾任广州开发区国际信托投资公司办公室副主任兼董事会秘书、总经理助理、副总经理,广东杜桥顾问有限公司总经理,广州华美建设开发公司副总经理,广州金融控股集团有限公司行政办公室高级业务主管、产权管理部总经理;现任广州金控基金有限公司董事长。 |
| 杨　东 | 董事 | 男 | 47 | 2015年12月4日 | 中国东方资产管理股份有限公司 | 41.67 | 曾任中国东方资产管理股份有限公司投资管理部项目管理二处经理,投行业务部助理总经理,资产经营部副总经理、总经理、资金运营及金融市场部总经理;现任中国东方资产管理股份有限公司人力资源部总经理。 |
| 牛南洁 | 董事 | 男 | 48 | 2016年10月18日 | 中国东方资产管理股份有限公司 | 41.67 | 曾任中国东方资产管理公司风险管理部总经理,中国东方资产管理公司杭州办事处总经理、党委书记;现任中国东方资产管理股份有限公司风险管理部总经理。 |
| 王　毅 | 职工董事 | 男 | 56 | 2010年10月18日 | — | — | 曾任财政部工交财务司主任科员,中国经济开发信托投资公司总经理特别助理兼计财部总经理,中诚信托有限责任公司总裁助理。 |

独立董事

| 姓　名 | 所在单位及职务 | 性别 | 年龄(岁) | 选任日期 | 所推举的股东名称 | 该股东持股比例(%) | 简要履历 |
|---|---|---|---|---|---|---|---|
| 王仲兴 | 中山大学法学院 | 男 | 74 | 2010年10月18日 | 广州金融控股集团有限公司 | 38.33 | 曾任中山大学法律学系主任、中山大学刑事法学研究中心主任,中国法学会理事,中国刑法学研究会理事,中国犯罪学会常务理事,广东省法学会副会长,全国高等学校法学学科教学指导委员会委员。 |
| 华庆成 | — | 男 | 64 | 2016年10月18日 | 广东京信电力集团有限公司 | 20 | 曾任美国大通曼哈顿银行上海分行副行长,摩根大通银行(中国)有限公司上海分行行长兼董事总经理,摩根大通银行(中国)有限公司副行长兼董事总经理,苏格兰皇家银行(中国)有限公司行长。 |
| 俞二牛 | 中国投资有限责任公司 | 男 | 70 | 2013年11月18日 | 中国东方资产管理股份有限公司 | 41.67 | 曾任财政部人事教育司司长,中国银行董事、董事会薪酬委员会主席,中国投资有限责任公司董事、人力资源总监、公司党委组织部长、工会主席,中央汇金公司派驻光大银行董事、董事会薪酬委员会主任。 |

## 3.3 监事

监事会成员

| 姓　名 | 职　务 | 性别 | 年龄(岁) | 选任日期 | 所推举的股东名称 | 该股东持股比例(%) | 简要履历 |
|---|---|---|---|---|---|---|---|
| 吉　金 | 监事长 | 男 | 49 | 2010年10月18日 | 广东京信电力集团有限公司 | 20.00 | 曾任广东省石油公司部门经理,广东华兴公司副总经理,广东京信电力集团有限公司董事总经理;现任广州国电京信电力投资有限公司董事长。 |
| 于莉莉 | 监事 | 女 | 44 | 2018年3月22日 | 中国东方资产管理股份有限公司 | 41.67 | 曾任东方资产管理公司经营处置审查部经理、评估咨询部助理总经理;现任中国东方资产管理股份有限公司评估咨询部副总经理。 |
| 朱琬瑜 | 监事 | 女 | 46 | 2015年8月21日 | 广州金融控股集团有限公司 | 38.33 | 曾任联合证券广州华乐路证券营业部财务部副经理,广州科技风险投资有限公司综合部财务主管,万联证券有限责任公司财务部财务主管,广州金融控股集团有限公司财务部副总经理(主持工作);现任广州金融控股集团有限公司财务部总经理。 |
| 费　琳 | 职工监事 | 女 | 44 | 2012年4月18日 | — | — | 曾任中国东方资产管理股份有限公司信息科技部项目经理、处室负责人;现任大业信托有限责任公司综合管理部、电子金融部总经理。 |
| 倪　林 | 职工监事 | 男 | 49 | 2012年4月18日 | — | — | 曾任中国银行广州市分行风险管理处副科长、中国银行广东省分行资产保全处科长、广州亿达投资有限公司总经理助理兼风险管理部高级经理;现任大业信托有限责任公司合规与风险管理部资深经理。 |

### 3.4 高级管理人员

| 姓 名 | 职 务 | 性别 | 年龄（岁） | 选任日期 | 金融从业年限（年） | 学历 | 专业 | 简要履历 |
|---|---|---|---|---|---|---|---|---|
| 王 毅 | 总经理 | 男 | 56 | 2010年10月18日 | 27 | 硕士研究生 | 经济学 | 曾任财政部工交财务司主任科员，中国经济开发信托投资公司总经理特别助理兼计财部总经理，中诚信托有限责任公司总裁助理。 |
| 田 明 | 常务副总经理 | 男 | 45 | 2011年3月28日 | 16 | 硕士研究生 | 工商管理 | 曾任中诚信托有限责任公司信托业务二部执行经理、信托业务总部高级经理。 |
| 陈玉鹏 | 副总经理 | 男 | 56 | 2010年10月18日 | 35 | 硕士研究生 | 金融 | 曾就职于人民银行总行办公厅财务处、会计司国库处、金融系统纪检组监察局、计划资金司非银行金融机构处；曾任华宝信托有限责任公司董事会秘书兼总裁助理，中国信托业协会秘书长。 |
| 孙亚南 | 副总经理兼首席风险控制官 | 男 | 51 | 2017年6月12日 | 20 | 本科 | 物资经营 | 曾任中国光大银行北京分行公司管理部副处长，中国光大银行金融街支行行长，中国外贸金融租赁有限公司董事、副总经理、大连银行股份有限公司党委委员、副行长。 |
| 黄志坤 | 财务总监 | 男 | 52 | 2017年4月28日 | 2 | 硕士研究生 | 工商管理 | 曾任关王陈方会计师事务所会计，罗兵咸会计师事务所高级会计，中建电讯集团控股有限公司财务经理，亚洲电视有限公司高级财务经理，嘉音电子有限公司财务总监，联太工业有限公司集团财务总监，应用科学技术研究院有限公司高级会计经理，德宝工程集团有限公司财务总监，Timex Corporate Consulting Limited 财务总监。 |
| 饶森元 | 总经理助理 | 男 | 49 | 2010年10月18日 | 27 | 本科 | 国际金融 | 曾任中国银行广州市分行信贷处科长，中国东方资产管理股份有限公司广州办事处资产经营二部助理经理、市场发展部副经理、市场开发部高级经理。 |
| 汪 鑫 | 董事会秘书 | 男 | 33 | 2015年8月21日 | 9 | 硕士研究生 | 经济学 | 曾任广州有林投资管理有限公司产权管理部主管，广州金融控股集团有限公司人力资源部业务主办、总经理助理，大业信托有限责任公司董事长秘书、董事会办公室总经理。 |

### 3.5 公司员工

报告期末，公司共设置部门40个，员工161名，员工平均年龄为34.16岁。

| 项 目 | | 报告期年度 | | 上年度 | |
|---|---|---|---|---|---|
| | | 人数（人） | 比例（%） | 人数（人） | 比例（%） |
| 年龄分布 | 25岁以下 | 8 | 4.97 | 9 | 5.59 |
| | 25~29岁 | 40 | 24.84 | 45 | 27.95 |
| | 30~39岁 | 81 | 50.31 | 79 | 49.07 |
| | 40岁以上 | 32 | 19.88 | 28 | 17.39 |
| 学历分布 | 博士 | 2 | 1.24 | 2 | 1.24 |
| | 硕士 | 99 | 61.49 | 99 | 61.49 |
| | 本科 | 55 | 34.16 | 53 | 32.92 |
| | 大专 | 5 | 3.11 | 7 | 4.35 |
| 岗位分布 | 高管人员 | 8 | 4.97 | 8 | 4.97 |
| | 自营业务人员 | 2 | 1.24 | 2 | 1.24 |
| | 信托业务人员 | 95 | 59.01 | 77 | 47.83 |
| | 其他人员 | 56 | 34.78 | 74 | 45.96 |

## 4. 经营管理

### 4.1 经营目标、经营方针、战略规划

#### 4.1.1 经营目标

公司以建设国内一流的信托公司为目标，致力于建成比较优势明显、核心业务较为突出、盈利能力较强、内部管理先进的专业资产管理机构。

#### 4.1.2 经营方针

恪守信用，合法经营，以市场为导向，以客户为中心，提供优质金融服务，创造良好经济效益，促进国民经济发展。

#### 4.1.3 战略规划

依托广东省的区位经济金融优势，并充分利用股东方的行业优势地位，以提升自主管理能力为着力点，以增强风险控制能力为保障，通过持续推进业务和产品创新，不断完善理财产品线和客户服务体系，形成公司优势业务和主导产品，树立公司信托理财品牌，实现以产品为导向的业务模式向客户需求为导向业务模式的转变，逐步形成以投资能力、研发能力、营销能力为主要内容的核心竞争力，成为在部分细分市场领域具有领先地位，在国内具有较大影响力的信托公司。

### 4.2 所经营业务的主要内容

#### 4.2.1 信托业务

公司坚持发展信托主业，积极顺应监管政策导向，注重内涵式增长，不断培育和增强主动管理能力，大幅增加主动管理规模。

截至2018年12月31日，公司已成立的信托产品规模为6 150.65亿元，存续信托资产余额为1 410.54亿元。2018年公司信托业务实现收入为7.05亿元。

根据信托业务服务内容划分，公司信托业务分为投资类、融资类和事务管理类三大部分。

4.2.1.1 投资类信托

公司将该类业务作为重点发展方向，着力提高产品创新含量、设计水平和管理能力，将自身定位从融资工具转变为个性化产品及基金的设计者和管理者。公司担任受托人和投资管理人，对信托资金的投资运作效果承担责任。截至2018年12月31日，该类业务存续信托资产余额为112.77亿元，约占存续信托资产余额的8%。其主要业务包括集合资金信托金融投资、集合资金信托直接投资、集合投资类资产流动化信托、单一授权型信托金融投资和单一授权型信托直接投资。

4.2.1.2 融资类信托

公司在该类业务中担任受托人、贷款人和贷款服务商，主要承担融资项目尽职调查、筛选推荐、交易结构设计、债权及担保管理职责。其主要业务包括集合资金信托贷款、集合资金信托结构性融资、集合融资类资产流动化信托和单一授权型信托贷款。截至2018年12月31日，该类业务存续信托资产余额为416.52亿元，约占存续信托资产余额的29.53%。

4.2.1.3 事务管理类信托

公司在该类业务中主要担任受托人、账户管理人和财务顾问，按照信托文件约定和委托人指令执行或提出建议。这类业务主要是单一指定型信托。

截至2018年12月31日，该类业务存续信托资产余额为881.25亿元，约占存续信托资产余额的62.48%。

**4.2.2 固有业务**

根据净资本管理办法的要求，结合公司净资本的实际状况以及与信托业务协同发展的需要，公司对固有资金运用制定了高流动性、低风险的投资原则。2018年公司固有业务净收入为0.74亿元。

**4.2.3 主要业务的资产组合与分布**

4.2.3.1 运用与分布表

| 资产运用 | 金额(万元) | 占比(%) | 资产分布 | 金额(万元) | 占比(%) |
|---|---|---|---|---|---|
| 货币资产 | 11 654.16 | 4.29 | 金融机构 | 229 401.84 | 84.46 |
| 应收类款项 | 12 230.11 | 4.50 | 其他 | 42 223.91 | 15.54 |
| 持有至到期投资 | 229 401.84 | 84.46 | — | — | — |
| 其他 | 18 339.64 | 6.75 | — | — | — |

4.2.3.2 信托资产运用与分布表

| 资产运用 | 金额(万元) | 占比(%) | 资产分布 | 金额(万元) | 占比(%) |
|---|---|---|---|---|---|
| 贷款 | 5 319 196.26 | 37.71 | 基础产业 | 1 838 591.25 | 13.03 |
| 交易性金融资产投资 | 85 163.27 | 0.60 | 房地产 | 3 143 698.94 | 22.29 |
| 可供出售及持有至到期投资 | 3 694 525.68 | 26.19 | 证券 | 108 253.27 | 0.77 |
| 长期股权投资 | 1 651 509.40 | 11.71 | 金融机构 | 1 487 253.46 | 10.54 |
| 存放同业 | 97 955.10 | 0.69 | 工商企业 | 3 711 120.88 | 26.31 |
| 其他 | 3 257 037.21 | 23.09 | 其他 | 3 816 469.12 | 27.06 |
| 资产总计 | 14 105 386.92 | 100.00 | 资产总计 | 14 105 386.92 | 100.00 |

## 4.3 市场分析

**4.3.1 有利因素**

一是国内经济社会发展保持稳中有进、稳中向好的态势，供给侧结构性改革持续深化，"三去一降一补"政策效果明显，经济发展内生动力不断增强，这为信托业发展创造了有利环境。

二是国民财富不断累积，居民可支配收入和高净值人群的持续增长，使通过信托这类专业财富管理机构投资理财的需求日趋旺盛。

三是信托业在理财市场和资产管理领域的地位和作用及其对中国经济社会发展的价值不断被认识，其在中国金融体系中的地位和影响力不断提升。

四是监管机构坚持风险防范与创新发展并举，信托业制度与基础建设进一步完善，信托监管不断完善，行业回归信托本源，聚焦服务实体经济。

**4.3.2 不利因素**

一是实体经济变化、部分实体企业经营困难的压力传导到信托行业，信托公司业务风险管理压力加大。

二是行业发展面临新旧动能转换，传统业务规模持续萎缩，创新业务的运作模式、盈利能力仍有待市场检验，调整转型的短期阵痛在所难免。

三是各类金融机构之间的业务边界趋于模糊，交叉融合度大幅度提升，金融同业机构间的竞合关系和深度已达到历史空前的水平，资产管理市场的竞争趋于白热化。

四是公司资本规模偏小。净资本管理办法出台后，资本实力的高低将成为制约未来信托公司业务发展的关键因素。

## 4.4 内部控制

**4.4.1 内部控制环境和内部控制文化**

公司建立分工明确、权责对应、合理制衡的公司治理结构；不断完善选贤举能、优胜劣汰、约束监督、科学激励的治理机制。公司重视环境文化、制度文化、组织文化和行为文化等内控文化建设，通过多种形式，研讨讲解内部控制的最新法规制度和政策；加强制度建设，强化员工职业操守；强化公司内控部门的管理，提升公司内控文化。

**4.4.2 内部控制措施**

一是公司不断检讨和修订内控制度，监督检查和评价内控的科学性、规范性和可操作性。

二是公司通过《内部控制指引》对不同业务和管理事项制定有针对性的控制措施，构筑设计监督、操作执行和规范评价三道内控防线，保证了业务管理活动的正常运行。

三是公司内部不同级次、不同部门之间有明确的授权关系和报告关系；每类业务都有相应的操作规程和风险管理制度。

四是公司成立信托业务审查委员会和固有业务审查委员会进行项目评审，由公司领导、前台、中台、后台部门负责人担任评审委员，对高风险或创新业务进行集体审议。

**4.4.3 监督评价与纠正**

公司在配合好外部审计工作的同时，注重内部的经济监督及评价，健全内部审计制度，在董事会下设立审计委员会，对公司财务收支及其经济效益进行内部审计监督。同时，董事会下设稽核审计部，对公司内部控制情况进行定期评价，对存在的问题及时指正，并提出相关整改意见和建议。

## 4.5 风险管理

**4.5.1 风险管理概况**

公司风险管理的全局性目标是实现长远发展、资本回报和风险暴露之间的平衡，追求运营的高效率和资源的优化配置，追求公司价值最大化。

**4.5.2 风险状况**

公司经营活动中面临的风险主要有信用风险、市场风险、操作风险、合规风险及其他风险等。

4.5.2.1 信用风险状况

信用风险主要表现为公司交易对手不能履行合约义务从而导致公司资产价值发生变动遭受损失带来的风险，其中包括业务合作伙伴、贷款对象的信用风险，资金往来银行的信用风险。

4.5.2.2 市场风险状况

市场风险主要表现为因市场价格——利率、汇率、股票价格和商品价格等的不利变动而使公司的表内和表外业务发生损失的风险。其具体表现为经济运行周期变化风险、金融市场利率波动风险、通货膨胀风险、房地产交易风险、证券市场、货币市场交易风险等。这些风险的存在不但影响信托财产的价值及信托收益水平，而且也将影响公司因资产负债结构不匹配等而导致公司整体的、当前和未来收入的损失。

4.5.2.3 操作风险状况

操作风险主要是公司内部控制、系统及运营过程中的错误或疏忽或外部事件而可能引起潜在损失的风险，表现在信息系统还不够全面及时，风险评估、风险管理的程序和结构还不够完善，以及人员操作不规范和责任心不强等方面。

4.5.2.4 其他风险状况

政策风险是指国家宏观经济政策的调整可能对公司业务经营或成果造成一定影响。

道德风险是指由于公司内部人员蓄意违规、违法给公司带来损失的可能性。

声誉风险是指由于公司操作失误、违反有关规定、资产质量下降不能按期兑付、不能向公众提供高质量的综合金融服务和管理不善等原因，对公司外部市场地位和声誉产生的消极和不良影响。

**4.5.3 风险管理**

4.5.3.1 信用风险管理

公司信用风险管理主要通过对交易对手的尽职调查进行事前控制；通过交易结构设计、风险定价、设定担保措施、持续进行风险评估等手段规避和监控交易对手信用风险变化；明确界定业务部门与风险管理等部门的风险管理职责。公司强调风险管理关口前移，注重业务管理的调研和过程控制，严格授权审批制度、决策限额。公司注重信用风险的分散和补偿，关注交易对手的履约能力，并借鉴商业银行信贷管理经验加强该类风险管理。

4.5.3.2 市场风险管理

市场风险管理是识别、计量、监测和控制市场风险的全过程，其目标是通过将市场风险控制在公司可以承受的合理范围内，实现经风险调整后的收益最大化。

公司关注国家宏观政策变化，避免进入限制类行业和相关项目；控制行业集中度，通过业务创新不断拓展多元化的投资领域；充分考虑拟投资项目筛选、评估、运营、退出中的策略、渠道和措施，注重投资项目的调研和分析工作，建立充足的项目储备池，制定风险处置预案锁定项目退出风险，组建专业化的管理团队，明确项目组织管理结构与投资管理责任，并通过对货币政策、行业政策和利率走势等的深入分析研究，进行持续的专项监控。

4.5.3.3 操作风险管理

公司要求每项业务在尽职调查、受理、设计、审批、销售、执行和终止的全过程中都合法合规，按照程序操作。

构建内部控制环境，目前公司的各项控制制度和操作规程涵盖了所有业务领域，基本实现了对公司各项业务操作过程的有效控制。

操作风险管理要点包括注重尽职调查、加强产品规范化管理、借助外部中介机构进行管控、进行持续风险监测和风险评价、加强合同档案管理、规范信息披露、加强信息化支持等。

4.5.3.4 其他风险管理

4.5.3.4.1 政策风险管理

公司及时跟踪研究国家宏观政策和行业政策的调整与变化，尽可能准确地分析宏观政策和监管政策的未来趋势；积极研究、分析外部政策法规变化对信托公司发展方向、盈利模式的影响，不断摸索适合公司发展的道路；加强与政策制定部门的沟通，及时调整发展思路和经营理念，保持公司经营策略与国家政策的一致性。

4.5.3.4.2 道德风险管理

公司通过制度设计完善内部控制机制，规范操作流程；严格执行管理制度及纪律要求；公司加强道德文化教育，鼓励员工遵纪守法，构筑道德风险“防火墙”，不断提高员工廉洁自律和勤勉尽职的意识；公司以员工为本，强调和谐共赢，不断加强企业的凝聚力和员工的归属感，避免各类短期行为和寻租现象；公司加强制度建设，通过制度建设为防范道德风险提供制度保障。

4.5.3.4.3 声誉风险管理

公司将声誉风险管理纳入公司治理和全面风险管理体系，强调在合规经营和健康发展的基础上，主动、有效、灵活地管理声誉风险和应对声誉事件，主要是通过机制和制度建设明晰声誉风险监控、管理和应对流程，通过充分信息披露等方式实现与投资者的良性沟通，通过履行社会责任等积极提升公司的品牌价值和社会形象。

## 5. 报告期末及上一年度末的比较式会计报表

### 5.1 自营资产

**5.1.1 会计师事务所审计意见全文**

**审计报告**

天职业字[2019]14093号

大业信托有限责任公司：

一、审计意见

我们审计了大业信托有限责任公司（以下简称大业信托）财务报表，包括2018年12月31日的资产负债表，2018年度的利润表、现金流量表、所有者权益变动表以及相关财务报表附注。

我们认为，后附的财务报表在所有重大方面按照企业会计准则的规定编制，公允反映了大业信托2018年12月31日的财务状况以及2018年度的经营成果和现金流量。

二、形成审计意见的基础

我们按照中国注册会计师审计准则的规定执行了审计工作。审计报告的“注册会计师对财务报表审计的责任”部分进一步阐述了我们在这些准则下的责任。按照中国注册会计师职业道德守则，我们独立于大业信托，并履行了职业道德方面的其他责任。我们相信，我们获取的审计证据是充分、适当的，为发表审计意见提供了基础。

三、强调事项

我们提醒财务报表使用者关注，如财务报表中“附注十二、

1”所述，大业信托之信托项目盈富系列集合资金信托计划，由于底层资产应收账款涉嫌欺诈，公安机关已经正式立案，截至审计报告日，该案件处于公安机关侦办过程中。未来信托本金及收益兑付需要通过刑事、民事司法判决、执行等途径。公司对该信托产品风险分类为可疑类，并计提减值准备。本段内容不影响已发表的审计意见。

四、管理层和治理层对财务报表的责任

管理层负责按照企业会计准则的规定编制财务报表，使其实现公允反映，并设计、执行和维护必要的内部控制，以使财务报表不存在由于舞弊或错误导致的重大错报。

在编制财务报表时，管理层负责评估大业信托的持续经营能力，披露与持续经营相关的事项（如适用），并运用持续经营假设，除非管理层计划清算大业信托、终止运营或别无其他现实的选择。

治理层负责监督大业信托的财务报告过程。

五、注册会计师对财务报表审计的责任

我们的目标是对财务报表整体是否不存在由于舞弊或错误导致的重大错报获取合理保证，并出具包含审计意见的审计报告。合理保证是高水平的保证，但并不能保证按照审计准则执行的审计在某一重大错报存在时总能发现。错报可能由于舞弊或错误导致，如果合理预期错报单独或汇总起来可能影响财务报表使用者依据财务报表作出的经济决策，则通常认为错报是重大的。

在按照审计准则执行审计工作的过程中，我们运用了职业判断，并保持职业怀疑。同时，我们也执行以下工作：

（1）识别和评估由于舞弊或错误导致的财务报表重大错报风险，设计和实施审计程序以应对这些风险，并获取充分、适当的审计证据，作为发表审计意见的基础。由于舞弊可能涉及串通、伪造、故意遗漏、虚假陈述或凌驾于内部控制之上，未能发现由于舞弊导致的重大错报的风险高于未能发现由于错误导致的重大错报的风险。

（2）了解与审计相关的内部控制，以设计恰当的审计程序，但目的并非对内部控制的有效性发表意见。

（3）评价管理层选用会计政策的恰当性和作出会计估计及相关披露的合理性。

（4）对管理层使用持续经营假设的恰当性得出结论。同时，根据获取的审计证据，就可能导致对大业信托持续经营能力产生重大疑虑的事项或情况是否存在重大不确定性得出结论。如果我们得出结论认为存在重大不确定性，审计准则要求我们在审计报告中提请报表使用者注意财务报表中的相关披露；如果披露不充分，我们应当发表非无保留意见。我们的结论基于截至审计报告日可获得的信息。然而，未来的事项或情况可能导致大业信托不能持续经营。

（5）评价财务报表的总体列报、结构和内容（包括披露），并评价财务报表是否公允反映相关交易和事项。

我们与治理层就计划的审计范围、时间安排和重大审计发现等事项进行沟通，包括沟通我们在审计中识别出的值得关注的内部控制缺陷。

中国·北京　　　　中国注册会计师：黎　明

二〇一九年三月十七日　　　　中国注册会计师：何小兵

### 5.1.2　资产负债表

**资产负债表**

编制单位：大业信托有限责任公司　　　　2018年12月31日　　　　单位：元

| 项目 | 2018年12月31日 | 2017年12月31日 | 项目 | 2018年12月31日 | 2017年12月31日 |
|---|---|---|---|---|---|
| 资产 | | | 负债 | | |
| 货币资金 | 113 902 709.06 | 1 149 481 081.75 | 同业及其他金融机构存放款项 | | |
| 以公允价值计量且其变动计入当期损益的金融资产 | 2 638 879.36 | 32 252 196.20 | 以公允价值计量且其变动计入当期损益的金融负债 | | |
| 买入返售金融资产 | | | 拆入资金 | | |
| 应收利息 | 2 433 674.33 | 2 998 717.91 | 卖出回购金融资产款项 | | |
| 预付账款 | | | 短期借款 | | |
| 应收账款 | 58 580 945.71 | 54 654 976.52 | 预收账款 | 65 426 668.19 | 57 737 670.14 |
| 其他应收款 | 61 286 519.05 | 42 993 865.47 | 应付职工薪酬 | 104 679 049.68 | 192 412 257.04 |
| 长期应收款 | | | 应交税费 | 69 756 274.69 | 75 290 873.43 |
| 贷款及垫付款项 | | | 应付利息 | 1 370 444.44 | 453 333.33 |
| 可供出售金融资产 | | | 应付股利 | | |
| 持有至到期投资 | 2 294 018 358.58 | 1 045 032 978.20 | 其他应付款 | 2 084 412.67 | 3 239 748.96 |
| 长期股权投资 | | | 预计负债 | 123 200 000.00 | 132 000 000.00 |
| 投资性房地产 | | | 长期借款 | | |
| 固定资产 | 2 748 665.52 | 3 361 303.26 | 递延所得税负债 | | |
| 长期待摊费用 | 4 243 811.61 | 3 137 064.84 | 其他负债 | 500 000 000.00 | 150 000 000.00 |
| 无形资产 | 5 668 099.20 | 3 878 891.58 | 负债合计 | 866 516 849.67 | 611 133 882.90 |
| 递延所得税资产 | 170 735 806.07 | 87 808 069.46 | 所有者权益 | | |

续表

| 项目 | 2018年12月31日 | 2017年12月31日 | 项目 | 2018年12月31日 | 2017年12月31日 |
|---|---|---|---|---|---|
| 其他资产 | — | | 实收资本(或股本) | 1 000 000 000.00 | 1 000 000 000.00 |
| | | | 资本公积 | | |
| | | | 减:库存股 | | |
| | | | 其他综合收益 | | |
| | | | 盈余公积 | 194 224 688.77 | 178 498 343.12 |
| | | | 一般风险准备 | 219 555 835.23 | 97 308 839.44 |
| | | | 未分配利润 | 435 960 094.82 | 538 658 079.73 |
| | | | 所有者权益合计 | 1 849 740 618.82 | 1 814 465 262.29 |
| 资产总计 | 2 716 257 468.49 | 2 425 599 145.19 | 负债及所有者权益合计 | 2 716 257 468.49 | 2 425 599 145.19 |

法定代表人:陈俊标　　主管会计工作负责人:黄志坤　　会计机构负责人:谢祖江

### 5.1.3 利润表

**利润表**

编制单位:大业信托有限责任公司　　2018年度　　单位:元

| 项目 | 本期金额 | 上期金额 |
|---|---|---|
| 一、营业收入 | 779 109 786.51 | 939 784 609.59 |
| 利息净收入 | -13 872 154.35 | -14 603 336.01 |
| 利息收入 | 1 279 220.65 | 3 573 052.88 |
| 利息支出 | 15 151 375.00 | 18 176 388.89 |
| 手续费及佣金净收入 | 705 386 579.59 | 860 491 879.95 |
| 手续费及佣金收入 | 705 386 579.59 | 860 491 879.95 |
| 手续费及佣金支出 | — | — |
| 投资收益(损失以"-"号填列) | 76 538 599.95 | 90 727 721.12 |
| 其中:对联营企业及合营企业的投资收益 | | — |
| 公允价值变动收益(损失以"-"号填列) | | |
| 汇兑及汇率产品净收益(损失以"-"号填列) | | |
| 其他业务收入 | | |
| 资产处置收益(亏损以"-"号填列) | -12 566.72 | |
| 其他收益 | 11 069 328.04 | 3 168 344.53 |
| 二、营业支出 | 570 337 501.73 | 399 714 196.73 |
| 税金及附加 | 4 822 623.32 | 10 031 309.85 |
| 业务及管理费 | 139 454 532.19 | 393 777 886.88 |
| 资产减值损失 | 426 060 346.22 | -4 095 000.00 |
| 其他业务成本 | | |
| 三、营业利润(亏损以"-"号填列) | 208 772 284.78 | 540 070 412.86 |
| 加:营业外收入 | — | — |
| 减:营业外支出 | 354 106.89 | |
| 四、利润总额(亏损总额以"-"号填列) | 208 418 177.89 | 540 070 412.86 |
| 减:所得税费用 | 51 154 721.36 | 133 443 360.55 |
| 五、净利润(净亏损以"-"号填列) | 157 263 456.53 | 406 627 052.31 |

法定代表人:陈俊标　　主管会计工作负责人:黄志坤　　会计机构负责人:谢祖江

### 5.1.4 所有者权益变动表

**所有者权益变动表**

编制单位:大业信托有限责任公司　　2018 年度　　单位:元

| 项　目 | 本期金额 | | | | 所有者 |
|---|---|---|---|---|---|
| | 实收资本(或股本) | 盈余公积 | 一般风险准备 | 未分配利润 | 权益合计 |
| 一、上年年末余额 | 1 000 000 000.00 | 178 498 343.12 | 97 308 839.44 | 538 658 079.73 | 1 814 465 262.29 |
| 加:会计政策变更 | | | | | — |
| 前期差错更正 | | | | | — |
| 其他 | | | | | — |
| 二、本年年初余额 | 1 000 000 000.00 | 78 498 343.12 | 97 308 839.44 | 538 658 079.73 | 1 814 465 262.29 |
| 三、本年增减变动金额(减少以“ - ”号填列) | — | 15 726 345.65 | 122 246 995.79 | -102 697 984.91 | 35 275 356.53 |
| (一)综合收益总额 | | | | 157 263 456.53 | 157 263 456.53 |
| (二)所有者投入和减少资本 | — | — | — | — | — |
| 1. 所有者投入的普通股 | | | | | — |
| 2. 其他权益工具持有者投入资本 | | | | | — |
| 3. 股份支付计入股东权益的金额 | | | | | — |
| 4. 其他 | | | | | — |
| (三)利润分配 | — | 15 726 345.65 | 122 246 995.79 | -259 961 441.44 | -121 988 100.00 |
| 1. 提取盈余公积 | | 15 726 345.65 | | -15 726 345.65 | — |
| 3. 提取一般风险准备 | | | 122 246 995.79 | -122 246 995.79 | — |
| 4. 对所有者(或股东)的分配 | | | | -121 988 100.00 | -121 988 100.00 |
| 5. 结转重新计量设定受益计划净负债或净资产所产生的变动 | | | | | — |
| 6. 其他 | | | | | — |
| (四)所有者权益内部结转 | — | — | — | — | — |
| 1. 资本公积转增资本(或股本) | | | | | — |
| 2. 盈余公积转增资本(或股本) | | | | | — |
| 3. 盈余公积弥补亏损 | | | | | — |
| 4. 其他 | | | | | — |
| (五)其他 | | | | | — |
| 四、本年年末余额 | 1 000 000 000.00 | 194 224 688.77 | 219 555 835.23 | 435 960 094.82 | 1 849 740 618.82 |

**所有者权益变动表**

编制单位:大业信托有限责任公司　　2018 年度　　单位:元

| 项　目 | 上期金额 | | | | 所有者 |
|---|---|---|---|---|---|
| | 实收资本(或股本) | 盈余公积 | 一般风险准备 | 未分配利润 | 权益合计 |
| 一、上年年末余额 | 1 000 000 000.00 | 137 835 637.89 | 86 839 593.95 | 271 308 978.14 | 1 495 984 209.98 |
| 加:会计政策变更 | | | | | — |
| 前期差错更正 | | | | | — |
| 其他 | | | | | — |
| 二、本年年初余额 | 1 000 000 000.00 | 137 835 637.89 | 86 839 593.95 | 271 308 978.14 | 1 495 984 209.98 |
| 三、本年增减变动金额(减少以“ - ”号填列) | — | 40 662 705.23 | 10 469 245.49 | 267 349 101.59 | 318 481 052.31 |
| (一)综合收益总额 | | | | 406 627 052.31 | 406 627 052.31 |
| (二)所有者投入和减少资本 | — | — | — | — | — |
| 1. 所有者投入的普通股 | | | | | — |
| 2. 其他权益工具持有者投入资本 | | | | | — |
| 3. 股份支付计入股东权益的金额 | | | | | — |
| 4. 其他 | | | | | — |
| (三)利润分配 | — | 40 662 705.23 | 10 469 245.49 | -139 277 950.72 | -88 146 000.00 |
| 1. 提取盈余公积 | | 40 662 705.23 | | -40 662 705.23 | — |
| 2. 提取一般风险准备 | | | 10 469 245.49 | -10 469 245.49 | — |
| 3. 对所有者(或股东)的分配 | | | | -88 146 000.00 | -88 146 000.00 |
| 4. 结转重新计量设定受益计划净负债或净资产所产生的变动 | | | | | — |
| 5. 其他 | | | | | — |
| (四)所有者权益内部结转 | — | — | — | — | — |
| 1. 资本公积转增资本(或股本) | | | | | — |
| 2. 盈余公积转增资本(或股本) | | — | | | — |
| 3. 盈余公积弥补亏损 | | | | | — |
| 4. 其他 | | | | — | — |
| (五)其他 | | | | | — |
| 四、本年年末余额 | 1 000 000 000.00 | 178 498 343.12 | 97 308 839.44 | 538 658 079.73 | 1 814 465 262.29 |

法定代表人:陈俊标　　主管会计工作负责人:黄志坤　　会计机构负责人:谢祖江

## 5.2 信托资产

### 5.2.1 信托项目资产负债汇总表

信托项目资产负债汇总表

编制单位：大业信托有限责任公司　　2018年12月31日　　单位：元

| 资产 | 年初余额 | 期末余额 | 负债与所有者权益 | 年初余额 | 期末余额 |
|---|---|---|---|---|---|
| 资产： | | | 负债： | | |
| 货币资金 | 2 139 516 653.11 | 1 525 443 684.49 | 交易性金融负债 | — | — |
| 拆出资金 | — | — | 衍生金融负债 | — | — |
| 存出保证金 | — | — | 应付受托人报酬 | 452 786.51 | 574 788.00 |
| 交易性金融资产 | 4 059 193 935.43 | 851 632 703.32 | 应付托管费 | 369 364.19 | 195 184.52 |
| 衍生金融资产 | — | — | 应付受益人收益 | 54 173 712.27 | 104 855 601.33 |
| 买入返售金融资产 | 888 341 692.30 | — | 应交税费 | — | 15 582 710.16 |
| 应收款项 | 17 098 205 592.83 | 19 064 755 337.78 | 应付销售服务费 | — | — |
| 发放贷款 | 79 215 724 582.72 | 53 191 962 612.65 | 其他应付款项 | 308 122 319.27 | 506 270 888.64 |
| 可供出售金融资产 | 21 021 781 093.90 | 15 924 995 582.62 | 预计负债 | — | — |
| 持有至到期投资 | 32 292 797 940.00 | 21 020 261 303.13 | 其他负债 | — | — |
| 长期应收款 | — | — | 负债合计 | 363 118 182.24 | 627 479 172.65 |
| 长期股权投资 | 22 761 445 143.45 | 17 888 573 936.73 | | | |
| 投资性房地产 | — | — | 所有者权益： | | |
| 固定资产 | — | — | 实收信托 | 198 643 099 700.49 | 140 963 100 067.91 |
| 无形资产 | — | — | 资本公积 | 147 600 332.98 | 261 055 830.00 |
| 长期待摊费用 | — | — | 损益平准金 | — | — |
| 其他资产 | 19 978 303 331.17 | 11 586 244 000.87 | 未分配利润 | 301 491 749.20 | -797 765 908.97 |
| 减：各项资产减值准备 | — | — | 所有者权益合计 | 199 092 191 782.67 | 140 426 389 988.94 |
| 资产总计 | 199 455 309 964.91 | 141 053 869 161.59 | 负债和所有者权益总计 | 199 455 309 964.91 | 141 053 869 161.59 |

### 5.2.2 信托项目利润及利润分配表

信托项目利润及利润分配表

编制单位：大业信托有限责任公司　　2018年度　　单位：元

| 项目 | 上期累计数 | 本期累计数 |
|---|---|---|
| 1. 营业收入 | 10 209 855 504.54 | 7 575 770 746.96 |
| 1.1 利息收入 | 5 675 734 922.93 | 5 852 203 131.10 |
| 1.2 投资收益（损失以"－"号填列） | 4 682 965 363.98 | 2 130 932 072.71 |
| 1.2.1 其中：对联营企业和合营企业的投资收益 | — | — |
| 1.3 公允价值变动收益（损失以"－"号填列） | -164 764 794.78 | -414 002 723.14 |
| 1.4 租赁收入 | — | — |
| 1.5 汇兑损益（损失以"－"号填列） | — | — |
| 1.6 其他收入 | 15 920 012.41 | 6 638 266.29 |
| 2. 支出 | 1 425 631 064.01 | 1 131 884 778.96 |
| 2.1 税费及附加 | 2 660 350.41 | 0.00 |
| 2.2 受托人报酬 | 773 528 459.87 | 660 154 143.05 |
| 2.3 保管费 | 54 835 045.79 | 59 581 098.12 |
| 2.4 投资管理费 | — | — |
| 2.5 销售服务费 | 108 238 710.15 | 221 168 443.82 |
| 2.6 交易费用 | 3 648 622.04 | 12 449 073.01 |
| 2.7 资产减值损失 | — | — |
| 2.8 其他费用 | 482 719 875.75 | 178 532 020.96 |
| 3. 信托净利润（净亏损以"－"号填列） | 8 784 224 440.53 | 6 443 885 968.00 |

续表

| 项目 | 上期累计数 | 本期累计数 |
|---|---|---|
| 4. 其他综合收益 | 0.00 | 0.00 |
| 5. 综合收益 | 8 784 224 440.53 | 6 443 885 968.00 |
| 6. 加：期初未分配信托利润 | 46 427 800.04 | 301 491 749.20 |
| 7. 可供分配的信托利润 | 8 830 652 240.57 | 6 745 377 717.20 |
| 8. 减：本期已分配信托利润 | 8 529 160 491.37 | 7 543 143 626.17 |
| 9. 期末未分配信托利润 | 301 491 749.20 | -797 765 908.97 |

# 6. 会计报表附注

## 6.1 会计报表编制基准不符合会计核算基本前提的说明

### 6.1.1 会计核算基本前提的说明

公司以持续经营为基础，根据实际发生的交易和事项，按照《企业会计准则——基本准则》和其他各项具体会计准则、应用指南及准则解释的规定进行确认和计量，在此基础上编制财务报表。

公司所编制的会计报表符合企业会计准则的要求，真实、完整地反映了公司的财务状况、经营成果、股东权益变动和现金流量等有关信息。

### 6.1.2 重要会计政策和会计估计说明

公司自2010年9月开始筹建起执行财政部2006年2月15日颁布的《企业会计准则》（财会[2006]3号）及其后续规定。

## 6.2 或有事项说明

本期公司无对外担保及其他或有事项。

## 6.3 重要资产转让及其出售的说明

本期公司无重要资产转让及其出售。

## 6.4 会计报表中重要项目的明细资料

### 6.4.1 披露自营资产经营情况

6.4.1.1 按信用风险五级分类结果披露信用风险资产的期初数和期末数

按照银监会《非银行金融机构资产风险分类指导原则(试行)》的分类标准,本年度末公司质量情况如下。

| 信用风险资产五级分类 | 正常类(万元) | 关注类(万元) | 次级类(万元) | 可疑类(万元) | 损失类(万元) | 信用风险资产合计(万元) | 不良资产合计(万元) | 不良资产率(%) |
|---|---|---|---|---|---|---|---|---|
| 期初数 | 178 593.67 | — | 2 951.00 | — | — | 181 544.67 | 2 951.00 | — |
| 期末数 | 102 872.03 | 148 506.79 | — | — | 3 060.98 | 254 439.80 | 3 060.98 | — |

6.4.1.2 各项资产减值损失准备的期初数、本期计提、本期转回、本期核销、期末数

单位:万元

| | 期初数 | 本期计提 | 本期转回 | 本期核销 | 期末数 |
|---|---|---|---|---|---|
| 贷款损失准备: | — | — | — | — | — |
| 一般准备 | — | — | — | — | — |
| 专项准备 | — | — | — | — | — |
| 其他资产减值准备: | 2 951.00 | — | — | — | 2 951.00 |
| 可供出售金融资产减值准备 | — | — | — | — | — |
| 持有至到期投资减值准备 | 2 951.00 | 41 845.09 | — | — | 44 796.09 |
| 长期股权投资减值准备 | — | — | — | — | — |
| 坏账准备 | — | 760.94 | — | — | 760.94 |
| 投资性房地产减值准备 | — | — | — | — | — |
| 合计 | 2 951.00 | 42 606.03 | — | — | 45 557.03 |

6.4.1.3 自营股票投资、基金投资、债券投资、长期股权投资等投资的期初数、期末数

本期公司尚无此类业务。

6.4.1.4 前五名的自营长期股权投资的企业名称、占被投资企业权益的比例、主要经营活动及投资收益情况等

本期公司尚无此类业务。

6.4.1.5 前五名的自营贷款的企业名称、占贷款总额的比例和还款情况等

期末,公司无此类业务。

6.4.1.6 表外业务的期初数、期末数

本期公司尚无此类业务。

6.4.1.7 公司当年的收入结构

| 收入结构 | 金额(元) | 占比(%) |
|---|---|---|
| 手续费及佣金收入 | 705 386 579.59 | 88.81 |
| 其中:信托手续费收入 | 705 386 579.59 | 88.81 |
| 投资银行业务收入 | — | — |
| 利息收入 | 1 279 220.65 | 0.16 |
| 其他业务收入 | 11 056 761.32 | 1.39 |
| 其中:计入信托业务收入部分 | — | — |
| 投资收益 | 76 538 599.95 | 9.64 |
| 其中:股权投资收益 | — | — |
| 证券投资收益 | — | — |
| 其他投资收益 | 76 538 599.95 | 9.64 |
| 公允价值变动收益 | — | — |
| 营业外收入 | — | — |
| 收入合计 | 794 261 161.51 | 100.00 |

### 6.4.2 信托资产管理情况

6.4.2.1 信托资产的期初数、期末数

单位:万元

| 信托资产 | 期初数 | 期末数 |
|---|---|---|
| 集合 | 9 851 538.14 | 7 349 965.42 |
| 单一 | 8 406 453.89 | 5 690 245.63 |
| 财产权 | 1 687 538.97 | 1 065 175.87 |
| 合计 | 19 945 531.00 | 14 105 386.92 |

6.4.2.1.1 主动管理型信托业务的信托资产期初数、期末数

单位:万元

| 主动管理型信托资产 | 期初数 | 期末数 |
|---|---|---|
| 证券投资类 | — | — |
| 其他投资类 | 1 309 367.19 | 988 890.17 |
| 融资类 | 3 199 501.50 | 2 115 964.58 |
| 事务管理类 | — | — |
| 合计 | 4 508 868.69 | 3 104 854.75 |

6.4.2.1.2 被动管理型信托业务的信托资产期初数、期末数

单位:万元

| 被动管理型信托资产 | 期初数 | 期末数 |
|---|---|---|
| 证券投资类 | 625 372.25 | 232 180.15 |
| 其他投资类 | 1 087 604.83 | — |
| 融资类 | — | — |
| 事务管理类 | 13 723 685.23 | 10 768 352.02 |
| 合计 | 15 436 662.31 | 11 000 532.17 |

6.4.2.2 本年度已清算结束的信托项目个数、实收信托合计金额、加权平均实际年化收益率

6.4.2.2.1 本年度已清算结束的集合类、单一类资金信托项目和财产管理类信托项目个数、实收信托合计金额、加权平均年化信托报酬率、加权平均实际年化收益率

| 已清算结束的信托项目 | 项目个数(个) | 实收信托合计金额(万元) | 加权平均实际年化信托报酬率(%) | 加权平均实际年化收益率(%) |
|---|---|---|---|---|
| 集合类 | 102 | 3 520 404.61 | 0.79 | 1.98 |
| 单一类 | 89 | 2 791 904.70 | 0.22 | 7.72 |
| 财产管理类 | 23 | 825 498.50 | 0.03 | 0.08 |

6.4.2.2.2 本年度已清算结束的主动管理型信托项目个数、实收信托合计金额、加权平均年化信托报酬率、加权平均实际年化收益率

| 已清算结束的信托项目 | 项目个数（个） | 实收信托合计金额（万元） | 加权平均实际年化信托报酬率（%） | 加权平均实际年化收益率（%） |
|---|---|---|---|---|
| 证券投资类 | — | — | — | — |
| 其他投资类 | 6 | 436 555.00 | 0.90 | 5.64 |
| 融资类 | 35 | 1 609 080.00 | 1.40 | 6.47 |

6.4.2.2.3 本年度已清算结束的被动管理型信托项目个数、实收信托合计金额、加权平均年化信托报酬率、加权平均实际年化收益率

| 已清算结束的信托项目 | 项目个数（个） | 实收信托合计金额（万元） | 加权平均实际年化信托报酬率（%） | 加权平均实际年化收益率（%） |
|---|---|---|---|---|
| 证券投资类 | 16 | 374 010.00 | 0.49 | -49.39 |
| 其他投资类 | — | — | — | — |
| 融资类 | — | — | — | — |
| 事务管理类 | 157 | 4 718 162.81 | 0.18 | 6.38 |

6.4.2.3 本年度新增的集合类、单一类和财产管理类信托项目个数、实收信托合计金额

| 新增信托项目 | 项目个数（个） | 实收信托合计金额（亿元） |
|---|---|---|
| 集合类 | 58 | 235.45 |
| 单一类 | 55 | 103.74 |
| 财产管理类 | 3 | 19.78 |
| 新增合计 | 116 | 358.97 |
| 其中：主动管理型 | 37 | 180.96 |
| 被动管理型 | 79 | 178.01 |

6.4.2.4 本公司履行受托人义务情况及因本公司自身责任而导致的信托资产损失情况

2018 年公司共成立信托项目 116 个，新增信托规模总计 652.32 亿元（含 2018 年前成立的开放式产品新增的规模）；共清算信托项目 214 个，清算信托规模合计 1 229.12 亿元（含部分清算项目），截至 2018 年 12 月 31 日存续信托项目 359 个，存续项目信托规模合计 1 409.63 亿元。

2018 年全部信托项目共实现信托净利润为 64.44 亿元，加上年初未分配利润 3.01 亿元，全年可供分配信托利润合计 67.45 亿元，2018 年公司累计共向各类受益人分配信托净利润 75.43 亿元，正常兑付 214 个，已清算项目累计信托本金为 1 291.15亿元，截至 2018 年末累计未分配信托利润余额为 -7.98亿元。

## 6.5 关联方关系及其交易的披露

**6.5.1 关联交易方的数量、关联交易的总金额及关联交易的定价政策**

| | 关联交易方数量 | 关联交易金额（万元） | 定价政策 |
|---|---|---|---|
| 合计 | 3 | 92 300 | 按市场公允价格定价 |

**6.5.2 关联交易方与本公司的关系性质、关联交易方的名称、法定代表人、注册地址、注册资本及主营业务**

| 关系性质 | 关联方名称 | 法人代表 | 注册地址 | 注册资本（万元） | 主营业务 |
|---|---|---|---|---|---|
| 受同一股东控制 | 万联证券股份有限公司 | 罗钦城 | 广州市天河区珠江东路 11 号 18、19 楼全层 | 595 426.40 | 证券经纪；证券承销和保荐；证券资产管理；融资融券；为期货公司提供中间介绍业务（限证券公司）；机构证券自营投资服务；与证券交易、证券投资活动有关的财务顾问；证券投资咨询；证券投资基金销售服务；代销金融产品。 |

**6.5.3 公司与关联方的重大交易事项**

6.5.3.1 固有资产与关联方

报告期内无固有资产与关联方发生重大交易情况。

6.5.3.2 信托资产与关联方

单位：万元

| 项目 | 期初数 | 期末数 |
|---|---|---|
| 贷款 | — | 13 500.00 |
| 投资 | — | 78 800.00 |
| 租赁 | — | — |
| 担保 | — | — |
| 应收账款 | — | — |
| 其他 | — | — |
| 合计 | — | 92 300 |

6.5.3.3 公司自有资金运用于自己管理的信托项目（固信交易）、信托公司管理的信托项目之间的相互（信信交易）交易金额

6.5.3.3.1 固有财产与信托财产之间的交易金额期初汇总数、本期发生额汇总数、期末汇总数

单位：万元

| | 固有财产与信托财产相互交易 | | |
|---|---|---|---|
| | 期初数 | 本期发生额 | 期末数 |
| 合计 | 56 582.12 | 178 983.87 | 235 565.99 |

6.5.3.3.2 信托项目之间的交易金额期初汇总数、本期发生额汇总数、期末汇总数

单位：万元

| | 信托资产与信托财产相互交易 | | |
|---|---|---|---|
| | 期初数 | 本期发生额 | 期末数 |
| 合计 | 660 990.00 | -93 087.04 | 567 902.96 |

**6.5.4 关联方逾期未偿还本公司资金的详细情况以及本公司为关联方担保发生或即将发生垫款的情况**

关联方无逾期不偿还本公司资金情况，本公司无为关联方担保发生或即将发生垫款情况。

## 6.6 会计制度的披露

公司固有业务自 2008 年 1 月 1 日起执行财政部 2006 年 2 月 15 日颁布的《企业会计准则》（财会［2006］3 号）及其后续

规定。以持续经营为基础，根据实际发生的交易和事项，按照《企业会计准则——基本准则》和其他各项具体会计准则、应用指南及准则解释的规定进行确认和计量，在此基础上编制财务报表。

## 7. 财务情况说明书

### 7.1 利润实现和分配情况

2018 年，公司实现净利润为15 726.35万元。依据《公司法》《信托公司管理办法》《金融企业准备金计提管理办法》《公司章程》，公司对 2018 年可供分配利润按照 10%提取法定盈余公积金1 572.63万元，提取5%的信托赔偿准备金为786.32万元，根据风险资产质量调整一般准备金余额为11 438.38万元。

### 7.2 主要财务指标

| 指标名称 | 指标值 |
|---|---|
| 资本收益率(%) | 8.58 |
| 加权年化信托报酬率(%) | 0.49 |
| 人均利润(万元) | 97.68 |

注:1. 资本收益率 = 净利润 ÷ 所有者权益平均余额 ×100%。

2. 加权年化信托报酬率 = $\sum_{i=1}^{n}(Ai \times Pi) \div \sum_{i=1}^{n}(Ai)$ [$Ai$——信托项目 $i$ 的实收信托规模，$Pi$——信托项目 $i$ 的实际年化信托报酬率]。

3. 人均净利润 = 净利润 ÷ 期末人数。

### 7.3 对本公司财务状况、经营成果有重大影响的其他事项

报告期内无上述事项。

## 8. 特别事项揭示

### 8.1 股东报告期内变动情况及原因

报告期内无上述事项。

### 8.2 董事、监事及高级管理人员变动情况及原因

2017 年 4 月，孙多伟先生因个人原因辞去公司财务总监职务，公司董事会聘任黄志坤先生担任公司财务总监职务。2018 年 1 月 30 日，中国银监会广东监管局下发《关于黄志坤任职资格的批复》(粤银监复[2018]28 号)，核准了黄志坤先生的高管任职资格。

### 8.3 公司的重大未决诉讼事项

报告期内公司无重大未决诉讼事项。

### 8.4 公司及其董事、监事和高级管理人员受到处罚的情况

报告期内无上述处罚情况。

### 8.5 对银监会及其派出机构提出整改意见的整改情况说明

报告期内无上述事项。

### 8.6 重大事项临时报告情况

报告期内无上述事项。

### 8.7 其他有必要让客户及相关利益人了解的重要信息

报告期内无其他有必要让客户及相关利益人了解的重要信息。

## 9. 公司监事会意见

监事会认为，本报告期内，公司决策程序合法，内部控制制度较为完善，没有发现公司董事、经理和其他高级管理人员在执行公司职务时有违法违纪和有损公司及股东利益的行为。公司财务报告真实地反映了公司的财务状况和经营成果。

# 东莞信托有限公司

## 1. 重要提示

1.1　公司董事会及董事保证本报告所载资料不存在任何虚假记载、误导性陈述或者重大遗漏，并对其内容的真实性、准确性和完整性承担个别及连带责任。

1.2　公司独立董事林海、陈平声明：保证本年度报告真实、准确和完整。

1.3　公司2018年度财务报告经中审众环会计师事务所（特殊普通合伙）审计，认为公司财务报表已经按照企业会计准则的规定编制，在所有重大方面公允反映了东莞信托有限公司2018年12月31日的财务状况以及2018年度的经营成果和现金流量。

1.4　公司董事长黄晓雯及财务负责人张凌声明：保证年度报告中财务会计报告的真实、完整。

## 2. 公司概况

### 2.1　公司简介

| | |
|---|---|
| 法定中文名称/缩写 | 东莞信托有限公司/东莞信托 |
| 英文名称/缩写 | DongGuan Trust Co.,Ltd. DGTC |
| 法定代表人 | 黄晓雯 |
| 注册地址 | 东莞松山湖高新技术产业开发区创新科技园2号楼 |
| 邮政编码 | 523808 |
| 网址 | http://www.dgxt.com |
| 电子信箱 | bgs@dgxt.com |
| 信息披露事务负责人 | 冯杰 |

续表

| | |
|---|---|
| 信息披露事务联系人 | 姓名：罗子杰 |
| | 联系电话：0769-26261633 |
| | 传真：0769-22389630 |
| | 电子信箱：bgs@dgxt.com |
| 公司年报信息披露报纸 | 《证券时报》 |
| 公司年报备置地点 | 东莞松山湖高新技术产业开发区创新科技园2号楼 |
| 公司聘请的会计师事务所 | 名称：中审众环会计师事务所（特殊普通合伙） |
| | 住所：武汉市武昌区东湖路169号 |
| | 电话：027-86770549 |
| 公司聘请的律师事务所 | 名称：山东鲁宁律师事务所 |
| | 住所：青岛市崂山区深圳路179号华沃大厦T1栋5层 |
| | 电话：0532-88010510 |

### 2.2　组织结构

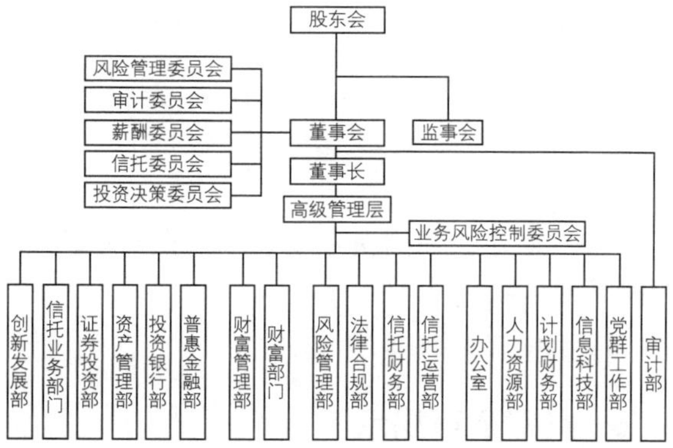


注：经公司2019年2月26日召开的第四届董事会第六十二次会议审议通过，同意公司新增普惠金融部等部门并对部分部门进行更名。

## 3. 公司治理

### 3.1　股东

报告期末，公司股东总数6家，主要股东为东莞金融控股集团有限公司，持有本公司60.8276%的股权，东莞发展控股股份有限公司持有本公司22.2069%的股权，其他股东中有3家股东持股比例为4.9655%、有1家股东持股比例为2.0690%。本公司主要股东情况如下。

| 股东名称 | 持股比例（%） | 法定代表人 | 注册资本（万元） | 注册地址 | 主要经营业务 | 主要财务情况 |
|---|---|---|---|---|---|---|
| 东莞金融控股集团有限公司 | 60.8276 | 廖玉林 | 322 767.72 | 广东省东莞市松山湖园区红棉路6号3栋501室 | 股权投资、物业投资，资产管理，商业咨询等 | 总资产为1 342 569万元，总负债为300 367万元，所有者权益为1 042 202万元。 |
| 东莞发展控股股份有限公司 | 22.2069 | 张庆文 | 103 951.70 | 东莞市南城区科技工业园科技路39号 | 东莞高速公路的投资、建设、经营 | 总资产为1 100 936万元，总负债为448 260万元，所有者权益为652 676万元。 |

本公司的第一大股东东莞金融控股集团有限公司，是东莞市人民政府国有资产监督管理委员会全资拥有的企业。东莞金融控股集团有限公司股东情况如下。

| 股东名称 | 持股比例（%） | 法定代表人 | 注册资本 | 注册地址 | 主要经营业务及财务情况 |
|---|---|---|---|---|---|
| 东莞市人民政府国有资产监督管理委员会 | 100 | 任洪杰 | — | 东莞市莞城区万寿路76号 | — |

## 3.2 董事

董事长、董事

| 姓名 | 职务 | 性别 | 年龄(岁) | 选任日期 | 所推举的股东名称 | 该股东持股比例(%) | 简要履历 |
|---|---|---|---|---|---|---|---|
| 黄晓雯 | 董事长 | 女 | 45 | 2017年2月 | 东莞金融控股集团有限公司 | 60.8276 | 现任东莞信托有限公司董事长。 |
| 丁暖容 | 董事 | 男 | 54 | 2014年9月 | 东莞金融控股集团有限公司 | 60.8276 | 现任东莞金融控股集团有限公司副总经理。 |
| 王启波 | 董事 | 男 | 60 | 2013年4月 | 东莞发展控股股份有限公司 | 22.2069 | 现任东莞发展控股股份有限公司顾问。 |
| 陈尧粱 | 董事 | 男 | 75 | 2013年4月 | 东莞市东糖集团有限公司 | 2.069 | 现任东莞市东糖集团有限公司董事长。 |

独立董事

| 姓名 | 所在单位及职务 | 性别 | 年龄(岁) | 选任日期 | 所推举的股东名称 | 该股东持股比例(%) | 简要履历 |
|---|---|---|---|---|---|---|---|
| 林海 | 广东南粤银行监事长 | 男 | 57 | 2016年6月 | 东莞金融控股集团有限公司 | 60.8276 | 曾任人民银行广州分行监管专员(副局级),广东银监局党委委员、副局长,东莞银行党委副书记、纪委书记(正行级)、副董事长;现任广东南粤银行监事长。 |
| 陈平 | 中山大学岭南学院教授 | 男 | 52 | 2013年4月 | 东莞金融控股集团有限公司 | 60.8276 | 曾任中山大学岭南学院国际金融教研室主任、国际贸易金融系主任助理、国际贸易金融系主任、经济研究所副所长、所长;现任中山大学岭南学院教授。 |

## 3.3 监事

监事会成员

| 姓名 | 职务 | 性别 | 年龄(岁) | 选任日期 | 所推举的股东名称 | 该股东持股比例(%) | 简要履历 |
|---|---|---|---|---|---|---|---|
| 庞张欢 | 党委书记、监事会主席 | 女 | 53 | 2018年4月 | 东莞金融控股集团有限公司 | 60.8276 | 现任东莞信托有限公司党委书记兼监事会主席。 |
| 唐普新 | 监事 | 男 | 64 | 2013年4月 | 东莞市糖酒集团有限公司 | 4.9655 | 现任东莞市糖酒集团有限公司副总裁。 |
| 胡德新 | 监事 | 男 | 55 | 2013年4月 | 东莞市东资经济贸易有限公司 | 4.9655 | 现任东莞市东资经济贸易有限公司董事长。 |
| 陶莉娜 | 专职监事 | 女 | 36 | 2018年10月 | 广东福地投资有限公司 | 4.9655 | 现任东莞信托有限公司专职监事。 |
| 谭利玲 | 监事 | 女 | 54 | 2013年4月 | 职工监事代表 | — | 现任东莞信托有限公司工会副主席。 |
| 陈建锋 | 监事 | 女 | 40 | 2013年4月 | 职工监事代表 | — | 现任东莞信托有限公司财富管理部总经理。 |
| 陈国 | 监事 | 男 | 47 | 2019年3月 | 职工监事代表 | — | 现任东莞信托有限公司东莞业务二部总经理。 |

## 3.4 高级管理人员

高级管理人员

| 姓名 | 职务 | 性别 | 年龄(岁) | 任职日期 | 金融从业年限(年) | 学历 | 专业 | 简要履历 |
|---|---|---|---|---|---|---|---|---|
| 陈英 | 总经理 | 男 | 49 | 2018年12月 | 25 | 本科 | 金融 | 曾任中信银行青岛分行行长助理、纪委书记、党委委员,长安国际信托股份有限公司副总经理、常务副总裁;现任东莞信托有限公司总经理。 |
| 陈贺健 | 党委副书记兼纪委书记 | 男 | 56 | 2018年4月 | 40 | 本科 | 金融学 | 曾任东莞市麻涌农信社主任、党支部书记,东莞信托有限公司行政部经理,东莞信托有限公司副总经理;现任东莞信托有限公司党委副书记兼纪委书记。 |
| 冯杰 | 副总经理 | 男 | 45 | 2017年9月 | 22 | 本科 | 法学 | 曾任东莞信托有限公司办公室主管、办公室副主任、办公室主任等;现任东莞信托有限公司副总经理。 |
| 张晓斌 | 总经理助理 | 男 | 41 | 2017年9月 | 20 | 本科 | 工商管理 | 曾任中国银行东莞虎门支行副行长,中国银行东莞分行公司业务部副总经理、总经理,东莞信托有限公司信托二部总经理;现任东莞信托有限公司总经理助理。 |
| 罗炯亮 | 总经理助理 | 男 | 41 | 2017年9月 | 18 | 本科 | 投资经济学 | 曾任东莞信托有限公司合规部副总经理(主持部门工作)、风险管理部副总经理(主持部门工作)、研发部总经理、资产部总经理、创新业务部总经理;现任东莞信托有限公司总经理助理。 |
| 吴惠仪 | 董事会秘书 | 女 | 42 | 2017年9月 | 22 | 本科 | 财政学 | 曾任东莞信托有限公司计划资金部主管,理财部主管、副经理,信托部副经理,信托一部总经理;现任东莞信托有限公司董事会秘书。 |

### 3.5 公司员工

报告期内职工人数为210人，平均年龄35岁，学历分布：博士学历占0.48%，硕士学历占30%，本科学历占65.71%，专科学历占3.81%。

## 4. 经营管理

### 4.1 经营目标、经营方针、战略规划

#### 4.1.1 经营目标

坚持市场化道路，追求风险控制和收益的最佳平衡，探索差异化道路，形成比较优势，成为值得信赖的专业资产管理金融机构。

#### 4.1.2 经营方针

加强党的领导、持续深化改革，谋求公司长足发展；秉承“怀敬畏之心，立诚信之本，走务实之路，创长青之业”的企业精神，坚持“诚信立业、稳健务实、合规创新、追求效益”的经营理念，以市场为导向，创新业务发展模式、创新赢利模式、创新赢利手段，树立公司品牌，实现公司规范、稳健、可持续发展。

#### 4.1.3 战略规划

在坚守风险底线、提升风险合规管理能力的前提下，保持传统融资类业务稳步发展，挖掘信托主流业务的机会，包括积极推动不动产权益投资类业务、探索建立普惠金融体系、坚持通过综合配置方式推动资本市场权益类业务发展；构建和完善财富管理体系，加快财富管理业务发展；调整优化流程，打造高效精简的运营体系；推进金融科技在信托领域的应用；推动品牌建设和文化建设，助力公司行稳致远。区域上深耕粤港澳大湾区，并在北京、上海、武汉等全国重点城市布局，多措并举，打造具备专业能力和地区特色的综合型信托公司。

### 4.2 经营业务的主要内容

自营资产运用与分布表

| 资产运用 | 金额(万元) | 占比(%) | 资产分布 | 金额(万元) | 占比(%) |
|---|---|---|---|---|---|
| 货币资产 | 87 240.44 | 13.40 | 基础产业 | — | — |
| 贷款及应收款 | 9 712.88 | 1.49 | 房地产业 | — | — |
| 可供出售金融资产 | 531 452.34 | 81.65 | 证券市场 | 50 820.19 | 7.81 |
| 买入返售金融资产 | — | — | 实业 | — | — |
| 长期股权投资 | 9 063.97 | 1.39 | 金融机构 | 26 878.94 | 4.13 |
| 其他 | 13 470.04 | 2.07 | 其他 | 573 240.54 | 88.06 |
| 资产总计 | 650 939.67 | 100.00 | 资产总计 | 650 939.67 | 100.00 |

信托资产运用与分布表

| 资产运用 | 金额(万元) | 占比(%) | 资产分布 | 金额(万元) | 占比(%) |
|---|---|---|---|---|---|
| 货币资产 | 439 211.29 | 7.28 | 基础产业 | 59 800.00 | 0.99 |
| 贷款 | 999 100.46 | 16.56 | 房地产 | 538 091.08 | 8.92 |
| 交易性金融资产 | 1 543 254.73 | 25.58 | 证券市场 | 153 598.58 | 2.55 |
| 可供出售金融资产 | 283 939.40 | 4.71 | 实业 | 1 977 608.77 | 32.78 |
| 持有至到期投资 | 1 392 993.44 | 23.09 | 金融机构 | — | — |

续表

| 资产运用 | 金额(万元) | 占比(%) | 资产分布 | 金额(万元) | 占比(%) |
|---|---|---|---|---|---|
| 长期股权投资 | 38 188.29 | 0.63 | 其他 | 3 303 912.30 | 54.76 |
| 投资性房地产 | 36 319.97 | 0.60 | | | |
| 其他 | 1 300 003.15 | 21.55 | | | |
| 信托资产总计 | 6 033 010.73 | 100.00 | 信托资产总计 | 6 033 010.73 | 100.00 |

### 4.3 市场分析

#### 4.3.1 影响公司业务发展的主要因素

4.3.1.1 有利因素

2018年资管新规及一系列配套政策的出台，标志着新的资管体系的形成，并明确了未来资管市场的发展方向，这意味着信托行业告别了以规模数量为标志的高增长阶段，进入到追求高质量发展的阶段。资管新规及配套措施的落地，统一了监管口径，清晰了各资管机构的业务边界和规则边界，相当部分的资管公司逐渐会被淘汰，资管行业的竞争将进入一个规则清晰、相对有序的阶段。趋于理性和边界清晰的资管新格局，整体有利于具有主动管理能力和较强资本实力信托公司的经营发展。信托公司牌照带来的资源禀赋将愈加突出，其主动管理能力形成的差异化优势，将成为信托公司的核心竞争力。

4.3.1.2 不利因素

监管收紧仍是信托业面临的重要课题。资管新规等配套措施的出台，对不具备核心竞争力的信托公司而言形势较为严峻。一方面，是在存量资产上，在过渡期内完成大量的合规整改工作，任务艰巨；另一方面，新业务依然处于摸索阶段，短时期内提升主动管理能力，解决专业人员、风控机制以及信息披露机制等系列问题存在一定难度。

从整体来看，中国国民经济、社会的转型、信托公司发展的分化、金融监管政策的变化、资产管理市场环境的规范、移动互联人工智能大数据等新技术的广泛应用等，带来了深刻的信托业市场调整。这种调整是挑战，也是机遇。回归信托本源，专注公司特点与优势，合理布局经营领域、重点业务和转型业务，以丰富的资产管理产品和强大的财富管理建设为双轮驱动，积极布局金融科技在公司经营管理方面的全面应用，加快向高质量发展迈进，努力为公司新三年规划目标打下坚实基础，推动公司可持续发展。

### 4.4 内部控制概况

#### 4.4.1 内部控制文化和内部控制环境

在内部控制文化方面，公司已按照《企业内部控制基本规范》中对现代企业制度的要求，逐步完善了公司组织结构、内部控制和运行机制，建立了科学、合理、有效的内部控制体系，确立了风险管理优先的内控文化。

在内部控制环境方面，公司组织机构包括股东会、董事会、监事会、经营管理层及相关专业委员会。各机构根据《公司法》和《公司章程》的规定行使相关职责，公司制定了《风险管理委员会工作细则》《审计委员会工作细则》《薪酬委员会工作细则》《信托委员会工作细则》《投资决策委员会工作制度》《董事会议事规则》《东莞信托有限公司会议管理办法》，明确了各自

的议事方式和表决程序。

公司董事会下设风险管理委员会、投资决策委员会、审计委员会、薪酬委员会以及信托委员会；在经营管理层设有业务风险控制委员会、风险管理部、法律合规部及审计部构成的风险管理组织架构。各主体根据其风险管理的职责对公司各项业务的事前、事中和事后风险开展不同层面的管理。

**4.4.2 内部控制措施**

公司的内部控制制度由组织架构、业务管理制度、授权制度、资金管理制度、会计系统、计算机应用系统及保密、人事管理、风险管理及稽核等方面构成，通过有效建立防火墙，做到事前防范、事中控制、事后监督和纠正，形成操作、决策、稽核与评价相互监督和纠正的内部约束机制。

公司通过不断完善各项内控制度，完善法人治理，加强人力资源管理，明确各部门岗位责任，强化风险管理职能，进一步加强对事中风险的控制和事后监督，加强各项业务的合规性审查，加快业务流程的改造等措施，进一步完善公司的内控制度和提升公司风险管理能力。2018 年，公司共制定和修订了 58 项制度，涉及会议管理、风险防控体系、营销制度体系、信托业务的会计及税务处理、信息科技风险管理机制、岗位薪酬管理体系及违规差错行为处罚等，进一步提升公司治理机制作用，完善风险防范机制，提高内部管理的有效性。

**4.4.3 信息交流与反馈**

公司积极配合监管部门的监管，按时报送各类报表、报告，主动向监管部门反映经营状况，并根据监管政策和监管意见对公司内控制度进行不断的完善，使业务合规、健康地发展。严格按照信托合同的约定，定期向监管部门、委托人和受益人披露信托项目执行报告，按时披露年度报告，主动接受社会各界的监督。

**4.4.4 监督评价与纠正**

公司建立了以法律合规部和审计部为核心的内部控制监督、评价机制。

审计部通过常规性审计和专项审计，对公司业务活动、财务收支、资金流转、经济效益及内控执行情况等进行全面的审计、稽核、评价，对存在问题提出整改意见，并结合公司业务发展和监管要求，对公司各项制度提出修订及更新意见；法律合规部不断加强及完善对业务流程的设置、梳理、修改及评价，定期出具合规管理报告，及时修订、更新公司各项业务制度，使内控制度建设不断完善。

## 4.5 风险管理概况

**4.5.1 信用风险状况及其管理策略**

4.5.1.1 信用风险状况

公司面临的信用风险主要表现为融资业务中交易对手违约造成的风险。公司采用以风险为基础的分类方法评估信用风险资产质量，将其分为正常、关注、次级、可疑和损失五类，其中后三类合称为不良资产。

截至 2018 年 12 月 31 日，公司自营贷款余额为零。

4.5.1.2 信用风险管理

对于信用风险，公司不断完善业务的决策流程及操作流程，优化业务结构。公司采取业务和风控部门"双线"进行实地调查，设置项目准入条件，认真筛选项目，强化项目事前、事中、事后的监测、检查和评价，建立风险预警机制，及时化解风险；公司内部评审机构认真按照审贷分离、分级授权审批的原则对投融资项目进行评审，由专门部门专职人员负责出账前提条件审核，监督落实风险控制措施；公司通过细化贷后管理加强信用风险排查，密切跟进项目进度和资金流向，定期对资产五级分类进行风险的事中控制，通过稽核日常检查进行事后控制，通过提取损失准备金来提高抵御风险的能力；通过风险预警项目防控领导小组加强对风险预警情况的快速响应及决策、控制，加强信用风险管理。

**4.5.2 市场风险状况及其管理策略**

4.5.2.1 市场风险状况

市场风险主要表现为证券市场由于股市价格、利率、汇率等的变动而导致公司财产或信托财产未预料到的潜在损失的风险。证券投资主要是证券一级、二级市场股票投资、基金投资、证券型资管计划、委托基金公司的专户理财以及债券投资。

4.5.2.2 市场风险管理

公司在自营证券业务方面，通过各种形式（基金专户、有限合伙、信托计划等）寻找优秀的投资管理人和合作伙伴，不断优化固有资产配置组合，确保自营证券获得稳定投资收益。在信托证券业务方面，逐步转变为资产管理者角色，主要通过择优选择具备市场业绩、口碑优良的行业精英及背景强大的合作伙伴，着力发展资产配置类业务，设计符合客户风险、收益偏好的产品。

**4.5.3 操作风险状况及其管理策略**

4.5.3.1 操作风险状况

操作风险是指公司由于内部程序、系统的不完善或操作失误而产生的风险。公司通过整合部门职能，制定完善业务流程，操作细则、加强员工培训教育以及开发信息系统等手段规范业务前台、中台、后台操作，减少操作风险。

4.5.3.2 操作风险管理

公司通过整合优化部门职能，制定并完善业务流程，加强员工培训教育，开发信息系统等手段规范业务前台、中台、后台操作，减少操作风险。公司建立了证券投资管理系统、业务管理系统、档案管理系统等信息系统，进一步优化、细化业务流程，加强对各项业务事前、事中的风险监控和预警，构建事前、事中、事后的风险控制体系。

**4.5.4 流动性风险状况及其管理策略**

公司流动性比例为 963.19%，自有资产保持了较高的流动性。目前公司的流动性负债主要是应付税金、应付职工薪酬支出等，无对外举债。

**4.5.5 法律风险及声誉风险状况及其管理策略**

4.5.5.1 法律风险、声誉风险状况

公司能够遵守相关法律法规要求，合规经营，2018 年未发生被诉案件；未发生到期无法支付或无法履约所带来的声誉损失。

4.5.5.2 法律风险和声誉风险管理

公司已制定《东莞信托有限公司声誉风险管理办法》，制度明确了声誉风险的分类、监测、处置、报告等要求，进一步完善风险管理体系，维护和提升公司形象及声誉。公司加强声誉风险排查，针对公司发现涉及网络谣言的负面舆情，公司能及时向监管部门报送舆情监测和处置情况，同时联系外部机构对网络谣言进行持续监测，通过正面引导等方式，及时消除谣言对公司的影响。公司通过聘请专业的律师事务所作为公司法律顾问，加强与银监部门、信托业协会联系沟通等途径，及时了解法规政策的变化，得到专业到位的法律咨询服务。

## 5. 报告期末及上一年度末的比较式会计报表

### 5.1 自营资产

#### 5.1.1 会计师事务所审计意见全文

**审 计 报 告**

众环审字（2019）050072 号

东莞信托有限公司：

我们审计了东莞信托有限公司（以下简称贵公司）财务报表，包括 2018 年 12 月 31 日的资产负债表，2018 年度的利润表、现金流量表、所有者权益变动表，以及财务报表附注。

我们认为，后附的财务报表在所有重大方面按照企业会计准则的规定编制，公允反映了贵公司 2018 年 12 月 31 日的财务状况以及 2018 年度的经营成果和现金流量。

一、形成审计意见的基础

我们按照中国注册会计师审计准则的规定执行了审计工作。审计报告的“注册会计师对财务报表审计的责任”部分进一步阐述了我们在这些准则下的责任。按照中国注册会计师职业道德守则，我们独立于贵公司，并履行了职业道德方面的其他责任。我们相信，我们获取的审计证据是充分、适当的，为发表审计意见提供了基础。

二、管理层和治理层对财务报表的责任

贵公司管理层负责按照企业会计准则的规定编制财务报表，使其实现公允反映，并设计、执行和维护必要的内部控制，以使财务报表不存在由于舞弊或错误导致的重大错报。

在编制财务报表时，管理层负责评估贵公司的持续经营能力，披露与持续经营相关的事项（如适用），并运用持续经营假设，除非管理层计划清算贵公司、终止运营或别无其他现实的选择。

治理层负责监督贵公司的财务报告过程。

三、注册会计师对财务报表审计的责任

我们的目标是对财务报表整体是否不存在由于舞弊或错误导致的重大错报获取合理保证，并出具包含审计意见的审计报告。合理保证是高水平的保证，但并不能保证按照审计准则执行的审计在某一重大错报存在时总能发现。错报可能由于舞弊或错误导致，如果合理预期错报单独或汇总起来可能影响财务报表使用者依据财务报表作出的经济决策，则通常认为错报是重大的。

在按照审计准则执行审计工作的过程中，我们运用职业判断，并保持职业怀疑。同时，我们也执行以下工作：

（1）识别和评估由于舞弊或错误导致的财务报表重大错报风险，设计和实施审计程序以应对这些风险，并获取充分、适当的审计证据，作为发表审计意见的基础。由于舞弊可能涉及串通、伪造、故意遗漏、虚假陈述或凌驾于内部控制之上，未能发现由于舞弊导致的重大错报的风险高于未能发现由于错误导致的重大错报的风险。

（2）了解与审计相关的内部控制，以设计恰当的审计程序。

（3）评价管理层选用会计政策的恰当性和作出会计估计及相关披露的合理性。

（4）对管理层使用持续经营假设的恰当性得出结论。同时，根据获取的审计证据，就可能导致对贵公司持续经营能力产生重大疑虑的事项或情况是否存在重大不确定性得出结论。如果我们得出结论认为存在重大不确定性，审计准则要求我们在审计报告中提请报表使用者注意财务报表中的相关披露；如果披露不充分，我们应当发表非无保留意见。我们的结论基于截至审计报告日可获得的信息。然而，未来的事项或情况可能导致贵公司不能持续经营。

（5）评价财务报表的总体列报、结构和内容（包括披露），并评价财务报表是否公允反映相关交易和事项。

我们与治理层就计划的审计范围、时间安排和重大审计发现等事项进行沟通，包括沟通我们在审计中识别出的值得关注的内部控制缺陷。

中审众环会计师事务所（特殊普通合伙）
中国注册会计师：王 兵
中国注册会计师：潘桂权
中国・武汉　　二〇一九年二月二十八日

#### 5.1.2 资产负债表

**资产负债表**

编制单位：东莞信托有限公司　　2018 年 12 月 31 日　　单位：万元

| 序号 | 资产 | 期末余额 | 期初余额 | 序号 | 负债及所有者权益 | 期末余额 | 期初余额 |
|---|---|---|---|---|---|---|---|
| 1 | 资产： | | | 27 | 负债： | | |
| 2 | 货币资金 | 87 240.44 | 20 036.53 | 28 | 拆入资金 | — | — |
| 3 | 以公允价值计量且其变动计入当期损益的金融资产 | — | — | 29 | 交易性金融负债 | — | — |
| 4 | 衍生金融资产 | — | — | 30 | 衍生金融负债 | — | — |
| 5 | 买入返售金融资产 | — | — | 31 | 应付账款 | — | — |
| 6 | 应收账款 | 8 023.30 | 5 663.99 | 32 | 应付职工薪酬 | 25 852.72 | 18 202.95 |
| 7 | 应收股利 | — | — | 33 | 应交税费 | 9 459.32 | 5 662.32 |
| 8 | 应收利息 | — | — | 34 | 应付股利 | — | — |
| 9 | 其他应收款 | 1 689.58 | 1 857.26 | 35 | 其他应付款 | 66 768.72 | 80.82 |
| 10 | 拆出资金 | — | — | 36 | 预计负债 | — | — |

续表

| 序号 | 资产 | 期末余额 | 期初余额 | 序号 | 负债及所有者权益 | 期末余额 | 期初余额 |
|---|---|---|---|---|---|---|---|
| 11 | 发放贷款和垫款 | — | — | 37 | 递延所得税负债 | 7 076.10 | 9 423.79 |
| 12 | 抵债资产 | — | — | 38 | 其他负债 | — | — |
| 13 | 持有至到期投资 | — | — | 39 | 负债合计 | 109 156.86 | 33 369.88 |
| 14 | 可供出售金融资产 | 531 452.34 | 386 306.79 | 40 | | | |
| 15 | 长期股权投资 | 9 063.97 | 6 240.77 | 41 | 所有者权益: | | |
| 16 | 固定资产 | 508.93 | 615.62 | 42 | 实收资本 | 145 000.00 | 120 000.00 |
| 17 | 在建工程 | — | — | 43 | 资本公积 | 166 166.58 | 69 916.58 |
| 18 | 无形资产 | 337.10 | 603.75 | 44 | 其他综合收益 | 21 211.83 | 28 266.29 |
| 19 | 长期待摊费用 | 3 989.76 | 4 293.05 | 45 | 盈余公积 | 38 063.69 | 33 422.78 |
| 20 | 递延所得税资产 | 4 641.96 | 3 119.63 | 46 | 一般风险准备 | 10 224.32 | 6 305.44 |
| 21 | 其他资产 | 3 992.29 | 3 810.62 | 47 | 信托赔偿准备 | 18 578.08 | 16 257.62 |
| 22 | | | | 48 | 未分配利润 | 142 538.31 | 125 009.42 |
| 23 | | | | 49 | 所有者权益合计 | 541 782.81 | 399 178.13 |
| 26 | 资产总计 | 650 939.67 | 432 548.01 | 50 | 负债所有者权益合计 | 650 939.67 | 432 548.01 |

法定代表:黄晓雯　　　　会计机构负责人:张　凌

### 5.1.3　利润及利润分配表

**利润表(年报)**

编制单位:东莞信托有限公司　　　　2018 年度　　　　单位:万元

| 序号 | 项　　目 | 2018 年度 | 2017 年度 |
|---|---|---|---|
| 1 | 营业收入 | 91 845.86 | 75 821.04 |
| 2 | 利息净收入 | -1 476.55 | 402.75 |
| 3 | 手续费及佣金净收入 | 72 951.54 | 69 905.80 |
| 4 | 投资收益(损失以"-"号填列) | 20 294.01 | 5 471.46 |
| 5 | 其中:对联营企业合营企业的投资收益 | 732.91 | 630.91 |
| 6 | 公允价值变动损益(损失以"-"号填列) | | |
| 7 | 汇兑损益(损失以"-"填列) | | |
| 8 | 其他业务收入 | | |
| 9 | 资产处置收益(损失以"-"号填列) | | |
| 10 | 其他收益 | 76.86 | 41.03 |
| 11 | 二、营业支出 | 30 097.35 | 24 382.26 |
| 12 | 税金及附加 | 567.00 | 486.69 |
| 13 | 业务及管理费 | 29 479.03 | 23 895.57 |
| 14 | 资产减值损失 | 51.32 | |
| 15 | 其他业务成本 | | |
| 16 | 三、营业利润 | 61 748.51 | 51 438.78 |
| 17 | 加:营业外收入 | 0.20 | 86.05 |
| 18 | 减:营业外支出 | 85.48 | 198.80 |
| 19 | 四、利润总额(亏损以"-"号填列) | 61 663.23 | 51 326.03 |
| 20 | 减:所得税费用 | 15 254.10 | 11 851.46 |
| 21 | 五、净利润(亏损以"-"号填列) | 46 409.13 | 39 474.57 |
| 22 | (一)持续经营净利润(净亏损以"-"号填列) | 46 409.13 | 39 474.57 |
| 23 | (二)终止经营净利润(净亏损以"-"号填列) | | |
| 24 | 六、其他综合收益的税后净额 | -7 054.45 | 3 264.38 |
| 25 | (一)以后不能重分类进损益的其他综合收益 | | |
| 26 | (二)以后将重分类进损益的其他综合收益 | -7 054.45 | -3 264.38 |
| 27 | 1. 权益法下在被投资单位以后将重分类进损益的其他综合收益中享有的份额 | -11.40 | 10.60 |
| 28 | 2. 可供出售金融资产公允价值变动损益 | -7 043.05 | -3 274.98 |
| 29 | 七、综合收益总额 | 39 354.68 | 36 210.19 |

法定代表:黄晓雯　　　　会计机构负责人:张　凌

### 5.1.4 所有者权益变动表

**所有者权益变动表**

编制单位：东莞信托有限公司　　　　2018 年度　　　　单位：万元

| 项　目 | 行次 | 本年金额 | | | | | | | | |
|---|---|---|---|---|---|---|---|---|---|---|
| | | 实收资本 | 资本公积 | 减：库存股 | 其他综合收益 | 盈余公积 | 一般风险准备 | 信托赔偿准备 | 未分配利润 | 所有者权益合计 |
| 一、上年年余额 | 1 | 120 000. 00 | 69 916. 58 | — | 28 266. 28 | 33 422. 78 | 6 305. 45 | 16 257. 62 | 125 009. 42 | 399 178. 13 |
| 加：会计政策变更 | 2 | | | | | | | | | |
| 前期差错更正 | 3 | | | | | | | | | |
| 其他 | 4 | | | | | | | | | |
| 二、本年年初余额 | 5 | 120 000. 00 | 69 916. 58 | — | 28 266. 28 | 33 422. 78 | 6 305. 45 | 16 257. 62 | 125 009. 42 | 399 178. 13 |
| 三、本年增减变动金额（减少以“－”号填列） | 6 | 25 000. 00 | 69 250. 00 | — | －7 054. 45 | 4 640. 91 | 3 918. 87 | 2 320. 46 | 17 528. 89 | 142 604. 68 |
| （一）综合收益总额 | 7 | | | | －7 054. 45 | | | | 46 409. 13 | 39 354. 68 |
| （二）所有者投入和减少资本 | 8 | 25 000. 00 | 96 250. 00 | — | — | — | — | — | — | — |
| 1. 所有者投入股本 | 9 | 250 000. 00 | 96 250. 00 | | | | | | | |
| 2. 其他权益工具持有者投入资本 | 10 | | | | | | | | | |
| 3. 股份支付计入股东权益的金额 | 11 | | | | | | | | | |
| 4. 其他 | 12 | | | | | | | | | |
| （三）利润分配 | 13 | | | | | 4 640. 91 | 3 918. 87 | 2 320. 46 | －28 880. 22 | －18 000. 00 |
| 1. 提取盈余公积 | 14 | | | | | 4 640. 91 | | | －4 640. 91 | |
| 2. 提取一般风险准备 | 15 | | | | | | 3 918. 87 | | －3 918. 87 | |
| 3. 对所有者（或股东）的分配 | 16 | | | | | | | | －18 000. 00 | －18 000. 00 |
| 4. 其他 | 17 | | | | | | | 2 320. 46 | －2 320. 46 | |
| （四）股东权益内部结转 | 18 | | | | | | | | | |
| 1. 资本公积转增资本 | 19 | | | | | | | | | |
| 2. 盈余公积转增资本 | 20 | | | | | | | | | |
| 3. 盈余公积弥补亏损 | 21 | | | | | | | | | |
| 4. 未分配利润转增资本 | 22 | | | | | | | | | |
| 5. 结转重新计量设定受益计划净负债或净资产所产生的变动 | 23 | | | | | | | | | |
| 6. 其他 | 24 | | | | | | | | | |
| （五）专项储备 | 25 | | | | | | | | | |
| 1. 本期提取 | 26 | | | | | | | | | |
| 2. 本期使用 | 27 | | | | | | | | | |
| （六）其他 | 28 | | | | | | | | | |
| 四、本年年末余额 | 29 | 145 000. 00 | 166 166. 58 | — | 21 211. 83 | 38 063. 69 | 10 224. 32 | 18 578. 08 | 142 538. 31 | 541 782. 81 |

法定代表：黄晓雯　　　　会计机构负责人：张　凌

## 5.2 信托资产

### 5.2.1 信托项目资产负债表

**信托项目资产负债表**

编制单位：东莞信托有限公司　　　　2018 年 12 月 31 日　　　　单位：万元

| 序号 | 资产 | 期 末 余 额 | 年 初 余 额 | 序号 | 负债及所有者权益 | 期 末 余 额 | 年 初 余 额 |
|---|---|---|---|---|---|---|---|
| 1 | 资产： | | | 27 | 负债： | | |
| 2 | 现金 | — | — | 28 | 拆入资金 | — | — |
| 3 | 存放同业款项 | 434 073. 25 | 370 251. 33 | 29 | 交易性金融负债 | — | — |
| 4 | 其他货币资金 | 5 138. 04 | 2 992. 26 | 30 | 衍生金融负债 | — | — |
| 5 | 交易性金融资产 | 1 543 254. 73 | 1 620 292. 88 | 31 | 应付账款 | — | — |
| 6 | 衍生金融资产 | — | — | 32 | 预收账款 | 5. 00 | 15. 00 |
| 7 | 买入返售金融资产 | 19 360. 38 | 7 410. 07 | 33 | 应付受益人收益 | 1 436. 60 | 799. 30 |

续表

| 序号 | 资产 | 期末余额 | 年初余额 | 序号 | 负债及所有者权益 | 期末余额 | 年初余额 |
|---|---|---|---|---|---|---|---|
| 8 | 应收账款 | — | — | 34 | 应付受托人报酬 | 6 774.92 | 5 320.32 |
| 9 | 预付账款 | 600.63 | — | 35 | 应付托管费 | 99.86 | 117.44 |
| 10 | 应收手续费及佣金 | — | — | 36 | 应付销售及顾问费 | — | 3.34 |
| 11 | 应收股利 | 0.52 | 1.02 | 37 | 应交税费 | 3 963.42 | 13.50 |
| 12 | 应收利息 | 1 730.60 | 7 128.96 | 38 | 其他应付敬 | 50 174.72 | 21 590.26 |
| 13 | 其他应收款 | 347 127.10 | 206 613.53 | 39 | 预计负债 | — | — |
| 14 | 拆出资金 | — | — | 40 | 递延所得税负债 | — | — |
| 15 | 发放贷款 | 999 100.46 | 762 622.31 | 41 | 其他负债: | — | — |
| 16 | 抵债资产 | — | — | 42 | 负债合计 | 62 454.52 | 27 859.16 |
| 17 | 持有至到期投资 | 1 392 993.44 | — | 43 | | | |
| 18 | 可供出售金融资产 | 283 939.40 | 205 875.61 | 44 | 所有者权益: | | |
| 19 | 长期股权投资 | 38 188.29 | 452 421.39 | 45 | 实收信托 | 5 815 147.76 | 4 383 255.21 |
| 20 | 投资性房地产 | 36 319.97 | — | 46 | 资本公积 | — | — |
| 21 | 固定资产 | — | — | 47 | 盈余公积 | — | — |
| 22 | 无形资产 | — | — | 48 | 其他综合收益 | -704.29 | -524.95 |
| 23 | 长期持摊费用 | — | — | 49 | 外币报表折算差数 | — | — |
| 24 | 递延所得税资产 | — | — | 50 | 未分配利润 | 156 112.74 | 186 472.72 |
| 25 | 其他资产 | 931 183.92 | 961 485.58 | 51 | 所有者权益合计 | 5 970 556.21 | 4 569 202.98 |
| 26 | 资产总计 | 6 033 010.73 | 4 597 062.14 | 52 | 负债及所有者权益总计 | 6 033 010.73 | 4 597 062.14 |

会计主管:何丽明　　复核:周晓蕾　　制表:何晓欣

#### 5.2.2 信托项目利润及利润分配表

**信托项目利润及利润分配表**

编制单位:东莞信托有限公司　　2018 年度　　单位:万元

| 序号 | 项目 | 本年数 | 上年数 |
|---|---|---|---|
| 1 | 一、营业收入 | 369 936.16 | 264 223.88 |
| 2 | 利息收入 | 168 724.56 | 76 854.97 |
| 3 | 租赁收入 | — | — |
| 4 | 投资收益(损失以"-"号填列) | 195 045.11 | 171 649.62 |
| 5 | 其中:对联营企业合营企业的投资收益 | — | — |
| 6 | 公允价值变动损益(损失以"-"号填列) | -15 258.10 | -10 068.37 |
| 7 | 汇兑损益(损失以"-"号填列) | — | — |
| 8 | 其他收入 | 21 424.59 | 25 787.66 |
| 9 | 二、营业支出 | 100 641.81 | 79 896.31 |
| 10 | 营业税金及附加 | 1 106.06 | 25.27 |
| 11 | 管理费用 | 109 535.75 | 79 871.04 |
| 12 | 资产减值损失 | — | — |
| 13 | 其他费用 | — | — |
| 14 | 三、信托净利润(亏损以"-"号填列) | 259 294.35 | 184 327.57 |
| 15 | 四、其他综合收益 | -179.34 | -47.05 |
| 16 | 五、综合收益(净亏损以"-"号填列) | 259 115.01 | 184 280.52 |
| 17 | 六、加:期初未分配信托利润 | 186 472.72 | 165 323.49 |
| | 七、加:本期损益平准金 | 10 599.01 | 18 390.75 |
| 18 | 八、可供分配的信托利润 | 456 366.08 | 368 041.81 |
| 9 | 九、减:本期已分配信托利润 | 300 253.33 | 181 569.09 |
| 20 | 十、期末未分配信托利润 | 156 112.75 | 186 472.72 |

会计主管:何丽明　　复核人:周晓蕾　　制表人:何晓欣

## 6. 会计报表附注

### 6.1 简要说明报告年度会计报表编制基准、会计政策、会计估计和核算方法发生的变化

本公司本年度无会计政策、会计估计和核算方法变更事项。

### 6.2 或有事项说明

无。

### 6.3 重要资产转让及其出售的说明

报告期内,公司没有发生重要资产转让及出售。

### 6.4 会计报表中重要项目的明细资料

#### 6.4.1 披露自营资产经营情况

6.4.1.1 按信用风险五级分类结果披露信用风险资产的期初数、期末数

| 信用风险资产五级分类 | 正常类(万元) | 关注类(万元) | 次级类(万元) | 可疑类(万元) | 损失类(万元) | 信用风险资产合计(万元) | 不良资产合计(%) | 不良资产率(%) |
|---|---|---|---|---|---|---|---|---|
| 期初数 | 440 232.26 | — | 100 | — | — | 440 332.26 | 100 | 0.02 |
| 期末数 | 643 149.14 | — | — | — | — | 643 149.14 | — | — |

6.4.1.2 各项资产减值损失准备的期初数、本期计提、本期转回、本期核销、期末数

单位:万元

| | 期初数 | 本期计提 | 本期转回 | 本期核销 | 期末数 |
|---|---|---|---|---|---|
| 贷款损失准备 | — | — | — | — | — |
| 一般准备 | — | — | — | — | — |
| 专项准备 | — | — | — | — | — |
| 其他资产减值准备 | — | — | — | — | — |
| 可供出售金融资产减值准备 | 25.00 | 76.32 | 25.00 | — | 76.32 |
| 持有至到期投资减值准备 | — | — | — | — | — |
| 长期股权投资减值准备 | — | — | — | — | — |
| 坏账准备 | — | — | — | — | — |
| 投资性房地产减值准备 | — | — | — | — | — |

6.4.1.3 按照投资品种分类，分别披露固有业务股票投资、基金投资、债券投资、股权投资等投资业务的期初数、期末数

单位：万元

| | 自营股票 | 基金 | 债券 | 长期股权投资 | 其他投资 | 合计 |
|---|---|---|---|---|---|---|
| 期初数 | — | — | — | 6 240.77 | 386 306.78 | 392 547.55 |
| 期末数 | — | — | — | 9 063.97 | 531 452.34 | 540 516.31 |

6.4.1.4 按投资入股金额排序，前三名的自营长期股权投资的企业名称、占被投资企业权益的比例、主要经营活动及投资收益情况等

| 企业名称 | 占被投资企业权益的比例（%） | 主要经营活动 | 投资损益（万元） |
|---|---|---|---|
| 华联期货有限公司 | 25.02 | 期货经纪业务、期货信息咨询培训 | 732.91 |

6.4.1.5 前三名的自营贷款的企业名称、占贷款总额的比例和还款情况等（从贷款金额大到小顺序排列）

| 企业名称 | 占贷款总额的比例 | 还款情况 |
|---|---|---|
| — | — | — |
| — | — | — |
| — | — | — |

6.4.1.6 表外业务的期初数、期末数，按照代理业务、担保业务和其他类型表外业务分别披露

单位：万元

| 表外业务 | 期初数 | 期末数 |
|---|---|---|
| 担保业务 | — | — |
| 代理业务（委托业务） | — | — |
| 其他 | — | — |
| 合计 | — | — |

6.4.1.7 公司当年的收入结构

| 收入结构 | 金额（万元） | 占比（%） |
|---|---|---|
| 手续费及佣金收入 | 72 951.54 | 79.43 |
| 其中：信托手续费收入 | 71 427.61 | 77.77 |
| 投资银行业务收入 | — | — |
| 利息收入 | −1 476.56 | −1.61 |
| 其他业务收入 | — | — |
| 其他收益 | — | — |
| 其中：计入信托业务收入部分 | 76.86 | 0.08 |
| 投资收益 | 20 294.01 | 22.10 |
| 其中：股权投资收益 | 921.74 | 1.00 |
| 证券投资收益 | 4 215.53 | 4.59 |
| 其他投资收益 | 15 156.74 | 16.50 |
| 公允价值变动收益 | — | — |
| 营业外收入 | 0.2 | — |
| 收入合计 | 91 846.06 | 100.00 |

**6.4.2 披露信托财产管理情况**

6.4.2.1 信托资产的期初数、期末数

单位：万元

| 信托资产 | 期初数 | 期末数 |
|---|---|---|
| 集合 | 2 687 073.49 | 2 961 277.19 |
| 单一 | 1 909 988.65 | 1 810 238.72 |
| 财产权 | — | 1 261 494.82 |
| 合计 | 4 597 062.14 | 6 033 010.73 |

6.4.2.1.1 主动管理型信托业务的信托资产期初数、期末数，分证券投资类、股权投资类、融资类、事务管理类、其他投资类分别披露

单位：万元

| 主动管理型信托资产 | 期初数 | 期末数 |
|---|---|---|
| 证券投资类 | 223 751.91 | 193 998.54 |
| 股权投资类 | 484 054.47 | 32 187.35 |
| 融资类 | 2 145 100.60 | 2 292 328.66 |
| 事务管理类 | — | — |
| 其他投资类 | 1 550 780.96 | 1 749 194.18 |
| 合计 | 4 403 687.94 | 4 267 708.73 |

6.4.2.1.2 被动管理型信托业务的信托资产期初数、期末数，分证券投资类、股权投资类、融资类、事务管理类、其他投资类分别披露

单位：万元

| 被动管理型信托资产 | 期初数 | 期末数 |
|---|---|---|
| 证券投资类 | — | — |
| 股权投资类 | 135.03 | 135.43 |
| 融资类 | 158 623.52 | 345 550.70 |
| 事务管理类 | — | — |
| 其他投资类 | 34 615.65 | 1 419 615.87 |
| 合计 | 193 374.20 | 1 765 302.00 |

6.4.2.2 本年度已清算结束的信托项目个数、实收信托合计金额、加权平均实际年化收益率

6.4.2.2.1 本年度已清算结束的集合类、单一类资金信托项目和财产管理类信托项目个数、实收信托合计金额、加权平均实际年化收益率

| 已清算结束信托项目 | 项目个数（个） | 实收信托合计金额（万元） | 加权平均实际年化收益率（%） |
|---|---|---|---|
| 集合类 | 50 | 1 113 795.00 | 6.6992 |
| 单一类 | 13 | 463 798.00 | 5.5317 |
| 财产管理类 | — | — | — |

6.4.2.2.2 本年度已清算结束的主动管理型信托项目个数、实收信托合计金额、加权平均实际年化信托报酬率、加权平均实际年化收益率，分证券投资类、股权投资类、融资类、事务管理类分别计算并披露

| 已清算结束信托项目 | 项目个数（个） | 实收信托合计金额（万元） | 加权平均实际年化信托报酬率（%） | 加权平均实际年化收益率（%） |
|---|---|---|---|---|
| 证券投资类 | 4 | 18 610.00 | 1.1861 | 0.2204 |
| 股权投资类 | 3 | 445 431.00 | 0.9605 | 5.9209 |
| 融资类 | 44 | 887 750.00 | 3.3157 | 6.2903 |
| 事务管理类 | — | — | — | — |
| 其他 | 7 | 194 252.00 | 1.3541 | 7.4839 |

6.4.2.2.3 本年度已清算结束的被动管理型信托项目个数、实收信托合计金额、加权平均实际年化信托报酬率、加权平均实际年化收益率，分证券投资类、股权投资类、融资类、事务管理类分别计算并披露

| 已清算结束信托项目 | 项目个数（个） | 实收信托合计金额（万元） | 加权平均实际年化信托报酬率（%） | 加权平均实际年化收益率（%） |
|---|---|---|---|---|
| 证券投资类 | — | — | — | — |
| 股权投资类 | — | — | — | — |
| 融资类 | 5 | 31 550.00 | 0.3677 | 11.0190 |
| 事务管理类 | — | — | — | — |
| 其他 | — | — | — | — |

6.4.2.3 本年度新增的集合类、单一类和财产管理类信托项目个数、实收信托合计金额

| 新增信托项目 | 项目个数（个） | 实收信托合计金额（万元） |
|---|---|---|
| 集合类 | 81 | 1 338 492.00 |
| 单一类 | 19 | 416 733.00 |
| 财产管理类 | 5 | 1 802 135.00 |
| 新增合计 | 105 | 3 557 360.00 |
| 其中：主动管理型 | 92 | 1 481 141.00 |
| 被动管理型 | 13 | 2 076 219.00 |

6.4.2.4 本公司履行受托人义务情况及因本公司自身责任而导致的信托资产损失情况

报告期内，本公司没有发生因履行受托人义务情况及因本公司自身责任而导致的信托资产损失情况。

6.4.2.5 信托赔偿准备金的提取、使用和管理情况

信托赔偿准备金按公司净利润的5%提取，信托赔偿准备金2018年12月31日余额为18 578.08万元，本年度未使用信托赔偿准备金。

## 6.5 关联方关系及其交易的披露

**6.5.1 关联交易方的数量、关联交易的总金额及关联交易的定价政策等**

| | 关联交易方数量 | 关联交易金额（万元） | 定价政策 |
|---|---|---|---|
| 合计 | 15 | 259 698.10 | 按市场公允价格定价 |

信托与关联方重大关联交易　　单位：万元

| 关联方名称 | 交易方式及内容 | 定价政策 | 年初数 | 本年增加 | 本年减少 | 期末数 |
|---|---|---|---|---|---|---|
| 东莞市交通投资集团有限公司 | 带回购收益权 | 公允价格 | 76 000 | — | 76 000 | — |
| 东莞市三联热电有限公司 | 贷款 | 公允价格 | 18 900 | — | 18 900 | — |
| 东莞金融控股集团有限公司 | 带回购收益权 | 公允价格 | 15 000 | — | 15 000 | — |
| 东莞市兆业贸易有限公司（注） | 带回购收益权 | 公允价格 | 40 000 | — | 40 000 | — |
| 东莞市中鹏贸易有限公司（注） | 带回购收益权 | 公允价格 | 24 000 | — | 24 000 | — |
| 东莞市银达贸易有限公司（注） | 带回购收益权 | 公允价格 | 17 000 | — | 17 000 | — |
| 东莞市莞邑投资有限公司（注） | 带回购收益权 | 公允价格 | — | 40 000 | — | 40 000 |

注：东莞市兆业贸易有限公司、东莞市中鹏贸易有限公司 、东莞市银达贸易有限公司、东莞市莞邑投资有限公司于2017年12月31日纳入东莞金融控股集团有限公司合并范围，新增为公司关联方。

**6.5.2 关联交易方与本公司的关系性质、关联交易方的名称、法定代表人、注册地址、注册资本及主营业务等**

| 关系性质 | 关联方名称 | 法定代表人 | 注册地址 | 注册资本（万元） | 主营业务 |
|---|---|---|---|---|---|
| 母公司的孙公司 | 东莞市金信发展有限公司 | 李肇平 | 东莞市 | 25 000 | 物业投资、商业投资、股权投资、投资信息咨询 |
| 母公司的子公司 | 深圳前海莞信投资基金管理有限公司 | 江　帆 | 深圳市 | 10 000 | 股权投资基金管理；受托资产管理、投资管理；创业投资业务；受托管理创业投资企业等机构或个人的创业投资业务；创业投资咨询业务；为创业企业提供创业管理服务业务；参与设立创业投资企业与创业投资管理顾问；投资兴办实业；投资咨询；投资顾问；股权投资；物业租赁 |
| 公司股东 | 东莞金融控股集团有限公司 | 廖玉林 | 东莞市 | 322 767.72 | 股权投资、物业投资、资产管理、商业咨询业务 |
| 联营企业 | 华联期货有限公司 | 甘建明 | 东莞市 | 27 587.56 | 商品期货经纪、金融期货经纪、期货投资咨询、资产管理 |
| 公司股东的母公司 | 东莞市交通投资集团有限公司 | 罗沛强 | 东莞市 | 363 000 | 交通基础设施投资、建设、经营、管理与养护等 |
| 股东的子公司 | 东莞市三联热电有限公司 | 肖可见 | 东莞市 | 61 800 | 产销热电、电力 |
| 母公司的子公司 | 东莞市莞邑投资有限公司 | 麦林善 | 东莞市 | 5 000 | 企业资产重组；企业并购、收购和企业投资及财务顾问；物业管理 |
| 母公司的孙公司 | 东莞市中鹏贸易有限公司 | 廖思娜 | 东莞市 | 55 | 销售办公设备 |
| 母公司的孙公司 | 东莞市兆业贸易有限公司 | 李汉恒 | 东莞市 | 60 | 销售服装、五金、家用电器、日用杂品、民用建材 |

续表

| 关系性质 | 关联方名称 | 法定代表人 | 注册地址 | 注册资本(万元) | 主营业务 |
|---|---|---|---|---|---|
| 母公司的孙公司 | 东莞市银达贸易有限公司 | 邓伟才 | 东莞市 | 50 | 销售五金、家用电器、建筑材料、建筑陶瓷、汽车零配件、农副产品(除国家专营) |
| 母公司的孙公司 | 东莞民间金融街实业发展有限公司 | 刘润明 | 东莞市 | 5 000 | 实业投资;物业出租、物业管理;场地租赁;房地产中介服务;办公服务;商务信息咨询服务等 |
| 母公司的联营企业 | 东莞证券股份有限公司 | 陈照星 | 东莞市 | 150 000 | 证券经纪;证券投资咨询;与证券交易、证券投资活动有关的财务顾问;证券承销与保荐;证券自营;证券资产管理;证券投资基金代销;为期货公司提供中间介绍业务;融资融券;代销金融产品 |
| 母公司的联营企业 | 东莞资产管理有限公司 | 苏胜傍 | 东莞市 | 100 000 | 投资管理;资产管理,受托资产管理;企业资产的重组、并购;股权投资、项目投资、物业投资等 |
| 母公司的联营企业 | 东莞市红土创新创业产业母基金投资管理有限公司 | 李守宇 | 东莞市 | 1 000 | 基金管理、高新产业项目投资、创业投资、为创业企业提供创业管理服务业务、实业投资 |
| 母公司的孙公司的合营企业 | 东莞市桥泰实业有限公司 | 莫锦洪 | 东莞市 | 100 | 实业投资开发等 |
| 本公司股东 | 广东福地投资有限公司 | 周杰峰 | 东莞市 | 39 800 | 实业投资,物业租赁,国内贸易等 |
| 本公司股东 | 东莞发展控股股份有限公司 | 张庆文 | 东莞市 | 103 951.70 | 东莞高速公路的投资、建设、经营 |
| 本公司股东 | 东莞市东资经济贸易有限公司 | 胡德新 | 东莞市 | 12 200 | 零售:工业生产资料、百货等;批发:其他家庭用品等 |

#### 6.5.3 本公司与关联方的重大交易事项

6.5.3.1 固有与关联方交易情况:贷款、投资、租赁、应收账款、担保、其他方式等期初汇总数、本期借方和贷方发生额汇总数、期末汇总数

单位:万元

| 固有与关联方关联交易 | | | | |
|---|---|---|---|---|
| | 期初数 | 借方发生额 | 贷方发生额 | 期末数 |
| 贷款 | — | — | — | — |
| 投资 | — | — | — | — |
| 租赁 | — | — | — | — |
| 担保 | — | — | — | — |
| 应收账款 | — | — | — | — |
| 其他 | — | — | — | — |
| 合计 | — | — | — | — |

6.5.3.2 信托与关联方交易情况:贷款、投资、租赁、应收账款、担保、其他方式等期初汇总数、本期借方和贷方发生额汇总数、期末汇总数

单位:万元

| 信托与关联方关联交易 | | | | |
|---|---|---|---|---|
| | 期初数 | 借方发生额 | 贷方发生额 | 期末数 |
| 贷款 | 20 700.00 | — | 20 700.00 | — |
| 投资 | — | — | — | — |
| 租赁 | — | — | — | — |
| 担保 | — | — | — | — |
| 应收账款 | — | — | — | — |
| 其他 | 172 000.00 | 40 000.00 | 172 000.00 | 40 000.00 |
| 合计 | 192 700.00 | 40 000.00 | 192 700.00 | 40 000.00 |

6.5.3.3 信托公司自有资金运用于自己管理的信托项目(固信交易)、信托公司管理的信托项目之间的相互(信信交易)交易金额,包括余额和本报告年度的发生额

6.5.3.3.1 固有与信托财产之间的交易金额期初汇总数、本期发生额汇总数、期末汇总数

单位:万元

| 固有财产与信托财产相互交易 | | | |
|---|---|---|---|
| | 期初数 | 本期发生额 | 期末数 |
| 合计 | 388 663.10 | 113 348.47 | 502 011.58 |

6.5.3.3.2 信托项目之间的交易金额期初汇总数、本期发生额汇总数、期末汇总数

单位:万元

| 信托资产与信托财产相互交易 | | | |
|---|---|---|---|
| | 期初数 | 本期发生额 | 期末数 |
| 合计 | 1 417 926.49 | -103 270.35 | 1 314 656.14 |

#### 6.5.4 逐笔披露关联方逾期未偿还本公司资金的详细情况以及本公司为关联方担保发生或即将发生垫款的详细情况

无。

### 6.6 会计制度的披露

本公司固有业务及信托业务均执行按照《企业会计准则》和其他各项具体会计准则、应用指南及准则解释的规定进行确认和计量。

## 7. 财务情况说明书

### 7.1 利润实现和分配情况

2018年实现利润总额为61 663.22万元,税后利润为46 409.13万元,年初未分配利润为125 009.42万元,按2018

年净利润提取法定盈余公积为4 640.91万元,信托赔偿准备为2 320.46万元,一般风险准备为3 918.87万元,年末未分配利润为142 538.31万元。

### 7.2 主要财务指标

| 指标名称 | 指标值 |
|---|---|
| 资本利润率(%) | 11.04 |
| 加权年化信托报酬率(%) | 2.3251 |
| 人均净利润(万元) | 240.46 |

注:报告期结束项目加权年化信托报酬率。

### 7.3 对本公司财务状况、经营成果有重大影响的其他事项

报告期内,公司没有发生对本公司财务状况、经营成果有重大影响的其他事项。

## 8. 特别事项揭示

### 8.1 前五名股东报告期内变动情况及原因

2018年8月,公司股东广东福地科技总公司企业名称变更为广东福地投资有限公司,企业类型由全民所有制变更为有限责任公司(国有控股)。

2018年12月28日,经中国银行保险业监督管理委员会广东监管局《关于东莞信托有限公司变更注册资本及调整股权结构的批复》(粤银保监复[2018]68号)批准,公司注册资本由12亿元增至14.5亿元。据此公司于2018年12月29日在东莞市工商行政管理局办理了变更注册资本的手续。本次变更由东莞发展控股股份有限公司(其实际控制人为东莞市人民政府国有资产监督管理委员会)出资认缴上述全部增加的注册资本。

### 8.2 董事、监事及高级管理人员变动情况及原因

2018年4月26日,经公司第四届董事会第五十二次会议审议通过,同意丁暖容同志申请辞去公司副董事长职务,并于2018年4月起不再履行公司副董事长职责。

2018年4月26日,经公司第四届董事会第五十二次会议审议通过,同意解聘高级管理人员陈贺健,并于2018年4月起不再履行公司副总经理职责。

2018年4月26日,经公司第四届董事会第五十二次会议审议通过,同意解聘高级管理人员郑建文,并于2018年4月起不再履行公司副总经理职责。

2018年8月28日,经公司第四届董事会第五十六次会议审议通过,同意增聘陈英为公司总经理,并经中国银行保险业监督管理委员会广东监管局《关于陈英任职资格的批复》(粤银保监复[2018]21号)核准,陈英于2018年12月正式履职。

### 8.3 变更注册资本、变更注册地或公司名称、公司分立合并事项

2018年12月29日,公司注册资本由12亿元变更至14.5亿元。

报告期内,公司未变更注册地或者公司名称、公司分立合并事项。

### 8.4 公司的重大诉讼事项

#### 8.4.1 重大未决诉讼事项

报告期内,公司新发生4项重大未决诉讼事项(单个诉讼案件涉诉贷款本金为1 000万元以上的诉讼事项),均为公司为原告方的信托业务诉讼事项,涉诉债权本金合计50 000万元。其中两户涉诉债权已于报告期内对外转让(本金合计20 000万元)。

#### 8.4.2 以前年度发生,于本报告年度内终结的诉讼事项

报告期内,公司发生1项以前年度发生、于本报告年度内终结的重大诉讼事项(单个诉讼案件涉诉贷款本金为1 000万元以上的诉讼事项),为信托业务诉讼事项,涉诉债权本金为26 000万元,为公司胜诉案件。上述涉诉债权已于年内对外转让。

#### 8.4.3 本报告年度发生,于本报告年度内终结的诉讼事项

报告期内,公司未有在本报告年度发生、于本报告年度内终结的重大诉讼事项(单个诉讼案件涉诉贷款本金为1 000万元以上的诉讼事项)。

### 8.5 公司及其董事、监事和高级管理人员受到处罚的情况

2018年公司坚持审慎、合规经营,公司及公司董事、监事和高级管理人员没有受到监管等相关部门的处罚。

### 8.6 本年度重大事项临时报告的简要内容、披露时间、所披露的媒体及其版面

公司于2018年12月27日在《证券时报》B2版刊登《东莞信托有限公司关于聘任总经理的公告》:

经东莞信托有限公司第四届董事会第五十六次会议审议通过,并经中国银行保险业监督管理委员会广东监管局(粤银保监复[2018]21号)批准,陈英任公司总经理。

公司于2019年1月3日在《证券时报》B102版刊登《东莞信托有限公司关于调整股权结构的公告》:

经公司董事会第六十次会议、股东会第六次会议审议通过,并经中国银行保险业监督管理委员会广东监管局(粤银保监复[2018]68号)批准,同意公司将注册资本由12亿元变更为14.5亿元。增资后,股东持股情况如下:东莞金融控股集团有限公司出资8.82亿元,出资比例为60.8276%;东莞发展控股股份有限公司出资3.22亿元,出资比例为22.2069%;东莞市东资经济贸易有限公司出资0.72亿元,出资比例为4.9655%;广东福地投资有限公司出资0.72亿元,出资比例为4.9655%;东莞市糖酒集团有限公司出资0.72亿元,出资比例为4.9655%;东莞市东糖集团有限公司出资0.30亿元,出资比例为2.0690%。公司于2018年12月29日完成工商变更登记手续,并对《公司章程》进行修改以及已换领营业执照。

### 8.7 银保监会及其省级派出机构认定的其他有必要让客户及相关利益人了解的重要信息

报告期内,公司没有未披露银保监会及其省级派出机构认

定的其他有必要让客户及相关利益人了解的重要信息。

## 9. 公司监事会意见

本报告期内，公司监事会列席了2017年度股东会会议暨第四届董事会第五十二次会议、股东会第三次临时会议暨第四届董事会第五十六次会议，监督检查了公司依法运作情况、重大决策和重大经营活动情况及公司的财务状况，并在此基础上发表如下独立意见：

（1）公司依法运作情况。公司能够严格按照《公司法》《东莞信托有限公司章程》及国家有关法律法规运作，公司决策程序合法，公司内控制度进一步得到完善，没有发现公司董事、高级管理人员在执行公司职务时存在违法违纪、损害公司利益和委托人、受益人利益的行为。

（2）检查公司财务情况。本报告期公司财务状况良好。2018年度财务报告经中审众环会计师事务所（特殊普通合伙）审计并出具无保留审计意见的审计报告，该报告真实、客观、准确地反映了公司的财务状况和经营成果。

（3）报告期内，公司发生的关联交易业务均严格遵循市场公允价值，认真执行《信托公司管理办法》有关规定，未发现损害股东权益及公司利益的情况。

（4）对关联交易业务的监督。报告期内，公司发生的关联交易业务均严格遵循市场公允价值，认真执行《信托公司管理办法》有关规定，未发现损害公司利益及委托人、受益人利益的情况。

# 光大兴陇信托有限责任公司

## 1. 重要提示

1.1 本公司董事会及董事保证本报告所载资料不存在任何虚假记载、误导性陈述或者重大遗漏，并对其内容的真实性、准确性和完整性承担个别及连带责任。本年度报告摘要摘自年度报告全文，客户及相关利益人欲了解详细内容，应阅读年度报告全文。

1.2 本公司独立董事对年度报告内容的真实性、准确性、完整性无异议。

1.3 安永华明会计师事务所(特殊普通合伙)为本公司出具了标准无保留意见的审计报告。

1.4 本公司董事会郑重声明：保证年度报告中财务报告的真实和完整。

## 2. 公司概况

### 2.1 公司简介

2.1.1 公司历史沿革

光大兴陇信托有限责任公司是在原甘肃省信托有限责任公司(以下简称原甘肃信托)基础上重组后成立的。原甘肃信托是1980年2月经甘肃省政府批准成立、1981年6月经中国人民银行和财政部批准续办的甘肃省第一家具有金融业务资格的省属金融机构。1991年、1996年两次经中国人民银行批准进行重新登记，1996年更名为甘肃省信托投资公司。2002年4月，经中国人民银行批准由原甘肃省信托投资公司、天水市信托投资公司和白银市信托投资公司合并重组，组建成立甘肃省信托投资有限责任公司，注册资本金为45 143万元。2009年2月经中国银行业监督管理委员会批准，公司名称变更为甘肃省信托有限责任公司，注册资本金变更为31 819.05万元。2010年5月，经中国银行业监督管理委员会批准，公司注册资本金变更为101 819.05万元。2014年5月，经中国银行业监督管理委员会批准，甘肃省国有资产投资集团有限公司将其持有的51%股权转让至中国光大(集团)总公司。2014年7月1日，经中国银监会甘肃监管局核准，公司名称变更为光大兴陇信托有限责任公司。2015年12月28日，经中国银监会甘肃监管局批准，公司采取原股东等比例一次性增资方式，将公司注册资本金从101 819.05万元增加至341 819.05万元，并于2016年2月26日在甘肃省工商行政管理局完成了工商变更登记法律手续。2018年9月，经公司股东会审议通过、中国银监会甘肃监管局批准，白银市财政局将其持有的1.02%的公司股权无偿划转至甘肃金融控股集团有限公司。2018年12月28日，经中国银保监会甘肃监管局批准，公司将注册资本金增加至641 819.05万元(相关工商变更手续正在办理当中)。

2.1.2 公司的法定名称

中文：光大兴陇信托有限责任公司(缩写：光大兴陇信托)

英文：Everbright Xinglong Trust Co., Ltd.(缩写：EXTC)

2.1.3 公司法定代表人：闫桂军

2.1.4 公司注册地址：甘肃省兰州市城关区东岗西路555号

邮政编码：730030

公司互联网网址：http://www.ebtrust.com

公司电子信箱：contact@ebtrust.com

2.1.5 公司负责信息披露事务的高级管理人员：李招军

信息披露事务联系人：鲁林岐

办公电话：0931-4650507

办公传真：0931-4650710

电子信箱：lulinqi@ebtrust.com

2.1.6 公司选定的信息披露报纸：《证券时报》

2.1.7 年度报告备置地点：北京市西城区武定侯街6号卓著中心8层；甘肃省兰州市东岗西路555号甘肃金融国际大厦9层

2.1.8 公司聘请的会计师事务所：安永华明会计师事务所(特殊普通合伙)

住所：中国北京市东城区东长安街1号东方广场安永大楼16层

2.1.9 公司聘请的律师事务所：北京德恒律师事务所

住所：中国北京市西城区金融街19号富凯大厦B座12层

### 2.2 组织结构

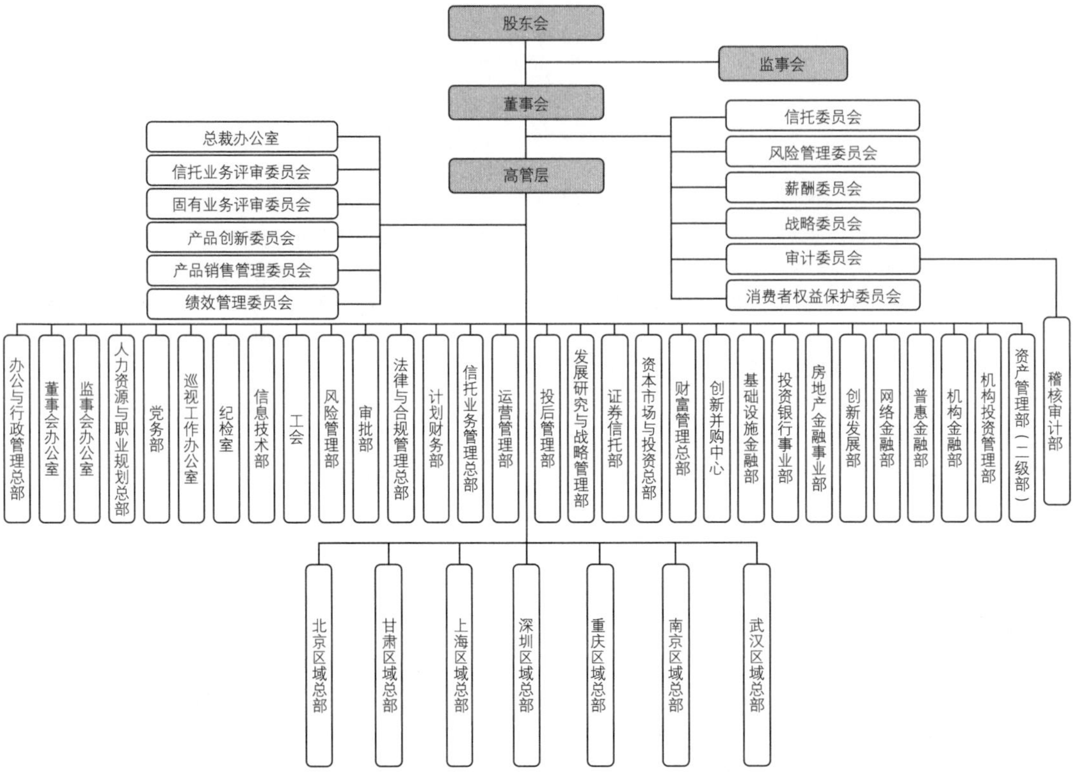


## 3. 公司治理

### 3.1 股东和股东会

截至报告期末，股东总数为4名。股东及出资情况如下。

| 股东名称 | 出资比例（%） | 法定代表人 | 注册资本（万元） | 注册地址 | 主要经营业务 |
|---|---|---|---|---|---|
| 中国光大集团股份公司 | 51.00 | 李晓鹏 | 6 000 000.00 | 北京市西城区太平桥大街25号 | 投资和管理金融业包括银行、证券、保险、基金、信托、期货、租赁、金银交易；资产管理；投资和管理非金融业。 |
| 甘肃省国有资产投资集团有限公司 | 43.98 | 冯文戈 | 1 231 309.988 | 兰州市静宁路308号 | 国有资本（股权）管理和融资业务，产业整合和投资业务，基金投资和创投业务，上市股权管理和运营业务，有色金属材料的批发和零售，以及经批准的其他业务等。 |
| 天水市财政局 | 4.00 | 张栋梁 | — | 天水市合作北路62号 | — |
| 甘肃金融控股集团有限公司 | 1.02 | 陈牧原 | 267 164.37 | 兰州市城关区东岗西路638号 | 投资管理银行、证券、保险、基金、担保、信托、租赁、资产管理，股权交易等金融业务、投资管理战略性新兴产业和现代服务业等非金融业务。 |

### 3.2 董事、董事会及其下属委员会

董事长、副董事长、董事

| 姓名 | 职务 | 性别 | 年龄（岁） | 选任日期 | 任期（年） | 所代表（推举）的股东名称 | 该股东持股比例（%） | 简要履历 |
|---|---|---|---|---|---|---|---|---|
| 闫桂军 | 董事（2018年6月起，代行董事长职权，2019年3月拟任董事长） | 男 | 50 | 2015年4月 | 3 | 中国光大集团股份公司 | 51 | 曾任中国光大银行公司业务部总经理，中国光大银行杭州分行党委书记、行长，光大金控资产管理有限公司党委副书记、总裁；现任光大兴陇信托有限责任公司党委书记、总裁、法定代表人（2019年3月，拟任光大兴陇信托有限责任公司董事长）。 |

续表

| 姓名 | 职务 | 性别 | 年龄（岁） | 选任日期 | 任期（年） | 所代表（推举）的股东名称 | 该股东持股比例（%） | 简要履历 |
|---|---|---|---|---|---|---|---|---|
| 陆卫东 | 董事 | 男 | 49 | 2014年9月 | 3 | 中国光大集团股份公司 | 51 | 曾任中国光大银行北京分行计划财务部总经理，光大金控资产管理有限公司财务管理部总经理；现任光大金控资产管理有限公司党委委员、副总裁。 |
| 吴万华 | 董事 | 男 | 53 | 2014年12月 | 3 | 甘肃省国有资产投资集团有限公司、天水市财政局、甘肃金融控股集团有限公司（三方联合） | 49 | 曾任甘肃省国有资产投资集团有限公司董事长、党委书记，2018年7月任甘肃省人民政府国有资产监督管理委员会党委书记、主任（相关董事继任人选正在推荐中）。 |

董事会下属委员会

| 董事会下属委员会名称 | 职责 | 组成人员姓名 | 职务 |
|---|---|---|---|
| 信托委员会 | 协助董事会建立和完善公司信托业务职能规则体系并监督实施；对公司信托计划的设立、信托财产、信托当事人、信托的变更与终止等信托事务，进行合法合规性鉴定，以达到信托业务规范运作；对公司信托业务合规管理工作进行监督；对公司信托业务运行情况进行定期评估；负责公司关联交易管理，对重大关联交易事项进行审查并提交董事会审议；董事会授予的其他职责。 | 周小明 | 主任委员 |
| | | 闫桂军 | 委员 |
| | | 吴万华 | 委员 |
| 风险管理委员会 | 根据公司总体战略，审核和修订公司风险政策，对其实施情况及效果进行监督和评价，并向董事会提出建议；对项目风险进行预警、评价；董事会授予的其他职责。 | 闫桂军 | 主任委员 |
| | | 陆卫东 | 委员 |
| | | 张　萍 | 委员 |
| | | 苑德军 | 委员 |
| 薪酬委员会 | 拟定董事、独立董事、监事及高级管理人员的薪酬方案，并向董事会提出薪酬方案的建议；负责对公司薪酬制度执行情况进行监督；拟定董事会年度费用预算方案，向董事会提出建议；董事会授予的其他职责。 | 陆卫东 | 主任委员 |
| | | 周小明 | 委员 |
| | | 苑德军 | 委员 |
| 战略委员会 | 研究审议公司长期发展战略；研究审议公司业务及机构发展规划；研究审议公司重大投资融资方案和其他影响公司发展的重大事项；将研究审议结论向公司董事会提出建议及方案。 | 闫桂军 | 主任委员 |
| | | 周小明 | 委员 |
| | | 陆卫东 | 委员 |
| 审计委员会 | 负责检查、监督公司内部控制及实施，并提出完善内部控制的意见；负责检查监督公司内部审计工作、内部审计制度及实施；负责对公司重大关联交易进行审计等。 | 张　萍 | 主任委员 |
| | | 苑德军 | 委员 |
| | | 陆卫东 | 委员 |
| 消费者权益保护委员会 | 拟定公司消费者权益保护工作的战略、政策和目标，从总体规划上指导高级管理层加强消费者权益保护的企业文化建设，将消费者权益保护相关内容纳入公司治理和经营发展战略中等。 | 闫桂军 | 主任委员 |
| | | 吴万华 | 委员 |
| | | 张　萍 | 委员 |

## 3.3　监事、监事会及其下属委员会

监事会成员

| 姓名 | 职务 | 性别 | 年龄（岁） | 选任日期 | 任期（年） | 所代表（推举）的股东名称 | 该股东持股比例（%） | 简要履历 |
|---|---|---|---|---|---|---|---|---|
| 陈　昱 | 监事 | 女 | 53 | 2017年9月 | 3 | 中国光大集团股份公司 | 51 | 曾任中国光大银行北京分行副行长、党委委员、纪委书记，中国光大银行计划财务部总经理；现任中国光大集团股份公司职工监事、财务管理部总经理。 |
| 俞　静 | 职工监事 | 女 | 44 | 2014年9月 | 3 | — | — | 曾任原甘肃省信托有限责任公司党委委员、总裁助理；现任光大兴陇信托有限责任公司职工监事、稽核审计部总经理。 |

注：本届监事会未设立下属委员会。

## 3.4　独立董事

独立董事

| 姓名 | 所在单位及职务 | 性别 | 年龄（岁） | 选任日期 | 任期（年） | 简要履历 |
|---|---|---|---|---|---|---|
| 周小明 | 中国人民大学信托与基金研究所所长 | 男 | 52 | 2014年9月 | 3 | 曾任安信信托投资股份有限公司总裁，北京君泽君律师事务所高级合伙人、北京六名律师事务所主任；现任中国人民大学信托与基金研究所所长。 |
| 苑德军 | 中国社科院研究生院客座教授、北京市京华金融研究院名誉院长、学术委员会委员 | 男 | 68 | 2014年9月 | 3 | 曾任中国银河证券公司高级经济学家，中国人民大学客座教授（退休后担任）；现任中国社科院研究生院客座教授，北京市京华金融研究院名誉院长，学术委员会委员。 |
| 张　萍 | 甘肃茂源会计师事务有限公司董事长 | 女 | 50 | 2014年9月 | 3 | 曾在甘肃省审计厅第一审计事务所工作；现任甘肃注册会计师（资产评估）协会副会长，甘肃茂源会计师事务有限公司董事长，甘肃中联茂源工程造价咨询有限公司董事长，中联资产评估集团（甘肃）有限公司总经理。 |

### 3.5 高级管理人员

高级管理人员

| 姓　名 | 职务 | 性别 | 年龄（岁） | 任职日期 | 金融从业年限（年） | 学历 | 专业 | 简要履历 |
|---|---|---|---|---|---|---|---|---|
| 闫桂军 | 总裁（2018年6月起，代行董事长职权，2019年3月拟任董事长） | 男 | 50 | 2015年4月 | 21 | 本科 | 金融 | 曾任中国光大银行公司业务部总经理，中国光大银行杭州分行党委书记、行长，光大金控资产管理有限公司党委副书记、总裁；现任光大兴陇信托有限责任公司党委书记、总裁（2015年8月取得任职资格）、法定代表人（2019年3月，拟任光大兴陇信托有限责任公司董事长）。 |
| 陈凯慧 | 常务副总裁 | 男 | 55 | 2014年12月 | 28 | 博士研究生 | 管理科学与工程 | 曾任中国光大银行广州分行党委书记、行长；现任光大兴陇信托有限责任公司党委委员、常务副总裁（2015年7月取得任职资格）。 |
| 李招军 | 副总裁 | 男 | 54 | 2014年12月 | 26 | 博士研究生 | 政治经济学 | 曾任中国银行业监督管理委员会非银行金融机构监管部处长，河北银监局党委委员、副局长；现任光大兴陇信托有限责任公司党委委员、副总裁（2015年7月取得任职资格）。 |
| 刘向东 | 副总裁 | 女 | 51 | 2014年12月 | 20 | 博士研究生 | 金融学 | 曾任北京信托首席研究员兼研究发展中心总经理；现任光大兴陇信托有限责任公司党委委员、副总裁（2015年7月取得任职资格）、工会主席、首席经济学家。 |

### 3.6 公司员工

公司2017年末员工人数为309人，2018年末员工人数为491人。

| 项　目 | | 报告期年度 | | 上年度 | |
|---|---|---|---|---|---|
| | | 人数（人） | 比例（%） | 人数（人） | 比例（%） |
| 年龄分布 | 25岁以下 | 2 | 0.40 | 1 | 0.32 |
| | 25～29岁 | 85 | 17.31 | 69 | 22.33 |
| | 30～39岁 | 326 | 66.40 | 172 | 55.66 |
| | 40岁以上 | 78 | 15.89 | 67 | 21.69 |
| 学历分布 | 博　士 | 16 | 3.26 | 12 | 3.88 |
| | 硕　士 | 298 | 60.69 | 180 | 58.25 |
| | 本　科 | 161 | 32.79 | 99 | 32.04 |
| | 专　科 | 16 | 3.26 | 13 | 4.21 |
| | 其　他 | — | — | 5 | 1.62 |
| 岗位分布 | 董事、监事及高管人员 | 6 | 1.22 | 8 | 2.59 |
| | 自营业务人员 | 13 | 2.65 | 9 | 2.91 |
| | 信托业务人员 | 351 | 71.49 | 187 | 60.52 |
| | 其他人员 | 121 | 24.64 | 105 | 33.98 |

注：自营业务人员是指按照岗位分工，专门或至少从事固有资金使用和固有资产管理有关业务的职工；信托业务人员是指按照岗位分工，专门或至少从事信托资金使用和信托资产管理各项业务的职工；对于人力资源部等类似无法明确区分的综合部门归为其他人员。

## 4. 经营概况

### 4.1 经营目标、经营方针、战略规划

#### 4.1.1 经营方针

2018年，公司围绕建设一流信托公司的战略目标，借助我国经济结构优化、改革开放深化的机遇，借助中国光大集团新发展、新气象的东风及甘肃方股东的良好发展态势，借助公司员工勇于担当、锐意进取的干劲，顺利完成战略优化工作，经营绩效优良，业务结构显著优化，创新业务成果丰硕，风险管控到位，党建工作求真务实，基础管理进一步夯实，实现了发展质量和速度的双丰收。

公司以“释放改革红利，实现转型发展”为核心动力推动经营管理。一是对业务动能培育进行改革和调整，组建普惠金融部、资产管理部、基础设施金融部、房地产金融部、消费金融部、家族信托办公室等多个专业化的业务经营和引领部门。二是顺应宏观经济结构调整、监管导向，培育盈利增长新动力，打造精品、名品。2018年公司成功落地家族信托、消费信托，实现了慈善信托做大做强，积极培育资产证券化等创新业务。三是对风险管理体系持续优化、创新和完善，风险的有效管控坚持集中化原则，包括客户选择集中、风险控制集中和风险监管集中。分类评审和平行授权相结合，实现短矩审批、专业评审，全面构建市场化风险防控体系。四是财富管理体系改革全面提速，增强产品营销能力，通过建设互联网金融服务平台，机构业务主营渠道平台和高净值客户管理平台，构建新金融生态体系。五是服务保障体系改革继续推进，加强公司经营资源管理，实现以机构全覆盖KPI考核为动力的全面专业化发展。

#### 4.1.2 战略规划及战略目标

公司发展战略的总体框架是以“光大信托，助力社会更美好”为愿景；以“全方位领先，成为以高端财富管理和企业综合金融服务为特色的中国一流信托公司”为十年战略目标；以“发展中转型，成为全方位布局、规模领先的信托公司”为五年战略目标，围绕业务组合、组织架构、支撑体系、优化生态为四大战略发展主线，推行十大战略举措落地。

### 4.2 所经营业务的主要内容

#### 4.2.1 自营资产运用与分布表

| 资产运用 | 金额（万元） | 占比（%） | 资产分布 | 金额（万元） | 占比（%） |
|---|---|---|---|---|---|
| 货币资产 | 785 856.28 | 71.34 | 基础产业 | — | — |
| 贷款及应收款 | 3 879.83 | 0.35 | 房地产 | — | — |
| 交易性金融资产 | 283 037.90 | 25.69 | 证券市场 | 23 943.22 | 2.17 |
| 其他权益工具投资 | 9 300.00 | 0.85 | 实　业 | 9 300.00 | 0.84 |
| 投资性房地产 | 3 381.74 | 0.31 | 金融机构 | 173 901.73 | 15.79 |
| 固定资产 | 4 429.65 | 0.40 | 其　他 | 894 437.90 | 81.20 |
| 其　他 | 11 697.45 | 1.06 | | | |
| 资产总计 | 1 101 582.85 | 100.00 | 资产总计 | 1 101 582.85 | 100.00 |

4.2.2　信托资产运用与分布表

| 资产运用 | 金额(万元) | 占比(%) | 资产分布 | 金额(万元) | 占比(%) |
|---|---|---|---|---|---|
| 货币资产 | 741 937.79 | 1.28 | 基础产业 | 18 251 417.35 | 31.43 |
| 贷　款 | 32 541 331.69 | 56.04 | 房地产 | 7 588 256.32 | 13.07 |
| 交易性金融资产 | 8 893 868.65 | 15.32 | 证券市场 | 6 817 097.78 | 11.74 |
| 可供出售金融资产 | 2 016 014.75 | 3.47 | 实　业 | 18 243 376.32 | 31.42 |
| 持有至到期投资 | 50.00 | 0.00 | 金融机构 | 4 136 746.82 | 7.12 |
| 长期股权投资 | 5 052 432.21 | 8.70 | 其　他 | 3 026 090.83 | 5.21 |
| 其　他 | 8 817 350.33 | 15.19 | | | |
| 信托资产总计 | 58 062 985.43 | 100.00 | 信托资产总计 | 58 062 985.43 | 100.00 |

## 4.3　市场分析

### 4.3.1　经济形势分析

2018年，国际宏观经济形势错综复杂，受贸易保护主义抬头、中美贸易战及地缘政治风险升温等因素影响，全球制造业PMI持续走低，全球经济增速有所放缓，经济下行风险有一定增大。具体来看，美国经济出在税改等有利因素推动下的经济增长出现放缓迹象；欧洲经济持续放缓，消费者信心下滑，通胀水平较为平稳，就业市场有所改善，失业率保持低位；新兴经济体复苏分化，面对美联储加息、通胀上升和汇率波动等影响，部分国家货币政策由宽松转向收紧。

2018年我国经济增速有所下行，不过保持了总体平稳、稳中向好的态势，主要宏观调控指标处在合理区间，经济结构持续优化。具体来看，消费对经济增长贡献上升；房地产开发投资保持较快增速，制造业投资回暖，基建投资缓中趋稳；进出口保持较快增长；物价水平稳定，CPI温和上涨。

展望2019年，国内外经济充满机遇和挑战，国际经济增长仍有放缓趋势，英国脱欧、贸易摩擦等依然面临一定的不确定性，各国需要制定有利于经济增长的财政政策和货币政策。国内经济方面，逆周期调控政策效果逐步显现，新兴产业蓬勃发展，改革力度逐步加大，有利于促进经济平稳增长，不过仍需要处理好内生增长动能不强、外需存在不确定性等问题。

### 4.3.2　金融形势分析

从国际市场看，2018年美联储四次加息，启动缩表行动，欧洲央行也在第四季度降低了资产购买规模，金融条件边际收紧。受此影响，全球金融市场波动有所增大，新兴市场国家面临本币贬值压力。

从国内市场看，2018年上半年，货币政策稳健中性，金融严监管态势持续，去杠杆政策取得一定成效，但是社会融资环境持续收紧，也强化了企业融资约束，资本市场震荡下行。2018年下半年，为了有效支持小微企业和民企发展，解决部分上市公司流动性困境，人民银行加强货币政策对于经济结构调整的支持，通过降准、创新民企融资工具等举措，实现宽信用政策的落实；各地政府和金融机构积极设立纾困基金，为优质上市企业提供流动性支持。

展望2019年，全球经济增速面临下行风险，各国需要保持相对宽松的货币政策，支持经济增长，也有利于金融市场稳定运行。从国内看，我国将继续实施稳健的货币政策，创新货币政策工具和机制，疏通货币政策传导，促进解决小微企业融资难、融资贵等突出问题，支持经济高质量发展。

### 4.3.3　影响本公司业务发展的主要因素

4.3.3.1　有利因素

一是股东单位发展稳健，支持力度持续加大。中国光大集团综合金融优势及甘肃方股东的合力支持成为公司发展的强劲的重要力量来源。作为大股东的中国光大集团是具有金融全牌照的金融控股集团，可充分依托集团综合金融优势，深入挖掘信托功能优势，主动加强与中国光大集团内各企业的业务联动，开展多渠道、多层次、多元化业务合作。

二是财富管理和资产管理领域蕴含巨大的市场潜力。我国居民财富累积水平不断升高，资产投资管理意识逐步提升，金融脱媒加快，对于资产产品需求不断增加。同时，部分高净值客户对于资产配置、家族财富传承等个性化财富管理服务需求持续上升，为信托公司做大做强财富管理业务提供了良好的机遇。

三是我国经济高质量发展为信托公司提供了新的信托服务需求。我国建设现代经济体系坚持质量第一、效益优先，以供给侧结构性改革为主线，推动经济发展质量变革、效率变革、动力变革，提高全要素生产率，加大力度培育新产业、新业态、新模式，新一代信息技术、新能源汽车、新材料、3D打印、机器人、基因工程、智能制造等新兴行业将持续蓬勃发展，对于信托金融服务的需求将逐步增大。

四是金融科技将赋能信托业务。金融科技已成为全球金融领域的风口，主要技术包括人工智能、区块链、大数据、云计算等，并且已在金融领域得到广泛应用。信托公司可以运用金融科技开展信托业务创新，提升客户服务体验，也可以再造流程，夯实基础管理，提高运营效率。

4.3.3.2　不利因素

一是资管市场参与主体的非公平竞争及监管制度的不确定性仍将持续。推进防范化解重点金融风险，整治金融乱象，重塑金融服务实体经济新格局将成为常态。在此背景下，资管新规等一系列新政出台，打破资管产品刚兑、消除多层嵌套、压缩通道业务等，倒逼行业主动管理转型和业务结构调整，对信托行业产生冲击。

二是风险管控难度加大。宏观经济形势依然较为复杂，实体经济综合经营绩效增速有放缓趋势，信托项目风险有所抬头，信托公司兑付压力增大，风险防范和风险处置难度不断增大。

三是公司创新能力仍有待提升。创新业务是信托公司转型发展的关键所在，公司重组发展时间短，缺乏创新业务资质，业务创新能力不足。未来公司需要通过获取创新业务资质，强化业务创新能力，加快创新转型步伐。

## 4.4　风险管理

### 4.4.1　风险管理概况

报告期内，公司进一步坚持严控风险、稳健经营的方针，不断完善风险管理政策，针对经营活动中的信用风险、市场风险、操作风险及其他风险，完善风险管理的组织架构和流程，积极推进主营业务准入标准的建立和完善，并根据市场和政策变化及时应变调整，提高风险预测、预警和处置能力，进而保障公司业务的持续发展。

公司风险管理的基本原则是全面性、审慎性、及时性、有效性和独立性。风险管理涵盖公司的各项业务、各个部门和各级人员，渗透到决策、执行、监督、反馈各个环节；风险管理是一项长期的持续性的工作，贯穿于公司经营过程始终；风险管理的核心是有效防范风险。公司通过制定和不断完善健全的内部控制制度，建立职责分工合理的组织机构，对可能产生的风险及时作出反应，采取有效措施进行事前、事中、事后的有效控制，以促进公司持续、稳健、规范运行。

**4.4.2 风险状况**

4.4.2.1 信用风险状况

信用风险主要是指交易对手因履约意愿或履约能力发生变化导致信托财产或公司财产遭受损失的风险，主要表现为在贷款、资产回购、后续资金安排、担保、履约承诺等交易过程中，借款人、担保人、保管人等交易对手不履行承诺，不能或者不愿履行合约承诺而使信托财产和固有财产遭受损失。

报告期内，公司严格履行受托人尽职管理职责，及时进行信息披露，最大限度地保护受托人的合法权益，公司总体信用风险可控。

4.4.2.2 市场风险状况

市场风险主要是指在开展资产管理业务过程中，投资于有公开市场价值的金融产品或者其他产品时，金融产品或者其他产品的价格发生波动导致资产遭受损失的可能性。同时，市场风险还具有很强的传导效应，市场风险很可能引发交易对手的信用风险。

报告期内，公司坚持稳健运营的策略，密切关注宏观政策导向，充分深入调研，对有价证券投资管理状况进行实时监测，控制总体证券投资规模和比例，设置限制性指标和止损限额，通过投资组合分散投资风险。公司信托资产投资、固有资产投资的市场风险情况正常。

4.4.2.3 操作风险状况

操作风险是指由不完善或有问题的内部程序、员工和信息科技系统，以及外部事件所造成损失的风险。公司持续对现有制度和流程进行梳理，建立健全相关制度，并对所开展的业务工作进行操作流程优化的同时，注重提高员工素质和责任心的培养，避免人为的主观因素引发操作风险。报告期内未发生上述风险情况。

4.4.2.4 其他风险状况

其他风险主要包括流动性风险、政策风险、合规风险和声誉风险等。流动性风险是指金融机构虽然有清偿能力，但无法及时获得充足资金或无法以合理成本及时获得充足资金以应对资产增长或支付到期债务的风险。政策风险主要表现为宏观政策及行业政策的变动对公司经营环境和发展所造成的影响。合规风险是指公司因没有遵循法律、规则和准则可能遭受法律制裁、监管处罚、重大财务损失和声誉损失的风险。声誉风险是指因公司经营、管理及其他行为或外部事件导致利益相关方对公司作出负面评价的风险，影响公司正常经营。

**4.4.3 风险管理**

4.4.3.1 信用风险管理

报告期内，公司严格履行受托人职责，积极面对复杂多变的外部形势带来的不利影响和潜在挑战，高度重视信用风险的防范和管理，加强信用风险防范的前瞻性、针对性和及时性，强化过程管理和风险预警处置。具体措施包括：一是公司严格落实监管政策和指导要求，持续推动制度建设，及时调整和优化各项业务政策，着力构建和完善信用风险管理体系；二是制定或修订信托业务系列指引，重点细化尽职调查工作要求，严格规范审查审批等全业务流程、部门职责和实施要求；三是建立和完善投后管理、风险监测分析等各项机制，及时防范和化解信用风险，并加强对存量不良资产的管理和处置。

4.4.3.2 市场风险管理

针对市场风险，公司一是加强对宏观经济金融形势、调控政策以及行业周期性的研究，加大股票投资项目调研力度。二是谨慎选择项目，各项投资活动实施前均经过全面调查，对可能产生市场风险的各因素进行测算评估。三是对有价证券投资管理状况进行实时监测，增强对资本市场走向及证券投资产品走势的预判，优化证券投资业务策略，提高证券投资业务决策有效性和时效性。四是严格遵循组合投资、分散风险的原则，通过投资组合分散投资风险并提早做好防范措施。五是积极发挥业务系统在证券投资及风险管理方面的功能作用，提高证券估值效率和风险评估的科学性，强化预警平仓等风险防范措施。

4.4.3.3 操作风险管理

公司加强内控制度和风险管理制度的落实，不断提升业务操作的规范化水平，有效管理各类操作风险。一是加强内控机制建设，建立系统化的公司制度体系，强化层级授权体系，明确各部门、各岗位的职责和权限，使公司业务运行的每一个过程和环节均有章可循，各相关业务部门按照各自的职责在授权范围内独立运作，提高业务合规管理和风险管理质量。二是公司不断加强制度培训，提高员工的规范意识和责任意识。通过技术手段对操作权限和内容进行程序设定、制定应急预案等措施控制操作风险。三是根据监管规定对公司固有业务和信托业务进行严格的分离和岗位设置。

4.4.3.4 其他风险管理

公司一是坚持稳健运营的基本原则，合理制定固有资产投资策略，审慎进行固有资产的投资，在固有资产配置上以流动性和安全性为首要原则，提高货币资金、金融产品投资等流动性资产的配置比例，在确保流动性及安全性的基础上取得了较好的经营成效。二是通过加强对国家政策的分析和研究，准确把握政策变化趋势，根据监管政策和市场的变化，加强政策风险管理，适时调整发展战略和经营策略。三是严格按照法律法规的规定开展业务，注重与监管部门的沟通，确保公司经营活动符合国家政策和监管要求，从完善公司治理、加强合规组织机构、配套机制建设、培育良好合规文化等方面，构建有效的合规风险管理机制。

公司高度重视声誉风险管理，将公司声誉构建与公司发展战略、企业文化进行有机结合，对可能影响公司声誉的业务坚决予以回避，尽职管理受托资产并充分披露，积极维护公司良好的声誉和企业形象。

## 4.5 企业社会责任

公司积极履行作为企业公民的社会责任，努力培育履行社会责任的企业文化和机制，积极践行《信托公司社会责任公约》，培育和挖掘央企控股金融企业社会责任的内涵，不断丰富企业社会责任的实践内容。

4.5.1　实现股东稳定回报，国有资产保值增值

公司依托稳健经营的战略定位，以保障股东利益、保值增值国有资产、最大化受益人利益为目标，发挥信托行业本身具有的制度优势与创新理念，不断提升投资效率和效益，回归“受人之托，代人理财”的信托本源。2018 年，公司主要经营指标再创历史新高，管理资产规模达到 5 739.39 亿元，营业收入实现 21.29 亿元，上缴税金为 14.98 亿元，实现净利润为 11.17 亿元，兑付投资人收益为 281.83 亿元。公司行业排名大幅度攀升，公司经营及管理业绩得到市场同业、政府和监管部门的一致好评。在 2018 年“第十一届中国优秀信托公司评选活动”中，公司分别获得“2018 年度优秀地产信托计划”和“2018 年度优秀慈善信托计划”两项大奖。

4.5.2　立足甘肃本土，支持地方经济发展

截至 2018 年末，公司存量信托项目中，资金投向甘肃省内的规模为 102.64 亿元。不仅区域范围涵盖甘肃省兰州市、临夏市、天水市、张掖市、甘南州、嘉峪关市、庆阳市、武威市等各主要地市，而且投向也较为丰富，包括基础设施、工商企业、房地产、矿产能源等，充分体现出以支持和服务地方经济建设和实体经济发展为使命的金融央企的社会责任。此外，为响应国家支持实体经济、服务民营经济的号召，公司还积极与甘肃省地方法人机构加强业务合作，目前已与甘肃国投达成合作意向。

4.5.3　坚决贯彻人本精神，深化企业文化内蕴

公司在稳健快速发展的同时，坚持“以人为本”，组织开展丰富多彩的文体运动，极大地丰富了员工的业余生活。同时，公司不断完善员工薪酬福利保障体系，增强员工归属感和获得感，积极推进补充医疗保险制度和方案的落地实施工作，会同光大永明保险制定补充医疗员工手册，组织召开补充医疗保险宣讲会，帮助员工充分了解公司补充医疗政策和报销流程。公司多次组织员工培训，完善市场化的考核激励机制，加强人才梯队建设，为各类管理和专业人才的职业化发展提供了广阔的平台。

4.5.4　利用专业优势，大力发展慈善信托项目

2018 年，公司慈善信托项目获得跨越式发展，年内实现项目立项评审过会 13 笔，信托目的包括教育、医疗、卫生、环保、社会公益设施，以及对特殊群体的救助等，超额完成了公司和集团年初相关的计划设想。其中，4 个项目已通过民政部门备案，规模合计 2 109.7 万元。项目善款拟拨付给甘肃省和政县、临洮县、迭部县以及广东省粤北等贫困山区县乡，用于助老助残、扶贫济困及教育、卫生公益事业等方面，预计未来将使 20 万个左右贫困家庭和人群受益。

4.5.5　响应国家号召，积极开展扶贫工作

公司按照党中央、国务院打好脱贫攻坚战的要求，发挥自身优势，认真组织开展扶贫工作，取得了一定成效。一是开展定点扶贫助学活动，公司党委在集团确定的对口扶贫点之一湖南省新化县开展了以“一对一”为主的助学扶贫，利用公司补缴党费对湖南新化县部分乡镇的 20 名贫困家庭学生进行资助和帮扶，从小学开始直至大学毕业，大学毕业后在同等条件下优先录取来公司工作。二是开展扶贫献爱心活动，帮助销售甘肃省金融办定点帮扶对象甘肃省天水市甘谷县移家湾村特产土豆及土豆粉，金额为 12 万元；帮助销售集团指定扶贫地区湖南新化县、新田县、古文县的农产品，金额为 22.5 万元。三是开展爱心捐款活动，按照光大集团办公厅《关于开展 2018“幸福工程——救助贫困母亲行动”捐款活动的通知》的有关要求，干部员工积极参加社会公益事业，共募集善款 28 290 元；以“一对一”爱心助学的形式积极参加集团的“明德助学计划”活动，发动员工自愿资助贫困学生；按照集团定点帮扶工作部署，向集团定点扶贫县捐款 150 万元。

## 5. 报告期末及上一年度末的比较式会计报表

### 5.1　自营资产

#### 5.1.1　会计师事务所审计意见全文

审 计 报 告

安永华明(2019)审字第 61362549_A01 号

光大兴陇信托有限责任公司

光大兴陇信托有限责任公司董事会：

一、审计意见

我们审计了光大兴陇信托有限责任公司的财务报表，包括 2018 年 12 月 31 日的资产负债表，2018 年度的利润表、所有者权益变动表和现金流量表以及相关财务报表附注。

我们认为，后附的光大兴陇信托有限责任公司的财务报表在所有重大方面按照企业会计准则的规定编制，公允反映了光大兴陇信托有限责任公司 2018 年 12 月 31 日的财务状况以及 2018 年度的经营成果和现金流量。

二、形成审计意见的基础

我们按照中国注册会计师审计准则的规定执行了审计工作。审计报告的“注册会计师对财务报表审计的责任”部分进一步阐述了我们在这些准则下的责任。按照中国注册会计师职业道德守则，我们独立于光大兴陇信托有限责任公司，并履行了职业道德方面的其他责任。我们相信，我们获取的审计证据是充分、适当的，为发表审计意见提供了基础。

三、其他信息

光大兴陇信托有限责任公司管理层对其他信息负责。其他信息包括年度报告中涵盖的信息，但不包括财务报表和我们的审计报告。

我们对财务报表发表的审计意见不涵盖其他信息，我们也不对其他信息发表任何形式的鉴证结论。

结合我们对财务报表的审计，我们的责任是阅读其他信息，在此过程中，考虑其他信息是否与财务报表或我们在审计过程中了解到的情况存在重大不一致或者似乎存在重大错报。

基于我们已执行的工作，如果我们确定其他信息存在重大错报，我们应当报告该事实。在这方面，我们无任何事项需要报告。

四、管理层和治理层对财务报表的责任

管理层负责按照企业会计准则的规定编制财务报表，使其实现公允反映，并设计、执行和维护必要的内部控制，以使财务报表不存在由于舞弊或错误导致的重大错报。

在编制财务报表时，管理层负责评估光大兴陇信托有限责任公司的持续经营能力，披露与持续经营相关的事项（如适用），并运用持续经营假设，除非计划进行清算、终止运营或别无其他现实的选择。

治理层负责监督光大兴陇信托有限责任公司的财务报告过程。

五、注册会计师对财务报表审计的责任

我们的目标是对财务报表整体是否不存在由于舞弊或错误导致的重大错报获取合理保证，并出具包含审计意见的审计报告。合理保证是高水平的保证，但并不能保证按照审计准则执行的审计在某一重大错报存在时总能发现。错报可能由于舞弊或错误导致，如果合理预期错报单独或汇总起来可能影响财务报表使用者依据财务报表作出的经济决策，则通常认为错报是重大的。

在按照审计准则执行审计工作的过程中，我们运用职业判断，并保持职业怀疑。同时，我们也执行以下工作：

（1）识别和评估由于舞弊或错误导致的财务报表重大错报风险，设计和实施审计程序以应对这些风险，并获取充分、适当的审计证据，作为发表审计意见的基础。由于舞弊可能涉及串通、伪造、故意遗漏、虚假陈述或凌驾于内部控制之上，未能发现由于舞弊导致的重大错报的风险高于未能发现由于错误导致的重大错报的风险。

（2）了解与审计相关的内部控制，以设计恰当的审计程序，但目的并非对内部控制的有效性发表意见。

（3）评价管理层选用会计政策的恰当性和作出会计估计及相关披露的合理性。

（4）对管理层使用持续经营假设的恰当性得出结论。同时，根据获取的审计证据，就可能导致对光大兴陇信托有限责任公司持续经营能力产生重大疑虑的事项或情况是否存在重大不确定性得出结论。如果我们得出结论认为存在重大不确定性，审计准则要求我们在审计报告中提请报表使用者注意财务报表中的相关披露；如果披露不充分，我们应当发表非无保留意见。我们的结论基于截至审计报告日可获得的信息。然而，未来的事项或情况可能导致光大兴陇信托有限责任公司不能持续经营。

（5）评价财务报表总体列报、结构和内容（包括披露），并评价财务报表是否公允反映相关交易和事项。

我们与治理层就计划的审计范围、时间安排和重大审计发现等事项进行沟通，包括沟通我们在审计中识别出的值得关注的内部控制缺陷。

安永华明会计师事务所（特殊普通合伙）

中国注册会计师：田志勇

中国注册会计师：韩旭

中国・北京　　2019 年 4 月 18 日

### 5.1.2 资产负债表

**资产负债表**

编制单位：光大兴陇信托有限责任公司　　2018 年 12 月 31 日　　单位：万元

| | 2018 年 12 月 31 日 | 2017 年 12 月 31 日 | 2017 年 1 月 1 日 |
|---|---|---|---|
| 资产 | | | |
| 现金 | | 1.94 | 2.50 |
| 存放同业款项 | 785 856.28 | 231 958.57 | 114 725.06 |
| 交易性金融资产 | 283 037.90 | | |
| 其他权益工具投资 | 9 300.00 | | |
| 以公允价值计量且其变动计入当期损益的金融资产 | | 34 093.82 | 8 359.94 |
| 应收账款 | 3 479.83 | 2 693.55 | 10 626.56 |
| 应收股利 | | | |
| 发放贷款和垫款 | 400.00 | 400.00 | 16 687.12 |
| 应收款项类投资 | | 16 000.00 | 45 734.73 |
| 可供出售金融资产 | | 284 888.19 | 311 482.18 |
| 固定资产 | 4 429.65 | 4 957.62 | 4 995.52 |
| 无形资产 | 920.25 | 979.78 | 959.28 |
| 投资性房地产 | 3 381.74 | 3 483.58 | 3 585.42 |
| 递延所得税资产 | 4 057.98 | 3 108.30 | 2 802.13 |
| 其他资产 | 6 719.22 | 2 902.60 | 3 115.55 |
| 资产总计 | 1 101 582.85 | 585 467.95 | 523 075.99 |
| 负债和所有者权益 | | | |
| 预收款项 | 105 729.56 | 50 120.12 | 27 617.55 |
| 应付职工薪酬 | 23 266.84 | 10 014.49 | 5 473.51 |
| 应交税费 | 53 374.79 | 4 935.57 | 4 891.28 |
| 其他负债 | 6 236.97 | 18 409.60 | 25 742.61 |
| 应付股利 | 15 799.09 | | |
| 负债合计 | 204 407.25 | 83 479.78 | 63 724.95 |
| 所有者权益 | | | |
| 实收资本 | 341 819.05 | 341 819.05 | 341 819.05 |
| 资本公积 | 307 730.00 | 7 730.00 | 7 730.00 |
| 其他综合收益 | 4 830.00 | 1 427.13 | 2 459.21 |
| 盈余公积 | 28 621.31 | 17 454.74 | 12 188.38 |
| 一般风险准备 | 12 245.00 | 9 481.83 | 7 417.33 |
| 信托赔偿准备 | 14 636.36 | 9 053.08 | 6 419.90 |
| 未分配利润 | 187 293.88 | 115 022.34 | 81 317.17 |
| 所有者权益合计 | 897 175.60 | 501 988.17 | 459 351.04 |
| 负债和所有者权益总计 | 1 101 582.85 | 585 467.95 | 523 075.99 |

单位负责人：闫桂军　主管会计工作的公司负责人：李招军　会计机构负责人：李　敏

### 5.1.3 利润表

**利润表**

编制单位:光大兴陇信托有限责任公司　　2018 年 12 月 31 日　　单位:万元

| | 2018 年 | 2017 年 |
|---|---|---|
| 一、营业收入 | 212 924.18 | 113 602.26 |
| 利息收入 | 4 966.50 | 2 837.72 |
| 手续费及佣金收入 | 183 176.76 | 87 226.90 |
| 投资收益 | 26 541.57 | 23 467.58 |
| 公允价值变动(损失)/收益 | -2 544.59 | -522.16 |
| 其他业务收入 | 786.00 | 592.22 |
| 资产处置收益 | -2.06 | |
| 二、营业支出 | 64 293.41 | 43 259.07 |
| 营业税金及附加 | 3 058.08 | 2 396.66 |
| 业务及管理费 | 61 693.65 | 34 881.19 |
| 信用资产损失 | -560.16 | |
| 资产减值损失 | | 5 879.38 |
| 其他业务成本 | 101.84 | 101.84 |
| 三、营业利润 | 148 630.77 | 70 343.19 |
| 加:营业外收入 | 0.05 | 1.46 |
| 减:营业外支出 | 180.57 | 34.74 |
| 四、利润总额 | 148 450.25 | 70 309.91 |
| 减:所得税费用 | 36 784.69 | 17 646.26 |
| 五、净利润 | 111 665.56 | 52 663.65 |
| 六、其他综合收益的税后净额以后将重分类进损益的其他综合收益 | | -1 032.08 |
| 可供出售金融资产 | | |
| 公允价值变动损益 | | -1 032.08 |
| 综合收益总额 | 111 665.56 | 51 631.57 |

单位负责人:闫桂军　主管会计工作的公司负责人:李招军　会计机构负责人:李　敏

### 5.1.4 所有者权益变动表

**所有者权益变动表**

编制单位:光大兴陇信托有限责任公司　　2018 年 12 月 31 日　　单位:万元

| 2018 年度 | | | | | | | | |
|---|---|---|---|---|---|---|---|---|
| | 实收资本 | 资本公积 | 其他综合收益 | 盈余公积 | 一般风险准备 | 信托赔偿准备 | 未分配利润 | 所有者权益合计 |
| 2017 年 12 月 31 日余额 | 341 819.05 | 7 730.00 | 1 427.13 | 17 454.74 | 9 481.83 | 9 053.08 | 115 022.34 | 501 988.17 |
| 会计政策变更 | | | 3 402.87 | | | | -4 081.91 | -679.04 |
| 2018 年 1 月 1 日余额 | 341 819.05 | 7 730.00 | 4 830.00 | 17 454.74 | 9 481.83 | 9 053.08 | 110 940.43 | 501 309.13 |
| 本年增减变动金额 | | | | | | | | |
| 1. 净利润 | | | | | | | 111 665.56 | 111 665.56 |
| 2. 其他综合收益 | | | | | | | | |
| 4. 股东注资 | | 300 000.00 | | | | | | 300 000.00 |
| 上述 1、2、3 和 4 小计 | | | | | | | | |
| 5. 利润分配 | | | | | | | | |
| -提取盈余公积 | | | | 11 166.56 | | | -11 166.56 | |
| -提取一般风险准备 | | | | | 2 763.17 | | -2 763.17 | |
| -提取信托赔偿准备 | | | | | | 5 583.28 | -5 583.28 | |
| 分配股利 | | | | | | | -15 799.09 | -15 799.09 |
| 2018 年 12 月 31 日余额 | 341 819.05 | 307 730.00 | 4 830.00 | 28 621.30 | 12 245.00 | 14 636.36 | 187 293.88 | 897 175.60 |

| 2017 年度 | | | | | | | | |
|---|---|---|---|---|---|---|---|---|
| | 实收资本 | 资本公积 | 其他综合收益 | 盈余公积 | 一般风险准备 | 信托赔偿准备 | 未分配利润 | 所有者权益合计 |
| 2016 年 12 月 31 日余额 | 341 819.05 | 7 730.00 | 2 459.21 | 12 188.38 | 7 417.33 | 6 419.90 | 81 317.17 | 459 351.03 |
| 会计政策变更 | | | | | | | | |
| 会计差错更正 | | | | | | | | |
| 2017 年 1 月 1 日余额 | | | | | | | | |
| 本年增减变动金额 | | | | | | | | |
| 1. 净利润 | | | | | | | 52 663.65 | 52 663.65 |
| 2. 其他综合收益 | | | -1 032.08 | | | | | -1 032.08 |
| 上述 1、2 小计 | | | -1 032.08 | | | | 52 663.65 | 51 631.57 |
| 3. 利润分配 | | | | | | | | |
| -提取盈余公积 | | | | 5 266.36 | | | -5 266.36 | |
| -提取一般风险准备 | | | | | 2 064.50 | | -2 064.50 | |
| -提取信托赔偿准备 | | | | | | 2 633.18 | -2 633.18 | |
| 分配股利 | | | | | | | -8 994.43 | -8 994.43 |
| 2017 年 12 月 31 日余额 | 341 819.05 | 7 730.00 | 1 427.13 | 17 454.74 | 9 481.83 | 9 053.08 | 115 022.34 | 501 988.17 |

单位负责人:闫桂军　　主管会计工作的公司负责人:李招军　　会计机构负责人:李　敏

## 5.2 信托资产

### 5.2.1 信托项目资产负债汇总表

**信托项目资产负债汇总表**

编制单位：光大兴陇信托有限责任公司　　2018年12月31日　　单位：万元

| 信托资产 | 期末数 | 期初数 | 信托负债和信托权益 | 期末数 | 期初数 |
|---|---|---|---|---|---|
| 信托资产： | — | — | 信托负债： | — | — |
| 货币资金 | 741 937.79 | 608 604.62 | 交易性金融负债 | — | — |
| 拆出资金 | — | — | 衍生金融负债 | — | — |
| 存出保证金 | — | — | 应付受托人报酬 | 10 007.83 | 8 255.45 |
| 交易性金融资产 | 8 893 868.65 | 7 328 036.16 | 应付托管费 | 2 428.86 | 1 161.77 |
| 衍生金融资产 | — | — | 应付受益人收益 | 49 685.44 | 52 723.26 |
| 买入返售金融资产 | 5 173 715.40 | 4 143 784.57 | 应交税费 | 23 552.81 | 64.26 |
| 应收款项 | 3 609 246.43 | 5 067 339.94 | 应付销售服务费 | 2 603.98 | 2 518.85 |
| 发放贷款 | 32 541 331.69 | 25 181 694.24 | 其他应付款项 | 296 245.72 | 193 560.74 |
| 可供出售金融资产 | 2 016 014.75 | 1 658 004.44 | 其他负债 | 365 502.07 | — |
| 持有至到期投资 | 50.00 | 24 050.00 | 信托负债合计 | 750 026.70 | 258 284.33 |
| 长期应收款 | — | — | 信托权益： | — | — |
| 长期股权投资 | 5 052 432.21 | 3 754 212.81 | 实收信托 | 57 393 949.79 | 47 339 321.64 |
| 投资性房地产 | — | — | 资本公积 | 276 879.74 | 71 547.10 |
| 固定资产 | — | — | 损益平准金 | — | — |
| 无形资产 | — | — | 未分配利润 | -357 870.81 | 176 795.93 |
| 长期待摊费用 | — | — | | — | — |
| 其他资产 | 34 388.50 | 80 222.21 | 信托权益合计 | 57 312 958.73 | 47 587 664.66 |
| 信托资产总计 | 58 062 985.43 | 47 845 948.99 | 信托负债及权益总计 | 58 062 985.43 | 47 845 948.99 |

单位负责人：闫桂军　　会计主管：李　敏　　复核：陈继辉　　制表：吴　娟

### 5.2.2 信托项目利润及利润分配汇总表

**信托项目利润及利润分配汇总表**

编制单位：光大兴陇信托有限责任公司　　2018年12月31日　　单位：万元

| 项　目 | 本年数 | 上年数 |
|---|---|---|
| 一、营业收入 | 2 575 103.61 | 2 456 250.99 |
| 1. 利息收入 | 2 651 093.22 | 1 837 985.92 |
| 2. 投资收益 | 162 292.15 | 566 262.22 |
| 3. 公允价值变动损益 | -295 995.04 | 48 651.87 |
| 4. 租赁收入 | — | — |
| 5. 汇兑损益 | — | — |
| 6. 其他收入 | 57 713.29 | 3 350.97 |
| 二、营业费用 | 291 499.18 | 162 072.36 |
| 1. 营业税金及附加 | 9 979.25 | — |
| 2. 受托人报酬 | 184 435.00 | 91 889.98 |
| 3. 托管费 | 20 540.27 | 14 471.72 |
| 4. 投资管理费 | 9 002.02 | 8 791.47 |
| 5. 销售服务费 | 16 084.74 | 4 744.46 |
| 6. 交易费用 | 14 652.47 | 16 787.03 |
| 7. 资产减值损失 | — | — |

续表

| 项　目 | 本年数 | 上年数 |
|---|---|---|
| 8. 其他费用 | 36 805.43 | 25 387.69 |
| 三、信托净利润（净亏损以"-"填列） | 2 283 604.43 | 2 294 178.64 |
| 四、其他综合收益 | — | 3.78 |
| 五、综合收益 | 2 283 604.43 | 2 294 182.41 |
| 加：期初未分配信托利润 | 176 795.93 | 23 153.16 |
| 六、可供分配信托利润 | 2 460 400.36 | 2 317 335.57 |
| 减：本期已分配信托利润 | 2 818 271.17 | 2 140 539.64 |
| 七、期末未分配信托利润 | -357 870.81 | 176 795.93 |

单位负责人：闫桂军　　会计主管：李　敏　　复核：陈继辉　　制表：吴　娟

# 6. 会计报表附注

## 6.1 会计报表编制基准不符合会计核算基本前提的说明

### 6.1.1 会计报表不符合会计核算基本前提的事项

无。

### 6.1.2 合并报表说明

无。

## 6.2 重要会计政策和会计估计说明

会计年度:本公司会计年度采用公历年度,即每年自1月1日起至12月31日止。

记账本位币:本公司记账本位币和编制本财务报表所采用的货币均为人民币。除有特别说明外,均以人民币元为单位表示。

计量属性在本期发生变化的报表项目及其本期采用的计量属性:编制本财务报表时,除某些金融工具外,均以历史成本为计价原则。资产如果发生减值,则按照相关规定计提相应的减值准备。

现金等价物确定标准:现金是指本公司的库存现金以及可以随时用于支付的存款;现金等价物是指本公司持有的期限短、流动性强、易于转换为已知金额的现金、价值变动风险很小的投资。

### 6.2.1 计提资产减值准备的范围和方法

6.2.1.1 贷款及应收款项减值准备的范围和方法

本公司以预期信用损失为基础,对以摊余成本计量的金融资产、以公允价值计量且其变动计入其他综合收益的债务工具投资进行减值处理并确认损失准备。

对于不含重大融资成分的应收款项,本公司运用简化计量方法,按照相当于整个存续期内的预期信用损失金额计量损失准备。

6.2.1.2 固定资产、无形资产、长期股权投资减值准备

本公司于资产负债表日判断资产是否存在可能发生减值的迹象,存在减值迹象的,本公司将估计其可收回金额,进行减值测试。

可收回金额根据资产的公允价值减去处置费用后的净额与资产预计未来现金流量的现值两者之间较高者确定。本公司以单项资产为基础估计其可收回金额;难以对单项资产的可收回金额进行估计的,以该资产所属的资产组为基础确定资产组的可收回金额。资产组的认定,以资产组产生的主要现金流入是否独立于其他资产或者资产组的现金流入为依据。

当资产或资产组的可收回金额低于其账面价值时,本公司将其账面价值减记至可收回金额,减记的金额计入当期损益,同时计提相应的资产减值准备。

资产减值损失一经确认,在以后会计期间不会转回。

本公司于资产负债表日对金融资产的账面价值进行检查,有客观证据表明该金融资产发生减值的,计提减值准备。表明金融资产发生减值的客观证据是指金融资产初始确认后实际发生的、对该金融资产的预计未来现金流量有影响,且企业能够对该影响进行可靠计量的事项。金融资产发生减值的客观证据包括发行人或债务人发生严重财务困难、债务人违反合同条款(如偿付利息或本金发生违约或逾期等)、债务人很可能倒闭或进行其他财务重组,以及公开的数据显示预计未来现金流量确已减少且可计量。

6.2.1.3 金融资产的减值准备

本公司以预期信用损失为基础,对以摊余成本计量的金融资产、以公允价值计量且其变动计入其他综合收益的债务工具投资进行减值处理并确认损失准备。

信用损失是指本公司按照原实际利率折现的、根据合同应收的所有合同现金流量与预期收取的所有现金流量之间的差额,即全部现金短缺的现值。其中,对于本公司购买或源生的已发生信用减值的金融资产,应按照该金融资产经信用调整的实际利率折现。

对于不含重大融资成分的应收款项,本公司运用简化计量方法,按照相当于整个存续期内的预期信用损失金额计量损失准备。

除上述采用简化计量方法以外的金融资产,本公司在每个资产负债表日评估其信用风险自初始确认后是否已经显著增加,如果信用风险自初始确认后未显著增加,处于第一个阶段,本公司按照相当于未来12个月内预期信用损失的金额计量损失准备,并按照账面余额和实际利率计算利息收入;如果信用风险自初始确认后已显著增加但尚未发生信用减值的,处于第二个阶段,本公司按照相当于整个存续期内预期信用损失的金额计量损失准备,并按照账面余额和实际利率计算利息收入;如果初始确认后发生信用减值的,处于第三个阶段,本公司按照相当于整个存续期内预期信用损失的金额计量损失准备,并按照摊余成本和实际利率计算利息收入。对于资产负债表日只具有较低信用风险的金融工具,本公司假设其信用风险自初始确认后未显著增加。

本公司在评估预期信用损失时,考虑有关过去事项、当前状况以及未来经济状况预测的合理且有依据的信息。

当本公司不再合理预期能够全部或部分收回金融资产合同现金流量时,本公司直接减记该金融资产的账面余额。

### 6.2.2 金融工具核算方法

金融资产的后续计量取决于其分类。

以公允价值计量且其变动计入当期损益的金融资产包括交易性金融资产和初始确认时指定为以公允价值计量且其变动计入当期损益的金融资产。交易性金融资产是指满足下列条件之一的金融资产:取得该金融资产的目的是为了在短期内出售;属于进行集中管理的可辨认金融工具组合的一部分,且有客观证据表明企业近期采用短期获利方式对该组合进行管理;属于衍生工具,但是被指定且为有效套期工具的衍生工具、属于财务担保合同的衍生工具、与在活跃市场中没有报价且其公允价值不能可靠计量的权益工具投资挂钩并须通过交付该权益工具结算的衍生工具除外。对于此类金融资产,采用公允价值进行后续计量,所有已实现和未实现的损益均计入当期损益。与以公允价值计量且其变动计入当期损益的金融资产相关的股利或利息收入,计入当期损益。

只有符合以下条件之一,金融资产才可在初始计量时指定为以公允价值计量且其变动计入当期损益的金融资产:

(1)该项指定可以消除或明显减少因金融工具计量基础不同所导致的相关利得或损失在确认或计量方面不一致的情况。

(2)风险管理或投资策略的正式书面文件已载明,该金融工具组合以公允价值为基础进行管理、评价并向关键管理人员报告。

(3)包含一项或多项嵌入衍生工具的混合工具,除非嵌入衍生工具对混合工具的现金流量没有重大改变,或所嵌入的衍生工具明显不应当从相关混合工具中分拆。

(4)包含需要分拆但无法在取得时或后续的资产负债表日对其进行单独计量的嵌入衍生工具的混合工具。

在活跃市场中没有报价、公允价值不能可靠计量的权益工具投资，不得指定为以公允价值计量且其变动计入当期损益的金融资产。

企业在初始确认时将某金融资产划分为以公允价值计量且其变动计入当期损益的金融资产后，不能重分类为其他类金融资产；其他类金融资产也不能重分类为以公允价值计量且其变动计入当期损益的金融资产。

**6.2.3 长期股权投资核算方法**

6.2.3.1 对联营企业的投资

联营企业是指公司能够对其施加重大影响的企业。

在对联营企业投资时，公司确认初始投资成本的原则是对于以支付现金取得的长期股权投资，公司按照实际支付的购买价款作为初始投资成本。

6.2.3.2 后续计量时，对联营企业的长期股权投资采用权益法核算

本公司在采用权益法核算时的具体会计处理方法如下。

对于长期股权投资的初始投资成本大于投资时应享有被投资单位可辨认净资产公允价值份额的，以前者作为长期股权投资的成本；对于长期股权投资的初始投资成本小于投资时应享有被投资单位可辨认净资产公允价值份额的，以后者作为长期股权投资的成本，长期股权投资的成本与初始投资成本的差额计入当期损益。

取得对联营企业投资后，公司按照应享有或应分担的被投资单位实现的净损益和其他综合收益的份额，分别确认投资损益和其他综合收益并调整长期股权投资的账面价值；按照被投资单位宣告分派的利润或现金股利计算应分得的部分，相应减少长期股权投资的账面价值。对联营企业除净损益、其他综合收益和利润分配以外所有者权益的其他变动，公司按照应享有或应分担的份额计入所有者权益，并同时调整长期股权投资的账面价值。

在计算应享有或应分担的被投资单位实现的净损益、其他综合收益及所有者权益的其他变动的份额时，公司以取得投资时被投资单位可辨认净资产公允价值为基础，按照本公司的会计政策或会计期间进行必要调整后确认投资收益和其他综合收益等。公司与联营企业之间内部交易产生的未实现损益按照应享有的比例计算归属于本公司的部分，在权益法核算时予以抵销。内部交易产生的未实现损失，有证据表明该损失是相关资产减值损失的，则全额确认该损失。

本公司对联营企业发生的净亏损，除本公司负有承担额外损失义务外，以长期股权投资的账面价值以及其他实质上构成对联营企业净投资的长期权益减记至零为限。联营企业以后实现净利润的，本公司在收益分享额弥补未确认的亏损分担额后，恢复确认收益分享额。

**6.2.4 固定资产计价和折旧方法**

6.2.4.1 固定资产及在建工程的确认

固定资产仅在与其有关的经济利益很可能流入公司，且其成本能够可靠地计量时才予以确认。与固定资产有关的后续支出，符合该确认条件的，计入固定资产成本，并终止确认被替换部分的账面价值；否则，在发生时计入当期损益。

6.2.4.2 固定资产及在建工程的计价

固定资产按照成本进行初始计量。外购固定资产的初始成本包括购买价款、相关税费以及使该资产达到预定可使用状态前所发生的可归属于该项资产的支出。

6.2.4.3 固定资产折旧方法

固定资产的折旧采用年限平均法计提，各类固定资产的使用寿命、预计净残值率及年折旧率如下。

| 类　别 | 使用寿命（年） | 预计净残值率（%） | 年折旧率（%） |
|---|---|---|---|
| 房屋及建筑物 | 50 | 5 | 1.9 |
| 运输工具 | 10 | 5 | 9.5 |
| 办公设备及其他 | 5～10 | 5 | 9.5～19 |

公司至少于每年年度终了，对固定资产的使用寿命、预计净残值和折旧方法进行复核，必要时进行调整。

**6.2.5 无形资产计价及摊销政策**

无形资产仅在与其有关的经济利益很可能流入公司，且其成本能够可靠地计量时才予以确认，并以成本进行初始计量。但非同一控制下企业合并中取得的无形资产，其公允价值能够可靠地计量的，即单独确认为无形资产并按照公允价值计量。

无形资产按照其能为公司带来经济利益的期限确定使用寿命，无法预见其为公司带来经济利益期限的作为使用寿命不确定的无形资产。各项无形资产的使用寿命如下。

| 类　别 | 使用寿命（年） |
|---|---|
| 软件 | 5～10 |

本公司至少于每年年度终了，对无形资产的使用寿命及摊销方法进行复核，必要时进行调整。

**6.2.6 长期待摊费用的摊销政策**

长期待摊费用是已经发生但应由本期和以后各期负担的、分摊期限在1年以上的各项费用，按预计受益期间分期平均分摊。

**6.2.7 合并会计报表的编制方法**

无。

**6.2.8 收入确认原则和方法**

收入是公司在日常活动中形成的，会导致所有者权益增加且与所有者投入资本无关的经济利益的总流入。收入在金额及相关成本能够可靠计量、相关的经济利益很可能流入本公司并且同时满足以下不同类型收入的其他确认条件时，予以确认。

6.2.8.1 利息收入

金融资产的利息收入按实际利率法计算并计入当期损益。利息收入包括折价或溢价摊销，或生息资产的初始账面价值与到期日金额之间的其他差异按实际利率法计算进行的摊销。

实际利率法是指按金融资产或金融负债的实际利率计算其摊除成本及利息收入或利息支出的方法。实际利率是将金融工具在于其存续期间或适用的更短期间内的未来现金流量，折现为该金融工具当前账面价值所使用的利率。在计算实际利率时，公司会在考虑金融工具（如提前还款权等）的所有合同条款（但不会考虑未来信用损失）的基础上预计未来现金流量。计算项目包括属于实际利率组成部分的订约方之间所支付或收取的各项收费、交易费用及溢价或折价。

金融资产发生减值损失后,确认利息收入所使用的利率为计量减值损失时对未来现金流量进行贴现时使用的利率。

6.2.8.2 手续费及佣金收入

手续费及佣金收入主要包括信托报酬及财务顾问费,其中信托报酬是根据信托合同规定的方法或标准确认应由信托项目承担的受托人报酬;财务顾问费按照提供劳务收入的确认条件,在提供劳务交易的结果能够可靠估计时确认为收入。

6.2.8.3 股利收入

非上市权益工具投资的股利收入与公司收取股利的权利确立时在利润表内确认。上市权益工具投资的股利收入在投资项目的股价除息时确认。

**6.2.9 所得税的会计处理方法**

所得税包括当期所得税和递延所得税。除由于企业合并产生的调整商誉,或与直接计入股东权益的交易或者事项相关的计入股东权益外,均作为所得税费用或收益计入当期损益。

公司对于当期和以前期间形成的当期所得税负债或资产,按照税法规定计算的预期应交纳或返还的所得税金额计量。

公司根据资产与负债于资产负债表日的账面价值与计税基础之间的暂时性差异,以及未作为资产和负债确认但按照税法规定可以确定其计税基础的项目的账面价值与计税基础之间的差额产生的暂时性差异,采用资产负债表债务法计提递延所得税。

除以下两种情况外,各种应纳税暂时性差异均据以确认递延所得税负债。

(1)应纳税暂时性差异是在以下交易中产生的:商誉的初始确认,或者具有以下特征的交易中产生的资产或负债的初始确认:该交易不是企业合并,并且交易发生时既不影响会计利润也不影响应纳税所得额或可抵扣亏损。

(2)对于与子公司、合营企业及联营企业投资相关的应纳税暂时性差异,该暂时性差异转回的时间能够控制并且该暂时性差异在可预见的未来很可能不会转回。

除以下两种情况外,对于可抵扣暂时性差异、能够结转以后年度的可抵扣亏损和税款抵减,本公司以很可能取得用来抵扣可抵扣暂时性差异、可抵扣亏损和税款抵减的未来应纳税所得额为限,确认由此产生的递延所得税资产。

(1)可抵扣暂时性差异是在以下交易中产生的:该交易不是企业合并,并且交易发生时既不影响会计利润也不影响应纳税所得额或可抵扣亏损。

(2)对于与子公司、合营企业及联营企业投资相关的可抵扣暂时性差异,同时满足下列条件的,确认相应的递延所得税资产:暂时性差异在可预见的未来很可能转回,且未来很可能获得用来抵扣可抵扣暂时性差异的应纳税所得额。

公司于资产负债表日,对于递延所得税资产和递延所得税负债,依据税法规定,按照预期收回该资产或清偿该负债期间的适用税率计量,并反映资产负债表日预期收回资产或清偿负债方式的所得税影响。

于资产负债表日,公司对递延所得税资产的账面价值进行复核,如果未来期间很可能无法获得足够的应纳税所得额用以抵扣递延所得税资产的利益,减记递延所得税资产的账面价值。于资产负债表日,公司重新评估未确认的递延所得税资产,在很可能获得足够的应纳税所得额可供所有或部分递延所得税资产转回的限度内,确认递延所得税资产。

如果拥有以净额结算当期所得税资产及当期所得税负债的法定权利,且递延所得税与同一应纳税主体和同一税收征管部门相关,则将递延所得税资产和递延所得税负债以抵销后的净额列示。

**6.2.10 信托报酬确认原则和方法**

手续费及佣金收入在提供相关服务时计入当期损益。

**6.2.11 投资性房地产核算方法**

投资性房地产是指为赚取租金或资本增值,或两者兼有而持有的房地产,包括已出租的建筑物。

投资性房地产按照成本进行初始计量。与投资性房地产有关的后续支出,如果与该资产有关的经济利益很可能流入且其成本能够可靠地计量,则计入投资性房地产成本。否则,于发生时计入当期损益。

公司采用成本模式对投资性房地产进行后续计量。公司将投资性房地产的成本扣除预计净残值和累计减值准备后在使用寿命内按年限平均法计提折旧。投资性房地产的使用寿命、预计净残值率及年折旧率如下。

| | 使用寿命(年) | 预计净残值率(%) | 年折旧率(%) |
|---|---|---|---|
| 房屋及建筑物 | 50 | 5 | 1.9 |

**6.2.12 长期应收款的核算方法**

无。

**6.2.13 其他资产的核算方法**

6.2.13.1 其他资产分类

无。

6.2.13.2 抵债资产的计量

无。

6.2.13.3 抵债资产的减值

无。

**6.2.14 利润分配**

资产负债表日后,经审议批准的利润分配方案中拟分配的股利或利润,不确认为资产负债表日的负债,在附注中单独披露。

## 6.3 或有事项说明

如果与或有事项相关的义务是公司承担的现时义务,且该义务的履行很可能会导致经济利益流出本公司,以及有关金额能够可靠地计量,则本公司会确认预计负债。对于货币时间价值影响重大的,预计负债以预计未来现金流量折现后的金额确定。

对过去的交易或者事项形成的潜在义务,其存在须通过未来不确定事项的发生或不发生予以证实;或过去的交易或者事项形成的现时义务,履行该义务不是很可能导致经济利益流出本公司或该义务的金额不能可靠计量,则本公司会将该潜在义务或现时义务披露为或有负债。

## 6.4 会计报表中重要项目的明细资料

### 6.4.1 自营资产经营情况

6.4.1.1 按资产风险五级分类结果披露资产的期初数、期末数

| 信用风险资产五级分类 | 正常类（万元） | 关注类（万元） | 次级类（万元） | 可疑类（万元） | 损失类（万元） | 信用风险资产合计（万元） | 不良资产合计（万元） | 不良资产率（%） |
|---|---|---|---|---|---|---|---|---|
| 期初数 | 545 145.62 | — | 1 000.00 | 5 204.05 | 70.85 | 551 420.52 | 6 274.90 | 1.14 |
| 期末数 | 1 075 243.86 | — | — | 1 000.00 | 3 364.05 | 1 079 607.91 | 4 364.05 | 0.40 |

注：不良资产合计＝次级类＋可疑类＋损失类。

6.4.1.2 披露资产损失准备的期初数、本期计提、本期转回、本期核销、期末数

单位：万元

| | 2018 年 1 月 1 日 | 本期计提 | 本期转回 | 2018 年 12 月 31 日 |
|---|---|---|---|---|
| 发放贷款和垫款 | 5 874.90 | — | 1 910.85 | 3 964.05 |
| 应收账款 | 6 314.91 | 213.09 | — | 6 527.99 |
| 固定资产 | 73.53 | — | — | 73.53 |
| 其他应收款 | 1 778.99 | 1 137.61 | — | 2 916.60 |
| 合 计 | 14 042.33 | 1 350.70 | 1 910.85 | 13 482.18 |

6.4.1.3 披露自营股票投资、基金投资、债券投资、长期股权投资等投资的期初数、期末数

单位：万元

| | 自营股票 | 基金 | 债券 | 长期股权投资 | 其他投资 | 合计 |
|---|---|---|---|---|---|---|
| 期初数 | 6 889.09 | 26 203.84 | — | — | 301 889.09 | 334 982.02 |
| 期末数 | 6 257.73 | 39 388.40 | — | — | 237 391.77 | 283 037.90 |

6.4.1.4 按投资入股金额排序，披露前三名的自营长期股权投资的企业名称、占被投资企业权益的比例、主要经营活动及投资收益情况等

无。

6.4.1.5 披露前三名的自营贷款的企业名称、占贷款总额的比例和还款情况等

| 企业名称 | 占贷款总额的比例（%） | 还款情况 |
|---|---|---|
| 白银有色金属公司 | 54.00 | 逾期 |
| 甘肃宏良皮业股份公司 | 23.09 | 逾期 |
| 甘肃天赐一秀有限公司 | 22.91 | 逾期 |

6.4.1.6 表外业务的期初数、期末数；按照代理业务、担保业务和其他类型表外业务分别披露

无。

6.4.1.7 公司当年的收入结构

| 收入结构 | 金额（万元） | 占比（%） |
|---|---|---|
| 手续费及佣金收入 | 183 176.76 | 86.03 |
| 其中：信托手续费收入 | 178 745.62 | — |
| 投资银行业务收入 | 4 431.14 | — |
| 利息收入 | 1 509.26 | 0.71 |
| 金融企业往来收入 | 3 457.24 | 1.62 |
| 其他业务收入 | 786.00 | 0.37 |
| 其中：计入信托业务收入部分 | — | — |

续表

| 收入结构 | 金额（万元） | 占比（%） |
|---|---|---|
| 汇兑收益 | — | — |
| 投资收益 | 26 541.57 | 12.47 |
| 其中：股权投资收益 | 3 305.87 | — |
| 证券投资收益 | 689.49 | — |
| 其他投资收益 | 22 546.21 | — |
| 公允价值变动收益 | −2 544.59 | −1.20 |
| 资产处置收益 | −2.06 | — |
| 营业外收入 | 0.05 | — |
| 收入合计 | 212 924.23 | 100.00 |

6.4.1.8 公司净资本、风险资本以及风险控制指标

根据公司审计报告、《信托公司净资本管理办法》（中国银监会令 2010 年第 5 号）和《中国银监会关于印发信托公司净资本计算标准有关事项的通知》（银监发［2011］11 号）的规定计算：截至 2018 年 12 月 31 日，公司净资产为897 175.60万元；固有业务风险资本为45 605.27万元；信托业务风险资本为439 200.04万元；其他业务风险资本为零；各项业务风险资本之和为484 805.31万元。

公司净资本为 829 307.22 万元，符合大于等于 2 亿元的监管标准。

净资本/各项业务风险资本之和为 171.06 %，符合大于等于 100% 的监管标准。

净资本/净资产为 92.44%，符合大于等于 40% 的监管标准。

### 6.4.2 信托资产管理情况

6.4.2.1 披露履行受托人义务的情况

公司作为受托人，严格按照《中华人民共和国信托法》《信托公司管理办法》《信托公司资金信托管理暂行办法》等法律法规的规定及信托合同等文件的约定，恪尽职守，诚信、谨慎、高效地管理信托财产，严格履行受托人的义务，为委托人的最大利益处理信托事务。

6.4.2.2 披露信托资产的期初数、期末数

单位：万元

| 信托资产 | 期初数 | 期末数 |
|---|---|---|
| 集合 | 18 046 800.17 | 27 824 436.01 |
| 单一 | 25 270 520.22 | 27 554 896.46 |
| 财产权 | 4 022 001.25 | 2 014 617.32 |
| 合 计 | 47 339 321.64 | 57 393 949.79 |

6.4.2.2.1 主动管理型信托业务的信托资产期初数、期末数

单位:万元

| 主动管理型信托资产 | 期初数 | 期末数 |
|---|---|---|
| 证券投资类 | 5 830 434.40 | 9 248 570.82 |
| 股权投资类 | 470 802.61 | 2 179 252.61 |
| 融资类 | 3 731 736.24 | 7 097 003.11 |
| 事务管理类 | 489 085.00 | 2 081 218.00 |
| 其 他 | 18 913.44 | 761 445.45 |
| 合 计 | 10 540 971.69 | 21 367 489.99 |

6.4.2.2.2 被动管理型信托业务的信托资产期初数、期末数

单位:万元

| 被动管理型信托资产 | 期初数 | 期末数 |
|---|---|---|
| 证券投资类 | 2 538 402.72 | 340 900.00 |
| 股权投资类 | 3 672 787.71 | 3 615 974.42 |
| 融资类 | 6 133 636.63 | 5 190 092.08 |
| 事务管理类 | 24 453 522.89 | 26 879 493.30 |
| 合 计 | 36 798 349.95 | 36 026 459.80 |

6.4.2.3 本年度已清算结束的信托项目个数、实收信托合计金额、加权平均实际年化收益率

6.4.2.3.1 本年度已清算结束的集合类、单一类资金信托项目和财产管理类信托项目个数、实收信托合计金额、加权平均实际年化收益率

| 已清算结束信托项目 | 项目个数(个) | 实收信托合计金额(万元) | 加权平均实际年化收益率(%) |
|---|---|---|---|
| 集合类 | 290 | 14 869 539.94 | 5.56 |
| 单一类 | 94 | 7 835 482.47 | 6.03 |
| 财产权类 | 27 | 3 213 141.89 | 5.78 |
| 合 计 | 411 | 25 918 164.30 | 5.73 |

6.4.2.3.2 本年度已清算结束的主动管理型信托项目个数、实收信托合计金额、加权平均实际年化信托报酬率、加权平均实际年化收益率

| 已清算结束信托项目 | 项目个数(个) | 实收信托合计金额(万元) | 加权平均实际年化信托报酬率(%) | 加权平均实际年化收益率(%) |
|---|---|---|---|---|
| 证券投资类 | 111 | 8 783 337.62 | 0.24 | 4.14 |
| 股权投资类 | — | 60 000.00 | 1.48 | 8.50 |
| 融资类 | 28 | 1 428 683.14 | 1.22 | 6.77 |
| 事务管理类 | 1 | 12 248.57 | 0.20 | 9.90 |
| 合 计 | 140 | 10 284 269.33 | 0.38 | 4.54 |

6.4.2.3.3 本年度已清算结束的被动管理型信托项目个数、实收信托合计金额、加权平均实际年化信托报酬率、加权平均实际年化收益率

| 已清算结束信托项目 | 项目个数(个) | 实收信托合计金额(万元) | 加权平均实际年化信托报酬率(%) | 加权平均实际年化收益率(%) |
|---|---|---|---|---|
| 证券投资类 | 52 | 1 907 720.18 | 0.16 | 5.48 |
| 股权投资类 | 2 | 38 340.00 | 0.18 | 6.65 |
| 融资类 | 30 | 965 789.47 | 0.20 | 7.75 |
| 事务管理类 | 187 | 12 722 045.32 | 0.14 | 6.58 |
| 合 计 | 271 | 15 633 894.97 | 0.15 | 6.51 |

6.4.2.4 本年度新增的集合类、单一类和财产管理类信托项目数量、实收信托合计金额

| 新增信托项目 | 项目个数(个) | 实收信托合计金额(万元) |
|---|---|---|
| 集合类 | 124 | 24 647 175.78 |
| 单一类 | 238 | 10 119 858.71 |
| 财产权类 | 14 | 1 205 757.96 |
| 新增合计 | 376 | 35 972 792.45 |
| 其中:主动管理型 | 164 | 21 110 787.63 |
| 被动管理型 | 212 | 14 862 004.82 |

6.4.2.5 披露信托财产的损失情况(笔数、合计金额、原因等)

无。

6.4.2.6 披露因本公司自身责任而导致的信托资产损失情况

无。

## 6.5 关联方关系及其交易的披露

### 6.5.1 关联交易方的数量、关联交易的总金额及关联交易的定价政策等

| 关联交易方数量 | 关联交易方总金额(万元) | 关联交易的定价政策 |
|---|---|---|
| 5 | 464 987.90 | 按市场价格交易;若无市场价格,则按公允原则,以不优于对非关联方同类交易的条件交易。 |

### 6.5.2 关联交易方与本公司的关系性质、关联交易方的名称、法定代表、注册地址、注册资本及主营业务等

| 关联交易方与本公司的关系性质 | 关联交易方的名称 | 法定代表 | 注册地址 | 注册资本(万元) | 主营业务 |
|---|---|---|---|---|---|
| 同一母公司控制下的子公司 | 光大金控资产管理有限公司 | 杜建军 | 北京市西城区太平桥大街25号光大中心B座13层 | 150 000 | 股权投资与管理、财务顾问、投资顾问、并购顾问、资产受托、管理咨询等。 |
| 同一母公司控制下的子公司 | 光大证券股份有限公司 | 周健男 | 上海市静安区新闸路1508号 | 461 078.7639 | 证券经纪;证券投资咨询;与证券交易、证券投资活动有关的财务顾问;证券承销与保荐;证券自营等。 |
| 同一母公司控制下的子公司 | 中国光大银行股份有限公司 | 李晓鹏 | 北京市西城区太平桥大街25号、甲25号中国光大中心 | 5 248 927.00 | 吸收公众存款;发放短期、中期和长期贷款;办理国内外结算;办理票据承兑与贴现等。 |
| 同一母公司控制下的子公司 | 中国光大实业(集团)有限责任公司 | 葛海蛟 | 北京市西城区复兴门外大街6号光大大厦25层 | 440 000 | 投资及投资管理;企业管理咨询、投资咨询;房地产开发;资产管理;出租商业设施;技术开发等。 |

续表

| 关联交易方与本公司的关系性质 | 关联交易方的名称 | 法定代表 | 注册地址 | 注册资本（万元） | 主营业务 |
|---|---|---|---|---|---|
| 重大影响 | 甘肃省国有资产投资集团有限公司 | 冯文戈 | 兰州市静宁路308号 | 1 231 309.988 | 国有资本（股权）管理和融资业务，产业整合和投资业务，基金投资和创投业务，上市股权管理和运营业务，有色金属材料的批发和零售，以及经批准的其他业务。 |

6.5.3 **逐笔披露本公司与关联方的重大交易事项**

6.5.3.1 固有财产与关联方交易情况

6.5.3.1.1 投资关联交易情况

| 名称 | 金额（万元） |
|---|---|
| 光大金控资产管理有限公司 | 4 512.16 |

6.5.3.1.2 其他关联交易情况

| 名称 | 金额（万元） |
|---|---|
| 光大银行兰州分行营业部房租 | 301.71 |
| 光大银行兰州分行营业部存款 | 459 674.55 |
| 光大银行北京丰盛支行存款 | 152 745.21 |
| 光大银行湖南湘府路支行存款 | 73.84 |
| 光大证券上海信闸路证券营业部 | 0.34 |
| 光大实业（集团）有限责任公司保洁费 | 24.50 |
| 光大金控资产管理有限公司投资收益 | 178.49 |
| 光大金控资产管理有限公司手续费及佣金支出 | 47.17 |
| 甘肃省国有资产投资集团有限公司房租 | 178.44 |

6.5.3.2 信托资产与关联方交易情况

| 业务类型 | 公司名称 | 金额（万元） |
|---|---|---|
| 贷款 | 中国光大银行股份有限公司 | 8 447 743.22 |
| | 光大证券股份有限公司 | 8 058.71 |
| 投资类 | 中国光大银行股份有限公司 | 1 910 798.68 |
| | 光大证券股份有限公司 | 548 000.00 |
| | 光大实业（集团）有限责任公司 | 15 000.00 |
| | 光大金控资产管理有限公司 | 372 100.00 |
| 应收账款 | 中国光大银行股份有限公司 | 60 000.00 |
| | 光大证券股份有限公司 | 10 854.74 |
| 合计 | | 11 372 555.35 |

6.5.3.3 信托公司自有资金运用于自己管理的信托项目（固信交易）、信托公司管理的信托项目之间的相互（信信交易）交易金额

6.5.3.3.1 固有财产与信托财产之间的交易金额、交易方式等期初汇总数、本期发生汇总数、期末汇总数

单位：万元

| 期初汇总数 | 本期发生汇总数 | 期末汇总数 |
|---|---|---|
| 218 500.00 | -85 004.26 | 133 495.74 |

6.5.3.3.2 信托资产与信托财产之间的交易金额、交易方式等期初汇总数、本期发生汇总数、期末汇总数

单位：万元

| 期初汇总数 | 本期发生汇总数 | 期末汇总数 |
|---|---|---|
| 1 535 299.00 | 5 200 239.42 | 6 735 538.42 |

6.5.4 **逐笔披露关联方逾期未偿还本公司资金的详细情况以及本公司为关联方担保发生或即将发生垫款的详细情况**

无。

### 6.6 会计制度的披露

为加强公司财务管理，规范财务工作，促进经营业务的发展，提高经济效益，促进本公司法人治理结构的建立和完善，防范财务风险、规范公司会计行为，根据国家有关法律法规和公司章程规定，制定了《关于下发〈光大兴陇信托有限责任公司金融工具准则分类与计量管理办法〉〈光大兴陇信托有限责任公司金融工具公允价值估值管理办法〉〈光大兴陇信托有限责任公司金融工具公允价值估值细则〉和〈光大兴陇信托有限责任公司实施金融工具准则减值管理办法〉的通知》（光信发［2018］154 号）。

## 7. 财务情况说明书

### 7.1 利润实现和分配情况

#### 7.1.1 实现利润

公司 2018 年度实现利润总额为 148 450.25 万元，净利润为 111 665.56 万元。

#### 7.1.2 提取盈余公积

公司根据公司章程规定，按 2018 年税后利润的 10% 提取法定盈余公积 11 166.56 万元（2017 年为5 266.36万元）。

#### 7.1.3 提取一般风险准备

根据财政部 2012 年 3 月 20 日印发的《金融企业准备金计提管理办法》（财金［2012］20 号）的规定，一般风险准备是从净利润中计提的、用于部分弥补尚未识别的可能性损失的准备金。原则上一般风险准备余额不低于风险资产期末余额的 1.5%。公司 2018 年从净利润中提取一般风险准备 2 763.17 万元（2017 年为 2 064.50 元）。

#### 7.1.4 提取信托赔偿准备

根据银监会于 2007 年 1 月 23 日颁布的《信托公司管理办法》（中国银行业监督管理委员会令 2007 年第 2 号）第四十九条及公司章程规定，按 2018 年税后利润的 5% 提取信托赔偿准备 5 583.28 万元（2017 年为 2 633.18 万元）。

#### 7.1.5 分配股利

根据 2018 年 12 月 28 日公司 2018 年第六次临时股东会审议批准，《关于公司 2017 年度利润分配方案的议案》，分配股利金额为 15 779.09 万元（2017 年度为 8 994.43 万元）。

### 7.2 主要财务指标

| 指标名称 | 指标值 |
|---|---|
| 资本利润率（%） | 15.96（剔除增资因素实际 20.32） |
| 加权年化信托报酬率（%） | 0.47 |
| 人均净利润（万元） | 279.86 |

## 7.3 对本公司财务状况、经营成果有重大影响的其他事项

无。

## 7.4 其他事项

无。

# 8. 特别事项揭示

## 8.1 前五名股东报告期内变动情况及原因

2018 年 9 月 28 日,根据中国银监会甘肃监管局《关于白银市财政局拟将所持光大兴陇信托有限责任公司 3 481 万元股权无偿划转至甘肃金融控股集团有限公司名下的批复》(甘银监复[2018]122 号),白银市财政局所持公司3481 万元股权无偿划转至甘肃金融控股集团有限公司名下。2019 年 2 月 14 日,公司接到甘肃省市场监督管理局内资公司变更通知书,公司股权结构变更为中国光大集团股份公司出资 174 327.72 万元,占比为 51.00%;甘肃省国有资产投资集团有限公司出资 150 337.49 万元,占比为 43.98%;天水市财政局出资 13 672.84万元,占比为 4.00%;甘肃金融控股集团有限公司出资 3 481.00 万元,占比为 1.02%。

## 8.2 董事、监事及高级管理人员变动情况及原因

### 8.2.1 董事变动情况

2018 年 6 月 26 日,经光大兴陇信托有限责任公司 2018 年第二次临时股东会审议通过,吴少华同志不再担任公司董事职务。

### 8.2.2 监事变动情况

2018 年 2 月,陆代森同志退休,不再担任公司监事会主席职务。

### 8.2.3 高管人员变动情况

2018 年 10 月 30 日,经光大兴陇信托有限责任公司第一届董事会第三十九次会议审议通过,免去李春菊同志公司副总裁职务。

## 8.3 变更注册资本、变更注册地或公司名称、公司分立合并事项

经光大兴陇信托有限责任公司 2017 年第四次临时股东会审议通过,并经中国银监会甘肃监管局批准,公司住所由甘肃省兰州市城关区静宁路 308 号变更为甘肃省兰州市城关区东岗西路 555 号。2018 年 3 月 25 日,公司于甘肃省工商行政管理局完成工商变更登记。

2018 年 12 月 28 日,根据中国银保监会甘肃监管局《关于光大兴陇信托有限责任公司增加公司注册资本金的批复》(甘银保监复[2018]37 号),公司将注册资本金增加至641 819.05 万元,相关工商变更手续正在办理当中。

## 8.4 公司的重大诉讼事项

### 8.4.1 重大未决诉讼事项

公司自重组以来,本着对投资者负责的态度,积极调用各方资源,协调解决甘肃信托遗留的风险项目,并依法启动相关诉讼程序,具体详情如下。

8.4.1.1 固有业务重大诉讼案件情况

白银有色金属公司(以下简称白银有色)欠公司两笔贷款的借款纠纷案,第一笔经最高人民法院(2002)民二终字第 187 号《民事判决书》判决公司胜诉,由白银有色偿还贷款本金 30 430 000.00元及相应利息;第二笔经甘肃省高级人民法院(2002)甘民二初字第 39 号《民事判决书》判决公司胜诉,由白银有色偿还贷款本金 7 130 000.00 元及相应利息,案件受理费 75 627.00 元由白银有色承担。

依据最高人民法院(2016)最高法执复 69 号执行裁定书裁定,公司全力配合甘肃省高院重新审查原白银有限金属公司诉讼案件的情况,还原案件的真实情景。

公司与甘肃兰亚铝业有限公司(以下简称兰亚铝业)借款合同纠纷一案,甘肃省高级人民法院已作出《甘肃省高级人民法院民事判决书》(2015)甘民二初字第 4 号判决。公司不服甘肃省高院的判决,于 2015 年 9 月 30 日向最高人民法院提起上诉。目前在最高人民法院的主持调解下,最终与债务人达成和解还款协议,最高人民法院已经下达(2016)最高法民终 13 号民事调解书,截至 2017 年末,债务人已经偿还本息 1 867 万元,剩余本息将在未来二年内分期还清,根据《民事调解书》的约定,后续兰亚铝业将分期还款,每季度按《民事调解书》约定的本息金额逐笔偿还公司欠款。根据《民事调解书》的约定于 2017 年 12 月 31 日前收回本金 1 000 万元、正常利息 795.90 万元及 2016 年欠付的利息 626.92 万元,本息共计 2 422.82 万元。债务人未按《民事调解书》的约定及时足额偿还公司欠款,公司已经向甘肃高院申请强制执行,目前执行法院已经查封了债务人的相关资产,冻结了企业的相关账户。

8.4.1.2 信托业务重大诉讼案件情况

公司诉江苏东来房地产公司借款合同纠纷一案,该案公司已经作为原告向甘肃省高级人民法院起诉,2015 年 12 月 7 日收到甘肃省高级人民法院(2015)甘民二初字第 27 号民事判决书,判决江苏东来房地产公司提前偿还借款本息,并需支付自提前到期日至实际偿付日期间所有利息及罚息,各担保人承担连带担保责任,公司对抵押物优先受偿。目前,该案件已经进入执行程序。

公司诉众和投资有限公司实现担保物权纠纷一案、公司诉北京联拓机电集团有限公司借款合同纠纷一案,公司于 2015 年 8 月 25 日在北京市顺义区人民法院提交《实现担保物权申请书》,顺义区法院于 2015 年 9 月 10 日开庭。2015 年 9 月 24 日,公司取得北京市顺义区人民法院民事裁定书,准许公司对被申请人众和投资有限公司的抵押物采取拍卖、变卖等方式依法变价,并优先受偿所得价款。顺义区人民法院已经作出以物抵债裁定,公司已经取得抵押物的所有权。2016 年 5 月,公司又将北京联拓、郭和通、梁东绿、众和投资作为被告在甘肃高院起诉,目前该案件在最高院审理阶段。

公司相信,通过公平、公正、公开的司法环境,能够促使以上遗留问题的圆满解决。

### 8.4.2 以前年度发生,于本报告年度内终结的诉讼事项

公司诉陇西县清吉洋芋批发市场有限责任公司借款合同纠纷一案,2017 年 7 月 20 日,公司作为原告向兰州市中级人民

法院起诉，随后完成资产保全工作。目前，公司已经申请强制执行。

**8.4.3 本报告年度发生，于本报告年度内终结的诉讼事项**

无。

### 8.5 对会计师事务所出具的有解释性说明、保留意见、拒绝表示意见或否定意见的审计报告的，公司董事会应就所涉及事项作出说明

安永华明会计师事务所（特殊普通合伙）为公司出具了标准无保留意见的审计报告。

### 8.6 公司及其董事、监事和高级管理人员受到处罚的情况

2018年6月12日，中国银监会甘肃监管局下发了《行政处罚决定书》（甘银监罚［2018］6号），因将信托资金用于发放土地储备贷款而对公司作出了罚款30万元的行政处罚决定。

公司认真吸取此次处罚的教训，在后续工作中认真总结，坚守合规底线，严格按照强监管形势下的各项要求从严执行各项合规标准。

### 8.7 银保监会及其派出机构对公司检查后提出整改意见的，应简单说明整改情况

2018年甘肃保银监局对公司采取了非现场监管与现场检查相结合的审慎监管措施，全年累计进行了两次关于“市场乱象专项整治”相关的现场督导与检查。

甘肃银保监局从以下四个方面提出了整改意见及要求。

第一，进一步强化公司治理结构，建立健全各项内控制度。

第二，切实推进合规文化建设。

第三，信托公司要发挥独特功能优势，提高服务实体经济质效。

第四，对此次检查发现的制度薄弱环节和具体问题项目，公司按照相关监管要求进行认真整改，并适时组织“回头看”，扩大和巩固整改成效，防止问题反弹。

公司严格根据以上整改意见和要求积极落实整改问责，建立整改问题跟踪台账，及时向监管部门上报整改报告，同时，加强内部追责处罚力度，确保合规压力的有效传导。

### 8.8 本年度重大事项临时报告的简要内容、披露时间、所披露的媒体及其版面

2018年3月31日，在《证券时报》B3版对公司变更住所（同城迁址）事项进行了公告。

### 8.9 银保监会及其省级派出机构认定的其他有必要让客户及相关利益人了解的重要信息

无。

## 9. 公司监事会意见

报告期内，公司监事会严格遵守《公司法》《光大兴陇信托有限责任公司章程》的有关规定，依法独立履行职责，全体监事列席了各次股东会会议及董事会会议，监督检查了公司依法运作、重大决策、重大经营活动情况及财务状况，认为公司能够合规运作。2018年度财务报告经安永华明会计师事务所（特殊普通合伙）审计，出具了标准无保留意见的审计报告，该报告真实、客观、准确地反映了公司财务状况和经营成果。

# 广东粤财信托有限公司

## 1. 重要提示

1.1　本公司董事会及董事保证本报告所载资料不存在任何虚假记载、误导性陈述或者重大遗漏，并对其内容的真实性、准确性和完整性承担个别及连带责任。

1.2　公司独立董事对本报告所披露内容进行了认真审查，保证本报告内容的真实性、准确性和完整性。

1.3　致同会计师事务所（特殊普通合伙）广州分所对本公司年度财务报告进行了审计，出具了标准无保留意见的审计报告。

1.4　公司负责人、主管会计工作负责人及会计部门负责人保证年度报告中财务报告的真实、完整。

## 2. 公司概况

### 2.1　公司简介

广东粤财信托有限公司成立于1984年，是经中国银监会批准设立的非银行金融机构，是国内首批设立的信托公司，目前为广东省唯一省属国有信托机构。公司注册资本38亿元。其中，广东粤财投资控股有限公司出资为372 931.59万元，出资比例为98.14%；广东省科技创业投资有限公司出资为7 068.41万元，出资比例为1.86%。

公司一直坚持“诚信为本、稳健经营、专业进取、开拓创新”的经营方针，以完善的风险控制系统为基础，以金融产品创新为手段，构建专业化，综合性的金融服务平台，为客户提供个性化、专业化、全方位的金融需求解决方案。未来，公司将以“致力更优服务，成就客户与员工价值，引领行业发展”为使命，向着“成为资本实力雄厚、主动管理能力及创新研发能力卓越的全球资产管理与财富管理金融服务商”的目标不断迈进。

2.1.1　公司法定中文名称：广东粤财信托有限公司
英文名称：Guangdong Finance Trust Co.，Ltd.

2.1.2　法定代表人：陈彦卿

2.1.3　注册地址：广东省广州市越秀区东风中路481号粤财大厦1楼自编C区、4楼、14楼、40楼

2.1.4　邮政编码：510045

2.1.5　公司国际互联网网址：http://www.utrusts.com

2.1.6　公司电子信箱：wealth@utrust.cn

2.1.7　公司信息披露事务联系人：陈韶辉
联系电话：020-83063141
传真：020-83063082
电子信箱：wealth@utrust.cn

2.1.8　公司本次信息披露报纸名称：《证券时报》

2.1.9　公司年度报告备置地点：广州市东风中路481号粤财大厦14楼

2.1.10　公司聘请的会计师事务所：致同会计师事务所（特殊普通合伙）广州分所
办公地点：中国广州市天河区珠江新城珠江东路32号利通广场10楼

### 2.2　组织结构

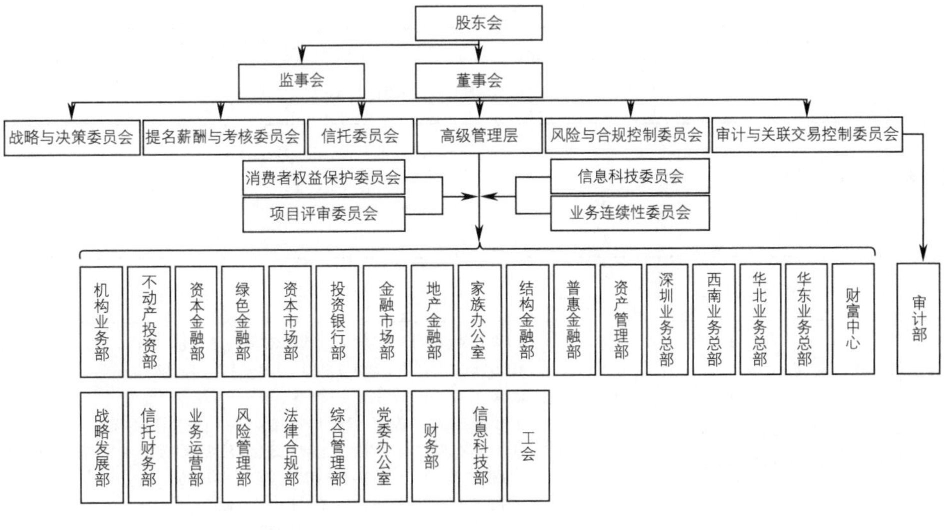

## 3. 公司治理

### 3.1 股东

股东构成

| 股东名称 | 广东粤财投资控股有限公司 | 广东省科技创业投资有限公司 |
|---|---|---|
| 出资额(万元) | 372 931.59 | 7 068.41 |
| 出资比例(%) | 98.14 | 1.86 |
| 法人代表 | 杨润贵 | 汪　涛 |
| 注册资本(亿元) | 238 | 10.402079 |
| 注册地址 | 广州市东风中路481号粤财大厦15楼 | 广东省广州市天河区珠江西路17号4301房自编号1房 |
| 主要经营业务及主要财务情况 | 主要经营业务:资本运营管理、资产受托管理、投资项目的管理;科技风险投资、实业投资;企业重组、并购咨询服务。<br>主要财务情况(未经审计,合并报表):资产总额为740亿元;净资产为385亿元;当年净利润为15亿元。 | 主要经营业务:创业投资业务;为创业企业提供创业管理服务业务;参与设立创业投资企业与创业投资管理顾问机构;股权投资业务;咨询业务;产业园投资;物业出租。<br>主要财务情况(未经审计):资产总额为40.08亿元;净资产为13.57亿元;当年净利润为0.8894亿元。 |

### 3.2 董事、董事会

董事长、董事

| 职　务 | 姓　名 | 性别 | 年龄(岁) | 选任日期 | 所推举的股东名称 | 该股东持股比例(%) | 简要履历 |
|---|---|---|---|---|---|---|---|
| 董事长 | 陈彦卿 | 女 | 54 | 2017年6月14日 | 广东粤财投资控股有限公司 | 98.14 | 2008年10月任公司副总经理;<br>2012年4月任广东粤财投资控股有限公司总经理助理;<br>2017年6月任公司董事长。 |
| 董事 | 杨　鹏 | 男 | 39 | 2018年1月22日 | 广东省科技创业投资有限公司 | 1.86 | 2006年7月任中国人民银行东莞市中心支行任科员、党委秘书;2009年2月任职招商银行总行计划财务部、招商银行无锡分行计划财务部、招商银行总行108项目组(招联消费金融公司)计划财务部;<br>2016年9月任招商银行广州分行任金融机构部副总经理;<br>2017年3月任粤科金融集团任金融业务部副部长。 |
| 董事 | 刘发宏 | 男 | 48 | 2018年12月28日 | 职工董事 | — | 2005年4月任珠海格力集团(派驻下属企业)财务总监;<br>2006年8月任珠海市国资委(派驻国有企业)财务总监;<br>2009年6月任珠海港置业开发有限公司总经理;<br>2012年9月任酒鬼酒股份有限公司副总经理;<br>2016年11月任广东粤财投资控股有限公司审计部总经理;<br>2018年12月任公司职工董事。 |

独立董事

| 职　务 | 姓　名 | 所在单位及职务 | 性别 | 年龄(岁) | 选任日期 | 所推举的股东名称 | 该股东持股比例(%) | 简要履历 |
|---|---|---|---|---|---|---|---|---|
| 独立董事 | 张天民 | 北京市君泽君律师事务所合伙人律师 | 男 | 48 | 2008年1月 | 广东粤财投资控股有限公司 | 98.14 | 2004年起任北京市君泽君律师事务所合伙人律师。 |

### 3.3 监事、监事会

监事会成员

| 职　务 | 姓　名 | 性别 | 年龄(岁) | 选任日期 | 所推举的股东名称 | 该股东持股比例(%) | 简要履历 |
|---|---|---|---|---|---|---|---|
| 监事长 | 蒋健冬 | 女 | 52 | 2018年5月10日 | 广东粤财投资控股有限公司 | 98.14 | 1986年7月任职广东粤财信托有限公司财务部、金融信托部、信贷部、资产管理部、投资银行部;<br>2005年11月任广东粤财投资控股有限公司农业项目部总经理;<br>2008年12月任广东省融资再担保有限公司董事、副总经理;<br>2015年6月任中银粤财股权投资基金管理(广东)有限公司董事、副总经理;<br>2015年7月任广东粤财投资控股有限公司总监,兼任广东粤财创业投资有限公司、广东粤财股权投资有限公司、广东粤财基金管理有限公司监事长;<br>2016年2月任广东粤财信托有限公司监事长;<br>2017年6月任中银粤财股权投资基金管理(广东)有限公司总经理;<br>2018年5月任公司监事长。 |

续表

| 职　务 | 姓　名 | 性别 | 年龄(岁) | 选任日期 | 所推举的股东名称 | 该股东持股比例(%) | 简要履历 |
|---|---|---|---|---|---|---|---|
| 监事 | 柯少葭 | 女 | 39 | 2018年11月30日 | 广东粤财投资控股有限公司 | 98.14 | 2007年9月任广东恒健投资控股有限公司计划财务部副经理、经理;<br>2015年1月任广东省丝丽国际集团股份有限公司审计部部长、董事会秘书、党委会秘书;<br>2018年8月任广东粤财投资控股有限公司审计部高级经理。 |
| 监事 | 赵敏华 | 女 | 47 | 2017年12月11日 | 职工代表监事 | — | 2003年1月任广东粤财投资控股有限公司资产管理部业务经理、经理、高级经理;<br>2011年4月任公司资产管理部高级经理;<br>2018年9月任公司综合管理部高级经理。 |

## 3.4　高级管理人员

高级管理人员

| 职　务 | 姓　名 | 性别 | 年龄(岁) | 任职日期 | 金融从业年限(年) | 学历 | 专业 | 简要履历 |
|---|---|---|---|---|---|---|---|---|
| 董事长 | 陈彦卿 | 女 | 54 | 2017年6月14日 | 28 | 硕士研究生 | 工商管理 | 2008年10月任公司副总经理;<br>2012年4月任广东粤财投资控股有限公司总经理助理;<br>2017年6月任公司董事长。 |
| 副总经理 | 刘东辉 | 男 | 50 | 2015年11月24日 | 13 | 博士 | 企业管理 | 2012年1月任公司信托管理三部总经理;<br>2013年7月任公司总经理助理;<br>2015年11月任公司副总经理。 |
| 副总经理 | 李亚娟 | 女 | 49 | 2013年7月15日 | 24 | 硕士研究生 | 投资经济 | 2010年1月任广东银监局非银处处长;<br>2012年9月任广东银监局纪委副书记;<br>2013年7月任公司副总经理。 |

## 3.5　公司员工

| 项　目 | | 报告期年度 | | 上年度 | |
|---|---|---|---|---|---|
| | | 人数(人) | 比例(%) | 人数(人) | 比例(%) |
| 年龄分布 | 30岁以下 | 60 | 37 | 51 | 39 |
| | 30~40岁 | 70 | 43 | 51 | 39 |
| | 40~50岁 | 24 | 15 | 20 | 15 |
| | 50岁以上 | 9 | 5 | 10 | 7 |
| 学历分布 | 博士 | 6 | 3.7 | 4 | 3 |
| | 硕士 | 94 | 57.7 | 81 | 61 |
| | 本科 | 60 | 36.8 | 45 | 34 |
| | 专科 | 2 | 1.2 | 2 | 2 |
| | 其他 | 1 | 0.6 | — | — |
| 岗位分布 | 董事、监事及其高管人员 | 6 | 3.7 | 8 | 6 |
| | 自营业务人员 | 7 | 4.3 | 8 | 6 |
| | 信托业务人员 | 116 | 71 | 85 | 64 |
| | 其他人员 | 34 | 21 | 31 | 24 |

# 4. 经营管理

## 4.1　经营目标、经营方针、战略规划

### 4.1.1　经营目标

公司的经营目标是成为资本实力雄厚、主动管理能力及创新研发能力卓越的全球资产管理与财富管理金融服务商。

### 4.1.2　经营方针

公司的经营方针是“诚信为本、稳健经营、专业进取、开拓创新”。

### 4.1.3　战略规划

在公司股东的大力支持下,加快推进各项改革,积极推动业务创新,通过管理机制先行、研发营销领先、运营风控优化与家园文化提升等举措,全面践行客户倍增战略、业务创新战略、全球服务战略和“互联网+”战略。以致力更优服务,成就客户与员工价值,引领行业发展为使命,向着成为资本实力雄厚、主动管理能力及创新研发能力卓越的全球资产管理与财富管理金融服务商的目标不断迈进。

## 4.2　所经营业务的主要内容

中国银保监会(原中国银监会)核准公司承办以下人民币和外币金融业务:资金信托;动产信托;不动产信托;有价证券信托;其他财产或财产权信托;作为投资基金或者基金管理公司的发起人从事投资基金业务;经营企业资产的重组、购并及项目融资、公司理财、财务顾问等业务;受托经营国务院有关部门批准的证券承销业务;办理居间、咨询、资信调查等业务;代保管及保管箱业务;以存放同业、拆放同业、贷款、租赁、投资方式运用固有财产;以固有财产为他人提供担保;从事同业拆借;法律法规规定或中国银行业监督管理委员会批准的其他业务。

2018年度,公司自营资产运用与分布和信托资产运用与分布情况如下。

自营资产运用与分布表

| 资产运用 | 金额(万元) | 占比(%) | 资产分布 | 金额(万元) | 占比(%) |
|---|---|---|---|---|---|
| 货币资产 | 65 188.17 | 10.02 | 基础产业 | — | — |
| 贷款及应收款 | 4 864.52 | 0.75 | 房地产业 | — | — |
| 可供出售金融资产 | 252 621.82 | 38.81 | 证券市场 | 4 787.11 | 0.74 |
| 持有至到期投资 | 4 000.00 | 0.61 | 工商企业 | — | — |
| 长期股权投资 | 198 777.16 | 30.54 | 金融机构 | 640 175.80 | 98.36 |
| 其他 | 125 397.68 | 19.27 | 其他 | 5 886.44 | 0.90 |
| 资产总计 | 650 849.35 | 100 | 资产总计 | 650 849.35 | 100 |

信托资产运用与分布表

| 资产运用 | 金额（万元） | 占比（%） | 资产分布 | 金额（万元） | 占比（%） |
|---|---|---|---|---|---|
| 货币资产 | 487 927.08 | 1.80 | 基础产业 | 270 125.80 | 1.00 |
| 贷款 | 8 018 927.39 | 29.62 | 房地产 | 1 814 699.97 | 6.70 |
| 交易性金融资产 | 6 138 261.24 | 22.67 | 证券市场 | 6 955 469.84 | 25.69 |
| 可供出售金融资产 | — | — | 工商企业 | 11 310 302.80 | 41.78 |
| 持有至到期投资 | 9 471 483.66 | 34.99 | 金融机构 | 3 792 845.58 | 14.01 |
| 长期股权投资 | 2 829 284.08 | 10.45 | 其他 | 2 929 148.64 | 10.82 |
| 其他 | 126 709.18 | 0.47 | | | |
| 信托资产总计 | 27 072 592.63 | 100.00 | 信托资产总计 | 27 072 592.63 | 100.00 |

## 4.3 市场分析

### 4.3.1 促进本公司业务发展的有利因素

一是党的十九大报告提出了一系列产业发展方向，多个新兴产业将迎来重大改革发展机遇。二是资管新规等一系列监管文件的出台，弥补了监管短板，提高了监管有效性，有助于防范系统性风险，为行业规范发展创造良好的制度环境。三是随着国民经济蓬勃发展，我国积累了一大批企业家和高净值客户，其关于家族传承、全委资产配置管理、个性化目的实现的迫切需求，助推信托公司发力财富管理市场。四是粤港澳大湾区建设作为国家战略正有序推进，孕育了重大的投融资机会。五是公司作为具有多年稳健经营历史的广东省唯一省属国有信托机构，有着良好的社会声誉和品牌影响力。

### 4.3.2 影响本公司业务发展的不利因素

一是中美贸易摩擦、逆全球化和保护主义抬头等国际经济环境变化导致我国经济发展不确定性增加。二是银行理财子公司逐步设立，信托公司牌照优势进一步减弱，竞争压力加大。三是消费者的投资理念与风险意识有待提高。

## 4.4 内部控制

公司通过完善的组织架构、内部规章实现内部控制，形成了研究、决策、操作、检查、反馈的 PDCA 管理循环，构建了前台调查、中台审查、后台审计评价相互制衡的内部控制机制。

### 4.4.1 内部控制环境和内部控制文化

公司按照合法、高效、精简、制衡原则设置组织机构，设股东会、董事会和监事会，实行董事会领导下的总经理负责制。公司董事会及其下设战略与决策委员会和提名薪酬与考核委员会为公司决策系统，在董事会领导下的经营管理层及相关业务部门为公司执行系统，监事会及董事会下设的信托委员会、风险与合规控制委员会以及审计与关联交易委员会为公司监督及信息反馈系统，三个系统既相互独立又相互联系。公司大力推进合规文化建设，通过开展内控制度培训、内部合规检查、建立风险问责制度等，促进全体员工牢固树立合规经营、按程序办事的意识。

### 4.4.2 内部控制措施

根据《公司法》《信托公司管理办法》《信托公司治理指引》等法律法规，参照《商业银行公司治理指引》，公司进一步完善了《股东会议事规则》《董事会议事规则》《监事会议事规则》等规章制度，严格按章办事，确保董事、监事、经营管理层成员的权力有效约束、职责有效履行。

除董事会下属的战略与决策委员会、提名薪酬与考核委员会、信托委员会、风险与合规控制委员会及审计与关联交易委员会外，专设审计部、风险管理部、法律合规部为内部控制职能部门。战略与决策委员会、提名薪酬与考核委员会为 2018 年新设立的委员会，风险与合规控制委员会及审计与关联交易委员会由之前的风险控制及审计委员会分拆后设立。

战略与决策委员会是董事会下设的咨询议事机构，主要负责制定公司经营管理目标和长期发展战略，监督、检查年度经营计划、投资方案的执行情况。该委员会除承担公司发展战略的制定等职责外，还负责对董事会授权的业务进行审批。提名薪酬与考核委员会是董事会下设的专门工作机构，主要负责对公司董事和高级管理人员的人选、选择标准和程序进行选择并提出建议；制定公司董事及高级管理人员的考核标准并进行考核；负责制定、审查公司董事及高级管理人员的薪酬政策与方案，对董事会负责。审计部、风险管理部和法律合规部主要按照风险与合规控制委员会、审计与关联交易委员和经营管理层的要求开展具体工作。

总体来看，公司内部控制职责明确，建立了前台、中台、后台分离，集中审批的业务管理架构，确保各业务环节岗位职能分离，相互监督，有效制衡。

### 4.4.3 信息交流与反馈

公司通过建立详细的工作报告及审核流程，工作信息得以规范、快速、有序传递；内部控制部门通过办公自动化系统实时传递外部监管意见及内部管理信息，业务部门与风险管理部门保持全流程业务信息共享，有效避免因信息交流不足导致的业务差错、信息递减或效率损耗。公司与监管部门建立了良好的沟通机制，各类业务按规定及时报告或报备，有效落实监管意见，为公司合规经营提供支持。

### 4.4.4 监督评价与纠正

公司定期对内部控制执行情况实施审计，并于本年度进一步加强内部控制监督工作，充实审计队伍，完善相关制度，年度审计稽核及内部合规检查情况显示公司内控执行情况良好，监管部门外部检查及内控检查发现的问题均已得到及时纠正。

## 4.5 风险管理

### 4.5.1 风险管理概况

公司推进全面风险管理体系建设，构建以董事会为核心，以战略与决策委员会、提名薪酬与考核委员会、信托委员会、风险与合规控制委员会、审计与关联交易控制委员会为支点的风险管理体系，由内部规章、组织架构、授权制度、技术手段以及稽核与事后评价等部分组成。公司编制了全面风险管理办法及信用风险、市场风险、流动性风险、声誉风险、战略风险等各单一风险管理办法，健全公司的风险管理政策制度体系。公司优化了风险偏好体系，建立了全面风险压力测试体系与方法，从风险偏好的角度对公司的风险偏好指标、风险偏好传导路径、风险偏好管理策略及风险控制指标体系进行优化，并设计了公司全面风险报告体系，明确报告内容和路径。公司建立了全面风险压力测试体系和方法，制定适合公司的压力测试方法论、压力测试情景设计、压力测试报告模板及相应的管理机制、流程，从底线思维角度评估公司的风险承压能力。在项目运作上建立事前预防、事中控制、事后监督检查的三个阶段风险控制流程,在项目审核上经由业务部门、法律合规部门、风险管理部门、项目评审委员会等多道环节进行综合风险管理,尤其强调过程控制,使公司在出现风险苗头时能快速反应,及时有效化解。

4.5.2　风险状况

4.5.2.1　信用风险状况

信用风险是公司经营面临的主要风险,是指交易对手未能履行合同所带来的经济损失,表现为交易对手不履行承诺而使信托资产或自有资产遭受潜在损失的可能性。报告期内,公司固有业务未发生交易对手信用风险事项。信托业务的信用风险主要来自融资类信托业务,公司针对不同类别的信托产品项下的交易对手风险,采取充分的信息披露,紧盯重点领域的交易对手风险隐患,及时充分地向委托人、受益人进行密切沟通和报告,审慎履行受托人职责。

4.5.2.2　市场风险状况

市场风险是指由于基础资产市场价格的不利变动或者急剧波动而导致衍生工具价格或者价值产生负面波动的风险。其表现为市场利率、汇率、股票、债券行情等市场价格波动而造成的信托资产、自有资产损失的风险。受国内外经济形势及资本市场改革和资本市场本身波动等诸多因素的影响,2018 年股票市场持续波动,债券收益率曲线整体下移,证券投资面临较大的市场风险。一方面,公司保持对该类业务风险的高度关注,严格履行信托法律法规及相关信托法律文件规定的义务和责任,审慎对投资者进行风险偏好、风险承受能力进行分析、识别;另一方面,积极加强与投资者的沟通,做好项目的信息披露、风险排查,控制投资进度,将有关风险情况、净值变化等及时知会投资者,妥善管理市场风险。

4.5.2.3　流动性风险状况

流动性风险是指公司虽然有清偿能力,但无法及时获得充足资金或无法以合理的成本及时获得充足资金以应对资产增长或支付到期债务的风险。其表现为公司短期内资金周转困难,无力偿付到期负债而造成损失或破产的风险。公司对流动性风险高度重视,从制度、流程、识别分析、压力测试等多角度进行管理,确保稳健经营。

4.5.2.4　操作风险状况

操作风险是指由于不完善或有问题的内部操作过程、员工、信息系统及外部事件而导致的直接或间接损失的风险。2018 年公司信托业务规模持续增长,信托项目笔数多、资金流量大、交易流程节点多,公司通过严格执行授权制度,统一业务操作流程等,明确信托开户、保管、资金划付等岗位责任等,最大限度降低操作风险。2018 年未发生操作风险事故。

4.5.2.5　其他风险状况

公司面临的其他风险有合规风险、声誉风险、信息科技风险等。

合规风险是指公司因未能遵循法律法规、监管要求、规则、自律性组织制定的有关准则及适用于自身业务活动的行为准则,而可能遭受法律制裁或监管处罚、重大财务损失或声誉损失的风险。

声誉风险是指由公司经营、管理及其他行为或外部事件导致利益相关方对公司负面评价的风险。

信息科技风险是指信息科技在公司运用过程中,由于自然因素、人为因素、技术漏洞和管理缺陷产生的操作、法律和声誉等风险。

本年度未发生其他风险事件。

4.5.3　风险管理

4.5.3.1　信用风险

公司通过业务部门事前尽职调查、风险管理部门风险审查、项目评审委员会审核决策,项目现金流压力测试、抵(质)押担保、资金监控等予以防范;通过项目实施过程中的跟踪检查以及稽核与评价进行事中、事后控制。在合作机构、交易对手信用风险防范方面,通过选择实力雄厚、信誉卓著、业绩优良的金融机构作为合作伙伴,关注交易对手经营管理及财务状况,适时调整合作规模及产品,控制交易对手风险。在出现风险预警后,通过协商、调解、债权申报以及诉讼等多种方式,积极主张权利,化解风险,有效维护信托财产安全。

4.5.3.2　市场风险

公司坚持"诚信为本、稳健发展"的经营理念,避免介入风险较大且难以有效控制的项目,审慎介入风险可控的项目,综合运用敏感性分析、情景分析等方法充分评估潜在市场风险,并通过业务部门—法律合规部—风险管理部—项目评审委员会的多层次审核,结合严格的分级授权、系统支持、逐日盯市、预警止损等制度控制市场风险。

4.5.3.3　流动性风险

公司在风险管理过程中,注重审慎选择资产项目的同时,控制好主动管理类集合资金信托总体规模、信托项目单一集中度,定期开展流动性压力测试,控制好公司整体流动性风险。针对潜在风险项目及早制定、落实化解预案,公司自营资产保持高流动性配置,防控潜在流动性风险。

4.5.3.4　操作风险

公司通过严格的授权制度和业务操作流程,明确岗位职责,建立内部相互制约、相互督促的工作机制;严格依法建账,将信托财产与固有财产分开管理、分别记账,对信托业务与非信托业务分开核算,对每项信托业务单独核算,对各项经营活动过程及资金运作建立严格的复核和监控程序;通过系统权限设置对证券投资操作权限和内容进行严格划分和分工,在业务和资金流转过程中设立双岗核定、确认制度,防范可能出现的漏洞。法律合规部、风险管理部、审计部分别根据自身职责,独立进行定期或不定期的检查,及时发现问题并督促纠正。

4.5.3.5　其他风险

4.5.3.5.1　合规风险

公司严格依法合规经营,建立健全内部控制制度、组织架构,以规范与控制公司经营行为。公司设立风险与合规控制委员会和项目评审委员会,并由法律合规部负责法律合规事务,对公司的法律合规风险进行识别、评估、监控,提出合规风险提示和修改完善建议;及时梳理、整合、改进公司规章制度和操作流程;组织员工进行合规培训和反洗钱教育;保持与监管部门的密切沟通,及时掌握政策动向,把握公司业务方向以控制政策风险。

4.5.3.5.2　声誉风险

声誉是信托公司赖以生存的重要资产。公司坚持"诚实守信"原则,审慎尽职履行受托人管理职责,关注各种市场变化、突发事件或风波可能给公司声誉带来的影响，明确舆情管理职责，实时关注舆情信息，加强舆情信息研判，及时披露相关信息，主动接受舆论监督；日常加强分析研究，对可能发生的各类声誉风险事件进行情景分析，制定应急预案，强化声誉风险防范意识，切实防范声誉风险。

4.5.3.5.3 信息科技风险

为顺应公司业务流程信息化与系统建设需求，公司继续大力加强信息系统建设，在推动业务发展的同时切实防范相关风险。公司设立信息科技管理委员会、信息科技部，完善相关组织架构，在梳理、提炼业务系统需求的基础上，认真执行监管部门关于信托业务管理系统开发、金融机构信息科技系统风险防控要求，推动有关监管合规要求在系统开发、测试、维护中的落实；加强信息科技学习培训，逐步完善安全机制；制定相关的业务应急预案，做好演练，确保业务连续性；切实做好信息科技审计，确保信息科技管理各项制度落实到位。

4.5.3.6 净资本及风险资本情况

截至2018年12月31日，公司净资产为63.15亿元，净资本为54.97亿元；公司各项业务风险资本之和为40.60亿元，其中固有业务风险资本为7.04亿元，信托业务风险资本为32.91亿元，其他业务风险资本0.65亿元。净资本比各项业务风险资本之和为135.38%，净资本比净资产为87.04%，符合风险控制要求。

## 5. 报告期末及上一年度末的比较式会计报表

### 5.1 自营资产

#### 5.1.1 资产负债表

资产负债表

编制单位：广东粤财信托有限公司　　2018年12月31日　　单位：万元

| 项　目 | 期末余额 | 期初余额 | 项　目 | 期末余额 | 期初余额 |
|---|---|---|---|---|---|
| 资产： | | | 负债： | | |
| 现金及存放中央银行款项 | 2.36 | 7.17 | 向中央银行借款 | — | — |
| 存放同业款项 | 65 185.81 | 28 009.40 | 同业及其他金融机构存放款项 | — | — |
| 贵金属 | — | — | 拆入资金 | — | — |
| 拆出资金 | — | — | 以公允价值计量且其变动计入当期损益的金融负债 | — | — |
| 以公允价值计量且其变动计入当期损益的金融资产 | — | — | 衍生金融负债 | — | — |
| 衍生金融资产 | — | — | 卖出回购金融资产款 | — | — |
| 买入返售金融资产 | — | — | 预收账款 | 691.69 | — |
| 应收账款 | 3 680.91 | 1 811.31 | 应付职工薪酬 | 4 305.21 | 1 772.18 |
| 应收利息 | 480.90 | 1 675.12 | 应付股利 | — | — |
| 其他应收款 | 702.71 | 2 284.36 | 应交税费 | 14 184.54 | 8 454.54 |
| 预付账款 | — | — | 其他应付款 | 4 417.87 | 1 359.92 |
| 发放贷款及垫款 | — | — | 应付债券 | — | — |
| 可供出售金融资产 | 252 621.82 | 283 729.60 | 递延所得税负债 | — | 47.08 |
| 持有至到期投资 | 4 000.00 | 120 398.80 | 其他负债 | — | 50 000.00 |
| 长期股权投资 | 198 777.16 | 178 463.12 | 负债合计 | 23 599.31 | 61 633.71 |
| 固定资产 | 3 699.38 | 3 665.00 | 所有者权益（或股东权益）： | | |
| 在建工程 | — | — | 实收资本 | 380 000.00 | 380 000.00 |
| 无形资产 | 1 074.42 | 982.26 | 资本公积 | — | — |
| 商誉 | — | — | 其他综合收益 | 1 347.57 | 6 330.26 |
| 递延所得税资产 | 378.35 | — | 盈余公积 | 60 279.77 | 53 473.59 |
| 其他资产 | 120 245.52 | 4 778.54 | 一般风险准备 | 38 205.39 | 34 388.05 |
| | | | 未分配利润 | 147 417.32 | 89 979.06 |
| | | | 所有者权益（或股东权益）合计 | 627 250.05 | 564 170.97 |
| 资产总计 | 650 849.35 | 625 804.68 | 负债和所有者权益（或股东权益）总计 | 650 849.35 | 625 804.68 |

企业负责人：陈彦卿　　主管会计机构负责人：陈彦卿　　会计机构负责人：秦敬东

## 5.1.2 利润表

**利润表**

编制单位：广东粤财信托有限公司　　2018年度　　单位：万元

| 项　　目 | 2018年度 | 2017年度 |
|---|---|---|
| 一、营业收入 | 95 011.71 | 107 072.63 |
| 利息净收入 | 939.00 | 6 099.42 |
| 利息收入 | 2 390.67 | 6 341.36 |
| 利息支出 | 1 451.67 | 241.94 |
| 手续费及佣金净收入 | 48 329.41 | 30 745.98 |
| 手续费及佣金收入 | 49 555.82 | 30 745.98 |
| 手续费及佣金支出 | 1 226.42 | — |
| 投资收益（亏损以“-”号填列） | 45 208.67 | 70 223.33 |
| 其中：交易性金融资产投资收益 | — | — |
| 对联营企业和合营企业的投资收益 | 34 107.13 | 66 664.23 |
| 公允价值变动收益（损失以“-”号填列） | — | — |
| 汇兑收益（亏损以“-”号填列） | 17.13 | -21.16 |
| 其他业务收入 | 17.20 | — |
| 其他收益 | 500.30 | 25.06 |
| 资产处置收益（损失以“-”号填列） | — | — |
| 二、营业支出 | 15 791.92 | 6 807.25 |
| 税金及附加 | 390.75 | 232.68 |
| 业务及管理费用 | 15 401.18 | 6 574.57 |
| 资产减值损失 | — | — |
| 其他业务成本 | — | — |
| 三、营业利润（亏损以“-”号填列） | 79 219.79 | 100 265.38 |
| 加：营业外收入 | 182.76 | 10 428.49 |
| 减：营业外支出 | 7.75 | 8.06 |
| 四、利润总额（亏损总额以“-”号填列） | 79 394.80 | 110 685.81 |
| 减：所得税费用 | 11 333.02 | 13 876.13 |
| 五、净利润（净亏损以“-”号填列） | 68 061.77 | 96 809.67 |
| （一）来自持续经营和终止经营的净利润 | — | — |
| 1. 持续经营净利润（净亏损以“-”填列） | 68 061.77 | 96 809.67 |
| 2. 终止经营净利润（净亏损以“-”填列） | — | — |
| （二）归属于所有者的净利润 | 68 061.77 | 96 809.67 |
| 其中：归属于母公司所有者的净利润 | 68 061.77 | 96 809.67 |
| *少数股东损益 | — | — |
| 六、其他综合收益的税后净额 | -4 982.70 | 899.84 |
| 归属于母公司所有者的其他综合收益的税后净额 | -4 982.70 | 899.84 |
| （一）以后不能重分类进损益的其他综合收益 | — | — |
| 其中：1. 重新计量设定受益计划净负债或净资产的变动 | — | — |
| 2. 权益法下在被投资单位不能重分类进损益的其他综合收益中享有的份额 | — | — |
| （二）将重分类进损益的其他综合收益 | -4 982.70 | 899.84 |
| 其中：1. 权益法下在被投资单位以后将重分类进损益的其他综合收益中享有的份额 | -4 793.08 | 746.97 |
| 2. 可供出售金融资产公允价值变动损益 | -189.61 | 152.87 |
| 3. 持有至到期投资重分类为可供出售金融资产损益 | — | — |
| 4. 现金流量套期损益的有效部分 | — | — |
| 5. 外币财务报表折算差额 | — | — |
| *归属于少数股东的其他综合收益的税后净额 | — | — |
| 七、综合收益总额 | 63 079.07 | 97 709.51 |
| 归属于母公司所有者的综合收益总额 | 63 079.07 | 97 709.51 |
| *归属于少数股东的综合收益总额 | — | — |
| 八、每股收益： | — | — |
| 基本每股收益 | — | — |
| 稀释每股收益 | — | — |

企业负责人：陈彦卿　　主管会计机构负责人：陈彦卿　　会计机构负责人：秦敬东

### 5.1.3 所有者权益变动表

**所有者权益变动表**

2018 年度

编制单位：广东粤财信托有限公司　　　　单位：万元

| 项目 | 2018年度 | | | | | | | 2017年度 | | | | | | |
|---|---|---|---|---|---|---|---|---|---|---|---|---|---|---|
| | 实收资本 | 资本公积 | 其他综合收益 | 盈余公积 | 一般风险准备金 | 未分配利润 | 所有者权益合计 | 实收资本 | 资本公积 | 其他综合收益 | 盈余公积 | 一般风险准备金 | 未分配利润 | 所有者权益合计 |
| 一、上年年末余额 | 380 000.00 | — | 6 330.26 | 53 473.59 | 34 388.05 | 89 979.06 | 564 170.97 | 280 000.00 | 2 363.55 | 5 430.43 | 44 219.99 | 28 322.06 | 108 916.35 | 469 252.37 |
| 加：会计政策变更 | — | — | — | — | — | — | — | — | — | — | — | — | — | — |
| 前期差错更正 | — | — | — | — | — | — | — | — | — | — | — | — | — | — |
| 其他 | — | — | — | — | — | — | — | — | — | — | — | — | — | — |
| 二、本年年初余额 | 380 000.00 | — | 6 330.26 | 53 473.59 | 34 388.05 | 89 979.06 | 564 170.97 | 280 000.00 | 2 363.55 | 5 430.43 | 44 219.99 | 28 322.06 | 108 916.35 | 469 252.37 |
| 三、本年增减变动金额（减少以"－"号填列） | — | — | -4 982.70 | 6 806.18 | 3 817.33 | 57 438.26 | 63 079.07 | 100 000.00 | -2 363.55 | 899.84 | 9 253.61 | 6 066.00 | -18 937.29 | 94 918.60 |
| （一）综合收益总额 | — | — | -4 982.70 | — | — | 68 061.77 | 63 079.07 | — | — | 899.84 | — | — | 96 809.67 | 97 709.51 |
| （二）所有者投入和减少资本 | — | — | — | — | — | — | — | — | — | — | — | — | — | — |
| 1. 所有者投入的普通股 | — | — | — | — | — | — | — | — | — | — | — | — | — | — |
| 2. 其他权益工具持有者投入资本 | — | — | — | — | — | — | — | — | — | — | — | — | — | — |
| 3. 股份支付计入所有者权益的金额 | — | — | — | — | — | — | — | — | — | — | — | — | — | — |
| 4. 其他 | — | — | — | — | — | — | — | — | — | — | — | — | — | — |
| （三）专项储备提取和使用 | — | — | — | — | — | — | — | — | — | — | — | — | — | — |
| 1. 提取专项储备 | — | — | — | — | — | — | — | — | — | — | — | — | — | — |
| 2. 使用专项储备 | — | — | — | — | — | — | — | — | — | — | — | — | — | — |
| （四）利润分配 | — | — | — | 6 806.18 | 3 817.33 | -10 623.51 | — | — | — | — | 9 680.97 | 6 066.00 | -15 746.97 | — |
| 1. 提取盈余公积 | — | — | — | 6 806.18 | — | -6 806.18 | — | — | — | — | 9 680.97 | — | -9 680.97 | — |
| 其中：法定公积金 | — | — | — | 6 806.18 | — | -6 806.18 | — | — | — | — | 9 680.97 | — | -9 680.97 | — |
| 任意公积金 | — | — | — | — | — | — | — | — | — | — | — | — | — | — |
| 储备基金 | — | — | — | — | — | — | — | — | — | — | — | — | — | — |
| 企业发展基金 | — | — | — | — | — | — | — | — | — | — | — | — | — | — |
| 利润归还投资 | — | — | — | — | — | — | — | — | — | — | — | — | — | — |
| 2. 提取一般风险准备 | — | — | — | — | 3 817.33 | -3 817.33 | — | — | — | — | — | 6 066.00 | — | 6 066.00 |
| 3. 对所有者（或股东）的分配 | — | — | — | — | — | — | — | — | — | — | — | — | -6 066.00 | -6 066.00 |
| 4. 其他 | — | — | — | — | — | — | — | — | — | — | — | — | — | — |
| （五）所有者权益内部结转 | — | — | — | — | — | — | — | 100 000.00 | -2 363.55 | — | -427.36 | — | -100 000.00 | -2 790.91 |
| 1. 资本公积转增资本（或股本） | — | — | — | — | — | — | — | — | — | — | — | — | — | — |
| 2. 盈余公积转增资本（或股本） | — | — | — | — | — | — | — | — | — | — | — | — | — | — |
| 3. 盈余公积弥补亏损 | — | — | — | — | — | — | — | — | — | — | — | — | — | — |
| 4. 结转重新计量设定受益计划净负债或净资产所产生的变动 | — | — | — | — | — | — | — | — | — | — | — | — | — | — |
| 5. 其他 | — | — | — | — | — | — | — | 100 000.00 | -2 363.55 | — | -427.36 | — | -100 000.00 | -2 790.91 |
| 四、本年年末余额 | 380 000.00 | — | 1 347.57 | 60 279.77 | 38 205.39 | 147 417.32 | 627 250.05 | 380 000.00 | — | 6 330.26 | 53 473.59 | 34 388.05 | 89 979.06 | 564 170.97 |

企业负责人：陈彦卿　　　　主管会计机构负责人：陈彦卿　　　　会计机构负责人：秦敬东

## 5.2 信托资产

### 5.2.1 信托项目资产负债汇总表

**信托项目资产负债汇总表**

2018 年 12 月 31 日　　单位:万元

| 信托资产 | 期初余额 | 期末余额 | 信托负债和信托权益 | 期初余额 | 期末余额 |
|---|---|---|---|---|---|
| 信托资产: | | | 信托负债: | | |
| 货币资金 | 294 077.53 | 487 927.08 | 以公允价值计量且其变动计入当期损益的金融负债 | — | — |
| 拆出资金 | — | — | 衍生金融负债 | — | — |
| 存出保证金 | — | — | 应付受托人报酬 | 1 963.93 | 3 851.34 |
| 以公允价值计量且其变动计入当期损益的金融资产 | 7 434 901.93 | 6 138 261.24 | 应付托管费 | 1 215.85 | 1 078.83 |
| 衍生金融资产 | — | — | 应付受益人收益 | 27 201.33 | 43 378.84 |
| 买入返售金融资产 | 346 762.84 | 65 863.73 | 应交税费 | — | 1 425.29 |
| 应收款项 | 12 601.65 | 59 100.90 | 应付销售服务费 | — | 39.91 |
| 发放贷款 | 5 865 493.12 | 8 018 927.39 | 其他应付款项 | 23 913.74 | 26 079.95 |
| 可供出售金融资产 | — | — | 预计负债 | 0.39 | — |
| 持有至到期投资 | 8 722 376.22 | 9 471 483.66 | 其他负债 | — | — |
| 长期应收款 | — | — | 信托负债合计 | 54 295.25 | 75 854.16 |
| 长期股权投资 | 2 720 260.95 | 2 829 284.08 | | | — |
| 投资性房地产 | 1 707.43 | 1 552.97 | 信托权益: | | — |
| 固定资产 | — | — | 实收信托 | 24 483 408.49 | 26 796 901.37 |
| 无形资产 | — | — | 资本公积 | 197 701.20 | 138 907.79 |
| 长期待摊费用 | 158.52 | 191.58 | 损益平准金 | — | — |
| 其他资产 | — | — | 未分配利润 | 662 935.27 | 60 929.31 |
| 减:各项资产减值准备 | — | — | 信托权益合计 | 25 344 044.95 | 26 996 738.47 |
| 信托资产总计 | 25 398 340.20 | 27 072 592.63 | 信托负债及信托权益总计 | 25 398 340.20 | 27 072 592.63 |

企业负责人:陈彦卿　　主管会计机构负责人:李亚娟　　会计机构负责人:刘　鸣

### 5.2.2 信托项目利润及利润分配汇总表

**信托项目利润及利润分配汇总表**

2018 年度　　单位:万元

| 项　目 | 本年累计数 | 上年同期数 |
|---|---|---|
| 一、营业收入 | 307 903.02 | 738 726.56 |
| 利息收入 | 745 630.99 | 396 798.17 |
| 投资收益(损失以“-”号填列) | 303 270.34 | 414 644.11 |
| 其中:对联营企业和合营企业的投资收益 | — | — |
| 公允价值变动收益(损失以“-”号填列) | -777 011.99 | -82 026.97 |
| 租赁收入 | 610.38 | 558.23 |
| 汇兑损益(损失以“-”号填列) | — | — |
| 其他收入 | 35 403.30 | 8 753.01 |
| 二、支出 | 160 123.96 | 78 790.96 |
| 税金及附加 | 21 371.93 | — |
| 受托人报酬 | 44 717.53 | 32 386.66 |
| 托管费 | 10 322.66 | 10 108.77 |
| 投资管理费 | 11 232.48 | 5 396.59 |
| 销售服务费 | 288.37 | 337.39 |
| 交易费用 | 4 104.01 | 12 622.25 |
| 资产减值损失 | — | — |
| 其他费用 | 68 086.99 | 17 939.30 |
| 三、信托净利润(净亏损以“-”号填列) | 147 779.06 | 659 935.59 |
| 其他综合收益 | — | — |
| 四、综合收益 | 147 779.06 | 659 935.59 |
| 加:期初未分配信托利润 | 662 935.27 | 645 543.30 |
| 五、可供分配的信托利润 | 810 714.32 | 1 305 478.90 |
| 减:本期已分配信托利润 | 749 785.02 | 642 543.63 |
| 六、期末未分配信托利润 | 60 929.31 | 662 935.27 |

续表

企业负责人:陈彦卿　　主管会计机构负责人:李亚娟　　会计机构负责人:刘　鸣

# 6. 会计报表附注

## 6.1 报告年度会计政策、会计估计发生的变化

### 6.1.1 会计政策变更

根据财政部《关于 2018 年度一般企业财务报表格式有关问题的解读》,公司作为个人所得税的扣缴义务人,根据《中华人民共和国个人所得税法》收到的扣缴税款手续费在“其他收益”中填列,对可比期间的比较数据进行调整,调增 2017 年度其他收益 176 325.94 元,调减 2017 年度其他业务收入 176 325.94元。

### 6.1.2 会计估计变更

本公司本期无会计估计变更。

## 6.2 或有事项说明

本年度公司未发生重要的或有事项。

## 6.3 重要资产转让及其出售的说明

本年度公司未发生重要资产转让或出售。

## 6.4 会计报表中重要项目的明细资料

### 6.4.1 自营资产经营情况

6.4.1.1 信用风险资产五级分类

| 信用风险资产五级分类 | 正常类（万元） | 关注类（万元） | 次级类（万元） | 可疑类（万元） | 损失类（万元） | 信用风险资产合计（万元） | 不良资产合计（万元） | 不良资产率（%） |
|---|---|---|---|---|---|---|---|---|
| 2018年12月31日 | 70 050.33 | — | — | — | — | 70 050.33 | — | — |
| 2017年12月31日 | 33 780.19 | — | — | — | — | 33 780.19 | — | — |

注：1. 不良资产合计＝次级类＋可疑类＋损失类。

2. 本公司"信用风险资产"为存放同业款项、贷款、应收账款、其他应收款和应收利息。

6.4.1.2 各项资产减值损失准备

单位：万元

| | 期初数 | 本期计提 | 本期转回 | 本期核销 | 其他减少 | 期末数 |
|---|---|---|---|---|---|---|
| 贷款损失准备： | | | | | | |
| 一般准备 | — | — | — | — | — | — |
| 专项准备 | — | — | — | — | — | — |
| 其他资产减值准备： | | | | | | |
| 可供出售金融资产减值准备 | — | — | — | — | — | — |
| 持有至到期投资减值准备 | — | — | — | — | — | — |
| 长期股权投资减值准备 | — | — | — | — | — | — |
| 坏账准备 | — | — | — | — | — | — |
| 投资性房地产减值准备 | — | — | — | — | — | — |
| 合　计 | — | — | — | — | — | — |

6.4.1.3 投资品种分类

单位：万元

| 投资品种分类 | 自营股票 | 基金 | 债券 | 长期股权投资 | 其他投资 | 合　计 |
|---|---|---|---|---|---|---|
| 2018年期初 | — | 62 023.81 | 4 000.00 | 178 463.12 | 338 104.59 | 582 591.52 |
| 2018年期末 | — | 20 829.36 | 4 000.00 | 198 777.16 | 231 792.47 | 455 398.99 |

6.4.1.4 前五名的自营长期股权投资

| 企业名称 | 占被投资企业权益的比例（%） | 主要经营活动 | 按照权益法核算投资损益（万元） |
|---|---|---|---|
| 易方达基金管理有限公司 | 25.00 | 基金管理和发起设立基金 | 34 107.13 |

6.4.1.5 公司自营贷款

截至2018年12月31日，公司自营贷款余额为零。

6.4.1.6 表外业务分类

单位：万元

| 表外业务 | 期初数 | 期末数 |
|---|---|---|
| 担保业务 | — | — |
| 代理业务（委托贷款） | — | — |
| 其他 | — | — |
| 合　计 | — | — |

6.4.1.7 公司当年的收入结构

| 收入结构 | 金额（万元） | 占比（%） |
|---|---|---|
| 手续费及佣金收入： | 49 555.82 | 50.63 |
| 其中：信托手续费收入 | 45 721.32 | 46.72 |
| 投资银行业务收入 | — | — |
| 利息收入 | 2 390.67 | 2.44 |
| 其他业务收入 | 17.20 | 0.02 |
| 其中：计入信托业务收入部分 | — | — |
| 投资收益 | 45 208.67 | 46.19 |
| 其中：股权投资收益 | 34 734.72 | 35.49 |
| 证券投资收益 | — | — |
| 其他投资收益 | 10 473.95 | 10.70 |
| 公允价值变动收益 | — | — |
| 汇兑收益 | 17.13 | 0.02 |
| 其他收益 | 500.30 | 0.51 |
| 营业外收入 | 182.76 | 0.19 |
| 收入合计 | 97 872.55 | 100.00 |

### 6.4.2 信托财产管理情况

6.4.2.1 信托资产分类

单位：万元

| 信托资产 | 期初数 | 期末数 |
|---|---|---|
| 集合 | 5 471 888.17 | 7 052 951.38 |
| 单一 | 15 993 689.57 | 14 971 804.99 |
| 财产权 | 3 932 762.46 | 5 047 836.26 |
| 合计 | 25 398 340.20 | 27 072 592.63 |

6.4.2.1.1 主动管理型信托业务的信托资产分类

单位：万元

| 主动管理型信托资产 | 期初数 | 期末数 |
|---|---|---|
| 证券投资类 | 6 873 753.09 | 5 992 494.47 |
| 股权投资类 | 2 211 179.51 | 3 434 942.37 |
| 融资类 | 1 128 591.92 | 3 022 271.34 |
| 事务管理类 | 93 971.07 | 25 034.64 |
| 合计 | 10 307 495.59 | 12 474 742.82 |

6.4.2.1.2 被动管理型信托业务的信托资产分类

单位：万元

| 被动管理型信托资产 | 期初数 | 期末数 |
|---|---|---|
| 证券投资类 | 1 741 862.02 | 962 975.36 |
| 股权投资类 | 2 510 709.20 | 1 826 785.98 |
| 融资类 | 6 646 108.70 | 7 653 745.64 |
| 事务管理类 | 4 192 164.69 | 4 154 342.83 |
| 合计 | 15 090 844.61 | 14 597 849.81 |

6.4.2.2 本年度已清算结束的信托项目分类

6.4.2.2.1 本年度已清算结束的信托项目

本报告期内，本年度已清算结束的信托项目个数为285个，实收信托合计金额为10 322 936.70万元，加权平均实际年化收益率为4.2585%。

| 已清算结束信托项目 | 项目个数（个） | 实收信托合计金额（万元） | 加权平均实际年化收益率（%） |
|---|---|---|---|
| 集合类 | 133 | 2 132 889.50 | 0.9622 |
| 单一类 | 143 | 4 058 403.98 | 5.2497 |

续表

| 已清算结束信托项目 | 项目个数(个) | 实收信托合计金额(万元) | 加权平均实际年化收益率(%) |
|---|---|---|---|
| 财产管理类 | 9 | 4 131 643.22 | 3.4900 |

注:1. 收益率是指信托项目清算后,给受益人赚取的实际收益水平。

2. 加权平均实际年化收益率=(信托项目1的实际年化收益率×信托项目1的实收信托+信托项目2的实际年化收益率×信托项目2的实收信托+…+信托项目$n$的实际年化收益率×信托项目$n$的实收信托)/(信托项目1的实收信托+信托项目2的实收信托+…+信托项目$n$的实收信托)×100%(下同)。

6.4.2.2.2 本年度已清算结束的主动管理型信托项目

本年度已清算结束的主动管理型信托项目134个,实收信托合计金额为2 150 043.49万元,加权平均实际年化收益率为2.9644%。

| 已清算结束信托项目 | 项目个数(个) | 实收信托合计金额(万元) | 加权平均实际年化收益率(%) |
|---|---|---|---|
| 证券投资类 | 103 | 1 165 872.03 | -2.2992 |
| 股权投资类 | 4 | 159 200.00 | 6.7760 |
| 融资类 | 24 | 797 333.38 | 6.0222 |
| 事务管理类 | 3 | 27 638.08 | 6.2127 |

6.4.2.2.3 本年度已清算结束的被动管理型信托项目

本年度已清算结束的被动管理型信托项目151个,实收信托合计金额为8 172 893.21万元,加权平均实际年化收益率为4.6218%。

| 已清算结束信托项目 | 项目个数(个) | 实收信托合计金额(万元) | 加权平均实际年化收益率(%) |
|---|---|---|---|
| 证券投资类 | 17 | 424 937.60 | 5.7625 |
| 股权投资类 | 20 | 324 789.24 | 4.4080 |
| 融资类 | 104 | 3 092 967.48 | 5.2218 |
| 事务管理类 | 10 | 4 330 198.89 | 3.5091 |

6.4.2.3 本年度新增的信托项目

| 新增信托项目 | 项目个数(个) | 实收信托合计金额(万元) |
|---|---|---|
| 集合类 | 83 | 4 416 883.31 |
| 单一类 | 112 | 5 728 403.00 |
| 财产管理类 | 26 | 6 069 691.30 |
| 新增合计 | 221 | 16 214 977.61 |
| 其中:主动管理型 | 107 | 5 701 328.64 |
| 被动管理型 | 114 | 10 513 648.97 |

6.4.2.4 信托业务创新成果和特色业务有关情况

报告期内,公司根据政策变化、规则调整和市场需求情况,有重点地逐步开展创新业务工作,致力于为客户提供专业化的一揽子综合金融服务,为今后优化业务结构,拓展新业务盈利点,打造先行优势和核心竞争力做好充分准备。

6.4.2.4.1 资产证券化业务发展态势良好

2018年公司落地各类资产证券化项目(含准资产证券化项目)24个,总规模达657亿元,已初步形成集群规模,其中包括作为证券交易所资产证券化原始资产受托人成功发行46亿元雅居乐CMBS,作为银行间市场受托人成功发行25.8亿元招商局通商租赁ABN资产支持票据,受托在银行间市场发行40亿元汇通2018第二期个人汽车抵押贷款资产支持证券等。公司荣获国债登记中心评选的"2018年ABS优秀发行人"称号及银行业信贷资产登记流转中心评选的"2018年度专业服务奖"。

6.4.2.4.2 聚焦服务实体经济,助力湾区建设

公司以习近平新时代中国特色社会主义思想为指导,紧紧围绕"一带一路"和"军民融合"、广东省沿海经济带综合建设、战略性新兴产业、中小微企业直接融资等四大领域,通过实施综合金融战略,丰富金融产品供给,大力支持实体经济。截至2018年末,公司服务实体经济项目规模达1 498亿元。除聚焦服务实体经济外,公司加大对广东地区实体经济的投入,服务广东地区实体经济项目规模为866亿元。公司把握粤港澳大湾区建设的发展机遇,聚焦投入粤港澳大湾区项目,推进粤东西北协调发展。

6.4.2.4.3 新业务资格获批,积极开展债券市场业务

公司继2017年取得全国银行间债券市场乙类账户资格,2018年公司成立多只信托计划,积极参与债券现货交易和债券回购等业务,为进一步开拓债券市场打下良好基础。此外,2018年11月,公司成功获批非金融企业债务融资工具承销业务资格,对公司业务转型、实现债券一级市场发行承销和二级市场投资管理联动、提高资本市场主动管理能力及提升公司核心竞争力有重要意义。

6.4.2.4.4 家族信托业务打响品牌,财富体系建设快速推进

家族信托方面,公司于2018年6月第七届金交会上成功举办家族信托新闻发布会及家族信托沙龙活动,推出了首期标准化系列产品;同年12月与《羊城晚报》社、金羊网、大成律师事务所、广东省商业地产投资协会合作,举办了"信托赋能民营企业发展与传承财富论坛",加强家族信托业务宣传和推广。2018年以来,公司财富管理体系建设取得突破进展,直销能力和服务客户能力有了明显进步。

6.4.2.5 本公司履行受托人义务情况及因本公司自身责任而导致的信托资产损失情况(合计金额、原因等)

公司已成立信托委员会,并按照信托合同条款的规定,履行诚实、信用、谨慎、有效的管理,为收益人的最大利益处理信托事务,除按规定取得信托报酬外,没有利用信托资产为自己谋取利益。

公司设置独立运作的自营与信托业务、财务部门,对信托资产与固有资产分别管理,并为每个信托项目开设专户,分别记账,分别核算。

公司信托业务部门妥善保存处理信托事务的完整记录,定期将信托财产的管理运用、处分及收支情况报告委托人、收益人,对委托人和收益人的信托资料保密。信托项目结束后,公司以信托财产为限向收益人兑付信托财产及收益,无延期兑付和无法兑付情况发生。

本年度没有发生因公司自身责任而导致的信托资产损失。

6.4.2.6 信托赔偿准备金的提取、使用和管理情况

单位:万元

| 项目 | 2017年末余额 | 2018年计提 | 2018年使用 | 2018年末余额 |
|---|---|---|---|---|
| 信托赔偿准备金 | 26 492.98 | 3 403.09 | — | 29 896.07 |

## 6.5 关联方关系及其交易的披露

**6.5.1 关联交易方的数量、关联交易的总金额及关联交易的定价政策等**

| | 关联交易方数量 | 关联交易金额(万元) | 定价政策 |
|---|---|---|---|
| 合计 | 3 | 82 274.78 | 市场价格、协议定价 |

6.5.2 关联交易方与本公司的关系性质、关联交易方的名称、法定代表人、注册地址、注册资本及主营业务等

| 关系性质 | 关联方名称 | 法定代表人 | 注册地址 | 注册资本（万元） | 主营业务 |
|---|---|---|---|---|---|
| 受同一母公司控制企业 | 广东粤财金融云科技股份有限公司 | 胡　军 | 珠海市横琴新区宝华路6号105室－15178 | 32 287.31 | 金融产品的研究开发、组合设计、咨询服务、中介及其他相关服务，非公开发行的股权投资基金等各类交易相关配套服务，金融及经济咨询服务、市场调研及数据分析服务，电子商务，会务服务，设计、制作、代理发布各类广告，商务咨询，财务咨询（不得从事代理记账）；第二类增值电信业务中的信息服务业务（仅限互联网信息服务）；计算机软硬件的开发、设计、技术咨询及相关技术服务；计算机系统集成；计算机网络维护；计算机软、硬件的批发、信息咨询、技术推广；计算机数据处理，数据库服务，软件租赁、软件销售及技术服务；信息系统基础设施销售及技术服务；大数据和云计算相关应用服务；法律法规不禁止的其他业务。 |
| 最终控制方 | 广东粤财投资控股有限公司 | 杨润贵 | 广州市越秀区东风中路481号粤财大厦15楼 | 2 380 859.25 | 资本运营管理，资产受托管理，投资项目的管理；科技风险投资，实业投资，企业重组、并购咨询服务，互联网信息服务、网络科技咨询服务。 |
| 受同一公司最终控制 | 广州粤财房地产开发有限公司 | 李明东 | 广州市越秀区东风中路481号粤财大厦5楼503室 | 18 551.35 | 房地产开发经营。 |

6.5.3 本公司与关联方的重大交易事项

6.5.3.1 固有与关联方交易情况

单位：万元

| 固有与关联方关联交易 | | | | |
|---|---|---|---|---|
| | 期初数 | 借方发生额 | 贷方发生额 | 期末数 |
| 贷款 | — | — | — | — |
| 投资 | — | — | — | — |
| 租赁 | — | 677.39 | 677.39 | — |
| 担保 | — | — | — | — |
| 应收账款 | — | — | — | — |
| 其他 | — | 81 597.39 | 81 597.39 | — |
| 合计 | — | 82 274.78 | 82 274.78 | — |

6.5.3.2 信托与关联方交易情况

单位：万元

| 信托与关联方关联交易 | | | | |
|---|---|---|---|---|
| | 期初数 | 借方发生额 | 贷方发生额 | 期末数 |
| 贷款 | — | — | — | — |
| 投资 | — | — | — | — |
| 租赁 | — | — | — | — |
| 担保 | — | — | — | — |
| 应收账款 | — | — | — | — |
| 其他 | — | — | — | — |
| 合计 | — | — | — | — |

6.5.3.3 公司自有资金运用于自己管理的信托项目（固信交易）、公司管理的信托项目之间的相互（信信交易）交易情况

6.5.3.3.1 固有与信托财产之间的交易情况

单位：万元

| 固有财产与信托财产相互交易 | | | | |
|---|---|---|---|---|
| | 期初数 | 本期增加额 | 本期减少额 | 期末数 |
| 合计 | 121 325.00 | 213 444.00 | 203 357.33 | 131 411.67 |

6.5.3.3.2 信托项目之间的交易情况

单位：万元

| | 期初数 | 本期增加额 | 本期减少额 | 期末数 |
|---|---|---|---|---|
| 合计 | 20 886.75 | — | 20 886.75 | — |

6.5.4 关联方逾期未偿还本公司资金的详细情况以及本公司为关联方担保发生或即将发生垫款的详细情况

本年度公司无上述情况。

## 6.6 会计制度的披露

本公司以持续经营为基础，根据实际发生的交易和事项，按照财政部2006年颁布的企业会计准则、新颁布或修订的相关会计准则进行会计核算。

根据《中华人民共和国信托法》《信托公司管理办法》等规定："信托财产与属于受托人所有的财产（以下简称固有财产）相区别，不得归入受托人的固有财产或者成为固有财产的一部分。"公司将固有财产与信托财产分开管理，分别核算。公司管理的信托项目是指受托人根据信托文件的约定，单独或者集合管理、运用、处分信托财产的基本单位，以每个信托项目作为独立的会计核算主体，独立核算信托财产的管理、运用和处分情况。各信托项目单独记账，单独核算，并编制财务报表。其资产、负债及损益不列入本财务报表。

# 7. 财务情况说明书

## 7.1 利润实现和分配情况

本年度公司经审计后实现税后净利润为68 061.77万元，年初未分配利润为89 979.06万元，向所有者分配为零，2018年末可供分配的利润为158 040.83万元。经公司董事会批准，按《信托法》规定根据净利润的5%提取信托赔偿准备金3 403.09万元；根据财政部关于印发《金融企业准备金计提管理办法》（财金[2012]20号）的通知按承担风险和损失的资产期末余额的1.5%为其他风险准备金最低限额，计提其他风险准备金414.24万元；根据法律法规要求提取法定盈余公积6 806.18万元；年末未分配利润为147 417.32万元。

## 7.2 主要财务指标

| 指标名称 | 指标值 |
|---|---|
| 资本利润率（%） | 11.43 |
| 人均净利润（万元） | 458.33 |

注：1. 资本利润率＝净利润/所有者权益平均余额×100%。

2. 人均净利润＝净利润/年平均人数。

### 7.3 对本公司财务状况、经营成果有重大影响的其他事项

本年度公司无其他须披露的重大影响事项。

## 8. 特别事项揭示

### 8.1 前两名股东报告期内变动情况及原因

报告期内公司股东无变动情况。

### 8.2 董事、监事及高级管理人员变动情况及原因

报告期内,公司原董事代表林波先生、王海先生,原独立董事王聪先生因个人原因辞去董事/独立董事职务,不再担任公司董事/独立董事。公司2018年第三次股东会推荐刘发宏先生担任公司职工董事。刘发宏先生的董事任职资格于2018年12月28日获监管部门核准。

公司原监事长陈海青先生因个人原因辞去监事长职务,不再担任公司监事长。公司2018年第二次股东会推荐蒋健冬女士担任公司监事,第六届监事会2018年第一次会议选举蒋健冬女士为公司监事长。

公司原总经理王海先生因个人原因辞去总经理职务,不再担任公司总经理。因工作需要,公司原副总经理陈海珍女士不再担任公司副总经理,原总经理助理徐茹斌女士不再担任公司总经理助理。

### 8.3 公司的重大诉讼事项

报告期内公司无重大诉讼事项。

### 8.4 公司及其董事、监事和高级管理人员受到处罚的情况

报告期内公司及其高管人员无处罚情况。

### 8.5 银监会及派出机构检查后公司的整改情况

本年度银监会下发了《关于进一步深化整治银行业市场乱象的通知》《关于加强信托公司风险防控工作和过渡期整改的通知》等专项法规文件,公司按要求进行了全面自查,并针对制度、业务和管理中存在的问题分别认真进行了整改;2018年广东银监局对公司进行了全面的现场检查,针对现场检查提出的公司治理、内部控制和业务方面的问题,公司按照检查要求积极予以整改。

### 8.6 本年度重大事项临时报告情况

2018年8月29日,公司董事会批准原总经理王海先生辞职申请;2018年11月5日,公司变更了金融许可证;2018年12月29日,公司变更了公司章程。以上重大事项临时报告已通过公司官网及监管部门指定信息披露平台向社会公示。

### 8.7 银保监会及其省级派出机构认定的其他有必要让客户及相关利益人了解的重要信息

本报告期内无银保监会及其省级派出机构认定的有必要让客户及相关利益人了解的重要信息。

### 8.8 公司履行社会责任情况

报告期内,公司严格遵守国家法律法规,认真贯彻国家经济金融政策以及监管要求;始终坚持诚信经营,自觉履行纳税义务;不断推动信托产品创新,全力支持实体经济发展;有效履行受托人职责与义务,充分维护受益人利益最大化;2018年,公司信托业务为投资者实现的营业收入30.79亿元。

公司认真开展消费者权益保护工作,按照《银行业消费者权益保护工作指引》《中国人民银行金融消费者权益保护实施办法》等文件要求,大力推进消费权益保护工作。公司消费者权益保护委员会切实发挥职能,将消费者权益保护文化嵌入公司发展战略,不断完善消费者权益保护制度体系,加强金融知识宣传教育,配合监管部门、行业协会开展了“3·15消费者权益日”“金融知识普及,守住‘钱袋子’”“金融知识万里行”“金融知识普及月金融知识进万家暨提升金融素养争做金融好网民”等宣传活动,落实消费者权益保护考核及培训,并按要求认真开展产品销售的录音录像工作,消费者权益保护工作取得了较好的成果。

2018年,公司积极探索慈善信托业务,与广东省扶贫办公室、广东省民政厅、广州市民政局、律师事务所探讨慈善信托业务新模式,完成慈善信托两种新业务模式设计,在广州民政局的指导下,基本解决慈善信托公募问题,为慈善信托后续快速发展奠定重要基础。2018年,新成立了“粤财信托·2018润泽慈善信托”计划、“粤财信托·2018扶贫济困慈善信托”“粤财信托·2018爱蕾慈善信托”等多个慈善信托项目,资金分别用于促进胃肠道健康与疾病相关微生物组研究技术平台建设项目等医疗研究公益项目、推动定点扶贫以及开展困境儿童救助等慈善活动。

## 9. 公司监事会意见

报告期内,公司依据国家有关法律法规和公司章程的规定,建立了较完善的内部控制制度,决策程序符合相关规定;公司已建立了较完善的“三会一层”公司治理架构,董事会及其下属委员会的设置较合理,董事会及下属各委员会严格按照相关法律法规和制度要求规范运作。公司董事及其他高级管理人员在履行职责时,勤勉尽责,不存在违反法律、法规及公司章程或损害公司及股东利益的行为。报告期内,公司财务制度健全,内控制度完善,财务运作规范,没有发现虚假记载或重大遗漏,有效保障了公司生产经营的正常运行。公司财务报告真实、准确、完整地反映了公司的财务状况和经营成果。

# 国联信托股份有限公司

## 1. 重要提示

1.1　本公司董事会及董事保证本报告所载资料不存在任何虚假记载、误导性陈述或者重大遗漏，并对其内容的真实性、准确性和完整性承担个别及连带责任。

1.2　公司独立董事吴斌对公司 2018 年年度报告基于独立判断立场，发表意见如下：公司 2018 年年度报告属实，其内容真实、准确、完整。

1.3　公司董事长、主管会计工作负责人周卫平、总经理朱文革、会计机构负责人（会计主管人员）陆洋声明：保证年度报告中财务报告的真实、完整。

## 2. 公司概况

### 2.1　公司简介

国联信托股份有限公司（以下简称国联信托）前身为无锡市信托投资公司，初创于 1987 年 1 月。2003 年 1 月，经中国人民银行批准，公司获准重新登记，更名为国联信托投资有限责任公司。2007 年 6 月，经中国银行业监督管理委员会批准，公司获准换领新金融许可证，并更名为国联信托有限责任公司。2007 年 9 月，经增资扩股，公司注册资本由 6.15 亿元增至 12.3 亿元。2008 年 7 月，经中国银行业监督管理委员会批准，公司整体变更为股份公司，并更名为国联信托股份有限公司。2017 年 12 月 29 日，公司以资本公积及未分配利润转增注册资本获批，公司注册资本由 12.3 亿元增至 30 亿元。

公司控股股东为无锡市国联发展（集团）有限公司（以下简称国联集团）。国联集团是无锡市人民政府出资设立并授予国有资产投资主体资格的国有独资企业集团。

| | | |
|---|---|---|
| 1 | 法定名称 | 国联信托股份有限公司 |
| 2 | 英文名称（及缩写） | Guolian　Trust Co. ,Ltd.（GLTRUST） |
| 3 | 法定代表人 | 周卫平 |
| 4 | 注册地址 | 无锡市滨湖区太湖新城金融一街 8 号国联金融大厦 |
| 5 | 邮政编码 | 214131 |

续表

| | | |
|---|---|---|
| 6 | 公司国际互联网网址 | http://www.gltic.com.cn |
| 7 | 公司电子信箱 | gltic@gltic.com.cn |
| 8 | 公司负责信息披露事务高级管理人员 | 朱文革 |
| 9 | 公司负责信息披露事务人 | 陆洋 |
| 10 | 联系电话 | 0510-82833729 |
| 11 | 传真电话 | 0510-82833803 |
| 12 | 电子信箱 | zhangwen@gltic.com.cn |
| 13 | 公司信息披露的报纸名称 | 《金融时报》 |
| 14 | 公司年度报告备置地点 | 无锡市滨湖区太湖新城金融一街 8 号国联金融大厦 11 楼 |
| 15 | 公司聘请的会计师事务所名称及住所 | 江苏公证天业会计师事务所（特殊普通合伙）<br>江苏省无锡市金融三街嘉业财富中心 5 号楼 10 层 |
| 16 | 公司聘请的律师事务所名称及住所 | 江苏漫修律师事务所<br>江苏省无锡市智慧路 18 号智慧大厦 607 室 |

### 2.2　组织结构

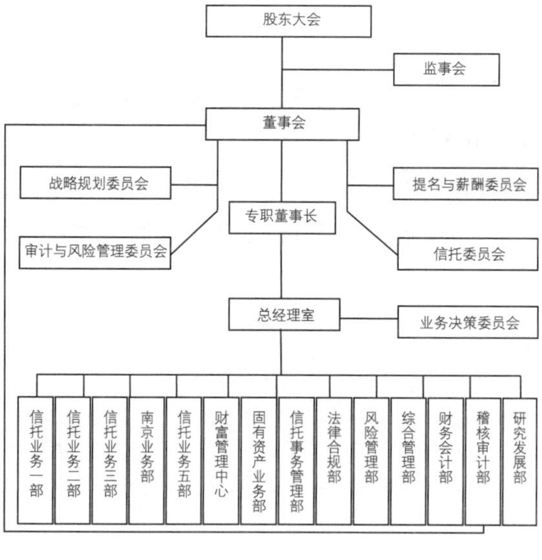


## 3. 公司治理

### 3.1　股东

2018 年度末，公司股东总数 4 名。

| 股东名称 | 持股比例（%） | 法人代表 | 注册资本（万元） | 注册地址 |
|---|---|---|---|---|
| ★无锡市国联发展（集团）有限公司 | 69.919 | 华伟荣 | 800 000 | 无锡市金融一街 8 号 |
| 无锡市地方电力公司 | 12.195 | 马桂彬 | 31 950.6 | 无锡市金融一街 8 号 |

续表

| 股东名称 | 持股比例(%) | 法人代表 | 注册资本(万元) | 注册地址 |
|---|---|---|---|---|
| 无锡华光锅炉股份有限公司 | 9.756 | 蒋志坚 | 55 939.2211 | 无锡市金融一街8号 |
| 无锡商业大厦大东方股份有限公司 | 8.13 | 高兵华 | 56 716.6357 | 无锡市中山路343号 |

| 股东名称 | 主要经营业务 | 2018年主要财务情况(亿元) | | |
|---|---|---|---|---|
| | | 总资产 | 净资产 | 利润总额 |
| ★无锡市国联发展(集团)有限公司 | 从事资本、资产经营;代理投资、投资咨询及投资服务。 | 839.46 | 324.35 | 23.88 |
| 无锡市地方电力公司 | 规划全市电力建设和电力销售。 | 5.67 | 5.66 | 0.16 |
| 无锡华光锅炉股份有限公司 | 围绕能源与环保两大产业,主要从事电站装备制造及工程服务、市政环境工程与服务及地方能源供应业务。 | 115.55 | 52.51 | 5.75 |
| 无锡商业大厦大东方股份有限公司 | 食品、黄金、珠宝销售;综合货运站(场)(仓储),普通货运;国内贸易(国家有专项规定的,办理审批手续后经营);金饰品的修理改制;家用电器的安装、维修等。 | 46.99 | 27.98 | 4.14 |

注:1. ★表示公司实际控制人。

2. 关联关系说明:无锡华光锅炉股份有限公司为无锡市国联发展(集团)有限公司控股子公司;无锡市地方电力公司为无锡国联实业投资有限公司的全资子公司,是无锡市国联发展(集团)有限公司二级全资子公司;其余无关联。

## 3.2 董事

根据《公司章程》,公司董事会由9名董事组成,其中独立董事3名。

董事会成员

目前的董事构成中,股东无锡市国联发展(集团)有限公司推荐3名,股东无锡华光锅炉股份有限公司推荐1名,股东无锡市地方电力公司推荐1名,股东无锡商业大厦大东方股份有限公司推荐1名,独立董事3名。

| 姓名 | 职务 | 性别 | 年龄(岁) | 选任日期 | 任期(年) | 所推举的股东名称 | 持股比例(%) | 简要履历 |
|---|---|---|---|---|---|---|---|---|
| 周卫平 | 董事长 | 男 | 50 | 2018年4月20日 | 3 | 无锡市国联发展(集团)有限公司 | 69.919 | 曾任无锡市探矿机械总厂会计,无锡恒达证券公司财务部经理,无锡市信托投资公司上海邯郸路营业部副经理,无锡市信托投资公司开信证券营业部副经理、经理,国联证券有限责任公司县前东街营业部总经理,国联证券有限责任公司经纪业务部总经理,无锡国联期货经纪有限公司总经理,无锡市国联发展(集团)有限公司财务部经理兼无锡国联期货经纪有限公司董事长,尚德电力控股有限公司执行董事、总裁、CEO、CFO;现任国联信托股份有限公司董事长。 |
| 汪兴平 | 董事 | 男 | 55 | 2018年4月20日 | 3 | 无锡市国联发展(集团)有限公司 | 69.919 | 曾任湖北鄂州师范学校教师,纺织工业部管理干部学院讲师,无锡证券、国联证券电子商务部副总经理、高级经济师,上海联狐信息技术有限公司市场总监、经纪业务总监,国联集团法务部经理助理;现任国联集团法务部总经理。 |
| 马海疆 | 董事 | 男 | 47 | 2018年4月20日 | 3 | 无锡市国联发展(集团)有限公司 | 69.919 | 曾任无锡市证券公司发行调研部主管,无锡证券有限责任公司中山路营业部副总经理,无锡证券有限责任公司江阴青果路营业部副总经理、总经理,国联证券资产管理部副总经理、并购融资部总经理,无锡国联期货经纪有限公司总经理、董事长;现任无锡市国联发展(集团)有限公司金融投资管理部总经理,无锡国联产业投资有限公司董事长,无锡金融资产交易中心有限公司董事长。 |
| 朱文革 | 董事 | 男 | 51 | 2018年4月20日 | 3 | 无锡市地方电力公司 | 12.195 | 曾任无锡幸福食品厂生产调度、车间主任、副厂长,国联证券有限责任公司营业部总经理、投资银行部总经理、研发部总经理,国联基金管理有限责任公司副总经理,国联信托有限责任公司副总经理,国联创投公司总经理,国联信托副总经理兼无锡市国联资本管理有限公司总经理、无锡市金融投资有限公司董事长;现任国联信托股份有限公司总经理,无锡市国联资本管理有限公司董事长。 |
| 钟文俊 | 董事 | 男 | 41 | 2018年4月20日 | 3 | 无锡华光锅炉股份有限公司 | 9.756 | 曾任金东纸业(江苏)有限公司机械处机械工程师,上海彩之源广告有限公司销售经理,上海佳信发艺术印刷有限公司销售经理,在国联证券股份有限公司并购融资部就职,华英证券有限责任公司企业融资部业务总监、投资银行部业务总监,无锡华光锅炉股份有限公司总经理助理;现任无锡华光锅炉股份有限公司副总经理。 |
| 高兵华 | 董事 | 男 | 47 | 2018年4月20日 | 3 | 无锡商业大厦大东方股份有限公司 | 8.13 | 曾任中国北方航空公司计划助理,均瑶集团云南分公司总经理,均瑶集团投资部总经理,均瑶集团电子商务业务单元总经理,上海均瑶(集团)有限公司战略与投资总监,江苏无锡商业大厦集团有限公司董事、总经理,上海均瑶(集团)有限公司资产管理部总经理;现任上海均瑶(集团)有限公司副总裁,无锡商业大厦大东方股份有限公司董事长。 |

独立董事

| 姓 名 | 所在单位及职务 | 性别 | 年龄（岁） | 选任日期 | 任期（年） | 所推举的股东名称 | 持股比例（%） | 简要履历 |
|---|---|---|---|---|---|---|---|---|
| 吴斌 | 东南大学经济管理学院 | 男 | 53 | 2018 年 4 月 20 日 | 3 年 | 无锡市国联发展（集团）有限公司 | 69.919 | 曾任南京交通高等专科学校管理系财会教研室主任、副教授；现任东南大学经济管理学院财务与会计系教授。 |
| 张爱民 | 华东理工大学商学院会计学教授、华东理工大学财务处处长 | 男 | 53 | 2018 年 4 月 20 日 | 3 年 | 无锡市国联发展（集团）有限公司 | 69.919 | 曾任华东理工大学工商经济学院会计学助教、会计学讲师、会计学副教授、会计学教授，华东理工大学商学院财务与会计学教研室主任，华东理工大学商学院会计学系系主任，华东理工大学财务处处长，华东理工大学审计处处长；现任华东理工大学商学院会计学教授，华东理工大学财务处处长。 |
| 景旭 | 北京市君都律师事务所主任、高级合伙人；西北政法大学兼职教授 | 男 | 48 | 2018 年 4 月 20 日 | 3 年 | 无锡市国联发展（集团）有限公司 | 69.919 | 曾任中国远大集团法律顾问，北京市君都律师事务所主任，高级合伙人；现任北京市君都律师事务所主任、高级合伙人，西北政法大学兼职教授。 |

## 3.3 监事

| 姓 名 | 职 务 | 性 别 | 年龄（岁） | 选任日期 | 所推举的股东名称 | 持股比例（%） | 简要履历 |
|---|---|---|---|---|---|---|---|
| 刘旭峰 | 监事会主席 | 男 | 40 | 2018 年 4 月 20 日 | 无锡市国联发展（集团）有限公司 | 69.919 | 曾任职于中日合资无锡富士时装有限公司从事财务工作，中美合资无锡梅思安安全设备有限公司担任公司总账会计、成本会计、财务主管、财务经理，无锡市国联发展（集团）有限公司审计监察部项目管理岗；现任无锡市国联发展（集团）有限公司审计监察部总经理助理。 |
| 潘双博 | 监事 | 男 | 33 | 2018 年 4 月 20 日 | 职工代表 | — | 曾任国联信托股份有限公司信托业务部信托经理、高级信托经理，国联信托股份有限公司信托业务一部总经理助理；现任国联信托股份有限公司信托业务一部副总经理。 |
| 薛晓丽 | 监事 | 女 | 36 | 2018 年 4 月 20 日 | 职工代表 | — | 曾任职于无锡市国联发展（集团）有限公司法务部，国联信托股份有限公司合规管理部副经理，国联信托股份有限公司法律合规部副经理；现任国联信托股份有限公司法律合规部总经理。 |

## 3.4 高级管理人员

| 姓 名 | 职 务 | 性别 | 年龄（岁） | 选任日期 | 金融从业年限（年） | 学历 | 专业 | 简要履历 |
|---|---|---|---|---|---|---|---|---|
| 朱文革 | 总经理 | 男 | 51 | 2014 年 9 月 9 日 | 20 | 本科 | 食品工程系 | 曾任无锡幸福食品厂生产调度、车间主任、副厂长，国联证券有限责任公司营业部总经理、投资银行部总经理、研发部总经理，国联基金管理有限责任公司副总经理，国联信托有限责任公司副总经理，国联创投公司总经理，国联信托副总经理兼无锡市国联资本管理有限公司总经理、无锡市金融投资有限公司董事长；现任国联信托总经理，国联资本董事长。 |
| 周志明 | 副总经理 | 男 | 49 | 2015 年 4 月 30 日 | 20 | 博士研究生 | 管理学 | 曾任无锡市金万达期货经纪有限公司交易员、上海营业部经理、研究发展部经理，国联信托有限责任公司综合管理部副经理，国联信托股份有限公司固有资产业务部副经理，国联信托股份有限公司信托业务部经理，国联信托股份有限公司信托一部经理兼国联信托股份有限公司监事，国联信托总经理助理；现任国联信托副总经理。 |
| 王 颖 | 副总经理 | 女 | 44 | 2016 年 8 月 30 日 | 23 | 本科 | 会计学 | 曾任职于无锡市信托投资公司营业部、证券投资部、恒信证券营业部、财务部，国联信托有限责任公司财务部，国联信托有限责任公司稽核审计部副经理、经理，无锡微研有限公司财务总监（兼），国联信托股份有限公司稽核审计部经理，江苏资产管理有限公司总经理助理；现任国联信托副总经理。 |

## 3.5 公司员工表

| 项 目 | | 报告期年度 | | 上年度 | |
|---|---|---|---|---|---|
| | | 人数（人） | 比例（%） | 人数（人） | 比例（%） |
| 年龄分布 | 25 岁以下 | 1 | 1.23 | 2 | 2.70 |
| | 25～29 岁 | 15 | 18.52 | 19 | 25.68 |
| | 30～39 岁 | 43 | 53.09 | 34 | 45.94 |
| | 40 岁以上 | 22 | 27.16 | 19 | 25.68 |
| 学历分布 | 博士 | 2 | 2.47 | 1 | 1.35 |
| | 硕士 | 30 | 37.04 | 26 | 35.13 |
| | 本科 | 44 | 54.32 | 42 | 56.76 |
| | 专科 | 5 | 6.17 | 5 | 6.76 |
| | 其他 | — | — | — | — |

续表

| 项 目 | | 报告期年度 | | 上年度 | |
|---|---|---|---|---|---|
| | | 人数（人） | 比例（%） | 人数（人） | 比例（%） |
| 岗位分布 | 董事、监事及高管人员 | 6 | 7.41 | 6 | 8.11 |
| | 自营业务人员 | 3 | 3.70 | 3 | 4.05 |
| | 信托业务人员 | 24 | 29.63 | 20 | 27.03 |
| | 其他人员 | 49 | 60.49 | 47 | 63.51 |

注：公司部分高管及职工监事分别为信托业务人员和其他人员，故岗位百分比大于 100%。

## 4. 经营管理

### 4.1 经营目标、经营方针和战略规划

#### 4.1.1 经营目标

公司立足江苏、面向长三角、适当辐射发达地区，提高主动管理能力，在产业信托、并购信托、家族财富信托、保险金信托等领域打造核心竞争力，借助资源禀赋优势，将国联信托打造成一家以信托为基础、综合运用金融市场资源提供综合金融服务的资产管理和财富管理机构。

#### 4.1.2 经营方针

秉承“诚信、稳健、规范、创新”的经营理念，严控风险，审慎经营，以多元化的资产管理手段和金融工具，实现金融、资本和实业的融合，坚持“稳”字为先，谋求信托受益人的利益最大化。

#### 4.1.3 战略规划

回归信托本源，发挥信托制度优势，以客户为中心，以资产管理业务和财富管理业务为两翼，以提升资源整合能力、主动管理能力、风险管理能力为抓手，形成专属竞争优势，全力服务实体经济，提升区域影响力。

### 4.2 所经营业务的主要内容

#### 4.2.1 自营资产运用与分布表

| 资产运用 | 金额（万元） | 占比（%） | 资产分布 | 金额（万元） | 占比（%） |
|---|---|---|---|---|---|
| 货币资产 | 6 541 | 1.29 | 基础产业 | — | — |
| 贷款及应收款 | 32 059 | 6.3 | 房地产业 | 56 218 | 11.04 |
| 交易性金融资产投资 | 23 225 | 4.56 | 证券市场 | 27 408 | 5.39 |
| 可供出售金融资产投资 | 207 408 | 40.75 | 实业 | 39 177 | 7.7 |
| 持有至到期投资 | 16 954 | 3.33 | 金融机构 | 264 331 | 51.93 |
| 长期股权投资 | 160 257 | 31.48 | 其他 | 121 870 | 23.94 |
| 其他 | 62 560 | 12.29 | | | |
| 资产总计 | 509 004 | 100 | 资产总计 | 509 004 | 100 |

#### 4.2.2 信托资产运用与分布

| 资产运用 | 金额（万元） | 占比（%） | 资产分布 | 金额（万元） | 占比（%） |
|---|---|---|---|---|---|
| 货币资产 | 28 020 | 0.35 | 基础产业 | 1 722 007 | 21.29 |
| 贷款 | 2 639 068 | 32.63 | 房地产 | 13 400 | 0.17 |
| 交易性金融资产 | — | — | 证券市场 | — | — |
| 可供出售金融资产 | 227 567 | 2.81 | 工商企业 | 916 720 | 11.34 |
| 持有至到期投资 | 4 974 308 | 61.51 | 金融机构 | 95 000 | 1.17 |
| 长期股权投资 | 218 177 | 2.7 | 其他 | 5 340 013 | 66.03 |
| 其他 | — | — | | | |
| 信托资产总计 | 8 087 140 | 100.00 | 信托资产总计 | 8 087 140 | 100.00 |

### 4.3 市场分析

#### 4.3.1 有利因素

一是宏观经济稳中向好。2018 年我国国民经济稳中向好，经济活力、动力和潜力不断释放，稳定性、协调性和可持续性明显增强，实现了平稳健康发展。

二是进一步回归本源转型发展。2018 年以来，监管部门持续加强对通道业务的监管，推动金融去杠杆，信托通道业务规模明显减少，多数信托公司主动控制规模和增速，导致信托行业整体资产规模有所下降。基于当前的宏观经济环境和监管环境，我国信托行业正在从高度依赖房地产、政府平台类企业融资与牌照通道套利的增长模式向回归信托本源、服务实体经济、强调主动管理能力的方向转变；但在宏观经济增速放缓、实体经济去杠杆化、经济发展方式转变和增长动力转换的背景下，信托行业作为金融业中的重要组成部分，面临较大转型压力。

三是财富管理进一步深化。经过多年经济高速发展，我国高净值人群日益庞大，居民理财意识和理财需求逐步提升，财富管理市场前景良好。信托财产独立和破产隔离的功能逐渐被高净值人群了解和认可，消费信托、家族信托、保险金信托、养老信托等财富管理类产品发展迅速。

四是行业更加健康文件发展。短期内信托公司的受托管理资产规模和盈利能力在通道业务收缩的压力下将面临较大冲击，长期看，信托公司将顺应资管新时代下标准化、净值化管理、统一监管的发展趋势，加速回归信托本源，提升主动管理能力，打造核心竞争力。新的外部环境有助于提升信托行业资产管理能力和风险防控意识，加快信托行业转型速度，实现可持续健康发展，也促进信托行业健康稳健发展。

#### 4.3.2 不利因素

一是打破刚兑。刚性兑付的打破，将一定程度上降低信托产品的吸引力，渠道销售难度加大，且在新的监管环境下，在原信托业务结构中占比较高的银信通道业务和信政业务面临进一步萎缩，从而带动信托资产规模继续收缩。

二是发行成本上升。在去杠杆的背景下，金融市场流动性的降低，将使信托公司获得同业资金的难度加大，信托产品的发行成本上升，信托行业的盈利能力将继续面临一定下行压力。

三是强监管高压态势下信托转型压力大。2018 年，随着一系列监管政策落地，推动金融去杠杆后，信托通道业务大幅收缩，资产规模同步下降，信托行业面临很大的转型压力。

四是相关配套制度仍待进一步完善。《信托法》已经颁布实施 14 年，一些应有的重要基础配套法律制度仍不健全，仍需完善。部门规章和规范性文件法律层级较低，办法细则尚未完善，导致诸多信托的本源及优势业务无法开展。

### 4.4 内部控制概况

#### 4.4.1 内部控制环境和内部控制文化

按照“三会分设、三权分开、有效制约、协调发展”的要求，公司设立了由股东会、董事会、监事会和高级管理层构建的公司治理架构。股东会、董事会、监事会和高级管理层之间既相互独立，又相互制衡和相互协调，形成了权力机构、决策机构、监督机构和管理层之间的制衡机制，在公司经营和发展中持续发挥着各自的职能与作用。董事会引入独立董事制度并下设各专门委员会，且能够较好地运行，为公司内部控制制度的制定与运行提供了一个良好的内部环境。

公司坚持业务经营与风险管理并重的原则。通过组织员工培训、学习等办法，培养员工风险防范意识，并提升了员工的法律意识，道德规范及自身素质建设，提高了风险管理的自觉性。

4.4.2 内部控制措施

公司在完善内部控制机制中，贯彻健全、合理、制衡、独立的原则，建立起内控岗位授权制度、内控报告制度、内控责任制度、内控审计检查制度及考核评价制度。公司内部控制覆盖了包括环境控制、业务控制、资金管理控制、会计系统控制、电子信息系统控制、内部稽核控制等各个环节和公司的各项业务、各个部门和各级人员，并贯穿于决策、执行、监督、反馈整个流程。各部门和各岗位职权分明、职能独立，并相互牵制、相互制衡，重要岗位实行双人负责制；对担任单岗处理的业务，有相应的后续监督。

报告期内，公司严格执行各项内控制度，操作规范，措施有效。

4.4.3 信息交流与反馈

公司加强信息建设，为内控的设计、执行、反馈提供信息保障。一是建立管理层与内控管理专职部门信息联结和定期联系机制，及时、真实、完整地传导监管意图、交流信息、沟通问题。制定并执行内控报告制度和突发事件应急管理办法。二是严格执行信息披露制度，主动及时向社会公众准确披露有关信息，发挥社会公众对公司内控建设的监督作用。

4.4.4 监督评价与纠正

公司推行事前、事中与事后“三位一体”的风险管理和监督评价体系，对业务环节和经营管理进行持续性的全方位、全过程的监督、评价、后评价与纠正。

2018年，公司充分发挥内部、外部审计的监督作用，审计的范围和深度进一步加强，对审计过程中发现的问题及时与各部门沟通，要求限期完善或整改，并采取后续审计等方式进行跟踪，对防止风险出现或扩大，对促进业务合法、合规、稳健经营发挥了积极作用。

## 4.5 风险管理

4.5.1 风险管理概况

公司倡导“全员风控”理念，并已建立符合监管要求的风险管理体系。公司风险管理架构由公司董事会及审计与风险管理委员会、监事会、经营管理层、业务决策委员会以及各相关职能部门组成，形成了多层次、上下联动的架构格局。

公司风险管理贯彻匹配性原则、全覆盖原则、独立性原则、有效性原则、合规性原则、相互制衡原则、审慎性原则以及责任追究原则。风险管理贯穿于公司业务活动的各个方面和运行过程的每个环节，并建立了涵盖了业务操作和风险管理各层面的制度体系。对风险着重进行事前防范、实时监控和事后稽查三方面的工作，通过确保规章制度和流程的规范有效运行，保障公司经营目标和风险管理目标的实现。

公司董事会和经营层坚持业务发展与风险管理并重的原则。在新业务开展前，充分研判其风险点及控制措施，在确保风险可控的前提下开展业务；对于已实施的业务项目，实时跟踪，对潜在风险采取积极措施有效监控。公司风险管理水平及其管理状况较好，并且建立了较为完善的识别、计量、监测和控制各项风险的组织机构与信息管理系统。

公司风险管理的基本策略为：（1）预防，侧重于内控和损失准备，适用于市场风险、信用风险和操作风险。（2）多样化分散，是指投资或交易对手分散，适用于非系统性风险。（3）转嫁，要求企业进行担保、抵押等，适用于信用和市场风险。

4.5.2 风险状况

4.5.2.1 信用风险状况

信用风险主要是指交易对手违约带来的风险。公司在相关业务中严格落实各项增信措施，并严格按照监管规定足额计提一般准备和资产减值准备，按比例提取信托赔偿准备金，以提高公司抵御风险的能力。报告期内公司不良资产期初数、期末数都为零，无对外担保余额。

4.5.2.2 市场风险状况

市场风险是指公司在业务经营中所不可避免的因市场参数的波动而产生的风险。公司面临的市场风险主要是股价波动风险、利率风险及同业竞争形成的风险和购买力风险。这些风险的存在不但影响信托财产的价值及信托收益水平，而且也将影响公司由于资产负债结构不匹配等而导致公司整体的、当前和未来收入的损失。报告期内公司市场风险管理状况良好。

4.5.2.3 操作风险状况

操作风险主要表现在相关业务办理过程中，因尽职管理不到位、内部控制缺失或系统的不完善等带来的损失。公司建立了完善的内部控制机制并制定了各项操作规程，不断提升业务操作的规范化，有效管理各类操作风险。报告期内公司未发生因操作风险所造成的损失。

4.5.2.4 其他风险状况

公司还面临着诸如政策风险、法律风险和声誉风险等其他风险。政策风险主要是指由于宏观政策及监管政策的变动对公司经营环境和发展所造成的风险。法律风险主要是指业务合同的内容在法律上有缺陷或不完善而发生法律纠纷等的风险。声誉风险是指由公司在经营、管理及其他行为或外部事件导致利益相关方对公司负面评价的风险。报告期内未发生相关风险事项。

4.5.3 风险管理

4.5.3.1 信用风险管理

对于信用风险的防范，公司执行事前调查、事中审查、事后检查的“三查”制度，严格审贷分离。公司主要通过制定严格的准入标准及风险管理策略和执行科学严谨的决策审查来进行风险事前防范；通过严格制定的项目审批操作流程及放款审查要求来进行风险事中控制；通过对项目的后续管理和排查预警来进行风险事后控制。

公司通过尽职调查程序，选择信誉良好、管理规范、业绩出色的企业作为交易对手，并严格落实相关增信措施。同时，选择实力雄厚、信誉卓著、业绩优良的金融机构为合作伙伴，作为公司信托业务的托管银行，以防范来自金融同业的信用风险。此外，公司自营业务按规定对贷款实行五级分类，并足额计提相应的资产损失准备。

公司无对外担保余额。

4.5.3.2 市场风险管理

对于市场风险的防范，公司制定管理制度，规范操作程序，配备与业务规模和市场风险管理要求相适应的专业团队，加强项目合同审查和立项论证以及投资决策委员会的运作力度，通过研究、决策、操作、评价相互制衡的机制，结合严格的授权制度，以防范市场风险。

公司合理设计投资组合、严格控制相关项目的质押率，密切跟踪市场行情变化，审慎分析预测，及时调整投资策略和项目方案。公司坚持不仅关注市场风险的管理，更强调对市场风险的规避，不盲目追求业务规模和短期的经营业绩。坚持业务规模及复杂程度与公司业务能力相匹配，在市场风险可控的前提下开展证券类业务。

4.5.3.3 操作风险管理

对于操作风险的防范，公司不断完善内部控制制度，明确各岗位各节点的操作流程要求，加强对操作流程的监督、检查，及时排除隐患。同时，通过制定应急预案等措施以控制操作风险。

公司通过对各部门、各岗位制定明确的职责和权限，坚持信托财产之间、信托财产与固有财产之间分别管理、分别记账等相互分离、相互监督、相互制约的原则，并通过严格的授权制度与过程监控来实施，其中采用大量的技术手段，如在电脑系统对操作权限和内容进行程序设定，以及在业务和资金流转过程中实施双岗核定确认等。

公司持续加强员工教育培训，使其增强责任意识和业务技能，并通过奖惩激励对其行为进行约束。同时，公司加大投入实施软件升级和硬件更新，定期进行系统维护，避免出现故障。目前内部程序系统基本完善有效，各项业务顺利开展，成效明显。

4.5.3.4 其他风险管理

对于政策风险的防范，公司加强对国家宏观政策和监管规定的调查研究，加强与监管部门和行业间的沟通、联系，以尽可能准确地判断分析宏观政策和监管政策的未来趋势，来管理政策风险。

对于法律风险的防范，公司通过设立法务岗位和聘请外部律师事务所的形式，对项目方案、项目操作、各类法律文本等的合法性、合规性进行审查，提出法律审查意见。防范新产品的法律风险，确保创新业务符合政策、市场和运营要求，还进一步加大合同管理力度，有步骤地建立业务合同标准化体系。

对于声誉风险的防范，将公司声誉构建与公司发展战略和公司文化进行有机结合，通过尽职管理和充分信息披露以塑造公司的专业和诚信形象，对可能影响公司声誉的业务坚决予以回避等。加强员工职业道德教育和公司文化教育，增强员工的工作责任心和团队意识，维护公司信誉，防范声誉风险。

### 4.6 社会责任履行情况

国联信托自成立以来，始终坚持合规经营、诚实守信的基本原则，以维护良好的金融市场环境为己任，不断提高社会责任感。根据地区经济发展的要求，公司发挥信托联结三个市场的作用和优势，积极投身地方经济建设和社会事业的发展，引导和培育居民投资意识和财富管理理念，实现了地方经济发展与国联信托业务拓展、居民收入增长的有机结合。

2018 年，国联信托立足地方，支持区域经济发展，将自身成长与地方经济发展紧密结合，大力促进经济结构调整和产业转型升级，通过开展“产业基金 + 产业信托”“并购基金 + 并购信托”等业务，积极扶植实体企业发展，服务实体经济，用实际行动响应无锡“产业强市”的战略号召。

公司始终秉承客户价值优先理念，强调以客户为中心，不断努力提升服务水平。公司不断改进服务，依托国联综合金融平台，在为企业量身定制一揽子金融产品和服务的同时，为地方百姓的财富收入增长提供了重要的投资渠道。

公司积极响应国家宏观调控，主动加强对信托业务的风险综合控制，坚持节能减排，控制“两高”行业的融资；积极投身社会公益事业，组织广大干部员工开展各类慈善活动；支持教育事业发展，关心弱势群体，积极履行企业社会责任，努力推动经济、社会与环境的和谐发展。

## 5. 报告期末及上一年度末的比较式会计报表

### 5.1 自营资产(经审计)

#### 5.1.1 会计师事务所审计结论

**审 计 报 告**

苏公 W[2019]A313 号

国联信托股份有限公司全体股东：

一、审计意见

我们审计了国联信托股份有限公司(以下简称国联信托公司)财务报表，包括 2018 年 12 月 31 日的合并及母公司资产负债表，2018 年度的合并及母公司利润表、合并及母公司现金流量表、合并及母公司所有者权益变动表以及相关财务报表附注。

我们认为，后附的财务报表在所有重大方面按照企业会计准则的规定编制，公允反映了国联信托公司 2018 年 12 月 31 日的合并及母公司财务状况以及 2018 年度的合并及母公司经营成果和现金流量。

二、形成审计意见的基础

我们按照中国注册会计师审计准则的规定执行了审计工作。审计报告的“注册会计师对财务报表审计的责任”部分进一步阐述了我们在这些准则下的责任。按照中国注册会计师职业道德守则，我们独立于国联信托公司，并履行了职业道德方面的其他责任。我们相信，我们获取的审计证据是充分、适当的，为发表审计意见提供了基础。

三、其他信息

信托公司管理层(以下简称管理层)对其他信息负责。其他信息包括信托公司 2018 年年度报告中涵盖的信息，但不包括财务报表和我们的审计报告。信托公司 2018 年年度报告预期将在审计报告日后提供给我们。

我们对财务报表发表的审计意见不涵盖其他信息，我们也不对其他信息发表任何形式的鉴证结论。

结合我们对财务报表的审计，我们的责任是在能够获取上述其他信息时阅读这些信息，在此过程中，考虑其他信息是否与财务报表或我们在审计过程中了解到的情况存在重大不一致或者似乎存在重大错报。

四、管理层和治理层对财务报表的责任

国联信托公司管理层(以下简称管理层)负责按照企业会计准则的规定编制财务报表，使其实现公允反映，并设计、执行和维护必要的内部控制，以使财务报表不存在由于舞弊或错误导致的重大错报。

在编制财务报表时,管理层负责评估国联信托公司的持续经营能力,披露与持续经营相关的事项(如适用),并运用持续经营假设,除非管理层计划清算国联信托公司、终止运营或别无其他现实的选择。

治理层负责监督国联信托公司的财务报告过程。

五、注册会计师对财务报表审计的责任

我们的目标是对财务报表整体是否不存在由于舞弊或错误导致的重大错报获取合理保证,并出具包含审计意见的审计报告。合理保证是高水平的保证,但并不能保证按照审计准则执行的审计在某一重大错报存在时总能发现。错报可能由于舞弊或错误导致,如果合理预期错报单独或汇总起来可能影响财务报表使用者依据财务报表作出的经济决策,则通常认为错报是重大的。

在按照审计准则执行审计工作的过程中,我们运用职业判断,并保持职业怀疑。同时,我们也执行以下工作:

(1)识别和评估由于舞弊或错误导致的财务报表重大错报风险,设计和实施审计程序以应对这些风险,并获取充分、适当的审计证据,作为发表审计意见的基础。由于舞弊可能涉及串通、伪造、故意遗漏、虚假陈述或凌驾于内部控制之上,未能发现由于舞弊导致的重大错报的风险高于未能发现由于错误导致的重大错报的风险。

(2)了解与审计相关的内部控制,以设计恰当的审计程序,但目的并非对内部控制的有效性发表意见。

(3)评价管理层选用会计政策的恰当性和作出会计估计及相关披露的合理性。

(4)对管理层使用持续经营假设的恰当性得出结论。同时,根据获取的审计证据,就可能导致对国联信托公司持续经营能力产生重大疑虑的事项或情况是否存在重大不确定性得出结论。如果我们得出结论认为存在重大不确定性,审计准则要求我们在审计报告中提请报表使用者注意财务报表中的相关披露;如果披露不充分,我们应当发表非无保留意见。我们的结论基于截至审计报告日可获得的信息。然而,未来的事项或情况可能导致国联信托公司不能持续经营。

(5)评价财务报表的总体列报、结构和内容(包括披露),并评价财务报表是否公允反映相关交易和事项。

(6)就国联信托公司中实体或业务活动的财务信息获取充分、适当的审计证据,以对财务报表发表审计意见。我们负责指导、监督和执行集团审计,并对审计意见承担全部责任。

我们与治理层就计划的审计范围、时间安排和重大审计发现等事项进行沟通,包括沟通我们在审计中识别出的值得关注的内部控制缺陷。

江苏公证天业会计师事务所(特殊普通合伙)

中国注册会计师:夏正曙

中国注册会计师:赵　明

中国·无锡　　二〇一九年三月五日

### 5.1.2 资产负债表

**资产负债表**

2018 年 12 月 31 日

编制单位:国联信托股份有限公司　　单位:万元

| 资　产 | 附注 | 合并 | | 母公司 | |
|---|---|---|---|---|---|
| | | 期末余额 | 年初余额 | 期末余额 | 年初余额 |
| 货币资金 | | 6 941 | 8 298 | 6 541 | 4 572 |
| 以公允价值计量且变动计入当期损益的金融资产 | | 23 225 | 845 | 23 225 | 845 |
| 买入返售金融资产 | | 1 540 | 15 140 | 1 540 | 15 140 |
| 应收账款 | | | | | |
| 其他应收款 | | 17 835 | 15 674 | 17 434 | 15 271 |
| 发放贷款和垫款 | | 14 625 | 19 500 | 14 625 | 19 500 |
| 可供出售金融资产 | | 208 681 | 234 411 | 207 408 | 233 030 |
| 持有至到期投资 | | 20 157 | 29 965 | 16 954 | 29 962 |
| 长期股权投资 | | 158 340 | 157 401 | 160 257 | 159 096 |
| 固定资产 | | 161 | 158 | 159 | 156 |
| 递延所得税资产 | | 476 | 127 | 476 | 127 |
| 其他资产 | | 60 384 | 63 707 | 60 385 | 63 707 |
| 资 产 总 计 | | 512 365 | 545 226 | 509 004 | 541 406 |
| 拆入资金 | | 3 000 | | 3 000 | |
| 应付职工薪酬 | | 1 253 | 1 037 | 1 253 | 1 037 |
| 应交税费 | | 1 269 | 2 240 | 1 261 | 2 001 |
| 其他应付款 | | 21 460 | 18 755 | 21 460 | 18 755 |
| 应付股利 | | | 12 300 | | 12 300 |
| 递延所得税负债 | | 13 877 | 25 080 | 13 877 | 25 080 |
| 负 债 合 计 | | 40 859 | 59 412 | 40 851 | 59 173 |

续表

| 资　　产 | 附注 | 合并 | | 母公司 | |
|---|---|---|---|---|---|
| | | 期末余额 | 年初余额 | 期末余额 | 年初余额 |
| 实收资本 | | 300 000 | 300 000 | 300 000 | 300 000 |
| 资本公积 | | 30 536 | 30 536 | 30 927 | 30 927 |
| 其他综合收益 | | 41 450 | 75 314 | 41 450 | 75 314 |
| 盈余公积 | | 32 385 | 30 407 | 32 385 | 30 406 |
| 信托赔偿准备 | | 19 734 | 18 745 | 19 734 | 18 745 |
| 一般风险准备 | | 7 537 | 8 053 | 7 537 | 8 053 |
| 未分配利润 | | 39 864 | 22 759 | 36 120 | 18 788 |
| 所有者权益(或股东权益)合计 | | 471 506 | 485 814 | 468 153 | 482 233 |
| 负债和所有者权益(或股东权益)合计 | | 512 365 | 545 226 | 509 004 | 541 406 |

### 5.1.3　利润表

**利润表**

2018 年度

编制单位:国联信托股份有限公司　　单位:万元

| 项　　目 | 行次 | 合并 | | 母公司 | |
|---|---|---|---|---|---|
| | | 本期金额 | 上期金额 | 本期金额 | 上期金额 |
| 一、营业收入 | 1 | 30 201 | 38 117 | 30 146 | 37 469 |
| 利息净收入 | 2 | 890 | 1 905 | 887 | 1 900 |
| 利息收入 | 3 | 890 | 1 905 | 887 | 1 900 |
| 利息支出 | 4 | | | | |
| 手续费及佣金净收入 | 5 | 22 578 | 21 345 | 22 306 | 20 430 |
| 手续费及佣金收入 | 6 | 22 578 | 21 345 | 22 306 | 20 430 |
| 手续费及佣金支出 | 7 | | | | |
| 投资收益(损失以“－”号填列) | 8 | 7 598 | 14 902 | 7 819 | 15 174 |
| 其中:对联营企业和合营企业的投资收益 | 9 | 1 009 | 7 097 | 1 231 | 12 511 |
| 公允价值变动收益(损失以“－”号填列) | 10 | −865 | −35 | −866 | −35 |
| 其他业务收入 | 11 | | | | |
| 二、营业支出 | 12 | 5 415 | 5 348 | 5 137 | 5 068 |
| 税金及附加 | 13 | 174 | 253 | 172 | 247 |
| 业务及管理费 | 14 | 5 002 | 4 692 | 4 726 | 4 418 |
| 资产减值损失 | 15 | 239 | 403 | 239 | 403 |
| 三、营业利润(亏损以“－”号填列) | 16 | 24 786 | 32 769 | 25 009 | 32 401 |
| 加:营业外收入 | 17 | | | | |
| 减:营业外支出 | 18 | 42 | | 42 | |
| 四、利润总额(亏损总额以“－”号填列) | 19 | 24 744 | 32 769 | 24 967 | 32 401 |
| 减:所得税费用 | 20 | 5 188 | 5 849 | 5 184 | 5 502 |
| 五、净利润(净亏损以“－”号填列) | 21 | 19 556 | 26 920 | 19 783 | 26 899 |
| 六、其他综合收益的税后净额 | 22 | −33 863 | −40 943 | −33 863 | −40 943 |
| 以后不能重分类进损益的其他综合收益 | 23 | | | | |
| 以后将重分类进损益的其他综合收益 | 24 | −33 863 | −40 943 | −33 863 | −40 943 |
| 1. 权益法下在被投资单位其他综合收益享有份额 | 25 | −70 | −1 167 | −70 | −1 167 |
| 2. 可供出售金融资产公允价值变动损益 | 26 | −33 793 | −39 776 | −33 793 | −39 776 |
| 七、综合收益总额: | 27 | −14 308 | −14 023 | −14 080 | −14 045 |
| 八、每股收益: | 28 | | | | |
| (一)基本每股收益 | 29 | 0.07 | 0.22 | 0.07 | 0.22 |

### 5.1.4 所有者权益变动表(合并)

**股东权益变动表**

2018 年度

编制单位:国联信托股份有限公司 单位:万元

| 项　目 | 2018 年度 | | | | | | | | 2017 年度 | | | | | | | |
|---|---|---|---|---|---|---|---|---|---|---|---|---|---|---|---|---|
| | 股本 | 资本公积 | 其他综合收益 | 盈余公积 | 信托赔偿准备 | 一般风险准备 | 未分配利润 | 所有者权益合计 | 股本 | 资本公积 | 其他综合收益 | 盈余公积 | 信托赔偿准备 | 一般风险准备 | 未分配利润 | 所有者权益合计 |
| 一、上年年末余额 | 300 000 | 30 536 | 75 314 | 30 407 | 18 745 | 8 053 | 22 759 | 485 813 | 123 000 | 69 341 | 116 257 | 27 717 | 17 400 | 8 088 | 150 639 | 512 441 |
| 1. 会计政策变更 | | | | | | | | | | | | | | | | |
| 2. 前期差错更正 | | | | | | | | | | | | | | | | |
| 二、本年年初余额 | 300 000 | 30 536 | 75 314 | 30 407 | 18 745 | 8 053 | 22 759 | 485 813 | 123 000 | 69 341 | 116 257 | 27 717 | 17 400 | 8 088 | 150 639 | 512 441 |
| 三、本年增减变动金额(减少以"-"号填列) | | | -33 863 | 1 978 | 989 | -516 | 17 104 | -14 308 | 177 000 | -38 805 | -40 943 | 2 690 | 1 345 | -35 | -127 879 | -26 628 |
| (一) 综合收益总额 | | | -33 863 | | | | 19 556 | -14 308 | 0 | 0 | -40 943 | 0 | 0 | 0 | 26 920 | -14 023 |
| (二) 所有者投入和减少资本 | | | | | | | | | | -305 | | | | | | -305 |
| 1. 股东投入的普通股 | | | | | | | | | | | | | | | | |
| 2. 其他权益工具持有者投入资本 | | | | | | | | | | | | | | | | |
| 3. 股份支付计入所有者权益的金额 | | | | | | | | | | | | | | | | |
| 4. 其他 | | | | | | | | | | -305 | | | | | | -305 |
| (三) 利润分配 | | | | 1 978 | 989 | -516 | -2 452 | | | | | 2 690 | 1 345 | -35 | -16 299 | -12 300 |
| 1. 提取盈余公积 | | | | 1 978 | 989 | | -2 452 | 516 | | | | 2 690 | 1 345 | | -3 999 | 35 |
| 2. 提取一般风险准备 | | | | | | -516 | | -516 | | | | | | -35 | | -35 |
| 3. 对所有者或股东的分配 | | | | | | | | | | | | | | | -12 300 | -12 300 |
| 4. 其他 | | | | | | | | | | | | | | | | |
| (四) 所有者权益内部结转 | | | | | | | | | 177 000 | -38 500 | | | | | -138 500 | |
| 1. 资本公积转增资本(或股本) | | | | | | | | | 177 000 | -38 500 | | | | | | 138 500 |
| 2. 盈余公积转增资本(或股本) | | | | | | | | | | | | | | | | |
| 3. 盈余公积弥补亏损 | | | | | | | | | | | | | | | | |
| 4. 其他 | | | | | | | | | | | | | | | -138 500 | -138 500 |
| 四、本年年末余额 | 300 000 | 30 536 | 41 450 | 32 385 | 19 734 | 7 537 | 39 863 | 471 506 | 300 000 | 30 536 | 75 314 | 30 407 | 18 745 | 8 053 | 22 759 | 485 813 |

### 5.1.5 所有者权益变动表(母公司)

**股东权益变动表**

2018 年度

编制单位:国联信托股份有限公司 单位:万元

| 项　目 | 2018 年度 | | | | | | | | 2017 年度 | | | | | | | |
|---|---|---|---|---|---|---|---|---|---|---|---|---|---|---|---|---|
| | 股本 | 资本公积 | 其他综合收益 | 盈余公积 | 信托赔偿准备 | 一般风险准备 | 未分配利润 | 所有者权益合计 | 股本 | 资本公积 | 其他综合收益 | 盈余公积 | 信托赔偿准备 | 一般风险准备 | 未分配利润 | 所有者权益合计 |
| 一、上年年末余额 | 300 000 | 30 927 | 75 314 | 30 407 | 18 745 | 8 053 | 18 789 | 482 233 | 123 000 | 69 732 | 116 257 | 27 717 | 17 400 | 8 088 | 146 689 | 508 882 |
| 1. 会计政策变更 | | | | | | | | | | | | | | | | |
| 2. 前期差错更正 | | | | | | | | | | | | | | | | |
| 二、本年年初余额 | 300 000 | 30 927 | 75 314 | 30 407 | 18 745 | 8 053 | 18 789 | 482 233 | 123 000 | 69 732 | 116 257 | 27 717 | 17 400 | 8 088 | 146 689 | 508 882 |
| 三、本年增减变动金额(减少以"-"号填列) | | | -33 863 | 1 978 | 989 | -516 | 17 331 | -14 080 | 177 000 | -38 805 | -40 943 | 2 690 | 1 345 | -35 | -127 901 | -26 649 |

续表

| 项　目 | 2018 年度 | | | | | | | | 2017 年度 | | | | | | | |
|---|---|---|---|---|---|---|---|---|---|---|---|---|---|---|---|---|
| | 股本 | 资本公积 | 其他综合收益 | 盈余公积 | 信托赔偿准备 | 一般风险准备 | 未分配利润 | 所有者权益合计 | 股本 | 资本公积 | 其他综合收益 | 盈余公积 | 信托赔偿准备 | 一般风险准备 | 未分配利润 | 所有者权益合计 |
| (一) 综合收益总额 | | | -33 863 | | | | 19 783 | -14 080 | | | -40 943 | | | | 26 899 | -14 045 |
| (二) 所有者投入和减少资本 | | | | | | | | | | -305 | | | | | | -305 |
| 1. 股东投入的普通股 | | | | | | | | | | | | | | | | |
| 2. 其他权益工具持有者投入资本 | | | | | | | | | | | | | | | | |
| 3. 股份支付计入所有者权益的金额 | | | | | | | | | | | | | | | | |
| 4. 其他 | | | | | | | | | | -305 | | | | | | -305 |
| (三) 利润分配 | | | | 1 978 | 989 | -516 | -2 452 | | | | | 2 690 | 1 345 | -35 | -16 299 | -12 300 |
| 1. 提取盈余公积 | | | | 1 978 | 989 | | -2 452 | 516 | | | | 2 690 | 1 345 | | -3 999 | 35 |
| 2. 提取一般风险准备 | | | | | | -516 | | -516 | | | | | | -35 | | -35 |
| 3. 对所有者或股东的分配 | | | | | | | | | | | | | | | -12 300 | -12 300 |
| 4. 其他 | | | | | | | | | | | | | | | | |
| (四) 所有者权益内部结转 | | | | | | | | | 177 000 | -38 500 | | | | | -138 500 | |
| 1. 资本公积转增资本(或股本) | | | | | | | | | 177 000 | -38 500 | | | | | | 138 500 |
| 2. 盈余公积转增资本(或股本) | | | | | | | | | | | | | | | | |
| 3. 盈余公积弥补亏损 | | | | | | | | | | | | | | | | |
| 4. 其他 | | | | | | | | | | | | | | | -138 500 | -138 500 |
| 四、本年年末余额 | 300 000 | 30 927 | 41 450 | 32 385 | 19 734 | 7 537 | 36 120 | 468 153 | 300 000 | 30 927 | 75 314 | 30 407 | 18 745 | 8 053 | 18 789 | 482 233 |

## 5.2 信托资产

### 5.2.1 信托资产项目资产负债汇总表

**信托项目资产负债汇总表**

2018 年 12 月 31 日

编制单位:国联信托股份有限公司　　　　单位:万元

| 信托资产 | 行次 | 年末数 | 年初数 | 信托负债和信托权益 | 行次 | 年末数 | 年初数 |
|---|---|---|---|---|---|---|---|
| 信托资产: | | | | 信托负债: | | | |
| 货币资金 | 1 | 28 020 | 27 878 | 交易性金融负债 | 20 | | |
| 拆出资金 | 2 | | | 衍生金融负债 | 21 | | |
| 存出保证金 | 3 | | | 应付受托人报酬 | 22 | | |
| 交易性金融资产 | 4 | | 804 | 应付托管费 | 23 | | |
| 衍生金融资产 | 5 | | | 应付受益人收益 | 24 | | |
| 买入返售金融资产 | 6 | | | 应交税费 | 25 | | |
| 应收款项 | 7 | | 5 707 | 应付销售服务费 | 26 | | |
| 发放贷款 | 8 | 2 639 068 | 2 964 328 | 其他应付款项 | 27 | 336 | 55 481 |
| 可供出售金融资产 | 9 | 227 567 | 274 067 | 预计负债 | 28 | | |
| 持有至到期投资 | 10 | 4 974 308 | 4 904 130 | 其他负债 | 29 | | |
| 长期应收款 | 11 | | | 信托负债合计 | 30 | 336 | 55 481 |
| 长期股权投资 | 12 | 218 177 | 409 066 | 信托权益: | 31 | | |
| 投资性房地产 | 13 | | | 实收信托 | 32 | 8 027 844 | 8 450 743 |
| 固定资产 | 14 | | | 资本公积 | 33 | | |
| 无形资产 | 15 | | | 损益平准金 | 34 | | |
| 长期待摊费用 | 16 | | | 未分配利润 | 35 | 58 960 | 79 756 |
| 其他资产 | 17 | | | 信托权益合计 | 36 | 8 086 804 | 8 530 499 |
| 减:各项资产减值准备 | 18 | | | | | | |
| 信托资产总计 | 19 | 8 087 140 | 8 585 980 | 信托负债及信托权益总计 | 37 | 8 087 140 | 8 585 980 |

5.2.2 信托项目利润及利润分配汇总表

**信托项目利润及利润分配汇总表**

2018年度

编制单位：国联信托股份有限公司　　单位：万元

| 项　目 | 行次 | 本年数 | 上年数 |
|---|---|---|---|
| 一、营业收入 | 1 | 498 307 | 497 308 |
| 利息收入 | 2 | 171 177 | 209 051 |
| 投资收益 | 3 | 327 022 | 285 956 |
| 其中：对联营企业和合营企业的投资收益 | 4 | — | — |
| 公允价值变动收益（损失以"－"号填列） | 5 | -7 | -45 |
| 租赁收入 | 6 | — | — |
| 汇兑损益（损失以"－"号填列） | 7 | — | — |
| 其他收入 | 8 | 115 | 2 346 |
| 二、支出 | 9 | 39 038 | 35 067 |
| 税金及附加 | 10 | 1 286 | — |
| 受托人报酬 | 11 | 23 940 | 21 576 |
| 托管费 | 12 | 6 517 | 4 725 |
| 投资管理费 | 13 | — | — |
| 销售服务费 | 14 | 700 | 129 |
| 交易费用 | 15 | 6 | 28 |
| 资产减值损失 | 16 | — | — |
| 其他费用 | 17 | 6 589 | 8 609 |
| 三、信托净利润 | 18 | 459 269 | 462 241 |
| 四、其他综合收益 | 19 | — | — |
| 五、综合收益 | 20 | 459 269 | 462 241 |
| 加：期初未分配利润 | 21 | 79 756 | 94 262 |
| 六、可供分配的信托利润 | 22 | 539 026 | 556 503 |
| 减：本期已分配信托利润 | 23 | 480 066 | 476 747 |
| 七、期末未分配信托利润 | 24 | 58 960 | 79 756 |

## 6. 会计报表附注

### 6.1 简要说明报告年度会计报表编制基础、会计政策、会计估计和核算方法发生的变化

根据财政部《关于修订印发2018年度一般企业财务报表格式的通知》（财会[2018]15号），在资产负债表中将原"应收票据""应收账款"行项目整合为"应收票据及应收账款"；将原"应收利息""应收股利"行项目归并至"其他应收款"；将原"固定资产清理"行项目归并至"固定资产"；将原"应付利息""应付股利"行项目归并至"其他应付款"；将原"专项应付款"行项目归并至"长期应付款"。在利润表中从原"管理费用"中分拆出"研发费用"；在"财务费用"行项目下分别列示"利息费用"和"利息收入"明细项目等内容。财务报表格式的修订对本公司的资产总额、负债总额、净利润、其他综合收益等无影响。

合并会计报表的范围及子公司基本情况：本公司合并子公司为无锡国联资本管理有限公司，注册资本为3 000万元，所占股权比例为100%。

会计期间以公历年月划分，会计年度自公历1月1日起至12月31日止。以权责发生制为基础进行会计确认、计量和报告。在对会计要素进行计量时一般采用历史成本，在保证所确认的会计要素金额能够取得并可靠计量时，采用重置成本、可变现净值、现值、公允价值计量。

根据财政部《关于呆账准备提取有关问题的通知》的规定、《金融企业呆账准备提取及呆账核销管理办法》《非银行金融机构资产风险分类指导原则（试行）》的规定，在净利润中按风险资产最低提取比例1.5%计提资产减值准备即一般风险准备。计提资产减值准备即一般风险准备的范围为交易性金融资产、应收款项、发放贷款和垫款、长期应收款、可供出售金融资产、持有至到期投资、长期股权投资、固定资产、在建工程、无形资产、其他长期资产。

根据《信托公司管理办法》及董事会决议，按净利润的5%计提信托赔偿准备金，该赔偿准备金累计总额达到公司注册资本的20%时，可不再提取。

### 6.2 或有事项

无。

### 6.3 重要资产转让及其出售

无。

### 6.4 会计报表中重要项目的明细资料

#### 6.4.1 披露自营资产经营情况

6.4.1.1 按资产风险分类的结果披露资产的期初数、期末数

| 信用风险资产五级分类 | 正常类（万元） | 关注类（万元） | 次级类（万元） | 可疑类（万元） | 损失类（万元） | 信用风险资产合计（万元） | 不良资产合计（万元） | 不良资产率（%） |
|---|---|---|---|---|---|---|---|---|
| 期初数 | 535 531 | 5 875 | — | — | — | 541 406 | — | — |
| 期末数 | 503 409 | 5 500 | — | — | 375 | 509 284 | 375 | 0.07 |

注：不良资产合计＝次级类＋可疑类＋损失类。

6.4.1.2 各项资产减值损失准备的期初数、本期计提、本期转回、本期核销、期末数；贷款的一般准备和专项准备和其他资产减值准备

单位：万元

| | 期初数 | 本期计提 | 本期转回 | 本期核销 | 期末数 |
|---|---|---|---|---|---|
| 贷款损失准备 | 500 | 375 | 500 | — | 375 |
| 一般准备 | 500 | 375 | 500 | — | 375 |
| 专项准备 | — | — | — | — | — |
| 其他资产减值准备 | — | — | — | — | — |
| 可供出售金融资产减值准备 | 11 | 364 | — | — | 375 |
| 持有至到期投资减值准备 | 165 | — | — | — | 165 |
| 长期股权投资准备 | — | — | — | — | — |
| 坏账准备 | — | — | — | — | — |
| 投资性房地产减值准备 | — | — | — | — | — |

6.4.1.3 自营股票投资、基金投资、债券投资、长期股权投资等投资的期初数、期末数

单位：万元

| | 自营股票 | 基金 | 债券 | 长期股权投资 | 其他投资 | 合计 |
|---|---|---|---|---|---|---|
| 期初数 | 4 802 | — | — | 159 096 | 337 882 | 501 780 |
| 期末数 | 3 974 | — | 21 894 | 160 257 | 273 504 | 459 629 |

6.4.1.4 前三名的自营长期股权投资的企业名称、占被投资企业权益的比例、主要经营活动及投资收益情况

| 企业名称 | 占被投资企业权益的比例(%) | 投资收益(万元) |
|---|---|---|
| 1. 国联证券股份有限公司(列示于长期股权投资) | 20.508 | 1 231 |
| 2. 无锡农村商业银行股份有限公司(列示于可供出售金融资产) | 9 | 2 495 |
| 3. 江苏宜兴农村商业银行股份有限公司(列示于可供出售金融资产) | 6.35 | 345 |

6.4.1.5 前三名的自营贷款的企业名称、占贷款总额的比例和还款情况

| 企业名称 | 占贷款总额的比例(%) | 还款情况 |
|---|---|---|
| 1. 常州城建产业发展有限公司 | 100 | 贷款未到期、无欠息 |

6.4.1.6 表外业务的期初数、期末数,按照代理业务、担保业务和其他类型表外业务分别披露

单位:万元

| 表外业务 | 期末数 | 期初数 |
|---|---|---|
| 担保业务 | — | — |
| 代理业务(委托业务) | 1 930 | 1 930 |
| 其他 | — | — |
| 合计 | 1 930 | 1 930 |

注:代理业务主要反映因客观原因应规范而尚未完成规范的历史遗留委托业务,包括委托贷款和委托投资。

6.4.1.7 公司当年的收入结构

| 项目 | 合并 | | 母公司 | |
|---|---|---|---|---|
| 收入结构 | 金额(万元) | 占总收入比例(%) | 金额(万元) | 占总收入比例(%) |
| 手续费及佣金收入 | 22 578 | 74.76 | 22 306 | 73.99 |
| 其中:信托手续费收入 | 22 578 | 74.76 | 22 306 | 73.99 |
| 投资银行业务收入 | — | — | — | — |
| 利息收入 | 891 | 2.95 | 887 | 2.94 |
| 其他业务收入 | — | — | — | — |
| 其中:计入信托业务收入部分 | — | — | — | — |
| 投资收益 | 7 598 | 25.16 | 7 819 | 25.94 |
| 其中:股权投资收益 | 5 048 | 16.71 | 5 269 | 17.48 |
| 证券投资收益 | 87 | 0.29 | 87 | 0.29 |
| 其他投资收益 | 2 463 | 8.16 | 2 463 | 8.17 |
| 公允价值变动收益 | -866 | -2.87 | -866 | -2.87 |
| 收入合计 | 30 201 | 100 | 30 146 | 100 |

注:手续费及佣金收入、利息收入、其他业务收入、投资收益、营业外收入均应为损益表中的一级科目,其中手续费及佣金收入、利息收入、营业外收入为未抵减掉相应支出的全年累计实现收入数。

### 6.4.2 披露信托资产管理情况

6.4.2.1 信托资产的期初数、期末数

单位:万元

| 信托资产 | 期末数 | 期初数 |
|---|---|---|
| 集合 | 2 818 048 | 2 774 233 |
| 单一 | 5 269 092 | 5 811 747 |
| 财产权 | — | — |
| 合计 | 8 087 140 | 8 585 980 |

6.4.2.1.1 主动管理型信托业务期初数、期末数,分证券投资类、股权投资类、融资类、事务管理类、其他投资类分别披露

单位:万元

| 主动管理型信托资产 | 期末数 | 期初数 |
|---|---|---|
| 证券投资类 | — | 804 |
| 股权投资类 | 80 462 | 121 351 |
| 融资类 | 271 308 | 309 854 |
| 事务管理类 | — | — |
| 其他投资类 | 984 325 | 759 218 |
| 合计 | 1 336 095 | 1 191 227 |

6.4.2.1.2 被动管理型信托业务期初数、期末数,分证券投资类、股权投资类、融资类、事务管理类、其他投资类分别披露

单位:万元

| 被动管理型信托资产 | 期末数 | 期初数 |
|---|---|---|
| 证券投资类 | — | — |
| 股权投资类 | 6 215 | 156 215 |
| 融资类 | 5 000 | 243 |
| 事务管理类 | 6 736 232 | 7 231 552 |
| 其他投资类 | 3 598 | 6 743 |
| 合计 | 6 751 045 | 7 394 753 |

6.4.2.2 本年度已清算结束的信托项目个数、实收信托合计金额、加权平均实际年化收益率

本年度已清算结束的信托项目个数为50个,实收信托合计金额为4 910 556万元,加权平均实际年化收益率为7.82%。

6.4.2.2.1 本年度已清算结束的集合类、单一类资金信托项目和财产管理类信托项目个数、实收信托合计金额、加权平均实际年化收益率

| 已清算结束信托项目 | 项目个数(个) | 实收信托合计金额(万元) | 加权平均实际年化收益率(%) |
|---|---|---|---|
| 集合类 | 26 | 3 683 718 | 7.90 |
| 单一类 | 24 | 1 226 838 | 7.57 |
| 财产管理类 | — | — | — |

注:1. 收益率是指信托项目清算后,给受益人赚取的实际收益水平。

2. 加权平均实际年化收益率=(信托项目1的实际年化收益率×信托项目1的资产总计+信托项目2的实际年化收益率×信托项目2的资产总计+…+信托项目$n$的实际年化收益率×信托项目$n$的资产总计)/(信托项目1的资产总计+信托项目2的资产总计+…+信托项目$n$的资产总计)×100%。

6.4.2.2.2 本年度已清算结束的主动管理型信托项目个数、实收信托合计金额、加权平均实际年化收益率,分证券投资类、股权投资类、融资类、事务管理类、其他投资类分别披露

本年度已清算结束的主动管理型信托项目个数为31个,合计金额为4 162 661万元,加权平均实际年化收益率为7.84%,加权平均实际年化信托报酬率为0.82%。

| 已清算结束信托项目 | 项目个数(个) | 实收信托合计金额(万元) | 加权平均实际年化信托报酬率(%) | 加权平均实际年化收益率(%) |
|---|---|---|---|---|
| 证券投资类 | 1 | 574 280 | 1.26 | 8.76 |
| 股权投资类 | 4 | 26 097 | — | 7.57 |
| 融资类 | 13 | 195 627 | 3.99 | 7.81 |
| 事务管理类 | — | — | — | — |
| 其他投资类 | 13 | 3 366 658 | 0.57 | 7.69 |

6.4.2.2.3 本年度已清算结束的被动管理型信托项目个数、合计金额、加权平均实际年化收益率，分证券投资类、股权投资类、融资类、事务管理类、其他投资类分别披露

本年度已清算结束的被动管理型信托项目个数为19个，实收信托合计金额为747 895万元，加权平均实际年化收益率为7.68%，加权平均实际年化信托报酬率为0.19%。

| 已清算结束信托项目 | 项目个数（个） | 实收信托合计金额（万元） | 加权平均实际年化信托报酬率（%） | 加权平均实际年化收益率（%） |
|---|---|---|---|---|
| 证券投资类 | — | — | — | — |
| 股权投资类 | 1 | 300 000 | 0.16 | 7.62 |
| 融资类 | 5 | 49 675 | 0.27 | 6.81 |
| 事务管理类 | 13 | 398 220 | 0.21 | 7.83 |
| 其他投资类 | — | — | — | — |

6.4.2.3 本年度新增的集合类、单一类和财产管理类信托项目个数、实收信托合计金额

| 新增信托项目 | 项目个数（个） | 实收信托合计金额（万元） |
|---|---|---|
| 集合类 | 16 | 492 167 |
| 单一类 | 3 | 4 900 |
| 财产管理类 | — | — |
| 新增合计 | 19 | 497 067 |
| 其中：主动管理型 | 18 | 495 067 |
| 被动管理型 | 1 | 2 000 |

注：本年新增信托项目是指在本报告年度内累计新增的信托项目个数和金额，包含本年度新增并于本年度内结束的项目和本年度新增至报告期末仍在持续管理的信托项目。

6.4.2.4 信托业务创新成果和特色业务有关情况

6.4.2.5 本公司履行受托人义务情况及因本公司自身责任而导致的信托资产损失情况

截至2018年12月31日，本公司未出现因自身责任导致信托资产损失的情况。

## 6.5 关联方关系及其交易的披露

### 6.5.1 关联交易方的数量、关联交易的总金额及关联交易的定价政策等

| | 关联交易方数量 | 关联交易金额（万元） | 定价政策 |
|---|---|---|---|
| 合计 | 2 | 438 | 详见注 |

注：关联交易的定价政策：（1）本公司对关联方交易价格根据市场价或协议价确定，与对非关联方的交易价格基本一致，无重大高于或低于正常交易价格的情况。（2）固有财产、信托资产与关联方贷款按人民银行规定的利率执行，投资按市场公允价确定。（3）信托财产与信托财产之间的关联交易按交易双方协商价格执行。

### 6.5.2 关联交易方与本公司的关系性质、关联交易方的名称、法人代表、注册地址、注册资本及主营业务等

| 关系性质 | 关联方名称 | 法定代表人 | 注册地址 | 注册资本（万元） | 主营业务 |
|---|---|---|---|---|---|
| 股东的关联方 | 无锡国联新城投资有限公司 | 许　军 | 无锡市 | 40 000 | 房地产业 |
| 股东的关联方 | 国联科陆无锡新动力有限公司 | 华晓峰 | 无锡市 | 5 000 | 新能源 |

### 6.5.3 逐笔披露本公司与关联方的重大交易事项

6.5.3.1 固有财产与关联方：贷款、投资、租赁、应收账款担保、其他方式等期初汇总数、本期发生额汇总数、期末汇总数

单位：万元

| 项目名称 | 类别 | 年初数 | 增加额 | 减少额 | 期末数 |
|---|---|---|---|---|---|
| 无锡国联新城投资有限公司 | 租赁 | — | 433 | — | 433 |
| 国联科陆无锡新动力有限公司 | 租赁 | — | 5 | — | 5 |

6.5.3.2 信托资产与关联方：贷款、投资、租赁、应收账款、担保、其他方式等期初汇总数、本期借方和贷方发生额汇总数、期末汇总数

单位：万元

| 信托与关联方关联交易 | | | | |
|---|---|---|---|---|
| | 期初数 | 借方发生额 | 贷方发生额 | 期末数 |
| 贷款 | — | — | — | — |
| 投资 | — | — | — | — |
| 租赁 | — | — | — | — |
| 担保 | — | — | — | — |
| 其他应收款 | — | 1 588 889 | — | 1 588 889 |
| 其他 | — | — | — | — |
| 合计 | — | 1 588 889 | — | 1 588 889 |

6.5.3.3 信托公司自有资金运用于自己管理的信托项目（固信交易）、信托公司管理的信托项目之间的相互（信信交易）交易金额，包括余额和本报告年度的发生额

6.5.3.3.1 固有财产与信托财产之间的交易金额期初汇总数、本期发生额汇总数、期末汇总数

单位：万元

| 固有财产与信托财产相互交易 | | | |
|---|---|---|---|
| | 期初数 | 本期发生额 | 期末数 |
| 合计 | 27 127 | -10 308 | 16 819 |

注：以固有资金投资公司自己管理的信托项目受益权，或购买自己管理的信托项目的信托资产均应纳入统计披露范围。

6.5.3.3.2 信托资产与信托财产之间的交易金额期初汇总数、本期发生额汇总数、期末汇总数

单位：万元

| 信托资产与信托财产相互交易 | | | |
|---|---|---|---|
| | 期初数 | 本期发生额 | 期末数 |
| 合计 | 666 446 | -6 498 | 659 948 |

注：以公司受托管理的一个信托项目的资金购买自己管理的另一个信托项目的受益权或信托项下资产均应纳入统计披露范围。

### 6.5.4 逐笔披露关联方逾期未偿还本公司资金的详细情况以及本公司为关联方担保发生或即将发生垫款的详细情况

截至2018年12月31日，本公司未发生关联方逾期未偿还本公司资金的情况，也无本公司为关联方担保发生或即将发生垫款的情况。

## 6.6 会计制度的披露

本财务报表（包含固有业务及信托业务）以公司持续经营假设为基础，根据实际发生的交易和事项，按照财政部2006年2月15日颁布的《企业会计准则——基本准则》以及其后颁布

及修订的具体会计准则、应用指南、解释以及其他相关规定(统称企业会计准则)编制。

## 7. 财务情况说明书

### 7.1 利润实现和分配情况

母公司:经江苏公证天业会计师事务所(特殊普通合伙)审计,2018 年公司实现利润为 24 967 万元,企业所得税为 5 184 万元,实现净利润为 19 783 万元。

根据《公司章程》及财务制度的相关规定:

(1)按净利润的 10%计提法定盈余公积金 1 978 万元。

(2)根据中国银监会令 2007 年第 2 号《信托公司管理办法》的规定,按净利润的 5%计提信托赔偿准备金 989 万元。

(3)根据财政部《金融企业准备金计提管理办法》的规定,按风险资产的 1.5%计提一般风险准备 -515 万元。

(4)上述各项计提分配后,年末可供股东分配利润为 36 120万元。

合并:报告期公司合并实现净利润为 19 556 万元,2018 年初未分配利润为 22 759 万元,提取盈余公积金 1 978 万元,信托赔偿准备金 989 万元,一般风险准备 -515 万元, 2018 年末可供股东分配利润为 39 863 万元。

### 7.2 主要财务指标

| | 合并 | 母公司 |
|---|---|---|
| 指标名称 | 指标值 | 指标值 |
| 资本利润率(%) | 4.09 | 4.16 |
| 加权年化信托报酬率(%) | 0.73 | 0.73 |
| 人均净利润(万元) | 222.22 | 244.24 |

注:1. 资本利润率 =净利润/所有者权益平均余额 ×100%。
2. 加权年化信托报酬率 =(信托项目 1 的实际年化信托报酬率 ×信托项目 1 的实收信托 +信托项目 2 的实际年化信托报酬率 ×信托项目 2 的实收信托 +… +信托项目 $n$ 的实际年化信托报酬率 ×信托项目 $n$ 的实收信托)/(信托项目 1 的实收信托 +信托项目 2 的实收信托 +… +信托项目 $n$ 的实收信托) ×100%。
3. 该指标是反映公司实际的信托报酬水平,计算在报告年度真正清算结束了的项目。
4. 人均净利润 =净利润/年平均人数。
5. 平均值采取年初、年末余额简单平均法。
6. 公式为:a(平均) =(年初数 +年末数)/2。

### 7.3 对本公司财务状况、经营成果有重大影响的其他事项

无。

### 7.4 公司净资本监管指标

| 指标名称 | 指标值 | 监管标准 |
|---|---|---|
| 净资本(万元) | 362 036 | ≥2 亿元 |
| 各项业务风险资本之和(万元) | 220 535 | — |
| 净资本/各项业务风险资本之和(%) | 164.16 | ≥100 |
| 净资本/净资产(%) | 77.33 | ≥40 |

## 8. 特别事项简要揭示

### 8.1 前五名股东报告期内变动情况及原因

无。

### 8.2 董事、监事及高级管理人员变动情况及原因

2018 年 4 月,公司董事会换届选举,选举产生国联信托股份有限公司第四届董事会董事,新一届董事的任职资格已经江苏省银保监局全部核准通过。

### 8.3 公司的重大未决诉讼事项

单一信托起诉个数:2 个。

(1)诉讼对象是昆明天和斗特实业(集团)有限公司、史佩欣、昆明和信屋业开发有限责任公司,金额为 8 000 万元股权转让款,本案已进入执行阶段。

(2)诉讼对象是无锡市电线二厂有限公司、无锡尊园置业投资有限公司、邹玉仙,金额为本金 5 000 万元,本案已进入执行程序。

### 8.4 对会计师事务所出具的有保留意见、否定意见或无法表示意见的审计报告的,公司董事会应作所涉及事项作出说明

无。

### 8.5 公司及其董事、监事和高级管理人员受到处罚的情况

无。

### 8.6 银保监会及其派出机构对公司检查后提出整改意见的,应简要说明整改情况

2018 年无锡银保监分局对公司进行了现场检查,对于监管部门提出的问题,公司高度重视,积极落实整改计划。第一,严格落实整改,持续跟踪整改措施,总结成效与不足;第二,剖析问题根源,进一步强化内控建设,从源头上杜绝同类问题的发生;第三,持续开展自查,强化常态措施,构建合规经营和风险管控的长效机制;第四,营造合规文化,深入开展合规培训,优化现有合规理念;第五,调整业务结构,加快业务转型,回归信托本源,更好地服务实体经济。

### 8.7 本年度重大事项临时报告的简要内容、披露时间、所披露的媒体及其版面

无。

### 8.8 银保监会及其省级派出机构认定的其他有必要让客户及相关利益人了解的重要信息

无。

## 9. 公司监事会意见

### 9.1 公司依法运作情况

经检查,监事会认为,报告期内,依据国家有关法律法规和《公司章程》的规定,公司建立了较完善的内部控制制度,决策程序符合相关规定。公司董事及其他高级管理人员在履行职责时,未发现违反法律法规、规章及《公司章程》等的规定或损

害公司及股东利益的行为。

### 9.2 检查公司财务情况

2018 年，监事会对公司的财务制度、内控制度和财务状况等进行了认真细致的检查，认为公司目前财务会计内控制度健全，会计无重大遗漏和虚假记载，公司财务状况、经营成果及现金流量情况良好。

### 9.3 公司关联交易情况

对于公司 2018 年日常经营相关的关联交易，监事会认为，交易定价公允，符合市场原则，交易公平、公开，无内幕交易行为，也无损害股东利益，特别是中小非关联股东利益的行为。

### 9.4 公司对外担保及股权、资产置换情况

2018 年公司无对外担保，无债务重组、非货币性交易事项、资产置换，也无其他损害公司股东利益或造成公司资产流失的情况。

### 9.5 内部控制自我评价报告

公司已建立了适合公司运行的内部控制制度体系并能得到有效的执行。公司内部控制的自我评价报告真实、客观地反映了公司内部控制制度的建设及运行情况。本届监事会将继续严格按照《公司法》《公司章程》和国家有关法规政策的规定，忠实履行自己的职责，进一步促进公司的规范运作。

# 国民信托有限公司

## 1. 重要提示

1.1　公司董事会及董事保证本报告所载资料不存在任何虚假记载、误导性陈述或者重大遗漏，并对其内容的真实性、准确性和完整性承担个别及连带责任。

1.2　公司独立董事王海智先生、李建生女士、罗毅先生、王向燊先生申明：本报告所载资料真实、准确、完整。

1.3　公司2018年度财务会计报告经安永华明会计师事务所审计，并出具了标准无保留意见的审计报告。

1.4　公司法定代表人暨董事长肖鹰先生和财务总监曹志强先生申明：保证本年度报告中财务会计报告的真实、完整。

## 2. 公司概况

### 2.1　公司简介

2.1.1　法定中文名称：国民信托有限公司
法定英文名称：The National Trust Ltd.
法定英文名称缩写：Natrust

2.1.2　法定代表人：肖鹰

注册地址：北京市东城区安外西滨河路18号院1号
邮政编码：100011
互联网网址：www.natrust.cn
电子信箱：info@natrust.cn

2.1.3　信息披露事务负责人：付然
电话：010-84268088
传真：010-84268000
电子信箱：florafu@natrust.cn

2.1.4　信息披露报纸：《上海证券报》

2.1.5　公司年报备置点：北京市东城区安外西滨河路18号院1号

2.1.6　金融许可证机构编码：K0007H211000001
统一社会信用代码：911100001429120804

2.1.7　聘请的会计师事务所：安永华明会计师事务所
住所：北京市东城区东长安街1号东方广场安永大楼16层
聘请的律师事务所：北京观韬中茂律师事务所
住所：北京市西城区金融大街5号新盛大厦B座18层

### 2.2　组织结构

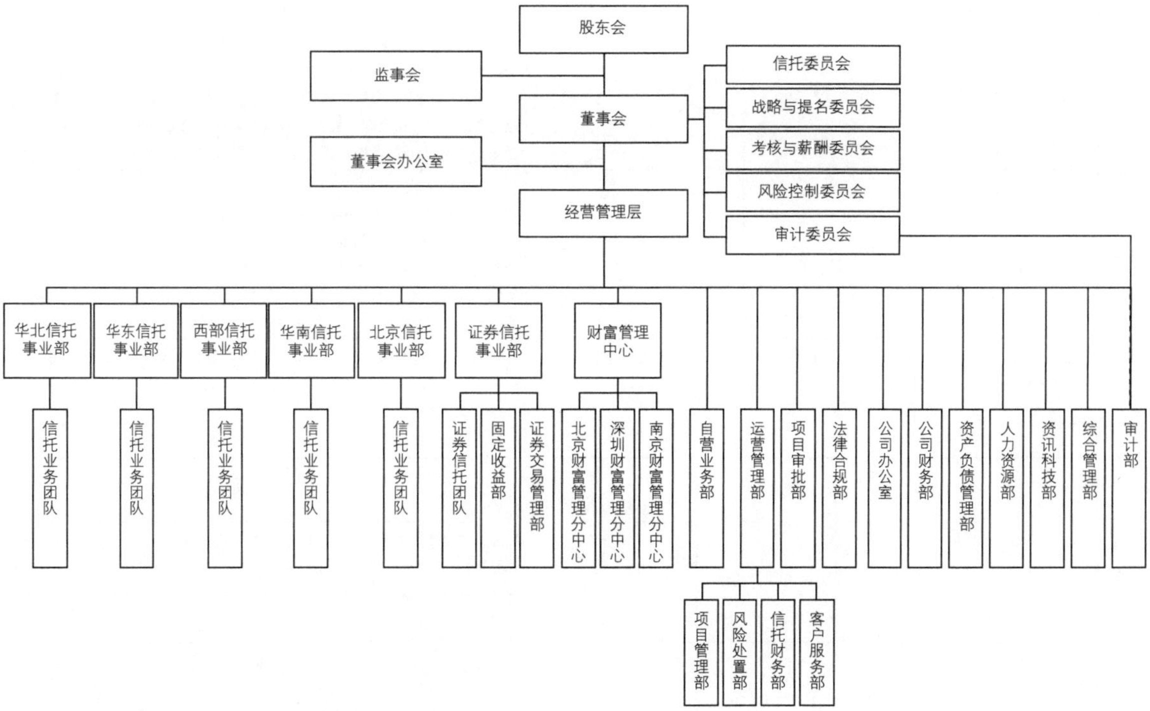


注：项目管理部、风险处置部、信托财务部、客户服务部为运营管理部下设二级部门。

# 3. 公司治理

## 3.1 股东

公司前三位股东的情况如下：

| 股东名称 | 持股金额(元) | 持股比例(%) | 法定代表人 | 注册资本(万元) | 注册地址 | 主营业务及财务情况 |
|---|---|---|---|---|---|---|
| 上海丰益股权投资基金有限公司 | 317 272 727.28 | 31.73 | 张　峻 | 55 000 | 上海市浦东新区莲林路15号403室 | 主营项目投资、股权投资，财务状况良好。 |
| 上海璟安实业有限公司 | 275 472 727.27 | 27.55 | 陈华杰 | 36 120 | 上海市浦东新区浦东大道555号801室 | 主营企业管理、财务顾问、园林绿化，财务状况良好。 |
| 上海创信资产管理有限公司 | 241 654 545.45 | 24.16 | 李荣辉 | 100 000 | 浦东南路1952号238室 | 主营项目投资，财务状况良好。 |

注：1. 股东上海璟安股权投资有限公司已更名为上海璟安实业有限公司；上海璟安于2018年2月23日将注册资本增加至36 120万元；上海璟安于2018年10月9日变更法定代表人为陈华杰，并变更注册地址为上海市浦东新区浦东大道555号801室。

2. 股东上海创信资产管理有限公司与上海丰益股权投资基金有限公司为一致行动人。

## 3.2 董事及独立董事

董事

| 姓　名 | 职　务 | 性别 | 年龄(岁) | 选任日期 | 所推举的股东名称 | 代表股东持股比例(%) | 简要履历 |
|---|---|---|---|---|---|---|---|
| 肖　鹰 | 董事长 | 男 | 45 | 2019年2月27日 | — | — | 毕业于中国人民大学金融学专业，获金融学硕士学位，拥有注册会计师资格。历任中国人民银行银行一处、工商银行监管处副主任科员、副科长，中国银监会北京监管局国有银行一处科长、副处长、政策法规处副处长、股份银行二处处长、办公室主任、纪委书记、党委委员，具有19年的金融机构监管和从业工作经验，自2016年12月29日起任职公司董事。 |
| 李春彦 | 副董事长 | 男 | 54 | 2017年5月16日 | 上海丰益 | 31.73 | 毕业于对外经济贸易大学国际法学专业，获法学博士学位，历任中国平安部门总经理、分公司总经理、北京代表处主任，平安银行董事、行长助理、董事会秘书，富德生命人寿保险股份有限公司董事会秘书、董事，富德财产保险股份有限公司董事长，富德保险控股股份有限公司董事；现任富德控股（集团）有限公司副董事长和深圳市富德资源投资控股有限公司董事长，具备29年的金融从业及管理工作经验，自2016年12月29日起任职公司董事。 |
| 张　涛 | 董事 | 男 | 39 | 2016年12月29日 | 恒丰裕实业发展有限公司 | 16.56 | 毕业于中国人民大学金融学（保险）专业获经济学硕士学位，历任太平洋保险部门经理，富德生命人寿部门经理、董事长办公室总监、总经理助理，富德保险控股股份有限公司副总经理、董事会秘书；现任富德控股（集团）有限公司董事、总裁，富德财产保险股份有限公司董事，深圳市富德前海基础设施投资控股有限公司董事长，恒丰裕执行董事、总经理，拥有17年的金融工作经历。 |
| 黄晓东 | 董事 | 男 | 55 | 2017年1月16日 | 上海创信 | 24.16 | 毕业于吉林大学政治学理论专业获法学博士学位，历任共青团博罗县县委副书记，博罗县石湾镇镇委副书记，共青团广东省省委正科级干部，深圳市委办公厅副处级秘书，深圳人事局副处长，龙岗镇党委书记，龙岗区区长助理，共青团广东省省委副书记，珠海市香洲区区委书记，珠海市市委常委，南方报业总经理，珠影集团党委书记、董事长；现任富德控股（集团）副总裁，富德（常州）能源化工发展有限公司董事长，拥有多年的经济管理工作经验。 |

注：肖鹰先生于2019年2月27日接替杨小阳先生出任公司董事长，并不再担任公司副董事长职务；杨小阳先生自2019年2月27日起不再担任公司董事、董事长；石俊志先生自2019年3月27日起不再担任公司董事。

独立董事

| 姓　名 | 所在单位及职务 | 性别 | 年龄(岁) | 选任日期 | 所推举的股东名称 | 代表股东持股比例(%) | 简要履历 |
|---|---|---|---|---|---|---|---|
| 王海智 | — | 男 | 65 | 2016年12月29日 | — | — | 毕业于中国农业大学经济管理专业，高级经济师，历任中国银行河北省分行围场支行、承德市分行、秦皇岛市分行副行长、行长，东方资产管理公司石家庄办事处、天津办事处总经理，天津信托党委书记、董事长，拥有27年的金融工作经验。 |
| 李建生 | — | 女 | 64 | 2017年1月16日 | — | — | 毕业于香港浸会大学应用会计与金融理学专业获理学硕士学位，历任铁道部基本建设总局财务处助理会计师、会计师、副处长、处长，中国铁路工程总公司副总会计师、总会计师，中国中铁股份有限公司副总裁、财务总监、总法律顾问，中铁信托董事长，宝盈基金董事长，具有34年的会计、金融从业经验。 |

续表

| 姓 名 | 所在单位及职务 | 性别 | 年龄（岁） | 选任日期 | 所推举的股东名称 | 代表股东持股比例（%） | 简要履历 |
|---|---|---|---|---|---|---|---|
| 罗 毅 | 深圳前海宝华盛资产投资管理有限公司总经理 | 男 | 56 | 2016年12月29日 | — | — | 毕业于上海财经大学高级管理人员工商管理专业获工商管理硕士学位，历任南京港务集团财务处主办会计，蛇口中华会计师事务所项目经理，沙河股份财务总监，曙光信息产业（深圳）有限公司财务总监，具有34年的企业会计核算、财务管理、企业管理及项目投资经验。 |
| 王向燊 | 贝罗斯资本（亚洲）有限公司行政总裁 | 男 | 44 | 2017年1月16日 | — | — | 毕业于上海财经大学金融学专业获经济学博士学位，历任中银香港投资主任，粤海控股集团策划发展部总主任、澳门区主管，雅诺金融分析员、风险投资主管，莎莉美集团董事总经理，具有19年的投资管理工作经验。 |

## 3.3 监事会

| 姓名 | 职务 | 性别 | 年龄（岁） | 选任日期 | 所推举的股东名称 | 代表股东持股比例（%） | 简要履历 |
|---|---|---|---|---|---|---|---|
| 常 存 | 监事会主席 | 女 | 40 | 2018年3月27日 | 上海创信、恒丰裕 | 24.16 和 16.56 | 毕业于北京工商大学会计学专业，获管理学硕士学位，曾任职中国保监会、幸福人寿；现任富德生命人寿保险股份有限公司董事、审计责任人，富德保险控股股份有限公司董事、副总经理、审计责任人，生命保险资产管理有限公司审计责任人，首钢福山资源集团有限公司董事，拥有16年的保险从业经历，有着较为丰富的监管检查、合规管理和审计经验。 |
| 郭培能 | 监事 | 男 | 47 | 2016年11月22日 | 上海璟安 | 27.55 | 毕业于四川大学法学专业，获法学学士学位，先后于揭阳市公安机关、深圳市交通管理机关、深圳市泰腾材料贸易有限公司任职；现任深圳市锦祥盛投资控股集团有限公司董事长、总经理，具有丰富的经营管理工作经验。 |
| 程翔华 | 职工监事 | 女 | 35 | 2015年6月11日 | — | — | 先后就读于浙江大学竺可桢学院和英国 Lancaster 管理学院，金融管理学硕士，英国皇家特许会计师（ACA）。曾就职于伦敦德勤会计师事务所，在各类行业的审计及内控咨询服务工作方面拥有丰富经验。 |

注：2018年3月，监事陶蓉因个人原因申请辞任，股东上海创信和恒丰裕提名常存为监事候选人，后经股东会选举，常存于2018年3月27日起任公司监事；2018年4月，经监事会选举，常存任公司监事会主席。2018年6月，经职工大会选举，职工监事程翔华获连选连任。

## 3.4 高级管理人员

| 姓名 | 职务 | 性别 | 年龄（岁） | 选任日期 | 金融从业年限（年） | 学历 | 专业 |
|---|---|---|---|---|---|---|---|
| 肖 鹰 | 董事长（代履职总经理） | 男 | 45 | 2019年2月27日 | 19 | 硕士 | 金融学 |
| 刘 晶 | 副总经理 | 女 | 45 | 2013年1月10日 | 18 | 博士 | 金融学 |
| 付 然 | 副总经理兼董事会秘书 | 女 | 39 | 2017年5月9日 | 8 | 硕士 | 国际商法 |
| 何 远 | 副总经理 | 男 | 49 | 2011年10月11日 | 24 | 在职研究生 | 金融学 |
| 曹志强 | 财务总监 | 男 | 49 | 2015年3月19日 | 12 | 硕士 | 金融与投资 |

注：2019年4月，董事会同意石俊志先生辞任公司总经理，同时指定肖鹰先生自2019年4月19日起代为履行公司总经理职责。

## 3.5 公司员工

报告期内公司员工人数、年龄分布、学历分布，列示如下：

| 项 目 | | 报告期年度 人数（人） | 比例（%） |
|---|---|---|---|
| 年龄分布 | 25岁以下 | 6 | 2.55 |
| | 26～29岁 | 35 | 14.89 |
| | 30～39岁 | 139 | 59.15 |
| | 40岁以上 | 55 | 23.41 |

续表

| 项 目 | | 报告期年度 人数（人） | 比例（%） |
|---|---|---|---|
| 学历分布 | 博士 | 4 | 1.7 |
| | 硕士 | 102 | 43.41 |
| | 本科 | 112 | 47.66 |
| | 专科 | 11 | 4.68 |
| | 其他 | 6 | 2.55 |

# 4. 经营管理

## 4.1 经营目标、经营方针、战略规划

### 4.1.1 经营目标

公司的战略目标是打造中国一流的信托金融服务机构，以完善的内部控制和风险管理为保障，以差异化的研发能力和高端资产管理服务来建立核心竞争力，立足信托主业，根据市场变化及时有效地进行业务创新，通过向高端客户提供高附加值的金融产品服务，在市场竞争中赢得生存和发展，逐步创建国民信托品牌，致力于客户利益、股东价值和员工满足感的最大化，成为市场领先、客户信赖的综合金融服务商。

### 4.1.2 经营方针

公司的经营方针是以尽职的员工、可靠的产品、优质的服务和高效的平台为客户提供最佳的金融理财服务。

### 4.1.3 战略规划

公司的战略规划主要有以下几个方面。

发展方向：从传统信托业务向以主动资产管理为核心的现

代金融业务发展。

业务类型：从以项目为导向的投融资业务转向以客户为中心的私人财富管理业务和以机构资产管理为主业的信托金融服务。

费率结构：持续增加信托收入，并逐步转为以主动管理类业务的稳定、持续信托报酬收入为主要利润来源。

短期策略：巩固业务基础和客户群，优化资讯科技平台，完善营运系统、制度和流程，建立高效灵活的管理和营销团队。为顺应信托行业发展、严格执行各项监管政策，公司启动"改革、转型、发展"模式，制定"合规经营、着力转型、防化风险、稳步前行"的经营思路，扎实、稳妥、逐步推进转型发展。2019年，公司采取两步走的策略，一方面依靠升级传统业务实现主营收入，另一方面在各项改革措施逐步落实、夯实管理基础、提升经营管理水平的基础上，循序渐进地推动业务转型发展，回归信托本源，坚持服务实体经济，确保实现受益人合法利益最大化。

中长期策略：逐步扩大市场和产品的深度和广度，加速产品和服务创新，不断优化投资解决方案和服务流程，强化开放式财富管理平台，建立、完善销售、服务团队，改善品牌效应，积极发掘潜在客户和业务，并持续深化高净值客户关系。

长期策略：成长为具有重要市场地位的国际性综合金融服务集团。在金融股权投资和信托服务上取得市场领先地位，逐步发展"互联网＋"及证券投资等与现有业务具有协同效应的配套金融业务，保持优秀的投资业绩、明确的发展策略及稳健的财务状况。以不断优化的体制、机制和管理文化吸引并留住人才，提升客户利益和股东价值，实现公司的可持续发展。

## 4.2 经营业务的主要内容

### 4.2.1 固有业务情况

截至2018年12月31日，公司固有资产运用与分布情况：

**固有资产运用与分布表**

| 资产运用 | 金额（万元） | 占比（%） | 资产分布 | 金额（万元） | 占比（%） |
|---|---|---|---|---|---|
| 货币资产 | 27 319.82 | 7.56 | 基础产业 | — | — |
| 贷款及应收款 | 115 758.59 | 32.01 | 房地产 | — | — |
| 以公允价值计量且其变动计入当期损益的金融资产 | 210 243.50 | 58.14 | 证券市场 | — | — |
| 可供出售金融资产 | 2 531.63 | 0.70 | 实业 | — | — |
| 持有至到期投资 | — | — | 金融机构 | 212 775.13 | 58.84 |
| 长期股权投资 | — | — | 其他 | 148 819.95 | 41.16 |
| 其他 | 5 741.54 | 1.59 | | | |
| 资产合计 | 361 595.08 | 100.00 | 资产合计 | 361 595.08 | 100.00 |

资产分布中，对"其他"事项的说明如下：

| 资产分布中"其他"事项明细 | | |
|---|---|---|
| 资产分布 | 金额（万元） | 占比（%） |
| 货币资产 | 27 319.82 | 7.56 |
| 贷款及应收款 | 115 758.59 | 32.01 |
| 其他 | 5 741.54 | 1.59 |
| 其他合计 | 148 819.95 | 41.16 |

### 4.2.2 信托业务情况

截至2018年12月31日，公司受托管理的信托资产运用与分布情况：

**信托资产运用与分布表**

| 资产运用 | 金额（万元） | 占比（%） | 资产分布 | 金额（万元） | 占比（%） |
|---|---|---|---|---|---|
| 货币资产 | 144 983.07 | 0.38 | 基础产业 | 3 033 643.48 | 7.87 |
| 贷款 | 27 277 489.22 | 70.75 | 房地产 | 2 327 688.10 | 6.04 |
| 交易性金融资产 | 112 229.69 | 0.29 | 证券市场 | 545 475.24 | 1.41 |
| 可供出售金融资产 | 3 794 775.60 | 9.84 | 金融机构 | 2 776 783.06 | 7.20 |
| 长期股权投资 | 1 620 193.64 | 4.20 | 实业 | 27 867 830.56 | 72.28 |
| 其他 | 5 606 986.52 | 14.54 | 其他 | 2 005 237.30 | 5.20 |
| 信托资产合计 | 38 556 657.74 | 100.00 | 信托资产合计 | 38 556 657.74 | 100.00 |

资产运用和资产分布中，对"其他"事项的说明如下：

| 资产运用中"其他"事项明细 | | | 资产分布中"其他"事项明细 | | |
|---|---|---|---|---|---|
| 资产运用 | 金额（万元） | 占比（%） | 资产分布 | 金额（万元） | 占比（%） |
| 应收账款 | 1 987 559.10 | 5.15 | 银行存款 | 144 983.07 | 0.38 |
| 无形资产 | 3 379 874.49 | 8.77 | 应收账款 | 11 051.28 | 0.03 |
| 买入返售金融资产 | 39 252.93 | 0.1 | 财产权 | 1 459 961.71 | 3.79 |
| 其他 | 200 300.00 | 0.52 | 其他 | 389 241.24 | 1.00 |
| 其他合计 | 5 606 986.52 | 14.54 | 其他合计 | 2 005 237.30 | 5.20 |

## 4.3 市场分析

展望2019年，中美经济谈判取得阶段性进展，美联储加息预期明显弱化，明确金融监管和地方政府债务管理的政策，稳定了市场预期；当前世界经济形势仍然错综复杂，全球经济还有一定的下行压力，我国经济、金融风险挑战依然比较多，人民银行将继续实施稳健的货币政策，防范和化解金融风险。当前信托行业发展状况既反映了宏观经济运行和金融监管环境变化的影响，也进一步表明过去驱动信托业发展的传统模式已难以为继，严监管、缩规模、控风险、谋转型、新布局五大"关键词"将围绕整个信托业的发展。随着资管新规及配套制度的逐步落地，信托行业面临全新的竞争环境和监管要求，行业发展处于新旧动能转换的阶段。同时，随着商业银行理财子公司的出现，也将使资管行业的竞争更加白热化。信托公司长期以来作为银行理财资金投资的重要通道，预计在传统的资金信托业务、银信合作业务等方面会面临较大冲击。

## 4.4 内部控制

### 4.4.1 内部控制环境和文化

4.4.1.1 公司治理机制

按照《信托公司治理指引》和现代企业制度的要求，公司设置了以股东会、董事会、监事会和高级管理层为核心的法人治理结构，明确了议事规则和决策程序。股东会为公司最高权力机构；董事会为公司决策机构；高级管理层为公司执行机构，负责执行董事会批准的各项决策和制度；监事会为公司监督机构，主要对公司财务经营状况及董事、高级管理人员履行职务的行为进行监督。公司逐步建立起了分工明确、权责相互制衡的公司治理和内部控制机制，并持续进行改善，实现了董事会对高级管理层经营活动的合理授权和有效监督。在经营管理层面，公司搭建了权责明确、合理制衡、报告关系清晰的组织架构，建立了业务评审委员会集体决策机制，法律合规部门、风险管理部门、运营管理部门和内审稽核部门定期向董事会及其专门委员会、监事会报告合规管理、风险管理和内部审计工作情况。

4.4.1.2　内控文化的建设和执行情况

公司在董事会及高级管理层的领导下，形成了诚实守信、稳健经营、恪尽职守的内部控制文化，树立内部控制和合规风险管理优先的审慎经营理念，积极培养员工的合规风险防范意识。公司强化合规经营理念的培育，持续关注法律法规、监管政策调整，及时梳理和完善相关内控规章制度，调整操作流程，不断推进公司内控管理工作的规范化、流程化、标准化。公司要求董事、监事和高级管理人员在企业文化建设中发挥主导和垂范作用，通过制定和实施员工行为规范，加强员工业务知识培养，通过学习法律法规、案例分析等多种形式，引导和规范员工行为，培育积极向上的价值观和诚实守信的执业理念。

**4.4.2　内部控制措施**

公司不断完善内控机构设置和制度建设；强调董事会和高级管理层的责任，将风险内控管理作为公司内部管理的核心，营造风险管理的环境。公司建立了董事会风险控制委员会、高级管理层、风险内控管理职能部门和业务部门四个层级的全面风险管理架构，贯彻全面风险管理的要求和全方位、全过程和全员风控管理的原则，逐步完善在不相容职务分离控制、授权审批控制、会计系统控制、财产保护控制、预算控制、运营分析控制和绩效考评控制等方面的内控活动。

在公司制定的全面风险管理体系架构下，内部控制的主要实施工作由法律合规部门、项目审批部门、运营管理部门、财务部门和内审稽核部门等具体执行。各部门保持独立，法律合规部为开展业务提供合规支持，涉及业务开展各个环节，保证了项目成立前产品结构设计、项目成立后业务管理等的合规性，并为公司日常运营及治理提供合规支持，解决公司运营及治理中涉及的合规问题，同时承担与监管机构沟通职能，保证公司运营及治理符合监管机构要求；项目审批部负责对公司业务除法律及合规风险外的所有相关风险审查工作，出具风险审查意见；运营管理部负责信托项目的存续管理，风险项目的处置及诉讼，资金管理及产品核算，客户服务等；公司财务部对公司固有财产进行计量、监查和报告；资产负债管理部负责建立公司风险管理架构，做好各项风险的识别与监测，为高级管理层经营管理工作提供依据；审计部则对公司业务和经营管理工作进行独立审计和监督，直接向董事会审计委员会负责，保证其独立性和权威性。公司现有的风险管理体系架构，有效地保障风险管理程序的执行力，使公司业务运作和决策更为可扩和可控，也使高级管理层能全面及时地掌握公司的日常经营、财务和风险状况并保证风险管控措施有效执行。另外，公司持续建设和完善信息系统，在支持业务发展的同时，帮助加强内部控制，防范风险。

公司根据业务发展、政策变化，持续完善各方面的管理制度，涉及业务管理、操作流程及后台工作等，涵盖业务事前、事中、事后的全过程。报告期内，公司在贯彻现行制度办法的基础上，为适应市场变化，促进公司展业，更新了《个人房抵贷业务风控指引》《基础设施集合类信托业务风控指引》《信托项目存续期管理办法》等制度；在后台支持服务方面，修订或颁布了《信托财务印章管理办法》《人民银行理财与资金信托统计及报送管理办法》《征信合规管理与信息安全内控制度及问责制度(暂行)》《征信合规与信息安全自查自纠制度(暂行)》《征信信息安全事件应急处理机制(暂行)》，同时修订了《征信系统数据录入、报送及查询工作规范》《IT采购管理办法》《信息科技外包管理办法》等办法，对信息系统建设和维护管理进行了进一步规范。

为了优化内部控制环境，报告期内，公司颁布实施了《员工奖励及责任追究管理办法》，以增强员工的自我约束能力与责任意识；为进一步完善人力资源管理工作，印发了《人力资源管理制度手册》，手册中完善并修订了相关人力资源的13项管理办法，为适应市场变化，促进业务发展，随着公司业务的开展将持续补充和完善有关方面的制度。同时，公司全面加强员工素质教育，防范道德风险。公司积极组织员工参加监管部门开展的与信托业务有关的法律法规学习和考试；鼓励员工参加内部和外部培训交流，进一步提高员工的业务能力和专业知识，增强风险意识和预判能力。

报告期内，公司不断完善消费者权益保护工作管理体系。董事会承担公司消费者权益保护工作的最终责任，公司管理层负责组织消费者权益保护相关工作的依法实施。同时，公司成立消费者权益保护委员会，由总经理担任主任，委员会下设消费者权益保护工作组，指定专人专岗负责该项工作。制度建设方面，公司修订了《消费者权益保护工作内部考评办法(试行)》《推介外包服务工作指引(试行)》，进一步明确了消费权益保护工作专项管理体系、部门职能、职责划分、内部考评监督等内容。

**4.4.3　监督评价与纠正**

公司十分重视内部控制问题的后续追踪整改，对于持续监控、内审稽核、监管检查及重大事件所反映的内控问题组织持续追踪整改。针对常规内审高风险项目、重大行政监管意见、潜在损失案件中反映的制度和流程缺陷，公司通过合规部门关注重大合规风险识别、评估、整改要求，对重大违规事项整改情况进行跟踪，持续优化制度和流程，从源头防范内控漏洞，以杜绝类似问题重复发生。公司内部审计人员对业务部门落实整改执行情况进行逐项跟踪，对未按时整改的情况及时予以分析追踪和报告。

## 4.5　风险管理

**4.5.1　风险状况**

4.5.1.1　信用风险状况

信用风险不仅包括违约风险，还包括因交易对手和合作方的信用状况及履约能力的变化而导致公司资产价值发生变动造成损失的风险。信用风险压力主要表现在融资类业务中，对于此类风险，公司严格要求前期的详细尽调、中期的独立审查与评估、后期的及时跟踪管理，同时针对交易对手信用资质情况，要求提供相应的抵押、质押、保证及其他一些增信措施以防范信用风险；同时，公司严格按照内部决策流程对投资类业务进行信用评估，选取具有较高信用资质的交易对手，同时从多个维度对投资业务设定风险额度来控制信用风险，有力地保障了公司对信用风险的管控效果。

4.5.1.2　市场风险状况

市场风险是指公司在对信托财产和固有财产的合法经营中，因市场利率、汇率、股指和商品价格等市场参数的波动而产生的风险，包括利率风险、汇率风险、股市风险和通胀风险等。

公司市场风险主要涉及证券投资和股权投资信托业务以及上市公司股权质押融资、不动产投资信托业务等。对于此类业务，公司本着审慎原则，合理配置资产，通过合理的交易安排和严密的管理措施，勤勉、尽职地履行受托人职责，最大限度保障受益人的资金安全。同时，市场风险还具有很强的传导效应，如销售下降、成本上升等因素导致交易对手的信用风险，因此对于此类业务同样采取严格的流程要求以及尽可能取得增信措施来防范风险。

4.5.1.3　操作风险状况

操作风险是指因内部控制程序和系统的不完善、人员操作失误或外部突发事件等可能导致公司遭受损失的风险。

公司实行规范化、标准化、制度化管理，各项业务的开展都严格执行内部控制程序及业务操作流程。此外，公司还根据市场环境、监管要求及业务发展变化，不断调整和完善业务操作流程，并将多项制度的执行信息化、自动化，降低操作风险。

4.5.1.4　其他风险状况

除以上三类风险外，公司还面临合规风险、流动性风险、声誉风险、员工道德风险，以及国家法律法规和政策的不确定性对公司经营产生影响的政策风险等。公司针对各项风险建立了较完善的防范、应对机制。其中，合规风险作为公司风险防范的重中之重，是公司经营和管理各方面的红线，公司对于合规尺度坚持严格把控、实质重于形式的原则，为公司的发展提供了坚实的合规基础。

**4.5.2　风险管理**

4.5.2.1　信用风险管理

公司严格执行信用风险的事前防范、事中控制和事后检查制度。在业务发生前，主要由业务部门对交易对手进行详细的尽职调查，重点确定业务的商业风险可控性、公司收益与风险承担的合理性；法律合规部根据业务部门的尽职调查情况对项目交易结构和合同条款的合规性进行审查；项目审批部对信托项目的风险情况及其控制措施进行充分的评估和审核，“两级评审会”对项目进行审核和评定，从而尽可能降低信用风险发生的概率；运营管理部负责组织开展项目投后管理工作，开展定期、不定期风险排查、检查工作，多维度防范、预警项目运行潜在信用风险。目前公司信用风险管理框架基本完善，存续项目信用风险敞口较小。

4.5.2.2　市场风险管理

控制市场风险的主要方法是加强对经济及金融形势的分析预测，加强相关行业研究，必要情况下在具体项目尽职调查时聘请专业的机构参与调查，并在业务决策时，参考聘请的外部行业专家对项目进行的行业与市场分析。公司根据业务性质、规模、复杂程度和风险特征，结合总体业务发展战略、管理能力和资本实力，确定总体风险承受水平，并尽量采取分散投资、分散风险的办法。一方面，加强对宏观经济和证券市场的研究，坚持价值投资理念，采取稳健的投资策略，建立止损机制，有效防范资本市场风险；另一方面，定期或不定期对房地产和证券投资等业务进行市场风险压力测试以及动态估值，分析业务对外部市场变化的敏感程度和可能的影响，以制定策略应对市场变化。

2018 年，公司加强了对宏观经济和同行业业务情况的研究，证券业务领域严格按照信托文件进行操作，尽职履行受托人职责，防范操作风险的发生。

4.5.2.3　操作风险管理

公司建立起较完整的内控制度，保障各项业务正常、有序的开展。公司部门间实行明确的职责划分，部门内部细分岗位职责和权限，开展不相容岗位梳理，保证岗位的有效分离与制衡，形成了相互配合、相互监督、相互制约的风控机制。公司各项业务的开展都严格执行内部控制程序及业务操作流程。公司根据市场及其规则的变化不断调整和完善业务操作流程；同时将各项工作的操作规范编入信息系统审批流程，操作风险的防控效率、效果大大提升。

2018 年，为了业务发展和管理的需要，公司对相关业务及管理流程进行了全面梳理以及优化，修改完善流程共计 6 次，涉及 8 个流程（含盈丰系统）及公司 9 个中台、后台部门，进一步防范了操作风险的发生。

4.5.2.4　其他风险管理

公司加强对国家政策的分析和研究，提高对政策的理解能力，并与监管部门及时沟通，根据要求进行业务调整和制度完善；此外，还不定期与同行进行业务交流，探讨业务经营管理中发现的问题，以提高对政策的理解度和执行力，从而有效地防范政策风险。

公司高度重视法律风险的防范。法律合规部为法律风险的主要管理部门，对于重大项目聘请外部律师事务所等专业服务机构提供专业意见，以强化法律方面的风险管理。同时，公司颁布相关制度规范外聘律师事务所操作，防止出现道德风险。

公司高度重视流动性风险，专门成立了资产负债委员会统筹公司流动性管理。公司坚持审慎性原则，持续监测在各产品、各业务条线的流动性风险；公司建立流动资金预警线预警机制，并按照监管的要求建立了流动性补充方案。

公司高度重视声誉风险防控，建立了舆情应对应急管理机制，未雨绸缪，防范在前。公司安排专职人员每日对舆情进行监测，一旦发现涉及公司的相关舆情，及时上报相关情况，迅速进行舆情处置，保持各方面的沟通同时加强对正面舆情的引导工作。

公司全面加强员工素质教育，防范道德风险。公司积极组织员工参加监管部门开展的与信托业务有关的法律法规学习和考试；鼓励员工参加内部和外部培训交流，进一步提高员工的业务能力和专业知识，增强风险意识和预判能力，将风险控制理念融入业务和管理工作的各方面、各环节。

## 4.6　净资本风险控制指标

公司报告期末的净资本风险控制指标情况如下

| 指标名称 | 期末数 | 监管标准 |
|---|---|---|
| 净资本（万元） | 218 497.78 | ≥20 000 |
| 固有业务风险资本（万元） | 30 471.04 | — |
| 信托业务风险资本（万元） | 75 253.00 | — |
| 其他业务风险资本（万元） | — | — |
| 各项业务风险资本（万元） | 105 724.04 | — |
| 净资本/各项业务风险资本之和（%） | 206.67 | ≥100 |
| 净资本/净资产（%） | 85.35 | ≥40 |

## 5. 会计师事务所审计意见

安永华明会计师事务所对公司2018年财务报表出具了标准无保留意见，认为公司财务报表在所有重大方面已经按照企业会计准则的规定编制，公允地反映了国民信托有限公司2018年12月31日的财务状况以及2018年度的经营成果和现金流量。

## 6. 公司财务报表及附注

### 6.1 资产负债表

**资产负债表**

编制单位：国民信托有限公司　　2018年12月31日　　单位：万元

| | 2018年12月31日 | 2017年12月31日 |
|---|---|---|
| 资产 | | |
| 货币资金 | 27 319.82 | 11 494.80 |
| 以公允价值计量且其变动计入当期损益的金融资产 | 210 243.50 | 171 406.91 |
| 应收账款 | 7 008.45 | 11 939.31 |
| 发放贷款 | — | 20 790.00 |
| 可供出售金融资产 | 2 531.63 | 64 338.45 |
| 应收款项类投资 | 30 685.20 | 59 198.45 |
| 固定资产 | 463.94 | 655.82 |
| 无形资产 | 588.97 | 730.81 |
| 其他资产 | 82 753.57 | 90 189.94 |
| 资产合计 | 361 595.08 | 430 744.49 |
| 负债及所有者权益 | | |
| 负债 | | |
| 应付职工薪酬 | 32 469.53 | 24 816.17 |
| 应交税费 | 27 933.51 | 5 934.85 |
| 递延所得税负债 | 7 935.38 | 16 184.76 |
| 其他负债 | 37 256.67 | 139 711.76 |
| 负债合计 | 105 595.09 | 186 647.54 |
| 所有者权益 | | |
| 实收资本 | 100 000.00 | 100 000.00 |
| 其他综合收益 | 78.23 | 78.23 |
| 盈余公积 | 20 237.53 | 19 047.22 |
| 一般风险准备 | 4 063.67 | 4 063.67 |
| 信托赔偿准备 | 9 444.89 | 8 849.74 |
| 未分配利润 | 122 175.67 | 112 058.09 |
| 所有者权益合计 | 255 999.99 | 244 096.95 |
| 负债及所有者权益合计 | 361 595.08 | 430 744.49 |

### 6.2 利润表

**利润表**

编制单位：国民信托有限公司　　2018年度　　单位：万元

| | 2018年 | 2017年 |
|---|---|---|
| 营业收入 | | |
| 手续费及佣金收入 | 83 572.73 | 69 280.02 |
| 投资收益/（损失） | 2 049.91 | 3 199.75 |
| 公允价值变动收益 | 416.45 | 839.65 |
| 利息净收入 | -2 431.76 | -6 054.90 |
| 其中：利息收入 | 2 026.35 | 1 836.08 |
| 利息支出 | -4 458.11 | -7 890.98 |
| 其他业务收入 | 3 760.93 | 3 760.87 |
| 其他收益 | 86.63 | — |
| 资产处置收益 | -3.22 | 0.09 |
| 营业收入合计 | 87 451.67 | 71 025.48 |
| 营业支出 | | |
| 营业税金及附加 | 741.74 | 1 200.40 |
| 业务及管理费 | 39 209.37 | 34 615.82 |
| 资产减值损失 | 31 022.35 | 19 728.92 |
| 营业支出合计 | 70 973.46 | 55 545.14 |
| 营业利润 | 16 478.21 | 15 480.34 |
| 加：营业外收入 | — | 5.30 |
| 减：营业外支出 | 201.21 | 33.60 |
| 利润总额 | 16 277.00 | 15 452.04 |
| 减：所得税费用 | 4 373.96 | 4 182.00 |
| 净利润 | 11 903.04 | 11 270.04 |
| 其他综合收益的税后净额 | — | — |
| 综合收益总额 | 11 903.04 | 11 270.04 |

### 6.3 所有者权益变动表

**所有者权益变动表**

2018年度　　单位：万元

| | 实收资本 | 其他综合收益 | 盈余公积 | 一般风险准备 | 信托赔偿准备 | 未分配利润 | 所有者权益合计 |
|---|---|---|---|---|---|---|---|
| 本年年初余额 | 100 000.00 | 78.23 | 19 047.22 | 4 063.67 | 8 849.74 | 112 058.09 | 244 096.95 |
| 本年增减变动金额 | | | | | | | |
| （一）综合收益总额 | — | — | — | — | — | 11 903.04 | 11 903.04 |
| （二）利润分配 | | | | | | | |
| 提取盈余公积 | — | — | 1 190.31 | — | — | （1 190.31） | — |
| 提取一般风险准备 | — | — | — | — | — | — | — |
| 提取信托赔偿准备 | — | — | — | — | 595.15 | （595.15） | — |
| 对所有者的分配 | — | — | — | — | — | — | — |
| 本年年末余额 | 100 000.00 | 78.23 | 20 237.53 | 4 063.67 | 9 444.89 | 122 175.67 | 255 999.99 |

**所有者权益变动表（续）**

2017年度　　单位：万元

| | 实收资本 | 其他综合收益 | 盈余公积 | 一般风险准备 | 信托赔偿准备 | 未分配利润 | 所有者权益合计 |
|---|---|---|---|---|---|---|---|
| 本年年初余额 | 100 000.00 | 78.23 | 17 920.22 | 3 470.88 | 8 286.24 | 103 071.34 | 232 826.91 |
| 本年增减变动金额 | | | | | | | |
| （一）综合收益总额 | — | — | — | — | — | 11 270.04 | 11 270.04 |
| （二）利润分配 | — | — | — | — | — | — | — |

续表

| | 实收资本 | 其他综合收益 | 盈余公积 | 一般风险准备 | 信托赔偿准备 | 未分配利润 | 所有者权益合计 |
|---|---|---|---|---|---|---|---|
| 提取盈余公积 | — | — | 1 127.00 | — | — | (1 127.00) | — |
| 提取一般风险准备 | — | — | — | 592.79 | — | (592.79) | — |
| 提取信托赔偿准备 | — | — | — | — | 563.50 | (563.50) | — |
| 对所有者的分配 | — | — | — | — | — | — | — |
| 本年年末余额 | 100 000.00 | 78.23 | 19 047.22 | 4 063.67 | 8 849.74 | 112 058.09 | 244 096.95 |

## 6.4 财务报表附注

**6.4.1 报告期内，公司财务报表编制基准、会计政策、会计估计和核算方法变化情况**

本公司2018年度会计报表编制基准、会计政策、会计估计和核算方法无重大变化。

**6.4.2 财务报表主要项目的明细**

6.4.2.1 信用风险资产分类情况

单位：万元

| 信用风险资产五级分类 | 正常类（万元） | 关注类（万元） | 次级类（万元） | 可疑类（万元） | 损失类（万元） | 资产合计（万元） | 不良资产合计（万元） | 不良资产率（%） |
|---|---|---|---|---|---|---|---|---|
| 期初数 | 401 028.81 | 12 054.17 | 11 230.43 | — | — | 424 313.41 | 11 230.43 | 2.65 |
| 期末数 | 283 944.55 | 67 868.30 | 12 054.17 | — | — | 363 867.02 | 12 054.17 | 3.31 |

注：不良资产合计＝次级类＋可疑类＋损失类。

6.4.2.2 各项资产减值损失准备的期初数、本期计提、本期转回、本期核销、期末数

单位：万元

| | 期初数 | 本期计提 | 本期转回 | 本期核销 | 期末数 |
|---|---|---|---|---|---|
| 贷款损失准备 | 210.00 | — | (210.00) | — | — |
| 一般准备 | 210.00 | — | (210.00) | — | — |
| 专项准备 | — | | | | |
| 其他资产减值准备 | 23 002.45 | 25 680.09 | (16.56) | (595.44) | 48 070.54 |
| 应收款项类资产 | 22 467.16 | 16 484.83 | — | — | 38 951.99 |
| 持有至到期投资减值准备 | — | — | — | — | — |
| 长期股权投资减值准备 | — | — | — | — | — |
| 坏账准备 | 535.29 | 9 195.26 | (16.56) | (595.44) | 9 118.55 |
| 投资性房地产减值准备 | — | — | — | — | — |

6.4.2.3 固有业务股票投资、基金投资、债券投资、股权投资等投资业务的期初数、期末数

单位：万元

| | 自营股票 | 基金 | 债券 | 长期股权投资 | 其他投资 | 合计 |
|---|---|---|---|---|---|---|
| 期初数 | — | 19 592.48 | — | — | 275 351.33 | 294 943.81 |
| 期末数 | — | 58 012.62 | — | — | 185 447.71 | 243 460.33 |

6.4.2.4 前三名自营长期股权投资（包括以公允价值计量且其变动计入当期损益的金融资产）的企业名称、占被投资企业权益的比例、主要经营活动及投资收益情况等

| 企业名称 | 占被投资企业权益的比例（%） | 主要经营活动 | 投资收益（万元） |
|---|---|---|---|
| 汇丰人寿保险有限公司 | 50 | 人寿保险、健康保险和意外伤害保险等保险业务；及上述业务的再保险业务（法定保险业务除外）。 | 3 760.93 |

6.4.2.5 前三名自营贷款的企业名称、占贷款总额的比例和还款情况等

| 企业名称 | 占贷款总额的比例（%） | 还款情况 |
|---|---|---|
| — | — | — |

6.4.2.6 表外业务的期初数、期末数；按照代理业务、担保业务和其他类型表外业务分别披露

本年度无表外业务。

6.4.2.7 收入结构

| 收入结构 | 金额（万元） | 占比（%） |
|---|---|---|
| 手续费及佣金收入 | 83 572.73 | 90.93 |
| 其中：信托手续费收入 | 83 572.73 | 90.93 |
| 投资银行业务收入 | — | — |
| 利息收入 | 2 026.35 | 2.21 |
| 其他业务收入 | 3 760.93 | 4.09 |
| 其中：计入信托业务收入部分 | — | — |
| 投资收益/（损失） | 2 049.91 | 2.23 |
| 其中：股权投资收益 | — | — |
| 证券投资收益 | — | — |
| 其他投资收益 | 2 049.91 | 2.23 |
| 公允价值变动收益 | 416.45 | 0.45 |
| 营业外收入 | — | — |
| 其他收益 | 86.63 | 0.09 |
| 资产处置收益 | -3.22 | — |
| 收入合计 | 91 909.78 | 100.00 |

**6.4.3 关联方关系及其交易**

6.4.3.1 关联交易方的数量、关联交易的总金额及关联交易的定价政策

| | 关联交易方数量 | 关联交易金额（万元） | 定价政策 |
|---|---|---|---|
| 合计 | — | — | — |

6.4.3.2 关联交易方与公司的关系性质、关联交易方的名称、法定代表人、注册地址、注册资本及主营业务

| 关系性质 | 关联方名称 | 法定代表人 | 注册地址 | 注册资本（万元） | 主营业务 |
|---|---|---|---|---|---|
| — | — | — | — | — | — |

6.4.3.3 公司与关联方的重大交易事项

固有资产与关联方交易情况如下：

单位：万元

| 固有资产与关联方关联交易 | | | | |
|---|---|---|---|---|
| | 期初数 | 借方发生额 | 贷方发生额 | 期末数 |
| 贷款 | — | — | — | — |
| 投资 | — | — | — | — |
| 租赁 | — | — | — | — |
| 担保 | — | — | — | — |
| 应收账款 | — | — | — | — |
| 其他 | — | — | — | — |
| 合计 | — | — | — | — |

6.4.3.4　关联方逾期未偿还公司资金以及公司为关联方担保发生或即将发生垫款情况

截至2018年12月31日，公司没有向关联方担保或即将发生垫款情况，也没有关联方逾期未偿还公司资金情况。

**6.4.4　或有事项说明**

报告期内，公司共有数起作为原告方/被告方/申请执行人的诉讼案件，公司管理层认为目前该等法律诉讼与仲裁事项不会对公司的财务状况或经营成果产生重大影响。

**6.4.5　重要资产转让及其出售的说明**

报告期内，公司并无须作披露的重要资产转让及其出售。

**6.4.6　会计制度**

公司固有业务执行财政部颁布的《企业会计准则——基本准则》以及其后颁布修订的具体会计准则、应用指南、解释及其他相关规定。

## 7. 财务情况说明

### 7.1　利润实现和分配情况

公司2018年总收入为91 909.78万元，总支出为75 632.78万元，实现净利润11 903.04万元。2018年公司未向股东分配利润。

### 7.2　主要财务指标

| 指标名称 | 指标值 |
|---|---|
| 资本利润率(%) | 4.76 |
| 加权年化信托报酬率(%) | 0.21 |
| 人均净利润(万元) | 49.29 |

注：加权年化信托报酬率指标仅包括本报告年度内已清算结束了的信托项目。

### 7.3　报告期内，公司有无发生对公司财务状况、经营成果有重大影响的其他事项

无。

## 8. 信托财务报表及附注

### 8.1　信托项目资产负债汇总表

**信托项目资产负债汇总表**

单位：万元

| | 2018年12月31日 | 2017年12月31日 |
|---|---|---|
| 信托资产 | | |
| 货币资金 | 144 983.07 | 262 049.54 |
| 交易性金融资产 | 112 229.69 | 1 332 196.05 |
| 买入返售金融资产 | 39 252.93 | 100 287.23 |
| 应收款项 | 1 987 559.10 | 3 116 492.26 |
| 发放贷款 | 27 277 489.22 | 31 672 940.72 |
| 可供出售金融资产 | 3 794 775.60 | 8 868 743.06 |
| 长期股权投资 | 1 620 193.64 | 2 420 679.26 |
| 无形资产 | 3 379 874.49 | 4 130 500.67 |
| 其他 | 200 300.00 | 287 023.74 |
| 信托资产总计 | 38 556 657.74 | 52 190 912.53 |
| 信托负债和信托权益 | | |
| 信托负债 | | |
| 应付受托人报酬 | 207.57 | 710.72 |
| 应付托管费 | 2.75 | 47.18 |
| 应付受益人收益 | 2 880.69 | 12 329.19 |
| 应交税费 | 198.31 | — |
| 其他应付款项 | 125 465.08 | 63 286.74 |
| 信托负债合计 | 128 754.40 | 76 373.83 |
| 信托权益 | | |
| 实收信托 | 38 432 717.12 | 52 097 161.88 |
| 资本公积 | 996.94 | 1 024.01 |
| 未分配利润 | -5 810.72 | 16 352.81 |
| 信托权益合计 | 38 427 903.34 | 52 114 538.70 |
| 信托负债和信托权益总计 | 38 556 657.74 | 52 190 912.53 |

### 8.2　信托项目利润及利润分配汇总表

**信托项目利润及利润分配汇总表**

单位：万元

| | 2018年度 | 2017年度 |
|---|---|---|
| 营业收入 | | |
| 利息收入 | 2 002 031.29 | 1 645 222.35 |
| 投资收益 | 9 995.82 | 800 223.02 |
| 公允价值变动损失 | 9 892.99 | 626.62 |
| 其他收入 | 69.15 | 1 142.53 |
| 营业收入合计 | 2 021 989.25 | 2 447 214.52 |
| 营业支出 | | |
| 营业税金及附加 | 8 181.25 | — |
| 受托人报酬 | 89 905.97 | 67 687.77 |
| 托管费 | 21 270.43 | 24 287.98 |
| 销售服务费 | -22.83 | 274.98 |
| 交易费用 | 5 018.35 | 4 517.76 |
| 其他费用 | 40 661.52 | 84 862.32 |
| 营业支出合计 | 165 014.69 | 181 630.81 |
| 信托净(亏损)/利润 | 1 856 974.56 | 2 265 583.71 |
| 其他综合收益 | — | — |
| 综合(亏损)/收益 | 1 856 974.56 | 2 265 583.71 |
| 加：期初未分配信托利润 | 16 352.81 | 15 922.81 |
| 可供分配的信托利润 | 1 873 327.37 | 2 281 506.52 |
| 减：本期已分配信托利润 | 1 879 138.12 | 2 265 153.71 |
| 期末未分配信托收益 | -5 810.75 | 16 352.81 |

### 8.3　信托资产管理情况

**8.3.1　信托资产的期初数、期末数**

单位：万元

| 信托资产 | 期初数 | 期末数 |
|---|---|---|
| 集合 | 7 719 682.67 | 3 544 072.60 |
| 单一 | 42 003 159.31 | 33 552 623.43 |
| 财产权 | 2 468 070.55 | 1 459 961.71 |
| 合计 | 52 190 912.53 | 38 556 657.74 |

8.3.2　主动管理型信托业务的信托资产期初数、期末数

单位：万元

| 主动管理型 | 期初数 | 期末数 |
|---|---|---|
| 证券投资类 | 1 567 871.83 | 179 230.40 |
| 股权投资类 | 30 046.57 | 17 417.35 |
| 融资类 | 716 241.96 | 367 084.72 |
| 事务管理类 | — | — |
| 其他 | 512 245.91 | 94 955.60 |
| 合计 | 2 826 406.27 | 658 688.07 |

8.3.3　被动管理型信托业务的信托资产期初数、期末数

单位：万元

| 被动管理型 | 期初数 | 期末数 |
|---|---|---|
| 证券投资类 | — | — |
| 股权投资类 | 6 710.75 | 6 204.80 |
| 融资类 | 150 547.97 | 41 049.42 |
| 事务管理类 | 49 207 247.54 | 37 850 715.45 |
| 其他 | — | — |
| 合计 | 49 364 506.26 | 37 897 969.67 |

8.3.4　本年度已清算结束的信托项目情况

本年度已清算结束的信托项目为816个，信托规模合计28 856 641.01万元，加权平均年化收益率为2.51%，加权平均年化报酬率为0.21%。公司已依照信托合同约定，将前述已清算信托项目项下信托财产及收益分配信托受益人。

8.3.5　本年度已清算结束的集合类、单一类资金信托项目和财产管理类信托项目个数、实收信托合计金额、加权平均实际年化收益率

| 已清算结束信托项目 | 项目个数（个） | 实收信托合计金额（万元） | 加权平均实际年化收益率（%） |
|---|---|---|---|
| 集合类 | 188 | 5 423 364.47 | -13.35 |
| 单一类 | 610 | 21 939 884.65 | 6.24 |
| 财产管理类 | 18 | 1 493 391.89 | 5.19 |

8.3.6　本年度已清算结束的主动管理型信托项目情况

| 主动管理型已清算信托项目 | 项目个数（个） | 实收信托合计金额（万元） | 加权平均实际年化信托收益率（%） | 加权平均实际年化报酬率（%） |
|---|---|---|---|---|
| 证券投资类 | 82 | 1 718 796.69 | -33.04 | 0.30 |
| 股权投资类 | — | — | — | — |
| 融资类 | 15 | 308 660.00 | 8.13 | 1.81 |
| 事务管理类 | — | — | — | — |
| 其他 | 20 | 460 095.00 | -27.17 | 0.28 |

8.3.7　本年度已清算结束的被动管理型信托项目情况

| 被动管理型已清算信托项目 | 项目个数（个） | 实收信托合计金额（万元） | 加权平均实际年化信托收益率（%） | 加权平均实际年化报酬率（%） |
|---|---|---|---|---|
| 证券投资类 | — | — | — | — |
| 股权投资类 | 9 | 357 907.00 | 6.08 | 0.19 |
| 融资类 | 7 | 153 593.40 | 9.84 | 0.20 |
| 事务管理类 | 681 | 25 827 888.92 | 5.24 | 0.19 |
| 其他 | 2 | 29 700.00 | 3.06 | 0.15 |

8.3.8　本年度新增的集合类、单一类和财产管理类信托项目个数、实收信托合计金额

| 新增信托项目 | 项目个数（个） | 实收信托合计金额（万元） |
|---|---|---|
| 集合类 | 25 | 732 920.00 |
| 单一类 | 329 | 15 395 861.48 |
| 财产管理类 | 8 | 585 670.00 |
| 新增合计 | 362 | 16 714 451.48 |
| 其中：主动管理类 | 12 | 263 586.16 |
| 被动管理类 | 350 | 16 450 865.32 |

## 8.4　关联方关系及其交易

8.4.1　信托资产与关联方交易情况

单位：万元

| 信托资产与关联方关联交易 | | | | |
|---|---|---|---|---|
| | 期初数 | 借方发生额 | 贷方发生额 | 期末数 |
| 贷款 | — | — | — | — |
| 投资 | — | — | — | — |
| 租赁 | — | — | — | — |
| 担保 | — | — | — | — |
| 应收账款 | — | — | — | — |
| 其他 | — | — | — | — |
| 合计 | — | — | — | — |

8.4.2　固有财产与信托财产之间的交易情况

单位：万元

| 固有财产与信托财产相互交易 | | | |
|---|---|---|---|
| | 期初数 | 本期发生额 | 期末数 |
| 合计 | — | 10 285.28 | 10 285.28 |

8.4.3　信托财产与信托财产之间的交易情况

单位：万元

| 信托财产与信托财产相互交易 | | | |
|---|---|---|---|
| | 期初数 | 本期发生额 | 期末数 |
| 合计 | 28 900.00 | -28 900.00 | — |

## 8.5　会计制度

公司信托业务于2010年1月1日起全面执行财政部2006年2月颁布的《企业会计准则——基本准则》和38项具体会计准则、其后颁布的应用指南、解释及其他相关规定。

# 9. 特别事项揭示

## 9.1　前五名股东报告期内变动情况及原因

报告期内，公司股东未发生变动。

## 9.2　董事、监事及高级管理人员变动情况及原因

2018年3月，经公司股东会审议通过，陶蓉女士辞任监事，并选举常存女士为监事。

2018年4月，经监事会选举，常存女士出任监事会主席。

2019 年 2 月，经公司董事会审议通过并报北京银保监局核准，杨小阳先生不再担任公司董事、董事长职务，由肖鹰先生出任公司董事长，同时肖鹰先生不再担任公司副董事长职务。

2019 年 3 月，石俊志先生董事任职期满，不再担任公司董事职务。

2019 年 4 月，经公司董事会审议通过，石俊志先生不再担任公司总经理职务，由肖鹰先生代为履行公司总经理职责。

### 9.3 报告期内公司变更注册资本、变更注册地或公司名称、公司分立合并事项

无。

### 9.4 报告期内公司重大未决诉讼事项

无。

### 9.5 公司及其董事、监事和高级管理人员在报告期内受到处罚的情况

报告期内，公司收到了北京银保监局和其他行政机关下发的行政处罚决定共 2 项。公司已足额缴纳罚款，并已对存在的问题进行了整改。

### 9.6 中国银保监会及其派出机构对公司检查后提出整改意见及整改情况

2018 年 6 月，北京银保监局向公司出具了《2017 年度监管意见书》，对公司股权、流动性风险管控和转型发展等方面提出了加强和改进意见。公司已组织相关部门和人员对监管意见进行落实，现已基本完善。

2018 年 10 月至 11 月，北京银保监局检查组对公司深化整治乱象和房地产业务进行了现场检查，对公司治理、落实宏观调控政策、风险管控、内控管理等方面提出了加强和改进意见。针对现场检查指出的问题，公司认真分析形成原因并落实改进方案。

### 9.7 本年度重大事项临时报告的简要内容、披露时间、所披露的媒体及其版面

| 序号 | 刊登内容 | 刊登时间 | 报纸名称 | 所属版面 |
|---|---|---|---|---|
| 1 | 国民信托有限公司 2017 年年度报告摘要 | 2018 年 4 月 27 日 | 《上海证券报》 | 48 版 |

### 9.8 其他重大需披露信息

报告期内，公司未发生中国银保监会及其省级派出机构认定的其他有必要让客户及相关利益人了解的重要信息。

## 10. 公司监事会意见

监事会认为，公司董事会和高级管理层能够遵守法规及政策，稳健经营，业务风险可控；本年度财务报告经安永华明会计师事务所审计并出具无保留审计意见的审计报告，该财务报告真实、客观地反映了公司的财务状况和经营成果；致同会计师事务所就公司本年度内部控制情况进行了审核，并出具无保留意见的内部控制鉴证报告，该报告也真实和客观反映了公司合规经营和内控状况。

# 国通信托有限责任公司

## 1. 重要提示

1.1 本公司董事会及董事保证:本报告所载资料不存在任何虚假记载、误导性陈述或者重大遗漏,并对其内容的真实性、准确性和完整性承担个别及连带责任。

1.2 本公司独立董事唐建新先生、梁达文先生对年度报告内容的真实性、准确性和完整性无异议。

1.3 本公司2018年度财务报告已经中审众环会计师事务所(特殊普通合伙)根据中国注册会计师独立审计准则审计,并出具了标准无保留意见的审计报告。

1.4 本公司董事长(法定代表人)冯鹏熙先生、总裁周全锋先生、主管会计工作负责人副总裁岳建强先生、会计机构负责人计划财务部李艳桃女士、信托财务部负责人袁晓丽女士声明:保证年度报告中财务报告的真实、完整。

1.5 《公司2018年度报告》全文同时在公司网站上公布(网址:http://www.gt-trust.com)。欲了解公司更为详细的情况,谨请登录公司网站阅鉴。

## 2. 公司概况

### 2.1 公司简介

| | |
|---|---|
| 法定中文名称 | 国通信托有限责任公司 |
| 法定中文缩写名称 | 国通信托 |
| 法定英文名称 | Guotong Trust Co., Ltd. |
| 法定英文缩写名称 | GUOTONG |
| 法定代表人 | 冯鹏熙 |
| 注册地址 | 武汉市江汉区新华街296号汉江国际1栋1单元32-38层 |
| 邮政编码 | 430000 |
| 国际互联网网址 | http://www.gt-trust.com |
| 电子信箱 | info@gt-trust.com |

续表

| | |
|---|---|
| 信息披露事务负责人 | 岳建强 |
| 联系方式 | 联系电话:027-85567318;传真:027-85565776 |
| 选定的信息披露报纸 | 《金融时报》 |
| 公司年报备置地点 | 公司董事会办公室 |
| 聘请的会计师事务所及住所 | 中审众环会计师事务所(特殊普通合伙)<br>武汉市武昌区东湖路169号众环大厦2-9层 |
| 聘请的律师事务所及住所 | 北京六明律师事务所<br>北京市朝阳区光华路7号汉威大厦东区15层15A1 |

### 2.2 组织结构

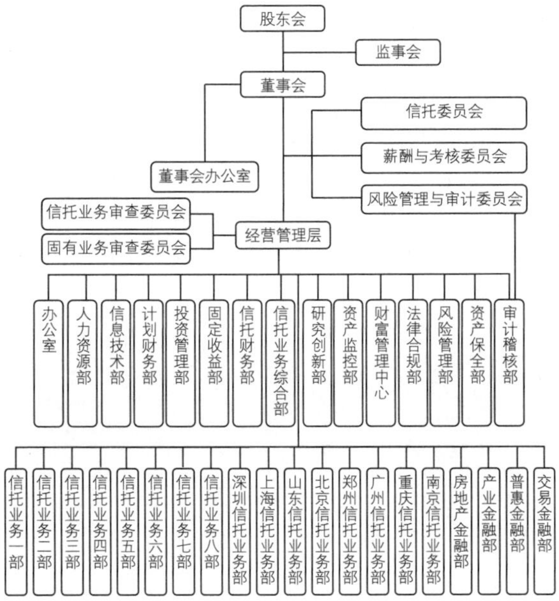


## 3. 公司治理

### 3.1 股东

报告期末股东总数为3名。股东之间不存在关联关系。

| 股东名称 | 持股比例(%) | 法定代表人 | 注册资本 | 注册地址 | 主要经营业务 |
|---|---|---|---|---|---|
| 武汉金融控股(集团)有限公司 | 67.51 | 谌赞雄 | 40亿元 | 武汉市江汉区长江日报路77号 | 投资业务、担保业务等。 |
| 东亚银行有限公司 | 19.99 | 李国宝 | 股本<br>港元399亿元<br>(截至2018年12月31日) | 香港中环德辅道中10号 | 商业银行业务。 |
| 北大方正集团有限公司 | 12.50 | 生玉海 | 110 252.86万元 | 北京市海淀区成府路298号 | 制造方正电子出版系统、技术开发、投资管理等业务。 |

## 3.2 董事

公司董事会成员基本情况如下：

| 姓 名 | 职 务 | 性别 | 年龄（岁） | 选任日期 | 所推举的股东名称 | 该股东持股比例（%） | 简要履历 |
|---|---|---|---|---|---|---|---|
| 冯鹏熙 | 董事长 | 男 | 45 | 2017年1月17日 | 武汉金控 | 67.51 | 博士，现任武汉金融控股（集团）有限公司副总经理；2013年11月至今，任国通信托有限责任公司董事；2017年1月起任国通信托有限责任公司董事长。 |
| 叶志衡 | 董事 | 男 | 44 | 2015年4月23日 | 东亚银行 | 19.99 | 博士，现任东亚银行有限公司总经理兼中国业务总部主管；2015年4月至今，任国通信托有限责任公司董事。 |
| 李胜利 | 董事 | 男 | 46 | 2015年10月28日 | 方正集团 | 12.50 | 硕士，现任北大方正集团有限公司副总裁，北大方正集团财务有限公司董事、总裁；2015年10月至今，任国通信托有限责任公司董事，其中2015年10月至2017年1月，任国通信托有限责任公司董事长。 |
| 岳建强 | 董事 | 男 | 57 | 2017年8月8日 | 武汉金控 | 67.51 | 硕士，注册会计师，现任国通信托有限责任公司副总裁；2010年9月至2017年7月任国通信托有限责任公司监事；2017年8月至今，任国通信托有限责任公司董事。 |
| 唐 武 | 董事 | 男 | 50 | 2018年4月25日 | 武汉金控 | 67.51 | 本科，现任武汉金融控股（集团）有限公司总经理助理；2018年4月至今，任国通信托有限责任公司董事。 |
| 唐建新 | 独立董事 | 男 | 54 | 2017年8月8日 | — | — | 博士，现任武汉大学经济与管理学院会计系教授、博士生导师；2017年8月至今，任国通信托有限责任公司独立董事。 |
| 梁达文 | 独立董事 | 男 | 60 | 2018年6月14日 | — | — | 硕士，现任瑞安管理（上海）有限公司资金管理总监；2018年6月至今，任国通信托有限责任公司独立董事。 |

## 3.3 监事

公司监事会成员基本情况如下：

| 姓 名 | 职 务 | 性别 | 年龄（岁） | 选任日期 | 所推举的股东名称 | 该股东持股比例（%） | 简要履历 |
|---|---|---|---|---|---|---|---|
| 郝 飚 | 监事长 | 男 | 52 | 2018年4月26日 | 武汉金控 | 67.51 | 硕士，2018年4月至今，任国通信托有限责任公司监事长。 |
| 贾丛笑 | 监事 | 女 | 45 | 2017年6月12日 | 东亚银行 | 19.99 | 硕士，东亚银行（中国）有限公司行长助理兼中西区区长；2017年6月至今，任国通信托有限责任公司监事。 |
| 胡 滨 | 监事 | 男 | 39 | 2017年6月12日 | 方正集团 | 12.50 | 本科，特许公认会计师、特许金融分析师、注册会计师；2017年6月至今，任国通信托有限责任公司监事。 |
| 李艳桃 | 职工监事 | 女 | 46 | 2018年4月26日 | — | — | 硕士，高级会计师，现任国通信托有限责任公司计划财务部总经理；2018年4月至今，任国通信托有限责任公司职工监事。 |
| 吴宏亮 | 职工监事 | 男 | 46 | 2018年4月26日 | — | — | 硕士，现任国通信托有限责任公司信托业务四部总经理；2018年4月至今，任国通信托有限责任公司职工监事。 |

## 3.4 高级管理人员

| 姓 名 | 职 务 | 性别 | 年龄（岁） | 选任日期 | 学历/学位 | 专业 | 简要履历 |
|---|---|---|---|---|---|---|---|
| 周全锋 | 总裁 | 男 | 48 | 2011年12月 | 硕士 | 工商管理 | 2010年9月至2011年3月，任国通信托有限责任公司董事、副总经理、财务总监；2011年3月至2011年12月，任国通信托有限责任公司董事、副总经理（全面主持工作）；2011年12月至今，任国通信托有限责任公司董事、总裁；金融从业年限16年。 |
| 岳建强 | 副总裁 | 男 | 56 | 2018年1月 | 硕士 | 法学 | 2010年9月至2017年7月任国通信托有限责任公司监事；2017年8月至今，任国通信托有限责任公司董事；2018年1月至今任国通信托有限责任公司副总裁、董事会秘书；金融从业年限11年。 |
| 谢从斌 | 副总裁 | 男 | 54 | 2012年7月 | 硕士 | 金融学 | 2010年9月至2012年6月，任国通信托有限责任公司总经理助理；2012年7月至今，任国通信托有限责任公司副总裁；金融从业年限31年。 |

续表

| 姓 名 | 职 务 | 性别 | 年龄（岁） | 选任日期 | 学历/学位 | 专业 | 简要履历 |
|---|---|---|---|---|---|---|---|
| 曹 阳 | 副总裁 | 男 | 48 | 2015年5月 | 本科 | 金融学 | 2010年9月至2014年4月，任国通信托有限责任公司董事会秘书；2013年10月至2015年5月，任国通信托有限责任公司总裁助理；2015年5月至今，任国通信托有限责任公司副总裁；金融从业年限25年。 |
| 黄健旋 | 副总裁、首席风险官 | 男 | 44 | 2019年2月 | 博士 | 金融学 | 2019年2月至今，任国通信托有限责任公司副总裁、首席风险官；金融从业年限19年。 |
| 李 宏 | 副总裁 | 男 | 54 | 2011年5月 | 硕士 | 项目管理 | 2011年5月至今，任国通信托有限责任公司副总裁；金融从业年限20年。 |
| 邹晓磊 | 助理总裁 | 男 | 42 | 2015年5月 | 硕士 | EMBA | 2011年3月至2015年5月，任国通信托有限责任公司上海业务总部总经理；2015年5月至今，任国通信托有限责任公司助理总裁兼华东大区总经理；金融从业年限12年。 |

### 3.5 公司员工

报告期末，公司职工人数为359人。学历分布比例为博士2.2%；硕士49.9%；本科44.3%；专科3.1%；其他0.5%。

## 4. 经营管理

### 4.1 经营目标、经营方针、战略规划

#### 4.1.1 经营目标

服务实体经济。公司围绕长江经济带、粤港澳大湾区等国家战略和“一芯两带三区”等区域战略，利用信托制度优势，提供一揽子金融服务方案，加强对民营企业支持力度，提升实体经济服务服务水平。

持续稳健经营。公司做优做精信托业务，推动传统融资业务升级提档，推进资产证券化、家族信托、服务信托等本源业务，深化财富管理改革，加强全面风险管理，实现公司持续稳健经营，为客户、股东、员工和社会创造价值。提升公司影响。以“实业投资银行、专业资产管理、优质财富管理”为目标，践行社会责任，扩大公司影响力，坚定不移、同心同力把公司打造成国内一流信托公司。

#### 4.1.2 经营方针

公司立足自身的体制背景、资源禀赋、公司特点、业务基础等，积极顺应金融业转型的新形势，确定了“投资银行、资产管理与财富管理协同推进”的基础路径，继而明确了“盯大势、强投资、搭平台、促协同、拓本源、提质效”经营策略，“内控优先、制度先行”的内控原则和“宁失效益、不失风控”的风控理念，积极打造具有较高专业水平和品牌影响力的综合信托公司。

公司按照国家及区域战略布局和监管要求配置金融资源，坚持服务实体经济，服务人民美好生活，服务现代金融体系建设；实行差别化的专业策略，整合、引进专业化人才，建立专业化部门，推进专业化进程，并与专业机构和行业专家建立战略合作关系，将公司建设成吸引外部优秀管理团队的大平台；加强财富管理能力建设，着力培养“资金端”核心发展能力，坚持机构与个人客户并举，拓展资金来源，降低资金成本，不断完善产品销售体系和客户服务体系；完善考核和问责机制，全面完善考核体系机制，严格执行风险项目问责制度，持续加强全面风险管理，确保不发生重大金融风险；深化与股东的全面交流，尤其在业务资源、资金渠道、项目投资等方面强化协同融合，形成有效的信息共享与协作机制，力争实现全面合作共赢的新局面。

#### 4.1.3 战略规划

公司秉承“担当、诚信、专业、创新、稳健、进取”的价值观，以建设“资本充足、治理规范、经营稳健、风控有力、效益良好、变革图强”的新时代一流信托公司为发展方向，打造“一芯两带三区”的金融引擎和“环信托”生态圈，做支持实体经济的模范践行者、综合金融服务的示范者、金融改革创新的驱动者。

### 4.2 所经营业务的主要内容

经中国银保监会和公司登记机关核准，公司经营下列本外币业务：资金信托；动产信托；不动产信托；有价证券信托；其他财产或财产权信托；作为投资基金或者基金管理公司的发起人从事投资基金业务；经营企业资产的重组、购并及项目融资、公司理财、财务顾问等业务；受托经营国务院有关部门批准的证券承销业务；办理居间、咨询、资信调查等业务；代保管及保管箱业务；存放同业、拆放同业、贷款、租赁、投资方式运用固有财产；以固有财产为他人提供担保；从事同业拆借业务；中国银保监会批准的其他业务。

#### 4.2.1 信托业务

公司主要信托业务品种有资金信托、动产信托、不动产信托、有价证券信托、财产或财产权信托、事务管理信托。报告期内，公司信托资产运用与分布情况见下表。

**信托资产运用与分布表**

| 资产运用 | 金额（万元） | 占比（%） | 资产分布 | 金额（万元） | 占比（%） |
|---|---|---|---|---|---|
| 货币资产 | 746 991.57 | 3.01 | 基础产业 | 3 832 831.40 | 15.43 |
| 贷款 | 9 375 495.48 | 37.74 | 房地产 | 4 113 163.72 | 16.56 |
| 交易性金融资产 | 546 274.54 | 2.20 | 证券市场 | 467 807.03 | 1.88 |
| 可供出售金融资产 | 41 030.00 | 0.17 | 实业 | 7 056 157.56 | 28.40 |
| 持有至到期投资 | 9 254 989.21 | 37.25 | 金融机构 | 5 049 250.35 | 20.32 |
| 长期股权投资 | 1 318 530.76 | 5.31 | 其他 | 4 325 041.56 | 17.41 |
| 其他 | 3 560 940.06 | 14.32 | — | — | — |
| 信托资产总计 | 24 844 251.62 | 100.00 | 信托资产总计 | 24 844 251.62 | 100.00 |

4.2.2 固有业务

报告期内，公司固有资产运用与分布情况见下表。

固有资产运用与分布表

| 资产运用 | 金额(万元) | 占比(%) | 资产分布 | 金额(万元) | 占比(%) |
|---|---|---|---|---|---|
| 货币资产 | 13 091.36 | 1.58 | 基础产业 | — | — |
| 贷款及应收款 | 577 157.85 | 69.55 | 房地产业 | — | — |
| 交易性金融资产 | 94 382.63 | 11.37 | 证券市场 | 166 630.13 | 20.08 |
| 可供出售金融资产 | 6 240.29 | 0.75 | 实业 | — | — |
| 持有至到期投资 | — | — | 金融机构 | 470 909.06 | 56.75 |
| 长期股权投资 | — | — | 其他 | 192 302.96 | 23.17 |
| 其他 | 138 970.02 | 16.75 | — | — | — |
| 资产总计 | 829 842.15 | 100.00 | 资产总计 | 829 842.15 | 100.00 |

## 4.3 市场分析

4.3.1 影响本公司业务发展的有利因素

一是供给侧结构性改革在推动经济结构优化升级的过程中，会形成巨大的投融资、资产管理和财富管理需求，将为信托业发展提供广阔的空间。二是多层次资本市场的快速发展，尤其是科创板落地将激励信托公司参与高科技企业一级股权投资，并为二级市场交易提供新的业务机会。三是互联网等新技术，将有效提升信托财富管理、经营管理水平，为信托转型发展带来新机遇。四是改革开放40多年来，社会财富快速积累，叠加高净值人群财富传承渐入高峰期，将推动信托理财市场的进一步快速发展。五是"一带一路"倡议与国家战略实施带来的基础设施建设、优势产业输出等需求，将为信托公司提供新的发展机遇。

4.3.2 影响本公司业务发展的不利因素

一是随着宏观经济增速逐步放缓，传统融资信托的市场空间逐步萎缩，房地产、融资平台、通道业务空间减少，风险加大。二是资管新规出台后，各类资产管理机构将处于同一起跑线，金融同业竞争越来越激烈，信托公司业务空间和报酬率水平将受到挤压。三是业务升级和转型创新虽有探索，但盈利尚微，转型方向、路径、措施等仍显不足。四是信托业面临的经营风险持续加大，稳增长与防风险的平衡难度加大，风险识别、管理和处置能力需要不断提升。

## 4.4 内部控制概况

4.4.1 内部控制环境和内部控制文化

公司按照《公司法》和监管机构的要求，把加强党的领导和完善公司治理有机结合，理顺党委会、股东会、董事会、监事会和经营层之间的关系。董事会下设信托委员会、薪酬与考核委员会、风险管理与审计委员会，各机构按照规定的工作程序、议事规则运作，做到有机协调和分权制衡；公司独立董事按照《公司章程》的规定对重大事项发表独立意见；公司监事会强化对董事和经营管理层的约束和监督，推进公司治理制度的有效执行。

公司根据内部控制要求和信托业务特点设置内部机构，将组织结构划分为决策层、前台业务层、中台管理与支持层、后台管理与监督层，明确界定执行委员会、总办会、信托业务审查委员会、固有业务审查委员会、各部门、岗位之间的职责及风险控制分工，形成了职责分离、相互监督制约的机制。

公司秉承"规范、稳健、创新"的经营理念，坚持"宁失效益，不失风控"的风控原则，认真履行受托人职责。公司将内控管理理念融会在各项管理制度和业务流程中，要求员工遵守职业操守和公司规章制度，从制度层面上促进公司合规理念、合规文化的建设。公司定期组织员工开展案件风险行为排查，结合其他公司的案件信息组织员工学习总结，做到警钟长鸣，并通过开展全员合规教育、组织人员参加合规知识测试、专题培训等方式，持续向员工传达遵守法律法规和实施内部控制的重要性，引导员工树立合规意识和风险意识，规范员工职业行为，促进公司长期稳健发展。

4.4.2 内部控制措施

公司股东会、董事会、监事会、经营管理层按照《公司章程》规定的职权，实施内部控制的监督管理；公司前台、中台、后台职责分离，横向与纵向相互监督制约；内审部门负责组织对公司内部控制活动进行监督、检查。

公司持续健全完善内部控制制度，根据监管要求、业务发展的需求以及组织机构调整，及时制定、修订各项业务管理制度，不断细化工作流程。公司现行内部控制制度涵盖治理类、信托业务类、固有业务类、风险管理类、财务管理类、综合管理类、人力资源类、信息系统类、审计类等领域，基本覆盖公司经营管理活动各个环节，执行情况良好。

4.4.3 监督评价与纠正

公司建立了多层次的内部控制监督评价机制。监事会负责对公司董事及高级管理人员履职情况进行监督；董事会下设的风险管理与审计委员会，依据《公司章程》及议事规则所赋予的职责权限对公司风险管理、关联交易、内部控制与内部审计制度及其实施进行监督；内审部门根据董事会批准的年度内审工作计划，对公司经营管理活动进行审计评价，并督促改进，不断推进公司制度健全，强化制度执行力。

## 4.5 风险管理概况

公司坚持"宁失效益，不失风控"的风控原则，通过建立和完善全面风险管理体系，使公司风险管理与战略目标相适应，确保公司风险始终在公司确定的承受水平之内，并在此基础上持续提高风险管理水平，促进各项业务稳健发展，实现客户价值、公司价值最大化。

按照监管要求，风险管理部牵头在宏观层面上，搭建公司全面风险管理架构，出台管理办法，以信用风险、市场风险、操作风险、流动性风险、声誉风险管理等《巴塞尔协议》规定的金融机构主要风险领域为主，并通过合规风险、诉讼风险、人力资源风险、信息科技风险、战略风险等各类风险领域管理制度、职责分工、流程规范的全面设置，提升全员风控意识，防范新增风险，保障公司持续稳健发展。

公司根据经营管理和风险控制需要，设置有三级风险管理机构，分别是董事会下设专门委员会——风险管理与审计委员会；公司经营管理层常设议事决策机构——信托业务审查委员会及固有业务审查委员会；公司内部职能部门——风险管理部、法律合规部及审计稽核部。风险管理与审计委员会负责确定公司风险管理重大事项，向董事会提供风险控制建议。两个业务审查委员会分别对信托业务和固有业务进行审查，就风险管理等内容进行审议，并向公司经营管理层提供审查意见。风险管理部和法律合规部发挥日常风险监督、控制和预警的职能，负责对公司经营和业务活动进行全面风险管理。审计稽核部负责对公司业务的各种风险进行稽核监督。

#### 4.5.1 信用风险管理概况

信用风险不仅包括交易对手和合作方的违约风险，还包括由于交易对手和合作方的信用状况和履约能力上的变化而导致公司各类资产价值发生变动所造成损失的风险。

公司通过详尽的尽职调查，有效利用各类的信用评级系统和人民银行征信系统，对项目信用风险进行充分的事前评估，审慎选择交易对手；通过事中控制、事后检查持续关注交易对手的信用状况，以及抵（质）押物价值及保证人担保能力的变化，并根据具体情况采取有效的应对措施；通过实施重点客户、区域倾斜，保持一定程度的客户集中度，在依托各种信用增级手段的基础上，切实降低信用风险；通过法律条款的设定，借助外部律师的意见，提高抵御信用风险的能力。报告期内，公司所面临的信用风险总体上在可控范围内。

#### 4.5.2 市场风险管理概况

市场风险是指在对公司各类财产的经营管理中，因市场利率、汇率和股价等市场参数的波动而产生的风险。公司建立了市场风险识别、计量、监测和控制程序，以确保市场风险管理能够与业务性质、规模、复杂程度和风险特征相适应，与能够承担的总体市场风险水平相一致；公司加强对宏观经济和市场的研究，及时跟踪市场价格波动情况，对每项业务和产品中的市场风险因素进行分解和分析，以及时准确识别所有业务中市场风险的类别和性质；通过定期或不定期对房地产和证券投资等业务进行市场风险压力测试，分析业务对外部市场变化的敏感程度和可能的影响，以制定策略应对市场变化；公司对重大市场风险情况事先制定应急处理方案，积极采取对冲、减少风险暴露等措施降低市场风险水平。报告期内，市场利率和汇率波动对公司所管理的资产没有显著影响。

#### 4.5.3 操作风险管理概况

操作风险是指由于不完善或有问题的内部程序、员工、信息科技系统或外部事件所造成损失的风险。公司明确界定各业务部门和管理部门的操作风险管理职责，确保各部门切实履职；公司根据业务特点、管理流程和复杂程度，逐步确定重点操作风险，通过运用操作风险因素清单、关键风险指标、风险与控制自我评估等工具，定期监测并报告操作风险状况和重大损失情况；公司针对潜在损失不断增大的风险，建立了早期的操作风险预警机制，以便及时采取措施控制、降低风险，降低损失事件的发生频率及损失程度；公司还将履约风险作为重大操作风险，实施专项管理，按照信托合同和其他有关法律文件的规定和要求，勤勉尽职履行受托人管理义务，避免因操作不当导致风险事件的发生。报告期内，公司未发生因内部原因或外部事件造成的直接或间接损失，也未发现滥用操作权的情况。

#### 4.5.4 合规风险管理概况

合规风险是指因没有遵循法律法规、监管要求、市场规则、行业准则或内部行为准则，可能遭受法律制裁、监管处罚、重大财务损失和声誉损失的风险。公司董事会、监事会及经营管理层的工作职责包括合规管理职能，并按照相应的权限进行决策、监督、执行和考核；公司设立了满足业务发展需要的法律合规部，并配置两名以上关键人员，法律合规部具有独立的职责权限，负责对日常经营管理和业务操作进行合规审查，发现和纠正违规现象，保障公司各项业务发展遵循法律法规、监管要求、市场规则、行业准则或内部行为准则执行，避免由此所导致的财产损失和声誉损失；公司保持与监管机构日常的工作联系，跟踪和评估监管意见和监管要求的落实情况；公司建立了有效的合规问责制度，严格对违规行为的责任认定与追究，及时改进经营管理流程，适时修订相关制度、程序；公司要求新产品和新业务的开发必须经过合规性审核的测试，识别和评估新业务的拓展方式、新客户关系的建立以及客户关系的性质发生重大变化等所产生的合规风险。报告期内，公司未发生从业人员违反法律法规和职业操守的事件，未发生合规风险。

#### 4.5.5 其他风险管理概况

其他风险包括政策风险、法律风险、流动性风险、员工道德风险等。公司通过加强对国家政策分析和研究，提高对政策的理解能力，加强与监管部门及同业间的沟通，以提高对政策的理解度和执行力，保持资金投向与宏观调控方向的一致性，从而防范政策风险；公司内设法律合规部，对于重大项目聘请外部律师提供专业意见或法律咨询，尤其是对创新产品强化法律方面的风险管理；公司运用资产负债管理方法加强对流动性风险进行管理，严格匹配资产和负债的合理比例，并定期或不定期地对流动性进行压力测试；公司主要通过制度规范、业务及职业道德培训、内部审计人员的监督与检查来防范员工道德风险。报告期内，在公司经营管理及业务发展中未出现相关风险事件。

### 4.6 消费者权益保护

公司高度重视消费者权益保护，2018 年在监管部门指导下，不断提高思想认识，加强组织推动，建立健全制度，将消费者保护工作落实到各项具体工作流程，加强了产品与服务的售前、售中与售后管理，不断提高服务标准和水平，切实维护和保障金融消费者的各项合法权益。

报告期内，公司定期召开消费者权益保护工作委员会会议，研究落实进一步完善消费者权益保护制度体系建设、加大消费者权益保护工作的制度执行力度、做好客户服务管理提高消保工作意识、落实监管部门考评整改意见等具体问题，并向公司董事会汇报消费者权益保护工作开展情况。公司牢牢把握为投资者提供优质财富管理产品和服务的方向，在党建引领下，做好投资者权益保护、投资者教育、金融知识宣传工作，切实保障金融安全。

### 4.7 企业社会责任

报告期内，公司重视发挥企业社会价值，履行社会责任。一是响应国家政策，坚持“脱虚向实”，加大支持实体经济的支持力度，进一步拓展普惠金融、资产证券化、家族信托等信托本源业务，引导资金优先投向实体经济。二是始终秉持持续为客户创造价值的理念，为合格投资人提供丰富多样的信托产品和个性化定制式的财富管理服务。公司 2018 年信托产品累计支付收益 116.18 亿元，切实履行了“受人之托，代人理财”的受托责任，切实满足了客户财富保值、增值的要求，成为众多高净值客户的投资首选。三是积极参与公司设立的“爱·共成长”公益项目，践行社会责任。四是将人才视为企业最有价值的财富，帮助员工提升个人价值，实现公司、客户、员工利益的共同增长。

2019 年，国通信托将继续全面履行合格企业公民职责、努力承担更多的社会责任，在实现自身可持续发展的同时，持续回报股东、客户与员工，力争在推动地方经济发展、民生工程建设、金融生态改善和社会公益事业等方面作出新的更大的贡献。

## 5. 报告期末会计报表及上一年度末的比较式会计报表

### 5.1 固有资产

#### 5.1.1 会计师事务所审计意见全文

审 计 报 告

众环审字(2019)010988 号

国通信托有限责任公司全体股东：

一、审计意见

我们审计了国通信托有限责任公司(以下简称国通信托)财务报表，包括 2018 年 12 月 31 日的资产负债表，2018 年度的利润表、现金流量表、所有者权益变动表，以及财务报表附注。

我们认为，后附的财务报表在所有重大方面按照企业会计准则的规定编制，公允反映了国通信托 2018 年 12 月 31 日的财务状况以及 2018 年度的经营成果和现金流量。

二、形成审计意见的基础

我们按照中国注册会计师审计准则的规定执行了审计工作。审计报告的“注册会计师对财务报表审计的责任”部分进一步阐述了我们在这些准则下的责任。按照中国注册会计师职业道德守则，我们独立于国通信托，并履行了职业道德方面的其他责任。我们相信，我们获取的审计证据是充分、适当的，为发表审计意见提供了基础。

三、其他信息

国通信托管理层对其他信息负责。我们在审计报告日前已获取的其他信息包括国通信托 2018 年年度报告中涵盖的信息，但不包括财务报表和我们的审计报告。

我们对财务报表发表的审计意见不涵盖其他信息，我们也不对其他信息发表任何形式的鉴证结论。

结合我们对财务报表的审计，我们的责任是阅读其他信息，在此过程中，考虑其他信息是否与财务报表或我们在审计过程中了解到的情况存在重大不一致或者似乎存在重大错报。

基于我们已执行的工作，如果我们确定其他信息存在重大错报，我们应当报告该事实。在这方面，我们无任何事项需要报告。

四、管理层和治理层对财务报表的责任

国通信托管理层负责按照企业会计准则的规定编制财务报表，使其实现公允反映，并设计、执行和维护必要的内部控制，以使财务报表不存在由于舞弊或错误导致的重大错报。

在编制财务报表时，管理层负责评估国通信托的持续经营能力，披露与持续经营相关的事项(如适用)，并运用持续经营假设，除非管理层计划清算国通信托、终止运营或别无其他现实的选择。

治理层负责监督国通信托的财务报告过程。

五、注册会计师对财务报表审计的责任

我们的目标是对财务报表整体是否不存在由于舞弊或错误导致的重大错报获取合理保证，并出具包含审计意见的审计报告。合理保证是高水平的保证，但并不能保证按照审计准则执行的审计在某一重大错报存在时总能发现。错报可能由于舞弊或错误导致，如果合理预期错报单独或汇总起来可能影响财务报表使用者依据财务报表作出的经济决策，则通常认为错报是重大的。

在按照审计准则执行审计工作的过程中，我们运用职业判断，并保持职业怀疑。同时，我们也执行以下工作：

(1)识别和评估由于舞弊或错误导致的财务报表重大错报风险，设计和实施审计程序以应对这些风险，并获取充分、适当的审计证据，作为发表审计意见的基础。由于舞弊可能涉及串通、伪造、故意遗漏、虚假陈述或凌驾于内部控制之上，未能发现由于舞弊导致的重大错报的风险高于未能发现由于错误导致的重大错报的风险。

(2)了解与审计相关的内部控制，以设计恰当的审计程序，但目的并非对内部控制的有效性发表意见。

(3)评价管理层选用会计政策的恰当性和作出会计估计及相关披露的合理性。

(4)对管理层使用持续经营假设的恰当性得出结论。同时，根据获取的审计证据，就可能导致对国通信托持续经营能力产生重大疑虑的事项或情况是否存在重大不确定性得出结论。如果我们得出结论认为存在重大不确定性，审计准则要求我们在审计报告中提请报表使用者注意财务报表中的相关披露；如果披露不充分，我们应当发表非无保留意见。我们的结论基于截至审计报告日可获得的信息。国通信托不存在可能导致其不能持续经营的未来事项或情况。

(5)评价财务报表的总体列报、结构和内容(包括披露)，并评价财务报表是否公允反映相关交易和事项。

我们与治理层就计划的审计范围、时间安排和重大审计发现等事项进行沟通，包括沟通我们在审计中识别出的值得关注的内部控制缺陷。

中审众环会计师事务所(特殊普通合伙)

中国注册会计师 王明璀

中国注册会计师 钟志刚

中国·武汉 2019 年 3 月 28 日

### 5.1.2 资产负债表

**资产负债表**

编制单位：国通信托有限责任公司　　2018 年 12 月 31 日　　单位：元

| 资　产 | 2018 年 12 月 31 日 | 2017 年 12 月 31 日 | 负债和所有者权益 | 2018 年 12 月 31 日 | 2017 年 12 月 31 日 |
|---|---|---|---|---|---|
| 资产： | | | 负债： | | |
| 货币资金 | 130 913 569. 03 | 98 025 639. 49 | 向中央银行借款 | — | — |
| 存放同业款项 | — | — | 同业及其他金融机构存放款项 | — | — |
| 贵金属 | — | — | 拆入资金 | — | — |
| 拆出资金 | — | — | 交易性金融负债 | — | — |
| 交易性金融资产 | 943 826 346. 31 | 399 667 447. 39 | 衍生金融负债 | — | — |
| 衍生金融资产 | — | — | 卖出回购金融资产款 | — | — |
| 买入返售金融资产 | 722 475 000. 00 | 80 030 000. 00 | 吸收存款 | — | — |
| 应收利息 | — | — | 应付职工薪酬 | 151 358 273. 39 | 159 118 835. 23 |
| 发放贷款及垫款 | — | — | 应交税费 | 317 538 808. 29 | 194 572 227. 24 |
| 可供出售金融资产 | 62 402 859. 96 | 61 883 185. 99 | 应付利息 | 6 984 444. 44 | 1 244 444. 44 |
| 持有至到期投资 | — | — | 预计负债 | — | — |
| 应收款项类投资 | 4 515 774 151. 51 | 3 567 458 982. 74 | 应付债券 | — | — |
| 长期股权投资 | — | — | 递延所得税负债 | 595 789. 99 | 1 887 259. 00 |
| 投资性房地产 | — | — | 其他负债 | 2 270 863 789. 54 | 501 704 208. 57 |
| 固定资产 | 206 249 536. 31 | 217 828 844. 37 | 负债合计 | 2 747 341 105. 65 | 858 526 974. 48 |
| 在建工程 | — | — | 股东权益： | — | — |
| 无形资产 | 17 406 622. 18 | 15 523 128. 10 | 实收资本 | 3 200 000 000. 00 | 3 200 000 000. 00 |
| 递延所得税资产 | 133 419 667. 35 | 117 285 887. 45 | 资本公积 | 25 997 150. 00 | 25 997 150. 00 |
| 其他资产 | 1 494 064 511. 73 | 1 119 954 554. 25 | 减：库存股 | — | — |
| | | | 其他综合收益 | 1 787 369. 97 | 5 661 776. 99 |
| | | | 盈余公积 | 454 929 304. 91 | 389 750 316. 78 |
| | | | 一般风险准备 | 552 298 152. 65 | 612 927 022. 88 |
| | | | 未分配利润 | 1 316 068 441. 59 | 668 828 678. 19 |
| | | | 外币报表折算差额 | — | — |
| | | | 归属于母公司的股东权益合计 | 5 551 080 419. 12 | 4 903 164 944. 84 |
| | | | 少数股东权益 | — | — |
| | | | 股东权益合计 | 5 551 080 419. 12 | 4 903 164 944. 84 |
| 资产总计 | 8 298 421 524. 77 | 5 761 691 919. 32 | 负债和股东权益总计 | 8 298 421 524. 77 | 5 761 691 919. 32 |

### 5.1.3 利润表

**利润表**

编制单位：国通信托有限责任公司　　2018 年度　　单位：元

| 项　目 | 2018 年度 | 2017 年度 |
|---|---|---|
| 一、营业收入 | 1 290 668 519. 65 | 1 209 268 692. 61 |
| 利息净收入 | −56 511 450. 97 | −23 301 759. 75 |
| 利息收入 | 7 326 304. 63 | 8 590 531. 91 |
| 利息支出 | 63 837 755. 60 | 31 892 291. 66 |
| 手续费及佣金净收入 | 1 184 836 893. 47 | 1 148 157 518. 07 |
| 投资收益（损失以“－”号填列） | 176 347 723. 94 | 96 739 995. 13 |
| 公允价值变动净收益（损失以“－”号填列） | −23 949 291. 22 | −5 938 265. 90 |
| 汇兑收益（损失以“－”号填列） | 6 056 725. 32 | −7 486 829. 18 |
| 资产处理收益 | — | 136 075. 39 |
| 其他业务收入 | 3 887 919. 11 | 961 958. 85 |
| 二、营业支出 | 415 162 029. 03 | 453 267 461. 88 |

续表

| 项　目 | 2018 年度 | 2017 年度 |
|---|---|---|
| 营业税金及附加 | 10 057 408. 52 | 12 179 326. 29 |
| 业务及管理费 | 364 518 792. 16 | 383 178 545. 61 |
| 资产减值损失 | 40 585 828. 35 | 57 909 589. 98 |
| 其他业务成本 | — | — |
| 三、营业利润（亏损以“－”号填列） | 875 506 490. 62 | 756 001 230. 73 |
| 加：营业外收入 | — | — |
| 减：营业外支出 | 728 850. 24 | 525 000. 00 |
| 四、利润总额（亏损总额以“－”号填列） | 874 777 640. 38 | 755 476 230. 73 |
| 减：所得税费用 | 222 987 759. 08 | 188 777 958. 33 |
| 五、净利润（净亏损以“－”号填列） | 651 789 881. 30 | 566 698 272. 40 |
| 六、每股收益： | | |
| （一）基本每股收益（元） | — | — |
| （二）稀释每股收益（元） | — | — |
| 七、其他综合收益 | −3 874 407. 02 | 5 661 776. 99 |
| 八、综合收益总额 | 647 915 474. 28 | 572 360 049. 39 |

### 5.1.4 所有者权益变动表

**所有者权益变动表**

编制单位:国通信托有限责任公司　　2018 年度　　单位:元

| 项　目 | 2018 年度 | | | | | | |
|---|---|---|---|---|---|---|---|
| | 实收资本 | 资本公积 | 其他综合收益 | 盈余公积 | 一般风险准备 | 未分配利润 | 所有者权益合计 |
| 一、上年年末余额 | 3 200 000 000. 00 | 25 997 150. 00 | 5 661 776. 99 | 389 750 316. 78 | 612 927 022. 88 | 668 828 678. 19 | 4 903 164 944. 84 |
| 加:会计政策变更 | — | — | — | — | — | — | — |
| 前期差错更正 | — | — | — | — | — | — | — |
| 其他 | — | — | — | — | — | — | — |
| 二、本年年初余额 | 3 200 000 000. 00 | 25 997 150. 00 | 5 661 776. 99 | 389 750 316. 78 | 612 927 022. 88 | 668 828 678. 19 | 4 903 164 944. 84 |
| 三、本期增减变动金额(减少以“-”填列) | — | — | -3 874 407. 02 | 65 178 988. 13 | -60 628 870. 23 | 647 239 763. 40 | 647 915 474. 28 |
| (一)综合收益总额 | — | — | -3 874 407. 02 | — | — | 651 789 881. 30 | 647 915 474. 28 |
| (二)所有者投入和减少资本 | — | — | — | — | — | — | — |
| 1. 所有者投入资本 | — | — | — | — | — | — | — |
| 2. 其他权益工具持有者投入的资本 | — | — | — | — | — | — | — |
| 3. 股份支付计入所有者权益的金额 | — | — | — | — | — | — | — |
| 4. 其他 | — | — | — | — | — | — | — |
| (三)专项储备提取和使用 | — | — | — | — | — | — | — |
| 1. 提取专项储备 | — | — | — | — | — | — | — |
| 2. 使用专项储备 | — | — | — | — | — | — | — |
| (四)利润分配 | — | — | — | 65 178 988. 13 | -60 628 870. 23 | -4 550 117. 90 | — |
| 1. 提取盈余公积 | — | — | — | 65 178 988. 13 | — | -65 178 988. 13 | — |
| 2. 提取一般风险准备 | — | — | — | — | -60 628 870. 23 | 60 628 870. 23 | — |
| 3. 对所有者的分配 | — | — | — | — | — | — | — |
| 4. 其他 | — | — | — | — | — | — | — |
| (五)所有者权益内部结转 | — | — | — | — | — | — | — |
| 1. 资本公积转增资本 | — | — | — | — | — | — | — |
| 2. 盈余公积转增资本 | — | — | — | — | — | — | — |
| 3. 盈余公积弥补亏损 | — | — | — | — | — | — | — |
| 4. 未分配利润转增资本 | — | — | — | — | — | — | — |
| 四、本年年末余额 | 3 200 000 000. 00 | 25 997 150. 00 | 1 787 369. 97 | 454 929 304. 91 | 552 298 152. 65 | 1 316 068 441. 59 | 5 551 080 419. 12 |

**所有者权益变动表(续)**

编制单位:国通信托有限责任公司　　2018 年度　　单位:元

| 项　目 | 2017 年度 | | | | | | |
|---|---|---|---|---|---|---|---|
| | 实收资本 | 资本公积 | 其他综合收益 | 盈余公积 | 一般风险准备 | 未分配利润 | 所有者权益合计 |
| 一、上年年末余额 | 1 200 000 000. 00 | 25 997 150. 00 | — | 333 080 489. 54 | 465 612 121. 41 | 2 306 115 134. 50 | 4 330 804 895. 45 |
| 加:会计政策变更 | — | — | — | — | — | — | — |
| 前期差错更正 | — | — | — | — | — | — | — |
| 其他 | — | — | — | — | — | — | — |
| 二、本年年初余额 | 1 200 000 000. 00 | 25 997 150. 00 | | 333 080 489. 54 | 465 612 121. 41 | 2 306 115 134. 50 | 4 330 804 895. 45 |
| 三、本期增减变动金额(减少以“-”填列) | 2 000 000 000. 00 | — | 5 661 776. 99 | 56 669 827. 24 | 147 314 901. 47 | -1 637 286 456. 31 | 572 360 049. 39 |
| (一)综合收益总额 | — | — | 5 661 776. 99 | — | — | 566 698 272. 40 | 572 360 049. 39 |
| (二)所有者投入和减少资本 | — | — | — | — | — | — | — |
| 1. 所有者投入资本 | — | — | — | — | — | — | — |
| 2. 其他权益工具持有者投入的资本 | — | — | — | — | — | — | — |
| 3. 股份支付计入所有者权益的金额 | — | — | — | — | — | — | — |
| 4. 其他 | — | — | — | — | — | — | — |
| (三)专项储备提取和使用 | — | — | — | — | — | — | — |
| 1. 提取专项储备 | — | — | — | — | — | — | — |
| 2. 使用专项储备 | — | — | — | — | — | — | — |
| (四)利润分配 | — | — | — | 56 669 827. 24 | 147 314 901. 47 | -203 984 728. 71 | — |
| 1. 提取盈余公积 | — | — | — | 56 669 827. 24 | | -56 669 827. 24 | — |
| 2. 提取一般风险准备 | — | — | — | — | 147 314 901. 47 | -147 314 901. 47 | — |
| 3. 对所有者的分配 | — | — | — | — | — | — | — |
| 4. 其他 | — | — | — | — | — | — | — |
| (五)所有者权益内部结转 | 2 000 000 000. 00 | — | — | — | — | -2 000 000 000. 00 | — |
| 1. 资本公积转增资本 | — | — | — | — | — | — | — |
| 2. 盈余公积转增资本 | — | — | — | — | — | — | — |
| 3. 盈余公积弥补亏损 | — | — | — | — | — | — | — |
| 4. 其他 | 2 000 000 000. 00 | — | — | — | — | -2 000 000 000. 00 | — |
| 四、本年年末余额 | 3 200 000 000. 00 | 25 997 150. 00 | 5 661 776. 99 | 389 750 316. 78 | 612 927 022. 88 | 668 828 678. 19 | 4 903 164 944. 84 |

## 5.2 信托资产

### 5.2.1 信托项目资产负债汇总表

单位：万元

| 序号 | 项目 | 期末余额 | 年初余额 |
|---|---|---|---|
| 1 | 信托资产： | | |
| 2 | 1. 货币资金 | 746 991.57 | 344 051.39 |
| 3 | 2. 拆出资金 | — | — |
| 4 | 3. 存出保证金 | — | — |
| 5 | 4. 交易性金融资产 | 546 274.54 | 1 356 339.77 |
| 6 | 5. 衍生金融资产 | — | — |
| 7 | 6. 买入返售金融资产 | 70.00 | 97 013.83 |
| 8 | 其中：6.1 买入返售证券 | 70.00 | 97 013.83 |
| 9 | 6.2 买入返售信贷资产 | — | — |
| 10 | 7. 应收款项 | 768 733.15 | 500 227.20 |
| 11 | 8. 发放贷款 | 9 375 495.48 | 7 054 947.75 |
| 12 | 其中：8.1 基础产业 | 2 372 404.48 | 1 851 147.64 |
| 13 | 8.2 房地产 | 2 592 758.92 | 1 385 700.53 |
| 14 | 9. 可供出售金融资产 | 41 030.00 | 101 594.40 |
| 15 | 10. 持有至到期投资 | 9 254 989.21 | 12 600 836.03 |
| 16 | 11. 长期应收款 | 387 445.10 | 129 700.00 |
| 17 | 12. 长期股权投资 | 1 318 530.76 | 1 380 501.60 |
| 18 | 其中：12.1 基础产业 | 34 000.00 | 45 000.00 |
| 19 | 12.2 房地产 | 327 267.40 | 264 991.60 |
| 20 | 13. 投资性房地产 | 34 341.62 | — |
| 21 | 14. 固定资产 | — | — |
| 22 | 15. 无形资产 | — | — |
| 23 | 16. 长期待摊费用 | — | — |
| 24 | 17. 其他资产 | 2 370 350.19 | 329 860.06 |
| 25 | 18. 信托资产总计 | 24 844 251.62 | 23 895 072.03 |
| 26 | 19. 各项资产减值准备 | — | — |
| 27 | 信托负债 | | |
| 28 | 20. 交易性金融负债 | — | — |
| 29 | 21. 衍生金融负债 | — | — |
| 30 | 22. 应付受托人报酬 | 18 413.67 | 17 520.77 |
| 31 | 23. 应付托管费 | 3 755.23 | 4 010.18 |
| 32 | 24. 应付受益人收益 | 139 738.33 | 123 654.88 |
| 33 | 25. 应交税费 | 1 564.24 | 777.41 |
| 34 | 26. 应付销售服务费 | 1 345.08 | 188.89 |
| 35 | 27. 其他应付款项 | 605 394.45 | 183 958.89 |
| 36 | 28. 其他负债 | — | — |
| 37 | 29. 信托负债合计 | 770 211.00 | 330 111.02 |
| 38 | 信托权益： | | |
| 39 | 30. 实收信托 | 24 249 469.60 | 23 518 519.82 |
| 40 | 30.1 资金信托 | 22 324 663.63 | 23 257 263.77 |
| 41 | 30.1.1 集合 | 10 415 826.92 | 13 572 998.39 |
| 42 | 30.1.2 单一 | 11 908 836.71 | 9 684 265.38 |
| 43 | 30.2 财产信托 | 1 924 805.97 | 261 256.05 |
| 44 | 30.2.1 信贷资产证券化 | 381 910.00 | 242 294.62 |
| 45 | 30.2.2 其他资产（准）证券化 | — | 5 000.00 |
| 46 | 31. 资本公积 | — | — |

续表

| 序号 | 项目 | 期末余额 | 年初余额 |
|---|---|---|---|
| 47 | 32. 外币报表折算差额 | — | — |
| 48 | 33. 未分配利润 | -175 428.98 | 46 441.19 |
| 49 | 34. 信托权益合计 | 24 074 040.62 | 23 564 961.01 |
| 50 | 35. 信托负债和信托权益总计 | 24 844 251.62 | 23 895 072.03 |

### 5.2.2 信托项目利润及利润分配汇总表

单位：万元

| 序号 | 项目 | 2018 年度 | 2017 年度 |
|---|---|---|---|
| 1 | 1. 营业收入 | 1 096 436.03 | 1 271 163.09 |
| 2 | 1.1 利息收入 | 614 109.34 | 367 232.79 |
| 3 | 1.2 投资收益（损失以“-”号填列） | 735 537.62 | 896 218.63 |
| 4 | 1.2.1 其中：对联营企业和合营企业的投资收益 | — | — |
| 5 | 1.3 公允价值变动收益（损失以“-”号填列） | -300 308.43 | 7 375.15 |
| 6 | 1.4 租赁收入 | 2 555.64 | — |
| 7 | 1.5 汇兑损益（损失以“-”号填列） | — | — |
| 8 | 1.6 其他收入 | 44 541.86 | 336.52 |
| 9 | 2. 支出 | 156 632.67 | 121 149.47 |
| 10 | 2.1 营业税金及附加 | 3 471.71 | 37.02 |
| 11 | 2.2 受托人报酬 | 94 288.38 | 76 680.87 |
| 12 | 2.3 托管费 | 10 214.66 | 8 009.41 |
| 13 | 2.4 投资管理费 | — | — |
| 14 | 2.5 销售服务费 | 4 571.08 | 2 204.20 |
| 15 | 2.6 交易费用 | 2 064.84 | 5 005.65 |
| 16 | 2.7 资产减值损失 | — | — |
| 17 | 2.8 其他费用 | 42 022.00 | 29 212.32 |
| 18 | 3. 信托净利润（净亏损以“-”号填列） | 939 803.36 | 1 150 013.62 |
| 19 | 4. 其他综合收益 | — | — |
| 20 | 5. 综合收益 | 939 803.36 | 1 150 013.62 |
| 21 | 6. 加：期初未分配信托利润 | 46 441.18 | 8 093.73 |
| 22 | 7. 可供分配的信托利润 | 986 244.54 | 1 158 107.35 |
| 23 | 8. 减：本期已分配信托利润 | 1 161 673.52 | 1 111 666.16 |
| 24 | 9. 期末未分配信托利润 | -175 428.98 | 46 441.19 |

## 6. 会计报表附注

### 6.1 会计报表编制基准不符合会计核算基本前提的说明

本公司执行财政部颁布的《企业会计准则》，会计报表编制无不符合会计核算基本前提事项。

### 6.2 或有事项说明

本公司在报告期内无需要披露的承诺事项及或有事项。

### 6.3 重要资产转让及其出售的说明

报告期无重要资产转让或出售。

## 6.4 会计报表中重要项目的明细资料

### 6.4.1 披露固有资产经营情况

6.4.1.1 按信用风险五级分类结果披露信用风险资产的期初数、期末数

| 信用风险资产五级分类 | 正常类（万元） | 关注类（万元） | 次级类（万元） | 可疑类（万元） | 损失类（万元） | 信用风险资产合计（万元） | 不良资产合计（万元） | 不良资产率（%） |
|---|---|---|---|---|---|---|---|---|
| 期初数 | 474 341.05 | — | — | — | — | 474 341.10 | — | 0 |
| 期末数 | 750 028.27 | — | — | — | — | 750 028.27 | — | 0 |

注：不良资产合计=次级类+可疑类+损失类。

6.4.1.2 各项资产减值损失准备

单位：万元

| 项目 | 期初数 | 本期计提 | 本期转回 | 本期核销 | 期末数 |
|---|---|---|---|---|---|
| 贷款损失准备 | — | — | — | — | — |
| 一般准备 | — | — | — | — | — |
| 专项准备 | — | — | | — | — |
| 其他资产减值准备 | 44 690.53 | 4 058.58 | — | — | 48 749.11 |
| 可供出售金融资产减值准备 | — | — | — | — | — |
| 持有至到期投资减值准备 | — | — | — | — | — |
| 长期股权投资减值准备 | — | — | — | — | — |
| 坏账准备 | 44 690.53 | 4 058.58 | — | — | 48 749.11 |
| 投资性房地产减值准备 | — | — | — | — | — |

6.4.1.3 固有业务投资品种明细

单位：万元

| 项目 | 固有股票 | 基金 | 债券 | 长期股权投资 | 其他投资 | 合计 |
|---|---|---|---|---|---|---|
| 期初数 | 4 590.70 | 5 433.42 | 43 003.00 | — | 396 590.94 | 449 618.06 |
| 期末数 | 14 590.70 | 6 001.97 | 156 658.19 | — | 494 664.44 | 671 915.30 |

6.4.1.4 前五名固有长期股权投资企业情况

报告期内公司无长期股权投资。

6.4.1.5 前五名固有贷款企业情况

报告期内，公司无固有贷款。

6.4.1.6 表外业务情况

报告期内公司无表外业务。

6.4.1.7 公司当年的收入结构

| 收入结构 | 金额（万元） | 占比（%） |
|---|---|---|
| 手续费及佣金净收入 | 118 483.69 | 91.80 |
| 其中：信托手续费收入 | 118 483.69 | 91.80 |
| 投资银行业务收入 | — | — |
| 利息净收入 | −5 651.14 | −4.38 |
| 其他业务收入 | 388.79 | 0.30 |
| 其中：计入信托业务收入部分 | — | — |
| 投资收益 | 17 634.77 | 13.66 |
| 其中：股权投资收益 | — | — |
| 证券投资收益 | 7 094.34 | — |
| 其他投资收益 | 10 540.43 | — |
| 公允价值变动损益 | −2 394.93 | −1.85 |
| 汇兑损失 | 605.67 | 0.47 |
| 资产处置收益 | — | — |
| 收入合计 | 129 066.85 | 100.00 |

### 6.4.2 信托财产管理情况

6.4.2.1 信托资产的期初数、期末数

单位：万元

| 信托资产 | 期初数 | 期末数 |
|---|---|---|
| 集合 | 13 720 968.55 | 10 535 034.68 |
| 单一 | 9 913 517.08 | 12 214 926.83 |
| 财产权 | 260 586.40 | 2 094 290.11 |
| 合计 | 23 895 072.03 | 24 844 251.62 |

6.4.2.1.1 主动管理型信托业务的信托资产期初数、期末数

单位：万元

| 主动管理型信托资产 | 期初数 | 期末数 |
|---|---|---|
| 证券投资类 | 176 223.31 | 50 240.79 |
| 股权投资类 | 215 971.60 | 287 928.26 |
| 其他投资类 | 313 075.87 | 2 555 134.69 |
| 融资类 | 1 560 468.97 | 2 738 536.65 |
| 事务管理类 | 1 471 490.09 | 2 044 531.51 |
| 合计 | 5 667 867.96 | 7 676 371.90 |

6.4.2.1.2 被动管理型信托业务的信托资产期初数、期末数

单位：万元

| 被动管理型信托资产 | 期初数 | 期末数 |
|---|---|---|
| 证券投资类 | — | — |
| 股权投资类 | — | — |
| 其他投资类 | — | — |
| 融资类 | — | — |
| 事务管理类 | 18 227 204.07 | 17 167 879.72 |
| 合计 | 18 227 204.07 | 17 167 879.72 |

6.4.2.2 本年度已清算结束的信托项目

6.4.2.2.1 本年度已清算结束的集合类，单一类资金信托项目和财产管理类信托项目情况

| 已清算结束信托项目 | 项目个数（个） | 实收信托合计金额（万元） | 加权平均实际年化收益率（%） |
|---|---|---|---|
| 集合类 | 77 | 2 923 894.00 | 6.37 |
| 单一类 | 83 | 2 587 872.20 | 4.04 |
| 财产管理类 | 3 | 23 100.00 | 6.22 |

6.4.2.2.2 本年度已清算结束的主动管理型信托项目情况

| 已清算结束信托项目 | 项目个数（个） | 实收信托合计金额（万元） | 加权平均实际年化信托报酬率（%） | 加权平均实际年化收益率（%） |
|---|---|---|---|---|
| 证券投资类 | 4 | 33 000.00 | 1.44 | 4.41 |
| 股权投资类 | — | — | — | — |
| 其他投资类 | 3 | 15 640.00 | 0.42 | 5.45 |
| 融资类 | 30 | 787 809.00 | 1.39 | 7.46 |
| 事务管理类 | 10 | 386 940.00 | 0.14 | 6.51 |

6.4.2.2.3 本年度已清算结束的被动管理型信托项目情况

| 已清算结束信托项目 | 项目个数（个） | 实收信托合计金额（万元） | 加权平均实际年化信托报酬率（%） | 加权平均实际年化收益率（%） |
|---|---|---|---|---|
| 证券投资类 | — | — | — | — |
| 股权投资类 | — | — | — | — |
| 融资类 | — | — | — | — |
| 事务管理类 | 116 | 4 171 017.20 | 0.21 | 6.73 |

6.4.2.3　本年度新增信托项目情况

| 新增信托项目 | 项目个数(个) | 合计金额(万元) |
|---|---|---|
| 集合类 | 130 | 9 474 291.59 |
| 单一类 | 137 | 10 413 098.29 |
| 财产管理类 | 19 | 3 800 725.64 |
| 新增合计 | 286 | 23 688 115.52 |
| 其中:主动管理型 | 116 | 6 918 997.77 |
| 被动管理型 | 170 | 16 769 117.75 |

6.4.2.4　公司履行受托人义务情况及因公司自身责任而导致的信托财产损失情况

公司严格按照信托业相关的法律法规、规章及公司制度要求管理、运用及处分信托财产,恪尽职守,履行诚实、信用、谨慎、有效管理的义务,维护受益人的最大利益。

公司对信托业务实施自主管理,亲自处理信托事务,在处理信托事务时避免利益冲突,并对委托人、受益人以及所处理信托事务的情况和资料依法严格保密。

公司将信托财产与其固有财产分别管理、分别记账,并将不同委托人的信托财产分别管理、分别记账,并对信托业务与非信托业务分别进行核算,对每项信托业务单独进行核算。

公司的信托业务部门独立于公司的其他部门,其人员未与公司其他部门的人员相互兼职,业务信息未与公司的其他部门共享。

本年度无因公司自身责任而导致的信托资产损失情况。

6.4.2.5　信托赔偿准备金的提取、使用和管理情况

本年度公司提取信托赔偿准备金 3 258.95 万元,截至 2018 年 12 月 31 日,信托赔偿准备金余额为 22 746.47 万元。报告期内,未使用信托赔偿准备金。

## 6.5　关联方关系及其交易的披露

### 6.5.1　关联交易方的数量、关联交易的总金额及关联交易的定价政策等

| 项目 | 关联交易方的数量 | 关联交易总金额(万元) | 定价原则 |
|---|---|---|---|
| 合计 | 1 家 | 285 | 公司关联交易以公平的市场价格定价 |

### 6.5.2　关联交易方情况

| 关系性质 | 关联方名称 | 法定代表人 | 注册地址 | 注册资本(万元) | 主营业务 |
|---|---|---|---|---|---|
| 受同一母公司控制下的子公司 | 武汉长江金融服务有限公司 | 姚永晴 | 武汉东湖新技术开发区光谷三路 777 号 | 30 000 | 金融信息数据处理服务,金融软件领域的技术开发、技术服务、技术咨询、技术转让;票据服务(不含票据支付结算业务);以承接服务外包方式从事银行后台服务及业务流程外包服务;商务信息咨询;财务咨询。 |

### 6.5.3　公司与关联方的重大交易事项

6.5.3.1　固有资产与关联方关联交易

无。

6.5.3.2　信托财产与关联方关联交易

无。

6.5.3.3　信托公司固有资金运用于自己管理的信托项目(固信交易)、信托公司管理的信托项目之间的相互(信信交易)交易金额,包括余额和本报告年度的发生额

6.5.3.3.1　固有财产与信托财产相互交易情况

单位:万元

| 固有财产与信托财产相互交易 | | | |
|---|---|---|---|
| | 期初数 | 本期发生额 | 期末数 |
| 合计 | 342 995.94 | 108 193.50 | 451 189.44 |

6.5.3.3.2　信托资产与信托财产相互交易情况

单位:万元

| 信托资产与信托财产相互交易 | | | | |
|---|---|---|---|---|
| | 期初数 | 本年借方发生额 | 本年贷方发生额 | 期末数 |
| 合计 | 499 294.86 | 180 389.86 | 298 760.00 | 617 665.00 |

### 6.5.4　逐笔披露关联方逾期未偿还本公司资金的详细情况以及本公司为关联方担保发生或即将发生垫款的详细情况

报告期内无关联方逾期未偿还本公司资金的情况以及公司为关联方担保发生或即将发生垫款的情况。

## 6.6　会计制度的披露

公司固有业务和信托业务执行的是财政部颁布的《企业会计准则》。

# 7. 财务情况说明书

## 7.1　利润实现和分配情况

单位:万元

| 项目 | 本年数 | 上年数 |
|---|---|---|
| 本年净利润 | 65 178.99 | 56 669.83 |
| 加:年初未分配利润 | 66 882.87 | 230 611.51 |
| 其他转入 | — | — |
| 可供分配的利润 | 132 061.86 | 287 281.34 |
| 减:提取法定盈余公积 | 6 517.90 | 5 666.98 |
| 提取法定公益金 | — | — |
| 提取信托赔偿准备金 | 3 258.95 | 2 833.49 |
| 提取一般准备金 | −9 321.84 | 11 898.00 |
| 提取职工奖励及福利基金 | — | — |
| 提取储备基金 | — | — |
| 提取企业发展基金 | — | — |
| 利润归还投资 | — | — |
| 可供投资者分配的利润 | 131 606.85 | 266 882.87 |
| 减:应付优先股股利 | — | — |
| 提取任意盈余公积 | — | — |
| 股利分配 | — | — |
| 转作股本的普通股股利 | — | 200 000.00 |
| 年末未分配利润 | 131 606.85 | 66 882.87 |

### 7.2 主要财务指标

| 指标名称 | 指标值 |
| --- | --- |
| 资本利润率(%) | 12.47 |
| 加权年化信托报酬率(%) | 0.40 |
| 人均净利润(万元) | 192.84 |

### 7.3 对本公司财务状况、经营成果有重大影响的其他事项

报告期内没有发生对本公司财务状况、经营成果有重大影响的其他事项。

## 8. 特别事项揭示

### 8.1 前五名股东报告期内变动情况及原因

无。

### 8.2 董事、监事及高级管理人员变动情况及原因

报告期内,经股东会审议通过,选举唐武先生为公司第三届董事会董事,孙楚明先生不再担任公司董事。2018年4月25日,中国银保监会湖北监管局核准唐武先生担任公司董事的任职资格(鄂银监复[2018]80号)。

报告期内,经股东会审议通过,选举梁达文先生为公司第三届董事会独立董事。2018年6月14日,中国银保监会湖北监管局核准梁达文先生担任公司独立董事的任职资格(鄂银监复[2018]128号)。

报告期内,经会员代表(职工代表)大会通过,选举李艳桃女士、吴宏亮先生为公司第三届职工代表监事,李群元先生、王晶先生不再担任公司职工监事。

报告期内,经股东会审议通过,选举郝飚先生为公司第三监事会监事,王桢先生不在担任公司第三监事会监事。经监事会审议通过,选举郝飚先生为公司第三监事会监事长。

报告期内,经董事会审议通过,聘任黄健旋先生担任公司副总裁、首席风险官,方灏先生不再担任公司副总裁、首席风险官。2019年2月21日,中国银保监会湖北监管局核准黄健旋先生担任公司副总裁、首席风险官的任职资格(鄂银监复[2019]200号)。

### 8.3 变更注册资本、变更注册地或公司名称、公司分立合并事项

无。

### 8.4 公司的重大诉讼事项

#### 8.4.1 重大未决诉讼事项

公司诉北京邦文当代艺术投资有限公司、黄宇杰、李红合同纠纷一案,已于2014年12月19日与北京邦文、黄宇杰、李红等在湖北省高级人民法院主持下达成了《民事调解书》。目前已收到艺术品回购款及转让款共计2 700万元,对剩余债权,公司已申请人民法院强制执行。

根据公司与债务人常州华光房地产开发有限公司、常州阳光银河湾置业有限公司、江苏华光银河湾房地产开发有限公司、钱菊生等办理的具有强制执行效力的公证债权文书,公司已申请江苏省高级人民法院强制执行,在执行过程中,本案因债务人华光地产公司进入破产程序而中止执行。目前,债务人破产财产拍卖已基本完成,管理人正在制定破产财产分配方案。同时,公司申请法院强制执行该项目保证人江苏华光银河湾房地产开发有限公司的财产。

根据公司与债务人华门控股有限公司、浙江浙大网新实业发展有限公司、天津安吉拉房地产开发有限公司、南京瑞柏贸易有限公司、南京嘉坤工贸实业有限公司、南京山水置业有限公司、徐群等办理的具有强制执行效力的公证债权文书,公司已向人民法院申请强制执行。保证人浙大网新实业发展有限公司破产重整,公司保证担保债权已收回现金2 800万元。本项目抵押物因多次拍卖流拍,执行法院已将全部抵押物裁定抵债给公司。

根据公司与债务人中广建设集团有限公司、杭州环东置业有限公司、丁亚平等办理的具有强制执行效力的公证债权文书,公司已向杭州市中级人民法院申请强制执行。公司现已获得清偿的债权金额为1.65亿元,剩余债权将继续向债务人追索。中广建设集团有限公司已进入破产清算程序,公司已经向破产管理人申报了债权。

#### 8.4.2 以前年度发生,于本报告期内终结的诉讼事项

无。

#### 8.4.3 本报告年度发生,于本报告期内终结的诉讼事项

委托人斯太尔动力股份有限公司(以下简称斯太尔公司)于2018年5月对公司及北京天晟同创创业投资中心(有限合伙)提起诉讼,要求解除信托合同及投资顾问合同、返还信托资金。该案经湖北省高级人民法院审理,一审判决公司解除与斯太尔公司的信托合同,驳回斯太尔公司其他诉讼请求。该案所涉及的信托计划是事务管理类信托,信托合同解除后,公司向斯太尔公司原状返还信托财产。该诉讼对公司财产状况无影响。

### 8.5 公司及其董事、监事和高级管理人员受到处罚的情况

无。

### 8.6 中国银保监会及其派出机构对公司的整改意见及公司整改情况

无。

### 8.7 公司重大事项临时报告的简要内容、披露时间、所披露的媒体及版面

无。

### 8.8 中国银保监会及其派出机构认定的其他有必要让客户及相关利益人了解的重要信息

无。

## 9. 净资本管理情况

报告期内，本公司按照中国银保监会《信托公司净资本管理办法》，积极贯彻落实监管要求，优化净资本相关绩效考核指标，引导经营部门加强净资本和风险资本管理意识，加强业务转型和结构调整，提高资本使用效率，各项净资本指标均符合监管要求：截至 2018 年 12 月 31 日，本公司净资产为 55. 51 亿元，净资本为 44. 69 亿元（监管要求≥2 亿元），各项业务风险资本之和为 38. 73 亿元，净资本/各项业务风险资本之和为 115. 38%（监管要求≥100%），净资本/净资产为 80. 50%（监管要求≥40%）。

## 10. 监事会意见

报告期内，公司决策程序符合《公司法》《信托法》《信托公司管理办法》和《公司章程》的规定，内部控制制度较为完善，公司董事、高级管理人员认真履行职责，未发生违法行为和损害公司利益的行为。公司 2018 年度财务报告经中审众环会计师事务所（特殊普通合伙）审计，真实反映了公司财务状况和经营成果。

# 国投泰康信托有限公司

## 1. 重要提示

1.1　本司董事会及董事保证本报告所载资料不存在任何虚假记载、误导性陈述或者重大遗漏，并对其内容的真实性、准确性和完整性承担个别及连带责任。

1.2　本报告经公司第六届董事会第八次会议审议通过。本公司独立董事童朋方先生、付磊先生、王相品先生，认为本报告内容是真实、准确、完整的。

1.3　立信会计师事务所为本公司出具了标准无保留意见的审计报告。

1.4　公司法定代表人董事长叶柏寿先生、总经理傅强先生、财务总监李涛先生及计划财务部副总经理孙欣妍女士声明：保证年度报告中财务报告的真实、完整。

## 2. 公司概况

### 2.1　公司简介

2.1.1　公司法定中文名称：国投泰康信托有限公司

2.1.2　公司法定英文名称：Sdic Taikang Trust Co., Ltd.

2.1.3　法定代表人：叶柏寿

2.1.4　公司注册地址：
北京市西城区阜成门北大街2号楼16层、17层
邮政编码：100034

2.1.5　国际互联网网址：www.sdictktrust.com

2.1.6　电子信箱：sdictktrust@sdictktrust.com

2.1.7　信息披露事务负责人：李涛
联系电话：010-83321800
传真：010-83321811
电子信箱：sdictktrust@sdictktrust.com

2.1.8　报告期内公司信息披露报纸名称：《证券时报》《金融时报》《上海证券报》

2.1.9　公司年度报告备置地点：
北京市西城区阜成门北大街2号楼17层

2.1.10　公司聘请的会计师事务所：
立信会计师事务所（特殊普通合伙）
地址：北京市朝阳区安定路中海国际A座18层

2.1.11　公司聘请的常年律师事务所：
北京天达共和律师事务所
地址：北京市朝阳区东三环北路8号亮马河大厦1座20层

### 2.2　组织结构

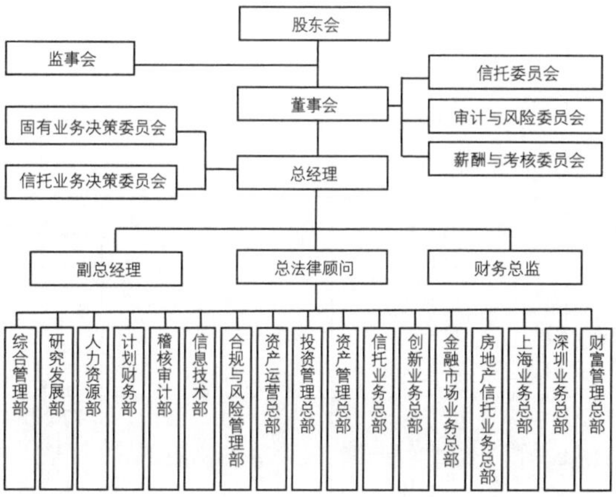


## 3. 公司治理

### 3.1　股东

| 股东名称 | 出资比例(%) | 法人代表 | 注册资本(亿元) | 注册地址 | 主要经营业务及主要财务情况 |
|---|---|---|---|---|---|
| 国投资本控股有限公司 | 55.00 | 叶柏寿 | 25 | 北京市西城区阜成门北大街6-6号国际投资大厦A座 | 从事对外投资、资产管理、接受委托对企业进行管理、投资策划及咨询服务。截至2018年末，公司合并资产总额为107.26亿元；2018年实现合并利润总额为9.51亿元。 |
| 泰康保险集团股份有限公司 | 32.98 | 陈东升 | 27.2919707 | 北京市西城区复兴门内大街156号泰康人寿大厦8层、9层 | 投资设立保险企业，管理投资控股企业，国家法律法规允许的投资业务，经中国保监会批准的保险业务，经中国保监会批准的其他业务。截至2018年末，公司合并资产总额为8060.22亿元；2018年实现合并利润总额为167.67亿元。 |
| 悦达资本股份有限公司 | 10.00 | 祁广亚 | 25 | 盐城经济技术开发区希望大道南路5号 | 资产管理；创业投资；实业投资；投资咨询；自有房屋租赁。截至2018年末，公司合并资产总额为159.13亿元；2018年实现合并利润总额为1.68亿元。 |
| 泰康资产管理有限责任公司 | 2.02 | 段国圣 | 10 | 中国（上海）自由贸易试验区张杨路828-838号26F07、F08室 | 管理运用自有资金及保险资金；受托资金管理业务；与资金管理业务相关的咨询业务；公开募集证券投资基金管理业务；国家法律法规允许的其他资产管理业务。截至2018年末，公司合并资产总额为87亿元；2018年实现合并利润总额为14.92亿元。 |

## 3.2 董事

董事长、副董事长、董事

| 姓 名 | 职 务 | 性别 | 年龄（岁） | 选任日期 | 所推举的股东名称 | 该股东持股比例（%） | 简要履历 |
|---|---|---|---|---|---|---|---|
| 叶柏寿 | 董事长 | 男 | 56 | 2015 年 3 月 | 国投资本控股有限公司 | 55 | 大学本科学历，高级会计师，现任国投泰康信托有限公司董事长、国家开发投资公司副总经济师、国投资本股份有限公司董事长、国投资本控股有限公司董事长、国投瑞银基金管理有限公司董事长、安信证券股份有限公司董事；曾任国家计委经济研究所财政金融研究室副主任、国家开发投资公司财务会计部资金处处长、财务会计部副主任、主任。 |
| 段国圣 | 副董事长 | 男 | 57 | 2015 年 3 月 | 泰康保险集团股份有限公司、泰康资产管理有限责任公司 | 35 | 博士研究生学历，研究员，现任国投泰康信托有限公司副董事长、泰康保险集团股份有限公司执行副总裁、首席投资官兼泰康资产管理有限责任公司首席执行官、中国保险资产管理业协会会长；曾在江汉石油学院工作，曾任中国平安保险（集团）公司执委会成员、助理首席投资官、泰康人寿保险股份有限公司执行副总裁、首席投资官。 |
| 张 帅 | 董事 | 男 | 32 | 2017 年 9 月 | 国投资本控股有限公司 | 55 | 硕士研究生学历，中级经济师，现任国投泰康信托有限公司董事、国投资本股份有限公司股权管理部部门副总经理、中国投融资担保股份有限公司董事；曾任国投资本控股有限公司综合部信息规划业务员、经理、业务管理部业务经理、高级业务经理。 |
| 陈 冰 | 董事 | 女 | 43 | 2018 年 7 月 | 国投资本控股有限公司 | 55 | 大学本科学历，中级经济师，现任国投泰康信托有限公司董事、国投资本股份有限公司综合部部门总经理；曾在中国成套设备进出口（集团）总公司工作，曾任国投资本控股有限公司项目经理、高级项目经理（外派国投中谷期货综合部经理）、综合部副经理、经理。 |
| 谭祖愈 | 董事 | 男 | 45 | 2015 年 3 月 | 泰康保险集团股份有限公司、泰康资产管理有限责任公司 | 35 | 硕士研究生学历，现任国投泰康信托有限公司董事、泰康资产管理有限责任公司执行委员会委员兼北京泰康投资公司总经理；曾在毕马威会计师事务所、光大国际信托投资公司、国际金融公司东亚局工作，曾任英联投资公司中国代表处投资董事、平安信托有限责任公司投资部董事总经理。 |
| 祁广亚 | 董事 | 男 | 49 | 2015 年 3 月 | 悦达资本股份有限公司 | 10 | 硕士研究生学历，高级会计师，注册会计师，现任国投泰康信托有限公司董事、悦达集团党委副书记、总裁、悦达资本股份有限公司董事长；曾在盐城拖拉机厂、盐城汽车总厂、悦达投资股份公司工作，曾任悦达集团副总裁、副总会计师、财务部部长、悦达资本股份有限公司总经理。 |

独立董事

| 姓 名 | 所在单位及职务 | 性别 | 年龄（岁） | 选任日期 | 所推举的股东名称 | 该股东持股比例（%） | 简要履历 |
|---|---|---|---|---|---|---|---|
| 童朋方 | 北京市德润律师事务所主任、律师 | 男 | 46 | 2015 年 3 月 | 国投资本控股有限公司 | 55 | 硕士研究生学历，注册会计师、律师，现任国投泰康信托有限公司独立董事、北京市德润律师事务所主任、律师；曾任财政部中国财政经济出版社会计分社编辑。 |
| 付 磊 | 首都经济贸易大学教授、博士生导师 | 男 | 67 | 2015 年 3 月 | 泰康保险集团股份有限公司、泰康资产管理有限责任公司 | 35 | 博士研究生学历，教授、博士生导师，现任国投泰康信托有限公司独立董事、首都经济贸易大学教授、博士生导师；曾在北京东城机修厂工作，曾任首都经济贸易大学会计学院副院长、党总支书记、院长。 |

## 3.3 监事

| 姓 名 | 职 务 | 性别 | 年龄（岁） | 选任日期 | 所推举的股东名称 | 该股东持股比例（%） | 简要履历 |
|---|---|---|---|---|---|---|---|
| 鲍红雨 | 监事会主席 | 女 | 49 | 2017 年 10 月 | 国投资本控股有限公司 | 55 | 硕士研究生学历，高级经济师，现任国投泰康信托有限公司监事会主席、中国投融资担保股份有限公司董事、国投财务有限公司董事、国投资本股份有限公司审计与合规部部门总经理；曾在中国太平洋保险公司北京分公司、世纪兴业投资有限公司、国家开发投资公司工作，曾任国投泰康信托有限公司投资银行部副经理、资产管理部、产品部、信托业务总部部门经理。 |
| 霍 焱 | 监事 | 男 | 45 | 2015 年 1 月 | 泰康保险集团股份有限公司、泰康资产管理有限责任公司 | 35 | 硕士研究生学历，现任国投泰康信托有限公司监事、泰康资产管理有限责任公司董事总经理、投后管理部负责人；曾在广东北电通信设备有限公司、摩托罗拉（中国）有限公司工作；曾任工银瑞信基金管理有限公司财务总监、泰康资产管理有限责任公司财务负责人。 |
| 汪 斌 | 职工监事 | 男 | 53 | 2015 年 1 月 | — | — | 大学本科学历，高级审计师，现任国投泰康信托有限公司稽核审计部总经理；曾在鞍山市审计局、鞍山市信托投资股份有限公司任职，曾任国投泰康信托有限公司稽核审计部副经理。 |

## 3.4 高级管理人员

| 姓名 | 职务 | 性别 | 年龄(岁) | 选任日期 | 金融从业年限(年) | 学历 | 专业 |
|---|---|---|---|---|---|---|---|
| 傅强 | 总经理 | 男 | 49 | 2013年8月 | 23 | 硕士研究生 | 工商管理 |
| 李涛 | 财务总监(副总经理级) | 男 | 44 | 2013年11月 | 13 | 硕士研究生 | 会计学 |
| 刘桂进 | 副总经理、总法律顾问 | 男 | 47 | 2015年5月 | 13 | 硕士研究生 | 工商管理 |
| 姚少杰 | 副总经理 | 男 | 45 | 2016年5月 | 18 | 大学本科 | 机械制造工艺及设备 |
| 江芳 | 副总经理 | 女 | 48 | 2016年11月 | 25 | 博士研究生 | 国际法 |
| 包恋群 | 总经理助理 | 男 | 46 | 2018年6月 | 25 | 大学本科 | 财税 |
| 高嵩 | 总经理助理 | 女 | 45 | 2018年11月 | 16 | 大学本科 | 财政学 |

## 3.5 公司员工

| 项目 | | 报告期年度 | |
|---|---|---|---|
| | | 人数(人) | 比例(%) |
| 年龄分布 | 25岁以下 | 6 | 3 |
| | 25~29岁 | 63 | 29 |
| | 30~39岁 | 120 | 56 |
| | 40岁以上 | 25 | 12 |
| 学历分布 | 博士 | 4 | 2 |
| | 硕士 | 127 | 59 |
| | 本科 | 77 | 36 |
| | 专科 | 6 | 3 |
| | 其他 | 0 | 0 |
| 岗位分布 | 董事、监事及其高管人员 | 7 | 3 |
| | 自营业务人员 | 9 | 4 |
| | 信托业务人员 | 136 | 64 |
| | 其他人员 | 62 | 29 |

注:公司2018年度在岗员工214人(不含外部董事、监事)。

# 4. 经营管理

## 4.1 经营目标、经营方针、战略规划

公司依托股东优势资源,坚持"规模适当、业绩优良、风险可控、发展健康"的发展思路,打造实业投行、资产管理、财富管理三大业务板块,贯彻落实"稳中求进"的核心理念,持续提升企业核心竞争力,建设精品信托公司,成为稳健卓越的资产管理机构和值得信赖的财富管理机构。

## 4.2 所经营业务的主要内容

**自营资产运用与分布表**

| 资产运用 | 金额(万元) | 占比(%) | 资产分布 | 金额(万元) | 占比(%) |
|---|---|---|---|---|---|
| 货币资产 | 45 362 | 6.38 | 基础产业 | — | — |
| 贷款及应收款 | 545 | 0.07 | 房地产业 | — | — |
| 交易性金融资产 | 79 398 | 11.17 | 证券市场 | 156 174 | 21.96 |
| 可供出售金融资产 | 560 682 | 78.85 | 实业 | — | — |
| 长期股权投资 | 12 741 | 1.79 | 金融机构 | 59 171 | 8.32 |
| 其他 | 12 363 | 1.74 | 其他 | 495 746 | 69.72 |
| 资产总计 | 711 091 | 100.00 | 资产总计 | 711 091 | 100.00 |

注:在资产分布中,其他资产包括货币资金45 362万元,应收款项545万元,公司投资的信托产品、资管计划和信托业保障基金等437 476万元,其他固定资产投资、在建工程、无形资产和递延所得税资产等12 363万元。

**信托资产运用与分布表**

| 资产运用 | 金额(万元) | 占比(%) | 资产分布 | 金额(万元) | 占比(%) |
|---|---|---|---|---|---|
| 货币资产 | 233 398.57 | 0.87 | 基础产业 | 4 031 959.50 | 14.97 |
| 贷款 | 10 492 238.86 | 38.95 | 房地产 | 3 748 850.37 | 13.92 |
| 交易性金融资产 | 1 575 866.16 | 5.85 | 证券市场 | 1 228 718.26 | 4.56 |
| 可供出售金融资产 | 6 914 825.35 | 25.67 | 实业 | 8 880 756.33 | 32.97 |
| 持有至到期投资 | 718 129.44 | 2.67 | 金融机构 | 1 414 431.19 | 5.25 |
| 长期股权投资 | 2 779 213.85 | 10.32 | 其他 | 7 628 695.38 | 28.33 |
| 其他 | 4 219 738.80 | 15.67 | | | |
| 信托资产总计 | 26 933 411.03 | 100.00 | 信托资产总计 | 26 933 411.03 | 100.00 |

注:在资产运用中,其他主要包括买入返售金融资产、应收款项以及房屋、土地等其他资产收益权。在资产分布中,其他主要包括私募基金、资管产品、货币资金等。

## 4.3 影响公司业务发展的主要因素

### 4.3.1 有利因素

当前及未来一段时期,宏观经济基本企稳,积极因素不断增多;供给侧结构性改革深入推进,新兴产业增长明显;国家鼓励发展先进制造业,推动互联网、大数据、人工智能和实体经济深度融合,积极培育新增长点,形成经济新动能。

信托服务实体经济仍有巨大空间,绿色环保、智能科技、先进装备制造等新兴产业迎来发展机会,为股权投资带来新机遇;消费升级符合人民美好生活需要,消费金融业务仍有广阔空间;社会财富的增长带来更多财富管理需求,全权委托、家族信托、组合投资等业务亟须进一步发展;各类金融资产和企业资产盘活需求巨大,资产证券化业务仍将持续发展;房地产行业对经济增长和财政收入的作用依然明显,传统融资仍有需求,股权、并购等新型地产业务机会显著增加;精准脱贫是中央经济工作会议提出的重要攻坚战,慈善信托可以发挥更大作用。

监管部门密集下发规范性文件,整个金融行业正在向脱虚向实、去伪存真的方向发生转变,有利于信托行业的健康发展、可持续发展。

### 4.3.2 不利因素

从经济环境来看,全球经济放缓与中美贸易战等因素叠加,国际形势严峻复杂;我国长期向好的发展前景没有改变,但经济运行稳中有变、变中有忧,面临下行压力;出口受制,消费减弱,投资收缩,改革发展处于重要战略机遇期。

从金融市场来看，市场波动有所加剧，风险事件频发，局部风险有所暴露；受严监管、去杠杆等因素影响，资金端匹配难度加大；在新旧监管框架的转换中，行业发生深刻变革；银行理财子公司新规出台，资产管理市场竞争格局或将重塑。

从市场格局来看，信托业进入调整转型期，行业管理资产规模缩减，行业利润环比下降；信托公司竞争激烈、分化明显，领先公司与落后公司的差距进一步拉大；随着监管政策收紧，个别粗放发展的信托公司可能面临风险暴露、规模缩减、业绩下滑、人才流失的困境。

## 4.4 内部控制

### 4.4.1 内部控制环境和内部控制文化

4.4.1.1 治理机制建设和执行情况

公司设置股东会、董事会、监事会。股东会是公司的最高权力机构。董事会负责公司的重大决策，并向股东会负责，董事会下设信托委员会、审计与风险委员会、薪酬与考核委员会三个专业委员会，专业委员会向董事会负责。监事会是公司的监督机构，对股东会负责。

公司经营层设立固有业务决策委员会和信托业务决策委员会，分别对固有业务、信托业务进行决策，对固有财产和信托业务进行分类管理及科学决策。

公司设立金融市场业务总部、创新业务总部、资产管理总部、房地产信托业务总部、投资管理总部、信托业务总部、财富管理总部等业务部门，以及合规与风险管理部、资产运营总部、信息技术部、稽核审计部、计划财务部、综合管理部、研究发展部、人力资源部等职能部门。各业务部门和职能部门按照公司确定的部门职责开展工作。公司主要从业人员均符合中国银行业监督管理委员会及公司规定的职业操守和职业技能。

公司坚持稳健经营理念，重视风险管控，通过建立风险防范的“三道防线”，构筑了完整的内控管理架构：“第一道防线”为各部门对本部门的业务流程和操作流程进行日常维护和管理，对本部门所面临的主要风险点进行识别、检查和控制；“第二道防线”为风险管理部门对各部门的主要风险点进行日常监控与管理；“第三道防线”为稽核审计部门对各部门的业务运行过程和结果进行稽核与检查。

4.4.1.2 内控文化建设和执行情况

公司的经营宗旨是以市场为导向，以效益为中心，依法规范经营，科学管理，维护股东、债权人、信托当事人和公司自身的合法权益。公司依照诚实、信用、谨慎、有效的原则，遵循监管机构的各项法规政策，倡导“有道而正、信则人任”的企业文化精神。公司加强内控文化建设，组织员工参加公司内外部培训，培育每个员工的内控文化理念，建立以风险管理为核心的公司内控文化和内控环境。

### 4.4.2 内部控制措施

公司健全内控体系，不断完善风险管理的组织体系、制度体系，强化制度的执行力度。通过持续优化各类制度、流程、指引、业务操作标准，强化执行监督和问责管理，有效控制公司经营管理中的各类风险。

### 4.4.3 监督评价与纠正

4.4.3.1 内部控制的评价和后评价

公司持续对法律法规、监管机构各项规章及公司各项制度的执行情况、执行效果对内部控制进行评价和后评价，努力探索对内部控制评价的方法，定性与定量相结合，对内部控制进行科学评价和后评价。本年度各项规章制度、业务流程执行情况良好，业务运作稳健高效，内部控制成效显著。

4.4.3.2 内部控制的监督和纠正

风险管理部门监督检查各部门内控制度的执行情况，稽核审计部门对公司内部控制情况进行稽核审计。对操作过程中发现的内控缺陷按照管辖权限层层上报，经有权管辖的相应层级决定后开展整改。公司各个管理层级在自己的管理权限内对内部控制存在的问题进行纠正。

## 4.5 风险管理概况

### 4.5.1 风险状况

4.5.1.1 监管合规风险状况

2018年，在资管新规大背景下，受托责任尽职指引等管理办法、行业指引等相关政策的出台，对信托公司提出了更高的要求。在监管环境趋严的背景下，公司组织开展对重大法规和监管政策的研究，认识、把握监管动向和行业动向，分析研究业务发展的新环境、新模式、新情况、新问题，为业务合规发展提供有效指引。

4.5.1.2 信用风险状况

2018年宏观经济形势和金融市场复杂多变，金融行业面临去杠杆和强化监管的环境，风险事件多发，信托行业面临的信用风险不断加大。2018年公司科学决策、积极应对，运用信托资金开展的主动管理业务未发生因信用风险带来的损失，公司固有业务也未发生因信用风险带来的损失。2018年为公司提供服务的机构，均持续经营，运作良好，未出现被吊销营业执照、宣告破产、公司解散等对公司业务产生不利影响的情况。

4.5.1.3 市场风险状况

截至2018年末，公司证券投资余额为76 775万元，占公司固有财产的10.80%。此类投资受市场价格影响，面临证券市场价格波动引起的收益波动风险。

4.5.1.4 操作风险状况

2018年，公司未发生因操作风险带来的损失。公司通过不断完善内控制度、持续优化业务操作流程、加强关键节点监控、加强制度执行的引导教育，有效防范操作风险。

4.5.1.5 洗钱风险状况

随着信托行业服务客户数量不断增加、资产管理规模不断扩大，随之而来的洗钱风险也不断增加。由于反洗钱工作的专业性、复杂性、紧迫性和长期性，公司持续采取预防、监控措施，有效防范了洗钱风险。2018年，公司未发生因洗钱风险带来的损失。

4.5.1.6 其他风险状况

2018年，公司未发生因其他风险带来的损失。

### 4.5.2 风险管理

4.5.2.1 监管合规风险管理

公司全面贯彻“合规风险全覆盖”理念，持续加强法律与业务合规风险管理，通过事前调查、事中控制、事后检查实现业务全过程管理。公司高度重视交易结构的合规规划和法律文件的审查，明确业务合规标准、合规要点，强化业务合规管理，持续提升业务整体合规水平。

4.5.2.2　信用风险管理

公司通过加强事前风险评估和判断、事中运作管理和控制,深化项目选择能力、项目管理能力,防范和规避信用风险。公司选择声誉良好、资产质量好、资信等级高的交易对手,并综合交易对手情况,设置较强的担保措施,降低信用风险。公司通过制定业务准入标准、强化对交易对手的尽调和筛选能力,提升信用风险识别和判断水平。

4.5.2.3　市场风险管理

公司秉承稳健审慎的投资理念,坚持价值投资和组合投资原则,根据宏观经济形势、市场情况及时调整投资结构,关注资产类别和行业配置,发挥信息技术手段对市场风险的监控作用,对业务数据进行及时跟踪监测、及时预警,采取快速有力措施,有效降低投资组合的市场风险。

4.5.2.4　操作风险管理

公司通过建立和严格执行业务制度和业务流程防范操作风险;通过流程培训、持续督导、风险提示等形式,加强制度执行的引导教育,结合问责机制,履行受托人职责,力促各项制度落到实处,防范操作风险。

4.5.2.5　洗钱风险管理

公司将洗钱和恐怖融资风险纳入全面风险管理,与市场风险、操作风险、信用风险等其他风险统筹考虑,洗钱风险管理政策与其他风险控制政策得到同样的重视,洗钱风险控制体系与其他风险控制体系同步加强。公司建立了反洗钱和反恐怖融资内控机制,覆盖了法律法规和监管要求涉及的反洗钱各方面义务,通过培训、考核、内部监督、问责等形式推动全员反洗钱尽职履职,不断提升洗钱风险管理水平。

4.5.2.6　其他风险管理

公司密切关注监管政策变化,增强政策敏感度,积极防范合规风险。公司运作与既定战略方向一致,组织架构合理,管理职责分工明晰,人力资源培训能够满足公司发展需要,有效控制管理风险。

## 5. 报告期末及上一年度末的比较式会计报表

### 5.1　自营资产

#### 5.1.1　会计师事务所审计结论

立信会计师事务所(特殊普通合伙)审计结论:贵公司财务报表在所有重大方面按照企业会计准则的规定编制,公允反映了贵公司2018年12月31日的财务状况以及2018年度的经营成果和现金流量。

#### 5.1.2　资产负债表

**资产负债表(母公司)**

编制单位:国投泰康信托有限公司　　2018年12月31日　　单位:元

| 项　目 | 附注 | 2018年12月31日 | 2018年1月1日 | 2017年12月31日 |
|---|---|---|---|---|
| 流动资产: | | | | |
| 货币资金 | 七、(一) | 453 618 646.73 | 395 517 168.72 | 395 517 168.72 |
| △结算备付金 | | | | |
| △拆出资金 | | | | |
| ☆交易性金融资产 | | | | |
| 以公允价值计量且其变动计入当期损益的金融资产 | 七、(二) | 793 979 270.07 | 390 032 661.06 | 390 032 661.06 |
| 衍生金融资产 | | | | |
| 应收票据及应收账款 | 七、(三) | 692 219.80 | 832 932.29 | 832 932.29 |
| 预付款项 | | | | |
| △应收保费 | | | | |
| △应收分保账款 | | | | |
| △应收分保准备金 | | | | |
| 其他应收款 | 七、(四) | 4 762 923.60 | 8 651 738.55 | 8 651 738.55 |
| △买入返售金融资产 | | | | |
| 存货 | | | | |
| 其中:原材料 | | | | |
| 库存商品(产成品) | | | | |
| ☆合同资产 | | | | |
| 持有待售资产 | | | | |
| 一年内到期的非流动资产 | | | | |
| 其他流动资产 | | | | |
| 流动资产合计 | | 1 253 053 060.20 | 795 034 500.62 | 795 034 500.62 |
| 非流动资产: | | | | |
| △发放贷款及垫款 | | | | |
| ☆债权投资 | | | | |
| 可供出售金融资产 | 七、(五) | 5 606 817 146.16 | 5 235 068 192.64 | 5 235 068 192.64 |
| ☆其他债权投资 | | | | |
| 持有至到期投资 | | | | |
| 长期应收款 | | | | |
| 长期股权投资 | 七、(六) | 127 405 619.89 | 119 028 661.74 | 119 028 661.74 |
| ☆其他权益工具投资 | | | | |

续表

| 项　　目 | 附注 | 2018年12月31日 | 2018年1月1日 | 2017年12月31日 |
|---|---|---|---|---|
| ☆其他非流动金融资产 | | | | |
| 投资性房地产 | | | | |
| 固定资产 | 七、(七) | 6 926 258.24 | 8 358 242.45 | 8 358 242.45 |
| 在建工程 | 七、(八) | 9 364 557.12 | 4 972 670.04 | 4 972 670.04 |
| 生产性生物资产 | | | | |
| 油气资产 | | | | |
| 无形资产 | 七、(九) | 10 746 380.90 | 7 487 414.13 | 7 487 414.13 |
| 开发支出 | | | | |
| 商誉 | | | | |
| 长期待摊费用 | | | | |
| 递延所得税资产 | 七、(十) | 96 601 602.46 | 26 306 614.09 | 26 306 614.09 |
| 其他非流动资产 | | | | |
| 其中：特准储备物资 | | | | |
| 非流动资产合计 | | 5 857 861 564.77 | 5 401 221 795.09 | 5 401 221 795.09 |
| 资产总计 | | 7 110 914 624.97 | 6 196 256 295.71 | 6 196 256 295.71 |

**资产负债表（母公司）（续）**

编制单位：国投泰康信托有限公司　　2018年12月31日　　单位：元

| 项　　目 | 附注 | 2018年12月31日 | 2018年1月1日 | 2017年12月31日 |
|---|---|---|---|---|
| 流动负债： | | | | |
| 短期借款 | | | | |
| △向中央银行借款 | | | | |
| △吸收存款及同业存放 | | | | |
| △拆入资金 | | | | |
| ☆交易性金融负债 | | | | |
| 以公允价值计量且其变动计入当期损益的金融负债 | | | | |
| 衍生金融负债 | | | | |
| 应付票据及应付账款 | | | | |
| 预收款项 | | | | |
| ☆合同负债 | | | | |
| △卖出回购金融资产款 | | | | |
| △应付手续费及佣金 | | | | |
| 应付职工薪酬 | 七、(十一) | 149 901 026.48 | 117 011 990.28 | 117 011 990.28 |
| 其中：应付工资 | | 130 917 594.10 | 104 456 289.98 | 104 456 289.98 |
| 应付福利费 | | | | |
| #其中：职工奖励及福利基金 | | | | |
| 应交税费 | 七、(十二) | 91 712 348.98 | 95 935 645.53 | 95 935 645.53 |
| 其中：应交税金 | | 90 662 726.81 | 94 760 614.27 | 94 760 614.27 |
| 其他应付款 | 七、(十三) | 1 333 463 539.89 | 882 503 660.30 | 882 503 660.30 |
| △应付分保账款 | | | | |
| △保险合同准备金 | | | | |
| △代理买卖证券款 | | | | |
| △代理承销证券款 | | | | |
| 持有待售负债 | | | | |
| 一年内到期的非流动负债 | | | | |
| 其他流动负债 | | | | |
| 流动负债合计 | | 1 575 076 915.35 | 1 095 451 296.11 | 1 095 451 296.11 |
| 非流动负债： | | | | |
| 长期借款 | | | | |
| 应付债券 | | | | |
| 其中：优先股 | | | | |
| 永续债 | | | | |
| 长期应付款 | | | | |
| 长期应付职工薪酬 | | | | |
| 预计负债 | | | | |
| 递延收益 | | | | |
| 递延所得税负债 | | | 1 275 885.85 | 1 275 885.85 |
| 其他非流动负债 | 七、(十四) | 2 108 206.68 | 2 108 206.68 | 2 108 206.68 |
| 其中：特准储备基金 | | | | |

续表

| 项　　目 | 附注 | 2018 年 12 月 31 日 | 2018 年 1 月 1 日 | 2017 年 12 月 31 日 |
|---|---|---|---|---|
| 非流动负债合计 | | 2 108 206.68 | 3 384 092.53 | 3 384 092.53 |
| 负债合计 | | 1 577 185 122.03 | 1 098 835 388.64 | 1 098 835 388.64 |
| 所有者权益(或股东权益): | | | | |
| 实收资本(或股本) | 七、(十五) | 2 190 545 454.00 | 2 190 545 454.00 | 2 190 545 454.00 |
| 国有资本 | | 1 423 854 545.00 | 1 423 854 545.00 | 1 423 854 545.00 |
| 其中:国有法人资本 | | 1 423 854 545.00 | 1 423 854 545.00 | 1 423 854 545.00 |
| 集体资本 | | | | |
| 民营资本 | | 766 690 909.00 | 766 690 909.00 | 766 690 909.00 |
| 其中:个人资本 | | | | |
| 外商资本 | | | | |
| #减:已归还投资 | | | | |
| 实收资本(或股本)净额 | | 2 190 545 454.00 | 2 190 545 454.00 | 2 190 545 454.00 |
| 其他权益工具 | | | | |
| 其中:优先股 | | | | |
| 永续债 | | | | |
| 资本公积 | 七、(十六) | 1 514 016 640.31 | 1 514 016 640.31 | 1 514 016 640.31 |
| 减:库存股 | | | | |
| 其他综合收益 | | -187 795 515.30 | 3 827 657.38 | 3 827 657.38 |
| 其中:外币报表折算差额 | | | | |
| 专项储备 | | | | |
| 盈余公积 | 七、(十七) | 540 027 273.49 | 477 234 096.64 | 477 234 096.64 |
| 其中:法定公积金 | | 539 102 565.54 | 476 309 388.69 | 476 309 388.69 |
| 任意公积金 | | 924 707.95 | 924 707.95 | 924 707.95 |
| #储备基金 | | | | |
| #企业发展基金 | | | | |
| #利润归还投资 | | | | |
| △一般风险准备 | 七、(十八) | 365 008 576.54 | 333 983 364.16 | 333 983 364.16 |
| 未分配利润 | 七、(十九) | 1 111 927 073.90 | 577 813 694.58 | 577 813 694.58 |
| 所有者权益(或股东权益)合计 | | 5 533 729 502.94 | 5 097 420 907.07 | 5 097 420 907.07 |
| 负债和所有者权益(或股东权益)总计 | | 7 110 914 624.97 | 6 196 256 295.71 | 6 196 256 295.71 |

注:加△项目为金融类企业专用;带#为外商投资企业专用;加☆为执行新收入/新金融工具准则企业适用。

后附财务报表附注为财务报表的组成部分。

## 资产负债表(母子公司合并)

编制单位:国投泰康信托有限公司　　2018 年 12 月 31 日　　单位:元

| 项　　目 | 附注 | 2018 年 12 月 31 日 | 2018 年 1 月 1 日 | 2017 年 12 月 31 日 |
|---|---|---|---|---|
| 流动资产: | | | | |
| 货币资金 | 八、(一) | 1 061 133 985.40 | 871 542 699.96 | 871 542 699.96 |
| △结算备付金 | | | | |
| △拆出资金 | | | | |
| ☆交易性金融资产 | | | | |
| 以公允价值计量且其变动计入当期损益的金融资产 | 八、(二) | 880 373 781.35 | 893 083 761.47 | 893 083 761.47 |
| 衍生金融资产 | | | | |
| 应收票据及应收账款 | 八、(三) | 98 218 543.42 | 103 127 701.14 | 103 127 701.14 |
| 预付款项 | | | | |
| △应收保费 | | | | |
| △应收分保账款 | | 98 218 543.42 | | |
| △应收分保准备金 | | | | |
| 其他应收款 | 八、(四) | 63 646 982.34 | 82 976 780.88 | 82 976 780.88 |
| △买入返售金融资产 | 八、(五) | 666 580 061.55 | 74 011 085.00 | 74 011 085.00 |
| 存货 | | | | |
| 其中:原材料 | | | | |
| 库存商品(产成品) | | | | |
| ☆合同资产 | | | | |
| 持有待售资产 | | | | |
| 一年内到期的非流动资产 | | | | |
| 其他流动资产 | 八、(六) | 360 000.00 | 680 000.00 | 680 000.00 |

续表

| 项　　目 | 附注 | 2018 年 12 月 31 日 | 2018 年 1 月 1 日 | 2017 年 12 月 31 日 |
|---|---|---|---|---|
| 流动资产合计 | | 2 770 313 354. 06 | 2 025 422 028. 45 | 2 025 422 028. 45 |
| 非流动资产: | | | | |
| △发放贷款及垫款 | | | | |
| ☆债权投资 | | | | |
| 可供出售金融资产 | 八、(七) | 5 319 982 540. 43 | 5 208 257 106. 41 | 5 208 257 106. 41 |
| ☆其他债权投资 | | | | |
| 持有至到期投资 | 八、(八) | 181 742 695. 34 | 152 677 373. 10 | 152 677 373. 10 |
| 长期应收款 | | | | |
| 长期股权投资 | 八、(九) | 16 405 619. 89 | 8 028 661. 74 | 8 028 661. 74 |
| ☆其他权益工具投资 | | | | |
| ☆其他非流动金融资产 | | | | |
| 投资性房地产 | | | | |
| 固定资产 | 八、(十) | 26 728 600. 04 | 23 546 185. 88 | 23 546 185. 88 |
| 在建工程 | 八、(十一) | 14 037 998. 96 | 8 692 022. 74 | 8 692 022. 74 |
| 生产性生物资产 | | | | |
| 油气资产 | | | | |
| 无形资产 | 八、(十二) | 25 325 843. 22 | 20 241 647. 86 | 20 241 647. 86 |
| 开发支出 | | | | |
| 商誉 | 八、(十三) | 68 578 612. 63 | 68 578 612. 63 | 68 578 612. 63 |
| 长期待摊费用 | 八、(十四) | 2 164 824. 89 | 2 473 135. 48 | 2 473 135. 48 |
| 递延所得税资产 | 八、(十五) | 147 298 171. 30 | 95 169 175. 02 | 95 169 175. 02 |
| 其他非流动资产 | 八、(十六) | | 348 800. 26 | 348 800. 26 |
| 其中:特准储备物资 | | | | |
| 非流动资产合计 | | 5 802 264 906. 70 | 5 588 012 721. 12 | 5 588 012 721. 12 |
| 资产总计 | | 8 572 578 260. 76 | 7 613 434 749. 57 | 7 613 434 749. 57 |

## 资产负债表(母子公司合并)(续)

编制单位:国投泰康信托有限公司　　2018 年 12 月 31 日　　单位:元

| 项　　目 | 附注 | 2018 年 12 月 31 日 | 2018 年 1 月 1 日 | 2017 年 12 月 31 日 |
|---|---|---|---|---|
| 流动负债: | | | | |
| 短期借款 | | | | |
| △向中央银行借款 | | | | |
| △吸收存款及同业存放 | | | | |
| △拆入资金 | | | | |
| ☆交易性金融负债 | | | | |
| 以公允价值计量且其变动计入当期损益的金融负债 | | | | |
| 衍生金融负债 | | | | |
| 应付票据及应付账款 | 八、(十七) | | 403 344. 86 | 403 344. 86 |
| 预收款项 | | | | |
| ☆合同负债 | | | | |
| △卖出回购金融资产款 | | | | |
| △应付手续费及佣金 | 八、(十八) | 2 809 820. 21 | 208 748. 34 | 208 748. 34 |
| 应付职工薪酬 | 八、(十九) | 277 254 795. 66 | 314 571 605. 61 | 314 571 605. 61 |
| 其中:应付工资 | | 243 081 837. 71 | 287 270 170. 66 | 287 270 170. 66 |
| 应付福利费 | | | | |
| #其中:职工奖励及福利基金 | | | | |
| 应交税费 | 八、(二十) | 128 324 458. 07 | 198 635 479. 36 | 198 635 479. 36 |
| 其中:应交税金 | | 126 652 390. 27 | 197 423 983. 67 | 197 423 983. 67 |

续表

| 项　目 | 附注 | 2018 年 12 月 31 日 | 2018 年 1 月 1 日 | 2017 年 12 月 31 日 |
|---|---|---|---|---|
| 其他应付款 | 八、(二十一) | 1 403 709 432. 11 | 930 371 002. 60 | 930 371 002. 60 |
| △应付分保账款 | | | | |
| △保险合同准备金 | | | | |
| △代理买卖证券款 | | | | |
| △代理承销证券款 | | | | |
| 持有待售负债 | | | | |
| 一年内到期的非流动负债 | | | | |
| 其他流动负债 | 八、(二十二) | 59 344 248. 40 | 76 661 025. 14 | 76 661 025. 14 |
| 流动负债合计 | | 1 871 442 754. 45 | 1 520 851 205. 91 | 1 520 851 205. 91 |
| 非流动负债: | | | | |
| 长期借款 | | | | |
| 应付债券 | | | | |
| 其中:优先股 | | | | |
| 永续债 | | | | |
| 长期应付款 | | | | |
| 长期应付职工薪酬 | | | | |
| 预计负债 | | | | |
| 递延收益 | 八、(二十三) | 3 683 665. 63 | 4 690 518. 36 | 4 690 518. 36 |
| 递延所得税负债 | | | 1 275 885. 85 | 1 275 885. 85 |
| 其他非流动负债 | 八、(二十四) | 2 108 206. 68 | 2 108 206. 68 | 2 108 206. 68 |
| 其中:特准储备基金 | | | | |
| 非流动负债合计 | | 5 791 872. 31 | 8 074 610. 89 | 8 074 610. 89 |
| 负债合计 | | 1 877 234 626. 76 | 1 528 925 816. 80 | 1 528 925 816. 80 |
| 所有者权益(或股东权益): | | | | |
| 实收资本(或股本) | 八、(二十五) | 2 190 545 454. 00 | 2 190 545 454. 00 | 2 190 545 454. 00 |
| 国有资本 | | 1 423 854 545. 00 | 1 423 854 545. 00 | 1 423 854 545. 00 |
| 其中:国有法人资本 | | 1 423 854 545. 00 | 1 423 854 545. 00 | 1 423 854 545. 00 |
| 集体资本 | | | | |
| 民营资本 | | 766 690 909. 00 | 766 690 909. 00 | 766 690 909. 00 |
| 其中:个人资本 | | | | |
| 外商资本 | | | | |
| #减:已归还投资 | | | | |
| 实收资本(或股本)净额 | | 2 190 545 454. 00 | 2 190 545 454. 00 | 2 190 545 454. 00 |
| 其他权益工具 | | | | |
| 其中:优先股 | | | | |
| 永续债 | | | | |
| 资本公积 | 八、(二十六) | 1 514 016 640. 31 | 1 514 016 640. 31 | 1 514 016 640. 31 |
| 减:库存股 | | | | |
| 其他综合收益 | | −17 408 128. 09 | 16 295 477. 24 | 16 295 477. 24 |
| 其中:外币报表折算差额 | | 830 781. 97 | 425 455. 97 | 425 455. 97 |
| 专项储备 | | | | |
| 盈余公积 | 八、(二十七) | 540 027 273. 49 | 477 234 096. 64 | 477 234 096. 64 |
| 其中:法定公积金 | | 539 102 565. 54 | 476 309 388. 69 | 476 309 388. 69 |
| 任意公积金 | | 924 707. 95 | 924 707. 95 | 924 707. 95 |
| #储备基金 | | | | |
| #企业发展基金 | | | | |
| #利润归还投资 | | | | |
| △一般风险准备 | 八、(二十八) | 736 381 159. 72 | 620 435 640. 98 | 620 435 640. 98 |
| 未分配利润 | 八、(二十九) | 1 141 496 698. 53 | 763 812 915. 16 | 763 812 915. 16 |
| 归属于母公司所有者权益(或股东权益)合计 | | 6 105 059 097. 96 | 5 582 340 224. 33 | 5 582 340 224. 33 |
| 少数股东权益 | | 590 284 536. 04 | 502 168 708. 44 | 502 168 708. 44 |
| 所有者权益(或股东权益)合计 | | 6 695 343 634. 00 | 6 084 508 932. 77 | 6 084 508 932. 77 |
| 负债和所有者权益(或股东权益)总计 | | 8 572 578 260. 76 | 7 613 434 749. 57 | 7 613 434 749. 57 |

5.1.3　利润表

**利润表（母公司）**

编制单位：国投泰康信托有限公司　　2018年度　　单位：元

| 项目 | 附注 | 本期金额 | 上期金额 |
|---|---|---|---|
| 一、营业收入 | | 1 083 516 382.21 | 1 008 498 891.34 |
| 利息净收入 | 七、(二十) | -73 572 182.37 | -55 594 736.92 |
| 利息收入 | | 5 748 748.59 | 6 869 862.91 |
| 利息支出 | | 79 320 930.96 | 62 464 599.83 |
| 手续费及佣金净收入 | 七、(二十一) | 878 961 166.94 | 738 594 834.66 |
| 手续费及佣金收入 | | 878 961 166.94 | 738 594 834.66 |
| 手续费及佣金支出 | | | |
| 投资收益(损失以"-"号填列) | 七、(二十二) | 277 238 763.79 | 317 869 482.33 |
| 其中：对联营企业和合营企业的投资收益 | | 8 376 958.15 | -9 740 029.80 |
| 公允价值变动收益(损失以"-"号填列) | | | |
| 汇兑收益(损失以"-"号填列) | | | |
| 其他业务收入 | 七、(二十三) | | 7 529 822.25 |
| 其他收益 | 七、(二十四) | 920 949.80 | |
| 资产处置收益(损失以"-"号填列) | 七、(二十五) | -32 315.95 | 99 489.02 |
| 二、营业支出 | | 249 369 402.19 | 194 603 821.48 |
| 税金及附加 | | 4 247 060.23 | 5 122 867.05 |
| 业务及管理费 | 七、(二十六) | 245 122 341.96 | 189 480 954.43 |
| 资产减值损失 | | | |
| 其他业务成本 | | | |
| 三、营业利润(亏损以"-"号填列) | | 834 146 980.02 | 813 895 069.86 |
| 加：营业外收入 | | | |
| 减：营业外支出 | 七、(二十七) | 340 714.05 | 536 169.40 |
| 四、利润总额(亏损总额以"-"号填列) | | 833 806 265.97 | 813 358 900.46 |
| 减：所得税费用 | 七、(二十八) | 205 874 497.42 | 189 857 866.19 |
| 五、净利润(净亏损以"-"号填列) | | 627 931 768.55 | 623 501 034.27 |
| (一)持续经营净利润(净亏损以"-"号填列) | | 627 931 768.55 | 623 501 034.27 |
| (二)终止经营净利润(净亏损以"-"号填列) | | | |
| 六、其他综合收益 | 七、(二十九) | -191 623 172.68 | 41 931 359.36 |
| 七、综合收益总额 | | 436 308 595.87 | 665 432 393.63 |
| 八、每股收益： | | | |
| (一)基本每股收益 | | | |
| (二)稀释每股收益 | | | |

注：加△项目为金融类企业专用；加☆为执行新收入/新金融工具准则企业适用。

**利润表（母公司合并）**

编制单位：国投泰康信托有限公司　　2018年度　　单位：元

| 项目 | 附注 | 本期金额 | 上期金额 |
|---|---|---|---|
| 一、营业收入 | | 1 503 609 603.11 | 1 795 665 498.37 |
| 利息净收入 | 八、(三十) | -49 918 734.80 | -37 975 570.83 |
| 利息收入 | | 38 905 207.68 | 32 452 872.32 |
| 利息支出 | | 88 823 942.48 | 70 428 443.15 |
| 手续费及佣金净收入 | 八、(三十一) | 1 431 555 860.47 | 1 462 717 032.92 |
| 手续费及佣金收入 | | 1 432 843 427.75 | 1 464 355 630.00 |

续表

| 项目 | 附注 | 本期金额 | 上期金额 |
|---|---|---|---|
| 手续费及佣金支出 | | 1 287 567. 28 | 1 638 597. 08 |
| 投资收益(损失以"-"号填列) | 八、(三十二) | 249 035 810. 31 | 303 013 976. 17 |
| 其中:对联营企业和合营企业的投资收益 | | 8 376 958. 15 | -9 740 029. 80 |
| 公允价值变动收益(损失以"-"号填列) | 八、(三十三) | -149 030 312. 31 | 43 516 676. 12 |
| 汇兑收益(损失以"-"号填列) | | 49 231. 28 | 38 237. 82 |
| 其他业务收入 | 八、(三十四) | | 7 529 822. 25 |
| 其他收益 | 八、(三十五) | 21 950 064. 11 | 16 725 834. 90 |
| 资产处置收益(损失以"-"号填列) | 八、(三十六) | -32 315. 95 | 99 489. 02 |
| 二、营业支出 | | 645 705 923. 74 | 694 402 044. 67 |
| 税金及附加 | | 6 658 758. 76 | 8 782 132. 80 |
| 业务及管理费 | 八、(三十七) | 638 987 502. 61 | 685 497 405. 54 |
| 资产减值损失 | 八、(三十八) | 59 662. 37 | 122 506. 33 |
| 其他业务成本 | | | |
| 三、营业利润(亏损以"-"号填列) | | 857 903 679. 37 | 1 101 263 453. 70 |
| 加:营业外收入 | 八、(三十九) | 763 399. 74 | 100 740. 00 |
| 减:营业外支出 | 八、(四十) | 556 641. 53 | 671 298. 37 |
| 四、利润总额(亏损总额以"-"号填列) | | 858 110 437. 58 | 1 100 692 895. 33 |
| 减:所得税费用 | 八、(四十一) | 206 051 240. 12 | 270 606 612. 73 |
| 五、净利润(净亏损以"-"号填列) | | 652 059 197. 46 | 830 086 282. 60 |
| 归属于母公司所有者的净利润 | | 556 422 478. 96 | 709 101 025. 17 |
| ※少数股东损益 | | 95 636 718. 50 | 120 985 257. 43 |
| 持续经营损益 | | 652 059 197. 46 | 830 086 282. 60 |
| 终止经营损益 | | | |
| 六、其他综合收益的税后净额 | | -41 224 496. 23 | 8 474 270. 37 |
| 归属于母公司所有者的其他综合收益的税后净额 | 八、(四十二) | -33 703 605. 33 | 16 929 633. 69 |
| (一)以后不能重分类进损益的其他综合收益 | | | |
| 1. 重新计量设定受益计划净负债或净资产的变动 | | | |
| 2. 权益法下在被投资单位不能重分类进损益的其他综合收益中享有的份额 | | | |
| (二)以后将重分类进损益的其他综合收益 | | -33 703 605. 33 | 16 929 633. 69 |
| 1. 权益法下在被投资单位以后将重分类进损益的其他综合收益中享有的份额 | | | |
| 2. 可供出售金融资产公允价值变动损益 | | -34 108 931. 33 | 17 545 948. 10 |
| 3. 持有至到期投资重分类为可供出售金融资产损益 | | | |
| 4. 现金流量套期损益的有效部分 | | | |
| 5. 外币财务报表折算差额 | | 405 326. 00 | -616 314. 41 |
| 归属于少数股东的其他综合收益的税后净额 | | -7 520 890. 90 | -8 455 363. 32 |
| 七、综合收益总额 | | 610 834 701. 23 | 838 560 552. 97 |
| 归属于母公司所有者的综合收益总额 | | 522 718 873. 63 | 726 030 658. 86 |
| 归属于少数股东的综合收益总额 | | 88 115 827. 60 | 112 529 894. 11 |
| 八、每股收益: | | | |
| 基本每股收益 | | | |
| 稀释每股收益 | | | |

## 5. 1. 4 所有者权益变动表

### 所有者权益变动表（母公司）

编制单位：国投泰康信托有限公司　　2018 年度　　单位：元

| 项　目 | 本年金额 | | | | | | | | | | | |
|---|---|---|---|---|---|---|---|---|---|---|---|---|
| | 实收资本（或股本） | 其他权益工具 | | | 资本公积 | 减：库存股 | 其他综合收益 | 专项储备 | 盈余公积 | △一般风险准备 | 未分配利润 | 其他 | 所有者权益合计 |
| | | 优先股 | 永续债 | 其他 | | | | | | | | | |
| 一、上年年末余额 | 2 190 545 454. 00 | — | — | — | 1 514 016 640. 31 | — | 3 827 657. 38 | — | 477 234 096. 64 | 333 983 364. 16 | 577 813 694. 58 | — | 5 097 420 907. 07 |
| 加：会计政策变更 | — | — | — | — | — | — | — | — | — | — | — | — | — |
| 前期差错更正 | — | — | — | — | — | — | — | — | — | — | — | — | — |
| 其他 | — | — | — | — | — | — | — | — | — | — | — | — | — |
| 二、本年年初余额 | 2 190 545 454. 00 | — | — | — | 1 514 016 640. 31 | — | 3 827 657. 38 | — | 477 234 096. 64 | 333 983 364. 16 | 577 813 694. 58 | — | 5 097 420 907. 07 |
| 三、本期增减变动金额（减少以"－"号填列） | — | — | — | — | — | — | -191 623 172. 68 | — | 62 793 176. 85 | 31 025 212. 38 | 534 113 379. 32 | — | 436 308 595. 87 |
| （一）综合收益总额 | — | — | — | — | — | — | -191 623 172. 68 | — | — | — | 627 931 768. 55 | — | 436 308 595. 87 |
| （二）所有者投入和减少资本 | — | — | — | — | — | — | — | — | — | — | — | — | — |
| 1. 所有者投入的普通股 | — | — | — | — | — | — | — | — | — | — | — | — | — |
| 2. 其他权益工具持有者投入资本 | — | — | — | — | — | — | — | — | — | — | — | — | — |
| 3. 股份支付计入所有者权益的金额 | — | — | — | — | — | — | — | — | — | — | — | — | — |
| 4. 其他 | — | — | — | — | — | — | — | — | — | — | — | — | — |
| （三）专项储备提取和使用 | — | — | — | — | — | — | — | — | — | — | — | — | — |
| 1. 提取专项储备 | — | — | — | — | — | — | — | — | — | — | — | — | — |
| 2. 使用专项储备 | — | — | — | — | — | — | — | — | — | — | — | — | — |
| （四）利润分配 | — | — | — | — | — | — | — | — | 62 793 176. 85 | 31 025 212. 38 | -93 818 389. 23 | — | — |
| 1. 提取盈余公积 | — | — | — | — | — | — | — | — | 62 793 176. 85 | — | -62 793 176. 85 | — | — |
| 其中：法定公积金 | — | — | — | — | — | — | — | — | 62 793 176. 85 | — | -62 793 176. 85 | — | — |
| 任意公积金 | — | — | — | — | — | — | — | — | — | — | — | — | — |
| #储备基金 | — | — | — | — | — | — | — | — | — | — | — | — | — |
| #企业发展基金 | — | — | — | — | — | — | — | — | — | — | — | — | — |
| #利润归还投资 | — | — | — | — | — | — | — | — | — | — | — | — | — |
| 2. 提取一般风险准备 | — | — | — | — | — | — | — | — | — | 31 025 212. 38 | -31 025 212. 38 | — | — |
| 3. 对所有者（或股东）的分配 | — | — | — | — | — | — | — | — | — | — | — | — | — |
| 4. 其他 | — | — | — | — | — | — | — | — | — | — | — | — | — |
| （五）所有者权益内部结转 | — | — | — | — | — | — | — | — | — | — | — | — | — |
| 1. 资本公积转增资本（或股本） | — | — | — | — | — | — | — | — | — | — | — | — | — |
| 2. 盈余公积转增资本（或股本） | — | — | — | — | — | — | — | — | — | — | — | — | — |
| 3. 盈余公积弥补亏损 | — | — | — | — | — | — | — | — | — | — | — | — | — |
| 4. 设定受益计划变动额结转留存收益 | — | — | — | — | — | — | — | — | — | — | — | — | — |
| ☆5. 其他综合收益结转留存收益 | — | — | — | — | — | — | — | — | — | — | — | — | — |
| 6. 其他 | — | — | — | — | — | — | — | — | — | — | — | — | — |
| 四、本年年末余额 | 2 190 545 454. 00 | — | — | — | 1 514 016 640. 31 | — | -187 795 515. 30 | — | 540 027 273. 49 | 365 008 576. 54 | 1 111 927 073. 90 | — | 5 533 729 502. 94 |

注：加△项目为金融类企业专用；加#为外商投资企业专用；加☆为执行新金融工具准则企业适用。

## 所有者权益变动表(母公司)(续)

编制单位:国投泰康信托有限公司　　2018 年度　　单位:元

| 项　目 | 上年金额 | | | | | | | | | | | |
|---|---|---|---|---|---|---|---|---|---|---|---|---|
| | 实收资本(或股本) | 其他权益工具 | | | 资本公积 | 减:库存股 | 其他综合收益 | 专项储备 | 盈余公积 | △一般风险准备 | 未分配利润 | 其他 | 所有者权益合计 |
| | | 优先股 | 永续债 | 其他 | | | | | | | | | |
| 一、上年年末余额 | 2 190 545 454. 00 | — | — | — | 1 514 016 640. 31 | — | -38 103 701. 98 | — | 414 883 993. 21 | 294 261 718. 08 | 563 844 098. 29 | — | 4 939 448 201. 91 |
| 加:会计政策变更 | — | — | — | — | — | — | — | — | — | — | — | — | — |
| 前期差错更正 | — | — | — | — | — | — | — | — | — | — | — | — | — |
| 其他 | — | — | — | — | — | — | — | — | — | — | — | — | — |
| 二、本年年初余额 | 2 190 545 454. 00 | — | — | — | 1 514 016 640. 31 | — | -38 103 701. 98 | — | 414 883 993. 21 | 294 261 718. 08 | 563 844 098. 29 | — | 4 939 448 201. 91 |
| 三、本期增减变动金额(减少以"-"号填列) | — | — | — | — | — | — | 41 931 359. 36 | — | 62 350 103. 43 | 39 721 646. 08 | 13 969 596. 29 | — | 157 972 705. 16 |
| (一)综合收益总额 | — | — | — | — | — | — | 41 931 359. 36 | — | — | — | 623 501 034. 27 | — | 665 432 393. 63 |
| (二)所有者投入和减少资本 | — | — | — | — | — | — | — | — | — | — | — | — | — |
| 1. 所有者投入的普通股 | — | — | — | — | — | — | — | — | — | — | — | — | — |
| 2. 其他权益工具持有者投入资本 | — | — | — | — | — | — | — | — | — | — | — | — | — |
| 3. 股份支付计入所有者权益的金额 | — | — | — | — | — | — | — | — | — | — | — | — | — |
| 4. 其他 | — | — | — | — | — | — | — | — | — | — | — | — | — |
| (三)专项储备提取和使用 | — | — | — | — | — | — | — | — | — | — | — | — | — |
| 1. 提取专项储备 | — | — | — | — | — | — | — | — | — | — | — | — | — |
| 2. 使用专项储备 | — | — | — | — | — | — | — | — | — | — | — | — | — |
| (四)利润分配 | — | — | — | — | — | — | — | — | 62 350 103. 43 | 39 721 646. 08 | -609 531 437. 98 | — | -507 459 688. 47 |
| 1. 提取盈余公积 | — | — | — | — | — | — | — | — | 62 350 103. 43 | — | -62 350 103. 43 | — | — |
| 其中:法定公积金 | — | — | — | — | — | — | — | — | 62 350 103. 43 | — | -62 350 103. 43 | — | — |
| 任意公积金 | — | — | — | — | — | — | — | — | — | — | — | — | — |
| #储备基金 | — | — | — | — | — | — | — | — | — | — | — | — | — |
| #企业发展基金 | — | — | — | — | — | — | — | — | — | — | — | — | — |
| #利润归还投资 | — | — | — | — | — | — | — | — | — | — | — | — | — |
| 2. 提取一般风险准备 | — | — | — | — | — | — | — | — | — | 39 721 646. 08 | -39 721 646. 08 | — | — |
| 3. 对所有者(或股东)的分配 | — | — | — | — | — | — | — | — | — | — | -507 459 688. 47 | — | -507 459 688. 47 |
| 4. 其他 | — | — | — | — | — | — | — | — | — | — | — | — | — |
| (五)所有者权益内部结转 | — | — | — | — | — | — | — | — | — | — | — | — | — |
| 1. 资本公积转增资本(或股本) | — | — | — | — | — | — | — | — | — | — | — | — | — |
| 2. 盈余公积转增资本(或股本) | — | — | — | — | — | — | — | — | — | — | — | — | — |
| 3. 盈余公积弥补亏损 | — | — | — | — | — | — | — | — | — | — | — | — | — |
| 4. 设定受益计划变动额结转留存收益 | — | — | — | — | — | — | — | — | — | — | — | — | — |
| ☆5. 其他综合收益结转留存收益 | — | — | — | — | — | — | — | — | — | — | — | — | — |
| 6. 其他 | — | — | — | — | — | — | — | — | — | — | — | — | — |
| 四、本年年末余额 | 2 190 545 454. 00 | — | — | — | 1 514 016 640. 31 | — | 3 827 657. 38 | — | 477 234 096. 64 | 333 983 364. 16 | 577 813 694. 58 | — | 5 097 420 907. 07 |

注:加△项目为金融类企业专用;加#为外商投资企业专用;加☆为执行新金融工具准则企业适用。

# 所有者权益变动表（母子公司合并）

编制单位：国投泰康信托有限公司　　2018 年度　　单位：元

| 项　目 | 本年金额 | | | | | | | | | | | | | | |
|---|---|---|---|---|---|---|---|---|---|---|---|---|---|---|---|
| | 归属于母公司所有者权益 | | | | | | | | | | | | | 少数股东权益 | 所有者权益合计 |
| | 实收资本（或股本） | 其他权益工具 | | | 资本公积 | 减：库存股 | 其他综合收益 | 专项储备 | 盈余公积 | △一般风险准备 | 未分配利润 | 其他 | 小计 | | |
| | | 优先股 | 永续债 | 其他 | | | | | | | | | | | |
| 一、上年年末余额 | 2 190 545 454.00 | — | — | — | 1 514 016 640.31 | — | 16 295 477.24 | — | 477 234 096.64 | 620 435 640.98 | 763 812 915.16 | — | 5 582 340 224.33 | 502 168 708.44 | 6 084 508 932.77 |
| 加：会计政策变更 | — | — | — | — | — | — | — | — | — | — | — | — | — | — | — |
| 前期差错更正 | — | — | — | — | — | — | — | — | — | — | — | — | — | — | — |
| 其他 | — | — | — | — | — | — | — | — | — | — | — | — | — | — | — |
| 二、本年年初余额 | 2 190 545 454.00 | — | — | — | 1 514 016 640.31 | — | 16 295 477.24 | — | 477 234 096.64 | 620 435 640.98 | 763 812 915.16 | — | 5 582 340 224.33 | 502 168 708.44 | 6 084 508 932.77 |
| 三、本期增减变动金额（减少以"－"号填列） | — | — | — | — | — | — | -33 703 605.33 | — | 62 793 176.85 | 115 945 518.74 | 377 683 783.37 | — | 522 718 873.63 | 88 115 827.60 | 610 834 701.23 |
| （一）综合收益总额 | — | — | — | — | — | — | -33 703 605.33 | — | — | — | 556 422 478.96 | — | 522 718 873.63 | 88 115 827.60 | 610 834 701.23 |
| （二）所有者投入和减少资本 | — | — | — | — | — | — | — | — | — | — | — | — | — | — | — |
| 1. 所有者投入的普通股 | — | — | — | — | — | — | — | — | — | — | — | — | — | — | — |
| 2. 其他权益工具持有者投入资本 | — | — | — | — | — | — | — | — | — | — | — | — | — | — | — |
| 3. 股份支付计入所有者权益的金额 | — | — | — | — | — | — | — | — | — | — | — | — | — | — | — |
| 4. 其他 | — | — | — | — | — | — | — | — | — | — | — | — | — | — | — |
| （三）专项储备提取和使用 | — | — | — | — | — | — | — | — | — | — | — | — | — | — | — |
| 1. 提取专项储备 | — | — | — | — | — | — | — | — | — | — | — | — | — | — | — |
| 2. 使用专项储备 | — | — | — | — | — | — | — | — | — | — | — | — | — | — | — |
| （四）利润分配 | — | — | — | — | — | — | — | — | 62 793 176.85 | 115 945 518.74 | -178 738 695.59 | — | — | — | — |
| 1. 提取盈余公积 | — | — | — | — | — | — | — | — | 62 793 176.85 | — | -62 793 176.85 | — | — | — | — |
| 其中：法定公积金 | — | — | — | — | — | — | — | — | 62 793 176.85 | — | -62 793 176.85 | — | — | — | — |
| 任意公积金 | — | — | — | — | — | — | — | — | — | — | — | — | — | — | — |
| #储备基金 | — | — | — | — | — | — | — | — | — | — | — | — | — | — | — |
| #企业发展基金 | — | — | — | — | — | — | — | — | — | — | — | — | — | — | — |
| #利润归还投资 | — | — | — | — | — | — | — | — | — | — | — | — | — | — | — |
| 2. 提取一般风险准备 | — | — | — | — | — | — | — | — | — | 115 945 518.74 | -115 945 518.74 | — | — | — | — |
| 3. 对所有者（或股东）的分配 | — | — | — | — | — | — | — | — | — | — | — | — | — | — | — |
| 4. 其他 | — | — | — | — | — | — | — | — | — | — | — | — | — | — | — |
| （五）所有者权益内部结转 | — | — | — | — | — | — | — | — | — | — | — | — | — | — | — |
| 1. 资本公积转增资本（或股本） | — | — | — | — | — | — | — | — | — | — | — | — | — | — | — |
| 2. 盈余公积转增资本（或股本） | — | — | — | — | — | — | — | — | — | — | — | — | — | — | — |
| 3. 盈余公积弥补亏损 | — | — | — | — | — | — | — | — | — | — | — | — | — | — | — |
| 4. 设定受益计划变动额结转留存收益 | — | — | — | — | — | — | — | — | — | — | — | — | — | — | — |
| ☆5. 其他综合收益结转留存收益 | — | — | — | — | — | — | — | — | — | — | — | — | — | — | — |
| 6. 其他 | — | — | — | — | — | — | — | — | — | — | — | — | — | — | — |
| 四、本年年末余额 | 2 190 545 454.00 | — | — | — | 1 514 016 640.31 | — | -17 408 128.09 | — | 540 027 273.49 | 736 381 159.72 | 1 141 496 698.53 | — | 6 105 059 097.96 | 590 284 536.04 | 6 695 343 634.00 |

## 所有者权益变动表（母子公司合并）（续）

编制单位：国投泰康信托有限公司　　　　2018 年度　　　　单位：元

| 项目 | 上年金额 归属于母公司所有者权益 实收资本（或股本） | 其他权益工具 优先股 | 其他权益工具 永续债 | 其他权益工具 其他 | 资本公积 | 减：库存股 | 其他综合收益 | 专项储备 | 盈余公积 | △一般风险准备 | 未分配利润 | 其他 | 小计 | 少数股东权益 | 所有者权益合计 |
|---|---|---|---|---|---|---|---|---|---|---|---|---|---|---|---|
| 一、上年年末余额 | 2 190 545 454. 00 | — | — | — | 1 514 016 640. 31 | — | −634 156. 45 | — | 414 883 993. 21 | 542 750 286. 13 | 702 207 036. 74 | — | 5 363 769 253. 94 | 448 438 814. 33 | 5 812 208 068. 27 |
| 加：会计政策变更 | — | — | — | — | — | — | — | — | — | — | — | — | — | — | — |
| 前期差错更正 | — | — | — | — | — | — | — | — | — | — | — | — | — | — | — |
| 其他 | — | — | — | — | — | — | — | — | — | — | — | — | — | — | — |
| 二、本年年初余额 | 2 190 545 454. 00 | — | — | — | 1 514 016 640. 31 | — | −634 156. 45 | — | 414 883 993. 21 | 542 750 286. 13 | 702 207 036. 74 | — | 5 363 769 253. 94 | 448 438 814. 33 | 5 812 208 068. 27 |
| 三、本期增减变动金额（减少以"－"号填列） | — | — | — | — | — | — | 16 929 633. 69 | — | 62 350 103. 43 | 77 685 354. 85 | 61 605 878. 42 | — | 218 570 970. 39 | 53 729 894. 11 | 272 300 864. 50 |
| （一）综合收益总额 | — | — | — | — | — | — | 16 929 633. 69 | — | — | — | 709 101 025. 17 | — | 726 030 658. 86 | 112 529 894. 11 | 838 560 552. 97 |
| （二）所有者投入和减少资本 | — | — | — | — | — | — | — | — | — | — | — | — | — | — | — |
| 1. 所有者投入的普通股 | — | — | — | — | — | — | — | — | — | — | — | — | — | — | — |
| 2. 其他权益工具持有者投入资本 | — | — | — | — | — | — | — | — | — | — | — | — | — | — | — |
| 3. 股份支付计入所有者权益的金额 | — | — | — | — | — | — | — | — | — | — | — | — | — | — | — |
| 4. 其他 | — | — | — | — | — | — | — | — | — | — | — | — | — | — | — |
| （三）专项储备提取和使用 | — | — | — | — | — | — | — | — | — | — | — | — | — | — | — |
| 1. 提取专项储备 | — | — | — | — | — | — | — | — | — | — | — | — | — | — | — |
| 2. 使用专项储备 | — | — | — | — | — | — | — | — | — | — | — | — | — | — | — |
| （四）利润分配 | — | — | — | — | — | — | — | — | 62 350 103. 43 | 77 685 354. 85 | −647 495 146. 75 | — | −507 459 688. 47 | −58 800 000. 00 | −566 259 688. 47 |
| 1. 提取盈余公积 | — | — | — | — | — | — | — | — | 62 350 103. 43 | — | −62 350 103. 43 | — | — | — | — |
| 其中：法定公积金 | — | — | — | — | — | — | — | — | 62 350 103. 43 | — | −62 350 103. 43 | — | — | — | — |
| 任意公积金 | — | — | — | — | — | — | — | — | — | — | — | — | — | — | — |
| #储备基金 | — | — | — | — | — | — | — | — | — | — | — | — | — | — | — |
| #企业发展基金 | — | — | — | — | — | — | — | — | — | — | — | — | — | — | — |
| #利润归还投资 | — | — | — | — | — | — | — | — | — | — | — | — | — | — | — |
| 2. 提取一般风险准备 | — | — | — | — | — | — | — | — | — | 77 685 354. 85 | −77 685 354. 85 | — | — | — | — |
| 3. 对所有者（或股东）的分配 | — | — | — | — | — | — | — | — | — | — | −507 459 688. 47 | — | −507 459 688. 47 | −58 800 000. 00 | −566 259 688. 47 |
| 4. 其他 | — | — | — | — | — | — | — | — | — | — | — | — | — | — | — |
| （五）所有者权益内部结转 | — | — | — | — | — | — | — | — | — | — | — | — | — | — | — |
| 1. 资本公积转增资本（或股本） | — | — | — | — | — | — | — | — | — | — | — | — | — | — | — |
| 2. 盈余公积转增资本（或股本） | — | — | — | — | — | — | — | — | — | — | — | — | — | — | — |
| 3. 盈余公积弥补亏损 | — | — | — | — | — | — | — | — | — | — | — | — | — | — | — |
| 4. 设定受益计划变动额结转留存收益 | — | — | — | — | — | — | — | — | — | — | — | — | — | — | — |
| ☆5. 其他综合收益结转留存收益 | — | — | — | — | — | — | — | — | — | — | — | — | — | — | — |
| 6. 其他 | — | — | — | — | — | — | — | — | — | — | — | — | — | — | — |
| 四、本年年末余额 | 2 190 545 454. 00 | — | — | — | 1 514 016 640. 31 | — | 16 295 477. 24 | — | 477 234 096. 64 | 620 435 640. 98 | 763 812 915. 16 | — | 5 582 340 224. 33 | 502 168 708. 44 | 6 084 508 932. 77 |

## 5.2 信托资产

### 5.2.1 信托项目资产负债汇总表

**信托项目资产负债汇总表**

编制单位：国投泰康信托有限公司　　2018年12月31日　　单位：万元

| 信托资产 | 期末数 | 年初数 | 信托负债和信托权益 | 期末数 | 年初数 |
|---|---|---|---|---|---|
| 信托资产： | | | 信托负债： | | |
| 货币资金 | 233 398.57 | 66 824.88 | 交易性金融负债 | | |
| 拆出资金 | | | 衍生金融负债 | | |
| 存出保证金 | | | 应付受托人报酬 | 1 165.79 | 1 099.48 |
| 交易性金融资产 | 1 575 866.16 | 2 065 453.41 | 应付托管费 | 457.73 | 364.46 |
| 衍生金融资产 | | | 应付受益人收益 | 55 983.89 | 44 490.66 |
| 买入返售金融资产 | 187 884.79 | 674 616.35 | 应交税费 | 1 378.62 | |
| 应收款项 | 479 109.45 | 475 533.86 | 应付销售服务费 | 611.85 | 425.32 |
| 发放贷款 | 10 492 238.86 | 14 770 694.25 | 其他应付款项 | 162 681.15 | 5 836.58 |
| 可供出售金融资产 | 6 914 825.35 | 5 902 217.34 | 预计负债 | | |
| 持有至到期投资 | 718 129.44 | 1 706 819.54 | 其他负债 | | |
| 长期应收款 | | | 信托负债合计 | 222 279.03 | 52 216.50 |
| 长期股权投资 | 2 779 213.85 | 2 379 745.71 | | | |
| 投资性房地产 | | | 信托权益： | | |
| 固定资产 | | | 实收信托 | 26 735 450.94 | 36 143 060.52 |
| 无形资产 | | | 资本公积 | | |
| 长期待摊费用 | | | 损益平准金 | | |
| 其他资产 | 3 552 744.56 | 8 238 609.21 | 未分配利润 | -24 318.94 | 85 237.53 |
| 减：各项资产减值准备 | | | 信托权益合计 | 26 711 132.00 | 36 228 298.05 |
| 信托资产总计 | 26 933 411.03 | 36 280 514.55 | 信托负债及信托权益总计 | 26 933 411.03 | 36 280 514.55 |

### 5.2.2 信托项目利润及利润分配汇总表

**信托项目利润及利润分配汇总表**

编制单位：国投泰康信托有限公司　　2018年度　　单位：万元

| 项目 | 本期金额 | 上期金额 |
|---|---|---|
| 1. 营业收入 | 1 774 567.69 | 1 967 478.41 |
| 1.1 利息收入 | 1 004 606.59 | 1 227 021.30 |
| 1.2 投资收益（损失以“-”号填列） | 645 415.91 | 426 370.54 |
| 1.2.1 其中：对联营企业和合营企业的投资收益 | — | — |
| 1.3 公允价值变动收益（损失以“-”号填列） | -30 800.33 | 6 529.22 |
| 1.4 租赁收入 | | |
| 1.5 汇兑损益（损失以“-”号填列） | 3 052.30 | |
| 1.6 其他收入 | 152 293.22 | 307 557.35 |
| 2. 支出 | 145 672.30 | 144 409.27 |
| 2.1 营业税金及附加 | 5 865.18 | |
| 2.2 受托人报酬 | 92 913.41 | 70 585.20 |
| 2.3 托管费 | 9 793.67 | 19 522.34 |
| 2.4 投资管理费 | | 104.80 |
| 2.5 销售服务费 | 6 496.43 | 833.47 |
| 2.6 交易费用 | 1 350.96 | 1 630.97 |
| 2.7 资产减值损失 | | |
| 2.8 其他费用 | 29 252.65 | 51 732.49 |

续表

| 项目 | 本期金额 | 上期金额 |
|---|---|---|
| 3. 信托净利润（净亏损以“-”号填列） | 1 628 895.39 | 1 823 069.14 |
| 4. 其他综合收益 | | |
| 5. 综合收益 | 1 628 895.39 | 1 823 069.14 |
| 6. 加：期初未分配信托利润 | 85 237.53 | 21 649.27 |
| 7. 可供分配的信托利润 | 1 714 132.92 | 1 844 718.41 |
| 8. 减：本期已分配信托利润 | 1 738 451.86 | 1 759 480.88 |
| 9. 期末未分配信托利润 | -24 318.94 | 85 237.53 |

# 6. 会计报表附注

## 6.1 简要说明报告年度会计报表编制基准、会计政策、会计估计和核算方法发生的变化

财政部于2018年6月15日发布了《财政部关于修订印发2018年度一般企业财务报表格式的通知》（财会[2018]15号）以及《关于2018年度一般企业财务报表格式有关问题的解读》，对一般企业财务报表格式进行了修订。本集团在资产负债表中，将“应收票据”“应收账款”科目重分类至新增的“应收票据和应收账款”项目中；将“应收利息”“应收股利”科目重分类至“其他应收款”项目中；将“固定资产清理”科目重分类至“固定资产”项目中；将“工程物资”科目重分类至“在建工程”项目中；将“应付票据”“应付账款”科目重分类至新增的“应付

票据和应付账款”项目中;将“应付利息”“应付股利”科目重分类至“其他应付款”项目中;将“专项应付款”科目重分类至“长期应付款”项目中;在利润表中,将“管理费用”项下的“研发费用”单独分拆出来。在财务费用项目下分拆“利息费用”和“利息收入”明细项目;企业按照相关规定采用追溯调整法,对可比会计期间的比较数据进行相应调整。

财政部于2017年6月12日发布了《企业会计准则解释第9号——关于权益法下投资净损失的会计处理》《企业会计准则解释第10号——关于以使用固定资产产生的收入为基础的折旧方法》《企业会计准则解释第11号——关于以使用无形资产产生的收入为基础的摊销方法》及《企业会计准则解释第12号——关于关键管理人员服务的提供方与接受方是否为关联方》,根据该四项会计准则解释规定,自2018年1月1日起实施,除解释9号应进行追溯调整外,无需对比较数据进行追溯调整。

除此之外,本公司会计估计和核算方法未发生变化。

## 6.2 或有事项说明

截至2018年12月31日,本公司无需要披露的重大或有事项。

## 6.3 重要资产转让及其出售的说明

截至报告日,公司无需要披露的重要资产转让及其出售事项。

## 6.4 会计报表中重要项目的明细资料

### 6.4.1 自营资产经营情况

6.4.1.1 信用风险资产分类

| 信用风险资产五级分类 | 正常类(万元) | 关注类(万元) | 次级类(万元) | 可疑类(万元) | 损失类(万元) | 信用风险资产合计(万元) | 不良资产合计(万元) | 不良资产率(%) |
|---|---|---|---|---|---|---|---|---|
| 期初数 | 659 787 | — | — | — | — | 659 787 | — | — |
| 期末数 | 777 580 | — | — | — | — | 777 580 | — | — |

注:不良资产合计=次级类+可疑类+损失类。

6.4.1.2 各项资产减值损失准备

无。

6.4.1.3 固有业务投资品种明细

单位:万元

| | 自营股票 | 基金 | 债券 | 长期股权投资 | 其他投资 | 合计 |
|---|---|---|---|---|---|---|
| 期初数 | — | 14 543 | — | 11 903 | 547 967 | 574 413 |
| 期末数 | — | 30 288 | — | 12 741 | 609 792 | 652 821 |

6.4.1.4 前三名的自营长期股权投资情况

| 企业名称 | 占被投资企业权益的比例(%) | 主要经营活动 | 投资损益(万元) |
|---|---|---|---|
| 国投瑞银基金管理有限公司 | 51.00 | 基金管理 | — |
| 国投万和资产管理有限公司 | 45.00 | 资产管理 | 838 |

6.4.1.5 前三名的自营贷款的企业情况

无。

6.4.1.6 表外业务情况

无。

6.4.1.7 公司当年的收入结构

| 收入结构 | 母公司 | | 母子合并 | |
|---|---|---|---|---|
| | 金额(万元) | 占比(%) | 金额(万元) | 占比(%) |
| 手续费及佣金收入 | 87 896 | 75.59 | 143 284 | 89.86 |
| 其中:信托手续费收入 | 87 896 | 75.59 | 87 896 | 55.13 |
| 投资银行业务收入 | — | — | — | — |
| 利息收入 | 575 | 0.49 | 3 890 | 2.44 |
| 其他业务收入 | 92 | 0.08 | 2 195 | 1.38 |
| 其中:计入信托业务收入部分 | — | — | — | — |
| 投资收益 | 27 724 | 23.84 | 24 904 | 15.62 |
| 其中:股权投资收益 | 3 422 | 2.94 | 3 422 | 2.15 |
| 证券投资收益 | 679 | 0.58 | 679 | 0.42 |
| 其他投资收益 | 23 623 | 20.32 | 20 803 | 13.05 |
| 公允价值变动收益 | — | — | -14 903 | -9.35 |
| 营业外收入 | — | — | 76 | 0.05 |
| 收入合计 | 116 287 | 100.00 | 159 446 | 100.00 |

### 6.4.2 信托财产管理情况

6.4.2.1 信托资产的期初数、期末数

单位:万元

| 信托资产 | 期初数 | 期末数 |
|---|---|---|
| 集合 | 11 326 478.20 | 11 592 885.39 |
| 单一 | 17 220 061.17 | 12 561 726.10 |
| 财产权 | 7 733 975.18 | 2 778 799.54 |
| 合计 | 36 280 514.55 | 26 933 411.03 |

6.4.2.1.1 主动管理型信托业务的信托资产

单位:万元

| 主动管理型信托资产 | 期初数 | 期末数 |
|---|---|---|
| 证券投资类 | 1 794 958.73 | 1 349 545.28 |
| 股权投资类 | 1 051 306.95 | 1 061 679.61 |
| 融资类 | 2 081 744.61 | 3 125 477.25 |
| 事务管理类 | 58 751.52 | 144.71 |
| 其他 | 1 070 033.81 | 2 185 404.77 |
| 合计 | 6 056 795.62 | 7 722 251.62 |

6.4.2.1.2 被动管理型信托业务的信托资产

单位:万元

| 被动管理型信托资产 | 期初数 | 期末数 |
|---|---|---|
| 证券投资类 | 1 356 931.02 | 898 317.41 |
| 股权投资类 | 1 246 944.55 | 1 710 944.55 |
| 融资类 | 16 474 364.94 | 12 005 482.34 |
| 事务管理类 | 7 604 465.14 | 2 657 472.12 |
| 其他 | 3 541 013.28 | 1 938 942.99 |
| 合计 | 30 223 718.93 | 19 211 159.41 |

6.4.2.2 本年度已清算结束的信托项目

6.4.2.2.1 本年度已清算结束的集合类、单一类资金信托项目和财产管理类信托项目

| 已清算结束信托项目 | 项目个数(个) | 实收信托合计金额(万元) | 加权平均实际年化收益率(%) |
|---|---|---|---|
| 集合类 | 36 | 2 393 370.00 | 7.53 |
| 单一类 | 274 | 9 889 100.44 | 6.13 |
| 财产管理类 | 81 | 2 597 390.24 | 0.48 |

6.4.2.2.2　本年度已清算结束的主动管理型信托项目

| 已清算结束信托项目 | 项目个数（个） | 实收信托合计金额（万元） | 加权平均实际年化信托报酬率（%） | 加权平均实际年化收益率（%） |
|---|---|---|---|---|
| 证券投资类 | | | | |
| 股权投资类 | 2 | 260 510.00 | 2.92 | 7.55 |
| 融资类 | 16 | 569 360.00 | 1.65 | 7.22 |
| 事务管理类 | 2 | 66 307.00 | 0.90 | 11.15 |
| 其他 | 5 | 1 183 860.00 | 0.21 | 4.86 |

6.4.2.2.3　本年度已清算结束的被动管理型信托项目

| 已清算结束信托项目 | 项目个数（个） | 实收信托合计金额（万元） | 加权平均实际年化信托报酬率（%） | 加权平均实际年化收益率（%） |
|---|---|---|---|---|
| 证券投资类 | 8 | 193 191.24 | 0.81 | 3.75 |
| 股权投资类 | 5 | 219 500.00 | 0.29 | 8.10 |
| 融资类 | 249 | 8 119 279.43 | 0.13 | 6.45 |
| 事务管理类 | 78 | 2 530 783.24 | 0.02 | 0.16 |
| 其他 | 26 | 1 737 069.77 | 0.16 | 7.30 |

6.4.2.3　本年度新增集合类、单一类和财产管理类信托项目

| 新增信托项目 | 项目个数（个） | 实收信托合计金额（万元） |
|---|---|---|
| 集合类 | 99 | 3 276 016.86 |
| 单一类 | 62 | 3 328 285.93 |
| 财产管理类 | 4 | 150 187.90 |
| 新增合计 | 165 | 6 754 490.69 |
| 其中：主动管理型 | 93 | 2 663 365.57 |
| 被动管理型 | 72 | 4 091 125.12 |

6.4.2.4　信托业务创新成果和特色业务有关情况

2018年，公司信托业务转型与创新取得了显著成绩。落地股权投资项目，积极打造自有资金股权投资业务生态圈；取得QDII业务额度，落地首单QDII产品；推进家族信托业务专业化进程，“业泰家康”家族信托、“家康信保”保险金信托等实现业务落地；成功备案“国投泰康信托·2018甘肃临洮产业扶贫慈善信托”，创新扶贫慈善信托模式，保持慈善信托业务的行业领先地位。

6.4.2.5　本公司履行受托人义务情况及因本公司自身责任而导致的信托资产损失情况

公司严格按照《中华人民共和国信托法》《信托公司管理办法》《信托公司集合资金信托计划管理办法》等法律法规的规定及信托合同等文件的约定，诚实、信用、谨慎、有效地管理信托财产，严格履行受托人的义务。报告期内公司没有发生因自身责任而导致的信托资产损失情况。

**6.4.3　公司净资本及风险资本情况**

截至2018年末，公司净资本为468 816.29万元，公司开展固有业务、信托业务等占用的风险资本为377 173.06万元，公司净资本高于各项风险资本之和，高于公司净资产的40%，符合《信托公司净资本管理办法》的风险控制指标。

## 6.5　关联方关系及其交易的披露

**6.5.1　关联交易概况**

| | 关联交易方数量（个） | 关联交易金额（万元） | 定价政策 |
|---|---|---|---|
| 合计 | 21 | 2 771 698.99 | 本公司向关联方提供贷款、管理咨询服务等的交易价格由双方协商确定，与非关联方的交易价格并无重大差异；收取的信托项目手续费按照信托合同的约定确定。 |

**6.5.2　关联交易方情况**

| 关系性质 | 关联方名称 | 法定代表人 | 注册地址 | 注册资本（亿元） | 主营业务 |
|---|---|---|---|---|---|
| 最终控制方 | 国家开发投资集团有限公司 | 王会生 | 北京市西城区阜成门北大街6号－6国际投资大厦 | 338 | 经营国务院授权范围内的国有资产并开展有关投资业务；能源、交通运输、化肥、高科技产业、金融服务、咨询、担保、贸易、生物质能源、养老产业、大数据、医疗健康、检验检测等领域的投资及投资管理；资产管理；经济信息咨询；技术开发、技术服务。 |
| 母公司 | 国投资本控股有限公司 | 叶柏寿 | 北京市西城区阜成门北大街6号－6国际投资大厦A座 | 25 | 对外投资，资产管理，接受委托对企业进行管理，投资策划及咨询服务。 |
| 子公司 | 国投瑞银基金管理有限公司 | 叶柏寿 | 上海市虹口区东大名路638号7层 | 1 | 基金募集、基金销售、资产管理。 |
| 合营企业 | 国投万和资产管理有限公司 | 姚少杰 | 珠海市横琴新区宝华路6号105室－19507 | 1 | 资产管理、股权投资。 |
| 受同一最终控制方控制的其他企业 | 国投瑞银资本管理有限公司 | 王书鹏 | 深圳市前海深港合作区前湾一路1号A栋201室 | 1.8 | 特定客户资产管理业务以及中国证监会许可的其他业务。 |
| 受同一最终控制方控制的其他企业 | 北京亚华房地产开发有限责任公司 | 韩　松 | 北京市西城区阜成门北大街6号三层309室 | 31 | 房地产开发、销售；自有房屋的物业管理；房地产信息咨询（中介服务除外）；家具租赁。 |
| 受同一最终控制方控制的其他企业 | 国投物业有限责任公司 | 韩　松 | 北京市西城区阜成门北大街6号－6国际投资大厦 | 1 | 物业管理；出租办公用房；机动车公共停车场服务；洗车服务；餐饮服务；销售食品。 |
| 受同一最终控制方控制的其他企业 | 国投亚华（上海）有限公司 | 何坚雄 | 上海市虹口区东大名路638号二层 | 23 | 实业投资、投资管理（除股权投资和股权投资管理），投资咨询，房地产开发经营，物业管理，会展会务服务，商务咨询（除经纪）。 |

续表

| 关系性质 | 关联方名称 | 法定代表人 | 注册地址 | 注册资本(亿元) | 主营业务 |
|---|---|---|---|---|---|
| 受同一最终控制方控制的其他企业 | 国投物业有限责任公司上海分公司 | 耿永军 | 上海市虹口区东大名路638号2层209室 | — | 物业管理;销售日用百货。 |
| 受同一最终控制方控制的其他企业 | 国投财务有限公司 | 段文务 | 北京市西城区阜成门北大街2号18层 | 50 | 对成员单位办理财务和融资顾问、信用鉴证及相关咨询、代理业务;协助成员单位实现交易款项的收付;经批准的保险代理业务;对成员单位提供担保;办理成员单位之间的委托贷款及委托投资;对成员单位办理票据承兑与贴现;办理成员单位之间的内部转账结算及相应的结算、清算方案设计;吸收成员单位的存款;对成员单位办理贷款及融资租赁;从事同业拆借;经批准发行财务公司债券;承销成员单位的企业债券;对金融机构的股权投资;有价证券投资;成员单位产品的买方信贷。 |
| 受同一最终控制方控制的其他企业 | 国投亚华(北京)有限公司 | 韩　松 | 北京市西城区阜成门北大街2号楼1层至7层东侧北侧西侧地下一层、地下二层 | 7.3 | 房地产开发;销售商品房;信息咨询(中介除外);出租商业用房、办公用房;租赁计算机及辅助设备;建设工程项目管理;体育场馆经营;住宿;游泳馆。 |
| 受同一最终控制方控制的其他企业 | 中投保信裕资产管理(北京)有限公司 | 石　军 | 北京市海淀区西三环北路100号1号楼1-19-2-906室 | 1 | 投资管理;资产管理。 |
| 受同一最终控制方控制的其他企业 | 国投湄洲湾港口有限公司 | 王　宏 | 福建省莆田市秀屿区东埔镇西山村西山503号 | 9.4677 | 码头设施服务;货物装卸、仓储(不含危险化学品);淡水供应。 |
| 受同一最终控制方控制的其他企业 | 安信证券股份有限公司 | 王连志 | 深圳市福田区金田路4018号安联大厦35层、28层A02单元 | 70 | 证券经纪;证券投资咨询;与证券交易、证券投资活动有关的财务顾问;证券承销与保荐;证券自营;证券资产管理;融资融券;代销金融产品;证券投资基金销售;为期货公司提供中间介绍业务;证券投资基金托管;中国证监会批准的其他证券业务。 |
| 受同一最终控制方控制的其他企业 | 中国投融资担保股份有限公司 | 兰如达 | 北京市海淀区西三环北路100号北京金玉大厦写字楼9层 | 45 | 融资性担保业务:贷款担保、票据承兑担保、贸易融资担保、项目融资担保、信用证担保及其他融资性担保业务;监管部门批准的其他业务:债券担保、诉讼保全担保、投标担保、预付款担保、工程履约担保、尾付款如约偿付担保等履约担保业务,与担保业务有关的融资咨询、财务顾问等中介服务,以自有资金投资;投资及投资相关的策划、咨询;资产受托管理;经济信息咨询;人员培训;新技术、新产品的开发、生产和产品销售;仓储服务;组织、主办会议及交流活动;上述范围涉及国家专项规定管理的按有关规定办理。 |
| 受同一最终控制方控制的其他企业 | 国投创合基金管理有限公司 | 刘　伟 | 北京市顺义区临空经济核心区融慧园6号楼4-43 | 1 | 投资管理;资产管理;投资咨询;企业管理咨询;经济信息咨询;项目投资;非证券业务的投资管理、咨询;股权投资管理。 |
| 受同一最终控制方控制的其他企业 | 国投创新投资管理(上海)有限公司 | 高国华 | 中国(上海)自由贸易试验区商城路1287号1幢3层320A室 | 0.01 | 投资管理,股权投资管理。 |
| 其他关联方 | 泰康人寿保险有限责任公司 | 陈东升 | 北京市昌平区科技园区科学园路21-1号(泰康中关村创新中心)1层 | 30 | 开展各类人民币、外币的人身保险业务,其中包括各类人寿保险、健康保险(不包括团体长期健康保险)、意外伤害保险等保险业务;上述业务的再保险及共保业务;开展为境内外的保险机构代理保险、检验、理赔等业务;在中国保险监督管理委员会批准的范围内,代理泰康在线财产保险股份有限公司的保险业务;开展保险咨询业务;依照有关法规从事资金运用业务;证券投资基金销售业务;开展经中国保险监督管理委员会批准的其他业务。 |
| 股东 | 泰康资产管理有限责任公司 | 段国圣 | 中国(上海)自由贸易试验区张杨路828-838号26F07、F08室 | 10 | 管理运用自有资金及保险资金,受托资金管理业务,与资金管理业务相关的咨询业务,公开募集证券投资基金管理业务,国家法律法规允许的其他资产管理业务。 |
| 其他关联方 | 悦达融资租赁有限公司 | 祁广亚 | 江苏省盐城经济技术开发区希望大道南路5号3幢1407室 | 7.67 | 融资租赁业务、租赁业务(含汽车租赁)、向国内外购买租赁财产、对租赁财产的残值处理及维修、租赁交易咨询;二手车经纪;与主营业务有关的商业保理业务;一类、二类医疗器械销售;三类医疗器械销售(凭许可证经营)。 |
| 受同一最终控制方控制的其他企业 | 天津国投津能发电有限公司 | 朱基伟 | 天津市滨海新区汉沽汉南路266号 | 35.81 | 电力、热力、海水淡化设施的开发建设、生产、供应;燃料灰渣的综合利用;旅馆住宿服务。 |

**6.5.3 本公司与关联方的重大交易事项**

6.5.3.1 固有与关联方交易情况

单位:万元

| 固有与关联方关联交易 | | | | |
|---|---|---|---|---|
| | 期初数 | 借方发生额 | 贷方发生额 | 期末数 |
| 贷款 | — | — | — | — |
| 投资 | 74 974.07 | 837.70 | 15 000.00 | 60 811.76 |
| 租赁 | — | 2 628.99 | — | — |
| 担保 | — | — | — | — |
| 应收账款 | — | — | — | — |
| 其他 | 1 365.40 | 62 239.65 | 47 669.45 | 15 274.30 |
| 合计 | 76 339.47 | 65 706.34 | 62 669.45 | 76 086.06 |

6.5.3.2 信托与关联方交易情况

单位:万元

| 信托与关联方关联交易 | | | | |
|---|---|---|---|---|
| | 期初数 | 借方发生额 | 贷方发生额 | 期末数 |
| 贷款 | 23 783.50 | — | 3 360.00 | 20 423.50 |
| 投资 | — | — | — | — |
| 租赁 | — | — | — | — |
| 担保 | — | — | — | — |
| 应收账款 | — | — | — | — |
| 其他 | — | — | — | — |
| 合计 | 23 783.50 | — | 3 360.00 | 20 423.50 |

6.5.3.3 信托公司自有资金运用于自己管理的信托项目（固信交易）、信托公司管理的信托项目之间的相互（信信交易）交易金额

6.5.3.3.1 固有财产与信托财产之间的交易

单位:万元

| 固有财产与信托财产相互交易 | | | | |
|---|---|---|---|---|
| | 期初数 | 借方发生额 | 贷方发生额 | 期末数 |
| 合计 | 179 638 | 451 870 | 357 800 | 273 708 |

6.5.3.3.2 信托项目之间的交易

单位:万元

| | | 借方发生额 | 贷方发生额 | 期末数 |
|---|---|---|---|---|
| 合计 | 378 320.00 | 986 105.10 | 844 188.10 | 520 237.00 |

**6.5.4 报告期是否关联方逾期未偿还本公司资金，是否为关联方担保发生或即将发生垫款的情况**

无。

## 6.6 会计制度的披露

本公司根据实际发生的交易和事项，按照财政部颁布的《企业会计准则——基本准则》和陆续颁布的各项具体会计准则、企业会计准则应用指南、企业会计准则解释及其他相关规定进行确认和计量，在此基础上编制财务报表。

# 7. 财务情况说明书

## 7.1 利润实现和分配情况

母公司口径：公司累计实现利润总额为 83 381 万元，较 2017 年同期增加 2 045 万元，增幅为 2.51%。实现净利润 62 793万元，较 2017 年同期增加 443 万元，增幅为 0.71%。按相关法规及公司章程提取盈余公积 6 279 万元，提取一般准备金 3 103 万元。

合并口径：公司累计实现利润总额为 85 811 万元，较 2017 年同期减少 24 258 万元，减幅为 22.04%。实现净利润为 65 206 万元，较 2017 年同期减少 17 803 万元，减幅为 21.45%。按相关法规及公司章程提取盈余公积 6 279 万元，提取一般准备金11 595万元。

## 7.2 主要财务指标

| 指标名称 | 指标值（母公司） | 指标值（母子公司合并） |
|---|---|---|
| 资本利润率（%） | 11.81 | 10.20 |
| 加权年化信托报酬率（%） | 0.32 | 0.32 |
| 人均净利润（万元） | 294.80 | 142.06 |

## 7.3 对本公司财务状况、经营成果有重大影响的其他事项

报告期内无对本公司财务状况、经营成果有重大影响的其他事项。

# 8. 特别事项揭示

## 8.1 前五名股东报告期内变动情况及原因

无。

## 8.2 董事、监事及高级管理人员变动情况及原因

报告期内，崔宏琴女士因任期届满，经 2018 年 4 月 24 日公司 2017 年度股东会审议决定，崔宏琴女士不再担任公司董事，选举陈冰女士为公司董事。2018 年 7 月 23 日陈冰女士经北京银保监局核准任职资格后正式履职。

2017 年 7 月 26 日，公司第五届董事会第十四次会议同意聘任包恋群先生为公司总经理助理。2018 年 6 月 1 日包恋群先生经北京银监局核准任职资格后正式履职。

2018 年 9 月 21 日，公司第六届董事会第三次会议同意聘任高嵩女士为公司总经理助理。2018 年 11 月 13 日高嵩女士经北京银监局核准任职资格后正式履职。

## 8.3 公司的重大未决诉讼事项

**8.3.1 重大未决诉讼事项**

截至 2018 年末，公司固有业务没有起诉案件，公司固有业务被诉未决诉讼案件 1 件，涉案金额为 700 万元，发生时间为 2012 年 8 月，起诉人为沈阳万鹏投资有限责任公司。案件已上诉至辽宁省高级人民法院进行二审，辽宁省高级人民法院已于 2017 年 4 月开庭，尚未作出判决。该案件为国投集团收购公司前遗留事项，公司实际承担责任的可能性较小。公司信托项目没有未决起诉案件，也没有未决被诉案件。

**8.3.2 以前年度发生，于本报告年度内终结的诉讼事项**

截至 2018 年末，公司固有业务没有起诉或被诉于本报告年度终结的诉讼事项。公司信托项目没有起诉案件，公司信托

项目被诉已决诉讼案件1件，涉案金额为19 600万元，发生时间为2017年7月，起诉人为中国华融资产管理股份有限公司山西省分公司，判决结果为公司不承担责任。

### 8.4 对会计师事务所出具的有保留意见、否定意见或无法表示意见的审计报告的，公司董事会应就所涉及事项作出说明

会计师事务所出具了无保留意见审计报告。

### 8.5 公司及其董事、监事和高级管理人员受到处罚的情况

报告期内，北京银监局下发行政处罚信息公开表（京银监罚决字[2018]4号），公司因未按"穿透"原则向下识别底层资产合规性，被责令改正并给予30万元罚款的行政处罚。

公司未发现董事、监事和高级管理人员受到处罚的信息。

### 8.6 银保监会及其派出机构对公司检查后提出整改意见的，应简单说明整改情况

报告期内，银保监局未对公司开展现场检查。

### 8.7 本年度重大事项临时报告的简要内容、披露时间、所披露的媒体及其版面

无。

### 8.8 银保监会及其省级派出机构认定的其他有必要让客户及相关利益人了解的重要信息

无。

## 9. 公司监事会意见

报告期内，监事列席了股东会、董事会会议并发表了独立意见，对公司依法经营情况、财务情况进行了监督。公司监事会无下属委员会。

监事会认为：公司2018年的经营和运作，符合法律规范和监管部门的要求，完成了各项年度重点工作；公司各位董事、高级管理人员在执行公司职务时能够恪尽职守，合规经营，依法管理，围绕股东会确定的年度目标审慎经营、规范运作，各项决策程序合法有效；依据立信会计师事务所2019年3月22日发布的编号为信会师报字[2019]第ZG20925号、第ZG20926号的审计报告，公司财务报告客观真实地反映了公司财务状况及经营成果。依据公司的内部审计报告，未发现公司存在违法、违规和损害股东、投资者利益的行为，也未发现公司因违法、违规给公司自身和客户财产造成损失的问题。

## 10. 公司履行社会责任情况

作为中央企业控股的信托公司和中国信托业协会理事单位，公司秉承"有道而正、信则人任"的核心价值观，以务实的精神、稳健的作风以及细致的服务，为客户、为股东、为社会、为员工创造最大价值。公司严格遵守国家法律法规、监管部门规章、规范性文件以及《信托公司社会责任公约》《公司章程》的规定，依法合规稳健经营，所有产品均实现平稳运行，树立了良好的社会形象，荣获"中华慈善奖""年度金牌风控力信托公司""年度最佳财富管理信托公司"等多个奖项。

公司积极履行社会责任，主动投身公益慈善事业，将开展公益信托、慈善信托作为重要的战略方向，已成为全国领先的慈善信托业务践行者。2018年3月，公司成功落地"国投泰康信托·2018甘肃临洮产业扶贫慈善信托"，在扶贫机制上进行创新探索，将"产业扶贫"和"精准帮扶"结合起来，使精准扶贫更加有效、脱贫成效更加稳固，为打赢脱贫攻坚战探索出一条"输血"和"造血"相结合的慈善信托之路。

同时，公司继续做好存续慈善信托项目运营管理。"国投泰康信托2016年国投慈善1号慈善信托"资助全国贫困县贫困学生及定点帮扶项目，惠及6 600余户农村家庭，有力支持了扶贫攻坚事业发展；"国投泰康信托2016年真爱梦想1号教育慈善信托"支持甘肃、内蒙古等地中小学校的10间"梦想中心"建设，致力于给孩子们"自信、从容、有尊严的未来"；"国投泰康信托2017年真爱梦想2号教育慈善信托"是全国首单股权慈善信托，自信托项目成立以来，累计支出10万元，用于资助"梦想力"课程开发项目第一阶段——"梦想力"基础理论研究项目，促进梦想课程的持续创新，帮助孩子成为真正的求真、有爱的追梦人。

在经营过程中，公司高度重视利益相关方的权益保护工作，高度注重风险管控，依照诚实、信用、谨慎、有效的原则，审慎管理信托资产，切实维护客户权益，年度内所有到期项目均实现正常兑付，存续项目运转良好，为客户投资理财的安全性、稳定性提供了必要保障。公司不断健全客户服务体系，以实际行动践行"普惠金融"的理念；公司高度重视客户投诉，持续完善客户投诉受理机制，客户投诉得到妥善处理；公司重视和保护员工合法权益，定期组织职业培训，关心员工成长。公司还按照监管部门要求，积极有效开展反洗钱、治理商业贿赂和案件防控工作，为维护社会安定和金融秩序作出努力。

# 杭州工商信托股份有限公司

## 1. 重要提示

1.1 本报告根据中国银行保险监督管理委员会的有关规定编制。本公司董事会及董事保证本报告所载资料不存在任何虚假记载、误导性陈述或者重大遗漏,并对其内容的真实性、准确性和完整性承担个别及连带责任。本年度报告摘要摘自年度报告全文,客户及相关利益人欲了解详细内容,应阅读年度报告全文。

1.2 独立董事金雪军先生、梅建平先生、竺福江先生认为本年度报告内容是真实、准确、完整的。

1.3 公司总裁江龙先生、主管会计工作负责人康波女士及会计主管人员吴庆元先生声明:保证年度报告中财务报告的真实、完整。

## 2. 公司概况

### 2.1 公司简介

2.1.1 公司法定中文名称:杭州工商信托股份有限公司
公司法定英文名称:Hangzhou Industrial & Commercial Trust Co.,Ltd.

2.1.2 法定代表人:虞利明

2.1.3 注册地址:浙江省杭州市江干区迪凯国际中心41层

2.1.4 邮政编码:310016

2.1.5 公司国际互联网网址:www. hztrust. com

2.1.6 电子信箱:hztrust@ hztrust. com

2.1.7 信息披露事务负责人:张锐
联系电话/传真:0571-87213936
电子信箱:zhangrui@ hztrust. com

2.1.8 公司选定的信息披露报纸名称:《证券时报》

2.1.9 公司年度报告备置地点:浙江省杭州市江干区迪凯国际中心41层

2.1.10 公司聘请的会计师事务所名称:德勤华永会计师事务所(特殊普通合伙)
住所:上海市延安东路222号外滩中心30楼

2.1.11 公司聘请的律师事务所名称:浙江天册律师事务所
住所:浙江省杭州市杭大路1号黄龙世纪广场A座11楼

### 2.2 组织结构

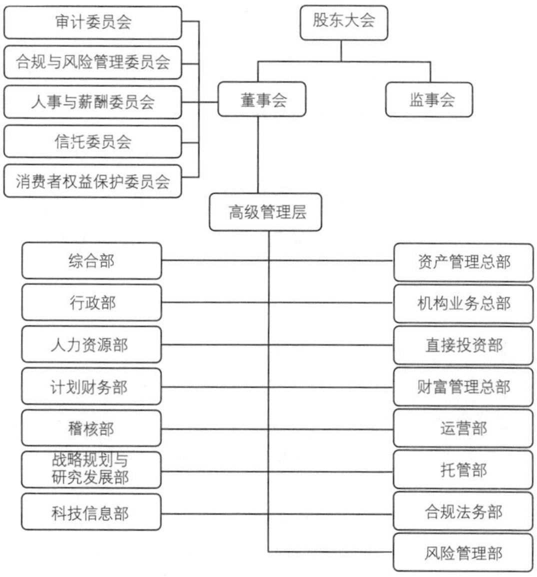


## 3. 公司治理

### 3.1 股东

公司报告期末股东总数为9家,报告期间股权无变动情况。

#### 3.1.1 报告期末股东持股情况

| 股东名称 | 股份数量 | 持股比例(%) |
|---|---|---|
| 杭州市金融投资集团有限公司 | 869 880 001.46 | 57.992 |
| 绿地金融投资控股集团有限公司 | 298 500 000.00 | 19.9 |
| 百大集团股份有限公司 | 93 937 500.00 | 6.2625 |
| 浙江大学控股集团有限公司 | 66 515 625.00 | 4.434375 |
| 西子电梯集团有限公司 | 66 515 625.00 | 4.434375 |
| 浙江省东联集团有限责任公司 | 38 135 623.54 | 2.542375 |
| 浙江物产元通汽车集团有限公司 | 28 380 001.48 | 1.892 |
| 浙江省冶金物资有限公司 | 19 067 811.76 | 1.2711875 |
| 浙江省盐业集团有限公司 | 19 067 811.76 | 1.2711875 |
| 总计 | 1 500 000 000 | 100 |

### 3.1.2 公司前三位股东情况

| 股东名称 | 出资比例(%) | 法人代表 | 注册资本(亿元) | 注册地址 | 主要经营业务及主要财务情况 |
|---|---|---|---|---|---|
| 杭州市金融投资集团有限公司 | 57.992 | 张锦铭 | 50 | 杭州市上城区庆春路155号中财发展大厦12楼 | 市政府授权范围内的国有资产经营,市政府及有关部门委托经营的资产;矿产品、建材及化工厂产品、机械设备、五金产品及电子产品的批发;其他无需报经审批的一切合法项目。2018年末净资产为181.97亿元,净利润为16.55亿元(合并口径)。 |
| 绿地金融投资控股集团有限公司 | 19.9 | 耿　靖 | 90 | 上海市崇明县潘园公路1800号2号楼888室(上海泰和经济开发区) | 金融资产投资,资产管理,投资管理,商务咨询与服务。2018年末净资产为150.97亿元,净利润为19.94亿元(合并口径)。 |
| 百大集团股份有限公司 | 6.2625 | 陈夏鑫 | 376240316元 | 杭州市下城区延安路546号 | 百货批发零售。2018年末净资产为17.70亿元,净利润为1.16亿元(合并口径)。 |

### 3.1.3 报告期末主要股东及其控股股东、实际控制人、关联方、一致行动人、最终受益人情况

| 主要股东名称 | 该股东的控股股东 | 该股东的实际控制人 | 一致行动人 | 最终受益人 |
|---|---|---|---|---|
| 杭州市金融投资集团有限公司 | 杭州市人民政府 | 杭州市人民政府 | 无 | 杭州市人民政府 |
| 绿地金融投资控股集团有限公司 | 绿地控股集团有限公司 | 无实际控制人 | 无 | 绿地控股集团股份有限公司 |
| 百大集团股份有限公司 | 西子国际控股有限公司 | 陈桂花及其配偶王水福 | 无 | 陈桂花及其配偶王水福 |
| 西子电梯集团有限公司 | 王水福 | 王水福 | 无 | 王水福、陈夏鑫 |

### 3.1.4 报告期末主要股东关联方名单

| 主要股东名称 | 关联方名单 |
|---|---|
| 杭州市金融投资集团有限公司 | 杭州工商信托股份有限公司、杭州市民卡有限公司、杭州金投资本管理有限公司、杭州市财开投资集团有限公司、杭州金投企业集团有限公司等,详见公开挂网的《杭州市金融投资集团有限公司2018年年度报告》。 |
| 绿地金融投资控股集团有限公司 | 绿地控股集团有限公司、绿地控股集团股份有限公司、上海绿地股权投资管理有限公司、上海廪溢投资合伙企业(有限合伙)、上海绿地弘途投资发展有限公司、重庆保税港区绿地小额贷款有限公司、绿地金融海外投资集团有限公司、绿地国际资本有限公司、青岛绿地申花小额贷款有限公司、绿地永续财富投资管理有限公司、上海廪臻投资合伙企业(有限合伙)、上海珑樽投资管理有限公司、上海茁蕴投资管理合伙企业(有限合伙)、绿地创新投资有限责任公司、上海绿开投资合伙企业(有限合伙)、上海绿联资本管理有限公司、上海廪荟股权投资合伙企业(有限合伙)、上海绿艾投资合伙企业(有限合伙)、大连绿地文化产权交易中心有限公司、上海绿烜企业管理合伙企业(有限合伙)、上海绿琨企业管理合伙企业(有限合伙)、上海碧垚企业管理合伙企业(有限合伙)、上海碧烜企业管理合伙企业(有限合伙)、上海碧琨企业管理合伙企业(有限合伙)、上海绿地融资担保有限公司、上海奉贤绿地小额贷款股份有限公司、上海奉翊实业发展有限公司、贵州省绿地金融资产交易有限公司、宁波江北区绿地小额贷款股份有限公司、绿地融资租赁有限公司、黑龙江省绿地股权金融资产交易中心有限公司、上海绿地典当有限公司、上海绿投磐徵商务服务有限公司、Oasis Bouono Limited 、绿地(亚洲)证券有限公司、上海加财投资管理有限公司、上海绿地创业投资合伙企业(有限合伙)、上海彤翼资产管理有限公司、上海绿地创极投资管理有限公司、苏州绿创创联投资管理中心(有限合伙)、上海茁蓄投资管理合伙企业(有限合伙)、上海绿臻资产管理有限公司、上海绿堃资产管理有限公司、上海绿鹍信息科技有限公司、上海绿珩投资管理有限公司、宁波绿琎投资管理有限公司、GMT HOLDING、华臻国际商业保理有限公司、GREENL AND (SINGAPORE) TRUST MANAGEMENT PTE. LTD、绿地教育产业投资有限公司、绿学产业投资有限公司、上海徐汇绿优托育有限公司、北京绿锦投资有限公司、湖州廪信股权投资合伙企业(有限合伙)、上海绿槐企业管理合伙企业(有限合伙)、上海碧昶企业管理合伙企业(有限合伙)、上海绿穗信息科技有限责任公司、GREENL AND ASSET MANAGEMENT LIMITED、上海鹏塔网络科技有限公司、深圳市尊趣科技有限公司、杭州工商信托股份有限公司、苏州绿创产投投资合伙企业(有限合伙)、上海绿地欣业资产管理有限公司、上海绿建轨交投资管理有限责任公司、中金瑞德(上海)股权投资管理有限公司、中国绿地博大绿泽集团有限公司、雅居乐雅生活服务股份有限公司、上海绿地建设(集团)有限公司、绿地集团南京宝地置业有限公司、绿地集团合肥紫峰置业有限公司、河南绿地新城置业有限公司、河南绿地御湖置业有限公司、河南绿地广场置业发展有限公司、河南广海房地产开发有限公司、上海恺泰房地产开发有限公司、沈阳辰宇建设集团有限责任公司、沈阳顺天建设集团有限公司、本溪高新技术产业开发区绿地置业有限公司、上海绿地优鲜超市有限公司、绿地集团四川申宏置业有限公司、上海市锦绿实业发展有限公司、上海绿地集团绿化工程有限公司、上海绿地建筑工程有限公司、上海卢湾绿地商业管理有限公司、上海绿地集团森茂园林有限公司、昆山联合商业发展有限公司、上海市锦绿建筑工程有限公司、上海康宸房地产开发有限公司、绿地地产集团有限公司、上海绿地海珀置业有限公司、上海徐汇绿地商业管理有限公司、上海翱禹资产管理有限公司、上海绿地汽车服务(集团)有限公司、上海绿地仓储物流有限公司、绿地香港投资集团有限公司、上海绿鼎置业有限公司、上海绿地吉客智能科技有限公司、广州市绿地吉客小额贷款有限责任公司。 |
| 百大集团股份有限公司 | 西子电梯集团有限公司、西子国际控股有限公司、浙江百大置业有限公司、浙江百大酒店管理有限公司、浙江百大资产管理有限公司等,详见公开挂网的《百大集团股份有限公司2018年年度报告》。 |

续表

| 主要股东名称 | 关联方名单 |
|---|---|
| 西子电梯集团有限公司 | 百大集团股份有限公司、宁波西子海港资产管理有限公司、宁波西子资产管理有限公司、浙江西子节能服务有限公司、天津西子联合有限公司、浙江方向投资有限公司、浙江西子电梯部件有限公司、杭州西子富沃德电器有限公司、浙江三农物流有限公司、浙江西子商业经营管理有限公司、浙江西子重工机械有限公司、西子联合控股有限公司、浙江西子重工钢构有限公司、杭州锅炉集团股份有限公司、杭州西子典当有限责任公司、杭州新世纪设备租赁有限公司、杭州西子农业开发有限公司、杭州市优质农产品展示展销中心有限公司、杭州临安清凉峰旅游开发有限公司、杭州杭锅钢构有限公司、杭州起重机械有限公司、浙江方向融资租赁有限公司、杭州素春斋餐饮管理有限公司、浙江西子航空工业有限公司、浙江西子工业技术研究院有限公司、宁波杭锅江南国际贸易有限公司、浙江杭锅能源投资管理有限公司、杭州杭锅电气科技有限公司、杭州杭锅余热锅炉有限公司、浙江西子联合工程有限公司、杭州杭锅通用设备有限公司、杭州新世纪能源环保工程股份有限公司、杭州锅炉厂工程物资有限公司、杭州锅炉检测技术有限公司、杭州杭锅江南能源有限公司、杭州杭锅工业锅炉有限公司、厦门西子原卉能源投资有限公司、深圳市迪博能源科技有限公司、浙江西子联合设备成套有限公司、江西乐浩综合利用电业有限公司、浙江杭胜锅炉有限公司、杭州莱德锅炉辅机有限公司、杭州杭锅设备成套工程有限公司、浙江西子飞机部件有限公司、浙江西子航空紧固件有限公司、沈阳西子航空产业有限公司、临安绿能环保发电有限公司、杭州西子机电技术学校、杭锅国际实业有限公司、HANGZHOU BOTLER GROUP(HONGKONG) COMPANY LIMITED、Allied Ever International Limited、海宁市海农现代农业有限责任公司、浙江蒲惠智造科技有限公司、杭州必锐经贸有限公司、杭州西子孚信科技有限公司、杭州西子轨道交通设备有限公司、杭州西子智能停车股份有限公司、杭州泊锦科技有限公司、杭州西子停车产业有限公司、杭州西子智能工程有限公司、奥的斯机电电梯有限公司、奥的斯机电电梯(上海)有限公司、奥的斯机电电梯(重庆)有限公司、杭州艺高景观工程有限公司、速捷电梯有限公司、西子电梯科技有限公司、杭州优迈科技有限公司、上海西子联合投资有限公司、宁波西子太平洋置业有限公司、杭州西奥电梯有限公司、新西奥电梯有限公司、上海西子联合实业有限公司、宁波西子太平洋商业管理有限公司、杭州西奥电梯安装服务有限公司、杭州斯沃德电梯有限公司、杭州奥盈电梯配件有限公司、浙江中控太阳能技术有限公司、杭州中科节能技术有限公司、青海中控太阳能发电有限公司、浙江西子富沃德电机有限公司、杭州余杭西子置业有限公司、成都西子孚信科技有限公司、杭州西子富沃德精密机械有限公司、新华园房产集团有限公司、杭州经济技术开发区邻里商贸有限公司、杭州御园置业有限公司、杭州绿城墅园置业有限公司、杭州笕桥商会实业有限公司、杭州紫元绿西房地产有限公司、浙江绿西房地产集团有限公司、杭州临安西子房地产开发有限公司、桐庐大奇山郡酒店有限公司、浙江百大资产管理有限公司、浙江百大酒店管理有限公司、浙江百大置业有限公司、杭州百大置业有限公司。 |

报告期内，公司股东无出质公司股权情况。

## 3.2 董事

董事长、董事

| 姓名 | 职务 | 性别 | 年龄（岁） | 选任日期 | 所推举的股东名称 | 该股东持股比例（%） | 简要履历 |
|---|---|---|---|---|---|---|---|
| 虞利明 | 董事长 | 男 | 52 | 2017年10月（换届连任） | 杭州市金融投资集团有限公司 | 57.992 | 曾任交通银行杭州分行党委委员、副行长，杭州市投资控股有限公司董事长、总经理；现任杭州市金融投资集团有限公司副董事长、总经理。 |
| 徐云鹤 | 董事 | 男 | 55 | 2017年10月（换届连任） | 杭州市金融投资集团有限公司 | 57.992 | 曾任杭州市投资控股有限公司投资发展部经理，董事、副总经理；现任杭州市金融投资集团有限公司副总经理。 |
| 丁建萍 | 董事 | 男 | 53 | 2017年10月（换届连任） | 杭州市金融投资集团有限公司 | 57.992 | 曾任海南万通集团有限公司咨讯事业部总经理，新加坡大洋企业有限公司副总经理，杭州市投资控股有限公司投资发展部经理，杭州工商信托股份有限公司执行总经理和总裁；现任杭州工商信托股份有限公司首席顾问。 |
| 江龙 | 董事 | 男 | 44 | 2018年10月（股东大会选举）2018年12月（监管机构核准） | 杭州市金融投资集团有限公司 | 57.992 | 曾任杭州工商信托股份有限公司证券营业部电脑部、科技部主管、投资银行部信托经理、市场开发部客户经理、金融信托部副总经理、结构融资部负责人、结构融资部总经理、资产管理总监；现任杭州工商信托股份有限公司副总裁（代行总裁职权）。 |
| 朱虹 | 董事 | 女 | 51 | 2017年10月（换届连任） | 绿地金融投资控股集团有限公司 | 19.9 | 曾任职于中国人民银行上海分行金融机构管理处和稽核处，里昂证券上海办事处首席代表，汉宇资本（亚洲）有限公司董事总经理，蓝涛亚洲及上海蓝涛投资咨询有限公司董事总经理；现任绿地金融投资控股集团有限公司执行副总裁。 |
| 施征宇 | 董事 | 男 | 46 | 2017年10月（换届选举）2018年2月（监管机构核准） | 绿地金融投资控股集团有限公司 | 19.9 | 曾任中国农业银行上海市分行房地产金融部总经理；现任绿地金融投资控股集团有限公司副总经理。 |

独立董事

| 姓　名 | 所在单位及职务 | 性别 | 年龄（岁） | 选任日期 | 所推举的股东名称 | 该股东持股比例（%） | 简要履历 |
|---|---|---|---|---|---|---|---|
| 金雪军 | 浙江大学教授 | 男 | 60 | 2017 年 10 月（换届连任） | 各股东协商提名 | 100 | 曾任浙江大学金融研究所所长，浙大外经贸学院副院长兼经济与金融系主任，浙大经济学院副院长兼金融系主任、金融学院院长；现任浙江省特级专家、浙大求是特聘教授、国务院政府特殊津贴专家、金融学博士生导师，浙大资产管理研究中心主任，浙江（浙大）工程师学院互联网金融分院院长，省高校财政金融学教指委主任，省政府咨询委员，中国金融学会常务理事，省监策委特约监策员，浙大金融研究院学术委员会主任等。 |
| 梅建平 | 长江商学院副院长、教授 | 男 | 58 | 2017 年 10 月（换届选举）2017 年 12 月（监管机构核准） | 各股东协商提名 | 100 | 曾任纽约大学金融学副教授，芝加哥大学访问副教授，清华大学特聘教授；现任长江商学院副院长、金融学教授，长江房地产研究中心主任，沃顿金融机构研究中心学者。 |
| 竺福江 | 杭州民生医药控股集团董事长、总裁；杭州民生药业党委书记、董事长；浙江浙商健投资产管理有限公司董事长 | 男 | 62 | 2017 年 10 月（换届选举）2018 年 2 月（监管机构核准） | 各股东协商提名 | 100 | 曾任杭州民生药厂车间副主任、厂工会主席、党委副书记、书记、副董事长，杭州民生药业集团公司董事长、总经理、党委书记，杭州赛诺菲圣德拉堡民生制药有限公司董事长，杭州民生药业集团有限公司董事长、总裁、党委书记，杭州民生集团有限公司董事长、总裁；现任杭州民生医药控股集团董事长、总裁，杭州民生药业党委书记、董事长，浙江浙商健投资产管理有限公司董事长。 |

## 3.3　监事

监事会成员

| 姓　名 | 职　务 | 性别 | 年龄（岁） | 选任日期 | 所推举的股东名称 | 该股东持股比例（%） | 简要履历 |
|---|---|---|---|---|---|---|---|
| 董振东 | 监事会主席 | 男 | 43 | 2017 年 10 月（换届选举） | 各股东协商提名 | 100 | 曾先后供职于中国银行江苏省分行、新利软件股份有限公司、浙江国信创业投资有限公司、杭州锅炉集团股份有限公司、西子电梯集团有限公司、百大集团有限公司；现任百大集团有限公司执行副总经理、董事，兼任宁波铸石投资管理有限公司执行董事、杭州西子智能停车股份有限公司董事、浙江红土创业投资有限公司董事。 |
| 沈卫勤 | 监事 | 女 | 48 | 2017 年 10 月（换届选举） | 各股东协商提名 | 100 | 曾先后供职于杭州市财税局、浙江东方会计事务所、杭州市财开投资集团、杭州市金融投资集团有限公司、杭州金投融资租赁有限公司；现任杭州市金融投资集团有限公司财务管理部、资金管理部总经理。 |
| 石　峰 | 监事 | 男 | 40 | 2017 年 10 月（换届连任） | 职工监事 | — | 曾先后供职于浙江天名律师事务所、浙江浙元律师事务所、杭州工商信托股份有限公司合规与风险管理部；现任杭州工商信托股份有限公司合规法务部副总经理（主持工作）。 |

## 3.4　高级管理人员

| 姓　名 | 职　务 | 性别 | 年龄（岁） | 选任日期 | 金融从业年限（年） | 学历 | 专业 |
|---|---|---|---|---|---|---|---|
| 江　龙 | 副总裁（代行总裁职权） | 男 | 44 | 2017 年 6 月（资产管理总监）<br>2018 年 9 月（资产管理总监，代行总裁职权）<br>2018 年 12 月（副总裁，代行总裁职权） | 24 | 硕士 | 金融学；工商管理 |
| 张　锐 | 副总裁 | 男 | 57 | 2017 年 11 月（行政总监，换届连任）<br>2018 年 12 月（副总裁） | 38 | 本科 | 经济管理 |
| 汪　勇 | 副总裁 | 男 | 46 | 2017 年 11 月（投资运营总监，换届连任）<br>2018 年 12 月（副总裁） | 23 | 本科 | 会计学 |
| 马晓涛 | 副总裁 | 男 | 49 | 2017 年 11 月（风险管理总监，换届连任）<br>2018 年 12 月（副总裁） | 31 | 硕士 | 工商管理 |
| 康　波 | 副总裁 | 女 | 54 | 2017 年 11 月（财务总监，换届连任）<br>2018 年 12 月（副总裁） | 35 | 本科 | 经济管理 |

## 3.5 公司员工

报告期内，职工人数：194 人；平均年龄：34.4 岁。

学历分布比率：

| 学历 | 人数（人） | 学历分布比例（%） |
|---|---|---|
| 博士 | — | — |
| 硕士 | 92 | 47.4 |
| 本科 | 92 | 47.4 |
| 专科 | 7 | 3.6 |
| 其他 | 3 | 1.5 |

# 4. 经营管理

## 4.1 经营目标、经营方针、战略规划

### 4.1.1 经营目标

充分发挥和利用信托的制度与功能优势，打造优秀的资产管理团队，为客户提供持续的个性化的资产管理产品和金融服务，打造国内领先的、具有鲜明专业特色的信托资产管理机构。

### 4.1.2 经营方针

公司将坚持“有所为，有所不为”的发展思路和“投资化、中长期化、基金化、产品化”的业务模式，关注经济增长的新领域，加大对传统产业转型升级、新兴产业发展空间的业务开发力度，实施以分散投资为核心的基金化策略和私募金融工具为目标资产的投资策略，着重拓展资产管理、私募投行、财富管理三大业务领域，完善内控体系建设，推进业务转型，创新服务模式，优化客户结构，构建扁平化的高效内部管理体系，实现合规经营、稳健发展。

### 4.1.3 战略规划

建立以账户管理为核心的内部管理体系，不断完善内控体系与资产管理框架，提高公司核心竞争力和风险管理能力，提升公司整体价值，合规经营，稳健发展。

## 4.2 所经营业务的主要内容

### 4.2.1 经营业务、品种

4.2.1.1 公司业务主要分为信托业务和固有财产管理两大类

公司目前的信托业务主要包括：

（1）以组合投资管理为主要特征的资产管理业务，包括房地产投资信托等私募投资管理业务。

（2）以项目或企业融资为主的信托投行业务。

（3）事务管理类信托业务。

4.2.1.2 公司目前信托业务按品种分主要有单一资金信托、集合资金信托、财产权信托。按运用方式分为投资类信托、融资类信托、组合投资管理类信托

### 4.2.2 资产组合与分布

**自营资产运用与分布表**

| 资产运用 | 金额（万元） | 占比（%） | 资产分布 | 金额（万元） | 占比（%） |
|---|---|---|---|---|---|
| 货币资产 | 8 950 | 1.72 | 基础产业 | — | — |
| 贷款及应收款 | 47 000 | 9.03 | 房地产业 | 35 000 | 6.72 |
| 交易性金融资产投资 | — | — | 证券市场 | 222 | 0.04 |
| 可供出售金融资产投资 | 406 771 | 78.14 | 实业 | 22 250 | 4.27 |
| 持有至到期投资 | 14 746 | 2.83 | 金融机构 | 382 758 | 73.53 |
| 长期股权投资 | 5 000 | 0.96 | 其他 | 80 347 | 15.44 |
| 其他 | 38 110 | 7.32 | | | |
| 资产总计 | 520 577 | 100.00 | 资产总计 | 520 577 | 100.00 |

注：自营资产运用与分布表下的其他资产中主要是：应收保障基金，应收信托手续费及佣金等项目。

**信托资产运用与分布表**

| 资产运用 | 金额（万元） | 占比（%） | 资产分布 | 金额（万元） | 占比（%） |
|---|---|---|---|---|---|
| 货币资产 | 36 013 | 0.69 | 基础产业 | 2 450 | 0.05 |
| 贷款 | 1 288 922 | 24.59 | 房地产 | 4 158 488 | 79.33 |
| 交易性金融资产投资 | — | — | 证券市场 | 318 275 | 6.07 |
| 可供出售金融资产投资 | 684 841 | 13.06 | 实业 | 145 000 | 2.77 |
| 持有至到期投资 | — | — | 金融机构 | 386 452 | 7.37 |
| 长期股权投资 | 463 400 | 8.84 | 其他 | 231 107 | 4.41 |
| 其他 | 2 768 596 | 52.82 | | | |
| 信托资产总计 | 5 241 772 | 100.00 | 信托资产总计 | 5 241 772 | 100.00 |

## 4.3 市场分析

### 4.3.1 有利因素

随着经济结构调整与产业升级深入推进、供给侧结构性改革及金融改革不断深化，我国经济由高速增长转向高质量发展，经济发展的新动力、新动能不断形成，为信托公司业务创新与业务转型带来了新的空间和机会。资管新规等政策相继出台，信托行业监管政策日趋完善，在监管引导下，回归本源、服务实体经济已成为信托行业共识，信托公司实施业务转型与管理升级的方向进一步明确。同时，信托投资进一步被公众所认识与接受，民众财富增长，也使得资产管理和信托投资的市场需求巨大。

本公司治理结构完善，内控机制健全，业务战略规划清晰，拥有一支经验丰富、专业敬业、合规意识强烈的经营管理团队。2018 年，公司以服务受益人、支持实体经济为己任，严控风险，稳中求进，积极寻找经济转型中的信托切入契机，把握发展机遇，发挥信托投融资兼备功能，支持经济结构调整；深化业务转型，提升全面管理水平，打造公司的核心竞争力。公司历年来稳健经营、开拓创新，市场形象良好。

### 4.3.2 不利因素

世界经济不稳定因素增加，给中国经济的稳定运行带来更多的不确定性；国内产业结构的调整和升级仍在持续，宏观经

济增速放缓;房地产市场调控政策趋紧,房地产业步入转型调整期。大资管统一监管的新形势给信托行业带来更广阔发展空间的同时,也带来了更为激烈的竞争,对信托公司的创新研发能力、市场开拓能力、资金募集能力、风险控制能力等提出了更高的要求,传统信托盈利模式亟待转型。与此同时,信托行业风险有所暴露,规模降中趋稳,行业监管趋严,信托公司面临经营环境变化和经营模式转型的挑战。信托公司成为真正的资产管理机构的业务转型、客户结构优化和专业团队建设尚未完成,主动管理能力与金融服务水平仍有待提升。

### 4.4 内部控制概况

公司建立了完善的内部治理架构、清晰的内部控制目标和原则,经营管理层牢固树立了内控优先的风险管理理念,公司前台、中台、后台职责明确,操作独立、运行顺畅。公司根据《中华人民共和国信托法》《信托公司管理办法》等相关法律法规的要求,建立了一整套顺应公司业务发展、符合监管政策的内部控制制度体系,公司现行内控制度渗透到公司的各项业务过程和各个操作环节,基本覆盖了所有的部门和岗位,基本形成了对风险的事前防范、事中控制、事后监督和纠正的内控机制,体现了较好的完整性、合理性和有效性,在控制金融风险方面起到了积极的作用,并根据监管要求和经营管理发展需要,适时新增或修订内部控制制度。公司建立了上传下达、下情上达的充分、合理的信息沟通制度,通过多种渠道获取各类信息。公司内部监督分为日常监督和专项监督,合规法务部、风险管理部和稽核部职能分离、职责分明、协同合作,成为公司合规风险的前后道防线,并能组织落实公司的合规风险评估,整个控制活动措施到位,帮助公司降低和规避各类风险,通过后续纠正和改进达到合规和降低风险的目的。

### 4.5 风险管理概况

公司在经营活动中所面临的风险主要包括信用风险、市场风险、操作风险及其他各类风险。针对不同类型的风险,公司在确保尽职调查工作质量的基础上进一步提高对交易对手和项目的选择标准,有效控制集中度,强化项目管理和风险预警以防范信用风险;加强对宏观经济形势和行业特征的研究,通过适时调整策略和优化升级业务结构以防范市场风险;严格执行并不断补充和完善各项经营管理制度,通过问责和考核机制提高制度执行力和有效性,优化和提升系统支持功能,以防范操作风险;认真研究国家政策,聘请专业法律顾问机构,完善合规制度体系和合规管理工作机制,以防范政策风险、法律合规风险及其他风险。

报告期内,公司深入贯彻执行国家政策、法规以及监管要求,持续强化公司风险管理体系建设,建立健全风险管理长效机制,加强制度建设提高制度执行力,不断完善合规风险管理,通过风险排查、定期检查等方式落实项目后期管理以及各项风险控制措施。目前公司经营正常,报告期内所有信托计划(项目)均正常存续,到期项目均正常完成信托财产的清算(分配)工作。

## 5. 报告期末及上一年度末的比较式会计报表

### 5.1 自营资产

#### 5.1.1 会计师事务所审计结论

德勤华永会计师事务所有限公司出具了标准无保留审计意见。

#### 5.1.2 资产负债表(母公司)

**资产负债表**

2018 年 12 月 31 日

编制单位:杭州工商信托股份有限公司　　　　单位:万元

| 资　产 | 期末余额 | 年初余额 | 负债和所有者权益(或股东权益) | 期末余额 | 年初余额 |
|---|---|---|---|---|---|
| 资　产: | | | 负　债: | | |
| 现金及存放中央银行款项 | — | 1 | 向中央银行借款 | — | — |
| 存放同业款项 | 8 950 | 11 692 | 同业及其他金融机构存放款项 | — | — |
| 贵金属 | — | — | 拆入资产 | — | — |
| 拆出资金 | — | — | 交易性金融负债 | — | — |
| 交易性金融资产 | — | — | 衍生金融负债 | — | — |
| 衍生金融资产 | — | — | 卖出回购金融资产款 | — | — |
| 买入返售金融资产 | — | — | 吸收存款 | — | — |
| 应收利息 | 685 | 1 784 | 应付职工薪酬 | 3 407 | 3 444 |
| 发放贷款和垫款 | 47 000 | 93 481 | 应交税费 | 16 870 | 18 335 |
| 可供出售金融资产 | 406 771 | 302 554 | 应付利息 | — | — |
| 持有至到期投资 | 14 746 | — | 预计负债 | — | — |
| 长期股权投资 | 5 000 | 5 000 | 应付债券 | — | — |
| 投资性房地产 | 1 196 | 1 294 | 递延所得税负债 | — | — |
| 固定资产 | 338 | 280 | 其他负债 | 103 330 | 61 039 |
| 无形资产 | 419 | 370 | 负债合计 | 123 607 | 82 818 |

续表

| 资　产 | 期末余额 | 年初余额 | 负债和所有者权益（或股东权益） | 期末余额 | 年初余额 |
|---|---|---|---|---|---|
| 递延所得税资产 | 6 479 | 5 792 | 股东权益: | | |
| 其他资产 | 28 993 | 28 875 | 股本 | 150 000 | 150 000 |
| | | | 资本公积 | 334 | 334 |
| | | | 减:库存股 | — | — |
| | | | 其他综合收益 | 4 971 | 3 929 |
| | | | 盈余公积 | 37 811 | 32 349 |
| | | | 一般风险准备 | 26 950 | 23 893 |
| | | | 未分配利润 | 176 904 | 157 800 |
| | | | 股东权益 | 396 970 | 368 305 |
| 资产总计 | 520 577 | 451 123 | 负债和股东权益总计 | 520 577 | 451 123 |

企业负责人:虞利明　　　　财务负责人:康　波　　　　制表:陈翔宇

资产负债表(合并报表)

**资产负债表**

2018 年 12 月 31 日

编制单位:杭州工商信托股份有限公司　　　　单位:万元

| 资　产 | 期末余额 | 年初余额 | 负债和所有者权益（或股东权益） | 期末余额 | 年初余额 |
|---|---|---|---|---|---|
| 资　产: | | | 负　债: | | |
| 现金及存放中央银行款项 | — | 1 | 向中央银行借款 | — | — |
| 存放同业款项 | 9 002 | 11 753 | 同业及其他金融机构存放款项 | — | — |
| 贵金属 | — | — | 拆入资产 | — | — |
| 拆出资金 | — | — | 交易性金融负债 | — | — |
| 交易性金融资产 | — | — | 衍生金融负债 | — | — |
| 衍生金融资产 | — | — | 卖出回购金融资产款 | — | — |
| 买入返售金融资产 | — | — | 吸收存款 | — | — |
| 应收利息 | 685 | 1 784 | 应付职工薪酬 | 3 411 | 3 448 |
| 发放贷款和垫款 | 47 000 | 93 481 | 应交税费 | 16 995 | 18 422 |
| 可供出售金融资产 | 427 784 | 311 217 | 应付利息 | — | — |
| 持有至到期投资 | 14 746 | — | 预计负债 | — | — |
| 长期股权投资 | 1 029 | 998 | 应付债券 | — | — |
| 投资性房地产 | 1 196 | 1 294 | 递延所得税负债 | 120 | 14 |
| 固定资产 | 340 | 281 | 其他负债 | 107 318 | 64 963 |
| 无形资产 | 419 | 370 | 负债合计 | 127 844 | 86 847 |
| 递延所得税资产 | 6 479 | 5 792 | 股东权益: | | |
| 其他资产 | 26 656 | 29 241 | 股本 | 150 000 | 150 000 |
| | | | 资本公积 | 334 | 334 |
| | | | 减:库存股 | — | — |
| | | | 其他综合收益 | 5 330 | 3 972 |
| | | | 盈余公积 | 37 811 | 32 349 |
| | | | 一般风险准备 | 26 950 | 23 893 |
| | | | 未分配利润 | 187 067 | 158 817 |
| | | | 股东权益 | 407 492 | 369 365 |
| 资产总计 | 535 336 | 456 212 | 负债和股东权益总计 | 535 336 | 456 212 |

企业负责人:虞利明　　　　财务负责人:康　波　　　　制表:陈翔宇

### 5.1.3 利润表(母公司)

**利润表**

2018 年度

编制单位:杭州工商信托股份有限公司　　单位:万元

| 项　目 | 本期累计金额 | 上期累计金额 |
| --- | --- | --- |
| 一、营业收入 | 100 574 | 100 944 |
| 利息净收入 | 7 525 | 7 786 |
| 利息收入 | 8 137 | 9 209 |
| 利息支出 | 612 | 1 423 |
| 手续费及佣金净收入 | 73 693 | 75 883 |
| 手续费及佣金收入 | 73 693 | 75 883 |
| 手续费及佣金支出 | — | — |
| 投资收益(损失以"-"号填列) | 18 430 | 16 390 |
| 其中:对联营企业和合营企业的投资收益 | — | — |
| 公允价值变动收益(损失以"-"号填列) | — | — |
| 汇兑收益(损失以"-"号填列) | — | — |
| 其他业务收入 | 779 | 809 |
| 资产处置收益 | — | 4 |
| 其他收益 | 147 | 72 |
| 二、营业支出 | 27 565 | 24 803 |
| 税金及附加 | 768 | 459 |
| 业务及管理费 | 26 698 | 24 245 |
| 资产减值损失 | — | — |
| 其他业务成本 | 99 | 99 |
| 三、营业利润(亏损以"-"号填列) | 73 009 | 76 141 |
| 加:营业外收入 | — | — |
| 减:营业外支出 | 101 | 51 |
| 四、利润总额(亏损总额以"-"号填列) | 72 908 | 76 090 |
| 减:所得税费用 | 18 285 | 19 085 |
| 五、净利润(净亏损以"-"填列) | 54 623 | 57 005 |
| 六、每股收益: | | |
| (一)基本每股收益 | 0.36 | 0.38 |
| (二)稀释每股收益 | 0.36 | 0.38 |

企业负责人:虞利明　　财务负责人:康　波　　制表:陈翔宇

利润表(合并报表)

**利润表**

2018 年度

编制单位:杭州工商信托股份有限公司　　单位:万元

| 项　目 | 本期累计金额 | 上期累计金额 |
| --- | --- | --- |
| 一、营业收入 | 113 197 | 101 615 |
| 利息净收入 | 7 525 | 7 787 |
| 利息收入 | 8 137 | 9 210 |
| 利息支出 | 612 | 1 423 |
| 手续费及佣金净收入 | 74 118 | 76 315 |
| 手续费及佣金收入 | 74 118 | 76 315 |
| 手续费及佣金支出 | — | — |
| 投资收益(损失以"-"号填列) | 30 533 | 16 628 |
| 其中:对联营企业和合营企业的投资收益 | — | — |
| 公允价值变动收益(损失以"-"号填列) | — | -2 |
| 汇兑收益(损失以"-"号填列) | — | — |
| 其他业务收入 | 873 | 809 |
| 资产处置收益 | — | 4 |
| 其他收益 | 148 | 72 |
| 二、营业支出 | 28 058 | 25 219 |
| 税金及附加 | 778 | 463 |
| 业务及管理费 | 27 181 | 24 657 |
| 资产减值损失 | — | — |
| 其他业务成本 | 99 | 99 |
| 三、营业利润(亏损以"-"号填列) | 85 139 | 76 396 |
| 加:营业外收入 | 7 | 4 |
| 减:营业外支出 | 100 | 51 |
| 四、利润总额(亏损总额以"-"号填列) | 85 046 | 76 349 |
| 减:所得税费用 | 21 277 | 19 133 |
| 五、净利润(净亏损以"-"填列) | 63 769 | 57 216 |
| 六、每股收益: | | |
| (一)基本每股收益 | 0.43 | 0.38 |
| (二)稀释每股收益 | 0.43 | 0.38 |

企业负责人:虞利明　　财务负责人:康　波　　制表:陈翔宇

### 5.1.4 股东权益变动表

**股东权益变动表(母公司)**

2018 年 12 月 31 日

单位:万元

| | 股本 | 资本公积 | 其他综合收益 | 盈余公积 | 一般风险准备 | 信托赔偿准备 | 未分配利润 | 股东权益 |
| --- | --- | --- | --- | --- | --- | --- | --- | --- |
| 一、2017 年 12 月 31 日 | 150 000 | 334 | 3 929 | 32 349 | 7 227 | 16 666 | 157 800 | 368 305 |
| 二、2018 年 1 月 1 日余额 | 150 000 | 334 | 3 929 | 32 349 | 7 227 | 16 666 | 157 800 | 368 305 |
| 三、本年增减变动金额 | | | | | | | | |
| (一)净利润 | — | — | — | — | — | — | 54 623 | 54 623 |
| (二)其他综合收益 | — | — | 1 042 | — | — | — | — | 1 042 |
| (一)和(二)小计 | — | — | 1 042 | — | — | — | 54 623 | 55 665 |
| (三)股东投入和减少资本 | — | — | — | — | — | — | — | — |
| (四)利润分配 | — | — | — | — | — | — | — | — |
| 1. 提取盈余公积 | — | — | — | 5 462 | — | — | -5 462 | — |
| 2. 提取一般风险准备 | — | — | — | — | 326 | — | -326 | — |
| 3. 提取信托赔偿准备 | — | — | — | — | — | 2 731 | -2 731 | — |
| 4. 对股东的分配 | — | — | — | — | — | — | -27 000 | -27 000 |
| (五)股东权益内部结转 | — | — | — | — | — | — | — | — |
| 四、2018 年 12 月 31 日余额 | 150 000 | 334 | 4 971 | 37 811 | 7 553 | 19 397 | 176 904 | 396 970 |

## 股东权益变动表（母公司）（续）

2017 年 12 月 31 日

单位：万元

| | 股本 | 资本公积 | 其他综合收益 | 盈余公积 | 一般风险准备 | 信托赔偿准备 | 未分配利润 | 股东权益 |
|---|---|---|---|---|---|---|---|---|
| 一、2016 年 12 月 31 日 | 150 000 | 334 | 2 651 | 26 648 | 5 834 | 13 816 | 133 239 | 332 522 |
| 二、2017 年 1 月 1 日余额 | 150 000 | 334 | 2 651 | 26 648 | 5 834 | 13 816 | 133 239 | 332 522 |
| 三、本年增减变动金额 | | | | | | | | |
| （一）净利润 | — | — | — | — | — | — | 57 005 | 57 005 |
| （二）其他综合收益 | — | — | 1 278 | — | — | — | — | 1 278 |
| （一）和（二）小计 | — | — | 1 278 | — | — | — | 57 005 | 58 283 |
| （三）股东投入和减少资本 | — | — | — | — | — | — | — | — |
| （四）利润分配 | — | — | — | — | — | — | — | — |
| 1. 提取盈余公积 | — | — | — | 5 701 | — | — | -5 701 | — |
| 2. 提取一般风险准备 | — | — | — | — | 1 393 | — | -1 393 | — |
| 3. 提取信托赔偿准备 | — | — | — | — | — | 2 850 | -2 850 | — |
| 4. 对股东的分配 | — | — | — | — | — | — | -22 500 | -22 500 |
| （五）股东权益内部结转 | — | — | — | — | — | — | — | — |
| 四、2017 年 12 月 31 日余额 | 150 000 | 334 | 3 929 | 32 349 | 7 227 | 16 666 | 157 800 | 368 305 |

## 股东权益变动表（合并报表）

2018 年 12 月 31 日

单位：万元

| | 归属于母公司股东权益 | | | | | | | 少数股东权益 | 股东权益合计 |
|---|---|---|---|---|---|---|---|---|---|
| | 股本 | 资本公积 | 其他综合收益 | 盈余公积 | 一般风险准备 | 信托赔偿准备 | 未分配利润 | | |
| 一、2017 年 12 月 31 日 | 150 000 | 334 | 3 972 | 32 349 | 7 227 | 16 666 | 158 817 | — | 369 365 |
| 二、2018 年 1 月 1 日余额 | 150 000 | 334 | 3 972 | 32 349 | 7 227 | 16 666 | 158 817 | — | 369 365 |
| 三、本年增减变动金额 | | | | | | | | | |
| （一）净利润 | — | — | — | — | — | — | 63 769 | — | 63 769 |
| （二）其他综合收益 | — | — | 1 358 | — | — | — | — | — | 1 358 |
| （一）和（二）小计 | — | — | 1 358 | — | — | — | 63 769 | — | 65 127 |
| （三）股东投入和减少资本 | — | — | — | — | — | — | — | — | — |
| （四）利润分配 | | | | | | | | | |
| 1. 提取盈余公积 | — | — | — | 5 462 | — | — | -5 462 | — | — |
| 2. 提取一般风险准备 | — | — | — | — | 326 | — | -326 | — | — |
| 3. 提取信托赔偿准备 | — | — | — | — | — | 2 731 | -2 731 | — | — |
| 4. 对股东的分配 | — | — | — | — | — | — | -27 000 | — | -27 000 |
| （五）股东权益内部结转 | | | | | | | | | |
| 四、2018 年 12 月 31 日余额 | 150 000 | 334 | 5 330 | 37 811 | 7 553 | 19 397 | 187 067 | — | 407 492 |

## 股东权益变动表（合并报表）（续）

2017 年 12 月 31 日

单位：万元

| | 归属于母公司股东权益 | | | | | | | 少数股东权益 | 股东权益合计 |
|---|---|---|---|---|---|---|---|---|---|
| | 股本 | 资本公积 | 其他综合收益 | 盈余公积 | 一般风险准备 | 信托赔偿准备 | 未分配利润 | | |
| 一、2016 年 12 月 31 日 | 150 000 | 334 | 2 651 | 26 648 | 5 834 | 13 816 | 134 045 | — | 333 328 |
| 二、2017 年 1 月 1 日余额 | 150 000 | 334 | 2 651 | 26 648 | 5 834 | 13 816 | 134 045 | — | 333 328 |
| 三、本年增减变动金额 | | | | | | | | | |
| （一）净利润 | — | — | — | — | — | — | 57 216 | — | 57 216 |
| （二）其他综合收益 | — | — | 1 321 | — | — | — | — | — | 1 321 |
| （一）和（二）小计 | — | — | 1 321 | — | — | — | 57 216 | — | 58 537 |
| （三）股东投入和减少资本 | — | — | — | — | — | — | — | — | — |
| （四）利润分配 | | | | | | | | | |
| 1. 提取盈余公积 | — | — | — | 5 701 | — | — | -5 701 | — | — |
| 2. 提取一般风险准备 | — | — | — | — | 1 393 | — | -1 393 | — | — |
| 3. 提取信托赔偿准备 | — | — | — | — | — | 2 850 | -2 850 | — | — |
| 4. 对股东的分配 | — | — | — | — | — | — | -22 500 | — | -22 500 |
| （五）股东权益内部结转 | | | | | | | | | |
| 四、2017 年 12 月 31 日余额 | 150 000 | 334 | 3 972 | 32 349 | 7 227 | 16 666 | 158 817 | — | 369 365 |

## 5.2 信托资产

### 5.2.1 信托项目资产负债汇总表

信托项目资产负债汇总表

编制单位:杭州工商信托股份有限公司 单位:万元

| 信托资产 | 期初数 | 期末数 | 信托负债和信托权益 | 期初数 | 期末数 |
|---|---|---|---|---|---|
| 信托资产: | | | 信托负债: | | |
| 货币资金 | 20 098 | 36 013 | 交易性金融负债 | — | — |
| 拆出资金 | — | — | 衍生金融负债 | — | — |
| 存出保证金 | — | — | 应付受托人报酬 | 38 250 | 42 973 |
| 以公允价值计量且其变动计入当前损益的金融资产 | — | — | 应付托管费 | — | 17 |
| 衍生金融资产 | — | — | 应付受益人收益 | 26 | 283 |
| 买入返售金融资产 | — | — | 应交税费 | — | 76 |
| 应收款项 | 37 540 | 27 253 | 应付销售服务费 | — | — |
| 发放贷款 | 1 190 672 | 1 288 922 | 其他应付款项 | 32 319 | 55 127 |
| 可供出售金融资产 | 583 945 | 684 841 | 其他负债 | — | — |
| 持有至到期投资 | — | — | 信托负债合计 | 70 595 | 98 476 |
| 长期应收款 | — | — | | — | — |
| 长期股权投资 | 684 855 | 463 400 | 信托权益: | — | — |
| 投资性房地产 | — | — | 实收信托 | 4 922 504 | 5 082 603 |
| 固定资产 | — | — | 资本公积 | — | — |
| 无形资产 | — | — | 外币报表折算差额 | — | — |
| 长期待摊费用 | — | — | 未分配利润 | 65 746 | 60 693 |
| 其他资产 | 2 541 735 | 2 741 343 | 信托权益合计 | 4 988 250 | 5 143 296 |
| 信托资产总计 | 5 058 845 | 5 241 772 | 信托负债和信托权益总计 | 5 058 845 | 5 241 772 |

企业负责人:虞利明 财务负责人:康 波 制表:倪 澄

### 5.2.2 信托项目利润及利润分配汇总表

信托项目利润及利润分配汇总表

编制单位:杭州工商信托股份有限公司 单位:万元

| 项 目 | 本年累计数 | 上年累计数 |
|---|---|---|
| 一、营业收入 | 442 211 | 412 996 |
| 利息收入 | 338 547 | 103 828 |
| 投资收益 | 96 622 | 130 240 |
| 公允价值变动收益 | -24 | — |
| 财务顾问收入 | — | — |
| 租赁收入 | — | 55 |
| 汇兑损益 | — | — |
| 其他收入 | 7 066 | 178 873 |
| 二、支出 | 90 014 | 79 260 |
| 营业税金及附加 | 1 363 | 294 |
| 受托人报酬 | 85 919 | 75 047 |
| 保管费 | — | — |
| 投资管理费 | — | — |
| 销售服务费 | — | — |
| 交易费用 | — | — |
| 资产减值损失 | — | — |
| 其他费用 | 2 732 | 3 919 |

续表

| 项 目 | 本年累计数 | 上年累计数 |
|---|---|---|
| 三、信托净利润 | 352 197 | 333 736 |
| 四、其他综合收益 | — | — |
| 五、综合收益 | 352 197 | 333 736 |
| 加:期初未分配信托利润 | 65 746 | 24 197 |
| 六、可供分配的信托利润 | 417 943 | 357 933 |
| 减:本期已分配信托利润 | 357 251 | 292 187 |
| 七、期末未分配信托利润 | 60 692 | 65 746 |

企业负责人:虞利明 财务负责人:康 波 制表:倪 澄

# 6. 会计报表附注

## 6.1 简要说明报告年度会计报表编制基准、会计政策、会计估计和核算方法发生的变化

无。

## 6.2 或有事项说明

截至报告日,本公司不存在需要披露的重大或有事项。

## 6.3 重要资产转让及其出售的说明

无。

## 6.4 会计报表中重要项目的明细资料

### 6.4.1 披露自营资产经营情况

6.4.1.1 按信用风险五级分类结果披露信用风险资产的期初数、期末数

| 信用风险资产五级分类 | 正常类（万元） | 关注类（万元） | 次级类（万元） | 可疑类（万元） | 损失类（万元） | 信用风险资产合计（万元） | 不良资产合计（万元） | 不良资产率（%） |
|---|---|---|---|---|---|---|---|---|
| 期初数 | 482 268 | — | — | — | — | 482 268 | — | — |
| 期末数 | 506 982 | — | — | — | — | 506 982 | — | — |

注：不良资产合计=次级类+可疑类+损失类。

6.4.1.2 各项资产减值损失准备的期初数、本期计提、本期转回、本期核销、期末数；贷款的一般准备、专项准备和其他资产减值准备应分别披露

单位：万元

| | 期初数 | 本期计提 | 本期转回 | 本期核销 | 期末数 |
|---|---|---|---|---|---|
| 贷款损失准备 | — | — | — | — | — |
| 一般准备 | — | — | — | — | — |
| 专项准备 | — | — | — | — | — |
| 其他资产减值准备 | 95 | — | — | — | 95 |
| 可供出售金融资产减值准备 | — | — | — | — | — |
| 持有至到期投资减值准备 | — | — | — | — | — |
| 长期股权投资减值准备 | — | — | — | — | — |
| 坏账准备 | — | — | — | — | — |
| 投资性房地产减值准备 | — | — | — | — | — |
| 其他资产减值准备 | 95 | — | — | — | 95 |

6.4.1.3 自营股票投资、基金投资、债券投资、股权投资等投资业务的期初数、期末数

单位：万元

| | 自营股票 | 基金 | 债券 | 股权投资 | 其他投资 | 合计 |
|---|---|---|---|---|---|---|
| 期初数 | 284 | — | — | 25 152 | 282 118 | 307 554 |
| 期末数 | 222 | — | 14 746 | 28 603 | 382 946 | 426 517 |

6.4.1.4 按投资入股金额排序，前五名的自营长期股权投资的企业名称、占被投资企业权益的比例、主要经营活动及投资收益情况等（从大到小顺序排列）

| 企业名称 | 占被投资企业权益的比例（%） | 主要经营活动 | 投资损益（万元） |
|---|---|---|---|
| 1. 杭州万科蓝桂投资管理有限公司 | 50.00 | 企业投资管理、受托企业资产管理。 | 29.40 |
| 2. 鸿杭投资管理（杭州）有限公司 | 47.00 | 投资管理、投资咨询服务。 | 11 441.04 |
| 3. 杭州杭信惠宸投资管理有限公司 | 42.50 | 投资管理、投资咨询服务。 | -0.72 |
| 4. 德清润桂投资管理合伙企业（有限合伙） | 35.00 | 投资管理、投资咨询服务。 | 84.31 |
| 5. 诸暨恒荣投资管理有限公司 | 30.00 | 投资管理、投资咨询服务。 | 163.32 |

注：投资损益是指按照企业会计准则规定，核算股权投资确认损益并计入披露年报利润表的金额。

6.4.1.5 前五名的自营贷款的企业名称、占贷款总额的比例和还款情况等（从大到小顺序排列）

| 企业名称 | 贷款金额（万元） | 占贷款总额的比例（%） | 还款情况 |
|---|---|---|---|
| 1. 浙江山语海房地产开发有限公司 | 20 000 | 42.55 | 正常收息，未到期 |
| 2. 惠州市广安建富房地产开发有限公司 | 15 000 | 31.92 | 正常收息，未到期 |
| 3. 上海伊禾食品国际贸易有限公司 | 12 000 | 25.53 | 正常收息，未到期 |
| 合计 | 47 000 | 100 | |

6.4.1.6 表外业务的期初数、期末数；按照代理业务、担保业务和其他类型表外业务分别披露

单位：万元

| 表外业务 | 期初数 | 期末数 |
|---|---|---|
| 担保业务 | — | — |
| 代理业务（委托业务） | 4 211 | 4 211 |
| 其他 | — | — |
| 合计 | 4 211 | 4 211 |

注：代理业务主要反映因客观原因应规范而尚未完成规范的历史遗留委托业务，包括委托贷款和委托投资。

6.4.1.7 公司当年的收入结构（母公司口径、并表口径同时披露）

| 收入结构 | 母公司口径 | | 合并口径 | |
|---|---|---|---|---|
| | 金额（万元） | 占比（%） | 金额（万元） | 占比（%） |
| 手续费及佣金收入 | 73 693 | 72.83 | 74 118 | 65.12 |
| 其中：信托手续费收入 | 73 642 | 72.78 | 73 642 | 64.70 |
| 投资银行业务收入 | — | — | — | — |
| 利息收入 | 8 136 | 8.04 | 8 137 | 7.15 |
| 其他业务收入 | 779 | 0.77 | 873 | 0.77 |
| 其中：计入信托业务收入部分 | 448 | 0.44 | 448 | 0.39 |
| 投资收益 | 18 430 | 18.21 | 30 533 | 26.82 |
| 其中：股权投资收益 | 450 | 0.44 | 12 577 | 11.05 |
| 证券投资收益 | 7 | 0.01 | 7 | 0.01 |
| 其他投资收益 | 17 973 | 17.76 | 17 949 | 15.77 |
| 资产处置收益 | — | — | — | — |
| 其他收益 | 148 | 0.15 | 148 | 0.13 |
| 营业外收入 | — | — | 8 | 0.01 |
| 收入合计 | 101 186 | 100.00 | 113 817 | 100.00 |

注：手续费及佣金收入、利息收入、其他业务收入、投资收益、营业外收入均应为损益表中的一级科目，其中手续费及佣金收入、利息收入、营业外收入为未抵减掉相应支出的全年累计实现收入数。

“其他业务收入”和“营业外收入”如超过总收入的5%，应具体说明来自什么业务。

### 6.4.2 披露信托资产管理情况

6.4.2.1 信托资产的期初数、期末数

单位：万元

| 信托资产 | 期初数 | 期末数 |
|---|---|---|
| 集合 | 4 748 159 | 4 887 899 |
| 单一 | 310 686 | 253 873 |
| 财产权 | — | 100 000 |
| 合计 | 5 058 845 | 5 241 772 |

6.4.2.1.1　主动管理型信托业务的信托资产期初数、期末数，分证券投资类、股权投资类、组合投资类、融资类、事务管理类、其他投资分别披露

单位：万元

| 主动管理型信托资产 | 期初数 | 期末数 |
|---|---|---|
| 证券投资类 | — | — |
| 股权投资类 | 2 296 784 | 2 021 749 |
| 组合投资类 | 1 488 129 | 1 513 902 |
| 融资类 | 1 221 417 | 1 444 740 |
| 事务管理类 | — | — |
| 其他投资 | — | — |
| 合计 | 5 006 330 | 4 980 391 |

6.4.2.1.2　被动管理型信托业务的信托资产期初数、期末数，分证券投资类、股权投资类、融资类、事务管理类分别披露

单位：万元

| 被动管理型信托资产 | 期初数 | 期末数 |
|---|---|---|
| 证券投资类 | — | — |
| 股权投资类 | — | — |
| 融资类 | — | — |
| 事务管理类 | 52 515 | 261 381 |
| 合计 | 52 515 | 261 381 |

6.4.2.2　本年度已清算结束的信托项目个数、实收信托合计金额、加权平均实际年化收益率

6.4.2.2.1　本年度已清算结束的集合类、单一类资金信托项目和财产管理类信托项目个数、实收信托金额、加权平均实际年化收益率

| 已清算结束信托项目 | 项目个数（个） | 实收信托合计金额（万元） | 加权平均实际年化收益率（%） |
|---|---|---|---|
| 集合类 | 17 | 1 173 130.00 | 7.35 |
| 单一类 | 7 | 172 835.04 | 4.67 |
| 财产管理类 | — | — | — |

注：1. 收益率是指信托项目清算后，给受益人赚取的实际收益水平。

2. 加权平均实际年化收益率 =（信托项目 1 的实际年化收益率 × 信托项目 1 的实收信托 + 信托项目 2 的实际年化收益率 × 信托项目 2 的实收信托 + … + 信托项目 $n$ 的实际年化收益率 × 信托项目 $n$ 的实收信托）/（信托项目 1 的实收信托 + 信托项目 2 的实收信托 + … + 信托项目 $n$ 的实收信托）×100%。

6.4.2.2.2　本年度已清算结束的主动管理型信托项目个数、实收信托合计金额、加权平均实际年化收益率，分证券投资类、股权投资类、组合投资类、融资类、事务管理类分别披露

| 已清算结束信托项目 | 项目个数（个） | 实收信托合计金额（万元） | 加权平均实际年化信托报酬率（%） | 加权平均实际年化收益率（%） |
|---|---|---|---|---|
| 证券投资类 | — | — | — | — |
| 股权投资类 | 1 | 45 000.00 | 3.58 | 15.74 |
| 组合投资类 | 6 | 173 248.81 | 1.66 | 7.40 |
| 融资类 | 14 | 988 313.10 | 1.87 | 7.19 |
| 事务管理类 | 2 | 51 675.00 | 0.37 | 5.10 |

6.4.2.2.3　本年度已清算结束的被动管理型信托项目个数、实收信托合计金额、加权平均实际年化信托报酬率、加权平均实际年化收益率，分证券投资类、股权投资类、融资类、事务管理类分别披露

| 已清算结束信托项目 | 项目个数（个） | 实收信托合计金额（万元） | 加权平均实际年化信托报酬率（%） | 加权平均实际年化收益率（%） |
|---|---|---|---|---|
| 证券投资类 | — | — | — | — |
| 股权投资类 | 1 | 87 728.12 | 0.1 | — |
| 融资类 | — | — | — | — |
| 事务管理类 | — | — | — | — |

6.4.2.3　本年度新增的集合类、单一类和财产管理类信托项目个数、实收信托合计金额

| 新增信托项目 | 项目个数（个） | 实收信托合计金额（万元） |
|---|---|---|
| 集合类 | 37 | 1 954 390 |
| 单一类 | 3 | 150 600 |
| 财产管理类 | 1 | 100 000 |
| 新增合计 | 41 | 2 204 990 |

注：仅为新发行项目规模，不包括以前年度成立项目在本年度后续发行的规模。

6.4.2.4　信托业务创新成果和特色业务有关情况

2018 年，杭州工商信托坚持"有所为，有所不为"的业务策略与"投资化、中长期化、基金化、产品化"的业务战略方向，以服务受益人、支持实体经济为己任，积极深化以投资和投资管理为方向的业务转型，业务拓展和风险管理齐头并进。公司契合国内经济转型、产业结构调整的业务需求及投资者日益增长的财富管理需求，密切关注实体经济的金融需求，注重信托投融资兼备功能的发挥，分别推出"杭信 · 飞鹰 20 号房地产并购集合资金信托计划""杭工信 · 之江 1 号生态保护慈善信托"等具有创新亮点的信托产品和涿州项目等投资类项目；公司资产证券化、以固有资产从事股权投资业务等创新业务有序推进；慈善信托、不良资产处置信托、绿色信托、供应链金融服务、家族财富管理等领域有所突破；公司运用信托工具优势，在股权投资信托业务、基金化信托产品等领域进行积极探索与实践，以市场化方式募集信托资金，助力企业成长，支持产业结构调整、支持实体经济发展。

在坚持合规稳健经营、维护客户利益、为社会提供优质金融产品和服务、保障员工合法权益的同时，公司还先后开展了"联乡结村""春风行动"、助学捐赠、志愿服务等活动，积极承担社会责任，反哺社会，为构建和谐社会贡献力量。一是出资捐赠社会公益基金会。2018 年 7 月，公司向浙江省阳光教育基金会捐款 2 万元；2018 年 12 月，公司向杭州市见义勇为基金会捐赠 5 万元。二是持续开展帮扶工作。公司积极响应杭州市委、市政府号召，自 2007 年起已连续十余年主动参与"联乡结村"帮扶活动，2018 年公司将每年为帮扶对象提供的帮扶资金由 25 万元增加到 30 万元，并结合帮扶对象与公司的实际情况，履行帮扶计划，实现综合施策、精准帮扶。三是开展爱心助学活动。公司通过在浙江省阳光教育基金会建立的"杭州工商信托阳光助学基金"专户，持续为贫困学子们带去温暖。2018 年 5 月，公司的爱心代表们赴浙江省丽水市遂昌县湖山乡中心小学，将 278 份温暖的节日礼物赶在六一儿童节前送到学生手

中，并与孩子们进行交流和互动；延续始于2016年的爱心助学活动，2018年7月，公司45名员工向湖山乡中心小学13名贫困学生捐款13 000元；公司3名员工向江山市廿八都小学贫困学生捐款1 500元，持续为贫困学子顺利完成学业提供帮助。四是开展慈善信托业务。公司作为委托人之一及受托人，出资25万元，与浙江省内信托同行共同发起设立"杭工信·之江1号生态保护慈善信托"，运用信托功能支持生态保护与公益慈善事业。五是连续多年热心参与"春风行动"。公司及全体员工积极响应市委、市政府发出的关于杭州市开展"春风行动"的号召，多年来一直广泛参与该项活动，为本市的弱势群体献一份爱心，也为建设和谐杭州担当一份责任。

2018年，公司荣获浙江省政府评选的"2017年度金融机构支持浙江经济社会发展三等奖"；在《证券时报》主办的"第十一届中国优秀信托公司评选活动"中，荣获"2018年度优秀风控信托公司"奖项；在浙江省工商联直属商协会、浙江经视、杭州财富管理联合会主办的首届"凤凰腾飞"浙江金融风云榜评选中，荣获"年度信托服务优胜奖"；在《浙商》杂志主办、浙江省金融研究院提供独家学术支持的第九届"浙商最信赖金融机构"推选活动中，荣获"2018（第九届）浙商最信赖金融机构（信托公司）"。2019年1月，公司被市委、市政府授予杭州市2018年"春风行动"先进单位。

6.4.2.5 本公司履行受托人义务情况及因本公司自身责任而导致的信托资产损失情况（合计金额、原因等）

无。

## 6.5 关联方关系及其交易的披露

### 6.5.1 关联交易方的数量、关联交易的总金额及关联交易的定价政策等

| | 关联交易方数量 | 关联交易金额（万元） | 定价政策 |
|---|---|---|---|
| 合计 | 1 | 8 | 市场公允价格 |

注："关联交易"定义应以《公司法》《企业会计准则第36号——关联方披露》有关规定为准。

### 6.5.2 关联交易方与本公司的关系性质、关联交易方的名称、法定代表人、注册地址、注册资本及主营业务等

| 关系性质 | 关联方名称 | 法定代表人 | 注册地址 | 注册资本（万元） | 主营业务 |
|---|---|---|---|---|---|
| 受同一母公司控制 | 杭州国际机场大厦开发有限公司 | 徐晓 | 杭州 | 16 000 | 国际机场大厦开发；自有房屋租赁 |

### 6.5.3 本公司与关联方的重大交易事项

6.5.3.1 固有与关联方交易情况：贷款、投资、租赁、应收账款、担保、其他方式等期初汇总数、本期借方和贷方发生额汇总数、期末汇总数

单位：万元

| 固有与关联方关联交易 | | | | |
|---|---|---|---|---|
| | 期初数 | 借方发生额 | 贷方发生额 | 期末数 |
| 贷款 | — | — | — | — |
| 投资 | — | — | — | — |
| 租赁 | — | — | — | — |
| 担保 | — | — | — | — |
| 应收账款 | — | — | — | — |
| 其他（支付房租、押金） | — | 8 | — | — |
| 合计 | — | 8 | — | — |

续表

向关联方杭州国际机场大厦开发有限公司支付房租84 953.75元。

本公司与上述关联方按一般企业关系进行业务往来。

6.5.3.2 信托资产与关联方：贷款、投资、租赁、应收账款、担保、其他方式等期初汇总数、本期发生额汇总数、期末汇总数

单位：万元

| 信托与关联方关联交易 | | | | |
|---|---|---|---|---|
| | 期初数 | 借方发生额 | 贷方发生额 | 期末数 |
| 贷款 | — | — | — | — |
| 投资 | — | — | — | — |
| 租赁 | — | — | — | — |
| 担保 | — | — | — | — |
| 应收账款 | — | — | — | — |
| 其他 | — | — | — | — |
| 合计 | — | — | — | — |

6.5.3.3 信托公司自有资金运用于自己管理的信托项目（固信交易）、信托公司管理的信托项目之间的相互（信信交易）交易金额，包括余额和本报告年度的发生额

6.5.3.3.1 固有财产与信托财产之间的交易金额期初汇总数、本期发生额汇总数、期末汇总数

单位：万元

| 固有财产与信托财产相互交易 | | | |
|---|---|---|---|
| | 期初数 | 本期发生额 | 期末数 |
| 合计 | 195 773 | 144 712 | 340 485 |

注：以固有资金投资公司自己管理的信托项目受益权，或购买自己管理的信托项目的信托资产均应纳入统计披露范围。

6.5.3.3.2 信托项目之间的交易金额期初汇总数、本期发生额汇总数、期末汇总数

单位：万元

| 信托资产与信托财产相互交易 | | | |
|---|---|---|---|
| | 期初数 | 本期发生额 | 期末数 |
| 合计 | 464 987 | -110 172 | 354 815 |

注：以公司受托管理的一个信托项目的资金购买自己管理的另一个信托项目的受益权或信托项下资产均应纳入统计披露范围。

### 6.5.4 逐笔披露关联方逾期未偿还本公司资金的详细情况以及本公司为关联方担保发生或即将发生垫款的详细情况

无。

## 6.6 会计制度的披露

固有业务（自营业务）、信托业务：本公司执行财政部颁布的企业会计准则（包括于2014年颁布的新的和修订的企业会

计准则)及相关规定。

## 7. 财务情况说明书

### 7.1 利润实现和分配情况(母公司口径和并表口径同时披露)

(1)母公司口径:本年度实现利润总额为 72 908 万元,所得税费用为 18 285 万元(其中当期所得税为 19 319 万元、递延所得税为 −1 034 万元),净利润为 54 623 万元,年初未分配利润为 157 800 万元,年末未分配利润为 176 904 万元。

并表口径:本年度实现利润总额为 85 047 万元,所得税费用为 21 277 万元(其中当期所得税为 22 311 万元、递延所得税为 −1 034万元),净利润为 63 769 万元,年初未分配利润为 158 817 万元,年末未分配利润为 187 066 万元。

(2)母公司口径:按 10% 提取法定盈余公积 5 462 万元。

并表口径:按 10% 提取法定盈余公积为 5 462 万元。

(3)母公司口径:按 5% 提取信托赔偿准备金 2 731 万元。

并表口径:按 5% 提取信托赔偿准备金 2 731 万元。

(4)母公司口径:按风险资产余额的 1.5% 计提一般风险准备金 326 万元。

并表口径:按风险资产余额的 1.5% 计提一般风险准备金 326 万元。

(5)母公司口径:年末可供分配的利润为 176 904 万元。

并表口径:年末可供分配的利润为 187 066 万元。

### 7.2 主要财务指标(母公司口径和并表口径同时披露)

| 指标名称 | 指标值 | |
|---|---|---|
| | 母公司口径 | 合并口径 |
| 资本利润率(%) | 14.57 | 16.72 |
| 加权年化信托报酬率(%) | 1.71 | 1.71 |
| 人均净利润(万元) | 282 | 328 |

注:1. 资本利润率 = 净利润/股东权益平均余额 ×100%。

2. 股东权益平均余额采取年初及各季末余额移动算术平均法,公式为:a(平均) = (a0/2 + a1 + a2 + a3 + a4/2)/4。

3. 加权年化信托报酬率 = (信托项目 1 的实际年化信托报酬率 × 信托项目 1 的实收信托 + 信托项目 2 的实际年化信托报酬率 × 信托项目 2 的实收信托 + … + 信托项目 *n* 的实际年化信托报酬率 × 信托项目 *n* 的实收信托)/(信托项目 1 的实收信托 + 信托项目 2 的实收信托 + … + 信托项目 *n* 的实收信托)×100%。

4. 人均净利润 = 净利润/年平均人数。

5. 平均人数采取年初、年末余额简单平均法。

6. 公式为:a(平均) = (年初数 + 年末数)/2。

### 7.3 对本公司财务状况、经营成果有重大影响的其他事项

无。

## 8. 特别事项简要揭示

### 8.1 前五名股东报告期内变动情况及原因

公司股东浙江大学圆正控股集团有限公司因自身发展需要,将名称变更为浙江大学控股集团有限公司,2018 年 5 月 17 日,经公司 2017 年度股东大会决议,对《公司章程》中涉及股东名册的相关条款相应进行修改。上述《公司章程》的修改已经浙江银保监局筹备组同意(浙银保监筹复[2018]159 号,并已完成工商登记备案。

### 8.2 董事、监事及高级管理人员变动情况及原因

公司原总裁丁建萍先生因个人原因于 2018 年 9 月 10 日提请辞职,第八届董事会第三次会议审议通过《关于公司高级管理人员变更的议案》,同意丁建萍先生的辞职,丁建萍先生不再担任公司总裁等职务,聘任丁建萍先生为公司首席顾问;同意由资产管理总监江龙先生代为行使总裁职权。

2018 年 10 月,周宇先生不再担任公司董事职务,经公司 2018 年第一次临时股东大会研究讨论,选举江龙先生为公司第八届董事会继任董事,2018 年 12 月 12 日,获浙江银保监局筹备组批复(浙银保监筹复[2018]314 号),核准江龙先生的董事任职资格,任期至第八届董事会届满之日止。

2018 年 12 月,经公司第八届董事会第四次会议研究讨论,浙江银保监局筹备组批复(浙银保监筹复[2018]252 号),将公司高级管理层中各位总监的称谓统一变更为副总裁。

### 8.3 公司的重大诉讼事项

无。

### 8.4 对会计师事务所出具的有保留意见、否定意见或无法表示意见的审计报告的,公司董事会应就所涉及事项作出说明

无。

### 8.5 公司及其董事、监事和高级管理人员受到处罚的情况

无。

### 8.6 银保监会及其派出机构对公司检查后提出整改意见的,应简单说明整改情况

2018 年 4 月,浙江银监局下发了《中国银监会浙江监管局关于杭州工商信托股份有限公司 2017 年度监管的意见》(浙银监发[2018]85 号),评价公司在 2017 年着力提升内部管理,继续坚持主动管理、深耕市场的经营路线,努力优化项目选择标准和管控措施,受托管理资产规模稳步上升,盈利状况良好,经营总体稳定,各项风险基本可控。同时,监管机构针对公司在合规管理、风险防控、消费者权益保护、数据质量管理等方面存在的问题,提出了监管意见。公司召开高级管理层会议专题研究讨论,拟定整改计划,通过“进一步加强合规管理”“进一步提升风险防控能力”“进一步强化消费者权益保护工作”“进一步完善数据质量管理”等工作举措,认真落实上述监管意见。

2018 年 12 月,浙江银保监局下发《中国银保监会浙江监管局关于杭州工商信托股份有限公司现场检查的意见》(浙银保监检[2018]5 号),评价公司始终坚持特色化市场定位,不断提升主动管理能力,主动管理业务占比显著高于行业平均水平,盈利水平保持优良,各类风险总体可控。同时指出,公司在公司治理和内控管理、合规管理和风险管控、金融消费者权益

保护、信息科技治理和信息科技风险管理等方面存在的问题并提出监管要求。公司高度重视监管意见，召开高级管理层会议专题研究讨论，由风险管理部牵头各相关部门针对监管提出的问题进行梳理，逐一对照并制定了相应的整改方案，一定比例的问题已在第一时间内完成整改，尚未整改完毕的事项也已制订了切实可行的整改计划，在后续整改工作的推进和落实过程中明确整改完成时间并落实到相关部门和责任人，确保整改到位；公司通过“进一步规范公司治理体系、完善合规及内控制度”“持续提升合规管理和风险管控能力”“持续做好消费者权益保护工作”“强化信息科技治理能力和风险管理能力”等方面工作进一步健全合规经营长效机制。

### 8.7 本年度重大事项临时报告的简要内容、披露时间、所披露的媒体及其版面

经本公司第八届董事会第三次会议审议通过，同意丁建萍先生自2018年9月27日起辞去公司总裁职务，聘任丁建萍先生为公司首席顾问，丁建萍先生仍担任公司董事职务。由资产管理总监江龙先生代为行使总裁职权。上述内容于2018年9月28日在《证券时报》B004版披露。

公司股东浙江大学圆正控股集团有限公司因自身发展需要，将名称变更为浙江大学控股集团有限公司，2018年5月17日，经公司2017年度股东大会决议，对《公司章程》中涉及股东名册的相关条款相应进行修改；根据《商业银行股权管理暂行办法》（中国银行业监督管理委员会令2018年第1号）等新政法规和监管规定，2018年10月18日，经公司2018年第一次临时股东大会决议，对《公司章程》进行了相关修订，进一步明确股东义务，增加股权管理等相关内容。上述《公司章程》的修改已经浙江银保监局筹备组同意（浙银保监筹复［2018］）159号，并已完成工商登记备案。上述内容于2018年12月5日在《证券时报》B035版披露。

### 8.8 本年度净资本管理情况

净资本管理风险控制指标表

| 项　目 | 期末余额 | 监管标准 |
|---|---|---|
| 净资本（万元） | 307 734 | ≥20 000 |
| 净资本/各项业务风险资本之和（%） | 151.79 | ≥100 |
| 净资本/净资产（%） | 77.52 | ≥40 |

### 8.9 中国银保监会及其省级派出机构认定的其他有必要让客户及相关利益人了解的重要信息

无。

## 9. 公司监事会意见

监事会认为，本报告期内，公司决策程序合法，内部控制制度较为完善，没有发现公司董事、总裁和其他高级管理人员在执行公司职务时有违法违纪或有损公司及股东利益的行为。公司财务报告真实地反映了公司的财务状况和经营成果。

# 湖南省信托有限责任公司

## 1. 重要提示

1.1 本公司董事会及其董事保证本报告所载资料不存在任何虚假记载、误导性陈述或者重大遗漏，并对其内容的真实性、准确性和完整性承担个别及连带责任。

1.2 未有公司董事声明对本年度报告内容的真实性、准确性、完整性存在异议。

1.3 公司独立董事张军建、戴晓凤声明：保证本年度报告内容真实、准确、完整。

1.4 公司董事长王双云、分管财务工作副总裁段湘姬声明：保证本年度报告中财务报告的真实、完整。

## 2. 公司概况

### 2.1 公司简介

湖南省信托有限责任公司前身为湖南省信托投资公司，成立于1985年，2002年12月4日经中国人民银行总行《关于湖南省信托投资公司重新登记的批复》（银复[2002]345号）核准重新登记更名为湖南省信托投资有限责任公司，2008年10月23日经中国银行业监督管理委员会《中国银监会关于湖南省信托投资有限责任公司变更公司名称和业务范围的批复》（银监复[2008]429号）批准同意更名为湖南省信托有限责任公司，目前注册资本为24.5132亿元。湖南财信投资控股有限责任公司和湖南省国有投资经营有限公司分别持有96%、4%的股权。

| | | |
|---|---|---|
| 1 | 法定名称 | 湖南省信托有限责任公司 |
| 2 | 中文缩写 | 湖南信托 |
| 3 | 英文名称（及缩写） | Hunan Trust Co.,Ltd.<br>（Hunan Trust） |
| 4 | 法定代表人 | 王双云 |
| 5 | 注册地址 | 长沙市天心区城南西路1号财信大厦6－9层 |
| 6 | 邮政编码 | 410015 |
| 7 | 公司国际互联网网址 | http://www.huntic.com/ |
| 8 | 公司电子信箱 | huntic@huntic.com |
| 9 | 公司负责信息披露事务人 | 邓冰 |
| 10 | 联系电话 | 0731－85196916 |
| 11 | 传真电话 | 0731－85196911 |
| 12 | 电子信箱 | styxbing@163.com |
| 13 | 公司信息披露报纸名称 | 《证券时报》《上海证券报》 |
| 14 | 公司年度报告备置地点 | 长沙市天心区城南西路1号财信大厦9楼902室 |
| 15 | 公司聘请的会计师事务所名称及住所 | 天职国际会计师事务所（特殊普通合伙）；<br>地址：北京市海淀区车公庄西路19号外文文化创意园12号楼<br>电话：010－88827799 |

### 2.2 组织结构

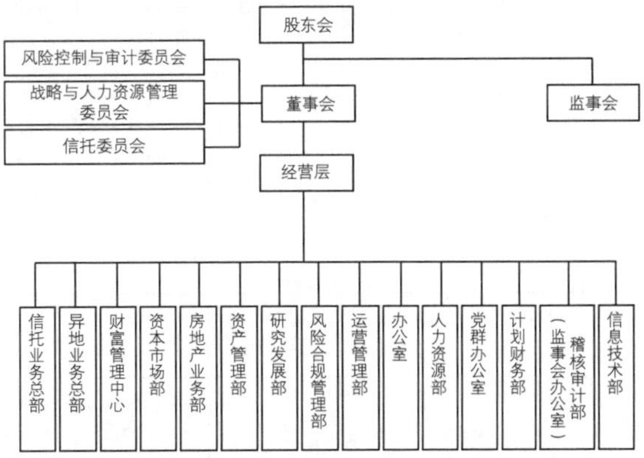


## 3. 公司治理

### 3.1 股东

报告期末公司股东总数：2个。

公司2名股东全部为国有法人独资公司，湖南财信投资控股有限责任公司、湖南省国有投资经营有限公司均为湖南财信金融控股集团有限公司的全资子公司。

| 股东名称 | 持股比例（%） | 法人代表 | 注册资本（万元） | 注册地址 | 主要经营业务及主要财务情况 |
|---|---|---|---|---|---|
| 湖南财信投资控股有限责任公司* | 96 | 胡贺波 | 374 418.89 | 长沙市天心区城南西路1号 | 主要经营业务：法律、法规允许的资产投资、经营及管理（依法须经批准的项目，经相关部门批准后方可开展经营活动）。<br>主要财务情况：截至2018年12月31日，公司资产总额为38 562 150 791.01元，负债总额为23 138 478 990.52元，少数股东权益为511 253 659.01元，归属于母公司所有者权益为14 912 418 141.48元，利润总额为670 289 332.15元。 |
| 湖南省国有投资经营有限公司 | 4 | 李立新 | 33 282.06 | 长沙市天心区城南西路1号 | 主要经营业务：授权范围内的国有资产投资、经营、管理与处置，企业资产重组、债务重组，企业托管、并购、委托投资，投资咨询、财务顾问；旅游资源投资、开发、经营（限分支机构凭许可证书经营）；经营商品和技术的进出口业务（不得从事吸收存款、集资收款、受托贷款、发行票据、发放贷款等国家金融监管及财政信用业务；依法须经批准的项目，经相关部门批准后方可开展经营活动）。<br>主要财务情况：截至2018年12月31日，公司收入总额为13 766万元，支出10 671万元，净利润为3 095万元；资产总额为315 944.36万元，负债总额为231 540.90万元，所有者权益为84 403.46万元。 |

注：*为公司控股股东，系湖南财信金融控股集团全资子公司。公司实际控制人为湖南财信金融控股集团有限公司。

## 3.2 董事、董事会及其下属委员会

董事长、董事

| 姓名 | 职务 | 性别 | 年龄（岁） | 选任日期 | 所推举的股东名称 | 该股东持股比例（%） | 简要履历 |
|---|---|---|---|---|---|---|---|
| 王双云 | 董事长 | 男 | 54 | 2016年3月 | 湖南财信投资控股有限责任公司 | 96 | 曾任湖南省财政厅经济建设处副处长，湖南省财政厅监督检查局副局长、省财政稽查办公室主任（正处长级），湖南省财政厅机关党委专职副书记、党办主任、机关工会主席，湖南省财政厅人事教育处处长；现任湖南财信金融控股集团有限公司党委副书记，湖南省信托有限责任公司董事长。 |
| 曾若冰 | 董事 | 男 | 40 | 2017年9月 | 湖南财信投资控股有限责任公司 | 96 | 曾任湖南省财政厅预算处副处长，湖南财信金融控股集团有限公司战略与投资部总经理；现任湖南财信金融控股集团有限公司总经理助理，湖南省财信产业基金管理有限公司董事长，湖南省信托有限责任公司董事。 |
| 陆小平 | 董事 | 男 | 55 | 2012年4月 | 湖南省国有投资经营有限公司 | 4 | 曾任湖南省信托投资公司办公室主任，湖南省信托投资有限责任公司总稽核，湖南省信托有限责任公司副总裁，湖南省国有投资经营有限公司董事长；现任湖南财信金融控股集团有限公司工会主席，湖南省信托有限责任公司董事。 |
| 刘宛晨 | 董事 | 男 | 48 | 2017年12月 | 湖南财信投资控股有限责任公司 | 96 | 曾在湖南大学会计学院、经贸学院执教多年，曾任财富证券有限责任公司债券部总经理、财富证券有限责任公司总裁助理、财富证券有限责任公司投资银行总部总经理、财富证券有限责任公司副总裁，湖南省信托有限责任公司董事任职资格于2018年1月经中国银行业监督管理委员会湖南监管局核准。 |
| 曾　慧 | 职工董事 | 女 | 46 | 2016年12月 | — | — | 曾任湖南省信托投资有限责任公司投资管理部副总经理、湖南省信托有限责任公司信托二部副总经理、人力资源部总经理；现任湖南省信托有限责任公司工会主席兼人力资源部总经理，湖南省信托有限责任公司职工董事。 |

独立董事

| 姓名 | 所在单位及职务 | 性别 | 年龄（岁） | 选任日期 | 任期（年） | 所推举的股东名称 | 该股东持股比例（%） | 简要履历 |
|---|---|---|---|---|---|---|---|---|
| 张军建 | 中南大学法学院教授 | 男 | 62 | 2015年10月 | 3 | 湖南财信投资控股有限责任公司 | — | 博士、中南大学法学院教授，中南大学法学院民商法学科信托法方向、经济法学科金融法方向的学科带头人，中南大学信托法学科创建人；现任中南大学信托与信托法研究中心主任，中南大学中日经济法研究所所长，湖南省信托有限责任公司独立董事。 |
| 戴晓凤 | 湖南大学金融与统计学院教授 | 女 | 58 | 2016年9月 | 3 | 湖南财信投资控股有限责任公司 | — | 湖南大学金融与统计学院资本市场研究中心主任、教授，湖南省政协十二届委员会常委委员，民盟湖南省委员会副主委，湖南省信托有限责任公司独立董事。 |

董事会下属委员会

| 名称 | 职　责 | 组成人员姓名 | 职　务 |
|---|---|---|---|
| 风险控制与审计委员会 | 负责拟定公司风险控制管理战略、风险管理政策和内部控制流程，并对其实施情况进行监督和评价；监督公司内部审计制度及其实施，审核公司财务情况，提议聘用、更换或解聘公司审计机构等。 | 戴晓凤（独董） | 主任委员 |
| | | 王双云 | 委员 |
| | | 张军建（独董） | 委员 |
| 战略与人力资源管理委员会 | 负责制定公司发展战略，并负责监督、检查公司战略和年度计划、投资方案的执行情况；负责拟定公司高级管理人员选择标准、选择程序，对其任职资格和任职条件进行初步审核等；负责拟定公司内部机构设置及人力资源整体调配方案；负责拟定公司薪酬和其他激励计划，并监督实施。 | 王双云 | 主任委员 |
| | | 曾若冰 | 委员 |
| | | 陆小平 | 委员 |
| | | 刘宛晨 | 委员 |
| 信托委员会 | 负责督促公司依法履行受托职责，对公司信托业务运行情况进行定期评估，对公司日常合规管理工作进行监督等，充分保证受益人的最大利益。 | 张军建（独董） | 主任委员 |
| | | 刘宛晨 | 委员 |
| | | 曾　慧 | 委员 |

## 3.3　监事、监事会及其下属委员会

监事会成员

| 姓名 | 职务 | 性别 | 年龄（岁） | 选任日期 | 所推举的股东名称 | 该股东持股比例（%） | 简要履历 |
|---|---|---|---|---|---|---|---|
| 欧光荣 | 监事会主席 | 男 | 56 | 2014年4月 | 湖南财信投资控股有限责任公司 | 96 | 先后在中国人民银行邵阳分行、湖南省分行、长沙金融监管办事处和湖南银监局从事会计、监管和纪检监察工作，曾任湖南银监局纪委办主任、监察室主任；现任湖南省信托有限责任公司监事会主席。 |
| 杨科宇 | 监事 | 男 | 48 | 2012年4月 | 湖南省国有投资经营有限公司 | 4 | 曾任长沙电表厂设备动能科科员，湖南省信托投资公司证券总部系统维护员、证券分析师，湖南省国有资产投资经营总公司投资发展部经理、总经理助理；现任湖南省国有投资经营有限公司风控总监兼工会主席，湖南省信托有限责任公司监事。 |
| 刘　畅 | 职工监事 | 女 | 47 | 2012年4月 | — | — | 曾任湖南省信托投资公司计划财务部会计，湖南省信托投资有限责任公司稽核审计部稽核专员；现任湖南省信托有限责任公司稽核审计部总经理，湖南省信托有限责任公司职工监事。 |

公司监事会未设立下属委员会。

## 3.4　高级管理人员

| 姓　名 | 职务 | 性别 | 年龄（岁） | 选任日期 | 金融从业年限（年） | 学历 | 专业 | 简要履历 |
|---|---|---|---|---|---|---|---|---|
| 刘宛晨 | 总裁 | 男 | 48 | 2018年5月 | 12 | 博士 | 国际贸易 | 曾在湖南大学会计学院、经贸学院执教多年，曾任财富证券有限责任公司债券部总经理、财富证券有限责任公司总裁助理、财富证券有限责任公司投资银行总部总经理、财富证券有限责任公司副总裁、湖南省信托有限责任公司副总裁；现任湖南省信托有限责任公司总裁。 |
| 杨　云 | 副总裁 | 男 | 38 | 2012年4月 | 10 | 硕士 | 金融信息工程 | 曾任湖南财信投资控股有限责任公司人力资源部总经理，湖南省信托有限责任公司行政总监；现任湖南省信托有限责任公司副总裁，2016年12月起，挂职任湖南省湘潭县副县长。 |
| 段湘姬 | 副总裁 | 女 | 46 | 2016年11月 | 14 | 本科 | 工商管理 | 曾在长沙市农业银行、湖南省农业银行任职多年，曾任湖南农业大学后勤服务集团副总经理，湖南水利投资有限公司财务总监，湖南省水利发展投资有限公司副总经理；现任湖南省信托有限责任公司副总裁。 |
| 朱昌寿 | 副总裁 | 男 | 46 | 2016年11月 | 20 | 本科 | 会计学 | 曾任财富证券有限责任公司计划财务部总经理，财富通典当有限责任公司总经理，湖南省信托有限责任公司财务总监；现任湖南省信托有限责任公司副总裁。 |
| 彭　耀 | 副总裁 | 男 | 47 | 2017年2月 | 20 | 本科 | 财政税收 | 曾任湖南省信托有限责任公司资产管理总部总经理、信托业务一部总经理；现任湖南省信托有限责任公司副总裁。 |
| 邓　冰 | 董事会秘书、总裁助理 | 男 | 36 | 2018年5月 | 8 | 硕士 | 政治经济学 | 曾任湖南省信托有限责任公司上海业务总部总经理；现任湖南省信托有限责任公司董事会秘书、总裁助理。 |
| 张林新 | 副总裁 | 男 | 45 | 2016年11月 | 9 | 博士 | 会计学 | 曾任湖南省信托有限责任公司风险合规管理部总经理，湖南省信托有限责任公司风控总监，湖南省信托有限责任公司副总裁（于2018年5月离任）。 |
| 张仁兴 | 董事会秘书 | 男 | 36 | 2015年10月 | 9 | 本科 | 法学 | 曾任湖南省信托有限责任公司总裁办公室主任、董事会办公室主任，湖南省信托有限责任公司董事会秘书（于2018年5月离任）。 |

### 3.5 公司员工

报告期内，公司员工197人，平均年龄36岁。

| 项目 | | 报告期年度 | | 上年度 | |
|---|---|---|---|---|---|
| | | 人数（人） | 比例（%） | 人数（人） | 比例（%） |
| 年龄分布 | 20岁以下 | — | — | — | — |
| | 20～29岁 | 66 | 33.50 | 48 | 30.19 |
| | 30～39岁 | 84 | 42.64 | 70 | 44.02 |
| | 40岁以上 | 47 | 23.86 | 41 | 25.79 |
| 学历分布 | 博士 | 7 | 3.55 | 4 | 2.52 |
| | 硕士 | 75 | 38.07 | 54 | 33.96 |
| | 本科 | 98 | 49.75 | 83 | 52.20 |
| | 专科 | 9 | 4.57 | 10 | 6.29 |
| | 其他 | 8 | 4.06 | 8 | 5.03 |
| 岗位分布 | 董事、监事及其高管人员 | 8 | 4.06 | 11 | 6.92 |
| | 自营业务人员 | 6 | 3.05 | 7 | 4.40 |
| | 信托业务人员 | 114 | 57.87 | 82 | 51.57 |
| | 其他人员 | 69 | 35.02 | 59 | 37.11 |

### 3.6 公司治理信息

#### 3.6.1 年度内召开股东会情况

2018年度召开股东会定期会议3次。会议召开程序符合法律、法规和《公司章程》的规定，具体情况如下。

（1）2018年4月24日，股东会2018年度第一次会议审议通过了《2017年度董事会工作报告》《2017年度监事会工作报告》《2017年度财务决算报告》《2018年度财务预算预案》《2017年度公司股东评价报告》；通报了《2017年度受益人利益实现情况报告》《2017年度董事、监事履职评价》《监管机构对本公司的监管意见及本公司对年度监管意见的执行情况》。

（2）2018年9月26日，股东会2018年度第二次会议审议通过了《2018年上半年度董事会工作报告》《2018年上半年度监事会工作报告》《2018年度自有资金使用计划》《2017年度利润分配预案》；通报了《关于2018年上半年度监管意见及整改落实情况的报告》。

（3）2018年12月28日，股东会2018年度第三次会议审议通过了《关于修订〈湖南省信托有限责任公司章程〉的议案》。

#### 3.6.2 董事会及其下属委员会履行职责情况

3.6.2.1 董事会履行职责情况

报告期内，公司董事会根据《公司法》《信托法》《公司章程》等有关法律法规的要求，严格按照股东会的决议和授权，认真执行股东会通过的各项决议。

2018年度公司召开董事会定期会议4次，董事会临时会议14次，会议召开程序符合法律法规和《公司章程》的规定，具体情况如下。

（1）2018年3月8日，第四届董事会第十五次会议审议通过了《关于提名增补董事刘宛晨为公司第四届董事会信托委员会委员和战略与人力资源管理委员会委员的议案》《信息科技风险管理办法（试行）》《关于提请废止〈信托资产五级分类管理办法（试行）〉的议案》。

（2）2018年4月24日，第四届董事会第十七次会议审议通过了《2017年度经营工作报告》《2017年度董事会工作报告》《2017年度信托委员会工作报告》《2017年度风险控制与审计委员会工作报告》《2017年度战略与人力资源管理委员会工作报告》《2017年度内部审计报告》《2017年度财务决算报告》《2018年度财务预算预案》《2017年度报告》及《摘要》《董事会关于2018年度工作的指导意见》《2017年股东会、董事会、监事会经费使用情况报告》《2017年度公司股东评价报告》《信息披露管理办法》；通报了《2017年度受益人利益实现情况报告》《2017年度董事、监事履职评价》《监管机构对本公司的监管意见及本公司对年度监管意见的执行情况》。

（3）2018年9月26日，第四届董事会第十八次会议审议通过了《2018年上半年度经营工作报告》《2018年上半年度董事会工作报告》《2018年上半年度信托委员会工作报告》《2018年上半年度风险控制与审计委员会工作报告》《2018年上半年度战略与人力资源管理委员会工作报告》《2018年上半年度内部审计报告》《2018年度自有资金使用计划》《原总裁刘格辉同志离任审计报告》《原副总裁张林新同志离任审计报告》《2017年度利润分配预案》；通报了《关于2018年上半年度监管意见及整改落实情况的报告》。

（4）2018年12月18日，第四届董事会第十九次会议审议通过了《薪酬改革实施方案》《稽核审计办法（2018年版）》《关于修订〈湖南省信托有限责任公司章程〉的议案》。

（5）董事会临时会议对公司重大项目、风险项目处置、董事变更、高管人员聘任、组织机构调整、制度制定等事项作出了决议。其中，2018年7月4日召开了第四届董事会第一百零三次临时会议，审议通过了《2018年组织机构调整方案》，通过调整组织架构、调整部门职能和优化人力资源配置、完善薪酬激励机制等方式，多措并举地实现业务的转型发展。

3.6.2.2 董事会下属委员会履行职责情况

3.6.2.2.1 风险控制与审计委员会

根据风险控制与审计委员会工作安排，2018年4月20日，风险控制与审计委员会召开2018年度第一次会议，全体委员参加了会议，审议通过了《2017年年度风险控制与审计委员会工作报告》。2018年9月11日，风险控制与审计委员会召开2018年度第二次会议，全体委员参加了会议，审议通过了《2018年上半年度风险控制与审计委员会工作报告》。

3.6.2.2.2 战略与人力资源管理委员会

根据战略与人力资源管理委员会工作规程，2018年共召开5次会议。2018年2月22日提交了《关于提名增补董事刘宛晨为第四届董事会信托委员会委员和战略与人力资源管理委员会委员的建议》；2018年4月10日提交了《战略与人力资源管理委员会2017年度工作报告》；2018年5月10日审查并提交了《关于审查刘宛晨等两名同志高级管理人员任职资格的意见》；2018年9月18日提交了《战略与人力资源管理委员会2018年上半年工作报告》；2018年12月14日审查并提交了《湖南省信托有限责任公司薪酬改革实施方案》。

3.6.2.2.3 信托委员会

信托委员会分别于2018年3月13日和2018年8月21

日以通信表决的形式对《2017年度信托委员会工作报告》《2018年上半年信托委员会工作报告》进行了审议，对信托业务管理作出评价，并提出改进意见和建议。

3.6.2.3 独立董事履职情况

报告期内，公司独立董事能够按照公司董事会议事规则和独立董事制度等相关程序开展工作，依法合规、认真勤勉地履行职责，列席了4次股东会定期会议，出席了历次董事会会议，参与了各次以通信表决方式召开的董事会临时会议。兼任董事会专门委员会主任委员的独立董事，参加并主持召开了相关专门委员会的各次会议。独立董事能够积极发表独立董事意见，在信托业务规范发展、创新转型，维护受益人利益，强化风险控制体系建设等方面提出了具体建议，有效发挥了独立董事作用，在公司法人治理和经营管理方面发挥了积极作用。

**3.6.3 监事会及其下属委员会履行职责情况**

3.6.3.1 监事会履行职责情况

报告期内，监事会共召开5次会议，监事会未设立下属委员会。

2018年4月12日，公司召开第四届监事会第十五次会议，会议讨论了《2017年度监事会工作报告》《2017年度董事、监事履职评价报告》《2017年度监管意见及整改落实情况的报告》《2017年度内部审计报告》；通报了《2018年第一季度经营管理情况》。

2018年4月24日，公司召开第四届监事会第十六次会议，会议审议通过了《湖南省信托有限责任公司2017年度监事会工作报告》《湖南省信托有限责任公司2017年度董事、监事履职评价报告》《湖南省信托有限责任公司2017年度监管意见及整改落实情况的报告》《湖南省信托有限责任公司2017年度内部审计报告》。

2018年8月27日，公司召开监事会临时会议，会议讨论了《2018年上半年度监事会工作报告》。

2018年9月26日，公司召开第四届监事会第十七次会议，会议审议通过了《2018年上半年度监事会工作报告》《2018年上半年内部审计报告》《关于2018年上半年监管意见及整改落实情况》。

2018年12月18日，公司召开第四届监事会第十八次会议，会议审议通过了《稽核审计办法(2018年版)》。

3.6.3.2 监事会的独立意见

报告期内，公司能够认真贯彻落实国家经济金融政策、法律法规、监管规章，较好地执行公司章程和制度规定；通过集团联动深化与各地市的业务合作，巩固和提质了传统市政业务；房地产业务增长较快；资产证券化业务有了较大的规模发展；消费金融业务已小有规模；内部改革取得较大的进展。报告期内，未发现公司董事和高级管理人员履职时有违反法律法规、《公司章程》或损害公司利益的行为。

天职国际会计师事务所(特殊普通合伙)对公司2018年度财务报告出具的审计报告所涉及事项是真实、客观、公正的；公司2018年度财务报告能够真实地反映公司的财务状况和经营成果。

报告期内未发现公司有损害受益人、股东权益或造成公司资产流失的行为。

**3.6.4 高级管理层履职情况**

公司高级管理人员严格按照法律法规和监管政策要求履行职责，认真执行股东会、董事会决议，切实维护股东和委托人利益，严防风险，合规经营，保证了公司健康可持续发展。报告期内，未发现有违反法律法规、《公司章程》或损害公司利益的行为。

**3.6.5 薪酬制度及当年董事、监事和高级管理人员薪酬**

公司积极推进市场化薪酬激励机制落地实施，强化薪酬激励与风险责任挂钩的机制，严格遵照《薪酬管理办法》等相关规章制度开展薪酬管理工作。根据《绩效薪酬递延支付管理办法》有关规定，落实与业绩激励相配套的风险抵偿机制，对包括公司高级管理人员在内的业务及风控条线员工严格执行绩效薪酬延期支付，强化监督、明确责任、严控风险。根据《风险管理考核办法》，将风险考核结果应用于绩效分配和递延绩效支付等，落实与风险挂钩的激励约束机制。

董事、监事、高级管理人员薪酬待集团公司审批薪酬总额并由公司分配后再进行披露。

## 4. 经营管理

### 4.1 经营目标、经营方针、战略规划

**4.1.1 经营目标**

坚持以习近平新时代中国特色社会主义思想为指导，坚持以服务地方经济社会发展为宗旨，围绕湖南财信金控集团“精干主业、精耕实业”的发展战略，深化与地方政府的合作，积极支持供给侧结构性改革和实体经济发展。同时，切实加强基础管理体系、人力资源管理体系和企业文化管理体系建设，大力发展信托主业，积极防范风险，夯实公司生存、改革和发展的基础，大胆探索创新业务模式，不断增强公司实力和市场竞争力，努力把公司打造成专业的理财机构，实现公司持续稳健和谐发展。

**4.1.2 经营方针**

公司的经营方针是精干主业、精耕实业、稳中求进、改革转型。

**4.1.3 战略规划**

立足湖南、面向全国，发挥信托的功能优势，创新发展业务，为经济建设服务，为客户创造财富，为股东创造价值，切实加强全面风险管理能力，不断提高核心竞争力，实施专业化、差异化服务的内涵型发展，将湖南信托打造成为资本充足、信誉良好、经营稳健、勇于创新的专业资产管理机构。

### 4.2 所经营业务的主要内容

公司业务主要分为信托业务和固有业务两大类。

**4.2.1 信托业务**

信托业务是指公司作为受托人，按照委托人的意愿，为受益人利益或特定目的，对信托财产进行管理、处分的业务。公司目前主要从事资金信托、动产信托、不动产信托、有价证券信托、其他财产或财产权信托，开展的信托业务种类主要有市政基础设施类信托，房地产类信托，PE投资类信托，证券投资类信托，高科技、高成长产业类信托，信贷资产转让类信托，农林牧渔类信托以及企业改制、重组、收购类信托等。

报告期末，公司信托财产运用与分布情况如下。

信托资产运用与分布表

| 资产运用 | 金额（万元） | 占比（%） | 资产分布 | 金额（万元） | 占比（%） |
|---|---|---|---|---|---|
| 货币资产 | 71 934 | 0.61 | 基础产业 | 4 258 882 | 35.97 |
| 贷款 | 6 661 757 | 56.26 | 房地产业 | 430 275 | 3.63 |
| 交易性金融资产 | 160 279 | 1.35 | 证券市场 | 240 279 | 2.03 |
| 可供出售金融资产 | 1 628 | 0.02 | 实业 | 1 629 818 | 13.76 |
| 持有至到期投资 | 4 693 279 | 39.63 | 金融机构 | 4 564 720 | 38.55 |
| 长期股权投资 | 109 196 | 0.92 | 其他 | 717 364 | 6.06 |
| 其他 | 143 265 | 1.21 | | | |
| 信托资产总计 | 11 841 338 | 100.00 | 信托资产总计 | 11 841 338 | 100.00 |

资产运用类中的“其他”内容为应收款项143 265万元；资产分布类中的“其他”为其他行业运用717 364万元。

4.2.2　固有业务

固有业务是指公司运用自有资产开展的业务，主要包括贷款、金融类股权投资、金融产品投资等类型。公司秉承谨慎运用原则，确保公司资产的稳健增值。

报告期末，公司固有资产运用与分布情况如下。

固有资产运用与分布表（合并口径）

| 资产运用 | 金额（万元） | 占比（%） | 资产分布 | 金额（万元） | 占比（%） |
|---|---|---|---|---|---|
| 货币资产 | 59 580 | 5.78 | 基础产业 | 238 478 | 23.14 |
| 贷款及应收款 | 41 500 | 4.03 | 房地产业 | 32 143 | 3.12 |
| 交易性金融资产 | 12 814 | 1.24 | 证券市场 | 53 933 | 5.23 |
| 可供出售金融资产 | 479 706 | 46.56 | 实业 | 37 605 | 3.65 |
| 长期股权投资 | 432 403 | 41.96 | 金融机构 | 653 685 | 63.44 |
| 其他 | 4 400 | 0.43 | 其他 | 14 559 | 1.42 |
| | | | | | |
| 资产总计 | 1 030 403 | 100.00 | 资产总计 | 1 030 403 | 100.00 |

“资产运用”中“其他”项主要明细说明：递延所得税资产3 759万元、固定资产513万元等。

“资产分布”中“其他”项主要明细说明：可供出售金融资产9 734万元、其他应收款222万元、递延所得税资产3 759万元等。

## 4.3　市场分析

4.3.1　宏观经济分析

2018年，世界经济总体延续复苏态势，但增长基础并不稳固，增长速度趋于放缓，增长动能开始减弱，不确定、不稳定因素明显增多。美国经济增速趋于回落，欧元区经济维持低速增长，日本经济增长疲弱，新兴经济体走势分化加剧。随着经济全球化在曲折中继续深入发展，世界经济总体延续弱复苏态势。此外，全球贸易保护主义倾向持续升温、地缘政治博弈加剧、全球债务风险仍旧处于较高水平。

外部环境的深刻变化对中国经济产生较大影响，当前，中国经济已由高速增长阶段转向高质量发展，经济面临着较大的增长下行压力。经济转型需要一个供需结构的再平衡，从需求端看，房地产、基础设施建设等出现历史需求峰值后减速，供给侧基本触底。在需求放缓的条件下，通过供给端相对收缩，把加快调整结构发展“新经济”与持续扩大内需结合起来，以保持宏观经济平稳运行。在高质量发展阶段，对要素市场条件、政府能力、基础设施、公共服务等提出了与以往不同的要求，高技术含量、高附加值产业是发展的重点。

复杂的经济形势与监管形势也给诸多金融机构带来巨大挑战。当前经济运行总体平稳，但随着外部环境变化，经济下行压力加大，加之金融监管形势日趋严峻，长期积累的风险隐患逐渐暴露，企业违约风险上升，身处其中的信托业也深受影响。

目前信托业已经逐渐告别依托制度红利及牌照优势谋利的时代，信托业已经开始从高速增长阶段向高质量发展阶段转变。行业面临经济增速放缓、受托资产规模下降、盈利增长压力加大、资管行业竞争加剧、风险项目暴露、创新转型难以取得突破等问题。信托公司亟须探索建立起新的业务结构和可持续发展模式，回归信托本源，不断提升主动管理能力，增强风险控制能力，创新业务模式，打造核心竞争力。

机遇方面，一是在中央的坚强领导和国家的宏观调控下，经济运行仍处于相对合理区间，结构调整步伐加快，供给侧改革不断深化，工业化和城镇化也在持续推进，且消费成为驱动经济增长的主导力量。基础设施建设投资和消费升级都将产生较大的资金需求空间。二是社会理财市场基础依然雄厚，中国的理财市场仍然处于成长周期之中，理财需求规模的拐点还远没有到来。国内高收入群体数量快速增长和国民可支配收入持续增加，国内财富管理需求呈现出快速增长的趋势。投资者对于拓展投资渠道、提高投资收益的需求仍旧强烈。三是监管政策不断完善，金融业发展日益规范，这对正规持牌的金融机构而言无疑是一个重大机遇。总体判断，信托行业的发展机遇与挑战并存。

4.3.2　影响本公司业务发展的主要因素

4.3.2.1　有利因素

行业发展所带来的机遇。信托业发展的理财市场基础依然雄厚，理财需求规模的拐点还远没有到来，这预示着信托业长期增长的周期还没有结束，在未来的相当长时间内，信托业规模的稳健增长仍然可以期待。随着广大高端客户理财意识不断提高，高净值客户在财富传承、财产管理等方面的需求持续增强，由传统单一理财模式向多元化产品配置转变的需求强烈，而信托产品凭借多样化的种类、相对严格的风险控制措施和较高的收益率水平赢得了投资者青睐，这些都为信托公司开展财富管理业务提供了有利时机。

区域经济发展所带来的优势。一方面，“一带一路”倡议的加快实施，使湖南将沿海产业优势与内地科研优势结合起来，赋予了湖南通过科技创新推动经济竞争能力的“区位红利”，大大提升了湖南发展的战略定位；另一方面，当前湖南正在加快推进“创新引领，开放崛起”战略，产业项目建设也在大力推进之中，抓项目兴产业、发展实体经济、加快转型升级的氛围浓厚。湖南地区尤其是长株潭城市群经济增长加快，基础设施、高科技产业以及房地产业发展迅速，新兴产业、新兴业态金融服务需求不断上升。湖南信托通过充分抓住湖南在推进“创新引领，开放崛起”以及启动内需、扩大消费和深化农村改革等方面的机遇，积极介入湖南本土重点建设项目，利用信托投融资平台功能为省内交通、能源、污水处理、土地储备、园区建设、轻轨建设等大型基础设施建设服务。

4.3.2.2　不利因素

竞争环境日益激烈。信托业“马太效应”越发明显，行业集中度进一步提升，头部信托公司的优势进一步显现，整个行业呈现出强者恒强的发展态势。同时，银行理财子公司横空出世，也令信托业竞争压力倍增。

公司的核心业务结构单一，没有形成可持续的业务发展模式，面临业务调整和转型的压力。

行业风险不断显现和暴露。虽然信托业风险水平整体可控，但在经济增速放缓、产业结构深度调整的背景下，信托行业也出现了风险集中暴露的现象。

资金募集能力不足，营销一直是公司业务发展的短板。

自有资金主动管理能力依然不足。

## 4.4 内部控制

**4.4.1 内部控制环境和内部控制文化**

根据国家有关法律法规和《公司章程》，公司构建了较为完善的法人治理结构，逐步建立起权责分明、制衡合理、报告关系清晰的组织结构与决策程序，公司不断优化内部控制体系，董事会下设风险控制与审计委员会，负责公司风险控制、管理、监督和评估，以确保公司对风险的识别、防范和反馈纠正等管理活动能够有效的开展。

公司积极引导员工树立合规意识和风险意识。通过各种形式的讲座、交流和培训活动，将有关内部控制的最新制度和要求及时传达给员工，强调风险管理、内部控制、合规经营的重要性，不断提高员工职业道德水准，规范员工职业行为。

4.4.1.1 管理理念

公司设立了风险控制与审计委员会、风险合规管理部、运营管理部等专门机构和部门，对公司各项风险进行控制，并已经形成以风险控制为核心的管理理念。公司高级管理人员在思想观念及实际行动上不断加强对内部控制的重视程度，特别是管理人员对待业务风险的态度和为控制风险而采取的措施得到了更好的改进，以及管理人员为实现经营目标而对加强内部管理的重视程度也得到了提高。

4.4.1.2 管理方式

管理层所采取的管理行为方式会对员工产生明确的示范效应，公司各级主管能以身作则，严格依法、依制度合规办事。

4.4.1.3 组织机构、权责划分、信息沟通和监督机制

公司的组织机构能够保证部门之间的权责划分遵循内部牵制原则，并且保持权责划分明确、清晰和便于操作；能够保证部门之间的信息沟通方便、快捷、准确无误；在部门之间及部门内部建立了必要的监督机制。

4.4.1.4 员工素质

内部控制制度能否有效运作，在很大程度上取决于员工对制度的正确理解和执行。公司通过定期或不定期的内部培训及外派员工学习以及鼓励员工再学习等方式，不断提高员工的综合素质。

**4.4.2 内部控制措施**

4.4.2.1 目标控制

公司对各部门已制定切实可行的目标考核计划，确定了相关的考核指标，并对其执行情况进行控制考核。

4.4.2.2 组织机构控制

公司对内部组织机构进行科学合理的安排以对业务进行良好控制，各职能部门分工明确；公司各部门间相互牵制，以利于规避错误和舞弊的发生；各职能部门的职责划分有利于高效运转。

4.4.2.3 岗位责任控制

公司对各部门的人员在合理设置的基础上，按照程序制约和内部牵制的原则，已将各职能部门业务划分为具体的工作岗位，并对各岗位职责进行详细描述，以明确责任和权限。

4.4.2.4 授权控制

公司制定了授权管理制度，各项业务的审批权限和操作程序必须按照授权管理制度的规定严格执行。

4.4.2.5 会计制度控制

根据国家财经法规，公司建立了一套完整的会计控制系统，保证公司各项活动在会计上能得到及时、真实、准确的反映和监督。

**4.4.3 信息交流与反馈**

公司按照发展要求，切实加强信息系统的建设，并做好信息披露等相关工作。公司内部对相关业务流程均做了信息反馈流程方面的设计，确保公司各项管理信息在部门间与部门内部能及时进行传递和处理。公司对外通过监管内网及时了解监管信息，按照要求反馈，并通过公司网站、指定媒体等途径向客户和社会公众及时披露公司相关信息。

**4.4.4 监督评价与纠正**

公司通过定期或不定期对内部控制制度的审计，对公司内部控制制度的健全性和有效性进行测试和评价；对公司内部控制制度存在的偏差以及缺陷和薄弱的部分进行纠正，确保内部控制制度的健全和有效。

## 4.5 风险管理

**4.5.1 风险管理概况**

公司的主要风险是信用风险、流动性风险、市场风险、操作风险、声誉风险和其他风险。

**4.5.2 风险状况及管理情况**

4.5.2.1 信用风险状况及管理情况

4.5.2.1.1 风险状况

信用风险主要是指公司交易对手违约造成损失的风险。公司对信用风险进行有效的管控，对交易对手进行资质和诚信等调查，对项目做深入详细的可行性研究，必要时聘请合格的会计师事务所和律师事务所等中介服务机构对项目和交易对手做专业性评估。

4.5.2.1.2 管理情况

公司通过翔实的尽职调查，对交易对手和项目进行事前筛选，选取符合公司风控要求的项目。注重增信措施安排，增强风险保障。严格执行内部评审制度，通过分级授权与专家评审会议进行风险识别与控制。项目后期，公司按照《后期管理办法》进行后期管理，持续关注交易对手经营情况变化，及时采取风险预警措施。

报告期末，公司无因不良信用资产造成的损失。

4.5.2.2 流动性风险状况及管理情况

4.5.2.2.1 风险状况

流动性风险主要是指公司无法及时获得充足资金或无法以合理成本及时获得充足资金以满足流动性需求的风险。由于信托公司的固有资产与信托资产之间、各个信托产品之间的隔离管理，信托公司的流动性风险主要表现在两个层次：一是

公司整体流动性风险，即因可能出现的项目损失，需要以固有资金垫付情形下，固有资金不足而出现的流动性风险；二是具体业务层面，公司开展的开放类信托项目中，因负债结构不稳定、资产负债不匹配而出现的流动性风险。

4.5.2.2.2　管理情况

公司综合考虑年内固有资金投资与流动性需求，对固有资金使用进行合理安排，制定年度固有资金投资计划。落实恢复与处置计划，建立流动性补足机制，有效应对流动性风险。公司对具体业务建立合理的流动性需求测算方法，对资产端、负债端之间的期限、规模实行动态监测，及时测算流动性需求，合理控制资金头寸与久期。

报告期内，公司通过强化项目风险管理、合理控制资金头寸、加强资产端与负债端的匹配性管理等措施，未出现流动性风险导致的风险事件。

4.5.2.3　市场风险状况及管理情况

4.5.2.3.1　风险状况

市场风险主要是指由于利率、汇率或金融市场价格的变动造成损失的风险或按权益法核算的被投资单位因股市下跌对公司的盈利能力和财务状况有不利影响。

4.5.2.3.2　管理情况

一是加强对宏观经济及金融形势的分析和预测，增强预警性，以防范利率、汇率等风险；二是密切关注国家相关行业政策变化并采取相应对策，加强对投资、贷款单位的监管；三是密切关注宏观经济形势变化。

报告期内，公司重视市场风险管理，严格落实各项风险管理措施，未发生由于市场风险引发的风险事件。

4.5.2.4　操作风险状况及管理情况

4.5.2.4.1　风险状况

操作风险主要是指在业务经办过程中由于员工操作不当或由于系统故障而带来损失的风险。公司项目执行尽职调查和报告管理，并对项目的尽职管理进行有效的监控以规避各种操作风险的产生和扩大。

4.5.2.4.2　管理情况

一是建立有效的决策机制；二是建立岗位职责分离、内部牵制制度；三是加强员工培训、强化责任追究；四是及时发现风险隐患并及时整改；五是对前台、中台、后台全面实施风险考核，并将风险考核运用到公司风险管理、绩效分配、资源配置、人力资源管理等方面。

报告期内，公司尚未发现因公司内部业务流程、计算机系统、工作人员在操作中的不完善造成损失的风险，也尚未发现公司因外部因素如通信系统故障等给公司造成损失或影响公司的正常运行。

4.5.2.5　声誉风险状况及管理情况

4.5.2.5.1　风险状况

声誉风险是指由公司经营、管理及其他行为或外部事件导致利益相关方对公司负面评价的风险。声誉风险关系到企业经营的对外形象及自身长远、稳健发展。

4.5.2.5.2　管理情况

声誉风险的管理，一是按照《舆情管理办法》，建立上下贯通、全面覆盖的舆情监控网络；二是加强舆情监测力度，及时掌握舆情动态；三是严格落实《处置舆情突发事件应急预案》，按照既定的负面舆情报告路径，做好舆情应急准备，确保早报告、早处置；四是建立迅速回应机制，明确舆情反应时间，确保舆情管理及时、有效；五是根据声誉风险事件发展阶段，对发酵期、高涨期制定相应的应对方案；六是加强公司正面形象宣传。

2018 年，公司荣膺第十一届中国优秀信托公司评选“2018 年度区域影响力信托公司”和“2018 年度优秀风控信托公司”；荣获第十一届“诚信托”奖评选的“成长优势奖”。

报告期内，公司未发生声誉风险导致的风险事件。

4.5.2.6　其他风险状况及管理情况

4.5.2.6.1　风险状况

其他风险主要是指公司在开展业务中存在的合规性风险、政策风险、道德风险等。

4.5.2.6.2　管理情况

公司落实《全面风险管理办法（试行）》《合规风险管理办法》等一系列风险管理与内控制度，执行风险考核与内部稽核审计，加强了公司的全面风险管理。公司通过强化、执行依法合规经营的各项规章制度，加强风险合规管理部、稽核审计部门对业务合规性的审查、专项稽核检查和内部审计来控制合规性风险；通过对宏观政策和行业政策的研究和适用，来控制政策风险；通过建立完善的内部控制制度、责任追究制度、业务流程，不断加强员工的职业道德教育，来控制操作风险和道德风险。

报告期内，未发现该类风险给公司造成损失或影响公司的正常运行。

**4.5.3　风险控制情况**

4.5.3.1　董事会及高级管理层对风险监控能力

4.5.3.1.1　董事会对风险的监控

董事会承担风险管理最终责任，下设风险控制与审计委员会，负责公司整体风险控制、管理、监督和评估，公司内外部审计的沟通、监督，以及公司风险控制、管理、监督、评估等重要政策的制定。对于重大业务风险，董事会主要通过重大业务决策委员会负责对公司重大信托业务、非投资类的重大固有贷款业务进行风险识别、评估、审查以及关联交易的控制、管理和监督；投资决策委员会负责对公司重大固有投资业务进行风险识别、评估、审查以及关联交易的控制、管理和监督。

4.5.3.1.2　高级管理层对风险的监控

通过业务评审委员会，负责对公司信托业务、非投资类的固有贷款业务及相关事项进行专业的风险识别和评估，完善产品风险控制方案，为公司的业务决策提供依据；投资管理小组负责对公司固有投资业务及相关事项进行专业的风险识别和评估，完善产品风险控制方案，为公司的业务决策提供依据；风险合规管理部，负责对具体业务及事项进行风险合规性审查，负责进行风险识别、评审、计量、监测以及对存量业务定期进行风险排查，并向公司经营层、有关部门提交风险排查报告。

通过以上组织架构安排和职能安排，确保了公司董事会及高级管理层对公司风险能够及时、全面地监控。

4.5.3.2　公司风险管理的政策和程序

4.5.3.2.1　风险管理政策

公司在发展过程中以防范风险为核心，风险管理贯彻全面性、审慎性、及时性、有效性、独立性等原则，覆盖公司各项业务、各部门和各级人员，并渗透到决策、执行、监督、反馈等各个环节，对风险进行事前防范、事中控制、事后监督，促进公司持续、稳健、规范、健康运行。

4.5.3.2.2 风险管理的程序

公司风险管理程序主要包括：(1)风险识别。对尚未发生的、潜在的和客观存在的各种风险系统地、连续地进行识别和归类，并分析产生风险事故的原因。(2)风险估测。在风险识别基础上，估计风险发生的概率和损失幅度。(3)风险评价。在风险识别和风险估测基础上，对风险发生的概率、损失程度，结合其他因素全面进行考虑，评估发生风险的可能性及其危害程度，并与公认的安全指标相比较，以衡量风险的程度，并决定是否需要采取相应的措施。(4)选择合理的风险计量方式。(5)风险管理效果评价，以风险考核、稽核审计、绩效考核等为手段，建立风险管理监督、检查体系，确保管理程序到位、政策落实到位。

4.5.3.3 全面审计情况

4.5.3.3.1 内部审计情况

公司稽核审计部开展内部审计，项目主要包括年度和半年度常规审计、季度非现场稽核审计，绩效考核及薪酬机制和执行情况，信息系统交易数据质量，信托财务核算与管理情况，千山药机、芙蓉聚金和稳健增利项目，征信合规管理，投贷前尽职调查，消费者权益保护情况等专项审计及关联交易管理内控评估等，上述项目均出具了内审报告和专项检查报告。

4.5.3.3.2 外部审计情况

天职国际会计师事务所(特殊普通合伙)对公司自有业务年度财务报表进行了审计，湖南建业会计师事务所有限公司对公司原总裁刘格辉同志、原副总裁张林新同志进行了任期经济责任审计，均出具了审计报告。

公司相关部门针对内外部审计提出的问题进行了整改。

**4.5.4 风险评估及计量**

公司制定了项目风险评估与计量基本方法：一是针对不同类型项目，制定严格的项目尽职调查指引，确保通过严实、全面的尽职调查，有效获取项目相关信息，以此作为风险评估与计量的基础；二是针对不同项目的主要风险特征，制定相应的风险评估与计量方法，对融资项目，以财务分析为基础，综合考虑融资方经营管理、行业状况、偿债能力、盈利能力等，科学评估、计量其信用风险；对投资项目，综合运用基本面分析与技术分析手段，评估、计量交易对手市场风险、流动性风险。

## 5. 报告期末及上一年度末的比较式会计报表

### 5.1 固有资产

#### 5.1.1 会计师事务所审计意见全文

**审 计 报 告**

天职业字[2019]6626号

湖南省信托有限责任公司：

一、审计意见

我们审计了湖南省信托有限责任公司(以下简称贵公司)财务报表，包括2018年12月31日的合并资产负债表及资产负债表，2018年度的合并利润表及利润表、合并现金流量表及现金流量表和合并所有者权益变动表及所有者权益变动表以及财务报表附注。

我们认为，后附的财务报表在所有重大方面按照企业会计准则的规定编制，公允反映了贵公司2018年12月31日的合并财务状况及财务状况以及2018年度的合并经营成果和合并现金流量及经营成果和现金流量。

二、形成审计意见的基础

我们按照中国注册会计师审计准则的规定执行了审计工作。审计报告的“注册会计师对财务报表审计的责任”部分进一步阐述了我们在这些准则下的责任。按照中国注册会计师职业道德守则，我们独立于贵公司，并履行了职业道德方面的其他责任。我们相信，我们获取的审计证据是充分、适当的，为发表审计意见提供了基础。

三、管理层和治理层对财务报表的责任

贵公司管理层(以下简称管理层)负责按照企业会计准则的规定编制财务报表，使其实现公允反映，并设计、执行和维护必要的内部控制，以使财务报表不存在由于舞弊或错误导致的重大错报。

在编制财务报表时，管理层负责评估贵公司的持续经营能力，披露与持续经营相关的事项(如适用)，并运用持续经营假设，除非管理层计划清算贵公司、终止运营或别无其他现实的选择。

治理层负责监督贵公司的财务报告过程。

四、注册会计师对财务报表审计的责任

我们的目标是对财务报表整体是否不存在由于舞弊或错误导致的重大错报获取合理保证，并出具包含审计意见的审计报告。合理保证是高水平的保证，但并不能保证按照审计准则执行的审计在某一重大错报存在时总能发现。错报可能由于舞弊或错误导致，如果合理预期错报单独或汇总起来可能影响财务报表使用者依据财务报表作出的经济决策，则通常认为错报是重大的。

在按照审计准则执行审计工作的过程中，我们运用了职业判断，并保持职业怀疑。同时，我们也执行以下工作：

1. 识别和评估由于舞弊或错误导致的财务报表重大错报风险，设计和实施审计程序以应对这些风险，并获取充分、适当的审计证据，作为发表审计意见的基础。由于舞弊可能涉及串通、伪造、故意遗漏、虚假陈述或凌驾于内部控制之上，未能发现由于舞弊导致的重大错报的风险高于未能发现由于错误导致的重大错报的风险。

2. 了解与审计相关的内部控制，以设计恰当的审计程序，但目的并非对内部控制的有效性发表意见。

3. 评价管理层选用会计政策的恰当性和作出会计估计及相关披露的合理性。

4. 对管理层使用持续经营假设的恰当性得出结论。同时，根据获取的审计证据，就可能导致对贵公司持续经营能力产生重大疑虑的事项或情况是否存在重大不确定性得出结论。如果我们得出结论认为存在重大不确定性，审计准则要求我们在审计报告中提请报表使用者注意财务报表中的相关披露；如果披露不充分，我们应当发表非无保留意见。我们的结论基于截至审计报告日可获得的信息。然而，未来的事项或情况可能导致贵公司不能持续经营。

5. 评价财务报表的总体列报、结构和内容（包括披露），并评价财务报表是否公允反映相关交易和事项。

6. 就贵公司中实体或业务活动的财务信息获取充分、适当的审计证据，以对财务报表发表审计意见。我们负责指导、监督和执行集团审计，并对审计意见承担全部责任。

我们与治理层就计划的审计范围、时间安排和重大审计发现等事项进行沟通，包括沟通我们在审计中识别出的值得关注的内部控制缺陷。

中国注册会计师：

中国注册会计师：

中国注册会计师：

### 5.1.2 资产负债表

资产负债表

编制单位：湖南省信托有限责任公司　　2018年12月31日　　单位：万元

| 项　目 | 行次 | 期末数 | | 年初数 | |
|---|---|---|---|---|---|
| | | 合并 | 母公司 | 合并 | 母公司 |
| 资产： | 1 | | | | |
| 现金及银行存款 | 2 | 59 579.75 | 59 568.67 | 27 728.55 | 27 615.94 |
| 存放中央银行款项 | 3 | | | | |
| 存放同业款项 | 4 | | | | |
| 拆出资金 | 5 | 40 000.00 | 40 000.00 | 20 000.00 | 20 000.00 |
| 预付账款 | 6 | | | | |
| 以公允价值计量且其变动计入当期损益的金融资产 | 7 | 12 813.77 | 12 813.77 | 23 623.93 | 23 623.93 |
| 衍生金融资产 | 8 | | | | |
| 买入返售金融资产 | 9 | | | | |
| 应收账款 | 10 | | | | |
| 应收利息 | 11 | | | 0.01 | |
| 其他应收款 | 12 | 1 500.67 | 1 500.67 | 2 178.78 | 2 182.26 |
| 发放贷款和垫款 | 13 | | | | |
| 可供出售金融资产 | 14 | 479 705.84 | 479 236.97 | 434 285.38 | 433 605.89 |
| 持有至到期投资 | 15 | | | | |
| 长期股权投资 | 16 | 432 402.90 | 432 402.90 | 376 955.54 | 376 955.54 |
| 投资性房地产 | 17 | | | | |
| 固定资产原价 | 18 | 1 746.43 | 1 746.43 | 1 475.03 | 1 475.03 |
| 减：累计折旧 | 19 | 1 233.35 | 1 233.35 | 1 065.62 | 1 065.62 |
| 固定资产净值 | 20 | 513.08 | 513.08 | 409.41 | 409.41 |
| 减：固定资产减值准备 | 21 | | | | |
| 固定资产净额 | 22 | 513.08 | 513.08 | 409.41 | 409.41 |
| 工程物资 | 23 | | | | |
| 在建工程 | 24 | | | | |
| 固定资产清理 | 25 | | | | |
| 无形资产 | 26 | 95.95 | 95.95 | 7.42 | 7.42 |
| 长期待摊费用 | 27 | 32.40 | 32.40 | 51.16 | 51.16 |
| 递延所得税资产 | 28 | 3 758.58 | 3 786.51 | 1 924.74 | 1 924.76 |
| 其他资产 | 29 | | | | |
| | 30 | | | | |
| | 31 | | | | |
| | 32 | | | | |
| | 33 | | | | |
| | 34 | | | | |
| | 35 | | | | |
| | 36 | | | | |
| | 37 | | | | |
| | 38 | | | | |
| | 39 | | | | |
| 资　产　总　计 | 40 | 1 030 402.96 | 1 029 950.93 | 887 164.92 | 886 376.30 |

法定代表人：王双云　　主管会计工作负责人：段湘姬　　会计机构负责人：胡爱明

资产负债表(续)

编制单位:湖南省信托有限责任公司　　2018年12月31日　　单位:万元

| 项　目 | 行次 | 期末数 | | 年初数 | |
|---|---|---|---|---|---|
| | | 合并 | 母公司 | 合并 | 母公司 |
| 负债: | 41 | | | | |
| 向中央银行借款 | 42 | | | 4 000.00 | 4 000.00 |
| 同业及其他金融机构存放款项 | 43 | | | | |
| 拆入资金 | 44 | 65 000.00 | 65 000.00 | 109 200.00 | 109 200.00 |
| 以公允价值计量且其变动计入当期损益的金融负债 | 45 | 455.88 | | 701.79 | |
| 衍生金融负债 | 46 | | | | |
| 卖出回购金融资产款 | 47 | | | | |
| 应付账款 | 48 | | | | |
| 预收账款 | 49 | 10 077.57 | 10 077.57 | 23 404.57 | 23 404.57 |
| 应付职工薪酬 | 50 | 9 905.05 | 9 905.05 | 9 954.01 | 9 954.01 |
| 应交税费 | 51 | 9 680.25 | 9 680.25 | 8 455.45 | 8 455.45 |
| 应付利息 | 52 | | | | |
| 应付股利 | 53 | | | | |
| 其他应付款 | 54 | 183 768.38 | 183 743.05 | 43 476.03 | 43 457.11 |
| 递延所得税负债 | 55 | | | 894.28 | 821.90 |
| 预计负债 | 56 | | | | |
| 其他负债 | 57 | 15.77 | 15.77 | 15.77 | 15.77 |
| 负债合计 | 58 | 278 902.89 | 278 421.69 | 200 101.90 | 199 308.81 |
| 所有者权益: | 59 | | | | |
| 实收资本 | 60 | 245 132.00 | 245 132.00 | 245 132.00 | 245 132.00 |
| 国家资本 | 61 | | | | |
| 集体资本 | 62 | | | | |
| 法人资本 | 63 | 245 132.00 | 245 132.00 | 245 132.00 | 245 132.00 |
| 其中:国有法人资本 | 64 | 245 132.00 | 245 132.00 | 245 132.00 | 245 132.00 |
| 集体法人资本 | 65 | | | | |
| 个人资本 | 66 | | | | |
| 外商资本 | 67 | | | | |
| 资本公积 | 68 | 201 573.58 | 201 573.58 | 201 573.58 | 201 573.58 |
| 减:库存股 | 69 | | | | |
| 其他综合收益 | 70 | 3 146.93 | 3 063.16 | 2 109.90 | 2 096.38 |
| 其中:外币报表折算差额 | 71 | | | | |
| 盈余公积 | 72 | 45 326.37 | 45 326.37 | 35 296.87 | 35 296.87 |
| 一般风险准备 | 73 | 15 190.98 | 15 190.98 | 12 927.84 | 12 927.84 |
| 信托赔偿准备 | 74 | 34 476.83 | 34 476.83 | 29 462.08 | 29 462.08 |
| 未分配利润 | 75 | 206 653.38 | 206 766.32 | 160 560.74 | 160 578.74 |
| 外币报表折算差额 | 76 | | | | |
| 归属于母公司权益合计 | 77 | 751 500.07 | | 687 063.02 | |
| 少数股东权益 | 78 | | | | |
| 所有者权益(或股东权益)合计 | 79 | 751 500.07 | 751 529.24 | 687 063.02 | 687 067.49 |
| 负债和所有者权益(或股东权益)总计 | 80 | 1 030 402.96 | 1 029 950.93 | 887 164.92 | 886 376.30 |

法定代表人:王双云　　主管会计工作负责人:段湘姬　　会计机构负责人:胡爱明

### 5.1.3　利润表

利润表

编制单位:湖南省信托有限责任公司　　2018年度　　单位:万元

| 项　目 | 行次 | 本期数 | | 上期数 | |
|---|---|---|---|---|---|
| | | 合并 | 母公司 | 合并 | 母公司 |
| 一、营业收入 | 1 | 125 574.37 | 125 576.44 | 117 421.91 | 117 421.02 |
| 利息净收入 | 2 | −3 442.62 | −3 442.82 | −772.93 | −775.54 |
| 利息收入 | 3 | 915.45 | 915.24 | 4 746.43 | 4 743.82 |
| 利息支出 | 4 | 4 358.06 | 4 358.06 | 5 519.36 | 5 519.36 |
| 手续费及佣金净收入 | 5 | 54 032.61 | 54 044.38 | 60 247.68 | 60 251.21 |
| 手续费及佣金收入 | 6 | 54 032.61 | 54 044.38 | 60 247.68 | 60 251.21 |
| 手续费及佣金支出 | 7 | | | | |
| 投资收益/(损失) | 8 | 75 847.46 | 75 847.46 | 57 583.84 | 57 583.84 |

续表

| 项　目 | 行次 | 本期数 | | 上期数 | |
| --- | --- | --- | --- | --- | --- |
| | | 合并 | 母公司 | 合并 | 母公司 |
| 其中:对联营企业和合营企业的投资收益/(损失) | 9 | 53 951. 17 | 53 951. 17 | 30 613. 27 | 30 613. 27 |
| 公允价值变动收益/(损失) | 10 | -870. 44 | -879. 94 | 322. 02 | 320. 22 |
| 汇兑收益/(损失) | 11 | | | 0. 45 | 0. 45 |
| 其他业务收入 | 12 | | | | |
| 其他收益 | 13 | 10. 41 | 10. 41 | 40. 85 | 40. 85 |
| 资产处置收益 | 14 | -3. 04 | -3. 04 | | |
| 二、营业支出 | 15 | 12 552. 31 | 12 459. 42 | 12 286. 84 | 12 267. 97 |
| 税金及附加 | 16 | 423. 99 | 423. 99 | 863. 05 | 863. 05 |
| 业务及管理费 | 17 | 9 667. 28 | 9 574. 44 | 10 858. 05 | 10 839. 13 |
| 资产减值损失 | 18 | 2 461. 05 | 2 460. 99 | 565. 74 | 565. 79 |
| 其他业务成本 | 19 | | | | |
| 三、营业利润 | 20 | 113 022. 06 | 113 117. 02 | 105 135. 07 | 105 153. 05 |
| 加:营业外收入 | 21 | 105. 06 | 105. 06 | 1 128. 30 | 1 128. 30 |
| 减:营业外支出 | 22 | 70. 50 | 70. 50 | 680. 85 | 680. 85 |
| 四、利润总额 | 23 | 113 056. 62 | 113 151. 58 | 105 582. 52 | 105 600. 50 |
| 减:所得税费用 | 24 | 13 074. 52 | 13 074. 53 | 17 443. 14 | 17 443. 13 |
| 五、净利润 | 25 | 99 982. 10 | 100 077. 05 | 88 139. 38 | 88 157. 37 |
| 归属于母公司所有者的净利润 | 26 | 99 982. 10 | | 88 139. 38 | |
| 少数股东损益 | 27 | | | | |
| 持续经营损益 | 28 | 99 982. 10 | 100 077. 05 | 88 139. 38 | 88 157. 37 |
| 终止经营损益 | 29 | | | | |
| 六、其他综合收益的税后净额 | 30 | -2 665. 06 | -2 735. 31 | 2 109. 90 | 2 096. 38 |
| (一)以后不能重分类进损益的其他综合收益 | 31 | | | | |
| 其中:1. 重新计量设定受益计划净负债或净资产的变动 | 32 | | | | |
| 2. 权益法下在被投资单位不能重分类进损益的其他综合收益中享有的份额 | 33 | | | | |
| (二)以后将重分类进损益的其他综合收益 | 34 | -2 665. 06 | -2 735. 31 | 2 109. 90 | 2 096. 38 |
| 其中:1. 权益法下在被投资单位以后将重分类进损益的其他综合收益中享有的份额 | 35 | 492. 66 | 492. 66 | | |
| 2. 可供出售金融资产公允价值变动损益 | 36 | -3 157. 72 | -3 227. 97 | 2 109. 90 | 2 096. 38 |
| 3. 持有至到期投资重分类为可供出售金融资产损益 | 37 | | | | |
| 4. 现金流量套期损益的有效部分 | 38 | | | | |
| 5. 外币报表折算差额 | 39 | | | | |
| 七、综合收益总额 | 40 | 97 317. 05 | 97 341. 75 | 90 249. 28 | 90 253. 75 |
| 归属于母公司所有者的综合收益总额 | 41 | 97 317. 05 | | 90 249. 28 | |
| * 归属于少数股东的综合收益总额 | 42 | | | | |
| 八、每股收益 | 43 | | | | |
| 基本每股收益 | 44 | | | | |
| 稀释每股收益 | 45 | | | | |

法定代表人:王双云　　主管会计工作负责人:段湘姬　　会计机构负责人:胡爱明

## 5.1.4 所有者权益变动表

### 合并所有者权益变动表

编制单位：湖南省信托有限责任公司　　2018 年度　　单位：万元

| 项目 | 行次 | 本年金额 | | | | | | | | | | | | | |
|---|---|---|---|---|---|---|---|---|---|---|---|---|---|---|---|
| | | 归属于母公司所有者权益 | | | | | | | | | | | | 少数股东权益 | 所有者权益合计 |
| | | 实收资本（或股本） | 其他权益工具 | 资本公积 | 减:库存股 | 其他综合收益 | 专项储备 | 盈余公积 | △一般风险准备 | △信托赔偿准备 | 未分配利润 | 其他 | 小计 | | |
| 栏次 | — | 1 | 2 | 3 | 4 | 5 | 6 | 7 | 8 | 9 | 10 | 11 | 12 | 13 | 14 |
| 一、上年年末余额 | 1 | 245 132.00 | — | 201 573.58 | — | 2 109.90 | — | 35 296.87 | 12 927.84 | 29 462.08 | 160 560.74 | — | 687 063.02 | — | 687 063.02 |
| 加：会计政策变更 | 2 | — | — | — | — | — | — | — | — | — | — | — | — | — | — |
| 前期差错更正 | 3 | — | — | — | — | — | — | — | — | — | — | — | — | — | — |
| 其他 | 4 | — | — | — | — | 3 702.09 | — | 21.79 | — | 10.90 | 185.23 | — | 3 920.00 | — | 3 920.00 |
| 二、本年年初余额 | 5 | 245 132.00 | — | 201 573.58 | — | 5 811.99 | — | 35 318.66 | 12 927.84 | 29 472.98 | 160 745.97 | — | 690 983.02 | — | 690 983.02 |
| 三、本年增减变动金额（减少以"－"号填列） | 6 | — | — | — | — | -2 665.06 | — | 10 007.71 | 2 263.14 | 5 003.85 | 45 907.41 | — | 60 517.05 | — | 60 517.05 |
| （一）综合收益总额 | 7 | — | — | — | — | -2 665.06 | — | — | — | — | 99 982.10 | — | 97 317.05 | — | 97 317.05 |
| （二）所有者投入和减少资本 | 8 | — | — | — | — | — | — | — | — | — | — | — | — | — | — |
| 1. 所有者投入的普通股 | 9 | — | — | — | — | — | — | — | — | — | — | — | — | — | — |
| 2. 其他权益工具持有者投入资本 | 10 | — | — | — | — | — | — | — | — | — | — | — | — | — | — |
| 3. 股份支付计入所有者权益的金额 | 11 | — | — | — | — | — | — | — | — | — | — | — | — | — | — |
| 4. 其他 | 12 | — | — | — | — | — | — | — | — | — | — | — | — | — | — |
| （三）专项储备提取和使用 | 13 | — | — | — | — | — | — | — | — | — | — | — | — | — | — |
| 1. 计提专项储备 | 14 | — | — | — | — | — | — | — | — | — | — | — | — | — | — |
| 2. 使用专项储备 | 15 | — | — | — | — | — | — | — | — | — | — | — | — | — | — |
| （四）利润分配 | 16 | — | — | — | — | — | — | 10 007.71 | 2 263.14 | 5 003.85 | -54 074.70 | — | -36 800.00 | — | -36 800.00 |
| 1. 提取盈余公积 | 17 | — | — | — | — | — | — | 10 007.71 | — | — | -10 007.71 | — | — | — | — |
| 其中：法定公积金 | 18 | — | — | — | — | — | — | 10 007.71 | — | — | -10 007.71 | — | — | — | — |
| 任意公积金 | 19 | — | — | — | — | — | — | — | — | — | — | — | — | — | — |
| #储备基金 | 20 | — | — | — | — | — | — | — | — | — | — | — | — | — | — |
| #企业发展基金 | 21 | — | — | — | — | — | — | — | — | — | — | — | — | — | — |
| #利润归还投资 | 22 | — | — | — | — | — | — | — | — | — | — | — | — | — | — |
| 2. 提取一般风险准备 | 23 | — | — | — | — | — | — | — | 2 263.14 | — | -2 263.14 | — | — | — | — |
| 3. 对所有者（或股东）的分配 | 24 | — | — | — | — | — | — | — | — | — | -36 800.00 | — | -36 800.00 | — | -36 800.00 |
| 4. 提取信托赔偿准备 | 25 | — | — | — | — | — | — | — | — | 5 003.85 | -5 003.85 | — | — | — | — |
| （五）所有者权益内部结转 | 26 | — | — | — | — | — | — | — | — | — | — | — | — | — | — |
| 1. 资本公积转增资本（或股本） | 27 | — | — | — | — | — | — | — | — | — | — | — | — | — | — |
| 2. 盈余公积转增资本（或股本） | 28 | — | — | — | — | — | — | — | — | — | — | — | — | — | — |
| 3. 盈余公积弥补亏损 | 29 | — | — | — | — | — | — | — | — | — | — | — | — | — | — |
| 4. 结转重新计量设定受益计划净负债或净资产所产生的变动 | 30 | — | — | — | — | — | — | — | — | — | — | — | — | — | — |
| 5. 其他 | 31 | — | — | — | — | — | — | — | — | — | — | — | — | — | — |
| 四、本年年末余额 | 32 | 245 132.00 | — | 201 573.58 | — | 3 146.93 | — | 45 326.37 | 15 190.98 | 34 476.83 | 206 653.38 | — | 751 500.07 | — | 751 500.07 |

法定代表人：王双云　　主管会计工作负责人：段湘姬　　会计机构负责人：胡爱明

## 合并所有者权益变动表（续）

编制单位：湖南省信托有限责任公司　　2018 年度　　单位：万元

| 项目 | 行次 | 上年金额 | | | | | | | | | | | | | |
|---|---|---|---|---|---|---|---|---|---|---|---|---|---|---|---|
| | | 归属于母公司所有者权益 | | | | | | | | | | | | 少数股东权益 | 所有者权益合计 |
| | | 实收资本（或股本） | 其他权益工具 | 资本公积 | 减：库存股 | 其他综合收益 | 专项储备 | 盈余公积 | △一般风险准备 | △信托赔偿准备 | 未分配利润 | 其他 | 小计 | | |
| 栏次 | — | 15 | 16 | 17 | 18 | 19 | 20 | 21 | 22 | 23 | 24 | 25 | 26 | 27 | 28 |
| 一、上年年末余额 | 1 | 120 000. 00 | — | 1 361. 58 | — | — | — | 26 481. 13 | 6 230. 85 | 25 054. 21 | 132 341. 96 | — | 311 469. 74 | — | 311 469. 74 |
| 加：会计政策变更 | 2 | — | — | — | — | — | — | — | — | — | — | — | — | — | — |
| 前期差错更正 | 3 | — | — | — | — | — | — | — | — | — | — | — | — | — | — |
| 其他 | 4 | — | — | — | — | — | — | — | — | — | — | — | — | — | — |
| 二、本年年初余额 | 5 | 120 000. 00 | — | 1 361. 58 | — | — | — | 26 481. 13 | 6 230. 85 | 25 054. 21 | 132 341. 96 | — | 311 469. 74 | — | 311 469. 74 |
| 三、本年增减变动金额（减少以“－”号填列） | 6 | 125 132. 00 | — | 200 212. 00 | — | 2 109. 90 | — | 8 815. 74 | 6 696. 99 | 4 407. 87 | 28 218. 78 | — | 375 593. 28 | — | 375 593. 28 |
| （一）综合收益总额 | 7 | — | — | — | — | 2 109. 90 | — | — | — | — | 88 139. 38 | — | 90 249. 28 | — | 90 249. 28 |
| （二）所有者投入和减少资本 | 8 | 125 132. 00 | — | 200 212. 00 | — | — | — | — | — | — | — | — | 325 344. 00 | — | 325 344. 00 |
| 1. 所有者投入的普通股 | 9 | 125 132. 00 | — | 200 212. 00 | — | — | — | — | — | — | — | — | 325 344. 00 | — | 325 344. 00 |
| 2. 其他权益工具持有者投入资本 | 10 | — | — | — | — | — | — | — | — | — | — | — | — | — | — |
| 3. 股份支付计入所有者权益的金额 | 11 | — | — | — | — | — | — | — | — | — | — | — | — | — | — |
| 4. 其他 | 12 | — | — | — | — | — | — | — | — | — | — | — | — | — | — |
| （三）专项储备提取和使用 | 13 | — | — | — | — | — | — | — | — | — | — | — | — | — | — |
| 1. 计提专项储备 | 14 | — | — | — | — | — | — | — | — | — | — | — | — | — | — |
| 2. 使用专项储备 | 15 | — | — | — | — | — | — | — | — | — | — | — | — | — | — |
| （四）利润分配 | 16 | — | — | — | — | — | — | 8 815. 74 | 6 696. 99 | 4 407. 87 | -59 920. 60 | — | -40 000. 00 | — | -40 000. 00 |
| 1. 提取盈余公积 | 17 | — | — | — | — | — | — | 8 815. 74 | — | — | -8 815. 74 | — | — | — | — |
| 其中：法定公积金 | 18 | — | — | — | — | — | — | 8 815. 74 | — | — | -8 815. 74 | — | — | — | — |
| 任意公积金 | 19 | — | — | — | — | — | — | — | — | — | — | — | — | — | — |
| #储备基金 | 20 | — | — | — | — | — | — | — | — | — | — | — | — | — | — |
| #企业发展基金 | 21 | — | — | — | — | — | — | — | — | — | — | — | — | — | — |
| #利润归还投资 | 22 | — | — | — | — | — | — | — | — | — | — | — | — | — | — |
| 2. 提取一般风险准备 | 23 | — | — | — | — | — | — | — | 6 696. 99 | — | -6 696. 99 | — | — | — | — |
| 3. 对所有者（或股东）的分配 | 24 | — | — | — | — | — | — | — | — | — | -40 000. 00 | — | -40 000. 00 | — | -40 000. 00 |
| 4. 提取信托赔偿准备 | 25 | — | — | — | — | — | — | — | — | 4 407. 87 | -4 407. 87 | — | — | — | — |
| （五）所有者权益内部结转 | 26 | — | — | — | — | — | — | — | — | — | — | — | — | — | — |
| 1. 资本公积转增资本（或股本） | 27 | — | — | — | — | — | — | — | — | — | — | — | — | — | — |
| 2. 盈余公积转增资本（或股本） | 28 | — | — | — | — | — | — | — | — | — | — | — | — | — | — |
| 3. 盈余公积弥补亏损 | 29 | — | — | — | — | — | — | — | — | — | — | — | — | — | — |
| 4. 结转重新计量设定受益计划净负债或净资产所产生的变动 | 30 | — | — | — | — | — | — | — | — | — | — | — | — | — | — |
| 5. 其他 | 31 | — | — | — | — | — | — | — | — | — | — | — | — | — | — |
| 四、本年年末余额 | 32 | 245 132. 00 | — | 201 573. 58 | — | 2 109. 90 | — | 35 296. 87 | 12 927. 84 | 29 462. 08 | 160 560. 74 | — | 687 063. 02 | — | 687 063. 02 |

法定代表人：王双云　　主管会计工作负责人：段湘姬　　会计机构负责人：胡爱明

## 5.2 信托资产

### 5.2.1 信托项目资产负债汇总表

编制单位:湖南省信托有限责任公司　　2018年12月31日　　单位:万元

| 信托资产 | 期末数 | 年初数 | 信托负债和信托权益 | 期末数 | 年初数 |
|---|---|---|---|---|---|
| 信托资产 | | | 一、信托负债 | | |
| 货币资金 | 71 934 | 49 021 | 交易性金融负债 | — | — |
| 拆出资金 | — | — | 衍生金融负债 | — | — |
| 存出保证金 | — | — | 应付受托人报酬 | -610 | 1 966 |
| 交易性金融资产 | 145 539 | 385 313 | 应付托管费 | 327 | 273 |
| 衍生金融资产 | — | — | 应付受益人收益 | 1 439 | 86 |
| 买入返售金融资产 | 14 740 | — | 应交税费 | 4 575 | — |
| 应收款项 | 143 265 | 150 115 | 应付销售服务费 | — | — |
| 发放贷款 | 6 661 757 | 6 164 583 | 其他应付款项 | 140 019 | 125 310 |
| 可供出售金融资产 | 1 628 | 121 019 | 其他负债 | — | — |
| 持有至到期投资 | 617 042 | 678 128 | | | |
| 长期应收款 | — | — | 信托负债合计 | 145 750 | 127 635 |
| 长期股权投资 | 109 196 | 117 616 | | | |
| 投资性房地产 | — | — | 二、信托权益 | — | — |
| 固定资产 | — | — | 实收信托 | 11 683 973 | 7 461 294 |
| 无形资产 | — | — | 资本公积 | 4 415 | — |
| 长期待摊费用 | — | — | 外币报表折算差额 | — | — |
| 其他资产 | 4 076 237 | — | 未分配利润 | 7 200 | 76 866 |
| 减:各项资产减值准备 | — | — | 信托权益合计 | 11 695 588 | 7 538 160 |
| 信托资产总计 | 11 841 338 | 7 665 795 | 信托负债和信托权益总计 | 11 841 338 | 7 665 795 |

公司负责人:王双云　　财务负责人:段湘姬　　会计人员:唐　亚

### 5.2.2 信托项目利润及利润分配汇总表

编制单位:湖南省信托有限责任公司　　2018年度　　单位:万元

| 项　目 | 本年数 | 上年数 |
|---|---|---|
| 1. 营业收入 | 507 053 | 472 005 |
| 1.1 利息收入 | 453 870 | 400 076 |
| 1.2 投资收益(损失以"-"号填列) | 94 069 | 71 929 |
| 1.2.1 其中:对联营企业和合营企业的投资收益 | — | — |
| 1.3 公允价值变动收益(损失以"-"号填列) | -41 946 | — |
| 1.4 租赁收入 | — | — |
| 1.5 汇兑损益(损失以"-"号填列) | — | — |
| 1.6 其他收入 | 1 060 | — |
| 2. 支出 | 57 210 | 69 548 |
| 2.1 营业税金及附加 | 1 924 | — |
| 2.2 受托人报酬 | 39 289 | 51 339 |
| 2.3 托管费 | 5 684 | 7 220 |
| 2.4 投资管理费 | 108 | 5 392 |
| 2.5 销售服务费 | — | 282 |
| 2.6 交易费用 | 364 | — |
| 2.7 资产减值损失 | — | — |
| 2.8 其他费用 | 9 841 | 5 315 |
| 3. 信托净利润(净亏损以"-"号填列) | 449 843 | 402 457 |
| 4. 其他综合收益 | — | — |
| 5. 综合收益 | 449 843 | 402 457 |
| 6. 加:期初未分配信托利润 | 76 866 | 65 109 |
| 7. 可供分配的信托利润 | 526 709 | 467 566 |
| 8. 减:本期已分配信托利润 | 519 509 | 390 700 |
| 9. 期末未分配信托利润 | 7 200 | 76 866 |

公司负责人:王双云　　财务负责人:段湘姬　　会计人员:唐　亚

注:由于会计政策变更,造成上年数与2017年期末数不一致。

# 6. 会计报表附注

## 6.1 会计报表编制基准不符合会计核算基本前提的说明

### 6.1.1 会计报表不符合会计核算基本前提的事项

报告期内,本公司会计报表无不符合会计核算基本前提的事项。

### 6.1.2 对编制合并财务报表的公司,应予以说明

6.1.2.1 报告期内,本公司无纳入合并财务报表范围的子公司。

6.1.2.2 纳入合并财务报表范围的结构化主体的相关信息

本公司本期纳入合并财务报表范围的结构化主体为轻盐创投稳赢1号私募股权基金,该基金设立于2017年,本公司为基金管理人,本公司本期持有轻盐创投稳赢1号私募股权基金为5 000万份额,占总份额的90.91%。

## 6.2 重要会计政策和会计估计说明

本合并财务报表以公司持续经营假设为基础,根据实际发生的交易事项,按照2006年2月15日财政部颁布的《企业会计准则》及有关规定,并基于以下所述重要会计政策、会计估计进行编制。

### 6.2.1 计提资产减值准备的范围和方法

6.2.1.1 金融资产减值

除了以公允价值计量且其变动计入当期损益的金融资产

外，公司在每个资产负债表日对其他金融资产的账面价值进行检查，有客观证据表明金融资产发生减值的，计提减值准备。

本公司对单项金额重大的金融资产单独进行减值测试；对单项金额不重大的金融资产，单独进行减值测试或包括在具有类似信用风险特征的金融资产组合中进行减值测试。单独测试未发生减值的金融资产（包括单项金额重大和不重大的金融资产），应包括在具有类似信用风险特征的金融资产组合中再进行减值测试。已单项确认减值损失的金融资产，不应包括在具有类似信用风险特征的金融资产组合中进行减值测试。

6.2.1.1.1　持有至到期投资、贷款和应收款项减值

以成本或摊余成本计量的金融资产将其账面价值减记至预计未来现金流量现值，减记金额确认为减值损失，计入当期损益。金融资产在确认减值损失后，如有客观证据表明该金融资产价值已恢复，且客观上与确认该损失后发生的事项有关，原确认的减值损失予以转回，金融资产转回减值损失后的账面价值不超过假定不计提减值准备情况下该金融资产在转回日的摊余成本。

6.2.1.1.2　可供出售金融资产减值

可供出售金融资产发生减值时，将原直接计入其他综合收益的因公允价值下降形成的累计损失予以转出并计入减值损失，该转出的累计损失为该资产初始取得成本扣除已收回本金和已摊销金额、当前公允价值和原已计入损益的减值损失后的余额。

对已确认减值损失的可供出售债务工具投资，在期后公允价值回升且客观上与确认原减值损失后发生的事项有关的，原确认的减值损失予以转回并计入当期损益。对已确认减值损失的可供出售权益工具投资，期后公允价值回升直接计入其他综合收益。

在活跃市场中没有报价且其公允价值不能可靠计量的权益工具投资，或与该权益工具挂钩并须通过交付该权益工具结算的衍生金融资产的减值损失，不予转回。

6.2.1.2　其他资产减值

本公司在每一个资产负债表日检查长期股权投资、固定资产、在建工程、投资性房地产、使用寿命确定的无形资产等长期资产是否存在可能发生减值的迹象。

如果该等资产存在减值迹象，则估计其可收回金额。估计资产的可收回金额以单项资产为基础，如果难以对单项资产的可收回金额进行估计的，则以该资产所属的资产组为基础确定资产组的可收回金额。如果资产的可收回金额低于其账面价值，按其差额计提资产减值准备，并计入当期损益。

可收回金额为资产的公允价值减去处置费用后的净额与资产预计未来现金流量的现值两者之中的较高者。资产的公允价值根据公平交易中销售协议价格确定；不存在销售协议但存在资产活跃市场的，公允价值按照该资产的买方出价确定；不存在销售协议和资产活跃市场的，则以可获取的最佳信息为基础估计资产的公允价值。处置费用包括与资产处置有关的法律费用、相关税费、搬运费以及为使资产达到可销售状态所发生的直接费用。

上述资产减值损失一经确认，在以后会计期间不予转回。

**6.2.2　金融资产分类的范围和标准**

金融资产在初始确认时划分为以公允价值计量且其变动计入当期损益的金融资产、持有至到期投资、贷款和应收款项以及可供出售金融资产。初始确认金融资产，以公允价值计量。对于以公允价值计量且其变动计入当期损益的金融资产，相关的交易费用直接计入当期损益，对于其他类别的金融资产，相关交易费用计入初始确认金额。

6.2.2.1　以公允价值计量且其变动计入当期损益的金融资产

以公允价值计量且其变动计入当期损益的金融资产包括交易性金融资产和指定为以公允价值计量且其变动计入当期损益的金融资产。

交易性金融资产是指满足下列条件之一的金融资产：（1）取得该金融资产的目的，主要是为了近期内出售或回购；（2）属于进行集中管理的可辨认金融工具组合的一部分，且有客观证据表明本公司近期采用短期获利方式对该组合进行管理；（3）属于衍生工具，但是被指定且为有效套期工具的衍生工具、属于财务担保合同的衍生工具、与在活跃市场中没有报价且其公允价值不能可靠计量的权益工具投资挂钩并须通过交付该权益工具结算的衍生工具除外。

6.2.2.2　持有至到期投资

持有至到期投资是指到期日固定、回收金额固定或可确定，且本公司有明确意图和能力持有至到期的非衍生金融资产。

6.2.2.3　贷款和应收款项

贷款和应收款项是指在活跃市场中没有报价、回收金额固定或可确定的非衍生金融资产。本公司划分为贷款和应收款的金融资产包括发放贷款和垫款、应收账款、应收利息、应收股利及其他应收款等。

6.2.2.4　可供出售金融资产

可供出售金融资产包括初始确认时即被指定为可供出售的非衍生金融资产，以及除了以公允价值计量且其变动计入当期损益的金融资产、贷款和应收款项、持有至到期投资以外的金融资产。

**6.2.3　交易性金融资产核算方法**

以公允价值计量且其变动计入当期损益的金融资产采用公允价值进行后续计量，公允价值变动形成的利得或损失以及与该等金融资产相关的股利和利息收入计入当期损益。

**6.2.4　可供出售金融资产核算方法**

可供出售金融资产采用公允价值进行后续计量，公允价值变动形成的利得或损失，除减值损失和外币货币性金融资产与摊余成本相关的汇兑差额计入当期损益外，直接计入所有者权益，在该金融资产终止确认时转出，计入当期损益。

可供出售金融资产持有期间取得的利息及被投资单位宣告发放的现金股利，计入投资收益。

**6.2.5　持有至到期投资核算方法**

持有至到期投资采用实际利率法，按摊余成本进行后续计量，在终止确认、发生减值或摊销时产生的利得或损失，计入当期损益。

**6.2.6　长期股权投资核算方法**

长期股权投资是指投资方对被投资单位实施控制、重大影响的权益性投资，以及对合营企业的权益性投资。

6.2.6.1　共同控制、重要影响的判断

按照相关约定对某项安排存在共有的控制，并且该安排的

相关活动必须经过分享控制权的参与方一致同意后才能决策，认定为共同控制。对被投资单位的财务和经营政策有参与决策的权力，但并不能够控制或者与其他方一起共同控制这些政策的制定，认定为重大影响。

6.2.6.2 投资成本的确定

同一控制下的企业合并形成的，合并方以支付现金、转让非现金资产、承担债务或发行权益性证券作为合并对价的，在合并日按照取得被合并方所有者权益在最终控制方合并财务报表中的账面价值的份额作为其初始投资成本。长期股权投资初始投资成本与支付的合并对价的账面价值或发行股份的面值总额之间的差额调整资本公积；资本公积不足冲减的，调整留存收益。

非同一控制下的企业合并形成的，在购买日按照支付的合并对价的公允价值作为其初始投资成本。

除企业合并形成以外的：以支付现金取得的，按照实际支付的购买价款作为其初始投资成本；以发行权益性证券取得的，按照发行权益性证券的公允价值作为其初始投资成本；以债务重组方式取得的，按《企业会计准则第12号——债务重组》确定其初始投资成本；以非货币性资产交换取得的，按《企业会计准则第7号——非货币性资产交换》确定其初始投资成本。

6.2.6.3 后续计量及损益确认方法

对被投资单位能够实施控制的长期股权投资采用成本法核算；对联营企业和合营企业的长期股权投资，采用权益法核算。

6.2.6.4 减值测试方法及减值准备计提方法

对子公司、联营企业及合营企业的投资，在资产负债表日有客观证据表明其发生减值的，按照账面价值高于可收回金额的差额计提相应的减值准备。

**6.2.7 投资性房地产核算方法**

截至报告期末，本公司无投资性房地产。

**6.2.8 固定资产计价和折旧方法**

6.2.8.1 固定资产的确认条件

固定资产是指为生产商品、提供劳务、出租或经营管理而持有的，使用年限超过一个会计年度的有形资产。固定资产在同时满足经济利益很可能流入、成本能够可靠计量时予以确认。

6.2.8.2 各类固定资产的折旧方法

| 类别 | 折旧方法 | 折旧年限（年） | 残值率（%） | 年折旧率（%） |
|---|---|---|---|---|
| 房屋及建筑物 | 年限平均法 | 35 | — | 2.857 |
| 运输设备 | 年限平均法 | 6 | — | 16.67 |
| 电器设备 | 年限平均法 | 5 | — | 20.00 |
| 电子设备 | 年限平均法 | 3 | — | 33.33 |
| 办公设备其他 | 年限平均法 | 5 | — | 20.00 |

6.2.8.3 资产负债表日，有迹象表明固定资产发生减值的，按照账面价值高于可收回金额的差额计提相应的减值准备。

**6.2.9 无形资产计价及摊销政策**

无形资产包括土地使用权、专利权及非专利技术等，按成本进行初始计量。

使用寿命有限的无形资产，在使用寿命内按照与该项无形资产有关的经济利益的预期实现方式系统合理地摊销，无法可靠确定预期实现方式的，采用直线法摊销，具体年限如下：

| 项目 | 摊销年限（年） |
|---|---|
| 土地使用权 | 50 |
| 软件 | 3～10 |

使用寿命确定的无形资产，在资产负债表日有迹象表明发生减值的，按照账面价值高于可收回金额的差额计提相应的减值准备；使用寿命不确定的无形资产和尚未达到可使用状态的无形资产，无论是否存在减值迹象，每年均进行减值测试。

内部研究开发项目研究阶段的支出，于发生时计入当期损益。内部研究开发项目开发阶段的支出，同时满足下列条件的，确认为无形资产：(1)完成该无形资产以使其能够使用或出售在技术上具有可行性；(2)具有完成该无形资产并使用或出售的意图；(3)无形资产产生经济利益的方式，包括能够证明运用该无形资产生产的产品存在市场或无形资产自身存在市场，无形资产将在内部使用的，能证明其有用性；(4)有足够的技术、财务资源和其他资源支持，以完成该无形资产的开发，并有能力使用或出售该无形资产；(5)归属于该无形资产开发阶段的支出能够可靠地计量。

**6.2.10 长期应收款的核算方法**

截至报告期末，本公司无长期应收款。

**6.2.11 长期待摊费用的摊销政策**

长期待摊费用按实际发生额入账，在受益期或规定的期限内分期平均摊销。如果长期待摊的费用项目不能使以后会计期间受益则将尚未摊销的该项目的摊余价值全部转入当期损益。

**6.2.12 预计负债**

因对外提供担保、诉讼事项、产品质量保证、亏损合同等或有事项形成的义务成为公司承担的现时义务，履行该义务很可能导致经济利益流出公司，且该义务的金额能够可靠地计量时，公司将该项义务确认为预计负债。

公司按照履行相关现时义务所需支出的最佳估计数对预计负债进行初始计量，并在资产负债表日对预计负债的账面价值进行复核。

**6.2.13 合并会计报表的编制方法**

母公司将其控制的所有子公司和结构化主体纳入合并财务报表的合并范围。合并财务报表以母公司及其子公司和结构化主体的财务报表为基础，根据其他有关资料，按照权益法对投资进行调整后，由母公司按照《企业会计准则第33号——合并财务报表》编制。

**6.2.14 收入确认原则和方法**

6.2.14.1 手续费收入及财务顾问费收入

信托手续费收入及财务顾问费收入按财务报表年度确认收入。

6.2.14.2 利息收入

利息收入按照他人使用本公司货币资金的时间和实际利率计算确定。

**6.2.15 政府补助**

政府补助包括与资产相关的政府补助和与收益相关的政

府补助。

政府补助为货币性资产的，按照收到或应收的金额计量；政府补助为非货币性资产的，按照公允价值计量，公允价值不能可靠取得的，按照名义金额计量。

政府补助采用总额法：(1)与资产相关的政府补助，确认为递延收益，在相关资产使用寿命内按照合理、系统的方法分期计入损益。相关资产在使用寿命结束前被出售、转让、报废或发生毁损的，将尚未分配的相关递延收益余额转入资产处置当期的损益。

(2)与收益相关的政府补助，用于补偿以后期间的相关费用或损失的，确认为递延收益，在确认相关费用的期间，计入当期损益；用于补偿已发生的相关费用或损失的，直接计入当期损益。

对于同时包含与资产相关部分和与收益相关部分的政府补助，区分不同部分分别进行会计处理；难以区分的，整体归类为与收益相关的政府补助。

本公司将与本公司日常活动相关的政府补助按照经济业务实质计入其他收益；将与本公司日常活动无关的政府补助，计入营业外收支。

#### 6.2.16 所得税的会计处理方法

根据资产、负债的账面价值与其计税基础之间的差额（未作为资产和负债确认的项目按照税法规定可以确定其计税基础的，该计税基础与其账面数之间的差额），按照预期收回该资产或清偿该负债期间的适用税率计算确认递延所得税资产或递延所得税负债。

确认递延所得税资产以很可能取得用来抵扣可抵扣暂时性差异的应纳税所得额为限。资产负债表日，有确凿证据表明未来期间很可能获得足够的应纳税所得额用来抵扣可抵扣暂时性差异的，确认以前会计期间未确认的递延所得税资产。

资产负债表日，对递延所得税资产的账面价值进行复核，如果未来期间很可能无法获得足够的应纳税所得额用以抵扣递延所得税资产的利益，则减记递延所得税资产的账面价值。在很可能获得足够的应纳税所得额时，转回减记的金额。

公司当期所得税和递延所得税作为所得税费用或收益计入当期损益，但不包括下列情况产生的所得税：(1)企业合并；(2)直接在所有者权益中确认的交易或者事项。

## 6.3 或有事项说明

报告期内，本公司无相关说明事项。

## 6.4 重要资产转让及其出售的说明

报告期内，本公司无重要资产转让及其出售。

## 6.5 主要会计政策变更

报告期内，本公司无需要披露的重大会计政策变更事项。

## 6.6 会计估计变更情况

报告期内，本公司无需要披露的重大会计估计变更事项。

## 6.7 前期重大会计差错更正情况

报告期内，本公司无前期重大会计差错更正事项。

## 6.8 其他

报告期内，公司联营企业华融湘江银行股份有限公司适用新金融工具准则，调增本期期初未分配利润 10 896 000.00 元，调增本期期初其他综合收益 185 111 000.00 元，本公司按照持股比例的 20% 调增本期的期初数，不追溯调整可比期间 2017 年度报表，对公司合并所有者权益变动表项目和所有者权益变动表项目影响如下：

| 报表项目 | 2017 年 12 月 31 日 | 2018 年 1 月 1 日 | 影响金额 |
|---|---|---|---|
| 其他综合收益 | 21 099 000.00 | 58 119 895.77 | 37 020 895.77 |
| 盈余公积 | 352 968 703.40 | 353 186 615.72 | 217 912.32 |
| 信托赔偿准备 | 294 620 797.10 | 294 729 753.26 | 108 956.16 |
| 未分配利润 | 1 605 607 438.88 | 1 607 459 693.63 | 1 852 254.75 |
| 合　计 | 2 274 295 939.38 | 2 313 495 958.38 | 39 200 019.00 |

## 6.9 会计报表中重要项目的明细资料

### 6.9.1 披露自营资产经营情况

6.9.1.1 按资产风险分类的结果披露资产的期初数、期末数

| 信用风险资产五级分类 | 正常类（万元） | 关注类（万元） | 次级类（万元） | 可疑类（万元） | 损失类（万元） | 信用风险资产合计（万元） | 不良资产合计（万元） | 不良资产率（%） |
|---|---|---|---|---|---|---|---|---|
| 期初数 | 49 941 | — | — | — | — | 49 941 | — | — |
| 期末数 | 101 103 | — | — | — | — | 101 103 | — | — |

注：不良资产合计 = 次级类 + 可疑类 + 损失类。

6.9.1.2 各项资产减值损失准备的期初数、本期计提、本期转回、资产转让、期末数

单位：万元

| | 期初数 | 本期计提 | 本期转回 | 资产核销 | 期末数 |
|---|---|---|---|---|---|
| 贷款损失准备 | — | — | — | — | — |
| 一般准备 | — | — | — | — | — |
| 专项准备 | — | — | — | — | — |
| 其他资产减值准备 | — | — | — | — | — |
| 可供出售金融资产减值准备 | 1 470 | 2 471 | — | — | 3 941 |
| 持有至到期投资减值准备 | — | — | — | — | — |
| 长期股权投资减值准备 | — | — | — | — | — |
| 坏账准备 | 33 | — | 10 | — | 23 |
| 投资性房地产减值准备 | — | — | — | — | — |

6.9.1.3 自营股票投资、基金投资、债券投资、股权投资等投资业务的期初数、期末数

单位：万元

| | 自营股票 | 基金 | 债券 | 长期股权投资 | 其他投资 | 合计 |
|---|---|---|---|---|---|---|
| 期初数 | 9 450 | 4 133 | 10 041 | 376 956 | 434 285 | 834 865 |
| 期末数 | 2 884 | 6 840 | 3 090 | 432 403 | 479 706 | 924 923 |

6.9.1.4　前五名的自营长期股权投资的企业名称、占被投资企业权益的比例、主要经营活动及投资收益情况等

| 企业名称 | 占被投资企业权益的比例(%) | 主要经营活动 | 投资损益(万元) |
|---|---|---|---|
| 华融湘江银行股份有限公司 | 20 | 吸收公众存款;发放贷款;办理国内外结算;办理票据承兑与贴现;发行金融债券等经银行业监督管理机构批准的其他业务。 | 53 951 |

6.9.1.5　前五名的自营贷款的企业名称、占贷款总额的比例和还款情况等

报告期末,本公司无自营贷款。

6.9.1.6 表外业务的期初数、期末数;按照代理业务、担保业务和其他类型表外业务分别披露

单位:万元

| 表外业务 | 期初数 | 期末数 |
|---|---|---|
| 担保业务 | — | — |
| 代理业务(委托业务) | — | — |
| 其他 | — | — |
| 合计 | — | — |

6.9.1.7　公司当年的收入结构

| 收入结构 | 金额(万元) | 占比(%) |
|---|---|---|
| 手续费及佣金收入 | 54 033 | 42.99 |
| 其中:信托手续费收入 | 53 973 | 42.94 |
| 投资银行业务收入 | — | — |
| 利息净收入 | -3 443 | -2.74 |
| 其他业务收入 | — | — |
| 其中:计入信托业务收入部分 | — | — |
| 投资收益 | 75 847 | 60.35 |
| 其中:股权投资收益 | 55 906 | 44.48 |
| 证券投资收益 | -1 924 | -1.53 |
| 其他投资收益 | 21 865 | 17.40 |
| 公允价值变动收益 | -870 | -0.69 |
| 其他收益 | 10 | 0.01 |
| 资产处置损益 | -3 | 0.00 |
| 营业外收入 | 105 | 0.08 |
| 收入合计 | 125 679 | 100.00 |

**6.9.2　披露信托资产管理情况**

6.9.2.1　信托资产的期初数、期末数

单位:万元

| 信托资产 | 期初数 | 期末数 |
|---|---|---|
| 集合 | 3 604 907 | 4 211 327 |
| 单一 | 4 040 175 | 3 534 381 |
| 财产权 | 20 713 | 4 095 630 |
| 合计 | 7 665 795 | 11 841 338 |

6.9.2.1.1　主动管理型信托业务期初数、期末数,分证券投资类、股权投资类、融资类、事务管理类分别披露

单位:万元

| 主动管理型信托资产 | 期初数 | 期末数 |
|---|---|---|
| 证券投资类 | 548 279 | 212 889 |
| 股权投资类 | 66 858 | 62 754 |
| 融资类 | 2 871 681 | 3 137 263 |
| 事务管理类 | 14 214 | 3 153 |
| 合计 | 3 501 032 | 3 416 059 |

6.9.2.1.2　被动管理型信托业务期初数、期末数,分证券投资类、股权投资类、融资类、事务管理类分别披露

单位:万元

| 被动管理型信托资产 | 期初数 | 期末数 |
|---|---|---|
| 证券投资类 | 332 | — |
| 股权投资类 | — | — |
| 融资类 | 194 718 | 6 |
| 事务管理类 | 3 969 713 | 8 425 273 |
| 合计 | 4 164 763 | 8 425 279 |

6.9.2.2　本年度已清算结束的信托项目个数、实收信托合计金额、加权平均实际年化收益率

6.9.2.2.1　本年度已清算结束的集合类、单一类资金信托项目和财产管理类信托项目个数、实收信托合计金额、加权平均实际年化收益率

| 已清算结束信托项目 | 项目个数(个) | 实收信托合计金额(万元) | 加权平均实际年化收益率(%) |
|---|---|---|---|
| 集合类 | 51 | 1 919 910 | 2.28 |
| 单一类 | 28 | 919 759 | 4.84 |
| 财产管理类 | 5 | 2 794 046 | 7.69 |

6.9.2.2.2　本年度已清算结束的主动管理型信托项目个数、实收信托合计金额、加权平均实际年化信托报酬率、加权平均实际年化收益率。分证券投资类、股权投资类、融资类、事务管理类分别披露

| 已清算结束主动管理型信托项目 | 项目个数(个) | 实收信托合计金额(万元) | 加权平均实际年化信托报酬率(%) | 加权平均实际年化收益率(%) |
|---|---|---|---|---|
| 证券投资类 | 8 | 803 190 | 0.09 | -0.06 |
| 股权投资类 | — | 2 597 | 2.29 | 13.58 |
| 融资类 | 46 | 1 147 924 | 1.02 | 5.06 |
| 事务管理类 | — | — | — | — |

6.9.2.2.3　本年度已清算结束的被动管理型信托项目个数、实收信托合计金额、加权平均实际年化信托报酬率、加权平均实际年化收益率,分证券投资类、股权投资类、融资类、事务管理类分别披露

| 已清算结束被动管理型信托项目 | 项目个数(个) | 实收信托合计金额(万元) | 加权平均实际年化信托报酬率(%) | 加权平均实际年化收益率(%) |
|---|---|---|---|---|
| 证券投资类 | — | — | — | — |
| 股权投资类 | — | — | — | — |
| 融资类 | — | — | — | — |
| 事务管理类 | 30 | 3 680 004 | 0.11 | 6.16 |

6.9.2.3　本年度新增的集合类、单一类和财产管理类信托项目个数、实收信托合计金额

| 新增信托项目 | 项目个数(个) | 实收信托合计金额(万元) |
|---|---|---|
| 集合类 | 65 | 1 917 481 |
| 单一类 | 25 | 1 087 160 |
| 财产管理类 | 14 | 6 851 837 |
| 新增合计 | 104 | 9 856 478 |
| 其中:主动管理型 | 63 | 1 871 611 |
| 被动管理型 | 41 | 7 984 867 |

6.9.2.4　本公司履行受托人义务情况及因公司自身责任而导致的信托资产损失情况(合计金额、原因等)

公司在管理信托财产的过程中,恪尽职守,履行诚实、信用、谨慎、有效管理的义务,公司没有发生损害受益人利益的情况。

报告期内公司没有发生因公司自身责任而导致的信托资产损失情况。

6.9.2.5 信托赔偿准备金的提取、使用和管理情况

《信托公司管理办法》第五十条规定：信托公司每年应当从税后利润中提取5%作为信托赔偿准备金，累计总额达到公司注册资本的20%时，可不再提取。根据该规定，公司当年提取信托赔偿准备金5 004万元，截至2018年12月31日，信托赔偿准备金余额为34 477万元。

报告期公司未发生需要使用信托赔偿准备金的情况，也未使用信托赔偿准备金。

## 6.10 关联方关系及其交易的披露

### 6.10.1 关联交易方的数量、关联交易的总金额及关联交易的定价政策等

| | 关联交易方数量 | 关联交易金额（万元） | 定价政策 |
|---|---|---|---|
| 合计 | 4 | 111 748 | 市场公允价格 |

### 6.10.2 关联交易方与本公司的关系性质、关联交易方的名称、法人代表、注册地址、注册资本及主营业务等

| 关系性质 | 关联方名称 | 法定代表人 | 注册地址 | 注册资本（万元） | 主营业务 |
|---|---|---|---|---|---|
| 母公司 | 湖南财信投资控股有限责任公司 | 胡贺波 | 长沙市天心区城南西路1号 | 374 418.89 | 法律法规允许的资产投资、经营及管理。 |
| 实际控制人 | 湖南财信金融控股集团有限公司 | 胡贺波 | 长沙市天心区城南西路3号 | 354 000.00 | 省政府授权的国有资产投资、经营、管理等。 |
| 受同一实际控制人控制 | 湖南省财信产业基金管理有限公司 | 曾若冰 | 长沙市天心区城南西路3号财信大厦701房 | 72 000 | 受托管理私募产业基金及股权投资基金，受托资产管理、投资管理，创业投资，股权投资。 |

### 6.10.3 逐笔披露本公司与关联方的重大交易事项

6.10.3.1 固有与关联方交易情况：贷款、投资、应收账款、担保、其他方式等期初汇总数、本期借方和贷方发生额汇总数、期末汇总数

单位：万元

| 固有与关联方关联交易 | | | | |
|---|---|---|---|---|
| | 期初数 | 借方发生额 | 贷方发生额 | 期末数 |
| 贷款 | — | — | — | — |
| 投资 | — | 1 788 | 1 788 | — |
| 租赁 | — | 560 | 560 | — |
| 担保 | — | — | — | — |
| 应收款项 | — | — | — | — |
| 其他 | — | — | 109 400 | -109 400 |
| 合计 | — | 2 348 | 111 748 | -109 400 |

6.10.3.2 信托与关联方交易情况：贷款、投资、租赁、应收账款、担保、其他方式等期初汇总数、本期借方和贷方发生额汇总数、期末汇总数

单位：万元

| 信托与关联方关联交易 | | | | |
|---|---|---|---|---|
| | 期初数 | 借方发生数 | 贷方发生数 | 期末数 |
| 贷款 | 269 400 | — | 120 800 | 148 600 |
| 投资 | — | — | — | — |

6.10.3.3 信托公司自有资金运用于自己管理的信托项目（固信交易）、信托公司管理的信托项目之间的相互（信信交易）交易金额，包括余额和本报告年度的发生额

6.10.3.3.1 固有与信托财产之间的交易金额期初汇总数、本期发生额汇总数、期末汇总数

无。

6.10.3.3.2 信托项目之间的交易金额期初汇总数、本期发生额汇总数、期末汇总数

单位：万元

| 信托资产与信托财产相互交易 | | | |
|---|---|---|---|
| | 期初数 | 本期发生额 | 期末数 |
| 合计 | 237 441 | -140 729 | 96 712 |

### 6.10.4 逐笔披露关联方逾期偿还本公司资金的详细情况以及本公司为关联方担保发生或即将发生垫款的详细情况

无。

## 6.11 会计制度的披露

本公司固有业务（自营业务）已于2008年1月1日起执行新的《企业会计准则》，同时所有与会计有关的内容均作出相应修改。

信托业务于2010年1月1日起执行新的企业会计准则，同时所有与会计有关的内容均作出相应修改。

# 7. 财务情况说明书

## 7.1 利润实现和分配情况

经天职国际会计师事务所（特殊普通合伙）审计，公司2018年实现利润总额为113 057万元，净利润为99 982万元。计提法定盈余公积10 008万元，提取信托赔偿准备5 004万元，提取一般风险准备2 263万元。

公司2018年以累计未分配利润向股东分配利润36 800万元。

## 7.2 主要财务指标

| 指标名称 | 指标值 |
|---|---|
| 资本利润率（%） | 13.90 |
| 人均净利润（万元） | 562 |
| 净资本（万元） | 657 989 |
| 风险资本（万元） | 237 879 |
| 净资本对各项风险资本（%） | 276.61 |
| 净资本对净资产（%） | 87.56 |

注：1. 资本利润率 = 净利润/所有者权益平均余额 ×100%。
2. 所有者权益平均余额是指评级年度内年初及年末所有者权益余额的简单平均数。
3. 人均净利润 = 净利润/年平均人数。
4. 年平均人数是指评级年度内年初及年末人数的简单平均数。

## 7.3 对本公司财务情况、经营成果有重大影响的其他事项

报告期内，公司没有对财务状况、经营成果产生重大影响的其他事项。

## 8. 特别事项揭示

### 8.1 最大十名股东报告期内变动情况及原因

无。

### 8.2 董事、监事及高级管理人员变动情况及原因

报告期内,2018 年 5 月 15 日,经第四届董事会第九十九次临时会议审议通过,聘任刘宛晨同志为湖南省信托有限责任公司总裁,聘任邓冰同志为湖南省信托有限责任公司董事会秘书、总裁助理;刘宛晨同志总裁任职资格,邓冰同志董事会秘书、总裁助理任职资格已获得监管机构湖南银监局核准(湘银监复[2018]170 号)。

2018 年 5 月 2 日,根据湖南财信金融控股集团有限公司有关干部任免文件精神,因工作需要,张仁兴同志不再担任公司董事会秘书职务。《关于公司原董事会秘书张仁兴同志任期经济责任审计报告》经 2018 年 7 月 24 日召开的公司第四届董事会第一百零四次临时会议审议通过。

2018 年 5 月 3 日,公司董事会收到副总裁张林新同志的辞职报告,因个人原因,张林新同志申请不再担任公司副总裁。根据《公司法》《公司章程》等有关规定,张林新同志的辞职报告自送达董事会之日起生效。《原副总裁张林新同志离任审计报告》经 2018 年 9 月 26 日召开的第四届董事会第十八次会议审议通过。

### 8.3 变更注册资本、变更注册地或公司名称、公司分立合并事项

无。

### 8.4 公司的重大诉讼事项

#### 8.4.1 重大未决诉讼事项

8.4.1.1 本公司作为原告的重大未决诉讼

| 序号 | 原告(申请人) | 被告(被申请人) | 案由 | 标的及金额 | 目前诉讼进展情况 |
|---|---|---|---|---|---|
| 1 | 湖南信托 | 湖南湘渝电力投资有限责任公司、湖南金垣电力集团股份有限公司 | 金融借款合同纠纷 | 本金 3 200 万元及相应利息、罚息 | 强制执行阶段 |
| 2 | 湖南信托 | 湖南博兴创业投资有限公司、湖南博雅眼科医院有限公司、李迟康、严素娥 | 借款合同纠纷 | 本金 1 800 万元及相应利息、违约金 | 强制执行阶段(终结本次执行程序) |
| 3 | 湖南信托 | 湖南蟠桃宴酒业有限公司、湖南天运生物技术集团有限公司 | 债权转让合同纠纷 | 3 270 万元及相应利息 | 强制执行阶段(天运生物破产中) |
| 4 | 湖南信托 | 湖南蟠桃宴酒业有限公司、湖南天健纤维板有限公司、湖南天运生物技术集团有限公司、文靖波 | 债权转让合同纠纷 | 1 523.428 万元及相应利息 | 强制执行阶段(天运生物破产中) |
| 5 | 湖南信托 | 湖南省科农林业科技开发有限公司 | 金融借款合同纠纷 | 本金 1 400 万元及相应利息 | 强制执行阶段 |
| 6 | 湖南信托 | 湖南省德胜房地产开发有限公司 | 金融借款合同纠纷 | 本金 1.35 亿元及相应利息 | 强制执行阶段 |
| 7 | 湖南信托 | 淮南志高动漫文化科技发展有限责任公司、志高实业(龙岩)有限公司、泰安志高实业集团有限责任公司、江焕溢 | 金融借款合同纠纷 | 本金 2.999 亿元及相应利息、罚息、复利、违约金 | 抵押人破产清算阶段 |
| 8 | 湖南信托 | 长沙三瑞环保科技实业有限公司、湖南天福泉酒业有限公司 | 金融借款合同纠纷 | 本金 1 000 万元及相应利息、罚息、复利、违约金、律师费 | 强制执行阶段(终结本次执行程序) |
| 9 | 湖南信托 | 湖南洞庭珍珠开发有限公司 | 金融借款合同纠纷 | 本金 2 000 万元及相应利息、复利 | 破产阶段 |
| 10 | 湖南信托 | 湖南山江技术开发有限公司、世银联控股有限公司、崔璀 | 金融借款合同纠纷 | 本金 2 000 万元及相应利息、违约金 | 强制执行阶段 |
| 11 | 湖南信托 | 袁洁云;向平;李季;北京中科时代资产管理有限公司;中国科学院长春应用化学科技总公司;长沙坤宇实业有限公司 | 与公司有关的纠纷 | 赔偿款 2 300 万元及和解损失约 40 万元 | 已申请强制执行 |
| 12 | 湖南信托 | 湖南欧珀投资置业有限公司、贺延伟、张福芝 | 信托纠纷 | 本金 7 200 万元及相应利息 | 已部分回款 |
| 13 | 湖南信托 | 湖南千山制药机械股份有限公司、刘祥华、陈端华、湖南乐福地医药包材科技有限公司 | 金融借款合同纠纷 | 1.98 亿元本金及相应利息、罚息等 | 一审胜诉 |
| 14 | 湖南信托 | 陈端华、邓诗蒙、张洪飞、李莉、刘飞、江苏大红鹰恒顺药业有限公司 | 撤销权 | 江苏大红鹰恒顺药业有限公司 77.78% 的股权 | 一审未开庭 |
| 15 | 湖南信托 | 凯迪生态环境科技股份有限公司、阳光凯迪新能源集团有限公司 | 金融借款合同纠纷 | 4 300 万元本金及相应利息、罚息等 | 一审已开庭,未判决 |
| 16 | 湖南信托 | 福建同孚实业有限公司、上海五天实业有限公司、上海五天供应链服务有限公司、林文昌、林文洪、林文智、蔡佼骏福建冠福实业有限公司、冠福控股股份有限公司 | 金融借款合同纠纷 | 1.9 亿元本金及相应利息、罚息等 | 一审已开庭,未判决 |
| 17 | 湖南信托 | 海航创新股份有限公司、海航旅游集团有限公司、海航实业集团有限公司 | 金融借款合同纠纷 | 本金 256 627 434 元 | 一审未开庭 |
| 18 | 湖南信托 | 张奇华 | 营业信托纠纷 | 51 047 247.80 元 | 一审未开庭 |

8.4.1.2 本公司作为被告的重大未决诉讼

| 序号 | 原告（申请人） | 被告（被申请人） | 案由 | 标的及金额 | 目前诉讼进展情况 |
| --- | --- | --- | --- | --- | --- |
| 1 | 谭 杰 | 湖南嘉运置业有限责任公司、吴建根、湖南省财信房地产开发有限责任公司、湖南信托 | 民间借贷纠纷 | 借款本息1 105万元（计算至2017年10月）及律师费、差旅费 | 判决公司胜诉且已生效 |

8.4.1.3 本公司作为第三人的重大未决诉讼

| 序号 | 原告（申请人） | 被告（被申请人） | 案由 | 标的及金额 | 目前诉讼进展情况 |
| --- | --- | --- | --- | --- | --- |
| 1 | 华宸未来资产管理有限公司 | 何新芸、张来普、毛珍芳、彭日大、张传棉、滁州中普置业有限公司 | 金融借款合同纠纷 | 本金2.951亿元及其相应利息、复利、罚息、律师费 | 一审已开庭，未宣判 |
| 2 | 甘孜州农村信用联社股份有限公司 | 广安科塔金属有限公司、四川科亨矿业（集团）有限公司、中鸿联合融资担保有限公司、郑正、易兴旺、刘幸福 | 普通破产债权确认纠纷 | 本金1亿元及逾期利息 | 二审未开庭 |

**8.4.2 以前年度发生，于本报告年度内终结的诉讼事项**

| 序号 | 原告（申请人） | 被告（被申请人） | 案由 | 标的及金额 | 结案情况 |
| --- | --- | --- | --- | --- | --- |
| 1 | 深圳华宸未来资产管理有限公司 | 湖南省信托有限责任公司、北京国际信托有限公司 | 信托纠纷 | 约2.12亿元连带赔偿责任 | 法院裁定原告撤诉 |
| 2 | 建设银行长沙兴湘支行 | 湖南嘉运置业有限责任公司、吴建根、吴灿荣、陈罕龙、湖南省财信房地产开发有限责任公司、湖南信托 | 金融借款合同纠纷 | 2 500万元股权回购款及1 000万元分红款 | 判决公司胜诉且已生效 |

**8.4.3 本报告年度发生，于本报告年度内终结的诉讼事项**

无。

## 8.5 公司及其董事、监事和高级管理人员受到处罚的情况

报告期内，湖南银监局于2018年12月13日出具《行政处罚决定书》（湘银监罚决字[2018]44号），因公司违反了《中华人民共和国银行业监督管理法》第二十一条关于“银行业金融机构的审慎经营规则，由法律、行政法规规定……银行业金融机构应当严格遵守审慎经营规则”的规定，对公司作出罚款30万元的行政处罚。

## 8.6 银保监会及其派出机构对公司的检查意见及其整改情况说明

报告期内，湖南银监局于2018年5月17日与公司进行了年度审慎监管会谈，出具了《监管会谈纪要》（[2018]41号），并提出了监管意见。公司高度重视，积极落实整改。整改情况如下：

一是规范公司治理，修订《公司章程》，做好董事会换届选举工作。二是提高“三会一层”运作质效，加强股东会和董事会会议会前工作。三是修订《重大业务决策会工作规程》和《投资决策会工作规程》，规范和调整治理架构。四是修订《合规风险管理办法》，完善风险制度体系。五是制定《声誉风险管理办法》，按季排查声誉风险。六是清退公司超期持有的非金融企业股权。七是制定《现金管理类信托业务管理办法》，规范管理现金增利信托计划。八是分离与财信酒店的共管机房，保障机房的独立和安全。九是完成组织机构、选人用人机制、薪酬激励机制的改革实施工作。十是继续推进“三三四十”等专项治理和信用风险排查等工作发现问题的整改工作。十一是对照整治银行业市场乱象的工作要点，深入排查经营行为并定期报告。

## 8.7 本年度重大事项临时报告的简要内容、披露时间、所披露的媒体及其版面

2018年4月28日，《证券时报》B17版、《上海证券报》37版，分别刊登了经公司第四届董事会第十七次会议审议通过的《湖南省信托有限责任公司2017年度报告摘要》。

2018年6月9日，《证券时报》B02版、《上海证券报》46版分别刊登了经公司第四届董事会第九十九次临时会议审议通过，并经湖南银监局《湖南省信托有限责任公司关于聘任刘宛晨先生为公司总裁的公告》（湘银监复[2018]170号）核准。

## 8.8 银保监会及其省级派出机构认定的其他有必要让客户及相关利益人了解的重要信息

无。

# 9. 履行社会责任情况

湖南信托在支持实体经济发展的同时，高度重视公益慈善，彰显国企责任担当。一是全年发行信托计划筹集资金1 168亿元，缴税3.16亿元，为投资者创造收益52亿元，支持了湖南省经济建设及贵州等西部省份的发展，保障了投资者资金的安全和增值。二是发挥信托功能积极支持公益事业，“湘信·善达农村医疗援助公益信托计划”已运行4年多，首批项目已援建10个县的51个村卫生室和3个乡镇卫生院，投入资金800余万元。第二批项目选定辰溪、绥宁、城步、桃源、邵阳、茶陵、桑植、洞口8个县作为援建实施地，共计42个村卫生室、1个乡镇卫生院的建设，援建资金500万元。第三批项目选定慈利县、石门县、安化县、麻阳苗族自治县、湘潭县、沅陵县和汉寿县作为援建实施地，共计3家卫生院42家卫生室的建设，援建资金770万元。三是2015年伊始，精心管理和运行“自强助学金慈善信托计划”，截至2018年末，共捐助了320名考入大学的贫困学子。四是为深入贯彻落实党中央国务院和湖南省委省政府关于打好打赢脱贫攻坚战的战略部署，更好地履行社会责任，更好地回馈社会，公司向麻阳苗族自治县谭家寨乡腾紫坪村精准扶贫项目捐赠10万元。

# 华澳国际信托有限公司

## 1. 重要提示

1.1 本公司董事会及董事保证本报告所载资料不存在任何虚假记载、误导性陈述或者重大遗漏,并对其内容的真实性、准确性和完整性承担个别及连带责任。

1.2 本公司全体董事出席董事会会议。

1.3 本公司设独立董事制度,独立董事王家祥、翟立宏在此发表独立声明,确认本报告所载资料及内容的真实性、准确性和完整性并无异议。

1.4 本公司已聘请信永中和会计师事务所根据中国注册会计师审计准则对本公司年度财务报告进行审计,该审计机构已为本公司出具了标准无保留意见的审计报告和审计结论。

1.5 公司法定代表人张宏、董事长(代)及总裁吴瑞忠、会计部门负责人(会计主管人员)钱旭在此声明:保证本年度报告所载财务资料和内容的真实性、准确性和完整性。

## 2. 公司概况

### 2.1 公司简介

2.1.1 公司法定中文名称:华澳国际信托有限公司
公司法定中文名称缩写:华澳信托
公司法定英文名称:Sino-Australian International Trust Co., Ltd.
公司英文名称缩写:SATC

2.1.2 公司法定代表人:张宏

2.1.3 注册地址:中国(上海)自由贸易试验区花园石桥路33号花旗集团大厦1702室
邮政编码:200120
公司国际互联网网址:www.huaao-trust.com
公司电子信箱:enquiry@huaao-trust.com

2.1.4 公司信息披露事务负责人姓名:陈鸣
联系电话:+86(021)61609169
传　　真:+86(021)68885995
电子信箱:hadb@huaao-trust.com

2.1.5 公司信息披露报纸名称:《证券时报》

2.1.6 公司年度报告备置地点:上海市浦东新区花园石桥路33号花旗集团大厦1702室

2.1.7 公司聘请的境内会计师事务所名称:信永中和会计师事务所(特殊普通合伙)
办公地址:中国北京市东城区朝阳门北大街8号富华大厦A座9层
联系电话:+86(010)65547190

2.1.8 公司聘请的境内律师事务所名称:报告期内,公司未聘请担任常年法律顾问的律师事务所

### 2.2 组织结构

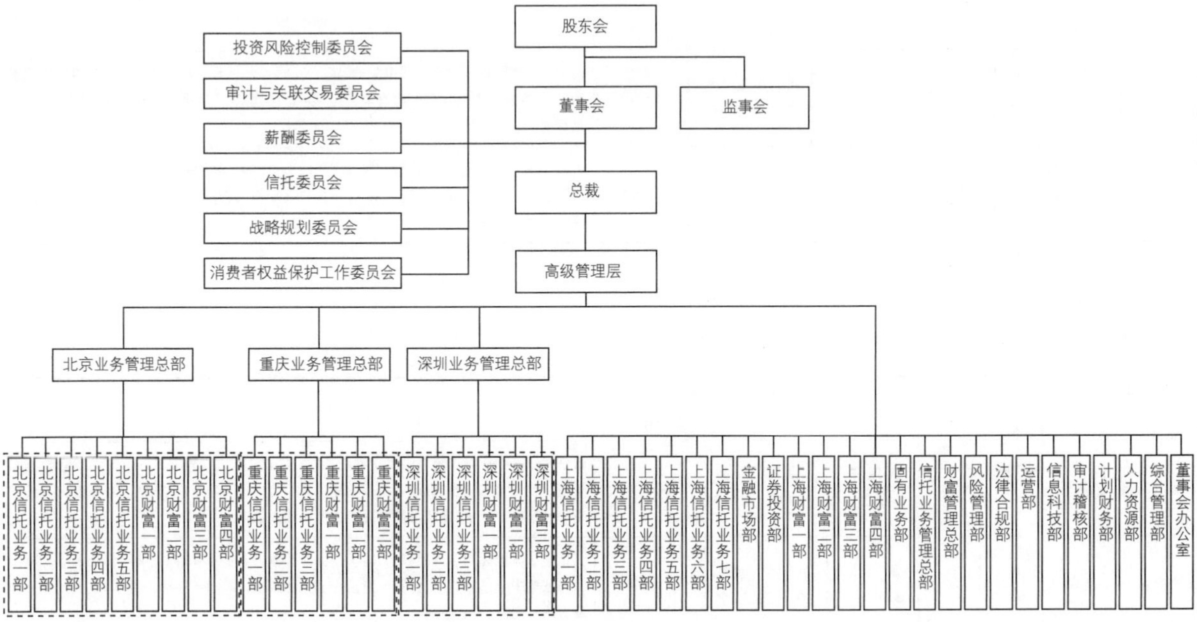

## 3. 公司治理

### 3.1 股东

报告期末股东总数2家。

公司全部股东均持有公司10%以上(含10%)出资比例,股东名称及持股情况如下:

| 股东名称 | 持股比例(%) | 法人代表 | 注册资本(万元) | 注册地址 | 主要经营业务及主要财务情况 |
|---|---|---|---|---|---|
| 北京融达投资有限公司 | 50.01 | 杨昌文 | 130 000.00 | 北京市海淀区首体南路20号国兴家园4号楼D1三层 | 主要从事实业与金融等方面的投资与资产管理。 |
| 重庆财信企业集团有限公司★ | 49.99 | 卢生举 | 111 600.00 | 重庆市江北区江北城西大街3号14－1、15－1、16－1 | 主要从事环保、金融、城市基础设施投资运营、地产。 |

注:1. 股东名称一栏中★为公司最终实际控制人。

### 3.2 董事

董事长、副董事长、董事

| 姓名 | 职务 | 性别 | 年龄(岁) | 选任日期 | 所推举的股东名称 | 该股东持股比例(%) | 简要履历 |
|---|---|---|---|---|---|---|---|
| 吴瑞忠 | 董事 | 男 | 54 | 2018年10月26日 | 北京融达投资有限公司 | 50.01 | 曾任兴业银行总行企业金融总部风险总监、企业金融信用业务首席审批官,兴业银行重庆分行党委书记、行长,具有丰富的金融行业管理、风控等背景及从业经验;现任华澳国际信托有限公司总裁。 |
| 彭陵江 | 董事 | 男 | 47 | 2015年11月11日 | 重庆财信企业集团有限公司 | 49.99 | 曾任重庆财信企业集团有限公司总裁助理、副总裁、执行总裁,擅长企业经营管理、对外投融资、经营风险控制、资本运作等;现任财信投资集团董事局副主席、执行董事,重庆财信企业集团有限公司联席董事长(2019年1月2日发文)、总裁,财信国兴地产发展股份有限公司董事。 |
| 罗宇星 | 董事 | 男 | 56 | 2016年6月12日 | 重庆财信企业集团有限公司 | 49.99 | 曾任重庆市江北区检察院副检察长,重庆市江北区法院副院长,重庆市江北区委政策研究室主任,重庆市江北区市政绿化管理委员会主任、党工委书记,历任重庆市城市建设投资(集团)有限公司法律审计部主任、党委委员,重庆渝开发股份有限公司总经理、党委书记,安诚财产保险股份有限公司总经理、党委书记,重庆财信企业集团有限公司高级副总裁、常务副总裁。现任财信投资集团有限公司董事局执行董事、高级副总裁、董事局办公室主任,重庆财信企业集团有限公司党委书记,重庆市财信环保投资股份有限公司董事长,财信国兴地产发展股份有限公司董事,重庆农村商业银行股份有限公司非执行董事。 |

独立董事

| 姓名 | 所在单位及职务 | 性别 | 年龄(岁) | 选任日期 | 所推举的股东名称 | 该股东持股比例(%) | 简要履历 |
|---|---|---|---|---|---|---|---|
| 王家祥 | — | 女 | 71 | 2017年7月31日 | 重庆财信企业集团有限公司 | 49.99 | 曾任上海国际信托投资公司申信进出口公司建设部经理,正大国际财务有限公司总裁助理,上海实业联合集团股份有限公司总经理助理;现任浦银安盛基金管理有限公司独立董事。 |
| 翟立宏 | 西南财经大学信托与理财研究所所长 | 男 | 49 | 2017年7月31日 | 北京融达投资有限公司 | 50.01 | 曾任山东工商学院经济学院副院长;现任西南财经大学金融学院教授、博士生导师,西南财经大学信托与理财研究所所长,中国信托业协会非会员理事,泰安银行独立董事,凉山农村商业银行独立董事。 |

### 3.3 监事

监事会成员

| 姓名 | 职务 | 性别 | 年龄(岁) | 选任日期 | 所推举的股东名称 | 该股东持股比例(%) | 简要履历 |
|---|---|---|---|---|---|---|---|
| 张　宏 | 监事长 | 男 | 58 | 2018年11月6日 | 北京融达投资有限公司 | 50.01 | 曾任北京国利能源投资有限公司副总经理,华澳国际信托有限公司总裁、监事长、董事长,在财务、金融投资、资产重组及海外业务等方面拥有丰富的管理经验;现任财兴投资有限公司副董事长,南京证券有限责任公司独立董事。 |
| 李登峰 | 监事 | 男 | 39 | 2016年3月3日 | 重庆财信企业集团有限公司 | 49.99 | 曾任重庆辉腾律师事务所律师,重庆盛世文辉律师事务所律师,重庆财信企业集团有限公司法务中心总经理;现任重庆财信企业集团有限公司风控中心总经理,重庆财信环境资源股份有限公司监事长。 |
| 孙朋云 | 职工监事 | 男 | 37 | 2018年4月27日 | — | — | 曾任华澳国际信托有限公司计划财务部副总经理、运营管理部总经理;现任华澳国际信托有限公司证券投资部总经理。 |

## 3.4 高级管理人员

| 姓名 | 职务 | 性别 | 年龄（岁） | 选任日期 | 金融从业年限（年） | 学历 | 专业 | 简要履历 |
|---|---|---|---|---|---|---|---|---|
| 吴瑞忠 | 总裁 | 男 | 54 | 2016年10月12日 | 37 | 硕士 | 工商管理 | 曾任兴业银行总行企业金融总部风险总监、企业金融信用业务首席审批官，兴业银行重庆分行党委书记、行长，具有丰富的金融行业管理、风控等背景及从业经验。 |
| 杨伟琳 | 副总裁 | 男 | 42 | 2017年5月24日 | 24 | 本科 | 法学 | 曾任兴业银行南昌分行副行长，兼任分行企业金融总部副总裁、金融市场总部南昌分部总裁等职，具有丰富的金融从业经验和资深的金融公司管理经验。 |
| 曾珊珊 | 副总裁 | 女 | 35 | 2017年12月8日 | 15 | 硕士 | 软件工程 | 曾任重庆农商行资金运营部副总经理，兴业国际信托投资银行部总经理、华北业务总部总经理等职，兼备一线业务工作经验和条线管理经验，拥有丰富的金融市场、企业金融业务经验。 |
| 陈　鸣 | 副总裁 | 男 | 55 | 2016年3月14日 | 34 | 研究生 | 哲学 | 曾任安诚财产保险上海分公司总经理，安诚财产保险江苏分公司总经理、支部书记兼上海分公司负责人、党支部书记等职，具有丰富金融行业管理经验。 |
| 解媛媛 | 总审计师 | 女 | 48 | 2016年3月14日 | 3 | 硕士 | 工商管理 | 曾任天健会计事务所审计部负责人，重庆财信企业集团总裁助理兼重庆财信房地产开发有限公司副总裁，重庆市财务局财政投资评审经理，具有丰富审计及管理方面的从业经验。 |
| 李爱民 | 总裁助理 | 男 | 43 | 2018年7月23日 | 19 | 硕士 | 国际法 | 曾任职于大业信托、外贸信托、安信信托等机构，在信托业务及风控合规管理领域有较丰富经验。 |

## 3.5 公司员工

本报告期，公司在岗员工207人。

| 项　目 | | 本报告期 | | 2017年末 | |
|---|---|---|---|---|---|
| | | 人数（人） | 比例（%） | 人数（人） | 比例（%） |
| 年龄分布 | 25岁以下 | 7 | 3.4 | 7 | 4.3 |
| | 25~29岁 | 56 | 27.1 | 53 | 32.3 |
| | 30~39岁 | 116 | 56.0 | 80 | 48.8 |
| | 40岁以上 | 28 | 13.5 | 24 | 14.6 |
| 学历分布 | 博士 | 0 | 0.0 | 0 | 0.0 |
| | 硕士 | 102 | 49.3 | 72 | 43.9 |
| | 本科 | 99 | 47.8 | 88 | 53.7 |
| | 专科 | 6 | 2.9 | 4 | 2.4 |
| | 其他 | 0 | 0.0 | 0 | 0.0 |
| 岗位分布 | 董事、监事及高管人员 | 6 | 2.9 | 6 | 3.7 |
| | 自营业务人员 | 9 | 4.4 | 6 | 3.7 |
| | 信托业务人员 | 54 | 26.1 | 58 | 35.4 |
| | 其他人员 | 138 | 66.7 | 94 | 57.3 |

# 4. 经营管理

## 4.1 经营目标、经营方针、战略规划

### 4.1.1 经营目标

以客户为核心，加大传统业务的展业力度，投资、融资相结合，逐步推行公司业务转型，培育持续稳定的盈利能力，打造核心竞争力，落实公司五年发展战略规划（2017—2021年）目标。2018年在股东的支持下，在董事会的领导下，在监管部门具体监管和指导下，坚定不移地推进公司业务转型，不断厘清并探索业务方向，达成董事会下达的全年经营目标。

### 4.1.2 经营方针

紧跟政策和市场变化，夯实内部管理基础，明确业务发展模式，强化风险合规管理，依法合规展业，推进业务转型，积极探索新兴领域，主动作为，稳步推进转型与发展，不断增强公司对外展业能力、业务创新能力、同业合作能力、防范风险能力，公司保持着稳健的发展态势。报告期内，公司董事会和经营管理层面对错综复杂的经济环境，强化风险管理，加速业务结构的优化，实现ROE累计值为11.34%，实现净利润为4.10亿元，较2017年同比增长35.93%。

### 4.1.3 战略规划

公司紧跟国家对经济战略布局的新要求，以公司五年发展规划（2017—2021年）为指引，充分发挥信托行业优势，在坚持服务实体经济、坚持回归本源业务、坚持守住合规底线的原则基础上，本着“稳发展、强基础、控风险、促转型、增效益”的业务发展思路，聚焦资产管理、财富管理和受托服务三大领域，提升专业资产管理能力，努力打造“资本充足、信誉良好、经营稳健、产融结合”的华澳信托特色品牌。公司五年发展规划的战略目标是通过5年努力，达到信托行业中上水平，即监管评级、行业评级的评级结果大幅提升，以及通过5年努力，ROE实现大幅提升并达到行业中上游水平。

## 4.2 所经营业务的主要内容

### 4.2.1 公司主营业务

公司目前主要以信托为主营业务，在确保风险可控的基础上适当开展自营金融业务。

信托业务方面，公司坚持贯彻落实监管部门的指导思想，紧紧围绕“稳中求进”的主导思想，坚持“稳发展、控风险、强基础、促转型、增效益”的经营策略，在巩固传统信托债权业务的同时，注重培养和提升主动管理的能力。公司时刻关注市场行情的变化，坚持审慎展业原则，加强贷前的尽职调查及风险识别、贷后的周期与不定期的风险排查与分析，切实把控业务风

险。同时，在业务开展上，公司根据政府及监管部门的政策导向，逐步加大对实体经济、民营经济的支持力度，也提高了政信平台、房地产业务的准入标准。而寻求业务转型、经营转型更是公司2018年探索的重中之重，公司积极尝试了消费金融、FOF投资、家族信托和慈善信托等创新业务，以期不断丰富现有的信托业务种类和模式。

今后，公司将逐步申请开展企业年金、QDII、PE等以资产管理为核心竞争力的主动管理型信托业务，并探索落地消费金融、FOF及债市权益类业务，开创新合作模式开展产融协同业务，同时回归“受人之托、代人理财”的信托本源，开展家族信托和慈善信托。

固有业务方面，以投资为主，同时更加重视流动性管理，开展同业拆借业务，适度增加固有资金杠杆，确保流动性安全，提高资金使用效率和收益率；固有资金同时作为公司风险缓释的重要手段，给予信托项目一定的流动性支持，帮助信托项目解决成立及垫付信保基金等时点上需求。

公司固有业务主要包括：（1）贷款类业务。贷款类业务是提高固有资金运营效率的重要手段，公司通过对贷款结构、期限、规模的动态调整和优化，积极把握各类行业领域孕育的投资机会，从客户资源、渠道资源、项目资源等方面为信托主业提供有力支持，同时获得风险可控的较高收益。（2）金融产品投资类业务。金融产品投资类业务较为灵活，可根据公司当期资金情况，提高资金使用效率。适当配比不同种类的金融产品时，可降低投资组合风险。同时，在风险相对较低的情况下可获得可观收益。目前，金融产品投资类业务主要包括购买信托产品、定向资管产品等。（3）固定收益业务。固定收益业务对公司在优化固有资产投资结构、提升固有资产运营效率等方面发挥着重要作用。公司以确保资金的安全性和资产的流动性为原则，通过对固定收益市场和相关投资品种的深入研究，根据市场环境的变化动态调整和优化资产配置结构，构成稳健的投资组合，获取固定收益。

目前公司各类投资产品为银行同业定存、货币基金、定向资管、基金、信托产品、其他债权类投资等。

#### 4.2.2 资产组合与分布

2018年末，公司净资本为311 495.69万元，各项业务风险资本之和为151 803.05万元，净资本/各项业务风险资本为205.20%。

**自营资产运用与分布表**

| 资产运用 | 金额（万元） | 占比（%） | 资产分布 | 金额（万元） | 占比（%） |
|---|---|---|---|---|---|
| 货币资产 | 7 343.70 | 1.29 | 工商企业 | 439 902.03 | 77.06 |
| 交易性金融资产 | — | — | 基础产业 | 55 000.00 | 9.64 |
| 发放贷款 | 4 925.00 | 0.86 | 金融机构 | 2 000.00 | 0.35 |
| 可供出售金融资产 | 487 148.49 | 85.34 | 其他 | 73 925.90 | 12.95 |
| 持有至到期投资 | — | — | 证券 | — | — |
| 长期股权投资 | — | — | 房地产 | — | — |
| 其他资产 | 71 140.74 | 12.51 | | | |
| 资产总计 | 570 827.93 | 100.00 | 资产总计 | 570 827.93 | 100.00 |

**信托资产运用与分布表**

| 资产运用 | 金额（万元） | 占比（%） | 资产分布 | 金额（万元） | 占比（%） |
|---|---|---|---|---|---|
| 货币资金 | 107 726.00 | 0.84 | 工商企业 | 3 308 175.77 | 25.86 |
| 交易性金融资产 | 189 867.55 | 1.48 | 基础产业 | 4 927 439.48 | 38.52 |
| 买入返售金融资产 | 5 130.33 | 0.04 | 金融机构 | 717 554.11 | 5.61 |
| 应收款项 | 2 973 117.34 | 23.24 | 其他 | 2 298 570.54 | 17.97 |
| 发放贷款 | 5 477 616.73 | 42.82 | 证券 | 217 713.06 | 1.70 |
| 可供出售金融资产 | 3 116 153.92 | 24.36 | 房地产 | 1 323 718.30 | 10.35 |
| 长期应收款 | | | | | |
| 长期股权投资 | 903 559.38 | 7.06 | | | |
| 其他资产 | 20 000.00 | 0.16 | | | |
| 合计 | 12 793 171.25 | 100.00 | 合计 | 12 793 171.25 | 100.00 |

### 4.3 市场分析

2018年，我国经济由稳转向趋势下降、人民币汇率由升转向大幅贬值、流动性由前期紧张逆转为相对充裕合理、债券市场迎来一波小牛市、股票市场仍在触及低位、期货市场指数不断走高。根据国家统计局网站数据显示，2018年国内生产总值为900 309亿元，按可比价格计算，比上年增长6.6%，实现了6.5%左右的预期发展目标。分季度看，第一季度至第四季度国内生产总值分别同比增长6.8%、6.7%、6.5%和6.4%。分产业看，第一产业GDP增加值为64 734亿元，比上年增长3.5%；第二产业GDP增加值为366 001亿元，同比增长5.8%；第三产业GDP增加值为469 575亿元，同比增长7.6%。从三大产业发展趋势看，第三产业已成为中国经济发展的新动力，在供给侧结构性改革等重大政策的推动下，移动支付、共享经济、信息经济等加速成长，信息传输、软件和信息技术服务业等贡献巨大。同时，工业内部结构不断优化，高技术制造业和装备制造业增加值分别增长12%、9.3%，新能源汽车和工业机器人产量分别增长85.8%、33.7%。

当前，中美贸易摩擦成为影响国内经济稳定运行的最大不确定性因素，去杠杆、严监管过程中出现了企业融资紧张、信用债违约上升等金融风险。同时，投资需求疲软对未来经济增长带来一定负面影响。

经济和金融二者是共生共荣、相互促进的关系。监管政策方面，《信托部关于规范金融机构资产管理业务的指导意见》的出台对信托行业影响深远，在降杠杆、去通道的大背景下，打破刚性兑付、禁止产品嵌套、资金池管理、提高合格投资者门槛等细则，加速推动信托行业压缩通道规模，向主动管理业务转型，最终回归信托本源。2018年8月，银保监会下发《信托部关于加强规范资产管理业务过渡期内信托监管工作的通知》（信托函[2018]37号），对信托通道业务“区别对待”，支持信托公司开展符合监管要求、资金投向实体经济的事务管理类信托业务，首次明确公益信托、家族信托相关定义，是家族信托法律体制的重大进步，为信托业的发展转型带来重大契机。2018年12月，银保监会发布《商业银行理财子公司管理办法》，对信托公司的挑战与机遇并存，鼓励信托公司回归信托业务本源，服务实体经济，提升发展质量。

与实体经济紧密结合是信托业的立业之基，不断推行改革创新是信托公司发展的活力源泉，坚持市场化导向是信托业发展的关键所在，不断深化信托发展规律的认识是信托业发展的重要保障。未来，优化业务结构、发力财富管理；转型提升家族信托、新兴产业投资等领域；提升产品创新能力和风控能力，以差异化、专业化的产品与服务吸引客户；在资产端实现对资金的主动管理，将成为信托业长期发展的关键因素。

## 4.4 内部控制

### 4.4.1 内部环境和内部控制文化

治理结构。公司建立了"三会一层"治理结构，股东会、董事会、监事会、高级管理层在各自权限范围内履行职责，保障业务决策和日常管理安全有序。公司设置了前台、中台、后台分离的部门组织架构，职责流程、报告关系较为清晰，共同保证经营目标有效实现。

经营战略。公司聚焦资产管理、财富管理和受托服务三大领域，努力打造"资本充足、信誉良好、经营稳健、产融结合"的特色品牌。报告期内，公司重点围绕控规模调结构、升级财富管理、强化风险管理、完善管理机制四个方面开展工作。

激励约束。公司制定了信托和财富业务条线绩效考核制度，鼓励业务创新，综合考量业务达成和风险合规因素，并根据阶段实施情况予以调整。公司尝试进一步优化前台、中台、后台薪酬考核机制，建立更加科学合理同时具有市场竞争力的薪酬制度。

廉政建设。公司持续开展"廉洁自律、勤勉尽职"专项工作，从完善廉洁从业和问责制度、持续宣导监督检举机制、加强队伍建设、公布廉政监察邮箱等方面，倡导清廉司风，遏制违规行为。

### 4.4.2 内部控制措施

公司以建立"全面有效的风险管理体系"为目标，制定与公司战略、业务发展相匹配的风险偏好和风险策略；公司重视信用风险防范，通过前台部门尽职调查、中台部门审批复核，业务落地后定期走访，后台部门定期舆情监测，建立事前、事中、事后全流程风险控制机制；公司定期开展合规经营培训，加强风险评价体系制度建设，将银保监专项治理和案件排查工作常态化。公司固有业务和信托业务分属不同的业务部门，部门之间相互独立、相互制约，能够确保固有业务风险和信托业务风险有效隔离。计划财务部、运营部、固有业务部等部门对会计账表、统计信息进行分工，建立内部复核机制，对外报送路径清晰。公司建立了操作风险突发事件和非业务法律事务突发事件应急预案。

### 4.4.3 监督评价与纠正

公司审计与关联交易委员会下设审计稽核部履行内审监督职能。报告期内，公司遵循内部审计理念，重建审计管理体系，坚持审计工作独立性，让审计回归本职，健全各项工作规范，完善内部审计体系，有效提高审计工作质量。内部审计全年完成专项、离任、终止审计共20个项目，审计职能范围覆盖面扩大，独立性和有效性得到提升。

## 4.5 风险管理

### 4.5.1 风险管理概况

4.5.1.1 公司风险管理的宗旨

公司风险管理以保护委托人（受益人）和股东最大利益为宗旨。（1）风险管理是公司整体经营和各项业务稳健持续发展的保障。（2）董事会和公司最高管理层对风险的识别和管理负最终责任。（3）分工明确、相互制约的组织架构是公司风险管理的前提。（4）完善的制度体系建设是风险管理的基础。

4.5.1.2 公司风险管理的总体目标

（1）提升公司经营管理效果，促进经营和业务积极稳健发展。（2）确保公司经营合法合规以及公司内部规章制度得以贯彻执行。（3）确保将公司经营和业务风险控制在与公司总体目标相适应并可承受的范围内。（4）确保公司建立各类重大风险（包括但不限于法律合规风险、信用风险、市场风险、流动性风险、声誉风险、道德风险等）的防范和应急处理机制，保护公司不因灾害性风险或人为失误而遭受重大损失。（5）形成良好的风险管理文化，使全体员工不断强化风险防范和风险管理意识。

4.5.1.3 公司风险管理的原则

（1）全面性。公司风险管理应当做到事前、事中、事后控制相统一；覆盖公司的所有业务、部门和人员，渗透到决策、执行、监督、反馈等各个环节，确保不存在风险管理的空白或漏洞。（2）独立性。承担风险管理监督检查职能的部门应当独立于公司其他部门；各业务部门的业务环节应相互独立，各司其职。（3）制衡性。公司部门和岗位的设置应当权责分明、相互制衡，一线业务运作与二线管理支持及三线监督检查应适当分离。

4.5.1.4 公司风险管理的组织架构

公司积极推进全面风险管理体系建设，通过董事会成员组成的投资风险控制委员会以及公司高级管理层及相关部门负责人参加的项目评审委员会，评审审批公司各项业务及投资，及时了解并掌握拟开展项目的风险状况；公司将各业务部门及管理部门按前台、中台、后台进行职能分工，通过不断增加风险管理和风险控制的人力资源配置，通过不断强化全员风险管理理念，实现了从项目尽职调查到项目清算的全流程、全方位的风险防范体系。

董事会作为公司最高风险管理机构，管理并监督公司的风险偏好和风险容忍度。

监事会承担公司全面风险管理的监督责任，负责监督检查董事会和高级管理层（执行委员会）在风险管理方面的履职尽责情况。相关监督检查情况纳入监事会工作报告。

投资风险控制委员会负责提出公司经营管理过程中防范和控制风险的指导意见，监督公司风险管理的制度建设；负责审查重大业务风险；对公司风险状况和风险管理能力及水平进行评价，提出完善公司风险管理的建议。

执行委员会负责公司战略发展规划及业务层面的管理工作；监督业务管理制度、业务流程的制定；组织开展其他日常经营管理工作。

项目评审委员会负责对公司各项业务的评审和审批，包括对项目合规风险、法律风险、信用风险、市场风险、流动性风险、操作风险、声誉风险等的综合审议；只有经该委员会评审通过的项目方可提交公司投资风险控制委员会审批。

风险管理部作为公司全面风险管理的牵头协调部门，负责制定公司及各业务的风险管理政策和风险管理制度体系搭建，不断完善公司风险管理文化；依据公司的总体战略和风险偏好，制定风控规划并确定公司风险容忍度；负责存续项目风险管理及相关的制度和流程管理；负责存续项目的信息搜集、整理、统计分析；按照监管部门要求，协调公司各相关部门牵头完成与存续项目风险管理相关的各专项及临时监管信息的报备工作。

审计稽核部负责风险管理制度和流程执行的监督、审计并进行独立的风险评估；负责协助公司改进风险管理与内部控制系统；通过评价内部控制的效率与效果、促进内部控制的持续改善；对所发现的重大风险事项可直接向审计和关联交易委员会及投资风险控制委员会汇报。

法律合规部负责公司法律合规风险管理和咨询服务，对业务部门送审的项目进行法律合规风险审查，提出独立审查意见；负责牵头处理监管部门有关事务，组织案防、反洗钱相关工作；代表公司处理非诉讼及诉讼等相关事宜；负责促进公司合规文化建设，确保公司各项经营管理活动合法合规。

运营部作为公司信托业务中后端集中运营服务的管理综合平台，主要承担对信托资产存续期的运营处理、核算估值、运营分析和监督控制等职责；负责对信托业务进行有效监督和控制，提示并及时报告风险事项、合规事项等。

信托业务管理总部负责对公司信托业务进行统筹管理，优化资源配置，提升公司核心盈利能力，促进公司信托业务目标的达成，引领公司信托业务研究与创新；负责针对业务主要风险环节制定相应的业务操作流程。

各业务部门对风险管理负首要责任。各业务部门负责人是项目风险的第一责任人，履行风险管理和风险控制职能，执行具体的风险管理制度。

中后台其他管理部门是除上述承担管理职能部门以外的中后台其他管理部门，在其岗位职责范围内负责风险管理的相关事务。

**4.5.2 风险状况**

4.5.2.1 信用风险状况

信用风险主要指交易对手不履行义务的可能性，主要表现为：在信托贷款、资产回购、后续资金安排、担保、履约承诺等交易过程中，借款人、担保人、保管人（托管人）等交易对手不履行承诺，不能或不愿履行合约承诺而使信托财产和固有财产遭受潜在损失的可能性。同时，当信用风险发生时，如受托人没有尽职管理、安排预算不恰当时，或信托项目违法违规未能如期执行时，则可能会发生流动性风险。

2018年末，公司已按照净利润的5%计提了信托项目赔偿准备金，年末余额为7 425.91万元，较2017年末增加了2 052.08万元；已按风险资产的1.5%计提了一般风险准备，年末余额8 473.14万元，较2017年末增加1 768.32万元。

4.5.2.2 市场风险状况

市场风险是指公司在运营过程中可能因股价、市场汇率、利率及其他商品价格因素等变动而产生的风险。其具体表现为经济运作周期变化、金融市场利率波动、通货膨胀、房地产交易、证券市场变化等造成的风险，这些风险可能影响信托财产的价值及信托收益水平，也可能影响公司固有资产价值或导致损失。

报告期内，公司未发生因市场风险所造成的损失。

利率风险主要源于市场利率变动对利率敏感金融工具的公允价值或未来现金流量的影响。根据公司资金运作的实际情况，公司计息资产主要为短期同业存放及1年内到期的短期贷款，受市场利率变动的影响可控。

汇率风险是指因汇率变动产生损失的风险。截至2018年末，公司主要业务活动均以人民币计价结算。故此，外汇风险对公司的影响有限。

其他价格风险是指金融工具的公允价值受市场利率和外汇汇率以外的市场价格因素变动发生波动的风险。报告期内，公司不存在重大的其他价格风险。

4.5.2.3 操作风险状况

操作风险是指由于不完善或有问题的内部操作过程、人员、系统或外部事件而造成的直接或间接损失的风险。报告期内，公司经营管理活动严格相关制度和操作流程，报告期内，公司未出现其他重大差错、失误及责任事故。公司将进一步加强操作风险管理，严控操作风险。

4.5.2.4 其他风险状况

其他风险主要是指公司业务开展中的流动性风险、道德风险和声誉风险等。流动性风险是指没有足够资金以满足到期债务支付的风险。根据公司资金运作的实际情况及对流动性的预测，公司的资本金充足，能满足日常的业务与投资需求，不需要通过外部融资应对流动性风险，因此流动性风险不大。

**4.5.3 风险管理**

4.5.3.1 信用风险管理

为管理和防范信用风险，公司已建立信托项目全过程风险管理体系，风控措施覆盖项目立项、尽职调查、评审审批、发行、存续管理、清算等全过程。

风险管理部项目风险审查人员及法律合规部法律合规审查人员根据公司项目评审及风险防范相关原则，通过参与项目前期尽职调查、审核项目材料、参加项目预沟通会、优化交易方案等方式，有效识别、计量、揭示并控制项目存在的各类风险。

风险管理部存续项目管理人员通过对存续项目进行非现场监测及现场检查，持续监控存续期项目风险状况；通过每月查询交易对手（包括抵押人和保证人）涉诉及负面报道情况和征信系统、每月向业务部门发布并要求对未来即将到期的信托项目提交具有可操作性的资金安排计划，及时跟踪交易对手的信用状况。

不仅如此，公司还通过规范项目重大事项变更审批流程以及项目风险事件汇报路线和应急处置流程，填补现有评审审批环节的漏洞并不断优化审批流程，将授权和相互协调制约机制细化到具体经办流程中去。

此外，本着业务发展制度先行的原则，公司根据市场及行业发展状况不断梳理和完善风险管理制度、办法、指引，报告期内，出台了《关于规范融资类业务抵押增信措施的通知》，与信托业务管理总部共同研究出台《城投类发债主体合作产品准入标准通知》，细化对重点业务的操作指导；修订《存续项目风险管理办法》及《资产风险五级分类管理办法》，确保存续项目风险管理工作更加有效及时；梳理评审会及投委会议事规则、集团客户授信管理、项目事前风险审查、事务管理类项目成立审批等操作规范，进一步明确评审员的专业化分工，优化和规范风险管理操作流程；进行项目全流程风险点梳理，以进一步完善对项目事前、事中、事后的风险防控管理；遵照上海市银行同业公会及上海银保监局筹备组通知要求，新增制定了《联合授信管理暂行办法》《联合授信操作细则》，以满足外部监管层面对于公司联合授信管理工作方面的监管要求；推进评审员专业化管理，补充业务审核和存续管理力量。

4.5.3.2　市场风险管理

2018年以来，公司根据市场及行业发展状况，在业务指引方面分别修订并出台了地方政府融资平台类业务、资本市场投资类业务、房地产类业务、工商企业类业务、事务管理类业务共计五类主要业务品种的八项制度、办法、指引，基本覆盖公司已开展和拟开展业务类型，为管控市场风险提供制度保障。

4.5.3.3　操作风险管理

公司所有从业人员均具备良好的道德意识和职业操守，未出现违法、违规、违约现象，未出现较大差错和失误，未发生责任事故。公司严格规范操作流程，严控操作风险。

公司采取一系列措施规范操作流程，降低操作风险：(1)建立严格的部门职责和员工岗位职责，梳理各项业务流程和操作规程；(2)建立职责分离、相互监督制约的机制，建立严格的审核、复核程序；(3)建立规范的信息系统管理流程并配置灾备系统；(4)公司不断完善各项规章制度，使之更加完整严密。

公司在业务尽职调查、产品规范化管理、外部中介机构管控、风险监测评价、合同档案管理、信息披露等方面不断细化管理要点和规范操作流程，提升业务操作的规范化和标准化水平，消除操作风险隐患，有效管理各类操作风险。

4.5.3.4　其他风险管理

4.5.3.4.1　声誉风险

公司根据"全员有责、动态预防、及时报告、审慎管理"的原则主动防范声誉风险，通过建立积极、合理、有效的声誉风险管理机制，实现对声誉风险的识别、监测、控制和化解。公司实时关注舆情信息，及时澄清虚假信息或不完整信息。建立信息披露管理制度，及时准确地向公众发布信息，主动接受舆论监督，为正常的新闻采访活动提供便利和必要保障。公司创建多种渠道与投资人进行良好互动，保障客户合法权益，不断提升客户综合满意度，巩固和提升公司的良好形象，推动公司持续稳健发展。

4.5.3.4.2　道德风险

公司通过制度设计完善内部控制机制，规范操作流程；严格执行管理制度及纪律要求；加强道德文化教育，要求员工遵纪守法，不断提高员工廉洁自律和勤勉尽职的意识；以员工为本，强调和谐共赢，不断加强企业的凝聚力和员工的归属感，使员工认识到与公司共同成长的重要性，为防范道德风险提供制度保障。

4.5.3.4.3　流动性风险

公司充分重视流动性风险的管理和控制，固有资产流动性充沛，信托业务在方案设计及后续管理中把流动性风险管理作为重要风险要素之一。公司不断提高识别、监测和调控头寸的能力，随着业务项目的增加，将逐步完善流动性风险管理体系的建设。财务部人员及运营部人员对流动性缺口进行测算；风险管理部通过每个月的风险排查、流动性风险提示函等方式，及时跟踪并向公司管理层汇报存续项目可能存在的流动性风险；审计稽核部通过对日常经营管理定期审计，对业务项目常规的阶段性稽核及1个月内到期项目的专项稽核等对流动性管理情况进行监督检查；基本具备缓解和释放信托赔偿责任风险转嫁给固有业务的流动性压力的手段和措施。

## 5. 报告期末及上一年度末的比较式会计报表

### 5.1　自营资产（会计报表已经审计）

#### 5.1.1　会计师事务所审计意见全文

**审计报告**

XYZH/2019CQA200

华澳国际信托有限公司全体股东：

一、审计意见

我们审计了华澳国际信托有限公司（以下简称华澳信托）财务报表，包括2018年12月31日的合并及母公司资产负债表，2018年度合并及母公司利润表、合并及母公司现金流量表、合并及母公司所有者权益变动表以及财务报表附注。

我们认为，后附的财务报表在所有重大方面按照企业会计准则的规定编制，公允反映了华澳信托2018年12月31日的合并及母公司财务状况以及2018年度的合并及母公司经营成果和现金流量。

二、形成审计意见的基础

我们按照中国注册会计师审计准则的规定执行了审计工作。审计报告的"注册会计师对财务报表审计的责任"部分进一步阐述了我们在这些准则下的责任。按照中国注册会计师职业道德守则，我们独立于华澳信托，并履行了职业道德方面的其他责任。我们相信，我们获取的审计证据是充分、适当的，为发表审计意见提供了基础。

三、管理层和治理层对财务报表的责任

贵公司管理层负责按照企业会计准则的规定编制财务报表，使其实现公允反映，并设计、执行和维护必要的内部控制，以使财务报表不存在由于舞弊或错误导致的重大错报。

在编制财务报表时，管理层负责评估华澳信托的持续经营能力，披露与持续经营相关的事项（如适用），并运用持续经营假设，除非管理层计划清算华澳信托、终止运营或别无其他现实的选择。

治理层负责监督华澳信托的财务报告过程。

四、其他信息

华澳信托管理层（以下简称管理层）对其他信息负责。其他信息包括华澳信托2018年年度报告中涵盖的信息，但不包括财务报表和我们的审计报告。

我们对财务报表发表的审计意见不涵盖其他信息，我们也不对其他信息发表任何形式的鉴证结论。

结合我们对财务报表的审计，我们的责任是阅读其他信息，在此过程中，考虑其他信息是否与财务报表或我们在审计过程中了解到的情况存在重大不一致或者存在重大错报。

基于我们已执行的工作，如果我们确定其他信息存在重大错报，我们应当报告该事实。在这方面，我们无任何事项需要报告。

五、注册会计师对财务报表审计的责任

我们的目标是对财务报表整体是否不存在由于舞弊或错误导致的重大错报获取合理保证，并出具包含审计意见的审计报告。合理保证是高水平的保证，但并不能保证按照审计准则执行的审计在某一重大错报存在时总能发现。错报可能由于舞弊或错误导致，如果合理预期错报单独或汇总起来可能影响财务报表使用者依据财务报表作出的经济决策，则通常认为错报是重大的。

在按照审计准则执行审计工作的过程中，我们运用职业判断，并保持职业怀疑。同时，我们也执行以下工作：

（1）识别和评估由于舞弊或错误导致的财务报表重大错报风险，设计和实施审计程序以应对这些风险，并获取充分、适当的审计证据，作为发表审计意见的基础。由于舞弊可能涉及串通、伪造、故意遗漏、虚假陈述或凌驾于内部控制之上，未能发现由于舞弊导致的重大错报的风险高于未能发现由于错误导致的重大错报的风险。

（2）了解与审计相关的内部控制，以设计恰当的审计程序，但目的并非对内部控制的有效性发表意见。

（3）评价管理层选用会计政策的恰当性和作出会计估计及相关披露的合理性。

（4）对管理层使用持续经营假设的恰当性得出结论。同时，根据获取的审计证据，就可能导致对华澳信托持续经营能力产生重大疑虑的事项或情况是否存在重大不确定性得出结论。如果我们得出结论认为存在重大不确定性，审计准则要求我们在审计报告中提请报表使用者注意财务报表中的相关披露；如果披露不充分，我们应当发表非无保留意见。我们的结论基于截至审计报告日可获得的信息。然而，未来的事项或情况可能导致华澳信托不能持续经营。

（5）评价财务报表的总体列报、结构和内容，并评价财务报表是否公允反映相关交易和事项。

（6）就华澳信托中实体或业务活动的财务信息获取充分、适当的审计证据，以对财务报表发表审计意见。我们负责指导、监督和执行集团审计，并对审计意见承担全部责任。

我们与治理层就计划的审计范围、时间安排和重大审计发现等事项进行沟通，包括沟通我们在审计中识别出的值得关注的内部控制缺陷。

信永中和会计师事务所（特殊普通合伙）

中国注册会计师：侯黎明

中国注册会计师：阳　伟

中国·北京　　　　二〇一九年三月六日

### 5.1.2　资产负债表

**资产负债表**

2018年12月31日

编制单位：华澳国际信托有限公司　　　　单位：万元

| 资　产 | 合并 | | 母公司 | |
|---|---|---|---|---|
| | 年末余额 | 年初余额 | 年末余额 | 年初余额 |
| 资产 | | | | |
| 现金及存放银行款项 | 7 343.70 | 40 541.54 | 7 343.70 | 40 240.49 |
| 存放中央银行款项 | | | | |
| 贵金属 | | | | |
| 拆出资金 | | 39 400.00 | | 39 400.00 |
| 以公允价值计量且其变动计入当期损益的金融资产 | | 1 018.57 | | 1 018.57 |
| 衍生金融资产 | | | | |
| 买入返售金融资产 | | | | |
| 应收利息 | 5 945.51 | 2 216.08 | 5 945.51 | 2 532.46 |
| 应收手续费及佣金 | | 1 786.67 | | 1 786.67 |
| 其他应收款 | 56 395.45 | 31 884.94 | 56 395.45 | 31 884.94 |
| 预付账款 | | | | |
| 持有待售资产 | | | | |
| 发放贷款及垫款 | 7 550.00 | 63 024.95 | 4 925.00 | 43 458.83 |
| 可供出售金融资产 | 377 650.99 | 57 327.00 | 487 148.49 | 316 454.97 |
| 持有至到期投资 | | | | |
| 应收款项类投资 | 106 872.50 | 248 381.85 | | |
| 长期股权投资 | | | | |
| 投资性房地产 | | | | |
| 固定资产 | 412.65 | 413.62 | 412.65 | 413.62 |
| 无形资产 | 1 142.79 | 1 044.83 | 1 142.79 | 1 044.83 |
| 商誉 | | | | |
| 递延所得税资产 | 3 689.54 | 3 942.45 | 3 689.54 | 3 942.45 |
| 抵债资产 | | | | |
| 其他资产 | 3 824.80 | 1 610.04 | 3 824.80 | 1 610.04 |
| 资产总计 | 570 827.93 | 492 592.55 | 570 827.93 | 483 787.88 |

法定代表人：张　宏　　　　主管会计工作的负责人：吴瑞忠　　　　会计机构负责人：钱　旭

**资产负债表(续)**

2018 年 12 月 31 日

编制单位:华澳国际信托有限公司 单位:万元

| 负债和股东权益 | 合并 | | 母公司 | |
|---|---|---|---|---|
| | 年末余额 | 年初余额 | 年末余额 | 年初余额 |
| 负债 | | | | |
| 向中央银行借款 | | | | |
| 同业及其他金融机构存放款项 | | | | |
| 拆入资金 | 53 000. 00 | 120 000. 00 | 53 000. 00 | 120 000. 00 |
| 交易性金融负债 | | | | |
| 衍生金融负债 | | | | |
| 卖出回购金融资产款 | | | | |
| 吸收存款 | | | | |
| 应付职工薪酬 | 5 501. 40 | 6 515. 63 | 5 501. 40 | 6 515. 63 |
| 应交税费 | 12 819. 95 | 8 302. 23 | 12 819. 95 | 8 302. 23 |
| 应付利息 | 361. 67 | 237. 28 | 361. 67 | 237. 28 |
| 其他应付款 | 16 626. 73 | 10 080. 10 | 16 626. 73 | 1 275. 43 |
| 预收手续费及佣金 | | 5 980. 50 | | 5 980. 50 |
| 持有待售负债 | | | | |
| 预计负债 | | | | |
| 应付债券 | | | | |
| 递延所得税负债 | | 0. 25 | | 0. 25 |
| 其他负债 | 100 000. 00 | — | 100 000. 00 | — |
| 负债合计 | 188 309. 75 | 151 115. 99 | 188 309. 75 | 142 311. 32 |
| 股东权益: | | | | |
| 实收资本 | 250 000. 00 | 250 000. 00 | 250 000. 00 | 250 000. 00 |
| 减:库存股 | | | | |
| 资本公积 | | | | |
| 其他综合收益 | | | | |
| 盈余公积 | 14 851. 82 | 10 747. 66 | 14 851. 82 | 10 747. 66 |
| 一般风险准备 | 8 473. 14 | 6 704. 82 | 8 473. 14 | 6 704. 82 |
| 信托赔偿准备 | 7 425. 91 | 5 373. 83 | 7 425. 91 | 5 373. 83 |
| 未分配利润 | 101 767. 31 | 68 650. 25 | 101 767. 31 | 68 650. 25 |
| 归属于母公司所有者权益 | 382 518. 18 | 341 476. 56 | | |
| 少数股东权益 | | | | |
| 所有者权益合计 | 382 518. 18 | 341 476. 56 | 382 518. 18 | 341 476. 56 |
| 负债和所有者权益总计 | 570 827. 93 | 492 592. 55 | 570 827. 93 | 483 787. 88 |

法定代表人:张　宏　　主管会计工作的负责人:吴瑞忠　　会计机构负责人:钱　旭

### 5. 1. 3　利润表

**利润表**

编制单位:华澳国际信托有限公司 2018 年度 单位:万元

| 项　　目 | 合并 | | 母公司 | |
|---|---|---|---|---|
| | 本年发生额 | 上年发生额 | 本年发生额 | 上年发生额 |
| 一、营业收入 | 73 778. 63 | 59 353. 72 | 73 778. 63 | 57 074. 35 |
| 利息净收入 | −1 328. 98 | 21 609. 42 | −6 773. 19 | −916. 37 |
| 利息收入 | 7 919. 78 | 26 236. 22 | 2 475. 56 | 3 710. 42 |
| 利息支出 | 9 248. 76 | 4 626. 80 | 9 248. 76 | 4 626. 80 |
| 手续费及佣金净收入 | 43 037. 02 | 35 108. 66 | 43 037. 02 | 35 521. 70 |
| 手续费及佣金收入 | 46 999. 36 | 36 476. 06 | 46 999. 36 | 36 889. 11 |
| 手续费及佣金支出 | 3 962. 34 | 1 367. 41 | 3 962. 34 | 1 367. 41 |
| 投资收益 | 32 070. 59 | 2 634. 62 | 37 514. 81 | 22 468. 01 |
| 其中:对联营企业及合营企业的投资收益 | | | | |
| 公允价值变动损益 | | 1. 01 | | 1. 01 |
| 汇兑收益 | | | | |
| 资产处置收益(损失以“ - ”号填列) | | | | |
| 其他收益 | | 0. 01 | | |
| 二、营业支出 | 20 697. 22 | 19 981. 88 | 20 697. 22 | 17 702. 51 |
| 税金及附加 | 272. 35 | 337. 08 | 272. 35 | 337. 08 |
| 业务及管理费 | 20 422. 28 | 19 615. 78 | 20 422. 28 | 17 336. 42 |
| 资产减值损失 | 2. 59 | 29. 01 | 2. 59 | 29. 01 |

续表

| 项　目 | 合并 | | 母公司 | |
|---|---|---|---|---|
| | 本年发生额 | 上年发生额 | 本年发生额 | 上年发生额 |
| 其他业务成本 | | | | |
| 三、营业利润 | 53 081.41 | 39 371.84 | 53 081.41 | 39 371.84 |
| 加：营业外收入 | 1 755.38 | 1 045.18 | 1 755.38 | 1 045.18 |
| 减：营业外支出 | 26.14 | 0.59 | 26.14 | 0.59 |
| 四、利润总额 | 54 810.65 | 40 416.43 | 54 810.65 | 40 416.43 |
| 减：所得税费用 | 13 769.03 | 10 215.12 | 13 769.03 | 10 215.12 |
| 五、净利润 | 41 041.62 | 30 201.31 | 41 041.62 | 30 201.31 |
| 归属于母公司的净利润 | 41 041.62 | 30 201.31 | | |
| 少数股东损益 | | | | |
| (一)持续经营净利润(净亏损以"－"号填列) | | | | |
| (二)终止经营净利润(净亏损以"－"号填列) | | | | |
| 六、其他综合收益的税后净额 | | | | |
| 归属母公司所有者的其他综合收益的税后净额 | | | | |
| 七、综合收益总额 | 41 041.62 | 30 201.31 | 41 041.62 | 30 201.31 |
| 归属于母公司股东的综合收益总额 | 41 041.62 | 30 201.31 | | |

法定代表人：张　宏　　　　主管会计工作的负责人：吴瑞忠　　　　会计机构负责人：钱　旭

### 5.1.4　现金流量表

**现金流量表**

编制单位：华澳国际信托有限公司　　　　2018 年度　　　　单位：万元

| 项　目 | 合并 | | 母公司 | |
|---|---|---|---|---|
| | 本年发生额 | 上年发生额 | 本年发生额 | 上年发生额 |
| 一、经营活动产生的现金流量： | | | | |
| 吸收存款和同业存放款项净增加额 | | | | |
| 向中央银行借款净增加额 | | | | |
| 发放贷款及垫款净减少额 | 61 360.64 | 5 120.00 | 61 360.64 | |
| 向其他金融机构拆入资金净增加额 | 73 000.00 | 60 000.00 | 73 000.00 | 60 000.00 |
| 卖出回购业务资金净增加额 | | | | |
| 买入返售业务净减少额 | | | | |
| 收取的利息、手续费及佣金的现金 | 48 404.19 | 65 792.70 | 42 959.97 | 44 685.70 |
| 收回核销债权 | | | | |
| 其他收入(经营租赁收入) | | | | |
| 收到的其他与经营活动有关的现金 | 11 682.11 | 3 574.77 | 11 682.11 | 3 574.77 |
| 经营活动现金流入小计 | 194 446.94 | 134 487.48 | 189 002.72 | 108 260.46 |
| 发放贷款及垫款净增加额 | | 38 242.85 | | 38 242.85 |
| 存放中央银行和同业款项净增加额 | | | | |
| 向其他金融机构拆放资金净增加额 | | 40 000.00 | | 40 000.00 |
| 买入返售业务净增加额 | | | | |
| 向中央银行借款净减少额 | | | | |
| 卖出回购业务资金净减少额 | | | | |
| 支付的利息、手续费及佣金的现金 | 13 211.09 | 5 927.26 | 13 211.09 | 5 927.26 |
| 支付给职工以及为职工支付的现金 | 11 126.63 | 12 714.29 | 11 126.63 | 12 714.29 |
| 支付的各项税费 | 19 737.84 | 9 347.54 | 19 737.84 | 9 347.54 |
| 支付的其他与经营活动有关的现金 | 27 338.37 | 33 931.34 | 27 037.32 | 31 639.89 |
| 经营活动现金流出小计 | 71 413.93 | 140 163.29 | 71 112.88 | 137 871.83 |
| 经营活动产生的现金流量净额 | 123 033.01 | −5 675.81 | 117 889.84 | −29 611.37 |
| 二、投资活动产生的现金流量： | | | | |
| 收回投资收到的现金 | 646 520.62 | 272 741.90 | 646 520.62 | 277 861.90 |
| 取得投资收益收到的现金 | 27 955.59 | 1 968.25 | 33 399.81 | 21 564.49 |
| 处置固定资产、无形资产和其他长期资产收回的现金净额 | | 0.55 | | 0.55 |
| 收到其他与投资活动有关的现金 | | | | |
| 投资活动现金流入小计 | 674 476.21 | 274 710.70 | 679 920.43 | 299 426.93 |
| 购建固定资产、无形资产和其他长期资产支付的现金 | 171.98 | 329.86 | 171.98 | 329.86 |
| 投资支付的现金 | 830 535.08 | 456 466.90 | 830 535.08 | 456 466.90 |
| 取得子公司及其他营业单位支付的现金净额 | | | | |
| 支付其他与投资活动有关的现金 | | | | |

续表

| 项　目 | 合并 | | 母公司 | |
|---|---|---|---|---|
| | 本年发生额 | 上年发生额 | 本年发生额 | 上年发生额 |
| 投资活动现金流出小计 | 830 707.06 | 456 796.76 | 830 707.06 | 456 796.76 |
| 投资活动产生的现金流量净额 | -156 230.85 | -182 086.07 | -150 786.63 | -157 369.83 |
| 三、筹资活动产生的现金流量: | | | | |
| 吸收投资收到的现金 | | 190 000.00 | | 190 000.00 |
| 其中:子公司吸收少数股东投资收到的现金 | | | | |
| 发行债券收到的现金 | | | | |
| 收到其他与筹资活动有关的现金 | | | | |
| 筹资活动现金流入小计 | | 190 000.00 | | 190 000.00 |
| 偿还债务支付的现金 | | | | |
| 分配股利、利润或偿付利息支付的现金 | | 659.78 | | |
| 其中:子公司支付少数股东的股利、利润 | | | | |
| 分配信托收益所支付的现金 | | | | |
| 支付其他与筹资活动有关的现金 | | | | |
| 筹资活动现金流出小计 | | 659.78 | | |
| 筹资活动产生的现金流量净额 | | 189 340.22 | | 190 000.00 |
| 四、汇率变动对现金及现金等价物的影响 | | | | |
| 五、现金及现金等价物净增加额 | -33 197.84 | 1 578.34 | -32 896.79 | 3 018.79 |
| 加:期初现金及现金等价物余额 | 40 541.54 | 38 963.20 | 40 240.49 | 37 221.69 |
| 六、期末现金及现金等价物余额 | 7 343.70 | 40 541.54 | 7 343.70 | 40 240.49 |

法定代表人:张　宏　　　主管会计工作的负责人:吴瑞忠　　　会计机构负责人:钱　旭

### 5.1.5　所有者权益变动表

**所有者权益变动表**

编制单位:华澳国际信托有限公司　　　2018 年度　　　单位:万元

| 项　目 | 本年(合并/母公司) | | | | | |
|---|---|---|---|---|---|---|
| | 实收资本 | 盈余公积 | 一般风险准备 | 信托赔偿准备 | 未分配利润 | 所有者权益合计 |
| 一、上年年末余额 | 250 000.00 | 10 747.66 | 6 704.82 | 5 373.83 | 68 650.25 | 341 476.56 |
| 加:会计政策变更 | | | | | | |
| 前期差错更正 | | | | | | |
| 二、本年年初余额 | 250 000.00 | 10 747.66 | 6 704.82 | 5 373.83 | 68 650.25 | 341 476.56 |
| 三、本年增减变动金额(减少以"-"号填列) | — | 4 104.16 | 1 768.32 | 2 052.08 | 33 117.06 | 41 041.62 |
| (一)综合收益总额 | | | | | 41 041.62 | 41 041.62 |
| 1. 净利润 | | | | | 41 041.62 | 41 041.62 |
| 2. 其他综合收益 | | | | | | |
| (二)所有者投入和减少资本 | | | | | | |
| 1. 股东投入资本 | | | | | | |
| 2. 股份支付计入所有者权益的金额 | | | | | | |
| 3. 其他 | | | | | | |
| (三)利润分配 | | 4 104.16 | 1 768.32 | 2 052.08 | -7 924.56 | |
| 1. 提取盈余公积 | | 4 104.16 | | | -4 104.16 | |
| 2. 提取一般风险准备 | | | 1 768.32 | | -1 768.32 | |
| 3. 提取信托赔偿准备 | | | | 2 052.08 | -2 052.08 | |
| 4. 对股东的分配 | | | | | | |
| 5. 其他 | | | | | | |
| 四、本年年末余额 | 250 000.00 | 14 851.82 | 8 473.14 | 7 425.91 | 101 767.31 | 382 518.18 |

| 项　目 | 上年(合并/母公司) | | | | | |
|---|---|---|---|---|---|---|
| | 实收资本 | 盈余公积 | 一般风险准备 | 信托赔偿准备 | 未分配利润 | 所有者权益合计 |
| 一、上年年末余额 | 60 000.00 | 7 727.52 | 2 561.63 | 3 863.76 | 47 122.33 | 121 275.25 |
| 加:会计政策变更 | | | | | | |
| 前期差错更正 | | | | | | |
| 二、本年年初余额 | 60 000.00 | 7 727.52 | 2 561.63 | 3 863.76 | 47 122.33 | 121 275.25 |
| 三、本年增减变动金额(减少以"-"号填列) | 190 000.00 | 3 020.13 | 4 143.20 | 1 510.07 | 21 527.92 | 220 201.31 |
| (一)综合收益总额 | | | | | 30 201.31 | 30 201.31 |
| 1. 净利润 | | | | | 30 201.31 | 30 201.31 |
| 2. 其他综合收益 | | | | | | |
| (二)所有者投入和减少资本 | 190 000.00 | | | | | 190 000.00 |

续表

| 项　目 | 上年(合并/母公司) | | | | | |
|---|---|---|---|---|---|---|
| | 实收资本 | 盈余公积 | 一般风险准备 | 信托赔偿准备 | 未分配利润 | 所有者权益合计 |
| 1. 股东投入资本 | 190 000.00 | | | | | 190 000.00 |
| 2. 股份支付计入所有者权益的金额 | | | | | | |
| 3. 其他 | | | | | | |
| (三)利润分配 | | 3 020.13 | 4 143.20 | 1 510.07 | -8 673.39 | |
| 1. 提取盈余公积 | | 3 020.13 | | | -3 020.13 | |
| 2. 提取一般风险准备 | | | 4 143.20 | | -4 143.20 | |
| 3. 提取信托赔偿准备 | | | | 1 510.07 | -1 510.07 | |
| 4. 对股东的分配 | | | | | | |
| 5. 其他 | | | | | | |
| 四、本年年末余额 | 250 000.00 | 10 747.66 | 6 704.82 | 5 373.83 | 68 650.25 | 341 476.56 |

法定代表人:张　宏　　　主管会计工作的负责人:吴瑞忠　　　会计机构负责人:钱　旭

## 5.2 信托资产

### 5.2.1 信托项目资产负债汇总表

2018 年 12 月 31 日　　　单位:万元

| 信托资产 | 年末数 | 年初数 | 信托负债和信托权益 | 年末数 | 年初数 |
|---|---|---|---|---|---|
| 信托资产: | | | 信托负债: | | |
| 货币资金 | 107 726.31 | 238 942.65 | 应付受托人报酬 | 129.23 | 122.00 |
| 折出资金 | — | — | 应付托管费 | 55.19 | 51.86 |
| 交易性金融资产 | 189 867.55 | 728 322.75 | 交易性金融负债 | — | — |
| 应收款项 | 2 973 117.03 | 2 313 235.28 | 应付受益人收益 | 19 519.84 | 3 446.96 |
| 买入返售资产 | 5 130.33 | 291 550.48 | 应付销售服务费 | — | — |
| 可供出售金融资产 | 3 116 153.92 | 4 391 493.42 | 其他应付款项 | 109 983.32 | 174 048.79 |
| 长期应收款 | — | — | 卖出回购资产款 | — | — |
| 长期股权投资 | 903 559.38 | 871 698.00 | 应交税费 | 2 057.50 | — |
| 客户贷款 | 5 477 616.73 | 5 067 666.10 | 其他负债 | — | — |
| 应收融资租赁款 | — | — | 信托负债合计 | 131 745.08 | 177 669.61 |
| 固定资产 | — | — | 信托权益 | — | — |
| 无形资产 | — | — | 实收信托 | 12 767 538.60 | 13 805 304.00 |
| 长期待摊费用 | — | — | 资金公积 | — | — |
| 其他资产 | 20 000.00 | 105 900.00 | 未分配利润 | -106 112.42 | 25 835.07 |
| 内部往来 | — | — | 信托权益合计 | 12 661 426.18 | 13 831 139.07 |
| 信托资产总计 | 12 793 171.25 | 14 008 808.68 | 信托负债和信托权益总计 | 12 793 171.25 | 14 008 808.68 |

### 5.2.2 信托项目利润及利润分配汇总表

2018 年 12 月 31 日　　　单位:万元

| 项目 | 本年数 | 上年数 |
|---|---|---|
| 一、营业收入 | 628 357.12 | 418 203.88 |
| 1. 利息收入 | 472 650.70 | 295 860.64 |
| 2. 投资收益 | 214 821.54 | 119 613.44 |
| 3. 公允价值变动损益 | -143 654.65 | 31 950.48 |
| 4. 租赁收入 | — | — |
| 5. 其他收入 | 84 539.54 | -29 220.67 |
| 二、营业费用 | 72 505.31 | 52 250.04 |
| 三、营业税金及附加 | 2 131.69 | — |
| 四、扣除资产减值准备前的信托利润 | 553 720.13 | 365 953.84 |
| 减:资产减值准备 | — | — |
| 五、扣除资产减值准备后的信托利润 | 553 720.13 | 365 953.84 |
| 加:年初未分配信托利润 | 25 835.07 | 69 643.23 |
| 六、可供分配的信托利润 | 579 555.20 | 435 597.07 |
| 减:本年已分配信托利润 | 685 667.62 | 409 762.00 |
| 加:损益平准金 | — | — |
| 七、年末未分配信托利润 | -106 112.42 | 25 835.07 |

# 6. 会计报表附注

## 6.1 会计报表编制基准、会计政策、会计估计和核算方法变化的说明

本报告期会计报表编制基准不存在不符合会计核算基本前提的事项。

本公司编制的财务报表符合企业会计准则的要求,真实、完整地反映了本公司的财务状况、经营成果和现金流量等有关信息。

本公司的会计期间为公历 1 月 1 日至 12 月 31 日。

本公司以人民币为记账本位币。

本公司会计核算以权责发生制为记账基础。除某些金融工具以公允价值计量外,本财务报表以历史成本作为计量基础。资产如果发生减值,则按照相关规定计提相应的减值准备。

在历史成本计量下,资产按照购置时支付的现金或者现金等价物的金额或者所付出的对价的公允价值计量。负债按照因承担现时义务而实际收到的款项或者资产的金额,或者承担

现时义务的合同金额,或者按照日常活动中为偿还负债预期需要支付的现金或者现金等价物的金额计量。

公允价值是市场参与者在计量日发生的有序交易中,出售资产所能收到或者转移一项负债所需支付的价格。无论公允价值是可观察到的还是采用估值技术估计的,在本财务报表中计量和披露的公允价值均在此基础上予以确定。

公允价值计量基于公允价值的输入值的可观察程度以及该等输入值对公允价值计量整体的重要性,被划分为三个层次:

第一层次输入值是在计量日能够取得的相同资产或负债在活跃市场上未经调整的报价。

第二层次输入值是除第一层次输入值外相关资产或负债直接或间接可观察的输入值。

第三层次输入值是相关资产或负债的不可观察输入值。

合并财务报表的合并范围以控制为基础予以确定。控制是指投资方拥有对被投资方的权力,通过参与被投资方的相关活动而享有可变回报,并且有能力运用对被投资方的权力影响其回报金额。一旦相关事实和情况的变化导致上述控制定义涉及的相关要素发生了变化,本公司将进行重新评估。

合并起始于本公司获得对该结构化主体的控制权时,终止于本公司丧失对结构化主体的控制权时。

对于本公司处置的结构化主体,处置日(丧失控制权的日期)前的经营成果和现金流量已经适当地包括在合并利润表和合并现金流量表中。

结构化主体采用的主要会计政策和会计期间按照本公司统一规定的会计政策和会计期间厘定。

本公司与结构化主体相互之间发生的内部交易对合并财务报表的影响于合并时抵销。

结构化主体股东权益中不属于母公司的份额作为其他投资者的权益,在合并资产负债表中以"其他应付款"项目列示。结构化主体当期净损益中属于其他投资者的份额,在合并利润表中与"投资收益"抵销列示。

公司本报告期未发生会计政策、会计估计、核算方法的变更。

## 6.2 或有事项说明

报告期内,本公司未发生对外担保及其他或有事项。

## 6.3 重要资产转让及其出售的说明

报告期内,本公司未发生重要资产转让及出售情况。

## 6.4 会计报表中重要项目的明细资料

### 6.4.1 自营资产经营情况

6.4.1.1 信用风险资产五级分类情况

| 信用风险资产五级分类 | 正常类(万元) | 关注类(万元) | 次级类(万元) | 可疑类(万元) | 损失类(万元) | 信用风险资产合计(万元) | 不良资产合计(万元) | 不良资产率(%) |
|---|---|---|---|---|---|---|---|---|
| 期初数 | 471 913.96 | 15 000.00 | — | 214.24 | 100.53 | 487 228.73 | 314.77 | 0.06 |
| 期末数 | 561 415.58 | 3 360.00 | — | — | 100.53 | 564 876.10 | 100.53 | 0.02 |

注:不良资产合计=次级类+可疑类+损失类。

6.4.1.2 各项资产减值损失准备情况表

单位:万元

| 分类 | 年初数 | 本年计提 | 本年转回 | 本年核销 | 年末数 |
|---|---|---|---|---|---|
| 贷款损失准备 | 1 261.81 | — | -1 186.81 | — | 75.00 |
| 一般准备 | 1 261.81 | — | -1 186.81 | — | 75.00 |
| 专项准备 | — | — | — | — | — |
| 其他资产减值准备 | 7 992.36 | 1 343.84 | -154.45 | — | 9 181.76 |
| 可供出售金融资产减值准备 | 7 195.03 | 918.50 | — | — | 8 113.53 |
| 持有至到期投资减值准备 | — | — | — | — | — |
| 长期股权投资减值准备 | — | — | — | — | — |
| 坏账准备 | 797.33 | 425.34 | -154.45 | — | 1 068.23 |
| 投资性房地产减值准备 | — | — | — | — | — |

6.4.1.3 按照投资品种分类,固有业务股票投资、基金投资、债券投资、股权投资等投资业务的年初数、年末数

单位:万元

| 时间 | 自营股票 | 基金 | 债券 | 长期股权投资 | 其他投资 | 合计 |
|---|---|---|---|---|---|---|
| 年初数 | — | 4 377.56 | — | — | 320 290.00 | 324 667.56 |
| 年末数 | — | 3 360.00 | — | — | 491 902.02 | 495 262.02 |

6.4.1.4 按投资入股金额排序,前五名的自营长期股权投资的企业名称、占被投资企业权益的比例、主要经营活动及投资收益情况等

报告期内,本公司无长期股权投资。

6.4.1.5 前五名的自营贷款的企业名称、占贷款总额的比例和还款情况等

| 企业名称 | 占贷款总额的比例(%) | 还款情况 |
|---|---|---|
| 成都同森物业管理有限公司 | 100 | 尚未到期 |

6.4.1.6 表外业务的期初数、期末数;按照代理业务、担保业务和其他类型表外业务分别披露

单位:万元

| 表外业务 | 年初数 | 年末数 |
|---|---|---|
| 担保业务 | — | — |
| 代理业务(委托业务) | — | — |
| 其他 | — | — |
| 合计 | — | — |

6.4.1.7 公司当年的收入结构

| 收入结构 | 公司合并 | | 公司单体 | |
|---|---|---|---|---|
| | 金额(万元) | 占比(%) | 金额(万元) | 占比(%) |
| 手续费及佣金收入 | 46 999.36 | 52.96 | 46 999.36 | 52.96 |
| 其中:信托手续费收入 | 41 544.70 | 46.81 | 41 544.70 | 46.81 |
| 其他手续费收入 | 5 454.66 | 6.15 | 5 454.66 | 6.15 |
| 利息收入 | 7 919.78 | 8.92 | 2 475.56 | 2.79 |
| 其他业务收入 | — | — | — | — |
| 投资收益 | 32 070.59 | 36.14 | 37 514.81 | 42.27 |
| 公允价值变动收益 | — | — | — | — |
| 汇兑收益 | — | — | — | — |
| 营业外收入 | 1 755.38 | 1.98 | 1 755.38 | 1.98 |
| 收入合计 | 88 745.10 | 100.00 | 88 745.10 | 100.00 |

6.4.2 信托财产管理情况

6.4.2.1 信托资产的年初数、年末数

单位：万元

| 信托资产 | 年初数 | 年末数 |
|---|---|---|
| 集合 | 2 473 687.76 | 2 033 129.88 |
| 单一 | 9 684 868.47 | 8 633 502.26 |
| 财产权 | 1 850 252.45 | 2 126 539.11 |
| 合计 | 14 008 808.68 | 12 793 171.25 |

6.4.2.1.1 主动管理型信托业务的信托资产年初数、年末数

单位：万元

| 主动管理型信托资产 | 年初数 | 年末数 |
|---|---|---|
| 其他投资类 | 37.41 | 233 491.40 |
| 证券投资类 | 176 148.16 | 40 813.62 |
| 股权投资类 | — | — |
| 融资类 | 1 451 507.80 | 1 495 248.48 |
| 事务管理类 | — | — |
| 合计 | 1 627 693.37 | 1 769 553.50 |

6.4.2.1.2 被动管理型信托业务的信托资产年初数、年末数

单位：万元

| 被动管理型信托资产 | 年初数 | 年末数 |
|---|---|---|
| 其他投资类 | — | — |
| 证券投资类 | 165 026.25 | 57 888.44 |
| 股权投资类 | — | — |
| 融资类 | 123.22 | 107.15 |
| 事务管理类 | 12 215 965.84 | 10 965 622.16 |
| 合计 | 12 381 115.31 | 11 023 617.75 |

6.4.2.2 本年度整体已清算结束的信托项目个数、实收信托合计金额、加权平均实际年化收益率

6.4.2.2.1 本年度整体已清算结束的信托项目个数、实收信托合计金额、加权平均实际年化收益率

| 已清算结束信托项目 | 项目个数（个） | 实收信托合计金额（万元） | 加权平均实际年化收益率（%） |
|---|---|---|---|
| 集合类 | 57 | 1 166 870.00 | 2.36 |
| 单一类 | 40 | 2 374 480.13 | 4.86 |
| 财产管理类 | 17 | 561 303.24 | 4.12 |

注：加权平均实际年化收益率 $= \dfrac{\sum_{i=1}^{n}(\text{信托项目}i\text{的实际年化收益率} \times \text{信托项目}i\text{的实收信托})}{\sum_{i=1}^{n}\text{信托项目}i\text{的实收信托}} \times 100\%$。

6.4.2.2.2 本年度整体已清算结束的主动管理型信托项目个数、实收信托合计金额、加权平均实际年化信托报酬率、加权平均实际年化收益率

| 已清算结束信托项目 | 项目个数（个） | 实收信托合计金额（万元） | 加权平均实际年化信托报酬率（%） | 加权平均实际年化收益率（%） |
|---|---|---|---|---|
| 证券投资类 | 11 | 137 000.00 | 0.29 | 0.37 |
| 股权投资类 | — | — | — | — |
| 融资类 | 22 | 749 890.00 | 1.80 | 7.42 |
| 事务管理类 | 1 | 3 000.00 | 3.21 | -91.00 |
| 其他投资类 | — | — | — | — |

注：加权平均实际年化收益率 $= \dfrac{\sum_{i=1}^{n}(\text{信托项目}i\text{的实际年化收益率} \times \text{信托项目}i\text{的实收信托})}{\sum_{i=1}^{n}\text{信托项目}i\text{的实收信托}} \times 100\%$。

6.4.2.2.3 本年度整体已清算结束的被动管理型信托项目

| 已清算结束信托项目 | 项目个数（个） | 实收信托合计金额（万元） | 加权平均实际年化信托报酬率（%） | 加权平均实际年化收益率（%） |
|---|---|---|---|---|
| 证券投资类 | 8 | 90 060.00 | 0.20 | -0.99 |
| 股权投资类 | — | — | — | — |
| 融资类 | — | — | — | — |
| 事务管理类 | 72 | 3 122 703.37 | 0.13 | 3.68 |

注：加权平均实际年化收益率 $= \dfrac{\sum_{i=1}^{n}(\text{信托项目}i\text{的实际年化收益率} \times \text{信托项目}i\text{的实收信托})}{\sum_{i=1}^{n}\text{信托项目}i\text{的实收信托}} \times 100\%$。

6.4.2.3 本年度整体新增信托项目个数、实收信托合计金额

| 新增信托项目 | 项目个数（个） | 实收信托合计金额（万元） |
|---|---|---|
| 集合类 | 34 | 1 199 221.00 |
| 单一类 | 39 | 2 997 509.88 |
| 财产管理类 | 4 | 845 000.00 |
| 新增合计 | 77 | 5 041 730.88 |
| 其中：主动管理型 | 24 | 887 595.00 |
| 被动管理型 | 53 | 4 154 135.88 |

6.4.2.4 信托业务创新成果和特色业务有关情况

公司各类业务创新成果和特色业务有关情况将于公司网站不时披露。

6.4.2.5 本公司履行受托人义务情况及因本公司自身责任而导致的信托资产损失情况

本公司没有发生任何因受托人自身责任或处理信托事务不当而导致所管理信托财产发生损失并致信托受益人利益受损的情况。

## 6.5 关联方关系及其交易的披露

### 6.5.1 关联交易方的数量、关联交易的总金额及关联交易的定价政策等

| 项目 | 关联交易方数量(个) | 关联交易金额(万元) | 定价政策 |
|---|---|---|---|
| 合计 | — | — | — |

### 6.5.2 关联交易方与本公司的关系性质、关联交易方的名称、法定代表人、注册地址、注册资本及主营业务等

| 关系性质 | 关联方名称 | 法定代表人 | 注册地址 | 注册资本(万元) | 主营业务 |
|---|---|---|---|---|---|
| — | — | — | — | — | — |

### 6.5.3 逐笔披露本公司与关联方的重大交易事项

6.5.3.1 固有与关联方交易情况:贷款、投资、租赁、应收账款、担保、其他方式等期初汇总数、本年借方和贷方发生额汇总数、年末汇总数

单位:万元

| 固有与关联方关联交易 | | | | |
|---|---|---|---|---|
| 项目 | 年初数 | 借方发生额 | 贷方发生额 | 年末数 |
| 贷款 | — | — | — | — |
| 投资 | — | — | — | — |
| 租赁 | — | — | — | — |
| 担保 | — | — | — | — |
| 应收账款 | — | — | — | — |
| 其他 | — | — | — | — |
| 合计 | — | — | — | — |

6.5.3.2 信托与关联方交易情况:贷款、投资、租赁、应收账款、担保、其他方式等期初汇总数、本年借方和贷方发生额汇总数、年末汇总数

单位:万元

| 信托与关联方关联交易 | | | | |
|---|---|---|---|---|
| 项目 | 年初数 | 借方发生额 | 贷方发生额 | 年末数 |
| 贷款 | — | — | — | — |
| 投资 | — | — | — | — |
| 租赁 | — | — | — | — |
| 担保 | — | — | — | — |
| 应收账款 | — | — | — | — |
| 其他 | — | — | — | — |
| 合计 | — | — | — | — |

6.5.3.3 信托公司自有资金运用于自己管理的信托项目(固信交易)、信托公司管理的信托项目之间的相互(信信交易)交易金额,包括余额和本报告年度的发生额

6.5.3.3.1 信托公司自有资金运用于自己管理的信托项目年初汇总数、本年发生额汇总数、年末汇总数

单位:万元

| 自有资金运用于自己管理的信托项目 | | | |
|---|---|---|---|
| 项目 | 年初数 | 本年发生数 | 年末数 |
| 合计 | 5 000.00 | -5 000.00 | 0.00 |

6.5.3.3.2 信托公司管理的信托项目之间关联交易

报告期内,本公司未发生新增的信托项目之间的关联交易。

### 6.5.4 逐笔披露关联方逾期未偿还本公司资金的详细情况以及本公司为关联方担保发生或即将发生垫款的详细情况

报告期内,无关联方逾期未偿还本公司资金的情况以及本公司为关联方担保发生或即将发生垫款的情况。

## 6.6 会计制度的披露

公司执行财政部2006年2月15日颁布的《企业会计准则》。

# 7. 财务情况说明书

## 7.1 利润实现和分配情况

报告期内本公司实现利润总额为54 810.65万元,企业所得税费用为13 769.03万元,实现净利润为41 041.62万元。

按有关法律、法规规定,对净利润作了如下处理:按当年度实现的净利润提取10%的法定盈余公积金4 104.16万元;按当年度实现的净利润提取5%的信托赔偿准备2 052.08万元;按风险资产余额提取1.5%的一般风险准备1 768.32万元;上述各项提取之后,剩余部分为33 117.06万元。2018年末可供分配的利润为101 767.31万元。

## 7.2 主要财务指标

| 指标名称 | 指标值 |
|---|---|
| 资本利润率(%) | 11.34 |
| 加权年化信托报酬率(%) | 0.44 |
| 人均净利润(万元) | 229.48 |

注:1. 资本利润率=净利润/所有者权益平均余额×100%。

2. 加权年化信托报酬率 $= \dfrac{\sum_{i=1}^{n}(\text{信托项目 } i \text{ 的实际年化信托报酬率} \times \text{信托项目 } i \text{ 的实收信托})}{\sum_{i=1}^{n} \text{信托项目 } i \text{ 的实收信托}} \times 100\%$。

3. 人均净利润=净利润/年平均人数。

## 7.3 对本公司财务状况、经营成果有重大影响的其他事项

报告期内,本公司没有发生对财务状况、经营成果有重大影响的其他事项。

# 8. 特别事项揭示

## 8.1 前五名股东报告期内变动情况及原因

无。

## 8.2 董事、监事及高级管理人员变动情况及原因

董事变动情况:

原董事郑俊先生、熊伟女士于2018年4月27日经股东会批准不再担任董事职务,由吴瑞忠先生于2018年4月27日经股东会批准担任董事职务,其任职资格于2018年10月26日经监管部门核准。

原公司董事、董事长张宏先生于2018年11月5日经股东

会批准不再担任董事职务，经董事会批准不再担任董事长职务，由吴瑞忠先生代行董事长职务（已按要求向监管部门报告）。

监事变动情况：

原职工监事彭烃烃女士于 2018 年 4 月 27 日经股东会批准不再担任职工监事职务，根据公司职工民主选举，由孙朋云先生于 2018 年 4 月 27 日经股东会批准担任职工监事职务。

原公司监事长夏勇先生于 2018 年 11 月 6 日经股东会批准不再担任监事职务，经监事会批准不再担任监事长职务；由张宏先生于 2018 年 11 月 6 日经股东会批准担任监事职务，经监事会选举担任监事长职务。

高级管理人员变动情况：

原首席风控官高杰女士于 2018 年 5 月 2 日经董事会批准不再担任首席风控官职务，2018 年 7 月 18 日正式离职；李爱民先生于 2018 年 5 月 2 日经董事会批准担任公司总裁助理，其任职资格于 2018 年 7 月 23 日经监管部门核准。

### 8.3 公司的重大诉讼事项

报告期内，公司无重大未决诉讼事项。

### 8.4 对会计师事务所出具的有保留意见、否定意见或无法表示意见的审计报告的，公司董事会应就涉及事项作出说明

报告期内，公司董事会无需要作出特别说明的相关事项。

### 8.5 公司及其董事、监事和高级管理人员受到处罚的情况

报告期内，公司未受到监管部门行政处罚；公司董事、监事、高级管理人员、公司股东、实际控制人均未受稽查、行政处罚、通报批评及或公开谴责。

### 8.6 银保监会及其派出机构对公司检查后提出整改意见的，应简单说明整改情况

报告期内公司未发生上海银保监局现场检查组开展的现场检查。

### 8.7 本年度重大事项临时报告的简要内容、披露时间、所披露的媒体及其版面

本年度公司无重大事项临时报告等披露事项。

### 8.8 银保监会及其省级派出机构认定的其他有必要让客户及相关利益人了解的重要信息

报告期内，公司不存在上海银保监局认定的有必要让客户及相关利益人了解的未进行披露的重要信息。

## 9. 公司监事会意见

报告期内，公司监事会无需要作出特别声明的意见。

# 华宝信托有限责任公司

## 1. 重要提示

1.1 本公司董事会及董事保证本报告所载资料不存在任何虚假记载、误导性陈述或者重大遗漏，并对其内容的真实性、准确性和完整性承担个别及连带责任。

1.2 独立董事赵欣舸、廖海、张续超认为本报告内容是真实、准确、完整的。

1.3 公司负责人总经理张铁，主管会计工作负责人副总经理张晓喆及会计部门负责人财务部总经理蒋勋声明：保证年度报告中财务报告的真实、准确、完整。

## 2. 公司概况

### 2.1 公司简介

#### 2.1.1 企业简介

华宝信托有限责任公司（以下简称华宝信托）成立于1998年，是中国宝武钢铁集团有限公司旗下的产业金融业板块成员公司，中国宝武钢铁集团有限公司持股为98%，舟山市国有资产投资经营有限公司持股为2%（于2019年2月2日获得工商变更登记）。华宝信托注册资本金为37.44亿元（含1 500万美元），旗下控股华宝基金管理有限公司（中美合资）。

华宝信托的大股东中国宝武信誉卓著、实力雄厚。秉承中国宝武一贯的严谨稳健、诚信规范作风，华宝信托始终以"受益人利益最大化"为经营理念，以专业化和差异化发展为基本战略，以资产管理与信托服务为两大主业，立足资本市场，不断强化能力建设、渠道建设和品牌建设。公司业务门类齐全、专业化分工清晰、团队阵容整齐、主动管理与创新能力强大、业绩持续良好。

多年来华宝信托始终保持创新意识，多项业务资格或行动处于行业领先地位。2018年，公司设立产融业务总部，共建高质量钢铁生态圈；成立公司首单慈善信托，助力家族信托客户践行慈善事业。2017年，公司自主开发并落地成都双流区PPP项目，并在业内首批上线家族信托管理系统。2016年，公司首单家族信托业务成功落地，并正式推出"世家华传"和"基业宝承"两个子系列服务产品。2015年，联手上海临港集团设立百亿元开发基金，并成功发行公司首单QDII集合信托计划。2014年，通过人力资源和社会保障部的企业年金管理资格延续申请，公司成为国内为数不多的拥有法人受托机构和账户管理人两项资格的信托公司。2013年，公司推出公益性质的信托——华宝爱心信托，建立标准化信托服务平台——华宝流通宝平台。2012年，公司推出信托产品评级，申请到以信托计划名义设立的股指期货套保交易编码和套利交易编码。2011年，公司成为业内较早获得股指期货交易业务资格的信托公司。2007年，新"两规"颁布后公司首批获准换发金融牌照。2005年，公司取得人社部颁发的年金受托人及账管人资格，并在业内较早开展结构化证券信托业务。2004年，公司引入独立董事。2003年，公司在公开媒体开展信息披露，并在业内较早发起成立合资基金公司。

此外，公司2012年获得受托境外理财业务资格；2008年获得大宗交易系统合格投资者资格；2006年获得资产证券化业务资格；2005年首批获得新股发行询价对象资格，业务资格全面。

华宝信托为投资者创造了良好收益，1998—2018年累计为客户实现收益1 706亿元。2006年起，公司进入快速发展阶段，2006—2018年累计清算信托项目1 619个，成功兑付率为100%。截至2018年末，华宝信托管理的信托资产规模为5 348亿元（不含年金）。华宝信托也为股东创造了良好收益，自1998年成立以来，公司连续21年实现盈利。

近年来，华宝信托在各类专业行业评选中多次荣获各类奖项。其中，2018年，公司荣获《上海证券报》第十一届"诚信托"卓越公司奖、《证券时报》第十一届中国优秀信托公司评选的"中国优秀信托公司"奖、《21世纪经济报道》第十一届"金贝奖"卓越信托公司奖等行业内公司类奖项。

目前，华宝信托产品利用多种结构和工具覆盖了资本市场、货币市场、实体经济。同时，在风控方面，华宝信托形成了由董事会及管理层直接领导，以风险管理部门为依托，相关职能部门配合，与各个业务部门全面联系的三级风险管理组织体系，公司治理结构及风险控制水平行业领先。

展望未来，华宝信托将继续以高端客户需求为核心，专注于现金管理、金融市场、境外投资、产业金融深度服务、薪酬福利、家族信托等领域，提供另类财富管理和综合金融解决方案，打造中国领先的综合金融服务商。公司将进一步丰富产品线及提升信托服务能力，为客户打造更好产品，提供更好服务，让更多的市场主体参与信托，享受信托制度的优势。

#### 2.1.2 历史沿革

1998年，华宝信托投资有限责任公司经过增资、更名、迁址。

2001年，公司第一批获得中国人民银行核准重新登记，注册资本金为10亿元（其中美元1 500万元）；获得中国证监会筹建经纪公司方案的批复；正式成立并开始营业。

2007年，公司通过重新登记，更名为华宝信托有限责任公司。

2011年，经股东增资，华宝信托注册资本由10亿元增加至20亿元（含1 500万美元）。

2014年，华宝信托完成工商变更及备案登记手续，注册资本由20亿元（含1 500万美元）增加至37.44亿元（含1 500万美元），各股东持股比例保持不变。

2018年4月24日，公司股东会作出决议，同意舟山市财政局将其持有的公司2%股权无偿划转至舟山市国有资产投资经营有限公司。2018年12月24日，上海银保监局向公司出具《上海银保监局关于核准华宝信托有限责任公司变更股权及调整股权结构的批复》（沪银保监复［2018］25号），核准舟山市国有资产投资经营有限公司受让舟山市财政局持有的公司2%股权。2019年2月2日工商股权变更完成，原股东舟山市财政局不再持有公司股权，舟山市国有资产投资经营有限公司持有公司2%股权。

**2.1.3 基本信息**

2.1.3.1 公司的法定中文名称：华宝信托有限责任公司
中文名称缩写：华宝信托
公司的法定英文名称：Hwabao Trust Co.，Ltd.
英文名称缩写：Hwabao Trust

2.1.3.2 法定代表人：张轶

2.1.3.3 注册地址：中国（上海）自由贸易试验区世纪大道100号环球金融中心59层

2.1.3.4 邮政编码：200120

2.1.3.5 国际互联网网址：www.hwabaotrust.com

2.1.3.6 电子信箱：hbservice@hwabaotrust.com

2.1.3.7 负责信息披露的高管人员：张晓喆
联系人：毛怡玲
联系电话：021-38506666
传真：021-68403999
电子信箱：mao_yiling@hwabaotrust.com

2.1.3.8 信息披露报纸：《中国证券报》《上海证券报》《证券时报》

2.1.3.9 年度报告备置地点：中国（上海）自由贸易试验区世纪大道100号环球金融中心59层

2.1.3.10 聘请的会计师事务所：瑞华会计师事务所（特殊普通合伙）
住所：北京市东城区永定门西滨河路8号院7号楼中海地产广场西塔5－11层

2.1.3.11 聘请的律师事务所：上海市锦天城律师事务所
住所：上海市浦东新区银城中路501号上海中心大厦9、11、12层

## 2.2 组织结构

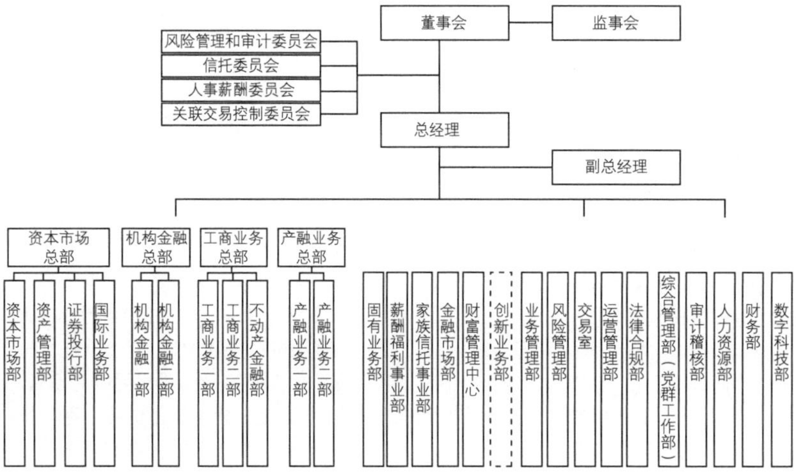


注：创新业务部为虚设部门，采取举手制或发包模式进行业务开展。

# 3. 公司治理

## 3.1 股东

股东总数：2家。

| 股东名称 | 持股比例（%） | 法人代表 | 注册资本（万元） | 注册地址 | 主要经营业务及主要财务情况 |
|---|---|---|---|---|---|
| 中国宝武钢铁集团有限公司★ | 98 | 陈德荣 | 5 279 110.10 | 上海市浦东新区世博大道1859号 | 经营国务院授权范围内的国有资产，开展有关国有资本投资、运营业务（企业经营涉及行政许可的，凭许可证经营）。 |
| 浙江省舟山市财政局 | 2 | 顾央军 | — | — | 政府机关。 |

注1.★表示最终实际控制人。
2.2018年4月24日，公司股东会作出决议，同意舟山市财政局将其持有的公司2%股权无偿划转至舟山市国有资产投资经营有限公司。2018年12月24日，上海银保监局向公司出具《上海银保监局关于核准华宝信托有限责任公司变更股权及调整股权结构的批复》（沪银保监复［2018］25号），核准舟山市国有资产投资经营有限公司受让舟山市财政局持有的公司2%股权。2019年2月2日工商股权变更完成，原股东舟山市财政局不再持有公司股权，舟山市国有资产投资经营有限公司持有公司2%股权。

## 3.2 董事、董事会及其下属委员会

董事长、董事

| 姓 名 | 职 务 | 性别 | 年龄（岁） | 选任日期 | 所推举的股东名称 | 该股东持股比例（%） | 简要履历 |
|---|---|---|---|---|---|---|---|
| 朱可炳 | 董事长 | 男 | 44 | 2017 年 3 月 | 中国宝武钢铁集团有限公司 | 98 | 曾任宝钢集团财务部分项技术协理、分部技术、高级管理师，宝钢集团资产经营部高级管理师、企业投资业务块负责人，宝钢股份财务部副部长，宝钢集团财务部副部长，宝钢集团经营财务部总经理，宝钢股份财务总监、董事会秘书，宝钢集团（中国宝武集团）产业金融发展中心总经理，华宝投资总经理、党委书记等；现任中国联通总会计师，华宝信托董事长。 |
| 孔祥清 | 董事 | 男 | 51 | 2015 年 2 月 | 中国宝武钢铁集团有限公司 | 98 | 曾任宝钢计财部资金处外汇管理、业务主办、主管、副处长（主持工作），宝钢集团财务公司总经理，华宝投资副总经理等；现任中国宝武集团产业金融党工委副书记、纪工委书记，华宝信托董事。 |
| 王 波 | 董事 | 男 | 46 | 2015 年 2 月 | 中国宝武钢铁集团有限公司 | 98 | 曾任宝钢集团财务公司宝林证券营业部上海证券交易所出市代表、交易主管，华宝信托投资管理部投资经理、总经理助理，资产运营部副总经理、发展研究中心副总经理、总经理，华宝信托投资总监、总经理助理兼投资总监、副总经理、总经理（期间先后同时担任华宝信托工会主席、党总支书记）等；现任上海乘安资产管理有限公司总经理，华宝信托董事。 |
| 李 磊 | 董事 | 男 | 42 | 2017 年 7 月 | 浙江省舟山市财政局 | 2 | 曾任舟山市财政（地税局）信息中心科员，舟山市财政局预算处科员、副主任科员、副处长，舟山市财政局预算局副局长，舟山市财政局外债金融处处长，舟山市财政局金融贸易处处长；现任舟山市国有资产投资经营有限公司董事长、总经理，舟山市财金投资控股有限公司董事长、总经理，华宝信托董事。 |

独立董事

| 姓 名 | 所在单位及职务 | 性别 | 年龄（岁） | 选任日期 | 所推举的股东名称 | 该股东持股比例（%） | 简要履历 |
|---|---|---|---|---|---|---|---|
| 赵欣舸 | 中欧国际工商学院会计学教授 | 男 | 48 | 2015 年 2 月 | 中国宝武钢铁集团有限公司 | 98 | 曾任哈尔滨市对外科技交流中心职员，美国威廉与玛丽学院商学院金融学助理教授，中欧国际工商学院金融学与会计学副教授；现任中欧国际工商学院金融学与会计学教授，华宝信托独立董事。 |
| 廖 海 | 源泰律师事务所主任合伙人 | 男 | 52 | 2015 年 2 月 | 中国宝武钢铁集团有限公司 | 98 | 曾任北京市中伦金通律师事务所上海分所合伙人；现任上海源泰律师事务所主任合伙人，华宝信托独立董事。 |
| 林利军 | 正心谷创新资本董事长 | 男 | 45 | 2016 年 8 月 | 中国宝武钢铁集团有限公司 | 98 | 曾任上海证券交易所办公室主任助理、上市部总监助理，曾于 1998 年在上海证券交易所参与过中国第一只基金发行上市工作，并曾任职于中国证监会创业板筹备工作组及上市公司监管部；现任正心谷创新资本董事长，华宝信托独立董事。 |

## 3.3 监事、监事会

监事会成员

| 姓 名 | 职 务 | 性别 | 年龄（岁） | 选任日期 | 所推举的股东名称 | 该股东持股比例（%） | 简要履历 |
|---|---|---|---|---|---|---|---|
| 贾 璐 | 监事会主席 | 女 | 47 | 2017 年 3 月 | 中国宝武钢铁集团有限公司 | 98 | 曾在宝钢自动化部冶炼室、宝钢自动化部组干科等工作，曾任宝钢国贸人事部人才开发室主办、主管、副主任、主任，宝钢国际人力资源部高级主管，宝钢国际人力资源部、党委组织部部长，宝钢资源总经理助理，宝钢资源（国际）总经理助理，华宝投资副总经理，华宝投资党委副书记、纪委书记、工会主席等职；现任华宝证券监事会主席（拟任），华宝信托监事会主席。 |
| 甘龙华 | 监事 | 男 | 53 | 2011 年 2 月 | 中国宝武钢铁集团有限公司 | 98 | 曾在宝钢总厂热轧厂、宝钢集团战略发展研究室、工程投资部、战略发展部等工作，曾任华宝投资综合财务部高级经理、资深经理，华宝投资投资银行部资深经理、副总经理等；现任华宝证券研究创新部战略研究总监，华宝信托监事。 |
| 刘文力 | 职工监事 | 男 | 42 | 2016 年 3 月 | — | — | 1998 年 7 月加入华宝信托有限责任公司，先后担任计划财务部税务、预算、统计、会计总账岗位，稽核监察部高级稽核经理、稽核主管；现任华宝信托稽核专家，华宝信托职工监事。 |

### 3.4 高级管理人员

| 姓名 | 职务 | 性别 | 年龄(岁) | 选任日期 | 金融从业年限(年) | 学历 | 专业 |
|---|---|---|---|---|---|---|---|
| 张铁 | 总经理 | 男 | 44 | 2018年7月 | 8 | 硕士 | Mpacc |
| 张晓喆 | 副总经理 | 女 | 47 | 2009年10月 | 9 | 硕士 | 工商管理 |
| 王锦凌 | 副总经理、党总支书记 | 女 | 47 | 2013年5月 | 20 | 硕士 | 国民经济;工商管理 |
| 高卫星 | 董事会秘书 | 女 | 48 | 2013年5月 | 23 | 硕士 | 法学;高级管理人员工商管理硕士 |
| 刘雪莲 | 总经理助理 | 女 | 37 | 2016年4月 | 14 | 硕士 | 金融学 |
| 丁杰 | 总经理助理、党总支副书记、人力资源部总经理 | 男 | 37 | 2016年4月 | 11 | 硕士 | 行政管理;高级管理人员工商管理硕士 |
| 杨一鋆 | 总经理助理、资本市场部总经理 | 男 | 42 | 2018年5月 | 13 | 本科 | 企业管理 |

### 3.5 公司员工

最近两个年度职工人数、年龄分布、学历分布、岗位分布,所有层级加总整体为100%。

| 项目 | | 报告期年度 | | 上年度 | |
|---|---|---|---|---|---|
| | | 人数(人) | 比例(%) | 人数(人) | 比例(%) |
| 年龄分布 | 25岁以下 | 13 | 4 | 18 | 5 |
| | 25~29岁 | 86 | 26 | 98 | 29 |
| | 30~39岁 | 182 | 54 | 168 | 50 |
| | 40岁以上 | 52 | 16 | 52 | 16 |
| 学历分布 | 博士 | 7 | 2 | 6 | 2 |
| | 硕士 | 162 | 48 | 157 | 47 |
| | 本科 | 161 | 48 | 166 | 49 |
| | 专科 | 1 | 1 | 2 | 1 |
| | 其他 | 2 | 1 | 5 | 1 |
| 岗位分布 | 董事、监事及其高管人员 | 8 | 2 | 7 | 2 |
| | 自营业务人员 | 4 | 1 | 7 | 2 |
| | 信托业务人员 | 173 | 52 | 158 | 47 |
| | 其他人员 | 148 | 45 | 164 | 49 |

注:自营业务人员是指按照岗位分工,专门或至少主要从事固有资金使用和固有资产管理有关业务的职工;信托业务人员是指按照岗位分工,专门或主要从事信托资金使用和信托资产管理各项业务的职工;对于人力资源部等类似无法明确区分的综合部门归为其他人员。

## 4. 经营管理

### 4.1 经营目标、经营方针、战略规划

公司以机构、高端客户需求为核心,专注于证券、实业等投融资领域,发展产业金融深度融合特色业务,立足专业化信托服务,提供另类财富管理和综合金融解决方案,打造行业领先的综合金融服务商。

华宝信托作为中国宝武金融板块中的重要组成部分,将携信托制度优势和专业管理优势,立足中国宝武集团钢铁生态圈专业化信托服务,为上下游机构和高端客户提供各类金融服务,在产业金融深度融合服务方面成为中国宝武产业链金融发展的推动者和实践者。

华宝信托的大股东中国宝武信誉卓著、实力雄厚。秉承中国宝武一贯的严谨稳健、诚信规范作风,华宝信托始终以"受益人利益最大化"为经营理念,以专业化和差异化发展为基本战略,以资产管理与信托服务为两大主业,不断强化能力建设、渠道建设和品牌建设。公司业务门类齐全、专业化分工清晰、团队阵容整齐、主动管理与创新能力强大、业绩持续良好。

### 4.2 所经营业务的主要内容

#### 4.2.1 资本充足率、资产质量和盈利状况

按照合并报表口径,期末公司固有资产为125.79亿元,固有负债为27.78亿元,少数股东权益为9.76亿元,所有者权益(扣除少数股东权益)为88.25亿元。公司资本充足,所有者权益(扣除少数股东权益)比率为70.15%。

公司报告期末净资本为65.90亿元,各项业务风险资本之和为30.40亿元,净资本/各项业务风险资本之和的比率为216.83%,均符合监管指标要求。

公司对不良资产计提资产损失准备充足,整体资产质量较好。

按照合并口径,报告期内公司实现收入合计282 088.87万元,利润总额为168 303.75万元,净利润为127 789.1万元。2018年公司总资产利润率(税前利润/年均总资产)为13.27%,资本利润率(净利润/年均所有者权益)为13.61%,主营业务收益率(净利润/营业总收入)为45.31%。

#### 4.2.2 经营的主要业务、品种

公司业务主要分为资产管理和信托服务两个大类:资产管理,目前主要从事面向资本市场的股票、基金、债券及组合投资以及项目融资等业务。信托服务,目前主要开展私募基金、年金及福利计划及平台等业务。

#### 4.2.3 资产组合与分布

母公司固有资产中,货币资产占总资产比例为9.61%,贷款及应收款占0.64%,交易性金融资产占10.46%,可供出售金融资产占40.81%,长期股权投资占7.73%,其他资产占30.75%。

固有资产运用与分布表(母公司)

| 资产运用 | 金额(万元) | 占比(%) | 资产分布 | 金额(万元) | 占比(%) |
|---|---|---|---|---|---|
| 货币资产 | 96 808.81 | 9.61 | 基础产业 | — | 0.00 |
| 贷款及应收款 | 6 403.27 | 0.64 | 房地产业 | 79.04 | 0.01 |
| 交易性金融资产 | 105 341.20 | 10.46 | 证券市场 | 163 798.75 | 16.26 |
| 可供出售金融资产 | 411 019.92 | 40.81 | 实业 | — | 0.00 |
| 持有至到期投资 | — | 0.00 | 金融机构 | 762 669.93 | 75.72 |
| 长期股权投资 | 77 844.43 | 7.73 | 其他 | 80 702.04 | 8.01 |
| 其他 | 309 832.13 | 30.75 | | | |
| 资产总计 | 1 007 249.76 | 100.00 | 资产总计 | 1 007 249.76 | 100.00 |

注:资产运用其他包含保障基金23.55亿元。

信托资产运用与分布表

| 资产运用 | 金额（万元） | 占比（%） | 资产分布 | 金额（万元） | 占比（%） |
|---|---|---|---|---|---|
| 货币资产 | 2 655 171. 19 | 4. 96 | 基础产业 | 9 022 613. 26 | 16. 87 |
| 贷款及应收款 | 11 962 115. 43 | 22. 37 | 房地产业 | 2 393 731. 00 | 4. 48 |
| 交易性金融资产 | 12 520 227. 77 | 23. 41 | 证券市场 | 15 080 892. 36 | 28. 20 |
| 可供出售金融资产 | 16 527 156. 04 | 30. 90 | 实业 | 4 742 474. 09 | 8. 87 |
| 持有至到期投资 | — | 0. 00 | 金融机构 | 4 329 980. 00 | 8. 10 |
| 长期股权投资 | 6 305 454. 51 | 11. 79 | 其他 | 17 912 601. 97 | 33. 48 |
| 其他 | 3 512 167. 74 | 6. 57 | | | |
| 资产总计 | 53 482 292. 68 | 100. 00 | 资产总计 | 53 482 292. 68 | 100. 00 |

注：资产分布的“其他”中 1 189 068. 92 万元为财产信托，16 712 224. 31 万元为其他。

## 4. 3　市场分析

宏观经济。2018 年中国经济以下行为主，全年 GDP 6. 6%，较 2017 年下降 0. 2 个百分点，其中上半年 6. 8%，下半年 6. 5%。导致 2018 年经济下行压力加大的因素主要有：一是外需减弱，全球经济除美国外，复苏开始放缓；美联储货币正常化给新兴市场带来冲击；中美贸易摩擦大幅升级，出口商信心减弱。虽然前三个季度由于出口抢单因素，出口仍然保持在高位，但第四季度负面效应开始显现，PMI—出口新订单指数连续 7 个月下滑，12 月以美元计价的出口增速由正转负。二是去杠杆紧缩效应传递到实体经济领域，基建投资出现断崖式下降，而民间部门企业则受到风险利率居高不下和上游材料价格高双重挤压，普遍经营困难。三是受居民杠杆率偏高的影响，居民消费能力和消费意愿下降倾向开始显现。2018 年 11 月，社会消费品零售总额同比增长 8. 1%，为 2003 年 6 月以来的最低增速。与此同时，经济结构在继续优化。从需求结构看，2018 年消费（主要是服务业）对经济增长的贡献率达到 76. 2%，消费作为经济增长主动力作用进一步巩固。从产业结构看，第三产业增加值占 GDP 的比重为 52. 2%，比上年提高 0. 3 个百分点，工业内部结构加快向中高端迈进。新产业、新产品、新业态、新模式也在不断成长。为了应对稳中有变、变中有忧的局面，2018 年政策波动较大。货币政策不仅没有跟随美联储货币政策正常化逐渐地收紧货币，反而转向放松，如存款准备金率下调，公开市场借贷便利工具操作更加频繁，及加大对基础设施建设投资贷款投放力度等。金融市场的去杠杆转向为稳杠杆；财政政策方面，推出了一系列的降费减税政策；中央经济会议决定大力支持先进制造业和现代服务业。展望 2019 年，全球经济较大概率同步放缓，外需将继续转弱，出口增速面临进一步下滑压力，而宽货币向宽信贷传导仍不通畅，未来一段时期经济下行压力仍然较大。宏观政策如何调整以实质性降低社会融资成本，通过全社会各部门间杠杆的再调整，保证经济相对平稳，将成为破解当前经济困局的核心抓手。预计 2019 年我国经济前低后稳，全年 GDP 约 6% ~6. 2%。

证券市场。2018 年，证券市场属于比较艰难的一年，沪深股市跌幅历史上仅次于次贷危机的 2008 年，上证综指跌幅为 24. 59%，深证成指跌幅为 34. 42%，创业板指跌幅为 28. 65%。从月线角度来看，仅有 1 月、7 月和 9 月上证指数收阳，其中 1 月有明显的投资机会。从行业角度来看，纳入统计的 24 个 Wind 二级行业指数，年内均录得下跌。其中商业和专业服务、媒体、半导体与半导体生产设备跌幅分别达 41. 40%、39. 38%、36. 84%，位居跌幅行业前列。而跌幅较小的银行、公用事业、消费者服务跌幅也分别达 11. 37%、16. 91%、17. 15%。个股方面，剔除年内上市的次新股和已退市公司，沪深两市 3 464 只个股中，有 3 239 只全年股价收跌，占比为 93. 50%，其中，年线跌幅超过 40% 的个股达到 1 197 只。2018 年，股市深度回调的原因：一是市场对经济的旧增长模式走到尽头的担忧加剧，经济几大“发动机”面临同时放缓的风险。出口遭遇中美贸易战启动，基建投资出现断崖式下滑，房地产则受到消费因居民杠杆过高而“降级”困扰，民企遭遇“退场”噪音等。二是海外扰动。2018 年上半年受到美元加息和走强对新兴市场的冲击，下半年则受到美股大幅调整的影响。据德意志银行统计，2018 年全球除了现金，其他所有资产类别都在下跌，93% 的资产收益为负。三是金融去杠杆深化影响。影子银行大幅收缩，社融增速创历史新低，导致实体企业特别是民企资金普遍紧张，违约率大幅上升，业绩下滑；上市公司抵押融资与股价下跌形成负向循环；股市流动性紧张，与股市高度相关的狭义货币 $M_1$ 创历史新低。展望 2019 年，证券市场在基本面向下、情绪面悲观和海外市场波动的影响下，市场仍有调整的空间，波动率将维持在高位，但下行风险总体可控。未来机会来自结构性机会，以及经济面企稳后的股债市场轮动。

信托业。2018 年信托业总体以平稳收缩为主。一是信托资产平稳回落，截至 2018 年第三季度末，行业管理信托资产余额为 23. 14 万亿元，较第二季度末下降了 1. 13 万亿元。从信托资产规模的季度增速变化来看，第三季度同比下降 5. 19%，自 2010 年季度统计数据以来首次跌入负值区间。从前 3 个季度来看，行业运行整体呈现出集合资金信托占比持续稳步提高，通道业务缩减，事务管理类信托延续回落，信托固有资产增长平稳，信托资金配置领域结构持续优化，工商类信托占比持续上升等特征。信托行业资产规模的下降主要是由于信托行业压缩通道，使得行业资产规模步步缩水。二是固有资产平稳增长。截至 2018 年第三季度末，行业固有资产规模达到 6 903. 63亿元，比上季度环比微增 10. 35 亿元；季度同比增长 8. 80%，较第二季度的 12. 46% 进一步下滑，增速明显放缓。从固有资产的运用方式来看，投资类占比继续保持主导地位，贷款类、货币类运用方式延续了 2013 年以来的下降趋势。三是经营业绩调整下降。截至 2018 年第三季度末，全行业实现营业收入为 747. 66 亿元，较上年同期相比略降 1. 15%，总体保持平稳；行业实现利润总额为 494. 43 亿元，较上年同期相比下降 10. 72%。截至 2018 年第三季度末累计实现收入中，信托业务收入占营业收入的比重为 71. 01%，仍然是信托公司收入的最主要贡献来源。其中，第三季度末累计实现信托业务收入为 530. 91 亿元，与上年同期基本持平；固有业务收入为 216. 75 亿元，较上年同期下降 4. 30%。四是信托资产配置结构倾向实体经济。截至 2018 年第三季度末，信托资金配置领域结构发生一定变化，投向工商企业继续排在首位，资金规模略有下降但占比仍然小幅提升，投向房地产规模有所上升，投向金融机构、基础产业、证券投资等领域的信托规模和占比都继续下降。五是风险项目有所上升。融资环境收紧以及债券违约事件的频发加剧了信托行业的风险聚集。2018 年以来，信托行业风险资产规模明显增长，信托业务不良率有所上升。

截至2018年第三季度末，信托行业风险项目832个，规模为2 159.73亿元，较2016年末分别增加231个、845.39亿元。对比而言，2017年风险项目新增56个，风险项目规模为138.95亿元。第三季度末行业的信托资产风险率为0.93%，较第二季度末增长0.142%，增长幅度也比较明显。行业风险项目情况的变化很大程度上受到2018年以来经济下行压力加大、政策调控、信用违约风险上升的影响。展望未来，随着资管新规配套制度政策的渐次落地，信托业面临全新的竞争环境和监管要求，只有坚持回归信托本源，服务实体经济，主动融入我国经济社会改革发展的大格局中，顺势而为，才能实现行业的成功转型和持续高质量发展。

法律法规。一是2018年4月，银行间市场交易商协会发布《关于意向承销类会员（信托公司类）参与承销业务市场评价结果的公告》，实现了信托参与银行间市场债券承销业务的“破冰”，对于信托行业开拓业务空间，实现转型发展具有战略意义。二是2018年4月27日，由人民银行、银保监会、证监会及外汇管理局联合发布的《关于规范金融机构资产管理业务的指导意见》正式落地。作为大资管领域的纲领性文件，资管新规按照资管产品的类型制定统一的监管标准，对同类资管业务作出一致性规定，实行公平的市场准入和监管，最大限度地消除监管套利空间，为资管业务健康发展创造良好的制度环境。对信托业而言，资管新规在非标投资、打破刚性兑付、消除多层嵌套、净值化管理、统一杠杆水平等方面，都有较为深远的影响，为信托机构经营转型划定了规制框架。三是2018年8月7日，经中国银保监会批准，《信托登记管理细则》于8月7日正式生效。进一步明确了分期信托产品的登记要求，加大对分期发行产品的事前报告管理力度；明确了各登记流程及操作内容，进一步增强了信托登记的科学性、规范性和可操作性，同时有助于监管部门及时把握信托业单体和行业整体的风险状况。由此奠定了我国信托登记的制度基础。四是2018年8月17日，银保监会下发了《信托部关于加强规范资产管理业务过渡期内信托监管工作的通知》（信托函［2018］37号文），对信托行业实施资管新规的细则进行了明确。该通知对加强信托业务及创新产品的监管、推进过渡期内整改工作、切实防范信托业风险、维护金融经济和社会稳定都有切实意义。五是2018年9月19日，由中国信托业协会组织制定的《信托公司受托责任尽职指引》正式发布。该指引进一步明确了信托公司在信托业务流程中的相应职责，促进信托业务操作的规范性，提高尽职履责水平，督促“卖者尽责、买者自负”理念的落实，为信托业打破刚兑奠定了制度基础。

**4.3.1 有利条件**

中国高净值人群理财需求处在高速增长期。2018年中国人均GDP接近1万美元，中国理财市场的环境，与40年前的美国非常接近，都在一个起步高速增长的阶段。投资者对他们手中的财富如何保值增值有浓厚的兴趣。根据胡润研究院发布针对2019年中国高净值人群的调查报告，截至2017年12月31日，中国（含港澳台）拥有600万元资产的高收入家庭数量达488万户，其中中国大陆拥有600万元资产的高收入家庭数量已达387万户。2018年8月，中国大陆中等收入家庭已达3 320万户，北京、广东和上海这三个省市的中等收入家庭数量共占50%。截至2017年，个人可投资金融资产为142万亿元，2007—2017年年均增速为20%。高净值人群呈现出年轻化及专业人士化的特征，他们没有机会能像私营企业主对持有企业进行再投资，更少的渠道获取投资机会和更少的时间管理个人财富。信托公司通过专业化的产品设计，将不具备交易条件的资产进行一定标准化设计，形成产品面向公众销售，从而起到了较好的资金需求和理财桥梁作用。高净值人群与信托公司在理财、融资及其他金融服务方面的合作将进一步拓展。与生俱来的制度优势、宽泛的投资领域和灵活的交易安排使得信托在某种程度上成为一种稀缺资源，在增值需求的推动下，大资金向信托的靠拢将是一种长期趋势。

当前宏观经济稳中有变、变中有忧，“稳就业、稳金融、稳外贸、稳外资、稳投资、稳预期”成为政策主基调，要求金融机构服务实体经济。信托作为目前唯一横跨资本、证券与实业三大市场的投资工具，更要发挥自身独特优势，通过投贷联动、产融结合的方式来支持实体经济产业。信托业通过积极转型，将迎来新的发展机遇：一是扩大主动管理业务比重和管理能力，满足人民美好生活需求。经济持续高速增长，财富快速累积，财富管理作为居民生活水平提高、财富积累达到一定程度后的必然需求。信托公司应进一步加大金融服务创新力度，推进财富管理水平持续提升和扩大主动管理业务比重，提供以资产配置、产品选择、投资建议为核心的全方位定制化服务，为资产管理行业的发展注入新的活力。二是服务实体经济。信托业通过证券化、供应链金融、PPP、产业基金等形式，引入民间资本助力基础设施建设和国家经济发展；同时，通过私募股权投资，为我国一大批创业者、企业家提供资金支持，成为新经济发展的重要推动力量。三是深度发掘资本市场业务潜力。扩大直接融资比重、发展多层次资本市场体系是大势所趋，信托公司可在资产证券化、投资、融资、兼并重组、PE等多领域发掘投资机会。四是拓展国际业务。加大金融领域开放力度和“一带一路”建设推进，高净值客户境外理财与全球资产配置需求日益强烈，国际业务将是信托业务重要方向。五是特色信托。家族信托、公益信托等创新类信托模式将逐步规模化发展。

政策支持。中国的经济社会发展进入新时代，在这个背景下，仅仅依靠股权类和债券类的金融产品已经远远不能满足处置错综复杂的经济社会发展问题，需要有从事财富管理的专业化机构，这就决定了必须充分运用信托机制来完善经济管理和社会管理。近几年来信托业曲折发展，如今在政府推动和“一法三规”约束引导下，逐步认清信托定位，积极转型，正在回归“受人之托、代人理财”本源，在服务实体经济方面发挥巨大的作用。展望未来，在资管新规和一系列监管政策的共同作用下，信托公司过去“重量而轻质”的发展路径难以为继，面临从高速度发展模式向高质量发展模式的转变。信托业应强化风险管控、把握发展速度、提升发展质效，努力顺应新时代。从发达国家经验看，信托业的良好发展都离不开较为完备的信托法律制度，中国信托业距离美日等发达国家水平仍有相当大的差距，也意味着中国信托业仍有较大的发展空间。

公司依托优良的资产、规范诚信的经营、良好的品牌形象与商誉、专业化的人才队伍，以及控股股东中国宝武集团的大力支持，为业务拓展和健康成长奠定了基础。

**4.3.2 不利条件**

监管趋严的风险。随着资管新规为代表的一系列监管政策落地，推动金融去杠杆后，信托公司原有的商业模式面临挑战。信用环境的恶化以及刚性兑付的彻底打破，使信托产品的吸引力下降，资金募集难度加大。同时在新的监管环境下，原信托业务结构中占比较高的银信通道业务和信政业务将进一步萎缩，从而带动信托资产规模继续收缩；此外，去杠杆政策产生的金融市场流动性问题，加大了信托公司获得同业资金的难度，使信托产品的发行成本上升，制约信托行业的盈利能力。但从长期来看，新的外部环境有助于提升信托行业资产管理能力和风险防控意识，加快信托行业转型速度，促进信托行业健康稳健发展。

泛资管领域竞争加剧。资管新时代，在统一监管下，大类产品同质化程度会越来越高，客户需求对于市场的决定性作用会越来越大，市场对于客户的争抢越来越激烈。随着2019年银行理财子公司成立，竞争将更趋激烈。考虑到银行理财子公司具有的先天的业务资源、客户资源和品牌等优势，确实将会搅动资管行业新的变化。理财子公司的到来首先就会削弱过往的绝大部分通道业务，继续加速信托去通道的趋势，而且其还会在优质非标资产、高净值等方面与信托公司进行争抢，降低信托公司的市场空间。当然，理财子公司充分发挥其天然禀赋，需要内部机制体制、人才、风险体系的建设和成熟，这需要一个过程，也为信托公司发展壮大提供了有利时机，需要信托公司提前作出对策，发挥比较优势，在非标产品设计、财产权信托、高端客户综合服务等方面寻求更大的突破口。在资管新时代，打破刚兑后，吸引投资者购买信托产品就更具挑战性。因此，信托公司需要在财富管理理念、信托产品设计、直销能力建设、财富管理团队布局等方面加大投入，这样才能使信托参与到证券、银行、第三方理财机构等成熟财富管理行业的竞争中去。

业务风险。传统的信托业务以通道业务和私募融资业务为主，2018年伴随宏观经济形势的变化和金融去杠杆，信托业的这两大业务收入增速放缓、盈利率下滑，未来信托公司业务将遭遇进一步收缩的风险。从收入方面看，传统的通道业务继续收缩；主动管理业务方面，近年来持续高歌猛进的房地产业务存在放缓的可能，尤其是在房地产景气度下行阶段；"稳增长"使得基建投资有一定作为，但是需要提升客户资质，选择优质平台；工商企业信托依然受困于风险和可布局的较少而作为不大，而其他新兴领域收入贡献难以超越传统业务。从支出方面看，信托公司直销渠道建设依然加快进行，相关支出会继续增加；信息科技建设投入力度会更大，在整体风险没有实质下降前，拨备计提压力仍会不小，从而带动整体支出增速可能超越营业收入增速。未来信托公司需要摆脱信贷文化以及刚兑思维，建立针对特定风险、特定产品特点的风控体系和风险管理工具；风险控制的目的是降低产品波动性，提升对于客户资产的保护，能够更好地尽职履责。创新能力是信托所具有的特质，但是这种创新不是绕监管、规避监管，而是以服务客户需求为根本出发点，创设既合规又能满足客户需求的资管产品。

## 4.4 内部控制

### 4.4.1 内部控制环境和内部控制文化

公司根据国家有关法律法规和《公司章程》，构建了完备的法人治理结构，设立了股东会、董事会和监事会，"三会"分工明确并相互制衡、各司其职、规范运作，分别行使决策权、执行权和监督权。

股东会是公司的权力机构；董事会是公司的常设决策机构，向股东会负责；监事会是公司的监督机构，负责对公司董事、高级管理人员及公司财务和管理进行监督。董事会下设风险管理和审计委员会、信托委员会、人事薪酬委员会和关联交易控制委员会四个专业委员会，加强对公司长期发展战略、高管任职与考核、重大投资风险控制、重大关联交易的审议、信息披露等方面的管理和监督，以进一步完善治理结构、促进董事会科学高效决策。其中，风险管理和审计委员会负责审查企业内部控制，监督内部控制的有效实施和内部控制自我评价情况，协调内部控制审计及其他相关事宜。

公司根据自身业务特点和内部控制要求设立了科学、规范的机构及岗位。综合管理部负责组织协调内部控制的建立实施及日常工作。审计稽核部作为内部审计机构对内部控制的有效性进行监督检查。内部审计机构对监督检查中发现的内部控制缺陷，按照内部审计工作程序进行报告；对监督检查中发现的内部控制重大缺陷，有权直接向董事会及其审计委员会、监事会报告。

公司明确界定各部门、各岗位的目标、职责和权限，建立相应的授权、检查和逐级问责制度，确保不相容岗位的相互分离及其在授权范围内履行职能；公司控制架构完善，并制定各层级之间的控制程序，保证董事会及高级管理人员下达的指令能够被有效执行。

公司提倡业务部门是内部控制及风险管理的第一道防线的内控文化。

### 4.4.2 内部控制措施

公司管理层下设投资决策委员会，在董事会的授权范围内以明晰的分级授权制度、健全的投资控制体系、及时完整的事前管理及过程控制和事后评价，使研究、决策、操作、审核、评价体系既相互配合，又相互制衡。

在日常业务中，公司对固有资产和信托资产设立了相互独立的运作部门，同时在财务核算等环节，通过核算岗位隔离与财务信息隔离，进一步保证了公司固有财产与信托财产的独立管理。

在信托资产运营环节，公司通过前台、中台、后台分工协作，实现了投资决策和交易分离、财产运营和监控保管分离。部门间有效配合且相互制衡，确保投资风险可控。

对于证券投资类项目，公司通过股票池、投资比例指标和人员授权等方面的管理，保证了证券投向、投资比例和不同岗位的投资权限均处于公司的有效控制之下。

对于投融资类项目，公司事前对交易对手开展尽职调查；风险管理部门和法律合规部门分别出具独立的风控意见书和法务意见书，发表专业意见；项目提交投决会进行集体决策；合同审批流程中相关部门制衡审批；业务部门根据投决会要求和合同约定落实放款前提；风险管理部门设置专岗负责审核放款条件；项目成立后对项目进行贷后、投后管理，跟踪分析交易对手还款能力和意愿，根据合同约定对资金用途进行监管；业务部门和风险管理部门定期进行抵（质）押物的价值进行持续跟踪；持续评价资产质量；根据合同约定建立资金沉淀提示机制；根据项目风险预警信号，建立了相应的报告路线和应对流程。

在业务流程上，公司通过事前、事中、事后控制三者结合进行综合风险防范，其中尤其强调即时的过程控制，各部门发生异常情况后及时汇报，在风险出现苗头后能立即作出反应，采取相应措施，确保公司内部控制的有效性。

除上述控制措施外，公司还建立了重大风险预警机制和突发事件应急处理机制，明确风险预警标准，对可能发生的重大风险或突发事件，制定应急预案，明确责任人员，规范处理程序，确保突发事件得到及时妥善处理。

#### 4.4.3 信息交流与反馈

公司建立了信息与沟通制度，明确内部控制相关信息的收集、处理和传递程序，确保信息及时沟通，促进内部控制有效运行。

公司各业务部门、财务会计部门、法律合规部门、风险管理部门及行政管理部门负责收集各自职责范围内的各种内部信息和外部信息，通过财务会计资料、经营管理资料、调研报告、专项信息、内部刊物、办公网络等渠道获取内部信息；通过行业协会组织、社会中介机构、业务往来单位、市场调查、来信来访、网络媒体以及有关监管部门等渠道获取外部信息；并对收集的信息进行合理筛选、核对、整合，提高信息的有用性。

公司将重要信息及时传递给董事会、监事会。

公司利用信息技术促进信息的集成与共享，充分发挥信息技术在信息与沟通中的作用。公司加强对信息系统开发与维护、访问与变更、数据输入与输出、文件储存与保管、网络安全等方面的控制，保证信息系统安全稳定运行。

公司针对敏感岗位制定了《经营风险控制十条禁令》，明确了敏感岗位需要明令禁止的高风险事项。

公司建立了举报投诉制度和举报人保护制度，设置举报专线，明确举报投诉处理程序、办理时限和办理要求，确保举报、投诉成为公司有效掌握信息的重要途径。

举报投诉制度和举报人保护制度通过《员工手册》在发布和新员工入职时传达至员工本人。

#### 4.4.4 监督评价与纠正

公司审计稽核部门负责对公司内部控制的监督评价与纠正。

公司具有较为完善的内部控制机制，公司审计稽核部是公司独立的监督部门，直接向董事会汇报，是对公司经营活动全过程进行的一种内在经济监督，以防范风险、纠正违规、加强内控为工作目标，对公司内控制度、业务经营、财务活动等实施稽核监督。公司内控管理部门负责牵头对公司规章制度和操作流程的健全性、有效性进行不断梳理整合，使公司的内部控制更加有效、趋于完善。

### 4.5 风险管理

#### 4.5.1 风险管理概况

公司重视风险管理，通过制定健全的内部规章制度，建立职责分工合理的组织机构，设置专业的风险管理机构，将现代风险管理技术与传统风险管理方法相结合，对可能产生的风险及时作出反应，采取有效措施进行事前、事中、事后的有效控制与管理，并根据实际需要随时对风险管理体系进行调整。

公司风险管理遵循全面性原则、相互制衡原则、一致性原则、时效性原则、定性与定量相结合原则。

4.5.1.1 公司经营活动中可能遇到的风险

公司经营活动中可能遇到的风险主要有信用风险、市场风险、操作风险、流动性风险、政策风险等。

4.5.1.2 公司风险管理的基本原则与政策

风险管理贯彻全面性、审慎性、及时性、有效性、独立性等原则，覆盖到公司各项业务、各个部门和各级人员，并渗透到研究、决策、执行、监督、评价等各个环节；通过事前防范、事中控制、事后监督对风险进行全面综合的管理，促进公司持续、稳健、规范、健康运行。

4.5.1.3 公司风险管理组织结构与职责划分

公司建立了由董事会及管理层直接领导，以风险管理部门为依托，相关职能部门配合，与各个业务部门全面联系的三级风险管理组织架构。

公司董事会承担风险管理的最终责任，负责审批公司风险管理战略，审定公司总体风险水平，监控和评价风险管理的有效性和公司管理层在风险管理方面的履职情况。

董事会风险管理和审计委员会由独立董事担任主任委员，履行董事会的风险管理决策职能，负责拟定公司风险管理策略、风险管理总体目标、风险偏好、风险承受度，对公司经营和业务风险控制及管理情况进行监督。

管理层投资决策委员会是对公司业务进行审议和表决的决策机构，分设固有业务投决会和信托业务投决会，分别负责公司管理层权限内的固有业务和信托业务的重要投资决策。

投审会是投决会的前置程序，针对公司业务各个环节进行可行性评审，为投决会进行决策提供支持。投审会按照业务属性由固有业务投资预审委员会和信托业务投资预审委员会组成。

财务部通过会计核算和财务管理对公司财务状况及经营情况进行分析管理。

业务管理部负责行业研究与战略规划，制定公司业务标准，资金资产配置管理，承担投审会办公室职责及业务信息分析。

风险管理部负责建立和完善公司风险管理体系和风险管理相关制度；负责公司各类投融资业务的风险审查；负责公司各业务风险的日常管理，对公司经营管理活动中的各类风险实施有效的事前评估和过程监控，有效化解和降低公司运营风险；负责公司操作风险管理。

法律合规部主要负责关注、跟踪有关金融法规的最新发展情况，及时组织研究对公司有重大影响的法律合规动态；负责组织公司业务合规管理流程的制定、完善和执行监督；负责合同审查、法律纠纷处理、律师库管理等；负责反洗钱管理工作。

审计稽核部负责检查公司内部风险管理制度的日常执行情况，对公司内部风险控制制度的合理性、有效性进行分析，提出改进意见并直接向董事会报告。

各业务部门是风险管理的第一责任部门，承担与其业务相关的风险管理责任。各业务部门是公司风险管理的具体实施单位，在公司各项基本管理制度的基础上，根据具体情况制定本部门的业务管理规定、业务操作流程及风险控制规定。

#### 4.5.2 风险状况

4.5.2.1 信用风险状况

信用风险主要是指交易对手违约造成损失的风险，主要表现为公司在开展固有业务和信托业务时，可能会因交易对手违约而给公司或信托财产带来风险。报告期内，公司发生的各类业务均履行了严格的内部评审程序，合法合规，担保措施充足，交易对手信用等级较高，信用风险可控。按母公司口径，2018年不良信用风险资产期初数为74 720.04万元，期末数为74 720.04万元，未发生变动。基于谨慎角度，公司已于2015年末完成上述风险资产全额减值准备的计提。

4.5.2.2　市场风险状况

市场风险是指公司在运营过程中可能因股价、市场汇率、利率及其他价格因素等变动而产生的风险。其具体表现为经济运作周期变化、金融市场利率波动、通货膨胀、房地产交易、证券市场变化等造成的风险，这些风险可能影响信托财产的价值及信托收益水平，也可能影响公司固有资产价值或导致损失。

2018年初以来，外部宏观环境较为复杂，资本市场面临较大的压力。2018年以来上证综指、中小板指数、创业板指数均呈现出下跌走势，而代表中小市值的中小板及创业板指数走势在期间更是创下近三年来的低点，表现比较弱势。在此市场环境下，公司继续夯实市场风险管理体系，加强市场风险的跟踪管理；建立了比较完善的授权和投决会决策体系，明确规定了管理层和信托投资经理的具体权限范围，对公司所面临的市场风险进行有效管理。同时，公司建立了一套完整的管理体系，将证券投资的研究、决策、执行、监督和评价进行了有效分离，形成了相互监督、相互制约的管理机制。系统管控方面，公司采用资产管理信息系统进行事前风控，每日监控净值并进行事后分析。

4.5.2.3　操作风险状况

操作风险是指由不完善或有问题的内部程序、员工和信息科技系统，以及外部事件所造成损失的风险。

报告期内，公司未发生重大操作风险。

4.5.2.4　流动性风险状况

流动性风险是指按时履行支付义务和付款承诺的能力不足而遭受损失所形成的风险。

公司固有资金主要投资有价证券类，并支持信托业务的发展。公司设置专岗定期跟踪固有资金投向的资产类型，目前流动资产结构和变现能力良好，偿付能力较强。

4.5.2.5　其他风险状况

其他风险主要包括法律风险、声誉风险、战略风险等。法律风险指公司在业务经营过程中由于不当的法律文书、违约行为或怠于行使自身法律权利等所造成的风险。声誉风险是指由于公司内部管理或服务出现问题而引起自身外部社会名声、信誉和公众信任度下降，从而对公司外部市场地位产生消极和不良影响的风险。战略风险是指公司在战略制定过程中，无法对宏观经济环境、市场需求、行业竞争格局等变化情况进行准确把握，影响决策的风险。报告期内公司未发生重大其他风险。

**4.5.3　风险管理**

4.5.3.1　信用风险管理

公司高度重视交易对手信用风险管理，通过事前评估、事中控制、事后监督的风险管理体系来防范和规避信用风险，具体措施包括：一是严格按照业务流程、制度规定和相应程序开展各项业务，确保决策者充分了解业务涉及的信用风险；二是对交易对手进行全面、深入的信用调查与分析，形成客观、翔实的尽职调查报告；三是完善投决会议事规则，坚持横向、纵向相结合和集体决策的评审制度，多方面介入排查风险；四是制定相关业务展业指引和尽调指引，规范业务发展；五是严格落实贷款担保等措施，注意对抵押物权属有效性、合法性进行审查，客观、公正评估抵押物；六是强调事中管理和监控，通过项目实施过程中的业务跟踪及定期的资产五级分类进行风险事中控制；七是要求定期或不定期进行后期检查。对重点项目，业务部门会同风险管理部门定期进行现场实地走访，对项目运作、企业财务状况及当地市场环境做进一步调研和分析，形成现场检查报告，发现问题及时上报并采取措施，有效防范和化解各类信用风险；八是根据项目风险预警信号建立了相应的报告路线和应对处置流程；规范了五级分类、风险准备金的计提比例和流程，以提高抗风险能力；九是严格按财政部《金融企业准备金计提管理办法》等相关要求，足额计提一般准备；每年从税后利润中按10%（2009年及以前年度为5%）的比例提取信托赔偿准备金，公司按照《金融企业准备金计提管理办法》《银行信贷损失计提指引》规定，按照金融企业承担风险和损失的资产期末余额的1.5%扣除年初一般风险准备余额，提取一般风险准备，以提高公司抵御风险的能力。

4.5.3.2　市场风险管理

公司采取积极的市场风险管理策略和方法，对于证券投资信托都要求有相应的风险管理策略和风险控制措施，包括大类资产配置、仓位比例、个股投资比例限制等，将市场风险控制在一定的范围内。

市场风险的监控对系统的依赖度较高，主观判断性较少。随着公司内部管理的不断提升，IT系统的不断完善，公司市场风险管理的能力将不断提高，公司整体面临的市场风险也将更趋可控。

从公司架构的中后台控制来看，设有法律合规部、风险管理部对证券项目独立发表法律专业意见和风控专业意见，交易室负责独立下单，实现业务部门与操作部门的分离；同时，财务部、运营管理部对相关业务进行资金监管划付和支持。审计稽核部负责事后审核稽查。上述组织架构形成了有效的三级风险管理体系，使得公司的研究、决策、操作、控制和评价相互分离、相互制衡以及相互监督，保证公司经营业务持续、规范、健康运行。

4.5.3.3　操作风险管理

公司持续完善、细化内控管理制度，坚持业务发展与内控管理并举，规范操作程序、防范操作风险。公司在业务尽职调查、产品规范化管理、风险监控、合同档案管理、信息披露等方面不断细化管理要求和规范操作流程，提升业务操作的规范化和精细化水平，消除操作风险隐患，有效管理各类操作风险。

2018年公司持续完善风险管理框架与制度，修订发布了业务决策机制，风险管理决策体系进一步得到夯实和完善。在业务管理类管理文件方面，持续根据市场环境、监管政策、公司战略、业务定位、资源禀赋等方面对业务规则和指引类文件进行修订完善，进一步优化业务流程。在风险制度执行有效性方面，从制度、流程、岗位、系统等维度持续强化执行力，并提升对制度执行有效性的监督和检查，在日常工作中形成奖惩机制，持续促进规章制度的有效执行。公司内部审计稽核部门持续开展审计工作，对审计发现的流程、内控、操作问题及时予以整改完善，以切实提高内控管理水平，降低操作风险。

4.5.3.4　流动性风险管理

公司高度重视流动性风险，建立流动性风险应急管理机制，公司将持续加强固有资金现金流测算及配置管理，设置具有较高变现能力的自有资金规模的限制，保持固有资金稳定的流动性配置，逐步完善流动性风险管理体系的建设。

4.5.3.5　其他风险管理

法律风险管理方面，公司严格按照相关监管规章，对所有拟开展业务进行合规性审查，确保公司业务开展符合国家相关法律法规的规定，并不断优化产品结构和法律文本设计，严格按照公司法律文件审批程序进行审批后办理业务。

声誉风险管理方面，公司把声誉构建与公司发展战略和企业文化进行有机结合，对可能影响公司声誉的业务坚决予以回避，尽职管理受托资产并充分披露，塑造公司专业和诚信的社会形象。

战略风险管理方面，公司管理层根据董事会制定的战略规划，对公司进行经营管理，定期向董事会报告战略执行情况。同时公司投资决策委员根据公司的战略规划，确定具体的投资规模、投资原则和投资方向，对公司的重大项目进行集体决策。公司配置了专业的研究人员，关注和跟踪宏观经济环境、行业环境和政策的变化，为公司的战略决策提供有力的支持。

## 5. 报告期末及上一年度末的比较式会计报表

### 5.1　固有资产

#### 5.1.1　会计师事务所审计意见全文

**审 计 报 告**

瑞华审字［2019］31270002 号

华宝信托有限责任公司：

一、审计意见

我们审计了华宝信托有限责任公司（以下简称贵公司）财务报表，包括 2018 年 12 月 31 日的合并及公司资产负债表，2018 年度的合并及公司利润表、合并及公司现金流量表、合并及公司所有者权益变动表以及相关财务报表附注。

我们认为，后附的财务报表在所有重大方面按照企业会计准则的规定编制，公允反映了贵公司 2018 年 12 月 31 日合并及公司的财务状况以及 2018 年度合并及公司的经营成果和现金流量。

二、形成审计意见的基础

我们按照中国注册会计师审计准则的规定执行了审计工作。审计报告的“注册会计师对财务报表审计的责任”部分进一步阐述了我们在这些准则下的责任。按照中国注册会计师职业道德守则，我们独立于贵公司，并履行了职业道德方面的其他责任。我们相信，我们获取的审计证据是充分、适当的，为发表审计意见提供了基础。

三、其他信息

贵公司管理层对其他信息负责。其他信息包括年度报告中涵盖的信息，但不包括财务报表和我们的审计报告。

我们对财务报表发表的审计意见不涵盖其他信息，我们也不对其他信息发表任何形式的鉴证结论。

结合我们对财务报表的审计，我们的责任是阅读其他信息，在此过程中，考虑其他信息是否与财务报表或我们在审计过程中了解到的情况存在重大不一致或者似乎存在重大错报。

基于我们已执行的工作，如果我们确定其他信息存在重大错报，我们应当报告该事实。在这方面，我们无任何事项需要报告。

四、管理层和治理层对财务报表的责任

贵公司管理层（以下简称管理层）负责按照企业会计准则的规定编制财务报表，使其实现公允反映，并设计、执行和维护必要的内部控制，以使财务报表不存在由于舞弊或错误导致的重大错报。

在编制财务报表时，管理层负责评估贵公司的持续经营能力，披露与持续经营相关的事项（如适用），并运用持续经营假设，除非管理层计划清算贵公司、终止运营或别无其他现实的选择。

治理层负责监督贵公司的财务报告过程。

五、注册会计师对财务报表审计的责任

我们的目标是对财务报表整体是否不存在由于舞弊或错误导致的重大错报获取合理保证，并出具包含审计意见的审计报告。合理保证是高水平的保证，但并不能保证按照审计准则执行的审计在某一重大错报存在时总能发现。错报可能由于舞弊或错误导致，如果合理预期错报单独或汇总起来可能影响财务报表使用者依据财务报表作出的经济决策，则通常认为错报是重大的。

在按照审计准则执行审计工作的过程中，我们运用职业判断，并保持职业怀疑。同时，我们也执行以下工作：

（1）识别和评估由于舞弊或错误导致的财务报表重大错报风险，设计和实施审计程序以应对这些风险，并获取充分、适当的审计证据，作为发表审计意见的基础。由于舞弊可能涉及串通、伪造、故意遗漏、虚假陈述或凌驾于内部控制之上，未能发现由于舞弊导致的重大错报的风险高于未能发现由于错误导致的重大错报的风险。

（2）了解与审计相关的内部控制，以设计恰当的审计程序，但目的并非对内部控制的有效性发表意见。

（3）评价管理层选用会计政策的恰当性和作出会计估计及相关披露的合理性。

（4）对管理层使用持续经营假设的恰当性得出结论。同时，根据获取的审计证据，就可能导致对贵公司持续经营能力产生重大疑虑的事项或情况是否存在重大不确定性得出结论。如果我们得出结论认为存在重大不确定性，审计准则要求我们在审计报告中提请报表使用者注意财务报表中的相关披露；如果披露不充分，我们应当发表非无保留意见。我们的结论基于截至审计报告日可获得的信息。然而，未来的事项或情况可能导致贵公司不能持续经营。

（5）评价财务报表的总体列报、结构和内容（包括披露），并评价财务报表是否公允反映相关交易和事项。

（6）就贵公司中实体或业务活动的财务信息获取充分、适当的审计证据，以对财务报表发表意见。我们负责指导、监督和执行集团审计。我们对审计意见承担全部责任。

我们与治理层就计划的审计范围、时间安排和重大审计发现等事项进行沟通，包括沟通我们在审计中识别出的值得关注的内部控制缺陷。

## 5.1.2 资产负债表

### 合并资产负债表

2018年12月31日

编制单位:华宝信托有限责任公司　　　　单位:万元

| 项目 | 年末余额 | 年初余额 | 项目 | 年末余额 | 年初余额 |
|---|---|---|---|---|---|
| 流动资产: | | | 流动负债: | | |
| 货币资金 | 230 055.11 | 196 948.76 | 短期借款 | — | — |
| 结算备付金 | 571.35 | 304.80 | 向中央银行借款 | — | — |
| 拆出资金 | — | — | 吸收存款及同业存放 | — | — |
| 以公允价值计量且变动计入当期损益的金融资产 | 212 546.32 | 93 587.11 | 拆入资金 | — | 60 000.00 |
| 衍生金融资产 | — | — | 以公允价值计量且变动计入当期损益的金融负债 | 792.82 | 632.46 |
| 应收票据及应收账款 | 11 426.83 | 10 252.29 | 衍生金融负债 | — | — |
| 预付款项 | 801.78 | — | 应付票据及应付账款 | — | — |
| 应收保费 | — | — | 预收款项 | — | — |
| 应收分保账款 | — | — | 卖出回购金融资产款 | — | — |
| 应收分保合同准备金 | — | — | 应付手续费及佣金 | — | — |
| 其他应收款 | 7 482.86 | 9 607.05 | 应付职工薪酬 | 41 729.51 | 38 989.16 |
| 买入返售金融资产 | 54 800.20 | 3 830.15 | 应交税费 | 35 279.45 | 49 001.33 |
| 存货 | — | — | 其他应付款 | 51 444.33 | 75 493.88 |
| 持有待售资产 | — | — | 应付分保账款 | — | — |
| 一年内到期的非流动资产 | — | — | 保险合同准备金 | — | — |
| 其他流动资产 | 60.20 | 1 247.06 | 代理买卖证券款 | — | — |
| 流动资产合计 | 517 744.64 | 315 777.21 | 代理承销证券款 | — | — |
| 非流动资产: | | | 持有待售负债 | — | — |
| 发放贷款及垫款 | — | — | 一年内到期的非流动负债 | — | — |
| 可供出售金融资产 | 395 335.96 | 637 758.31 | 其他流动负债 | 120 000.00 | 150 000.00 |
| 持有至到期投资 | — | — | 流动负债合计 | 249 246.11 | 374 116.83 |
| 长期应收款 | — | — | 非流动负债: | | |
| 长期股权投资 | 78 022.66 | 78 706.17 | 长期借款 | — | — |
| 投资性房地产 | 79.04 | 83.82 | 应付债券 | — | — |
| 固定资产 | 2 049.17 | 2 138.46 | 长期应付款 | — | — |
| 在建工程 | 322.83 | — | 长期应付职工薪酬 | — | — |
| 工程物资 | — | — | 预计负债 | 17.52 | 43.89 |
| 生产性生物资产 | — | — | 递延收益 | — | — |
| 油气资产 | — | — | 递延所得税负债 | 3 816.48 | 5 873.65 |
| 无形资产 | 1 786.44 | 1 769.48 | 其他非流动负债 | 24 649.74 | 642.26 |
| 开发支出 | — | — | 非流动负债合计 | 28 483.74 | 6 559.80 |
| 商誉 | — | — | 负债合计 | 277 729.85 | 380 676.63 |
| 长期待摊费用 | 483.08 | 635.88 | 所有者权益: | | |
| 递延所得税资产 | 26 559.79 | 25 499.68 | 实收资本 | 374 400.00 | 374 400.00 |
| 其他非流动资产 | 235 478.90 | 216 169.85 | 其他权益工具 | — | — |
| 非流动资产合计 | 740 117.86 | 962 761.65 | 资本公积 | 3 726.17 | 3 726.17 |
| | | | 减:库存股 | — | — |
| | | | 专项储备 | — | — |
| | | | 其他综合收益 | 8 682.93 | 15 881.71 |
| | | | 盈余公积 | 83 623.79 | 74 134.37 |
| | | | 一般风险准备 | 100 851.61 | 90 843.43 |
| | | | 未分配利润 | 311 207.32 | 253 011.66 |
| | | | 归属于母公司所有者权益合计 | 882 491.82 | 811 997.34 |
| | | | 少数股东权益 | 97 640.83 | 85 864.89 |
| | | | 所有者权益合计 | 980 132.65 | 897 862.23 |
| 资产总计 | 1 257 862.50 | 1 278 538.86 | 负债和所有者权益总计 | 1 257 862.50 | 1 278 538.86 |

法定代表人:张　轶　　　　主管会计工作负责人:张晓喆　　　　会计机构负责人:蒋　勋

**母公司资产负债表**

编制单位：华宝信托有限责任公司　　2018年12月31日　　单位：万元

| 资产 | 年末数 | 年初数 | 负债和所有者权益 | 年末数 | 年初数 |
|---|---|---|---|---|---|
| 资产： | | | 负债： | | |
| 现金及存放中央银行款项 | — | — | 向中央银行借款 | — | — |
| 存放同业款项 | 96 808. 81 | 58 607. 38 | 同业及其他金融机构存放款项 | — | — |
| 贵金属 | — | — | 拆入资金 | — | 60 000. 00 |
| 拆出资金 | — | — | 以公允价值计量且变动计入当期损益的金融负债 | — | — |
| 以公允价值计量且变动计入当期损益的金融资产 | 105 341. 20 | 12 247. 46 | 衍生金融负债 | — | — |
| 衍生金融资产 | — | — | 卖出回购金融资产款 | — | — |
| 买入返售金融资产 | 50 000. 05 | — | 吸收存款 | — | — |
| 应收票据及应收账款 | — | — | 应付票据及应付账款 | — | — |
| 其他应收款 | 6 403. 27 | 8 543. 89 | 其他应付款 | 37 533. 61 | 60 738. 09 |
| 发放贷款及垫款 | — | — | 应付职工薪酬 | 22 256. 05 | 20 673. 74 |
| 可供出售金融资产 | 411 019. 92 | 654 017. 00 | 应交税费 | 18 076. 93 | 31 730. 97 |
| 持有至到期投资 | — | — | 预计负债 | — | — |
| 长期股权投资 | 77 844. 43 | 78 527. 94 | 应付债券 | — | — |
| 投资性房地产 | 79. 04 | 83. 82 | 递延所得税负债 | 5 259. 15 | 7 353. 86 |
| 固定资产净额 | 1 188. 44 | 1 189. 48 | 持有待售负债 | — | — |
| 在建工程 | 322. 83 | — | 递延收益 | — | — |
| 无形资产净额 | 1 435. 67 | 1 347. 73 | 其他负债 | 144 649. 74 | 150 642. 26 |
| 长期待摊费用 | 359. 88 | 635. 88 | 负债合计 | 227 775. 48 | 331 138. 92 |
| 递延所得税资产 | 20 991. 91 | 20 991. 91 | 所有者权益： | | |
| 持有待售资产 | — | — | 实收资本 | 374 400. 00 | 374 400. 00 |
| 其他资产 | 235 454. 33 | 216 145. 28 | 其他权益工具 | — | — |
| | | | 资本公积 | 10 877. 67 | 10 877. 67 |
| | | | 减：库存股 | — | — |
| | | | 其他综合收益 | 9 988. 43 | 18 025. 95 |
| | | | 盈余公积 | 84 350. 72 | 74 861. 30 |
| | | | 一般风险准备 | 101 215. 07 | 91 206. 89 |
| | | | 未分配利润 | 198 642. 40 | 151 827. 04 |
| | | | | | |
| | | | 所有者权益合计 | 779 474. 29 | 721 198. 86 |
| 资产总计 | 1 007 249. 76 | 1 052 337. 77 | 负债和所有者权益总计 | 1 007 249. 76 | 1 052 337. 77 |

法定代表人：张　轶　　主管会计工作负责人：张晓喆　　会计机构负责人：蒋　勋

### 5. 1. 3　利润表

**合并利润表**

编制单位：华宝信托有限责任公司　　2018年度　　单位：万元

| 项目 | 本年金额 | 上年金额 |
|---|---|---|
| 一、营业总收入 | 231 347. 47 | 241 310. 12 |
| 其中：营业收入 | 72. 87 | 147. 56 |
| 利息收入 | 13 133. 84 | 10 169. 53 |
| 已赚保费 | — | — |
| 手续费及佣金收入 | 218 140. 76 | 230 993. 03 |
| 二、营业总成本 | 113 728. 71 | 115 464. 81 |
| 其中：营业成本 | 4. 78 | 4. 78 |

续表

| 项目 | 本年金额 | 上年金额 |
|---|---|---|
| 利息支出 | 4 175.90 | 3 384.69 |
| 手续费及佣金支出 | 1 860.08 | 3 111.36 |
| 退保金 | — | — |
| 赔付支出净额 | — | — |
| 提取保险合同准备金净额 | — | — |
| 保单红利支出 | — | — |
| 分保费用 | — | — |
| 税金及附加 | 1 341.32 | 1 266.15 |
| 业务及管理费 | 106 286.63 | 108 053.88 |
| 资产减值损失 | 60.00 | -356.05 |
| 加:公允价值变动损益(损失以"-"号填列) | -4 799.44 | 4 351.67 |
| 投资收益(损失以"-"号填列) | 38 947.32 | 38 754.81 |
| 其中:对联营企业和合营企业的投资收益 | 549.48 | 158.17 |
| 汇兑收益(损失以"-"号填列) | 4.08 | 10.44 |
| 资产处置收益(损失以"-"号填列) | — | — |
| 其他收益 | 16 512.00 | 50.45 |
| 三、营业利润(亏损以"-"号填列) | 168 282.72 | 169 012.67 |
| 加:营业外收入 | 77.44 | 2 382.32 |
| 减:营业外支出 | 56.41 | 38.00 |
| 其中:非流动资产处置损失 | — | — |
| 四、利润总额(亏损总额以"-"号填列) | 168 303.75 | 171 356.99 |
| 减:所得税费用 | 40 514.65 | 40 966.03 |
| 五、净利润(净亏损以"-"号填列) | 127 789.10 | 130 390.96 |
| (一)按经营持续性分类 | — | — |
| 1. 持续经营净利润(净亏损以"-"号填列) | 127 789.10 | 130 390.96 |
| 2. 终止经营净利润(净亏损以"-"号填列) | — | — |
| (二)按所有权归属分类 | — | — |
| 1. 少数股东损益 | 21 514.69 | 20 337.62 |
| 2. 归属于母公司所有者的净利润 | 106 274.42 | 110 053.34 |
| 六、每股收益: | — | — |
| (一)基本每股收益 | — | — |
| (二)稀释每股收益 | — | — |
| 六、其他综合收益 | -7 137.52 | -4 954.66 |
| 归属于母公司所有者的其他综合收益的税后净额 | -7 198.78 | -4 875.26 |
| (一)以后不能重分类进损益的其他综合收益 | — | — |
| 1. 重新计量设定受益计划变动额 | — | — |
| 2. 权益法下不能转损益的其他综合收益 | — | — |
| (二)以后将重分类进损益的其他综合收益 | -7 198.78 | -4 875.26 |
| 1. 权益法下可转损益的其他综合收益 | -1 232.98 | -2 810.87 |
| 2. 可供出售金融资产公允价值变动损益 | -6 029.55 | -1 981.75 |
| 3. 持有至到期投资重分类为可供出售金融资产损益 | — | — |
| 4. 现金流量套期损益的有效部分 | — | — |
| 5. 外币财务报表折算差额 | 63.75 | -82.64 |
| 归属于少数股东的其他综合收益的税后净额 | 61.25 | -79.40 |
| 七、综合收益总额 | 120 651.58 | 125 436.30 |
| 归属于母公司所有者的综合收益总额 | 99 075.64 | 105 178.07 |
| 归属于少数股东的综合收益总额 | 21 575.94 | 20 258.23 |

法定代表人:张　轶　　　　主管会计工作负责人:张晓喆　　　　会计机构负责人:蒋　勋

# 母公司利润表

编制单位:华宝信托有限责任公司　　2018 年度　　单位:万元

| 项目 | 本年数 | 上年数 |
|---|---|---|
| 一、营业收入 | 164 957. 39 | 163 428. 05 |
| 利息净收入 | 1 111. 49 | 1. 33 |
| 利息收入 | 5 287. 39 | 3 386. 02 |
| 利息支出 | 4 175. 90 | 3 384. 69 |
| 手续费及佣金净收入 | 104 306. 02 | 121 115. 94 |
| 手续费及佣金收入 | 106 166. 10 | 124 227. 30 |
| 手续费及佣金支出 | 1 860. 08 | 3 111. 36 |
| 投资收益(损失以"-"填列) | 43 825. 11 | 41 284. 80 |
| 其中:对联营企业和合营企业的投资收益 | 549. 48 | 158. 17 |
| 公允价值变动损益(损失以"-"填列) | 693. 87 | 970. 41 |
| 汇兑收益(损失以"-"填列) | 12. 74 | -14. 41 |
| 其他业务收入 | 29. 96 | 19. 52 |
| 资产处置收益(损失以"-"填列) | — | — |
| 其他收益 | 14 978. 22 | 50. 45 |
| 二、营业支出 | 43 167. 97 | 44 234. 91 |
| 税金及附加 | 743. 60 | 764. 61 |
| 业务及管理费 | 42 419. 60 | 43 821. 56 |
| 资产减值损失 | — | -356. 05 |
| 其他业务成本 | 4. 78 | 4. 78 |
| 三、营业利润(亏损以"-"填列) | 121 789. 42 | 119 193. 14 |
| 加:营业外收入 | 38. 77 | 216. 73 |
| 减:营业外支出 | — | — |
| 四、利润总额(亏损总额以"-"填列) | 121 828. 19 | 119 409. 88 |
| 减:所得税费用 | 26 934. 08 | 27 379. 40 |
| 五、净利润(净亏损以"-"号填列) | 94 894. 12 | 92 030. 48 |
| (一)持续经营净利润(净亏损以"-"号填列) | 94 894. 12 | 92 030. 48 |
| (二)终止经营净利润(净亏损以"-"号填列) | — | — |
| 六、其他综合收益 | -8 037. 52 | -1 403. 43 |
| (一)以后不能重分类进损益的其他综合收益 | — | — |
| 1. 重新计量设定受益计划变动额 | — | — |
| 2. 权益法下不能转损益的其他综合收益 | — | — |
| (二)以后将重分类进损益的其他综合收益 | -8 037. 52 | -1 403. 43 |
| 1. 权益法下可转损益的其他综合收益 | -1 232. 98 | -2 810. 87 |
| 2. 可供出售金融资产公允价值变动损益 | -6 804. 54 | 1 407. 45 |
| 3. 持有至到期投资重分类为可供出售金融资产损益 | — | — |
| 4. 现金流量套期损益的有效部分 | — | — |
| 5. 外币财务报表折算差额 | — | — |
| 七、综合收益总额 | 86 856. 59 | 90 627. 05 |

法定代表人:张　铁　　主管会计工作负责人:张晓喆　　会计机构负责人:蒋　勋

## 5.1.4 所有者权益变动

### 合并所有者权益变动表

编制单位：华宝信托有限责任公司　　2018 年度　　单位：万元

| 项目 | 本年金额 | | | | | | | | | |
|---|---|---|---|---|---|---|---|---|---|---|
| | 归属于母公司所有者权益 | | | | | | | | 少数股东权益 | 所有者权益合计 |
| | 实收资本 | 其他权益工具 | 资本公积 | 减：库存股 | 其他综合收益 | 盈余公积 | 一般风险准备 | 未分配利润 | | |
| 一、上年年末余额 | 374 400.00 | — | 3 726.17 | — | 15 881.71 | 74 134.37 | 90 843.43 | 253 011.66 | 85 864.89 | 897 862.23 |
| 加：会计政策变更 | — | — | — | — | — | — | — | — | — | — |
| 前期差错更正 | — | — | — | — | — | — | — | — | — | — |
| 其他 | — | — | — | — | — | — | — | — | — | — |
| 二、本年年初余额 | 374 400.00 | — | 3 726.17 | — | 15 881.71 | 74 134.37 | 90 843.43 | 253 011.66 | 85 864.89 | 897 862.23 |
| 三、本年增减变动金额（减少以"－"号填列） | — | — | — | — | -7 198.78 | 9 489.41 | 10 008.18 | 58 195.67 | 11 775.94 | 82 270.42 |
| （一）综合收益总额 | — | — | — | — | -7 198.78 | — | — | 106 274.42 | 21 575.94 | 120 651.58 |
| （二）所有者投入和减少资本 | — | — | — | — | — | — | — | — | — | — |
| 1. 所有者投入资本 | — | — | — | — | — | — | — | — | — | — |
| 2. 其他权益工具持有者投入资本 | — | — | — | — | — | — | — | — | — | — |
| 3. 股份支付计入所有者权益的金额 | — | — | — | — | — | — | — | — | — | — |
| 4. 其他 | — | — | — | — | — | — | — | — | — | — |
| （三）利润分配 | — | — | — | — | — | 9 489.41 | 10 008.18 | -48 078.75 | -9 800.00 | -38 381.16 |
| 1. 提取盈余公积 | — | — | — | — | — | 9 489.41 | — | -9 489.41 | — | — |
| 2. 提取一般风险准备 | — | — | — | — | — | — | 10 008.18 | -10 008.18 | — | — |
| 3. 对所有者的分配 | — | — | — | — | — | — | — | -28 581.16 | -9 800.00 | -38 381.16 |
| 4. 其他 | — | — | — | — | — | — | — | — | — | — |
| （四）所有者权益内部结转 | — | — | — | — | — | — | — | — | — | — |
| 1. 资本公积转增资本 | — | — | — | — | — | — | — | — | — | — |
| 2. 盈余公积转增资本 | — | — | — | — | — | — | — | — | — | — |
| 3. 盈余公积弥补亏损 | — | — | — | — | — | — | — | — | — | — |
| 4. 一般风险准备弥补亏损 | — | — | — | — | — | — | — | — | — | — |
| 5. 结转重新计量设定受益计划净负债或净资产所产生的变动 | — | — | — | — | — | — | — | — | — | — |
| 6. 其他 | — | — | — | — | — | — | — | — | — | — |
| （六）专项储备 | — | — | — | — | — | — | — | — | — | — |
| 1. 本年提取 | — | — | — | — | — | — | — | — | — | — |
| 2. 本年使用 | — | — | — | — | — | — | — | — | — | — |
| 四、本年年末余额 | 374 400.00 | — | 3 726.17 | — | 8 682.93 | 83 623.79 | 100 851.61 | 311 207.32 | 97 640.83 | 980 132.65 |

法定代表人：张　轶　　主管会计工作负责人：张晓喆　　会计机构负责人：蒋　勋

## 合并所有者权益变动表（续）

编制单位：华宝信托有限责任公司　　2018 年度　　单位：万元

| 项目 | 上年金额 | | | | | | | | | |
|---|---|---|---|---|---|---|---|---|---|---|
| | 归属于母公司所有者权益 | | | | | | | | 少数股东权益 | 所有者权益合计 |
| | 实收资本 | 其他权益工具 | 资本公积 | 减：库存股 | 其他综合收益 | 盈余公积 | 一般风险准备 | 未分配利润 | | |
| 一、上年年末余额 | 374 400.00 | — | 3 726.17 | — | 20 756.97 | 64 931.33 | 64 807.60 | 204 981.21 | 73 306.66 | 806 909.95 |
| 加：会计政策变更 | — | — | — | — | — | — | — | — | — | — |
| 前期差错更正 | — | — | — | — | — | — | — | — | — | — |
| 其他 | — | — | — | — | — | — | — | — | — | — |
| 二、本年年初余额 | 374 400.00 | — | 3 726.17 | — | 20 756.97 | 64 931.33 | 64 807.60 | 204 981.21 | 73 306.66 | 806 909.95 |
| 三、本年增减变动金额（减少以"－"号填列） | — | — | — | — | -4 875.26 | 9 203.05 | 26 035.83 | 48 030.44 | 12 558.23 | 90 952.28 |
| （一）综合收益总额 | — | — | — | — | -4 875.26 | — | — | 110 053.34 | 20 258.23 | 125 436.30 |
| （二）所有者投入和减少资本 | — | — | — | — | — | — | — | — | — | — |
| 1. 所有者投入资本 | — | — | — | — | — | — | — | — | — | — |
| 2. 其他权益工具持有者投入资本 | — | — | — | — | — | — | — | — | — | — |
| 3. 股份支付计入所有者权益的金额 | — | — | — | — | — | — | — | — | — | — |
| 4. 其他 | — | — | — | — | — | — | — | — | — | — |
| （三）利润分配 | — | — | — | — | — | 9 203.05 | 26 035.83 | -62 022.89 | -7 700.00 | -34 484.01 |
| 1. 提取盈余公积 | — | — | — | — | — | 9 203.05 | — | -9 203.05 | — | — |
| 2. 提取一般风险准备 | — | — | — | — | — | — | 26 035.83 | -26 035.83 | — | — |
| 3. 对所有者的分配 | — | — | — | — | — | — | — | -26 784.01 | -7 700.00 | -34 484.01 |
| 4. 其他 | — | — | — | — | — | — | — | — | — | — |
| （四）所有者权益内部结转 | — | — | — | — | — | — | — | — | — | — |
| 1. 资本公积转增资本 | — | — | — | — | — | — | — | — | — | — |
| 2. 盈余公积转增资本 | — | — | — | — | — | — | — | — | — | — |
| 3. 盈余公积弥补亏损 | — | — | — | — | — | — | — | — | — | — |
| 4. 一般风险准备弥补亏损 | — | — | — | — | — | — | — | — | — | — |
| 5. 结转重新计量设定受益计划净负债或净资产所产生的变动 | — | — | — | — | — | — | — | — | — | — |
| 6. 其他 | — | — | — | — | — | — | — | — | — | — |
| （六）专项储备 | — | — | — | — | — | — | — | — | — | — |
| 1. 本年提取 | — | — | — | — | — | — | — | — | — | — |
| 2. 本年使用 | — | — | — | — | — | — | — | — | — | — |
| 四、本年年末余额 | 374 400.00 | — | 3 726.17 | — | 15 881.71 | 74 134.37 | 90 843.43 | 253 011.66 | 85 864.89 | 897 862.23 |

法定代表人：张　轶　　主管会计工作负责人：张晓喆　　会计机构负责人：蒋　勋

# 母公司所有者权益变动表

编制单位：华宝信托有限责任公司　　　　2018 年度　　　　单位：万元

| 项　　目 | 本年金额 | | | | | | | | |
|---|---|---|---|---|---|---|---|---|---|
| | 实收资本 | 其他权益工具 | 资本公积 | 减：库存股 | 其他综合收益 | 盈余公积 | 一般风险准备 | 未分配利润 | 所有者权益合计 |
| 一、上年年末余额 | 374 400.00 | — | 10 877.67 | — | 18 025.95 | 74 861.30 | 91 206.89 | 151 827.04 | 721 198.86 |
| 加：会计政策变更 | — | — | — | — | — | — | — | — | — |
| 前期差错更正 | — | — | — | — | — | — | — | — | — |
| 其他 | — | — | — | — | — | — | — | — | — |
| 二、本年年初余额 | 374 400.00 | — | 10 877.67 | — | 18 025.95 | 74 861.30 | 91 206.89 | 151 827.04 | 721 198.86 |
| 三、本年增减变动金额（减少以"－"号填列） | — | — | — | — | －8 037.52 | 9 489.41 | 10 008.18 | 46 815.37 | 58 275.43 |
| （一）综合收益总额 | — | — | — | — | －8 037.52 | — | — | 94 894.12 | 86 856.59 |
| （二）所有者投入和减少资本 | — | — | — | — | — | — | — | — | — |
| 1. 所有者投入资本 | — | — | — | — | — | — | — | — | — |
| 2. 其他权益工具持有者投入资本 | — | — | — | — | — | — | — | — | — |
| 3. 股份支付计入所有者权益的金额 | — | — | — | — | — | — | — | — | — |
| 4. 其他 | — | — | — | — | — | — | — | — | — |
| （三）利润分配 | — | — | — | — | — | 9 489.41 | 10 008.18 | －48 078.75 | －28 581.16 |
| 1. 提取盈余公积 | — | — | — | — | — | 9 489.41 | — | －9 489.41 | — |
| 2. 提取一般风险准备 | — | — | — | — | — | — | 10 008.18 | －10 008.18 | — |
| 3. 对所有者的分配 | — | — | — | — | — | — | — | －28 581.16 | －28 581.16 |
| 4. 其他 | — | — | — | — | — | — | — | — | — |
| （四）所有者权益内部结转 | — | — | — | — | — | — | — | — | — |
| 1. 资本公积转增资本 | — | — | — | — | — | — | — | — | — |
| 2. 盈余公积转增资本 | — | — | — | — | — | — | — | — | — |
| 3. 盈余公积弥补亏损 | — | — | — | — | — | — | — | — | — |
| 4. 一般风险准备弥补亏损 | — | — | — | — | — | — | — | — | — |
| 5. 结转重新计量设定受益计划净负债或净资产所产生的变动 | — | — | — | — | — | — | — | — | — |
| 6. 其他 | — | — | — | — | — | — | — | — | — |
| （六）专项储备 | — | — | — | — | — | — | — | — | — |
| 1. 本年提取 | — | — | — | — | — | — | — | — | — |
| 2. 本年使用 | — | — | — | — | — | — | — | — | — |
| 四、本年年末余额 | 374 400.00 | — | 10 877.67 | — | 9 988.43 | 84 350.72 | 101 215.07 | 198 642.40 | 779 474.29 |

法定代表人：张　轶　　　　主管会计工作负责人：张晓喆　　　　会计机构负责人：蒋　勋

## 母公司所有者权益变动表（续）

编制单位：华宝信托有限责任公司　　2018 年度　　单位：万元

| 项目 | 上年金额 | | | | | | | | |
|---|---|---|---|---|---|---|---|---|---|
| | 实收资本 | 其他权益工具 | 资本公积 | 减：库存股 | 其他综合收益 | 盈余公积 | 一般风险准备 | 未分配利润 | 所有者权益合计 |
| 一、上年年末余额 | 374 400. 00 | — | 10 877. 67 | — | 19 429. 38 | 65 658. 26 | 65 171. 06 | 121 819. 45 | 657 355. 82 |
| 加：会计政策变更 | — | — | — | — | — | — | — | — | — |
| 前期差错更正 | — | — | — | — | — | — | — | — | — |
| 其他 | — | — | — | — | — | — | — | — | — |
| 二、本年年初余额 | 374 400. 00 | — | 10 877. 67 | — | 19 429. 38 | 65 658. 26 | 65 171. 06 | 121 819. 45 | 657 355. 82 |
| 三、本年增减变动金额（减少以“－”号填列） | — | — | — | — | －1 403. 43 | 9 203. 05 | 26 035. 83 | 30 007. 59 | 63 843. 04 |
| （一）综合收益总额 | — | — | — | — | －1 403. 43 | — | — | 92 030. 48 | 90 627. 05 |
| （二）所有者投入和减少资本 | — | — | — | — | — | — | — | — | — |
| 1. 所有者投入资本 | — | — | — | — | — | — | — | — | — |
| 2. 其他权益工具持有者投入资本 | — | — | — | — | — | — | — | — | — |
| 3. 股份支付计入所有者权益的金额 | — | — | — | — | — | — | — | — | — |
| 4. 其他 | — | — | — | — | — | — | — | — | — |
| （三）利润分配 | — | — | — | — | — | 9 203. 05 | 26 035. 83 | －62 022. 89 | －26 784. 01 |
| 1. 提取盈余公积 | — | — | — | — | — | 9 203. 05 | — | －9 203. 05 | — |
| 2. 提取一般风险准备 | — | — | — | — | — | — | 26 035. 83 | －26 035. 83 | — |
| 3. 对所有者的分配 | — | — | — | — | — | — | — | －26 784. 01 | －26 784. 01 |
| 4. 其他 | — | — | — | — | — | — | — | — | — |
| （四）所有者权益内部结转 | — | — | — | — | — | — | — | — | — |
| 1. 资本公积转增资本 | — | — | — | — | — | — | — | — | — |
| 2. 盈余公积转增资本 | — | — | — | — | — | — | — | — | — |
| 3. 盈余公积弥补亏损 | — | — | — | — | — | — | — | — | — |
| 4. 一般风险准备弥补亏损 | — | — | — | — | — | — | — | — | — |
| 5. 结转重新计量设定受益计划净负债或净资产所产生的变动 | — | — | — | — | — | — | — | — | — |
| 6. 其他 | — | — | — | — | — | — | — | — | — |
| （六）专项储备 | — | — | — | — | — | — | — | — | — |
| 1. 本年提取 | — | — | — | — | — | — | — | — | — |
| 2. 本年使用 | — | — | — | — | — | — | — | — | — |
| 四、本年年末余额 | 374 400. 00 | — | 10 877. 67 | — | 18 025. 95 | 74 861. 30 | 91 206. 89 | 151 827. 04 | 721 198. 86 |

法定代表人：张　轶　　主管会计工作负责人：张晓喆　　会计机构负责人：蒋　勋

## 5.2 信托资产

### 5.2.1 信托项目资产负债汇总表

信托项目资产负债汇总表

编制单位:华宝信托有限责任公司　　2018 年 12 月 31 日　　单位:万元

| 资产 | 期末数 | 期初数 | 负债 | 期末数 | 期初数 |
|---|---|---|---|---|---|
| 资产: | | | 负债: | | |
| 现金及存放中央银行款项 | — | — | 向中央银行借款 | — | — |
| 存放同业款项 | 2 655 171.19 | 5 167 158.53 | 同业及其他金融机构存放款项 | — | — |
| 拆出资金 | — | — | 拆入资金 | — | — |
| 以公允价值计量且其变动计入当期损益的金融资产 | 12 520 227.77 | 12 618 617.42 | 以公允价值计量且其变动计入当期损益的金融负债 | — | — |
| 衍生金融资产 | — | — | 衍生金融负债 | — | — |
| 买入返售金融资产 | 3 512 167.74 | 4 609 503.91 | 应付受托人报酬 | — | — |
| 应收票据 | — | — | 应付保管费 | — | — |
| 应收账款 | — | 5 000.00 | 应付受益人收益 | — | — |
| 应收股利 | — | — | 应付销售服务费 | — | — |
| 应收利息 | — | — | 应交税费 | 3 797.23 | — |
| 其他应收款 | 858 770.23 | 214 774.73 | 其他应付款 | 710 518.93 | 1 285 456.55 |
| 发放贷款和垫款 | 11 090 495.72 | 8 652 450.00 | 其他负债 | — | — |
| 可供出售金融资产 | 16 527 156.04 | 22 957 573.74 | 负债合计 | 714 316.16 | 1 285 456.55 |
| 持有至到期投资 | — | — | | | |
| 长期股权投资 | 6 305 454.51 | 5 318 574.80 | 信托权益: | | |
| 投资性房地产 | — | — | 实收信托 | 48 389 135.18 | 54 770 467.35 |
| 固定资产 | — | — | 资本公积 | 37 989.96 | 43 013.60 |
| 无形资产 | — | — | 其他综合收益 | 7 632.33 | 358 489.42 |
| 其他资产 | 12 849.49 | 15 293.91 | 未分配利润 | 4 333 219.06 | 3 101 520.13 |
| | | | 信托权益合计 | 52 767 976.52 | 58 273 490.50 |
| 资产总计 | 53 482 292.68 | 59 558 947.05 | 负债和信托权益总计 | 53 482 292.68 | 59 558 947.05 |

法定代表人:张　轶　　主管会计工作负责人:张晓喆　　会计机构负责人:蒋　勋

### 5.2.2 信托项目利润及利润分配汇总表

信托项目利润及利润分配汇总表

编制单位:华宝信托有限责任公司　　2018 年度　　单位:万元

| 项　目 | 本年累计数 | 上年累计数 |
|---|---|---|
| 一、信托营业收入 | 2 191 775.29 | 1 891 391.39 |
| 利息收入 | 815 923.98 | 715 420.69 |
| 投资收益(损失以“-”号填列) | 1 209 418.73 | 1 393 043.07 |
| 其中:对联营企业和合营企业的投资收益 | — | — |
| 公允价值变动收益(损失以“-”号填列) | 19 623.80 | -380 239.01 |
| 租赁收入 | — | — |
| 汇兑收益(损失以“-”号填列) | 5 673.03 | -6 301.13 |
| 其他业务收入 | 141 135.75 | 169 467.77 |
| 二、信托营业支出 | 141 062.05 | 143 524.33 |
| 税金及附加 | 4 105.17 | 96.05 |
| 业务及管理费 | 136 956.88 | 143 428.28 |
| 资产减值损失 | — | — |
| 其他业务成本 | — | — |
| 三、利润总额(亏损总额以“-”填列) | 2 050 713.24 | 1 747 867.07 |
| 加:期初未分配信托利润 | 3 101 520.13 | 3 715 862.35 |
| 损益平准金影响额 | 2 557 150.74 | 464 646.56 |
| 四、可供分配的信托利润 | 7 709 384.11 | 5 928 375.98 |
| 减:本期已分配信托利润 | 3 376 165.05 | 2 826 855.84 |
| 五、期末未分配信托利润 | 4 333 219.06 | 3 101 520.13 |
| 六、其他综合收益 | -350 857.10 | -45 182.36 |
| 七、综合收益总额 | 4 257 006.88 | 2 167 331.26 |

法定代表人:张　轶　　主管会计工作负责人:张晓喆　　会计机构负责人:蒋　勋

## 6. 会计报表附注

### 6.1 年度会计报表编制基准、会计政策、会计估计和核算方法发生的变化

报告年度会计报表编制基准、会计政策、会计估计和核算方法未发生变化。

### 6.2 或有事项说明

截至2018年12月31日，本公司无需要披露的重大或有事项。

### 6.3 重要资产转让及其出售的说明

本公司2018年未发生重要资产的转让。

### 6.4 会计报表中重要项目的明细资料（以下为母公司口径）

#### 6.4.1 固有资产经营情况

6.4.1.1 按信用风险五级分类结果披露信用风险资产的期初数、期末数

| 信用风险资产五级分类 | 正常类（万元） | 关注类（万元） | 次级类（万元） | 可疑类（万元） | 损失类（万元） | 信用风险资产合计（万元） | 不良信用风险资产合计（万元） | 不良信用风险资产率（%） |
|---|---|---|---|---|---|---|---|---|
| 期末数 | 747 417.67 | — | — | 74 702.84 | 17.20 | 822 137.71 | 74 720.04 | 9.09 |
| 期初数 | 811 943.67 | — | — | 74 702.84 | 17.20 | 886 663.71 | 74 720.04 | 8.43 |

注：不良信用风险资产合计＝次级类＋可疑类＋损失类。

6.4.1.2 各项资产减值损失准备的期初数、本期计提、本期转回、本期核销、期末数

单位：万元

| | 期初数 | 本期计提 | 本期转回 | 本期核销 | 期末数 |
|---|---|---|---|---|---|
| 贷款损失准备 | — | — | — | — | — |
| 一般准备 | — | — | — | — | — |
| 专项准备 | — | — | — | — | — |
| 其他资产减值准备 | 81 786.27 | — | — | — | 81 786.27 |
| 可供出售金融资产减值准备 | 74 702.84 | — | — | — | 74 702.84 |
| 持有至到期投资减值准备 | — | — | — | — | — |
| 长期股权投资减值准备 | 7 066.23 | — | — | — | 7 066.23 |
| 坏账准备 | 17.20 | — | — | — | 17.20 |
| 投资性房地产减值准备 | — | — | — | — | — |

注：公司于以2016年度对华宝证券的长期股权投资计提了7 066.23万元减值准备，根据目前华宝证券的经营情况，实际该项长期股权投资已不存在减值迹象。

6.4.1.3 固有业务股票投资、基金投资、债券投资、股权投资等投资业务的期初数、期末数

单位：万元

| | 股票 | 基金 | 债券 | 长期股权投资 | 其他投资 | 合计 |
|---|---|---|---|---|---|---|
| 期初数 | 1 851.79 | 17 597.80 | — | 78 527.94 | 646 814.87 | 744 792.40 |
| 期末数 | 1 081.47 | 110 281.48 | — | 77 844.43 | 404 998.17 | 594 205.55 |

6.4.1.4 固有长期股权投资的企业名称、占被投资企业权益比例、主要经营活动及投资收益情况等

| 企业名称 | 占被投资企业权益的比例（%） | 主要经营活动 | 投资收益（万元） |
|---|---|---|---|
| 1. 华宝基金管理有限公司 | 51 | 基金管理、发起设立基金以及中国证监会批准的其他业务。 | 10 200.00 |
| 2. 华宝证券有限责任公司 | 16.9322 | 证券经纪、证券投资咨询、证券自营。 | 549.48 |

注：投资收益的口径为影响2018年损益的长期股权投资收益金额。

6.4.1.5 固有贷款的企业名称、占贷款总额的比例和还款情况等

无。

6.4.1.6 表外业务的期初数、期末数；按照代理业务、担保业务和其他类型表外业务分别披露

无。

6.4.1.7 公司当年的收入结构

| 收入结构 | 合并口径 | | 母公司口径 | |
|---|---|---|---|---|
| | 金额（万元） | 占比（%） | 金额（万元） | 占比（%） |
| 手续费及佣金收入 | 218 140.76 | 77.33 | 106 166.10 | 62.08 |
| 其中：信托手续费收入 | 106 166.10 | 37.64 | 106 166.10 | 62.08 |
| 投资银行业务收入 | — | 0.00 | — | 0.00 |
| 利息收入 | 13 133.84 | 4.66 | 5 287.39 | 3.09 |
| 其他业务收入 | 72.87 | 0.03 | 29.96 | 0.02 |
| 其中：计入信托业务收入部分 | — | 0.00 | — | 0.00 |
| 投资收益 | 34 147.88 | 12.11 | 44 518.97 | 26.03 |
| 其中：股权投资收益 | 549.48 | 0.19 | 10 749.48 | 6.29 |
| 公允价值变动收益 | -4 799.44 | -1.70 | 693.87 | 0.41 |
| 其他投资收益 | 38 397.84 | 13.62 | 33 075.62 | 19.33 |
| 营业外收入 | 16 589.44 | 5.87 | 15 016.99 | 8.78 |
| 收入合计 | 282 084.79 | 100.00 | 171 019.41 | 100.00 |

注：以上收入结构表为规定格式，故此处收入合计未含汇兑损益。

本年度公司（母公司口径）实现信托业务收入总额为106 020.76万元，其中以手续费及佣金确认的信托业务收入金额为90 323.91万元，以业绩报酬形式确认的信托业务收入（浮动报酬）金额为15 842.19万元，无以其他形式确认的信托业务收入。

#### 6.4.2 披露信托资产管理情况

6.4.2.1 信托资产的期初数、期末数

单位：万元

| 信托资产 | 期初数 | 期末数 |
|---|---|---|
| 集合 | 16 223 689.10 | 12 911 077.16 |
| 单一 | 41 675 726.40 | 39 382 138.87 |
| 财产权 | 1 659 531.55 | 1 189 076.65 |
| 合计 | 59 558 947.05 | 53 482 292.68 |

6.4.2.1.1 主动管理型信托业务的信托资产期初数、期末数

单位：万元

| 主动管理型信托资产 | 期初数 | 期末数 |
|---|---|---|
| 证券投资类 | 15 358 364.23 | 16 329 426.83 |
| 股权投资类 | 277 125.86 | 497 638.35 |
| 融资类 | 3 540 170.01 | 3 949 578.24 |
| 事务管理类 | — | — |
| 组合投资类 | 6 279 053.16 | 4 045 170.33 |
| 合计 | 25 454 713.26 | 24 821 813.75 |

6.4.2.1.2 被动管理型信托业务的信托资产期初数、期末数

单位:万元

| 被动管理型信托资产 | 期初数 | 期末数 |
|---|---|---|
| 证券投资类 | 8 459 314.33 | 1 988 294.75 |
| 股权投资类 | 360 340.57 | 850 675.91 |
| 融资类 | 2 365 677.19 | 2 547 883.81 |
| 事务管理类 | 20 407 948.11 | 20 560 424.97 |
| 组合投资类 | 2 510 953.59 | 2 713 199.49 |
| 合计 | 34 104 233.79 | 28 660 478.93 |

6.4.2.2 本年度已清算结束的信托项目个数、实收信托合计金额、加权平均实际年化收益率

本公司2018年度终止的信托项目个数为352个，本金合计为5 714 955.08万元，加权平均实际年化收益率为5.40%。

6.4.2.2.1 本年度已清算结束的集合类、单一类资金信托项目和财产管理类信托项目个数、实收信托合计金额、加权平均实际年化收益率

| 已清算结束信托项目 | 项目个数(个) | 实收信托合计金额(万元) | 加权平均实际年化收益率(%) |
|---|---|---|---|
| 集合类 | 100 | 1 922 168.82 | 4.41 |
| 单一类 | 226 | 3 226 425.80 | 6.33 |
| 财产管理类 | 26 | 566 360.46 | 3.42 |

6.4.2.2.2 本年度已清算结束的主动管理型信托项目个数、实收信托合计金额、加权平均实际年化收益率

| 已清算结束信托项目 | 项目个数(个) | 实收信托合计金额(万元) | 加权平均实际年化收益率(%) |
|---|---|---|---|
| 证券投资类 | 185 | 1 281 357.35 | 7.77 |
| 股权投资类 | 2 | 82 582.77 | 6.46 |
| 融资类 | 15 | 686 284.08 | 5.65 |
| 组合投资类 | 25 | 505 759.82 | 5.05 |
| 事务管理类 | — | — | — |

6.4.2.2.3 本年度已清算结束的被动管理型信托项目个数、实收信托合计金额、加权平均实际年化收益率

| 已清算结束信托项目 | 项目个数(个) | 实收信托合计金额(万元) | 加权平均实际年化收益率(%) |
|---|---|---|---|
| 证券投资类 | 8 | 41 649.63 | 3.17 |
| 股权投资类 | — | — | — |
| 融资类 | 7 | 636 981.13 | 5.20 |
| 组合投资类 | — | — | — |
| 事务管理类 | 110 | 2 480 340.30 | 4.22 |

6.4.2.3 本年度新增的集合类、单一类和财产管理类信托项目个数、实收信托合计金额

续表

| 新增信托项目 | 项目个数(个) | 实收信托合计金额(万元) |
|---|---|---|
| 集合类 | 1 094 | 2 536 562.00 |
| 单一类 | 156 | 4 274 479.73 |
| 财产管理类 | 6 | 465 998.94 |
| 新增合计 | 1 256 | 7 277 040.67 |
| 其中:主动管理型 | 1 097 | 2 894 352.79 |
| 被动管理型 | 159 | 4 382 687.88 |

6.4.2.4 信托业务创新成果和特色业务有关情况

在资管新规和一系列监管政策的共同作用下，信托业管理资产规模增速和发展效益水平均出现回落趋势，同时信托资产结构不断优化、行业资本实力继续增强、主动管理能力持续提高，转型发展步伐更加坚定，信托业已经开始从高速增长阶段迈向高质量发展阶段。

公司结合自身禀赋，顺应市场变化，主动寻求转型，确认了在未来的发展方向和战略定位。公司实施专业化发展和一体化管理:确定“四大业务板块”及“五+α业务条线”的前台业务架构，以八大类信托业务开展各类信托业务，强化前台专业化发展能力;提升中后台一体化管理能力，实现公司在产品、资金、客户、信息等方面的统筹建设。具体表现在以下几个方面。

产业金融深度服务业务，公司聚焦供应链金融业务，包括围绕宝武集团(宝钢、武钢)的上下游供应商和客户开展材料贸易、服务类供应链金融业务;通过“强主体、强真实性、侧重工程节点要件”的模式，开展工程类应收账款业务。后续将拓展至城市新产业业务、城市不动产开发、资产盘活、资金理财等多方面，并积极参与钢铁业市场化并购和重组活动，以期培育和充分发挥完整金融供应商的角色。

国际业务，公司侧重于资产管理和架构搭建，加强主动管理能力，充分挖掘客户需求，拓展新渠道，完成国际业务的转型升级。从通道服务供应商，升级为海外产品组合供应商，通过优选海外投顾和海外资管产品，提升自身主动管理能力，丰富公司产品线。

家族信托业务，公司以积蓄客户和业务需求为目标，大力拓展外部机构合作方，推动股权信托、保险金信托、慈善信托等创新型信托，初步形成“家族业务生态圈”，构建起服务于家族客户的综合性财富管理平台。

6.4.2.5 本公司履行受托人义务情况及因本公司自身责任而导致的信托资产损失情况

本公司遵守信托法和信托文件对受托人义务的规定，为受益人的最大利益处理信托事务，管理信托财产时，恪尽职守，履行诚实、信用、谨慎、有效管理的义务，没有损害受益人利益的情况。本公司无因自身责任而导致的信托资产损失情况。

## 6.5 关联方关系及其交易的披露

### 6.5.1 关联交易方的数量、关联交易的总金额及关联交易的定价政策等

| | 关联交易方数量 | 关联交易金额(万元) | 定价政策 |
|---|---|---|---|
| 合计 | 4 | 81 778 | 按市场公允价格定价 |

注:“关联交易”定义应以《公司法》《企业会计准则第36号——关联方披露》有关规定为准。

6.5.2　关联交易方与本公司的关系性质、关联交易方的名称、法定代表人、注册地址、注册资本及主营业务等

| 关系性质 | 关联交易方名称 | 法定代表人 | 注册地址 | 注册资本（万元） | 主营业务 |
|---|---|---|---|---|---|
| 联营企业 | 华宝证券有限责任公司 | 陈　林 | 中国（上海）自由贸易试验区世纪大道100号57层 | 400 000.00 | 证券经纪；证券投资咨询；证券自营；证券资产管理；融资融券；证券投资基金代销；代销金融产品；为期货公司提供中间介绍业务；证券承销；与证券交易、证券投资活动有关的财务顾问业务。 |
| 子公司 | 华宝基金管理有限公司 | 孔祥清 | 中国（上海）自由贸易试验区世纪大道100号环球金融中心58层 | 15 000.00 | 在中国境内从事基金管理、发起设立基金；中国证监会批准的其他业务。 |
| 同一控制人 | 上海欧冶金融信息服务股份有限公司 | 王明东 | 上海市宝山区双城路803弄9号3005室 | 140 000.00 | 金融数据处理，金融软件开发，产业投资及投资管理，资产管理，商务咨询，企业管理咨询，投资咨询，财务咨询。 |
| 同一控制人 | 武汉钢铁集团鄂城钢铁有限责任公司 | 王素琳 | 鄂州市鄂城区武昌大道215号 | 499 800.00 | 矿山采选：化工产品（不含危化品）、炼焦生产及销售；医用氧，压缩、液化气体制造、销售（以上凭许可证在许可范围内经营）；冶金产品及副产品；冶金矿产品和钢铁延长产品；汽车装卸运输；工业及民用房屋建筑；建筑材料、冶金辅助材料、成套冶金设备、机电设备、电信设备、仪器仪表的设计、制造、销售及安装；废钢加工及销售；工业技术开发、咨询服务；产品及技术进出口（国家限定公司经营和国家禁止进出口的商品及技术除外）；煤炭经营；物业管理。以下项目限分支机构经营：货运代办、信息配载、仓储服务，汽车修理，印刷，设计、制作、发布、代理国内广告，教育信息咨询、企业经营管理培训、会务策划、展览展示服务，汽车美容，瓶（桶）装饮用水生产及销售，饮食住宿服务，液化气供应。 |

6.5.3　逐笔披露本公司与关联方的重大交易事项

6.5.3.1　固有与关联方交易情况：贷款、投资、租赁、应收账款、担保、其他方式等期初汇总数、本期借方和贷方发生额汇总数、期末汇总数

单位：万元

| 固有与关联方关联交易 | | | | |
|---|---|---|---|---|
| | 期初数 | 借方发生额 | 贷方发生额 | 期末数 |
| 贷款 | — | — | — | — |
| 投资 | — | — | — | — |
| 租赁 | — | — | — | — |
| 担保 | — | — | — | — |
| 应收账款 | — | — | — | — |
| 其他 | — | — | — | — |
| 合计 | — | — | — | — |

6.5.3.2　信托与关联方交易情况：贷款、投资、租赁、应收账款、担保、其他方式等期初汇总数、本期借方和贷方发生额汇总数、期末汇总数

单位：万元

| 信托与关联方关联交易 | | | | |
|---|---|---|---|---|
| | 期初数 | 借方发生额 | 贷方发生额 | 期末数 |
| 贷款 | — | — | — | — |
| 投资 | 204 326 | 81 778 | 232 732 | 53 372 |
| 租赁 | — | — | — | — |
| 担保 | — | — | — | — |
| 应收账款 | — | — | — | — |
| 其他 | — | — | — | — |
| 合计 | 204 326 | 81 778 | 232 732 | 53 372 |

6.5.3.3　信托公司自有资金运用于自己管理的信托项目（固信交易）、信托公司管理的信托项目之间的相互（信信交易）交易金额，包括余额和本报告年度的发生额

6.5.3.3.1　固有财产与信托财产之间的交易金额期初汇总数、本期发生额汇总数、期末汇总数

单位：万元

| 固有财产与信托财产相互交易 | | | |
|---|---|---|---|
| | 期初数 | 本期发生额 | 期末数 |
| 合计 | 532 428 | 339 528 | 353 720 |

注：以固有资金投资公司自己管理的信托项目受益权，或购买自己管理的信托项目的信托资产均应纳入统计披露范围。

6.5.3.3.2　信托项目之间的交易金额期初汇总数、本期发生额汇总数、期末汇总数

单位：万元

| 信托资产与信托财产相互交易 | | | |
|---|---|---|---|
| | 期初数 | 本期发生额 | 期末数 |
| 合计 | 6 163 951 | 4 785 503 | 3 553 099 |

注：以公司受托管理的一个信托项目的资金购买自己管理的另一个信托项目的受益权或信托项下资产均应纳入统计披露范围。

6.5.4　逐笔披露关联方逾期未偿还本公司资金的详细情况以及本公司为关联方担保发生或即将发生垫款的详细情况

本报告期公司无上述情况。

## 6.6　会计制度的披露

本报告期公司固有业务（自营业务）及信托业务均执行2006版《企业会计准则》。

# 7. 财务情况说明书

## 7.1　利润实现和分配情况

根据公司2018年的经营实绩，对2018年利润进行如下分配：

（1）当年利润总额为1 218 281 936.43元。

（2）所得税费用为269 340 779.49元（已考虑纳税调整和递延税款）。

（3）净利润为948 941 156.94元。

（4）提取法定盈余公积金为94 894 115.69元。

（5）按照《信托公司管理办法》规定，按照税后利润的10%提取信托赔偿准备金94 894 115.69元。

（6）按照《非银行金融机构外汇业务管理规定》规定，按照税后外汇利润的50%提取外汇资本准备金为5 187 646.55元。

（7）按照《金融企业准备金计提管理办法》《银行信贷损失计提指引》规定，按照金融企业承担风险和损失的资产期末余额的1.5%扣除年初一般风险准备余额，提取一般风险准备，公司一般风险准备年初余额已足额提取，本年度不再计提。

(8)2018 年公司可供分配利润为 741 531 851. 89 元。

(9)2018 年合并报表归属于母公司所有者净利润为 1 062 744 174. 65元。根据集团公司最新规定，按不低于 2018 年度合并报表归母净利润的 50% 实施利润分配，考虑到公司发展规划及业务拓展的需求，2018 年分配利润为 531 372 087. 33元。

综上可知，2018 年分配利润为 531 372 087. 33 元，其中宝武集团为520 744 645. 58元，舟山股东为 10 627 441. 75 元。

### 7.2 主要财务指标

| 指标名称 | 母公司 | 合并 |
|---|---|---|
| 资本利润率(%) | 12. 65 | 13. 61 |
| 人均净利润(万元) | 283. 69 | 382. 03 |

注：1. 资本利润率 = 净利润/所有者权益平均余额 ×100%。

2. 人均净利润 = 净利润/年平均人数。

3. 平均值采取年初、年末余额简单平均法，公式为：a(平均) = (年初数 + 年末数)/2。

### 7.3 对本公司财务状况、经营成果有重大影响的其他事项

无。

## 8. 特别事项揭示

### 8.1 公司股东报告期内变动情况及原因

报告期内，公司股东变动情况如下：

2018 年 4 月 24 日，公司股东会作出决议，同意舟山市财政局将其持有的公司 2% 股权无偿划转至舟山市国有资产投资经营有限公司。2018 年 12 月 24 日，上海银保监局向公司出具《上海银保监局关于核准华宝信托有限责任公司变更股权及调整股权结构的批复》(沪银保监复[2018]25 号)，核准舟山市国有资产投资经营有限公司受让舟山市财政局持有的公司 2% 股权。

2019 年 2 月 2 日完成工商股权变更登记后，原股东舟山市财政局不再持有公司股权，舟山市国有资产投资经营有限公司持有公司 2% 股权。

### 8.2 董事、监事及高级管理人员变动情况及原因

2018 年 2 月，刘惠不再担任公司副总经理；2018 年 5 月，杨一鎏任公司总经理助理；2018 年 7 月，张轶任公司总经理。

根据《公司章程》第三十八条“董事由股东会选举或更换，任期三年”的规定，公司在 2019 年第一季度进行了董事会的换届工作。

2019 年 2 月 12 日，公司股东会选举朱永红、张轶、孔祥清、王明东、李磊、赵欣舸(独立董事)、廖海(独立董事)、张续超(独立董事)为公司第七届董事会董事。职工董事 1 名，由职工通过职工代表大会、职工大会或者其他形式民主选举产生。免去朱可炳、王波董事职务，免去林利军独立董事职务。新任董事朱永红、张轶、王明东、张续超(独立董事)、职工董事，自监管部门核准任职资格且发文后正式履职。

2019 年 2 月 13 日，公司职工代表大会在上海市世纪大道 100 号 52 层现场召开，选举卢晓亮为公司职工董事。

2019 年 3 月 11 日，公司收到上海银保监局关于核准张轶、王明东、卢晓亮任职资格的批复。

2019 年 3 月 15 日，公司第七届董事会第一次会议以通信方式召开，通过《关于选举董事长的议案》，选举朱永红为公司董事长，免去朱可炳董事长的职务。

2019 年 3 月 22 日，公司收到上海银保监局关于核准张续超任职资格的批复。

2019 年 4 月 15 日，公司收到上海银保监局关于核准朱永红任职资格的批复。

### 8.3 变更注册资本、变更注册地或公司名称、公司分立合并事项

无。

### 8.4 公司的重大诉讼事项

报告期内，公司有信托项目项下发生了交易对手违约，公司作为受托人，为了积极维护受益人权益，已向法院提起了民事诉讼。

### 8.5 本报告期内公司及其董事、监事和高级管理人员受到处罚的情况

无。

### 8.6 银保监会及其派出机构对公司检查后提出整改意见的，应简单说明整改情况

上海银监局(现为上海银保监局)根据银保监会《2018 年现场检查计划》，于 2018 年 3 月至 2018 年 7 月，对公司开展了专项检查，重点为对公司银信合作业务进行抽查，并于 2018 年 10 月 23 日向公司出具了本次现场检查的书面意见，主要对公司部分银信合作业务提出了监管要求。公司已按要求制定并上报了整改方案，目前正在稳步推进实施中。

### 8.7 本年度重大事项临时报告的简要内容、披露时间、所披露的媒体及其版面

报告期内发布《华宝信托有限责任公司关于总经理变更的公告》，经华宝信托有限责任公司第六届董事会第三十次会议审议通过，聘请张轶先生担任公司总经理，披露时间为 2018 年 7 月 27 日，《上海证券报》84 版。

### 8.8 银保监会及其省级派出机构认定的其他有必要让客户及相关利益人了解的重要信息

无。

## 9. 公司监事会意见

监事会认为，本报告期内，公司决策程序合法，内部控制制度较为完善，没有发现公司董事、经理和其他高级管理人员在执行公司职务时有违法违纪和有损公司及股东利益的行为。公司财务报告真实地反映了公司的财务状况和经营成果。

# 华宸信托有限责任公司

## 1. 重要提示

1.1　本公司董事会及董事保证本报告所载资料不存在任何虚假记载、误导性陈述或者重大遗漏，并对其内容的真实性、准确性和完整性承担个别及连带责任。

1.2　本公司独立董事郝占魁、赵廉慧对年度报告内容的真实性、准确性和完整性无异议。

1.3　本公司负责人甄学军、主管财务工作负责人宋弘、财务部门负责人李晓燕声明：保证年度报告中财务报告的真实、完整。

## 2. 公司概况

### 2.1　公司简介

#### 2.1.1　公司基本情况

| 公司名称(中文) | 华宸信托有限责任公司　　(简称：华宸信托) |
|---|---|
| 公司名称(英文) | Hua Chen Trust Limited Corporation<br>(缩写：HCTRUST) |
| 法定代表人 | 甄学军 |
| 注册地址 | 内蒙古自治区呼和浩特市赛罕区如意西街23号 |
| 邮政编码 | 010011 |
| 公司国际互联网网址 | http://www.hctrust.cn |
| 电子信箱 | hctrust@hctrust.cn |
| 公司信息披露的报纸 | 《证券时报》 |
| 公司年度报告备置地点 | 内蒙古自治区呼和浩特市赛罕区如意西街23号 |

#### 2.1.2　联系人和联系方式

| | 董事会秘书 | 公司信息披露联系人 |
|---|---|---|
| 姓名 | 晋　军 | 刘建宇 |
| 联系地址 | 内蒙古自治区呼和浩特市赛罕区如意西街23号 | 内蒙古自治区呼和浩特市赛罕区如意西街23号 |
| 电话 | 0471-4193867 | 0471-4193901 |
| 传真 | 0471-4193908 | 0471-4193901 |
| 电子信箱 | jinjun@hctrust.cn | ljy@hctrust.cn |

#### 2.1.3　公司聘请的会计师事务所

大华会计师事务所(特殊普通合伙)

办公地址：北京市海淀区西四环中路16号院7号楼12层

### 2.2　组织结构

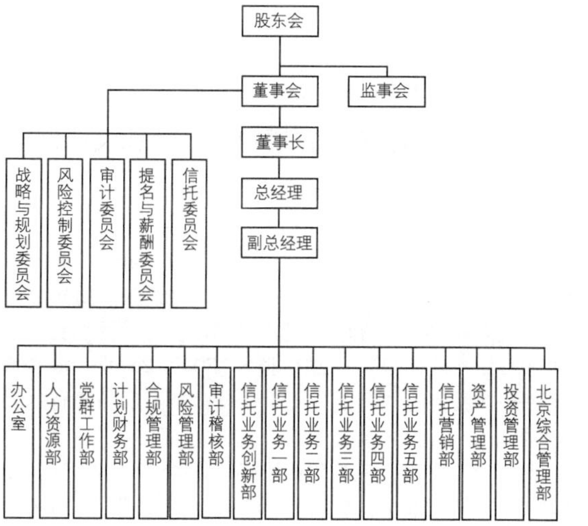


## 3. 公司治理

### 3.1　股东

公司前三位股东情况如下：

| 股东名称 | 持股比例(%) | 法定代表人 | 注册地址 | 主要经营业务及主要财务情况 |
|---|---|---|---|---|
| 内蒙古交通投资(集团)有限责任公司 | 36.5 | 杨茂盛 | 内蒙古自治区呼和浩特市新城区新华东街55号 | 投资与资产管理；经营正常 |
| 中国大唐集团资本控股有限公司 | 32.45 | 迟润东 | 北京市丰台区科学城星火路10号B-212室(园区) | 投资管理；资产管理；投资咨询；经营正常 |
| 内蒙古自治区人民政府国有资产监督管理委员会 | 30.2 | 张金亮 | 呼和浩特市新华大街63号政府大院5号楼 | 行政单位 |

注：据了解，由于工作调整，公司股东中国大唐集团资本控股有限公司法定代表人由刘传东先生变更为迟润东先生，该变更事项已履行完成中国大唐集团资本控股有限公司内部审批程序，目前正在进行工商变更。

## 3.2 董事

董事

| 姓 名 | 职 务 | 性别 | 年龄（岁） | 选任日期 | 所推举的股东名称 | 该股东持股比例(%) | 简要履历 |
|---|---|---|---|---|---|---|---|
| 宋 弘 | 董事（拟任） | 男 | 59 | 2013 年 11 月 22 日 | 包头钢铁（集团）有限责任公司 | 36.5 | 历任包钢财务部资金科科长、副总经济师，包钢（集团）公司计划财务部副总经济师兼资金处副处长、计划财务部资金处处长、计划财务部副部长兼资金处处长、纪委副书记兼审计部部长、纪委副书记兼审计部部长（主持日常工作）、纪委副书记兼审计部部长（主持日常工作）、包钢钢联股份监事会主席；现任华宸信托有限责任公司党委委员，拟任公司副总经理兼财务总监、董事。 |
| 刘传东 | 董事（拟任） | 男 | 53 | 2015 年 4 月 24 日 | 中国大唐集团资本控股有限公司 | 32.45 | 历任山东济宁发电厂团委负责人、财务科副科长（主持工作）、会计师、财务科长，山东省电力工业局财务部会计核算科科长、财务部副主任，济南英大国际信托投资公司总会计师，山东电力发电公司总会计师、党委委员，华能国际山东分公司副总会计师，中国电力投资集团公司财务与产权管理部产权资金高级主管、资金结算管理中心副主任、党组成员、副总经理，中国电力投资集团公司财务与产权管理部副主任，中电投财务有限公司总经理、党组副书记，中国大唐集团财务有限公司总经理、党组书记、财务与产权管理部主任，中国大唐集团公司总会计师、党组成员、中国大唐集团资本控股有限公司董事长。 |
| 甄学军 | 董事 | 男 | 54 | 2013 年 11 月 22 日 | 内蒙古自治区人民政府国有资产监督管理委员会 | 30.2 | 历任内蒙古农业大学农经系教师、团总支书记，内蒙古信托有限责任公司业务二部副经理、信贷管理部副经理、经理、公司副总经理、总经理、董事。 |
| 张瑞平 | 董事 | 男 | 55 | 2013 年 11 月 22 日 | 呼和浩特市财政局 | 0.5 | 历任呼和浩特市富泰热力股份有限公司副总工程师、副总经理，呼和浩特市城发投资经营有限责任公司副总经理、总经理、董事长，呼和浩特机场建设管理投资有限责任公司负责人。 |

注：经国家银保监会核准，公司第一大股东已于 2018 年 8 月由包头钢铁（集团）有限责任公司变更为内蒙古交通投资（集团）有限责任公司。内蒙古交通投资（集团）有限责任公司在 2019 年向公司推荐了董事人选，故截至 2018 年末，宋弘同志仍为公司董事。

独立董事

| 姓 名 | 所在单位及职务 | 性别 | 年龄（岁） | 选任日期 | 所推举的股东名称 | 简要履历 |
|---|---|---|---|---|---|---|
| 郝占魁 | 北京陶氏投资控股有限公司 | 男 | 63 | 2013 年 11 月 22 日 | 公司董事会 | 历任中国人民银行包头支行科员、科长，中国工商银行包头支行办事处副主任、主任，中国交通银行包头支行副行长，中国交通银行包头分行行长，中国交通银行内蒙古分行副行长，北京陶氏投资控股有限公司总裁。 |
| 赵廉慧 | 中国政法大学 | 男 | 44 | 2015 年 4 月 24 日 | 公司董事会 | 历任中国政法大学民商经济法学院教授、硕士生导师，中国政法大学信托法研究中心主任，美国哥伦比亚大学访问学者。 |

## 3.3 监事

监事会成员

| 姓 名 | 职 务 | 性别 | 年龄（岁） | 选任日期 | 所推举的股东名称 | 该股东持股比例(%) | 简要履历 |
|---|---|---|---|---|---|---|---|
| 郝润宝 | 监事 | 男 | 54 | 2013 年 11 月 22 日 | 包头钢铁（集团）有限责任公司 | 36.5 | 历任包头钢铁（集团）有限责任公司财务处会计科干事、副科长，包头钢铁（集团）有限责任公司计划财务部税政科科长，包头钢铁（集团）有限责任公司计划财务部会计处副处长、处长，包头钢铁（集团）有限责任公司计划财务部副部长、部长，包钢钢联股份有限公司监事。 |
| 刘肃楷 | 监事 | 男 | 46 | 2015 年 4 月 24 日 | 中国大唐集团资本控股有限公司 | 32.45 | 历任建行广州黄埔支行信贷科主管，北京新锐互动网络有限公司互动营销顾问，民生证券有限公司投资银行部高级投资经理，华视传媒集团有限公司资本运营中心总监、媒体发展总监，中国大唐集团财务有限公司资金计划部投资业务高级主管，中国大唐集团资本控股有限公司发展研究部副经理（主持工作），大唐融资租赁有限公司总经理。 |
| 杜东方 | 职工监事 | 男 | 55 | 2015 年 12 月 18 日 | 公司职工代表大会 | — | 历任内蒙古社会科学院经济研究所研究员，内蒙古信托投资公司秘书、派驻广西北海民族股份有限公司工作、信贷员、上海证券营业部副经理、信托二部副经理，华宸信托有限责任公司信托资产部副经理、信托业务一部副经理、党群工作部副主任、主任。 |

注：经国家银保监会核准，公司第一大股东已于 2018 年 8 月由包头钢铁（集团）有限责任公司变更为内蒙古交通投资（集团）有限责任公司。内蒙古交通投资（集团）有限责任公司 2018 年内未向公司推荐监事人选，公司已于 2019 年召开股东会会议进行了监事会换届选举，故截至 2018 年末，郝润宝同志仍为公司监事。

## 3.4 高级管理人员

高级管理人员

| 姓名 | 职务 | 性别 | 年龄（岁） | 选任日期 | 金融从业年限（年） | 学历 | 专业 |
|---|---|---|---|---|---|---|---|
| 宋 弘 | 副总经理兼财务总监（拟任）、董事（拟任） | 男 | 59 | 2013年11月22日 | 6 | 硕士研究生 | 工业管理工程 |
| 赵澍堂 | 副总经理（拟任） | 男 | 58 | 2015年11月19日 | 26 | 大学本科 | 统计 |

## 3.5 公司员工

截至2018年末，公司共有在职员工80人，平均年龄为42.73岁。学历分布情况为博士2人，占在岗员工总数的2.50%；硕士研究生33人，占在岗员工总数的41.25%；大学本科34人，占在岗员工总数的42.50%；大学专科8人，占在岗员工总数的10.00%；中专及以下3人，占在岗员工总数的3.75%。

# 4. 经营管理

## 4.1 经营目标、经营方针、战略规划

### 4.1.1 经营目标

公司以创造价值为目标，充分发挥信托功能，搭建联结资本市场、货币市场和产业市场的多元化金融理财平台，为股东和社会创造满意的回报。

### 4.1.2 经营方针

公司的经营方针是坚持专业化道路，不求“大”，也不求“全”，但求“强”“实”和“特色”。

### 4.1.3 战略规划

公司的战略规划是以服务地方经济社会发展为基础，以构建金融控股集团为目标，稳步拓展业务区域，形成独具特色的发展之路。

## 4.2 所经营业务的主要内容

自营资产运用与分布表

| 资产运用 | 金额（万元） | 占比（%） | 资产分布 | 金额（万元） | 占比（%） |
|---|---|---|---|---|---|
| 货币资产 | 19 779.35 | 16.26 | 基础产业 | 2 660.74 | 2.19 |
| 买入返售金融资产 | — | — | 房地产业 | 15 019.40 | 12.35 |
| 贷款及应收款 | 7 882.83 | 6.48 | 证券市场 | 4 031.98 | 3.32 |
| 可供出售金融资产 | 72 678.25 | 59.76 | 实业 | 15 646.39 | 12.86 |
| 交易性金融资产 | — | — | 金融机构 | 74 052.51 | 60.89 |
| 持有至到期投资 | — | — | 其他 | 10 210.85 | 8.40 |
| 长期股权投资 | 1 700.96 | 1.40 | | | |
| 其他资产 | 19 580.48 | 16.10 | | | |
| 资产总计 | 121 621.87 | 100.00 | 资产总计 | 121 621.87 | 100.00 |

注：资产分布中其他项目包括固定资产、递延所得税资产、无形资产等。

信托资产运用与分布表

| 资产运用 | 金额（万元） | 占比（%） | 资产分布 | 金额（万元） | 占比（%） |
|---|---|---|---|---|---|
| 货币资产 | 744.96 | 0.34 | 基础产业 | 10 758.58 | 4.89 |
| 贷款 | 19 895.00 | 9.05 | 房地产 | 149 762.75 | 68.10 |
| 买入返售金融资产 | 161 772.63 | 73.56 | 金融机构 | — | — |
| 可供出售金融资产 | — | — | 工商企业 | 24 672.13 | 11.22 |
| 持有至到期投资 | — | — | 其他 | 34 720.31 | 15.79 |
| 长期股权投资 | 20 000.00 | 9.09 | | | |
| 其他 | 17 501.18 | 7.96 | | | |
| 资产总计 | 219 913.77 | 100.00 | 资产总计 | 219 913.77 | 100.00 |

注：资产分布中的“其他”项目34 720.31万元主要包括采矿业3 582.97万元，水利、环境和公共设施管理业29 563.74万元，其他1 573.60万元。

## 4.3 市场分析

### 4.3.1 影响公司发展的有利因素

信托行业发展迅速，盈利能力和市场影响力不断提高，公司的发展得到了内蒙古自治区的高度重视和大力支持，公司也在发展过程中注重与内蒙古自治区有关部门的沟通和交流，建立了良好的合作关系。

### 4.3.2 影响公司发展的不利因素

国内经济增长放缓；信托公司竞争态势持续加剧；信托业政策法律法规有待完善，监管政策日趋严格；公司净资本实力较弱，抵抗风险能力有待提升，业务创新能力和团队建设需要不断加强。

## 4.4 内部控制概况

### 4.4.1 内部控制环境和内部控制文化

公司根据法律、法规制定了系列内部控制规章制度，建立了符合监管要求且适应公司经营管理需要的内部控制体系。公司始终秉承“受人之托，代人理财”的宗旨和“诚实、信用、谨慎、有效”的经营理念，创造了健康有序的内部环境。

公司建立了由股东会、董事会、监事会和高级管理层组成的法人治理结构，董事会下设战略与规划委员会、风险控制委员会、提名与薪酬委员会、审计委员会和信托委员会。监事会是公司的监督机构，对公司经营管理进行监督。公司的股东会、董事会、监事会均按照相关法律法规以及《公司章程》和自身议事规则及议事程序的规定，规范有效的运作。组织机构设置中，业务部门、审计稽核部、合规管理部、风险管理以及计划财务部等部门相互协调、互相制衡，形成了一套行之有效的内控机制。

公司高度重视内部控制文化的建设和培育，通过培训、讲座、交流研讨等形式，学习掌握最新法律法规，修订和制定公司制度，强化员工职业操守，充实合规风险管理，形成了良好的内控合规文化。

### 4.4.2 内部控制措施

公司按照现代企业制度，围绕控制环境、风险评估、控制流程、信息沟通和监督等内控要素进行内部控制系统和内部控制制度的建设。已形成了严格分离、制度保障、合规管理、风险评估与内部审计的全方位内部控制措施。构建了“业务部门→合

规管理部/风险管理部/审计稽核部→业务决策委员会→董事会风险控制委员会→董事会”的内控机制，通过层层推进、层层把关的梯次式、立体型的内部控制管理体系，最大限度控制和降低公司经营风险。

内控措施主要包括以下几个方面。

一是严格分离。公司信托业务与自营业务相分离，业务人员不相互兼职，并由不同的高管人员分工管理。不同的信托财产之间相分离，不同信托财产分账户管理；同一信托财产运用与保管相分离；业务操作与风险监控相分离。在此基础上认真制定业务流程和管理制度，公司所有的业务和管理活动都严格按照制度规定的流程执行。

二是制度保障。公司以业务流程为主线，建立健全前台、中台、后台并重的内控体系。公司业务决策委员会对董事会授权范围内的所有信托业务及自有资金运用业务项目进行集体决策，通过构建完善的决策机制、前台业务管理、中后台工作管理制度体系，将风险管理落实到业务开展的各个部门、各个岗位，保证公司业务健康发展，有效控制和防范经营风险。

三是合规管理。公司设立专门的合规管理部，对国家颁布的各项法律法规、政府部门尤其是监管部门印发的部门规章和行政命令以及公司内部制定的各项业务和管理制度监督执行。强调“合规从高层做起”，明确董事会、高级管理层直至每一位员工的合规职责，构建起层层负责、人人合规的合规风险管理体系。

四是风险评估。公司设立了专门的风险管理部，对风险进行事前防范和事中控制，包括对各项经营活动的风险进行定期评价，确定关键控制点，从而有针对性地采取各种风险防范与风险控制措施，以及通过对相关信息进行识别、处理，以识别可能发生的风险，并向管理层报告，以便公司迅速而准确地对影响经营活动的各种因素作出反应。

五是内部审计。公司审计稽核部在董事会审计委员会的具体指导下开展内部监督工作，对公司业务实施内部审计，以规范经营行为，防范、化解金融风险，提高经济效益，保障公司实现经营目标。

#### 4.4.3 监督评价与纠正

报告期内公司监督评价体系进一步完善。公司内外部审计与检查工作基本实现常态化，开展了监管部门检查、外部审计机构年度审计等监督工作，同时内审机构实施了年度内部控制制度审计。

更加注重外部监督。公司相关部门积极与监管部门沟通与协调，增强主动接受监督的自觉性，对于监管中提出的问题及时进行整改和落实，并将整改落实结果向监管部门及公司董事会做出报告，保证各项工作业务合法、规范开展。

内部监督检查工作更加全面。公司设立审计稽核部、合规管理部等部门，对公司的各项业务经营情况和管理工作开展定期或不定期检查，及时发现内部控制存在的缺陷和隐患，防范管理风险，确保公司合规经营。

### 4.5 风险管理概况

2018年，随着国家对金融行业监管的不断细化，信托行业在继续升级转型的同时对强化风险治理也提出了新的要求和挑战。为了积极应对要求和挑战，公司不断完善全面风险管理体系，持续提高风险管理水平，积极研究市场和政策变化，及时应变调整，通过不断提高风险管控能力，确保公司业务安全开展。

在报告期内，公司一是针对各类信托业务建立有所区别的“事前防范、事中控制、事后监督”的风险管理规程。二是通过及时修订或制定各项制度，不断完善、充实以“董事会、经营层、风险管理部、各职能部门”为层级的四级风险管理体系。三是严抓制度落实，在报告期内，对内控制度执行情况进行全面检查。四是深入开展制度培训学习，定期核查风险监测工作，让制度真正落地，让遵规成为习惯。整体来看，公司风险能力逐步加强，各项短板均得到有效提高，为公司的安全运营提供了有效保障。

基于金融行业运营环境和信托业特征，公司在经营活动中可能遇到的风险包括信用风险、市场风险、操作风险和其他风险等。

信用风险主要是指交易对手不履行义务的可能性导致信托财产或公司财产遭受损失。其主要表现在交易对手不愿、不能履行承诺，或未经许可擅自改变资金用途，经济状况恶化或受市场波动无法按期还本付益等情况对资产安全产生的影响。公司严格履行受托人尽职管理职责，对发生的各类业务依照各项制度严格进行审批和管理。报告期内，公司信托业务无新增风险项目，整体信用风险可控。

市场风险主要是由市场因素变动使公司遭受潜在损失的可能性，主要表现在股价、汇率、利率及其他价格因素变动，对公司固有资产或信托财产的价值或收益水平可能产生的影响。报告期内，公司坚持稳健运营的策略，密切关注宏观政策导向，通过投资组合分散投资风险，市场风险整体可控。

操作风险主要是由于公司内部业务流程的不完善、计算机系统的错误、工作人员在操作过程中的失误，而给公司造成的直接或间接损失的风险。公司持续对现有制度和流程进行梳理，建立健全相关制度，在进行业务操作流程优化的同时，注重对员工素质的提高和责任心的培养，避免人为主观因素引发操作风险。同时及时更新完善信息化系统，加强员工培训，注重提高员工技能，严格规范操作流程，严控操作风险。

其他风险主要表现为流动性风险、政策风险和声誉风险等。流动性风险是指公司因无法及时获得充足资金或无法以合理成本及时获得充足资金，而导致的影响资产增长或无法支付到期债务的风险。政策风险主要表现为宏观政策以及行业政策的变动对公司经营环境和发展所造成的影响。声誉风险是指由公司经营、管理及其他行为或外部事件导致利益相关方对公司负面评价的风险。声誉风险存在于公司各项经营活动中，公司通过员工行为管理、各项业务活动中的声誉风险管理以及经营管理等方面防范声誉风险。

## 5. 报告期末及上一年度末的比较式会计报表

### 5.1 自营资产

#### 5.1.1 会计师事务所审计意见全文

**审计报告**

大华审字[2019]003973号

华宸信托有限责任公司全体股东：

一、审计意见

我们审计了华宸信托有限责任公司(以下简称华宸信托公司)财务报表,包括2018年12月31日的资产负债表,2018年度的利润表、现金流量表、所有者权益变动表以及相关财务报表附注。

我们认为,后附的财务报表在所有重大方面按照企业会计准则的规定编制,公允反映了华宸信托公司2018年12月31日的财务状况以及2018年度的经营成果和现金流量。

二、形成审计意见的基础

我们按照中国注册会计师审计准则的规定执行了审计工作。审计报告的"注册会计师对财务报表审计的责任"部分进一步阐述了我们在这些准则下的责任。按照中国注册会计师职业道德守则,我们独立于华宸信托公司,并履行了职业道德方面的其他责任。我们相信,我们获取的审计证据是充分、适当的,为发表审计意见提供了基础。

三、管理层和治理层对财务报表的责任

华宸信托公司管理层负责按照企业会计准则的规定编制财务报表,使其实现公允反映,并设计、执行和维护必要的内部控制,以使财务报表不存在由于舞弊或错误导致的重大错报。

在编制财务报表时,华宸信托公司管理层负责评估华宸信托公司的持续经营能力,披露与持续经营相关的事项(如适用),并运用持续经营假设,除非管理层计划清算华宸信托公司、终止运营或别无其他现实的选择。

治理层负责监督华宸信托公司的财务报告过程。

四、注册会计师对财务报表审计的责任

我们的目标是对财务报表整体是否存在由于舞弊或错误导致的重大错报获取合理保证,并出具包含审计意见的审计报告。合理保证是高水平的保证,但并不能保证按照审计准则执行的审计在某一重大错报存在时总能发现。错报可能由于舞弊或错误导致,如果合理预期错报单独或汇总起来可能影响财务报表使用者依据财务报表作出的经济决策,则通常认为错报是重大的。

在按照审计准则执行审计工作的过程中,我们运用职业判断,并保持职业怀疑。同时,我们也执行以下工作:

(1)识别和评估由于舞弊或错误导致的财务报表重大错报风险,设计和实施审计程序以应对这些风险,并获取充分、适当的审计证据,作为发表审计意见的基础。由于舞弊可能涉及串通、伪造、故意遗漏、虚假陈述或凌驾于内部控制之上,未能发现由于舞弊导致的重大错报的风险高于未能发现由于错误导致的重大错报的风险。

(2)了解与审计相关的内部控制,以设计恰当的审计程序,但目的并非对内部控制的有效性发表意见。

(3)评价管理层选用会计政策的恰当性和作出会计估计及相关披露的合理性。

(4)对管理层使用持续经营假设的恰当性得出结论。同时,根据获取的审计证据,就可能导致对华宸信托公司持续经营能力产生重大疑虑的事项或情况是否存在重大不确定性得出结论。如果我们得出结论认为存在重大不确定性,审计准则要求我们在审计报告中提请报告使用者注意财务报表中的相关披露;如果披露不充分,我们应当发表非无保留意见。我们的结论基于截至审计报告日可获得的信息。然而,未来的事项或情况可能导致华宸信托公司不能持续经营。

(5)评价财务报表的总体列报、结构和内容(包括披露),并评价财务报表是否公允反映相关交易和事项。

我们与治理层就计划的审计范围、时间安排和重大审计发现等事项进行沟通,包括沟通我们在审计中识别出的值得关注的内部控制缺陷。

大华会计师事务所(特殊普通合伙)　　中国注册会计师:

中国·北京　　中国注册会计师:

二〇一九年三月二十九日

### 5.1.2 资产负债表

**资产负债表**

编制单位:华宸信托有限责任公司　　2018年12月31日　　单位:万元

| 项　目 | 年末余额 | 年初余额 | 项　目 | 年末余额 | 年初余额 |
|---|---|---|---|---|---|
| 资产: | | | 负债: | | |
| 货币资金 | 19 779.35 | 4 073.17 | 向中央银行借款 | — | — |
| 存放同业款项 | — | — | 同业及其他金融机构存放款 | — | — |
| 贵金属 | — | — | 拆入资金 | — | — |
| 拆出资金 | — | — | 以公允价值计量且其变动计入当期损益的金融负债 | — | — |
| 以公允价值计量且其变动计入当期损益的金融资产 | — | — | 衍生金融负债 | — | — |
| 衍生金融资产 | — | — | 卖出回购金融资产款 | — | — |
| 买入返售金融资产 | — | — | 吸收存款 | — | — |
| 应收利息 | 81.01 | — | 应付职工薪酬 | 2 645.58 | 2 599.11 |
| 应收股利 | — | — | 应交税费 | 133.01 | 214.48 |
| 应收账款 | 623.61 | 574.59 | 应付利息 | — | — |
| 其他应收款 | 2 328.21 | 5 380.68 | 应付股利 | 2 749.67 | 2 749.67 |
| 持有待售资产 | — | — | 其他应付款 | 16 292.30 | 5 467.04 |
| 发放贷款及垫款 | 4 850.00 | 4 850.00 | 持有待售负债 | — | — |
| 可供出售金融资产 | 72 678.25 | 99 832.66 | 预计负债 | — | 2 530.78 |

续表

| 项　目 | 年末余额 | 年初余额 | 项　目 | 年末余额 | 年初余额 |
|---|---|---|---|---|---|
| 持有至到期投资 | — | — | 应付债券 | — | — |
| 长期股权投资 | 1 700.96 | 2 932.51 | 递延所得税负债 | — | — |
| 投资性房地产 | — | — | 其他负债 | 665.97 | 665.97 |
| 固定资产 | 1 929.50 | 2 072.48 | 负债合计 | 22 486.52 | 14 227.05 |
| 在建工程 | — | — | 所有者权益(或股东权益): | — | — |
| 无形资产 | 189.01 | 220.04 | 实收资本(股本) | 80 000.00 | 80 000.00 |
| 递延所得税资产 | 8 863.40 | 2 686.40 | 其他权益工具 | — | — |
| 其他资产 | 8 598.58 | 8 616.22 | 资本公积 | 124.28 | 124.28 |
| | | | 减:库存股 | — | — |
| | | | 其他综合收益 | 6 656.25 | 12 608.40 |
| | | | 盈余公积 | 9 680.57 | 9 680.57 |
| | | | 专项储备 | — | — |
| | | | 一般风险准备 | 2 283.19 | 2 283.19 |
| | | | 信托赔偿准备金 | 4 840.29 | 4 840.29 |
| | | | 未分配利润 | -4 449.23 | 7 474.97 |
| | | | 所有者权益合计 | 99 135.35 | 117 011.70 |
| 资产总计 | 121 621.87 | 131 238.75 | 负债和所有者权益总计 | 121 621.87 | 131 238.75 |

### 5.1.3 利润表

**利润表**

编制单位:华宸信托有限责任公司　　2018 年度　　单位:万元

| 项　目 | 本年数 | 上年数 |
|---|---|---|
| 一、营业收入 | 5 170.91 | 4 567.77 |
| 利息净收入 | 625.14 | 775.04 |
| 其中:利息收入 | 625.14 | 775.04 |
| 利息支出 | — | — |
| 手续费及佣金净收入 | 882.17 | 2 761.22 |
| 其中:手续费及佣金收入 | 908.32 | 2 761.22 |
| 手续费及佣金支出 | 26.16 | — |
| 投资收益(亏损以"-"号填列) | 3 510.44 | 883.09 |
| 其中:对联营企业和合营企业的投资收益 | -1 231.55 | -1 643.60 |
| 公允价值变动收益(亏损以"-"号填列) | — | — |
| 汇兑收益(亏损以"-"号填列) | — | — |
| 其他业务收入 | 153.16 | 148.42 |
| 资产处置收益(损失以"-"号填列) | — | — |
| 其他收益 | — | — |
| 二、营业支出 | 21 051.13 | -5 601.14 |
| 税金及附加 | 81.74 | 90.39 |
| 业务及管理费 | 2 908.18 | 3 038.02 |
| 资产减值损失 | 18 029.60 | -8 761.17 |
| 其他业务成本 | 31.62 | 31.62 |
| 三、营业利润(亏损以"-"号填列) | -15 880.23 | 10 168.91 |
| 加:营业外收入 | 18.50 | — |
| 其中:政府补助 | — | — |
| 债务重组利得 | — | — |
| 减:营业外支出 | 255.43 | 2 844.16 |
| 其中:债务重组损失 | — | — |
| 四、利润总额(亏损总额以"-"号填列) | -16 117.16 | 7 324.75 |
| 减:所得税费用 | -4 192.95 | 2 223.61 |
| 五、净利润(净亏损以"-"号填列) | -11 924.20 | 5 101.13 |
| 持续经营损益 | -11 924.20 | 5 101.13 |
| 终止经营损益 | — | — |
| 六、其他综合收益的税后净额 | -5 952.15 | -11 102.79 |
| (一)不能重分类进损益的其他综合收益 | — | — |
| 1. 重新计量设定受益计划变动额 | — | — |
| 2. 权益法下不能转损益的其他综合收益 | — | — |
| 3. 其他 | — | — |
| (二)将重分类进损益的其他综合收益 | -5 952.15 | -11 102.79 |
| 1. 权益法下可转损益的其他综合收益 | — | 8.79 |
| 2. 可供出售金融资产公允价值变动损益 | -5 952.15 | -11 111.58 |
| 3. 持有至到期投资重分类为可供出售金融资产损益 | — | — |
| 4. 现金流量套期储备(现金流量套期损益的有效部分) | — | — |
| 5. 外币财务报表折算差额 | — | — |
| 6. 其他 | — | — |
| 七、综合收益总额 | -17 876.35 | -6 001.65 |
| 八、每股收益: | — | — |
| 基本每股收益 | — | — |
| 稀释每股收益 | — | — |

### 5.1.4 所有者权益变动表

**所有者权益变动表**

编制单位：华宸信托有限责任公司　　2018 年度　　单位：万元

| 项目 | 本期金额 | | | | | | | | | | | |
|---|---|---|---|---|---|---|---|---|---|---|---|---|
| | 实收资本（或股本） | 其他权益工具 | 资本公积 | 减：库存股 | 其他综合收益 | 专项储备 | 盈余公积 | △一般风险准备 | 信托赔偿准备金 | 未分配利润 | 其他 | 所有者权益合计 |
| 栏次 | 1 | 2 | 3 | 4 | 5 | 6 | 7 | 8 | 9 | 10 | 11 | 12 |
| 一、上年年末余额 | 80 000.00 | — | 124.28 | — | 12 608.40 | — | 9 680.57 | 2 283.19 | 4 840.29 | 7 474.97 | — | 117 011.70 |
| 加：会计政策变更 | — | — | — | — | — | — | — | — | — | — | — | — |
| 前期差错更正 | — | — | — | — | — | — | — | — | — | — | — | — |
| 其他 | — | — | — | — | — | — | — | — | — | — | — | — |
| 二、本年年初余额 | 80 000.00 | — | 124.28 | — | 12 608.40 | — | 9 680.57 | 2 283.19 | 4 840.29 | 7 474.97 | — | 117 011.70 |
| 三、本年增减变动金额（减少以"－"号填列） | — | — | — | — | -5 952.15 | — | — | — | — | -11 924.20 | — | -17 876.35 |
| （一）综合收益总额 | — | — | — | — | -5 952.15 | — | — | — | — | -11 924.20 | — | -17 876.35 |
| （二）所有者投入和减少资本 | — | — | — | — | — | — | — | — | — | — | — | — |
| 1. 所有者投入的普通股 | — | — | — | — | — | — | — | — | — | — | — | — |
| 2. 其他权益工具持有者投入资本 | — | — | — | — | — | — | — | — | — | — | — | — |
| 3. 股份支付计入所有者权益的金额 | — | — | — | — | — | — | — | — | — | — | — | — |
| 4. 其他 | — | — | — | — | — | — | — | — | — | — | — | — |
| （三）专项储备提取和使用 | — | — | — | — | — | — | — | — | — | — | — | — |
| 1. 提取专项储备 | — | — | — | — | — | — | — | — | — | — | — | — |
| 2. 使用专项储备 | — | — | — | — | — | — | — | — | — | — | — | — |
| （四）利润分配 | — | — | — | — | — | — | — | — | — | — | — | — |
| 1. 提取盈余公积 | — | — | — | — | — | — | — | — | — | — | — | — |
| 其中：法定公积金 | — | — | — | — | — | — | — | — | — | — | — | — |
| 任意公积金 | — | — | — | — | — | — | — | — | — | — | — | — |
| 2. 提取一般风险准备 | — | — | — | — | — | — | — | — | — | — | — | — |
| 3. 对所有者（或股东）的分配 | — | — | — | — | — | — | — | — | — | — | — | — |
| 4. 其他 | — | — | — | — | — | — | — | — | — | — | — | — |
| （五）所有者权益内部结转 | — | — | — | — | — | — | — | — | — | — | — | — |
| 1. 资本公积转增资本（或股本） | — | — | — | — | — | — | — | — | — | — | — | — |
| 2. 盈余公积转增资本（或股本） | — | — | — | — | — | — | — | — | — | — | — | — |
| 3. 盈余公积弥补亏损 | — | — | — | — | — | — | — | — | — | — | — | — |
| 4. 设定受益计划变动额结转留存收益 | — | — | — | — | — | — | — | — | — | — | — | — |
| 5. 其他 | — | — | — | — | — | — | — | — | — | — | — | — |
| 四、本年年末余额 | 80 000.00 | — | 124.28 | — | 6 656.25 | — | 9 680.57 | 2 283.19 | 4 840.29 | -4 449.23 | — | 99 135.35 |

续表

| 项目 | 上期金额 | | | | | | | | | | | |
|---|---|---|---|---|---|---|---|---|---|---|---|---|
| | 实收资本（或股本） | 其他权益工具 | 资本公积 | 减：库存股 | 其他综合收益 | 专项储备 | 盈余公积 | △一般风险准备 | 信托赔偿准备金 | 未分配利润 | 其他 | 所有者权益合计 |
| 栏次 | 1 | 2 | 3 | 4 | 5 | 6 | 7 | 8 | 9 | 10 | 11 | 12 |
| 一、上年年末余额 | 57 200.00 | — | 124.28 | — | 23 711.18 | — | 9 170.46 | 2 283.19 | 4 585.23 | 25 939.00 | — | 123 013.35 |
| 加：会计政策变更 | — | — | — | — | — | — | — | — | — | — | — | — |
| 前期差错更正 | — | — | — | — | — | — | — | — | — | — | — | — |
| 其他 | — | — | — | — | — | — | — | — | — | — | — | — |
| 二、本年年初余额 | 57 200.00 | — | 124.28 | — | 23 711.18 | — | 9 170.46 | 2 283.19 | 4 585.23 | 25 939.00 | — | 123 013.35 |
| 三、本年增减变动金额（减少以"－"号填列） | 22 800.00 | — | — | — | -11 102.79 | — | 510.11 | — | 255.06 | -18 464.04 | — | -6 001.65 |
| （一）综合收益总额 | — | — | — | — | -11 102.79 | — | — | — | — | 5 101.13 | — | -6 001.65 |
| （二）所有者投入和减少资本 | — | — | — | — | — | — | — | — | — | — | — | — |
| 1. 所有者投入的普通股 | — | — | — | — | — | — | — | — | — | — | — | — |
| 2. 其他权益工具持有者投入资本 | — | — | — | — | — | — | — | — | — | — | — | — |

续表

| 项目 | 上期金额 | | | | | | | | | | | |
|---|---|---|---|---|---|---|---|---|---|---|---|---|
| | 实收资本(或股本) | 其他权益工具 | 资本公积 | 减:库存股 | 其他综合收益 | 专项储备 | 盈余公积 | △一般风险准备 | 信托赔偿准备金 | 未分配利润 | 其他 | 所有者权益合计 |
| 栏次 | 1 | 2 | 3 | 4 | 5 | 6 | 7 | 8 | 9 | 10 | 11 | 12 |
| 3. 股份支付计入所有者权益的金额 | — | — | — | — | — | — | — | — | — | — | — | — |
| 4. 其他 | — | — | — | — | — | — | — | — | — | — | — | — |
| (三)专项储备提取和使用 | — | — | — | — | — | — | — | — | — | — | — | — |
| 1. 提取专项储备 | — | — | — | — | — | — | — | — | — | — | — | — |
| 2. 使用专项储备 | — | — | — | — | — | — | — | — | — | — | — | — |
| (四)利润分配 | — | — | — | — | — | — | 510.11 | — | 255.06 | -765.17 | — | — |
| 1. 提取盈余公积 | — | — | — | — | — | — | 510.11 | — | — | -510.11 | — | — |
| 其中:法定公积金 | — | — | — | — | — | — | 510.11 | — | — | -510.11 | — | — |
| 任意公积金 | — | — | — | — | — | — | — | — | — | — | — | — |
| 2. 提取一般风险准备 | — | — | — | — | — | — | — | — | — | — | — | — |
| 3. 提取信托赔偿准备金 | — | — | — | — | — | — | — | — | 255.06 | -255.06 | — | — |
| 4. 对所有者(或股东)的分配 | — | — | — | — | — | — | — | — | — | — | — | — |
| 5. 其他 | — | — | — | — | — | — | — | — | — | — | — | — |
| (五)所有者权益内部结转 | 22 800.00 | — | — | — | — | — | — | — | — | -22 800.00 | — | — |
| 1. 资本公积转增资本(或股本) | — | — | — | — | — | — | — | — | — | — | — | — |
| 2. 盈余公积转增资本(或股本) | — | — | — | — | — | — | — | — | — | — | — | — |
| 3. 盈余公积弥补亏损 | — | — | — | — | — | — | — | — | — | — | — | — |
| 4. 设定受益计划变动额结转留存收益 | — | — | — | — | — | — | — | — | — | — | — | — |
| 5. 其他 | 22 800.00 | — | — | — | — | — | — | — | — | -22 800.00 | — | — |
| 四、本年年末余额 | 80 000.00 | — | 124.28 | — | 12 608.40 | — | 9 680.57 | 2 283.19 | 4 840.29 | 7 474.97 | — | 117 011.70 |

## 5.2 信托资产

### 5.2.1 信托项目资产负债汇总表

**资产负债汇总表**

编制单位:华宸信托有限责任公司　　2018 年 12 月 31 日　　单位:万元

| 信托资产 | 期末数 | 年初数 | 信托负债和信托权益 | 期末数 | 年初数 |
|---|---|---|---|---|---|
| 信托资产: | | | 信托负债: | | |
| 货币资金 | 744.96 | 3 894.31 | 交易性金融负债 | — | — |
| 拆出资金 | — | — | 衍生金融负债 | — | — |
| 存出保证金 | — | — | 应付受托人报酬 | 782.58 | 776.66 |
| 交易性金融资产 | — | — | 应付托管费 | — | — |
| 衍生金融资产 | — | — | 应付受益人收益 | — | 277.05 |
| 买入返售金融资产 | 161 772.63 | 271 827.63 | 应交税费 | — | — |
| 应收款项 | 7 353.68 | 6 949.97 | 应付销售服务费 | — | — |
| 发放贷款 | 19 895.00 | 63 435.00 | 应付交易费用 | — | — |
| 可供出售金融资产 | — | 30 476.93 | 应付投资管理费 | — | — |
| 持有至到期投资 | — | — | 应付银行服务费 | — | — |
| 长期应收款 | — | — | 其他应付款项 | 8 390.32 | 13 313.13 |
| 长期股权投资 | 20 000.00 | 20 000.00 | 预计负债 | — | — |
| 投资性房地产 | — | — | 其他负债 | — | — |
| 固定资产 | — | — | 信托负债合计 | 9 172.90 | 14 366.84 |
| 无形资产 | — | — | | | |
| 长期待摊费用 | — | — | 信托权益: | | |
| 其他资产 | 10 147.50 | — | 实收信托 | 205 880.11 | 376 781.93 |
| 减:各项资产减值准备 | — | — | 资本公积 | — | — |
| | | | 外币报表折算差额 | — | — |
| | | | 未分配利润 | 4 860.76 | 5 435.07 |
| | | | 信托权益合计 | 210 740.87 | 382 217.00 |
| 信托资产总计 | 219 913.77 | 396 583.84 | 信托负债及信托权益总计 | 219 913.77 | 396 583.84 |

5.2.2 信托项目利润及利润分配汇总表

利润及利润分配汇总表

编制单位：华宸信托有限责任公司　　2018年度　　单位：万元

| 项　目 | 上年金额 | 本年金额 |
|---|---|---|
| 1. 营业收入 | 53 724.55 | 23 291.30 |
| 1.1 利息收入 | 52 055.66 | 23 081.78 |
| 1.2 投资收益 | 1 668.88 | 209.52 |
| 1.3 公允价值变动损益 | — | — |
| 1.4 租赁收入 | — | — |
| 1.5 汇兑损益 | — | — |
| 1.6 其他收入 | — | — |
| 2. 支出 | 2 880.49 | 883.85 |
| 2.1 营业税金及附加 | — | 79.49 |
| 2.2 受托人报酬 | 2 764.13 | 672.59 |
| 2.3 托管费 | 25.75 | 0.57 |
| 2.4 投资管理费 | — | — |
| 2.5 销售服务费 | 59.57 | — |
| 2.6 交易费用 | — | — |
| 2.7 资产减值损失 | — | — |
| 2.8.1 律师费 | — | — |
| 2.8.2 资料印刷费 | — | — |
| 2.8.3 差旅费 | 9.48 | 7.45 |
| 2.8.4 印花税 | 6.00 | 1.75 |
| 2.8.5 银行结算费 | 2.43 | 2.02 |
| 2.8.6 银行服务费 | — | — |
| 2.8.7 招待费 | — | — |
| 2.8.8 机动车费用 | — | — |
| 2.8.9 其他费用 | 13.13 | 119.97 |
| 3. 信托净利润 | 50 844.05 | 22 407.45 |
| 4. 其他综合收益 | — | — |
| 5. 扣除资产减值准备前的信托利润 | 50 844.05 | 22 407.45 |
| 6. 减：资产减值损失 | — | — |
| 7. 扣除资产减值准备后的信托利润 | 50 844.05 | 22 407.45 |
| 8. 加：期初未分配信托利润 | 12 067.00 | 5 435.07 |
| 9. 可供分配的信托利润 | 62 911.05 | 27 842.52 |
| 10. 减：本期已分配信托利润 | 57 475.98 | 22 981.76 |
| 11. 期末未分配信托利润 | 5 435.07 | 4 860.76 |

## 6. 会计报表附注

### 6.1 报告年度会计报表编制基准、会计政策、会计估值和核算方法发生的变化

报告期内，本公司会计报表编制基准、会计政策、会计估值和核算方法均未发生变化。

### 6.2 或有事项说明

2018年度本公司无需要说明的或有事项。

### 6.3 重要资产转让及其出售的说明

2018年度本公司无重要资产转让、出售业务发生。

### 6.4 会计报表中重要项目的明细资料

#### 6.4.1 披露自营资产经营情况

6.4.1.1 按风险资产分类的结果披露资产的期初数、期末数

| 信用风险资产五级分类 | 正常类（万元） | 关注类（万元） | 次级类（万元） | 可疑类（万元） | 损失类（万元） | 资产合计（万元） | 不良资产合计（万元） | 不良资产率（%） |
|---|---|---|---|---|---|---|---|---|
| 期初数 | 83 966.53 | 43 806.30 | 3 004.00 | 6 693.26 | 5 970.78 | 143 440.87 | 15 668.04 | 10.92 |
| 期末数 | 96 854.66 | 5 395.00 | 24 081.09 | 6 693.26 | 18 829.59 | 151 853.60 | 49 603.94 | 32.67 |

注：不良资产合计=次级类+可疑类+损失类。

6.4.1.2 资产减值准备情况

单位：万元

| 项目 | 年初余额 | 本年增加额 | 本年减少额 | | 年末余额 |
|---|---|---|---|---|---|
| | | 本年计提额 | 因资产价值回升转回额 | 转销额 | |
| 坏账准备 | 6 317.67 | 13 358.72 | 58.65 | — | 19 617.74 |
| 贷款损失准备 | 150.00 | — | — | — | 150.00 |
| 可供出售金融资产减值准备 | 5 727.90 | 5 293.29 | 563.76 | — | 10 457.43 |
| 抵债资产减值准备 | 6.55 | — | — | — | 6.55 |
| 合计 | 12 202.12 | 18 652.01 | 622.41 | — | 30 231.72 |

6.4.1.3 自营股票投资、基金投资、债券投资、长期股权投资等投资的期初数、期末数

单位：万元

| 项目 | 自营股票 | 基金 | 债券 | 长期股权投资 | 其他投资 | 合计 |
|---|---|---|---|---|---|---|
| 期初数 | 1 000.11 | 28 197.68 | — | 2 932.51 | 70 634.88 | 102 765.18 |
| 期末数 | — | 26 260.48 | 3 987.30 | 1 700.96 | 42 430.48 | 74 379.22 |

6.4.1.4 前五名的自营长期股权投资的企业名称、占被投资企业权益的比例、主要经营活动及投资收益情况等（按公司拥有权益比例从大到小顺序排列）

| 企业名称 | 占被投资企业权益的比例（%） | 主要经营活动 | 投资收益（万元） |
|---|---|---|---|
| 华宸未来基金管理有限公司 | 40 | 基金募集、基金销售、特定客户资产管理等 | -1 231.55 |

注：华宸未来基金管理有限公司注册资本20 000万元，是本公司与咸阳长涛电子科技有限公司和未来资产基金管理公司共同出资设立，本公司出资8 000万元，占比为40%，不能对该公司实施控制，按权益法核算，公司于2012年6月20日成立并取得营业执照。

6.4.1.5 前五名的自营贷款的企业名称、贷款金额、占贷款总额的比例和还款情况等

| 企业名称 | 贷款金额（万元） | 占总额比例（%） | 还款情况 |
|---|---|---|---|
| 内蒙古万丰物资有限责任公司 | 5 000 | 100 | 2014年发放贷款，已到期，未收回本息。目前已经将抵押物拍卖完毕，公司等待收回抵债资产。 |

6.4.1.6 表外业务的期初数、期末数

报告期内公司未开展表外业务。

6.4.1.7 公司当年的收入结构

| 收入结构 | 金额(万元) | 占比(%) |
|---|---|---|
| 手续费及佣金收入 | 908.32 | 17.42 |
| 其中:信托手续费收入 | 908.32 | 17.42 |
| 利息收入 | 625.14 | 11.99 |
| 其他业务收入 | 153.16 | 2.94 |
| 其中:计入信托业务收入部分 | — | — |
| 投资收益 | 3 510.44 | 67.31 |
| 其中:股权投资收益 | -1 231.55 | -23.61 |
| 证券投资收益 | 3 305.73 | 63.38 |
| 其他投资收益 | 1 436.26 | 27.54 |
| 公允价值变动收益 | — | — |
| 营业外收入 | 18.50 | 0.35 |
| 收入合计 | 5 215.56 | 100.00 |

**6.4.2 披露信托资产管理情况**

6.4.2.1 信托资产的期初数、期末数

单位:万元

| 信托资产 | 期初数 | 期末数 |
|---|---|---|
| 集合 | 139 225.91 | 67 269.61 |
| 单一 | 257 357.94 | 142 496.66 |
| 财产权 | — | 10 147.50 |
| 合计 | 396 583.85 | 219 913.77 |

6.4.2.1.1 主动管理型信托业务期初数、期末数,分证券投资类、股权投资类、融资类、事务管理类分别披露

单位:万元

| 主动管理型信托资产 | 期初数 | 期末数 |
|---|---|---|
| 证券投资类 | — | — |
| 股权投资类 | 85 609.76 | 35 443.32 |
| 融资类 | 202 765.03 | 35 408.43 |
| 事务管理类 | 9 366.51 | 12 148.76 |
| 合计 | 297 741.30 | 83 000.52 |

6.4.2.1.2 被动管理型信托业务期初数、期末数,分证券投资类、股权投资类、融资类、事务管理类分别披露

单位:万元

| 被动管理型信托资产 | 期初数 | 期末数 |
|---|---|---|
| 证券投资类 | — | — |
| 股权投资类 | 5 000.30 | — |
| 融资类 | 30 477.63 | 125 070.09 |
| 事务管理类 | 63 364.61 | 11 843.16 |
| 合计 | 98 842.54 | 136 913.25 |

6.4.2.2 本年度已清算结束信托项目个数、实收信托合计金额、加权平均实际年化收益率

本年度已清算结束信托项目 17 个,实收信托合计金额 196 101.93万元,加权平均实际年化收益率为 6.43%。

6.4.2.2.1 本年度已清算结束的集合类、单一类资金信托项目和财产管理类信托项目个数、实收信托合计金额、加权平均实际年化收益率

| 已清算结束信托项目 | 项目个数(个) | 实收信托合计金额(万元) | 加权平均实际年化收益率(%) |
|---|---|---|---|
| 集合类 | 9 | 64 785.00 | 9.27 |
| 单一类 | 8 | 131 316.93 | 4.90 |
| 财产管理类 | — | — | — |

6.4.2.2.2 本年度已清算结束的主动管理型信托项目个数、实收信托合计金额、信托报酬率、加权平均实际年化收益率

| 已清算结束信托项目 | 项目个数(个) | 实收信托合计金额(万元) | 信托报酬率(%) | 加权平均实际年化收益率(%) |
|---|---|---|---|---|
| 证券投资类 | — | — | — | — |
| 股权投资类 | 5 | 43 745.00 | 2.83 | 8.71 |
| 融资类 | 4 | 17 680.00 | 2.69 | 10.10 |
| 事务管理类 | — | — | — | — |

6.4.2.2.3 本年度已清算结束的被动管理型信托项目个数、实收信托合计金额、信托报酬率、加权平均实际年化收益率

| 已清算结束信托项目 | 项目个数(个) | 实收信托合计金额(万元) | 信托报酬率(%) | 加权平均实际年化收益率(%) |
|---|---|---|---|---|
| 证券投资类 | — | — | — | — |
| 股权投资类 | 2 | 30 476.93 | 0.74 | 0.06 |
| 融资类 | 3 | 24 800.00 | 8.63 | 0.28 |
| 事务管理类 | 3 | 62 550.00 | 6.09 | 0.18 |

6.4.2.3 本年度新增的集合类、单一类、财产管理类信托项目个数、合计金额

| 新增信托项目 | 项目个数(个) | 合计金额(万元) |
|---|---|---|
| 集合类 | 3 | 52.61 |
| 单一类 | 1 | 15 000.00 |
| 财产管理类 | 1 | 10 147.50 |
| 新增合计 | 5 | 25 200.11 |
| 其中:主动管理型 | 4 | 10 200.11 |
| 被动管理型 | 1 | 15 000.00 |

6.4.2.4 公司履行受托人义务情况及因本公司自身责任而导致的信托资产损失情况(合计金额、原因等)

公司以诚实、信用、谨慎、有效管理为原则,在有效防范和着力控制风险的前提下,以受益人的利益最大化为宗旨,恪尽职守地处理各项信托事务,管理信托财产;加强信托项目的后期跟踪管理工作,及时向委托人、受益人披露有关信息,到期信托本金均如期或提前兑付,应分配的信托收益均如期支付受益人。截至 2018 年末,公司未发生因本公司自身责任而导致信托财产损失的情况。

## 6.5 关联方关系及其交易的披露

**6.5.1 关联交易方的数量、关联交易的总金额及关联交易的定价政策等**

报告期内未新增关联交易项目。

6.5.2 **关联交易方与本公司的关系性质、关联交易方的名称、法定代表人、注册地址、注册资本及主营业务等**

报告期内未新增关联交易项目。

6.5.3 **公司与关联方的重大交易事项**

6.5.3.1 固有与关联方交易情况

**固有与关联交易方关联交易**

单位：万元

| | 期初数 | 借方发生额 | 贷方发生额 | 期末余额 |
|---|---|---|---|---|
| 贷款 | — | — | — | — |
| 投资 | — | — | — | — |
| 租赁 | — | — | — | — |
| 担保 | — | — | — | — |
| 应收账款 | 18 | — | — | 18 |
| 其他 | 2 749.67 | — | — | 2 749.67 |
| 合计 | 2 767.67 | — | — | 2 767.67 |

6.5.3.2 信托与关联方交易情况

**信托与关联交易方关联交易**

单位：万元

| | 期初数 | 借方发生额 | 贷方发生额 | 期末余额 |
|---|---|---|---|---|
| 贷款 | 50 000.00 | — | 50 000.00 | — |
| 投资 | — | — | — | — |
| 租赁 | — | — | — | — |
| 担保 | — | — | — | — |
| 应收账款 | — | — | — | — |
| 其他 | — | — | — | — |
| 合计 | 50 000.00 | — | 50 000.00 | — |

6.5.3.3 公司自有资金运用于自己管理的信托项目（固信交易），信托公司管理的信托项目之间的相互（信信交易）交易金额

报告期内未开展此类业务。

6.5.3.3.1 固有财产与信托财产之间的交易金额期初汇总数、本期发生额汇总数、期末汇总数

单位：万元

| 项　目 | 期初数 | 本年发生额 | 期末数 |
|---|---|---|---|
| 合计 | 48 906.15 | -17 334.19 | 31 571.96 |

6.5.3.3.2 信托项目之间的交易金额期初汇总数、本期发生额汇总数、期末汇总数

无。

6.5.4 **关联方逾期未偿还本公司资金的详细情况以及本公司为关联方担保发生或即将发生垫款的情况**

报告期内，无关联方逾期不偿还本公司资金情况，本公司无为关联方担保发生或即将发生垫款情况。

## 6.6 会计制度的披露

公司固有业务和信托业务分别于2008年和2010年开始执行财政部2006年2月15日颁布的《企业会计准则》。

# 7. 财务情况说明书

## 7.1 利润实现和分配情况

本公司期初未分配利润为7 474.97万元，本年实现净利润为-11 924.20万元，由于发生亏损，未提取法定盈余公积、信托赔偿准备以及一般风险准备，期末未分配利润为-4 449.23万元。

## 7.2 主要财务指标

| 指标名称 | 指标值 |
|---|---|
| 资本利润率（%） | -11.03 |
| 加权年化信托报酬率（%） | 1.08 |
| 人均净利润（万元） | -149.05 |

注：1. 资本利润率=净利润/所有者权益平均余额×100%。
2. 加权年化信托报酬率=（信托项目1的实际年化信托报率×信托项目1的实收信托+信托项目2的实际年化信托报率×信托项目2的实收信托+…+信托项目$n$的实际年化信托报率×信托项目$n$的实收信托）/（信托项目1的实收信托+信托项目2的实收信托+…+$n$的实收信托）×100%。
3. 人均净利润=净利润/平均人数。
4. 平均值采取年初、末余额简单平均法，公式为：a（平均）=（年初数+年末数）/2。

## 7.3 对公司财务状况、经营成果由重大影响的其他事项

2018年公司因单一通道项目计提资产减值损失12 858.81万元，并对相关风险项目补提减值5 793.20万元，对本期经营成果形成重大影响。

# 8. 特别事项揭示

## 8.1 前五名股东报告期内变动情况及原因

为改善公司治理架构，提高资本实力和抗风险能力，经内蒙古自治区人民政府决定，由内蒙古交通投资（集团）有限责任公司受让包头钢铁（集团）有限责任公司所持的本公司股权。上述股权转让事项已经国家银保监会核准（银保监复[2018]146号），转让后公司第一大股东变更为内蒙古交通投资（集团）有限责任公司，持有公司36.5%的股权。

## 8.2 董事、监事及高级管理人员变动情况及原因

根据上级主管部门相关文件规定，张世宏同志不再担任公司监事，甄学军同志不再担任公司总经理职务，范永胜同志不再担任公司副总经理职务。

## 8.3 公司重大未决诉讼事项

报告期内未有此类情况发生。

## 8.4 公司及其董事、监事和高级管理人员受到处罚的情况

报告期内，公司董事、监事和高级管理人员未受到监管处罚。

## 8.5 银保监会及其派出机构对公司检查后提出整改意见的，应简单说明整改情况

2018年11月5~16日，内蒙古银保监局围绕公司治理和

内部管理、固有业务和信托业务对公司进行了现场检查，公司根据自查和检查中所出现的在制度、业务、管理方面存在的问题认真进行了整改。有力地推动了公司治理结构的完善、内控水平提高、固有业务和信托业务规范操作，提升了公司的内控合规经营水平。

### 8.6 本年度重大事项临时报告的简要内容、披露时间、所披露的媒体及其版面

报告期内，公司共进行重大事项临时报告披露1次。

| 披露事项 | 披露时间 | 披露媒体及版面 |
| --- | --- | --- |
| 关于变更股权的公告 | 2018年8月29日 | 《证券时报》B5版 |

### 8.7 银保监会及其省级派出机构认定的其他有必要让客户及相关利益人了解的重要信息

根据内蒙古银保监局《关于华宸信托有限责任公司修改公司章程的批复》（内银保监复[2018]45号），核准公司修改《公司章程》。本次修改章程主要根据国家银保监会《关于信托机构参照〈商业银行股权管理暂行办法〉加强股权管理的通知》（银保监办发[2018]75号）要求，修改完善《公司章程》相关条款，并根据全国国有企业党建工作会议精神和内蒙古自治区国资委批复意见，将党建工作相关内容写入《公司章程》。

### 8.8 履行社会责任情况

报告期内，公司严格遵守国家法律法规，认真贯彻执行国家经济金融政策以及各项监管要求，大力支持实体经济发展。坚持诚信经营，自觉履行纳税义务，严格按照税法规定及时、足额缴纳各项税款累计408万元。公司主动落实金融机构反洗钱、案防和消费者权益保护责任，不断完善工作制度体系，积极配合监管部门进行金融知识宣传，年内开展了“非法集资宣传月”“金融万里行”等活动。

同时，公司积极参与对口帮扶点内蒙古兴安盟扎赉特旗音德尔镇前进嘎查的脱贫攻坚工作，选派干部编入驻村工作队，并充分发挥信托功能，设立了内蒙古自治区首单慈善信托计划——华宸信托2018济困1号慈善信托，并响应信托业协会号召，积极参与乌兰察布扶贫工作，分别设立了华宸信托2018善爱健康慈善信托和华宸信托2018善爱助学慈善信托，通过信托项目实现产业扶贫，并与保险机构合作，为建档立卡贫困户提供多重保障。

## 9. 净资本管理情况

截至2018年末，公司净资本为59 328.14万元，符合银保监会要求的不得低于2亿元的监管指标。各项业务风险资本之和为11 407.57万元，其中固有业务风险资本为8 795.77万元，信托业务风险资本为2 611.80万元。本期末净资本管理监管指标变化情况为净资本/各项业务风险资本之和的比率为520.08%，符合银保监会大于100%的监管要求；净资本/净资产的比率为59.85%，符合银保监会大于40%的监管要求。

## 10. 公司监事会意见

监事会认为公司能够依法合规运作，公司董事及高级管理人员在履行公司职务时未有违反法律法规、《公司章程》或损害公司利益的行为。公司财务报告真实反映了公司的财务状况和经营成果。

# 华能贵诚信托有限公司

## 1. 重要提示

1.1 公司董事会及董事保证本报告所载资料不存在任何虚假记载、误导性陈述或者重大遗漏,并对其内容的真实性、准确性和完整性承担个别及连带责任。

1.2 公司独立董事对年度报告内容的真实性、准确性、完整性无异议。

1.3 公司总经理金志培、主管会计工作的副总经理鲍吉胜保证年度报告中财务报告的真实、完整。

## 2. 公司概况

### 2.1 公司简介

华能贵诚信托有限公司成立于2002年,2008年12月由华能资本服务有限公司增资扩股重组而成。2009年2月,经中国银监会批准,公司换发新的金融许可证。目前公司注册资本金为61.94557406亿元。

2.1.1 中文名称:华能贵诚信托有限公司
中文名称缩写:华能信托
英文名称:Huaneng Guicheng Trust Corporation Limited
英文名称缩写:HNGCTC

2.1.2 法定代表人:田军
注册地址:贵州省贵阳市观山湖区长岭北路55号贵州金融城1期商务区10号楼23层、24层
邮政编码:550081
网址:www.hngtrust.com
电子信箱:public@hngtrust.com

2.1.3 公司负责信息披露事务的高级管理人员:赵刚
公司信息披露事务联系人:万灵
电 话:0851-88661688
传 真:0851-88661708
信息披露报纸:《金融时报》

2.1.4 年度报告备置地点:(公司办公地点)贵州省贵阳市观山湖区长岭北路55号贵州金融城1期商务区10号楼23层、24层

2.1.5 公司聘请的会计师事务所:大信会计师事务所
办公地点:北京市海淀区知春路1号学院国际大厦15层

2.1.6 公司聘请的律师事务所:北京市中盛律师事务所
办公地点:北京朝阳区建外大街8号国际财源中心22层

### 2.2 组织结构

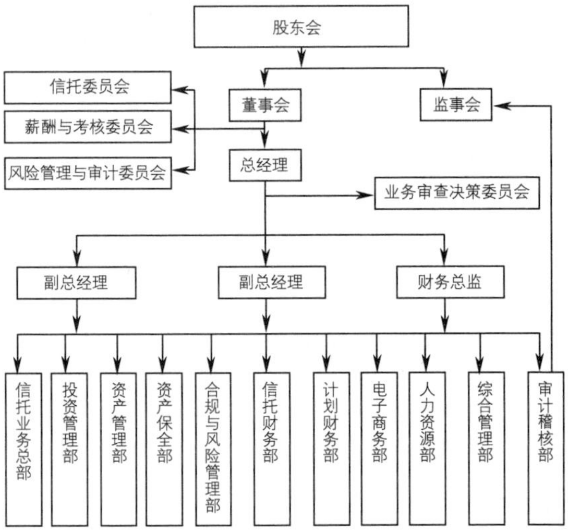


## 3. 公司治理

### 3.1 股东

**3.1.1 占公司15%以上出资比例的股东**

报告期末公司股东总数8家,占公司15%以上(含15%)出资比例的股东2家。

| 股东名称 | 持股比例(%) | 法人代表 |
|---|---|---|
| 华能资本服务有限公司 | 67.92 | 丁 益 |
| 贵州产业投资(集团)有限责任公司 | 31.48 | 沈新国 |

**3.1.2 公司第一大股东**

| 股东名称 | 出资比例(%) | 法人代表 |
|---|---|---|
| 华能资本服务有限公司 | 67.92 | 丁 益 |

### 3.2 董事

董事会成员

| 姓 名 | 职 务 | 性别 | 年龄(岁) | 选任日期 | 所推举的股东名称 | 该股东持股比例(%) | 简要履历 |
|---|---|---|---|---|---|---|---|
| 田 军 | 董事长 | 男 | 55 | 2017年3月 | 华能资本服务有限公司 | 67.92 | 中国社科院研究生部货币银行专业研究生学历,华能资本服务有限公司党委委员,本公司董事长。 |

续表

| 姓 名 | 职 务 | 性别 | 年龄（岁） | 选任日期 | 所推举的股东名称 | 该股东持股比例(%) | 简要履历 |
|---|---|---|---|---|---|---|---|
| 李仪华 | 副董事长 | 男 | 61 | 2015 年 5 月 | 贵州产业投资(集团)有限责任公司 | 31.48 | 中南财经大学硕士研究生，本公司副董事长。 |
| 严晓茂 | 董 事 | 女 | 48 | 2017 年 5 月 | 华能资本服务有限公司 | 67.92 | 东南大学研究生院硕士研究生，永诚财产保险股份有限公司副总裁(拟任)。 |
| 段一萍 | 董 事 | 女 | 43 | 2015 年 5 月 | 华能资本服务有限公司 | 67.92 | 中国人民大学硕士研究生，高级会计师，华能资本服务有限公司研发部经理。 |
| 王 颖 | 董 事 | 女 | 33 | 2017 年 10 月 | 贵州产业投资(集团)有限责任公司 | 31.48 | 贵州大学管理学院工商管理专业，管理学硕士，贵州产业投资(集团)有限责任公司金融事业部副经理。 |
| 金志培 | 职工董事 | 男 | 48 | 2017 年 3 月 | — | — | 中国人民银行研究生部货币银行专业硕士，研究生学历，本公司总经理。 |

独立董事

| 姓 名 | 所在单位及职务 | 性别 | 年龄（岁） | 选任日期 | 所推举的股东名称 | 该股东持股比例(%) | 简要履历 |
|---|---|---|---|---|---|---|---|
| 徐 英 | — | 女 | 65 | 2017 年 5 月 | — | — | 北京财贸学院金融系，经济学学士，历任北京财贸学院金融系助教、讲师，海南汇通国际信托投资公司副总经理、常务副总经理、长城证券有限公司总裁、董事长、党委书记，景顺长城基金管理有限公司全职董事长，中国证券业协会理事，新华资产管理股份有限公司全职副董事长，已退休。 |
| 矫丽燕 | — | 女 | 55 | 2015 年 5 月 | — | — | 北京第二外国语学院外语专业毕业，基点商品期货交易公司(北京)董事总经理。 |
| 王 涌 | — | 男 | 50 | 2015 年 5 月 | — | — | 中国政法大学博士研究生学历，现担任中国政法大学民商经济法学院法学教授，博士生导师。 |

## 3.3 监事

| 姓名 | 职务 | 性别 | 年龄（岁） | 选任日期 | 所推举的股东名称 | 该股东持股比例(%) | 简要履历 |
|---|---|---|---|---|---|---|---|
| 周英序 | 监事会主席 | 男 | 60 | 2015 年 5 月 | 贵州产业投资(集团)有限责任公司 | 31.48 | 贵州师范大学本科学历，本公司监事会主席。 |
| 何 瑛 | 监 事 | 女 | 44 | 2015 年 5 月 | 贵州产业投资(集团)有限责任公司 | 31.48 | 贵州财经学院大学本科学历，贵州省产业投资(集团)有限责任公司计划财务部经理、总经理助理。 |
| 于新仁 | 职工监事 | 男 | 59 | 2015 年 5 月 | — | — | 贵州省委党校在职研究生学历，本公司审计稽核部经理。 |

## 3.4 高级管理人员

| 姓名 | 职务 | 性别 | 年龄（岁） | 任职日期 | 金融从业年限(年) | 学历 | 专业 |
|---|---|---|---|---|---|---|---|
| 金志培 | 总经理 | 男 | 48 | 2017 年 3 月 | 23 | 硕士研究生 | 货币银行 |
| 涂继国 | 副总经理 | 男 | 54 | 2015 年 5 月 | 28 | 大学本科 | 经济学 |
| 鲍吉胜 | 副总经理兼财务总监 | 男 | 54 | 2015 年 5 月 | 30 | 研究生 | 财贸经济金融 |
| 孙 磊 | 副总经理 | 男 | 45 | 2015 年 5 月 | 23 | 硕士研究生 MBA | 金融 |
| 刘 芳 | 副总经理 | 女 | 47 | 2017 年 3 月 | 24 | 大学本科 | 经济学 |
| 顾学新 | 总经理助理 | 男 | 54 | 2015 年 5 月 | 34 | 研究生 | 金融 |
| 雷妮亚 | 首席合规官兼合规与风险管理部经理 | 女 | 39 | 2017 年 3 月 | 6 | 硕士研究生 | 民商法学 |
| 赵 刚 | 总经理助理兼董事会秘书 | 男 | 47 | 2017 年 3 月<br>2017 年 7 月 | 11 | 大学本科 | 经济信息管理 |
| 黄海峰 | 总经理助理 | 女 | 47 | 2017 年 3 月 | 21 | 硕士研究生 | 金融学 |

### 3.5 公司员工

报告期内，员工人数351人，平均年龄34岁，博士生占比为2%，硕士生占比为47%，本科生占比为50%，专科生占比为1%。

## 4. 经营管理

### 4.1 经营目标、经营方针、战略规划

#### 4.1.1 经营目标

围绕提高公司核心资产管理能力和理财能力，以发展自主管理类信托业务为重点，打造专属产品，逐步培育和形成公司的核心竞争力，推动公司发展方式从外延式增长向内涵式增长转变；加强公司的各项基础管理，重点提升公司的合规与风控能力。通过努力，确保完成董事会下达的各项经营指标，力争信托业务规模和利润迈上新台阶。

#### 4.1.2 经营方针

诚信、专业、创新、和谐。

#### 4.1.3 战略规划

依托股东的管理与资源优势，打造核心竞争力，重点发展面向能源、基础设施行业的产业投资基金业务和企业资产证券化业务（ABS），把公司建设成为在信托规模、盈利能力和管理水平上具有领先地位的、国内一流的电力、能源行业的信托公司。

### 4.2 所经营业务的主要内容

除另有注明外，本报告中所有披露内容均为母公司口径。

自营资产运用与分布表

| 资产运用 | 金额（万元） | 占比（%） | 资产运用 | 金额（万元） | 占比（%） |
|---|---|---|---|---|---|
| 货币资产 | 4 285.79 | 0.20 | 基础产业 | — | — |
| 贷款及应收款 | — | — | 房地产业 | — | — |
| 交易性金融资产投资 | 195 897.72 | 9.19 | 证券市场 | 237 766.82 | 11.16 |
| 可供出售金融资产投资 | 1 824 600.36 | 85.60 | 实业 | — | — |
| 持有至到期投资 | — | — | 金融机构 | 1 807 017.05 | 84.77 |
| 长期股权投资 | 20 000.00 | 0.94 | 其他 | 86 793.57 | 4.07 |
| 其他 | 86 793.57 | 4.07 | — | — | — |
| 资产合计 | 2 131 577.44 | 100.00 | 资产合计 | 2 131 577.44 | 100.00 |

信托资产运用与分布表

| 资产运用 | 金额（万元） | 占比（%） | 资产运用 | 金额（万元） | 占比（%） |
|---|---|---|---|---|---|
| 货币资产 | 2 050 814.54 | 2.82 | 基础产业 | 5 054 646.96 | 6.94 |
| 贷款及应收款 | 12 210 236.34 | 16.77 | 房地产业 | 5 814 156.48 | 7.99 |
| 交易性金融资产投资 | 634 682.82 | 0.87 | 证券市场 | 705 975.79 | 0.97 |
| 可供出售金融资产投资 | 14 528 768.19 | 19.96 | 实业 | 11 773 069.79 | 16.17 |
| 持有至到期投资 | — | — | 金融机构 | 8 704 604.66 | 11.96 |
| 长期股权投资 | 9 317 591.20 | 12.80 | 其他 | 40 737 286.08 | 55.97 |
| 其他 | 34 047 646.67 | 46.78 | — | — | — |
| 资产合计 | 72 789 739.76 | 100.00 | 资产合计 | 72 789 739.76 | 100.00 |

### 4.3 市场分析

#### 4.3.1 公司业务发展的有利因素

一是外部环境的变化为公司带来众多业务机会，如随着供给侧结构性改革深入推进及资产价格泡沫的挤出，参与产业优化整合的机会浮现；随着"一带一路"建设以及"京津冀"、粤港澳大湾区、长三角等区域国家战略的实施，公司现有的业务领域范围大大拓宽；城际交通、物流、市政基础设施等领域的"补短板"工程、教育、医疗、健康、养老等行业消费升级，给公司带来更多与龙头企业的合作空间；中国家族财富的不断积累及高净值客户对财富管理需求的持续上涨，助力公司财产管理类信托稳步发展，为公司带来稳定的利润增长点。二是行业顶层设计逐渐完善，监管要求逐步明确，资管新规等综合性监管制度陆续出台，为公司回归信托本源、服务实体经济、提升主动管理能力，优化业务结构提供了更为有力的政策支持。三是公司完成新一轮增资扩股，资本实力进一步提升，资本金达到61.95亿元，净资产达到185亿元，持续支持公司业务转型升级。四是公司始终坚持创新引领和创新驱动，风险把控防范意识不断加强，服务功能进一步提升，业务拓展能力持续创新。

#### 4.3.2 影响公司业务发展的不利因素

一是伴随着去杠杆进程，宏观经济下行，企业的盈利能力下滑，融资渠道收紧，资本寒冬带来了违约潮，公司风险识别、风险控制压力增大。二是监管部门措施密集，加强通道业务监管、打破刚兑、严禁期限错配、限制杠杆水平、禁止多层嵌套等，这些在短期内对公司业务的管理规模和盈利能力造成一定冲击，业务开展的合规性压力增大。三是大资管行业的竞争逐渐加剧，混业化及金融牌照多元化趋势大大提升了整体金融服务的供给量，信托业务获利空间进一步被压缩，同时也对公司的创新能力、主动管理能力等核心竞争力提出了更高的要求。

### 4.4 内部控制概况

#### 4.4.1 内部控制环境和内部控制文化

为切实履行公司党委职责，充分发挥党委的政治核心作用，公司设立党委会，引导和监督党的路线、方针、政策和国家法律法规在公司的正确贯彻执行，为公司的发展、改革、稳定服务。公司建立了以股东会、董事会、监事会、管理层等为主体的法人治理结构。党委会与"三会一层"作为整体，对公司的整个经营活动统一协调，各个管理层面制度健全、运作规范、分权制衡。董事会下设信托、风险管理与审计、薪酬与考核三个专业委员会，制定了董事会各专业委员会议事规则及独立董事工作规则。在经营层面，公司建立了业务审查决策委员会集体决策机制，建立了合规与风险管理部、审计稽核部，定期分别向董事会提交风险管理及内部审计工作情况的报告机制。公司高度重视内控文化建设，通过各种形式不断提高广大员工的风险意识、合规理念和责任意识。

#### 4.4.2 内部控制措施

董事会、监事会等制定了严格的议事规则和内部控制制度。管理层本着规范管理、防范风险的原则，制定和建立了公司员工行为准则和职业道德规范，建立了合理授权、有效问责、内部举报和奖惩制度。公司内部实行授权控制、资产隔离、岗位分离、规范操作。

4.4.3 信息交流与反馈

公司建立了信息交流与反馈制度，持续提高信息化建设水平。公司信息管理系统高效运转，董事会、监事会、管理层能及时了解公司的经营和风险状况，每一项信息均能够及时传递给相关的员工，各个部门和员工的有关信息均能够顺畅反馈。

4.4.4 监督评价与纠正

公司建立了业务部门（岗位）自查、业务部门（岗位）互相制约、员工内部举报、合规部门检查、内审部门审计相结合的机制。按照风险管理的事前全面调查、事中严格管理、事后跟踪审查的要求，相应规范内部审批、操作和风险管理程序，细化和完善内部控制制度，实行全过程、嵌入式管理。审计稽核部对业务的各项运作和风险管理进行动态审计和检查，提出整改意见和纠正措施，并督促各部门严格落实，并直接向董事会、管理层报告。

## 4.5 风险管理

4.5.1 风险管理概况

公司以诚信和尽职履责理念为引领，建立并不断完善了以发展战略为导向，以防范和控制风险为核心，以信息系统为支撑，覆盖公司决策、执行、监督、反馈等各环节的科学、完善、高效的风险管理体系，忠实履行受托人职责，切实实现受益人利益最大化。

4.5.2 风险状况

公司主要面临的风险包括信用风险、市场风险、操作风险、法律合规风险等。

4.5.2.1 信用风险状况

报告期内，公司资产质量良好，项目运行正常，资产分类均为正常类，信用风险可控。公司到期的全部信托项目，均按期向受益人安全兑付信托利益。公司无新增不良资产，并严格按照有关规定计提信托赔偿准备金及风险准备。信用风险防范手段的实施以到期清偿为核心，附加过程管理，在维护受益人利益的同时，也促进了使用信托资金的企业良性发展。

4.5.2.2 市场风险状况

报告期内，公司注重市场风险的提前预判与识别，在经营目标上合理设立盈利目标，避免过分追求盈利而承受较大风险。针对金融市场或环境的剧烈变化，动态评估在极端不利情况下的风险承受能力，以此为依据及时制定相应的应急处理预案。

4.5.2.3 操作风险状况

基于操作风险与操作人员的主观方面相关的特点，公司重点建立和动态完善操作风险管理制度。公司严格执行各项规章制度，从产品设计、尽职调查、风险管控、产品营销、后续管理等环节入手，通过修订、完善各项业务指引，有效指导业务发展；通过强化法律文本的标准化制定，规范业务操作模式，防范操作风险。

4.5.2.4 法律合规风险状况

公司牢固树立"防风险、促规范"的合规意识，以强化合规经营作为经营活动的重点，以防范金融风险作为经营活动的底线。报告期内，公司通过不断强化责任意识，全面提升合规管理能力。严格执行各项监管要求，狠抓整改落实，通过加强监管政策的学习和宣讲，确保依法合规经营；强化合规风控基础管理，开展多种形式的职业道德和风险警示教育。报告期内公司没有因法律合规问题而遭受法律制裁、重大财务损失或声誉损失。

4.5.2.5 其他风险状况

其他风险包括流动性风险、声誉风险等。

4.5.2.5.1 流动性风险状况

报告期内，公司针对即将到期的信托项目，严格按照合同约定督促企业采取提前归集、分期还款等措施分散流动性风险。公司固有项下各项财务指标均在正常范围之内，未发生流动性异常状况。此外，在股东的支持下，公司 2018 年继续增资扩股，确保公司现金流能够持续满足长短期资金需求和监管要求。

4.5.2.5.2 声誉风险状况

良好的声誉风险管理对公司增强竞争优势、提升盈利能力和实现长期战略目标起着不可忽视的作用。公司已建立突发事件应急预案及报告机制，能够持续做好舆情监测，及时发现情况并快速采取应对措施，防范和化解声誉风险。报告期内，公司未发生声誉风险状况和其他衍生情况，没有因为各种风险而出现声誉损失。

4.5.3 风险管理

2018 年，在外部形势严峻的情况下，公司紧紧围绕防范经营风险，突出推进合规经营。

4.5.3.1 信用风险管理

报告期内，公司不断强化信用风险管控。严格交易对手准入标准，项目选择上坚持合法合规及符合国家政策，加大并完善对存续项目的信用风险管理。

一是加大对交易对手的审查力度，严把项目准入关。二是不断健全信用风险监测预警机制，不定期地在全公司范围内开展信用风险排查工作。三是建立信用风险转移机制。资产端通过控制信贷集中度降低信用风险，资金端通过将合适的项目营销给具有相应风险识别和承担能力的机构客户，实现信用风险转移，切实做到"卖者有责，买者自负"。

4.5.3.2 市场风险管理

报告期内，公司注重有效控制市场风险。通过严格监测业务风险限额，健全风险监测预警和干预机制，对各种有市场风险敞口的资产进行组合化管理，严格遵守资产配置比例要求，加强对存续项目的风险评估及量化管理，确保总体风险控制在风险偏好和风险承受能力之内。

一是公司强调在经营过程中提前设置相关措施对未来市场风险进行检测、对冲乃至化解。二是做到前瞻性防控、投前研判专业化、投后管理精细化。三是公司注重对市场风险实施限额管理，根据业务性质、资本规模和风险承受能力制定对各类业务和各级限额的内部审批程序和操作规程。

4.5.3.3 操作风险管理

报告期内，公司持续加强操作风险防范，进一步完善内控管理制度，做好审计监督，狠抓落实，加强审核监管规定及内控制度的落实、执行情况；坚持合规风险一票否决制，严格遵守审贷分离、审投分离；强化尽职调查、抵（质）押办理、中后期管理等基础管理工作，坚决防范对操作风险的麻木和迟钝。

一是严格规范员工各项业务操作流程。二是公司要求各业务部门建立自查制度，定期核实业务开展过程中相关操作要求执行是否到位、操作风险是否可控，坚决防范对操作风险的麻木和迟钝。三是公司对本年度新入职员工开展全面的系统培训，并就公司核心制度组织全体业务人员进行考试测评。

4.5.3.4　法律合规风险管理

报告期内，公司进一步夯实公司风险管理基础，加大合规监管制度培训力度，开展多种形式的职业道德和风险警示教育，增强全员对合规风险危害性的认识。

一是公司以“塑造合规文化，建设平安公司”为总体目标，以“风险防控和合规建设”为主题，开展了“合规管理年”活动。二是加大合规监管制度培训力度，以考促学。三是强化合规基础管理，开展多种形式的职业道德和风险警示教育。

4.5.3.5　其他风险的管理

4.5.3.5.1　流动性风险管理

一是充分考虑市场波动给公司流动资产可变现净值带来的影响。按季度定期对流动性风险进行压力测试，做好对资产负债流动性的预测和分析，完成对潜在流动性的衡量。同时，严格控制权益类投资品种的比重，保持自营资产的高流动性及收益的稳定性。二是严格遵守监管要求，所有信托产品均实现了资金和资产的一一对应。三是切实履行受托人职责，逐日盯市、估值并做好预警工作，评估和研判标的资产的可变现能力变化，确保可变现信托财产的充足性，切实防范流动性风险。

4.5.3.5.2　声誉风险管理

报告期内，公司不断强化声誉风险意识、提升声誉管理能力，未发生重大声誉风险事项。

一是公司始终将声誉风险管理作为公司发展战略的重要组成部分，从公司可持续发展的角度出发，不断树立行业口碑、重视声誉风险。二是公司始终保持谨慎的业务决策风格，确保业务决策科学性。三是公司将声誉风险考核纳入绩效考核组成部分，风险事件发生后对有关责任人严格问责。

## 5. 报告期末及上一年度末的比较式会计报表

### 5.1　自营资产

#### 5.1.1　会计师事务所审计结论

大信会计师事务所认为，华能贵诚信托有限公司的财务报表在所有重大方面按照企业会计准则的规定编制，公允反映了2018年12月31日的合并及母公司财务状况以及2018年度的合并及母公司经营成果和现金流量。

#### 5.1.2　资产负债表

**资产负债表**

编制单位：华能贵诚信托有限公司　　2018年12月31日　　单位：万元

| 项　目 | 合并 | | 母公司 | |
|---|---|---|---|---|
| | 年末数 | 年初数 | 年末数 | 年初数 |
| 资　产： | | | | |
| 货币资金 | 4 339.95 | 82 522.87 | 4 285.79 | 81 912.42 |
| 贵金属 | — | — | — | — |
| 拆出资金 | — | — | — | — |
| 以公允价值计量且其变动计入当期损益的金融资产 | 109 827.28 | 67 291.42 | 109 827.28 | 67 291.42 |
| 衍生金融资产 | — | — | — | — |
| 买入返售金融资产 | 86 070.44 | — | 86 070.44 | — |
| 应收利息 | — | — | — | — |
| 发放贷款和垫款 | — | — | — | — |
| 可供出售金融资产 | 1 846 559.55 | 1 189 763.64 | 1 824 600.36 | 1 169 360.96 |
| 持有至到期投资 | — | — | — | — |
| 长期股权投资 | — | — | 20 000.00 | 20 000.00 |
| 投资性房地产 | — | — | — | — |
| 固定资产 | 2 064.88 | 1 680.87 | 2 064.88 | 1 680.87 |
| 无形资产 | 1 040.40 | 651.60 | 1 040.40 | 651.60 |
| 递延所得税资产 | 28 171.22 | 28 661.93 | 28 171.22 | 28 661.93 |
| 其他资产 | 55 517.07 | 14 564.56 | 55 517.07 | 14 564.56 |
| 资产总计 | 2 133 590.79 | 1 385 136.89 | 2 131 577.44 | 1 384 123.76 |

**资产负债表（续）**

编制单位：华能贵诚信托有限公司　　2018年12月31日　　单位：万元

| 项　目 | 合并 | | 母公司 | |
|---|---|---|---|---|
| | 年末数 | 年初数 | 年末数 | 年初数 |
| 负　债： | | | | |
| 向中央银行借款 | — | — | — | — |
| 同业及其他金融机构存放款项 | — | — | — | — |
| 拆入资金 | — | — | — | — |
| 交易性金融负债 | — | — | — | — |
| 衍生金融负债 | — | — | — | — |
| 卖出回购金融资产款 | — | — | — | — |
| 吸收存款 | — | — | — | — |
| 应付职工薪酬 | 80 858.10 | 104 661.11 | 80 858.10 | 104 661.11 |
| 应交税费 | 101 304.75 | 21 450.33 | 101 216.87 | 21 340.64 |
| 应付股利 | | | | |
| 预计负债 | | | | |
| 应付债券 | | | | |
| 递延所得税负债 | 1 560.33 | 8 330.92 | 1 559.54 | 8 321.25 |
| 其他负债 | 102 844.28 | 28 347.84 | 102 844.28 | 28 347.84 |
| 负债合计 | 286 567.46 | 162 790.20 | 286 478.79 | 162 670.84 |
| 所有者权益： | | | | |
| 实收资本 | 619 455.74 | 420 000.00 | 619 455.74 | 420 000.00 |
| 资本公积 | 606 313.90 | 281 583.30 | 606 313.90 | 281 583.30 |
| 减：库存股 | | | | |
| 其他综合收益 | −288.02 | 21 051.67 | −290.39 | 21 022.66 |
| 盈余公积 | 109 575.32 | 85 498.07 | 109 575.32 | 85 498.07 |
| 一般风险准备 | 84 514.73 | 64 334.76 | 84 514.73 | 64 334.76 |
| 未分配利润 | 427 451.66 | 349 878.89 | 425 529.35 | 349 014.13 |
| 所有者权益合计 | 1 847 023.33 | 1 222 346.69 | 1 845 098.65 | 1 221 452.92 |
| 负债和所有者权益总计 | 2 133 590.79 | 1 385 136.89 | 2 131 577.44 | 1 384 123.76 |

### 5.1.3 利润和利润分配表

利润和利润分配表

编制单位:华能贵诚信托有限公司　　2018 年度　　单位:万元

| 项目 | 合并 | | 母公司 | |
|---|---|---|---|---|
| | 2018 年度 | 2018 年度 | 2018 年度 | 2017 年度 |
| 一、营业收入 | 349 188.55 | 342 582.89 | 347 738.87 | 342 122.19 |
| 利息净收入 | -12 237.84 | -13 723.88 | -12 241.09 | -13 729.08 |
| 利息收入 | 1 368.48 | 1 627.66 | 1 365.23 | 1 622.46 |
| 利息支出 | 13 606.32 | 15 351.54 | 13 606.32 | 15 351.54 |
| 手续费及佣金净收入 | 243 888.17 | 264 590.21 | 243 888.17 | 264 577.33 |
| 手续费及佣金收入 | 244 673.85 | 265 295.24 | 244 673.85 | 265 282.36 |
| 手续费及佣金支出 | 785.68 | 705.03 | 785.68 | 705.03 |
| 投资收益(损失以"-"号填列) | 130 208.65 | 86 543.36 | 128 762.22 | 86 100.75 |
| 其中:对联营企业和合营企业的投资收益 | | | | |
| 公允价值变动收益(损失以"-"号填列) | -14 181.31 | 4 309.61 | -14 181.31 | 4 309.61 |
| 汇兑收益(损失以"-"号填列) | 0.92 | -1.13 | 0.92 | -1.13 |
| 其他业务收入 | 144.83 | 159.04 | 144.83 | 159.04 |
| 资产处置收益(损失以"-"号填列) | | | | |
| 其他收益 | 1 365.13 | 705.68 | 1 365.13 | 705.67 |
| 二、营业支出 | 44 073.24 | 74 245.99 | 44 033.92 | 74 236.55 |
| 税金及附加 | 1 818.04 | 1 896.30 | 1 818.04 | 1 896.27 |
| 业务及管理费 | 35 966.87 | 68 153.20 | 35 927.55 | 68 143.79 |
| 资产减值损失 | 6 288.33 | 4 196.49 | 6 288.33 | 4 196.49 |
| 其他业务成本 | | | | |
| 三、营业利润(亏损以"-"号填列) | 305 115.31 | 268 336.90 | 303 704.95 | 267 885.64 |
| 加:营业外收入 | 15 696.06 | 3 137.63 | 15 696.06 | 3 137.63 |
| 减:营业外支出 | 292.38 | 206.35 | 292.38 | 206.35 |
| 四、利润总额(亏损以"-"号填列) | 320 518.99 | 271 268.18 | 319 108.63 | 270 816.92 |
| 减:所得税费用 | 78 689.00 | 62 532.47 | 78 336.19 | 62 419.59 |
| 五、净利润(净亏损以"-"号填列) | 241 829.99 | 208 735.71 | 240 772.44 | 208 397.33 |
| 加:年初未分配利润 | 349 878.89 | 272 402.78 | 349 014.13 | 271 876.40 |
| 六、可供分配的利润 | 591 708.88 | 481 138.49 | 589 786.57 | 480 273.73 |
| 减:提取法定盈余公积 | 24 077.24 | 20 839.73 | 24 077.24 | 20 839.73 |
| 提取信托赔偿准备 | 12 038.62 | 10 419.87 | 12 038.62 | 10 419.87 |
| 提取一般风险准备 | 8 141.36 | | 8 141.36 | |
| 其他减少 | | | | |
| 七、可供股东分配的利润 | 547 451.66 | 449 878.89 | 545 529.35 | 449 014.13 |
| 减:分配股东股利 | 120 000.00 | 100 000.00 | 120 000.00 | 100 000.00 |
| 八、未分配利润 | 427 451.66 | 349 878.89 | 425 529.35 | 349 014.13 |

## 5.2 信托资产

### 5.2.1 信托项目资产负债汇总表

信托项目资产负债表

编制单位:华能贵诚信托有限公司　　2018 年 12 月 31 日　　单位:万元

| 信托资产 | 期末余额 | 年初余额 | 信托负债和信托权益 | 期末余额 | 年初余额 |
|---|---|---|---|---|---|
| 信托资产: | | | 信托负债: | | |
| 货币资金 | 2 050 814.54 | 1 518 494.44 | 交易性金融负债 | — | — |
| 拆出资金 | — | — | 衍生金融负债 | — | — |
| 存出保证金 | 5 095.00 | — | 应付受托人报酬 | 7 809.36 | 2 660.74 |
| 交易性金融资产 | 634 682.8 | 923 376.23 | 应付托管费 | 258.34 | 385.49 |
| 衍生金融资产 | — | — | 应付受益人收益 | 6 213.75 | 920.24 |
| 买入返售金融资产 | 5 568 923.41 | 62 694.78 | 应交税费 | 160.01 | 1.42 |
| 应收款项 | 112 139.42 | 7 514.31 | 应付销售服务费 | 588.18 | 602.52 |
| 发放贷款 | 12 210 236.33 | 14 721 564.50 | 其他应付款项 | 20 177.39 | 11 573.33 |
| 可供出售金融资产 | 14 528 768.19 | — | 预计负债 | | — |
| 持有至到期投资 | — | 7 813 368.51 | 其他负债 | | — |
| 长期应收款 | — | — | 信托负债合计 | 35 207.03 | 16 143.74 |
| 长期股权投资 | 9 317 591.20 | 11 078 786.32 | | | |
| 投资性房地产 | — | — | 信托权益: | | |
| 固定资产 | — | — | 实收信托 | 71 975 807.37 | 99 728 892.37 |
| 无形资产 | — | — | 资本公积 | 69 028.43 | 9 562.50 |
| 长期待摊费用 | — | — | 损益平准金 | — | — |
| 其他资产 | 28 361 488.87 | 64 899 540.67 | 未分配利润 | 709 696.93 | 1 270 741.15 |
| 减:各项资产减值准备 | — | — | 信托权益合计 | 72 754 532.73 | 101 009 196.02 |
| 信托资产总计 | 72 789 739.76 | 101 025 339.76 | 信托负债及信托权益合计 | 72 789 739.76 | 101 025 339.76 |

5.2.2 信托项目利润及利润分配汇总表

信托项目利润及利润分配汇总表

编制单位：华能贵诚信托有限公司 单位：万元

| 项 目 | 2018 年度 | 2017 年度 |
|---|---|---|
| 1. 营业收入 | 5 451 912.27 | 5 755 573.70 |
| 1.1 利息收入 | 927 547.11 | 946 268.21 |
| 1.2 投资收益（损失以"－"号填列） | 4 674 215.55 | 4 745 692.43 |
| 1.2.1 其中：对联营企业和合营企业的投资收益 | — | — |
| 1.3 公允价值变动收益（损失以"－"号填列） | －153 359.96 | 63 530.93 |
| 1.4 租赁收入 | — | — |
| 1.5 汇兑损益（损失以"－"号填列） | — | — |
| 1.6 其他收入 | 3 509.57 | 82.12 |
| 2. 支出 | 552 145.22 | 490 587.23 |
| 2.1 营业税金及附加 | 12 279.44 | 1 005.47 |
| 2.2 受托人报酬 | 240 075.69 | 223 646.80 |
| 2.3 托管费 | 30 166.65 | 35 674.29 |
| 2.4 投资管理费 | 105.56 | 197.61 |
| 2.5 销售服务费 | 30 847.47 | 30 085.18 |
| 2.6 交易费用 | 671.05 | 289.98 |
| 2.7 资产减值损失 | 11 265.39 | 159.33 |
| 2.8 其他费用 | 226 733.97 | 199 528.57 |
| 3. 信托净利润（净亏损以"－"号填列） | 4 899 767.04 | 5 264 986.46 |
| 4. 其他综合收益 | 6 789.52 | 11 911.87 |
| 5. 综合收益 | 4 906 556.57 | 5 276 898.34 |
| 6. 加：期初未分配信托利润 | 1 269 626.56 | 766 111.10 |
| 7. 可供分配的信托利润 | 6 176 183.13 | 6 043 009.44 |
| 8. 减：本期已分配信托利润 | 5 466 486.19 | 4 772 268.28 |
| 9. 期末未分配信托利润 | 709 696.93 | 1 270 741.16 |

## 6. 会计报表附注

### 6.1 会计报表编制基准、会计政策和会计估计变更、核算方法的说明

本公司财务报表以持续经营假设为基础，根据实际发生的交易和事项，按照财政部2006 年 2 月 15 日颁布的《企业会计准则》及其应用指南的有关规定，并基于以下所述重要会计政策、会计估计进行编制。

会计政策、核算方法在报告期均无变化。

### 6.2 或有事项说明

无。

### 6.3 重要资产（不含股权转让）转让及其出售的说明

无。

### 6.4 会计报表中重要项目的明细资料

6.4.1 披露自营资产经营情况

6.4.1.1 信用风险资产

| 信用风险资产五级分类 | 正常类（万元） | 关注类（万元） | 次级类（万元） | 可疑类（万元） | 损失类（万元） | 信用风险资产合计（万元） | 不良资产合计（万元） | 不良资产率（%） |
|---|---|---|---|---|---|---|---|---|
| 期初数 | 1 342 390.62 | — | — | 926.32 | 1 308.11 | 1 344 625.05 | 2 234.43 | 0.17 |
| 期末数 | 2 102 444.61 | — | — | 926.32 | 1 308.11 | 2 104 679.04 | 2 234.43 | 0.11 |

注：不良资产合计 = 次级类 + 可疑类 + 损失类。

（1）海南贵州大厦应收款项 145 万元，为 2008 年公司履行担保责任代海南贵州大厦支付的执行款。该公司产权未理顺，经营不善。公司将此款项划分为可疑类，全额计提损失准备。

（2）盛安房地产开发有限公司应收款项为 781.32 万元，为代垫盛安公司台湾大厦后续建设资金。公司将此款项划分为可疑类，全额计提损失准备。

（3）2003 年，公司信托资金委托华夏证券理财。华夏证券于 2008 年 7 月 31 日经法院裁定受理破产，现已进入清算程序，应收华夏证券股份有限公司的余额为 1 053.42 万元。公司将此款项划分为损失类，全额计提损失准备。

（4）海南发展银行清算组应收款项为 247.44 万元，为本公司 1993 年发放的贷款，所质押的海南发展银行定期存单，由于海南发展银行被人民银行关闭清算，该笔定期存单成为清算债权。经清算组确认领取了海南发展银行债务确认书，截至目前，海南发展银行尚未清算完毕。公司将此款项划分为损失类，全额计提损失准备。

（5）李伟煤款应收款项为 7.25 万元，为 2007 年子公司信达贸易公司注销转入，法院已判决，但无可执行财产。公司将此款项划分为损失类，全额计提损失准备。

前述（1）～（5）项不良资产全部为 2009 年公司重组前存续的不良资产。

6.4.1.2 各项资产减值损失准备

单位：万元

| | 期初数 | 本期计提 | 本期转回 | 本期核销 | 期末数 |
|---|---|---|---|---|---|
| 贷款损失准备 | — | — | — | — | — |
| 一般准备 | — | — | — | — | — |
| 专项准备 | — | — | — | — | — |
| 其他资产减值准备 | 4 810.58 | 566.09 | 0.00 | 0.00 | 5 376.67 |
| 可供出售金融资产减值准备 | 3 282.58 | 5 722.24 | 0.00 | 0.00 | 9 004.82 |
| 持有至到期投资减值准备 | — | — | — | — | — |
| 长期股权投资减值准备 | — | — | — | — | — |
| 坏账准备 | 2 234.43 | 0.00 | 0.00 | 0.00 | 2 234.43 |
| 投资性房地产减值准备 | — | — | — | — | — |

6.4.1.3 自营股票投资、基金投资、债券投资、股权投资等投资业务

单位：万元

| | 自营股票 | 基金 | 债券 | 长期股权投资 |
|---|---|---|---|---|
| 期初数 | 62 593.08 | 66 803.14 | 3 592.99 | 20 000.00 |
| 期末数 | 97 480.70 | 43 218.21 | 10 997.48 | 20 000.00 |

6.4.1.4 前三名的自营长期股权投资的企业名称、占被投资企业权益的比例、主要经营活动及投资收益情况等

| 企业名称 | 占被投资企业权益的比例（%） | 主要经营活动 | 投资收益（万元） |
|---|---|---|---|
| 贵诚汇鑫股权投资有限公司 | 100 | 股权投资管理等 | 0 |

6.4.1.5 前三名的自营贷款的企业名称、占贷款总额的比例和还款情况等

无。

6.4.1.6 表外业务

无。

6.4.1.7 收入结构

| 收入结构 | 合并 | | 母公司 | |
|---|---|---|---|---|
| | 金额(万元) | 占比(%) | 金额(万元) | 占比(%) |
| 手续费及佣金收入 | 244 673.85 | 64.51 | 244 673.85 | 64.76 |
| 其中:信托手续费收入 | 244 673.85 | 64.51 | 244 673.85 | 64.76 |
| 投资银行业务收入 | — | — | — | — |
| 利息收入 | 1 368.48 | 0.36 | 1 365.23 | 0.36 |
| 其他业务收入 | 1 509.96 | 0.40 | 1 509.96 | 0.40 |
| 其中:计入信托业务收入部分 | — | — | — | — |
| 投资收益 | 116 027.34 | 30.59 | 114 580.90 | 30.33 |
| 其中:股权投资收益 | 2 500.00 | 0.66 | 2 500.00 | 0.66 |
| 公允价值变动收益 | -14 181.31 | -3.74 | -14 181.31 | -3.75 |
| 其他投资收益 | 127 708.65 | 33.67 | 126 262.21 | 33.42 |
| 营业外收入 | 15 696.06 | 4.14 | 15 696.06 | 4.15 |
| 收入合计 | 379 275.69 | 100.00 | 377 826.00 | 100.00 |

**6.4.2 披露信托资产管理情况**

6.4.2.1 信托资产

单位:万元

| 信托资产 | 期初数 | 期末数 |
|---|---|---|
| 集合 | 27 846 273.73 | 22 216 288.91 |
| 单一 | 27 026 455.16 | 21 889 427.65 |
| 财产权 | 46 152 610.87 | 28 684 023.20 |
| 合计 | 101 025 339.76 | 72 789 739.76 |

6.4.2.1.1 主动管理型信托业务

单位:万元

| 主动管理型信托资产 | 期初数 | 期末数 |
|---|---|---|
| 证券投资类 | 567 161.46 | 427 100.82 |
| 股权投资类 | 4 488 818.55 | 3 731 896.56 |
| 融资类 | 11 792 040.09 | 16 471 133.48 |
| 事务管理类 | 12 691 894.48 | 2 998 948.93 |
| 合计 | 29 539 914.58 | 23 629 079.79 |

6.4.2.1.2 被动管理型信托业务

单位:万元

| 被动管理型信托资产 | 期初数 | 期末数 |
|---|---|---|
| 证券投资类 | 354 814.78 | 194 170.18 |
| 股权投资类 | 6 589 967.77 | 5 464 876.65 |
| 融资类 | 2 756 106.24 | 499 943.26 |
| 事务管理类 | 61 784 536.39 | 43 001 669.88 |
| 合计 | 71 485 425.18 | 49 160 659.97 |

6.4.2.2 本年度已清算结束的信托项目个数、实收信托实际金额、加权平均实际年化率

本年度有305个项目清算,实收信托合计为6 345.93亿元,加权平均实际年化收益率为6.24%。

6.4.2.2.1 本年度已清算结束的集合类、单一类资金信托项目和财产管理类信托项目

| 已清算结束信托项目 | 项目个数(个) | 实收信托合计金额(万元) | 加权平均实际年化收益率(%) |
|---|---|---|---|
| 集合类 | 28 | 25 492 101.33 | 6.45 |
| 单一类 | 213 | 11 297 344.57 | 6.22 |
| 财产管理类 | 64 | 26 669 819.62 | 6.05 |

6.4.2.2.2 本年度已清算结束的主动管理型信托项目

| 已清算结束信托项目 | 项目个数(个) | 实收信托合计金额(万元) | 加权平均实际年化收益率(%) |
|---|---|---|---|
| 证券投资类 | 8 | 926 572.67 | 6.57 |
| 股权投资类 | 8 | 1 885 720.00 | 6.60 |
| 融资类 | 60 | 11 977 731.63 | 6.86 |
| 事务管理类 | 50 | 12 355 898.41 | 6.15 |

6.4.2.2.3 本年度已清算结束的被动管理型信托项目

| 已清算结束信托项目 | 项目个数(个) | 实收信托合计金额(万元) | 加权平均实际年化收益率(%) |
|---|---|---|---|
| 证券投资类 | 8 | 221 480.69 | 6.10 |
| 股权投资类 | 3 | 1 577 397.12 | 8.01 |
| 融资类 | 18 | 2 422 338.32 | 6.56 |
| 事务管理类 | 135 | 32 092 126.68 | 5.90 |

6.4.2.3 本年度新增的集合类、单一类和财产管理类信托项目

| 新增信托项目 | 项目个数(个) | 合计金额(万元) |
|---|---|---|
| 集合类 | 254 | 20 096 980.34 |
| 单一类 | 294 | 6 238 479.13 |
| 财产管理类 | 41 | 9 370 721.06 |
| 新增合计 | 589 | 35 706 180.53 |
| 其中:主动管理型 | 484 | 23 866 726.34 |
| 被动管理型 | 105 | 11 839 454.19 |

6.4.2.4 信托业务创新成果和特色业务有关情况

(1)在普惠金融领域,秉承金融服务民生理念,加深同互联网巨头合作与供应链金融创新,发行国内首单专项用于新农村普惠金融的资产证券化产品,借助金融科技力量,为小微企业、城乡低收入人群、创业农户提供融资支持。

(2)在资产证券化领域,发行国内首单以信托公司作为管理人的企业资产证券化产品,在行业中率先进入证监会体系下的企业资产证券化市场;取得银行间债券市场非金融企业债务融资工具承销资格,实现从受托角色向承销角色的延伸,初步形成资产证券化全链条增值服务体系。

(3)在资本市场领域,不断丰富资本市场产品体系,发行首单主动管理型货币基金产品、首单主动管理型权益类投资产品、首单投向可转债领域信托产品,向资产管理业务转型迈出实质性一步。

(4)在受托服务等信托本源业务领域,家族信托业务逐渐成熟,设立首个保险金信托,践行真正意义上的财富传承;发行标准化慈善信托产品,积极履行公益责任,用于教育、医疗帮扶、拥军爱军、产业扶贫等公益项目。

6.4.2.5 本公司履行受托人义务情况及因本公司自身责任而导致的信托资产损失情况

公司严格遵照行业监管法规和信托合同规定,在信息披露、受托资产管理、信托财务核算、项目到期清算及信托财产分配等方面都能自觉履行受托人义务,2018年不存在因公司自身责任导致信托资产发生损失的情况。

## 6.5 关联方关系及其交易披露

**6.5.1 关联交易方的数量、关联交易的总金额及关联交易的定价政策等**

| | 关联交易方数量 | 关联交易金额(万元) | 定价政策 |
|---|---|---|---|
| 合计 | 10 | 1 409 692.79 | 以市场交易价格为定价依据 |

6.5.2 关联交易方与本公司的关系性质、关联交易方的名称、法定代表人、注册地址、注册资本及主营业务等

| 关系性质 | 关联方名称 | 法定代表人 | 注册地址 | 注册资本（万元） | 主营业务 |
|---|---|---|---|---|---|
| 母公司 | 华能资本服务有限公司 | 丁 益 | 北京市丰台区丽泽路18号院1号楼401-09室 | 980 000 | 投资及投资管理；资产管理；资产受托管理；投资及管理咨询服务。 |
| 最终控制人 | 中国华能集团公司 | 舒印彪 | 北京市西城区复兴门内甲6号 | 3 490 000 | 实业投资经营及管理；电源的开发、投资、建设、经营和管理等。 |
| 同属一最终控制方 | 中国华能财务有限责任公司 | 张咸阳 | 北京市西城区复兴门南大街丙2号天银大厦C段西区7层、8层 | 500 000 | 对成员单位办理财务和融资顾问、信用鉴定及相关的咨询、代理业务等。 |
| 同属一母公司 | 长城证券股份有限公司 | 曹 宏 | 深圳市深南大道6008号特区报业大厦16层、17层 | 279 306 | 证券经纪；证券投资咨询；与证券交易、证券投资活动有关的财务顾问等。 |
| 同属一最终控制方 | 华能南方实业开发股份有限公司 | 吴永钢 | 南京市秦淮区解放路20号 | 10 000 | 煤炭批发；危险化学品经营（按许可证所列范围经营）；煤制品批发等；自有场地租赁；燃料油销售。 |
| 同属一最终控制方 | 华能呼伦贝尔能源开发有限公司 | 王书杰 | 内蒙古自治区呼伦贝尔市海拉尔区胜利大街29号 | 265 675 | 电力、热力、煤炭、水务、铁路运输、煤化工相关产业的投资、生产、经营和销售；配电网的投资和经营；电力供应服务的培训、咨询。 |
| 同属一最终控制方 | 庆阳新庄煤业有限公司 | 王玉清 | 甘肃省庆阳市西峰区石油东路 | 114 900 | 煤炭投资管理（不含开采）。 |
| 同属一最终控制方 | 华能能源交通产业控股有限公司 | 吴永钢 | 北京市海淀区复兴路甲23号7层、8层 | 365 000 | 销售化工产品；煤炭批发经营；煤矿、道路、港口、航运等能源基础设施项目投资及管理；国际招投标代理；进出口业务；实业项目的投资及管理；资产受托管理等。 |
| 同属一最终控制方 | 北京市昌平华能培训中心 | 宋宗璟 | 北京市昌平区小汤山镇常兴庄村南264号 | 500 | 会议服务；企业管理技术培训；种植花卉、蔬菜；销售化妆品、日用品、文化用品、体育用品；游泳；住宿；销售食品；餐饮服务。 |
| 同属一母公司 | 永诚财产保险股份有限公司 | 许 坚 | 中国（上海）自由贸易试验区世博馆路200号 | 217 800 | 财产损失保险、责任保险、信用保险和保证保险；短期健康保险和意外伤害保险；上述业务的再保险业务，国家法律法规允许的保险资金运用业务；经银保监会批准的其他业务。 |

6.5.3 本公司与关联方的重大交易事项

6.5.3.1 固有财产与关联方

单位：万元

| 固有财产与关联方关联交易 | | | |
|---|---|---|---|
| | 期初数 | 发生额 | 期末数 |
| 贷款 | — | — | — |
| 投资 | — | — | — |
| 租赁 | — | — | — |
| 担保 | — | — | — |
| 应收账款 | — | — | — |
| 其他应收款项 | 131.06 | -121.95 | 9.11 |
| 其他应付款项 | — | — | — |
| 其他 | — | 1 549.35 | — |
| 合计 | 131.06 | 1 427.40 | 9.11 |

6.5.3.2 信托资产与关联方

单位：万元

| 信托资产与关联方关联交易 | | | |
|---|---|---|---|
| | 期初数 | 发生额 | 期末数 |
| 贷款 | 139 785.00 | -49 810.00 | 89 975.00 |
| 投资 | — | — | — |
| 租赁 | — | — | — |
| 担保 | — | — | — |
| 应收账款 | — | — | — |
| 其他 | 550 000.00 | -299 990 | 250 010.00 |
| 合计 | 689 785.00 | -349 800.00 | 339 985.00 |

信托资产与关联方交易：主要关联交易对家共5家，分别为华能资本服务有限公司、华能呼伦贝尔能源开发有限公司、华能能源交通产业控股有限公司、庆阳新庄煤业有限公司及南京华能南方实业开发股份有限公司。具体关联交易方与本公司的关系性质、关联交易方的名称、法定代表人、注册地址、注册资本及主营业务等详见6.5.2。

6.5.3.3 固有财产与信托财产之间的交易

单位：万元

| 固有财产与信托财产相互交易 | | | |
|---|---|---|---|
| | 期初数 | 本期发生额 | 期末数 |
| 合计 | — | — | — |

6.5.3.4 信托资产与信托财产之间的交易

单位：万元

| 信托资产与信托财产相互交易 | | | |
|---|---|---|---|
| | 期初数 | 本期发生额 | 期末数 |
| 合计 | 657 704.84 | 411 993.84 | 1 069 698.68 |

信托资产与信托财产相互交易中，单笔金额超过3亿元的交易双方主要涉及以下信托项目：嘉月2号单一资金信托、万科筑元集合资金信托计划、悦盈9号单一资金信托、诚奕睿盈7号单一资金信托、尊悦晟鑫12号集合资金信托计划、嘉月1号单一资金信托、悦盈3号单一资金信托、悦盈2号单一资金信托、万盈瑞鑫集合资金信托计划、京华财富管理集合信托计划、北京北大科技园建设开发有限公司2018年第一期资产支持票据。

6.5.4 关联方逾期未偿还本公司资金的详细情况以及本公司为关联方担保发生或即将发生垫款的详细情况

无。

### 6.6 会计制度的披露

固有业务执行财政部2006年2月颁布的《企业会计准则——基本准则》和38项具体会计准则、其后颁布的应用指南、解释以及其他相关规定(统称企业会计准则)。

信托业务执行财政部于2005年1月5日正式颁布的《信托业务会计核算办法》。

## 7. 财务情况说明书

### 7.1 利润实现和分配情况

2018年,公司实现净利润为240 772.44万元,按净利润的5%提取信托赔偿准备12 038.62万元,按净利润的10%提取盈余公积24 077.24万元,当年分配股利为120 000万元,年末未分配利润为425 529.35万元。

### 7.2 主要财务指标

| 指标名称 | 指标值(合并) | 指标值(母公司) |
|---|---|---|
| 资本利润率(%) | 17.62 | 17.56 |
| 人均净利润(万元) | 699.94 | 696.88 |

### 7.3 对本公司财务状况、经营成果有重大影响的其他事项

本年政府补贴收入15 497.39万元。

### 7.4 净资本情况

| 指标名称 | 指标值 |
|---|---|
| 净资本(万元) | 1 608 375.61 |
| 风险资本(万元) | 750 648.87 |
| 净资本/各项业务风险资本之和(%) | 214.26 |
| 净资本/净资产(%) | 87.17 |

## 8. 特别事项简要提示

### 8.1 前五名股东报告期内变动情况

2018年因公司完成了增资扩股工作,故前五名股东的出资金额和占比如下。

华能资本服务有限公司出资额为4 207 435 958元,占比为67.9215%;贵州产业投资(集团)有限责任公司出资额为1 949 931 000元,占比为31.4781%;人保投资控股有限公司出资额为10 099 800元,占比为0.1630%;贵州省技术改造投资有限责任公司出资为9 975 800元,占比为0.1610%;中国有色金属工业贵阳有限责任公司出资为5 685 400元,占比为0.0918%。

### 8.2 董事、监事及高级管理层变化情况

无。

### 8.3 变更注册资本、变更公司名称、地址

截至2018年末,公司注册资本由42亿元增至61.94557406亿元。公司住所由贵州省贵阳市金阳新区金阳南路6号购物中心商务楼一号楼24层5号、6号、7号迁至贵州省贵阳市观山湖区长岭北路55号贵州金融城1期商务区10号楼23层、24层。

### 8.4 公司重大诉讼事项

无。

### 8.5 公司及其董事、监事和高级管理人员受到处罚的情况

无。

### 8.6 银保监会及其派出机构对公司检查后的整改情况

无。

### 8.7 本年度重大事项临时报告的简要内容、披露时间、所披露的媒体及其版面

(1)2018年1月29日,在《金融时报》第3版刊登了因公司股权发生变更及公司章程修改的公告。

(2)2018年4月19日,在《金融时报》第6版刊登了公司住所变更的公告。

(3)2018年7月12日,在《金融时报》第6版刊登了因公司股东名称变更等事项发生变化导致《公司章程》变更的公告。

### 8.8 银保监会及其省级派出机构认定的其他有必要让客户及相关利益人了解的重要信息

无。

## 9. 公司监事会意见

公司监事会根据有关法律法规,监督检查了公司依法运作、重大决策、重大经营活动情况及财务状况,认为公司在经营管理活动中能够守法经营,合规风险防范意识强,财务报告真实反映了公司的财务状况和经营成果,公司董事、经营层等在履行公司职务时未有违反法律法规、《公司章程》或损害公司利益的行为发生,公司党组织充分发挥了战斗堡垒作用。

# 华融国际信托有限责任公司

## 1. 重要提示

1.1 公司董事会及董事保证本报告所载资料不存在任何虚假记载、误导性陈述或者重大遗漏，并对其内容的真实性、准确性和完整性承担个别及连带责任。

1.2 公司独立董事邢成、何维达、周利国声明：保证年度报告内容的真实性、准确性、完整性。

1.3 公司总经理庞洪梅、会计部门负责人李劲声明：保证本年度财务会计报告的真实、完整。

## 2. 公司概况

### 2.1 公司简介

华融国际信托有限责任公司（以下简称华融信托）是在重组新疆国际信托投资有限责任公司基础上设立的，新疆国际信托投资有限责任公司成立于1987年1月。2002年5月，公司增资改制为有限责任公司。2002年7月，中国人民银行以银复[2002]216号文批准予以重新登记。2008年2月，中国银监会以银监复[2008]78号文批准中国华融资产管理股份有限公司重组新疆国际信托投资有限责任公司。公司注册地址：新疆乌鲁木齐市天山区中山路333号，注册资本金为303 565.33万元。

2.1.1 公司法定中文名称：华融国际信托有限责任公司

公司英文名称：Huarong International Trust Co.，Ltd.

公司英文名称缩写：HUARONG TRUST

2.1.2 公司法定代表人：庞洪梅

2.1.3 公司注册地址：新疆乌鲁木齐市天山区中山路333号

邮政编码：830002

公司国际互联网网址：http//www. huarongtrust. com. cn

公司电子信箱：hrxt@ chamc. com. cn

2.1.4 公司负责信息披露事务人员

联系人：郭睿

联系电话：010-57783687

传真：010-57783688

电子信箱：rguo@ chamc. com. cn

2.1.5 公司信息披露报纸名称：《上海证券报》

公司年度报告备置地点：新疆维吾尔自治区乌鲁木齐市中山路333号

登载年度报告的互联网网址：http//www. huarongtrust. com. cn

2.1.6 公司聘请的会计师事务所名称：德勤华永会计师事务所（特殊普通合伙）北京分所

公司聘请的会计师事务所办公地址：北京市东城区东长安街1号东方经贸城西座

公司聘请的律师事务所名称：北京德恒律师事务所

公司聘请的律师事务所办公地址：北京市西城区金融街19号富凯大厦B座12层

### 2.2 组织结构

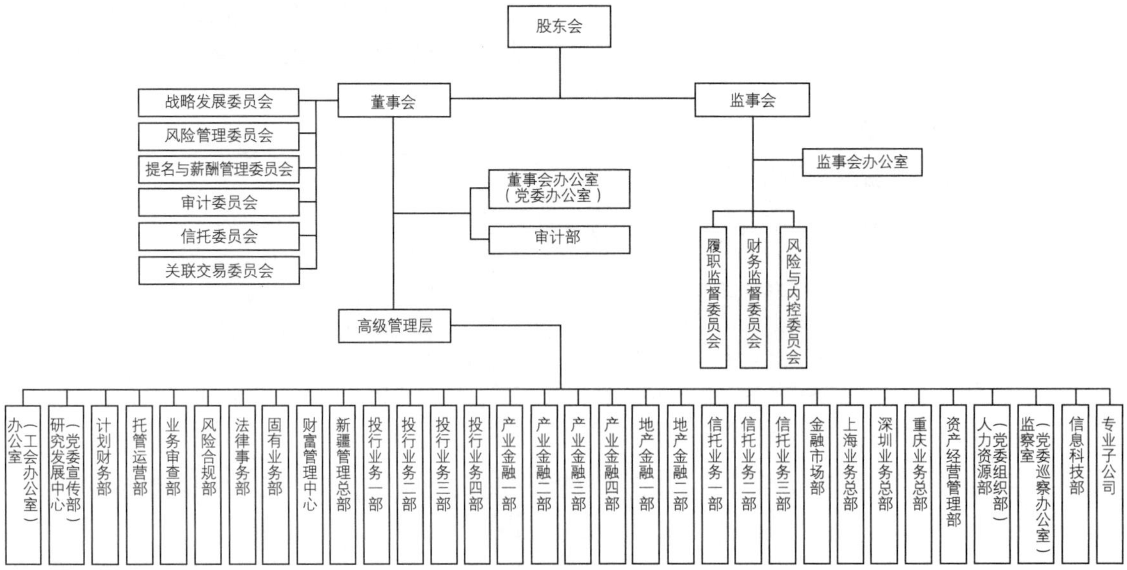

# 3. 公司治理

## 3.1 股东

报告期末股东总数为5家。

| 股东名称 | 持股比例（%） | 法人代表 | 注册资本（万元） | 注册地址 | 主要经营业务及主要财务情况 |
|---|---|---|---|---|---|
| 中国华融资产管理股份有限公司★ | 76.79 | 王占峰 | 3 907 020.85 | 北京市西城区金融大街8号 | 收购受托经营金融机构和非金融机构不良资产，对不良资产进行管理、投资和处置；债权转股权，对股权资产进行管理、投资和处置；破产管理；对外投资；买卖有价证券；发行金融债券、同业拆借和向其他金融机构进行商业融资；经批准的资产证券化业务、金融机构托管和关闭清算业务；财务、投资、法律及风险管理咨询和顾问业务；资产及项目评估。财务状况良好。 |
| 长城人寿保险股份有限公司 | 14.64 | 白　力 | 281 425.26 | 北京市西城区平安里西大街31号3层 | 人寿保险、健康保险、意外伤害保险等各类人身保险业务；上述业务的再保险业务；国家法律法规允许的保险资金运用业务；经中国银保监会批准的其他业务（企业依法自主选择经营项目，开展经营活动；依法须经批准的项目，经相关部门批准后依批准的内容开展经营活动；不得从事本市产业政策禁止和限制类项目的经营活动）。财务状况良好。 |
| 珠海市华策集团有限公司 | 7.32 | 杨　峰 | 10 000 | 珠海市拱北侨光路5号华策大厦14楼 | 房地产开发；自有物业租赁；电脑平面设计；商业批发；零售（不含许可经营项目）。财务状况良好。 |
| 新疆凯迪投资有限责任公司 | 0.74 | 李新忠 | 42 000 | 新疆乌鲁木齐市金银路53号 | 资产管理；证券业投资；房屋、车辆、设备的租赁；项目投资及相关咨询服务。财务状况良好。 |
| 新疆恒合投资股份有限公司 | 0.51 | 王誉谚 | 11 440 | 新疆乌鲁木齐市沙依巴克区黄河路1号 | 高新技术产业；新兴产业的风险投资、经营及管理；优势传统产业、资本市场的投资、经营管理；投资及融资信息咨询；汽车、房屋及机械设备的租赁。财务状况良好。 |

注：最终实际控制人在股东名称一栏中加★表示。

## 3.2 董事

董事长、董事

| 姓　名 | 职　务 | 性别 | 年龄（岁） | 选任日期 | 所推举的股东名称 | 该股东持股比例（%） | 简要履历 |
|---|---|---|---|---|---|---|---|
| 庞洪梅 | 董事<br>副董事长 | 女 | 47 | 2018年11月14日 | 中国华融资产管理股份有限公司 | 76.79 | 博士，历任华鑫证券（原西安证券）深圳营业部大客户经理，中信证券股份公司投资管理部高级投资经理，云南国际信托投资有限公司董事、总经理、市场总监，大连华信国际信托有限公司市场总监，平安集团执行委员、平安信托有限责任公司副总经理；现任华融国际信托有限责任公司党委副书记、董事、副董事长、总经理。 |
| 马肯·穆哈买提都拉 | 董事 | 男 | 58 | 2014年10月24日 | 中国华融资产管理股份有限公司 | 76.79 | 本科，历任中国工商银行新疆区分行工业信贷处副处长（正处级），中国工商银行新疆区分行副总经济师，中国华融资产管理公司乌鲁木齐办事处党委书记、总经理，中国华融资产管理股份有限公司新疆维吾尔自治区分公司党委书记、总经理；现任华融国际信托有限责任公司董事。 |
| 王　鹰 | 职工董事 | 男 | 56 | 2016年10月10日 | 中国华融资产管理股份有限公司 | 76.79 | 硕士，历任新疆国际信托投资公司计划财务部经理、证券投资部经理，新疆国际信托投资公司副总经理、党委委员，华融国际信托有限责任公司总经理助理、副总经理、党委委员，华融国际信托有限责任公司风险执行评审委员会副主任委员；现任华融国际信托有限责任公司职工董事。 |
| 金文秀 | 董事 | 女 | 51 | 2016年10月24日 | 中国华融资产管理股份有限公司 | 76.79 | 本科，曾在中国银行昌吉州分行、中国人民银行昌吉州分行、新疆银监局昌吉州分局、新疆银监局非银处任职，历任华融国际信托有限责任公司风险合规部高级合规管理经理、审计部总经理，华融国际信托有限责任公司董事；现任华融瑞通股权投资管理有限公司董事。 |
| 周道许 | 董事 | 男 | 52 | 2016年1月18日 | 中国华融资产管理股份有限公司 | 76.79 | 博士，曾在国家商业部综合计划司市场处、中国农业发展银行办公室、中央金融工委研究室综合处、中国银行业监督管理委员会研究局、中国保险业监督管理委员会政策研究室、贵阳市政府、贵州省政府、贵州省政府金融办工作，历任国家商业部综合计划司市场处主任科员，中国农业发展银行办公室秘书处主任科员、副处长，中央金融工委研究室综合处副处级干部、处长，中国银行业监督管理委员会研究局助理巡视员（副局级），中国保险监督管理委员会政策研究室副主任、主任，贵州省贵阳市委常委、副市长（挂职），贵州省政府副秘书长，省政府金融办党组书记、主任，兼省委金融工委副书记，华融国际信托有限责任公司董事长；现任中国华融资产管理股份有限公司研究发展部负责人、华融国际信托有限责任公司董事。 |
| 沈易明 | 董事 | 男 | 52 | 2016年12月23日 | 中国华融资产管理股份有限公司 | 76.79 | 硕士，历任中国人民银行北京市分行科员、副主任科员，中国人民银行营业管理部副主任科员、副科长、科长，北京银监局城市商业银行监管处、非银行金融机构监管处、财务公司监管处科长、正科级干部、副处长、办公室副主任（副处级）、财务公司监管处处长、党委宣传部部长（正处级），北京国际信托有限责任公司总经理助理，华融国际信托有限责任公司总经理；现任华融国际信托有限责任公司董事。 |

续表

| 姓　名 | 职　务 | 性别 | 年龄（岁） | 选任日期 | 所推举的股东名称 | 该股东持股比例（%） | 简要履历 |
|---|---|---|---|---|---|---|---|
| 唐　军 | 董事 | 男 | 49 | 2017年12月22日 | 长城人寿保险股份有限公司 | 14.64 | 博士，历任财富联合投资集团副总裁，中国社会科学院应用技术领域博士后研究工作，北京金融街投资（集团）有限公司金融保险部经理，长城人寿保险股份有限公司董事会秘书，长城财富资产管理股份有限公司董事，长城人寿保险股份有限公司副总经理；现任长城财富资产管理股份有限公司总经理。 |
| 王小选 | 董事 | 男 | 60 | 2010年3月12日 | 新疆凯迪投资有限责任公司 | 0.95 | 大专，历任新疆生产建设兵团农业银行计划处副处长，新疆华融房地产公司总经理，陕西省建设银行房地产公司副总经理（主持工作），西安德恒证券营业部总经理，新疆迪房地产开发有限公司总经理，新疆蓝天阳光投资有限责任公司总经理；现任新疆凯迪投资有限责任公司副总经理兼任新疆凯迪创业投资有限责任公司执行董事、总经理。 |
| 魏哲明 | 董事（拟任） | 男 | 36 | 2018年11月26日 | 新疆凯迪投资有限责任公司 | 0.95 | 硕士，历任特变电工股份有限公司处长助理、大客户经理、部长助理，上海永宣（联创）股权投资管理有限公司投资总监，新疆天山毛纺织股份有限公司董事会秘书、副总经理，新疆西拓矿业股份有限公司董事，新疆凯迪毛纺织股份有限公司副总经理、董事会秘书，德展大健康股份有限公司（000813）董事；现任新疆凯迪投资有限责任公司投资总监、新疆交易市场建设集团有限公司董事、新疆智联趋势信息科技有限公司董事、新疆天山产业投资基金管理有限公司董事长。 |

独立董事

| 姓　名 | 所在单位及职务 | 性别 | 年龄（岁） | 选任日期 | 所推举的股东名称 | 该股东持股比例（%） | 简要履历 |
|---|---|---|---|---|---|---|---|
| 邢　成 | 中国人民大学信托与基金研究所执行所长 | 男 | 56 | 2009年3月5日 | 中国华融资产管理股份有限公司 | 76.79 | 南开大学博士，现任中国人民大学信托与基金研究所执行所长、教授。 |
| 何维达 | 北京科技大学经管学院教授、企业与产业发展研究所所长 | 男 | 58 | 2010年2月26日 | 中国华融资产管理股份有限公司 | 76.79 | 中南财经政法大学博士，现任北京科技大学经济管理学院教授、企业与产业发展研究所所长。 |
| 周利国 | 中央财经大学商学院教授、博士生导师、经济学博士 | 男 | 60 | 2016年10月24日 | 中国华融资产管理股份有限公司 | 76.79 | 中央财经大学博士，现任中央财经大学商学院教授、博士生导师。 |

## 3.3　监事

监事会成员

| 姓　名 | 职　务 | 性别 | 年龄（岁） | 选任日期 | 所推举的股东名称 | 该股东持股比例（%） | 简要履历 |
|---|---|---|---|---|---|---|---|
| 田玉明 | 监事长 | 男 | 54 | 2017年3月8日 | 中国华融资产管理股份有限公司 | 76.79 | 硕士，曾在中国人民解放军海军试验基地、军事经济学院后勤教研室、总后勤部司令部、财政部任职，历任中国财经报社党委副书记、副社长，中国华融资产管理股份有限公司非执行董事；现任华融国际信托有限责任公司党委副书记、监事会监事、监事长。 |
| 祝晓军 | 专职监事 | 男 | 58 | 2014年4月21日 | 中国华融资产管理股份有限公司 | 76.79 | 本科，历任中国人民银行甘南州中心支行副科长，中国工商银行甘南州中心支行副行长，中国工商银行白银市支行副行长，中国工商银行白银市分行党委书记、行长，中国华融资产管理公司兰州办事处党委委员、副总经理，中国华融资产管理公司沈阳办事处党委副书记、副总经理、党委书记、总经理，中国华融资产管理公司上海办事处党委书记、总经理，中国华融资产管理股份有限公司上海分公司党委书记、总经理，华融国际信托有限责任公司监事会监事、监事会主席；现任华融国际信托有限责任公司监事会监事。 |
| 刘绍华 | 专职监事 | 男 | 54 | 2016年1月8日 | 中国华融资产管理股份有限公司 | 76.79 | 本科，历任新疆国际信托投资公司金融部经理、第二支部书记，新疆国际信托投资公司党委委员、副总经理、董事，华融国际信托有限责任公司党委委员、信托业务一部副总经理，华融国际信托有限责任公司党委委员、总经理助理兼信托业务二部总经理，华融国际信托有限责任公司党委委员、副总经理，华融国际信托有限责任公司党委委员、纪委书记；现任华融国际信托有限责任公司监事会监事、工会主席。 |
| 黄增伟 | 监事 | 男 | 38 | 2018年3月12日 | 新疆凯迪投资有限责任公司 | 0.74 | 本科，历任天山水泥股份有限公司及天山建材（集团）公司会计、财务部部长，自治区审计厅科员，中泰化学和中泰集团审计、投资管理部副部长，新疆中泰矿冶有限公司财务总监、新疆中泰托克逊能化有限公司、新疆新冶能化有限公司财务总监、新疆中泰圣雄能源工业园区财务总监；现任新疆凯迪投资有限公司计划财务部经理。 |
| 闫　剑 | 监事 | 男 | 46 | 2017年2月17日 | 新疆恒合投资股份有限公司 | 0.51 | 硕士，历任新疆金新金融研究所副所长，安徽蚌埠商业银行董事长助理，新疆国际信托投资公司信托经理，新疆西部伟业投资公司总经理，云南三鑫矿业公司总经理，新疆康普建设投资（集团）有限公司负责筹建小额贷款公司；现任新疆恒合投资股份有限公司常务副总经理。 |

续表

| 姓　名 | 职　务 | 性别 | 年龄（岁） | 选任日期 | 所推举的股东名称 | 该股东持股比例（%） | 简要履历 |
|---|---|---|---|---|---|---|---|
| 李桂英 | 职工监事 | 女 | 55 | 2014年12月17日 | 职工代表大会 | — | 本科，曾在中国人民解放军57368部队、中国工商银行北京分行任职，中国华融资产管理公司北京办事处财务部、审计部和业务部门任职，华融国际信托有限责任公司风险合规部高级经理；现任华融国际信托有限责任公司监事会办公室副总经理。 |
| 李　劲 | 职工监事 | 男 | 30 | 2016年11月14日 | 职工代表大会 | — | 本科，历任中国华融资产管理股份有限公司计划财务部副经理、中国华融资产管理股份有限公司上海自贸试验区分公司资金财务部副经理，华融国际信托有限责任公司信托业务七部高级项目经理、深圳业务部工作任高级项目经理（履行部门总经理助理岗位职责）、深圳业务总部总经理助理；现任华融国际信托有限责任公司计划财务部总经理。 |
| 王　娜 | 职工监事 | 女 | 39 | 2016年11月14日 | 职工代表大会 | — | 博士，历任兴业银行总行投行部高级风险经理、成都分行信用审查部对公信贷审查，邮储银行四川省分行信贷业务部信贷业务管理及零售贷款审批人、邮储银行四川省分行直属支行信贷业务主管；现任华融国际信托有限责任公司业务审查部副总经理。 |

## 3.4　高级管理人员

高级管理人员

| 姓　名 | 职务 | 性别 | 年龄（岁） | 选任日期 | 金融从业年限（年） | 学历 | 专业 |
|---|---|---|---|---|---|---|---|
| 庞洪梅 | 党委副书记、副董事长、总经理 | 女 | 47 | 2018年11月14日 | 19 | 博士 | 材料学 |
| 高翠霞 | 党委副书记（总经理级） | 女 | 56 | 2016年5月24日 | 7 | 博士 | 自然地理学 |
| 刘张平 | 党委委员、副总经理 | 男 | 46 | 2014年2月25日 | 26 | 本科 | 金融学 |
| 马雪梅 | 党委委员、纪委书记 | 女 | 44 | 2017年8月18日 | 5 | 硕士 | 日语 |
| 何保庆 | 副总经理 | 男 | 53 | 2016年12月12日 | 24 | 本科 | 农业经济及管理 |
| 刘建春 | 副总经理 | 男 | 52 | 2017年4月26日 | 30 | 本科 | 金融学 |
| 李厚啟 | 副总经理 | 男 | 51 | 2016年6月13日 | 30 | 硕士 | 工商管理 |
| 王晓春 | 风险总监（副总经理级） | 男 | 43 | 2017年9月30日 | 17 | 硕士 | 区域经济 |

## 3.5　公司员工

| 项　目 | | 报告期年度 | | 上年度 | |
|---|---|---|---|---|---|
| | | 人数（人） | 比例（%） | 人数（人） | 比例（%） |
| 年龄分布 | 25岁以下 | 5 | 1 | 16 | 4.1 |
| | 25～29岁 | 61 | 17 | 91 | 23.3 |
| | 30～39岁 | 196 | 56 | 198 | 50.6 |
| | 40岁以上 | 91 | 26 | 86 | 22.0 |
| 学历分布 | 博士 | 14 | 4 | 15 | 3.9 |
| | 硕士 | 208 | 59 | 230 | 58.8 |
| | 本科 | 124 | 35 | 137 | 35.0 |
| | 专科及其他 | 7 | 2 | 9 | 2.3 |
| 岗位分布 | 高管人员 | 16 | 5 | 18 | 4.6 |
| | 业务人员 | 235 | 67 | 245 | 62.7 |
| | 其他 | 102 | 28 | 128 | 32.7 |

# 4. 经营管理

## 4.1　经营目标、经营方针、战略规划

### 4.1.1　经营目标

加快创新转型，优化业务结构，发展成以不良资产经营为特色、信托本源业务突出、主动管理能力强、风险管控水平高、核心竞争力显著的优秀信托公司。

### 4.1.2　经营方针

坚守合规底线，严格执行监管政策和监管要求；回归信托本源，围绕服务实体经济布局业务；强化集团协同，充分发掘大股东优势资源；提升发展质量，以全面风险防控体系保障可持续发展。

### 4.1.3　战略规划

以监管政策与资管新规为准绳，以中国华融“两个回归”为引领，发挥华融主业和信托制度“两个优势”，强化与华融分公司战略协同，围绕不良做优良，坚守本源做信托，实现不良资产业务和信托本源业务“双轮驱动”，打造聚焦不良资产业务、坚守信托本源业务的专业金融服务机构。

## 4.2　经营业务主要内容

公司目前经营的业务品种主要分为信托业务和固有业务。

### 4.2.1　信托业务

截至2018年末，华融信托当年新增信托资产规模为543.94亿元，管理存续信托资产规模为1 985.65亿元。管理的存续信托资产规模中，主要投向金融机构、房地产行业和工商企业；新增信托项目的主要投向是金融机构、房地产行业和证券投资业。整体来看，存续资产的行业分布较为均衡，有利于资产的风险分散和资产安全。

信托资产运用与分布表

| 序号 | 资金运用 | 金额（万元） | 占比（%） | 资产分布 | 金额（万元） | 占比（%） |
|---|---|---|---|---|---|---|
| 1 | 货币资金 | 438 894.48 | 2.21 | 金融机构 | 5 984 091.91 | 30.14 |
| 2 | 买入返售金融资产 | 452 104.42 | 2.28 | 证券投资 | 2 120 865.02 | 10.68 |

续表

| 序号 | 资金运用 | 金额（万元） | 占比（%） | 资产分布 | 金额（万元） | 占比（%） |
|---|---|---|---|---|---|---|
| 3 | 交易性金融资产 | 1 474 165.49 | 7.42 | 工商企业 | 3 968 775.06 | 19.99 |
| 4 | 可供出售金融资产 | 4 914 168.87 | 24.75 | 基础产业 | 2 550 134.99 | 12.84 |
| 5 | 持有至到期投资 | 440 797.28 | 2.22 | 房地产 | 4 719 999.99 | 23.77 |
| 6 | 长期股权投资 | 2 558 459.89 | 12.88 | 其他 | 512 654.87 | 2.58 |
| 7 | 客户贷款 | 8 217 199.64 | 41.39 | — | — | — |
| 8 | 其他 | 1 360 731.77 | 6.85 | | | |
| | 资产总计 | 19 856 521.84 | 100.00 | 资产总计 | 19 856 521.84 | 100.00 |

#### 4.2.2 固有业务

**固有资产运用与分布表**

| 序号 | 资金运用 | 金额（万元） | 占比（%） | 资产分布 | 金额（万元） | 占比（%） |
|---|---|---|---|---|---|---|
| 1 | 货币资产 | 91 457.89 | 5.62 | 基础产业 | — | — |
| 2 | 贷款及应收款 | 76 146.42 | 4.68 | 房地产业 | — | — |
| 3 | 交易性金融资产 | 895 169.07 | 55.03 | 证券市场 | 9 390.76 | 0.58 |
| 4 | 其他债权投资 | 454 437.51 | 27.94 | 实业 | — | — |
| 5 | 债权投资 | 44 227.04 | 2.72 | | | |
| 6 | 递延所得税资产 | 56 221.74 | 3.46 | 金融机构 | 1 475 900.75 | 90.72 |
| 7 | 长期股权投资 | 1 628.17 | 0.10 | 其他 | 141 443.43 | 8.70 |
| 8 | 其他 | 7 447.11 | 0.45 | — | — | — |
| | 资产总计 | 1 626 734.94 | 100.00 | 资产总计 | 1 626 734.94 | 100.00 |

### 4.3 市场分析

#### 4.3.1 有利因素

供给侧结构性改革取得实效，经济结构进一步优化，发展质量提升。经济新动能开始发力，高新技术产业、大健康行业、消费升级产业、新能源行业、新兴服务业带来更多投资机会。国家加大基础设施投资、加快推进国企混改、鼓励并购重组等政策，为信托行业带来广阔的业务空间。

随着中国家族财富的不断积累，高净值客户日益增多，对财富管理的需求持续上涨，财产管理类信托具有较大的发展潜力，将为信托行业带来稳定的利润增长点。

大资管业的统一监管创造更加公平的竞争环境，当前监管引导信托回归本源，服务实体经济，鼓励合规开展公益信托、资产证券化、法治化市场化债转股、股权投资等业务，信托公司市场空间依然较大。

金融科技等新技术将从渠道创新、产品服务创新和运营创新三个层面为信托业带来创新发展机遇。

#### 4.3.2 不利因素

国外经济不确定性因素增加，国内经济结构性、周期性调整带来阵痛，宏观经济稳中有变、变中有忧，信用风险持续爆发，信托公司风险管控难度加大。

监管形势趋严，强调去嵌套、去通道、去杠杆，治市场乱象力度持续加大，传统业务和通道业务受限，总体业务规模收缩，对信托公司盈利能力提出了考验。

信托公司长期以来的发展模式存在短板，缺乏核心竞争力。净值化管理、打破刚性兑付的发展趋势对信托行业转型提出了迫切要求，对信托公司的创新能力形成挑战。

各大商业银行理财子公司纷纷设立，信托公司将面临更加激烈的同业竞争环境。

### 4.4 内部控制

#### 4.4.1 内部控制环境和内部控制文化

华融信托按照现代金融企业制度要求，建立科学的公司法人治理结构，成立股东会、董事会、监事会并制定相应的议事规则，根据有关法律法规及《公司章程》分别行使职责。董事会层面设立战略发展委员会、风险管理委员会、提名与薪酬管理委员会、审计委员会、信托委员会及关联交易委员会，对涉及公司战略发展、薪酬考核、风险控制等重大事项进行民主决策、集体审议；监事会层面设立风险与内控监督委员会、财务监督委员会、履职监督委员会，对公司的风控、财务、履职等情况进行有效监督，各委员会均制定了工作规则，使公司在科学决策和风险管控方面增强了独立性、专业性和科学性。公司设立的独立董事工作制度进一步完善了公司的法人治理结构，加强了公司董事会决策的科学性，强化了对内部董事及经营层的约束和监督机制；董事会组建经营层，由总经理组织公司日常经营管理工作并对董事会负责；总经理层面设立总经理办公会、业务审查委员会、资金财务审查委员会，分别负责对公司重大决策事项、各项业务方案、重大风险管理解决方案和重大资金运用与支出等事项进行审查。根据银保监会监管要求及实际需要，公司设立董事会办公室、监事会办公室、办公室、监察室、人力资源部、风险合规部、业务审查部、法律事务部、计划财务部、托管运营部、固有业务部及其他业务部门等系列职能部室，从而形成一个结构合理、管理科学、内部控制有效的治理结构和机制。

#### 4.4.2 内部控制措施

公司建立了完善的各层级授权制度，明确董事会、监事会、经营层的权限及职责。

董事会作为公司决策机构，负责决定公司内部管理机构的设置、制定公司的基本管理制度、决定公司对外重大投资、重大资产处置事项、决定公司资本金运用、资产抵押、对外担保、关联交易等事项。为防范风险，董事会对重大资本金项目、重大信托项目负责审查审批。董事会严格按照董事会议事规则召开会议。

公司设立监事会。监事会为公司的监督机构。监事会按照《公司法》《公司章程》赋予的职责和权利，依法运作，认真履职。

经营层通过董事会的授权在权限范围内履行职责，建立健全内部控制体系，保证内部控制的各项职责得到有效履行，负责对内部控制的充分性与有效性进行监测评估；并负责执行董事会批准的各项规划、决策和制度。

公司坚持制度先行、规范经营的理念。2018 年，公司根据新实施的监管政策和法规，以及公司业务开展和风险管理的实际需要，修订《党委工作规则》，进一步规范党委工作，发挥党委政治核心作用；出台《舆情管理办法》，正确把握和引导舆论导向，切实加强公司与员工的密切联系；制定《监事履职评价办法》和监事会三个委员会的工作规则，修订《监事会工作指引》和《议事规则》，保障监事会依法独立、规范、有效行使监督职责;同时,对各项业务制度重新进行了全面的梳理、完善和补充,进一步优化业务流程,有效防范及控制各种风险。

4.4.3 信息交流与反馈

公司建立了《信息披露工作制度》及信息交流、汇报与反馈程序,通过工作简报、办公会议纪要、专题报告、内部要情通报、周报、月报、审计报告等多种形式进行信息交流、汇报和反馈,使董事会和经营层能够及时了解业务信息、管理信息以及其他重要风险信息;所有员工能充分了解相关信息、遵守涉及其责任和义务的政策、程序;及时、真实、完整地向监管机构和外界报告、披露相关信息;及时把与企业既定经营目标有关的信息提供给所有员工等。

4.4.4 监督评价与纠正

公司自觉接受监事会的监督。公司监事列席董事会,随时对公司特别是董事和高管人员的合规运作及勤勉尽责情况进行监督。严格按照有关信托法规,进一步完善内部控制制度。做到公司自营业务和信托业务分离,维护委托人和受益人的合法权益。加强内部审计部门职能,坚持按季对公司业务进行审计,并报告董事会、监事会和监管部门。

## 4.5 风险管理

4.5.1 风险管理概况

公司以"稳定、化险、瘦身、转型"为工作主基调,加大工作力度,树立正确的发展观和风险观,不断健全全面风险防控体系,较好地控制了公司经营管理中的各类风险。坚持全面风险管理理念,始终将"防风险"作为稳健发展的重要保障,牢固树立审慎经营理念,不断提高全员风险管理意识,逐步完善风险预警机制,明确和落实各级风险管理职责,积极适应业务发展和业务创新的需要,切实把风险管理工作做深、做实、做细。2018年公司全面推进公司内部控制与操作风险管理体系建设,继续对风险管理全流程各环节的相关制度进行梳理、调整和完善。公司召开年度风险管理工作会议,落实金融风险防控的工作要求;强化风险防化责任,签订风险防化目标责任状;落实监管,组织开展进一步深化整治银行业市场乱象工作;完善资产分类办法,做好减值、估值工作,加强风险资产管理水平;落实总部风险限额管理要求,防范客户集中度风险;将反洗钱纳入全面风险管理体系中,强化反洗钱管理。

为加强风险管理,公司在董事会下设风险管理委员会、审计委员会。董事会风险管理委员会负责向董事会报告公司的风险合规与内部控制等情况,同时负责对提交董事会审议的重大业务项目提出审查意见。审计委员会主要负责审查公司内部控制制度以及公司建立的用于监控行为准则遵循情况的规划,负责监督董事会决议的执行情况、在公司重大财务问题的处理上提出独立的意见等。在经营层层面设立风险管理和内部控制委员会,负责公司风险管理和内部控制的协调、议事及重大事项的决策。公司设立风险合规部、业务审查部和法律事务部等风控部门。风险合规部负责组织推动公司全面风险管理体系建设,组织制定公司风险管理基本政策和基本制度;负责对公司项目进行监测、分析和评价;负责和业务、审查等部门就项目的后期管理工作进行衔接、督促检查和评价;负责组织协调业务部门及时拟定风险项目的处置预案,督促处置预案的落实;负责组织开展项目风险案例警示工作;负责牵头组织公司风险项目处置工作;负责对公司拟实施项目出具合规性意见。业务审查部负责对提交公司业务审查委员会审议的项目进行独立业务审查,提出审查意见,并出具审查意见书,负责向业务审查委员会报告并接受委员询问。法律事务部负责对公司拟实施项目发表法律审查意见,对公司签署的法律合同、法律文件进行审查;负责对相关外部律师的聘用进行管理等。

4.5.2 风险状况

4.5.2.1 信用风险状况

公司可能面临的信用风险主要是交易对手无法履约的风险。对于信用风险的控制,公司一是注重交易对手的选择,通过项目前期尽职调查、交易结构设计、抵(质)押担保条件的设置、项目投后尽职管理、现金流的监测、资金监管等措施,从项目的全过程加强对信用风险的防范和控制;二是采用资产分类、信贷资产评级等信用度量指标进行信用风险评级,并不断改进信用分析方法和技术;三是公司始终坚持抵押品确认原则,抵押品必须足值、足额、合法、有效、容易变现;四是严格按照规定对信用风险资产合理计提一般准备和专项准备。

公司按照有关规定足额计提各类风险准备。一般准备金的计提比例由公司综合考虑其所面临的风险状况等因素确定,原则上一般准备金余额不低于风险资产期末余额的1.5%。信托赔偿准备金按照税后净利润的5%计提,累计总额达到公司注册资本的20%时不再提取。

公司严格按照监管制度和公司制度定期对公司资产质量进行分类。截至2018年12月31日,公司不良资产账面值为4 084.13万元。

4.5.2.2 市场风险状况

市场风险是指公司因股价、市场汇率、利率及其他价格因素变动给公司盈利能力和财务状况带来的风险。公司管理的金融产品主要包括债券、货币基金、债券基金和股票等。由于货币基金及债券基金主要投资低风险资产,因此受价格变动影响较小,且流动性强,市场风险较低。尽管面临着未来利率市场化和国家相关利率调控政策的影响,该类金融资产的贷款利率和收益率均已经稳定在合理市场水平,受到市场波动而导致获利受影响的范围较小。

4.5.2.3 操作风险状况

操作风险主要表现在由于公司内部人员在相关业务办理过程中因操作失误和内部控制制度不完善而出现的风险。截至2018年12月31日,公司未出现操作风险事件。公司对所有项目均严格进行尽职调查,积极履行受托人职责,尽职管理,忠实执行合同,严格履行信息披露义务,实现了预期目标。公司信托业务和固有业务监管账户分开设立、印章使用、资金划拨、抵(质)押物变更审批等管理规范,严格执行抵(质)押权证保管登记制度,定期核实保管的权证,严防操作风险。

4.5.2.4 其他风险状况

其他风险主要包括合规风险和政策风险。2018年,公司的各项业务严格按照国家相关政策,依法合规操作,未出现违反国家相关政策及违规事件。各项指标均大幅优于监管规定要求。

4.5.3 风险管理

4.5.3.1 信用风险管理

公司不断优化业务结构,实现传统业务向新型业务的平稳过渡。调整信用风险指数较高的融资类业务占比,不断缓解信用风险压力。公司在信用风险管理上,主要采取以下具体举措:一是细化完善业务准入指引,不断改进信用分析方法和技术;二是持续关注抵(质)押物价值变动,确保抵(质)押率保持合理水平,抵(质)押物的担保价值足值;三是严格按照规定对信用风险资产合理计提一般准备和专项准备;四是密切关注宏观经济形式及国家产业政策、信贷政策及其他调控政策的变化,及时研究对策和措施,防控政策风险引起的企业信用风险;五是对交易对手进行事中动态管理,定期了解交易对手经营情况和财务情况,并及时向经营层和董事会报告。

4.5.3.2 市场风险管理

公司开展各项业务时,全面客观地分析经济形势,谨慎选择项目,对风险难以把握的项目,不轻易进入;在项目开展前,对金融市场有可能产生的市场风险的各个因素进行分析研究,提早做好防范措施;尽量采取分散投资,分散风险的办法;加强对项目的审查、决策;对涉及资本市场的项目或质押物设立相关股票的警戒线、止损位,并对相关股票价格变动进行动态监测。

4.5.3.3 合规风险管理

公司设立了专门的风险合规部和法律事务部,引入具有丰富金融从业经验和法律工作经验的人才,对业务交易结构的合法合规性进行专门的评估、把握和应对,为业务的合法合规开展提供保障。根据《信托公司净资本管理办法》(中国银监会令2010年第5号)规定的披露要求,截至2018年12月31日,公司净资本为68.85亿元,远高于2亿元的监管要求;净资本/各项业务风险资本之和为132.46%,达到净资本不得低于各项风险资本之和的100%的规定;净资本/净资产为75.69%,达到净资本不得低于净资产40%的规定。

4.5.3.4 操作风险管理

公司指定部门定期对业务规章制度、操作流程等进行修订完善,多种方式举办培训班,加强对员工制度、业务培训。多层次设置防火墙,采取事前、事中、事后多角度控制操作风险:一是项目经理作为第一责任人全面负责项目风险;二是风险合规部负责定期检查项目执行情况,分析项目风险并向公司提交风险报告;三是审计部门同步跟进;四是公司经营层定期向董事会提交公司经营风险报告;五是设计和逐步完善风险控制信息系统,做好系统数据的备份,借助信息技术控制操作风险。

## 5. 报告期末及上一年度末的比较式会计报表

### 5.1 自营资产

#### 5.1.1 审计报告

**审 计 报 告**

德师京报(审)字(19)第P00799号

一、审计意见

我们审计了华融国际信托有限责任公司(以下简称华融信托)的财务报表,包括2018年12月31日的合并及母公司资产负债表,2018年度的合并及母公司利润表、合并及母公司所有者权益变动表和合并及母公司现金流量表以及相关财务报表附注。

我们认为,后附的财务报表在所有重大方面按照企业会计准则的规定编制,公允反映了华融信托2018年12月31日的合并及母公司财务状况以及2018年度的合并及母公司经营成果和合并及母公司现金流量。

二、形成审计意见的基础

我们按照中国注册会计师审计准则的规定执行了审计工作。审计报告的“注册会计师对财务报表审计的责任”部分进一步阐述了我们在这些准则下的责任。按照中国注册会计师职业道德守则,我们独立于华融信托,并履行了职业道德方面的其他责任。我们相信,我们获取的审计证据是充分、适当的,为发表审计意见提供了基础。

三、管理层和治理层对财务报表的责任

华融信托管理层负责按照企业会计准则的规定编制财务报表,使其实现公允反映,并设计、执行和维护必要的内部控制,以使财务报表不存在由于舞弊或错误导致的重大错报。

在编制财务报表时,管理层负责评估华融信托的持续经营能力,披露与持续经营相关的事项(如适用),并运用持续经营假设,除非管理层计划清算华融信托、终止运营或别无其他现实的选择。

治理层负责监督华融信托的财务报告过程。

四、注册会计师对财务报表审计的责任

我们的目标是对财务报表整体是否不存在由于舞弊或错误导致的重大错报获取合理保证,并出具包含审计意见的审计报告。合理保证是高水平的保证,但并不能保证按照审计准则执行的审计在某一重大错报存在时总能发现。错报可能由于舞弊或错误导致,如果合理预期错报单独或汇总起来可能影响财务报表使用者依据财务报表作出的经济决策,则通常认为错报是重大的。

在按照审计准则执行审计工作的过程中,我们运用职业判断,并保持职业怀疑。同时,我们也执行以下工作:

(1)识别和评估由于舞弊或错误导致的财务报表重大错报风险,设计和实施审计程序以应对这些风险,并获取充分、适当的审计证据,作为发表审计意见的基础。由于舞弊可能涉及串通、伪造、故意遗漏、虚假陈述或凌驾于内部控制之上,未能发现由于舞弊导致的重大错报的风险高于未能发现由于错误导致的重大错报的风险。

(2)了解与审计相关的内部控制,以设计恰当的审计程序,但目的并非对内部控制的有效性发表意见。

(3)评价管理层选用会计政策的恰当性和作出会计估计及相关披露的合理性。

(4)对管理层使用持续经营假设的恰当性得出结论。同时,根据获取的审计证据,就可能导致对华融信托持续经营能力产生重大疑虑的事项或情况是否存在重大不确定性得出结论。如果我们得出结论认为存在重大不确定性,审计准则要求我们在审计报告中提请报表使用者注意财务报表中的相关披露;如果披露不充分,我们应当发表非无保留意见。我们的结论基于截至审计报告日可获得的信息。然而,未来的事项或情况可能导致华融信托不能持续经营。

(5)评价财务报表的总体列报、结构和内容(包括披露),

并评价财务报表是否公允反映相关交易和事项。

(6)就华融信托中实体或业务活动的财务信息获取充分、适当的审计证据,以对财务报表发表审计意见。我们负责指导、监督和执行集团审计,并对审计意见承担全部责任。

我们与治理层就计划的审计范围、时间安排和重大审计发现等事项进行沟通,包括沟通我们在审计中识别出的值得关注的内部控制缺陷。

德勤华永会计师事务所(特殊普通合伙)北京分所

中国注册会计师:郭新华

中国注册会计师:牛楠楠

二〇一九年四月十八日

### 5.1.2 资产负债表

**资产负债表**

2018 年 12 月 31 日

编制单位:华融国际信托有限责任公司　　单位:万元

| 项　　目 | 期末余额 | 期初余额 |
|---|---|---|
| 货币资金 | 91 457.89 | 84 555.55 |
| 交易性金融资产 | 895 169.07 | |
| 以公允价值计量且其变动计入当期损益的金融资产 | — | 158 337.54 |
| 买入返售金融资产 | — | 288.81 |
| 债权投资 | 44 227.04 | — |
| 其他债权投资 | 454 437.51 | — |
| 可供出售金融资产 | — | 144 603.42 |
| 应收款项类投资 | — | 783 311.79 |
| 长期股权投资 | 1 628.17 | 2 188.31 |
| 投资性房地产 | 1 672.91 | 1 755.46 |
| 固定资产 | 2 189.68 | 2 463.28 |
| 无形资产 | 1 555.54 | 838.48 |
| 递延所得税资产 | 56 221.74 | 39 384.95 |
| 其他资产 | 78 175.39 | 109 997.11 |
| 资产总计 | 1 626 734.94 | 1 327 724.70 |

**资产负债表(续)**

2018 年 12 月 31 日

编制单位:华融国际信托有限责任公司　　单位:万元

| 项　　目 | 期末余额 | 期初余额 |
|---|---|---|
| 拆入资金 | — | 63 000.00 |
| 卖出回购金融资产款 | — | — |
| 应付职工薪酬 | 22 271.42 | 23 541.08 |
| 应交税费 | 5 396.31 | 13 612.30 |
| 其他负债 | 674 643.24 | 265 507.04 |
| 负债合计 | 702 310.97 | 365 660.42 |
| 实收资本 | 303 565.33 | 303 565.33 |
| 其他权益工具 | — | — |
| 其中:优先股 | — | — |
| 　　永续债 | — | — |
| 资本公积 | 288 212.12 | 288 212.12 |
| 减:库存股 | — | — |
| 其他综合收益 | 8 872.05 | (14 391.60) |
| 盈余公积 | 57 748.44 | 57 748.44 |
| 信托赔偿准备金 | 37 221.67 | 37 221.67 |
| 未分配利润 | 228 804.36 | 289 708.32 |
| 归属于母公司所有者权益 | 924 423.97 | 962 064.28 |
| 少数股东权益 | — | — |
| 股东权益合计 | 924 423.97 | 962 064.28 |
| 负债和股东权益总计 | 1 626 734.94 | 1 327 724.70 |

### 5.1.3 利润表

**利润表**

2018 年度

编制单位:华融国际信托有限责任公司　　单位:万元

| 项　　目 | 本期金额 | 上期金额 |
|---|---|---|
| 一、营业收入 | 41 519.70 | 219 549.18 |
| 　利息净收入 | — | — |
| 　　利息收入 | 1 426.02 | 344.07 |
| 　手续费及佣金净收入 | 93 941.10 | 168 458.79 |
| 　　手续费及佣金收入 | 93 941.10 | 168 458.79 |
| 　　手续费及佣金支出 | — | — |
| 　投资收益(损失以“-”号填列) | 62 372.34 | 46 786.09 |
| 　公允价值变动收益(损失以“-”号填列) | (116 479.24) | 3 681.00 |
| 　汇兑收益(损失以“-”号填列) | — | — |
| 　其他业务收入 | 259.48 | 279.23 |
| 二、营业支出 | 32 985.25 | 99 665.74 |
| 　利息支出 | 32 878.65 | 17 073.24 |
| 　营业税金及附加 | 766.19 | 1 854.10 |
| 　业务及管理费 | 39 532.92 | 43 418.63 |
| 　资产减值损失 | (40 295.67) | 37 199.75 |
| 　其他业务成本 | 103.16 | 120.02 |
| 三、营业利润(亏损以“-”号填列) | 8 534.45 | 119 883.44 |
| 　加:营业外收入 | 1 553.93 | 70.50 |
| 　减:营业外支出 | 824.58 | 1 045.85 |
| 四、利润总额(亏损总额以“-”号填列) | 9 263.80 | 118 908.09 |
| 　减:所得税费用 | 3 873.65 | 29 176.05 |
| 五、净利润(净亏损以“-”号填列) | 5 390.15 | 89 732.04 |
| 　归属于母公司所有者的净利润 | 5 390.15 | 89 732.04 |
| 　少数股东损益 | — | — |
| 六、每股收益: | | |
| (一)基本每股收益 | — | — |
| (二)稀释每股收益 | — | — |
| 七、其他综合收益(亏损以“-”号填列) | 1 412.36 | (9 949.12) |
| 八、综合收益总额 | 6 802.51 | 79 782.92 |
| 　归属于母公司所有者的综合收益总额 | 6 802.51 | 79 782.92 |
| 　归属于少数股东的综合收益总额 | — | — |

## 5.1.4 所有者权益变动表

### 所有者权益变动表

编制单位：华融国际信托有限责任公司　　2018 年度　　单位：万元

| 项目 | 本期金额 | | | | | | | 上期金额 | | | | | | |
|---|---|---|---|---|---|---|---|---|---|---|---|---|---|---|
| | 股本 | 资本公积 | 盈余公积 | 信托赔偿准备金 | 未分配利润 | 其他综合收益 | 股东权益合计 | 股本 | 资本公积 | 盈余公积 | 信托赔偿准备金 | 未分配利润 | 其他综合收益 | 股东权益合计 |
| 一、上年年末余额 | 303 565.33 | 288 212.12 | 57 748.44 | 37 221.67 | 289 708.32 | (14 391.60) | 962 064.28 | 236 898.67 | 114 878.79 | 48 780.06 | 32 737.49 | 248 790.49 | (4 442.47) | 677 643.03 |
| 加：会计政策变更 | — | — | — | — | (17 398.15) | 21 851.28 | 4 453.13 | — | — | — | — | — | — | — |
| 前期差错更正 | — | — | — | — | — | — | — | — | — | — | — | — | — | — |
| 二、本年年初余额 | 303 565.33 | 288 212.12 | 57 748.44 | 37 221.67 | 272 310.18 | 7 459.69 | 966 517.43 | 236 898.67 | 114 878.79 | 48 780.06 | 32 737.49 | 248 790.49 | (4 442.47) | 677 643.03 |
| 三、本年增减变动金额(减少以"－"号填列) | — | — | — | — | (43 505.82) | 1 412.36 | (42 093.46) | 66 666.66 | 173 333.33 | 8 968.38 | 4 484.18 | 40 917.84 | (9 949.12) | 284 421.27 |
| (一)净利润 | — | — | — | — | 5 390.15 | — | 5 390.15 | — | — | — | — | 89 732.04 | — | 89 732.04 |
| (二)其他综合收益 | — | — | — | — | — | 1 412.36 | 1 412.36 | — | — | — | — | — | (9 949.12) | (9 949.12) |
| 上述(一)和(二)小计 | — | — | — | — | 5 390.15 | 1 412.36 | 6 802.51 | — | — | — | — | 89 732.04 | (9 949.12) | 79 782.92 |
| (三)股东投入和减少资本 | — | — | — | — | — | — | — | 66 666.66 | 173 333.33 | — | — | — | — | 240 000.00 |
| 1. 股东投入资本 | — | — | — | — | — | — | — | 66 666.66 | 173 333.33 | — | — | — | — | 240 000.00 |
| 2. 股份支付计入股东权益的金额 | — | — | — | — | — | — | — | — | — | — | — | — | — | — |
| 3. 其他 | — | — | — | — | — | — | — | — | — | — | — | — | — | — |
| (四)利润分配 | — | — | — | — | (48 895.97) | — | (48 895.97) | — | — | 8 968.38 | 4 484.18 | (48 814.20) | — | (35 361.64) |
| 1. 提取盈余公积 | — | — | — | — | — | — | — | — | — | 8 968.38 | — | (8 968.38) | — | — |
| 2. 提取一般风险准备 | — | — | — | — | — | — | — | — | — | — | 4 484.18 | (4 484.18) | — | — |
| 3. 对股东的分配 | — | — | — | — | (48 895.97) | — | (48 895.97) | — | — | — | — | (35 361.65) | — | (35 361.65) |
| 4. 其他 | — | — | — | — | — | — | — | — | — | — | — | — | — | — |
| (五)所有者权益内部结转 | — | — | — | — | — | — | — | — | — | — | — | — | — | — |
| 1. 资本公积转增股本 | — | — | — | — | — | — | — | — | — | — | — | — | — | — |
| 2. 盈余公积转增股本 | — | — | — | — | — | — | — | — | — | — | — | — | — | — |
| 3. 盈余公积弥补亏损 | — | — | — | — | — | — | — | — | — | — | — | — | — | — |
| 4. 其他 | — | — | — | — | — | — | — | — | — | — | — | — | — | — |
| (六)专项储备 | — | — | — | — | — | — | — | — | — | — | — | — | — | — |
| 1. 本期提取 | — | — | — | — | — | — | — | — | — | — | — | — | — | — |
| 2. 本期使用 | — | — | — | — | — | — | — | — | — | — | — | — | — | — |
| 四、本年年末余额 | 303 565.33 | 288 212.12 | 57 748.44 | 37 221.67 | 228 804.36 | 8 872.05 | 924 423.97 | 303 565.33 | 288 212.12 | 57 748.44 | 37 221.67 | 289 708.32 | (14 391.60) | 962 064.28 |

## 5.2 信托资产

### 5.2.1 信托项目资产负债汇总表

2018年12月31日　　单位:万元

| 序号 | 项目 | A | B |
|---|---|---|---|
| | | 期末余额 | 年初余额 |
| 1 | 信托资产: | | |
| 2 | 1. 货币资金 | 438 894. 48 | 371 173. 23 |
| 3 | 2. 拆出资金 | — | — |
| 4 | 3. 存出保证金 | — | — |
| 5 | 4. 交易性金融资产 | 1 474 165. 49 | 2 723 340. 70 |
| 6 | 5. 衍生金融资产 | — | — |
| 7 | 6. 买入返售金融资产 | 452 104. 42 | 972 632. 55 |
| 8 | 其中:6. 1 买入返售证券 | 20 086. 42 | 40 242. 55 |
| 9 | 6. 2 买入返售信贷资产 | — | — |
| 10 | 7. 应收款项 | 1 360 731. 77 | 1 432 920. 05 |
| 11 | 8. 发放贷款 | 8 217 199. 64 | 12 248 822. 46 |
| 12 | 其中:8. 1 基础产业 | 1 433 868. 70 | 2 234 477. 70 |
| 13 | 8. 2 房地产 | 2 331 213. 14 | 3 666 350. 06 |
| 14 | 9. 可供出售金融资产 | 4 914 168. 87 | 12 261 887. 97 |
| 15 | 10. 持有至到期投资 | 440 797. 28 | 878 692. 08 |
| 16 | 11. 长期应收款 | — | — |
| 17 | 12. 长期股权投资 | 2 558 459. 89 | 2 684 984. 43 |
| 18 | 其中:12. 1 基础产业 | 351 230. 00 | 321 980. 00 |
| 19 | 12. 2 房地产 | 912 311. 01 | 959 897. 01 |
| 20 | 13. 投资性房地产 | — | — |
| 21 | 14. 固定资产 | — | — |
| 22 | 15. 无形资产 | — | — |
| 23 | 16. 长期待摊费用 | — | — |
| 24 | 17. 其他资产 | — | — |
| 25 | 18. 信托资产总计 | 19 856 521. 84 | 33 574 453. 47 |
| 26 | 19. 各项资产减值准备 | — | — |
| 27 | 信托负债: | | |
| 28 | 20. 交易性金融负债 | — | 81 327. 58 |
| 29 | 21. 衍生金融负债 | — | — |
| 30 | 22. 应付受托人报酬 | 2 813. 91 | 2 833. 79 |
| 31 | 23. 应付托管费 | 1 048. 65 | 880. 89 |
| 32 | 24. 应付受益人收益 | 369 179. 70 | 67 186. 31 |
| 33 | 25. 应交税费 | 10 706. 29 | — |
| 34 | 26. 应付销售服务费 | 1 448. 69 | 512. 65 |
| 35 | 27. 其他应付款项 | 1 089 068. 93 | 899 356. 33 |
| 36 | 28. 其他负债 | 61 660. 16 | 43 647. 59 |
| 37 | 29. 信托负债合计 | 1 535 926. 33 | 1 095 745. 14 |
| 38 | 信托权益: | | |
| 39 | 30. 实收信托 | 18 929 381. 36 | 32 205 325. 03 |
| 40 | 30. 1 资金信托 | 15 866 106. 02 | 27 781 294. 45 |
| 41 | 30. 1. 1 集合 | 11 857 366. 89 | 21 878 587. 46 |
| 42 | 30. 1. 2 单一 | 4 008 739. 13 | 5 902 706. 99 |
| 43 | 30. 2 财产信托 | 3 063 275. 34 | 4 424 030. 58 |
| 44 | 30. 2. 1 信贷资产证券化 | 115 626. 75 | 153 663. 00 |
| 45 | 30. 2. 2 其他资产(准)证券化 | — | — |
| 46 | 31. 资本公积 | — | — |
| 47 | 32. 外币报表折算差额 | — | — |
| 48 | 33. 未分配利润 | -608 785. 85 | 273 383. 30 |
| 49 | 34. 信托权益合计 | 18 320 595. 51 | 32 478 708. 33 |
| 50 | 35. 信托负债和信托权益总计 | 19 856 521. 84 | 33 574 453. 47 |

### 5.2.2 信托项目利润及利润分配汇总表

2018年度

单位:万元

| 序号 | 项目 | A | B |
|---|---|---|---|
| | | 本年数 | 上年数 |
| 1 | 1. 营业收入 | 935 854. 96 | 1 997 361. 39 |
| 2 | 1. 1 利息收入 | 775 717. 04 | 1 075 781. 62 |
| 3 | 1. 2 投资收益 | 662 568. 75 | 859 893. 28 |
| 4 | 1. 3 公允价值变动收益(损失以"-"号填列) | (514 103. 59) | 55 787. 60 |
| 5 | 1. 4 租赁收入 | — | — |
| 6 | 1. 5 其他收入 | 11 672. 76 | 5 898. 89 |
| 7 | 2. 营业费用 | 177 506. 88 | 225 467. 05 |
| 8 | 3. 营业税金及附加 | 3 967. 12 | 170. 30 |
| 9 | 4. 扣除资产损失前的信托利润 | 754 380. 96 | 1 771 724. 04 |
| 10 | 5. 减:资产减值损失 | 0. 00 | — |
| 11 | 6. 扣除资产损失后的信托利润 | 754 380. 96 | 1 771 724. 04 |
| 12 | 7. 加:期初未分配信托利润 | 273 383. 30 | 142 704. 20 |
| 13 | 8. 可供分配的信托利润 | 1 027 764. 26 | 1 914 428. 24 |
| 14 | 9. 减:本期已分配信托利润 | 1 636 550. 11 | 1 641 044. 94 |
| 15 | 10. 期末未分配信托利润 | (608 785. 85) | 273 383. 30 |

# 6. 会计报表附注

## 6.1 会计报表编制基准不符合会计核算基本前提的说明

**报告期内会计报表是否存在不符合会计核算基本前提的事项**

报告期内会计报表不存在不符合会计核算基本前提的事项。

## 6.2 重要会计政策和会计估计说明

公司执行新企业会计准则,并自2018年1月1日起执行财政部于2017年修订的《企业会计准则第22号——金融工具确认和计量》《企业会计准则第23号——金融资产转移》《企业会计准则第24号——套期会计》和《企业会计准则第37号——金融工具列报》(以下简称新金融工具准则)修订前的《企业会计准则第22号——金融工具确认和计量》《企业会计准则第23号——金融资产转移》《企业会计准则第24号——套期会计》和《企业会计准则第37号——金融工具列报》统一简称为原金融工具准则。

金融资产分类与计量方面,新金融工具准则要求金融资产基于其合同现金流量特征及企业管理该等资产的业务模式分类为以摊余成本计量的金融资产、以公允价值计量且其变动计入其他综合收益的金融资产和以公允价值计量且其变动计入当期损益的金融资产三大类别,取消了贷款和应收款项、持有至到期投资和可供出售金融资产等原分类。权益工具投资一般分类为以公允价值计量且其变动计入当期损益的金融资产,也允许企业将非交易性权益工具投资指定为以公允价值计量且其变动计入其他综合收益的金融资产,但该指定不可撤销,且在处置时不得将原计入其他综合收益的累计公允价值变动额结转计入当期损益。

于2018年1月1日之前的金融工具确认和计量与新金融工具准则要求不一致的，公司按照新金融工具准则的要求进行衔接调整。涉及前期比较财务报表数据与新金融工具准则要求不一致的，本公司不进行调整。金融工具原账面价值和在新金融工具准则施行日的新账面价值之间的差额，计入2018年1月1日的留存收益或其他综合收益。

公司以人民币为记账本位币，会计年度自公历1月1日起至12月31日止。

**6.2.1 计提资产减值准备的范围和方法**

金融资产减值方面，新金融工具准则有关减值的要求适用于以摊余成本计量以及以公允价值计量且其变动计入其他综合收益的金融资产、应收融资租赁款、应收账款、合同资产以及特定未提用的贷款承诺和财务担保合同。新金融工具准则要求采用预期信用损失模型以替代原先的已发生信用损失模型。新减值模型要求采用三阶段模型，依据相关项目自初始确认后信用风险是否发生显著增加，信用损失准备按12个月内预期信用损失或者整个存续期的预期信用损失进行计提。

非金融资产减值方面，公司在每一个资产负债表日检查长期股权投资、投资性房地产、固定资产、使用寿命确定的无形资产是否存在可能发生减值的迹象。如果该等资产存在减值迹象，则估计其可收回金额。使用寿命不确定的无形资产和尚未达到可使用状态的无形资产，无论是否存在减值迹象，每年均进行减值测试。如果资产的可收回金额低于其账面价值，按其差额计提资产减值准备，并计入当期损益。上述资产减值损失一经确认，在以后会计期间不予转回。

**6.2.2 金融资产三分类的范围和标准**

6.2.2.1 金融资产三分类的范围

初始确认后，公司对不同类别的金融资产，分别以摊余成本、以公允价值计量且其变动计入其他综合收益或以公允价值计量且其变动计入当期损益进行后续计量。

6.2.2.2 金融资产三分类的标准

金融资产的合同条款规定在特定日期产生的现金流量仅为对本金和以未偿付本金金额为基础的利息的支付，且本公司管理该金融资产的业务模式是以收取合同现金流量为目标，则将该金融资产分类为以摊余成本计量的金融资产。此类金融资产主要包括货币资金、应收款项、其他应收款和债权投资等。

金融资产的合同条款规定在特定日期产生的现金流量仅为对本金和以未偿付本金金额为基础的利息的支付，且管理该金融资产的业务模式既以收取合同现金流量为目标又以出售该金融资产为目标的，则该金融资产分类为以公允价值计量且其变动计入其他综合收益的金融资产。

以公允价值计量且其变动计入当期损益的金融资产包括分类为以公允价值计量且其变动计入当期损益的金融资产和指定为以公允价值计量且其变动计入当期损益的金融资产，列示于交易性金融资产。

**6.2.3 以摊余成本计量的金融资产核算方法**

该金融资产采用实际利率法，按摊余成本进行后续计量，发生减值时或终止确认产生的利得或损失，计入当期损益。

对分类为以摊余成本计量的金融资产与分类为以公允价值计量且其变动计入其他综合收益的金融资产按照实际利率法确认利息收入。

**6.2.4 以公允价值计量且其变动计入其他综合收益的金融资产核算方法**

分类为以公允价值计量且其变动计入其他综合收益的金融资产相关的减值损失或利得、采用实际利率法计算的利息收入及汇兑损益计入当期损益，除此以外该金融资产的公允价值变动均计入其他综合收益。该金融资产计入各期损益的金额与视同其一直按摊余成本计量而计入各期损益的金额相等。该金融资产终止确认时，之前计入其他综合收益的累计利得或损失从其他综合收益中转出，计入当期损益。

将非交易性权益工具投资指定为以公允价值计量且其变动计入其他综合收益的金融资产后，该金融资产的公允价值变动在其他综合收益中进行确认，该金融资产终止确认时，之前计入其他综合收益的累计利得或损失从其他综合收益中转出，计入留存收益。本公司持有该权益工具投资期间，在收取股利的权利已经确立，与股利相关的经济利益很可能流入本公司，且股利的金额能够可靠计量时，确认股利收入并计入当期损益。

**6.2.5 长期股权投资核算方法**

6.2.5.1 长期股权投资的初始计量

对于同一控制下的企业合并取得的长期股权投资，在合并日按照被合并方所有者权益在最终控制方合并财务报表中的账面价值的份额作为长期股权投资的初始投资成本。长期股权投资初始投资成本与支付的现金、转让的非现金资产以及所承担债务账面价值之间的差额，调整资本公积；资本公积不足冲减的，调整留存收益。以发行权益性证券作为合并对价的，在合并日按照被合并方所有者权益在最终控制方合并财务报表中的账面价值的份额作为长期股权投资的初始投资成本，按照发行股份的面值总额作为股本，长期股权投资初始投资成本与所发行股份面值总额之间的差额，调整资本公积；资本公积不足冲减的，调整留存收益。

对于非同一控制下的企业合并取得的长期股权投资，在购买日按照合并成本作为长期股权投资的初始投资成本。

合并方或购买方为企业合并发生的审计、法律服务、评估咨询等中介费用以及其他相关管理费用，于发生时计入当期损益。

除企业合并形成的长期股权投资外，其他方式取得的长期股权投资按成本进行初始计量。对于因追加投资能够对被投资单位实施重大影响或实施共同控制但不构成控制的，长期股权投资成本为按照《企业会计准则第22号——金融工具确认和计量》确定的原持有股权投资的公允价值加上新增投资成本之和。

6.2.5.2 长期股权投资的后续计量及投资收益确认方法

采用成本法核算的长期股权投资按照初始投资成本计价。追加或收回投资调整长期股权投资的成本。当期投资收益按照享有被投资单位宣告发放的现金股利或利润确认。

采用权益法核算的长期股权投资，按照应享有的被投资单位实现的净损益的份额，确认投资损益并调整长期股权投资的账面价值。

公司确认被投资单位发生的净亏损，以长期股权投资的账面价值及其他实质上构成对被投资单位净投资的长期权益减记至零为限。

6.2.5.3 长期股权投资处置

处置长期股权投资时，其账面价值与实际取得价款的差额，计入当期损益。采用权益法核算的长期股权投资，处置后的剩余股权仍采用权益法核算的，原采用权益法核算而确认的其他综合收益采用与被投资单位直接处置相关资产或负债相同的基础进行会计处理，并按比例结转当期损益；因被投资方除净损益、其他综合收益和利润分配以外的其他所有者权益变动而确认的所有者权益，按比例结转入当期损益。采用成本法核算的长期股权投资，处置后剩余股权仍采用成本法核算的，其在取得对被投资单位的控制之前因采用权益法核算或金融工具确认和计量准则核算而确认的其他综合收益，采用与被投资单位直接处置相关资产或负债相同的基础进行会计处理，并按比例结转。

**6.2.6 投资性房地产核算方法**

投资性房地产是指为赚取租金或资本增值，或两者兼有而持有的房地产。本公司投资性房地产包括已出租的土地使用权和已出租的建筑物。

6.2.6.1 投资性房地产的确认

投资性房地产同时满足下列条件，才能确认：与投资性房地产有关的经济利益很可能流入企业；该投资性房地产的成本能够可靠计量。

6.2.6.2 投资性房地产初始计量

外购投资性房地产的成本，包括购买价款、相关税费和可直接归属于该资产的其他支出；自行建造投资性房地产的成本，由建造该项资产达到预定可使用状态前所发生的必要支出构成；以其他方式取得的投资性房地产的成本，按照相关会计准则的规定确定；与投资性房地产有关的后续支出，满足投资性房地产确认条件的，计入投资性房地产成本；不满足确认条件的在发生时计入当期损益。

6.2.6.3 投资性房地产的后续计量

本公司在资产负债表日采用成本模式对投资性房地产进行后续计量。根据《企业会计准则第4号——固定资产》《企业会计准则第6号——无形资产》的有关规定，对投资性房地产在预计可使用年限内按年限平均法摊销或计提折旧。

6.2.6.4 投资性房地产的转换

本公司有确凿证据表明房地产用途发生改变，将投资性房地产转换为其他资产，或将其他资产转换为投资性房地产，将房地产转换前的账面价值作为转换后的入账价值。

6.2.6.5 投资性房地产减值准备

采用成本模式进行后续计量的投资性房地产，其减值准备的确认标准和计提方法参照固定资产和无形资产。

**6.2.7 固定资产计价和折旧方法**

6.2.7.1 固定资产的计价

固定资产按其成本作为入账价值。其中，外购的固定资产的成本包括购买价款、相关税费、使固定资产达到预定可使用状态前所发生的可直接归属于该资产的其他支出；投资者投入的固定资产的成本按照投资合同或协议约定的价值确定。

6.2.7.2 固定资产的分类

公司固定资产分为房屋及建筑物、运输工具、电子设备、其他设备等。

6.2.7.3 固定资产折旧方法

公司固定资产折旧采用年限平均法计提折旧。按固定资产的类别、使用寿命和预计净残值率确定的年折旧率如下：

| 固定资产类别 | 预计使用年限(年) | 预计净残值率(%) | 年折旧率(%) |
|---|---|---|---|
| 房屋、建筑物 | 30~40 | 5 | 2.38~2.71 |
| 电子设备 | 3 | 5 | 19~31.67 |
| 运输工具 | 4 | 5 | 15.67~23.75 |
| 其他 | 5 | 5 | 19.00 |

**6.2.8 无形资产计价及摊销政策**

6.2.8.1 无形资产的计价方法

无形资产在取得时，按实际成本计量。购入的无形资产，按实际支付的价款作为实际成本；投资者投入的无形资产，按投资各方确认的价值作为实际成本；自行开发的无形资产，其成本包括自满足无形资产确认规定后至达到预定用途前所发生的支出总额，以前期间已经费用化的支出不再调整。

6.2.8.2 无形资产摊销方法

无形资产采用直线法摊销。无形资产的应摊销金额为其成本扣除预计残值后的金额。已计提减值准备的无形资产，还应扣除已计提的无形资产减值准备累计金额。无形资产的摊销金额计入当期损益。使用寿命不确定的无形资产不摊销，期末进行减值测试。

6.2.8.3 无形资产减值准备的计提方法

公司一般以单项无形资产为基础估计其可收回金额，可收回金额根据无形资产的公允价值减去处置费用后的净额与无形资产预计未来现金流量的现值两者之间较高者确定。可收回金额的计量结果表明无形资产的可收回金额低于其账面价值的，将其账面价值减记至可收回金额，减记的金额确认为资产减值损失，计入当期损益，同时计提相应的无形资产减值准备。难以对单项无形资产的可收回金额进行估计的，以该无形资产所属的资产组为基础确定资产组的可收回金额，并按照《企业会计准则第8号——资产减值》有关规定计提无形资产减值准备。减值损失一经确认，在以后会计期间不能转回。

**6.2.9 买入返售金融资产**

根据协议承诺将于未来某确定日期返售的金融资产不在资产负债表内予以确认。买入该等资产所支付的成本(包括利息)，在资产负债表中作为买入返售金融资产列示。买入价与返售价之间的差额在协议期内按实际利率法确认，计入利息收入。

**6.2.10 长期待摊费用的摊销政策**

长期待摊费用为已经发生但应由本期和以后各期负担的分摊期限在1年以上的各项费用。长期待摊费用根据合同或协议期限与受益期限孰短原则确定摊销期限并摊销。

**6.2.11 公司编制合并会计报表，存在应纳入合并范围的子公司**

**6.2.12 收入确认原则和方法**

6.2.12.1 金融企业往来收入

按让渡资金使用权的时间和适用利率计算确定。

6.2.12.2 证券销售差价收入

在与证券交易清算时按成交价扣除买入成本、相关税费后的净额确认。

6.2.12.3 手续费收入

在向客户提供相关服务时确认收入。

6.2.12.4 贷款利息收入

按期计提利息并确认收入。

6.2.13 所得税的会计处理方法

公司所得税的会计核算采用资产负债表债务法。公司在取得资产、负债时，确定其计税基础。资产、负债的账面价值与其计税基础存在的暂时性差异，按照《企业会计准则第18号——所得税》的有关规定，确认所产生的递延所得税资产或递延所得税负债。

公司所得税分季预缴，由主管税务机关具体核定。在年终汇算清缴时，少缴的所得税税额，在下一年度内缴纳；多缴纳的所得税税额，在下一年度内抵缴。

公司所得税采取独立纳税方式缴纳。

6.2.14 信托报酬确认原则和方法

信托业务手续费收入依照信托合同中关于信托报酬的约定确认收入。

## 6.3 报告期内公司不存在对外担保及其他或有事项

## 6.4 重要资产转让及其出售的说明

报告期内公司无重大资产转让及出售事项。

## 6.5 会计报表中重要项目的明细资料

6.5.1 自营资产经营情况

6.5.1.1 信用风险五级分类结果

| 信用风险资产五级分类 | 正常类（万元） | 关注类（万元） | 次级类（万元） | 可疑类（万元） | 损失类（万元） | 信用风险资产合计（万元） | 不良资产合计（万元） | 不良资产率（%） |
|---|---|---|---|---|---|---|---|---|
| 期初数 | 241 595.06 | — | 9 758.73 | — | — | 251 353.79 | 9 758.73 | 3.88 |
| 期末数 | 171 629.68 | 652.74 | 3 084.13 | — | — | 175 366.55 | 3 084.13 | 1.76 |

注：不良资产合计 = 次级类 + 可疑类 + 损失类。

6.5.1.2 各项资产减值损失准备情况

单位：万元

| | 期初数 | 本期计提 | 本期转回 | 本期核销 | 期末数 |
|---|---|---|---|---|---|
| 贷款损失准备 | — | — | — | — | — |
| 一般准备 | — | — | — | — | — |
| 专项准备 | — | — | — | — | — |
| 其他资产减值准备 | 56 589.40 | 1 447.81 | 42 085.24 | — | 15 951.97 |
| 其他债权投资 | 7 755.59 | — | 1 614.85 | — | 9 370.44 |
| 债权投资 | 1 576.88 | 196.12 | 1 000.04 | — | 772.96 |
| 坏账准备 | 47 256.93 | 1 251.69 | 42 700.05 | — | 5 808.57 |
| 投资性房地产减值准备 | — | — | — | — | — |
| 其他资产减值准备 | — | — | — | — | — |

6.5.1.3 按照投资品种分类的自有资金投资情况

单位：万元

| | 自营股票 | 基金 | 债券 | 长期股权投资 | 其他投资 | 合计 |
|---|---|---|---|---|---|---|
| 期初数 | 14 989.50 | 112 636.27 | — | 2 188.31 | 962 267.60 | 1 092 081.68 |
| 期末数 | 9 390.76 | 44 260.53 | — | 1 628.17 | 1 340 182.33 | 1 395 461.79 |

6.5.1.4 按投资入股金额排序，前五名的自营长期股权投资的企业名称、占被投资企业权益的比例、主要经营活动及投资收益情况等（从大到小顺序排列）

| 企业名称 | 占被投资企业权益的比例（%） | 主要经营活动 | 投资收益（万元） |
|---|---|---|---|
| 1. 深圳市华佳股权投资基金管理有限公司 | 50 | 受托资产管理、投资管理；股权投资；实业投资；投资咨询。 | 91.91 |
| 2. 深圳融策股权投资管理有限公司 | 50 | 受托资产管理；投资管理。 | 175.06 |
| 3. 华信（天津）股权投资基金管理有限公司 | 40 | 受托管理股权投资企业，从事投资管理及相关咨询服务。 | 244.79 |
| 4. 华信天裕投资基金管理（北京）有限公司 | 40 | 非证券业务的投资管理、咨询（中介除外）；股权投资管理。 | 203.88 |
| 5. 北京华盈椿股权投资基金管理有限公司 | 40 | 非证券业务的投资管理、咨询（中介除外）；股权投资管理。 | -28.32 |
| 6. 华章资本管理（北京）有限公司 | 30 | 资产管理、股权投资、投资咨询、投资顾问。 | — |

6.5.1.5 前五名的自营贷款的企业名称、占贷款总额的比例和还款情况等（从贷款金额大到小顺序排列）

截至2018年12月31日，无自营贷款。

6.5.1.6 表外业务的期初数、期末数；按照代理业务、担保业务和其他类型表外业务分别披露

单位：万元

| 表外业务 | 期初数 | 期末数 |
|---|---|---|
| 担保业务 | — | — |
| 代理业务（委托业务） | — | — |
| 其他 | — | — |
| 合计 | — | — |

6.5.1.7 公司当年的收入结构

| 收入结构 | 金额（万元） | 占比（%） |
|---|---|---|
| 手续费及佣金收入 | 93 941.10 | 218.09 |
| 其中：信托手续费收入 | 93 941.10 | 218.09 |
| 投资银行业务收入 | — | — |
| 利息收入 | 1 426.02 | 3.31 |
| 其他业务收入 | 259.48 | 0.60 |
| 其中：计入信托业务收入部分 | — | — |
| 投资收益 | 62 372.34 | 144.80 |
| 其中：股权投资收益 | （560.14） | （1.30） |
| 证券投资收益 | 65.92 | 0.15 |
| 其他投资收益 | 62 866.56 | 145.95 |
| 公允价值变动收益 | （116 479.24） | （270.41） |
| 营业外收入 | 1 553.93 | 3.61 |
| 收入合计 | 43 073.63 | 100.00 |

报告期公司实现的信托业务收入全部是以手续费及佣金确认的信托业务收入。

#### 6.5.2 披露信托财产管理情况

6.5.2.1 信托资产的期初数、期末数

单位:万元

| 信托资产 | 期初数 | 期末数 |
|---|---|---|
| 集合 | 22 933 415.12 | 12 261 436.62 |
| 单一 | 6 114 747.14 | 4 427 141.55 |
| 财产权 | 4 526 291.21 | 3 167 943.67 |
| 合计 | 33 574 453.47 | 19 856 521.84 |

注:期初数据本年度按照信托资产规模进行了调整,历史披露的是受托管理规模。

6.5.2.1.1 主动管理型信托业务的信托资产期初数、期末数,分证券投资类、股权投资类、融资类、事务管理类分别披露

单位:万元

| 主动管理型信托资产 | 期初数 | 期末数 |
|---|---|---|
| 证券投资类 | 80 785.20 | 39 221.16 |
| 股权投资类 | 531 981.78 | 340 977.58 |
| 融资类 | 14 042 647.56 | 9 670 602.49 |
| 事务管理类 | — | — |
| 合计 | 14 655 414.54 | 10 050 801.23 |

注:期初数据本年度按照信托资产规模进行了调整,历史披露的是受托管理规模。

6.5.2.1.2 被动管理型信托业务的信托资产期初数、期末数,分证券投资类、股权投资类、融资类、事务管理类分别披露

单位:万元

| 被动管理型信托资产 | 期初数 | 期末数 |
|---|---|---|
| 证券投资类 | 1 964 844.31 | 941 124.51 |
| 股权投资类 | 811 252.99 | 702 020.41 |
| 融资类 | 4 075 320.21 | 2 611 256.93 |
| 事务管理类 | 12 067 621.42 | 5 551 318.76 |
| 合计 | 18 919 038.93 | 9 805 720.61 |

注:期初数据本年度按照信托资产规模进行了调整,历史披露的是受托管理规模。

6.5.2.2 本年度已清算结束的信托项目个数、实收信托合计金额、加权平均实际年化收益率

2018 年 1 ~12 月累计到期清算结束信托项目 138 个,均按期向受益人进行了信托利益兑付,累计分配信托本金为 14 909 532.48万元(含跨年分配本金),累计分配信托收益为 1 277 682.36万元,加权平均实际年化收益率为 7.20%,无违约情况发生。

6.5.2.2.1 本年度已清算结束的集合类、单一类资金信托项目个数、实收信托合计金额、加权平均实际年化收益率

| 已清算结束信托项目 | 项目个数(个) | 实收信托合计金额(万元) | 加权平均实际年化收益率(%) |
|---|---|---|---|
| 集合类 | 86 | 4 588 021.08 | 7.29 |
| 单一类 | 39 | 5 781 522.35 | 4.99 |
| 财产权 | 13 | 4 539 989.05 | 8.41 |

注:1. 2018 年度本公司已清算结束单一类信托项目加权平均收益率为 4.99%,是已清算的单一通道证券投资项目受证券市场影响出现亏损,若剔除此类项目,公司 2018 年单一类信托项目加权平均收益率为 7.35%。
2. 收益率是指信托项目清算后,给受益人赚取的实际收益水平。
3. 加权平均实际年化收益率 =(信托项目 1 的实际年化收益率 × 信托项目 1 的实收信托 + 信托项目 2 的实际年化收益率 × 信托项目 2 的实收信托 + … + 信托项目 $n$ 的实际年化收益率 × 信托项目 $n$ 的实收信托)/(信托项目 1 的实收信托 + 信托项目 2 的实收信托 + … + 信托项目 $n$ 的实收信托) ×100%。

6.5.2.2.2 本年度已清算结束的主动管理型信托项目个数、实收信托合计金额、加权平均实际年化信托报酬率、加权平均实际年化收益率,分证券投资类、投资类、融资类、事务管理类分别计算并披露

| 已清算结束信托项目 | 项目个数(个) | 实收信托合计金额(万元) | 加权平均实际年化信托报酬率(%) | 加权平均实际年化收益率(%) |
|---|---|---|---|---|
| 融资类 | 73 | 4 278 399.00 | 1.24 | 6.39 |
| 投资类 | 4 | 67 820.00 | 1.41 | 6.43 |
| 证券投资类 | 1 | 41 980.00 | 2.29 | 5.57 |
| 事务管理类 | — | — | — | — |

注:加权平均实际年化信托报酬率 =(信托项目 1 的实际年化信托报酬率 × 信托项目 1 的实收信托 + 信托项目 2 的实际年化信托报酬率 × 信托项目 2 的实收信托 + … + 信托项目 $n$ 的实际年化信托报酬率 × 信托项目 $n$ 的实收信托)/(信托项目 1 的实收信托 + 信托项目 2 的实收信托 + … + 信托项目 $n$ 的实收信托) ×100%。

6.5.2.2.3 本年度已清算结束的被动管理型信托项目个数、实收信托合计金额、加权平均实际年化信托报酬率、加权平均实际年化收益率,分证券投资类、投资类、融资类、事务管理类分别计算并披露

| 已清算结束信托项目 | 项目个数(个) | 实收信托合计金额(万元) | 加权平均实际年化信托报酬率(%) | 加权平均实际年化收益率(%) |
|---|---|---|---|---|
| 融资类 | 13 | 1 459 960.00 | 0.34 | 7.20 |
| 投资类 | 4 | 139 554.61 | 0.14 | 6.00 |
| 证券投资类 | 20 | 4 250 738.10 | 0.12 | 5.02 |
| 事务管理类 | 23 | 4 671 080.77 | 0.10 | 8.53 |

6.5.2.3 本年度新增的集合类、单一类、财产管理类信托项目个数、实收信托合计金额

| 新增信托项目 | 项目个数(个) | 实收信托合计金额(万元) |
|---|---|---|
| 集合类 | 37 | 4 075 263.77 |
| 单一类 | 15 | 1 202 685.04 |
| 财产管理类 | 1 | 161 500.00 |
| 新增合计 | 53 | 5 439 448.81 |
| 其中:主动管理型 | 38 | 4 216 763.77 |
| 被动管理型 | 15 | 1 222 685.04 |

注:本年新增信托项目指在本报告年度内累计新增的信托项目个数和金额,包含本年度新增并于本年度内结束的项目和本年度新增至报告期末仍在持续管理的信托项目。

6.5.2.4 报告期内本公司是否存在因本公司自身责任而导致的信托资产损失情况

报告期内本公司严格履行受托人义务,不存在因本公司自身责任而导致的信托资产损失情况。

6.5.2.5 信托赔偿准备金的提取、使用和管理情况

报告期公司信托赔偿准备金期末余额为 37 221.67 万元。报告期内正常管理信托赔偿准备金,未使用该准备金。

### 6.6 关联方关系及其交易的披露

#### 6.6.1 关联交易整体情况

| | 关联交易方数量 | 关联交易金额(万元) | 定价政策 |
|---|---|---|---|
| 合计 | 9 | 1 916 776.48 | 市场交易价格 |

6.6.2 主要关联交易方的情况及与本公司的关系

| 关系性质 | 关联方名称 | 法定代表人 | 注册地址 | 注册资本（万元） | 主营业务 |
|---|---|---|---|---|---|
| 母公司 | 中国华融资产管理股份有限公司 | 王占峰 | 北京市西城区金融大街 8 号 | 3 907 020.85 | 资产管理。 |
| 与本公司同受一母公司控制 | 华融湘江银行股份有限公司 | 张永宏 | 长沙市天心区芙蓉南路一段 828 号杰座大厦 | 775 043.14 | 吸收公众存款、发放贷款、办理国内外结算、办理票据承兑与贴现、发行金融债券。 |
| 与本公司同受一母公司控制 | 华融致远投资管理有限责任公司 | 赖瑞华 | 北京市西城区金融大街 8 号 | 69 100.00 | 投资和资产管理、物业管理。 |
| 与本公司同受一母公司控制 | 重庆华融两江置业有限责任公司 | 宋进义 | 重庆市渝北区龙山街道新南路 439 号 2 栋 40 -3# | 2 000.00 | 房地产开发、物业管理、酒店管理。 |
| 与本公司同受一母公司控制 | 华融西部开发投资股份有限公司 | 刘延风 | 银川市金凤区阅海中央商务区鸿丰大厦 13 至 16 层 | 90 000.00 | 股权投资、债券投资、资产管理、投资咨询、财务顾问服务。 |
| 本公司股东 | 珠海市华策集团有限公司 | 杨　峰 | 珠海市香洲区侨光路 1 号 14 楼 | 10 000.00 | 房地产开发；自有物业租赁；电脑平面设计；商业批发、零售。 |
| 本公司股东的关联公司 | 深圳市宁佳置业有限公司 | 周文基 | 深圳市龙岗区龙岗街道龙岗大道 6037 号华策大厦 1 -3 层 | 10 000.00 | 投资兴办实业；在合法取得使用权的地块上从事房地产开发。 |
| 本公司股东的关联公司 | 深圳市融策置业有限公司 | 杨智雄 | 深圳市龙岗区龙岗街道龙岗大道 6037 号华策大厦 1 -3 层 | 5 000.00 | 投资兴办实业；在合法取得使用权的地块上从事房地产经营开发；房地产经纪；物业租赁；国内贸易。 |
| 本公司控股公司 | 珠海市粤港澳城镇股权投资中心（有限合伙） | 深圳融策股权投资管理有限公司 | 珠海市南屏科技工业园屏东三路 6 号三楼 310 房 | 22 010.00 | 商业服务。 |

**6.6.3 逐笔披露本公司与关联方的重大交易事项**

6.6.3.1 固有与关联方交易情况：贷款、投资、租赁、应收账款、担保、其他方式等期初汇总数、本期借方和贷方发生额汇总数、期末汇总数

单位：万元

| 固有与关联方关联交易 | | | | |
|---|---|---|---|---|
| | 期初数 | 借方发生额 | 贷方发生额 | 期末数 |
| 贷款 | — | — | — | — |
| 投资 | — | — | — | — |
| 租赁 | — | — | — | — |
| 担保 | — | — | — | — |
| 应收账款 | — | — | — | — |
| 其他 | 95 907.30 | 113 154.05 | 351 145.33 | 333 898.59 |
| 合计 | 95 907.30 | 113 154.05 | 351 145.33 | 333 898.59 |

6.6.3.2 信托与关联方交易情况：贷款、投资、租赁、应收账款、担保、其他方式等期初汇总数、本期借方和贷方发生额汇总数、期末汇总数

单位：万元

| 信托与关联方关联交易 | | | | |
|---|---|---|---|---|
| | 期初数 | 借方发生额 | 贷方发生额 | 期末数 |
| 贷款 | 1 841 811.89 | 255000 | 1 077 192.00 | 1 019 619.89 |
| 投资 | — | — | — | — |
| 租赁 | — | — | — | — |
| 担保 | — | — | — | — |
| 应收账款 | — | — | — | — |
| 其他 | 290 118.50 | 431 660.00 | 158 520.50 | 563 258.00 |
| 合计 | 2 131 930.39 | 686 660.00 | 1 235 712.50 | 1 582 877.89 |

6.6.3.3 信托公司自有资金运用于主动管理的信托项目（固信交易）、信托公司管理的信托项目之间的相互（信信交易）交易金额，包括余额和本报告年度的发生额

6.6.3.3.1 固有与信托财产之间的交易金额期初汇总数、本期发生额汇总数、期末汇总数

单位：万元

| 固有财产与信托财产相互交易 | | | |
|---|---|---|---|
| | 期初数 | 本期发生额 | 期末数 |
| 合计 | 634 387.00 | 636 756.87 | 1 271 143.87 |

注：以固有资金投资公司自己管理的信托项目受益权，或购买自己管理的信托项目的信托资产均应纳入统计披露范围。

6.6.3.3.2 信托项目之间的交易金额期初汇总数、本期发生额汇总数、期末汇总数

单位：万元

| 信托资产与信托财产相互交易 | | | |
|---|---|---|---|
| | 期初数 | 本期发生额 | 期末数 |
| 合计 | — | — | — |

注：以公司受托管理的一个信托项目的资金购买自己管理的另一个信托项目的受益权或信托项下资产均应纳入统计披露范围。

**6.6.4 报告期内是否存在关联方逾期未偿还本公司资金情况以及本公司为关联方担保发生或即将发生垫款情况**

无。

## 6.7 会计制度的披露

公司执行中华人民共和国财政部（以下简称财政部）于 2006 年 2 月颁布的《企业会计准则——基本准则》和 38 项具体会计准则，并自 2018 年 1 月 1 日起执行财政部于 2017 年修订的《企业会计准则第 14 号——收入》《企业会计准则第 22 号——金融工具确认和计量》《企业会计准则第 23 号——金融资产转移》《企业会计准则第 37 号——金融工具列报》，以及其

后颁布的应用指南、解释及其他相关规定，以及财政部于2005年1月颁布的《信托业务会计核算办法》。

## 7. 财务情况说明书

### 7.1 利润实现和分配情况

2018年公司实现利润总额为9 263.80万元，当年所得税费用为3 873.65万元，实现净利润为5 390.15万元。

### 7.2 主要财务指标

| 指标名称 | 指标值 |
| --- | --- |
| 资本利润率（%） | 0.57 |
| 人均净利润（万元） | 14.61 |

注：1. 资本利润率 = 净利润/所有者权益平均余额 ×100%。
2. 人均净利润 = 净利润/年平均人数。
3. 平均值采取年初、年末余额简单平均法，公式为：a（平均）=（年初数 + 年末数）/2。

### 7.3 对本公司财务状况、经营成果有重大影响的其他事项

本报告期内未发生对本公司财务状况、经营成果有重大影响的其他事项。

## 8. 特别事项揭示

### 8.1 董事、监事及高级管理人员变动情况及原因

报告期内，因工作需要，经公司2018年第一次临时股东会审议通过，同意推选黄增伟为公司监事，免去王金梅监事职务；经2018年第三次临时股东会审议通过，同意免去沈易明董事职务；经2018年第四次临时股东会审议通过，同意推选庞洪梅为公司董事，同意增设董事会关联交易委员会；经2018年第五次临时股东会审议通过，同意推选魏哲明为公司董事，免去王小选董事职务；经2018年第二十一次临时董事会审议通过，同意推举马肯·穆哈买提都拉先生代为履行公司董事长职务；经2018年第二十三次临时董事会审议通过，同意任庞洪梅为公司总经理，免去叶天放总经理（拟任）职务；经2018年第二十六次临时董事会审议通过，同意推举庞洪梅为公司副董事长；经公司第二届第七次监事会审议通过，监事会设立履职监督委员会、财务监督委员会和风险与内控监督委员会（新疆银保监局已于2019年1月3日核准唐军华融国际信托有限责任公司董事任职资格）。

### 8.2 社会责任履行情况

报告期内，华融信托深入贯彻落实习近平总书记关于新疆工作总目标再动员会议精神和自治区、乌鲁木齐市“民族团结一家亲”活动动员大会精神，深入开展好“民族团结一家亲”活动；根据新疆自治区文明办《关于开展第十七个“公民道德建设月”活动的通知》精神，组织干部员工到交通环境复杂、人流量大的十字路口对过路人宣传文明过路的必要，引导市民重视交通安全，支持文明创建工作，养成“文明行车，文明行路”的良好习惯。在扶贫方面，华融信托2018年共计捐助资金151.74万元，用于扶助公司在新疆、四川定点扶助地区贫困群众，进行庭院整治、自来水入户建设、公共浴室建设、购置扶贫用车、购买农产品等基础民生项目。在教育帮扶方面，公司积极贯彻执行中国华融对全系统扶贫工作的指导思想，向华融和田希望小学和希望幼儿园捐赠100万元。在制度层面，公司制定困难员工帮扶救助办法，构建公司困难员工帮扶救助长效机制。另外，公司在经营管理、业务发展、客户服务及消费者权益保护等方面积极履行法律责任、经济责任、公益责任和环境责任，并根据相关法规、监管部门及行业协会要求通过各种渠道进行了信息披露。

### 8.3 报告期内公司重大诉讼事项

无。

### 8.4 报告期内会计师事务所出具的有保留意见、否定意见或无法表示意见的审计报告

无。

### 8.5 报告期内公司及其董事、监事和高级管理人员收到处罚的情况

无。

### 8.6 银保监会及其派出机构对公司检查意见

2018年，按照监管机构的统一部署安排，新疆银保监局对公司进行了现场评级工作，公司积极配合。在公司完成的《信托公司监管评级评分操作表》基础上，新疆银保监局对照各项指标体系进行了现场初评，并就各项指标同各部门进行了详细的沟通，目前后续程序正在进行中。公司将按照《信托公司监管评级办法》中关于监管评级定量和定性要素的规定，逐步提升公司经营管理能力和风险管理能力，提高监管评级结果。

## 9. 公司监事会意见

监事会认为，报告期内，公司的经营运作符合国家法律法规和公司章程及相关制度的规定，建立健全了有效的内控制度，持续提升了风险管控水平。董事会严格按照《公司法》《公司章程》等有关规定，认真贯彻各股东单位的意志，规范运作，依法合规组织召开股东会、董事会和各专业委员会会议，各项决策程序合法有效。经营层认真执行股东会和董事会决议，进一步加强内部管理，全力应对各类风险，积极谋划公司发展新战略，优化业务结构和客户结构，加快推进公司转型发展，完成了全年经营目标。2018年公司财务报告已经德勤华永会计师事务所审计并出具无保留意见，并真实反映了公司财务状况和经营成果。

# 华润深国投信托有限公司

## 1. 重要提示

1.1　本公司董事会及董事保证本报告所载资料不存在任何虚假记载、误导性陈述或者重大遗漏，并对其内容的真实性、准确性和完整性承担个别及连带责任。

1.2　公司独立董事杨鹲、牛秋芳、谢兰军对年度报告内容的真实性、准确性和完整性无异议。

1.3　天职国际会计师事务所（特殊普通合伙）出具了标准无保留意见的审计报告。

1.4　公司董事长刘晓勇、总经理刘小腊、财务总监卢伦声明：保证本年度报告中财务报告真实、准确、完整。

## 2. 公司概况

### 2.1　公司简介

公司于1982年8月24日成立，原名为深圳市信托投资公司，注册资本为5 813万元。1984年5月24日，经中国人民银行批准更名为深圳国际信托投资总公司，注册资本为1亿元，正式成为非银行金融机构，并同时取得经营外汇金融业务的资格。1991年3月21日，经中国人民银行批准更名为深圳国际信托投资公司，注册资本为2.8亿元，其中外汇资本金为1 200万美元。2002年4月2日，经中国人民银行批准重新登记，领取了信托机构法人许可证，注册资本为20亿元，其中外汇资本金为5 000万美元。公司同时更名为深圳国际信托投资有限责任公司。2005年3月14日，深圳市人民政府国有资产监督管理委员会（以下简称深圳市国资委）变更登记为公司的控股股东。2006年10月17日，华润股份有限公司与深圳市国资委等签订了股权转让及增资协议，股权变更登记后，华润股份有限公司持有公司51%的股权，深圳市国资委持有公司49%的股权，公司注册资本增加到26.3亿元。2008年10月23日，经中国银行业监督管理委员会批准，公司变更名称及业务范围，换领新的金融许可证，公司更名为华润深国投信托有限公司。2016年6月7日，公司以资本公积、盈余公积、未分配利润33.70亿元转增注册资本，实收资本增至60亿元。2018年5月29日，经中国银行保险业监督管理委员会深圳监管局核准，公司以未分配利润转增资本50亿元，增资后公司实收资本由60亿元增至110亿元，股东出资比例不变。

| | |
|---|---|
| 公司的法定中文名称 | 华润深国投信托有限公司（简称：华润信托） |
| 公司的法定英文名称 | China Resources SZITIC Trust Co., Ltd.（缩写：CR Trust） |
| 法定代表人 | 刘晓勇 |
| 注册地址 | 深圳市福田区中心四路1-1号嘉里建设广场第三座第10-12层 |
| 邮政编码 | 518048 |
| 公司国际互联网网址 | http://www.crctrust.com |
| 电子信箱 | crctrust@crctrust.com |
| 信息披露事务负责人 | 郭庆卫 |
| 信息披露事务联系人 | 李志清 |
| 联系电话 | 0755-33355762 |
| 传真 | 0755-33380599 |
| 电子信箱 | lizq1@crctrust.com |
| 年度报告备置地点 | 深圳市福田区中心四路1-1号嘉里建设广场第三座第10层 |
| 信息披露报纸名称 | 《证券时报》 |
| 聘请的会计师事务所 | 天职国际会计师事务所（特殊普通合伙） |
| 住所 | 北京海淀区车公庄西路19号外文文化创意园12号楼 |
| 聘请的律师事务所 | 广东经天律师事务所 |
| 住所 | 深圳市滨河大道5022号联合广场A座25层 |

## 2.2 组织结构

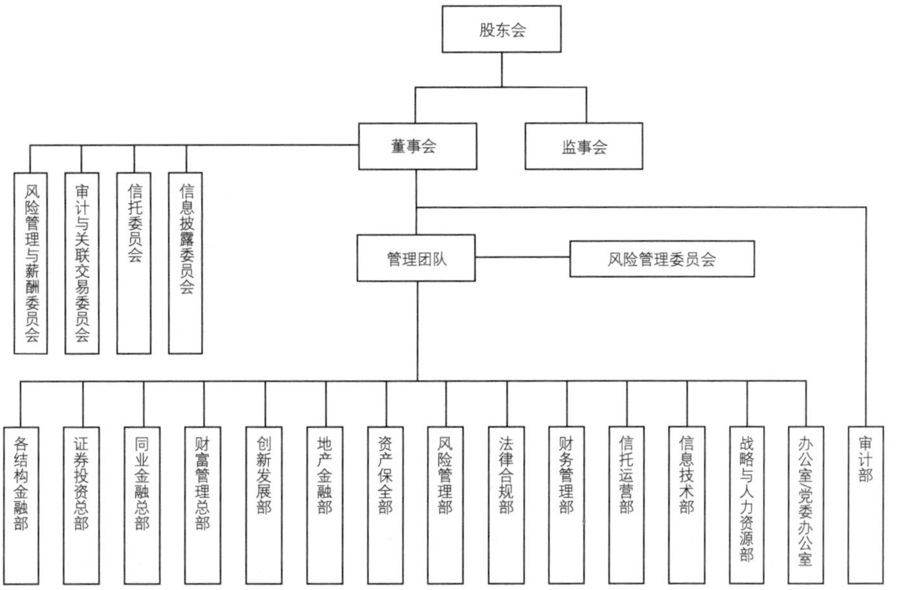


# 3. 公司治理

## 3.1 股东

报告期末，股东总数为2家。

股东

| 股东名称 | 持股比例（%） | 法人代表 | 注册资本（万元） | 注册地址 | 主要经营业务 |
|---|---|---|---|---|---|
| ★华润股份有限公司 | 51% | 傅育宁 | 1 646 706.35 | 深圳市南山区滨海大道3001号深圳湾体育中心体育场三楼 | 对金融、保险、能源、交通、电力、通信、仓储运输、食品饮料生产企业的投资；对商业零售企业（含连锁超市）、民用建筑工程施工的投资与管理；石油化工、轻纺织品、建筑材料产品的生产；电子及机电产品的加工、生产、销售；物业管理；民用建筑工程的外装修及室内装修，技术交流。 |
| 深圳市人民政府国有资产监督管理委员会 | 49 | 彭海斌 | | 深圳市福田区深南大道4009号投资大厦17楼 | 代表深圳市人民政府履行出资人职责，依法对企业国有资产进行监管。 |

注：★表示实际控制人。

## 3.2 董事、董事会及其下属委员会

董事会成员

| 姓　名 | 职　务 | 性别 | 年龄（岁） | 选任日期 | 所代表的股东名称 | 股东持股比例（%） | 简要履历 |
|---|---|---|---|---|---|---|---|
| 刘晓勇 | 董事长 | 男 | 55 | 2016年6月 | 华润股份有限公司 | 51 | 曾任解放军总参三部副连职助理研究员，人民银行总行银行监管二司及管理司副处长，银监会法规部处长、副主任，山西银监局党委书记、局长；现任华润金融控股有限公司党委书记、总经理，华润深国投信托有限公司董事长。 |
| 桂自强 | 董事 | 男 | 53 | 2010年5月 | 深圳市人民政府国有资产监督管理委员会 | 49 | 曾任深圳市投资管理公司企业管理部工程师、业务经理、信息中心副主任、主任、计划财务部副部长，深圳市国资委统计评价处副处长、业绩考核处调研员、统计预算处调研员、企业一处调研员、处长；现任深圳市特发集团有限公司副总经理，华润深国投信托有限公司董事。 |
| 陈　荣 | 董事 | 男 | 46 | 2016年6月 | 华润股份有限公司 | 51 | 曾任沃尔玛中国投资有限公司助理财务总监，爱普生技术有限公司财务部门经理，华润万家税务高级经理，华润集团财务部税务高级经理、财务部税务总监、财务部副总监，华润万家副总经理兼首席财务官；现任华润集团财务部总监，华润深国投信托有限公司董事。 |

续表

| 姓 名 | 职 务 | 性别 | 年龄（岁） | 选任日期 | 所代表的股东名称 | 股东持股比例（%） | 简要履历 |
|---|---|---|---|---|---|---|---|
| 杨 鹞 | 独立董事 | 女 | 63 | 2016 年 6 月 | | | 先后在中国银行国际金融研究所、香港中银集团经济研究部从事研究工作，曾任招商银行证券部总经理，深圳中大投资管理公司常务副总经理、总经理，长盛基金管理公司副总经理，中信基金管理有限公司总经理，博时基金管理有限公司董事长，招商证券股份有限公司董事、总裁，招商局金融集团有限公司高级顾问；现任华润深国投信托有限公司独立董事。 |
| 牛秋芳 | 独立董事 | 女 | 55 | 2017 年 12 月 | | | 曾任中国运载火箭技术研究院综合财务处会计，深圳万源实业有限公司总经理助理兼财务部经理，航天信托证券营业部总经理，东方证券红荔路营业部副总经理，深圳腾源投资有限公司投资部经理，深圳弘信方正投资管理有限公司副总经理，深圳龙浩南方投资管理有限公司投资部经理、深圳力和信达投资有限公司总经理；现任华润深国投信托有限公司独立董事。 |
| 谢兰军 | 独立董事 | 男 | 52 | 2018 年 12 月 | | | 曾任广东省河源市司法局执业律师、副科长，深圳市执业律师；现任北京市中银（深圳）律师事务所党支部书记、高级合伙人、律师，华润深国投信托有限公司独立董事。 |
| 刘小腊 | 董事 | 男 | 48 | 2016 年 6 月 | 华润股份有限公司 | 51 | 曾任招商银行计划资金部经理、资金交易部总经理助理、副总经理、金融市场部总经理、资产管理部总经理、同业金融总部常务副总经理，招商银行佛山分行党委书记，珠海华润银行常务副行长；现任华润深国投信托有限公司党委书记、董事、总经理。 |
| 洪 霄 | 董事 | 男 | 55 | 2016 年 6 月 | 深圳市人民政府国有资产监督管理委员会 | 49 | 曾任浙江省经贸学院教师，浙江省工商银行信托投资股份有限公司信贷科长、柯桥证券部经理，天和证券经纪有限公司温岭证券营业部总经理，国信证券有限责任公司义乌稠州北路证券营业部总经理、浙南分公司总经理，国信证券股份有限公司总裁助理兼资产管理总部总经理；现任华润深国投信托有限公司董事、副总经理。 |
| 郭庆卫 | 董事 | 男 | 48 | 2018 年 12 月 | 华润股份有限公司 | 51 | 曾任中国人民银行总行货币发行司干部，中国光大银行总行资产保全部副处长、处长、总经理助理、副总经理，总行办公室副处长、行长秘书、人力资源部副处长、党务工作部处长，法律合规部副总经理，第三届监事会职工监事，深圳分行党委委员、风险总监（副行长），中国民生信托有限公司副总裁；现任华润深国投信托有限公司党委委员、董事、副总经理兼董事会秘书。 |

董事会下属委员会

| 名称 | 职 责 |
|---|---|
| 风险管理与薪酬委员会 | 负责对高级管理层在合规、业务、市场、操作等方面的风险控制情况和薪酬方案的实施情况进行监督；对公司的风险状况进行定期评估并提出完善风险管理、内部控制和薪酬方案的意见；审议公司薪酬管理制度和政策。 |
| 审计与关联交易委员会 | 负责检查公司财务报告；监督公司内部审计制度及其实施，批准授权范围内的关联交易事项；评估公司内控制度健全性及关联交易情况；审核公司财务信息及其披露，检查、监督公司关联交易管理情况；批准公司内部审计部门负责人的任免；提出外部审计机构的聘请与更换建议。 |
| 信息披露委员会 | 负责公司年度报告的披露；公司重大事项临时报告的披露。 |
| 信托委员会 | 负责督促公司依法履行受托职责；检查公司信托业务情况，保证公司为受益人的最大利益服务；审批公司拟定的投资者权益保护方案并监督实施情况。 |

## 3.3 监事会

监事会成员

| 姓 名 | 职 务 | 性别 | 年龄（岁） | 选任日期 | 所代表的股东名称 | 股东持股比例（%） | 简要履历 |
|---|---|---|---|---|---|---|---|
| 李富川 | 监事会主席 | 男 | 58 | 2018 年 10 月 | 深圳市人民政府国有资产监督管理委员会 | 49 | 曾任深圳市振业股份有限公司投资决策研究室证券科科长、投资决策办主任兼资产管理部经理、董事会秘书，深圳市振业（集团）股份有限公司董事会办公室主任兼董事会秘书、总经理助理兼董事会秘书兼广东振业资产管理公司总经理、副总经理兼董事会秘书、党委副书记、董事、总经理，深圳市深福保（集团）有限公司党委书记、董事长；现任华润深国投信托有限公司监事会主席。 |
| 陈向军 | 监事 | 男 | 47 | 2016 年 4 月 | 华润股份有限公司 | 51 | 曾任中国华润总公司人事部劳资科科员、副经理、经理，五丰行有限公司投资部主任、副经理、高级经理、助理总经理兼五丰食品（深圳）有限公司常务副总、总经理，华润金融控股有限公司战略及业务发展部联席董事、风险管理及审计部联席董事、副总监；现任华润金融控股有限公司助理总经理，华润深国投信托有限公司监事。 |
| 陈晓芬 | 职工监事 | 女 | 35 | 2018 年 10 月 | | | 曾任华润深国投信托有限公司信托二部信托经理助理，战略发展部（后更名为研究发展部、投资管理部）经理，兼长园集团股份有限公司（股票代码 600525）监事；现任华润深国投信托有限公司监事、战略与人力资源部总监。 |

注：本公司监事会未设立下属委员会。

## 3.4 高级管理人员

高级管理人员

| 姓名 | 职务 | 性别 | 年龄(岁) | 任职日期 | 金融从业年限(年) | 学历 | 专业 | 简要履历 |
|---|---|---|---|---|---|---|---|---|
| 刘小腊 | 总经理 | 男 | 48 | 2016年6月 | 20 | 博士研究生 | 财政学 | 曾任招商银行计划资金部经理、资金交易部总经理助理、副总经理、金融市场部总经理、资产管理部总经理、同业金融总部常务副总经理,招商银行佛山分行党委书记,珠海华润银行常务副行长;现任华润深国投信托有限公司党委书记、董事、总经理。 |
| 洪　霄 | 副总经理 | 男 | 55 | 2016年6月 | 24 | 硕士研究生 | 工商管理 | 曾任浙江省经贸学院教师,浙江省工商银行信托投资股份有限公司信贷科长、柯桥证券部经理,天和证券经纪有限公司温岭证券营业部总经理,国信证券有限责任公司义乌稠州北路证券营业部总经理、浙南分公司总经理,国信证券股份有限公司总裁助理兼资产管理总部总经理;现任华润深国投信托有限公司董事、副总经理。 |
| 程　红 | 副总经理 | 女 | 52 | 2016年6月 | 26 | 硕士研究生 | 经济法 | 曾任深圳市医药生产供应公司业务员,深圳市人民保险公司办公室科员,深圳国际信托投资公司办公室科员、秘书档案科副科长、办公室主任助理、信托业务部经理助理兼信托管理科科长、信托业务部副总经理,深国投商业投资有限公司副总经理,深国投商用置业有限公司副总经理,深圳国际信托投资有限公司信托二部总经理,华润深国投信托有限公司信托业务本部总经理、结构融资部总经理;现任华润深国投信托有限公司副总经理。 |
| 郭庆卫 | 副总经理 | 男 | 48 | 2017年12月 | 25 | 硕士研究生 | 国际金融 | 曾任中国人民银行总行货币发行司干部,中国光大银行总行资产保全部副处长、处长、总经理助理、副总经理,总行办公室副处长、行长秘书、人力资源部副处长、党务工作部处长,法律合规部副总经理,第三届监事会职工监事,深圳分行党委委员、风险总监(副行长),中国民生信托有限公司副总裁;现任华润深国投信托有限公司党委委员、董事、副总经理兼董事会秘书。 |
| 卢　伦 | 财务总监 | 女 | 43 | 2016年6月 | 6 | 硕士研究生 | 金融数学 | 曾任华为技术有限公司人力资源部经理,晨星(深圳)资讯有限公司股票研究部上市公司财务分析师、行业分析员,华润(集团)有限公司财务部经理、高级经理,华润深国投信托有限公司财务运营部总经理、财务管理部总经理;现任华润深国投信托有限公司党委委员、财务总监。 |
| 张宏山 | 总经理助理 | 男 | 46 | 2018年12月 | 23 | 本科 | 工业会计 | 曾任中国银行烟台分行财会部会计主管,深圳发展银行总行会计出纳部制度主管,贵阳、苏州、昆明分行筹备组财会负责人,总行办公室文秘宣传主管,南京分行财会部副总经理(主持工作)、总经理,珠海分行计财总监、运营总监、财务执行官兼运营执行官,珠海华润银行总行战略规划与机构管理部总经理、人力资源部总经理,广州分行党支部书记、行长,华润资产管理有限公司法律风控党支部书记、风险管理部总经理兼法律合规部总经理;现任华润深国投信托有限公司党委委员、纪委书记、总经理助理。 |

## 3.5 公司员工

| | | 2018年末 | | 2017年末 | |
|---|---|---|---|---|---|
| | | 人数(人) | 比例(%) | 人数(人) | 比例(%) |
| 年龄分布 | 20岁以下 | — | — | — | — |
| | 21~30岁 | 154 | 40.96 | 117 | 32.50 |
| | 31~40岁 | 170 | 45.21 | 179 | 49.72 |
| | 41岁以上 | 52 | 13.83 | 64 | 17.78 |
| 学历分布 | 博士 | 14 | 3.72 | 12 | 3.33 |
| | 硕士 | 246 | 65.43 | 228 | 63.33 |
| | 本科 | 110 | 29.26 | 111 | 30.83 |
| | 专科 | 4 | 1.06 | 7 | 1.94 |
| | 其他 | 2 | 0.53 | 2 | 0.56 |
| 岗位分布 | 董事、监事及高管人员 | 7 | 1.86 | 7 | 1.94 |
| | 自营业务人员 | 4 | 1.06 | 6 | 0.56 |
| | 信托业务人员 | 229 | 60.90 | 237 | 65.83 |
| | 其他人员 | 136 | 36.17 | 110 | 31.67 |

# 4. 经营管理

## 4.1 经营目标、经营方针、战略规划

### 4.1.1 经营目标

公司以客户为导向,通过持续创新,建立专业专长,为客户持续提供定制化、差异化的综合解决方案,努力将自身打造成为领先的资产管理服务公司。

### 4.1.2 经营方针

公司定位资产管理服务,践行"平台化+基金化"战略,以平台孵化基金,以基金反哺平台;通过五大业务线、三台孵化器实现战略落地。

### 4.1.3 战略规划

公司继续深入贯彻实施"平台化+基金化"战略,积极探索创新业务模式,实现转型创新科学发展,做精证券投资,做强同业金融,做优结构金融,做实财富管理,做大普惠金融。

## 4.2 经营业务的主要内容

公司主要经营业务为信托业务和固有业务。

4.2.1 信托业务

信托业务主要种类包括:(1)债权信托。根据合同设立的信托计划,将资金借给需求方使用,约定期限和收益,到期连本带息收回。(2)股权信托。股权信托是指投资非上市的各类企业法人,不同于在二级市场上的股票交易。(3)标品信托。标准化产品的信托,投资标的是可分割、可变卖、可在公开市场流通的有价证券,可以是国债、期货、股票、金融衍生产品等。(4)同业信托。资金来源或运用于金融同业的信托产品。(5)财产信托。公司接受委托人的委托,将其合法拥有并且交付给公司的财产权设立财产权信托,依据信托文件的约定忠实受托人职责,为受益人利益或特定目的,管理或处分该财产。(6)资产证券化信托。充分利用信托公司资源配置、破产隔离的制度优势,充当各类资产证券化项目的资产受托机构,搭建协同平台,探索国内资产证券化的新路径和模式,为各类优质资产提供流动性。(7)公益(慈善)信托。由委托人提供一定的财产设立,公司作为受托人管理信托财产,并将信托财产用于信托文件制定的公益目的。(8)事务信托。公司根据委托人的指令,对信托财产进行管理和处分。

4.2.2 固有业务

固有业务是指使用公司固有资金进行的投资活动,包括但不限于公司信托产品投资、股权类投资、其他金融产品投资等,以及在符合公司固有资金运用原则下开展授信类业务,包括但不限于同业拆放、贷款(含过桥贷款)、提供增信、担保等。(除另有注明外,本报告中所有披露内容均为母公司口径)。

自营资产运用与分布表

| 资产运用 | 金额(万元) | 占比(%) | 资产分布 | 金额(万元) | 占比(%) |
|---|---|---|---|---|---|
| 货币资产 | 36 912.15 | 1.59 | 基础产业 | — | — |
| 贷款及应收款 | 328 249.49 | 14.16 | 房地产业 | 351 637.70 | 15.17 |
| 交易性金融资产 | — | — | 证券市场 | 156 842.51 | 6.77 |
| 可供出售金融资产 | 659 747.91 | 28.46 | 实业 | 8 100.83 | 0.35 |
| 持有至到期投资 | — | — | 金融机构 | 1 293 501.54 | 55.80 |
| 长期股权投资 | 1 225 139.54 | 52.85 | 其他 | 507 976.18 | 21.91 |
| 其他 | 68 009.67 | 2.94 | | | |
| 资产总计 | 2 318 058.76 | 100.00 | 资产总计 | 2 318 058.76 | 100.00 |

信托资产运用与分布表

| 资产运用 | 金额(万元) | 占比(%) | 资产分布 | 金额(万元) | 占比(%) |
|---|---|---|---|---|---|
| 货币资产 | 1 943 005.65 | 2.04 | 基础产业 | 2 332 094.22 | 2.44 |
| 拆出资金 | — | — | 房地产业 | 5 704 366.43 | 5.97 |
| 贷款及应收款 | 33 827 596.53 | 35.43 | 证券市场 | 43 244 860.78 | 45.29 |
| 交易性金融资产 | 39 440 280.95 | 41.30 | 实业 | 20 034 255.39 | 20.98 |
| 买入返售金融资产 | 2 964 332.05 | 3.10 | 金融机构 | 10 502 197.73 | 11.00 |
| 可供出售金融资产 | 16 672 422.51 | 17.46 | 其他 | 13 674 170.04 | 14.32 |
| 持有至到期投资 | — | — | | | |
| 长期股权投资 | 644 306.90 | 0.67 | | | |
| 信托资产总计 | 95 491 944.59 | 100.00 | 信托资产总计 | 95 491 944.59 | 100.00 |

## 4.3 市场分析

影响业务发展的因素

在监管机构的指导下,信托行业积极推动防风险、助实体、补短板等工作,取得了显著成效。截至2018年末,全部68家信托公司管理信托资产为22.70万亿元,主动管理类业务呈上升势头,业务结构不断优化,为信托公司带来更加稳定的发展格局。

《信托法》《信托公司条例》《信托公司股权管理办法》等法律法规将陆续修订和出台,顶层设计助推信托行业发展。随着经济快速发展和居民财富的积累,人民群众通过信托服务进行财富管理和传承的需求不断增加,信托业当前正处于大有可为的时代,在服务人民、服务实体经济方面空间巨大。

## 4.4 内部控制情况

4.4.1 内部控制环境和内部控制文化

公司历来重视内部控制环境的建设及内部控制文化的培育。通过建立健全内部控制制度、组织开展合规培训等方式不断强化员工合规及风险意识,公司形成了守法经营、合规展业、审慎稳健、勤勉尽责、理性创新、全员参与的内部控制和风险管理文化,引导员工建立诚信道德观念,强化合规意识和风险意识,提升员工职业道德水准,规范员工职业行为,使风险防范意识贯穿到公司各个部门、各个岗位和工作的各个环节。

4.4.2 内部控制措施

2018年,公司大力发展"平台化"业务,起步"基金化"业务,进一步研究并实践平台的交易化、标准化和规模化,项目的系统化、净值化和组合化。同时,公司继续加强对内部治理结构的完善,按照信托公司内部控制的要求,建立了清晰的内部控制目标和原则、完善的内部控制体系和制度,确保公司对风险的事前防范、事中控制、事后监督和反馈纠正;建立了明确的授权制度,制定了审批程序和审批权限的相关规定;建立了职责明确、分工合理、相互制衡的组织结构和内部牵制机制,构筑了全面覆盖业务管理、风险管理、财务管理、合规管理、合同管理、内部审计、员工违规追究等方面的完善的内部控制制度体系。

4.4.3 信息交流与反馈

公司董事会及下设的信息披露委员会按照银保监会的要求,按时、规范、全面、准确地在中国证券监督管理委员会指定的《上海证券报》《证券时报》及公司官网上披露年度报告及重大事项临时公告;通过公司网站向客户公开披露公司经营状况、信托资产管理状况等信息,并根据文件约定向相关利益人提交书面文件披露相关信息。

4.4.4 监督评价与纠正

2018年,公司对规章制度体系进行了全面修订,不断提升内控管理制度体系的完备性。公司通过设置相互制衡、相互监督的部门及岗位,及时发现内部控制存在的问题,并迅速予以纠正。公司具有独立并有效运作的内审部门行使后台监督职能,按照内控要求对公司经营情况定期或不定期进行内部审计稽核,并向董事会和高管层报告,公司董事会和高管层在收到报告后能够及时采取措施解决内控制度存在的问题。

报告期内,公司内控制度得到有效的执行,未发生因违反内控制度对公司财务状况、经营成果产生重大影响的事项。

## 4.5 风险管理

### 4.5.1 风险管理概况

2018年,公司继续优化全面风险管理体系,通过完善治理架构、优化管理流程、夯实体系基础等方式,进一步提升公司风险管理能力,为公司业务持续健康发展保驾护航。

2018年,公司风险管理治理架构进一步完善,风险管理委员会在公司管理层领导下,负责研究确定公司风险管理策略、目标,批准重要风险管理制度以及授权,指导、协调、监督各专业线条部门的风险管理工作,并对重要风险管理事项、资产决策事项进行决策。风险管理委员会下设投融资项目评审委员会、固有与财富业务投资委员会,针对不同类型的业务进行专业化决策。

公司结合业务发展需要,深化专业化分工,修订完善了覆盖各类业务品种的风险管理策略,确保各项策略的时效性与可操作性;根据业务风险度特征,明晰各业务审批路径,适当简化中间环节,有效提高决策效率。

### 4.5.2 风险状况

2018年,公司无新增风险项目,多层次、多维度的风险管理体系构建成效显著。

4.5.2.1 信用风险状况

信用风险主要是指交易对手因履约意愿或履约能力发生变化的违约而导致交易资产价值损失的风险。公司继续认真履行受托人谨慎尽职义务,有效管理信托项目,并注意分散风险,存量资产质量得到了持续优化。业务构成方面,以资金端与资产端风险相对较低的业务类型为主,交易主体已逐步向大型综合型企业迁徙,客户信用风险有所下降,客户集中度有所降低。报告期内,公司无新增重大信用风险事项。

4.5.2.2 市场风险状况

市场风险是指公司因股价、市场汇率、利率及其他价格因素变动而产生的风险。报告期内,公司未发生重大市场风险事项。

4.5.2.3 操作风险状况

操作风险是由不完善或有问题的内部流程、员工、信息科技系统等造成损失的风险。报告期内,公司未发生重大操作风险。

### 4.5.3 风险管理

公司秉承受益人利益最大化的目标,建立了相互独立、相互制衡的内部控制体系和统一、规范、高效的内部流程,对经营活动实施全面、持续的风险监控,以专业手段有效管理各类风险。

4.5.3.1 信用风险管理

针对信用风险,公司主要从四个方面采取管理策略:一是明确风险偏好,制定策略指引,明确不同业务的准入标准;二是风控进一步前置,立项阶段实质解构项目,充分识别项目风险,评估风险程度,制定应对预案进行控制,提升项目的可行性;三是业务主体及债项评级及风险分类体系搭建,结合当前宏观经济背景下的行业信用特征,提高了评级分布的精细度;四是实施投贷后全程跟踪管理机制,提前介入项目,全面披露项目运行风险,制定风险应对预案,保障项目到期安全退出。

4.5.3.2 市场风险管理

针对市场风险,公司主要从两个方面采取管理策略:一是及时调整投资策略和投资组合,注重低风险多元化对冲策略配置,密切关注经济运行状况,通过销售管理委员会,传递市场资金信息,通过提升项目融资成本,避免公司收益空间收窄,缓解资金募集压力;二是积极拓展募资渠道,提升资金募集能力。

2018年,在信托业务评审工作中,继续坚持充分识别揭露项目市场风险,评估风险程度,制定应对预案进行控制,提升项目可行性;在证券业务中,约定预警线及平仓线,持续完善信息化系统建设,进行实时监测,并按照法律法规规定按期进行信息披露,向投资者充分揭示市场风险;指定专职人员负责逐日盯市,进行风险监控,严格执行信托文件约定的投资限制条件;每月发布《投研参考》《华润信托·阳光私募股票多头指数(CREFI)月报》和《润信资讯》,识别系统性商机和业务机会,结合宏观经济政策情况、行业格局以及公司自身情况对行业面临的系统性风险进行分析和预警。

4.5.3.3 操作风险管理

公司坚持从四个方面防范操作风险:一是进行了内部架构调整,将风险管理与法律合规分设,通过明晰职权分工、明确岗位职责,构建相互监督制约的组织架构;二是加大风险管理相关专业人员配备,提高人员队伍专业素质和水平,完善授权管理和风险绩效考评机制;三是加强制度建设和信息系统建设,实现内部操作流程规范化和标准化;四是不断完善内外部审计、监察等各类专项监督,强化内部风险检查和宣传教育,积极营造和培育风险管理文化。

# 5. 报告期末及上一年度末的比较式会计报表

## 5.1 自营资产

### 5.1.1 会计师事务所审计意见全文

**审 计 报 告**

天职业字[2019]14044号

华润深国投信托有限公司:

一、审计意见

我们审计了后附的华润深国投信托有限公司(以下简称华润信托)财务报表,包括2018年12月31日的合并及母公司资产负债表,2018年度的合并及母公司利润表、合并及母公司现金流量表、合并及母公司所有者权益变动表,以及财务报表附注。

我们认为,后附的财务报表在所有重大方面按照企业会计准则的规定编制,公允反映了华润信托2018年12月31日的合并及母公司财务状况以及2018年度的合并及母公司经营成果和合并现金流量。

二、形成审计意见的基础

我们按照中国注册会计师审计准则的规定执行了审计工作。审计报告的"注册会计师对财务报表审计的责任"部分进一步阐述了我们在这些准则下的责任。按照中国注册会计师职业道德守则,我们独立于华润信托,并履行了职业道德方面的其他责任。我们相信,我们获取的审计证据是充分、适当的,为发表审计意见提供了基础。

三、管理层和治理层对财务报表的责任

管理层负责按照企业会计准则的规定编制财务报表,使其实现公允反映，并设计、执行和维护必要的内部控制，以使财务报表不存在由于舞弊或错误导致的重大错报。

在编制财务报表时，管理层负责评估华润信托的持续经营能力，披露与持续经营相关的事项（如适用），并运用持续经营假设，除非计划进行清算、终止运营或别无其他现实的选择。

治理层负责监督华润信托的财务报告过程。

四、注册会计师对财务报表审计的责任

我们的目标是对财务报表整体是否不存在由于舞弊或错误导致的重大错报获取合理保证，并出具包含审计意见的审计报告。合理保证是高水平的保证，但并不能保证按照审计准则执行的审计在某一重大错报存在时总能发现。错报可能由于舞弊或错误导致，如果合理预期错报单独或汇总起来可能影响财务报表使用者依据财务报表作出的经济决策，则通常认为错报是重大的。

在按照审计准则执行审计工作的过程中，我们运用了职业判断，并保持职业怀疑。同时，我们也执行以下工作：

（1）识别和评估由于舞弊或错误导致的财务报表重大错报风险，设计和实施审计程序以应对这些风险，并获取充分、适当的审计证据，作为发表审计意见的基础。由于舞弊可能涉及串通、伪造、故意遗漏、虚假陈述或凌驾于内部控制之上，未能发现由于舞弊导致的重大错报的风险高于未能发现由于错误导致的重大错报的风险。

（2）了解与审计相关的内部控制，以设计恰当的审计程序，但目的并非对内部控制的有效性发表意见。

（3）评价管理层选用会计政策的恰当性和作出会计估计及相关披露的合理性。

（4）对管理层使用持续经营假设的恰当性得出结论。同时，根据获取的审计证据，就可能导致对华润信托持续经营能力产生重大疑虑的事项或情况是否存在重大不确定性得出结论。如果我们得出结论认为存在重大不确定性，审计准则要求我们在审计报告中提请报表使用者注意财务报表中的相关披露；如果披露不充分，我们应当发表非无保留意见。我们的结论基于截至审计报告日可获得的信息。然而，未来的事项或情况可能导致华润信托不能持续经营。

（5）评价财务报表的总体列报、结构和内容（包括披露），并评价财务报表是否公允反映相关交易和事项。

（6）就华润信托中实体或业务活动的财务信息获取充分、适当的审计证据，以对财务报表发表审计意见。我们负责指导、监督和执行集团审计，并对审计意见承担全部责任。

我们与治理层就计划的审计范围、时间安排和重大审计发现等事项进行沟通，包括沟通我们在审计中识别出的值得关注的内部控制缺陷。

天职国际会计师事务所（特殊普通合伙）

中国注册会计师：黎明

中国注册会计师：何小兵

中国·北京　　二〇一九年四月二十二日

### 5.1.2 资产负债表

**资产负债表**

编制单位：华润深国投信托有限公司　　2018 年 12 月 31 日　　单位：万元

| 项目 | 合并 | | 母公司 | |
|---|---|---|---|---|
| | 期末数 | 期初数 | 期末数 | 期初数 |
| 资产 | | | | |
| 货币资金 | 46 732. 34 | 46 239. 30 | 36 912. 15 | 34 213. 27 |
| 以公允价值计量且其变动计入当期损益的金融资产 | 2 339. 76 | 939. 55 | — | — |
| 买入返售金融资产 | — | — | — | — |
| 应收股利 | — | — | — | — |
| 应收利息 | 45. 90 | 12. 81 | — | — |
| 预付款项 | 1 292. 23 | 902. 38 | 1 110. 21 | 623. 34 |
| 应收账款 | 49 092. 20 | 42 814. 69 | 47 413. 61 | 39 631. 71 |
| 其他应收款 | 325 438. 72 | 234 655. 66 | 279 725. 67 | 213 146. 68 |
| 长期应收款 | — | — | — | — |
| 发放贷款及垫款 | — | — | — | — |
| 可供出售金融资产 | 702 416. 24 | 632 079. 85 | 659 747. 90 | 584 593. 20 |
| 持有至到期投资 | — | — | — | — |
| 长期股权投资 | 1 190 646. 68 | 1 181 859. 45 | 1 225 139. 54 | 1 215 493. 43 |
| 投资性房地产 | 1 893. 95 | 1 966. 06 | 1 893. 95 | 1 966. 06 |
| 固定资产 | 8 167. 14 | 8 767. 44 | 7 989. 95 | 8 536. 71 |
| 在建工程 | — | — | — | — |
| 无形资产 | 3 333. 94 | 2 970. 41 | 2 998. 94 | 2 705. 34 |
| 递延所得税资产 | 55 098. 99 | 70 171. 15 | 54 849. 65 | 70 080. 28 |
| 其他资产 | 1 442. 60 | 1 051. 08 | 277. 19 | 425. 58 |
| 资产总计 | 2 387 940. 69 | 2 224 429. 83 | 2 318 058. 76 | 2 171 415. 60 |

**资产负债表(续)**

编制单位:华润深国投信托有限公司　　2018 年 12 月 31 日　　单位:万元

| 项　目 | 合并 | | 母公司 | |
|---|---|---|---|---|
| | 期末数 | 期初数 | 期末数 | 期初数 |
| 负债 | | | | |
| 吸收存款及同业存放 | — | — | — | — |
| 拆入资金 | 130 000.00 | — | 130 000.00 | — |
| 以公允价值计量且其变动计入当期损益的金融负债 | — | — | — | — |
| 卖出回购金融资产款 | — | — | — | — |
| 短期借款 | — | — | — | — |
| 预收款项 | 512.25 | 900.67 | 388.93 | 776.68 |
| 应付职工薪酬 | 25 757.54 | 25 885.34 | 24 601.23 | 24 689.69 |
| 应交税费 | 14 129.76 | 11 088.85 | 13 600.70 | 10 917.06 |
| 应付利息 | 394.17 | 662.76 | 394.17 | 662.76 |
| 应付股利 | — | — | — | — |
| 其他应付款 | 164 499.08 | 240 889.20 | 157 211.47 | 234 534.49 |
| 预计负债 | 19 853.76 | 51 191.98 | 19 853.76 | 51 191.98 |
| 长期借款 | — | — | — | — |
| 递延所得税负债 | 2 136.96 | 2 267.05 | 2 136.96 | 2 173.67 |
| 递延收益 | — | — | — | — |
| 其他负债 | — | — | — | — |
| 负债合计 | 357 283.52 | 332 885.85 | 348 187.22 | 324 946.33 |
| 所有者权益 | | | | |
| 实收资本 | 1 100 000.00 | 600 000.00 | 1 100 000.00 | 600 000.00 |
| 资本公积 | 87 807.75 | 87 871.31 | 87 807.75 | 87 871.31 |
| 其他综合收益 | -28 688.46 | 17 528.36 | -28 137.59 | 17 248.21 |
| 盈余公积 | 126 678.11 | 105 272.92 | 126 678.11 | 105 272.92 |
| 信托赔偿准备金 | 83 064.05 | 72 361.46 | 83 064.05 | 72 361.46 |
| 一般风险准备 | 35 353.74 | 33 431.38 | 35 353.74 | 33 431.38 |
| 未分配利润 | 623 941.79 | 970 566.14 | 565 105.48 | 930 283.99 |
| 归属于母公司所有者权益合计 | 2 028 156.98 | 1 887 031.57 | — | — |
| 少数股东权益 | 2 500.19 | 4 512.41 | — | — |
| 所有者权益合计 | 2 030 657.17 | 1 891 543.98 | 1 969 871.54 | 1 846 469.27 |
| 负债及所有者权益合计 | 2 387 940.69 | 2 224 429.83 | 2 318 058.76 | 2 171 415.60 |

### 5.1.3 利润表

**利润表**

编制单位:华润深国投信托有限公司　　2018 年度　　单位:万元

| 项　目 | 合并 | | 母公司 | |
|---|---|---|---|---|
| | 当年数 | 上年数 | 当年数 | 上年数 |
| 一、营业收入 | 270 783.08 | 267 536.71 | 238 753.95 | 260 261.04 |
| 利息净收入 | -15 408.17 | 17.54 | -15 438.29 | -16.74 |
| 利息收入 | 480.63 | 3 199.23 | 233.23 | 3 149.25 |
| 利息支出 | 15 888.80 | 3 181.69 | 15 671.52 | 3 165.99 |
| 手续费及佣金收入净收入 | 131 444.08 | 109 362.04 | 124 427.99 | 102 121.92 |
| 手续费及佣金收入 | 131 527.68 | 109 362.04 | 124 511.59 | 102 121.92 |
| 手续费及佣金支出 | 83.60 | — | 83.60 | — |
| 投资收益 | 153 233.57 | 156 361.43 | 128 316.92 | 156 594.48 |
| 其中:对联营企业的投资收益 | 85 931.69 | 114 980.41 | 86 090.56 | 115 055.10 |
| 公允价值变动收益 | — | — | — | — |
| 汇兑收益(亏损以"-"号填列) | -3.45 | 5.35 | -3.88 | 5.35 |
| 其他业务收入 | 1 370.02 | 1 299.80 | 1 321.49 | 1 254.52 |
| 资产处置收益(亏损以"-"号填列) | 0.37 | -30.62 | 0.37 | -30.62 |
| 其他收益 | 146.66 | 521.17 | 129.35 | 332.13 |
| 二、营业支出 | 21 712.44 | 7 913.35 | 13 133.02 | 447.67 |

续表

| 项　目 | 合并 | | 母公司 | |
|---|---|---|---|---|
| | 当年数 | 上年数 | 当年数 | 上年数 |
| 营业税金及附加 | 1 187. 31 | 955. 03 | 1 146. 08 | 911. 87 |
| 业务及管理费 | 49 726. 21 | 45 941. 61 | 41 188. 02 | 39 154. 31 |
| 资产减值损失 | -29 574. 56 | -39 356. 71 | -29 574. 56 | -39 991. 93 |
| 其他业务成本 | 373. 48 | 373. 42 | 373. 48 | 373. 42 |
| 三、营业利润 | 249 070. 64 | 259 623. 36 | 225 620. 93 | 259 813. 37 |
| 加:营业外收入 | 31 343. 04 | 31. 43 | 31 343. 04 | 31. 43 |
| 减:营业外支出 | 772. 46 | 64. 06 | 772. 47 | 38. 08 |
| 四、利润总额(亏损总额以"-"号填列) | 279 641. 21 | 259 590. 73 | 256 191. 50 | 259 806. 72 |
| 减:所得税费用 | 49 047. 37 | 34 819. 40 | 42 139. 59 | 33 805. 44 |
| 五、净利润(净亏损以"-"号填列) | 230 593. 84 | 224 771. 33 | 214 051. 91 | 226 001. 28 |
| 归属于母公司所有者的净利润 | 232 606. 06 | 226 525. 76 | 214 051. 91 | 226 001. 28 |
| *少数股东损益 | -2 012. 22 | -1 754. 43 | — | — |
| 六、其他综合收益的税后净额 | -46 216. 82 | 13 007. 19 | -45 385. 80 | 12 659. 86 |
| 归属于母公司所有者的其他综合收益的税后净额 | -46 216. 82 | 13 007. 19 | — | — |
| (一)不能重分类进损益的其他综合收益 | — | — | — | — |
| (二)将重分类进损益的其他综合收益 | -46 216. 82 | 13 007. 19 | -45 385. 80 | 12 659. 86 |
| 1. 权益法下可转损益的其他综合收益 | -45 448. 72 | 12 917. 35 | -45 448. 72 | 12 917. 35 |
| 2. 可供出售金融资产公允价值变动损益 | -768. 10 | 89. 84 | 62. 92 | -257. 49 |
| 归属于少数股东的其他综合收益的税后净额 | — | — | — | — |
| 七、综合收益总额 | 184 377. 02 | 237 778. 52 | 168 666. 11 | 238 661. 14 |
| 归属于母公司所有者的综合收益总额 | 186 389. 24 | 239 532. 95 | 168 666. 11 | 238 661. 14 |
| 归属于少数股东的综合收益总额 | -2 012. 22 | -1 754. 43 | — | — |

### 5. 1. 4　所有者权益变动表

**所有者权益变动表(合并)**

编制单位:华润深国投信托有限公司　　2018 年度　　单位:万元

| 项　目 | 本年金额 | | | | | | | | | |
|---|---|---|---|---|---|---|---|---|---|---|
| | 归属于母公司所有者权益 | | | | | | | | 少数股东权益 | 所有者权益合计 |
| | 实收资本(或股本) | 资本公积 | 其他综合收益 | 盈余公积 | 信托赔偿准备金 | 一般风险准备 | 未分配利润 | 小计 | | |
| 一、上年年末余额 | 600 000. 00 | 87 871. 31 | 17 528. 36 | 105 272. 92 | 72 361. 45 | 33 431. 38 | 970 566. 14 | 1 887 031. 56 | 4 512. 41 | 1 891 543. 97 |
| 二、本年年初余额 | 600 000. 00 | 87 871. 31 | 17 528. 36 | 105 272. 92 | 72 361. 45 | 33 431. 38 | 970 566. 14 | 1 887 031. 56 | 4 512. 41 | 1 891 543. 97 |
| 三、本年增减变动金额(减少以"-"号填列) | 500 000. 00 | -63. 56 | -46 216. 82 | 21 405. 19 | 10 702. 60 | 1 922. 36 | -346 624. 35 | 141 125. 42 | -2 012. 22 | 139 113. 20 |
| (一)综合收益总额 | — | — | -46 280. 38 | — | — | — | 232 606. 06 | 186 325. 68 | -2 012. 22 | 184 313. 46 |
| (二)所有者投入和减少资本 | — | — | — | — | — | — | — | — | — | — |
| 1. 所有者投入的普通股 | — | — | — | — | — | — | — | — | — | — |
| 2. 其他权益工具持有者投入资本 | — | — | — | — | — | — | — | — | — | — |
| 3. 股份支付计入股东权益的金额 | — | — | — | — | — | — | — | — | — | — |
| 4. 其他 | — | — | — | — | — | — | — | — | — | — |
| (三)利润分配 | — | — | — | 21 405. 19 | 10 702. 60 | 1 922. 36 | -79 230. 41 | -45 200. 26 | — | -45 200. 26 |
| 1. 提取盈余公积 | — | — | — | 21 405. 19 | — | — | -21 405. 19 | — | — | — |
| 2. 提取信托赔偿准备金 | — | — | — | — | 10 702. 60 | — | -10 702. 60 | — | — | — |
| 3. 提取一般风险准备金 | — | — | — | — | — | 1 922. 36 | -1 922. 36 | — | — | — |
| 4. 对所有者(或股东)的分配 | — | — | — | — | — | — | -45 200. 26 | -45 200. 26 | — | -45 200. 26 |
| 5. 其他 | — | — | — | — | — | — | — | — | — | — |
| (四)所有者权益内部结转 | 500 000. 00 | -63. 56 | 63. 56 | — | — | — | -500 000. 00 | — | — | — |
| 1. 资本公积转增资本(或股本) | — | — | — | — | — | — | — | — | — | — |
| 2. 盈余公积转增资本(或股本) | — | — | — | — | — | — | — | — | — | — |
| 3. 盈余公积弥补亏损 | — | — | — | — | — | — | — | — | — | — |
| 4. 设定受益计划变动额结转留存收益 | — | -63. 56 | 63. 56 | — | — | — | — | — | — | — |
| 5. 其他 | 500 000. 00 | — | — | — | — | — | -500 000. 00 | — | — | — |
| 四、本年年末余额 | 1 100 000. 00 | 87 807. 75 | -28 688. 46 | 126 678. 11 | 83 064. 05 | 35 353. 74 | 623 941. 79 | 2 028 156. 98 | 2 500. 19 | 2 030 657. 17 |

## 所有者权益变动表(合并)(续)

编制单位:华润深国投信托有限公司　　2018 年度　　单位:万元

| 项　　目 | 上年金额 | | | | | | | | | |
|---|---|---|---|---|---|---|---|---|---|---|
| | 归属于母公司所有者权益 | | | | | | | | 少数股东权益 | 所有者权益合计 |
| | 实收资本(或股本) | 资本公积 | 其他综合收益 | 盈余公积 | 信托赔偿准备金 | 一般风险准备 | 未分配利润 | 小计 | | |
| 一、上年年末余额 | 600 000. 00 | 85 632. 39 | 4 521. 17 | 82 672. 79 | 61 061. 39 | 27 394. 20 | 822 754. 46 | 1 684 036. 40 | 6 266. 84 | 1 690 303. 24 |
| 二、本年年初余额 | 600 000. 00 | 85 632. 39 | 4 521. 17 | 82 672. 79 | 61 061. 39 | 27 394. 20 | 822 754. 46 | 1 684 036. 40 | 6 266. 84 | 1 690 303. 24 |
| 三、本年增减变动金额(减少以“-”号填列) | — | 2 238. 92 | 13 007. 19 | 22 600. 13 | 11 300. 06 | 6 037. 18 | 147 811. 68 | 202 995. 16 | -1 754. 43 | 201 240. 73 |
| (一)综合收益总额 | — | — | 15 246. 11 | — | — | — | 226 525. 76 | 241 771. 87 | -1 754. 43 | 240 017. 44 |
| (二)所有者投入和减少资本 | — | — | — | — | — | — | — | — | — | — |
| 1. 所有者投入的普通股 | — | — | — | — | — | — | — | — | — | — |
| 2. 其他权益工具持有者投入资本 | — | — | — | — | — | — | — | — | — | — |
| 3. 股份支付计入股东权益的金额 | — | — | — | — | — | — | — | — | — | — |
| 4. 其他 | — | — | — | — | — | — | — | — | — | — |
| (三)利润分配 | — | — | — | 22 600. 13 | 11 300. 06 | 6 037. 18 | -78 714. 08 | -38 776. 71 | — | -38 776. 71 |
| 1. 提取盈余公积 | — | — | — | 22 600. 13 | — | — | -22 600. 13 | — | — | — |
| 2. 提取信托赔偿准备金 | — | — | — | — | 11 300. 06 | — | -11 300. 06 | — | — | — |
| 3. 提取一般风险准备金 | — | — | — | — | — | 6 037. 18 | -6 037. 18 | — | — | — |
| 4. 对所有者(或股东)的分配 | — | — | — | — | — | — | -38 776. 71 | -38 776. 71 | — | -38 776. 71 |
| 5. 其他 | — | — | — | — | — | — | — | — | — | — |
| (四)所有者权益内部结转 | — | 2 238. 92 | -2 238. 92 | — | — | — | — | — | — | — |
| 1. 资本公积转增资本(或股本) | — | — | — | — | — | — | — | — | — | — |
| 2. 盈余公积转增资本(或股本) | — | — | — | — | — | — | — | — | — | — |
| 3. 盈余公积弥补亏损 | — | — | — | — | — | — | — | — | — | — |
| 4. 设定受益计划变动额结转留存收益 | — | — | — | — | — | — | — | — | — | — |
| 5. 其他 | — | 2 238. 92 | -2 238. 92 | — | — | — | — | — | — | — |
| 四、本年年末余额 | 600 000. 00 | 87 871. 31 | 17 528. 36 | 105 272. 92 | 72 361. 45 | 33 431. 38 | 970 566. 14 | 1 887 031. 56 | 4 512. 41 | 1 891 543. 97 |

## 所有者权益变动表(母公司)

编制单位:华润深国投信托有限公司　　2018 年度　　单位:万元

| 项　目 | 本年金额 | | | | | | | |
|---|---|---|---|---|---|---|---|---|
| | 归属于母公司所有者权益 | | | | | | | 所有者权益合计 |
| | 实收资本(或股本) | 资本公积 | 其他综合收益 | 盈余公积 | 信托赔偿准备金 | 一般风险准备 | 未分配利润 | |
| 一、上年年末余额 | 600 000. 00 | 87 871. 31 | 17 248. 21 | 105 272. 92 | 72 361. 45 | 33 431. 38 | 930 283. 98 | 1 846 469. 25 |
| 二、本年年初余额 | 600 000. 00 | 87 871. 31 | 17 248. 21 | 105 272. 92 | 72 361. 45 | 33 431. 38 | 930 283. 98 | 1 846 469. 25 |
| 三、本年增减变动金额(减少以“-”号填列) | 500 000. 00 | -63. 56 | -45 385. 80 | 21 405. 19 | 10 702. 60 | 1 922. 36 | -365 178. 50 | 123 402. 29 |
| (一)综合收益总额 | — | — | -45 449. 36 | — | — | — | 214 051. 91 | 168 602. 55 |
| (二)所有者投入和减少资本 | — | — | — | — | — | — | — | — |
| 1. 所有者投入的普通股 | — | — | — | — | — | — | — | — |
| 2. 其他权益工具持有者投入资本 | — | — | — | — | — | — | — | — |
| 3. 股份支付计入股东权益的金额 | — | — | — | — | — | — | — | — |
| 4. 其他 | — | — | — | — | — | — | — | — |
| (三)利润分配 | — | — | — | 21 405. 19 | 10 702. 60 | 1 922. 36 | -79 230. 41 | -45 200. 26 |
| 1. 提取盈余公积 | — | — | — | 21 405. 19 | — | — | -21 405. 19 | — |
| 2. 提取信托赔偿准备金 | — | — | — | — | 10 702. 60 | — | -10 702. 60 | — |
| 3. 提取一般风险准备金 | — | — | — | — | — | 1 922. 36 | -1 922. 36 | — |
| 4. 对所有者(或股东)的分配 | — | — | — | — | — | — | -45 200. 26 | -45 200. 26 |
| 5. 其他 | | | | | | | | |
| (四)所有者权益内部结转 | 500 000. 00 | -63. 56 | 63. 56 | — | — | — | -500 000. 00 | — |
| 1. 资本公积转增资本(或股本) | — | — | — | — | — | — | — | — |
| 2. 盈余公积转增资本(或股本) | — | — | — | — | — | — | — | — |
| 3. 盈余公积弥补亏损 | — | — | — | — | — | — | — | — |
| 4. 设定受益计划变动额结转留存收益 | — | — | — | — | — | — | — | — |
| 5. 其他 | 500 000. 00 | -63. 56 | 63. 56 | — | — | — | -500 000. 00 | — |
| 四、本年年末余额 | 1 100 000. 00 | 87 807. 75 | -28 137. 59 | 126 678. 11 | 83 064. 05 | 35 353. 74 | 565 105. 48 | 1 969 871. 54 |

所有者权益变动表（母公司）（续）

编制单位：华润深国投信托有限公司　　2018年度　　单位：万元

| 项　目 | 上年金额 | | | | | | | |
|---|---|---|---|---|---|---|---|---|
| | 归属于母公司所有者权益 | | | | | | | 所有者权益合计 |
| | 实收资本（或股本） | 资本公积 | 其他综合收益 | 盈余公积 | 信托赔偿准备金 | 一般风险准备 | 未分配利润 | |
| 一、上年年末余额 | 600 000. 00 | 85 632. 39 | 4 588. 35 | 82 672. 79 | 61 061. 39 | 27 394. 20 | 782 996. 78 | 1 644 345. 90 |
| 二、本年年初余额 | 600 000. 00 | 85 632. 39 | 4 588. 35 | 82 672. 79 | 61 061. 39 | 27 394. 20 | 782 996. 78 | 1 644 345. 90 |
| 三、本年增减变动金额（减少以“－”号填列） | — | 2 238. 92 | 12 659. 86 | 22 600. 13 | 11 300. 06 | 6 037. 18 | 147 287. 20 | 202 123. 35 |
| （一）综合收益总额 | — | — | 14 898. 78 | — | — | — | 226 001. 28 | 240 900. 06 |
| （二）所有者投入和减少资本 | — | — | — | — | — | — | — | — |
| 1. 所有者投入的普通股 | — | — | — | — | — | — | — | — |
| 2. 其他权益工具持有者投入资本 | — | — | — | — | — | — | — | — |
| 3. 股份支付计入股东权益的金额 | — | — | — | — | — | — | — | — |
| 4. 其他 | — | — | — | — | — | — | — | — |
| （三）利润分配 | — | — | — | 22 600. 13 | 11 300. 06 | 6 037. 18 | -78 714. 08 | -38 776. 71 |
| 1. 提取盈余公积 | — | — | — | 22 600. 13 | — | — | -22 600. 13 | — |
| 2. 提取信托赔偿准备金 | — | — | — | — | 11 300. 06 | — | -11 300. 06 | — |
| 3. 提取一般风险准备金 | — | — | — | — | — | 6 037. 18 | -6 037. 18 | — |
| 4. 对所有者（或股东）的分配 | — | — | — | — | — | — | -38 776. 71 | -38 776. 71 |
| 5. 其他 | — | — | — | — | — | — | — | — |
| （四）所有者权益内部结转 | — | 2 238. 92 | -2 238. 92 | — | — | — | — | — |
| 1. 资本公积转增资本（或股本） | — | — | — | — | — | — | — | — |
| 2. 盈余公积转增资本（或股本） | — | — | — | — | — | — | — | — |
| 3. 盈余公积弥补亏损 | — | — | — | — | — | — | — | — |
| 4. 设定受益计划变动额结转留存收益 | — | — | — | — | — | — | — | — |
| 5. 其他 | — | 2 238. 92 | -2 238. 92 | — | — | — | — | — |
| 四、本年年末余额 | 600 000. 00 | 87 871. 31 | 17 248. 21 | 105 272. 92 | 72 361. 45 | 33 431. 38 | 930 283. 98 | 1 846 469. 25 |

## 5.2　信托财产

### 信托项目资产负债汇总表

信托项目资产负债汇总表

编制单位：华润深国投信托有限公司　　2018年12月31日　　单位：万元

| 信托资产 | 期末数 | 期初数 | 信托负债和权益 | 期末数 | 期初数 |
|---|---|---|---|---|---|
| 信托资产： | | | 信托负债： | | |
| 货币资金 | 1 943 005. 65 | 7 841 987. 06 | 应付受托人报酬 | 26 595. 57 | 28 060. 81 |
| 拆出资金 | — | 260 000. 00 | 应付托管费 | 7 550. 00 | 8 780. 93 |
| 应收款项 | 5 750 008. 95 | 6 111 919. 79 | 应付受益人收益 | 890 814. 99 | 630 398. 49 |
| 买入返售金融资产 | 2 964 332. 05 | 3 825 697. 00 | 其他应付款项 | 235 935. 43 | 149 633. 43 |
| 交易性金融资产 | 39 440 280. 95 | 61 744 637. 17 | 应交税费 | 20 297. 19 | -0. 01 |
| 可供出售金融资产 | 16 672 422. 51 | 22 782 824. 52 | 卖出回购资产款 | 3 811 184. 37 | 5 533 553. 71 |
| 持有至到期投资 | — | — | 交易性金融负债 | — | — |
| 长期股权投资 | 644 306. 90 | 648 132. 77 | 其他负债 | — | — |
| 贷款 | 28 077 587. 58 | 31 478 741. 42 | 信托负债合计 | 4 992 377. 55 | 6 350 427. 37 |
| 应收融资租赁款 | — | — | 信托权益： | — | — |
| 固定资产 | — | — | 实收信托 | 89 938 400. 59 | 124 589 334. 21 |
| 无形资产 | — | — | 资本公积 | 169 779. 28 | -247 061. 14 |
| 长期待摊费用 | — | — | 未分配利润 | 391 387. 16 | 4 001 239. 29 |
| 其他资产 | — | — | 信托权益合计 | 90 499 567. 04 | 128 343 512. 36 |
| 信托资产总计 | 95 491 944. 59 | 134 693 939. 73 | 信托负债及权益总计 | 95 491 944. 59 | 134 693 939. 73 |

信托项目利润及利润分配汇总表

编制单位:华润深国投信托有限公司　　2018 年度　　单位:万元

| 项　目 | 当年数 | 上年数 |
|---|---|---|
| 一、营业收入 | 1 538 218.07 | 5 468 149.56 |
| 利息收入 | 3 604 891.94 | 2 399 571.12 |
| 投资收益 | 293 002.77 | 2 026 482.89 |
| 公允价值变动损益 | -2 359 860.01 | 1 040 335.02 |
| 汇兑收益 | — | — |
| 其他业务收入 | 183.37 | 1 760.53 |
| 二、营业支出 | 591 680.53 | 366 627.78 |
| 利息支出 | — | — |
| 营业税金及附加 | 11 771.23 | 18.88 |
| 业务及管理费 | 530 680.98 | 342 806.19 |
| 资产减值损失 | 49 228.32 | 23 802.70 |
| 其他业务成本 | — | — |
| 三、信托营业利润 | 946 537.54 | 5 101 521.78 |
| 加:营业外收入 | — | — |
| 减:营业外支出 | 57 265.85 | 426.08 |
| 四、信托利润 | 889 271.69 | 5 101 095.69 |
| 加:期初未分配信托利润 | 4 001 239.29 | 2 679 447.81 |
| 五、可供分配的信托利润 | 4 890 510.98 | 7 780 543.50 |
| 减:本期已分配信托利润 | 4 499 123.82 | 3 779 304.21 |
| 六、期末未分配信托利润 | 391 387.16 | 4 001 239.29 |

## 6. 会计报表附注

### 6.1　年度会计报表编制基础及合并报表的并表范围说明

**6.1.1　本公司编制会计报表所采用的主要会计政策,是根据财政部 2006 年 2 月 15 日颁布的《企业会计准则》及其补充规定制定的**

**6.1.2　本年纳入合并报表范围的子企业及结构化主体基本情况**

| 企业名称 | 注册地 | 业务性质 | 注册资本(万元) | 持股比例(%) | 享有的表决权(%) |
|---|---|---|---|---|---|
| 深圳红树林创业投资有限公司 | 深圳 | 创业投资 | 20 000.00 | 100.00 | 100.00 |
| 华润元大基金管理有限公司 | 深圳 | 基金管理 | 30 000.00 | 51.00 | 51.00 |
| 深圳华润元大资产管理有限公司 | 深圳 | 资产管理 | 5 500.00 | 51.00 | 51.00 |

### 6.2　重要会计政策和会计估计说明

**6.2.1　计提资产减值准备的范围和方法**

6.2.1.1　金融资产减值

除了以公允价值计量且其变动计入当期损益的金融资产外,本公司在每个资产负债表日对其他金融资产的账面价值进行检查,有客观证据表明金融资产发生减值的,计提减值准备。金融资产发生减值的客观证据,包括下列可观察到的各项事项:发行方或债务人发生严重财务困难;债务人违反了合同条款,如偿付利息或本金发生违约或逾期等;本公司出于经济或法律等方面因素的考虑,对发生财务困难的债务人作出让步;债务人很可能倒闭或者进行其他财务重组;因发行方发生重大财务困难,导致金融资产无法在活跃市场继续交易;无法辨认一组金融资产中的某项资产的现金流量是否已经减少,但根据公开的数据对其进行总体评价后发现,该组金融资产自初始确认以来的预计未来现金流量确已减少且可计量,包括:(1)该组金融资产的债务人支付能力逐步恶化;(2)债务人所在国家或地区经济出现了可能导致该组金融资产无法支付的状况;(3)债务人经营所处的技术、市场、经济或法律环境等发生重大不利变化,使权益工具投资人可能无法收回投资成本;(4)权益工具投资的公允价值发生严重或非暂时性下跌;(5)其他表明金融资产发生减值的客观证据。

6.2.1.1.1　持有至到期投资、贷款和应收款项减值

以成本或摊余成本计量的金融资产将其账面价值减记至预计未来现金流量现值,减记金额确认为减值损失,计入当期损益。金融资产在确认减值损失后,如有客观证据表明该金融资产价值已恢复,且客观上与确认该损失后发生的事项有关,原确认的减值损失予以转回,金融资产转回减值损失后的账面价值不超过假定不计提减值准备情况下该金融资产在转回日的摊余成本。

6.2.1.1.2　可供出售金融资产减值

可供出售金融资产的公允价值下跌至可供出售金融资产发生减值时,将原直接计入资本公积的因公允价值下降形成的累计损失予以转出并计入当期损益,该转出的累计损失为该资产初始取得成本扣除已收回本金和已摊销金额、当前公允价值和原已计入损益的减值损失后的余额。

在确认减值损失后,期后如有客观证据表明该金融资产价值已恢复,且客观上与确认该损失后发生的事项有关,原确认的减值损失予以转回,可供出售权益工具投资的减值损失转回计入权益,可供出售债务工具的减值损失转回计入当期损益。在活跃市场中没有报价且其公允价值不能可靠计量的权益工具投资,或与该权益工具挂钩并须通过交付该权益工具结算的衍生金融资产的减值损失,不予转回。

6.2.1.2　其他资产减值

本公司在每一个资产负债表日检查长期股权投资、固定资产、在建工程、投资性房地产、使用寿命确定的无形资产等长期资产是否存在可能发生减值的迹象。

如果该等资产存在减值迹象,则估计其可收回金额。估计资产的可收回金额以单项资产为基础,如果难以对单项资产的可收回金额进行估计的,则以该资产所属的资产组为基础确定资产组的可收回金额。如果资产的可收回金额低于其账面价值,按其差额计提资产减值准备,并计入当期损益。

可收回金额为资产的公允价值减去处置费用后的净额与资产预计未来现金流量的现值两者之中的较高者。资产的公允价值根据公平交易中销售协议价格确定;不存在销售协议但存在资产活跃市场的,公允价值按照该资产的买方出价确定;不存在销售协议和资产活跃市场的,则以可获取的最佳信息为基础估计资产的公允价值。处置费用包括与资产处置有关的法律费用、相关税费、搬运费以及为使资产达到可销售状态所发生的直接费用。

其他资产的减值损失一经确认,在以后会计期间不予转回。

6.2.1.2.1　计提资产减值准备的范围

持有至到期投资、贷款及应收款项、可供出售金融资产、长期股权投资、投资性房地产、固定资产、在建工程、无形资产(包括资本化的开发支出)、商誉等。

6.2.1.2.2 计提资产减值准备的方法

（1）持有至到期投资、贷款及应收款项减值的计量

公司采用单独减值评估和组合减值评估两种方法评估此类金融资产减值损失：对单项金额重大的金融资产是否存在减值的客观证据进行单独评估，对单项金额不重大的金融资产是否存在发生减值的客观证据进行组合评估。如果没有客观证据表明单独评估的金融资产存在减值情况，无论该金融资产金额是否重大，公司将其包括在具有类似信用风险特征的金融资产组别中，再进行组合减值评估。单独进行评估减值并且已确认或继续确认减值损失的资产，不再纳入组合减值评估的范围。

持有至到期投资、贷款及应收款项金融资产确认减值损失后，如有客观证据表明该金融资产价值已恢复，且客观上与确认该损失后发生的事项有关（如债务人的信用评级已提高等），原确认的减值准备予以转回，计入当期损益。转回后的账面价值不超过假定不计提减值准备情况下该金融资产在转回日的摊余成本。

（2）可供出售金融资产减值的计量

可供出售金融资产发生减值时，原直接计入股东权益中的因公允价值下降形成的累计损失，予以转出，计入当期损益。该转出的累计损失，等于可供出售金融资产的初始取得成本扣除已收回本金和已摊销金额、当前公允价值和原已计入损益的减值损失后的余额。

在活跃市场中没有报价且其公允价值不能计量的权益工具投资，发生减值时，将该权益工具投资的账面价值，与按照类似金融资产当时市场收益率对未来现金流量折现确定的现值之间的差额，确认减值损失，计入当期损益。

已经确认减值损失的可供出售债务工具，在随后的会计期间公允价值已上升且客观上与确认原减值损失后发生的事项有关，原确认的减值损失予以转回，计入当期损益。可供出售权益工具投资发生的减值损失，不通过损益转回。

（3）对长期股权投资减值的计量

资产负债表日，若因市价持续下跌或被投资单位经营状况恶化等原因使长期股权投资存在减值迹象时，根据长期股权投资的公允价值减去处置费用后的净额与长期股权投资预计未来现金流量的现值两者之间较高者确定长期股权投资的可收回金额。

长期股权投资的可收回金额低于账面价值时，按其差额计提资产减值准备。所计提的长期股权投资减值准备在以后年度不再转回。

（4）其他资产减值的计量

对除金融资产以外的资产减值，按以下方法确定：资产负债表日判断资产是否存在可能发生减值的迹象，存在减值迹象的，公司将估计其可收回金额，进行减值测试。

可收回金额根据资产的公允价值减去处置费用后的净额与资产预计未来现金流量的现值两者之间较高者确定。公司以单项资产为基础估计其可收回金额；难以对单项资产的可收回金额进行估计的，以该资产所属的资产组为基础确定资产组的可收回金额。资产组的认定，以资产组产生的主要现金流入是否独立于其他资产或者资产组的现金流入为依据。

当资产或资产组的可收回金额低于其账面价值时，将其账面价值减记至可收回金额，减记的金额计入当期损益，同时计提相应的资产减值准备。

6.2.1.2.3 可能发生减值资产的认定

公司在资产负债表日判断资产是否存在可能发生减值的迹象。因企业合并所形成的商誉和使用寿命不确定的无形资产，无论是否存在减值迹象，每年都进行减值测试。存在下列迹象的，表明资产可能发生了减值：

（1）资产的市价当期大幅度下跌，其跌幅明显高于因时间的推移或者正常使用而预计的下跌。

（2）公司经营所处的经济、技术或者法律等环境以及资产所处的市场在当期或者将在近期发生重大变化，从而对公司产生不利影响。

（3）市场利率或者其他市场投资报酬率在当期已经提高，从而影响公司计算资产预计未来现金流量现值的折现率，导致资产可收回金额大幅度降低。

（4）有证据表明资产已经陈旧过时或者其实体已经损坏。

（5）资产已经或者将被闲置、终止使用或者计划提前处置。

（6）公司内部报告的证据表明资产的经济绩效已经低于或者将低于预期，如资产所创造的净现金流量或者实现的营业利润（或者亏损）远远低于（或者高于）预计金额等。

（7）其他表明资产可能已经发生减值的迹象。

6.2.1.2.4 资产可收回金额的计量

资产存在减值迹象的，估计其可收回金额。可收回金额根据资产的公允价值减去处置费用后的净额与资产预计未来现金流量的现值两者之间较高者确定。资产的公允价值根据公平交易中销售协议价格确定；不存在销售协议但存在资产活跃市场的，公允价值按照该资产的买方出价确定；不存在销售协议和资产活跃市场的，则以可获取的最佳信息为基础估计资产的公允价值。处置费用包括与资产处置有关的法律费用、相关税费、搬运费以及为使资产达到可销售状态所发生的直接费用。

6.2.1.2.5 资产减值损失的确定

可收回金额的计量结果表明，资产的可收回金额低于其账面价值的，将资产的账面价值减记至可收回金额，减记的金额确认为资产减值损失，计入当期损益，同时计提相应的资产减值准备。资产减值损失确认后，减值资产的折旧或者摊销费用在未来期间作相应调整，以使该资产在剩余使用寿命内，系统地分摊调整后的资产账面价值（扣除预计净残值）。资产减值损失一经确认，在以后会计期间不能转回。

**6.2.2 金融资产四分类的范围和标准**

金融资产应当在初始确认时划分为下列四类：

（1）以公允价值计量且其变动计入当期损益的金融资产，包括交易性金融资产和指定为以公允价值计量且其变动计入当期损益的金融资产。

取得该金融资产或承担该金融负债的目的，主要是为了近期内出售或回购。

属于进行集中管理的可辨认金融工具组合的一部分，且有客观证据表明企业近期采用短期获利方式对该组合进行管理。

属于衍生工具，但是被指定且为有效套期工具的衍生工具、属于财务担保合同的衍生工具、与在活跃市场中没有报价且其公允价值不能可靠计量的权益工具投资挂钩并须通过交

付该权益工具结算的衍生工具除外。

(2)持有至到期投资。持有至到期投资是指到期日固定、回收金额固定或可确定,且企业有明确意图和能力持有至到期的非衍生金融资产。

(3)贷款和应收款项。贷款和应收款项是指在活跃市场中没有报价、回收金额固定或可确定的非衍生金融资产。

(4)可供出售金融资产。可供出售金融资产通常是指企业没有划分为以公允价值计量且其变动计入当期损益金融资产、持有至到期投资、贷款和应收款项的金融资产。

**6.2.3 交易性金融资产的核算方法**

交易性金融资产取得时以公允价值作为初始确认金额,相关的交易费用在发生时计入当期损益。支付的价款中包含已宣告但尚未发放的现金股利或已到付息期但尚未领取的债券利息,应当单独确认为应收项目。持有期间将取得的利息或现金股利确认为投资收益,期末将公允价值变动计入当期损益。处置时,其公允价值与账面价值之间的差额确认为投资收益,同时调整公允价值变动损益。

**6.2.4 可供出售金融资产的核算方法**

可供出售金融资产应当按取得该金融资产的公允价值和相关交易费用之和作为初始确认金额。支付价款中包含的已到付息期但尚未领取的债券利息或已宣告但尚未发放的现金股利,应单独确认为应收项目。可供出售金融资产持有期间取得的利息或现金股利,应当计入投资收益。资产负债表日,可供出售金融资产应当以公允价值计量,且将公允价值变动计入其他综合收益。处置时,将取得的价款与该金融资产账面价值之间的差额,计入投资损益;同时,将原直接计入所有者权益的公允价值变动累计额对应处置部分的金额转出,计入投资损益。

**6.2.5 持有至到期投资的核算方法**

持有至到期投资应当按取得时的公允价值和相关交易费用之和作为初始确认金额。支付的价款中包含的已到付息期但尚未领取的债券利息,应单独确认为应收项目。持有至到期投资在持有期间应当按照摊余成本和实际利率计算确认利息收入,计入投资收益。实际利率应当在取得持有至到期投资时确定,在该持有至到期投资预期存续期间或适用的更短期间内保持不变。实际利率与票面利率差别较小的,也可按票面利率计算利息收入,计入投资收益。处置持有至到期投资时,应将所取得价款与该投资账面价值之间的差额确认为投资收益。

企业将尚未到期的某项持有至到期投资在本会计年度内出售或重分类为可供出售金融资产的金额,相对于该类投资在出售或重分类前的总额较大时,则公司将该类投资的剩余部分重分类为可供出售金融资产,且在本会计期间或以后两个完整会计年度内不再将任何金融资产分类为持有至到期,但下列情况除外:出售日或重分类日距离该项投资到期日或赎回日较近(如到期前3个月内),市场利率变化对该项投资的公允价值没有显著影响;根据合同约定的定期偿付或提前还款方式收回该投资几乎所有初始本金后,将剩余部分予以出售或重分类;出售或重分类是由于企业无法控制、预期不会重复发生且难以合理预计的独立事项所引起。

**6.2.6 长期股权投资的核算方法**

长期股权投资是指投资方对被投资单位实施控制、重大影响的权益性投资,以及对其合营企业的权益性投资。

6.2.6.1 初始计量

6.2.6.1.1 企业合并形成的长期股权投资

同一控制下的企业合并,合并方以支付现金、转让非现金资产或承担债务方式作为合并对价的,应当在合并日按照被合并方所有者权益在最终控制方合并财务报表中的账面价值的份额作为长期股权投资的初始投资成本。长期股权投资初始投资成本与支付的现金、转让的非现金资产以及所承担债务账面价值之间的差额,应当调整资本公积;资本公积不足冲减的,调整留存收益。

合并方以发行权益性证券作为合并对价的,应当在合并日按照被合并方所有者权益在最终控制方合并财务报表中的账面价值的份额作为长期股权投资的初始投资成本。按照发行股份的面值总额作为股本,长期股权投资初始投资成本与所发行股份面值总额之间的差额,应当调整资本公积;资本公积不足冲减的,调整留存收益。

非同一控制下的企业合并,购买方在购买日应当按照《企业会计准则第20号——企业合并》有关规定确定的合并成本作为长期股权投资的初始投资成本。

为企业合并发生的审计、法律服务、评估咨询等中介费用以及其他相关管理费用,应当于发生时计入当期损益。

6.2.6.1.2 其他方式取得的长期股权投资

以支付现金取得的长期股权投资,应当按照实际支付的购买价款作为初始投资成本。初始投资成本包括与取得长期股权投资直接相关的费用、税金及其他必要支出。

以发行权益性证券取得的长期股权投资,应当按照发行权益性证券的公允价值作为初始投资成本。与发行权益行证券直接相关的费用,应当按照《企业会计准则第37号——金融工具列报》有关规定确定。

通过非货币性资产交换取得的长期股权投资,其初始投资成本应当按照《企业会计准则第7号——非货币性资产交换》有关规定确定。

通过债务重组取得的长期股权投资,其初始投资成本应当按照《企业会计准则第12号——债务重组》有关规定确定。

6.2.6.2 后续计量及收益确认

公司能够对被投资单位实施控制的长期股权投资应当采用成本法核算。采用成本法核算的长期股权投资应当按照初始投资成本计价。追加或收回投资应当调整长期股权投资的成本。被投资单位宣告分派的现金股利或利润,应当确认为当期投资收益。

公司对联营企业和合营企业的长期股权投资,采用权益法核算。

长期股权投资的初始投资成本大于投资时应享有被投资单位可辨认净资产公允价值份额的,不调整长期股权投资的初始投资成本;长期股权投资的初始投资成本小于投资时应享有被投资单位可辨认净资产公允价值份额的,其差额应当计入当期损益,同时调整长期股权投资的成本。

公司取得长期股权投资后,按照应享有或应分担的被投资单位实现的净损益和其他综合收益的份额,分别确认投资收益和其他综合收益,同时调整长期股权投资的账面价值;公司按照被投资单位宣告分派的利润或现金股利计算应享有的部分,相应减少长期股权投资的账面价值;公司对于被投资单位除净损益、其他综合收益和利润分配以外所有者权益的其他变动,调整长期股权投资的账面价值并计入所有者权益。

公司在确认应享有被投资单位净损益的份额时,以取得投资时被投资单位可辨认净资产的公允价值为基础,对被投资单位的净利润进行调整后确认。

公司确认被投资单位发生的净亏损,以长期股权投资的账面价值以及其他实质上构成对被投资单位净投资的长期权益减记至零为限,投资方负有承担额外损失义务的除外。

被投资单位以后实现净利润的,公司在其收益分享额弥补未确认的亏损分担额后,恢复确认收益分享额。

**6.2.7 投资性房地产的核算方法**

公司的投资性房地产是指为赚取租金或资本增值,或两者兼有而持有的房地产。其主要包括:(1)已出租的土地使用权。(2)持有并准备增值后转让的土地使用权。(3)已出租的建筑物。

公司的投资性房地产采用成本模式计量。公司对投资性房地产成本减累计减值及净残值后按直线法,按估计可使用年限计算折旧,计入当期损益。对使用寿命不确定的已出租的划拨土地使用权不计算折旧。

**6.2.8 固定资产计价和折旧方法**

6.2.8.1 固定资产确认条件

固定资产是指为生产商品、提供劳务、出租或经营管理而持有,并且使用年限超过一年的有形资产。固定资产在同时满足下列条件时予以确认:(1)与该固定资产有关的经济利益很可能流入企业。(2)该固定资产的成本能够可靠地计量。

6.2.8.2 固定资产的分类

固定资产分类为房屋及建筑物、运输设备、电子设备、其他设备。

6.2.8.3 固定资产的初始计量

固定资产取得时按照实际成本进行初始计量。

外购固定资产的成本,以购买价款、相关税费、使固定资产达到预定可使用状态前所发生的可归属于该项资产的运输费、装卸费、安装费和专业人员服务费等确定。购买固定资产的价款超过正常信用条件延期支付,实质上具有融资性质的,固定资产的成本以购买价款的现值为基础确定。

自行建造固定资产的成本,由建造该项资产达到预定可使用状态前所发生的必要支出构成。

债务重组取得债务人用以抵债的固定资产,以该固定资产的公允价值为基础确定其入账价值,并将重组债权的账面价值与该用以抵债的固定资产公允价值之间的差额,计入当期损益。

在非货币性资产交换具备商业实质和换入资产或换出资产的公允价值能够可靠计量的前提下,换入的固定资产以换出资产的公允价值为基础确定其入账价值,除非有确凿证据表明换入资产的公允价值更加可靠;不满足上述前提的非货币性资产交换,以换出资产的账面价值和应支付的相关税费作为换入固定资产的成本,不确认损益。

以同一控制下的企业吸收合并方式取得的固定资产按被合并方的账面价值确定其入账价值;以非同一控制下的企业吸收合并方式取得的固定资产按公允价值确定其入账价值。

融资租入的固定资产,按租赁开始日租赁资产公允价值与最低租赁付款额现值两者中较低者作为入账价值。

6.2.8.4 固定资产折旧

固定资产以取得时的实际成本入账,并从其达到预定可使用状态的次月起,采用直线法提取折旧。各类固定资产的估计残值率、折旧年限和年折旧率如下:

| 类别 | 估计残值率(%) | 折旧年限(年) | 年折旧率(%) |
|---|---|---|---|
| 房屋建筑物 | 5 | 50 | 1.90 |
| 电子设备 | — | 3~4 | 25.00~33.33 |
| 运输工具 | 0~5 | 8 | 11.90~12.50 |
| 其他设备 | — | 5 | 20.00 |

**6.2.9 无形资产计价及摊销政策**

无形资产按照成本进行初始计量,使用寿命有限的无形资产,在其使用寿命内采用直线法摊销,于每年年度终了,对使用寿命有限的无形资产的使用寿命及摊销方法进行复核,必要时进行调整。对使用寿命不确定的无形资产,无论是否存在减值迹象,每年均进行减值测试。此类无形资产不予摊销,在每个会计期间对其使用寿命进行复核。如果有证据表明使用寿命是有限的,则按上述使用寿命有限的无形资产的政策进行会计处理。出售无形资产,应当将取得的价款与该无形资产账面价值的差额计入当期损益。无形资产预期不能为企业带来经济利益的,应当将无形资产的账面价值予以转销。

**6.2.10 长期应收款的核算方法**

长期应收款核算企业融资租赁产生的应收款项和采用递延方式分期收款、实质上具有融资性质的销售商品和提供劳务等经营活动产生的应收款项。出租人融资租赁产生的应收租赁款,应按租赁开始日最低租赁收款额与初始直接费用之和,确认为长期应收款。企业采用递延方式分期收款、实质上具有融资性质的销售商品或提供劳务等经营活动产生的长期应收款,按应收合同或协议价款确认。根据合同或协议每期收到承租人或购货单位(接受劳务单位)偿还的款项,减少长期应收款。长期应收款的期末借方余额,反映企业尚未收回的长期应收款。

**6.2.11 长期待摊费用的摊销政策**

筹建期间发生的费用,除用于购建固定资产以外,于公司开始生产经营当月起一次计入当期损益。其他长期待摊费用在相关项目的受益期内平均摊销。

**6.2.12 合并会计报表的编制方法**

合并财务报表反映本公司及子公司形成的集团报表整体财务状况、经营成果和现金流量。

合并财务报表的合并范围以控制为基础予以确定。控制是指投资方拥有对被投资方的权力,通过参与被投资方的相关活动而享有可变回报,并且有能力运用对被投资方的权力影响其回报金额。

合并财务报表以本公司及子公司的财务报表为基础,由本公司编制。本公司及子公司保持一致的会计政策、会计期间。本公司及子公司的内部交易及余额在编制合并财务报表时予以抵销,归属于子公司的少数股东权益和损益分别在合并资产负债表和合并利润表中单独列示。

子公司少数股东分担的当期亏损超过了少数股东在该子公司期初股东权益中所享有的份额,除《公司章程》或股东协议规定少数股东有义务承担，并且少数股东有能力予以弥补的部分外，其余部分冲减本公司股东权益。该子公司以后期间实现的利润，在弥补了由本公司股东权益所承担的属于少数股东的损失之前，全部归属于本公司的股东权益。

通过同一控制下企业合并取得的子公司，在编制当期合并财务报表时，视同被合并子公司在最终控制方对其开始实施控制时纳入合并财务报表范围，并对合并财务报表的年初数及前期比较报表进行相应调整，且自最终控制方对被合并子公司开始实施控制时起将合并子公司的各项资产、负债以其账面价值纳入合并资产负债表，被合并子公司经营成果纳入合并利润表。

通过非同一控制下企业合并取得的子公司在编制当期合并财务报表时，以购买日确定的各项可辨认资产、负债的公允价值为基础对子公司的财务报表进行调整，并自购买日起将被购买子公司资产、负债及经营成果纳入合并财务报表中。

**6.2.13 收入确认原则和方法**

在经济利益能够流入本公司，以及相关的收入和成本能够可靠地计量时，根据下列方法确认各项收入。

6.2.13.1 利息收入

利息收入应按让渡资金使用权的时间和适用利率计算确定，在与交易相关的经济利益能够流入且有关收入可以可靠计量时，按权责发生制确认。

发放贷款本金到期(含展期，下同)90天后尚未收回的，其应计利息停止计入当期利息收入，纳入表外核算；对已计提的贷款应收利息，如在贷款到期90天后仍未收回，或在应收利息逾期90天后仍未收到，则冲减原已计入损益的利息收入，转作表外核算。

贷款自应计贷款转为非应计贷款后，在收到该笔贷款的还款时，首先冲减本金；待本金全部收回后，再收到的还款则确认为当期利息收入。

6.2.13.2 信托业务收入

详见6.2.15。

6.2.13.3 担保业务收入

担保业务收入在同时满足以下条件时予以确认：担保合同成立并承担相应担保责任；与担保合同相关的经济利益能够流入企业；与担保合同相关的收入能够可靠地计量。

**6.2.14 所得税的会计处理方法**

公司所得税核算采用资产负债表债务法。

公司确认递延所得税资产以很可能取得用来抵扣可抵扣暂时性差异的应纳税所得额为限，确认由可抵扣时间性差异产生的递延所得税资产。但不包括同时具有下列特征的交易中因资产或负债的初始确认所产生的递延所得税资产：(1)该项交易不是企业合并。(2)交易发生时既不影响会计利润也不影响应纳税所得额(或可抵扣亏损)。

**6.2.15 信托报酬确认原则和方法**

信托报酬是指信托公司对信托财产进行管理而收取的管理费或佣金，信托报酬收取的标准一般是与委托人或受益人等有关当事人协商确定的。若信托报酬由信托财产承担，则按照信托合同的约定来计算、提取并按权责发生制确认信托报酬收入；若信托报酬由委托人等有关当事人直接承担，则按协议约定另行向有关当事人收取，并按权责发生制确认信托报酬收入。

## 6.3 或有事项说明

报告期内，公司期末无对外不可撤销的承诺。

## 6.4 重要资产转让及其出售的说明

报告期内，公司无重要资产转让及其出售。

## 6.5 会计报表中重要项目的明细资料

**6.5.1 自营资产经营情况**

6.5.1.1 按信用风险五级分类的结果披露信用风险资产的期初数、期末数

| 信用风险资产五级分类 | 正常类(万元) | 关注类(万元) | 次级类(万元) | 可疑类(万元) | 损失类(万元) | 信用风险资产合计(万元) | 不良资产合计(万元) | 不良资产率(%) |
|---|---|---|---|---|---|---|---|---|
| 期初数 | 2 197 208.40 | 2 427.26 | — | 115 173.70 | 1 727.78 | 2 316 537.14 | 116 901.48 | — |
| 期末数 | 2 331 224.56 | 47.21 | — | 116 326.85 | 1 711.30 | 2 449 309.92 | 118 038.15 | — |

注：不良资产合计 = 次级类 + 可疑类 + 损失类。

6.5.1.2 各项资产减值损失准备的期初数、本期计提、本期转回、本期核销、期末数

单位：万元

| | 期初数 | 本期计提 | 本期转回 | 本期核销 | 期末数 |
|---|---|---|---|---|---|
| 贷款损失准备 | — | — | — | — | — |
| 一般准备 | — | — | — | — | — |
| 专项准备 | — | — | — | — | — |
| 其他资产减值准备 | 219 681.77 | — | 30 757.58 | — | 188 924.19 |
| 持有至到期投资减值准备 | — | — | — | — | — |
| 长期股权投资减值准备 | — | — | — | — | — |
| 坏账准备 | 10 255.32 | 1 183.02 | — | — | 11 438.34 |
| 投资性房地产减值准备 | 409.89 | — | — | — | 409.89 |

6.5.1.3　按投资品种分类，分别披露固有业务股票投资、基金投资、债券投资、股权投资等投资业务的期初数、期末数

单位：万元

| | 自营股票 | 基金 | 债券 | 长期股权投资 | 其他投资 | 合计 |
|---|---|---|---|---|---|---|
| 期初数 | — | 50 374.94 | — | 1 215 493.43 | 534 218.26 | 1 800 086.63 |
| 期末数 | — | 33 045.99 | 129 907.40 | 1 225 139.54 | 496 794.51 | 1 884 887.44 |

6.5.1.4　前五名的自营长期股权投资的企业名称、占被投资企业权益的比例、主要经营活动及投资收益情况

| 企业名称 | 占被投资企业权益的比例(%) | 主要经营活动 | 投资损益(万元) |
|---|---|---|---|
| 1. 国信证券股份有限公司 | 25.15 | 证券的代理、承销、咨询及自营买卖业务 | 86 090.56 |
| 2. 华润元大基金管理有限公司 | 51.00 | 基金管理 | — |
| 3. 深圳红树林创业投资有限公司 | 100.00 | 创业投资 | — |

6.5.1.5　前五名的自营贷款的企业名称、占贷款总额的比例和还款情况等

| 贷款项目 | 期初数(万元) | 本期增加(万元) | 本期减少(万元) | 期末数(万元) | 占比(%) |
|---|---|---|---|---|---|
| 合计 | — | — | — | — | — |

6.5.1.6　表外业务的期初数、期末数

单位：万元

| 表外业务 | 期初数 | 期末数 |
|---|---|---|
| 担保业务 | — | — |
| 代理业务(委托业务) | — | — |
| 其他 | — | — |
| 合计 | — | — |

6.5.1.7　公司当年的收入结构

| 收入结构 | 金额(万元) | 占比(%) |
|---|---|---|
| 手续费及佣金收入 | 124 511.59 | 43.56 |
| 其中：信托手续费收入 | 124 511.59 | 43.56 |
| 投资银行业务收入 | — | — |
| 利息收入 | 233.23 | 0.08 |
| 其他收入 | 1 447.33 | 0.51 |
| 其中：计入信托业务收入部分 | — | — |
| 投资收益 | 128 316.92 | 44.89 |
| 其中：股权投资收益 | 86 090.56 | 30.12 |
| 证券投资收益 | 2 238.04 | 0.78 |
| 其他投资收益 | 39 988.32 | 13.99 |
| 公允价值变动收益 | — | — |
| 营业外收入 | 31 343.04 | 10.96 |
| 收入合计 | 285 852.11 | 100.00 |

**6.5.2　披露信托资产管理情况**

6.5.2.1　信托资产的期初数、期末数

单位：万元

| 信托资产 | 期初数 | 期末数 |
|---|---|---|
| 集合类 | 38 638 692.33 | 27 150 660.16 |
| 单一类 | 58 801 800.97 | 41 445 443.33 |
| 财产管理类 | 37 253 446.43 | 26 895 841.10 |
| 合计 | 134 693 939.73 | 95 491 944.59 |

注：期初数、期末数按报告年度信托资产总额填列，非信托规模总额，以下均同。

6.5.2.1.1　主动管理型信托业务的信托资产期初数、期末数，分证券投资类、股权投资类、融资类、事务管理类等分别披露

单位：万元

| 主动管理型信托资产 | 期初数 | 期末数 |
|---|---|---|
| 证券投资类 | 58 654 588.80 | 36 646 180.64 |
| 股权投资类 | 317 277.89 | 240 428.74 |
| 融资类 | 2 537 947.98 | 3 175 580.97 |
| 事务管理类 | — | — |
| 其他类 | 274 075.60 | 163 508.38 |
| 合计 | 61 783 890.27 | 40 225 698.73 |

6.5.2.1.2　被动管理型信托业务的信托资产期初数、期末数，分证券投资类、股权投资类、融资类、事务管理类等分别披露

单位：万元

| 被动管理型信托资产 | 期初数 | 期末数 |
|---|---|---|
| 证券投资类 | — | — |
| 股权投资类 | — | — |
| 融资类 | — | — |
| 事务管理类 | 72 910 049.46 | 55 266 245.86 |
| 其他类 | — | — |
| 合计 | 72 910 049.46 | 55 266 245.86 |

6.5.2.2　本年度已清算结束的信托项目个数、实收信托合计金额、加权平均实际年化收益率

6.5.2.2.1　本年度已清算结束的集合类、单一类资金信托项目和财产管理类信托项目个数、实收信托合计金额、加权平均实际年化收益率

| 已清算结束信托项目 | 项目个数(个) | 实收信托合计金额(万元) | 加权平均实际年化收益率(%) |
|---|---|---|---|
| 集合类 | | | |
| 其中：证券投资类 | 321 | 6 422 699.23 | -13.12 |
| 其他集合类 | 25 | 1 370 099.76 | 6.09 |
| 单一类 | | | |
| 其中：证券投资类 | 47 | 2 284 320.06 | -2.85 |
| 其他单一类 | 53 | 2 233 358.71 | 4.76 |
| 财产管理类 | 53 | 9 442 855.91 | 9.23 |

注：1. 收益率是指信托项目清算后，给受益人赚取的实际收益水平。

2. 加权平均实际年化收益率 =（信托项目 1 的实际年化收益率 × 信托项目 1 的实收信托 + 信托项目 2 的实际年化收益率 × 信托项目 2 的实收信托 + … + 信托项目 $n$ 的实际年化收益率 × 信托项目 $n$ 的实收信托）/（信托项目 1 的实收信托 + 信托项目 2 的实收信托 + … + 信托项目 $n$ 的实收信托）×100%。

6.5.2.2.2　本年度已清算结束的主动管理型信托项目个数、实收信托合计金额、加权平均实际年化收益率，分证券投资类、股权投资类、融资类、事务管理类等分别计算并披露

| 已清算结束信托项目 | 项目个数(个) | 实收信托合计金额(万元) | 加权平均实际年化收益率(%) |
|---|---|---|---|
| 证券投资类 | 352 | 7 980 475.47 | -11.51 |
| 股权投资类 | 6 | 254 451.91 | 11.33 |
| 融资类 | 4 | 333 507.33 | 6.59 |
| 事务管理类 | — | — | — |
| 其他类 | 1 | 8 225.44 | 5.20 |

6.5.2.2.3 本年度已清算结束的被动管理型信托项目个数、实收信托合计金额、加权平均实际年化收益率，分证券投资类、股权投资类、融资类、事务管理类等分别计算并披露

| 已清算结束信托项目 | 项目个数(个) | 实收信托合计金额(万元) | 加权平均实际年化收益率(%) |
|---|---|---|---|
| 证券投资类 | — | — | — |
| 股权投资类 | — | — | — |
| 融资类 | — | — | — |
| 事务管理类 | 136 | 13 176 673.52 | 7.86 |
| 其他类 | — | — | — |

6.5.2.3 本年度新增的集合类、单一类和财产管理类信托项目个数、实收信托合计金额

| 新增信托项目 | 项目个数(个) | 实收信托合计金额(万元) |
|---|---|---|
| 集合类 | 187 | 3 365 699.00 |
| 单一类 | 73 | 2 111 743.00 |
| 财产管理类 | 45 | 13 787 751.00 |
| 新增合计 | 305 | 19 265 193.00 |
| 其中:主动管理型 | 207 | 3 777 018.00 |
| 被动管理型 | 98 | 15 488 175.00 |

注:本年新增信托项目指在本报告年度内累计新增的信托项目个数和金额，包含本年度新增并于本年度内结束的项目和本年度新增至报告期末仍在持续管理的信托项目。

6.5.2.4 信托业务创新成果和特色业务有关情况

报告期内，公司积极开拓新模式、创设新产品、探索新研究、辅以新机制，在普惠金融、慈善信托、债券承销等领域取得较大进展。2018年，公司成功发行了首单自主管理的消费金融项目，获批了非金融企业债务融资工具承销资格，涉入了互联网企业股权投资领域，创设了净值化资产管理产品，发布了华润信托阳光私募股票多头指数(CREFI)，搭建了博士后创新实践基地，创新转型卓有成效。

6.5.2.5 本公司履行受托人义务情况及因本公司自身责任而导致的信托资产损失情况

6.5.2.5.1 履行受托人义务情况

公司按照《中华人民共和国信托法》《信托公司管理办法》《信托公司集合资金信托计划管理办法》等法律法规的规定严格履行受托人义务。

严格遵守信托文件规定，恪尽职守，履行诚实、信用、谨慎、有效管理的义务，为受益人的利益处理信托事务。

每个信托计划设立后，按照信托合同的规定，定期将信托资金运用及收益情况告知信托文件规定的人。

将信托财产与公司固有财产分别管理、分别记账；并对不同的信托财产分别管理；根据不同的信托资金分别开设独立的银行账户。

信托合同到期、集合信托计划终止时，根据信托合同的规定，以信托财产为限向受益人支付信托利益。同时，在信托终止后及时作出处理信托事务的清算报告，按合同约定方式报告。

妥善保管处理信托事务的完整记录、原始凭证及资料，保存期自信托计划终止之日起15年。同时对委托人、受益人以及处理信托事务的情况和资料依法保密。

根据信托合同及信托计划约定履行其他管理义务。

报告期内公司为受益人累计分配信托收益为449.91亿元。

6.5.2.5.2 2018年因公司自身责任导致的信托资产损失；集合信托资产管理发生赔付等情况

无。

6.5.2.6 信托赔偿准备金的提取、使用和管理情况

公司根据《信托公司管理办法》的规定，按2018年净利润的5%提取信托赔偿准备金10 702.60万元，截至2018年已累计提取信托赔偿准备金83 064.05万元。截至2018年12月31日，公司尚未发生使用信托赔偿准备金的事项。

## 6.6 关联方关系及其交易的披露

**6.6.1 关联交易方的数量、关联交易的总金额及关联交易的定价政策等**

| | 关联交易方数量(个) | 关联交易金额(万元) | 定价政策 |
|---|---|---|---|
| 合计 | 17 | 8 876 181.33 | 见注 |

注:关联交易的定价政策:本公司董事会认为上述交易根据正常的商业交易条件进行，并以一般交易价格为定价基础。

**6.6.2 关联交易方与本公司的关系性质、关联交易方的名称、法定代表人、注册地址、注册资本及主营业务等**

| 关系性质 | 关联方名称 | 法定代表人 | 注册地址 | 注册资本(万元) | 主营业务 |
|---|---|---|---|---|---|
| 股东 | 深圳市人民政府国有资产监督管理委员会 | 彭海斌 | 深圳市福田区深南大道4009号投资大厦17楼 | | 代表国家履行出资人职责，依法对企业国有资产进行监管。 |
| 联营公司 | 国信证券股份有限公司 | 何 如 | 深圳市罗湖区红岭中路1012号国信证券大厦十六层至二十六层 | 820 000 | 证券经纪；证券投资咨询；与证券交易，证券投资活动有关的财务顾问；证券承销与保荐；证券自营；证券资产管理；融资融券；证券投资基金代销；金融产品代销；为期货公司提供中间介绍业务；证券投资基金托管业务。股票期权做市。 |
| 同一最终控制母公司 | 北京华润大厦有限公司 | 陈 鹰 | 北京市东城区建国门北大街8号 | 美元1 200 | 在规划范围内进行房屋及附属配套设施开发、建设及物业管理，包括写字楼的出售、商业设施的租售。 |
| 同一最终控制母公司 | 北京优高雅装饰工程有限公司 | 洪先煜 | 北京市东城区东总布胡同5号9层 | 美元400 | 为承接国内外各项工程的装饰装修并提供相关服务；建筑材料、化工产品(不含危险化学品)、日用品的批发(不涉及国营贸易管理商品；涉及配额许可证管理商品的按国家有关规定办理申请手续)(依法须经批准的项目，经相关部门批准后依批准的内容开展经营活动)。为承接国内外各项工程的装饰装修并提供相关服务。 |
| 同一最终控制母公司 | 华润金融控股有限公司 | 刘晓勇 | 香港湾仔港湾道26号华润大厦37楼 | 港元10 000 | 投资控股。 |

续表

| 关系性质 | 关联方名称 | 法定代表人 | 注册地址 | 注册资本（万元） | 主营业务 |
| --- | --- | --- | --- | --- | --- |
| 同一最终控制母公司 | 辽宁华润万家生活超市有限公司 | 武建威 | 辽宁省沈阳市铁西区南八中路73号4楼 | 412 000 | 图书、报刊、音像制品、电子出版物零售；卷烟、雪茄烟零售；食品、计算机软硬件及外辅设备、办公用品、工艺美术品、花卉（不含种苗）、家具、汽车配件、摩托车配件、五金交电、电讯器材、洗涤用品、化妆品、金银饰品、珠宝饰品、针纺织品、体育用品、服装鞋帽、日用百货、初级农副产品、计生用品、户外用品、文化用品、箱包皮具、橡胶制品、一般劳保用品、家用电器、电子产品、摄影器材、医疗器械、玩具、通信设备、卫生用品、钟表眼镜、厨房用品、自行车、体育器材、装饰材料、灯具销售；商务信息咨询；柜台出租（承租方需另办执照）；农副产品收购（不含粮食）；自有房屋租赁；家用电器现场维修；货物运输代理；冷冻设备租赁；仓储服务；装卸服务；餐饮企业管理，餐饮服务；广告设计、代理、发布、制作。 |
| 同一母公司控制公司 | 华润深国投投资有限公司 | 彭晓吾 | 深圳市福田区农林路69号深国投广场1号楼12层1202C室 | 50 000 | 投资兴办实业，投资管理和咨询，在合法取得使用权的土地上从事房地产开发经营，物业管理。 |
| 子公司 | 深圳红树林创业投资有限公司 | 刘小腊 | 深圳市福田区中心四路1－1号嘉里建设广场第三座11楼1101室 | 20 000 | 创业投资业务，代理其他创业投资企业等机构或个人的创业投资业务，创业投资咨询业务，为创业企业提供创业管理服务业务，参与设立创业投资企业与创业投资管理顾问机构。 |
| 子公司 | 华润元大基金管理有限公司 | 邹　新 | 深圳市前海深港合作区前湾一路1号A栋201室（入驻深圳市前海商务秘书有限公司） | 30 000 | 基金募集、基金销售、特定客户资产管理、资产管理和中国证监会许可的其他业务。 |
| 重大影响的其他公司 | 深圳华润农业发展基金合伙企业（有限合伙） | — | 深圳市前海深港合作区前湾一路1号A栋201室 | 不适用 | 投资兴办实业（具体项目另行申报）；投资管理（不含限制项目）；投资咨询（不含限制项目）；投资顾问（不含限制项目）；信息咨询（不含限制项目）。 |
| 重大影响的其他公司 | 华润北控（汕头）新能源产业基金合伙企业（有限合伙） | — | 汕头市龙湖区珠池港区3号桥西侧珠港新城B－1－06－A地块（航天卫星大厦）二楼东侧之十一 | 不适用 | 股权投资；实业投资。 |
| 重大影响的其他公司 | 深圳市润鑫三号投资合伙企业（有限合伙） | — | 深圳市福田区中心四路1－1号嘉里建设广场第三座第10层1001室 | 不适用 | 投资兴办实业。 |
| 重大影响的其他公司 | 深圳市润鑫四号投资合伙企业（有限合伙） | — | 深圳市福田区中心四路1－1号嘉里建设广场第三座第10层第1002室 | 不适用 | 投资兴办实业（具体项目另行申报）。 |
| 重大影响的其他公司 | 汕头市华信汉威联接基金合伙企业（有限合伙） | — | 汕头市龙湖区中山路198号柏嘉半岛花园12幢111号之02 | 不适用 | 股权投资，创业投资，投资管理。 |
| 重大影响的其他公司 | 南宁红润基业基金合伙企业（有限合伙） | — | 南宁市洪胜路5号丽汇科技工业园标准厂房综合楼1418－25号房 | 不适用 |  |
| 重大影响的其他公司 | 南宁领秀润红管理咨询合伙企业（有限合伙） | — | 南宁市洪胜路5号丽汇科技工业园标准厂房综合楼1515－14号房 | 不适用 | 从事企业管理咨询、商品信息咨询（除国家有专项规定外）。 |
| 孙公司 | 深圳华润元大资产管理有限公司 | 孙晔伟 | 深圳市前海深港合作区前湾一路鲤鱼门街1号前海深港合作区管理局综合办公楼A栋201室（深圳市前海商务秘书有限公司） | 5 500 | 特定客户资产管理业务以及中国证监会许可的其他业务。 |

6.6.3 本公司与关联方的重大交易事项

6.6.3.1 固有与关联方：贷款、投资、租赁、应收账款、担保、其他方式等期初汇总数、本期借方和贷方发生额汇总数、期末汇总数

单位：万元

| 固有与关联方关联交易 | | | | |
|---|---|---|---|---|
| | 期初数 | 借方发生额 | 贷方发生额 | 期末数 |
| 贷款 | — | — | — | — |
| 投资 | 49 660.00 | 69 731.51 | 16 410.00 | 102 981.51 |
| 租赁 | — | — | — | — |
| 担保 | — | — | — | — |
| 应收账款 | — | — | — | — |
| 其他应收款项 | 361.56 | 7.29 | 82.98 | 285.87 |
| 其他应付款项 | 137.97 | 20.48 | — | 117.49 |
| 合计 | 50 159.53 | 69 759.28 | 16 492.98 | 103 384.87 |

6.6.3.2 信托与关联方交易情况：贷款、投资、租赁、应收账款、担保、其他方式等期初汇总数、本期借方和贷方发生额汇总数、期末汇总数

单位：万元

| 信托与关联方关联交易 | | | | |
|---|---|---|---|---|
| | 期初数 | 借方发生数 | 贷方发生数 | 期末数 |
| 贷款 | — | — | — | — |
| 投资 | 63 100.00 | 42 400.00 | — | 105 500.00 |
| 租赁 | — | — | — | — |
| 担保 | — | — | — | — |
| 应收账款 | — | — | — | — |
| 其他 | 6 080 730.65 | 48 611.00 | 1 058 060.57 | 5 071 281.08 |
| 合计 | 6 143 830.65 | 91 011.00 | 1 058 060.57 | 5 176 781.08 |

6.6.3.3 信托公司自有资金运用于自己管理的信托项目（固信交易），信托公司管理的信托项目之间的相互（信信交易）交易金额、包括余额和本报告年度的发生额

6.6.3.3.1 固有财产与信托财产之间的交易金额期初汇总数、本期发生额汇总数、期末汇总数

单位：万元

| 固有财产与信托财产相互交易 | | | |
|---|---|---|---|
| | 期初数 | 本期发生数 | 期末数 |
| 合计 | 670 290.92 | −112 037.32 | 558 253.60 |

6.6.3.3.2 信托项目之间的交易金额期初汇总数、本期发生额汇总数、期末汇总数

单位：万元

| 信托资产与信托财产相互交易 | | | |
|---|---|---|---|
| | 期初数 | 本期发生数 | 期末数 |
| 合计 | 3 961 178.17 | −923 416.39 | 3 037 761.78 |

6.6.4 逐笔披露关联方逾期未偿还本公司资金的详细情况以及本公司为关联方担保发生或即将发生垫款的详细情况

无。

## 6.7 会计制度的披露

本公司固有业务及信托业务均执行财政部2006年2月15日颁布的《企业会计准则》及其补充规定。

# 7. 财务情况说明书

## 7.1 利润实现和分配情况

### 7.1.1 母公司利润实现和分配情况

经天职国际会计师事务所（特殊普通合伙）审计，2018年度母公司利润总额为256 191.50万元，扣除所得税费用42 139.59万元，实现净利润为214 051.91万元。根据《公司章程》及财务制度的相关规定，按以下利润分配方案分配2018年度利润：

（1）根据《公司章程》提取法定盈余公积21 405.19万元。

（2）根据银保监会《信托公司管理办法》的规定提取信托赔偿准备金10 702.60万元。

（3）根据《关于印发〈金融企业准备金计提管理办法〉的通知》（财金[2012]20号）的规定及自身实际情况，选择标准法对风险资产所面临的风险状况定量分析，确定潜在风险估计值，对于潜在风险估计值高于资产减值准备的差额，计提一般准备。2018年提取一般风险准备金1 922.36万元，2018年末一般风险准备余额为35 353.74万元。

### 7.1.2 合并利润实现和分配情况

经天职国际会计师事务所（特殊普通合伙）审计，2018年度公司合并利润总额为279 641.21万元，扣除所得税费用49 047.37万元，实现净利润为230 593.84万元，其中归属于母公司的净利润为232 606.06万元。根据《公司章程》及财务制度的相关规定，按以下利润分配方案分配2018年度利润：

（1）根据《公司章程》提取法定盈余公积21 405.19万元。

（2）根据银保监会《信托公司管理办法》的规定提取信托赔偿准备金10 702.60万元。

（3）根据《关于印发〈金融企业准备金计提管理办法〉的通知》（财金[2012]20号）规定及自身实际情况，选择标准法对风险资产所面临的风险状况定量分析，确定潜在风险估计值，对于潜在风险估计值高于资产减值准备的差额，计提一般准备。2018年提取一般风险准备金1 922.36万元，2018年末一般风险准备余额为35 353.74万元。

## 7.2 主要财务指标

| 指标名称 | 指标值合并 | 指标值母公司 |
|---|---|---|
| 资本利润率（%） | 11.88 | 11.22 |
| 人均净利润（万元） | 497.02 | 581.66 |

注：1. 资本利润率＝净利润/所有者权益平均余额×100%。

2. 人均净利润＝净利润/年平均人数。

3. 平均值采取期初、期末余额简单平均法，公式为：平均值＝（期初数＋期末数）/2。

### 7.3 对本公司财务状况、经营成果有重大影响的其他事项

无。

### 7.4 本公司净资本情况

风险管理指标监管表

2018 年 12 月 31 日

| 项目 | 年末余额 | 监管标准 |
|---|---|---|
| 净资本（万元） | 1 087 379.55 | ≥20 000 |
| 固有业务风险资本（万元） | 214 300.65 | — |
| 信托业务风险资本（万元） | 299 022.72 | — |
| 其他业务风险资本（万元） | — | — |
| 各项业务风险资本之和（万元） | 513 323.37 | — |
| 净资本/各项业务风险资本之和（%） | 211.83 | ≥100 |
| 净资本/净资产（%） | 55.20 | ≥40 |

## 8. 特别事项揭示

### 8.1 前五名股东报告期内变动情况及原因

无。

### 8.2 董事、监事及高级管理人员变动情况及原因

#### 8.2.1 董事变动情况及原因

2018 年 10 月，经股东会审议，选举谢兰军担任公司独立董事；同年 12 月，谢兰军独立董事任职资格经中国银行保险监督管理委员会深圳监管局核准。2018 年 10 月董事孟扬因退休辞任，股东会选举郭庆卫担任公司董事；同年 12 月，郭庆卫董事任职资格经中国银行保险监督管理委员会深圳监管局核准。

#### 8.2.2 监事变动情况及原因

2018 年 10 月，监事会主席施长跃、职工监事杜新春因退休辞任监事职务，股东会选举李富川为公司监事，职工代表大会选举陈晓芬为公司职工监事。

#### 8.2.3 高级管理人员变动情况及原因

2018 年 10 月，董事会聘任张宏山为公司总经理助理；同年 12 月，张宏山总经理助理任职资格经中国银行保险监督管理委员会深圳监管局核准。

### 8.3 变更注册资本、变更注册地或公司名称、公司分立合并事项

2018 年 5 月，经中国银行保险监督管理委员会深圳监管局核准，公司注册资本由 60 亿元增至 110 亿元，股权结构不变。

### 8.4 公司的重大诉讼事项

报告期内，公司无重大诉讼事项。

### 8.5 公司及其董事、监事和高级管理人员受到处罚的情况

报告期内，中国银行保险监督管理委员会深圳监管局对公司作出行政处罚两次，处罚方式为罚款。除前述事项外公司及其董事、监事和高级管理人员没有受到监管部门处罚的情况发生。

### 8.6 银保监会及其派出机构对公司检查意见

中国银行保险监督管理委员会深圳监管局于 2018 年 4 月至 6 月对公司开展了“影子银行与交叉金融”专项检查，对公司业务合规经营、治理架构、内控体系等方面给予了肯定评价，但同时指出公司在制度建设、信息报送、合规及风险管控等方面还存在一些薄弱环节，有待进一步改进和完善。2018 年，公司根据检查意见认真制定整改规划，扎实推进整改落实，目前已按监管要求完成了检查要求的整改和优化工作，为公司稳健经营提供基础保障。

### 8.7 本年度重大事项临时报告的简要内容、披露时间、所披露的媒体及其版面

2018 年 6 月 26 日，公司在《上海证券报》第 95 版披露《关于增加注册资本金的公告》，经公司 2018 年第二次股东会决议通过，并报中国银行保险监督管理委员会深圳监管局核准（深银监复[2018]94 号），以未分配利润转增 50 亿元注册资本，增资后公司实收资本由 60 亿元增至 110 亿元，股东出资比例不变。

2018 年 11 月 24 日，公司在《上海证券报》第 20 版披露《关于修订公司章程的公告》。

2018 年 12 月 7 日，公司在《上海证券报》披露《关于董事任职资格核准的公告》，中国银行保险监督管理委员会深圳监管局核准了谢兰军先生担任本公司独立董事的任职资格，核准了郭庆卫先生担任本公司董事的任职资格（深银保监（筹）复[2018]84 号）。

### 8.8 履行社会责任情况

华润信托秉承“践行社会责任，做诚信企业”的社会责任理念，以受益人的最大利益处理信托事务，恪尽职守，履行诚实、信用、谨慎、有效管理的义务。一是落实客户责任，保障消费者权益，做好投资者教育；二是落实公共责任，将资金注入实体经济，支持基础设施建设和新兴产业发展，推行普惠金融；三是落实员工责任，关爱员工身心健康，展现以人为本的人文关怀；四是落实环境责任，推行绿色办公，支持环保产业发展。

### 8.9 银保监会及其省级派出机构认定的其他有必要让客户及相关利益人了解的重要信息

无。

## 9. 公司监事会意见

监事会认为，报告期内，公司的决策程序符合国家法律法规和《公司章程》及相关制度，建立健全了比较有效的内控制度，董事会全体成员及高级管理人员认真履行了职责，未发现有违法、违规、违章的行为，也没有损害公司利益、股东利益和委托人利益的行为。公司财务报告真实反映了公司财务状况和经营成果。

# 华鑫国际信托有限公司

## 1. 重要提示

1.1 公司董事会及董事保证本报告所载资料不存在任何虚假记载、误导性陈述或者重大遗漏，并对其内容的真实性、准确性和完整性承担个别及连带责任。

1.2 公司全体董事出席了董事会。无董事声明异议。

1.3 公司独立董事王昊女士、孟向洁女士声明：保证本年度报告内容的真实性、准确性和完整性。

1.4 天职国际会计师事务所（特殊普通合伙）对本公司年度财务报告进行审计，出具了标准无保留意见的审计报告。

1.5 公司董事长褚玉先生、总经理朱勇先生、财务总监刘伟女士声明：保证年度报告中财务报告的真实、完整。

## 2. 公司概况

### 2.1 公司简介

华鑫国际信托有限公司（以下简称公司）是经中国银行保险监督管理委员会依法批准设立的非银行金融机构，前身为佛山国际信托投资有限公司，公司于2008年12月24日重新登记并更名为华鑫国际信托有限公司，2009年9月完成验资工作，注册资本金为3.2亿元，其中中国华电集团有限公司占比为51%，中国华电集团财务有限公司占比为49%；2010年2月9日，取得中国银监会颁发的金融许可证，2010年3月15日，经营地址迁至北京市西城区，并于2010年3月18日正式挂牌开业；2010年12月23日，经股东方同意并报中国银监会批准，股东同比例增资至12亿元；2012年4月9日，经股东方同意并报中国银监会批准，股东同比例增资至22亿元；2018年5月23日，经股东方同意并报北京银监局批准，中国华电集团有限公司将所持公司的51%股份转让给中国华电集团资本控股有限公司，同时中国华电集团资本控股有限公司增加资本金28亿元，增资后实收资本35.7亿元，中国华电集团资本控股有限公司占比为69.84%，中国华电集团财务有限公司占比为30.16%。

公司自重新挂牌营业以来，先后获得《金融理财杂志》举办的金融理财TOP10总评榜“金貔貅奖”，“年度金牌成长潜力信托公司”“年度金牌风控力信托公司”“年度金牌服务力信托公司”“年度金牌品牌力信托公司”称号；中国企业文化促进会“企业文化建设百佳单位”“中国企业诚信文化十佳单位”称号；连续获得中国华电集团公司“文明单位”“先进集体”“信息化A级企业”荣誉称号；荣获北京市西城区人民政府“年度发展区域经济突出贡献奖”，成为北京市首批重点总部企业；消费者权益保护监管评级二级A，年度纳税信用A级等。

2.1.1 公司法定中文名称：华鑫国际信托有限公司
中文名称缩写：华鑫信托
公司英文名称：China Fortune International Trust Co., Ltd.
公司英文名称缩写：China Fortune Trust

2.1.2 公司法定代表人：褚玉

2.1.3 公司注册地址：北京市西城区宣武门内大街2号华电大厦B座11层
邮政编码：100031
公司国际互联网网址：http://www.cfitc.com
公司电子信箱：hxxt@cfitc.com

2.1.4 公司信息披露联系人：李扬建
联系电话：400-680-1616/010-83568201
传真：010-83568281
电子信箱：servic@cfitc.com

2.1.5 公司信息披露报纸名称：《金融时报》
备置地点：北京市西城区宣武门内大街2号华电大厦B座11层

2.1.6 公司聘请的会计师事务所名称：天职国际会计师事务所（特殊普通合伙）
住所：北京市海淀区车公庄路乙19号208-210室

2.1.7 公司聘请的律师事务所名称：北京德恒律师事务所
住所：北京市西城区金融大街19号富凯大厦B座12层

## 2.2 组织结构

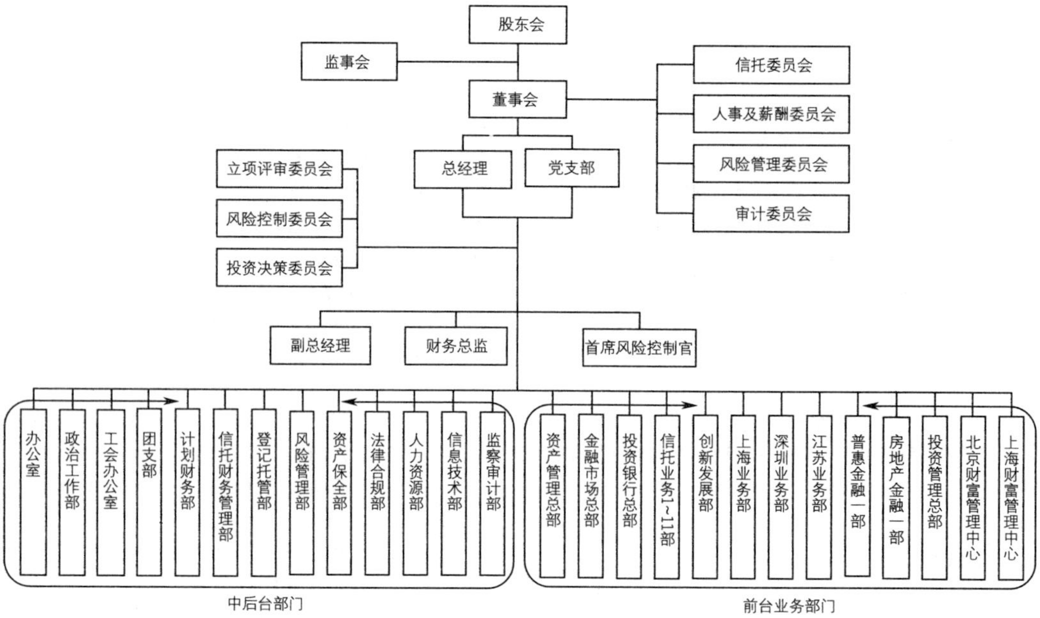


# 3. 公司治理

## 3.1 股东

股东总数:2 家。

| 股东名称 | 持股(%) | 法人代表 | 注册地址 | 主营业务 |
|---|---|---|---|---|
| 中国华电集团资本控股有限公司★ | 69.84 | 褚　玉 | 北京市西城区宣武门内大街 2 号楼 -3 至 15 层西楼办公 10 层 1019 - 1028 室 | 投资及资产管理;资产受托管理;投资策划;咨询服务;产权经纪。 |
| 中国华电集团财务有限公司 | 30.16 | 郝　彬 | 北京市西城区宣武门内大街 2 号楼西楼 10 层 | 对成员单位办理财务和融资顾问、信用鉴证及相关的咨询、代理业务;协助成员单位实现交易款项的收付;经批准的保险代理业务;对成员单位提供担保;办理成员单位之间的委托贷款及委托投资等。 |

注:★中国华电集团资本控股有限公司为实际控制人。

## 3.2 董事会成员

董事长、董事

| 姓名 | 职务 | 性别 | 年龄(岁) | 任职时间 | 简要履历 |
|---|---|---|---|---|---|
| 褚　玉 | 董事长 | 男 | 56 | 2018 年 7 月 | 曾任扬州发电厂技术员、车间副主任、车间主任、办公室副主任(正科级)、燃料公司经理,江苏华电扬州发电有限公司副总经理、党委委员,华电燃料有限公司江苏调运分公司总经理,中国华电集团公司市场营销部副主任、财务管理部副主任、财务管理部主任、财务与风险管理部主任,中国华电集团财务有限公司董事、董事长;现任中国华电集团资本控股有限公司董事长、党委书记。 |
| 赵远波 | 董事 | 男 | 43 | 2018 年 3 月 | 曾任中国华电集团公司结算中心金融运作处、财务有限公司信贷管理部、公司金融管理部资金管理处职员,中国华电集团财务有限公司信贷管理部经理助理、信贷业务部副经理、经理、客户一部及客户二部经理,中国华电集团财务有限公司副总经理,华鑫国际信托有限公司党委委员、副总经理、董事;现任中国华电集团财务有限公司党委委员、副总经理、总法律顾问。 |
| 华淑蕊 | 董事 | 女 | 40 | 2018 年 4 月 | 曾任吉林省信托有限责任公司业务七部副总经理、理财中心总经理、公司财富管理总监、公司副总经理,光大证券财富管理中心总经理(MD);现任中国华电集团资本控股有限公司总经理助理。 |
| 羿锦峰 | 职工董事 | 男 | 48 | 2018 年 4 月 | 曾任中信银行法律部职员、总行风险管理部信审员,中银国际证券有限责任公司定息收益部助理总经理,中信商业保理有限公司总经理助理兼风险总监,华鑫国际信托有限公司风险管理部副总经理、总经理;现任华鑫国际信托有限公司业务总监。 |

独立董事

| 姓名 | 职务 | 性别 | 年龄(岁) | 任职时间 | 简要履历 |
|---|---|---|---|---|---|
| 王　昊 | 独立董事 | 女 | 44 | 2009年11月 | 曾任北京市瑞银律所律师合伙人，英国LAMB CHAMBERS实习，黎明网络公司法律事务部经理，德国百达律师事务所北京办事处中国法律顾问，金城律师事务所律师；现任瑞银律师事务所高级合伙人。 |
| 孟向洁 | 独立董事 | 女 | 61 | 2012年10月 | 曾任财政部办公厅副司级调研员、农业部计划司副司长、中国农村发展信托投资公司副总经理、中农信香港公司董事长、中国诚信证券评估有限公司党委书记、副总经理、北京中兴正元资产管理咨询有限公司董事长；现任北京中资北方投资顾问有限公司董事长。 |

董事会下属委员会

| 董事会下属委员会名称 | 职责 | 组成人员姓名 | 职务 |
|---|---|---|---|
| 信托委员会 | 负责督促公司依法履行受托职责，了解公司信托业务的发展情况，维护受益人的最大利益。 | 孟向洁 | 主任委员 |
| | | 赵远波 | 委员 |
| | | 华淑蕊 | 委员 |
| 人事及薪酬委员会 | 负责制定公司董事及高级人员的考核标准并进行考核；制定、审查公司董事及高级管理人员的薪酬政策与方案；制定公司长期激励机制和方案，为公司发展提供人才激励保障；制定公司人力资源发展规划。 | 褚　玉 | 主任委员 |
| | | 赵远波 | 委员 |
| | | 孟向洁 | 委员 |
| 风险管理委员会 | 负责公司风险的控制、管理、监督和评估。 | 褚　玉 | 主任委员 |
| | | 王　昊 | 委员 |
| | | 羿锦峰 | 委员 |
| 审计委员会 | 负责内、外部审计的沟通、监督和核查工作以及重大关联交易的审核。 | 孟向洁 | 主任委员 |
| | | 王　昊 | 委员 |
| | | 羿锦峰 | 委员 |

## 3.3　监事、监事会成员

监事会成员

| 姓名 | 职务 | 性别 | 年龄(岁) | 选任日期 | 简要履历 |
|---|---|---|---|---|---|
| 刘　晖 | 监事长 | 男 | 56 | 2018年4月 | 曾任黑龙江电力股份有限公司金融产业部经理，华信保险经纪有限公司副总经理、总经理，北京华信保险公估有限公司副总经理、总经理；现任中国华电集团资本控股有限公司副总经理、党委委员、总法律顾问。 |
| 卢　勇 | 监事 | 男 | 44 | 2018年4月 | 曾任华商基金管理有限公司区域总监，国投瑞银基金管理有限公司高级渠道经理，中国华电集团财务有限公司信贷业务部、资金运营部职员，中国华电集团财务有限公司资金运营部经理助理、副经理；现任中国华电集团财务有限公司资金运营部经理。 |
| 常法迪 | 职工监事 | 女 | 37 | 2018年4月 | 曾任华鑫国际信托有限公司信托业务五部三团队项目经理、高级经理、负责人(部门总经理助理级)、投行业务部负责人(部门总经理助理级)，投资银行总部负责人(部门总经理助理级)；现任华鑫国际信托有限公司投资银行总部副总经理。 |

## 3.4　高级管理人员

| 姓名 | 职务 | 性别 | 年龄(岁) | 选任日期 | 简要履历 |
|---|---|---|---|---|---|
| 朱　勇 | 总经理、党支部书记 | 男 | 50 | 2010年11月 | 曾任中国农业发展银行总行信贷一部主任科员，经济师，中信证券股份有限公司资产管理部研究主管，中信信托有限责任公司资金运用部副总经理(主持工作)、资产管理部副总经理(主持工作)、资产管理部总经理、资本市场业务总监兼资产管理部总经理；现任华鑫国际信托有限公司党支部书记、总经理。 |
| 陶　钧 | 副总经理、党支部委员、工会主席 | 男 | 49 | 2014年3月 | 曾任中信兴业信托投资公司资金处项目经理，中信信托有限责任公司年金信托部总经理、信托业务五部总经理、投资银行二部副总经理，中信锦绣资本管理有限公司投资总监，渤海国际信托有限公司副总裁；现任华鑫国际信托有限公司党支部委员、副总经理、工会主席。 |
| 王晓波 | 副总经理、党支部纪检委员 | 男 | 45 | 2018年8月 | 曾任龙江省物资对外贸易公司财务部会计，华电能源股份有限公司监察审计部审计员、副经理、主任，华鑫国际信托有限公司计划财务部总经理、运营总监兼信托财务管理部总经理；现任华鑫国际信托有限公司副总经理、党支部纪检委员。 |

续表

| 姓名 | 职务 | 性别 | 年龄(岁) | 选任日期 | 简要履历 |
|---|---|---|---|---|---|
| 吉学斌 | 副总经理 | 男 | 44 | 2018年8月 | 曾任中国人保信托投资公司信托部业务员，中国银河证券股份有限公司经纪业务管理总部高级经理，新时代证券股份有限公司经纪业务事业部总经理，北京创华投资有限公司总经理，新时代信托股份有限公司信托业务四部总经理，华鑫国际信托有限公司金融市场业务部经理、业务总监兼金融市场总部总经理；现任华鑫国际信托有限公司副总经理。 |
| 刘　伟 | 财务总监、党支部委员 | 女 | 45 | 2018年8月 | 曾任中国农业银行潍坊市分行职员，中国农业银行济南市槐荫区支行职员，中国华电集团财务有限公司财务部员工，中国华电集团资本控股有限公司（财务公司）财务部经理助理、风险合规管理部经理助理，中国华电集团财务有限公司存款业务部副经理、经理、风险与合规管理部、审计部经理、客户服务一部、二部经理；现任华鑫国际信托有限公司财务总监、党支部委员。 |

## 3.5　公司员工

| 项　目 | | 本年度 | | 上年度 | |
|---|---|---|---|---|---|
| | | 人数(人) | 比例(%) | 人数(人) | 比例(%) |
| 年龄分布 | 25岁以下 | 4 | 2.0 | 7 | 3.5 |
| | 25~29岁 | 31 | 15.7 | 29 | 14.5 |
| | 30~39岁 | 110 | 55.8 | 115 | 57.5 |
| | 40岁以上 | 52 | 26.4 | 49 | 24.5 |
| 学历分布 | 博士 | 6 | 3.0 | 7 | 3.5 |
| | 硕士 | 125 | 63.5 | 125 | 62.5 |
| | 本科 | 61 | 31.0 | 62 | 31.0 |
| | 专科 | 5 | 2.5 | 6 | 3.0 |
| 岗位分布 | 董事、监事及其高管人员 | 14 | 7.1 | 13 | 6.5 |
| | 固有业务人员 | 7 | 3.6 | 6 | 3.0 |
| | 信托业务人员 | 108 | 54.8 | 108 | 54.0 |
| | 其他人员 | 68 | 34.5 | 73 | 36.5 |

## 3.6　公司治理信息

### 3.6.1　年度内召开股东会情况

本年度共召开股东会四次，审议并通过了《关于公司股权转让的议案》等14项议案。

### 3.6.2　年度内召开董事会情况

本年度召开董事会一次，审议通过了《关于选举褚玉为公司第三届董事会董事长的议案》等20项议案。

### 3.6.3　监事会及履行职责情况

本年度召开监事会一次，审议并通过了《关于选举刘晖为公司第三届监事会监事长的议案》等3项议案。本报告年度，监事会列席了董事会历次会议。

### 3.6.4　高级管理人员履行职责情况

2018年，公司高级管理人员在董事会的正确领导下及公司监事会的大力指导下，紧紧围绕“稳健发展、转型升级”主线，持续优化公司经营管理体制，不断探索华鑫信托专业化、特色化、差异化的可持续发展道路，形成具备核心竞争力的产品和业务模式，推动公司实现健康持续发展。

# 4. 经营管理

## 4.1　经营目标、经营方针、战略规划

### 4.1.1　经营目标

本报告期公司紧紧围绕“稳健发展、转型升级”主线，全力抓好“调结构、降风险、提效益”三大中心任务，不断提升主动管理能力和风险管控水平，持续优化传统业务结构，探索创新业务模式，加大服务实体经济力度，实现了健康持续发展。

### 4.1.2　经营方针

本报告期公司经营方针是：稳健经营、价值至上。

### 4.1.3　战略规划

公司明确了“一体、两翼、三大方向、四大基石”的“一二三四”发展战略，力争到2020年达到信托行业先进水平。

## 4.2　所经营业务的主要内容

### 4.2.1　经营的主要业务及品种

公司经营的主要业务为信托业务和固有业务。

4.2.1.1　信托业务

公司主要信托业务包括资金信托；动产信托；不动产信托；有价证券信托；其他财产或财产权信托；作为投资基金或者基金管理公司的发起人从事投资基金业务；经营企业资产的重组、购并及项目融资、公司理财、财务顾问等业务；受托经营国务院有关部门批准的证券承销业务；办理居间、咨询、资信调查等业务；代保管及保管箱业务等。

4.2.1.2　固有业务

公司主要自营业务包括存放同业；拆放同业；贷款业务；租赁业务；投资业务；以固有财产为他人提供担保；同业拆借；居间服务；法律法规规定或中国银行保险监督管理委员会批准的其他业务。

### 4.2.2　资产组合与分布

4.2.2.1　固有资产运用与分布表

| 资产运用 | 期末余额（万元） | 占比（%） | 资产分布 | 期末余额（万元） | 占比（%） |
|---|---|---|---|---|---|
| 货币资金 | 12 870 | 1.7 | 房地产 | 5 739 | 0.8 |
| 发放贷款和垫款 | — | — | 基础产业 | — | — |
| 交易性金融资产 | 54 902 | 7.4 | 工商企业 | — | — |
| 可供出售金融资产 | 510 234 | 68.5 | 证券市场 | 223 792 | 30.1 |
| 持有至到期投资 | — | — | 金融机构 | 515 151 | 69.2 |
| 其他 | 166 676 | 22.4 | | | |
| 固有资产总计 | 744 682 | 100.0 | 固有资产总计 | 744 682 | 100.0 |

4.2.2.2　信托资产运用与分布表

| 资产运用 | 金额（万元） | 占比（%） | 资产分布 | 金额（万元） | 占比（%） |
|---|---|---|---|---|---|
| 货币资产 | 229 624 | 0.9 | 基础产业 | 2 676 813 | 10.4 |
| 贷款 | 11 862 189 | 45.9 | 房地产 | 2 648 271 | 10.3 |
| 交易性金融资产 | 2 910 932 | 11.3 | 证券市场 | 3 026 602 | 11.7 |

续表

| 资产运用 | 金额（万元） | 占比（%） | 资产分布 | 金额（万元） | 占比（%） |
|---|---|---|---|---|---|
| 可供出售金融资产 | 45 823 | 0.2 | 工商企业 | 11 777 931 | 45.6 |
| 持有至到期投资 | 8 513 352 | 33.0 | 金融机构 | 2 760 190 | 10.7 |
| 长期股权投资 | 2 127 366 | 8.2 | 其他 | 2 935 598 | 11.3 |
| 其他 | 136 119 | 0.5 | | | 0.0 |
| 信托资产总计 | 25 825 405 | 100.0 | 信托资产总计 | 25 825 405 | 100.0 |

## 4.3　市场分析

### 4.3.1　宏观经济形势分析

从外部环境看，金融市场波动较大，投资下滑，贸易保护主义及单边主义盛行；从国内情况看，转型期矛盾明显，新经济增长不足。

### 4.3.2　行业形势分析

资管新规和相关配套政策出台，推动行业服务实体经济，防控金融风险。信托通道业务明显规模减少，行业整体资产规模有所下降，5 年来首次出现负增长。

### 4.3.3　影响公司发展的主要因素

传统业务领域继续收紧，业务机会减少，创新业务尚未形成稳定盈利，传统业务难以支撑行业营业收入持续增长。

## 4.4　内部控制

### 4.4.1　内部控制环境和内部控制文化

公司按照《公司法》等法律、行政法规、部门规章的要求，并结合公司自身的实际情况，建立了由股东会、董事会、监事会、高级管理层组成的分工明确、权责对应、合理制衡的公司治理结构，形成了科学有效的职责分工和制衡机制。

### 4.4.2　内部控制措施

公司管理层下设立项评审委员会、投资决策委员会和风险控制委员会，在董事会的授权范围内相互配合，又相互制衡。公司持续在原有一系列规范、制度的基础上，立足公司新情况、行业新变化，以及监管法规等新要求，公司持续开展公司制度“废改立”工作，取得积极成效。

### 4.4.3　信息交流与反馈

公司建立了信息与沟通制度，明确内部控制相关信息的收集、处理和传递程序，确保信息及时沟通，促进内部控制有效运行。

### 4.4.4　监督评价与纠正

公司监察审计部负责对公司内部控制的监督评价与纠正，对公司内控制度、业务经营、财务活动等实施稽核监督。

## 4.5　风险管理

### 4.5.1　风险管理概况

2018 年公司在全面分析、评价各项管理制度的基础上，继续推进规章制度“废改立”工作，新制度更符合监管要求，更注重内部控制和流程优化。

4.5.1.1　公司经营活动中可能遇到的风险

公司经营活动中可能遇到的风险主要有信用风险、市场风险、操作风险、政策风险、道德风险等。

4.5.1.2　公司风险管理的基本原则与政策

风险管理贯彻全面性、审慎性、及时性、有效性等原则，覆盖到公司各项业务、各个部门和各级人员，并渗透到研究、决策、执行、监督、评价等各个环节；通过事前防范、事中控制、事后监督对风险进行全面综合管理，促进公司持续、稳健、规范、健康运行。

4.5.1.3　公司风险管理组织结构与职责划分

公司相继制定了股东会、董事会、监事会及 4 个专业委员会的议事规则，以及总经理办公会工作规程等，逐步构建了以董事会为核心的覆盖公司整体的风险管理体系。董事会是风险管理的核心，就全面风险管理工作的有效性向股东会负责；高级管理人员负责组织实施董事会批准的风险管理战略；风险管理部门牵头公司日常的风险管理工作；各职能部门和业务部门对相关领域的风险管理承担直接责任；审计委员会和稽核审计部为公司风险管理监督评价机构。

### 4.5.2　风险状况

4.5.2.1　信用风险状况

报告期内，公司发生的各类业务均严格履行公司内部评审程序，加强事前尽职调查，落实风控措施，各项业务均合法合规、担保措施充足、交易对手信用等级较高，严格履行了受托人尽职管理职责。本年信托项目全部实现足额清算，未发生信用风险事项。

4.5.2.2　市场风险状况

报告期内，公司密切关注各类市场风险，及时调整产品战略，勤勉、尽职履行受托人职责，未发生上述风险。

4.5.2.3　操作风险状况

报告期内，公司未因内部程序、系统不完善、人员操作失误等原因出现操作风险。

4.5.2.4　其他风险状况

其他风险主要包括法律风险、声誉风险、员工道德风险等。报告期内公司未发生上述风险。

### 4.5.3　风险管理

4.5.3.1　信用风险管理

公司防范和规避信用风险，通过加强制度建设和信用风险过程管理，持续推动风险管控端口前移，发布风险提示，加强业务动态、政策分析和业务建议，建立信托项目运营管理相关规定；采用担保、资金托管等方式控制信用风险，要求定期进行后期检查，形成项目检查报告；同时严格按相关制度要求，足额计提拨备。

4.5.3.2　市场风险管理

公司制定并不断完善与总体业务发展能够承担的风险水平相一致的市场风险管理原则和程序，及时准确识别业务中市场风险的类别和性质，通过多种途径进行市场风险管理。

4.5.3.3　操作风险管理

公司通过合理的组织架构和岗位设置，优化业务操作流程，严控操作风险；积极推进前台、中台、后台与同业的交流活动；不断完善信息系统建设。

4.5.3.4　其他风险管理

其他风险包括政策风险、法律合规风险和声誉风险等。报告期，公司未发生上述风险。

## 4.6 社会责任

### 4.6.1 坚持合规自律，依法规范经营

公司严格遵守各项法律法规，认真落实监管要求，严格按照有关法律法规的要求，自觉履行纳税义务，恪守社会公德和商业道德，履行反洗钱义务，忠实履行受托责任。

### 4.6.2 积极响应国家宏观政策，服务实体经济

公司积极响应国家宏观政策，主动对接"一带一路"倡议和国家级发展战略，优先支持符合国家发展政策的工商企业，为国家重要基础设施项目、战略性新兴产业的发展提供资金来源。

### 4.6.3 利用专业优势，积极支持公益事业

2018年，华鑫信托"2017筑梦壹号慈善信托"捐助了3名来自四川省宜宾市贫困家庭的大学生。下一步，公司还将积极进行社会责任，通过金融的特有优势，助力慈善爱心事业发展，实现更重要的社会价值。

### 4.6.4 推广私人财富专业理财知识，提升信托专业服务水平

报告期内，公司优化华鑫信托APP手机客户端、微信公众号等互联网信息平台，定期推广信托文化、专业理财知识、投资者风险管理等，逐步引导投资者认知信托、理性投资。组织线下投资者沙龙活动，提升客户体验等。

### 4.6.5 勤勉尽责，维护投资者和受托人的利益最大化

公司高度重视消费者权益保护工作，持续健全消费者权益保护制度建设，努力提高客户满意度，切实保护消费者权益，2018年公司消费者权益保护监管评级二级A。

### 4.6.6 保护股东权益，促进国有资产保值增值

报告期内，公司实现净利润为6.0亿元，国有资产资保值增值率为109.9%。

# 5. 报告期末及上一年度末的比较式会计报表

## 5.1 固有资产

### 5.1.1 会计师事务所审计意见全文

**审 计 报 告**

天职业字[2019]11502号

华鑫国际信托有限公司全体股东：

一、审计意见

我们审计了华鑫国际信托有限公司（以下简称华鑫信托）财务报表，包括2018年12月31日的资产负债表，2018年度的利润表、现金流量表、所有者权益变动表以及相关财务报表附注。

我们认为，后附的财务报表在所有重大方面按照企业会计准则的规定编制，公允反映了华鑫信托2018年12月31日的财务状况以及2018年度的经营成果和现金流量。

二、形成审计意见的基础

我们按照中国注册会计师审计准则的规定执行了审计工作。审计报告的"注册会计师对财务报表审计的责任"部分进一步阐述了我们在这些准则下的责任。按照中国注册会计师职业道德守则，我们独立于华鑫信托公司，并履行了职业道德方面的其他责任。我们相信，我们获取的审计证据是充分、适当的，为发表审计意见提供了基础。

三、管理层和治理层对财务报表的责任

管理层负责按照企业会计准则的规定编制财务报表，使其实现公允反映，并设计、执行和维护必要的内部控制，以使财务报表不存在由于舞弊或错误导致的重大错报。

在编制财务报表时，管理层负责评估江苏信托的持续经营能力，披露与持续经营相关的事项（如适用），并运用持续经营假设，除非管理层计划清算华鑫信托公司、终止运营或别无其他现实的选择。

治理层负责监督华鑫信托公司的财务报告过程。

四、注册会计师对财务报表审计的责任

我们的目标是对财务报表整体是否不存在由于舞弊或错误导致的重大错报获取合理保证，并出具包含审计意见的审计报告。合理保证是高水平的保证，但并不能保证按照审计准则执行的审计在某一重大错报存在时总能发现。错报可能由于舞弊或错误导致，如果合理预期错报单独或汇总起来可能影响财务报表使用者依据财务报表作出的经济决策，则通常认为错报是重大的。

在按照审计准则执行审计工作的过程中，我们运用职业判断，并保持职业怀疑。同时，我们也执行以下工作：

（1）识别和评估由于舞弊或错误导致的财务报表重大错报风险，设计和实施审计程序以应对这些风险，并获取充分、适当的审计证据，作为发表审计意见的基础。由于舞弊可能涉及串通、伪造、故意遗漏、虚假陈述或凌驾于内部控制之上，未能发现由于舞弊导致的重大错报的风险高于未能发现由于错误导致的重大错报的风险。

（2）了解与审计相关的内部控制，以设计恰当的审计程序，但目的并非对内部控制的有效性发表意见。

（3）评价管理层选用会计政策的恰当性和作出会计估计及相关披露的合理性。

（4）对管理层使用持续经营假设的恰当性得出结论。同时，根据获取的审计证据，就可能导致对华鑫信托公司持续经营能力产生重大疑虑的事项或情况是否存在重大不确定性得出结论。如果我们得出结论认为存在重大不确定性，审计准则要求我们在审计报告中提请报表使用者注意财务报表中的相关披露；如果披露不充分，我们应当发表非无保留意见。我们的结论基于截至审计报告日可获得的信息。然而，未来的事项或情况可能导致华鑫信托不能持续经营。

（5）评价财务报表的总体列报、结构和内容（包括披露），并评价财务报表是否公允反映相关交易和事项。

我们与治理层就计划的审计范围、时间安排和重大审计发现等事项进行沟通，包括沟通我们在审计中识别出的值得关注的内部控制缺陷。

中国注册会计师：

中国注册会计师：

### 5.1.2 资产负债表

**资产负债表**

编制单位:华鑫国际信托有限公司　　2018 年 12 月 31 日　　单位:万元

| 资　产 | 期末余额 | 年初余额 | 负债和所有者权益 | 期末余额 | 年初余额 |
|---|---|---|---|---|---|
| 资　产: | | | 负　债: | | |
| 现金 | 0.33 | 0.33 | 预收账款 | 28.30 | — |
| 存放同业款项 | 12 869.69 | 5 033.40 | 应付职工薪酬 | 6 295.96 | 6 477.11 |
| 交易性金融资产 | 54 902.06 | 53 139.22 | 应交税费 | 9 387.82 | 7 218.74 |
| 应收账款 | 24 035.85 | 14 607.77 | 应付股利 | — | — |
| 应收利息 | 645.16 | 566.51 | 预计负债 | 20 595.49 | 0.00 |
| 发放贷款和垫款 | 0.00 | 0.00 | 递延所得税负债 | 0.36 | 88.48 |
| 可供出售金融资产 | 510 233.98 | 318 924.90 | 其他负债 | 54 662.44 | 34 314.65 |
| 持有至到期投资 | 0.00 | 0.00 | 负债合计 | 90 970.37 | 48 098.98 |
| 抵债资产 | 2 118.80 | 1 642.27 | 所有者权益 | — | — |
| 长期股权投资 | — | — | 实收资本(或股本) | 357 484.04 | 220 000.00 |
| 固定资产原值 | 1 114.04 | 1 054.36 | 资本公积 | 142 515.96 | — |
| 累计折旧 | 755.64 | 630.41 | 其他综合收益 | -9 989.85 | 264.68 |
| 固定资产净值 | 358.40 | 423.95 | 盈余公积 | 36 628.86 | 30 640.95 |
| 无形资产 | 793.46 | 670.16 | 一般风险准备 | 29 484.66 | 22 816.37 |
| 递延所得税资产 | 14 963.02 | 12 025.25 | 未分配利润 | 97 588.03 | 177 905.21 |
| 其他资产 | 123 761.32 | 92 692.43 | 所有者权益合计 | 653 711.70 | 451 627.21 |
| 资产总计 | 744 682.07 | 499 726.19 | 负债和所有者权益总计 | 744 682.07 | 499 726.19 |

### 5.1.3 利润表

**利润表**

编制单位:华鑫国际信托有限公司　　2018 年度　　单位:万元

| 项　目 | 本年数 | 上年数 |
|---|---|---|
| 一、营业收入 | 103 407.15 | 114 355.01 |
| 利息净收入 | 1 800.45 | 1 948.21 |
| 利息收入 | 1 845.83 | 1 948.21 |
| 利息支出 | 45.38 | 0.00 |
| 手续费及佣金净收入 | 70 236.69 | 71 681.90 |
| 手续费及佣金收入 | 71 450.10 | 76 700.14 |
| 手续费及佣金支出 | 1 213.41 | 5 018.24 |
| 投资收益(损失以“-”填列) | 31 369.60 | 40 731.24 |
| 公允价值变动收益(损益)(损失以“-”填列) | 0.41 | -6.34 |
| 其他业务收入 | — | — |
| 二、营业支出 | 23 043.06 | 35 295.62 |
| 营业税金及附加 | 662.90 | 566.80 |
| 业务及管理费 | 23 286.36 | 29 399.77 |
| 资产减值损失 | -874.71 | 5 329.05 |
| 其他业务成本 | -31.49 | 0.00 |
| 三、营业利润(亏损以“-”号填列) | 80 364.08 | 79 059.39 |
| 加:营业外收入 | — | 35.17 |
| 减:营业外支出 | 2.25 | 66.87 |
| 四、利润总额(亏损总额以“-”号填列) | 80 361.83 | 79 027.69 |
| 减:所得税费用 | 20 482.74 | 18 410.57 |
| 五、净利润(净亏损以“-”号填列) | 59 879.09 | 60 617.12 |

### 5.1.4 所有者权益变动表

**所有者权益变动表**

编制单位：华鑫国际信托有限公司　　2018年度　　单位：万元

| 项目 | 本年金额 | | | | | | |
|---|---|---|---|---|---|---|---|
| | 归属于母公司所有者权益 | | | | | | 所有者权益合计 |
| | 实收资本 | 资本公积 | 其他综合收益 | 盈余公积 | 一般风险准备 | 未分配利润 | |
| 栏次 | 1 | 2 | 3 | 4 | 5 | 6 | 7 |
| 一、上年年末余额 | 220 000.00 | — | 264.68 | 30 640.95 | 22 816.37 | 177 905.21 | 451 627.21 |
| 加：会计政策变更 | — | — | — | — | — | — | — |
| 前期差错更正 | — | — | — | — | — | — | — |
| 其他 | — | — | — | — | — | — | — |
| 二、本年年初余额 | 220 000.00 | — | 264.68 | 30 640.95 | 22 816.37 | 177 905.21 | 451 627.21 |
| 三、本年增减变动金额（减少以"－"号填列） | 137 484.04 | 142 515.96 | -10 254.53 | 5 987.91 | 6 668.29 | -80 317.18 | 202 084.49 |
| （一）净利润 | — | — | — | — | — | 59 879.09 | 59 879.09 |
| （二）其他综合收益 | — | — | -10 254.53 | — | — | — | -10 254.53 |
| 综合收益小计 | — | — | -10 254.53 | — | — | — | -10 254.53 |
| （三）所有者投入和减少资本 | 137 484.04 | 142 515.96 | — | — | — | — | — |
| 1. 所有者投入资本 | 137 484.04 | 142 515.96 | — | — | — | — | — |
| 2. 股份支付计入所有者权益的金额 | — | — | — | — | — | — | — |
| 3. 对所有者的分配 | — | — | — | — | — | -127 540.07 | -127 540.07 |
| （四）专项储备提取和使用 | — | — | — | — | — | — | — |
| （五）利润分配 | — | — | — | 5 987.91 | 6 668.29 | -12 656.20 | — |
| 1. 提取盈余公积 | — | — | — | 5 987.91 | — | -5 987.91 | — |
| 其中：法定盈余公积 | — | — | — | 5 987.91 | — | -5 987.91 | — |
| 任意盈余公积 | — | — | — | — | — | — | — |
| 2. 提取一般风险准备 | — | — | — | — | 6 668.29 | -6 668.29 | — |
| 四、本年年末余额 | 357 484.04 | 142 515.96 | -9 989.85 | 36 628.86 | 29 484.66 | 97 588.03 | 653 711.70 |

**所有者权益变动表（续）**

编制单位：华鑫国际信托有限公司　　2017年度　　单位：万元

| 项目 | 上年金额 | | | | | | |
|---|---|---|---|---|---|---|---|
| | 归属于母公司所有者权益 | | | | | | 所有者权益合计 |
| | 实收资本 | 资本公积 | 其他综合收益 | 盈余公积 | 一般风险准备 | 未分配利润 | |
| 栏次 | 1 | 2 | 3 | 4 | 5 | 6 | 7 |
| 一、上年年末余额 | 220 000.00 | — | -651.05 | 24 579.24 | 18 626.11 | 127 540.07 | 390 094.37 |
| 加：会计政策变更 | — | — | — | — | — | — | — |
| 前期差错更正 | — | — | — | — | — | — | — |
| 其他 | — | — | — | — | — | — | — |
| 二、本年年初余额 | 220 000.00 | — | -651.05 | 24 579.24 | 18 626.11 | 127 540.07 | 390 094.37 |
| 三、本年增减变动金额（减少以"－"号填列） | — | — | 915.73 | 6 061.71 | 4 190.26 | 50 365.14 | 61 532.84 |
| （一）净利润 | — | — | — | — | — | 60 617.11 | 60 617.11 |
| （二）其他综合收益 | — | — | 915.73 | — | — | — | 915.73 |
| 综合收益小计 | — | — | 915.73 | — | — | — | 915.73 |
| （三）所有者投入和减少资本 | — | — | — | — | — | — | — |
| 1. 所有者投入资本 | — | — | — | — | — | — | — |
| 2. 股份支付计入所有者权益的金额 | — | — | — | — | — | — | — |
| 3. 对所有者的分配 | — | — | — | — | — | — | — |
| （四）专项储备提取和使用 | — | — | — | — | — | — | — |
| （五）利润分配 | — | — | — | 6 061.71 | 4 190.26 | -10 251.97 | — |
| 1. 提取盈余公积 | — | — | — | 6 061.71 | — | -6 061.71 | — |
| 其中：法定盈余公积 | — | — | — | 6 061.71 | — | -6 061.71 | — |
| 任意盈余公积 | — | — | — | — | — | — | — |
| 2. 提取一般风险准备 | — | — | — | — | 4 190.26 | -4 190.26 | — |
| 四、本年年末余额 | 220 000.00 | — | 264.68 | 30 640.95 | 22 816.37 | 177 905.21 | 451 627.21 |

## 5.2 信托资产

### 5.2.1 信托项目资产负债汇总表

**信托项目资产负债汇总表**

编制单位:华鑫国际信托有限公司　　2018年12月31日　　单位:万元

| 信托资产 | 期末余额 | 年初余额 | 信托负债和信托权益 | 期末余额 | 年初余额 |
|---|---|---|---|---|---|
| 信托资产 | — | — | 信托负债 | — | — |
| 货币资金 | 229 624.18 | 750 144.33 | 交易性金融负债 | — | — |
| 拆出资金 | — | — | 衍生金融负债 | — | — |
| 存出保证金 | — | — | 应付受托人报酬 | 20 060.19 | 17 966.28 |
| 交易性金融资产 | 2 910 932.03 | 6 797 494.87 | 应付托管费 | 3 419.74 | 2 391.95 |
| 衍生金融资产 | — | — | 应付受益人收益 | 38 659.12 | 24 996.42 |
| 买入返售金融资产 | 133 493.57 | 685 449.75 | 应交税费 | 11 488.45 | — |
| 应收款项 | 2 625.57 | 14 526.35 | 应付销售服务费 | 275.23 | 143.38 |
| 发放贷款 | 11 862 188.98 | 7 795 373.17 | 其他应付款项 | 210 757.89 | 153 865.47 |
| 可供出售金融资产 | 45 822.69 | 314 453.88 | 预计负债 | — | — |
| 持有至到期投资 | 8 513 352.39 | 11 041 148.64 | 其他负债 | — | — |
| 长期应收款 | — | — | 信托负债合计 | 284 660.62 | 199 363.50 |
| 长期股权投资 | 2 127 366.09 | 2 341 619.20 | | | |
| 投资性房地产 | — | — | 信托权益 | — | — |
| 固定资产 | — | — | 实收信托 | 26 939 461.96 | 29 693 476.29 |
| 无形资产 | — | — | 其他综合收益 | 223 294.93 | 80 928.84 |
| 长期待摊费用 | — | — | 损益平准金 | — | — |
| 其他资产 | — | — | 未分配利润 | -1 622 012.00 | -233 558.44 |
| 减:各项资产减值准备 | — | — | 信托权益合计 | 25 540 744.89 | 29 540 846.69 |
| 信托资产总计 | 25 825 405.51 | 29 740 210.19 | 信托负债和信托权益总计 | 25 825 405.51 | 29 740 210.19 |

### 5.2.2 信托项目利润及利润分配汇总表

**信托项目利润及利润分配汇总表**

编制单位:华鑫国际信托有限公司　　2018年度　　单位:万元

| 项　目 | 本年金额 | 上年金额 |
|---|---|---|
| 1. 营业收入 | -937 061.65 | 1 557 036.67 |
| 1.1 利息收入 | 635 883.05 | 634 272.65 |
| 1.2 投资收益(损失以"-"号填列) | -529 295.75 | 964 785.96 |
| 1.2.1 其中:对联营企业和合营企业的投资收益 | — | — |
| 1.3 公允价值变动收益(损失以"-"号填列) | -1 227 977.16 | -62 007.55 |
| 1.4 租赁收入 | — | — |
| 1.5 汇兑损益(损失以"-"号填列) | — | — |
| 1.6 其他收入 | 184 328.21 | 19 985.61 |
| 2. 支出 | 150 994.12 | 137 842.40 |
| 2.1 营业税金及附加 | 3 884.36 | — |
| 2.2 受托人报酬 | 75 216.71 | 70 070.59 |
| 2.3 托管费 | 14 300.42 | 9 579.59 |
| 2.4 投资管理费 | 3 757.49 | 1 393.88 |
| 2.5 销售服务费 | 2 980.69 | 2 938.87 |
| 2.6 交易费用 | 13 522.26 | 12 292.35 |
| 2.7 资产减值损失 | — | — |
| 2.8 其他费用 | 37 332.19 | 41 567.12 |
| 3. 信托净利润(净亏损以"-"号填列) | -1 088 055.77 | 1 419 194.27 |
| 4. 其他综合收益 | — | — |
| 5. 综合收益 | -1 088 055.77 | 1 419 194.27 |
| 6. 加:期初未分配信托利润 | -233 558.44 | -43 762.59 |
| 7. 可供分配的信托利润 | -1 321 614.20 | 1 375 431.68 |
| 8. 减:本期已分配信托利润 | 300 397.80 | 1 608 990.12 |
| 9. 期末未分配信托利润 | -1 622 012.00 | -233 558.44 |

# 6. 会计报表附注

## 6.1 简要说明报告年度会计报表编制基准

公司根据实际发生的交易和事项,按照财政部颁布的《企业会计准则——基本准则》和陆续颁布的各项具体会计准则、企业会计准则应用指南、企业会计准则解释及其他相关规定进行确认和计量,在此基础上编制财务报表。

## 6.2 重要会计政策、会计估计和核算方法的说明

报告期内,根据上级公司相关制度要求,对五级分类为"正常类"资产不再计提1%的减值准备,转回以前年度"正常类"计提减值准备余额为4 311万元。

## 6.3 或有事项说明

报告期内,公司无对外担保和其他或有事项。

## 6.4 重要资产转让及其出售的说明

报告期内,公司无重要资产转让及出售。

## 6.5 会计报表中重要项目的明细资料

### 6.5.1 披露固有资产经营情况

6.5.1.1 按信用风险五级分类结果披露信用风险资产的期初数、期末数

| 信用风险资产五级分类 | 正常类(万元) | 关注类(万元) | 次级类(万元) | 可疑类(万元) | 损失类(万元) | 信用风险资产合计(万元) | 不良资产合计(万元) | 不良资产率(%) |
|---|---|---|---|---|---|---|---|---|
| 期初数 | 499 685.69 | — | — | 40.50 | — | 499 726.19 | 40.50 | 0.01 |
| 期末数 | 744 682.07 | — | — | — | — | 744 682.07 | — | — |

注:不良资产合计=次级类+可疑类+损失类。

6.5.1.2　各项资产减值损失准备的期初数、本期计提、本期转回、本期核销、期末数

单位：万元

| | 期初数 | 本期计提 | 本期转回 | 本期核销 | 期末数 |
|---|---|---|---|---|---|
| 贷款损失准备 | 6 198.59 | — | 459.94 | — | 5 738.65 |
| 专项准备 | 6 198.59 | — | 459.94 | — | 5 738.65 |
| 可供出售金融资产减值准备 | 43 011.64 | — | 3 282.65 | — | 39 728.99 |
| 持有至到期投资减值准备 | — | — | — | — | — |
| 应收款项坏账准备 | 2 197.57 | — | 1 075.53 | — | 1 122.04 |
| 抵债资产减值准备 | 16.59 | — | 16.59 | — | — |

6.5.1.3　按照投资品种分类，披露固有业务股票投资、基金投资、债券投资、股权投资等投资业务

单位：万元

| | 股票 | 基金 | 债券 | 长期股权投资 | 其他投资 | 合计 |
|---|---|---|---|---|---|---|
| 期初数 | 21 856.94 | 72 493.41 | 72 000.00 | — | 248 725.40 | 415 075.75 |
| 期末数 | 19 993.57 | 90 332.22 | 90 000.00 | — | 417 857.60 | 618 183.39 |

6.5.1.4　按照投资入股金额排序，披露前五名的固有长期股权投资情况

本报告期公司无长期股权投资业务。

6.5.1.5　固有贷款的企业名称、占贷款总额的比例和还款情况

| 企业名称 | 占贷款总额的比例（%） | 还款情况（万元） |
|---|---|---|
| — | — | — |

6.5.1.6　表外业务的期初数、期末数；按照代理业务、担保业务和其他类型分别披露表外业务

本报告期公司无表外业务。

6.5.1.7　公司当年的收入结构

| 收入结构 | 金额（万元） | 占比（%） |
|---|---|---|
| 手续费及佣金收入 | 71 450.10 | 68.26 |
| 其中：信托手续费收入 | 71 450.10 | 68.26 |
| 利息收入 | 1 845.83 | 1.76 |
| 投资收益 | 31 369.60 | 29.97 |
| 其中：证券投资收益 | 0.00 | 0.00 |
| 其他投资收益 | 31 369.60 | 29.97 |
| 公允价值变动收益 | 0.41 | 0.00 |
| 收入合计 | 104 665.94 | 100.00 |

**6.5.2　披露信托财产管理情况**

6.5.2.1　信托资产的期初数、期末数

单位：万元

| 信托资产 | 期初数 | 期末数 |
|---|---|---|
| 集合 | 16 583 275.44 | 10 877 860.20 |
| 单一 | 11 783 276.71 | 13 686 281.77 |
| 财产权 | 1 373 658.04 | 1 261 263.54 |
| 合计 | 29 740 210.19 | 25 825 405.51 |

6.5.2.1.1　主动管理型信托业务期初数、期末数

单位：万元

| 主动管理型信托资产 | 期初数 | 期末数 |
|---|---|---|
| 证券投资类 | 2 072 260.07 | 1 464 681.00 |
| 股权投资类 | 434 650.77 | 401 010.14 |
| 融资类 | 2 510 463.64 | 2 564 968.75 |
| 事务管理类 | — | 0.00 |
| 合计 | 5 017 374.48 | 4 430 659.89 |

6.5.2.1.2　被动管理型信托业务期初数、期末数

单位：万元

| 被动管理型信托资产 | 期初数 | 期末数 |
|---|---|---|
| 证券投资类 | 6 269 641.40 | 1 782 644.45 |
| 股权投资类 | 4 167 018.67 | 3 467 789.77 |
| 融资类 | 11 081 705.04 | 10 469 304.80 |
| 事务管理类 | 3 204 470.60 | 5 675 006.60 |
| 合计 | 24 722 835.71 | 21 394 745.62 |

6.5.2.2　本年度已清算结束的信托项目个数、实收信托合计金额、加权平均实际年化收益率

6.5.2.2.1　本年度已清算结束的集合类、单一类资金信托项目和财产管理类信托项目个数、实收信托合计金额、加权平均实际年化收益率

| 已清算结束信托项目 | 项目个数（个） | 实收信托合计金额（万元） | 加权平均实际年化收益率（%） |
|---|---|---|---|
| 集合类 | 194 | 6 599 061.37 | -12.90 |
| 单一类 | 218 | 3 383 231.22 | 6.29 |
| 财产管理类 | 17 | 750 008.33 | 6.47 |

6.5.2.2.2　本年度已清算结束的主动管理型信托项目个数、实收信托合计金额、加权平均实际年化收益率、加权平均年化报酬率，分证券投资类、股权投资类、融资类、事务管理类分别披露

| 已清算结束信托项目 | 项目个数（个） | 实收信托合计金额（万元） | 加权平均实际年化收益率（%） | 加权平均年化报酬率（%） |
|---|---|---|---|---|
| 证券投资类 | 8 | 16 117.00 | 15.02 | 2.06 |
| 股权投资类 | 2 | 11 500.00 | 7.10 | 1.73 |
| 融资类 | 21 | 942 700.00 | 6.85 | 0.63 |
| 事务管理类 | — | — | — | — |

注：加权平均实际年化收益率 =（信托项目 1 的实际年化收益率 × 信托项目 1 的实收信托 + … + 信托项目 $n$ 的实际年化收益率 × 信托项目 $n$ 的实收信托）/（信托项目 1 的实收信托 + … + 信托项目 $n$ 的实收信托）×100%。

6.5.2.2.3　本年度已清算结束的被动管理型信托项目个数、实收信托合计金额、加权平均实际年化收益率、加权平均年化报酬率，分投资证券类、股权投资类、融资类、事务管理类分别披露

| 已清算结束信托项目 | 项目个数（个） | 实收信托合计金额（万元） | 加权平均实际年化收益率（%） | 加权平均年化报酬率（%） |
|---|---|---|---|---|
| 证券投资类 | 149 | 4 870 471.17 | -14.73 | 0.27 |
| 股权投资类 | 140 | 808 159.17 | 7.68 | 0.14 |
| 融资类 | 87 | 2 505 254.00 | 7.51 | 0.20 |
| 事务管理类 | 22 | 1 578 099.58 | 6.34 | 0.11 |

6.5.2.3 本年度新增的集合类、单一类、财产管理类信托项目个数、实收信托合计金额

| 新增信托项目 | 项目个数(个) | 实收信托合计金额(万元) |
|---|---|---|
| 集合类 | 96 | 2 137 816.99 |
| 单一类 | 126 | 5 430 397.60 |
| 财产管理类 | 10 | 655 450.00 |
| 新增合计 | 232 | 8 223 664.60 |
| 其中:主动管理型 | 49 | 1 309 027.38 |
| 被动管理型 | 183 | 6 914 637.22 |

6.5.2.4 信托业务创新成果和特色业务有关情况

报告期内,公司创新业务稳步推进,以创新业务孵化培育为抓手,布局家族信托、消费金融、ABS、能源产业基金、产融结合等业务,激活了信托业务发展的新动力。新增消费金融业务规模为150亿元;开展房抵贷业务;积极研究碳基金、碳金融和信托产品净值化管理;成功发行金融街威斯汀酒店资产支持专项计划,实现资产证券化业务突破。

6.5.2.5 本公司履行受托人义务情况及因本公司自身责任而导致的信托资产损失情况

报告期内,公司管理的信托业务运作正常,未出现因本公司自身责任而导致的信托资产损失情况。

6.5.2.6 信托赔偿准备金的提取、使用和管理情况

本报告期,公司计提信托赔偿金2 994万元,累计18 314万元,累计金额小于公司注册资本的20%。根据期末风险资产余额,本年计提一般准备金3 674万元,期末余额为11 174万元。

## 6.6 关联方关系及其交易的披露

**6.6.1 关联交易方的数量、关联交易的总金额及关联交易的定价政策**

| | 关联交易方数量 | 关联交易金额(万元) | 定价政策 |
|---|---|---|---|
| 合计 | 32 | 402 366.09 | 以市场交易价格为依据 |

**6.6.2 关联交易方与本公司的关系性质、关联交易方的名称、法定代表人、注册地址、注册资本及主营业务等**

| 关联关系 | 关联方名称 | 法定代表人 | 注册地址 | 注册资本(亿元) | 主营业务 |
|---|---|---|---|---|---|
| 公司股东 | 中国华电集团财务有限公司 | 郝彬 | 北京市西城区宣武门内大街2号B座10层 | 50 | 对成员单位办理财务和融资、担保、结算等;从事同业拆借;对金融机构的股权投资;中国银行保险监督管理委员会批准的其他业务等。 |

**6.6.3 本公司与关联方的重大交易事项**

6.6.3.1 固有与关联方交易情况

无。

6.6.3.2 信托资产与关联方:贷款、投资、租赁、应收账款、担保、其他方式等期初汇总数、本期发生汇总额、期末汇总数

单位:万元

| 信托资产与关联方关联交易 | | | | |
|---|---|---|---|---|
| | 期初数 | 借方发生额 | 贷方发生额 | 期末数 |
| 贷款 | 28 500.00 | 22 300.00 | — | 50 800.00 |
| 合计 | 28 500.00 | 22 300.00 | — | 50 800.00 |

6.6.3.3 信托公司自有资金运用于自己管理的信托项目(固信交易)、信托公司管理的信托项目之间的相互(信信交易)交易金额,包括余额和本报告年度的发生额

6.6.3.3.1 固有与信托财产之间的交易金额期初汇总数、本期发生额汇总数、期末汇总数

单位:万元

| 固有财产与信托财产相互交易 | | | |
|---|---|---|---|
| | 期初数 | 本期发生额 | 期末数 |
| 合计 | 112 989.31 | 187 438.99 | 300 428.30 |

6.6.3.3.2 信托资产与信托财产之间的交易金额期初汇总数、本期发生额汇总数、期末汇总数

单位:万元

| 信托资产与信托财产相互交易 | | | |
|---|---|---|---|
| | 期初数 | 本期发生额 | 期末数 |
| 合计 | 138 161.00 | −87 023.21 | 51 137.79 |

**6.6.4 逐笔披露关联方逾期未偿还本公司资金的详细情况以及本公司为关联方担保发生或即将发生垫款的详细情况**

本报告期,公司无上述事项发生。

## 6.7 会计制度的披露

本公司固有业务和信托业务均执行财政部2006年颁布的《企业会计准则》和陆续颁布的各项具体会计准则、企业会计准则应用指南、企业会计准则解释及其他相关规定。

# 7. 财务情况说明书

## 7.1 利润实现和利润分配情况

本报告期,公司实现利润总额为80 361.83万元,所得税费用为20 482.74万元,净利润为59 879.09万元。

根据《公司法》《信托公司管理办法》《金融企业呆账准备提取管理办法》等规定,2018年度利润分配如下:

(1)按净利润的10%提取法定盈余公积金5 987.91万元。

(2)按净利润的5%提取信托赔偿准备金2 993.95万元。

(3)按风险资产余额的1.5%提取一般风险准备3 674.34万元。

(4)分配股东股利为127 540.07万元。

上述各项提取和分配后,年末剩余可供股东分配利润97 588.03万元。

## 7.2 主要财务指标

| 指标名称 | 指标值 |
|---|---|
| 资本利润率(%) | 10.83 |
| 加权年化信托报酬率(%) | 0.25 |
| 人均净利润(万元) | 318.51 |

注:1. 资本利润率=净利润/所有者权益期初期末平均金额×100%。

2. 加权年化信托报酬率=(信托项目1的年化信托报酬率×信托项目1的实收信托+…+信托项目$n$的年化信托报酬率×信托项目$n$的实收信托)/(信托项目1的实收信托+…+信托项目$n$的实收信托)×100%。

3. 人均净利润=净利润/期初期末平均人数。

### 7.3 净资本和风险资本情况

| 项目 | 期初数 | 期末数 |
|---|---|---|
| 净资本(万元) | 397 710. 37 | 548 234. 56 |
| 风险资本(万元) | 354 006. 38 | 344 193. 83 |
| 净资本/风险资本(%) | 112. 35 | 159. 28 |
| 净资本/净资产(%) | 88. 06 | 83. 86 |

报告期内，公司净资本及各项比例符合监督管理要求。

### 7.4 对本公司财务状况、经营成果有重大影响的其他事项

报告期内，公司未发生对财务状况、经营成果有重大影响的其他事项。

## 8. 特别事项揭示

### 8.1 前五名股东报告期内变动情况及原因

根据集团金融改革整体规划，公司股东变更为中国华电集团资本控股有限公司，持股比例为 69. 84%；中国华电集团财务有限公司，持股比例为 30. 16%。

### 8.2 董事、监事及高级管理人员变动情况及原因

根据工作需要，按照股东方提名并经公司股东会选举，北京银保监局核准，褚玉担任公司董事长，赵远波、华淑蕊、羿锦峰担任公司非独立董事，刘晖担任公司监事长，卢勇、常法迪担任公司监事。经董事会研究，北京银保监局核准，王晓波、吉学斌担任公司副总经理，刘伟担任公司财务总监。因工作原因，李长旭、张泽星、郝彬、袁亚男、李文峰不再担任公司董事；任明霞、刘伟、王晓波不再担任公司监事；赵远波不再担任公司副总经理、总法律顾问。

### 8.3 变更注册资本、注册地或公司名称及公司分立合并事项

经股东方同意并报北京银保监局批准，公司注册资本由 22 亿元增至 3 574 840 420. 31 元。

### 8.4 公司的重大诉讼事项

报告期内公司无被诉讼事项。

### 8.5 公司及其董事、监事和高级管理人员受到处罚的情况

报告期内无上述事项。

### 8.6 对银保监会及其派出机构所提监管意见的整改情况

2018 年 9 月，北京银监局对公司进行现场检查，并于 12 月末下发检查意见书。公司按照相关监管要求，部分已整改完毕，部分整改落实中。

### 8.7 本年度重大事项常规及临时报告的简要内容、披露时间、所披露的媒体及其版面

2018 年 4 月 28 日，在《金融时报》第 32 版披露《华鑫国际信托有限公司年度报告摘要》。

2018 年 8 月 31 日，在《金融时报》第 7 版披露《华鑫国际信托有限公司变更公告》，公告披露了公司注册资本、股东、董事长和法定代表人变更情况。

### 8.8 银保监会及其省级派出机构认定的其他有必要让客户及相关利益人了解的重要信息

报告期内无上述事项。

## 9. 公司监事会意见

公司监事会认为，报告期内公司决策程序合法，内部控制制度完善，未发现董事、经理和其他高级管理人员在执行职务时有违法违纪及有损公司和股东利益的行为。财务报告真实反映了公司的财务状况和经营成果。

# 华信信托股份有限公司

## 1. 重要提示

1.1 公司董事会及董事保证本报告所载资料不存在任何虚假记载、误导性陈述或者重大遗漏，并对其内容的真实性、准确性和完整性承担个别及连带责任。本年度报告摘要摘自年度报告全文，客户及相关利益人欲了解详细内容，应阅读年度报告全文。

1.2 刘辉董事因工作原因未能参会，书面授权给董永成董事长代为行使表决权。独立董事认为公司年度报告内容真实、准确、完整。

1.3 公司年度财务报告经中勤万信会计师事务所(特殊普通合伙)辽宁分所审计，并出具了标准无保留意见的审计报告。

1.4 公司董事长董永成、主管会计工作负责人宋秋及会计机构负责人王艳杰声明：保证年度报告中财务报告的真实、完整。

## 2. 公司概况

### 2.1 公司简介

公司设立于1987年，原名中国工商银行大连市信托投资公司；1988年改制为股份有限公司，更名为中国工商银行大连信托投资股份有限公司；1997年更名为大连华信信托投资股份有限公司；2001年成为全国首批、东北地区首家完成重新登记的信托投资公司；2006年注册资本金增加到10.01亿元；2007年注册资本增加到12.1亿元；2007年更名为大连华信信托股份有限公司；2010年注册资本增加到20.57亿元；2012年注册资本增加到30亿元；2013年注册资本增加到33亿元，更名为华信信托股份有限公司；2016年注册资本增加到66亿元。

#### 2.1.1 公司基本情况

| | |
|---|---|
| 法定中文名称 | 华信信托股份有限公司 |
| 中文名称缩写 | 华信信托 |
| 法定英文名称 | Huaxin Trust Co. ,Ltd. |
| 英文名称缩写 | Huxin Trust |
| 法定代表人 | 董永成 |
| 注册地址 | 大连市西岗区大公街34号 |

续表

| | |
|---|---|
| 邮政编码 | 116011 |
| 国际互联网网址 | www. huaxintrust. com |
| 电子信箱 | huaxin@ hxtic. cn |
| 选定的信息披露报纸 | 《金融时报》 |
| 年度报告备置地点 | 华信信托理财管理中心 |
| 聘请的会计师事务所 | 名称：中勤万信会计师事务所(特殊普通合伙)辽宁分所<br>注册地址：沈阳市东陵区新隆街1-33号3-6-1 |
| 聘请的律师事务所 | 名称：辽宁双护律师事务所<br>注册地址：大连市沙河口区西安路90号广荣大厦1601室 |

#### 2.1.2 信息披露事务负责人

| | |
|---|---|
| 姓名 | 黄铎 |
| 职务 | 总裁 |
| 联系电话 | 0411-83611895 |
| 传真 | 0411-83638415 |
| 电子信箱 | huaxin@ hxtic. cn |

### 2.2 组织结构

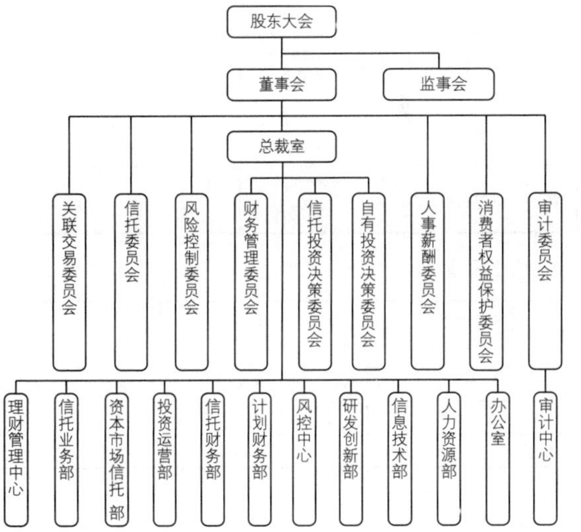


## 3. 公司治理

### 3.1 股东

公司前3位股东：

| 名称 | 出资比例(%) | 法人代表 | 注册资本(万元) | 注册地址 | 主要经营业务及财务状况 |
|---|---|---|---|---|---|
| 华信汇通集团有限公司 | 25.91 | 董永成 | 330 000 | 北京市西城区金融街28号2号楼19层 | 投资及资产管理；经济信息咨询；财务咨询等。2018年末，资产总额834 574.80万元，利润总额为55 803.40万元(未经审计)。 |

续表

| 名称 | 出资比例（%） | 法人代表 | 注册资本（万元） | 注册地址 | 主要经营业务及财务状况 |
| --- | --- | --- | --- | --- | --- |
| 北京万联同创网络科技有限公司 | 19.9 | 张桂芝 | 131 460 | 北京市朝阳区东三环南路甲52楼17层20B | 技术服务；技术转让；技术咨询；开发计算机软硬件；企业管理策划；市场营销策划；商务咨询；投资咨询；投资管理。2018年末，资产总额为132 071.82万元，利润总额为4.01万元（未经审计）。 |
| 沈阳品成投资有限公司 | 15.42 | 龚　标 | 110 000 | 沈阳市沈河区市府大路262甲号 | 利用自有资金对外投资；投资咨询；经济信息咨询；企业管理策划。2018年末，资产总额为161 505.25万元，利润总额为1.90万元（未经审计）。 |

注：北京万联同创网络科技有限公司为华信汇通集团有限公司全资下属公司。

## 3.2　董事

董事会成员

| 姓　名 | 职　务 | 性别 | 年龄（岁） | 选任日期 | 所推举的股东名称 | 该股东持股比例（%） | 简要履历 |
| --- | --- | --- | --- | --- | --- | --- | --- |
| 董永成 | 董事长 | 男 | 62 | 2017年4月27日 | 华信汇通集团有限公司 | 25.91 | 曾任中国工商银行大连市分行技改处副处长，中国工商银行大连信托投资股份有限公司总经理；现任华信信托股份有限公司董事长。 |
| 钟　石 | 董事 | 男 | 40 | 2017年4月27日 | 华信汇通集团有限公司 | 25.91 | 曾任华信汇通集团有限公司审计部副总经理；现任华信汇通集团有限公司财务部副总经理，华信信托股份有限公司董事。 |
| 刘　雯 | 董事 | 女 | 35 | 2018年6月1日 | 华信汇通集团有限公司 | 25.91 | 曾任大连诚誉会计师事务所会计，华信信托股份有限公司审计部审计员；现任华信汇通集团有限公司财务部会计主管，华信信托股份有限公司董事。 |
| 周喆人 | 董事 | 男 | 41 | 2017年4月27日 | 沈阳品成投资有限公司 | 15.42 | 曾任上海市国茂律师事务所律师、合伙人；现任国浩律师（上海）事务所律师，沈阳品成投资有限公司副总经理，华信信托股份有限公司董事。 |
| 刘　辉 | 董事 | 男 | 47 | 2017年4月27日 | 西藏海涵实业有限公司 | 4.48 | 曾任海口卉烽粮油有限公司董事长，西藏海涵实业有限公司总经理；现任锦国投（大连）发展有限公司董事长、总经理，华信信托股份有限公司董事。 |
| 姜顺杰 | 董事 | 男 | 56 | 2017年4月27日 | 大连顺联达集团有限责任公司 | 4.48 | 曾任大连纺织厂财务科科长，大连碧海山庄旅游集团财务处长、总经理助理，大连凯撒餐饮有限公司总经理；现任大连保税区顺林石化有限公司董事长、总经理，大连顺联达集团有限责任公司高级顾问，华信信托股份有限公司董事。 |
| 于永顺 | 独立董事 | 男 | 68 | 2017年4月27日 | — | — | 曾任中国建设银行总行副处长、处长、审计部总经理、首席审计官；现任华信信托股份有限公司独立董事。 |
| 单建保 | 独立董事 | 男 | 64 | 2017年4月27日 | — | — | 曾任光大银行总行副行长；现任华信信托股份有限公司独立董事。 |
| 方红星 | 独立董事 | 男 | 46 | 2017年12月26日 | — | — | 曾任东北财经大学出版社社长；现任东北财经大学会计学院院长，华信信托股份有限公司独立董事。 |

独立董事

| 姓　名 | 所在单位及职务 | 性别 | 年龄（岁） | 选任日期 | 提名人 | 简要履历 |
| --- | --- | --- | --- | --- | --- | --- |
| 于永顺 | 独立董事 | 男 | 68 | 2017年4月27日 | 董事会 | 曾任中国建设银行总行副处长、处长、审计部总经理、首席审计官；现任华信信托股份有限公司独立董事。 |
| 单建保 | 独立董事 | 男 | 64 | 2017年4月27日 | 董事会 | 曾任光大银行总行副行长；现任华信信托股份有限公司独立董事。 |
| 方红星 | 独立董事 | 男 | 46 | 2017年12月26日 | 董事会 | 曾任东北财经大学出版社社长；现任东北财经大学会计学院院长、华信信托股份有限公司独立董事。 |

## 3. 3　监事

| 姓　名 | 职　务 | 性别 | 年龄（岁） | 选任日期 | 所推举的股东名称 | 该股东持股比例（%） | 简要履历 |
| --- | --- | --- | --- | --- | --- | --- | --- |
| 姜尚君 | 监事长 | 男 | 64 | 2017年4月27日 | 华信汇通集团有限公司 | 25.91 | 曾任中国农业银行运营总监、营销总监、公司业务总监；现任华信汇通集团有限公司董事，华信信托股份有限公司监事长。 |
| 邱宇博 | 监事 | 男 | 35 | 2017年4月27日 | 北京万联同创网络科技有限公司 | 19.9 | 曾任北京万联同创网络科技有限公司会计；现任北京万联同创网络科技有限公司财务负责人，华信信托股份有限公司监事。 |
| 刘永锋 | 监事 | 男 | 47 | 2017年4月27日 | — | — | 曾任华信信托股份有限公司信托业务管理部信托经理；现任华信信托股份有限公司风控中心风控经理，华信信托股份有限公司职工代表监事。 |

## 3.4 高级管理人员

| 姓名 | 职务 | 性别 | 年龄(岁) | 选任日期 | 金融从业年限(年) | 学历 | 专业 |
|---|---|---|---|---|---|---|---|
| 黄 铎 | 总裁 | 男 | 66 | 2010年12月29日 | 28 | 大专 | 管理 |
| 王 瑾 | 副总裁 | 女 | 52 | 2010年12月29日 | 21 | 本科 | 统计 |
| 董福航 | 副总裁 | 男 | 34 | 2015年3月28日 | 8 | 本科 | 金融 |
| 崔相斌 | 副总裁 | 男 | 51 | 2010年12月29日 | 27 | 硕士研究生 | 管理 |
| 宋 秋 | 副总裁 | 女 | 48 | 2017年2月3日 | 24 | 硕士研究生 | 管理 |
| 付绍波 | 副总裁 | 男 | 42 | 2010年12月29日 | 20 | 本科 | 建筑工程 |

## 3.5 公司员工

| 项目 | | 报告期年度 | |
|---|---|---|---|
| | | 人数(人) | 比例(%) |
| 年龄分布 | 25岁以下 | 13 | 8.18 |
| | 25~29岁 | 34 | 21.38 |
| | 30~39岁 | 75 | 47.17 |
| | 40岁以上 | 37 | 23.27 |
| 学历分布 | 博士 | 1 | 0.63 |
| | 硕士 | 84 | 52.83 |
| | 本科 | 67 | 42.14 |
| | 专科 | 7 | 4.40 |
| 岗位分布 | 董事、监事及高管人员 | 9 | 5.66 |
| | 自营业务人员 | 11 | 6.92 |
| | 信托业务人员 | 107 | 67.29 |
| | 其他人员 | 32 | 20.13 |

# 4. 经营管理

## 4.1 经营目标、经营方针、战略规划

### 4.1.1 经营目标

以提升资产管理能力和盈利能力为核心，以风险控制为前提，以团队建设为关键，以机制完善为保障，以金融科技为推手，致力于发挥信托功能优势，为客户提供安全稳健的金融产品和高效便捷的金融服务，将公司建设成为拥有优秀金融品牌、领先盈利能力、最高监管评级、核心竞争力突出的金融企业。

### 4.1.2 经营方针

公司的经营方针是恪守诚信、稳健合规、开拓创新、和谐共赢。

### 4.1.3 战略规划

充分发挥公司较强的自主管理能力、品牌影响力和协同效应，扩展投资领域，完善投资管理体系，提升资产管理能力和业务规模，带动盈利能力持续提升；提高风险管理能力，建立起科学、高效的风险分析与评价体系，准确识别、控制各类风险；加强企业文化建设，完善人才培养机制和绩效考核机制，建立一支富有创新意识、高素质、高水平的专业团队；丰富理财产品体系，提升客户服务水平，扩大客户群体。

## 4.2 所经营业务的主要内容

公司业务主要分为固有业务和信托业务。其中，固有业务主要包括金融类公司股权投资业务、金融产品投资业务、贷款业务和担保业务等；信托业务主要包括财富管理类信托、融资类信托和投资类信托等常规类信托业务和资产支持证券信托、受托境外理财业务(QDII)等特许经营类信托业务。

## 4.3 市场分析

### 4.3.1 公司发展的有利因素

一是国内经济发展保持稳中有进、稳中向好的态势，经济结构调整持续优化，经济发展的内生动力不断增强，为信托业的发展创造了良好的环境；二是供给侧结构性改革、城镇化发展和国企改革蕴藏巨大的投融资需求，为信托公司提供了广阔的市场空间；三是信托登记制度的完善，规范和强化了信息披露，增强了信托财产的独立性，加强了对信托受益人的保护，从而进一步增强了信托行业的公信力，提升了信托行业的整体竞争力；四是随着我国经济多年的高速发展，社会财富的绝对存量大幅度增加，因而社会对财富的传承、家族传承、税务筹划等需求逐渐增强，这为发挥信托优势，开展资产管理业务奠定了坚实的基础；五是多年来公司诚信为本、稳健经营，树立了良好的社会信誉，投资者对公司品牌认可度与信任度不断提升。

### 4.3.2 公司发展的不利因素

一是我国经济正处在新旧产业转换的关键期，经济形势错综复杂；二是资管行业竞争加剧，监管政策趋严，信托公司转型压力加大；三是基建、房地产等投资回落，信托公司传统业务的风险管理压力增大。

## 4.4 内部控制

公司始终致力于内控制度的建设及完善，构建了以股东大会、董事会及其下属专业委员会、监事会、管理层等为主体的公司治理组织架构，制定了完备的议事规则和决策程序。公司建立了健全、有效、涵盖全部业务和管理活动的内控制度体系，从公司治理、业务操作、财务管理、风险控制与合规管理、审计监督、人力资源管理和其他事务管理等多方面进行规范。

公司倡导以"合规""诚信"为核心的企业文化，加强合规培训和合规绩效考核，提高全员合规意识。业务发展以合规运作及风险可控为前提，切实履行受托责任，尽职管理信托财产，努力实现受益人利益最大化。

公司不断完善法人治理，切实发挥监事会、独立董事的监督职能，加强外部监督作用；管理层建立了合理授权、有效问责、内部举报和奖惩制度；不断完善风险控制和合规管理，建立了固有业务和信托业务相互分离的业务管理体系；各项业务均有健全的决策机构和决策程序，岗位之间职责分明、边界清晰，实现了前后、中后、后台分工协作又相对独立的科学、高效的运营机制；建立业务预警及突发事件应急机制，不断提高风险防

范和处置能力，保障持续经营；建立并不断完善通畅、双向的信息交流与反馈机制；严格履行信息披露义务，通过公司网站、媒体发布、书面通知等方式，依法对投资者和社会公众披露信息；建立了部门自查、岗位相互制约、员工内部举报、合规检查及内部审计相结合的监督与纠正机制。

### 4.5 风险管理

公司经营中面临的主要风险包括信用风险、市场风险、操作风险、法律政策风险、兑付风险、道德风险、声誉风险及信息科技风险等。

信用风险是指因交易对手违约或信用等级下降，给公司造成的可能损失。公司按照"事前调查评估、事中防范控制、事后监督管理"的原则对信用风险进行有效防范。

流动性风险就信托公司层面，是指信托公司虽然有清偿能力，但无法及时获得充足资金或无法以合理成本及时获得充足资金以应对业务增长或支付到期债务的风险；就信托项目层面，是指具体信托项目不能按期变现兑付清算的风险，以及对期间开放的信托计划来说，存在赎回资金规模大于申购资金规模的可能性。报告期内，公司加强流动性风险管控，未发生流动性风险。

市场风险主要是指由于利率、汇率、股市价格等因素变动而产生的未知潜在损失的风险。公司持有的美元资产、自营贷款业务、信托贷款业务、自营证券投资业务及证券投资类资金信托业务等均可能面临市场风险。公司证券投资业务严格遵循组合投资、分散风险的原则，将市场风险控制在可承受范围内。

操作风险是指由于内部程序、人员、系统不完善或失误，或外部事件造成损失的风险。公司通过完善治理结构、加强内控管理等措施防控操作风险。报告期内未发生因操作风险所造成的损失。

其他风险主要是指公司业务开展中的合规风险、兑付风险、声誉风险、信息科技风险等。报告期内公司未发生因其他风险所造成的损失。

### 4.6 净资本管理

公司依据《信托公司净资本管理办法》实施净资本管理，报告期内公司资本充足，流动性良好，能够抵御各项业务带来的不可预期的风险。截至 2018 年末，公司净资本为823 691.39万元，各项业务风险资本之和为212 055.23万元，净资本/各项业务风险资本之和为388.43%，净资本/净资产为 68.32%，均符合《信托公司净资本管理办法》要求，具有较大业务发展空间。

### 4.7 薪酬管理

报告期内，公司贯彻按劳分配原则，不断完善公司的激励与约束机制，充分调动广大员工的工作积极性、主动性和创造性，激励和吸引优秀人才，确保公司发展战略目标的实现。公司的薪酬管理体现内部公平性与外部竞争性相结合的原则，同时坚持严格考核，薪酬分配以绩效考核为依据。

公司薪酬的最高管理机构为董事会，下设人事薪酬委员会，负责审定公司薪酬管理制度；公司设置薪酬绩效考核领导小组，负责拟定年度实施细则。

## 5. 报告期末及上一年度末的比较式会计报表

### 5.1 自营资产

#### 5.1.1 会计师事务所审计意见全文

勤信辽审字[2019]第0012号

华信信托股份有限公司全体股东：

一、审计意见

我们审计了华信信托股份有限公司（以下简称华信信托公司）财务报表，包括 2018 年 12 月 31 日的资产负债表，2018 年度的利润表、现金流量表、股东权益变动表以及财务报表附注。

我们认为，后附的财务报表在所有重大方面按照企业会计准则的规定编制，公允反映了华信信托公司 2018 年 12 月 31 日的财务状况以及 2018 年度的经营成果和现金流量。

二、形成审计意见的基础

我们按照中国注册会计师审计准则的规定执行了审计工作。审计报告的"注册会计师对财务报表审计的责任"部分进一步阐述了我们在这些准则下的责任。按照中国注册会计师职业道德守则，我们独立于华信信托公司，并履行了职业道德方面的其他责任。我们相信，我们获取的审计证据是充分、适当的，为发表审计意见提供了基础。

三、其他信息

华信信托公司管理层（以下简称管理层）对其他信息负责。其他信息包括华信信托公司 2018 年年度报告中涵盖的信息，但不包括财务报表和我们的审计报告。

我们对财务报表发表的审计意见不涵盖其他信息，我们也不对其他信息发表任何形式的鉴证结论。

结合我们对财务报表的审计，我们的责任是阅读其他信息，在此过程中，考虑其他信息是否与财务报表或我们在审计过程中了解到的情况存在重大不一致或者似乎存在重大错报。

基于我们已执行的工作，如果我们确定其他信息存在重大错报，我们应当报告该事实。在这方面，我们无任何事项需要报告。

四、管理层和治理层对财务报表的责任

华信信托公司管理层（以下简称管理层）负责按照企业会计准则的规定编制财务报表，使其实现公允反映，并设计、执行和维护必要的内部控制，以使财务报表不存在由于舞弊或错误导致的重大错报。

在编制财务报表时，管理层负责评估华信信托公司的持续经营能力，披露与持续经营相关的事项（如适用），并运用持续经营假设，除非管理层计划清算华信信托公司、终止运营或别无其他现实的选择。

治理层负责监督华信信托公司的财务报告过程。

五、注册会计师对财务报表审计的责任

我们的目标是对财务报表整体是否不存在由于舞弊或错误导致的重大错报获取合理保证，并出具包含审计意见的审计报告。合理保证是高水平的保证，但并不能保证按照审计准则执行的审计在某一重大错报存在时总能发现。错报可能由于舞弊或错误导致,如果合理预期错报单独或汇总起来可能影响财务报表使用者依据财务报表作出的经济决策,则通常认为错报是重大的。

在按照审计准则执行审计工作的过程中,我们运用职业判断,并保持职业怀疑。同时,我们也执行以下工作:

(1)识别和评估由于舞弊或错误导致的财务报表重大错报风险,设计和实施审计程序以应对这些风险,并获取充分、适当的审计证据,作为发表审计意见的基础。由于舞弊可能涉及串通、伪造、故意遗漏、虚假陈述或凌驾于内部控制之上,未能发现由于舞弊导致的重大错报的风险高于未能发现由于错误导致的重大错报的风险。

(2)了解与审计相关的内部控制,以设计恰当的审计程序,但目的并非对内部控制的有效性发表意见。

(3)评价管理层选用会计政策的恰当性和作出会计估计及相关披露的合理性。

(4)对管理层使用持续经营假设的恰当性得出结论。同时,根据获取的审计证据,就可能导致对华信信托公司持续经营能力产生重大疑虑的事项或情况是否存在重大不确定性得出结论。如果我们得出结论认为存在重大不确定性,审计准则要求我们在审计报告中提请报表使用者注意财务报表中的相关披露;如果披露不充分,我们应当发表非无保留意见。我们的结论基于截至审计报告日可获得的信息。然而,未来的事项或情况可能导致华信信托公司不能持续经营。

(5)评价财务报表的总体列报、结构和内容(包括披露),并评价财务报表是否公允反映相关交易和事项。

我们与治理层就计划的审计范围、时间安排和重大审计发现等事项进行沟通,包括沟通我们在审计中识别出的值得关注的内部控制缺陷。

中勤万信会计师事务所
(特殊普通合伙)辽宁分所　　中国注册会计师:陈　大
二〇一九年三月十五日　　中国注册会计师:李俊鑫

### 5.1.2 资产负债表

**资产负债表**

编制单位:华信信托股份有限公司　　2018 年 12 月 31 日　　单位:万元

| 项　目 | 期末数 | 期初数 |
|---|---|---|
| 资产: | | |
| 现金及存放中央银行款项 | 121 327.13 | 52 499.39 |
| 存放同业款项 | — | — |
| 贵金属 | — | — |
| 拆出资金 | — | — |
| 以公允价值计量且其变动计入当期损益的金融资产 | — | — |
| 衍生金融资产 | — | — |
| 买入返售金融资产 | 5 150.15 | 143 171.33 |
| 应收利息 | 7 291.49 | 1 418.04 |
| 发放贷款和垫款 | — | — |
| 可供出售金融资产 | 284 462.10 | 351 848.28 |
| 持有至到期投资 | 466 700.00 | 481 492.00 |
| 应收款项类投资 | — | — |
| 长期股权投资 | 260 477.87 | 268 537.12 |
| 投资性房地产 | — | — |

续表

| 项　目 | 期末数 | 期初数 |
|---|---|---|
| 固定资产 | 4 238.78 | 4 389.41 |
| 无形资产 | 1 183.61 | 1 199.74 |
| 商誉 | | |
| 递延所得税资产 | 59 752.20 | 43 743.77 |
| 其他资产 | 8 867.78 | 11 829.08 |
| 资产总计 | 1 219 451.11 | 1 360 128.16 |
| 负债: | | |
| 拆入资金 | — | — |
| 以公允价值计量且其变动计入当期损益的金融负债 | — | — |
| 衍生金融负债 | — | — |
| 应付职工薪酬 | 241.75 | 259.56 |
| 应交税费 | 9 669.47 | 10 688.07 |
| 应付利息 | — | 504.81 |
| 应付股利 | 2 211.06 | 2 254.56 |
| 代理业务 | 1 596.82 | 1 617.19 |
| 递延所得税负债 | | 54.02 |
| 其他负债 | 24.28 | 170 019.19 |
| 负债合计 | 13 743.38 | 185 397.40 |
| 股东权益: | | |
| 股本 | 660 000.00 | 660 000.00 |
| 资本公积 | 60 476.00 | 60 476.00 |
| 其他综合收益 | -182 395.28 | -132 693.37 |
| 盈余公积 | 114 110.69 | 106 042.80 |
| 一般风险准备 | 71 219.39 | 70 565.64 |
| 未分配利润 | 482 296.93 | 410 339.69 |
| 股东权益合计 | 1 205 707.73 | 1 174 730.76 |
| 负债和股东权益总计 | 1 219 451.11 | 1 360 128.16 |

法定代表人:董永成　　主管会计工作负责人:宋　秋　　会计机构负责人:王艳杰

### 5.1.3 利润表

**利润表**

编制单位:华信信托股份有限公司　　2018 年度　　单位:万元

| 项　目 | 本期金额 | 上期金额 |
|---|---|---|
| 一、营业收入 | 114 565.59 | 140 209.80 |
| 利息净收入 | -812.43 | -8 412.12 |
| 利息收入 | 1 445.97 | 5 083.51 |
| 利息支出 | 2 258.40 | 13 495.63 |
| 手续费及佣金净收入 | 63 237.61 | 80 227.37 |
| 手续费及佣金收入 | 63 237.61 | 80 227.37 |
| 手续费及佣金支出 | — | — |
| 投资收益/(损失) | 51 478.85 | 67 857.00 |
| 其中:对联营企业和合营企业的投资收益/(损失) | 2 779.45 | 5 358.55 |
| 公允价值变动收益/(损失) | — | — |
| 汇兑收益/(损失) | 562.14 | -670.28 |
| 其他业务收入 | 99.42 | 1 207.82 |
| 资产处置收益(损失以"-"号填列) | — | 0.01 |
| 其他收益 | — | — |
| 二、营业支出 | 10 424.11 | 11 492.08 |
| 税金及附加 | 526.26 | 813.07 |
| 业务及管理费 | 9 897.85 | 10 679.01 |
| 资产减值损失 | — | — |
| 其他业务成本 | — | — |
| 三、营业利润 | 104 141.48 | 128 717.72 |
| 加:营业外收入 | 0.41 | 0.36 |
| 减:营业外支出 | 0.28 | — |
| 四、利润总额 | 104 141.61 | 128 718.08 |
| 减:所得税费用 | 23 462.73 | 28 687.67 |
| 五、净利润 | 80 678.88 | 100 030.41 |
| (一)持续经营净利润(净亏损以"-"号填列) | 80 678.88 | 100 030.41 |
| (二)终止经营净利润(净亏损以"-"号填列) | — | — |

法定代表人:董永成　　主管会计工作负责人:宋　秋　　会计机构负责人:王艳杰

### 5.1.4 所有者权益(股东权益)变动表

**所有者权益变动表(股东权益)**

编制单位:华信信托股份有限公司　　2018 年度　　单位:万元

| 项　目 | 2018 年度 | | | | | | |
|---|---|---|---|---|---|---|---|
| | 股本 | 资本公积 | 其他综合收益 | 盈余公积 | 一般风险准备 | 未分配利润 | 股东权益合计 |
| 一、上期期末余额 | 660 000.00 | 60 476.00 | -132 693.37 | 106 042.80 | 70 565.64 | 410 339.69 | 1 174 730.76 |
| 加:会计政策变更 | — | — | — | — | — | — | — |
| 前期差错更正 | — | — | — | — | — | — | — |
| 其他 | — | — | — | — | — | — | — |
| 二、本年年初余额 | 660 000.00 | 60 476.00 | -132 693.37 | 106 042.80 | 70 565.64 | 410 339.69 | 1 174 730.76 |
| 三、本年增减变动金额(减少以"-"号填列) | — | — | -49 701.91 | 8 067.89 | 653.75 | 71 957.24 | 30 976.97 |
| (一)综合收益总额 | — | — | -49 701.91 | — | — | 80 678.88 | 30 976.97 |
| (二)股东投入和减少资本 | — | — | — | — | — | — | — |
| 1. 股东投入资本 | — | — | — | — | — | — | — |
| 2. 股份支付计入股东权益的金额 | — | — | — | — | — | — | — |
| 3. 其他 | — | — | — | — | — | — | — |
| (三)利润分配 | — | — | — | 8 067.89 | 653.75 | -8 721.64 | — |
| 1. 提取盈余公积 | — | — | — | 8 067.89 | — | -8 067.89 | — |
| 2. 提取一般风险准备 | — | — | — | — | 653.75 | -653.75 | — |
| 3. 对股东的分配 | — | — | — | — | — | — | — |
| 4. 其他 | — | — | — | — | — | — | — |
| (四)股东权益内部结转 | — | — | — | — | — | — | — |
| 1. 资本公积转增股本 | — | — | — | — | — | — | — |
| 2. 盈余公积转增股本 | — | — | — | — | — | — | — |
| 3. 盈余公积弥补亏损 | — | — | — | — | — | — | — |
| 4. 其他 | — | — | — | — | — | — | — |
| (五)专项储备 | — | — | — | — | — | — | — |
| 1. 本期提取 | — | — | — | — | — | — | — |
| 2. 本期使用 | — | — | — | — | — | — | — |
| (六)其他 | — | — | — | — | — | — | — |
| 四、本期期末余额 | 660 000.00 | 60 476.00 | -182 395.28 | 114 110.69 | 71 219.39 | 482 296.93 | 1 205 707.73 |

法定代表人:董永成　　主管会计工作负责人:宋　秋　　会计机构负责人:王艳杰

**所有者权益变动表(续)(股东权益)**

编制单位:华信信托股份有限公司　　2018 年度　　单位:万元

| 项　目 | 2017 年度 | | | | | | |
|---|---|---|---|---|---|---|---|
| | 股本 | 资本公积 | 其他综合收益 | 盈余公积 | 一般风险准备 | 未分配利润 | 股东权益合计 |
| 一、上期期末余额 | 660 000.00 | 60 476.00 | -109 287.48 | 96 039.77 | 63 833.29 | 426 044.66 | 1 197 106.24 |
| 加:会计政策变更 | — | — | — | — | — | — | — |
| 前期差错更正 | — | — | — | — | — | — | — |
| 其他 | — | — | — | — | — | — | — |
| 二、本年年初余额 | 660 000.00 | 60 476.00 | -109 287.48 | 96 039.77 | 63 833.29 | 426 044.66 | 1 197 106.24 |
| 三、本年增减变动金额(减少以"-"号填列) | — | — | -23 405.89 | 10 003.03 | 6 732.35 | -15 704.97 | -22 375.48 |
| (一)综合收益总额 | — | — | -23 405.89 | — | — | 100 030.41 | 76 624.52 |
| (二)股东投入和减少资本 | — | — | — | — | — | — | — |
| 1. 股东投入资本 | — | — | — | — | — | — | — |
| 2. 股份支付计入股东权益的金额 | — | — | — | — | — | — | — |
| 3. 其他 | — | — | — | — | — | — | — |
| (三)利润分配 | — | — | — | 10 003.03 | 6 732.35 | -115 735.38 | -99 000.00 |
| 1. 提取盈余公积 | — | — | — | 10 003.03 | — | -10 003.03 | — |
| 2. 提取一般风险准备 | — | — | — | — | 6 732.35 | -6 732.35 | — |
| 3. 对股东的分配 | — | — | — | — | — | -99 000.00 | -99 000.00 |
| 4. 其他 | — | — | — | — | — | — | — |
| (四)股东权益内部结转 | — | — | — | — | — | — | — |
| 1. 资本公积转增股本 | — | — | — | — | — | — | — |
| 2. 盈余公积转增股本 | — | — | — | — | — | — | — |
| 3. 盈余公积弥补亏损 | — | — | — | — | — | — | — |
| 4. 其他 | — | — | — | — | — | — | — |
| (五)专项储备 | — | — | — | — | — | — | — |
| 1. 本期提取 | — | — | — | — | — | — | — |
| 2. 本期使用 | — | — | — | — | — | — | — |
| (六)其他 | — | — | — | — | — | — | — |
| 四、本期期末余额 | 660 000.00 | 60 476.00 | -132 693.37 | 106 042.80 | 70 565.64 | 410 339.69 | 1 174 730.76 |

法定代表人:董永成　　主管会计工作负责人:宋　秋　　会计机构负责人:王艳杰

## 5.2 信托资产

### 5.2.1 信托项目资产负债汇总表

**信托项目资产负债汇总表**

编制单位：华信信托股份有限公司 2018年12月31日 单位：万元

| 信托资产 | 期末数 | 期初数 | 信托负债和信托权益 | 期末数 | 期初数 |
|---|---|---|---|---|---|
| 信托资产： | | | 信托负债： | | |
| 货币资金 | 138 674.86 | 197 324.87 | 应付受托人报酬 | 7 725.31 | 10 853.99 |
| 拆出资金 | — | — | 应付托管费 | 224.93 | 278.63 |
| 应收款项 | 111 904.94 | 117 557.23 | 应付受益人收益 | — | — |
| 买入返售资产 | 9 000.15 | 139 461.32 | 其他应付款项 | 11 513.56 | 2 205.80 |
| 交易性金融资产 | 672 158.21 | 1 158 498.28 | 应交税金 | 1 206.80 | — |
| 可供出售金融资产 | — | — | 其他负债 | 143.09 | — |
| 持有至到期投资 | 4 513 344.86 | 7 020 582.14 | 信托负债合计 | 20 813.69 | 13 338.42 |
| 长期股权投资 | 42 590.46 | 55 590.46 | 信托权益： | | |
| 贷款 | 4 675 696.82 | 5 180 037.76 | 实收信托 | 10 134 164.26 | 13 634 638.93 |
| 应收融资租赁款 | — | — | 资本公积 | 246 849.15 | 15 508.02 |
| 固定资产 | — | — | 未分配利润 | -238 456.80 | 205 566.69 |
| 无形资产 | — | — | | | |
| 长期待摊费用 | — | — | | | |
| 其他资产 | — | — | 信托权益合计 | 10 142 556.61 | 13 855 713.64 |
| 信托资产总计 | 10 163 370.30 | 13 869 052.06 | 信托负债及信托权益总计 | 10 163 370.30 | 13 869 052.06 |

法定代表人：董永成 主管会计工作负责人：崔相斌 会计机构负责人：李月英

### 5.2.2 信托项目利润及利润分配汇总表

**信托项目利润及利润分配汇总表**

编制单位：华信信托股份有限公司 2018年度 单位：万元

| 项　目 | 当年数 | 上年数 |
|---|---|---|
| 一、营业收入 | 256 007.88 | 871 547.96 |
| 利息收入 | 348 191.18 | 428 874.61 |
| 投资收益 | 211 410.78 | 451 614.94 |
| 公允价值变动收益 | -302 818.45 | -11 907.05 |
| 租赁收入 | — | — |
| 汇兑收益 | -775.63 | -28.99 |
| 其他收入 | — | 2 994.45 |
| 二、营业费用 | 84 775.03 | 112 464.79 |
| 三、税金及附加 | 1 934.19 | — |
| 四、扣除资产损失前的信托利润 | 169 298.66 | 759 083.17 |
| 减：资产减值损失 | — | — |
| 五、扣除资产损失后的信托利润 | 169 298.66 | 759 083.17 |
| 加：期初未分配信托利润 | 205 566.69 | 190 551.82 |
| 其他转入 | 135 106.89 | 14 982.18 |
| 六、可供分配的信托利润 | 509 972.24 | 964 617.17 |
| 减：本期已分配信托利润 | 748 429.04 | 759 050.48 |
| 七、期末未分配信托利润 | -238 456.80 | 205 566.69 |

法定代表人：董永成 主管会计工作负责人：崔相斌 会计机构负责人：李月英

# 6. 会计报表附注

## 6.1 报告年度会计报表编制基准、会计政策、会计估计和核算方法变化情况

本报告期无变化。

## 6.2 或有事项说明

报告期内无需要说明的或有事项。

## 6.3 重要资产转让及其出售的说明

报告期内无重要资产转让及其出售。

## 6.4 会计报表中重要项目的明细资料

### 6.4.1 披露自营资产经营情况

6.4.1.1 按信用风险五级分类结果披露信用风险资产的期初数、期末数

| 信用风险资产五级分类 | 正常类（万元） | 关注类（万元） | 次级类（万元） | 可疑类（万元） | 损失类（万元） | 信用风险资产合计（万元） | 不良资产合计（万元） | 不良资产率（%） |
|---|---|---|---|---|---|---|---|---|
| 期初数 | 714 988.15 | — | — | — | — | 714 988.15 | — | — |
| 期末数 | 724 691.18 | — | — | — | — | 724 691.18 | — | — |

6.4.1.2 各项资产减值损失准备的期初数、本期计提、本期转回、本期核销、期末数

单位：万元

| | 期初数 | 本期计提 | 本期转回 | 本期核销 | 期末数 |
|---|---|---|---|---|---|
| 贷款损失准备 | — | — | — | — | — |
| 一般准备 | — | — | — | — | — |
| 专项准备 | — | — | — | — | — |
| 其他资产减值准备 | — | — | — | — | — |
| 可供出售金融资产减值准备 | — | — | — | — | — |
| 持有至到期投资减值准备 | — | — | — | — | — |
| 长期股权投资减值准备 | — | — | — | — | — |
| 坏账准备 | — | — | — | — | — |
| 投资性房地产减值准备 | — | — | — | — | — |

6.4.1.3 自营股票投资、基金投资、债券投资、股权投资等投资业务的期初数、期末数

单位：万元

| | 自营股票 | 基金 | 债券 | 长期股权投资 |
|---|---|---|---|---|
| 期初数 | 319 253.99 | — | — | 268 537.12 |
| 期末数 | 255 091.84 | — | — | 260 477.87 |

6.4.1.4 按投资入股金额排序，前五名的自营长期股权投资的企业名称、占被投资企业权益的比例、主要经营活动及投资收益情况等

| 企业名称 | 占被投资企业权益的比例（%） | 主要经营活动 | 投资损益（万元） |
|---|---|---|---|
| 大通证券股份有限公司 | 37.42 | 证券经纪；证券投资咨询；与证券交易、证券投资活动有关的财务顾问；证券承销与保荐；证券自营；证券资产管理；为期货公司提供中间介绍业务；证券投资基金代销；融资融券业务；代销金融产品业务等 | 2 779.45 |

6.4.1.5 前五名的自营贷款的企业名称、占贷款总额的比例和还款情况等

报告期末，无自营贷款余额。

6.4.1.6 表外业务的期初数、期末数

单位：万元

| 表外业务 | 期初数 | 期末数 |
|---|---|---|
| 担保业务 | — | 93 999.89 |
| 代理业务（委托业务） | 1 030.45 | 1 030.45 |
| 合计 | 1 030.45 | 95 030.34 |

6.4.1.7 公司当年的收入结构

| 收入结构 | 金额（万元） | 占比（%） |
|---|---|---|
| 手续费及佣金收入 | 63 237.61 | 55.20 |
| 其中：信托手续费收入 | 61 807.76 | 53.95 |
| 资银行业务收入 | 511.03 | 0.45 |
| 利息收入 | -812.43 | -0.71 |
| 其他业务收入 | 99.42 | 0.09 |
| 其中：计入信托业务收入部分 | — | — |
| 投资收益 | 51 478.85 | 44.93 |
| 其中：股权投资收益 | 4 495.45 | 3.92 |
| 证券投资收益 | 6 153.89 | 5.37 |
| 其他投资收益 | 40 829.51 | 35.64 |
| 公允价值变动收益 | — | — |
| 汇兑收益 | 562.14 | 0.49 |
| 营业外收入 | 0.41 | — |
| 收入合计 | 114 566.00 | 100.00 |

**6.4.2 披露信托财产管理情况**

6.4.2.1 信托资产的期初数、期末数

单位：万元

| 信托资产 | 期初数 | 期末数 |
|---|---|---|
| 集合 | 6 786 622.99 | 5 081 760.76 |
| 单一 | 4 964 875.93 | 4 274 374.45 |
| 财产权 | 2 117 553.14 | 807 235.09 |
| 合计 | 13 869 052.06 | 10 163 370.30 |

6.4.2.1.1 主动管理型信托业务的信托资产期初数、期末数

单位：万元

| 主动管理型信托资产 | 期初数 | 期末数 |
|---|---|---|
| 证券投资类 | 1 147 115.70 | 730 453.97 |
| 股权投资类 | — | 2 525.17 |
| 权益投资类 | 2 493 073.71 | 1 620 523.77 |
| 融资类 | 2 883 042.76 | 2 703 434.73 |
| 事务管理类 | 4 098.56 | 50.00 |
| 合计 | 6 527 330.73 | 5 056 987.64 |

6.4.2.1.2 被动管理型信托业务的信托资产期初数、期末数

单位：万元

| 被动管理型信托资产 | 期初数 | 期末数 |
|---|---|---|
| 证券投资类 | 205 616.39 | 30 599.36 |
| 股权投资类 | 1 191.82 | 1 191.81 |
| 权益投资类 | — | — |
| 融资类 | 32 896.06 | — |
| 事务管理类 | 7 102 017.06 | 5 074 591.49 |
| 合计 | 7 341 721.33 | 5 106 382.66 |

6.4.2.2 本年度已清算结束的信托项目个数、实收信托合计金额、加权平均实际年化收益率

6.4.2.2.1 本年度已清算结束的集合类、单一类资金信托项目和财产管理类信托项目个数、实收信托合计金额、加权平均实际年化收益率

| 已清算结束信托项目 | 项目个数（个） | 实收信托合计金额（万元） | 加权平均实际年化收益率（%） |
|---|---|---|---|
| 集合类 | 193 | 3 383 828.00 | 6.58 |
| 单一类 | 40 | 2 508 121.59 | 6.87 |
| 财产管理类 | 44 | 1 511 218.80 | — |

6.4.2.2.2 本年度已清算结束的主动管理型信托项目个数、实收信托合计金额、加权平均实际年化信托报酬率、加权平均实际年化收益率

| 已清算结束信托项目 | 项目个数（个） | 实收信托合计金额（万元） | 加权平均实际年化信托报酬率（%） | 加权平均实际年化收益率（%） |
|---|---|---|---|---|
| 证券投资类 | 7 | 151 000.00 | 0.31 | -20.58 |
| 股权投资类 | — | — | — | — |
| 权益投资类 | 175 | 2 093 217.00 | 2.31 | 6.89 |
| 融资类 | 16 | 1 116 537.00 | 1.43 | 9.66 |
| 事务管理类 | 2 | 3 990.00 | 0.10 | 4.02 |

6.4.2.2.3 本年度已清算结束的被动管理型信托项目个数、实收信托合计金额、加权平均实际年化信托报酬率、加权平均实际年化收益率

| 已清算结束信托项目 | 项目个数（个） | 实收信托合计金额（万元） | 加权平均实际年化信托报酬率（%） | 加权平均实际年化收益率（%） |
|---|---|---|---|---|
| 证券投资类 | 1 | 39 626.90 | 0.10 | 6.91 |
| 股权投资类 | — | — | — | — |
| 权益投资类 | 1 | 20 000.00 | 0.05 | — |
| 融资类 | 1 | 395 000.00 | 0.08 | 6.79 |
| 事务管理类 | 74 | 3 583 797.49 | 0.10 | 4.02 |

6.4.2.3　本年度新增的集合类、单一类和财产管理类信托项目个数、实收信托合计金额

| 新增信托项目 | 项目个数(个) | 实收信托合计金额(万元) |
|---|---|---|
| 集合类 | 139 | 1 414 533.00 |
| 单一类 | 24 | 1 282 631.82 |
| 财产管理类 | 2 | 225 000.00 |
| 新增合计 | 165 | 2 922 164.82 |
| 其中:主动管理型 | 139 | 1 414 533.00 |
| 被动管理型 | 26 | 1 507 631.82 |

6.4.2.4　本公司履行受托人义务情况及因本公司自身责任而导致的信托资产损失情况(合计金额、原因等)

报告期内,公司作为受托人严格按照《信托公司管理办法》等法规及信托合同规定严格履行受托责任,为信托资产安全和受益人利益尽职管理,未出现因本公司自身责任或其他原因导致信托资产损失的情况。

## 6.5　关联方关系及其交易的披露

**6.5.1　关联交易方的数量、关联交易的总金额及关联交易的定价政策等**

| | 关联交易方数量 | 关联交易金额(万元) | 定价政策 |
|---|---|---|---|
| 合计 | 1 | 491 875.00 | 有市场公允价格的按市场价格;没有市场价格或规定价格的,双方协商定价 |

**6.5.2　关联交易方与本公司的关系性质、关联交易方的名称、法定代表人、注册地址、注册资本及主营业务等**

| 关系性质 | 关联方名称 | 法定代表人 | 注册地址 | 注册资本(万元) | 主营业务 |
|---|---|---|---|---|---|
| 参股公司 | 大通证券股份有限公司 | 赵玺 | 大连市 | 330 000 | 证券经纪;证券投资咨询;与证券交易、证券投资活动有关的财务顾问;证券承销;证券自营;证券资产管理;为期货公司提供中间介绍业务;证券投资基金销售业务;融资融券业务;代销金融产品业务。 |

**6.5.3　逐笔披露本公司与关联方的重大交易事项**

6.5.3.1　固有与关联方交易情况

单位:万元

| 固有与关联方关联交易 | | | | |
|---|---|---|---|---|
| | 期初数 | 借方发生额 | 贷方发生额 | 期末数 |
| 贷款 | — | — | — | — |
| 投资 | 568 176.41 | 491 875.00 | 506 667.00 | 553 384.41 |
| 租赁 | — | — | — | — |
| 担保 | — | — | — | — |
| 应收账款 | — | — | — | — |
| 其他 | — | — | — | — |
| 合计 | 568 176.41 | 491 875.00 | 506 667.00 | 553 384.41 |

注:报告期内固有与关联方交易内容为认购关联方大通证券股份有限公司定向资产管理计划。

6.5.3.2　信托与关联方交易情况

报告期内无相关情况。

6.5.3.3　信托公司自有资金运用于自己管理的信托项目(固信交易)、信托公司管理的信托项目之间的相互(信信交易)交易金额

报告期内无相关情况。

**6.5.4　逐笔披露关联方逾期未偿还本公司资金的详细情况以及本公司为关联方担保发生或即将发生垫款的详细情况**

报告期内无相关情况。

## 6.6　会计制度的披露

固有业务和信托业务的会计制度均执行2006年2月15日颁布的《企业会计准则》。

# 7. 财务情况说明书

## 7.1　利润实现和分配情况

| 项目 | 金额(万元) |
|---|---|
| 利润总额 | 104 141.61 |
| 减:所得税 | 23 462.73 |
| 净利润 | 80 678.88 |
| 加:年初未分配利润 | 410 339.69 |
| 减:提取盈余公积 | 8 067.89 |
| 提取一般风险准备 | 653.75 |
| 对股东的分配 | — |
| 年末未分配利润 | 482 296.93 |

## 7.2　主要财务指标

| 指标名称 | 指标值 |
|---|---|
| 资本利润率(%) | 6.83 |
| 加权年化信托报酬率(%) | 1.52 |
| 人均净利润(万元) | 481.66 |

## 7.3　对公司财务状况、经营成果有重大影响的其他事项

报告期内无上述情况。

# 8. 特别事项揭示

## 8.1　前五名股东报告期内变动情况及原因

报告期内无股东变化。

## 8.2　董事及高级管理人员变动情况及原因

报告期内,股东大会选举刘雯担任第十一届董事会董事,杨家思不再担任董事。

报告期内,侯宇辞去副总裁职务;叶凌风辞去副总裁、董事会秘书职务。

### 8.3 变更注册资本事项

报告期内无变更注册资本事项。

### 8.4 公司的重大诉讼事项

报告期内无重大诉讼事项。

### 8.5 公司及其董事、监事和高级管理人员受到处罚的情况

报告期内公司及其董事、监事和高级管理人员未受到处罚。

### 8.6 银保监会及其派出机构对公司检查及整改情况

2018年,大连银保监局对公司开展了大客户授信业务、资金池业务、信息科技、深化整治银行业市场乱象等多项监管检查。公司对监管部门的检查工作高度重视,成立以公司总裁为组长的整改工作领导小组,针对监管部门《现场检查意见书》提出的问题,组织有关部门人员,逐项进行研究,制定整改方案并监督落实。公司利用监管检查的契机,强化高管层履职意识,规范和完善各项规章制度,提高信托项目的管理能力,使公司的经营管理水平和风险管控能力得到进一步提升。

### 8.7 本年度重大事项临时报告的简要内容、披露时间、所披露的媒体及其版面

2018年3月3日,在《中国证券报》A11版对聘请中勤万信会计师事务所(特殊普通合伙)辽宁分所承办审计业务事项进行了披露。

### 8.8 银保监会及其省级派出机构认定的其他有必要让客户及相关利益人了解的重要信息

报告期内无上述事项。

### 8.9 社会责任履行情况

2018年,在大连银保监局和公司董事会指导下,公司消费者权益保护工作委员会组织对《金融消费者权益保护工作规定》《信托业务投诉管理规定》《理财业务录音录像管理暂行办法》等一系列消费者权益保护制度进行修订并落实执行。公司坚持开展无障碍网点建设,严格实施理财产品销售专区建设及双录工作,开展了“3·15银行业消费者权益保护宣传周”活动,通过报纸专栏、短信平台、微信平台、公司网站等各种途径开展金融知识普及,进一步加强消费者权益保护工作的机制建设,消费者权益保护工作的管理得到完善,提升了金融服务水平,较好地完成了全年的消费者权益保护工作。

公司始终秉承服务实体企业、支持地方经济建设的宗旨,积极引导社会资金投向实体经济,通过贷款、股权、权益投资等灵活多样的方式为企业解决融资难题,促进地方经济转型升级。2018年末,公司为实体企业提供融资额为188.89亿元,其中东北地区企业为67.84亿元,包含大连本地企业为40.85亿元。2018年累计向受益人分配收益为74.84亿元,实现净利润为8.07亿元,全年贡献税收为4.64亿元。

公司热心于慈善事业,2018年首次创新开办公益信托业务,用于资助贵州贫困地区教育事业。公司一直倡导绿色办公和环保理念,重视人才引进和培养,引导全体员工在工作和生活中厉行节约,降低能耗,减少污染,为职工提供了完善的社会保障和良好的发展平台,切实履行了企业公民的各项社会责任。

## 9. 公司监事会意见

监事会认为,报告期内,公司在经营活动中能够遵守《中华人民共和国公司法》《中华人民共和国信托法》《信托公司管理办法》等国家法律、法规和《公司章程》的相关规定。公司2018年度财务报告真实、客观、准确地反映了公司的财务状况和经营成果。

# 吉林省信托有限责任公司

## 1. 重要提示

1.1　公司董事会及董事保证本报告所载资料不存在任何虚假记载、误导性陈述或者重大遗漏，并对其内容的真实性、准确性和完整性承担个别及连带责任。

1.2　公司董事长郃戈、主管会计工作负责人崔学斌、会计机构负责人常青慧声明：保证年度报告中财务会计报告的真实、完整。

## 2. 公司概况

### 2.1　公司简介

2.1.1　公司概况

公司前身为吉林省经济开发公司，成立于 1985 年，2002 年 3 月 1 日经中国人民银行总行《关于吉林省信托投资公司重新登记有关事项的批复》（银复[2002]47 号）批准获得重新登记，更名为吉林省信托投资有限责任公司。2009 年 2 月 18 日，经中国银监会《关于吉林省信托投资有限责任公司变更公司名称和业务范围的批复》（银监复[2009]53 号），更名为吉林省信托有限责任公司。金融许可证注册号 K0016H222010001，企业法人营业执照注册号营业执照 220000000098284，组织机构代码证编号 12391664 -1。截至报告期末，公司注册资本金为 15.96 亿元（含外汇 1 815 万美元），吉林省财政厅代表吉林省政府持股 97.496%，其余 4 家股东吉林省能源交通总公司、吉林炭素集团有限责任公司、吉林粮食集团有限公司、吉林化纤集团有限责任公司各持股 0.626%。

2.1.2　公司法定名称

公司法定中文名称：吉林省信托有限责任公司

中文名称缩写：吉林信托

公司法定英文名称：Jilin Province Trust Co. ,Ltd.

英文名称缩写：JPTC

2.1.3　法定代表人：郃戈

2.1.4　注册地址：吉林省长春市人民大街 9889 号

2.1.5　邮政编码：130022

2.1.6　国际互联网网址：www. jptic. com. cn

2.1.7　电子信箱：jptic@ jptic. com. cn

2.1.8　负责信息披露事务人：曹轩

联系电话：0431-88993572

传　　真：0431-88993573

电子信箱：1067997349@ qq. com

2.1.9　信息披露报纸：《证券时报》

2.1.10　年度报告备置地点：吉林省长春市人民大街 9889 号

2.1.11　聘请的会计师事务所：中准会计师事务所（特殊普通合伙）

住所：北京市海淀区首体南路 22 号楼 4 层

2.1.12　聘请的律师事务所：吉林开晟律师事务所

住所：长春市绿园区普阳街 128 号晨光国际大厦 B 座 14 楼

### 2.2　组织结构

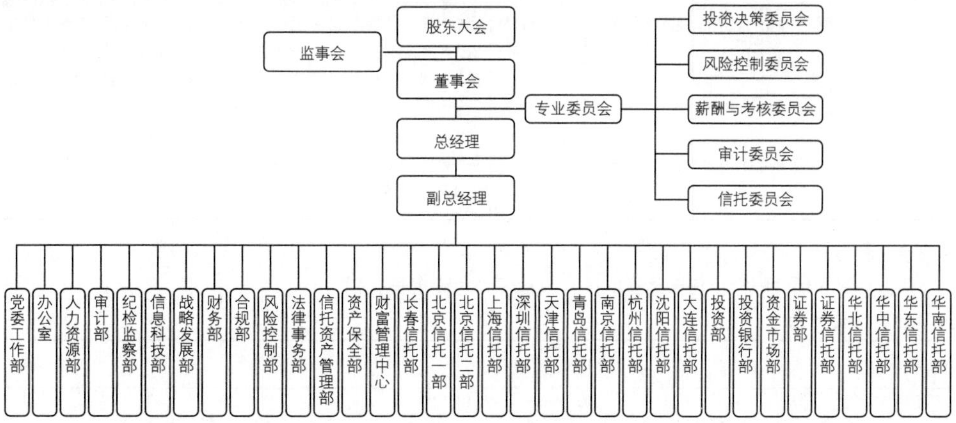

## 3. 公司治理

### 3.1 股东

报告期末共有股东5家，最终控制人为吉林省财政厅，持股10%以上股份的股东情况

| 股东名称 | 持股比例(%) | 法定代表人 |
|---|---|---|
| 吉林省财政厅★ | 97.496 | 谢忠岩 |

公司前三位股东情况

| 股东名称 | 持股比例(%) | 法人代表 | 注册资本(亿元) | 注册地址 | 主要经营业务及主要财务情况 |
|---|---|---|---|---|---|
| 吉林省财政厅 | 97.496 | 谢忠岩 | | | |
| 吉林碳素有限公司 | 0.626 | 鞠自力 | 10 | 吉林省吉林市和平街9号 | 炭素及石墨制品的研制、开发、加工生产、销售、技术服务、检测服务；计算机软件开发、维护；设备租赁；设计、制作、代理、发布国内各类广告；房屋租赁、场地租赁（经消防审批合格后，方可开展经营活动）；期刊发行、批发（由下属分支机构经营，需单独办理营业执照）（依法须经批准的项目，经相关部门批准后方可开展经营活动）。 |
| 吉林化纤集团有限责任公司 | 0.626 | 宋德武 | 8.1 | 吉林省吉林市九站街516－1号 | 国有资产经营：承包境外化纤行业工程及境内国际招标工程；上述境外工程所需的设备、材料出口；对外派遣实施上述境外工程所需的劳务人员。 |

### 3.2 董事、董事会及其下属委员会

#### 3.2.1 董事会成员

| 职务 | 姓名 | 性别 | 年龄(岁) | 选任日期 | 代表股东 | 该股东持股比例(%) | 简要履历 |
|---|---|---|---|---|---|---|---|
| 董事长 | 郜戈 | 男 | 48 | 2018年6月 | 吉林省财政厅 | 97.496 | 1993年9月至2005年4月任职中国银行、中国光大银行长春分行公司业务部；2005年4月至2006年1月任职光大银行长春分行公司风险控制部总经理助理；2006年1月至2008年3月任原光大银行长春分行公司业务管理部副总经理、总经理；2008年4月至2009年12月任吉林银行行长助理；2008年10月至2009年11月任职吉林银行四平分行行长、党委书记（兼）；2009年12月至2016年9月任职吉林银行副行长、党委委员；2016年9月至2018年6月任职吉林省信托有限责任公司总经理；现任吉林省信托有限责任公司董事长、党委书记。 |
| 董事 | 王劲松 | 男 | 55 | 2007年12月27日 | 吉林省财政厅 | 97.496 | 曾任吉林省社会科学院软科学所副所长、副研究员，吉林省政府办公厅综合处助理调研员，吉林省委组织部经济干部处助理调研员，吉林省企业工委组织部副部长、调研员，吉林省国资委企业领导人员管理处副处长、调研员，吉林森林工业集团公司董事，通化钢铁集团公司国有股股东代表，吉林省国资委董事会监事会工作处处长，吉林省监事会工作办公室主任；现任吉林省信托有限责任公司代总经理、董事、党委副书记、工会主席。 |
| 董事 | 张巍 | 男 | 41 | 2010年3月19日 | 职工董事 | | 曾任天富期货经纪有限公司办公室主任、海口营业部负责人，吉林省信托有限责任公司总经理秘书、办公室副主任，吉林省信托有限责任公司办公室主任；现任吉林省信托有限责任公司董事、董事会秘书、总经理助理。 |

#### 3.2.2 董事会人员变动

报告期内，公司原总经理郜戈同志担任吉林省信托有限责任公司董事长。

#### 3.2.3 董事会下属委员会

| | 投资决策委员会 | 风险控制委员会 | 审计委员会 | 信托委员会 | 薪酬与考核委员会 |
|---|---|---|---|---|---|
| 职责 | 对重大投资决策向董事会提出意见和建议。 | 负责制定、审核风险控制制度，监督制度执行。对重大业务事项从风险管理角度向董事会提出意见和建议。 | 负责批准公司内部审计制度、中长期审计规划和年度工作计划，监督公司的内部审计基本制度及其实施及内部审计与外部审计之间的沟通。 | 对信托计划设立、发行、信托计划运营、信托财产管理运用或处分、信托计划变更、终止与清算提出意见或建议；了解信托业务开展情况，督促公司依法履行受托职责；对信托利益计算和支付等提出意见或建议，保证公司为受益人的最大利益服务。 | 负责董事会任命人员提名及资格审核，负责薪酬制度及具体方案的评估、审定以及落实情况的跟踪、监督。 |

## 3.3 监事、监事会及其下属委员会

### 3.3.1 监事会成员

| 职务 | 姓名 | 性别 | 年龄（岁） | 选任日期 | 代表股东 | 该股东持股比例(%) | 简要履历 |
|---|---|---|---|---|---|---|---|
| 监事长 | 钟湘华 | 男 | 61 | 2007年1月22日 | 吉林省国资委委派 | 97.496 | 曾任吉林省审计局商贸审计处科员、副主任科员、主任科员，吉林省审计局商贸处、金融审计处副处长，吉林省审计局（厅）金融审计处处长，吉林省政府办公厅财务处处长，吉林省政府驻上海办事处副主任、党组成员，吉林省省属国有企业监事会主席（副厅长级），吉林省信托有限责任公司监事会主席。 |
| 监事 | 项　前 | 男 | 56 | 2003年3月12日 | 职工监事 | | 曾任吉林省信托投资有限责任公司审计稽核研发部副经理、自营基金部经理助理、合规监控部副经理，吉林省信托有限责任公司监事、法律事务总经理。 |
| 监事 | 郭　燕 | 女 | 56 | 2005年11月8日 | 职工监事 | | 曾任吉林省信托投资公司党委人事部副经理，吉林省信托投资有限责任公司人力资源部经理、信托业务部经理，吉林省信托有限责任公司监事、投资总监、投资部总经理。 |

### 3.3.2 监事会下属委员会

监事会未设立下属委员会。

## 3.4 主要高级管理人员

| 姓　名 | 职　务 | 性别 | 年龄（岁） | 选任日期 | 金融从业年限（年） | 学历 | 专业 | 简要履历 |
|---|---|---|---|---|---|---|---|---|
| 王劲松 | 总经理（代） | 男 | 55 | 2018年11月 | 11 | 大学本科 | 工业企业管理 | 曾任吉林省社会科学院软科学所副所长、副研究员，吉林省政府办公厅综合处助理调研员，吉林省委组织部经济干部处助理调研员，吉林省企业工委组织部副部长、调研员，吉林省国资委企业领导人员管理处副处长、调研员，吉林森林工业集团公司董事、通化钢铁集团公司国有股股东代表，吉林省国资委董事会监事会工作处处长，吉林省监事会工作办公室主任；现任吉林省信托有限责任公司代总经理、董事、党委副书记、工会主席。 |
| 崔学斌 | 副总经理 | 男 | 50 | 2008年3月 | 23 | 硕士 | 会计 | 曾任吉林省国际信托投资公司财务处会计，吉林省国际经济贸易开发公司财务处会计、科长、副处长，吉林省兴业国际有限公司财务部经理，东北证券有限责任公司计划财务部总经理、稽核审计部总经理，吉林省信托投资有限责任公司计划财务部经理；现任吉林省信托有限责任公司副总经理。 |
| 吕文龙 | 副总经理 | 男 | 55 | 2008年8月 | 29 | 硕士 | 金融 | 曾任吉林省人民银行金融管理处办事员、科员、副处长，吉林省人民银行银行处副处长，吉林省人民银行外汇管理处副处长，吉林省人民银行非银行处副处长，中国证监会长春特派办机构处处长、稽查处处长，中国证监会吉林监管局期货处处长，吉林省信托投资有限责任公司总经理助理；现任吉林省信托有限责任公司副总经理。 |
| 李建光 | 副总经理 | 男 | 54 | 2015年9月15日 | 26 | 硕士 | 区域经济专业 | 曾任吉林省信托有限责任公司外经处职员，吉林省开源实业有限责任公司办公室主任，吉林省信托有限责任公司自营业务部副经理，吉林省信托有限责任公司办公室主任，吉林省信托有限责任公司财政委托部经理，吉林省信托有限责任公司资金信托部经理，天富期货有限责任公司董事长党支部书记，吉林省信托有限责任公司信托部总经理党支部书记，长春信托一部总经理第二党支部书记；现任吉林省信托有限责任公司副总经理。 |
| 张　巍 | 总经理助理 | 男 | 41 | 2015年6月 | 17 | 硕士 | 工商管理专业 | 曾任天富期货经纪有限公司办公室主任、海口营业部负责人，吉林省信托有限责任公司总经理秘书、办公室副主任，吉林省信托有限责任公司办公室主任；现任吉林省信托有限责任公司董事、董事会秘书、总经理助理。 |

## 3.5 公司员工

| 项目 | | 2017年度 | | 2018年度 | |
|---|---|---|---|---|---|
| | | 人数（人） | 比例（%） | 人数（人） | 比例（%） |
| 年龄分布 | 20岁以下 | — | — | — | — |
| | 20～29岁 | 40 | 23 | 18 | 10.84 |
| | 30～39岁 | 68 | 40 | 87 | 52.41 |
| | 40岁以上 | 64 | 37 | 61 | 36.75 |
| 学历分布 | 博士 | 12 | 7 | 5 | 3.01 |
| | 硕士 | 55 | 32 | 48 | 28.92 |
| | 本科 | 86 | 50 | 97 | 58.43 |
| | 专科 | 12 | 7 | 12 | 7.23 |
| | 其他 | 7 | 4 | 4 | 2.41 |
| 岗位分布 | 董事、监事及高管人员 | 8 | 4 | 7 | 4.19 |
| | 自营业务人员 | 14 | 8 | 18 | 10.78 |
| | 信托业务人员 | 68 | 40 | 55 | 32.93 |
| | 其他人员 | 82 | 48 | 87 | 52.10 |

注：公司在册人员166人，此表中董事、监事及高管人员一栏含国资委派驻监事1名，合计人员7人，岗位分布人员统计为167人。

# 4. 经营概况

## 4.1 经营目标、经营方针、战略规划

### 4.1.1 经营目标

公司坚持服务实体经济和支持地方经济建设的导向，以“一流的信誉、一流的水平、一流的技术、一流的管理”，珍视所托、专业服务、铸就诚信，坚守合规风险底线，大力推进金融创新，着力提升资产管理和财富管理水平，努力为社会和公众提供值得信赖的高质量的信托理财和财富管理服务，逐步将公司打造成为具有较强核心竞争力的信托机构。

### 4.1.2 经营方针

公司遵循“面向市场、规模适度”的宗旨和“恪尽职守、诚信为本、客户至上”的理念，始终以风险防范为主线，不断加强业务创新，根据客户对风险和收益的不同偏好，在资本市场、货币市场、实业投资领域为客户提供金融信托、基金管理、证券投

资、投资银行、融资租赁、期货经纪等专业化金融服务，最大限度地满足客户多样化、个性化的需求。

4.1.3 战略规划

公司发展规划的指导思想是以党的十九大精神为统领，加快公司在"新常态"下的改革步伐，解放思想、开拓创新，完善法人治理结构，积极推进机制创新，提高内部管理水平，加大业务创新力度，不断优化调整业务结构，做大做强信托主业，打造核心竞争力，更好地服务于地方实体经济发展。

公司发展战略的目标是进一步完善法人治理结构，不断提升资产管理能力和财富管理水平，增强核心竞争力，逐步形成以信托为主业，涵盖基金、期货、保险、证券、商行等业务领域的金融控股公司，形成健全的市场化运营机制和稳定的盈利模式，打造一流的高端财富管理机构。

2019年，公司经营管理的总体思路是以习近平新时代中国特色社会主义思想为指导，全面贯彻中央和省委各项决策部署，坚持稳中求进的总基调，坚持依法合规、稳健经营的工作思路，围绕"稳发展、控风险、促转型、增效益、强党建"重点工作任务，深化从严治党，回归信托本源，强化风险防控，服务实体经济，不断提升自主管理能力和创新能力，全面提高公司治理水平，努力开创吉林信托高质量发展新局面，更好地服务地方经济社会发展。

## 4.2 所经营业务的主要内容

4.2.1 经营的业务和品种

按照中国银行保险监督管理委员会规定的业务范围，公司开展的业务主要分为信托业务和固有资产管理业务两类。信托业务主要包括资金信托、财产信托等业务。资金信托包括单一资金信托和集合资金信托。按资金运用方式划分，信托业务包括投资类信托、融资类信托等。固有业务主要为金融企业股权投资、贷款、证券投资、资金市场业务、担保等。

4.2.2 资产组合与分布

自营资产运用与分布表

| 资产运用 | 金额（万元） | 占比（%） | 资产分布 | 金额（万元） | 占比（%） |
|---|---|---|---|---|---|
| 货币资产 | 30 251.51 | 4.52 | 基础产业 | — | — |
| 贷款及应收款 | 110 236.85 | 16.48 | 房地产业 | 21 099.18 | 3.15 |
| 交易性金融资产 | 59 213.72 | 8.85 | 证券市场 | 391 908.04 | 58.60 |
| 可供出售金融资产 | 411 815.10 | 61.57 | 实业 | — | — |
| 持有至到期投资 | 98.50 | 0.01 | 金融机构 | 105 722.17 | 15.81 |
| 长期股权投资 | 19 552.25 | 2.93 | 其他 | 150 112.94 | 22.44 |
| 其他 | 37 674.40 | 5.64 | | | |
| 资产总计 | 668 842.33 | 100.00 | 资产总计 | 668 842.33 | 100.00 |

信托资产运用与分布表

| 资产运用 | 金额（万元） | 占比（%） | 资产分布 | 金额（万元） | 占比（%） |
|---|---|---|---|---|---|
| 货币资产 | 84 723.60 | 0.97 | 基础产业 | 167 447.05 | 1.92 |
| 贷款 | 3 180 152.05 | 36.43 | 房地产业 | 669 800.19 | 7.67 |
| 交易性金融资产 | 67 428.45 | 0.77 | 证券市场 | 6 059.28 | 0.07 |
| 可供出售金融资产 | — | — | 实业 | 6 103 498.87 | 69.93 |
| 持有至到期投资 | 2 689 967.89 | 30.82 | 金融机构 | 1 503 135.38 | 17.22 |
| 长期股权投资 | 245 084.00 | 2.81 | 其他 | 278 458.03 | 3.19 |
| 其他（买入返售） | 2 461 042.81 | 28.20 | | | |
| 资产总计 | 8 728 398.80 | 100 | 资产总计 | 8 728 398.80 | 100 |

## 4.3 市场分析

4.3.1 影响本公司业务发展的有利因素

党的十九大绘就的蓝图为信托业发展带来新机遇。信托监管的不断完善护航信托业持续稳健发展。信托业面临广阔的发展空间。

4.3.2 影响本公司业务发展的不利因素

宏观经济增长由高速转为中速给信托业务的开展带来挑战。信托原有优势持续衰减。信托业的转型发展尚未成形。公司自身的体制机制仍然制约公司的快速发展。

## 4.4 内部控制

4.4.1 内部控制环境和内部控制文化

企业内控环境是有效实施内部控制的一项基本保障。本年度公司继续加大风险控制力度，不断优化内部控制环境，完善法人治理结构，形成决策机构、监督机构和管理层之间的相互制衡机制。公司通过建立权责明确、关系清晰的组织结构和科学的决策系统，制定有效的激励与约束机制，完善制度体系建设。公司治理机制运行合理、执行有效。

培育良好的内部控制文化，在全体员工中树立合规经营和风险控制第一的经营理念，并将其作为公司一贯遵循的原则。针对新的法律法规、监管政策及公司创新业务的开展，公司及时梳理和完善相关规章制度，优化操作流程，保证规章制度能覆盖关键风险点，促进公司内控管理的规范化、流程化和标准化。加强员工法律法规培训，保证全体员工熟练掌握公司各项规章制度，及时了解国家法律法规和监管部门的各项规定，使各项风险防范措施嵌入到各岗位和各环节中。良好的内部控制文化提高了公司员工防范风险和合规经营的意识，促进了公司各项业务的健康发展。

4.4.2 内部控制措施

公司内部控制的主要内容包括环境控制、业务控制、关联交易控制、财务管理控制、人力资源管理控制、印章管理控制、信息系统安全控制、信息披露控制等。为此，公司建立了人力资源管理（含授权管理）、信托业务管理、固有业务管理、投资管理、融资管理、担保管理、关联交易管理、印章使用管理、财务管理、信息系统安全管理、信息披露管理等专项管理制度。涉及的内部控制措施主要包括授权审批控制、业务流程控制、会计系统控制、信息系统控制、绩效考评控制，以及重大事项预警、应急处置机制等。公司内部不同层次之间有明确的业务审批权限，每类业务都有相应的操作规程和风险管理措施，实现了信托业务系统和固有业务系统之间的部门分离、人员分离、财务分离，以防范风险传递。此外，公司建立了重大事项报告机制，设立风险化解领导小组，并建立应急处置机制。

4.4.3 信息交流与反馈

公司已基本实现管理信息化，建立了清晰完整的报告路径，建立了有效的信息共享、信息交流和信息反馈机制，不断完善信息识别、收集、处理、交流、沟通、反馈、披露的渠道和方式，确保董事会、监事会和高级管理层及时了解本公司的经营和风险状况，确保每一项信息均能传递给相关的员工，各部门和员工的有关信息均能够顺畅反馈。信息交流和反馈机制运行有效。

公司通过门户网站、电子信息、书面通知等多种方式，对客户和社会公众依法进行信息披露，与委托人、受益人和社会公众实现信息共享。公司通过非现场监管报告、关联方交易事前报告、集合资金信托计划推介后报告、临时事项报告等方式向监管部门报告相关信息。

#### 4.4.4 监督评价与纠正

公司已建立起一个立体的、全方位的监督制约体系：纵向监督体现为董事会、监事会对管理层的监督制约，管理层对业务部门的监督制约；横向监督主要体现为5个管理委员会（风险控制委员会、投资决策委员会、提名与薪酬委员会、审计委员会和信托委员会）对管理层的监督制约，部门之间、岗位之间的相互监督制约。

### 4.5 风险管理

#### 4.5.1 风险管理概况

4.5.1.1 公司经营活动中可能遇到的风险主要有信用风险、市场风险、操作风险、合规风险、法律风险、政策风险、其他风险。

4.5.1.2 公司风险管理的基本原则与政策

风险管理贯彻全面性、及时性、有效性、制约性、审慎性、独立性等原则，覆盖公司各项业务、所有机构、部门和岗位，渗透到决策、执行、监督、反馈各个环节，成为业务流程、管理架构和公司整体体系及员工责任的有机组成部分，对风险进行事前防范、事中控制、事后监督，促进公司规范经营、持续发展。

公司致力于建设以"全面的风险管理范围、全面的风险管理体系、全程的风险管理过程、全员的风险管理文化和全额的风险计量"为核心的风险管理体系，实现业务增长、资本回报和风险暴露之间的平衡，追求运营高效率和资源优化配置，实现国有资产保值增值。

4.5.1.3 公司风险管理组织结构与职责划分

（1）公司董事会对风险管理负最终责任。

（2）董事会投资决策委员会对重大投资决策向董事会提出意见和建议。

（3）董事会风险控制委员会负责制定风险控制制度，监督制度执行，对重大业务事项从风险管理的角度向董事会提出意见和建议。

（4）董事会审计委员会监督公司审计稽核制度的实施。

（5）管理层面的投资决策委员会负责对业务事项进行整体评价，是业务审批的综合评议机构。

（6）管理层面的风险控制委员会负责对拟开展项目进行风险分析和风险揭示并提出防控风险措施建议。

（7）业务部指定专人负责识别和控制风险工作，负责人对本部门经营活动的风险负首要责任。

（8）合规部负责对公司信托业务及自营贷款业务进行合规性审查；对公司合规经营提出合规建议；公司制度的管理工作；公司与监管部门的沟通工作；信托业务的贷后现场检查工作；定期对公司各类风险开展压力测试工作。

（9）风险控制部负责对公司业务项目的风险咨询、风险审核、集合项目的现场核实，负责过程中的风险监控及公司层面的舆情及声誉风险管理，以及风险管理相关制度流程的制定与完善等。

（10）法律事务部。公司聘请常年法律顾问，与法律事务部共同负责日常法律咨询及公司业务法律风险防范、控制工作，并负责业务相关合同的审查工作。

（11）资产管理部负责对风控、投决会议意见的落实情况进行监督；与业务部门共同对公司存量资产进行后期非现场跟踪、监督管理。

（12）审计部负责公司内部审计工作。

#### 4.5.2 风险状况

4.5.2.1 信用风险状况

公司面临的信用风险主要是指在业务开展中交易对手或贷款类资产其贷款对象违约的风险，以及因其他信托公司的信用危机而引发的信托行业的信用风险。

报告期内，公司实现了信托业务的预期目标，履行了受托人尽职管理职责；固有业务总体处于正常运行状态。

4.5.2.2 市场风险状况

市场风险主要是指股价、汇率、利率变动所产生的风险。公司的市场风险主要是指由于国家汇率政策变化及相应股票价格变动可能给公司带来的损失。

公司严格依据信托合同进行管理，确保各项风控措施有效运行，投资类信托产品及公司自有权益类投资业务运行平稳。

4.5.2.3 操作风险状况

操作风险主要是指由于内部业务流程、系统不完善或工作人员操作失误可能给公司造成损失的风险；公司外部因素如网络安全问题、通信系统故障等原因也可能给公司造成损失或影响公司正常运营。

报告期内，公司优化业务操作流程，提高前台、中台、后台部门的业务操作规范性，操作风险进一步降低。

4.5.2.4 合规与法律风险状况

公司坚持"合规优先"的原则开展业务。报告期内，公司高度关注监管形势变化，及时跟进监管政策要求，扎实开展政策学习、内部自查、配合检查、整改落实等工作。公司未因开展违法违规业务或受托履职不当受到监管处罚，也未因法律风险管控不当导致交易无效或发生重大财务损失。

4.5.2.5 其他风险状况

其他风险主要包括政策风险、道德风险和声誉风险等。

政策风险表现为政策变动可能对公司经营和发展产生的影响。

道德风险主要是指由于公司内部人员主观原因不能诚信、合法、合规经营给公司带来的影响和损失，公司通过组织全员培训，提高全体员工的职业操守及道德水平。报告期内，公司未发生因员工道德问题使信托或固有财产遭到损失的情形。

声誉风险是指由于公司违反有关规定、不能按期终止清算和管理不善等原因，对公司外部市场地位和声誉产生的消极和不良影响。报告期内，未发生重大负面舆情、案件和群体事件，维护了良好的品牌声誉。

#### 4.5.3 风险管理

4.5.3.1 信用风险管理

信用风险管理主要通过事前对交易对手信用状况详尽调查、设定担保、事前审查、资产风险分类、计提风险准备、聘请外部律师等措施防范信用风险。对贷款项目均要求设定担保，以抵押登记手续完备和可变现为抵押品确认原则，根据抵押品价值可能变动情况及可变现值分别确定抵押品与贷款本金的比例；对保证类贷款在《融资担保管理暂行办法》中不仅规定了担保人的条件、范围而且详细规定了对此类业务的审查标准。公司根据中国银行业监督管理委员会《关于非银行金融机构全面推行资产质量五级分类管理的通知》文件规定实行以风险为基础的资产五级分类管理。公司按照财政部《金融企业准备金计提管理办法》规定，计提各项准备，风险准备金余额原则上不低于风险资产期末余额的1.5%。报告期公司不良信用风险资产期初数为6 353.31万元，期末数为12 494.48万元。

4.5.3.2　市场风险管理

公司通过科学选择、组合投资、分散投资规避股市风险；通过关注国家汇率政策变化并采取相应对策化解汇率风险；通过加强信息研发，关注金融运行状况，增强前瞻性、预见性，防范利率风险。公司密切关注经济发展的变化趋势，通过全面客观经济形势分析，科学选择组合投资、分散投资，跟踪分析汇率、利率变动走势等方式把股价和利率变动造成的影响控制在合理范围之内，确保资产安全。公司强化风险揭示和风险教育，确保客户明确知晓和独立承担市场风险。

4.5.3.3　操作风险管理

公司建立信息化操作管理系统，减少手工操作可能导致的损失，同时采用加大技术手段投入、强化业务过程监控、提高业务技能等一系列措施控制操作风险。

报告期内，公司制定和修订了多项业务管理制度，进一步明确了部门和岗位职责，优化业务流程。同时，通过审计部开展审计工作，对审计发现的流程、内控、操作等问题及时予以整改完善，降低操作风险。

4.5.3.4　合规与法律风险管理

公司高度重视合规理念塑造与合规文化培育，始终坚持合规优先原则。在严监管的常态化趋势下，公司进一步强化监管政策贯彻，审慎研判合规风险。公司持续加强法律风险管理，强调交易结构简洁适当、法律关系清晰明确，倡导内部法务与外聘律师的信息共享、智力叠加，防范法律风险。

4.5.3.5　其他风险管理

通过对宏观政策和行业政策的及时跟踪研究，把握和调整经营方向，规避政策风险。通过完善公司治理结构、内控制度、激励和约束机制、员工行为规范，加强思想教育，提高合法合规经营意识，控制道德风险。通过加强企业文化建设，坚持依法合规稳健经营，高度重视自身声誉，防范声誉风险。

## 5. 报告期末及上一年度末的比较式会计报表

### 5.1　自营资产

#### 5.1.1　会计师事务所审计意见全文

**审 计 报 告**

中准审字［2019］2019号

吉林省信托有限责任公司：

一、审计意见

我们审计了吉林省信托有限责任公司（以下简称吉林信托公司）财务报表，包括2018年12月31日的合并及母公司资产负债表，2018年度的合并及母公司利润表、合并及母公司现金流量表、合并及母公司股东权益变动表以及相关财务报表附注。

我们认为，后附的财务报表在所有重大方面按照企业会计准则的规定编制，公允反映了吉林信托公司2018年12月31日的合并及母公司财务状况以及2018年度的合并及母公司经营成果和现金流量。

二、形成审计意见的基础

我们按照中国注册会计师审计准则的规定执行了审计工作。审计报告的“注册会计师对财务报表审计的责任”部分进一步阐述了我们在这些准则下的责任。按照中国注册会计师职业道德守则，我们独立于吉林信托公司，并履行了职业道德方面的其他责任。我们相信，我们获取的审计证据是充分、适当的，为发表审计意见提供了基础。

三、管理层和治理层对财务报表的责任

吉林信托公司管理层（以下简称管理层）负责按照企业会计准则的规定编制财务报表，使其实现公允反映，并设计、执行和维护必要的内部控制，以使财务报表不存在由于舞弊或错误导致的重大错报。

在编制财务报表时，管理层负责评估吉林信托公司的持续经营能力，披露与持续经营相关的事项，并运用持续经营假设，除非管理层计划清算吉林信托公司、终止运营或别无其他现实的选择。

治理层负责监督吉林信托公司的财务报告过程。

四、注册会计师对财务报表审计的责任

我们的目标是对财务报表整体是否不存在由于舞弊或错误导致的重大错报获取合理保证，并出具包含审计意见的审计报告。合理保证是高水平的保证，但并不能保证按照审计准则执行的审计在某一重大错报存在时总能发现。错报可能由于舞弊或错误导致，如果合理预期错报单独或汇总起来可能影响财务报表使用者依据财务报表作出的经济决策，则通常认为错报是重大的。

在按照审计准则执行审计工作的过程中，我们运用职业判断，并保持职业怀疑。同时，我们也执行以下工作：

（1）识别和评估由于舞弊或错误导致的财务报表重大错报风险，设计和实施审计程序以应对这些风险，并获取充分、适当的审计证据，作为发表审计意见的基础。由于舞弊可能涉及串通、伪造、故意遗漏、虚假陈述或凌驾于内部控制之上，未能发现由于舞弊导致的重大错报的风险高于未能发现由于错误导致的重大错报的风险。

（2）了解与审计相关的内部控制，以设计恰当的审计程序，但目的并非对内部控制的有效性发表审计意见。

（3）评价管理层选用会计政策的恰当性和作出会计估计及相关披露的合理性。

（4）对管理层使用持续经营假设的恰当性得出结论。同时，根据获取的审计证据，就可能导致对吉林信托公司持续经营能力产生重大疑虑的事项或情况是否存在重大不确定性得出结论。如果我们得出结论认为存在重大不确定性，审计准则要求我们在审计报告中提请报表使用者注意财务报表中的相关披露;如果披露不充分,我们应当发表非无保留意见。我们的结论基于截至审计报告日可获得的信息。然而,未来的事项或情况可能导致吉林信托公司不能持续经营。

(5)评价财务报表的总体列报、结构和内容(包括披露),并评价财务报表是否公允反映相关交易和事项。

(6)就吉林信托公司集团中实体或业务活动中财务信息获取充分、适当的审计证据,以对合并财务报表发表审计意见。我们负责指导、监督和执行集团审计,并对审计意见承担全部责任。

我们与治理层就计划的审计范围、时间安排和重大审计发现等事项进行沟通,包括沟通我们在审计中识别出的值得关注的内部控制缺陷。

5.1.2 资产负债表

**合并资产负债表**

编制单位:吉林省信托有限责任公司　　2018 年 12 月 31 日　　单位:万元

| 项　目 | 期末余额 | 期初余额 |
|---|---|---|
| 流动资产: | | |
| 货币资金 | 54 620. 26 | 42 201. 52 |
| 结算备付金 | — | — |
| 拆出资金 | — | — |
| 以公允价值计量且其变动计入当期损益的金融资产 | 62 022. 02 | 64 365. 11 |
| 衍生金融资产 | — | — |
| 应收票据及应收账款 | 8 315. 79 | 7 661. 83 |
| 预付款项 | 52. 10 | 58. 80 |
| 应收保费 | — | — |
| 应收分保账款 | — | — |
| 应收分保准备金 | — | — |
| 其他应收款 | 22 819. 90 | 15 797. 11 |
| 买入返售金融资产 | 220. 00 | 2 000. 02 |
| 存货 | — | — |
| 其中:原材料 | — | — |
| 库存商品(产成品) | — | — |
| 持有待售资产 | — | 804. 45 |
| 一年内到期的非流动资产 | — | — |
| 其他流动资产 | 744. 04 | 372. 82 |
| 流动资产合计 | 148 794. 11 | 133 261. 66 |
| 非流动资产: | — | — |
| 发放贷款及垫款 | 89 186. 57 | 48 515. 07 |
| 可供出售金融资产 | 411 716. 60 | 476 914. 64 |
| 持有至到期投资 | 5 301. 81 | 6 658. 81 |
| 长期应收款 | — | — |
| 长期股权投资 | 133. 00 | 133. 00 |
| 投资性房地产 | 496. 25 | 3 265. 81 |
| 固定资产 | 18 343. 66 | 16 392. 93 |
| 在建工程 | — | — |
| 生产性生物资产 | — | — |
| 油气资产 | — | — |
| 无形资产 | 323. 79 | 454. 12 |
| 开发支出 | — | — |
| 商誉 | 4. 05 | 4. 05 |
| 长期待摊费用 | 339. 65 | 473. 18 |
| 递延所得税资产 | 14 843. 73 | 6 504. 12 |
| 其他非流动资产 | 8 301. 84 | 7 120. 85 |
| 其中:特准储备物资 | — | — |
| 非流动资产合计 | 548 990. 95 | 566 436. 58 |
| 资产总计 | 697 785. 06 | 699 698. 24 |

**合并资产负债表(续)**

编制单位:吉林省信托有限责任公司　　2018 年 12 月 31 日　　单位:万元

| 项　目 | 期末余额 | 期初余额 |
|---|---|---|
| 流动负债: | | |
| 短期借款 | — | — |
| 向中央银行借款 | — | — |
| 吸收存款及同业存放 | — | — |
| 拆入资金 | 54 000. 00 | 54 530. 00 |
| 以公允价值计量且其变动计入当期损益的金融负债 | — | — |
| 衍生金融负债 | — | — |
| 应付票据及应付账款 | 12 529. 74 | 15 638. 99 |
| 预收款项 | 200 781. 53 | 202 224. 88 |
| 卖出回购金融资产款 | 37 987. 17 | — |
| 应付手续费及佣金 | — | — |
| 应付职工薪酬 | 7 083. 23 | 6 311. 46 |
| 其中:应付工资 | 6 815. 77 | 6 137. 76 |
| 应付福利费 | — | — |
| #其中:职工奖励及福利基金 | — | — |
| 应交税费 | 808. 76 | 2 241. 97 |
| 其中:应交税金 | 780. 75 | 2 203. 04 |
| 其他应付款 | 6 746. 73 | 11 747. 18 |
| 应付分保账款 | — | — |
| 保险合同准备金 | — | — |
| 代理买卖证券款 | — | — |
| 代理承销证券款 | — | — |
| 持有待售负债 | — | — |
| 一年内到期的非流动负债 | — | — |
| 其他流动负债 | 1 024. 58 | 878. 06 |
| 流动负债合计 | 320 961. 74 | 293 572. 54 |
| 非流动负债: | — | — |
| 长期借款 | — | — |
| 应付债券 | — | — |
| 其中:优先股 | | |
| 永续债 | | |
| 长期应付款 | — | — |
| 长期应付职工薪酬 | — | — |
| 预计负债 | — | — |
| 递延收益 | — | — |
| 递延所得税负债 | 156. 21 | 6 253. 22 |
| 其他非流动负债 | 548. 21 | 548. 21 |
| 其中:特准储备基金 | — | — |
| 非流动负债合计 | 704. 42 | 6 801. 43 |
| 负债合计 | 321 666. 16 | 300 373. 97 |
| 所有者权益(或股东权益): | — | — |
| 实收资本(或股本) | 159 659. 75 | 159 659. 75 |
| 国有资本 | 159 659. 75 | 159 659. 75 |
| 其中:国有法人资本 | 4 000. 00 | 4 000. 00 |
| 集体资本 | — | — |
| 民营资本 | — | — |
| 其中:个人资本 | — | — |
| 外商资本 | — | — |
| #减:已归还投资 | — | — |
| 实收资本(或股本)净额 | 159 659. 75 | 159 659. 75 |
| 其他权益工具 | — | — |
| 其中:优先股 | — | — |
| 永续债 | — | — |
| 资本公积 | 8 334. 16 | 8 334. 16 |
| 减:库存股 | — | — |
| 其他综合收益 | −30 871. 97 | 18 765. 00 |
| 其中:外币报表折算差额 | — | — |
| 专项储备 | — | — |

续表

| 项　目 | 期末余额 | 期初余额 |
|---|---|---|
| 盈余公积 | 43 779. 31 | 36 240. 04 |
| 其中：法定公积金 | 21 889. 65 | 18 120. 02 |
| 任意公积金 | 21 889. 65 | 18 120. 02 |
| #储备基金 | — | — |
| #企业发展基金 | — | — |
| #利润归还投资 | — | — |
| 一般风险准备 | 40 770. 20 | 40 770. 20 |
| 未分配利润 | 137 488. 30 | 116 579. 20 |
| 归属于母公司所有者权益（或股东权益）合计 | 359 159. 75 | 380 348. 35 |
| 少数股东权益 | 16 959. 15 | 18 975. 92 |
| 所有者权益（或股东权益）合计 | 376 118. 90 | 399 324. 27 |
| 负债和所有者权益（或股东权益）总计 | 697 785. 06 | 699 698. 24 |

法定代表人：郎　戈　　主管会计工作负责人：崔学斌　　会计机构负责人：常青慧

## 母公司资产负债表

编制单位：吉林省信托有限责任公司　　2018 年 12 月 31 日　　单位：万元

| 项　目 | 期末余额 | 期初余额 |
|---|---|---|
| 流动资产： | | |
| 货币资金 | 30 251. 51 | 13 546. 03 |
| 结算备付金 | — | — |
| 拆出资金 | — | — |
| 以公允价值计量且其变动计入当期损益的金融资产 | 59 213. 72 | 60 657. 84 |
| 衍生金融资产 | — | — |
| 应收票据及应收账款 | — | — |
| 预付款项 | 142. 27 | 153. 21 |
| 应收保费 | — | — |
| 应收分保账款 | — | — |
| 应收分保准备金 | — | — |
| 其他应收款 | 21 410. 28 | 13 950. 89 |
| 买入返售金融资产 | 220. 00 | 2 000. 02 |
| 存货 | — | — |
| 其中：原材料 | — | — |
| 库存商品（产成品） | — | — |
| 持有待售资产 | — | — |
| 一年内到期的非流动资产 | — | — |
| 其他流动资产 | 469. 17 | 5. 02 |
| 流动资产合计 | 111 706. 95 | 90 313. 01 |
| 非流动资产： | — | — |
| 发放贷款及垫款 | 88 826. 57 | 48 155. 07 |
| 可供出售金融资产 | 411 815. 10 | 476 914. 64 |
| 持有至到期投资 | 98. 50 | 98. 50 |
| 长期应收款 | — | — |
| 长期股权投资 | 19 552. 25 | 19 552. 25 |
| 投资性房地产 | 1 924. 36 | 2 377. 17 |
| 固定资产 | 14 953. 64 | 15 029. 94 |
| 在建工程 | — | — |
| 生产性生物资产 | — | — |
| 油气资产 | — | — |
| 无形资产 | 141. 90 | 194. 33 |
| 开发支出 | — | — |
| 商誉 | — | — |
| 长期待摊费用 | 165. 58 | 212. 63 |
| 递延所得税资产 | 14 918. 54 | 6 578. 55 |
| 其他非流动资产 | 4 738. 94 | 3 745. 65 |
| 其中：特准储备物资 | — | — |
| 非流动资产合计 | 557 135. 38 | 572 858. 73 |
| 资产总计 | 668 842. 33 | 663 171. 74 |

## 母公司资产负债表（续）

编制单位：吉林省信托有限责任公司　　2018 年 12 月 31 日　　单位：万元

| 项　目 | 期末余额 | 期初余额 |
|---|---|---|
| 流动负债： | | |
| 短期借款 | — | — |
| 向中央银行借款 | — | — |
| 吸收存款及同业存放 | — | — |
| 拆入资金 | 54 000. 00 | 54 530. 00 |
| 以公允价值计量且其变动计入当期损益的金融负债 | — | — |
| 衍生金融负债 | — | — |
| 应付票据及应付账款 | — | — |
| 预收款项 | 200 765. 01 | 201 210. 37 |
| 卖出回购金融资产款 | 37 987. 17 | — |
| 应付手续费及佣金 | — | — |
| 应付职工薪酬 | 6 581. 52 | 5 471. 48 |
| 其中：应付工资 | 6 394. 91 | 5 362. 61 |
| 应付福利费 | — | — |
| #其中：职工奖励及福利基金 | — | — |
| 应交税费 | 590. 98 | 1 975. 88 |
| 其中：应交税金 | 565. 77 | 1 938. 95 |
| 其他应付款 | 4 736. 20 | 10 281. 52 |
| 应付分保账款 | — | — |
| 保险合同准备金 | — | — |
| 代理买卖证券款 | — | — |
| 代理承销证券款 | — | — |
| 持有待售负债 | — | — |
| 一年内到期的非流动负债 | — | — |
| 其他流动负债 | | |
| 流动负债合计 | 304 660. 88 | 273 469. 25 |
| 非流动负债： | — | — |
| 长期借款 | — | — |
| 应付债券 | — | — |
| 其中：优先股 | | |
| 永续债 | | |
| 长期应付款 | — | — |
| 长期应付职工薪酬 | — | — |
| 预计负债 | — | — |
| 递延收益 | — | — |
| 递延所得税负债 | 156. 21 | 6 253. 22 |
| 其他非流动负债 | 548. 21 | 548. 21 |
| 其中：特准储备基金 | — | — |
| 非流动负债合计 | 704. 42 | 6 801. 43 |
| 负债合计 | 305 365. 30 | 280 270. 68 |
| 所有者权益（或股东权益）： | — | — |
| 实收资本（或股本） | 159 659. 75 | 159 659. 75 |
| 国有资本 | 159 659. 75 | 159 659. 75 |
| 其中：国有法人资本 | 4 000. 00 | 4 000. 00 |
| 集体资本 | — | — |
| 民营资本 | — | — |
| 其中：个人资本 | — | — |
| 外商资本 | — | — |
| #减：已归还投资 | — | — |
| 实收资本（或股本）净额 | 159 659. 75 | 159 659. 75 |
| 其他权益工具 | — | — |
| 其中：优先股 | — | — |
| 永续债 | — | — |
| 资本公积 | 6 500. 00 | 6 500. 00 |
| 减：库存股 | — | — |
| 其他综合收益 | −30 871. 97 | 18 765. 00 |
| 其中：外币报表折算差额 | — | — |
| 专项储备 | — | — |

续表

| 项　　目 | 期末余额 | 期初余额 |
|---|---|---|
| 盈余公积 | 43 779. 31 | 36 240. 04 |
| 其中:法定公积金 | 21 889. 65 | 18 120. 02 |
| 任意公积金 | 21 889. 65 | 18 120. 02 |
| #储备基金 | — | — |
| #企业发展基金 | — | — |
| #利润归还投资 | — | — |
| 一般风险准备 | 40 770. 20 | 40 770. 20 |
| 未分配利润 | 143 639. 74 | 120 966. 07 |
| 归属于母公司所有者权益(或股东权益)合计 | 363 477. 03 | 382 901. 06 |
| 少数股东权益 | | |
| 所有者权益(或股东权益)合计 | 363 477. 03 | 382 901. 06 |
| 负债和所有者权益(或股东权益)总计 | 668 842. 33 | 663 171. 74 |

法定代表人:郜　戈　　主管会计工作负责人:崔学斌　　会计机构负责人:常青慧

### 5. 1. 3　利润表

**合并利润表**

编制单位:吉林省信托有限责任公司　　2018 年度　　单位:万元

| 项　　目 | 本期金额 | 上期金额 |
|---|---|---|
| 一、营业总收入 | 52 700. 42 | 38 831. 27 |
| 其中:营业收入 | 67. 83 | 58. 46 |
| 利息收入 | 26 041. 71 | 5 987. 30 |
| 已赚保费 | — | — |
| 手续费及佣金收入 | 26 590. 88 | 32 785. 51 |
| 二、营业总成本 | 22 387. 59 | 22 227. 22 |
| 其中:营业成本 | 13. 78 | 68. 37 |
| 利息支出 | 3 758. 12 | 1 419. 12 |
| 手续费及佣金支出 | — | — |
| 退保金 | — | — |
| 赔付支出净额 | — | — |
| 提取保险合同准备金净额 | — | — |
| 保单红利支出 | — | — |
| 分保费用 | — | — |
| 税金及附加 | 725. 96 | 659. 66 |
| 销售费用 | — | — |
| 管理费用 | 25 230. 18 | 22 592. 79 |
| 其中:党建工作经费 | 101. 89 | 64. 60 |
| 研发费用 | | |
| 财务费用 | — | — |
| 其中:利息费用 | — | — |
| 利息收入 | — | — |
| 汇兑净收益 | | |
| 汇兑净损失 | — | — |
| 资产减值损失 | -7 340. 45 | -2 512. 72 |
| 其他 | — | — |

续表

| 项　　目 | 本期金额 | 上期金额 |
|---|---|---|
| 加:其他收益 | 168. 14 | 34. 89 |
| 投资收益(损失以"-"号填列) | 13 399. 09 | 18 682. 27 |
| 其中:对联营企业和合营企业的投资收益 | — | — |
| 汇兑收益(损失以"-"号填列) | 107. 19 | -129. 30 |
| 公允价值变动收益(损失以"-"号填列) | -233. 76 | 443. 85 |
| 资产处置收益(损失以"-"号填列) | 270. 06 | 54. 83 |
| 三、营业利润(亏损以"-"号填列) | 44 023. 55 | 35 690. 59 |
| 加:营业外收入 | 292. 57 | 1 092. 69 |
| 其中:政府补助 | 20. 00 | 500. 00 |
| 债务重组利得 | — | — |
| 减:营业外支出 | 147. 25 | 4 540. 82 |
| 其中:债务重组损失 | — | — |
| 四、利润总额(亏损总额"-"号填列) | 44 168. 87 | 32 242. 46 |
| 减:所得税费用 | 9 164. 88 | 4 719. 62 |
| 五、净利润(净亏损以"-"号填列) | 35 003. 99 | 27 522. 84 |
| (一)按所有权归属分类: | — | — |
| 归属于母公司所有者的净利润 | 35 931. 76 | 26 943. 88 |
| 少数股东损益 | -927. 77 | 578. 96 |
| (二)按经营持续性分类: | — | — |
| 持续经营净利润 | 35 003. 99 | 27 522. 84 |
| 终止经营净利润 | — | — |
| 六、其他综合收益的税后净额 | -49 636. 97 | -25 064. 57 |
| 归属于母公司所有者的其他综合收益的税后净额 | -49 636. 97 | -25 064. 57 |
| (一)不能重分类进损益的其他综合收益 | — | — |
| 1. 重新计量设定受益计划变动额 | — | — |
| 2. 权益法下不能转损益的其他综合收益 | — | — |
| 3. 其他 | | |
| (二)将重分类进损益的其他综合收益 | -49 636. 97 | -25 064. 57 |
| 1. 权益法下可转损益的其他综合收益 | — | — |
| 2. 可供出售金融资产公允价值变动损益 | -49 636. 97 | -25 064. 57 |
| 3. 持有至到期投资重分类为可供出售金融资产损益 | — | — |
| 4. 现金流量套期储备(现金流量套期损益的有效部分) | — | — |
| 5. 外币财务报表折算差额 | — | — |
| 6. 其他 | | |
| *归属于少数股东的其他综合收益的税后净额 | — | — |
| 七、综合收益总额 | -14 632. 97 | 2 458. 27 |
| 归属于母公司所有者的综合收益总额 | -13 705. 21 | 1 879. 31 |
| 归属于少数股东的综合收益总额 | -927. 77 | 578. 96 |
| 八、每股收益: | — | — |
| (一)基本每股收益 | — | — |
| (二)稀释每股收益 | — | — |

法定代表人:郜　戈　　主管会计工作负责人:崔学斌　　会计机构负责人:常青慧

**母公司利润表**

编制单位：吉林省信托有限责任公司　　2018 年度　　单位：万元

| 项　　目 | 本期金额 | 上期金额 |
|---|---|---|
| 一、营业总收入 | 45 993. 58 | 28 389. 11 |
| 其中：营业收入 | 133. 05 | 149. 81 |
| 利息收入 | 25 307. 91 | 3 319. 97 |
| 已赚保费 | — | — |
| 手续费及佣金收入 | 20 552. 62 | 24 919. 33 |
| 二、营业总成本 | 13 200. 88 | 12 723. 85 |
| 其中：营业成本 | 55. 27 | 66. 22 |
| 利息支出 | 3 758. 12 | 1 419. 12 |
| 手续费及佣金支出 | — | — |
| 退保金 | — | — |
| 赔付支出净额 | — | — |
| 提取保险合同准备金净额 | — | — |
| 保单红利支出 | — | — |
| 分保费用 | — | — |
| 税金及附加 | 687. 11 | 587. 73 |
| 销售费用 | — | — |
| 管理费用 | 16 052. 67 | 14 264. 11 |
| 其中：党建工作经费 | 87. 91 | 64. 60 |
| 研发费用 | | |
| 财务费用 | — | — |
| 其中：利息费用 | — | — |
| 利息收入 | — | — |
| 汇兑净收益 | | |
| 汇兑净损失 | — | — |
| 资产减值损失 | -7 352. 29 | -3 613. 33 |
| 其他 | — | — |
| 加：其他收益 | 23. 88 | — |
| 投资收益（损失以“-”号填列） | 12 868. 08 | 18 874. 43 |
| 其中：对联营企业和合营企业的投资收益 | — | — |
| 汇兑收益（损失以“-”号填列） | 107. 19 | -129. 30 |
| 公允价值变动收益（损失以“-”号填列） | 663. 34 | 16. 02 |
| 资产处置收益（损失以“-”号填列） | 64. 73 | 53. 82 |
| 三、营业利润（亏损以“-”号填列） | 46 519. 92 | 34 480. 24 |
| 加：营业外收入 | 195. 91 | 524. 17 |

续表

| 项　　目 | 本期金额 | 上期金额 |
|---|---|---|
| 其中：政府补助 | 20. 00 | — |
| 债务重组利得 | — | — |
| 减：营业外支出 | 141. 91 | 4 410. 21 |
| 其中：债务重组损失 | — | — |
| 四、利润总额（亏损总额“-”号填列） | 46 573. 92 | 30 594. 20 |
| 减：所得税费用 | 8 877. 59 | 4 358. 35 |
| 五、净利润（净亏损以“-”号填列） | 37 696. 33 | 26 235. 85 |
| （一）按所有权归属分类： | — | — |
| 归属于母公司所有者的净利润 | 37 696. 33 | 26 235. 85 |
| 少数股东损益 | | |
| （二）按经营持续性分类： | — | — |
| 持续经营净利润 | 37 696. 33 | 26 235. 85 |
| 终止经营净利润 | — | — |
| 六、其他综合收益的税后净额 | -49 636. 97 | -25 064. 57 |
| 归属于母公司所有者的其他综合收益的税后净额 | -49 636. 97 | -25 064. 57 |
| （一）不能重分类进损益的其他综合收益 | — | — |
| 1. 重新计量设定受益计划变动额 | — | — |
| 2. 权益法下不能转损益的其他综合收益 | — | — |
| 3. 其他 | | |
| （二）将重分类进损益的其他综合收益 | -49 636. 97 | -25 064. 57 |
| 1. 权益法下可转损益的其他综合收益 | — | — |
| 2. 可供出售金融资产公允价值变动损益 | -49 636. 97 | -25 064. 57 |
| 3. 持有至到期投资重分类为可供出售金融资产损益 | — | — |
| 4. 现金流量套期储备（现金流量套期损益的有效部分） | — | — |
| 5. 外币财务报表折算差额 | — | — |
| 6. 其他 | | |
| *归属于少数股东的其他综合收益的税后净额 | — | — |
| 七、综合收益总额 | -11 940. 64 | 1 171. 28 |
| 归属于母公司所有者的综合收益总额 | -11 940. 64 | 1 171. 28 |
| 归属于少数股东的综合收益总额 | — | — |
| 八、每股收益： | — | — |
| （一）基本每股收益 | — | — |
| （二）稀释每股收益 | — | — |

法定代表人：邰　戈　　主管会计工作负责人：崔学斌　　会计机构负责人：常青慧

### 5. 1. 4　所有者权益变动表

**合并所有者权益变动表**

编制单位：吉林省信托有限责任公司　　2018 年 12 月 31 日　　单位：万元

| 项　　目 | 本年金额 | | | | | | | | |
|---|---|---|---|---|---|---|---|---|---|
| | 归属于母公司所有者权益 | | | | | | | 少数股东权益 | 所有者权益合计 |
| | 实收资本（或股本） | 资本公积 | 其他综合收益 | 盈余公积 | 一般风险准备 | 未分配利润 | 小计 | | |
| 一、上年年末余额 | 159 659. 75 | 8 334. 16 | 18 765. 00 | 36 240. 04 | 40 770. 20 | 116 579. 20 | 380 348. 36 | 18 975. 91 | 399 324. 27 |
| 加：会计政策变更 | — | — | — | — | — | — | — | — | — |
| 前期差错更正 | — | — | — | — | — | — | — | — | — |
| 其他 | — | — | — | — | — | — | — | — | — |
| 二、本年年初余额 | 159 659. 75 | 8 334. 16 | 18 765. 00 | 36 240. 04 | 40 770. 20 | 116 579. 20 | 380 348. 36 | 18 975. 91 | 399 324. 27 |
| 三、本年增减变动金额（减少以“-”号填列） | — | — | -49 636. 97 | 7 539. 27 | — | 20 909. 10 | -21 188. 61 | -2 016. 77 | -23 205. 37 |
| （一）综合收益总额 | — | — | -49 636. 97 | — | — | 35 931. 76 | -13 705. 21 | -927. 77 | -14 632. 97 |
| （二）所有者投入和减少资本 | — | — | — | — | — | — | — | -1 089. 00 | -1 089. 00 |
| 1. 所有者投入的普通股 | — | — | — | — | — | — | — | — | — |

续表

| 项　目 | 本年金额 | | | | | | | | |
|---|---|---|---|---|---|---|---|---|---|
| | 归属于母公司所有者权益 | | | | | | | 少数股东权益 | 所有者权益合计 |
| | 实收资本（或股本） | 资本公积 | 其他综合收益 | 盈余公积 | 一般风险准备 | 未分配利润 | 小计 | | |
| 2. 其他权益工具持有者投入资本 | — | — | — | — | — | — | — | — | — |
| 3. 股份支付计入所有者权益的金额 | — | — | — | — | — | — | — | — | — |
| 4. 其他 | — | — | — | — | — | — | — | -1 089. 00 | -1 089. 00 |
| （三）专项储备提取和使用 | — | — | — | — | — | — | — | — | — |
| 1. 提取专项储备 | — | — | — | — | — | — | — | — | — |
| 2. 使用专项储备 | — | — | — | — | — | — | — | — | — |
| （四）利润分配 | — | — | — | 7 539. 27 | — | -15 022. 66 | -7 483. 40 | — | -7 483. 40 |
| 1. 提取盈余公积 | — | — | — | 7 539. 27 | — | -7 539. 27 | — | — | — |
| 其中：法定公积金 | — | — | — | 3 769. 63 | — | -3 769. 63 | — | — | — |
| 任意公积金 | — | — | — | 3 769. 63 | — | -3 769. 63 | — | — | — |
| #储备基金 | — | — | — | — | — | — | — | — | — |
| #企业发展基金 | — | — | — | — | — | — | — | — | — |
| #利润归还投资 | — | — | — | — | — | — | — | — | — |
| 2. 提取一般风险准备 | — | — | — | — | — | — | — | — | — |
| 3. 对所有者（或股东）的分配 | — | — | — | — | — | -7 483. 40 | -7 483. 40 | — | -7 483. 40 |
| 4. 其他 | — | — | — | — | — | — | — | — | — |
| （五）所有者权益内部结转 | — | — | — | — | — | — | — | — | — |
| 1. 资本公积转增资本（或股本）） | — | — | — | — | — | — | — | — | — |
| 2. 盈余公积转增资本（或股本） | — | — | — | — | — | — | — | — | — |
| 3. 盈余公积弥补亏损 | — | — | — | — | — | — | — | — | — |
| 4. 设定受益计划变动额结转留存收益 | — | — | — | — | — | — | — | — | — |
| 5. 其他 | — | — | — | — | — | — | — | — | — |
| 四、本年年末余额 | 159 659. 75 | 8 334. 16 | -30 871. 97 | 43 779. 31 | 40 770. 20 | 137 488. 30 | 359 159. 75 | 16 959. 15 | 376 118. 90 |

**合并所有者权益变动表（续）**

编制单位：吉林省信托有限责任公司　　2018 年 12 月 31 日　　单位：万元

| 项　目 | 上年金额 | | | | | | | | |
|---|---|---|---|---|---|---|---|---|---|
| | 归属于母公司所有者权益 | | | | | | | 少数股东权益 | 所有者权益合计 |
| | 实收资本（或股本） | 资本公积 | 其他综合收益 | 盈余公积 | 一般风险准备 | 未分配利润 | 小计 | | |
| 一、上年年末余额 | 159 659. 75 | 7 334. 16 | 43 829. 57 | 30 992. 88 | 40 735. 77 | 97 916. 92 | 380 469. 05 | 18 396. 96 | 398 866. 01 |
| 加：会计政策变更 | — | — | — | — | — | — | — | — | — |
| 前期差错更正 | — | — | — | — | — | — | — | — | — |
| 其他 | — | — | — | — | — | — | — | — | — |
| 二、本年年初余额 | 159 659. 75 | 7 334. 16 | 43 829. 57 | 30 992. 88 | 40 735. 77 | 97 916. 92 | 380 469. 05 | 18 396. 96 | 398 866. 01 |
| 三、本年增减变动金额（减少以“-”号填列） | — | 1 000. 00 | -25 064. 57 | 5 247. 16 | 34. 43 | 18 662. 28 | -120. 70 | 578. 96 | 458. 26 |
| （一）综合收益总额 | — | — | -25 064. 57 | — | — | 26 943. 88 | 1 879. 30 | 578. 96 | 2 458. 26 |
| （二）所有者投入和减少资本 | — | 1 000. 00 | — | — | — | — | 1 000. 00 | — | 1 000. 00 |
| 1. 所有者投入的普通股 | — | — | — | — | — | — | — | — | — |
| 2. 其他权益工具持有者投入资本 | — | — | — | — | — | — | — | — | — |
| 3. 股份支付计入所有者权益的金额 | — | — | — | — | — | — | — | — | — |
| 4. 其他 | — | 1 000. 00 | — | — | — | — | 1 000. 00 | — | 1 000. 00 |
| （三）专项储备提取和使用 | — | — | — | — | — | — | — | — | — |
| 1. 提取专项储备 | — | — | — | — | — | — | — | — | — |
| 2. 使用专项储备 | — | — | — | — | — | — | — | — | — |
| （四）利润分配 | — | — | — | 5 247. 16 | 34. 43 | -8 281. 59 | -3 000. 00 | — | -3 000. 00 |
| 1. 提取盈余公积 | — | — | — | 5 247. 16 | — | -5 247. 16 | — | — | — |
| 其中：法定公积金 | — | — | — | 2 623. 58 | — | -2 623. 58 | — | — | — |
| 任意公积金 | — | — | — | 2 623. 58 | — | -2 623. 58 | — | — | — |

续表

| 项　　目 | 上年金额 | | | | | | | | |
|---|---|---|---|---|---|---|---|---|---|
| | 归属于母公司所有者权益 | | | | | | | 少数股东权益 | 所有者权益合计 |
| | 实收资本（或股本） | 资本公积 | 其他综合收益 | 盈余公积 | 一般风险准备 | 未分配利润 | 小计 | | |
| #储备基金 | — | — | — | — | — | — | — | — | — |
| #企业发展基金 | — | — | — | — | — | — | — | — | — |
| #利润归还投资 | — | — | — | — | — | — | — | — | — |
| 2. 提取一般风险准备 | — | — | — | — | 34.43 | -34.43 | — | — | — |
| 3. 对所有者（或股东）的分配 | — | — | — | — | — | -3 000.00 | -3 000.00 | — | -3 000.00 |
| 4. 其他 | — | — | — | — | — | — | — | — | — |
| （五）所有者权益内部结转 | — | — | — | — | — | — | — | — | — |
| 1. 资本公积转增资本（或股本） | — | — | — | — | — | — | — | — | — |
| 2. 盈余公积转增资本（或股本） | — | — | — | — | — | — | — | — | — |
| 3. 盈余公积弥补亏损 | — | — | — | — | — | — | — | — | — |
| 4. 设定受益计划变动额结转留存收益 | — | — | — | — | — | — | — | — | — |
| 5. 其他 | — | — | — | — | — | — | — | — | — |
| 四、本年年末余额 | 159 659.75 | 8 334.16 | 18 765.00 | 36 240.04 | 40 770.20 | 116 579.20 | 380 348.36 | 18 975.91 | 399 324.27 |

法定代表人：邰　戈　　　主管会计工作负责人：崔学斌　　　会计机构负责人：常青慧

## 母公司所有者权益变动表

编制单位：吉林省信托有限责任公司　　　2018 年 12 月 31 日　　　单位：万元

| 项　　目 | 本年金额 | | | | | | | | |
|---|---|---|---|---|---|---|---|---|---|
| | 归属于母公司所有者权益 | | | | | | | 少数股东权益 | 所有者权益合计 |
| | 实收资本（或股本） | 资本公积 | 其他综合收益 | 盈余公积 | 一般风险准备 | 未分配利润 | 小计 | | |
| 一、上年年末余额 | 159 659.75 | 6 500.00 | 18 765.00 | 36 240.04 | 40 770.20 | 120 966.07 | 382 901.07 | — | 382 901.07 |
| 加：会计政策变更 | — | — | — | — | — | — | — | — | — |
| 前期差错更正 | — | — | — | — | — | — | — | — | — |
| 其他 | — | — | — | — | — | — | — | — | — |
| 二、本年年初余额 | 159 659.75 | 6 500.00 | 18 765.00 | 36 240.04 | 40 770.20 | 120 966.07 | 382 901.07 | — | 382 901.07 |
| 三、本年增减变动金额（减少以“-”号填列） | — | — | -49 636.97 | 7 539.27 | — | 22 673.67 | -19 424.03 | — | -19 424.03 |
| （一）综合收益总额 | — | — | -49 636.97 | — | — | 37 696.33 | -11 940.64 | — | -11 940.64 |
| （二）所有者投入和减少资本 | — | — | — | — | — | — | — | — | — |
| 1. 所有者投入的普通股 | — | — | — | — | — | — | — | — | — |
| 2. 其他权益工具持有者投入资本 | — | — | — | — | — | — | — | — | — |
| 3. 股份支付计入所有者权益的金额 | — | — | — | — | — | — | — | — | — |
| 4. 其他 | — | — | — | — | — | — | — | — | — |
| （三）专项储备提取和使用 | — | — | — | — | — | — | — | — | — |
| 1. 提取专项储备 | — | — | — | — | — | — | — | — | — |
| 2. 使用专项储备 | — | — | — | — | — | — | — | — | — |
| （四）利润分配 | — | — | — | 7 539.27 | — | -15 022.66 | -7 483.40 | — | -7 483.40 |
| 1. 提取盈余公积 | — | — | — | 7 539.27 | — | -7 539.27 | — | — | — |
| 其中：法定公积金 | — | — | — | 3 769.63 | — | -3 769.63 | — | — | — |
| 任意公积金 | — | — | — | 3 769.63 | — | -3 769.63 | — | — | — |
| #储备基金 | — | — | — | — | — | — | — | — | — |
| #企业发展基金 | — | — | — | — | — | — | — | — | — |
| #利润归还投资 | — | — | — | — | — | — | — | — | — |
| 2. 提取一般风险准备 | — | — | — | — | — | — | — | — | — |
| 3. 对所有者（或股东）的分配 | — | — | — | — | — | -7 483.40 | -7 483.40 | — | -7 483.40 |
| 4. 其他 | — | — | — | — | — | — | — | — | — |
| （五）所有者权益内部结转 | — | — | — | — | — | — | — | — | — |
| 1. 资本公积转增资本（或股本） | — | — | — | — | — | — | — | — | — |
| 2. 盈余公积转增资本（或股本） | — | — | — | — | — | — | — | — | — |
| 3. 盈余公积弥补亏损 | — | — | — | — | — | — | — | — | — |
| 4. 设定受益计划变动额结转留存收益 | — | — | — | — | — | — | — | — | — |
| 5. 其他 | — | — | — | — | — | — | — | — | — |
| 四、本年年末余额 | 159 659.75 | 6 500.00 | -30 871.97 | 43 779.31 | 40 770.20 | 143 639.74 | 363 477.03 | — | 363 477.03 |

**母公司所有者权益变动表(续)**

编制单位:吉林省信托有限责任公司　　2018 年 12 月 31 日　　单位:万元

| 项　目 | 上年金额 | | | | | | | | |
|---|---|---|---|---|---|---|---|---|---|
| | 归属于母公司所有者权益 | | | | | | | 少数股东权益 | 所有者权益合计 |
| | 实收资本(或股本) | 资本公积 | 其他综合收益 | 盈余公积 | 一般风险准备 | 未分配利润 | 小计 | | |
| 一、上年年末余额 | 159 659.75 | 5 500.00 | 43 829.57 | 30 992.88 | 40 735.77 | 103 011.82 | 383 729.79 | — | 383 729.79 |
| 加:会计政策变更 | — | — | — | — | — | — | — | — | — |
| 前期差错更正 | — | — | — | — | — | — | — | — | — |
| 其他 | — | — | — | — | — | — | — | — | — |
| 二、本年年初余额 | 159 659.75 | 5 500.00 | 43 829.57 | 30 992.88 | 40 735.77 | 103 011.82 | 383 729.79 | — | 383 729.79 |
| 三、本年增减变动金额(减少以"-"号填列) | — | 1 000.00 | -25 064.57 | 5 247.16 | 34.43 | 17 954.25 | -828.72 | — | -828.72 |
| (一)综合收益总额 | — | — | -25 064.57 | — | — | 26 235.85 | 1 171.28 | — | 1 171.28 |
| (二)所有者投入和减少资本 | — | 1 000.00 | — | — | — | — | 1 000.00 | — | 1 000.00 |
| 1. 所有者投入的普通股 | — | — | — | — | — | — | — | — | — |
| 2. 其他权益工具持有者投入资本 | — | — | — | — | — | — | — | — | — |
| 3. 股份支付计入所有者权益的金额 | — | — | — | — | — | — | — | — | — |
| 4. 其他 | — | 1 000.00 | — | — | — | — | 1 000.00 | — | 1 000.00 |
| (三)专项储备提取和使用 | — | — | — | — | — | — | — | — | — |
| 1. 提取专项储备 | — | — | — | — | — | — | — | — | — |
| 2. 使用专项储备 | — | — | — | — | — | — | — | — | — |
| (四)利润分配 | — | — | — | 5 247.16 | 34.43 | -8 281.59 | -3 000.00 | — | -3 000.00 |
| 1. 提取盈余公积 | — | — | — | 5 247.16 | — | -5 247.16 | — | — | — |
| 其中:法定公积金 | — | — | — | 2 623.58 | — | -2 623.58 | — | — | — |
| 任意公积金 | — | — | — | 2 623.58 | — | -2 623.58 | — | — | — |
| #储备基金 | — | — | — | — | — | — | — | — | — |
| #企业发展基金 | — | — | — | — | — | — | — | — | — |
| #利润归还投资 | — | — | — | — | — | — | — | — | — |
| 2. 提取一般风险准备 | — | — | — | — | 34.43 | -34.43 | — | — | — |
| 3. 对所有者(或股东)的分配 | — | — | — | — | — | -3 000.00 | -3 000.00 | — | -3 000.00 |
| 4. 其他 | — | — | — | — | — | — | — | — | — |
| (五)所有者权益内部结转 | — | — | — | — | — | — | — | — | — |
| 1. 资本公积转增资本(或股本) | — | — | — | — | — | — | — | — | — |
| 2. 盈余公积转增资本(或股本) | — | — | — | — | — | — | — | — | — |
| 3. 盈余公积弥补亏损 | — | — | — | — | — | — | — | — | — |
| 4. 设定受益计划变动额结转留存收益 | — | — | — | — | — | — | — | — | — |
| 5. 其他 | — | — | — | — | — | — | — | — | — |
| 四、本年年末余额 | 159 659.75 | 6 500.00 | 18 765.00 | 36 240.04 | 40 770.20 | 120 966.07 | 382 901.07 | — | 382 901.07 |

法定代表人:邰　戈　　主管会计工作负责人:崔学斌　　会计机构负责人:常青慧

## 5.2　信托资产

### 5.2.1　信托项目资产负债汇总表

**信托项目资产负债表**

编制单位:吉林省信托有限责任公司　　2018 年 12 月 31 日　　单位:万元

| 信托资产 | 期末数 | 年初数 | 信托负债和信托收益 | 期末数 | 年初数 |
|---|---|---|---|---|---|
| 信托资产: | | | 信托负债: | | |
| 货币资金 | 84 723.60 | 20 638.22 | 应付受托人报酬 | 3 262.29 | 1 702.89 |
| 拆出资金 | — | — | 应付托管费 | 56.02 | 66.71 |
| 应收款项 | 59 919.55 | 45 484.45 | 应付受益人收益 | 38 666.84 | 17 052.59 |
| 买入返售资产 | 9 820.03 | 1 110.02 | 其他应付款项 | 27 241.92 | 35 253.01 |
| 交易性金融资产 | 67 428.45 | 83 708.96 | 应交税金 | 518.52 | — |
| 持有至到期投资 | 2 689 967.89 | 2 841 032.07 | 卖出回购资产款 | — | — |
| 长期股权投资 | 245 084.00 | 187 084.00 | 其他负债 | — | 48.25 |
| 客户贷款 | 3 180 152.05 | 3 725 929.09 | 信托负债合计 | 69 745.59 | 54 123.44 |

续表

| 信托资产 | 期末数 | 年初数 | 信托负债和信托收益 | 期末数 | 年初数 |
|---|---|---|---|---|---|
| 应收融资租赁款 | — | — | 信托权益： | — | — |
| 固定资产 | — | — | 实收信托 | 8 654 193.09 | 8 300 714.14 |
| 无形资产 | — | — | 资本公积 | 100.00 | — |
| 长期待摊费用 | — | — | 未分配利润 | 4 360.12 | 3 786.16 |
| 其他资产 | 2 391 303.23 | 1 453 636.93 | 信托权益合计 | 8 658 653.21 | 8 304 500.29 |
| 信托资产总计 | 8 728 398.80 | 8 358 623.74 | 信托负债及信托权益总计 | 8 728 398.80 | 8 358 623.74 |

公司负责人：邰　戈　　主管会计工作负责人：崔学斌　　会计机构负责人：娄敬群

#### 5.2.2 信托项目利润及利润分配汇总表

**信托项目利润及利润分配汇总表**

编制单位：吉林省信托有限责任公司　　2018 年 12 月 31 日　　单位：万元

| 项　目 | 本年累计数 | 上年累计数 |
|---|---|---|
| 一、营业收入 | 503 743.60 | 434 483.44 |
| 利息收入 | 253 567.42 | 270 905.18 |
| 投资收益 | 250 378.15 | 160 766.23 |
| 租赁收入 | — | — |
| 其他收入 | 1 928.93 | 2 812.03 |
| 二、营业费用 | 27 705.19 | 29 913.65 |
| 三、营业税金及附加 | 1 505.85 | — |
| 四、扣除资产损失前的信托利润 | 474 532.56 | 404 569.79 |
| 减：资产减值损失 | — | — |
| 五、扣除资产损失后的信托利润 | 474 532.56 | 404 569.79 |
| 加：期初未分配信托利润 | 3 786.16 | 1 963.98 |
| 减：调整期初未分配利润 | — | — |
| 六、可供分配的信托利润 | 478 318.72 | 406 533.77 |
| 减：本期已分配信托利润 | 473 958.59 | 402 747.61 |
| 七、期末未分配信托利润 | 4 360.12 | 3 786.16 |

公司负责人：邰　戈　　主管会计工作负责人：崔学斌　　会计机构负责人：娄敬群

## 6. 会计报表附注

### 6.1 会计报表编制基准、会计政策、会计估计和核算方法发生变化的说明

#### 6.1.1 会计报表编制基准

本公司财务报表以持续经营假设为基础，根据实际发生的交易和事项，按照财政部颁布的《企业会计准则——基本准则》和各项具体会计准则、企业会计准则应用指南、企业会计准则解释及其他相关规定（以下合称企业会计准则）编制。

#### 6.1.2 纳入合并范围的子公司

| 序号 | 企业名称 | 级次 | 企业类型 | 注册地 | 业务性质 | 注册资本（万元） | 持股比例（%） | 享有的表决权 | 投资额（万元） |
|---|---|---|---|---|---|---|---|---|---|
| 1 | 天治基金管理有限公司 | 2 | 2 | 上海市 | 基金业 | 16 000.00 | 61.25 | 61.25 | 11 600.00 |
| 2 | 天富期货有限公司 | 2 | 2 | 长春市 | 期货业 | 15 000.00 | 55.00 | 55.00 | 8 250.00 |

注：企业类型：（1）境内非金融子企业；（2）境内金融子企业；（3）境外子企业；（4）事业单位；（5）基建单位。

#### 6.1.3 会计政策、会计估计和核算方法的变更

6.1.3.1 重要会计政策变更

根据财政部 2017 年 12 月 25 日颁布的《关于修订印发一般企业财务报表格式的通知》（财会［2017］30 号），在利润表的“营业利润”项目上单独列报“资产处置收益”项目，该项目反映企业出售划分为持有待售的非流动资产或处置组时确认的处置利得或损失，以及处置未划分为持有待售的固定资产、在建工程、生产性生物资产及无形资产而产生的处置利得或损失。债务重组中因处置非流动资产产生的利得或损失和非货币性资产交换产生的利得或损失也包括在本项目内。利润表中原计入“营业外收入”项目及“营业外支出”项目的资产处置利得和损失调整至“资产处置收益”项目列报。本公司于 2018 年 1 月 1 日开始执行报表格式变更，并对同期数据进行追溯调整。本公司执行该规定的主要影响如下：

财务报表项目变更：“营业外收入——非流动资产处置利得”及“营业外支出——非流动资产处置损失”项目变更为“资产处置收益”项目。

报告期及上年同期变更影响的金额：（1）本期影响：“营业外收入——非流动资产处置利得”项目列报的固定资产处置利得为 79.46 万元，调整至“资产处置收益”项目列报；（2）上年同期影响：“营业外收入——非流动资产处置利得”项目列报的固定资产处置利得为 60.84 万元，“营业外支出——非流动资产处置损失” 项目列报的固定资产处置损失为 6.01 万元，调整至“资产处置收益”项目列报。

根据财政部 2018 年 6 月 15 日发布的《关于修订印发 2018 年度一般企业财务报表格式的通知》（财会［2018］15 号），公司主要调整了以下财务报表的列报，并对可比会计期间的比较数据进行相应调整。

（1）原“应收票据”和“应收账款”项目合并计入新增的“应收票据及应收账款”项目。

（2）原“应收利息”“应收股利”“其他应收款”项目合并计入“其他应收款”项目。

（3）原“固定资产清理”和“固定资产”项目合并计入“固定资产”项目。

（4）“工程物资”项目归并至“在建工程”项目。

（5）原“应付票据”“应付账款”项目合并计入新增的“应付票据及应付账款”项目。

（6）原“应付利息”“应付股利”“其他应付款”项目合并计入“其他应付款”项目。

（7）“专项应付款”项目归并至“长期应付款”项目。

（8）利润表新增“研发费用”项目，原计入“管理费用”项目的研发费用单独列示为“研发费用”项目。

（9）在“财务费用”项目下列示“利息费用”“利息收入”明细项目。

(10)报告期及上年同期变更影响的金额如下：

单位：万元

| 报告期 | | | | 上年同期 | | | |
|---|---|---|---|---|---|---|---|
| 变更前 | | 变更后 | | 变更前 | | 变更后 | |
| 报表项目 | 金额 | 报表项目 | 金额 | 报表项目 | 金额 | 报表项目 | 金额 |
| 应收票据 | — | 应收票据及应收账款 | 8 315.79 | 应收票据 | — | 应收票据及应收账款 | 7 661.83 |
| 应收账款 | 8 315.79 | | | 应收账款 | 7 661.83 | | |
| 应收利息 | 2 047.27 | 其他应收款 | 22 819.90 | 应收利息 | 135.23 | 其他应收款 | 15 797.11 |
| 应收股利 | — | | | 应收股利 | — | | |
| 其他应收款 | 20 772.63 | | | 其他应收款 | 15 661.88 | | |
| 固定资产 | 18 343.66 | 固定资产 | 18 343.66 | 固定资产 | 16 392.93 | 固定资产 | 16 392.93 |
| 固定资产清理 | — | | | 固定资产清理 | — | | |
| 在建工程 | — | 在建工程 | — | 在建工程 | — | 在建工程 | — |
| 工程物资 | — | | | 工程物资 | — | | |
| 应付票据 | — | 应付票据及应付账款 | 12 529.74 | 应付票据 | — | 应付票据及应付账款 | 15 638.99 |
| 应付账款 | 12 529.74 | | | 应付账款 | 15 638.99 | | |
| 应付利息 | — | 其他应付款 | 6 746.73 | 应付利息 | — | 其他应付款 | 11 747.18 |
| 应付股利 | — | | | 应付股利 | — | | |
| 其他应付款 | 6 746.73 | | | 其他应付款 | 11 747.18 | | |
| 长期应付款 | — | 长期应付款 | — | 长期应付款 | — | 长期应付款 | — |
| 专项应付款 | — | | | 专项应付款 | — | | |
| 管理费用 | 25 230.18 | 管理费用 | 25 230.18 | 管理费用 | 22 592.79 | 管理费用 | 22 592.79 |
| | | 研发费用 | — | | | 研发费用 | — |
| 财务费用 | — | 财务费用 | — | 财务费用 | — | 财务费用 | — |
| 其中：利息支出 | — | 其中：利息费用 | — | 其中：利息支出 | — | 其中：利息费用 | — |

6.1.3.2　会计估计和核算方法的变更

无。

## 6.2　重要会计政策和会计估计

无。

## 6.3　或有事项

截至2018年12月31日，本公司无需要披露的重大或有事项。

## 6.4　重要资产转让及其出售

本公司本年度无重要资产转让及其出售情况。

## 6.5　会计报表中重要项目的明细资料

### 6.5.1　自营资产经营情况

6.5.1.1　公司信用风险资产五级分类

| 信用风险资产五级分类 | 正常类（万元） | 关注类（万元） | 次级类（万元） | 可疑类（万元） | 损失类（万元） | 信用风险资产合计（万元） | 不良信用风险资产合计（万元） | 信用风险资产不良率（%） |
|---|---|---|---|---|---|---|---|---|
| 期初数 | 75 941.25 | | 364.37 | 5 881.44 | 107.50 | 82 294.56 | 6 353.31 | 7.72 |
| 期末数 | 100 607.79 | 40 000 | | 5 881.44 | 6 613.04 | 153 102.27 | 12 494.48 | 8.16 |

6.5.1.2　资产损失准备的期初数、本期计提、本期转回、本期核销、期末数

单位：万元

| | 期初数 | 本期计提 | 本期转回 | 本期核销 | 其他变化 | 期末数 |
|---|---|---|---|---|---|---|
| 贷款损失准备 | 4 226.36 | 1 228.50 | — | — | — | 5 454.86 |
| 一般准备 | 4 226.36 | 1 228.50 | — | — | — | 5 454.86 |
| 专项准备 | — | — | — | — | — | — |
| 其他资产减值准备 | 22 573.16 | 1 371.69 | 9 952.47 | — | — | 13 992.38 |
| 可供出售金融资产减值准备 | 7 262.66 | — | 991.36 | — | — | 6 271.30 |
| 持有至到期投资减值准备 | 14 530.33 | — | 8 961.11 | — | -5 567.72 | 1.50 |
| 长期股权投资减值准备 | 297.75 | — | — | — | — | 297.75 |
| 坏账准备 | 425.38 | 945.99 | — | — | 5 567.72 | 6 939.09 |
| 投资性房地产减值准备 | — | — | — | — | — | — |
| 抵债资产减值准备 | 57.04 | 425.70 | — | — | — | 482.74 |

6.5.1.3 自营股票投资、基金投资、债券投资、股权投资等投资的期初数、期末数

单位：万元

| | 自营股票 | 基金 | 债券 | 股权投资 | 其他投资 | 合计 |
|---|---|---|---|---|---|---|
| 期初数 | 1 466.15 | 5 010.33 | 54 219.88 | 447 998.65 | 20 466.14 | 529 161.15 |
| 期末数 | 1 642.71 | 5 178.29 | 51 767.90 | 447 998.65 | 4 249.01 | 510 836.56 |

6.5.1.4 公司前五名的自营股权投资的企业名称、占被投资企业权益的比例、主要经营活动及投资收益情况

| 企业名称 | 占被投资企业权益的比例(%) | 主要经营活动 | 投资收益（万元） |
|---|---|---|---|
| 东北证券股份有限公司 | 11.8 | 证券经纪；证券投资咨询；与证券交易、证券投资活动有关的财务顾问；证券承销与保荐；证券自营；融资融券；证券投资基金代销；代销金融产品业务。 | 本年度分红为2 760.74 |
| 九台农村商业银行 | 9.61 | 吸收人民币公众存款；发放人民币短期、中期和长期贷款；办理国内结算；办理票据承兑与贴现；代理发行、代理兑付、承销政府债券；买卖政府债券、金融债券；参与货币市场；从事同业拆借；代理收付款项及代理保险业务；提供保险箱服务；代理买卖基金、信托产品及其他理财产品；基金销售；从事银行卡业务；外汇借款、外汇票据的承兑和贴现、外汇担保、自营及代客外汇买卖、外汇存款、外汇贷款、外汇汇款、外币兑换、国际结算、同业外汇拆借和资信调查、咨询、见证，外汇借款、外汇票据的承兑和贴现、外汇担保、即期结售汇、自营及代客外汇买卖；经中国银行保险监督管理委员会批准的其他业务；信息服务业务（不含固定网信息服务业务项目）（依法须经批准的项目，经相关部门批准后方可开展经营活动）。 | 本年度分红为6 892.74 |
| 中融人寿保险股份有限公司 | 6.15 | 人寿保险、健康保险、意外伤害保险等各类人身保险业务；上述业务的再保险业务；国家法律、法规允许的保险资金运用业务；经中国保监会批准的其他业务（企业依法自主选择经营项目，开展经营活动；依法须经批准的项目，经相关部门批准后依批准的内容开展经营活动；不得从事本市产业政策禁止和限制类项目的经营活动）。 | 本年度未分红 |
| 吉林银行股份有限公司 | 1.42 | 吸收公众存款；发放短期、中期和长期贷款；办理国内外结算；办理票据承兑与贴现；发行金融债券；代理发行、代理兑付、承销政府债券；买卖政府债券；从事同业拆借；提供担保；代理收付款项及代理保险业务；提供保管箱服务；办理委托存贷款业务；代理销售黄金业务；办理结汇、售汇业务；外汇借款；外币兑换；发行或代理发行股票以外的外币有价证券；买卖或代理买卖股票以外的外币有价证券；资信调查、咨询、见证业务；证券投资基金销售业务；经银行保险监督管理机构批准的其他业务。 | 本年度未分红 |
| 吉林德惠农村商业银行股份有限公司 | 10 | 吸收人民币公众存款；发放人民币短期、中期和长期贷款；办理国内结算；办理票据承兑和贴现；代理发行、代理兑付、承销政府债券；买卖政府债券、金融债券；参与货币市场；从事同业拆借；代理收付款项及代理保险业务；提供保险箱服务；从事银行卡业务（借记卡）；代理买卖基金、信托产品及其他理财产品；信息服务业务（不含固定网电话信息服务和互联网信息服务）。业务覆盖范围（服务项目）：吉林省（移动网信息服务业务项目：移动网短消息信息服务）。经中国银行保险监督管理委员会核准的其他业务（依法须经批准的项目，经相关部门批准后方可开展经营活动）。 | 本年度分红为900 |

6.5.1.5 公司前五名的自营贷款的企业名称、占贷款总额的比例和还款情况

| 企业名称 | 占贷款总额的比例(%) | 还款情况 |
|---|---|---|
| 上海鸿内贸易发展有限公司 | 42.43 | 2018年11月3日到期 |
| 吉林省乳业集团有限公司 | 31.29 | 2019年1月15日到期 |
| 松原市城市开发建设有限责任公司 | 10.50 | 2019年2月28日到期 |
| 吉林宏日新能源股份有限公司 | 5.30 | 2019年4月7日到期 |
| 长春鸿达光电子与生物统计识别技术有限公司 | 4.24 | 2019年4月23日到期 |

6.5.1.6 表外业务的期初数、期末数

单位：万元

| 表外业务 | 期初数 | 期末数 |
|---|---|---|
| 担保业务 | — | — |
| 代理业务（委托业务） | — | — |
| 其他 | — | — |
| 合计 | — | — |

6.5.1.7 公司当年的收入结构

| 收入结构 | 合并 | | 母公司 | |
|---|---|---|---|---|
| | 金额（万元） | 占比（%） | 金额（万元） | 占比（%） |
| 手续费及佣金收入 | 26 590.88 | 39.86 | 20 552.62 | 34.30 |
| 其中：信托业务手续费收入 | 20 552.62 | 30.81 | 20 552.62 | 34.30 |
| 担保业务手续费收入 | — | — | — | — |
| 基金管理手续费收入 | 3 077.67 | 4.61 | — | — |
| 期货业务手续费收入 | 2 908.38 | 4.36 | — | — |
| 典当业务手续费收入 | 52.21 | 0.08 | — | — |
| 其他手续费收入 | — | — | — | — |
| 利息类收入 | 26 041.71 | 39.04 | 25 307.91 | 42.24 |
| 其他业务收入 | 67.83 | 0.10 | 133.05 | 0.22 |
| 其中：计入信托业务收入部分 | — | — | — | — |
| 投资收益 | 13 399.09 | 20.09 | 12 868.08 | 21.48 |
| 其中：股权投资收益 | 12 328.99 | 18.48 | 12 328.99 | 20.58 |
| 证券投资收益 | 539.09 | 0.81 | 539.09 | 0.90 |
| 其他投资收益 | 531.01 | 0.80 | — | — |
| 公允价值变动收益 | −233.76 | −0.35 | 663.33 | 1.11 |
| 汇兑损益 | 107.19 | 0.16 | 107.19 | 0.18 |
| 其他收益 | 168.14 | 0.25 | 23.88 | 0.04 |
| 资产处置收益 | 270.06 | 0.40 | 64.73 | 0.11 |
| 营业外收入 | 292.57 | 0.44 | 195.91 | 0.33 |
| 收入合计 | 66 703.71 | 100.00 | 59 916.70 | 100.00 |

**6.5.2 信托资产管理情况**

6.5.2.1 信托资产的期初数、期末数

单位：万元

| 信托资产 | 期初数 | 期末数 |
|---|---|---|
| 集合 | 566 012.57 | 564 367.91 |
| 单一 | 6 384 348.63 | 5 824 136.05 |
| 财产权 | 1 408 262.54 | 2 339 894.83 |
| 合计 | 8 358 623.74 | 8 728 398.80 |

6.5.2.1.1 主动管理型信托业务的信托资产期初数、期末数，分证券投资类、股权投资类、融资类、事务管理类分别披露

单位：万元

| 主动管理型信托资产 | 期初数 | 期末数 |
|---|---|---|
| 证券投资类 | 108 449.50 | 6 059.28 |
| 股权投资类 | 100 388.60 | 749 958.76 |
| 融资类 | 1 012 790.43 | 1 451 489.99 |
| 事务管理类 | — | — |
| 合计 | 1 221 628.53 | 2 207 508.03 |

6.5.2.1.2 被动管理型信托业务的信托资产期初数、期末数，分证券投资类、股权投资类、融资类、事务管理类分别披露

单位：万元

| 被动管理型信托资产 | 期初数 | 期末数 |
|---|---|---|
| 证券投资类 | 826 896.03 | 772 190.13 |
| 股权投资类 | 1 010.11 | 1 010.11 |
| 融资类 | 143 152.45 | 129 606.84 |
| 事务管理类 | 6 165 936.62 | 5 618 083.69 |
| 合计 | 7 136 995.20 | 6 520 890.76 |

6.5.2.2 本年度已清算结束的项目个数，实收信托合计金额、加权平均实际年化收益率

6.5.2.2.1 本年度已清算结束的集合类、单一类资金信托项目和财产管理类信托项目个数、实收信托合计金额、加权平均实际年化收益率

| 已清算结束的信托项目 | 项目个数(个) | 实收信托合计金额(万元) | 加权平均实际年化收益率(%) |
|---|---|---|---|
| 集合类 | 9 | 164 390.00 | 8.08 |
| 单一类 | 57 | 2 265 750.26 | 7.31 |
| 财产管理类 | 6 | 356 018.74 | 0.62 |

6.5.2.2.2 本年度已清算结束的主动管理型信托项目个数、实收信托合计金额、加权平均实际年化报酬率、加权平均实际年化收益率

| 已清算结束的信托项目 | 项目个数(个) | 实收信托合计金额(万元) | 加权平均实际年化信托报酬率(%) | 加权平均实际年化收益率(%) |
|---|---|---|---|---|
| 证券投资类 | 1 | 100 000.00 | 0.15 | 4.46 |
| 股权投资类 | — | — | — | — |
| 融资类 | 9 | 273 730.00 | 1.09 | 7.36 |
| 事务管理类 | — | — | — | — |

6.5.2.2.3 本年度已清算结束的被动管理型信托项目个数、实收信托合计金额、加权平均实际年化报酬率、加权平均实际年化收益率

| 已清算结束的信托项目 | 项目个数(个) | 实收信托合计金额(万元) | 加权平均实际年化信托报酬率(%) | 加权平均实际年化收益率(%) |
|---|---|---|---|---|
| 证券投资类 | 1 | 9 070.00 | 1.11 | 6.28 |
| 股权投资类 | — | — | — | — |
| 融资类 | 1 | 49 990.00 | 0.31 | 4.39 |
| 事务管理类 | 60 | 2 353 369.20 | 0.14 | 6.53 |

6.5.2.3 本年度新增的集合类、单一类资金信托项目和财产管理类信托项目个数、实收信托合计金额

| 新增信托项目 | 项目个数(个) | 实收信托合计金额(万元) |
|---|---|---|
| 集合类 | 8 | 174 624.60 |
| 单一类 | 43 | 3 031 518.15 |
| 财产管理类 | 16 | 1 278 026.36 |
| 新增合计 | 67 | 4 484 169.11 |
| 其中：主动管理型 | 23 | 1 558 655.40 |
| 被动管理型 | 44 | 2 925 513.71 |

6.5.2.4 信托业务创新成果和特色业务有关情况

2018年，公司成立了业务发展创新委员会，进一步统筹公司的优势资源和力量，加强组织协调和发挥联动效能，全力推动业务创新。

6.5.2.4.1 创新业务

合伙企业型土地流转信托完成了三期的发行，有效契合了东北地区农业优势和行政管理特点，通过信托工具将农村土地承包经营权证券化、资金化，盘活土地资源，增加农民收入，初步形成了具有吉信特色的土地流转系列化产品，收到显著社会效益和经济效益。

6.5.2.4.2 特色业务

(1)上市公司股权受益权类信托。公司面向上市公司股东推出系列融资类和投资类信托产品，为股票质押融资、增持上市公司股票、盘活持仓股票资产、定向增发等提供专业化服务，满足其多样化的金融服务需求。

(2)财产权投资信托。公司积极利用信托制度优势，积极开展财产权信托业务，如股权受益权、项目收益权、物业收益权、矿产资源收益权、特许经营收费权、应收账款以及其他特定资产未来收益权等业务，为委托人和企业提供量身定制信托理财产品。

(3)农牧业信托。东北是中国农业主产区，公司在多年服务地方农业发展的基础上形成了较为丰富的农牧业投融资经验，顺应国家产业政策导向，通过灵活多样的资金运用方式为现代化农业发展与升级提供金融支持。

6.5.2.4.3 研究成果

为配合公司管理基金子公司的需要，编制《公募基金现状及发展趋势报告》；针对年内出台的系列重要监管规定，编制系列政策研究报告；对外发表学术成果《对信托业四十岁时战略定位的思考》，发表于2018年12月26日的《用益研究》中；出版季度期刊《吉林信托》，对金融领域的理论与实践进行研究、探索等。

6.5.2.5 信托赔偿准备金的提取、使用和管理情况

本公司根据《信托公司管理办法》及吉林省国资委《关于对吉林信托提高信托赔偿准备金提取比例的批复》(吉国资发预算[2013]155号)，按公司注册资本的20%提足准备。截至报告期末，尚未发生信托业务损失，信托赔偿准备金尚未使用。信托赔偿准备金期末余额为31 932万元。

## 6.6 关联方关系及其交易

### 6.6.1 关联交易方的数量、关联交易的总金额及关联交易的定价政策

| | 关联交易方数量(个) | 关联交易金额(万元) | 定价政策 |
|---|---|---|---|
| 合计 | 4 | 611.77 | 双方协议/市场价格确定 |

6.6.2 关联交易方与本公司的关系性质、关联交易方的名称、法人代表、注册地址、注册资本及主营业务

| 关系性质 | 关联方名称 | 法定代表人 | 注册地址 | 注册资本（万元） | 主营业务 |
|---|---|---|---|---|---|
| 二级子公司 | 天富期货有限公司 | 鲍海松 | 长春市 | 15 000.00 | 商品期货经纪，金融期货经纪；期货投资咨询。 |
| 二级子公司 | 天治基金管理有限公司 | 吕文龙 | 上海市 | 16 000.00 | 基金管理业务，发起设立基金，中国证监会批准的其他业务。 |

6.6.3 逐笔披露本公司与关联方的重大交易事项

6.6.3.1 固有财产与关联方重大交易事项

单位：万元

| 固有与关联方关联交易 | | | | |
|---|---|---|---|---|
| | 期初数 | 借方发生额 | 贷方发生额 | 期末数 |
| 贷款 | — | — | — | — |
| 投资 | 24 850.00 | 267.96 | 167.96 | 24 950.00 |
| 租赁 | — | 343.81 | 343.81 | — |
| 担保 | — | — | — | — |
| 应收账款 | — | — | — | — |
| 其他 | — | — | — | — |
| 合计 | 24 850.00 | 611.77 | 511.77 | 24 950.00 |

6.6.3.2 信托资产与关联方

单位：万元

| 信托与关联方关联交易 | | | | |
|---|---|---|---|---|
| | 期初数 | 借方发生额 | 贷方发生额 | 期末数 |
| 贷款 | — | — | — | — |
| 投资 | — | — | — | — |
| 租赁 | — | — | — | — |
| 担保 | — | — | — | — |
| 应收账款 | — | — | — | — |
| 其他 | — | — | — | — |
| 合计 | — | — | — | — |

6.6.3.3 信托公司自有资金运用于自己管理的信托项目（固信交易）、信托公司管理的信托项目之间的相互（信信交易）交易金额

6.6.3.3.1 固有财产与信托财产

单位：万元

| 固有财产与信托财产相互交易 | | | |
|---|---|---|---|
| | 期初数 | 本期发生额 | 期末数 |
| 合计 | — | — | — |

6.6.3.3.2 信托资产与信托财产

单位：万元

| 信托资产与信托财产相互交易 | | | |
|---|---|---|---|
| | 期初数 | 本期发生额 | 期末数 |
| 合计 | — | — | — |

6.6.4 逐笔披露关联方逾期未偿还本公司资金详细情况以及公司为关联方担保发生或即将发生垫款的详细情况

报告期公司无上述情况。

## 6.7 会计制度

本公司固有业务、信托业务均执行《企业会计准则》《企业会计准则——应用指南》及其修订准则等相关规定。

# 7. 财务情况说明书

## 7.1 利润实现和分配情况（母公司口径与合并口径）

单位：万元

| 指标名称 | 合并口径 | 母公司 |
|---|---|---|
| 利润总额 | 44 168.87 | 46 573.92 |
| 所得税费用 | 9 164.88 | 8 877.59 |
| 少数股东损益 | -927.77 | — |
| 归属于母公司所有者的净利润 | 35 931.76 | 37 696.33 |
| 提取盈余公积 | 7 539.27 | 7 539.27 |
| 提取信托赔偿准备金 | — | — |
| 提取一般准备 | — | — |
| 上缴国有资本收益 | 7 483.40 | 7 483.40 |

## 7.2 主要财务指标（母公司口径与合并口径）

| 指标名称 | 合并指标值 | 母公司指标值 |
|---|---|---|
| 资产收益率（%） | 5.01 | 5.66 |
| 资本收益率（净资产收益率）（%） | 9.03 | 10.10 |
| 加权年化信托报酬率（%） | — | 0.24 |
| 人均利润（万元） | 135.49 | 280.57 |

注：1. 资产收益率＝净利润/平均资产总额×100%。
2. 资本收益率＝净利润/平均净资产×100%。
3. 加权信托报酬率为2018年已清算结束项目的加权年化信托报酬率。
4. 人均利润＝利润总额/本年在册职工人数。

## 7.3 公司净资本情况

2018年末，公司净资本余额为186 384.52万元；各项业务风险资本之和为108 901.35万元，净资本/各项业务风险资本之和为171.15%；净资本/净资产为51.28%，以上指标符合《信托公司净资本管理办法》（中国银监会令2010年第5号）各项监管指标。

## 7.4 对公司财务状况、经营成果有重大影响的其他事项

无。

# 8. 特别事项揭示

## 8.1 前五名股东报告期内变动情况及原因

公司股东无变化。

## 8.2 董事、监事及高级管理人员变动情况及原因

报告期内，吉林省人民政府任命邰戈同志为吉林省信托有限责任公司董事长，并免去其吉林省信托有限责任公司总经理职务。

报告期内，张如石同志到达退休年龄，免去其吉林省信托有限责任公司总经理助理职务。

### 8.3 变更注册资本、变更注册地或公司名称、公司分立合并事项

无。

### 8.4 公司的重大诉讼事项

#### 8.4.1 重大未决诉讼事项

无。

#### 8.4.2 以前年度发生，于本报告年度内终结的诉讼事项

无。

#### 8.4.3 本报告年度发生，于本报告年度内终结的诉讼事项

无。

### 8.5 公司及其董事、监事和高级管理人员受到处罚的情况

无。

### 8.6 银保监会派出机构对公司检查结论和公司整改情况

银保监会吉林银保监局于2018年4~6月对公司资管及同业业务、信托业务、兑付风险、合规整改落实情况进行了现场检查，并于检查后下发了《现场检查意见书》。按照该意见书的要求，公司组织相关业务部室针对检查中存在的问题进行梳理和分析，制定了切实可行的整改方案，认真落实各项监管意见和要求，以使公司信托业务依法合规、稳健开展。具体做法如下：一是强化内控执行力度，提高现代治理能力，牢固树立依法合规经营理念。二是持续强化风险防控理念，强化贷后风险管理工作，加大风险处置力度。三是强化合规、风险管理制度机制建设，完善了风险管理制度审批流程，杜绝违规操作行为发生。四是夯实内部管理基础工作，提升内部审批流程的规范性、归档文件的完整性。五是持续加强尽职管理，提高自主管理信托财产能力。六是强化制度约束与制衡机制，加大内控制度执行力度。七是加大监管意见落实力度，加强责任追究。八是全面提升员工素质，倡导合规风险文化。

### 8.7 本年度重大事项临时报告的简要内容、披露时间、所披露的媒体及其版面

无。

## 9. 公司监事会意见

本报告期内公司依法运作，决策程序合法，内部控制制度较为完善。2018年度财务报告客观、真实地反映了公司2018年12月31日的合并财务状况和2018年度的合并经营成果及合并现金流量。

# 建信信托有限责任公司

## 1. 重要提示

1.1 本公司董事会保证本报告所载资料不存在任何虚假记载、误导性陈述或者重大遗漏，并对其内容的真实性、准确性和完整性承担个别及连带责任。

1.2 公司独立董事王巍、范成法保证本报告内容真实、准确、完整。

1.3 普华永道中天会计师事务所对本公司年度财务报告进行审计，出具了审计报告。

1.4 公司董事长王宝魁、首席财务官（副总裁）王晓薇，财务部门负责人江涛声明：保证本年度报告中财务报告真实、完整。

## 2. 公司概况

### 2.1 公司简介

建信信托有限责任公司（以下简称建信信托）是经中国银监会报请国务院同意后批准，由中国建设银行投资控股的非银行金融机构，2009 年 8 月重组运营，2010 年 1 月对外揭牌。

2.1.1 公司法定中文名称：建信信托有限责任公司
中文名称缩写：建信信托
公司法定英文名称：CCB Trust Co. ,Ltd.
英文名称缩写：CCBT

2.1.2 法定代表人：王宝魁

2.1.3 注册地址：安徽省合肥市九狮桥街 45 号
邮政编码：230001
网　址：www. ccbtrust. com. cn

2.1.4 信息披露分管领导：王晓薇
信息披露联系人：高朝晖
联系电话：010-67596155
传　真：010-67596590
电子信箱：jxxt@ ccbtrust. com. cn

2.1.5 信息披露报纸名称：《金融时报》
年度报告备置地点：公司网站和公司办公室

2.1.6 会计师事务所：普华永道中天会计师事务所
住所：上海市黄浦区湖滨路 202 号领展企业广场 2 座普华永道中心 11 楼

### 2.2 组织结构

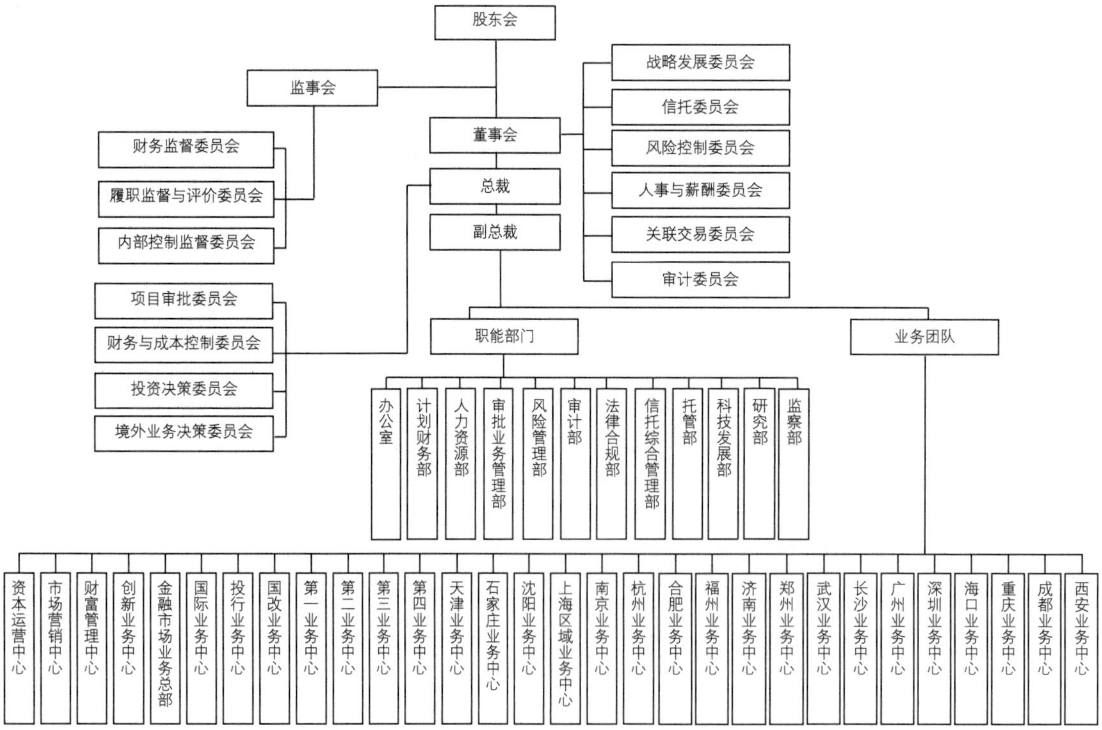

# 3. 公司治理

## 3.1 股东

报告期末,公司股东总数2家,最终实际控制人为中国建设银行股份有限公司,持股比例超过10%的股东有2家。

| 股东名称 | 持股比例(%) | 法定代表人 | 注册资本(亿元) | 注册地址 | 主要经营业务及主要财务情况 |
|---|---|---|---|---|---|
| 中国建设银行股份有限公司 | 67 | 田国立 | 2 500.11 | 北京市西城区金融大街25号 | 公司银行业务、个人银行业务、资金业务、投资银行业务及海外业务。 |
| 合肥兴泰金融控股(集团)有限公司 | 33 | 程儒林 | 60.00 | 安徽省合肥市蜀山区祁门路1688号 | 对授权范围内的国有资产进行经营以及从事企业策划、管理咨询、财务顾问、公司理财、产业投资以及经批准的其他经营活动。 |

## 3.2 董事

董事会成员(非独立董事)

| 姓　名 | 职　务 | 性别 | 年龄(岁) | 选任日期 | 所推举的股东名称 | 该股东持股比例(%) | 简要履历 |
|---|---|---|---|---|---|---|---|
| 王宝魁 | 董事长(执行董事) | 男 | 55 | 2018年7月5日(2014年3月15日) | 中国建设银行 | 67 | 曾任中国建设银行北京市分行办公室副处级秘书,信托投资公司副总经理、出纳管理部副总经理、规划发展部副总经理、市场开发部副总经理、资产保全部总经理,建行北京朝阳支行行长、党委书记兼朝阳网点管理中心总经理,建信信托副总裁、执行董事、总裁、党委副书记;现任建信信托党委书记、董事长。 |
| 程远国 | 非执行董事 | 男 | 55 | 2017年3月10日 | | | 曾任中国建设银行营业部副总经理、集团客户部(营业部)副总经理、总经理,河北省分行行长、党委书记,中国建设银行公司业务部总经理兼任建信信托董事长、党委书记;现任中国建设银行公司业务部总经理。 |
| 高同国 | 非执行董事 | 男 | 54 | 2013年4月18日 | 合肥兴泰金融控股(集团)有限公司 | 33% | 曾任合肥市国有资产管理局副局长,百大集团监事会主席,合肥市产权交易中心主任,合肥市技术产权交易所董事长,合肥兴泰控股集团总裁,合肥市国有资产控股公司董事长,合肥市滨湖新区建设投资有限公司董事长,建信信托董事;现任合肥新站高新技术产业开发区管委会副主任。 |

注:1. 2018年度董事离任情况:因年龄原因,程双起于2018年2月起不再担任董事;李春信于2018年6月起不再担任董事。

2. 2018年末至披露日,董事变动情况:经监管核准,李铖自2019年1月起任非执行董事;蒋畅、郑晓静自2019年2月起任非执行董事;孙庆文自2019年3月起任执行董事、总裁。因工作调整,程远国、高同国于2019年3月起不再担任董事。

独立董事

| 姓　名 | 所在单位及职务 | 性别 | 年龄(岁) | 选任日期 | 简要履历 |
|---|---|---|---|---|---|
| 王　巍 | 万盟并购集团有限公司董事长、全国工商联并购公会创始会长 | 男 | 59 | 2015年3月25日 | 曾任职于中国建设银行、中国银行,曾担任美国化学银行分析师,美国世界银行顾问,中国南方证券有限公司副总裁,万盟投资管理有限公司董事长,以及中化国际、上海医药、方正证券独立董事;现任万盟并购集团有限公司董事长,全国工商联并购公会创始会长,光大银行、嘉实基金、建信信托独立董事。 |
| 范成法 | 无 | 男 | 67 | 2015年3月25日 | 曾任安徽省财政厅预算外资金管理办公室主任、综合处处长,金融处处长、安徽省推进皖江城市带承接产业转移示范区建设领导小组办公室融资组组长,安徽省担保协会副会长;现任建信信托独立董事。 |

## 3.3 监事

监事会成员

| 姓　名 | 职　务 | 性别 | 年龄(岁) | 选任日期 | 所代表股东 | 股东持股比例(%) | 简要履历 |
|---|---|---|---|---|---|---|---|
| 王金生 | 监事长 | 男 | 54 | 2010年4月9日 | 合肥兴泰金融控股(集团)有限公司 | 33 | 曾任合肥市粮食局财务处长,合肥大米公司经理(法人代表)、党委副书记,合肥市国有资产管理局综合处长、局长助理,合肥市产权交易管理办公室副主任,合肥市国有资产控股公司副总经理,丰乐种业股份有限公司外部董事,合肥市财政局(合肥市国有资产管理办公室)专职副主任,主持国资办日常工作、分管市财政企财工作,合肥市人民政府国有资产监督管理委员会副主任、党委委员;现任建信信托监事长。 |
| 杨洲德 | 监事 | 男 | 58 | 2018年6月27日 | 中国建设银行 | 67 | 曾任中国建设银行监察室党风廉政建设处高级副经理(主持工作)、高级经理,青岛市分行纪委书记、党委委员,中国建设银行纪委、监察部资深副经理(专业技术二级),中共中国建设银行委员会巡视组副组长;现任建信期货监事,建信信托监事。 |

续表

| 姓　名 | 职　务 | 性别 | 年龄（岁） | 选任日期 | 所代表股东 | 股东持股比例（%） | 简要履历 |
|---|---|---|---|---|---|---|---|
| 周志賽 | 职工监事 | 男 | 47 | 2010 年 9 月 20 日 | — | — | 曾任建设银行北京长安支行国际业务部经理，建行北京分行个人银行业务部副总经理，建行北京分行城建、建国支行风险主管，建信信托风险管理部总经理、风险总监兼风险管理部总经理、业务审批总监兼风险管理部总经理、业务审批总监兼审批业务管理部总经理、执行总监兼审批业务管理部总经理；现任建信信托副总裁。 |
| 王彦青 | 职工监事 | 男 | 55 | 2010 年 9 月 20 日 | — | — | 曾任建设银行河北省分行资产保全部副总经理，建行河北省总审计室现场一处高级副经理（主持工作）；现任建信信托审计部总经理。 |

注：1. 2018 年度监事离任情况：因年龄原因，施良于 2018 年 3 月起不再担任监事；马奎于 2018 年 6 月起不再担任监事。
2. 2018 年末至披露日，监事变动情况：因工作调整，周志賽于 2019 年 4 月起不再担任职工监事。

### 3.4　高级管理人员

| 姓名 | 职务 | 性别 | 年龄（岁） | 选任日期 | 金融从业年限（年） | 学历 | 专业 |
|---|---|---|---|---|---|---|---|
| 王晓薇 | 首席财务官（副总裁） | 女 | 45 | 2018 年 2 月 1 日 | 20 | 硕士研究生 | 国际金融 |
| 王业强 | 首席投资官（副总裁） | 男 | 38 | 2016 年 9 月 2 日 | 16 | 硕士研究生 | 资产管理 |

注：1. 2018 年度高级管理人员离任情况：因工作调整，吴振广于 2018 年 8 月起不再担任首席风险官（常务副总裁）；王宝魁于 2018 年 10 月起不再担任总裁职务。
2. 2018 年末至披露日，高级管理人员变动情况：经监管核准，孙庆文自 2019 年 3 月起任总裁、执行董事；周志賽、吴宁、黎代福自 2019 年 4 月起任副总裁。

### 3.5　公司员工

截至 2018 年 12 月 31 日，公司共有员工 383 人，平均年龄 35 岁。其中，博士学历 17 人，占比为 4.4%；硕士学历 254 人，占比为 66.3%；本科学历 102 人，占比为 26.6%；专科学历 5 人，占比为 1.3%；其他学历 5 人，占比为 1.4%。

## 4. 经营管理

### 4.1　经营目标、经营方针、战略规划

#### 4.1.1　经营目标

公司的经营目标是以高质量党建引领高质量发展，打造一流人才队伍，建设在客户基础、投资研究、产品开发、金融科技、风险控制等方面的核心竞争力，加快建设有信托特色的一流资管机构。

#### 4.1.2　经营方针

贯彻党中央、国务院要求和国家经济金融政策精神，全面加强党的建设，全面落实建设银行住房租赁、普惠金融、金融科技三大战略，深化母子公司战略协同，以风险防范保障发展，以自主创新推动发展，从战略上推进业务转型，在管理上实施市场化改革，提高服务实体经济的能力，持续提升市场竞争力和精细化管理水平，为客户提供高质量金融服务，为股东创造良好价值回报，实现高质量发展。

#### 4.1.3　战略规划

发挥信托优势，全面落实建设银行住房租赁、普惠金融、金融科技三大战略；全面推进各项业务转型发展，持续加强客户营销，重点推进财富管理、股权投资、证券市场、并购重组、资产证券化、国企改革等业务转型；全面优化改革各项配套机制，加强绩效考核激励、业务评审、风险管理、科技支持等各项改革配套措施，加快构建公司新的业务结构和盈利模式。

### 4.2　所经营业务的主要内容

公司经营业务主要包括信托业务和固有业务。

#### 4.2.1　信托业务

信托业务是公司的主营业务和主要收入来源，主要包括集合信托、单一信托、财产权信托等。公司充分发挥信托跨市场、跨行业、跨产品的灵活优势，深度响应多层次资本市场体系建设的内生需求，围绕实业投行、资产管理、财富管理三大业务方向，深耕城市基础设施、综合交通设施、民生保障、现代服务业及现代农业、战略新兴产业、深化改革、资产管理、对外开放等八大领域，建立了具有建信特色的产品体系，主要包括财富管理、股权投资、证券市场、并购重组、资产证券化、债券承销、项目投融资、国企改革、国际、互联网金融等重点业务品种。

**信托资产运用与分布表**

| 资产运用 | 金额（万元） | 占比（%） | 资产分布 | 金额（万元） | 占比（%） |
|---|---|---|---|---|---|
| 货币资产 | 17 899 178.43 | 12.75 | 基础产业 | 5 678 348.50 | 4.05 |
| 贷款 | 54 622 147.34 | 38.91 | 房地产 | 2 986 850.00 | 2.13 |
| 交易性金融资产 | 11 443 312.20 | 8.15 | 证券市场 | 28 814 628.99 | 20.52 |
| 可供出售金融资产 | 20 184 532.20 | 14.38 | 实业 | 3 810 611.11 | 2.71 |
| 持有至到期投资 | 26 642 217.81 | 18.97 | 金融机构 | 42 786 964.86 | 30.48 |
| 长期股权投资 | 5 127 500.36 | 3.65 | 其他 | 56 316 488.23 | 40.11 |
| 其他 | 4 475 003.35 | 3.19 | | | |
| 信托资产总计 | 140 393 891.69 | 100.00 | 信托资产总计 | 140 393 891.69 | 100.00 |

#### 4.2.2　固有业务

固有业务指运用自有资产开展的业务。公司根据长期、中期、短期收益相结合的布局，合理配置自有资产，主要包括金融产品投资、股权投资等。

**固有资产运用与分布表**

| 资产运用 | 金额（万元） | 占比（%） | 资产分布 | 金额（万元） | 占比（%） |
|---|---|---|---|---|---|
| 货币资产 | 76 733.24 | 5.58 | 基础产业 | 1 506.38 | 0.11 |
| 贷款及应收款 | — | — | 房地产业 | 28 316.39 | 2.06 |
| 交易性金融资产 | 409 479.98 | 29.76 | 证券市场 | 62 239.03 | 4.52 |
| 可供出售金融资产 | — | — | 实业 | 44 395.64 | 3.23 |
| 持有至到期投资 | — | — | 金融机构 | 333 041.91 | 24.21 |

续表

| 资产运用 | 金额（万元） | 占比（%） | 资产分布 | 金额（万元） | 占比（%） |
|---|---|---|---|---|---|
| 长期股权投资 | 478 651.20 | 34.79 | 其他 | 906 324.51 | 65.87 |
| 其他 | 410 959.44 | 29.87 | | | |
| 资产总计 | 1 375 823.86 | 100.00 | 资产总计 | 1 375 823.86 | 100.00 |

## 4.3 市场分析

### 4.3.1 影响业务发展的有利因素

2018年，资管新规正式落地，大资管行业新监管框架正式确立，资管行业格局逐步明朗，信托业回归本源，立足受托人定位，积极开拓多元化新型业务。经过十余年的快速发展，信托行业在管理资产规模、客户群体、资本实力和人才储备上均有很大提升，为信托公司提供了竞争基础。上市公司、公积金、养老金管理机构以及其他经营性现金流比较稳定和充足的企业，成为信托公司重点拓展的合格机构投资者。借助保险资金开展股权投资行业范围限制取消的契机，信保合作发展迅速。经过改革开放40年的发展，我国家族财富快速积累，财富传承与管理需求增长井喷，家族信托发展空间广阔。截至2018年，68家信托公司均已成立财富中心，约20家信托公司推出家族信托办公室，积极提升品牌知名度。慈善信托作为开展家族信托业务的重要突破点，业务呈爆发式增长。资产证券化、股权投资和类投行业务正成为信托公司新的着力点。互联网金融发展重心向科技偏移，为信托公司开展消费金融业务提供了机遇。

### 4.3.2 影响业务发展的不利因素

2018年，在内外因素的作用下，中国经济增速趋于下降，GDP增速由第一季度的6.8%逐季下降至第四季度的6.4%，其中金融业年增加值同比增长5.67%，低于GDP增速。国内资管行业竞争加剧，公募基金、保险资管、券商资管等各具优势，随着国内金融业对外开放的加速，海外资管机构也在国内资管市场加速布局。同时，行业管理信托资产余额持续回落，盈利能力承压，面临的风险有所提升，风险资产规模和风险项目数量较2017年明显增加。信托行业进入关键发展阶段，信托公司在财富管理、投资银行、资产管理等细分领域的核心竞争力还较弱，行业转型发展压力较大。

## 4.4 内部控制概况

公司建立了权责明确、制衡合理的治理结构和前台、中台、后台分离、报告路径清晰的组织架构。董事会对公司内部控制有效性承担最终责任，经营管理层对内部控制的有效执行承担责任，监事会、独立董事对内部控制负有监督职责。

公司内部设置了前台业务部门和中后台职能部门，实现了高管分离、部门人员分离、财务分离和前中后台分离的“四个分离”。公司明确界定了各部门的职责和权限，确保其在授权范围内行使职能。公司按照全面性、重要性、制衡性、适应性和成本效益的原则健全各项内部控制制度，完善内部控制机制，使内部控制渗透到公司决策、执行、监督、反馈等各个环节，覆盖公司的所有业务、部门和岗位。公司建立了内部控制检查、报告和纠正机制，确保内控制度的执行落实和对发现问题的及时整改。报告期内，公司持续完善规章制度和风控体系，加强内部控制规范工作，内部控制体系不断完善。

## 4.5 风险管理概况

公司依托“三会一层”和内设部门，逐步构建起全面覆盖、层次清晰、职责明确的风险管理架构，形成了“四个层级、三道防线”的风险管理体系。公司坚持依法合规的经营理念，不断健全科学的风险管理体系，培育健康的风险管理文化，防范和化解经营过程中面临的各种风险，促进公司持续健康发展。

### 4.5.1 信用风险状况及其管理

信用风险主要是指公司在经营过程中因交易对手不能或不愿按期履行还本付息等义务而使受益人或公司遭受损失的可能性。

公司信托业务的信用风险主要来自融资类信托项目和主动管理投资类信托中投资的信用债券。报告期末，公司信托业务资产总额为14 039.39亿元，存续项目资产质量较好，到期信托项目均按期清算兑付。投资类项目中的信用债外部评级均为AA及以上，信用风险可控。

公司固有业务信用风险主要来自固定收益类资产，报告期末，公司固有业务资产总额为137.58亿元，不良资产余额为零。

公司强调信用风险管理关口前移，注重业务调研和过程控制。通过对交易对手的尽职调查进行事前控制；通过交易结构设计、风险定价、设定担保措施、持续进行风险评估等手段规避和监控交易对手信用风险。严格审查项目资金监管情况，持续关注交易对手的履约能力，强化对项目运行管理的监督力度。根据风险程度的不同对项目实施差异化的后期管理和风险监控措施，加大对重点项目监督检查力度，并建立风险预警制度，有效防范信用风险。

### 4.5.2 市场风险状况及其管理

市场风险主要是指公司在经营过程中因由于股价、汇率、利率及其他价格因素变动而造成损失的风险以及对公司盈利能力、财务状况的影响。公司市场风险主要来自固有资产自营投资业务、投资类信托业务的价格波动风险与融资类信托的利率风险。对于证券投资业务，主要包括固定收益类产品、股票类产品、资产配置类产品，风险敞口在公司设定限额以内，市场风险可控。对于股权投资项目，具有较好的分散度与较严格的审批标准，风险敞口符合公司风险偏好。对于融资类信托项目，从价格上增加项目安全垫，通过浮动利率安排等方式把利率风险控制在较低水平。

对于证券投资类项目，公司通过建立有效的投资组合，设置投资比例和投资限制，聘请丰富经验的投资顾问等手段，管理证券市场风险。对证券投资产品加强单位净值的日常监控，严格执行信托文件中对预警线及止损线的具体约定，防范市场价格波动带来的风险。对于股权投资项目，严格把控项目质量，确保标的估值合理，为投资收益储备增值空间。从总体上控制集中度风险。对于融资类信托项目，采取升息保护、浮动利率机制等合理措施规避利率风险，持续跟踪关注抵（质）押品市场价格波动情况，及时发现并预防市场风险。

### 4.5.3 操作风险状况及其管理

操作风险主要是指公司在运营过程中由于内部程序、人员、系统的不完善或外部事件等原因所带来的风险。报告期内，公司未发生因操作风险所造成的损失。公司不断健全法人治理结构，规范各项业务的操作流程，明确操作权限，持续完善前台、中台、后台的内部控制体系。公司在业务尽职调查、产品规范化管理、风险监控、合同档案管理、信息披露等方面不断细化管理要求和规范操作流程，提升业务操作的规范化和精细化水平，消除操作风险隐患，有效管理各类操作风险。

**4.5.4 其他风险状况及其管理**

公司面临的其他风险主要包括政策风险、法律风险、道德风险、关联交易风险和声誉风险、科技风险等。

政策风险主要是指因宏观经济政策、行业发展政策、信托业监管政策的变动对公司经营环境和业务发展所造成的影响。报告期，公司能够及时根据国家宏观政策以及法律法规的变化，调整经营计划和内部的管理制度；公司未发生因政策风险所造成的损失。

法律风险主要是指公司在业务开展过程中对相关法律法规的理解或执行出现偏差导致对公司经营造成影响，公司签订合同在法律上有缺陷或不完善而发生法律纠纷甚至无法履约。报告期，公司签署合同前均进行相关的法律性审查，未发生因法律风险所造成的损失。

道德风险主要是指公司内部人员蓄意违法违规或与公司的利益关联主体串通给信托受益人或公司自身带来损失而产生的风险。报告期，公司进一步加强全体员工的职业道德和思想教育，未发生因道德风险所造成的损失。

关联交易风险主要是指公司在开展业务过程中涉及关联交易时，由于制度缺失、关联方控制、价格不公允等原因产生的风险。报告期，公司在开展业务过程中涉及关联交易时，决策审慎，价格公允，及时履行了向监管部门事前报告的手续，及时进行信息披露，未发生因关联交易风险所造成的损失。

声誉风险主要是指由于公司操作失误、违反有关规定、信托资产质量下降不能到期兑付、不能向公众提供高质量的金融服务和管理不善等原因，导致利益相关方和外部市场对公司负面评价的风险。报告期，公司高度重视自身声誉，坚持依法合规、稳健经营，严格按照信托合同，切实履行受托人义务，所有信托计划均按期清算，并及时披露相关信息，未发生因声誉风险所造成的损失。

科技风险主要是指信息科技在公司运用过程中，由于自然因素、人为因素、技术漏洞和管理缺陷产生的操作、法律和声誉等风险。报告期，公司持续加强信息科技风险防范，公司应用系统绝大部分为非实时交易系统，信息科技风险较小，未发生因信息科技风险所造成的损失。

报告期内，公司未发生因其他风险所造成的损失。

## 5. 报告期末及上一年度末的比较式会计报表

### 5.1 固有资产

**5.1.1 会计师事务所审计意见全文**

**审 计 报 告**

普华永道中天审字［2019］第 24447 号

建信信托有限责任公司董事会：

一、审计意见

（一）我们审计的内容

我们审计了建信信托股份有限公司（以下简称贵公司）的财务报表，包括 2018 年 12 月 31 日的合并及公司资产负债表，2018 年度的合并及公司利润表、合并及公司现金流量表、合并及公司所有者权益变动表以及财务报表附注。

（二）我们的意见

我们认为，后附的财务报表在所有重大方面按照企业会计准则的规定编制，公允反映了贵公司 2018 年 12 月 31 日的合并及公司财务状况以及 2018 年度的合并及公司经营成果和现金流量。

二、形成审计意见的基础

我们按照中国注册会计师审计准则的规定执行了审计工作。审计报告的“注册会计师对财务报表审计的责任”部分进一步阐述了我们在这些准则下的责任。我们相信，我们获取的审计证据是充分、适当的，为发表审计意见提供了基础。

按照中国注册会计师职业道德守则，我们独立于贵公司，并履行了职业道德方面的其他责任。

三、其他信息

贵公司管理层对其他信息负责。其他信息包括贵公司 2018 年年度报告中涵盖的信息，但不包括财务报表和我们的审计报告。

我们对财务报表发表的审计意见不涵盖其他信息，我们也不对其他信息发表任何形式的鉴证结论。

结合我们对财务报表的审计，我们的责任是阅读其他信息，在此过程中，考虑其他信息是否与财务报表或我们在审计过程中了解到的情况存在重大不一致或者似乎存在重大错报。基于我们已经执行的工作，如果我们确定其他信息存在重大错报，我们应当报告该事实。在这方面，我们无任何事项需要报告。

四、管理层和治理层对财务报表的责任

贵公司管理层负责按照企业会计准则的规定编制财务报表，使其实现公允反映，并设计、执行和维护必要的内部控制，以使财务报表不存在由于舞弊或错误导致的重大错报。

在编制财务报表时，管理层负责评估贵公司的持续经营能力，披露与持续经营相关的事项（如适用），并运用持续经营假设，除非管理层计划清算贵公司、终止运营或别无其他现实的选择。

治理层负责监督贵公司的财务报告过程。

五、注册会计师对财务报表审计的责任

我们的目标是对财务报表整体是否不存在由于舞弊或错误导致的重大错报获取合理保证，并出具包含审计意见的审计报告。合理保证是高水平的保证，但并不能保证按照审计准则执行的审计在某一重大错报存在时总能发现。错报可能由于舞弊或错误导致，如果合理预期错报单独或汇总起来可能影响财务报表使用者依据财务报表作出的经济决策，则通常认为错报是重大的。

在按照审计准则执行审计工作的过程中，我们运用职业判断，并保持职业怀疑。同时，我们也执行以下工作：

(1)识别和评估由于舞弊或错误导致的财务报表重大错报风险;设计和实施审计程序以应对这些风险,并获取充分、适当的审计证据,作为发表审计意见的基础。由于舞弊可能涉及串通、伪造、故意遗漏、虚假陈述或凌驾于内部控制之上,未能发现由于舞弊导致的重大错报的风险高于未能发现由于错误导致的重大错报的风险。

(2)了解与审计相关的内部控制,以设计恰当的审计程序,但目的并非对内部控制的有效性发表意见。

(3)评价管理层选用会计政策的恰当性和作出会计估计及相关披露的合理性。

(4)对管理层使用持续经营假设的恰当性得出结论。同时,根据获取的审计证据,就可能导致对贵公司持续经营能力产生重大疑虑的事项或情况是否存在重大不确定性得出结论。如果我们得出结论认为存在重大不确定性,审计准则要求我们在审计报告中提请报表使用者注意财务报表中的相关披露;如果披露不充分,我们应当发表非无保留意见。我们的结论基于截至审计报告日可获得的信息。然而,未来的事项或情况可能导致贵公司不能持续经营。

(5)评价财务报表的总体列报、结构和内容(包括披露),并评价财务报表是否公允反映相关交易和事项。

(6)就贵公司中实体或业务活动的财务信息获取充分、适当的审计证据,以对合并财务报表发表审计意见。我们负责指导、监督和执行集团审计,并对审计意见承担全部责任。

我们与治理层就计划的审计范围、时间安排和重大审计发现等事项进行沟通,包括沟通我们在审计中识别出的值得关注的内部控制缺陷。

普华永道中天
会计师事务所(特殊普通合伙)

注册会计师 胡亮

中国·上海市
2019年4月29日

注册会计师 袁之惠

5.1.2 资产负债表

**资产负债表(母公司)**

编制单位:建信信托有限责任公司　　2018年12月31日　　单位:万元

| 项目 | 期末 | 期初 | 项目 | 期末 | 期初 |
|---|---|---|---|---|---|
| 资产: | | | 负债: | | |
| 现金及存放同业款项 | 76 733.24 | 80 694.38 | 短期借款 | — | — |
| 衍生金融资产 | — | — | 衍生金融负债 | — | — |
| 应收款项 | 88 582.54 | 86 039.09 | 应付职工薪酬 | 26 639.44 | 24 548.20 |
| 合同资产 | — | — | 应交税费 | 50 034.96 | 24 948.31 |
| 买入返售金融资产 | — | — | 应付款项 | — | — |
| 金融投资: | — | — | 合同负债 | 10 255.47 | — |
| 交易性金融资产 | 409 479.98 | — | 预计负债 | — | — |
| 以公允价值计量且其变动计入当期损益的金融资产 | — | 3 990.21 | 长期借款 | — | — |
| 债权投资 | — | — | 递延所得税负债 | — | — |
| 可供出售金融资产 | — | 331 405.23 | 其他负债 | 1 242.99 | 5 640.07 |
| 其他权益工具投资 | 21 807.40 | — | 负债合计 | 88 172.86 | 55 136.57 |
| 长期股权投资 | 478 651.20 | 411 640.85 | 所有者权益: | — | — |
| 投资性房地产 | 902.75 | 993.15 | 实收资本 | 152 727.00 | 152 727.00 |
| 固定资产 | 11 272.97 | 11 628.96 | 资本公积 | 264 198.70 | 264 198.70 |
| 在建工程 | 35.07 | 652.53 | 其他综合收益 | 128.53 | -1 377.76 |
| 无形资产 | 3 112.80 | 2 789.84 | 盈余公积 | 88 401.92 | 70 236.01 |
| 递延所得税资产 | 13 467.86 | 20 897.57 | 风险准备 | 48 288.97 | 51 516.55 |
| 其他资产 | 271 778.05 | 209 926.78 | 未分配利润 | 733 905.89 | 568 221.53 |
| | | | 所有者权益合计 | 1 287 651.00 | 1 105 522.02 |
| 资产总计 | 1 375 823.86 | 1 160 658.59 | 负债和所有者权益总计 | 1 375 823.86 | 1 160 658.59 |

**资产负债表(合并)**

编制单位:建信信托有限责任公司　　2018年12月31日　　单位:万元

| 项目 | 期末 | 期初 | 项目 | 期末 | 期初 |
|---|---|---|---|---|---|
| 资产: | | | 负债: | | |
| 现金及存放同业款项 | 441 202.85 | 495 145.27 | 短期借款 | 95 632.28 | 61 890.81 |
| 衍生金融资产 | 51.06 | 1.65 | 衍生金融负债 | 183.90 | 66.27 |
| 应收款项 | 100 900.12 | 102873.21 | 应付职工薪酬 | 31 438.87 | 29 368.24 |
| 合同资产 | 147.40 | — | 应交税费 | 54 453.68 | 27 483.44 |
| 买入返售金融资产 | 4 650.19 | — | 应付款项 | 95 258.88 | 872.18 |
| 金融投资: | — | — | 合同负债 | 10 398.55 | — |
| 交易性金融资产 | 570 489.13 | — | 预计负债 | 40.00 | — |

续表

| 项目 | 期末 | 期初 | 项目 | 期末 | 期初 |
|---|---|---|---|---|---|
| 以公允价值计量且其变动计入当期损益的金融资产 | — | 26 249.96 | 长期借款 | 59 524.86 | 59 800.00 |
| 债权投资 | 2 188.13 | — | 递延所得税负债 | 96.25 | |
| 可供出售金融资产 | — | 391 857.02 | 其他负债 | 522 400.04 | 577 503.54 |
| 其他权益工具投资 | 21 947.40 | — | 负债合计 | 869 427.31 | 756 984.47 |
| 长期股权投资 | 696 576.86 | 560 385.94 | 所有者权益： | — | — |
| 投资性房地产 | 902.75 | 993.15 | 实收资本 | 152 727.00 | 152 727.00 |
| 固定资产 | 12 297.86 | 12 763.00 | 资本公积 | 259 524.93 | 259 524.93 |
| 在建工程 | 47.62 | 652.53 | 其他综合收益 | 2 345.68 | 697.85 |
| 无形资产 | 3 305.96 | 3 044.09 | 盈余公积 | 88 401.92 | 70 236.01 |
| 商誉 | 1 018.84 | 1 018.84 | 风险准备 | 48 886.80 | 51 943.86 |
| 递延所得税资产 | 15 139.49 | 21 827.42 | 未分配利润 | 792 450.07 | 605 578.30 |
| 其他资产 | 356 629.85 | 294 171.12 | 归属于母公司股东权益合计 | 1 344 336.40 | 1 140 707.95 |
| | — | — | 少数股东权益 | 13 731.81 | 13 290.78 |
| | — | — | 所有者权益合计 | 1 358 068.21 | 1 153 998.73 |
| 资产总计 | 2 227 495.52 | 1 910 983.20 | 负债和所有者权益总计 | 2 227 495.52 | 1 910 983.20 |

### 5.1.3 利润表

**利润表（母公司）**

编制单位：建信信托有限责任公司　　2018 年度　　单位：万元

| 项　目 | 2018 年度 | 2017 年度 |
|---|---|---|
| 一、营业收入 | 293 723.58 | 267 381.77 |
| 利息净收入 | 1 110.85 | 227.70 |
| 其中：利息收入 | 1 453.27 | 343.24 |
| 利息支出 | 342.42 | 115.54 |
| 手续费及佣金净收入 | 216 942.51 | 195 012.73 |
| 其中：手续费及佣金收入 | 216 973.40 | 195 028.60 |
| 手续费及佣金支出 | 30.89 | 15.87 |
| 投资收益 | 50 837.73 | 71 354.15 |
| 其中：对联营企业和合营企业的投资收益 | 34 730.98 | 2 040.31 |
| 其他收益 | 105.37 | 82.52 |
| 公允价值变动损益 | 23 490.16 | -98.36 |
| 其他业务收入 | 1 238.30 | 803.04 |
| 资产处置收益 | -1.33 | |
| 二、营业支出 | 55 402.90 | 49 111.20 |
| 税金及附加 | 1 872.09 | 1 579.88 |
| 业务及管理费 | 53 439.26 | 47 305.38 |
| 资产减值损失 | — | — |
| 信用减值损失 | 1.15 | — |
| 其他业务成本 | 90.40 | 225.94 |
| 三、营业利润 | 238 320.68 | 218 270.57 |
| 加：营业外收入 | 23.22 | 15.00 |
| 减：营业外支出 | 59.28 | 0.90 |
| 四、利润总额 | 238 284.61 | 218 284.67 |
| 减：所得税费用 | 56 625.58 | 53 288.55 |
| 五、净利润 | 181 659.03 | 164 996.12 |
| 六、其他综合收益的税后净额 | 339.67 | -34 746.38 |
| 不能重分类进损益的其他综合收益 | 387.46 | |
| 其他权益工具投资公允价值变动 | 387.46 | — |
| 以后将重分类进损益的其他综合收益 | -47.79 | -34 746.38 |
| 权益法下在被投资单位以后将重分类进损益的其他综合收益中享有的份额 | -47.79 | -1 768.38 |
| 可供出售金融资产公允价值变动 | — | -32 978.00 |
| 七、综合收益总额 | 181 998.70 | 130 249.74 |

**利润表（合并）**

编制单位：建信信托有限责任公司　　2018 年度　　单位：万元

| 项　目 | 2018 年度 | 2017 年度 |
|---|---|---|
| 一、营业收入 | 453 477.30 | 327 373.63 |
| 利息净收入 | 7 122.06 | 10 519.36 |

续表

| 项　目 | 2018 年度 | 2017 年度 |
|---|---|---|
| 其中：利息收入 | 14 127.07 | 13 095.67 |
| 利息支出 | 7 005.01 | 2 576.30 |
| 手续费及佣金净收入 | 243 524.36 | 214 505.03 |
| 其中：手续费及佣金收入 | 246 602.95 | 216 680.16 |
| 手续费及佣金支出 | 3 078.59 | 2 175.13 |
| 投资收益 | 67 567.78 | 85 766.39 |
| 其中：对联营企业和合营企业的投资收益 | 43 639.39 | 15 241.04 |
| 其他收益 | 370.13 | 88.76 |
| 公允价值变动损益 | 26 038.47 | -451.52 |
| 其他业务收入 | 108 855.82 | 16 945.61 |
| 资产处置收益 | -1.33 | |
| 二、营业支出 | 184 473.05 | 83 484.82 |
| 税金及附加 | 2 074.50 | 1 749.94 |
| 业务及管理费 | 75 243.26 | 65 817.21 |
| 资产减值损失 | — | — |
| 信用减值损失 | 9.60 | — |
| 其他业务成本 | 107 145.69 | 15 917.67 |
| 三、营业利润 | 269 004.25 | 243 888.81 |
| 加：营业外收入 | 23.21 | 171.43 |
| 减：营业外支出 | 180.40 | 991.87 |
| 四、利润总额 | 268 847.06 | 243 068.37 |
| 减：所得税费用 | 63 260.65 | 57 850.91 |
| 五、净利润 | 205 586.41 | 185 217.46 |
| 归属于母公司股东的净利润 | 205 033.74 | 184 788.44 |
| 少数股东收益 | 552.67 | 429.03 |
| 六、其他综合收益的税后净额 | 481.21 | -33 810.99 |
| 归属于母公司股东的其他综合收益的税后净额 | 481.21 | -33 811.56 |
| 以后不能重分类进损益的其他综合收益 | 387.46 | — |
| 其他权益工具投资公允价值变动 | 387.46 | — |
| 以后将重分类进损益的其他综合收益 | 93.75 | -33 811.56 |
| 权益法下在被投资单位以后将重分类进损益的其他综合收益中享有的份额 | -47.79 | -769.13 |
| 可供出售金融资产公允价值变动 | — | -32 975.70 |
| 外币财务报表折算差异 | 141.54 | -66.72 |
| 归属于少数股东的其他综合收益的税后净额 | — | 0.57 |
| 七、综合收益总额 | 206 067.62 | 151 406.48 |
| 归属于母公司股东的综合收益总额 | 205 514.95 | 150 976.88 |
| 归属于少数股东的综合收益总额 | 552.68 | 429.60 |

### 5.1.4 所有者权益变动表

**所有者权益变动表(母公司)**

编制单位:建信信托有限责任公司　　2018年12月31日　　单位:万元

| 项　目 | 实收资本 | 资本公积 | 其他综合收益 | 盈余公积 | 风险准备 | 未分配利润 | 所有者权益合计 |
|---|---|---|---|---|---|---|---|
| 2017年1月1日余额 | 152 727.00 | 264 198.70 | 33 368.62 | 53 736.40 | 41 734.46 | 429 507.11 | 975 272.28 |
| 2017年度增减变动额 | — | — | — | — | — | — | — |
| 综合收益总额 | — | — | — | — | — | — | — |
| 净利润 | — | — | — | — | — | 164 996.12 | 164 996.12 |
| 其他综合收益 | — | — | -34 746.38 | — | — | — | -34 746.38 |
| 利润分配 | — | — | — | — | — | — | — |
| 提取盈余公积 | — | — | — | 16 499.61 | — | -16 499.61 | — |
| 提取一般风险准备 | — | — | — | — | 1 532.28 | -1 532.28 | — |
| 提取信托赔偿准备 | — | — | — | — | 8 249.81 | -8 249.81 | — |
| 2017年12月31日余额 | 152 727.00 | 264 198.70 | -1 377.76 | 70 236.01 | 51 516.55 | 568 221.53 | 1 105 522.02 |
| 会计政策变更 | — | — | 1 166.62 | — | — | -1 036.34 | 130.28 |
| 2018年1月1日余额 | 152 727.00 | 264 198.70 | -211.14 | 70 236.01 | 51 516.55 | 567 185.19 | 1 105 652.30 |
| 2018年度增减变动额 | — | — | — | — | — | — | — |
| 综合收益总额 | — | — | — | — | — | — | — |
| 净利润 | — | — | — | — | — | 181 659.03 | 181 659.03 |
| 其他综合收益 | — | — | 339.67 | — | — | — | 339.67 |
| 利润分配 | — | — | — | — | — | — | — |
| 提取盈余公积 | — | — | — | 18 165.90 | — | -18 165.90 | — |
| 一般风险准备的转回 | — | — | — | — | -3 227.58 | 3 227.58 | — |
| 2018年12月31日余额 | 152 727.00 | 264 198.70 | 128.53 | 88 401.92 | 48 288.97 | 733 905.89 | 1 287 651.00 |

**所有者权益变动表(合并)**

编制单位:建信信托有限责任公司　　2018年12月31日　　单位:万元

| 项　目 | 归属于母公司股东权益 | | | | | | 少数股东权益 | 所有者权益合计 |
|---|---|---|---|---|---|---|---|---|
| | 实收资本 | 资本公积 | 其他综合收益 | 盈余公积 | 风险准备 | 未分配利润 | | |
| 2017年1月1日余额 | 152 727.00 | 260 079.69 | 34 509.41 | 53 736.40 | 42 014.65 | 447 218.69 | 13 676.03 | 1 003 961.86 |
| 2017年度增减变动额 | — | — | — | — | — | — | — | — |
| 综合收益总额 | — | — | — | — | — | — | — | — |
| 净利润 | — | — | — | — | — | 184 788.44 | 429.03 | 185 217.46 |
| 其他综合收益 | — | — | -33 811.56 | — | — | — | 0.57 | -33 810.99 |
| 利润分配 | — | — | — | — | — | — | — | — |
| 子公司分立 | — | -554.75 | — | — | — | — | -746.52 | -1 301.28 |
| 提取盈余公积 | — | — | — | 16 499.61 | — | -16 499.61 | — | — |
| 提取一般风险准备 | — | — | — | — | 1 679.41 | -1 679.41 | — | — |
| 提取信托赔偿准备 | — | — | — | — | 8 249.81 | -8 249.81 | — | — |
| 对所有者的分配 | — | — | — | — | — | — | -68.34 | -68.34 |
| 2017年12月31日余额 | 152 727.00 | 259 524.93 | 697.85 | 70 236.01 | 51 943.86 | 605 578.30 | 13 290.78 | 1 153 998.73 |
| 会计政策变更 | — | — | 1 166.62 | — | — | -3 053.12 | -8.66 | -1 895.15 |
| 2018年1月1日余额 | 152 727.00 | 259 524.93 | 1 864.47 | 70 236.01 | 51 943.86 | 602 525.18 | 13 282.12 | 1 152 103.57 |
| 2018年度增减变动额 | — | — | — | — | — | — | — | — |
| 综合收益总额 | — | — | — | — | — | — | — | — |
| 净利润 | — | — | — | — | — | 205 033.74 | 552.68 | 205 586.41 |
| 其他综合收益 | — | — | 481.21 | — | — | — | — | 481.21 |
| 利润分配 | — | — | — | — | — | — | — | — |
| 提取盈余公积 | — | — | — | 18 165.90 | — | -18 165.90 | — | — |
| 提取一般风险准备 | — | — | — | — | 170.52 | -170.52 | — | — |
| 对所有者的分配 | — | — | — | — | — | — | -102.99 | -102.99 |
| 一般风险准备的转回 | — | — | — | — | -3 227.58 | 3 227.58 | — | — |
| 2018年12月31日余额 | 152 727.00 | 259 524.93 | 2 345.68 | 88 401.92 | 48 886.80 | 792 450.07 | 13 731.81 | 1 358 068.21 |

## 5.2 信托资产

### 5.2.1 信托项目资产负债汇总表

信托项目资产负债汇总表

编制单位：建信信托有限责任公司　　2018 年 12 月 31 日　　单位：万元

| 信托资产 | 期末数 | 期初数 | 信托负债和信托权益 | 期末数 | 期初数 |
|---|---|---|---|---|---|
| 信托资产： | | | 信托负债： | | |
| 货币资金 | 17 847 882.72 | 24 724 876.26 | 交易性金融负债 | — | — |
| 拆出资金 | — | — | 衍生金融负债 | — | — |
| 存出保证金 | 51 295.71 | 7 575.96 | 应付受托人报酬 | 80 933.74 | 86 284.81 |
| 交易性金融资产 | 11 443 312.20 | 10 415 880.49 | 应付保管费 | 57 248.59 | 45 698.67 |
| 衍生金融资产 | — | — | 应付受益人收益 | 142 752.31 | 124 985.42 |
| 买入返售金融资产 | 5 155 742.82 | 2 667 251.97 | 应交税费 | 34 819.86 | 574.67 |
| 应收款项 | −680 739.47 | 1 676 065.57 | 应付销售服务费 | 820.50 | 210.48 |
| 贷款 | 54 622 147.34 | 35 530 406.94 | 其他应付款项 | 662 861.58 | 848 373.34 |
| 可供出售金融资产 | 20 184 532.20 | 27 623 922.23 | 预计负债 | — | — |
| 持有至到期投资 | 26 642 217.81 | 33 168 223.41 | 其他负债 | — | — |
| 长期应收款 | — | — | 信托负债合计 | 979 436.58 | 1 106 127.39 |
| 长期股权投资 | 5 127 500.36 | 5 152 793.72 | | | |
| 投资性房地产 | — | — | 信托权益： | | |
| 固定资产 | — | — | 实收信托 | 134 050 286.59 | 134 768 660.30 |
| 无形资产 | — | — | 资本公积 | 25 823.85 | 38 849.24 |
| 长期待摊费用 | — | — | 损益平准金 | — | — |
| 其他资产 | — | — | 未分配利润 | 5 338 344.67 | 5 053 359.62 |
| | | | 信托权益合计 | 139 414 455.11 | 139 860 869.16 |
| 信托资产总计 | 140 393 891.69 | 140 966 996.55 | 信托负债和信托权益总计 | 140 393 891.69 | 140 966 996.55 |

### 5.2.2 信托项目利润及利润分配汇总表

信托项目利润及利润分配汇总表

编制单位：建信信托有限责任公司　　2018 年度　　单位：万元

| 项目 | 当年数 | 上年数 |
|---|---|---|
| 1. 营业收入 | 7 171 351.31 | 6 177 291.45 |
| 1.1 利息收入 | 3 173 067.83 | 2 376 993.84 |
| 1.2 投资收益 | 3 910 043.56 | 3 766 697.01 |
| 1.2.1 其中：对联营企业和合营企业的投资收益 | — | — |
| 1.3 公允价值变动收益 | 79 507.88 | 6 408.81 |
| 1.4 租赁收入 | — | — |
| 1.5 汇兑损益（损失以“－”号填列） | −879.11 | −1 221.19 |
| 1.6 其他收入 | 9 611.15 | 28 412.98 |
| 2. 支出 | 940 983.06 | 308 974.33 |
| 2.1 营业税金及附加 | 9 653.18 | 155.99 |
| 2.2 受托人报酬 | 194 276.94 | 173 846.34 |
| 2.3 托管费 | 33 323.97 | 29 828.41 |
| 2.4 投资管理费 | — | — |
| 2.5 销售服务费 | 1 644.49 | 234.08 |
| 2.6 交易费用 | 651.66 | 327.99 |
| 2.7 资产减值损失 | 468 756.32 | 5 893.71 |
| 2.8 其他费用 | 232 676.50 | 98 687.81 |
| 3. 信托净利润（净亏损以“－”号填列） | 6 230 368.25 | 5 868 317.12 |
| 4. 其他综合收益 | — | — |
| 5. 综合收益 | 6 230 368.25 | 5 868 317.12 |
| 加：期初未分配信托利润 | 5 053 359.62 | 5 681 567.08 |

续表

| 项目 | 当年数 | 上年数 |
|---|---|---|
| 加：损益平准金 | −615 074.66 | −1 398 666.65 |
| 6. 可供分配的信托利润 | 10 668 653.21 | 10 151 217.55 |
| 减：本期已分配信托利润 | 5 330 308.54 | 5 097 857.93 |
| 7. 期末未分配信托利润 | 5 338 344.67 | 5 053 359.62 |

# 6. 会计报表附注

## 6.1 会计报表编制基准不符合会计核算基本前提的说明

公司会计报表编制基准不存在不符合会计核算基本前提的情况。

公司执行财政部 2006 年 2 月 15 日颁布的《企业会计准则》（财会[2006]3 号）及其后续规定。公司以持续经营为基础，根据实际发生的交易和事项，按照《企业会计准则——基本准则》和其他各项具体会计准则、应用指南及准则解释的规定进行确认和计量，在此基础上编制财务报表。

## 6.2 或有事项说明

报告年度，本公司无对外担保及其他或有事项。

## 6.3 重要资产转让及其出售的说明

报告年度，公司无重要资产转让及出售事项。

## 6.4 会计报表中重要项目的明细资料

### 6.4.1 固有资产经营情况

6.4.1.1 信用风险五级分类情况

| 信用风险资产五级分类 | 正常类（万元） | 关注类（万元） | 次级类（万元） | 可疑类（万元） | 损失类（万元） | 信用风险资产合计（万元） | 不良资产合计（万元） | 不良资产率（%） |
|---|---|---|---|---|---|---|---|---|
| 期初数 | 1 122 984.37 | — | — | — | — | 1 122 984.37 | — | — |
| 期末数 | 1 332 871.54 | 12 439.03 | — | — | — | 1 345 310.57 | — | — |

6.4.1.2 各项资产减值损失准备情况

单位：万元

| | 期初数 | 本期计提 | 本期转回 | 本期核销 | 期末数 |
|---|---|---|---|---|---|
| 贷款损失准备 | — | — | — | — | — |
| 一般准备 | — | — | — | — | — |
| 专项准备 | — | — | — | — | — |
| 其他资产减值准备 | 105.03 | 1.15 | — | — | 106.18 |
| 可供出售金融资产减值准备 | — | — | — | — | — |
| 持有至到期投资减值准备 | — | — | — | — | — |
| 长期股权投资减值准备 | — | — | — | — | — |
| 坏账准备 | — | — | — | — | — |
| 投资性房地产减值准备 | — | — | — | — | — |

6.4.1.3 股票投资、基金投资、债券投资、股权投资等投资业务情况

单位：万元

| | 自营股票 | 基金 | 债券 | 长期股权投资 | 其他投资 | 合计 |
|---|---|---|---|---|---|---|
| 期初数 | 988.21 | 3 002.00 | — | 411 640.85 | 331 405.23 | 747 036.29 |
| 期末数 | 539.03 | 40 000.00 | — | 478 651.20 | 390 748.35 | 909 938.58 |

6.4.1.4 长期股权投资情况

| 企业名称 | 占被投资企业权益的比例（%） | 主要经营活动 | 投资收益（万元） |
|---|---|---|---|
| 建信（北京）投资基金管理公司 | 100.00 | 非证券业务的投资管理和咨询 | — |
| 海南建银建信专项基金一号合伙企业 | 49.96 | 股权投资、投资管理及咨询 | 29 866.67 |
| 建信期货有限责任公司 | 80.00 | 商品期货经纪业务、金融期货经纪业务 | 411.95 |

6.4.1.5 固有贷款情况

| 企业名称 | 占贷款总额的比例（%） | 还款情况（万元） |
|---|---|---|
| — | — | — |

6.4.1.6 表外业务情况

单位：万元

| 表外业务 | 期初数 | 期末数 |
|---|---|---|
| 担保业务 | — | — |
| 代理业务（委托业务） | — | — |
| 其他 | — | — |
| 合计 | — | — |

6.4.1.7 公司当年收入结构

6.4.1.7.1 母公司收入结构

| 收入结构 | 金额（万元） | 占比（%） |
|---|---|---|
| 手续费及佣金收入 | 216 973.40 | 73.77 |
| 其中：信托手续费收入 | 216 973.40 | 73.77 |
| 投资银行业务收入 | — | — |
| 利息收入 | 1 453.27 | 0.49 |
| 其他业务收入 | 1 342.34 | 0.46 |
| 其中：计入信托业务收入部分 | — | — |
| 投资收益 | 50 837.73 | 17.28 |
| 其中：股权投资收益 | 38 672.14 | 13.15 |
| 证券投资收益 | 15.32 | 0.01 |
| 其他投资收益 | 12 150.27 | 4.13 |
| 公允价值变动收益 | 23 490.16 | 7.99 |
| 营业外收入 | 23.21 | 0.01 |
| 收入合计 | 294 120.11 | 100.00 |

6.4.1.7.2 合并收入结构

| 收入结构 | 金额（万元） | 占比（%） |
|---|---|---|
| 手续费及佣金收入 | 246 602.95 | 53.19 |
| 其中：信托手续费收入 | 216 973.40 | 46.80 |
| 投资银行业务收入 | — | — |
| 利息收入 | 14 127.07 | 3.05 |
| 其他业务收入 | 109 224.62 | 23.56 |
| 其中：计入信托业务收入部分 | — | — |
| 投资收益 | 67 567.78 | 14.58 |
| 其中：股权投资收益 | 47 550.17 | 10.26 |
| 证券投资收益 | 15.32 | — |
| 其他投资收益 | 20 002.29 | 4.31 |
| 公允价值变动收益 | 26 038.47 | 5.62 |
| 营业外收入 | 23.21 | 0.01 |
| 收入合计 | 463 584.10 | 100.00 |

### 6.4.2 披露信托财产管理情况

6.4.2.1 信托资产

单位：万元

| 信托资产 | 期初数 | 期末数 |
|---|---|---|
| 集合 | 43 000 877.68 | 28 829 668.84 |
| 单一 | 78 702 716.63 | 63 316 563.57 |
| 财产权 | 19 263 402.24 | 48 247 659.28 |
| 合计 | 140 966 996.55 | 140 393 891.69 |

6.4.2.1.1 主动管理型信托业务的信托资产

单位：万元

| 主动管理型信托资产 | 期初数 | 期末数 |
|---|---|---|
| 证券投资类 | 4 438 846.65 | 971 582.16 |
| 股权投资类 | 32 728 558.74 | 17 018 220.09 |
| 融资类 | 4 832 671.79 | 6 681 469.25 |
| 事务管理类 | — | — |
| 合计 | 42 000 077.18 | 24 671 271.50 |

6.4.2.1.2 被动管理型信托业务的信托资产

单位：万元

| 被动管理型信托资产 | 期初数 | 期末数 |
|---|---|---|
| 证券投资类 | 24 023 406.46 | 26 993 599.32 |
| 股权投资类 | 23 508 526.99 | 17 794 717.60 |
| 融资类 | — | — |
| 事务管理类 | 51 434 985.92 | 70 934 303.27 |
| 合计 | 98 966 919.37 | 115 722 620.19 |

6.4.2.2 本年度已清算结束的信托项目情况

本年度已清算结束的信托项目 153 个，实收信托合计金额为6 267 083.72万元，加权平均实际年化收益率为 5.9553%。

6.4.2.2.1 本年度已清算结束的信托项目

| 已清算结束信托项目 | 项目个数（个） | 实收信托合计金额（万元） | 加权平均实际年化收益率（%） |
|---|---|---|---|
| 集合类 | 81 | 3 516 077.27 | 6.7608 |
| 单一类 | 60 | 1 688 415.84 | 4.7328 |
| 财产管理类 | 12 | 1 062 590.61 | 5.2325 |

6.4.2.2.2 本年度已清算结束的主动管理型信托项目

本年度已清算结束的主动管理型信托项目 104 个，实收信托合计金额为3 206 378.87万元，加权平均实际年化收益率为 6.5690%。

| 已清算结束信托项目 | 项目个数（个） | 实收信托合计金额（万元） | 加权平均实际年化信托报酬率（%） | 加权平均实际年化收益率（%） |
|---|---|---|---|---|
| 证券投资类 | 2 | 9 780.00 | — | 4.7089 |
| 股权投资类 | 81 | 2 036 984.60 | 0.9158 | 6.7636 |
| 融资类 | 21 | 1 159 614.27 | 0.7205 | 6.2428 |
| 事务管理类 | — | — | — | — |

6.4.2.2.3 本年度已清算结束的被动管理型信托项目

本年度已清算结束的被动管理型信托项目 49 个，实收信托合计金额为3 060 704.85万元，加权平均实际年化收益率为 5.3124%。

| 已清算结束信托项目 | 项目个数（个） | 实收信托合计金额（万元） | 加权平均实际年化信托报酬率（%） | 加权平均实际年化收益率（%） |
|---|---|---|---|---|
| 证券投资类 | 1 | — | 0.0767 | 2.8339 |
| 股权投资类 | 1 | — | 0.0386 | 4.0560 |
| 融资类 | — | — | — | — |
| 事务管理类 | 47 | 3 060 704.85 | 0.1888 | 5.3124 |

6.4.2.3 本年度新增信托项目

本年度新增的集合类、单一类、财产管理类信托项目 550 个，实收信托合计金额为 49 142 997.95 万元。

| 新增信托项目 | 项目个数（个） | 实收信托合计金额（万元） |
|---|---|---|
| 集合类 | 63 | 3 127 588.68 |
| 单一类 | 367 | 7 448 766.47 |
| 财产管理类 | 120 | 38 566 642.80 |
| 新增合计 | 550 | 49 142 997.95 |
| 其中：主动管理型 | 452 | 2 682 556.86 |
| 被动管理型 | 98 | 46 460 441.09 |

6.4.2.4 本公司履行受托人义务情况及本公司自身责任而导致的信托资产损失情况

公司在信托财产的管理运用和处分过程中，严格按信托合同等信托文件的约定对信托财产进行管理，切实履行了受托人的诚实、信用、谨慎、有效管理的义务，维护受益人的最大利益；报告年度，没有发生因公司自身责任而导致的信托资产损失情况。

## 6.5 关联方关系及其交易的披露

### 6.5.1 关联交易方的数量、总金额及关联交易的定价政策等

| | 关联交易方数量 | 关联交易金额（万元） | 定价政策 |
|---|---|---|---|
| 合计 | 8 | 3 265 685.61 | 市场公允价格 |

### 6.5.2 关联交易方情况

| 关系性质 | 关联方名称 | 法定代表人 | 注册地址 | 注册资本（亿元） | 主营业务 |
|---|---|---|---|---|---|
| 股东 | 中国建设银行股份有限公司 | 田国立 | 北京市西城区金融大街 25 号 | 2 500.11 | 公司银行业务、个人银行业务、资金业务、投资银行业务及海外业务。 |
| 股东 | 合肥兴泰金融控股（集团）有限公司 | 程儒林 | 安徽省合肥市蜀山区祁门路 1688 号 | 60 | 授权范围内的国有资本运营；权益型投资、债务型投资；信用担保服务；资产管理，理财顾问，企业策划，企业管理咨询；企业重组、兼并、收购。 |
| 一级子公司 | 建信财富（北京）股权投资基金管理有限公司 | 黄建峰 | 北京市丰台区西站南路 168 号 1114 室 | 0.24 | 投资管理；投资咨询；实业投资；资产管理；财务咨询；企业管理咨询。 |
| 一级子公司 | 建信（北京）投资基金管理有限公司 | 王业强 | 北京市丰台区西站南路 168 号 1009 室 | 20.61 | 非证券业务的投资管理、咨询。 |
| 一级子公司 | 建信期货有限责任公司 | 葛文杰 | 中国（上海）自由贸易试验区银城路 99 号 | 5.61 | 商品期货经纪、金融期货经纪。 |
| 二级子公司 | 芜湖建信宸乾投资管理有限公司 | 黎代福 | 安徽省芜湖市镜湖区观澜路 1 号滨江商务楼 17 层 1713 室 | 2 | 投资管理，投资咨询（证券、期货咨询除外），企业管理及咨询。 |
| 被投资单位 | 北京建信财富股权投资基金（有限合伙） | 黄建峰 | 北京市丰台区西站南路 168 号 1008 室 | 6 | 非证券业务的投资、投资管理、咨询。 |
| 被投资单位 | 北京建信股权投资基金（有限合伙） | 王业强 | 北京市丰台区西站南路 168 号 1201 室 | 11.05 | 非证券业务的投资、投资管理、咨询。 |

#### 6.5.3 本公司与关联方的重大交易事项

6.5.3.1 固有与关联方交易情况

单位:万元

| 固有与关联方关联交易 | | | | |
|---|---|---|---|---|
| | 期初数 | 借方发生额 | 贷方发生额 | 期末数 |
| 贷款 | — | — | — | — |
| 投资 | — | — | — | — |
| 租赁 | — | — | — | — |
| 担保 | — | — | — | — |
| 应收账款 | 152 662.14 | 125 931.62 | 50 317.45 | 228 276.31 |
| 其他 | 17 546.73 | 3 197 853.99 | 3 206 321.76 | 9 078.95 |
| 合计 | 170 208.87 | 3 323 785.61 | 3 256 639.21 | 237 355.27 |

6.5.3.2 信托与关联方交易情况

单位:万元

| 信托与关联方关联交易 | | | | |
|---|---|---|---|---|
| | 期初数 | 借方发生额 | 贷方发生额 | 期末数 |
| 贷款 | — | — | — | — |
| 投资 | — | — | — | — |
| 租赁 | — | — | — | — |
| 担保 | — | — | — | — |
| 应收账款 | — | — | — | — |
| 其他 | 82 465 749.90 | 34 597 333.87 | 30 125 887.62 | 86 937 196.15 |
| 合计 | 82 465 749.90 | 34 597 333.87 | 30 125 887.62 | 86 937 196.15 |

6.5.3.3 固信交易、信信交易情况

6.5.3.3.1 固有财产与信托财产之间的交易

单位:万元

| 固有财产与信托财产相互交易 | | | |
|---|---|---|---|
| | 期初数 | 本期发生额 | 期末数 |
| 合计 | 202 038.14 | −58 100.00 | 143 938.14 |

6.5.3.3.2 信托项目之间的交易

单位:万元

| 信托资产与信托财产相互交易 | | | |
|---|---|---|---|
| | 期初数 | 本期发生额 | 期末数 |
| 合计 | 15 009 268.22 | −5 164 909.88 | 9 844 358.34 |

#### 6.5.4 关联方逾期未偿还本公司资金的详细情况以及本公司为关联方担保发生或即将发生垫款的详细情况

报告年度,公司无上述情况。

### 6.6 会计制度的披露

公司执行财政部于2006年2月15日颁布的《企业会计准则——基本准则》和38项具体会计准则、其后颁布的企业会计准则应用指南、企业会计准则解释以及其他相关规定。

## 7. 财务情况说明书

### 7.1 利润实现和分配情况

#### 7.1.1 母公司情况

2018年公司实现净利润为181 659.03万元,根据《公司章程》《金融企业财务规则》的规定,提取盈余公积为18 165.90万元,转回一般风险准备为3 227.58万元,截至2018年12月31日,未分配利润为733 905.89万元。

#### 7.1.2 合并口径情况

2018年实现的归属本公司净利润为205 033.74万元,提取盈余公积为18 165.90万元,转回一般风险准备为3 057.06万元。

### 7.2 主要财务指标

| 指标名称 | 母公司指标值 | 合并指标值 |
|---|---|---|
| 资本利润率(%) | 15.18 | 16.37 |
| 加权年化信托报酬率(%) | 0.10 | 0.10 |
| 人均净利润(万元) | 481.22 | 291.82 |

### 7.3 对本公司财务状况、经营成果有重大影响的其他事项

报告年度,本公司未发生对财务状况、经营成果有重大影响的其他事项。

## 8. 特别事项揭示

### 8.1 股东变动情况及原因

报告年度,公司无上述事项。

### 8.2 董事、监事、高级管理人员变动情况及原因

#### 8.2.1 董事变动情况及原因

2018年2月1日,因年龄原因,建信信托2018年第一次临时股东会批准同意程双起不再担任建信信托董事。

2018年6月19日,因年龄原因,李春信辞任建信信托董事。

2018年8月9日,根据股东合肥兴泰金融控股(集团)有限公司提名,建信信托2018年第五次临时股东会选举郑晓静、秦震任建信信托有限责任公司董事,其任职资格待监管核准后生效。

2018年9月30日,根据股东中国建设银行股份有限公司提名,建信信托第六次临时股东会选举李钺、蒋畅担任建信信托董事,其任职资格待监管核准后生效。

2018年7月5日,建信信托有限责任公司董事会2018年第九次会议选举王宝魁担任建信信托董事长,程远国不再担任董事长;2018年10月31日,北京银保监局筹备组核准王宝魁董事长任职资格(京银保监筹[2018]14号)。

#### 8.2.2 监事变动情况及原因

2018年3月30日,因年龄原因,施良辞任建信信托监事。

2018年6月28日,因年龄原因,马奎辞任建信信托监事。

2018年6月27日,根据股东中国建设银行股份有限公司提名,建信信托2018年第三次临时股东会选举杨洲德担任建信信托监事。

#### 8.2.3 高级管理人员变动情况及原因

2018年2月1日,董事会2018年第一次会议同意聘任王晓薇为建信信托首席财务官(副总裁);2018年4月3日,北京银监局核准其任职资格。

2018年8月8日,因工作调整,吴振广辞任建信信托首席风险官(副总裁)。

2018年10月31日,根据董事会2018年第十一次会议决议,王宝魁董事长任职资格核准后,不再担任建信信托总裁职务;在新任总裁任职资格核准前,王宝魁代为履行公司总裁职权。

## 8.3 公司重大诉讼事项

报告年度，公司未发生重大诉讼事项。

## 8.4 会计师事务对审计报告所出具保留意见、否定意见或无法表示意见的情况

无。

## 8.5 公司及其董事、监事和高级管理人员受到处罚的情况

报告年度，公司无上述处罚情况。

## 8.6 银保监会及其派出机构对公司检查后提出整改意见及整改情况

### 8.6.1 2017 年度监管意见

2018 年 5 月 29 日，公司收到北京银监局印发的《建信信托有限责任公司 2017 年度监管意见书》，于 7 月 31 日向北京银监局上报《建信信托有限责任公司关于 2017 年监管意见整改落实情况的报告》。

2018 年 8 月 10 日，北京银监局向公司反馈了《建信信托 2017 年度监管意见书整改落实情况提交材料清单》，要求公司提供整改落实情况涉及的相关材料，2018 年 8 月 17 日，公司按要求提供了相关材料。

### 8.6.2 影子银行和交叉金融业务现场检查意见

2018 年 12 月 14 日，北京银保监局筹备组印发《关于建信信托影子银行和交叉金融业务的现场检查意见书》。2019 年 2 月 20 日，公司向北京银保监局提交了整改方案，并正在按照方案认真整改落实。

## 8.7 本年度重大事项报告

经建信信托有限责任公司 2014 年第三次临时股东会、2018 年第一次临时股东会审议通过，并经北京银监局核准（京银监复[2018]191 号），公司就调整董事会职责权限、落实党建工作总体要求、变更股权结构等方面对《公司章程》进行了相应修改。该事项于 2018 年 5 月 18 日在《金融时报》第 8 版进行公开披露。

经建信信托董事会 2018 年第九次会议审议通过，并经北京银保监局筹备组核准（京银监保筹[2018]14 号），王宝魁担任建信信托有限责任公司董事长，程远国不再担任公司董事长职务；王宝魁不再担任公司总裁职务，在公司新任总裁任职资格核准前，王宝魁代为履行公司总裁职务。该事项于 2018 年 11 月 6 日在《金融时报》第 6 版进行公开披露。

经建信信托 2018 年第七次临时股东会审议通过，并经北京银保监局核准（京银保监复[2018]46 号），本公司按照中国银保监会印发的《关于信托机构参照〈商业银行股权管理暂行办法〉加强股权管理的通知》（银保监办发[2018]75 号）相关要求，对《公司章程》中有关股东权责的内容进行了相应修改。该事项于 2019 年 1 月 31 日在《金融时报》第 6 版进行公开披露。

## 8.8 银保监会及其省级派出机构认定的其他有必要让客户及相关利益人了解的重要信息

无。

## 8.9 净资本、风险资本以及风险控制指标等情况

按照《中国银监会关于印发信托公司净资本计算标准有关事项的通知》（银监发[2011]11 号），截至 2018 年 12 月 31 日，公司净资产为 1 287 651.00 万元，净资本为 810 121.77 万元，各项业务风险资本之和为 651 345.34 万元，净资本与净资产比例为 62.91%，净资本与各项业务风险资本比例为 124.38%。

# 9. 社会责任履行情况

报告年度，公司坚持服务实体经济、服务民生、服务投资者，认真贯彻国家经济金融政策和监管要求，加快转型和创新步伐，满足客户多样化金融需求；公司始终坚持依法合规、稳健经营，不断完善风险防控体系，有效履行受托人职责和义务，维护受益人利益最大化，所有到期信托产品均实现了按期清算、足额兑付。

公司积极发挥信托功能优势，多种形式助力精准扶贫。设立建信联合精准扶贫慈善信托，截至 2018 年末，已完成捐赠为 185 万元；发行 建信信托——微笑行动慈善信托，捐赠收益约为 35 万元用于在安康地区开展的“微笑行动”公益项目，为安康地区贫困家庭的唇腭裂患儿提供免费医疗救助；发行“大爱有声　听建未来”集合信托计划，捐赠信托收益约为 72 万元用于上海市儿童医院人工耳蜗项目，为贫困的耳蜗移植儿童家庭提供医疗服务；以支持农村基础设施建设和农业产业发展为方向，设立多只脱贫攻坚基金，助力贫困地区加快脱贫攻坚步伐。

积极开展消费扶贫，在开展党建、工会等相关活动中，优先选用扶贫特色产品作为采购物资，共计消费约为 14 万元；倡导员工参与安康半亩茶园扶贫认领计划、购买特色扶贫产品。

# 10. 公司监事会意见

报告年度，公司严格执行国家宏观调控政策和监管要求，坚持稳健经营，切实维护了受益人、股东和员工的利益。董事会充分发挥战略管理和统筹引领作用，做好决策、协调和服务，全力支持经营层的工作；经营层认真落实董事会的决策意见，创新经营思路，以转型和改革促加快发展，严守风险底线，实现了较好的经营业绩。

认真落实监管政策和要求，强化合规经营。公司主动适应强监管、控风险的形势和要求，积极落实资管新规和监管意见，加大监督检查力度，合规管理能力得到进一步增强。

财务管理水平进一步提升，会计核算更加规范。公司全面执行新金融工具准则，认真落实资管增值税新政策，注重通过科技手段，提升会计核算的质量和效率。

内部控制体系进一步完善，风险管理能力持续增强。公司优化组织架构，厘清部门职责，持续完善规章制度，认真推进问题整改，全面加强风险管理，公司运营稳健。

本报告的内容和格式，符合监管相关规定，公司财务报告真实反映了公司财务管理状况和经营成果。

# 江苏省国际信托有限责任公司

## 1. 重要提示

1.1 本公司董事会及董事保证本报告所载资料不存在任何虚假记载、误导性陈述或者重大遗漏,并对其内容的真实性、准确性和完整性承担个别及连带责任。

1.2 公司独立董事对本报告内容的真实性、完整性和准确性无异议。

1.3 公司编制的2018年度财务报告已经天衡会计师事务所(特殊普通合伙)审计,并出具了标准无保留意见的审计报告。

1.4 公司法定代表人胡军、主管会计工作负责人王会清和会计机构负责人李起年声明并保证年度报告中财务报告的真实和完整。

## 2. 公司概况

### 2.1 公司简介

2.1.1 公司历史沿革

公司前身为江苏省国际信托投资公司,于1981年10月经国家外资管理委员会和江苏省人民政府批准正式成立。2001年8月,江苏省政府决定对江苏省国际信托投资公司和江苏省投资管理有限责任公司进行集团化重组改制,组建江苏省国信资产管理集团有限公司(现已更名为江苏省国信集团有限公司,以下简称国信集团)。2002年8月,经中国人民银行批准,江苏省国际信托投资公司予以重新登记,并更名为江苏省国际信托投资有限责任公司,注册资金为248 389.9万元。2007年6月,根据新两规要求,经中国银监会(现已更名为中国银行保险监督管理委员会,简称中国银保监会)批准,江苏省国际信托投资有限责任公司更名为江苏省国际信托有限责任公司,同时变更业务范围。2013年12月,公司注册资本增至268 389.9万元。2016年,江苏舜天船舶股份有限公司向国信集团发行股份以收购其所拥有的江苏省国际信托有限责任公司81.49%的股权,公司已办理股东变更手续。2017年,江苏舜天船舶股份有限公司更名为江苏国信股份有限公司。2018年6月,中国银监会江苏监管局(现已更名为中国银保监会江苏监管局)批复同意公司注册资本增至376 033.66万元。

公司坚持"发展、创新、高效、稳健"的经营理念,积极按照新"两规"的要求,发挥"受人之托、代人理财"的特点,立足信托本业,完善治理结构,改善经营机制,探索业务创新,加强人才开发,经济效益稳步增长,切实维护了委托人的最大利益。公司已经发展成为我国信托业中资产质量优良、管理规范、经营合规、信息透明、风控能力较强的信托公司。

2.1.2 公司的法定名称

公司法定中文名称:江苏省国际信托有限责任公司

中文缩写:江苏信托

公司法定英文名称:Jiangsu International Trust Corporation Limited

英文缩写:JSITC

2.1.3 公司法定代表人:胡军

2.1.4 公司注册地址:江苏省南京市长江路2号22-26层

邮编:210005

公司国际互联网网址:http://www.jsitc.net

公司电子信箱:jsitc@jsitc.net

2.1.5 公司负责信息披露事务的高级管理人员:王会清

公司信息披露事务联系人:裴硕秋

联系电话:025-89667772

传真:025-89667700

电子信箱: peishuoqiu@163.com

2.1.6 公司选定的信息披露报纸:《证券时报》

2.1.7 年报备置地点:江苏省南京市玄武区长江路2号26层

2.1.8 公司聘请的会计师事务所:天衡会计师事务所(特殊普通合伙)

办公地址: 江苏省南京市建邺区江东中路106号万达广场商务楼B座19-20楼

2.1.9 公司聘请的律师事务所:江苏世纪同仁律师事务所

办公地址:江苏省南京市北京西路26号4-5楼

## 2.2 组织结构

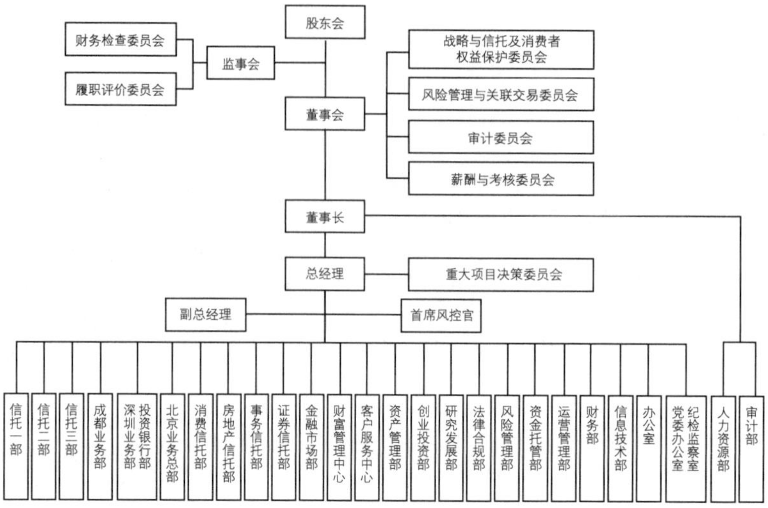


# 3. 公司治理

## 3.1 股东

报告期末公司股东总数为 4 家，持有本公司股份的股东及持股情况如下：

| 股东名称 | 持股比例（%） | 法人代表 | 注册资本（亿元） | 注册地址 | 主要经营业务及主要财务情况 |
|---|---|---|---|---|---|
| 江苏国信股份有限公司（以下简称：江苏国信）★ | 81.4904 | 浦宝英 | 37.78 | 江苏省南京市长江路 88 号 | 实业投资、股权投资（包括金融、电力能源股权等）、投资管理与咨询；电力项目开发建设和运营管理，电力技术咨询、节能产品销售，进出口贸易。2018 年末，江苏国信总资产为 536.50 亿元，净资产为 306.69 亿元，营业总收入为 221.35 亿元，归属上市公司股东净利润为 25.56 亿元。 |
| 江苏省苏豪控股集团有限公司（以下简称：苏豪控股） | 10.9106 | 王正喜 | 20 | 江苏省南京市软件大道 48 号 | 金融、实业投资，授权范围内国有资产的经营、管理；国贸贸易；房屋租赁；茧丝绸、纺织服装的生产、研发和销售。2018 年末，苏豪控股总资产为 253.35 亿元，净资产为 116.51 亿元，营业收入为 182.73 亿元，利润总额为 14.97 亿元（未经审计）。 |
| 江苏省农垦集团有限公司（以下简称：江苏农垦） | 4.2962 | 魏红军 | 33 | 江苏省南京市珠江路 4 号 | 省政府授权范围内的国有资产经营。2018 年末，农垦集团总资产为 265.30 亿元，净资产为 162.47 亿元，营业收入为 106.76 亿元，利润总额为 21.79 亿元（未经审计）。 |
| 江苏高科技投资集团有限公司（以下简称：江苏高投） | 3.3028 | 张　伟 | 30 | 江苏省南京市山西路 128 号 | 金融投资、实业投资、创业投资、股权投资及投资管理业务；省政府授权范围内国有资产经营、管理、兼并重组以及经批准的其他业务；投资咨询。2018 年末，江苏高投总资产为 155.91 亿元，净资产为 98.07 亿元，营业收入为 8.42 亿元，利润总额为 6.53 亿元（未经审计）。 |

## 3.2 董事

董事会成员

| 姓　名 | 职　务 | 性别 | 出生年份（年） | 选任日期 | 所推举的股东名称 | 该股东持股比例（%） | 简要履历 |
|---|---|---|---|---|---|---|---|
| 胡　军 | 董事长 | 男 | 1970 | 2018 年 7 月 | 江苏国信 | 81.4904 | 硕士研究生，历任江苏信托总经理助理、副总经理、总经理，党委副书记、总经理；现任江苏信托党委书记、董事长。 |
| 王会清 | 董事 | 男 | 1970 | 2018 年 7 月 | 江苏国信 | 81.4904 | 硕士研究生，注册会计师，历任江苏国信副总经理、董事会秘书；现任江苏信托党委副书记、总经理。 |
| 唐　进 | 董事 | 男 | 1966 | 2018 年 11 月 | 苏豪控股 | 10.9106 | 党校研究生学历，历任省政府研究室综合研究处副处长，省政府办公厅教科文卫处副处长，省政府办公厅秘书五处调研员，江苏省对口支援四川绵竹地震灾后恢复重建指挥部办公室（党群工作处）主任（处长），省政府办公厅信息处处长，省政府办公厅秘书七处处长，江苏省苏豪控股集团有限公司副总裁、党委委员。 |
| 刘志红 | 董事 | 女 | 1973 | 2018 年 11 月 | 江苏高投 | 3.3028 | 大学本科，注册会计师；现任江苏高科技投资集团财务部总经理。 |
| 陈　宁 | 董事 | 男 | 1974 | 2018 年 7 月 | 江苏国信 | 81.4904 | 大学本科，高级会计师；现任国信集团信息技术部总经理兼任财务部总经理。 |
| 裴硕秋 | 职工董事 | 男 | 1968 | 2018 年 11 月 | 职工大会 | | 博士研究生，高级经济师；现任江苏信托办公室主任、党委办公室/纪检监察室主任。 |

独立董事

| 姓　名 | 所在单位及职务 | 性别 | 出生年份(年) | 选任日期 | 简要履历 |
|---|---|---|---|---|---|
| 王长江 | 南京大学商学院教授 | 男 | 1964 | 2018 年 11 月 | 硕士研究生,南京大学商学院教授。 |
| 俞妙根 | 富越汇通金融服务(上海)有限公司首席执行官、副董事长 | 男 | 1961 | 2018 年 7 月 | 大学本科,高级经济师,历任上海国投副总经理,华安基金总经理、董事长。 |
| 吴　涛 | 深圳东方藏山资产管理有限公司总裁 | 男 | 1969 | 2018 年 7 月 | 硕士研究生,稳盛投资总裁,北京藏山资本投资有限公司董事长,深圳东方藏山资产管理有限公司总裁。 |

## 3.3　监事

监事会成员

| 姓　名 | 职　务 | 性别 | 出生年份(年) | 选任日期 | 所推举的股东名称 | 该股东持股比例(%) | 简要履历 |
|---|---|---|---|---|---|---|---|
| 章　明 | 监事长 | 男 | 1974 | 2018 年 12 月 | 江苏国信 | 81.4904 | 硕士研究生,高级会计师,历任扬州第二发电有限公司财务部副部长、财务部主任、副总会计师兼财务部主任,江苏省国信资产管理集团有限公司财务部副总经理;现任江苏国信股份有限公司副总经理、董事会秘书、财务总监(集团中层正职级)。 |
| 徐文进 | 监事 | 男 | 1977 | 2018 年 7 月 | 江苏国信 | 81.4904 | 硕士研究生,高级经济师,历任国信集团总经理办公室主任、企业管理办公室主任。 |
| 王　涛 | 监事 | 男 | 1976 | 2018 年 7 月 | 苏豪控股 | 10.9106 | 历任江苏省苏豪控股集团有限公司风险控制部副总经理,江苏苏豪国际集团股份有限公司党委委员、纪委书记;现任江苏省苏豪控股集团有限公司投资发展部副总经理。 |
| 张瑞琪 | 监事 | 男 | 1963 | 2018 年 7 月 | 江苏农垦 | 4.2962 | 大专学历,会计师,历任江苏农垦审计部副部长、审计监察部副部长,江苏省苏舜工贸集团有限公司党委委员、财务总监、董事,南京中山大厦财务总监、党委委员;现在江苏农垦资产经营部工作。 |
| 陆振东 | 职工代表监事 | 男 | 1971 | 2018 年 3 月 | 职工代表大会 | | 本科,江苏信托资金托管部总经理兼任运营管理部总经理。 |
| 崇志兵 | 职工代表监事 | 女 | 1968 | 2018 年 3 月 | 职工代表大会 | | 本科,江苏信托人力资源部业务经理。 |

## 3.4　高级管理人员

| 姓名 | 职务 | 性别 | 出生年份(年) | 选任日期 | 金融从业年限(年) | 学历 | 专业 | 简要履历 |
|---|---|---|---|---|---|---|---|---|
| 胡　军 | 董事长 | 男 | 1970 | 2017 年 8 月 | 23 | 硕士研究生 | 金融 | 江苏信托董事长。 |
| 王会清 | 总经理 | 男 | 1970 | 2017 年 10 月 | 9 | 硕士研究生 | 会计、法律 | 江苏信托总经理。 |
| 李起年 | 副总经理 | 男 | 1964 | 2016 年 12 月 | 25 | 硕士研究生 | 经济 | 江苏信托副总经理。 |
| 严　珊 | 副总经理、首席风控官 | 女 | 1969 | 2017 年 4 月 | 21 | 硕士研究生 | 货币银行学 | 江苏信托副总经理、首席风控官。 |

## 3.5　公司员工

| 项　目 | | 报告期年度 | |
|---|---|---|---|
| | | 人数(人) | 比例(%) |
| 年龄分布 | 25 岁以下 | 1 | 0.7 |
| | 25~29 岁 | 39 | 26.3 |
| | 30~39 岁 | 66 | 44.6 |
| | 40 岁以上 | 42 | 28.4 |
| 平均年龄 | 36 岁 | | |
| 学历分布 | 博士 | 2 | 1.4 |
| | 硕士 | 84 | 56.8 |
| | 本科 | 55 | 37.1 |
| | 专科 | 6 | 4.0 |
| | 其他 | 1 | 0.7 |
| 岗位分布 | 董事、监事及高管人员 | 7 | 4.7 |
| | 自营业务人员 | 14 | 9.5 |
| | 信托业务人员 | 80 | 54.0 |
| | 其他人员 | 47 | 31.8 |
| 总人数 | | 148 | |

# 4.　经营管理

## 4.1　经营目标、经营方针、战略规划

### 4.1.1　经营目标

公司的经营目标是大力发展金融股权投资,形成多元金融投资的格局,提升公司经营控制力和影响力;以客户需求为导向,以服务实体经济发展为根本,大力发展财富管理和资产管理能力,提升公司竞争活力和抗风险能力;大力推动市场化转型,提升公司治理水平和管理能力,形成与市场化发展相适应的组织结构、经营决策机制与人力资源体系。

### 4.1.2　经营方针

公司的经营方针是发展、创新、高效、稳健。

### 4.1.3　战略规划

公司的战略规划目标是以适应新常态经济发展规律为指导,顺应不断变化的内外部环境,抢抓发展方式转变和区域发展的战略机遇,深化公司体制机制改革和经营管理创新,构建完善的法人治理结构,加大业务创新和转型,保持稳健良好的资产质量,全面履行社会责任,实现江苏信托向市场化一流金融企业的跨越。

## 4.2 经营业务

### 4.2.1 公司经营业务和品种

公司经营业务主要分为自营业务和信托业务。

自营业务主要包括股权投资、自营贷款、自营证券、金融产品投资等。信托业务是本公司的主营业务和重要收入来源，主要包括集合资金信托、单一资金信托、财产权信托等。

### 4.2.2 公司资产组合和分布

自营资产运用与分布表

| 资产运用 | 金额（万元） | 占比（%） | 资产分布 | 金额（万元） | 占比（%） |
|---|---|---|---|---|---|
| 货币资产 | 5 418.92 | 0.26 | 基础产业 | — | — |
| 贷款及应收款 | 505 433.41 | 24.48 | 房地产业 | — | — |
| 可供出售金融资产 | 662 874.68 | 32.11 | 金融机构 | 1 964 435.40 | 95.16 |
| 持有至到期投资 | 31 150.00 | 1.51 | 实 业 | — | — |
| 长期股权投资 | 838 608.31 | 40.62 | 证 券 | 4 075.18 | 0.20 |
| 其他 | 20 956.90 | 1.02 | 其 他 | 95 931.64 | 4.65 |
| 资产总计 | 2 064 442.22 | 100.00 | 资产总计 | 2 064 442.22 | 100.00 |

信托资产运用与分布表

| 资产运用 | 金额（万元） | 占比（%） | 资产分布 | 金额（万元） | 占比（%） |
|---|---|---|---|---|---|
| 货币资产 | 3 105 113.68 | 7.62 | 基础产业 | 5 262 168.45 | 12.92 |
| 贷款 | 9 149 971.15 | 22.46 | 房地产业 | 1 893 831.26 | 4.65 |
| 交易性金融资产 | 16 468 474.40 | 40.43 | 金融机构 | 5 580 219.77 | 13.70 |
| 持有至到期投资 | 8 737 983.96 | 21.45 | 证券 | 21 349 861.20 | 52.41 |
| 长期股权投资 | 2 955 198.38 | 7.26 | 工商企业 | 6 303 712.10 | 15.48 |
| 其他 | 316 398.62 | 0.78 | 其他 | 343 347.42 | 0.84 |
| 资产总计 | 40 733 140.20 | 100.00 | 资产总计 | 40 733 140.20 | 100.00 |

## 4.3 市场分析

### 4.3.1 影响公司发展的有利因素

一是良好的区域经济环境。江苏信托地处经济发达的长三角地区，区域经济活跃度高，市场需求旺盛，民间资本富裕，特别是江苏经济的快速发展、长三角一体化战略、江苏沿海开发战略以及苏南、苏中、苏北共同发展战略的实施为江苏信托的业务发展提供了良好机遇。

二是良好的资产质量和股东背景。公司拥有较高的净资本，资产质量好，可开展业务空间宽裕。公司股东都是江苏省属国有企业，实力雄厚，经营各具特色，为公司业务拓展提供了有力支持和合作机会。

三是良好的品牌信誉。公司经过30多年的发展，秉承“发展、创新、高效、稳健”的经营理念，发挥信托独特的功能优势，为客户提供多样化的综合金融服务，赢得了良好信誉，综合实力居同类型信托公司前列，树立了良好的品牌形象。

四是日趋完善的公司治理。公司内部机构设置完备，责权清晰、管理规范、制度完善，有良好的企业文化，塑造和培养了一支高素质的员工队伍，为公司开拓业务奠定了坚实基础。

### 4.3.2 影响公司发展的制约因素

一是经济发展进入新常态，实体经济转型升级步伐加快，部分行业或领域风险积聚，传统业务模式受到挑战。

二是资产管理市场全面放开，市场竞争日趋激烈，行业新商业模式仍在探索之中，公司转型发展面临挑战。

三是建立现代化、市场化的经营管理机制既是公司治理结构完善的要求，也是公司保持稳定发展的基础。公司在此方面需要进一步完善。

## 4.4 内部控制

公司建立了“三会一层”各司其职、各负其责、相互制约的治理机制，并且营造合规经营的内部控制文化；通过采取不同的措施，公司的内部控制得到了进一步加强，风险也得到了有效的防范和控制；公司信息交流和反馈机制逐步完善；公司内审部门不断加强公司内部控制的监督和评价，内审工作频度和范围也逐步加大，年度内审内容基本覆盖公司全部集合信托项目和重大单一信托项目。

## 4.5 风险管理

公司针对经营活动中可能会遇到的信用风险、市场风险、操作风险、道德风险、政策风险、法律风险、声誉风险等，建立了以“事前预防为主、事中控制及事后补救为辅”的风险控制基本原则，切实开展各项工作，及时防范、化解风险，保障公司业务工作的正常开展。

公司风险管理组织结构与职责划分为：董事会主要负责对公司风险管理政策的制定和审批；风险管理委员会主要负责设计或修正公司的风险管理政策和程序，并对公司风险管理执行进行监督，加强董事会对公司的风险监控；首席风控官负责提出风险管理的政策和程序，从执行层面监督风险管理政策和程序的实施，建立风险管理评价标准，组织落实风险管理与内控体系建设的相关措施；风险管理部主要负责草拟公司风险管理方面的规章制度，落实有关风险管理措施；法律合规部主要负责具体项目的合法合规性审查，以及包括合同（协议）在内的全部法律文件的审核，防范法律合规风险；审计部负责项目的稽核审查、项目后续管理跟踪与监督及定期的内部审计工作；运营管理部、资金托管部和财务部主要负责筹资、投资、资金回收及收益分配等的风险管理。

公司不断完善内部控制制度，对各部门、各岗位制定了明确的职责和权限，职责的制定体现岗位相互分离的原则，能够实现中台、后台对前台的监督；对公司的各项业务制定了具体的业务操作流程，在集合信托项目中全面推行信托经理AB角制度，严格尽职调查工作标准，减少和消除人为因素而造成的风险，保障风险控制体系的有序规范运行，并通过事后评价和总结，防止相类似的风险发生。公司定期或不定期对员工进行培训，对渎职、超越权限或违背操作规定的人员进行问责；公司定期对内部的计算机信息系统进行维护和保养，加强技术系统的管理，保证其正常运行，消除风险隐患。公司运营管理部对所有存续信托项目进行统一、集中的后续管理，独立运作，有助于防范操作风险。

## 5. 报告期末及上一年末的比较式会计报表

### 5.1 自营资产

#### 5.1.1 会计师事务所审计意见全文

审计报告

天衡审字[2019]010146号

江苏省国际信托有限责任公司全体股东：

一、审计意见

我们审计了江苏省国际信托有限责任公司(以下简称江苏信托)财务报表,包括2018年12月31日的资产负债表,2018年度的利润表、现金流量表、股东权益变动表以及财务报表附注。

我们认为,后附的财务报表在所有重大方面按照企业会计准则的规定编制,公允反映了江苏信托2018年12月31日的财务状况以及2018年度的经营成果和现金流量。

二、形成审计意见的基础

我们按照中国注册会计师审计准则的规定执行了审计工作。审计报告的"注册会计师对财务报表审计的责任"部分进一步阐述了我们在这些准则下的责任。按照中国注册会计师职业道德守则,我们独立于江苏信托,并履行了职业道德方面的其他责任。我们相信,我们获取的审计证据是充分、适当的,为发表审计意见提供了基础。

三、管理层和治理层对财务报表的责任

管理层负责按照企业会计准则的规定编制财务报表,使其实现公允反映,并设计、执行和维护必要的内部控制,以使财务报表不存在由于舞弊或错误导致的重大错报。

在编制财务报表时,管理层负责评估江苏信托的持续经营能力,披露与持续经营相关的事项,并运用持续经营假设,除非管理层计划清算江苏信托、终止运营或别无其他现实的选择。

治理层负责监督江苏信托的财务报告过程。

四、注册会计师对财务报表审计的责任

我们的目标是对财务报表整体是否不存在由于舞弊或错误导致的重大错报获取合理保证,并出具包含审计意见的审计报告。合理保证是高水平的保证,但并不能保证按照审计准则执行的审计在某一重大错报存在时总能发现。错报可能由于舞弊或错误导致,如果合理预期错报单独或汇总起来可能影响财务报表使用者依据财务报表作出的经济决策,则通常认为错报是重大的。

在按照审计准则执行审计工作的过程中,我们运用职业判断,并保持职业怀疑。同时,我们也执行以下工作：

(1)识别和评估由于舞弊或错误导致的财务报表重大错报风险,设计和实施审计程序以应对这些风险,并获取充分、适当的审计证据,作为发表审计意见的基础。由于舞弊可能涉及串通、伪造、故意遗漏、虚假陈述或凌驾于内部控制之上,未能发现由于舞弊导致的重大错报的风险高于未能发现由于错误导致的重大错报的风险。

(2)了解与审计相关的内部控制,以设计恰当的审计程序,但目的并非对内部控制的有效性发表意见。

(3)评价管理层选用会计政策的恰当性和作出会计估计及相关披露的合理性。

(4)对管理层使用持续经营假设的恰当性得出结论。同时,根据获取的审计证据,就可能导致对江苏信托持续经营能力产生重大疑虑的事项或情况是否存在重大不确定性得出结论。如果我们得出结论认为存在重大不确定性,审计准则要求我们在审计报告中提请报表使用者注意财务报表中的相关披露;如果披露不充分,我们应当发表非无保留意见。我们的结论基于截至审计报告日可获得的信息。然而,未来的事项或情况可能导致江苏信托不能持续经营。

(5)评价财务报表的总体列报、结构和内容(包括披露),并评价财务报表是否公允反映相关交易和事项。

我们与治理层就计划的审计范围、时间安排和重大审计发现等事项进行沟通,包括沟通我们在审计中识别出的值得关注的内部控制缺陷。

天衡会计师事务所(特殊普通合伙)

中国·南京　　中国注册会计师:陆德忠

2019年4月19日　　中国注册会计师:魏　娜

#### 5.1.2 资产负债表

资产负债表

编制单位:江苏省国际信托有限责任公司　　2018年12月31日　　单位:万元

| 资　　产 | 期末余额 | 期初余额 |
|---|---|---|
| 资产: | — | — |
| 现金及存放中央银行款项 | 0.21 | 0.11 |
| 存放同业款项 | 5 418.71 | 2 848.04 |
| 贵金属 | — | — |
| 拆出资金 | — | — |
| 以公允价值计量且其变动计入当期损益的金融资产 | — | — |
| 衍生金融资产 | — | — |
| 买入返售金融资产 | — | — |
| 应收利息 | 2 052.00 | 772.43 |
| 发放贷款和垫款 | — | — |
| 可供出售金融资产 | 662 874.68 | 455 395.89 |
| 持有至到期投资 | 31 150.00 | 13 554.42 |
| 长期股权投资 | 838 608.31 | 714 773.88 |
| 投资性房地产 | — | — |
| 固定资产 | 18 278.02 | 19 028.10 |
| 在建工程 | — | — |
| 无形资产 | 626.88 | 851.51 |
| 递延所得税资产 | — | 205.88 |
| 其他资产 | 505 433.41 | 118 447.95 |
| 资产总计 | 2 064 442.22 | 1 325 878.21 |

公司法定代表人:胡　军　　主管会计工作负责人:王会清　　会计机构负责人:李起年

**资产负债表（续）**

编制单位：江苏省国际信托有限责任公司　　2018 年 12 月 31 日　　单位：万元

| 负债和所有者权益 | 期末余额 | 期初余额 |
|---|---|---|
| 负债： | — | — |
| 向中央银行借款 | — | — |
| 同业及其他金融机构存放款项 | — | — |
| 拆入资金 | — | — |
| 以公允价值计量且其变动计入当期损益的金融负债 | — | — |
| 衍生金融负债 | — | — |
| 卖出回购金融资产款 | — | — |
| 吸收存款 | — | — |
| 应付职工薪酬 | 11 222.42 | 10 158.32 |
| 应交税费 | 23 232.11 | 10 270.41 |
| 应付利息 | — | — |
| 应付股利 | 52 644.71 | — |
| 预计负债 | — | — |
| 长期借款 | — | — |
| 应付债券 | — | — |
| 递延所得税负债 | 1 161.51 | — |
| 其他负债 | 197 100.99 | 167 610.33 |
| 负债合计 | 285 361.74 | 188 039.06 |
| 所有者权益： | | |
| 股本 | 376 033.66 | 268 389.90 |
| 资本公积 | 544 705.27 | 156 570.24 |
| 减：库存股 | — | — |
| 其他综合收益 | 6 045.92 | -6 320.43 |
| 盈余公积 | 327 279.32 | 308 705.23 |
| 一般风险准备 | 123 590.36 | 103 274.76 |
| 未分配利润 | 401 425.95 | 307 219.45 |
| 外币报表折算差额 | — | — |
| 所有者权益合计 | 1 779 080.48 | 1 137 839.15 |
| 负债和所有者权益合计 | 2 064 442.22 | 1 325 878.21 |

公司法定代表人：胡　军　　主管会计工作负责人：王会清　　会计机构负责人：李起年

### 5.1.3　利润表

**利　润　表**

编制单位：江苏省国际信托有限责任公司　　2018 年度　　单位：万元

| 项　　目 | 本期金额 | 上期金额 |
|---|---|---|
| 一、营业收入 | 227 019.03 | 199 974.29 |
| 利息净收入 | -1 541.92 | 365.45 |
| 其中：利息收入 | 2 361.00 | 1 214.23 |
| 利息支出 | 3 902.92 | 848.78 |
| 手续费及佣金净收入 | 110 673.85 | 100 142.36 |
| 其中：手续费及佣金收入 | 110 673.85 | 100 142.36 |
| 手续费及佣金支出 | — | — |
| 投资收益（损失以“－”号列示） | 117 847.28 | 99 478.97 |
| 其中：对联营企业和合营企业的投资收益 | 94 535.60 | 91 836.65 |
| 公允价值变动收益（损失以“－”号列示） | — | — |
| 汇兑收益（损失以“－”号列示） | 10.21 | -12.49 |
| 其他业务收入 | — | — |
| 资产处置收益（损失以“－”号填列） | — | — |
| 其他收益 | 29.61 | — |
| 二、营业支出 | 13 444.35 | 14 545.12 |
| 营业税金及附加 | 991.55 | 824.99 |
| 业务及管理费 | 12 361.94 | 13 687.07 |
| 资产减值损失 | 90.86 | 33.06 |
| 其他业务成本 | — | — |
| 三、营业利润（损失以“－”号列示） | 213 574.68 | 185 429.17 |
| 加：营业外收入 | 3 615.69 | — |
| 减：营业外支出 | 45.48 | 4.20 |
| 四、利润总额（损失以“－”号列示） | 217 144.89 | 185 424.97 |
| 减：所得税费用 | 31 403.99 | 23 627.68 |
| 五、净利润（净亏损以“－”列示） | 185 740.90 | 161 797.29 |
| 六、其他综合收益的税后净额 | 12 366.35 | -12 105.45 |
| （一）以后不能重分类进损益的其他综合收益 | — | — |
| 1. 重新计量设定受益计划净负债或净资产的变动 | — | — |
| 2. 权益法下在被投资单位不能重分类进损益的其他综合收益中享有的份额 | — | — |
| （二）以后将重分类进损益的其他综合收益 | 12 366.35 | -12 105.45 |
| 1. 权益法下在被投资单位以后将重分类进损益的其他综合收益中享有的份额 | 12 032.82 | -10 194.05 |
| 2. 可供出售金融资产公允价值变动损益 | 333.54 | -1 911.40 |
| 3. 持有至到期投资重分类为可供出售金融资产损益 | — | — |
| 4. 现金流量套期损益的有效部分 | — | — |
| 5. 外币财务报表折算差额 | — | — |
| 6. 其他 | — | — |
| 七、综合收益总额 | 198 107.25 | 149 691.84 |

公司法定代表人：胡　军　　主管会计工作负责人：王会清　　会计机构负责人：李起年

### 5.1.4 所有者权益变动表

**所有者权益变动表**

编制单位:江苏省国际信托有限责任公司　　2018 年度　　单位:万元

| 项目 | 本期金额 | | | | | | |
|---|---|---|---|---|---|---|---|
| | 实收资本 | 资本公积 | 其他综合收益 | 盈余公积 | 一般风险准备 | 未分配利润 | 所有者权益合计 |
| 一、上年年末余额 | 268 389. 90 | 156 570. 24 | -6 320. 43 | 308 705. 23 | 103 274. 76 | 307 219. 45 | 1 137 839. 15 |
| 加:会计政策变更 | — | — | — | — | — | — | — |
| 前期差错更正 | — | — | — | — | — | — | — |
| 其他 | — | — | — | — | — | — | — |
| 二、本期年初余额 | 268 389. 90 | 156 570. 24 | -6 320. 43 | 308 705. 23 | 103 274. 76 | 307 219. 45 | 1 137 839. 15 |
| 三、本期增减变动金额(减少以“-”号填列) | 107 643. 76 | 388 135. 03 | 12 366. 35 | 18 574. 09 | 20 315. 60 | 94 206. 50 | 641 241. 33 |
| (一)综合收益总额 | — | — | 12 366. 35 | — | — | 185 740. 90 | 198 107. 25 |
| (二)所有者投入和减少资本 | 107 643. 76 | 383 211. 79 | — | — | — | — | 490 855. 55 |
| 1. 所有者投入资本 | 107 643. 76 | 383 211. 79 | — | — | — | — | 490 855. 55 |
| 2. 其他权益工具持有者投入资本 | — | — | — | — | — | — | — |
| 3. 股份支付计入所有者权益的金额 | — | — | — | — | — | — | — |
| 4. 其他 | — | — | — | | — | — | — |
| (三)利润分配 | — | — | — | 18 574. 09 | 20 315. 60 | -91 534. 40 | -52 644. 71 |
| 1. 提取盈余公积 | — | — | — | 18 574. 09 | — | -18 574. 09 | — |
| 2. 提取一般风险准备 | — | — | — | — | 20 315. 60 | -20 315. 60 | — |
| 3. 对所有者(或股东)的分配 | — | — | — | — | — | -52 644. 71 | -52 644. 71 |
| 4. 其他 | — | — | — | — | — | — | — |
| (四)所有者权益内部结转 | — | — | — | — | — | — | — |
| 1. 资本公积转增资本(或股本) | — | — | — | — | — | — | — |
| 2. 盈余公积转增资本(或股本) | — | — | — | — | — | — | — |
| 3. 盈余公积弥补亏损 | — | — | — | — | — | — | — |
| 4. 其他 | — | — | — | — | — | — | — |
| (五)专项储备 | — | — | — | — | — | — | — |
| 1. 本期提取 | — | — | — | — | — | — | — |
| 2. 本期使用 | — | — | — | — | — | — | — |
| (六)其他 | — | 4 923. 24 | — | — | — | — | 4 923. 24 |
| 四、本期期末余额 | 376 033. 66 | 544 705. 27 | 6 045. 92 | 327 279. 32 | 123 590. 36 | 401 425. 95 | 1 779 080. 48 |

公司法定代表人:胡　军　　主管会计工作负责人:王会清　　会计机构负责人:李起年

## 5.2 信托资产

### 5.2.1 信托项目资产负债汇总表

**信托项目资产负债表**

编制单位:江苏省国际信托有限责任公司　　2018 年 12 月 31 日　　单位:万元

| 资产 | 行次 | 期末数 | 年初数 |
|---|---|---|---|
| 资产: | 1 | | |
| 现金及存放中央银行款项 | 2 | 239 952. 68 | 179 675. 52 |
| 存放同业款项 | 3 | 2 865 161. 00 | 8 758 916. 30 |
| 拆出资金 | 4 | — | — |
| 交易性金融资产 | 5 | 16 468 474. 40 | 20 439 432. 62 |
| 衍生金融资产 | 6 | | |
| 买入返售金融资产 | 7 | 300 014. 26 | 417 581. 76 |
| 应收账款 | 8 | | |
| 应收利息 | 9 | 3 909. 35 | 19 170. 40 |
| 应收股利 | 10 | — | — |

续表

| 资产 | 行次 | 期末数 | 年初数 |
|---|---|---|---|
| 其他应收款 | 11 | 12 475. 02 | 2 569. 59 |
| 贷款 | 12 | 9 149 971. 15 | 10 670 126. 18 |
| 可供出售金融资产 | 13 | — | — |
| 持有至到期投资 | 14 | 8 737 983. 96 | 11 745 698. 36 |
| 长期应收款 | 15 | — | — |
| 未实现融资收益 | 16 | — | — |
| 长期股权投资 | 17 | 2 955 198. 38 | 2 881 231. 33 |
| 投资性房地产 | 18 | — | — |
| 固定资产 | 19 | — | — |
| 无形资产 | 20 | — | — |
| 长期待摊费用 | 21 | — | — |
| 其他资产 | 22 | | |
| | 23 | | |
| 资产合计 | 24 | 40 733 140. 20 | 55 114 402. 06 |

公司法定代表人:胡　军　　主管会计工作负责人:王会清　　会计机构负责人:李起年

信托项目资产负债表（续）

编制单位：江苏省国际信托有限责任公司　　2018 年 12 月 31 日　　单位：万元

| 负债及所有者权益 | 行次 | 期末数 | 年初数 |
|---|---|---|---|
| 负债： | 25 | | |
| 拆入资金 | 26 | 0.00 | 0.00 |
| 交易性金融负债 | 27 | 0.00 | 0.00 |
| 衍生金融负债 | 28 | 0.00 | 0.00 |
| 卖出回购金融资产款 | 29 | 0.00 | 0.00 |
| 应付受托人报酬 | 30 | 38.29 | 289.47 |
| 应付托管费 | 31 | 6.63 | 84.51 |
| 应付受益人收益 | 32 | 1 213.45 | 194.75 |
| 应交税费 | 33 | 452.68 | 0.00 |
| 应付利息 | 34 | 0.00 | 0.00 |
| 其他应付款 | 35 | 57 773.16 | 31 126.56 |
| 预计负债 | 36 | 0.00 | 0.00 |
| 其他负债 | 37 | 0.00 | 0.00 |
| 负债合计 | 38 | 59 484.21 | 31 695.29 |
| 所有者权益 | 39 | | |
| 实收信托 | 40 | 39 410 894.41 | 53 868 486.42 |
| 资本公积 | 41 | 21 119.92 | 2 575.78 |
| 盈余公积 | 42 | — | — |
| 一般风险准备 | 43 | — | — |
| 信托赔偿准备 | 44 | — | — |
| 未分配利润 | 45 | 1 241 641.66 | 1 211 644.57 |
| 所有者权益合计 | 46 | 40 673 655.99 | 55 082 706.77 |
| | 47 | — | — |
| 负债及所有者权益总计 | 48 | 40 733 140.20 | 55 114 402.06 |

公司法定代表人：胡　军　　主管会计工作负责人：王会清　　会计机构负责人：李起年

5.2.2　信托项目利润及利润分配汇总表

信托项目利润及利润分配表

编制单位：江苏省国际信托有限责任公司　　2018 年度　　单位：万元

| 项　目 | 序号 | 本期金额 | 上期金额 |
|---|---|---|---|
| 一、收入 | 1 | 2 721 028.20 | 2 434 748.07 |
| 利息收入 | 2 | 1 317 970.86 | 1 602 992.96 |
| 手续费及佣金收入 | 3 | 28 195.70 | 16 276.40 |
| 投资收益 | 4 | 1 404 532.42 | 805 221.00 |
| 公允价值变动损益 | 5 | −29 748.87 | 10 103.22 |
| 其他业务收入 | 6 | 78.09 | 154.49 |
| 二、支出 | 7 | 151 313.19 | 138 988.56 |
| 营业税金及附加 | 8 | 4 108.74 | |
| 业务及管理费 | 9 | 147 204.45 | 138 988.56 |
| 资产减值损失 | 10 | — | — |
| 其他费用 | 11 | — | — |
| 其他业务成本 | 12 | — | — |
| 三、营业利润 | 13 | 2 569 715.01 | 2 295 759.51 |
| 加：营业外收入 | 14 | — | — |
| 减：营业外支出 | 15 | — | — |
| 四、利润总额 | 16 | 2 569 715.01 | 2 295 759.51 |
| 加：期初未分配利润 | 17 | 1 211 644.57 | 604 387.33 |
| 五、可供分配的信托利润 | 18 | 3 781 359.58 | 2 900 146.84 |
| 减：本期已分配信托利润 | 19 | 2 539 717.92 | 1 688 502.27 |
| 六、期末未分配信托利润 | 20 | 1 241 641.66 | 1 211 644.57 |

公司法定代表人：胡　军　　主管会计工作负责人：王会清　　会计机构负责人：李起年

## 6. 会计报表附注

### 6.1　简要说明报告年度会计报表编制基准、会计政策、会计估计和核算方法的变化

报告年度会计报表编制基准、会计估计和核算方法未发生变化。公司于 2014 年 7 月 1 日起执行财政部于 2014 年修订及新颁布的《企业会计准则第 2 号——长期股权投资》（修订）等 7 项准则，发生重要会计政策变更，按照相关准则中的衔接规定进行追溯调整。

期末公司没有纳入合并会计报表范围的控股子公司。

### 6.2　或有事项说明

对江苏保千里、深圳保千里关于单一信托项下贷款合同纠纷的诉讼事项。

2016 年 11 月 24 日，江苏信托与江苏保千里签订了《江苏保千里视像科技集团股份有限公司信托贷款单一资金信托贷款合同》，双方约定江苏信托向江苏保千里发放信托贷款为 195 000 000 元，贷款期限为 24 个月，自 2016 年 12 月 7 日至 2018 年 12 月 6 日；贷款的利率为 7.46%/年；贷款按日计息，按自然季结息，结息日为每季度末月的第 20 日，江苏保千里应于每个结息日支付已发生的利息。江苏保千里应自信托贷款放款日起满 6 个月时偿还 40 000 000 元本金；于信托贷款放款日起满 12 个月时偿还 40 000 000 元本金；于信托贷款放款日起满 18 个月时偿还 40 000 000 元本金；剩余部分到期一次性归还，利随本清。江苏保千里未按期足额偿还该合同项下贷款本金，江苏信托有权要求其限期清偿，并对逾期本金按照逾期罚息利率按日计收罚息，逾期罚息利率按照逾期之日所执行的贷款利率水平上加收 50%；江苏保千里若未按期足额偿还该合同项下贷款利息的，江苏信托有权要求其限期清偿，并对逾期利息按照逾期罚息利率按日计收复利。江苏保千里应当承担江苏信托为实现债权所支出的费用，包括但不限于诉讼费、律师费、评估费、拍卖费等。同日，江苏信托与江苏保千里签订《股权质押合同》，约定江苏保千里以其持有的深圳市小豆科技有限公司 100% 的股权为主合同项下的全部债务的履行提供质押担保，并于 2016 年 11 月 25 日在深圳市市场监督管理局办理股权出质设立登记手续，江苏信托取得该质押股权的质权。

江苏信托与深圳保千里签订《保证合同》，约定深圳保千里为主合同项下的全部债务提供连带责任保证担保，无论主合同项下的债权是否拥有其他担保，江苏信托均有权直接要求深圳保千里在保证范围内承担保证责任。

2016 年 12 月 7 日，江苏信托按约向江苏保千里发放信托贷款 195 000 000 元，现江苏保千里于信托贷款放款日起满 12 个月时（即 2017 年 12 月 6 日）未能偿还贷款本金为40 000 000元。江苏保千里未按约定还款付息已构成严重违约，深圳保千里作为保证人应承担连带还款责任。江苏信托为实现自身合法权益，特向江苏省南京市中级人民法院提起诉讼。

2018 年 5 月 22 日，南京市中级人民法院一审判决：（1）江苏保千里偿还江苏信托本金为 1.55 亿元及相应利息，支付律师费为 155 万元；（2）深圳保千里对上述第（1）项给付义务承担连带责任；（3）江苏信托有权就江苏保千里质押的深圳市小豆科技有限公司 100% 的股权折价或以拍卖、变卖所得价款优

先受偿。

本次诉讼涉及的单一信托项目系江苏信托管理的事务类信托产品，根据有关信托文件约定，江苏信托不承担信托财产投资的实际损失，该投资损失风险由委托人/受益人自担，即就前述诉讼事项，江苏信托不承担任何诉讼风险，无须计提资产减值准备或预计负债。

## 6.3 重要资产转让及其出售的说明

报告期内，公司未发生重要资产转让及出售行为。

## 6.4 会计报表中重要项目的明细资料

### 6.4.1 自营资产经营情况

6.4.1.1 信用风险资产分类

| 信用风险资产五级分类 | 正常类（万元） | 关注类（万元） | 次级类（万元） | 可疑类（万元） | 损失类（万元） | 信用风险资产合计（万元） | 不良资产合计（万元） | 不良资产率（%） |
|---|---|---|---|---|---|---|---|---|
| 期初数 | 220 358. 57 | — | — | — | — | 220 358. 57 | — | — |
| 期末数 | 201 416. 76 | — | — | — | — | 201 416. 76 | — | — |

注：不良资产合计＝次级类＋可疑类＋损失类。

6.4.1.2 各项资产减值准备的计提及转回

单位：万元

| | 期初数 | 本期计提 | 本期转回 | 本期核销 | 期末数 |
|---|---|---|---|---|---|
| 贷款损失准备 | — | — | — | — | — |
| 一般准备 | — | — | — | — | — |
| 专项准备 | — | — | — | — | — |
| 其他资产减值准备 | 628. 38 | 90. 86 | — | — | 719. 24 |
| 可供出售金融资产减值准备 | 500. 00 | — | — | — | 500. 00 |
| 持有至到期投资减值准备 | — | — | — | — | — |
| 长期股权投资减值准备 | — | — | — | — | — |
| 坏账准备 | 128. 38 | 90. 86 | — | — | 219. 24 |
| 投资性房地产减值准备 | — | — | — | — | — |

6.4.1.3 固有投资业务按投资品种分类

单位：万元

| | 自营股票 | 基金 | 债券 | 长期股权投资 | 其他投资 | 合计 |
|---|---|---|---|---|---|---|
| 期初数 | 1 580. 25 | 9 881. 47 | — | 921 902. 94 | 250 359. 53 | 1 183 724. 19 |
| 期末数 | 4 075. 18 | 11 378. 39 | — | 838 608. 31 | 678 571. 11 | 1 532 632. 99 |

6.4.1.4 前五名的自营长期股权投资企业情况

| 企业名称 | 占被投资单位权益的比例（%） | 主要经营活动 | 投资收益（万元） |
|---|---|---|---|
| 江苏银行股份有限公司 | 8. 04 | 存贷款等银行业务 | 94 535. 60 |
| 利安人寿保险股份有限公司 | 10. 85 | 人身保险等业务 | — |
| 江苏国投衡盈创业投资中心（有限合伙） | 14. 12 | 投资与管理 | 3 949. 82 |
| 江苏如皋农村商业银行股份有限公司 | 4. 99 | 存贷款等银行业务 | 399. 20 |
| 江苏民丰农村商业银行股份有限公司 | 6. 00 | 存贷款等银行业务 | 324. 00 |

注：投资收益是指按照企业会计准则规定，核算股权投资确认损益并计入披露年度利润表的金额。

6.4.1.5 公司前三名的自营贷款情况：

报告期末，公司自营贷款余额为零。

6.4.1.6 表外业务：

报告期内，公司自营资产无表外业务。

6.4.1.7 公司本年的收入结构情况

| 收入结构 | 金额（万元） | 占比（%） |
|---|---|---|
| 手续费及佣金收入 | 110 673. 85 | 47. 19 |
| 其中：信托业务收入 | 110 673. 85 | 47. 19 |
| 投资银行业务收入 | — | — |
| 利息收入 | 2 361. 00 | 1. 01 |
| 其他业务收入 | — | — |
| 其中：计入信托业务收入部分 | — | — |
| 投资收益 | 117 847. 28 | 50. 25 |
| 其中：股权投资收益 | 101 008. 80 | 43. 07 |
| 证券投资收益 | 204. 89 | 0. 09 |
| 其他投资收益 | 16 633. 59 | 7. 09 |
| 公允价值变动损益 | — | — |
| 资产处置收益（损失以"－"号填列） | — | — |
| 其他收益 | 29. 61 | 0. 01 |
| 营业外收入 | 3 615. 69 | 1. 54 |
| 收入合计 | 234 527. 43 | 100. 00 |

注：手续费及佣金收入、利息收入、其他业务收入、投资收益、营业外收入均为损益表中的科目，其中手续费及佣金收入、利息收入、其他业务收入、投资收益、营业外收入为未抵减相应支出的全年累计实现收入数。

### 6.4.2 信托资产管理情况

6.4.2.1 信托资产的期初数、期末数

单位：万元

| 信托资产 | 期初数 | 期末数 |
|---|---|---|
| 集合 | 5 391 738. 09 | 6 219 645. 67 |
| 单一 | 47 755 167. 04 | 33 727 190. 60 |
| 财产权 | 1 967 496. 93 | 786 303. 92 |
| 合计 | 55 114 402. 06 | 40 733 140. 20 |

6.4.2.1.1 主动管理型信托资产

单位：万元

| 主动管理型信托资产 | 期初数 | 期末数 |
|---|---|---|
| 证券投资类 | 36 847. 43 | 49 235. 59 |
| 股权投资类 | 285 446. 85 | 81 869. 40 |
| 融资类 | 5 143 068. 69 | 5 942 046. 56 |
| 事务管理类 | 0. 00 | 0. 00 |
| 合计 | 5 465 362. 97 | 6 073 151. 55 |

注："合计"行要求填主动管理型信托项目的总额，它包含所有运用方式的主动型产品，"证券投资类""股权投资类""融资类""事务管理类"是主动管理型信托中的几个重点类别，包含在"合计"中，但是与"合计"行没有勾稽关系，"合计"行应大于或等于这四类之和。

6.4.2.1.2 被动管理型信托资产

单位：万元

| 被动管理型信托资产 | 期初数 | 期末数 |
|---|---|---|
| 证券投资类 | 32 297 171. 11 | 21 318 113. 40 |
| 股权投资类 | 2 676 336. 11 | 2 951 426. 91 |
| 融资类 | 14 675 531. 87 | 10 390 448. 34 |
| 事务管理类 | 0. 00 | 0. 00 |
| 合计 | 49 649 039. 09 | 34 659 988. 65 |

注："合计"数与主动管理类同理。

6.4.2.2 信托项目清算情况

6.4.2.2.1 本年度已清算的信托项目

| 已清算结束的信托项目 | 项目个数（个） | 实收信托合计金额（万元） | 加权平均实际年化收益率（%） |
|---|---|---|---|
| 集合 | 36 | 1 212 551.00 | 5.82 |
| 单一 | 87 | 4 265 575.00 | 5.53 |
| 财产权 | 10 | 668 750.00 | 4.39 |

6.4.2.2.2 已清算结束的主动管理型信托项目

| 已清算结束的信托项目 | 项目个数（个） | 实收信托合计金额（万元） | 加权平均实际年化信托报酬率（%） | 加权平均实际年化收益率（%） |
|---|---|---|---|---|
| 证券投资类 | 1 | 3 031.00 | 0.33 | -4.83 |
| 股权投资类 | 1 | 2 000.00 | 5.8 | 0.04 |
| 融资类 | 31 | 1 108 370.00 | 1.52 | 5.99 |
| 事务管理类 | — | — | — | — |

6.4.2.2.3 已清算结束的被动管理型信托项目

| 已清算结束的信托项目 | 项目个数（个） | 实收信托合计金额（万元） | 加权平均实际年化信托报酬率（%） | 加权平均实际年化收益率（%） |
|---|---|---|---|---|
| 证券投资类 | 10 | 1 290 900.00 | 0.08 | 4.02 |
| 股权投资类 | 6 | 154 000.00 | 0.08 | 6.73 |
| 融资类 | 84 | 3 588 575.00 | 0.11 | 5.78 |
| 事务管理类 | — | — | — | — |

6.4.2.3 新增信托项目情况

| 新增信托项目 | 项目个数（个） | 实收信托合计金额（万元） |
|---|---|---|
| 集合 | 52 | 2 332 940.72 |
| 单一 | 27 | 1 215 211.33 |
| 财产权 | 1 | 90 819.65 |
| 新增合计 | 80 | 3 638 971.70 |
| 其中：主动管理型 | 54 | 2 471 173.72 |
| 被动管理型 | 26 | 1 167 797.98 |

6.4.2.4 信托业务创新成果和特色业务有关情况

2018年，江苏信托秉持“金融服务实体经济”的宗旨，继续深耕江苏省内基础产业等传统信托资金配置领域，打造出鼎信系列产品，形成了公司有特色、可复制、系列化的业务模式，有力地支持了基础产业、新兴产业和地方经济的发展。

公司持续推动市场化改革和业务结构转型，积极介入资产证券化、消费信托等领域。2018年，公司积极在资产证券化领域谋求展业，顺利完成第一单在公开市场发行的资产支持票据（ABN）业务——平安国际融资租赁有限公司2018年度第一期小微租赁资产支持票据，这是全国首单小微租赁ABN，注册规模为40亿元，首期发行10亿元。公司将消费信托作为2018年重要创新方向之一，发挥信托制度优势，探索推进并加快复制消费信托业务，首单主动管理类消费金融信托业务“江苏信托·消费金融（扬子江2号）”顺利落地1 000万元。消费信托业务不仅能够帮助消费者完成跨期消费、实现特定目的消费，更能够进一步提升金融对促进消费的支持作用，进而增强消费对经济发展的基础性作用。

6.4.2.5 本公司履行受托人义务情况及因本公司自身责任而导致的信托资产损失情况

公司严格按照《信托法》《信托公司管理办法》《信托公司集合资金信托管理办法》开展各项信托业务。公司作为受托人，严格遵守信托文件的规定，为受益人的最大利益处理信托事务，管理信托财产，恪尽职守，履行诚实、信用、谨慎、有效管理的义务。在信托业务的设立、运用、内控、终止等环节和全过程作到合法、合规。公司信托财产没有因公司自身责任而导致信托资产损失的情况。

6.4.2.6 信托赔偿准备金的提取、使用和管理情况

单位：万元

| 年初数 | 本年计提 | 年末数 |
|---|---|---|
| 83 732.75 | 9 287.05 | 93 019.80 |

报告期内未发生信托财产损失的情况，信托赔偿准备金未使用。

## 6.5 关联方关系及其交易事项

**6.5.1 关联交易方的数量、关联交易的总金额及关联交易的定价政策等**

| | 关联交易方数量 | 关联交易金额（万元） | 定价政策 |
|---|---|---|---|
| 合计 | 7 | 446 749.49 | 另见注 |

注：关联交易的定价政策：（1）本公司对关联方交易价格根据市场价或协议价确定，与对非关联方的交易价格基本一致，无重大高于或低于正常交易价格的情况。（2）固有财产、信托资产与关联方贷款按人民银行规定的利率执行，投资按市场公允价确定。

**6.5.2 关联交易方与本公司的关系性质、关联交易方的名称、法人代表、注册地址、注册资本及主营业务等**

| 关系性质 | 关联方名称 | 法定代表人 | 注册地址 | 注册资本（万元） | 主营业务 |
|---|---|---|---|---|---|
| 母公司 | 江苏国信股份有限公司 | 浦宝英 | 江苏省南京市 | 377 807.97 | 实业投资、股权投资（包括金融、电力能源股权等）、投资管理与咨询；电力项目开发建设和运营管理，电力技术咨询、节能产品销售，进出口贸易。 |
| 实际控制人 | 江苏省国信集团有限公司 | 王晖 | 江苏省南京市 | 3 000 000.00 | 国有资本投资、管理、经营、转让，企业托管、资产重组、管理咨询、房屋租赁及经批准的其他业务。 |
| 联营企业 | 江苏银行股份有限公司 | 夏平 | 江苏省南京市 | 1 154 445.00 | 存贷款等银行业务。 |
| 同一实际控制人 | 江苏省国信集团财务有限公司 | 周俊淑 | 江苏省南京市 | 150 000.00 | 办理成员单位之间的委托贷款及委托投资等。 |
| 同一实际控制人 | 南京国信大酒店有限公司 | 严华 | 江苏省南京市 | 2 000.00 | 住宿、餐饮（制售中、西餐）等业务。 |
| 同一实际控制人 | 江苏外汽汽车维修服务有限公司 | 张学义 | 江苏省南京市 | 300.00 | 汽车维修，汽车及零配件销售，汽车装潢。 |
| 同一实际控制人 | 江苏外汽机关接待车队有限公司 | 张学义 | 江苏省南京市 | 1 000.00 | 包车客运、旅游客运。 |

6.5.3 **本公司与关联方的重大交易事项**

6.5.3.1 固有财产与关联方交易

单位:万元

| 固有财产与关联方关联交易 | | | | |
|---|---|---|---|---|
| | 期初数 | 借方发生额 | 贷方发生额 | 期末数 |
| 贷款 | — | — | — | — |
| 投资 | — | — | — | — |
| 租赁 | — | — | — | — |
| 担保 | — | — | — | — |
| 应收账款 | -90 687.34 | 1 190.90 | 315.00 | -89 811.44 |
| 其他 | — | 446 069.43 | 446 069.43 | — |
| 合计 | -90 687.34 | 447 260.33 | 446 384.43 | -89 811.44 |

6.5.3.2 信托资产与关联方交易

单位:万元

| 信托资产与关联方关联交易 | | | | |
|---|---|---|---|---|
| | 期初数 | 借方发生数 | 贷方发生数 | 期末数 |
| 贷款 | 17 000.00 | — | 17 000.00 | — |
| 投资 | 29 090.03 | — | — | 29 090.03 |
| 租赁 | — | — | — | — |
| 担保 | — | — | — | — |
| 应收账款 | — | — | — | — |
| 其他 | — | — | — | — |
| 合计 | 46 090.03 | — | 17 000.00 | 29 090.03 |

6.5.3.3 信托公司自有资金运用于自己管理的信托项目及信托公司管理的信托项目之间的相互交易

6.5.3.3.1 固有财产与信托财产之间的交易情况

单位:万元

| 固有财产与信托财产相互交易 | | | |
|---|---|---|---|
| | 期初数 | 本期发生额 | 期末数 |
| 合计 | 250 124.42 | 143 362.83 | 393 487.25 |

6.5.3.3.2 信托项目之间的交易情况

单位:万元

| 信托资产与信托财产相互交易 | | | |
|---|---|---|---|
| | 期初数 | 本期发生额 | 期末数 |
| 合计 | 1 219 792.13 | 29 873.94 | 1 249 666.07 |

6.5.4 **逐笔披露关联方逾期未偿还本公司资金的详细情况以及本公司为关联方担保发生或即将发生垫款的详细情况**

报告期内,公司未发生以上所述情况。

## 6.6 会计制度

固有业务和信托业务均执行《企业会计准则》。

# 7. 财务情况说明书

## 7.1 利润实现和分配情况

经天衡会计师事务所审计,江苏省国际信托有限责任公司2018年实现利润总额为217 144.89万元,扣除企业所得税为31 403.99万元,实现税后净利润为185 740.90万元。2017年初未分配利润307 219.45万元,根据法律法规要求和公司股东会决议,计提法定盈余公积金18 574.09万元、计提信托赔偿准备金9 287.05万元、一般准备金11 028.55万元,分配现金红利52 644.71万元,年末未分配利润为401 425.95万元。

## 7.2 主要财务指标

| 指标名称 | 指标值 |
|---|---|
| 资本利润率(%) | 12.74 |
| 加权年化信托报酬率(%) | 0.29 |
| 人均净利润(万元) | 1 280.97 |

注:1. 资本利润率 = 净利润/所有者权益平均余额 × 100% = 185 740.90/[(1 137 839.15 + 1 779 080.48)/2] × 100% = 12.74%。

2. 加权年化信托报酬率 = (信托项目1的实际年化信托报酬率 × 信托项目1的实收信托 + 信托项目2的实际年化信托报酬率 × 信托项目2的实收信托 + 实收信托项目 $n$ 的实际年化信托报酬率 × 信托项目 $n$ 的实收信托)/(信托项目1的实收信托 + 信托项目2的实收信托 + 实收信托项目 $n$ 的实收信托) = 0.29%。

3. 人均净利润 = 净利润/年平均人数 = 185 740.90/[(142 + 148)/2] = 1 280.97万元。

4. 平均值采取年初及年末余额简单平均法,公式为:a(平均) = (年初数 + 年末数)/2。

## 7.3 报告期内对公司财务状况、经营成果产生重大影响的其他事项

无。

# 8. 特别事项揭示

## 8.1 股东报告期内变动情况及原因

经与各股东协商一致,江苏信托3家股东江苏国信、苏豪控股、江苏农垦以现金方式对公司进行增资,增资总额为49.09亿元。其中,江苏国信增资40亿元,持股比例保持不变,为81.4904%;苏豪控股增资7.38亿元,持股比例由9.2548%变为10.9106%;江苏农垦增资1.7亿元,持股比例由4.6274%变为4.2962%;江苏高投未增资,持股比例由4.6274%变为3.3028%。2018年6月27日,中国银监会江苏监管局(现已更名为中国银保监会江苏监管局)批复同意公司调整股权结构(苏银监复[2018]140号)。

## 8.2 董事、监事及高级管理人员变动情况及原因

2018年11月23日,江苏银保监局筹备组核准王长江为公司独立董事,唐进、刘志红为公司董事,裴硕秋为公司职工董事(苏银保监筹[2018]307号)。范健不再担任公司独立董事,余亦民、徐清不再担任公司董事,李起年不再担任公司职工董事。

2018年11月20日,江苏银保监局筹备组核准严珊为公司副总经理(苏银保监筹[2018]277号)。

2018年7月9日,公司股东会召开第三次会议,选举章明、张瑞琪、王涛先生为公司第五届监事会监事,崇志兵为第五届监事会职工监事。浦宝英、杨炳生不再担任公司监事,魏东不再担任公司职工监事。

## 8.3 变更注册资本、注册地或公司名称、公司分立合并事项

2018 年 6 月 27 日，中国银监会江苏监管局（现已更名为中国银保监会江苏监管局）批复同意公司变更注册资本（苏银监复[2018]140 号）。公司注册资本由 26.84 亿元变更为 37.60 亿元。

## 8.4 公司的重大诉讼事项

### 8.4.1 重大未诉讼事项

无。

### 8.4.2 以前年度发生，于本报告年度终结的诉讼事项

无。

### 8.4.3 本年度发生，于本报告年度终结的诉讼事项

无。

## 8.5 公司及其董事、监事和高级管理人员受到处罚的情况

无。

## 8.6 银保监会现场检查情况及整改措施

2018 年 6 月 19 日至 7 月 9 日，原中国银行业监督管理委员会江苏监管局（现更名为中国银行保险监督管理委员会江苏监管局）对公司开展了现场检查，并于 2018 年 12 月 4 日出具了《现场检查意见书》（苏银保监筹[2018]439 号）。根据现场检查结果，公司建立了"三会一层"治理架构，各治理主体权责基本明确，运行较为顺畅，当前的公司治理架构对公司稳健运营和风险防控发挥了积极作用。公司制定了各类规章制度，前台、中台、后台分离制衡，固有业务与信托业务之间、不同信托项目之间能够实现隔离，未发现恶意侵害信托受益人权益的重大案件。公司固有业务能够按照授权要求，履行必要的审批流程；信托业务尽职调查、风控合规审查及审批流程较为规范，主动管理的信托项目未发生导致受益人利益损失的重大风险。公司能够认真落实监管要求，对日常监管中发现的相关问题进行整改。近年上线的核心业务系统对提高公司经营效率和防范内控风险起到了积极作用，整体信息化水平有所提升。公司能够按照监管要求开展深化整治银行业市场乱象工作，对相关业务进行认真评估及自查，并对自查发现的问题积极采取措施加以整改，但检查也发现，公司在法人治理、内部控制、业务合规性等方面仍需进一步改进优化。

收到《现场检查意见书》后，公司高度重视，立即召开专题会议，对《现场检查意见书》提出的问题进行逐项梳理，认真研究整改方案，部署落实相关工作。在整改工作中，公司不断强化政策传导，完善公司治理，提升内控水平，规范业务开展，落实检查意见。通过整改，公司进一步增强内生动力，提高业务管理水平、强化风险防控意识，坚持问题导向，突出整治重点，长短结合、标本兼治，把握力度节奏，坚持稳中求进，落实主体责任，全面提升整治乱象工作成效。公司持续增强合规经营的主动性和自觉性，大力提升风险防控水平，切实巩固服务实体经济的基础，着力构建合规经营、行稳致远的长效机制。

## 8.7 公司重大事项临时报告

无。

## 8.8 银保监会及其省级派出机构认定的其他有必要让客户及相关利益人了解的重要信息

根据《信托公司净资本管理办法》规定，公司净资本监管风险控制指标（根据审计报告数据计算）执行情况如下：

（1）净资本/各项业务风险资本之和 =1 499 882.35 万元/593 885.87万元 ×100% =252.55% ≥100%（监管标准）。

（2）净资本/净资产 =1 499 882.35 万元/1 779 080.48 万元 ×100% =84.31% ≥40%（监管标准）。

# 9. 公司监事会意见

报告期内公司决策程序合法有效，内控制度进一步完善，公司董事及高级管理人员能够按照国家有关法律法规和《公司章程》的规定履行职责，未发现有违法违纪和损害公司利益及股东利益的行为。公司财务报告的内容完整、真实地反映了公司的财务状况和经营成果。

# 交银国际信托有限公司

## 1. 重要提示

1.1 本公司董事会及董事保证本年度报告所载资料不存在任何虚假记载、误导性陈述或者重大遗漏，并对其内容的真实性、准确性和完整性承担个别及连带责任。

1.2 公司独立董事戴国强先生、刘红忠先生、王华先生声明：保证本年度报告内容的真实、准确和完整。

1.3 普华永道中天会计师事务所（特殊普通合伙）根据中国注册会计师审计准则对本公司2018年度财务报告进行审计，出具了标准无保留意见的审计报告。

1.4 公司法定代表人、董事长童学卫，总裁李依贫（分管财务），预算财务部总经理张悦迎声明：保证本年度报告中财务报告的真实、完整。

## 2. 公司概况

### 2.1 公司简介

| | |
|---|---|
| 法定中文名称 | 交银国际信托有限公司 |
| 法定中文缩写名称 | 交银国际信托 |
| 公司法定英文名称 | Bank of Communications International Trust Co.，Ltd. |
| 法定英文缩写名称 | BOCOMMTRUST |
| 法定代表人 | 童学卫 |
| 注册地址 | 湖北省武汉市江汉区建设大道847号瑞通广场B座16－17层 |
| 邮政编码 | 430015 |
| 国际互联网网址 | www. bocommtrust. com |
| 电子邮箱 | jygx@ bocommtrust. com |
| 信息披露事务联系人 | 赵德刚 |
| 信息披露事务联系人联系方式 | 电话：021－32169666；传真：021－62706820 |
| 选定的信息披露报纸 | 《金融时报》《上海证券报》《证券时报》 |
| 公司年报备置地点 | 湖北省武汉市江汉区建设大道847号瑞通广场B座16层 |
| 聘请的会计师事务所 | 普华永道中天会计师事务所（特殊普通合伙） |
| 聘请的会计师事务所住所 | 上海市黄浦区湖滨路202号企业天地2号楼普华永道中心11楼 |
| 聘请的律师事务所 | 上海市锦天城律师事务所 |
| 聘请的律师事务所住所 | 上海市浦东新区银城中路501号上海中心大厦 |

### 2.2 组织结构

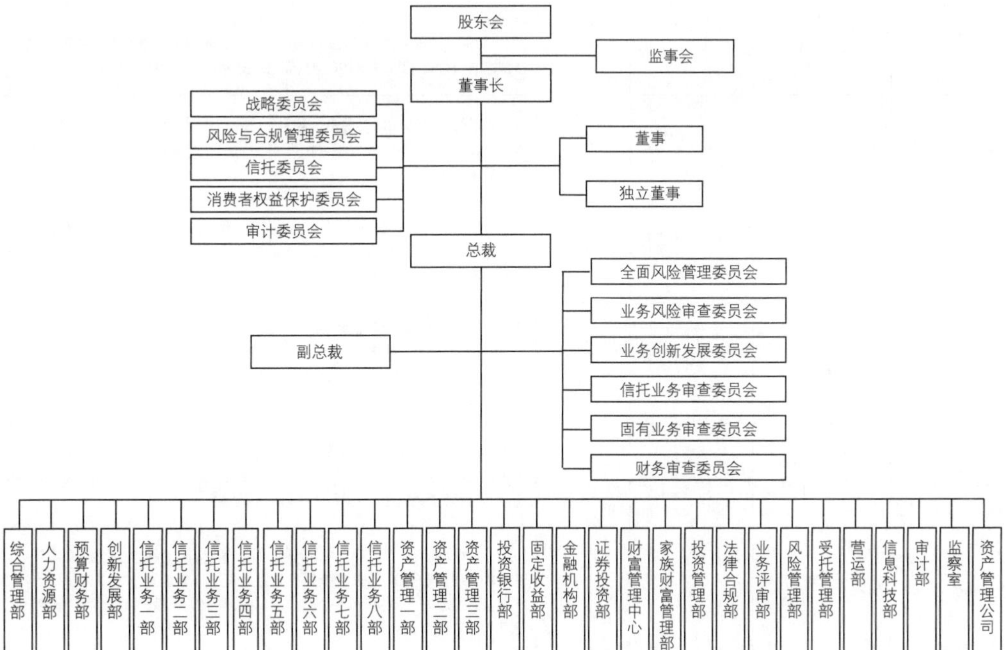

## 3. 公司治理

### 3.1 股东

报告期内，公司股东总数2家。

| 序号 | 股东名称 | 持股比例（%） | 法定代表人（负责人） | 注册资本（亿元） | 注册地址 | 主要经营业务 | 主要财务状况 |
|---|---|---|---|---|---|---|---|
| 1 | ★交通银行股份有限公司 | 85 | 彭　纯 | 742.63 | 上海市浦东新区银城中路188号 | 银行业务 | 2018年末，资产总额为95 311.71亿元，每股净资产为8.6元，资本充足率为14.37%，全年实现净利润（归属于母公司股东）为736.30亿元。 |
| 2 | 湖北省交通投资集团有限公司 | 15 | 龙传华 | 100 | 武汉市汉阳区龙阳大道36号顶琇广场A栋25楼 | 交通基础项目建设等 | 2018年末，资产总额为3 899.48亿元，负债总额为2 705.66亿元，全年实现净利润为24.56亿元。 |

注：★表示实际控制人。

### 3.2 董事

| 姓　名 | 职　务 | 性别 | 年龄（岁） | 选任日期 | 所推举的股东名称 | 该股东持股比例（%） | 简要履历 |
|---|---|---|---|---|---|---|---|
| 童学卫 | 董事长 | 男 | 54 | 2018年9月10日 | 交通银行股份有限公司 | 85 | 硕士，高级经济师，历任交通银行南京分行综合计划处副处长，交通银行白下支行行长，交通银行南京分行国际业务部经理，交通银行宁波分行副行长、高级信贷执行官，交通银行总行公司业务部/公司机构业务部副总经理（总行部门正职级）、金融机构部总经理；现任交银国际信托有限公司董事长（省分行正职级）。 |
| 龙传华 | 董事 | 男 | 56 | 2014年12月31日 | 湖北省交通投资集团有限公司 | 15 | 博士，高级经济师，历任黄石市委政研室副主任、主任，黄石市经济开发区管委会副主任，湖北省交通厅副厅长，湖北省交通投资集团有限公司总经理；现任湖北省交通投资集团有限公司董事长。 |
| 金　旗 | 董事 | 男 | 50 | 2017年12月4日 | 交通银行股份有限公司 | 85 | 本科，中级经济师，历任交通银行上海分行市南支行副行长，交通银行总行公司业务部高级经理，公司业务部/公司机构业务部总经理助理、副总经理，交通银行票据业务中心副总裁（主持工作）、总裁；现任交通银行总行资产管理业务中心总裁。 |
| 陈　蔚 | 董事 | 男 | 53 | 2017年12月4日 | 交通银行股份有限公司 | 85 | 硕士，高级经济师，历任交通银行武汉分行汉阳支行行长、交通银行武昌支行行长，交通银行华南授信审批中心副总经理、总经理，交通银行广东省分行副行长，交通银行总行零售信贷管理部/小企业信贷部副总经理（总行部门正职级）、风险管理部（资产保全部）副总经理、小企业金融部副总经理，法律合规部总经理；现任交通银行湖南省分行行长。 |
| 颇　颖 | 董事 | 女 | 47 | 2013年1月25日 | 交通银行股份有限公司 | 85 | 硕士，高级会计师，历任交通银行南宁分行计划处副处长，交通银行总行财务会计部副处长、高级经理，交通银行苏州分行副行长，交通银行总行预算财务部副总经理；现任交通银行总行战略投资部总经理。 |
| 李依贫 | 执行董事 | 男 | 54 | 2018年12月29日 | 交通银行股份有限公司 | 85 | 硕士，高级经济师，历任交通银行武汉分行太平洋支行行长助理，交通银行江岸支行副行长及行长，交通银行青山支行行长，交通银行武汉分行公司业务部高级经理，交银国际信托有限公司副总裁；现任交银国际信托有限公司执行董事、总裁。 |
| 戴国强 | 独立董事 | 男 | 66 | 2015年5月27日 | — | — | 博士，历任上海财经大学讲师、副教授、教授，财务金融学院副院长，金融学院常务副院长、院长，MBA学院院长，商学院副院长；现任上海财经大学商学院教授、博士研究生导师，享受国务院政府特殊津贴专家，中国金融学会常务理事，中国国际金融学会常务理事，上海城市金融学会副会长等。 |
| 刘红忠 | 独立董事 | 男 | 54 | 2018年12月29日 | — | — | 博士，历任复旦大学讲师、副教授、教授，复旦大学国际金融系主任，复旦大学金融研究院副院长等；现任复旦大学金融学教授、博士生导师、中国金融史研究中心副主任，金融研究中心副主任，中国金融学会理事，中国国际金融学会理事等。 |
| 王　华 | 独立董事 | 男 | 42 | 2018年12月29日 | — | — | 博士，中国注册会计师，历任中南财经政法大学讲师、副教授、教授，中南财经政法大学会计学院成本管理教研室副主任，中南财经政法大学财务管理系副主任，国际会计教育中心主任；现任中南财经政法大学会计学院副院长、教授、博士生导师，管理会计与绩效研究所所长，财政部管理会计咨询委员会委员等。 |

## 3.3 监事

| 姓　名 | 职　务 | 性别 | 年龄（岁） | 选任日期 | 所推举的股东名称 | 该股东持股比例（%） | 简要履历 |
|---|---|---|---|---|---|---|---|
| 郑智勇 | 监事长 | 男 | 44 | 2018年11月19日 | 交通银行股份有限公司 | 85 | 硕士，会计师，经济师，历任交通银行总行公司业务部高级经理、公司业务部/公司机构业务部总经理助理、副总经理，交通银行海南省分行副行长、公司机构业务部（投资银行部）副总经理（省分行副职级），交通银行总行公司机构业务部（投资银行部）副总经理；现任交通银行总行公司机构业务部副总经理（省分行副职级），交银国际信托有限公司监事长。 |
| 李　琳 | 监事 | 男 | 44 | 2019年3月29日 | 湖北省交通投资集团有限公司 | 15 | 硕士，会计师，历任湖北省交通投资集团有限公司融资财务部副部长、证券部部长、资本运营部部长、董事会办公室主任；现任湖北省交通投资集团有限公司审计部部长。 |
| 韩泽民 | 职工监事 | 男 | 56 | 2010年11月5日 | — | — | 本科，经济师，历任湖北省国际信托投资公司金融部经理、国际金融部经理、办公室副主任，交银国际信托有限公司综合管理部副总经理、监察室副主任；现任交银国际信托有限公司人力资源部副总经理（主持工作）。 |

注：2019年3月，公司股东会选举李琳为本公司监事，兰国光因工作变动原因不再担任本公司监事。

## 3.4 高级管理人员

| 姓　名 | 职务 | 性别 | 年龄（岁） | 选任日期 | 金融从业年限（年） | 学历/学位 | 专业 |
|---|---|---|---|---|---|---|---|
| 李依贫 | 总裁 | 男 | 54 | 2019年2月26日 | 22 | 硕士 | 财务金融 |
| 孟宪宇 | 副总裁 | 男 | 41 | 2013年4月28日 | 19 | 硕士 | 企业管理 |
| 谢　洁 | 副总裁 | 男 | 45 | 2013年4月28日 | 18 | 硕士 | 世界经济 |
| 蔡　平 | 副总裁 | 男 | 56 | 2013年9月3日 | 6 | 硕士 | 管理工程 |
| 唐云岳 | 副总裁 | 男 | 42 | 2019年2月26日 | 16 | 硕士 | 国际贸易 |

## 3.5 公司员工

报告期末，员工总数为229人，平均年龄为35岁，学历分布比率为：博士为零；硕士为61.1%；本科为37.6%；专科为0.4%；其他为0.9%。

# 4. 经营管理

## 4.1 经营目标、经营方针、战略规划

认真贯彻落实国家宏观政策和金融监管要求，发挥信托制度和集团资源两个优势，聚焦“专业资产管理、高端财富管理、优质受托服务”三大核心业务，积极服务实体经济，积极服务人民美好生活需要，打造成为最值得信赖的信托资产管理机构。

## 4.2 所经营业务的主要内容

资产管理类业务包括信托贷款、应收账款融资、并购融资、房地产融资、投资基金、证券投资信托等产品。财富管理类业务包括高端信托理财产品、家族财富管理信托、现金管理类产品、受托境外理财（QDII）等产品。受托管理类业务包括信贷资产证券化、企业资产证券化、公益慈善信托、消费信托、土地流转信托、员工持股计划等产品。

公司按照“低风险、多元化”的配置原则管理运用自有资金，适量投资理财产品、合理有序发放贷款和投资债券，适度进行股票投资和股权投资，发展创新业务，兼顾权益类和固定收益类，充分考虑资产流动性、期限和收益之间的合理平衡，确保上述各类资产配置比例都在合理范围内。

**信托资产运用与分布表**

| 资产运用 | 金额（万元） | 占比（%） | 资产分布 | 金额（万元） | 占比（%） |
|---|---|---|---|---|---|
| 货币资产 | 2 508 715.54 | 2.88 | 基础产业 | 27 809 176.94 | 31.95 |
| 贷款 | 24 724 886.70 | 28.40 | 房地产 | 5 851 124.33 | 6.72 |
| 交易性金融资产 | 11 567 685.04 | 13.29 | 证券市场 | 12 225 992.31 | 14.04 |
| 可供出售金融资产 | 1 441 290.32 | 1.66 | 实业 | 12 279 280.71 | 14.11 |
| 持有至到期投资 | 4 044 403.70 | 4.65 | 金融机构 | 18 132 851.39 | 20.83 |
| 长期股权投资 | 1 496 529.92 | 1.72 | 其他 | 10 753 728.81 | 12.35 |
| 其他 | 41 268 643.27 | 47.40 | — | — | — |
| 信托资产总计 | 87 052 154.49 | 100.00 | 信托资产总计 | 87 052 154.49 | 100.00 |

**自营资产运用与分布表**

| 资产运用 | 金额（万元） | 占比（%） | 资产分布 | 金额（万元） | 占比（%） |
|---|---|---|---|---|---|
| 货币资产 | 99 948.75 | 8.24 | 基础产业 | 94 998.46 | 7.83 |
| 交易性金融资产 | 446 210.90 | 36.80 | 房地产业 | 433 027.00 | 35.71 |
| 债权投资 | 534 323.38 | 44.06 | 证券市场 | 323 500.00 | 26.68 |
| 发放贷款和垫款 | 26 351.03 | 2.17 | 实业 | — | -26.99 |
| 长期股权投资 | 682.44 | 0.06 | 金融机构 | 32 000.00 | 2.64 |
| 其他 | 105 128.52 | 8.67 | 其他 | 329 119.56 | 27.14 |
| 资产总计 | 1 212 645.02 | 100.00 | 资产总计 | 1 212 645.02 | 100.00 |

## 4.3 市场分析

### 4.3.1 有利因素

一是实体经济稳中向好。2018年我国GDP同比增长6.6%，首次突破90万亿元大关。国民经济稳中向好、好于预期，经济发展呈现出增长与质量、结构、效益相得益彰的良好局面，为信托公司发挥制度优势提供了稳定的宏观经济环境。

二是经济转型升级提速。“一带一路”建设以及“长三角区域一体化”“粤港澳大湾区”等国家战略出台、落地；稳增长、降

杠杆带来高质量发展动力；科创板和注册制激发资本市场新活力；绿色金融、健康养老等体现了人民对美好生活的向往，为信托公司服务实体经济创造了良好的市场环境。

三是财富管理和传承需求不断增强。改革开放四十年，经济发展带来居民财产性收入稳步增加，高净值人群快速增长，信托公司开展高端财富管理业务时机日趋成熟。

#### 4.3.2 不利因素

一是从宏观来看，全球经济增长放缓，我国经济运行稳中有变、变中有忧，行业、区域、企业发展分化情况比较突出。信用风险、市场风险和流动性风险交织叠加，对信托公司风险管控提出更高的要求。

二是从监管来看，“强监管”态势依然持续，监管趋细、趋严、趋实成为常态；资管新规“去通道、限嵌套、破刚兑、尽职管理”，对公司展业提出了更高的要求；《信托公司受托责任尽职指引》出台，对信托公司开展信托业务的全流程进行了规范，对信托公司展业提出更高的要求。

三是从市场来看，银行理财子公司相继获批，资管市场竞争日趋激烈；优质企业融资渠道更为多元和顺畅，对信托公司获取优质客户和优质项目带来一定的挑战。

### 4.4 内部控制情况

#### 4.4.1 内部控制环境和内部控制文化

公司按照“纵到底、横到边、全覆盖”的要求，着力营造氛围和谐、运转高效的内部控制环境。一是持续改进公司治理，不断完善公司治理架构。二是强化内部审计监督作用，促进内部控制稳健运行。三是强化制度建设与执行，确保业务运行的各环节均有章可循。四是按照权责分明、相互制约的原则设置部门和岗位。

公司积极弘扬全员合规与内控优先的内部控制文化。一是公司“三会一层”均牢固树立合法合规经营的理念，营造合规经营的文化环境；同时，公司积极学习监管政策，将监管政策化为日常业务的行动指南。二是公司上下树立起内控优先的意识，建立公司员工行为准则、职业道德规范，并持续开展合规管理、合规宣传和专题业务培训，积极提升全员的合规经营意识，进一步夯实内控制度的落实与执行。

#### 4.4.2 内部控制措施

公司坚持“内控优先、制度先行”的管理理念，持续加强内控制度体系建设和完善细化工作，制定出台多项业务管理和基础管理制度。公司建立健全防火墙制度，实现四个分离：信托业务与自营业务相分离；不同的信托财产之间相分离；同一信托财产运用与保管相分离；业务操作与风险监控相分离。

对于信托业务，在设立环节，公司严格按照制度规定开展信托项目审批，制定规范的信托文件和项目尽职调查标准；在资金运用环节，公司严格履行受托人职责，依法运用信托财产，实现审批、运用和保管分离；在管理环节，公司不断完善风险识别、评估、监控、报告体系，前台、中台、后台紧密配合，形成职责明晰、相互制约的管理机制；在清算终止环节，公司严格依据法律法规、信托文件制作清算报告，并向受益人进行信息披露，持续完善信托业务档案管理制度。

对于固有业务，公司建立健全固有业务决策机制，2018 年初制定科学合理的年度自有资金配置计划与风险容忍度，并严格按照相关程序进行审批，实现固有业务协调发展；通过动态的监控机制、严密的账户管理、严格的资金审批调度、规范的交易操作以及完善的业务档案管理，公司严格控制固有资金的投资风险，重要投资均有详细的风险分析支持。

#### 4.4.3 监督评价与纠正

公司建立了内部控制检查、报告和纠正机制，确保内控制度的执行落实和对发现问题的及时整改。内审部门对公司内部控制制度的执行情况进行持续的检查和监督，对被审计项目作出客观评价，提出意见或建议，并对内审报告作出的结论和处理意见的执行及整改情况进行后期追踪检查，督促整改落实。董事会定期评价内部控制的有效性，定期召开审计委员会会议，听取公司内部控制管理工作的汇报与建议，并根据环境变化适时调整和完善。

### 4.5 风险管理

#### 4.5.1 风险管理概况

公司经营活动中面临的风险主要包括信用风险、市场风险、操作风险及其他风险等。公司形成了事前防范、事中控制、事后评价的风险管理机制。

4.5.1.1 信用风险状况

（1）信托业务信用风险状况。截至 2018 年 12 月 31 日，公司存续信托项目 1 047 个，存续受托规模为 8 544.26 亿元，公司按照相关要求计提准备。

（2）固有业务信用风险状况。截至 2018 年 12 月 31 日，公司自有资金贷款余额为 2.7 亿元，固有业务信用风险资产均为正常类，不良资产的期初数与期末数均为零，按照相关要求计提准备。截至 2018 年末，交易对手履约情况正常，公司固有业务信用风险处于较低水平。

4.5.1.2 市场风险状况

截至 2018 年 12 月 31 日，信托资产投资、固有资产投资市场风险情况正常；自有资金证券投资未突破公司确定的风险容忍度限额。

4.5.1.3 操作风险状况

公司建立完善的操作风险控制体系，并不断完善操作风险管控。截至 2018 年 12 月 31 日，公司未发生因操作风险所造成的损失。

4.5.1.4 其他风险状况

其他风险主要包括合规风险、政策风险等。截至 2018 年 12 月 31 日，公司未发生因上述风险造成的损失。

#### 4.5.2 风险管理

4.5.2.1 信用风险管理

公司高度重视交易对手的信用情况，加强项目运行前端的风险管控，以尽职调查为重要风控抓手，科学评估交易对手的履约能力与意愿，筛选现金流充裕且第二还款来源稳固的项目，辅以有效的信用增级措施，如聘请专业的评估机构对抵押品进行评估，对担保物的充足性进行严格把关，审慎评估保证人的履约能力等，切实提高信用风险的保障系数。公司已根据监管要求按照注册资本的 20% 足额提取信托赔偿准备金。

在项目运行过程中，公司深入研究影响交易对手履约能力的各种风险因素，持续跟踪抵（质）押物价值对融资本息的保障系数，加强监测有关还款来源的变化情况，持续加强业务日常监测、换手查访、风险排查、风险预警、风险提示和督导落实的力度,有效落实项目到期兑付资金安排监测机制,持续高效开展项目后续管理,并根据具体问题研究采取相关应对措施,确保项目信用风险的可控、可测、可承受。

4.5.2.2 市场风险管理

一是公司高度重视市场价格风险因素的管理,不断强化对自有资金投资项目的科学决策与管理,密切关注经济运行状况,严控因宏观政策调整带来不利影响的风险。二是在业务评审环节,公司详细评估项目的市场风险;在资金运用环节,公司密切关注有关风险因子、情景的变化情况,采取有针对性的举措。三是公司配备了与市场风险管理需求相适应的专业团队,对市场风险的研究较为充分,投资行为较为审慎。四是公司加强对宏观经济及金融形势的分析预测,制定年度自有资金配置计划与风险容忍度,并严格执行该配置计划及风险容忍度指标。

4.5.2.3 操作风险管理

一是公司建立了严格的部门职责、员工岗位职责、业务流程和操作规程,形成了职责分明、相互监督制约的机制和严格的审核、复核程序;二是公司持续推进综合业务系统开发上线,并建立了全面的、规范的、现代化的信息系统管理流程;三是公司不断完善各项规章制度,持续完善操作风险管理机制,切实提高业务管理的精细化水平。截至2018年12月31日,公司未出现重大差错和失误,未发生重大责任事故。

4.5.2.4 其他风险管理

公司严格按照国家法律法规和监管部门的有关要求开展业务;公司不断完善突发事件应急处理机制,以应对可能发生的突发事件。

**4.5.3 净资本管理**

2018年末,公司净资本风险控制指标为:净资本为100.31亿元,各项风险资本为77.90亿元,净资本与各项业务风险资本之和之比为128.8%,净资本与净资产之比为90.9%,大于监管要求的40%标准。2018年末,净资本监管各项指标全面达标。

## 4.6 消费者权益保护

2018年,公司认真贯彻落实监管机构关于消费者权益保护工作的各项要求,切实加强消费者权益保护工作,在监管机构消保工作考评中获"二级A",保持全年零投诉。董事会下设消费者权益保护委员会,成立了消费者权益保护工作部;制定(修订)了《交银国信消费者权益保护工作考评试行办法》《交银国信客户信息收集更新管理办法》《交银国信销售专区录音录像管理暂行办法》《交银国信消费者权益保护工作审计试行办法》,严格实施信托产品销售"一区双录"(销售专区、录音、录像)工作,加强客户信息保护,深入开展金融知识宣传教育,切实提高消费者金融维权意识。

## 4.7 企业社会责任

报告期内,本公司重视发挥企业社会价值,履行社会责任。2018年12月25日,公司代表赴湖北省恩施州咸丰县黄金洞乡黄家村开展"冬日暖阳"帮困助学活动,看望慰问贫困家庭中小学生,公司党员及员工筹集爱心善款5.13万元。公司与交行新疆、贵州、广西等分行开展业务联动,大力开拓扶贫项目发展基金类信托计划,为扶贫开发民生工程提供资金支持。截至2018年末,扶贫类信托存续资金规模为63.46亿元。公司支持实体经济发展,服务供给侧结构性改革,全年投向实体经济信托资金规模为916亿元。公司通过全资子公司出资7.5亿元参与发起设立国家军民融合产业基金,服务于国家军民融合发展战略推进实施。公司通过全资子公司出资2亿元,参与设立中国健康医疗大数据股份有限公司,承担国家级"互联网+健康医疗"业务运营,服务民生医疗服务,服务人民美好生活。公司注重员工关爱,为员工解决"小事、实事、具体事",开展丰富多彩的员工活动,推动企业与个人共同发展。

# 5. 报告期末及上一年末的比较式会计报表

## 5.1 自营资产

**5.1.1 会计师事务所审计意见全文**

**审计报告**

普华永道中天审字[2019]第26209号

交银国际信托有限公司董事会:

一、审计意见

(一)我们审计的内容

我们审计了交银国际信托有限公司(以下简称贵公司)的财务报表,包括2018年12月31日的合并及公司资产负债表,2018年度的合并及公司利润表、合并及公司现金流量表、合并及公司所有者权益变动表以及财务报表附注。

(二)我们的意见

我们认为,后附的财务报表在所有重大方面按照企业会计准则的规定编制,公允反映了贵公司2018年12月31日的合并及公司财务状况以及2018年度的合并及公司经营成果和现金流量。

二、形成审计意见的基础

我们按照中国注册会计师审计准则的规定执行了审计工作。审计报告的"注册会计师对财务报表审计的责任"部分进一步阐述了我们在这些准则下的责任。我们相信,我们获取的审计证据是充分、适当的,为发表审计意见提供了基础。

按照中国注册会计师职业道德守则,我们独立于贵公司,并履行了职业道德方面的其他责任。

三、其他信息

贵公司管理层对其他信息负责。其他信息包括贵公司2018年年度报告中涵盖的信息,但不包括财务报表和我们的审计报告。

我们对财务报表发表的审计意见不涵盖其他信息,我们也不对其他信息发表任何形式的鉴证结论。

结合我们对财务报表的审计,我们的责任是阅读其他信息,在此过程中,考虑其他信息是否与财务报表或我们在审计过程中了解到的情况存在重大不一致或者似乎存在重大错报。基于我们已经执行的工作,如果我们确定其他信息存在重大错报,我们应当报告该事实。在这方面,我们无任何事项需要报告。

四、管理层和治理层对财务报表的责任

贵公司管理层负责按照企业会计准则的规定编制财务报表，使其实现公允反映，并设计、执行和维护必要的内部控制，以使财务报表不存在由于舞弊或错误导致的重大错报。

在编制财务报表时，管理层负责评估贵公司的持续经营能力，披露与持续经营相关的事项（如适用），并运用持续经营假设，除非管理层计划清算贵公司、终止运营或别无其他现实的选择。

治理层负责监督贵公司的财务报告过程。

五、注册会计师对财务报表审计的责任

我们的目标是对财务报表整体是否不存在由于舞弊或错误导致的重大错报获取合理保证，并出具包含审计意见的审计报告。合理保证是高水平的保证，但并不能保证按照审计准则执行的审计在某一重大错报存在时总能发现。错报可能由于舞弊或错误导致，如果合理预期错报单独或汇总起来可能影响财务报表使用者依据财务报表作出的经济决策，则通常认为错报是重大的。

在按照审计准则执行审计工作的过程中，我们运用职业判断，并保持职业怀疑。同时，我们也执行以下工作：

（1）识别和评估由于舞弊或错误导致的财务报表重大错报风险；设计和实施审计程序以应对这些风险，并获取充分、适当的审计证据，作为发表审计意见的基础。由于舞弊可能涉及串通、伪造、故意遗漏、虚假陈述或凌驾于内部控制之上，未能发现由于舞弊导致的重大错报的风险高于未能发现由于错误导致的重大错报的风险。

（2）了解与审计相关的内部控制，以设计恰当的审计程序，但目的并非对内部控制的有效性发表意见。

（3）评价管理层选用会计政策的恰当性和作出会计估计及相关披露的合理性。

（4）对管理层使用持续经营假设的恰当性得出结论。同时，根据获取的审计证据，就可能导致对贵公司持续经营能力产生重大疑虑的事项或情况是否存在重大不确定性得出结论。如果我们得出结论认为存在重大不确定性，审计准则要求我们在审计报告中提请报表使用者注意财务报表中的相关披露；如果披露不充分，我们应当发表非无保留意见。我们的结论基于截至审计报告日可获得的信息。然而，未来的事项或情况可能导致贵公司不能持续经营。

（5）评价财务报表的总体列报、结构和内容（包括披露），并评价财务报表是否公允反映相关交易和事项。

（6）就贵公司中实体或业务活动的财务信息获取充分、适当的审计证据，以对合并财务报表发表审计意见。我们负责指导、监督和执行集团审计，并对审计意见承担全部责任。

我们与治理层就计划的审计范围、时间安排和重大审计发现等事项进行沟通，包括沟通我们在审计中识别出的值得关注的内部控制缺陷。

普华永道中天
会计师事务所（特殊普通合伙）　　注册会计师：周　章
中国·上海市　　注册会计师：谭麟林
2019年4月26日

5.1.2　公司及合并资产负债表

**合并资产负债表**

编制单位：交银国际信托有限公司　　2018年12月31日　　单位：元

| | 附注 | 2018年12月31日 | 2017年12月31日 |
|---|---|---|---|
| | | 合并 | 合并 |
| 资产 | | | |
| 货币资金 | | 999 487 535.70 | 1 045 323 915.70 |
| 以公允价值计量且其变动计入当期损益的金融资产 | | 不适用 | 1 881 131 714.65 |
| 买入返售金融资产 | | — | 959 000 000.00 |
| 金融投资： | | | |
| 交易性金融资产 | | 4 462 109 015.83 | 不适用 |
| 债权投资 | | 5 343 233 762.72 | 不适用 |
| 可供出售金融资产 | | 不适用 | 968 561 364.23 |
| 持有至到期投资 | | 不适用 | 735 000 000.00 |
| 应收款项类投资 | | 不适用 | 3 459 194 332.00 |
| 发放贷款和垫款 | | 263 510 342.47 | 487 500 000.00 |
| 长期股权投资 | | 6 824 373.89 | 5 561 711.62 |
| 固定资产 | | 23 731 308.04 | 26 759 642.78 |
| 无形资产 | | 9 249 184.27 | 8 735 110.19 |
| 递延所得税资产 | | 25 832 764.81 | 20 258 132.91 |
| 其他资产 | | 992 471 895.04 | 803 135 959.20 |
| 资产总计 | | 12 126 450 182.77 | 10 400 161 883.28 |
| 负债 | | | |
| 应付职工薪酬 | | 131 893 479.57 | 166 947 689.01 |
| 应交税费 | | 220 033 605.35 | 97 163 025.98 |
| 递延所得税负债 | | 1 091 443.81 | 14 480.38 |
| 其他负债 | | 707 013 905.30 | 103 939 268.04 |
| 负债合计 | | 1 060 032 434.03 | 368 064 463.41 |
| 所有者权益 | | | |
| 实收资本 | | 5 764 705 882.35 | 5 764 705 882.35 |
| 盈余公积 | | 532 818 601.77 | 428 770 564.39 |
| 一般风险准备 | | 165 772 516.91 | 112 326 319.57 |
| 信托赔偿准备 | | 1 152 941 176.47 | 801 359 727.50 |
| 未分配利润 | | 3 450 179 571.24 | 2 924 934 926.06 |
| 所有者权益合计 | | 11 066 417 748.74 | 10 032 097 419.87 |
| 负债及所有者权益总计 | | 12 126 450 182.77 | 10 400 161 883.28 |

企业负责人：童学卫　　主管会计工作的负责人：李依贫　　会计机构负责人：张悦迎

**公司资产负债表（续）**

编制单位：交银国际信托有限公司　　2018年12月31日　　单位：元

| | 附注 | 2018年12月31日 | 2017年12月31日 |
|---|---|---|---|
| | | 公司 | 公司 |
| 资产 | | | |
| 货币资金 | | 956 387 731.69 | 1 004 717 449.85 |
| 以公允价值计量且其变动计入当期损益的金融资产 | | 不适用 | 1 810 052 861.10 |
| 买入返售金融资产 | | — | 959 000 000.00 |
| 金融投资： | | | |
| 交易性金融资产 | | 3 398 613 468.42 | 不适用 |

续表

| | 附注 | 2018 年 12 月 31 日 | 2017 年 12 月 31 日 |
|---|---|---|---|
| | | 公司 | 公司 |
| 债权投资 | | 5 319 436 422.59 | 不适用 |
| 可供出售金融资产 | | 不适用 | 601 661 364.23 |
| 持有至到期投资 | | 不适用 | 735 000 000.00 |
| 应收款项类投资 | | 不适用 | 3 326 736 249.68 |
| 发放贷款和垫款 | | 263 510 342.47 | 487 500 000.00 |
| 长期股权投资 | | 1 300 000 000.00 | 800 000 000.00 |
| 固定资产 | | 23 661 173.88 | 26 689 508.62 |
| 无形资产 | | 9 249 184.27 | 8 735 110.19 |
| 递延所得税资产 | | 25 632 431.43 | 20 027 293.83 |
| 其他资产 | | 790 513 324.93 | 600 767 044.27 |
| 资产总计 | | 12 087 004 079.68 | 10 380 886 881.77 |
| 负债 | | | |
| 应付职工薪酬 | | 131 686 757.74 | 166 790 011.92 |
| 应交税费 | | 216 861 298.08 | 94 838 525.50 |
| 其他负债 | | 705 642 958.00 | 103 895 600.34 |
| 负债合计 | | 1 054 191 013.82 | 365 524 137.76 |
| 所有者权益 | | | |
| 实收资本 | | 5 764 705 882.35 | 5 764 705 882.35 |
| 盈余公积 | | 532 818 601.77 | 428 770 564.39 |
| 一般风险准备 | | 165 772 516.91 | 112 326 319.57 |
| 信托赔偿准备 | | 1 152 941 176.47 | 801 359 727.50 |
| 未分配利润 | | 3 416 574 888.36 | 2 908 200 250.20 |
| 所有者权益合计 | | 11 032 813 065.86 | 10 015 362 744.01 |
| 负债及所有者权益总计 | | 12 087 004 079.68 | 10 380 886 881.77 |

企业负责人:童学卫　　主管会计工作的负责人:李依贫　　会计机构负责人:张悦迎

### 5.1.3　公司及合并利润表

**合并利润表**

编制单位:交银国际信托有限公司　　2017 年度　　单位:元

| | 附注 | 2018 年度 | 2017 年度 |
|---|---|---|---|
| | | 合并 | 合并 |
| 一、营业收入 | | 1 727 623 298.27 | 1 584 990 896.89 |
| 利息净收入 | | 347 919 376.82 | 65 544 960.35 |
| 手续费及佣金收入 | | 1 084 037 969.53 | 1 085 610 102.28 |
| 公允价值变动(损失)/收益 | | (9 993 821.82) | 29 536 072.65 |
| 投资收益 | | 127 967 503.33 | 223 249 346.84 |
| 其中:对联营企业和合营企业的投资收益 | | 216 731.27 | 69 676.39 |
| 其他收益 | | 50 872 451.67 | 837 637.53 |
| 汇兑收益/(损失) | | 5 507 099.72 | (6 472 559.82) |
| 其他业务收入 | | 121 462 868.13 | 186 685 337.06 |
| 资产处置损失 | | (150 149.11) | — |
| 二、营业支出 | | (323 343 983.49) | (282 041 170.67) |
| 税金及附加 | | (8 509 532.58) | (9 469 453.36) |
| 业务及管理费 | | (301 804 124.10) | (314 620 524.47) |
| 信用减值损失 | | (13 030 326.81) | 不适用 |
| 资产减值转回 | | 不适用 | 42 048 807.16 |
| 三、营业利润 | | 1 404 279 314.78 | 1 302 949 726.22 |
| 加:营业外收入 | | 0.05 | 253 285.39 |

续表

| | 附注 | 2018 年度 | 2017 年度 |
|---|---|---|---|
| | | 合并 | 合并 |
| 减:营业外支出 | | — | (945 634.52) |
| 四、利润总额 | | 1 404 279 314.83 | 1 302 257 377.09 |
| 减:所得税费用 | | (346 928 934.00) | (322 359 439.81) |
| 五、净利润 | | 1 057 350 380.83 | 979 897 937.28 |
| 按经营持续性分类 | | | |
| 持续经营净利润 | | 1 057 350 380.83 | 979 897 937.28 |
| 终止经营净利润 | | — | — |
| 按所有权归属分类 | | | |
| 少数股东损益 | | — | — |
| 归属于母公司股东的净利润 | | 1 057 350 380.83 | 979 897 937.28 |
| 六、其他综合收益的税后净额 | | | |
| 以后将重分类进损益的其他综合收益 | | | |
| 可供出售金融资产公允价值变动 | | 不适用 | (5 837 828.16) |
| 七、综合收益总额 | | 1 057 350 380.83 | 974 060 109.12 |

企业负责人:童学卫　　主管会计工作的负责人:李依贫　　会计机构负责人:张悦迎

**公司利润表(续)**

编制单位:交银国际信托有限公司　　2018 年度　　单位:元

| | 附注 | 2018 年度 | 2017 年度 |
|---|---|---|---|
| | | 公司 | 公司 |
| 一、营业收入 | | 1 699 473 224.51 | 1 567 245 647.04 |
| 利息净收入 | | 338 366 505.11 | 74 226 987.42 |
| 手续费及佣金收入 | | 1 071 664 734.80 | 1 078 086 804.80 |
| 公允价值变动(损失)/收益 | | (13 717 422.95) | 29 057 219.10 |
| 投资收益 | | 125 607 565.62 | 204 833 920.23 |
| 其他收益 | | 50 732 023.19 | 827 938.25 |
| 汇兑收益/(损失) | | 5 507 099.72 | (6 472 559.82) |
| 其他业务收入 | | 121 462 868.13 | 186 685 337.06 |
| 资产处置损失 | | (150 149.11) | — |
| 二、营业支出 | | (317 662 338.76) | (279 662 522.53) |
| 税金及附加 | | (8 305 332.83) | (9 282 869.12) |
| 业务及管理费 | | (295 628 692.14) | (311 286 853.61) |
| 信用减值损失 | | (13 728 313.79) | 不适用 |
| 资产减值转回 | | 不适用 | 40 907 200.20 |
| 三、营业利润 | | 1 381 810 885.75 | 1 287 583 124.51 |
| 加:营业外收入 | | 0.05 | 203 285.39 |
| 减:营业外支出 | | — | (944 561.23) |
| 四、利润总额 | | 1 381 810 885.80 | 1 286 841 848.67 |
| 减:所得税费用 | | (341 330 511.99) | (318 470 828.06) |
| 五、净利润 | | 1 040 480 373.81 | 968 371 020.61 |
| 按经营持续性分类 | | | |
| 持续经营净利润 | | 1 040 480 373.81 | 968 371 020.61 |
| 终止经营净利润 | | — | — |
| 六、其他综合收益的税后净额 | | | |
| 以后将重分类进损益的其他综合收益 | | | |
| 可供出售金融资产公允价值变动 | — | | (5 799 679.63) |
| 七、综合收益总额 | | 1 040 480 373.81 | 962 571 340.98 |

企业负责人:童学卫　　主管会计工作的负责人:李依贫　　会计机构负责人:张悦迎

### 5.1.4 合并及公司所有者权益变动表

**合并所有者权益变动表**

编制单位：交银国际信托有限公司　　2018年度　　单位：元

| | 附注 | 实收资本 | 其他综合收益 | 盈余公积 | 一般风险准备 | 信托赔偿准备 | 未分配利润 | 所有者权益合计 |
|---|---|---|---|---|---|---|---|---|
| 2017年1月1日年初余额 | | 3 764 705 882.35 | 5 837 828.16 | 331 933 462.33 | 101 393 440.16 | 752 941 176.47 | 2 138 274 303.49 | 7 095 086 092.96 |
| 2017年度增减变动额 | | | | | | | | |
| 综合收益总额 | | | | | | | | |
| 净利润 | | — | — | — | — | — | 979 897 937.28 | 979 897 937.28 |
| 其他综合收益 | | — | (5 837 828.16) | — | — | — | — | (5 837 828.16) |
| 综合收益总额合计 | | — | (5 837 828.16) | — | — | — | 979 897 937.28 | 974 060 109.12 |
| 所有者投入和减少资本 | | | | | | | | |
| 所有者投入资本 | | 2 000 000 000.00 | — | — | — | — | — | 2 000 000 000.00 |
| 利润分配 | | | | | | | | |
| 对所有者的分配 | | — | — | — | — | — | (37 048 782.21) | (37 048 782.21) |
| 提取盈余公积 | | — | — | 96 837 102.06 | — | — | (96 837 102.06) | — |
| 提取一般风险准备 | | — | — | — | 10 932 879.41 | — | (10 932 879.41) | — |
| 提取信托风险准备 | | — | — | — | — | 48 418 551.03 | (48 418 551.03) | — |
| 2017年12月31日年末余额 | | 5 764 705 882.35 | — | 428 770 564.39 | 112 326 319.57 | 801 359 727.50 | 2 924 934 926.06 | 10 032 097 419.87 |
| 2018年1月1日年初余额 | | 5 764 705 882.35 | — | 428 770 564.39 | 112 326 319.57 | 801 359 727.50 | 2 924 934 926.06 | 10 032 097 419.87 |
| 2018年度增减变动额 | | | | | | | | |
| 综合收益总额 | | | | | | | | |
| 净利润 | | — | — | — | — | — | 1 057 350 380.83 | 1 057 350 380.83 |
| 利润分配 | | | | | | | | |
| 对所有者的分配 | | — | — | — | — | — | (23 030 051.96) | (23 030 051.96) |
| 提取盈余公积 | | — | — | 104 048 037.38 | — | — | (104 048 037.38) | — |
| 提取一般风险准备 | | — | — | — | 53 446 197.34 | — | (53 446 197.34) | — |
| 提取信托风险准备 | | — | — | — | — | 351 581 448.97 | (351 581 448.97) | — |
| 2018年12月31日年末余额 | | 5 764 705 882.35 | — | 532 818 601.77 | 165 772 516.91 | 1 152 941 176.47 | 3 450 179 571.24 | 11 066 417 748.74 |

企业负责人：童学卫　　主管会计工作的负责人：李依贫　　会计机构负责人：张悦迎

**公司所有者权益变动表（续）**

编制单位：交银国际信托有限公司　　2018年度　　单位：元

| | 附注 | 实收资本 | 其他综合收益 | 盈余公积 | 一般风险准备 | 信托赔偿准备 | 未分配利润 | 所有者权益合计 |
|---|---|---|---|---|---|---|---|---|
| 2017年1月1日年初余额 | | 3 764 705 882.35 | 5 799 679.63 | 331 933 462.33 | 101 393 440.16 | 752 941 176.47 | 2 133 066 544.30 | 7 089 840 185.24 |
| 2017年度增减变动额 | | | | | | | | |
| 综合收益总额 | | | | | | | | |
| 净利润 | | — | — | — | — | — | 968 371 020.61 | 968 371 020.61 |
| 其他综合收益 | | — | (5 799 679.63) | — | — | — | — | (5 799 679.63) |
| 综合收益总额合计 | | — | (5 799 679.63) | — | — | — | 968 371 020.61 | 962 571 340.98 |
| 所有者投入和减少资本 | | | | | | | | |
| 所有者投入资本 | | 2 000 000 000.00 | — | — | — | — | — | 2 000 000 000.00 |
| 利润分配 | | | | | | | | |
| 对所有者的分配 | | — | — | — | — | — | (37 048 782.21) | (37 048 782.21) |
| 提取盈余公积 | | — | — | 96 837 102.06 | — | — | (96 837 102.06) | — |
| 提取一般风险准备 | | — | — | — | 10 932 879.41 | — | (10 932 879.41) | — |
| 提取信托风险准备 | | — | — | — | — | 48 418 551.03 | (48 418 551.03) | — |
| 2017年12月31日年末余额 | | 5 764 705 882.35 | | 428 770 564.39 | 112 326 319.57 | 801 359 727.50 | 2 908 200 250.20 | 10 015 362 744.01 |
| 2018年1月1日年初余额 | | 5 764 705 882.35 | — | 428 770 564.39 | 112 326 319.57 | 801 359 727.50 | 2 908 200 250.20 | 10 015 362 744.01 |
| 2018年度增减变动额 | | | | | | | | |
| 综合收益总额 | | | | | | | | |
| 净利润 | | — | — | — | — | — | 1 040 480 373.81 | 1 040 480 373.81 |
| 利润分配 | | | | | | | | |
| 对所有者的分配 | | — | — | — | — | — | (23 030 051.96) | (23 030 051.96) |
| 提取盈余公积 | | — | — | 104 048 037.38 | — | — | (104 048 037.38) | — |
| 提取一般风险准备 | | — | — | — | 53 446 197.34 | — | (53 446 197.34) | — |
| 提取信托风险准备 | | — | — | — | — | 351 581 448.97 | (351 581 448.97) | — |
| 2018年12月31日年末余额 | | 5 764 705 882.35 | — | 532 818 601.77 | 165 772 516.91 | 1 152 941 176.47 | 3 416 574 888.36 | 11 032 813 065.86 |

企业负责人：童学卫　　主管会计工作的负责人：李依贫　　会计机构负责人：张悦迎

## 5.2 信托资产

### 5.2.1 信托项目资产负债汇总表

信托项目资产负债汇总表(未经审计)

编制单位:交银国际信托有限公司　　2018 年 12 月 31 日　　单位:万元

| 序号 | 项目 | 期末余额 | 年初余额 |
|---|---|---|---|
| 1 | 信托资产: | | |
| 2 | 1. 货币资金 | 2 508 715. 54 | 3 082 727. 70 |
| 3 | 2. 拆出资金 | — | — |
| 4 | 3. 存出保证金 | — | — |
| 5 | 4. 交易性金融资产 | 11 567 685. 04 | 13 771 151. 35 |
| 6 | 5. 衍生金融资产 | — | — |
| 7 | 6. 买入返售金融资产 | 23 576 556. 10 | 32 265 568. 55 |
| 8 | 7. 应收款项 | 399 835. 57 | 558 629. 30 |
| 9 | 8. 发放贷款 | 24 724 886. 70 | 27 757 325. 58 |
| 10 | 9. 可供出售金融资产 | 1 441 290. 32 | 1 261 801. 88 |
| 11 | 10. 持有至到期投资 | 4 044 403. 70 | 5 460 060. 41 |
| 12 | 11. 长期应收款 | — | — |
| 13 | 12. 长期股权投资 | 1 496 529. 92 | 1 938 309. 75 |
| 14 | 13. 投资性房地产 | — | — |
| 15 | 14. 固定资产 | — | — |
| 16 | 15. 无形资产 | — | — |
| 17 | 16. 长期待摊费用 | — | — |
| 18 | 17. 其他资产 | 17 292 251. 60 | 10 467 380. 70 |
| 19 | 18. 信托资产总计 | 87 052 154. 49 | 96 562 955. 22 |
| 20 | 19. 各项资产减值准备 | 56 125. 15 | — |
| 21 | 信托负债: | | |
| 22 | 20. 交易性金融负债 | — | — |
| 23 | 21. 衍生金融负债 | — | — |
| 24 | 22. 应付受托人报酬 | 10 601. 93 | 10 504. 65 |
| 25 | 23. 应付托管费 | 3 239. 30 | 5 001. 05 |
| 26 | 24. 应付受益人收益 | 113 698. 37 | 7082. 9 |
| 27 | 25. 应交税费 | 11 710. 47 | 1 756. 41 |
| 28 | 26. 应付销售服务费 | 30. 18 | 0. 12 |
| 29 | 27. 其他应付款项 | 418 414. 62 | 644 689. 36 |
| 30 | 28. 其他负债 | — | — |
| 31 | 29. 信托负债合计 | 557 694. 87 | 669 034. 49 |
| 32 | 信托权益: | | |
| 33 | 30. 实收信托 | 85 442 619. 37 | 94 454 280. 67 |
| 34 | 31. 资本公积 | 682 096. 95 | 550 583. 50 |
| 35 | 32. 外币报表折算差额 | 11 023. 05 | 5 702. 87 |
| 36 | 33. 未分配利润 | 358 720. 25 | 883 353. 69 |
| 37 | 34. 信托权益合计 | 86 494 459. 62 | 95 893 920. 73 |
| 38 | 35. 信托负债和信托权益总计 | 87 052 154. 49 | 96 562 955. 22 |

企业负责人:童学卫　主管信托会计工作负责人:李依贫　信托会计机构负责人:张悦迎

### 5.2.2 信托项目利润及利润分配汇总表

信托项目利润及利润分配汇总表

编制单位:交银国际信托有限公司　　2018 年度　　单位:万元

| 序号 | 项目 | 本期数 | 上期数 |
|---|---|---|---|
| 1 | 1. 营业收入 | 4 680 385. 56 | 4 448 119. 77 |
| 2 | 1. 1 利息收入 | 3 591 257. 56 | 3 915 866. 61 |
| 3 | 1. 2 投资收益(损失以“ - ”号填列) | 1 202 594. 79 | 592 337. 84 |
| 4 | 1. 2. 1 其中:对联营企业和合营企业的投资收益 | — | — |
| 5 | 1. 3 公允价值变动收益(损失以“ - ”号填列) | -126 925. 65 | -68 707. 03 |
| 6 | 1. 4 租赁收入 | — | — |
| 7 | 1. 5 汇兑损益(损失以“ - ”号填列) | 868. 42 | -6 238. 12 |
| 8 | 1. 6 其他收入 | 12 590. 44 | 14 860. 47 |
| 9 | 2. 支出 | 406 580. 09 | 328 389. 50 |
| 10 | 2. 1 营业税金及附加 | 13 241. 11 | — |
| 11 | 2. 2 受托人报酬 | 129 816. 04 | 136 896. 57 |
| 12 | 2. 3 托管费 | 38 002. 60 | 39 897. 18 |
| 13 | 2. 4 投资管理费 | -3 182. 91 | 12 469. 18 |
| 14 | 2. 5 销售服务费 | 12 308. 92 | 3 714. 98 |
| 15 | 2. 6 交易费用 | 3 242. 75 | 2 375. 66 |
| 16 | 2. 7 资产减值损失 | 56125. 15 | — |
| 17 | 2. 8 其他费用 | 157 026. 43 | 133 035. 93 |
| 18 | 3. 信托净利润(净亏损以“ - ”号填列) | 4 273 805. 47 | 4 119 730. 27 |
| 19 | 4. 其他综合收益 | 17 685. 11 | 121. 53 |
| 20 | 5. 综合收益 | 4 291 490. 58 | 4 119 851. 80 |
| 21 | 6. 加:期初未分配信托利润 | 883 353. 69 | 644 587. 89 |
| 22 | 7. 可供分配的信托利润 | 5 157 159. 16 | 4 764 318. 16 |
| 23 | 8. 减:本期已分配信托利润 | 4 798 438. 91 | 3 880 964. 47 |
| 24 | 9. 期末未分配信托利润 | 358 720. 25 | 883 353. 69 |

公司负责人:童学卫　主管信托会计工作负责人:李依贫　信托会计机构负责人:张悦迎

# 6. 会计报表附注

## 6.1 会计报表编制基准不符合会计核算基本前提的说明

会计报表编制无不符合会计核算基本前提事项。

## 6.2 或有事项说明

报告期内,公司未发生对外担保及其他或有事项。

## 6.3 重要资产转让及其出售的说明

报告期内,无重要资产转让或出售。

## 6.4 会计报表中重要项目的明细资料

### 6.4.1 披露自营资产经营情况

6.4.1.1 按信用风险五级分类结果披露信用风险资产的期初数、期末数

| 信用风险资产五级分类 | 正常类（万元） | 关注类（万元） | 次级类（万元） | 可疑类（万元） | 损失类（万元） | 信用风险资产合计（万元） | 不良资产合计（万元） | 不良资产率（%） |
|---|---|---|---|---|---|---|---|---|
| 期初数 | 1 034 919.17 | — | — | — | — | 1 034 919.17 | — | — |
| 期末数 | 1 206 761.71 | — | — | — | — | 1 206 761.71 | — | — |

6.4.1.2 各项资产减值损失准备的期初数、本期计提、本期转回、本期核销、期末数

单位：万元

| 项目 | 期初数 | 本期计提 | 本期转回 | 本期核销 | 期末数 |
|---|---|---|---|---|---|
| 贷款损失准备 | 1 250.00 | — | 575.00 | — | 675.00 |
| 一般准备 | 1 250.00 | — | 575.00 | — | 675.00 |
| 专项准备 | — | — | — | — | — |
| 其他资产减值准备 | — | — | — | — | — |
| 债权投资减值准备 | 3 483.6 | 1 332.12 | — | — | 4 815.72 |
| 其他减值准备 | — | — | — | — | — |
| 可供出售金融资产减值准备 | — | — | — | — | — |
| 持有至到期投资减值准备 | — | — | — | — | — |
| 长期股权投资减值准备 | — | — | — | — | — |
| 坏账准备 | — | 545.91 | — | — | 545.91 |
| 投资性房地产减值准备 | — | — | — | — | — |

6.4.1.3 自营股票投资、基金投资、债券投资、长期股权投资等投资的期初数、期末数

单位：万元

| 项目 | 自营股票 | 基金 | 债券 | 长期股权投资 |
|---|---|---|---|---|
| 期初数 | — | — | 73 500 | 58 747 |
| 期末数 | — | — | 32 500 | 76 288 |

6.4.1.4 按照投资入股金额排序，前五名的自营长期股权投资的企业名称、占被投资企业权益的比例、主要经营活动及投资收益情况等

| 企业名称 | 投资总额（万元） | 占被投资企业权益的比例（%） |
|---|---|---|
| 陕西煤业化工集团财务有限公司 | 20 000 | 6.07 |
| 中国航油集团财务有限公司 | 12 000 | 10.00 |
| 上海锦项投资管理有限公司 | 490 | 49 |
| 上海中交达资产管理有限公司 | 106.67 | 40 |
| 杭州投发交银投资管理有限公司 | 49 | 49 |

6.4.1.5 前五名的自营贷款的企业名称、占贷款总额的比例和还款情况

| 企业名称 | 占贷款总额的比例（%） | 还款情况（万元） |
|---|---|---|
| 光明房地产集团有限公司 | 100 | 正常 |

6.4.1.6 表外业务的期初数、期末数；按照代理业务、担保业务和其他类型表外业务分别披露

报告期内，本公司无代理业务、担保业务和其他类型表外业务。

6.4.1.7 公司当年的收入结构

| 收入结构 | 金额（万元） | 占比（%） |
|---|---|---|
| 手续费及佣金收入 | 108 403.80 | 62.75 |
| 其中：信托手续费收入 | 107 166.47 | — |
| 基金和资管计划管理费收入 | 1 237.33 | — |
| 利息收入 | 34 791.93 | 20.14 |
| 其他业务收入 | 12 146.29 | 7.03 |
| 其中：计入信托业务收入部分 | 12 146.29 | — |
| 投资收益 | 12 796.75 | 7.41 |
| 其中：股权投资收益 | 1 938.37 | — |
| 证券投资收益 | — | — |
| 其他投资收益 | 10 858.38 | — |
| 公允价值变动收益 | （999.39） | （0.58） |
| 汇兑收益 | 550.71 | 0.32 |
| 其他收益 | 5 087.25 | 2.94 |
| 资产处置收益 | （15.01） | （0.01） |
| 收入合计 | 172 762.33 | 100 |

其他业务收入主要是指公司为融资企业提供财务顾问、咨询及融资方案设计等服务，获得的财务顾问费收入。

本报告年度共实现信托业务收入总额为 119 312.76 万元，其中手续费及佣金收入为 107 166.47 万元、财务顾问费收入为 12 146.29 万元。

### 6.4.2 披露信托财产管理情况

6.4.2.1 信托资产的期初数、期末数

单位：万元

| 信托资产 | 期初数 | 期末数 |
|---|---|---|
| 集合 | 31 285 232.58 | 48 893 854.11 |
| 单一 | 63 475 233.27 | 37 544 777.28 |
| 财产权 | 1 802 489.37 | 613 523.10 |
| 合计 | 96 562 955.22 | 87 052 154.49 |

6.4.2.1.1 主动管理类信托业务的信托资产期初数、期末数，分投资类和融资类分别披露

单位：万元

| 主动管理类信托资产 | 期初数 | 期末数 |
|---|---|---|
| 投资类 | 854 505.59 | 852 258.77 |
| 融资类 | 14 899 819.84 | 20 235 535.94 |
| 合计 | 15 754 325.43 | 21 087 794.71 |

6.4.2.1.2 事务管理类信托业务的信托资产期初数、期末数

单位：万元

| 事务管理类信托资产 | 期初数 | 期末数 |
|---|---|---|
| 事务管理类 | 80 808 629.79 | 65 964 359.78 |
| 合计 | 80 808 629.79 | 65 964 359.78 |

6.4.2.2 本年度已清算结束的信托项目个数、实收信托合计金额、加权平均实际年化收益率

6.4.2.2.1 本年度已清算结束的集合类、单一类资金信托项目和财产管理类信托项目个数、实收信托合计金额、加权平均实际年化收益率

| 已清算结束信托项目 | 项目个数(个) | 实收信托合计金额(万元) | 加权平均实际年化收益率(%) |
|---|---|---|---|
| 集合类 | 40 | 1 671 769.50 | 6.60 |
| 单一类 | 192 | 7 748 979.39 | 5.42 |
| 财产管理类 | 5 | 181 258.75 | 0.74 |

6.4.2.2.2 本年度已清算结束的主动管理类信托项目个数、实收信托合计金额、加权平均实际年化报酬率、加权平均实际年化收益率,分投资类、融资类分别计算并披露

| 已清算结束信托项目 | 项目个数(个) | 实收信托合计金额(万元) | 加权平均实际年化信托报酬率(%) | 加权平均实际年化收益率(%) |
|---|---|---|---|---|
| 投资类 | — | — | — | — |
| 融资类 | 11 | 311 020.00 | 1.14 | 5.87 |

6.4.2.2.3 本年度已清算结束的事务管理类信托项目个数、实收信托合计金额、加权平均实际年化报酬率、加权平均实际年化收益率

| 已清算结束信托项目 | 项目个数(个) | 实收信托合计金额(万元) | 加权平均实际年化信托报酬率(%) | 加权平均实际年化收益率(%) |
|---|---|---|---|---|
| 事务管理类 | 226 | 9 290 987.64 | 0.13 | 5.66 |

6.4.2.3 本年度新增的集合类、单一类和财产管理类信托项目个数、实收信托合计金额

| 新增信托项目 | 项目个数(个) | 实收信托合计金额(万元) |
|---|---|---|
| 集合类 | 91 | 23 563 887.69 |
| 单一类 | 375 | 1 890 661.19 |
| 财产管理类 | — | — |
| 新增合计 | 466 | 25 454 548.88 |
| 其中:主动管理类 | 62 | 5 865 095.00 |
| 事务管理类 | 404 | 19 589 453.88 |

注:本年新增信托项目指在本报告年度内累计新增的信托项目个数和金额,包含本年度新增并于本年度内结束的项目和本年度新增至报告期末仍在持续管理的信托项目。

6.4.2.4 信托业务创新成果和特色业务有关情况

一是信贷资产证券化。报告期内,公司进一步巩固在信贷资产证券化领域的领先优势,成功发行交元2018年信用卡分期ABS、交诚2018年不良资产支持证券、交盈2018年个人住房RMBS,工元2018年个人住房RMBS等多单信贷资产证券化项目,全年公募信贷资产证券化发行规模突破1 500亿元,位居行业前二。凭借全流程专业服务,连续5年被中央国债登记结算有限责任公司评为“资产支持证券(ABS)优秀发行人”。

二是企业资产证券化。公司紧紧把握市场发展机遇,大力拓展企业资产证券化业务。报告期内,公司成功落地上海易鑫租赁、君创融资租赁、中交一航局、二航局、中交一公局等多单公募企业资产证券化项目,发行规模为60.32亿元,排名市场第九。

三是家族财富管理。公司紧抓家族财富管理市场需求,在报告期内,新设家族财富管理部,加大与交银集团私银条线合作,通过“定制化产品+个性化服务”等措施,成功发行多单家族财富管理产品,当年新成立项目规模超过36亿元,有力促进了家族财富管理业务规模化发展。

6.4.2.5 本公司履行受托人义务情况及因本公司自身责任而导致的信托资产损失情况

报告期内,本公司无因本公司自身责任而导致的信托资产损失情况。

## 6.5 关联方关系及其交易的披露

### 6.5.1 关联交易方的情况

| | 关联交易方数量(个) | 关联交易金额(万元) | 定价政策 |
|---|---|---|---|
| 合计 | 3 | 4 300 | 按市场价格交易;若无市场价格,则按公允原则,以不优于对非关联方同类交易的条件定价交易。 |

### 6.5.2 关联交易方的情况

| 关系性质 | 关联方名称 | 法定代表人 | 注册地址 | 注册资本 | 主营业务 |
|---|---|---|---|---|---|
| 控股股东 | 交通银行股份有限公司 | 彭 纯 | 上海市浦东新区银城中路188号 | 742.63亿元 | 银行业务。 |
| 受同一母公司控制 | 交银施罗德基金管理有限公司 | 阮 红 | 上海市浦东新区银城中路188号 | 20 000万元 | 基金募集、基金销售、资产管理和中国证监会许可的其他业务。 |
| 受同一母公司控制 | 上海汇经置业有限公司 | 孙 磊 | 上海陆家嘴环路333号金砖大厦3楼301室 | 87 000万元 | 办公楼及附属配套设施的经营、出租、出售。 |

### 6.5.3 公司与关联方的重大交易事项

6.5.3.1 固有财产与关联方交易情况

单位:万元

| | 固有与关联方关联交易 | | | |
|---|---|---|---|---|
| | 期初数 | 借方发生额 | 贷方发生额 | 期末数 |
| 贷款 | — | — | — | — |
| 投资 | — | — | — | — |
| 租赁 | — | — | — | — |
| 担保 | — | — | — | — |
| 应收账款 | — | — | — | — |
| 其他 | 16 000.00 | — | 6 000.00 | 10 000.00 |
| 合计 | 16 000.00 | — | 6 000.00 | 10 000.00 |

6.5.3.2 信托与关联方交易情况:贷款、投资、租赁、应收账款、担保、其他方式等期初汇总数、本期借方和贷方发生额汇总数、期末汇总数

单位:万元

| | 信托与关联方关联交易 | | | |
|---|---|---|---|---|
| | 期初数 | 借方发生额 | 贷方发生额 | 期末数 |
| 贷款 | — | — | — | — |
| 投资 | — | — | — | — |
| 租赁 | — | — | — | — |
| 担保 | — | — | — | — |
| 应收账款 | — | — | — | — |
| 其他 | — | — | — | — |
| 合计 | — | — | — | — |

6.5.3.3　信托公司自有资金运用于自己管理的信托项目（固信交易）、信托公司管理的信托项目之间的相互（信信交易）金额，包括余额和本报告年度的发生额

6.5.3.3.1　固有财产与信托财产之间的交易

单位：万元

| 固有财产与信托财产相互交易 | | | | |
|---|---|---|---|---|
| | 年初数 | 本年借方发生额 | 本年贷方发生额 | 年末数 |
| 合计 | 468 520.00 | 819 470.00 | 572 724.54 | 715 265.46 |

6.5.3.3.2　信托项目之间的交易金额期初汇总数、本期发生额汇总数、期末汇总数

单位：万元

| 信托资产与信托财产相互交易 | | | |
|---|---|---|---|
| | 期初数 | 本期发生额 | 期末数 |
| 合计 | 2 853 179.28 | −78 665.49 | 2 774 513.79 |

注：以公司受托管理的一个信托项目的资金购买自己管理的另一个信托项目的受益权或信托项下资产均应纳入统计披露范围。

#### 6.5.4　关联方逾期未偿还公司资金的情况

无。

### 6.6　会计制度的披露

公司固有业务和信托业务的会计核算执行中华人民共和国财政部2006年颁布的《企业会计准则》及其相关规定。

## 7. 财务情况说明书

### 7.1　利润实现和分配情况

公司2018年实现净利润为1 040 480 373.81元，有关利润分配方案如下：

根据《公司法》《公司章程》规定，按照净利润的10%计提法定公积金104 048 037.38元。

根据财政部《金融企业准备金计提管理办法》规定，按照公司2018年末风险资产账面余额的1.5%差额计提一般准备53.446.197.34元。

根据《信托公司管理办法》规定及银保监会监管要求，信托公司信托赔偿准备金计提比例达到公司注册资本的20%时可以不再计提。2018年末，公司注册资本为5 764 705 882.35元，应计提信托赔偿准备金为1 152 941 176.47元，公司已计提的信托赔偿准备金为1 152 941 176.47元，已达到注册资本的20%。

扣除上述利润分配项目后，公司2018年母公司剩余可供分配利润为882 986 139.09元，拟按照剩余可供分配利润的6%向股东分配利润为52 979 168.35元。

### 7.2　主要财务指标

| 指标名称 | 指标值 |
|---|---|
| 资本利润率（%） | 10.02 |
| 加权年化信托报酬率（%） | 0.17 |
| 人均净利润（万元） | 478.44 |

### 7.3　对公司财务状况、经营成果有重大影响的其他事项

2018年无其他对公司财务状况、经营成果有重大影响的其他事项。

## 8. 特别事项揭示

### 8.1　前五名股东报告期内变动情况及原因

无。

### 8.2　董事、监事及高级管理人员变动情况及原因

2018年8月，赵炯因工作变动不再担任董事长、总裁职务。

2018年9月，公司股东会及董事会选举童学卫为董事长。

2018年11月，公司股东会及监事会选举郑智勇为监事长，姚永杰因到龄退休不再担任监事长职务。

2018年12月，公司股东会选举李依贫为执行董事，刘红忠、王华为独立董事。赵海慧不再担任本公司董事职务，张纯不再担任本公司独立董事职务。

2018年12月，公司董事会聘任李依贫为公司总裁，聘任唐云岳为公司副总裁。

### 8.3　变更注册资本、变更注册地或公司名称、公司分立合并事项

无。

### 8.4　公司的重大未决诉讼事项

报告期内，公司信托项目交银国信·中宏投资贷款集合资金信托计划由于出现融资方违约情况涉及司法程序。同时，个别事务管理类项目存在代为诉讼或涉诉情形，相关风险均由委托人承担。

### 8.5　公司及其高级管理人员受到处罚的情况

报告期内，无公司及其董事、监事和高级管理人员受处罚情况。

### 8.6　银监会及其派出机构对公司检查后提出的整改意见

报告期内，湖北银保监局于2018年4～6月对公司开展了进一步深化整治银行业市场乱象及通道业务专项现场检查，未发现公司有重大实质性风险。监管部门对公司治理、内部控制、业务开展及规范经营等方面提出的检查意见和监管要求，公司积极推进整改工作落实。

### 8.7　本年度重大事项临时报告的简要内容、披露时间、所披露的媒体及其版面

2018年6月29日，在《金融时报》第7版披露了公司章程修改公告。简要内容：根据本公司2017年股东会第三次会议决议，对《公司章程》进行了修订。一是落实从严治党要求，把党的领导写入《公司章程》；二是落实监管要求，把消费者权益保护工作写入《公司章程》；三是结合公司治理运行实践，对《公司章程》的其他条款进行了梳理修订。

2018 年 11 月 16 日，在《金融时报》第 7 版披露了变更法定代表人公告，简要内容为根据本公司第三届董事会第十九次会议决议，经湖北银保监局筹备组鄂银保监筹[2018]9 号文批复核准任职资格，童学卫任交银国际信托有限公司董事长。2018 年 11 月公司法定代表人变更为童学卫。

### 8.8 银保监会及其省级派出机构认定的其他有必要让客户及相关利益人了解的重要信息

无。

## 9. 监事会意见

监事会认为，报告期内，公司的决策程序符合国家法律法规和《公司章程》及相关制度，建立健全了比较有效的内控制度，建立了相对完善的独立董事和董事会下属专业委员会，董事会全体成员及高级管理层认真履行职责，未发现有违法、违规、违章行为，也没有损害公司利益、股东利益和委托人利益的行为。报告期内，公司财务报告真实、客观地反映了公司的财务状况和经营成果。

# 昆仑信托有限责任公司

## 1. 重要提示

1.1 本公司董事会及董事保证本报告所载资料不存在任何虚假记载、误导性陈述或者重大遗漏,并对其内容的真实性、准确性和完整性承担个别及连带责任。

1.2 独立董事邢成先生、寇日明先生、崔树霖先生认为本报告内容真实、准确、完整。

1.3 本公司法定代表人董事长肖华先生、总裁吴妍女士、主管会计工作负责人张建慧女士、会计机构负责人康剑桥先生、托管部负责人武义双先生声明:保证年度报告中财务报告的真实、完整。

## 2. 公司概况

### 2.1 公司简介

昆仑信托有限责任公司前身是中国工商银行宁波市信托投资公司,成立于1986年11月,1994年改组为有限责任公司。1997年6月,公司与工商银行脱钩,更名为宁波市金港信托投资有限责任公司。2002年5月,公司增资扩股,获准重新登记。2005年5月,天津经济技术开发区国有资产经营公司收购部分原股东股权后成为控股股东。2008年10月,公司换发金融许可证,变更经营范围,公司名称变更为金港信托有限责任公司。2009年5月,公司增资扩股,中油资产管理有限公司成为控股股东,公司名称变更为昆仑信托有限责任公司,注册资本为30亿元。2016年9月,公司再次增资扩股,获准重新登记,注册资本为102亿元。

| | |
|---|---|
| 公司法定中文名称 | 昆仑信托有限责任公司 |
| 中文缩写 | 昆仑信托 |
| 公司法定英文名称 | Kunlun Trust Co. ,Ltd. |
| 英文缩写 | Kunlun Trust |
| 法定代表人 | 肖华 |
| 注册地址 | 浙江省宁波市鄞州区和济街180号1幢24-27层 |
| 邮政编码 | 315042 |
| 国际互联网网址 | www. kunluntrust. com |
| 电子邮箱 | klinfo@ cnpc. com. cn |
| 信息披露负责人员 | 黄志斌 |
| 信息披露联系人员 | 刘爽 |
| 联系电话 | 010-63597802 |
| 传真 | 010-63597604 |
| 电子邮箱 | ls216317@ cnpc. com. cn |
| 公司信息披露的报纸名称 | 《金融时报》《证券时报》 |
| 公司年度报告备置地 | 公司本部 |
| 公司聘请的会计师事务所及其住所 | 立信会计师事务所有限公司<br>上海市南京东路61号4楼 |
| 公司聘请的律师事务所及其住所 | 上海市锦天城律师事务所<br>上海市浦东新区银城中路501号上海中心大厦11层、12层 |

### 2.2 组织结构

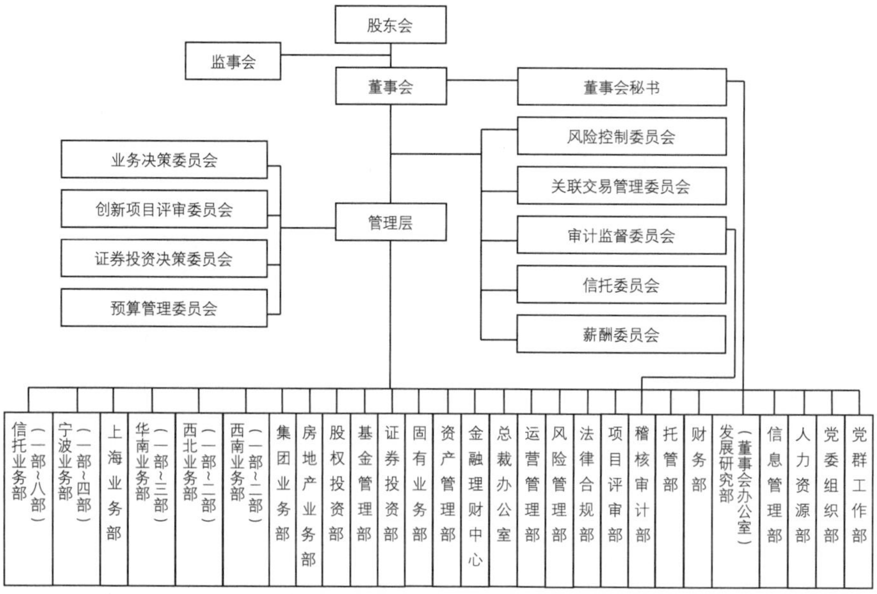

# 3. 公司治理

## 3.1 股东

本报告期末,公司共有3家法人股东,其中持有本公司10%以上出资比例的股东有2家。

| 股东名称 | 持股比例(%) | 法人代表 | 注册资本(万元) | 注册地址 | 主要经营业务 |
|---|---|---|---|---|---|
| ★中油资产管理有限公司 | 82.18 | 肖 华 | 1 088 518 | 北京市东城区东直门北大街9号 | 资产经营管理、投资、资本运营策划与咨询。 |
| 天津经济技术开发区国有资产经营公司 | 12.82 | 叶 旺 | 1 580 000 | 天津开发区宏达街19号 | 投资、参股及国有资产的股权管理;国有资产评估、验资;房地产开发、服务及咨询。 |
| 广博控股集团有限公司 | 5.00 | 胡志明 | 48 000 | 宁波市鄞州区首南街道鄞县大道中段1357号2603室 | 项目投资。 |

注:★表示控股股东。股东之间无关联关系。

## 3.2 董事

### 3.2.1 董事会成员

| 姓名 | 职务 | 性别 | 年龄(岁) | 选任日期 | 所推举的股东名称 | 该股东持股比例(%) | 简要履历 |
|---|---|---|---|---|---|---|---|
| 肖 华 | 董事长 | 男 | 53 | 2018年4月25日 | 中油资产管理有限公司 | 82.18 | 教授级高级经济师,曾任华东化工销售分公司副总经理兼总会计师、党委书记、纪委书记、工会主席、总经理(兼任上海中油石油交易中心有限公司执行董事);现任中油资产管理有限公司党委书记、执行董事、工会主席,昆仑信托有限责任公司董事长。 |
| 吴 妍 | 董事 | 女 | 55 | 2018年4月25日 | 中油资产管理有限公司 | 82.18 | 曾任庄胜集团北京代表处首席代表,JUNEFIELD (L. A. ) LIMITED总经理,美国恒康互惠保险公司保险经纪和财务顾问,美国保德信金融集团北京代表处首席代表,中国出口信用保险公司海外投资保险部与总公司第二营业部副总经理,中国石油海外勘探开发公司(中国石油天然气勘探开发公司)副总经理;现任中油资产管理有限公司总经理,昆仑信托有限责任公司总裁。 |
| 周远鸿 | 董事 | 男 | 50 | 2013年9月26日 | 中油资产管理有限公司 | 82.18 | 高级会计师,曾任中国石油天然气股份有限公司天然气与管道分公司财务处副处长,中国石油天然气集团公司资本运营部股权管理处处长,中国石油天然气集团公司所投资公司专职董监事;现任中国石油天然气集团有限公司资本运营部副总经理。 |
| 王利平 | 董事 | 男 | 58 | 2018年4月25日 | 广博控股集团有限公司 | 5.00 | 高级经济师,现任广博集团股份有限公司董事长,兼任宿迁广博控股集团有限公司董事长,宁波市鄞州联枫投资咨询有限公司执行董事兼总经理,宁波广博建设开发有限公司董事,江苏博迁新材料股份有限公司董事长,上海有金人家金银珠宝股份有限公司董事,Geoswift Asset Management Limited(汇元通)公司董事,第十二届、十三届全国人大代表,中国文教体育用品协会副会长,获全国文教体育用品行业优秀企业家,中华慈善突出贡献人物奖、浙江省优秀中国特色社会主义事业建设者、新中国百名杰出贡献印刷企业家等荣誉。 |
| 叶 旺 | 董事 | 男 | 53 | 2018年4月25日 | 天津经济技术开发区国有资产经营公司 | 12.82 | 曾任天津开发区管委会政策研究室办公室主任,天津开发区财政局副局长,现任天津经济技术开发区国有资产经营公司总经理。 |
| 李效熙 | 董事 | 男 | 36 | 2018年4月25日 | 职工推选 | | 曾任北京国际信托投资有限公司投资银行部经理,金港信托有限责任公司信托一部副总经理、总裁助理、战略发展及执行委员会副主席、主席、副董事长;现任昆仑信托有限责任公司副总裁。 |

### 3.2.2 独立董事

| 姓名 | 职务 | 性别 | 年龄(岁) | 选任日期 | 所推举的股东名称 | 该股东持股比例(%) | 简要履历 |
|---|---|---|---|---|---|---|---|
| 邢 成 | 独立董事 | 男 | 56 | 2018年4月25日 | 中油资产管理有限公司 | 82.18 | 经济学博士、教授,曾任天津市财政局干部,天津财经大学教授,北方信托股份有限责任公司战略发展研究所所长兼业务发展部总经理;现任中国人民大学信托与基金研究所执行所长。 |
| 寇日明 | 独立董事 | 男 | 60 | 2018年4月25日 | 中油资产管理有限公司 | 82.18 | 高级会计师、工程师、理学博士,曾任国家开发银行国际金融局副局长,中国长江电力股份公司党委委员,瑞银集团投资银行(香港分行)固定收益部董事总经理,中国再保险集团公司党委委员、副总裁;现为中美绿色基金合伙人、高级董事总经理兼CFO。 |
| 崔树霖 | 独立董事 | 男 | 48 | 2018年4月25日 | 中油资产管理有限公司 | 82.18 | 高级经济师、经济学博士后,曾任中国新兴(集团)总公司资产保全处负责人,北京青云航空仪表有限公司总经理助理,北京中汇银货币与债券市场投资顾问中心总经理,日信证券有限责任公司助理总裁;现任泛融金资产管理有限公司董事长兼总经理。 |

## 3.3 监事

| 姓名 | 职务 | 性别 | 年龄（岁） | 选任日期 | 所推举的股东名称 | 该股东持股比例（%） | 简要履历 |
|---|---|---|---|---|---|---|---|
| 朱德操 | 监事会主席 | 男 | 42 | 2018年4月25日 | 中油资产管理有限公司 | 82.18 | 中国政法大学工商管理专业研究生，曾先后在大港油田钻井工程公司、中国石油天然气股份有限公司财务部、中国石油天然气集团公司（股份公司）内控与风险管理部工作，曾任中国石油天然气集团公司（股份公司）内控与风险管理部海外风险控制处副处长，中国石油天然气集团公司（股份公司）改革与企业管理部风险管理处副处长；现任中国石油集团资本股份有限公司风险合规部总经理。 |
| 陈六亿 | 监事 | 男 | 47 | 2018年4月25日 | 中油资产管理有限公司 | 82.18 | 高级经济师，曾先后在兰州化学工业公司、兰州石油化工公司、中国石油天然气集团公司发展研究部、政策研究室工作，曾任昆仑银行股份有限公司办公室副主任；现任中国石油集团资本股份有限公司办公室主任、党群工作部主任。 |
| 杨　远 | 监事 | 男 | 38 | 2018年4月25日 | 广博控股集团有限公司天津经济技术开发区国有资产经营公司 | 17.82 | 研究生学历，现任广博集团股份有限公司董事、副总经理，兼任北京广盛泰文化传媒有限公司执行董事、宁波仲裁委员会仲裁员、中证中小投资者服务中心宁波调解室调解员。 |
| 马荣伟 | 职工监事 | 男 | 45 | 2018年4月25日 | 职工推选 | — | 高级经济师，曾任中国石油天然气集团公司、中国石油天然气股份有限公司法律事务部高级主管；现任昆仑信托有限责任公司法律合规部总经理。 |
| 邹艳飞 | 职工监事 | 男 | 52 | 2018年4月25日 | 职工推选 | — | 高级政工师，曾任辽河油田旅游服务公司经理办秘书、副主任，辽河石油勘探局（后为辽河油田公司）党委办公室科长、副主任；现任昆仑信托有限责任公司工会常务副主席、党群工作部部长。 |

## 3.4 高级管理人员

| 姓名 | 职务 | 性别 | 年龄（岁） | 选任日期 | 金融从业年限（年） | 学历 | 专业 | 简要履历 |
|---|---|---|---|---|---|---|---|---|
| 吴　妍 | 总裁 | 女 | 55 | 2018年4月25日 | 20 | 学士 | 国际经济信息 | 曾任庄胜集团北京代表处首席代表，JUNEFIELD（L. A.）LIMITED总经理，美国恒康互惠保险公司保险经纪和财务顾问，美国保德信金融集团北京代表处首席代表，中国出口信用保险公司海外投资保险部与总公司第二营业部副总经理，中国石油海外勘探开发公司（中国石油天然气勘探开发公司）副总经理；现任中油资产管理有限公司总经理，昆仑信托有限责任公司总裁。 |
| 李效熙 | 副总裁 | 男 | 36 | 2018年4月25日 | 17 | 硕士 | 经济学 | 曾任北京国际信托投资有限公司投资银行部经理，金港信托有限责任公司信托一部副总经理、总裁助理、战略发展及执行委员会副主席、主席、副董事长；现任昆仑信托有限责任公司副总裁。 |
| 朱佳平 | 副总裁首席风控官 | 男 | 55 | 2018年4月25日 | 38 | 硕士 | 工商管理 | 高级经济师，曾任中国工商银行宁波市信托投资公司上海证券交易营业部经理、公司副总经理，金港信托有限责任公司总经理、总裁、副董事长、副总裁、代总裁；现任昆仑信托有限责任公司副总裁兼首席风控官。 |
| 刘　刚 | 副总裁 | 男 | 47 | 2018年4月25日 | 8 | 硕士 | 工商管理 | 高级会计师，曾任中国石油天然气股份有限公司华东销售分公司财务处高级主管，中国石油天然气股份有限公司江西销售分公司总会计师兼财务资产处处长；现任昆仑信托有限责任公司副总裁。 |
| 黄志斌 | 副总裁董事会秘书 | 男 | 52 | 2018年4月25日 | 36 | 硕士 | 工商管理 | 高级经济师，曾任中国工商银行宁波市信托投资公司信托业务部经理、总经理助理、副总经理，宁波市信托投资公司信托业务部经理、总经理助理、副总经理，金港信托有限责任公司副总经理、副总裁、常务副总裁；现任昆仑信托有限责任公司副总裁兼董事会秘书。 |
| 张建慧 | 财务总监 | 女 | 45 | 2018年4月25日 | 10 | 硕士 | 管理学 | 高级会计师。曾任中国华油集团公司财务资产处高级主管，中国石油天然气集团公司财务资产部会计处高级主管、财务稽查处副处长、综合授信处负责人，中油财务有限责任公司综合授信处负责人，昆仑信托有限责任公司财务部总经理；现任昆仑信托有限责任公司财务总监。 |
| 贾南征 | 总裁助理 | 男 | 40 | 2018年4月25日 | 14 | 学士 | 经济学 | 先后任职于加拿大PROVEST管理公司、瑞泰人寿，曾任金港信托有限责任公司信托业务部副总经理、总裁助理；现任昆仑信托有限责任公司总裁助理。 |
| 周江天 | 总裁助理 | 男 | 52 | 2018年4月25日 | 14 | 学士 | 文　学 | 曾任驻意大利使馆商务处二等秘书、一等秘书，商务部科技司综合处副处长，中国出口信用保险公司总公司第二营业部综合处处长，中合中小企业融资担保股份有限公司风险管理部兼公司业务评审委员会办公室负责人，职工监事；现任昆仑信托有限责任公司总裁助理。 |

## 3.5 公司员工

| 项目 | | 报告期年度 | | 上一年度 | |
|---|---|---|---|---|---|
| | | 人数(人) | 比例(%) | 人数(人) | 比例(%) |
| 年龄分布 | 20岁以下 | — | — | — | — |
| | 20~29岁 | 57 | 21.3 | 55 | 22 |
| | 30~39岁 | 119 | 44.4 | 114 | 47 |
| | 40岁以上 | 92 | 34.3 | 76 | 31 |
| 学历分布 | 博士 | 9 | 3 | 9 | 4 |
| | 硕士 | 127 | 47 | 99 | 40 |
| | 本科 | 125 | 47 | 128 | 52 |
| | 专科 | 7 | 3 | 9 | 4 |
| | 其他 | — | — | — | — |
| 岗位分布 | 董事、监事及其高管人员 | 11 | 4 | 9 | 4 |
| | 自营业务人员 | 6 | 2 | 7 | 3 |
| | 信托业务人员 | 185 | 69 | 165 | 67 |
| | 其他人员 | 66 | 25 | 64 | 26 |

# 4. 经营管理

## 4.1 经营目标、经营方针、战略规划

### 4.1.1 经营目标

公司的经营目标是建设具有石油特色的、行业一流、有知名度、有影响力、有竞争力的信托公司。

### 4.1.2 经营方针

以习近平新时代中国特色社会主义思想为指导，全面贯彻中国石油集团公司工作会议精神和中油资本工作部署，严格落实监管要求，以高质量发展为目标，坚持产业金融导向，把握稳中求进，预防稳中有变，做到变中有策，持续推进公司“12345”总体战略，深度实施四大发展战略，妥善应对挑战，有效防控风险，真抓实干，务求实效，顺应新时代，激发新动能，稳健推进公司高质量发展。

### 4.1.3 战略规划

“十三五”以来，公司坚持产业金融发展方向和稳中求进的总基调，服从、服务于集团公司总体战略，探索可持续发展道路，逐步形成了“12345”战略，“1”为建设具有石油特色的、行业一流、有知名度、有影响力、有竞争力的信托公司；“2”为坚持从严治党、坚持稳中求进；“3”为突出特色化、突出市场化、突出专业化；“4”为人才强企、创新驱动、区域发展、规模效益；“5”为坚定不移地走石油特色发展道路，坚定不移地贯彻“低风险偏好”风控理念，坚定不移地坚持市场化导向，坚定不移地提高创新能力，坚定不移地树立服务意识。

## 4.2 所经营业务的主要内容

公司业务分为信托业务和自营业务两个大类。信托业务主要品种包括单一资金信托、集合资金信托、财产信托等，自营业务主要开展金融股权投资、金融产品投资及贷款等业务。

### 4.2.1 自营资产运用与分布表

| 资产运用 | 金额(万元) | 占比(%) | 资产分布 | 金额(万元) | 占比(%) |
|---|---|---|---|---|---|
| 货币资产 | 110 788.25 | 8.41 | 基础产业 | 115 636.00 | 8.78 |
| 贷款及应收款 | 83 123.97 | 6.31 | 房地产业 | 318 770.23 | 24.19 |
| 交易性金融资产投资 | — | — | 证券市场 | 111 630.00 | 8.47 |
| 可供出售金融资产投资 | 1 073 885.73 | 81.50 | 实业 | 173 639.00 | 13.18 |
| 持有至到期投资 | — | — | 金融机构 | 76 050.00 | 5.77 |
| 长期股权投资 | 8 974.09 | 0.68 | 其他 | 521 846.51 | 39.61 |
| 其他 | 40 799.7 | 3.10 | | | |
| 资产总计 | 1 317 571.74 | 100 | 资产总计 | 1 317 571.74 | 100 |

### 4.2.2 信托资产运用与分布表

| 资产运用 | 金额(万元) | 占比(%) | 资产分布 | 金额(万元) | 占比(%) |
|---|---|---|---|---|---|
| 货币资产 | 172 724.32 | 0.59 | 基础产业 | 3 810 740.00 | 12.94 |
| 贷款 | 1 1063 716.59 | 37.57 | 房地产 | 2 432 453.00 | 8.26 |
| 交易性金融资产投资 | 332 265.72 | 1.13 | 证券市场 | 249 463.78 | 0.85 |
| 可供出售金融资产投资 | — | — | 实业 | 6 445 465.69 | 21.89 |
| 持有至到期投资 | 14 041 304.47 | 47.68 | 金融机构 | 4 665 610.88 | 15.84 |
| 长期股权投资 | 3 819 999.04 | 12.97 | 其他 | 11 843 975.36 | 40.22 |
| 其他 | 17 698.57 | 0.06 | | | |
| 信托资产总计 | 29 447 708.71 | 100 | 信托资产总计 | 29 447 708.71 | 100 |

## 4.3 市场分析

### 4.3.1 有利因素

4.3.1.1 行业转型初见成效

2018年，在监管“降杠杆、去嵌套、压通道”政策引导下，实业信托、房地产信托规模增长，同业信托收缩幅度较大，监管套利空间逐步消除，业务专属性、功能定位逐渐清晰，信托公司转型初见成效，行业进一步健康发展。

4.3.1.2 昆仑信托的自身优势

4.3.1.2.1 公司的区位优势

长三角地区金融生态环境较为成熟，信用基础好。公司注册地为宁波市，金融环境位居国内前列，各类金融机构齐全，金融生态非常成熟，企业和居民的投资理财理念十分超前，信用基础很好。以宁波为注册地，业务辐射长三角地区，能够享受长三角地区经济快速增长带来的业务机会，充分利用该地区的金融资源，撬动高净值客户的理财需求，实现公司业务的持续快速发展。

公司实际运营总部设在北京。这种布局既不放弃注册地经济发达、民间经济富庶的优势，又充分享受公司股东所在地政治、文化、经济以及与股东资源方便对接的区位优势。

4.3.1.2.2　公司的发展优势

一是品牌优势。昆仑信托属于央企控股型信托公司，是由中国石油控股的金融企业。在理财产品市场上，昆仑信托发行的产品无形中带有中石油集团的品牌，更容易被投资者所接受。在项目开拓方面，融资方往往也倾向于选择大型央企控股的信托公司作为交易对手，减少交易中存在的信用风险。借助集团公司的品牌，公司在开展业务时具有一定优势，融资方的认可度较高。

二是资金与信用支持优势。借助集团公司和中油资产较为充裕的闲置资金，股东可以为昆仑信托提供一定额度的流动性支持，以满足项目推进的需要，增强公司对外业务谈判能力。同时，便于公司设计灵活多样的信托产品，鼓励公司进行业务创新。

三是具有专业的人才资源、项目资源、销售资源、技术资源等油气能源资源领域的潜在优势，为设计开发能源特色类信托产品提供有利条件。

**4.3.2　不利因素**

4.3.2.1　经济形势复杂多变

我国发展仍处于并将长期处于重要战略机遇期，但经济运行稳中有变、变中有忧，外部环境复杂严峻，经济面临下行压力，部分企业经营困难较多，长期积累的风险隐患有所暴露。此外，在以防范金融市场异常波动和共振的背景下，严监管将成为新常态，包括资管新规相关实施细则和股权管理暂行办法在内的金融监管政策将对行业产生深远的影响，信托行业格局正在发生深刻而复杂的变化，信托公司两极分化加剧。

4.3.2.2　竞争机制愈加激烈

2018 年，随着监管政策的陆续出台，监管标准趋于统一，各类金融机构的资产管理产品投资管理趋向一致，对于所有信托公司而言，资金端、资产端配置压力加剧，市场竞争愈加激烈。

4.3.2.3　受托管理能力要求更高

在资管新规和一系列监管政策的共同作用下，信托公司过去“重量而轻质”的发展路径难以为继，面临从高速度发展向高质量发展模式的转变，对信托公司主动管理能力的要求进一步强化。同时，刚性兑付的打破，使信托公司未来在客户关系的处理上，承受着比以往更大的压力，信托公司需要不断提升公司财富管理品牌影响力和知名度，改善客户服务水平，提升客户认可度，满足高净值客户投资需求。

## 4.4　内部控制

**4.4.1　内部控制环境和内部控制文化**

报告期内，公司召开了 5 次股东会、7 次董事会、2 次监事会和 9 次董事会专门委员会会议，先后通过了利润分配预案、修订公司章程、修订薪酬管理办法等 85 项议案，公司治理结构合规有序运转。

“三会一层”（股东会、董事会、监事会、管理层）的职能、权力和责任明确，确保了治理的合理性和有效性；建立了科学的经营管理授权制度，董事会制定的年度经营计划能有效通过经营管理层付诸实行；建立并已实施绩效考核制度和问责制度，有效地实现了全方位的激励考核。

依法合规经营，认真贯彻信托法律法规和各项监管要求，坚持“低风险偏好”的风控理念，坚守合规底线，全方位、全过程严控风险，稳健经营、稳健发展，妥善应对各种挑战，有序推进各项工作，创新业务初见成效，经营业绩稳步增长，党群工作扎实开展，综合实力不断增强。

**4.4.2　内部控制措施**

公司按照《中华人民共和国信托法》《信托公司管理办法》《信托公司治理制引》的要求，已经建立了一套公司自有的制度手册，涵盖了公司治理、业务发展、内部控制和风险管理等多方面内容，并能适时根据政策的变化和业务发展的需要进行修订和完善，制度建设比较全面，执行有效。

**4.4.3　信息交流与反馈**

公司按规定进行产品管理、年报、重大事项等各类信息披露，保证各关系人及时掌握有关情况。

**4.4.4　监督评价与纠正**

公司稽核审计部受董事会审计监督委员会领导，承担公司内部控制的监督、评价工作，有效发挥内控第三道防线的作用。

报告期内，公司内审部门坚持以风险为导向，以控制为主线开展内部审计工作，强化审计监督与整改，为公司可持续发展营造良好环境。

## 4.5　风险管理

**4.5.1　风险管理概况**

公司坚持“低风险偏好”的理念，秉承合规、稳健的经营思路，追求风险可控的经济效益；对各业务类型，分别确定相应的风险容忍度，并确保总体风险敞口在公司风险容忍度的范围内；对不同业务领域的风险性质、风险类型和风险评估结果，恰当选择风险承担、风险规避、风险转移、风险转换、风险补偿、风险控制等风险对策。

**4.5.2　风险状况**

2018 年公司未发生合规风险事件。

**4.5.3　风险管理**

公司经营活动中可能遇到的风险主要包括信用风险、市场风险、操作风险、合规风险、政策风险、集中度风险。

公司风险管理的基本原则与政策是遵循合规性、全面性、审慎性、适时性原则，坚持以制度为基础、以流程为依托，充分识别和评估各类风险，将风险管理覆盖到公司经营管理的各环节和各岗位中。依据风险管理决策流程，对不同的业务分类实施相应控制措施，形成“事前防范、事中控制、事后评价”的风险管理机制。

# 5. 报告期末及上一年度末的比较式会计报表

## 5.1　自营资产

**5.1.1　会计师事务所审计意见**

根据立信会计师事务所信会师报字［2019］第 ZK20300 号审计报告意见，昆仑信托有限责任公司（以下简称昆仑信托）财务报表在所有重大方面按照企业会计准则的规定编制，公允反映了昆仑信托 2018 年 12 月 31 日的财务状况以及 2018 年度的经营成果和现金流量。

### 5.1.2 资产负债表

**资产负债表**

编制单位:昆仑信托有限责任公司　　2018 年 12 月 31 日　　单位:万元

| 项目 | 期末余额 | 年初余额 | 项　目 | 期末余额 | 年初余额 |
|---|---|---|---|---|---|
| 资产: | — | — | 负债: | — | — |
| 现金及存放中央银行款项 | — | — | 向中央银行借款 | — | — |
| 存放同业款项 | 110 788.25 | 84 883.28 | 同业及其他金融机构存放款项 | — | — |
| 贵金属 | — | — | 拆入资金 | — | — |
| 拆出资金 | — | — | 以公允价值计量且其变动计入当期损益的金融负债 | — | — |
| 以公允价值计量且其变动计入当期损益的金融资产 | — | 34.43 | 衍生金融负债 | — | — |
| 衍生金融资产 | — | — | 卖出回购金融资产款 | — | — |
| 买入返售金融资产 | — | 1 000.00 | 吸收存款 | — | — |
| 应收利息 | 14 147.80 | 8 227.25 | 应付职工薪酬 | 1 053.30 | 746.16 |
| 划分为持有待售的资产 | — | — | 应交税费 | 10 314.44 | 22 850.70 |
| 发放贷款及垫款 | — | — | 应付利息 | — | — |
| 可供出售金融资产 | 1 073 885.73 | 1 140 590.87 | 划分为持有待售的负债 | — | — |
| 持有至到期投资 | — | — | 预计负债 | — | — |
| 应收款项类投资 | — | — | 应付债券 | — | — |
| 长期股权投资 | 8 974.09 | 9 598.27 | 其中:优先股 | — | — |
| 投资性房地产 | — | — | 永续债 | — | — |
| 固定资产 | 12 414.78 | 12 495.66 | 递延收益 | — | — |
| 在建工程 | 549.51 | 88.30 | 递延所得税负债 | 510.50 | 4 432.85 |
| 无形资产 | 1 359.53 | 1 653.91 | 其他负债 | 22 424.69 | 14 394.77 |
| 递延所得税资产 | 26 414.80 | 24 756.55 | 负债合计 | 34 302.93 | 42 424.48 |
| 其他资产 | 69 037.25 | 19 976.03 | 所有者权益(或股东权益): | — | — |
| | — | — | 实收资本(或股本) | 1 022 705.89 | 1 022 705.89 |
| | — | — | 其他权益工具 | — | — |
| | — | — | 其中:优先股 | — | — |
| | — | — | 永续债 | — | — |
| | — | — | 资本公积 | 62 663.74 | 62 663.74 |
| | — | — | 减:库存股 | — | — |
| | — | — | 其他综合收益 | -3 605.53 | 13 397.89 |
| | — | — | 盈余公积 | 73 407.42 | 63 627.06 |
| | — | — | 一般风险准备 | 51 483.92 | 31 588.70 |
| | — | — | 未分配利润 | 76 613.37 | 66 896.79 |
| | — | — | 所有者权益(或股东权益)合计 | 1 283 268.81 | 1 260 880.07 |
| 资产总计 | 1 317 571.74 | 1 303 304.55 | 负债和所有者权益(或股东权益)总计 | 1 317 571.74 | 1 303 304.55 |

法定代表人:肖　华　　财务总监 :张建慧　　会计机构负责人:康剑桥　　填表人:林伟波

### 5.1.3 利润表

**利润表**

编制单位:昆仑信托有限责任公司　　2018 年度　　单位:万元

| 项目 | 本期发金额 | 上期发金额 |
|---|---|---|
| 一、营业收入 | 150 670.17 | 157 757.39 |
| 利息净收入 | 1 369.09 | 2 900.12 |
| 利息收入 | 1 369.09 | 2 900.12 |
| 利息支出 | — | — |
| 手续费及佣金净收入 | 87 260.13 | 87 277.30 |
| 手续费及佣金收入 | 87 307.48 | 87 343.20 |
| 手续费及佣金支出 | 47.34 | 65.90 |
| 其他收益 | 32.64 | 22.19 |
| 投资收益(损失以“-”号填列) | 61 784.25 | 67 404.65 |
| 其中:对联营企业和合营企业的投资收益 | 2 020.61 | -8.38 |
| 公允价值变动收益(损失以“-”号填列) | -22.20 | -37.18 |
| 资产处置收益(损失以“-”号填列) | 81.98 | — |
| 汇兑收益(损失以“-”号填列) | — | — |
| 其他业务收入 | 164.27 | 190.31 |
| 二、营业支出 | 29 759.74 | 48 642.86 |

续表

| 项目 | 本期发金额 | 上期发金额 |
|---|---|---|
| 税金及附加 | 569.20 | 1 021.72 |
| 业务及管理费 | 29 386.01 | 25 450.27 |
| 资产减值损失 | -229.97 | 22 147.47 |
| 其他业务成本 | 34.50 | 23.40 |
| 三、营业利润(亏损以"-"号填列) | 120 910.43 | 109 114.53 |
| 加:营业外收入 | 8 018.65 | — |
| 减:营业外支出 | — | 25.73 |
| 四、利润总额(亏损总额以"-"号填列) | 128 929.08 | 109 088.79 |
| 减:所得税费用 | 31 125.47 | 26 621.66 |
| 五、净利润(净亏损以"-"号填列) | 97 803.61 | 82 467.14 |
| (一)持续经营净利润(净亏损以"-"号填列) | 97 803.61 | 82 467.14 |
| (二)终止经营净利润(净亏损以"-"号填列) | — | — |
| 六、其他综合收益 | -17 003.42 | 2 884.64 |
| (一)不能重分类进损益的其他综合收益 | — | — |
| 1. 重新计量设定受益计划变动额 | — | — |
| 2. 权益法下不能转损益的其他综合收益 | — | — |
| (二)将重分类进损益的其他综合收益 | -17 003.42 | 2 884.64 |
| 1. 权益法下可转损益的其他综合收益 | -104.22 | 70.71 |
| 2. 可供出售金融资产公允价值变动损益 | -16 899.20 | 2 813.93 |
| 3. 持有至到期投资重分类为可供出售金融资产损益 | — | — |
| 4. 现金流量套期损益的有效部分 | — | — |
| 5. 外币财务报表折算差额 | — | — |
| 6. 其他 | — | — |
| 七、综合收益总额 | 80 800.19 | 85 351.77 |
| 八、每股收益: | — | — |
| (一)基本每股收益(元/股) | — | — |
| (二)稀释每股收益(元/股) | — | — |

法定代表人:肖　华　　财务总监:张建慧　　会计机构负责人:康剑桥　　填表人:林伟波

### 5.1.4 所有者权益变动表

**所有者权益变动表**

编制单位:昆仑信托有限责任公司　　2018 年度　　单位:万元

| 项目 | 本期 | | | | | | |
|---|---|---|---|---|---|---|---|
| | 实收资本(或股本) | 资本公积 | 其他综合收益 | 盈余公积 | 一般风险准备 | 未分配利润 | 所有者权益合计 |
| 一、上年年末余额 | 1 022 705.89 | 62 663.74 | 13 397.89 | 63 627.05 | 31 588.71 | 66 896.79 | 1 260 880.07 |
| 加:会计政策变更 | — | — | — | — | — | — | — |
| 前期差错更正 | — | — | — | — | — | — | — |
| 其他 | — | — | — | — | — | — | — |
| 二、本年年初余额 | 1 022 705.89 | 62 663.74 | 13 397.89 | 63 627.05 | 31 588.71 | 66 896.79 | 1 260 880.07 |
| 三、本期增减变动金额(减少以"-"号填列) | — | — | -17 003.42 | 9 780.36 | 19 895.21 | 9 716.59 | 22 388.74 |
| (一)综合收益总额 | — | — | -17 003.42 | — | — | 97 803.61 | 80 800.19 |
| (二)所有者投入和减少资本 | — | — | — | — | — | — | — |
| 1. 所有者投入资本 | — | — | — | — | — | — | — |
| 2. 其他权益工具持有者投入资本 | — | — | — | — | — | — | — |
| 3. 股份支付计入所有者权益的金额 | — | — | — | — | — | — | — |
| 4. 其他 | — | — | — | — | — | — | — |
| (三)利润分配 | — | — | — | 9 780.36 | 19 895.21 | -88087.02 | -58 411.45 |
| 1. 提取盈余公积 | — | — | — | 9 780.36 | — | -9 780.36 | — |
| 2. 提取一般风险准备 | — | — | — | — | 19 895.21 | -19 895.21 | — |
| 3. 对所有者(或股东)的分配 | — | — | — | — | — | -58 411.45 | -58 411.45 |
| 4. 其他 | — | — | — | — | — | — | — |
| (四)所有者权益内部结转 | — | — | — | — | — | — | — |
| 1. 资本公积转增资本(或股本) | — | — | — | — | — | — | — |
| 2. 盈余公积转增资本(或股本) | — | — | — | — | — | — | — |
| 3. 盈余公积弥补亏损 | — | — | — | — | — | — | — |
| 4. 其他 | — | — | — | — | — | — | — |
| (五)其他 | — | — | — | — | — | — | — |
| 四、本期期末余额 | 1 022 705.89 | 62 663.74 | -3 605.53 | 73 407.41 | 51 483.92 | 76 613.38 | 1 283 268.81 |

法定代表人:肖　华　　财务总监:张建慧　　会计机构负责人:康剑桥　　填表人:林伟波

## 5.2 信托资产

### 5.2.1 信托项目资产负债汇总表

**信托项目资产负债汇总表**

编制单位:昆仑信托有限责任公司　　2018 年度　　单位:万元

| 项目 | 期末余额 | 期初余额 |
|---|---|---|
| 信托资产: | | |
| 1. 货币资金 | 172 724. 32 | 226 599. 22 |
| 2. 拆出资金 | — | — |
| 3. 存出保证金 | — | — |
| 4. 交易性金融资产 | 332 265. 72 | 251 012. 40 |
| 5. 衍生金融资产 | — | — |
| 6. 买入返售金融资产 | — | 20. 00 |
| 其中:6. 1 买入返售证券 | — | 20. 00 |
| 6. 2 买入返售信贷资产 | — | — |
| 7. 应收款项 | 17 628. 25 | 80 618. 87 |
| 8. 发放贷款 | 11 063 716. 59 | 12 002 316. 00 |
| 其中: 8. 1 基础产业 | 2 409 400. 00 | 2 541 750. 00 |
| 8. 2 房地产 | 1 219 235. 00 | 1 546 887. 00 |
| 9. 可供出售金融资产 | — | — |
| 10. 持有至到期投资 | 14 041 304. 47 | 18 286 476. 21 |
| 11. 长期应收款 | — | — |
| 12. 长期股权投资 | 3 819 999. 04 | 4 345 658. 42 |
| 其中: 12. 1 基础产业 | 10 000. 00 | — |
| 12. 2 房地产 | 200. 00 | 200. 00 |
| 13. 投资性房地产 | — | — |
| 14. 固定资产 | — | — |
| 15. 无形资产 | — | — |
| 16. 长期待摊费用 | — | — |
| 17. 其他资产 | 70. 32 | 794. 37 |
| 18. 信托资产总计 | 29 447 708. 71 | 35 193 495. 49 |
| 19. 各项资产减值准备 | — | — |
| 信托负债: | | |
| 20. 交易性金融负债 | — | — |
| 21. 衍生金融负债 | — | — |
| 22. 应付受托人报酬 | 3 360. 14 | 1 168. 34 |
| 23. 应付托管费 | — | — |
| 24. 应付受益人收益 | 3 992. 51 | 2 644. 37 |
| 25. 应交税费 | 232. 03 | 8. 00 |
| 26. 应付销售服务费 | — | — |
| 27. 其他应付款项 | 77 164. 17 | 70 308. 13 |
| 28. 其他负债 | — | — |
| 29. 信托负债合计 | 84 748. 85 | 74 128. 84 |
| 信托权益: | | |
| 30. 实收信托 | 28 963 724. 88 | 34 864 805. 06 |
| 30. 1 资金信托 | 22 219 337. 34 | 23 387 580. 12 |
| 30. 1. 1 集合 | 12 230 071. 96 | 12 523 664. 08 |
| 30. 1. 2 单一 | 9 989 265. 38 | 10 863 916. 04 |
| 30. 2 财产信托 | 6 744 387. 54 | 11 477 224. 94 |
| 30. 2. 1 信贷资产证券化 | — | — |
| 30. 2. 2 其他资产(准)证券化 | 5 352 512. 69 | 11 477 224. 94 |
| 31. 资本公积 | 41 148. 53 | 37 958. 53 |
| 32. 外币报表折算差额 | — | — |
| 33. 未分配利润 | 358 086. 45 | 216 603. 06 |
| 34. 信托权益合计 | 29 362 959. 86 | 35 119 366. 65 |
| 35. 信托负债和信托权益总计 | 29 447 708. 71 | 35 193 495. 49 |

法定代表人:肖　华　　财务总监:张建慧　托管部负责人:武义双　　填表人:邵国忠

### 5.2.2 信托项目利润及利润分配汇总表

**信托项目利润及利润分配汇总表**

编制单位:昆仑信托有限责任公司　　2018 年度　　单位:万元

| 项目 | 本年度累计 | 上年度累计 |
|---|---|---|
| 一、营业收入 | 2 047 119. 75 | 1 381 566. 49 |
| 利息收入 | 650 048. 88 | 462 921. 07 |
| 投资收入 | 1 415 917. 78 | 927 310. 46 |
| 租赁收入 | — | — |
| 其他收入 | 293. 07 | 108. 17 |
| 二、营业费用 | 138 898. 59 | 74 246. 09 |
| 三、营业税金及附加 | 4 938. 19 | 3 424. 92 |
| 四、扣除资产减值准备前的信托利润 | 1 908 221. 16 | 1 307 320. 40 |
| 减:资产减值损失 | — | — |
| 五、扣除资产减值准备后的信托利润 | 1 908 221. 16 | 1 307 320. 40 |
| 加:期初未分配信托利润 | 216 603. 06 | 216 603. 06 |
| 六、可供分配的信托利润 | 2 124 824. 22 | 1 523 923. 46 |
| 减:本期已分配信托利润 | 1 766 737. 77 | 1 062 630. 98 |
| 其中:损益平准金 | — | — |
| 七、期末未分配信托利润 | 358 086. 45 | 461 292. 48 |

法定代表人:肖　华　　财务总监:张建慧　托管部负责人:武义双　　填表人:邵国忠

# 6. 会计报表附注

## 6.1 会计报表编制基准不符合会计核算基本前提的说明

### 6.1.1 会计报表编制基准不符合会计核算基本前提说明

无。

### 6.1.2 本公司编制合并会计报表

无。

## 6.2 或有事项说明

无。

## 6.3 重要资产转让及其出售的说明

报告期内,本公司无重要资产转让及出售。

## 6.4 会计报表中重要项目的明细资料

### 6.4.1 自营资产经营情况

6.4.1.1 信用风险资产的期初数、期末数

| 信用风险资产五级分类 | 正常类(万元) | 关注类(万元) | 次级类(万元) | 可疑类(万元) | 损失类(万元) | 信用风险资产合计(万元) | 不良资产合计(万元) | 不良资产率(%) |
|---|---|---|---|---|---|---|---|---|
| 期初数 | 966 568.00 | — | 43 531.00 | 14 900.00 | 52 844.00 | 1 077 843.00 | 111 275.00 | 7.94 |
| 期末数 | 730 465.88 | 163 447.77 | 40 587.76 | 14 900.00 | 50 934.11 | 1 000 335.52 | 106 421.87 | 7.51 |

注:不良资产合计=次级类+可疑类+损失类。

6.4.1.2 各项资产减值损失准备的期初数、本期计提、本期转回、本期核销、期末数

单位:万元

| | 期初数 | 本期计提 | 本期转回 | 本期核销 | 期末数 |
|---|---|---|---|---|---|
| 贷款损失准备 | — | — | — | — | — |
| 一般准备 | — | — | — | — | — |
| 专项准备 | — | — | — | — | — |
| 其他资产减值准备 | — | — | — | — | — |
| 可供出售金融资产减值准备 | 45 198.55 | — | 3 600.14 | — | 41 598.41 |
| 持有至到期投资减值准备 | — | — | — | — | — |
| 长期股权投资减值准备 | 246.11 | — | 57.44 | — | 188.67 |
| 坏账准备 | 53 562.91 | 3 427.60 | — | — | 56 990.51 |
| 投资性房地产减值准备 | — | — | — | — | — |

6.4.1.3 自营股票投资、基金投资、债券投资、股权投资等投资业务的期初数、期末数

单位:万元

| | 自营股票 | 基金 | 债券 | 长期股权投资 |
|---|---|---|---|---|
| 期初数 | 13 087.51 | 15 000.00 | — | 9 598.27 |
| 期末数 | 38 773.57 | 91 001.15 | — | 8 974.09 |

6.4.1.4 前五名的自营长期股权投资的企业名称、占被投资企业权益的比例及投资收益情况

| 企业名称 | 占被投资企业权益的比例(%) | 投资收益(万元) |
|---|---|---|
| 1. 融源广达(天津)股权投资管理合伙企业(有限合伙) | 47.50 | 1 432.19 |
| 2. 安阳中油销售有限责任公司 | 34.00 | 208.47 |
| 3. 国联产业投资基金管理(北京)有限公司 | 20.83 | 379.96 |

6.4.1.5 前五名的自营贷款的企业名称、占贷款总额的比例和还款情况

公司期末无对外贷款。

6.4.1.6 表外业务的期初数、期末数

报告期内,公司无表外业务。

6.4.1.7 公司当年收入结构

| 收入结构 | 金额(万元) | 占比(%) |
|---|---|---|
| 手续费及佣金收入 | 87 307.48 | 55 |
| 其中:信托手续费收入 | 87 307.48 | 55 |
| 投资银行业务收入 | — | — |
| 利息收入 | 1 369.09 | 0.86 |
| 其他业务收入 | 278.90 | 0.18 |
| 其中:计入信托业务收入部分 | — | — |
| 投资收益 | 61 762.05 | 38.91 |
| 其中:股权投资收益 | 9 973.69 | 6.28 |
| 其他投资收益 | 51 810.56 | 32.64 |
| 公允价值变动收益 | -22.2 | -0.01 |
| 营业外收入 | 8 018.65 | 5.05 |
| 收入合计 | 158 736.17 | 100.00 |

注:手续费及佣金收入、利息收入、其他业务收入、投资收益、营业外收入均应为损益表中的一级科目,其中手续费及佣金收入、利息收入、营业外收入为未抵减掉相应支出的全年累计实现收入数。

### 6.4.2 信托资产管理情况

6.4.2.1 信托资产的期初数、期末数

单位:万元

| 信托资产 | 期初数 | 期末数 |
|---|---|---|
| 集合 | 12 523 664.08 | 12 230 071.96 |
| 单一 | 10 863 916.04 | 9 989 265.38 |
| 财产权 | 11 477 224.94 | 6 744 387.54 |
| 合计 | 34 864 805.06 | 28 963 724.88 |

6.4.2.1.1 主动管理型信托业务期初数、期末数

单位:万元

| 主动管理型信托资产 | 期初数 | 期末数 |
|---|---|---|
| 证券投资类 | 730 551.66 | 649 400.00 |
| 股权投资类 | 3 404 143.55 | 3 046 321.01 |
| 融资类 | 14 349 300.91 | 13 879 431.55 |
| 事务管理类 | — | — |
| 合计 | 18 483 996.12 | 17 575 152.56 |

6.4.2.1.2 被动管理型信托业务期初数、期末数

单位:万元

| 被动管理型信托资产 | 期初数 | 期末数 |
|---|---|---|
| 证券投资类 | — | — |
| 股权投资类 | — | — |
| 融资类 | 85 100.00 | 70 000.00 |
| 事务管理类 | 16 295 708.94 | 11 318 572.32 |
| 合计 | 16 380 808.94 | 11 388 572.32 |

6.4.2.2 本年度已清算结束的信托项目个数、实收信托合计金额、加权平均实际年化收益率

6.4.2.2.1 本年度已清算结束的集合类、单一类资金信托项目和财产管理类信托项目个数、实收信托合计金额、加权平均实际年化收益率

| 已清算结束信托项目 | 项目个数(个) | 实收信托合计金额(万元) | 加权平均实际年化收益率(%) |
|---|---|---|---|
| 集合类 | 43 | 2 335 868.34 | 6.45 |
| 单一类 | 47 | 6 318 018.16 | 5.77 |
| 财产管理类 | 10 | 827 777.08 | 6.30 |

注:加权平均实际年化收益率=(信托项目1的实际年化收益率×信托项目1的资产总计+信托项目2的实际年化收益率×信托项目2的资产总计+…+信托项目$n$的实际年化收益率×信托项目$n$的资产总计)/(信托项目1的资产总计+信托项目2的资产总计+…+信托项目$n$的资产总计)×100%。

6.4.2.2.2 本年度已清算结束的主动管理型信托项目个数、实收信托合计金额、加权平均实际年化收益率

| 已清算结束信托项目 | 项目个数(个) | 实收信托合计金额(万元) | 信托报酬率(%) | 加权平均实际年化收益率(%) |
|---|---|---|---|---|
| 其他投资 | 6 | 448 500.00 | 0.71 | 5.34 |
| 证券投资类 | — | — | — | — |
| 股权投资类 | 8 | 4 945 973.34 | 0.72 | 5.98 |
| 融资类 | 46 | 2 339 988.16 | 0.75 | 6.39 |
| 事务管理类 | — | — | — | — |

6.4.2.2.3 本年度已清算结束的被动管理型信托项目个数、实收信托合计金额、加权平均实际年化信托报酬率、加权平均实际年化收益率

| 已清算结束信托项目 | 项目个数(个) | 实收信托合计金额(万元) | 加权平均实际年化信托报酬率(%) | 加权平均实际年化收益率(%) |
|---|---|---|---|---|
| 其他投资 | 2 | 25 100.00 | 0.62 | 5.77 |
| 证券投资类 | — | — | — | — |
| 股权投资类 | — | — | — | — |
| 融资类 | — | — | — | — |
| 事务管理类 | 38 | 1 722 102.00 | 0.30 | 5.60 |

6.4.2.3 本年度新增的集合类、单一类和财产管理类信托项目个数、合计金额

| 新增信托项目 | 项目个数(个) | 合计金额(万元) |
|---|---|---|
| 集合类 | 38 | 851 960.00 |
| 单一类 | 11 | 741 103.20 |
| 财产管理类 | 11 | 706 997.97 |
| 新增合计 | 60 | 2 300 061.17 |
| 其中:主动管理型 | 44 | 938 944.00 |
| 被动管理型 | 16 | 1 361 117.17 |

6.4.2.4 本公司履行受托人义务情况及因本公司自身责任而导致的信托资产损失情况

本公司根据《信托法》《信托公司管理办法》等相关法律法规的规定,在管理或处分信托财产时,履行了恪尽职守,诚实、信用、谨慎、有效管理的义务。

截至2018年12月31日,本公司未发生因自身责任导致信托资产损失的情况。

6.4.2.5 信托赔偿准备金的提取、使用和管理情况

公司按信托法律法规规定,每年按当年净利润的5%计提信托赔偿准备金,当该信托赔偿准备金累计总额达到公司注册资本的20%时不再提取。

## 6.5 关联方关系及其交易的披露

### 6.5.1 关联交易方的数量、关联交易的总金额及关联交易的定价政策

| | 关联交易数量(个) | 关联交易金额(万元) | 定价政策 |
|---|---|---|---|
| 合计 | 4 | 1 132 000.00 | 坚持价格公允原则,由当事人依据市场价格通过合同约定。 |

注:关联交易以《公司法》《企业会计准则第36号——关联方披露》有关规定为准。

### 6.5.2 关联交易方与本公司的关系性质、关联交易方基本信息

| 关系性质 | 关联方名称 | 法定代表人 | 注册地址 | 注册资本 | 主营业务 |
|---|---|---|---|---|---|
| 受同一大股东控股 | 中国石油天然气集团公司商业储备油分公司 | 肖燕明 | 北京市西城区六铺炕街6号1号楼523房间 | 500 000万元 | 石油和天然气开采辅助活动。 |
| | 北京国联能源产业投资基金 | 无法人 | 北京市昌平区科技园区创新路7号2号楼2027号 | 505亿元 | 投资、投资管理、投资咨询服务。 |
| | 四川家益石油房地产开发有限公司 | 陈灵 | 四川成都市青羊区狮子巷55号华油楼4-5号楼 | 4 700万元 | 房地产开发。 |

### 6.5.3 本公司与关联方的重大交易事项

6.5.3.1 固有财产与关联方交易情况

单位:万元

| | 期初数 | 借方发生额 | 贷方发生额 | 期末数 |
|---|---|---|---|---|
| 贷款 | — | — | — | — |
| 投资 | — | — | — | — |
| 租赁 | — | 3 896.29 | — | — |
| 其他 | — | 2 666.59 | 20.69 | — |
| 合计 | — | 6 562.88 | 20.69 | — |

6.5.3.2 信托与关联方交易情况

单位:万元

| | 期初数 | 借方发生额 | 贷方发生额 | 期末数 |
|---|---|---|---|---|
| 贷款 | 492 000.00 | — | — | 492 000.00 |
| 投资 | 1 110 400.00 | — | 510 400.00 | 600 000.00 |
| 租赁 | — | — | — | — |
| 担保 | — | — | — | — |
| 应收账款 | — | — | — | — |
| 其他 | 87 900.00 | — | 47 900.00 | 40 000.00 |
| 合计 | 1 690 300.00 | — | — | 1 132 000.00 |

6.5.3.3 固信交易与信信交易情况

6.5.3.3.1 固信交易情况

单位：万元

| 固有财产与信托财产相互交易 | | | |
|---|---|---|---|
| | 期初数 | 本期发生额 | 期末数 |
| 合计 | 858 371.42 | -181 566.19 | 676 805.23 |

6.5.3.3.2 信信交易情况

单位：万元

| 信托资产与信托财产相互交易 | | | |
|---|---|---|---|
| | 期初数 | 本期发生额 | 期末数 |
| 合计 | 2 094 463.46 | -103 332.61 | 1 991 130.85 |

**6.5.4 关联方逾期未偿还本公司资金情况及本公司为关联方担保垫款情况**

报告期内，无关联方逾期未偿还情况发生，无为关联方担保垫款情况。

### 6.6 会计制度的披露

固有业务（自营业务）：本公司执行2014年版《企业会计准则》《金融企业会计制度》及相关规定。

信托业务：本公司执行2014年版《企业会计准则》《金融企业会计制度》及相关规定。

## 7. 财务情况说明书

### 7.1 利润实现和分配情况

2018年利润总额为128 929.08万元，同比增加19 840.29万元，增长18.19%。净利润为97 803.61万元，同比增加15 336.47万元，增长18.6%。

报告期未分配利润变动情况如下。

单位：万元

| 项　目 | 金　额 |
|---|---|
| 本年年初余额 | 66 896.79 |
| 本年增加额 | 97 803.61 |
| 其中：本年净利润转入 | 97 803.61 |
| 其他调整因素 | — |
| 本年减少额 | 88 087.03 |
| 其中：本年提取盈余公积 | 9 780.36 |
| 本年提取一般风险准备 | 19 895.22 |
| 本年分配现金股利数 | 58 411.45 |
| 转增资本 | — |
| 其他减少 | — |
| 本年年末余额 | 76 613.37 |

### 7.2 主要财务指标

| 指标名称 | 指标值 |
|---|---|
| 资本利润率（%） | 7.69 |
| 加权年化信托报酬率（%） | 0.27 |
| 人均净利润（万元） | 380.56 |

注：1. 资本利润率＝净利润/所有者权益平均余额×100%。

2. 加权年化信托报酬率＝（信托项目1的实际年化信托报酬率×信托项目1的实收信托＋信托项目2的实际年化信托报酬率×信托项目2的实收信托＋…＋信托项目$n$的实际年化信托报酬率×信托项目$n$的实收信托）/（信托项目1的实收信托＋信托项目2的实收信托＋…＋信托项目$n$的实收信托）×100%。

3. 人均净利润＝净利润/年平均人数。

4. 平均值采取年初、年末余额简单平均法，公式为：a（平均）＝（年初数＋年末数）/2。

### 7.3 对本公司财务状况、经营成果有重大影响的其他事项

无。

## 8. 特别事项揭示

### 8.1 前五名股东报告期内变动情况及原因

报告期内，股东情况无变动。

### 8.2 董事、监事及高级管理人员变动情况及原因

| 职务 | 前任 | 现任 | 变动原因 |
|---|---|---|---|
| 董　事 | 肖华、吴妍、周远鸿、叶旺、王利平、李效熙、邢成、施天涛、李忠臣 | 肖华、吴妍、周远鸿、叶旺、王利平、李效熙、邢成、寇日明、崔树霖 | 原独立董事施天涛、李忠臣变更为寇日明、崔树霖，主要是由于公司董事会换届选举。 |
| 监　事 | 姜力孚、丁泉、胡志明、马荣伟、邹艳飞 | 朱德操、陈六亿、杨远、马荣伟、邹艳飞 | 原监事会主席姜力孚变更为朱德操，原监事丁泉、胡志明变更为陈六亿、杨远，主要是由于公司监事会换届选举。 |
| 高级管理人员 | 总裁：吴妍<br>副总裁：姚飞、李效熙、朱佳平、刘刚、黄志斌<br>财务总监：张建慧 | 总裁：吴妍<br>副总裁：李效熙、朱佳平、刘刚、黄志斌<br>财务总监：张建慧 | 姚飞辞去副总裁职务。 |

### 8.3 公司的重大诉讼事项

未决诉讼事项

| 序号 | 被告/被执行人 | 诉讼基本情况 | 涉诉金额（万元） | 诉讼（仲裁）进展 |
|---|---|---|---|---|
| 1 | 唐山市华瑞房地产有限责任公司、河北融投、李文东 | 因与被执行人唐山市华瑞房地产有限责任公司合同纠纷，昆仑信托向法院申请追究被执行人及担保人河北融投、李文东的责任。 | 51 196.56 | 2015年4月，北京高院裁定由北京二中院执行。2015年4月及2016年6月，北京二中院下达执行裁定。此案件正在执行中。 |

续表

| 序号 | 被告/被执行人 | 诉讼基本情况 | 涉诉金额(万元) | 诉讼(仲裁)进展 |
|---|---|---|---|---|
| 2 | 濮阳恒润筑邦石油化工有限责任公司、濮阳市恒润石油化工有限责任公司、濮阳市恒润投资管理公司、尚拥军 | 因与被执行人濮阳恒润筑邦石油化工有限公司合同纠纷,昆仑信托向法院申请追究被执行人及担保人濮阳市恒润石油化工有限公司、濮阳市恒润投资管理有限公司、尚拥军的责任。 | 12 150.21 | 2015年6月,昆仑信托向河南省高院申请强制执行,河南省高院指定濮阳市中院负责执行。2015年6月及2015年8月,濮阳市中院裁定财产保全事宜。2018年7月3日,昆仑信托与被执行人及担保人签订和解协议。2018年7月19日,已按和解协议偿还2 000万元。此事项后续将继续履行和解协议。 |
| 3 | 安徽宝迪肉类食品有限责任公司、银川恒润置业有限责任公司、天津宝迪农业科技股份有限责任公司 | 因与被执行人安徽宝迪肉类食品有限公司合同纠纷,昆仑信托向法院申请追究被执行人及担保人银川恒润置业有限公司、天津宝迪农业科技股份有限公司的责任。 | 15 000 | 2016年10月,银川市西夏区法院对抵押物进行查封。2018年4月17日,昆仑信托收到了西夏法院出具的执行裁定书以及协助执行通知书,裁定被执行人部分房产作价2.28亿元,交付昆仑信托抵偿债务。已将抵押房产折抵。此案件执行终止。 |
| 4 | 陕西中登投资有限责任公司、中登地产、宋玉庆及其配偶 | 因与被执行人陕西中登投资有限公司合同纠纷,向法院申请追究被执行人及担保人中登地产、法定代表人宋玉庆及其配偶的责任。 | 44 000 | 2016年4月西安中院对抵(质)押物进行查封。2017年5月,西安中院出具了执行裁定,裁定对中登投资苏陕中心项目已查封的50套房产进行拍卖。2017年8月,中登实业集团提出和解请求。2018年1月15日,昆仑信托与中登实业集团签署和解协议。截至2018年6月30日,昆仑信托累计收到中登实业集团还款4 500万元。西安中院于2019年2月1日裁定受理了陕西中登投资有限公司破产清算申请。昆仑信托正在申报债权阶段。此执行案件中止并转入破产程序。 |

### 8.4 公司及其董事、监事和高级管理人员受到处罚情况

无。

### 8.5 本年度重大事项临时报告情况

《昆仑信托有限责任公司2017年度报告摘要》,披露于2018年4月27日《金融时报》20版和《证券时报》B13版。

《昆仑信托有限责任公司关于修改〈公司章程〉的公告》,披露于2018年11月16日《证券时报》B2版。

《昆仑信托有限责任公司关于变更董事的公告》,披露于2018年11月16日《证券时报》B2版。

### 8.6 其他重要信息

#### 8.6.1 净资本管理情况

截至2018年末,公司各项净资本管理指标均符合银保监会监管要求。2018年末,净资本余额为1 083 276.87万元;各项业务风险资本之和为634 815.15万元。其中,固有业务风险资本为219 895.10万元,信托业务风险资本为414 920.05万元。净资本监管指标如下。

| 序号 | 指标名称 | 指标值 | 监管要求 |
|---|---|---|---|
| 1 | 净资本余额(亿元) | 108.33 | ≥2 |
| 2 | 固有业务风险资本(亿元) | 21.99 | — |
| 3 | 信托业务风险资本(亿元) | 41.49 | — |
| 4 | 各项业务风险资本之和(亿元) | 63.48 | — |
| 5 | 净资本/各项业务风险资本之和(亿元) | 170.65 | ≥100 |
| 6 | 净资本/净资产(%) | 84.42 | ≥40 |

#### 8.6.2 社会责任履行情况

公司积极履行社会责任,一是开展扶贫帮困,建立困难职工档案,全年累计慰问员工106人次,支出帮扶经费35.7万元。同时还组织员工无偿献血、义务劳动等多项公益活动,树立了良好的社会形象。二是关心员工成长,积极落实体检、防暑降温、疗养等员工福利,组织新春茶话会、青年员工联谊会和“三八”节女工座谈会、趣味运动会等活动;每位员工生日时都会收到公司党委书记、总裁送上的贺卡和工会准备的鲜花、蛋糕。三是重视人才培养,调整薪酬结构,对引进人才、稳定人才起到了较好的作用。四是践行“快乐工作,健康生活”团队理念。积极组织员工参加集团内外体育赛事,篮球、羽毛球、游泳、瑜伽等兴趣小组活动蓬勃开展,为员工强身健体创造条件,丰富员工业余文化生活。五是组织员工培训,学习先进履责事迹,在企业内部营造社会责任工作氛围,参加志愿者活动,提高员工对社会责任工作的认识。六是强化消费者权益保护,修订《录音录像标准话术》,提高“双录”的规范性和合规性,完善销售流程,制定《金融知识宣传教育实施办法》,多渠道、多形式地开展消费者教育活动,强化客户风险意识。

## 9. 公司监事会独立意见

### 9.1 关于公司依法运作情况的意见

2018年,公司坚持依法合规经营,不断完善内部控制制度,决策程序符合法律法规及《公司章程》的有关规定。董事会、高级管理层成员认真履行职责,未发现有违反法律法规或损害公司利益的行为。

### 9.2 关于公司财务报告的意见

公司2018年度财务报告按照中国企业会计准则编制。经立信会计师事务所审计过的公司财务报表,真实、公允地反映了公司的财务状况和经营成果,会计师事务所出具的无保留意见书是客观公正的。

### 9.3 关于关联交易的意见

公司2018年关联交易业务,符合商业原则和银保监会监管要求,未发现有损害股东利益、公司利益和信托受益人利益的情形。

# 陆家嘴国际信托有限公司

## 1. 重要提示

1.1 本公司董事会及董事保证本报告所载资料不存在任何虚假记载、误导性陈述或者重大遗漏,并对其内容的真实性、准确性和完整性承担个别及连带责任。

1.2 本公司独立董事李颖琦、毕玥、张广鸿声明:保证年度报告内容的真实、准确、完整。

1.3 普华永道中天会计师事务所(特殊普通合伙)根据中国注册会计师审计准则对本公司年度财务报告进行审计,出具了标准无保留意见的审计报告。

1.4 本公司董事长黎作强、总经理崔斌、副总经理兼董事会秘书马家顺声明:保证年度报告中财务报告的真实、完整。

## 2. 公司概况

### 2.1 公司简介

#### 2.1.1 公司历史沿革

陆家嘴国际信托有限公司(以下简称陆家嘴信托或公司)是上海陆家嘴金融发展有限公司(以下简称陆金发)控股的信托机构,注册资本为40亿元。公司注册地为青岛,在部分城市设立业务团队。公司前身为2003年10月15日经中国银监会批准成立的青岛海协信托投资有限公司(以下简称海协信托)。公司经过重组,2011年1月26日,中国银监会批复同意新疆威仕达实业(集团)股份有限公司、新疆棉花产业(集团)有限责任公司、中铁十八局集团有限公司、安徽丰原集团有限公司4家股东合计持有的海协信托71.606%的股权转让给陆金发;2011年5月5日,经工商变更登记,陆金发成为海协信托股东。2011年9月16日,中国银监会批复同意山东海川集团控股公司和青岛联宇时装有限公司2家股东合计持有海协信托28.394%的股权转让给青岛国信发展(集团)有限责任公司(以下简称青岛国信);2011年10月27日,经工商变更登记,青岛国信成为海协信托股东。2012年2月27日,中国银监会批复同意公司名称变更为陆家嘴信托,同意公司根据《信托公司管理办法》的有关规定开展中国银监会批准的业务。至此,海协信托重组工作取得重大突破,为公司稳健成长揭开崭新的一页。2012年11月5日,中国银监会青岛监管局批复同意公司注册资本金由31 500万元变更为106 834.62万元。2014年12月15日,中国银监会批复同意公司注册资本金增至30亿元,增资后陆金发持股比例为71.606%,青岛国信持股比例为10.112%,青岛国信金融控股有限公司(以下简称国信金控)持股比例为18.282%。2018年6月25日,中国银监会批复同意公司注册资本金增至40亿元,公司股东出资比例保持不变,2018年7月27日公司完成工商变更登记手续。此次增资有效地增强了资金实力、主业协同和风险缓冲能力。

**2.1.2 基本信息**

2.1.2.1 公司法定中文名称:陆家嘴国际信托有限公司
中文名称缩写:陆家嘴信托
公司法定英文名称:Lujiazui International Trust Corporation Limited
英文缩写:Lujiazui Trust

2.1.2.2 法定代表人:黎作强

2.1.2.3 注册地址:青岛市崂山区香港东路195号3号楼青岛上实中心12层
邮政编码:266071
公司国际互联网网址:http://www.ljzitc.com.cn
电子邮箱:ljzxt@ljzitc.com.cn

2.1.2.4 公司负责信息披露事务的高级管理人员:马家顺
公司信息披露联系人:李炜
联系电话:021-50587809
传　　真:021-50588225
电子邮箱:ljzxt@ljzitc.com.cn

2.1.2.5 公司选定的信息披露报纸:《上海证券报》
公司年度报告备置地点:青岛市崂山区香港东路195号3号楼青岛上实中心12层
上海市浦东新区世纪大道1600号30楼

2.1.2.6 公司聘请的会计师事务所:普华永道中天会计师事务所(特殊普通合伙)
住所:中国(上海)自由贸易试验区陆家嘴环路1318号星展银行大厦507单元01室

2.1.2.7 公司聘请的律师事务所:上海市锦天城律师事务所
住所:上海市浦东新区银城中路501号上海中心大厦11楼

## 2.2 组织结构

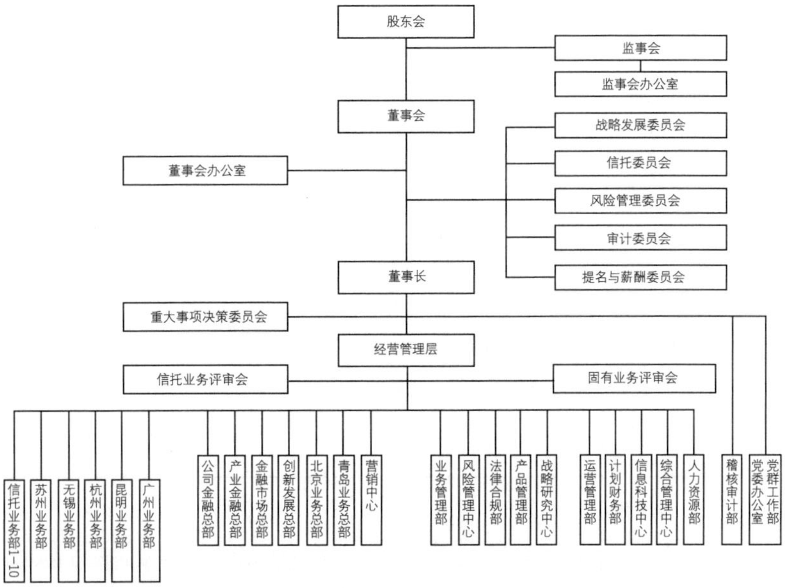


# 3. 公司治理

## 3.1 股东

报告期末股东总数为3家。其中，青岛国信金融控股有限公司为青岛国信发展(集团)有限责任公司直接和间接100%持股的子公司。

| 股东名称 | 持股比例(%) | 法人代表 | 注册资本(万元) | 注册地址 | 主要经营业务及主要财务情况 |
|---|---|---|---|---|---|
| 上海陆家嘴金融发展有限公司★ | 71.606 | 黎作强 | 800 000 | 中国(上海)自由贸易试验区世纪大道1600号2901室 | 金融产业、工业、商业、城市基础设施等项目的投资、管理,投资咨询,企业收购、兼并(依法须经批准的项目,经相关部门批准后方可开展经营活动)。截至2018年末,公司资产总额约为196.96亿元。 |
| 青岛国信金融控股有限公司 | 18.282 | 刘冰冰 | 370 000 | 青岛市崂山区苗岭路9号 | 金融及金融服务性机构的投资与运营、资产管理与基金管理、股权投资及资本运营、证券与基金投资、投资策划与咨询服务;经政府及有关监管机构批准的其他资产投资与运营(依法须经批准的项目,经相关部门批准后方可开展经营活动)。截至2018年末,公司资产总额约为224.12亿元。 |
| 青岛国信发展(集团)有限责任公司 | 10.112 | 王建辉 | 300 000 | 青岛市市南区东海西路15号 | 城乡重大基础设施项目投资建设与运营;政府重大公益项目的投资建设与运营;经营房产、旅游、土地开发等服务业及经批准的非银行金融服务业;经政府批准的国家法律、法规禁止以外的其他资产投资与运营(依法须经批准的项目,经相关部门批准后方可开展经营活动)。截至2018年末,公司资产总额约为637.76亿元。 |

注:1. 股东名称一栏中★为公司最终实际控制人。

## 3.2 董事、董事会及其下属委员会

董事长、副董事长、董事

| 姓名 | 职务 | 性别 | 年龄(岁) | 选任日期 | 所推举的股东名称 | 该股东持股比例(%) | 简要履历 |
|---|---|---|---|---|---|---|---|
| 黎作强 | 董事长 | 男 | 52 | 2018年4月 | 上海陆家嘴金融发展有限公司 | 71.606 | 曾任国泰君安湖北分公司人事管理部办公室副主任、监事会办公室(纪检监察室)副经理、上海分公司党委书记、总裁办主任;现任上海陆家嘴(集团)有限公司党委委员、副总经理,上海陆家嘴金融贸易区开发股份有限公司董事,上海陆家嘴金融发展有限公司党委书记、董事长、法定代表人,爱建证券有限责任公司党委书记、董事长,陆家嘴国泰人寿保险有限责任公司董事长、法定代表人,陆家嘴国际信托有限公司党委书记、董事长、法定代表人。 |

续表

| 姓名 | 职务 | 性别 | 年龄（岁） | 选任日期 | 所推举的股东名称 | 该股东持股比例（%） | 简要履历 |
|---|---|---|---|---|---|---|---|
| 崔　斌 | 董事 | 男 | 45 | 2018 年 4 月 | 上海陆家嘴金融发展有限公司 | 71.606 | 曾任苏州产权交易所交易部部门负责人，苏州国有资产管理局产权处科员，北京证券投行华东部项目经理、苏州营业部投行部副经理，苏州信托有限公司部门经理、总助、副总经理、总裁，合景泰富地产有限公司苏州公司副总经理，苏州柯利达集团副总裁，陆家嘴国际信托有限公司副总经理，紫金信托有限责任公司总裁、党总支书记，上海陆家嘴金融发展有限公司副总经理；现任陆家嘴金融发展有限公司党委委员，陆家嘴国际信托有限公司党委副书记、总经理。 |
| 奚　峰 | 董事 | 男 | 40 | 2018 年 4 月 | 上海陆家嘴金融发展有限公司 | 71.606 | 曾任上海氯碱化工股份有限公司法律顾问，上海良友集团・粮油仓储公司法务主管，长江经济联合发展集团法务经理，上海三盛宏业投资集团法律事务部总经理，复星集团・星泓控股高级法务总监；现任上海陆家嘴金融发展有限公司风险控制部总经理。 |
| 邓友成 | 董事 | 男 | 47 | 2018 年 4 月 | 青岛国信金融控股有限公司、青岛国信发展（集团）有限责任公司 | 合计持有 28.394 | 曾任山东大信会计师事务所所长，青岛国信胶州湾交通有限公司副总经理，青岛国信金融控股有限公司总经理、董事长；现任青岛国信发展（集团）有限责任公司副总经理、董事，中路财产保险股份有限公司董事，国投聚力投资管理有限公司董事，青岛银行股份有限公司董事。 |

独立董事

| 姓名 | 所在单位及职务 | 性别 | 年龄（岁） | 选任日期 | 所推举的股东名称 | 该股东持股比例（%） | 简要履历 |
|---|---|---|---|---|---|---|---|
| 李颖琦 | 上海国家会计学院教授、博士生导师 | 女 | 42 | 2018 年 4 月 | — | — | 曾任上海立信会计学院会计学助教，澳大利亚 Charles Sturt University 访问学者，上海立信会计学院会计学讲师、副教授、教授，上海立信会计金融学院会计学教授；现任上海国家会计学院会计学教授。 |
| 张广鸿 | 退休 | 男 | 61 | 2018 年 4 月 | — | — | 曾任青岛市证券公司总经理助理，青岛市财贸委员会副主任，青岛证券交易中心副总经理，青岛市商业银行行长、党委书记，青岛银行董事长、党委书记，青岛市国有资产管理委员会副主任，北京金融资产交易所常务副总裁；现已退休。 |
| 毕　玥 | 上海日盈律师事务所合伙人 | 女 | 35 | 2018 年 4 月 | — | — | 曾任上海秋实律师事务所律师、合伙人；现任上海日盈律师事务所合伙人、主任，兼任爱建证券有限责任公司独立董事。 |

董事会下属委员会

| 董事会下属委员会名称 | 职责 | 组成人员姓名 | 职务 |
|---|---|---|---|
| 战略发展委员会 | 对公司中长期发展战略规划和发展方针进行研究并提出建议；对《公司章程》规定的须经董事会批准的重大事项进行研究并提出建议；对其他影响公司发展的重大事项进行研究并提出建议；对以上事项的实施进行跟踪检查；董事会授权的其他事宜。 | 黎作强 | 主任委员 |
| | | 邓友成 | 委员 |
| | | 崔　斌 | 委员 |
| 信托委员会 | 组织制定公司信托业务发展规划；对公司信托业务运行情况进行定期评价；就银保监会及其派出机构对公司信托业务的检查决定或意见，提出具体整改措施；指导公司开展信托业务创新；当公司或股东利益与受益人利益发生冲突时，提出维护受益人权益的具体措施；审查公司是否存在侵占受益人利益，获取不当信托报酬的行为；监督信托业务的信息披露情况；董事会授予的其他职责。 | 毕　玥 | 主任委员 |
| | | 崔斌 | 委员 |
| | | 邓友成 | 委员 |
| 审计委员会 | 监督公司内部审计制度及其实施；负责内部审计与外部审计之间的沟通；审核公司的财务信息及其披露；提议聘请或更换外部审计机构；董事会授予的其他职责。 | 李颖琦 | 主任委员 |
| | | 张广鸿 | 委员 |
| | | 毕　玥 | 委员 |
| 风险管理委员会 | 向董事会提交公司全面风险管理年度报告；确定公司风险管理的总体目标、风险偏好、风险承受度、风险管理策略和重大风险管理解决方案；提出完善公司风险管理和内部控制的建议；对公司信托业务和固有业务的风险控制及管理情况进行监督；对公司固有财产和信托财产的风险管理状况进行定期评价；对公司关联交易业务风险进行评估，对重大关联交易事项进行审查并提交董事会审议；董事会授予的其他职责。 | 张广鸿 | 主任委员 |
| | | 崔　斌 | 委员 |
| | | 李颖琦 | 委员 |
| 提名与薪酬委员会 | 根据公司经营发展战略、资产规模和业务结构等，对董事会的规模和结构向董事会提出建议；拟定公司董事和高级管理人员的选任程序和标准，对董事和高级管理人员的任职资格和条件进行初步审核，并向董事会提出建议；拟定公司董事和高级管理人员的考核标准，据此进行考核并提出建议；拟定公司董事和高级管理人员的具体薪酬和激励方案，向董事会提出薪酬方案的建议，并监督实施；董事会授权的其他事宜。 | 黎作强 | 主任委员 |
| | | 李颖琦 | 委员 |
| | | 毕　玥 | 委员 |

## 3.3 监事、监事会及其下属委员会

监事会成员

| 姓名 | 职务 | 性别 | 年龄（岁） | 选任日期 | 所推举的股东名称 | 该股东持股比例(%) | 简要履历 |
|---|---|---|---|---|---|---|---|
| 蔡 嵘 | 监事会主席 | 男 | 45 | 2018 年 4 月 | 上海陆家嘴金融发展有限公司 | 71.606 | 曾任职于上海建材工业学院监察审计室，同济大学审计处，浦东新区财税局预算处科员，浦东新区财政局预算处科员、副主任科员、主任科员，浦东新区财政局农业税征收管理所副主任，浦东新区国有资产管理委员会企业资产管理处副处长，浦东新区国有资产监督管理委员会综合规划处副处长，浦东新区企业工作党委委员，国有资产监督管理委员会主任助理、党委委员，浦东新区国有资产监督管理委员会主任助理、副主任、党委副书记；现任上海陆家嘴（集团）有限公司党委副书记。 |
| 肖 霄 | 监事 | 男 | 36 | 2018 年 4 月 | 上海陆家嘴金融发展有限公司 | 71.606 | 曾任上海市现代管理研究中心世界经济研究所项目组组员，海航大新华物流控股（集团）有限公司企划投资部业务主管等职务；现任上海陆家嘴金融发展有限公司投资管理部副总经理。 |
| 扈 鑫 | 监事 | 男 | 40 | 2018 年 4 月 | 青岛国信金融控股有限公司、青岛国信发展（集团）有限责任公司 | 合计持有 28.394 | 曾任青岛国信发展（集团）有限责任公司财务审计部副部长，山东医药保健品进出口有限公司财务部副经理，青岛海信东海商贸有限公司财务部副部长，青岛青啤朝日饮品有限公司副总会计师等职务；现任中路财产保险股份有限公司财务部总经理。 |
| 汪 晖 | 监事 | 男 | 42 | 2018 年 1 月 | 职工代表 | — | 曾任中国银行上海市分行风险管理处金融分析师，华鑫证券财务部总会计师，加拿大安省交通部财务部高级金融分析师，陆家嘴国际信托有限公司运营管理部总经理、固有资产管理部总经理等职务；现任陆家嘴国际信托有限公司计划财务部总经理。 |
| 章 惠 | 监事 | 女 | 39 | 2018 年 1 月 | 职工代表 | — | 曾任工商银行黄山分行柜面会计、科员，上海子能高科股份有限公司法务、董事长秘书，中泰信托有限责任公司运营中心高级经理、稽核审计部总经理；现任陆家嘴国际信托有限公司稽核审计部总经理、工会经审主任。 |

注：本报告期内，公司监事会未设下属委员会。

## 3.4 高级管理人员

| 姓名 | 职务 | 性别 | 年龄（岁） | 选任日期 | 金融从业年限（年） | 学历（位） | 专业 | 简要履历 |
|---|---|---|---|---|---|---|---|---|
| 崔 斌 | 总经理 | 男 | 45 | 2018 年 1 月 | 16 | 硕士 | 工商管理 | 曾任苏州产权交易所交易部部门负责人，苏州国有资产管理局产权处科员，北京证券投行华东部项目经理、苏州营业部投行部副经理，苏州信托有限公司部门经理、总助、副总经理、总裁，合景泰富地产有限公司苏州公司副总经理，苏州柯利达集团副总裁，陆家嘴国际信托有限公司副总经理，紫金信托有限责任公司总裁、党总支书记，上海陆家嘴金融发展有限公司副总经理；现任陆家嘴金融发展有限公司党委委员，陆家嘴国际信托有限公司党委副书记、总经理。 |
| 叶晓军 | 副总经理 | 男 | 49 | 2011 年 11 月 | 17 | 硕士 | 经济学 | 曾任海南民生燃气（集团）股份有限公司总裁办主任、部门经理，中泰信托有限责任公司部门总经理、总裁助理；现任陆家嘴国际信托有限公司副总经理。 |
| 马家顺 | 副总经理 | 男 | 50 | 2018 年 7 月 | 10 | 博士 | 经济学 | 曾任郑州华达软件科技公司软件开发部程序员、副经理，郑州证券（后更名为黄河证券）信息技术中心副总经理、资产管理部总经理、总工程师，黄河证券（后更名为民生证券）总裁助理（兼研究所所长）、副总裁，上海浦东发展（集团）有限公司投资部副总经理、房产部副总经理，上海浦东发展置业有限公司党委委员、副总经理，上海南汇建设投资有限公司执行董事、总经理，上海浦东路桥建设股份有限公司党委委员、副总经理、董事会秘书；现任陆家嘴国际信托有限公司党委委员、纪委书记、副总经理、董事会秘书。 |
| 邱 翔 | 副总经理 | 女 | 52 | 2014 年 9 月 | 4 | 研究生 | 会计学 | 曾任青岛市财政局外经科员，山东汇德会计师事务所业务一部部长，青岛国信发展（集团）有限公司规划发展部部长；现任陆家嘴国际信托有限公司副总经理。 |
| 浦凤丹 | 副总经理 | 女 | 43 | 2016 年 1 月 | 21 | 本科 | 经济学 | 曾任中国人寿保险公司武汉分公司职员，中保康联人寿保险有限公司财务部总经理兼投资经理，交银康联人寿保险有限公司财务部高级经理，陆家嘴国际信托有限公司计划财务部负责人、财务总监；现任陆家嘴国际信托有限公司副总经理。 |
| 许丹健 | 副总经理 | 男 | 41 | 2017 年 4 月 | 17 | 研究生 | 工商管理 | 曾任中国银行上海市分行浦东开发区支行客户经理、业务部主任、中国银行上海市分行张江支行行长，陆家嘴国际信托有限公司信托业务九部总经理；现任陆家嘴国际信托有限公司党委委员、副总经理。 |
| 傅 艳 | 总经理助理 | 女 | 39 | 2017 年 4 月 | 17 | 研究生 | 工商管理 | 曾任南方证券股份有限公司上海分公 B 股分析员，华一银行风险管理部高级主任，华宝信托有限责任公司合规和风险管理部高级风控经理，陆家嘴国际信托有限公司风控总监兼风控部、合规部总经理；现任陆家嘴国际信托有限公司党委委员、总经理助理。 |

### 3.5 公司员工

| 项 目 | | 报告期年度 | | 上年度 | |
|---|---|---|---|---|---|
| | | 人数(人) | 比例(%) | 人数(人) | 比例(%) |
| 年龄分布 | 25 岁以下 | 2 | 0.64 | 4 | 1.34 |
| | 25 ~29 岁 | 60 | 19.23 | 81 | 27.18 |
| | 30 ~39 岁 | 194 | 62.18 | 165 | 55.37 |
| | 40 岁以上 | 56 | 17.95 | 48 | 16.11 |
| 学历分布 | 博士 | 5 | 1.60 | 4 | 1.34 |
| | 硕士 | 164 | 52.57 | 151 | 50.67 |
| | 本科 | 131 | 41.99 | 130 | 43.63 |
| | 专科 | 9 | 2.88 | 11 | 3.69 |
| | 其他 | 3 | 0.96 | 2 | 0.67 |
| 岗位分布 | 董事、监事及高管人员 | 9 | 2.88 | 9 | 3.02 |
| | 自营业务人员 | 2 | 0.64 | 2 | 0.67 |
| | 信托业务人员 | 127 | 40.71 | 135 | 45.30 |
| | 其他人员 | 174 | 55.77 | 152 | 51.01 |

## 4. 经营管理

### 4.1 经营目标、经营方针、战略规划

#### 4.1.1 经营目标

公司贯彻“专业化发展、差异化竞争、精细化管理、品牌化经营”的发展理念，实现合规经营与业务发展并重、市场拓展与战略创新并驱、资产管理与财富管理并行，力争到 2021 年综合实力达到同类公司领先水平。

#### 4.1.2 经营方针

公司以服务城市发展和城市生活为中心，坚持“两大主场、三层协同、四端优化、五项经营”的发展思路，围绕“3 +3”业务布局，巩固升级房地产业务、基础设施类业务、同业业务“三个核心”，重点推进资产证券化、股权投资、资本市场“三个突破”，打造资产管理、财富管理、信托服务“三项核心能力”，实现长期、稳健、可持续发展。

一个中心：致力于满足对传统地产改造升级、完善城市配套功能、优化服务业态等级、提供全方位服务的金融需求，促进城市高质量发展；以自身专业化能力服务城市成长，高度重视和改善民生，针对多样化、专业化的居民理财需求，提供高质量的金融服务。实现公司内涵价值的增长与提升。

两大主场：深耕上海、青岛两大主场，构筑北京战略高地；重兵守好长三角战略重地，奇兵拓展山东战略要地，分兵谋求首都战略高地；重点布局长三角区域一体化、环渤海都市经济圈及粤港澳大湾区；辐射沿海城市群和沿长江经济带，强化特色定位，实现差异化发展。

三层协同：加强公司与股东实业板块、股东金融板块以及区域发展的协同。一是加强信托与地产板块、基建板块的协同，借助陆家嘴集团在房地产领域的优势，深度介入房地产全产业链，借助青岛国信在基础设施及城市功能开发领域的优势，提升平台项目主动管理能力；二是加强与陆家嘴集团、青岛国信集团下辖金融机构之间的协同，发挥各板块金融牌照优势，形成机制协同、业务协同、客户协同；三是加强公司与浦东“二次创业”、上海国际金融中心建设、青岛财富管理金融综合改革试验区之间的战略协同，积极发挥信托功能，助力双主场经济发展。

四端优化：资产、资金两端发力，产品、管理两端加强。资产端，重点围绕“3 +3”业务布局，推动团队专业化建设，按照基础资产条线组建专业团队，提升细分领域行业竞争力，增强资产获取和专业投资能力。资金端，加强“五项能力”建设，强化精准营销，实现资金与资产的高效匹配，在客户分层、体系深耕及立体营销等方面取得突破性进展。产品端，贯彻“四化”发展理念，构建类别、收益、期限等方面梯度配比合理的产品体系，覆盖各类用户投资需求，打造系列品牌产品，提升市场影响力。管理端，加强精细化管理，优化组织架构，树立合规底线，加强主动风险管理，推进全面预算管理，提升公司发展质量和经营效益。

五项经营：一是经营区域，资产端重点布局长三角、环渤海及粤港澳，辐射沿海城市群和沿长江经济带，深耕战略客户；资金端扩大财富管理区域布局，提升精准营销能力。二是经营客户，从资金端和资产端对客户进行分级分类管理，深度挖掘客户需求，通过产品设计提供最合适的解决方案。三是经营风险，风险评估与经营策略和整体战略相匹配，针对成熟型业务制定标准化流程，针对创新类业务加强深度研究。四是经营人才，优化激励约束机制，为人才创造良好的展业环境。五是经营品牌，塑造公司品牌，建立财富管理品牌，推进产品系列化、标准化，提升品牌价值。

#### 4.1.3 战略规划

4.1.3.1 战略定位

陆家嘴信托作为上海陆家嘴金融发展有限公司的旗舰企业，围绕陆家嘴集团“地产 +金融”战略布局，建立专业化、差异化的核心竞争力，立足上海、青岛，面向长三角、环渤海、粤港澳，全面提升品牌影响力和美誉度。

4.1.3.2 战略愿景

陆家嘴信托致力于成为聚焦城市高质量发展与高品质生活的国内一流资产管理综合服务机构。

### 4.2 所经营业务的主要内容

公司主要业务分为信托业务和自营业务。

#### 4.2.1 信托业务

从委托人数量看，信托业务包括单一信托和集合信托；从委托人交付信托财产的性质看，信托业务包括资金信托和财产权信托；从信托财产运用方式看，信托业务包括融资类信托、证券投资类信托、股权投资类信托和其他投资类信托等。

信托资产运用与分布表

| 资产运用 | 金额(万元) | 占比(%) | 资产分布 | 金额(万元) | 占比(%) |
|---|---|---|---|---|---|
| 货币资产 | 580 558.89 | 2.49 | 基础产业 | 6 439 473.08 | 27.61 |
| 贷款 | 8 788 601.06 | 37.68 | 房地产 | 6 520 242.16 | 27.96 |
| 交易性金融资产 | 28 939.84 | 0.12 | 证券市场 | 144 451.47 | 0.62 |
| 可供出售金融资产 | 6 443 160.69 | 27.62 | 工商企业 | 5 008 430.17 | 21.47 |
| 长期股权投资 | 3 710 189.28 | 15.91 | 金融机构 | 1 063 947.85 | 4.56 |
| 买入返售金融资产 | 2 569 282.14 | 11.02 | 其他 | 4 147 166.29 | 17.78 |
| 其他 | 1 202 979.12 | 5.16 | | | |
| 信托资产总计 | 23 323 711.02 | 100.00 | 信托资产总计 | 23 323 711.02 | 100.00 |

注：1. 资产运用中的“其他”项目主要包括应收款项、长期待摊费用和财产权投资。

2. 资产分布中的“其他”项目主要包括投向信托计划、证券理财、银行理财等金融产品。

4.2.2 固有业务

本报告期内,公司固有业务主要包括投资类业务。投资类业务主要包括金融产品投资。

**自营资产运用与分布表**

| 资产运用 | 金额(万元) | 占比(%) | 资产分布 | 金额(万元) | 占比(%) |
|---|---|---|---|---|---|
| 货币资产 | 10 632 | 1.55 | 基础产业 | — | — |
| 贷款及应收款 | 63 781 | 9.30 | 房地产业 | — | — |
| 以公允价值计量且其变动计入当期损益的金融资产 | 79 902 | 11.65 | 证券市场 | 84 902 | 12.38 |
| 可供出售金融资产 | 496 528 | 72.38 | 实业 | — | — |
| 持有至到期投资 | — | — | 金融机构 | 10 631 | 1.55 |
| 长期股权投资 | — | — | 其他 | 590 486 | 86.07 |
| 其他 | 35 176 | 5.12 | | | |
| 资产总计 | 686 019 | 100.00 | 资产总计 | 686 019 | 100.00 |

## 4.3 市场分析

2018年宏观环境复杂多变,经济增长持续放缓,防风险、稳金融已成为大势所趋,违规处罚事件频出,市场形势依旧低迷,房地产投资连续下滑。随着资管新规及其配套政策相继出台,信托公司面临的问题和挑战日益明显,这也使信托转型迫在眉睫。

2018年信托行业的发展特点主要概括为以下几方面。

一是"头部效应"日益明显,两极分化趋势加大。信托公司在去杠杆、去刚兑、去嵌套的背景下,盈利增长面临较大压力,头部信托公司在适应外部环境变动方面存在较大优势,各项经营指标基本保持稳定,部分转型较慢的信托公司经营压力增大,盈利空间收窄,与头部公司的差距进一步拉大。

二是信托规模持续回落,增长方式有所改变。在经济下行压力增大、"去通道、限非标"等监管措施陆续执行的背景下,信托资产管理规模持续回落,增长方式由外延式扩展向内涵式发展转变,资产结构质量进一步优化,挤出了信托资产规模的"水分",有利于行业长远发展。

三是资管新规正式落地,推动信托转型升级。资管新规及其配套政策的实施使得资管行业的发展格局面临重塑,从长期看,新规为资产管理机构创造了更加公平的业务准入和竞争环境,有助于促进信托公司更加专注于资产管理能力的建设和核心竞争力的培育。

四是理财子公司纷纷获批,资管行业竞合加剧。《商业银行理财子公司管理办法》正式出台,一方面大大拓宽了理财子公司业务范围,使其兼具"信托+公募"牌照,加之与母行之间可形成业务联动,使得理财子公司产品较信托产品具有一定优势;另一方面,由于信托公司在资源整合和功能制度方面仍有一定优势,理财子公司与信托公司之间也存在较大的合作空间,未来两者之间将形成竞合关系。

## 4.4 内部控制

4.4.1 内部控制环境和内部控制文化

公司构建由股东会、董事会、监事会和高级管理层构成的现代公司治理机制,三会分设,形成有效制约、协调发展。公司各治理主体职责明确,严格按照法律法规、《公司章程》及相关制度的规定,相对独立地开展工作,充分发挥有效的制衡作用。

公司以建立良好的公司治理为目标,以树立合法合规经营的理念和风险控制优先的意识为前提,形成业务不断发展和风险有效控制的运行机制。公司高度重视内部控制文化建设,大力培育全面风险管理理念,通过各类培训、内刊刊载、研讨活动等形式,提升员工的法治观念、诚信观念和道德水准,提高风险管理的自觉性。

4.4.2 内部控制措施

公司按照现代企业制度的要求,遵循全面性、重要性、制衡性、适应性、审慎性、独立性、成本效益、防火墙的原则和决策、执行、交流、监督、反馈的内控制度程序,采取五个方面的措施来加强公司的内控制度建设。

4.4.2.1 组织结构内部控制

公司依据业务系统、决策系统、执行系统、监督系统相互制衡的原则,建立科学的、相互制约的前台、中台、后台组织机构设置。公司各职能部门按照职责分工履行各自的管理职责并实现经营目标。公司采取自营业务和信托业务相分离的机构安排,构建权责清晰、目标明确、相互制衡、协调统一的组织机构设置。

股东层面:股东会审议批准董事会制定的各项政策与经营计划。董事会负责审批公司的整体经营战略和重大政策;批准公司基本管理制度;任命高级管理层;董事会对管理层、审计机构、监管机构的内部控制评估报告进行审查,并监督管理层落实整改措施。

经营层面:高管层负责实施经董事会批准的内部控制的总体政策及策略,并通过制定相应的内部管理制度和业务管理制度来具体执行;采取固有财产与信托财产隔离、前中后台职责分离的管理理念,分设前台(公司金融总部、产业金融总部、金融市场总部、创新发展总部、北京业务总部、青岛业务总部、信托业务部门、营销中心、固有业务部等业务部门)、中台(业务管理部、风险管理中心、法律合规部、产品管理部、战略研究中心等支持部门)和后台(运营管理部、计划财务部、信息科技中心、综合管理中心、人力资源部、稽核审计部等管理部门)。通过部门设置的不断完善,公司形成了相互制衡的控制体系,有效降低了经营风险。

监督层面:监事会负责检查公司整体运营情况和风险管理情况。董事会下设信托委员会、风险管理委员会、审计委员会、提名与薪酬委员会、战略发展委员会并分别履行职能。信托委员会负责监督公司依法履行的受托职责;风险管理委员会负责公司的风险控制、管理、监督和评估,以及重大关联交易的审核;审计委员会负责公司内外部审计的沟通,监督公司内部审计制度及其实施;提名与薪酬委员会负责提名公司高管,拟定董事及高管的考核标准并进行考核,审查董事和高管的薪酬政策和方案;战略发展委员会根据金融市场的发展及政策变化,研究金融行业在各个时段的特征,对公司的业务发展方向提出指导性意见。重大事项决策委员会是公司决定重大事项的非常设决策机构,重大事项决策委员会的职责为在公司授权制度及方案中超出总经理权限范围,且章程未明确规定由董事会、董事长行使职权的事项,及董事会授权重大事项决策委员会决策的或者董事长、总办会在其授权范围内认为需要提交重大事项决策委员会审议的事项进行决策。稽核部门负责对各部门、各岗位、各项业务的开展情况实施全面的监督检查和评价。

4.4.2.2　授权内部控制

公司建立统一、完善的授权体系，形成层级分明、权限清晰的授权理念。同时，公司建立以基本授权和特别授权为内容的授权管理制度，明确各部门、各岗位的管理及业务操作、审批权限，并将权限管理与业务系统、审批程序相结合，保证各级管理人员和操作人员在各自授权范围内行使职权并承担责任。公司各项投资决策按规定程序办理，并保留相应记录，严控各种违反授权行为的发生。

4.4.2.3　业务内部控制

公司在业务管理上，除了制定较为完善的业务管理制度、业务操作流程、岗位操作手册外，还注重资产的合理配置，以防范资产过度集中于高风险领域，保障资产安全性。同时，公司着力做好固有业务和信托业务的内部"防火墙"工作，具体包括公司的自营业务和信托业务相互分离，分别由不同的业务部门管理；公司固有财产和信托财产分开管理、分别核算，并由不同的会计人员负责；自营业务和信托业务做到信息隔离，各业务信息相互独立，业务人员做到对工作中知悉的未公开的业务信息保密。公司组建了流程小组，系统地对流程管理工作进行规划，并分阶段对信托业务、固有业务和管理流程进行优化。

4.4.2.4　关联交易内部控制

公司为加强关联交易决策和监督的控制，防范关联交易所导致的风险，制定关联交易管理制度，包括但不限于关联交易的范围、关联方的范围、公允价格的确定、董事会或者经营决策机构对关联交易的监督管理、重大关联交易识别等。公司做好日常对关联方的信息收集与管理工作、回避制度、内部审计监督、信息披露等内容。关联交易按照国家法律法规的规定和银保监会的要求，做到比例控制，充分信息披露。

4.4.2.5　突发事件处理机制

公司为了防范突发事件给公司正常经营造成困难，制定了《项目异常处理办法》《项目异常处置预案规范及操作指引》。当信托项目异常性质触发项目异常处置小组成立条件，则项目异常处置预案启动。启动后，由风控分管领导和业务分管领导牵头，落实项目处置方案与程序，寻找项目对接资金，并积极同资管公司、金融同业、交易对手共同商议处置办法，以降低项目异常造成的损失。

4.4.2.6　制度内部控制

公司本着规范管理、防范风险的原则，不断加强内控制度的建设和完善。公司通过制定基本管理制度、具体规章制度、部门规章制度，建立层次分明、权责清晰、管控合理的规章制度体系。随着公司的发展，公司不断建立、健全各级规章制度，以加强内部控制，降低各类风险事件的发生；内部规章制度所涉及的范围包括但不限于业务管理、财务会计、风险管理、内部控制、行政人事等。

**4.4.3　信息交流与反馈**

公司的相关业务流程中设有信息反馈环节，确保公司各项管理信息在部门之间、部门内部能进行及时的传递和正确的处理。公司配备专职信息技术人员，按照要求加强公司信息系统的建设。

公司建立了有效的信息交流和反馈机制，确保股东会、董事会、监事会、高级管理层及时了解本行业的经营和风险状况，确保信息能够传递给相关的人员，各个部门和人员的有关信息能够顺畅反馈。

公司建立了完善的内部管理信息系统，为内部控制的设计、执行和反馈提供信息保障，建立与各部门定期沟通机制，及时、真实、完整地传导和交流信息，并做到及时反馈信息。

公司及时、准确地向监管部门报送监管部门所需要的各种数据和资料，并将监管部门的意见及时、准确地传达给公司相关人员。

通过公司网站、报纸等平台，向社会公众准确、及时地披露公司有关信息，充分发挥社会公众对公司内控制度的监督作用。

**4.4.4　监督评价与纠正**

公司建立内部控制监督的报告和信息反馈制度，内部审计部门、内控管理职能部门、业务部门人员应将发现的内部控制缺陷，按照规定报告路线及时报告董事会、监事会、高级管理层或相关部门。

公司设立稽核部门，负责内部控制的监督评价，发现内部控制的隐患和缺陷时，及时报告与纠正；对内部控制的制度建设和执行情况定期进行检查评价，并根据检查结果提出内部控制缺陷及改进建议。

公司设立监事会，负责监督公司整体运营情况和风险管理情况，并进行评价。

公司根据监管机构检查结果和所提的改进意见，明确整改措施，并督促相关部门落实。

## 4.5　风险管理

**4.5.1　风险管理概况**

公司重视风险管理，通过建立健全各项规章制度，制定清晰的岗位职责，设置专职的风险管理部门，将现代风险管理技术与传统风险管理方法相结合，对可能产生的风险及时作出反应。公司建立以事前防范为主、事中控制及事后监督并举的全面风险管理体系，切实开展各项工作，及时防范、化解风险，保障公司持续、稳健、规范、健康地运行。

4.5.1.1　公司经营活动中可能遇到的风险

公司经营活动中可能遇到的风险主要包括信用风险、市场风险、操作风险、法律风险、政策风险、声誉风险。

4.5.1.2　公司风险管理的基本原则与政策

公司风险管理遵循全面性、重要性、制衡性、适应性、审慎性、独立性、成本效益及"防火墙"原则，风险管理贯穿于整个公司，是全员参与的全过程管理，覆盖到公司各个部门、各级人员及各项业务，并渗透到分析、决策、执行、监督、评价等各个环节。

4.5.1.3　公司风险管理组织结构与职责划分

公司构建以董事会为核心的覆盖全公司的矩阵式风险管理组织结构，主要包括以下几项核心要素。

董事会：负责审批公司风险管理战略，审定公司总体风险水平，监控和评价风险管理的有效性和公司管理层在风险管理方面的履职情况；董事会及董事会各委员会通过各项管理政策的逐级下达，实现对公司经营风险的前端控制和纵向风险信息的传递。

高级管理层：公司设立总经理办公会、固有业务评审会、信托业务评审会，分别负责高级管理层权限内的公司日常管理事务、固有业务、信托业务的审议和决策。

风险管理中心：负责建立健全公司风险管理体系；负责制定风险管理相关制度；负责公司各类业务风险的日常管理，对公司业务开展中的各类风险实施事前评估、项目的存续期间管理，化解和降低公司运营风险。

法律合规部：负责公司经营的合规性审查；负责公司业务的合规性审查；承担公司的法律事务，审核相关法律文书及合同，防范法律风险；代表公司对外处理相关法律事务，维护公司的合法权益；负责公司内控机制建设。

产品管理部：负责资产和资金之间的拟合，做好产销匹配和产品适销度的管理，提高项目落地效率；负责收集资金市场需求，以优化信托产品资金端的设计；推动公司主动管理信托产品评级工作；根据公司战略规划和政策导向整合公司资源，牵头推进产品创新。

战略研究中心：负责制定公司战略，负责行业研究、业务研究和市场研究。

营销中心：负责对信托产品销售环节的风险控制；负责合格投资人审查；负责审查资金来源合法合规；负责日常维护公司现金管理类产品。

运营管理部：负责信托产品开户、托管、估值、清算分配及信托产品信息披露。

计划财务部：负责固有项目收付款；通过会计核算和财务管理对公司财务状况及经营情况进行分析管理。

稽核审计部：检查公司内部风险管理制度和流程的日常执行情况，对公司内部风险控制制度的合理性、有效性进行分析，提出改进意见并直接向董事会和审计委员会报告。

业务部门：各业务部门是风险管理的第一责任部门，承担与其业务相关的风险管理责任。各业务部门是公司业务风险管理的具体实施单位，在公司各项基本管理制度的基础上，根据具体情况确定本部门的业务开拓方向。

**4.5.2 风险状况**

公司经营活动中可能遇到的主要风险包括信用风险、市场风险、操作风险等。

4.5.2.1 信用风险状况

信用风险主要是指交易对手不能或不愿按期偿还债务而使委托人或公司遭受损失的可能性。报告期内，公司发生的各类业务均经过严格的内部评审程序，合法合规，保障措施充分，交易对手信用度较好，信用风险可控。报告期内，公司未因该类风险造成受益人信托利益兑付损失。

4.5.2.2 市场风险状况

市场风险主要是指由于金融市场的波动或行情的变化给公司或其他信托当事人带来损失的可能性，主要表现为因经济运作周期变化、金融市场利率波动、通货膨胀、房地产交易、证券市场变化等造成的风险，这些风险可能影响信托财产的价值及信托收益水平，也可能影响公司固有资产价值或导致损失。2018年公司密切关注各类市场风险，勤勉、尽职地履行职责，市场风险整体可控。

4.5.2.3 操作风险状况

操作风险主要是指由于内部程序、人员、系统的不完善或失误，或外部事情造成直接或间接损失的风险，即由公司内部操作流程、人为因素、体制及外部事件引起的风险。报告期内，公司未发生此类风险致使公司及受益人造成损失。

4.5.2.4 其他风险状况

其他风险主要包括法律风险、政策风险、声誉风险等。法律风险是指公司在业务经营过程中由于不当的法律文书、违约行为或怠于行使自身法律权利等所造成的风险。政策风险是因国家宏观政策或监管政策发生变化，而导致经营风险、项目风险上升。声誉风险是指由于公司内部管理或服务出现问题而引起自身外部社会名声、信誉和公众信任度下降，从而对公司外部市场地位产生消极和不良影响的风险。报告期内，公司未发生此类风险。

**4.5.3 风险管理**

4.5.3.1 信用风险管理

公司通过事前评估、事中控制、事后监督的风险管理体系来防范和规避信用风险，具体措施包括：(1)严格按照业务流程、制度规定和相应程序开展各项业务，确保决策者充分了解业务涉及的信用风险；(2)对交易对手进行全面、深入的信用调查与分析，形成客观、翔实的尽职调查报告；(3)完善评审规则和流程，坚持集体决策的评审制度，全方面排查风险；(4)严格落实项目的保障措施，注意对抵押物权属的有效性、合法性进行审查，客观、公正评估抵押物；(5)业务部门、投后管理部进行项目期间管理，跟踪交易对手情况、监控担保品价值及项目进度，若发现问题及时采取措施有效防范和化解各类风险；(6)严格按要求，足额计提相关资产减值准备，并按规定比例提取信托赔偿准备金，以提高公司抵御风险的能力。

4.5.3.2 市场风险管理

公司制定并不断完善市场风险管理原则和程序，对每项业务和产品中的市场风险因素进行分解和分析，及时准确地识别业务中市场风险的类别和性质，具体措施包括：(1)对宏观经济走势、政策变化、投资策略演变及其他影响市场变化的因素进行持续分析，为投资决策提供参考；(2)关注国家宏观政策变化，规避限制类行业和相关项目；(3)进行资产组合管理，并动态调整资产配置方案，以规避或降低市场风险；(4)控制行业集中度，控制总体证券投资规模、设定证券投资限制指标和止损点；(5)加强对投资品种的研究和科学论证，按严格的流程进行控制；(6)密切监控已开展业务的运行情况，根据市场风险情况及时作出投资调整，避免或降低市场风险引起的损失。同时，公司通过做好实时监控、风险敞口限额控制、止损设置、压力测试等措施，最大限度地降低风险。

4.5.3.3 操作风险管理

公司通过不断完善规章制度，对部门、岗位制定了明确的职责和权限，职责的制定体现岗位相互分离的原则，能够实现中台、后台对前台的监督；对公司的各项业务制定了具体的业务操作流程，消除人为因素而造成的风险，保障风险控制体系的有序规范运行，并通过事后评价和总结，防止相类似的风险发生。公司定期或不定期对员工进行培训，并对渎职、越权或违背操作规定的人员进行问责；公司定期对内部的计算机信息系统进行维护和保养，加强技术系统的管理，保证其正常运行，消除风险隐患。

4.5.3.4 其他风险管理

对于法律风险，公司设置法律合规部，配备法律专业人员，同时聘请外部法律顾问，处理公司的各项法律、合规事务，帮助公司把好守法合规经营关；同时，公司通过员工教育和培训，强化合法合规意识，培育内部法律合规环境。

对于政策风险，公司严格依法合规经营，与监管部门保持紧密联系，及时获得和了解政策动向；公司定期或不定期组织员工学习相关政策文件，加强对宏观形势的分析研究。

良好的声誉是一家金融机构健康发展的重要资源。公司对可能影响公司声誉的业务坚决予以回避，尽职管理受托资产，履行承诺事项，并充分披露相关信息，塑造公司专业和诚信的社会形象。

### 4.6 履行社会责任情况

信托公司肩负着服务实体经济、为民创造财富的责任和使命。陆家嘴信托致力于推动慈善公益活动的开展，2018 年向上海欣州六里劳动服务公司的征地困难职工提供经济及生活上的资助，同时公司已完成首款慈善信托产品的创设，助力精准扶贫和教育事业发展。

## 5. 报告期末及上一年度末的比较式会计报表

### 5.1 自营资产（经审计）

#### 5.1.1 会计师事务所审计意见

审计报告

普华永道中天［2019］审字第 24324 号

陆家嘴国际信托有限公司董事会：

一、审计意见

（一）我们审计的内容

我们审计了陆家嘴国际信托有限公司（以下简称贵公司）的财务报表，包括 2018 年 12 月 31 日的合并及母公司资产负债表，2018 年度的合并及公司利润表、合并及公司现金流量表、合并及公司所有者权益变动表以及财务报表附注。

（二）我们的意见

我们认为，后附的财务报表在所有重大方面按照企业会计准则的规定编制，公允反映了贵公司 2018 年 12 月 31 日的合并及公司财务状况以及 2018 年度的合并及公司经营成果和现金流量。

二、形成审计意见的基础

我们按照中国注册会计师审计准则的规定执行了审计工作。审计报告的“注册会计师对财务报表审计的责任”部分进一步阐述了我们在这些准则下的责任。我们相信，我们获取的审计证据是充分、适当的，为发表审计意见提供了基础。

按照中国注册会计师职业道德守则，我们独立于贵公司，并履行了职业道德方面的其他责任。

三、其他信息

贵公司管理层对其他信息负责。其他信息包括贵公司 2018 年年度报告中涵盖的信息，但不包括财务报表和我们的审计报告。

我们对财务报表的审计意见不涵盖其他信息，我们也不对其他信息发表任何形式的鉴证结论。

结合我们对财务报表的审计，我们的责任是阅读其他信息，在此过程中，考虑其他信息是否与财务报表或我们在审计过程中了解到的情况存在重大不一致或者似乎存在重大错报。基于我们已经执行的工作，如果我们确定其他信息存在重大错报，我们应当报告该事实。在这方面，我们无任何事项需要报告。

四、管理层和治理层对财务报表的责任

贵公司管理层负责按照企业会计准则的规定编制财务报表，使其实现公允反映，并设计、执行和维护必要的内部控制，以使财务报表不存在由于舞弊或错误导致的重大错报。

在编制财务报表时，管理层负责评估贵公司的持续经营能力，披露与持续经营相关的事项（如适用），并运用持续经营假设，除非管理层计划清算贵公司、终止运营或别无其他现实的选择。

治理层负责监督贵公司的财务报告过程。

五、注册会计师对财务报表审计的责任

我们的目标是对财务报表整体是否不存在由于舞弊或错误导致的重大错报获取合理保证，并出具包含审计意见的审计报告。合理保证是高水平的保证，但并不能保证按照审计准则执行的审计在某一重大错报存在时总能发现。错报可能由于舞弊或错误至致，如果合理预期错报单独或汇总起来可能影响财务报表使用者依据财务报表作出的经济决策，则通常认为错报是重大的。

在按照审计准则执行审计工作的过程中，我们运用职业判断，并保持职业怀疑。同时，我们也执行以下工作：

（1）识别和评估由于舞弊或错误导致的财务报表重大错报风险，设计和实施审计程序以应对这些风险，并获取充分、适当的审计证据，作为发表审计意见的基础。由于舞弊可能涉及串通、伪造、故意遗漏、虚假陈述或凌驾于内部控制之上，未能发现由于舞弊导致的重大错报的风险高于未能发现由于错误导致的重大错报的风险。

（2）了解与审计相关的内部控制，以设计恰当的审计程序，但目的并非对内部控制的有效性发表意见。

（3）评价管理层选用会计政策的恰当性和作出会计估计及相关披露的合理性。

（4）对管理层使用持续经营假设的恰当性得出结论。同时，根据获取的审计证据，就可能导致对陆家嘴国际信托有限公司持续经营能力产生重大疑虑的事项或情况是否存在重大不确定性得出结论。如果我们得出结论认为存在重大不确定性，审计准则要求我们在审计报告中提请报表使用者注意财务报表中的相关披露；如果披露不充分，我们应当发表非无保留意见。我们的结论基于截至审计报告日可获得的信息。然而，未来的事项或情况可能导致陆家嘴国际信托有限公司不能持续经营。

（5）评价财务报表总体列报、结构和内容（包括披露），并评价财务报表是否公允反映相关交易和事项。

（6）就贵公司中实体或业务活动的财务信息获取充分、适当的审计证据，以对合并财务报表发表审计意见。我们负责指导、监督和执行集团审计，并对审计意见承担合部责任。

我们与治理层就计划的审计范围、时间安排和重大审计发现等事项进行沟通，包括沟通我们在审计中识别出的值得关注的内部控制缺陷。

普华永道中天会计师事务所（特殊普通合伙）　　注册会计师 卢冰

中国·上海市　　注册会计师 王岗

2019年4月12日

### 5.1.2　资产负债表

#### 5.1.2.1　资产负债表（单体）

**资产负债表（单体）**

编制单位：陆家嘴国际信托有限公司　　2018年12月31日　　单位：元

| 项目 | 行次 | 年初数 | 年末数 | 项目 | 行次 | 年初数 | 年末数 |
|---|---|---|---|---|---|---|---|
| 资产： | | | | 负债： | | | |
| 现金及银行存款 | 1 | 6 745.16 | 5 227.16 | 向中央银行借款 | 23 | | |
| 存放中央银行款项 | 2 | | | 联行存放款项 | 24 | | |
| 贵金属 | 3 | | | 同业及其他金融机构存放款项 | 25 | | |
| 存放联行款项 | 4 | | | 拆入资金 | 26 | | |
| 存放同业款项 | 5 | 144 950 121.15 | 106 311 465.73 | 以公允价值计量且其变动计入当期损益的金融负债 | 27 | | |
| 拆出资金 | 6 | | | 衍生金融负债 | 28 | | |
| 以公允价值计量且其变动计入当期损益的金融资产 | 7 | 396 529 936.49 | 799 018 519.32 | 卖出回购金融资产款 | 29 | | |
| 衍生金融资产 | 8 | | | 吸收存款 | 30 | | |
| 买入返售金融资产 | 9 | 365 117 824.00 | 50 002 000.00 | 应付职工薪酬 | 31 | 447 896 190.75 | 495 685 947.81 |
| 发放贷款和垫款 | 10 | | | 应交税费 | 32 | 73 039 164.93 | 77 881 258.41 |
| 可供出售金融资产 | 11 | 3 971 205 984.16 | 4 965 283 855.21 | 其他应付款 | 33 | 33 387 028.41 | 30 528 346.16 |
| 持有至到期投资 | 12 | | | 预计负债 | 34 | | |
| 长期股权投资 | 13 | | | 应付债券 | 35 | | |
| 投资性房地产 | 14 | | | 递延所得税负债 | 36 | | 453 620.72 |
| 固定资产 | 15 | 7 821 690.61 | 6 313 896.96 | 其他负债 | 37 | 1 100 000 000.00 | 1 400 000 000.00 |
| 在建工程 | 16 | | | 负债合计 | 38 | 1 654 322 384.09 | 2 004 549 173.10 |
| 固定资产清理 | 17 | | | 所有者权益（或股东权益）： | | | |
| 无形资产 | 18 | 11 203 538.61 | 12 011 404.33 | 实收资本（或股本） | 39 | 3 000 000 000.00 | 4 000 000 000.00 |
| 商誉 | 19 | | | 国家资本 | 40 | | |
| 递延所得税资产 | 20 | 131 049 990.13 | 189 295 188.24 | 集体资本 | 41 | | |
| 其他资产 | 21 | 451 877 413.31 | 731 944 731.03 | 法人资本 | 42 | 3 000 000 000.00 | 4 000 000 000.00 |
| | | | | 其中：国有法人资本 | 43 | 3 000 000 000.00 | 4 000 000 000.00 |
| | | | | 个人资本 | 44 | | |
| | | | | 外商资本 | 45 | | |
| | | | | 其他权益工具 | 46 | | |
| | | | | 资本公积 | 47 | | |
| | | | | 减：库存股 | 48 | | |
| | | | | 其他综合收益 | 49 | | |
| | | | | 盈余公积 | 50 | 226 087 555.13 | 269 657 928.59 |
| | | | | 一般风险准备 | 51 | 193 845 825.15 | 339 007 307.08 |
| | | | | 未分配利润 | 52 | 405 507 479.25 | 246 971 879.21 |
| | | | | 归属于母公司所有者权益合计 | 53 | 3 825 440 859.53 | 4 855 637 114.88 |
| | | | | 少数股东权益 | 54 | | |
| | | | | 所有者权益（或股东权益）合计 | 55 | 3 825 440 859.53 | 4 855 637 114.88 |
| 资产总计 | 22 | 5 479 763 243.62 | 6 860 186 287.98 | 负债和所有者权益（或股东权益）总计 | 56 | 5 479 763 243.62 | 6 860 186 287.98 |

总经理：崔　斌　　财务分管负责人：马家顺　　会计机构负责人：汪　晖　　制表：陈　燕

5.1.2.2 资产负债表(合并)

**资产负债表(合并)**

编制单位:陆家嘴国际信托有限公司　　2018 年 12 月 31 日　　单位:元

| 项目 | 行次 | 年初数 | 年末数 | 项目 | 行次 | 年初数 | 年末数 |
|---|---|---|---|---|---|---|---|
| 资产: | | | | 负债: | | | |
| 现金及银行存款 | 1 | 6 745.16 | 5 227.16 | 向中央银行借款 | 23 | | |
| 存放中央银行款项 | 2 | | | 联行存放款项 | 24 | | |
| 贵金属 | 3 | | | 同业及其他金融机构存放款项 | 25 | | |
| 存放联行款项 | 4 | | | 拆入资金 | 26 | | |
| 存放同业款项 | 5 | 187 422 602.36 | 150 504 017.27 | 以公允价值计量且其变动计入当期损益的金融负债 | 27 | | |
| 拆出资金 | 6 | | | 衍生金融负债 | 28 | | |
| 以公允价值计量且其变动计入当期损益的金融资产 | 7 | 260 464 269.96 | 776 929 323.85 | 卖出回购金融资产款 | 29 | | |
| 衍生金融资产 | 8 | | | 吸收存款 | 30 | | |
| 买入返售金融资产 | 9 | 1 895 717 824.00 | 1 764 202 000.00 | 应付职工薪酬 | 31 | 484 684 285.50 | 499 313 980.98 |
| 发放贷款和垫款 | 10 | 3 183 100 000.00 | 2 048 000 000.00 | 应交税费 | 32 | 71 973 923.81 | 81 281 251.63 |
| 可供出售金融资产 | 11 | 1 977 102 583.87 | 3 379 781 177.73 | 其他应付款 | 33 | 237 338 678.15 | 29 114 254.25 |
| 持有至到期投资 | 12 | | | 预计负债 | 34 | | |
| 长期股权投资 | 13 | | | 应付债券 | 35 | | |
| 投资性房地产 | 14 | | | 递延所得税负债 | 36 | | 453 620.72 |
| 固定资产 | 15 | 8 334 698.86 | 6 673 417.37 | 其他负债 | 37 | 3 472 697 021.07 | 3 574 219 020.27 |
| 在建工程 | 16 | | | 负债合计 | 38 | 4 266 693 908.53 | 4 184 382 127.85 |
| 固定资产清理 | 17 | | | 所有者权益(或股东权益): | | | |
| 无形资产 | 18 | 12 403 307.37 | 12 881 849.57 | 实收资本(或股本) | 39 | 3 000 000 000.00 | 4 000 000 000.00 |
| 商誉 | 19 | | | 国家资本 | 40 | | |
| 递延所得税资产 | 20 | 131 065 782.07 | 190 178 860.92 | 集体资本 | 41 | | |
| 其他资产 | 21 | 453 537 051.23 | 733 150 942.38 | 法人资本 | 42 | 3 000 000 000.00 | 4 000 000 000.00 |
| | | | | 其中:国有法人资本 | 43 | 3 000 000 000.00 | 4 000 000 000.00 |
| | | | | 个人资本 | 44 | | |
| | | | | 外商资本 | 45 | | |
| | | | | 其他权益工具 | 46 | | |
| | | | | 资本公积 | 47 | | |
| | | | | 减:库存股 | 48 | | |
| | | | | 其他综合收益 | 49 | | |
| | | | | 盈余公积 | 50 | 226 087 555.13 | 269 657 928.59 |
| | | | | 一般风险准备 | 51 | 193 845 825.15 | 339 007 307.08 |
| | | | | 未分配利润 | 52 | 422 527 576.07 | 269 259 452.73 |
| | | | | 归属于母公司所有者权益合计 | 53 | 3 842 460 956.35 | 4 877 924 688.40 |
| | | | | 少数股东权益 | 54 | | |
| | | | | 所有者权益(或股东权益)合计 | 55 | 3 842 460 956.35 | 4 877 924 688.40 |
| 资产总计 | 22 | 8 109 154 864.88 | 9 062 306 816.25 | 负债和所有者权益(或股东权益)总计 | 56 | 8 109 154 864.88 | 9 062 306 816.25 |

总经理:崔　斌　　财务分管负责人:马家顺　　会计机构负责人:汪　晖　　制表:陈　燕

注:合并会计报表的编制方法详见会计报表附注 6.2.12。

## 5.1.3 利润表

5.1.3.1 利润表(单体)

**利润表(单体)**

编制单位:陆家嘴国际信托有限公司　　2018 年度　　单位:元

| 项目 | 行次 | 上年数 | 本年数 | 项目 | 行次 | 上年数 | 本年数 |
|---|---|---|---|---|---|---|---|
| 一、营业收入 | 1 | 1 096 953 822.55 | 1 119 609 138.20 | 四、利润总额 | 23 | 640 402 721.15 | 585 572 370.01 |
| (一)利息净收入 | 2 | −50 516 353.18 | −47 472 646.47 | 减:所得税费用 | 24 | 161 332 088.29 | 149 868 635.41 |
| 利息收入 | 3 | 10 077 955.00 | 10 202 592.42 | 五、净利润(亏损以"−"号填列) | 25 | 479 070 632.86 | 435 703 734.60 |
| 利息支出 | 4 | 60 594 308.18 | 57 675 238.89 | 归属于母公司所有者的净利润 | 26 | 479 070 632.86 | 435 703 734.60 |
| (二)手续费及佣金净收入 | 5 | 845 663 324.17 | 896 037 622.89 | 少数股东损益 | 27 | | |
| 手续费及佣金收入 | 6 | 845 663 324.17 | 896 037 622.89 | 持续经营损益 | 28 | 479 070 632.86 | 435 703 734.60 |
| 手续费及佣金支出 | 7 | | | 终止经营损益 | 29 | | |
| (三)投资收益(损失以"−"号填列) | 8 | 269 886 777.88 | 259 371 616.81 | 六、其他综合收益的税后净额 | 30 | −209 981.18 | |
| 其中:对联营企业和合营企业的投资收益 | 9 | | | (一)归属于母公司所有者的其他综合收益的税后净额 | 31 | −209 981.18 | |
| (四)公允价值变动收益(损失以"−"号填列) | 10 | −2 847 919.29 | 2 594 000.00 | 1. 以后不能重分类进损益的其他综合收益 | 32 | | |
| (五)汇兑收益(损失以"−"号填列) | 11 | | | 2. 以后将重分类进损益的其他综合收益 | 33 | −209 981.18 | |

续表

| 项目 | 行次 | 上年数 | 本年数 | 项目 | 行次 | 上年数 | 本年数 |
|---|---|---|---|---|---|---|---|
| (六)其他业务收入 | 12 | | 9 014 359. 73 | (1)权益法下在被投资单位以后将重分类进损益的其他综合收益中享有的份额 | 34 | | |
| (七)资产处置收益 | 13 | -57 402. 62 | -7 761. 18 | (2)可供出售金融资产公允价值变动损益 | 35 | -209 981. 18 | |
| (八)其他收益 | 14 | 34 825 395. 59 | 71 946. 42 | (3)持有至到期投资重分类为可供出售金融资产损益 | 36 | | |
| 二、营业支出 | 15 | 456 131 795. 00 | 533 406 768. 19 | (4)现金流量套期损益的有效部分 | 37 | | |
| (一)税金及附加 | 16 | 4 152 231. 81 | 6 199 453. 18 | (5)外币财务报表折算差额 | 38 | | |
| (二)业务及管理费 | 17 | 451 979 563. 19 | 396 936 241. 13 | (6)其他 | 39 | | |
| (三)资产减值损失(转回金额以"-"号填列) | 18 | | 130 271 073. 88 | (二)归属于少数股东的其他综合收益的税后净额 | 40 | | |
| (四)其他业务成本 | 19 | | | 七、综合收益总额 | 41 | 478 860 651. 68 | 435 703 734. 60 |
| 三、营业利润(亏损以"-"号填列) | 20 | 640 822 027. 55 | 586 202 370. 01 | 归属于母公司所有者的综合收益总额 | 42 | 478 860 651. 68 | 435 703 734. 60 |
| 加:营业外收入 | 21 | | | 归属于少数股东的综合收益总额 | 43 | | |
| 减:营业外支出 | 22 | 419 306. 40 | 630 000. 00 | 八、每股收益 | 44 | — | — |

总经理:崔 斌　　财务分管负责人:马家顺　　会计机构负责人:汪 晖　　制表:陈 燕

注:根据《财政部关于修订印发2018年度一般企业财务报表格式的通知》(财会[2018]15号),本年度利润表将"其他收益"和"资产处置收益"纳入"营业收入"中列报,上年比较数据同时作相应调整。

### 5. 1. 3. 2 利润表(合并)

**利润表(合并)**

编制单位:陆家嘴国际信托有限公司　　2018年度　　单位:元

| 项目 | 行次 | 上年数 | 本年数 | 项目 | 行次 | 上年数 | 本年数 |
|---|---|---|---|---|---|---|---|
| 一、营业收入 | 1 | 1 219 465 319. 42 | 1 136 775 509. 08 | 四、利润总额 | 23 | 664 460 168. 47 | 592 731 858. 52 |
| (一)利息净收入 | 2 | 118 350 504. 35 | 82 866 222. 11 | 减:所得税费用 | 24 | 168 369 438. 79 | 151 760 647. 22 |
| 利息收入 | 3 | 256 889 176. 37 | 260 818 663. 19 | 五、净利润(亏损以"-"号填列) | 25 | 496 090 729. 68 | 440 971 211. 30 |
| 利息支出 | 4 | 138 538 672. 02 | 177 952 441. 08 | 归属于母公司所有者的净利润 | 26 | 496 090 729. 68 | 440 971 211. 30 |
| (二)手续费及佣金净收入 | 5 | 877 408 003. 17 | 854 459 646. 70 | 少数股东损益 | 27 | | |
| 手续费及佣金收入 | 6 | 877 408 003. 17 | 854 459 646. 70 | 持续经营损益 | 28 | 496 090 729. 68 | 440 971 211. 30 |
| 手续费及佣金支出 | 7 | | | 终止经营损益 | 29 | | |
| (三)投资收益(损失以"-"号填列) | 8 | 187 952 740. 00 | 191 671 358. 43 | 六、其他综合收益的税后净额 | 30 | -209 981. 18 | |
| 其中:对联营企业和合营企业的投资收益 | 9 | | | (一)归属于母公司所有者的其他综合收益的税后净额 | 31 | -209 981. 18 | |
| (四)公允价值变动收益(损失以"-"号填列) | 10 | 976 245. 60 | -3 128 853. 35 | 1. 以后不能重分类进损益的其他综合收益 | 32 | | |
| (五)汇兑收益(损失以"-"号填列) | 11 | | | 2. 以后将重分类进损益的其他综合收益 | 33 | -209 981. 18 | |
| (六)其他业务收入 | 12 | | 9 014 359. 73 | (1)权益法下在被投资单位以后将重分类进损益的其他综合收益中享有的份额 | 34 | | |
| (七)资产处置收益 | 13 | -57 402. 62 | -7 761. 18 | (2)可供出售金融资产公允价值变动损益 | 35 | -209 981. 18 | |
| (八)其他收益 | 14 | 34 835 228. 92 | 1 900 536. 64 | (3)持有至到期投资重分类为可供出售金融资产损益 | 36 | | |
| 二、营业支出 | 15 | 554 585 775. 11 | 543 413 600. 56 | (4)现金流量套期损益的有效部分 | 37 | | |
| (一)税金及附加 | 16 | 4 918 841. 44 | 7 515 991. 19 | (5)外币财务报表折算差额 | 38 | | |
| (二)业务及管理费 | 17 | 549 666 933. 67 | 405 626 535. 49 | (6)其他 | 39 | | |
| (三)资产减值损失(转回金额以"-"号填列) | 18 | | 130 271 073. 88 | (二)归属于少数股东的其他综合收益的税后净额 | 40 | | |
| (四)其他业务成本 | 19 | | | 七、综合收益总额 | 41 | 495 880 748. 50 | 440 971 211. 30 |
| 三、营业利润(亏损以"-"号填列) | 20 | 664 879 544. 31 | 593 361 908. 52 | 归属于母公司所有者的综合收益总额 | 42 | 495 880 748. 50 | 440 971 211. 30 |
| 加:营业外收入 | 21 | | | 归属于少数股东的综合收益总额 | 43 | | |
| 减:营业外支出 | 22 | 419 375. 84 | 630 050. 00 | 八、每股收益 | 44 | — | — |

总经理:崔 斌　　财务分管负责人:马家顺　　会计机构负责人:汪 晖　　制表:陈 燕

注:1. 合并会计报表的编制方法详见会计报表附注6. 2. 12。

2. 根据《财政部关于修订印发2018年度一般企业财务报表格式的通知》(财会[2018]15号),本年度利润表将"其他收益"和"资产处置收益"纳入"营业收入"中列报,上年比较数据同时作相应调整。

## 5.1.4 所有者权益变动表

### 5.1.4.1 所有者权益变动表(单体)

**所有者权益变动表(单体)**

编制单位:陆家嘴国际信托有限公司　　2017 年度　　单位:元

| 项目 | 行次 | 2017 年度 | | | | | | | | | | |
|---|---|---|---|---|---|---|---|---|---|---|---|---|
| | | 归属于母公司所有者权益 | | | | | | | | | 少数股东权益 | 所有者权益合计 |
| | | 实收资本(或股本) | 其他权益工具 | 资本公积 | 减:库存股 | 其他综合收益 | 盈余公积 | 一般风险准备 | 信托赔偿准备 | 未分配利润 | | |
| 栏次 | | 1 | 2 | 3 | 4 | 5 | 6 | 7 | 8 | 9 | 10 | 11 |
| 一、上年年末余额 | 1 | 3 000 000 000. 00 | | | | 209 981. 18 | 178 180 491. 84 | 76 921 428. 07 | 91 268 306. 76 | 886 516 692. 70 | — | 4 233 096 900. 55 |
| 加:会计政策变更 | 2 | — | | | | | | | | | | |
| 前期差错更正 | 3 | | | | | | | | | | | |
| 二、本年年初余额 | 4 | 3 000 000 000. 00 | | | | 209 981. 18 | 178 180 491. 84 | 76 921 428. 07 | 91 268 306. 76 | 886 516 692. 70 | — | 4 233 096 900. 55 |
| 三、本年增减变动金额(减少以"-"号填列) | 5 | | | | | -209 981. 18 | 47 907 063. 29 | 1 702 558. 68 | 23 953 531. 64 | -481 009 213. 45 | — | -407 656 041. 02 |
| (一)综合收益总额 | 6 | | | | | -209 981. 18 | | | | 479 070 632. 86 | | 478 860 651. 68 |
| (二)所有者投入和减少资本 | 7 | | | | | | | | | | — | — |
| 1. 所有者投入资本 | 8 | | | | | | | | | | | — |
| 2. 其他权益工具持有者投入资本 | 9 | | | | | | | | | | | |
| 3. 股份支付计入所有者权益的金额 | 10 | | | | | | | | | | | |
| 4. 其他 | 11 | | | | | | | | | | | |
| (三)利润分配 | 12 | | | | | | 47 907 063. 29 | 1 702 558. 68 | 23 953 531. 64 | -960 079 846. 31 | | -886 516 692. 70 |
| 1. 提取盈余公积 | 13 | | | | | | 47 907 063. 29 | | | -47 907 063. 29 | | — |
| 2. 提取一般风险准备 | 14 | — | | | | — | | 1 702 558. 68 | | -1 702 558. 68 | | — |
| 3. 对所有者(或股东)的分配 | 15 | | | | | | | | | -886 516 692. 70 | | — |
| 4. 提取信托赔偿准备 | 16 | | | | | | | | 23 953 531. 64 | -23 953 531. 64 | | -886 516 692. 70 |
| (四)所有者权益内部结转 | 17 | | | | | | | | | | — | — |
| 1. 资本公积转增资本(或股本) | 18 | | | | | | | | | | | — |
| 2. 盈余公积转增资本(或股本) | 19 | | | | | | | | | | | — |
| 3. 盈余公积弥补亏损 | 20 | | | | | | | | | | | |
| 4. 一般风险准备弥补亏损 | 21 | | | | | | | | | | | |
| 5. 其他 | 22 | | | | | | | | | | | |
| 四、本年年末余额 | 23 | 3 000 000 000. 00 | — | — | — | — | 226 087 555. 13 | 78 623 986. 75 | 115 221 838. 40 | 405 507 479. 25 | — | 3 825 440 859. 53 |

总经理:崔　斌　　财务分管负责人:马家顺　　会计机构负责人:汪　晖　　制表:陈　燕

## 所有者权益变动表(单体)(续)

编制单位:陆家嘴国际信托有限公司　　2018 年度　　单位:元

| 项　目 | 行次 | 2018 年度 | | | | | | | | | | |
|---|---|---|---|---|---|---|---|---|---|---|---|---|
| | | 归属于母公司所有者权益 | | | | | | | | | 少数股东权益 | 所有者权益合计 |
| | | 实收资本(或股本) | 其他权益工具 | 资本公积 | 减:库存股 | 其他综合收益 | 盈余公积 | 一般风险准备 | 信托赔偿准备 | 未分配利润 | | |
| 栏次 | | 12 | 13 | 14 | 15 | 16 | 17 | 18 | 19 | 20 | 21 | 22 |
| 一、上年年末余额 | 1 | 3 000 000 000. 00 | — | — | — | — | 226 087 555. 13 | 78 623 986. 75 | 115 221 838. 40 | 405 507 479. 25 | | 3 825 440 859. 53 |
| 加:会计政策变更 | 2 | — | | | | | | | | | | |
| 前期差错更正 | 3 | | | | | | | | | | | |
| 二、本年年初余额 | 4 | 3 000 000 000. 00 | — | — | — | — | 226 087 555. 13 | 78 623 986. 75 | 115 221 838. 40 | 405 507 479. 25 | | 3 825 440 859. 53 |
| 三、本年增减变动金额(减少以“-”号填列) | 5 | 1 000 000 000. 00 | | | | | 43 570 373. 46 | 123 376 295. 20 | 21 785 186. 73 | -158 535 600. 04 | | 1 030 196 255. 35 |
| (一)综合收益总额 | 6 | | | | | | | | | 435 703 734. 60 | | 435 703 734. 60 |
| (二)所有者投入和减少资本 | 7 | 1 000 000 000. 00 | | | | | | | | | | 1 000 000 000. 00 |
| 1. 所有者投入资本 | 8 | 1 000 000 000. 00 | | | | | | | | | | 1 000 000 000. 00 |
| 2. 其他权益工具持有者投入资本 | 9 | | | | | | | | | | | |
| 3. 股份支付计入所有者权益的金额 | 10 | | | | | | | | | | | |
| 4. 其他 | 11 | | | | | | | | | | | |
| (三)利润分配 | 12 | | | | | | 43 570 373. 46 | 123 376 295. 20 | 21 785 186. 73 | -594 239 334. 64 | | -405 507 479. 25 |
| 1. 提取盈余公积 | 13 | | | | | | 43 570 373. 46 | | | -43 570 373. 46 | | 0. 00 |
| 2. 提取一般风险准备 | 14 | — | | | | — | | 123 376 295. 20 | | -123 376 295. 20 | | 0. 00 |
| 3. 对所有者(或股东)的分配 | 15 | | | | | | | | | -405 507 479. 25 | | -405 507 479. 25 |
| 4. 提取信托赔偿准备 | 16 | | | | | | | | 21 785 186. 73 | -21 785 186. 73 | | 0. 00 |
| (四)所有者权益内部结转 | 17 | | | | | | | | | | | — |
| 1. 资本公积转增资本(或股本) | 18 | | | | | | | | | | | — |
| 2. 盈余公积转增资本(或股本) | 19 | | | | | | | | | | | — |
| 3. 盈余公积弥补亏损 | 20 | | | | | | | | | | | |
| 4. 一般风险准备弥补亏损 | 21 | | | | | | | | | | | |
| 5. 其他 | 22 | | | | | | | | | | | |
| 四、本年年末余额 | 23 | 4 000 000 000. 00 | — | — | — | — | 269 657 928. 59 | 202 000 281. 95 | 137 007 025. 13 | 246 971 879. 21 | | 4 855 637 114. 88 |

总经理:崔　斌　　财务分管负责人:马家顺　　会计机构负责人:汪　晖　　制表:陈　燕

5.1.4.2 所有者权益变动表(合并)

**所有者权益变动表(合并)**

编制单位:陆家嘴国际信托有限公司　　2017 年度　　单位:元

| 项目 | 行次 | 2017 年度 | | | | | | | | | | |
|---|---|---|---|---|---|---|---|---|---|---|---|---|
| | | 归属于母公司所有者权益 | | | | | | | | | 少数股东权益 | 所有者权益合计 |
| | | 实收资本(或股本) | 其他权益工具 | 资本公积 | 减:库存股 | 其他综合收益 | 盈余公积 | 一般风险准备 | 信托赔偿准备 | 未分配利润 | | |
| 栏次 | | 1 | 2 | 3 | 4 | 5 | 6 | 7 | 8 | 9 | 10 | 11 |
| 一、上年年末余额 | 1 | 3 000 000 000.00 | — | — | — | 209 981.18 | 178 180 491.84 | 76 921 428.07 | 91 268 306.76 | 886 516 692.70 | — | 4 233 096 900.55 |
| 加:会计政策变更 | 2 | | | | | | | | | | | |
| 前期差错更正 | 3 | | | | | | | | | | | |
| 二、本年年初余额 | 4 | 3 000 000 000.00 | — | — | — | 209 981.18 | 178 180 491.84 | 76 921 428.07 | 91 268 306.76 | 886 516 692.70 | — | 4 233 096 900.55 |
| 三、本年增减变动金额(减少以“-”号填列) | 5 | — | — | — | — | -209 981.18 | 47 907 063.29 | 1 702 558.68 | 23 953 531.64 | -463 989 116.63 | — | -390 635 944.20 |
| (一)综合收益总额 | 6 | | | | | -209 981.18 | | | | 496 090 729.68 | | 495 880 748.50 |
| (二)所有者投入和减少资本 | 7 | — | — | — | — | — | — | — | | — | — | |
| 1. 所有者投入资本 | 8 | | | | | | | | | | | |
| 2. 其他权益工具持有者投入资本 | 9 | | | | | | | | | | | |
| 3. 股份支付计入所有者权益的金额 | 10 | | | | | | | | | | | |
| 4. 其他 | 11 | | | | | | | | | | | |
| (三)利润分配 | 12 | — | — | — | — | — | 47 907 063.29 | 1 702 558.68 | 23 953 531.64 | -960 079 846.31 | | -886 516 692.70 |
| 1. 提取盈余公积 | 13 | | | | | | 47 907 063.29 | | | -47 907 063.29 | | |
| 2. 提取一般风险准备 | 14 | | | | | | | 1 702 558.68 | | -1 702 558.68 | | |
| 3. 对所有者(或股东)的分配 | 15 | | | | | | | | | -886 516 692.70 | | -886 516 692.70 |
| 4. 提取信托赔偿准备 | 16 | | | | | | | | 23 953 531.64 | -23 953 531.64 | | |
| (四)所有者权益内部结转 | 17 | — | — | — | — | — | — | — | | — | — | |
| 1. 资本公积转增资本(或股本) | 18 | | | | | | | | | | | |
| 2. 盈余公积转增资本(或股本) | 19 | | | | | | | | | | | |
| 3. 盈余公积弥补亏损 | 20 | | | | | | | | | | | |
| 4. 一般风险准备弥补亏损 | 21 | | | | | | | | | | | |
| 5. 其他 | 22 | | | | | | | | | | | |
| 四、本年年末余额 | 23 | 3 000 000 000.00 | — | — | — | — | 226 087 555.13 | 78 623 986.75 | 115 221 838.40 | 422 527 576.07 | — | 3 842 460 956.35 |

总经理:崔　斌　　财务分管负责人:马家顺　　会计机构负责人:汪　晖　　制表:陈　燕

注:合并会计报表的编制方法详见会计报表附注6.2.12。

# 所有者权益变动表(合并)(续)

编制单位:陆家嘴国际信托有限公司　　2018 年度　　单位:元

| 项　目 | 行次 | 2018 年度 | | | | | | | | | | |
|---|---|---|---|---|---|---|---|---|---|---|---|---|
| | | 归属于母公司所有者权益 | | | | | | | | | 少数股东权益 | 所有者权益合计 |
| | | 实收资本(或股本) | 其他权益工具 | 资本公积 | 减:库存股 | 其他综合收益 | 盈余公积 | 一般风险准备 | 信托赔偿准备 | 未分配利润 | | |
| 栏次 | | 12 | 13 | 14 | 15 | 16 | 17 | 18 | 19 | 20 | 21 | 22 |
| 一、上年年末余额 | 1 | 3 000 000 000. 00 | — | — | — | — | 226 087 555. 13 | 78 623 986. 75 | 115 221 838. 40 | 422 527 576. 07 | — | 3 842 460 956. 35 |
| 加:会计政策变更 | 2 | | | | | | | | | | | |
| 前期差错更正 | 3 | | | | | | | | | | | |
| 二、本年年初余额 | 4 | 3 000 000 000. 00 | — | — | — | — | 226 087 555. 13 | 78 623 986. 75 | 115 221 838. 40 | 422 527 576. 07 | — | 3 842 460 956. 35 |
| 三、本年增减变动金额(减少以“-”号填列) | 5 | 1 000 000 000. 00 | — | — | — | — | 43 570 373. 46 | 123 376 295. 20 | 21 785 186. 73 | -153 268 123. 34 | — | 1 035 463 732. 05 |
| (一)综合收益总额 | 6 | | | | | | | | | 440 971 211. 30 | | 440 971 211. 30 |
| (二)所有者投入和减少资本 | 7 | 1 000 000 000. 00 | — | — | — | — | — | — | — | — | — | 1 000 000 000. 00 |
| 1. 所有者投入资本 | 8 | 1 000 000 000. 00 | | | | | | | | | | 1 000 000 000. 00 |
| 2. 其他权益工具持有者投入资本 | 9 | | | | | | | | | | | |
| 3. 股份支付计入所有者权益的金额 | 10 | | | | | | | | | | | |
| 4. 其他 | 11 | | | | | | | | | | | |
| (三)利润分配 | 12 | | — | — | — | — | 43 570 373. 46 | 123 376 295. 20 | 21 785 186. 73 | -594 239 334. 64 | | -405 507 479. 25 |
| 1. 提取盈余公积 | 13 | | | | | | 43 570 373. 46 | | | -43 570 373. 46 | | 0. 00 |
| 2. 提取一般风险准备 | 14 | | | | | | | 123 376 295. 20 | | -123 376 295. 20 | | 0. 00 |
| 3. 对所有者(或股东)的分配 | 15 | | | | | | | | | -405 507 479. 25 | | -405 507 479. 25 |
| 4. 提取信托赔偿准备 | 16 | | | | | | | | 21 785 186. 73 | -21 785 186. 73 | | 0. 00 |
| (四)所有者权益内部结转 | 17 | | — | — | — | — | — | — | | — | — | |
| 1. 资本公积转增资本(或股本) | 18 | | | | | | | | | | | |
| 2. 盈余公积转增资本(或股本) | 19 | | | | | | | | | | | |
| 3. 盈余公积弥补亏损 | 20 | | | | | | | | | | | |
| 4. 一般风险准备弥补亏损 | 21 | | | | | | | | | | | |
| 5. 其他 | 22 | | | | | | | | | | | |
| 四、本年年末余额 | 23 | 4 000 000 000. 00 | — | — | — | — | 269 657 928. 59 | 202 000 281. 95 | 137 007 025. 13 | 269 259 452. 73 | — | 4 877 924 688. 40 |

总经理:崔　斌　　财务分管负责人:马家顺　　会计机构负责人:汪　晖　　制表:陈　燕

## 5.2 信托资产

### 5.2.1 信托项目资产负债汇总表

**信托项目资产负债汇总表**

2018 年 12 月 31 日

编制单位：陆家嘴国际信托有限公司　　　　单位：万元

| 信托资产 | 期末数 | 期初数 | 信托负债和信托权益 | 期末数 | 期初数 |
|---|---|---|---|---|---|
| 信托资产： | | | 信托负债： | | |
| 货币资金 | 580 558.89 | 428 840.86 | 交易性金融负债 | — | — |
| 拆出资金 | — | — | 衍生金融负债 | — | — |
| 存出保证金 | — | — | 应付受托人报酬 | 2 626.17 | 2 712.13 |
| 交易性金融资产 | 28 939.84 | 400 180.23 | 应付托管费 | 136.71 | 273.21 |
| 衍生金融资产 | — | — | 应付受益人收益 | 19 423.38 | 13 114.81 |
| 买入返售金融资产 | 2 569 282.14 | 2 788 740.68 | 应交税费 | 11 986.10 | — |
| 应收款项 | 37 907.91 | 51 197.35 | 应付销售服务费 | 12 097.50 | 3 488.00 |
| 发放贷款 | 8 788 601.06 | 10 500 040.59 | 其他应付款项 | 363 841.70 | 67 426.01 |
| 可供出售金融资产 | 6 443 160.69 | 7 255 329.98 | 预计负债 | — | — |
| 持有至到期投资 | — | — | 其他负债 | — | — |
| 长期应收款 | — | — | 信托负债合计 | 410 111.56 | 87 014.16 |
| 长期股权投资 | 3 710 189.28 | 4 050 665.44 | 信托权益： | | |
| 投资性房地产 | — | — | 实收信托 | 22 842 427.61 | 28 493 476.91 |
| 固定资产 | — | — | 资本公积 | — | 2 870.00 |
| 无形资产 | — | — | 外币报表折算差额 | — | — |
| 长期待摊费用 | 1.64 | 474.91 | 未分配利润 | 71 171.85 | 115 671.60 |
| 其他资产 | 1 165 069.57 | 3 223 562.63 | 信托权益合计 | 22 913 599.46 | 28 612 018.51 |
| 信托资产总计 | 23 323 711.02 | 28 699 032.67 | 信托负债及信托权益总计 | 23 323 711.02 | 28 699 032.67 |

公司负责人：崔斌　　复　核：娄佩琍　　制　表：冯伟

### 5.2.2 信托项目利润和利润分配汇总表

**信托项目利润及利润分配汇总表**

编制单位：陆家嘴国际信托有限公司　　2018 年度　　单位：万元

| 项目 | 本年金额 | 上年金额 |
|---|---|---|
| 1. 营业收入 | 1 520 255.02 | 1 630 603.23 |
| 1.1 利息收入 | 930 637.16 | 986 819.56 |
| 1.2 投资收益 | 583 636.43 | 666 808.85 |
| 对联营企业和合营企业的投资收益 | — | — |
| 1.3 公允价值变动损益 | 5 259.56 | -23 025.18 |
| 1.4 租赁收入 | — | — |
| 1.5 汇兑损益 | — | — |
| 1.6 其他收入 | 721.87 | — |
| 2. 支出 | 171 558.20 | 164 742.94 |
| 2.1 营业税金及附加 | 4 544.93 | — |
| 2.2 受托人报酬 | 87 086.24 | 80 630.90 |
| 2.3 托管费 | 12 338.74 | 9 320.15 |
| 2.4 投资管理费 | — | — |
| 2.5 销售服务费 | 48 281.81 | 48 994.03 |
| 2.6 交易费用 | 194.13 | 805.48 |
| 2.7 资产减值损失 | — | — |

续表

| 项目 | 本年金额 | 上年金额 |
|---|---|---|
| 2.8 其他费用 | 19 112.35 | 24 992.38 |
| 3. 信托净利润 | 1 348 696.82 | 1 465 860.29 |
| 4. 其他综合收益 | — | — |
| 5. 综合收益 | 1 348 696.82 | 1 465 860.29 |
| 6. 加：期初未分配信托利润 | 115 671.60 | 126 358.85 |
| 7. 可供分配的信托利润 | 1 495 329.42 | 1 595 870.60 |
| 8. 减：本期已分配信托利润 | 1 424 157.57 | 1 480 199.00 |
| 9. 期末未分配信托利润 | 71 171.85 | 115 671.60 |

公司负责人：崔斌　　复　核：娄佩琍　　制　表：冯伟

# 6. 会计报表附注

本会计报表附注中陆家嘴国际信托有限公司简称本公司，陆家嘴国际信托有限公司及其子公司和纳入合并范围的结构化主体简称本集团。

## 6.1 会计报表编制基准不符合会计核算基本前提的说明

### 6.1.1 会计报表不符合会计核算基本前提的事项

本财务报表以持续经营为基础，根据实际发生的交易和事项，按照《企业会计准则——基本准则》和其他各项会计准则的规定进行确认和计量，在此基础上编制财务报表，无不符合会计核算基本前提的事项。

**6.1.2　纳入合并财务报表范围子公司的基本情况**

报告期内，本公司将上海陆投资产管理有限公司作为子公司纳入合并会计报表范围。

上海陆投资产管理有限公司注册资本为 10 000 万元，截至 2018 年 12 月 31 日，实收资本为 6 000 万元。经营范围为资产管理、投资管理、实业投资，已建立了较为完善的规章制度，组建专业的资产管理及股权投资团队，目前企业一切运行正常。

**6.1.3　纳入合并财务报表范围结构化主体相关信息**

2018 年度本公司管理或投资的结构化主体中有 23 个纳入合并财务报表范围，主要包括报告期末持有本公司作为受托人发行的信托计划等。

## 6.2　重要会计政策和会计估计说明

**6.2.1　计提资产减值准备的范围和方法**

本集团对金融资产中的应收款项、可供出售金融资产和其他长期资产计提减值准备。

6.2.1.1　贷款和应收款项

贷款和应收款项是指在活跃市场中没有报价、回收金额固定或可确定的非衍生金融资产。本集团划分为贷款和应收款的金融资产为发放贷款及垫款。对于单项金额重大的贷款和应收款项，单独进行减值测试。当存在客观证据表明本集团将无法按贷款和应收款项的原有条款收回款项时，根据其预计未来现金流量现值低于其账面价值的差额，计提坏账准备。

对于单项金额非重大的贷款和应收款项，与经单独测试后未减值的贷款和应收款项一起按信用风险特征划分为若干组合，根据以前年度与之具有类似信用风险特征的贷款和应收款项组合的实际损失率为基础，结合现时情况确定应计提的坏账准备。

6.2.1.2　可供出售金融资产

可供出售金融资产包括初始确认时即被指定为可供出售的非衍生金融资产及未被划分为其他类的金融资产。当有客观证据表明以公允价值计量的可供出售金融资产发生减值时，原直接计入所有者权益的因公允价值下降形成的累计损失予以转出并计入减值损失。对已确认减值损失的可供出售债务工具投资，在期后公允价值上升且客观上与确认原减值损失后发生的事项有关的，原确认的减值损失予以转回并计入当期损益。对已确认减值损失的可供出售权益工具投资，期后公允价值上升直接计入所有者权益。

6.2.1.3　其他长期资产

固定资产、使用寿命有限的无形资产及对子公司的长期股权投资等，于资产负债表日存在减值迹象的，进行减值测试；尚未达到可使用状态的无形资产，无论是否存在减值迹象，至少每年进行减值测试。减值测试结果表明资产的可收回金额低于其账面价值的，按其差额计提减值准备并计入减值损失。可收回金额为资产的公允价值减去处置费用后的净额与资产预计未来现金流量的现值两者之间的较高者。资产减值准备按单项资产为基础计算并确认，如果难以对单项资产的可收回金额进行估计的，以该资产所属的资产组确定资产组的可收回金额。资产组是能够独立产生现金流入的最小资产组合。

上述资产减值损失一经确认，以后期间不予转回价值得以恢复的部分。

**6.2.2　金融资产四分类的范围和标准**

金融资产于初始确认时分类为以公允价值计量且其变动计入当期损益的金融资产、应收款项、可供出售金融资产和持有至到期投资。金融资产的分类取决于本集团对金融资产的持有意图和持有能力。

6.2.2.1　以公允价值计量且其变动计入当期损益的金融资产

以公允价值计量且其变动计入当期损益的金融资产包括持有目的为短期内出售的金融资产。

6.2.2.2　贷款和应收款项

贷款和应收款项是指在活跃市场中没有报价、回收金额固定或可确定的非衍生金融资产。本集团划分为贷款和应收款的金融资产为发放贷款及垫款。

6.2.2.3　可供出售金融资产

可供出售金融资产包括初始确认时即被指定为可供出售的非衍生金融资产及未被划分为其他类的金融资产。

6.2.2.4　持有至到期投资

持有至到期投资是指到期日固定、回收金额固定或可确定，且本集团有明确意图和能力持有至到期的非衍生金融资产。

**6.2.3　以公允价值计量且其变动计入当期损益的金融资产核算方法**

以公允价值计量且其变动计入当期损益的金融资产按照公允价值进行后续计量，公允价值变动作为公允价值变动损益计入当期损益；在资产持有期间所取得的利息或现金股利以及在处置时产生的处置损益，计入当期损益。

**6.2.4　可供出售金融资产核算方法**

可供出售金融资产公允价值变动直接计入所有者权益，待该金融资产终止确认时，原直接计入权益的公允价值变动累计额转入当期损益。可供出售债务工具投资在持有期间按实际利率法计算的利息，以及被投资单位已宣告发放的与可供出售权益工具投资相关的现金股利，作为投资收益计入当期损益。

**6.2.5　持有至到期投资核算方法**

截至报告期末，本集团无持有至到期投资。

**6.2.6　长期股权投资核算方法**

截至报告期末，本集团无长期股权投资。

**6.2.7　投资性房地产核算方法**

截至报告期末，本集团无投资性房地产。

**6.2.8　固定资产计价和折旧方法**

6.2.8.1　固定资产确认

固定资产包括电子设备、运输工具、办公设备及其他设备等。

6.2.8.2　固定资产初始计量和后续计量

购置或新建的固定资产按取得时的成本进行初始计量。与固定资产有关的后续支出，在相关的经济利益很可能流入本集团且其成本能够可靠的计量时，计入固定资产成本；对于被替换的部分，终止确认其账面价值；所有其他后续支出于发生时计入当期损益。

6.2.8.3　各类固定资产的折旧方法

固定资产折旧采用年限平均法并按其入账价值减去预计净残值后在预计使用寿命内计提。对计提了减值准备的固定资产，则在未来期间按扣除减值准备后的账面价值及依据尚可使用年限确定折旧额。

固定资产的预计使用寿命、净残值率及年折旧率列示如下：

| 固定资产类别 | 预计使用寿命（年） | 预计净残值率（%） | 年折旧率（%） |
| --- | --- | --- | --- |
| 电子设备 | 3 | 5 | 31.67 |
| 运输工具 | 4 | 5 | 23.75 |
| 办公设备 | 5 | 5 | 19 |
| 其他设备 | 5 | 5 | 19 |

对固定资产的预计使用寿命、预计净残值和折旧方法于每年年度终了进行复核并作适当调整。

当固定资产被处置、或者预期通过使用或处置不能产生经济利益时，终止确认该固定资产。固定资产出售、转让、报废或毁损的处置收入扣除其账面价值和相关税费后的金额计入当期损益。

**6.2.9　无形资产计价及摊销政策**

无形资产是指本集团拥有或者控制的没有实物形态的可辨认非货币性资产。

无形资产按成本进行初始计量。使用寿命有限的无形资产自可供使用时起，对其原值在其预计使用寿命内采用直线法分期平均摊销。使用寿命不确定的无形资产不予摊销。本集团至少于年度终了，对使用寿命有限的无形资产的使用寿命和摊销方法进行复核，必要时进行调整。

**6.2.10　长期应收款的核算方法**

截至报告期末，本集团无长期应收款。

**6.2.11　长期待摊费用的摊销政策**

长期待摊费用包括经营租入固定资产改良及其他已经发生但应由本期和以后各期负担的、分摊期限在1年以上的各项费用，按预计受益期间分期平均摊销，并以实际支出减去累计摊销后的净额列示。

**6.2.12　合并会计报表的编制方法**

编制合并财务报表时，本公司将全部子公司及控制的结构化主体纳入合并会计报表的合并范围。

子公司是指被本集团控制的主体。控制是指本集团拥有对被投资方的权利，通过参与被投资方的相关活动而享有的可变动报酬。

结构化主体是指在确定其控制方时没有将表决权或类似权利作为决定因素而设计的主体，比如表决权仅与行政工作相关，而相关运营活动通过合同约定来安排。本公司根据合约条款就本公司对实体的参与面临可变回报的风险或取得可变回报的权利，以及利用对实体的权力影响该等回报金额的能力评估是否合并。由本公司控制的信托计划等结构化主体，纳入财务报表合并范围。

集团内所有重大往来余额、交易及未实现利润在合并财务报表编制时予以抵销。子公司的所有者权益、当期净损益及综合收益总额中不属于本公司所拥有的部分分别作为少数股东权益、少数股东损益及归属于少数股东的综合收益总额在合并财务报表中所有者权益、净利润及综合收益总额项下单独列示。本公司向子公司出售资产所发生的未实现内部交易损益，全额抵销归属于母公司股东的净利润；子公司向本公司出售资产所发生的未实现内部交易损益，按本公司对该子公司的分配比例在归属于母公司股东的净利润和少数股东损益之间分配抵销。子公司之间出售资产所发生的未实现内部交易损益，按照母公司对出售方子公司的分配比例在归属于母公司股东的净利润和少数股东损益之间分配抵销。

如果以本集团为会计主体与以本公司或子公司为会计主体对同一交易的认定不同时，从本集团的角度对该交易予以调整。

**6.2.13　收入确认原则和方法**

收入的金额按照本集团在日常经营活动中销售商品和提供劳务时，已收或应收合同或协议价款的公允价值确定。

与交易相关的经济利益很可能流入本集团，相关的收入能够可靠计量且满足下列各项经营活动的特定收入确认标准时，确认相关的收入。

6.2.13.1　利息收入和支出

利息净收入包含贷款利息收入、买入返售金融资产利息收入及货币资金利息收入减去借款利息支出。利息收入按照相关金融资产的摊余成本采用实际利率法确认。实际利率与合同利率差异较小的，也可按合同利率计算。利息支出按借入货币资金的时间和实际利率计算确认。

6.2.13.2　手续费及佣金收入和支出

手续费及佣金收入于服务已经提供且收取的金额能够可靠地计量确认收入。其中，对于具有固定信托报酬条款的信托项目，在未来很有可能取得该固定信托报酬且能够可靠计量的情况下，本集团在期末根据信托合同或协议约定的条款对固定信托报酬确认收入。对于需要依靠未来某些条件的发生或者不发生来确定的浮动收益，一般在信托计划实际分配即收到浮动收益时或在取得该收益的权利确定，且能够可靠计量时，本集团才予以确认。

6.2.13.3　咨询服务费收入

咨询服务费收入于服务已经提供且收取的金额能够可靠地计量时，根据信托合同或协议约定的费率及期限按期确认为收入。

**6.2.14　所得税的会计处理方法**

本集团在多个地区缴纳企业所得税。在正常的经营活动中，部分交易和事项的最终的税务处理存在不确定性。在计提各个地区的所得税费用时，本集团需要作出重大判断。如果这些税务事项的最终认定结果与最初入账的金额存在差异，该差异将对作出上述最终认定期间的所得税费用和递延所得税的金额产生影响。

**6.2.15　信托报酬确认原则和方法**

信托报酬是指信托公司对信托财产进行管理而收取的管理费或佣金，信托报酬收取的标准一般是与委托人或受益人等有关当事人协商确定的，按照合同或者协议的约定进行确认。若信托报酬由信托财产承担，则按照信托合同的约定来计算、提取并确认信托报酬收入；若信托报酬由委托人等有关当事人直接承担,则按协议约定另行向有关当事人收取。

**6.2.16 其他会计政策、会计估计变更**

6.2.16.1 2018年已生效的会计准则

财政部于2018年颁布了《财政部关于修订印发2018年度一般企业财务报表格式的通知》(财会[2018]15号),本集团已按照上述通知编制2018年度的财务报表,比较财务报表已相应调整。

6.2.16.1.1 对本集团资产负债表的影响

将应收利息、应收股利和其他应收款合并计入其他应收款项目;将应付利息和其他应付款合并计入其他应付款项目(本公司不涉及上述科目的调整)。

单位:万元

| 科目 | 本集团2017年12月31日 | | |
|---|---|---|---|
| | 调整前 | 重分类调整 | 调整后 |
| 应收利息 | 202 446.57 | (202 446.57) | — |
| 应收股利 | 545 304.32 | (545 304.32) | — |
| 其他应收款 | 443 899 552.27 | 747 750.89 | 444 647 303.16 |
| 应付利息 | 3 300 000.00 | (3 300 000.00) | — |
| 其他应付款 | 234 038 678.15 | 3 300 000.00 | 237 338 678.15 |

6.2.16.1.2 对本集团和本公司利润表的影响

将原计入营业外收入项目的代扣代缴个人所得税手续费返还重分类至其他收益项目。

| 科目 | 本集团2017年度 | | | 本公司2017年度 | | |
|---|---|---|---|---|---|---|
| | 调整前 | 重分类调整 | 调整后 | 调整前 | 重分类调整 | 调整后 |
| 营业外收入 | 3 905 228.92 | (3 905 228.92) | — | 3 895 395.59 | (3 895 395.59) | — |
| 其他收益 | 30 930 000.00 | 3 905 228.92 | 34 835 228.92 | 30 930 000.00 | 3 895 395.59 | 34 825 395.59 |

6.2.16.2 2018年已生效但未被本集团提前适用的会计准则

于2017年3月,财政部发布了经修订的《企业会计准则第22号——金融工具确认计量》、《企业会计准则第23号——金融资产转移》、《企业会计准则第24号——套期会计》和《企业会计准则第37号——金融工具列报》四项会计准则(以下简称新金融工具准则),本集团于2019年1月1日起实行。根据新金融工具准则的衔接规定,企业在施行日应当按照新金融工具准则的规定对金融工具进行分类和计量(含减值),涉及前期比较财务报表数据与新金融工具准则要求不一致的无需调整,金融工具原账面价值和在准则施行日的新账面价值之间的差额,应当计入新金融工具准则施行日所在年度报告期间的期初未分配利润或其他综合收益。

经评估,自2019年1月1日起采用上述新金融工具准则将对本集团金融工具主要产生以下影响。

本集团现分类为可供出售金融资产的债务工具能通过"合同现金流仅仅是对本金和利息的支付"测试,将被重分类为以摊余成本计量的金融资产。

本集团现分类为可供出售金融资产的权益工具在新金融工具会计准则下,将被重分类为以公允价值计量且其变动计入当期损益的金融资产。

综上所述,于2019年1月1日新金融工具会计准则首日执行之时,本集团和本公司未分配利润将分别增加2 689.53万元和2 607.54万元。

**6.2.17 前期差错更正**

6.2.17.1 合并报表期初差错更正

截至报告期末,本集团无合并报表期初差错更正。

6.2.17.2 单体报表期初差错更正

截至报告期末,本公司无单体报表期初差错更正。

## 6.3 或有事项说明

本报告期内,本集团未发生影响本财务报表阅读和理解的重大或有事项。

## 6.4 重要资产转让及其出售的说明

本报告期内,本集团无重要资产转让或出售。

## 6.5 会计报表中重要项目的明细资料

**6.5.1 披露自营资产经营情况**

6.5.1.1 按信用风险五级分类结果披露信用风险资产的期初数、期末数

| 信用风险资产五级分类 | 正常类(万元) | 关注类(万元) | 次级类(万元) | 可疑类(万元) | 损失类(万元) | 信用风险资产合计(万元) | 不良资产合计(万元) | 不良资产率(%) |
|---|---|---|---|---|---|---|---|---|
| 期初数 | 532 134 | — | — | — | 31 679 | 563 813 | 31 679 | 5.62 |
| 期末数 | 677 356 | — | — | — | 31 679 | 709 035 | 31 679 | 4.47 |

注:不良资产合计=次级类+可疑类+损失类。

6.5.1.2 各项资产减值损失准备的期初数数、本期计提、本期转回、本期核销、期末数

单位:万元

| 期初数 | 本期计提 | 本期转回 | 本期核销 | 期末数 | |
|---|---|---|---|---|---|
| 贷款损失准备 | — | 29 913 | — | — | 29 913 |
| 一般准备 | — | — | — | — | — |
| 专项准备 | — | 29 913 | — | — | 29 913 |
| 其他资产减值准备 | 31 679 | 23 279 | 31 679 | — | 23 279 |
| 可供出售金融资产减值准备 | 31 679 | 21 513 | 31 679 | — | 21 513 |
| 持有至到期投资减值准备 | — | — | — | — | — |
| 长期股权投资减值准备 | — | — | — | — | — |
| 坏账准备 | — | 1 766 | — | — | 1 766 |
| 投资性房地产减值准备 | — | — | — | — | — |

6.5.1.3 按照投资品种分类,分别披露固有业务股票投资、基金投资、债券投资、股权投资等投资业务的期初数、期末数

单位:万元

| | 自营股票 | 基金 | 债券 | 长期股权投资 | 其他投资 | 合计 |
|---|---|---|---|---|---|---|
| 期初数 | — | 9 489 | — | — | 463 797 | 473 286 |
| 期末数 | — | 8 001 | — | — | 573 429 | 581 430 |

6.5.1.4 按投资入股金额排序，前五名的自营长期股权投资的企业名称、占被投资企业权益的比例、主要经营活动及投资收益情况等

本报告期内，本公司无长期股权投资。

6.5.1.5 前五名的自营贷款的企业名称、占贷款总额的比例和还款情况等

| 企业名称 | 占贷款总额的比例（%） |
|---|---|
| 1. 檀源木业有限公司 | 87.93 |
| 2. 河北昌泰纸业有限公司 | 12.07 |

6.5.1.6 表外业务的期初数、期末数；按照代理业务、担保业务和其他类型表外业务分别披露

本报告期内，本公司无表外业务。

6.5.1.7 公司当年的收入结构

收入结构（单体）

| 收入结构 | 金额（万元） | 占比（%） |
|---|---|---|
| 手续费及佣金收入 | 89 604 | 76.10 |
| 其中：信托手续费收入 | 89 604 | 76.10 |
| 投资银行业务收入 | — | — |
| 利息收入 | 1 020 | 0.87 |
| 其他业务收入 | 901 | 0.77 |
| 其中：计入信托业务收入部分 | — | — |
| 投资收益 | 25 937 | 22.03 |
| 其中：股权投资收益 | — | — |
| 证券投资收益 | 1 200 | 1.02 |
| 其他投资收益 | 24 737 | 21.01 |
| 公允价值变动收益 | 259 | 0.22 |
| 资产处置收益 | -1 | — |
| 其他收益 | 7 | 0.01 |
| 营业外收入 | — | — |
| 收入合计 | 117 727 | 100 |

注：手续费及佣金收入、利息收入、其他业务收入、投资收益、营业外收入均为损益表中的科目，其中手续费及佣金收入、利息收入、营业外收入为未抵减掉相应支出的全年累计实现收入数；资产处置收益和其他收益根据最新准则要求列报。

收入结构（合并）

| 收入结构 | 金额（万元） | 占比（%） |
|---|---|---|
| 手续费及佣金收入 | 85 446 | 64.99 |
| 其中：信托手续费收入 | 85 446 | 64.99 |
| 投资银行业务收入 | — | — |
| 利息收入 | 26 082 | 19.84 |
| 其他业务收入 | 901 | 0.69 |
| 其中：计入信托业务收入部分 | — | — |
| 投资收益 | 19 167 | 14.58 |
| 其中：股权投资收益 | — | — |
| 证券投资收益 | 1 230 | 0.94 |
| 其他投资收益 | 17 937 | 13.64 |
| 公允价值变动收益 | -313 | -0.24 |
| 资产处置收益 | -1 | — |
| 其他收益 | 190 | 0.14 |
| 营业外收入 | — | — |
| 收入合计 | 131 472 | 100.00 |

注：手续费及佣金收入、利息收入、其他业务收入、投资收益、营业外收入均为损益表中的科目，其中手续费及佣金收入、利息收入、营业外收入为未抵减掉相应支出的全年累计实现收入数；资产处置收益和其他收益根据最新准则要求列报。

**6.5.2 披露信托财产管理情况**

6.5.2.1 信托资产的期初数、期末数

单位：万元

| 信托资产 | 期初数 | 期末数 |
|---|---|---|
| 集合 | 17 172 166.86 | 14 578 564.95 |
| 单一 | 8 316 620.00 | 7 589 259.47 |
| 财产权 | 3 210 245.81 | 1 155 886.60 |
| 合计 | 28 699 032.67 | 23 323 711.02 |

6.5.2.1.1 主动管理型信托业务的信托资产期初数、期末数

单位：万元

| 主动管理型信托资产 | 期初数 | 期末数 |
|---|---|---|
| 证券投资类 | 31 566.84 | 20 928.97 |
| 股权及其他投资类 | 5 629 326.82 | 4 725 224.27 |
| 融资类 | 3 064 237.38 | 3 929 629.37 |
| 事务管理类 | — | — |
| 合计 | 8 725 131.04 | 8 675 782.61 |

6.5.2.1.2 被动管理型信托业务的信托资产期初数、期末数

单位：万元

| 被动管理型信托资产 | 期初数 | 期末数 |
|---|---|---|
| 证券投资类 | 847 720.43 | 320 505.64 |
| 股权及其他投资类 | 4 900 008.37 | 3 430 454.07 |
| 融资类 | 11 048 045.51 | 9 771 555.89 |
| 事务管理类 | 3 178 127.32 | 1 125 412.81 |
| 合计 | 19 973 901.63 | 14 647 928.41 |

6.5.2.2 本年度已清算结束的信托项目表

6.5.2.2.1 本年度已清算结束的信托项目

| 已清算结束信托项目 | 项目个数（个） | 实收信托合计金额（万元） | 加权平均实际年化收益率（%） |
|---|---|---|---|
| 单一类 | 85 | 4 205 063.87 | 4.95 |
| 集合类 | 116 | 9 472 105.33 | 5.56 |
| 财产管理类 | 6 | 2 641 040.00 | 5.37 |

注：1. 收益率是指信托项目清算后，给受益人赚取的实际收益水平。

2. 加权平均实际年化收益率 =（信托项目 1 的实际年化收益率 × 信托项目 1 的实收信托 + 信托项目 2 的实际年化收益率 × 信托项目 2 的实收信托 +… + 信托项目 n 的实际年化收益率 × 信托项目 n 的实收信托）/（信托项目 1 的实收信托 + 信托项目 2 的实收信托 +… + 信托项目 n 的实收信托）×100%。

3. 实收信托规模 = 存续期第 1 日实收信托规模 + 存续期第 2 日实收信托规模 +… + 存续期第 n 日实收信托规模。

6.5.2.2.2 本年度已清算结束的主动管理型信托项目

| 已清算结束信托项目 | 项目个数（个） | 实收信托合计金额（万元） | 加权平均实际年化信托报酬率（%） | 加权平均实际年化收益率（%） |
|---|---|---|---|---|
| 证券投资类 | 2 | 9 293.71 | 0.44 | -1.80 |
| 股权及其他投资类 | 14 | 2 178 530.00 | 1.06 | 6.25 |
| 融资类 | 53 | 3 799 338.43 | 1.13 | 6.47 |
| 事务管理类 | — | — | — | — |

注：加权平均实际年化信托报酬率 =（信托项目 1 的实际年化信托报酬率 × 信托项目 1 的实收信托 + 信托项目 2 的实际年化信托报酬率 × 信托项目 2 的实收信托 +… + 信托项目 n 的实际年化信托报酬率 × 信托项目 n 的实收信托）/（信托项目 1 的实收信托 + 信托项目 2 的实收信托 +… + 信托项目 n 的实收信托）×100%。

6.5.2.2.3 本年度已清算结束的被动管理型信托项目

| 已清算结束信托项目 | 项目个数（个） | 实收信托合计金额（万元） | 加权平均实际年化信托报酬率（%） | 加权平均实际年化收益率（%） |
|---|---|---|---|---|
| 证券投资类 | 16 | 443 532.97 | 0.19 | -8.34 |
| 股权及其他投资类 | 26 | 2 677 199.18 | 0.25 | 5.51 |
| 融资类 | 90 | 4 569 274.91 | 0.33 | 5.89 |
| 事务管理类 | 6 | 2 641 040.00 | 0.05 | 5.37 |

6.5.2.3 本年度新增的信托项目

| 新增信托项目 | 项目个数（个） | 实收信托合计金额（万元） |
|---|---|---|
| 集合类 | 125 | 6 107 683.32 |
| 单一类 | 131 | 3 727 173.93 |
| 财产管理类 | 3 | 138 000.00 |
| 新增合计 | 259 | 9 972 857.25 |
| 其中：主动管理型 | 104 | 4 760 404.89 |
| 被动管理型 | 155 | 5 212 452.36 |

注：本年新增信托项目指在本报告年度内累计新增的信托项目个数和金额（包括以前年度成立本年度新增的分期信托项目），包含本年度新增并于本年度内结束的项目和本年度新增至报告期末仍在持续管理的信托项目。

6.5.2.4 信托业务创新成果和特色业务有关情况

公司在保证传统业务稳步增长的前提下，积极探索新型业务模式。

（1）组建专业部门，探索新型业务。公司设立专业部门，对资产证券化、融资租赁、供应链金融、消费金融、小微企业贷款等业务进行探索，加大创新布局，在风险可控前提下，深入挖掘新的利润增长点。

（2）发展以财富传承为核心的家族信托服务。公司紧密围绕财富代际传承，为高净值客户提供家族信托服务。成功落地首单信托主导型家族信托，服务范围由传统资产配置、保值增值向财富传承、税务规划、财务咨询等广义金融服务拓展。

6.5.2.5 本公司履行受托人义务情况及因本公司自身责任而导致的信托资产损失情况

本公司遵守信托法和信托文件对受托人义务的规定，为受益人的最大利益处理信托事务，管理信托财产时，恪守职守，履行诚实、信用、谨慎、有效管理的义务，没有损害受益人利益的情况。本公司无因自身责任而导致的信托资产损失情况。

## 6.6 关联方关系及其交易的披露

**6.6.1 关联交易方的数量、关联交易的总金额及关联交易的定价政策等**

| | 关联交易方数量（个） | 关联交易金额（万元） | 定价政策 |
|---|---|---|---|
| 合计 | 9 | 233 226.76 | 关联交易遵循公平、公开、公允的原则进行定价。存在市场价格的，按照市场价格定价；不存在市场价格的，以不优于非关联方同期同类型交易的条件进行定价。 |

注："关联交易"定义以《公司法》《企业会计准则第36号——关联方披露》有关规定为准。

**6.6.2 关联交易方与本公司的关系性质、关联交易方的名称、法定代表人、注册地址、注册资本及主营业务等**

| 关系性质 | 关联方名称 | 法定代表人 | 注册地址 | 注册资本（万元） | 主营业务 |
|---|---|---|---|---|---|
| 最终控股股东 | 上海陆家嘴（集团）有限公司 | 李晋昭 | 中国（上海）自由贸易试验区浦东大道981号 | 235 731.00 | 房地产开发经营，市政基础设施，建设投资，投资咨询，实体投资，国内贸易（除专项规定），资产管理经营、信息（依法须经批准的项目，经相关部门批准后方可开展经营活动）。 |
| 控股股东 | 上海陆家嘴金融发展有限公司 | 黎作强 | 中国（上海）自由贸易试验区世纪大道1600号2901室 | 800 000.00 | 金融产业、工业、商业、城市基础设施等项目的投资、管理，投资咨询，企业收购、兼并（依法须经批准的项目，经相关部门批准后方可开展经营活动）。 |
| 股东 | 青岛国信金融控股有限公司 | 刘冰冰 | 青岛市崂山区苗岭路9号 | 370 000.00 | 金融及金融服务性机构的投资与运营、资产管理与基金管理、股权投资及资本运营、证券与基金投资、投资策划与咨询服务；经政府及有关监管机构批准的其他资产投资与运营（依法须经批准的项目，经相关部门批准后方可开展经营活动）。 |
| 子公司 | 上海陆投资产管理有限公司 | 叶晓军 | 中国（上海）自由贸易试验区罗山路1502弄14号403-14室 | 10 000.00 | 资产管理，投资管理，实业投资（依法须经批准的项目，经相关部门批准后方可开展经营活动）。 |
| 受同一控股股东控制的公司 | 爱建证券有限责任公司 | 祝　健 | 中国（上海）自由贸易试验区世纪大道1600号1幢32楼 | 110 000.00 | 证券经纪；证券投资咨询；与证券交易、证券投资活动有关的财务顾问；证券承销与保荐；证券自营；证券资产管理；证券投资基金代销；融资融券；代销金融产品业务（依法须经批准的项目，经相关部门批准后方可开展经营活动）。 |
| 公司高管 | 许丹健 | — | — | — | — |
| 公司高管 | 邱　翔 | — | — | — | — |
| 公司高管亲属 | 花静娴 | — | — | — | — |
| 母公司监事 | 毕增敏 | — | — | — | — |

6.6.3 逐笔披露本公司与关联方的重大交易事项

6.6.3.1 固有与关联方交易情况：贷款、投资、租赁、应收账款、担保、其他方式等期初汇总数、本期借方和贷方发生额汇总数、期末汇总数

单位：万元

| 固有与关联方关联交易 | | | | |
|---|---|---|---|---|
| | 期初数 | 借方发生额 | 贷方发生额 | 期末数 |
| 贷款 | — | — | — | — |
| 投资 | — | — | — | — |
| 租赁 | — | — | — | — |
| 担保 | — | — | — | — |
| 应收账款 | — | — | — | — |
| 其他 | 30.00 | 4 265.91 | -30.00 | 4 265.91 |
| 合计 | 30.00 | 4 265.91 | -30.00 | 4 265.91 |

6.6.3.2 信托与关联方交易情况：贷款、投资、租赁、应收账款、担保、其他方式等期初汇总数、本期借方和贷方发生额汇总数、期末汇总数

单位：万元

| 信托与关联方关联交易 | | | | |
|---|---|---|---|---|
| | 期初数 | 借方发生额 | 贷方发生额 | 期末数 |
| 贷款 | — | — | — | — |
| 投资 | 332 384.56 | 228 920.00 | 253 195.43 | 308 109.13 |
| 租赁 | — | — | — | — |
| 担保 | — | — | — | — |
| 应收账款 | — | — | — | — |
| 其他 | 20 328.96 | 40.85 | — | 20 369.81 |
| 合计 | 352 713.52 | 228 960.85 | 253 195.43 | 328 478.94 |

6.6.3.3 信托公司自有资金运用于自己管理的信托项目（固信交易）、信托公司管理的信托项目之间的相互（信信交易）交易金额，包括余额和本报告年度的发生额

6.6.3.3.1 固有与信托财产之间的交易金额期初汇总数、本期发生额汇总数、期末汇总数。

单位：万元

| 固有财产与信托财产相互交易 | | | |
|---|---|---|---|
| | 期初数 | 本期发生额 | 期末数 |
| 合计 | 371 638.89 | 593 850.00 | 477 084.68 |

注：以固有资金投资公司自己管理的信托项目受益权，或购买自己管理的信托项目的信托资产均纳入统计披露范围。

6.6.3.3.2 信托项目之间的交易金额期初汇总数、本期发生额汇总数、期末汇总数

单位：万元

| 信托资产与信托财产相互交易 | | | |
|---|---|---|---|
| | 期初数 | 本期发生额 | 期末数 |
| 合计 | 673 343.10 | 289 805.87 | 374 382.78 |

注：以公司受托管理的一个信托项目的资金购买自己管理的另一个信托项目的受益权或信托项下资产均纳入统计披露范围。

6.6.4 逐笔披露关联方逾期未偿还本公司资金的详细情况以及本公司为关联方担保发生或即将发生垫款的详细情况

本报告期内，公司未发生关联方逾期未偿还本公司资金以及本公司为关联方担保发生或即将发生垫款的情况。

## 6.7 会计制度的披露

公司固有业务和信托业务，同时执行财政部颁布的《企业会计准则——基本准则》和41项具体会计准则、其后颁布的企业会计准则应用指南、企业会计准则解释以及其他相关规定。

# 7. 财务情况说明书

## 7.1 利润实现和分配情况

2018年公司实现净利润为43 570万元，扣除当年提取10%的法定公积金4 357万元、提取5%的信托赔偿准备金2 178万元、提取一般风险准备金12 338万元后，可供分配利润为24 697万元（上年累计未分配利润为40 551万元已全部于2018年度向股东进行分配）。

2018年公司实现合并净利润为44 097万元，扣除当年提取10%的法定公积金4 357万元、提取5%的信托赔偿准备金人民币2 178万元、提取一般风险准备金12 338万元后，加上上年累计未分配利润为1 702万元（上年累计未分配利润42 253万元中的40 551万元于2018年度向股东进行分配），合并可供分配利润为26 926万元。

## 7.2 主要财务指标

财务指标（单体）

| 指标名称 | 指标值 |
|---|---|
| 资本利润率（%） | 9.92 |
| 加权年化信托报酬率（%） | 0.55 |
| 人均净利润（万元） | 146.21 |

财务指标合并

| 指标名称 | 指标值 |
|---|---|
| 资本利润率（%） | 9.99 |
| 加权年化信托报酬率（%） | 0.55 |
| 人均净利润（万元） | 147.98 |

注：1. 资本利润率=净利润/所有者权益平均余额×100%。

2. 所有者权益平均余额=（年初净资产+0.5×净利润+因增资、新发行股票、债转股等引起的净资产增加额×（新增净资产下一月份起至年末的月份数÷12）-因现金分红等引起的净资产减少额×（减少净资产下一月份起至年末的月份数÷12）。

3. 加权年化信托报酬率=（信托项目1的实际年化信托报酬率×信托项目1的实收信托+信托项目2的实际年化信托报酬率×信托项目2的实收信托+…+信托项目*n*的实际年化信托报酬率×信托项目*n*的实收信托）/（信托项目1的实收信托+信托项目2的实收信托+…+信托项目*n*的实收信托）×100%。

4. 加权年化信托报酬率指标反映的是报告年度清算结束项目的信托报酬率。

5. 人均净利润=净利润/年平均人数，年平均人数=$\sum$每月末人数/12。

## 7.3 净资本和风险资本情况

| 指标名称 | 期末数 | 监管指标 |
|---|---|---|
| 净资本（万元） | 379 585.61 | 大于监管要求的2亿元 |
| 风险资本（万元） | 286 970.32 | — |
| 净资本/风险资本（%） | 132.27 | 大于监管要求的100% |
| 净资本/净资产（%） | 78.17 | 大于监管要求的40% |

### 7.4 对本公司财务状况、经营成果有重大影响的其他事项

本报告期内，未发生对本公司财务状况、经营成果有重大影响的其他事项。

## 8. 特别事项揭示

### 8.1 前五名股东报告期内变动情况及原因

本报告期内，公司未发生前五名股东变动的情况。

### 8.2 董事、监事及高级管理人员变动情况及原因

#### 8.2.1 董事变动情况

由于第三届董事会任期届满，2018 年 4 月 20 日，2018 年度股东会第四次会议选举了第四届董事会，任命了新的董事，并由第四届董事会第一次会议选举了新的董事长，第四届董事会成员如下：董事长黎作强、董事崔斌、奚峰、邓友成，独立董事李颖琦、毕玥、张广鸿。

2018 年 4 月 20 日，第四届董事会第一次会议审议通过了关于任命董事会各委员会委员的议案，确定了新的委员会人员名单并选举了各委员会主任委员。第四届董事会各下设委员会人员如下：（1）战略发展委员会：主任委员黎作强、委员邓友成、崔斌；（2）信托委员会：主任委员毕玥、委员崔斌、邓友成；（3）审计委员会：主任委员李颖琦、委员张广鸿、毕玥；（4）风险管理委员会：主任委员张广鸿、委员崔斌、李颖琦；（5）提名与薪酬委员会：主任委员黎作强、委员李颖琦、毕玥。

#### 8.2.2 监事变动情况

由于第三届监事会任期届满，2018 年 4 月 20 日，2018 年度股东会第四次会议选举了第四届监事会，任命了新的非职工董事，并由第四届监事会第一次会议选举了新的监事会主席，第四届监事会成员如下：监事会主席蔡嵘、监事肖霄、扈鑫，职工监事汪晖、章惠。

#### 8.2.3 高级管理人员变动情况

公司原总经理丁文忠因个人原因于 2017 年 12 月向公司提出辞职。2018 年 1 月 11 日，公司召开了第三届董事会第二十一次会议，批准《关于解聘丁文忠总经理职务并聘请崔斌担任总经理的议案》，解除丁文忠总经理职务并聘请崔斌担任总经理。2018 年 2 月 8 日，青岛银监局下发《青岛银监局关于核准崔斌陆家嘴国际信托有限公司董事、总经理任职资格的批复》（青银监复［2018］33 号），核准崔斌总经理的任职资格。

公司副总经理舒榕怀于 2018 年 2 月 9 日退休，从 2018 年 2 月 10 日起不再担任公司副总经理职务。

2018 年 7 月 6 日，公司召开了第四届董事会第四次会议（临时会议），审议通过了《关于聘任公司副总经理的议案》《关于任免公司董事会秘书的议案》，同意聘任马家顺任公司副总经理、董事会秘书。2018 年 9 月 25 日，青岛银监局下发《青岛银监局关于核准马家顺陆家嘴国际信托有限公司副总经理、董事会秘书任职资格的批复》（青银监复［2018］166 号），核准马家顺陆家嘴国际信托有限公司副总经理、董事会秘书的任职资格。

### 8.3 变更注册资本、变更注册地或公司名称、公司分立合并事项

经陆家嘴国际信托有限公司 2018 年度股东会第五次会议审议通过，并报中国银行业监督管理委员会青岛监管局批复同意（青银监复［2018］99 号），陆家嘴国际信托有限公司的注册资本金由 30 亿元增加至 40 亿元，公司股东的出资比例保持不变，《公司章程》已作相应修改。以上变更已于 2018 年 7 月 27 日完成工商变更手续。

### 8.4 公司重大诉讼事项

#### 8.4.1 重大未决诉讼事项

本报告期内，公司未发生重大未决诉讼事项。

#### 8.4.2 以前年度发生，于本报告年度内终结的诉讼事项

固有项下：檀源木业和昌泰纸业涉诉案件均已结案。

信托项下：无。

#### 8.4.3 本报告年度发生，于本报告年度内终结的诉讼事项

本报告期内，公司未发生本报告年度发生并于本报告年度内终结的诉讼事项。

### 8.5 公司及其董事、监事和高级管理人员受到处罚的情况

公司于 2018 年 12 月 29 日收到中国人民银行青岛市中心支行下发的《行政处罚决定书》，对公司客户身份识别、可疑交易报告存在的问题合计处罚 45 万元。

### 8.6 银保监会及其派出机构检查意见的整改情况

2018 年中国银保监会青岛监管局通过监管谈话等方式对公司加强非现场监管，要求公司对关联交易管理、房地产业务、合规管理体系开展自查，同时要求公司进一步完善各项内控机制，包括完善绩效考核管理机制、制定长期发展战略、加强关联方名单管理、加强消费者权益保护机制建设等方面。根据相关意见精神，公司认真总结日常经营活动中存在的不足，并通过修订制度、优化流程、明确责任、强化管理等多种手段积极开展相应的整改工作，进一步推进公司全面合规风险管理体系的建设。

### 8.7 本年度公司重大事项临时事项披露内容

2018 年 2 月 14 日，公司在《上海证券报》信息披露版面刊登“关于总经理变更的公告”，披露公司总经理变更为崔斌。

2018 年 5 月 8 日，公司在《上海证券报》信息披露版面刊登“关于修改公司《章程》的公告”，披露公司章程修订情况并已完成工商备案手续。

2018 年 8 月 4 日，公司在《上海证券报》信息披露版面刊登“关于增加注册资本金的公告”，披露公司注册资本金由 30 亿元增加至 40 亿元，公司股东的出资比例保持不变。

2018 年 10 月 19 日，公司在《上海证券报》信息披露版面刊登“关于变更会计师事务所的公告”，披露公司 2018 年度年报审

计机构变更为普华永道中天会计师事务所(特殊普通合伙)。

2018年12月28日,公司在《上海证券报》信息披露版面刊登"关于修改《公司章程》的公告",披露公司章程修订情况并已完成工商备案手续。

### 8.8 银保监会及其省级派出机构认定的其他有必要让客户及相关利益人了解的重要信息

本报告期内,公司未发生银保监会及其派出机构认定的其他有必要让客户及相关利益人了解的重大信息。

## 9. 公司监事会意见

公司第四届监事会根据《监事会议事规则》及相关法律法规,监督检查了公司重大决策、重大经营活动情况及财务状况,认为公司能依法规范运作,公司董事、高级管理人员在履行公司职务时未发生违反法律法规、《公司章程》或损害公司利益的行为,公司年度报告真实地反映了公司的财务状况和经营成果。

# 平安信托有限责任公司

## 1. 重要提示

1.1 本公司董事会及董事保证本报告所载资料不存在任何虚假记载、误导性陈述或者重大遗漏,并对其内容的真实性、准确性和完整性承担个别及连带责任。本年度报告摘自年度报告全文,客户及相关利益人欲了解详细内容,应阅读年度报告全文。

1.2 独立董事曲毅民、李祥军、陈勇认为,本报告真实、准确、完整地披露了公司2018年度的经营管理情况。

1.3 普华永道中天会计师事务所(特殊普通合伙)为本公司出具了标准无保留意见的年度审计报告。

1.4 公司董事长任汇川、主管会计工作负责人阙振宇、财务部负责人邹兴国保证年度报告中财务报告的真实、完整。

## 2. 公司概况

### 2.1 公司简介

2.1.1 公司法定中文名称:平安信托有限责任公司
公司法定英文名称:Ping An Trust Co.,Ltd.(缩写为 PATC)

2.1.2 公司法定代表人:任汇川

2.1.3 公司注册地址:深圳市福田区益田路5033号平安金融中心27层(东北、西北、西南)、29层(东南、西南、西北)、31层(3120室、3122室)、32层、33层
邮政编码:518048
公司国际互联网网址:https://trust.pingan.com/
电子邮箱:Pub_PATMB@pingan.com.cn

2.1.4 信息披露事务负责人:顾攀
信息披露事务联系人:杨东林
电话:4008866338
传真:(0755)82415828
电子邮箱:Pub_PATMB@pingan.com.cn

2.1.5 公司选定的信息披露报纸:《证券时报》《中国证券报》《上海证券报》《证券日报》《金融时报》
公司年度报告备置地点:公司董事会秘书处

2.1.6 公司聘请的会计师事务所名称:普华永道中天会计师事务所(特殊普通合伙)
会计师事务所办公地址:上海市湖滨路202号普华永道中心11楼

### 2.2 组织结构

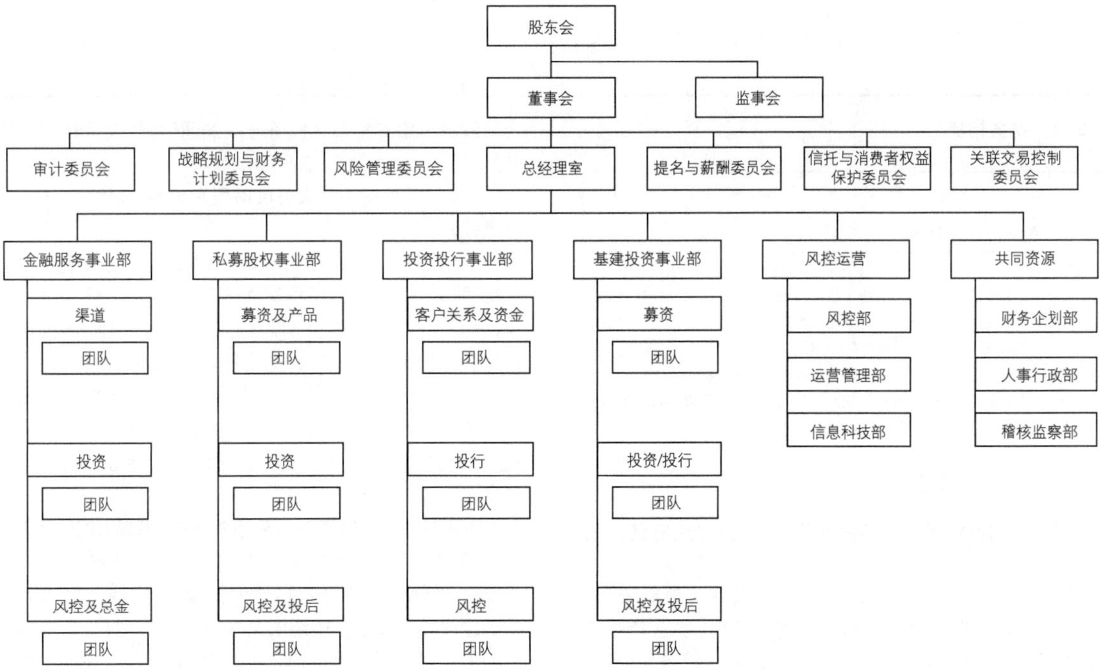

# 3. 业绩概览

## 3.1 信托资产规模变动情况

### 3.1.1 公司报告期的信托资产规模变动情况

| | 2018年12月31日信托资产规模(万元) | 2017年12月31日信托资产规模(万元) | 本年末比上年末增减额(万元) | 本年末比上年末增减比例(%) |
|---|---|---|---|---|
| 信托资产规模 | 53 412 359.98 | 65 275 619.93 | -11 863 259.95 | -18.17 |
| 其中:主动管理型 | 28 669 886.86 | 30 216 992.25 | -1 547 105.39 | -5.12 |
| 被动管理型 | 24 742 472.12 | 35 058 627.68 | -10 316 155.56 | -29.43 |
| 主动管理型占比(%) | 53.68 | 46.29 | 上升7.39个百分点 | — |

### 3.1.2 公司报告期新增信托项目情况

| | 2018年度新增信托项目规模(万元) | 2017年度新增信托项目规模(万元) | 本年末比上年末增减额(万元) | 本年末比上年末增减比例(%) |
|---|---|---|---|---|
| 实收信托金额 | 11 788 753.69 | 19 088 177.77 | -7 299 424.08 | -38.24 |
| 其中:主动管理型 | 9 366 450.45 | 9 381 589.18 | -15 138.73 | -0.16 |
| 被动管理型 | 2 422 303.24 | 9 706 588.59 | -7 284 285.35 | -75.04 |
| 主动管理型占比(%) | 79.45 | 49.15 | 上升30.30个百分点 | — |

## 3.2 母公司主要会计数据和财务指标

### 3.2.1 主要会计数据

| | 2018年度(万元) | 2017年度(万元) | 本年末比上年末增减额(万元) | 本年末比上年末增减比例(%) |
|---|---|---|---|---|
| 经营收入 | 385 735.41 | 409 752.09 | -24 016.68 | -5.86 |
| 经营支出 | 102 602.88 | 125 221.56 | -22 618.68 | -18.06 |
| 经营利润 | 283 132.53 | 284 530.53 | -1 398.00 | -0.49 |
| 自营投资业务利润 | 112 049.88 | 192 787.76 | -80 737.88 | -41.88 |
| 营业利润 | 395 182.41 | 477 318.29 | -82 135.88 | -17.21 |
| 营业外收支合计 | 64.74 | 497.73 | -433.00 | -86.99 |
| 所得税 | 77 821.90 | 87 151.66 | -9 329.75 | -10.71 |
| 净利润 | 317 425.25 | 390 664.36 | -73 239.13 | -18.75 |
| 经营利润/营业利润(%) | 71.65 | 59.61 | 上升12.04个百分点 | — |

### 3.2.2 财务指标

| | 2018年度 | 2017年度 | 本年末比上年末增减比例 |
|---|---|---|---|
| 净资产收益率(%) | 14.23 | 16.83 | 下降2.60个百分点 |

注:本公司于2018年1月1日起执行中国财政部发布的修订后的《企业会计准则第22号——金融工具确认和计量》《企业会计准则第23号——金融资产转移》《企业会计准则第24号——套期会计》《企业会计准则第37号——金融工具列报》四项会计准则(以下简称新准则)。根据新准则的衔接规定,公司无须重述前期可比数,首日执行新准则与原准则的差异合计5.06亿元调整计入期初未分配利润,不在利润表中体现。若考虑准则切换差异5.06亿元的影响,本公司2018年净资产收益率为16.49%,较切换后的14.23%上升2.26个百分点。

## 3.3 信托大事记

**3.3.1 平安信托谋划全新发展战略,全力打造有使命的资本**

2018年,在平安集团统筹指导下,平安信托紧跟集团“金融+科技”“金融+生态”的发展模式,以打造“中国最领先的信托公司”为目标,聚焦金融服务、私募股权、基建投资、投行投资四个业务发展方向,同时不断强化智能风控与管理平台,严控风险、赋能业务。新战略在发挥信托制度优势,以多种综合金融解决方案支持实体经济发展的同时,做强机构资产管理与产品供给,全力打造有使命的资本。

**3.3.2 平安信托召开临时股东大会,将党建工作写入《公司章程》**

2018年,平安信托第四次临时股东会审议通过了修订《公司章程》议案,把党的领导写入章程,明确了公司设立党委、纪委,确立人员构成,建立明确的工作机制,贯彻党的方针政策等。公司按照“双向进入、交叉任职”的要求,党委、纪委委员担任公司经营班子重要职务,参与公司治理,党委书记在公司担任副董事长兼总经理职务,将党的理论路线、方针政策和上级党组织要求贯彻于公司经营管理过程中,促进公司持续、健康、稳定发展。

**3.3.3 平安信托助力集团落地多个基础建设投资项目**

2018年,平安信托建立了从资金端到资产端的标准化作业流程,投后管理推动项目价值持续提升,助力集团落地多个基础建设投资项目。围绕国家“一带一路”倡议,平安信托助力集团发起百亿级交通基础设施基金,支持深圳、成都、武汉等省市级重大基础设施项目建设,助力重点领域基础设施建设的同时,也为机构资金提供了低风险、稳定回报的投资组合。

**3.3.4　平安信托深耕区域产业经济，助力实体经济发展**

2018年，平安信托深耕区域产业经济，公司与银行、财险、租赁、壹账通等集团专业公司合作，共同构建“商行＋投行＋投资”生态圈，在行业形成差异化竞争优势。公司通过融入集团生态圈，助力平安集团成功签约多个百亿级投资项目，发起了100亿元水环境治理投资基金，助力实体经济发展。公司通过为上市公司等产业经济提供多元化产品设计及灵活的金融服务方案，支持民营企业转型发展、助力国有企业改革升级。

**3.3.5　平安信托协助平安集团投资7.5亿元援建西藏水电站，落地“三村工程”最大股权类产业扶贫项目**

2018年，平安信托利用自身投资能力协助平安集团与三川能源合作建设的西藏山南某水电站工程，平安集团总投资7.5亿元，为中国平安“三村工程”目前规模最大的股权类产业扶贫项目，被西藏自治区列入扶贫项目试点。该项目将水电站开发征用的农村集体土地补偿费入股水电站，形成集体股权，建档立卡贫困户享受优先分配权益；并通过就业扶贫、技能扶贫、基建扶贫等方式推动当地旅游、文化产业发展，助力该地区实现精准扶贫、永久脱贫，形成可复制、可推广的操作模式和制度。

**3.3.6　平安信托升级消费者权益保护体系**

2018年，平安信托升级消费者权益保护体系，公司通过消费者权益保护的舆情监督、法律支持与宣导、优化“双录”及风险管控、投资者教育开展、客户投诉处理等措施帮助消费者识别风险，增强风险防控能力，不断提升内部员工服务意识和客户满意度。同时根据监管部门的要求，持续优化消费者权益保护组织架构及运作机制，对公司整体消费者权益保护工作开启两次全流程优化梳理工作，升级和完善公司消费者保护体系。

**3.3.7　平安信托机构资产管理募资超千亿元，积极拓展多元渠道**

2018年，平安信托资产管理板块紧跟公司战略导向，为机构客户提供基于资产负债的综合金融资产管理服务，募集主动管理机构资金超千亿元，其中年金规模超百亿元。同时，积极拓展多元渠道，管理机构客户数超千家；通过管理优质的投资组合，为实体经济提供对接稳定且低成本的资金。

**3.3.8　平安信托成功搭建“251”风控体系，打造行业首个智能风控平台**

2018年，平安信托成功搭建“251”全面风险管理体系，实现对信用风险、市场风险、流动性风险、操作风险、品牌声誉风险、运营风险、信息安全风险、IT运营安全风险的全面风险管控；明确了公司整体风险偏好，建立9大维度的偏好与限额指标体系；提升了债券管理的精细化和系统化，强化债券业务全流程管控。同时，依托平安集团领先的AI、大数据技术优势，打造了信托行业首个智能风控平台，全面提升公司风险管理系统化水平和投融资决策水平。该平台在由《上海证券报》举办的中国信托业峰会暨第十一届“诚信托”评选中摘得“诚信托——创新领先”奖。

**3.3.9　平安信托积极创新证券化产品，多单资产证券化产品开创行业先河，丰富企业融资渠道**

2018年，平安信托积极创新资产证券化产品，成功推出国内首单互联网消费金融债券通ABN“北京京东世纪贸易有限公司2018年度第一期资产支持票据”，创造性地引入了境外投资者，为融资企业提供了多样化融资服务安排，有效助力企业降低融资成本；推出国内首单支持保障性住房CMBN“北京住总房地产开发有限责任公司2018年度第一期资产支持票据”，为发起机构实现创新型低成本融资的同时，进一步拓宽了公司资产支持票据的基础资产范围，打开了商业物业的广阔领域。

**3.3.10　平安信托积极响应资管新规，率先推出多元化净值型债券产品**

2018年，平安信托积极响应资管新规精神，率先推出多元化净值型债券产品，在同业竞争中抢占先机，该产品推出后受到市场热捧，跑赢市场指数和同类产品。同时，公司深耕同业客户资源，根据机构客户定制需求提供个性化投资管理服务，与某大型城市商业银行合作成功落地公司首批主动管理类债券投资信托产品，实现了公司债券业务多项重大突破。

## 4. 荣誉奖项

2018年，平安信托敏锐把握宏观经济趋势，持续引领行业转型升级，综合实力进一步增强、品牌美誉度不断提升。凭借卓越的创新能力、先进的风控体系、优秀的客户口碑和在践行企业社会责任方面的突出表现，连续获得多方好评，相继获数十项荣誉，涵盖公司整体、风险管控、产品创新、投资能力、公益慈善、品牌建设等多个领域。

### 4.1　企业实力

深圳市银行业协会评定的“年度最受市民欢迎”奖。

《中国经营报》评定的“卓越竞争力信托公司”奖。

《金融时报》评定的“年度最佳信托公司”奖项。

《每日经济新闻》评定的“年度卓越信托公司”奖。

《证券时报》评定的“中国优秀信托公司”奖。

《21世纪经济报道》评定的“最佳信托公司”奖。

《上海证券报》评定的“年度卓越公司”奖。

《第一财经日报》评定的“信托行业领军人物”奖。

### 4.2　风控、产品与投资能力

2018年信托业十大研究课题

2018中国信托业峰会上获中国信托业协会评定的“诚信托——创新领先”奖

《亚洲银行家》评定的“中国最具创新信托产品”奖。

《金融界》评定的“年度杰出风险控制信托公司”奖。

《中国基金报》评定的“最佳私募服务信托公司”奖。

《上海证券报》评定的“年度最佳家族信托产品”奖。

《证券时报》评定的“年度优秀家族信托计划”奖。

《投资者报》评定的“数字金融风险管理”奖。

### 4.3　社会责任

中国青少年发展基金会评定的“‘希望工程’最佳合作伙伴”。

《华夏时报》评定的“年度支持实体经济”奖。

《中国证券报》评定的“年度金牛慈善信托”奖。

《中国经营报》评定的“新时代精准扶贫最佳贡献金融机构”奖。

## 5. 愿景使命、经营目标、业务规划

### 5.1 愿景使命

平安信托致力于做有使命的资本，成为中国最领先的信托公司。平安信托要用专业服务实体经济，让资本顺畅、低损耗地投入实体经济中，实现共生共荣，不断提升优质产品和服务的供给能力，做强机构资产管理与产品供给。

### 5.2 经营目标

平安信托保持主要经营业绩的行业领先地位，实现客户、员工、社会、股东的四赢，打造一流的信托品牌。平安信托紧跟集团“金融+科技”“金融+生态”的发展模式，聚焦产品、投资与风控能力的深化提升，打造中国投资投行领域的第一品牌。

### 5.3 业务规划

平安信托谋划新战略、转向新模式，抓住“机构资产管理、精品另类投行、信托受托服务”业务机会，将未来几年的核心业务聚焦在“金融服务、基建投资、私募股权、投行服务”上，同时不断强化智能风控与管理平台，严控风险、赋能业务。新战略在发挥信托制度优势，以多种综合金融解决方案支持实体经济发展的同时，做强机构资产管理与产品供给，全力打造有使命的资本。

**5.3.1 聚焦“金融服务、基建投资、私募股权、投资投行”四大核心业务**

金融服务方面，聚焦B端客户，为包括金融机构在内的机构投资者提供优质的信托产品及资产管理服务。基建投资方面，聚焦城市基础设施、交通、能源等领域，引入民间资本参与到国家各大领域的重点基建项目。私募股权方面，聚焦消费升级、医疗健康、现代服务、尖端科技、先进制造五大领域，为实体经济转型升级助力。投行服务方面，聚焦服务于中小金融机构，为客户提供全方位的资产负债优化服务。

**5.3.2 完善强大、专业的中后台支持体系**

持续完善风险管理体系和智能风险管理平台建设，提高资产监控和投后管理水平，将风控投评功能前置并积极培养深化行业研究能力，完善更新各行业各投资领域的投资风控策略，在加强风险管理的同时，促业务、促经营、促发展；同时利用技术支持打造评估准、功能强、运作快的智能风控平台，提高风控水平。

不断提升智能科技实力，助力业务发展。平安信托重点打造“3+1”IT业务系统平台，实现资产管理智能一体化、产品销售专业标准化、经营管理精准智慧化的建设成效，助力公司战略转型，为业务发展提供管理支持服务。

**积极响应党和政府号召，切实履行企业社会责任**

积极响应国家“精准扶贫”和平安集团“三村工程”号召，持续通过慈善信托、公益捐赠、慈善行、支教行动等形式参与公益慈善，成为精准扶贫的先行者、践行者。充分发挥信托优势，全面参与公益慈善活动，通过公益慈善信托等创新方式积极履行社会责任，切实为社会进步、行业发展、客户权益创值增效，力争成为中国慈善公益信托第一品牌。

## 6. 市场分析

2018年，中国经济总体平稳，经济结构优化不断升级。随着金融监管改革不断深化落实、资管新规细则逐步落地，资管行业竞争形势也更加严峻，加之风险因素的前后叠加，信托行业发展面临新的机遇和挑战。虽然在短期内受新规冲击，信托行业规模进一步萎缩；但从长期看，有助于信托公司发挥信托制度优势，提升信托资产管理能力和风险防控意识，促进行业长期稳健发展。

### 6.1 行业发展面临的挑战

差异化核心竞争力尚待建立。伴随着宏观经济转型、市场竞争加剧，信托行业已经进入转型发展的深水区。然而，由于缺少核心商业模式和独占牌照功能，信托转型依旧重重困难。因此，从行业规划的角度，应从顶层设计引导行业重塑定位，完善制度配套和基础建设，推动行业回归本源；从公司经营的角度，应发挥信托制度优势和主动管理能力，主动探索直接融资服务和受托管理服务的市场机会，培育核心竞争能力、服务实体经济。

监管标准逐渐统一，短期内对行业的传统套利业务形成一定冲击。随着资管新规的出台以及相关细则的逐步落实，监管套利空间缩小，业务发展更加规范。如《关于进一步明确规范金融机构资产管理业务指导意见有关事项的通知》《商业银行理财业务监督管理办法（征求意见稿）》等的出台进一步贯彻资管新规去杠杆和资管业务统一监管的核心原则，重塑资管行业生态，这些都将对信托公司产生直接冲击。

### 6.2 行业发展面临的机遇

宏观经济总体平稳，国家战略带来新的投资机会。2018年，我国国内生产总值首次突破90万亿元，同比增长6.6%，国民经济各项数据均稳步提升。随着供给侧改革深入，“一带一路”倡议以及京津冀、长江经济带、粤港澳大湾区等国家级战略的深入推进，新一轮科技革命和产业变革蓄势待发，国家推动金融体系改革、鼓励直接投融资业务等，均带来了新的投资与投行业务机遇。

回归本源，强化主动管理。随着监管政策不断完善，引导信托回归本源、服务实体经济。适度控制增速平稳健康发展已成行业共识。信托公司逐步由关注资产规模转变为关注资产结构。信托公司积极转型谋发展、提升主动管理能力和业务创新能力，强化风险管控，把握发展速度并提升发展质量与效率。

具有不断创新、不断适应市场的制度优势。与其他资管机构相比，信托依旧在多工具、多市场、跨领域资源配置等方面具有不可比拟的优势。信托制度的独立性、灵活性、稳定性和安全性等特点，也使信托公司在家族信托、慈善信托等资管业务上具备优势。

## 7. 业务经营分析

近年来，依托信托制度优势和平安集团综合金融优势，平安信托与中国信托业一起，立足服务实体经济高质量发展和金

融业风险管控，打造有使命的资本，助力人民美好生活；贯彻落实国家供给侧改革和“三去一降一补”的政策方向，缩短金融中介链条，以多种综合金融解决方案服务国内众多优秀企业，提升实体经济直接融资占比，降低杠杆率，助力中国经济高质量发展。2018 年，平安信托投向实体经济规模超过 3 800 亿元，其中投向工商企业资金占比达到 58%，为实体经济提供对接稳定且低成本的资金。过去 5 年，平安信托累计投入实体经济规模超过 1.7 万亿元，累计纳税超过 66 亿元，累计向受益人分配信托收益超 2 100 亿元。

金融服务方面，聚焦 B 端客户，为包括金融机构在内的机构投资者提供优质的信托产品及资产管理服务。借助集团综合金融优势，全面联动，共同服务 B 端客户，实现合作共赢；同时，依托专业的投资团队，按新形势、新战略要求，持续提升主动管理能力。在支持国家重大战略和高质量发展方面，围绕国家“一带一路”倡议，助力集团牵头推动各方就设立“中尼友谊工业园”签署框架合作协议，将在尼泊尔境内开发建设工业园区，积极将西藏融入“一带一路”的核心功能区。

基础建设方面，依托平安信托的投资能力及集团综金优势，聚焦城市基础设施、交通、能源等领域，引入民间资本参与到国家各大领域的重点基建项目。继续提升现有能力与专业积累，支持各类企业参与国家各大领域的重点项目建设，发挥规模优势，开发大型项目，并继续重点挖掘基础设施权益类资产。在助力粤港澳大湾区、长江经济带等我国重点领域基础设施建设方面，协同集团支持深圳国际会展中心、成都北站扩建、武汉地铁等省市级重大基础设施项目建设。

股权投资方面，以平安集团“金融＋生态”的双驱动战略为指导；聚焦消费升级、医疗健康、现代服务、尖端科技、先进制造五大领域，完善 PE 投资和管理链条，提供全生命周期、一站式金融服务，依托业内精英团队、通过“募、投、管、退”四个环节，为被投企业提供融资服务、资产管理、财务顾问、并购重组等服务；助力集团全力打造涵盖金融、地产、汽车、医疗和智慧城市的五大生态圈。

投行服务方面，聚焦服务于中小金融机构，通过与客户建立长期深入的合作关系，为客户提供全方位的资产负债优化服务，同时通过多元化产品设计及灵活的金融服务方案，支持民营企业发展和国有企业转型升级。作为发行载体的国内首单互联网消费金融债券通 ABN 等多单资产证券化产品开创行业先河，助力企业降低融资成本、丰富企业融资渠道。

本公司（本报告中所称的本公司或公司，均指母公司；本报告中所称的本集团或集团，则为本公司及其子公司）的主要经营业务。

**自营资产运用与分布表**

| 资产运用 | 金额（万元） | 占比（%） | 资产分布 | 金额（万元） | 占比（%） |
|---|---|---|---|---|---|
| 货币资产 | 300 832.71 | 11.98 | 基础产业 | — | — |
| 发放贷款和垫款 | — | — | 房地产业 | 15 281.05 | 0.61 |
| 持有待售的资产 | 13 770.00 | 0.55 | 证券市场 | — | — |
| 交易性金融资产 | 992 285.17 | 39.52 | 实业 | 464 588.91 | 18.50 |
| 其他权益工具投资 | 498.91 | 0.02 | 金融机构 | 1 965 066.57 | 78.26 |
| 长期股权投资 | 767 854.26 | 30.58 | 其他 | 65 990.29 | 2.63 |

续表

| 资产运用 | 金额（万元） | 占比（%） | 资产分布 | 金额（万元） | 占比（%） |
|---|---|---|---|---|---|
| 应收股利 | 55 670.00 | 2.22 | — | — | — |
| 其他应收款 | 211 370.63 | 8.42 | — | — | — |
| 其他 | 168 645.14 | 6.71 | — | — | — |
| 资产总计 | 2 510 926.82 | 100.00 | 资产总计 | 2 510 926.82 | 100.00 |

注：1. 除特别说明外，本报告中数据均以人民币计量。

2. 资产运用中“其他”项主要包括固定资产、无形资产、递延所得税资产等。

**信托资产运用与分布表**

| 资产运用 | 金额（万元） | 占比（%） | 资产分布 | 金额（万元） | 占比（%） |
|---|---|---|---|---|---|
| 货币资产 | 945 952.14 | 1.77 | 基础产业 | 2 645 852.55 | 4.95 |
| 贷款 | 29 740 259.51 | 55.68 | 房地产 | 13 480 047.73 | 25.24 |
| 交易性金融资产 | 5 321 981.45 | 9.96 | 证券市场 | 4 911 805.98 | 9.20 |
| 可供出售金融资产 | 10 371 997.44 | 19.42 | 实业 | 22 024 632.23 | 41.23 |
| 持有至到期投资 | — | — | 金融机构 | 9 863 091.63 | 18.47 |
| 长期股权投资 | 1 207 254.28 | 2.26 | 其他 | 486 929.86 | 0.91 |
| 买入返售资产 | 127 004.07 | 0.24 | — | — | — |
| 其他 | 5 697 911.09 | 10.67 | — | — | — |
| 资产总计 | 53 412 359.98 | 100.00 | 资产总计 | 53 412 359.98 | 100.00 |

## 8. 内部控制、风险管理

### 8.1 内部控制

#### 8.1.1 内部控制环境和内部控制文化

公司一贯致力于构建符合国际标准和监管要求的内部控制体系，根据风险状况和控制环境的变化，持续优化内部控制机制。根据国家法律法规以及各监管机构的要求，公司以现代国际一流金融企业为标杆，秉承综合金融发展战略，结合经营管理需要，践行“法规＋1”的合规理念，贯彻“目标明确、覆盖全面、运作规范、执行到位、监督有力”的方针，完善内部控制运行机制，着力提高抵御风险的能力，确保公司经营管理合法合规、符合监管要求，促进业务可持续健康发展。公司遵循“以制度为基础、以风险为导向、以流程为纽带”思路，强化内部控制日常化运作机制，持续提升内控工作的水平和效果，为公司持续稳健发展提供保障。

公司根据《中华人民共和国公司法》《中华人民共和国信托法》《信托公司管理办法》《信托公司治理指引》《企业内部控制基本规范》等国家相关法律法规和《公司章程》的要求，建立了由股东会、董事会、监事会和高级管理层组成的法人治理结构，形成了权力机构、决策机构、监督机构和管理层之间分工配合、相互协调、相互制衡的运行机制。公司股东会、董事会、监事会均按照相关法律法规、规范性文件及《公司章程》的规定，规范有效地运作。公司完善的法人治理结构为公司内部控制目标的实现提供了合理保证。

公司积极开展合规文化建设，为合规管理工作的开展和内部控制建设营造优越的内部环境及合规文化氛围。公司通过员工行为准则对违纪类型、违纪处理流程等作出明确规定，倡导员工诚信守法、廉洁自律，遵守公司内部规章制度，维护公司形象及社会公共秩序；通过“红、黄、蓝”牌处罚制度体系，对员工违规行为严格惩处，营造良好的内控环境；通过合规手册，明确公司合规管理职责，完善内部控制和风险管理体系；推动员工签署《合规履职承诺函》，从遵法守规、商业秘密、利益冲突、销售行为等方面规范员工行为，提升员工知法守规意识。此外，公司通过全员大会、宣导专刊、面授培训、知鸟课程等多种形式高频次地开展内控文化宣导，在全公司范围内营造高层垂范、人人合规的良好氛围，增强全员合规内控意识。

**8.1.2 内部控制措施**

按照相关法律法规、监管规定和内部制度的要求，公司建立了组织架构完善、权责清晰、分工明确、人员配备精良的内部控制组织体系。公司董事会负责内部控制的建立健全和有效实施，董事会下设审计委员会，负责监督、审查、评价公司内部控制的实施情况，协调内部控制审计及其他相关事宜；监事会负责对董事会建立与实施的内部控制进行监督，对公司管理层履职情况进行检查监督；2018 年，公司持续加强业务及职能部门直接承担管理、法律合规部门统筹推动支持、稽核监察部门监督检查审计三道防线的分工与协作，强化工作衔接与信息共享机制，有效地实施内部控制，实现内部控制“促管理、促发展、促效益”的目标。公司持续优化内控治理结构，完善操作风险与内控管理、关联交易管理、反洗钱管理、授权管理、员工行为管理等机制，持续优化公司内部控制政策、框架、流程、系统及工具标准，提升管理水平，并加强高风险事件管控，防范系统性风险及风险传递，落实合规内控考核，进一步促进内部控制有效实施。2018 年，公司继续贯彻落实《企业内部控制基本规范》及配套指引的相关要求，积极开展内控评价工作，如期完成公司层面控制、信托管理、财务管理与信息技术控制等流程的内控自评工作；同时，公司持续关注主要业务和新增业务的合规发展和内部控制，通过有效识别、评估以防范和化解内控风险，为公司的稳健经营提供保障。

**8.1.3 监督评价与纠正**

公司已形成事前、事中与事后“三位一体”的风险管理和监督评价体系，对业务环节和经营管理进行持续性的全方位、全过程的监督、评价与纠正。2018 年全面完成内部控制检查评价计划，符合《企业内部控制基本规范》等监管规定和公司完善治理结构、强化内部控制体系建设的总体要求。

事前监督主要从制度建设、制度与流程检视与完善、风险信息收集、识别与监测整合等方面展开，对公司的内部控制进行事前管理；事中监控包括投资评估部和法律合规部的业务评审、风险管理部和资产监控部的业务监控、业务部门及投后管理团队的持续监控；事后监督通过常规稽核、专项稽核、离任稽核、信访调查等模式发现、评估公司经营中存在的制度和流程执行缺陷，并建立规范的后续整改跟踪程序确保改进措施得到落实，有效提升公司的内控水平。

## 8.2 风险管理

**8.2.1 风险管理概况**

2018 年以来，公司围绕整体战略转型布局，深入优化风险管理体系，完善风控措施，强化风险策略的前瞻性与指导性；此外，充分贴近市场、研究业务，采取多元化管控措施，多管齐下，严守合规风控底线，为公司业务转型保驾护航。

报告期内，公司搭建了“251”全面风险管理体系，涵盖信用风险、市场风险、流动性风险、合规操作风险、品牌声誉风险、运营风险、信息安全风险及 IT 运营安全风险八大类风险，并搭建了统一的系统、大数据平台及统一的汇报机制，进一步提升风险管理的全面性，强化对八大类风险的管控措施。

同时，公司建立了以资本、信用风险、市场风险、流动性风险、合规操作风险、品牌声誉风险、运营风险、信息安全风险及 IT 运营安全风险九个核心维度为框架的风险偏好与限额体系，持续做到保持充足的净资本，严控资产质量水平，确保市场风险可承受，保持充裕的流动性，满足监管的合规管理要求，保证良好的声誉，提升运营风险识别及防范能力，确保公司系统安全稳定，完善 IT 运营安全保障机制。

**8.2.2 风险状况**

8.2.2.1 信用风险状况

信用风险是指交易对手未能履行合同所带来的经济损失。公司主要表现为在信托贷款、资产回购、后续资金安排、担保、履约承诺等交易过程中，借款人、担保人、保管人（托管人）等交易对手不履行承诺，不能或不愿履行合约承诺而使信托资产或自有资产遭受潜在损失的可能性。

8.2.2.2 市场风险状况

市场风险是指由于市场价格或利率波动而导致的对金融工具的资产价值产生负面波动的风险，可以区分为系统性风险和非系统性风险两大类。公司所面临的市场风险主要是指由于市场价格，如利率、股票价格、债券价格等波动而造成的信托资产、自有资产损失的风险。

8.2.2.3 流动性风险状况

流动性风险是指公司短期内资金周转困难无力偿付到期负债而造成损失或破产的风险。本公司对流动性风险高度重视，从监控流程、制度、识别分析、压力测试等多角度进行管理，确保公司稳健经营。

8.2.2.4 操作风险状况

操作风险是指由不完善或有问题的内部程序、员工和信息科技系统，以及外部事件所造成损失的风险。

8.2.2.5 其他风险状况

公司面临的其他风险包括声誉风险、运营风险、信息安全风险和 IT 运营安全风险等。

声誉风险是指由公司经营、管理及其他行为或外部事件导致利益相关方对公司负面评价的风险。

运营风险是指在覆盖整个价值流程中任何由于在操作流程、人员及跨部门协作的不足或失误而引致的风险损失。

信息安全风险是指公司信息资产漏洞被利用而导致安全事件发生的可能性及其造成的影响。

IT 运营安全风险是指公司 IT 运营管理过程中，可能影响 IT 运营稳定的各种风险，包括但不限于技术、管理等方面的风险。

**8.2.3 风险管理**

8.2.3.1 信用风险管理

公司持续完善信用风险的管理架构，规范投融资业务管理流程，及时出台配套的管理制度，完善制度体系；根据外部环境变化适时调整风险策略，明确风险策略重点支持领域，加强风险管理的前瞻性和引领性；加强量化管理工具应用，提高精细化管理水平，树立风险与收益匹配意识；搭建统一的投后管理平台，做到统一台账管理、统一账户监管、统一系统管理和统一信息披露；对全产品线实行分类管理和全流程监控，遵循实质重于形式原则制定标准化管控流程和风险监控方案；推行统一的投后闭环信息管理平台，实现从风险资产识别、上报、预案到风险处置和履职排查的标准化流程管理，具体表现为以下几个方面。

在风险管控方面，平安信托对于项目的甄选，有严格的准入标准，通过制定各类业务风险策略，明确了各项业务在投资规模、信用评级、区域选择、抵(质)押物、行业选择、具体风控措施等各方面的要求。项目投前阶段规范审批流程，制定尽调、评审模板；决策阶段建立项目决策机制；项目投中实行双人核实，集中审查，即取印、核保、合同面签、抵(质)押登记与权证领取等流程均由业务一线人员和核准人员共同完成，并实行放款审查集中管理。项目投后对资产逐户明确责任人，采用非现场、现场检查相结合的方式持续动态监控。非现场检查方面，强化贷款资金使用监管，同时建立健全舆情监控机制，充分利用公司内外部资源多方面了解客户、项目的潜在舆情信息，及时开展舆情分析及风险排查，提升项目投后日常监控的质量。现场检查方面，加大现场风险排查力度，根据项目风险程度对重点客户、重点行业和重点区域实施差异化管理，有针对性地提高投后现场检查频次，并借助科技力量强化现场检查管理，排查项目潜在风险，对风险事项及时报告，以实现业务全流程风险监控，保障公司健康运营。

在风险与收益匹配方面，公司继续完善量化管理体系，有效运用量化管理工具。公司已开发完成房地产、银行、证券公司、信托、城投、综合企业集团、建筑施工、轻工业、重工业、公用事业、基础设施、建材、能源共十三大信用评级模型，并逐步推进信用评级在风险准入、投后管理、风险计量等方面的应用，采用科学定量方法，为保证业务决策工作的准确度和一致性提供有力的支持。

在风险处置方面，针对风险项目，根据具体项目实际情况，创新处置手段，制定一户一策处置方案，精准推进风险项目的处置化解。公司设立风险专项处置小组，综合采取各类风险化解手段和创新方法，在既维护投资人合法权益又保证合法合规经营的前提下，及时有效地化解项目风险、降低损失程度。

8.2.3.2　流动性风险管理

本年度公司继续完善流动性风险管理体系，细化流动性风险计量和监控的指标体系，建立日常监测和反馈机制，主动把控和调节公司整体流动性。各部门在风险管理中各司其责，充分运用合理的管理手段，强化对流动性风险的管控。

公司根据业务发展的需要，更新流动性风险偏好，结合以往的流动性风险管理经验，继续完善流动性风险管理监控和限额指标，并实现了流动性风险管理的逐日盯市和限额监控管理手段。同时，继续完善流动性压力测试体系，依据市场环境变化对模型假设、参数进行调整和更新，实现定期压力测试和报告，以检测公司整体和产品的承压能力，并根据压力测试结构制定相应的应急计划。此外，公司完善了流动性风险报告体系，确保能够提前准确地反映流动性风险，并针对市场不利变动储备有效的应急措施。

通过对流动性风险管控机制和措施的改进和加强，公司不仅提高了流动性风险的管理和监控水平，同时还有效提升了自身的资金运营效率，保证了公司高效、稳定的运行。

8.2.3.3　市场风险管理

本年度公司持续完善与风险管理战略相适应的市场风险管理体系，优化限额管理、监控报告及日常管控流程，提高市场风险管理的针对性和有效性。公司加强策略引导，根据市场形势变化，引导业务适时调整资产组合结构，降低组合风险敞口。公司在日常管理中，及时跟踪市场舆情及风险事件，监控市场利率变动及限额执行情况；加强市场指标、持仓市场估值水平的动态监测，在市场出现调整的窗口期积极降低风险敞口。公司在限额制定过程中，综合考量风险偏好、风险承受能力、业务规模的情况，细化市场风险矩阵，对具有公允价值的资产设定高于市场要求的修正久期、基点价值等敏感度指标限额，严格控制资产的风险敞口；同时建立定期汇报机制，及时向公司管理层汇报公司整体及各业务部门的市场风险状况以及变化情况。

公司从管理层和投资者能够承担的风险出发，根据对市场行情的跟踪和研究，对于可能出现的风险事件，也建立了相应的内外部风险处置流程。设定合理的情景，对资产组合进行利率压力测试，准确把握不同市场行情下资产风险敞口大小，并据此向投资者充分披露。另外，公司严格履行受托人的尽职管理职责，严格按照信托法律法规及合同进行操作和处理信托事务。

8.2.3.4　操作风险管理

公司持续落实监管规定及公司操作风险管理策略，以现行合规管理和内部控制体系为基础，整合监管及行业关于操作风险管理的先进标准、方法和工具，优化操作风险管理架构，完善操作风险管理制度，加强各部门配合与协作，确立日常监测与报告机制，定期向管理层汇报操作风险整体情况；运用操作风险三大工具，从事前、事中、事后三个维度进行风险监控与数据分析；推动开展年度操作风险与控制自我评估，全面检视及优化重要业务流程；针对高风险事件开展专项检视，防范、化解业务风险；同时建立了常态化与专题化相结合的宣导机制，持续提升操作风险管理的有效性及水平。

公司主要通过以下机制和措施管理操作风险。

一是建立健全公司操作风险识别、评估、监测、控制、缓释、报告的全面管理体系。

二是持续优化公司操作风险管理政策、框架、流程、系统及工具标准，提升操作风险管理水平。

三是优化并推动各业务职能部门运用实施操作风险管理工具，如风险与控制自我评估、关键风险指标、操作风险损失事件收集。

四是在关键风险领域开展专项排查检视。

五是通过开展操作风险管理方面的培训倡导，推动操作风险管理文化建设。

8.2.3.5　其他风险管理

声誉风险方面，公司建立了完善的声誉风险监测、应对机制，对舆情进行24小时实时监测，并对涉及行业、公司的信息进行实时、分类预警；此外，定期对各项业务的风险点和危机来源进行排查，制定危机应对策略。

运营风险方面，公司不断完善运营管理制度体系，通过设置风险监测定量及定性指标并定期跟踪指标完成情况，提升运营风险识别及防范能力；另外持续优化系统建设，加强运营管理流程的系统化控制，有效把控各项风险。

信息安全风险方面，公司进一步完善信息安全管理体系，加强信息安全组织建设，保障信息安全工作有效开展，完善信息安全管理制度。

IT运营安全风险方面，公司持续加强IT运营安全风险管理，不断完善IT运营安全制度体系建设，规范信息系统运营流程，保障系统稳定运行。针对系统运行情况进行实时监测预警、快速响应、及时处理、追踪通报、优化改进，保障信托系统安全稳定。

#### 8.2.4 智能风控建设情况

2018年，公司立足信托风控本源，落实集团“金融＋科技”战略，布局行业前沿，用科技驱动平台建设，将大数据与AI人工智能技术引入风控，构建了“1＋7”智能风控平台。该平台在原有全流程风控系统基础上，聚焦打造智能行研、风险画像、财报再造、智能评审、智能法审、智能投中、智能投后7大模块，应用在投融资业务全流程中，赋能展业经营、赋能管理决策，作为信托业内首个智能风控平台，为行业树立了标杆。

同时，公司积极参与行业课题研究工作，牵头的《信托业务风险管理智能化探索》课题报告入围2018年信托业十大研究课题，并凭借智能风控平台摘得2018中国信托业峰会暨第十一届“诚信托——创新领先”奖、2018领航中国年度评选的“杰出风险控制信托公司”奖和2018投资者报评选的数字金融风险管理大奖。

智能风控平台的运用，提升公司作业效率，提高风控质量、降低风控成本，全面提升了公司风险管理系统化水平和投融资决策水平。智能风控平台将为公司在资金端和资产端提供切实风险保障，助力资本更低损耗进入实体经济。后续在满足公司自身降本增效的基础上，该平台将面向全行业开放，助力行业提升整体风险管理系统化水平与主动管理能力，推动信托优化业务结构，更好地提前防范金融风险，更高效地服务实体经济。

## 9. 信托业务创新成果和特色业务情况

公司在传统业务稳健发展的基础上，积极开展创新与特色业务。

### 9.1 推出中国平安公益信托产品平台，服务社会公益

自2002年开始受托管理中国第一只公益类信托之后，公司在公益慈善领域坚持耕耘。由公司搭建的中国平安公益信托产品平台是国内首个以服务公益慈善实践为目标的信托产品平台。平台通过发挥信托在财产隔离、资产配置和专业运作方面的独特优势，将基金会与信托公司，委托人与受益人，金融行为与慈善行为有机结合起来，在“金融＋公益”的模式下以企业化的运营模式和商业化的运作手段经营慈善，助力精准扶贫，同时号召更多个人、企业、公益机构等参与进来，进一步激发全社会崇德向善的风气。经过2年多的运作管理，由公司受托管理的中国平安教育发展慈善信托计划累计总规模超过2 000万元，已资助包括“幕天公益·捐书助教”“中国支教2.0·远程网络教室”“蔚蓝行动·关注特殊儿童教育”等在内的10余个教育类慈善项目，落地公益资金超过千万元，并通过定向开放募集，壮大资金规模。

### 9.2 强化信托风控系统平台，覆盖业务全生命周期的风险管控

2018年，公司成功搭建“251”全面风险管理体系，实现对信用风险、市场风险、流动性风险、操作风险、品牌声誉风险、运营风险、信息安全风险、IT运营安全风险的全面风险管控；明确了公司整体风险偏好，建立9大维度的偏好与限额指标体系；提升了债券管理的精细化和系统化，强化债券业务全流程管控。同时，依托平安集团领先的AI、大数据技术优势，打造了信托行业首个智能风控平台，全面提升公司风险管理系统化水平和投融资决策水平。该平台在由《上海证券报》举办的中国信托业峰会暨第十一届“诚信托”评选中摘得“诚信托——创新领先”奖。

### 9.3 多单资产证券化产品开创行业先河，丰富企业融资渠道

2018年，公司积极创新资产证券化产品，成功推出国内首单互联网消费金融债券通ABN“北京京东世纪贸易有限公司2018年度第一期资产支持票据”，创造性地引入了境外投资者，为融资企业提供了多样化融资服务安排，有效助力企业降低融资成本；推出国内首单支持保障性住房CMBN“北京住总房地产开发有限责任公司2018年度第一期资产支持票据”，为发起机构实现创新型低成本融资的同时，进一步拓宽了公司资产支持票据的基础资产范围，打开了商业物业的广阔领域。

## 10. 消费者权益保护工作

为维持公平正义，维护社会经济秩序，促进社会和谐进步，有效维护金融消费者合法权益，实现金融机构可持续健康发展，公司恪守社会公德，依法经营，诚信经营，切实履行消费者权益保护各项义务，积极落实消费者权益保护各项工作，满足保障消费者财产安全的基本需求。

2018年公司升级消费者权益保护体系，通过消费者权益保护的舆情监督、法律支持与宣导、优化“双录”及风险管控、投资者教育开展、客户投诉处理等措施帮助消费者识别风险，增强风险防控能力，不断提升内部员工服务意识和客户满意度。同时根据监管部门的要求，持续优化消费者权益保护组织架构及运作机制，对公司整体消费者权益保护工作开启两次全流程优化梳理工作，包括完善更新制度体系、制度执行落实、内部考核与管理的优化以及重点问题的解决跟进。

2018年公司大力推动与保护金融消费者权益息息相关的工作，主要体现在加强投诉管理、加强内部管理、加强投资者教育等方面的工作。

在加强投诉管理方面，公司建立投诉管理与追踪机制，进一步加强投诉台账管理以及投诉统计分析，追踪投诉事项相关改进工作；建立并不断优化投诉月度专项分析通报机制，对月度投诉数据进行问题分析通报；优化投诉管理系统，建立全渠道投诉闭环管理；联动投诉处理协同部门成立项目预警小组，

定期对项目进行风险梳理及预判，联合制定产品、媒体、监管预警应对方案；同时请产品专家针对客户问询较多的问题建立客户一对一沟通机制，在第一时间做好客户答疑；对投诉升级问题，由产品、客服、法律、业务团队领导参与客户沟通，更直接地面对客户，更直观地理解客户的真实诉求，更有针对性地为客户解决问题。

在加强内部管理方面，公司开展线上线下相结合的消费者权益保护培训并予以全员落实，组织对业务团队的合规培训，宣导最新的监管政策，进一步推动合规与消费者保护意识建设；加强法律支持和法律知识宣导，公司法律部门及时介入客户投诉等事件处置，深化业务风险管控，有效维护消费者财产安全权和依法求偿权；加强产品信息披露，切实保障消费者知情权和自主选择权；加强公司消费者保护工作考评，保证金融消费者权益保护战略、政策和规定得到准确和有效的执行；加强项目投后管理，内部审计持续开展对投资项目风险排查，业务专项检视审计，对各业务流程环节按照符合消费者权益保护要求的角度进行有效推动，开展消费者权益保护工作管理专项审计，不断通过内部有效的管理提高消费者权益保护水平。

在加强投资者教育方面，公司通过线上传播与线下送金融知识进社区相结合的方式，通过一系列形式多样、内容丰富的活动，调动公众参与热情，让消费者了解更多的金融知识，保护自身的金融安全。在线上宣传方面，通过公司官方网站"投资者教育专栏"以及公司官方微信订阅号"金融微课堂"，以海报、图片帖、微信文等形式普及信托常识和信托法律等相关金融知识，对客户进行风险提示，强化投资者教育。在线下宣传方面，公司员工积极"走出去"，主动贴近消费者，将金融知识送进校区、进社区、进厂区、进人流密集区域，以更直接的方式引导消费者正确使用金融服务，依法维护自身权益。

公司一直致力于维护消费者合法权益，将消费者权益保护融入企业经营的各个方面，主动、规范、持续、系统地进行消费者保护工作，切实将消费者权益保护融入公司经营管理的各个环节。

## 11. 社会责任履行情况

### 11.1 加强党建领导工作

报告期内，公司高度重视党建工作，将党建与日常经营管理相结合，把党的领导写入章程，明确了公司设立党委、纪委，确立人员构成，建立明确的工作机制，贯彻党的方针政策等。公司按照"双向进入、交叉任职"要求，党委、纪委委员担任公司经营班子重要职务，参与公司治理，党委书记在公司担任副董事长兼总经理职务，将党的理论路线、方针政策和上级党组织要求贯彻到公司经营管理过程中，促进公司持续、健康、稳定发展。

### 11.2 支持实体经济发展

报告期内，公司投向实体经济规模超过 3 800 亿元，为实体经济提供对接稳定且低成本的资金，助力粤港澳大湾区、长江经济带等我国重点领域基础设施建设；通过为上市公司提供多元化产品设计及灵活的金融服务方案，支持民营企业发展和国有企业转型升级；作为发行载体的国内首单互联网消费金融债券通 ABN 等多单资产证券化产品开创行业先河，助力企业降低融资成本、丰富企业融资渠道。过去 5 年，平安信托累计投入实体经济规模超过 1.7 万亿元，累计纳税超过 66 亿元，累计向受益人分配信托利润超过 2 100 亿元。

### 11.3 助力国家脱贫攻坚

慈善信托是信托业参与精准扶贫的重要途径。近年来，公司发挥自身专业优势，通过推出慈善信托，打造公益信托产品平台，开展精准扶贫活动，开创了"金融 + 公益"的崭新模式。作为国内首只集合永续型慈善信托，由公司受托管理的"中国平安教育发展慈善信托计划"累计总规模超过 2 000 万元。2018 年，该慈善信托为广东省河源市紫金县袁田村三所村小捐赠了网络教室，修缮了厕所等配套设施；同时公司安排了慈善行活动，开展"我的理想"主题班会课，向乡村学生展示了平安科技最新研发的智能机器人"安安"，取得了良好效果。经过 2 年多的运作管理，已资助包括"幕天公益 · 捐书助教""中国支教 2.0 · 远程网络教室""蔚蓝行动 · 关注特殊儿童教育"等在内的 10 余个教育类慈善项目，落地公益资金超过千万元，并通过定向开放募集，壮大资金规模。

### 11.4 科技赋能风险管理

防范化解重大风险是 2018 年中央经济工作会议提出的三大攻坚战之一。由于信托业务的复杂性、创新性，近年来，行业各类风险的出现引起了社会公众以及监管部门的关注。公司一直以来都将风险控制放在首要位置，坚守合规底线，做好实质风控，积极防控和化解各类金融风险。

报告期内，公司成功搭建了"251"全面风险管理体系，实现对信用风险、市场风险、流动性风险、操作风险、品牌声誉风险、运营风险、信息安全风险、IT 运营安全风险的全面风险管控；明确了公司整体风险偏好，建立 9 大维度的偏好与限额指标体系；提升了债券管理的精细化和系统化，强化债券业务全流程管控；完善了 KYC - KYP - KYA 产品销售适配体系，提升专业投资管理能力。

同时，面对信托业务存在资金端与资产端信息割裂、业务量多且结构复杂、项目覆盖地域广等行业痛点，公司依托平安集团 AI、大数据等领先的科技优势，打造了行业首个智能风险管理平台——平安信托智能风控平台。该平台通过将大数据与人工智能引入风控，构建了"1 +6"智能风控平台，即：通过 1 个覆盖投前、投中、投后全流程的智能风控平台，在全周期管理流程的基础上，打造智能行研、企业风险画像、财报再造、押品估值、智能法审与智能投中投后 6 大 AI 云插件，全面提升风险管理和投融资决策水平。

### 11.5 关爱员工生活发展

报告期内，公司以工会活动、传统节日关爱及企业文化建设为阵地，各项活动有策划、有方向、有主线。工会对外联合各公司、政府和同业工会，组织单身男女员工联谊活动、线上健步走网络公开赛；对内丰富公司关怀范围，开展工会工作者专业技能培训等，召开 3 次代表大会进行民主评议，维护员工权益；传统节日以"更懂你"为年度关爱主题，开展有系列感的员工关爱活动，如"懂芳华 更懂你"女神节活动，"懂感恩 懂母爱"母亲节活动，“懂感恩 信承诺 知托付”司庆慈善系列活动等。以贴心务实，简单热烈的形式开展信托登高节等企业文化建设活动。同时，在活动组织中充分使用科技手段，让员工更深度地参与和感受公司文化，充分凝聚和建设公司文化，让员工感受到组织的关爱和温暖。

同时，公司组织线上线下培训45 280人次，内容涵盖行业前沿动态讲座、投资实战案例分享、风险合规政策宣导以及通用职业技能培训、团队管理技能进阶等多方面的内容，为员工的专业技能及职业素质提升提供平台，创造积极、和谐的氛围，帮助员工获得长足健康发展。

## 12. 公司治理结构

### 12.1 股东

报告期末公司股东总数为2家。

| 股东名称 | 持股比例(%) | 法定代表人 | 注册资本(亿元) | 注册地址 | 主要经营业务及主要财务情况 |
|---|---|---|---|---|---|
| ★中国平安保险(集团)股份有限公司(以下简称平安集团公司) | 99.88 | 马明哲 | 182.80 | 深圳市 | 投资保险企业，监督管理控股投资企业的各种国内、国际业务，开展资金运用业务。2018年末其资产总额为71 429.60亿元。 |
| 上海市糖业烟酒(集团)有限公司 | 0.12 | 龚 屹 | 5.54 | 上海市 | 食品贸易，产业投资与管理，现代服务业等。2018年末其资产总额为385.6亿元。 |

注：★为公司最终实际控制人。

报告期内，公司股东及持股比例未发生变化。

报告期末，公司股东及其控股股东、实际控制人、一致行动人、最终受益人情况如下。

| 股东名称 | 该股东的控股股东 | 该股东的实际控制人 | 该股东的一致行动人 | 最终受益人 |
|---|---|---|---|---|
| 平安集团公司 | 无 | 无 | 无 | 平安集团公司 |
| 上海市糖业烟酒(集团)有限公司 | 光明食品(集团)有限公司 | 光明食品(集团)有限公司 | 无 | 上海市糖业烟酒(集团)有限公司 |

报告期末，平安集团公司的关联方情况详见公开挂网的《中国平安保险(集团)股份有限公司2018年年度报告》。

报告期内，公司股东无出质公司股权情况。

### 12.2 董事

董事长、副董事长、董事

| 姓名 | 职务 | 性别 | 年龄(岁) | 选任日期 | 所推举的股东名称 | 该股东持股比例(%) | 简要履历 |
|---|---|---|---|---|---|---|---|
| 任汇川 | 董事长 | 男 | 49 | 2016年4月 | 平安集团公司 | 99.88 | 1992年10月加入中国平安；现任平安集团公司总经理、平安信托董事长；获北京大学工商管理硕士学位。 |
| 宋成立 | 副董事长 | 男 | 58 | 2016年11月 | — | — | 1992年12月加入中国平安，2003年7月加入平安信托；现任本公司副董事长、总经理；获青岛海洋大学经济学硕士学位。 |
| 姚 波 | 董事 | 男 | 48 | 2007年12月 | 平安集团公司 | 99.88 | 2001年5月加入中国平安；现任平安集团公司副总经理。曾任职德勤会计师事务所精算咨询高级经理；获美国纽约大学工商管理硕士学位。 |
| 李 锐[1] | 董事 | 男 | 48 | 2018年12月 | 平安集团公司 | 99.88 | 2017年10月加入平安集团；现任平安集团财务总监兼财务部总经理；获美国明尼苏达州立大学工商管理硕士学位。 |
| 高鹏 | 董事 | 男 | 42 | 2015年2月 | 平安集团公司 | 99.88 | 现任平安集团公司人力资源中心薪酬规则部总经理；获浙江大学金融学学士学位。 |
| 沈建厅[2] | 董事 | 男 | 56 | 2018年12月 | 上海市糖业烟酒(集团)有限公司 | 0.12 | 2017年11月起任上海市糖业烟酒(集团)有限公司财务总监；获中国人民解放军空军政治学院经济管理专业本科学历。 |
| 项有志[3] | 董事 | 男 | 55 | 2017年5月 | 平安集团公司 | 99.88 | 2007年4月加入平安；现任平安银行首席财务官，曾任平安集团财务总监兼财务部总经理；获厦门大学管理学博士学位。 |
| 张 健[3] | 董事 | 男 | 60 | 2017年5月 | 上海市糖业烟酒(集团)有限公司 | 0.12 | 2000年11月至2017年12月任上海市糖业烟酒(集团)有限公司财务总监；获亚利桑那州立大学MBA学位。 |

注：1. 2018年3月9日，公司2018年第一次临时股东会选举李锐为公司董事；后经监管批复同意，12月3日，公司召开第六届董事会第一次会议，李锐正式履职。
2. 2018年3月9日，公司2018年第一次临时股东会选举沈建厅为公司董事；后经监管批复同意，12月3日，公司召开第六届董事会第一次会议，沈建厅正式履职。
3. 2018年12月3日，公司召开第六届董事会第一次会议，李锐、沈建厅正式履职，项有志、张健不再担任公司董事。

独立董事

| 姓名 | 所在单位及职务 | 性别 | 年龄（岁） | 选任日期 | 所推举的股东名称 | 该股东持股比例（%） | 简要履历 |
|---|---|---|---|---|---|---|---|
| 曲毅民 | 退休 | 男 | 64 | 2014年12月 | — | — | 曾供职于中远集团、远洋地产，并曾担任平安集团、招商银行、华泰保险等多家公司董事，高级会计师，大专学历。 |
| 李祥军 | 中勤万信会计师事务所执行合伙人 | 男 | 56 | 2017年3月 | — | — | 现任中勤万信会计师事务所执行合伙人，并担任中国并购公会（全联并购公会）副会长、深圳市企业战略理财研究会会长等社会职务。 |
| 陈　勇 | 上海海高咨询有限公司董事总经理 | 男 | 56 | 2015年3月 | — | — | 现任上海海高咨询有限公司董事总经理，曾供职于伯林翰律师事务所、美国Navios公司；获纽约州立大学海运学院理学硕士学位。 |

## 12.3　监事

监事会成员

| 姓名 | 职务 | 性别 | 年龄（岁） | 选任日期 | 所推举的股东名称 | 该股东持股比例（%） | 简要履历 |
|---|---|---|---|---|---|---|---|
| 胡剑锋 | 监事会主席 | 男 | 42 | 2017年4月 | 平安集团公司 | 99.88 | 现任中国平安保险（集团）股份有限公司稽核监察部总经理。 |
| 许　黎 | 监事 | 女 | 37 | 2017年4月 | 平安集团公司 | 99.88 | 现任平安金服稽核监察项目中心稽核咨询服务部副总经理。 |
| 方渭清 | 监事 | 男 | 42 | 2010年12月 | 职工代表 | — | 现任本公司稽核监察部副总经理。 |

## 12.4　高级管理人员

报告期末，公司在职高级管理人员情况如下：

| 姓名 | 职务 | 性别 | 年龄（岁） | 选任日期 | 金融从业年限（年） | 学历 | 专业 | 简要履历 |
|---|---|---|---|---|---|---|---|---|
| 宋成立 | 总经理 | 男 | 58 | 2017年5月 | 26 | 硕士 | 企业管理 | 2003年7月加入平安信托，现任本公司副董事长、总经理；获青岛海洋大学经济学硕士学位。 |
| 曹宁莉 | 常务副总经理 | 女 | 43 | 2018年2月 | 21 | 硕士 | 金融学 | 2015年4月加入平安信托，原任中国民生银行广州分行副行长。 |
| 刘　东 | 副总经理 | 男 | 54 | 2015年7月 | 24 | 博士 | 公共政策与管理学 | 2014年11月加入平安信托，原任新加坡政府投资公司高级副总裁。 |
| 顾　攀 | 副总经理 | 男 | 54 | 2016年9月 | 21 | 学士 | 机制工艺及其设备专业 | 2008年9月加入平安信托，原任平安信托风险管理部兼投资评估部总经理。 |
| 郑　翔 | 副总经理 | 男 | 47 | 2016年5月 | 20 | 学士 | 国际贸易 | 2015年10月加入平安信托，原任中国民生银行金融同业部副总经理。 |
| 李宇航 | 副总经理 | 男 | 49 | 2015年7月 | 22 | 硕士 | 工商管理 | 2010年1月加入平安信托，1996年9月加入中国平安，原任平安信托基础产业投资事业部总经理。 |

## 12.5　公司员工

报告期末，公司职工人数为382人，平均年龄34岁，其中博士学历占2%、硕士学历占44%、本科学历占50%、其他学历占4%。

# 13.　会计报表

## 13.1　自营资产

### 13.1.1　会计师事务所审计结论

**审计报告**

普华永道中天审字[2019]第21944号

一、审计意见

（一）我们审计的内容

我们审计了平安信托有限责任公司（以下简称平安信托公司）的财务报表，包括2018年12月31日的合并及公司资产负债表，2018年度的合并及公司利润表、合并及公司现金流量表、合并及公司所有者权益变动表以及财务报表附注。

（二）我们的意见

我们认为，后附的财务报表在所有重大方面按照企业会计准则的规定编制，公允反映了平安信托公司2018年12月31日的合并及公司财务状况以及2018年度的合并及公司经营成果和现金流量。

二、形成审计意见的基础

我们按照中国注册会计师审计准则的规定执行了审计工作。审计报告的“注册会计师对财务报表审计的责任”部分进一步阐述了我们在这些准则下的责任。我们相信，我们获取的审计证据是充分、适当的，为发表审计意见提供了基础。

按照中国注册会计师职业道德守则，我们独立于平安信托公司，并履行了职业道德方面的其他责任。

三、其他信息

平安信托公司管理层对其他信息负责。其他信息包括平安信托公司2018年年度报告中涵盖的信息，但不包括财务报表和我们的审计报告。

我们对财务报表发表的审计意见不涵盖其他信息，我们也不对其他信息发表任何形式的鉴证结论。

结合我们对财务报表的审计，我们的责任是阅读其他信息，在此过程中，考虑其他信息是否与财务报表或我们在审计过程中了解到的情况存在重大不一致或者似乎存在重大错报。基于我们已经执行的工作，如果我们确定其他信息存在重大错报，我们应当报告该事实。在这方面，我们无任何事项需要报告。

四、管理层和治理层对财务报表的责任

平安信托公司管理层负责按照企业会计准则的规定编制财务报表，使其实现公允反映，并设计、执行和维护必要的内部控制，以使财务报表不存在由于舞弊或错误导致的重大错报。

在编制财务报表时，管理层负责评估平安信托公司的持续经营能力，披露与持续经营相关的事项（如适用），并运用持续经营假设，除非管理层计划清算平安信托公司、终止运营或别无其他现实的选择。

治理层负责监督平安信托公司的财务报告过程。

五、注册会计师对财务报表审计的责任

我们的目标是对财务报表整体是否不存在由于舞弊或错误导致的重大错报获取合理保证，并出具包含审计意见的审计报告。合理保证是高水平的保证，但并不能保证按照审计准则执行的审计在某一重大错报存在时总能发现。错报可能由于舞弊或错误导致，如果合理预期错报单独或汇总起来可能影响财务报表使用者依据财务报表作出的经济决策，则通常认为错报是重大的。

在按照审计准则执行审计工作的过程中，我们运用职业判断，并保持职业怀疑。同时，我们也执行以下工作：

（1）识别和评估由于舞弊或错误导致的财务报表重大错报风险；设计和实施审计程序以应对这些风险，并获取充分、适当的审计证据，作为发表审计意见的基础。由于舞弊可能涉及串通、伪造、故意遗漏、虚假陈述或凌驾于内部控制之上，未能发现由于舞弊导致的重大错报的风险高于未能发现由于错误导致的重大错报的风险。

（2）了解与审计相关的内部控制，以设计恰当的审计程序，但目的并非对内部控制的有效性发表意见。

（3）评价管理层选用会计政策的恰当性和作出会计估计及相关披露的合理性。

（4）对管理层使用持续经营假设的恰当性得出结论。同时，根据获取的审计证据，就可能导致对平安信托公司持续经营能力产生重大疑虑的事项或情况是否存在重大不确定性得出结论。如果我们得出结论认为存在重大不确定性，审计准则要求我们在审计报告中提请报表使用者注意财务报表中的相关披露；如果披露不充分，我们应当发表非无保留意见。我们的结论基于截至审计报告日可获得的信息。然而，未来的事项或情况可能导致平安信托公司不能持续经营。

（5）评价财务报表的总体列报、结构和内容（包括披露），并评价财务报表是否公允反映相关交易和事项。

（6）就平安信托公司中实体或业务活动的财务信息获取充分、适当的审计证据，以对合并财务报表发表审计意见。我们负责指导、监督和执行集团审计，并对审计意见承担全部责任。

我们与治理层就计划的审计范围、时间安排和重大审计发现等事项进行沟通，包括沟通我们在审计中识别出的值得关注的内部控制缺陷。

普华永道中天会计师事务所（特殊普通合伙）
注册会计师　杨尚圆
中国·上海市　注册会计师　卢旭蕾
2019 年 3 月 28 日

13. 1. 2　资产负债表

**资产负债表**

编制单位：平安信托有限责任公司　　2018 年 12 月 31 日　　单位：万元

| 资产 | 本集团 | | 本公司 | |
|---|---|---|---|---|
| | 2018 年 12 月 31 日 | 2017 年 12 月 31 日 | 2018 年 12 月 31 日 | 2017 年 12 月 31 日 |
| 货币资金 | 2 734 515. 19 | 3 302 700. 30 | 300 832. 71 | 406 123. 66 |
| 结算备付金 | 896 474. 32 | 601 071. 87 | — | — |
| 拆出资金 | 150 000. 00 | 140 000. 00 | 150 000. 00 | 140 000. 00 |
| 融出资金 | 1 675 163. 16 | 1 122 599. 85 | — | — |
| 衍生金融资产 | — | 1 717. 10 | — | — |
| 存出保证金 | 129 282. 14 | 86 297. 10 | — | — |
| 买入返售金融资产 | 1 213 590. 04 | 1 344 049. 45 | — | — |
| 应收账款 | — | 754. 37 | — | — |
| 预付款项 | 552. 40 | 3 654. 53 | — | — |
| 发放贷款及垫款 | — | 274 800. 00 | — | — |
| 存货 | 82 680. 98 | 43 926. 41 | — | — |
| 划分为持有待售的资产 | 13 770. 00 | 13 770. 00 | 13 770. 00 | 13 770. 00 |
| 金融投资： | | | | |
| 交易性金融资产 | 4 824 515. 92 | — | 992 285. 17 | — |
| 债权投资 | 489 283. 89 | — | — | — |

续表

| 资产 | 本集团 | | 本公司 | |
|---|---|---|---|---|
| | 2018 年 12 月 31 日 | 2017 年 12 月 31 日 | 2018 年 12 月 31 日 | 2017 年 12 月 31 日 |
| 其他债权投资 | 2 816 851. 08 | — | — | — |
| 其他权益工具投资 | 1 452. 40 | — | 498. 91 | — |
| 以公允价值计量且其变动计入当期损益的金融资产 | — | 1 955 071. 00 | — | — |
| 可供出售金融资产 | — | 3 276 958. 03 | — | 1 064 379. 20 |
| 持有至到期投资 | — | 102 398. 08 | — | — |
| 应收款项类投资 | — | 29 980. 00 | — | — |
| 长期股权投资 | 97 769. 66 | 138 884. 37 | 767 854. 26 | 757 849. 79 |
| 商誉 | 28 965. 42 | 28 965. 42 | — | — |
| 投资性房地产 | 894. 78 | 934. 26 | — | — |
| 固定资产 | 30 551. 44 | 36 428. 55 | 949. 81 | 1 260. 53 |
| 无形资产 | 35 232. 48 | 376 501. 34 | 785. 93 | 1 275. 61 |
| 递延所得税资产 | 56 301. 96 | 112 781. 39 | 16 076. 16 | 21 882. 25 |
| 其他资产 | 429 784. 61 | 895 024. 13 | 267 873. 87 | 384 262. 02 |
| 资产总计 | 15 707 631. 87 | 13 889 267. 55 | 2 510 926. 82 | 2 790 803. 06 |

## 资产负债表(续)

编制单位:平安信托有限责任公司　　2018 年 12 月 31 日　　单位:万元

| 负债及所有者权益 | 本集团 | | 本公司 | |
|---|---|---|---|---|
| | 2018 年 12 月 31 日 | 2017 年 12 月 31 日 | 2018 年 12 月 31 日 | 2017 年 12 月 31 日 |
| 短期借款 | 34 056. 19 | 24 116. 84 | — | — |
| 以公允价值计量且其变动计入当期损益的金融负债 | — | 439 947. 38 | — | — |
| 交易性金融负债 | 753 848. 37 | — | | |
| 衍生金融负债 | 7 885. 85 | 3 020. 10 | — | — |
| 卖出回购金融资产款 | 3 244 459. 47 | 2 317 571. 21 | — | — |
| 代理买卖证券款 | 2 526 332. 73 | 2 230 163. 63 | — | — |
| 应付账款 | — | 572. 44 | — | — |
| 预收款项 | 67 247. 70 | 89 933. 11 | — | — |
| 应付职工薪酬 | 282 709. 92 | 318 172. 13 | 53 729. 57 | 73 401. 83 |
| 应交税费 | 107 734. 56 | 61 817. 73 | 45 229. 57 | 34 293. 83 |
| 合同负债 | 20 937. 90 | — | — | — |
| 长期借款 | — | 144 709. 00 | — | — |
| 应付债券 | 1 522 057. 83 | 950 000. 00 | — | — |
| 递延收益 | — | 630. 09 | — | — |
| 递延所得税负债 | 326. 96 | 48 420. 15 | — | — |
| 其他负债 | 1 956 520. 06 | 2 057 870. 50 | 340 637. 02 | 291 666. 04 |
| 负债合计 | 10 524 117. 54 | 8 686 944. 31 | 439 596. 16 | 399 361. 70 |
| 实收资本 | 1 300 000. 00 | 1 300 000. 00 | 1 300 000. 00 | 1 300 000. 00 |
| 资本公积 | 215 038. 78 | 216 648. 47 | 16 861. 05 | 17 010. 42 |
| 其他综合收益 | 15 585. 51 | 79 077. 83 | — | 38 027. 66 |
| 盈余公积 | 244 062. 29 | 212 319. 77 | 244 062. 29 | 212 319. 77 |
| 一般风险准备 | 467 994. 10 | 378 718. 14 | 153 557. 65 | 137 686. 39 |
| 未分配利润 | 1 504 150. 75 | 1 714 632. 11 | 356 849. 67 | 686 397. 12 |
| 归属于母公司所有者权益合计 | 3 746 831. 43 | 3 901 396. 32 | 2 071 330. 66 | 2 391 441. 36 |
| 少数股东权益 | 1 436 682. 90 | 1 300 926. 92 | — | — |
| 所有者权益合计 | 5 183 514. 33 | 5 202 323. 24 | 2 071 330. 66 | 2 391 441. 36 |
| 负债和所有者权益总计 | 15 707 631. 87 | 13 889 267. 55 | 2 510 926. 82 | 2 790 803. 06 |

13.1.3　利润表

**利润表**

编制单位：平安信托有限责任公司　　2018 年度　　单位：万元

| 项目 | 本集团 | | 本公司 | |
|---|---|---|---|---|
| | 2018 年度 | 2017 年度 | 2018 年度 | 2017 年度 |
| 一、营业收入 | 1 619 364. 43 | 1 653 608. 69 | 497 785. 29 | 602 539. 85 |
| 手续费及佣金净收入 | 878 649. 20 | 901 584. 32 | 368 421. 68 | 401 641. 03 |
| 其中：手续费及佣金收入 | 974 934. 12 | 1 010 261. 30 | 380 053. 95 | 429 248. 87 |
| 手续费及佣金支出 | -96 284. 92 | -108 676. 98 | -11 632. 27 | -27 607. 85 |
| 利息净收入 | 134 608. 63 | 131 789. 24 | 9 819. 11 | 11 421. 12 |
| 其中：利息收入 | 374 771. 99 | 334 027. 67 | 21 236. 12 | 16 239. 80 |
| 利息支出 | -240 163. 36 | 202 238. 43 | -11 417. 01 | -4 818. 68 |
| 营业收入 | 282 669. 29 | 211 872. 10 | — | — |
| 投资收益 | 346 708. 72 | 352 125. 12 | 107 726. 08 | 179 028. 39 |
| 公允价值变动损失 | -74 600. 13 | -1 019. 75 | -6 189. 03 | — |
| 汇兑收益/（损失） | 461. 70 | -329. 81 | 84. 63 | -103. 55 |
| 其他业务收入 | 47 866. 47 | 52 398. 36 | 17 229. 11 | 8 214. 62 |
| 资产处置损失 | 4. 67 | 4. 01 | — | — |
| 其他收益 | 2 995. 88 | 5 185. 10 | 693. 71 | 2 338. 24 |
| 二、营业成本 | -902 912. 42 | -839 302. 13 | -102 602. 88 | -125 221. 56 |
| 营业成本 | -281 565. 32 | -212 378. 27 | — | — |
| 税金及附加 | -7 595. 82 | -11 097. 23 | -2 556. 42 | -2 814. 53 |
| 业务及管理费 | -578 866. 18 | -579 828. 23 | -99 524. 12 | -120 855. 47 |
| 信用减值损失 | -20 101. 75 | — | — | — |
| 其他资产减值损失 | -1 895. 63 | -9 195. 04 | — | -1 829. 34 |
| 其他业务成本 | -12 887. 72 | -26 803. 36 | -522. 34 | 277. 78 |
| 三、营业利润 | 716 452. 01 | 814 306. 56 | 395 182. 41 | 477 318. 29 |
| 加：营业外收入 | 943. 97 | 1 130. 03 | 437. 42 | 546. 86 |
| 减：营业外支出 | -1 334. 46 | -1 339. 52 | -372. 68 | -49. 13 |
| 四、利润总额 | 716 061. 52 | 814 097. 07 | 395 247. 15 | 477 816. 02 |
| 减：所得税费用 | -144 928. 26 | -168 722. 25 | -77 821. 90 | -87 151. 66 |
| 五、净利润 | 571 133. 26 | 645 374. 82 | 317 425. 25 | 390 664. 36 |
| 归属于母公司所有者的净利润 | 471 508. 28 | 528 137. 49 | 317 425. 25 | 390 664. 36 |
| 少数股东损益 | 99 624. 98 | 117 237. 33 | — | — |
| 六、其他综合收益/（亏损） | 54 474. 87 | -67 306. 62 | — | 143. 51 |
| 归属于母公司所有者的其他综合收益 | 30 320. 11 | -36 468. 27 | — | 143. 51 |
| 归属于少数股东的其他综合收益 | 24 154. 76 | -30 838. 35 | — | — |
| 七、综合收益总额 | 625 608. 13 | 578 068. 20 | 317 425. 25 | 390 807. 87 |
| 归属于母公司所有者的综合收益总额 | 501 828. 39 | 491 669. 22 | 317 425. 25 | 390 807. 87 |
| 归属于少数股东的综合收益总额 | 123 779. 74 | 86 398. 98 | — | — |

### 13. 1. 4 所有者权益变动表

**所有者权益变动表**

编制单位：平安信托有限责任公司　　2018 年度　　单位：万元

| 项目 | 本集团 | | | | | | | | 本公司 | | | | | | |
|---|---|---|---|---|---|---|---|---|---|---|---|---|---|---|---|
| | 归属于母公司所有者权益 | | | | | | 少数股东权益 | 所有者权益合计 | 股本 | 资本公积 | 其他综合收益 | 盈余公积 | 一般风险准备 | 未分配利润 | 所有者权益合计 |
| | 股本 | 资本公积 | 其他综合收益 | 盈余公积 | 一般风险准备 | 未分配利润 | | | | | | | | | |
| 一、2017 年 12 月 31 日余额 | 1 300 000. 00 | 216 648. 47 | 79 077. 83 | 212 319. 77 | 378 718. 14 | 1 714 632. 11 | 1 300 926. 92 | 5 202 323. 24 | 1 300 000. 00 | 17 010. 42 | 38 027. 66 | 212 319. 77 | 137 686. 39 | 686 397. 12 | 2 391 441. 36 |
| 会计政策变更 | — | — | -93 812. 43 | — | — | 89 028. 84 | 384. 35 | -4 399. 24 | — | — | -38 027. 66 | — | — | 50 641. 08 | 12 613. 42 |
| 二、2018 年 1 月 1 日余额 | 1 300 000. 00 | 216 648. 47 | -14 734. 60 | 212 319. 77 | 378 718. 14 | 1 803 660. 95 | 1 301 311. 27 | 5 197 924. 00 | 1 300 000. 00 | 17 010. 42 | — | 212 319. 77 | 137 686. 39 | 737 038. 20 | 2 404 054. 78 |
| 三、本年增减变动金额 | | | | | | | | | | | | | | | |
| (一)净利润 | — | — | — | — | — | 471 508. 28 | 99 624. 98 | 571 133. 26 | — | — | — | — | — | 317 425. 25 | 317 425. 25 |
| (二)其他综合收益 | — | — | 30 320. 11 | — | — | — | 24 154. 76 | 54 474. 87 | — | — | — | — | — | — | — |
| 综合收益总额 | — | — | 30 320. 11 | — | — | 471 508. 28 | 123 779. 74 | 625 608. 13 | — | — | — | — | — | 317 425. 25 | 317 425. 25 |
| (三)利润分配 | | | | | | | | | | | | | | | |
| 1. 提取盈余公积 | — | — | — | 31 742. 52 | — | -31 742. 52 | — | — | — | — | — | 31 742. 52 | — | -31 742. 52 | — |
| 2. 提取一般风险准备 | — | — | — | — | 89 275. 96 | -89 275. 96 | — | — | — | — | — | — | 15 871. 26 | -15 871. 26 | — |
| 3. 对股东的分配 | — | — | — | — | — | -650 000. 00 | — | -650 000. 00 | — | — | — | — | — | -650 000. 00 | -650 000. 00 |
| (四)向少数股东分红 | — | — | — | — | — | — | -4 001. 54 | -4 001. 54 | — | — | — | — | — | — | — |
| (五)处置子公司 | — | — | — | — | — | — | -150. 56 | -150. 56 | — | — | — | — | — | — | — |
| (六)股份支付 | — | -160. 50 | — | — | — | — | -5. 20 | -165. 70 | — | -149. 37 | — | — | — | — | -149. 37 |
| (七)少数股东增资 | — | — | — | — | — | — | 14 300. 00 | 14 300. 00 | — | — | — | — | — | — | — |
| (八)与少数股东的权益性交易 | — | -1 449. 19 | — | — | — | — | 1 449. 19 | — | — | — | — | — | — | — | — |
| 四、2018 年 12 月 31 日余额 | 1 300 000. 00 | 215 038. 78 | 15 585. 51 | 244 062. 29 | 467 994. 10 | 1 504 150. 75 | 1 436 682. 90 | 5 183 514. 33 | 1 300 000. 00 | 16 861. 05 | — | 244 062. 29 | 153 557. 65 | 356 849. 67 | 2 071 330. 66 |

## 所有者权益变动表（续）

编制单位：平安信托有限责任公司　　2018 年度　　单位：万元

| 项目 | 本集团 | | | | | | | | 本公司 | | | | | | |
|---|---|---|---|---|---|---|---|---|---|---|---|---|---|---|---|
| | 归属于母公司所有者权益 | | | | | | 少数股东权益 | 所有者权益合计 | 股本 | 资本公积 | 其他综合收益 | 盈余公积 | 一般风险准备 | 未分配利润 | 所有者权益合计 |
| | 股本 | 资本公积 | 其他综合收益 | 盈余公积 | 一般风险准备 | 未分配利润 | | | | | | | | | |
| 一、2017 年 1 月 1 日年初余额 | 1 200 000. 00 | 217 389. 74 | 115 546. 10 | 173 253. 33 | 299 485. 89 | 1 655 093. 66 | 1 207 376. 92 | 4 868 145. 64 | 1 200 000. 00 | 17 147. 97 | 37 884. 15 | 173 253. 33 | 113 091. 32 | 709 694. 63 | 2 251 071. 40 |
| 二、本年增减变动金额 | | | | | | | | | | | | | | | |
| （一）净利润 | — | — | — | — | — | 528 137. 49 | 117 237. 33 | 645 374. 82 | — | — | — | — | — | 390 664. 36 | 390 664. 36 |
| （二）其他综合收益 | — | — | -36 468. 27 | — | — | — | -30 838. 35 | -67 306. 62 | — | — | 143. 51 | — | — | — | 143. 51 |
| 综合收益总额 | — | — | -36 468. 27 | — | — | 528 137. 49 | 86 398. 98 | 578 068. 20 | — | — | 143. 51 | — | — | 390 664. 36 | 390 807. 87 |
| （三）利润分配 | | | | | | | | | | | | | | | |
| 1. 提取盈余公积 | — | — | — | 39 066. 44 | — | -39 066. 44 | — | — | — | — | — | 39 066. 44 | — | -39 066. 44 | — |
| 2. 提取一般风险准备 | — | — | — | — | 79 232. 25 | -79 232. 25 | — | — | — | — | — | — | 24 595. 07 | -24 595. 07 | — |
| 3. 对股东的分配 | — | — | — | — | — | -250 300. 35 | — | -250 300. 35 | — | — | — | — | — | -250 300. 36 | -250 300. 36 |
| （四）向少数股东分红 | — | — | — | — | — | — | -5 748. 90 | -5 748. 90 | — | — | — | — | — | — | — |
| （五）清算纳入合并范围的结构化主体 | — | — | — | — | — | — | -2 857. 88 | -2 857. 88 | — | — | — | — | — | — | — |
| （六）股份支付 | — | -125. 50 | — | — | — | — | 7. 80 | -117. 70 | — | -137. 55 | — | — | — | — | -137. 55 |
| （七）少数股东增资 | — | — | — | — | — | — | 15 750. 00 | 15 750. 00 | — | — | — | — | — | — | — |
| （八）未分配利润转增股本 | 100 000. 00 | — | — | — | — | -100 000. 00 | — | — | 100 000. 00 | — | — | — | — | -100 000. 00 | — |
| （九）其他 | — | -615. 77 | — | — | — | — | — | -615. 77 | — | — | — | — | — | — | — |
| 三、2017 年 12 月 31 日年末余额 | 1 300 000. 00 | 216 648. 47 | 79 077. 83 | 212 319. 77 | 378 718. 14 | 1 714 632. 11 | 1 300 926. 92 | 5 202 323. 24 | 1 300 000. 00 | 17 010. 42 | 38 027. 66 | 212 319. 77 | 137 686. 39 | 686 397. 12 | 2 391 441. 36 |

## 13.2 信托资产

### 13.2.1 信托项目资产负债汇总表

信托项目资产负债汇总表

编制单位:平安信托有限责任公司　　2018 年度　　单位:万元

| 信托资产 | 2018 年 12 月 31 日 | 2017 年 12 月 31 日 | 信托负债 | 2018 年 12 月 31 日 | 2017 年 12 月 31 日 |
|---|---|---|---|---|---|
| 货币资金 | 897 642.35 | 1 167 281.64 | 应付受托人报酬 | 63 987.57 | 134 332.18 |
| 拆出资金 | — | — | 应付托管费 | 6 867.82 | 7 035.88 |
| 存出保证金 | 48 309.80 | 162 293.20 | 应付受益人收益 | 18 903.10 | 20 848.01 |
| 交易性金融资产 | 5 321 981.45 | 6 233 615.66 | 应交税费 | 53 522.09 | 24 802.18 |
| 衍生金融资产 | 13 760.05 | 37 372.55 | 应付销售服务费 | — | — |
| 买入返售金融资产 | 127 004.07 | 151 475.28 | 其他应付款项 | 497 313.53 | 297 492.30 |
| 应收款项 | 5 682 004.06 | 7 568 188.22 | 其他负债 | — | — |
| 发放贷款 | 29 740 259.51 | 30 497 603.22 | 信托负债合计 | 640 594.11 | 484 510.55 |
| 可供出售金融资产 | 10 371 997.44 | 18 048 507.83 | 信托权益 | — | — |
| 持有至到期投资 | — | — | 实收信托 | 51 365 002.80 | 62 297 305.50 |
| 长期股权投资 | 1 207 254.28 | 1 407 135.36 | 资本公积 | 67 484.23 | 100 903.29 |
| 投资性房地产 | 2 146.97 | 2 146.97 | 外币报表折算差额 | 2 232.62 | 5.02 |
| 固定资产 | — | — | 未分配利润 | 1 337 046.22 | 2 392 895.57 |
| 其他资产 | — | — | 权益合计 | 52 771 765.87 | 64 791 109.38 |
| 信托资产总计 | 53 412 359.98 | 65 275 619.93 | 负债和权益合计 | 53 412 359.98 | 65 275 619.93 |

### 13.2.2 信托项目利润及利润分配汇总表

信托项目利润及利润分配汇总表

编制单位:平安信托有限责任公司　　2018 年度　　单位:万元

| 项　　目 | 2018 年度 | 2017 年度 |
|---|---|---|
| 一、营业收入 | 2 993 561.31 | 4 946 500.11 |
| 利息收入 | 2 464 807.94 | 2 534 551.02 |
| 投资收入 | 1 178 055.41 | 1 948 571.82 |
| 租赁收入 | — | — |
| 公允价值变动损益 | -651 724.01 | 460 786.92 |
| 汇兑损益 | 2 232.62 | 5.02 |
| 其他收入 | 189.35 | 2 585.33 |
| 二、营业费用 | -419 774.11 | -549 543.01 |
| 三、营业税金及附加 | -10 096.47 | -242.22 |
| 加:营业外收入 | 4 384.37 | 275.68 |
| 减:营业外支出 | — | — |
| 四、扣除资产减值损失前的信托利润 | 2 568 075.10 | 4 396 990.56 |
| 减:资产减值损失 | — | — |
| 五、净利润 | 2 568 075.10 | 4 396 990.56 |
| 加:期初未分配信托利润 | 2 392 895.57 | 1 595 056.33 |
| 六、可供分配的信托利润 | 4 960 970.67 | 5 992 046.89 |
| 减:本期已分配信托利润 | 3 623 924.45 | 3 599 151.32 |
| 七、期末未分配信托利润 | 1 337 046.22 | 2 392 895.57 |

# 14. 会计报表附注

## 14.1 会计报表编制基准不符合会计核算基本前提的说明

### 14.1.1 公司会计报表编制基准存在不符合会计核算基本前提的情况

无。

### 14.1.2 会计报表编制基准的说明

公司财务报表按照财政部于 2006 年 2 月 15 日及以后期间颁布的《企业会计准则——基本准则》、各项具体会计准则及相关规定(以下合称企业会计准则)编制。

### 14.1.3 本年度重大会计政策变更

财政部于 2017 年颁布了经修订的《企业会计准则第 14 号——收入》,该准则的首次执行日为 2018 年 1 月 1 日。该准则的执行对本公司的财务报表无重大影响。

财政部于 2017 年颁布了修订后的《企业会计准则第 22 号——金融工具确认和计量》《企业会计准则第 23 号——金融资产转移》《企业会计准则第 24 号——套期会计》《企业会计准则第 37 号——金融工具列报》四项会计准则(简称新金融工具会计准则),本公司于 2018 年 1 月 1 日开始采用新金融工具会计准则。

根据新金融工具会计准则的相关规定,本集团及本公司除了套期会计部分信息以外的比较信息在 2017 年度的比较财务报表进行重述,对于首次执行该准则造成的累积影响数,将调整 2018 年年初留存收益以及财务报表其他相关项目金额。

比较期间信息按财政部于 2006 年发布的《企业会计准则第 22 号——金融工具确认和计量》《企业会计准则第 23 号——金融资产转移》,以及财政部于 2014 年发布的经修订的《企业会计准则第 37 号——金融工具列报》(以下简称修订前的金融工具会计准则)核算与列报。

实施新金融工具会计准则主要导致本公司金融资产的分类和计量以及金融资产减值的相关会计政策发生了变化。

## 14.2 或有事项说明

报告期末,公司无对外担保及其他或有事项。

## 14.3 重要资产转让及其出售的说明

报告期内,公司无须披露的重要资产转让及其出售。

## 14.4 会计报表中重要项目的明细资料

### 14.4.1 自营资产经营情况

14.4.1.1 信用资产风险分类情况

公司报告期的信用风险资产分类情况如下。

| 信用风险资产五级分类 | 正常类(万元) | 关注类(万元) | 次级类(万元) | 可疑类(万元) | 损失类(万元) | 信用风险资产合计(万元) | 不良资产合计(万元) | 不良资产率(%) |
|---|---|---|---|---|---|---|---|---|
| 2017 年 12 月 31 日 | 2 098 787. 387. 38 | — | — | — | 1 829. 34 | 2 100 616. 72 | 1 829. 34 | 0. 09 |
| 2018 年 12 月 31 日 | 1 970 179. 62 | — | — | — | 1 829. 34 | 1 972 008. 96 | 1 829. 34 | 0. 09 |

注:以上资产数据未包括货币资金等非风险资产。

14. 4. 1. 2　资产损失准备情况

公司报告期的资产减值损失准备情况如下。

单位:万元

| 项目 | 期初数 | 本期增加 | 本期核销 | 本期转回已核销贷款 | 期末数 |
|---|---|---|---|---|---|
| 贷款损失准备 | — | — | — | — | — |
| 其中:一般准备 | — | — | — | — | — |
| 专项准备 | — | — | — | — | — |
| 其他资产减值准备 | — | — | — | — | — |
| 债权投资减值准备 | — | — | — | — | — |
| 长期股权投资减值准备 | 1 829. 34 | — | — | — | 1 829. 34 |
| 坏账准备 | — | — | — | — | — |

14. 4. 1. 3　投资情况

公司报告期自营股票投资、基金投资、债券投资、长期股权投资等投资的 2017 年末数、本年末数如下。

单位:万元

| 项目 | 自营股票 | 基金 | 债券 | 长期股权投资 | 其他投资 | 合计 |
|---|---|---|---|---|---|---|
| 2017 年 12 月 31 日 | — | 149 727. 98 | — | 757 849. 79 | 928 421. 22 | 1 835 998. 99 |
| 2018 年 12 月 31 日 | — | 151 601. 25 | — | 767 854. 26 | 854 952. 83 | 1 774 408. 34 |

14. 4. 1. 4　前五名自营长期股权投资的企业情况

公司报告期的前四名长期股权投资的企业情况如下(总共四名)。

| 名称 | 占被投资企业权益的比例(%) | 主要经营活动 | 2018 年投资损益(万元) |
|---|---|---|---|
| 深圳市平安创新资本投资有限公司 | 100. 00 | 投资控股 | 55 000 |
| 平安证券有限责任公司 | 55. 66 | 证券投资与经纪 | — |
| 平安基金管理有限公司 | 68. 19 | 基金投资 | — |
| 平安利顺国际货币经纪有限责任公司 | 67. 00 | 货币经纪 | 3 350 |

14. 4. 1. 5　前五名自营贷款情况

公司报告期的无自营贷款。

14. 4. 1. 6　表外业务情况

公司报告期的表外业务情况如下。

| 表外业务 | 2017 年 12 月 31 日 | 2018 年 12 月 31 日 |
|---|---|---|
| 担保业务 | — | — |
| 代理业务(委托业务) | — | — |
| 其他 | — | — |
| 合计 | — | — |

14. 4. 1. 7　公司当年的收入结构

| 收入结构 | 本集团 | | 本公司 | |
|---|---|---|---|---|
| | 金额(万元) | 占比(%) | 金额(万元) | 占比(%) |
| 手续费及佣金收入 | 974 934. 12 | 49. 82 | 380 053. 95 | 72. 91 |
| 其中:信托手续费收入 | 343 762. 51 | 17. 57 | 362 065. 58 | 69. 46 |
| 投资银行业务收入 | 92 755. 65 | 4. 74 | — | — |
| 利息收入 | 374 771. 99 | 19. 15 | 21 236. 12 | 4. 07 |
| 营业收入 | 282 669. 29 | 14. 45 | — | — |
| 其他业务收入 | 47 866. 47 | 2. 45 | 17 229. 11 | 3. 31 |
| 其中:计入信托业务收入部分 | — | — | — | — |
| 资产处置损益 | 4. 67 | — | — | — |
| 其他收益 | 2 995. 88 | 0. 15 | 693. 71 | 0. 13 |
| 投资收益 | 346 708. 72 | 17. 72 | 107 726. 08 | 20. 67 |
| 其中:股权投资收益 | 97 997. 72 | 5. 01 | 60 320. 01 | 11. 57 |
| 证券投资收益 | 99 195. 11 | 5. 07 | 47 406. 07 | 9. 09 |
| 公允价值变动损失 | -74 600. 13 | -3. 81 | -6 189. 03 | -1. 19 |
| 汇兑损益 | 461. 70 | 0. 02 | 84. 63 | 0. 02 |
| 营业外收入 | 943. 97 | 0. 05 | 437. 42 | 0. 08 |
| 收入合计 | 1 956 756. 68 | 100. 00 | 521 271. 99 | 100. 00 |

**14. 4. 2　信托财产管理情况**

14. 4. 2. 1　信托资产的期初数、期末数

单位:万元

| 信托资产 | 期初数 | 期末数 |
|---|---|---|
| 集合 | 34 530 497. 84 | 32 769 063. 26 |
| 单一 | 24 342 967. 82 | 18 822 505. 70 |
| 财产权 | 6 402 154. 27 | 1 820 791. 02 |
| 合计 | 65 275 619. 93 | 53 412 359. 98 |

14. 4. 2. 1. 1　主动管理型信托业务的信托资产期初数、期末数

单位:万元

| 主动管理型信托资产 | 期初数 | 期末数 |
|---|---|---|
| 证券投资类 | 5 815 343. 39 | 4 864 832. 62 |
| 股权投资类 | 562 616. 45 | 361 904. 98 |
| 其他投资类 | 7 157 627. 55 | 4 856 180. 79 |
| 融资类 | 16 676 604. 85 | 18 586 968. 47 |
| 事务管理类 | 4 800. 01 | — |
| 合计 | 30 216 992. 25 | 28 669 886. 86 |

14. 4. 2. 1. 2　被动管理型信托业务的信托资产期初数、期末数

单位:万元

| 被动管理型信托资产 | 期初数 | 期末数 |
|---|---|---|
| 证券投资类 | 105 212. 81 | 44 401. 04 |
| 股权投资类 | 74 670. 03 | 74 707. 36 |

续表

| 被动管理型信托资产 | 期初数 | 期末数 |
|---|---|---|
| 其他投资类 | — | — |
| 融资类 | 118 589.33 | 83 225.16 |
| 事务管理类 | 34 760 155.51 | 24 540 139.56 |
| 合计 | 35 058 627.68 | 24 742 473.12 |

14.4.2.2 本年度信托项目清算情况

14.4.2.2.1 本年度已清算结束的信托项目

| 已清算结束信托项目 | 项目个数（个） | 实收信托合计金额(万元) | 加权平均实际年化信托报酬率(%) | 加权平均实际年化收益率(%) |
|---|---|---|---|---|
| 集合 | 251 | 16 774 784.34 | 0.67 | 5.71 |
| 单一 | 169 | 15 819 316.93 | 0.20 | 4.02 |
| 财产管理类 | 25 | 7 933 072.90 | 0.02 | 2.45 |

14.4.2.2.2 本年度已清算结束的主动管理型信托项目

| 已清算结束信托项目 | 项目个数（个） | 实收信托合计金额(万元) | 加权平均实际年化信托报酬率(%) | 加权平均实际年化收益率(%) |
|---|---|---|---|---|
| 证券投资类 | 31 | 836 929.90 | 0.79 | 8.22 |
| 股权投资类 | 12 | 888 483.00 | 1.89 | 12.73 |
| 其他投资类 | 111 | 6 949 147.58 | 0.30 | 3.11 |
| 融资类 | 125 | 13 079 331.41 | 0.68 | 5.37 |
| 事务管理类 | — | — | — | — |

14.4.2.2.3 本年度已清算结束的被动管理型信托项目

| 已清算结束信托项目 | 项目个数(个) | 实收信托合计金额(万元) | 加权平均实际年化信托报酬率(%) | 加权平均实际年化收益率(%) |
|---|---|---|---|---|
| 证券投资类 | — | — | — | — |
| 股权投资类 | — | — | — | — |
| 其他投资类 | — | — | — | — |
| 融资类 | — | — | — | — |
| 事务管理类 | 166 | 18 773 282.27 | 0.06 | 3.67 |

14.4.2.3 本年度新增信托项目情况

| 新增信托项目 | 项目个数(个) | 实收信托合计金额(万元) |
|---|---|---|
| 集合类 | 140 | 9 207 213.44 |
| 单一类 | 951 | 1 851 328.69 |
| 财产管理类 | 31 | 730 211.56 |
| 新增合计 | 1 122 | 11 788 753.69 |
| 其中：主动管理型 | 1 086 | 9 366 450.45 |
| 被动管理型 | 36 | 2 422 303.24 |

14.4.2.4 履行受托人义务情况

公司作为信托项目的受托人，严格按照《中华人民共和国信托法》《信托公司管理办法》《信托公司集合资金信托计划管理办法》等法律法规的规定及信托合同等文件的约定，恪尽职守，诚实、信用、谨慎、有效地管理信托财产，严格履行受托人的义务，为受益人的最大利益处理信托事务，公平、公正地处置信托财产。

## 14.5 关联方关系及其交易

### 14.5.1 关联方交易

公司报告期关联交易方的数量、关联交易的总金额及关联交易的定价政策等如下：

| | 关联交易方的数量(个) | 关联交易总金额(万元) | 定价政策 |
|---|---|---|---|
| 合计 | 33 | 2 869 981.03 | 公司2018年度发生的关联方交易均根据一般正常的交易条件进行，并以市场价格作为定价依据。 |

### 14.5.2 关联交易方

报告期涉及关联交易的关联方情况如下。

| 关系性质 | 关联方名称 | 法定代表人 | 注册地址 | 注册资本（万元） | 主营业务 |
|---|---|---|---|---|---|
| 母公司 | 中国平安保险(集团)股份有限公司 | 马明哲 | 深圳 | 1 828 024 | 投资保险企业、监督管理控股投资企业的各种国际国内业务 |
| 母公司控制的公司 | 平安付科技服务有限公司 | 钟　毅 | 深圳 | 68 000 | 网络开发与维护 |
| 母公司控制的公司 | 平安科技(深圳)有限公司 | TAN SIN YIN | 深圳 | 92 476 | IT咨询服务 |
| 母公司控制的公司 | 中国平安财产保险股份有限 | 孙建平 | 深圳 | 2 100 000 | 财产保险 |
| 母公司控制的公司 | 中国平安人寿保险股份有限公司 | 丁新民 | 深圳 | 3 380 000 | 人身保险 |
| 母公司控制的公司 | 平安养老保险股份有限公司 | 甘为民 | 上海 | 486 000 | 养老保险 |
| 母公司控制的公司 | 平安健康保险股份有限公司 | 杨　铮 | 上海 | 181 658 | 健康保险 |
| 母公司控制的公司 | 深圳平安综合金融服务有限公司 | 卢　跃 | 深圳 | 59 858 | 外包服务 |
| 母公司控制的公司 | 上海沪平投资管理有限公司 | 张启辉 | 上海 | 100 | 物业管理 |
| 母公司控制的公司 | 深圳平安金融中心建设发展有限公司 | 邓明辉 | 深圳 | 564 887 | 工程管理，物业管理 |
| 母公司控制的公司 | 平安国际融资租赁有限公司 | 方蔚豪 | 上海 | 1 324 151 | 融资租赁 |
| 母公司控制的公司 | 深圳平安通信科技有限公司 | 庞晶 | 深圳 | 21 000 | 数据及计算机网络服务 |
| 母公司控制的公司 | 深圳平安金融科技咨询有限公司 | 周廷源 | 深圳 | 3 040 600 | 金融软件等、股权投资、实业投资 |
| 母公司控制的公司 | 平安健康互联网股份有限公司 | 秦　戬 | 深圳 | 35 000 | 健康管理咨询、健康医疗器械销售等 |
| 母公司控制的公司 | 深圳万里通网络信息技术有限公司 | 王延斌 | 深圳 | 20 000 | 积分销售等 |
| 母公司控制的公司 | 平安万家医疗投资管理有限责任公司 | 范少飞 | 深圳 | 100 000 | 医疗行业投资 |
| 母公司控制的公司 | 平安资产管理有限责任公司 | 万　放 | 上海 | 150 000 | 管理运用自有资金及保险资金，受托资金管理业务 |
| 母公司控制的公司 | 平安银行股份有限公司 | 谢永林 | 深圳 | 1 717 041 | 银行业相关业务 |
| 母公司控制的公司 | 深圳市平安德成投资有限公司 | 于　扬 | 深圳 | 30 000 | 投资咨询 |
| 母公司控制的公司 | 平安财富理财管理有限公司 | 高艳萍 | 上海 | 10 000 | 投资管理、咨询 |
| 母公司控制的公司 | 北京双融汇投资有限公司 | 耿　梅 | 北京 | 25 632 | 投资管理；资产管理；出租商业用房 |
| 母公司控制的公司 | 北京汇安投资管理有限公司 | 耿　梅 | 北京 | 300 | 投资咨询；物业管理 |
| 母公司控制的公司 | 三亚家化旅业有限公司 | 孟　姓 | 三亚 | 500 | 旅馆业、住宿 |
| 母公司控制的公司 | 北京京信丽泽投资有限公司 | 李文强 | 北京 | 116 000.00 | 投资管理、资产管理；设计、制作、代理、发布广告 |

续表

| 关系性质 | 关联方名称 | 法定代表人 | 注册地址 | 注册资本（万元） | 主营业务 |
|---|---|---|---|---|---|
| 母公司控制的公司 | 成都平安蓉城置业有限公司 | 王玉涛 | 四川 | 60 000 | 物业管理；自有房屋租赁及销售等 |
| 母公司控制的公司 | 广州市信平置业有限公司 | 王丹 | 广州 | 5 000 | 自有房屋租赁 |
| 母公司控制的公司 | 北京京平尚地投资有限公司 | 李文强 | 北京 | 4 500 | 投资管理、资产管理 |
| 母公司控制的公司 | 北京京平尚北投资有限公司 | 李文强 | 北京 | 4 200 | 投资；资产管理 |
| 合并子公司 | 平安证券股份有限公司 | 刘世安 | 深圳 | 1 380 000 | 证券投资与经纪 |
| 合并子公司 | 深圳市平安创新资本投资有限公司 | 陶丹阳 | 深圳 | 400 000 | 投资兴办各类实业，企业管理咨询 |
| 合并子公司 | 平安利顺国际货币经纪有限责任公司 | 黄绍宇 | 深圳 | 5 000 | 货币经纪 |
| 合并子公司 | 平安基金管理有限公司 | 罗春风 | 深圳 | 130 000 | 基金 |

**14.5.3 公司与关联方的重大交易事项**

14.5.3.1 固有与关联方交易情况

单位：万元

| 固有与关联方关联交易 | | | | |
|---|---|---|---|---|
| | 期初数 | 借方发生额 | 贷方发生额 | 期末数 |
| 贷款 | — | — | — | — |
| 投资 | 555 489.00 | 85 798.91 | — | 641 287.91 |
| 租赁 | — | — | — | — |
| 担保 | — | — | — | — |
| 应收账款 | — | — | — | — |
| 其他 | 28 883.37 | 17 191.55 | 10 707.86 | 35 367.06 |
| 合计 | 584 372.37 | 102 990.46 | 10 707.86 | 676 654.97 |

14.5.3.2 信托与关联方交易情况

单位：万元

| 信托与关联方关联交易 | | | | |
|---|---|---|---|---|
| | 期初数 | 借方发生额 | 贷方发生额 | 期末数 |
| 贷款 | 271 847.20 | — | 271 847.20 | — |
| 投资 | 200 000.00 | — | — | 200 000.00 |
| 租赁 | — | — | — | — |
| 担保 | — | — | — | — |
| 应收账款 | — | — | — | — |
| 其他 | 1 236 990.94 | — | 591 417.43 | 645 573.51 |
| 合计 | 1 708 838.14 | — | 863 264.63 | 845 573.51 |

14.5.3.3 固有财产与信托财产之间交易情况

单位：万元

| 固有财产与信托财产相互交易 | | | |
|---|---|---|---|
| | 期初数 | 本期发生额 | 期末数 |
| 合计 | 262 166.63 | -6 150.99 | 256 015.64 |

14.5.3.4 信托项目之间交易情况

单位：万元

| 信托资产与信托财产相互交易 | | | |
|---|---|---|---|
| | 期初数 | 本期发生额 | 期末数 |
| 合计 | 1 525 206.04 | -369 085.94 | 1 156 120.10 |

**14.5.4 报告期，关联方逾期未偿还公司资金的事项以及公司为关联方担保发生或即将发生垫款的事项**

无。

### 14.6 会计制度的披露

公司固有业务自2007年起执行财政部于2006年2月15日及以后期间颁布的《企业会计准则——基本准则》及各项具体会计准则及相关规定。

公司信托业务自2009年起执行新《企业会计准则》（财政部2006年颁布）。

## 15. 财务情况说明书

### 15.1 利润实现和分配情况

报告期公司实现净利润为317 425.25万元，期初未分配利润为737 038.20万元，提取盈余公积31 742.52万元，提取一般风险准备15 871.26万元，对股东分配利润为650 000.00万元，本期末累计未分配利润为356 849.67万元。

报告期集团实现归属于母公司所有者的净利润为471 508.28万元，期末累计未分配利润为1 504 150.75万元。

### 15.2 主要财务指标

公司报告期的主要财务指标如下：

| 指标名称 | 指标值 | | 计算公式 |
|---|---|---|---|
| | 本公司 | 本集团 | |
| 资本利润率（%） | 14.23 | 11.00 | 净利润/所有者权益平均余额×100%。 |
| 加权年化信托报酬率（%） | 0.45 | 0.45 | （信托项目1的年化信托报酬率×信托项目1的实收信托+信托项目2的年化信托报酬率×信托项目2的实收信托+…+信托项目$n$的年化信托报酬率×信托项目$n$的实收信托）/（信托项目1的实收信托+信托项目2的实收信托+…+信托项目$n$的实收信托）×100%。 |
| 人均净利润（万元） | 564.31 | 1 015.35 | 净利润/年平均人数。 |

### 15.3 对公司财务状况、经营成果有重大影响的其他事项

报告期内，没有对公司财务状况、经营成果有重大影响的其他事项。

## 16. 特别事项揭示

### 16.1 前五名股东报告期内变动情况及原因

报告期内，公司股东没有发生变动。

| 股东名称 | 期初持股比例（%） | 期末持股比例（%） |
|---|---|---|
| 中国平安保险（集团）股份有限公司 | 99.88 | 99.88 |
| 上海市糖业烟酒（集团）有限公司 | 0.12 | 0.12 |
| 合计 | 100.00 | 100.00 |

### 16.2 董事、监事及高级管理人员变动情况及原因

报告期内,董事会完成换届且第六届董事会成立。任汇川先生继续担任公司董事长,宋成立先生继续担任公司副董事长;李锐先生、沈建厅先生出任公司董事,项有志先生、张健先生不再担任公司董事。

报告期内,因工作调整,郑建家、庞洪梅不再担任公司副总经理。

### 16.3 变更注册资本、变更注册地或公司名称、公司分立合并事项

报告期内,无相关事项。

### 16.4 公司的重大诉讼事项

报告期内,公司没有重大诉讼事项发生。

### 16.5 公司及其董事、监事和高级管理人员受到处罚的情况

报告期内,中国银行保险监督管理委员会深圳监管局对公司业务开展作出行政处罚1次,处罚方式为罚款。除前述事项外公司及其董事、监事和高级管理人员没有受到监管部门处罚的情况发生。

### 16.6 银保监会及其派出机构对公司检查的情况

报告期内,公司无银保监会及其派出机构对公司进行检查。

### 16.7 本年度重大事项临时报告的简要内容、披露时间、所披露的媒体及其版面

报告期内,公司除对定期报告《公司2017年度报告》在指定的信息披露媒体上进行相关信息披露外,无该项所指重大事项临时报告披露。

### 16.8 银保监会及其省级派出机构认定的其他有必要让客户及相关利益人了解的重要信息

报告期内,没有发生银保监会及其省级派出机构认定的其他有必要让客户及相关利益人了解的重要事项。

## 17. 公司监事会意见

公司监事会认为,报告期内,公司依法运作,决策程序合法有效,没有发现公司董事、高级管理层履行职务时有违法违规、违反公司章程或损害公司及股东利益的行为。公司2018年度财务报告中披露的财务信息,真实地反映了公司的财务状况和经营成果。

# 山东省国际信托股份有限公司

## 1. 重要提示

1.1 本年度报告摘要摘自年度报告全文，为全面了解公司的经营成果、财务状况及未来发展规划，投资者应当仔细阅读年度报告全文。

1.2 公司董事会、监事会及董事、监事、高级管理人员保证本报告内容的真实、准确、完整，不存在虚假记载、误导性陈述或重大遗漏，并承担个别和连带的责任。

1.3 公司独立非执行董事颜怀江先生、丁慧平先生、孟茹静女士对本年度报告内容的真实性、准确性、完整性无异议。

1.4 2019年3月22日，公司第二届董事会举行第七次会议，审议通过了本公司2018年度报告（2018年度业绩公告）。会议应出席董事7名，实际亲自出席董事7名。

1.5 公司按中国会计准则和国际财务报告准则编制的2018年度财务报告已经普华永道中天会计师事务所（特殊普通合伙）和罗兵咸永道会计师事务所分别根据中国和国际审计准则审计，并出具标准无保留意见的审计报告。

1.6 公司董事会建议按照每股0.081元（含税）向股东派发2018年度现金股息。该利润分配方案将提请2018年度股东大会审议。

1.7 公司法定代表人万众先生、主管财务工作负责人财务总监马文波先生及财务部门负责人孙加宝先生保证本报告中财务报告的真实、准确、完整。

## 2. 公司概况

### 2.1 公司简介

2.1.1 公司基本情况

山东省国际信托股份有限公司（以下简称山东国信或公司、本公司）成立于1987年3月，前身为山东省国际信托投资公司，是经中国人民银行和山东省人民政府批准设立的非银行金融机构。2007年8月，获中国银监会批复同意换发新的金融许可证，名称变更为山东省国际信托有限公司。2015年7月，整体变更为股份有限公司，并更名为山东省国际信托股份有限公司。2017年12月，公司在香港联交所主板挂牌上市，成为首家登陆香港联交所的中国信托公司（股票简称：山东国信；股票代码：1697）。现为中国信托业协会理事单位。

公司自成立以来，一直致力于运用信托平台服务经济社会发展，致力于受托资产管理能力建设，通过打造财富管理平台和投融资服务平台，为广大投资者提供专业化、差异化、个性化的综合金融理财服务，为国家和地方经济发展提供优质的投融资服务。

公司立足于打造专业的一流资产管理服务商和卓越的综合金融服务提供商，现已发展成为以融资类信托、投资类信托以及事务管理型信托等业务为主，投资方式涵盖贷款、股权投资、资产证券化、收益权证券化及融资租赁等多种形式的综合性金融服务机构，拥有一大批优质的企业合作伙伴和忠诚的高净值客户资源，公司治理体系规范，综合实力不断增强，盈利手段日益丰富，具有很好的社会信誉和品牌影响力。

2.1.2 公司的法定中文名称：山东省国际信托股份有限公司
中文名称缩写：山东国信
公司的法定英文名称：Shandong International Trust Co., Ltd.
英文名称缩写：SITC

2.1.3 法定代表人：万众

2.1.4 注册地址：中国山东省济南市历下区解放路166号

2.1.5 邮政编码：250013

2.1.6 国际互联网网址：http://www.sitic.com.cn

2.1.7 电子邮箱：ir1697@luxin.cn

2.1.8 负责信息披露事务的高级管理人员：贺创业
信息披露事务联系人：袁方
联系电话：0531-86566593
传真：0531-86566593
电子邮箱：ir1697@luxin.cn

2.1.9 公司选定的信息披露报纸：《上海证券报》

2.1.10 年度报告备置地点：中国山东省济南市历下区解放路166号

2.1.11 聘请的会计师事务所：
普华永道中天会计师事务所（特殊普通合伙）
住所：上海市黄浦区湖滨路202号企业天地2号楼普华永道中心
罗兵咸永道会计师事务所
住所：香港中环太子大厦22楼

2.1.12 聘请的律师事务所：
上海市方达律师事务所
住所：中国上海市石门一路288号兴业太古汇香港兴业中心二座24楼
方达律师事务所
住所：香港中环康乐广场8号交易广场1期26楼

## 2.2 组织结构

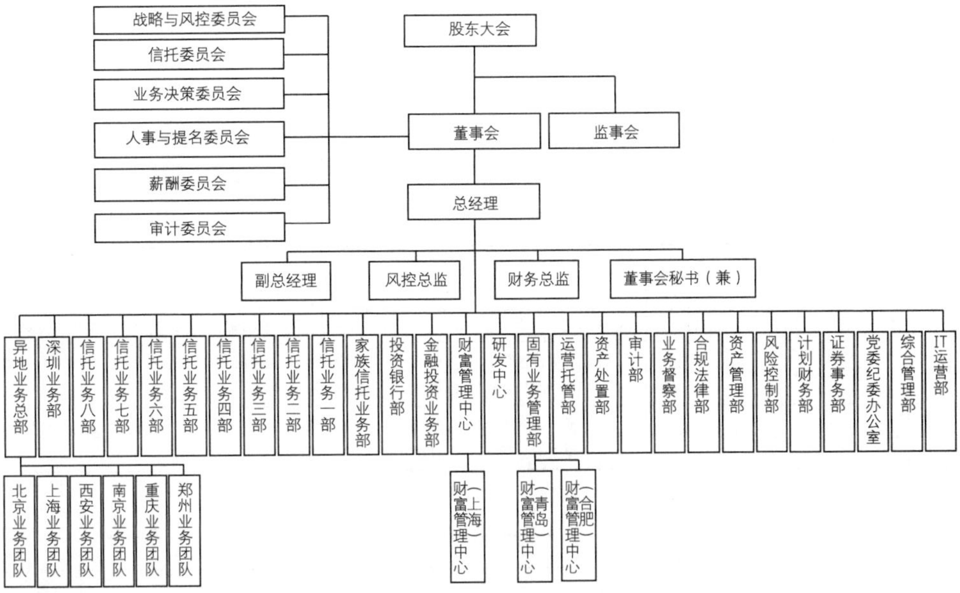


# 3. 公司治理

## 3.1 股东情况

截至2018年12月31日，公司共有64名H股股东（由H股过户登记处提供）以及6名内资股股东。

截至2018年12月31日，持有公司10%以上股份的股东情况如下。

| 股东名称 | 持股比例（%） | 法定代表人 | 注册资本（万元） | 注册地址 | 主要经营业务 | 股份种类 |
|---|---|---|---|---|---|---|
| 山东省鲁信投资控股集团有限公司 | 47.12 | 汲斌昌 | 300 000 | 济南市解放路166号 | 金融和实业投资、资产管理服务、投资顾问服务和物业及酒店管理。 | 内资股 |
| 中油资产管理有限公司 | 18.75 | 肖华 | 1 372 518.049626 | 北京市东城区东直门北大街9号 | 投资和资产管理。 | 内资股 |
| 香港中央结算（代理人）有限公司 | 14.51 | — | — | — | — | H股 |

注：香港中央结算（代理人）有限公司所持股份数量不含济南金融控股集团有限公司及青岛全球财富中心开发建设有限公司所持股份数量。

公司前十大股东中，除山东省高新技术创业投资有限公司为山东省鲁信投资控股集团有限公司（以下简称鲁信集团）的间接非全资子公司外，公司未知前十大股东之间存在关联关系或一致行动关系。

公司第一大股东鲁信集团由山东省人民政府国有资产监督管理委员会、山东国惠投资有限公司及山东省社会保障基金理事会分别持有70%、20%及10%的股权。

## 3.2 董事、董事会及其下属委员会

董事

| 姓名 | 年龄（岁） | 性别 | 职务 | 本届选任日期 | 任期（年） | 所推举的股东名称 | 所推举的股东持股比例（%） | 简要履历 |
|---|---|---|---|---|---|---|---|---|
| 万 众 | 45 | 男 | 董事长兼执行董事 | 董事长：2019年1月9日<br>执行董事：2018年7月10日 | 3 | 鲁信集团 | 47.12 | 山东经济学院毕业，天津财经学院管理学硕士，高级经济师，曾任公司不同部门经理、公司副总经理及山东鲁信实业集团有限公司副总经理、总经理、董事长；现任鲁信集团总经理助理，公司党委书记、董事长、执行董事。 |
| 肖 华 | 53 | 男 | 副董事长兼非执行董事 | 2018年7月10日 | 3 | 中油资产管理有限公司 | 18.75 | 复旦大学工商管理硕士，曾在中国石油天然气集团公司华东化工销售分公司等多家单位工作并担任总经理、党委书记等职务；现任中油资产管理有限公司党委书记、执行董事、工会主席，昆仑信托有限责任公司党委书记、董事长、执行董事、工会主席。 |

续表

| 姓名 | 年龄(岁) | 性别 | 职务 | 本届选任日期 | 任期(年) | 所推举的股东名称 | 所推举的股东持股比例(%) | 简要履历 |
|---|---|---|---|---|---|---|---|---|
| 岳增光 | 45 | 男 | 执行董事 | 2018年8月28日 | 3 | 不适用 | 不适用 | 山东经济学院会计专业,天津大学工商管理硕士,曾在山东鲁信实业集团公司及鲁信集团等从事会计工作;先后担任公司计划财务部总经理、总经理助理、风险控制部总经理及风控总监,鲁信集团纪委办公室(监察审计部)主任(部长);现任公司党委副书记、执行董事、总经理。 |
| 金同水 | 54 | 男 | 非执行董事 | 2018年7月10日 | 3 | 鲁信集团 | 47.12 | 北京工商大学会计学毕业,曾任公司计划财务部、风险控制部经理,鲁信集团产权管理部部长;现任山东省金融资产管理股份有限公司董事长。 |

独立非执行董事

| 姓名 | 年龄(岁) | 性别 | 职务 | 本届选任日期 | 任期(年) | 简要履历 |
|---|---|---|---|---|---|---|
| 颜怀江 | 46 | 男 | 独立非执行董事 | 2018年7月10日 | 3 | 美国金门大学金融学理学硕士,曾任职瑞士银行副董事,瑞银证券副董事;现为磐合家族办公室创办人。 |
| 丁慧平 | 62 | 男 | 独立非执行董事 | 2018年7月10日 | 3 | 企业经济学博士,北京交通大学会计学教授、博士生导师,中国企业竞争力研究中心主任;现任京投发展、华电国际独立董事、招商银行外部监事。 |
| 孟茹静 | 41 | 女 | 独立非执行董事 | 2018年7月10日 | 3 | 北京大学管理学学士,美国杜克大学金融学博士;现任香港大学经济及工商管理学院金融学院首席讲师、香港大学金融学硕士项目主任。 |

董事会下属委员会及职责

| 董事会下属委员会 | 职责 |
|---|---|
| 审计委员会 | (1)就外聘审计师的委任、重新委任及罢免撤换向董事会提供建议,批准外聘审计师的薪酬及聘用条款,以及处理任何有关该审计师辞职或辞退该审计师的问题。<br>(2)按适用的标准检讨及监察外聘审计师是否独立客观及审计程序是否有效;审计委员会应于审计工作开始前先与审计师讨论审计性质及范畴及有关申报责任。<br>(3)就外聘审计师提供非审计服务制定政策,并予以执行。就此规定而言,外聘审计师包括与负责审计的公司处于同一控制权、所有权或管理权之下的任何机构,或一个合理知悉所有有关资料的第三方,在合理情况下会断定该机构属于该负责审计的公司的本土或国际业务的一部分的任何机构。审计委员会应就其认为必须采取的行动或改善的事项向董事会报告,并提出建议。<br>(4)监察公司的财务报表及公司年度报告及账目、半年度报告及(若拟刊发)季度报告的完整性、准确性及公正性,并审阅报表及报告所载有关财务申报的重大意见。审计委员会在向董事会提交财务报表及公司年度报告及账目、半年度报告及(若拟刊发)季度报告前对有关报表及报告作出审阅时,应特别针对下列事项:<br>①会计政策及实务的任何更改;<br>②涉及重要判断的事项;<br>③因审计而出现的重大调整;<br>④企业持续经营的假设及任何保留意见;<br>⑤是否遵守会计准则;<br>⑥是否遵守有关财务申报的《香港上市规则》及其他法律规定。<br>(5)就上述(4)项而言:<br>①审计委员会委员须与公司的董事会及高级管理人员联络。审计委员会须至少每年与公司的外聘审计师召开两次会议;<br>②审计委员会应考虑于该等报告及账目中所反映或需反映的任何重大或不寻常事项,并须适当考虑任何由公司的属下会计及财务汇报职员、监察主任或审计师提出的事项。<br>(6)检讨公司的财务监控,以及(除非有另设的董事会辖下风险控制审计委员会又或董事会本身会明确处理)检讨公司的风险管理及内部监控系统。<br>(7)与管理层讨论风险管理及内部监控系统,确保管理层已履行职责建立及维持有效的系统。讨论内容应包括考虑公司在会计及财务汇报职能方面的资源、员工资历及经验是否足够以及员工所接受的培训课程和有关预算是否充足。<br>(8)主动或应董事会的委派,就有关风险管理及内部监控事宜的重要调查结果及管理层对调查结果的响应进行研究。<br>(9)须确保内部和外聘审计师的工作得到协调;也须确保内部审核功能在公司内部有足够资源运作,并且有适当的地位;以及审查及监察内部审核功能是否有效。<br>(10)检讨集团的财务及会计政策及实务。<br>(11)检查外聘审计师给予管理层的审核情况说明函件、审计师就会计记录、财务账目或监控制度向管理层提出的任何重大疑问及管理层作出的响应。<br>(12)确保董事会及时响应于外聘审计师给予管理层的审核情况说明函件中提出的事宜。<br>(13)就上市规则的附录14中标题为审核审计委员会内所载的事宜向董事会汇报。<br>(14)审计委员会应处理以下事项。<br>①检讨公司有设定如下安排:公司雇员可暗中就财务汇报、内部监控或其他方面可能发生的不正当行为提出关注。审计委员会应确保有适当安排,让公司对此等事宜作出公平独立的调查及采取适当行动;<br>②审计委员会应制定举报政策及系统,让雇员及其他与公司有往来的人士可暗中向审计委员会提出其对任何可能关于公司的不正当行为的关注。<br>(15)担任公司与外聘审计师之间的主要代表,负责监察二者之间的关系。<br>(16)公司董事会授权的其他事宜。 |

续表

| 董事会下属委员会 | 职责 |
|---|---|
| 人事与提名委员会 | (1)至少每年检讨董事会的架构、人数及组成(包括技能、知识及经验方面),并就任何为配合公司的策略拟对董事会作出的变动提出建议。<br>(2)物色具备合适资格可担任董事、总经理及董事会秘书外的其他高级管理人员的人士,并挑选、提名有关人士出任董事或总经理及董事会秘书外的高级管理人员或就此向董事会提供意见。<br>(3)评核独立董事的独立性。<br>(4)就董事委任或重新委任以及董事(尤其是董事长及总经理)继任计划的有关事宜向董事会提出建议。<br>(5)董事会授权的其他事宜。 |
| 薪酬委员会 | (1)就董事及高级管理层的整体薪酬政策及架构,以及就设立正规而具透明度的程序制定薪酬政策,向董事会提出建议。<br>(2)评审公司董事和高级管理人员的履职情况并对其进行绩效考核评价。<br>(3)对公司薪酬制度执行情况进行监督。<br>(4)因应董事会所定企业方针及目标而检讨及批准管理层的薪酬建议。<br>(5)就厘定个别执行董事及高级管理层的薪酬待遇,包括非金钱利益、退休金权利及赔偿金额(包括丧失或终止职务或委任的赔偿)向董事会提出建议。<br>(6)就非执行董事的薪酬向董事会提出建议。<br>(7)考虑同类公司支付的薪酬,须付出的时间及职责以及集团内其他职位的雇用条件。<br>(8)检讨及批准向执行董事及高级管理层就其丧失或终止职务或委任而须支付的赔偿,以确保该等赔偿与合约条款一致;若未能与合约条款一致,赔偿也须公平合理,不致过多。<br>(9)检讨及批准因董事行为失当而解雇或罢免有关董事所涉及的赔偿安排,以确保该等安排与合约条款一致;若未能与合约条款一致,有关赔偿也须合理适当。<br>(10)确保任何董事或其任何联系人(根据上市规则的定义)不得参与厘定他自己的薪酬。<br>(11)就其他执行董事的薪酬建议咨询董事长及/或总经理。<br>(12)董事会授权的其他事宜。 |
| 业务决策委员会 | (1)审查批准总经理办公会提交的集合资金信托业务。<br>(2)审查批准总经理办公会认为有必要的重大单一资金信托业务。<br>(3)审查批准公司自有资金贷款项目。<br>(4)审查批准公司集合信托风险项目或总经理办公会认为有必要的单一信托项目的处置方案。<br>(5)向董事会提交年度工作报告。<br>(6)董事会授权的其他职责。 |
| 战略与风控委员会 | (1)根据宏观经济环境、行业发展趋势和本公司经营状况,对本公司中长期发展战略进行研究并提出建议。<br>(2)检查、监督和评估本公司发展战略的执行情况。<br>(3)组织制定本公司信托业务、自营业务发展等专项规划。<br>(4)了解和掌握本公司面临的各项重大风险及其风险管理现状。<br>(5)审议本公司年度或专项风险管理报告。<br>(6)审查本公司风险管理的体制机制是否健全、政策措施是否有效、风险控制流程是否合理。<br>(7)审议风险策略、重大风险管理解决方案以及重大决策、重大风险、重大事件和重要业务流程的判断标准或判断机制。<br>(8)审查、监督本公司遵守、执行法律法规的情况。<br>(9)为本公司信托业务的风险防控提供意见和建议。<br>(10)董事会规定的其他职责。 |
| 信托委员会 | (1)审查本公司信托业务到期兑付及受益人利益实现情况。<br>(2)监督集合信托财产的管理运用情况。<br>(3)对本公司信托业务运行情况进行定期评估,为本公司信托业务开展提供意见和建议。<br>(4)当本公司或股东利益与受益人利益发生冲突时,审议维护受益人权益的具体措施,督促本公司依法履行受托职责。<br>(5)审查公司消费者权益保护工作情况。<br>(6)董事会规定的其他职责。 |

## 3.3 监事、监事会及其下属委员会

公司监事会由9名成员组成,监事会未下设委员会。

监事会成员

| 姓名 | 年龄(岁) | 性别 | 职务 | 本届选任日期 | 任期(年) | 所推举的股东名称 | 所推举的股东持股比例(%) |
|---|---|---|---|---|---|---|---|
| 郭守贵 | 54 | 男 | 监事长 | 2018年7月10日 | 3 | 山东省高新技术创业投资有限公司 | 4.83 |
| 侯振凯 | 37 | 男 | 监事 | 2018年7月10日 | 3 | 鲁信集团 | 47.12 |
| 陈勇 | 45 | 男 | 监事 | 2018年7月10日 | 3 | 中油资产管理有限公司 | 18.75 |
| 吴晨 | 44 | 男 | 监事 | 2018年7月10日 | 3 | 山东黄金集团有限公司 | 1.72 |
| 王志梅 | 39 | 女 | 监事 | 2018年7月10日 | 3 | 潍坊市投资集团有限公司 | 1.29 |
| 宫伟 | 42 | 男 | 监事 | 2018年7月10日 | 3 | 济南市能源投资有限责任公司 | 1.29 |
| 田志国 | 46 | 男 | 监事 | 2018年5月25日 | 3 | 不适用 | 不适用 |
| 左辉 | 48 | 男 | 监事 | 2018年5月25日 | 3 | 不适用 | 不适用 |
| 李爱萍 | 47 | 女 | 监事 | 2018年5月25日 | 3 | 不适用 | 不适用 |

### 3.4 高级管理人员

| 姓名 | 年龄（岁） | 性别 | 职务 | 任职日期 | 金融从业年限（年） | 学位 | 专业 |
|---|---|---|---|---|---|---|---|
| 岳增光 | 45 | 男 | 总经理 | 2018年9月3日 | 25 | 硕士 | 工商管理 |
| 周建蕖 | 46 | 女 | 副总经理 | 2011年10月26日 | 20 | 硕士 | 工商管理 |
| 贺创业 | 43 | 男 | 副总经理<br>兼董事会秘书 | 2016年4月7日 | 19 | 硕士 | 金融学 |
| 马文波 | 46 | 男 | 财务总监 | 2014年7月24日 | 21 | 学士 | 会计学 |
| 付吉广 | 50 | 男 | 风控总监 | 2016年7月27日 | 26 | 硕士 | 企业管理 |
| 牛序成 | 43 | 男 | 副总经理 | 2018年4月13日 | 16 | 硕士 | 财政学 |

### 3.5 公司员工

截至2017年12月31日及2018年12月31日，公司共有199名及221名雇员。在不同部门工作的雇员人数及比例如下：

| 岗位分布 | 截至2018年12月31日 | | 截至2017年12月31日 | |
|---|---|---|---|---|
| | 雇员人数（人） | 比例（%） | 雇员人数（人） | 比例（%） |
| 管理层 | 8 | 3.62 | 7 | 3.52 |
| 信托业务雇员 | 89 | 40.27 | 76 | 38.19 |
| 固有业务雇员 | 6 | 2.72 | 5 | 2.51 |
| 财富管理雇员 | 24 | 10.86 | 19 | 9.55 |
| 风险控制和审计雇员 | 30 | 13.57 | 24 | 12.06 |
| 财务会计雇员 | 16 | 7.24 | 17 | 8.54 |
| 运营管理雇员 | 32 | 14.48 | 30 | 15.08 |
| 其他员工 | 16 | 7.24 | 21 | 10.55 |
| 合计 | 221 | 100 | 199 | 100 |

注：其他员工包括在人力资源部、研发部及其他后台部门的雇员。

截至2017年12月31日及2018年12月31日，按年龄分类的雇员详情如下。

| 年龄 | 截至2018年12月31日 | | 截至2017年12月31日 | |
|---|---|---|---|---|
| | 雇员人数（人） | 比例（%） | 雇员人数（人） | 比例（%） |
| 25岁及以下 | 4 | 1.81 | 4 | 2.01 |
| 25~29岁 | 49 | 22.17 | 48 | 24.12 |
| 30~39岁 | 117 | 52.94 | 98 | 49.25 |
| 40岁及以上 | 51 | 23.08 | 49 | 24.62 |
| 合计 | 221 | 100 | 199 | 100 |

截至2017年12月31日及2018年12月31日，按教育程度分类的雇员详情如下。

| 教育程度 | 截至2018年12月31日 | | 截至2017年12月31日 | |
|---|---|---|---|---|
| | 雇员人数（人） | 比例（%） | 雇员人数（人） | 比例（%） |
| 博士学位及以上 | 6 | 2.71 | 6 | 3.01 |
| 硕士学位 | 152 | 68.78 | 135 | 67.84 |
| 学士学位 | 52 | 23.53 | 48 | 24.12 |
| 大专及以下 | 11 | 4.98 | 10 | 5.03 |
| 合计 | 221 | 100 | 199 | 100 |

## 4. 经营管理

### 4.1 经营目标、经营方针、战略规划

基于对国内外经济金融形势、行业监管环境和资产管理行业竞争态势的分析和判断，结合公司“十三五”战略规划和转型目标，公司将继续坚持稳中求进工作总基调，全面提升信托回归本源服务实体经济层次能力，持续提升综合金融和财富管理能力。公司立足“实业投行、产业信托”的功能定位，创新产融结合，提升主动管理能力，根植产业优势深耕细作，积极探索开展新型业务，创新应用“数据＋科技”的强大助推力，紧抓新经济发展机遇，为公司高质量发展提供新动能。

第一，巩固传统优势业务，加快创新业务开拓，推动主动管理取得更大突破。一是巩固传统优势业务，确保稳定的利润来源。公司深耕主动管理类信托业务，大力推动“股＋债”主动管理项目落地；做大做强家族信托业务，全力打造“德善齐家”家族信托品牌；积极稳妥地开展基础设施信托业务。二是加快发展创新业务，培育新的利润增长点。加大对山东省“十强”产业金融支持力度。公司研发推出现金管理类产品。稳妥合规开展消费信托业务，提升自身风控能力，形成稳定的收入来源。

第二，加快打造以“数据＋科技”为战略支撑的智慧信托平台，积极构建高净值客户服务生态圈。在资金端，公司加快构建高净值服务生态圈；在资产端，加快累积产业数据和场景数据，为数据授信、数据风控打下坚实基础；在运营端，以用户体验为出发点和落脚点，提升运营效率，进一步释放生产力。

第三，进一步拓宽销售渠道，优化业务区域布局，提升自主销售能力和展业能力。公司持续拓宽商业银行代销渠道，进一步完善自主营销网点在重点城市的布局，切实提升自主销售能力；继续实施全员营销战略，深入挖掘潜在客户，扩大基础客户规模；探索开展在线营销。鼓励、引导业务团队聚焦京津冀、长三角、粤港澳大湾区等全国重点区域进行展业，发掘更多业务机会。

第四，引进国际人才，加快国际业务布局。公司借助香港上市公司平台优势，努力争取监管支持许可，以获取境外金融牌照为契机，加快国际业务布局，满足境内企业和高净值客户的跨境投融资需求。

第五，优化内部管控模式，提升风险管理水平，为高质量发展提供战略保障。公司深化大运营管理变革，全面提升内控管理水平和工作效能；进一步完善风险管控流程；继续加强合规体系建设，提高全员合规意识；践行研发创造价值理念，加强研发与业务部门的联动，推动创新业务的开拓与落地。

### 4.2 所经营业务的主要内容

本公司的业务可划分为信托业务和固有业务，信托业务是本公司的核心业务。作为受托人，本公司接纳委托客户的资金和（或）财产委托，并管理此类委托资金和（或）财产，以满足委托客户的投资和财富管理需要，以及交易对手客户的融资需要。本公司的固有业务通过将固有资产配置到各个资产类别，以及投资于对信托业务有战略价值的各种业务，从而维持并增加固有资产的价值。

下表载列本公司在所示期间的分部收入及其主要部分。

| 项目 | 截至2018年12月31日 | | 截至2017年12月31日 | |
|---|---|---|---|---|
| | 金额(千元) | 占比(%) | 金额(千元) | 占比(%) |
| 信托业务 | | | | |
| 经营收入 | 943 651 | 51.66 | 1 134 147 | 62.47 |
| 分部收入 | 943 651 | 51.66 | 1 134 147 | 62.47 |
| 固有业务 | | | | |
| 经营收入 | 750 855 | 41.10 | 513 750 | 28.30 |
| 分占以权益法计量的投资的利润 | 132 197 | 7.24 | 167 675 | 9.23 |
| 分部收入 | 883 052 | 48.34 | 681 425 | 37.53 |
| 合计 | 1 826 703 | 100.00 | 1 815 572 | 100.00 |

2018年,本公司的信托业务以及固有业务的收入分别占本公司收入总额的51.7%和48.3%。

#### 4.2.1 信托业务

2018年,在金融业"去通道""去杠杆"的背景下,监管机构加强了对金融业通道业务的整治,市场资金面整体偏紧,社会融资规模增量同比减少,金融机构获取资金的难度加大;同时叠加资产管理新规出台的影响,信托行业紧缩效应开始显现。本公司积极应对中国经济形势及监管政策环境变化,持续优化信托业务结构,更加注重提升主动管理能力,加快回归信托本源步伐,一是深入挖掘传统优势业务,夯实发展基础。提升主动管理能力,改进传统业务模式,更多运用股权投资、"股+债"、并购基金等模式,提高传统业务产业链上的综合服务、谈判议价和资源统筹能力,房地产主动管理业务形成品牌和特色,投贷联动业务取得重大进展。二是大力拓展回归本源业务,不断提升品牌影响力。家族信托业务保持先发优势,行业领先地位稳固。公司正式发布"德善齐家"家族信托品牌,市场影响力持续提升。慈善信托发展渐入佳境,与家族信托联动的展业模式初步形成。三是有力支持创新业务落地,加快转型创新步伐。注重在新的投资领域、新的大类资产配置、新的合作伙伴上谋创新、求实效。通过信托计划试水消费金融、文化、体育、影视等产业的项目成功落地,成为公司转型的新方向。四是增设业务团队覆盖上海、北京、重庆、南京、郑州5个重点城市,进一步优化业务区域布局,增强全国展业能力。五是增设营销网点,拓展代销银行范围,实施全员营销战略,全力拓宽销售渠道。新增烟台、合肥两个营销网点,进一步扩大高净值客户覆盖;深化与现有代销银行的战略合作,拓宽代销银行范围,保障信托产品发行;推行全员营销战略初见实效,自主营销能力不断提升。

截至2018年12月31日,本公司管理的信托资产规模为231 922百万元,信托总数为1 078个;主动管理型信托资产规模为89 658百万元,占本公司管理的全部信托资产规模的38.7%,同比提高9.1个百分点;报告期内,本公司管理的主动管理型信托产生的收入为627百万元,占全部信托业务收入中的手续费及佣金收入的70.4%,同比提高1.0个百分点。

#### 4.2.2 固有业务

2018年,为合理稳健配置自有资金,提高自有资金运作质效,本公司坚持长中短期结合的策略,积极运用自有资金进行投资。一是充分发挥固有业务与信托业务的协同效应,积极实施投贷联动,大力支持信托业务转型创新。二是以获批固有资产从事股权投资业务资格为契机,参与设立创投基金,谋求固有业务转型,打造效益增长新引擎。三是积极推动泰信基金管理有限公司股权转让,着力优化金融股权投资业务布局。四是在保证流动性的前提下,积极开展国债逆回购、购买券商理财产品、境外资产专户管理等短期运作,提高境内外资金的使用效益。经过不懈努力,2018年实现固有业务收入为883.1百万元,同比增长29.6%。

### 4.3 市场分析

#### 4.3.1 经济形势分析

未来一段时期,全球经济增长面临的下行风险有所增加,但总体仍将延续复苏态势,贸易摩擦、金融市场情绪、地缘政治等将加剧全球经济和金融市场的不确定性。中国发展仍处于并将长期处于重要战略机遇期,中国经济保持平稳发展的有利因素较多,经济增长具有潜力和韧性。与此同时,中国经济发展面临的国际环境和国内条件都在发生深刻而复杂的变化,长期积累的风险隐患有所暴露,经济仍面临下行压力,经济运行稳中有变、变中有忧。

#### 4.3.2 金融形势分析

金融业将以服务供给侧结构性改革为主线,提高金融服务实体经济能力,防范化解金融风险,深化改革扩大开放,积极向高质量发展转变。信托业将在资管新格局背景下开启新的征程,更加坚定地以回归信托本源为核心、以服务实体经济为根本、以转型创新为驱动、以助力人民美好生活为目标,强化风险管控、把握发展速度、提升发展质效,努力顺应新时代。

#### 4.3.3 影响公司业务发展的主要因素

公司的业务运营在中国进行,且公司大部分收入于中国境内产生。作为一家中国金融机构,公司的业务、财务状况、经营业绩及前景受中国整体经济及金融市场状况的重大影响。

中国经济经历40年的快速增长后,目前已转向高质量发展阶段,其特征为经济结构优化和产业转型升级。中国经济的结构转型、宏观经济政策及金融市场的波动给公司的业务带来挑战。一方面,公司的客户可能会在经济放缓时减少投资活动或融资需求,这或会减少对公司的多种信托产品的需求;另一方面,公司可能会在经济转型期识别新的业务机会并利用金融市场状况的变化,而且公司可能会在能够抵销经济下行周期影响的领域增加业务。

公司已经对多个金融机构进行固有投资,并且公司大部分的固有资产以不同类型金融产品的形式持有。该等投资的价值受宏观经济状况、资本市场的表现和一般投资者情绪的影响。因此,中国整体经济及金融市场状况的变化也将影响公司固有投资的价值及投资收益。

此外,公司的经营业绩、财务状况及发展前景皆受中国监管环境的影响。中国信托业的主要监管机构中国银保监会持续关注行业的发展状态,发布了多项规定和政策以不时鼓励或不提倡甚至是禁止某些种类的信托业务开展。2018年4月,中国人民银行、中国银保监会、中国证监会、国家外汇管理局联合下发《关于规范金融机构资产管理业务的指导意见》(银发

[2018]106 号)，对资产管理业务按照产品类型统一监管标准，要求包括信托公司在内的金融机构在开展资产管理业务时"去信道""去嵌套"，这些政策短期内可能会对信托公司经营产生一定的紧缩效应，但长期来看有利于信托公司提升主动管理能力，回归信托本源。

此外，中国其他金融行业的监管环境也可能会间接影响公司的信托业务。例如，2018 年 9 月，中国银保监会发布《商业银行理财业务监督管理办法》，并于 12 月发布《商业银行理财子公司管理办法》，对商业银行开展理财业务进行了明确规定，允许商业银行通过设立理财子公司开展资产管理业务。公司传统上受益于信托牌照下广泛的业务范围，然而由于其他金融机构例如商业银行将能够提供越来越多与公司类似的产品及服务，而公司可能会因此面对更激烈的竞争而丧失部分优势。

## 4.4 风险管理

### 4.4.1 风险管理概况

本公司一直致力于建立健全的风险管理和内部控制体系，其中包括适合公司业务经营的目标、原则、组织框架、流程和应对主要风险的方法，而且本公司已建立一套涵盖本公司业务经营各个方面的全面风险管理体系。本公司精细的风险管理文化、以目标为导向及完善的风险管理体系与机制，确保本公司的业务持续稳定发展，为本公司识别和管理业务运营所涉及的风险奠定坚实基础。

### 4.4.2 风险管理

4.4.2.1 信用风险管理

信用风险是指本公司客户及交易对手未能履行合约责任的风险。本公司的信用风险由本公司的信托业务及固有业务引起。

报告期内，本公司严格遵守中国银保监会有关信用风险管理指引等监管要求，在董事会战略与风控委员会和高级管理层的领导下，以配合实现战略目标为中心，完善信用风险管理的制度和系统建设，加强重点领域的风险管控，全力控制和化解信用风险。

4.4.2.2 市场风险管理

市场风险主要是指金融工具的公允价值或未来现金流将因市场价格变化而导致波动，主要由于价格风险、利率风险及汇兑风险导致波动风险。报告期内，本公司主要通过多样化及谨慎挑选的投资组合和严格的投资决策机制管理此类风险。

4.4.2.3 流动性风险管理

流动性风险是指由于债权到期本公司或不能获取足够的现金以全面结算本公司的债务，或本公司仅可在重大不利的条款下获取足够的现金以全面结算本公司的债务的风险。

报告期内，本公司定期预测本公司的现金流和监测本公司的短期和长期资本需求，以确保有足够的现金储备和金融资产可较易转换成现金。本公司持有足够的不受限银行存款及手头现金以满足本公司日常运营的资本需求。

4.4.2.4 合规风险管理

合规风险是指因本公司的业务活动或雇员的活动违反有关法律法规或规则而遭受法律制裁、被采取监管措施、纪律处分、蒙受财产损失或声誉损失的风险。

本公司已制定若干合规制度和政策，由合规法律部专门监察本公司日常运营各方面的整体合规状况。报告期内，本公司的合规法律部也持续追踪相关法律法规和政策的最新发展，并向相关部门提交制定和修订相关内部制度和政策的方案。此外，本公司根据不同部门的相关业务活动的性质组织若干雇员培训项目，持续更新有关现有法律法规要求及内部政策。

4.4.2.5 操作风险管理

操作风险是指因交易过程或管理系统操作不当而引致财务损失的风险。报告期内，为了将操作风险减至最低，本公司已实施严格的风险控制机制，以降低技术违规或人为失误的风险，并提高操作风险管理的有效性。此外，本公司的审计部负责内部审计及评估操作风险管理的有效性。

4.4.2.6 声誉风险管理

本公司非常珍惜多年来经营的良好市场形象，积极采取有效措施规避和防范声誉风险，防止本公司声誉受到不良损害。本公司制定了《声誉风险管理办法》。报告期内，本公司在通过优秀的财富管理能力提高客户忠诚度的同时，加强对外宣传力度，积极履行社会责任，开辟多种渠道与监管机构、媒体、公众等利益相关者进行沟通，强化"专业、诚信、勤勉、成就"的企业核心价值观。

4.4.2.7 其他风险管理

本公司通过对国家宏观经济政策和行业政策的分析、研究，提高预见性和应变能力，控制政策风险。通过建立健全法人治理结构、内部控制制度、业务操作流程，保证工作流程的完整性和科学性。本公司不断加强员工思想教育，树立恪尽职守的观念和先进的风险管理理念，避免道德风险。同时加强法制意识教育，深入开展全体员工廉洁从业教育活动。公司设置专门的法律岗位，聘请常年法律顾问等，有效控制法律风险。

# 5. 报告期末及上一年度末的比较式会计报表

## 5.1 自营资产

### 5.1.1 会计师事务所审计意见全文

致山东省国际信托股份有限公司股东：

一、我们已审计的内容

山东省国际信托股份有限公司(贵公司)及其子公司(贵集团)列载于第 158 至 296 页的合并财务报表，包括：2018 年 12 月 31 日的合并财务状况表；截至该日年度合并全面收益表；截至该日年度合并权益变动表；截至该日年度合并现金流量表；合并财务报表附注，包括主要会计政策概要。

二、我们的意见

我们认为，该等合并财务报表已根据《国际财务报告准则》真实而中肯地反映了贵集团于 2018 年 12 月 31 日的合并财务状况及其截至该日的合并财务表现及合并现金流量，并已遵照香港《公司条例》的披露规定妥为拟备。

三、意见的基础

我们已根据《国际审计准则》进行审计。我们在该等准则下承担的责任已在本报告《审计师就审计合并财务报表承担的责任》部分中作进一步阐述。

我们相信,我们所获得的审计凭证能充足及适当地为我们的审计意见提供基础。

四、独立性

根据国际会计师专业操守理事会颁布的专业会计师道德守则(IESBA 守则),我们独立于贵集团,并已履行 IESBA 守则中的其他专业道德责任。

五、关键审计事项

关键审计事项是根据我们的专业判断,认为对本期合并财务报表的审计最为重要的事项。这些事项是在我们审计整体合并财务报表及出具意见时进行处理的。我们不会对这些事项提供单独意见。

我们在审计中识别的关键审计事项概述如下:

第一,信托计划的合并评估;

第二,客户贷款的预期信用损失(ECL)。

六、关键审计事项

(一)信托计划的合并评估

请参阅合并财务报表附注 2. 4、2. 7、3(c)及 38。

贵集团管理或投资多项信托计划。于 2018 年 12 月 31 日,于所有该等信托计划中,贵集团已合并总额约 8 784 百万元,未合并总额约 223 138 百万元。

管理层根据国际财务报告准则第 10 号——合并财务报表(国际财务报告准则第 10 号)对控制权的三个要素(对信托计划相关活动的权力、承担可变回报披露及贵集团利用其权力影响来自信托计划的可变回报的能力)作出评估,以厘定由贵集团管理或投资的信托计划是否应进行合并。于进行评估时,当中涉及重大判断,以厘定贵集团于安排中的角色为主要责任人还是代理人。倘贵集团作为主要责任人,贵集团控制信托计划,而信托计划须进行合并。

我们关注于此领域,乃因为贵集团所参与的信托计划十分重要,且该等信托计划的合并评估涉及重大判断。

(二)我们的审计如何处理关键审计事项

我们了解管理层对信托计划合并评估的控制。

此外,我们对贵集团投资或管理的信托计划进行抽样测试,并就管理层对信托计划合并的评估作出下列程序:

1. 了解交易结构的目的和设计,检查相关合同条款,并评估贵集团是否有权指导该等信托计划的相关活动。

2. 检查与贵集团来自该等抽样信托计划的可变回报(包括管理费、直接投资及流动资金支持)有关的合约条款,将该数据与应用于管理层对可变回报的评估中的参数相核对。

3. 根据合约条款重新计算贵集团来自该等信托计划的可变回报。

4. 通过分析贵集团运用其权力影响信托计划可变回报的能力,评估贵集团在信托计划中的角色为委托人或代理人,以可变回报水平为基准来衡量贵集团作为委托人是否符合国际财务报告准则第 10 号中的指引。

根据上述工作,我们认为管理层对信托计划作出的合并评估可接受。

(三)客户贷款的预期信用损失(ECL)

请参阅合并财务报表附注 2. 16. 1(ii)、3(a)、14、21(b)及 43. 1。

2018 年 12 月 31 日,贵集团录得客户贷款总额 7 758 百万元,贵集团合并财务状况表中确认减值准备 602 百万元。贵集团截至 2018 年 12 月 31 日年度合并利润表中确认客户贷款减值损失 178 百万元。

客户贷款减值准备余额指管理层依据国际财务报告准则第九号:金融工具(预期信用损失模型)于资产负债表日以模型要求对预期信用损失作出的最佳估计。

贵集团就客户贷款及垫款的信用风险自其初始确认后是否已显著增加进行评估,并采用“三个阶段”减值模型以计算其预期信用损失。对于第一个阶段及第二个阶段的客户贷款管理层对纳入了违约概率、违约损失率、违约风险敞口及折现率等关键参数的减值准备进行评估。对于第三个阶段的客户贷款,管理层透过估计贷款所产生的现金流量对减值准备进行评估。

预期信用损失计量模型涉及管理层的重大判断及假设,主要内容如下:为预期信用损失的计量选择合适的模型和假设;决定信用风险是否显著增加或已发生违约或减值损失的标准;前瞻性计量的经济指标以及应用经济情景及权重;第三个阶段客户贷款的预计未来现金流量。

为计量预期信用损失,贵集团已采用复杂模型,运用诸多参数及数据,并应用管理层的重大判断及假设。此外,客户贷款及垫款以及已计提减值准备及拨备金额重大。鉴于此等原因,我们因而确定此乃一项关键审计事项。

我们了解管理层用于计算预期信用损失的方法,并评估管理层有关客户贷款及垫款的预期信用损失计量的关键控制程序。此外,我们履行以下程序:

1. 我们审核预期信用损失计量的建模方法,并就组合分项、模型选择、关键参数估计、有关模型的重大判断及假设的合理性作出评估。

2. 我们评估管理层有关厘定信用风险是否显著增加或是否存在违约或信用减值贷款的标准。此外,我们在虑及借款人的财务及非财务资料、有关外部证据及其他因素的基础上选择样本,以评估管理层对在识别信用风险显著增加、违约及信用减值贷款方面的恰当性。

3. 就前瞻性计量而言,我们审核管理层对其经济指标选择的模型分析;所运用的经济情景及权重,评估经济指标预测的合理性,并进行敏感度分析。

4. 我们基于所选样本审核预期信用损失模型的主要参数,包括历史数据及计量日期的数据,以评估其准确性及完整性。

5. 我们基于样本审查由贵集团依据借款人及担保人的财务资料、抵押品最近估值及其他可用数据连同支持第三个阶段客户贷款减值准备计算的折现率而编制的预测未来现金流量。

基于我们所展开的程序,有关模型、关键参数、管理层采用的重大判断及假设以及预期信用损失的计量结果均被认为可予接纳。

七、其他数据

贵公司董事须对其他资料负责。其他资料包括年度报告内的所有资料（合并财务报表及我们的审计师报告除外）。我们对合并财务报表的意见并不涵盖其他数据，我们不对该等其他数据发表任何形式的鉴证结论。

结合我们对合并财务报表的审计，我们的责任是阅读有关资料，在此过程中，考虑其他资料是否与合并财务报表或我们在审计过程中所了解的情况存在重大抵触或者似乎存在重大错误陈述的情况。

基于我们已履行的工作，倘我们认为其他数据存在重大错误陈述，我们需要报告该事实。就此而言，我们并无事项报告。

八、董事及审计委员会就合并财务报表须承担的责任

贵公司董事须负责根据《国际财务报告准则》及香港《公司条例》的披露规定编制真实而中肯的合并财务报表，并对其认为为使合并财务报表的编制不存在由于欺诈或错误而导致的重大错误陈述所需的内部控制负责。

在编制合并财务报表时，董事负责评估贵集团持续经营的能力，并在适用情况下披露与持续经营有关的事项，以及使用持续经营为会计基础，除非董事有意将贵集团清盘或停止经营，或别无其他实际的替代方案。

审计委员会须负责监督贵集团的财务报告过程。

九、审计师就审计合并财务报表承担的责任

我们的目标，是对合并财务报表整体是否不存在由于欺诈或错误而导致的重大错误陈述取得合理保证，并出具包括我们意见的审计师报告。我们向阁下（作为整体）报告，除此之外，本报告别无其他目的。我们不会就本报告的内容向任何其他人士负上或承担任何责任。合理保证是高水准的保证，但不能保证按照《国际审计准则》进行的审计，在某一重大错误陈述存在时总能被发现。错误陈述可以由欺诈或错误引起，如果合理预期它们单独或汇总起来可能影响合并财务报表使用者依赖合并财务报表所作出的经济决定，则有关的错误陈述可被视作重大。

在根据《国际审计准则》进行审计的过程中，我们运用了专业判断，保持了专业怀疑态度。

第一，识别和评估由于欺诈或错误而导致合并财务报表存在重大错误陈述的风险，设计及执行审计程序以应对这些风险，以及获取充足和适当的审计凭证，作为我们意见的基础。由于欺诈可能涉及串谋、伪造、蓄意遗漏、虚假陈述，或凌驾于内部控制之上，因此未能发现因欺诈而导致的重大错误陈述的风险高于未能发现因错误而导致的重大错误陈述的风险。

第二，了解与审计相关的内部控制，以设计适当的审计程序，但目的并非对贵集团内部控制的有效性发表意见。

第三，评价董事所采用会计政策的恰当性及作出会计估计和相关披露的合理性。

第四，对董事采用持续经营会计基础的恰当性作出结论。根据所获取的审计凭证，确定是否存在与事项或情况有关的重大不确定性，从而可能导致对贵集团的持续经营能力产生重大疑虑。如果我们认为存在重大不确定性，则有必要在审计师报告中提请使用者注意合并财务报表中的相关披露。假若有关的披露不足，则我们应当发表非无保留意见。我们的结论是基于审计师报告日止所取得的审计凭证。然而，未来事项或情况可能导致贵集团不能持续经营。

第五，评价合并财务报表的整体列报方式、结构和内容，包括披露以及合并财务报表是否中肯反映交易和事项。

第六，贵集团内实体或业务活动的财务资讯获取充足、适当的审计凭证，以便对合并财务报表发表意见。我们负责集团审计的方向、监督和执行。我们为审计意见承担全部责任。

除其他事项外，我们与审计委员会沟通了计划的审计范围、时间安排、重大审计发现等，包括我们在审计中识别出内部控制的任何重大缺陷。

我们还向审计委员会提交声明，说明我们已符合有关独立性的相关专业道德要求，并与他们沟通有可能合理地被认为会影响我们独立性的所有关系和其他事项，以及在适用的情况下，相关的防范措施。

从与审计委员会沟通的事项中，我们确定哪些事项对本期合并财务报表的审计最为重要，因而构成关键审计事项。我们在审计师报告中描述这些事项，除非法律法规不允许公开披露这些事项，或在极端罕见的情况下，如果合理预期在我们报告中沟通某事项造成的负面后果超过产生的公众利益，我们决定不应在报告中沟通该事项。

出具本独立审计师报告的审计项目合伙人是叶少宽。

罗兵咸永道会计师事务所
执业会计师
香港　2019 年 3 月 22 日

**5. 1. 2　资产负债表**

**资产负债表**

编制单位：山东省国际信托股份有限公司（合并）　　单位：千元

| 项目 | 2018 年 12 月 31 日 | 2017 年 12 月 31 日 |
|---|---|---|
| 资产 | | |
| 非流动资产 | | |
| 物业、厂房及设备 | 130 128 | 120 092 |
| 无形资产 | 5 701 | 4 617 |
| 以权益法计量的投资 | 2 108 781 | 1 902 034 |
| 可供出售金融资产 | 不适用 | 636 221 |
| 以公允价值计量且其变动计入当期损益的金融资产 | 1 129 884 | 不适用 |
| 客户贷款 | 3 249 109 | 3 196 960 |
| 金融投资－摊余成本 | 32 761 | 不适用 |
| 分类为贷款及应收款项的投资 | 不适用 | 223 511 |
| 预付款项 | 160 990 | 18,993 |
| 递延所得税资产 | 98 256 | 74 708 |
| 其他非流动资产 | 362 569 | 348 087 |
| 非流动资产总额 | 7 278 179 | 6 525 223 |
| 流动资产 | | |
| 现金及银行存款余额 | 1 081 254 | 1 172 808 |

续表

| 项目 | 2018 年 12 月 31 日 | 2017 年 12 月 31 日 |
|---|---|---|
| 以公允价值计量且其变动计入当期损益的金融资产 | 448 987 | 485 225 |
| 买入返售金融资产 | 95 100 | 951 400 |
| 客户贷款 | 3 907 644 | 2 985 472 |
| 金融投资－摊余成本 | 88 714 | 不适用 |
| 分类为贷款及应收款项的投资 | 不适用 | 20 479 |
| 应收信托报酬 | 251 825 | 314 999 |
| 应收利息 | 不适用 | 58 864 |
| 其他流动资产 | 460 049 | 387 577 |
| 流动资产总额 | 6 333 573 | 6 376 824 |
| 总资产 | 13 611 752 | 12 902 047 |
| 权益及负债 | | |
| 股本 | 2 588 250 | 2 588 250 |
| 资本储备 | 2 231 139 | 2 215 637 |
| 法定盈余储备 | 767 319 | 688 876 |
| 法定一般储备 | 756 073 | 718 772 |
| 其他储备 | －1 301 | 29 449 |
| 保留盈利 | 3 199 212 | 2 906 556 |
| 总权益 | 9 540 692 | 9 147 540 |
| 负债 | | |
| 非流动负债 | | |
| 应付薪金和福利 | 62 697 | 44 974 |
| 归属于合并结构性实体其他受益人的净资产 | 1 735 269 | 1 204 744 |
| 非流动负债总额 | 1 797 966 | 1 249 718 |
| 流动负债 | | |
| 短期借款 | 450 000 | 328 000 |
| 应付薪金和福利 | 18 738 | 37 046 |
| 归属于合并结构性实体其他受益人的净资产 | 790 494 | 1 482 253 |
| 应付所得税 | 188 854 | 178 863 |
| 应付股息 | — | 4 048 |
| 其他流动负债 | 825 008 | 474 579 |
| 流动负债总额 | 2 273 094 | 2 504 789 |
| 负债总额 | 4 071 060 | 3 754 507 |
| 总权益及负债 | 13 611 752 | 12 902 047 |

### 5.1.3 利润表

**利润表**

编制单位：山东省国际信托股份有限公司（合并） 单位：千元

| 项目 | 2018 年度 | 2017 年度 |
|---|---|---|
| 手续费及佣金收入 | 891 301 | 1 129 771 |
| 利息收入 | 647 511 | 490 698 |
| 以公允价值计量且其变动计入当期损益的金融资产公允价值变动净额 | －32 274 | 1 793 |
| 投资（损失）/收益 | －25 231 | 21 148 |
| 处置经合并的结构性实体持有的联营企业净收益 | 160 851 | — |
| 其他业务收入 | 52 348 | 4 487 |
| 总营业收入 | 1 694 506 | 1 647 897 |
| 利息支出 | －192 801 | －167 731 |
| 员工成本（包括董事及监事薪酬） | －125 519 | －175 737 |
| 经营租赁支出 | －11 661 | －9 336 |
| 折旧及摊销 | －8 106 | －9 115 |
| 归属于合并结构性实体其他受益人的净资产变动 | －19 754 | 1 831 |
| 税金及附加 | －12 978 | －14 559 |
| 核数师薪酬 | －1 792 | －2 358 |
| 其他经营开支 | －73 330 | －90 695 |
| 贷款减值支出及其他信用风险准备 | －220 822 | －199 922 |
| 其他资产减值损失 | －33 093 | －28 536 |
| 总经营开支 | －699 856 | －696 158 |
| 分占以权益法计量的投资的利润 | 132 197 | 167 675 |
| 除所得税前经营利润 | 1 126 847 | 1 119 414 |
| 所得税费用 | －254 599 | －224 609 |
| 归属于本公司股东的净利润 | 872 248 | 894 805 |
| 其他综合收益 | | |
| 期后可能重新分类至损益的项目： | | |
| 可供出售金融资产公允价值变动 | 不适用 | －19 914 |
| 分占以权益法计量的投资的其他综合收益 | 6 050 | －6 838 |
| 其他综合收益部分相关之所得税 | － | 4 978 |
| 其他综合收益总额，扣除税项 | 6 050 | －21 774 |
| 归属于本公司股东的综合收益总额 | 878 298 | 873 031 |
| 归属于本公司股东的每股基本及摊薄利润（元） | 0.34 | 0.44 |

### 5.1.4 所有者权益变动表

**所有者权益变动表**

编制单位：山东省国际信托股份有限公司（合并） 单位：千元

| 项目 | 股本 | 资本储备 | 法定盈余储备 | 法定一般储备 | 其他储备 | 保留盈利 | 合计 |
|---|---|---|---|---|---|---|---|
| 于 2018 年 1 月 1 日的余额 | 2 588 250 | 2 215 637 | 688 876 | 718 772 | 29 449 | 2 906 556 | 9 147 540 |
| 于 2018 年 1 月 1 日经重述的余额 | 2 588 250 | 2 215 637 | 688 876 | 718 772 | －7 351 | 2 890 474 | 9 094 658 |
| 年内净利润 | — | — | — | — | — | 872 248 | 872 248 |
| 年内其他综合收益 | — | — | — | — | 6 050 | — | 6 050 |
| 综合收益总额 | — | — | — | — | 6 050 | 872 248 | 878 298 |
| 拨至法定盈余储备 | — | — | 78 443 | — | — | －78 443 | — |
| 拨至法定一般储备 | — | — | — | 37 301 | — | －37 301 | — |
| 已付股息 | — | — | — | — | — | －447 766 | －447 766 |
| 其他 | — | 15 502 | — | — | — | — | 15 502 |

续表

| 项目 | 股本 | 资本储备 | 法定盈余储备 | 法定一般储备 | 其他储备 | 保留盈利 | 合计 |
|---|---|---|---|---|---|---|---|
| 于2018年12月31日的余额 | 2 588 250 | 2 231 139 | 767 319 | 756 073 | -1 301 | 3 199 212 | 9 540 692 |
| 于2017年1月1日的余额 | 2 000 000 | 616 289 | 608 527 | 638 423 | 51 223 | 2 426 662 | 6 341 124 |
| 年内净利润 | — | — | — | — | — | 894 805 | 894 805 |
| 年内其他综合收益 | — | — | — | — | -21 774 | — | -21 774 |
| 综合收益总额 | — | — | — | — | -21 774 | 894 805 | 873 031 |
| 拨至法定盈余储备 | — | — | 80 349 | — | — | -80 349 | — |
| 拨至法定一般储备 | — | — | — | 80 349 | — | -80 349 | — |
| 已付股息 | — | — | — | — | — | -254 213 | -254 213 |
| H股发行所得款项 | 588 250 | 1 599 348 | — | — | — | — | 2 187 598 |
| 于2017年12月31日的余额 | 2 588 250 | 2 215 637 | 688 876 | 718 772 | 29 449 | 2 906 556 | 9 147 540 |

## 5.2 信托资产

### 5.2.1 信托项目资产负债汇总表

**信托项目资产负债汇总表**

编制单位：山东省国际信托股份有限公司　　2018年12月31日　　单位：万元

| 资产 | 期末余额 | 年初余额 | 负债和权益 | 期末余额 | 年初余额 |
|---|---|---|---|---|---|
| 资产： | | | 负债： | | |
| 货币资金 | 253 117.32 | 364 133.00 | 交易性金融负债 | — | — |
| 拆出资金 | — | — | 衍生金融负债 | — | — |
| 结算备付金 | 46 908.89 | 79 442.72 | 卖出回购金融资产款 | 10 959.28 | 51 482.38 |
| 交易性金融资产 | 2 061 098.22 | 3 426 426.16 | 应付账款 | 0.04 | — |
| 衍生金融资产 | — | — | 应付赎回款 | 18 337.13 | 75 414.72 |
| 买入返售金融资产 | 169 362.92 | 21 170.70 | 应付受托人报酬 | 22 570.96 | 35 907.37 |
| 应收账款 | — | — | 应付受益人收益 | 23 799.34 | 68 014.12 |
| 应收利息 | 43 234.37 | 38 386.86 | 应付托管费 | 679.07 | 987.31 |
| 应收股利 | 11 269.35 | 4 034.22 | 应付销售服务费 | 1.56 | 1.56 |
| 应收申购款 | — | — | 应交税费 | 1 632.07 | — |
| 应收票据 | — | — | 应付利息 | 21.69 | — |
| 其他应收款 | 162 746.90 | 125 616.50 | 其他应付款 | 141 765.67 | 49 919.89 |
| 存出保证金 | — | — | 其他负债 | 1 050.55 | 5 158.95 |
| 发放贷款 | 11 415 879.78 | 13 459 816.10 | 负债合计 | 220 817.36 | 286 886.30 |
| 长期应收款 | 189 855.53 | 161 450.91 | | | |
| 可供出售金融资产 | 1 001.72 | 142 588.62 | | | |
| 持有至到期投资 | 7 040 963.05 | 7 337 465.03 | | | |
| 长期股权投资 | 1 689 500.12 | 1 872 400.34 | 权益： | | |
| 投资性房地产 | — | — | 实收信托 | 23 192 163.07 | 26 340 763.36 |
| 融资租赁资产 | — | — | 资本公积 | 90 828.49 | 71 789.49 |
| 固定资产 | — | — | 损益平准 | — | — |
| 固定资产清理 | — | — | 未分配利润 | 246 867.72 | 468 058.83 |
| 无形资产 | — | — | 权益合计 | 23 529 859.28 | 26 880 611.68 |
| 长期待摊费用 | — | — | | | |
| 其他资产 | 665 738.47 | 134 566.82 | | | |
| 信托资产总计 | 23 750 676.64 | 27 167 497.98 | | | |
| 减：各项资产减值准备 | — | — | | | |
| 资产总计 | 23 750 676.64 | 27 167 497.98 | 负债和权益总计 | 23 750 676.64 | 27 167 497.98 |

5.2.2 信托项目利润及利润分配汇总表

信托业务利润及利润分配汇总表

编制单位:山东省国际信托股份有限公司 2018 年度 单位:万元

| 项目 | 本年累计数 | 上年累计数 |
|---|---|---|
| 一、收入 | 1 800 222.28 | 1 293 687.30 |
| 利息收入 | 1 196 914.84 | 957 570.42 |
| 投资收益(损失以“-”号填列) | 474 638.96 | 469 692.80 |
| 其中:对联营企业和合营企业的投资收益 | — | — |
| 公允价值变动收益(损失以“-”号填列) | 103 516.92 | -134 360.39 |
| 租赁收入 | 1.06 | -36.07 |
| 汇兑损益(损失以“-”号填列) | — | — |
| 其他收入 | 25 150.50 | 820.54 |
| 二、支出 | 240 019.22 | 191 935.17 |
| 税金及附加 | — | 4 369.92 |
| 受托人报酬 | 120 956.21 | 110 599.37 |
| 托管费 | 15 899.24 | 12 153.46 |
| 销售服务费 | 5 083.79 | 8 819.70 |
| 交易费用 | 4 597.95 | 5 284.71 |
| 利息支出 | — | — |
| 资产减值损失 | — | — |
| 其他费用 | 93 482.03 | 50 708.01 |
| 三、净利润(净亏损以“-”号填列) | 1 560 203.06 | 1 101 752.13 |
| 四、其他综合收益 | 5 638.00 | 1 078.29 |
| 五、综合收益 | 1 565 841.06 | 1 102 830.42 |
| 六、期初未分配利润 | 451 649.86 | 468 058.83 |
| 七、本期已分配信托利润 | 1 549 432.09 | 1 324 021.53 |
| 八、期末未分配利润 | 468 058.83 | 246 867.72 |

## 6. 会计报表附注

### 6.1 会计报表编制基准不符合会计核算基本前提的说明

本公司无上述情况。

### 6.2 重要会计政策和会计估计说明

#### 6.2.1 计提资产减值准备的范围和方法

6.2.1.1 金融资产的减值

本集团在前瞻性的基础上评估与其持有的以摊余成本和以公允价值计量且其变动计入其他综合收益计量的债务工具资产相关的预期信用损失,以及与贷款承诺和金融担保合同相关的风险敞口。本集团在各报告日期对该等损失确认减值准备。预期信用损失的计量反映如下:通过评估一系列可能的结果而确定的无偏颇概率加权金额;货币的时间价值;于本报告期,无须付出不必要的额外成本或努力即可获得有关过去事件、当前状况和对预测未来经济状况的合理及有理有据的资料。

6.2.1.1.1 预期信用损失准备计量

计量以摊余成本计量和以公允价值计量且其变动计入其他综合收益的金融资产的预期信用损失准备,需要运用复杂模型和对未来经济状态以及信用行为的重要假设(如客户违约的可能性以及造成的损失)。用以计量预期信用损失使用的参数、假设以及估值技术于附注43.1中进一步说明,当中亦载列预期信用损失对该等要素变化的关键敏感度。

应用于计量预期信用损失的会计要求也需要作出一些重大判断,例如:为计量预期信用损失选择合适的模型及假设;厘定信用风险是否显著增加或是否产生违约或减值损失的标准;前瞻性计量的经济指标以及经济场景及权重的应用;第三个阶段客户贷款的估计未来现金流量。

6.2.1.1.2 2018年1月1日前适用的重大会计估计

除非已知情况显示在每次评估之间的报告期间已经发生减值损失,否则本集团仅定期对贷款组合的减值损失情况进行评估。厘定减值损失是否录得损益时,本集团在确定贷款组合的单项贷款减少前就该组合是否存在可计量的估计未来现金流减少的可观察数据进行判断,以确定是否需要计提减值拨备。发生减值损失的证据可以包括可观察数据表明该组合中借款人的支付状况发生了不利的变化(如拖欠款项),或出现了可能导致贷款组合违约的国家或地方经济状况的不利变化等。单独进行减值评估的贷款及垫款减值损失为估计贴现未来现金流量与账面值的差额。当客户贷款集体进行减值评估,对具有相近似的信用风险特征和客观减值证据的贷款组合资产,管理层采用此类似资产的历史损失经验作为估计预期未来现金流的基础。本集团会定期审阅对未来现金流的金额和时间进行估计所使用的方法和假设,以减少估计贷款减值损失和实际出现贷款减值损失情况之间的差异。

6.2.1.2 非金融资产减值损失拨备

各报告期末,本集团复核其有形及无形资产账面价值以确定是否存在任何迹象显示该等资产出现减值损失。如果存在任何此类迹象,则会对资产的可收回金额作出估计,以确定减值损失的程度(如有)。可收回金额是指一项资产的公允价值减去处置费用后的净额与该资产使用价值两者间的较高者。

如果资产的可收回金额估计低于其账面价值,则将该资产的账面价值减至其可收回金额,减值损失计入当期损益。

#### 6.2.2 长期股权投资核算方法

长期股权投资包括本公司对受本公司控制的结构化主体(以下合称本集团)的长期股权投资,以及本集团对联营企业的长期股权投资。

6.2.2.1 子公司

子公司是指本集团对其具有控制权的所有实体(包括结构性实体)。当本集团因为参与该被投资单位而承担可变回报的风险或享有可变回报的权益,并有能力透过其对该被投资单位的权力影响此等回报时,本集团即控制该被投资单位。

本公司财务状况表中,子公司的投资由成本减减值计量。子公司的业绩由本公司按已收及应收股息计量。如股息超过宣派股息期内子公司的综合收益总额,或如在独立财务报表的投资账面值超过合并财务报表中被投资单位净资产的账面值,则必须对子公司投资作减值测试。

6.2.2.2 联营企业

联营企业是指所有本集团对其有重大影响力而无控制权的实体，通常附带有20%～50%投票权的股权。联营企业的投资以权益法计量。根据权益法，投资初始以成本确认，而账面值被增加或减少以确认投资者享有被投资者在收购日期后的损益份额。本集团于联营企业的投资包括收购时已辨认的商誉。在收购联营企业的所有者权益时，购买成本与本集团享有的对联营企业可辨认资产和负债的公允价值净额的差额确认为商誉。

本集团应占联营企业收购后利润或亏损于损益内确认，而应占其收购后的其他综合收益变动则于其他综合收益内确认，并相应调整投资账面值。如本集团应占一家联营企业的亏损等于或超过其在该联营企业的权益，包括任何其他无抵押应收款，本集团不会确认进一步亏损，除非本集团对联营企业已产生法律或推定义务或已代联营企业作出付款。

本集团在每个报告日期厘定是否有客观证据证明对联营企业投资已减值。如投资已减值，本集团计算减值，数额为联营企业可收回数额与其账面值的差额，并在损益中确认于应占按权益法计量的投资的利润份额内。

**6.2.3 固定资产计价和折旧方法**

固定资产包括房屋及建筑物、运输工具、计算机及电子设备以及办公设备等。购置或新建的固定资产按取得时的成本进行初始计量。

与固定资产有关的后续支出，在相关的经济利益很可能流入本集团且其成本能够可靠的计量时，计入固定资产成本；对于被替换的部分，终止确认其账面价值；所有其他后续支出于发生时计入当期损益。

固定资产折旧采用年限平均法并按其入账价值减去预计净残值后在预计使用寿命内计提。对计提了减值准备的固定资产，则在未来期间按扣除减值准备后的账面价值及依据尚可使用年限确定折旧额。

固定资产的预计使用寿命、净残值率及年折旧率列示如下：

| | 预计使用寿命（年） | 预计净残值率（%） | 年折旧率（%） |
|---|---|---|---|
| 房屋及建筑物 | 20～40 | 3 | 2.43～4.85 |
| 运输工具 | 8 | 3 | 12.13 |
| 计算机及电子设备 | 3～5 | 3 | 19.40～32.33 |
| 办公设备 | 5～10 | 3 | 9.70～19.40 |

对固定资产的预计使用寿命、预计净残值和折旧方法于每年年度终了进行复核并作适当调整。

当固定资产被处置或者预期通过使用或处置不能产生经济利益时，终止确认该固定资产。固定资产出售、转让、报废或毁损的处置收入扣除其账面价值和相关税费后的金额计入当期损益。

**6.2.4 合并会计报表的编制方法**

编制合并财务报表时，合并范围包括本公司及全部子公司。

子公司是指可以被本集团控制的主体（包括受本公司控制的结构化主体）。控制是指本集团拥有对被投资方的权力，通过参与被投资方的相关活动而享有可变动报酬，并且有能力利用对被投资方的权力影响其报酬。本集团在获得子公司控制权当日合并子公司，并在丧失控制权当日将其终止合并入账。

结构化主体是指在判断主体的控制方时，表决权或类似权力没有被作为设计主体架构时的决定性因素（例如表决权仅与行政管理事务相关），而主导该主体相关活动的依据是合同或相应安排。

当本集团在结构化主体中担任管理人（如作为信托计划的受托人）时，本集团将评估就该结构化主体而言，本集团是代理人还是主要责任人。如果资产管理人仅仅是代理人，则其主要代表其他方（结构化主体的其他投资者）行事，因此并不控制该结构化主体。但若资产管理人被判断为主要代表其自身行事，则是主要责任人，因而控制该结构化主体。

本集团经营活动中涉及的结构化主体包括信托计划、基金投资和资产管理计划投资等。本公司设立信托计划，通过向信托计划的委托人（投资者）提供受托及管理服务赚取信托报酬。信托计划主要包括融资类信托计划和投资类信托计划等，本公司也可能在本公司设立及管理的信托计划中进行投资。

本集团在决定是否合并结构化主体时，根据合同约定评估本集团是否拥有对结构化主体的权力，通过参与结构化主体的相关活动而享有可变动报酬，并且有能力利用对结构化主体的权力影响其报酬。固定期限和可卖回工具中的归属于第三方受益人的权益在合并资产负债表中列示为其他负债。合并融资类信托计划中归属于第三方受益人的损益变动在合并利润表中列示为利息支出，合并投资类信托计划中归属于第三方受益人的损益变动在合并利润表中列示为合并结构化主体中归属于第三方投资者的净资产份额变动。

**6.2.5 收入确认原则和方法**

收入的金额按照本集团在日常经营活动中提供劳务时，已收或应收合同或协议价款的公允价值确定。

与交易相关的经济利益很可能流入本集团，相关的收入能够可靠计量且满足下列各项经营活动的特定收入确认标准时，确认相关的收入。

6.2.5.1 手续费及佣金收入

本公司作为信托业务受托人取得的信托报酬，根据信托合同或协议约定的费率及期限按期确认为收入。

6.2.5.2 利息收入和支出

利息收入和支出按照相关金融资产和金融负债的摊余成本采用实际利率法计算，计入当期损益。

已发生信用减值金融资产的利息收入，按确定减值损失时对未来现金流量进行折现采用的折现率作为利率进行计算。

6.2.5.3 股利收入

股利于收取股利的权利被确立时确认为收入。

**6.2.6 所得税的会计处理方法**

当期所得税包括根据当期应纳税所得额及报告期末适用税率计算的预期应交所得税和对以前年度应交所得税的调整。本集团就资产或负债的账面价值与其计税基础之间的暂时性差异确认为递延所得税资产和递延所得税负债。对于能够结转以后年度的可抵扣亏损和税款抵减也会产生递延所得税。递延所得税资产的确认以很可能取得用来抵扣可抵扣暂时性差异的应纳税所得额为限。

本集团除了将与直接计入其他综合收益或股东权益的交

易或者事项有关的所得税影响计入其他综合收益或股东权益外,当期所得税费用和递延所得税变动计入当期损益。报告期末,本集团根据递延所得税资产和负债的预期实现或结算方式,依据税法规定,按预期收回该资产或清偿该负债期间的适用税率计量该递延所得税资产和递延所得税负债的账面价值。

当本集团有法定权利以当期所得税负债抵销当期所得税资产,并且递延所得税资产和递延所得税负债归属于同一纳税实体和同一税务机关时,本集团将抵销递延所得税资产和递延所得税负债。否则,递延所得税资产和负债及其变动额分别列示,不相互抵销。

## 6.3 或有事项说明

公司对外担保的年初数为零,期末数为零。

## 6.4 重要资产转让及其出售的说明

本年度未发生重要资产转让及其出售事项。

## 6.5 会计报表中重要项目的明细资料

### 6.5.1 自营资产经营情况

6.5.1.1 信用风险资产的期初数、期末数

单位:千元

| 项目 | 2017 年 12 月 31 日 | 2018 年 12 月 31 日 |
|---|---|---|
| 资产 | | |
| 现金及银行存款余额 | 1 172 808 | 1 081 254 |
| 买入返售金融资产 | 951 400 | 95 100 |
| 客户贷款 | 6 182 432 | 7 156 753 |
| 金融投资—摊余成本 | 不适用 | 121 476 |
| 分类为贷款及应收款项的投资 | 243 990 | 不适用 |
| 其他金融资产—摊余成本 | 1 109 527 | 914 390 |
| 合计 | 9 660 157 | 9 368 973 |

6.5.1.2 前五名的自营长期股权投资的被投资企业名称、占被投资企业权益的比例、主要经营活动及投资收益情况等

| 被投资企业名称 | 占被投资企业权益的比例(%) | 主要经营活动 | 投资收益(万元) |
|---|---|---|---|
| 泰信基金管理有限公司 | 45.00 | 证券投资基金管理 | -3 680.94 |
| 山东豪沃汽车金融有限公司 | 10.00 | 汽车金融 | 2 691.96 |
| 富国基金管理有限公司 | 16.68 | 证券投资基金管理 | 1 1694.71 |
| 泰山财产保险股份有限公司 | 9.85 | 保险产品和服务 | -482.71 |
| 德州银行股份有限公司 | 2.37 | 商业银行服务 | 594.13 |

### 6.5.2 信托资产管理情况

6.5.2.1 信托资产的期初数、期末数

单位:万元

| 信托资产 | 期初数 | 期末数 |
|---|---|---|
| 集合 | 11 261 865.93 | 10 088 200.42 |
| 单一 | 15 523 059.51 | 12 913 882.29 |
| 财产权 | 382 572.54 | 748 593.93 |
| 合计 | 27 167 497.98 | 23 750 676.64 |

6.5.2.2 本年度已清算结束的信托项目个数、实收信托合计金额、加权平均实际年化收益率

6.5.2.2.1 本年度已清算结束的集合、单一资金信托项目和财产权信托项目

| 已清算结束信托项目 | 项目个数(个) | 实收信托合计金额(万元) | 加权平均实际年化收益率(%) |
|---|---|---|---|
| 集合 | 99 | 2 979 052.07 | 5.83 |
| 单一 | 287 | 6 830 430.55 | 7.17 |
| 财产权 | 2 | 31 751.88 | 1.77 |

注:加权平均实际年化收益率 =(信托项目 1 的实际年化收益率 × 信托项目 1 的资产总计 + 信托项目 2 的实际年化收益率 × 信托项目 2 的资产总计 + … + 信托项目 $n$ 的实际年化收益率 × 信托项目 $n$ 的资产总计)/(信托项目 1 的资产总计 + 信托项目 2 的资产总计 + … + 信托项目 $n$ 的资产总计)×100%。

6.5.2.2.2 本年度已清算结束的融资类、投资类、事务管理型信托项目

| 已清算结束信托项目 | 项目个数(个) | 实收信托合计金额(万元) | 加权平均实际年化信托报酬率(%) | 加权平均实际年化收益率(%) |
|---|---|---|---|---|
| 融资类 | 56 | 2 243 180.00 | 1.21 | 5.87 |
| 投资类 | 65 | 752 243.00 | 0.96 | 8.37 |
| 事务管理型 | 267 | 6 845 811.50 | 0.21 | 8.32 |

6.5.2.3 本年度新增的集合、单一和财产权信托项目个数、实收信托合计金额

| 新增信托项目类型 | 项目个数(个) | 实收信托合计金额(万元) |
|---|---|---|
| 集合 | 293 | 5 549 572.06 |
| 单一 | 202 | 2 576 842.12 |
| 财产权 | 16 | 532 629.25 |
| 新增合计 | 511 | 8 659 043.43 |
| 其中:主动管理型 | 253 | 4 003 729.10 |
| 事务管理型 | 258 | 4 655 314.33 |

6.5.2.4 本公司履行受托人义务情况及因本公司自身责任而导致的信托资产损失情况

本公司遵守信托法和信托文件对受托人义务的规定,为受益人的最大利益处理信托事务。管理信托财产时,恪尽职守,履行诚实、信用、谨慎、有效管理的义务,没有因本公司自身责任而导致的信托资产损失情况。

## 6.6 关联方关系及其交易

### 6.6.1 定价政策

公司在正常业务过程中发生的关联交易遵守一般商业条款。关联交易的价格主要参考市场价格经双方协商后确定。

### 6.6.2 关联方作为信托计划的委托人

截至 2018 年 12 月 31 日,鲁信集团及其子公司、合营企业及联营企业存在作为本集团设立及管理的部分信托计划的委托人的情况。

6.6.2.1 关联方作为并表信托计划的委托人

关联方于该等并表信托计划的权益已于本集团合并财务状况表中以其他负债如下。

| 项目 | 2018 年 12 月 31 日 | 2017 年 12 月 31 日 |
|---|---|---|
| 关联方作为委托人的并表信托计划数目(个) | 7 | 10 |
| 关联方于该等并表信托计划的权益(千元) | 130 530 | 135 795 |

6.6.2.2 关联方作为本集团未经并表信托计划的委托人

| 项目 | 2018 年 12 月 31 日 | 2017 年 12 月 31 日 |
| --- | --- | --- |
| 关联方作为委托人的未经并表信托计划数目(个) | 43 | 48 |
| 关联方的受托资产(千元) | 3 637 494 | 4 482 205 |
| 该等未经并表信托计划的受托资产总额(千元) | 9 639 127 | 8 272 676 |

6.6.2.3 由信托计划提供资金的关联方

| 项目 | 2018 年 12 月 31 日 | 2017 年 12 月 31 日 |
| --- | --- | --- |
| 向关联方提供资金的未经并表信托计划数目(个) | 14 | 26 |
| 所提供的资金总额(千元) | 4 352 876 | 13 067 794 |
| 该等未经并表信托计划的受托资产总额(千元) | 4 964 296 | 13 067 794 |

### 6.6.3 本公司与关联方的重大交易事项

6.6.3.1 信托资产与关联方:贷款、投资、租赁、应收账款、担保、其他方式等期初汇总数、本期发生额汇总数、期末汇总数

单位:万元

| 项目 | 信托财产与关联方关联交易 | | | |
| --- | --- | --- | --- | --- |
| | 期初数 | 借方发生额 | 贷方发生额 | 期末数 |
| 贷款 | 680.496 | 98 000 | 436 596 | 341 900 |
| 投资 | 61 603 | 3 500 | 2 203 | 62 900 |
| 租赁 | — | — | — | — |
| 担保 | — | — | — | — |
| 应收账款 | — | — | — | — |
| 其他 | 130 000 | — | 50 000 | 80 000 |
| 合计 | 872 099 | 101 500 | 488 799 | 484 800 |

6.6.3.2 本公司自有资金运用于自己管理的信托项目(固信交易)、本公司管理的信托项目之间的相互交易(信信交易)交易金额,包括余额和本报告年度的发生额

6.6.3.2.1 固有财产与信托财产之间的交易金额期初汇总数、本期发生额汇总数、期末汇总数

单位:万元

| 固有财产与信托财产相互交易 | | | |
| --- | --- | --- | --- |
| 项目 | 期初数 | 本期发生额 | 期末数 |
| 合计 | 469 532 | 201 706 | 671 238 |

6.6.3.2.2 信托资产与信托财产之间的交易金额期初汇总数、本期发生额汇总数、期末汇总数

单位:万元

| 信托资产与信托财产相互交易 | | | |
| --- | --- | --- | --- |
| 项目 | 期初数 | 本期净发生额 | 期末数 |
| 合计 | 206 508 | -57 673 | 148 835 |

**6.6.4 关联方逾期未偿还本公司资金的详细情况以及本公司为关联方担保发生或即将发生垫款的详细情况**

本公司本年不存在上述情况。

## 7. 财务情况说明书

### 7.1 利润实现和分配情况

合并利润实现和分配情况:

利润总额为 112 684.65 万元;所得税费用为 25 459.86 万元;归属于母公司的净利润为 87 224.79 万元;加年初未分配利润余额(调整后净额)为 289 047.45 万元;可供分配利润为 376 272.24 万元;提取法定公积金为 7 844.24 万元;按照本年实现净利润的 10% 提取信托赔偿准备金,当信托赔偿准备金余额达到实收资本的 20% 时不再计提,本年计提 3 730.04 万元。向公司股东分配股利为 44 776.73 万元;期末未分配利润为 319 921.23 万元。

### 7.2 主要财务指标

| 指标名称 | 指标值 |
| --- | --- |
| 加权净资产收益率(%) | 9.3 |
| 每股收益率(%) | 0.34 |

注:1. 加权净资产收益率 = 扣除非经常性损益后归属于公司普通股股东的净利润/(归属于公司普通股股东的期初净资产 + 归属于公司普通股股东的净利润 ÷ 2 + 报告期发行新股或债转股等新增的、归属于公司普通股股东的净资产 × 新增净资产次月起至报告期期末的累计月数 ÷ 报告期月份数 - 报告期回购或现金分红等减少的、归属于公司普通股股东的净资产 × 减少净资产次月起至报告期期末的累计月数 ÷ 报告期月份数) × 100%。

2. 每股收益率 = 归属于母公司普通股股东的合并净利润/本公司发行在外普通股的加权平均数 × 100%。

### 7.3 对本公司财务状况、经营成果有重大影响的其他事项

无。

## 8. 特别事项揭示

### 8.1 前五名股东报告期内变动情况及原因

截至 2018 年 12 月 31 日,本公司前五名股东持股情况如下。

| 序号 | 股东名称 | 报告期内增减(+,-) | 期末持股数量 | 期末持股比例(%) | 股份种类 |
| --- | --- | --- | --- | --- | --- |
| 1 | 鲁信集团 | — | 1 219 668 100 | 47.12 | 内资股 |
| 2 | 中油资产管理有限公司 | — | 485 293 750 | 18.75 | 内资股 |
| 3 | 香港中央结算(代理人)有限公司 | +108 000 | 375 571 000 | 14.51 | H 股 |
| 4 | 济南金融控股集团有限公司 | — | 140 425 000 | 5.43 | H 股 |
| 5 | 青岛全球财富中心开发建设有限公司 | — | 130 900 000 | 5.06 | H 股 |

注:香港中央结算(代理人)有限公司所持股份数量不含济南金融控股集团有限公司及青岛全球财富中心开发建设有限公司所持股份数量。

### 8.2 董事、监事及高级管理人员变动情况及原因

报告期内，本公司董事、监事、高级管理层变动情况如下。

本公司原执行董事、董事长王映黎女士由于任期届满，不再担任本公司执行董事、董事长，同时不再担任人事与提名委员会主席、业务决策委员会主席以及战略与风控委员会主席。万众先生已于2018年7月10日经董事会委任为董事长，其董事长的任职资格已获山东银保监局核准，自2019年1月9日起生效。经董事会委任，万先生担任人事与提名委员会主席、业务决策委员会主席及战略与风控委员会主席。万先生不再担任薪酬委员会委员。金同水先生委任为薪酬委员会委员。岳增光先生于2018年7月10日举行的2018年第一次临时股东大会被选举为本公司执行董事，并经董事会委任，担任信托委员会委员、业务决策委员会委员及战略与风控委员会委员。岳先生执行董事的任职资格已于2018年8月28日获得山东银监局核准，其在上述委员会的任职已经坐实。

本公司股东代表监事杨公民先生及王曰普先生因任期届满，不再担任本公司股东代表监事职务。郭守贵先生及王志梅女士经2018年第一次临时股东大会委任为第二届监事会股东代表监事。

本公司原总经理万众先生由于任期届满，不再担任本公司总经理职务。本公司于2018年1月22日召开一届二十三次董事会会议，审议通过了《关于聘任公司副总经理的议案》，同意聘任牛序成先生担任公司副总经理，其担任本公司副总经理的任职资格已于2018年4月13日获得山东银监局批准。岳增光先生经本公司2018年7月10日举行的2018年第一次临时股东大会被选举为本公司执行董事，并经董事会委任，担任本公司总经理。岳先生的总经理任职资格已于2018年9月3日经山东银监局核准。

### 8.3 变更注册资本、变更注册地或公司名称、公司分立合并事项

本公司已按照2018年第二次临时股东大会授权于2019年1月8日完成以资本化本公司资本公积金方式向股东按比例发行合共2 070 600 000股新股，包括1 552 940 000股新内资股及517 660 000股新H股。除此以外，于2018年度，本公司未发生变更注册资本、变更注册地或公司名称、公司分立合并事项。

### 8.4 公司的重大诉讼事项

截至2018年12月31日，本公司作为原告及申请人牵涉13宗诉讼请求金额超过10百万元的且尚在审理程序中的未决重大诉讼，涉及诉讼请求金额总计约为2 889.04百万元。该等法律诉讼主要为本公司向相关交易对手客户就未能偿还公司信托授予的贷款而提起的诉讼。

截至2018年12月31日，本公司作为被告牵涉两宗诉讼请求金额超过10百万元的且尚在审理程序中的未决重大诉讼，涉及诉讼请求金额总计约为36.12百万元。

### 8.5 公司及其董事、监事和高级管理人员受到处罚的情况

报告期内，本公司及本公司董事、监事、高级管理层未受到任何处罚。

### 8.6 公司对中国银保监会及其派出机构对公司检查的整改情况

报告期内，山东银保监局筹备组根据《中国银监会关于进一步深化整治银行业市场乱象的通知》《中国银监会办公厅关于印发2018年现场检查计划的通知》，于2018年9月10日至9月30日对本公司开展“进一步深化整治市场乱象”专项检查，并于2018年11月28日下发《检查意见书》。本公司针对《检查意见书》中指出的问题，制定了有针对性的整改方案，整改工作取得积极进展。

### 8.7 本年度重大事项临时报告

报告期内，本公司未作出针对重大事项的临时报告。

### 8.8 中国银保监会及其省级派出机构认定的其他有必要让客户及相关利益人了解的重要信息

除了年度报告所披露的以外，截至2018年12月31日，本公司不存在中国银保监会及其省级派出机构认定的其他有必要让客户及相关利益人了解的重要信息。

## 9. 公司监事会意见

2018年，监事会根据《公司章程》等有关规定，履行了对本公司董事会、高级管理层履职情况的监督职责。就相关问题出具意见如下。

本公司董事会人员组成符合境内外监管要求对信托公司治理的规定，董事具备多元化专业背景，具有较强的互补性，具有独立的专业判断能力，符合所聘任岗位的履职要求。报告期内，本公司董事会及各专门委员会能够严格按照《公司章程》、董事会及各专门委员会议事规则、上市规则等有关规定，依法合规运作，持续完善公司治理结构，有效落实股东大会的决议。报告期内，未发现董事存在违反相关法律法规及损害公司股东利益的行为。

报告期内，本公司高级管理层努力开展工作，认真履行职责，切实贯彻落实本公司股东大会和董事会各项决议，没有违反法律、法规和公司章程或损害本公司利益的行为。

本公司2018年度的财务报告客观、真实、完整地反映了本公司的财务状况和经营成果。

除以上披露事项外，监事会对报告期内其他监督事项无异议。

# 山西信托股份有限公司

## 1. 重要提示

1.1 本公司董事会及董事保证本报告所载资料不存在任何虚假记载、误导性陈述或者重大遗漏，并对其内容的真实性、准确性和完整性承担个别及连带责任。

1.2 未有公司董事声明对本年度报告内容的真实性、准确性、完整性存在异议。

1.3 公司独立董事陈凯保证本年度报告内容真实、准确、完整。

1.4 毕马威华振会计师事务所（特殊普通合伙）对本公司年度财务报告进行审计，出具了标准无保留意见的审计报告。

1.5 公司负责人刘叔肄、主管会计工作负责人雷淑俊、会计部门负责人刘峻声明：保证年度报告中财务报告的真实、完整。

## 2. 公司概况

### 2.1 公司简介

公司前身为经中国人民银行批准成立于1985年4月1日的山西省经济开发投资公司，1991年更名为山西省信托投资公司；2002年4月，经中国人民银行总行核准（银复[2002]85号），山西省信托投资公司吸收合并太原市信托投资公司，增加了新的股东，重新登记改制为山西信托投资有限责任公司；2007年8月，经中国银行业监督管理委员会核准（银监复[2007]338号），公司更名为山西信托有限责任公司；2013年4月，经中国银行业监督管理委员会《中国银监会关于山西信托有限责任公司变更组织形式及公司名称等有关事项的批复》（银监复[2013]183号）批准，公司更名为山西信托股份有限公司；截至本报告期末，公司注册资本为13.57亿元，其中山西金融投资控股集团有限公司持股为90.7%，太原市海信资产管理有限公司持股为8.3%，山西国际电力集团有限公司持股为1%。

| | | |
|---|---|---|
| 1 | 法定中文名称 | 山西信托股份有限公司（中文缩写：山西信托） |
| 2 | 法定英文名称 | Shanxi Trust Co. ,Ltd.（英文缩写：STC） |
| 3 | 法定代表人 | 刘叔肄 |
| 4 | 注册地址 | 山西省太原市府西街69号 |
| 5 | 邮政编码 | 030002 |
| 6 | 国际互联网网址 | http://www.sxxt.net |
| 7 | 公司电子邮箱 | websxxt@sxxt.net |
| 8 | 信息披露事务负责人 | 陈 强 |
| 9 | 信息披露事务联系人 | 吴 晶 |
| 10 | 联系电话 | 0351-8686278 |
| 11 | 传 真 | 0351-8686111 |
| 12 | 电子邮箱 | websxxt@sxxt.net |
| 13 | 本次信息披露报纸 | 《金融时报》 |
| 14 | 年度报告备置地点 | 山西省太原市府西街69号山西国际贸易中心A座37层 |
| 15 | 公司聘请的会计师事务所及其住所 | 毕马威华振会计师事务所（特殊普通合伙）<br>地址：北京市东城区东长安街1号东方广场2座3层 |
| 16 | 公司聘请的律师事务所及其住所 | 北京大成（太原）律师事务所<br>地址：太原市晋源区集阜路1号鸿升时代金融广场19层 |

### 2.2 组织结构

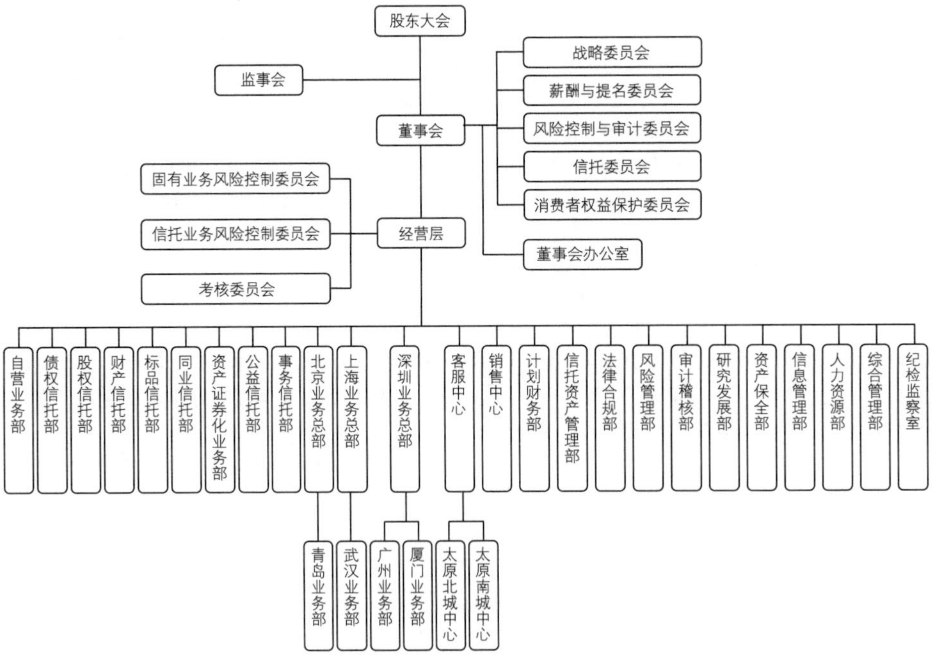

## 3. 公司治理结构

### 3.1 股东

股东总数:3 家。

| 股东名称 | 出资比例(%) | 法人代表 | 注册资本(亿元) | 注册地址 | 主要经营业务 |
|---|---|---|---|---|---|
| 山西金融投资控股集团有限公司★ | 90.7 | 张炯威 | 106.467 | 太原市杏花岭区府西街69号 | 投资和管理金融业包括银行、证券、保险、基金、信托、期货、租赁;资产管理;投资和管理非金融业。报告期内,公司财务状况良好。 |
| 太原市海信资产管理有限公司 | 8.3 | 冯企康 | 81.129 | 太原市新建路152号 | 投资及资产委托管理,投资咨询及企业财务法律咨询;创业投资业务服务;城市建设投资等。 |
| 山西国际电力集团有限公司 | 1 | 李国彪 | 60 | 太原市东缉虎营37号 | 电、热的生产和销售,发电、输变电工程的技术咨询,电力调度、生产管理及电力营销服务等。 |

注:1. 本公司三个股东之间不存在关联关系。
2. 股东财务状况数字截至2018年12月31日。
3. ★号表示公司最终实际控制人。

### 3.2 董事

董事

| 姓名 | 职务 | 性别 | 年龄(岁) | 选任日期 | 所推举的股东名称 | 该股东持股比例(%) | 简要履历 |
|---|---|---|---|---|---|---|---|
| 刘叔肄 | 董事长 | 男 | 53 | 2016年6月 | 山西金融投资控股集团有限公司 | 90.7 | 曾任山西省信托投资公司运城证券营业部经理、运城办事处副主任,山西信托投资有限责任公司地市信托部经理,太原资产管理公司经理,汇丰晋信基金公司副督察长,山西信托有限责任公司总经理;现任山西信托股份有限公司党委书记、董事长、总经理。 |
| 武　旭 | 董事 | 男 | 40 | 2017年11月 | 山西金融投资控股集团有限公司 | 90.7 | 曾任山西信托有限责任公司合规风控部副总经理,山西信托股份有限公司董事会办公室(党委办公室)主任;现任山西金融投资控股集团有限公司董事会办公室(办公室)副主任(主持工作)。 |
| 赵雅明 | 董事 | 男 | 48 | 2015年6月 | 太原市海信资产管理有限公司 | 8.3 | 曾任太原市海信资产管理有限公司业务部主任;现任太原市海信资产管理有限公司工会主席、投资部主任、风控部主任。 |
| 王建军 | 董事 | 男 | 46 | 2013年5月 | 山西国际电力集团有限公司 | 1 | 曾任山西国际电力集团工程管理公司工程部经理、产业部经理,通宝能源有限公司党委书记、总经理;现任山西国际电力集团有限公司产业管理部经理。 |
| 杨鹏霄 | 职工董事 | 男 | 38 | 2017年8月 | | | 曾任山西信托股份有限公司广州业务部副经理,山西信托股份有限公司中小企业三部总经理;现任山西信托股份有限公司同业信托部总经理。 |

独立董事

| 姓名 | 所在单位及职务 | 性别 | 年龄(岁) | 选任日期 | 所推举的股东名称 | 该股东持股比例(%) | 简要履历 |
|---|---|---|---|---|---|---|---|
| 陈凯 | 万商天勤(上海)律师事务所律师、合伙人 | 男 | 42 | 2016年11月 | 山西金融投资控股集团有限公司 | 90.7 | 曾任上海震旦律师事务所律师,上海傅玄杰律师事务所律师;现任万商天勤(上海)律师事务所合伙人、律师。 |

### 3.3 监事

| 姓名 | 职务 | 性别 | 年龄(岁) | 选任日期 | 所推举的股东名称 | 该股东持股比例(%) | 简要履历 |
|---|---|---|---|---|---|---|---|
| 牛海芳 | 监事 | 女 | 48 | 2013年5月 | 太原市海信资产管理有限公司 | 8.3 | 曾任太原市信托投资公司会计,太原市海信资产管理有限公司财务科科长;现任太原市海信资产管理有限公司副总经理。 |
| 宋晓伟 | 监事 | 女 | 54 | 2013年5月 | 山西国际电力集团有限公司 | 1 | 曾任太原理工天成科技股份有限公司副总经理,通宝能源有限公司总会计师,山西国际电力集团有限公司法律审计部经理,晋能集团有限公司资本运作中心部长。 |
| 逄　晶 | 职工监事 | 女 | 41 | 2017年4月 | | | 曾任山西卓融投资有限公司副总经理;现任山西信托股份有限公司纪委副书记、纪检监察室主任。 |
| 王　浩 | 职工监事 | 男 | 41 | 2017年4月 | | | 曾任山西省投资促进局干部;现任山西信托股份有限公司股权信托部总经理。 |

### 3.4 高级管理人员

| 姓名 | 职务 | 性别 | 年龄(岁) | 选任日期 | 金融从业年限(年) | 学历 | 专业 | 简要履历 |
|---|---|---|---|---|---|---|---|---|
| 刘叔肄 | 党委书记、董事长、总经理 | 男 | 53 | 2013年5月 | 28 | 硕士研究生 | 经济 | 曾任山西省信托投资公司运城证券营业部经理、运城办事处副主任，山西信托投资有限责任公司地市信托部经理，太原资产管理公司经理，汇丰晋信基金公司副督察长，山西信托有限责任公司总经理；现任山西信托股份有限公司党委书记、董事长、总经理。 |
| 乔彦林 | 专职党委副书记 | 男 | 55 | 2016年12月 | 34 | 本科 | 经济 | 曾任山西省信托投资公司委托处副处长、信托部经理，山西信托投资有限责任公司机构信托部经理、信托一部经理，山西信托有限责任公司监事会召集人、监事长、党委委员，山西信托股份有限公司党委委员；现任山西信托股份有限公司专职党委副书记。 |
| 邢秉华 | 党委委员、纪委书记 | 男 | 50 | 2016年12月 | 11 | 本科 | 法律 | 曾任晋城市煤炭资产经营有限责任公司执行董事、总经理，支部书记，山西省煤炭资产经营有限公司总经理助理，中煤财产保险股份有限公司党委委员、监事会主席；现任山西信托股份有限公司党委委员、纪委书记。 |
| 雷淑俊 | 党委委员、副总经理、财务总监 | 女 | 49 | 2013年5月 | 26 | 本科 | 金融 | 曾任山西信托投资有限责任公司营业部监理、信托资金管理部（营业部）监理，山西信托有限责任公司信托资金管理部经理、创新业务部经理、资本运营部经理，山西信托有限责任公司副总经理、财务总监；现任山西信托股份有限公司党委委员、副总经理、财务总监。 |
| 陈强 | 党委委员、副总经理、董事会秘书 | 男 | 50 | 2013年5月 | 27 | 研究生 | 经济 | 曾任山西省信托投资公司人事部副主任，山西信托投资有限责任公司综合管理部副经理、经理，山西信托有限责任公司副总经理、董事会秘书；现任山西信托股份有限公司党委委员、副总经理、董事会秘书。 |
| 赵小军 | 总经理助理 | 男 | 56 | 2017年7月 | 23 | 本科 | 法律 | 曾任山西省信托投资公司党总支副书记（副处级），山西信托有限责任公司信托一部经理，山西信托股份有限公司工会专职副主席，山西信托股份有限公司综合管理部总经理；现任山西信托股份有限公司总经理助理。 |
| 刘凌鹏 | 总经理助理 | 男 | 45 | 2017年6月 | 16 | 研究生 | 政治经济学 | 曾任山西信托股份有限公司投资业务事业部业务部总经理，山西信托股份有限公司金融市场事业部业务一部总经理；现任山西信托股份有限公司总经理助理。 |
| 温国志 | 总经理助理 | 男 | 49 | 2017年6月 | 25 | 本科 | 工业与民用建筑工程 | 曾任山西信托股份有限公司信托北京总部总经理，山西信托股份有限公司城镇化建设事业部业务二部总经理；现任山西信托股份有限公司总经理助理。 |
| 刘拓旺 | 风控总监 | 男 | 56 | 2017年7月 | 24 | 研究生 | 工商管理 | 曾任山西信托投资有限公司计划财务部副经理，山西证券有限责任公司清算存管部副总经理、总监，山西信托股份有限公司计划财务部总经理；现任山西信托股份有限公司风控总监。 |
| 吴岗 | 投资总监 | 男 | 47 | 2017年6月 | 25 | 本科 | 投资经济管理 | 曾任山西信托股份有限公司金融市场事业部资本市场部总经理，山西信托股份有限公司自营业务部总经理；现任山西信托股份有限公司投资总监。 |

### 3.5 公司员工

| 职工人数 | | 237 |
|---|---|---|
| 平均年龄 | | 38.4 |
| 学历分布比例(%) | 博士 | 1 |
| | 硕士 | 72 |
| | 本科 | 145 |
| | 专科 | 11 |
| | 其他 | 8 |

注：此数据包括子公司及外派人员。

## 4. 经营管理

### 4.1 经营目标、经营方针、战略规划

#### 4.1.1 经营目标

服务客户，成就员工，奉献社会，回报股东。

#### 4.1.2 经营方针

信守承诺，珍视托付，稳健创新，超越期待。

#### 4.1.3 战略规划

坚持“依法合规、稳健经营”发展理念，以市场为导向，以转

型发展、创新发展为引领,谋转型、求创新,改机制、增活力,建制度、防风险,拓业务、促发展,坚持走差异化发展道路。聚焦业务开拓和风险防控,回归信托本源,发挥信托功能,构建科学、合理、稳定的盈利模式,努力将公司建设成为资本资产质量优、综合服务能力强、具备核心竞争力的金融机构。

## 4.2 所经营业务的主要内容

自营资产运用与分布表

| 资产运用 | 金额(万元) | 占比(%) | 资产分布 | 金额(万元) | 占比(%) |
|---|---|---|---|---|---|
| 货币资产 | 8 690.97 | 3.68 | 基础产业 | — | — |
| 买入返售金融资产 | 20 910.00 | 8.84 | 房地产业 | — | — |
| 以公允价值计量且其变动计入当期损益的金融资产 | 5 644.52 | 2.39 | 证券市场 | 33 724.33 | 14.26 |
| 可供出售金融资产 | 94 241.80 | 39.86 | 实业 | 2 000 | 0.85 |
| 持有至到期投资 | | | 金融机构 | 60 246.91 | 25.48 |
| 长期股权投资 | 70 259.80 | 29.72 | 其他 | 140 457.94 | 59.41 |
| 其他 | 36 682.09 | 15.51 | | | |
| 资产总计 | 236 429.18 | 100.00 | 资产总计 | 236 429.18 | 100.00 |

注:资产分布中,"其他类"资产主要包括固定资产、无形资产、可供出售金融资产等。

信托资产运用与分布表

| 资产运用 | 金额(万元) | 占比(%) | 资产分布 | 金额(万元) | 占比(%) |
|---|---|---|---|---|---|
| 货币资产 | 63 145.64 | 1.39 | 基础产业 | 317 235.14 | 7.01 |
| 贷款 | 3 276 499.33 | 72.35 | 房地产 | 255 351.90 | 5.64 |
| 交易性金融资产投资 | 25 702.02 | 0.57 | 证券市场 | 38 786.42 | 0.85 |
| 买入返售金融资产 | 118 453.37 | 2.62 | 实业 | 3 346 848.60 | 73.90 |
| 可供出售金融资产投资 | 195 095.37 | 4.31 | 金融机构 | 89 635.05 | 1.98 |
| 持有至到期投资 | 312 842.42 | 6.91 | 其他 | 480 825.55 | 10.62 |
| 长期股权投资 | 243 130.41 | 5.37 | | | |
| 其他 | 293 814.10 | 6.48 | | | |
| 信托资产总计 | 4 528 682.66 | 100.00 | 信托资产总计 | 4 528 682.66 | 100.00 |

注:资产分布中,"其他类"资产主要包括货币资金、收益权类资产等。

## 4.3 市场分析

### 4.3.1 影响本公司业务发展的有利因素

一是我国经济运行总体平稳,经济结构继续优化。工业、服务业生产总体平稳,产业结构持续优化,服务业保持平稳较快增长;消费对经济增长贡献度上升,网上零售增势强劲,制造业投资和民间投资增势明显。经济结构中第三产业占比上升,经济结构调整与转型发展取得了可喜的成绩,经济发展新的增长点逐步显现,为金融行业尤其是信托行业的发展提供了良好契机。

二是我国金融市场整体运行平稳。人民银行 2018 年四次下调存款准备金率,加大对普惠金融的支持力度。金融政策大力支持农村金融,审慎合规支持地方政府融资,支持科技金融发展、开展重点领域科创企业金融服务,支持绿色金融、资产证券化发展,为公司开展金融信托业务提供了较多的业务增长点。

三是资管新规和行业细则陆续出台。资管新规按产品类型统一监管标准,可以弥补监管短板、治理市场乱象、防范系统性风险。新规的颁行向社会传达了支持实体经济的积极信号,提振了市场信心。相关资管新规细则引导资管行业回归本源,促进其以规范形式支持实体经济和金融市场发展。

### 4.3.2 影响本公司业务发展的不利因素

一是我国经济还处于供给侧结构性改革和转型发展的过程中,长期积累的风险隐患有所暴露,宏观经济热度指数、信心指数同比和环比都有小幅度下降,经济仍然面临下行压力。传统产业深度调整,新兴产业处于发展之中,对经济总量增长带来压力。企业融资需求下降,金融机构风险偏好下降,金融行业、信托行业面临服务实体经济转向和自身化解风险的巨大压力。此外,中美贸易摩擦升级,国际经济发展前景不明朗,对金融行业、信托行业也带来了压力。

二是我国金融市场虽然整体运行平稳,但是股票市场 2018 年指数下跌,成交量和筹资总额同比减少。上证指数、创业板指数 2018 年降幅逾 20%,沪深两市成交量降幅接近 20%,A 股筹资额同比下降近 50%,股市疲弱下跌反映出金融市场发展乏力,对投资者预期产生较大影响,为公司开展相关信托业务带来挑战。

三是行业受托管理资产总规模的下降,对公司提高资金配置效率提出了新要求。行业风险项目逐渐暴露,风险项目个数持续增长,风险资产规模呈上升趋势。行业经营业绩整体下降。信托全行业适应经济发展面临转型发展的压力。中央防范化解重大金融风险的"三大攻坚战"重要任务需要金融信托行业狠抓落实。

## 4.4 内部控制概况

公司按照现代企业制度的要求,建立了产权明晰、责任明确、管理科学的企业制度;根据法人治理机制的要求,建立了权责分明、有效制衡、协调运作的治理结构;依照金融企业运行的需要,加强内控文化的建设,制定了相对完善的内控制度;公司牢固树立内控优先的理念,不断增强全体员工合规展业与依法经营的意识;公司建立了责任追究制度,把内控文化的建设和执行落到实处,营造良好的内控环境。此外,公司根据业务特点和内部控制的需要,科学划分内部控制管理职能、合理配置资源,为内部控制的实施提供了有效保障。

## 4.5 风险管理概况

风险管理是公司的一项基础性工作,公司始终遵循"事前预防、事中控制、事后监督"的原则,建立了多层次、全覆盖的风险控制体系,对公司开展的各项经营活动进行全面的风险管理,确保将各种风险控制在合理水平,保障公司业务稳健运行。

### 4.5.1 信用风险

信用风险是公司存续信托项目面临的主要风险,公司严格依据相关规定,对资产进行风险分类评级,并计提呆账准备;严格限制保证贷款,对于抵(质)押贷款按照抵(质)押品登记手续合法完备、易变现等原则确认，并根据抵（质）押品价值可能波动情况及可变现值确定抵（质）押率。

**4.5.2 流动性风险**

公司注重流动性日常监测与防控，强化信托业务与固有业务分别核算、分别监测、分别管理，防止两大业务交叉感染。公司在总体风险偏好的基础上确定流动性风险偏好，合理确定资产负债期限配置，并在压力情景监测分析流动资金缺口与融资渠道。

**4.5.3 市场风险**

公司关注国家宏观政策，加强行业风险研究，规避行业周期产生的市场风险；遵循组合投资、分散风险的原则，制定投资比例和投资策略，确立风险止损点，根据市场变化积极调整证券投资规模，优化证券投资结构，防范证券跌价风险；控制投资于同一行业的项目规模和数量，避免风险过于集中，积极拓展多元化投资领域和项目。

**4.5.4 操作风险**

公司坚持前台、中台、后台分离和部门、岗位之间相互制衡原则；明确工作职责，严格执行操作规程和权限设置，定期对业务规章和操作流程进行修订和完善；加大信息化建设投入，加强对员工技能培训，完备相应管理记录，防范操作风险。

**4.5.5 其他风险**

公司根据国家法律、宏观政策和行业政策的导向，积极调整经营策略和业务拓展方向，确保公司经营方向与国家政策保持一致；公司通过加强员工的风险管理教育，强化内控机制建设，完善业务制度和流程，加大检查监督的力度等措施，防范道德风险的发生；公司将发展战略和企业文化与声誉构建进行有机结合，通过尽职管理和充分信息披露塑造公司的专业和诚信形象，加强业务的评审和风险管理，有效规避声誉风险。

## 5. 报告期末及上一年度末的比较式会计报表

### 5.1 自营资产

**5.1.1 会计师事务所审计意见全文**

毕马威华振会计师事务所对本公司年度财务报告进行审计，并出具了标准无保留意见的审计报告。

**审 计 报 告**

毕马威华振审字第 1902200 号

山西信托股份有限公司董事会：

一、审计意见

我们审计了后附的山西信托股份有限责任公司（以下简称山西信托）财务报表，包括 2017 年 12 月 31 日的合并及母公司资产负债表，2017 年度的合并及母公司利润表、合并及母公司现金流量表、合并及母公司股东权益变动表以及相关财务报表附注。

我们认为，后附的财务报表在所有重大方面按照中华人民共和国财政部颁布的企业会计准则（以下简称企业会计准则）的规定编制，公允反映了山西信托 2017 年 12 月 31 日的合并及母公司财务状况以及 2017 年度的合并及母公司经营成果和现金流量。

二、形成审计意见的基础

我们按照中国注册会计师审计准则（以下简称审计准则）的规定执行了审计工作。审计报告的“注册会计师对财务报表审计的责任”部分进一步阐述了我们在这些准则下的责任。按照中国注册会计师职业道德守则，我们独立于山西信托，并履行了职业道德方面的其他责任。我们相信，我们获取的审计证据是充分、适当的，为发表审计意见提供了基础。

三、其他信息

山西信托管理层对其他信息负责。其他信息包括山西信托 2018 年年度报告中涵盖的信息，但不包括财务报表和我们的审计报告。

我们对财务报表发表的审计意见不涵盖其他信息，我们也不对其他信息发表任何形式的鉴证结论。

结合我们对财务报表的审计，我们的责任是阅读其他信息，在此过程中，考虑其他信息是否与财务报表或我们在审计过程中了解到的情况存在重大不一致或者似乎存在重大错报。

基于我们已执行的工作，如果我们确定其他信息存在重大错报，我们应当报告该事实。在这方面，我们无任何事项需要报告。

四、管理层和治理层对财务报表的责任

管理层负责按照企业会计准则的规定编制财务报表，使其实现公允反映，并设计、执行和维护必要的内部控制，以使财务报表不存在由于舞弊或错误导致的重大错报。

在编制财务报表时，管理层负责评估山西信托的持续经营能力，披露与持续经营相关的事项（如适用），并运用持续经营假设，除非山西信托计划进行清算、终止运营或别无其他现实的选择。

治理层负责监督山西信托的财务报告过程。

五、注册会计师对财务报表审计的责任

我们的目标是对财务报表整体是否不存在由于舞弊或错误导致的重大错报获取合理保证，并出具包含审计意见的审计报告。合理保证是高水平的保证，但并不能保证按照审计准则执行的审计在某一重大错报存在时总能发现。错报可能由于舞弊或错误导致，如果合理预期错报单独或汇总起来可能影响财务报表使用者依据财务报表作出的经济决策，则通常认为错报是重大的。

在按照审计准则执行审计工作的过程中，我们运用职业判断，并保持职业怀疑。同时，我们也执行以下工作：

（1）识别和评估由于舞弊或错误导致的财务报表重大错报风险，设计和实施审计程序以应对这些风险，并获取充分、适当的审计证据，作为发表审计意见的基础。由于舞弊可能涉及串通、伪造、故意遗漏、虚假陈述或凌驾于内部控制之上，未能发现由于舞弊导致的重大错报的风险高于未能发现由于错误导致的重大错报的风险。

（2）了解与审计相关的内部控制，以设计恰当的审计程序，但目的并非对内部控制的有效性发表意见。

（3）评价管理层选用会计政策的恰当性和作出会计估计及

相关披露的合理性。

(4)对管理层使用持续经营假设的恰当性得出结论。同时，根据获取的审计证据，就可能导致对山西信托持续经营能力产生重大疑虑的事项或情况是否存在重大不确定性得出结论。如果我们得出结论认为存在重大不确定性，审计准则要求我们在审计报告中提请报表使用者注意财务报表中的相关披露；如果披露不充分，我们应当发表非无保留意见。我们的结论基于截至审计报告日可获得的信息。然而，未来的事项或情况可能导致山西信托不能持续经营。

(5)评价财务报表的总体列报、结构和内容(包括披露)，并评价财务报表是否公允反映相关交易和事项。

(6)就山西信托中实体或业务活动的财务信息获取充分、适当的审计证据，以对财务报表发表审计意见。我们负责指导、监督和执行集团审计，并对审计意见承担全部责任。

我们与治理层就计划的审计范围、时间安排和重大审计发现等事项进行沟通，包括沟通我们在审计中识别出的值得关注的内部控制缺陷。

毕马威华振会计师事务所(特殊普通合伙)　　中国注册会计师

程海良

中国 北京　　马新

2019年 4月 19日

### 5.1.2　资产负债表

**资产负债表**

编制单位：山西信托股份有限公司　　2018 年 12 月 31 日　　单位：万元

| 资产 | 合并 | | 母公司 | | 负债及所有者权益 | 合并 | | 母公司 | |
|---|---|---|---|---|---|---|---|---|---|
| | 期末数 | 期初数 | 期末数 | 期初数 | | 期末数 | 期初数 | 期末数 | 期初数 |
| 存放同业款项 | 21 731. 11 | 15 588. 41 | 8 690. 97 | 9 450. 73 | 应付职工薪酬 | 5 127. 98 | 4 748. 29 | 4 955. 14 | 4 641. 75 |
| 交易性金融资产 | 6 843. 22 | 8 093. 58 | 5 644. 52 | 5 914. 06 | 交易性金融负债 | | — | | — |
| 买入返售金融资产 | 25 690. 00 | 16 340. 00 | 20 910. 00 | 12 310. 00 | 应交/(预缴)税费 | 1 326. 90 | -436. 78 | 1 265. 06 | -381. 56 |
| 应收利息 | 6 921. 47 | 2 964. 39 | 6 174. 85 | 387. 60 | 预计负债 | 3 384. 38 | 3 770. 69 | 17 376. 10 | 14 868. 12 |
| 贷款和应收款项 | 213 902. 12 | 165 214. 58 | 7 445. 88 | 3 025. 11 | 其他负债 | 250 862. 75 | 168 590. 69 | 8 943. 69 | 1 473. 34 |
| 可供出售金融资产 | 118 023. 68 | 106 853. 90 | 94 241. 80 | 91 433. 08 | 递延所得税负债 | 664. 58 | 4 139. 57 | | |
| 投资性房地产 | 2 911. 75 | 134. 58 | 2 911. 75 | 134. 58 | 拆入资金 | 13 000. 00 | | 13 000. 00 | |
| 长期股权投资 | 46 555. 94 | 49 601. 00 | 70 259. 80 | 74 304. 86 | 负债合计 | 274 366. 59 | 180 812. 46 | 45 539. 99 | 20 601. 65 |
| 固定资产 | 2 986. 97 | 3 187. 50 | 2 979. 70 | 3 182. 49 | 股本 | 135 700. 00 | 135 700. 00 | 135 700. 00 | 135 700. 00 |
| 在建工程 | 2 699. 93 | 5 495. 48 | 2 699. 93 | 5 495. 48 | 资本公积 | 8 983. 99 | 8 983. 99 | 10 483. 91 | 10 483. 91 |
| 无形资产 | 275. 14 | 227. 06 | 275. 14 | 227. 06 | 其他综合收益 | -58. 49 | 13 617. 74 | -995. 06 | 2 936. 37 |
| 递延所得税资产 | 10 570. 61 | 7 815. 20 | 11 353. 79 | 8 817. 21 | 盈余公积 | 6 618. 94 | 6 508. 45 | 6 618. 94 | 6 508. 45 |
| 其他资产 | 3 543. 31 | 2 544. 23 | 2 841. 05 | 2 242. 09 | 风险准备 | 23 763. 74 | 23 598. 00 | 23 763. 74 | 23 598. 00 |
| | | | | | 未分配利润 | 12 920. 56 | 14 414. 35 | 15 317. 66 | 17 095. 97 |
| | | | | | 归属于母公司股东的权益合计 | 187 928. 74 | 202 822. 53 | 190 889. 19 | 196 322. 70 |
| | | | | | 少数股东权益 | 359. 92 | 424. 92 | — | — |
| | | | | | 股东权益合计 | 188 288. 66 | 203 247. 45 | 190 889. 19 | 196 322. 70 |
| 资产总计 | 462 655. 25 | 384 059. 91 | 236 429. 18 | 216 924. 35 | 负债和股东权益总计 | 462 655. 25 | 384 059. 91 | 236 429. 18 | 216 924. 35 |

总经理：刘叔肄　　计划财务部总经理：刘峻　　制表：杨晶茹

注：合并财务报表范围包括本公司、本公司子公司及纳入合并范围的结构化主体。

### 5.1.3 利润表

**利润表**

编制单位:山西信托股份有限公司　　2018 年度　　单位:万元

| | 合并 | | 母公司 | |
|---|---|---|---|---|
| | 2018 年度 | 2017 年度 | 2018 年度 | 2017 年度 |
| 一、营业收入 | 30 130.48 | 28 867.74 | 31 909.54 | 31 676.62 |
| 利息净收入 | -1 207.40 | -3 325.78 | 268.24 | 969.55 |
| 利息收入 | 14 290.13 | 12 486.07 | 873.54 | 969.55 |
| 利息支出 | 15 497.53 | 15 811.85 | 605.30 | |
| 手续费及佣金净收入 | 10 157.64 | 18 482.13 | 15 793.64 | 18 550.70 |
| 手续费及佣金收入 | 10 248.44 | 18 510.76 | 15 806.92 | 18 561.96 |
| 手续费及佣金支出 | 90.80 | 28.63 | 13.28 | 11.26 |
| 投资收益(损失以"-"号填列) | 21 235.49 | 14 699.90 | 15 062.53 | 12 779.95 |
| 公允价值变动损益(损失以"-"号填列) | -669.48 | -784.95 | 170.90 | -420.02 |
| 汇兑收益(损失以"-"号填列) | 305.21 | -360.97 | 305.21 | -360.97 |
| 其他业务收入 | 281.13 | 89.19 | 281.13 | 89.19 |
| 其他收益 | 27.89 | 80.10 | 27.89 | 80.10 |
| 资产处置收益/(损失) | | -11.88 | | -11.88 |
| 二、营业支出 | 29 688.03 | 20 510.51 | 28 524.85 | 25 776.57 |
| 营业税金及附加 | 346.37 | 460.59 | 325.50 | 450.99 |
| 业务及管理费 | 22 129.90 | 19 834.13 | 20 241.27 | 18 495.16 |
| 资产减值损失(转回以"-"号填列) | 6 280.30 | -2 019.95 | 7 026.62 | 4 594.68 |
| 其他业务支出 | 931.46 | 2 235.74 | 931.46 | 2 235.74 |
| 三、营业利润(损失以"-"号填列) | 442.45 | 8 357.23 | 3 384.69 | 5 900.05 |
| 加:营业外收入 | 386.43 | 283.27 | 0.12 | 2 913.45 |
| 减:营业外支出 | 60.01 | 3 770.02 | 2 568.00 | 263.59 |
| 四、利润总额(损失以"-"号填列) | 768.87 | 4 870.48 | 816.81 | 8 549.91 |
| 减:所得税费用 | -639.61 | -304.97 | -288.12 | 419.37 |
| 五、净利润(损失以"-"号填列) | 1 408.48 | 5 175.45 | 1 104.93 | 8 130.54 |
| 其他综合收益 | -13 760.27 | -2 768.72 | -3 931.44 | -3 190.54 |
| 综合收益总额 | -12 351.79 | 2 406.73 | -2 826.51 | 4 940.00 |

总经理:刘叔肄　　计划财务部总经理:刘峻　　制表:杨晶茹

注:合并财务报表范围包括本公司、本公司子公司及纳入合并范围的结构化主体。

## 5.1.4 所有者权益变动表

### 母公司所有者权益变动表

编报单位：山西信托股份有限公司　　2018 年度　　单位：万元

| 项目 | 2018 年 | | | | | | | 2017 年 | | | | | | |
|---|---|---|---|---|---|---|---|---|---|---|---|---|---|---|
| | 实收资本（股本） | 资本公积 | 其他综合收益 | 盈余公积 | 风险准备 | 未分配利润 | 所有者权益合计 | 实收资本（股本） | 资本公积 | 其他综合收益 | 盈余公积 | 风险准备 | 未分配利润 | 所有者权益合计 |
| 1. 上年年末余额 | 135 700.00 | 10 483.91 | 2 936.37 | 6 508.45 | 23 598.00 | 17 095.97 | 196 322.70 | 135 700.00 | 10 483.91 | 6 126.92 | 5 695.40 | 22 378.42 | 15 447.37 | 195 832.02 |
| 2. 会计政策变更及差错更正 | | | | | | | | | | | | | | |
| 3. 本年年初余额 | 135 700.00 | 10 483.91 | 2 936.37 | 6 508.45 | 23 598.00 | 17 095.97 | 196 322.70 | 135 700.00 | 10 483.91 | 6 126.92 | 5 695.40 | 22 378.42 | 15 447.37 | 195 832.02 |
| 4. 本年增减变动金额合计（减少以“－”号填列） | | | −3 931.43 | 110.49 | 165.74 | −1 778.31 | −5 433.51 | | | −3 190.55 | 813.05 | 1 219.58 | 1 648.60 | 490.68 |
| 4.1 净利润 | | | | | | 1 104.93 | 1 104.93 | | | | | | 8 130.54 | 8 130.54 |
| 4.2 直接计入所有者权益的利得和损失 | | | −3 931.43 | | | | −3 931.43 | | | −3 190.55 | | | | −3 190.55 |
| 4.2.1 可供出售金融资产公允价值变动净额 | | | −4 433.87 | | | | | | | −3 542.32 | | | | |
| 4.2.2 权益法下被投资单位其他所有者权益变动的影响 | | | −606.03 | | | | | | | −602.43 | | | | |
| 4.2.3 与计入所有者权益项目相关的所得税影响 | | | 1108.47 | | | | | | | 862.70 | | | | |
| 4.2.4 其他 | | | | | | | | | | 91.50 | | | | |
| 4.3 所有者投入和减少资本 | | | | | | | | | | | | | | |
| 4.3.1 所有者投入资本 | | | | | | | | | | | | | | |
| 4.3.2 股份支付计入所有者权益的金额 | | | | | | | | | | | | | | |
| 4.3.3 其他 | | | | | | | | | | | | | | |
| 4.4 利润分配 | | | | 110.49 | 165.74 | −2 883.24 | −2 607.01 | | | | 813.05 | 1 219.58 | −6 481.94 | −4 449.31 |
| 4.4.1 提取盈余公积 | | | | 110.49 | | −110.49 | | | | | 813.05 | | −813.05 | |
| 4.4.2 提取一般风险准备 | | | | | 165.74 | −165.74 | | | | | | 1 219.58 | −1 219.58 | |
| 4.4.3 对股东的分配 | | | | | | −2 607.01 | −2 607.01 | | | | | | −4 449.31 | −4 449.31 |
| 4.4.4 其他 | | | | | | | | | | | | | | |
| 4.5 所有者权益内部结转 | | | | | | | | | | | | | | |
| 4.5.1 资本公积转增资本（或股本） | | | | | | | | | | | | | | |
| 4.5.2 盈余公积转增资本（或股本） | | | | | | | | | | | | | | |
| 4.5.3 盈余公积弥补亏损 | | | | | | | | | | | | | | |
| 4.5.4 一般风险准备弥补亏损 | | | | | | | | | | | | | | |
| 4.5.5 其他 | | | | | | | | | | | | | | |
| 4.6 外币报表折算差额 | | | | | | | | | | | | | | |
| 5. 本年年末余额 | 135 700.00 | 10 483.91 | −995.06 | 6 618.94 | 23 763.74 | 15 317.66 | 190 889.19 | 135 700.00 | 10 483.91 | 2 936.37 | 6 508.45 | 23 598.00 | 17 095.97 | 196 322.70 |

总经理：刘叔肄　　计划财务部总经理：刘峻　　制表：杨晶茹

## 5.2 信托资产

### 5.2.1 信托项目资产负债汇总表

信托项目资产负债汇总表

编制单位：山西信托股份有限公司　　2018 年 12 月 31 日　　单位：万元

| 资产 | 2018 年 12 月 31 日 | 2017 年 12 月 31 日 | 负债 | 2018 年 12 月 31 日 | 2017 年 12 月 31 日 |
|---|---|---|---|---|---|
| 货币资金 | 63 145.64 | 75 730.35 | 交易性金融负债 | | |
| 拆出资金 | | | 衍生金融负债 | | |
| 存出保证金 | | | 应付受托人报酬 | 2 476.02 | 1 575.14 |
| 应收款项 | 33 968.16 | 66 499.60 | 应付受益人款项 | 8 551.82 | 4 267.22 |
| 交易性金融资产 | 25 702.02 | 137 738.40 | 应付管理人报酬 | | |
| 衍生金融资产 | | | 应付托管费 | 451.54 | 85.56 |
| 买入返售金融资产 | 118 453.37 | 134 111.51 | 应付利息 | | |
| 贷款 | 3 276 499.33 | 3 574 092.09 | 应交税金 | 190.24 | |
| 可供出售金融资产 | 195 095.37 | 263 223.73 | 其他应付款 | 83 925.21 | 73 836.74 |
| 持有至到期投资 | 312 842.42 | 262 968.02 | 递延所得税负债 | | |
| 长期股权投资 | 243 130.41 | 145 446.77 | 其他负债 | | |
| 投资性房地产 | | | 负债合计 | 95 594.83 | 79 764.65 |
| 固定资产 | | | 所有者权益： | | |
| 应收账款 | | | 实收信托 | 4 379 887.42 | 4 786 620.45 |
| 减：坏账准备 | | | 资本公积 | 1 305.60 | 1 305.60 |
| 无形资产 | | | 盈余公积 | | |
| 递延所得税资产 | | | 未分配利润 | 51 894.81 | 88 300.71 |
| 其他资产 | 259 845.94 | 296 180.94 | 所有者权益合计 | 4 433 087.83 | 4 876 226.76 |
| 资产总计 | 4 528 682.66 | 4 955 991.41 | 负债和所有者权益总计 | 4 528 682.66 | 4 955 991.41 |

总经理：刘叔肄　　信托资产管理部总经理：赵景丽　　制表：力静

### 5.2.2 信托项目利润及利润分配汇总表

信托项目利润及利润分配汇总表

编制单位：山西信托股份有限公司　　2018 年度　　单位：万元

| 项目 | 2018 年度 | 2017 年度 |
|---|---|---|
| 一、营业收入 | 342 869.95 | 275 765.69 |
| 利息收入 | 241 960.17 | 262 905.13 |
| 投资收益（损失以"－"号填列） | 97 489.74 | 15 263.56 |
| 租赁收入 | — | — |
| 公允价值变动收益（损失以"－"号填列） | 3 415.54 | −2 403.00 |
| 汇兑收益（损失以"－"号填列） | — | — |
| 其他业务收入 | 4.50 | — |
| 二、营业支出 | 20 175.65 | 21 155.28 |
| 业务及管理费 | 19 409.73 | 21 155.28 |
| 营业税金及附加 | 765.92 | — |
| 资产减值损失 | — | — |
| 其他业务支出 | — | — |
| 三、营业利润（亏损以"－"号填列） | 322 694.30 | 254 610.41 |
| 加：营业外收入 | — | — |
| 减：营业外支出 | — | — |
| 四、本期利润总额（亏损总额以"－"号填列） | 322 694.30 | 254 610.41 |
| 加：期初未分配利润 | 88 300.71 | 42 020.40 |
| 减：本期已分配利润 | 359 100.20 | 208 330.10 |
| 五、期末未分配信托利润 | 51 894.81 | 88 300.71 |

总经理：刘叔肄　　信托资产管理部总经理：赵景丽　　制表：力静

## 6. 会计报表附注

### 6.1 与上一期年度报告相比，会计政策、会计估计和核算方法发生变化的情况说明

2018 年与 2017 年相比，无会计政策、会计估计和核算方法发生变化的情况。

### 6.2 或有事项说明

截至 2018 年 12 月 31 日，根据太原市吉业房地产发展有限公司诉讼申请，太原市中级人民法院判决本公司对山西中景泰房地产开发有限公司应付其 3 650 万元借款本金及按照同期银行贷款利率计算的自 2013 年 8 月 15 日起至借款全部还清时的利息承担连带赔偿责任。经本公司上诉，该案件被山西省高级人民法院发回重审。2018 年 4 月 28 日，太原市中级人民法院重审后维持原判决结果。2018 年 6 月 25 日，本公司已向山西省高级人民法院重新提起上诉，目前尚未开庭。经咨询律师的专业意见，本公司认为难以准确估计法院重审后对该诉讼案件的判决结果和本公司可能承担的诉讼损失金额。

### 6.3 重要资产转让及其出售的说明

本公司报告期内没有发生重要资产转让及其出售的情况。

## 6.4 会计报表中重要项目的明细资料

### 6.4.1 披露自营资产经营情况

6.4.1.1 按信用风险五级分类结果披露的信用风险资产

| 信用风险资产五级分类 | 正常类（万元） | 关注类（万元） | 次级类（万元） | 可疑类（万元） | 损失类（万元） | 信用风险资产合计（万元） | 不良资产合计（万元） | 不良资产率(%) |
|---|---|---|---|---|---|---|---|---|
| 期初数 | 169 426.68 | — | — | — | 28 889.39 | 198 316.07 | 28 889.39 | 14.57 |
| 期末数 | 192 467.84 | 3 300 | — | — | 22 833.87 | 218 601.71 | 22 833.87 | 10.45 |

注：不良资产合计＝次级类＋可疑类＋损失类。

6.4.1.2 各项资产减值损失准备情况

单位：万元

| | 期初数 | 本期计提 | 本期转回 | 本期转出 | 本期核销 | 期末数 |
|---|---|---|---|---|---|---|
| 贷款损失准备 | — | — | — | — | — | — |
| 一般准备 | — | — | — | — | — | — |
| 专项准备 | — | — | — | — | — | — |
| 其他资产减值准备 | 24 764.24 | 8 209.38 | 1 182.76 | — | — | 31 790.86 |
| 可供出售金融资产减值准备 | 20 802.49 | 3 727.52 | 1 182.76 | — | — | 23 347.25 |
| 持有至到期投资减值准备 | — | — | — | — | — | — |
| 长期股权投资减值准备 | — | 3 300.00 | — | — | — | 3 300.00 |
| 坏账准备 | 242.43 | — | — | — | — | 242.43 |
| 固定资产减值准备 | 203.77 | — | — | — | — | 203.77 |
| 投资性房地产减值准备 | — | — | — | — | — | — |
| 应收利息减值准备 | 3 515.55 | 1 181.86 | — | — | — | 4 697.41 |

6.4.1.3 自营股票投资、基金投资、债券投资、股权投资等投资业务的情况

单位：万元

| | 自营股票 | 基金 | 债券 | 长期股权投资 | 其他投资 | 合计 |
|---|---|---|---|---|---|---|
| 期初数 | 16 882.19 | 0.45 | — | 74 304.86 | — | 91 187.50 |
| 期末数 | 12 687.25 | — | — | 70 259.80 | — | 82 947.05 |

6.4.1.4 前五名的自营长期股权投资的企业名称、占被投资企业权益的比例、主要经营活动及投资收益情况（从大到小顺序排列）

| 企业名称 | 占被投资企业权益的比例(%) | 主要经营活动 | 投资收益（万元） |
|---|---|---|---|
| 1. 汇丰晋信基金管理有限公司 | 51 | 证券投资基金管理 | 3 004.33 |
| 2. 长治银行股份有限公司 | 9.97 | 商业银行业务 | 2 973.34 |
| 3. 山西卓融投资有限公司 | 98 | 投资业务 | |

注：根据《山西银监局关于同意长治银行增资扩股方案的批复》［晋银监复（2017）157号］，长治银行正在开展增资扩股工作。截至2018年12月31日，长治银行本次增资扩股工作尚未完成。

6.4.1.5 前三名的自营贷款的企业名称、占贷款总额的比例和还款情况（从大到小顺序排列）

2018年10月，本公司以自有资金向山西飞流电力工程有限公司发放贷款3 000万元，同年11月归还1 000万元，截至报告期末，自营贷款余额为2 000万元。

6.4.1.6 表外业务的情况

本公司报告期内无表外业务。

6.4.1.7 公司当年的收入结构

| 收入结构 | 金额（万元） | 占比(%) |
|---|---|---|
| 手续费及佣金收入 | 15 806.92 | 48.63 |
| 其中：信托手续费收入 | 15 806.92 | — |
| 投资银行业务收入 | — | — |
| 利息收入 | 873.54 | 2.68 |
| 其他业务收入 | 281.13 | 0.87 |
| 其中：计入信托业务收入部分 | — | — |
| 投资收益 | 15 062.53 | 46.35 |
| 其中：股权投资收益 | 5 977.67 | — |
| 证券投资收益 | −1 468.94 | — |
| 汇兑损益 | 305.21 | 0.94 |
| 公允价值变动收益 | 170.90 | 0.53 |
| 资产处置收益 | — | — |
| 营业外收入 | 0.12 | — |
| 收入合计 | 32 500.35 | 100.00 |

注：手续费及佣金收入、利息收入、其他业务收入、投资收益、营业外收入均应为损益表中的一级科目，其中手续费及佣金收入、利息收入、营业外收入为未抵减掉相应支出的全年累计实现收入数。

### 6.4.2 信托资产管理情况

6.4.2.1 信托资产的情况

单位：万元

| 信托资产 | 期初数 | 期末数 |
|---|---|---|
| 集合 | 1 446，188.24 | 1 384 287.57 |
| 单一 | 3 207 882.05 | 2 880 996.10 |
| 财产权 | 301 921.12 | 263 398.99 |
| 合计 | 4 955 991.41 | 4 528 682.66 |

注：截至2018年末，本公司代保管资产余额为597 496.30万元。

6.4.2.1.1 主动管理型信托业务的情况

单位：万元

| 主动管理型信托资产 | 期初数 | 期末数 |
|---|---|---|
| 证券投资类 | 167 181.70 | 35 612.19 |
| 股权投资类 | 93 323.14 | 111 557.12 |
| 融资类 | 388 635.45 | 355 998.99 |
| 事务管理类 | 2 912.93 | 3 024.39 |
| 其他类 | 363 997.28 | 301 712.65 |
| 合计 | 1 016 050.50 | 807 905.34 |

6.4.2.1.2 被动管理型信托业务的情况

单位：万元

| 被动管理型信托资产 | 期初数 | 期末数 |
|---|---|---|
| 证券投资类 | 3 172.96 | 3.73 |
| 股权投资类 | 35 252.60 | 134 574.81 |
| 融资类 | 2 764 368.90 | 2 692 400.08 |
| 事务管理类 | 1 085 851.15 | 865 130.01 |
| 其他类 | 51 295.30 | 28 668.69 |
| 合计 | 3 939 940.91 | 3 720 777.32 |

6.4.2.2　本年度已清算结束的信托项目的情况

6.4.2.2.1　本年度已清算结束的集合类、单一类资金信托项目和财产管理类信托项目的情况

| 已清算结束信托项目 | 项目个数(个) | 实收信托合计金额(万元) | 加权平均实际年化收益率(%) |
|---|---|---|---|
| 集合类 | 29 | 507 995.70 | 10.28 |
| 单一类 | 108 | 3 072 077.00 | 7.03 |
| 财产管理类 | 2 | 72 850.00 | 7.01 |

注:1. 收益率是指信托项目清算后,给受益人赚取的实际收益水平。

2. 加权平均实际年化收益率 =(信托项目 1 的实际年化收益率 × 信托项目 1 的实收信托 + 信托项目 2 的实际年化收益率 × 信托项目 2 的实收信托 +⋯ + 信托项目 $n$ 的实际年化收益率 × 信托项目 $n$ 的实收信托)/(信托项目 1 的实收信托 + 信托项目 2 的实收信托 +⋯ + 信托项目 $n$ 的实收信托) ×100%。

6.4.2.2.2　本年度已清算结束的主动管理型信托项目的情况

| 已清算结束信托项目 | 项目个数(个) | 实收信托合计金额(万元) | 加权平均实际年化收益率(%) |
|---|---|---|---|
| 证券投资类 | 8 | 134 578.00 | 11.98 |
| 股权投资类 | 1 | 40 862.00 | 9.63 |
| 融资类 | 19 | 75 417.70 | 9.02 |
| 事务管理类 | — | — | — |
| 其他类 | 1 | 73 697.00 | 7.75 |

6.4.2.2.3　本年度已清算结束的被动管理型信托项目的情况

| 已清算结束信托项目 | 项目个数(个) | 实收信托合计金额(万元) | 加权平均实际年化收益率(%) |
|---|---|---|---|
| 证券投资类 | 1 | 1 500.00 | -6.02 |
| 股权投资类 | 1 | 1 536.00 | 6.97 |
| 融资类 | 76 | 2 901 661.00 | 7.18 |
| 事务管理类 | 29 | 373 261.00 | 6.52 |
| 其他类 | 4 | 50 410.00 | 5.29 |

6.4.2.3　本年度新增的集合类、单一类和财产管理类信托项目的情况

| 新增信托项目 | 项目个数(个) | 合计金额(万元) |
|---|---|---|
| 集合类 | 7 | 435 337.00 |
| 单一类 | 75 | 2 701 048.20 |
| 财产管理类 | 6 | 31 905.00 |
| 新增合计 | 88 | 3 168 290.20 |
| 其中:主动管理型 | 9 | 97 800.00 |
| 被动管理型 | 79 | 3 070 490.20 |

注:本年新增信托项目指在本报告年度累计新增的信托项目个数和金额,包含本年度新增并于本年度内结束的项目和本年度新增至报告期末仍在持续管理的信托项目。

6.4.2.4　信托业务创新成果和特色业务有关情况

2018 年公司推出了四期“山西信托·循环经济财产权信托”计划,其中前三期共募集资金 12 800 万元用于支持绿色经济行业中的相关企业回收、处理、利用产能过剩行业的固定资产,促进其产生新的经济效益,大力支持绿色经济、发展绿色金融,以自身行动支持国家供给侧结构性改革和经济结构调整与转型发展。

2018 年 12 月公司成立“山西信托·晋信稳赢 31 号”集合资金信托计划,拟募集资金 1 亿元用于支持山西省农业优质企业阳曲九牛牧业开发公司的相关项目,大力发展农村金融、普惠金融,以实际行动发挥信托公司服务实体经济的重要作用。

6.4.2.5　本公司履行受托人义务情况及因本公司自身责任而导致的信托资产损失情况

本公司作为受托人,已经建立了完整的信托事务管理制度,严格遵守相关法律、行政法规以及信托合同的约定,恪尽职守,履行诚实、信用、谨慎、有效管理的义务。公司本着忠实于委托人、争取受益人最大利益的原则处理信托事务。

截至本报告期末,本公司未发生因自身责任导致信托财产损失情况。

## 6.5　关联方关系及其交易的披露

**6.5.1　关联交易方的数量、关联交易的总金额及关联交易的定价政策**

| | 关联交易方数量(个) | 关联交易金额(万元) | 定价政策 |
|---|---|---|---|
| 合计 | 1 | 711 | 本公司在正常业务过程中发生的关联交易遵守一般商业条款。关联交易的价格主要参考市场价格经双方协商后确定。 |

**6.5.2　关联交易方与本公司的关系性质、关联交易方的名称、法定代表人、注册地址、注册资本及主营业务**

| 关系性质 | 关联交易方的名称 | 法定代表人 | 注册地址 | 注册资本(万元) | 主营业务 |
|---|---|---|---|---|---|
| 与本公司同受山西金控集团控制 | 山西国贸物业管理有限公司 | 李战兵 | 山西省太原市府西街 69 号 | 300 | 物业管理等。 |

**6.5.3　本公司与关联方的重大交易事项**

6.5.3.1　固有财产与关联方关联交易情况

报告期内公司以自有资金交纳山西国贸物业管理有限公司租赁及物业费 711 万元。

6.5.3.2　信托资产与关联方关联交易情况

报告期信托资产与关联方无重大关联交易发生。

6.5.3.3　信托公司自有资金运用于自己管理的信托项目(固信交易)、信托公司管理的信托项目之间的相互(信信交易)交易情况

6.5.3.3.1　固有财产与信托财产之间的交易情况

单位:万元

| | 期初数 | 本期变动 | 期末数 |
|---|---|---|---|
| 合计 | 99 292.48 | 2 128.58 | 101 421.06 |

6.5.3.3.2　信托资产与信托财产之间的交易情况

单位:万元

| | 期初数 | 本期新增 | 期末数 |
|---|---|---|---|
| 合计 | 153 270.00 | -23 897.86 | 129 372.14 |

#### 6.5.4 关联方逾期未偿还本公司资金的详细情况以及本公司为关联方担保发生或即将发生垫款的详细情况

报告期本公司无上述情况发生。

### 6.6 会计制度的披露

公司固有业务和信托业务,同时执行财政部2006年2月15日颁布的《企业会计准则——基本准则》和各项具体会计准则、其后颁布的企业会计准则应用指南、企业会计准则解释以及其他相关规定。

## 7. 财务情况说明书

### 7.1 利润实现和分配情况

2018年,公司实现净利润为1 104.93万元。提取法定盈余公积110.49万元,提取一般风险准备110.49万元,提取信托赔偿准备55.24万元。年末可供分配的利润为15 317.66万元。

### 7.2 主要财务指标

| 指标名称 | 指标值 |
| --- | --- |
| 资本利润率(%) | 0.57 |
| 加权平均实际年化信托报酬率(%) | 0.33 |
| 人均净利润(万元) | 4.71 |

注:1. 资本利润率=净利润/所有者权益平均余额×100%。
2. 加权平均实际年化信托报酬率=(信托项目1的实际年化信托报酬率×信托项目1的实收信托+信托项目2的实际年化信托报酬率×信托项目2的实收信托+…+信托项目$n$的实际年化信托报酬率×信托项目$n$的实收信托)/(信托项目1的实收信托+信托项目2的实收信托+…+信托项目n的实收信托)×100%。
3. 人均净利润=净利润/年平均人数。
4. 平均值采取年初、年末余额简单平均法,公式为:$a$(平均)=(年初数+年末数)/2。

### 7.3 公司净资本监管指标

| 指标名称 | 指标值 | 监管标准 |
| --- | --- | --- |
| 净资本(亿元) | 14.28 | ≥2 |
| 各项业务风险资本之和(亿元) | 8.27 | — |
| 净资本/各项业务风险资本之和(%) | 172.67 | ≥100 |
| 净资本/净资产(%) | 74.80 | ≥40 |

### 7.4 对本公司财务状况、经营成果有重大影响的其他事项

报告期内本公司无对财务状况、经营成果有重大影响的其他事项。

## 8. 企业社会责任

### 8.1 支持转型发展,服务实体经济

2018年,公司按照监管部门相关要求,积极响应,精心组织,立足山西实际,明确工作机制,落实责任部门,细化任务分解,以高度的责任担当意识切实增强支持实体经济发展力度,坚持回归本源,专注主业,优化资源配置,以服务实体经济为根本目标,提高风险防控能力,进一步提升公司服务实体经济质效。截至2018年末,公司共为各类工商企业提供信托资金规模为321.1亿元,其中为山西省50多家转型综改建设的相关企业提供资金支持为65.06亿元,为重点工程建设提供信托资金为3.86亿元,为山西省中小企业累计提供了13.15亿元的资金支持,有效降低了企业的融资成本。

### 8.2 扩大“三农”供给 支持民生事业

公司积极推进山西省发展现代农业、增加农民收入、建设社会主义新农村三大任务的实施落实,通过设立的农业产业基金服务“三农”,其中部分借款企业已经获得了当地农委等单位的贷款贴息,项目涵盖制造业、生物制药、食品加工、蔬菜配送、养殖业、批发零售业、商贸等行业,绝大多数为山西扶贫办名录企业和农业龙头企业,有效缓解了山西省中小企业融资难的问题。同时,公司关注城市绿化、交通、煤气化、供热、供水、保障房、教育、卫生、社会保障等建设,服务居民生活,支持省内民生事业发展。

### 8.3 坚持以人为本 促进和谐发展

公司秉承“以人为本”理念,关注员工合法权益的保障,关爱员工生活,通过打造多元培训体系,积极构建多渠道职业发展通道;完善多维度绩效考核机制,建立良性用人机制,鼓励员工积极进取,增强员工的自信心和创造力;开展丰富多彩的文体活动,构建和谐的职场氛围。公司充分利用各项资源,围绕信托行业发展新趋势、监管新要求,策划一系列关于公司业务开展、法律合规管理、项目风险管理和处置、客户服务、党建知识、健康生活等相关培训活动。2018年,公司策划各类培训活动40余次,参加培训人员220人次。

### 8.4 关心困难群体 做好精准扶贫

公司按照山西省相关部门确定的关于“五位一体”金融精准扶贫的精神,以解决突出制约问题为重点,加大政策倾斜,聚焦精准发力,加大对深度贫困地区的金融支持力度,助力山西省脱贫攻坚战。通过设立“山西信托·金融扶贫资金信托”计划,用以支持、带动临县贫困人口增收脱贫;成立“晋善慈善信托”公益信托,促进公益慈善事业的发展。公司多次派出员工赴临县青家塌村、凰背局村开展精准扶贫结对帮扶活动,并与临县人民政府、扶贫工作队等紧密合作,探索“金融扶贫+产业扶贫”,进一步巩固扶贫成果,扩大帮扶范围,助推深度贫困户脱贫。

## 9. 特别事项揭示

### 9.1 报告期内股东变动情况及原因

报告期内,公司无股东变动相关事项。

### 9.2 董事、监事及高级管理人员变动情况及原因

报告期内,公司无董事、监事及高级管理人员变动相关事项。

### 9.3 报告期内公司变更注册资本、变更注册地或公司名称、公司分立合并事项

无。

### 9.4 报告期内公司重大未决诉讼事项

#### 9.4.1 固有业务

报告期内未发生重大诉讼事项。

#### 9.4.2 信托业务

2013 年 10 月 23 日，公司按委托人指令向法院提起诉讼，起诉对象为甘肃七个井矿业有限公司，涉案本金为 52 521 万元，该项目为被动管理类，公司已胜诉，目前仍处于执行阶段。

2013 年 10 月 23 日，公司向法院提起诉讼，起诉对象为山西中景泰房地产开发有限公司。2014 年 6 月 6 日，公司取得胜诉判决，判决被告应归还本金金额为 9 850 万元，现仍在执行阶段。

2015 年 10 月 26 日，公司向法院申请执行，执行对象为山西联盛能源投资有限公司项目的 6 个保证人，涉案本金为 50 000万元；2015 年 11 月 10 日，公司取得执行裁定。2017 年 4 月 20 日，吕梁市中院裁定通过《山西联盛能源有限公司等三十二家公司重整计划草案》。该项目为被动管理类，目前执行案件因山西联盛能源投资有限公司合并重整程序而中止执行。

### 9.5 对会计师事务所出具的有保留意见，否定意见或无法表示意见的审计报告的，公司董事会应就所涉及事项作出说明

报告期内，公司无相关事项。

### 9.6 报告期内，公司及其董事、监事和高级管理人员受到处罚的情况

无。

### 9.7 银保监会及其派出机构对公司检查后提出整改意见的，应简单说明整改情况

山西银保监局（原山西银监局）于 2018 年 3 月至 5 月对公司大客户授信与“进一步深化整治市场乱象”等工作进行了现场检查。针对检查中提出的意见，公司逐条对照落实，认真制定整改计划，积极整改。针对检查发现的具体问题，公司建立台账，明确时限，修定完善相关内控制度，严肃整改落实，切实提升合规经营意识、内控管理水平和服务实体经济能力。

### 9.8 重大事项临时报告情况说明

经本公司 2017 年股东大会第一次会议审议通过，对《山西信托股份有限公司章程》进行了相应修改，该事项已经山西银保监局（原山西银监局）核准，并在《金融时报》进行了披露。

### 9.9 报告期内银保监会及其省级派出机构认定的其他有必要让客户及相关利益人了解的重要信息

无。

## 10. 公司监事会意见

### 10.1 监事会对公司依法运作情况的独立意见

监事会认为，公司董事会、经营层能够按照国家有关法律法规和《公司章程》的规定履行职责，决策程序合规有效；本报告期内未发现董事、高级管理人员履行职务时有违法违规、违反《公司章程》或损害公司及投资人利益的行为。

### 10.2 监事会对公司财务状况的独立意见

监事会认为，公司能够认真贯彻执行国家有关政策和法律法规，公司财务报告内容完整，客观真实地反映了公司的财务状况和经营成果。

# 陕西省国际信托股份有限公司

## 1. 重要提示

本年度报告摘要来自年度报告全文，为全面了解本公司的经营成果、财务状况及未来发展规划，投资者应当到证监会指定媒体仔细阅读年度报告全文。

## 2. 公司概况

### 2.1 公司简介

#### 2.1.1 公司信息

| | | | |
|---|---|---|---|
| 股票简称 | 陕国投 A | 股票代码 | 000563 |
| 变更后的股票简称（如有） | 无 | | |
| 股票上市证券交易所 | 深圳证券交易所 | | |
| 公司的中文名称 | 陕西省国际信托股份有限公司 | | |
| 公司的中文简称 | 陕国投 | | |
| 公司的外文名称（如有） | Shaanxi International Trust Co. ,Ltd. | | |

续表

| | |
|---|---|
| 公司的外文名称缩写（如有） | SITI |
| 公司的法定代表人 | 薛季民 |
| 注册地址 | 西安市高新区科技路 50 号金桥国际广场 C 座 |
| 注册地址的邮政编码 | 710075 |
| 办公地址 | 西安市高新区科技路 50 号金桥国际广场 C 座 |
| 办公地址的邮政编码 | 710075 |
| 公司网址 | http://www. siti. com. cn |
| 电子邮箱 | sgtdm@ siti. com. cn |

#### 2.1.2 联系人和联系方式

| | 董事会秘书 | 证券事务代表 |
|---|---|---|
| 姓名 | 李玲 | 孙一娟 |
| 联系地址 | 西安市高新区科技路 50 号金桥国际广场 C 座 24 层 | 西安市高新区科技路 50 号金桥国际广场 C 座 24 层 |
| 电话 | (029)81870262/88897633 | (029)81870262/88897633 |
| 传真 | (029)88851989 | (029)88851989 |
| 电子邮箱 | sgtdm@ siti. com. cn | sgtdm@ siti. com. cn |

### 2.2 组织结构

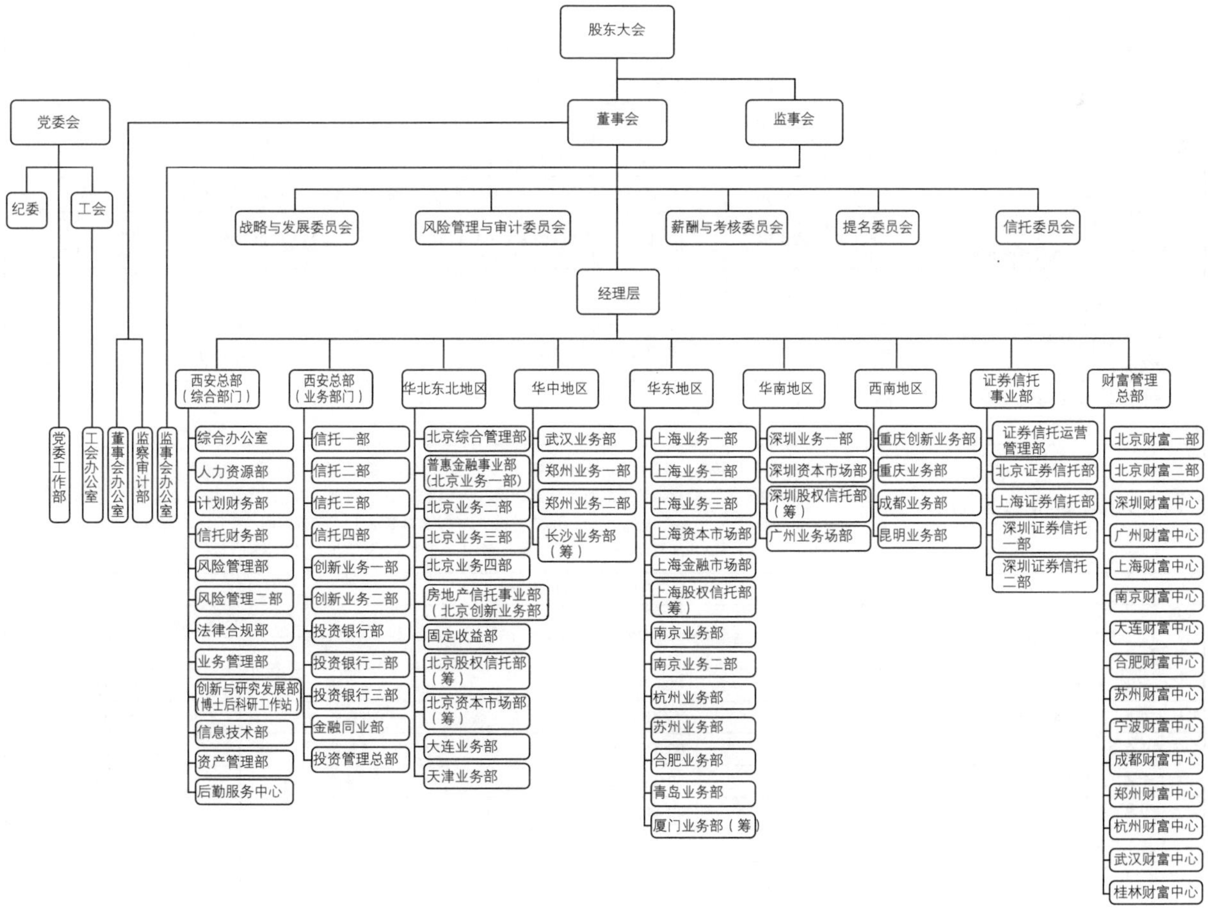

## 3. 主要会计数据和财务指标

| | 2018 年 | 2017 年 | 本年比上年增减(%) | 2016 年 |
|---|---|---|---|---|
| 营业收入(元) | 1 027 334 487. 80 | 1 150 598 361. 43 | -10. 71 | 1 013 572 110. 40 |
| 归属于上市公司股东的净利润(元) | 319 474 221. 09 | 352 236 506. 88 | -9. 30 | 515 237 568. 79 |
| 归属于上市公司股东的扣除非经常性损益的净利润(元) | 419 630 626. 84 | 365 326 637. 52 | 14. 86 | 419 506 568. 20 |
| 经营活动产生的现金流量净额(元) | -1 297 219 358. 49 | 1 042 625 907. 38 | -224. 42 | 157 891 242. 55 |
| 基本每股收益(元/股) | 0. 0912 | 0. 1111 | -17. 91 | 0. 1625 |
| 稀释每股收益(元/股) | 0. 0912 | 0. 1111 | -17. 91 | 0. 1625 |
| 加权平均净资产收益率(%) | 3. 56 | 4. 50 | 减少 0. 94 个百分点 | 6. 79 |
| | 2018 年末 | 2017 年末 | 本年末比上年末增减 | 2016 年末 |
| 总资产(元) | 12 279 353 222. 88 | 9 448 211 891. 02 | 29. 96 | 9 504 666 886. 70 |
| 归属于上市公司股东的净资产(元) | 10 414 858 172. 41 | 7 931 129 586. 51 | 31. 32 | 7 728 360 604. 97 |

注：1. 公司 2018 年下半年完成了配股增资，按会计准则要求，对 2017 年和 2016 年每股收益重新计算后列报。

2. 公司为金融信托企业，证券投资(含投资可供出售金融资产)为公司的日常业务主营业务范围之一，但根据《公开发行证券的公司信息披露解释性公告第 1 号——非经常性损益》及该公告列举的非经常性损益项目界定为经常性损益项目的要求，对投资可供出售的金融资产收益列入非经常性损益。

## 4. 前十名股东持股情况表

| 报告期末普通股股东总数 | 95 134 | 年度报告披露日前上一月末普通股股东总数 | 154 833 | 报告期末表决权恢复的优先股股东总数 | — | 年度报告披露日前上一月末表决权恢复的优先股股东总数 | — |
|---|---|---|---|---|---|---|---|

持股 5% 以上的股东或前 10 名股东持股情况

| 股东名称 | 股东性质 | 持股比例(%) | 报告期末持股数量 | 报告期内增减变动情况 | 持有有限售条件的股份数量 | 持有无限售条件的股份数量(股) | 质押或冻结情况 | |
|---|---|---|---|---|---|---|---|---|
| | | | | | | | 股份状态 | 数量 |
| 陕西煤业化工集团有限责任公司 | 国有法人 | 35. 05 | 1 389 216 527 | 320 588 429. 00 | — | 1 389 216 527 | — | — |
| 陕西省高速公路建设集团公司 | 国有法人 | 21. 62 | 857 135 697 | 197 800 545. 00 | — | 857 135 697 | — | — |
| 华宝信托有限责任公司 | 国有法人 | 2. 15 | 85 376 670 | 19 702 308. 00 | — | 85 376 670 | — | — |
| 中央汇金资产管理有限责任公司 | 国有法人 | 1. 31 | 52 069 680 | 12 016 080. 00 | — | 52 069 680 | — | — |
| 中广核财务有限责任公司 | 国有法人 | 1. 20 | 47 440 560 | -4 103 448. 00 | — | 47 440 560 | — | — |
| 中节能资本控股有限公司 | 国有法人 | 0. 87 | 34 344 723 | 7 925 705. 00 | — | 34 344 723 | — | — |
| 人保投资控股有限公司 | 国有法人 | 0. 70 | 27 677 000 | 6 387 000. 00 | — | 27 677 000 | — | — |
| 中国农业银行股份有限公司——中证 500 交易型开放式指数证券投资基金 | 其他 | 0. 54 | 21 535 436 | 14 991 816. 00 | — | 21 535 436 | — | — |
| 泰达宏利基金—民生银行——泰达宏利价值成长定向增发 333 号资产管理计划 | 其他 | 0. 51 | 20 349 894 | -5 381 218. 00 | — | 20 349 894 | — | — |
| 重庆国际信托股份有限公司——兴国 1 号集合资金信托计划 | 其他 | 0. 35 | 13 726 700 | 3 167 700. 00 | — | 13 726 700 | — | — |

| | |
|---|---|
| 战略投资者或一般法人因配售新股成为前十名股东的情况 | 无。 |
| 上述股东关联关系或一致行动的说明 | 1. 公司第一大股东和第二大股东均为省属国有独资企业，本公司实际控制人仍为陕西省国资委。<br>2. 公司第一大股东陕西煤业化工集团有限责任公司与除第二大股东陕西省高速公路建设集团公司外其他前十名股东之间不存在关联关系，也不属于《上市公司股东持股变动信息披露管理办法》中规定的一致行动人；未知前十名其他股东之间是否存在关联关系和是否属于《上市公司股东持股变动信息披露管理办法》中规定的一致行动人。 |

前十名无限售条件股东持股情况

| 股东名称 | 报告期末持有无限售条件股份数量 | 股份种类 | |
|---|---|---|---|
| | | 股份种类 | 数量(股) |
| 陕西煤业化工集团有限责任公司 | 1 389 216 527 | 普通股 | 1 389 216 527 |
| 陕西省高速公路建设集团公司 | 857 135 697 | 普通股 | 857 135 697 |
| 华宝信托有限责任公司 | 85 376 670 | 普通股 | 85 376 670 |
| 中央汇金资产管理有限责任公司 | 52 069 680 | 普通股 | 52 069 680 |
| 中广核财务有限责任公司 | 47 440 560 | 普通股 | 47 440 560 |
| 中节能资本控股有限公司 | 34 344 723 | 普通股 | 34 344 723 |

续表

| 前十名无限售条件股东持股情况 | | | |
|---|---|---|---|
| 股东名称 | 报告期末持有无限售条件股份数量 | 股份种类 | |
| | | 股份种类 | 数量(股) |
| 人保投资控股有限公司 | 27 677 000 | 普通股 | 27 677 000 |
| 中国农业银行股份有限公司——中证500交易型开放式指数证券投资基金 | 21 535 436 | 普通股 | 21 535 436 |
| 泰达宏利基金—民生银行——泰达宏利价值成长定向增发333号资产管理计划 | 20 349 894 | 普通股 | 20 349 894 |
| 重庆国际信托股份有限公司——兴国1号集合资金信托计划 | 13 726 700 | 普通股 | 13 726 700 |
| 前十名无限售流通股股东之间,以及前十名无限售流通股股东和前十名股东之间关联关系或一致行动的说明 | 1. 公司第一大股东和第二大股东均为省属国有独资企业,本公司实际控制人仍为陕西省国资委。<br>2. 公司第一大股东陕西煤业化工集团有限责任公司与除第二大股东陕西省高速公路建设集团公司外其他前十名股东之间不存在关联关系,也不属于《上市公司股东持股变动信息披露管理办法》中规定的一致行动人;未知前十名其他股东之间是否存在关联关系和是否属于《上市公司股东持股变动信息披露管理办法》中规定的一致行动人。 | | |
| 前十名普通股股东参与融资融券业务情况说明(如有)(参见注4) | 无。 | | |

## 5. 披露公司与实际控制人之间的产权及控制关系

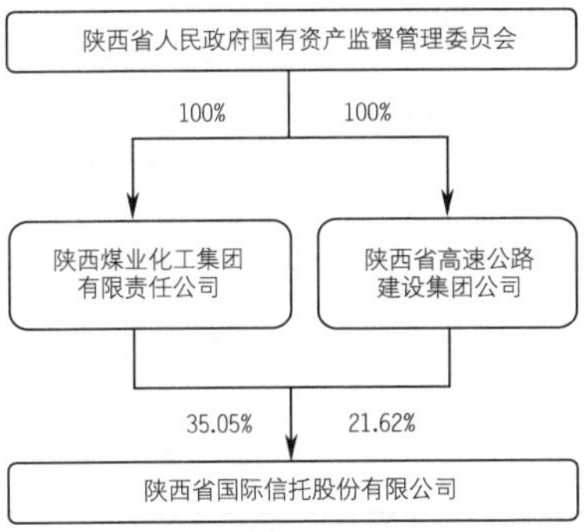


## 6. 管理层讨论与分析

2018年,我国经济下行压力加大,在金融强监管态势的背景下,信托业面临较大的盈利增长压力,全行业整体营业收入及净利润呈负增长。

本报告期,公司全力应对严峻复杂的经济形势,确保了公司主业持续稳定增长。全年实现营业收入为10.27亿元,因自有资金参与上市公司定增和股票投资,计提了2.4亿元减值准备后,实现利润总额为4.25亿元,净利润为3.19亿元。上缴国家和地方税费为1.61亿元。截至12月31日,公司总资产为122.79亿元、净资产为104.15亿元,分别增长29.96%、31.32%。公司存续信托项目904个,存续信托规模为3 085.97亿元,主动管理类信托项目占比为51%。

公司在人民银行西安分行2018年金融机构综合评价中,被评其他为"A类非银行机构";在第十一届中国优秀信托公司评选活动中,第七次获评"最具区域影响力信托公司";在中国《证券报》第六届金牛财富管理论坛评选中,荣获"金牛集合信托公司奖";获得第十四届中国上市公司董事会金圆桌奖评比"优秀董事会"奖;被西安市委、市政府评为西安市纳税百强企业。

### 6.1 发展战略实施取得突破性进展

公司配股增资工作取得成功,募集资金为22.71亿元。增持长安银行股权,受让永安保险股权,市场化金控平台建设取得较大进展。

### 6.2 信托主业收入保持稳定增长

公司信托主业收入逆势增长,全年新成立信托项目257个,新增项目规模为780.06亿元;信托主业手续费及佣金净收入为9.55亿元,同比增长1.72%。证券信托实现净受托人报酬为2.3亿元,再创历史新高,继续名列行业前茅。资产证券化、股权投资、家族信托、普惠金融、消费金融、影视信托等7大类46单创新业务落地实施。

### 6.3 积极开展自有资金多元化运作

公司强化固有业务与信托业务"双轮驱动",通过投放融资类项目、增持金融股权、配置信托产品、同业存放、购买货币市场产品等进行流动性管理,实现固有业务收入为2.28亿元。

### 6.4 财富管理能力进一步提升

公司全年新设苏州、合肥等9个异地财富中心,全国性营销网络基本形成;加强与20余家同业机构总部层面的合作交流,全年共募集资金为202.28亿元,同比增长21.35%。

### 6.5 改革试点顺利推进

公司完成董事会自主选聘经营管理者和薪酬差异化两项改革试点,面向全国选聘了业务总监和投资总监;继续推行事业部制改革,相继设立了房地产股权投资事业部和普惠金融事业部。

### 6.6 严控风险守牢底线

公司根据市场及政策变化动态调整业务指引,加强风险排查预警,全年顺利兑付到期信托项目497个,共1 448.78亿元,为信托投资者创造投资收益94.57亿元,实现到期项目全部足额兑付了本金及收益,没有发生重大兑付风险和重大资产损失,没有发生系统性金融风险。

## 7. 按银保监会要求需披露的其他信息

### 7.1 信用风险资产五级分类

| 信用风险资产五级分类 | 正常类(万元) | 关注类(万元) | 次级类(万元) | 可疑类(万元) | 损失类(万元) | 信用资产合计(万元) | 不良资产合计(万元) | 不良资产率(%) |
|---|---|---|---|---|---|---|---|---|
| 2017 年 | 847 927. 17 | 17 662. 66 | 305. 12 | 26 154. 79 | — | 892 049. 74 | 26 459. 91 | 2. 97 |
| 2018 年 | 1 120 943. 75 | 22 751. 76 | 10 082. 24 | 24 775. 99 | — | 1 178 553. 73 | 34 858. 22 | 2. 96 |

注:1. 上表反映的是公司固有业务投融资情况。

2. 出于谨慎性考虑,将一年以内的应收款划分为关注类;1 ~2 年的划分为次级类,2 ~3 年的划分为可疑类,3 年以上的划分为损失类,后三类归入不良资产。

3. 2018 年末公司不良资产余额(含次级、可疑和损失三类资产),主要为 2013 年、2014 年信托项目出现风险后,公司用 8. 05 亿元自有资金受让裕丰项目和南方林业项目,按照要求计提 50% 的减值准备及收回部分资产后的净值为 2. 45 亿元。此外,包含账龄在 1 年以上的应收款净值为 1. 04 亿元。

### 7.2 信托公司风险控制指标监管报表

| 项　目(信托公司) | 期末余额 | 监管标准 | 备注 |
|---|---|---|---|
| 净资本 | 751 827. 57 | ≥2 | — |
| 固有业务风险资本(万元) | 122 039. 90 | — | — |
| 信托业务风险资本(万元) | 237 064. 74 | — | — |
| 其他业务风险资本(万元) | — | — | — |
| 各项业务风险资本之和(万元) | 359 104. 64 | — | — |
| 净资本/各项业务风险资本之和(%) | 209. 36 | ≥100 | — |
| 净资本/净资产(%) | 72. 19 | ≥40 | — |

### 7.3 自有资产运用与分布表

| 资产运用 | 金额(万元) | 占比(%) | 资产分布 | 金额(万元) | 占比(%) |
|---|---|---|---|---|---|
| 货币资金 | 119 252. 84 | 9. 71 | 基础产业 | 130 000. 00 | 10. 59 |
| 交易性金融资产 | 24 827. 47 | 2. 02 | 房地产业 | 175 000. 00 | 14. 25 |
| 买入返售金融资产 | 39 260. 00 | 3. 20 | 证券市场 | 154 094. 85 | 12. 55 |
| 贷 款 | 265 000. 00 | 21. 58 | 实业 | 10 700. 00 | 0. 87 |
| 可供出售金融资产 | 302 738. 59 | 24. 65 | 金融机构 | 315 893. 48 | 25. 73 |
| 持有至到期投资 | 191 619. 77 | 15. 61 | 其他 | 442 246. 99 | 36. 02 |
| 其他资产 | 226 932. 45 | 18. 48 | | | |
| 应收款项 | 58 304. 20 | 4. 75 | | | |
| 合 计 | 1 227 935. 32 | 100. 00 | 合计 | 1 227 935. 32 | 100. 00 |

### 7.4 信托财务报告

#### 7.4.1 信托财务报告

##### 7.4.1.1 信托项目资产负债汇总表

**信托项目资产负债表**

编制单位:陕西省国际信托股份有限公司　　2018 年 12 月 31 日　　单位:元

| 信托资产 | 期末余额 | 年初余额 | 信托负债和信托权益 | 期末余额 | 年初余额 |
|---|---|---|---|---|---|
| 信托资产: | | | 信托负债: | | |
| 货币资金 | 8 384 129 393. 42 | 9 413 078 552. 91 | 交易性金融负债 | | |
| 拆出资金 | | | 衍生金融负债 | | |
| 交易性金融资产 | 55 860 453 237. 03 | 154 254 036 660. 66 | 卖出回购金融资产款 | | |
| 衍生金融资产 | | | 应付利息 | | |
| 买入返售金融资产 | 2 231 123 770. 22 | 8 835 113 348. 77 | 应付受托人报酬 | | |
| 应收票据 | | | 应付受益人收益 | | |
| 应收账款 | | | 应付保管费 | | |
| 应收利息 | 125 069 982. 88 | | 其他应付款 | 905 940 824. 63 | 679 644 694. 75 |
| 应收股利 | 11 589 642. 46 | | 应交税费 | 11 072 521. 93 | |
| 其他应收款 | 390 486 532. 86 | 164 041 399. 72 | 其他负债 | | |
| 贷款 | 152 075 170 195. 03 | 192 389 909 263. 63 | | | |
| 可供出售金融资产 | 2 680 449 039. 75 | 3 935 262 104. 75 | | | |
| 持有至到期投资 | 32 908 030 923. 40 | 39 587 296 795. 82 | | | |
| 长期股权投资 | 27 854 401 402. 30 | 27 887 843 008. 00 | 信托负债合计 | 917 013 346. 56 | 679 644 694. 75 |
| 长期应收款 | | | 信托权益: | | |
| 投资性房地产 | | | 实收信托 | 308 596 573 065. 41 | 445 378 469 301. 97 |
| 固定资产 | | | 资本公积 | 10 068 581 434. 08 | 4 655 689 482. 60 |
| 无形资产 | | | 未分配利润 | -30 057 824 158. 27 | 2 507 891 272. 82 |
| 长期待摊费用 | | | | | |
| 其他资产 | 7 003 439 568. 43 | 16 755 113 617. 88 | 信托权益合计 | 288 607 330 341. 22 | 452 542 050 057. 39 |
| 信托资产总计 | 289 524 343 687. 78 | 453 221 694 752. 14 | 信托负债和信托权益总计 | 289 524 343 687. 78 | 453 221 694 752. 14 |

公司负责人:薛季民　　主管会计工作的公司负责人:李永周　　会计机构负责人:王小兵

7.4.1.2 信托项目利润及利润分配汇总表

**信托项目利润及利润分配表**

编制单位:陕西省国际信托股份有限公司　　2018 年度　　单位:元

| 项目 | 本年数 | 上年数 |
|---|---|---|
| 一、营业收入 | −21 021 888 408.06 | 20 318 066 688.14 |
| 利息收入 | 12 816 784 558.49 | 9 686 745 368.44 |
| 投资收益(损失以"−"填列) | −13 974 988 373.89 | 8 662 678 115.37 |
| 公允价值变动收益(损失以"−"填列) | −19 871 822 426.12 | 1 862 918 998.68 |
| 汇兑收益(损失以"−"填列) | — | — |
| 其他业务收入 | 8 137 833.46 | 105 724 205.65 |
| 二、营业支出 | 2 086 842 019.35 | 2 185 418 667.97 |
| 利息支出 | — | — |
| 手续费及佣金支出 | 6 828.00 | 640.00 |
| 税金及附加 | 64 965 077.33 | — |
| 业务及管理费 | 2 021 870 114.02 | 2 185 418 027.97 |
| 资产减值损失 | — | — |
| 其他业务成本 | — | — |
| 三、信托营业利润(损失以"−"填列) | −23 108 730 427.41 | 18 132 648 020.17 |
| 加:营业外收入 | — | — |
| 减:营业外支出 | — | — |
| 四、信托利润(损失以"−"填列) | −23 108 730 427.41 | 18 132 648 020.17 |
| 加:期初未分配信托利润 | 2 507 891 272.82 | 1 221 971 606.73 |
| 五、可供分配的信托利润 | −20 600 839 154.59 | 19 354 619 626.90 |
| 减:本期已分配信托利润 | 9 456 985 003.68 | 16 846 728 354.08 |
| 六、期末未分配信托利润 | −30 057 824 158.27 | 2 507 891 272.82 |

公司负责人:薛季民　主管会计工作的公司负责人:李永周　会计机构负责人:王小兵

### 7.4.2 信托报酬确认原则和方法

本公司信托报酬按照信托文件的规定,以权责发生制原则为基础进行确认和计量。

### 7.4.3 信托资产运用与分布表

**信托资产运用与分布表**

| 资产运用 | 金额(万元) | 占比(%) | 资产分布 | 金额(万元) | 占比(%) |
|---|---|---|---|---|---|
| 货币资金 | 838 412.94 | 2.90 | 基础产业 | 7 802 850.98 | 26.95 |
| 交易性金融资产 | 5 586 045.32 | 19.28 | 房地产业 | 2 720 445.86 | 9.40 |
| 买入返售金融资产 | 223 112.38 | 0.77 | 证券市场 | 6 558 019.88 | 22.65 |
| 贷款 | 15 207 517.02 | 52.53 | 实业 | 4 825 600.65 | 16.67 |
| 可供出售金融资产 | 268 044.90 | 0.93 | 金融机构 | 2 345 699.11 | 8.10 |
| 持有至到期投资 | 3 290 803.09 | 11.37 | 其他 | 4 699 817.89 | 16.23 |
| 长期股权投资 | 2 785 440.14 | 9.62 | | | |
| 其他资产 | 700 343.96 | 2.42 | | | |
| 应收款项 | 52 714.62 | 0.18 | | | |
| 合　计 | 28 952 434.37 | 100.00 | 合　计 | 28 952 434.37 | 100.00 |

### 7.4.4 信托资产的期初数、期末数

单位:万元

| 类别 | 年初数 | 期末数 |
|---|---|---|
| 集合 | 22 427 567.76 | 13 751 096.34 |
| 单一 | 21 108 198.55 | 14 623 470.68 |
| 财产权 | 1 786 403.17 | 577 867.35 |
| 合计 | 45 322 169.48 | 28 952 434.37 |

7.4.4.1 主动管理型信托业务的信托资产

单位:万元

| 类别 | 年初数 | 期末数 |
|---|---|---|
| 证券投资类 | 17 251 722.61 | 6 558 019.88 |
| 股权投资类 | 451 721.37 | 398 166.23 |
| 融资类 | 6 102 722.17 | 6 185 952.13 |
| 事务管理类 | 451 076.79 | 388 965.63 |
| 合　计 | 24 257 242.94 | 13 531 103.87 |

7.4.4.2 被动管理型信托业务的信托资产

单位:万元

| 类别 | 年初数 | 期末数 |
|---|---|---|
| 证券投资类 | | |
| 股权投资类 | 2 375 605.22 | 2 386 533.81 |
| 融资类 | 7 048 119.78 | 4 101 767.76 |
| 事务管理类 | 11 641 201.54 | 8 933 028.93 |
| 合计 | 21 064 926.54 | 15 421 330.50 |

### 7.4.5 本期已清算结束的信托项目的有关情况

7.4.5.1 本期已清算结束的集合类、单一类资金信托项目和财产管理类信托项目

| 类　别 | 项目个数(个) | 实收信托合计金额(万元) | 加权平均实际收益率(%) |
|---|---|---|---|
| 集合类 | 340 | 9 282 655.49 | −8.22 |
| 单一类 | 151 | 9 062 094.30 | 5.87 |
| 财产管理类 | 6 | 1 311 150.00 | 5.29 |
| 合　计 | 497 | 19 655 899.79 | −1.50 |

7.4.5.2 本期已清算结束的主动管理型信托项目

| 类　别 | 项目个数(个) | 实收信托合计金额(万元) | 加权平均实际年化信托报酬率(%) | 加权平均实际收益率(%) |
|---|---|---|---|---|
| 证券投资类 | 273 | 7 019 293.20 | 0.28 | −12.87 |
| 股权投资类 | 3 | 100 200.00 | 0.66 | 6.57 |
| 融资类 | 39 | 1 487 940.00 | 1.45 | 6.42 |
| 事务管理类 | | | | |

7.4.5.3 本期已清算结束的被动管理型信托项目

| 类别 | 项目个数(个) | 实收信托合计金额(万元) | 加权平均实际年化信托报酬率(%) | 加权平均实际收益率(%) |
|---|---|---|---|---|
| 证券投资类 | | | | |
| 股权投资类 | 6 | 534 591.43 | 0.12 | 6.07 |
| 融资类 | 70 | 3 090 530.00 | 0.10 | 6.13 |
| 事务管理类 | 106 | 7 423 345.16 | 0.12 | 5.80 |

### 7.4.6 本期新增的集合类、单一类和财产管理类信托项目的有关情况

| 类别 | 项目个数(个) | 实收信托合计金额(万元) |
|---|---|---|
| 集合类 | 140 | 3 883 507.59 |
| 单一类 | 104 | 3 788 464.50 |
| 财产管理类 | 13 | 128 613.20 |
| 合　计 | 257 | 7 800 585.29 |
| 其中:主动管理型 | 139 | 3 844 380.58 |
| 被动管理型 | 118 | 3 956 204.71 |

#### 7.4.7 本公司履行受托人义务情况及因自身责任而导致的信托资产损失情况

本公司根据《信托法》《信托公司管理办法》等相关法律法规和信托文件的规定，在管理和处分信托财产时，履行了恪尽职守、诚实、信用、谨慎、有效管理的义务。报告期内，没有发生过任何损害受益人利益的情况，也无因自身责任而导致信托资产损失的情况。

#### 7.4.8 信托与关联方交易情况

单位：万元

| 项目 | 年初数 | 本期增加额 | 本期减少额 | 期末数 |
|---|---|---|---|---|
| 贷款 | 171 000.00 | 50 000.00 | 121 000.00 | 100 000.00 |
| 投资 | 1 158 300.00 | — | — | 1 158 300.00 |
| 租赁 | — | — | — | — |
| 担保 | — | — | — | — |
| 应收账款 | — | — | — | — |
| 其他 | — | — | — | — |
| 合计 | 1 329 300.00 | 50 000.00 | 121 000.00 | 1 258 300.00 |

#### 7.4.9 固有资产投资信托计划

单位：万元

| 期初数 | 本期发生额 | 期末数 |
|---|---|---|
| 246 300.00 | 30 790.00 | 277 090.00 |

#### 7.4.10 信托项目投资信托项目(TOT)

单位：万元

| 期初数 | 本期发生额 | 期末数 |
|---|---|---|
| 347 995.14 | −129 025.14 | 218 970.00 |

#### 7.4.11 会计制度的披露

按照《企业会计准则——基本准则》和其他各项具体准则、应用指南及准则解释的规定进行确认和计量，在此基础上编制财务报表。

#### 7.4.12 主要财务指标

| 指标名称 | 指标值 |
|---|---|
| 加权年化信托报酬率(%) | 0.25 |

## 8. 经营管理

### 8.1 经营目标、经营方针

#### 8.1.1 经营目标

坚持稳中求进工作总基调，紧盯高质量发展目标，紧扣追赶超越和“五个扎实”要求，紧跟信托业回归本源的改革转型步伐，围绕落实“五新”战略任务和大力发展“三个经济”，提升服务实体经济的质效，稳健经营和创新驱动并举，推进“财富管理革命”、金融战略布局、多元化运作，努力实现“五化陕国投”战略目标。

#### 8.1.2 经营方针

以稳中求进抓经营、高质发展推转型、补齐短板强弱项、担当作为促超越为主线，稳字当先，稳健运营求长远，稳推创新求质量，稳控风险求安全，稳促改革求活力，稳抓管理求效益，坚持稳中求进、稳中求变、稳中求快、稳中求好，落实新发展理念，坚定打造“五化陕国投”。

### 8.2 市场形势等的分析

#### 8.2.1 有利因素

一是2018年主要发达经济体维持相对强劲的增长，国际贸易增速提高，主要新兴经济体出现不同程度的复苏，全年国内生产总值为900 309亿元，按可比价格计算，比上年增长6.6%，经济社会发展的主要预期目标较好完成，三大攻坚战开局良好，供给侧结构性改革深入推进，改革开放力度加大，人民生活持续改善，国民经济运行保持在合理区间。

二是国家层面推进经济结构优化生计、科技创新，强化开放力度的政策支持，精确实施财政政策和稳健的货币政策，坚持结构性“去杠杆”基本思路、稳妥处理地方债务将给信托业带来机遇，为信托展业提供良好的宏观经济环境。

三是公司完成了全国化布局，持续实施人才强企战略，不断优化激励约束机制，依靠高素质专业化人才引领和推动创新转型，持续打造核心竞争力，战略布局成效提升。

四是公司业务开发与品牌宣传相结合，强化品牌提升和塑造，不断扩大影响力，形成良性循环和良好社会效应，陕国投品牌价值进一步提升。

五是公司监管层对行业提出新的监管理念，作出相应的政策调整与安排，将有力引导和推动信托行业回归本源、精准定位、强化主业、高品质发展。

#### 8.2.2 不利因素

一是世界经济动能出现放缓迹象，美国保护主义抬头、全球经贸规则演变，使我国发展的外部环境正在发生深刻变化，面临复杂严峻的挑战，不利因素增多。特别是中美经贸摩擦给我国经济持续平稳发展带来新的压力，需要高度重视并妥善应对。

二是当前经济金融风险集中在非金融企业杠杆率过高、地方债务风险、民营企业债务风险以及居民杠杆率增长过快等方面，在经济整体下行的态势下，防范金融市场异常波动和共振，风险管控压力增大。

三是资管新规和银行理财子公司新规落地及一系列监管政策出台，将重塑金融市场格局，信托机构将会面临较大的挑战。

### 8.3 内部控制

#### 8.3.1 内部控制环境和内部控制文化

报告期内，在监管部门的正确领导下，公司以“合规建设深化年”活动为契机，坚持合规经营、稳健运营，通过强化公司治理，加强制度执行力，推进全面风险管理体系建设等措施，提升合规风险管理能力，推动公司完善全面内控管理机制，为公司稳健发展提供坚实保障。

#### 8.3.2 内部控制措施

一是完善体系，提升管控。报告期内，为建立健全公司全面风险管理体系，提高公司经营管理水平和风险防范能力，确保安全稳健运行，公司按照全面风险管理体系建设实施方案，初步完成了全面风险管理手册，同时进一步优化梳理流程，加强内控制度建设，建立健全全面内控管理体系，进一步提升风险管理水平。

二是查漏补缺，完善制度。公司以建立全面风险管理体系为目的，健全自我约束机制，加快内控制度建设。结合资管新规的相关要求和检查发现的问题，查找制度漏项，不断完善内控制度。报告期内，公司编制修订了《信托受益权转让操作细则》《数据质量管理办法》《信托业务关联交易管理办法》《普惠金融业务日常运营管理办法》等多项制度，加强公司合规管理水平，促进各项业务稳健、持续、快速发展。

三是积极宣传，营造氛围。公司积极开展内控合规文化的宣传引导工作，通过标语宣传、现场宣讲、安放展板、发放宣传材料、在微信公众号上推送相关知识、开展线上答题等活动，积极对“合规建设深化年”活动进行宣传，并于2018年下半年分别开展了反洗钱主题宣传月活动、“扫黑除恶”“防范电信诈骗”等专项宣传活动。

四是合规运作，强化执行。按照上市公司内控规范建设要求，公司从组织机构设置、业务流程、事权管理、授权管理、责任追究等方面进一步优化了内控管理体系，有效地保证了公司经营管理水平的不断提升和战略规划的实施。董事会风险管理与审计委员会、监事会、经营层、职能部门分别按照各自职责开展内控工作，形成了有效且相互制衡的决策、执行和监督机制，取得了良好的效果。公司内设的监察审计部加强了效能监察，强化了对公司决策执行情况的检查、督导，执行效率得到有效提升。详细情况见公司《2018年内部控制自我评价报告》。

**8.3.3 信息交流与反馈**

公司不断完善信息交流与反馈机制，结合机构改革以及内控制度完善等工作，进一步明确了股东大会、董事会、监事会、高级管理层、各部门及员工的职责和报告路径，做到了内部信息传输顺畅、有效；根据监管要求，采取多种形式向监管部门、受益人报告公司重大事项和项目管理情况，并充分运用公司网站及时发布和更新相关信息，树立公司良好的管理人形象。报告期内，公司信息传递路径通畅，各项信息上通下达，交流反馈快捷，确保了公司安全运行，持续发展。

**8.3.4 监督评价与纠正**

公司建立了内部控制监督评价与纠正机制，能够按照各项业务不同阶段的管理特征规范相应的内部审批、操作和风险管理程序，通过制度化、流程化来监控和管理各项业务，并按照风险管理原则对拟开展业务进行严格的事前审查，对已开展业务进行事中持续跟踪管理和监控；公司监事会对股东大会负责，对公司财务以及公司董事及高管履行职责的合法性进行监督，维护公司及股东的合法权益；公司监察审计部对内部控制制度的健全性、有效性进行动态检查评价，对各项业务开展进行合规性检查及风险识别，对相关人员的行为规范进行监督和检查，对被审计项目或信托经理作出客观评价，提出意见或建议，并对审计结论和处理意见的执行及整改情况进行后期追踪检查，督促整改落实。

## 8.4 风险管理

**8.4.1 风险管理概况**

公司在经营活动中可能遇到的风险主要包括信用风险、市场风险、操作风险、法律风险、声誉风险、道德风险等。报告期内，公司积极应对金融强监管、经济增长内生动力不足等，进一步加大对部分行业和领域的风险排查，持续提高风险防控意识、完善风险管理体系，优化评审决策程序，采取更加高效、审慎的评审决策方法。根据最新经济形势、监管政策、信托行业变化及业务发展要求，公司适时修订了《2018年信托业务风险管理指引》《固有和信托业务尽职调查管理办法》《信托项目评审决策管理办法》《固有及信托项目应急管理办法》《信托业务关联交易管理办法》等多项制度及指引，同时加强对存续项目的风险排查，强化了事中管理。

**8.4.2 风险状况**

8.4.2.1 信用风险状况

信用风险主要是指交易对手违约造成损失的风险，主要表现为公司在开展自有资金运作和信托投融资理财等业务时，可能会因交易对手违约而给公司或信托财产带来风险。报告期内，面对经济下行压力，公司强化了交易对手信用等级的要求，对发生的各类业务均履行了严格的内部评审程序，以及事中控制、事后监督等，担保措施充足，整体信用风险可控。

8.4.2.2 市场风险状况

市场风险是指公司在运营过程中可能因股价、市场汇率、利率及其他商品价格因素等变动而产生的风险。其具体表现为经济周期变化、利率波动、通货膨胀、房地产交易、证券市场变化等造成的风险，这些风险可能影响信托财产的价值及信托收益水平，也可能影响公司固有资产价值或导致损失。2018年公司密切关注金融业强监管态势及传统业务受政策调整带来的影响，将事中事后管理常态化，结合金融风险高发态势，持续加大对重点项目的贷后核查和风险排查力度，动态监控项目运行，强化存续项目风险隐患预警和应急能力，确保公司平稳发展。

8.4.2.3 操作风险

公司面临的操作风险主要是指制度和操作流程以及现有制度和流程不能得到有效执行而可能引起的经营风险。2018年公司深入贯彻全面风险管控理念及合规文化建设，以开展“合规文化深化年”活动为契机，进一步加强了员工合规运营及风险防范意识和风险防范责任教育，强化了风险识别技巧培训，员工的操作风险防范意识和能力得到提升。

8.4.2.4 其他风险

其他风险主要包括法律风险、声誉风险、道德风险等。随着信托行业竞争的进一步加剧，声誉风险已成为需要防范的重点风险之一。报告期内，公司从理财产品销售、兑付等环节入手，同时加强舆情监测，进一步强化了声誉风险管理。报告期内公司未发生此类风险。

**8.4.3 风险管理**

8.4.3.1 信用风险管理

公司从提升尽职调查水平入手，从项目论证、评审、贷后管理等方面防范和规避信用风险，具体措施包括：(1)公司修订了《2018年信托业务风险管理指引》，对2018年形势从宏观、中微观进行分析，明确了当年公司业务发展的指导思想及不同业务的分类指引意见；(2)公司制定《信托业务关联交易管理办法》《固有业务审查决策管理办法》等制度，从项目准入上予以规范；(3)坚持风险防控端口前移，风控部门对于重大项目深入现场落实相关问题，实地评估项目风险；(4)持续对交易对手的财务数据、经营状况和信用状况进行跟踪评价，不定期到现场进行财务、项目工程进度和销售情况检查，加强风险排查，督导资金使用；(5)严格按照国家法律法规相关要求，足额计提相关资产减值准备、一般准备、信托赔偿准备，提升公司的风险抵御能力。

8.4.3.2 市场风险管理

公司紧跟宏观经济形势的变化，密切关注和防范市场风险，具体措施包括：(1)对宏观经济走势、政策变化、投资策略及其他影响市场变化的因素进行分析研究，为项目决策提供参考；(2)审慎开展新业务，结合市场情况，严格遴选实力较强的交易对手，注重交易对手现金流覆盖情况，做足抵（质）押等风控措施，同时高度重视即将到期信托计划的安全兑付问题；(3)继续严格执行以风险预警和止损为核心的风险管控制度，严控证券投资信托业务风险；(4)密切监控已开展业务的运行情况，根据市场风险情况及时作出投资调整、提前结束等风险管理措施，避免或降低市场风险引起的损失。

8.4.3.3 操作风险管理

在操作风险的防范上，公司要求每项业务在尽职调查、受理申请、交易结构设计、审查审批、营销签约、执行终止各阶段全过程合法合规；公司建立了职责分离、相互监督制约的内控机制，建立和完善有效的投资决策机制，实行严格的复核审核程序，制定严格的信息系统管理制度和档案管理制度，根据监管法规的要求制定了符合公司实际的规章制度，从机制和制度上降低操作风险，实现对公司各项业务操作过程的有效控制；强化流程控制，严格执行不兼容岗位分离制度，严格执行复核、审批程序，将合规与风险管理贯穿于业务各环节之中；结合内控规范建设，公司进一步强化了监事会、监察审计等部门的监督职能。

8.4.3.4 其他风险管理

对于法律风险，公司严格按照相关监管规章，突出强化合规风险红线意识，对所有拟开展业务进行合规性审查，确保公司业务开展符合国家相关法律法规规定，并不断优化产品结构和法律文本设计，严格按公司法律文件进行审批；对于声誉风险，公司把声誉构建与公司发展战略和企业文化进行有机结合，对可能影响公司声誉的业务坚决回避，尽职管理受托资产，并充分披露，塑造公司专业和诚信的社会形象；对于员工道德风险，公司从制度、教育、监督、纪律处罚等多方面着手，不断优化激励约束机制，对员工及其行为进行约束和规范。

## 9. 涉及财务报告的相关事项

### 9.1 与上年度财务报告相比，会计政策、会计估计和核算方法发生变化的情况说明

#### 9.1.1 重要会计政策变更

| 会计政策变更的内容和原因 | 审批程序 | 备注 |
|---|---|---|
| 2018年，财政部发布《关于修订印发2018年度一般企业财务报表格式的通知》[财会(2018)15号]，执行会计准则的金融企业应当根据金融企业经营活动的性质和要求，比照一般企业财务报表格式进行调整。 | 执行财政部发布的通知要求。 | 本公司按照规定，相应对财务报表格式进行了修订。 |

注：《财政部关于修订印发一般企业财务报表格式的通知》，对一般企业财务报表格式进行了修订，新增了"应收票据及应收账款""应付票据及应付账款"等科目，并对"其他应收款""其他应付款"等科目的核算范围进行了调整。该项会计政策变更采用追溯调整法，公司对本期及比较期间数据进行了调整。

#### 9.1.2 重要会计估计变更

本公司2018年无重要会计估计变更。

### 9.2 报告期内发生重大会计差错更正需追溯重述的情况说明

公司报告期内无重大会计差错更正需追溯重述的情况。

### 9.3 与上年度财务报告相比，合并报表范围发生变化的情况说明

公司报告期内无合并报表范围发生变化的情况。

# 上海爱建信托有限责任公司

## 1. 重要提示

1.1 本公司董事会及董事保证本报告内容的真实、准确和完整,不存在重大错报及虚假记载、误导性陈述或重大遗漏,并对其承担个别及连带责任。

1.2 独立董事潘飞、吴斌、黄辉认为本报告:公司年报所记载的资料不存在重大错报及虚假记载,也没有误导性陈述和重大遗漏,本报告的内容真实、准确、完整。

1.3 本公司年度财务报告已经立信会计师事务所(特殊普通合伙)根据中国注册会计师审计准则审计,并出具了标准无保留意见的审计报告。

1.4 公司董事长周伟忠,总经理吴文新,分管自营财务负责人、信托财务负责人朱建高,自营财务部门负责人黄晓,信托财务部门负责人李闽声明:保证年度报告中财务报告的真实、完整。

## 2. 公司概况

### 2.1 公司简介

公司法定中文名称:上海爱建信托有限责任公司 缩写爱建信托

公司法定英文名称:Shanghai Aj Trust Co., Ltd. 缩写 AJT

法定代表人:周伟忠

注册地址:上海市徐汇区肇嘉浜路746号3-8层

邮政编码:200030

办公地址:上海市徐汇区肇嘉浜路746号3-8层

邮政编码:200030

国际互联网网址:http://www.ajxt.com.cn

电子邮箱:ajmail-1@ajfc.com.cn

信息披露事务负责人:李洋洋

联系电话:021-64386833 传真:021-64392072 电子邮箱:lyy@ajfc.com.cn

信息披露报纸名称:《上海证券报》

年度报告备置地点:公司各营销部门网点

聘请的会计师事务所:立信会计师事务所(特殊普通合伙)

住所:上海市黄浦区南京东路61号4楼

### 2.2 组织结构

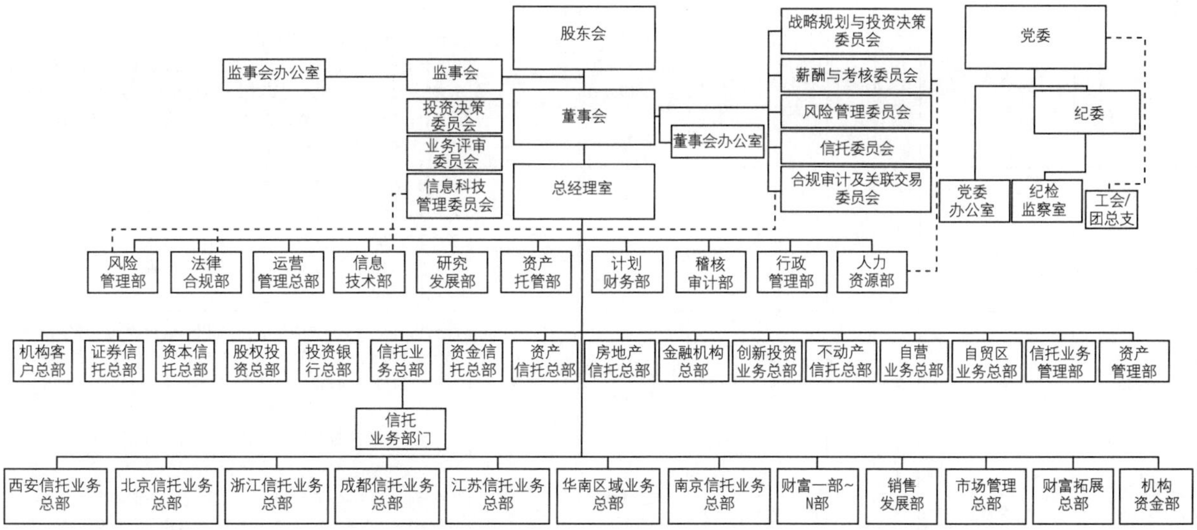

# 3. 公司治理结构

## 3.1 股东

| 股东名称 | 持股比例（%） | 法定代表人 | 注册资本（万元） | 注册地址 | 主要经营业务及主要财务情况 |
|---|---|---|---|---|---|
| ★上海爱建集团股份有限公司 | 99.33 | 王均金 | 162 192.2452 | 上海浦东新区泰谷路168号 | 实业投资，投资管理，外经贸部批准的进出口业务（按批文），商务咨询。<br>2018年营业总收入为265 398.73万元，归属于母公司股东的净利润为115 808.47万元。 |
| 上海爱建纺织品有限公司 | 0.33 | 徐闰生 | 1 800 | 上海香港路59号 | 针纺织品、建筑装饰材料、纺织原料（除棉花）、服装（含加工）、服饰及辅料、百货、从事货物及技术进出口业务、附设分支。<br>2018年营业收入为48.95万元，净利润为72.93万元。 |
| 上海爱建进出口有限公司 | 0.33 | 吴宪华 | 3 400 | 上海浦东新区成山路220号1802－1室 | 经营和代理除国家组织统一经营的进出口商品外的商品及技术的进出口业务，经营进料加工和"三来一补"业务，经营对销贸易和转口贸易业务，从事对外经济贸易咨询服务，从事出口基地实业投资业务，金属材料、钢材、焦炭、冶金产品、矿产品、化工原料及产品（危险化学品凭许可证经营）、润滑油、燃料油、沥青、建筑材料、汽车、机电设备、通讯设备、环保设备、食用农产品、电子产品、日用百货、仪器仪表的销售，煤炭经营，食品销售。<br>2018年营业收入为19 773.31万元，净利润为244.25万元。 |

注：★股东之间存在关联关系，上海爱建集团股份有限公司为上海爱建纺织品有限公司和上海爱建进出口有限公司的唯一股东。

## 3.2 董事

董事长、副董事长、董事

| 姓名 | 职务 | 性别 | 年龄（岁） | 选任日期 | 所推举的股东名称 | 该股东持股比例（%） | 简要履历 |
|---|---|---|---|---|---|---|---|
| 周伟忠 | 董事长 | 男 | 55 | 2013年11月4日 | 上海爱建集团股份有限公司 | 99.33 | 曾任中国人民银行舟山市分行普陀区支行副行长、行长，中国人民银行舟山市分行行长助理、副行长、行长兼国家外汇管理局舟山市外汇管理支局局长，中国人民银行上海分行金融稳定处处长，中国人民银行上海总部金融稳定部综合处处长、金融稳定部副主任，爱建信托公司副总经理、总经理，爱建资产公司董事长；现任爱建集团副总经理、党委副书记，爱建信托董事长。 |
| 蒋明康 | 董事 | 男 | 54 | 2016年12月9日 | 上海爱建集团股份有限公司 | 99.33 | 曾任国家外汇管理局上海分局外资处外债科副科长，中国人民银行上海市分行外资处科长、银行监管一处科长，中国人民银行上海分行银行监管一处、外资银行处、银行管理处、城商处副处长，上海银监局政策法规处处长，上海银监局副局长，曾在上海均瑶（集团）有限公司工作，曾任爱建集团副总经理，爱建信托副董事长，爱建财富公司董事长；现任上海华瑞银行股份有限公司监事会主席、爱建信托董事。 |
| 侯学东 | 董事 | 男 | 57 | 2016年12月9日 | 上海爱建集团股份有限公司 | 99.33 | 曾任解放军军事院校教研室教官、副主任、代主任，空军某飞行团代副政委，上海爱建股份有限公司党委办公室干部、总经理室干部、董事会办公室副主任（主持工作）、主任；现任爱建集团副总经理、董事会秘书，上海方达投资发展有限公司董事长，爱建信托董事，爱建证券副董事长。 |
| 赵德源 | 董事 | 男 | 54 | 2018年1月5日 | 上海爱建集团股份有限公司 | 99.33 | 曾任中国工商银行上海浦东分行计划财务部经理助理、副经理、浦东分行行长助理，中国工商银行上海市外滩支行副行长，中国工商银行上海市分行公司金融部副总经理、第二营业部副总经理（主持工作）、外高桥支行行长，上海农村商业银行办公室主任、董事会秘书；现任爱建集团财务总监（财务负责人），爱建信托董事，爱建资本董事长。 |
| 吴文新 | 董事 | 男 | 52 | 2016年12月9日 | 上海爱建集团股份有限公司 | 99.33 | 曾任上海市松江区农业局员工，中国建设银行松江支行副行长、奉贤支行行长、宝钢宝山支行行长、上海市分行公司部总经理，上海华瑞银行副行长；现任上海华瑞银行董事，爱建集团党委委员，爱建信托董事、党委副书记、总经理。 |
| 吴淳 | 董事 | 男 | 46 | 2016年12月9日 | 上海爱建集团股份有限公司 | 99.33 | 曾任上海爱建信托有限责任公司信贷部信贷员、信贷部本币一科副科长、信托业务科副科长、资金信托部客户经理、资金信托总部副总经理、资金信托总部总经理、金融机构总部总经理，上海爱建信托有限责任公司总经理助理、副总经理；现任爱建信托董事、党委副书记、常务副总经理。 |

独立董事

| 姓名 | 职务 | 性别 | 年龄（岁） | 选任日期 | 所推举的股东名称 | 该股东持股比例(%) | 简要履历 |
| --- | --- | --- | --- | --- | --- | --- | --- |
| 潘飞 | 独立董事 | 男 | 62 | 2014 年 9 月 14 日 | 独立董事 | — | 曾任上海财经大学会计学院助教、讲师、副教授、教授、院长;现任上海财经大学会计学院教授,爱建信托独立董事。 |
| 吴斌 | 独立董事 | 男 | 45 | 2016 年 12 月 9 日 | 独立董事 | — | 曾任海通证券股份有限公司投资银行部项目经理、国际业务部总经理助理、办公室副主任、主任、合规总监、战略规划及 IT 治理委员会主任、公司党委委员、副总经理,上海文化广播影视集团、上海电视台党委委员、副总裁;现任上海中平国瑀资产管理公司总经理,爱建信托独立董事。 |
| 黄辉 | 独立董事 | 男 | 56 | 2016 年 12 月 9 日 | 独立董事 | — | 曾在德国赫斯特公司法兰克福任职,任毕马威管理咨询,日本,董事总经理,董事会代表;毕马威管理咨询全球高级副总裁,大中华区 CEO,全球执行副总裁,上海均瑶(集团)有限公司 CEO,矢光投资总裁,德国电信大中华区总裁;现任德太投资集团执行合伙人,爱建信托独立董事。 |

## 3.3 监事

监事会成员

| 姓名 | 职务 | 性别 | 年龄（岁） | 选任日期 | 所推举的股东名称 | 该股东持股比例(%) | 简要履历 |
| --- | --- | --- | --- | --- | --- | --- | --- |
| 胡爱军 | 监事（2018 年 12 月 26 日起任监事长） | 男 | 48 | 2016 年 12 月 9 日 | 上海爱建集团股份有限公司 | 99.33 | 曾任共青团上海市委组织部副部长、管理信息部部长,上海市信息化委员会征信行业监管处处长、上海市经济和信息化 委员会信用管理处处长,上海爱建集团股份有限公司总经理助理等;现任爱建集团监事会副主席(代行监事会主席职权)、纪委书记、党委委员,爱建信托党委书记、监事长。 |
| 张建中 | 监事长（2018 年 12 月 26 日离任） | 男 | 52 | 2018 年 1 月 5 日 | 上海爱建集团股份有限公司 | 99.33 | 曾任安徽宣城行署教育局科员,中国银行宣城支行信托办事处副主任,中信实业银行合肥支行信贷部负责人,深圳发展银行上海分行市场业务部负责人、分行外滩支行副行长、行长、分行行长助理,上海泛华工程有限公司副总经理,兴业银行上海分行营业部总经理、行长助理、副行长,上海浦东发展银行上海分行副行长,爱建信托董事、总经理、监事长;现任爱建集团副总经理,爱建资产公司董事长。 |
| 张凤翔 | 监事 | 男 | 51 | 2018 年 1 月 5 日 | 上海爱建集团股份有限公司 | 99.33 | 曾任上海浦东新区法院书记员、助理审判员、民二庭审判员,上海市高级法院助理审判员、民二庭审判员、民四庭审判员、民四庭审判长助理、民二庭审判长;现任爱建集团法律合规总部总经理、爱建信托监事。 |
| 杨毅 | 监事 | 男 | 37 | 2018 年 12 月 26 日 | 上海爱建集团股份有限公司 | 99.33 | 曾任雅马哈乐器音响中国投资有限公司市场企划担当,润欣通信技术上海有限公司市场企划主管,新华保险上海分公司企划机构部高级经理,湖南财信投资控股有限责任公司战略及资本规划部总经理,上海爱建股份有限公司战略与投资总部总经理助理、副总经理、副总经理(主持工作),上海爱建集团股份有限公司战略投资管理总部副总经理(主持工作);现任爱建集团战略投资管理总部总经理,爱建产业公司董事长、总经理,爱建信托监事。 |
| 朱学明 | 职工监事 | 男 | 54 | 2013 年 11 月 4 日 | 职工代表 | — | 曾任上海爱建信托有限责任公司自营业务总部法律事务主管、资产保全首席代表、资产管理部副经理(主持工作)、经理;现任爱建信托职工监事,资产管理部总经理。 |
| 陈抗非 | 职工监事 | 女 | 45 | 2016 年 12 月 9 日 | 职工代表 | — | 曾任浙江工人日报社职员嘉利生化集团有限公司人力资源总监,上海上药第一生化药业有限公司人力资源部经理;现任上海爱建信托有限责任公司党委委员、人力资源部总经理、党委办公室主任、纪检监察室主任、监事会办公室主任,爱建信托职工监事。 |

## 3.4 高级管理人员

| 姓名 | 职务 | 性别 | 年龄(岁) | 任职日期 | 金融从业年限(年) | 学历/学位 | 专业 | 简要履历 |
|---|---|---|---|---|---|---|---|---|
| 吴文新 | 总经理 | 男 | 52 | 2018年1月5日 | 30 | 本科/硕士 | EMBA | 曾任上海市松江区农业局员工，中国建设银行松江支行副行长、奉贤支行行长、宝钢宝山支行行长、上海市分行公司部总经理，上海华瑞银行副行长；现任上海华瑞银行董事，爱建集团党委委员，爱建信托董事、党委副书记、总经理。 |
| 吴淳 | 常务副总经理 | 男 | 46 | 2015年5月12日 | 26 | 研究生/硕士 | MBA | 曾任上海爱建信托有限责任公司信贷部信贷员、信贷部本币一科副科长、信托业务科副科长、资金信托部客户经理、资金信托总部副总经理、资金信托总部总经理、金融机构总部总经理，上海爱建信托有限责任公司总经理助理、副总经理；现任爱建信托董事、党委副书记、常务副总经理。 |
| 朱建高 | 首席财务官 | 男 | 52 | 2016年3月3日 | 5.5 | 研究生/硕士 | 工商管理 | 曾任上海爱建普陀实业公司副总经理，上海爱建杨浦实业公司总经理，爱建（香港）有限公司副总经理，爱建集团资金部经理、财务管理总部总经理，爱建集团审计总部总经理、职工监事；现任爱建信托首席财务官，上海市政协委员，民建上海市委委员，爱建委员会主任委员。 |
| 李洋洋 | 副总经理/董事会秘书 | 男 | 50 | 2013年11月4日 | 17 | 研究生/博士 | 经济及金融 | 曾任海通证券股份有限公司研究所高级研究员，湘财证券有限责任公司并购部高级经理，上海利成投资咨询公司并购部副总经理，上海爱建信托有限责任公司兼并收购总部、资金信托总部及自营业务总部高级经理、企业策划部副经理、风控合规总部副总经理、总经理兼研究发展部经理，爱建信托总经理助理；现任爱建信托董事会秘书、副总经理。 |
| 张保华 | 副总经理 | 男 | 47 | 2013年11月4日 | 21 | 研究生/硕士 | EMBA | 曾任广东汕头海洋集团公司财务审计部财务审计，深圳市会计师事务所财务咨询、审计，平安保险公司稽核部；平安证券公司南京营业部负责人，平安集团上海总部投资管理中心任职，平安团险市场营销部副总、平安团险安徽分公司总经理，西安康鸿信息技术股份有限公司副总，平安信托公司产品部副总、成都分公司兼管重庆分公司筹建和经营，爱建信托营销总监；现任爱建信托副总经理，柏瑞爱建资产管理（上海）有限公司总经理。 |
| 望秋 | 总经理助理 | 女 | 41 | 2017年4月1日 | 15 | 研究生/硕士 | EMBA | 曾任中德安联人寿总部市场部万能险产品经理，友邦保险中国区总部 直复营销部华南区业务经理，花旗银行（中国）总行贵宾理财市场营销总监，渣打银行（中国）总行财富管理及国际个人银行业务及战略发展总监，恒丰银行总行零售金融客群与市场部总监，爱建信托营销总监；现任爱建信托总经理助理。 |
| 武彪 | 总经理助理 | 男 | 47 | 2017年11月6日 | 25 | 研究生/博士 | 经济学专业 | 曾任农业银行平凉分行计划财务部科员，中泰信托有限责任公司创新业务总部总裁业务助理、业务总监，中国长城资产管理股份公司投资投行事业部总经理助理、上海自贸区分公司副总经理，长城新盛信托有限责任公司董事、副总经理；现任爱建信托总经理助理。 |

### 3.5 公司员工

报告期内在编、在岗职工人数401人，平均年龄35.1岁，学历分布比率为：博士占1.5%，硕士占45.9%，本科占47.6%，专科占4%，其他占1%。

## 4. 经营管理

### 4.1 经营目标、经营方针、战略规划

公司以“爱国建设”为宗旨，发扬“稳健、诚信、创新、发展”的企业精神，培育公司的核心竞争力，为股东创造价值，同时承担相应的社会责任。公司制定的2017—2020年战略规划以“树龙头、补短板、强中台”为总体发展思路，在经营理念、产品体系、组织架构、激励约束机制以及人才制度五大领域积极寻求变革。2018年是战略规划深化落地的关键年，在市场环境和监管政策出现较大变化的背景下，公司对2018年经营策略和具体实施路径做了适度调整，确保各项战略规划的总体目标如期完成。2018年，公司在资产管理与财富管理的双轮驱动下，优化体制机制，谋求动能转换，聚焦创新转型，强化风险管理，实现公司健康、持续、高质量发展。

### 4.2 所经营业务的主要内容

**自营资产运用与分布表**

| 资产运用 | 金额(万元) | 占比(%) | 资产分布 | 金额(万元) | 占比(%) |
|---|---|---|---|---|---|
| 货币资产 | 22 503.43 | 2.26 | 基础产业 | 180 387.42 | 18.11 |
| 交易性金融资产 | 212.74 | 0.02 | 房地产业 | 419 753.17 | 42.13 |
| 贷款及应收款 | 155 994.02 | 15.66 | 证券市场 | 3 766.26 | 0.38 |
| 可供出售金融资产 | 802 811.69 | 80.58 | 实业 | 134 812.41 | 13.53 |
| 持有至到期投资 | — | — | 金融机构 | 136 168.95 | 13.67 |
| 长期股权投资 | 4 285.42 | 0.43 | 其他 | 121 358.25 | 12.18 |
| 其他 | 10 439.16 | 1.05 | | | |
| 资产总计 | 996 246.46 | 100.00 | 资产总计 | 996 246.46 | 100.00 |

注：该表与资产负债表资产总额的差额(6 009.50万元)是计提的资产减值准备。

**信托资产运用与分布表**

| 资产运用 | 金额(万元) | 占比(%) | 资产分布 | 金额(万元) | 占比(%) |
|---|---|---|---|---|---|
| 货币资产 | 151 099.21 | 0.59 | 基础产业 | 3 436 084.33 | 13.52 |
| 贷款 | 9 786 591.45 | 38.51 | 房地产 | 5 617 559.43 | 22.11 |
| 交易性金融资产 | 2 239 477.74 | 8.81 | 证券市场 | 879 144.14 | 3.46 |
| 可供出售金融资产 | 2 458 810.00 | 9.68 | 工商企业 | 6 058 288.40 | 23.84 |
| 持有至到期投资 | 962 560.72 | 3.79 | 金融机构 | 6 252 659.49 | 24.60 |
| 买入返售 | 74 000.00 | 0.29 | 其他 | 3 168 588.66 | 12.47 |
| 长期股权投资 | 3 893 946.88 | 15.32 | | | |
| 长期应收款 | 5 727 783.47 | 22.54 | | | |
| 投资性房地产 | 30 000.00 | 0.12 | | | |
| 应收账款 | 88 054.98 | 0.35 | | | |
| 信托资产总计 | 25 412 324.45 | 100.00 | 信托资产总计 | 25 412 324.45 | 100.00 |

### 4.3 市场分析

2018年，全球货币政策在美联储加息缩表的影响下整体呈现出边际收紧态势，美国单边贸易保护主义则进一步加剧了全球投资人的避险情绪，使得持续近两年的全球经济复苏动能迅速降温。我国在“去产能”“去杠杆”、环保督查及中美关系转折等共同作用下，全年经济下行压力持续加大，2018年国内GDP同比增长6.6%，环比下降0.3个百分点，创近30年增长的新低。展望2019年，我国经济预计有望底部趋稳。一方面，信贷投放及社会融资总量的企稳有助于固定资产投资增长的企稳，从而托底经济；另一方面，政策加大减税降费，全力推动新经济领域的培育壮大，以及大力支持民营企业和民营经济的发展，均有助于稳定市场预期，并逐步培育新的经济增长动能。预计人民银行货币政策将保持松紧适度，存款准备金率仍有一定的下调空间。政策将推动房地产市场保持健康稳定发展。

2018年，信托行业面临更为复杂的市场环境。金融严监管叠加金融去杠杆，导致行业整体资产规模有明显的下降。截至2018年末，68家信托公司管理资产规模为22.7万亿元，比年初下降了3.54万亿元。信托公司在资产端和资金端均面临更大的考验，行业转型压力进一步加大。在资产端，随着过去几年房价持续上涨，部分区域的市场风险在逐步增加，对优质资产的竞争更加激烈；地方基础设施建设在第四季度有所回暖，但作业模式的转变和地方信用能力的甄别成为业务展业的核心。在资金端，机构资金渠道收缩明显，各种互联网和第三方渠道整顿规范，使得信托公司资金来源大幅受限，项目落地效率大幅下降。展望未来，信托行业转型依然任重道远，但行业发展仍值得期待。一是行业新政未来有望给行业带来新的红利，二是信托公司近年来加快自身业务结构的调整和新业务的布局有望在未来逐步进入收获期，为其提供新的发展动能。如在资产端加快围绕服务实体经济和回归本源业务的布局，在资金端发力财富管理、家族信托等业务。预计未来信托公司将依据自身的禀赋资源寻找切实可行的转型路径，头部信托公司的优势将进一步增强。

### 4.4 内部控制概况

#### 4.4.1 内部控制环境和内部控制文化

公司按照现代企业制度的要求，建立了以股东会、董事会、监事会以及经营管理层为核心的内部法人治理结构。公司不断完善和深化管理体制，规范股东会、董事会、监事会和经营管理班子的权责关系，明确了四者的议事规则和决策程序；设置权责明确、分工合理的决策系统、执行系统和监督系统，建立了以岗位职责、授权体系、风险管理、监督检查与评价为基础的内控体系，形成了科学有效的职责分工和制衡机制。不断强化风险管理意识，完善风险管控体系，持续提高风险控制能力，防范操作风险是公司重点工作，并贯穿于全年。一是公司经营层大力倡导合规经营风险控制严防操作风险为先的经营理念，公司内部通过逐步调整合规政策、加强合规宣导和执行，不断强化贯彻、落实监管要求。二是为公司稳健发展建立制衡机制的不断推进与强化，2017年在多重审批机制的业务决策模式上，关注业务评审各环节所揭示的风险控制薄弱环节预防措施的制定和落实及信息反馈，强化风控前置与运营事中的风险管控及

检查监督职责，以期达到对重要风险识别充分，防控措施适当，执行有效，剩余风险控制在公司可接受的范围中。三是继续加强制度建设，完善制度体系，构建覆盖全过程、全岗位的风险管理与控制的制度体系。2018 年，公司修订了《信托项目尽职调查管理办法（试行）》《房地产信托项目期间管理操作规程》《权益类投资业务投后管理操作指引》《信托业务评审委员会项目评审工作规则》《自有资金使用规则》《不良资产处置管理办法（试行）》《规章制度管理办法》《违规积分管理操作指引》《受益人大会操作流程指引》《中介机构管理细则》《客户身份识别、风险等级划分、大额和可疑交易报告、涉恐资产冻结实施细则》《反洗钱可疑交易监测标准》《信息技术管理制度》等制度。通过不断完善风险管理与控制制度和控制流程，有效减少了经营活动全过程的风险控制薄弱环节。四是树立全员风险意识，将提高员工的职业操守和诚信意识作为公司的一项长期工作，营造全体员工充分了解并履行职责的文化氛围。通过建立有效的激励约束机制，不断强化风险防范和合规经营理念，培育良好的内部控制文化，提高了全员参与的风险控制意识和效果，使风险管控贯穿于经营活动的全过程，营造了风险控制为先的企业文化。

#### 4.4.2 内部控制措施

自营业务部门和信托业务部门相互独立，各部门目标明确，职责和权限清晰，有效保障了自营业务和信托业务各部门及员工在授权范围内行使相应的职责。

设置专门的资产托管部门进行信托财产的记录、核算与估值，并与固有资产分离，对每项信托业务设立独立的信托财产账户，分别进行会计核算和会计控制。进一步强化信托资产管理能力，完善信托项目管理流程，提升控制效果。设置专门的运营管理部门进行信托项目自成立至清算期间的存续管理，通过项目资料及相关合同的归口管理，严格对信托项目成立、存续及清算过程中各环节可能存在的操作风险进行控制和监督，保障项目运行中相关合同条款能够切实有效地执行。

公司以业务流程为主线，致力于建立健全前台、中台、后台并重的内控体系，致力于控制措施覆盖业务流程的重要环节。

报告期间，通过明确的业务、销售、风控、合规、研发、运营、稽核审计在风险管理工作中的职能定位，各司其职开展经营活动各领域的风险识别、评估、管理和监督管理控制，以及对管理控制效果进行的再监督和评价，合理保证公司对风险事项、风险环节进行事前识别和防范、事中控制和化解、事后检查和纠正，形成了有效的风险控制和反馈机制。强化业务决策机制，自营、信托业务评审委员会按照《项目评审工作规则》进行业务评审，给决策层提供决策依据，为业务拓展树立起坚实的防范风险的屏障。

在公司整体合规管理方面，由原先的重业务合规转变为重点推动全面合规管理，从重塑合规管理架构、重申合规管理职责、加强三道防线建设等方面，重点推动了合规管理全覆盖、合规责任下沉和前移，强化各基层职能部门的合规管理职责，促进全面合规管理及全员主动合规理念。同时，通过制定合规指引、业务合规指导政策、增修订若干合规管理制度、加强合规检查等管理举措，例如修订《合规管理制度》《合同管理办法》，进一步推进公司展业不断规范化、优化管理流程，促进管理效率化和有效性建设。

在项目存续管理中，业务、运营与风控已形成了较为明确的管理与监督管理职责，通过报告会签、信息互通，体现了有效执行、监督和风险闭口的管理效果。按照职责对信托财产管理过程中的各项事务、数据和有关信息保留记录，严格执行信息披露规则，及时出具信托项目清算报告。在营销过程中，严格按照经合规部门审核的营销方案进行推介。明确规定销售推介人员不得承诺“保本保息”或最低收益，不得通过报刊、电视、广播和其他公共媒体进行营销宣传。实现销售录音录像的全覆盖。前中后台管理与监督管理、检查与再检查评价职责体现了相互牵制，互为补充的良好控制效果，形成了风险防控的三道防线。公司的信息化建设形成了较为完整的管理信托业务的信息系统体系，实现对业务全资产、全流程、全面风控的一体化管理。通过对公司业务核算的自动化辅助作业，全公司范围业务数据信息的共享和利用，能够准确及时地收集业务数据实现监管报送，有效提升了公司的内部控制和风险管理能力。公司积极响应监管部门提出的信托行业要不断提升风险管理和业务持续能力的要求，在核心业务系统持续稳定运行的基础上，同时投入大量资源建设异地灾备系统，将信息系统的容灾水平和信息安全保护能力提升上了新的台阶。

#### 4.4.3 监督评价与纠正

公司建立了自控、互控与监控三结合的监督机制，对内部控制活动进行检查、监督和纠正。通过对业务项目的尽职调查、风控合规事前评估和业务及运营的事中检查以及监督，实现对业务活动事前事中管理和控制的检测，揭示风险，制定风险防范和控制措施。通过相关部门之间相互制衡、监督，发现问题，要求限时纠正。通过稽核审计的再监督，对公司各项业务实施全面的监督和评价，直接向总经理和董事会报告，并督促审计意见整改落实。

报告期内，主要审计事项为公司经营管理中内部风险控制执行情况以及内部控制制度适当性和有效性方面的审计，监管部门明确要求开展的内部专项审计与评价事项，审计意见整改落实情况的回访检查等。提出审计意见和建议 36 项，揭示了公司现行制度有待完善、执行力有待进一步提高、信息系统功能需改进等方面的不足。针对审计中发现的问题，督促改进落实并跟踪检查。通过对审计揭示问题的整改落实，促进了公司经营活动中风险管理与控制能力的不断提高，制度的不断完善，执行力的不断加强。

### 4.5 风险管理概况

公司的业务风险管理架构由公司董事会、监事会、管理层、业务评审委员会、前中后台风险管理相关部门组成，各层级协同管理公司风险。公司董事会或者管理层根据董事会授权负责公司所有投资项目及重大事项的决策，从公司整体层面考虑是否符合公司利益；业务评审委员会负责信托和自营项目的风险和可行性进行评估，并作出决议；前台业务部门根据风险政策开展业务，对各类业务进行尽调和可行性分析；中台风险管理部门负责根据管理层授权制定各类业务的风险政策，对项目风险进行评估，识别、量化、监控公司整体及各产品的风险指标，形成风险缓释建议，向业务评审委员会和公司决策层汇报；稽核审计部负责对公司内部控制、特定事项进行审计监察，承担第三道防线的职责。

公司已建立风险管理基本制度体系，相关制度可以覆盖业务主要流程。2018年，公司进一步优化组织架构，动态调整风险政策，建立健全各类风险管控制度，强化制度落实，从业务全流程的尽职调查、风险识别、风险评估、期间管理、风险处置等各个环节着手，进一步推动业务、合规、风险、运营专业化管理，及对审批流程再造等，稳步推进实施全面风险管理，稳步提高公司风险管理水平。

2018年，公司继续坚持以信托主体业务为导向，整合部门资源，加强统一管理，优化内部管理机制，提升整体运行效率。2018年，公司在资产端方面增设了创新投资业务总部、房地产信托总部、西安信托业务总部、广州信托业务部和南京信托业务总部，分别负责房地产业务、不动产特殊资产业务、资产证券化业务和资本市场业务等业务的拓展和管理。资金端方面，公司增设了财富三部至财富六部以及杭州财富中心，主要负责各类产品的个人客户销售和机构客户销售。另外，为了推动营销科技化，进一步加强财富及销售管理，增设了销售发展部。支持保障方面，公司分设了法律合规部和风险管理部，进一步清晰化职责分工，加强公司信托业务项目管理过程中法律合规与风险管理方面的工作。另外，为支撑业务拓展，落实公司全面风险管理的战略，公司持续充实风险管理部门人力配备，以实现支持业务开展，完善风险管理体系建设之目标。

根据2018年的宏观环境及国家政策和监管精神的变化，公司适时调整风控政策和业务布局，对房地产业务进一步优选区域和交易对手，适度推进投资类和创新类项目的展业，同时提高期间管理方案的个性化和针对性，进一步深化对传统房地产业务的运营管理，有力地保障了房地产业务的健康快速发展；对信政合作业务，进一步深化与地方政府的战略合作，回归商业原则，密切关注地方债务整顿的后续政策，严防区域性风险，提高尽调要求、加强期间管理，并着力降低资金端成本，保持了信政类业务的平稳发展；对于事务管理类项目，随着资管新规的出台，在降低杠杆、减少嵌套的要求下，总体控制规模，加强存续期管理，严守监管底线。

2018年，公司组织修订完善了《上海爱建信托有限责任公司信托项目尽职调查管理办法（试行）》《上海爱建信托有限责任公司不良资产处置管理办法（试行）》《上海爱建信托有限责任公司主动管理类信托项目融资价格定价规则》《上海爱建信托有限责任公司2018年信托业务展业指引》《上海爱建信托有限责任公司经营管理联席会议议事规则（试行）》《房地产信托项目期间管理操作规程》《上海爱建信托2018年业务风险政策（试行）》《上海爱建信托有限责任公司联合授信管理办法（试行）》《上海爱建信托有限责任公司客户身份识别、风险等级划分、大额和可疑交易报告、涉恐资产冻结实施细则》《上海爱建信托有限责任公司反洗钱可疑交易监测标准》《爱建信托自有资金使用规则》《上海爱建信托有限责任公司集合资金信托计划受益人大会操作流程指引》《上海爱建信托有限责任公司理财与资金信托统计管理规定》《上海爱建信托有限责任公司业务部门交叉业务合作指导意见》《中介机构管理细则》《信息技术管理制度》《信托业务评审委员会项目评审工作规则》《信托业务管理办法（试行版）》等制度，涵盖信托业务管理制度、风险政策、流程指引等方面。

公司近年来审慎经营，风控管理架构、制度、管控流程不断完善和充实。公司在尽职调查、期间管理方面的风险管控能力稳步提升，基本实现各类业务在不同环节的风险能够有效、及时地识别、评估和监测。首先，公司十分重视业务准入环节风险管控，针对不同类型业务制定了尽职调查管理办法及主要业务类型的尽职调查要点指引，相关业务需满足制度要求并通过集体决策后方可执行；其次，中台风险管理部门在项目成立后通过监测区域风险、交易对手负面信息、比对项目运行情况与期间管理方案之间的差异等手段，及时识别、评估、报告风险；最后，公司按照监管部门要求开展定期的全面风险排查和压力测试工作，以及房地产信用风险、信托公司流动性风险等专项压力测试工作。

截至2018年末，公司净资本为51.64亿元，各项风险资本之和为36.49亿元，净资本/各项业务风险资本之和为141.53%，净资本/净资产为79.59%。

**4.5.1　风险状况**

4.5.1.1　信用风险状况

2018年，公司信托业务规模增长快速，业务产品线更为丰富，除房地产公司外，公司交易对手还包括地方政府平台公司、工商企业等。相比以往年度，信托行业竞争日趋激烈，公司信托业务规模迅速增长，业务类型和交易对手更为多样，信用风险处于中等水平。

4.5.1.1.1　内在风险水平描述

（1）自营信贷组合

公司自营贷款类型有抵押贷款、质押贷款，贷款余额为78 000.00万元，均为正常类贷款，不良贷款余额为零。不良信用资产余额为8 272.32万元，比2017年末下降4.62%，不良资产率为0.84%，降幅为0.38个百分点。

公司严格按照中国银监会的要求进行资产五级分类，并按照相关规定计提了减值准备，截至2018年末，公司计提各项资产减值准备为6 009.50万元。

公司2018年新增贷款为70 500万元，都为正常贷款。

（2）信托业务

截至2018年末公司信托贷款余额为9 786 591.45万元，占信托业务总规模的比重为38.51%。其中，1年内到期贷款占贷款总额的40.59%；1～2年内到期贷款占贷款总额的28.11%；逾期贷款38 000.00万元，占贷款总额的比重为0.39%。

截至2018年末，信托贷款无贷款减值准备，较上年末无变化。

（3）委托业务

截至2018年末公司委托贷款余额为57 229.97万元，比上期同期减少5.00万元。公司无尚未放贷的委托存款。公司在贷款业务方面主要是做好清理工作，因目前现存的委托贷款的资产质量较差，基本上都为逾期贷款，且逾期时间较长，清理工作有一定的难度。

4.5.1.1.2　信用风险管理政策

根据对整体经济趋势的判断，公司定期调整风险政策，引导展业方向。对于传统类业务，公司根据业务类型的不同，分别针对房地产和信政类业务制定了区域评价体系；对于新型业务，公司及时跟进制定业务尽调和风控指引，引导业务有序开展。公司重视对交易对手的尽职调查，及时评估交易对手的信用，根据集中度，对交易对手实施限额管理，重点关注交易对手的现金流覆盖率和整体信用情况；同时，重视抵押物和其他抵（质）押品的确权及兑付保障效力，及时制定期间管理方案和风险预案，并落实对口部门，从事前、事中、事后三个维度对信用风险进行综合管理。

4.5.1.2　市场风险状况

公司的市场风险主要表现在利率波动、证券市场价格波动、房地产市场价格波动、汇率波动等方面。2018 年，国内国际宏观经济形势复杂多变，国内监管机构延续了上年的一系列“去杠杆”政策，房地产市场区域分化明显。行业宏观调控政策、棚改和土地整理等政策很大程度上主导了房地产的市场价格波动、流动性。与此同时，利率市场化进程加快，资本市场日趋理性化，投资者专业化、去散户化，证券市场波动幅度增加，市场风险有所上升。

公司信托业务中，房地产业务的风险主要反映在土地和房地产的价格波动方面，价格的波动对投资标的价值产生直接影响；证券类业务市场风险主要反映在信托资金投资于资本市场的证券以及其他金融资产的价格波动方面，继而影响到信托份额的净值。

为加强风险管控，对于房地产类业务，公司在展业区域选择上，进一步发挥房地产区域评价体系的指导作用，优选区域进行展业；鼓励与控盘能力较强的高等级交易对手合作，对项目报酬率，现金覆盖率等提出更高的要求，并在管控方案上，加强公司的主动权，从严把控期间管理方案，以降低因房地产价格波动造成的市场风险。证券类业务方面，公司通过加强投资管控，设置适当的风险缓释措施，控制因利率、证券及金融产品价格波动造成的市场风险。

总体而言，因公司主动管理的证券类业务和房地产投资类业务规模比较小，公司市场风险处于中等水平。

4.5.1.2.1　自营业务分析

（1）公司自有资金投资余额为 874 633.48 万元。截至 2018 年末，股票投资余额为 3 131.66 万元，占投资总额的 0.36%、占总资产（未减各项减值准备，下同）的 0.31%。

（2）公司股权类投资余额为 12 869.27 万元，占投资总额的 1.47%、占总资产的 1.29%，其中，正常类为 8 055.66 万元，可疑类为 4 813.61 万元。针对可疑类股权投资质量情况已计提 50% 的减值准备。

（3）截至 2018 年末，信托计划投资余额为 687 228.33 万元，占投资总额的 78.57%，占总资产的 69.18%。

（4）截至 2018 年末，基金投资余额为 96 367.86 万元，占投资总额的 11.02%，占总资产的 9.67%。

（5）截至 2018 年末，债权类投资余额为 70 036.36 万元，占投资总额的 8.01%，占总资产的 7.03%。

（6）截至 2018 年末，其他投资余额为 5 000 万元，占投资总额的 0.57%，占总资产的 0.50%。

4.5.1.2.2　信托业务分析

信托业务中长期股权投资为 3 893 946.88 万元，其中非事务管理型股权投资为 1 127 162.59 万元。

4.5.1.3　操作风险状况

随着公司业务规模持续发展，业务品类增加，新员工数量大幅增加，对公司操作风险管理提出更高的要求。公司高度重视操作风险管理，年内通过业务流程梳理、内控审计、制度建设、风险管理文化建设等多个维度提升操作风险管理水平。

2018 年，公司传统业务在计算机操作系统上的业务处理流程更加规范、成熟、简洁、顺畅，极大地降低了系统操作风险。由于 2018 年公司也拓展了一些创新业务，例如网上信托业务、消费信托业务等，这类业务的计算机操作平台是新开发的，相应的作业流程和操作也还在不断地建立、改进之中，故对于这类创新业务存在着一些不确定的操作风险，需要予以关注。

目前，公司的运营流程包括开户、成立、划款、信息披露等已梳理得更为清晰顺畅，运营与风控的职责划分也更为清楚，对于不同业务归口部门也更为明确。

**4.5.2　风险管理**

4.5.2.1　信用风险管理

信用风险是指交易对手未能履行合同所带来的经济损失风险。公司的信用风险主要表现为在信托贷款、资产回购、后续资金安排、担保、履约承诺等交易过程中，借款人、担保人、保管人（托管人）等交易对手不履行承诺，不能或不愿履行合约承诺而使信托资产或自有资产遭受潜在损失的可能性。

2018 年，信托公司面临的外部环境总体趋紧，交易对手信用风险有所上升。公司决策层根据国家宏观经济、政策导向以及市场情况，充分考虑公司资源禀赋，确定当年资产配置策略，并设置与资产配置策略相匹配的风险政策，引导业务在合法合规、风险可控的框架下开展。2018 年，公司更新了风险政策，包含信用风险、市场风险、操作风险等多种风险的管控要求。公司对信用风险的管理能力逐年增强，形成了较为完善的信用风险管理和业务审批制度。通过业务评审委员会、总经理、董事会的逐级决策机制，强化了交易对手信用风险的评估与控制。在风险政策落实方面，公司通过各种形式向前台业务部门进行宣导，中台相关部门对业务部门展业是否符合风险政策进行审核，稽核审计部门作为最后一道防线定期检查风险政策执行情况。

4.5.2.2　市场风险管理

市场风险是指由于市场价格或利率波动而导致的对金融工具的资产价值产生负面波动的风险。公司所面临的市场风险主要是指由于市场价格，如利率、股票价格、债券价格、股权价值等波动而造成的信托财产、自有资产损失的风险。从展业类型角度分析，公司房地产股权投资类业务和证券投资类业务会面临一定的市场风险。

房地产投资类业务展业方面，一方面，公司通过加强资产准入管理，坚持房地产三维评价体系，定期调整、细化房地产风险政策，优选展业区域，加强与头部交易对手和发展潜力好的区域龙头合作，并匹配风险可控的交易方案，从而在资产层面加强市场风险的管控；另一方面，通过不断优化提升资产期间管理水平，加强期间主动管理和价格监控，加大研发和系统支持，密切监测区域土地、房屋销售价格，防范因价格波动对信托财产产生的负面影响。

证券投资类业务方面，2018 年公司进一步加强了审慎管控力度，业务投资规模有所下降。此外，公司对证券投资建立有较为完善的管理制度，并有恒生资产管理系统和银行间市场交易系统来支持业务的开展与风险的监控，公司内部设置专门的岗位对投资标的价格进行跟踪。

4.5.2.3 操作风险管理

操作风险是指由于不完善或有问题的内部操作过程、人员、系统或外部事件而导致的直接或间接损失的风险，但不包含策略性风险和声誉风险。

公司通过制度规范业务流程，定期对已有流程进行剖析分析，整合和优化投资审批流程。流程上实行环节责任到岗，前一环节对后一环节负责，后一环节对前一环节有核查义务，定期或不定期地安排进行信托业务和企业文化的培训，提高员工的专业能力和工作责任心，有效降低操作风险。

2018年，公司人力资源部在继续贯彻落实《员工培训管理办法》和员工培训四维模型的基础上，持续加大员工培训工作力度，对全体员工进行分板块、分层次、分职级、分类别地开展一系列培训工作。其中，针对公司高潜员工开展了"爱·学堂"引航系列培训班，培训内容覆盖组织创新、战略执行、商务谈判、团队建设、房地产市场解析、金融工具创新等多方面；针对全员培训工作，公司在去年招募首批内训师的基础上，再次招募了第二批内训师，进一步壮大了该队伍规模，由公司各业务部门骨干人员构成。年内已完成一轮内训授课，课程内容包括信托基础与产品介绍、公司风险管理办法与逻辑介绍、信托项目尽职调查实务操作、权益类投资及估值体系介绍、企业财报的解读、房地产类项目中期管理、私人理财规划等。综合上述两项培训维度，实现了公司员工培训覆盖率达到100%。同时，公司继续开展新员工入职培训、全员风控合规知识培训、外派员工参加信托业从业资格培训、信托专业培训机构公开课程，以及金融行业各类论坛、会议来拓宽员工视野，拓展员工见闻，增进业内交流，提升工作能力，提高工作效率，降低操作风险。此外，公司还建立了"爱·学堂"书吧和线上学习平台，采用线上线下相结合的方式组织、动员员工开展自主学习，进一步激发员工的学习发展积极性。

2018年以来，公司继续推动风险管理体系及流程优化建设，由中台多个部门与前台业务部、后台稽核审计部门等多个部门联动协作，梳理优化公司现有的业务及管理流程，包括项目立项审批、期间管理、档案管理等多个专题。以期使公司业务流程及管理规范简明化、清晰化，不断提升公司操作风险管理水平及管理效率。

公司按照风险管理流程进行业务管理和监控，履行合规合法性审查和评估，根据需要聘请外部律师出具法律意见；外包安排充分体现了公司控制风险的审慎态度。公司对操作风险的监控覆盖了业务经营和公司管理的各个层面，具有充分性和适当性。

2018年，公司顺利完成了信息系统灾备体系的升级、改造。完成了对公司信息系统的安全测评，使得公司的信息系统具有一定的抗风险能力，以保证公司的信息系统在遭遇风险时的持续、正常运行。

### 4.6 企业社会责任

报告期内，公司坚定战略，以"守正创新、合规经营、提质增效、转型发展"为经营指导思想，努力提升经营管理水平，将社会责任理念融入发展战略、经营管理与日常工作中，在支持实体经济、改善民生、客户服务等领域积极践行信托行业的社会责任。爱建信托积极创新转型，成立了消费金融推进工作小组、ABS产品推进工作小组，还获得银保监会批准经营QDII资格。在城市更新方面，公司开发核心城市办公、商业、住宅等业态的综合体项目；在消费金融方面，与大型平台公司合作，开展多个消费金融项目；在供应链金融方面，开发煤炭、建材等行业的供应链金融业务，布局粮食、医药、物流等行业；在特定目的信托方面，开展家族信托、慈善信托等，服务高净值客户特殊需求，构建未来盈利增长点。公司一直以争做优秀企业公民为己任，热心公益活动，年内与民建扶帮基金会成立了"爱建梦想专项基金"。公司荣获《21世纪经济报道》"2018优秀信托公司"、《证券时报》"2018年度突破成长信托公司"、《上海证券报》"诚信托——成长优势奖"等多项荣誉称号。

## 5. 报告期末及上一年度末的比较式会计报表

### 5.1 自营资产

#### 5.1.1 立信会计师事务所(特殊普通合伙)审计意见

上海爱建信托有限责任公司财务报表在所有重大方面按照企业会计准则的规定编制，公允反映了爱建信托2018年12月31日的财务状况以及2018年度的经营成果和现金流量。

#### 5.1.2 资产负债表

资产负债表

编制单位：上海爱建信托有限责任公司　　2018年12月31日　　单位：万元

| 资产类 | 期末余额 | 年初余额 | 负债及所有者权益类 | 期末余额 | 年初余额 |
|---|---|---|---|---|---|
| 资产： | | | 负债： | | |
| 现金及存放中央银行款项 | 9.38 | 9.94 | 向中央银行借款 | — | — |
| 存放同业款项 | 22 494.05 | 88 555.77 | 同业及其他金融机构存放款项 | — | — |
| 贵金属 | | | 拆入资金 | — | — |
| 拆出资金 | | | 以公允价值计量且其变动计入当期损益的金融负债 | — | — |
| 以公允价值计量且其变动计入当期损益的金融资产 | 212.74 | 33 374.82 | 衍生金融负债 | — | — |
| 衍生金融资产 | | | 卖出回购金融资产款 | — | — |
| 买入返售金融资产 | | 30 000.00 | 吸收存款 | — | — |
| 应收利息 | 5 393.46 | 5 563.76 | 应付职工薪酬 | 29 981.22 | 28 019.71 |
| 发放贷款和垫款 | 77 220.00 | 69 597.00 | 应交税费 | 54 883.20 | 25 076.26 |
| 可供出售金融资产 | 799 142.92 | 449 991.61 | 应付利息 | 497.52 | 339.20 |
| 持有至到期投资 | | | 划分为持有待售的负债 | — | — |

续表

| 资产类 | 期末余额 | 年初余额 | 负债及所有者权益类 | 期末余额 | 年初余额 |
|---|---|---|---|---|---|
| 划分为持有待售的资产 | | | 预计负债 | — | — |
| 长期股权投资 | 4 285.42 | 4 328.82 | 应付债券 | — | — |
| 投资性房地产 | | | 递延所得税负债 | 38.89 | 71.11 |
| 固定资产 | 760.72 | 828.52 | 其他负债 | 255 980.08 | 203 518.05 |
| 无形资产 | 1 977.25 | 1 276.63 | | — | — |
| 递延所得税资产 | 3 622.32 | 6 692.33 | 负债合计 | 341 380.91 | 257 024.33 |
| 其他资产 | 75 118.70 | 16 491.26 | | — | — |
| | | | 所有者权益： | — | — |
| | | | 实收资本 | 460 268.46 | 300 000.00 |
| | | | 其他权益工具 | — | — |
| | | | 其中：优先股 | — | — |
| | | | 永续股 | — | — |
| | | | 资本公积 | 9 096.93 | 9 096.93 |
| | | | 减：库存股 | — | — |
| | | | 其他综合收益 | 337.43 | 434.07 |
| | | | 盈余公积 | 41 980.38 | 30 827.54 |
| | | | 一般风险准备 | 14 778.98 | 10 664.02 |
| | | | 信托赔偿准备金 | 37 286.14 | 26 133.30 |
| | | | 未分配利润 | 85 107.73 | 72 530.26 |
| | | | | — | — |
| | | | 所有者权益合计 | 648 856.05 | 449 686.12 |
| 资产总计： | 990 236.96 | 706 710.45 | 负债及所有者权益总计： | 990 236.96 | 706 710.45 |

法定代表人：周伟忠　　主管会计工作负责人：朱建高　　会计机构负责人：黄　晓

### 5.1.3 利润表

**利润表**

编制单位：上海爱建信托有限责任公司　　2018 年度　　单位：万元

| 项目 | 行号 | 本期金额 | 上期金额 |
|---|---|---|---|
| 一、营业收入 | 1 | 202 900.57 | 163 833.05 |
| 利息净收入 | 2 | −4 951.13 | 2 198.74 |
| 利息收入 | 3 | 8 018.97 | 9 897.66 |
| 利息支出 | 4 | 12 970.10 | 7 698.92 |
| 手续费及佣金净收入 | 5 | 184 690.26 | 146 087.33 |
| 手续费及佣金收入 | 6 | 186 345.51 | 148 456.71 |
| 手续费及佣金支出 | 7 | 1 655.25 | 2 369.38 |
| 其他收益 | 8 | 24.50 | 45.99 |
| 投资收益（损失以“－”号填列） | 9 | 22 851.44 | 15 873.20 |
| 其中：对联营企业和合营企业的投资收益 | 10 | −43.40 | −56.39 |
| 公允价值变动收益（损失以“－”号填列） | 11 | 55.30 | −102.97 |
| 资产处置收益（损失以“－”号填列） | 12 | 1.21 | |
| 汇兑收益（损失以“－”号填列） | 13 | 221.28 | −269.24 |
| 其他业务收入 | 14 | 7.71 | |
| 二、营业支出 | 15 | 53 798.40 | 48 437.66 |

续表

| 项目 | 行号 | 本期金额 | 上期金额 |
|---|---|---|---|
| 营业税金及附加 | 16 | 1 358.52 | 1 043.63 |
| 业务及管理费 | 17 | 51 771.81 | 41 144.11 |
| 资产减值损失 | 18 | 668.07 | 6 249.92 |
| 其他业务成本 | 19 | | |
| 三、营业利润（亏损以“－”号填列） | 20 | 149 102.17 | 115 395.39 |
| 加：营业外收入 | 21 | 21.52 | 6.00 |
| 减：营业外支出 | 22 | 54.32 | 0.70 |
| 四、利润总额 | 23 | 149 069.37 | 115 400.69 |
| 减：所得税费用 | 24 | 37 541.00 | 28 751.20 |
| 五、净利润（净亏损以“－”号填列） | 25 | 111 528.37 | 86 649.49 |
| 六、每股收益： | 26 | — | — |
| （一）基本每股收益 | 25 | — | — |
| （二）稀释每股收益 | 26 | — | — |
| 七、其他综合收益的税后净额 | 27 | −96.64 | 84.73 |
| （一）以后不能重分类进损益的其他综合收益 | 28 | — | — |
| （二）以后将重分类进损益的其他综合收益 | 29 | −96.64 | 84.73 |
| 八、综合收益总额 | 30 | 111 431.73 | 86 734.22 |

法定代表人：周伟忠　　主管会计工作负责人：朱建高　　会计机构负责人：黄晓

5.1.4 现金流量表

现金流量表

编制单位:上海爱建信托有限责任公司　　2018 年度　　单位:万元

| 项目 | 本期发生额 | 上期发生额 |
|---|---|---|
| 一、经营活动产生的现金流量: | | |
| 销售商品、提供劳务收到的现金 | | |
| 客户存款和同业存放款项净增加额 | | |
| 向中央银行借款净增加额 | | |
| 向其他金融机构拆入资金净增加额 | | |
| 收到原保险合同保费取得的现金 | | |
| 收到再保险业务现金净额 | | |
| 保户储金及投资款净增加额 | | |
| 以公允价值计量且其变动计入当期损益的金融负债净增加额 | | |
| 以公允价值计量且其变动计入当期损益的金融资产净减少额 | | |
| 收取利息、手续费及佣金的现金 | 207 543.04 | 167 272.96 |
| 拆入资金净增加额 | — | — |
| 回购业务资金净增加额 | 30 000.00 | — |
| 收到的税费返还 | — | — |
| 客户贷款及垫款净减少额 | — | 14 722.26 |
| 收到其他与经营活动有关的现金 | 72 761.59 | 86 041.43 |
| 经营活动现金流入小计 | 310 304.63 | 268 036.65 |
| 购买商品、接受劳务支付的现金 | — | — |
| 存放中央银行和同业款项净增加额 | — | — |
| 客户贷款及垫款净增加额 | 7 700.00 | — |
| 回购业务资金净减少额 | — | 18 800.00 |
| 支付原保险合同赔付款项的现金 | — | — |
| 支付利息、手续费及佣金的现金 | 3 051.00 | 2 617.78 |
| 支付保单红利的现金 | — | — |
| 支付给职工及为职工支付的现金 | 38 862.45 | 26 123.46 |
| 支付的各项税费 | 51 289.20 | 31 935.98 |
| 支付其他与经营活动有关的现金 | 134 973.86 | 12 851.98 |
| 经营活动现金流出小计 | 235 876.51 | 92 329.20 |
| 经营活动产生的现金流量净额 | 74 428.12 | 175 707.44 |
| 二、投资活动产生的现金流量: | — | — |
| 收回投资收到的现金 | 1 787 771.38 | 2 833 457.37 |
| 取得投资收益收到的现金 | 32 956.29 | 13 400.62 |

续表

| 项目 | 本期发生额 | 上期发生额 |
|---|---|---|
| 处置固定资产、无形资产和其他长期资产收回的现金净额 | 2.50 | — |
| 处置子公司及其他营业单位收到的现金净额 | — | — |
| 收到其他与投资活动有关的现金 | — | — |
| 投资活动现金流入小计 | 1 820 730.17 | 2 846 857.99 |
| 购建固定资产、无形资产和其他长期资产支付的现金 | 1 983.30 | 1 547.91 |
| 投资支付的现金 | 2 129 235.95 | 2 915 205.34 |
| 质押贷款净增加额 | — | — |
| 取得子公司及其他营业单位支付的现金净额 | — | — |
| 支付其他与投资活动有关的现金 | — | — |
| 投资活动现金流出小计 | 2 131 219.25 | 2 916 753.25 |
| 投资活动产生的现金流量净额 | −310 489.08 | −69 895.26 |
| 三、筹资活动产生的现金流量: | — | — |
| 吸收投资所收到现金 | 160 268.46 | — |
| 其中:子公司吸收少数股东投资收到的现金 | — | — |
| 取得借款收到的现金 | 207 000.00 | 130 000.00 |
| 发行债券收到的现金 | — | — |
| 收到其他与筹资活动有关的现金 | — | — |
| 筹资活动现金流入小计 | 367 268.46 | 130 000.00 |
| 偿还债务支付的现金 | 130 000.00 | 112 000.00 |
| 分配股利、利润或偿付利息支付的现金 | 67 491.06 | 47 941.90 |
| 其中:子公司支付给少数股东的股利、利润 | — | — |
| 支付其他与筹资活动有关的现金 | — | — |
| 筹资活动现金流出小计 | 197 491.06 | 159 941.90 |
| 筹资活动产生的现金流量净额 | 169 777.40 | −29 941.90 |
| 四、汇率变动对现金及现金等价物的影响 | 4.14 | −1.05 |
| 五、现金及现金等价物净增加额 | −66 279.42 | 75 869.23 |
| 加:期初现金及现金等价物余额 | 78 653.14 | 2 783.90 |
| 六、期末现金及现金等价物余额 | 12 373.72 | 78 653.13 |

法定代表人:周伟忠　　主管会计工作负责人:朱建高　　会计机构负责人:黄晓

## 5.1.5 所有者权益变动表

### 所有者权益变动表

编制单位：上海爱建信托有限责任公司　　2018 年 12 月 31 日　　单位：万元

| 项目 | 本期金额 | | | | | | | | | 上年同期金额 | | | | | | | | |
|---|---|---|---|---|---|---|---|---|---|---|---|---|---|---|---|---|---|---|
| | 归属于母公司所有者权益 | | | | | | | | 所有者权益合计 | 归属于母公司所有者权益 | | | | | | | | 所有者权益合计 |
| | 实收资本（或股本） | 资本公积 | 减：库存股 | 其他综合收益 | 盈余公积 | 一般风险准备 | 信托赔偿准备金 | 未分配利润 | | 实收资本（或股本） | 资本公积 | 减：库存股 | 其他综合收益 | 盈余公积 | 一般风险准备 | 信托赔偿准备金 | 未分配利润 | |
| 一、上年年末余额 | 300 000.00 | 9 096.93 | | 434.07 | 30 827.54 | 10 664.02 | 26 133.30 | 72 530.26 | 449 686.12 | 300 000.00 | 9 096.93 | | 349.34 | 22 162.59 | 8 161.60 | 17 468.35 | 46 016.80 | 403 255.61 |
| 加：会计政策变更 | | | | | | | | | | | | | | | | | | |
| 前期差错更正 | | | | | | | | | | | | | | | | | | |
| 其他 | | | | | | | | | | | | | | | | | | |
| 二、本年年初余额 | 300 000.00 | 9 096.93 | | 434.07 | 30 827.54 | 10 664.02 | 26 133.30 | 72 530.26 | 449 686.12 | 300 000.00 | 9 096.93 | | 349.34 | 22 162.59 | 8 161.60 | 17 468.35 | 46 016.80 | 403 255.61 |
| 三、本年增减变动金额（减少以“－”号填列） | 160 268.46 | | | -96.64 | 11 152.84 | 4 114.96 | 11 152.84 | 12 577.47 | 199 169.93 | | | | 84.73 | 8 664.95 | 2 502.42 | 8 664.95 | 26 513.46 | 46 430.51 |
| （一）综合收益总额 | | | | -96.64 | — | — | — | 111 528.37 | 111 431.73 | | | | 84.73 | — | — | — | 86 649.49 | 86 734.22 |
| （二）所有者投入和减少资本 | 160 268.46 | | | | | | | | 160 268.46 | | | | | | | | | — |
| 1. 所有者投入资本 | 160 268.46 | | | | | | | | 160 268.46 | | | | | | | | | — |
| 2. 其他权益工具持有者投入资本 | | | | | | | | | — | | | | | | | | | — |
| 3. 股份支付计入所有者权益的金额 | | | | | | | | | — | | | | | | | | | — |
| 4. 其他 | | | | | | | | | — | | | | | | | | | — |
| （三）利润分配 | | | | | 11 152.84 | 4 114.96 | 11 152.84 | -98 950.90 | -72 530.26 | | | | | 8 664.95 | 2 502.42 | 8 664.95 | -60 136.03 | -40 303.71 |
| 1. 提取盈余公积 | | | | | 11 152.84 | | | -11 152.84 | | | | | | 8 664.95 | | | -8 664.95 | |
| 2. 提取一般风险准备 | | | | | | 4 114.96 | 11 152.84 | -15 267.80 | | | | | | | 2 502.42 | 8 664.95 | -11 167.37 | |
| 3. 对所有者（或股东）的分配 | | | | | | | | -72 530.26 | -72 530.26 | | | | | | | | -40 303.71 | -40 303.71 |
| 4. 其他 | | | | | | | | | | | | | | | | | | |
| （四）所有者权益内部结转 | | | | | | | | | | | | | | | | | | |
| 1. 资本公积转增资本（或股本） | | | | | | | | | | | | | | | | | | |
| 2. 盈余公积转增资本（或股本） | | | | | | | | | | | | | | | | | | |
| 3. 盈余公积弥补亏损 | | | | | | | | | | | | | | | | | | |
| 4. 其他 | | | | | | | | | | | | | | | | | | |
| （五）专项储备 | | | | | | | | | | | | | | | | | | |
| 1. 本期提取 | | | | | | | | | | | | | | | | | | |
| 2. 本期使用 | | | | | | | | | | | | | | | | | | |
| （六）其他 | | | | | | | | | | | | | | | | | | |
| 四、本期期末余额 | 460 268.46 | 9 096.93 | | 337.43 | 41 980.38 | 14 778.98 | 37 286.14 | 85 107.73 | 648 856.05 | 300 000.00 | 9 096.93 | | 434.07 | 30 827.54 | 10 664.02 | 26 133.30 | 72 530.26 | 449 686.12 |

法定代表人：周伟忠　　主管会计工作负责人：朱建高　　会计机构负责人：黄晓

## 5.2 信托资产

### 5.2.1 信托项目资产负债汇总表

信托项目资产负债汇总表

编制单位:上海爱建信托有限责任公司　　2018 年 12 月 31 日　　单位:万元

| 资产类 | 期末余额 | 期初余额 | 负债及所有者权益类 | 期末余额 | 期初余额 |
|---|---|---|---|---|---|
| 资产: | | | 负债: | | |
| 现金及存放中央银行款项 | | | 向中央银行借款 | | |
| 存放同业款项 | 151 099.21 | 238 040.82 | 同业及其他金融机构存放款项 | | |
| 贵金属 | | | 拆入资金 | | |
| 拆出资金 | | | 交易性金融负债 | | |
| 交易性金融资产 | 2 239 477.74 | 3 934 961.85 | 衍生金融负债 | | |
| 衍生金融资产 | | | 卖出回购金融资产款 | | |
| 买入返售金融资产 | 74 000.00 | 336 181.92 | 吸收存款 | | |
| 应收利息 | | | 应付职工薪酬 | | |
| 发放贷款和垫款 | 9 786 591.45 | 10 085 891.37 | 应交税费 | 3 624.48 | — |
| 可供出售金融资产 | 2 458 810.00 | 4 435 494.02 | 应付利息 | | |
| 持有至到期投资 | 962 560.72 | 522 114.02 | 预计负债 | | |
| 长期股权投资 | 3 893 946.88 | 5 524 925.12 | 应付债券 | | |
| 投资性房地产 | 30 000.00 | 30 000.00 | 递延所得税负债 | | |
| 固定资产 | | | 其他负债 | 105 492.36 | 214 192.50 |
| 无形资产 | | | | | |
| 递延所得税资产 | | | 负债合计 | 109 116.84 | 214 192.50 |
| 其他资产 | 5 815 838.45 | 8 169 183.52 | | | |
| | | | 所有者权益: | | |
| | | | 实收信托 | 25 073 546.63 | 32 791 580.82 |
| | | | 资本公积 | 92 661.96 | 132 734.16 |
| | | | 减:库存股 | | |
| | | | 盈余公积 | | |
| | | | 一般风险准备 | | |
| | | | 未分配利润 | 136 999.02 | 138 285.16 |
| | | | 所有者权益合计 | 25 303 207.61 | 33 062 600.14 |
| 资产总计: | 25 412 324.45 | 33 276 792.64 | 负债及所有者权益总计: | 25 412 324.45 | 33 276 792.64 |

法定代表人:周伟忠　　主管会计工作负责人:朱建高　　会计机构负责人:李闽

### 5.2.2 信托项目利润及利润分配汇总表

信托项目利润及利润分配汇总表

编制单位:上海爱建信托有限责任公司　　2018 年度　　单位:万元

| 项　目 | 行号 | 本期金额 | 上期金额 |
|---|---|---|---|
| 一、营业收入 | 1 | 1 086 956.20 | 1 511 632.06 |
| 利息净收入 | 2 | 781 324.11 | 702 530.56 |
| 利息收入 | 3 | 781 324.11 | 702 530.56 |
| 利息支出 | 4 | | |
| 手续费及佣金净收入 | 5 | | |
| 手续费及佣金收入 | 6 | | |
| 手续费及佣金支出 | 7 | | |
| 投资收益(损失以"-"号填列) | 8 | 335 536.73 | 771 685.72 |
| 其中:对联营企业和合营企业的投资收益 | 9 | | |
| 公允价值变动收益(损失以"-"号填列) | 10 | -43 661.98 | -15 845.85 |
| 汇兑收益(损失以"-"号填列) | 11 | | |
| 其他业务收入 | 12 | 13 757.34 | 53 261.63 |
| 二、营业支出 | 13 | 250 085.49 | 198 582.89 |
| 营业税金及附加 | 14 | 3 866.56 | — |
| 信托管理费用 | 15 | 246 218.93 | 198 582.89 |
| 资产减值损失 | 16 | | |
| 其他业务成本 | 17 | | |
| 三、营业利润(亏损以"-"号填列) | 18 | 836 870.71 | 1 313 049.17 |
| 加:营业外收入 | 19 | | |

续表

| 项　目 | 行号 | 本期金额 | 上期金额 |
|---|---|---|---|
| 减:营业外支出 | 20 | | |
| 四、利润总额 | 21 | 836 870.71 | 1 313 049.17 |
| 减:所得税费用 | 22 | | |
| 五、净利润(净亏损以"-"号填列) | 23 | 836 870.71 | 1 313 049.17 |
| 六、每股收益: | 24 | | |
| (一)基本每股收益 | 25 | | |
| (二)稀释每股收益 | 26 | | |
| 七、期初未分配信托利润 | 27 | 138 285.16 | 9 690.96 |
| 八、可供分配信托利润 | | 1 311 990.77 | 1 458 676.42 |
| 减:本期已分配信托利润 | 28 | 1 174 991.75 | 1 320 391.26 |
| 九、期末未分配信托利润 | 29 | 136 999.02 | 138 285.16 |

法定代表人:周伟忠　　主管会计工作负责人:朱建高　　会计机构负责人:李闽

# 6. 会计报表附注

## 6.1 会计报表编制基准不符合会计核算基本前提的说明

### 6.1.1 会计报表不符合会计核算基本前提的事项

本公司无上述情况。

### 6.1.2 对合并会计报表的公司的说明及变动情况

本公司无上述情况。

## 6.2　重要会计政策和会计估计说明

### 6.2.1　遵循企业会计准则的声明

公司所编制的财务报表符合企业会计准则的要求，真实、完整地反映了报告期公司的财务状况、经营成果、现金流量等有关信息。

### 6.2.2　会计期间

自公历1月1日至12月31日为一个会计年度。本报告期为2018年1月1日至2018年12月31日。

### 6.2.3　营业周期

本公司营业周期为12个月。

### 6.2.4　记账本位币

人民币与外币业务采用分账制。

### 6.2.5　现金等价物的确定标准

在编制现金流量表时，将本公司库存现金以及可以随时用于支付的存款确认为现金。将同时具备期限短（从购买日起3个月内到期）、流动性强、易于转换为已知现金、价值变动风险很小四个条件的投资，确定为现金等价物。

### 6.2.6　外币财务报表的折算方法

外币核算采用分账制，资产负债表日，按照下列规定对相应的外币账户余额分货币性项目和非货币性项目进行调整。

外币货币性项目，采用资产负债表日即期汇率折算。因资产负债表日即期汇率与初始确认时或者前一资产负债表日即期汇率不同而产生的汇兑差额，计入当期损益。

以历史成本计量的外币非货币性项目，仍采用交易发生日的即期汇率折算，不改变其记账本位币金额。

货币性项目是指企业持有的货币资金和将以固定或可确定的金额收取的资产或者偿付的负债；非货币性项目是指货币性项目以外的项目，采用分账制记账方法，其产生的汇兑差额的处理结果与统账制一致。

### 6.2.7　计提资产减值准备的范围和方法

公司按照谨慎性原则，定期对各项资产进行减值测试，对可能发生损失的资产计提减值准备，其计提方法为每季末进行减值测试。

（1）自有贷款质量分为正常类、关注类、次级类、可疑类和损失类五类，其主要分类的标准和计提损失准备的比例如下。

正常类：能够按账面价值随时变现；有足够理由证明现值大于或等于账面价值（以成本与市价孰低原则衡量）；交易对手能够履行合同或协议，没有足够理由怀疑债务本金和收益不能按时足额偿还。计提损失准备为1%。

关注类：已经按成本与市价孰低原则提足准备，相当于市场价值部分的权益类资产；有足够理由证明资产价值的减值程度控制在2%以内；尽管交易对手目前有能力偿还，但存在一些可能对偿还产生不利影响的因素的债权类资产；交易对手的现金偿还能力出现明显问题，但交易对手抵押或质押的可变现资产大于等于其债务的本金及收益。计提损失准备为2%。

次级类：有足够理由证明资产价值的减值程度可以控制在2%~25%；交易对手的偿还能力出现明显问题，完全依靠其正常经营收入无法足额偿还债务本金及收益，即使执行担保，也可能会造成一定损失。计提损失准备为25%。

可疑类：有足够能力证明资产价值的减值程度可以控制在25%~50%；交易对手无法足额偿还债务本金及收益，即使执行担保，也肯定要造成较大损失。计提损失准备为50%。

损失类：按成本与市价孰低原则计提准备的权益类资产，其中计提的准备金部分；有足够理由证明资产价值的减值程度在50%以上；在采取所有可能的措施或一切必要的法律程序后，资产及收益仍然无法收回，或只能收回极少部分；由于技术更新的原因造成固定资产、无形资产的贬值损失。计提损失准备为100%。

（2）应收款项减值准备。单项金额重大的应收款项坏账准备计提：单项金额重大的判断依据或金额标准是应收款项余额前五名或占应收款项余额10%以上的款项。

其计提方法是单独进行减值测试，按预计未来现金流量现值低于其账面价值的差额，计提坏账准备，确认减值损失。

应收款项质量以账龄作为主要参考因素，分为四档，其主要分类的标准和计提损失准备的比例为：

| 档次 | 账龄 | 计提比例（%） |
|---|---|---|
| 第一档 | 1~180天 | 6 |
| 第二档 | 181~360天 | 25 |
| 第三档 | 361~720天 | 50 |
| 第四档 | 720天以上 | 100 |

注：1. 保证金及押金性质的应收款一般按第一档归类。

2. 垫付信托费用及应收信托报酬，若信托项目仍在存续期内一般按第一档归类，若信托项目已逾期，则应从发生日起按上述账龄标准进行减值测试。

单项金额虽不重大但单项计提坏账准备的应收款项，单独进行减值测试，按预计未来现金流量现值低于其账面价值的差额计提坏账准备，计入当期损益。

（3）金融资产。本公司于资产负债表日对以公允价值计量且其变动计入当期损益的金融资产以外的金融资产或金融资产组合是否存在减值的客观证据进行评估。当有客观证据表明金融资产因在其初始确认后发生的一项或多项损失事件而发生减值，且这些损失事件对该项或该组金融资产的预计未来现金流量产生的影响能可靠估计时，公司认定该项或该组金融资产已发生减值并确认减值损失。资产减值的客观证据主要包括下列各项：借款人或借款公司发生严重财务困难；偿付利息或本金发生违约或逾期；债务人很可能倒闭或进行其他财务重组；公开的数据表明债务人预计未来现金流量减少且可计量，如拖欠款情况的恶化或经济条件的骤变等可以导致债务人不履行责任的因素的变化。

可供出售金融资产的减值准备。期末如果可供出售金融资产的公允价值发生较大幅度下降，或在综合考虑各种相关因素后，预期这种下降趋势属于非暂时性的，就认定其已发生减值，将原直接计入所有者权益的公允价值下降形成的累计损失一并转出，确认减值损失。

对于已确认减值损失的可供出售债务工具，在随后的会计期间公允价值已上升且客观上与确认原减值损失确认后发生的事项有关的，原确认的减值损失予以转回，计入当期损益。

可供出售权益工具投资发生的减值损失，不得通过损益转回。

（4）长期股权投资、采用成本模式计量的投资性房地产、固定资产、在建工程、无形资产等长期资产，于资产负债表日存在减值迹象的，进行减值测试。减值测试结果表明资产的可收回金额低于其账面价值的，按其差额计提减值准备并计入减值损失。可收回金额为资产的公允价值减去处置费用后的净额与资产预计未来现金流量的现值两者之间的较高者。资产减值准备按单项资产为基础计算并确认，如果难以对单项资产的可收回金额进行估计的，以该资产所属的资产组确定资产组的可收回金额。资产组是能够独立产生现金流入的最小资产组合。

商誉至少在每年年度终了进行减值测试。

本公司进行商誉减值测试，对于因企业合并形成的商誉的账面价值，自购买日起按照合理的方法分摊至相关的资产组；难以分摊至相关的资产组的，将其分摊至相关的资产组组合。在将商誉的账面价值分摊至相关的资产组或者资产组组合时，按照各资产组或者资产组组合的公允价值占相关资产组或者资产组组合公允价值总额的比例进行分摊。公允价值难以可靠计量的，按照各资产组或者资产组组合的账面价值占相关资产组或者资产组组合账面价值总额的比例进行分摊。

在对包含商誉的相关资产组或者资产组组合进行减值测试时，如与商誉相关的资产组或者资产组组合存在减值迹象的，先对不包含商誉的资产组或者资产组组合进行减值测试，计算可收回金额，并与相关账面价值相比较，确认相应的减值损失。再对包含商誉的资产组或者资产组组合进行减值测试，比较这些相关资产组或者资产组组合的账面价值（包括所分摊的商誉的账面价值部分）与其可收回金额，如相关资产组或者资产组组合的可收回金额低于其账面价值的，确认商誉的减值损失。上述资产减值损失一经确认，在以后会计期间不予转回。

**6.2.8　金融资产的范围和标准**

管理层按照取得持有金融资产的目的，将其划分为以公允价值计量且其变动计入当期损益的金融资产或负债、持有至到期投资、应收款项和贷款、可供出售金融资产、其他金融负债等。

**6.2.9　以公允价值计量且其变动计入当期损益的金融资产（金融负债）核算方法**

取得时以公允价值（扣除已宣告但尚未发放的现金股利或已到付息期但尚未领取的债券利息）作为初始确认金额，相关的交易费用计入当期损益。

持有期间将取得的利息或现金股利确认为投资收益，期末将公允价值变动计入当期损益。

处置时，其公允价值与初始入账金额之间的差额确认为投资收益，同时调整公允价值变动损益。

**6.2.10　持有至到期投资核算方法**

取得时按公允价值（扣除已到付息期但尚未领取的债券利息）和相关交易费用之和作为初始确认金额。

持有期间按照摊余成本和实际利率计算确认利息收入，计入投资收益。实际利率在取得时确定，在该预期存续期间或适用的更短期间内保持不变。

处置时，将所取得价款与该投资账面价值之间的差额计入投资收益。

**6.2.11　应收款项和贷款核算方法**

贷款和应收款项主要是指金融企业发放的贷款和一般企业销售商品或提供劳务形成的应收款项等债权。贷款和应收款项在活跃市场中没有报价。

金融企业按当前市场条件发放的贷款，应按发放贷款的本金和相关交易费用之和作为初始确认金额。一般企业对外销售商品或提供劳务形成的应收债权，通常应按从购货方应收的合同或协议价款作为初始确认金额。

贷款持有期间所确认的利息收入，应当根据实际利率计算。实际利率应在取得贷款时确定，在该贷款预期存续期间或适用的更短期间内保持不变。实际利率与合同利率差别较小的，也可按合同利率计算利息收入。

企业收回或处置贷款和应收款项时，应将取得的价款与该贷款和应收款项账面价值之间的差额计入当期损益。

公司对外提供劳务形成的应收债权，以及公司持有的其他企业的不包括在活跃市场上有报价的债务工具的债权，包括应收账款、应收票据、预付账款、其他应收款、长期应收款等，以向购货方应收的合同或协议价款作为初始确认金额；具有融资性质的，按其现值进行初始确认。收回或处置时，将取得的价款与该应收款项账面价值之间的差额计入当期损益。

**6.2.12　可供出售金融资产核算方法**

取得时按公允价值（扣除已宣告但尚未发放的现金股利或已到付息期但尚未领取的债券利息）和相关交易费用之和作为初始确认金额。

持有期间将取得的利息或现金股利确认为投资收益。期末以公允价值计量且将公允价值变动计入资本公积（其他资本公积）。

处置时，将取得的价款与该金融资产账面价值之间的差额，计入投资损益；同时，将原直接计入所有者权益的公允价值变动累计额对应处置部分的金额转出，计入投资损益。

**6.2.13　其他金融负债核算方法**

按其公允价值和相关交易费用之和作为初始确认金额。采用摊余成本进行后续计量。

**6.2.14　金融资产转移的确认依据和计量方法**

公司发生金融资产转移时，如已将金融资产所有权上几乎所有的风险和报酬转移给转入方，则终止确认该金融资产；如保留了金融资产所有权上几乎所有的风险和报酬的，则不终止确认该金融资产。

在判断金融资产转移是否满足上述金融资产终止确认条件时，采用实质重于形式的原则。公司将金融资产转移区分为金融资产整体转移和部分转移。金融资产整体转移满足终止确认条件的，将下列两项金额的差额计入当期损益。一是所转移金融资产的账面价值。二是因转移而收到的对价，与原直接计入所有者权益的公允价值变动累计额（涉及转移的金融资产为可供出售金融资产的情形）之和。

金融资产部分转移满足终止确认条件的，将所转移金融资产整体的账面价值，在终止确认部分和未终止确认部分（在此种情况下，所保留的服务资产应当视同未终止确认金融资产的一部分）之间，按照各自的相对公允价值进行分摊，并将下列两项金额的差额计入当期损益。一是终止确认部分的账面价值。二是终止确认部分的对价，与原直接计入所有者权益的公允价值变动累计额中对应终止确认部分的金额（涉及转移的金融资产为可供出售金融资产的情形）之和。

**6.2.15　金融负债终止确认条件**

金融负债的现时义务全部或部分已经解除的，则终止确认该金融负债或其一部分；公司若与债权人签订协议，以承担新金融负债方式替换现存金融负债，且新金融负债与现存金融负债的合同条款实质上不同的，则终止确认现存金融负债，并同时确认新金融负债。

对现存金融负债全部或部分合同条款作出实质性修改的，则终止确认现存金融负债或其一部分，同时将修改条款后的金融负债确认为一项新金融负债。

金融负债全部或部分终止确认时，终止确认的金融负债账面价值与支付对价（包括转出的非现金资产或承担的新金融负债）之间的差额，计入当期损益。

公司若回购部分金融负债的，在回购日按照继续确认部分与终止确认部分的相对公允价值，将该金融负债整体的账面价值进行分配。分配给终止确认部分的账面价值与支付的对价（包括转出的非现金资产或承担的新金融负债）之间的差额，计入当期损益。

**6.2.16 金融资产和金融负债公允价值的确定方法**

公司采用公允价值计量的金融资产和金融负债全部直接参考活跃市场中的报价。

**6.2.17 长期股权投资核算方法**

6.2.17.1 初始计量

6.2.17.1.1 企业合并形成的长期股权投资

同一控制下的企业合并。公司以支付现金、转让非现金资产或承担债务方式以及以发行权益性证券作为合并对价的，在合并日按照取得被合并方所有者权益在最终控制方合并财务报表中的账面价值的份额作为长期股权投资的初始投资成本。因追加投资等原因能够对同一控制下的被投资单位实施控制的，在合并日根据合并后应享有被合并方净资产在最终控制方合并财务报表中的账面价值的份额，确定长期股权投资的初始投资成本。合并日长期股权投资的初始投资成本，与达到合并前的长期股权投资账面价值加上合并日进一步取得股份新支付对价的账面价值之和的差额，调整股本溢价，股本溢价不足冲减的，冲减留存收益。

非同一控制下的企业合并。公司按照购买日确定的合并成本作为长期股权投资的初始投资成本。因追加投资等原因能够对非同一控制下的被投资单位实施控制的，按照原持有的股权投资账面价值加上新增投资成本之和，作为改按成本法核算的初始投资成本。

6.2.17.1.2 其他方式取得的长期股权投资

以支付现金方式取得的长期股权投资，按照实际支付的购买价款作为初始投资成本。

以发行权益性证券取得的长期股权投资，按照发行权益性证券的公允价值作为初始投资成本。

在非货币性资产交换具备商业实质和换入资产或换出资产的公允价值能够可靠计量的前提下，非货币性资产交换换入的长期股权投资以换出资产的公允价值和应支付的相关税费确定其初始投资成本，除非有确凿证据表明换入资产的公允价值更加可靠；不满足上述前提的非货币性资产交换，以换出资产的账面价值和应支付的相关税费作为换入长期股权投资的初始投资成本。

通过债务重组取得的长期股权投资，其初始投资成本按照公允价值为基础确定。

6.2.17.1.3 共同控制、重大影响的判断标准

共同控制是指按照相关约定对某项安排所共有的控制，并且该安排的相关活动必须经过分享控制权的参与方一致同意后才能决策。公司与其他合营方一同对被投资单位实施共同控制且对被投资单位净资产享有权利的，被投资单位为公司的合营企业。

重大影响是指对一个企业的财务和经营决策有参与决策的权力，但并不能够控制或者与其他方一起共同控制这些政策的制定。本能够对被投资单位施加重大影响的，被投资单位为本公司联营企业。

6.2.17.2 后续计量及损益确认

6.2.17.2.1 成本法核算的长期股权投资

公司对子公司的长期股权投资，采用成本法核算。除取得投资时实际支付的价款或对价中包含的已宣告但尚未发放的现金股利或利润外，公司按照享有被投资单位宣告发放的现金股利或利润确认当期投资收益。

6.2.17.2.2 权益法核算的长期股权投资

对于联营企业和合营企业的长期股权投资，采用权益法核算。初始投资成本大于投资时应享有被投资单位可辨认净资产公允价值份额的差额，不调整长期股权投资的初始投资成本；初始投资成本小于投资时应享有被投资单位可辨认净资产公允价值份额的差额，计入当期损益。

公司按照应享有或应分担的被投资单位实现的净损益和其他综合收益的份额，分别确认投资收益和其他综合收益，同时调整长期股权投资的账面价值；按照被投资单位宣告分派的利润或现金股利计算应享有的部分，相应减少长期股权投资的账面价值；对于被投资单位除净损益、其他综合收益和利润分配以外所有者权益的其他变动，调整长期股权投资的账面价值并计入所有者权益。

在确认应享有被投资单位净损益的份额时，以取得投资时被投资单位可辨认净资产的公允价值为基础，并按照公司的会计政策及会计期间，对被投资单位的净利润进行调整后确认。在持有投资期间，被投资单位编制合并财务报表的，以合并财务报表中的净利润、其他综合收益和其他所有者权益变动中归属于被投资单位的金额为基础进行核算。

公司与联营企业、合营企业之间发生的未实现内部交易损益按照应享有的比例计算归属于公司的部分，予以抵销，在此基础上确认投资收益。与被投资单位发生的未实现内部交易损失，属于资产减值损失的，全额确认。在公司确认应分担被投资单位发生的亏损时，按照以下顺序进行处理：首先，冲减长期股权投资的账面价值。其次，长期股权投资的账面价值不足以冲减的，以其他实质上构成对被投资单位净投资的长期权益账面价值为限继续确认投资损失，冲减长期应收项目等的账面价值。最后，经过上述处理，按照投资合同或协议约定企业仍承担额外义务的，按预计承担的义务确认预计负债，计入当期投资损失。

6.2.17.2.3 长期股权投资的处置

处置长期股权投资，其账面价值与实际取得价款的差额，计入当期损益。

采用权益法核算的长期股权投资，在处置该项投资时，采用与被投资单位直接处置相关资产或负债相同的基础，按相应

比例对原计入其他综合收益的部分进行会计处理。因被投资单位除净损益、其他综合收益和利润分配以外的其他所有者权益变动而确认的所有者权益,按比例结转入当期损益,由于被投资方重新计量设定受益计划净负债或净资产变动而产生的其他综合收益除外。

因处置部分股权投资等原因丧失了对被投资单位的共同控制或重大影响的,处置后的剩余股权改按金融工具确认和计量准则核算,其在丧失共同控制或重大影响之日的公允价值与账面价值之间的差额计入当期损益。原股权投资因采用权益法核算而确认的其他综合收益,在终止采用权益法核算时采用与被投资单位直接处置相关资产或负债相同的基础进行会计处理。因被投资方除净损益、其他综合收益和利润分配以外的其他所有者权益变动而确认的所有者权益,在终止采用权益法核算时全部转入当期损益。

因处置部分股权投资等原因丧失了对被投资单位控制权的,在编制个别财务报表时,处置后的剩余股权能够对被投资单位实施共同控制或重大影响的,改按权益法核算,并对该剩余股权视同自取得时即采用权益法核算进行调整;处置后的剩余股权不能对被投资单位实施共同控制或施加重大影响的,改按金融工具确认和计量准则的有关规定进行会计处理,其在丧失控制之日的公允价值与账面价值间的差额计入当期损益。

处置的股权是因追加投资等原因通过企业合并取得的,在编制个别财务报表时,处置后的剩余股权采用成本法或权益法核算的,购买日之前持有的股权投资因采用权益法核算而确认的其他综合收益和其他所有者权益按比例结转;处置后的剩余股权改按金融工具确认和计量准则进行会计处理的,其他综合收益和其他所有者权益全部结转。

**6.2.18 买入返售与卖出回购款项**

买入返售交易按照合同或协议的约定,以一定的价格向交易对手买入相关资产(包括债券及票据),合同或协议到期日再以约定价格返售相同之金融产品。买入返售按买入返售相关资产时实际支付的款项入账,在资产负债表"买入返售金融资产"列示。

卖出回购交易按照合同或协议,以一定的价格将相关的资产(包括债券和票据)出售给交易对手,到合同或协议到期日,再以约定价格回购相同之金融产品。卖出回购按卖出回购相关资产时实际收到的款项入账,在资产负债表"卖出回购金融资产款"列示。卖出的金融产品仍按原分类列于公司的资产负债表内,并按照相关的会计政策核算。

买入返售及卖出回购的利息收支,在返售或回购期间内以实际利率确认。实际利率与合同约定利率差别较小的,按合同约定利率计算利息收支。

**6.2.19 固定资产计价和折旧方法**

6.2.19.1 固定资产确认条件

固定资产是指为生产商品、提供劳务、出租或经营管理而持有,并且使用寿命超过一个会计年度的有形资产。固定资产在同时满足下列条件时予以确认:(1)与该固定资产有关的经济利益很可能流入企业;(2)该固定资产的成本能够可靠地计量。

6.2.19.2 各类固定资产的折旧方法

固定资产折旧采用年限平均法分类计提,根据固定资产类别、预计使用寿命和预计净残值率确定折旧率。如固定资产各组成部分的使用寿命不同或者以不同方式为企业提供经济利益,则选择不同折旧率或折旧方法,分别计提折旧。各类固定资产预计使用寿命和年折旧率如下:

| 类　别 | 折旧年限(年) | 净残值率(%) | 年折旧率(%) |
|---|---|---|---|
| 电子设备 | 3~5 | 5 | 19、31.67 |
| 运输工具 | 4~5 | 5 | 19、23.75 |
| 机具设备 | 5 | 5 | 19 |
| 业务设备 | 5 | 5 | 19 |
| 家具设备 | 5 | 5 | 19 |
| 其他 | 5 | 5 | 19 |

注:折旧方法:年限平均法。

**6.2.20 无形资产计价及摊销政策**

6.2.20.1 无形资产的计价方法

6.2.20.1.1 公司取得无形资产时按成本进行初始计量

外购无形资产的成本,包括购买价款、相关税费以及直接归属于使该项资产达到预定用途所发生的其他支出。购买无形资产的价款超过正常信用条件延期支付,实质上具有融资性质的,无形资产的成本以购买价款的现值为基础确定。

债务重组取得债务人用以抵债的无形资产,以该无形资产的公允价值为基础确定其入账价值,并将重组债务的账面价值与该用以抵债的无形资产公允价值之间的差额,计入当期损益。

在非货币性资产交换具备商业实质且换入资产或换出资产的公允价值能够可靠计量的前提下,非货币性资产交换换入的无形资产以换出资产的公允价值为基础确定其入账价值,除非有确凿证据表明换入资产的公允价值更加可靠;不满足上述前提的非货币性资产交换,以换出资产的账面价值和应支付的相关税费作为换入无形资产的成本,不确认损益。

以同一控制下的企业吸收合并方式取得的无形资产按被合并方的账面价值确定其入账价值;以非同一控制下的企业吸收合并方式取得的无形资产按公允价值确定其入账价值。

内部自行开发的无形资产,其成本包括开发该无形资产时耗用的材料、劳务成本、注册费,在开发过程中使用的其他专利权和特许权的摊销以及满足资本化条件的利息费用,以及为使该无形资产达到预定用途前所发生的其他直接费用。

6.2.20.1.2 后续计量

在取得无形资产时分析判断其使用寿命。对于使用寿命有限的无形资产,在为企业带来经济利益的期限内按直线法摊销;无法预见无形资产为企业带来经济利益期限的,视为使用寿命不确定的无形资产,不予摊销。

6.2.20.2 使用寿命有限的无形资产的使用寿命估计情况

| 项目 | 预计使用寿命(年) | 依据 |
|---|---|---|
| 电脑软件 | 5 | 预计使用年限 |
| 车辆牌照 | 10 | 按税法规定 |

每期末,对使用寿命有限的无形资产的使用寿命及摊销方法进行复核。

经复核,本期末无形资产的使用寿命及摊销方法与以前估计未有不同。

**6.2.21 职工薪酬**

6.2.21.1 短期薪酬的会计处理方法

在职工为公司提供服务的会计期间，将实际发生的短期薪酬确认为负债，并计入当期损益或相关资产成本。

公司为职工缴纳的社会保险费和住房公积金，以及按规定提取的工会经费和职工教育经费，在职工为公司提供服务的会计期间，根据规定的计提基础和计提比例计算确定相应的职工薪酬金额。

职工福利费为非货币性福利的，如能够可靠计量的，按照公允价值计量。

6.2.21.2 离职后福利的会计处理方法

设定提存计划。公司按当地政府的相关规定为职工缴纳基本养老保险和失业保险，在职工为公司提供服务的会计期间，按以当地规定的缴纳基数和比例计算应缴纳金额，确认为负债，并计入当期损益或相关资产成本。

除基本养老保险外，公司还依据国家企业年金制度的相关政策建立了企业年金缴费制度（补充养老保险）。公司按职工工资总额的一定比例向当地社会保险机构缴费，相应支出计入当期损益或相关资产成本。

6.2.21.3 辞退福利的会计处理方法

公司在不能单方面撤回因解除劳动关系计划或裁减建议所提供的辞退福利时，或确认与涉及支付辞退福利的重组相关的成本或费用时（两者孰早），确认辞退福利产生的职工薪酬负债，并计入当期损益。

**6.2.22 长期应收款的核算方法**

公司无该项目。

**6.2.23 长期待摊费用的摊销政策**

公司无该项目。

**6.2.24 合并会计报表的编制方法**

公司无该项目。

**6.2.25 收入确认原则和方法**

6.2.25.1 利息收入

6.2.25.1.1 发放贷款及垫款利息收入

按照客户使用企业货币资金的时间和实际利率计算确定，实际利率与合同约定利率差别较小的，按合同约定利率确认为当期收入。

6.2.25.1.2 买入返售证券收入

按返售价格与买入成本价格的差额，确认为当期收入，实际利率与合同约定利率差别较小的，按合同约定利率确认为当期收入。

6.2.25.1.3 存放同业利息收入

在相关的收入金额能够可靠地计量，相关的经济利益可以收到时，按资金使用时间和实际利率确认利息收入。

6.2.25.2 手续费及佣金收入

6.2.25.2.1 信托管理费收入

于信托合同到期，与委托人结算时，按信托合同规定的比例计算应由公司享有的管理费收益，确认为当期收益；或合同中规定公司按约定比例收取管理费和业绩报酬，则在合同期内分期确认管理费和业绩报酬收益。

6.2.25.2.2 顾问及咨询费收入

按照有关合同或协议约定，公司在向客户提供相关服务并收到款项时确认收入。

**6.2.26 政府补助**

6.2.26.1 类型

政府补助是指公司从政府无偿取得的货币性资产与非货币性资产。其分为与资产相关的政府补助和与收益相关的政府补助。

与资产相关的政府补助是指公司取得的、用于购建或以其他方式形成长期资产的政府补助，包括购买固定资产或无形资产的财政拨款、固定资产专门借款的财政贴息等。与收益相关的政府补助是指除与资产相关的政府补助之外的政府补助。

公司将政府补助划分为与资产相关的具体标准为政府文件明确规定补助对象为企业取得、购建或以其他方式形成的长期资产。

公司将政府补助划分为与收益相关的具体标准为政府文件明确规定补助对象为费用支出或损失。

对于政府文件未明确规定补助对象，难以区分的，公司将政府补助整体归类为与收益相关的政府补助，视情况不同计入当期损益，或者在项目期内分期确认为当期收益。

公司本期收到的政府补助主要为税费返还及装修补贴，公司认为该补助属于对过去发生费用的补偿，是与资产相关的补助之外的补助，因此将其作为与收益相关的政府补助。

6.2.26.2 确认时点

公司于实际收到款项时确认为政府补助。

6.2.26.3 会计处理

与资产相关的政府补助，确认为递延收益，按照所建造或购买的资产使用年限分期计入营业外收入。

与收益相关的政府补助，用于补偿公司以后期间的相关费用或损失的，取得时确认为递延收益，在确认相关费用的期间计入当期营业外收入；用于补偿公司已发生的相关费用或损失的，取得时直接计入当期营业外收入。

**6.2.27 递延所得税资产和递延所得税负债**

对于可抵扣暂时性差异确认递延所得税资产，以未来期间很可能取得的用来抵扣可抵扣暂时性差异的应纳税所得额为限。对于能够结转以后年度的可抵扣亏损和税款抵减，以很可能获得用来抵扣可抵扣亏损和税款抵减的未来应纳税所得额为限，确认相应的递延所得税资产。

对于应纳税暂时性差异，除特殊情况外，确认递延所得税负债。

不确认递延所得税资产或递延所得税负债的特殊情况包括：商誉的初始确认；除企业合并以外的发生时既不影响会计利润也不影响应纳税所得额（或可抵扣亏损）的其他交易或事项。

当拥有以净额结算的法定权利，且意图以净额结算或取得资产、清偿负债同时进行时，当期所得税资产及当期所得税负债以抵销后的净额列报。

当拥有以净额结算当期所得税资产及当期所得税负债的法定权利，且递延所得税资产及递延所得税负债是与同一税收征管部门对同一纳税主体征收的所得税相关或者是对不同的纳税主体相关，但在未来每一具有重要性的递延所得税资产及负债转回的期间内，涉及的纳税主体意图以净额结算当期所得税资产和负债或是同时取得资产、清偿负债时，递延所得税资产及递延所得税负债以抵销后的净额列报。

**6.2.28　信托赔偿准备金**

根据中国银行业监督管理委员会颁布的《信托公司管理办法》有关规定，公司按当年税后净利润的10%计提信托赔偿准备金。

**6.2.29　一般风险准备**

财政部《金融企业准备金计提管理办法》（财金[2012]20号），为了防范经营风险，增强金融企业抵御风险能力，金融企业应提取一般风险准备作为利润分配处理，并作为股东权益的组成部分。一般风险准备的计提比例由金融企业综合考虑所面临的风险状况等因素确定，原则上一般风险准备余额不低于风险资产期末余额的1.5%。

**6.2.30　信托业保障基金**

根据中国银行业监督管理委员会、财政部于2014年12月10日印发的《信托业保障基金管理办法》（银监发[2014]50号）及中国银监会办公厅于2015年2月26日颁发的《中国银监会办公厅关于做好信托业保障基金筹集和管理等有关具体事项的通知》（银监办发[2015]32号）的相关规定，信托业保障基金认购执行下列统一标准：(1)2015年4月1日前信托公司按上年度未经审计的母公司净资产余额的1%认购保障基金，以后年度以上年度末未经审计的母公司净资产余额为基数动态调整；(2)2015年4月1日起新发行的资金信托按新发行金额的1%计算并认购保障基金；(3)2015年4月1日起新设立的财产信托按信托公司收取报酬的5%计算并认购保障基金。

**6.2.31　重要会计政策和会计估计的变更**

6.2.31.1　重要会计政策变更

本报告期公司主要会计政策未发生变更。

6.2.31.2　重要会计估计变更

本报告期公司主要会计估计未发生变更。

## 6.3　或有事项说明

方大炭素诉损害债权人利益责任纠纷案情况

公司于2014年12月收到上海一中院签发的应诉通知书及民事起诉状，原告方大炭素新材料科技股份有限公司（以下简称方大炭素）诉爱建信托等公司承担股东出资款不到位所导致的损失赔偿责任，其中爱建信托承担股东出资8 690万元及利息。该诉讼是公司作为信托代持股东所引发的法律纠纷，所涉股东出资问题，经初步核查，已按法定程序完成，依法不应承担其他责任，公司将积极应诉。公司收到上海一中院民事裁定书，原告方大炭素于2015年1月10日以证据尚不完善为由，向上海一中院申请撤回对被告爱建信托的起诉。

后该案移送至北京市第四中级人民法院审理。2016年3月，方大炭素向北京市第四中级人民法院书面申请追加爱建信托为共同被告。同时该法院冻结公司的银行存款5 600万元及660万美元。

2017年7月7日，北京市第四中级人民法院以《北京市第四中级人民法院民事判决书》[（2015）四中民（商）初字第00124号]判决，爱建信托应承担未出资金8 690万元而导致原告损失的赔偿责任；驳回原告其他诉讼请求。

公司收到北京市第四中级人民法院的《北京市第四中级人民法院民事判决书》[（2015）四中民（商）初字第00124号]后不服判决，于2017年7月19日向北京市高级人民法院提起上诉。上诉请求主要为撤销第四中级人民法院（2015）四中民（商）初字第00124号民事判决，改判驳回上诉人方大炭素的全部诉讼请求。

目前，北京市高级人民法院已开庭审理，此案尚在审理中。

## 6.4　重要资产转让及出售说明

本公司无上述情况。

## 6.5　会计报表中重要项目的明细资料

**6.5.1　自营资产经营情况**

6.5.1.1　信用风险资产情况

| 信用风险资产五级分类 | 正常类（万元） | 关注类（万元） | 次级类（万元） | 可疑类（万元） | 损失类（万元） | 信用风险资产合计（万元） | 不良资产合计（万元） | 不良资产率(%) |
|---|---|---|---|---|---|---|---|---|
| 期初数 | 643 975.87 | 58 017.04 | — | 8 447.07 | 225.61 | 710 665.59 | 8 672.68 | 1.22 |
| 期末数 | 972 353.47 | 5 172.13 | 1 547.33 | 5 724.99 | 1 000.00 | 985 797.92 | 8 272.32 | 0.84 |

注：不良资产合计＝次级类＋可疑类＋损失类。

6.5.1.2　各项资产减值损失准备情况

单位：万元

| | 期初数 | 本期计提 | 本期转回 | 本期核销 | 期末数 |
|---|---|---|---|---|---|
| 贷款损失准备 | 703.00 | 705.00 | 628.00 | — | 780.00 |
| 一般准备 | — | — | — | — | — |
| 专项准备 | — | — | — | — | — |
| 其他资产减值准备 | 16 138.43 | 591.07 | 11 500.00 | — | 5 229.50 |
| 可供出售金融资产减值准备 | 15 168.77 | — | 11 500.00 | — | 3 668.77 |
| 持有至到期投资减值准备 | — | — | — | — | — |
| 长期股权投资减值准备 | — | — | — | — | — |
| 坏账准备 | 928.87 | 591.07 | — | — | 1 519.94 |
| 抵债资产减值准备 | 40.79 | — | — | — | 40.79 |

6.5.1.3　固有业务股票投资、基金投资、债券投资、股权投资等投资业务情况

单位：万元

| | 自营股票 | 基金 | 债券 | 股权投资 | 其他投资 | 合计 |
|---|---|---|---|---|---|---|
| 期初数 | 2 902.57 | 180 586.04 | 7 926.89 | 21 712.66 | 293 735.85 | 506 864.01 |
| 期末数 | 3 131.66 | 96 367.86 | — | 12 869.27 | 762 264.69 | 874 633.48 |

6.5.1.4　前五名的自营长期股权投资情况

| 企业名称 | 占被投资企业权益的比例(%) | 主要经营活动 | 投资损益（万元） |
|---|---|---|---|
| 1. 柏瑞爱建资产管理（上海）有限公司 | 35.67 | 资产经营管理 | -43.40 |
| 2. 上海正浩资产管理有限公司 | 12.75 | 资产经营管理 | — |
| 3. 天安保险股份有限公司 | 0.12 | 保险 | — |
| 4. 上海汇付互联网金融信息创业股权投资中心（有限合伙） | 6.45 | 投资 | — |

注：投资损益是指按照企业会计准则规定，核算股权投资确认损益并计入披露年度利润表的金额。

6.5.1.5　前五名的自营贷款情况

| 企业名称 | 占贷款总额的比例(%) | 还款情况 |
|---|---|---|
| 1. 上海康桥实业发展(集团)有限公司 | 38.46 | 贷款尚未到期 |
| 2. 昆山嘉宝网尚文化投资有限公司 | 25.64 | 贷款尚未到期 |
| 3. 上海竑臻贸易有限公司 | 11.54 | 贷款尚未到期 |
| 4. 银川奥特莱斯投资有限公司 | 10.26 | 贷款尚未到期 |
| 5. 合肥市超艺彩色印刷包装有限责任公司 | 8.97 | 贷款尚未到期 |

6.5.1.6　表外业务情况

单位:万元

| 表外业务 | 期初数 | 期末数 |
|---|---|---|
| 担保业务 | — | — |
| 代理业务(委托业务) | 57 234.97 | 57 229.97 |
| 其他 | 70 712.11 | 69 712.11 |
| 合计 | 127 947.08 | 126 942.08 |

注:其他主要反映信托代保管项目。

6.5.1.7　公司当年的收入结构

| 收入结构 | 金额(万元) | 占比(%) |
|---|---|---|
| 手续费及佣金收入 | 186 345.51 | 85.66 |
| 其中:信托业务收入 | 186 139.65 | 85.56 |
| 投资银行业务收入 | 167.40 | 0.08 |
| 利息收入 | 8 018.97 | 3.69 |
| 其他业务收入 | 7.71 | — |
| 其中:计入信托业务收入部分 | 7.71 | — |
| 投资收益 | 22 851.44 | 10.50 |
| 其中:股权投资收益 | 501.21 | 0.23 |
| 证券投资收益 | 673.11 | 0.31 |
| 其他投资收益 | 21 677.11 | 9.96 |
| 公允价值变动收益 | 55.30 | 0.03 |
| 其他收益 | 24.50 | 0.01 |
| 营业外收入 | 22.73 | 0.01 |
| 收入合计 | 217 547.44 | 100.00 |

注:手续费及佣金收入、利息收入、其他业务收入、投资收益、营业外收入均应为损益表中的科目,其中手续费及佣金收入、利息收入、营业外收入为未抵减掉相应支出的全年累计实现收入数。

**6.5.2　信托财产管理情况**

6.5.2.1　信托资产情况

单位:万元

| 信托资产 | 期初数 | 期末数 |
|---|---|---|
| 集合 | 16 666 141.84 | 15 292 150.09 |
| 单一 | 11 604 135.48 | 7 362 900.06 |
| 财产权 | 5 006 515.32 | 2 757 274.30 |
| 合计 | 33 276 792.64 | 25 412 324.45 |

6.5.2.1.1　非事务管理型信托业务的信托资产情况

单位:万元

| 非事务管理型信托资产 | 期初数 | 期末数 |
|---|---|---|
| 证券投资类 | 276 284.27 | 247 123.33 |
| 股权投资类 | 835 385.48 | 1 110 111.58 |
| 融资类 | 3 990 757.03 | 4 924 080.71 |
| 其他类 | 684 638.67 | 1 102 414.43 |
| 合计 | 5 787 065.45 | 7 383 730.05 |

6.5.2.1.2　事务管理型信托业务的信托资产情况

单位:万元

| 事务管理型信托资产 | 期初数 | 期末数 |
|---|---|---|
| 证券投资类 | 1 935 468.86 | 632 020.81 |
| 股权投资类 | 4 600 930.09 | 2 779 091.24 |
| 融资类 | 8 455 031.06 | 7 237 503.95 |
| 其他类 | 12 498 297.18 | 7 379 978.40 |
| 合计 | 27 489 727.19 | 18 028 594.40 |

6.5.2.2　本年度已清算的信托项目情况

6.5.2.2.1　本年度已清算的信托项目情况

| 已清算结束信托项目 | 项目个数(个) | 实收信托合计金额(万元) | 加权平均实际年化收益率(%) |
|---|---|---|---|
| 集合类 | 187 | 7 736 652.78 | 2.96 |
| 单一类 | 105 | 5 084 728.52 | 6.72 |
| 财产管理类 | 34 | 2 715 540.58 | 5.65 |

6.5.2.2.2　本年度已清算结束的非事务管理型信托项目情况

| 已清算结束信托项目 | 项目个数(个) | 实收信托合计金额(万元) | 加权平均实际年化信托报酬率(%) | 加权平均实际年化收益率(%) |
|---|---|---|---|---|
| 证券投资类 | 7 | 125 000.00 | 0.38 | -3.21 |
| 股权投资类 | 6 | 280 180.00 | 3.70 | 7.73 |
| 融资类 | 38 | 1 710 273.23 | 3.17 | 6.43 |
| 其他类 | 11 | 433 369.79 | 0.78 | 5.43 |

6.5.2.2.3　本年度已清算结束的事务管理型信托项目情况

| 已清算结束信托项目 | 项目个数(个) | 实收信托合计金额(万元) | 加权平均实际年化信托报酬率(%) | 加权平均实际年化收益率(%) |
|---|---|---|---|---|
| 证券投资类 | 51 | 2 024 799.85 | 0.23 | -1.27 |
| 股权投资类 | 9 | 523 976.00 | 0.19 | 7.40 |
| 融资类 | 108 | 4 604 151.62 | 0.15 | 7.11 |
| 其他类 | 96 | 5 835 171.38 | 0.24 | 3.99 |

6.5.2.3　本年度新增的信托项目情况

| 新增信托项目 | 项目个数(个) | 实收信托合计金额(万元) |
|---|---|---|
| 集合类 | 865 | 6 708 868.29 |
| 单一类 | 147 | 3 875 987.71 |
| 财产管理类 | 48 | 962 695.97 |
| 新增合计 | 1060 | 11 547 551.97 |
| 其中:非事务管理型 | 856 | 5 443 173.45 |
| 事务管理型 | 204 | 6 104 378.52 |

6.5.2.4　信托业务创新成果和特色业务有关情况

公司根据市场及政策变化情况积极拓展创新业务,2018年重点推进了供应链金融、消费金融和股权投资等符合监管政策导向的业务,使得公司业务类型更趋多元化,降低了单一业务的集中度风险。从创新业务的实际推进情况上看,公司2018年成功试水并落地了供应链金融、股票质押融资、消费金融、家族信托等新型业务。在权益类投资方面,公司成功落地了私募证券FOF产品和私募股权FOF产品。在创新业务开展的过程中，公司注重法律法规要求和监管文件精神，努力创建合规经营和全面风险管理的企业管理文化。

6.5.2.5　公司履行受托人义务情况及因本公司自身责任而导致的信托资产损失情况

无。

6.5.2.6　信托赔偿准备金的提取、使用和管理情况

根据中国银行保险监督管理委员会颁布的《信托公司管理办法》有关规定，公司按当年税后净利润的 10% 计提信托赔偿准备金。本年公司提取信托赔偿准备金 11 152.84 万元。

截至报告期末公司未发生对信托产品赔偿的事项。

## 6.6　关联方关系及其交易

### 6.6.1　关联交易

| | 关联交易方数量(个) | 关联交易金额(万元) | 定价政策 |
|---|---|---|---|
| 合计 | 9 | 1 453.72 | 按不含税市场公允价值确定 |

### 6.6.2　关联方关系

| 关系性质 | 关联方名称 | 法定代表人 | 注册地址 | 注册资本(万元) | 主营业务 |
|---|---|---|---|---|---|
| 母公司 | 上海爱建集团股份有限公司 | 王均金 | 上海浦东新区泰谷路 168 号 | 162 192.2452 | 实业投资，投资管理，外经贸部批准的进出口业务(按批文)，商务咨询。 |
| 重大影响 | 柏瑞爱建资产管理(上海)有限公司 | 高山 | 中国(上海)自由贸易试验区业盛路 188 号 | 15 000 | 资产经营管理。 |

### 6.6.3　本公司与关联方的重大交易事项

6.6.3.1　固有与关联方之间交易情况

单位：万元

| 固有与关联方关联交易 | | | | |
|---|---|---|---|---|
| | 期初数 | 借方发生额 | 贷方发生额 | 期末数 |
| 贷款 | — | — | — | — |
| 投资 | — | — | — | — |
| 租赁及物业管理 | — | 1 286.74 | 1 286.74 | — |
| 担保 | — | — | — | — |
| 应收账款 | — | — | — | — |
| 其他 | — | 166.98 | 166.98 | — |
| 合计 | — | 1 453.72 | 1 453.72 | — |

6.6.3.2　信托与关联方交易情况

单位：万元

| 信托与关联方关联交易 | | | | |
|---|---|---|---|---|
| | 期初数 | 借方发生额 | 贷方发生额 | 期末数 |
| 贷款 | — | 20 000.00 | 20 000.00 | — |
| 投资 | — | 42 000.00 | 42 000.00 | — |
| 租赁 | — | — | — | — |
| 担保 | — | — | — | — |
| 应收账款 | — | — | — | — |
| 其他(提供服务) | — | 6 278.70 | 6 278.70 | — |
| 其他(认购/受让/转让) | 259 966.98 | 211 709.18 | 119 710.17 | 167 967.97 |
| 合计 | 259 966.98 | 279 987.88 | 187 988.87 | 167 967.97 |

6.6.3.3　信托公司自有资金运用于自己管理的信托项目(固信交易)、信托公司管理的信托项目之间的相互(信信交易)交易情况

6.6.3.3.1　固有财产与信托财产之间的交易情况

单位：万元

| 固有财产与信托财产相互交易 | | | |
|---|---|---|---|
| | 期初数 | 本期发生额 | 期末数 |
| 合计 | 263 307.41 | 423 920.92 | 687 228.33 |

6.6.3.3.2　信托项目之间的交易情况

单位：万元

| 信托资产与信托财产相互交易 | | | |
|---|---|---|---|
| | 期初数 | 本期发生额 | 期末数 |
| 合计 | 545 543.46 | -154 090.36 | 391 453.10 |

### 6.6.4　关联方逾期未偿还本公司资金的详细情况以及本公司为关联方担保发生或即将发生垫款的详细情况

无。

## 6.7　会计制度的披露

本公司固有业务自 2007 年起执行财政部 2006 年颁布的《企业会计准则》进行会计核算；并根据《企业会计准则第 30 号——财务报表列表》有关规定及应用指南中商业银行会计报表格式进行编制。

本公司已执行财政部于 2014 年颁布的下列新的及修订的企业会计准则：

《企业会计准则——基本准则》(修订)、《企业会计准则第 2 号——长期股权投资》(修订)、《企业会计准则第 9 号——职工薪酬》(修订)、《企业会计准则第 30 号——财务报表列报》(修订)、《企业会计准则第 33 号——合并财务报表》(修订)、《企业会计准则第 37 号——金融工具列报》(修订)、《企业会计准则第 39 号——公允价值计量》、《企业会计准则第 40 号——合营安排》、《企业会计准则第 41 号——在其他主体中权益的披露》。

本公司信托业务自 2010 年起执行财政部 2006 年颁布的《企业会计准则》进行会计核算；并参照《企业会计准则第 30 号——财务报表列表》有关规定及应用指南中商业银行会计报表格式进行编制。

# 7. 财务情况说明书

## 7.1　利润实现和分配情况

2018 年，公司实现净利润为 111 528.37 万元，计提盈余公积 11 152.84 万元、信托赔偿准备金 11 152.84 万元及一般风险准备金 4 114.96 万元后，未分配利润为 85 107.73 万元。

### 7.2 主要财务指标

| 指标名称 | 指标值 |
|---|---|
| 资本利润率(%) | 20.30 |
| 加权年化信托报酬率(%) | 0.61 |
| 人均净利润(万元) | 326.11 |

注:1. 资本利润率 = 净利润/所有者权益平均余额 ×100%。

2. 加权年化信托报酬率 =(已清算信托项目 1 的实际年化信托报酬率 × 已清算信托项目 1 的实收信托 + 已清算信托项目 2 的实际年化信托报酬率 × 已清算信托项目 2 的实收信托 +… + 已清算信托项目 $n$ 的实际年化信托报酬率 × 已清算信托项目 $n$ 的实收信托)/(已清算信托项目 1 的实收信托 + 已清算信托项目 2 的实收信托 +… + 已清算信托项目 $n$ 的实收信托) ×100%。

3. 人均净利润 = 净利润/年平均人数。

4. 平均值采取年初、年末余额简单平均法,公式为:a(平均) =(年初数 + 年末数)/2。

### 7.3 对本公司财务状况、经营成果有重大影响的其他事项

无。

## 8. 特别事项揭示

### 8.1 前五名股东报告期内变动情况及原因

无。

### 8.2 董事、监事及高级管理人员变动情况及原因

2018 年 1 月 5 日,公司股东会同意调整第五届董事会成员:蒋明康不再担任副董事长;张建中不再担任董事。

2018 年 1 月 5 日,公司股东会同意调整第四届监事会成员:马金不再担任监事长、监事;刘兵军不再担任监事;增补张建中、张凤翔为监事。

2018 年 1 月 5 日,公司董事会五届三次会议通过《关于解聘张建中爱建信托总经理职务的议案》。

2018 年 1 月 5 日,公司四届三次监事会推举张建中为公司第四届监事会监事长。

2018 年 2 月 7 日,上海银监局核准武彪爱建信托总经理助理任职资格。

2018 年 4 月 19 日,上海银监局核准赵德源爱建信托董事任职资格;核准吴文新爱建信托总经理任职资格。

2018 年 12 月 19 日,公司股东会同意调整第四届监事会成员:张建中不再担任监事,监事长职务随之不再担任;增补杨毅为监事。

2018 年 12 月 26 日,公司监事会 2018 年临时会议通过《关于推举胡爱军为爱建信托第四届监事会监事长的议案》。

### 8.3 公司的重大未决诉讼事项

#### 8.3.1 哈尔滨信托计划案件

2016 年 11 月 4 日,爱建信托收到黑龙江省高级人民法院送达的《应诉通知书》([2016]黑民初 83 号),三原告哈尔滨爱达投资置业有限公司(简称哈爱达)、上海子承投资有限公司、上海泓岩投资有限公司起诉爱建信托、上海鹏慎投资有限公司、爱建集团,第三人为颜立燕、上海新凌房地产开发有限公司。原告起诉称爱达公司、爱建信托、颜立燕三方于 2011 年 6 月 7 日签署的《关于债权债务清理及遗留事项处理整体框架协议书》及相关文件无效,同时要求返还根据协议已交付爱建信托的信托资产,并申请对相关财产进行冻结、查封。该事项源于爱建信托于 2006 年 4 月 26 日设立的哈尔滨信托计划,该信托计划由于哈爱达未能如约交付信托资产,且信托资产严重不实。原定于 2009 年 4 月到期,后经该信托计划信托受益人同意后延期至 2012 年 4 月。其间,哈爱达实际控制人涉嫌经济犯罪,致使哈尔滨信托计划的兑付面临巨大风险。2011 年 6 月,上海市一中院对相关涉案人员进行了一审判决,同年爱建信托与相关债务人哈爱达及其实际控制人颜立燕就哈尔滨信托计划的所有债务归还于上海市签署了《关于债权债务清理及遗留事项处理整体框架协议书》及相关文件,确认哈爱达应付爱建信托 19 亿元债务,颜立燕对此承担无限连带责任。现三原告起诉上述信托财产中,涉及爱建集团的为 3.87 亿元,对应的信托资产为鹏慎公司 2.18 亿元的股权和 1.69 亿元哈尔滨商铺。爱建集团及爱建信托对此积极应诉。2018 年 1 月 2 日,爱建信托收到《黑龙江省高级人民法院民事判决书》[(2016)黑民初 83 号],对本案作出一审判决,驳回哈爱达公司、上海子承投资有限公司、上海泓岩投资有限公司的诉讼请求。案件受理费用由哈爱达公司、上海子承投资有限公司、上海泓岩投资有限公司负担。哈爱达公司、颜立燕不服一审判决,向最高人民法院提起上诉。最高人民法院依法组成合议庭对该案件进行审理的过程中,上诉人哈爱达公司、上海子承投资有限公司、上海泓岩投资有限公司、颜立燕于 2018 年 12 月 25 日向最高人民法院院申请撤回上诉。2019 年 2 月 18 日,爱建信托收到最高人民法院《民事裁定书》[(2018)最高法民终 939 号],裁定准许上诉人撤回上诉请求,一审中的《黑龙江省高级人民法院民事判决书》[(2016)黑民初 83 号]自最高人民法院《民事裁定书》送达之日起生效。

2017 年 11 月,爱建信托作为原哈尔滨信托计划管理人,分别向上海市第一中级人民法院提起三项诉讼,并于 11 月 13 日收到案件受理通知书。该事项源于爱建信托于 2006 年 4 月 26 日设立的哈尔滨信托计划,该信托计划由于哈爱达公司未能如约交付信托资产,且信托资产严重不实。原定于 2009 年 4 月到期,后经该信托计划信托受益人同意后延期至 2012 年 4 月。其间,哈爱达公司实际控制人涉嫌经济犯罪,致使哈尔滨信托计划的兑付面临巨大风险。2011 年 6 月,上海市一中院对相关涉案人员进行了一审判决,同年,爱建信托与相关债务人哈爱达公司及其实际控制人颜立燕就哈尔滨信托计划的所有债务归还于上海市签署了《关于债权债务清理及遗留事项处理整体框架协议书》及相关文件,确认哈爱达公司应付爱建信托为 19 亿元债务,颜立燕对此承担无限连带责任。此后,哈爱达公司及其他相关方,一直未有效履行框架协议书及相关文件的约定,涉及 6.5 亿元债务及利息尚未归还,且经爱建信托公司多次督促,仍不履行相关义务。因此,爱建信托作为原信托计划管理人,依据不同标的物,分三案分别提起诉讼,追索相关资产,维护信托计划持有人的权益。2019 年 1 月 21 日,爱建信托收到上海一中院出具的 3 份《民事调解书》[(2017)沪 01 民初 1301 号][(2017)沪 01 民初 1302 号][(2017)沪 01 民初

1303号],分别对三案作出调解,确认哈爱达公司向爱建信托合计支付6.5亿元债务本金及其利息。调解协议的达成及其执行,将使信托计划所对应的信托资产得到有效落实,保障了该信托计划项下信托受益人的权益。

8.3.2 方大炭素诉损害债权人利益责任纠纷案件

爱建信托于2014年12月收到上海一中院签发的应诉通知书及民事起诉状,原告方大炭素新材料科技股份有限公司(以下简称方大炭素)起诉爱建信托等承担股东出资款不到位所导致的损失赔偿责任,其中爱建信托承担股东出资8 690万元及利息。该诉讼是爱建信托作为信托代持股东所引发的法律纠纷,所涉股东出资问题,经初步核查,已按法定程序完成,依法不应承担其他责任,爱建信托已积极应诉。之后原告方大炭素以证据尚不完善为由,向上海一中院申请撤回对被告爱建信托的起诉。后该案移送至北京市第四中级人民法院审理。2016年3月,方大炭素向北京市第四中级人民法院书面申请追加爱建信托为共同被告。2017年7月13日,爱建信托收到北京市第四中级人民法院送达的一审民事判决书([2015]四中民(商)初字第00124号),判决爱建信托在未出资资本金以及利息范围内向原告承担补充赔偿责任,随后爱建信托积极提起上诉。截至本报告期末,案件仍在审理中。

### 8.4 对会计师事务所出具的有保留意见、否定意见或无法表示意见的审计报告的说明

无。

### 8.5 公司及其董事、监事和高级管理人员受到处罚的情况

无。

### 8.6 监管意见及整改情况

2018年9月13日,上海银监局下发《上海银监局关于爱建信托信息科技风险快速巡查的意见》(沪银监发[2018] 150号)。公司已经在2018年10月制定和报送了相应的整改方案,并积极开展专项整改工作。经过3个多月的努力,各项整改任务基本完成。

2019年3月7日,上海银保监局下发《上海银保监局关于上海爱建信托有限责任公司2018年度的监管意见》(沪银保监发[2019]20号)。收到监管意见后,公司高度重视,逐步对照监管意见及关注重点进行了对照梳理,制定相应的落实方案和计划。通过强化制度执行,优化公司自有资金运营管理,持续做强直销团队、不断提升直销规模及比例,回归“受人之托,代人理财”的信托本源;通过动态调整风控政策、合理优化业务准入标准,推动存续项目期间管理进一步精细化、专业化,以及严格执行房地产压力测试、发挥风险预警前瞻性作用等方式强化业务管控,切实防范房地产业务风险;排查梳理事务管理类业务流程及合同、及时整改优化管理,进一步加强事务管理类业务期间管理及风险处置,严格履行事务管理类业务的受托责任;健全销售管理制度、规范销售流程和标准,并开展存续项目销售排查,及时整改规范,同时探索以信息科技手段提升销售合规化管理效果,从根源上提升管理质效。

### 8.7 本年度重大事项临时报告

无。

### 8.8 银保监会及其省级派出机构认定的其他有必要让客户及相关利益人了解的重要信息

无。

## 9. 公司监事会意见

监事会对《上海爱建信托有限责任公司2018年度报告》的独立意见

公司2018年度报告的编制和审议程序符合法律法规、公司章程和公司内部制度的各项规定。

公司2018年度报告的内容与格式符合监管部门的要求和规定,所包含的信息能从各方面真实地反映出公司2018年的经营管理和财务状况等事项。

在提出本意见前,没有发现参与年度报告编制和审议的人员有违反保密规定的行为。

立信会计师事务所(特殊普通合伙)对公司出具的《上海爱建信托有限责任公司审计报告及财务报表(2018年1月1日至2018年12月31日)》是独立、公正的。

# 上海国际信托有限公司

## 1. 重要提示

1.1 本公司董事会及董事保证本报告所载资料不存在任何虚假记载、误导性陈述或者重大遗漏，并对其内容的真实性、准确性和完整性承担个别及连带责任。年报中所列数据，除标示合并口径之外均为母公司口径。

1.2 董事李宪明因公务在身，未能出席董事会会议，书面委托独立董事陈学彬代行表决权。董事刘长江、冯金安因公务在身，未能出席董事会会议，书面委托董事陈兵代行表决权。3名监事列席了本次会议。

1.3 本公司独立董事陈学彬、李宪明、谢荣声明：保证年度报告内容的真实、准确、完整。

1.4 普华永道中天会计师事务所（特殊普通合伙）根据中国注册会计师审计准则对本公司年度财务报告进行审计，出具了标准无保留意见的审计报告。

1.5 本公司董事长潘卫东、总经理陈兵、分管财务副总经理严军、会计部门负责人朱红声明：保证年度报告中财务报告的真实、完整。

## 2. 公司概况

### 2.1 公司简介

上海国际信托有限公司（以下简称公司）成立于1981年，注册资本金为50亿元。公司长期致力于产品创新，获得资产证券化、代客境外理财（QDII）业务受托人、股指期货交易业务资格、非金融企业债务融资工具承销商资格。公司曾被国务院指定为全国对外融资十大窗口之一；获地方金融机构最高信用评级（穆迪Baa2、标普BBB－）；被指定为非银行金融机构首家合规试点单位；发起设立中国第一家信托登记机构——上海信托登记中心，并被推选为理事长单位；连续担任中国信托业协会副会长单位。近年来，公司先后荣获多家媒体评选的多项行业大奖；公司资产配置、QDII、新一代信息系统、ABS等项目先后获得上海市政府金融创新奖（均为入围的唯一信托公司）。此外，公司还荣膺上海黄浦区高端服务业十强企业，获得行业内外的广泛好评。

2018年，公司全面贯彻落实监管要求，在定位上回归本源、突出主业，不断深化风险管理，强化合规经营。公司大力优化业务发展布局，持续巩固资产证券化先行地位；公司坚持科技引领，打造转型发展源动力；公司加速资产管理和财富管理双轮驱动，推动财富管理转型，为公司高质量可持续发展打下了坚实基础。

**2.1.1 基本信息**

2.1.1.1 公司法定中文名称：上海国际信托有限公司
中文名称缩写：上海信托
公司法定英文名称：Shanghai International Trust Co.，Ltd.
英文缩写：Shanghai Trust

2.1.1.2 法定代表人：潘卫东

2.1.1.3 注册地址：中国上海市九江路111号
邮政编码：200002
公司国际互联网网址：www.shanghaitrust.com
电子邮箱：info@shanghaitrust.com

2.1.1.4 公司信息披露联系人：温晓红
联系电话：021－23131111转
传真：021－63235348
电子邮箱：info@shanghaitrust.com

2.1.1.5 公司选定的信息披露报纸：《上海证券报》
公司年度报告备置地点：上海市九江路111号上投大厦3楼

2.1.1.6 公司聘请的会计师事务所：普华永道中天会计师事务所（特殊普通合伙）
住所：上海市黄浦区湖滨路202号企业天地2号楼普华永道中心11楼
联系电话：021－23238888

2.1.1.7 公司聘请的律师事务所：锦天城律师事务所
住所：上海市浦东新区银城中路501号上海中心大厦12层
联系电话：021－20511000

### 2.2 组织结构

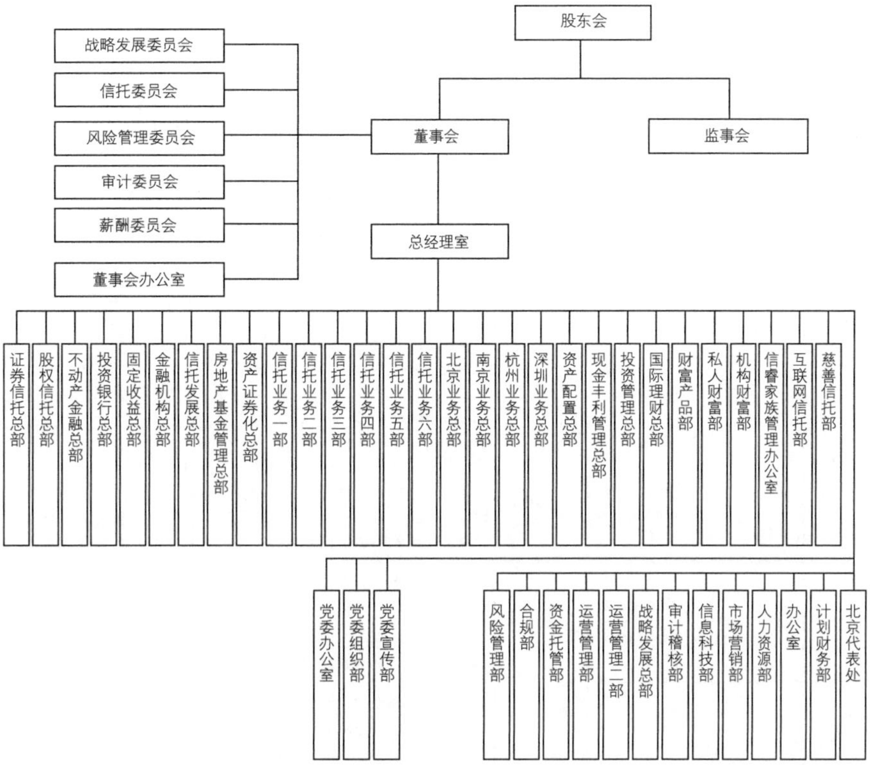


## 3. 公司治理

### 3.1 股东

公司前三位股东的主要情况:

| 股东名称 | 出资比例(%) | 法人代表 | 注册资本(万元) | 注册地址 | 主要经营业务 | 主要财务情况(万元) | |
|---|---|---|---|---|---|---|---|
| 上海浦东发展银行股份有限公司★ | 97.3333 | 高国富 | 1 865 347.1415 | 上海市中山东一路12号 | 吸收公众存款、发放短期、中期和长期贷款、办理结算、办理票据贴现、发行金融债券、代理发行、代理兑付、承销政府债券、买卖政府债券、同业拆借、提供信用证服务及担保等。 | 资产总额 | 628 960 700 |
| | | | | | | 负债总额 | 581 122 600 |
| | | | | | | 利润总额 | 6 528 400 |
| | | | | | | 净利润 | 5 651 500 |
| | | | | | | 股东权益合计 | 47 838 000 |
| 上海汽车集团股权投资有限公司 | 2.0000 | 陈志鑫 | 400 000.00 | 上海市静安区威海路489号上汽大厦803室 | 股权投资,创业投资,资产管理。 | 资产总额 | 619 193.84 |
| | | | | | | 负债总额 | 180 485.84 |
| | | | | | | 利润总额 | 27 513.29 |
| | | | | | | 净利润 | 24 866.50 |
| | | | | | | 所有者权益 | 438 708.00 |
| 上海新黄浦置业股份有限公司 | 0.6667 | 仇瑜峰 | 67 339.6786 | 上海市北京东路668号西楼32层 | 房地产经营,旧危房改造,室内外建筑装潢,物业管理,房产咨询等。 | 资产总额 | 1 257 960.20 |
| | | | | | | 负债总额 | 786 115.22 |
| | | | | | | 利润总额 | 82 092.64 |
| | | | | | | 净利润 | 58 479.88 |
| | | | | | | 所有者权益 | 471 844.98 |

注:股东名称一栏中★为公司最终实际控制人。

## 3.2 董事

董事长、副董事长、董事

| 姓名 | 职务 | 性别 | 年龄（岁） | 选任日期 | 所推举的股东名称 | 该股东持股比例(%) | 简要履历 |
|---|---|---|---|---|---|---|---|
| 潘卫东 | 董事长 | 男 | 52 | 2016年4月 | 上海浦东发展银行股份有限公司 | 97.3333 | 经济学硕士研究生，中共党员，高级经济师，在中国人民银行杭州市分行计划资金处参加工作，曾任上海浦东发展银行宁波分行副行长，上海浦东发展银行昆明分行行长、党组书记，上海市金融服务办公室机构处处长（挂职），上海国际集团有限公司总经理助理、副总裁；现任上海浦东发展银行党委委员、副行长、财务总监，上海国际信托有限公司董事长、法人代表。 |
| 陈兵 | 董事 | 男 | 50 | 2016年4月 | 上海浦东发展银行股份有限公司 | 97.3333 | 管理学博士，中共党员，高级经济师，金融工程师，曾任浦发银行总行综合计划科副科长，浦发银行大连分行资金财务部总经理（兼任会计部总经理），浦发银行总行资金财务部总经理助理，浦发银行总行个人银行管理会计部总经理，浦发银行总行个人银行财富管理部总经理，上海国际信托有限公司副总经理、董事会秘书，上海国际信托有限公司党委副书记、副董事长；现任上海国际信托有限公司党委书记、董事、总经理，兼任上投摩根基金管理有限公司董事长。 |
| 陈海宁 | 董事 | 男 | 47 | 2016年4月 | 上海浦东发展银行股份有限公司 | 97.3333 | 工学硕士，中共党员，经济师，曾任中国工商银行陕西省分行工商信贷处科长、信贷处副处长，工商东亚金融控股公司上海代表处代表，上海浦东发展银行总行公司金融部总经理助理、公司及投资银行总部贸易融资部总经理，上海浦东发展银行武汉分行党委委员、副行长、党委书记、行长；现任浦发银行资产负债管理部总经理，兼战略发展部总经理，上海国际信托有限公司董事。 |
| 刘长江 | 董事 | 男 | 52 | 2016年4月 | 上海浦东发展银行股份有限公司 | 97.3333 | 教育学硕士，中共党员，经济师，曾任工行总行教育部主任科员、基金托管部副处长、处长，上海浦东发展银行基金托管部总经理、公司及投资银行总部资产托管部、企业年金部、期货结算部总经理、公司及投资银行总部副总经理、金融机构部总经理兼期货结算部总经理、外资机构处处长、资产托管部总经理；现任上海浦东发展银行金融机构部总经理，上海国际信托有限公司董事。 |
| 陆永涛 | 董事 | 男 | 51 | 2018年7月 | 上海汽车集团股权投资有限公司 | 2 | 工商管理硕士，中共党员，高级会计师，曾就职于上海汽车铸造总厂、上海汽车集团工业总公司，曾任上海汽车工业销售总公司财务部财务负责人、上海汽车集团股份有限公司资本运营部总监、证券事务代表；现任上海汽车集团股权投资有限公司总经理，上海汽车集团财务有限责任公司董事，上海国际信托有限公司董事。 |
| 朱红 | 职工董事 | 女 | 50 | 2017年4月 | — | — | 管理学硕士，群众，高级会计师，中国注册会计师，中国注册资产评估师，曾任上海浦东轮船公司财务部会计、主管会计、财务部经理，丹碧蔻国际贸易（上海）有限公司财务总监，上海国际信托有限公司计划财务部经理助理、副总经理；现任上海国际信托有限公司工会主席，计划财务部、资金托管部总经理，职工董事。 |

独立董事

| 姓名 | 所在单位及职务 | 性别 | 年龄（岁） | 选任日期 | 所推举的股东名称 | 该股东持股比例(%) | 简要履历 |
|---|---|---|---|---|---|---|---|
| 陈学彬 | 复旦大学金融研究院荣休教授 | 男 | 65 | 2016年4月 | — | — | 经济学博士，中共党员，教授，曾任四川省自贡市经济研究所研究所、计划委员会、体改委、信息中心研究员，上海财经大学金融学院教授；现任上海国际信托有限公司独立董事。 |
| 李宪明 | 上海市锦天城律师事务所合伙人 | 男 | 49 | 2016年4月 | — | — | 法学博士，中共党员，执业律师，曾在吉林大学法学院工作；现任上海市锦天城律师事务所合伙人，上海国际信托有限公司独立董事。 |
| 谢荣 | 上海国家会计学院荣休教授 | 男 | 66 | 2016年4月 | — | — | 会计学博士，中共党员，教授，曾任上海财经大学会计学系助教、讲师、副教授、教授、博士生导师、系副主任，毕马威华振会计师事务所合伙人，上海国家会计学院教授兼副院长；现任光大银行、申万宏源等公司独立董事，上海国际信托有限公司独立董事。 |

## 3.3 监事

监事会成员

| 姓名 | 职务 | 性别 | 年龄（岁） | 选任日期 | 所推举的股东名称 | 该股东持股比例(%) | 简要履历 |
|---|---|---|---|---|---|---|---|
| 赵峥嵘 | 监事长 | 男 | 56 | 2016年9月 | 上海浦东发展银行股份有限公司 | 97.3333 | 工商管理硕士，中共党员，高级经济师，曾任温州市文成县人民政府办公室副主任，中国工商银行温州市文成县支行行长、温州城西支行行长、温州分行副行长，上海浦东发展银行公司部副总经理、温州分行行长、杭州分行行长；现任上海国际信托有限公司党委副书记、纪委书记、监事长，兼任上投摩根基金管理有限公司监事长。 |

续表

| 姓名 | 职务 | 性别 | 年龄（岁） | 选任日期 | 所推举的股东名称 | 该股东持股比例（%） | 简要履历 |
|---|---|---|---|---|---|---|---|
| 姚建东 | 监事 | 男 | 48 | 2016年4月 | 上海新黄浦置业股份有限公司 | 0.6667 | 会计专业学士，高级会计师，曾任上海市第一建筑工程有限公司成本主管、长发集团上海房地产公司财务主管；现任上海新黄浦置业股份有限公司监事、总经理助理、审计合规部总经理，上海国际信托有限公司监事。 |
| 严军 | 职工监事 | 男 | 50 | 2017年3月 | — | — | 法学硕士，中共党员，曾任合肥晶体管厂团委委员，安徽省机械设备成套局秘书，上海浦东发展银行人事部科员、主办科员、副科长、科长、人力资源部副处长（主持）、镇江支行副行长（挂职）、纪检监察室处长，上海国际信托有限公司纪委书记；现任上海国际信托有限公司党委委员、副总经理，职工监事。 |

本报告期公司监事会未设下属委员会。

## 3.4 高级管理人员

| 姓名 | 职务 | 性别 | 年龄（岁） | 选任日期 | 金融从业年限（年） | 学历（位） | 专业 | 简要履历 |
|---|---|---|---|---|---|---|---|---|
| 陈兵 | 总经理 | 男 | 50 | 2016年4月 | 23 | 研究生<br>管理学博士 | 企业管理 | 中共党员，高级经济师，金融工程师，曾任浦发银行总行综合计划科副科长，浦发银行大连分行资金财务部总经理（兼任会计部总经理），浦发银行总行资金财务部总经理助理，浦发银行总行个人银行管理会计部总经理，浦发银行总行个人银行财富管理部总经理，上海国际信托有限公司副总经理、董事会秘书，上海国际信托有限公司党委副书记、副董事长；现任上海国际信托有限公司党委书记、董事、总经理，兼任上投摩根基金管理有限公司董事长。 |
| 应华 | 副总经理 | 男 | 43 | 2016年4月 | 20 | 本科工学<br>硕士EMBA | 软件工程<br>工商管理 | 中共党员，工程师，在上海浦东发展银行总行参加工作，曾任浦发银行总行基金托管部运行保障部副科长，浦发银行总行公司及投资银行总部资金托管部运行保障副科长、科长，浦发银行公司及投资银行总部期货结算部见习总经理，上海国际信托有限公司财富管理总部总经理兼信息科技部总经理；现任上海国际信托有限公司党委委员、副总经理。 |
| 叶力俭 | 副总经理 | 男 | 46 | 2017年12月 | 20 | 本科管理学硕士 | 企业管理 | 中共党员，经济师，曾就职于黄浦区国有资产总公司、海通证券公司投资银行部，后任上海国际信托有限公司资金信托总部科长、资金信托总部总经理助理、资产管理总部总经理助理、副总经理、资产管理总部总经理、投资管理总部总经理，信托发展总部总经理、公司总经理助理；现任上海国际信托有限公司党委委员、副总经理。 |
| 吴海波 | 副总经理 | 男 | 44 | 2017年12月 | 9 | 研究生<br>经济学博士 | 金融学 | 中共党员，高级经济师，曾任上海国际集团有限公司发展研究部副科长，上海国际信托有限公司董事会办公室副主任、行政管理部副总经理、总经理，公司总经理助理；现任上海国际信托有限公司党委委员、董事会秘书、副总经理，兼董事会办公室主任。 |
| 严军 | 副总经理 | 男 | 50 | 2018年10月 | 20 | 研究生法学硕士 | 思想政治 | 中共党员，曾就职于合肥晶体管厂、安徽省机械设备成套局、浦发银行人事部，曾任浦发银行人事部副科长、科长，人力资源部干部一处副处长（主持工作）、浦发银行南京分行镇江支行副行长、浦发银行纪检监察室监察一处处长、上海国际信托有限公司党委委员、纪委书记；现任上海国际信托有限公司党委委员、纪委委员、副总经理、职工监事。 |
| 邹俪 | 总经理<br>助理 | 女 | 42 | 2017年1月 | 20 | 研究生<br>经济学硕士 | 区域经济 | 中共党员，经济师，曾任金华信托上海证券总部基金部项目经理，上海国际信托有限公司资金信托总部业务员、项目经理，运营管理部总经理助理，金融机构总部总经理助理、副总经理、总经理兼固定收益总部总经理；现任上海国际信托有限公司党委委员、总经理助理、合规总监。 |

### 3.5 公司员工

本报告期公司在岗员工 395 人，上年度公司在岗员工 395 人。

| 项目 | | 报告期年度 | | 上年度 | |
|---|---|---|---|---|---|
| | | 人数（人） | 比例（%） | 人数（人） | 比例（%） |
| 年龄分布 | 25 岁以下 | 10 | 2.53 | 13 | 3.29 |
| | 25～29 岁 | 119 | 30.13 | 149 | 37.72 |
| | 30～39 岁 | 196 | 49.62 | 162 | 41.01 |
| | 40 岁以上 | 70 | 17.72 | 71 | 17.98 |
| 学历分布 | 博士 | 10 | 2.53 | 11 | 2.78 |
| | 硕士 | 264 | 66.84 | 241 | 61.01 |
| | 本科 | 113 | 28.61 | 133 | 33.67 |
| | 专科 | 7 | 1.77 | 9 | 2.28 |
| | 其他 | 1 | 0.25 | 1 | 0.25 |
| 岗位分布 | 董事、监事及其高管人员 | 9 | 2.28 | 9 | 1.77 |
| | 自营业务人员 | 9 | 2.28 | 9 | 2.28 |
| | 信托业务人员 | 254 | 64.05 | 251 | 63.54 |
| | 其他人员 | 123 | 31.39 | 126 | 32.41 |

注：1. 自营业务人员是指按照岗位分工，专门或至少主要从事固有资金使用和固有资产管理有关业务的职工。
2. 信托业务人员是指按照岗位分工，专门或主要从事信托资金使用和信托资产管理各项业务的职工。
3. 将人力资源部等类似无法明确区分的综合部门归为其他人员。

## 4. 经营管理

### 4.1 经营目标、经营方针、战略规划

#### 4.1.1 经营目标

本报告期内公司的经营目标是积极适应当前经济社会环境发展新变化，把握加入浦发银行带来的巨大机遇，加强集团业务协同，推进公司信托业务和自营业务持续、健康增长，以改革促转型，以风控保发展，做到风险可控、合法合规、积极创新，不断增强核心竞争力，全力开创新常态下上海信托各项事业新局面。

#### 4.1.2 经营方针

本报告期公司的经营方针是诚信、专业、稳健、合规、创新。

#### 4.1.3 战略规划

公司的战略规划是在加入浦发银行集团的战略机遇下，紧紧抓住信托行业转型契机，持续大力发展资产管理和财富管理业务，构建平衡业务组合和紧密的业务协同架构，形成投资银行、资产配置、家族信托三大业务板块，以“数字化”建设全面提升公司前台、中台、后台效率，构建基金化、投行化、股权化、国际化及公益化的五大发展路径，打造可持续的发展模式，为客户持续创造财富和价值，为社会发展持续贡献力量。

### 4.2 所经营业务的主要内容

#### 4.2.1 经营的主要业务及品种

公司经营的主要业务为信托业务和自营业务。

4.2.1.1 信托业务

信托业务主要品种包括：（1）金融产品配置组合类信托。以高端客户的财富管理需求为出发点，凭借强大的投资管理能力和专业的资产配置能力，将投资者的资金在多种金融工具间进行组合投资，为投资者获取稳定安全的投资收益。（2）不动产金融类信托。选择房地产行业的优秀企业和优质项目，采用灵活多样的业务手段设计风险适度、期限灵活、回报丰厚的信托产品，让投资者分享房地产行业的成长收益。（3）证券投资类信托。汇聚全新产品设计理念和技术，投资于股票、基金及债券等金融产品，综合采用结构化设计、聘请投资顾问、应用 CPPI 投资策略与数量投资工具等多种方式，开创投资者在风险市场上获取稳定收益的业务新模式。（4）股权投资信托。对于优质的成长性企业，通过股权受益权融资、股权投资、并购融资、受托股权管理、财务顾问等形式提供全面金融服务。（5）债权投资类信托。公司将募集的信托资金运用于购买各种债权，主要包括银行信贷资产、各类依法合规的受益权以及优秀工商企业的应收账款等，通过回收本息或转让等方式兑现信托财产，实现信托收益。（6）公司及项目金融类信托。通过信托贷款、债权融资以及股权投资等方式，协助优秀企业获取融资，推动基础设施类项目顺利开展。（7）国际理财类信托。以大类资产配置为基础理念，与境外金融机构开展深度合作，捕捉海外市场投资机遇，采用结构性票据、指数投资、各类现货和期货投资、外币贷款等灵活运用方式，实现投资者财富增值。（8）另类投资信托。运用结构化设计，有效结合金融资本与实业经济，将公司专业化投资优势和外部投资顾问专业能力相结合，投资于包括酒类、艺术品、茶类、古董以及贵金属在内的非传统投资领域，满足高净值财富群体的投资期望和艺术文化消费。（9）养老保障、福利计划等信托服务。利用公司在信托服务领域积累的宝贵经验，根据企业员工在养老保障、福利提升、激励促进等方面的具体要求，为企业员工量身定制持续优质的资产管理服务，实现企业改革发展及员工福利改善的有机结合。（10）资产证券化信托服务。充分利用信托公司资源配置、破产隔离的制度优势，充当各类资产证券化项目的资产受托机构，搭建协同平台，探索国内资产证券化的新路径和模式，为各类优质资产提供流动性。（11）财产权信托服务。公司接受委托人的委托，将其合法拥有并且交付给公司的财产权设立财产权信托，依据信托文件的约定忠实受托人职责，为受益人利益或特定目的管理或处分该财产权。（12）家族信托。公司接受委托，按照委托人的意愿，对家族资产进行管理和处分，提供包括现金流规划、投资规划、风险管理、税务安排、利益协同、传承安排等一系列定制化的服务。（13）公益（慈善）信托。由委托人提供一定的财产设立，公司作为受托人管理信托财产，并将信托财产用于信托文件制定的公益目的。

4.2.1.2 自营业务

自营业务主要包括：（1）固定收益业务。以确保资金的安全性和资产的流动性为原则，通过对固定收益市场和相关投资品种的深入研究，根据市场环境的变化动态调整和优化资产配置结构，构建稳健的投资组合，获取固定收益。目前，固定收益业务主要包括货币市场投资和债券市场投资。（2）股权投资业务。通过对股权投资结构、期限、规模的动态调整和优化，把握各类行业领域孕育的投资机会，开展具有战略意义的金融股权投资或与信托主业联动的直接股权投资，从客户资源、渠道资源、项目资源等方面为信托主业提供有力支持，同时获得长期稳定的投资收益。（3）证券投资业务。追求适度风险条件下的

绝对收益最大化，坚持稳健投资的原则，注重对宏观经济动向、监管政策变化、重点行业发展趋势和相关个股的深入分析。公司已建立了专业化的证券投资管理团队，锤炼了与公司经营风格相适应的投资理念，形成了科学严谨的投资决策体系，提升了证券投资的主动管理能力和投资收益水平。

4.2.2 资产组合与分布

4.2.2.1 自营资产运用与分布表

| 资产运用 | 金额(万元) | 占比(%) | 资产分布 | 金额(万元) | 占比(%) |
|---|---|---|---|---|---|
| 货币资产 | 81 094.86 | 4.91 | 基础产业 | — | — |
| 贷款及应收款 | — | — | 房地产业 | — | — |
| 以公允价值计量且变动计入当期损益的金融资产 | 403 327.86 | 24.42 | 证券市场 | 171 207.02 | 10.37 |
| 可供出售金融资产 | 359 034.68 | 21.73 | 实业 | — | — |
| 持有至到期投资 | — | — | 金融机构 | 1 403 923.01 | 84.99 |
| 长期股权投资 | 145 668.23 | 8.82 | 其他 | 76 717.17 | 4.64 |
| 其他 | 662 721.57 | 40.12 | — | — | — |
| 资产总计 | 1 651 847.20 | 100 | 资产总计 | 1 651 847.20 | 100 |

注：其他资产中主要项目包括其他应收款、递延所得税资产、固定资产和纳入合并范围的结构化主体投资。

4.2.2.2 信托资产运用与分布表

| 资产运用 | 金额(万元) | 占比(%) | 资产分布 | 金额(万元) | 占比(%) |
|---|---|---|---|---|---|
| 货币资产 | 1 187 465.56 | 1.55 | 基础产业 | 27 938 105.72 | 36.35 |
| 贷款 | 36 292 607.29 | 47.21 | 工商企业 | 15 433 598.66 | 20.08 |
| 以公允价值计量且变动计入当期损益的金融资产 | 6 290 892.71 | 8.19 | 房地产 | 4 845 249.60 | 6.30 |
| 可供出售金融资产 | 9 571 658.03 | 12.45 | 证券 | 2 813 817.31 | 3.66 |
| 持有至到期投资 | — | — | 金融机构 | 21 307 683.49 | 27.72 |
| 长期股权投资 | 3 245 868.23 | 4.22 | 其他 | 4 530 021.99 | 5.89 |
| 买入返售 | 261 753.82 | 0.34 | — | — | — |
| 其他 | 20 018 231.13 | 26.04 | — | — | — |
| 信托资产总计 | 76 868 476.77 | 100.00 | 信托资产总计 | 76 868 476.77 | 100.00 |

## 4.3 市场分析

2018年以来，外部环境发生明显变化，中美贸易摩擦不断扰动，不确定因素增多。面对复杂严峻的国际环境和艰巨繁重的改革发展稳定任务，我国经济工作坚持稳中求进的总基调，深入贯彻新发展理念，落实高质量发展要求，以供给侧结构性改革为主线，着力深化改革扩大开放，坚决打好防范化解重大风险、精准脱贫、污染防治三大攻坚战，有效应对外部环境的深刻变化，实现了既定的主要经济增长目标。

2018年，我国主要经济指标运行保持在合理区间。全年实现GDP同比增长6.6%，首次突破90万亿元；全社会固定资产投资为64.57万亿元，比上年增长5.9%；消费品零售总额为38.10万亿元，比上年增长9.0%；外贸进出口总值为30.51万亿元，比2017年增长9.7%；进口为14.09万亿元，较2017年增长12.9%；贸易顺差为2.33万亿元，收窄18.3%。

2018年，受到金融行业"去杠杆"、金融监管显著加强的影响，全年社会融资规模增量为19.26万亿元，比上年减少3.14万亿元。在"去杠杆、去通道、去嵌套"等监管政策的影响下，2018年信托行业资产规模有所下滑，但结构不断优化。2018年8月17日，银保监会信托监督管理部发布《关于加强规范资产管理业务过渡期内信托监管工作的通知》明确提出，支持合法合规、投资实体经济事务管理类信托，对于监管套利、隐匿风险的通道业务严厉打击，这一监管政策的微调对维护第四季度后的金融稳定与经济稳定都有切实意义。2018年信托行业发展状况既反映了宏观经济运行和金融监管环境变化的影响，也进一步表明信托公司加快转型创新的紧迫性。随着资管新规配套制度政策的不断落地，信托业将面临统一监管、同场竞技的大资管竞争。2019年信托行业将加速回归本源，坚持服务实体经济导向，在为实体经济服务的过程中化解和处置金融风险，主动融入我国经济社会改革发展的大格局中，顺势而为，努力实现行业的成功转型和持续高质量发展。

## 4.4 内部控制

### 4.4.1 内部控制环境和内部控制文化

根据《公司法》《信托公司治理指引》《企业内部控制基本规范》等法律法规的规定，以及公司章程的要求，以受益人利益为根本出发点，公司建立了由股东会、董事会、监事会和高级管理层组成的分工明确、权责对应、合理制衡的公司治理结构。董事会下设战略、薪酬、信托、风险管理、审计五个专门委员会。

报告期内，公司"三会一层"认真履行职责，股东会有效发挥管控作用，董事会对战略定位、风险偏好、业务发展速度和规模进行有效控制，监事会充分发挥对董事会与高管层的监督职能。基于董事会对内部控制机制和内控文化建设的重视，公司紧密围绕战略转型和年度目标，牢牢聚焦资产管理和财富管理，持续优化业务结构，全面推进业务创新与转型，并建立与之匹配的内部组织架构，强化和充实核心业务干部力量，加快人才队伍建设，着力完善绩效评价体系，为实施战略目标进一步注入动能和活力。

公司始终秉持"合规经营、稳健发展"的宗旨，严格按照"一法三规"及其他行政法规、部门规章、规范性文件的要求展业，各项经营正常稳健，未发生项目不能兑付，未因重大合规问题遭受重大财务损失或声誉损失，基本实现了合规风险的有效管理。公司贯彻依法治司，严守合规底线，围绕回归本源、创新转型的主题，通过对法律合规、反洗钱、案件防控等相关内控要点的宣传、学习、测试与检查，全面提升内控管理能力。

### 4.4.2 内部控制措施

公司内部控制职能部门为合规部、风险管理部。

公司内部控制遵循全面性、制衡性、审慎性、相匹配、重要性和成本效益原则。

2018年公司继续加强内控制度建设。全年公司新增和修订内部规章制度36项、废止制度16项。新制度中16项是在原有制度基础上结合外部法规变动、内部管理提升要求修订完善的，包括但不限于对印章、业务档案、职位薪酬管理方面的细化与完善以及结合实际情况修订"三重一大"与落实意识形态工作责任制责任清单等相关党委制度，优化程序修订费用支出、外埠差旅费管理相关财务制度等。2018年末，对照外部政策、市场变化和公司业务发展的需要，公司对所有内控制度进行了全面的自查梳理，并拟订更新计划以确保内控制度的有效性。内控制度完善性与实效性进一步提升，促进公司各项经营业务活动有章可循、有据可依。

公司业务流程严格按照前台、中台、后台划分：前台负责业务受理、初审及具体操作，完成项目审批前的尽职调查、信托方案设计和提交、项目审批后的合同签署、产品发售、投资交易、运作管理和客户服务等工作；中台贯穿业务决策程序和管理环节，负责信托项目的合法合规性审核、议事决策、业务综合管理和过程控制，与前台部门共同完成事前防范和事中控制；后台负责对业务的财务管理及会计核算、信息化支持、行政保障、人力资源管理和审计监督。

公司建立资产隔离制度，依法建账，将公司信托财产与其固有财产分别管理、分别记账，并将不同委托人的信托财产分别管理、分别记账。

公司综合运用信托业务和自营业务的设计、营销、运营、财务等方面的信息，定期开展运营情况分析，发现存在的问题，及时查明原因并加以改进。

公司建立危机事件预警机制和突发事件应急处理机制，明确风险预警标准，规范处置程序，完善信息科技突发事件应急处置流程，确保突发事件得到及时妥善处理。

公司对各项业务实行净资本管理，使公司业务协调、高效、有重点地运行，并符合监管及公司战略发展要求。

#### 4.4.3 监督评价与纠正

公司设立独立的审计稽核部，审查评价并督促改善公司经营活动、风险管理、内控合规和公司治理效果。内部审计活动遵循独立性、客观性原则，独立于业务经营、风险管理和内控合规。内部审计工作覆盖公司全部业务。审计稽核部每半年向公司董事会提交内部审计报告。

### 4.5 风险管理

#### 4.5.1 信用风险状况及其管理

信用风险是指因债务人或交易对手的直接违约或履约能力下降而造成损失的风险。公司固有业务信用风险资产按五级分为正常类、关注类、次级类、可疑类和损失类。公司根据《金融企业准备金计提管理办法》（财金[2012]20 号文）和《公司准备金计提管理办法》计提一般准备和资产减值准备。其中，一般风险准备从当年净利润中提取，作为利润分配处理，用于弥补尚未识别的可能性损失的准备；各项资产减值准备的计提范围和方法见会计报表附注。

在信用风险管理上，一是通过专家判断和定量计算相结合的手段，对客户信用风险进行区分，审慎度量公司面临的交易对手信用风险形式和规模；二是建立项目评审会制度。对涉及信用风险的信托融资项目和固有投资、贷款项目等，均纳入公司项目评审会进行评审；三是实施大额交易信用风险集中度管理。对重点地区和大额交易对手的业务集中度进行控制和管理，防范集中度风险；四是建立风险预警机制，加强项目贷后风险管理。充分了解交易对手的财务情况、人事变更、经营情况及银企关系等重要变化信息，建立灵敏有效的风险预警机制；五是加强抵（质）押物管理，明确抵（质）押物的类型、条件和日常管理机制，管控抵（质）押物工具的合法性、有效性、稳定性及充足性，充分发挥风险缓释工具在信用风险管理中的保障作用；六是建立完整有效的资产保全和风险化解制度，加大不良资产现金清收和风险化解力度，提升风险处置质效。

#### 4.5.2 市场风险状况及其管理

市场风险是指由于金融市场的波动或行情的变化（利率、汇率、股票价格和商品价格）而带来损失的可能性，包括利率风险、汇率风险、证券价格波动风险等。报告期内，公司密切关注各类市场风险，及时调整投资策略，市场风险可控。

在市场风险管理上，一是加强固有业务市场风险管理。对交易性资产和可供出售类资产完善估值管理，及时反映资产公允价值变化对当期损益和资本的影响；二是加强信托业务市场风险管理。健全信托业务市场风险管理和内控，做好风险揭示、尽职管理和信息披露，加强股票市值盯市管理；三是坚持稳健原则，在投资组合中配置足够的固定收益类等低风险投资品种，对证券投资组合的净值、仓位和投资集中度等指标事先设定预警点或止损点，通过投资分散化（组合对冲）降低非系统性风险。

#### 4.5.3 操作风险状况及其管理

操作风险是指由不完善或有问题的内部程序、员工和信息科技系统，以及外部事件所造成损失的风险。报告期内，公司及时发现操作风险点，制定纠正措施，避免发生因操作风险造成的损失。

在操作风险管理上，根据重要性原则，逐步梳理固有业务和信托业务操作风险点，将每个业务种类中潜在的风险进行分离和分类管理。采用定性、定量分析相结合的方法，明确产生操作风险的关键点并实施控制。公司在业务尽职调查、运营规范化管理、外部中介机构管理、合同档案管理、信息披露等方面，不断细化管理和规范操作流程，提升业务操作的规范化和标准化水平。报告期内，公司更新各类业务展业指引，发布员工问责管理制度，优化业务审批流程，规范中介机构管理等。同时，审计稽核部对审计发现的流程、内控、操作问题及时予以整改完善，努力降低操作风险。

#### 4.5.4 其他风险状况及其管理

其他风险主要是指公司业务开展中的合规风险、流动性风险、法律风险、政策风险、信誉风险、道德风险等。报告期内，公司未发生因其他风险所造成的损失。

在其他风险管理上，一是加强员工合规培训，要求员工认真学习并执行有关法律法规，增强合规意识和风险管理意识，提高风险管理能力。二是加强对运作项目的现金流量管理，做好公司现金流量的预测和安排。同时，组合运用多种工具，有效保证公司流动性。三是加强声誉风险管理，制定《舆情危机管理办法》《新闻发布管理办法》，通过微信公众号、公司网站、内刊等形式，积极开展投资者教育工作。四是加强职业道德教育，规范职业行为，把职业道德、职业操守作为员工教育的一个重要内容，不断增强员工的工作责任心，严格控制道德风险。

### 4.6 净资本管理概况

公司严格遵照监管要求，积极推进净资本管理。报告期末，公司净资本各项指标均处于符合监管要求的较好水平：

| 指标 | 期末数 | 监管标准 |
|---|---|---|
| 净资本（亿元） | 117.50 | ≥2 |
| 各项业务风险资本之和（亿元） | 59.62 | |
| 净资本/各项业务风险资本之和（%） | 197.09 | ≥100 |
| 净资本/净资产（%） | 86.37 | ≥40 |

### 4.7 消费者权益保护

公司高度重视银行业金融机构消费者权益保护工作，完善消费者权益保护组织架构体系，董事会承担公司消费者权益保护工作的最终责任，在董事会战略委员会下设消费者权益保护工作委员会，听取高管层关于消费者权益保护工作开展情况专题报告，督促其有效执行和落实相关工作。高级管理层有效协调工作开展，确保落实各项监管要求，保障消费者的合法权益。

报告期内，公司在原有消费者权益保护制度体系的基础上，新制定了《计算机系统数据安全管理办法》，并对《消费者权益保护工作管理办法》《产品销售签约录音录像管理办法》《产品销售签约录音录像操作细则》进行了修订，为消费者权益保护相关工作的开展提供制度指引。为有效维护金融消费者合法权益，提升金融消费者信心，公司响应监管新规定，组织开展"防范非法集资"集中宣传月活动和"金融知识进万家"宣传服务月活动，并在日常接待客户过程中对消费者进行日常性、持续性的金融知识宣传教育，定期开展消费者权益保护相关培训，提升消费者的金融素养和员工的消费者权益保护工作能力。

### 4.8 企业社会责任

报告期内，公司在严守风险合规底线、提升经营管理水平的同时，将社会责任理念融入发展战略、经营管理与日常工作中，在支持实体经济、支持小微企业和民营企业发展、改善民生、环境保护、客户服务、社会共建等领域积极践行社会责任。公司不断强化信托服务实体经济的力度，将小微企业和民营企业作为重要拓展方向。报告期内，投向小微企业的信托计划存续规模达到 150 亿元以上，投向民营企业的信托计划存续规模达到 1 400 亿元以上。公司主动响应国家重大战略，深度参与扶贫攻坚战。报告期内，共开展扶贫项目 8 项，完成四团镇为期 5 年的帮扶结对项目，与永安社区、星雨儿童康健院等建立结对慰问机制。公司持续打造"上善公益"慈善信托品牌，连续数年支持云南贫困地区基础教育，并将慈善助学项目的范围拓展至贵州、内蒙古、重庆、甘肃等多地，得到社会各界的广泛赞誉。公司大力支持文化公益事业，通过信托计划模式扶持艺术文化领域的各类项目和活动，连续 8 年对高端文化音乐会进行赞助。同时，公司保持军企共建互学传统，与"南京路上好八连"军企共建合作关系已持续 13 年。公司深入贯彻习近平生态文明思想，坚持自身节能减排，倡导节约资源、降低能耗，推行无纸化办公，开展垃圾减量分类、低碳生活等环保主题活动，积极支持绿色环保项目，履行环境保护职责。2018 年，公司因切实践行企业社会责任，荣获《经济观察报》"年度卓越社会责任信托公司"、《上海证券报》"最佳慈善信托产品奖"等多项荣誉称号。

## 5. 报告期末及上一年度末的比较式会计报表

### 5.1 自营资产

#### 5.1.1 会计师事务所审计意见

普华永道中天会计师事务所（特殊普通合伙）对公司所作的审计意见如下：

上海国际信托有限公司财务报表在所有重大方面按照审计报告的财务报表附注所述编制基础编制，公允反映了上海信托公司 2018 年 12 月 31 日的合并及公司财务状况以及 2018 年度的合并及公司经营成果和现金流量。

#### 5.1.2 资产负债表

资产负债表

编制单位：上海国际信托有限公司　　2018 年 12 月 31 日　　单位：万元

| 资产 | 年末数 | | 年初数 | | 负债及所有者权益 | 年末数 | | 年初数 | |
|---|---|---|---|---|---|---|---|---|---|
| | 合并 | 母公司 | 合并 | 母公司 | | 合并 | 母公司 | 合并 | 母公司 |
| 资产： | | | | | 负债： | | | | |
| 现金及存放中央银行款项 | 8.63 | 0.08 | 8.26 | 0.10 | 向中央银行借款 | — | — | — | — |
| 存放同业款项 | 356 079.57 | 81 094.78 | 268 961.95 | 37 228.89 | 同业及其他金融机构存放款 | — | — | — | — |
| 贵金属 | — | — | — | — | 拆入资金 | — | — | — | — |
| 拆出资金 | — | — | — | — | 以公允价值计量且其变动计入当期损益的负债 | 297 710.94 | — | 562 931.21 | — |
| 以公允价值计量且其变动计入当期损益的金融资产 | 499 719.18 | 403 327.86 | 372 231.54 | 257 859.95 | 衍生金融负债 | — | — | — | — |
| 衍生金融资产 | — | — | — | — | 卖出回购金融资产款 | — | — | — | — |
| 买入返售金融资产 | — | — | — | — | 吸收存款 | — | — | — | — |
| 应收股利 | 2 363.64 | 2 224.55 | 2 301.15 | 2 272.51 | 应付职工薪酬 | 89 369.92 | 50 094.18 | 77 029.17 | 44 246.34 |
| 应收利息 | 15 868.49 | 116.40 | 20 252.75 | 1 195.40 | 应交税费 | 132 467.28 | 122 212.87 | 46 452.56 | 34 601.51 |
| 贷款和应收款项 | 423 326.84 | — | 800 401.84 | — | 应付股利 | — | — | — | — |
| 可供出售金融资产 | 540 046.57 | 359 034.68 | 585 879.44 | 399 410.94 | 应付利息 | — | — | — | — |
| 持有至到期投资 | — | — | — | — | 预计负债 | — | — | — | — |
| 长期股权投资 | 19 547.96 | 145 668.23 | 20 184.28 | 145 607.38 | 应付债券 | — | — | — | — |
| 投资性房地产 | — | — | — | — | 递延所得税负债 | 0.01 | — | 1.17 | — |
| 固定资产 | 19 132.80 | 17 315.11 | 21 289.44 | 18 807.82 | 划分为持有待售的负债 | — | — | — | — |

续表

| 资产 | 年末数 | | 年初数 | | 负债及所有者权益 | 年末数 | | 年初数 | |
|---|---|---|---|---|---|---|---|---|---|
| 无形资产 | 1 840. 71 | 433. 50 | 2 147. 70 | 572. 28 | 递延收益 | 20 189. 16 | 19 873. 36 | 18 355. 49 | 16 970. 32 |
| 递延所得税资产 | 24 122. 50 | 18 024. 00 | 8 141. 83 | 3 821. 90 | 其他负债 | 116 877. 50 | 99 217. 84 | 361 815. 13 | 344 373. 16 |
| 划分为持有待售的资产 | — | — | — | — | 负债合计 | 656 614. 81 | 291 398. 25 | 1 066 584. 73 | 440 191. 33 |
| 其他资产 | 347 852. 65 | 624 608. 01 | 401 899. 08 | 800 240. 14 | 所有者权益: | | | | |
| 商誉 | 1 065. 17 | — | 1 065. 17 | — | 实收资本 | 500 000. 00 | 500 000. 00 | 500 000. 00 | 500 000. 00 |
| | | | | | 其他权益工具 | — | — | — | — |
| | | | | | 资本公积 | — | — | — | — |
| | | | | | 其他综合收益 | 3 640. 38 | 2 689. 72 | 3 215. 34 | 2 574. 53 |
| | | | | | 盈余公积 | 261 827. 80 | 261 827. 80 | 217 267. 64 | 217 267. 65 |
| | | | | | 风险准备 | 153 885. 69 | 90 183. 24 | 142 548. 67 | 86 102. 62 |
| | | | | | 未分配利润 | 574 618. 05 | 505 748. 19 | 483 122. 63 | 420 881. 18 |
| | | | | | 归属于母公司所有者权益合计 | 1 493 971. 92 | 1 360 448. 95 | 1 346 154. 28 | 1 226 825. 98 |
| | | | | | 少数股东权益 | 100 387. 98 | — | 92 025. 42 | — |
| | | | | | 所有者权益合计 | 1 594 359. 90 | 1 360 448. 95 | 1 438 179. 70 | 1 226 825. 98 |
| 资产总计 | 2 250 974. 71 | 1 651 847. 20 | 2 504 764. 43 | 1 667 017. 31 | 负债和所有者权益总计 | 2 250 974. 71 | 1 651 847. 20 | 2 504 764. 43 | 1 667 017. 31 |

法定代表人:潘卫东　　　　主管会计工作负责人:严军　　　　会计机构负责人:朱红

### 5. 1. 3　利润表

**利润表**

编制单位:上海国际信托有限公司　　　　2018 年度　　　　单位:万元

| 项目 | 本年数 | | 上年数 | |
|---|---|---|---|---|
| | 合并 | 母公司 | 合并 | 母公司 |
| 一、营业收入 | 392 436. 38 | 240 396. 76 | 434 500. 63 | 263 824. 88 |
| 利息净收入 | 12 048. 78 | −17 249. 62 | 22 011. 11 | −14 527. 01 |
| 利息收入 | 41 155. 81 | 918. 41 | 38 132. 47 | 1 594. 35 |
| 利息支出 | 29 107. 03 | 18 168. 03 | 16 121. 36 | 16 121. 36 |
| 手续费及佣金净收入 | 344 598. 30 | 181 903. 36 | 343 658. 21 | 203 714. 87 |
| 手续费及佣金收入 | 344 679. 15 | 181 907. 99 | 343 741. 29 | 203 720. 61 |
| 手续费及佣金支出 | 80. 85 | 4. 63 | 83. 08 | 5. 74 |
| 投资收益(损失以"－"号填列) | 31 930. 21 | 72 421. 74 | 69 491. 26 | 67 692. 39 |
| 其中:对联营企业和合营企业的投资收益 | −1 143. 09 | 60. 85 | −230. 41 | 230. 98 |
| 公允价值变动损益(损失以"－"号填列) | −13 024. 56 | −892. 24 | −15 681. 58 | 2 082. 44 |
| 汇兑收益(损失以"－"号填列) | −349. 11 | −367. 82 | 177. 12 | 323. 25 |
| 资产处置收益 | −69. 29 | — | −55. 09 | 35. 18 |
| 其他收益 | 7 487. 40 | 4 522. 98 | 5 757. 77 | 4 463. 04 |
| 其他业务收入 | 9 814. 65 | 58. 36 | 9 141. 83 | 40. 72 |
| 二、营业支出 | 172 101. 64 | 79 172. 36 | 166 800. 65 | 62 979. 88 |
| 营业税金及附加 | 2 403. 93 | 1 382. 55 | 2 613. 15 | 1 668. 29 |
| 业务及管理费 | 171 584. 35 | 60 031. 74 | 162 525. 83 | 62 254. 81 |
| 研发费用 | 770. 71 | 770. 71 | — | — |
| 资产减值损失 | −2 678. 76 | 16 965. 95 | 1 520. 42 | −1 084. 47 |
| 其他业务成本 | 21. 41 | 21. 41 | 141. 25 | 141. 25 |
| 三、营业利润(亏损以"－"号填列) | 220 334. 74 | 161 224. 40 | 267 699. 98 | 200 845. 00 |
| 加:营业外收入 | 91. 55 | 23. 40 | 346. 94 | 11. 32 |
| 减:营业外支出 | 643. 78 | 636. 42 | 216. 60 | 216. 59 |
| 四、利润总额(亏损总额以"－"号填列) | 219 782. 51 | 160 611. 38 | 267 830. 32 | 200 639. 73 |
| 减:所得税费用 | 49 107. 00 | 27 103. 60 | 63 756. 22 | 44 592. 82 |
| 五、净利润(净亏损以"－"号填列) | 170 675. 51 | 133 507. 78 | 204 074. 10 | 156 046. 91 |
| 归属于母公司所有者的净利润 | 147 861. 78 | 133 507. 78 | 182 776. 14 | 156 046. 91 |
| 少数股东损益 | 22 813. 73 | — | 21 297. 96 | — |
| 六、其他综合收益 | 467. 96 | 115. 19 | −4 901. 86 | 3 309. 24 |
| 归属于母公司股东的其他综合收益的税后净额 | 425. 04 | 115. 19 | −4 854. 54 | 3 309. 24 |
| 以后将重分类进损益的其他综合收益 | 425. 04 | 115. 19 | −4 854. 54 | 3 309. 24 |
| 可供出售金融资产公允价值变动 | −1 891. 91 | −1 193. 32 | −2 986. 96 | 4 911. 27 |
| 外币报表折算差额 | 2 316. 95 | 1 308. 51 | −1 867. 57 | −1 602. 03 |
| 归属于少数股东的其他综合收益的税后净额 | 42. 92 | — | −47. 32 | |
| 七、综合收益总额 | 171 143. 47 | 133 622. 97 | 199 172. 24 | 159 356. 15 |
| 归属于母公司所有者的综合收益总额 | 148 286. 82 | 133 622. 97 | 177 921. 60 | 159 356. 15 |
| 归属于少数股东的综合收益总额 | 22 856. 65 | — | 21 250. 64 | — |

法定代表人:潘卫东　　　　主管会计工作负责人:严军　　　　会计机构负责人:朱红

## 5.1.4 所有者权益变动表

### 合并所有者权益变动表

编制单位：上海国际信托有限公司　　2018 年度　　单位：万元

| 项目 | 本年金额 | | | | | | | | | | | 上年金额 | | | | | | | | | | |
|---|---|---|---|---|---|---|---|---|---|---|---|---|---|---|---|---|---|---|---|---|---|---|
| | 归属于母公司所有者权益 | | | | | | | | 小计 | 少数股东权益 | 所有者权益合计 | 归属于母公司所有者权益 | | | | | | | | 小计 | 少数股东权益 | 所有者权益合计 |
| | 实收资本 | 其他权益工具 | 资本公积 | 减：库存股 | 其他综合收益 | 盈余公积 | 一般风险准备 | 未分配利润 | | | | 实收资本 | 其他权益工具 | 资本公积 | 减：库存股 | 其他综合收益 | 盈余公积 | 一般风险准备 | 未分配利润 | | | |
| 一、上年年末余额 | 500 000.00 | — | — | — | 3 215.34 | 217 267.64 | 142 548.67 | 483 122.63 | 1 346 154.28 | 92 025.42 | 1 438 179.70 | 500 000.00 | — | — | — | 8 069.88 | 171 550.30 | 121 360.61 | 367 657.13 | 1 168 637.92 | 83 498.38 | 1 252 136.30 |
| 加：会计政策变更 | — | — | — | — | — | — | — | — | — | — | — | — | — | — | — | — | — | — | — | — | — | — |
| 前期差错更正 | — | — | — | — | — | — | — | — | — | — | — | — | — | — | — | — | — | — | — | — | — | — |
| 其他 | — | — | — | — | — | — | — | — | — | — | — | — | — | — | — | — | — | — | — | — | — | — |
| 二、本年年初余额 | 500 000.00 | — | — | — | 3 215.34 | 217 267.64 | 142 548.67 | 483 122.63 | 1 346 154.28 | 92 025.42 | 1 438 179.70 | 500 000.00 | — | — | — | 8 069.88 | 171 550.30 | 121 360.61 | 367 657.13 | 1 168 637.92 | 83 498.38 | 1 252 136.30 |
| 三、本年增减变动金额（减少以"－"号填列） | | | | | | | | | | | | | | | | | | | | | | |
| （一）综合收益总额 | — | — | — | — | 425.04 | — | — | 147 861.78 | 148 286.82 | 22 856.65 | 171 143.47 | — | — | — | — | -4 854.54 | — | — | 182 776.14 | 177 921.60 | 21 250.64 | 199 172.24 |
| （二）所有者投入和减少资本 | | | | | | | | | | | | | | | | | | | | | | |
| 1. 所有者投入资本 | — | — | — | — | — | — | — | — | — | — | — | — | — | — | — | — | — | — | — | — | — | — |
| 2. 其他权益工具持有者投入资本 | — | — | — | — | — | — | — | — | — | — | — | — | — | — | — | — | — | — | — | — | — | — |
| 3. 股份支付计入所有者权益的金额 | — | — | — | — | — | — | — | — | — | — | — | — | — | — | — | — | — | — | — | — | — | — |
| 4. 其他 | — | — | — | — | — | — | — | — | — | — | — | — | — | — | — | — | — | — | — | — | 1 850.00 | 1 850.00 |
| （三）利润分配 | | | | | | | | | | | | | | | | | | | | | | |
| 1. 提取盈余公积 | — | — | — | — | — | 44 560.16 | — | -44 560.16 | — | — | — | — | — | — | — | — | 45 717.34 | — | -45 717.34 | — | — | — |
| 2. 提取风险准备 | — | — | — | — | — | — | 11 337.02 | -11 337.02 | — | — | — | — | — | — | — | — | — | 21 188.06 | -21 188.06 | — | — | — |
| 3. 对所有者的分配 | — | — | — | — | — | — | — | — | — | -14 263.00 | -14 263.00 | — | — | — | — | — | — | — | — | — | -14 374.00 | -14 374.00 |
| 4. 其他 | — | — | — | — | — | — | — | -469.18 | -469.18 | -231.09 | -700.27 | — | — | — | — | — | — | — | -405.24 | -405.24 | -199.60 | -604.84 |
| （四）所有者权益内部结转 | | | | | | | | | | | | | | | | | | | | | | |
| 1. 资本公积转增资本 | — | — | — | — | — | — | — | — | — | — | — | — | — | — | — | — | — | — | — | — | — | — |
| 2. 盈余公积转增资本 | — | — | — | — | — | — | — | — | — | — | — | — | — | — | — | — | — | — | — | — | — | — |
| 3. 盈余公积弥补亏损 | — | — | — | — | — | — | — | — | — | — | — | — | — | — | — | — | — | — | — | — | — | — |
| 4. 一般风险准备弥补亏损 | — | — | — | — | — | — | — | — | — | — | — | — | — | — | — | — | — | — | — | — | — | — |
| 5. 结转重新计量设定受益计划净负债或净资产所产生的变动 | — | — | — | — | — | — | — | — | — | — | — | — | — | — | — | — | — | — | — | — | — | — |
| 6. 其他 | — | — | — | — | — | — | — | — | — | — | — | — | — | — | — | — | — | — | — | — | — | — |
| 四、本年年末余额 | 500 000.00 | — | — | — | 3 640.38 | 261 827.80 | 153 885.69 | 574 618.05 | 1 493 971.92 | 100 387.98 | 1 594 359.90 | 500 000.00 | — | — | — | 3 215.34 | 217 267.64 | 142 548.67 | 483 122.63 | 1 346 154.28 | 92 025.42 | 1 438 179.70 |

法定代表人：潘卫东　　主管会计工作负责人：严军　　会计机构负责人：朱红

# 所有者权益变动表

2018 年度

编制单位：上海国际信托有限公司　　　　单位：万元

| 项目 | 本年金额 | | | | | | | | | 上年金额 | | | | | | | | |
|---|---|---|---|---|---|---|---|---|---|---|---|---|---|---|---|---|---|---|
| | 实收资本 | 其他权益工具 | 资本公积 | 减：库存股 | 其他综合收益 | 盈余公积 | 风险准备 | 未分配利润 | 所有者权益合计 | 实收资本 | 其他权益工具 | 资本公积 | 减：库存股 | 其他综合收益 | 盈余公积 | 一般风险准备 | 未分配利润 | 所有者权益合计 |
| 一、上年年末余额 | 500 000. 00 | — | — | — | 2 574. 53 | 217 267. 65 | 86 102. 62 | 420 881. 18 | 1 226 825. 98 | 500 000. 00 | — | — | — | -734. 71 | 171 550. 30 | 71 323. 74 | 325 330. 50 | 1 067 469. 83 |
| 加：会计政策变更 | — | — | — | — | — | — | — | — | — | — | — | — | — | — | — | — | — | — |
| 前期差错更正 | — | — | — | — | — | — | — | — | — | — | — | — | — | — | — | — | — | — |
| 其他 | — | — | — | — | — | — | — | — | — | — | — | — | — | — | — | — | — | — |
| 二、本年年初余额 | 500 000. 00 | — | — | — | 2 574. 53 | 217 267. 65 | 86 102. 62 | 420 881. 18 | 1 226 825. 98 | 500 000. 00 | — | — | — | -734. 71 | 171 550. 30 | 71 323. 74 | 325 330. 50 | 1 067 469. 83 |
| 三、本年增减变动金额（减少以“-”号填列） | | | | | | | | | | | | | | | | | | |
| （一）综合收益总额 | — | — | — | — | 115. 19 | — | — | 133 507. 78 | 133 622. 97 | — | — | — | — | 3 309. 24 | — | — | 156 046. 91 | 159 356. 15 |
| （二）所有者投入和减少资本 | | | | | | | | | | | | | | | | | | |
| 1. 所有者投入资本 | — | — | — | — | — | — | — | — | — | — | — | — | — | — | — | — | — | — |
| 2. 其他权益工具持有者投入资本 | — | — | — | — | — | — | — | — | — | — | — | — | — | — | — | — | — | — |
| 3. 股份支付计入所有者权益的金额 | — | — | — | — | — | — | — | — | — | — | — | — | — | — | — | — | — | — |
| 4. 其他 | — | — | — | — | — | — | — | — | — | — | — | — | — | — | — | — | — | — |
| （三）利润分配 | | | | | | | | | | | | | | | | | | |
| 1. 提取盈余公积 | — | — | — | — | — | 44 560. 15 | — | -44 560. 15 | — | — | — | — | — | — | 45 717. 35 | — | -45 717. 35 | — |
| 2. 提取风险准备 | — | — | — | — | — | — | 4 080. 62 | -4 080. 62 | — | — | — | — | — | — | — | 14 778. 88 | -14 778. 88 | — |
| 3. 对所有者的分配 | — | — | — | — | — | — | — | — | — | — | — | — | — | — | — | — | — | — |
| 4. 其他 | — | — | — | — | — | — | — | — | — | — | — | — | — | — | — | — | — | — |
| （四）所有者权益内部结转 | | | | | | | | | | | | | | | | | | |
| 1. 资本公积转增资本 | — | — | — | — | — | — | — | — | — | — | — | — | — | — | — | — | — | — |
| 2. 盈余公积转增资本 | — | — | — | — | — | — | — | — | — | — | — | — | — | — | — | — | — | — |
| 3. 盈余公积弥补亏损 | — | — | — | — | — | — | — | — | — | — | — | — | — | — | — | — | — | — |
| 4. 一般风险准备弥补亏损 | — | — | — | — | — | — | — | — | — | — | — | — | — | — | — | — | — | — |
| 5. 结转重新计量设定受益计划净负债或净资产所产生的变动 | — | — | — | — | — | — | — | — | — | — | — | — | — | — | — | — | — | — |
| 6. 其他 | — | — | — | — | — | — | — | — | — | — | — | — | — | — | — | — | — | — |
| 四、本年年末余额 | 500 000. 00 | — | — | — | 2 689. 72 | 261 827. 80 | 90 183. 24 | 505 748. 19 | 1 360 448. 95 | 500 000. 00 | — | — | — | 2 574. 53 | 217 267. 65 | 86 102. 62 | 420 881. 18 | 1 226 825. 98 |

法定代表人：潘卫东　　　　主管会计工作负责人：严军　　　　会计机构负责人：朱红

### 5.1.5 现金流量表

**现金流量表**

编制单位：上海国际信托有限公司　　2018 年度　　单位：万元

| | 项目 | 本年数 | | 上年数 | |
|---|---|---|---|---|---|
| | | 合并 | 母公司 | 合并 | 母公司 |
| 一 | 经营活动产生的现金流量 | | | | |
| | 买卖以公允价值计量且其变动计入当期损益的金融资产及可供出售金融资产收到的现金净额 | — | — | 62 864.60 | 61 364.26 |
| | 收取利息、手续费及佣金 | 417 506.57 | 226 717.44 | 377 195.98 | 212 829.36 |
| | 收到的其他与经营活动有关的现金 | 748 644.25 | 484 788.34 | 562 533.36 | 179 482.28 |
| | 经营活动现金流入小计 | 1 166 150.82 | 711 505.78 | 1 002 593.94 | 453 675.90 |
| | 买卖以公允价值计量且其变动计入当期损益的金融资产及可供出售金融资产支出的现金净额 | 124 787.28 | 121 185.69 | — | — |
| | 支付利息、手续费及佣金 | 18 230.42 | 17 512.43 | 5 989.86 | 15 665.87 |
| | 支付给职工以及为职工支付的现金 | 102 788.97 | 40 762.74 | 97 901.37 | 45 050.14 |
| | 支付的各项税费 | 108 042.61 | 70 449.40 | 81 779.98 | 58 353.77 |
| | 支付其他与经营活动有关的现金 | 833 820.43 | 554 954.77 | 802 912.34 | 142 124.74 |
| | 经营活动现金流出小计 | 1 187 669.71 | 804 865.03 | 988 583.55 | 261 194.52 |
| | 经营活动产生的现金流量净额 | −21 518.89 | −93 359.25 | 14 010.39 | 192 481.38 |
| 二 | 投资活动产生的现金流量 | | | | |
| | 收回投资收到的现金 | 135 130.52 | 120 910.52 | 67 567.48 | — |
| | 取得投资收益所收到的现金 | 1 058.34 | 40 009.43 | 16 405.59 | 27 376.50 |
| | 处置固定资产、无形资产和其他长期资产收到的现金 | 20.26 | 12.35 | 71.43 | 51.48 |
| | 收到其他与投资活动有关的现金 | 7 260.74 | 7 260.74 | 291.57 | 875.20 |
| | 投资活动现金流入小计 | 143 469.86 | 168 193.04 | 84 336.07 | 28 303.18 |
| | 购建固定资产、无形资产和其他长期资产支付的现金净额 | 2 714.07 | 911.64 | 5 361.68 | 768.03 |
| | 取得子公司及其他营业单位支付的现金净额 | — | — | — | — |
| | 投资支付的现金 | 35 903.89 | 23 736.23 | 88 522.33 | 255 941.41 |
| | 支付其他与投资活动有关的现金 | 3 486.52 | 3 486.52 | −583.63 | — |
| | 投资活动现金流出小计 | 42 104.48 | 28 134.39 | 93 300.38 | 256 709.44 |
| | 投资活动产生的现金流量净额 | 101 365.38 | 140 058.65 | −8 964.31 | −228,406.26 |
| 三 | 筹资活动产生的现金流量 | — | — | | |
| | 吸收投资所收到的现金 | 9 778.51 | — | 3 290.00 | — |
| | 收到其他与筹资活动有关的现金 | — | — | — | — |
| | 筹资活动现金流入小计 | 9 778.51 | — | 3 290.00 | — |
| | 分配股利、利润或偿付利息支付的现金 | 14 263.00 | — | 33 489.03 | — |
| | 支付的其他与筹资活动有关的现金 | — | — | 3 752.36 | — |
| | 筹资活动现金流出小计 | 14 263.00 | — | 37 241.39 | — |
| | 筹资活动产生的现金流量净额 | −4 484.49 | — | −33 951.39 | — |
| 四 | 汇率变动对现金的影响 | 1 381.15 | 1 184.86 | −1 001.57 | −690.03 |
| 五 | 现金及现金等价物净增加/(减少“－”)额 | 76 743.15 | 47 884.26 | −29 906.88 | −36 614.91 |
| | 加：年初现金及现金等价物余额 | 149 092.81 | 29 705.80 | 178 999.70 | 66 320.71 |
| 六 | 年末现金及现金等价物余额 | 225 835.96 | 77 590.06 | 149 092.82 | 29 705.80 |

法定代表人：潘卫东　　主管会计工作负责人：严军　　会计机构负责人：朱红

## 5.2 信托资产

### 5.2.1 信托项目资产负债汇总表

**信托项目资产负债汇总表**

编制单位：上海国际信托有限公司　　2018 年 12 月 31 日　　单位：万元

| 信托资产 | 期末余额 | 年初余额 | 信托负债和信托权益 | 期末余额 | 年初余额 |
|---|---|---|---|---|---|
| 信托资产： | | | 信托负债： | | |
| 货币资金 | 1 187 465.56 | 872 477.33 | 以公允价值计量且变动计入当期损益的金融负债 | — | — |
| 拆出资金 | — | — | 衍生金融负债 | — | — |
| 存出保证金 | — | — | 应付受托人报酬 | 14 770.97 | 6 986.98 |
| 以公允价值计量且变动计入当期损益的金融资产 | 6 290 892.71 | 6 747 595.89 | 应付托管费 | 1 754.99 | 1 353.83 |
| 衍生金融资产 | — | — | 应付受益人收益 | 210.03 | 8 365.91 |
| 买入返售金融资产 | 261 753.82 | 268 543.26 | 应交税费 | 3 782.65 | 8 939.45 |
| 应收款项 | 16 222 801.75 | 15 873 136.54 | 应付销售服务费 | 2 134.85 | 1 282.31 |

续表

| 信托资产 | 期末余额 | 年初余额 | 信托负债和信托权益 | 期末余额 | 年初余额 |
|---|---|---|---|---|---|
| 发放贷款 | 36 292 607. 29 | 46 288 487. 26 | 其他应付款 | 803 328. 98 | 857 532. 10 |
| 可供出售金融资产 | 9 571 658. 03 | 12 106 736. 22 | 预计负债 | — | — |
| 持有至到期投资 | — | — | 其他负债 | — | — |
| 长期应收款 | — | — | 信托负债合计 | 825 982. 47 | 884 460. 58 |
| 长期股权投资 | 3 245 868. 23 | 3 432 030. 70 | 信托权益： | | |
| 投资性房地产 | — | — | 实收信托 | 75 700 366. 86 | 89 746 944. 31 |
| 固定资产 | — | — | 资本公积 | 7 522. 33 | 9 018. 04 |
| 无形资产 | — | — | 其他综合收益 | -136 421. 50 | -148 336. 89 |
| 长期待摊费用 | — | — | 未分配利润 | 471 026. 61 | 747 060. 79 |
| 其他资产 | 3 795 429. 38 | 5 650 139. 63 | 信托权益合计 | 76 042 494. 30 | 90 354 686. 25 |
| 信托资产总计 | 76 868 476. 77 | 91 239 146. 83 | 信托负债及信托权益总计 | 76 868 476. 77 | 91 239 146. 83 |

企业负责人：潘卫东　　复核：施未　　制表：伍晓燕

#### 5. 2. 2　信托项目利润和利润分配汇总表

**信托项目利润和利润分配汇总表**

编制单位：上海国际信托有限公司　　2018 年度　　单位：万元

| 项目 | 本年金额 | 上年金额 |
|---|---|---|
| 1. 营业收入 | 3 537 324. 19 | 5 861 344. 91 |
| 1. 1 利息收入 | 3 343 272. 96 | 4 232 153. 08 |
| 1. 2 投资收益 | 338 285. 99 | 1 684 071. 52 |
| 1. 2. 1 其中：对联营企业和合营企业的投资收益 | — | — |
| 1. 3 公允价值变动收益 | -146 367. 47 | -58 646. 20 |
| 1. 4 租赁收入 | — | — |
| 1. 5 汇兑损益 | 392. 78 | -1 631. 41 |
| 1. 6 其他收入 | 1 739. 93 | 5 397. 93 |
| 2. 支出 | 369 079. 23 | 345 676. 82 |
| 2. 1 营业税金及附加 | 13 231. 50 | 2 813. 67 |
| 2. 2 受托人报酬 | 185 221. 23 | 199 078. 57 |
| 2. 3 托管费 | 34 723. 22 | 42 669. 80 |
| 2. 4 投资管理费 | 7 082. 76 | 2 569. 51 |
| 2. 5 销售服务费 | 8 288. 77 | 2 473. 74 |
| 2. 6 交易费用 | 1 659. 24 | 2 505. 79 |
| 2. 7 资产减值损失 | 5 789. 26 | 3 037. 16 |
| 2. 8 其他费用 | 113 083. 25 | 90 528. 58 |
| 3. 信托净利润 | 3 168 244. 96 | 5 515 668. 09 |
| 4. 其他综合收益 | 11 915. 40 | -143 310. 23 |
| （一）以后不能重分类进损益的其他综合收益 | — | — |
| 其中：1. 重新计量设定收益计划净负债或净资产的变动 | — | — |
| 2. 权益法下在被投资单位不能重分类进损益的其他综合收益中享有的份额 | — | — |
| （二）以后将重分类进损益的其他综合收益 | 11 915. 40 | -143 310. 23 |
| 其中：1. 权益法下在被投资单位以后将重分类进损益的其他综合收益中享有的份额 | — | — |
| 2. 可供出售金融资产公允价值变动损益 | 6 636. 31 | -136 341. 23 |
| 3. 持有至到期投资重分类为可供出售金融资产损益 | — | — |
| 4. 现金流量套期损益的有效部分 | — | — |
| 5. 外币财务报表折算差额 | 5 279. 09 | -6 969. 00 |
| 5. 综合收益 | 3 180 160. 36 | 5 372 357. 86 |
| 6. 加：期初未分配信托利润 | 747 060. 79 | 449 383. 06 |
| 7. 可供分配的信托利润 | 3 853 469. 27 | 5 931 919. 58 |
| 8. 减：本期已分配信托利润 | 3 382 442. 66 | 5 184 858. 79 |
| 9. 期末未分配信托利润 | 471 026. 61 | 747 060. 79 |

企业负责人：潘卫东　　复核：施未　　制表：伍晓燕

## 6. 会计报表附注

### 6. 1　报告年度会计报表编制基准、会计政策、会计估计和核算方法发生的变化

公司财务报表以持续经营假设为基础，根据实际发生的交易和事项，按照财政部于 2006 年 2 月 15 日及以后颁布的《企业会计准则——基本准则》、各项具体会计准则及相关规定（以下合称企业会计准则）编制。

### 6. 2　或有事项说明

报告期内，本公司未发生对外担保及其他或有事项。

### 6. 3　重要资产转让及其出售的说明

报告期内，本公司未发生重要资产转让及其出售的事项。

### 6. 4　会计报表中重要项目的明细资料

#### 6. 4. 1　披露自营资产经营情况

6. 4. 1. 1　按信用风险五级分类结果披露信用风险资产的期初数、期末数

| 信用风险资产五级分类 | 正常类（万元） | 关注类（万元） | 次级类（万元） | 可疑类（万元） | 损失类（万元） | 信用风险资产合计（万元） | 不良资产合计（万元） | 不良资产率（%） |
|---|---|---|---|---|---|---|---|---|
| 期初数 | 1 631 445. 42 | — | 9 500. 00 | 7 818. 78 | — | 1 648 764. 20 | 17 318. 78 | 1. 05 |
| 期末数 | 1 630 442. 29 | — | — | 7 818. 78 | — | 1 638 261. 07 | 7 818. 78 | 0. 47 |

注：1. 不良资产合计 = 次级类 + 可疑类 + 损失类。

2. 信用风险资产按照银保监会非现场监管 G11 报表口径统计。

6. 4. 1. 2　各项资产减值损失准备的期初、本期计提、本期转回、本期核销、期末数

单位：万元

| | 期初数 | 本期计提 | 本期转回 | 本期核销 | 本期转出 | 期末数 |
|---|---|---|---|---|---|---|
| 贷款损失准备 | — | — | — | — | — | — |
| 一般准备 | — | — | — | — | — | — |
| 专项准备 | — | — | — | — | — | — |
| 其他减值准备 | 8 369. 05 | 20 290. 95 | 3 325. 00 | — | — | 25 335. 00 |
| 持有至到期投资减值准备 | — | — | — | — | — | — |
| 长期股权投资减值准备 | 53. 60 | — | — | — | — | 53. 60 |
| 坏账准备 | — | — | — | — | — | — |
| 投资性房地产减值准备 | — | — | — | — | — | — |
| 其他资产减值准备（注） | 8 315. 45 | 20 290. 95 | 3 325. 00 | — | — | 25 281. 40 |

6.4.1.3 按照投资品种分类，分别披露固有业务股票投资、基金投资、债券投资、股权投资等投资业务的期初数、期末数

单位：万元

| | 自营股票 | 基金 | 债券 | 长期股权投资 | 其他投资 | 合计 |
|---|---|---|---|---|---|---|
| 期初数 | 19 262.25 | 72 743.88 | 12 558.18 | 145 607.38 | 979 379.18 | 1 229 550.87 |
| 期末数 | 9 609.23 | 157 961.55 | 3 523.37 | 145 668.23 | 900 469.26 | 1 217 231.64 |

6.4.1.4 按投资入股金额排序，前三名的自营长期股权投资的企业名称、占被投资企业权益的比例、主要经营活动及投资收益情况等

| 企业名称 | 占被投资企业权益的比例(%) | 主要经营活动 | 投资损益(万元) |
|---|---|---|---|
| 1. 上投摩根基金管理有限公司 | 51.00 | 基金管理等。 | 11 067 |
| 2. 上海国利货币经纪有限公司 | 67.00 | 证券经纪；证券投资咨询；证券自营等。 | 7 370 |
| 3. 上信资产管理有限公司 | 100.00 | 资产管理，股权投资及管理等。 | 5 000 |

6.4.1.5 前三名的自营贷款的企业名称、占贷款总额的比例和还款情况等

报告期末，本公司无自营贷款。

6.4.1.6 表外业务的期初数、期末数；按照代理业务、担保业务和其他类型表外业务分别披露

单位：万元

| 表外业务 | 期初数 | 期末数 |
|---|---|---|
| 担保业务 | — | — |
| 代理业务(委托业务) | 2 864.42 | 2 864.42 |
| 其他 | 1 330.00 | 1 330.00 |
| 合计 | 4 194.42 | 4 194.42 |

6.4.1.7 公司当年的收入结构

合并口径：

| 收入结构 | 金额(万元) | 占比(%) |
|---|---|---|
| 手续费及佣金收入 | 344 679.15 | 81.66 |
| 其中：信托手续费收入 | 175 775.33 | 41.65 |
| 投资银行业务收入 | 283.75 | 0.07 |
| 利息收入 | 41 155.81 | 9.75 |
| 其他业务收入 | 9 814.65 | 2.33 |
| 其中：计入信托业务收入部分 | — | — |
| 投资收益 | 31 930.21 | 7.57 |
| 其中：股权投资收益 | 1 387.06 | 0.33 |
| 证券投资收益 | 30 543.15 | 7.24 |
| 其他投资收益 | — | — |
| 公允价值变动收益 | -13 024.56 | -3.08 |
| 资产处置收益 | -69.29 | -0.02 |
| 其他收益 | 7 487.40 | 1.77 |
| 营业外收入 | 91.56 | 0.02 |
| 收入合计 | 422 064.93 | 100.00 |

母公司口径：

| 收入结构 | 金额(万元) | 占比(%) |
|---|---|---|
| 手续费及佣金收入 | 181 907.99 | 70.26 |
| 其中：信托手续费收入 | 181 539.44 | 70.12 |
| 投资银行业务收入 | 283.75 | 0.11 |
| 利息收入 | 918.41 | 0.35 |
| 其他业务收入 | 58.36 | 0.02 |
| 其中：计入信托业务收入部分 | — | — |
| 投资收益 | 72 421.74 | 27.97 |
| 其中：股权投资收益 | 25 997.85 | 10.04 |
| 证券投资收益 | 46 423.89 | 17.93 |
| 其他投资收益 | — | — |
| 公允价值变动收益 | -892.24 | -0.35 |
| 资产处置收益 | — | — |
| 其他收益 | 4 522.98 | 1.74 |
| 营业外收入 | 23.40 | 0.01 |
| 收入合计 | 258 902.28 | 100.00 |

2018年以手续费及佣金确认的信托业务收入金额为139 369.77万元，以业绩报酬形式确认的信托业务收入金额为40 987.36万元，以其他形式确认的信托业务收入金额为1 182.31万元。

**6.4.2 披露信托财产管理情况**

6.4.2.1 信托资产的期初数、期末数

单位：万元

| 信托资产 | 期初数 | 期末数 |
|---|---|---|
| 集合 | 31 259 968.97 | 26 276 404.30 |
| 单一 | 41 128 955.75 | 32 764 386.47 |
| 财产权 | 18 850 222.11 | 17 827 686.00 |
| 合计 | 91 239 146.83 | 76 868 476.77 |

6.4.2.1.1 主动管理型信托业务的信托资产期初数、期末数

单位：万元

| 主动管理型信托资产 | 期初数 | 期末数 |
|---|---|---|
| 证券投资类 | 8 268 707.39 | 8 302 676.11 |
| 股权投资类 | 971 330.46 | 1 051 686.57 |
| 融资类 | 9 683 345.74 | 8 793 330.83 |
| 合计 | 19 243 540.39 | 18 417 809.20 |

6.4.2.1.2 事务管理型信托业务的信托资产期初数、期末数

单位：万元

| 事务管理型信托资产 | 期初数 | 期末数 |
|---|---|---|
| 证券投资类 | 666 909.53 | 547 574.01 |
| 股权投资类 | 4 322 538.33 | 3 694 192.57 |
| 融资类 | 56 983 567.22 | 46 652 288.59 |
| 合计 | 71 995 606.44 | 58 450 667.57 |

6.4.2.2　本年度已清算结束的信托项目表

6.4.2.2.1　本年度已清算结束的信托项目

| 已清算结束信托项目 | 项目个数（个） | 实收信托合计金额（万元） | 加权平均实际年化收益率（%） |
|---|---|---|---|
| 集合资金类 | 90 | 7 491 278.18 | 4.33 |
| 单一资金类 | 158 | 5 161 174.22 | 6.94 |
| 财产管理类 | 34 | 3 008 802.25 | 6.27 |

注：加权平均实际年化收益率 =（信托项目 1 的实际年化收益率 × 信托项目 1 的实收信托 + … + 信托项目 $n$ 的实际年化收益率 × 信托项目 $n$ 的实收信托）/（信托项目 1 的实收信托 + … + 信托项目 $n$ 的实收信托）×100%。

6.4.2.2.2　本年度已清算结束的主动管理型信托项目

| 已清算结束信托项目 | 项目个数（个） | 实收信托合计金额（万元） | 加权平均实际年化信托报酬率（%） | 加权平均实际年化收益率（%） |
|---|---|---|---|---|
| 证券投资类 | 19 | 369 909.68 | 0.50 | 5.32 |
| 股权投资类 | — | — | — | — |
| 融资类 | 48 | 3 044 947.19 | 0.55 | 6.94 |

注：加权平均实际年化收益率 =（信托项目 1 的实际年化收益率 × 信托项目 1 的实收信托 + … + 信托项目 $n$ 的实际年化收益率 × 信托项目 $n$ 的实收信托）/（信托项目 1 的实收信托 + … + 信托项目 n 的实收信托）×100%。

6.4.2.2.3　本年度已清算结束的事务管理型信托项目

| 已清算结束信托项目 | 项目个数（个） | 实收信托合计金额（万元） | 加权平均实际年化信托报酬率（%） | 加权平均实际年化收益率（%） |
|---|---|---|---|---|
| 证券投资类 | 11 | 106 773.00 | 0.61 | 1.18 |
| 股权投资类 | 4 | 303 400.00 | 0.24 | 5.13 |
| 融资类 | 172 | 9 241 048.18 | 0.17 | 6.81 |

注：加权平均实际年化收益率 =（信托项目 1 的实际年化收益率 × 信托项目 1 的实收信托 + … + 信托项目 $n$ 的实际年化收益率 × 信托项目 $n$ 的实收信托）/（信托项目 1 的实收信托 + … + 信托项目 $n$ 的实收信托）×100%。

6.4.2.3　本年度新增的信托项目

| 新增信托项目 | 项目个数（个） | 实收信托合计金额（万元） |
|---|---|---|
| 集合类 | 141 | 4 155 501.76 |
| 单一类 | 38 | 1 580 053.44 |
| 财产管理类 | 47 | 9 309 925.82 |
| 新增合计 | 226 | 15 045 481.02 |
| 其中：主动管理型 | 171 | 3 760 907.92 |
| 事务管理型 | 55 | 11 284 573.10 |

注：本年新增信托项目指在本报告年度内累计新增的信托项目个数和金额，包含本年度新增并于本年度内结束的项目和本年度新增至报告期末仍在持续管理的信托项目。

6.4.2.4　信托业务创新成果和特色业务有关情况

报告期内，公司坚持以创新为抓手，大力推进信托业务转型，探索建立新的业务结构和可持续发展模式，努力提升核心竞争力，实现了多项业务发展的新突破。股权业务方面，公司以投贷联动方式大力推动股性投资业务转型，组建专业化股权团队，做实子公司股权投资平台功能，并在科创母基金、房地产投资基金、文化产业基金等领域形成突破，公司首只真正独立自主管理的股权投资母基金正式运作。资产证券化方面，公司作为首批获得银行间市场非金融企业债务融资工具承销商资格的 6 家信托公司之一，成功承销了全国首单信托公司资产支持票据，累计在银行间市场发行规模突破 2 000 亿元，荣获中债登评选的“优秀 ABS 发行人”。国际业务方面，公司凭借专业的人才队伍和丰富的管理经验，努力提高主动管理能力，全面参与国际市场投资和海外资产配置。慈善信托方面，公司设立上信上善慈善信托，作为未来一系列慈善信托种子资金的蓄水池，逐步将扶贫区域扩展至贵州、内蒙古、重庆等地，为撬动更多社会资源、与家族财富传承有效衔接奠定良好的基础。

6.4.2.5　本公司履行受托人义务情况

公司严格按照《信托法》《信托公司管理办法》《信托公司集合资金信托计划管理办法》及信托文件等规定，履行诚实、信用、谨慎、有效管理的义务，为受益人的最大利益处理信托事务。

根据银保监会的要求，每个信托产品发行前均有一整套的产品相关信息备忘录等资料置于受托人营业场所，以备委托人（受益人）查阅。

委托人在认购信托计划前，提示投资者认真阅读信托计划说明书和其他信托文件。同时，严格审核委托人为合格投资者，并以自己合法所有的资金认购信托单位。

公司将信托财产与其固有财产分别管理、分别记账。同时，对不同的信托资金建立单独的会计账户分别核算，并在银行分别开设单独的银行账户，在证券交易机构分别开设独立的证券账户与资金账户。

根据信托文件的规定，及时履行定期信托计划的信息披露义务。每个信托计划设立后 5 个工作日内，就信托合同数与信托资金总额向委托人（受益人）进行披露。并按照信托合同的规定，定期将信托资金运用及收益情况以书面信函告知信托文件规定的人。

信托合同终止时，根据信托合同的规定，以信托财产为限向受益人支付信托利益。同时，公司严格根据银保监会的要求，在信托终止后 10 个工作日内作出处理信托事务的清算报告，经审计后送达信托财产归属人。

根据《信托法》的要求，妥善保管处理信托事务的完整记录、原始凭证及资料，保存期自信托计划终止之日起 15 年。同时对委托人、受益人以及处理信托事务的情况和资料依法保密。

报告期内，公司管理的信托项目运作正常，到期信托产品合同金额为 1 566.13 亿元，全部安全交付受益人，未出现因本公司自身责任而导致的信托资产损失情况。

## 6.5　关联方关系及其交易的披露

### 6.5.1　关联交易方的数量、关联交易的总金额及关联交易的定价政策等

| | 关联交易方数量 | 关联交易金额（万元） | 定价政策 |
|---|---|---|---|
| 合计 | 6 | 3 500 929.28 | 按市场价格交易；若无市场价格，则按公允原则，以不优于对非关联方同类交易的条件定价交易。 |

6.5.2　关联交易方与本公司的关系性质、关联交易方的名称、法定代表人、注册地址、注册资本及主营业务等

| 关系性质 | 关联方名称 | 法定代表人 | 注册地址 | 注册资本（万元） | 主营业务 |
|---|---|---|---|---|---|
| 控股股东 | 上海浦东发展银行股份有限公司 | 高国富 | 上海市中山东一路12号 | 1 865 347.1415 | 银行及金融服务。 |
| 受同一最终控制方控制 | 浦银安盛基金管理有限公司 | 谢　伟 | 中国(上海)自由贸易试验区浦东大道981号3幢316室 | 191 000.00 | 基金募集、销售和资产管理。 |
| 受同一最终控制方控制 | 上海浦银安盛资产管理有限公司 | 郁蓓华 | 中国(上海)自由贸易试验区西里路55号1463A室 | 148 000.00 | 特定客户资产管理。 |
| 受同一方控制、共同控制 | 浦发硅谷银行有限公司 | 刘信义 | 上海市杨浦区大连路588号宝地广场B座21层及22层01、06室 | 100 000.00 | 银行及金融服务。 |
| 控股子公司 | 上海浦耀信晔投资管理有限公司 | 叶力俭 | 上海市黄浦区九江路111号701室 | 20 000.00 | 投资管理及咨询，资产管理。 |
| 控股子公司 | 上投摩根基金管理有限公司 | 陈　兵 | 中国(上海)自由贸易试验区富城路99号震旦国际大楼20楼 | 25 000.00 | 基金募集、基金销售、资产管理。 |

**6.5.3　逐笔披露本公司与关联方的重大交易事项**

6.5.3.1　固有与关联方交易情况：贷款、投资、租赁、应收账款、担保、其他方式等期初汇总数、本期借方和贷方发生额汇总数、期末汇总数

单位：万元

| 固有与关联方关联交易 | | | | |
|---|---|---|---|---|
| | 期初数 | 借方发生额 | 贷方发生额 | 期末数 |
| 贷款 | — | — | — | — |
| 投资 | 16 930.75 | 83 054.86 | 36 162.34 | 63 823.27 |
| 租赁 | — | — | — | — |
| 担保 | — | — | — | — |
| 应收账款 | — | — | — | — |
| 其他 | — | 80 000.00 | 80 000.00 | — |
| 合计 | 16 930.75 | 163 054.86 | 116 162.34 | 63 823.27 |

6.5.3.2　信托与关联方交易情况：贷款、投资、租赁、应收账款、担保、其他方式等期初汇总数、本期借方和贷方发生额汇总数、期末汇总数

单位：万元

| 信托与关联方关联交易 | | | | |
|---|---|---|---|---|
| | 期初数 | 借方发生额 | 贷方发生额 | 期末数 |
| 贷款 | — | — | — | — |
| 投资 | 2 438 527.49 | 7 450.00 | 2 338 527.50 | 107 449.99 |
| 租赁 | — | — | — | — |
| 担保 | — | — | — | — |
| 应收账款 | — | — | — | — |
| 其他 | 3 000.00 | 88 400.00 | 6 000.00 | 85 400.00 |
| 合计 | 2 441 527.49 | 95 850.00 | 2 344 527.50 | 192 849.99 |

6.5.3.3　本公司自有资金运用于自己管理的信托项目（固信交易）、本公司管理的信托项目之间的相互（信信交易）交易金额，包括余额和本报告年度的发生额

6.5.3.3.1　固有与信托财产之间的交易金额期初汇总数、本期发生额汇总数、期末汇总数

单位：万元

| 固有财产与信托财产相互交易 | | | |
|---|---|---|---|
| | 期初数 | 本期发生额 | 期末数 |
| 合计 | 878 676.04 | −80 541.66 | 798 134.38 |

6.5.3.3.2　信托项目之间的交易金额期初汇总数、本期发生额汇总数、期末汇总数

单位：万元

| 信托资产与信托财产相互交易 | | | |
|---|---|---|---|
| | 期初数 | 本期发生额 | 期末数 |
| 合计 | 657 078.77 | 700 792.92 | 1 357 871.69 |

**6.5.4　逐笔披露关联方逾期未偿还本公司资金的详细情况以及本公司为关联方担保发生或即将发生垫款的详细情况**

本公司无关联方逾期未偿还本公司资金的情况以及为关联方担保发生或即将发生垫款的情况。

## 6.6　会计制度的披露

公司固有业务2008年1月1日起执行财政部2006年2月15日及以后颁布的《企业会计准则——基本准则》、各项具体会计准则及相关规定。

公司信托业务2010年1月1日起执行财政部2006年2月15日及以后颁布的《企业会计准则——基本准则》、各项具体会计准则及相关规定。

# 7. 财务情况说明书

## 7.1　利润实现和分配情况

### 7.1.1　母公司利润实现和分配情况

本报告期母公司实现利润总额为160 611.38万元，企业所得税费用为27 103.60万元，实现净利润为133 507.78万元。

依据《公司法》《信托公司管理办法》和《金融企业准备金计提管理办法》（财金[2012]20号）的规定，2018年利润分配如下：

（1）提取10%的法定盈余公积金13 350.78万元。

（2）提取20%的任意盈余公积金26 701.56万元。

（3）按照《金融企业准备金计提管理办法》的规定，以标准法计算以及年末一般准备余额不低于风险资产期末余额的1.5%的原则，冲回一般风险准备2 594.77万元。

（4）根据本公司《信托赔偿准备金的提取、使用和管理办法》

规定,按税后利润的5%计提信托赔偿准备金6 675.39万元。

上述各项提取之后,剩余部分为89 374.82万元,加上年初未分配利润389 671.80万元,2018年末剩余479 046.62万元。

2019年4月25日经本公司股东会审议通过2018年利润分配方案:暂不向全体股东派发现金股利,未分配利润479 046.62万元留存以后年度进行分配。

#### 7.1.2 合并报表利润实现和分配情况

本报告期合并报表实现利润总额为219 782.51万元,企业所得税费用为49 107.00万元,实现净利润为170 675.51万元,其中归属于母公司所有者的净利润为147 861.78万元,少数股东损益为22 813.73万元。

依据《公司法》《信托公司管理办法》《金融企业准备金计提管理办法》的规定,母公司、上信资产管理有限公司、上投摩根基金管理有限公司及上海国利货币经纪有限公司的2018年度合并报表利润分配如下:

(1)根据母公司净利润提取10%的法定盈余公积13 350.78万元。

(2)根据母公司净利润提取20%的任意盈余公积26 701.56万元。

(3)根据上投摩根基金管理有限公司证券投资基金管理费收入提取10%的一般风险准备以及上海国利货币经纪有限公司提取一般风险准备按母公司投资比例确认,扣除母公司转回的一般风险准备后,合计计提4 661.63万元。

(4)根据母公司净利润提取5%的信托赔偿准备金6 675.39万元。

(5)根据上海国利货币经纪有限公司提取的职工奖励及福利基金按母公司投资比例确认469.18万元。

上述各项提取之后,剩余部分为96 003.24万元,加年初未分配利润为451 913.25万元,可供分配的利润为547 916.49万元。

### 7.2 主要财务指标

合并口径:

| 指标名称 | 指标值 |
|---|---|
| 资本利润率(%) | 10.41 |
| 加权年化信托报酬率(%) | 0.2447 |
| 人均净利润(万元) | 374.33 |

母公司口径:

| 指标名称 | 指标值 |
|---|---|
| 资本利润率(%) | 10.32 |
| 加权年化信托报酬率(%) | 0.2447 |
| 人均净利润(%) | 337.99 |

注:1. 资本利润率=净利润/所有者权益加权平均余额×100%。

2. 加权年化信托报酬率=(信托项目1的实际年化信托报酬率×信托项目1的实收信托+信托项目2的实际年化信托报酬率×信托项目2的实收信托+…+信托项目$n$的实际年化信托报酬率×信托项目$n$的实收信托)/(信托项目1的实收信托+信托项目2的实收信托+…+信托项目$n$的实收信托)×100%。

3. 人均净利润=净利润/年平均人数。

4. 平均值采取年初、年末余额简单平均法,公式为:a(平均)=(年初数+年末数)/2。

### 7.3 对本公司财务状况、经营成果有重大影响的其他事项

报告期内,本公司未发生对财务状况、经营成果有重大影响的其他事项。

## 8. 特别事项揭示

### 8.1 前五名股东报告期内变动情况及原因

报告期内,公司3名股东未发生变动。

### 8.2 董事、监事及高级管理人员变动情况及原因

公司于2018年3月30日以通信方式召开2018年第一次股东会议,同意增补陆永涛同志为公司第六届董事会董事,并于2018年7月23日经中国银保监会上海监管局核准任职资格。冯金安同志不再担任公司董事职务。

公司于2018年9月6日以通信方式召开第六届董事会第二十三次会议,同意聘任严军同志为公司副总经理,并于2018年10月25日经上海银保监局筹备组核准任职资格后正式任职。

### 8.3 变更注册资本、变更注册地或公司名称、公司分立合并事项

报告期内,公司注册地和公司名称未发生变更,未发生分立合并事项。

### 8.4 公司重大诉讼事项

无。

### 8.5 公司及其董事、监事和高级管理人员受到处罚的情况

无。

### 8.6 银保监会检查意见的整改情况

公司于2018年12月5日收到上海银保监局下发的《关于上海国际信托有限公司深化乱象整治和房地产业务专项检查的意见》(沪银保监发[2018]3号)。上海银保监局认为公司基本能够根据法律法规及公司内部制度的要求开展业务,风控及合规管理基本有效。同时,上海银保监局结合现场检查情况对公司在房地产业务资金流向监控、信保合作管理责任界定、子公司展业模式等方面提出了监管意见。

公司对此高度重视,组织深入学习和讨论,针对现场检查意见制定了相应的整改措施,逐项落实现场检查意见。

### 8.7 本年度公司重大事项临时事项披露内容

报告期内,为进一步加强公司股权管理,促进公司持续健康发展,公司依据《信托公司管理办法》《信托公司治理指引》《商业银行股权管理暂行办法》等法律法规及监管规定,于2018年10月12日召开2018年股东会第二次通信会议,一致同意对公司章程部分条款进行修订,将股东管理相关监管要求

及股东权利义务纳入章程。修订后的章程已报经上海银保监局核准后完成工商变更备案，并于 2018 年 12 月 28 日在《上海证券报》公布了《上海国际信托有限公司关于修订公司章程部分条款的公告》。

## 9. 公司监事会意见

关于公司依法运作情况的意见。报告期内，公司的决策程序符合国家法律法规和公司的章程及相关制度，建立健全了比较有效的内控制度，董事会全体成员及董事会聘任的高级管理人员认真履行了职责，未发现有重大违法、违规、违章的行为，也没有损害公司利益、股东利益和委托人利益的行为。

关于公司财务报告真实性的意见。报告期内，公司财务报告真实地反映了公司财务状况和经营成果。

本年度报告的编制和审议程序符合国家法律法规和公司章程，报告的内容和格式符合中国银保监会的规定。

# 四川信托有限公司

## 1. 重要提示

1.1　本公司董事会及董事保证本报告所载资料不存在任何虚假记载、误导性陈述或者重大遗漏，并对其内容的真实性、准确性和完整性承担个别及连带责任。

1.2　公司独立董事李光金、熊敬英、王元声明：保证本报告的内容真实、准确、完整。

1.3　致同会计师事务所对本公司出具了无保留意见的审计报告。

1.4　公司董事长牟跃先生、总裁刘景峰先生、财务总监胡应福先生声明：保证本年度财务报告的真实、完整。

## 2. 公司概况

### 2.1　公司简介

四川信托有限公司（以下简称公司）是在四川省信托投资公司、四川省建设信托投资公司整顿重组，合并部分优质资产并引入战略投资者的基础上改制设立的信托公司，于 2010 年 11 月 28 日正式开业。目前，公司注册资本为 35 亿元，共有 10 家股东，包括省内外大型的国有企业、民营企业、上市公司等，管理信托资产规模逾 3 000 亿元。

2.1.1　公司法定中文名称：四川信托有限公司

公司法定英文名称：Sichuan Trust Co.，Ltd.（缩写为 SCTC）

2.1.2　公司法定代表人：牟跃

2.1.3　公司注册地址：成都市锦江区人民南路 2 段 18 号川信红照壁大厦

邮政编码：610016

公司国际互联网址：http://www.schtrust.com

电子邮箱：schtrust@schtrust.com

客服及投诉电话：4008896999

2.1.4　信息披露事务负责人：陈洪亮

信息披露事务联系人：胡杨帆

电话：028-86200639

传真：028-86200678

电子邮箱：huyangfan@schtrust.com

2.1.5　公司选定的信息披露报纸：《金融时报》《证券时报》《上海证券报》

公司年度报告将备置在公司营业场所及网站供查询。

2.1.6　公司聘请的会计师事务所名称：致同会计师事务所

联系地址：四川省成都市青羊工业集中发展区（东区）敬业路 229 号 H 区 7 幢 501 号

公司常年法律顾问：泰和泰律师事务所

联系地址：成都高新区天府大道中段 199 号棕榈泉国际中心 16—17 楼

### 2.2　组织结构

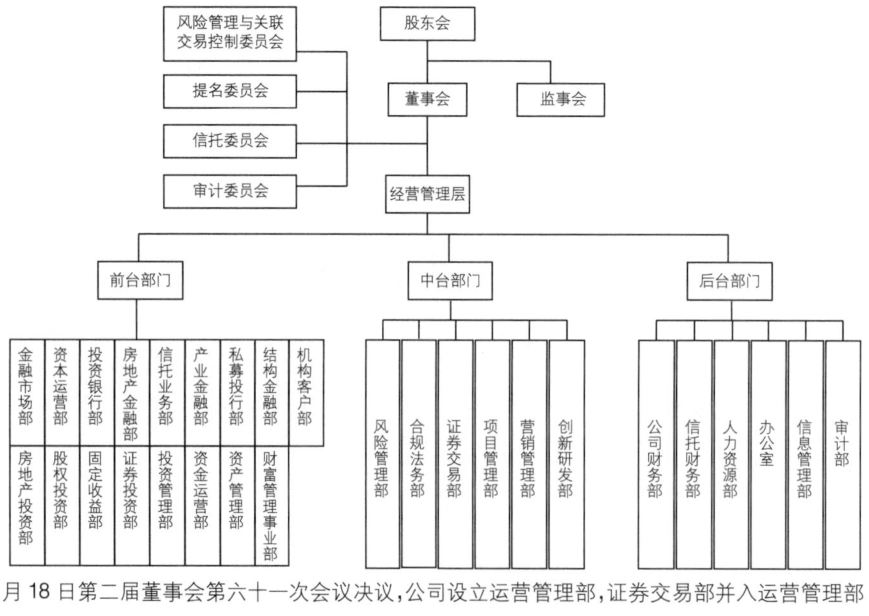


注：经 2019 年 1 月 18 日第二届董事会第六十一次会议决议，公司设立运营管理部，证券交易部并入运营管理部

# 3. 公司治理

## 3.1 公司治理结构

### 3.1.1 股东

报告期末公司股东总数为 10 家，持有本公司 10% 以上（含 10%）股份（或出资比例）的股东分别为四川宏达（集团）有限公司、中海信托股份有限公司、四川宏达股份有限公司。

| 股东名称 | 持股比例（%） | 法人代表 | 注册资本（亿元） | 注册地址 | 主要经营业务及主要财务情况 |
|---|---|---|---|---|---|
| 四川宏达（集团）有限公司 | 32.0388 | 赵道全 | 12.5 | 四川省什邡市师古镇成林村 | 化工机械制造及设备检测、安装；化工产品及原销售及进出口业务；对旅游业、房地产业、采矿业、化工行业、贸易业、餐饮娱乐业、仓储业投资；房地产开发及物业管理；旅游产品开发。 |
| 中海信托股份有限公司 | 30.2534 | 张德荣 | 25 | 上海市黄浦区蒙自路 763 号 36 楼 | 信托投行业务、资产管理业务及事务性信托业务。截至 2018 年末，公司资产总额为 72.23 亿元，净资产为 63.23 亿元。公司管理信托资产规模达到为 3 701.28 亿元，实现营业收入为 11.64 亿元，利润总额为 19.95 亿元，净利润为 15.94 亿元（未经审计）。 |
| 四川宏达股份有限公司 | 22.1605 | 黄建军 | 20.32 | 四川省什邡市师古镇慈山村 | 主要从事有色金属锌的冶炼和磷化工生产（主要财务情况以上市公司披露的为准）。 |

注：股东间关联关系情况：四川宏达（集团）有限公司与四川宏达股份有限公司的实际控制人同为刘沧龙先生。

### 3.1.2 董事、董事会及其下属委员会

董事长、副董事长、董事

| 姓名 | 职务 | 性别 | 年龄（岁） | 选任日期 | 所推举的股东名称 | 该股东持股比例（%） | 简要履历 |
|---|---|---|---|---|---|---|---|
| 牟 跃 | 董事长 | 男 | 60 | 2015 年 8 月 | 四川宏达（集团）有限公司 | 32.0388 | 曾任四川省忠县、仪陇县人民政府副县长，四川省证券监督管理办公室发行上市部主任，中国证券监督管理委员会四川监管局上市公司监管处处长、机构监管处处长，四川宏达（集团）有限公司董事、副总裁，四川宏达股份有限公司副董事长，宏信证券有限责任公司党委书记、董事；现任四川信托有限公司党委副书记、董事长。 |
| 黄晓峰 | 副董事长 | 男 | 53 | 2016 年 11 月 | 中海信托股份有限公司 | 30.2534 | 曾任中国海洋石油有限公司资金融资部总经理，中海石油财务有限责任公司董事、总经理，中海信托股份有限公司总裁；现任中海信托股份有限公司党委书记、董事长。 |
| 刘 军 | 董事 | 男 | 37 | 2016 年 11 月 | 四川宏达股份有限公司 | 22.1605 | 曾任四川宏达集团总裁助理、副总裁，四川宏达集团董事局董事、副总裁、总裁，和兴证券经纪有限责任公司（现为宏信证券有限责任公司）董事；现任四川宏达（集团）有限公司副董事长。 |
| 朱开友 | 董事 | 男 | 63 | 2010 年 11 月 | 汇源集团有限公司 | 3.8436 | 曾任成都市金牛区医药管理局及物资局局长、成都汇源光缆厂厂长；现任汇源集团有限公司董事长，西部汇源矿业有限公司董事长，四川电器集团股份有限公司董事长，成都新汇源医药有限公司董事长，四川省政协委员等职务。 |

独立董事

| 姓名 | 所在单位及职务 | 性别 | 年龄（岁） | 选任日期 | 所推举的股东名称 | 该股东持股比例（%） | 简要履历 |
|---|---|---|---|---|---|---|---|
| 王 元 | 中美国际保险销售服务有限公司首席风险官 | 女 | 62 | 2015 年 4 月 | 中海信托股份有限公司 | 30.2534 | 先后在泰康人寿保险股份有限公司稽核部、合规法律部、法律部工作，担任过员工监事、公司法律责任人。 |
| 李光金 | 四川大学商学院教授、博士导师 | 男 | 52 | 2013 年 11 月 | 四川宏达（集团）有限公司 | 32.0388 | 曾在西南交通大学经济管理学院任教，在四川联合大学管理工程系任教并担任系科研秘书，在四川大学工商管理学院任教，担任副院长，先后主管过硕士与博士研究生、MBA、ME、外事、EMBA 等工作，其中 2003 年 7 月晋升教授，后被聘为博士导师。 |
| 熊敬英 | 达成铁路有限责任公司副总经理 | 女 | 52 | 2010 年 11 月 | 成都铁路局 | 3.5691 | 曾任成都铁路局成都车务段助理经济师，成都铁路局财务处会计师、高级会计师、副科长、科长，成都铁路局国资办任副主任、主任，成都铁路局财务处副处长。 |

董事会下属委员会

| 董事会下属委员会 | 职责 | 组成人员名单 | 职务 |
|---|---|---|---|
| 风险管理与关联交易控制委员会 | 研究公司发生重大、突发性事项的对策；研究制定总体风险管理、关联交易控制政策供董事会审议；研究公司风险管理的战略结构和资源，并使之与公司的内部风险管理政策相兼容；研究重要的风险边界；对相关的风险管理、关联交易控制政策进行监督、审查和向董事会提出建议等。 | 王 元 | 独立董事 |
| | | 黄晓峰 | 副董事长 |
| | | 熊敬英 | 独立董事 |

续表

| 董事会下属委员会 | 职责 | 组成人员名单 | 职务 |
|---|---|---|---|
| 提名委员会 | 研究董事和总裁的选择标准和程序并提出建议；广泛搜寻合格的董事和总裁人选；对董事候选人和总裁人选进行审查并提出建议等。 | 牟　跃 | 董事长 |
| | | 黄晓峰 | 副董事长 |
| | | 刘　军 | 董事 |
| 信托委员会 | 调查研究信托行业的发展变化，对公司信托业务的发展方向和战略规划进行研究和提出建议；审议单个主动管理集合信托规模超过15亿元（含）以上的融资类集合信托项目；审议集合资金计划3亿元（含）以上，除信政合作业务中应收账款质押项目外，以信用融资、保证担保的，或以非上市公司且非金融机构股权质押的，或其他存有风险敞口方式（抵押物评估价值不能覆盖信托本金）为融资方提供融资的；针对中国银行业监督管理委员会及其派出机构检查公司信托业务后要求董事会组织整改的问题，研究提出具体措施；当公司或股东利益与受益人利益发生冲突时，研究提出维护受益人权益的具体措施等。 | 李光金 | 独立董事 |
| | | 刘　军 | 董事 |
| | | 朱开友 | 董事 |
| 审计委员会 | 提议聘请或更换外部审计机构；监督公司的内部审计制度及其实施；负责内部审计与外部审计之间的沟通；审核公司的财务信息及其披露；审查公司内控制度等。 | 熊敬英 | 独立董事 |
| | | 李光金 | 独立董事 |
| | | 刘　军 | 董事 |

### 3.1.3 监事、监事会及其下属委员会

| 姓名 | 职务 | 性别 | 年龄（岁） | 选任日期 | 所推举的股东名称 | 该股东持股比例（%） | 简要履历 |
|---|---|---|---|---|---|---|---|
| 孔维文 | 监事会主席 | 男 | 55 | 2016年4月 | 公司职工 | — | 曾任四川银监局办公室主任，达州银监分局局长，四川信托首席风控官、副总裁；现任四川信托监事会主席、工会主席。 |
| 严俊波 | 监事 | 男 | 60 | 2010年11月 | 四川濠吉食品（集团）有限责任公司 | 5.0422 | 四川濠吉集团创始人，全国人大代表；现任四川濠吉食品（集团）有限责任公司董事长兼总经理，集团党委书记。 |
| 王静轶 | 监事 | 女 | 42 | 2013年1月 | 四川省投资集团有限责任公司 | 1.3924 | 曾任四川川投资产管理有限责任公司财务经理、四川川投水务集团有限公司副总会计师；现任四川省投资集团有限责任公司资金财务部副经理。 |

### 3.1.4 高级管理人员

报告期末，公司在职高级管理人员情况如下：

| 姓名 | 职务 | 性别 | 年龄（岁） | 选任日期 | 金融从业年限（年） | 学历 | 专业 | 简要履历 |
|---|---|---|---|---|---|---|---|---|
| 刘景峰 | 总裁 | 男 | 52 | 2015年7月 | 25 | 硕士 | 经济学 | 曾任中融国际信托投资有限公司投资银行部副总经理，中融国际信托投资有限公司北京业务部总经理，中融国际信托投资有限公司副总裁，中植集团有限公司总裁，四川信托副总裁；现任四川信托党委副书记、总裁。 |
| 陈洪亮 | 常务副总裁兼首席风控官 | 男 | 57 | 2011年10月 | 27 | 硕士 | 工商管理 | 曾任中国银行遂宁分行行长，四川宏达集团有限公司副总裁，四川信托副董事长；现任四川信托党委委员、纪委副书记、常务副总裁兼首席风控官。 |
| 周可彤 | 副总裁 | 男 | 50 | 2012年8月 | 31 | 本科 | 金融学 | 曾任四川银监局现场检查六处处长，非银行金融机构监管处处长；现任四川信托副总裁。 |
| 刘学川 | 副总裁 | 男 | 54 | 2016年11月 | 20 | 硕士 | 法学 | 曾任四川宏达（集团）有限公司副总裁，和兴证券经纪有限责任公司（现为宏信证券有限责任公司）副总裁兼董事会秘书；现任四川信托副总裁。 |
| 严　整 | 副总裁 | 男 | 50 | 2011年10月 | 18 | 博士 | 会计学 | 曾任四川证监局上市监管处副处长、法制工作处处长；现任四川信托副总裁。 |
| 胡应福 | 财务总监 | 男 | 52 | 2013年5月 | 8 | 本科 | 财会 | 曾任中国国际期货经纪有限公司、中期证券经纪有限责任公司财务总监、总会计师，四川宏达股份有限公司任总会计师；现任四川信托财务总监。 |
| 吕明昭 | 总稽核 | 女 | 53 | 2011年11月 | 11 | 硕士 | 工商管理 | 曾供职于新华保险公司、中务会计师事务所、四川宏达集团副总会计师，四川信托财务总监；现任四川信托总稽核。 |
| 马振邦 | 总裁助理 | 男 | 42 | 2016年8月 | 10 | 本科 | 工商管理 | 曾任四川信托有限公司金融市场部信托经理，四川信托金融市场二部总经理，四川信托华北片区副总经理、总经理；现任四川信托总裁助理。 |
| 陈　进 | 总裁助理 | 男 | 44 | 2016年8月 | 17 | 本科 | 贸易经济 | 曾任重庆国际信托有限公司信托业务一部副总经理，四川信托有限公司金融机构二部总经理，四川信托有限公司公司业务部（西南片区）总经理，四川信托有限公司结构金融部（重庆片区）总经理；现任四川信托总裁助理。 |
| 李长君 | 总裁助理 | 男 | 48 | 2017年3月 | 19 | 硕士 | 工商管理 | 曾任四川省投资集团有限公司资金结算中心主任，四川省川投化学工业集团公司总会计师，上海银行成都分行公司业务三部总经理，四川信托信托业务三部总经理、西部片区总经理；现任四川信托总裁助理。 |
| 陈　军 | 总裁助理 | 男 | 45 | 2017年3月 | 9 | 本科 | 会计学 | 曾任广东雅居乐集团审计部主任，广州百嘉信集团公司投资部投资经理，浦发银行广州分行投行部产品经理，四川信托投资银行二部副总经理、投资银行一部总经理、华南片区副总经理、华南片区总经理；现任四川信托总裁助理。 |

### 3.1.5 公司员工

报告期末，公司职工人数为 734 人。

| 项目 | | 报告期年度 | | 上年度 | |
|---|---|---|---|---|---|
| | | 人数(人) | 比例(%) | 人数(人) | 比例(%) |
| 年龄分布 | 25 岁以下 | 12 | 1.63 | 18 | 2.40 |
| | 25～29 岁 | 163 | 22.21 | 203 | 27.10 |
| | 30～39 岁 | 413 | 56.27 | 385 | 51.40 |
| | 40～49 岁 | 106 | 14.44 | 109 | 14.55 |
| | 50 岁以上 | 40 | 5.45 | 34 | 4.54 |
| 学历分布 | 博士 | 4 | 0.54 | 4 | 0.53 |
| | 硕士 | 235 | 32.02 | 242 | 32.31 |
| | 本科 | 395 | 53.82 | 391 | 52.20 |
| | 专科 | 87 | 11.85 | 99 | 13.22 |
| | 其他 | 13 | 1.77 | 13 | 1.74 |
| 岗位分布 | 高管 | 13 | 1.77 | 13 | 1.74 |
| | 中后台人员 | 138 | 18.80 | 142 | 18.96 |
| | 自营业务人员 | 6 | 0.82 | 5 | 0.67 |
| | 信托业务人员 | 517 | 70.44 | 539 | 71.96 |
| | 其他人员 | 60 | 8.17 | 50 | 6.68 |

# 4. 经营管理

## 4.1 指导思想、经营方针、战略目标

### 4.1.1 指导思想

以习近平新时代中国特色社会主义思想为指导，实现公司稳健发展。

### 4.1.2 经营方针

以“回归本源、防控风险、合规经营、稳健发展”为工作指导方针，秉承“风险防范第一、效益发展第二”的经营理念，在风险可控的前提下审慎合规开展业务。

### 4.1.3 战略目标

以资产管理、投资银行、私人财富管理为公司核心业务，在资产端、资金端、管理端三方面齐头并进，协调发展，从“资金提供者”向“资产管理者”转变，力争 5 年内发展成为国内一流的资产管理机构。

## 4.2 经营业务的主要内容

### 4.2.1 业务范围

经中国银监会批准和公司登记机关核准，公司经营下列人民币和外币业务：资金信托；动产信托；不动产信托；有价证券信托；其他财产或财产权信托；作为投资基金或者基金管理公司的发起人从事投资基金业务；经营企业资产的重组、购并及项目融资、公司理财、财务顾问等业务；受托经营国务院有关部门批准的证券承销业务；办理居间、咨询、资信调查等业务；代保管及保管箱业务；以存放同业、拆放同业、贷款、租赁、投资方式运用固有财产；以固有财产为他人提供担保；从事同业拆借；法律法规规定或中国银监会批准的其他业务。

### 4.2.2 资产组合与分布

**自营资产运用与分布表**

| 资产运用 | 金额(万元) | 占比(%) | 资产分布 | 金额(万元) | 占比(%) |
|---|---|---|---|---|---|
| 货币资产 | 135 323.66 | 13.54 | 基础产业 | 45 500.00 | 4.55 |
| 贷款及应收款 | 152 625.10 | 15.27 | 房地产业 | 136 600.00 | 13.67 |
| 交易性金融资产 | 2 708.65 | 0.27 | 证券市场 | 19 838.45 | 1.98 |
| 可供出售金融资产 | 560 516.00 | 56.08 | 实业 | 30 681.79 | 3.07 |
| 长期股权投资 | 84 453.03 | 8.45 | 金融机构 | 300 944.61 | 30.11 |
| 其他 | 63 820.34 | 6.38 | 其他 | 465 881.93 | 46.61 |
| 资产总计 | 999 446.78 | 100.00 | 资产总计 | 999 446.78 | 100.00 |

注：除特别说明外，本报告中数据均以人民币计量。

**信托资产运用与分布表**

| 资产运用 | 金额(万元) | 占比(%) | 资产分布 | 金额(万元) | 占比(%) |
|---|---|---|---|---|---|
| 货币资产 | 413 885.29 | 1.28 | 基础产业 | 1 130 591.32 | 3.50 |
| 贷款 | 14 167 369.94 | 43.80 | 房地产业 | 4 369 658.45 | 13.51 |
| 交易性金融资产 | 2 646 552.47 | 8.18 | 证券市场 | 2 873 117.79 | 8.88 |
| 可供出售金融资产 | 10 374 568.61 | 32.07 | 实业 | 7 535 057.79 | 23.29 |
| 长期股权投资 | 1 937 802.89 | 5.99 | 金融机构 | 6 334 964.69 | 19.58 |
| 其他 | 2 808 605.74 | 8.68 | 其他 | 10 105 394.90 | 31.24 |
| 信托资产总计 | 32 348 784.94 | 100 | 信托资产总计 | 32 348 784.94 | 100 |

## 4.3 市场分析

### 4.3.1 有利因素

随着居民财富的不断积累，理财需求将会进一步扩大，信托业将会迎来转型发展机遇。信托公司作为能够跨越货币市场、资本市场和实业投资市场的非银行金融机构，有着与生俱来的制度优势。资管新规的正式颁布从长期看有利于信托业的稳健经营。

4.3.1.1 资管新规的正式发布为我国金融发展指明了道路

过往驱动信托业发展的“通道＋融资”模式已逐渐无法适应经济机构转型的新要求，而资管新规的正式发布丰富了资产管理的业务内涵，统一了资管业务的产品要素，同时对信托业的理财业务提出了新的要求，也孕育了新的机会。资管新规引领信托业向财富管理业务转型，为未来信托业发展提供了内生动力。

4.3.1.2 信托业受托管理资产结构不断优化

2018 年，信托业受托管理和运用水平的两个结构类指标不断优化，对信托转型发展提供了有利条件。集合资金信托对行业受托管理要求相对更高，通道业务体量呈现出下降趋势，反映出行业受托管理能力的不断提升。主动管理类信托占比提高，信托业务的结构性优化为行业的转型发展铺平了道路。

4.3.1.3 信托公司创新能力不断增强

信托公司不断提升资产管理能力，在资产运用方式上，加大了股权投资、证券投资等投资类业务的比重，切实提升投资管理水平；在新增产品类型上，创新推出各种主动管理信托产品；在配置领域上，利用信托制度优势，聚焦特色领域，不断提

升资产管理的专业化水平，不断探索家族信托、慈善信托、消费信托等创新领域发展，寻求资产端、资产端的结合与创新。

4.3.2 不利因素

2018年国内经济下行压力依然较大，"严监管"下信托公司业务发展面临挑战。与此同时，金融混业加剧，金融同业竞争更加激烈，信托面临全面竞争。

在资管新规"去杠杆、去通道"等"强监管"的政策指引下，信托公司出现资产存量规模、信托业务收入的下滑。而传统融资类业务缩减、通道类业务的进一步压缩也导致了信托公司短期内经营业绩出现一定程度的下滑。

随着金融混业经营趋势的日益明显，泛资产管理行业的竞争日趋激烈。银行、证券、基金、保险等机构纷纷开展以信托法为基础的资管业务，信托原有业务模式的"替代效应""挤出效应"已日益凸显。银行理财子公司与信托公司在一定领域内形成同质化竞争，信托公司"牌照红利"有所削弱，各信托公司财富端的销售能力将面临重大考验。

信托公司业务在全面规范的同时，也为公司流动性提出了更高的要求。而加快信托产品统一交易流通平台等基础设施建设力度，构建一套市场各方认可的行业估值体系逐渐成为市场的主要诉求。当前信托产品定价难题凸显、交易平台难以统一成为信托产品未来净值化管理的主要障碍。

## 4.4 内部控制

4.4.1 内部控制环境和内部控制文化

公司建立了由股东会、董事会、监事会和经营管理层组成的治理结构，形成了权力机构、决策机构、监督机构和经营层之间分工配合、相互协调、相互制衡的运行机制。公司"三会一层"均按照相关法律法规及公司章程的规定，科学制定了内部分级授权管理制度并严格实施，规范运作，为公司营造了良好的内部控制环境。

公司坚持"风险防范第一、效益发展第二"的经营理念，根据宏观经济发展状况、监管政策的要求及公司实际经营情况，逐步建立健全涵盖公司各管理环节的内部控制措施，促进了公司内控文化的建设。

4.4.2 内部控制措施

公司建立了自上而下的分级授权体系，形成了"全员参与、流程管理、立体监督"的合规风控体系，对项目风险进行事前防范与事中控制，发挥了风险"防火墙"的作用。公司建立了动态的制度管理体系，根据业务发展的需要，对制度进行实时修订与完善，进一步健全了公司内部控制体系。2018年，公司制定或修订《可疑交易报告管理制度》《单一信托项目操作指引(2018)》《核保核签工作管理办法》《外聘法律顾问管理办法》等60余项制度。

公司建立了董事会领导下的内审制度，审计部对公司内部各部门及业务开展了常规审计和相关专项审计，形成了独立的审计报告并及时督促部门进行整改，通过事后的检查和监督进一步强化内部控制的力度。

公司通过科技手段加强内部控制。建成并投产的"一专双录"系统、CRM系统、恒生业务系统，通过严格的审批流程有效控制操作风险。

4.4.3 信息交流与反馈

公司制定了《信息披露管理办法》《重大信息内部报告制度》《向董事会报告制度》等信息披露和报告管理制度，并有专门部门负责对外的信息收集、发布及媒体关系管理，确保信息交流过程中及时发现问题、解决问题。

公司建立了顺畅的报告及通报制度。经营管理层及时通过书面报告、会议报告等方式，将公司经营管理状况、财务状况、内部审计情况、风险与合规状况等向董事会、监事会报告，并根据公司章程报告股东会。经营管理层建立各项会议制度，及时收集、听取并研究经营管理各项工作。各部门在职责范围内收集内外部信息，通过财务会计资料、经营管理资料、调研报告、政策分析等，将信息有效送达相关部门和人员。

4.4.4 监督评价与纠正

审计部为公司审计监督检查和评价的执行部门，负责监督各项内部控制制度的执行情况，收集与评价内部控制的反馈意见，对发现的内部控制缺陷，按照规定程序有针对性地建议公司或要求相关部门或责任人予以纠正，并定期向董事会报告工作。

## 4.5 风险管理

4.5.1 风险管理概况

公司建立了完善的风险管理制度，2018年公司根据内外部环境，适时调整业务方向，风险审查进行专业化分工，前端介入项目尽调，项目评审会制度持续优化，设立专门贷后管理部门，不断强化投贷后风险管理，执行定期风险排查，实现全流程风控。

4.5.2 风险状况

4.5.2.1 信用风险状况

信用风险是指交易对手未能履行合同所带来的经济损失风险。报告期末，公司信托业务信用风险处于正常水平。

4.5.2.2 市场风险状况

市场风险是指公司在业务经营中，不可避免地因市场价格的波动而产生的风险。报告期内，公司未因市场风险而对盈利能力及财务状况产生重大影响。

4.5.2.3 流动性风险状况

流动性风险是指金融机构虽然有清偿能力，但无法及时获得充足资金或无法以合理成本及时获得充足资金以应对业务增长或提供偿付的风险。报告期内，公司未出现流动性风险。

4.5.2.4 操作风险状况

操作风险是指由于不完善或有问题的内部操作过程、人员、系统或外部事件而造成的直接或间接损失的风险。报告期内，公司未发生因操作风险造成的损失。

4.5.2.5 其他风险状况

其他风险主要为政策风险、声誉及法律风险。报告期内，公司未发生因其他风险所造成的损失。

4.5.3 风险管理

4.5.3.1 信用风险管理

公司严格按照监管部门的要求，在风险可控的前提下审慎合规地开展业务，信托项目的风险敞口具有合理的分散性，抵押担保有效足值，不存在违反审慎授信标准的情况。公司在进行项目审查时，重点考量交易对手的实力、交易对手资信情况、抵(质)押物是否足值、还款来源等因素，充分评估和考量项目的信用风险，并将可能面临的信用风险充分向委托人进行披露。

4.5.3.2　市场风险管理

公司时刻关注宏观经济和行业信息,不定期对市场风险进行评估、研讨,及时调整项目准入标准及风控条件,并随着市场价格、利率的调整,合理定价,从而给信托受益人获取与市场风险匹配的收益。

4.5.3.3　流动性风险管理

公司时刻将流动风险视为公司管理过程中的重要风险。(1)在信托项目流动性风险管理方面,公司严把项目准入关,严格测算交易对手现金流,从多个方面评判融资方到期的兑付能力以及集中还款压力,并要求于投贷后不定期对项目进行压力测试,持续关注企业的后续经营状况及其现金流状况。(2)在固有业务流动性管理方面,公司自有资金使用按照"安全、审慎"原则,将自有资金投向流动性较强的固定收益类及公司主动管理的信托计划,确保公司持续保持较好的流动性。同时公司不断优化固有资产配置,提升固有资产对流动性风险的抵补能力。(3)在资金池流动性风险管理方面,对资金池的流动性进行适时监测,并定期开展压力测试,进行缺口管理。同时,为稳定资金池的资金来源,公司对资金池产品进行统一定价、规范发行,并且不断加深同业交流与合作,丰富资金来源。

4.5.3.4　操作风险管理

公司建立了制衡有效的风控组织结构,通过权力制衡,抑制"内部人"控制、"道德风险"的发生。按照"机构扁平化、业务垂直化"的要求,推进管理架构和业务流程再造,从根本上解决操作风险的控制问题;完善绩效考评办法,合理确定任务指标,把风险管理及内控管理纳入考核体系,切实加强和改善公司的经营和管理体系;公司IT信息系统建立了满足业务发展需要的财务核算系统、办公自动化系统、证券估值系统等,为公司风险防范提供现代化手段的技术保障。

4.5.3.5　其他风险管理

公司十分关注宏观环境及监管政策的动向,对于对公司影响重大的政策变动积极响应,及时调整内部制度和业务方向,力争与宏观环境和监管政策保持步调一致。

公司设置了总法律顾问,并制定实施《法律顾问及法律工作机构管理办法》,进一步完善了法律风险控制体系,统筹管理与防控法律风险。

公司建立了良好的声誉风险管理体系,专人负责舆情监督,与主流媒体建立常态沟通机制,借助各种媒体平台,不定期宣传公司的价值理念,并及时处理投诉和纠纷,不断提高服务质量和效率,切实维护委托人利益,化解和防范声誉风险。

## 4.6　净资本风险控制指标

本公司报告期末的净资本风险控制指标情况如下:

| 指标名称 | 期末数 | 监管标准 |
|---|---|---|
| 净资本(亿元) | 56.60 | ≥2 |
| 固有业务风险资本(亿元) | 13.72 | — |
| 信托业务风险资本(亿元) | 19.79 | — |
| 其他业务风险资本(亿元) | — | — |
| 各项业务风险资本之和(亿元) | 33.51 | — |
| 净资本/各项业务风险资本之和(%) | 169 | ≥100 |
| 净资本/净资产(%) | 75 | ≥40 |

# 5. 会计报表

## 5.1　自营资产

### 5.1.1　会计师事务所审计结论

**审计报告**

致同审字(2019)第510ZB5879号

一、审计意见

我们审计了四川信托有限公司(以下简称四川信托公司)财务报表,包括2018年12月31日的合并及公司资产负债表,2018年度的合并及公司利润表、合并及公司现金流量表、合并及公司所有者权益变动表以及相关财务报表附注。

我们认为,后附的财务报表在所有重大方面按照企业会计准则的规定编制,公允反映了四川信托公司2018年12月31日的合并及公司财务状况以及2018年度的合并及公司的经营成果和现金流量。

二、形成审计意见的基础

我们按照中国注册会计师审计准则的规定执行了审计工作。审计报告的"注册会计师对财务报表审计的责任"部分进一步阐述了我们在这些准则下的责任。按照中国注册会计师职业道德守则,我们独立于四川信托公司,并履行了职业道德方面的其他责任。我们相信,我们获取的审计证据是充分、适当的,为发表审计意见提供了基础。

三、其他信息

四川信托公司管理层(以下简称管理层)对其他信息负责。其他信息包括四川信托公司2018年年度报告中涵盖的信息,但不包括财务报表和我们的审计报告。

我们对财务报表发表的审计意见不涵盖其他信息,我们也不对其他信息发表任何形式的鉴证结论。

结合我们对财务报表的审计,我们的责任是阅读其他信息,在此过程中,考虑其他信息是否与财务报表或我们在审计过程中了解到的情况存在重大不一致或者似乎存在重大错报。

基于我们已执行的工作,如果我们确定其他信息存在重大错报,我们应当报告该事实。在这方面,我们无任何事项需要报告。

四、管理层和治理层对财务报表的责任

四川信托公司管理层负责按照企业会计准则的规定编制财务报表,使其实现公允反映,并设计、执行和维护必要的内部控制,以使财务报表不存在由于舞弊或错误导致的重大错报。

在编制财务报表时,管理层负责评估四川信托公司的持续经营能力,披露与持续经营相关的事项(如适用),并运用持续经营假设,除非管理层计划清算四川信托公司、终止运营或别无其他现实的选择。

治理层负责监督四川信托公司的财务报告过程。

五、注册会计师对财务报表审计的责任

我们的目标是对财务报表整体是否不存在由于舞弊或错误导致的重大错报获取合理保证,并出具包含审计意见的审计报告。合理保证是高水平的保证,但并不能保证按照审计准则执行的审计在某一重大错报存在时总能发现。错报可能由于舞弊或错误导致，如果合理预期错报单独或汇总起来可能影响财务报表使用者依据财务报表作出的经济决策，则通常认为错报是重大的。

在按照审计准则执行审计工作的过程中，我们运用职业判断，并保持职业怀疑。同时，我们也执行以下工作：

（1）识别和评估由于舞弊或错误导致的财务报表重大错报风险，设计和实施审计程序以应对这些风险，并获取充分、适当的审计证据，作为发表审计意见的基础。由于舞弊可能涉及串通、伪造、故意遗漏、虚假陈述或凌驾于内部控制之上，未能发现由于舞弊导致的重大错报的风险高于未能发现由于错误导致的重大错报的风险。

（2）了解与审计相关的内部控制，以设计恰当的审计程序，但目的并非对内部控制的有效性发表意见。

（3）评价管理层选用会计政策的恰当性和作出会计估计及相关披露的合理性。

（4）对管理层使用持续经营假设的恰当性得出结论。同时，根据所获取的审计证据，就可能导致对四川信托公司的持续经营能力产生重大疑虑的事项或情况是否存在重大不确定性得出结论。如果我们得出结论认为存在重大不确定性，审计准则要求我们在审计报告中提请报表使用者注意财务报表中的相关披露；如果披露不充分，我们应当发表非无保留意见。我们的结论基于截至审计报告日可获得的信息。然而，未来的事项或情况可能导致四川信托公司不能持续经营。

（5）评价财务报表的总体列报、结构和内容（包括披露），并评价财务报表是否公允反映相关交易和事项。

（6）就四川信托公司中实体或业务活动的财务信息获取充分、适当的审计证据，以对财务报表发表意见。我们负责指导、监督和执行集团审计，并对审计意见承担全部责任。

我们与治理层就计划的审计范围、时间安排和重大审计发现等事项进行沟通，包括沟通我们在审计中识别出的值得关注的内部控制缺陷。

中国注册会计师 511002222182

中国注册会计师 110002490032

中国·北京　　二〇一九年四月二十四日

5.1.2　资产负债表

**资产负债表**

编制单位：四川信托有限公司　　2018 年 12 月 31 日　　单位：元

| 项目 | 期末数 | | 期初数 | |
|---|---|---|---|---|
| | 合并 | 公司 | 合并 | 公司 |
| 资产： | | | | |
| 现金及存放中央银行款项 | 12 630. 12 | 24. 56 | 5 597. 27 | |
| 存放同业款项 | 3 445 185 342. 21 | 1 353 236 583. 71 | 4 448 121 873. 47 | 1 593 235 635. 41 |
| 结算备付金 | 837 316 763. 31 | | 1 087 733 982. 26 | |
| 融出资金 | 1 034 910 925. 30 | | 1 613 382 551. 36 | |
| 以公允价值计量且其变动计入当期损益的金融资产 | 4 762 433 162. 62 | 27 086 547. 00 | 2 257 681 517. 04 | 321 784 493. 86 |
| 衍生金融资产 | | | | |
| 买入返售金融资产 | 1 412 200 986. 31 | | 3 445 440 967. 09 | |
| 应收利息 | 129 670 581. 50 | 7 659 638. 87 | 78 103 035. 13 | 2 490 400. 00 |
| 发放贷款和垫款 | 756 000 000. 00 | 756 000 000. 00 | 752 000 000. 00 | 752 000 000. 00 |
| 可供出售金融资产 | 5 236 953 146. 19 | 5 605 159 954. 59 | 3 810 972 294. 35 | 4 206 051 622. 73 |
| 持有至到期投资 | | | | |
| 应收款项类投资 | 1 168 019 728. 58 | 762 591 400. 96 | 839 645 828. 32 | 441 427 446. 34 |
| 长期股权投资 | — | 844 530 283. 51 | — | 844 530 283. 51 |
| 投资性房地产 | 211 221 256. 44 | 174 512 166. 40 | 251 072 327. 52 | 209 684 314. 45 |
| 固定资产 | 344 213 493. 71 | 201 268 010. 10 | 334 442 385. 76 | 181 639 778. 04 |
| 在建工程 | 10 030 620. 76 | 6 805 532. 73 | 4 768 418. 70 | 2 991 673. 03 |
| 无形资产 | 72 752 166. 07 | 9 782 907. 20 | 72 259 774. 55 | 9 888 571. 61 |
| 商誉 | 153 827 957. 59 | — | 154 147 140. 87 | — |
| 递延所得税资产 | 310 033 775. 59 | 242 263 611. 09 | 193 248 666. 70 | 113 040 211. 80 |
| 其他资产 | 25 993 717. 35 | 3 571 126. 88 | 28 871 268. 39 | 4 585 075. 03 |
| 资产总计 | 19 910 776 253. 65 | 9 994 467 787. 60 | 19 371 897 628. 78 | 8 683 349 505. 81 |

**资产负债表(续)**

编制单位:四川信托有限公司　　2018年12月31日　　单位:元

| 项目 | 期末数 | | 期初数 | |
|---|---|---|---|---|
| | 合并 | 公司 | 合并 | 公司 |
| 负债: | | | | |
| 向中央银行借款 | | | | |
| 同业及其他金融机构存放款项 | | | | |
| 拆入资金 | 1 005 000 000.00 | 635 000 000.00 | 190 000 000.00 | |
| 以公允价值计量且其变动计入当期损益的金融负债 | 933 257.41 | — | | |
| 衍生金融负债 | | | 49 016.00 | |
| 卖出回购金融资产款 | 1 525 150 000.00 | — | 1 544 442 154.30 | |
| 代理买卖证券款 | 2 748 762 662.53 | — | 3 610 048 291.63 | |
| 应付职工薪酬 | 345 423 218.85 | 142 895 464.13 | 462 132 151.50 | 215 404 209.68 |
| 应交税费 | 268 661 427.87 | 221 199 569.15 | 299 208 082.59 | 244 396 167.83 |
| 应付利息 | 19 566 721.78 | 3 681 666.66 | 26 585 331.02 | 3 088 888.90 |
| 预计负债 | 459 609 863.46 | 459 609 863.46 | 288 660 000.00 | 288 660 000.00 |
| 应付债券 | 700 000 000.00 | — | 700 000 000.00 | |
| 递延所得税负债 | 19 569 713.99 | — | 33 339 177.19 | 3 976 175.79 |
| 其他负债 | 3 813 592 889.53 | 1 028 035 873.01 | 3 819 105 352.73 | 1 014 537 441.88 |
| 负债合计 | 10 906 269 755.42 | 2 490 422 436.41 | 10 973 569 556.96 | 1 770 062 884.08 |
| 所有者权益: | | | | |
| 实收资本 | 3 500 000 000.00 | 3 500 000 000.00 | 3 500 000 000.00 | 3 500 000 000.00 |
| 资本公积 | 1 835 024.84 | — | 1 835 024.84 | |
| 减:库存股 | | | | |
| 其他综合收益 | -134 650 226.08 | -137 419 868.91 | 11 291 741.68 | 11 928 527.35 |
| 盈余公积 | 728 646 521.99 | 728 646 521.99 | 654 635 809.42 | 654 635 809.42 |
| 一般风险准备 | 978 684 042.83 | 978 684 042.83 | 844 936 103.92 | 844 936 103.92 |
| 未分配利润 | 3 053 267 507.89 | 2 434 134 655.28 | 2 527 908 350.13 | 1 901 786 181.04 |
| 归属于母公司所有者权益合计 | 8 127 782 871.47 | 7 504 045 351.19 | 7 540 607 029.99 | 6 913 286 621.73 |
| 少数股东权益 | 876 723 626.76 | — | 857 721 041.83 | — |
| 所有者权益合计 | 9 004 506 498.23 | 7 504 045 351.19 | 8 398 328 071.82 | 6 913 286 621.73 |
| 负债及所有者权益总计 | 19 910 776 253.65 | 9 994 467 787.60 | 19 371 897 628.78 | 8 683 349 505.81 |

### 5.1.3 利润表

**利润表**

编制单位:四川信托有限公司　　2018年度　　单位:元

| 项目 | 本期金额 | | 上期金额 | |
|---|---|---|---|---|
| | 合并 | 公司 | 合并 | 公司 |
| 一、营业收入 | 2 787 644 071.35 | 2 231 953 211.42 | 3 135 221 298.14 | 2 439 816 326.82 |
| 利息净收入 | -5 014 479.79 | -6 892 387.26 | 189 308 003.22 | 72 563 156.54 |
| 利息收入 | 376 956 718.88 | 89 334 751.84 | 451 018 919.71 | 117 642 823.22 |
| 利息支出 | 381 971 198.67 | 96 227 139.10 | 261 710 916.49 | 45 079 666.68 |
| 手续费及佣金净收入 | 2 455 968 364.12 | 2 092 554 487.04 | 2 683 588 227.30 | 2 111 193 327.20 |

续表

| 项目 | 本期金额 | | 上期金额 | |
|---|---|---|---|---|
| | 合并 | 公司 | 合并 | 公司 |
| 手续费及佣金收入 | 2 518 598 069. 16 | 2 098 745 388. 41 | 2 780 273 260. 75 | 2 113 434 003. 48 |
| 手续费及佣金支出 | 62 629 705. 04 | 6 190 901. 37 | 96 685 033. 45 | 2 240 676. 28 |
| 投资收益/（损失） | 381 595 043. 10 | 130 692 751. 65 | 179 781 937. 94 | 231 510 160. 66 |
| 其中：对联营企业和合营企业的投资收益/（损失） | | | | |
| 公允价值变动收益/（损失） | -69 150 690. 35 | -621 381. 62 | 45 190 237. 27 | -49 585. 68 |
| 汇兑收益/（损失） | | | | |
| 其他业务收入 | 18 603 901. 65 | 12 018 501. 40 | 31 245 185. 55 | 20 877 784. 35 |
| 其他收益 | 5 716 104. 41 | 4 201 240. 21 | 6 115 247. 66 | 3 721 483. 75 |
| 资产处置收益（损失以"－"号填列） | -74 171. 79 | — | -7 540. 80 | — |
| 二、营业支出 | 1 567 983 334. 61 | 1 076 729 538. 63 | 1 529 374 011. 23 | 987 978 565. 88 |
| 税金及附加 | 30 870 675. 93 | 22 540 841. 15 | 31 455 271. 94 | 22 734 421. 99 |
| 业务及管理费 | 1 362 559 288. 26 | 891 137 206. 09 | 1 394 337 368. 32 | 873 548 249. 15 |
| 资产减值损失 | 154 698 579. 72 | 155 386 137. 87 | 82 349 830. 58 | 82 194 857. 45 |
| 其他业务成本 | 19 854 790. 70 | 7 665 353. 52 | 21 231 540. 39 | 9 501 037. 29 |
| 三、营业利润（亏损以"－"号填列） | 1 219 660 736. 74 | 1 155 223 672. 79 | 1 605 847 286. 91 | 1 451 837 760. 94 |
| 加：营业外收入 | 3 241 118. 90 | 904 112. 65 | 4 578 822. 75 | 2 159 278. 82 |
| 减：营业外支出 | 173 989 441. 70 | 172 552 958. 19 | 260 930 955. 82 | 260 346 622. 28 |
| 四、利润总额（亏损总额以"－"号填列） | 1 048 912 413. 94 | 983 574 827. 25 | 1 349 495 153. 84 | 1 193 650 417. 48 |
| 减：所得税费用 | 270 659 209. 37 | 243 467 701. 53 | 350 382 295. 40 | 272 980 622. 72 |
| 五、净利润（净亏损以"－"号填列） | 778 253 204. 57 | 740 107 125. 72 | 999 112 858. 44 | 920 669 794. 76 |
| （一）按经营持续性分类： | | | | |
| 其中：持续经营净利润（净亏损以"－"号填列） | 778 253 204. 57 | 740 107 125. 72 | 999 112 858. 44 | 920 669 794. 76 |
| 终止经营净利润（净亏损以"－"号填列） | | | | |
| （二）按所有权归属分类： | | | | |
| 其中：少数股东损益（净亏损以"－"号填列） | 45 135 395. 33 | | 69 777 764. 01 | |
| 归属于母公司股东的净利润（净亏损以"－"号填列） | 733 117 809. 24 | | 929 335 094. 43 | |
| 六、其他综合收益的税后净额 | -146 069 006. 27 | -149 348 396. 26 | 15 514 140. 04 | 6 463 356. 49 |
| 归属于母公司股东的其他综合收益的税后净额 | -145 941 967. 76 | -149 348 396. 26 | 14 084 568. 90 | 6 463 356. 49 |
| （一）以后不能重分类进损益的其他综合收益 | — | — | — | — |
| 1. 重新计量设定受益计划变动额 | | | | |
| 2. 权益法下不能转损益的其他综合收益 | | | | |
| 3. 其他 | | | | |
| （二）以后将重分类进损益的其他综合收益 | -145 941 967. 76 | -149 348 396. 26 | 14 084 568. 90 | 6 463 356. 49 |
| 1. 权益法下可转损益的其他综合收益 | | | | |
| 2. 可供出售金融资产公允价值变动损益 | -145 941 967. 76 | -149 348 396. 26 | 14 084 568. 90 | 6 463 356. 49 |
| 归属于少数股东的其他综合收益的税后净额 | -127 038. 51 | | 1 429 571. 14 | |
| 七、综合收益总额 | 632 184 198. 30 | 590 758 729. 46 | 1 014 626 998. 48 | 927 133 151. 25 |
| 归属于母公司股东的综合收益总额 | 587 175 841. 48 | | 943 419 663. 33 | |
| 归属于少数股东的综合收益总额 | 45 008 356. 82 | | 71 207 335. 15 | |

## 5. 1. 4　所有者权益变动表

**所有者权益变动表**

编制单位：四川信托有限公司　　　　2018 年度　　　　单位：元

| 项目 | 本期金额 | | | | | | | | |
|---|---|---|---|---|---|---|---|---|---|
| | 归属于母公司所有者权益 | | | | | | | 少数股东权益 | 所有者权益合计 |
| | 实收资本 | 资本公积 | 减：库存股 | 其他综合收益 | 盈余公积 | 一般风险准备 | 未分配利润 | | |
| 一、上年年末余额 | 3 500 000 000. 00 | 1 835 024. 84 | — | 11 291 741. 68 | 654 635 809. 42 | 844 936 103. 92 | 2 527 908 350. 13 | 857 721 041. 83 | 8 398 328 071. 82 |
| 加：会计政策变更 | | | | | | | | | — |
| 前期差错更正 | | | | | | | | | — |
| 同一控制下企业合并 | | | | | | | | | — |
| 其他 | | | | | | | | | — |
| 二、本年年初余额 | 3 500 000 000. 00 | 1 835 024. 84 | — | 11 291 741. 68 | 654 635 809. 42 | 844 936 103. 92 | 2 527 908 350. 13 | 857 721 041. 83 | 8 398 328 071. 82 |
| 三、本年增减变动金额（减少以“－”号填列） | — | — | — | -145 941 967. 76 | 74 010 712. 57 | 133 747 938. 91 | 525 359 157. 76 | 19 002 584. 93 | 606 178 426. 41 |
| （一）综合收益总额 | | | | -145 941 967. 76 | | | 733 117 809. 24 | 45 008 356. 82 | 632 184 198. 30 |
| （二）所有者投入和减少资本 | — | — | — | — | — | — | — | — | — |
| 1. 所有者投入的普通股 | | | | | | | | | — |
| 2. 其他权益工具持有者投入资本 | | | | | | | | | — |
| 3. 股份支付计入所有者权益的金额 | | | | | | | | | — |
| 4. 其他 | | | | | | | | | — |
| （三）利润分配 | — | — | — | — | 74 010 712. 57 | 133 747 938. 91 | -207 758 651. 48 | -26 005 771. 89 | -26 005 771. 89 |
| 1. 提取盈余公积 | | | | | 74 010 712. 57 | | -74 010 712. 57 | | — |
| 2. 提取一般风险准备 | | | | | | 133 747 938. 91 | -133 747 938. 91 | | — |
| 3. 对所有者的分配 | | | | | | | | -23 774 322. 68 | -23 774 322. 68 |
| 4. 其他 | | | | | | | | -2 231 449. 21 | -2 231 449. 21 |
| （四）股东所有者权益内部结转 | — | — | — | — | — | — | — | — | — |
| 1. 资本公积转增资本 | | | | | | | | | — |
| 2. 盈余公积转增资本 | | | | | | | | | — |
| 3. 盈余公积弥补亏损 | | | | | | | | | — |
| 4. 一般风险准备弥补亏损 | | | | | | | | | — |
| 5. 设定受益计划变动额结转留存收益 | | | | | | | | | — |
| 6. 其他 | | | | | | | | | — |
| （五）其他 | | | | | | | | | — |
| 四、本年年末余额 | 3 500 000 000. 00 | 1 835 024. 84 | — | -134 650 226. 08 | 728 646 521. 99 | 978 684 042. 83 | 3 053 267 507. 89 | 876 723 626. 76 | 9 004 506 498. 23 |

## 所有者权益变动表（续）

编制单位：四川信托有限公司　　2018 年度　　单位：元

| 项目 | 上期金额 | | | | | | | | |
|---|---|---|---|---|---|---|---|---|---|
| | 归属于母公司所有者权益 | | | | | | | 少数股东权益 | 所有者权益合计 |
| | 实收资本 | 资本公积 | 减：库存股 | 其他综合收益 | 盈余公积 | 一般风险准备 | 未分配利润 | | |
| 一、上年年末余额 | 3 500 000 000. 00 | 1 835 024. 84 | — | −2 792 827. 22 | 562 568 829. 94 | 640 904 125. 05 | 1 894 697 195. 72 | 877 230 952. 04 | 7 474 443 300. 37 |
| 加：会计政策变更 | | | | | | | | | — |
| 前期差错更正 | | | | | | | | | — |
| 同一控制下企业合并 | | | | | | | | | — |
| 其他 | | | | | | | | | — |
| 二、本年年初余额 | 3 500 000 000. 00 | 1 835 024. 84 | — | −2 792 827. 22 | 562 568 829. 94 | 640 904 125. 05 | 1 894 697 195. 72 | 877 230 952. 04 | 7 474 443 300. 37 |
| 三、本年增减变动金额（减少以"－"号填列） | — | — | — | 14 084 568. 90 | 92 066 979. 48 | 204 031 978. 87 | 633 211 154. 41 | −19 509 910. 21 | 923 884 771. 45 |
| （一）综合收益总额 | | | | 14 084 568. 90 | | | 929 335 094. 43 | 71 207 335. 15 | 1 014 626 998. 48 |
| （二）所有者投入和减少资本 | — | — | — | — | — | — | — | −8 766 507. 67 | −8 766 507. 67 |
| 1. 所有者投入的普通股 | | | | | | | | −8 766 507. 67 | −8 766 507. 67 |
| 2. 其他权益工具持有者投入资本 | | | | | | | | | — |
| 3. 股份支付计入所有者权益的金额 | | | | | | | | | — |
| 4. 其他 | | | | | | | | | — |
| （三）利润分配 | — | — | — | — | 92 066 979. 48 | 204 031 978. 87 | −296 123 940. 02 | −81 950 737. 69 | −81 975 719. 36 |
| 1. 提取盈余公积 | | | | | 92 066 979. 48 | | −92 066 979. 48 | | — |
| 2. 提取一般风险准备 | | | | | | 204 031 978. 87 | −204 031 978. 87 | | — |
| 3. 对所有者的分配 | | | | | | | | −81 975 719. 36 | −81 975 719. 36 |
| 4. 其他 | | | | | | | −24 981. 67 | 24 981. 67 | — |
| （四）股东所有者权益内部结转 | — | — | — | — | — | — | — | — | — |
| 1. 资本公积转增资本 | | | | | | | | | — |
| 2. 盈余公积转增资本 | | | | | | | | | — |
| 3. 盈余公积弥补亏损 | | | | | | | | | — |
| 4. 一般风险准备弥补亏损 | | | | | | | | | — |
| 5. 设定受益计划变动额结转留存收益 | | | | | | | | | — |
| 6. 其他 | | | | | | | — | | — |
| （五）其他 | | | | | | | | | — |
| 四、本年年末余额 | 3 500 000 000. 00 | 1 835 024. 84 | — | 11 291 741. 68 | 654 635 809. 42 | 844 936 103. 92 | 2 527 908 350. 13 | 857 721 041. 83 | 8 398 328 071. 82 |

## 5.2 信托资产

### 5.2.1 信托项目资产负债汇总表

信托项目资产负债汇总表

编制单位:四川信托有限公司　　2018 年 12 月 31 日　　单位:万元

| 信托资产 | 期末数 | 期初数 | 信托负债 | 期末数 | 期初数 |
|---|---|---|---|---|---|
| 货币资金 | 413 885.29 | 399 670.93 | 应付受托人报酬 | 49 703.03 | 39 447.52 |
| 拆出资金 | | | 应付托管费 | 2 001.20 | 1 109.73 |
| 交易性金融资产 | 2 646 552.49 | 4 708 672.61 | 应付受益人收益 | 90 710.00 | 117 324.50 |
| 买入返售金融资产 | 40 105.97 | 189 587.66 | 应交税费 | 17715.52 | |
| 应收款项 | 862 717.36 | 1 078 855.76 | 其他应付款项 | 219 315.78 | 206 259.84 |
| 贷款 | 14 167 369.94 | 16 915 200.77 | 其他负债 | | |
| 可供出售金融资产 | 10 374 568.61 | 13 259 408.25 | 信托负债合计 | 379 445.53 | 364 141.59 |
| 持有至到期投资 | 1 425 888.72 | 2 669 635.47 | 信托权益: | | |
| 长期股权投资 | 1 937 802.89 | 1 728 135.28 | 实收信托 | 31 476 312.74 | 40 511 202.46 |
| 投资性房地产 | | | 资本公积 | 117 855.11 | 73 062.77 |
| 固定资产 | | | 未分配利润 | 375 171.56 | 874 403.72 |
| 无形资产 | | | 信托权益合计 | 31 969 339.41 | 41 458 668.95 |
| 其他资产 | 479 893.67 | 873 643.81 | | | |
| 资产合计 | 32 348 784.94 | 41 822 810.54 | 负债和权益合计 | 32 348 784.94 | 41 822 810.54 |

### 5.2.2 信托项目利润及利润分配汇总表

信托项目利润及利润分配汇总表

编制单位:四川信托有限公司　　2018 年度　　单位:万元

| 项目 | 本期数 | 上期数 |
|---|---|---|
| 一、营业收入 | 1 762 161.73 | 2 909 146.52 |
| 利息收入 | 1 296 387.42 | 1 683 305.99 |
| 投资收入 | 721 211.73 | 1 242 444.25 |
| 租赁收入 | | |
| 公允价值变动损益 | -255 437.42 | -16 604.40 |
| 其他收入 | — | 0.68 |
| 二、营业费用 | 300 617.67 | 333 070.80 |
| 三、营业税金及附加 | 6070.09 | — |
| 加:营业外收入 | — | — |
| 减:营业外支出 | — | — |
| 四、扣除资产减值损失前的信托利润 | — | — |
| 减:资产减值损失 | — | — |
| 五、净利润 | 1 455 473.97 | 2 576 075.72 |
| 加:期初未分配信托利润 | 874 403.72 | 528 718.13 |
| 六、可供分配的信托利润 | 2 329 877.69 | 3 104 793.85 |
| 减:本期已分配信托利润 | 1 954 706.13 | 2 230 390.13 |
| 七、期末未分配信托利润 | 375 171.56 | 874 403.72 |

# 6. 会计报表附注

## 6.1 简要说明报告年度会计报表编制基准、会计政策、会计估计和核算方法发生的变化

### 6.1.1 财务报表的编制基础

本财务报表按照财政部颁布的企业会计准则及其应用指南、解释及其他有关规定(统称企业会计准则)编制。

本财务报表以持续经营为基础列报。

本公司会计核算以权责发生制为基础。除某些金融工具外,本财务报表均以历史成本为计量基础。资产如果发生减值,则按照相关规定计提相应的减值准备。

### 6.1.2 重要会计政策变更

根据财政部《关于 2018 年度一般企业财务报表格式有关问题的解读》,本公司作为个人所得税的扣缴义务人,根据《中华人民共和国个人所得税法》收到的扣缴税款手续费在"其他收益"中填列,对可比期间的比较数据进行调整,调增 2017 年度其他收益 3 498 700.54 元,调减 2017 年度其他业务收入 3 498 700.54元。

本公司实际收到的政府补助,无论是与资产相关还是与收益相关,在编制现金流量表时均作为经营活动产生的现金流量列报。该事项对可比期间的比较数据无影响。

### 6.1.3 重要会计估计变更

本公司本年度不存在重要会计估计变更。

## 6.2 或有事项

2016 年 8 月,上海君富投资管理有限公司向成都市中级人民法院提起诉讼,要求本公司根据《资产份额认购承诺书》的约定比例承担违约责任,诉讼标的为 3 000 万元。2018 年 9 月 30 日,成都市中级人民法院出具(2016)川 01 民初 1694 号的一审民事判决书,判决公司支付违约金为 900 万元,本公司不服判决,已向四川省高级人民法院提出上诉。

2016 年 9 月,本公司因房租合同纠纷向成都市锦江区人民法院起诉成都荣兴贵金属投资有限责任公司(以下简称荣兴公司),要求其支付拖欠房租 192 343 元、违约金 72 805.77 元,并支付房屋使用费 1 143 398.40 元,并恢复房屋原状返还。因荣兴公司下落不明,成都市锦江市人民法院多次公告开庭后缺席审理,于 2018 年 12 月 27 日出具(2016)川 0104 民初 7245 号民事判决书,2019 年 1 月 1 日再次公告荣兴公司领取判决书,公告期 60 日。

四川省建设信托投资公司于 2017 年 11 月起诉宏信证券及本公司利润分配纠纷,宏信证券反诉四川省建设信托一案,成都市锦江区人民法院于 2018 年 7 月 17 日出具(2017)川 0104 民初 10368 号民事判决书,驳回双方诉讼请求,本诉讼受理费由四川省建设信托承担,反诉受理费由宏信证券承担。双

方均不服判决，向成都市中级人民法院提起上诉，中院已发回成都市锦江区人民法院重审，锦江区人民法院已通知2019年3月28日开庭。

宏信证券公司经纪业务客户欧建膛、张永红、熊明霞因融资购入股票估值下降，被强制平仓后资金不足以偿还融资本息，且客户后续未补充融资保证金。截至2018年7月16日，3位客户分别欠付本息合计62 641.44元、913 897.62元、81 654.91元，本公司于2018年9月向成都市锦江区人民法院提起诉讼，成都市锦江区人民法院将于2019年4月2日针对欧建膛、张永红两被告案件进行审理，熊明霞因法院传票未能送达将公示延后开庭。本公司已对3位客户截至2018年12月31日的本息全额计提减值。

本公司持有宏信证券60 376.13万股（每1元出资为1股计算）的股份，因融资担保质押给中国信托业保障基金有限责任公司，质押期2018年6月24日至2019年3月20日。本公司于2019年3月28日解押后再次质押，质押期限1年。

截至2018年12月31日，本公司不存在其他应披露的或有事项。

## 6.3 承诺事项

### 6.3.1 重要的承诺事项

6.3.1.1 受托业务

本公司向第三方提供信托及资产管理服务。来自于受托业务的收入已包括在财务报表“手续费及佣金净收入”中。这些受托资产除纳入合并的结构化主体33.56亿元（其中浦宏1号资管计划为14.02亿元、天津银行股权信托计划为2.04亿元、长安稳健为17.50亿元）以外，其他没有包括在本公司的合并资产负债表内。

单位：亿元

| 项目 | 期末数 | 期初数 |
|---|---|---|
| 信托资产 | 3 234.88 | 4 182.28 |
| 资产管理计划 | 517.79 | 683.15 |
| 合计 | 3 752.67 | 4 865.43 |

6.3.1.2 经营租赁承诺

截至资产负债表日，本公司对外签订的不可撤销的经营租赁合约情况如下：

单位：万元

| 不可撤销经营租赁的最低租赁付款额 | 期末数 | 期初数 |
|---|---|---|
| 资产负债表日后第一年 | 46 269 990.78 | 46 554 304.84 |
| 资产负债表日后第二年 | 29 499 183.85 | 33 888 391.89 |
| 资产负债表日后第三年 | 14 126 122.38 | 20 382 062.28 |
| 以后年度 | 4 727 912.27 | 11 013 239.72 |
| 合计 | 94 623 209.28 | 111 837 998.73 |

截至2018年12月31日，本公司不存在其他应披露的承诺事项。

本报告以下部分为母公司口径：

## 6.4 会计报表中重要项目的明细资料

以下明细表格除特别注明外，金额单位为万元，期初是指2018年1月1日，期末是指2018年12月31日。

### 6.4.1 披露自营资产经营情况

6.4.1.1 按信用风险五级分类结果披露信用风险资产的期初数、期末数

| 信用风险资产五级分类 | 正常类（万元） | 关注类（万元） | 次级类（万元） | 可疑类（万元） | 损失类（万元） | 信用风险资产合计（万元） | 不良资产合计（万元） | 不良资产率（%） |
|---|---|---|---|---|---|---|---|---|
| 期初数 | 791 451.02 | 22 063.78 | 6 919.36 | — | 11 769.82 | 832 203.98 | 18 689.18 | 2.25 |
| 期末数 | 839 912.19 | 80 669.59 | 33 016.59 | — | 13 618.69 | 967 217.06 | 46 635.28 | 4.82 |

注：不良资产合计=次级类+可疑类+损失类。

6.4.1.2 各项资产减值损失准备的期初数、本期计提、本期转回、本期核销、期末数

单位：万元

| | 期初数 | 本期计提 | 本期转回 | 本期核销 | 期末数 |
|---|---|---|---|---|---|
| 贷款损失准备 | — | 900.00 | — | — | 900.00 |
| 一般准备 | — | — | — | — | — |
| 专项准备 | — | 900.00 | — | — | 900.00 |
| 其他资产减值准备 | — | — | — | — | — |
| 可供出售金融资产减值准备 | — | 3 866.00 | — | — | 3 866.00 |
| 持有至到期投资减值准备 | — | — | — | — | — |
| 长期股权投资减值准备 | — | — | — | — | — |
| 坏账准备 | 16 052.01 | 10 772.61 | — | — | 26 824.62 |
| 投资性房地产减值准备 | — | — | — | — | — |

6.4.1.3 自营股票投资、基金投资、可供出售金融资产、债券投资、股权投资等投资业务的期初数、期末数

单位：万元

| | 自营股票 | 基金 | 可供出售金融资产 | 债券 | 长期股权投资 |
|---|---|---|---|---|---|
| 期初数 | 32 178.45 | — | 420 605.16 | — | 84 453.03 |
| 期末数 | 2 708.65 | — | 560 516.00 | — | 84 453.03 |

6.4.1.4 前五名的自营长期股权投资的企业名称、占被投资企业权益的比例、主要经营活动及投资收益情况等

| 企业名称 | 占被投资企业权益的比例（%） | 主要经营活动 | 投资收益（万元） |
|---|---|---|---|
| 1. 宏信证券有限责任公司 | 60.376 | 证券经纪；证券投资咨询；证券资产管理；证券自营；证券投资基金销售；证券承销；融资融券。 | 3 622.57 |
| 2. 四川川信物业管理有限责任公司 | 95 | 物业管理、清洁服务。 | — |

6.4.1.5 前五名的自营贷款的企业名称、占贷款总额的比例和还款情况等

| 企业名称 | 占贷款总额的比例（%） | 还款情况 |
|---|---|---|
| 成都通安达实业有限公司 | 26.14 | 正常付息，本金尚未到期 |
| 成都启维科技发展有限责任公司 | 22.22 | 正常付息，本金尚未到期 |
| 四川省佳宇建筑安装工程有限公司 | 18.3 | 正常付息，本金尚未到期 |
| 成都锐峰信息技术有限公司 | 11.76 | 欠息，本金尚未到期 |
| 四川吉家村食品有限公司 | 9.15 | 正常付息，本金尚未到期 |

6.4.1.6 表外业务的期初数、期末数；按照代理业务、担保业务和其他类型表外业务分别披露

本期初、期末，无表外业务。

6.4.1.7 公司当年的收入结构

| 收入结构 | 金额（万元） | 占比（%） |
|---|---|---|
| 手续费及佣金收入 | 209 874.54 | 89.87 |
| 其中：信托手续费收入 | 209 874.54 | 89.87 |
| 其他手续费及佣金收入 | — | — |
| 利息收入 | 8 933.48 | 3.83 |
| 其他业务收入 | 1 201.85 | 0.51 |
| 投资收益 | 13 069.28 | 5.60 |
| 其中：股权投资收益 | 3 687.28 | 1.58 |
| 交易性金融资产收益 | −5 710.17 | −2.45 |
| 可供出售金融资产投资收益 | 15 092.17 | 6.46 |
| 公允价值变动收益 | −62.14 | −0.03 |
| 其他收益 | 420.12 | 0.18 |
| 营业外收入 | 90.41 | 0.04 |
| 收入合计 | 233 527.54 | 100.00 |

注：手续费及佣金收入、利息收入、其他业务收入、投资收益、营业外收入均应为损益表中的一级科目，其中手续费及佣金收入、利息收入为未扣减对应支出的全年累计总收入数。

**6.4.2 披露信托财产经营情况**

6.4.2.1 信托资产的期初数、期末数

单位：万元

| 信托资产 | 期初数 | 期末数 |
|---|---|---|
| 集合 | 17 344 616.85 | 14 629 793.07 |
| 单一 | 23 718 076.38 | 17 297 391.81 |
| 财产权 | 760 117.31 | 421 600.06 |
| 合计 | 41 822 810.54 | 32 348 784.94 |

6.4.2.1.1 主动管理型信托资产

单位：万元

| 主动管理型信托资产 | 期初数 | 期末数 |
|---|---|---|
| 证券投资类 | 4 234 691.31 | 1 185 819.93 |
| 股权投资类 | 1 101 794.65 | 1 137 744.17 |
| 其他投资 | 2 185 788.73 | 4 138 855.47 |
| 融资类 | 4 506 494.86 | 3 947 839.34 |
| 事务管理类 | | |
| 合计 | 12 028 769.55 | 10 410 258.91 |

6.4.2.1.2 被动管理型信托资产

单位：万元

| 被动管理型信托资产 | 期初数 | 期末数 |
|---|---|---|
| 证券投资类 | 5 674 105.17 | 2 925 238.95 |
| 股权投资类 | 60 202.98 | 63 992.90 |
| 其他投资 | 351 127.69 | 275 713.26 |
| 融资类 | 1 761 379.44 | 1 505 096.75 |
| 事务管理类 | 21 947 225.71 | 17 168 484.16 |
| 合计 | 29 794 040.99 | 21 938 526.02 |

6.4.2.2 本年度已清算结束的信托项目情况

6.4.2.2.1 本年度已清算结束的集合类、单一类资金信托项目和财产管理类信托项目情况

| 已清算结束信托项目 | 项目个数（个） | 实收信托合计金额（万元） | 加权平均实际年化收益率（%） |
|---|---|---|---|
| 集合类 | 250 | 5 505 381.00 | 7.02 |
| 单一类 | 222 | 8 565 707.00 | 4.86 |
| 财产管理类 | 11 | 560 796.00 | 2.92 |

6.4.2.2.2 本年度已清算结束的主动管理型信托项目情况

| 已清算结束信托项目 | 项目个数（个） | 实收信托合计金额（万元） | 加权平均实际年化信托报酬率（%） | 加权平均实际年化收益率（%） |
|---|---|---|---|---|
| 证券投资类 | 3 | 61 670.00 | 0.47 | 3.76 |
| 股权投资类 | 23 | 812 620.00 | 3.91 | 6.76 |
| 其他投资类 | 159 | 1 269 284.00 | 0.61 | 8.21 |
| 融资类 | 39 | 1 519 545.00 | 2.91 | 7.01 |
| 事务管理类 | — | — | — | — |

6.4.2.2.3 本年度已清算结束的被动管理型信托项目情况

| 已清算结束信托项目 | 项目个数（个） | 实收信托合计金额（万元） | 加权平均实际年化信托报酬率（%） | 加权平均实际年化收益率（%） |
|---|---|---|---|---|
| 证券投资类 | 9 | 1 370 025.00 | 0.61 | −0.13 |
| 股权投资类 | — | — | — | — |
| 其他投资 | 5 | 116 872.00 | 0.91 | 4.45 |
| 融资类 | 17 | 995 577.00 | 0.18 | 4.28 |
| 事务管理类 | 228 | 8 486 291.45 | 0.16 | 5.95 |

6.4.2.3 本年度新增信托项目情况

| 新增信托项目 | 项目个数（个） | 实收信托合计金额（万元） |
|---|---|---|
| 集合类 | 277 | 10 311 565.73 |
| 单一类 | 66 | 6 073 438.08 |
| 财产管理类 | 6 | 223 010.97 |
| 新增合计 | 349 | 16 608 014.78 |
| 其中：主动管理型 | 262 | 8 343 674.29 |
| 被动管理型 | 87 | 8 264 340.49 |

## 6.5 关联方关系及其交易的披露

**6.5.1 关联交易方的数量、关联交易的总金额及关联交易的定价政策等**

| | 关联交易方数量（个） | 关联交易金额（万元） | 定价政策 |
|---|---|---|---|
| 合计 | 3 | 986.87 | 本公司的关联交易以公平的市场价格定价。 |

注：“关联交易”定义应以《公司法》《企业会计准则第36号——关联方披露》有关规定为准。上述关联交易金额是本年度固有、信托与关联方的发生额。

6.5.2 关联交易方与本公司的关系性质、关联交易方的名称、法定代表人、注册地址、注册资本及主营业务等

| 关系性质 | 关联方名称 | 法定代表人 | 注册地址 | 注册资本（万元） | 主营业务 | 实际投资额（万元） | 母公司所持有的权益性资本的比例（%） |
|---|---|---|---|---|---|---|---|
| 子公司（纳入合并报表） | 宏信证券有限责任公司 | 吴玉明 | 四川成都 | 100 000.00 | 证券经纪；证券投资咨询；证券资产管理；证券自营；证券投资基金销售；证券承销；融资融券。 | 84 453.03 | 60.376 |
| 子公司（纳入合并报表） | 四川川信物业管理有限责任公司 | 刘君谟 | 四川成都 | 500.00 | 物业管理、清洁服务。 | 581.79 | 95 |

6.5.3 逐笔披露本公司与关联方的重大交易事项

6.5.3.1 固有与关联方交易情况

单位：万元

| 固有与关联方交易 | | | | |
|---|---|---|---|---|
| | 期初数 | 借方发生额 | 贷方发生额 | 期末数 |
| 贷款 | — | — | — | — |
| 投资 | — | — | — | — |
| 租赁 | — | 208.89 | 208.89 | — |
| 担保 | — | — | — | — |
| 应收账款 | — | — | — | — |
| 其他 | — | 777.98 | 777.98 | — |
| 合计 | — | 986.87 | 986.87 | — |

6.5.3.2 信托资产与关联方交易情况

单位：万元

| 信托资产与关联方关联交易 | | | | |
|---|---|---|---|---|
| | 期初数 | 借方发生额 | 贷方发生额 | 期末数 |
| 贷款 | — | — | — | — |
| 投资 | 21 000.00 | — | 5 500.00 | 15 500.00 |
| 租赁 | — | — | — | — |
| 担保 | — | — | — | — |
| 应收账款 | — | — | — | — |
| 其他 | — | — | — | — |
| 合计 | 21 000.00 | — | 5 500.00 | 15 500.00 |

单位：万元

| 固有财产与信托财产相互交易情况 | | | |
|---|---|---|---|
| | 期初数 | 本期发生额 | 期末数 |
| 合计 | 372 566.99 | 6 522.95 | 379 089.94 |

单位：万元

| 信托资产与信托财产相互交易情况 | | | |
|---|---|---|---|
| | 期初数 | 本期发生额 | 期末数 |
| 合计 | 760 508.21 | -176 680.00 | 583828.21 |

## 6.6 薪酬管理信息

公司认真贯彻落实《商业银行稳健薪酬监管指引》要求，在依法合规的前提下，制定并不断优化与战略目标实施和竞争力提升、人才培养、风险控制相适应的薪酬机制，实行科学合理、统一规范、与稳健发展相适应的薪酬管理架构。公司薪酬管理制度和政策设计经董事会批准，管理层组织实施，人力资源部门负责具体事项的落实，风险控制、合规审计、计划财务等部门参与并监督薪酬机制的执行和完善性反馈工作。根据不同岗位性质和层级，建立薪酬和考评挂钩机制，并实行绩效薪酬延期支付及追索、风险扣回等制度。

员工薪酬由固定薪酬、激励性薪酬及福利性收入等构成。在保障全体员工基本薪酬和法定福利的基础上，以能力素质和价值贡献为核心，实行分级管理、逐级考核、覆盖全员的绩效考评机制。绩效考评充分结合了合规经营、风险管理、经营效益、发展转型、社会责任等要求。薪酬支付综合考虑了人员总量、结构以及公司财务状况、经营成果、风险控制以及中长期激励等多种因素。通过绩效考评及挂钩、绩效延期支付及追索、风险扣回等风险调整措施，确保薪酬支付与相应业务的风险相匹配。

## 6.7 信托业务创新成果和特色业务有关情况

2018 年，公司持续开展创新转型，建立了内外协调、矩阵研发的全员转型创新模式，积极将研发成果切实服务于业务创新发展。公司顺应经济形势的变化与监管部门的要求，主动调整业务方向，积极推进业务转型，加强主动管理能力，回归信托本源。

资产端业务方面，公司全面推进资产管理、投资银行、同业业务等业务的创新发展，立足于以资本市场改革发展方向为核心，推进传统融资类业务向权益投资类业务转型，被动管理向主动管理业务转型。

资金端服务方面，公司不断完善“锦绣财富”服务平台建设，根据客户的个性化需求量身定制家族信托、慈善信托等产品方案，努力为高净值客户提供全方位、全流程、全周期的综合金融服务，积极探索财富管理创新发展之道。截至 2018 年末，公司共成立 7 单慈善信托，跃居全国第二。同时，家族信托、消费信托等业务也相继落地，公司将创新业务融入现有业务线条，大力培养创新业务人才，加快创新业务转型发展，构建资管新时代下的核心竞争力。

## 6.8 公司履行受托人义务情况及因公司自身责任而导致的信托资产损失情况

公司严格按照信托相关法律法规及公司制度的要求管理、运用及处分信托财产，履行诚实、信用、谨慎、有效管理的义务，维护受益人的最大利益。

无因自身责任而导致信托资产损失的情况。

# 7. 财务情况说明书

## 7.1 利润实现和分配情况

报告期本公司实现利润总额为 98 357.48 万元，税后净利

润为 74 010. 71 万元。根据公司章程的规定,分别按当年实现净利润的 10% 提取法定公积金为 7 401. 07 万元,按净利润的 10% 提取信托赔偿准备金 7 401. 07 万元;根据《金融企业准备金计提管理办法》的规定,按当年年末风险资产的5% 计提一般准备 5 973. 72 万元,期末累计未分配利润为 243 413. 47 万元。

### 7. 2 主要财务指标

本公司报告期的主要财务指标如下:

| 指标名称 | 指标值 | 计算公式 |
| --- | --- | --- |
| 信托资产规模(亿元) | 3234. 88 | — |
| 人均信托资产规模(亿元) | 4. 41 | — |
| 信托业务收入占营业收入比重(%) | 94. 03 | 手续费及佣金净收入/营业收入 ×100% |
| 资本利润率(%) | 10. 27 | 净利润/所有者权益平均余额 ×100% |
| 人均净利润(万元) | 99. 88 | 净利润/年平均人数 |

### 7. 3 对本公司财务状况、经营成果有重大影响的其他事项

报告期内,没有对本公司财务状况、经营成果有重大影响的其他事项。

## 8. 特别事项揭示

### 8. 1 前五名股东报告期内变动情况及原因

无。

### 8. 2 董事、监事及高级管理人员变动情况及原因

无。

### 8. 3 变更注册资本、变更注册地或公司名称、公司分立合并事项

无。

### 8. 4 公司的重大诉讼事项

无。

### 8. 5 公司及其董事、监事和高级管理人员受到处罚的情况

无。

### 8. 6 银保监会及其派出机构对公司检查的情况

无。

### 8. 7 本年度重大事项临时报告的简要内容、披露时间、所披露的媒体及版面

《四川信托有限公司关于修改公司章程的公告》披露于 2018 年 9 月 26 日《上海证券报》信息披露/96 版。

### 8. 8 银保监会及其省级派出机构认定的其他有必要让客户及相关利益人了解的重要信息

无。

### 8. 9 履行社会责任情况

公司始终秉承专业服务社会的责任理念,将履行企业社会责任作为一项重要的战略举措和对社会的郑重承诺,推动经济、社会与环境健康协调发展。2018 年,公司充分发挥信托制度优势,大力拓展服务实体经济的广度和深度,全年累计投向实体经济领域的资金规模为 579. 37 亿元;在服务“一带一路”倡议以及“京津冀一体化”“长江经济带”建设等国家重要发展战略,以及供给侧改革、“三去一降一补”、基础设施建设、支持乡村振兴、现代农业、促进区域协调发展等方面,累计投入 326. 57 亿元;全力支持四川自贸区、西部金融中心、天府新区建设、西部综合枢纽建设等省内经济发展,累计投入 70. 80 亿元;持续加大对中小企业的支持力度,为助力中小企业发展提供资金支持 360. 49 亿元;不断加强对民生领域金融支持,合理配置信贷资源,投入资金 213. 03 亿元;依法诚信纳税,全年缴纳各种税款总额为 10. 54 亿元,为四川经济社会的发展作出了积极贡献;进一步满足客户资产管理和财富管理的多样化需求,全年累计为投资者创造收益 260. 32 亿元。同时,公司积极推动社会公益事业的模式创新,推出多个慈善信托产品,并积极开展扶贫赈灾、捐资助学、尊老护幼等公益活动。

## 9. 公司监事会意见

监事会认为,本公司决策程序符合法律法规和公司章程的规定,并建立了较为完善的内部控制制度,公司董事、管理层认真履行职责,未发生执行职务时有违反法律法规和公司章程或损害公司利益的行为。公司财务报告经致同会计师事务所审计,真实地反映了公司财务状况和经营成果。

# 苏州信托有限公司

## 1. 重要提示

1.1　本公司保证本报告所载资料不存在任何虚假记载、误导性陈述或者重大遗漏，并对本报告所载资料内容的真实性、准确性和完整性承担个别及连带责任。本年度报告摘要摘自年度报告全文，客户及相关利益人欲了解详细内容，应阅读年度报告全文。

1.2　公司独立董事顾迎斌先生、庄毓敏女士、王则斌先生声明：本年度报告内容真实、准确、完整。

1.3　公司董事长沈光俊先生、主管会计工作的负责人周也勤先生、会计机构负责人陶娟女士声明：本报告中财务会计报告内容真实、完整。

## 2. 公司概况

### 2.1　公司简介

苏州信托有限公司（以下简称苏州信托）原名苏州信托投资有限公司，于1991年3月18日经中国人民银行批准设立；2002年9月18日获准重新工商登记；2007年7月12日经银监会"银监复[2007]282号文"批准同意，公司变更为现名称，并调整业务范围，同年9月4日换领新的金融许可证。2008年5月20日，公司获中国银行业监督管理委员会"银监复[2008]182号"文件的批复，同意引进新股东，实行增资扩股，注册资本增至5.9亿元。2012年9月，公司获江苏监管局"苏银监复[2012]447号文"批准同意，完成二次增资，注册资本金增至12亿元。

| | |
|---|---|
| 公司中文名称 | 苏州信托有限公司 |
| 中文简称 | 苏州信托 |
| 公司英文名称 | Suzhou Trust Co.，Ltd. |
| 英文缩写 | Suzhou Trust |
| 法定代表人 | 沈光俊 |
| 注册地址 | 苏州市工业园区苏雅路308号信投大厦18－22层 |
| 邮政编码 | 215021 |
| 国际互联网网址 | www.trustsz.com |
| 电子邮箱 | sztic@trustsz.com |
| 公司负责信息披露事务的高级管理人员 | 张言 |
| 公司负责信息披露事务的联系人 | 联系人：孙焕 |
| | 联系电话：0512－65726976 |
| | 传真：0512－65291886 |
| | 电子邮箱：sunh@trustsz.com |
| 公司选定信息披露的报纸 | 《证券时报》 |
| 登载公司年度报告的国际互联网网址 | www.trustsz.com |
| 公司年度报告备置地点 | 苏州市工业园区苏雅路308号信投大厦18－22层 |
| 公司聘请的会计师事务所 | 天衡会计师事务所（特殊普通合伙） |
| 会计师事务所办公住所 | 南京市建邺区江东中路106号1907室 |
| 公司聘请的律师事务所 | 江苏新天伦律师事务所 |
| 律师事务所办公场所 | 苏州工业园区苏桐路37号（星海街口）四号楼3—4楼 |

### 2.2　组织结构

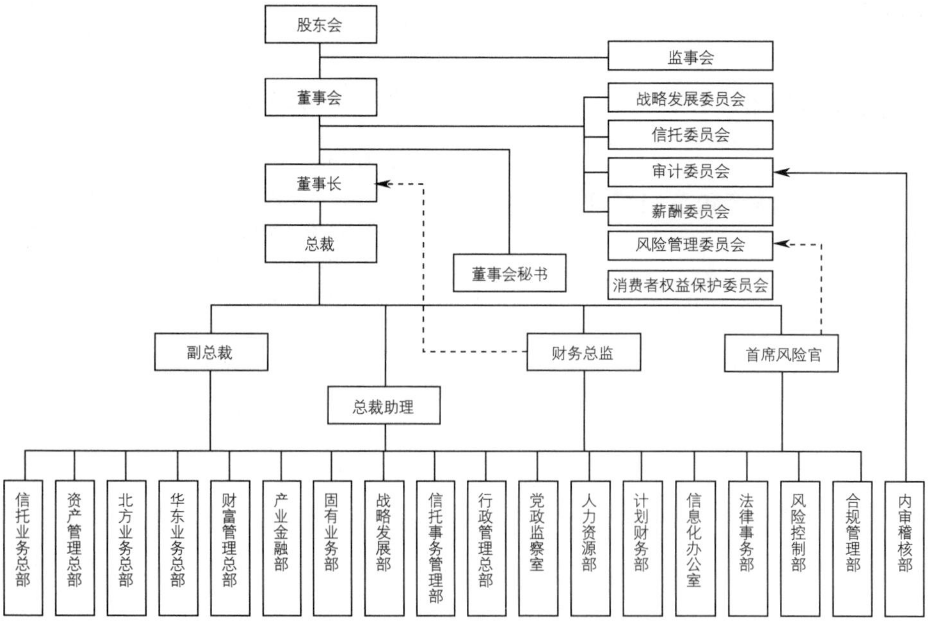

# 3. 公司治理

## 3.1 公司股东

截至报告期末公司股东有三家。

| 股东名称 | 持股比例(%) | 法定代表人 | 注册资本(亿元) | 注册地址 | 主要经营业务及主要财务情况 |
|---|---|---|---|---|---|
| 苏州国际发展集团有限公司 | 70.01 | 黄建林 | 25 | 苏州市人民路3118号 | 授权范围内的国有资产经营管理,国内商业、物资供销业(国家规定的专营、专项审批商品除外),及各类咨询服务。2017年末公司总资产为1 122亿元,净资产为316亿元,净利润为20亿元。 |
| 苏州文化旅游发展集团有限公司 | 19.99 | 王金兴 | 11 | 苏州市人民路1430号 | 受出资人委托全面管理和经营授权范围内的国有资产;对各类文化旅游及相关产业投资、建设、开发和管理;房地产及酒店投资;资产租赁;自营和代理各类商品及技术的进出口业务。2017年末公司总资产为53.7亿元,净资产为24.21亿元,净利润为0.85亿元。 |
| 联想控股股份有限公司 | 10 | 柳传志 | 23.56 | 北京市海淀区科学院南路2号院1号楼17层1701 | 业务涉及IT、风险投资、并购投资等非相关多元化领域。2017年末公司总资产为3 357亿元,实现营业收入为3 162.63亿元,归母净利润为50.48亿元。 |

## 3.2 公司第一大股东的主要股东情况

| 股东名称 | 出资比例(%) | 负责人 |
|---|---|---|
| 苏州市国有资产监督管理委员会 | 100 | 盛红明(主任) |

## 3.3 董事、董事会及其下属委员会

董事会成员

| 姓名 | 职务 | 性别 | 年龄(岁) | 任期(年) | 选任日期 | 所推举的股东名称 | 该股东持股比例(%) | 简要履历 |
|---|---|---|---|---|---|---|---|---|
| 沈光俊 | 董事长 | 男 | 47 | 3 | 2018年7月 | 苏州国际发展集团有限公司 | 70.01 | 曾先后任职于苏州资产评估事务所项目助理、项目经理、部门经理、合伙人,苏州仁合资产评估有限公司董事及南京分公司总经理,苏州信托有限公司理财服务中心副主任、主任、总经理助理、副总裁、总裁;现任苏州信托有限公司董事长。 |
| 李蓬 | 董事 | 男 | 47 | 3 | 2014年3月 | 联想控股股份有限公司 | 10 | 曾先后任职于中国对外贸易运输公司、Solectria Corporation、Teradyne Connection Systems,后担任联想控股有限公司投资管理部总经理、企划办副主任、财务资产部总经理、战略投资部总经理;现任联想控股执委会成员、高级副总裁。 |
| 郑刚 | 董事 | 男 | 44 | 3 | 2017年9月 | 苏州国际发展集团有限公司 | 70.01 | 曾先后任职于苏州互感器厂、苏州电器发展实业有限公司,苏州市住房置业担保有限公司副总经理、总经理、董事长;现任苏州国际发展集团有限公司经济发展部经理。 |
| 马伟华 | 董事 | 男 | 48 | 3 | 2017年9月 | 苏州文化旅游发展集团有限公司 | 19.99 | 曾先后任职于苏州市物资局,苏州物资控股(集团)有限责任公司综合经营管理处副处长、投资发展处副处长、处长;现任苏州文化旅游发展集团有限公司投资发展部经理、苏州文旅集团网尚电影文化投资有限公司执行董事。 |
| 刘文忠 | 职工董事 | 男 | 40 | 3 | 2016年2月 | — | — | 曾任职于山东网通集团公司泰安分公司,苏州信托有限公司法律事务部;现任苏州信托有限公司法律事务部总经理。 |

独立董事

| 姓名 | 职务 | 性别 | 年龄(岁) | 任期(年) | 选任日期 | 所推举的股东名称 | 该股东持股比例(%) | 简要履历 |
|---|---|---|---|---|---|---|---|---|
| 顾迎斌 | 独立董事 | 男 | 55 | 3 | 2017年9月 | 苏州国际发展集团有限公司 | 70.01 | 曾任南通市对外经济律师事务所律师,江苏金信达律师事务所律师、主任,北京市建元律师事务所南通分所律师、主任;现任北京大成(南通)律师事务所律师、主任。 |
| 庄毓敏 | 独立董事 | 女 | 56 | 3 | 2017年9月 | 苏州文化旅游发展集团有限公司 | 19.99 | 曾历任中国人民大学财金系副主任、助教、讲师、副教授、教授、博士生导师,财政金融学院副院长,挂职苏州市人民政府市长助理,福建省闽江学院副院长;现任中国人民大学研究生院副院长、第十二届全国人大代表、北京市第十四届政协委员。 |
| 王则斌 | 独立董事 | 男 | 58 | 3 | 2017年9月 | 联想控股股份有限公司 | 10 | 曾历任苏州大学财经学院教师、会计系党支部书记、商学院会计系系主任、东吴商学院副院长、院长;现任苏州大学东吴商学院教授。 |

## 3.4 公司监事、监事会及其下属委员会

公司监事

| 姓名 | 职务 | 性别 | 年龄（岁） | 任期（年） | 选任日期 | 所推举的股东名称 | 该股东持股比例（%） | 简要履历 |
|---|---|---|---|---|---|---|---|---|
| 胡　斌 | 监事长 | 男 | 50 | 3 | 2017年9月 | 苏州国际发展集团有限公司 | 70.01 | 曾任中国包装进出口总公司江苏苏州支公司干部，苏州市外经局科员，苏州市政府办公室处长；现任苏州国际发展集团有限公司总经理助理。 |
| 陈利民 | 监事 | 男 | 55 | 3 | 2017年9月 | 苏州文化旅游发展集团有限公司 | 19.99 | 曾任职于苏州地区木材建材公司、苏州市物资局，后任苏州市物资局、物资控股（集团）有限责任公司财务处副处长、处长、总经理助理；现任苏州物资控股（集团）有限责任公司董事长。 |
| 朱燕琳 | 监事 | 女 | 40 | 3 | 2013年11月 | 联想控股股份有限公司 | 10 | 曾先后任职于上海文广新闻传媒集团广告经营中心、上海锐界数码科技有限公司、联想控股股份有限公司金融服务投资部高级投资经理；现任联想控股子公司正奇金融下属上海投资公司副总经理。 |
| 陈　磊 | 监事 | 男 | 55 | 3 | 2013年11月 | — | — | 曾任省国资局副主任科员、主任科员，江苏省产权交易所副所长，资产评估中心副主任，江苏省财政厅工贸发展处调研员兼产权交易所所长、股权登记中心主任；现任苏州信托下属苏信创业投资有限公司董事长。 |
| 徐李梅 | 职工监事 | 女 | 41 | 3 | 2013年11月 | — | — | 曾任职于苏州市投资公司投资部，后担任苏州信托有限公司固有业务部业务主管；现任信托业务总部副经理。 |

公司监事会未设立下属委员会。

## 3.5 高级管理人员

公司高级管理人员

| 姓名 | 职务 | 性别 | 年龄（岁） | 选任日期 | 金融从业年限（年） | 学历 | 专业 | 简要履历 |
|---|---|---|---|---|---|---|---|---|
| 沈光俊 | 董事长 | 男 | 47 | 2018年8月 | 15 | 本科 | 财政 | 曾任职于苏州资产评估事务所评估部项目经理、工程造价审计部经理苏州仁合资产评估有限公司董事及南京分公司总经理，先后担任苏州信托有限公司理财服务中心副主任、主任、总经理助理、副总裁、总裁；现任苏州信托有限公司董事长。 |
| 周也勤 | 副总裁<br>财务总监 | 男 | 55 | 2011年1月 | 29 | 中专 | 会计 | 曾任职于苏州前进化工厂财务科，后担任苏州信托有限公司财务部经理、总经理助理等职；现任苏州信托有限公司副总裁兼财务总监。 |
| 汪　瑜 | 副总裁 | 女 | 40 | 2014年7月 | 18 | 研究生 | 行政管理 | 曾任职于恒远证券，先后担任苏州信托有限公司综合管理部副经理、经理、总裁助理等职；现任苏州信托有限公司副总裁。 |
| 姚文德 | 副总裁 | 男 | 50 | 2016年4月 | 15 | 本科 | 财政 | 曾任职苏州市财政局国有资产评估中心，苏州资产评估事务所评估部副经理，江苏仁合资产评估有限公司资产评估部经理，先后担任苏州信托有限公司信托业务部副经理、经理，研究发展部经理等职；现任苏州信托有限公司副总裁。 |
| 张　言 | 副总裁<br>董事会秘书 | 女 | 53 | 2016年2月 | 30 | 研究生 | 政经 | 曾任教苏州市供销中专专业课程，工商银行苏州分行证券营业部副经理、固定资产信贷科副科长，苏州信托投资有限公司办公室副主任、主任，东吴证券发展规划部副总经理，先后担任苏州信托有限公司研究发展部经理、理财服务中心主任、办公室主任、董事会秘书兼董事会、总裁办公室主任；现任苏州信托有限公司副总裁、董事会秘书。 |
| 袁敏文 | 首席风险官 | 男 | 49 | 2016年2月 | 31 | 本科 | 会计 | 曾任职苏州市庆丰仪表厂财务科任总账会计，先后担任苏州信托有限公司计划财务部、内审稽核部、项目管理部、理财服务中心、风险控制部、合规管理部、法律事务部、战略发展部等部门主要负责人、助理总裁；现任苏州信托有限公司首席风险官。 |
| 张　清 | 总裁助理 | 男 | 43 | 2017年1月 | 21 | 本科 | 经济管理 | 曾任职苏州市拍卖行，先后担任苏州信托有限公司理财服务中心、市场发展部、研究发展部、财富管理中心主要负责人、助理总裁兼信托业务总部总经理、上海办事处主任；现任苏州信托有限公司总裁助理。 |
| 顾向明 | 总裁助理 | 男 | 44 | 2017年1月 | 20 | 本科 | 国际金融 | 曾任职交通银行苏州分行国际业务部，先后担任苏州信托有限公司信托业务部副经理、信托业务二部副经理、经理、信托业务总部副总经理兼信托业务总部下设业务一部经理、助理总裁兼信托业务总部总经理、助理总裁兼资产管理总部总经理；现任苏州信托有限公司总裁助理。 |

### 3.6 公司员工

| 在岗职工人数(人) | | 160 | |
|---|---|---|---|
| 平均年龄(岁) | | 35 | |
| | | 人数(人) | 比例(%) |
| 年龄分布 | 30岁以下 | 56 | 35.00 |
| | 31~40岁 | 71 | 44.38 |
| | 41~50岁 | 25 | 15.62 |
| | 51岁以上 | 8 | 5.00 |
| | 小计 | 160 | 100.00 |
| 学历分布 | 博士研究生 | 2 | 1.24 |
| | 硕士研究生 | 90 | 56.25 |
| | 本科 | 62 | 38.75 |
| | 专科 | 3 | 1.88 |
| | 其他 | 3 | 1.88 |
| | 小计 | 160 | 100.00 |
| 岗位分布 | 高级管理人员 | 9 | 5.63 |
| | 自营业务人员 | 2 | 1.25 |
| | 信托业务人员 | 75 | 46.88 |
| | 中台人员 | 44 | 27.50 |
| | 后台人员 | 30 | 18.74 |
| | 小计 | 160 | 100.00 |

## 4. 经营管理

### 4.1 经营目标、经营方针、战略规划

#### 4.1.1 经营目标

继续理顺治理机制;完善以规划为导向、以人才为基础、以制度为标准的科学发展模式;积极探索利用股东资源和开发战略联盟资源进行合作的方式,拓宽和加深核心业务的开发培育;逐步建立更加有效的绩效考核和激励机制,吸引更多更优秀的人才为公司发展服务;进一步提升市场营销与项目拓展能力,加大客户开发、产品供给的力度,为客户提供更丰富的产品和更优质的服务;努力实现由地方性中小机构向全国性信托公司转变,最终成为独具特色的信托理财专业机构。

#### 4.1.2 经营方针

坚持依法合规和稳健经营,坚持以健康可持续发展为导向、以"诚信、创新、协作、敬业、自律"为核心理念的发展路径,通过规范的公司治理和不断完善的经营管理机制,以及依靠外部引进的高层次人才,推进信托主业的转型和全面发展。

#### 4.1.3 战略规划

以"独具特色的财富受托人"为愿景,打造特色化的信托产品、综合的理财服务,以及全国性的影响力。

### 4.2 所经营业务的主要内容

自营资产运用与分布表

| 资产运用 | 金额(万元) | 占比(%) | 资产分布 | 金额(万元) | 占比(%) |
|---|---|---|---|---|---|
| 货币资产 | 26 682 | 5.38 | 基础产业 | — | — |
| 贷款及应收款 | 21 742 | 4.38 | 房地产业 | — | — |
| 交易性金融资产 | 4 | — | 证券市场 | 56 338 | 11.36 |
| 可供出售金融资产 | 317 871 | 64.08 | 实业 | 42 615 | 8.59 |

续表

| 资产运用 | 金额(万元) | 占比(%) | 资产分布 | 金额(万元) | 占比(%) |
|---|---|---|---|---|---|
| 持有至到期投资 | — | — | 金融机构 | 363 033 | 73.18 |
| 长期股权投资 | 12 547 | 2.53 | 其他 | 34 099 | 6.87 |
| 其他 | 117 238 | 23.63 | | | |
| 资产总计 | 496 084 | 100.00 | 资产总计 | 496 084 | 100.00 |

信托资产运用与分布表

| 资产运用 | 金额(万元) | 占比(%) | 资产分布 | 金额(万元) | 占比(%) |
|---|---|---|---|---|---|
| 货币资金 | 288 814.11 | 3.42 | 基础产业 | 1 528 410.89 | 18.10 |
| 贷款 | 2 828 784.66 | 33.50 | 房地产 | 528 707.40 | 6.26 |
| 交易性金融资产 | 305 989.84 | 3.62 | 证券 | 174 037.62 | 2.06 |
| 持有至到期投资 | 3 186 213.40 | 37.73 | 金融机构 | 363 247.22 | 4.30 |
| 长期股权投资 | 1 475 462.22 | 17.47 | 工商企业 | 2 162 425.80 | 25.61 |
| 长期应收款 | — | — | 其他 | 3 688 134.03 | 43.67 |
| 买入返售金融资产 | 47 360.62 | 0.56 | | | |
| 应收款项 | 1 990.89 | 0.02 | | | |
| 其他资产 | 310 347.22 | 3.68 | | | |
| 信托资产总计 | 8 444 962.96 | 100.00 | 信托资产总计 | 8 444 962.96 | 100.00 |

### 4.3 市场分析

#### 4.3.1 宏观经济分析

2018年是全面贯彻党的十九大精神的开局之年。在以习近平同志为核心的党中央坚强领导下,坚持稳中求进的工作总基调,按照高质量发展要求,有效应对外部环境深刻变化,宏观调控目标较好完成,三大攻坚战开局良好,供给侧结构性改革深入推进,改革开放力度加大,稳妥应对中美经贸摩擦,人民生活持续改善,保持了经济持续健康发展和社会大局稳定。

#### 4.3.2 金融形势分析

在2017年中国宏观杠杆率增长放缓的基础上,2018年国内非金融企业部门和金融部门杠杆率双双下行,影子银行规模大幅萎缩,系统性风险在源头上得到有效治理。在中央"去杠杆、防风险"政策的指导下,在资管新规和一系列监管政策的共同作用下,信托行业资产管理规模连续回落,2018年9月末,信托资产余额为23.14万亿元,较2017年第三季度末同比下降5.19%;风险项目规模为2 159.73亿元,风险率为0.93%,较2017年末上升0.4%。

#### 4.3.3 影响本公司业务发展的主要因素

报告期内,影响本公司业务发展的有利因素:一是国内经济发展稳中有进,供给侧改革不断向纵深推进;二是业态发展逐步丰富,慈善信托、家族信托、供应链金融、消费信托、资产证券化等创新业务的发展势头与计划相吻合;三是资管新规推动信托行业回归本源,信托业将步入新的发展阶段,主动管理能力将持续获得提升;四是国家政策引导下,基于金融业务发展的实际需要,支持民营企业、服务实体经济已经成为信托公司共同的战略选择;五是信托业各企业开始寻求特色化、差异化发展,展现了更加蓬勃的发展生机;六是股东单位的大力支持,为公司健康发展奠定了基础。

报告期内,本公司业务面临的不利影响:一是经济下行压力加大,信托业务模式面临调整;二是资管新规实施加剧了资管行业的竞争,信托通道类业务受到限制,信托管理规模呈下

降趋势;三是刚性兑付打破的背景下,信托公司募资能力受到冲击,更须加强尽职履责、风险管控的落实;四是银行理财子公司管理办法的出台及审批放行,使得信托公司牌照优势大受影响,理财市场竞争愈加激烈;五是信托行业进一步回归信托本源,提升主动管理能力,强化风险管控手段,迫切需要加快转型发展;六是个别信托公司兑付危机带来的声誉风险都对信托公司发展不利。

## 4.4 公司内部控制概况

### 4.4.1 内部控制环境和内部控制文化

公司高度重视内部控制体系建设,不断改善内部控制环境,建立了合理的组织架构。公司按照《公司法》《信托公司治理指引》《企业内部控制基本规范》等法律法规以及公司章程的相关要求,建立了由股东会、董事会、监事会以及高级管理层组成的分工明确、权责对应、合理制衡的公司治理结构。董事会下设信托委员会、审计委员会、薪酬委员会、风险管理委员会、战略发展委员会、消费者权益保护委员会,各委员会分工明确,协助董事会开展公司的各项工作。公司董事会建立了独立董事制度,聘请业内专家担任独立董事,公司独立董事具有丰富的经济、金融和法律实践经验,对经济形势和金融局势具有敏锐的观察力,能认真履行职责,指导公司防范信托行业中存在的风险,把握业务发展的方向。监事会对公司的各项经营活动进行监督,报告期内,监事会依法履行职责,督促公司合法、合规经营和加强风险防范,为公司健康、稳步发展发挥了重要作用。

公司重视内部控制文化建设,坚持以合规经营和维护受益人利益为出发点,通过制度建设、员工培训、激励安排等方式将其融入日常工作和企业行为中,引导公司员工自觉主动合规工作,营造良好的内部控制文化氛围。

### 4.4.2 内部控制措施

公司内控体系涵盖公司治理、内部控制、信托业务、固有业务、人力资源、内部审计等,明确了各部门及岗位的职责权限、各业务流程的控制节点及控制要求。公司定期对各项制度和流程进行评估,2018 年新增制度 9 个,包括《苏州信托有限公司案件防控管理办法》《苏州信托有限公司押品管理指引》等;修订制度 13 个,包括《苏州信托有限公司征信系统管理办法》《苏州信托有限公司信托产品营销管理办法》等。

公司不断完善在业务管理、风险管理、后续管理等方面的内部控制制度和流程,业务运作中实现了前台、中台、后台的严格分离及各部门之间高效衔接、密切合作。此外,公司建立健全严格的隔离机制,实现信托业务与固有业务相互独立运作,各部门实行有效的岗位分工,进一步保证公司内部控制制度的有效执行。

公司建立了明确的授权制度,执行严格的审批程序与审批权限。根据业务需要,公司建立了有效的业务决策系统:各业务部门对项目进行初步筛选,风险控制部、法律事务部对项目进行风险审查,客观出具审查报告。公司针对信托业务和固有业务的业务特性,分别成立了信托业务决策委员会和固有业务决策委员会进行项目评审,对公司各项业务进行集体审议,科学决策。

在业务存续期内,风险控制部组织季度事中风险检查工作,按季度对存续的信托项目、固有业务的项目进行全面检查与重点抽查,并根据检查结果出具风险管理报告,提交风险管理委员会审议。同时向业务部门出具风险检查反馈意见,督促业务部门根据检查出的问题及时进行整改。

针对公司业务开展和管理制度的执行情况,内审稽核部进行内部审计。内审稽核部根据公司业务开展的情况制定内部审计稽核工作计划,有针对性地对相关项目进行内部审计。此外,公司还聘请资质优良的会计师事务所对公司的经营状况等进行外部审计。

公司建立业务风险预警机制和突发事件应急处理机制,明确风险预警标准,规范处置程序,制定了《业务风险预警及应急处置管理暂行办法》,完善突发事件应急处置流程,确保突发事件得到及时妥善处理。公司特别强调项目随访制度的执行,密切关注到期项目的流动性风险和交易对手违约风险,一旦发生预警信息,将及时进行业务预警和风险处置。

### 4.4.3 信息交流与反馈

公司建立了良好的信息共享、传递、披露和反馈体系。

公司建立了清晰、顺畅、双向的内部信息交流制度。公司开通各种信息交流渠道,通过公司公文、公告等传递和获取信息;充分利用信息技术,通过网络、电话会议、邮件、业务系统等方式在公司内部传递信息,确保能够将决策层的战略、政策、制度及相关规定等信息及时传达给员工,公司员工也可及时了解业务运作的有关情况并将操作中的有关信息反馈给管理层。

在对外信息沟通交流方面,公司及时、准确地向监管部门报送所需要的各种数据和资料,并将监管部门的意见及时、准确地传达给公司相关人员。同时,公司依法将资产经营状况等信息通过经营场所、公司网站及其他媒介向社会公开披露,并根据合同约定向相关利益人定期披露约定信息,充分发挥社会公众对公司的监督作用。

### 4.4.4 监督评价与纠正

公司设有内审稽核部门,负责内部控制的监督评价,对内部控制的制度建设和执行情况定期进行检查评价,根据检查结果提出内部控制缺陷以及改进建议,内审稽核部有权直接向董事会、监事会和公司高管层报告内部控制审计情况,具有充分的独立性。

2018 年针对内审稽核部内部检查及监管部门提出的监管意见,公司组织相关部门制定整改方案,并要求相关部门落实整改,并在今后工作中加以防范,整改落实情况良好。

## 4.5 公司风险管理

### 4.5.1 风险管理概况

公司始终认为积极、高效的风险管理工作是公司内部控制环节中重要的组成部分,是公司持续经营、业务稳健发展的基础之一。公司风险管理的主要目的是通过积极、主动的风险管理活动,提升风险管理能力,实现风险和收益的平衡,构建全面风险管理体系,保证各项业务可持续发展。

公司在风险管理和内部控制方面已建立起符合监管要求的框架体系。公司董事会下设风险管理委员会,负责审核风险管理政策和内部控制制度,并对其实施情况及效果进行监督和评价,风险管理工作具有独立性。董事会履行公司章程中规定的风险管理职责,并授权风险管理委员会负责通过设定具体限制、授权资格及其他财务或非财务指标准确定公司各类风险的总体风险承受度。风险控制部作为公司风险管理的职能部门，按照公司风险管理政策和制度的要求开展工作，有效识别和管理风险，做到事前防范、事中监督和控制、事后总结和分析。

4.5.2 风险状况

4.5.2.1 信用风险状况

信用风险是指由于交易对手不履行与公司的合约而给公司带来潜在损失的可能性，信用风险主要表现为，在贷款、资产回购、担保、履约承诺等交易过程中，借款人、回购人、担保人等交易对手不能或者不愿履行合约而使信托财产或者固有财产遭受潜在损失的可能性。

公司信用风险主要存在于非事务管理的融资类信托业务和固有贷款业务。公司目前存续上述业务运行基本正常，贷款项目均在贷前落实各项抵（质）押、担保等保障措施，风险可控。

4.5.2.2 市场风险状况

市场风险是指公司在对信托财产和固有财产的经营管理中，因市场利率、汇率、股价等市场参数的波动而产生的风险，包括利率风险、汇率风险、股市风险等。报告期内，在公司固有业务和信托业务中，主动管理型证券投资业务保持比较低的比例，市场利率和汇率等波动对公司所管理的资产没有影响。

在报告期内，各项业务未出现风险损失，市场风险管理状况良好。

4.5.2.3 操作风险状况

操作风险是指由于员工出现失误等个人因素造成操作不当所引发的风险；因公司治理机制、内部控制失效或制度不完善引发的风险；由于信息系统出现故障等导致业务无法正常运行而引发的风险等。

在报告期内，公司各项业务都严格执行内部控制程序及业务操作流程，公司未发生因操作风险所造成的损失。

4.5.2.4 其他风险状况

公司所面临的风险还包括政策风险、合规风险、流动性风险、声誉风险及道德风险等其他风险。报告期内，公司未发生因其他风险所造成的损失。

4.5.3 风险管理

4.5.3.1 信用风险管理

对于信用风险的管理，结合信托业协会下发的《信托公司受托责任尽职指引》的内容，公司通过修订现有制度以及组织开展员工培训等方式进一步强调尽职调查工作的规范性、完备性要求。对于创新业务，公司及时更新和制定相关管理制度。在展业过程中，根据业务需要利用专业第三方机构出具的专业意见，提高尽职调查信息的可靠性和专业性。公司主要通过对交易对手的资信状况等进行尽职调查和事前风险防范。同时，通过风控前置、组织论证会等形式多渠道识别并防范信用风险。此外，公司强调项目保障措施的充分有效性，选取担保实力强、资质较好的企业或个人作为担保人，选取由专业评估机构评估的、易于变现的、具有一定公允价值的核心资产作为抵（质）押物，并控制抵（质）押率，为项目提供进一步的综合保障。

公司在项目实施过程中，通过对项目运行的有效管理，跟踪交易对手的信用情况、定期进行事中风险检查、开展资产分类评级工作，以及开展信用风险专项检查等，对信用风险进行动态监控。除此之外，按照公司风险预警及应急处置机制，风险控制部动态评估项目风险情况，及时针对所发现的问题发出风险提示及风险预警，并定期对预警项目进行追踪报告。公司对即将到期项目实行偿付预案备案机制，做到风险早发现、早处理。公司通过对项目结束后的内部稽核和评价进行业务的事后控制和综合评价。

4.5.3.2 市场风险管理

公司通过加强对宏观经济和市场的研究，及时跟踪市场价格波动情况，对各项业务的市场风险因素进行分析，以及时、准确地识别所有业务中市场风险的类别和性质。通过定期或不定期对房地产和证券投资业务进行市场风险压力测试、专项检查，分析业务对外部市场变化的敏感程度和可能的影响，以制定策略应对市场变化。公司不仅关注市场风险的控制，更注重通过组合策略来合理规避市场风险。此外，针对证券市场风险，依据投资组合的净值、仓位和投资集中度等指标事先设定预警点或止损点，逐日盯市，及时预警；针对房地产行业市场风险，引入外部合作机构参与项目尽职调查，为业务部门和风控部门对房地产信托项目的市场判断提供有效的决策依据。

4.5.3.3 操作风险管理

为防范操作风险，公司制定了一系列覆盖公司治理、财务管理、业务操作等方面的制度及操作程序，并有效地识别、报告、管理和控制操作风险。此外，公司还根据市场环境、监管规则及业务发展变化，不断调整和完善操作流程和制度，并将多项制度的执行系统化、自动化，以降低操作风险。公司明确各部门、各岗位的职责和权限，保证不相容岗位的有效分离与制衡，并实行严格的授权制度与过程监控。公司对于重点流程和业务通过定期或不定期开展操作风险专项检查，做到操作风险早发现、早处理。此外，公司通过投诉举报、案件防控、员工培训等方式，加强员工行为的管理和监督，切实防范和降低操作风险。

4.5.3.4 其他风险管理

公司加强对国家政策的分析和研究，及时与监管部门沟通，并根据要求及时更新和完善各类制度，并通过组织员工培训、线上考试等方式，提高员工对政策的理解能力和执行力度，确保公司按照法律法规及监管要求开展各项工作，从而有效防范政策风险、合规风险。

公司高度重视流动性风险的管控，尤其针对现金类和配置类产品，公司持续进行流动性监控，定期开展压力测试，严控现金缺口，防范流动性风险。

对于声誉风险的防范，公司建立了舆情管理机制，明确了“严控源头、持续监控、强化沟通、密切配合、高效处置、杜绝声誉风险”的舆情管理原则，设专人负责舆情管理日常工作，同时通过充分的信息披露，提高信息透明度，以及与投资者、利益相关方等的良好沟通，切实防范声誉风险。

对于道德风险的防范，公司重视员工职业道德教育，通过积极组织员工培训、考试、同业交流等形式提升员工的专业知识和能力，同时公司党政监察室、人力资源部也会对员工行为进行监督、考核，以防范道德风险。

## 4.6 净资本管理概况

公司依据《信托公司净资本管理办法》积极推进净资本管理。

报告期末，净资本各项指标均处于符合监管要求的较好水平。

| 指标（母公司口径） | 期末数 | 监管标准 |
|---|---|---|
| 净资本（万元） | 287 061 | ≥2 亿元 |
| 各项风险资本之和（万元） | 99 451 | |
| 净资本/各项风险资本之和（%） | 288.64 | ≥100 |
| 净资本/净资产（%） | 77.30 | ≥40 |

### 4.7 履行社会责任

报告期内，本公司贯彻落实"三重一大"决策制度，进一步完善法人治理结构、内控体系及风险管理，有效控制各类风险；积极发展主动管理类信托业务，完善客户服务体系，优化产品结构；紧跟政策指引，顾全大局，充分发挥国有金融机构功能，积极支持实体经济发展；支持苏州地方经济转型发展，提供优质的信托金融服务；加强党风廉政建设；保障员工基本权益，提供各类专项培训、健全的保险保障和丰富的活动；推行绿色金融，支持低碳环保经济；积极投身金融知识宣传和消费者权益保护工作，构建立体化投教体系，切实保障投资者各项合法权益。开展"提升金融素养争做金融好网民""防范非法集资和反洗钱"等主题宣传，共建和谐金融；积极发展公益信托，致力精准扶贫和教育事业。

## 5. 报告期末及上一年度末的比较式会计报表

### 5.1 自营资产

#### 5.1.1 会计师事务所审计结论

**审计报告**

天衡审字（2019）00026 号

苏州信托有限公司全体股东：

一、审计意见

我们审计了苏州信托有限公司（以下简称苏州信托公司）财务报表，包括 2018 年 12 月 31 日的合并及母公司资产负债表，2018 年度的合并及母公司利润表、合并及母公司现金流量表、合并及母公司所有者权益变动表以及财务报表附注。

我们认为，后附的财务报表在所有重大方面按照企业会计准则的规定编制，公允反映了苏州信托公司 2018 年 12 月 31 日的合并及母公司财务状况以及 2018 年度的合并及母公司经营成果和现金流量。

二、形成审计意见的基础

我们按照中国注册会计师审计准则的规定执行了审计工作。审计报告的"注册会计师对财务报表审计的责任"部分进一步阐述了我们在这些准则下的责任。按照中国注册会计师职业道德守则，我们独立于苏州信托公司，并履行了职业道德方面的其他责任。我们相信，我们获取的审计证据是充分、适当的，为发表审计意见提供了基础。

三、管理层和治理层对财务报表的责任

管理层负责按照企业会计准则的规定编制财务报表，使其实现公允反映，并设计、执行和维护必要的内部控制，以使财务报表不存在由于舞弊或错误导致的重大错报。

在编制财务报表时，管理层负责评估苏州信托公司的持续经营能力，披露与持续经营相关的事项（如适用），并运用持续经营假设，除非管理层计划清算苏州信托公司、终止运营或别无其他现实的选择。

治理层负责监督苏州信托公司的财务报告过程。

四、注册会计师对财务报表审计的责任

我们的目标是对财务报表整体是否不存在由于舞弊或错误导致的重大错报获取合理保证，并出具包含审计意见的审计报告。合理保证是高水平的保证，但并不能保证按照审计准则执行的审计在某一重大错报存在时总能发现。错报可能由于舞弊或错误导致，如果合理预期错报单独或汇总起来可能影响财务报表使用者依据财务报表作出的经济决策，则通常认为错报是重大的。

在按照审计准则执行审计工作的过程中，我们运用职业判断，并保持职业怀疑。同时，我们也执行以下工作：

（1）识别和评估由于舞弊或错误导致的财务报表重大错报风险，设计和实施审计程序以应对这些风险，并获取充分、适当的审计证据，作为发表审计意见的基础。由于舞弊可能涉及串通、伪造、故意遗漏、虚假陈述或凌驾于内部控制之上，未能发现由于舞弊导致的重大错报的风险高于未能发现由于错误导致的重大错报的风险。

（2）了解与审计相关的内部控制，以设计恰当的审计程序，但目的并非对内部控制的有效性发表意见。

（3）评价管理层选用会计政策的恰当性和作出会计估计及相关披露的合理性。

（4）对管理层使用持续经营假设的恰当性得出结论。同时，根据获取的审计证据，就可能导致对苏州信托公司持续经营能力产生重大疑虑的事项或情况是否存在重大不确定性得出结论。如果我们得出结论认为存在重大不确定性，审计准则要求我们在审计报告中提请报表使用者注意财务报表中的相关披露；如果披露不充分，我们应当发表非无保留意见。我们的结论基于截至审计报告日可获得的信息。然而，未来的事项或情况可能导致苏州信托公司不能持续经营。

（5）评价财务报表的总体列报、结构和内容（包括披露），并评价财务报表是否公允反映相关交易和事项。

（6）就苏州信托公司中实体或业务活动的财务信息获取充分、适当的审计证据，以对合并财务报表发表审计意见。我们负责指导、监督和执行集团审计，并对审计意见承担全部责任。

我们与治理层就计划的审计范围、时间安排和重大审计发现等事项进行沟通，包括沟通我们在审计中识别出的值得关注的内部控制缺陷。

天衡会计师事务所（特殊普通合伙）

中国．南京

2019 年 1 月 30 日

中国注册会计师：杨伟忠（中国注册会计师 杨伟忠 320500040004）

中国注册会计师：杨蔚（中国注册会计师 杨蔚 320500050010）

### 5.1.2 资产负债表

**合并资产负债表**

编制单位：苏州信托有限公司　　2018 年 12 月 31 日　　单位：元

| 资产 | 注释 | 期末余额 | 期初余额 |
|---|---|---|---|
| 资产： | | | |
| 货币资金 | 五、1 | 266 817 057. 80 | 674 999 079. 03 |
| 以公允价值计量且其变动计入当期损益的金融资产 | 五、2 | 42 411. 12 | 115 956. 54 |
| 应收利息 | 五、3 | 434 658. 89 | 336 991. 11 |
| 买入返售金融资产 | 五、4 | 918 102 055. 00 | |
| 发放贷款及垫款 | 五、5 | 130 719 350. 00 | 137 860 000. 00 |
| 可供出售金融资产 | 五、6 | 3 178 708 841. 78 | 3 499 901 809. 52 |
| 长期股权投资 | 五、7 | 125 466 448. 41 | 124 662 419. 36 |
| 固定资产 | 五、8 | 209 519 126. 24 | 221 316 767. 93 |
| 无形资产 | 五、9 | 630 731. 91 | 427 567. 74 |
| 商誉 | 五、10 | 1 854 025. 67 | 1 854 025. 67 |
| 递延所得税资产 | 五、11 | 42 001 392. 80 | 62 610 051. 18 |
| 其他资产 | 五、12 | 86 548 024. 41 | 60 884 783. 76 |
| 资产总计 | | 4 960 844 124. 03 | 4 784 969 451. 84 |
| 负债： | | | |
| 应付职工薪酬 | 五、13 | 201 538 966. 33 | 219 195 904. 46 |
| 应交税费 | 五、14 | 98 393 540. 06 | 85 082 814. 41 |
| 递延所得税负债 | 五、11 | 115 277 548. 08 | 174 977 458. 95 |
| 其他负债 | 五、15 | 70 447 876. 16 | 47 818 320. 89 |
| 负债合计 | | 485 657 930. 63 | 527 074 498. 71 |
| 所有者权益(或股东权益)： | | | |
| 实收资本 | 五、16 | 1 200 000 000. 00 | 1 200 000 000. 00 |
| 资本公积 | 五、17 | 249 100. 00 | 249 100. 00 |
| 其他综合收益 | 五、18 | 345 564 796. 87 | 524 643 768. 31 |
| 盈余公积 | 五、19 | 387 925 816. 58 | 351 727 040. 37 |
| 一般风险准备 | 五、20 | 225 589 998. 17 | 212 347 153. 63 |
| 未分配利润 | 五、21 | 2 271 087 366. 95 | 1 944 158 552. 79 |
| 归属于母公司所有者权益合计 | | 4 430 417 078. 57 | 4 233 125 615. 10 |
| 少数股东权益 | | 44 769 114. 83 | 24 769 338. 03 |
| 所有者权益合计 | | 4 475 186 193. 40 | 4 257 894 953. 13 |
| 负债和所有者权益总计 | | 4 960 844 124. 03 | 4 784 969 451. 84 |

法定代表人：沈光俊　　主管会计工作负责人：周也勤　　会计机构负责人：陶娟

**资产负债表**

编制单位：苏州信托有限公司　　2018 年 12 月 31 日　　单位：元

| 资产 | 注释 | 期末余额 | 期初余额 |
|---|---|---|---|
| 资产： | | | |
| 货币资金 | | 245 341 024. 67 | 659 980 039. 87 |
| 以公允价值计量且其变动计入当期损益的金融资产 | | 42 411. 12 | 115 956. 54 |
| 应收利息 | | 434 658. 89 | 336 991. 11 |
| 买入返售金融资产 | | 918 102 055. 00 | |
| 发放贷款及垫款 | | 130 719 350. 00 | 137 860 000. 00 |
| 可供出售金融资产 | 十五、1 | 3 017 703 840. 36 | 3 366 704 118. 68 |
| 长期股权投资 | 十五、2 | 118 523 283. 33 | 118 785 749. 84 |
| 固定资产 | | 198 343 890. 57 | 209 560 607. 05 |
| 无形资产 | | 630 731. 91 | 427 567. 74 |
| 递延所得税资产 | | 42 001 392. 80 | 62 610 051. 18 |
| 其他资产 | | 81 401 009. 38 | 59 096 803. 65 |
| 资产总计 | | 4 753 243 648. 03 | 4 615 477 885. 66 |
| 负债： | | | |
| 应付职工薪酬 | | 201 538 966. 33 | 219 195 904. 46 |

续表

| 资产 | 注释 | 期末余额 | 期初余额 |
|---|---|---|---|
| 应交税费 | | 94 983 550. 57 | 84 653 263. 23 |
| 递延所得税负债 | | 115 277 548. 08 | 174 977 458. 95 |
| 其他负债 | | 56 805 167. 99 | 34 921 634. 57 |
| 负债合计 | | 468 605 232. 97 | 513 748 261. 21 |
| 所有者权益(或股东权益): | | | |
| 实收资本 | | 1 200 000 000. 00 | 1 200 000 000. 00 |
| 资本公积 | | 249 100. 00 | 249 100. 00 |
| 其他综合收益 | | 345 564 796. 87 | 524 643 768. 31 |
| 盈余公积 | | 384 730 505. 06 | 348 531 728. 85 |
| 一般风险准备 | | 225 589 998. 17 | 212 347 153. 63 |
| 未分配利润 | | 2 128 504 014. 96 | 1 815 957 873. 66 |
| 所有者权益合计 | | 4 284 638 415. 06 | 4 101 729 624. 45 |
| 负债和所有者权益总计 | | 4 753 243 648. 03 | 4 615 477 885. 66 |

法定代表人:沈光俊　　主管会计工作负责人:周也勤　　会计机构负责人:陶娟

### 5. 1. 3　利润表

**合并利润表**

编制单位:苏州信托有限公司　　2018 年度　　单位:元

| 项目 | 本期发生额 | 上期发生额 |
|---|---|---|
| 一、营业总收入 | 552 860 026. 36 | 844 421 178. 80 |
| 其中:利息净收入 | 36 705 486. 61 | 30 081 461. 33 |
| 手续费及佣金净收入 | 374 378 856. 39 | 431 260 265. 12 |
| 投资收益 | 132 078 044. 02 | 372 496 599. 10 |
| 公允价值变动损益 | -52 925. 70 | 66 895. 24 |
| 其他业务收入 | 9 750 565. 04 | 10 515 958. 01 |
| 二、营业总成本 | 61 350 628. 10 | 158 561 465. 05 |
| 税金及附加 | 5 573 985. 24 | 7 464 268. 24 |
| 业务及管理费 | 136 285 992. 86 | 151 097 196. 81 |
| 资产减值损失 | -80 509 350. 00 | — |
| 加:资产处置收益(损失以"-"号填列) | 7 727. 46 | 3 908 652. 78 |
| 汇兑收益(损失以"-"号填列) | — | — |
| 其他收益 | 533 570. 70 | 721 985. 26 |
| 三、营业利润(亏损以"-"号填列) | 492 050 696. 42 | 690 490 351. 79 |
| 加:营业外收入 | — | 358 617. 22 |
| 减:营业外支出 | 56 930. 44 | 172 616. 52 |
| 四、利润总额(亏损总额以"-"号填列) | 491 993 765. 98 | 690 676 352. 49 |
| 减:所得税费用 | 115 623 554. 27 | 170 203 024. 15 |
| 五、净利润(净亏损以"-"号填列) | 376 370 211. 71 | 520 473 328. 34 |
| (一)按经营持续性分类 | — | — |
| 1. 持续经营净利润(净亏损以"-"号填列) | 376 370 211. 71 | 520 473 328. 34 |
| 2. 终止经营净利润(净亏损以"-"号填列) | — | — |
| (二)按所有权属分类 | — | — |
| 1. 少数股东损益 | -223. 20 | — |
| 2. 归属于母公司股东的净利润 | 376 370 434. 91 | 520 473 328. 34 |
| 六、其他综合收益的税后净额 | -179 078 971. 44 | -333 211 109. 43 |
| 归属于母公司所有者的其他综合收益税后净额 | -179 078 971. 44 | -333 211 109. 43 |
| (一)以后不能重分类进损益的其他综合收益 | — | — |
| 1. 重新计量设定受益计划净负债或净资产的变动 | — | — |
| 2. 权益法下在被投资单位不能重分类进损益的其他综合收益中享有的份额 | — | — |
| (二)以后将重分类进损益的其他综合收益 | -179 078 971. 44 | -333 211 109. 43 |
| 1. 权益法下在被投资单位以后将重分类进损益的其他综合收益中享有的份额 | — | — |
| 2. 可供出售金融资产公允价值变动损益 | -179 078 971. 44 | -333 211 109. 43 |
| 3. 持有至到期投资重分类为可供出售金融资产损益 | — | — |
| 4. 现金流量套期损益的有效部分 | — | — |
| 5. 外币财务报表折算差额 | — | — |
| 6. 其他 | — | — |
| 归属于少数股东的其他综合收益的税后净额 | — | — |
| 七、综合收益总额 | 197 291 240. 27 | 187 262 218. 91 |
| 归属于母公司所有者的综合收益总额 | 197 291 463. 47 | 187 262 218. 91 |
| 归属于少数股东的综合收益总额 | -223. 20 | — |
| 八、每股收益: | | |
| (一)基本每股收益(元/股) | — | — |
| (二)稀释每股收益(元/股) | — | — |

法定代表人:沈光俊　　主管会计工作负责人:周也勤　　会计机构负责人:陶娟

**利润表**

编制单位:苏州信托有限公司　　2018 年度　　单位:元

| 项目 | 本期发生额 | 上期发生额 |
|---|---|---|
| 一、营业收入 | 527 446 080. 08 | 731 115 888. 20 |
| 其中:利息净收入 | 36 669 559. 47 | 29 821 412. 28 |
| 手续费及佣金净收入 | 374 378 856. 39 | 433 241 560. 87 |
| 投资收益 | 116 450 589. 92 | 267 986 019. 81 |
| 公允价值变动损益 | -52 925. 70 | 66 895. 24 |
| 其他业务收入 | — | — |
| 二、营业总成本 | 53 959 940. 58 | 152 203 866. 72 |
| 税金及附加 | 5 431 632. 04 | 7 262 419. 77 |
| 业务及管理费 | 129 037 658. 54 | 144 941 446. 95 |
| 资产减值损失 | -80 509 350. 00 | — |
| 加:资产处置收益(损失以"-"号填列) | 7 727. 46 | 3 909 011. 19 |
| 汇兑收益(损失以"-"号填列) | | |
| 其他收益 | 533 570. 70 | 251 985. 26 |
| 三、营业利润(亏损以"-"号填列) | 474 027 437. 66 | 583 073 017. 93 |
| 加:营业外收入 | — | 358 617. 22 |
| 减:营业外支出 | 56 912. 00 | 172 415. 02 |
| 三、利润总额(亏损总额以"-"号填列) | 473 970 525. 66 | 583 259 220. 13 |
| 减:所得税费用 | 111 982 763. 61 | 144 500 209. 73 |
| 四、净利润(净亏损以"-"号填列) | 361 987 762. 05 | 438 759 010. 40 |
| (一)持续经营净利润(净亏损以"-"号填列) | 361 987 762. 05 | 438 759 010. 40 |
| (二)终止经营净利润(净亏损以"-"号填列) | | |
| 五、其他综合收益的税后净额 | -179 078 971. 44 | -333 211 109. 43 |
| (一)以后不能重分类进损益的其他综合收益 | — | — |
| 1. 重新计量设定受益计划净负债或净资产的变动 | | |
| 2. 权益法下在被投资单位不能重分类进损益的其他综合收益中享有的份额 | | |
| (二)以后将重分类进损益的其他综合收益 | -179 078 971. 44 | -333 211 109. 43 |
| 1. 权益法下在被投资单位以后将重分类进损益的其他综合收益中享有的份额 | | |
| 2. 可供出售金融资产公允价值变动损益 | -179 078 971. 44 | -333 211 109. 43 |
| 3. 持有至到期投资重分类为可供出售金融资产损益 | | |
| 4. 现金流量套期损益的有效部分 | | |
| 5. 外币财务报表折算差额 | | |
| 6. 其他 | | |
| 六、综合收益总额 | 182 908 790. 61 | 105 547 900. 97 |
| 七、每股收益: | | |
| (一)基本每股收益(元/股) | | |
| (二)稀释每股收益(元/股) | | |

法定代表人:沈光俊　　主管会计工作负责人:周也勤　　会计机构负责人:陶娟

### 5. 1. 4　现金流量表

**合并现金流量表**

编制单位:苏州信托有限公司　　2018 年度　　单位:元

| 项目 | 本期发生额 | 上期发生额 |
|---|---|---|
| 一、经营活动产生的现金流量: | | |
| 销售商品、提供劳务收到的现金 | | |
| 客户存款和同业存放款项净增加额 | | |
| 向中央银行借款净增加额 | | |
| 向其他金融机构拆入资金净增加额 | | |
| 收到原保险合同保费取得的现金 | | |
| 收到再保险业务现金净额 | | |
| 保户储金及投资款净增加额 | | |
| 处置以公允价值计量且其变动计入当期损益的金融资产净增加额 | | |
| 收取利息、手续费及佣金的现金 | 444 038 850. 17 | 510 452 628. 09 |
| 客户贷款及垫款净减少额 | 5 150 000. 00 | 12 670 000. 00 |
| 拆入资金净增加额 | | |
| 回购业务资金净增加额 | | |
| 收到的税费返还 | 297 980. 81 | |
| 收到其他与经营活动有关的现金 | 131 536 419. 70 | 51 340 651. 53 |
| 经营活动现金流入小计 | 581 023 250. 68 | 574 463 279. 62 |
| 购买商品、接受劳务支付的现金 | | |
| 客户贷款及垫款净增加额 | | |
| 回购业务资金净减少额 | 918 102 055. 00 | |
| 存放中央银行和同业款项净增加额 | | |
| 支付原保险合同赔付款项的现金 | | |
| 支付利息、手续费及佣金的现金 | | |
| 支付保单红利的现金 | | |
| 支付给职工以及为职工支付的现金 | 114 956 991. 28 | 97 332 102. 65 |
| 支付的各项税费 | 243 710 971. 34 | 190 565 106. 02 |
| 支付其他与经营活动有关的现金 | 30 365 453. 24 | 37 263 068. 40 |
| 经营活动现金流出小计 | 1 307 135 470. 86 | 325 160 277. 07 |
| 经营活动产生的现金流量净额 | -726 112 220. 18 | 249 303 002. 55 |
| 二、投资活动产生的现金流量: | | |
| 收回投资收到的现金 | 1 034 199 053. 97 | 1 321 767 889. 47 |
| 取得投资收益收到的现金 | 136 818 855. 07 | 228 356 322. 97 |
| 处置固定资产、无形资产和其他长期资产收回的现金净额 | 18 200. 96 | 4 115 748. 47 |
| 处置子公司及其他营业单位收到的现金净额 | | |
| 取得子公司及其他营业单位收到的现金净额 | — | 6 756 703. 56 |
| 收到其他与投资活动有关的现金 | | |
| 投资活动现金流入小计 | 1 171 036 110. 00 | 1 560 996 664. 47 |

续表

| 项目 | 本期发生额 | 上期发生额 |
|---|---|---|
| 购建固定资产、无形资产和其他长期资产支付的现金 | 955 793. 20 | 2 727 041. 10 |
| 投资支付的现金 | 872 150 117. 85 | 1 300 158 161. 13 |
| 质押贷款净增加额 | | |
| 取得子公司及其他营业单位支付的现金净额 | | |
| 支付其他与投资活动有关的现金 | | |
| 投资活动现金流出小计 | 873 105 911. 05 | 1 302 885 202. 23 |
| 投资活动产生的现金流量净额 | 297 930 198. 95 | 258 111 462. 24 |
| 三、筹资活动产生的现金流量: | | |
| 吸收投资收到的现金 | 20 000 000. 00 | |
| 其中:子公司吸收少数股东投资收到的现金 | 20 000 000. 00 | |
| 取得借款收到的现金 | | |
| 发行债券收到的现金 | | |
| 收到其他与筹资活动有关的现金 | | |
| 筹资活动现金流入小计 | 20 000 000. 00 | — |
| 偿还债务支付的现金 | | |
| 分配股利、利润或偿付利息支付的现金 | — | 312 870 299. 32 |
| 其中:子公司支付给少数股东的股利、利润 | | |
| 支付其他与筹资活动有关的现金 | — | 200 000 000. 00 |
| 筹资活动现金流出小计 | — | 512 870 299. 32 |
| 筹资活动产生的现金流量净额 | 20 000 000. 00 | 512 870 299. 32 |
| 四、汇率变动对现金及现金等价物的影响 | | |
| 六、现金及现金等价物净增加额 | −408 182 021. 23 | −5 455 834. 53 |
| 加:期初现金及现金等价物余额 | 674 999 079. 03 | 680 454 913. 56 |
| 六、期末现金及现金等价物余额 | 266 817 057. 80 | 674 999 079. 03 |

法定代表人:沈光俊　　主管会计工作负责人:周也勤　　会计机构负责人:陶娟

## 现金流量表

编制单位:苏州信托有限公司　　2018 年度　　单位:元

| 项目 | 本期发生额 | 上期发生额 |
|---|---|---|
| 一、经营活动产生的现金流量: | | |
| 收取利息、手续费及佣金的现金 | 433 559 703. 86 | 501 525 680. 72 |
| 客户贷款及垫款净减少额 | 5 150 000. 00 | 12 670 000. 00 |
| 收到其他与经营活动有关的现金 | 129 487 188. 17 | 610 602. 48 |
| 经营活动现金流入小计 | 568 196 892. 03 | 514 806 283. 20 |
| 购买商品、接受劳务支付的现金 | | |

续表

| 项目 | 本期发生额 | 上期发生额 |
|---|---|---|
| 回购业务资金净减少额 | 918 102 055. 00 | |
| 支付给职工以及为职工支付的现金 | 111 567 570. 89 | 93 830 227. 25 |
| 支付的各项税费 | 242 306 983. 39 | 162 663 853. 49 |
| 支付其他与经营活动有关的现金 | 24 970 772. 84 | 35 297 949. 04 |
| 经营活动现金流出小计 | 1 296 947 382. 12 | 291 792 029. 78 |
| 经营活动产生的现金流量净额 | −728 750 490. 09 | 223 014 253. 42 |
| 二、投资活动产生的现金流量: | | |
| 收回投资收到的现金 | 939 399 053. 97 | 878 247 163. 41 |
| 取得投资收益收到的现金 | 122 257 896. 53 | 125 387 241. 84 |
| 处置固定资产、无形资产和其他长期资产收回的现金净额 | 18 200. 96 | 4 113 748. 47 |
| 处置子公司及其他营业单位收到的现金净额 | | |
| 收到其他与投资活动有关的现金 | | |
| 投资活动现金流入小计 | 1 061 675 151. 46 | 1 007 748 153. 72 |
| 购建固定资产、无形资产和其他长期资产支付的现金 | 913 558. 72 | 2 660 174. 10 |
| 投资支付的现金 | 746 650 117. 85 | 916 418 111. 13 |
| 取得子公司及其他营业单位支付的现金净额 | | |
| 支付其他与投资活动有关的现金 | | |
| 投资活动现金流出小计 | 747 563 676. 57 | 919 078 285. 23 |
| 投资活动产生的现金流量净额 | 314 111 474. 89 | 88 669 868. 49 |
| 三、筹资活动产生的现金流量: | | |
| 吸收投资收到的现金 | | |
| 取得借款收到的现金 | | |
| 发行债券收到的现金 | | |
| 收到其他与筹资活动有关的现金 | | |
| 筹资活动现金流入小计 | — | — |
| 偿还债务支付的现金 | | |
| 分配股利、利润或偿付利息支付的现金 | — | 312 870 299. 32 |
| 支付其他与筹资活动有关的现金 | | |
| 筹资活动现金流出小计 | — | 312 870 299. 32 |
| 筹资活动产生的现金流量净额 | — | −312 870 299. 32 |
| 四、汇率变动对现金及现金等价物的影响 | | |
| 五、现金及现金等价物净增加额 | −414 639 015. 20 | −1 186 177. 41 |
| 加:期初现金及现金等价物余额 | 659 980 039. 87 | 661 166 217. 28 |
| 六、期末现金及现金等价物余额 | 245 341 024. 67 | 659 980 039. 87 |

法定代表人:沈光俊　　主管会计工作负责人:周也勤　　会计机构负责人:陶娟

## 5.1.5 所有者权益变动表

**合并所有者权益变动表**

2018 年度

编制单位:苏州信托有限公司　　　　单位:元

| 项目 | 本期 | | | | | | | | | | | | |
|---|---|---|---|---|---|---|---|---|---|---|---|---|---|
| | 归属于母公司所有者权益 | | | | | | | | | | | 少数股东权益 | 所有者权益合计 |
| | 实收资本 | 其他权益工具 | | | 资本公积 | 减:库存股 | 其他综合收益 | 信托赔偿准备 | 盈余公积 | 一般风险准备 | 未分配利润 | | |
| | | 优先股 | 永续债 | 其他 | | | | | | | | | |
| 一、上年期末余额 | 1 200 000 000.00 | — | — | — | 249 100.00 | — | 524 643 768.31 | 169 092 197.04 | 351 727 040.37 | 43 254 956.59 | 1 944 158 552.79 | 24 769 338.03 | 4 257 894 953.13 |
| 加:会计政策变更 | | | | | | | | | | | | | — |
| 前期差错更正 | | | | | | | | | | | | | — |
| 同一控制下企业合并 | | | | | | | | | | | | | — |
| 其他 | | | | | | | | | | | | | — |
| 二、本年期初余额 | 1 200 000 000.00 | | | — | 249 100.00 | — | 524 643 768.31 | 169 092 197.04 | 351 727 040.37 | 43 254 956.59 | 1 944 158 552.79 | 24 769 338.03 | 4 257 894 953.13 |
| 三、本期增减变动金额(减少以"-"号填列) | — | | | — | — | — | -179 078 971.44 | 18 099 388.10 | 36 198 776.21 | -4 856 543.56 | 326 928 814.16 | 19 999 776.80 | 217 291 240.27 |
| (一)综合收益总额 | | | | | | | -179 078 971.44 | | | | 376 370 434.91 | -223.20 | 197 291 240.27 |
| (二)所有者投入和减少资本 | — | | | — | — | | — | — | — | — | — | 20 000 000.00 | 20 000 000.00 |
| 1. 股东投入的普通股 | | | | | | | | | | | | 20 000 000.00 | 20 000 000.00 |
| 2. 其他权益工具持有者投入资本 | | | | | | | | | | | | | |
| 3. 股份支付计入所有者权益的金额 | | | | | | | | | | | | | — |
| 4. 其他 | | | | | | | | | | | | — | — |
| (三)利润分配 | — | | | — | — | | — | 18 099 388.10 | 36 198 776.21 | -4 856 543.56 | -49 441 620.75 | — | — |
| 1. 提取盈余公积 | | | | | | | | | 36 198 776.21 | | -36 198 776.21 | | — |
| 2. 提取一般风险准备 | | | | | | | | | | -4 856 543.56 | 4 856 543.56 | | — |
| 3. 对所有者(或股东)的分配 | | | | | | | | | | | — | | — |
| 4. 信托赔偿准备 | | | | | | | | 18 099 388.10 | | | -18 099 388.10 | | — |
| (四)所有者权益内部结转 | — | | | — | — | | — | — | — | — | — | — | — |
| 1. 资本公积转增资本(或股本) | | | | | | | | | | | | | — |
| 2. 盈余公积转增资本(或股本) | | | | | | | | | | | | | — |
| 3. 盈余公积弥补亏损 | | | | | | | | | | | | | — |
| 4. 其他 | | | | | | | | | | | | | — |
| (五)专项储备 | — | | | — | — | — | — | — | — | — | — | — | — |
| 1. 本期提取 | | | | | | | | | | | | | — |
| 2. 本期使用 | | | | | | | | | | | | | — |
| (六)其他 | | | | | | | | | | | | | — |
| 四、本期期末余额 | 1 200 000 000.00 | — | — | — | 249 100.00 | — | 345 564 796.87 | 187 191 585.14 | 387 925 816.58 | 38 398 413.03 | 2 271 087 366.95 | 44 769 114.83 | 4 475 186 193.40 |

# 合并所有者权益变动表（续）

编制单位：苏州信托有限公司　　2018 年度　　单位：元

| 项目 | 上期 | | | | | | | | | | | | |
|---|---|---|---|---|---|---|---|---|---|---|---|---|---|
| | 归属于母公司所有者权益 | | | | | | | | | | | 少数股东权益 | 所有者权益合计 |
| | 实收资本 | 其他权益工具 | | | 资本公积 | 减：库存股 | 其他综合收益 | 信托赔偿准备 | 盈余公积 | 一般风险准备 | 未分配利润 | | |
| | | 优先股 | 永续债 | 其他 | | | | | | | | | |
| 一、上年期末余额 | 1 200 000 000. 00 | | | | 249 100. 00 | | 857 854 877. 74 | 147 154 246. 52 | 307 851 139. 33 | 40 230 086. 02 | 1 805 394 245. 90 | — | 4 358 733 695. 51 |
| 加：会计政策变更 | | | | | | | | | | | | | — |
| 前期差错更正 | | | | | | | | | | | | | — |
| 同一控制下企业合并 | | | | | | | | | | | | | — |
| 其他 | | | | | | | | | | | | | — |
| 二、本年期初余额 | 1 200 000 000. 00 | — | — | — | 249 100. 00 | — | 857 854 877. 74 | 147 154 246. 52 | 307 851 139. 33 | 40 230 086. 02 | 1 805 394 245. 90 | — | 4 358 733 695. 51 |
| 三、本期增减变动金额（减少以“－”号填列） | — | — | — | — | — | — | -333 211 109. 43 | 21 937 950. 52 | 43 875 901. 04 | 3 024 870. 57 | 138 764 306. 89 | 24 769 338. 03 | -100 838 742. 38 |
| （一）综合收益总额 | | | | | | | -333 211 109. 43 | | | | 520 473 328. 34 | | 187 262 218. 91 |
| （二）所有者投入和减少资本 | — | — | — | — | — | | — | — | — | — | — | 24 769 338. 03 | 24 769 338. 03 |
| 1. 股东投入的普通股 | | | | | | | | | | | | | — |
| 2. 其他权益工具持有者投入资本 | | | | | | | | | | | | | — |
| 3. 股份支付计入所有者权益的金额 | | | | | | | | | | | | | |
| 4. 其他 | | | | | | | | | | | | 24 769 338. 03 | 24 769 338. 03 |
| （三）利润分配 | — | — | — | — | — | | — | 21 937 950. 52 | 43 875 901. 04 | 3 024 870. 57 | -381 709 021. 45 | — | -312 870 299. 32 |
| 1. 提取盈余公积 | | | | | | | | | 43 875 901. 04 | | -43 875 901. 04 | | — |
| 2. 提取一般风险准备 | | | | | | | | | | 3 024 870. 57 | -3 024 870. 57 | | — |
| 3. 对所有者（或股东）的分配 | | | | | | | | | | | -312 870 299. 32 | | -312 870 299. 32 |
| 4. 信托赔偿准备 | | | | | | | | 21 937 950. 52 | | | -21 937 950. 52 | | — |
| （四）所有者权益内部结转 | — | — | — | — | — | | — | — | — | — | — | — | — |
| 1. 资本公积转增资本（或股本） | | | | | | | | | | | | | — |
| 2. 盈余公积转增资本（或股本） | | | | | | | | | | | | | — |
| 3. 盈余公积弥补亏损 | | | | | | | | | | | | | — |
| 4. 其他 | | | | | | | | | | | | | — |
| （五）专项储备 | — | — | — | — | — | — | — | — | — | — | — | — | — |
| 1. 本期提取 | | | | | | | | | | | | | — |
| 2. 本期使用 | | | | | | | | | | | | | — |
| （六）其他 | | | | | | | | | | | | | — |
| 四、本期期末余额 | 1 200 000 000. 00 | — | — | — | 249 100. 00 | — | 524 643 768. 31 | 169 092 197. 04 | 351 727 040. 37 | 43 254 956. 59 | 1 944 158 552. 79 | 24 769 338. 03 | 4 257 894 953. 13 |

法定代表人：沈光俊　　主管会计工作负责人：周也勤　　会计机构负责人：陶娟

## 所有者权益变动表

编制单位:苏州信托有限公司　　2018 年度　　单位:元

| 项目 | 本期 | | | | | | | | | | | |
|---|---|---|---|---|---|---|---|---|---|---|---|---|
| | 实收资本 | 其他权益工具 | | | 资本公积 | 减:库存股 | 其他综合收益 | 信托赔偿准备 | 盈余公积 | 一般风险准备 | 未分配利润 | 所有者权益合计 |
| | | 优先股 | 永续债 | 其他 | | | | | | | | |
| 一、上年期末余额 | 1 200 000 000. 00 | — | — | | 249 100. 00 | — | 524 643 768. 31 | 169 092 197. 04 | 348 531 728. 85 | 43 254 956. 59 | 1 815 957 873. 66 | 4 101 729 624. 45 |
| 加:会计政策变更 | | | | | | | | | | | | — |
| 前期差错更正 | | | | | | | | | | | | — |
| 其他 | | | | | | | | | | | | — |
| 二、本年期初余额 | 1 200 000 000. 00 | | | | 249 100. 00 | — | 524 643 768. 31 | 169 092 197. 04 | 348 531 728. 85 | 43 254 956. 59 | 1 815 957 873. 66 | 4 101 729 624. 45 |
| 三、本期增减变动金额(减少以"-"号填列) | — | | | | — | — | -179 078 971. 44 | 18 099 388. 10 | 36 198 776. 21 | -4 856 543. 56 | 312 546 141. 30 | 182 908 790. 61 |
| (一)综合收益总额 | — | | | | — | | -179 078 971. 44 | | | | 361 987 762. 05 | 182 908 790. 61 |
| (二)所有者投入和减少资本 | — | | | | — | — | — | — | — | | — | — |
| 1. 股东投入的普通股 | — | | | | | | | | | | | — |
| 2. 其他权益工具持有者投入资本 | | | | | | | | | | | | — |
| 3. 股份支付计入所有者权益的金额 | | | | | | | | | | | | — |
| 4. 其他 | | | | | | | | | | | | — |
| (三)利润分配 | — | | | | — | — | — | 18 099 388. 10 | 36 198 776. 21 | -4 856 543. 56 | -49 441 620. 75 | — |
| 1. 提取盈余公积 | | | | | | | | | 36 198 776. 21 | | -36 198 776. 21 | — |
| 2. 对所有者(或股东)的分配 | | | | | | | | | | | — | — |
| 3. 提取一般风险准备 | | | | | | | | | | -4 856 543. 56 | 4 856 543. 56 | — |
| 4. 信托赔偿准备 | | | | | | | | 18 099 388. 10 | | | -18 099 388. 10 | — |
| (四)所有者权益内部结转 | — | | | | — | — | — | — | — | — | — | — |
| 1. 资本公积转增资本(或股本) | | | | | | | | | | | | — |
| 2. 盈余公积转增资本(或股本) | | | | | | | | | | | | — |
| 3. 盈余公积弥补亏损 | | | | | | | | | | | | — |
| 4. 其他 | | | | | | | | | | | | — |
| (五)专项储备 | — | | | | — | — | — | — | — | — | — | — |
| 1. 本期提取 | | | | | | | | | | | | — |
| 2. 本期使用 | | | | | | | | | | | | — |
| (六)其他 | | | | | | | | | | | | — |
| 四、本期期末余额 | 1 200 000 000. 00 | | | | 249 100. 00 | — | 345 564 796. 87 | 187 191 585. 14 | 384 730 505. 06 | 38 398 413. 03 | 2 128 504 014. 96 | 4 284 638 415. 06 |

## 所有者权益变动表（续）

编制单位：苏州信托有限公司　　2018 年度　　单位：元

| 项目 | 上期 | | | | | | | | | | | |
|---|---|---|---|---|---|---|---|---|---|---|---|---|
| | 实收资本 | 其他权益工具 | | | 资本公积 | 减：库存股 | 其他综合收益 | 信托赔偿准备 | 盈余公积 | 一般风险准备 | 未分配利润 | 所有者权益合计 |
| | | 优先股 | 永续债 | 其他 | | | | | | | | |
| 一、上年期末余额 | 1 200 000 000. 00 | | | | 249 100. 00 | | 857 854 877. 74 | 147 154 246. 52 | 304 655 827. 81 | 40 230 086. 02 | 1 758 907 884. 71 | 4 309 052 022. 80 |
| 加：会计政策变更 | | | | | | | | | | | | — |
| 前期差错更正 | | | | | | | | | | | | — |
| 其他 | | | | | | | | | | | | — |
| 二、本年期初余额 | 1 200 000 000. 00 | | | | 249 100. 00 | — | 857 854 877. 74 | 147 154 246. 52 | 304 655 827. 81 | 40 230 086. 02 | 1 758 907 884. 71 | 4 309 052 022. 80 |
| 三、本期增减变动金额（减少以"－"号填列） | — | | | | — | — | -333 211 109. 43 | 21 937 950. 52 | 43 875 901. 04 | 3 024 870. 57 | 57 049 988. 95 | -207 322 398. 35 |
| （一）综合收益总额 | | | | | | | -333 211 109. 43 | | | | 438 759 010. 40 | 105 547 900. 97 |
| （二）所有者投入和减少资本 | — | | | | — | — | — | — | — | | — | — |
| 1. 股东投入的普通股 | | | | | | | | | | | | — |
| 2. 其他权益工具持有者投入资本 | | | | | | | | | | | | — |
| 3. 股份支付计入所有者权益的金额 | | | | | | | | | | | | — |
| 4. 其他 | | | | | | | | | | | | — |
| （三）利润分配 | — | | | | — | — | — | 21 937 950. 52 | 43 875 901. 04 | 3 024 870. 57 | -381 709 021. 45 | -312 870 299. 32 |
| 1. 提取盈余公积 | | | | | | | | | 43 875 901. 04 | | -43 875 901. 04 | — |
| 2. 对所有者（或股东）的分配 | | | | | | | | | | | -312 870 299. 32 | -312 870 299. 32 |
| 3. 提取一般风险准备 | | | | | | | | | | 3 024 870. 57 | -3 024 870. 57 | — |
| 4. 信托赔偿准备 | | | | | | | | 21 937 950. 52 | | | -21 937 950. 52 | — |
| （四）所有者权益内部结转 | — | | | | — | — | — | — | — | — | — | — |
| 1. 资本公积转增资本（或股本） | | | | | | | | | | | | — |
| 2. 盈余公积转增资本（或股本） | | | | | | | | | | | | — |
| 3. 盈余公积弥补亏损 | | | | | | | | | | | | — |
| 4. 其他 | | | | | | | | | | | | — |
| （五）专项储备 | — | | | | — | — | — | — | — | — | — | — |
| 1. 本期提取 | | | | | | | | | | | | — |
| 2. 本期使用 | | | | | | | | | | | | — |
| （六）其他 | | | | | | | | | | | | — |
| 四、本期期末余额 | 1 200 000 000. 00 | | | | 249 100. 00 | | 524 643 768. 31 | 169 092 197. 04 | 348 531 728. 85 | 43 254 956. 59 | 1 815 957 873. 66 | 4 101 729 624. 45 |

法定代表人：沈光俊　　主管会计工作负责人：周也勤　　会计机构负责人：陶娟

## 5.2 信托资产(未经审计)

### 5.2.1 信托项目资产负债汇总表

信托项目资产负债汇总表

编制单位:苏州信托有限公司　　2018 年 12 月 31 日　　单位:万元

| 信托资产 | 期末余额 | 期初余额 | 信托负债和信托权益 | 期末余额 | 期初余额 |
|---|---|---|---|---|---|
| 信托资产 | | | 信托负债 | | |
| 货币资金 | 288 814. 11 | 270 166. 20 | 交易性金融负债 | — | — |
| 拆出资金 | — | — | 衍生金融负债 | — | — |
| 存出保证金 | — | — | 应付受托人报酬 | 819. 58 | 740. 84 |
| 交易性金融资产 | 305 989. 84 | 192 259. 66 | 应付托管费 | 152. 03 | 216. 02 |
| 衍生金融资产 | — | — | 应付受益人收益 | 526. 64 | 404. 40 |
| 买入返售金融资产 | 47 360. 62 | — | 应交税费 | 3 770. 94 | 0. 00 |
| 应收款项 | 1 990. 89 | 3 521. 85 | 应付销售服务费 | — | — |
| 发放贷款 | 2 828 784. 66 | 3 628 752. 45 | 其他应付款项 | 62 846. 86 | 109 506. 92 |
| 可供出售金融资产 | — | — | 预计负债 | 611. 90 | 461. 86 |
| 持有至到期投资 | 3 186 213. 40 | 3 212 588. 89 | 其他负债 | — | — |
| 长期应收款 | — | — | 信托负债合计 | 68 727. 95 | 111 330. 04 |
| 长期股权投资 | 1 475 462. 22 | 1 673 514. 10 | 信托权益 | | |
| 投资性房地产 | — | — | 实收信托 | 8 272 465. 19 | 9 038 817. 89 |
| 固定资产 | — | — | 资本公积 | — | — |
| 无形资产 | — | — | 损益平准金 | — | — |
| 长期待摊费用 | — | — | 未分配利润 | 103 769. 82 | 128 215. 60 |
| 其他资产 | 310 347. 22 | 297 560. 38 | 信托权益合计 | 8 376 235. 01 | 9 167 033. 49 |
| 信托资产总计 | 8 444 962. 96 | 9 278 363. 53 | 信托负债和信托权益总计 | 8 444 962. 96 | 9 278 363. 53 |

公司负责人:沈光俊　　主管会计工作的公司负责人:周也勤　　信托会计机构负责人:钱悦

### 5.2.2 信托项目利润及利润分配汇总表

信托项目利润及利润分配汇总表

编制单位:苏州信托有限公司　　2018 年度　　单位:万元

| 项目 | 本年金额 | 上年金额 |
|---|---|---|
| 1. 营业收入 | 501 357. 44 | 784 132. 25 |
| 1. 1 利息收入 | 212 362. 26 | 279 662. 01 |
| 1. 2 投资收益(损失以“ - ”号填列) | 338 591. 52 | 445 341. 83 |
| 1. 2. 1 其中:对联营企业和合营企业的投资收益 | — | — |
| 1. 3 公允价值变动收益(损失以“ - ”号填列) | -49 781. 26 | 55 814. 41 |
| 1. 4 租赁收入 | — | — |
| 1. 5 汇兑损益(损失以“ - ”号填列) | — | — |
| 1. 6 其他收入 | 184. 92 | 3 314. 00 |
| 2. 支出 | 53 016. 47 | 64 712. 48 |
| 2. 1 营业税金及附加 | 1 381. 52 | — |
| 2. 2 受托人报酬 | 39 506. 06 | 45 190. 26 |
| 2. 3 托管费 | 4 618. 04 | 6 850. 47 |
| 2. 4 投资管理费 | — | — |
| 2. 5 销售服务费 | — | 3. 89 |
| 2. 6 交易费用 | 10. 71 | 7. 70 |
| 2. 7 资产减值损失 | — | — |
| 2. 8 其他费用 | 7 500. 14 | 12 660. 16 |
| 3. 信托净利润(净亏损以“ - ”号填列) | 448 340. 97 | 719 419. 77 |
| 4. 其他综合收益 | — | — |
| 5. 综合收益 | 448 340. 97 | 719 419. 77 |
| 6. 加:期初未分配信托利润 | 128 215. 60 | 70 480. 56 |
| 7. 可供分配的信托利润 | 576 556. 57 | 789 900. 33 |
| 8. 减:本期已分配信托利润 | 472 786. 75 | 661 684. 73 |
| 9. 期末未分配信托利润 | 103 769. 82 | 128 215. 60 |

公司负责人:沈光俊　主管会计工作的公司负责人:周也勤　信托会计机构负责人:钱悦

# 6. 会计报表附注

## 6.1 会计报表不符合会计核算基本前提的说明

无。

### 6.1.1 会计报表不符合会计核算基本前提的事项

无。

### 6.1.2 对编制合并会计报表的公司应说明纳入合并范围的子公司情况、母公司所持有的权益性资本的比例及合并期间

合并财务报表的合并范围以控制为基础确定,包括本公司及本公司的子公司(指被本公司控制的主体,包括企业、被投资单位中可分割部分以及企业所控制的结构化主体等)。子公司的经营成果和财务状况由控制开始日起至控制结束日止包含于合并财务报表中。本公司 2018 年度纳入合并范围的子公司共 9 户。子公司所采用的会计期间或会计政策与本公司不一致时,在编制合并财务报表时按本公司的会计期间或会计政策对子公司的财务报表进行必要的调整。

本集团通过设立或投资等方式取得的子公司：

| 子公司名称 | 主要经营地 | 注册地 | 业务性质 | 持股比例 | | 取得方式 |
|---|---|---|---|---|---|---|
| | | | | 直接（%） | 间接（%） | |
| 苏州市苏信创业投资有限公司 | 苏州 | 苏州 | 创业投资 | 100 | — | 设立 |
| 苏州苏信宜和投资管理有限公司 | 苏州 | 苏州 | 投资管理；创业投资咨询 | — | 100 | 设立 |
| 苏州苏信百汇资产管理有限公司 | 苏州 | 苏州 | 投资管理；实业投资 | — | 100 | 设立 |
| 苏州苏信创新资产管理有限公司 | 苏州 | 苏州 | 资产管理 | — | 100 | 设立 |
| 苏州苏信创新资本管理企业（有限合伙） | 苏州 | 苏州 | 资产管理；创业投资咨询 | — | 100 | 设立 |
| 苏州苏信嘉会创业投资企业（有限合伙） | 苏州 | 苏州 | 资产管理；创业投资咨询 | — | 100 | 设立 |
| 苏州苏信资产管理中心（有限合伙） | 苏州 | 苏州 | 资产管理；创业投资咨询 | — | 100 | 设立 |
| 苏州苏信禾才创业投资企业（有限合伙） | 苏州 | 苏州 | 资产管理；创业投资咨询 | — | 50.12 | 设立 |
| 苏州苏信元丰股权投资企业（有限合伙） | 苏州 | 苏州 | 股权投资 | — | 71.36 | 非同一控制下企业合并 |

本公司及下属子公司（以下简称本集团）经营范围为资金信托；动产信托；不动产信托；有价证券信托；其他财产或财产权信托；作为投资基金或者基金管理公司的发起人从事投资基金业务；经营企业资产的重组、并购及项目融资、公司理财、财务顾问业务；受托经营国务院有关部门批准的证券承销业务；办理居间、咨询、资信调查等业务；代保管及保管箱业务；以存放同业、拆放同业、贷款、租赁、投资方式运用固有财产；以固有财产为他人提供担保；从事同业拆借；法律法规规定的或中国银行业监督管理委员会批准的其他业务。

本公司编制的财务报表符合企业会计准则的要求，真实、完整地反映了本公司 2018 年 12 月 31 日的合并及母公司财务状况以及 2018 年度的合并及母公司经营成果和现金流量等有关信息。

## 6.2 重要会计政策和会计估计说明

### 6.2.1 计提金融资产减值的范围和方法

本公司在期末对以公允价值计量且其变动计入当期损益的金融资产以外的金融资产的账面价值进行检查，有客观证据表明该金融资产发生减值的，确认减值损失，计提减值准备。

（1）以摊余成本计量的金融资产的减值准备，按该金融资产预计未来现金流量现值低于其账面价值的差额计提，计入当期损益。

本公司对单项金额重大的金融资产单独进行减值测试，对单项金额不重大的金融资产，单独或包括在具有类似信用风险特征的金融资产组合中进行减值测试。单独测试未发生减值的金融资产，无论单项金额重大与否，仍将包括在具有类似信用风险特征的金融资产组合中再进行减值测试。已单独确认减值损失的金融资产，不包括在具有类似信用风险特征的金融资产组合中进行减值测试。

对以摊余成本计量的金融资产确认资产减值损失后，如有客观证据表明该金融资产价值已经恢复，且客观上与确认该损失后发生的事项有关，原确认的减值损失予以转回，计入当期损益。

（2）可供出售金融资产减值：当综合相关因素判断可供出售权益工具投资公允价值下跌是严重或非暂时性下跌时，表明该可供出售权益工具投资发生减值。其中严重下跌是指公允价值下跌幅度累计超过 50%；非暂时性下跌是指公允价值连续下跌时间超过 12 个月。

可供出售金融资产的公允价值发生非暂时性下跌时，即使该金融资产没有终止确认，原直接计入其他综合收益的因公允价值下降形成的累计损失，予以转出，计入当期损益。

对可供出售债务工具投资确认资产减值损失后，如有客观证据表明该金融资产价值已经恢复，且客观上与确认该损失后发生的事项有关，原确认的减值损失予以转回，计入当期损益。

可供出售权益工具投资发生的减值损失，不通过损益转回。

### 6.2.2 金融资产的确认及后续计量

金融资产于初始确认时分类为以公允价值计量且其变动计入当期损益的金融资产、贷款及应收款项、持有至到期投资和可供出售金融资产。金融资产的分类取决于本公司对金融资产的持有意图和持有能力。

金融资产于本公司成为金融工具合同的一方时，按公允价值确认。对于以公允价值计量且其变动计入当期损益的金融资产，相关交易费用直接计入当期损益；对于其他类别的金融资产，相关交易费用计入初始确认金额。

以公允价值计量且其变动计入当期损益的金融资产，采用公允价值进行后续计量，公允价值变动形成的利得或损失，计入当期损益。

贷款及应收款项和持有至到期投资，采用实际利率法，按摊余成本进行后续计量，终止确认、减值以及摊销形成的利得或损失，计入当期损益。

可供出售金融资产，采用公允价值进行后续计量，公允价值变动计入其他综合收益，在该可供出售金融资产发生减值或终止确认时转出，计入当期损益。可供出售债务工具投资在持有期间按实际利率法计算的利息，计入当期损益。可供出售权益工具投资的现金股利，在被投资单位宣告发放股利时计入当期损益。

对于在活跃市场中没有报价且其公允价值不能可靠计量的权益工具投资以成本法计量。

### 6.2.3 长期股权投资

6.2.3.1 重大影响、共同控制的判断标准

本公司结合以下情形综合考虑是否对被投资单位具有重大影响：是否在被投资单位董事会或类似权利机构中派有代表；是否参与被投资单位财务和经营政策制定过程；是否与被

投资单位之间发生重要交易；是否向被投资单位派出管理人员；是否向被投资单位提供关键技术资料。

若本公司与其他参与方均受某合营安排的约束，任何一个参与方不能单独控制该安排，任何一个参与方均能够阻止其他参与方或参与方组合单独控制该安排，本公司判断对该项合营安排具有共同控制。

6.2.3.2　投资成本确定

企业合并形成的长期股权投资，按以下方法确定投资成本。

（1）对于同一控制下企业合并形成的对子公司投资，以在合并日取得被合并方所有者权益在最终控制方合并财务报表中账面价值的份额作为长期股权投资的投资成本。

分步实现的同一控制下企业合并，在合并日根据合并后应享有被合并方净资产在最终控制方合并财务报表中的账面价值的份额，确定长期股权投资的初始投资成本；初始投资成本与达到合并前长期股权投资账面价值加上合并日进一步取得股份新支付对价的账面价值之和的差额，调整资本公积（资/股本溢价），资本公积不足冲减的，冲减留存收益。合并日之前持有的股权投资，因采用权益法核算或金融工具确认和计量准则核算而确认的其他综合收益暂不进行会计处理，直至处置该项投资时采用与被投资单位直接处置相关资产或负债相同的基础进行会计处理；因采用权益法核算而确认的被投资单位净资产中除净损益、其他综合收益和利润分配以外的所有者权益其他变动，暂不进行会计处理，直至处置该项投资时转入当期损益。其中，处置后的剩余股权根据本准则采用成本法或权益法核算的，其他综合收益和其他所有者权益应按比例结转，处置后的剩余股权改按金融工具确认和计量准则进行会计处理的，其他综合收益和其他所有者权益应全部结转。

（2）对于非同一控制下企业合并形成的对子公司投资，以企业合并成本作为投资成本。

追加投资能够对非同一控制下的被投资单位实施控制的，以购买日之前所持被购买方的股权投资的账面价值与购买日新增投资成本之和，作为改按成本法核算的初始投资成本；购买日之前持有的被购买方的股权投资因采用权益法核算而确认的其他综合收益，在处置该项投资时采用与被投资单位直接处置相关资产或负债相同的基础进行会计处理。购买日之前持有的股权投资按照《企业会计准则第22号——金融工具确认和计量》有关规定进行会计处理的，原计入其他综合收益的累计公允价值变动应当在改按成本法核算时转入当期损益。

除企业合并形成的长期股权投资外，其他方式取得的长期股权投资，按以下方法确定投资成本。

（1）以支付现金取得的长期股权投资，按实际支付的购买价款作为投资成本。

（2）以发行权益性证券取得的长期股权投资，按发行权益性证券的公允价值作为投资成本。

（3）因追加投资等原因，能够对被投资单位单位施加重大影响或实施共同控制但不构成控制的，应当按照《企业会计准则第22号——金融工具确认和计量》确定的原持有股权的公允价值加上新增投资成本之和，作为改按权益法核算的初始投资成本。原持有的股权投资分类为可供出售金融资产的，其公允价值与账面价值之间的差额，以及原计入其他综合收益的累计公允价值变动应当转入改按权益法核算的当期损益。

6.2.3.3　后续计量及损益确认方法

6.2.3.3.1　对子公司投资

在合并财务报表中，对子公司投资按6.2.8合并会计报表的编制方法进行处理。

在母公司财务报表中，对子公司投资采用成本法核算，在被投资单位宣告分派的现金股利或利润时，确认投资收益。

6.2.3.3.2　对合营企业投资和对联营企业投资

对合营企业投资和对联营企业投资采用权益法核算，具体会计处理方法如下。

对于初始投资成本大于投资时应享有被投资单位可辨认净资产公允价值份额的，其差额包含在长期股权投资成本中；对于初始投资成本小于投资时应享有被投资单位可辨认净资产公允价值份额的，其差额计入当期损益，同时调整长期股权投资成本。

取得对合营企业投资和对联营企业投资后，按照应享有或应分担的被投资单位实现的净损益和其他综合收益的份额，分别确认投资损益和其他综合收益并调整长期股权投资的账面价值；按照被投资单位宣告分派的现金股利或利润应分得的部分，相应减少长期股权投资的账面价值。

在计算应享有或应分担的被投资单位实现的净损益的份额时，以取得投资时被投资单位可辨认净资产的公允价值为基础确定，对于被投资单位的会计政策或会计期间与本公司不同的，权益法核算时按照本公司的会计政策或会计期间对被投资单位的财务报表进行必要调整。与合营企业和联营企业之间内部交易产生的未实现损益按照持股比例计算归属于本公司的部分，在权益法核算时予以抵销。内部交易产生的未实现损失，有证据表明该损失是相关资产减值损失的，则全额确认该损失。

对合营企业或联营企业发生的净亏损，除本公司负有承担额外损失义务外，以长期股权投资的账面价值以及其他实质上构成对被投资单位净投资的长期权益减记至零为限。被投资企业以后实现净利润的，在收益分享额弥补未确认的亏损分担额后，恢复确认收益分享额。

对于被投资单位除净损益、其他综合收益和利润分配以外所有者权益的其他变动，调整长期股权投资的账面价值并计入资本公积。处置该项投资时，将原计入资本公积的部分按相应比例转入当期损益。

6.2.3.4　处置长期股权投资

处置长期股权投资，其账面价值与实际取得价款的差额计入当期损益，采用权益法核算的长期股权投资，处置时，采用与被投资单位直接处置相关资产或负债相同的基础，按相应比例对原计入其他综合收益的部分进行会计处理。

因处置部分权益性投资等原因丧失了对被投资单位共同控制或重大影响的，处置后的剩余股权按《企业会计准则第22号——金融工具确认和计量》核算，其在丧失共同控制或重大影响之日的公允价值与账面价值间的差额计入当期损益。原股权投资因采用权益法核算而确认的其他综合收益，应当在终止采用权益法核算时采用与被投资单位直接处置相关资产或负债相同的基础进行会计处理。

因处置部分权益性投资等原因丧失了对被投资单位控制

的，在编制个别财务报表时，处置后的剩余股权能够对被投资单位实施共同控制或重大影响的，改按权益法核算，并对剩余股权视同自取得时即采用权益法核算进行调整。处置后剩余股权不能对被投资单位实施共同控制或重大影响的，按《企业会计准则第22号——金融工具确认和计量》的有关规定进行会计处理，其在丧失控制权之日的公允价值与账面价值间的差额计入当期损益。

**6.2.4 固定资产计价和折旧办法**

固定资产是指为生产商品、提供劳务、出租或经营管理而持有的，使用寿命超过一个会计年度的有形资产。

本公司采用直线法计提固定资产折旧，各类固定资产使用寿命、预计净残值率和年折旧率如下：

| 类别 | 折旧年限（年） | 预计净残值率（%） | 年折旧率（%） |
|---|---|---|---|
| 房屋建筑物 | 30～35 | 5 | 2.71～3.17 |
| 运输设备 | 4～5 | 5 | 19～23.75 |
| 办公设备 | 3 | 5 | 31.67 |
| 其他设备 | 5 | 5 | 19.00 |

本公司至少在每年年度终了对固定资产的使用寿命、预计净残值和折旧方法进行复核。

**6.2.5 无形资产计价及摊销政策**

6.2.5.1 无形资产的计价

无形资产按照取得时的成本进行初始计量。

6.2.5.2 无形资产的摊销方法

对于使用寿命有限的无形资产，在使用寿命期限内，采用直线法摊销。本公司至少于每年年度终了对无形资产的使用寿命及摊销方法进行复核。

对于使用寿命不确定的无形资产，不摊销。于每年年度终了，对使用寿命不确定的无形资产的使用寿命进行复核，如果有证据表明其使用寿命是有限的，则估计其使用寿命，并按其使用寿命进行摊销。

**6.2.6 贷款和应收款项的核算方法**

贷款和应收款项按摊余成本计量，占用期间按实际利率法确认收益。

6.2.6.1 单项金额重大的发放贷款及垫款坏账准备的计提方法

单独进行减值测试，当存在客观证据表明将无法按原有条款收回款项时，根据其预计未来现金流量现值低于其账面价值的差额计提贷款损失准备。

6.2.6.2 按组合计提坏账准备的发放贷款及垫款

按风险特征组合计提贷款损失准备的比例如下：

| 风险特征 | 本期计提比例（%） | 上期计提比例（%） |
|---|---|---|
| 正常类 | 1.5 | 1.5 |
| 关注类 | 3 | 3 |
| 次级类 | 30 | 30 |
| 可疑类 | 60 | 60 |
| 损失类 | 100 | 100 |

6.2.6.3 单项金额虽不重大但单项计提坏账准备的发放贷款及垫款

单独进行减值测试，根据其未来现金流量现值低于其账面价值的差额计提贷款损失准备。

**6.2.7 长期待摊费用的摊销政策**

本集团已发生但应由本期和以后各期负担的分摊期限在1年以上的各项费用，按受益期限内平均摊销。

**6.2.8 合并会计报表的编制方法**

本公司通过同一控制下企业合并取得的子公司，在编制合并当期财务报表时，视同被合并子公司在本公司最终控制方对其实施控制时纳入合并范围，并对合并财务报表的期初数以及前期比较报表进行相应调整。

本公司通过非同一控制下企业合并取得的子公司，在编制合并当期财务报表时，以购买日确定的各项可辨认资产、负债的公允价值为基础对子公司的财务报表进行调整，并自购买日起将被合并子公司纳入合并范围。

子公司所采用的会计期间或会计政策与本公司不一致时，在编制合并财务报表时按本公司的会计期间或会计政策对子公司的财务报表进行必要的调整。合并范围内企业之间所有重大交易、余额以及未实现损益在编制合并财务报表时予以抵销。内部交易发生的未实现损失，有证据表明该损失是相关资产减值损失的，则不予抵销。

子公司少数股东应占的权益和损益分别在合并资产负债表中股东权益项目下和合并利润表中净利润项目下单独列示。

子公司少数股东分担的当期亏损超过了少数股东在该子公司期初所有者权益中所享有的份额的，其余额应当冲减少数股东权益。

因处置部分股权投资或其他原因丧失了对原有子公司控制权的，对于剩余股权，按照其在丧失控制权日的公允价值进行重新计量。处置股权取得的对价与剩余股权公允价值之和，减去按原持股比例计算应享有原有子公司自购买日开始持续计算的净资产的份额之间的差额，计入丧失控制权当期的投资收益，同时冲减商誉。与原有子公司股权投资相关的其他综合收益、其他所有者权益变动，在丧失控制权时转为当期投资收益，由于被投资方重新计量设定受益计划净负债或净资产变动而产生的其他综合收益除外。

通过多次交易分步处置对子公司股权投资直至丧失控制权的，需考虑各项交易是否构成一揽子交易，处置对子公司股权投资的各项交易的条款、条件以及经济影响符合以下一种或多种情况，表明应将多次交易事项作为一揽子交易进行会计处理：(1)这些交易是同时或者在考虑了彼此影响的情况下订立的；(2)这些交易整体才能达成一项完整的商业结果；(3)一项交易的发生取决于其他至少一项交易的发生；(4)一项交易单独看是不经济的，但是和其他交易一并考虑时是经济的。

不属于一揽子交易的，对其中每一项交易分别按照以上所述进行会计处理；若各项交易属于一揽子交易的，将各项交易作为一项处置子公司并丧失控制权的交易进行会计处理；但是，在丧失控制权之前每一次处置价款与处置投资对应的享有该子公司净资产份额的差额，在合并财务报表中确认为其他综合收益，在丧失控制权时一并转入丧失控制权当期的损益。

**6.2.9 收入确定原则和方法**

6.2.9.1 手续费及佣金收入

6.2.9.1.1 顾问及咨询费收入

于服务已经提供且收取的金额能够可靠计量时，按权责发生制确认收入。

6.2.9.1.2　信托管理费收入

于信托合同到期，与委托人结算时，按信托合同规定的比例计算应由公司享有的管理费收益，确认为当期收益；或合同中规定公司按约定比例收取管理费和业绩报酬，则在合同期内分期确认管理费和业绩报酬收益。

6.2.9.2　利息收入

6.2.9.2.1　存放同业利息收入

在相关的收入金额能够可靠地计量，相关的经济利益可以收到时，按资金使用时间和实际利率确认利息收入。

6.2.9.2.2　买入返售证券收入

买入返售证券收入按返售价格与买入成本价格的差额，确认为当期收入。实际利率与合同约定利率差别较小的，按合同约定利率确认为当期收入。

6.2.9.2.3　发放贷款及垫款利息收入

按照客户使用本企业货币资金的时间和实际利率计算确定。实际利率与合同约定利率差别较小的，按合同约定利率确认为当期收入。

**6.2.10　所得税的会计处理方法**

本公司采用资产负债表债务法进行所得税会计处理。

除与直接计入股东权益的交易或事项有关的所得税影响计入股东权益外，当期所得税费用和递延所得税费用（或收益）计入当期损益。

当期所得税费用是按本年度应纳税所得额和税法规定的税率计算的预期应交所得税，加上对以前年度应交所得税的调整。

资产负债表日，如果纳税主体拥有以净额结算的法定权利并且意图以净额结算或取得资产、清偿负债同时进行时，那么当期所得税资产及当期所得税负债以抵销后的净额列示。

递延所得税资产和递延所得税负债分别根据可抵扣暂时性差异和应纳税暂时性差异确定，按照预期收回资产或清偿债务期间的适用税率计量。暂时性差异是指资产或负债的账面价值与其计税基础之间的差额，包括能够结转以后年度抵扣的亏损和税款递减。递延所得税资产的确认以很可能取得用来抵扣暂时性差异的应纳税所得额为限。

对于既不影响会计利润也不影响应纳税所得额（或可抵扣亏损）的非企业合并交易中产生的资产或负债初始确认形成的暂时性差异，不确认递延所得税。商誉的初始确认导致的暂时性差异也不产生递延所得税。

资产负债表日，根据递延所得税资产和负债的预期收回或结算方式，依据已颁布的税法规定，按照预期收回该资产或清偿该负债期间的适用税率计量该递延所得税资产和负债的账面金额。

资产负债表日，递延所得税资产及递延所得税负债在同时满足以下条件时以抵销后的净额列示：

（1）纳税主体拥有以净额结算当期所得税资产及当期所得税负债的法定权利。

（2）递延所得税资产及递延所得税负债是与同一税收征管部门对同一纳税主体征收的所得税相关或者是对不同的纳税主体相关，但在未来每一具有重要性的递延所得税资产及负债转回的期间内，涉及的纳税主体意图以净额结算当期所得税资产和负债或是同时取得资产、清偿负债。

**6.2.11　信托报酬确认原则和方法**

信托报酬收入于服务已经提供且收取的金额能够可靠计量时，按权责发生制确认收入。

## 6.3　或有事项说明

公司对外提供借款担保的期初、期末无余额。

## 6.4　重要资产转让及其出售的说明

无。

## 6.5　会计报表中重要项目的明细资料

**6.5.1　披露自营资产经营情况**

6.5.1.1　按信用风险五级分类结果披露信用风险资产的期初数、期末数

| 风险分类 | 正常类（万元） | 关注类（万元） | 次级类（万元） | 可疑类（万元） | 损失类（万元） | 信用风险资产合计（万元） | 不良资产合计（万元） | 不良资产率（%） |
|---|---|---|---|---|---|---|---|---|
| 期初数 | 461 323 | — | — | — | — | 461 323 | — | — |
| 期末数 | 474 353 | — | — | — | — | 474 353 | | — |

注：不良资产合计 = 次级类 + 可疑类 + 损失类。

6.5.1.2　资产减值损失准备的期初数、本期计提、本期转回、本期核销、期末数

单位：万元

| | 期初数 | 本期计提 | 本期转回 | 本期核销 | 期末数 |
|---|---|---|---|---|---|
| 贷款损失 | — | 199 | — | — | 199 |
| 一般准备 | — | 199 | — | — | 199 |
| 专项准备 | — | — | — | — | — |
| 其他资产减值准备 | — | — | — | — | — |
| 可供出售金融资产减值准备 | 11 750 | — | 8 250 | — | 3 500 |
| 持有至到期投资减值准备 | — | — | — | — | — |
| 长期股权投资减值准备 | — | — | — | — | — |
| 坏账准备 | — | — | — | — | — |
| 投资性房地产减值准备 | — | — | — | — | — |

6.5.1.3　按照投资品种分类，分别披露固有业务股票投资、基金投资、债券投资、股权投资等投资业务的期初数、期末数

单位：万元

| | 自营股票 | 基金 | 债券 | 长期股权投资 | 其他投资 | 合计 |
|---|---|---|---|---|---|---|
| 期初数 | 79 589 | — | — | 12 466 | 282 163 | 374 218 |
| 期末数 | 56 338 | — | — | 12 547 | 265 037 | 333 922 |

6.5.1.4　本集团按照企业会计准则对长期股权投资进行重分类后，披露长期股权投资的企业名称、占被投资企业权益的比例、主要经营活动及投资收益情况等

| 企业名称 | 占被投资企业权益的比例（%） | 主要经营活动 | 投资损益（万元） |
|---|---|---|---|
| 苏州苏信元和股权投资有限公司 | 42.86 | 投资业务 | -39 |
| 苏州保信商业保理有限公司 | 45.00 | 保理业务 | 369 |

6. 5. 1. 5　前五名的自营贷款的企业名称、占贷款总额的比例和还款情况等(从贷款金额大到小顺序排列)

| 企业名称 | 占贷款总额的比例(%) | 还款情况 |
|---|---|---|
| 江苏恒神股份有限公司 | 64. 05 | 正常 |
| 仁泰体育产业发展有限公司 | 35. 95 | 正常 |

6. 5. 1. 6　表外业务的期初数、期末数;按照代理业务、担保业务和其他类型表外业务分别披露

单位:万元

| 表外业务 | 期初数 | 期末数 |
|---|---|---|
| 担保业务 | — | — |
| 代理业务(委托业务) | — | — |
| 其他 | — | — |
| 合计 | — | — |

报告期内,公司未发生代理业务(委托业务)。

6. 5. 1. 7　公司当年的收入结构

| 收入结构 | 金额(万元) | 占比(%) |
|---|---|---|
| 手续费及佣金收入 | 37 438 | 67. 65 |
| 其中:信托手续费收入 | 37 438 | 67. 65 |
| 投资银行业务收入 | — | — |
| 利息收入 | 3 670 | 6. 63 |
| 其他业务收入 | 975 | 1. 76 |
| 其中:计入信托业务收入部分 | — | — |
| 投资收益 | 13 208 | 23. 87 |
| 其中:股权投资收益 | 2 172 | 3. 93 |
| 证券投资收益 | 1 445 | 2. 61 |
| 其他投资收益 | 9 591 | 17. 33 |
| 公允价值变动收益 | -5 | -0. 01 |
| 资产处置收益 | 1 | — |
| 其他收益 | 53 | 0. 10 |
| 营业外收入 | — | — |
| 全年总收入 | 55 340 | 100. 00 |

报告年度母公司实现信托业务收入总额为 37 438 万元,全部以手续费及佣金收入形式确定。

**6. 5. 2　披露信托财产管理情况**

6. 5. 2. 1　信托资产的期初数、期末数

单位:万元

| 信托资产 | 期初数 | 期末数 |
|---|---|---|
| 集合 | 3 533 162. 64 | 3 702 529. 51 |
| 单一 | 5 378 445. 65 | 4 362 414. 07 |
| 财产权 | 366 755. 24 | 380 019. 38 |
| 合计 | 9 278 363. 53 | 8 444 962. 96 |

6. 5. 2. 1. 1　主动管理型信托业务的信托资产期初数、期末数,分证券投资类、非证券投资类、融资类、事务管理类分别披露

单位:万元

| 主动管理型信托资产 | 期初数 | 期末数 |
|---|---|---|
| 证券投资类 | 20 105. 13 | |
| 非证券投资类 | 1 418 812. 39 | 1 166 714. 87 |
| 融资类 | 1 454 633. 87 | 2 211 004. 75 |
| 事务管理类 | 397 001. 05 | 25 000. 36 |
| 合计 | 3 290 552. 44 | 3 402 719. 98 |

6. 5. 2. 1. 2　被动管理型信托业务的信托资产期初数、期末数,分证券投资类、非证券投资类、融资类、事务管理类分别披露

单位:万元

| 被动管理型信托资产 | 期初数 | 期末数 |
|---|---|---|
| 证券投资类 | — | — |
| 非证券投资类 | 335 834. 43 | 31. 45 |
| 融资类 | 169 397. 39 | 85 543. 13 |
| 事务管理类 | 5 482 579. 27 | 4 956 668. 40 |
| 合计 | 5 987 811. 09 | 5 042 242. 98 |

6. 5. 2. 2　本年度已清算结束的信托项目个数、实收信托合计金额、加权平均实际年化收益率

本年度已清算结束的信托项目 83 个,实收信托合计金额为 270. 99 亿元,加权平均实际年化收益率为 6. 94%。

6. 5. 2. 2. 1　本年度已清算结束的集合类、单一类资金信托项目和财产管理类信托项目个数、实收信托合计金额、加权平均实际年化收益率

| 已清算结束信托项目 | 项目个数(个) | 实收信托合计金额(万元) | 加权平均实际年化收益率(%) |
|---|---|---|---|
| 集合类 | 30 | 1 192 688. 87 | 6. 74 |
| 单一类 | 53 | 1 517 210. 87 | 7. 10 |
| 财产管理类 | — | — | — |

注:1. 收益率是指信托项目清算后、给受益人赚取的实际收益水平。

2. 加权平均实际年化收益率 =(信托项目 1 的实际年化收益率 × 信托项目 1 的实收信托 + 信托项目 2 的实际年化收益率 × 信托项目 2 的实收信托 + … + 信托项目 $n$ 的实际年化收益率 × 信托项目 $n$ 的实收信托)/(信托项目 1 的实收信托 + 信托项目 2 的实收信托 + … + 信托项目 $n$ 的实收信托) ×100%。

6. 5. 2. 2. 2　本年度已清算结束的主动管理型信托项目个数、实收信托合计金额、加权平均实际年化信托报酬率、加权平均实际年化收益率,分证券投资类、股权投资类、融资类、事务管理类分别计算并披露

| 已清算结束信托项目 | 项目个数(个) | 实收信托合计金额(万元) | 加权平均实际年化信托报酬率(%) | 加权平均实际年化收益率(%) |
|---|---|---|---|---|
| 证券投资类 | 1 | 20 000. 00 | 0. 70 | 6. 80 |
| 股权投资类 | 14 | 603 877. 87 | 1. 41 | 7. 04 |
| 融资类 | 17 | 488 911. 00 | 0. 83 | 7. 19 |
| 事务管理类 | 4 | 502 000. 00 | 0. 11 | 8. 26 |

注:加权平均实际年化信托报酬率 =(信托项目 1 的实际年化信托报酬率 × 信托项目 1 的实收信托 + 信托项目 2 的实际年化信托报酬率 × 信托项目 2 的实收信托 + … + 信托项目 $n$ 的实际年化信托报酬率 × 信托项目 $n$ 的实收信托)/(信托项目 1 的实收信托 + 信托项目 2 的实收信托 + … + 信托项目 $n$ 的实收信托) ×100%。

6. 5. 2. 2. 3　本年度已清算结束的被动管理型信托项目个数、实收信托合计金额、加权平均实际年化信托报酬率、加权平均实际年化收益率,分证券投资类、非证券投资类、融资类、事务管理类分别计算并披露

| 已清算结束信托项目 | 项目个数(个) | 实收信托合计金额(万元) | 加权平均实际年化信托报酬率(%) | 加权平均实际年化收益率(%) |
|---|---|---|---|---|
| 证券投资类 | — | — | — | — |
| 非证券投资类 | 1 | 82 500. 00 | 0. 27 | 3. 32 |
| 融资类 | 2 | 48 800. 00 | 0. 12 | 11. 90 |
| 事务管理类 | 44 | 963 810. 87 | 0. 15 | 6. 12 |

6.5.2.3　本年度新增的集合类、单一类和财产管理类信托项目个数、实收信托合计金额

| 新增信托项目 | 项目个数(个) | 实收信托合计金额(万元) |
|---|---|---|
| 集合类 | 73 | 2 205 049.65 |
| 单一类 | 10 | 665 997.58 |
| 财产管理类 | 1 | 65 100.00 |
| 新增合计 | 84 | 2 936 147.23 |
| 其中:主动管理型 | 74 | 2 421 594.73 |
| 被动管理型 | 10 | 514 552.50 |

注:本年新增信托项目指在本报告年度内累计新增的信托项目个数和金额,包括含本年度新增并于本年度内结束的项目和本年度新增至报告期末仍在持续管理的信托项目。

6.5.2.4　信托业务创新成果和特色业务有关情况

6.5.2.4.1　创新业务资格

公司已经获得特定目的的信托受托机构资格。

6.5.2.4.2　创新业务品种

2018年,公司发挥主动管理能力,加大资产证券化相关业务的拓展力度,积极开拓新的证券化业务类型。设立了一单底层资产为商业物业租金收入的非金融企业资产支持票据(ABN);以及以基础资产受托人的身份成立了一单资产证券化单一资金信托,参与交易所双层SPV资产证券化项目。

2018年,公司积极管理3单慈善信托项目,共计捐助慈善资金80万元,分别用于贵州省铜仁市思南县场坪小学食堂建设、苏州市姑苏区特殊教育学校捐赠及苏州市吴中区"苏信颐家"慈善护理项目,充分发挥信托制度,积极推进慈善事业的发展。此外,与爱心企业单位、慈善基金会合作的相关慈善信托项目也正在有序推进中。

2018年,公司设立了2单涉及文化产业领域的信托项目,信托计划资金以受托人的名义投资于影视传媒类和文艺演出类合伙企业。合伙企业主要负责宣传发行国内外优质的拟在国内院线上映电影以及从事运营或联合运营国内优质现场演出项目,并通过票房销售、赞助、线上直播等收入获取经营收入、合作收益。

财富管理方面,公司初步建立起以平衡配置、稳健配置、积极配置、增强配置为投资策略的华荣系列信托产品、创设各类专户财富管理服务的华彩华丽系列产品,以及以单一特定需求定制的华丰信托产品、现金管理的华冠信托产品等四大财富管理类产品体系,满足不同客户对财富管理信托产品的投资需求。

6.5.2.4.3　创新业务规模

公司根据战略目标,加大创新力度,深化业务模式的创新,分别在资产证券化、慈善信托、文化产业领域、财富管理等领域取得了实质性的突破。

公司积极开拓新的资产证券化业务。2018年共新增2单资产证券化产品,规模总计33.36亿元。

公司积极开展慈善信托。3单慈善信托项目总共募集153万元,2018年共计捐助80万元。

公司积极探索文化产业领域信托,共计发行2单相关信托项目,规模总计2 500万元。

公司积极探索和推动财富管理业务的发展。截至2018年末,存续管理的财富管理类信托产品27个,存续管理信托规模共计86.16亿元。

6.5.2.5　本公司履行受托人义务情况及因本公司自身责任而导致的信托资产损失情况(合计金额、原因等)

无。

6.5.2.6　信托赔偿准备金的提取、使用及管理情况

集团按净利润的5%计提信托赔偿准备金。本报告期内,计提信托赔偿准备金1 810万元,截至2018年12月31日,累计已计提信托赔偿准备金18 719万元,报告期内未使用信托赔偿准备金。

## 6.6　关联方关系及其交易的披露

### 6.6.1　关联交易方的数量、关联交易的总金额及关联交易的定价政策等

| | 关联交易方数量(个) | 关联交易金额(万元) | 定价政策 |
|---|---|---|---|
| 合计 | 70 | 3 463 300 141.85 | 市场定价原则 |

注:"关联交易"定义应以《公司法》《企业会计准则36号——关联方披露》有关规定为准。上述"关联交易方数量""关联交易金额"是本报告期的期末余额。

### 6.6.2 关联交易方与本公司的关系性质、关联交易方的名称、法定代表人、注册地址、注册资本及主营业务等

| 关系性质 | 关联方名称 | 法定代表人 | 注册地址 | 注册资本 | 主营业务 |
|---|---|---|---|---|---|
| 本公司信托产品 | 苏信理财·恒信C1808集合资金信托计划 | 无 | 无 | 实收信托规模:14 991万元 | 无 |
| 本公司信托产品 | 苏信财富·华彩H1501单一资金信托 | 无 | 无 | 实收信托规模:37 600万元 | 无 |
| 本公司信托产品 | 苏信财富·华彩H1506单一资金信托 | 无 | 无 | 实收信托规模:3 000万元 | 无 |
| 本公司信托产品 | 苏信财富·华彩H1601单一资金信托 | 无 | 无 | 实收信托规模:4 000万元 | 无 |
| 本公司信托产品 | 苏信财富·华彩H1603单一资金信托 | 无 | 无 | 实收信托规模:115 000万元 | 无 |
| 本公司信托产品 | 苏信财富·华彩H1701单一资金信托 | 无 | 无 | 实收信托规模:3 650万元 | 无 |
| 本公司信托产品 | 苏信财富·华彩H1802单一资金信托 | 无 | 无 | 实收信托规模: 80 000万元 | 无 |
| 本公司信托产品 | 苏信财富·华丰1206单一资金信托 | 无 | 无 | 实收信托规模:100万元 | 无 |
| 本公司信托产品 | 苏信财富·华冠H1401(稳健配置A)集合资金信托计划 | 无 | 无 | 实收信托规模:279 465.35万元 | 无 |
| 本公司信托产品 | 苏信财富·华丽H1601单一资金信托 | 无 | 无 | 实收信托规模:950万元 | 无 |
| 本公司信托产品 | 苏信财富·华丽H1602单一资金信托 | 无 | 无 | 实收信托规模: 600万元 | 无 |
| 本公司信托产品 | 苏信财富·华丽H1603单一资金信托 | 无 | 无 | 实收信托规模:600万元 | 无 |
| 本公司信托产品 | 苏信财富·华丽H1801单一资金信托 | 无 | 无 | 实收信托规模:7 000万元 | 无 |
| 本公司信托产品 | 苏信财富·华荣H1304(平衡配置)集合资金信托计划 | 无 | 无 | 实收信托规模:38 310万元 | 无 |
| 本公司信托产品 | 苏信财富·华荣H1402(平衡配置)爱心公益集合资金信托计划 | 无 | 无 | 实收信托规模:21 700万元 | 无 |
| 本公司信托产品 | 苏信财富·华荣H1504(平衡配置)集合资金信托计划 | 无 | 无 | 实收信托规模:66 150万元 | 无 |

续表

| 关系性质 | 关联方名称 | 法定代表人 | 注册地址 | 注册资本 | 主营业务 |
|---|---|---|---|---|---|
| 本公司信托产品 | 苏信财富·华荣 H1603(积极配置)集合资金信托计划 | 无 | 无 | 实收信托规模:1 842.97 万元 | 无 |
| 本公司信托产品 | 苏信理财·信诚 B1605 单一资金信托计划 | 无 | 无 | 实收信托规模:28 000 万元 | 无 |
| 本公司信托产品 | 苏信理财·富诚 C1604 集合资金信托计划 | 无 | 无 | 实收信托规模:20 000 万元 | 无 |
| 本公司信托产品 | 苏信理财·富诚 J1602 集合资金信托计划 | 无 | 无 | 实收信托规模:60 000 万元 | 无 |
| 本公司信托产品 | 苏信理财·恒信 A1601 集合资金信托计划 | 无 | 无 | 实收信托规模:50 000 万元 | 无 |
| 本公司信托产品 | 苏信理财·恒信 A1710 集合资金信托计划 | 无 | 无 | 实收信托规模:17 350 万元 | 无 |
| 本公司信托产品 | 苏信理财·恒信 A1808 集合资金信托计划 | 无 | 无 | 实收信托规模:19 651 万元 | 无 |
| 本公司信托产品 | 苏信理财·恒信 A1812 集合资金信托计划 | 无 | 无 | 实收信托规模:9 328 万元 | 无 |
| 本公司信托产品 | 苏信理财·恒信 A1818 集合资金信托计划 | 无 | 无 | 实收信托规模:9 693 万元 | 无 |
| 本公司信托产品 | 苏信理财·恒信 A1825 集合资金信托计划 | 无 | 无 | 实收信托规模:20 000 万元 | 无 |
| 本公司信托产品 | 苏信理财·恒信 B1506 集合资金信托计划 | 无 | 无 | 实收信托规模:65 000 万元 | 无 |
| 本公司信托产品 | 苏信理财·恒信 B1507 集合资金信托计划 | 无 | 无 | 实收信托规模:45 715 万元 | 无 |
| 本公司信托产品 | 苏信理财·恒信 B1601 集合资金信托计划 | 无 | 无 | 实收信托规模:44 000 万元 | 无 |
| 本公司信托产品 | 苏信理财·恒信 B1607 集合资金信托计划 | 无 | 无 | 实收信托规模:50 000 万元 | 无 |
| 本公司信托产品 | 苏信理财·恒信 B1610 集合资金信托计划 | 无 | 无 | 实收信托规模:99 000 万元 | 无 |
| 本公司信托产品 | 苏信理财·恒信 B1611 集合资金信托计划 | 无 | 无 | 实收信托规模:28 000 万元 | 无 |
| 本公司信托产品 | 苏信理财·恒信 B1613 集合资金信托计划 | 无 | 无 | 实收信托规模:99 900 万元 | 无 |
| 本公司信托产品 | 苏信理财·恒信 B1615 集合资金信托计划 | 无 | 无 | 实收信托规模:40 000 万元 | 无 |
| 本公司信托产品 | 苏信理财·恒信 B1616 集合资金信托计划 | 无 | 无 | 实收信托规模:50 000 万元 | 无 |
| 本公司信托产品 | 苏信理财·恒信 B1702 集合资金信托计划 | 无 | 无 | 实收信托规模:47 206 万元 | 无 |
| 本公司信托产品 | 苏信理财·恒信 B1713 集合资金信托计划 | 无 | 无 | 实收信托规模:25 423 万元 | 无 |
| 本公司信托产品 | 苏信理财·恒信 B1714 集合资金信托计划 | 无 | 无 | 实收信托规模:42 990 万元 | 无 |
| 本公司信托产品 | 苏信理财·恒信 B1717 集合资金信托计划 | 无 | 无 | 实收信托规模:10 100 万元 | 无 |
| 本公司信托产品 | 苏信理财·恒信 B1811 集合资金信托计划 | 无 | 无 | 实收信托规模:10 100 万元 | 无 |
| 本公司信托产品 | 苏信理财·恒信 B1812 集合资金信托计划 | 无 | 无 | 实收信托规模:19 288 万元 | 无 |
| 本公司信托产品 | 苏信理财·恒信 C1505 集合资金信托计划 | 无 | 无 | 实收信托规模:58 000 万元 | 无 |
| 本公司信托产品 | 苏信理财·恒信 C1602 集合资金信托计划 | 无 | 无 | 实收信托规模:36 898 万元 | 无 |
| 本公司信托产品 | 苏信理财·恒信 C1603 单一资金信托计划 | 无 | 无 | 实收信托规模:20 000 万元 | 无 |
| 本公司信托产品 | 苏信理财·恒信 C1607 事务管理集合资金信托计划 | 无 | 无 | 实收信托规模:40 000 万元 | 无 |
| 本公司信托产品 | 苏信理财·恒信 C1608 单一资金信托计划 | 无 | 无 | 实收信托规模:40 000 万元 | 无 |
| 本公司信托产品 | 苏信理财·恒信 C1611 单一资金信托计划 | 无 | 无 | 实收信托规模:20 000 万元 | 无 |
| 本公司信托产品 | 苏信理财·恒信 C1804 集合资金信托计划 | 无 | 无 | 实收信托规模:17 715 万元 | 无 |
| 本公司信托产品 | 苏信理财·恒信 C1806 集合资金信托计划 | 无 | 无 | 实收信托规模:20 000 万元 | 无 |
| 本公司信托产品 | 苏信理财·恒信 E1718 集合资金信托计划 | 无 | 无 | 实收信托规模:19 945 万元 | 无 |
| 本公司信托产品 | 苏信理财·恒信 E1805 集合资金信托计划 | 无 | 无 | 实收信托规模:13 990 万元 | 无 |
| 本公司信托产品 | 苏信理财·恒信 E1806 集合资金信托计划 | 无 | 无 | 实收信托规模:9 915 万元 | 无 |
| 本公司信托产品 | 苏信理财·恒信 F1706 集合资金信托计划 | 无 | 无 | 实收信托规模:98 938 万元 | 无 |
| 本公司信托产品 | 苏信理财·恒信 F1816 集合资金信托计划 | 无 | 无 | 实收信托规模:25 850 万元 | 无 |
| 本公司信托产品 | 苏信理财·恒信 F1823 集合资金信托计划 | 无 | 无 | 实收信托规模:10 000 万元 | 无 |
| 本公司信托产品 | 苏信理财·恒信 J1528 集合资金信托计划 | 无 | 无 | 实收信托规模:20 000 万元 | 无 |
| 本公司信托产品 | 苏信理财·恒信 J1612 集合资金信托计划 | 无 | 无 | 实收信托规模:30 000 万元 | 无 |
| 本公司信托产品 | 苏信理财·恒信 J1614 单一资金信托 | 无 | 无 | 实收信托规模:30 000 万元 | 无 |
| 本公司信托产品 | 苏信理财·恒信 J1620 集合资金信托计划 | 无 | 无 | 实收信托规模:99 000 万元 | 无 |
| 本公司信托产品 | 苏信理财·恒信 J1706 集合资金信托计划 | 无 | 无 | 实收信托规模:30 000 万元 | 无 |
| 本公司信托产品 | 苏信理财·恒信 J1714 集合资金信托计划 | 无 | 无 | 实收信托规模:14 940 万元 | 无 |
| 本公司信托产品 | 苏信理财·恒信 J1715 集合资金信托计划 | 无 | 无 | 实收信托规模:57 356 万元 | 无 |
| 本公司信托产品 | 苏信理财·恒信 J1720 集合资金信托计划 | 无 | 无 | 实收信托规模:19 992 万元 | 无 |
| 本公司信托产品 | 苏信理财·恒信 J1734 集合资金信托计划 | 无 | 无 | 实收信托规模:32 665 万元 | 无 |
| 本公司信托产品 | 苏信理财·恒信 J1804 集合资金信托计划 | 无 | 无 | 实收信托规模:15 000 万元 | 无 |

续表

| 关系性质 | 关联方名称 | 法定代表人 | 注册地址 | 注册资本 | 主营业务 |
|---|---|---|---|---|---|
| 本公司信托产品 | 苏信理财·恒信 J1844 集合资金信托计划 | 无 | 无 | 实收信托规模:14 590 万元 | 无 |
| 本公司信托产品 | 苏信理财·恒源 L1701 集合资金信托计划 | 无 | 无 | 实收信托规模:35 000 万元 | 无 |
| 本公司信托产品 | 苏信理财·瑞城 A1604 集合资金信托计划 | 无 | 无 | 实收信托规模:11 965 万元 | 无 |
| 本公司信托产品 | 苏信理财·瑞城 J1702 集合资金信托计划 | 无 | 无 | 实收信托规模:56 000 万元 | 无 |
| 本公司信托产品 | 苏信理财·瑞城 K1614 集合资金信托计划 | 无 | 无 | 实收信托规模:30 000 万元 | 无 |
| 本公司信托产品 | 苏信理财·瑞城 K1703 集合资金信托计划 | 无 | 无 | 实收信托规模:25 000 万元 | 无 |
| 本公司信托产品 | 苏信理财·瑞城 K1707 集合资金信托计划 | 无 | 无 | 实收信托规模:9 595 万元 | 无 |
| 本公司信托产品 | 苏信理财·信诚 A1602 集合资金信托计划 | 无 | 无 | 实收信托规模:30 000 万元 | 无 |
| 本公司信托产品 | 苏信理财·信诚 A1706 集合资金信托计划 | 无 | 无 | 实收信托规模:19 950 万元 | 无 |
| 本公司信托产品 | 苏信理财·信诚 B1613 集合资金信托计划 | 无 | 无 | 实收信托规模:20 000 万元 | 无 |
| 本公司信托产品 | 苏信理财·瑞城 0801 集合资金信托计划 | 无 | 无 | 实收信托规模:68 150 万元 | 无 |
| 本公司信托产品 | 苏信理财·信诚 K1702(汇源控股)集合资金信托计划 | 无 | 无 | 实收信托规模:35 000 万元 | 无 |

**6.6.3　本公司与关联方的重大交易事项**

6.6.3.1　固有与关联方交易情况:贷款、投资、租赁、应收账款、担保、其他方式等期初汇总数、本期借方和贷方发生额汇总数、期末汇总数

本期固有与关联方无交易情况发生。

6.6.3.2　信托与关联方交易情况:贷款、投资、租赁、应收账款、担保、其他方式等期初汇总数、本期借方和贷方发生额汇总数、期末汇总数

本期信托与关联方无交易情况发生。

6.6.3.3　信托公司自有资金运用于自己管理的信托项目(固信交易)、信托公司管理的信托项目之间的相互(信信交易)交易金额,包括余额和本报告年度的发生额

6.6.3.3.1　固有与信托财产之间的交易金额期初汇总数、本期发生额汇总数、期末汇总数

**自有资金运用于自己管理的信托项目**

单位:万元

| 期初汇总数 | 本期发生额汇总数 | | 期末汇总数 |
|---|---|---|---|
| | 本年增加 | 本年减少 | |
| 157 650 | 64 500 | 86 250 | 135 900 |

注:应监管部门要求,公司于 2014 年起对自有资金运用于本公司管理的信托项目情况进行上报。

6.6.3.3.2　信托财产与信托财产之间的交易情况

单位:元

| 信托财产与信托财产关联交易 | | | | | | | | | | | | | | | | | | | | |
|---|---|---|---|---|---|---|---|---|---|---|---|---|---|---|---|---|---|---|---|---|
| 贷款 | | | 投资 | | | 租赁 | | | 担保 | | | 应收账款 | | | 其他 | | | 合计 | | |
| 期初 | 发生额 | 期末 | 期初 | 发生额 | 期末 | 期初 | 发生额 | 期末 | 期初 | 发生额 | 期末 | 期初 | 发生额 | 期末 | 期初 | 发生额 | 期末 | 期初 | 发生额 | 期末 |
| | | | 3 463 310 780.58 | -10 638.73 | 3 463 300 141.85 | — | — | — | — | — | — | — | — | — | — | — | — | 3 463 310 780.58 | -10 638.73 | 3 463 300 141.85 |

## 6.7　会计制度的披露

**6.7.1　固有业务(自营业务)执行会计制度的名称、颁布年份**

本集团执行财政部于 2006 年 2 月 15 日颁布的企业会计准则,包括于 2017 年新颁布和经修订的企业会计准则。

2017 年 4 月 28 日,财政部发布了《企业会计准则第 42 号——持有待售的非流动资产、处置组和终止经营)》(财会[2017]13 号),要求自 2017 年 5 月 28 日起在所有执行企业会计准则的企业范围内施行。对于准则施行日存在的持有待售的非流动资产、处置组和终止经营,采用未来适用法处理。

2017 年 5 月 10 日,财政部对《企业会计准则第 16 号——政府补助》(财会[2017]15 号)进行了修订,要求自 2017 年 6 月 12 日起在所有执行企业会计准则的企业范围内施行。并要求对 2017 年 1 月 1 日存在的政府补助采用未来适用法处理,对 2017 年 1 月 1 日至准则施行日之间新增的政府补助根据修订后准则进行调整。

2017 年 12 月 25 日财政部发布《财政部关于修订印发一般企业财务报表格式的通知》(财会[2017]30 号),针对 2017 年施行的《企业会计准则第 42 号——持有待售的非流动资产、处置组和终止经营》和《企业会计准则第 16 号——政府补助》的相关规定,对一般企业财务报表格式进行了修订,新增了“其他收益”“资产处置收益”“(一)持续经营净利润”“(二)终止经营净利润”等报表项目,并对营业外收支的核算范围进行了调整。

本公司按照准则生效日期开始执行上述新颁布或修订的企业会计准则,并根据各准则的衔接要求进行了调整。

**6.7.2　信托业务执行会计制度的名称、颁布年份**

信托业务核算执行财政部于 2006 年 2 月 15 日正式颁发的《企业会计准则》。

# 7. 财务情况说明书

## 7.1　利润实现和分配情况

2018 年集团实现利润总额为 49 199 万元,比上年减少 28.77%;实现净利润为 37 637 万元,比上年减少 27.69%。

2018 年初集团未分配利润为 194 416 万元,2018 年实现净利润为 37 637 万元,年末提取法定盈余公积金 3 620 万元、信托赔偿准备金 1 810 万元,冲回一般风险准备 486 万元,

2018 年末未分配利润余额为 227 109 万元。

### 7.2 主要财务指标

| 指标名称 | 指标值 |
|---|---|
| 资本利润率(%) | 8.95① |
| 加权年化信托报酬率(%) | 0.55 |
| 人均净利润(万元) | 232.33② |

注:1. 资本利润率 = 净利润/所有者权益平均余额 ×100%。
2. 加权年化信托报酬率 = (信托项目 1 的实际年化信托报酬率 × 信托项目 1 的实收信托 + 信托项目 2 的实际年化信托报酬率 × 信托项目 2 的实收信托 + … + 信托项目 $n$ 的实际年化信托报酬率 × 信托项目 $n$ 的实收信托)/(信托项目 1 的实收信托 + 信托项目 2 的实收信托 + … + 信托项目 $n$ 的实收信托) ×100%。
3. 人均净利润 = 净利润/年平均人数。
4. 平均值采取年初、年末余额简单平均法,公式为:平均值 = (年初数 + 年末数)/2。

### 7.3 对公司财务状况、经营成果有重大影响的其他事项

无。

## 8. 特别事项简要揭示

### 8.1 前五名股东报告期内变动情况及原因

报告期内公司股东及持股比例无变动。

### 8.2 公司董事、监事及高级管理人员变动情况及原因

根据《关于沈光俊、袁维静同志职务调整的通知》(苏国发[2018]34 号),经控股股东苏州国际发展集团有限公司党委研究,经第五届董事会第二次会议审议通过,提名沈光俊同志为苏州信托有限公司董事长人选,袁维静同志不再担任苏州信托有限公司董事长职务。江苏银保监局筹备组下发《关于沈光俊任职资格的批复》(苏银保监筹[2018]188 号),核准沈光俊为苏州信托有限公司董事长的任职资格。第五届董事会第六次临时会议同意《关于任命沈光俊同志为公司董事长的议案》。

### 8.3 变更注册资本、变更注册地或公司名称、公司分立合并事项

报告期内未发生变更注册资本、变更注册地、公司名称、公司分立合并事项。

### 8.4 公司的重大诉讼事项

公司与债务人苏州炜华置业发展有限公司的信托债务纠纷,涉案主债权金额为 150 000 000.00 元。经法院裁定终结了苏州炜华置业发展有限公司的破产程序,公司累计共收回债权 184 471 094.09 元。

公司与债务人无锡丽悦置业有限公司的信托债务纠纷,涉案主债权金额为 78 396 600.00 元。报告期内公司累计收回债权 93 414 324.57 元。

因建设工程施工合同产生争议,公司(被申请人)、上海市政工程设计研究总院(集团)有限公司(被申请人)与中海外建设集团有限公司(申请人)的信托债务纠纷一案正通过仲裁途径解决中。

### 8.5 公司及其董事、监事和高级管理人员受到处罚情况

报告期内公司董事、监事和高级管理人员未受到任何处罚。

### 8.6 对银保监会及其派出机构提出的检查整改意见处理情况

2018 年 10 月 30 日至 11 月 15 日,中国银保监会苏州监管分局就公司治理、内部控制、风险管理、固有业务、信托业务、信息系统等方面对公司进行了全面现场检查。针对全面现场检查意见书中提出的问题,公司立即组织相关部门逐一讨论和分析,按规定及时将整改方案以书面形式向中国银保监会苏州监管分局报告。公司积极落实监管意见,进一步优化治理、健全制度、加强内控能力,确保公司的长远稳健发展。

### 8.7 本年度重大事项临时报告的简要内容、披露时间、所披露的媒体及其版面

(1)简要内容:苏州信托有限公司关于董事长变动的公告
披露时间:2018 年 8 月 17 日
披露媒体:《金融时报》信息披露版
(2)简要内容:苏州信托有限公司关于董事长变更的公告
披露时间:2018 年 11 月 20 日
披露媒体:《金融时报》信息披露版

### 8.8 银保监会及省级派出机构认定的其他有必要让客户及相关利益人了解的重要信息

无。

## 9. 公司监事会意见

### 9.1 关于内部控制

监事会认为,公司依法经营、规范管理,合规管理工作坚持业务发展与合规管理并重,自觉践行依法合规理念,公司业务稳步发展,合规管理工作有序开展;公司内部管理制度和流程得到进一步完善,经营活动稳健规范,全员合规意识显著增强,内部控制机制运行有效;公司经营决策程序符合法律、法规和公司章程的规定,符合“三重一大”有关规定的要求,未发现任何违反国家法律法规、公司章程或损害信托受益人、股东和公司利益的行为。

公司严守风险底线,全面风险管理体系建设成效显著,风险识别能力、分析能力、评估能力和管理水平提升明显,风控体系为公司经营发展提供了有力支持;风险管理文化建设水平得到提高,并积极探索新的市场环境下业务发展和风险管理的良性互动、有机结合;公司各项业务决策机制和决策程序科学,运行有效,公司信托业务及固有业务运转正常,均能按照相关文件

① 此利润率与监管评级时提供一致,平均所有者权益 = (A0/2 + a1 + a2 + a3 + a4/2)/4。
② 此人均与监管评级时提供一致,职工平均数 = (A0 + A4)/2。

约定执行，未发生案件或外部处罚情况。

公司内审工作覆盖了公司运营的各个方面以及全部流程，日常审计与专项审计结合、全面审计和重点项目审计结合，较好地形成了对公司日常经营的支持；内审部门在内部审计工作开展过程中，依据有关法律法规和内部工作规范，按照客观、公正的原则进行审查监督，认真履行了内审职责，较好地起到了规范经营行为、加强风险防范的作用。

### 9.2 关于财务报告

监事会认为，公司财务会计管理制度健全、内控扎实有效，公司 2018 年度的财务预算执行报告的编制和审核程序符合法律、行政法规和监管规定，真实、公允地反映了公司财务收支状况和经营成果。

### 9.3 关于高管履职

监事会认为，报告期内公司高管人员在行使各自职权时遵纪守法，履行诚信、勤勉之义务，自觉维护公司利益和股东权益，未发现上述人员违反法律法规、公司章程或损害公司利益的行为。

## 10. 期后事项

自财务审计报告签发之日至本报告披露之日，公司未发生重大会计日后事项。

# 天津信托有限责任公司

## 1. 重要提示

1.1　本公司董事会及董事保证本报告所载资料不存在任何虚假记载、误导性陈述或者重大遗漏,并对其内容的真实性、准确性和完整性承担个别及连带责任。本年度报告摘要摘自年度报告全文,客户及相关利益人欲了解详细内容,应阅读年度报告全文。

1.2　公司独立董事郭田勇因公务未能出席董事会,但委托董事长赵毅出席董事会并行使表决权;公司股东董事李林、钟玲玲因公务未能出席董事会,但李林委托股东董事王雪利、钟玲玲委托股东董事弓劲梅出席董事会并行使表决权。

1.3　公司独立董事对本年度报告所披露的内容进行了认真审查,认为本年度报告的内容是真实、准确、完整的。

1.4　中审华会计师事务所(特殊普通合伙)为本公司出具了标准无保留意见的审计报告。

1.5　公司董事长赵毅、总经理韩立新、副总经理王辉、财会部负责人李瑞聪声明:保证本年度报告中财务报告真实、完整。

## 2. 公司概况

### 2.1　公司简介

2.1.1　公司的法定中文名称:天津信托有限责任公司

2.1.2　公司的法定英文名称:Tianjin Trust Co. ,Ltd.

2.1.3　法定代表人:赵　毅

2.1.4　注册地址:天津市河西区围堤道125－127号天信大厦

邮政编码:300074

2.1.5　国际互联网网址: www. tjtrust. com

电子邮箱:office@ tjtrust. com

2.1.6　信息披露事务负责人:韩立新

信息披露事务联系人:冉启文

联系电话:022－28408259,传真:022－28408279

电子邮箱:office@ tjtrust. com

2.1.7　公司指定信息披露报纸:《证券时报》

2.1.8　公司年度报告备置地点:天津信托有限责任公司董事会(天信大厦)

2.1.9　公司聘请的会计师事务所:中审华会计师事务所(特殊普通合伙)

地址:天津市和平区解放北路188号信达广场52层

2.1.10　公司聘请的律师事务所:无

### 2.2　组织结构

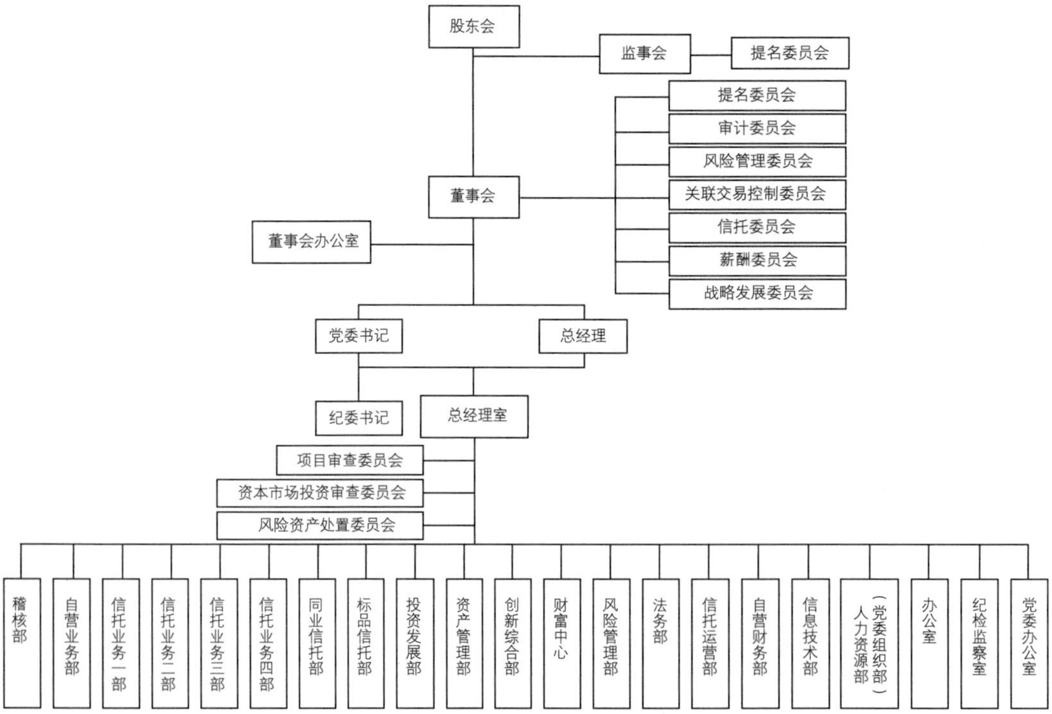

# 3. 公司治理

## 3.1 股东

截至2018年末,公司股东5家,前三家股东如下:

| 股东名称 | 持股比例(%) | 法定代表人 | 注册资本 | 注册地址 | 主要经营业务及主要财务情况 |
|---|---|---|---|---|---|
| 天津海泰控股集团有限公司★ | 51.58 | 刘津元 | 556153万元 | 天津华苑产业区梅苑路6号海泰大厦11-12层 | 主营业务为:房地产与基础设施建设、金融与投资、高科技产业与现代服务业。2018年末集团总资产为380.61亿元,总负债为251.32亿元,所有者权益为129.29亿元(以上数据未经审计)。 |
| 天津市泰达国际控股(集团)有限公司 | 42.11 | 卢志永 | 103.7亿元 | 天津经济技术开发区盛达街9号泰达金融广场11层 | 主营业务为:承担天津市市属国有金融资产出资人的职责,对控股金融机构的经营情况和绩效水平进行考核管理,对授权范围内的国有金融资产依法实施监督,负责国有金融资产的保值增值。2018年末总资产为684.05亿元,总负债为377.23亿元,所有者权益为306.82亿元。 |
| 安邦人寿保险股份有限公司 | 3.9 | 何肖锋 | 307.9亿元 | 北京市朝阳区建国门外大街6号10层1002 | 主营业务为:人寿保险、健康保险、意外伤害保险等各类人身保险业务;上述业务的再保险业务;国家法律法规允许的保险资金运用业务;经中国银保监会批准的其他业务。 |

注:本公司股东之间不存在关联关系。

## 3.2 董事

截至2018年末,公司董事会人员构成如下:

董事长、副董事长、董事

| 姓名 | 职务 | 性别 | 年龄(岁) | 选任日期 | 所推举的股东名称 | 该股东持股比例(%) | 简要履历 |
|---|---|---|---|---|---|---|---|
| 赵 毅 | 董事长 | 男 | 45 | 2015年9月 | 天津海泰控股集团有限公司 | 51.58 | 1996年7月至1998年12月在中国投资银行天津分行国际业务部工作;1998年12月至2005年10月在国家开发银行天津分行信贷处工作,任正科级行员(1999年9月至2002年7月在南开大学工商管理专业学习,并获得硕士学位;2002年9月至2005年7月在南开大学金融学专业学习,并获得博士学位);2005年10月至2007年1月任天津松江集团财务总监;2007年1月至2008年3月任天津海泰控股集团有限公司财务管理部部长;2008年3月至2009年9月任天津新技术产业园区管委会财政局(物价局)局长兼财务管理中心主任;2009年9月至2011年5月任天津滨海高新技术产业开发区管委会财政局(物价局)局长兼财务管理中心主任;2011年5月至2014年9月任天津海泰控股集团有限公司副总经理;2014年9月至2015年9月任天津市和平区委常委、委员(挂职)职务、副区长;2015年9月至今,任天津信托有限责任公司董事长。 |
| 李 林 | 董 事 | 男 | 55 | 2009年8月 | 天津海泰控股集团有限公司 | 51.58 | 1985年7月至1994年3月在天津师范大学教育系任教师;1994年3月至1996年6月在天津新技术产业园区开发总公司工作;1996年6月至1997年5月任园区总公司工业投资分公司助理经理;1997年5月至1997年12月任园区报关行副经理;1997年12月至2003年5月任园区报关行经理;2003年5月至2006年6月任天津海泰控股集团有限公司资产部副部长;2006年6月至2006年12月任天津海泰控股集团有限公司投资发展部副部长;2006年12月至今任天津海泰控股集团有限公司企业运营部副部长、部长、投资发展部部长、办公室主任。 |
| 王雪利 | 董 事 | 女 | 46 | 2013年10月 | 天津海泰控股集团有限公司 | 51.58 | 1991年9月至1995年7月为内蒙古医学院药学系药学专业学生;1995年7月至1996年8月为天津市药材公司成药分公司业务部职员;1996年8月至1998年4月任天津市药材公司成药分公司市场开发部部长助理;1998年4月至1999年9月任青岛海信(天津)经销中心经理助理;1999年9月至2002年7月为南开大学国际商学院工商管理专业学生;2002年7月至2003年6月任天津海泰科技管理咨询有限公司部长;2003年6月至2004年10月任天津海泰生物科技发展有限公司部长;2004年10月至2010年6月任天津海泰控股集团有限公司企业运营部干部(2003年9月至2007年3月为天津大学管理学院技术经济及管理专业学生,获博士学位);2010年6月至今任天津海泰控股集团有限公司企业运营部副部长、部长。 |
| 苏 欣 | 董 事 | 女 | 49 | 2016年12月 | 天津海泰控股集团有限公司 | 51.58 | 1987年7月至1991年7月为天津财经大学审计学专业学生;1991年7月至1998年11月为天津市农业生产资料总公司财务部出纳、会计;1998年11月至2002年2月任天津市农业生产资料有限责任公司审计部干部;2002年2月至2003年4月任天津市农业生产资料有限责任公司审计部副部长;2003年4月至2004年5月任天津市中嘉农业生产资料有限公司财务部部长;2004年5月至2016年2月任天津海泰控股集团有限公司财务管理部财务、资金主管。2016年2月至今任天津海泰控股集团有限公司资金运营部副部长(主持工作)。 |

续表

| 姓名 | 职务 | 性别 | 年龄（岁） | 选任日期 | 所推举的股东名称 | 该股东持股比例（%） | 简要履历 |
|---|---|---|---|---|---|---|---|
| 钟玲玲 | 董　事 | 女 | 54 | 2010年4月 | 天津市泰达国际控股（集团）有限公司 | 42.11 | 1986年7月至1991年8月在天津市照相机公司工作；1991年8月至2009年1月为天津市经济委员会引进处、投资与技术改造处调研员；2008年8月至2010年12月任天津市泰达国际控股（集团）有限公司融资与风险管理部部长；2011年1月至今任天津市泰达国际控股（集团）有限公司审计与合规部、投资管理部部长。 |
| 弓劲梅 | 董　事 | 女 | 46 | 2010年4月 | 天津市泰达国际控股（集团）有限公司 | 42.11 | 2002年1月至2006年10月为天弘基金管理有限公司筹备组成员、高级研究员、职工监事；2006年11月至2008年7月任天津泰达投资控股有限公司资产管理部高级项目经理；2008年8月至2009年4月任天津市泰达国际控股（集团）有限公司融资与风险管理部部长助理；2009年5月至2009年12月任天津市泰达国际控股（集团）有限公司融资与风险管理部副部长；2010年1月至今任天津市泰达国际控股（集团）有限公司资产管理部副部长、部长。 |
| 刁　锋 | 董　事 | 男 | 44 | 2015年8月 | 天津市泰达国际控股（集团）有限公司 | 42.11 | 1999年7月至2006年7月为北方国际信托股份有限公司证券交易部、信托业务部、财务中心交易员、信托经理、信托部经理等；2006年8月至2009年7月任渤海财险股份有限公司资金运用部总经理助理；2009年8月至2010年10月任天津泰达投资控股有限公司资产管理部高级项目经理；2010年11月至今任天津市泰达国际控股（集团）有限公司财务部副部长、部长。 |
| 韩立新 | 董　事 | 男 | 50 | 2015年9月 | 管理层及职工代表 | | 1990年7月至2010年7月历任天津信托投资有限责任公司干部、部门经理、副总经理（1996年9月至1999年7月因在南开大学经济学系政治经济学专业在职研究生学习，获经济学硕士学位）；2010年7月至2015年8月历任天津信托有限责任公司副总经理、常务副总经理；2015年8月至今任天津信托有限责任公司总经理。 |
| 郭田勇 | 独立董事 | 男 | 51 | 2012年11月 | 天津市泰达国际控股（集团）有限公司 | 42.11 | 1990年于山东大学获理学学士学位，之后曾在中国人民银行烟台分行工作，1996年、1999年分别于中国人民大学财政金融学院、中国人民银行研究生部获金融学硕士、博士学位；1999年至今任中央财经大学金融学院教授、博士生导师，中国银行业研究中心主任。 |
| 王　威 | 独立董事 | 男 | 41 | 2016年12月 | 天津海泰控股集团有限公司 | 51.58 | 1996年9月至2000年6月在吉林大学金融学本科专业学习；2002年9月至2003年12月在英国Heriot—Watt大学；2000年7月至2002年7月任中国建设银行吉林省分行国际业务部信贷经理；2004年1月至2004年9月任华龙证券股份有限公司投资银行部项目经理；2004年10月至2012年2月任中信证券股份有限公司投资银行部高级副总裁；2013年10月至2015年6月在长江商学院EMBA学习；2012年3月至今任北京正唐嘉业投资管理有限公司董事长。 |

注：以上董事任期期限为3年，即2016年12月至2019年12月。

截至2018年末，公司独立董事为：

| 姓名 | 所在单位及职务 | 性别 | 年龄（岁） | 选任日期 | 所推举的股东名称 | 该股东持股比例（%） | 简要履历 |
|---|---|---|---|---|---|---|---|
| 郭田勇 | 独立董事 | 男 | 51 | 2012年11月 | 天津市泰达国际控股（集团）有限公司 | 42.11 | 1990年于山东大学获理学学士学位，之后曾在中国人民银行烟台分行工作，1996年、1999年分别于中国人民大学财政金融学院、中国人民银行研究生部获金融学硕士、博士学位；1999年至今任中央财经大学金融学院教授、博士生导师，中国银行业研究中心主任。 |
| 王　威 | 独立董事 | 男 | 41 | 2016年12月 | 天津海泰控股集团有限公司 | 51.58 | 1996年9月至2000年6月在吉林大学金融学本科专业学习；2002年9月至2003年12月在英国Heriot—Watt大学；2000年7月至2002年7月任中国建设银行吉林省分行国际业务部信贷经理；2004年1月至2004年9月任华龙证券股份有限公司投资银行部项目经理；2004年10月至2012年2月任中信证券股份有限公司投资银行部高级副总裁；2013年10月至2015年6月在长江商学院EMBA学习；2012年3月至今任北京正唐嘉业投资管理有限公司董事长。 |

## 3.3 监事会

截至2018年末，公司监事会人员构成如下：

| 姓名 | 职务 | 性别 | 年龄（岁） | 选任日期 | 所推举的股东名称 | 该股东持股比例（%） | 简要履历 |
|---|---|---|---|---|---|---|---|
| 于　淦 | 监　事 | 女 | 38 | 2016年12月 | 天津海泰控股集团有限公司 | 51.58 | 2007年12月至2009年12月任天津海泰建设开发有限公司财务部部长助理（主持工作）；2010年1月至2011年8月任天津海泰建设开发有限公司财务部代部长；2011年9月至2014年2月任天津海泰建设开发有限公司财务部部长；2014年3月至今任天津海泰控股集团有限公司资金运营部副部长、投资发展部部长。 |

续表

| 姓名 | 职务 | 性别 | 年龄（岁） | 选任日期 | 所推举的股东名称 | 该股东持股比例（%） | 简要履历 |
|---|---|---|---|---|---|---|---|
| 杨雪屏 | 监　事 | 女 | 47 | 2016 年 12 月 | 天津市泰达国际控股（集团）有限公司 | 42.11 | 1990 年 9 月至 1995 年 7 月在天津大学电气与自动化系电气工程专业学习；1995 年 7 月至 2002 年 2 月为天津青年报社记者、编辑；2002 年 2 月至 2003 年 12 月任滨海时报社记者、编辑（2000 年 9 月至 2003 年 7 月在中国人民大学新闻学院新闻传播专业学习）；2003 年 12 月至 2007 年 6 月为天津泰达投资控股有限公司办公室文秘科科员；2007 年 12 月至 2012 年 5 月任天津泰达投资控股有限公司办公室文秘科科长；2012 年 5 月至 2014 年 12 月任天津市泰达国际控股（集团）有限公司资产管理部高级项目经理；2014 年 12 月至 2015 年 5 月任天津市泰达国际控股（集团）有限公司综合办公室副主任；2015 年 5 月至今任天津市泰达国际控股（集团）有限公司党委办公室副主任、办公室副主任。 |
| 丁粤军 | 监　事 | 男 | 47 | 2010 年 4 年 | 职工监事 | | 1988 年 9 月至 1990 年 6 月为西安交通大学审计专业专科学生；1990 年 12 月至 2000 年 12 月任天津市审计局直属分局干部；2000 年 12 月至 2004 年 3 月任天津市审计局主任科员；2004 年 3 月至 2010 年 2 月任天津信托投资有限责任公司稽核部干部；2010 年 2 月至 2010 年 7 月任天津信托投资有限责任公司稽核部副总经理；2010 年 7 月至今任天津信托有限责任公司稽核部副经理、经理、纪检监察室主任（兼）。 |

注：以上监事任期期限为 3 年，即 2016 年 12 月至 2019 年 9 月。

本公司监事会下设提名委员会。

## 3.4　高级管理人员

截至 2018 年末，公司高级管理人员构成如下：

| 姓名 | 职务 | 性别 | 年龄（岁） | 选任日期 | 金融从业年限（年） | 学历 | 专业 | 简要履历 |
|---|---|---|---|---|---|---|---|---|
| 赵　毅 | 董事长 | 男 | 45 | 2015 年 9 月 | 11 | 研究生 | 金融学 | 1996 年 7 月至 1998 年 12 月在中国投资银行天津分行国际业务部工作；1998 年 12 月至 2005 年 10 月历任国家开发银行天津分行客户处科员、副科级行员、正科级行员（1999 年 9 月至 2002 年 7 月在南开大学工商管理专业学习并获得硕士学位；2002 年 9 月至 2005 年 7 月在南开大学金融学专业学习并获得博士学位）；2005 年 10 月至 2007 年 1 月任天津松江集团财务总监；2007 年 1 月至 2008 年 3 月任天津海泰控股集团有限公司财务管理部部长；2008 年 3 月至 2009 年 9 月任天津新技术产业园区管委会财政局（物价局）局长兼财务管理中心主任；2009 年 9 月至 2011 年 5 月任天津滨海高新技术产业开发区管委会财政局（物价局）局长兼财务管理中心主任；2011 年 5 月至 2014 年 9 月任天津海泰控股集团有限公司副总经理；2014 年 9 月至 2015 年 7 月任天津市和平区委常委、委员（挂职）职务、副区长；2015 年 7 月至今任天津信托有限责任公司董事长。 |
| 韩立新 | 总经理 | 男 | 50 | 2015 年 9 月 | 27 | 研究生 | 经济学 | 1990 年 7 月至 2010 年 7 月，历任天津信托投资有限责任公司干部、部门经理、副总经理（1996 年 9 月至 1999 年 7 月在南开大学经济学系政治经济学专业在职研究生学习，获经济学硕士学位）；2010 年 7 月至 2015 年 8 月历任天津信托有限责任公司副总经理、常务副总经理；2015 年 8 月至今任天津信托有限责任公司总经理。 |
| 杨　湧 | 副总经理 | 男 | 50 | 2007 年 11 月 | 23 | 研究生 | 管理 | 1991 年 7 月至 1994 年 12 月在天津油墨股份公司工作，任秘书；1994 年 12 月至 2007 年 11 月历任天津信托投资公司证券业务部干部、投资银行二部副总经理、证券投资部副经理、经理、总经理助理兼证券投资部经理；2007 年 11 月至 2010 年 7 月任天津信托投资有限责任公司副总经理（2007 年 7 月至 2009 年 7 月在南开大学商学院高级管理人员工商管理硕士专业学习，获高级管理人员工商管理硕士学位）；2010 年 7 月至今任天津信托有限责任公司副总经理。 |
| 王　辉 | 副总经理 | 女 | 47 | 2015 年 12 月 | 23 | 研究生 | 工商管理 | 1994 年 7 月至 2010 年 7 月历任天津信托投资有限责任公司干部、部门副总经理、部门总经理（2003 年 9 月至 2005 年 12 月在南开大学工商管理专业学习，获工商管理硕士学位）；2010 年 7 月至 2010 年 9 月任天津信托有限责任公司业务经营管理部总经理；2010 年 9 月至 2013 年 1 月任天津信托有限责任公司总经理助理兼业务经营管理部总经理；2013 年 7 月至 2015 年 11 月任天津信托有限责任公司总经理助理；2015 年 11 月至今任天津信托有限责任公司副总经理。 |
| 李文涛 | 总经理助理 | 男 | 47 | 2012 年 5 月 | 25 | 研究生 | 工商管理 | 1992 年 10 月至 2010 年 7 月历任天津信托投资有限责任公司干部、部门副总经理、部门总经理（2006 年 9 月至 2008 年 12 月在南开大学商学院工商管理专业硕士研究生学习，获硕士学位）；2010 年 7 月至 2011 年 12 月任天津信托有限责任公司信托业务二部总经理；2011 年 12 月至 2014 年 1 月任天津信托有限责任公司总经理助理兼信托业务二部总经理；2014 年 1 月至今任天津信托有限责任公司总经理助理。 |
| 冉启文 | 董事会秘书 | 男 | 53 | 2016 年 12 月 | 29 | 研究生 | 工商管理 | 1988 年 7 月至 2002 年 2 月历任天津信托投资公司信托业务三部业务员、外汇部副经理、国际业务部副总经理、金融开发中心、资金部和证券研究部研究员；2002 年 2 月至 2006 年 6 月历任天津信托投资有限责任公司市场开发部副总经理、总经理；2006 年 6 月至 2007 年 3 月历任天津信托投资有限责任公司董事会秘书兼风险管理部经理；2007 年 3 月至 2010 年 2 月历任天津信托有限责任公司董事会秘书；2010 年 2 月至 2013 年 1 月历任天津信托有限责任公司董事会秘书（2012 年 6 月开始，总经理助理职级）兼办公室主任；2013 年 1 月至今任天津信托有限责任公司 董事会秘书（总经理助理职级）。 |

### 3.5 公司党委委员

截至2018年末，公司党委委员如下：

| 姓名 | 职务 | 性别 | 年龄（岁） | 选任日期 | 简要履历 |
| --- | --- | --- | --- | --- | --- |
| 赵 毅 | 党委书记 | 男 | 45 | 2016年11月 | 1996年7月至1998年12月在中国投资银行天津分行国际业务部工作；1998年12月至2005年10月历任国家开发银行天津分行客户处科员、副科级行员、正科级行员（1999年9月至2002年7月在南开大学工商管理专业学习并获得硕士学位；2002年9月至2005年7月在南开大学金融学专业学习并获得博士学位）；2005年10月至2007年1月任天津松江集团财务总监；2007年1月至2008年3月任天津海泰控股集团有限公司财务管理部部长；2008年3月至2009年9月任天津新技术产业园区管委会财政局（物价局）局长兼财务管理中心主任；2009年9月至2011年5月任天津滨海高新技术产业开发区管委会财政局（物价局）局长兼财务管理中心主任；2011年5月至2014年9月任天津海泰控股集团有限公司副总经理；2014年9月至2015年7月任天津市和平区委常委、委员（挂职）职务、副区长；2015年7月至今任天津信托有限责任公司董事长。 |
| 韩立新 | 党委副书记 | 男 | 50 | 2016年11月 | 1990年7月至2010年7月，历任天津信托投资有限责任公司干部、部门经理、副总经理（1996年9月至1999年7月在南开大学经济学系政治经济学专业在职研究生学习，获经济学硕士学位）；2010年7月至2015年8月历任天津信托有限责任公司副总经理、常务副总经理；2015年8月至今任天津信托有限责任公司总经理。 |
| 杨 湧 | 党委委员 | 男 | 50 | 2016年11月 | 1991年7月至1994年12月在天津油墨股份公司工作，任秘书；1994年12月至2007年11月历任天津信托投资公司证券业务部干部、投资银行二部副总经理、证券投资部副经理、经理、总经理助理兼证券投资部经理；2007年11月至2010年7月任天津信托投资有限责任公司副总经理（2007年7月至2009年7月在南开大学商学院高级管理人员工商管理硕士专业学习，获高级管理人员工商管理硕士学位）；2010年7月至今任天津信托有限责任公司副总经理。 |
| 刘建军 | 党委委员<br>纪委书记 | 男 | 48 | 2016年11月 | 1993年7月至1995年3月任天津市红光农场干部；1995年3月至2001年3月任南开区委研究室科员、副科长；2001年3月至2004年6月为天津市纪委办公厅副主任科员、主任科员；2004年6月至2007年9月为天津市委巡视工作办公室主任科员；2007年9月至2010年6月任天津市纪委政策法规室副主任；2010年6月至2016年4月历任天津市纪委领导干部廉洁自律室副主任（正处级）、党风廉政建设室、执法和效能监督室、市委巡视工作办公室副主任（正处级巡视专员）；2016年4月至今任天津信托有限责任公司党委委员、纪委书记。 |
| 王 辉 | 党委委员 | 女 | 47 | 2016年11月 | 1994年7月至2010年7月历任天津信托投资有限责任公司干部、部门副总经理、部门总经理（2003年9月至2005年12月在南开大学工商管理专业学习，获工商管理硕士学位）；2010年7月至2010年9月任天津信托有限责任公司业务经营管理部总经理；2010年9月至2013年1月任天津信托有限责任公司总经理助理兼业务经营管理部总经理；2013年7月至2015年11月任天津信托有限责任公司总经理助理；2015年11月至今任天津信托有限责任公司副总经理。 |

### 3.6 公司员工

| 项目 | | 报告期年度 | | 上年度 | |
| --- | --- | --- | --- | --- | --- |
| | | 人数（人） | 比例（%） | 人数（人） | 比例（%） |
| 年龄分布 | 25岁以下 | 1 | 0.6 | 3 | 2.0 |
| | 25~29岁 | 30 | 19.1 | 27 | 18.1 |
| | 30~39岁 | 49 | 31.2 | 41 | 27.5 |
| | 40岁以上 | 77 | 49.1 | 78 | 52.4 |
| 学历分布 | 博士 | 3 | 1.9 | 2 | 1.3 |
| | 硕士 | 76 | 48.4 | 71 | 47.7 |
| | 本科 | 64 | 40.8 | 58 | 38.9 |
| | 专科 | 14 | 8.9 | 18 | 12.1 |
| | 其他 | — | — | — | — |
| 岗位分布 | 董事、监事及其他高管人员 | 6 | 3.8 | 8 | 5.4 |
| | 自营业务人员 | 21 | 13.4 | 22 | 14.8 |
| | 信托业务人员 | 91 | 58.0 | 83 | 55.7 |
| | 其他人员 | 39 | 24.8 | 36 | 24.1 |

## 4. 经营管理

### 4.1 经营目标、经营方针、战略规划

#### 4.1.1 经营目标

公司经营目标是本着“诚信、稳健、高效”的经营理念，坚持“对社会负责，对客户负责，对股东负责，对员工负责”的服务宗旨，立足金融信托本业，抓住京津冀协同发展带来的机遇，进一步适应经济发展新常态，坚持稳中求进、回归本源的工作基调，努力认清形势，客观分析自己，促进业务创新升级，做好传承和创新“两篇文章”，做优做强信托业务，做好做精固有业务，在重点领域进行创新发展，依法合规经营，防范化解风险，强化管理，优化流程，相得益彰，共同发展，形成公司可具持续发展的盈利模式和核心竞争力，将公司塑造成为中国信托业的优秀品牌。

#### 4.1.2 经营方针

公司经营方针是以遵循国家和监管部门法规为依托，以诚信合规、稳健发展高效运营为理念，进一步健全和强化法人治理、内控严密、管理合规的内部控制体系；以业务开拓创新为动力，以风险防控为前提，进一步提升和增强公司的核心竞争力；以受益人利益最大化和股东稳定回报为原则，努力创建公司、股东、客户共赢平台。公司注重加强人才队伍、企业文化和长效机制建设，不断提高公司的盈利能力、风险控制能力、创新能力、营销能力，正确把握宏观经济形势和政策环境，推进公司又好又快地发展。

#### 4.1.3 战略规划

公司2019—2021年总体战略规划是以习近平新时代中国特色社会主义思想为引领，加强党对金融工作的统一领导，紧紧围绕服务实体经济、防控金融风险、深化金融改革三项任务，

坚持稳中求进、回归本源的基本原则，注重受益人利益最大化和股东稳定回报；坚持诚信合规经营理念，注重风险防控，体制机制和产品创新，不断提升公司核心竞争力，努力创建公司、股东、客户共赢平台，同时实现员工价值。

## 4.2 所经营业务的主要内容

### 4.2.1 经营范围

经中国银保监会批准，公司的经营范围为：资金信托；动产信托；不动产信托；有价证券信托；其他财产或财产权信托；作为投资基金或者基金管理公司的发起人从事投资基金业务；经营企业资产的重组、购并及项目融资、公司理财、财务顾问等业务；受托经营国务院有关部门批准的证券承销业务；办理居间、咨询、资信调查等业务；代保管及保管箱业务；以存放同业、拆放同业、贷款、租赁、投资方式运用固有财产；以固有财产为他人提供担保；从事同业拆借；法律法规规定的或中国银行业监督管理委员会批准的其他业务（以上业务范围包括本外币业务、国家有专营专项规定的按规定办理）。

### 4.2.2 公司经营的业务品种

4.2.2.1 固有资产业务

公司运用固有资产经营的主要业务品种包括自营贷款、融资租赁、自营证券投资、自营金融股权投资、金融产品投资、财务顾问业务等。

4.2.2.2 信托业务

公司信托业务主要品种包括集合资金信托、单一资金信托、财产权信托以及家族信托、慈善信托等。

### 4.2.3 资产分布

截至2018年末，公司管理的资产总规模为1 568.11亿元，其中固有资产为74.93亿元，占资产总规模的4.78%；信托资产为1 493.18亿元，占管理资产总规模的95.22%。

自营资产运用与分布表

| 资产运用 | 金额（万元） | 占比（%） | 资产分布 | 金额（万元） | 占比（%） |
|---|---|---|---|---|---|
| 货币资产 | 41 667 | 5.56 | 基础产业 | 50 080 | 6.68 |
| 贷款及应收款 | 178 920 | 23.88 | 房地产业 | 21 030 | 2.81 |
| 交易性金融资产 | — | — | 证券市场 | 90 735 | 12.11 |
| 可供出售金融资产 | 231 724 | 30.92 | 实业 | 33 921 | 4.53 |
| 持有至到期投资 | — | — | 金融机构 | 377 935 | 50.44 |
| 长期股权投资 | 145 234 | 19.38 | 其他 | 175 629 | 23.43 |
| 其他 | 151 785 | 20.26 | | | |
| 资产总计 | 749 330 | 100.00 | 资产总计 | 749 330 | 100.00 |

注：1. 资产运用中“其他”包括买入返售金融资产74 710万元、递延所得税资产55 286万元、投资性房地产及固定资产16 378万元、无形资产3 033万元等。

2. 资产分布中其他包括递延所得税资产55 286万元、投资房地产及固定资产16 378万元、无形资产3 033万元、其他应收款92 963万元等。

信托资产运用与分布表

| 资产运用 | 金额（万元） | 占比（%） | 资产分布 | 金额（万元） | 占比（%） |
|---|---|---|---|---|---|
| 货币资产 | 83 427 | 0.56 | 基础产业 | 978 175 | 6.55 |
| 贷款 | 2 823 260 | 18.91 | 房地产业 | 824 899 | 5.52 |
| 交易性金融资产 | 247 418 | 1.66 | 证券市场 | 182 006 | 1.22 |
| 可供出售金融资产 | — | — | 实业 | 11 837 172 | 79.28 |
| 持有至到期投资 | 9 113 637 | 61.03 | 金融机构 | 664 203 | 4.45 |
| 长期股权投资 | 766 542 | 5.13 | 其他 | 445 297 | 2.98 |
| 其他 | 1 897 468 | 12.71 | | | |
| 信托资产总计 | 14 931 752 | 100.00 | 信托资产总计 | 14 931 752 | 100.00 |

续表

注：1. 资产运用中“其他”包括应收账款781 588万元、买入返售资产706 810万元、拆出资金409 070万元。

## 4.3 市场分析

### 4.3.1 影响业务发展的有利因素

影响业务发展的有利因素：一是我国经济延续稳中向好发展态势，经济结构调整优化，动能转换有新进展，质量效益有新提升，基础建设项目有所提升，改革开放有新亮点，新经济新业态涌现，高质量发展实现良好开端，再次彰显了我国经济强大的韧性；二是京津冀协同发展政策的不断落实和“一基地三区”等重大战略的进一步加快推进，京津冀地区全面协同、深度融合的发展格局正在形成，这为信托公司业务发展带来机遇；三是专业财富管理、家族信托消费金融等创新领域日益成为信托业转型的新突破口，在政策层面迎来众多利好，市场发展步伐逐步加快，将为信托行业带来稳定的利润增长点。

### 4.3.2 影响业务发展的不利因素

影响业务发展的不利因素：一是三大攻坚战进入攻城拔寨关键时期，国际环境仍存在不确定性，还需进一步推动我国经济发展质量变革、效率变革、动力变革；二是从天津经济形势看，经济增长“挤水分”压力仍在，全市产业结构偏重、偏旧问题突出，新旧动能转换衔接不畅，转型发展任重道远，战略新兴产业发展需要进一步完善，虽然已取得了一定的改革成绩，但仍面临较大挑战；三是在“降杠杆、去通道”的大背景下，彻底打破刚性兑付、禁止产品嵌套、资金池管理、合格投资者门槛上升等必然让信托业经历转型“阵痛”。

## 4.4 内部控制

### 4.4.1 内部控制环境和内部控制文化

公司遵循全面性原则、重要性原则、权威性原则、制衡性原则、适应性原则、成本效益性原则，建立与实施内部控制。公司内部控制目标为确保国家法律规定和公司内部规章制度的贯彻执行；确保公司发展战略和经营目标的全面实施和充分实现；确保风险管理体系的有效性和资产安全；确保业务记录、财务信息和其他管理信息的及时、真实和完整。

为防范风险，保障公司稳健运行，公司多年来一直秉承“诚信、稳健、高效”的经营理念，把对委托人负责作为内控文化建设的重要内容，全体员工均树立了内控优先的风险防范理念；公司形成了较为完善的内部控制组织架构和岗位职责，部门设置科学、分工合理、职责明确；公司打造出内控管理体系，对风险进行事前防范、事中控制、事后监督和纠正，形成事前出台制度—事中风险排查—事后稽核—业务整改—后续稽核—修订制度这一封闭环路，充分发挥了各环节的管理控制作用。同时公司还通过后续教育培训，不断提高内控人员的职业操守和专业能力。

#### 4.4.2 内部控制措施

公司始终坚持稳健经营的理念，坚持以信托评级指标为指导加强内控管理及合规管理工作，从完善业务管理制度、加强项目审查、强化合规管理、提升信息系统、推进人力资源改革等各个方面强化内控管理工作。公司完善了分级授权审批体系，明确各部门和岗位的工作职责，实施了业务前台、中台、后台操作的隔离制度，对项目实施事前准入、事中检查、事后评价的全程管理。在新业务开发上采取制度先行的管理策略，通过发挥一系列监督管理职能保证内部运营体系的健康有效，建立应急机制以应对突发事件造成的经营风险。公司董事会下设战略发展委员会、提名委员会、风险管理委员会、薪酬委员会、信托委员会、审计委员会、关联交易控制委员会，主要负责审定公司中长期发展战略规划，拟定董事和高级管理层成员的选任程序和标准，审核和监督公司风险管理的政策、目标和程序，制定和考评公司薪酬计划或方案，监督公司依法合规管理信托财产，对公司内外部审计进行监督和审查，关联交易的管理、审查、批准和控制。

公司设立项目审查委员会、资本市场投资审查委员会，负责审议公司的投融资项目、资本市场投资等业务，严格控制业务经营决策风险。公司项目审查委员会充分发挥业务审查、关口把控作用。一是完善审查委员会“合议制”，将业务、预审与项审会有机结合起来，形成既对立又统一的审查方式，最大限度地实现集体决策，尽可能地避免个人意见左右业务。二是进一步调整补充项审委员，采取多种形式进一步加强培训学习，提高项目审查能力水平。风险管理部根据公司风险独立调查工作程序，针对报会审查的重点项目，派员组织开展业务风险独立调查，全方位、多角度进行业务前置风险的筛查与研判。公司在本报告年度内进一步加强了前置风险审查力度，在明确尽职调查底线要求的基础上，一方面，严格要求从业人员深入企业，实地进行真实有效的财务核查；另一方面，加强对数据真实性的核查，并就有可能涉及的风险事项提出可控且可操作的防范措施及后续预案安排，此外，对于新增的客户和项目，风控人员提前介入进行调查。同时，进一步严把项目尽职调查的底线，重点审查报审业务中交易主体、资金用途、还款来源、风控措施等方面有无瑕疵或风险隐患，提出独立性审查意见及防范措施建议。同时加强预审岗的业务审查及相应考核，风险管理部预审岗与业务部项目经理相互促进、相互提升，使尽职调查水平得到有效提升。对于传统业务，继续做好业务交易对手、交易结构、交易环节、资金运作等方面合法合规性审查，同时加强对基金化业务等创新业务类型审查要点的研究，引导项目经理从项目遴选、尽职调查阶段提升业务质量，确保拟上会项目恪守法律和监管政策底线，经营风险有效控制。

为规范公司风险资产处置工作，加强风险资产处置方案审查，确保风险资产处置工作合法依规开展，公司成立了风险资产处置委员会，建立了风险资产处置专业评审机制，负责对风险暴露项目的处置方案进行审议、决策，对于配合风险资产司法处置进程，加快清收不良资产起到了推动作用。

公司风险管理部牵头负责公司业务制度、程序的拟定、审视和调整，按照公司整体战略发展要求，围绕监管动态，传达监管意图，促进管理工作的主动性和及时性，支持公司业务发展，促进业务管理、监督业务风险，提升精细化管理水平；负责执行公司制度、办法、流程，实行专业化的合规管理；负责拟定和完善公司风险管理制度，通过对内外部风险的识别、评估、分析，提出应对措施和化解建议，防范公司经营活动中可能出现的风险。

信托运营部承担着从信托项目设立、估值核算、存续期管理直到清算结束全流程的所有内部管理工作，实现了业务管理流程的全覆盖。信托运营部以履行受托人职责为底线，通过不断完善对信托项目“双人双线”管理职责，达到切实降低和防范操作风险的目的，提升信托运营管理的效率和规范程度，真正实现对项目的“流水线”管理。

公司持续加强信息化建设，确保现有各系统安全稳定运转，为公司业务发展提供信息技术支持。2018 年，恒生系统上线并行工作顺利运转，标志着恒生一体化系统已基本具备了独立运营能力；此外，针对监管部门对统计数据的高要求，公司完成了 2018 年报表系统升级和新系统测试工作，研发了系统间数据核对功能，保障监管报送工作正常开展。

#### 4.4.3 信息交流与反馈

公司多项措施保障了与监管部门、董事会、高管层和员工之间的信息传递和交流。

公司定期或不定期召开股东会、董事会，通报公司经营成果、存在的风险问题、拟采取的管理手段等，股东会、董事会成员评议并通过各项内控政策和重大事项决策。

公司高管层在各层级会议上传达公司的经营政策和风险管理理念，通过内部网络及时向员工发布各项监管政策、内控制度和行业信息，并将改版后的政策、制度汇编装订成册下发给各部门。公司员工可以通过直接交流、书面报告或通过内部网及总经理信箱反馈经营过程中发现的问题，使高管层、董事会能够及时了解内部控制环节中的隐患和缺陷。

公司与监管部门做到充分沟通，就新业务拓展、存续业务规范等工作进行经常性交流，除每个信托项目在运作前提交中信登进行登记外，主动管理类集合信托项目和创新型信托项目还向监管部门进行事前报告。

#### 4.4.4 监督评价与纠正

公司设立稽核部，依据国家有关法律法规、内部审计准则和公司内部管理规定开展工作。稽核工作向董事会负责，接受监事会、董事会审计委员会的指导和监督。完成年度稽核工作计划，独立、客观地履行了监督、评价职能。公司坚持稳健经营策略，审慎办理各项业务，内部控制和风险管理适当、有效，经营活动规范。稽核部遵守和执行相关法律法规、监管制度和公司内部制度规定。2018 年实施了专项稽核、专项调查、离任审计、反洗钱及投资者权益保护专项检查等现场稽核和到期项目管理情况等非现场稽核，按制度规定进行了两次后续稽核。对稽核中发现的问题及时整改，稽核结果定期向公司主要领导、审计委员会、董事会和监管机关报告。

公司建立了制度定期审视机制，坚持制度先行的管理理念，对制度进行认真梳理，及时发现现行制度中存在的问题，取消多余、合并重叠，以最大限度地提高公司的办事效率和办事效能为原则，增强制度体系对公司工作流程变化的敏感性及灵活性，使公司管理水平、风险防控和化解能力得到持续的提升，保证公司管理的及时性、有效性，随着国家宏观经济形势变化及监管要求不断充实、完善业务管理制度，坚持制度先行的管理理念，从改进工作流程、加强合规管理等各个方面完善内控制度，以提高公司风险控制能力，促进公司可持续发展。

## 4.5 风险管理

### 4.5.1 风险管理概况

公司在经营活动中可能面临诸多风险。其中主要包括信用风险、市场风险、操作风险和其他风险。

为加强风险管理,提高竞争能力,公司把风险的识别、风险测量和评估、风险处理和控制、风险管理的评估和调整,以及风险准备等方面作为风险管理的核心内容,通过制定健全的内部规章制度,建立职责分工合理的组织机构,对可能产生的风险及时作出反应,采取有效措施进行事前、事中、事后的有效控制,根据实际需要,保持对风险管理体系运行情况的持续调整。

公司风险管理坚持全面性、持续性、审慎性、独立性和有效性原则。风险管理涵盖公司的各项业务、各个部门和各级人员,渗透到决策、执行、监督、反馈各环节;风险管理是一项长期持续性的工作,贯穿于公司经营过程始终;风险管理的核心是有效防范风险;公司各专业管理委员会、风险管理部门具有相对独立性,对各部门业务的风险评估、风险检查不受非正常因素干扰;公司风险管理制度是按照国家有关法律、法规要求,结合公司实际制定的,具有权威性和有效性,是所有员工严格遵守的行动指南,执行风险控制制度不存在例外情况,任何人不得拥有超越制度或违反规章的权力。

公司建立了较为健全的风险管理组织体系,以确保各项风险管理政策切实得以落实,确保各种风险信息可以有效传递和反馈。公司股东会、董事会、监事会、高管层及各职能部门分工协作,且互相监督制约,确保各项经营活动都在规范制度体系内得以有序进行,最大限度地确保各种风险都能被有效识别、计量、监测和控制,进而实现公司总体发展战略和经营目标。

公司通过科学的机构设置,建立起以风险管理为中心的三道防线:各业务部门是风险管理的第一条防线,在业务前端识别、评估、应对、监控与报告风险;风险管理部、信托运营部、自营财会部和信息技术部等职能部门是风险管理的第二条防线,综合协调制定各类风险制度、标准和限额,实施风险管理措施,提出应对建议;稽核部是风险管理的第三条防线,针对公司已经建立的风险管理流程和各项风险的控制程序和活动进行监督和评价。对于公司面临每一项风险,均由以上三个层次的管理框架进行控制,确保将各种风险控制在公司可承受的范围内。

报告期内,公司坚持党对金融企业的集中统一领导,紧紧围绕服务实体经济、防控金融风险、深化金融改革三项核心任务,在公司董事会及风险管理委员会的指导下,以“稳中求进”为工作总基调,以“混改与经营并重、合规与发展并重”为经营方针,不断提升经营效率和水平。顺应于监管导向,公司全面深化合规经营理念,遵照股东会认可的风险偏好,以高质量、可持续为发展目标,持续加强专业化合规管理,严把项目准入关口,深化期间双线全流程管控,严防新的业务风险;切实做好存量业务资产质量的转化与提升工作,促进公司持续、健康、稳健发展。

### 4.5.2 风险状况及风险管理

#### 4.5.2.1 信用风险状况及信用风险管理

信用风险是指交易对手未能按照合同的约定履行义务或信用质量发生变化,影响公司债权的实现或其他金融产品的价值,使公司遭受经济损失的风险。

公司对信用风险采取如下防范控制措施:一是实行客户名单式管理,定期对客户资信情况进行级次界定,采取差异化的准入审查及期间管理标准。二是采用资产风险分类、信贷资产评级等信用度量指标进行信用风险评级并不断改进信用分析方法和技术。三是严格按照规定对固有财产进行减值测试,并按测试结果计提专项准备和一般准备。四是对所有信托资产和自营资产进行全面压力测试,对发现的问题制定风险处置预案。五是风控措施综合考量原则,对于不同地区、不同性质、不同信誉度的企业遵循不同的风控标准。六是严格控制集团客户的融资规模,依据集团客户整体情况核定总体融资额度,实施总量控制。七是密切关注融资企业的信贷征信系统变化情况,对有风险迹象的客户及时采取控制措施。

受宏观经济下行压力以及政策面“去产能、去杠杆、去库存”进程加快等因素影响,部分实体企业经营难度进一步加大,企业资产流动性和偿债能力呈现出下滑趋势,给公司自主管理的各类存续业务风险管控和新的投融资项目拓展带来一定困难,部分存续业务信用风险承压明显。面对宏观经济的新常态,公司持续化解经济下行、产业调整的不利影响,切实提升存续资产质量,审慎寻求管理资产体量和质量的动态平衡。

遵循宏观经济形势以及总体经营导向,公司加强了传统融资类业务引导,主动放缓了传统业务拓展步伐,收紧了部分行业及区域的准入和风控标准,对于产能过剩、面临衰退的行业领域,要求区分交易对手资信情况进行规避或加强担保措施,严把准入风险,分别从合规与经营风险两个维度从严审查。对于存量业务,公司坚持双线、全覆盖的业务期间管理。由业务部门作为第一责任人,对项目全程运营负有管理职责,对项目可能存在的各类风险做到“早识别、早报告、早防范”;信托运营部继续以履行受托人职责为底线,对存续投融资项目后期管控予以监督;风险管理部对于新发放业务开展资金用途专项核查,选择重点行业、重点领域或重点客户群体,组织开展现场检查,切实防范业务风险。针对重点客户,公司建立了名单式管理,由相关业务部门组织实施高频风险管控,实时反馈资产风险现状,持续做好存量业务资产质量的转化与提升工作。依托于全流程风控体系的有效运行,公司在规模与利润、风险与收益的多重平衡中稳中求进,公司整体资产质量维持在合理区间。

#### 4.5.2.2 市场风险状况及市场风险管理

市场风险是指公司固有财产和信托财产的价值或收入由于市场价格(如利率、汇率、股票或商品价格)或指数的变动而减少的风险。公司主要业务领域包括证券市场、货币市场等,在股价、汇率、利率等因素发生变动时,造成这些市场价格产生较大波动,可能给公司经营和财务状况带来重大影响。

在加强市场风险管理方面,公司采取以下控制措施。建立与公司的业务性质、规模和复杂程度相适应的、完善的、可靠的市场风险管理体系。加强对国家宏观经济政策、货币信贷政策、财政政策的研究,及时掌握市场变化,为调整投资决策提供依据;积极引进人才,开展市场调研,购置权威部门的研究成果,作为决策参考;提高资产配置的有效性,根据公司整体安排,适时调整各领域的投资规模,合理安排期限结构;建立有效的市场风险预警机制等。

公司权益投资业务秉承稳健投资原则,在投资品种、仓位限制和止损等方面严格执行公司相关规定,谨慎操作。2018年,在内外部多种因素的共同作用下,债券市场走出了结构性分化行情，利率债全年收益率在波动中下行；信用债收益率走势呈观望期、下行期、分化期3个不同的阶段，整体呈先下后上走势。针对债券市场上述形势，公司债券投资基本上执行中性偏积极的投资策略，即配置“中高等级信用债+长久期利率债”短线交易。利率债方面仍以交易为主，品种上选择中长期国开债，收益率处于预测中枢偏上区间介入，偏下区域卖出，赚取差价；信用债以规避风险为主，选择配置中高等级信用债。总体来看，公司所持债券风险较低，获取了相对稳定的投资收益。

4.5.2.3　操作风险状况及操作风险管理

操作风险是指由不完善或有问题的内部程序、员工和信息科技系统，以及外部事件所造成损失的风险。

目前公司的各项控制制度和操作规程涵盖了所有业务领域，基本实现了对公司各项业务操作过程的有效控制。公司在操作风险管理方面，采取一系列措施加以控制。

制度层面，公司建立了适当的职责分工和监控制度；建立和完善了授权制度和业务操作规程；坚持每年修订完善风险点和对风险点进行风险排查制度；坚持实行重要岗位轮换和强制休假制度。

控制层面，公司加强风险管理三道防线的作用，采取对各类资产的风险评估、对内控制度执行情况和经办人员尽职情况检查等方法，约束从业人员的职业行为。

2018年，为进一步适应监管政策的变化、提高项目管理效率、加强风险节点控制、支持创新业务开展，针对机构调整情况、在日常经营中反映的问题以及监管政策调整，公司继续本着“制度优先”原则，不断强化定期审视机制、调整业务管理制度、完善制度管理方式，加强内控合规管理。报告期内，继续深化开展覆盖公司全部业务管理制度的制度与流程调整优化工作。通过全面梳理公司各项内部制度，排查制度与监管法律法规、规章和指导性文件等监管规定的对接情况，评估内部制度的全面性、完善性、合规性，以及对于业务和风险的新变化、新现象、新特征的覆盖和适应程度；通过对现行业务制度规章的精简、合并与完善，最终形成涵盖信托业务、自营业务、内部控制、风险管理、法务管理、自营财务、信息技术七大类的最新业务管理制度体系，将极大提高管理效率和质量。

4.5.2.4　其他风险状况及其管理

其他风险主要包括流动性风险、法律合规风险、政策与战略风险和声誉风险。

流动性风险是指公司虽有清偿或兑付能力，但无法及时获得充足资金或无法以合理成本及时获得充足资金以支付到期债务，或无法兑付到期信托计划的风险。流动性风险管理遵循分散性的资产负债管理原则，以公司风险承受能力为基础设定现金流期限错配限额，并设专岗逐日监测现金流量及资产配置；不断加强资产的流动性和融资来源的稳定性，以提升公司应对市场波动的能力；根据自身资产结构和业务开展情况，建立动态的净资本管理机制，确保公司固有资产充足并保持必要的流动性；建立健全信托项目流动化和应急机制，采取信托项目弹性期限设置、非现金资产分配以及信托资产转让处置等手段缓释风险。

总体看来，公司负债规模整体较为稳定，结构较为合理。报告期内，公司继续遵循分散性的资产负债管理原则，以公司风险承受能力为基础设定现金流期限错配限额，并设专岗逐日监测现金流量及资产配置；不断加强资产的流动性和融资来源的稳定性，以提升公司应对市场波动的能力；建立健全信托项目流动化和应急机制，采取信托项目弹性期限设置、非现金资产分配以及信托资产转让处置等手段缓释风险。

法律合规风险是指公司因没有遵循法律法规和监管政策可能遭受法律制裁的风险。法律合规风险管理遵循合规创造价值的管理理念，公司经营管理与法律、规则、监管规定与自律性行业准则相一致，公司建立健全了合规管理体系，并通过多种形式的宣传形成了全员合规的良好氛围；不断加强法律风险防控，并根据外部相关法律、法规的变化，适时调整内控制度和业务模式，确保公司各项经营活动合法合规。

2018年，严监管态势持续，“长牙齿”的监管一边补短板、立规矩，一边出重拳、开罚单。在此背景下，公司加大了监管政策导向研究深度，尤其是资管新规以及相关配套规制的研讨与解读，全面深化合规经营理念，以高质量、可持续为发展目标，不断深化合规经营理念，坚持不触碰合规底线为原则，加强对现有业务的排查，确保合规稳健经营，不留监管死角和风险隐患。报告期内，公司持续加强专业化业务合规管控，遵照“实质重于形式”“穿透”两大审查原则，严格做好各类业务的合规审查和管理工作，确保业务开展符合国家宏观调控政策、法律和监管政策底线，逐步引导业务回归主业，切实服务于实体经济发展。

政策与战略风险是指由于国家宏观经济政策或监管政策的调整和变化，给公司经营活动带来不确定影响，以及公司各项中长期经营计划、策略与外部宏观形势和经济政策不适应导致公司经营出现偏差而产生的风险。政策与战略风险管理主要遵循国家法律法规要求以及资管行业发展趋势，根据宏观形势、监管政策和业务模式等新变化，积极调整公司发展规划和业务方向。报告期内，公司着重关注国家宏观战略走向，支持实体经济，增加对先进制造业与现代服务业的支持力度，积极开拓新的客户资源，重点在上市公司、消费金融、重点区域城市的大中型地产项目等行业和领域下功夫。公司以积极的心态适应监管政策的变化，加强与监管部门的沟通与反馈，遵循监管导向要求，收紧同业通道业务准入，清理无效、低效资产，主动优化业务结构。此外，公司视开拓创新为重要的工作目标，积极探索新的业务模式与盈利模式，着力发展资产证券化业务、家族信托业务、慈善信托业务等回归信托本源，不断提升信托功能服务，增强多元化经营水平，为长远发展储备后劲。

声誉风险是指在商业活动中或者在业务办理中，公司因违法或未能达到利益相关者需要或期望的标准而被社会公众、监管方或股东方等产生不利评价的风险。声誉风险管理强调在合规经营和健康发展的基础上，主动、有效、灵活地管理声誉风险，应对声誉事件；公司不进行任何能够实质性地影响公司声誉的交易；对于经营活动中不可避免的声誉风险及时进行识别、评估，以依法合规、透明公开的原则处理各种突发风险事件；通过充分信息披露等方式实现与投资者的良性沟通；通过履行社会责任等方式不断提升公司品牌价值和社会形象。

公司一向以“诚信”作为生存发展的根基，切实做好消费者保护各项工作，切实做好消费者保护各项工作，持续开展投资者教育活动，不断提高对公司客户的服务水平。公司注重于自身声誉的维护，不断加强舆情的监测与管理。报告期内，公司在加强与新闻主管部门以及相关媒体的常规化沟通，建立正向宣传机制的基础上，持续加强负面舆情监测与快速回应。尤其是公司正处于混改关键期，社会、媒体关注度较往年明显提升；为此，公司主动作为，下大力量做好日常监测，对于可能引发舆情的情况提前做好应对预案，确保了混改期间舆情的平稳。

## 5. 报告期末及上一年度末的比较式会计报表

### 5.1 自营资产

#### 5.1.1 会计师事务所审计意见全文

**审 计 报 告**

CAC 津审字[2019]0160 号

天津信托有限责任公司全体股东：

一、审计意见

我们审计了天津信托有限责任公司（以下简称贵公司）自营业务财务报表，包括2018年12月31日的资产负债表，2018年度的利润表、现金流量表、股东权益变动表以及相关财务报表附注。

我们认为，后附的财务报表在所有重大方面按照企业会计准则的规定编制，公允反映了贵公司2018年12月31日的财务状况以及2018年度的经营成果和现金流量。

二、形成审计意见的基础

我们按照中国注册会计师审计准则的规定执行了审计工作。审计报告的"注册会计师对财务报表审计的责任"部分进一步阐述了我们在这些准则下的责任。按照中国注册会计师职业道德守则，我们独立于贵公司，并履行了职业道德方面的其他责任。我们相信，我们获取的审计证据是充分、适当的，为发表审计意见提供了基础。

三、管理层和治理层对财务报表的责任

管理层负责按照企业会计准则的规定编制财务报表，使其实现公允反映，并设计、执行和维护必要的内部控制，以使财务报表不存在由于舞弊或错误导致的重大错报。

在编制财务报表时，管理层负责评估贵公司的持续经营能力，并运用持续经营假设，除非管理层计划清算贵公司、终止运营或别无其他现实的选择。

治理层负责监督贵公司的财务报告过程。

四、注册会计师对财务报表审计的责任

我们的目标是对财务报表整体是否不存在由于舞弊或错误导致的重大错报获取合理保证，并出具包含审计意见的审计报告。合理保证是高水平的保证，但并不能保证按照审计准则执行的审计在某一重大错报存在时总能发现。错报可能由于舞弊或错误导致，如果合理预期错报单独或汇总起来可能影响财务报表使用者依据财务报表作出的经济决策，则通常认为错报是重大的。

在按照审计准则执行审计工作的过程中，我们运用职业判断，并保持职业怀疑。同时，我们也执行以下工作：

（1）识别和评估由于舞弊或错误导致的财务报表重大错报风险，设计和实施审计程序以应对这些风险，并获取充分、适当的审计证据，作为发表审计意见的基础。由于舞弊可能涉及串通、伪造、故意遗漏、虚假陈述或凌驾于内部控制之上，未能发现由于舞弊导致的重大错报的风险高于未能发现由于错误导致的重大错报的风险。

（2）了解与审计相关的内部控制，以设计恰当的审计程序，但目的并非对内部控制的有效性发表意见。

（3）评价管理层选用会计政策的恰当性和作出会计估计及相关披露的合理性。

（4）对管理层使用持续经营假设的恰当性得出结论。同时，根据获取的审计证据，就可能导致对公司持续经营能力产生重大疑虑的事项或情况是否存在重大不确定性得出结论。如果我们得出结论认为存在重大不确定性，审计准则要求我们在审计报告中提请报表使用者注意财务报表中的相关披露；如果披露不充分，我们应当发表非保留意见。我们的结论基于截至审计报告日可获得的信息。然而，未来的事项或情况可能导致贵公司不能持续经营。

（5）评价财务报表的总体列报、结构和内容（包括披露），并评价财务报表是否公允反映相关交易和事项。

我们与治理层就计划的审计范围、时间安排和重大审计发现等事项进行沟通，包括沟通我们在审计中识别出的值得关注的内部控制缺陷。

（此页无内容）

中审华会计师事务所（特殊普通合伙）　　中国注册会计师：周铁鸥

中国注册会计师：魏占敏

中国·天津　　2019年3月28日

#### 5.1.2 资产负债表

**资产负债表**

编制单位：天津信托有限责任公司　　2018年12月31日　　单位：万元

| 资　产 | 期末数 | 期初数 | 负债和股东权益 | 期末数 | 期初数 |
|---|---|---|---|---|---|
| 资产： | | | 负债： | | |
| 现金及存放中央银行款项 | — | — | 向中央银行借款 | — | — |
| 存放同业款项 | 41 666.72 | 52 557.42 | 同业及其他金融机构存放款项 | — | — |
| 贵金属 | — | — | 拆入资金 | 30 000.00 | — |
| 拆出资金 | — | — | 交易性金融负债 | — | — |
| 交易性金融资产 | — | — | 衍生金融负债 | — | — |

续表

| 资　产 | 期末数 | 期初数 | 负债和股东权益 | 期末数 | 期初数 |
|---|---|---|---|---|---|
| 衍生金融资产 | — | — | 卖出回购金融资产款 | — | — |
| 买入返售金融资产 | 74 710. 16 | 171 805. 75 | 吸收存款 | — | — |
| 应收利息 | 5 590. 74 | 4 078. 78 | 应付职工薪酬 | 20 076. 55 | 15 575. 41 |
| 发放贷款和垫款 | 80 366. 39 | 115 488. 73 | 应交税费 | 6 613. 75 | 6 215. 51 |
| 可供出售金融资产 | 231 724. 29 | 121 886. 26 | 应付利息 | 40. 00 | — |
| 持有至到期投资 | — | — | 预计负债 | 88 450. 00 | 51 290. 00 |
| 长期股权投资 | 145 233. 72 | 93 526. 44 | 应付债券 | — | — |
| 投资性房地产 | 9 864. 17 | 10 262. 19 | 递延所得税负债 | 24. 47 | 23. 67 |
| 固定资产 | 6 513. 57 | 6 797. 46 | 其他负债 | 90 336. 79 | 100 417. 49 |
| 无形资产 | 3 033. 37 | 3 104. 20 | 负债合计 | 235 541. 56 | 173 522. 08 |
| 递延所得税资产 | 55 286. 30 | 44 722. 30 | 所有者权益： |  | — |
| 其他资产 | 95 340. 75 | 5 043. 55 | 实收资本（或股本） | 170 000. 00 | 170 000. 00 |
|  | — | — | 资本公积 | 18 559. 73 | 18 543. 38 |
|  | — | — | 减：库存股 | — | — |
|  | — | — | 其他综合收益 | -329. 62 | 68. 05 |
|  | — | — | 盈余公积 | 45 623. 50 | 39 781. 60 |
|  | — | — | 一般风险准备 | 4 759. 00 | 4 759. 00 |
|  | — | — | 信托赔偿准备 | 26 713. 83 | 23 792. 88 |
|  | — | — | 未分配利润 | 248 462. 18 | 198 806. 09 |
|  | — | — | 所有者权益合计 | 513 788. 62 | 455 751. 00 |
| 资产总计 | 749 330. 18 | 629 273. 08 | 负债及所有者权益总计 | 749 330. 18 | 629 273. 08 |

企业法定代表人：赵毅　　主管会计工作负责人：王辉　　会计部门负责人：李瑞聪

### 5. 1. 3　利润表

**利润表**

编制单位：天津信托有限责任公司　　2018 年度　　单位：万元

| 项　目 | 本期数 | 上期数 |
|---|---|---|
| 一、营业收入 | 116 495. 52 | 130 091. 31 |
| 利息净收入 | 3 883. 07 | 11 797. 65 |
| 利息收入 | 10 038. 52 | 15 955. 07 |
| 利息支出 | 6 155. 45 | 4 157. 42 |
| 手续费及佣金净收入 | 46 790. 77 | 65 977. 48 |
| 手续费及佣金收入 | 46 790. 77 | 65 977. 48 |
| 手续费及佣金支出 | — | — |
| 投资收益（损失以“-”号填列） | 60 629. 03 | 50 494. 93 |
| 其中：对联营企业和合营企业的投资收益 | 51 553. 29 | 44 512. 03 |
| 公允价值变动收益（损失以“-”号填列） | — | — |
| 资产处置收益 | — | — |
| 其他收益 | 207. 71 | — |
| 其他业务收入 | 4 984. 94 | 1 821. 25 |
| 二、营业支出 | 18 423. 48 | 38 051. 57 |
| 税金及附加 | 787. 53 | 935. 91 |
| 业务及管理费 | 16 792. 38 | 16 580. 85 |
| 资产减值损失 | 439. 34 | 20 106. 82 |
| 其他业务成本 | 404. 23 | 427. 99 |
| 三、营业利润（亏损以“-”号填列） | 98 072. 04 | 92 039. 74 |
| 加：营业外收入 | 84. 13 | 33. 00 |
| 减：营业外支出 | 37 476. 28 | 36 298. 84 |
| 四、利润总额（亏损总额以“-”号填列） | 60 679. 89 | 55 773. 90 |
| 减：所得税费用 | 2 260. 86 | 2 478. 52 |
| 其中：当期所得税 | 12 645. 62 | 15 622. 45 |
| 递延所得税 | -10 384. 76 | -13 143. 93 |
| 五、净利润（净亏损以“-”号填列） | 58 419. 03 | 53 295. 38 |

续表

| 项　　目 | 本期数 | 上期数 |
|---|---|---|
| 持续经营净利润 | 58 419.03 | 53 295.38 |
| 六、其他综合收益的税后净额 | -397.67 | -542.03 |
| (一)以后不能重分类进损益的其他综合收益 | — | — |
| 1. 重新计量设定受益计划净负债或净资产的变动 | — | — |
| 2. 权益法下在被投资单位不能重分类进损益的其他综合收益变动中享有的份额 | — | — |
| (二)以后将重分类进损益的其他综合收益 | -397.67 | -542.03 |
| 1. 权益法下在被投资单位以后将重分类进损益的其他综合收益中享有的份额 | 137.64 | 341.64 |
| 2. 可供出售金融资产公允价值变动损益 | -535.31 | -883.67 |
| 3. 持有至到期投资重分类为可供出售金融资产损益 | — | — |
| 4. 外币财务报表折算差额 | — | — |
| 七、综合收益总额 | 58 021.36 | 52 753.35 |

企业法定代表人：赵毅　　主管会计工作负责人：王辉　　会计部门负责人：李瑞聪

### 5.1.4 所有者权益变动表

**所有者权益变动表**

编制单位：天津信托有限责任公司　　2018 年度　　单位：万元

| 项目 | 本年数 | | | | | | | |
|---|---|---|---|---|---|---|---|---|
| | 实收资本 | 资本公积 | 其他综合收益 | 盈余公积 | 一般风险准备 | 信托赔偿准备 | 未分配利润 | 所有者权益合计 |
| 一、上期期末数 | 170 000.00 | 18 543.38 | 68.05 | 39 781.60 | 4 759.00 | 23 792.88 | 198 806.09 | 455 751.00 |
| 加：会计政策变更 | | | | | | | | |
| 前期差错更正 | | | | | | | | |
| 其他 | | | | | | | | |
| 二、本期期初数 | 170 000.00 | 18 543.38 | 68.05 | 39 781.60 | 4 759.00 | 23 792.88 | 198 806.09 | 455 751.00 |
| 三、本期增减变动金额(减少以"-"填列) | | 16.35 | -397.67 | 5 841.90 | | 2 920.95 | 49 656.09 | 58 037.62 |
| (一)综合收益总额 | | | -397.67 | | | | 58 419.03 | 58 021.36 |
| (二)所有者投入和减少资本 | | 16.35 | | | | | | 16.35 |
| 1. 所有者投入的普通股 | | | | | | | | |
| 2. 其他权益工具持有者投入资本 | | | | | | | | |
| 3. 股份支付计入所有者权益的金额 | | | | | | | | |
| 4. 其他 | | 16.35 | | | | | | 16.35 |
| (三)利润分配 | | | | 5 841.90 | | 2 920.95 | -8 762.94 | -0.09 |
| 1. 提取盈余公积 | | | | 5 841.90 | | | -5 841.90 | |
| 2. 提取一般风险准备 | | | | | | | | |
| 3. 提取信托赔偿准备 | | | | | | 2 920.95 | -2 920.95 | |
| 4. 对所有者(股东)的分配 | | | | | | | | |
| 5. 其他 | | | | | | | -0.09 | -0.09 |
| (四)所有者权益内部结转 | | | | | | | | |
| 1. 资本公积转增资本(或股本) | | | | | | | | |
| 2. 盈余公积转增资本(或股本) | | | | | | | | |
| 3. 盈余公积弥补亏损 | | | | | | | | |
| 4. 结转重新计量设定受益计划净负债或净资产所产生的变动 | | | | | | | | |
| 5. 其他 | | | | | | | | |
| (五)其他 | | | | | | | | |
| 四、本期期末数 | 170 000.00 | 18 559.73 | -329.62 | 45 623.50 | 4 759.00 | 26 713.83 | 248 462.18 | 513 788.62 |

企业法定代表人：赵毅　　主管会计工作负责人：王辉　　会计部门负责人：李瑞聪

所有者权益变动表（续）

编制单位：天津信托有限责任公司　　2018 年度　　单位：万元

| 项目 | 上年数 | | | | | | | |
|---|---|---|---|---|---|---|---|---|
| | 实收资本 | 资本公积 | 其他综合收益 | 盈余公积 | 一般风险准备 | 信托赔偿准备 | 未分配利润 | 所有者权益合计 |
| 一、上期期末数 | 170 000.00 | 19 946.95 | 610.08 | 34 162.86 | 4 759.00 | 20 983.51 | 151 046.76 | 401 509.16 |
| 加：会计政策变更 | | | | | | | | |
| 前期差错更正 | | | | | | | | |
| 其他 | | | | | | | | |
| 二、本期期初数 | 170 000.00 | 19 946.95 | 610.08 | 34 162.86 | 4 759.00 | 20 983.51 | 151 046.76 | 401 509.16 |
| 三、本期增减变动金额（减少以"－"填列） | | －1 403.57 | －542.03 | 5 618.74 | | 2 809.37 | 47 759.33 | 54 241.84 |
| （一）综合收益总额 | | | －542.03 | | | | 53 295.38 | 52 753.35 |
| （二）所有者投入和减少资本 | | －1 403.57 | | | | | | －1 403.57 |
| 1. 所有者投入的普通股 | | | | | | | | |
| 2. 其他权益工具持有者投入资本 | | | | | | | | |
| 3. 股份支付计入所有者权益的金额 | | | | | | | | |
| 4. 其他 | | －1 403.57 | | | | | | －1 403.57 |
| （三）利润分配 | | | | 5 618.74 | | 2 809.37 | －8 428.11 | |
| 1. 提取盈余公积 | | | | 5 618.74 | | | －5 618.74 | |
| 2. 提取一般风险准备 | | | | | | | | |
| 3. 提取信托赔偿准备 | | | | | | 2 809.37 | －2 809.37 | |
| 4. 对所有者（股东）的分配 | | | | | | | | |
| 5. 其他 | | | | | | | | |
| （四）所有者权益内部结转 | | | | | | | 2 892.06 | 2 892.06 |
| 1. 资本公积转增资本（或股本） | | | | | | | | |
| 2. 盈余公积转增资本（或股本） | | | | | | | | |
| 3. 盈余公积弥补亏损 | | | | | | | | |
| 4. 结转重新计量设定受益计划净负债或净资产所产生的变动 | | | | | | | | |
| 5. 其他 | | | | | | | 2 892.06 | 2 892.06 |
| （五）其他 | | | | | | | | |
| 四、本期期末数 | 170 000.00 | 18 543.38 | 68.05 | 39 781.60 | 4 759.00 | 23 792.88 | 198 806.09 | 455 751.00 |

企业法定代表人：赵毅　　主管会计工作负责人：王辉　　会计部门负责人：李瑞聪

## 5.2 信托资产

### 5.2.1 信托项目资产负债汇总表

信托项目资产负债表

编制单位：天津信托有限责任公司　　2018 年 12 月 31 日　　单位：万元

| 信托资产 | 期末余额 | 年初余额 | 信托负债和信托权益 | 期末余额 | 年初余额 |
|---|---|---|---|---|---|
| 信托资产： | | | 信托负债： | | |
| 货币资金 | 83 427.58 | 92 953.84 | 交易性金融负债 | — | — |
| 拆出资金 | 409 070.00 | 365 000.00 | 衍生金融负债 | — | — |
| 存出保证金 | — | — | 应付受托人报酬 | 1 407.79 | 560.25 |
| 交易性金融资产 | 247 417.80 | 835 716.74 | 应付托管费 | 287.26 | 49.93 |
| 衍生金融资产 | — | — | 应付受益人收益 | 4 234.95 | 5 912.61 |
| 买入返售金融资产 | 706 810.00 | 1 088 144.23 | 应付销售服务费 | — | — |
| 应收款项 | 781 587.80 | 791 155.63 | 应付投资管理费 | 221.49 | 38.66 |
| 发放贷款 | 2 823 259.98 | 4 002 076.46 | 应交税费 | 4 661.30 | — |
| 可供出售金融资产 | — | — | 其他应付款项 | 68 618.81 | 10 266.48 |
| 持有至到期投资 | 9 113 637.42 | 13 317 046.76 | 其他负债 | — | — |
| 长期应收款 | — | — | 信托负债合计 | 79 431.60 | 16 827.93 |
| 长期股权投资 | 766 541.85 | 1 245 692.03 | 信托权益： | — | — |
| 投资性房地产 | — | — | 实收信托 | 14 727 986.23 | 21 699 388.25 |
| 固定资产 | — | — | 资本公积 | 17 056.56 | 20 545.97 |
| 无形资产 | — | — | 外币报表折算差额 | — | — |
| 长期待摊费用 | — | — | 未分配利润 | 107 278.04 | 1 023.54 |
| 其他资产 | — | — | 信托权益合计 | 14 852 320.83 | 21 720 957.76 |
| 信托资产总计 | 14 931 752.43 | 21 737 785.69 | 信托负债和信托权益总计 | 14 931 752.43 | 21 737 785.69 |

企业法定代表人：赵毅　　主管会计工作负责人：王辉　　会计部门负责人：孙红全

5.2.2　信托项目利润及利润分配汇总表

信托项目利润及利润分配表

编制单位:天津信托有限责任公司　　2018 年度　　单位:万元

| 项目 | 本期累计金额 | 上期累计金额 |
|---|---|---|
| 一、营业收入 | 1 080 112.61 | 601 244.93 |
| 利息收入 | 454 656.24 | 538 528.22 |
| 投资收益(损失以"-"号填列) | 689 102.64 | 109 034.45 |
| 其中:对联营企业和合营企业的投资收益 | — | — |
| 公允价值变动收益(损失以"-"号填列) | -86 596.94 | -46 708.04 |
| 租赁收入 | — | — |
| 汇兑损益(损失以"-"号填列) | — | — |
| 其他收入 | 22 950.67 | 390.30 |
| 二、营业支出 | 443 002.58 | 250 685.15 |
| 营业税金及附加 | 4 412.36 | — |
| 受托人报酬 | 48 945.13 | 68 992.00 |
| 托管费 | 2 984.83 | 2 421.17 |
| 投资管理费 | 370 372.36 | 164 737.60 |
| 销售服务费 | 4.89 | 3.87 |
| 交易费用 | 1 739.41 | 1 376.69 |
| 资产减值损失 | — | — |
| 其他费用 | 14 543.60 | 13 153.82 |
| 三、信托净利润(净亏损以"-"号填列) | 637 110.03 | 350 559.78 |
| 四、其他综合收益 | 116 714.64 | 23 422.25 |
| 五、综合收益 | 753 824.67 | 373 982.03 |
| 加:期初未分配信托利润 | 1 023.54 | 86 433.57 |
| 六、可供分配的信托利润 | 638 133.57 | 436 993.35 |
| 减:本期已分配信托利润 | 530 855.53 | 435 969.81 |
| 七、期末未分配信托利润 | 107 278.04 | 1 023.54 |

企业法定代表人:赵毅　　主管会计工作负责人:王辉　　会计部门负责人:孙红全

# 6. 会计报表附注

## 6.1　会计报表编制基准的说明

公司以持续经营为基础,根据实际发生的交易和事项,按照财政部颁布的《企业会计准则——基本准则》和 42 项具体会计准则、其后颁布的企业会计准则应用指南、企业会计准则解释及其他相关规定(以下简称企业会计准则)的规定进行确认和计量,在此基础上编制财务报表。

## 6.2　重要会计政策和会计估计说明

**6.2.1　计提资产减值准备的主要范围和方法**

6.2.1.1　计提资产减值准备的时间

按季度于季度末月份计提,但有证据证明月度资产有减值迹象的应当按月计提。

6.2.1.2　计提资产减值准备的标准

各类资产计提减值准备的标准,均依据公司《资产风险分类管理办法》(津信计字[2011]18 号)进行资产风险分类的结果进行。

6.2.1.3　计提资产减值准备的方法

6.2.1.3.1　贷款、应收账款、买入返售金融资产减值准备核算方法

资产负债表日对贷款、应收账款、买入返售金融资产分别进行减值测试。如有客观证据表明其发生了减值的,依据《天津信托有限责任公司准备金计提管理办法》(津信会字[2012]1 号)、《天津信托有限责任公司准备金计提管理办法的补充规定(试行)》(津信会字[2013]2 号)计提减值准备。

6.2.1.3.2　长期股权投资、抵债资产减值准备核算方法

资产负债表日,本公司对长期股权投资、抵债资产进行减值测试,发现有减值迹象的,依据《天津信托有限责任公司准备金计提管理办法》(津信会字[2012]1 号)、《天津信托有限责任公司准备金计提管理办法的补充规定(试行)》(津信会字[2013]2 号)计提减值准备。长期股权投资、抵债资产减值准备一经确认,不再转回。

6.2.1.3.3　可供出售金融资产减值准备核算方法

(1)当可供出售金融资产公允价值低于成本的 50%,且有证据判断未来公允价值继续下跌的。

(2)可供出售金融资产公允价值持续性下跌 1 年以上(含 1 年),且下跌幅度超过 20% 的并有证据判断未来公允价值继续下跌的。

符合上述两个条件之一的,业务部门可以认定该可供出售金融资产已经发生减值,应按照公允价值损失部分全额计提减值准备。

可供出售金融资产减值的计算,依据《天津信托有限责任公司准备金计提管理办法》(津信会字[2012]1 号)、《天津信托有限责任公司准备金计提管理办法的补充规定(试行)》(津信会字[2013]2 号)进行。

**6.2.2　金融资产分类的范围和标准**

6.2.2.1　以公允价值计量且其变动计入当期损益的金融资产

以公允价值计量且其变动计入当期损益的金融资产是指本公司为了近期内出售而持有的股票、债券、基金。其包括交易性金融资产和指定以公允价值计量且其变动计入当期损益的金融资产。

6.2.2.2　持有至到期投资

持有至到期投资是指本公司购入的到期日固定、回收金额固定或可确定且本公司明确意图和能力持有至到期的固定利率国债、浮动利率公司债券、理财产品等。

6.2.2.3　应收款项和贷款

应收款项(本公司指应收利息、其他应收款和长期应收款)按合同或协议价款作为初始入账金额。贷款的后续计量以摊余成本计量。

6.2.2.4　可供出售金融资产

可供出售金融资产是指本公司没有划分为以公允价值计量且其变动计入当期损益的金融资产、持有至到期投资、贷款和应收款项的其他金融资产。

**6.2.3　交易性金融资产核算方法**

交易性金融资产在取得时以公允价值(扣除已宣告但尚未发放的现金股利或已到付息期但尚未领取的债券利息)作为初

始确认金额。

交易性金融资产在持有期间将取得的利息或现金股利确认为投资收益，资产负债表日将公允价值变动计入当期损益。

交易性金融资产在处置时，公允价值与初始入账金额之间的差额确认为投资收益，同时调整公允价值变动损益。

**6.2.4 可供出售金融资产核算方法**

可供出售金融资产在取得时按公允价值（扣除已宣告但尚未发放的现金股利或已到付息期但尚未领取的债券利息）和相关交易费用之和作为初始确认金额。

可供出售金融资产在持有期间将取得的利息或现金股利确认为投资收益。资产负债表日将公允价值变动计入其他综合收益。

可供出售金融资产在处置时，将取得的价款与该金融资产账面价值之间的差额，计入投资损益；同时，将原直接计入所有者权益的公允价值变动累计额对应处置部分的金额转出，计入投资损益。

**6.2.5 持有至到期投资核算方法**

持有至到期投资在取得时按公允价值（扣除已到付息期但尚未领取的债券利息）和相关交易费用之和作为初始确认金额。

持有至到期投资在持有期间按照摊余成本和实际利率（如实际利率与票面利率差别较小的，按票面利率）计算确认利息收入，计入投资收益。实际利率在取得时确定，在该预期存续期间或适用的更短期间内保持不变。

持有至到期投资在处置时，将所取得价款与该投资账面价值之间的差额计入投资收益。

**6.2.6 长期股权投资核算方法**

6.2.6.1 权益法

本公司对联营企业和合营企业的长期股权投资，采用权益法核算。

6.2.6.2 成本法

公司能够对被投资企业实施控制，即本公司拥有对被投资方的权力，通过参与被投资方的相关活动而享有可变回报，并且有能力运用对被投资方的权力影响其回报金额的，应采用成本法核算。

**6.2.7 投资性房地产核算方法**

投资性房地产是指为赚取租金或资本增值，或两者兼有而持有的房地产。本公司的投资性房地产为公司办公大楼出租部分的房产。

本公司的投资性房地产采用成本模式计量。对按照成本模式计量的投资性房地产采用与本公司固定资产、无形资产相同的折旧或摊销政策。在资产负债表日按投资性房地产的成本与可收回金额孰低计价，可收回金额低于成本的，按两者的差额计提减值准备。

**6.2.8 固定资产计价和折旧方法**

6.2.8.1 固定资产的标准

同时具备以下三个条件的，确认为固定资产：(1)本公司实际拥有所有权的实物资产；(2)预计使用期限在1年以上（不含1年）；(3)单项实物资产的购置或建造价值在2 000元以上。

6.2.8.2 固定资产的计价

固定资产发生的修理费用，符合规定的固定资产确认条件的计入固定资产成本；不符合规定的固定资产确认条件的在发生时直接计入当期成本、费用。

6.2.8.3 固定资产折旧计提方法

固定资产从其投入使用的次月起采用直线法计提折旧，预计净残值为原价的3%，估计经济使用年限和年折旧率如下：

| 资产类别 | 预计使用年限（年） | 年折旧率（%） |
|---|---|---|
| 房屋建筑物 | 30～43 | 2.26～3.23 |
| 机器设备 | 5～20 | 4.85～19.40 |
| 运输设备 | 6 | 16.17 |
| 电子设备 | 3～5 | 19.40～32.33 |
| 其　他 | 5 | 19.40 |

**6.2.9 无形资产计价及摊销政策**

6.2.9.1 无形资产的计价

无形资产在取得时，按实际成本计价。取得时的实际成本按以下方法确定：一是购入的无形资产，按实际支付的价款作为实际成本；二是自行开发并按法律程序申请取得的无形资产按依法取得时发生的注册费、聘请律师费等入账，开发过程中发生的费用直接计入当期损益。

6.2.9.2 无形资产的摊销

无形资产自取得当月起在预计使用年限内分期平均摊销，预计使用年限按受益年限和法律规定的有效年限两者孰短的原则确定，对无受益年限和法律规定的有效年限的则按不超过10年的摊销年限内分期平均摊销，计入当期损益。

**6.2.10 长期应收款的核算方法**

本公司长期应收款核算应收融资租赁本金和应收融资租赁收益，融资租赁资产出租时，将该项融资租赁资产的初始账面价值由计入“长期应收款——应收融资租赁本金”，将应向承租人收取的各期租金与终止转让价款之和，扣除购入租赁物时实际支付价款及相关税费后的差额，计入“长期应收款——应收融资租赁收益”。

收到融资租赁租金时，根据该项融资租赁业务的《租金表》或《未确认融资收益分配表》，按实际收到金额中的本金部分，冲减“长期应收款——应收融资租赁本金”；按实际收到金额中的收益部分，冲减“长期应收款——应收融资租赁收益”。同时，按实际收到金额中的收益部分，计入“未实现融资收益”和“租赁收入”。

**6.2.11 长期待摊费用的摊销政策**

本公司长期待摊费用在费用项目的受益期限内分期平均摊销。

**6.2.12 预计负债的核算方法**

本公司当与或有事项相关的义务同时符合以下条件的，确认为预计负债：(1)该义务是本公司承担的现时义务；(2)履行该义务很可能导致经济利益流出；(3)该义务的金额能够可靠地计量。

在资产负债表日，考虑与或有事项有关的风险、不确定性和货币时间价值等因素，按照履行相关现时义务所需支出的最佳估计数对预计负债进行计量。

最佳估计数分别以下情况处理：

所需支出存在一个连续范围（或区间），且该范围内各种结果发生的可能性相同的，则最佳估计数按照该范围的中间值即上下限金额的平均数确定。

所需支出不存在一个连续范围(或区间),或虽然存在一个连续范围但该范围内各种结果发生的可能性不相同的,如或有事项涉及单个项目的,则最佳估计数按照最可能发生金额确定;如或有事项涉及多个项目的,则最佳估计数按各种可能结果及相关概率计算确定。

如果清偿预计负债所需支出全部或部分预期由第三方补偿的,补偿金额在基本确定能够收到时,作为资产单独确认,且确认的补偿金额不超过预计负债的账面价值。

**6.2.13 合并会计报表的编制方法**

对本公司拥有实际控制权的被投资企业合并财务报表,公司能够控制的特殊目的主体(如:非法人单位的合作项目)也列入合并报表范围。按照企业会计准则第33号“合并财务报表”准则的相关规定,编制合并财务报表。

**6.2.14 收入确认原则和方法**

6.2.14.1 利息收入

本公司的利息收入是指本公司存放于银行和其他金融机构的款项、对外放款、拆出资金、买入返售金融资产等业务所形成的利息收入。

(1)贷款利息收入。按贷款合同在贷款结息日,按照贷款合同(借据)金额和合同利率计算确定的应收未收利息,计入“应收利息”科目;按贷款的摊余成本和实际利率计算确定的利息收入。

(2)拆出资金和买入返售金融资产的利息收入比照贷款利息收入的规定确认。

(3)存放银行和其他金融机构款项的利息收入:按结息日实际收到的金额计入利息收入。

6.2.14.2 融资租赁收益

本公司采用实际利率法计算当期应确认的融资租赁收入,并将未实现融资租赁收益在租赁期内的各个期间进行分配。

6.2.14.3 手续费及佣金净收入

本公司的手续费收入是指本公司自营业务的手续费收入以及从本公司所管理的信托业务中按信托合同规定从信托收益中提取或向委托人及第三方收取的受托人报酬。自营业务手续费收入按合同收取时确认收入;信托业务手续费参见“6.2.16 信托报酬确认原则和方法”。

6.2.14.4 其他营业收入

本公司以合同已签订并执行,款项已收到或取得收取款项凭据时确认为收入实现。

**6.2.15 所得税的会计处理方法**

本公司所得税费用采用资产负债表债务法核算。资产、负债的账面价值与其计税基础存在差异的,按照规定确认所产生的递延所得税资产或递延所得税负债。

本公司在计算确定当期所得税(即当期应交所得税)以及递延税项(递延所得税费用或收益)的基础上,将两者之和确认为利润表中的所得税费用(或收益),但不包括直接计入所有者权益的交易或事项的所得税影响。

资产负债表日,本公司按照暂时性差异与适用所得税税率计算的结果,确认递延所得税负债、递延所得税资产以及相应的递延所得税费用(或收益)。一般情况下,所有应税暂时性差异产生的递延所得税负债均予确认,而递延所得税资产则只能在未来应纳税利润足以用作抵销暂时性差异的限度内,才予以确认。

**6.2.16 信托报酬确认原则和方法**

信托业务手续费收入(受托人报酬)依据信托合同的约定,按季度、合同中期分配、合同到期分配收取时,计算及确认收入。

**6.2.17 会计政策变更的披露**

报告期内,公司未发生会计政策变更事项。

## 6.3 或有事项说明

报告期内,公司未发生影响财务报表阅读的重大或有事项。

## 6.4 重要资产转让及其出售的说明

报告期内,公司未发生重要资产转让及其出售事项。

## 6.5 会计报表中重要项目的明细资料

**6.5.1 自营资产经营情况**

6.5.1.1 信用风险资产的期初数、期末数(按信用风险五级分类)

| 信用风险资产五级分类 | 正常类(万元) | 关注类(万元) | 次级类(万元) | 可疑类(万元) | 损失类(万元) | 信用风险资产合计(万元) | 不良资产合计(万元) | 不良资产率(%) |
|---|---|---|---|---|---|---|---|---|
| 期初数 | 383 587.23 | 245 779.32 | 14 896.88 | — | 32 010.00 | 676 273.43 | 46 906.88 | 6.94 |
| 期末数 | 538 201.27 | 180 316.63 | 20 000.00 | — | 48 535.94 | 787 053.84 | 68 535.94 | 8.71 |

注:1. 期初不良资产包括:(1)对山西大禾新农业科技有限公司贷款17 010万元,属于损失类,判决已生效,已计提减值准备17 010万元;(2)对山西普大煤业集团有限公司贷款15 000万元,属于损失类,判决已生效,已计提减值准备15 000万元;(3)对天津市一代天成国际贸易有限公司贷款10 000万元,属于次级类,判决已生效,已计提减值准备5 990万元;(4)对天津市常天管道有限公司融资4 896.88万元,属于次级类,判决已生效,已计提减值准备2 929.84万元。

2. 2018年新增不良类资产包括:(1)对天津市一代天成国际贸易有限公司贷款10 000万元,降为损失类,判决已生效,已计提减值准备10 000万元;(2)对天津市常天管道有限公司融资及利息6 525.94万元,降为损失类,判决已生效,已计提减值准备6 525.94万元;(3)对新昌营造建筑有限公司贷款20 000万元,属于次级类,已计提减值准备11 980万元。

6.5.1.2 各项资产减值损失准备的期初数、本期计提、本期转回、本期核销、期末数

单位:万元

| | 期初数 | 本期计提 | 本期转回 | 本期核销 | 期末数 |
|---|---|---|---|---|---|
| 贷款损失准备 | 71 821.27 | 15 990.00 | 3 027.66 | — | 84 783.61 |
| 其中:一般准备 | — | — | — | — | — |
| 专项准备 | 71 821.27 | 15 990.00 | 3 027.66 | — | 84 783.61 |
| 其他资产减值准备 | 41 640.56 | 12 183.70 | 24 706.71 | — | 29 117.55 |
| 其中:可供出售金融资产减值准备 | 15 096.00 | — | 5 526.00 | — | 9 570.00 |
| 持有至到期投资减值准备 | — | — | — | — | — |
| 长期股权投资减值准备 | — | — | — | — | — |
| 坏账准备 | 1 104.72 | 2 996.09 | 60.71 | — | 4 040.10 |
| 投资性房地产减值准备 | — | — | — | — | — |
| 抵债资产减值准备 | 400.00 | — | — | — | 400.00 |
| 买入返售金融资产减值准备 | 25 039.84 | 9 187.61 | 19 120.00 | — | 15 107.45 |

6.5.1.3 固有业务股票投资、基金投资、债券投资、股权投资等投资业务的期初数、期末数（按照投资品种分类）

单位：万元

| | 自营股票 | 基金 | 债券 | 长期股权投资 | 其他投资 | 合计 |
|---|---|---|---|---|---|---|
| 期初数 | 377.83 | 5 651.53 | 18 128.16 | 93 526.44 | 97 728.74 | 215 412.70 |
| 期末数 | 377.83 | 15 107.93 | 25 004.27 | 145 233.72 | 191 234.25 | 376 958.00 |

6.5.1.4 按投资入股金额排序，前五名的自营长期股权投资的企业名称、占被投资企业权益的比例、主要经营活动及投资收益情况等

| 企业名称 | 占被投资企业权益的比例（%） | 主要经营活动 | 投资收益（万元） |
|---|---|---|---|
| 天弘基金管理有限公司 | 16.80 | 基金募集、基金销售、资产管理和中国证监会许可的其他业务 | 51 553.29 |

6.5.1.5 前五名的自营贷款的企业名称、占贷款总额的比例和还款情况等

| 企业名称 | 占贷款总额的比例（%） | 还款情况 |
|---|---|---|
| 辽宁同济置业有限公司 | 13.29 | 未全部归还 |
| 新昌营造建筑有限公司 | 12.11 | 未全部归还 |
| 天津市华博房地产开发有限公司 | 12.11 | 合同未到期 |
| 广东美林投资有限公司 | 9.17 | 未全部归还 |
| 山西普大煤业集团有限公司 | 9.08 | 未全部归还 |

6.5.1.6 担保业务、代理业务（委托业务）

单位：万元

| 表外业务 | 期初数 | 期末数 |
|---|---|---|
| 担保业务 | — | — |
| 代理业务（委托业务） | — | — |
| 其他 | — | — |
| 合计 | — | — |

6.5.1.7 公司当年的收入结构

| 收入结构 | 金额（万元） | 占比（%） |
|---|---|---|
| 手续费及佣金收入 | 46 790.77 | 40.14 |
| 其中：信托手续费收入 | 46 790.77 | 40.14 |
| 投资银行业务收入 | — | — |
| 利息净收入 | 3 883.07 | 3.33 |
| 其他业务收入 | 4 984.94 | 4.28 |
| 其中：计入信托业务收入部分 | 28.30 | 0.02 |
| 投资收益 | 60 629.03 | 52.01 |
| 其中：股权投资收益 | 52 581.97 | 45.10 |
| 证券投资收益 | 3 382.88 | 2.90 |
| 其他投资收益 | 4 664.18 | 4.00 |
| 其他收益 | 207.71 | 0.18 |
| 营业外收入 | 84.13 | 0.07 |
| 收入合计 | 116 579.65 | 100.00 |

**6.5.2 披露信托财产管理情况**

6.5.2.1 信托资产的期初数、期末数

单位：万元

| 信托财产 | 期初数 | 期末数 |
|---|---|---|
| 集合 | 9 063 217.00 | 3 118 458.76 |
| 单一 | 10 537 743.22 | 7 825 755.40 |
| 财产权 | 2 136 825.47 | 3 987 538.27 |
| 其中：集合财产权 | 246 567.72 | 137 789.49 |
| 单一财产权 | 1 890 257.75 | 3 849 748.78 |
| 合计 | 21 737 785.69 | 14 931 752.43 |

6.5.2.1.1 主动管理型信托业务的信托资产期初数、期末数，分证券投资类、股权投资类、融资类、事务管理类分别披露

单位：万元

| 主动管理型信托资产 | 期初数 | 期末数 |
|---|---|---|
| 证券投资类 | 141 774.99 | 171 246.61 |
| 股权投资类 | 164 291.62 | 17 004.93 |
| 融资类 | 2 474 343.52 | 3 875 421.01 |
| 事务管理类 | — | — |
| 合计 | 2 780 410.13 | 4 063 672.55 |

6.5.2.1.2 被动管理型信托业务的信托资产期初数、期末数，分证券投资类、股权投资类、融资类、事务管理类分别披露

单位：万元

| 被动管理型信托资产 | 期初数 | 期末数 |
|---|---|---|
| 证券投资类 | — | — |
| 股权投资类 | — | — |
| 融资类 | — | — |
| 事务管理类 | 18 957 375.56 | 10 868 079.88 |
| 合计 | 18 957 375.56 | 10 868 079.88 |

6.5.2.2 本年度已清算结束的信托项目个数、实收信托合计金额、加权平均实际年化收益率

6.5.2.2.1 本年度已清算结束的集合类、单一类资金信托项目和财产管理类信托项目个数、实收信托合计金额、加权平均实际年化收益率

| 已清算结束信托项目 | 项目个数（个） | 实收信托合计金额（万元） | 加权平均实际年化收益率（%） |
|---|---|---|---|
| 集合类 | 80 | 6 273 801.03 | 5.83 |
| 单一类 | 56 | 3 106 108.41 | 4.51 |
| 财产管理类 | 17 | 627 740.70 | 1.93 |

注：1. 收益率是指信托项目清算后，给受益人赚取的实际收益水平。

2. 加权平均实际年化收益率 =（信托项目 1 的实际年化收益率 × 信托项目 1 的实收信托 + 信托项目 2 的实际年化收益率 × 信托项目 2 的实收信托 + … + 信托项目 $n$ 的实际年化收益率 × 信托项目 $n$ 的实收信托）/（信托项目 1 的实收信托 + 信托项目 2 的实收信托 + … + 信托项目 $n$ 的实收信托）×100%。

6.5.2.2.2　本年度已清算结束的主动管理型信托项目个数、实收信托合计金额、加权平均实际年化信托报酬率、加权平均实际年化收益率，分证券投资类、股权投资类、融资类、事务管理类分别计算并披露

| 已清算结束信托项目 | 项目个数（个） | 实收信托合计金额（万元） | 加权平均实际年化信托报酬率（%） | 加权平均实际年化收益率（%） |
|---|---|---|---|---|
| 证券投资类 | 1 | 20 800.00 | 2.00 | 6.82 |
| 股权投资类 | 1 | 150 000.00 | 1.50 | 7.13 |
| 融资类 | 60 | 1 474 378.10 | 2.31 | 6.13 |
| 事务管理类 | — | — | — | — |

注：加权平均实际年化信托报酬率＝（信托项目1的实际年化信托报酬率×信托项目1的实收信托＋信托项目2的实际年化信托报酬率×信托项目2的实收信托＋…＋信托项目$n$的实际年化信托报酬率×信托项目$n$的实收信托）/（信托项目1的实收信托＋信托项目2的实收信托＋…＋信托项目$n$的实收信托）×100%。

6.5.2.2.3　本年度已清算结束的被动管理型信托项目个数、实收信托合计金额、加权平均实际年化信托报酬率、加权平均实际年化收益率，分证券投资类、股权投资类、融资类、事务管理类分别计算并披露

| 已清算结束信托项目 | 项目个数（个） | 实收信托合计金额（万元） | 加权平均实际年化信托报酬率（%） | 加权平均实际年化收益率（%） |
|---|---|---|---|---|
| 证券投资类 | — | — | — | — |
| 股权投资类 | — | — | — | — |
| 融资类 | — | — | — | — |
| 事务管理类 | 91 | 8 362 472.04 | 0.09 | 4.96 |

6.5.2.3　本年度新增的集合类、单一类和财产管理类信托项目个数、实收信托合计金额

| 新增信托项目 | 项目个数（个） | 实收信托合计金额（万元） |
|---|---|---|
| 集合类 | 81 | 2 440 114.36 |
| 单一类 | 33 | 529 268.17 |
| 财产管理类 | 24 | 2 581 072.38 |
| 新增合计 | 138 | 5 550 454.91 |
| 其中：主动管理型 | 102 | 3 421 134.36 |
| 被动管理型 | 36 | 2 129 320.55 |

注：本年新增信托项目指在本报告年度内累计新增的信托项目个数和金额，包含本年度新增并于本年度内结束的项目和本年度新增至报告期末仍在持续管理的信托项目。

6.5.2.4　信托业务创新成果和特色业务有关情况

2018年，公司业务创新转型不断推进，主要体现在以下几个方面。

（1）引入了花呗消费分期、网商贷经营贷款两类主要资产的合作，推进"消费＋互联网"金融业务发展壮大。

（2）资产证券化业务能力有效提升，2018年公司发行了天津天士力集团资产支持票据，以及"旺农贷"项目，为小微农户提供普惠金融服务。

（3）公司家族、慈善信托业务得到显著发展，注册"世嘉·信"作为公司家族信托产品的注册商标，并以此为契机，依托信托独有的法律关系，不断提升家族信托服务和产品质量，进一步满足高净值客户的财富管理需求。

（4）普惠消费金融业务稳步推进，2018年公司开发了"安硕小贷管理系统"，有效促进小贷业务操作标准化、流程化，提高效率和安全保障，不断提升公司在此类业务的竞争力。

6.5.2.5　本公司履行受托人义务情况

本公司作为受托人，严格遵守信托法规的规定和信托协议（合同）的约定，尽职尽责履行受托人职责和义务，为委托人管理好各项信托财产，精心组织信托财产的运作；依照信托法规和信托协议（合同）约定，定期出具信托财产的管理报告；信托协议（合同）终止时，及时办理信托事务清算事宜；按信托协议（合同）的约定，按期及时向受益人支付信托受益并在信托协议（合同）终止时及时按约定向委托人（受益人）支付信托财产（本金）；按信托法规和信托协议（合同）的约定收取受托人报酬（手续费），本年度没有发生违反受托人职责和义务的情况，没有出现信托协议（合同）到期由于受托人的责任不支付信托财产和受益人收益的情况。受托人按信托法规和信托协议（合同）管理、运用信托财产，管理和分配信托收益以及收取手续费（受托人报酬）时，没有出现侵占委托人和受益人合法权益的情况。

6.5.2.6　信托赔偿准备金的提取、使用和管理情况

**信托赔偿准备金的提取情况表**

单位：万元

| 项目 | 期初数 | 本年增加 | 本年减少 | 期末数 |
|---|---|---|---|---|
| 信托赔偿准备金 | 23 792.88 | 2 920.95 | — | 26 713.83 |

## 6.6　关联方关系及其交易的披露

**6.6.1　关联交易方的数量、关联交易的总金额及管理交易的定价政策等**

| | 关联交易数量 | 关联交易金额（万元） | 定价政策 |
|---|---|---|---|
| 合　计 | 2 | 32 500 | 按协议价 |

**6.6.2　关联方交易与本公司的关系性质、关联交易方名称、法定代表人、注册地址、注册资本及主营业务等**

| 关系性质 | 关联方名称 | 法定代表人 | 注册地址 | 注册资本（亿元） | 主营业务 |
|---|---|---|---|---|---|
| 与该企业受同一公司控制及重大影响 | 天津泰达发展有限公司 | 白丽莉 | 天津开发区第一大街79号泰达MSD－C1座12层 | 29.79 | 公共基础设施建设与管理等 |
| 本公司第一大股东 | 天津海泰控股集团有限公司 | 刘津元 | 天津华苑产业区梅苑路6号海泰大厦11－12层 | 55.62 | 技术开发、咨询、转让及服务等 |

**6.6.3　逐笔披露本公司与关联方的重大交易事项**

6.6.3.1　固有财产与关联方：贷款、投资、租赁、应收账款、担保、其他方式等期初汇总数、本期发生额汇总数、期末汇总数

单位：万元

| 固有财产与关联方关联交易 | | | | |
|---|---|---|---|---|
| | 期初数 | 借方发生额 | 贷方发生额 | 期末数 |
| 贷款 | — | — | — | — |
| 投资 | — | — | — | — |
| 租赁 | — | — | — | — |
| 担保 | — | — | — | — |
| 应收账款 | — | — | — | — |
| 其他 | — | — | — | — |
| 合计 | — | — | — | — |

6.6.3.2 信托资产与关联方：贷款、投资、租赁、应收账款、担保、其他方式等期初汇总数、本期发生额汇总数、期末汇总数

单位：万元

| 信托资产与关联方关联交易 | | | | |
|---|---|---|---|---|
| | 期初数 | 借方发生额 | 贷方发生额 | 期末数 |
| 贷款 | 70 000 | — | 32 500 | 37 500 |
| 投资 | — | — | — | — |
| 租赁 | — | — | — | — |
| 担保 | — | — | — | — |
| 应收账款 | — | — | — | — |
| 其他 | — | — | — | — |
| 合计 | 70 000 | — | 32 500 | 37 500 |

6.6.3.3 信托公司自有资金运用于自己管理的信托项目（固信交易）、信托公司管理的信托项目之间的相互（信信交易）交易金额，包括余额和本报告年度的发生额

6.6.3.3.1 固有与信托财产之间的交易金额期初汇总数、本期发生额汇总数、期末汇总数

单位：万元

| 固有财产与信托财产相互交易 | | | |
|---|---|---|---|
| | 期初数 | 本期发生额 | 期末数 |
| 合计 | — | — | — |

6.6.3.3.2 信托项目之间的交易金额期初汇总数、本期发生额汇总数、期末汇总数

单位：万元

| 信托财产与信托财产相互交易 | | | |
|---|---|---|---|
| | 期初数 | 本期发生额 | 期末数 |
| 合计 | — | — | — |

**6.6.4 逐笔披露关联方逾期未偿还本公司资金的详细情况以及本公司为关联方担保发生或即将发生垫款的详细情况**

公司本年度未出现关联方逾期未偿还本公司资金的情况，未出现本公司为关联方担保的情况。

### 6.7 会计制度的披露

本公司固有业务从2008年1月1日起、信托业务从2010年1月1日起按照财政部颁布的《企业会计准则——基本准则》和其他各项会计准则的规定对固有业务及信托业务进行确认和计量，在此基础上编制财务报表。

### 6.8 净资本管理情况

根据《信托公司净资本管理办法》和2011年2月下发的净资本具体计算标准，2018年末公司的净资产为51.38亿元，净资本为27.21亿元（监管标准≥2亿元），各项风险资本之和为13.78亿元，净资本/各项业务风险资本为197.47%（监管标准≥100%），净资本/净资产为52.95%（监管标准为≥40%），净资本各项指标达到规定标准。

## 7. 财务情况说明书

### 7.1 利润实现和分配情况

2018年，公司实现税前利润为60 679.89万元，比上年增加4 905.99万元，增幅为8.8%；净利润为58 419.03万元，比上年增加5 123.65万元，增幅为9.61%。按照相关法规、公司章程，本年净提取法定盈余公积金5 841.89万元和信托赔偿准备金2 920.95万元。

### 7.2 主要财务指标

2018年主要财务指标情况表

| 指标名称 | 指标值 |
|---|---|
| 资本利润率（%） | 12.05 |
| 加权年化信托报酬率（%） | 0.25 |
| 人均净利润（万元） | 381.82 |

注：全年在岗职工平均人数为153人。

### 7.3 对本公司财务状况、经营成果有重大影响的其他事项

无。

## 8. 特别事项揭示

### 8.1 公司股东股权变动情况

2018年3月29日，中国银监会天津监管局下发了《关于天津信托有限责任公司变更股权结构的批复》（津银监复〔2018〕67号），批准公司原股东天津市滨海新区财政局将所持有的公司全部股权1.05%转让给天津教育发展投资有限公司。截至2018年4月13日，有关股权变更的工商登记办理完毕。

### 8.2 董事、监事及高级管理人员变动情况及原因

天津信托有限责任公司2018年股东会第六次临时会议（2018年10月15日通信表决方式）和第八届董事会第八次会议审议通过了冯伟不再担任天津信托有限责任公司股东董事职务，同意黄建平担任天津信托有限责任公司股东董事职务。截至报告期末，黄建平的股东董事任职资格正待监管部门核准过程中。

2019年2月15日，中国银保监会天津监管局津银保监复〔2019〕62号文件正式核准付岩天津信托有限责任公司总经理助理任职资格，即日起，开始履行天津信托有限责任公司总经理助理职责。

除此之外，公司董事、监事及高级管理人员未有变动。

### 8.3 本年度，公司注册资本、注册地、公司名称、公司分立合并事项

公司注册资本、注册地、公司分立合并事项无变更。

### 8.4 公司的重大诉讼事项

截至报告期末，公司未发生对经营活动产生重大影响的诉讼、仲裁事项。

### 8.5 本年度，公司及其董事、监事和高级管理人员受到处罚情况

2018 年 1 月，天津银监局对公司 2017 年现场检查的存量业务中发现的证券信托结构化比例等个别问题，对公司作出行政处罚，处罚方式为罚款。公司董事、监事和高级管理人员无受到处罚情况。

### 8.6 银保监会派出机构风险检查情况

2018 年 5 月，天津银监局组织召开了公司 2017 年监管会议，对公司 2017 年经营管理成效进行了评价，认为公司 2017 年整体经营稳健，同时对公司提出了监管意见。公司领导高度重视，积极部署落实监管意见，逐项制定整改方案及台账，将责任明确落实到人，确保限时整改到位。

### 8.7 重大事项临时报告

无。

## 9. 公司监事会意见

### 9.1 公司依法运作情况

通过检查监督，监事会认为，公司建立了较为完善的公司法人治理结构，进一步加强了内部控制制度建设和风险管理，强化了内部管理和审计制度。公司决策事项程序合法，公司董事、经理和其他高级管理人员，能够按照《公司法》“信托一法三规”、公司章程等有关法律法规及监管部门的要求，认真履行相关职责，勤勉工作，积极维护股东利益、公司利益和客户利益。

### 9.2 关于公司财务报告

依据中审华会计师事务所(特殊普通合伙)出具的审计报告和公司的财务报表，监事会认真检查和审核了公司财务状况和经营成果，认为公司本年度财务报告是客观、公允的。

# 万向信托股份公司

## 1. 重要提示

1.1 本公司董事会及董事保证本年度报告所载资料不存在任何虚假记载、误导性陈述或者重大遗漏，并对其内容的真实性、准确性和完整性承担个别及连带责任。本年度报告摘要摘自年度报告全文，客户及相关利益人欲了解详细内容，应阅读年度报告全文。

1.2 本公司独立董事李全、成保良、刁维仁、汪炜、姚铮认为：公司年度报告所记载的资料没有存在任何的虚假记载，也没有任何误导性陈述和重大遗漏，本报告的内容真实、准确、完整。

1.3 本公司董事长肖风先生、公司总裁王永刚先生、财务负责人汪文桦女士声明：保证年度报告中财务报告的真实、完整。

## 2. 公司概况

### 2.1 公司简介

2.1.1 法定中文名称：万向信托股份公司（缩写：万向信托）

法定英文名称：Wanxiang Trust Co. ,Ltd.

2.1.2 法定代表人：肖风

2.1.3 注册地址：浙江省杭州市下城区体育场路429号天和大厦4~6层及9~17层

邮政编码：310006

2.1.4 国际互联网网址：www. wxtrust. com

电子邮箱：wxtrust@ wxtrust. com

2.1.5 信息披露事务联系人姓名：陆炯

信息披露事务联系人电子邮箱：jlu@ wxtrust. com

信息披露事务联系人办公室电话：0571-85807978

信息披露事务联系人办公室传真：0571-85179809

2.1.6 选定的信息披露报纸名称：《证券时报》

2.1.7 年度报告备置地点：杭州市体育场路429号天和大厦16层

2.1.8 聘请的会计师事务所名称：大华会计师事务所（特殊普通合伙）

聘请的会计师事务所住所：杭州市江干区钱潮路636号万邦大楼二幢

### 2.2 组织结构

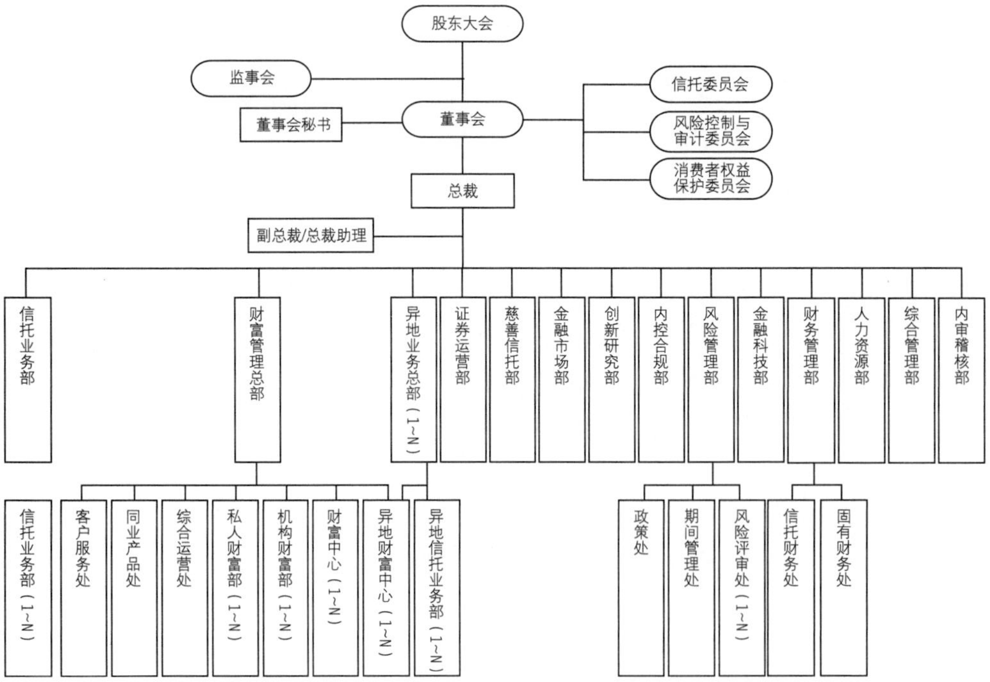

# 3. 公司治理

## 3.1 股东

截至2018年末,公司股东5家。

| 股东名称 | 投股比例（%） | 法定代表人 | 注册资本（万元） | 注册地址 | 主要经营业务 | 控股股东 | 实际控制人 | 最终受益人 |
|---|---|---|---|---|---|---|---|---|
| 中国万向控股有限公司★ | 76.50 | 鲁伟鼎 | 120 000.00 | 中国(上海)自由贸易试验区陆家嘴西路99号 | 实业投资、投资管理和金融专业技术领域内的技术咨询、技术开发等 | 鲁伟鼎 | 鲁伟鼎 | 中国万向控股有限公司 |
| 浙江烟草投资管理有限责任公司 | 14.49 | 潘昵琥 | 440 714.68 | 杭州市上城区解放路108号杭州中维香溢大酒店619室 | 投资管理、实业投资、酒店管理、经营进出口业务 | 中国烟草总公司浙江省公司 | 中国烟草总公司 | 浙江烟草投资管理有限责任公司 |
| 北京中邮资产管理有限公司 | 3.97 | 龚启华 | 504 188.0468 | 北京市西城区金融大街3号,甲3号13层甲3－1301 | 投资管理;资产管理;销售五金交电等 | 中邮资本管理有限公司 | 中国邮政集团公司 | 北京中邮资产管理有限公司 |
| 巨化集团有限公司 | 2.86 | 胡仲明 | 400 000.00 | 杭州市江干区泛海国际中心2幢1801、1802、1901、1902、2001、2002室 | 化肥、化工原料及产品、化学纤维、医药原料等 | 浙江省人民政府国有资产监督管理委员会 | 浙江省人民政府国有资产监督管理委员会 | 巨化集团有限公司 |
| 浙江省金融控股有限公司 | 2.18 | — | 120 000.00 | 杭州市浙大路5—1号 | 金融类股权投资、政府性股权投资基金管理及资产管理等业务 | 浙江省财务开发公司 | 浙江省财务开发公司 | 浙江省金融控股有限公司 |

注:★代表本公司实际控制人;本公司股东之间不存在关联关系。股东不存在转让、质押公司股权的行为。

## 3.2 董事、董事会及其下属委员会

董事

| 姓名 | 职务 | 性别 | 年龄（岁） | 所推举的股东名称 | 该股东持股比例(%) | 简要履历 |
|---|---|---|---|---|---|---|
| 肖　风 | 董事长 | 男 | 58 | 中国万向控股有限公司 | 76.50 | 南开大学世界经济学博士,中国万向控股有限公司执行副董事长 |
| 傅志芳 | 董事 | 男 | 54 | 中国万向控股有限公司 | 76.50 | 中欧国际工商学院硕士,万向财务有限公司董事长,万向集团公司副总裁、财务负责人 |
| 徐初斌 | 董事 | 男 | 42 | 中国万向控股有限公司 | 76.50 | 同济大学应用数学硕士,民生人寿保险股份有限公司执委、总精算师 |
| 潘昵琥 | 董事 | 男 | 57 | 浙江烟草投资管理有限责任公司 | 14.49 | 河南师范大学化学系,浙江烟草投资管理有限责任公司总经理 |
| 杨嘉树 | 董事 | 男 | 51 | 北京中邮资产管理有限公司 | 3.97 | 上海财经大学工商管理硕士,中国邮政集团浙江省分公司党组成员、副总经理 |
| 王　柱（已辞任） | 董事 | 男 | 39 | 巨化集团有限公司 | 2.86 | 上海交通大学金融工程博士,浙江卓正投资有限公司董事、总经理 |
| 王　建 | 董事 | 男 | 38 | 浙江省金融控股有限公司 | 2.18 | 南京邮电大学企业管理硕士,浙江省金融控股有限公司金融管理部副总经理 |

注:1. 王柱先生已于2018年12月辞去董事职务,公司将在2019年召开董事会完成董事增补。
2. 经万向信托股份公司设立大会暨首次股东大会审议通过,选举吴志军先生为股份公司第一届董事会董事,吴志军先生的董事任职资格目前正在报审过程中。

独立董事

| 姓名 | 简要履历 | 性别 | 年龄(岁) |
|---|---|---|---|
| 李　全 | 新华资产管理股份有限公司总经理。 | 男 | 56 |
| 成保良 | 万置资本管理有限公司董事长、深圳南丰长瑞股权投资基金管理有限公司总经理。 | 男 | 58 |
| 刁维仁 | 曾任群益国际控股有限公司上海代表处首席代表兼任上海市台商协会副秘书长。 | 男 | 65 |
| 汪　炜 | 浙江大学经济学院教授,浙江省金融业发展促进会常务副会长、秘书长,浙江省金融研究院院长。 | 男 | 52 |
| 姚　铮 | 浙江大学管理学院教授、企业投资研究所副所长。 | 男 | 62 |

董事会下属专门委员会构成

| 名称 | 职责 | 成员 | 职务 |
|---|---|---|---|
| 风险控制与审计委员会 | 确定公司风险管理的总体目标、风险偏好、风险承受度、风险管理策略和重大风险管理解决方案;评估公司关联交易业务风险;监督公司信托业务和自营业务的风险控制及管理;监督公司信息披露的真实性、准确性、完整性和合规性;提出完善公司风险管理和内部控制及内部审计实施的建议等。 | 刁维仁 | 主任委员 |
| | | 杨嘉树 | 委员 |
| | | 徐初斌 | 委员 |
| 信托委员会 | 组织制定公司信托业务发展规划;定期评估公司信托业务运行情况;研究并提出具体措施落实监管部门提出的整改要求;当公司或股东利益与受益人利益发生冲突时,研究并提出维护受益人权益的具体措施等。 | 李　全 | 主任委员 |
| | | 潘昵琥 | 委员 |
| 消费者权益保护委员会 | 负责将消费者权益保护纳入企业文化、公司治理和经营发展战略中,监督高级管理层落实消费者权益保护工作发展战略规划;监督、评估公司消费者权益保护工作以及高级管理层相关履职情况;研究并提出维护受益人权益的具体措施等。 | 徐初斌 | 主任委员 |
| | | 王　建 | 委员 |
| | | 成保良 | 委员 |

### 3.3 监事、监事会及其下属委员会

监事

| 姓名 | 职务 | 性别 | 年龄(岁) | 所推举的股东名称 | 该股东持股比例(%) | 简要履历 |
|---|---|---|---|---|---|---|
| 鲁伟鼎 | 监事长 | 男 | 48 | 中国万向控股有限公司 | 76.50 | 万向集团公司党委书记、董事长、CEO,中国万向控股有限公司董事长。 |
| 邵松长 | 监事 | 男 | 49 | 浙江烟草投资管理有限责任公司 | 14.49 | 浙江省烟草专卖局(公司)审计处副处长。 |
| 熊文斌 | 职工监事 | 男 | 36 | — | — | 万向信托股份公司人力资源部总经理。 |

注:公司监事会没有下属委员会。

### 3.4 高级管理人员

高级管理人员构成

| 姓名 | 职务 | 性别 | 年龄(岁) | 学历 | 任职日期 | 专业 | 金融从业年限(年) |
|---|---|---|---|---|---|---|---|
| 王永刚 | 总裁 | 男 | 54 | 硕士 | 2017年10月23日 | 工商管理 | 31 |
| 余勇文 | 副总裁<br>董事会秘书 | 男 | 47 | 硕士 | 2017年6月7日<br>2018年8月31日 | 工商管理 | 25 |
| 王　波 | 副总裁 | 男 | 46 | 硕士 | 2018年7月12日 | 投资经济、工商管理 | 20 |
| 斯伟波 | 副总裁 | 男 | 46 | 本科 | 2017年6月13日 | 银行货币学 | 25 |
| 张学峰 | 总裁助理 | 男 | 53 | 硕士 | 2015年12月22日 | 经济学 | 30 |

### 3.5 公司员工

| 项　目 | | 报告期年度 | | 上年度 | |
|---|---|---|---|---|---|
| | | 人数(人) | 比例(%) | 人数(人) | 比例(%) |
| 年龄分布 | 30岁以下 | 114 | 31.67 | 101 | 41.39 |
| | 30~39岁 | 200 | 55.55 | 111 | 45.49 |
| | 40岁以上 | 46 | 12.78 | 32 | 13.12 |
| 性别分布 | 男 | 191 | 53.06 | 126 | 51.64 |
| | 女 | 169 | 46.94 | 118 | 48.36 |
| 学历分布 | 博士 | 5 | 1.39 | 4 | 1.64 |
| | 硕士 | 182 | 50.56 | 147 | 60.25 |
| | 本科 | 162 | 45 | 88 | 36.06 |
| | 专科 | 11 | 3.05 | 5 | 2.05 |
| 岗位分布 | 董事、监事及其他高管人员 | 6 | 1.67 | 5 | 2.05 |
| | 信托业务人员 | 220 | 61.11 | 148 | 60.66 |
| | 其他人员 | 134 | 37.22 | 91 | 37.29 |
| 合计 | | 360 | 100 | 244 | 100 |

注:"董事、监事及其他高级管理人员"栏中不含未在公司就职的董事和监事。

## 4. 经营概况

### 4.1 经营目标、经营方针、战略规划

#### 4.1.1 经营目标

公司的经营目标是牢记"信托即责任"的使命,将受益人利益置于公司利益之上,致力于成为中国最受信任的财富管理机构。

#### 4.1.2 经营方针

公司的经营方针是以"受益人利益最大化"为宗旨,以客户需求为导向,进一步丰富产品结构,完善公司管理架构,加强风险管理,提升运营效率,为受益人提供最优质的服务。

#### 4.1.3 战略规划

通过3年发展,公司主要经营指标达到行业前位水平,行业评级和监管评级全部达到A级以上,成为中国最受信任的财富管理机构。

加强战略管理,优化关键指标;加强精细化管理,提升效率;建立员工双线晋升和长期激励机制。

跟随市场变化,制定公司产品政策、准入标准及风控措施,建立与业务类型相匹配的风险评审专业队伍、风险量化分析模型和运营管理专业团队。建立风险监测、预警和快速反应机制,及时防范和化解风险。

加强投资能力建设,培育长期资产管理能力;培养客户长期合作伙伴关系,深耕专业领域,发展消费信托、慈善信托、资产证券化业务;构建客户分层体系,升级财富管理的资产配置能力,与中小金融机构建立财富共享平台;加强品牌管理能力,打造个人理财、公司理财和同业金融三大品牌。

以"前台的前台"重新定义金融科技部门,加大金融科技投入,加强系统研发能力,自主掌握数据资源和架构设计;建立以信托账户为基础的移动服务体系。

### 4.2 所经营业务的主要内容

#### 4.2.1 信托业务

报告期末,公司信托资产运用与分布如下:

信托资产运用与分布表

| 资产运用 | 金额(万元) | 占比(%) | 资产分布 | 金额(万元) | 占比(%) |
|---|---|---|---|---|---|
| 货币资产 | 129 231.21 | 0.80 | 基础产业 | 2 755 722.70 | 17.10 |
| 贷款及应收款 | 8 946 599.01 | 55.51 | 房地产业 | 5 692 789.57 | 35.32 |
| 交易性金融资产 | — | — | 证券市场 | 266 983.93 | 1.66 |
| 买入返售金融资产 | 679 965.00 | 4.22 | 工商企业 | 3 955 830.32 | 24.54 |
| 可供出售金融资产 | 465 455.21 | 2.89 | 金融机构 | 2 655 351.43 | 16.48 |
| 持有至到期投资 | 4 064 720.55 | 25.22 | 其他 | 790 264.59 | 4.90 |
| 长期股权投资 | 651 266.12 | 4.04 | | | |
| 其他 | 1 179 705.44 | 7.32 | | | |
| 资产总计 | 16 116 942.54 | 100.00 | 资产总计 | 16 116 942.54 | 100.00 |

#### 4.2.2 自营业务

报告期末,公司自营资产运用与分布如下:

自营资产运用与分布表

| 资产运用 | 金额(万元) | 占比(%) | 资产分布 | 金额(万元) | 占比(%) |
|---|---|---|---|---|---|
| 货币资产 | 120 394.97 | 30.98 | 基础产业 | 77 790.00 | 20.02 |
| 贷款及应收款 | 65 458.91 | 16.84 | 房地产业 | 61 190.00 | 15.74 |
| 交易性金融资产 | — | — | 证券市场 | — | — |
| 可供出售金融资产 | 196 479.97 | 50.56 | 工商企业 | 47 945.18 | 12.34 |
| 持有至到期投资 | — | — | 金融机构 | 193 675.63 | 49.83 |
| 长期股权投资 | — | — | 其他 | 8 035.36 | 2.07 |
| 其他 | 6 302.32 | 1.62 | | | |
| 资产总计 | 388 636.17 | 100.00 | 资产总计 | 388 636.17 | 100.00 |

## 4.3 市场分析

展望2019年,中国仍处于"三期叠加"的阶段,随着金融宽信用的传导、积极财政政策的实施以及科创板的推出,市场微观主体的活力将会增强,在宏观上保持经济稳中向好的态势。

#### 4.3.1 有利因素

中国中等收入群体正在崛起,人口老龄化日益凸显,将会释放巨量的财富管理、家族传承和公益慈善的需求。金融科技的发展使得信托服务的对象向长尾客户延伸,信托作为财富保值增值的重要作用将得到进一步发挥,使经济发展的成果更多惠及人民。

#### 4.3.2 不利因素

中美贸易争端使国内整体市场受到冲击,系统性风险加剧;全行业规模持续回落,资产规模增速下降明显,行业风险尚未出清。

## 4.4 内部控制概况

内部控制目标是保证公司经营管理合法法规、资产安全、财务报告及相关信息真实完整,提高经营效率和效果。

公司依据监管法规和公司发展战略的要求,以加强合规管理、风险管理和提高工作效率为目标,于报告期内对公司层面的制度进一步梳理、改造和优化,进一步完善了内部控制机制,为公司规范运营和管理工作提供保障。公司坚持"受益人利益最大化"的宗旨和"信托即责任"的使命,积极创造良好的内部环境。在公司法人治理、组织机构设置、内部审计监督、人力资源政策、内部控制文化等方面不断完善,以保证内部控制的有效实施。

公司已建立由股东大会、董事会、监事会和高级管理层组成的公司治理结构,完善分层授权体系,形成了权力机构、决策机构、监督机构基础上管理层之间分工配合、各司其职、协调运作、相互制衡的内控运行机制,从而确保对各类风险的事前防范、事中控制、事后监督得到有效执行,为公司发展提供良好的内部控制环境。

公司董事会下设风险控制与审计委员会,主要负责确定公司风险管理的总体目标、风险偏好、风险承受度、风险管理策略和重大风险管理解决方案;评估公司关联交易业务风险;监督公司信托业务和自营业务的风险控制及管理;监督公司信息披露的真实性、准确性、完整性和合规性;提出完善公司风险管理和内部控制及内部审计实施的建议等。

公司组织架构及前台、中台、后台的设置科学合理,岗位职责清晰,分工明确,相互制衡。严格按照信托业务与固有业务隔离要求,把业务体系、财务体系进行了有效分离。2018年度,公司新设内控合规部负责公司内控合规事务。

公司继续落实可持续发展的人力资源政策,定期进行岗位调研评估,并根据相关法律法规,进行合理的架构和岗位设定。公司结合战略目标制定与之配套的激励约束机制,主要体现在薪酬管理、绩效管理、内部问责、员工责任承担办法、关键岗位离任审计、内部流动机制、奖惩管理、培训管理等多方面。在员工考核管理方面,依据内部制度,结合任职要求实施考核,同时通过严格的目标责任年度考核,明确公司高级管理人员权、责、利,促成公司战略目标的实现。

公司高度重视合规文化建设,倡导诚信为本、稳健经营的价值观念,对员工行为进行全面规范,将诚实守信的经营理念融入日常经营过程。公司通过合规教育培训、资格认证考试、建立绩效约束机制等方式加强合规尽责文化建设,落实各部门和关键岗位职责分工和合规管理责任,健全和完善高管审核、管理层持续监督、内部审计事后监督的多层次监控体系,明确各岗位应尽职责,全面落实公司的核心价值观,建立和培养良好的合规文化氛围。

## 4.5 风险管理概况

公司经营活动可能遇到的主要风险包括信用风险、市场风险、操作风险和其他风险。

公司的架构体系为风险管理奠定了组织基础和制度保障,流程管理实现了对业务审批、操作的规范管理和监控,形成了分工合理、职责明确、运行顺畅、制衡有效的风险管理机制。

报告期内,公司进一步确立风控的战略核心地位,在公司各项业务活动和经营管理活动中贯彻和坚持风控优先的战略思想。在内部管理上,公司坚持贯彻"大风控、全流程"的风险管理理念,制定出台了一系列标准化的风险管理制度与工作模板,并定期开展系统性的风险制度与业务指引修订更新,持续优化风险管理流程和具体标准;在业务执行中,公司从项目准入、尽职调查、评审决策、法律文本、核保核签、放款审核、期间管理等各节点全程把控风险,加强风控信息化建设,不断提升公司风险管理效率与水平。全面风险管理体系得到了进一步的完善,为公司业务稳健发展提供了坚实有力的保障。

# 5. 报告期末及上一年度末的比较式会计报表

## 5.1 自营资产

#### 5.1.1 会计师事务所审计结论

**审计报告**

大华审字[2019]050246号

万向信托股份公司:

一、审计意见

我们审计了后附的万向信托股份公司(以下简称万向信托公司)财务报表,包括2018年12月31日的资产负债表,2018年度的利润表、现金流量表、所有者权益变动表,以及相关财务报表附注。

我们认为,后附的财务报表在所有重大方面按照企业会计准则的规定编制,公允反映了万向信托公司2018年12月31日的财务状况以及2018年度的经营成果和现金流量。

二、形成审计意见的基础

我们按照中国注册会计师审计准则的规定执行了审计工作。审计报告的"注册会计师对财务报表审计的责任"部分进一步阐述了我们在这些准则下的责任。按照中国注册会计师职业道德守则,我们独立于万向信托公司,并履行了职业道德方面的其他责任。我们相信,我们获取的审计证据是充分、适当的,为发表审计意见提供了基础。

三、管理层和治理层对财务报表的责任

万向信托公司管理层(以下简称管理层)负责按照企业会计准则的规定编制财务报表,使其实现公允反映,并设计、执行和维护必要的内部控制,以使财务报表不存在由于舞弊或错误导致的重大错报。

在编制财务报表时,管理层负责评估万向信托公司的持续经营能力,披露与持续经营相关的事项(如适用),并运用持续经营假设,除非管理层计划清算万向信托公司、终止运营或别无其他现实的选择。

治理层负责监督万向信托公司的财务报告过程。

四、注册会计师对财务报表审计的责任

我们的目标是对财务报表整体是否不存在由于舞弊或错误导致的重大错报获取合理保证,并出具包含审计意见的审计报告。合理保证是高水平的保证,但并不能保证按照审计准则执行的审计在某一重大错报存在时总能发现。错报可能由于舞弊或错误导致,如果合理预期错报单独或汇总起来可能影响财务报表使用者依据财务报表作出的经济决策,则通常认为错报是重大的。

在按照审计准则执行审计工作的过程中,我们运用职业判断,并保持职业怀疑。同时,我们也执行以下工作:

(1)识别和评估由于舞弊或错误导致的财务报表重大错报风险,设计和实施审计程序以应对这些风险,并获取充分、适当的审计证据,作为发表审计意见的基础。由于舞弊可能涉及串通、伪造、故意遗漏、虚假陈述或凌驾于内部控制之上,未能发现由于舞弊导致的重大错报的风险高于未能发现由于错误导致的重大错报的风险。

(2)了解与审计相关的内部控制,以设计恰当的审计程序,但目的并非对内部控制的有效性发表意见。

(3)评价管理层选用会计政策的恰当性和作出会计估计及相关披露的合理性。

(4)对管理层使用持续经营假设的恰当性得出结论。同时,根据获取的审计证据,就可能导致对万向信托公司持续经营能力产生重大疑虑的事项或情况是否存在重大不确定性得出结论。如果我们得出结论认为存在重大不确定性,审计准则要求我们在审计报告中提请报表使用者注意财务报表中的相关披露;如果披露不充分,我们应当发表非无保留意见。我们的结论基于截至审计报告日可获得的信息。然而,未来的事项或情况可能导致万向信托公司不能持续经营。

(5)评价财务报表的总体列报、结构和内容(包括披露),并评价财务报表是否公允反映相关交易和事项。

我们与治理层就计划的审计范围、时间安排和重大审计发现等事项进行沟通,包括沟通我们在审计中识别出的值得关注的内部控制缺陷。

大华会计师事务所(特殊普通合伙)　　中国注册会计师：胡超

中国注册会计师：陈艳

二〇一九年二月二十八日

5.1.2　资产负债表

**资产负债表**

编制单位:万向信托股份公司　　2018年12月31日　　单位:元

| 资产 | 行次 | 期末余额 | 年初余额 | 负债和所有者权益(或股东权益) | 行次 | 期末余额 | 年初余额 |
|---|---|---|---|---|---|---|---|
| 资产: | | | | 负债: | | | |
| 现金及存放中央银行款项 | 1 | 1 203 949 705.99 | 968 594 795.46 | 向中央银行借款 | 27 | | |
| 贵金属 | 2 | | | 联行存放款项 | 28 | | |
| 存放联行款项 | 3 | | | 同业及其他金融机构存放款项 | 29 | | |
| 存放同业款项 | 4 | | | 拆入资金 | 30 | 380 000 000.00 | 500 000 000.00 |
| 拆出资金 | 5 | | | 以公允价值计量且其变动计入当期损益的金融负债 | 31 | | |
| 以公允价值计量且其变动计入当期损益的金融资产 | 6 | | | 衍生金融负债 | 32 | | |
| 衍生金融资产 | 7 | | | 卖出回购金融资产款 | 33 | | |
| 买入返售金融资产 | 8 | | | 吸收存款 | 34 | | |
| 持有待售资产 | 9 | | | 应付职工薪酬 | 35 | 239 541 755.21 | 220 700 847.73 |
| 应收款项类金融资产 | 10 | | | 应交税费 | 36 | 306 635 152.35 | 113 894 460.09 |
| 应收利息 | 11 | | | 应付利息 | 37 | 1 111 444.44 | 10 629 536.45 |
| 其他应收款 | 12 | 654 589 081.46 | 1 460 010 583.57 | 持有待售负债 | 38 | | |
| 发放贷款和垫款 | 13 | | | 其他应付款 | 39 | 2 962 131.03 | 737 831 589.83 |
| 可供出售金融资产 | 14 | 1 964 799 705.76 | 1 578 810 000.00 | 预计负债 | 40 | | |
| 持有至到期投资 | 15 | | | 应付债券 | 41 | | |
| 长期股权投资 | 16 | | | 递延收益 | 42 | | |
| 投资性房地产 | 17 | | | 递延所得税负债 | 43 | | |
| 固定资产 | 18 | 5 403 362.17 | 4 817 559.37 | 其他负债 | 44 | 17 263 643.25 | 45 708 110.43 |

续表

| 资产 | 行次 | 期末余额 | 年初余额 | 负债和所有者权益(或股东权益) | 行次 | 期末余额 | 年初余额 |
|---|---|---|---|---|---|---|---|
| 在建工程 | 19 | | | 负债合计 | 45 | 947 514 126. 28 | 1 628 764 544. 53 |
| 无形资产 | 20 | 4 266 347. 49 | 3 938 054. 91 | 所有者权益(或股东权益): | | | |
| 商誉 | 21 | | | 实收资本(或股本) | 46 | 1 339 000 000. 00 | 1 339 000 000. 00 |
| 长期待摊费用 | 22 | 20 628 894. 68 | 13 165 162. 13 | 其他权益工具 | 47 | | |
| 抵债资产 | 23 | | | 其中:优先股 | 48 | | |
| 递延所得税资产 | 24 | 19 314 117. 30 | 25 710 410. 55 | 永续债 | 49 | | |
| 其他资产 | 25 | 13 410 457. 51 | 7 074 255. 39 | 资本公积 | 50 | 691 334 772. 77 | |
| | | | | 减:库存股 | 51 | | |
| | | | | 其他综合收益 | 52 | | |
| | | | | 盈余公积 | 53 | 105 856 225. 27 | 153 201 340. 70 |
| | | | | 一般风险准备 | 54 | 122 639 008. 41 | 97 364 444. 95 |
| | | | | 未分配利润 | 55 | 680 017 539. 63 | 843 790 491. 20 |
| | | | | 所有者权益(或股东权益)合计 | 56 | 2 938 847 546. 08 | 2 433 356 276. 85 |
| 资产总计 | 26 | 3 886 361 672. 36 | 4 062 120 821. 38 | 负债和所有者权益(或股东权益)总计 | 57 | 3 886 361 672. 36 | 4 062 120 821. 38 |

### 5. 1. 3 利润表

**利润表**

编制单位:万向信托股份公司　　2018 年度　　单位:元

| 项　目 | 行次 | 本期金额 | 上期金额 | 项　目 | 行次 | 本期金额 | 上期金额 |
|---|---|---|---|---|---|---|---|
| 一、营业收入 | 1 | 1 018 114 226. 21 | 1 048 837 081. 43 | 减:营业外支出 | 22 | 1 143 865. 58 | 328 391. 02 |
| (一)利息净收入 | 2 | -10 704 418. 86 | -6 749 976. 23 | 四、利润总额(亏损总额以"-"号填列) | 23 | 679 355 133. 56 | 721 705 837. 16 |
| 利息收入 | 3 | 16 213 053. 35 | 7 765 412. 66 | 减:所得税费用 | 24 | 173 863 864. 33 | 168 634 853. 61 |
| 利息支出 | 4 | 26 917 472. 21 | 14 515 388. 89 | 五、净利润(净亏损以"-"号填列) | 25 | 505 491 269. 23 | 553 070 983. 55 |
| (二)手续费及佣金净收入 | 5 | 813 825 173. 05 | 845 735 166. 87 | (一)持续经营净利润(净亏损以"-"号填列) | 26 | 505 491 269. 23 | 553 070 983. 55 |
| 手续费及佣金收入 | 6 | 814 205 470. 75 | 845 900 437. 14 | (二)终止经营净利润(净亏损以"-"号填列) | 27 | | |
| 手续费及佣金支出 | 7 | 380 297. 70 | 165 270. 27 | 六、其他综合收益的税后净额 | 28 | | |
| (三)投资收益(损失以"-"号填列) | 8 | 208 767 400. 63 | 201 016 654. 86 | (一)不能重分类进损益的其他综合收益 | 29 | | |
| 其中:对联营企业和合营企业的投资收益 | 9 | | | 1. 重新计量设定受益计划变动额 | 30 | | |
| (四)公允价值变动收益(损失以"-"号填列) | 10 | | | 2. 权益法下不能转损益的其他综合收益 | 31 | | |
| (五)汇兑收益(损失以"-"号填列) | 11 | | | (二)将重分类进损益的其他综合收益 | 32 | | |
| (六)其他业务收入 | 12 | 5 280 380. 87 | 8 243 547. 03 | 1. 权益法下可转损益的其他综合收益 | 33 | | |
| (七)资产处置收益(损失以"-"号填列) | 13 | | | 2. 可供出售金融资产公允价值变动损益 | 34 | | |
| (八)其他收益 | 14 | 945 690. 52 | 591 688. 90 | 3. 持有至到期投资重分类为可供出售金融资产损益 | 35 | | |
| 二、营业支出 | 15 | 349 090 627. 07 | 333 324 069. 86 | 4. 现金流量套期损益的有效部分 | 36 | | |
| (一)税金及附加 | 16 | 5 234 632. 17 | 6 111 877. 86 | 5. 外币财务报表折算差额 | 37 | | |
| (二)业务及管理费 | 17 | 333 355 994. 90 | 327 212 192. 00 | 6. 其他 | 38 | | |
| (三)资产减值损失(转回金额以"-"号填列) | 18 | 10 500 000. 00 | | 七、综合收益总额 | 39 | 505 491 269. 23 | 553 070 983. 55 |
| (四)其他业务成本 | 19 | | | 八、每股收益: | 40 | | |
| 三、营业利润(亏损以"-"号填列) | 20 | 669 023 599. 14 | 715 513 011. 57 | (一)基本每股收益 | 41 | | |
| 加:营业外收入 | 21 | 11 475 400. 00 | 6 521 216. 61 | (二)稀释每股收益 | 42 | | |

### 5.1.4 所有者权益变动表

**所有者权益变动表**

编制单位：万向信托股份公司　　2018 年度　　单位：元

| 项目 | 行次 | 本年金额 | | | | | | | | |
|---|---|---|---|---|---|---|---|---|---|---|
| | | 实收资本 | 其他权益工具 | 资本公积 | 减：库存股 | 其他综合收益 | 盈余公积 | 一般风险准备 | 未分配利润 | 所有者权益合计 |
| 栏　次 | | 1 | 2 | 3 | 4 | 5 | 6 | 7 | 8 | 9 |
| 一、上年年末余额 | 1 | 1 339 000 000. 00 | | | | | 153 201 340. 70 | 97 364 444. 95 | 843 790 491. 20 | 2 433 356 276. 85 |
| 加：会计政策变更 | 2 | | | | | | | | | |
| 前期差错更正 | 3 | | | | | | | | | |
| 二、本年年初余额 | 4 | 1 339 000 000. 00 | | | | | 153 201 340. 70 | 97 364 444. 95 | 843 790 491. 20 | 2 433 356 276. 85 |
| 三、本年增减变动金额（减少以“－”号填列） | 5 | | | 691 334 772. 77 | | | −47 345 115. 43 | 25 274 563. 46 | −163 772 951. 57 | 505 491 269. 23 |
| （一）综合收益总额 | 6 | | | | | | | | 505 491 269. 23 | 505 491 269. 23 |
| （二）所有者投入和减少资本 | 7 | | | 691 334 772. 77 | | | | | | 691 334 772. 77 |
| 1. 所有者投入的普通股 | 8 | | | | | | | | | |
| 2. 其他权益工具持有者投入资本 | 9 | | | | | | | | | |
| 3. 股份支付计入所有者权益的金额 | 10 | | | | | | | | | |
| 4. 其他 | 11 | | | 691 334 772. 77 | | | | | | 691 334 772. 77 |
| （三）利润分配 | 12 | | | | | | 50 549 126. 92 | 25 274 563. 46 | −75 823 690. 38 | |
| 1. 提取盈余公积 | 13 | | | | | | 50 549 126. 92 | | −50 549 126. 92 | |
| 2. 提取一般风险准备 | 14 | | | | | | | 25 274 563. 46 | −25 274 563. 46 | |
| 3. 对所有者（或股东）的分配 | 15 | | | | | | | | | |
| 4. 其他 | 16 | | | | | | | | | |
| （四）所有者权益内部结转 | 17 | | | | | | −97 894 242. 35 | | −593 440 530. 42 | −691 334 772. 77 |
| 1. 资本公积转增资本（或股本） | 18 | | | | | | | | | |
| 2. 盈余公积转增资本（或股本） | 19 | | | | | | | | | |
| 3. 盈余公积弥补亏损 | 20 | | | | | | | | | |
| 4. 一般风险准备弥补亏损 | 21 | | | | | | | | | |
| 5. 设定受益计划变动额结转留存收益 | 22 | | | | | | | | | |
| 6. 其他 | 23 | | | | | | −97 894 242. 35 | | −593 440 530. 42 | −691 334 772. 77 |
| 四、本年年末余额 | 24 | 1 339 000 000. 00 | | 691 334 772. 77 | | | 105 856 225. 27 | 122 639 008. 41 | 680 017 539. 63 | 2 938 847 546. 08 |

## 所有者权益变动表(续)

编制单位:万向信托股份公司　　2018 年度　　单位:元

| 项目 | 行次 | 上年金额 | | | | | | | | |
|---|---|---|---|---|---|---|---|---|---|---|
| | | 实收资本 | 其他权益工具 | 资本公积 | 减:库存股 | 其他综合收益 | 盈余公积 | 一般风险准备 | 未分配利润 | 所有者权益合计 |
| 栏　次 | | 10 | 11 | 12 | 13 | 14 | 15 | 16 | 17 | 18 |
| 一、上年年末余额 | 1 | 1 339 000 000. 00 | | | | | 97 894 242. 35 | 69 710 895. 77 | 438 680 155. 18 | 1 945 285 293. 30 |
| 加:会计政策变更 | 2 | | | | | | | | | |
| 前期差错更正 | 3 | | | | | | | | | |
| 二、本年年初余额 | 4 | 1 339 000 000. 00 | | | | | 97 894 242. 35 | 69 710 895. 77 | 438 680 155. 18 | 1 945 285 293. 30 |
| 三、本年增减变动金额(减少以"－"号填列) | 5 | | | | | | 55 307 098. 35 | 27 653 549. 18 | 405 110 336. 02 | 488 070 983. 55 |
| (一)综合收益总额 | 6 | | | | | | | | 553 070 983. 55 | 553 070 983. 55 |
| (二)所有者投入和减少资本 | 7 | | | | | | | | | |
| 1. 所有者投入的普通股 | 8 | | | | | | | | | |
| 2. 其他权益工具持有者投入资本 | 9 | | | | | | | | | |
| 3. 股份支付计入所有者权益的金额 | 10 | | | | | | | | | |
| 4. 其他 | 11 | | | | | | | | | |
| (三)利润分配 | 12 | | | | | | 55 307 098. 35 | 27 653 549. 18 | －147 960 647. 53 | －65 000 000. 00 |
| 1. 提取盈余公积 | 13 | | | | | | 55 307 098. 35 | | －55 307 098. 35 | |
| 2. 提取一般风险准备 | 14 | | | | | | | 27 653 549. 18 | －27 653 549. 18 | |
| 3. 对所有者(或股东)的分配 | 15 | | | | | | | | －65 000 000. 00 | －65 000 000. 00 |
| 4. 其他 | 16 | | | | | | | | | |
| (四)所有者权益内部结转 | 17 | | | | | | | | | |
| 1. 资本公积转增资本(或股本) | 18 | | | | | | | | | |
| 2. 盈余公积转增资本(或股本) | 19 | | | | | | | | | |
| 3. 盈余公积弥补亏损 | 20 | | | | | | | | | |
| 4. 一般风险准备弥补亏损 | 21 | | | | | | | | | |
| 5. 设定受益计划变动额结转留存收益 | 22 | | | | | | | | | |
| 6. 其他 | 23 | | | | | | | | | |
| 四、本年年末余额 | 24 | 1 339 000 000. 00 | | | | | 153 201 340. 70 | 97 364 444. 95 | 843 790 491. 20 | 2 433 356 276. 85 |

## 5.2 信托资产

### 5.2.1 信托项目资产负债汇总表

信托项目资产负债汇总表

编制单位：万向信托股份公司　　2018 年 12 月 31 日　　单位：万元

| 信托资产 | 年初数 | 期末数 | 信托负债和信托权益 | 年初数 | 期末数 |
|---|---|---|---|---|---|
| 信托资产： | | | 信托负债： | | |
| 货币资金 | 61 336.83 | 129 231.21 | 交易性金融负债 | — | — |
| 拆出资金 | — | — | 衍生金融负债 | — | — |
| 存出保证金 | — | — | 应付受托人报酬 | 239.50 | 649.40 |
| 交易性金融资产 | — | — | 应付托管费 | 90.78 | 233.13 |
| 衍生金融资产 | — | — | 应付受益人收益 | 8 917.57 | 23 032.47 |
| 买入返售金融资产 | 1 282 760.00 | 679 965.00 | 应交税费 | — | — |
| 应收款项 | 1 559.34 | 9 646.01 | 应付销售服务费 | 8.39 | 8.52 |
| 发放贷款 | 9 420 096.58 | 8 936 953.00 | 其他应付款项 | 62 513.56 | 62 482.57 |
| 可供出售金融资产 | 590 602.60 | 465 455.21 | 预计负债 | — | — |
| 持有至到期投资 | 4 880 020.45 | 4 064 720.55 | 其他负债 | — | — |
| 长期应收款 | — | — | 信托负债合计 | 71 769.80 | 86 406.09 |
| 长期股权投资 | 1 001 272.86 | 651 266.12 | 信托权益： | | |
| 投资性房地产 | — | — | 实收信托 | 18 870 653.29 | 15 924 973.67 |
| 固定资产 | — | — | 资本公积 | 35 311.63 | 36 134.83 |
| 无形资产 | — | — | 外币报表折算差额 | — | — |
| 长期待摊费用 | — | — | 未分配利润 | 34 949.61 | 69 427.95 |
| 其他资产 | 1 775 035.67 | 1 179 705.44 | 信托权益合计 | 18 940 914.53 | 16 030 536.45 |
| 信托资产总计 | 19 012 684.33 | 16 116 942.54 | 信托负债及权益总计 | 19 012 684.33 | 16 116 942.54 |

### 5.2.2 信托项目利润及利润分配汇总表

信托项目利润及利润分配汇总表

编制单位：万向信托股份公司　　单位：万元

| 项目 | 2018 年度 | 2017 年度 |
|---|---|---|
| 一、营业收入 | 1 389 300.66 | 1 253 290.01 |
| 利息收入 | 836 211.48 | 895 953.30 |
| 投资收益 | 552 292.97 | 355 808.15 |
| 租赁收入 | — | — |
| 公允价值变动损益 | — | — |
| 汇兑损益 | — | — |
| 其他收入 | 796.21 | 1 528.56 |
| 二、营业费用 | 166 153.63 | 159 843.00 |
| 受托人报酬 | 84 053.13 | 93 268.21 |
| 托管费 | 6 615.01 | 9 616.85 |
| 投资管理费 | — | — |
| 销售服务费 | 750.26 | 1 648.40 |
| 交易费用 | — | — |
| 资产减值损失 | — | — |
| 其他费用 | 74 735.23 | 55 309.54 |
| 三、营业税金及附加 | 3 129.92 | — |
| 四、扣除资产损失前的信托利润 | 1 220 017.11 | 1 093 447.01 |
| 减：资产减值损失 | — | — |
| 五、扣除资产损失后的信托利润 | 1 220 017.11 | 1 093 447.01 |
| 加：期初未分配信托利润 | 34 949.61 | 33 675.59 |
| 六、可供分配的信托利润 | 1 254 966.72 | 1 127 122.60 |
| 减：本期已分配信托利润 | 1 185 538.77 | 1 092 172.99 |
| 七、期末未分配信托利润 | 69 427.95 | 34 949.61 |

# 6. 会计报表附注

## 6.1 会计报表编制基准不符合会计核算基本前提的说明

公司以持续经营为基础，根据实际发生的交易和事项，按照财政部2006 年 2 月颁布的《企业会计准则——基本准则》和其他各项具体会计准则及其他相关规定（以下合称企业会计准则）进行确认和计量，在此基础上编制财务报表。本报告期会计报表编制基准不存在不符合会计核算基本前提的事项。

## 6.2 重要会计政策和会计估计说明

### 6.2.1 计提资产减值准备的范围和方法

公司按照谨慎性原则，定期对各项资产进行减值测试，对可能发生损失的资产计提减值准备。

6.2.1.1 可供出售金融资产的减值准备

期末如果可供出售金融资产的公允价值发生较大幅度下降，或在综合考虑各种相关因素后，预期这种下降趋势属于非暂时性的，就认定其已发生减值，将原直接计入所有者权益的公允价值下降形成的累计损失一并转出，确认减值损失。

6.2.1.2 债权类资产、抵债资产减值准备

按照《中国银行业监督管理委员会关于非银行金融机构全面推进资产质量五级分类管理的通知》（银监发[2004]4 号）有关规定，对债权类资产[包括各种贷款（含抵押、质押、担保等贷款）、租

赁资产、贴现、担保及承兑汇票垫款、与金融机构的同业债权、债券投资、应收利息、其他各种应收款项等]、抵债资产进行五级(正常类、关注类、次级类、可疑类、损失类)分类,并计提各项减值准备。

正常类:交易对手能够履行合同或协议,没有足够理由怀疑债务本金和收益不能按时足额偿还。不计提损失准备。

关注类:尽管交易对手目前有能力偿还,但存在一些可能对偿还产生不利影响的因素的债权类资产;交易对手的现金偿还能力出现明显问题,但交易对手抵押或质押的可变现资产大于或等于其债务的本金及收益。按3%计提损失准备。

次级类:交易对手的偿还能力出现明显问题,完全依靠其正常经营收入无法足额偿还债务本金及收益,即使执行担保,也可能会造成一定损失。按30%计提损失准备。

可疑类:交易对手无法足额偿还债务本金及收益,即使执行担保,也肯定要造成较大损失。按60%计提损失准备。

损失类:在采取所有可能的措施或一切必要的法律程序后,资产及收益仍然无法收回,或只能收回极少部分;由于技术更新的原因造成固定资产、无形资产的贬值损失。按100%计提损失准备。

在五级分类中,各类资产逾期时间与分类认定的关系如下:

贷款类:本金或利息逾期90天以内,一般划分为关注类;本金或利息逾期90天至180天,一般划分为次级类;本金或利息逾期180天至360天,一般划分为可疑类;本金或利息逾期360天以上,一般划分为损失类。

同业债权:逾期,一般划分为次级类;逾期3个月以上,一般划分为可疑类;逾期6个月以上的,一般划分为损失类。交易对手为已撤销或破产的金融机构,其同业债权应至少划分为可疑类。交易对手虽未撤销或破产,但已停止经营、名存实亡,且无财产可执行的,应划分为损失类。

其他应收款:账龄为3个月之内,一般划分为正常类;账龄为3个月至6个月,一般划分为关注类;账龄为6个月至1年,一般划分为次级类;账龄为1年至2年的,一般划分为可疑类;账龄为2年以上,一般划分为损失类。

**6.2.2 金融资产四分类的范围和标准**

6.2.2.1 持有至到期投资

持有至到期投资是指到期日固定、回收金额固定或可确定,且企业有明确意图和能力持有至到期的非衍生金融资产。

6.2.2.2 贷款和应收款项

贷款和应收款项是指在活跃市场中没有报价、回收金额固定或可确定的非衍生金融资产。

贷款是指以合法方式筹集的资金自主发放的贷款,其风险自担,并收取本金和利息。公司对外提供劳务或让渡资产使用权等经营活动中形成的应收债权,以及公司持有的其他企业的不包括在活跃市场上有报价的债务工具的债权,包括应收利息、其他应收款等,以向客户应收的合同或协议价款作为初始确认金额;具有融资性质的,按其现值进行初始确认。

6.2.2.3 可供出售金融资产

可供出售金融资产是指初始确认时即被指定为可供出售的非衍生金融资产,以及除下列各类资产以外的金融资产:(1)贷款和应收款项;(2)持有至到期投资;(3)以公允价值计量且其变动计入当期损益的金融资产。

6.2.2.4 以公允价值计量且其变动计入当期损益的金融资产

以公允价值计量且其变动计入当期损益的金融资产,包括交易性金融资产和指定为以公允价值计量且其变动计入当期损益的金融资产;金融资产满足下列条件之一的,应当划分为交易性金融资产:(1)取得该金融资产的目的,主要是为了近期内出售或回购;(2)属于进行集中管理的可辨认金融工具组合的一部分,且有客观证据表明企业近期采用短期获利方式对该组合进行管理;(3)属于衍生工具,但是被指定且为有效套期工具的衍生工具、属于财务担保合同的衍生工具、与在活跃市场中没有报价且其公允价值不能可靠计量的权益工具投资挂钩并须通过交付该权益工具结算的衍生工具除外。

**6.2.3 以公允价值计量且其变动计入当期损益的金融资产核算方法**

企业划分为以公允价值计量且其变动计入当期损益的金融资产的股票、债券、基金,以及不作为有效套期工具的衍生工具,应当按照取得时的公允价值作为初始确认金额,相关的交易费用在发生时计入当期损益。支付的价款中包含已宣告但尚未发放的现金股利或已到付息期但尚未领取的债券利息,应当单独确认为应收项目。

企业在持有以公允价值计量且其变动计入当期损益的金融资产期间取得的利息或现金股利,应当确认为投资收益。资产负债表日,企业应将以公允价值计量且其变动计入当期损益的金融资产或金融负债的公允价值变动计入当期损益。

处置该金融资产或金融负债时,其公允价值与初始入账金额之间的差额应确认为投资收益,同时调整公允价值变动损益。

**6.2.4 可供出售金融资产核算方法**

本公司对可供出售金融资产,在取得时按公允价值(扣除已宣告但尚未发放的现金股利或已到付息期但尚未领取的债券利息)和相关交易费用之和作为初始确认金额。持有期间将取得的利息或现金股利确认为投资收益。可供出售金融资产的公允价值变动形成的利得或损失,除减值损失和外币货币性金融资产形成的汇兑差额外,直接计入其他综合收益。处置可供出售金融资产时,将取得的价款与该金融资产账面价值之间的差额,计入投资损益;同时,将原直接计入其他综合收益的公允价值变动累计额对应处置部分的金额转出,计入投资损益。

本公司对在活跃市场中没有报价且其公允价值不能可靠计量的权益工具投资,以及与该权益工具挂钩并须通过交付该权益工具结算的衍生金融资产,按照成本计量。

**6.2.5 持有至到期投资核算方法**

取得时按公允价值(扣除已到付息期但尚未领取的债券利息)和相关交易费用之和作为初始确认金额。

持有期间按照摊余成本和实际利率计算确认利息收入,计入投资收益。实际利率在取得时确定,在该预期存续期间或适用的更短期间内保持不变。

处置时,将所取得价款与该投资账面价值之间的差额计入投资收益。

**6.2.6 长期股权投资核算方法**

长期股权投资在取得时按照初始投资成本入账。初始投资成本的确定方法如下。

一是现金购入的长期投资，按实际支付的全部价款（包括支付的税金、手续费等相关费用）作为初始投资成本；实际支付的价款中包含已宣告但尚未领取的现金股利，按实际支付的价款减去已宣告但尚未领取的现金股利后的差额，作为初始投资成本。

二是公司接受的债务人以非现金资产抵偿债务方式取得的长期股权投资，或以应收债权换入长期股权投资的，按应收债权的账面价值加上应支付的相关税费，作为初始投资成本。

三是以非货币性交易换入的长期股权投资，按换出资产的账面价值加上应支付的相关税费，作为初始投资成本。

公司持有被投资单位有表决权资本20%（含20%）以上，或虽投资不足20%但具有重大影响，采用权益法核算。公司持有被投资单位有表决权资本20%以下，或虽投资占20%（含20%）以上，但不具有重大影响，采用成本法核算。

采用成本法核算的单位，在被投资单位宣告分派利润或现金股利时，确认投资收益；采用权益法核算的单位，期中或年末，按应分享被投资单位实现的净利润或应分担的被投资单位发生的净亏损的份额，确认投资收益。

长期股权投资采用权益法核算时，取得投资时的投资成本与应享有被投资单位所有者权益份额的差额，或因追加投资等原因对长期股权投资的核算由成本法改为权益法时，投资成本与享有被投资单位所有者权益份额的差额计入股权投资差额。股权投资差额按合同规定的投资期限平均摊销，合同没有规定投资期限的，初始投资成本超过应享有被投资单位所有者权益份额之间的差额，按不超过10年的期限摊销；初始投资成本低于应享有被投资单位所有者权益份额之间的差额，按不低于10年的期限摊销。

处置长期股权投资，其账面价值与实际取得价款之间的差额，应当计入当期损益。采用权益法核算的长期股权投资，在处置该项投资时，采用与被投资单位直接处置相关资产或负债相同的基础，按相应比例对原计入其他综合收益的部分进行会计处理。

**6.2.7 投资性房地产核算方法**

投资性房地产是指为赚取租金或资本增值，或两者兼有而持有的房地产，包括已出租的土地使用权、已出租的建筑物等。

投资性房地产按照成本进行初始计量。与投资性房地产有关的后续支出，如果与该资产有关的经济利益很可能流入且其成本能够可靠地计量，则计入投资性房地产成本。否则，于发生时计入当期损益。

本公司采用成本法对投资性房地产进行后续计量。投资性房地产的折旧采用年限平均法计提。

**6.2.8 长期应收款的核算方法**

本公司无长期应收款。

**6.2.9 短期投资核算方法**

本公司无短期投资。

**6.2.10 固定资产计价和折旧方法**

6.2.10.1 固定资产确认条件

固定资产指为提供金融商品服务、出租或经营管理而持有的，使用期限超过一个会计年度且不属于低值易耗品范围的有形资产。固定资产在同时满足下列条件时予以确认：一是与该固定资产有关的经济利益很可能流入企业；二是该固定资产的成本能够可靠地计量。

6.2.10.2 固定资产的计价方法

固定资产按成本进行初始计量。其中，外购固定资产的成本包括买价、进口关税等相关税费，以及为使固定资产达到预定可使用状态前所发生的可直接归属于该资产的运输费、装卸费、安装费和专业人员服务费等其他支出。

6.2.10.3 各类固定资产的折旧方法

固定资产折旧采用年限平均法分类计提，根据固定资产类别、预计使用寿命和预计净残值率确定折旧率。

各类固定资产折旧年限和年折旧率如下：

**固定资产折旧年限和年折旧率**

| 类别 | 折旧年限（年） | 预计净残值率（%） | 年折旧率（%） |
|---|---|---|---|
| 运输工具 | 4 | 5 | 23.75 |
| 电子及其他设备 | 3 | 5 | 31.67 |
| 办公设备 | 5 | 5 | 19.00 |

6.2.10.4 固定资产后续支出的会计处理

对固定资产使用过程中发生的更新改造支出、修理费用等，符合固定资产确认条件的，计入固定资产成本，同时将被替换部分的账面价值扣除；不符合固定资产确认条件的，计入损益。

6.2.10.5 固定资产的减值测试方法、减值准备计提方法

公司在每期末判断固定资产是否存在可能发生减值的迹象。

固定资产存在减值迹象的，估计其可收回金额。可收回金额根据固定资产的公允价值减去处置费用后的净额与固定资产预计未来现金流量的现值两者之间较高者确定。

当固定资产的可收回金额低于其账面价值的，将固定资产的账面价值减记至可收回金额，减记的金额确认为固定资产减值损失，计入当期损益，同时计提相应的固定资产减值准备。

固定资产减值损失确认后，减值固定资产的折旧在未来期间作相应调整，以使该固定资产在剩余使用寿命内，系统地分摊调整后的固定资产账面价值（扣除预计净残值）。

固定资产的减值损失一经确认，在以后会计期间不再转回。

有迹象表明一项固定资产可能发生减值的，企业以单项固定资产为基础估计其可收回金额。企业难以对单项固定资产的可收回金额进行估计的，以该固定资产所属的资产组为基础确定资产组的可收回金额。

**6.2.11 无形资产计价及摊销政策**

无形资产是指本公司拥有或者控制的没有实物形态的可辨认非货币性资产，包括软件。

6.2.11.1 无形资产的计价方法

6.2.11.1.1 公司取得无形资产时按成本进行初始计量

外购无形资产的成本包括购买价款、相关税费以及直接归属于使该项资产达到预定用途所发生的其他支出。购买无形资产的价款超过正常信用条件延期支付，实质上具有融资性质的，无形资产的成本以购买价款的现值为基础确定。

6.2.11.1.2 后续计量

在取得无形资产时分析判断其使用寿命。

对于使用寿命有限的无形资产，在为企业带来经济利益的期限内按直线法摊销；无法预见无形资产为企业带来经济利益

期限的，视为使用寿命不确定的无形资产，不予摊销。

使用寿命有限的无形资产的使用寿命估计标准：

**无形资产的使用寿命估计标准**

| 项目 | 使用寿命(年) | 备注 |
|---|---|---|
| 软件 | 5 | |

每期末，对使用寿命有限的无形资产的使用寿命及摊销方法进行复核，与原先估计数存在差异的，进行相应的调整。

经复核，本年期末无形资产的使用寿命及摊销方法与以前估计未有不同。

6.2.11.2　无形资产减值准备的计提

对于使用寿命确定的无形资产，如有明显减值迹象的，期末进行减值测试。

对于使用寿命不确定的无形资产，每期末进行减值测试。

对无形资产进行减值测试，估计其可收回金额。可收回金额根据无形资产的公允价值减去处置费用后的净额与无形资产预计未来现金流量的现值两者之间较高者确定。

当无形资产的可收回金额低于其账面价值的，将无形资产的账面价值减记至可收回金额，减记的金额确认为无形资产减值损失，计入当期损益，同时计提相应的无形资产减值准备。

无形资产减值损失确认后，减值无形资产的折耗或者摊销费用在未来期间作相应调整，以使该无形资产在剩余使用寿命内，系统地分摊调整后的无形资产账面价值(扣除预计净残值)。

无形资产的减值损失一经确认，在以后会计期间不再转回。

有迹象表明，一项无形资产可能发生减值的，公司以单项无形资产为基础估计其可收回金额。公司难以对单项资产的可收回金额进行估计的，以该无形资产所属的资产组为基础确定无形资产组的可收回金额。

对由于被新技术所替代，已无使用价值和转让价值；或超过法律保护期限，已不能为企业带来经济利益的无形资产，表明可收回金额为零，全额计提减值准备。

**6.2.12　长期待摊费用的摊销政策**

长期待摊费用包括经营租入固定资产改良支出、租赁费等。按实际发生额入账，在摊销期限内按月摊销，计入相关费用项目。摊销期限根据合同或协议期限与受益期限孰短原则确定。有合同或协议期限而没有受益期的，按合同、协议期限摊销；没有合同或协议期限但受益期限明确或能合理预测的，按受益期限摊销。

**长期待摊费用的摊销政策**

| 项目 | 摊销方法 | 摊销年限(年) |
|---|---|---|
| 经营租入固定资产改良支出 | 直线法 | 5 |
| 租赁费 | 直线法 | 5 |

**6.2.13　合并会计报表的编制方法**

本公司无合并会计报表。

**6.2.14　收入确认原则和方法**

6.2.14.1　确认让渡资产使用权收入的依据

与交易相关的经济利益很可能流入企业，收入的金额能够可靠地计量时，分别按下列情况确定让渡资产使用权收入金额。

利息收入金额按照他人使用本企业货币资金的时间和实际利率计算确定。

使用费收入金额则按照有关合同或协议约定的收费时间和方法计算确定。

6.2.14.2　手续费及佣金收入

手续费及佣金收入可分为信托报酬和中间业务收入。其中，信托报酬结合信托合同条款约定、存续期工作量划分等在整个信托存续期间分摊确认收入；合理的中间业务收入在满足下列条件时确认收入：

(1)合同规定的服务已经提供；

(2)按合同收款权利已经产生；

(3)收入的金额能够可靠的计量，相关的经济利益很可能流入企业。

**6.2.15　所得税的会计处理方法**

采用资产负债表债务法计提递延所得税，所得税税率为25%。

**6.2.16　信托报酬的确认原则和方法**

信托报酬依据信托合同的相关约定确认，具体方法见6.2.14.2手续费及佣金收入。

**6.2.17　政府补助**

6.2.17.1　政府补助的类型

政府补助是指本公司从政府无偿取得的货币性资产或非货币性资产，具有无偿性和来源于政府的经济资源之特征。政府补助分为与资产相关的政府补助和与收益相关的政府补助。

与资产相关的政府补助是指本公司取得的、用于购建或以其他方式形成长期资产的政府补助。与收益相关的政府补助是指除与资产相关的政府补助之外的政府补助。

6.2.17.2　政府补助的确认

对期末有证据表明本公司能够符合财政扶持政策规定的相关条件且预计能够收到财政扶持资金的，按应收金额确认政府补助。除此之外，政府补助均在实际收到时确认。

政府补助为货币性资产的，按照收到或应收的金额计量。政府补助为非货币性资产的，按照公允价值计量；公允价值不能够可靠取得的，按照名义金额(人民币1元)计量。

6.2.17.3　政府补助会计处理方法

与资产相关的政府补助，确认为递延收益，按照所建造或购买的资产使用年限内按照合理、系统的方法分期计入损益；按照名义金额计量的政府补助，直接计入当期损益。

与收益相关的政府补助，用于补偿企业以后期间的相关费用或损失的，确认为递延收益，在确认相关费用或损失的期间计入当期损益；用于补偿企业已发生的相关费用或损失的，取得时直接计入当期损益。

与企业日常活动相关的政府补助计入其他收益；与企业日常活动无关的政府补助计入营业外收支。

收到与政策性优惠贷款贴息相关的政府补助冲减相关借款费用；取得贷款银行提供的政策性优惠利率贷款的，以实际收到的借款金额作为借款的入账价值，按照借款本金和该政策性优惠利率计算相关借款费用。

已确认的政府补助需要返还时，初始确认时冲减相关资产账面价值的，调整资产账面价值；存在相关递延收益余额的，冲减相关递延收益账面余额，超出部分计入当期损益；不存在相关递延收益的，直接计入当期损益。

## 6.3 或有事项

截至2018年12月31日，本公司不存在应披露未披露的或有事项。

## 6.4 重要资产转让及其出售的说明

报告期内无重要资产转让及其出售。

## 6.5 会计报表中重要项目的明细资料

### 6.5.1 自营资产经营情况

6.5.1.1 信用资产五级分类情况

按照《非银行金融机构资产风险分类指导原则（试行）》的分类标准，2018年度末公司自营资产质量情况

**自营资产质量情况**

| 信用风险资产五级分类 | 正常类（万元） | 关注类（万元） | 次级类（万元） | 可疑类（万元） | 损失类（万元） | 信用风险资产合计（万元） | 不良资产合计（万元） | 不良资产率（%） |
|---|---|---|---|---|---|---|---|---|
| 期初数 | 303 882.06 | — | — | — | — | 303 882.06 | — | — |
| 期末数 | 227 988.88 | 35 000.00 | — | — | — | 262 988.88 | — | — |

注：不良资产合计＝次级类＋可疑类＋损失类。

6.5.1.2 资产损失准备情况

本年度计提资产减值准备1 050.00万元。

6.5.1.3 自营股票投资、基金投资、债券投资、长期股权投资等投资情况

自营股票投资、基金投资、债券投资、长期股权投资等投资情况

单位：万元

| 项目 | 自营股票 | 基金 | 债券 | 长期股权投资 | 其他投资 | 合计 |
|---|---|---|---|---|---|---|
| 期初数 | — | — | — | — | 157 881.00 | 157 881.00 |
| 期末数 | — | 500 | — | — | 197 029.97 | 197 529.97 |

6.5.1.4 自营长期股权投资的前五名

无。

6.5.1.5 自营贷款前五名

无。

6.5.1.6 原有负债（重新登记前）清理情况

无。

6.5.1.7 表外业务的期初数、期末数

无。

6.5.1.8 公司当年的收入结构

**收入结构**

| 收入结构 | 金额（万元） | 占比（%） |
|---|---|---|
| 手续费及佣金收入 | 81 420.55 | 77.04 |
| 其中：信托手续费收入 | 81 420.55 | 77.04 |
| 投资银行业务收入 | — | — |
| 利息收入 | 1 621.31 | 1.53 |
| 其他收益 | 94.57 | 0.09 |
| 其他业务收入 | 528.04 | 0.50 |
| 其中：计入信托业务收入部分 | — | — |
| 投资收益 | 20 876.74 | 19.75 |
| 其中：股权投资收益 | — | — |
| 证券投资收益 | — | — |
| 其他投资收益 | — | — |
| 公允价值变动收益 | — | — |
| 营业外收入 | 1 147.54 | 1.09 |
| 收入合计 | 105 688.74 | 100.00 |

### 6.5.2 信托资产管理情况

**信托资产管理情况**

单位：万元

| 信托资产 | 期初数 | 期末数 |
|---|---|---|
| 集合 | 8 421 610.38 | 7 615 208.85 |
| 单一 | 8 755 905.37 | 7 302 698.81 |
| 财产权 | 1 835 168.58 | 1 199 034.88 |
| 合计 | 19 012 684.33 | 16 116 942.54 |

**主动管理型信托业务情况**

单位：万元

| 主动管理型信托资产 | 期初数 | 期末数 |
|---|---|---|
| 证券投资类 | 6 285.22 | 11 816.89 |
| 股权投资类 | 340 056.61 | 68 651.86 |
| 融资类 | 3 471 854.03 | 4 865 398.77 |
| 事务管理类 | — | — |
| 合计 | 3 818 195.86 | 4 945 867.52 |

**被动管理型信托业务情况**

单位：万元

| 被动管理型信托资产 | 期初数 | 期末数 |
|---|---|---|
| 证券投资类 | — | — |
| 股权投资类 | — | — |
| 融资类 | 55 000.00 | — |
| 事务管理类 | 15 139 488.47 | 11 171 075.02 |
| 合计 | 15 194 488.47 | 11 171 075.02 |

6.5.2.1 本年度已清算结束的信托项目个数、实收信托合计金额、加权平均实际年化收益率

6.5.2.1.1 本年度已清算结束的集合类、单一类资金信托项目和财产管理类信托项目个数、实收信托合计金额、加权平均实际年化收益率

**已清算的各类信托项目情况**

| 已清算结束信托项目 | 项目个数（个） | 实收信托合计金额（万元） | 加权平均实际年化收益率（%） |
|---|---|---|---|
| 集合类 | 147 | 5 800 340.42 | 7.12 |
| 单一类 | 263 | 3 207 889.01 | 7.67 |
| 财产类 | 18 | 1 003 414.98 | 5.66 |

6.5.2.1.2 本年度已清算结束的主动管理型信托项目个数、实收信托合计金额、加权平均实际年化收益率

**已清算的主动管理型信托项目情况**

| 已清算结束信托项目 | 项目个数（个） | 实收信托合计金额（万元） | 加权平均实际年化收益率（%） |
|---|---|---|---|
| 证券投资类 | — | — | — |
| 股权投资类 | 8 | 197 876.00 | 4.90 |
| 融资类 | 58 | 2 025 255.00 | 7.42 |
| 事务管理类 | — | — | — |

6.5.2.1.3　本年度已清算结束的被动管理型信托项目个数、实收信托合计金额、加权平均实际年化收益率

**已清算的被动管理型信托项目情况**

| 已清算结束信托项目 | 项目个数（个） | 实收信托合计金额（万元） | 加权平均实际年化收益率（%） |
|---|---|---|---|
| 证券投资类 | — | — | — |
| 股权投资类 | — | — | — |
| 融资类 | — | — | — |
| 事务管理类 | 362 | 7 788 513.41 | 7.08 |

6.5.2.2　本年度新增的集合类、单一类和财产管理类信托项目个数、实收信托合计金额

**年度新增的信托项目情况**

| 新增信托项目 | 项目个数（个） | 实收信托合计金额（万元） |
|---|---|---|
| 集合类 | 154 | 4 836 095.42 |
| 单一类 | 185 | 2 273 318.00 |
| 财产管理类 | 19 | 557 585.35 |
| 新增合计 | 358 | 7 666 998.77 |
| 其中：主动管理型 | 124 | 3 613 717.50 |
| 被动管理型 | 234 | 4 053 281.27 |

6.5.2.3　履行受托人义务情况及信托资产损失情况

公司严格遵守信托业“一法三规”及其他相关规定，按照信托文件处理相关事务，诚实、信用、谨慎、有效管理，维护受益人的最大利益。

公司将信托财产与固有财产分别管理、分别记账，不同的信托产品分别开户、分别管理、单独核算。根据信托文件的规定，及时向委托人、受益人履行信息披露义务。按照《信托法》的要求，妥善保管处理信托事务的完整记录、原始凭证及资料，对委托人、受益人以及处理信托事务的情况和资料依法保密。

报告期内，未出现因本公司自身责任而导致信托资产损失的情况。

6.5.2.4　信托赔偿准备金的提取、使用和管理情况

根据《信托公司管理办法》，按净利润的5%提取信托赔偿准备金25 274 563.46元。

## 6.6　关联方关系及其交易的披露

### 6.6.1　关联交易方的数量、关联交易的总金额及关联交易的定价政策

**关联交易情况**

| | 关联交易方数量 | 关联交易金额（万元） | 定价政策 |
|---|---|---|---|
| 合计 | 2 | 438.61 | 本公司2018年度发生的关联方交易均根据一般正常的交易条件进行，并以市场价格作为定价依据。 |

### 6.6.2　关联交易方与本公司的关系性质、关联交易方的名称、法定代表人、注册地址、注册资本及主营业务

**关联交易方与本公司的关系情况**

| 母公司名称 | 注册地 | 业务性质 | 注册资本（万元） | 母公司对本企业的持股比例（%） | 母公司对本企业的表决权比例（%） |
|---|---|---|---|---|---|
| 中国万向控股有限公司 | 上海 | 有限责任公司 | 120 000.00 | 76.50 | 76.50 |

注：本公司的最终控制方为中国万向控股有限公司，报告期内未发生变化。

**其他关联交易方情况**

| 关联方名称 | 注册地 | 业务性质 | 注册资本（万元） | 与本公司的关系 |
|---|---|---|---|---|
| 浙江工信投资股份有限公司 | 杭州 | 股份有限公司 | 14 598.26 | 受同一母公司控制 |

### 6.6.3　公司与关联方的重大交易事项

6.6.3.1　固有财产与关联方交易情况

**固有财产与关联方的交易情况**

单位：万元

| | 期初数 | 借方发生额 | 贷方发生额 | 期末数 |
|---|---|---|---|---|
| 贷款 | — | — | — | — |
| 投资 | — | — | — | — |
| 租赁 | — | 438.61 | — | — |
| 担保 | — | — | — | — |
| 应收账款 | — | — | — | — |
| 应付账款 | — | — | — | — |
| 合计 | — | 438.61 | — | — |

6.6.3.2　信托资产与关联方交易情况

**信托资产与关联方交易情况**

单位：万元

| | 期初数 | 借方发生额 | 贷方发生额 | 期末数 |
|---|---|---|---|---|
| 贷款 | 101 500.00 | — | — | 101 500.00 |
| 投资 | 12 178.95 | — | — | 12 178.95 |
| 租赁 | — | — | — | — |
| 担保 | — | — | — | — |
| 应收账款 | — | — | — | — |
| 其他 | — | — | — | — |
| 合计 | 113 678.95 | — | — | 113 678.95 |

6.6.3.3　固有财产和信托财产之间的交易情况

**固有财产和信托财产之间的交易情况**

单位：万元

| | 期初数 | 本期发生额 | 期末数 |
|---|---|---|---|
| 合计 | 157 881.00 | 39 148.97 | 197 029.97 |

6.6.3.4　信托项目之间的交易情况

**信托项目之间的交易情况**

单位：万元

| | 期初数 | 本期发生额 | 期末数 |
|---|---|---|---|
| 合计 | 703 720.00 | 95 231.48 | 798 951.48 |

6.6.4　关联方逾期未偿还本公司资金的详细情况以及本公司为关联方担保发生或即将发生垫款的情况

无。

### 6.7　会计制度的披露

公司以持续经营为基础，根据实际发生的交易和事项，按照财政部2006年2月颁布的《企业会计准则——基本准则》和其他各项具体会计准则及其他相关规定进行确认和计量，在此基础上编制财务报表。

## 7. 财务情况说明书

### 7.1　利润实现和分配情况

本年度实现净利润为50 549.13万元，根据《信托公司管理办法》、公司章程、《金融企业财务规则》及其实施指南，以及其他相关规定实施了以下利润分配事项：

根据公司章程，按本年度实现净利润的10%提取法定盈余公积5 054.91万元。

根据《信托公司管理办法》，按净利润的5%提取信托赔偿准备金2 527.46万元。

本公司以2017年5月31日为基准日整体改制为股份公司，将2017年5月31日账面盈余公积9 789.42万元及未分配利润59 344.05万元转为资本公积。

期末未分配利润为68 001.75万元。

### 7.2　主要财务指标

主要财务指标

| 指标名称 | 指标值 |
|---|---|
| 资本利润率（%） | 18.82 |
| 人均净利润（万元） | 167.38 |

注：1. 资本利润率=净利润/所有者权益平均余额×100%。
2. 人均净利润=净利润/年平均人数。
3. 年平均人数采取累计平均法计算，年平均人数=（年初人数+年末人数）/2。

### 7.3　净资本管理概况

报告期内，公司依据《信托公司净资本管理办法》积极推进净资本管理，在优化存量风险资产结构的同时，进一步强化增量业务的资本约束机制，确立了以净资本管理为核心的业务发展模式和管理体系。

本公司报告期末的净资本风险控制指标情况如下。

净资本风险控制指标

| 指标名称 | 期末数 | 监管标准 |
|---|---|---|
| 净资产（万元） | 293 884.75 | — |
| 净资本（万元） | 267 650.93 | ≥2亿元 |
| 各项业务风险资本之和（万元） | 187 943.54 | — |
| 净资本/各项业务风险资本之和（%） | 142.41 | ≥100 |
| 净资本/净资产（%） | 91.07 | ≥40 |

### 7.4　对本公司财务状况、经营成果有重大影响的其他事项

无。

## 8. 特别事项简要揭示

### 8.1　前五名股东报告期内变动情况及原因

无。

### 8.2　董事、监事及高级管理人员变动情况及原因

8.2.1　董事变动情况及原因

董事离职情况表

| 姓名 | 前任职位 | 离任时间 | 离职原因 |
|---|---|---|---|
| 冯立民 | 董事 | 2018年5月21日 | 换届 |
| 葛 旋 | 董事 | 2018年5月21日 | 换届 |
| 王 柱 | 董事 | 2018年12月6日 | 个人原因 |

董事任职情况表

| 姓名 | 拟任职位 | 任职时间 | 聘任情况 |
|---|---|---|---|
| 徐初斌 | 董事 | 2018年8月31日 | 经浙江银保监局批复正式任命 |
| 王 建 | 董事 | 2018年8月31日 | 经浙江银保监局批复正式任命 |

8.2.2　高级管理人员变动情况及原因

高管任职情况表

| 姓名 | 拟任职位 | 任职时间 | 聘任情况 |
|---|---|---|---|
| 王 波 | 副总裁 | 2018年7月12日 | 经浙江银保监局批复正式任命 |
| 余勇文 | 董事会秘书 | 2018年8月31日 | 经浙江银保监局批复正式任命 |

### 8.3　变更注册资本、变更注册地或公司名称、公司分立合并事项

经万向信托股份公司2017年第二次临时股东会会议审议，并报浙江银保监局批准（浙银监复［2018］150号），2018年5月29日，公司变更为股份有限公司，名称变更为万向信托股份公司（英文名称为Wanxiang Trust Co.，Ltd）。

### 8.4　公司的重大诉讼事项

报告期内，新增5起公司作为原告的诉讼案件，其中1起案件已判决公司胜诉，其余4起报告期内未开庭或未判决。上述5起案件均为事务管理类信托项目，即通道项目，均为公司配合委托人以公司名义提起诉讼，诉讼结果由委托人自行承担。

报告期内，上一年度剩余未结案的1起证券结构化案件，法院作出终审判决，驳回对方上诉。

### 8.5　公司及其高级管理人员受到处罚情况

报告期内，公司董事、监事和高级管理人员未有受到处罚情形，浙江银保监局对公司2起通道类业务分别进行行政处罚20万元、30万元。

### 8.6　银保监会及其派出机构对公司检查后提出的整改意见及公司整改情况

2018年4月19日，浙江银保监局向公司下发《2017年度监管的意见》（浙银监发［2018］84号），对公司治理架构和内控机制建设、经营情况、风控建设等给予肯定，并对内部控制、经营管理、业务结构等提出监管意见。公司高度重视、全面审

视、及时制定并推进整改措施，于2018年6月制定整改计划并在11月前完成全面整改。

2018年5月23日，浙江银保监局向公司下发《2017年消保考评意见》（浙银监发[2018]118号），对公司消保制度体系建设、制度执行情况、内部考核与管理等提出监管意见，公司于2018年5月制定整改计划并予以全面落实。

### 8.7 本年度重大事项临时报告的简要内容、披露时间、所披露的媒体及其版面

2018年6月4日，公司在《证券时报》B4版面刊登“万向信托股份公司关于变更公司名称、修改公司章程的公告”，对公司变更名称、公司章程修改相关事项进行了披露。

2018年6月19日，公司在《浙江日报》第12版刊登“中国银行业监督管理委员会浙江监管局关于换发《中华人民共和国金融许可证》的公告”，5月31日，公司新换发了金融许可证。

### 8.8 银保监会及其省级派出机构认定的其他有必要让客户及相关利益人了解的重要信息

无。

## 9. 公司监事会意见

报告期内，公司的运作符合国家法律法规和公司的章程及相关制度。公司董事会决策引领作用得到有效发挥，促进公司各项业务健康发展。公司高级管理人员认真履行工作职责，努力开拓市场，严格控制风险。公司的董事会全体成员和高级管理人员认真履行了职责，没有损害公司利益、股东利益和受益人利益的行为。公司财务报告真实地反映了公司财务状况和经营成果。

# 五矿国际信托有限公司

## 1. 重要提示

1.1 本公司董事会及董事保证本报告所载资料不存在任何虚假记载、误导性陈述或者重大遗漏,并对其内容的真实性、准确性、完整性承担个别及连带责任。

1.2 本公司独立董事对年度报告内容的真实性、准确性、完整性无异议。

1.3 本公司董事长任珠峰先生、总经理王卓先生、主管会计工作的财务总监蔡琦女士声明:保证本年度报告中财务报告的真实、准确、完整。

## 2. 公司概况

### 2.1 公司简介

五矿国际信托有限公司,英文名 Minmetals International Trust Co. ,Ltd,简称五矿信托,前身为庆泰信托投资有限责任公司。庆泰信托经司法重整,于2010 年10 月8 日经中国银监会批准恢复营业,更名为五矿国际信托有限公司,注册资本由3.28 亿元增加至 12 亿元。2013 年,公司注册资本增至 20 亿元。2017 年,控股股东五矿资本控股有限公司单方增资 45 亿元,公司注册资本由20 亿元变更为29.22 亿元,35.78 亿元作为资本溢价计入资本公积。同年,公司将资本公积中30.78 亿元转增注册资本,注册资本由29.22 亿元变更为60 亿元。

#### 2.1.1 基本信息

| | |
|---|---|
| 法定中文名称 | 五矿国际信托有限公司 |
| 中文名称缩写 | 五矿信托 |
| 法定英文名称 | Minmetals International Trust Co. , Ltd. |
| 法定代表人 | 王卓 |
| 注册地址 | 青海生物科技产业园纬二路18 号 |
| 邮政编码 | 810003 |
| 互联网地址 | http://www. mintrust. com |
| 电子邮箱 | Mintrust-fortune@mintrust. com |
| 办公地址 | 北京市朝阳门北大街3 号五矿广场 |

#### 2.1.2 信息披露事务

| | |
|---|---|
| 选定的信息披露报纸 | 《金融时报》《证券时报》 |
| 信息披露负责人 | 蔡琦 |
| 信息披露联系人 | 位志宇 |
| 办公电话 | 010-59363582 |
| 办公传真 | 010-59837987 |
| 电子邮箱 | weizhy@mintrust. com |
| 年报备置地点 | 青海生物科技产业园纬二路18 号 |

**2.1.3 公司聘请的会计师事务所:致同会计师事务所(特殊普通合伙)**

办公地址:北京市朝阳区建国门外大街22 号赛特广场5 层

**2.1.4 公司聘请的律师事务所:北京中盛(天津)律师事务所**

办公地址:北京市朝阳区建外大街8 号楼国际财源中心2208 室

### 2.2 组织结构

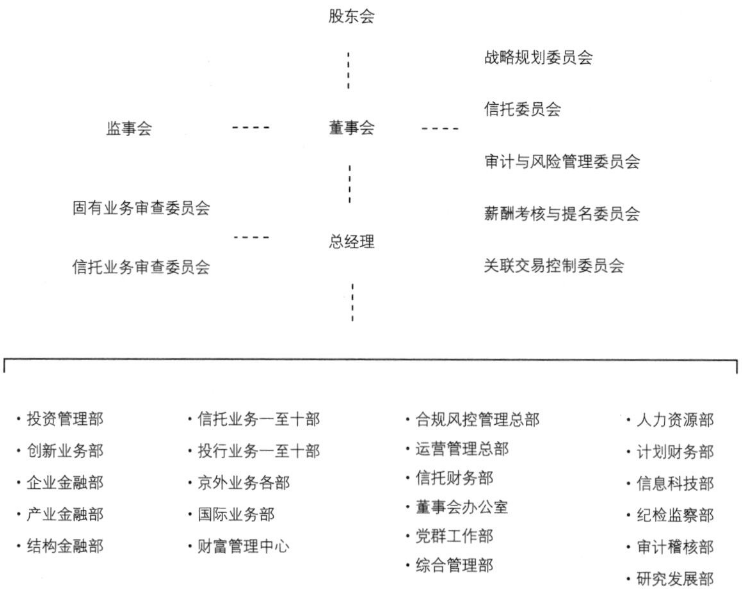

# 3. 公司治理

## 3.1 公司治理结构

### 3.1.1 股东

截至报告期末,公司股东总数为3家。股权结构为五矿资本控股有限公司持有公司78.002%的股权,青海省国有资产投资管理有限公司持有公司21.204%的股权,西宁城市投资管理有限公司持有公司0.794%的股权。

截至2018年12月31日股东及出资情况

| 股东名称 | 持股比例(%) | 法定代表人 | 注册资本(万元) | 注册地址 | 主要经营业务及主要财务情况 |
|---|---|---|---|---|---|
| 五矿资本控股有限公司 | 78.002 | 任珠峰 | 2 571 020 | 北京市海淀区三里河路5号 | 实业、高新技术产业、房地产项目的投资;资产受托管理;高新技术开发;投资策划;企业经营管理咨询;投资及投资管理;投资咨询、顾问服务(企业依法自主选择经营项目,开展经营活动;依法须经批准的项目;经相关部门批准后依批准的内容开展经营活动;不得从事本市产业政策禁止和限制类项目的经营活动)。2018年末资产总额为330.12亿元。 |
| 青海省国有资产投资管理有限公司 | 21.204 | 李学军 | 497 000 | 西宁市城北区生物园区纬二路18号 | 许可经营项目:煤炭批发经营。一般经营项目:对服务省级战略的产业和优势产业、金融业进行投资;受托管理和经营国有资产;构建企业融资平台和信用担保体系;发起和设立基金;提供相关管理和投资咨询理财服务;经营矿产品、金属及金属材料、建筑材料、电子材料、有色材料、工业用盐、化肥、化工产品(不含危险化学品)、石油制品(不含成品油)、铝及铝合金、铁合金炉料经销;房屋土地租赁,经济咨询服务,对外担保,实业投资及开发;矿产品开发(不含勘探开采)、销售;普通货物运输。2018年末资产总额为822.18亿元。 |
| 西宁城市投资管理有限公司 | 0.794 | 王海洪 | 100 000 | 西宁经济技术开发区金桥路36号 | 授权资产经营管理;项目经营开发管理与投融资;提供担保;开发高新技术项目;土地储备及综合开发;房地产开发经营;租赁;经批准的其他业务。2018年末资产总额为752.31亿元。 |

### 3.1.2 董事、董事会及其下属委员会

#### 3.1.2.1 董事会成员

| 姓名 | 职务 | 性别 | 年龄(岁) | 选任日期 | 所推举的股东名称 | 该股东持股比例(%) | 简要履历 |
|---|---|---|---|---|---|---|---|
| 任珠峰 | 董事长 | 男 | 48 | 2016年9月 | 五矿资本控股有限公司 | 78.002 | 中央财经大学财政学专业博士研究生,中国五矿集团有限公司副总经理,五矿资本控股有限公司董事长。 |
| 王晓东 | 董事 | 男 | 56 | 2016年9月 | 五矿资本控股有限公司 | 78.002 | 中国人民大学基本建设经济专业硕士研究生,五矿资本控股有限公司副总经理。 |
| 刘国威 | 董事 | 男 | 48 | 2017年9月 | 五矿资本控股有限公司 | 78.002 | 法国高等商业学校工商管理专业硕士研究生,五矿资本控股有限公司副总经理。 |
| 陈有凯 | 董事 | 男 | 55 | 2016年9月 | 青海省国有资产投资管理有限公司 | 21.204 | 云南大学企业管理在职研究生,青海省国有资产投资管理有限公司副总经理、总会计师。 |
| 陈闽玉 | 董事 | 女 | 44 | 2018年3月 | 青海省国有资产投资管理有限公司 | 21.204 | 青海大学会计专业本科,青海省国有资产投资管理有限公司融资部部长。 |
| 王　卓 | 职工董事 | 男 | 47 | 2017年9月 | — | — | 陕西财经学院货币银行学专业硕士研究生,五矿国际信托有限公司总经理。 |
| 黄　震 | 独立董事 | 男 | 48 | 2016年9月 | — | — | 北京大学法学专业博士研究生,中央财经大学教授。 |
| 张成思 | 独立董事 | 男 | 43 | 2016年9月 | — | — | 英国曼彻斯特大学经济学专业博士研究生,中国人民大学教授。 |
| 安秀梅 | 独立董事 | 女 | 56 | 2017年11月 | — | — | 中央财经大学财政学博士研究生,中央财经大学教授。 |

#### 3.1.2.2 董事会下属委员会

| 名称 | 职责 | 组成人员 | |
|---|---|---|---|
| 战略规划委员会 | 主要负责对公司长期发展战略和重大投资决策进行研究并提出建议。 | 主任委员 | 任珠峰 |
| | | 委　员 | 黄　震 |
| | | 委　员 | 陈有凯 |

续表

| 名称 | 职责 | 组成人员 | |
|---|---|---|---|
| 信托委员会 | 主要负责督促公司依法履行受托职责，保证公司为受益人的最大利益服务。 | 主任委员 | 安秀梅 |
| | | 委　员 | 刘国威 |
| | | 委　员 | 陈闽玉 |
| 审计与风险管理委员会 | 主要负责拟定公司风险管理政策和重大风险管理解决方案，督促公司各项业务的合规、合法运作，以防范和控制业务风险。 | 主任委员 | 黄　震 |
| | | 委　员 | 王晓东 |
| | | 委　员 | 张成思 |
| 薪酬考核与提名委员会 | 主要负责拟定公司的薪酬及绩效考核方案，对公司高级管理人员进行考核，研究公司董事、总经理人选的选择标准和程序并提出建议。 | 主任委员 | 张成思 |
| | | 委　员 | 任珠峰 |
| | | 委　员 | 陈有凯 |
| 关联交易控制委员会 | 主要负责认定关联方与关联交易并审核重大关联交易。 | 主任委员 | 黄　震 |
| | | 委　员 | 陈闽玉 |
| | | 委　员 | 任珠峰 |

### 3.1.3 监事、监事会

| 姓名 | 职务 | 性别 | 年龄（岁） | 选任日期 | 所推举的股东名称 | 股东持股比例（%） | 简要履历 |
|---|---|---|---|---|---|---|---|
| 姜　弘 | 监事会主席 | 男 | 45 | 2016年9月 | 青海省国有资产投资管理有限公司 | 21.204 | 黑龙江商学院商经系会计专业本科，青海省国有资产投资管理有限公司总经理助理。 |
| 刘　雁 | 监事 | 女 | 45 | 2016年9月 | 五矿资本控股有限公司 | 78.002 | 北京工商大学会计学专业本科，五矿资本控股有限公司财务部总经理。 |
| 王智瑞 | 监事 | 男 | 33 | 2016年9月 | 职工监事 | — | 北京大学人力资源管理专业本科，本公司人力资源部总经理。 |

### 3.1.4 高级管理人员

| 姓名 | 职务 | 性别 | 年龄（岁） | 选任日期 | 金融从业年限（年） | 学历 | 专业 | 简要履历 |
|---|---|---|---|---|---|---|---|---|
| 王　卓 | 总经理 | 男 | 47 | 2017年9月 | 14 | 硕士 | 货币银行学 | 1993年7月参加工作，2017年9月加入本公司，曾任珠海华能技术开发公司总经理，华能资本服务有限公司投资管理部副经理，华能贵诚信托有限公司副总经理。 |
| 何其联 | 副总经理 | 男 | 47 | 2010年10月 | 23 | 本科 | 金融学 | 1993年7月参加工作，2010年10月加入本公司，曾任海航集团财务有限公司总经理。 |
| 蔡　琦 | 财务总监、董事会秘书 | 女 | 45 | 2013年10月 | 17 | 本科 | 会计学 | 1995年8月参加工作，2013年10月加入本公司，曾任中国外贸金融租赁公司财务部经理。 |
| 孟　元 | 副总经理 | 男 | 40 | 2012年4月 | 15 | 硕士 | 经济学 | 2000年7月参加工作，2010年10月加入本公司，曾任中信信托有限责任公司部门负责人。 |
| 孙卓立 | 副总经理 | 女 | 43 | 2014年3月 | 14 | 硕士 | 会计学 | 2000年8月参加工作，2014年3月加入本公司，曾任中国对外经济贸易信托有限公司部门总经理，中国民生信托有限公司风险管理总部总裁。 |

### 3.1.5 公司员工

截至2018年12月31日，公司共有在册职工450人。

| 项目 | | 报告期年度 | |
|---|---|---|---|
| | | 人数（人） | 比例（%） |
| 年龄分布 | 25岁以下 | 9 | 2 |
| | 25～29岁 | 161 | 35.78 |
| | 30～39岁 | 234 | 52 |
| | 40岁以上 | 46 | 10.22 |
| 学历分布 | 博士 | 5 | 1.12 |
| | 硕士 | 271 | 60.22 |
| | 本科 | 163 | 36.22 |
| | 专科及其他 | 11 | 2.44 |
| 岗位分布 | 董事、监事及高管人员 | 6 | 1.33 |
| | 业务人员 | 284 | 62.22 |
| | 其他人员 | 160 | 35.55 |

## 3.2 公司治理信息

### 3.2.1 年内召开股东会情况

| 时间 | 会议名称 | 会议内容摘要 |
|---|---|---|
| 2018年3月23日 | 2018年第一次会议 | 审议通过公司2017年度董事会工作报告、公司2017年度监事会工作报告等13项议案。 |
| 2018年5月22日 | 2018年第二次会议 | 审议通过公司2017年度利润分配方案的议案。 |
| 2018年6月19日 | 2018年第三次会议 | 审议通过公司2018年度对董事会处理风险项目授权的议案。 |
| 2018年8月30日 | 2018年第四次会议 | 审议通过公司2018年度中期财务报告及预算调整方案、公司2018年度上半年合规与风险管理报告等4项议案。 |
| 2018年10月12日 | 2018年第五次会议 | 审议通过关于公司朝阳一号项目资产减值准备财务核销申请报告、关于公司大周实业项目资产减值准备财务核销申请报告2项议案。 |

续表

| 时间 | 会议名称 | 会议内容摘要 |
|---|---|---|
| 2018 年 12 月 14 日 | 2018 年第六次会议 | 审议通过公司有色 1 号和广西有色股权风险项目处置计划的议案。 |
| 2018 年 12 月 27 日 | 2018 年第七次会议 | 审议通过修改公司章程、关于公司改聘 2018 年度财务报告审计机构的议案等 3 项议案。 |

#### 3.2.2 董事会及下属委员会履职情况

3.2.2.1 董事会召开会议情况

| 时间 | 会议名称 | 会议内容摘要 |
|---|---|---|
| 2018 年 3 月 23 日 | 第三届董事会第二十一次会议 | 审议通过公司 2017 年度董事会工作报告、公司 2017 年度工作报告等 23 项议案。 |
| 2018 年 5 月 10 日 | 第三届董事会第二十二次会议 | 审议通过公司 2017 年度利润分配方案的议案。 |
| 2018 年 6 月 19 日 | 第三届董事会第二十三次会议 | 审议通过了公司 2018 年度固有业务投资规模、公司 2018 年度金融投资业务和金融衍生业务可容忍风险限额的议案。 |
| 2018 年 7 月 1 日 | 第三届董事会第二十四次会议 | 审议通过了公司申请设立上海业务总部的议案。 |
| 2018 年 8 月 30 日 | 第三届董事会第二十五次会议 | 审议通过公司 2018 年度上半年工作报告、公司 2018 年度中期财务报告及预算调整方案等 9 项议案。 |
| 2018 年 10 月 9 日 | 第三届董事会第二十六次会议 | 审议通过修订公司信托业务激励核算办法、关于公司朝阳一号项目资产减值准备财务核销申请报告等 5 项议案。 |
| 2018 年 10 月 26 日 | 第三届董事会第二十七次会议 | 审议通过关于公司汉正街风险项目处置的议案。 |
| 2018 年 12 月 6 日 | 第三届董事会第二十八次会议 | 审议通过公司有色 1 号和广西有色股权风险项目处置及减值核销计划、公司申请办理受托境外理财业务等 3 项议案。 |
| 2018 年 12 月 24 日 | 第三届董事会第二十九次会议 | 审议通过修改公司章程(草案)、关于改聘 2018 年度财务报告审计机构等 4 项议案。 |

3.2.2.2 董事会及下属委员会履职情况

报告期内,公司董事会专业委员会认真履行《公司法》《公司章程》所赋予的各项职权,认真审查向董事会提交的各项议案、报告,积极发挥委员在各个领域的专业知识和丰富经验,在促进董事会审慎和科学决策方面发挥了作用。

战略规划委员会共召开了 6 次会议,深入了解公司的经营情况,对公司"十三五"规划的修订内容进行了认真讨论,积极研究符合公司发展方向的战略布局,对公司组织架构调整提出建议,促进了公司董事会决策的科学性、规范性。

信托委员会共召开了 2 次会议,推动完善公司消费者权益保护工作及产品评级管理工作。

薪酬考核与提名委员会共召开 2 次会议,对公司董事、监事及高级管理人员的工作履职情况进行考评并提出合理化建议,对公司递延薪酬及业务创新激励方案进行评估,推动公司不断建立完善具有行业特点及竞争力的薪酬体系。

审计与风险管理委员会共召开 5 次会议,对公司风险项目处置方案以及年度风险管理、审计、内部控制评价及案防工作报告等事项进行了审议。认真履行指导和监督职责,促进公司持续健康发展。

关联交易控制委员会每季度对关联交易报告进行审议,公司关联交易没有违反公开、公平、公正的原则,不存在损害公司和中小股东利益的行为。

#### 3.2.3 监事会履行职责情况

3.2.3.1 监事会召开会议情况

| 时间 | 会议名称 | 会议内容摘要 |
|---|---|---|
| 2018 年 3 月 23 日 | 第三届监事会第四次会议 | 审议通过公司 2017 年度监事会工作报告等 4 项议案,审阅公司 2017 年度总经理工作报告等 9 项目议案。 |
| 2018 年 8 月 30 日 | 第三届监事会第五次会议 | 审阅公司 2018 年度上半年工作报告等 4 项议案。 |

3.2.3.2 监事会意见

报告期内,公司能够按照合法决策程序对重大事项进行决策,业务经营活动符合《公司法》《信托法》《信托管理办法》《信托公司治理引》等有关法律规定;董事、高级管理人员能够合法合规地履行公司职务;致同会计师事务所(特殊普通合伙)出具的 2018 年度标准无保留意见的审计报告,真实、客观地反映了公司的财务状况和经营结果。

#### 3.2.4 高级管理层履行职责情况

报告期内,信托公司高级管理人员整体履职情况良好。面对宏观经济下行和监管持续从紧压力,信托行业呈现出趋稳和调整态势,五矿信托高级管理层带领公司员工逆势而上,坚持问题导向,深入思考,大胆改革,深入贯彻"双核驱动"的业务战略,通过"激发潜能,考核未来"的激励机制改革、"大运营"管理平台的搭建,"翔雁人才培养计划""质量提升百日行动""纵横"管理机制的实施等一系列举措,激发了员工活力,提高了工作效率,挖掘了发展潜能。2018 年业务创新取得实质成果,新增收入创新业务占比加大,业务结构实现优化,主动管理项目比重近半,核心客户与"双百 +"渠道建设初见成效,直销能力显著增强,风险项目处置取得阶段进展,管理质量提升改革稳步推进,全年新增收入快速增长,业绩再创历史新高。

## 4. 经营管理

### 4.1 经营目标、经营方针、战略规划

#### 4.1.1 经营目标

公司致力于成为信托市场上综合服务的领导者和基业长青的最佳典范,实现业务能力综合领先、客户关系稳定互信、风险管控全面完善、人才队伍成熟专业、组织体系科学合理、经营业绩持续增长的目标。

#### 4.1.2 经营方针

公司坚持"诚、明、慎、实"的经营方针。

#### 4.1.3 战略规划

公司依托中国五矿集团有限公司产业背景,立足服务实体经济,以"核心客户、核心渠道"为抓手,加快内外部资源的整合与优化;建立系统、全面的内控及风险管理体系;搭建大运营管理平台,建立起信托业务全生命周期的服务支持体系,力争成为国内一流、具有核心竞争优势的综合型信托公司。

## 4.2 经营业务的主要内容

### 4.2.1 信托业务

信托资产运用与分布表

| 资产运用 | 金额（万元） | 占比（%） | 资产分布 | 金额（万元） | 占比（%） |
|---|---|---|---|---|---|
| 货币资金 | 744 359.14 | 1.24 | 基础产业 | 7 630 732.34 | 12.73 |
| 贷款 | 18 044 868.88 | 30.11 | 房地产 | 7 405 765.53 | 12.36 |
| 交易性金融资产投资 | 1 206 212.23 | 2.01 | 证券市场 | 927 513.81 | 1.55 |
| 可供出售金融资产投资 | 36 597 005.15 | 61.06 | 工商企业 | 11 359 166.12 | 18.95 |
| 持有至到期投资 | — | — | 金融机构 | 9 591 895.31 | 16.00 |
| 长期股权投资 | 3 124 242.95 | 5.21 | 其他 | 23 024 606.04 | 38.41 |
| 其他 | 222 990.80 | 0.37 | | | |
| 信托资产总计 | 59 939 679.15 | 100.00 | 信托资产总计 | 59 939 679.15 | 100.00 |

### 4.2.2 固有业务

固有资产运用与分布表

| 资产运用 | 金额（万元） | 占比（%） | 资产分布 | 金额（万元） | 占比（%） |
|---|---|---|---|---|---|
| 货币资产 | 33 970.94 | 2.06 | 房地产 | — | — |
| 贷款及应收款 | 64 333.79 | 3.90 | 证券市场 | 42 752.05 | 2.59 |
| 以公允价值计量且其变动计入当期损益的金融资产 | 16 844.05 | 1.02 | 实业 | — | — |
| 可供出售金融资产 | 1 510 909.55 | 91.52 | 金融机构 | 1 518 972.49 | 92.01 |
| 其他 | 24 840.10 | 1.50 | 其他 | 89 173.89 | 5.40 |
| 资产总计 | 1 650 898.43 | 100.00 | 资产总计 | 1 650 898.43 | 100.00 |

## 4.3 市场分析

### 4.3.1 有利因素

一是公司综合实力进一步提升。公司经营业绩实现较大提升，在信托业协会评级初评中，公司获评最高级A级。

二是公司发展坚持业务和管理创新驱动，合规风控体系、运营管理体系、人才培养体系和信息科技体系持续完善，为未来高质量发展提供有力支撑。

三是信托顶层架构持续完善。资管新规等相关制度陆续出台，信托登记机制和行业保障基金机制正逐步发挥功效，为行业长久稳健发展打下坚实基础。

四是中国经济的基本面长期向好趋势不变。随着整体杠杆率稳中趋降，金融风险有所缓释，具备加大金融对实体经济的支持、保持良好金融环境的条件。

### 4.3.2 不利因素

一是宏观经济内外部压力交织。外部世界经济增速放缓，中美贸易战等输入性风险加大；国内经济下行压力依然存在，“稳中有变、变中有忧”。

二是资管竞争格局在深刻变革，资管市场将迎来更加激烈的竞争。

三是信托业已经逐步从高速发展期进入转型过渡期，对信托公司在创新能力、科技能力、运营能力建设等方面均提出了更高要求。

四是监管政策收紧、处罚力度加大，对金融风险防范工作提出更高要求。金融机构合规经营、风险防控的压力持续加大。

## 4.4 内部控制

### 4.4.1 内部控制环境和内部控制文化

公司积极致力于内部控制管理体系的建设和完善，以保证公司经营管理合法合规、资产安全、财务报告及相关信息真实完整，从而提高公司的经营效率和效果，维护公司的信誉和形象，促进公司战略发展目标的实现。

在组织架构和基本制度方面，公司根据《公司法》《信托法》《信托公司治理指引》等法律法规和公司章程的要求，积极落实监管要求，建立了以股东会、董事会、监事会、高级管理层的“三会一层”为主体的公司治理架构，股东会、董事会及其下属各专业委员会、监事会依法履行职责，专业运作，科学决策；高级管理层在授权范围内依法合规开展经营，控制风险，提升经营效率。“三会一层”分工协作、各司其职，合理制衡，形成了科学高效的决策、激励和约束机制，为公司实现内控目标打下良好基础。

### 4.4.2 内部控制措施

公司董事会负责内部控制体系的健全、完善和有效运行。董事会下设的审计与风险管理委员会负责制定内控政策并监督政策实施，定期审查公司合规与风险管理报告和内部审计报告等各类专项报告，就完善内部控制措施向董事会提出建议。目前公司已建立较为科学、系统的制度体系，并适时根据政策变化和业务发展的需要进行完善和优化，持续打造全方位、全过程和动态化的流程控制体系。

公司严格执行前台、中台、后台职责分离，对固有业务和信托业务进行严格的分离和岗位设置，确保独立审批、分别管理；通过逐级审批、集体决策，各层级充分履职，对公司经营管理和业务开展严格进行风险管控；定期或不定期检查和评价有关内控制度建设与执行情况，及时改进内控制度，持续推进风险管理、内部控制基础工作的健全完善。

报告期内，公司对风险架构和决策机制进行了调整和优化，全面梳理修订规章制度、完善流程管理、继续提升全员风险意识，确保公司在总体风险可控的前提下，稳健经营、健康发展。

### 4.4.3 信息交流和反馈

报告期内，公司加快推进信息系统建设与运维工作，保障系统安全稳定运行，促进公司内部协调高效运作，保证各部门和人员信息能顺畅反馈。持续完善OA协同办公平台、电子邮件、内部通信交流平台等信息系统，确保公司各项战略、制度及相关规定等信息及时传达给员工，不断提高公司内部沟通效率。

根据《信托公司信息披露管理办法》的要求，公司在官方网站以及《金融时报》《证券时报》等媒体上及时发布公司年报、披露重大事项，并依据信托文件相关约定向投资者披露项目信息。同时全新升级改版官方网站，明确各板块功能，方便用户快捷获取信息，提供更为优化的视觉及服务体验。

#### 4.4.4 监督评价与纠正机制

报告期内，公司进一步完善对业务的监督评价机制、对员工的考核激励机制，对经营活动开展全方位、持续性的审计监督，并突出了审计监督后的纠正和奖惩。

公司董事会下设审计与风险管理委员会，定期审查内部审计报告、合规报告、风控报告，定期向董事会报告相关工作情况，并通报高级管理层和监事会。董事会下设的薪酬与考核委员会对高级管理层进行年度考核评价，并出具绩效评价报告，提出改进意见。

审计稽核部是公司的内部审计部门，评价内部控制制度的完整性和合理性以及内部控制制度执行的有效性，监督并促进内控体系的有效运转，保证公司治理目标的实现。审计稽核部坚持以风险为导向，继续跟进内部审计领域的理论前沿和最佳实践，强化公司风险管理，开展项目审计和专项审计工作。审计稽核部定期向董事会审计与风险管理委员会报告审计工作情况。

为督促业务团队整改落实审计意见、强化审计的效力和权威，公司建立了审计整改问责制度。整改问责制度的确立保证了内控要求得到落实和执行，增进了业务人员开展业务中对内控重要性的认识，大大提升了公司的内控水平。

公司对监管机构现场检查和非现场检查提出的监管意见高度重视，迅速落实整改，整改完成之后及时向监管机构汇报整改情况。

### 4.5 风险管理

#### 4.5.1 风险管理概况

公司风险管理遵循全面性、有效性、合理性、制衡性、独立性及可操作性的原则，坚持依法合规的经营理念，始终将“严控风险”作为稳健发展的重要保障，通过风险文化教育、风险制度建设、风险管理流程设置、风险处置预案及应对、风险管理指标体系设立等措施，将风险管理涵盖到公司经营管理的各个环节和岗位。

公司注重对各类风险管理机制的完善，构建了覆盖信用风险、市场风险、流动性风险、操作风险、声誉风险等各类风险的全面风险管理体系，通过加强业务尽调、风险审查、风险监测、预警和处置等环节管理要求，持续健全风险识别、计量、评估、监测、报告和控制等全流程风险管控机制。

在风险管理组织架构建设方面，公司建立了以董事会、管理层、风险管理职能部门为主，其他部门配合的风险管理组织体系。董事会负最终责任；经营层面，公司总经理办公会下设信托业务审查委员会和固有业务审查委员会，对业务风险进行集体审查决策；合规风控管理总部执行全过程风险管理职能，全面负责公司风险管理工作；审计稽核部作为审计与风险管理委员会的日常工作机构之一，负责公司各项业务的审计稽核工作，通过评价内部控制的效率与效果，监督并促进内控体系的有效运转，保证公司治理目标的实现。

#### 4.5.2 风险状况

4.5.2.1 信用风险状况

信用风险是公司面临的主要风险之一。它是指债务人、担保人等交易主体违约或信用质量发生变化，影响债权或金融产品的价值，从而造成债权人或金融产品持有人损失，导致信托财产或公司财产遭受损失的风险。

报告期内，公司严格履行受托人尽职管理职责，信托业务和固有业务整体运行情况良好，全年未发生重大经营风险，公司总体信用风险基本可控。

4.5.2.2 市场风险状况

市场风险是指因市场价格不利变动而使公司管理的资产遭受损失的风险。市场风险分为利率风险、证券价格风险和商品价格风险等。

报告期内，公司坚持稳健运营的策略，密切关注宏观政策导向，充分深入调研，对有价证券投资管理状况进行实时监测，建立各类分析模型测算资产风险控制指标的变化，控制总体证券投资规模和比例，设置限制性指标和止损限额，通过投资组合分散投资风险。

4.5.2.3 操作风险状况

操作风险是指由不完善或有问题的内部程序、员工和信息技术系统，以及外部事件所造成损失的风险。操作风险表现为公司可能由于治理机制、内部控制失效或有关责任人出现失误、欺诈等问题，公司未能在业务管理全流程中确保充分履职尽责。报告期内，公司未发生由于操作风险而导致损失的情况。

4.5.2.4 流动性风险状况

流动性风险是指公司因资产流动性差或对外融资能力下降而导致对外支付困难的风险。报告期内，公司未发生由于流动性问题而导致重大经营风险的情况。

4.5.2.5 声誉风险状况

声誉风险是指由公司经营、管理及其他行为或外部事件导致利益相关方对公司作出负面评价的风险，影响公司正常经营。公司高度重视声誉风险管理，在通过加强资产管理能力提高客户忠诚度的同时，加强对外宣传力度，不断完善信息披露工作，强调与客户良性沟通。报告期内，公司未发生重大负面舆情的情况。

#### 4.5.3 风险管理

4.5.3.1 信用风险管理

针对信用风险，公司不断健全制度体系和操作流程，在尽职调查、制定方案、专业审核、严格审批、过程管理、风险监控等关键环节加强管控，以切实降低信用风险发生的概率。

公司的信用风险管理策略：一是加强对交易主体和项目的甄选，选择符合国家政策支持的、合法合规的优质项目开展合作，建立健全严格的业务准入标准，通过规范业务尽职调查要求，审慎开展项目前期尽职调查和风险把控，将信用风险管理前置至项目初始阶段。二是在充分尽职调查的基础上进行信用风险评估，高度重视第一还款来源的可靠性与充足性，通过尽职调查切实把握投融资项目的优势与不足，并设计具有针对性的风险控制措施。三是强调第二还款来源价值的准确性和处置的可行性，通过设定充足的担保措施来规避信用风险。四是做好对存续项目尤其是主动管理类项目的风险监测、排查和预警工作，通过加强重点项目定期跟踪和监测，提早发现风险隐患，并及时制定应对措施。

4.5.3.2 市场风险管理

公司对于市场风险的管理主要采取以下措施：一是关注国

家宏观政策变化，加强对宏观经济金融形势、调控政策以及行业周期性的研究，为决策提供支持。二是对市场风险实施限额管理，根据业务性质、资本规模和风险承受能力制定对各类业务和各级限额的内部审批程序和操作规程。三是建立逐日盯市制度，对于股票质押融资、证券产品投资等类型信托产品，建立风险预警台账，动态监测项目安全边际，做实保证金追加机制，严格控制股价变动风险。四是在全面风险监控的基础上建立定期风险报告机制，以便于公司管理层及时了解公司市场风险状况，并对市场风险事项形成风险处置和化解方案。

4.5.3.3　操作风险管理

公司对于操作风险的管理主要采取以下措施：一是不断健全完善各项规章制度和操作流程。二是建立规范的内部授权体系，进行合理的岗位设置和有效的职责分离。三是严格的业务流程审核、复核程序，并定期对内控制度的执行情况和制度完备性进行检验，督促及时整改。四是建立操作风险事故监测、报告机制，保证及时发现操作风险事故。五是加强金融科技能力建设，确保信息系统稳定、安全、高效运行，从信息系统层面实现对操作风险的有效管控。

4.5.3.4　其他风险管理

4.5.3.4.1　流动性风险管理

公司坚持稳健运营的基本原则，合理制定固有资产投资策略，审慎进行固有资产投资和管理。一是在固有资产配置上以流动性和安全性为首要原则，提高货币资金、金融产品投资等流动性资产的配置比例。二是建立流动性监测机制，根据信托项目规模、类型及风险状况，监测可能引发流动性风险的事件，前瞻性地分析其对流动性风险的影响。三是建立防范机制，包括定期进行资金预算，加强现金流分析，预测流动性风险缺口，预留备付金满足日常经营支付需要，合理安排资产、负债的期限结构。四是建立流动性处置机制。

4.5.3.4.2　声誉风险管理

公司将声誉风险管理纳入公司治理及全面风险管理体系，构建了舆情监测组织体系和工作机制，强化了与主流媒体的合作，与公众形成良好沟通机制，积极维护公司良好的声誉和企业形象。公司注重加大公益事业等方面的投入，努力践行央企社会责任。公司形象稳步提升，市场信任度逐渐增强，声誉风险管控能力明显提高。

## 4.6　企业社会责任

公司坚持服务实体服务，支持地方经济建设，强化风险管控，维护受益人权益，助力精准扶贫，践行企业社会责任。

**4.6.1　助力实体经济，支持产业优化升级**

公司始终把助力实体经济作为发展根本，不断加强实体领域的投入，提升服务质效，扩大服务范围，积极为国家重大发展战略和产业转型升级提供资金支持和金融服务。

**4.6.2　依法诚信纳税，支持地方经济建设**

作为青海省金融企业，公司积极发挥信托投资功能支持地方经济建设，为青海省多方筹措社会资金并积极主动做好省内企业的投资、并购和融资服务。2018 年，公司恪守诚信之道，合法经营，坚持依法按时缴纳税款，为青海经济发展作出了积极贡献。

**4.6.3　强化风险管理，严格履行受托责任**

公司不断强化风险防范意识，严格履行受托人职责，有效保障了信托财产的安全，切实维护受益人利益，为投资者创造了巨大收益。

**4.6.4　健全消费者权益保护，树立公司优质品牌形象**

公司深入贯彻银行业金融机构“坚持以人为本、坚持服务至上、坚持社会责任”的服务理念，认真贯彻落实各项法律法规和监管要求，不断夯实完善公司消费者权益保护组织架构和运行机制，持续提升金融消费者信心，维护金融安全与稳定。通过公司品牌形象的提升、客户群体的稳定、利润收益的增长实现企业愿景，促进信托行业的健康持续发展。

**4.6.5　践行企业社会责任，积极投身公益事业**

2018 年，公司新设立慈善信托 7 单，有部分投向甘肃省、四川省、云南省、湖南省区域内贫困县产业扶贫、教育扶贫等精准扶贫项目，累计实现扶贫资金投放 1 147.15 万元。其中，“精准扶贫 1 号”慈善信托，通过“产业链 + 合作社 + 慈善信托”模式，以扶持中草药种植与深加工为突破口，为贫困户依托中药材种植脱贫奠定基础；另有“三江源系列”慈善信托中的“思源一号”用于资助三江源国家生态保护综合实验区的生态保护，“直播斑头雁”活动受到了中央电视台、新华社等多家媒体的关注。

## 4.7　净资本管理

| 指标名称 | 期末数 | 监管标准 |
|---|---|---|
| 净资本（亿元） | 105.13 | ≥2 |
| 各项业务风险资本之和（亿元） | 77.00 | — |
| 净资本/各项业务风险资本之和（%） | 136.54 | ≥100 |
| 净资本/净资产（%） | 85.04 | ≥40 |

# 5. 会计报表

## 5.1　固有资产

**5.1.1　会计师事务所审计意见全文**

**审 计 报 告**

致同审字[2019]第 110ZB2546 号

五矿国际信托有限公司：

一、审计意见

我们审计了五矿国际信托有限公司（以下简称五矿信托）财务报表，包括 2018 年 12 月 31 日的资产负债表，2018 年度的利润表、现金流量表、所有者权益变动表以及相关财务报表附注。

我们认为，后附的财务报表在所有重大方面按照企业会计准则的规定编制，公允反映了五矿信托 2018 年 12 月 31 日的财务状况以及 2018 年度的经营成果和现金流量。

二、形成审计意见的基础

我们按照中国注册会计师审计准则的规定执行了审计工作。审计报告的“注册会计师对财务报表审计的责任”部分进一步阐述了我们在这些准则下的责任。按照中国注册会计师职业道德守则，我们独立于五矿信托，并履行了职业道德方面的其他责任。我们相信，我们获取的审计证据是充分、适当的，为发表审计意见提供了基础。

三、管理层和治理层对财务报表的责任

五矿信托管理层负责按照企业会计准则的规定编制财务报表，使其实现公允反映，并设计、执行和维护必要的内部控制，以使财务报表不存在由于舞弊或错误导致的重大错报。

在编制财务报表时，管理层负责评估五矿信托的持续经营能力，披露与持续经营相关的事项（如适用），并运用持续经营假设，除非管理层计划清算五矿信托、终止运营或别无其他现实的选择。

治理层负责监督五矿信托的财务报告过程。

四、注册会计师对财务报表审计的责任

我们的目标是对财务报表整体是否不存在由于舞弊或错误导致的重大错报获取合理保证，并出具包含审计意见的审计报告。合理保证是高水平的保证，但并不能保证按照审计准则执行的审计在某一重大错报存在时总能发现。错报可能由于舞弊或错误导致，如果合理预期错报单独或汇总起来可能影响财务报表使用者依据财务报表作出的经济决策，则通常认为错报是重大的。

在按照审计准则执行审计工作的过程中，我们运用职业判断，并保持职业怀疑。同时，我们也执行以下工作：

（1）识别和评估由于舞弊或错误导致的财务报表重大错报风险，设计和实施审计程序以应对这些风险，并获取充分、适当的审计证据，作为发表审计意见的基础。由于舞弊可能涉及串通、伪造、故意遗漏、虚假陈述或凌驾于内部控制之上，未能发现由于舞弊导致的重大错报的风险高于未能发现由于错误导致的重大错报的风险。

（2）了解与审计相关的内部控制，以设计恰当的审计程序，但目的并非对内部控制的有效性发表意见。

（3）评价管理层选用会计政策的恰当性和作出会计估计及相关披露的合理性。

（4）对管理层使用持续经营假设的恰当性得出结论。同时，根据获取的审计证据，就可能导致对五矿信托的持续经营能力产生重大疑虑的事项或情况是否存在重大不确定性得出结论。如果我们得出结论认为存在重大不确定性，审计准则要求我们在审计报告中提请报表使用者注意财务报表中的相关披露；如果披露不充分，我们应当发表非无保留意见。我们的结论基于截至审计报告日可获得的信息。然而，未来的事项或情况可能导致五矿信托不能持续经营。

（5）评价财务报表的总体列报、结构和内容（包括披露），并评价财务报表是否公允反映相关交易和事项。

我们与治理层就计划的审计范围、时间安排和重大审计发现等事项进行沟通，包括沟通我们在审计中识别出的值得关注的内部控制缺陷。

中国注册会计师（项目合伙人）

中国注册会计师

中国·北京　　　　二〇一九年三月二十五日

5.1.2　资产负债表

**资产负债表**

编制单位：五矿国际信托有限公司　　2018年12月31日　　单位：万元

| 项　目 | 2018年12月31日 | 2017年12月31日 |
|---|---|---|
| 资产： | | |
| 现金及存放中央银行款项 | 2.01 | 4.01 |
| 存放同业款项 | 33 968.94 | 53 925.80 |
| 贵金属 | | |
| 拆出资金 | | |
| 以公允价值计量且其变动计入当期损益的金融资产 | 16 844.05 | 20 293.44 |
| 衍生金融资产 | | |
| 买入返售金融资产 | | |
| 应收利息 | | |
| 发放贷款和垫款 | | |
| 可供出售金融资产 | 1 510 909.55 | 1 066 738.85 |
| 持有至到期投资 | | |
| 应收款项类投资 | | |
| 长期股权投资 | | |
| 投资性房地产 | | |
| 固定资产 | 809.69 | 675.40 |
| 无形资产 | 1 241.75 | 818.65 |
| 递延所得税资产 | 20 435.49 | 35 243.85 |
| 其他资产 | 66 686.95 | 2 260.94 |
| 资产总计 | 1 650 898.43 | 1 179 960.94 |
| 负债： | | |
| 向中央银行借款 | | |
| 同业及其他金融机构存放款项 | | |
| 拆入资金 | | |
| 以公允价值计量且其变动计入当期损益的金融负债 | | |
| 衍生金融负债 | | |
| 卖出回购金融资产款 | | |
| 吸收存款 | | |
| 应付职工薪酬 | 35 144.78 | 25 149.62 |
| 应交税费 | 29 263.73 | 16 351.17 |
| 应付利息 | | |
| 预计负债 | | |
| 应付债券 | | |
| 递延所得税负债 | | |
| 其他负债 | 350 285.72 | 592.07 |
| 负债合计 | 414 694.23 | 42 092.86 |
| 所有者权益： | | |
| 实收资本 | 600 000.00 | 600 000.00 |
| 资本公积 | 150 000.00 | 150 000.00 |
| 减：库存股 | | |
| 其他综合收益 | −3 818.01 | −246.40 |
| 盈余公积 | 75 453.27 | 58 253.75 |
| 一般风险准备 | 79 830.70 | 65 032.84 |
| 未分配利润 | 334 738.24 | 264 827.89 |
| 归属于母公司股东权益合计 | 1 236 204.20 | 1 137 868.08 |
| 少数股东权益 | | |
| 所有者权益合计 | 1 236 204.20 | 1 137 868.08 |
| 负债及所有者权益总计 | 1 650 898.43 | 1 179 960.94 |

法定代表人：王卓　　主管会计工作负责人：蔡琦　　会计机构负责人：罗曼

### 5.1.3 利润表

**利润表**

编制单位：五矿国际信托有限公司　　2018 年度　　单位：万元

| 项目 | 2018 年度 | 2017 年度 |
|---|---|---|
| 一、营业收入 | 293 328.36 | 213 817.51 |
| 利息净收入 | -16 865.55 | 4 077.39 |
| 利息收入 | 1 708.09 | 6 541.97 |
| 利息支出 | 18 573.64 | 2 464.58 |
| 手续费及佣金净收入 | 239 262.38 | 180 518.29 |
| 手续费及佣金收入 | 239 262.38 | 180 518.29 |
| 手续费及佣金支出 | | |
| 投资收益/（损失） | 70 810.36 | 30 639.76 |
| 其中：对联营企业和合营企业的投资收益/（损失） | | |
| 资产处置收益（损失以“-”号填列） | | |
| 公允价值变动收益/（损失） | -7 854.65 | -1 542.51 |
| 汇兑收益/（损失） | | |
| 其他收益 | 7 975.82 | 51.74 |
| 其他业务收入 | | 72.84 |
| 二、营业支出 | 64 407.49 | 59 315.90 |
| 税金及附加 | 319.01 | 477.62 |
| 业务及管理费 | 58 616.01 | 41 231.43 |
| 资产减值损失 | 5 463.45 | 17 496.69 |
| 其他业务成本 | 9.02 | 110.16 |
| 三、营业利润 | 228 920.88 | 154 501.61 |
| 加：营业外收入 | 90.99 | 742.68 |
| 减：营业外支出 | 519.95 | 1.43 |
| 四、利润总额 | 228 491.91 | 155 242.86 |
| 减：所得税费用 | 56 496.60 | 38 430.24 |
| 五、净利润 | 171 995.31 | 116 812.62 |

续表

| 项目 | 2018 年度 | 2017 年度 |
|---|---|---|
| （一）持续经营净利润（净亏损以“-”号填列） | 171 995.31 | 116 812.62 |
| （二）终止经营净利润（净亏损以“-”号填列） | | |
| 六、其他综合收益的税后净额 | -3 571.61 | -84.30 |
| 归属于母公司股东的其他综合收益的税后净额 | | |
| （一）以后不能重分类进损益的其他综合收益 | | |
| 1. 重新计量设定受益计划净负债或净资产的变动 | | |
| 2. 权益法下在被投资单位不能重分类进损益的其他综合收益中享有的份额 | | |
| （二）以后将重分类进损益的其他综合收益 | -3 571.61 | -84.30 |
| 1. 权益法下在被投资单位以后将重分类进损益的其他综合收益中享有的份额 | | |
| 2. 可供出售金融资产公允价值变动损益 | -3 571.61 | -84.30 |
| 3. 持有至到期投资重分类为可供出售金融资产损益 | | |
| 4. 现金流量套期损益的有效部分 | | |
| 5. 外币财务报表折算差额 | | |
| 归属于少数股东的其他综合收益的税后净额 | | |
| 七、综合收益总额 | 168 423.70 | 116 728.32 |

法定代表人：王卓　　主管会计工作负责人：蔡琦　　会计机构负责人：罗曼

### 5.1.4 所有者权益变动表

**所有者权益变动表**

编制单位：五矿国际信托有限公司　　2018 年度　　单位：万元

| 项目 | 2018 年度 | | | | | | |
|---|---|---|---|---|---|---|---|
| | 实收资本 | 资本公积 | 其他综合收益 | 盈余公积 | 一般风险准备 | 未分配利润 | 所有者权益合计 |
| 一、上期期末余额 | 600 000.00 | 150 000.00 | -246.40 | 58 253.74 | 65 032.84 | 264 827.89 | 1 137 868.08 |
| 加：会计政策变更 | | | | | | | |
| 前期差错更正 | | | | | | | |
| 其他 | | | | | | | |
| 二、本期期初余额 | 600 000.00 | 150 000.00 | -246.40 | 58 253.74 | 65 032.84 | 264 827.89 | 1 137 868.08 |
| 三、本期增减变动金额（减少以“-”号填列） | | | -3 571.61 | 17 199.53 | 14 797.86 | 69 910.35 | 98 336.12 |
| （一）综合收益总额 | | | -3 571.61 | | | 171 995.31 | 168 423.69 |
| （二）所有者投入和减少资本 | | | | | | | |
| 1. 所有者投入资本 | | | | | | | |
| 2. 其他权益工具持有者投入资本 | | | | | | | |
| 3. 股份支付计入所有者权益的金额 | | | | | | | |
| 4. 其他 | | | | | | | |
| （三）利润分配 | | | | 17 199.53 | 14 797.86 | -102 084.96 | -70 087.57 |
| 1. 提取盈余公积 | | | | 17 199.53 | | -17 199.53 | |
| 2. 提取一般风险准备 | | | | | 14 797.86 | -14 797.86 | |

续表

| 项目 | 2018 年度 | | | | | | |
|---|---|---|---|---|---|---|---|
| | 实收资本 | 资本公积 | 其他综合收益 | 盈余公积 | 一般风险准备 | 未分配利润 | 所有者权益合计 |
| 3. 对所有者(或股东)的分配 | | | | | | -70 087.57 | -70 087.57 |
| 4. 其他 | | | | | | | |
| (四)所有者权益内部结转 | | | | | | | |
| 1. 资本公积转增资本(或股本) | | | | | | | |
| 2. 盈余公积转增资本(或股本) | | | | | | | |
| 3. 盈余公积弥补亏损 | | | | | | | |
| 4. 一般风险准备弥补亏损 | | | | | | | |
| 5. 结转重新计量设定受益计划净负债或净资产所产生的变动 | | | | | | | |
| 6. 其他 | | | | | | | |
| 四、本期期末余额 | 600 000.00 | 150 000.00 | -3 818.01 | 75 453.27 | 79 830.70 | 334 738.24 | 1 236 204.20 |

法定代表人:王卓　　主管会计工作负责人:蔡琦　　会计机构负责人:罗曼

## 所有者权益变动表(续)

编制单位:五矿国际信托有限公司　　2018 年度　　单位:万元

| 项目 | 2017 年度 | | | | | | |
|---|---|---|---|---|---|---|---|
| | 实收资本 | 资本公积 | 其他综合收益 | 盈余公积 | 一般风险准备 | 未分配利润 | 所有者权益合计 |
| 一、上年年末余额 | 200 000.00 | 100 000.00 | -162.10 | 46 572.49 | 50 451.85 | 174 277.52 | 571 139.76 |
| 加:会计政策变更 | | | | | | | |
| 前期差错更正 | | | | | | | |
| 其他 | | | | | | | |
| 二、本年年初余额 | 200 000.00 | 100 000.00 | -162.10 | 46 572.49 | 50 451.85 | 174 277.52 | 571 139.76 |
| 三、本年增减变动金额(减少以“-”号填列) | 400 000.00 | 50 000.00 | -84.30 | 11 681.26 | 14 580.99 | 90 550.37 | 566 728.32 |
| (一)综合收益总额 | | | -84.30 | | | 116 812.62 | 116 728.32 |
| (二)所有者投入和减少资本 | 92 213.11 | 357 786.89 | | | | | 450 000.00 |
| 1.所有者投入的普通股 | 92 213.11 | 357 786.89 | | | | | 450 000.00 |
| 2.股份支付计入所有者权益的金额 | | | | | | | |
| 3.其他 | | | | | | | |
| (三)利润分配 | | | | 11 681.26 | 14 580.99 | -26 262.25 | |
| 1.提取盈余公积 | | | | 11 681.26 | | -11 681.26 | |
| 2.提取一般风险准备 | | | | | 14 580.99 | -14 580.99 | |
| 3.对所有者的分配 | | | | | | | |
| 4.其他 | | | | | | | |
| (四)所有者权益内部结转 | 307 786.89 | -307 786.89 | | | | | |
| 1.资本公积转增资本 | 307 786.89 | -307 786.89 | | | | | |
| 2.盈余公积转增资本 | | | | | | | |
| 3.盈余公积弥补亏损 | | | | | | | |
| 4.其他 | | | | | | | |
| (五)专项储备 | | | | | | | |
| 1.本期提取 | | | | | | | |
| 2.本期使用(以负号填列) | | | | | | | |
| (六)其他 | | | | | | | |
| 四、本年年末余额 | 600 000.00 | 150 000.00 | -246.40 | 58 253.75 | 65 032.84 | 264 827.89 | 1 137 868.08 |

法定代表人:王卓　　主管会计工作负责人:蔡琦　　会计机构负责人:罗曼

## 5.2 信托资产

### 5.2.1 信托项目资产负债汇总表

信托项目资产负债汇总表

编制单位：五矿国际信托有限公司　　2018 年 12 月 31 日　　单位：万元

| 信托资产 | 期末数 | 期初数 | 信托负债和信托权益 | 期末数 | 期初数 |
|---|---|---|---|---|---|
| 信托资产 | | | 信托负债 | | |
| 货币资金 | 744 359. 14 | 909 351. 87 | 应交税费 | 524. 77 | — |
| 存放同业款项 | — | — | 其他应付款 | 412 090. 05 | 183 854. 55 |
| 交易性金融资产 | 1 206 212. 23 | 1 649 079. 86 | 应付账款 | 2 534. 98 | 2 821. 47 |
| 买入返售金融资产 | 9 560. 26 | 23 532. 67 | 长期应付款 | — | — |
| 应收票据 | — | — | 其他负债 | — | — |
| 应收账款 | — | — | 信托负债合计 | 415 149. 80 | 186 676. 02 |
| 应收利息 | 13 163. 21 | 17 548. 76 | | — | — |
| 其他应收款 | 200 267. 32 | 183 054. 45 | | — | — |
| 贷款 | 18 044 868. 88 | 17 774 925. 39 | 信托权益： | — | — |
| 可供出售金融资产 | 36 597 005. 15 | 27 989 195. 85 | 实收信托 | 59 366 447. 79 | 51 133 584. 75 |
| 长期应收款 | — | — | 资本公积 | 996 152. 52 | 996 421. 09 |
| 长期股权投资 | 3 124 242. 95 | 3 200 231. 42 | 未分配利润 | –838 070. 97 | –569 761. 58 |
| 应收股利 | — | — | 信托权益合计 | 59 524 529. 34 | 51 560 244. 26 |
| 其他资产 | — | — | | — | — |
| 信托资产总计 | 59 939 679. 14 | 51 746 920. 28 | 信托负债和权益总计 | 59 939 679. 14 | 51 746 920. 28 |

### 5.2.2 信托项目利润及利润分配汇总表

信托项目利润及利润分配汇总表

编制单位：五矿国际信托有限公司　　2018 年度　　单位：万元

| 项目 | 2018 年度 |
|---|---|
| 一、营业收入 | 3 059 984. 15 |
| 利息收入 | 1 277 441. 29 |
| 投资收益 | 2 124 851. 99 |
| 租赁收入 | — |
| 公允价值变动损益 | –342 470. 48 |
| 汇兑损益 | — |
| 其他收入 | 161. 35 |
| 二、营业费用 | 430 372. 24 |
| 三、营业税金及附加 | 7 049. 12 |
| 四、扣除资产损失前的信托利润 | 2 622 562. 79 |
| 减：资产减值损失 | — |
| 五、扣除资产损失后的信托利润 | 2 622 562. 79 |
| 加：期初未分配信托利润 | –569 761. 58 |
| 六、可供分配的信托利润 | 2 052 801. 21 |
| 减：本期已分配信托利润 | 2 890 872. 18 |
| 七、期末未分配信托利润 | –838 070. 97 |

# 6. 会计报表附注

## 6.1 报告年度会计报表编制基准、会计政策、会计估计和核算方法变化情况

### 6.1.1 财务报表的编制基础

本财务报表按照财政部颁布的企业会计准则及其应用指南、解释及其他有关规定（统称企业会计准则）编制。

本财务报表以持续经营为基础列报。

本公司会计核算以权责发生制为基础。除某些金融工具外，本财务报表均以历史成本为计量基础。

### 6.1.2 遵循企业会计准则的声明

本财务报表符合企业会计准则的要求，真实、完整地反映了本公司 2018 年 12 月 31 日的财务状况以及 2018 年度的经营成果和现金流量等有关信息。

### 6.1.3 会计期间

本公司会计期间采用公历年度，即每年自 1 月 1 日起至 12 月 31 日止。

### 6.1.4 记账本位币

本公司以人民币为记账本位币。本公司编制本财务报表时所采用的货币为人民币。

### 6.1.5 计提资产减值准备的范围和方法

公司计提资产减值准备的范围包括贷款损失准备、应收款项坏账准备、可供出售金融资产减值准备、长期股权投资减值准备、固定资产减值准备和无形资产减值准备。

6.1.5.1 贷款损失准备

本公司参照《关于非银行金融机构全面推行资产质量五级分类管理的通知》对风险资产进行风险分类，并根据风险分类结果参照贷款专项准备计提比例进行坏账准备的计提。

6.1.5.2 应收款项坏账准备

对于应收款执行公司所属中国五矿集团公司统一会计政策，具体如下：

单项金额重大并单项计提坏账准备的应收款项：

| | |
|---|---|
| 单项金额重大的判断依据或金额标准 | 公司对同一客户应收款项金额超过 20 000 000. 00 元视为金额重大。 |
| 单项金额重大并单项计提坏账准备的计提方法 | 单独进行减值测试，根据其未来现金流量现值低于其账面价值的差额计提坏账准备。 |

按账龄分析法组合计提坏账准备的应收款项：

| 账　龄 | 应收账款计提比例(%) | 其他应收款计提比例(%) |
|---|---|---|
| 6个月以内(含6个月,以下同) | 1 | 1 |
| 7~12个月 | 5 | 5 |
| 1~2年 | 30 | 30 |
| 2~3年 | 50 | 50 |
| 3年以上 | 100 | 100 |

单项金额虽不重大但单项计提坏账准备的应收款项：如果某项应收款项金额虽然非重大，但其可收回性与其他各项应收款项存在明显的差别，导致该项应收款项如果按照与其他应收款项同样的方法计提坏账准备，将无法真实地反映其可收回金额的，可对该项应收款采取个别认定法计提坏账准备。

6.1.5.3　可供出售金融资产减值准备

期末有客观证据表明单项金融资产可回收金额低于账面价值的差额，分项提取可供出售金融资产减值准备。

6.1.5.4　长期股权投资减值准备

期末对单项投资由于市价持续下跌或被投资单位经营状况恶化等原因，导致其可收回金额低于账面价值的差额分项提取长期投资减值准备。

6.1.5.5　固定资产减值准备

资产负债表日，有迹象表明固定资产发生减值的，按照账面价值与可回收金额的差额计提相应的减值准备。

6.1.5.6　无形资产减值准备

使用寿命确定的无形资产，在资产负债表日有迹象表明发生减值的，按照账面价值高于可收回金额的差额计提相应的减值准备；使用寿命不确定的无形资产和尚未达到可使用状态的无形资产，无论是否存在减值迹象，每年均进行减值测试。

**6.1.6　金融资产四分类的范围和标准**

本公司的金融资产于初始确认时分为以下四类：以公允价值计量且其变动计入当期损益的金融资产、持有至到期投资、应收款项、可供出售金融资产。金融资产在初始确认时以公允价值计量。

6.1.6.1　金融资产的公允价值

公允价值是指市场参与者在计量日发生的有序交易中，出售一项资产所能收到或者转移一项负债所需支付的价格。

本公司以公允价值计量相关资产或负债，假定出售资产或者转移负债的有序交易在相关资产或负债的主要市场进行；不存在主要市场的，本公司假定该交易在相关资产或负债的最有利市场进行。主要市场(或最有利市场)是指本公司在计量日能够进入的交易市场。本公司采用市场参与者在对该资产或负债定价时为实现其经济利益最大化所使用的假设。

存在活跃市场的金融资产或金融负债，本公司采用活跃市场中的报价确定其公允价值。金融工具不存在活跃市场的，本公司采用估值技术确定其公允价值。

以公允价值计量非金融资产的，考虑市场参与者将该资产用于最佳用途产生经济利益的能力，或者将该资产出售给能够用于最佳用途的其他市场参与者产生经济利益的能力。

本公司采用在当前情况下适用并且有足够可利用数据和其他信息支持的估值技术，优先使用相关可观察输入值，只有在可观察输入值无法取得或取得不切实可行的情况下，才使用不可观察输入值。

在财务报表中以公允价值计量或披露的资产和负债，根据对公允价值计量整体而言具有重要意义的最低层次输入值，确定所属的公允价值层次：第一层次输入值是在计量日能够取得的相同资产或负债在活跃市场上未经调整的报价；第二层次输入值是除第一层次输入值外相关资产或负债直接或间接可观察的输入值；第三层次输入值是相关资产或负债的不可观察输入值。

每个资产负债表日，本公司对在财务报表中确认的持续以公允价值计量的资产和负债进行重新评估，以确定是否在公允价值计量层次之间发生转换。

6.1.6.2　金融资产转移的确认依据和计量方法

金融资产转移是指将金融资产让与或交付给该金融资产发行方以外的另一方(转入方)。

本公司已将金融资产所有权上几乎所有的风险和报酬转移给转入方的，终止确认该金融资产；保留了金融资产所有权上几乎所有的风险和报酬的，不终止确认该金融资产。

本公司既没有转移也没有保留金融资产所有权上几乎所有的风险和报酬的，按下列情况分别处理：放弃了对该金融资产控制的，终止确认该金融资产并确认产生的资产和负债；未放弃对该金融资产控制的，按照其继续涉入所转移金融资产的程度确认有关金融资产，并相应确认有关负债。

**6.1.7　以公允价值计量且其变动计入当期损益的金融资产核算方法**

以公允价值计量且其变动计入当期损益的金融资产，包括交易性金融资产和初始确认时指定为以公允价值计量且其变动计入当期损益的金融资产。对于此类金融资产，采用公允价值进行后续计量，公允价值变动形成的利得或损失以及与该等金融资产相关的股利和利息收入计入当期损益。

**6.1.8　可供出售金融资产核算方法**

可供出售金融资产是指初始确认时即指定为可供出售的非衍生金融资产，以及除上述金融资产类别以外的金融资产。可供出售金融资产采用公允价值进行后续计量，其折溢价采用实际利率法摊销并确认为利息收入。除减值损失及外币货币性金融资产的汇兑差额确认为当期损益外，可供出售金融资产的公允价值变动确认为其他综合收益，在该金融资产终止确认时转出，计入当期损益。与可供出售金融资产相关的股利或利息收入，计入当期损益。

**6.1.9　持有至到期投资核算方法**

持有至到期投资是指到期日固定、回收金额固定或可确定，且本公司有明确意图和能力持有至到期的非衍生金融资产。持有至到期投资采用实际利率法，按照摊余成本进行后续计量，其终止确认、发生减值或摊销产生的利得或损失，均计入当期损益。

**6.1.10　固定资产计价和折旧方法**

固定资产按照取得时的实际成本进行初始计量，采用年限平均法计提折旧。

**6.1.11　无形资产计价及摊销政策**

无形资产按照成本进行初始计量，并于取得无形资产时分析判断其使用寿命。使用寿命为有限的，自无形资产可供使用时起，采用能反映与该资产有关的经济利益的预期实现方式的摊销方法，在预计使用年限内摊销；无法可靠确定预期实现方式的，采用直线法摊销；使用寿命不确定的无形资产，不作摊销。

使用寿命有限的无形资产摊销方法如下：

| 类别 | 使用寿命（年） | 摊销方法 |
|---|---|---|
| 软件 | 3 | 年限平均法 |
| 特许权 | 3 | 年限平均法 |

本公司于每年年度终了，对使用寿命有限的无形资产的使用寿命及摊销方法进行复核，与以前估计不同的，调整原先估计数，并按会计估计变更处理。

资产负债表日预计某项无形资产已经不能给企业带来未来经济利益的，将该项无形资产的账面价值全部转入当期损益。

**6.1.12 长期待摊费用**

本公司发生的长期待摊费用按实际成本计价，并按预计受益期限平均摊销。对不能使以后会计期间受益的长期待摊费用项目，其摊余价值全部计入当期损益。

**6.1.13 职工薪酬**

职工薪酬包括短期薪酬、离职后福利、辞退福利和其他长期职工福利。

6.1.13.1 短期薪酬的会计处理方法

在职工为公司提供服务的会计期间，将实际发生的短期薪酬确认为负债，并计入当期损益或相关资产成本。

6.1.13.2 离职后福利的会计处理方法

离职后福利分为设定提存计划和设定受益计划。

在职工为公司提供服务的会计期间，根据设定提存计划计算的应缴存金额确认为负债，并计入当期损益或相关资产成本。

对于设定受益计划，在年度资产负债表日由独立精算师进行精算估值，以预期累积福利单位法确定提供福利的成本。

**6.1.14 收入确认原则和方法**

在与交易相关的经济利益很可能流入公司且收入的金额能够可靠地计量时，确认提供与金融业务相关服务收入的实现。

**6.1.15 信托报酬的确认原则和方法**

在收入确认原则基础上，信托业务手续费收入按照信托合同约定的结算方法，一般以收益分配结算报告确认。

**6.1.16 所得税的会计处理方法**

采用资产负债表债务法计提递延所得税，所得税税率为25%。

**6.1.17 重要会计政策、会计估计的变更**

6.1.17.1 重要会计政策变更

根据财政部《关于2018年度一般企业财务报表格式有关问题的解读》，本公司作为个人所得税的扣缴义务人，根据《中华人民共和国个人所得税法》收到的扣缴税款手续费在“其他收益”中填列，对可比期间的比较数据进行调整，调增2017年度其他收益51.74万元，调减2017年度其他业务收入51.74万元。

本公司实际收到的政府补助，无论是与资产相关还是与收益相关，在编制现金流量表时均作为经营活动产生的现金流量列报。

6.1.17.2 重要会计估计变更

本公司本期不存在应披露的重要会计估计变更。

## 6.2 或有事项说明

无。

## 6.3 重要资产转让及其出售的说明

无。

## 6.4 会计报表中重要项目的明细资料

**6.4.1 固有资产经营情况**

6.4.1.1 按照信用风险资产五级分类结果披露资产的期初数、期末数。

| 信用风险资产五级分类 | 正常类（万元） | 关注类（万元） | 次级类（万元） | 可疑类（万元） | 损失类（万元） | 信用风险资产合计（万元） | 不良资产合计（万元） | 不良资产率（%） |
|---|---|---|---|---|---|---|---|---|
| 期初数 | 1 142 901.76 | — | — | — | 136 578.82 | 1 279 480.58 | 136 578.82 | 10.37 |
| 期末数 | 1 551 437.85 | 58 450.00 | 34 000.00 | — | 48 798.86 | 1 692 686.71 | 82 798.86 | 4.83 |

6.4.1.2 资产减值准备情况

单位：万元

| | 期初数 | 本期计提 | 本期转回 | 本期核销 | 期末数 |
|---|---|---|---|---|---|
| 贷款损失准备 | — | — | — | — | — |
| 一般准备 | — | — | — | — | — |
| 专项准备 | — | — | — | — | — |
| 其他资产减值准备 | — | — | — | — | — |
| 可供出售金融资产减值准备 | 61 400.00 | — | — | 47 400.00 | 14 000.00 |
| 持有至到期投资减值准备 | — | — | — | — | — |
| 长期股权投资减值准备 | — | — | — | — | — |
| 坏账准备 | 75 266.20 | 5 464.77 | 1.32 | 29 904.42 | 50 825.23 |
| 投资性房地产减值准备 | — | — | — | — | — |

6.4.1.3 固有股票投资、基金投资、债券投资、金融股权投资等投资情况

单位：万元

| | 股票 | 基金 | 债券 | 金融股权投资 | 其他投资 | 合计 |
|---|---|---|---|---|---|---|
| 期初数 | 20 296.57 | 21 812.57 | 381.34 | 50 000.00 | 994 541.81 | 1 087 032.29 |
| 期末数 | 16 908.67 | 84 390.38 | 55.15 | 50 000.00 | 1 376 399.40 | 1 527 753.60 |

6.4.1.4 金融股权投资明细表

| 被投资企业名称 | 被投资企业所属行业 | 投资成本（万元） | 年末股权比例（%） |
|---|---|---|---|
| 中国信托业保障基金有限责任公司 | 基金管理服务 | 50 000.00 | 4.35 |

6.4.1.5 固有贷款明细表

无。

6.4.1.6 表外业务的期初数、期末数

无。

6.4.1.7 公司当年收入结构

| 收入结构 | 金额(万元) | 占比(%) |
|---|---|---|
| 利息收入 | 1 708.09 | 0.55 |
| 其中:存放同业 | 1 351.92 | 0.43 |
| 发放贷款及垫款 | — | — |
| 买入返售证券 | 356.17 | 0.11 |
| 手续费及佣金收入 | 239 262.38 | 76.71 |
| 其中:信托手续费收入 | 233 154.80 | 74.75 |
| 顾问及咨询收入 | 5 985.72 | 1.92 |
| 其他 | 121.86 | 0.04 |
| 投资收益 | 70 810.36 | 22.70 |
| 其中:证券投资收益 | −1 787.46 | −0.57 |
| 公允价值变动收益 | −7 854.65 | −2.52 |
| 其他收益 | 7 975.82 | 2.56 |
| 收入合计 | 311 902.00 | 100 |

**6.4.2 披露信托资产管理情况**

6.4.2.1 信托资产的期初数、期末数

单位:万元

| 信托资产 | 期初数 | 期末数 |
|---|---|---|
| 集合 | 26 652 055.43 | 37 900 825.22 |
| 单一 | 16 383 458.60 | 13 691 787.21 |
| 财产权 | 8 711 406.25 | 8 347 066.71 |
| 合计 | 51 746 920.28 | 59 939 679.14 |

6.4.2.2 主动管理型信托资产的期初数、期末数

单位:万元

| 主动管理型信托资产 | 期初数 | 期末数 |
|---|---|---|
| 证券投资类 | 540 118.44 | 521 783.86 |
| 股权投资类 | 747 725.67 | 1 852 888.31 |
| 其他投资类 | 3 844 111.49 | 7 579 977.79 |
| 融资类 | 8 762 246.65 | 18 702 736.28 |
| 事务管理类 | | |
| 合计 | 13 894 202.25 | 28 657 386.24 |

6.4.2.3 被动管理型信托资产的期初数、期末数

单位:万元

| 被动管理型信托资产 | 期初数 | 期末数 |
|---|---|---|
| 证券投资类 | — | — |
| 股权投资类 | — | — |
| 融资类 | — | — |
| 事务管理类 | 37 852 718.03 | 31 282 292.90 |
| 合计 | 37 852 718.03 | 31 282 292.90 |

6.4.2.4 本年度已清算结束的信托项目个数、实收信托合计金额、加权平均实际年化收益率

6.4.2.4.1 按集合、单一和财产管理类进行分类

| 已清算结束信托项目 | 项目个数(个) | 实收信托合计金额(万元) | 加权平均实际年化收益率(%) |
|---|---|---|---|
| 集合类 | 179 | 5 976 938.79 | 6.27 |
| 单一类 | 54 | 5 012 895.89 | 6.90 |
| 财产管理类 | 11 | 3 621 450.00 | 5.63 |

6.4.2.4.2 本年度清算结束的主动管理型信托项目

| 已清算结束信托项目 | 项目个数(个) | 实收信托合计金额(万元) | 加权平均实际信托报酬率(%) | 加权平均实际年化收益率(%) |
|---|---|---|---|---|
| 证券投资类 | 13 | 649 298.79 | 0.57 | 6.79 |
| 股权投资类 | 1 | 6 970.00 | 0.70 | 8.01 |
| 其他投资类 | 15 | 1 158 910.00 | 1.15 | 5.52 |
| 融资类 | 148 | 5 036 928.00 | 1.27 | 6.29 |

6.4.2.4.3 本年度清算结束的被动管理型信托项目

| 已清算结束信托项目 | 项目个数(个) | 实收信托合计金额(万元) | 加权平均实际信托报酬率(%) | 加权平均实际年化收益率(%) |
|---|---|---|---|---|
| 证券投资类 | — | — | — | — |
| 股权投资类 | — | — | — | — |
| 融资类 | — | — | — | — |
| 事务管理类 | 67 | 7 806 077.89 | 0.15 | 6.75 |

6.4.2.5 本年度新增的集合类、单一类和财产管理类信托项目个数及实收信托合计金额

| 新增信托项目 | 项目个数(个) | 实收信托合计金额(万元) |
|---|---|---|
| 集合类 | 496 | 18 285 888.78 |
| 单一类 | 66 | 2 187 185.64 |
| 财产管理类 | 20 | 3 854 242.94 |
| 新增合计 | 582 | 24 327 317.36 |
| 其中:主动管理型 | 513 | 18 977 732.83 |
| 被动管理型 | 69 | 5 349 584.54 |

## 6.5 关联方及其交易的披露

**6.5.1 关联交易方的数量、关联交易的总金额及关联交易的定价原则等**

| | 关联交易方数量 | 关联交易金额(万元) | 定价政策 |
|---|---|---|---|
| 合计 | 9 | 1 829 988.64 | 本公司2018年度发生的关联方交易均根据一般正常的交易条件进行,并以市场价格作为定价依据 |

6.5.2 关联交易方与本公司的关系性质、关联交易方的名称、法定代表人、注册地址、注册资本及主营业务等

| 关系性质 | 关联方名称 | 法定代表人 | 注册地址 | 注册资本（亿元） | 主营业务 |
|---|---|---|---|---|---|
| 本公司最终控制方 | 中国五矿集团有限公司 | 唐复平 | 北京市海淀区三里河路5号 | 102 | 进出口，工程招投标；黑色金属、有色金属投资；实业投资、资产管理等。 |
| 母公司 | 五矿资本控股有限公司 | 任珠峰 | 北京市海淀区三里河路5号 | 257.10 | 实业、高新技术产业、房地产项目投资；企业经营管理咨询等。 |
| 同一母公司 | 五矿证券有限公司 | 黄海洲 | 深圳市福田区金田路4028号荣超经贸中心办公楼47层01单元 | 72.92 | 证券经纪；证券投资咨询；证券承销业务和证券资产管理业务；融资融券业务等。 |
| 同一母公司 | 中国外贸金融租赁有限公司 | 高红飞 | 北京市海淀区三里河路1号北京市西苑饭店11号楼 | 51.66 | 融资租赁；固定收益类证券投资业务；同业拆借等。 |
| 同一母公司 | 五矿经易期货有限公司 | 张必珍 | 深圳市福田区益田路西福中路北新世界商务中心48层 | 27.15 | 许可经营项目是：商品期货经纪、金融期货经纪、资产管理、期货投资咨询等。 |
| 本公司母公司的联营企业 | 绵阳市商业银行股份有限公司 | 何　苗 | 四川省绵阳市涪城区临园路西段文竹街3号 | 12.44 | 吸收公众存款、发放贷款、办理国内结算等。 |
| 受同一最终控制方控制 | 五矿恒信投资管理（北京）有限公司 | 孙卓立 | 北京市海淀区三里河路5号院1栋四层A463 | 0.5 | 投资管理；资产管理；投资咨询等。 |
| 受同一最终控制方控制 | 北京第五广场置业有限公司 | 王　奇 | 北京市东城区朝阳门北大街7号三层305、306单元 | 4.9 | 开发、建设、出售、出租用地范围内的房屋等。 |
| 受同一最终控制方控制 | 五矿二十三冶建设集团有限公司 | 宁和球 | 长沙市雨花区湘府东路二段208号万境财智中心北栋24层 | 22.02 | 在本企业《建筑业企业资质证书》核定的范围内承包工程业务等。 |

6.5.3 公司与关联方的重大交易事项

6.5.3.1 固有与关联方交易情况

单位：万元

| | 期初数 | 借方发生额 | 贷方发生额 | 期末数 |
|---|---|---|---|---|
| 贷款 | — | — | — | — |
| 投资 | — | — | — | — |
| 租赁 | -73.17 | 16.86 | 9.02 | -65.33 |
| 应收账款 | — | — | — | — |
| 担保 | — | — | — | — |
| 其他 | 36 192.67 | 2 722 125.71 | 2 739 666.92 | 18 651.46 |
| 合计 | 36 119.50 | 2 722 142.57 | 2 739 675.94 | 18 586.13 |

注：负数为应付款项。

6.5.3.2 信托与关联方交易情况

单位：万元

| | 期初数 | 借方发生额 | 贷方发生额 | 期末数 |
|---|---|---|---|---|
| 贷款 | — | 30 000.00 | — | 30 000.00 |
| 投资 | 6 000.00 | — | — | 6 000.00 |
| 租赁 | 55 812.90 | — | — | 55 812.90 |
| 应收账款 | 245 000.00 | — | 245 000.00 | — |
| 担保 | — | — | — | — |
| 其他 | 746 305.11 | — | 746 305.11 | — |
| 合计 | 1 053 118.01 | 30 000.00 | 991 305.11 | 91 812.90 |

6.5.3.3 固有与信托间的交易情况

单位：万元

| | 期初数 | 本期发生额 | 期末数 |
|---|---|---|---|
| 合计 | 1 055 941.80 | 233 677.60 | 1 289 619.40 |

6.5.3.4 信托项目间的交易情况

单位：万元

| | 期初数 | 本期发生额 | 期末数 |
|---|---|---|---|
| 合计 | 2 252 542.76 | -617 472.56 | 1 635 070.20 |

6.5.4 报告期关联方逾期未偿还本公司资金及本公司为关联方担保发生或即将发生垫款的情况

无。

## 6.6 会计制度的披露

固有业务执行《企业会计准则》(2006年)，信托业务执行《企业会计准则》(2006年)。

# 7. 财务情况说明书

## 7.1 利润实现和分配情况

2017年末公司未分配利润为264 827.89万元，2018年实现净利润为171 995.31万元。2018年利润分配如下：

(1)分配2017年股东股利70 087.57万元。

(2)按照净利润的10%提取法定盈余公积17 199.53万元。

(3)按照净利润的5%提取信托赔偿准备金8 599.77万元，提至54 440.40万元。

(4)按照年末风险资产的1.5%提取一般风险准备金6 198.09万元，提至25 390.30万元。

2018年期末未分配利润余额为334 738.24万元。

## 7.2 主要财务指标

| 指标名称 | 指标值 |
|---|---|
| 净资产收益率(%) | 14.49 |
| 信托报酬率(%) | 0.48 |
| 人均利润(万元) | 585.88 |

## 7.3 对本公司财务状况、经营成果有重大影响的其他事项

无。

## 8. 特别事项揭示

### 8.1 股东报告期内变动情况及原因

无。

### 8.2 董事、监事及高级管理人员变动情况及原因

8.2.1 董事变动情况

2018年3月,中国银监会青海监管局核准陈闽玉公司董事任职资格(青银监复[2018]19号)。人员情况详见3.1.2。

8.2.2 监事变动情况

无。

8.2.3 高管人员变动情况

无。

### 8.3 变更注册资本、注册地或公司名称、公司分立合并事项

无。

### 8.4 公司的重大诉讼事项

单位:万元

| 序号 | 原告 | 被告 | 案由 | 标的金额(万元) | 诉讼(仲裁)进展情况 |
|---|---|---|---|---|---|
| 1 | 库尔勒市农村信用合作联社、尉犁县农村信用合作联社、和硕县农村信用合作联社、若羌县农村信用合作联社 | 五矿信托(第三人) | 保证合同纠纷 | 57 740 000 | 2019年1月24日,收到最高人民法院二审判决,维持原判,五矿信托不承担民事责任,已结案。 |
| 2 | 新疆中盈投资有限责任公司 | 五矿信托 | 营业信托纠纷 | 109 395 357.80 | 2018年9月25日,青海高院一审判决支持了新疆中盈的诉讼请求,五矿信托提起上诉。2018年12月29日,最高人民法院出具调解书,双方达成和解并经调解书确认,五矿信托无须履行该案一审判决,同时双方就此案不再发生任何争议,已结案。 |
| 3 | 五矿信托 | 内蒙古中西矿业有限公司、甘肃建新实业集团有限公司、甘肃万星实业股份有限公司、刘建民、王爱琴 | 借款合同纠纷 | 1 153 413 641.87 | 2018年2月7日,中西矿业向内蒙古卓资县法院申请重整,该院已裁定重整,五矿信托已向重整管理人申报债权,目前尚待执行。2018年6月19日建新集团进行了部分清偿,已判决,诉讼结果将对公司利润产生一定影响,公司已经计提了相应的减值准备。 |
| 4 | 五矿信托 | 易伟 | 营业信托纠纷 | 2 723 583.21 | 2018年9月20日青海省高级人民法院驳回易伟的再审申请,目前该案执行中。 |
| 5 | 贵阳市工业投资(集团)有限公司 | 五矿信托 | 营业信托纠纷 | 108 138 927.33 | 2018年12月,五矿信托与北京星探联合投资管理有限公司等主体达成和解,最终是北京星探联合投资管理有限公司实际履行了判决的支付义务。2018年11月30日,贵州高院出具裁定书,终结执行该案。 |
| 6 | 五矿信托 | 新疆中盈投资有限公司、北京星探联合投资管理有限公司、北京征金资本管理有限公司、沈利红 | 营业信托纠纷 | 116 980 000.00 | 2018年12月,因五矿信托与北京星探联合投资管理有限公司等主体达成和解,最终是北京星探联合投资管理有限公司实际履行了贵阳市工业投资(集团)有限公司诉五矿信托、北京星探案二审判决项下的支付义务,故五矿信托撤回起诉;2019年2月7日,最高人民法院出具裁定书,裁定撤销一审判决,各方就此案不再发生任何争议,已结案。 |
| 7 | 五矿信托 | 佛山振兴共济文化投资有限公司、云南振戎润德集团有限公司、广东振戎能源有限公司 | 营业信托纠纷 | 591 140 110.00 | 2018年3月8日,五矿信托收到青海高院执行裁定书,裁定查封、扣押、冻结被执行人财产,并通知五矿信托提供被执行人财产线索,目前该案正在执行中。 |
| 8 | 五矿信托 | 云南振戎润德文化传播有限公司、云南振戎润德集团有限公司、杨瑞 | 营业信托纠纷 | 44 833 941.67 | 2018年3月22日,青海高院受理五矿信托的执行申请;2018年4月25日收到青海高院的执行裁定书,该案进入执行程序。 |
| 9 | 五矿信托 | 重庆柏椿实业有限公司、重庆申基实业(集团)有限公司、申勇、申柯 | 借款合同纠纷 | 99 970 000.00 | 2018年6月21日,被告重庆柏椿实业有限公司向最高人民法院提起上诉,但被告上诉后未出庭,最高法二审裁定按撤诉处理,现一审判决生效 。 |
| 10 | 五矿信托 | 上海荣腾置业有限公司、马建军 | 借款合同纠纷 | 395 440 000.00 | 五矿信托向上海市第一中级人民法院申请强制执行,2018年6月8日,一中院立案,目前正在执行中。 |
| 11 | 五矿信托 | 山西楼俊矿业集团有限公司 | 借款合同纠纷 | 100 000 000 | 被告正在法院破产重整过程中,五矿信托已向清算组申报债权;楼俊矿业的重整已完成,目前正在进行偿债安排。 |
| 12 | 五矿信托 | 五矿信托与成都森宇实业集团有限公司 | 借款合同纠纷 | 518 698 630.14 | 2016年3月22日出具调解书,对方未履行,五矿信托已于2016年5月17日向青海省高级人民法院申请强制执行。 |
| 13 | 五矿信托 | 武汉金正茂商务有限公司、武汉徐东房地产开发有限公司、陈乐铸、朱珠微、朱孟元、陈乐龙、易香玉、湖北凯旋门广场购物中心有限公司、普提金集团有限公司 | 营业信托纠纷 | 600 000 000.00 | 2018年3月,五矿信托收到青海高院执行裁定书,目前该案正在执行中,公司已经计提了相应的减值准备。 |

### 8.5 公司及其董事、监事和高级管理人员受到处罚情况

无。

### 8.6 对银保监会提出的整改意见简要说明整改情况

2018年，中国银保监会青海监管局先后对公司下发了《2017年度监管意见书》《监管提示书》等监管文件，监管局在推动业务创新转型、提升服务经济质效、压降事务管理类信托业务规模等方面向公司提出了监管意见、提示了风险。公司高度重视，认真落实监管意见，开展了一系列自查与专项排查整改工作，多次召开专题会议，明确工作目标和要求、制订整改计划，不断完善具体工作举措。通过整改落实各项监管意见及监管提示，公司的内控管理、公司治理、经营管理等各项能力水平进一步提高，公司内部控制体系更加完善，为公司可持续健康发展打下了坚实的基础。

### 8.7 重大事项临时报告情况

无。

### 8.8 银保监会及其省级派出机构认定的其他有必要让客户及相关利益人员了解的重要信息

无。

## 9. 公司监事会意见

监事会认为，报告期内公司依法运作，各项决策的程序符合国家法律法规和公司章程及相关制度的规定，内控制度不断完善，董事会、高级管理层诚信、谨慎、认真地履行职责，未发现有违法违规和损害受托人利益、股东利益和公司利益的行为。

监事会认为，公司本年度财务报告真实、客观地反映了公司的财务状况和经营成果。本年度财务报告已经天健会计师事务所审计，并出具了标准无保留意见的审计报告。

# 西部信托有限公司

## 1. 重要提示

1.1 本公司董事会及董事保证本报告所载资料不存在任何虚假记载、误导性陈述或重大遗漏,并对其内容的真实性、准确性和完整性承担个别及连带责任。

1.2 公司独立董事声明本年度报告内容真实、准确和完整。

1.3 瑞华会计师事务所为本公司出具了无保留意见的年度审计报告。

1.4 公司董事长徐朝晖、主管会计工作的副总经理刘洁及计划财务部经理甄明声明:保证本年度报告中财务报告的真实、完整。

## 2. 公司概况

### 2.1 公司简介

2.1.1 中文名称:西部信托有限公司
中文名称简写:西部信托
英文名称:Western Trust Co. ,Ltd.
英文名称缩写:WT

2.1.2 法定代表人:徐朝晖

2.1.3 注册地址:陕西省西安市东新街232号
邮政编码:710004

2.1.4 公司国际互联网网址:www. wti-xa. com
电子邮箱:wti-xa@wti-xa. com

2.1.5 公司信息披露负责人:齐冰
联系电话:029-87396585
传真电话:029-87406300
电子邮箱:wti-xa@wti-xa. com

2.1.6 选定的信息披露报纸:《上海证券报》

2.1.7 年度报告备置地点:陕西省西安市东新街232号信托大厦15楼

2.1.8 聘请的会计师事务所:瑞华会计师事务所
地址:北京市海淀区西四环中路16号院2号楼4层

2.1.9 聘请的律师事务所:北京金诚同达律师事务所西安分所
地址:西安市沣惠南路华晶广场B座15层

### 2.2 组织结构

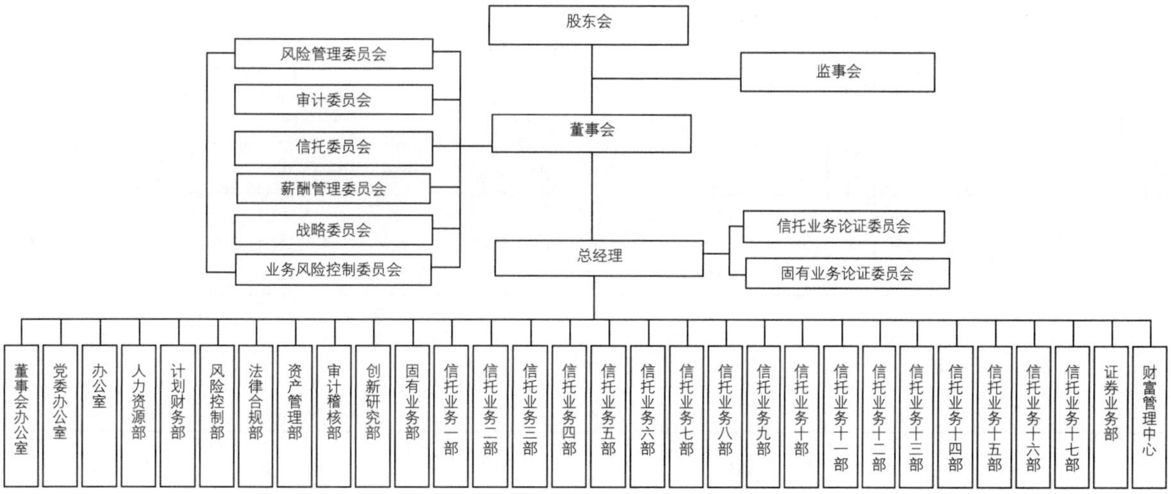


## 3. 公司治理

### 3.1 股东

截至2018年末,公司股东总数24家。

| 股东名称 | 持股比例(%) | 法人代表 | 注册资本(亿元) | 注册地址 | 主要经营业务及主要财务情况 |
|---|---|---|---|---|---|
| 陕西省电力建设投资开发公司 | 57.78 | 袁小宁 | 20 | 西安市东新街232号 | 省电力建设资金的筹集、省电力建设项目的开发和管理。 |

续表

| 股东名称 | 持股比例(%) | 法人代表 | 注册资本(亿元) | 注册地址 | 主要经营业务及主要财务情况 |
|---|---|---|---|---|---|
| 陕西省产业投资有限公司 | 8.66 | 贺伟轩 | 8 | 西安市莲湖区青年路92号 | 装备制造、能源交通、电子信息、原材料、矿产资源、房地产、农林及产业项目的投资建设和运营等。 |
| 重庆中侨置业有限公司 | 6.36 | 孙　飚 | 0.1 | 重庆市渝北区加洲花园C3－C4裙楼 | 装饰材料、建筑材料、化工产品及原料、房屋、五金、交电、摩托车及配件等。 |

## 3.2 董事

董事长、董事

| 姓名 | 职务 | 性别 | 年龄(岁) | 选任日期 | 所推荐的股东名称 | 该股东持股比例(%) | 简要履历 |
|---|---|---|---|---|---|---|---|
| 徐朝晖 | 董事长 | 女 | 45 | 2012年8月 | 陕西省电力建设投资开发公司 | 57.78 | 1994年9月参加工作，大学学历，工商管理硕士学位，中共党员。 |
| 范　明 | 董事 | 男 | 43 | 2012年8月 | 陕西省电力建设投资开发公司 | 57.78 | 1997年7月参加工作，研究生学历，经济师职称，具有证券从业资格和保险经纪、公估、代理从业资格。 |
| 雷永泉 | 董事 | 男 | 47 | 2015年11月 | 陕西省电力建设投资开发公司 | 57.78 | 1991年7月参加工作，大学学历，高级会计师职称。 |
| 杨永柱 | 董事 | 男 | 54 | 2015年11月 | 陕西省电力建设投资开发公司 | 57.78 | 1984年7月参加工作，研究生学历，高级会计师职称。 |
| 王毛安 | 董事 | 男 | 52 | 2015年11月 | 陕西省电力建设投资开发公司 | 57.78 | 1991年7月参加工作，研究生学历，硕士学位，高级会计师职称，注册会计师资格。 |
| 陈秀芬 | 董事 | 女 | 42 | 2015年11月 | 陕西省产业投资有限公司 | 8.66 | 2002年7月参加工作，硕士研究生，中级经济师，具备律师资格、企业法律顾问资格。 |
| 韩宗望 | 职工董事 | 男 | 46 | 2015年11月 | 西部信托有限公司 | — | 1993年参加工作，研究生学历，经济师职称。 |

独立董事

| 姓　名 | 所在单位及职务 | 性别 | 年龄(岁) | 选任日期 | 所推举的股东名称 | 该股东持股比例(%) | 简要履历 |
|---|---|---|---|---|---|---|---|
| 羿　克 | 陕西融德律师事务所主任 | 男 | 49 | 2012年8月 | — | — | 西安交通大学经济法学硕士，中国社会科学院民商专业法学博士研究生，2005年至今，西安交通大学法学院客座教授，2008年至今，陕西融德律师事务所主任。 |
| 文富胜 | 北京旭日启源投资管理有限公司投资经理 | 男 | 50 | 2015年11月 | — | — | 大学本科学历，经济学学士，具有注册会计师、律师、注册资产评估师、经济师（金融）、保荐代表人等资格。 |
| 马旭飞 | 香港中文大学创业研究中心副主任 | 男 | 46 | 2015年11月 | — | — | 研究生学历，博士学位，先后毕业于西安交通大学、加拿大萨省大学商学院、新加坡国立大学商学院，香港中文大学商学院管理学系终身教授、博士生导师，战略管理和国际企业管理领域的知名学者。 |

## 3.3 监事

监事会成员

| 姓名 | 职务 | 性别 | 年龄(岁) | 选任日期 | 所推荐的股东名称 | 该股东持股比例(%) | 简要履历 |
|---|---|---|---|---|---|---|---|
| 樊来盈 | 监事会主席 | 男 | 48 | 2016年9月 | 彩虹集团公司 | 5.01 | 历任彩虹显示器件股份有限公司财务业务经理，咸阳彩虹热电有限公司财务部部长，合肥彩虹蓝光科技有限公司财务部部长，彩虹（合肥）光伏有限公司财务总监；现任彩虹集团有限公司副总经济师。 |
| 孙　飚 | 监事 | 男 | 51 | 2012年8月 | 重庆中侨置业有限公司 | 6.36 | 2000年至今担任重庆康信置业有限公司董事长，重庆中侨置业有限公司董事长，重庆金岛房地产有限公司董事长。 |
| 张　伟 | 职工监事 | 男 | 44 | 2015年10月 | 西部信托有限公司 | — | 1998年参加工作，大学学历，助理经济师职称，曾就职于陕西省西北信托投资有限公司；现任西部信托有限公司信托业务二部总经理。 |

本公司监事会未设立下属委员会。

### 3.4 高级管理人员

| 姓名 | 职务 | 性别 | 年龄（岁） | 选任日期 | 金融从业年限（年） | 学历 | 专业 | 简要履历 |
|---|---|---|---|---|---|---|---|---|
| 徐 谦 | 总经理 | 男 | 47 | 2015年11月 | 19 | 博士研究生 | 政治经济学 | 中共党员，博士学位，研究生学历，曾任长安国际信托股份有限公司投行部总经理，公司副总裁。 |
| 王 珂 | 副总经理 | 男 | 58 | 2015年11月 | 39 | 本科 | 经济管理 | 中共党员，本科学历，曾任工商银行总行信贷管理部授信处处长，工商银行陕西省分行管理部副总经理。 |
| 刘 洁 | 副总经理 | 女 | 49 | 2015年11月 | 18 | 研究生 | 工商管理 | 硕士学位，研究生学历，高级经济师、注册会计师，曾任西部证券投资银行部高级经理，长安信托审计部总经理、风险控制部总经理、合规风险副总监、公司监事。 |
| 蔡长生 | 副总经理 | 男 | 58 | 2015年11月 | 22 | 研究生 | 经济管理 | 中共党员，硕士学位，研究生学历，高级会计师，曾在国有大中型企业担任财务处长、副总会计师，西部信托有限公司任财务部经理、总经理助理兼审计法规部经理、董事会秘书、稽核总监。 |
| 贾 旭 | 副总经理 | 男 | 49 | 2015年11月 | 26 | 研究生 | 工商管理 | 中共党员，经济师，硕士学位，研究生学历，曾任西部信托有限公司市场营销部经理、信托二部经理、总经理助理。 |
| 齐 冰 | 副总经理<br>董事会秘书 | 男 | 46 | 2015年11月 | 22 | 研究生 | 工商管理 | 硕士学位，研究生学历，经济师，曾任西部证券银证券通营销中心副总经理、西安吉祥路证券营业部副总经理、客户资产管理总部副总经理、总经理，上海第二分公司总经理、总经理助理，西部信托有限公司总经理助理。 |

### 3.5 公司员工

| 项目 | | 报告期年度 | | 上年度 | |
|---|---|---|---|---|---|
| | | 人数（人） | 比例（%） | 人数（人） | 比例（%） |
| 年龄分布 | 25岁以下 | 4 | 1.35 | 5 | 1.96 |
| | 25～29岁 | 57 | 19.26 | 62 | 24.31 |
| | 30～39岁 | 160 | 54.05 | 115 | 45.10 |
| | 40岁以上 | 75 | 25.34 | 73 | 28.63 |
| 学历分布 | 博士 | 3 | 1.01 | 3 | 1.18 |
| | 硕士 | 133 | 44.93 | 110 | 43.14 |
| | 本科 | 130 | 43.92 | 108 | 42.35 |
| | 专科 | 26 | 8.78 | 29 | 11.37 |
| | 其他 | 4 | 1.35 | 5 | 1.96 |
| 岗位分布 | 董事、监事及其高管人员 | 7 | 2.36 | 8 | 3.14 |
| | 自营业务人员 | 3 | 1.01 | 4 | 1.57 |
| | 信托业务人员 | 135 | 45.61 | 121 | 47.45 |
| | 其他人员 | 151 | 51.01 | 122 | 47.84 |

## 4. 经营管理

### 4.1 经营目标、经营方针、战略规划

围绕跨入“行业第二梯队”发展目标，综合发掘各类资源，在公司内部逐步建立健全现代企业制度，建造科学合理的经营管理体制、激励机制和风险内控系统，为客户提供专业化的综合金融服务，为信托受益人谋求利益最大化，为股东创造价值最大化，为员工提供良好的成长机会，使公司成为专业理财金融机构。

以“防风险、补短板、促转型、保增长”为总体基调，采取有效的风险防控措施，确保存续信托项目平稳运行，稳步适度开展传统业务，积极推进符合发展趋势的创新业务，夯实业务发展基础，加快业务转型，提升发展质量。

坚持“受人之托，代人理财”的服务宗旨，以“跟随主流市场同时打造自身特色，进行业务综合布局”为战略方向，以“在锁定基石业务基础上，积极培养战略创新业务和传统业务创新思路”为战略定位，以立足陕西、拓展全国性业务为路径，通过若干年的努力，在西部地区形成具有自身特色和较强影响力的“投资银行、资产管理、私人银行三位一体”的专业化金融资产管理公司。

### 4.2 经营业务的主要内容

公司经营业务包括固有资产管理业务和信托业务。信托业务主要是资金信托、股权信托和财务顾问等业务；固有资产管理业务主要是股权投资、贷款和证券投资等业务。

**自营资产运用与分布表**

| 资产运用 | 金额（万元） | 占比（%） | 资产分布 | 金额（万元） | 占比（%） |
|---|---|---|---|---|---|
| 货币资产 | 3 025.37 | 0.54 | 基础产业 | — | — |
| 贷款及应收款 | 1 161.36 | 0.21 | 房地产业 | — | — |
| 交易性金融资产 | — | — | 证券市场 | 262 909.15 | 47.32 |
| 可供出售金融资产 | 315 801.70 | 56.85 | 实业 | — | — |
| 持有至到期投资 | 66 430.70 | 11.96 | 金融机构 | 263 586.27 | 47.45 |
| 其他 | 169 128.07 | 30.44 | 其他 | 29 051.79 | 5.23 |
| 资产总计 | 555 547.21 | 100.00 | 资产总计 | 555 547.21 | 100.00 |

**信托资产运用与分布表**

| 资产运用 | 金额（万元） | 占比（%） | 资产分布 | 金额（万元） | 占比（%） |
|---|---|---|---|---|---|
| 货币资产 | 271 808.60 | 0.85 | 基础产业 | 3 024 052.11 | 9.43 |
| 贷款 | 15 589 343.52 | 48.59 | 房地产 | 4 973 635.90 | 15.50 |
| 交易性金融资产 | 431 380.70 | 1.34 | 证券市场 | 758 178.95 | 2.36 |
| 持有至到期投资 | 7 788 063.26 | 24.28 | 实业 | 19 674 358.79 | 61.33 |
| 长期股权投资 | 2 404 275.17 | 7.49 | 金融机构 | 2 699 202.48 | 8.41 |
| 其他 | 5 595 473.38 | 17.44 | 其他 | 950 916.40 | 2.96 |
| 信托资产总计 | 32 080 344.64 | 100.00 | 信托资产总计 | 32 080 344.64 | 100.00 |

## 4.3 市场分析

2018 年，中国经济新常态步入新阶段，供给侧改革深入推进，这为信托业转型创新、加速发展提出了全新的要求，同时也带来难得的历史机遇。党的十九大明确指出："要深化金融体制改革，增强金融服务实体经济的能力，健全金融监管体系，守住不发生系统性金融风险的底线。"当前，我国金融体系的风险总体可控，市场不断发展，新兴产业不断涌现，为信托公司逐步拓展新的领域提供了机会。可以说，信托行业在宏观经济总体企稳后迎来较好的发展机遇。

与此同时，挑战与机遇并存，2019 年，我国的经济金融体系虽可控，但仍然处于风险易发多发期，面临的形势依然严峻，金融监管不断强化，压力空前。因此，作为经营风险的信托公司，还应继续利用有利因素，积极采取有效措施予以应对，回归本源和主业，着力创新转型，在确保公司稳健经营的同时，努力促成金融和实体经济、金融和房地产、金融体系内部三个方面的良性循环。

## 4.4 内部控制

公司重视内控建设，公司股东会、董事会、监事会、经营管理层各自的职能分工明确，建立了决策层、执行层、监督层构成的内部控制架构，在公司的经营发展中发挥着各自的职能与作用，形成了各层既相互独立，又相互制衡、相互协调的内部控制机制。

公司一直秉承"稳健经营、持续发展"的经营理念，始终把风险控制放在经营管理的首要位置，多层次、全方位推动积极有效的内控文化建设。通过培训学习、印发制度汇编等多种途径使全体员工熟悉公司的各项规章制度及业务操作流程；通过审计检查、考核激励与问责不断强化员工的合规经营和风险控制意识。

公司董事会下设风险管理委员会、信托委员会、薪酬管理委员会、战略委员会、审计委员会。各委员会职责清晰、分工明确，协助董事会开展公司各项工作。公司引入独立董事制度，并由独立董事出任信托委员会、薪酬管理委员会和审计委员会主任委员，以控制公司重大业务的经营风险，实现公司的稳健持续发展。

公司层面设置了信托业务论证委员会和固有业务论证委员会，建立了有效的业务咨询系统。业务部门在开办业务时首先要经过详细的可行性分析，经风险控制部进行项目预审，法律合规部合规审查，再提交专业论证委员会进行审议表决。公司审计稽核部负责内审工作，遵循内部审计准则和稽核工作规范，独立、客观地履行职能。公司《授权管理办法》对股东会、董事会、经营班子各层级业务权限作出了明确规定，实行分级授权审批控制。

公司设立了业务风险控制委员会，人员由公司总经理、副总经理等组成，通过定期对业务项目风险跟踪、分析，对项目运行过程中的风险情况进行认真评估，排查业务项目风险隐患，建立了风险预警机制。

公司固有财产和信托财产设立独立的部门分别管理，各部门和岗位，职权分明，职能独立。公司不断地完善制度体系，将内部综合管理、业务管理、财务管理三大类制度进行梳理与汇总，力求公司经营管理环节都做到有章可循，照章办事。

公司建立了良好的信息交流与沟通制度，通过公司网站、每周例会、办公自动化系统、管理月报、中层以上管理人员不定期工作会议等形式达到各层级顺畅的信息共享与互动。

公司依照规定的程序，及时、完整、准确地向监管部门报备有关材料，向社会公众披露相关信息，并积极整合反馈信息，将其有效地运用于公司的经营管理中。公司还邀请监管机构代表列席董事会、股东会会议，接受监管部门监督。公司能够严格执行向委托人（受益人）披露信托事务处理信息的有关制度，依据有关文件约定能及时召开委托人（受益人）会议，确保相关当事人的知情权。对于监管机构和委托人（受益人）提出的问题或建议，公司均能给予及时、详细的信息反馈。

公司建立了内部控制评价、监督、纠正机制。公司审计稽核部作为公司独立的专职监督部门，以防范风险、纠正违规、加强内控为工作目标，对公司的内部控制、操作风险及合规管理进行独立监督和评价，及时发现内部控制缺陷或项目操作风险，提出改进建议并敦促改进，促进公司的稳健发展。法律合规部负责对公司的法规工作进行统一的规划、指导、监督、检查及评价，确保公司及项目合法合规。

本报告期内，公司审计稽核部按照《企业内部控制基本规范》的有关规定，对公司治理、内部控制、业务流程与执行情况、授权管理情况、异地团队管理、高管经济责任及离任等多个方面开展了审计工作，并提出了审计管理建议。报告期内审计稽核部两次对审计工作中发现的问题进行整改检查，使有关问题及时得到解决。

## 4.5 风险管理

信用风险又称违约风险，是指交易对手不能履行合约义务而带来的风险。信用风险是公司面临的主要风险，主要表现为公司融资业务中融资方、担保方的信用风险。

市场风险是指公司在业务经营中所不可避免的因市场参数的波动而产生的风险。其主要表现为市场供求风险、利率风险、汇率风险、股票价格风险、商品价格风险等。报告期内，公司密切关注各类市场风险，加强行业分析及研究。

操作风险是指公司内控机制、内部业务流程、工作人员在操作中的不完善或失误，可能给公司造成损失的风险，也是指公司外部因素例如通信系统故障等可能给公司造成损失或影响公司正常运行的风险。报告期内，公司未发生因操作风险造成的损失。

流动性风险是指公司虽然有清偿能力，但无法及时获得充足资金或无法以合理成本及时获得充足资金以应对资产增长或支付到期债务的风险。报告期内，公司对存续项目进行持续监测和跟踪，确保风险的及时发现，流动性风险管理抓在源头、抓在期间。

合规风险是指因公司或公司员工的经营管理活动和执业行为违反法律法规或准则而使公司受到法律制裁、被采取监管处罚、遭受财产损失或声誉损失的风险。报告期内，公司多次进行合规检查、内查，未发生因合规风险造成的损失。

反洗钱风险是指因反洗钱风险控制的政策目标存在偏差，管理人员及执行人员缺乏对反洗钱风险的认知和引导，反洗钱资源配置缺乏合理规划等主客观原因造成未能有效识别、评估和监测客户和交易的洗钱行为而造成的相关风险。报告期内,公司持续完善反洗钱相关工作机制,加大反洗钱工作力度。

关联交易风险是指在业务开展及经营管理过程中未能有效识别关联方及关联交易事项而导致单一客户集中性风险上升、企业经营风险的传递、财务信息不对称、关联公司担保及利用关联交易进行利益输送、抽逃资金、逃税避税、转移资产、逃废债务等后果造成的相关风险。报告期内,公司未发生因关联交易风险造成的损失。

其他风险主要有政策风险和执业道德风险。政策风险主要表现为宏观政策以及行业政策的变动对公司经营环境和发展所造成的影响;执业道德风险指公司内部人员不诚信经营、不恪尽职守的风险。报告期内,公司未发生因其他风险所造成的损失。

为有效防控信用风险,公司一是建立了业务指引明确准入标准及风控要求,引入量化风险评估指标及信用评级机制,对交易对手进行全面、深入的信用调查与分析,形成客观、翔实的尽职调查报告,并向决策机构充分揭示业务涉及的信用风险;二是坚持从严的风险控制措施,对于保证担保,按照公司相关尽职调查要求,对保证人进行充分调查,以判断其是否具备担保能力。对于抵(质)押担保的贷款,严格审查抵(质)押物权属的有效性、合法性,客观、公正地评估抵押物,控制合理的抵押率;三是加强了运行期间动态管理和监控,通过定期资产五级分类和定期或不定期的检查、抽查跟踪业务进行风险事中控制,发现问题及时采取措施有效防范和化解信用风险;四是通过提取信托赔偿准备金和计提资产损失准备金来提高公司抵御风险的能力。公司采用备抵法计提一般准备,据实计提专项准备。贷款资产减值准备计提标准为正常类计提比例为零;关注类计提比例为 2%;次级类计提比例为 25%;可疑类计提比例为 50%;损失类计提比例为 100%。报告期内,不良资产期初数为 18 598. 27 万元,期末数为 22 560. 27 万元,期末已计提资产减值准备 13 686. 28 万元。

为加强市场风险管理,公司一是加强了对经济及金融形势的分析预测,关注行业状况及市场变动,谨慎选择项目;二是在项目开展前期,对金融市场有可能产生的市场风险的各个因素进行了分析研究,提早做好防范措施,采取分散投资、分散风险的方法,通过业务种类、产品结构的多元化提高公司抵御市场风险的整体能力;通过时机选择、个股选择来寻找投资机会,妥善管理和控制股市波动带来的风险;三是通过密切跟踪宏观经济变化,特别是消费物价指数的变动,增强预见性,防范利率风险,控制行业集中度,关注政策导向研究,回避限制行业。

为防止操作风险的发生,公司一是制定了科学合理的民主集中的业务决策机制,设定合理的决策权限、审批流程;建立了严格的决策信息采集、传递程序,使决策人能够充分掌握基础决策信息,同时通过各种方式不断提高相关决策人自身决策素质和决策能力;二是公司不断加强业务内控制度建设,定期梳理和完善业务制度、操作流程,设置相互制衡的岗位,加强员工培训,提高员工业务技能,通过技术手段对操作权限和内容进行程序设定、实行操作违规处罚、制定应急预案等措施控制操作风险。

为加强流动性风险的管理,公司一是在项目前期评审阶段从多个方面评判融资方到期的兑付能力;二是按照监管部门的要求,公司定期或不定期地对项目进行充分的压力测试。严格后续管理,持续关注公司的后续经营状况,了解其经营风险,重要时点的流动性风险,在融资方出现或有流动性风险时,及时采取有效措施进行化解,严控流动性风险的出现;三是公司在自有资金使用方面,采取了严格的使用途径,只能将自有资金投向流动性较强的固定收益类产品或公司主动管理的信托计划,严控流动性风险。

加强合规风险管理制度和体系的建设,用制度规范业务,用规范经营加强合规风险的防御;制定《员工手册》,从制度、教育、监督、纪律处罚等方面,对公司人员及其行为规范进行约束和管理;重视合规文化建设,提倡全员合规、合规从高层做起的管理理念,树立"风险管理是公司经营的立足之本"这一风险管理的核心价值观念。

为防范反洗钱风险的发生,公司通过指定特定部门专门负责反洗钱工作,制定反洗钱的内部制度、操作规程、控制措施并建设完善相关系统,对公司全员进行反洗钱培训,增强反洗钱工作能力。反洗钱内部控制制度具备完整性和可操作性,公司相关负责人对反洗钱内部控制制度的有效实施负责。

公司建立关联交易管理的相关制度及监督运行机制,根据企业会计准则及监管要求,充分明确关联方及关联交易的认定标准,在经营管理和开展业务的过程中,加强对于关联方和关联交易的判断识别,全面了解交易对手的关联关系,通过公开信息、企业工商信息查询系统、人民银行信贷信息查询系统、企业大事记、公司章程、审计报告、会议记录、股东登记簿等信息来源对关联方关系进行充分识别,并严格按照监管要求对关联交易进行事前报告。

为防范其他风险,公司一是通过对宏观政策和行业政策的跟踪、研究,提高预见性和前瞻性,控制政策风险;二是通过建立完善的公司治理结构、内控制度、业务流程,加强思想教育,调查交易对手的诚信记录,控制道德风险;三是加强项目风险排查,及时发现风险隐患,并予以及时纠正,突出项目现金流量管理,加强对流动性风险的防范。

## 4.6 净资本管理

2018 年末,公司净资本风险控制指标为:净资本为 43. 00 亿元,各项业务风险资本之和为 34. 54 亿元,净资本/各项业务风险资本之和为 124. 48%,净资本/净资产为 94. 42%。2018 年,公司积极调整优化固有资产和信托业务结构,净资本各项监管指标均达到监管要求。

## 4.7 社会责任履行情况

2018 年,公司贯彻落实"三重一大"决策制度,加强党风廉政建设;始终坚持依法合规、诚信经营,不断改善和完善法人治理结构、内控及风险管理体系,全面提升风险管理能力;积极支持地方经济建设、提供优质金融服务;保障员工基本权益,提供各类培训、保险保障以及丰富的活动;积极投身于金融知识宣传和消费者权益保护工作中,不断提升和完善企业的价值观,促进股东、公司以及员工共同发展。

精准扶贫方面。2018 年,公司投入专项扶贫资金 90 万元,用于陕西省白水县杨武村精准扶贫。与此同时一是在协助杨武村发展产业的同时,积极组织公司员工为杨武村捐赠图书，扶贫扶智，共捐赠图书400余册；二是公司扶贫工作队继续坚持常年驻守，积极协助、鼓励、帮助杨武村养殖合作社及贫困户个体养殖业发展生态养殖，使深源机井发挥经济效益，帮助杨武村新建苹果园；三是截至目前，公司已圆满完成了各项扶贫任务，全村各项产业预计可实现收入共计30万元以上，为杨武村的可持续发展打下坚实的基础。

慈善信托方面。2017年，公司设立"西部信托·精准扶贫1号慈善信托"，立足精准帮扶，通过资助基础设施和公共服务配套工程、特色主导产业扶贫、教育扶贫、健康扶贫、精准兜底脱贫等方式，推动扶贫工作由"输血"向"造血"转变，解决贫困户自我发展和脱贫可持续问题。鉴于杨武村已达脱贫标准，该信托于2018年11月结束。

公益事业方面。长期以来，公司鼓励员工积极参与志愿服务，通过志愿服务来提升员工的社会责任感。西部信托志愿者服务队自创建以来，2018年开展了福利院慈善公益活动、"保护古城墙 美化大西安"健步走和"弘扬雷锋精神，争做时代楷模——协助交警安全疏导及交通知识科普活动，以实际行动践行社会主义核心价值观，并取得了良好的社会效果。驻村扶贫工作队响应号召，前往白水县留守儿童中心慰问留守儿童。公司组织了客户、员工参与"劳动体验""爱心体验"等扶贫活动，还开展了"金融知识进万家""金融知识进校园""金融知识进企业"等活动，宣传金融知识、提高风险防范意识，确保金融安全。

## 5. 报告期末及上一年度末的比较式会计报表

### 5.1 自营资产

#### 5.1.1 会计师事务所审计结论

**审计报告**

瑞华审字［2019］61070002号

西部信托有限公司：

一、审计意见

我们审计了西部信托有限公司（以下简称西部信托公司）财务报表，包括2018年12月31日的资产负债表，2018年度的利润表、现金流量表、股东权益变动表以及相关财务报表附注。

我们认为，后附的财务报表在所有重大方面按照企业会计准则的规定编制，公允反映了西部信托公司2018年12月31日的财务状况以及2018年度的经营成果和现金流量。

二、形成审计意见的基础

我们按照中国注册会计师审计准则的规定执行了审计工作。审计报告的"注册会计师对财务报表审计的责任"部分进一步阐述了我们在这些准则下的责任。按照中国注册会计师职业道德守则，我们独立于西部信托公司，并履行了职业道德方面的其他责任，我们相信，我们获取的审计证据是充分、适当的，为发表审计意见提供了基础。

三、管理层和治理层对财务报表的责任

西部信托公司管理层（以下简称管理层）负责按照企业会计准则的规定编制财务报表，使其实现公允反映，并设计、执行和维护必要的内部控制，以使财务报表不存在由于舞弊或错误导致的重大错报。

在编制财务报表时，管理层负责评估西部信托公司的持续经营能力，披露与持续经营相关的事项（如适用），并运用持续经营假设，除非管理层计划清算西部信托公司、停止营运或别无其他现实的选择。

治理层负责监督西部信托公司的财务报告过程。

四、注册会计师对财务报表审计的责任

我们的目标是对财务报表整体是否不存在由于舞弊或错误导致的重大错报获取合理保证，并出具包含审计意见的审计报告。合理保证是高水平的保证，但并不能保证按照审计准则执行的审计在某一重大错报存在时总能发现。错报可能由于舞弊或错误所导致，如果合理预期错报单独或汇总起来可能影响财务报表使用者依据财务报表作出的经济决策，则通常认为错报是重大的。

在按照审计准则执行审计的过程中，我们运用了职业判断，并保持了职业怀疑。同时，我们也执行以下工作：

（1）识别和评估由于舞弊或错误导致的财务报表重大错报风险，设计和实施审计程序以应对这些风险，并获取充分、适当的审计证据，作为发表审计意见的基础。由于舞弊可能涉及串通、伪造、故意遗漏、虚假陈述或凌驾于内部控制之上，未能发现由于舞弊导致的重大错报的风险高于未能发现由于错误导致的重大错报的风险。

（2）了解与审计相关的内部控制，以设计恰当的审计程序，但目的并非对内部控制的有效性发表意见。

（3）评价管理层选用会计政策的恰当性和作出会计估计及相关披露的合理性。

（4）对管理层使用持续经营假设的恰当性得出结论。同时，根据获取的审计证据，就可能导致对西部信托公司持续经营能力产生重大疑虑的事项或情况是否存在重大不确定性得出结论。如果我们得出结论认为存在重大不确定性，审计准则要求我们在审计报告中提请报表使用者注意财务报表中的相关披露；如果披露不充分，我们应当发表非无保留意见。我们的结论基于截至审计报告日可获得的信息。然而，未来的事项或情况可能导致西部信托公司不能持续经营。

（5）评价财务报表的总体列报、结构和内容（包括披露），并评价财务报表是否公允反映相关交易和事项。

我们与治理层就计划的审计范围、时间安排和重大审计发现等事项进行沟通，包括沟通我们在审计中识别出的值得关注的内部控制缺陷。

瑞华会计师事务所（特殊普通合伙）　　中国注册会计师：潘要文

中国·北京　　中国注册会计师：杨妮

2019年2月1日

5.1.2 资产负债表

资产负债表

编制单位:西部信托有限公司　　2018年12月31日　　单位:元

| 项目 | 注释 | 年末金额 | 年初金额 |
|---|---|---|---|
| 流动资产: | | — | — |
| 货币资金 | 七、1 | 30 253 717.98 | 31 648 981.15 |
| 结算备付金 | 七、2 | 1 016 398.77 | 440 955.60 |
| 拆出资金 | | | |
| 以公允价值计量且其变动计入当期损益的金融资产 | 七、3 | | 12 961 153.40 |
| 衍生金融资产 | | | |
| 应收票据及应收账款 | | | |
| 预付款项 | | | |
| 应收保费 | | | |
| 应收分保账款 | | | |
| 应收分保准备金 | | | |
| 其他应收款 | 七、4 | 11 613 561.86 | 3 792 362.07 |
| 买入返售金融资产 | | | |
| 存货 | | | |
| 持有待售资产 | | | |
| 一年内到期的非流动资产 | 七、5 | 423 690 000.00 | 375 014 692.31 |
| 其他流动资产 | 七、6 | 1 162 800 000.00 | 788 750 000.00 |
| 流动资产合计 | | 1 629 373 678.61 | 1 212 608 144.53 |
| 非流动资产: | | — | — |
| 发放贷款及垫款 | 七、7 | | |
| 可供出售金融资产 | 七、8 | 3 158 017 035.19 | 4 612 367 871.75 |
| 持有至到期投资 | 七、9 | 664 307 041.00 | 1 433 084 341.00 |
| 长期应收款 | | | |
| 长期股权投资 | | | |
| 投资性房地产 | | | |
| 固定资产 | 七、10 | 19 475 297.18 | 21 213 286.78 |
| 在建工程 | | | |
| 生产性生物资产 | | | |
| 油气资产 | | | |
| 无形资产 | 七、11 | 2 417 154.31 | 482 661.76 |
| 开发支出 | | | |
| 商誉 | | | |
| 长期待摊费用 | | | |
| 递延所得税资产 | 七、12 | 77 958 319.70 | 54 190 647.23 |
| 其他非流动资产 | 七、13 | 3 923 540.00 | 3 080 760.00 |
| 非流动资产合计 | | 3 926 098 387.38 | 6 124 419 568.52 |
| 资产总计 | | 5 555 472 065.99 | 7 337 027 713.05 |

**资产负债表（续）**

编制单位：西部信托有限公司　　2018 年 12 月 31 日　　单位：元

| 项目 | 注释 | 年末金额 | 年初金额 |
|---|---|---|---|
| 流动负债： | | — | — |
| 拆入资金 | | | |
| 以公允价值计量且其变动计入当期损益的金融负债 | | | |
| 衍生金融负债 | | | |
| 应付票据及应付账款 | | | |
| 预收款项 | 七、14 | 62 335 838. 85 | 42 396 137. 78 |
| 卖出回购金融资产款 | | | |
| 应付手续费及佣金 | | | |
| 应付职工薪酬 | 七、15 | 203 387 295. 96 | 156 006 967. 32 |
| 应交税费 | 七、16 | 209 945 035. 52 | 48 010 136. 86 |
| 其他应付款 | 七、17 | 24 297 404. 10 | 23 727 467. 56 |
| 一年内到期的非流动负债 | | | |
| 其他流动负债 | 七、18 | | 500 000 000. 00 |
| 流动负债合计 | | 499 965 574. 43 | 770 140 709. 52 |
| 非流动负债： | | — | — |
| 长期借款 | | | |
| 递延所得税负债 | 七、12 | 501 785 895. 80 | 908 811 340. 19 |
| 其他非流动负债 | | | |
| 非流动负债合计 | | 501 785 895. 80 | 908 811 340. 19 |
| 负 债 合 计 | | 1 001 751 470. 23 | 1 678 952 049. 71 |
| 股东权益： | | — | — |
| 实收资本 | 七、19 | 1 500 000 000. 00 | 1 500 000 000. 00 |
| 其他权益工具 | | | |
| 资本公积 | | | |
| 减：库存股 | | | |
| 其他综合收益 | 七、35 | 1 484 732 115. 62 | 2 722 451 343. 94 |
| 专项储备 | | | |
| 盈余公积 | 七、20 | 334 425 627. 40 | 301 589 211. 33 |
| 一般风险准备 | 七、21 | 185 642 502. 11 | 185 642 502. 11 |
| 信托赔偿准备金 | 七、21 | 167 212 813. 71 | 150 794 605. 67 |
| 未分配利润 | 七、22 | 881 707 536. 92 | 797 598 000. 29 |
| 所有者权益合计 | | 4 553 720 595. 76 | 5 658 075 663. 34 |
| 负债和所有者权益总计 | | 5 555 472 065. 99 | 7 337 027 713. 05 |

单位负责人：徐朝晖　　主管会计工作负责人：刘洁　　会计机构负责人：甄明

### 5. 1. 3　利润表

**利润表**

编制单位：西部信托有限公司　　2018 年度　　单位：元

| 项目 | 注释 | 本年金额 | 上年金额 |
|---|---|---|---|
| 一、营业收入 | | 718 729 398. 36 | 649 477 596. 11 |
| 利息净收入 | 七、24 | －16 447 316. 30 | －8 493 496. 69 |
| 利息收入 | 七、24 | 5 444 905. 93 | 4 086 503. 32 |
| 利息支出 | 七、24 | 21 892 222. 23 | 12 580 000. 01 |

续表

| 项目 | 注释 | 本年金额 | 上年金额 |
|---|---|---|---|
| 手续费及佣金净收入 | 七、25 | 553 944 163. 01 | 411 116 160. 01 |
| 手续费及佣金收入 | 七、25 | 554 062 191. 00 | 411 225 543. 96 |
| 手续费及佣金支出 | 七、25 | 118 027. 99 | 109 383. 95 |
| 其他收益 | 七、28 | 32 308. 52 | 918 429. 17 |
| 投资收益(损失以"－"填列) | 七、29 | 147 280 900. 44 | 226 033 970. 50 |
| 其中:对联营企业和合营企业的投资收益 | | | |
| 公允价值变动收益(损失以"－"填列) | 七、30 | -5 310 235. 44 | -1 804 228. 45 |
| 其他业务收入 | 七、23 | 39 229 578. 13 | 21 575 128. 02 |
| 资产处置收益 | 七、31 | | 131 633. 55 |
| 二、营业成本 | | 288 126 674. 51 | 200 075 871. 10 |
| 税金及附加 | | 4 880 099. 18 | 3 706 903. 31 |
| 管理费用 | 七、26 | 259 436 575. 33 | 196 368 967. 79 |
| 资产减值损失 | 七、27 | 23 810 000. 00 | |
| 其他业务成本 | | | |
| 三、营业利润(亏损以"－"号填列) | | 430 602 723. 85 | 449 401 725. 01 |
| 加:营业外收入 | 七、32 | 350 000. 14 | |
| 其中:债务重组利得 | | | |
| 减:营业外支出 | 七、33 | 1 500 000. 00 | 3 016 381. 50 |
| 四、利润总额(亏损总额以"－"号填列) | | 429 452 723. 99 | 446 385 343. 51 |
| 减:所得税费用 | 七、34 | 101 088 563. 25 | 101 678 074. 61 |
| 五、净利润(净亏损以"－"号填列) | | 328 364 160. 74 | 344 707 268. 90 |
| (一)按所有权归属分类 | | | |
| 归属于母公司所有者的净利润 | | 328 364 160. 74 | 344 707 268. 90 |
| (二)按经营持续性分类 | | | |
| 持续经营净利润 | | 328 364 160. 74 | 344 707 268. 90 |
| 终止经营净利润 | | | |
| 六、其他综合收益的税后净额 | | -1 237 719 228. 32 | -1 521 027 863. 79 |
| 归属于母公司所有者的其他综合收益的税后净额 | | -1 237 719 228. 32 | -1 521 027 863. 79 |
| (一)不能重分类进损益的其他综合收益 | | | |
| (二)将重分类进损益的其他综合收益 | 七、35 | -1 237 719 228. 32 | -1 521 027 863. 79 |
| 其中:1. 权益法下可转损益的其他综合收益 | | | |
| 2. 可供出售金融资产公允价值变动损益 | | -1 237 719 228. 32 | -1 521 027 863. 79 |
| 3. 持有至到期投资重分类为可供出售金融资产损益 | | | |
| 4. 现金流量套期损益的有效部分 | | | |
| 5. 外币财务报表折算差额 | | | |
| 归属于少数股东的其他综合收益的税后净额 | | | |
| 七、综合收益总额 | | -909 355 067. 58 | -1 176 320 594. 89 |
| 八、每股收益: | | — | — |

单位负责人:徐朝晖　　主管会计工作负责人:刘洁　　会计机构负责人:甄明

### 5. 1. 4 所有者权益变动表

**所有者权益变动表**

编制单位：西部信托有限公司　　2018 年度　　单位：元

| 项目 | 本年金额 | | | | | | | | |
|---|---|---|---|---|---|---|---|---|---|
| | 归属于母公司所有者权益 | | | | | | | 少数股东权益 | 所有者权益合计 |
| | 实收资本 | 其他综合收益 | 盈余公积 | 一般风险准备 | 信托赔偿准备金 | 未分配利润 | 小计 | | |
| 一、上年年末余额 | 1 500 000 000. 00 | 2 722 451 343. 94 | 301 589 211. 33 | 185 642 502. 11 | 150 794 605. 67 | 797 598 000. 29 | 5 658 075 663. 34 | | 5 658 075 663. 34 |
| 加：会计政策变更 | | | | | | | | | |
| 前期差错更正 | | | | | | | | | |
| 其他 | | | | | | | | | |
| 二、本年年初余额 | 1 500 000 000. 00 | 2 722 451 343. 94 | 301 589 211. 33 | 185 642 502. 11 | 150 794 605. 67 | 797 598 000. 29 | 5 658 075 663. 34 | | 5 658 075 663. 34 |
| 三、本年增减变动金额（减少以“－”号填列） | | -1 237 719 228. 32 | 32 836 416. 07 | | 16 418 208. 04 | 84 109 536. 63 | -1 104 355 067. 58 | | -1 104 355 067. 58 |
| （一）综合收益总额 | | -1 237 719 228. 32 | | | | 328 364 160. 74 | -909 355 067. 58 | | -909 355 067. 58 |
| （二）所有者投入和减少资本 | | | | | | | | | |
| 1. 所有者投入的普通股 | | | | | | | | | |
| 2. 其他权益工具持有者投入资本 | | | | | | | | | |
| 3. 股份支付计入所有者权益的金额 | | | | | | | | | |
| 4. 其他 | | | | | | | | | |
| （三）利润分配 | | | 32 836 416. 07 | | 16 418 208. 04 | -244 254 624. 11 | -195 000 000. 00 | | -195 000 000. 00 |
| 1. 提取盈余公积 | | | 32 836 416. 07 | | | -32 836 416. 07 | | | |
| 2. 提取一般风险准备 | | | | | | | | | |
| 3. 提取信托赔偿准备 | | | | | 16 418 208. 04 | -16 418 208. 04 | | | |
| 4. 对股东的分配 | | | | | | -195 000 000. 00 | -195 000 000. 00 | | -195 000 000. 00 |
| 5. 其他 | | | | | | | | | |
| （四）所有者权益内部结转 | | | | | | | | | |
| 1. 资本公积转增资本（或股本） | | | | | | | | | |
| 2. 盈余公积转增资本（或股本） | | | | | | | | | |
| 3. 盈余公积弥补亏损 | | | | | | | | | |
| 4. 其他 | | | | | | | | | |
| 四、本年年末余额 | 1 500 000 000. 00 | 1 484 732 115. 62 | 334 425 627. 40 | 185 642 502. 11 | 167 212 813. 71 | 881 707 536. 92 | 4 553 720 595. 76 | | 4 553 720 595. 76 |

单位负责人：徐朝晖　　主管会计工作负责人：刘洁　　会计机构负责人：甄明

# 所有者权益变动表(续)

编制单位:西部信托有限公司　　2018 年度　　单位:元

| 项目 | 上年金额 | | | | | | | | |
|---|---|---|---|---|---|---|---|---|---|
| | 归属于母公司所有者权益 | | | | | | | 少数股东权益 | 所有者权益合计 |
| | 实收资本 | 其他综合收益 | 盈余公积 | 一般风险准备 | 信托赔偿准备金 | 未分配利润 | 小计 | | |
| 一、上年年末余额 | 1 500 000 000. 00 | 4 243 479 207. 73 | 267 118 484. 44 | 185 642 502. 11 | 133 559 242. 22 | 654 596 821. 73 | 6 984 396 258. 23 | | 6 984 396 258. 23 |
| 加:会计政策变更 | | | | | | | | | |
| 前期差错更正 | | | | | | | | | |
| 其他 | | | | | | | | | |
| 二、本年年初余额 | 1 500 000 000. 00 | 4 243 479 207. 73 | 267 118 484. 44 | 185 642 502. 11 | 133 559 242. 22 | 654 596 821. 73 | 6 984 396 258. 23 | | 6 984 396 258. 23 |
| 三、本年增减变动金额(减少以“-”号填列) | | -1 521 027 863. 79 | 34 470 726. 89 | | 17 235 363. 45 | 143 001 178. 56 | -1 326 320 594. 89 | | -1 326 320 594. 89 |
| (一)综合收益总额 | | -1 521 027 863. 79 | | | | 344 707 268. 90 | -1 176 320 594. 89 | | -1 176 320 594. 89 |
| (二)所有者投入和减少资本 | | | | | | | | | |
| 1. 所有者投入的普通股 | | | | | | | | | |
| 2. 其他权益工具持有者投入资本 | | | | | | | | | |
| 3. 股份支付计入所有者权益的金额 | | | | | | | | | |
| 4. 其他 | | | | | | | | | |
| (三)利润分配 | | | 34 470 726. 89 | | 17 235 363. 45 | -201 706 090. 34 | -150 000 000. 00 | | -150 000 000. 00 |
| 1. 提取盈余公积 | | | 34 470 726. 89 | | | -34 470 726. 89 | | | |
| 2. 提取一般风险准备 | | | | | | | | | |
| 3. 提取信托赔偿准备 | | | | | 17 235 363. 45 | -17 235 363. 45 | | | |
| 4. 对股东的分配 | | | | | | -150 000 000. 00 | -150 000 000. 00 | | -150 000 000. 00 |
| 5. 其他 | | | | | | | | | |
| (四)所有者权益内部结转 | | | | | | | | | |
| 1. 资本公积转增资本(或股本) | | | | | | | | | |
| 2. 盈余公积转增资本(或股本) | | | | | | | | | |
| 3. 盈余公积弥补亏损 | | | | | | | | | |
| 4. 其他 | | | | | | | | | |
| 四、本年年末余额 | 1 500 000 000. 00 | 2 722 451 343. 94 | 301 589 211. 33 | 185 642 502. 11 | 150 794 605. 67 | 797 598 000. 29 | 5 658 075 663. 34 | | 5 658 075 663. 34 |

单位负责人:徐朝晖　　主管会计工作负责人:刘洁　　会计机构负责人:甄明

## 5.2 信托资产

### 5.2.1 信托项目资产负债汇总表

信托项目资产负债表

编制单位:西部信托有限公司　　2018 年 12 月 31 日　　单位:元

| 资产 | 期末余额 | 期初余额 | 负债和权益 | 期末余额 | 期初余额 |
|---|---|---|---|---|---|
| 资产: | | | 负债: | | |
| 货币资金 | 2 718 085 991.90 | 934 773 116.63 | 交易性金融负债 | | |
| 拆出资金 | | | 衍生金融负债 | | |
| 结算备付金 | 50 598 821.90 | 31 092 594.39 | 应付账款 | 1 564 851 050.05 | 2 235 363 482.49 |
| 交易性金融资产 | 4 313 807 037.54 | 4 937 694 814.87 | 卖出回购金融资产 | | |
| 衍生金融资产 | | | 应付赎回款 | | |
| 买入返售金融资产 | 606 007 260.00 | 160 005 898.00 | 应付受托人报酬 | 755 505.46 | 384 839.88 |
| 应收账款 | 34 001 463.92 | 38 639 270.96 | 应付受益人收益 | 1 117 420.68 | 1 087 816.35 |
| 应收利息 | | | 应付托管费 | | |
| 应收股利 | | | 应付销售服务费 | | |
| 应收票据 | | | 应交税费 | 153 167 263.06 | |
| 应收申购款 | | | 应付利息 | | |
| 其他应收款 | 220 667 767.63 | 116 786 120.48 | 其他应付款 | | |
| 存出保证金 | | | 其他负债 | | |
| 发放贷款 | 155 893 435 225.90 | 124 128 984 099.66 | 负债合计 | 1 719 891 239.25 | 2 236 836 138.72 |
| 长期应收款 | | | | | |
| 可供出售金融资产 | | | | | |
| 持有至到期投资 | 77 880 632 578.59 | 52 512 797 228.03 | | | |
| 长期股权投资 | 24 042 751 700.83 | 13 240 304 370.00 | 权益: | | |
| 投资性房地产 | | | 实收信托 | 319 129 136 189.00 | 244 360 218 304.48 |
| 融资租赁资产 | | | 资本公积 | | |
| 固定资产 | | | 其他综合收益 | 5 450 731.63 | 3 783 375.85 |
| 固定资产清理 | | | 未分配利润 | -51 031 785.47 | 1 805 667 539.18 |
| 无形资产 | | | 权益合计 | 319 083 555 135.16 | 246 169 669 219.51 |
| 长期待摊费用 | | | | | |
| 其他资产 | 55 043 458 526.20 | 52 305 427 845.21 | | | |
| 资产总计 | 320 803 446 374.41 | 248 406 505 358.23 | 负债和权益总计 | 320 803 446 374.41 | 248 406 505 358.23 |

公司负责人:徐朝晖　　主管财务总经理:刘洁　　财务经理:甄明　　制表:南志伟

### 5.2.2 信托项目利润及利润分配汇总表

信托项目利润表

编制单位:西部信托有限公司　　2018 年 12 月　　单位:元

| 项目 | 本年数 | 上年数 |
|---|---|---|
| 一、收入 | 15 444 487 671.52 | 13 664 293 486.44 |
| 利息收入 | 9 235 270 310.94 | 7 429 150 388.81 |
| 投资收益(损失以"-"号填列) | 7 494 121 912.76 | 4 979 046 435.35 |
| 其中:对联营企业和合营企业的投资收益 | — | — |
| 公允价值变动收益(损失以"-"号填列) | -1 523 873 603.85 | 1 255 969 393.59 |
| 租赁收入 | — | — |
| 汇兑损益(损失以"-"号填列) | — | — |
| 其他收入 | 238 969 051.67 | 127 268.69 |
| 二、支出 | 1 219 000 707.31 | 899 103 797.69 |
| 税金及附加 | 52 518 403.46 | — |
| 受托人报酬 | 560 470 467.31 | 419 709 985.63 |
| 托管费 | 136 008 956.01 | 121 153 206.46 |
| 投资顾问费 | 177 170 899.74 | 288 872 358.95 |
| 销售服务费 | 23 387 575.55 | 3 864 597.40 |
| 交易费用 | 4 137 772.71 | 1 693 784.16 |
| 利息支出 | 76 136.35 | — |
| 资产减值损失 | — | — |
| 其他费用 | 265 230 496.18 | 63 809 865.09 |
| 三、信托净利润(净亏损以"-"号填列) | 14 225 486 964.21 | 12 765 189 688.75 |

续表

| 项目 | 本年数 | 上年数 |
|---|---|---|
| 四、其他综合收益 | 1 667 355.78 | 3 783 375.85 |
| 五、综合收益 | 14 227 154 319.99 | 12 768 973 064.60 |
| 加:期初未分配信托利润 | 1 805 667 539.18 | 462 765 186.40 |
| 六、可供分配的信托利润 | 16 031 154 503.39 | 13 227 954 875.15 |
| 减:本期已分配信托利润 | 16 082 186 288.86 | 11 422 287 335.97 |
| 七、期末未分配信托利润 | -51 031 785.47 | 1 805 667 539.18 |

公司负责人:徐朝晖　主管财务总经理:刘洁　财务经理:甄明　制表:南志伟

# 6. 会计报表附注

## 6.1 简要说明报告年度会计报表编制基准、会计政策、会计估计和核算方法发生的变化

本年度主要会计报表编制基准、会计政策、会计估计和核算方法未发生变化。

## 6.2 或有事项说明

本公司无对外担保事项。截至 2018 年 12 月 31 日,未发生其他影响本年度会计报表阅读和理解的重大或有事项。

## 6.3 重要资产转让及其出售的说明

无。

## 6.4 会计报表中重要项目的明细资料

### 6.4.1 披露自营资产经营情况

6.4.1.1 按信用风险五级分类结果披露信用风险资产的期初数、期末数

| 信用风险资产五级分类 | 正常类（万元） | 关注类（万元） | 次级类（万元） | 可疑类（万元） | 损失类（万元） | 信用风险资产合计（万元） | 不良资产合计（万元） | 不良资产率（%） |
|---|---|---|---|---|---|---|---|---|
| 期初数 | 718 820.62 | — | — | 14 585.98 | 4 012.29 | 737 418.89 | 18 598.27 | 2.52 |
| 期末数 | 516 687.72 | 20 000.00 | — | 18 547.98 | 4 012.29 | 559 247.99 | 22 560.27 | 4.03 |

注：不良资产合计=次级类+可疑类+损失类。

6.4.1.2 各项资产减值损失准备的期初数、本期计提、本期转回、本期冲销、期末数

单位：万元

| | 期初数 | 本期计提 | 本期转回 | 本期核销 | 期末数 |
|---|---|---|---|---|---|
| 贷款损失准备 | 3 522.21 | — | — | — | 3 522.21 |
| 一般准备 | — | — | — | — | — |
| 专项准备 | 3 522.21 | — | — | — | 3 522.21 |
| 其他资产减值准备 | 7 783.07 | — | — | — | 10 164.07 |
| 可供出售金融资产减值准备 | 7 615.19 | — | — | 100.00 | 7 515.19 |
| 持有至到期投资减值准备 | — | 2 481.00 | — | — | 2 481.00 |
| 长期股权投资减值准备 | — | — | — | — | — |
| 坏账准备 | 167.88 | — | — | — | 167.88 |
| 投资性房地产减值准备 | — | — | — | — | — |

6.4.1.3 自营股票投资、基金投资、债券投资、股权投资等投资业务的期初数、期末数

单位：万元

| | 自营股票 | 基金 | 债券 | 长期股权投资 | 其他投资 | 合计 |
|---|---|---|---|---|---|---|
| 期初数 | 427 397.01 | 40 340.00 | — | — | 254 480.80 | 722 217.81 |
| 期末数 | 262 909.15 | 53 000.00 | — | — | 224 972.26 | 540 881.41 |

6.4.1.4 按投资入股金额排序，前三名的自营长期股权投资的企业名称、占被投资企业权益的比例及投资收益情况等

无。

6.4.1.5 前三名的自营贷款的企业名称、占贷款总额的比例和还款情况等（依大小顺序排列）

| 企业名称 | 占贷款总额的比例（%） | 还款情况 |
|---|---|---|
| 1. 广州天龙大酒店 | 65.92 | 逾期 |
| 2. 陕西恒丰乳品厂 | 15.01 | 逾期 |
| 3. 西安华大电子技术有限公司 | 6.93 | 逾期 |

注：2018年末，公司存续贷款都为继承的合并前两家公司的债权，经过多年的清收，存续贷款的借款企业有的面临破产或实际上已经破产，公司已对存续贷款全额计提了减值准备。

6.4.1.6 表外业务的期初数、期末数；按照代理业务、担保业务和其他类型表外业务分别披露

无。

6.4.1.7 公司当年的收入结构（母公司口径和并表口径同时披露）

| 收入结构 | 金额（万元） | 占比（%） |
|---|---|---|
| 手续费及佣金收入 | 55 406.22 | 74.76 |
| 其中：信托手续费收入 | 55 406.22 | 74.76 |
| 投资银行业务收入 | — | — |
| 利息收入 | 544.49 | 0.73 |
| 其他业务收入 | 3 922.96 | 5.29 |
| 其中：计入信托业务收入部分 | — | — |
| 投资收益 | 14 728.09 | 19.87 |
| 其中：股权投资收益 | 3 227.55 | 4.35 |
| 证券投资收益 | 211.42 | 0.29 |
| 其他投资收益 | 11 289.12 | 15.23 |
| 公允价值变动收益 | -531.02 | -0.71 |
| 其他收益 | 3.23 | 0.01 |
| 营业外收入 | 35.00 | 0.05 |
| 收入合计 | 74 108.96 | 100 |

注：手续费及佣金收入、利息收入、其他业务收入、投资收益、营业外收入均应为损益表中的科目，其中手续费及佣金收入、利息收入、营业外收入为未抵减掉相应支出的全年累计实现收入数。

### 6.4.2 披露信托财产管理情况

6.4.2.1 信托资产的期初数、期末数

单位：万元

| 信托资产 | 期初数 | 期末数 |
|---|---|---|
| 集　合 | 5 076 361.10 | 8 876 413.29 |
| 单　一 | 14 541 655.46 | 18 361 462.42 |
| 财产权 | 5 222 633.98 | 4 842 468.93 |
| 合　计 | 24 840 650.54 | 32 080 344.64 |

6.4.2.1.1 主动管理型信托业务的信托资产期初数、期末数，分证券投资类、股权投资类、融资类、事务管理类分别披露

单位：万元

| 主动管理型信托资产 | 期初数 | 期末数 |
|---|---|---|
| 证券投资类 | 256 613.70 | 156 248.55 |
| 股权投资类 | 1 278 164.93 | 4 535 792.87 |
| 融　资　类 | 2 170 452.36 | 5 440 764.97 |
| 事务管理类 | 216 724.29 | 234 789.40 |
| 合　　计 | 3 921 955.28 | 10 367 595.79 |

6.4.2.1.2 被动管理型信托业务的信托资产期初数、期末数，分证券投资类、股权投资类、融资类、事务管理类分别披露

单位：万元

| 被动管理型信托资产 | 期初数 | 期末数 |
|---|---|---|
| 证券投资类 | 387 526.46 | 332 978.77 |
| 股权投资类 | 113 083.09 | 525 189.27 |
| 融　资　类 | 214 889.28 | 978 646.92 |
| 事务管理类 | 20 203 196.43 | 19 875 933.90 |
| 合　　计 | 20 918 695.26 | 21 712 748.86 |

6.4.2.2 本年度已清算结束的信托项目个数、实收信托合计金额、加权平均实际年化收益率

6.4.2.2.1 本年度已清算结束的集合类、单一类资金信托项目和财产管理类信托项目个数、实收信托合计金额、加权平均实际年化收益率

| 已清算结束的信托项目 | 项目个数（个） | 实收信托合计金额（万元） | 加权平均实际年化收益率（%） |
|---|---|---|---|
| 集合类 | 49 | 1 999 882.17 | 5.84 |
| 单一类 | 129 | 5 216 281.00 | 6.69 |
| 财产管理类 | 17 | 3 369 241.93 | 4.72 |

注：1. 收益率是指信托项目清算后，给受益人赚取的实际收益水平。

2. 加权平均实际年化收益率 =（信托项目1的实际年化收益率×信托项目1的实收信托 + 信托项目2的实际年化收益率×信托项目2的实收信托 + … + 信托项目 $n$ 的实际年化收益率×信托项目 $n$ 的实收信托）/（信托项目1的实收信托 + 信托项目2的实收信托 + … + 信托项目 $n$ 的实收信托）×100%。

3. 集合项目兑付收益率较高主要是因为已清算证券类项目收益率为28.16%，导致整体集合项目收益率偏高。

6.4.2.2.2 本年度已清算结束的主动管理型信托项目个数、实收信托合计金额、加权平均实际年化信托报酬率、加权平均实际年化收益率，分证券投资类、股权投资类、融资类、事务管理类分别计算并披露

| 已清算结束的信托项目 | 项目个数（个） | 实收信托合计金额（万元） | 加权平均实际年化信托报酬率（%） | 加权平均实际年化收益率（%） |
|---|---|---|---|---|
| 证券投资类 | — | — | — | — |
| 股权投资类 | 10 | 444 286.00 | 0.58 | 4.52 |
| 融　资　类 | 29 | 1 190 101.00 | 0.78 | 8.17 |
| 事务管理类 | — | — | — | — |

注：加权平均实际年化信托报酬率 =（信托项目1的实际年化信托报酬率×信托项目1的实收信托 + 信托项目2的实际年化信托报酬率×信托项目2的实收信托 + … + 信托项目 $n$ 的实际年化信托报酬率×信托项目 $n$ 的实收信托）/（信托项目1的实收信托 + 信托项目2的实收信托 + … + 信托项目 $n$ 的实收信托）×100%。

6.4.2.2.3 本年度已清算结束的被动管理型信托项目个数、实收信托合计金额、加权平均实际年化信托报酬率、加权平均实际年化收益率。分证券投资类、股权投资类、融资类、事务管理类分别计算并披露

| 已清算结束的信托项目 | 项目个数（个） | 实收信托合计金额（万元） | 加权平均实际年化信托报酬率（%） | 加权平均实际年化收益率（%） |
|---|---|---|---|---|
| 证券投资类 | — | — | — | — |
| 股权投资类 | — | — | — | — |
| 融　资　类 | 4 | 47 392.00 | 0.30 | 6.66 |
| 事务管理类 | 152 | 8 901 626.10 | 0.12 | 5.66 |

6.4.2.3 本年度新增集合类、单一类、财产管理类信托项目个数、实收信托合计金额

| 新增信托项目 | 项目个数（个） | 实收信托合计金额（万元） |
|---|---|---|
| 集合类 | 94 | 6 794 062.09 |
| 单一类 | 179 | 10 256 719.20 |
| 财产管理类 | 29 | 4 284 719.62 |
| 新增合计 | 302 | 21 335 500.92 |
| 其中：主动管理型 | 97 | 9 167 566.97 |
| 被动管理型 | 205 | 12 167 933.95 |

注：本年新增信托项目指在本报告年度内累计新增的信托项目个数和金额，包含本年度新增并于本年度内结束的项目和本年度新增至报告期末仍在持续管理的信托项目。

6.4.2.4 信托业务创新成果和特色业务有关情况

无。

6.4.2.5 本公司履行受托人义务情况及因公司自身责任而导致的信托资产损失情况（合计金额、原因等）

本年度，公司尽职履行受托人职责，没有发生因公司自身责任而导致的信托资产损失的情况。

## 6.5 关联方关系及其交易的披露

### 6.5.1 关联交易方的数量、关联交易的总金额及关联交易的定价政策等

| | 关联交易方数量 | 关联交易金额（万元） | 定价政策 |
|---|---|---|---|
| 合计 | 6 | 346.83 | 按市场公允价格定价 |

注："关联交易"定义应以《公司法》《企业会计准则第36号——关联方披露》有关规定为准。

### 6.5.2 关联交易方与本公司的关系性质、关联交易方的名称、法定代表人、注册地址、注册资本及主营业务等

| 关系性质 | 关联方名称 | 法定代表人 | 注册地址 | 注册资本（万元） | 主营业务 |
|---|---|---|---|---|---|
| 同受最终控制方控制 | 陕西省华秦投资集团有限公司 | 袁小宁 | 西安市东新街232号陕西信托大厦11－13楼 | 300 000 | 对全省性重点产业领域和重大发展项目进行投资开发和经营。 |
| 受同一控股股东及最终控制方控制 | 西部证券股份有限公司 | 徐朝晖 | 陕西省西安市新城区东新街319号8幢1000室 | 350 184 | 证券经纪；证券投资咨询；与证券交易、证券投资活动有关的财务顾问；证券承销与保荐；证券自营；证券资产管理；融资融券；证券投资基金代销；为期货公司提供中间介绍业务；代销金融产品业务。 |
| 同受最终控制方控制 | 陕西金信物业管理发展有限公司 | 张智博 | 西安市碑林区朱雀路中段1号 | 612 | 物业管理；房地产咨询服务；物业区域有偿服务；停车场经营服务；秩序维护管理及服务；绿化养护；清洁、石材及家政的服务等。 |
| 最终控制方 | 陕西投资集团有限公司 | 袁小宁 | 陕西省西安市新城区东新街232号陕西信托大厦11－13楼 | 1 000 000 | 煤田地质、矿产勘查；电力、化工、矿业的开发；项目投资；房地产开发与经营等。 |
| 同受最终控制方控制 | 陕西金泰恒业房地产有限公司 | 马亚鹏 | 西安市高新区电子二路8号 | 60 000 | 房地产开发、销售、租赁；物业管理。 |
| 同受最终控制方控制 | 陕西金信实业发展有限公司 | 陶　峰 | 陕西省西安市碑林区朱雀路陕西信息大厦 | 56 700 | 超高层建筑的建设、经营、房地产开发；酒店经营，酒店管理、咨询；物业管理等。 |

### 6.5.3 本公司与关联方的重大交易事项

6.5.3.1 固有与关联方交易情况：贷款、投资、租赁、应收账款、担保、其他方式等期初汇总数、本期借方和贷方发生额汇总数、期末汇总数

单位：万元

| 固有与关联方关联交易 | | | | |
|---|---|---|---|---|
| | 期初数 | 借方发生额 | 贷方发生额 | 期末数 |
| 贷款 | — | — | — | — |
| 投资 | 5 340.00 | 13 000.00 | 5 340.00 | 13 000.00 |
| 租赁 | — | 273.62 | 273.62 | — |
| 担保 | — | — | — | — |
| 应收账款 | — | — | — | — |
| 其他 | — | 73.21 | 73.21 | — |
| 合计 | 5 340.00 | 13 346.83 | 5 686.83 | 13 000.00 |

注：1. 公司2018年购入西部证券下属子公司西部利得基金管理有限公司发行的理财产品13 000万元，赎回5 340万元。

2. 公司租赁陕西省投资（集团）有限公司（同受最终控制方控制）的办公楼，2018年支付租金273.62万元。

3. 2018年，公司接受陕西金信物业管理发展有限公司（同受最终控制方控制）的物业服务，支付物业费65.30万元。

4. 2018年，公司接受陕西金信实业发展有限公司（同受最终控制方控制）的委托管理服务，支付委托管理服务费4万元。

5. 2017年末，公司以自有资金购入西部证券下属子公司西部利得基金管理有限公司发行的理财产品5 340万元，于2018年1月到期赎回，取得投资收益3.91万元。

6.5.3.2 信托与关联方交易情况：贷款、投资、租赁、应收账款、担保、其他方式等期初汇总数、本期借方和贷方发生额汇总数、期末汇总数

单位：万元

| 信托与关联方关联交易 | | | | |
|---|---|---|---|---|
| | 期初数 | 借方发生额 | 贷方发生额 | 期末数 |
| 贷款 | — | 441 736.75 | 300 000.00 | 141 736.75 |
| 投资 | — | 410 000.00 | — | 410 000.00 |
| 租赁 | — | — | — | — |
| 担保 | — | — | — | — |
| 应收账款 | — | — | — | — |
| 其他 | 11 000.00 | 200 000.00 | 11 000.00 | 200 000.00 |
| 合计 | 11 000.00 | 1 051 736.75 | 311 000.00 | 751 736.75 |

6.5.3.3 信托公司自有资金运用于自己管理的信托项目（固信交易）、信托公司管理的信托项目之间的相互（信信交易）交易金额，包括余额和本报告年度的发生额

6.5.3.3.1 固有财产与信托财产之间的交易金额期初汇总数、本期发生额汇总数、期末汇总数

单位：万元

| 固有财产与信托财产相互交易 | | | |
|---|---|---|---|
| | 期初数 | 本期发生额 | 期末数 |
| 合计 | 136 951.47 | -37 762.47 | 99 189.00 |

注：1. 以固有资金投资公司自己管理的信托项目受益权，或购买自己管理的信托项目的信托资产均应纳入统计披露范围。

2. 2018年公司新增固有财产与信托财产相互交易38 200万元，当期结束75 962.47万元，当期净减少37 762.47万元，期末余额为99 189万元。

6.5.3.3.2 信托项目之间的交易金额期初汇总数、本期发生额汇总数、期末汇总数

单位：万元

| 信托资产与信托财产相互交易 | | | |
|---|---|---|---|
| | 期初数 | 本期发生额 | 期末数 |
| 合计 | 1 257.00 | 11 257.00 | 10 000.00 |

注：1. 以公司受托管理的一个信托项目的资金购买自己管理的另一个信托项目的受益权或信托项下资产均应纳入统计披露范围。

2. 2018年公司新增信托资产与信托财产相互交易10 000.00万元，当期结束1 257.00万元，期末余额为10 000 00万元。

### 6.5.4 逐笔披露关联方逾期未偿还本公司资金的详细情况以及本公司为关联方担保发生或即将发生垫款的详细情况

无。

## 6.6 会计制度的披露

固有业务自2008年1月1日起执行财政部2006年2月15日颁布的《企业会计准则》及其后续规定。

信托业务自2010年1月1日起执行《企业会计准则》及其后续规定。

# 7. 财务情况说明书

## 7.1 利润实现和分配情况

2018年净利润在提取法定公积金及各项准备金后，留存金额为27 910.95万元。以前年度留存的未分配利润为10 259.80万元（不含2016年度已经批准尚未完成未分配利润转增注册资本50 000.00万元），可供分配利润合计38 170.75万元。

根据公司年末可供分配利润情况，公司拟实施以下股利分配方案：

根据公司2018年末股东出资额和出资比例，每1元出资额分配现金股利0.13元，合计分配现金股利19 500万元。

## 7.2 主要财务指标

| 指标名称 | 指标值 |
|---|---|
| 资本利润率（%） | 6.43 |
| 加权年化信托报酬率（%） | 0.20 |
| 人均净利润（万元） | 118.97 |

注：1. 资本利润率 = 净利润/所有者权益平均余额 ×100%。

2. 加权年化信托报酬率 =（信托项目1的实际年化信托报酬率 × 信托项目1的实收信托 + 信托项目2的实际年化信托报酬率 × 信托项目2的实收信托 + … + 信托项目 $n$ 的实际年化信托报酬率 × 信托项目 $n$ 的实收信托）/（信托项目1的实收信托 + 信托项目2的实收信托 + … + 信托项目 $n$ 的实收信托）×100%。

3. 人均净利润 = 净利润/平均人数。

4. 平均值采取年初、年末余额简单平均法，公式为：a（平均）=（年初数 + 年末数）/2。

## 7.3 对公司财务状况、经营成果有重大影响的其他事项

无。

## 8. 特别事项揭示

### 8.1 前五名股东报告期内变动情况及原因

无。

### 8.2 董事、监事及高级管理人员变动情况及原因

无。

### 8.3 变更注册资本、变更注册地或公司名称、公司分立合并事项

无。

### 8.4 公司的重大诉讼事项

#### 8.4.1 重大未决诉讼事项

陕西五羊集团诉陕西智圣科技贸易有限公司、刘治安、刘治军、陕西瑞德实业发展有限公司、西部信托有限公司、陕西康华有限责任会计师事务所房屋租赁纠纷，金额为297余万元，起诉时间为2008年9月。

公司分别于2013年2月5日和2013年3月5日向新疆天基水泥有限公司发放7 000万元和6 000万元贷款，到期日为2015年3月5日。由于天基水泥公司因政策、市场及自身经营等原因到期无力偿还贷款本息，公司于2016年1月13日向陕西省西安市汉唐公证处申请出具了《执行证书》[（2006）陕证执字第012号]，并于2016年2月2日向阿克苏地区中级人民法院登记立案。

#### 8.4.2 以前年度发生，于本报告年度内终结的诉讼事项

无。

#### 8.4.3 本报告年度发生，于本报告年度内终结的诉讼事项

无。

### 8.5 公司及其董事、监事和高级管理人员受到处罚的情况

无。

### 8.6 银保监会及其派出机构对公司提出的整改意见及整改情况说明

无。

### 8.7 本年度重大事项临时报告的简要内容、披露时间、所披露媒体及其版面

2018年1月9日，在《证券时报》B04版对公司股东西安四棉纺织有限责任公司变更为西安纺织集团有限责任公司及党委相关内容增加至章程的事项进行了披露。

2018年4月28日，在《证券时报》B11版，对公司《2017年度报告（摘要版）》进行了公告。

### 8.8 银保监会及其省级派出机构认定的其他有必要让客户及相关利益人了解的重要信息

无。

## 9. 监事会意见

监事会认为，报告期内，公司运作规范，决策程序合法，内部控制制度较为完善。公司董事、高级管理人员在履行公司职务时未有违反法律法规、公司章程和损害公司及股东利益的行为。公司2018年度财务报告真实地反映了公司的财务状况和经营成果。

# 西藏信托有限公司

## 1. 重要提示

1.1 本公司董事会及董事保证本报告所载资料不存在任何虚假记载、误导性陈述或者重大遗漏,并对其内容的真实性、准确性和完整性承担个别及连带责任。本年度报告摘要摘自年度报告全文,客户及相关利益人欲了解详细内容,请阅读年度报告全文。

1.2 公司独立董事对本报告内容的真实性、完整性和准确性无异议。

1.3 公司编制的2018年度财务报告已经天职国际会计师事务所(特殊普通合伙)审计,并出具了标准无保留意见的审计报告。

1.4 公司负责人董事长周贵庆、总经理查松、财务总监吴嘉怡声明:保证年度报告中财务报告的真实、完整。

## 2. 公司概况

### 2.1 公司简介

2.1.1 公司简介

西藏信托有限公司(以下简称本公司)成立于1991年10月,原名为西藏自治区信托投资公司,是经西藏自治区人民政府和中国人民银行批复成立,由西藏自治区财政厅控股的非银行金融机构。2002年3月,根据中国人民银行成都分行批复(银复[2002]63号),公司进行了重新登记。自2007年起,公司根据《信托法》《信托公司管理办法》的规定,进行了业务调整。公司根据西藏自治区财政厅下发的《关于西藏自治区信托投资公司资产剥离方案的批复》(藏财企字[2009]9号)及公司与西藏自治区投资有限公司签订的资产负债划转协议,进行了资产剥离。2010年9月完成了资产剥离、重新登记、换发金融许可证工作。根据《中国银监会关于西藏自治区信托投资公司变更公司名称和业务范围的批复》(银监复[2010]436号),于2010年12月公司更名为西藏信托有限公司。

2.1.2 公司的法定中文名称:西藏信托有限公司
公司的法定英文名称:Tibet Trust Corporation Limited

2.1.3 法定代表人:周贵庆

2.1.4 注册地址:西藏拉萨市经济开发区博达路1号阳光新城别墅区A7栋
邮政编码:850000

2.1.5 公司网址:www.ttco.cn
电子邮箱:wujy@ttco.cn

2.1.6 信息披露事务负责人:荀诗敏
联系人:荀诗敏
联系电话:010-85353577
传 真:010-85906796
电子邮箱:xunsm@ttco.cn

2.1.7 公司选定的信息披露报纸名称:《上海证券报》

2.1.8 公司年度报告备置地点:北京市朝阳区金桐西路10号远洋光华国际C座1708A

2.1.9 公司聘请的审计事务所:天职国际会计师事务所(特殊普通合伙)
地址:北京市海淀区车公庄西路19号外文文化创意园12号楼
邮政编码:100048

2.1.10 公司聘请的律师事务所:北京市嘉源律师事务所
地址:北京市西城区复兴门内大街158号远洋大厦F408
邮政编码:100031

### 2.2 组织结构

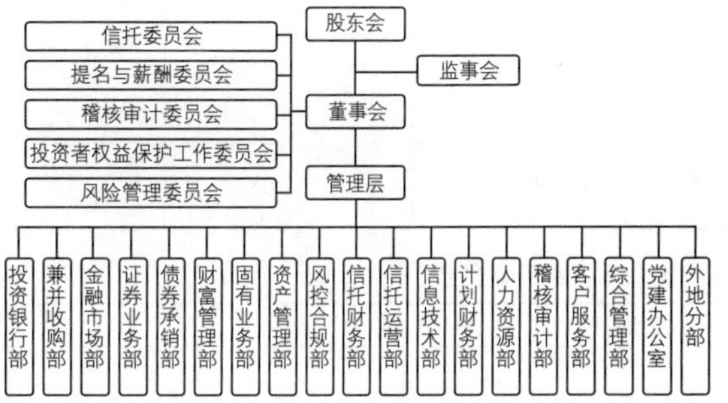


注:管理层包括总经理、副总经理等高管。

## 3. 公司治理结构

### 3.1 股东情况

| 股东名称 | 持股比例(%) | 法人代表 | 注册地址 | 主要职能及营业范围 |
|---|---|---|---|---|
| 西藏自治区财政厅★ | 80 | 云 丹 | 拉萨市北京西路23号 | 贯彻执行国家财政税收有关方针政策和法律法规等;承担自治区各项财政收支管理相关工作并指导全区级财政做好相关工作;负责政府非税收入管理,负责政府性基金管理,按规定管理行政事业性收费。 |
| 西藏自治区投资有限公司 | 20 | 王天昊 | 拉萨市经济技术开发区博达路1号(阳光新城别墅区A5.A7号) | 对金融企业股权投资;对能源、交通、旅游、酒店、矿业、藏医药、食品、房地产、高新技术产业、农牧业、民族手工业投资开发;对基础设施投资和城市公用项目投资。西藏自治区投资有限公司2018年财务状况良好。 |

注:1. 西藏自治区财政厅持有西藏自治区投资有限公司100%股权。
2. ★为公司实际控制人。

## 3.2 董事、董事会及其下属委员会

### 3.2.1 董事

| 姓名 | 职务 | 性别 | 年龄（岁） | 选任日期 | 所推举的股东名称 | 该股东持股比例（%） | 简要履历 |
|---|---|---|---|---|---|---|---|
| 周贵庆 | 董事长 | 男 | 43 | 2017年7月 | 西藏自治区财政厅 | 80 | 曾任职于聂拉木县中学、聂拉木县教育局，曾任聂拉木县宣传部副部长，组织部副部长，财政局局长，江孜县县委常委、组织部长，日喀则市财政局副局长、局长，珠峰城投公司党委书记；现任西藏信托有限公司董事长。 |
| 任显成 | 董事 | 男 | 55 | 2017年7月 | 西藏自治区投资有限公司 | 20 | 曾任西藏财政厅主任科员，西藏财贸公司总经理，西藏国有资产经营公司投资部经理，西藏自治区信托公司投资二部经理；现任西藏自治区投资有限公司副总经理。 |
| 查　松 | 董事 | 男 | 46 | 2017年7月 | 西藏自治区财政厅 | 80 | 曾任职于中国银行总行风险管理部，曾任国泰君安证券股份有限公司董事会办公室副主任、收购兼并部副总经理、投资银行部董事总经理，西藏证券有限责任公司总经理；现任西藏信托有限公司总经理。 |
| 余志平 | 董事 | 男 | 47 | 2017年7月 | 西藏自治区财政厅 | 80 | 曾任职于东风药业股份有限公司，曾任西藏证券有限责任公司北京营业部办公室主任、副总经理；现任西藏信托有限公司副总经理。 |
| 李占通 | 独立董事 | 男 | 54 | 2017年7月 | 西藏自治区财政厅 | 80 | 曾任天津大学机械学院团委书记，天津大学党委学生工作部；现任天津大通投资集团有限公司董事长。 |
| 普　桑 | 独立董事 | 男 | 53 | 2017年7月 | 西藏自治区财政厅 | 80 | 曾任职于西藏自治区山南乃东县农牧局、西藏自治区对外贸易公司进出口部，曾任西藏自治区对外贸易公司经济发展部副总经理，西藏金珠股份公司、西藏金珠（集团）藏羚公司、西藏金珠（集团）有限公司副总裁、党委书记、副总经理；现任西藏中兴商贸集团有限责任公司党委书记、副董事长。 |
| 彭　冰 | 独立董事 | 男 | 46 | 2017年7月 | 西藏自治区财政厅 | 80 | 曾任职于中国工商银行安徽滁州支行；现任北京大学法学院副教授。 |
| 孙　杰 | 董事 | 男 | 43 | 2018年3月 | 西藏自治区财政厅 | 80 | 曾任职于国家开发银行综合计划局工作，曾任国家开发银行西藏分行客户一处副处长、处长、国家开发银行住宅评审局评审二处处长；现任西藏自治区财政厅党组成员、副厅长。 |

### 3.2.2 独立董事

| 姓名 | 职务 | 性别 | 年龄（岁） | 选任日期 | 所推举的股东名称 | 该股东持股比例（%） | 简要履历 |
|---|---|---|---|---|---|---|---|
| 李占通 | 独立董事 | 男 | 54 | 2017年7月 | 西藏自治区财政厅 | 80 | 曾任天津大学机械学院团委书记，天津大学党委学生工作部；现任天津大通投资集团有限公司董事长。 |
| 普　桑 | 独立董事 | 男 | 53 | 2017年7月 | 西藏自治区财政厅 | 80 | 曾任职于西藏自治区山南乃东县农牧局、西藏自治区对外贸易公司进出口部，曾任西藏自治区对外贸易公司经济发展部副总经理，西藏金珠股份公司、西藏金珠（集团）藏羚公司、西藏金珠（集团）有限公司副总裁、党委书记、副总经理；现任西藏中兴商贸集团有限责任公司党委书记、副董事长。 |
| 彭　冰 | 独立董事 | 男 | 46 | 2017年7月 | 西藏自治区财政厅 | 80 | 曾任职于中国工商银行安徽滁州支行；现任北京大学法学院副教授。 |

### 3.2.3 专门委员会

| 委员会名称 | 职责 | 组成人员名单 | 职务 |
|---|---|---|---|
| 信托委员会 | 审议、关注公司信托业务发展规划、重大信托项目审核与批准、信托业务运营情况、部门设置、业务培训、信托项目信息披露等，审查公司是否侵占受益人利益获取不当信托报酬等。 | 彭冰 | 主任委员 |
| | | 查松 | 副主任委员 |
| | | 任显成 | 委员 |
| 稽核审计委员会 | 监督、审核公司内部审计制度及其实施、信息披露、财务信息；负责内部审计与外部审计之间的沟通；提议聘请或更换外部审计机构等。 | 孙杰 | 主任委员 |
| | | 普桑 | 副主任委员 |
| | | 余志平 | 委员 |
| 提名与薪酬委员会 | 提名董事、经理层人员董事、经理层人员；审议关于公司薪酬考核的规划、制度、规则、报告等，为董事会决策提供依据和建议；监督公司薪酬考核政策实施。 | 周贵庆 | 主任委员 |
| | | 任显成 | 副主任委员 |
| | | 李占通 | 委员 |
| 投资者权益保护工作委员会 | 指导、监督公司投资者权益保护工作、投资者权益培训工作、投资者教育相关工作的开展；组织制定公司投资者权益保护工作方案。 | 查松 | 主任委员 |
| | | 任显成 | 委员 |
| | | 彭冰 | 委员 |
| 风险管理委员会 | 确定公司风险管理的总体目标、风险偏好、风险承受度、风险管理策略和重大风险管理解决方案。 | 周贵庆 | 主任委员 |
| | | 查松 | 委员 |
| | | 李占通 | 委员 |

### 3.3 监事

| 姓名 | 职务 | 性别 | 年龄（岁） | 选任时间 | 所推举的股东名称 | 该股东持股比例(%) | 简要履历 |
|---|---|---|---|---|---|---|---|
| 宿城旺 | 监事会主席 | 男 | 41 | 2018年5月 | 西藏自治区投资有限公司 | 20 | 曾任西藏自治区信托投资公司投资二部副经理，西藏自治区投资有限公司金融投资部副经理、经理；现任西藏自治区投资有限公司董事、总经理助理。 |
| 何　纯 | 监事 | 男 | 47 | 2017年3月 | 西藏自治区财政厅 | 80 | 曾任西藏自治区财政厅农业处副处长、预算处副处长；现任西藏自治区财政厅预算编审中心主任。 |
| 王　汀 | 监事 | 男 | 39 | 2017年3月 | 职工代表 | — | 曾任北京市冠成律师事务所诉讼律师助理，国浩律师集团（北京）事务所非诉律师助理，北京市金杜律师事务所顾问律师；现任西藏信托有限公司风控合规部总经理。 |

### 3.4 公司高级管理人员

| 姓名 | 职务 | 性别 | 年龄（岁） | 选任日期 | 金融从业年限（年） | 学历 | 专业 | 简要履历 |
|---|---|---|---|---|---|---|---|---|
| 查　松 | 总经理 | 男 | 46 | 2010年5月 | 19 | 博士 | 法学 | 曾任职于中国银行总行风险管理部，曾任国泰君安证券股份有限公司董事会办公室副主任、收购兼并部副总经理、投资银行部董事总经理，西藏证券有限责任公司总经理；现任西藏信托有限公司总经理。 |
| 余志平 | 副总经理 | 男 | 47 | 2010年5月 | 15 | 本科 | 企业管理 | 曾任职于东风药业股份有限公司，曾任西藏证券有限责任公司北京营业部办公室主任、副总经理；现任西藏信托有限公司副总经理。 |
| 王　晶 | 副总经理 | 女 | 38 | 2017年8月 | 11 | 硕士 | 国际金融 | 曾任职于卡内基训练、CMC Markets英国公共有限公司、西藏同信证券有限责任公司，曾任西藏信托有限公司信托业务部总监、投资银行部总经理；现任西藏信托有限公司副总经理。 |
| 王　满 | 总经理助理 | 男 | 37 | 2016年5月 | 14 | 本科 | 金融学 | 曾任职于北京银行总行营业部、东亚银行北京分行、中信银行总行私人银行中心，曾任西藏信托有限公司渠道总监、民生信托金融市场部总经理，西藏信托有限公司金融市场部总经理；现任西藏信托有限公司总经理助理。 |
| 吴嘉怡 | 财务总监 | 女 | 35 | 2016年5月 | 6 | 硕士 | 会计学 | 曾任职于毕马威华振会计师事务所，曾任西藏信托有限公司财务部总经理；现任西藏信托有限公司财务总监。 |
| 荀诗敏 | 风险总监 | 女 | 35 | 2017年8月 | 5 | 硕士 | 国际法 | 曾任北京市嘉源律师事务所律师，西藏信托有限公司风控合规部总监、副总经理、总经理；现任西藏信托有限公司风险总监。 |
| 国　鑫 | 信息总监 | 男 | 35 | 2017年8月 | 8 | 本科 | 计算机科学与技术专业 | 曾任中国联合网络通信集团有限公司北京分公司通信服务工程师，西藏信托有限公司信息技术部总经理；现任西藏信托有限公司信息总监。 |

### 3.5 公司员工

| 项目 | | 2018年度 | |
|---|---|---|---|
| | | 人数（人） | 比例（%） |
| 年龄分布 | 25岁以下 | 2 | 1.9 |
| | 25～29岁 | 35 | 33.7 |
| | 30～39岁 | 55 | 52.9 |
| | 40岁以上 | 12 | 11.5 |
| 学历分布 | 博士 | 1 | 1 |
| | 硕士 | 50 | 48.1 |
| | 本科 | 44 | 42.3 |
| | 专科 | 8 | 7.7 |
| | 其他 | 1 | 1 |
| 岗位分布 | 高管人员 | 7 | 6.7 |
| | 自营业务人员 | 7 | 6.7 |
| | 信托业务人员 | 40 | 38.5 |
| | 其他 | 50 | 48.1 |

## 4. 经营管理

### 4.1 经营目标、经营方针、战略规划

#### 4.1.1 经营目标

公司经营目标是公司利益相关者利益最大化。客户、股东、员工是公司最重要的利益相关者。为客户提供安全高效的资产管理服务，为股东提供合理稳定的收益，为员工提供有尊严的工作环境（不仅仅是收入）和有预期的成长空间，是企业的使命和促进社会进步的重要组成部分。“财务保障通达自由心境”是公司不懈努力所追求的最终目标。

#### 4.1.2 经营方针

公司的经营方针是在控制风险的前提下，以卓越的专业能力把握市场机会。公司致力于广泛、多市场的资产管理业务，将受托资产合理配置于货币市场、银行间市场、资本市场、衍生品市场以及直接投资（PE）市场，并积极参与消费金融、资产支持证券业务、并购融资、房地产、资源、能源、艺术收藏品等另类

投资的机会，产品线完整、丰富；公司同时关注国内及国际市场，不断探索资产的全球配置方案。

4.1.3　战略规划

公司的战略规划是成为在资本市场和以房地产投资、并购投资、证券投资为主的另类投资领域有市场影响力的优秀管理人。

## 4.2　所经营业务的主要内容

公司依法经营资金信托、动产信托、不动产信托等信托业务，以信托贷款、信托投资等方式将客户的委托资金用于工商业、房地产业、金融机构、证券市场等领域。

4.2.1　自营资产运用与分布表

| 资产运用 | 金额（万元） | 占比（%） | 资产分布 | 金额（万元） | 占比（%） |
|---|---|---|---|---|---|
| 货币资产 | 37 913.48 | 14.27 | 基础产业 | — | — |
| 贷款及应收款 | 73 938.12 | 27.83 | 房地产业 | — | — |
| 交易性金融资产 | 67 497.44 | 25.41 | 证券市场 | 67 497.44 | 25.41 |
| 可供出售金融资产 | 3 528.33 | 1.33 | 实业 | 73 938.12 | 27.83 |
| 持有至到期金融资产 | 61 748.42 | 23.24 | 金融机构 | 103 190.23 | 38.83 |
| 长期股权投资 | — | — | 其他 | 21 036.19 | 7.93 |
| 固定资产 | 15 901.45 | 5.99 | | | |
| 其他 | 5 134.74 | 1.93 | | | |
| 资产总计 | 265 661.98 | 100.00 | 资产总计 | 265 661.98 | 100.00 |

4.2.2　信托资产运用与分布表

| | 金额（万元） | 占比（%） | 资产分布 | 金额（万元） | 占比（%） |
|---|---|---|---|---|---|
| 货币资产 | 386 700.25 | 1.20 | 基础产业 | 1 245 309.69 | 3.87 |
| 贷款及应收款 | 8 510 172.52 | 26.44 | 房地产业 | 1 572 669.585 | 4.89 |
| 交易性金融资产 | 3 437 587.80 | 10.68 | 证券市场 | 1 207 869.89 | 3.75 |
| 可供出售金融资产 | 3 300 279.56 | 10.25 | 工商企业 | 12 081 478.31 | 37.53 |
| 持有至到期金融资产 | 1 622 283.34 | 5.04 | 金融机构 | 11 680 149.53 | 36.29 |
| 长期股权投资 | 271 054.37 | 0.84 | 其他 | 4 402 189.45 | 13.69 |
| 财产权 | 14 064 437.39 | 43.69 | | | |
| 其他 | 597 151.22 | 1.86 | | | |
| 资产总计 | 32 189 666.45 | 100.00 | 资产总计 | 32 189 666.45 | 100.00 |

## 4.3　市场分析

4.3.1　有利因素

一是监管政策落地。2018 年，资管新规及配套规定相继落地，对资产管理产品结构设计、合格投资者要求、信息披露规范、减少嵌套、打破刚性兑付等方方面面进行了明确规定，有利于行业健康稳定发展。

二是财富管理需求增加。随着国民经济的增长，民众理财意识逐渐增强，居民财富保值增值的需求日趋旺盛，业务需求增加，资产管理前景较为广阔。

4.3.2　不利因素

一是金融环境较为严峻。2018 年，国内经济增速稳中趋缓，中美贸易摩擦加大，国内外经济金融环境较为复杂，实体经济在多方面因素的影响下压力较大，可能导致部分企业出现运行困难、资金链趋紧的情况，市场风险增加。

二是业务竞争较为激烈。在行业回归信托本源的监管要求及趋势下，信托公司通道业务大幅减少，公司转型压力较大。虽然公司制定了以消费金融业务、普惠金融、投贷联动、股权投资业务为重要发展方向的业务规划，但一方面新业务的培育尚需时间，对弥补原有业务的萎缩仍有一定难度；另一方面业务创新亦面临较大挑战，稍有不慎也可能造成新的风险点。

## 4.4　内部控制

4.4.1　内部控制环境和内部控制文化

4.4.1.1　股东会、董事会、监事会及高级管理层权责分明

公司严格遵守《公司法》《信托法》《信托公司管理办法》《信托公司治理指引》等法律法规，认真落实监管部门关于公司治理的有关规定，建立了包括股东会、董事会、高级管理层及监事会的科学、规范、权责分明的经营决策机制。2018 年，公司设立了风险管理委员会，细化公司授权体系，进一步完善公司治理结构，增强公司治理机制的有效性，提高公司决策的科学性。

4.4.1.2　企业文化的建设

作为国有金融企业，公司加强和完善党对企业的领导、加强和改进企业党的建设，使企业成为党和国家最可信赖的依靠力量，成为坚决贯彻执行党中央决策部署的重要力量，成为贯彻新发展理念、全面深化改革的重要力量。

作为国有金融企业，公司的经营将为股东创造价值，坚持有利于国有资产保值增值、有利于提高国有经济竞争力、有利于放大国有资本功能的方针相结合，坚定不移地把国有企业做强、做优、做大。

公司为客户提供全面的资产管理方案，促进客户资产增值，以客户利益的最大化为业务目标。公司以诚信经营为根本，守法合规为底线，风险控制为依靠，以财务保障通达自由心境为公司的核心价值观。

公司为员工提供有尊严的收入、友善的工作环境和有预期的成长空间。公司坚持以人为本的管理原则，通过充分调动员工的积极性和创造性，实现员工自身价值与企业价值相互促进，共同提升。

4.4.1.3　风控制度的修订、实施情况

公司履行诚实、信用、谨慎、有效管理的义务，全方位监控业务的风险状况，在业务的发展中，引入科学的风险管理程序，从制度上控制与防范风险。公司按照独立性、全面性和系统性的原则，形成了以公司各项业务执行人员为起点至公司投资决策委员会的自下而上的多层次纵向的风险管理系统，也构建了公司风控合规部门、财务部门、客户服务部门、稽核审计部门等共同参与的横向风险管理系统，最终在公司内部形成完整的风险管理体系，并推动了公司的风险管理文化的建设。

4.4.2　内部控制措施

4.4.2.1　组织结构的内部控制

公司建立股东会、董事会、监事会、高级管理层的“三会一层”组织结构，明确其职能和责任，制定了相应的议事规则并完善了相应的授权体系。

公司董事会下设信托委员会、稽核审计委员会、提名与薪酬委员会、投资者权益保护工作委员会及风险管理委员会；管理层下设投资决策委员会及固有业务审查委员会。

公司各部门职责分明，目标明确，相互分离、相互制约。

公司财务部、风控合规部和稽核审计部独立开展工作，履行其职责。

公司的岗位设置职责分明，相互制约。各部门的工作人员各司其职。

4.4.2.2 业务的内部控制

公司的自营业务和信托业务相互分离，分别由不同的业务部门管理。

公司制定较为完善的业务管理制度，包括规范有效的业务操作流程。

公司固有财产和信托财产分开管理、分别核算，并由不同的部门及会计人员负责。

公司自营业务注重防范风险，对不同资产类别及投资期限进行合理配置，尽可能确保自营资产的收益性、安全性和流动性，实现最佳平衡。

自营业务和信托业务做到信息隔离，各业务信息相互独立，业务人员做到对未公开的业务信息保密。

4.4.2.3 关联交易的内部控制

公司加强关联交易决策和监督的控制，重点防范不正当关联交易所导致的风险。

关联交易按照国家法律法规的规定和银监会的要求，做到比例控制、信息披露。

4.4.2.4 会计的内部控制

公司制定了较完整的财务管理制度和会计业务规范，会计业务规范覆盖了会计业务的各个环节。

公司会计岗位实行责任分离、相互制约的原则，严禁一人兼任非相容的岗位或独自完成会计全过程的业务操作。

公司制定了较完善的会计档案管理和财务交接制度，财务部门妥善保管业务用章、空白支票等重要凭据和会计档案。

**4.4.3 信息交流与反馈**

4.4.3.1 报告制度

按照监管部门的要求，公司按照《信托登记管理办法》的规定对公司信托产品及受益权信息进行登记。项目经理对信托资金拟投向的项目进行尽职调查，据此形成项目尽职调查报告，重大项目经公司投资决策委员会审核批准后实施。

4.4.3.2 业务处理的授权制度

公司董事会严格执行分级授权制度。公司经营班子严格执行董事会及股东会的各项决议，根据年度股东会会议批准的经营计划和经营目标，努力提升公司的业务能力、管理能力、创新能力，进一步提高核心竞争力，明显增强公司的综合实力。

4.4.3.3 业务活动资料存档

公司信托项目由项目责任人妥善保管项目的各类原始资料，并按规定及时归档。信托项目在信托计划成立后按照公司有关合同、档案管理规定移交客户服务部收存。信托项目存档材料主要包括项目前期尽职调查的有关资料、立项审批表、提交投资决策委员会审查的材料和决议、有关合同及其他法律文本、项目后期管理记录、信息披露文件等。

4.4.3.4 对业务审核、监督结果进行反馈的机制

信托项目存续期间，公司风控合规部定期对信托项目的审核结果及项目运作情况进行跟踪、了解，信托业务部门根据项目周期、项目性质和信托文件的有关内容，定期与项目方进行书面、口头或会议沟通，及时监控信托项目运营中的风险。在项目跟踪调查过程中，对项目进度、信托资金使用情况、总体财务状况、管理团队人员变动、股权结构变动等情况进行详细、客观的考察。

**4.4.4 监督评价与纠正**

公司建立、健全内部监督评价体系，持续对经营管理及业务运行过程进行全面的监督和评价。公司监事会依法履行监督职能，对公司董事、高级管理层履职情况进行监督；公司稽核审计部制作《西藏信托有限公司内部审计报告》及专项审计报告，充分发挥稽核审计部门的监督检查职能。

## 4.5 风险管理

**4.5.1 风险管理概况**

公司风险管理贯彻全面性、审慎性、及时性、有效性等原则，覆盖公司各项业务、各个部门、各个环节和各级人员，对风险进行事前防范、事中控制、事后监督，促进公司持续、稳健、规范、健康运行。

公司风险管理的组织架构和分工如下：董事会是公司风险管理的最高决策机构，负责确定公司的风险管理政策、程序和人员，行使重大经营决策权。董事会下设的各专业委员会根据各自的职责对公司整体进行风险管理。风险管理委员会具体落实公司董事会风险控制、管理、监督和评估相关工作职责。信托委员会负责信托业务的风险管理，关注公司信托业务发展规划、负责重大信托项目审核与批准等。稽核审计委员会监督、审核公司内部审计制度及其实施情况。公司的风控合规部、各业务部及各管理部在日常业务处理中均负有对应的部门风控职责。同时公司还聘请了外部法律顾问，在业务处理的一定范围内给出专业的法律意见。

报告期内，公司进一步推进组织架构、内控制度及相关业务流程的优化工作，不断完善组织健全、权责明确、合理制衡、报告路径清晰的公司治理结构，为全面风险管理提供了有效的治理结构保障。公司高度重视流动性风险的防范和管理，着力加强流动性风险防范的前瞻性、针对性和有效性，提前落实信托还款资金安排，确保流动性风险的及时转移、释放和化解，进一步巩固公司业务整体稳健运行的态势。

**4.5.2 风险状况**

4.5.2.1 信用风险状况

信用风险主要是指交易对手不履行义务的可能性，主要表现为在贷款、资产回购、后续资金安排、担保、履约承诺等交易过程中，借款人、担保人、保管人（托管人）等交易对手不履行承诺，不能或不愿履行合约承诺而使信托财产和固有财产遭受潜在损失的可能性。同时，当信用风险发生时，如受托人没有尽职管理、安排预算不恰当时，或信托项目违法违规未能如期执行时，会导致发生的流动性风险。

报告期内，公司总体信用风险基本可控。对于可能出现交易对手违约事件，公司将积极采取多项措施化解风险，最大限度地保护相关者合法利益，必要时将采取法律手段予以解决；同时，公司还以资产质量为依据，谨慎计提足额风险及信托赔偿准备金，进一步提高公司的风险抵补能力。

4.5.2.2 市场风险状况

市场风险主要是指在开展资产管理业务过程中，投资于有

公开市场价值的金融产品或者其他产品时，金融产品或者其他产品的价格发生波动导致资产遭受损失的可能性。同时，市场风险还具有很强的传导效应，某些信用风险的根源可能也来自交易对手的市场风险（如销售下降、成本上升等）。报告期内，在公司加强对经济、金融和产业形势的预判管理、完善市场风险预警机制和市场风险管理体系的举措下，公司市场风险总体可控。

4.5.2.3 操作风险状况

操作风险表现为由于公司治理机制、内部控制失效或者有关责任人出现失误、欺诈等问题，公司没有充分及时地做好尽职调查、持续监控、信息披露等工作，未能及时作出应有的反应，或作出的反应明显有失专业和常理，甚至违规违约；公司没有履行勤勉尽职管理的义务，或者无法出具充分有效的证据和记录，证明自己已履行勤勉尽职管理的义务。报告期内公司进一步加强内控体系建设，对公司各项管理制度、业务流程、内控组织等进行了梳理，并有效地处理和解决了公司业务流程中存在的不足及问题。报告期内，公司未发生内部控制失效或者员工欺诈问题，未发生误操作、违规操作导致的财务损失，未发生系统、账户、流程引发的风险事件，未发生尽职管理不到位导致的经济损失等，公司操作风险基本可控。

4.5.2.4 其他风险状况

其他风险主要是指公司业务开展中的政策风险、声誉风险、人员道德风险等。报告期内，公司高度重视自身声誉，坚持依法合规稳健经营，风险基本可控，未发生此类风险损失。

**4.5.3 风险管理**

4.5.3.1 信用风险管理

公司的信用风险管理主要是通过强化贷前和贷后管理来进行风险防范。

公司加强项目事前审核，审慎选择合作机构，落实交易对手名单制管理，杜绝与负面清单里的交易对手合作。同时，在贷前审核过程中，充分评估贷款人的履约能力和履约意愿，严格按照申请立项、尽职调查、信用评估、内部审批、签约放款等步骤操作。业务审批中，重点审核贷款质押担保措施，公正地评估抵（质）押品，总体控制抵（质）押率，并根据贷款人的具体情况和市场情况在一定程度上适度调整担保标准。

公司严格落实项目贷后管理，按照合同约定，保持对贷款人的动态风险管理。公司对贷款人的资信状况和偿债能力及保证合同的履行情况定期进行监控，并采取风险预警报告及主动管理进行贷后风险应对。同时，公司注重信用风险管理的前瞻性、针对性和适时性，严格执行授权审批制度及决策流程，确保公司信用风险的可测、可控、可承受。

4.5.3.2 市场风险管理

公司在运营过程中面临的市场风险主要为股价、汇率、利率及其他价格对公司经营和盈利能力的影响。针对上述投资标的的市场风险，公司固有业务和证券类信托业务都制定了严格的风控流程，根据市场目前的具体状况，动态调整风控指标。一方面，通过信息系统实现各项投资限制；另一方面，通过信托运营部人员逐日盯市，研究人员对市场各类政策的研究，动态调整可投资标的范围、额度及止损标准来控制此类风险。

4.5.3.3 操作风险管理

公司主要通过不断完善各部门和各岗位的职责，清晰化各业务操作流程，实行严格的复核、审核程序，加强内部员工专业知识和流程培训，制定严格的信息管理制度，从而保证业务运行安全而富有效率，降低操作风险。公司在业务尽职调查、产品规范化管理、合同档案管理、信息披露等方面不断细化管理要点和规范操作流程，提升业务操作的规范化和标准化水平，消除操作风险隐患，有效管理各类操作风险。

4.5.3.4 其他风险管理

4.5.3.4.1 政策风险管理

公司及时跟踪研究国家宏观政策和行业政策的调整与变化，动态分析宏观政策和监管政策的变动趋势；及时调整发展思路和经营理念，保持公司经营策略与国家政策的一致性；同时，持续关注有关法律法规的最新变化，正确理解和准确把握其内涵，强化全员的合法合规经营意识，并及时对业务程序和操作指引进行梳理和修订，保证公司的各项业务在合法合规的前提下进行。

4.5.3.4.2 声誉风险管理

声誉是金融机构赖以生存的基础，是立身之本、展业之本。一直以来，公司对声誉风险的容忍度为零，并将声誉风险管理纳入公司治理和全面风险管理体系。

4.5.3.4.3 道德风险管理

公司注重道德文化教育，要求员工遵纪守法，不断提高员工廉洁自律和勤勉尽职的意识；以员工为本，强调和谐共赢，不断加强公司的凝聚力和员工的归属感，使员工认识到与公司共同成长的重要性。

## 4.6 企业社会责任

公司坚持服务实体经济，积极回馈股东，诚信纳税，维护投资者权益，积极践行企业社会责任。

**4.6.1 规范运作，廉洁从业**

公司在日常经营中坚持规范运作，2018 年以来，公司进一步加强法人治理建设，加强内部合规文化的培育，加大中台、后台的人员和资源配置。与此同时，公司通过多种途径加强员工廉洁教育，强化党员的廉洁意识，以保证公司员工及管理层的廉洁廉政。

**4.6.2 服务实体经济及民营企业**

2018 年，公司坚持习近平新时代中国特色社会主义思想，根据党的十九大会议精神、第五次全国金融工作会议要求及监管机构的规定，对发展战略、业务规划进行梳理，将服务实体经济作为公司重点工作之一，通过降成本、补短板等手段支持实体经济发展，增强主动管理能力，引导资金脱虚向实。2018 年，公司投入较大的人力、物力开拓中小企业综合金融服务业务，为中小企业及时提供价格合理、便捷安全的金融服务。

**4.6.3 “三农”及扶贫金融服务情况**

2018 年，公司积极响应国家普惠金融的战略方针，落实十九大关于“深化金融体制改革，增强金融服务实体经济能力”的会议精神，坚持金融产品创新，把握“互联网 + 金融”机会，在消费金融领域积极开拓，不断深耕。

4.6.3.1 开展慈善信托业务

公司积极响应“精准扶贫”政策号召，积极发挥信托公司的专业优势，主动创新扶贫模式，加大对慈善信托业务的调研。2018 年，公司成功发行三只慈善信托，以募集资金采购农机设备,通过无偿租赁方式提供给西藏自治区日喀则市达那普乡彭冲村村民,以提高当地农机水平及秋收效率,为藏区村民提供帮扶支持。

4.6.3.2 开展教育扶贫工作

2018 年 4 月,公司向延安市延长县爱心公益协会捐赠了 10 台高清智能数字电视作为教学设备,用于帮助县内儿童在线远程学习,拓展思维、开阔眼界;公司与藏区 2 名在校大学生进行结对帮扶,为其提供生活费用,减轻大学生家庭负担。

4.6.3.3 健康扶贫

2018 年 12 月,公司员工代表前往上海徐汇区星雨儿童康健院进行慰问及捐款。

**4.6.4 积极回馈股东**

公司将“为股东提供合理稳定的收益”作为公司经营目标之一,通过完善公司治理、强化经营管理、提高企业竞争力,确保公司稳健发展,为股东提供稳定投资回报,实现国有资产保值、增值。

**4.6.5 诚信纳税**

公司坚持依法纳税、诚信经营。2018 年,公司上缴税费共计 3.82 亿元,以实际行动支持西藏自治区经济发展。

**4.6.6 维护投资者权益**

公司注重对投资者权益的保护,在日常工作中致力于为投资者提供方便、快捷、优质、高效的金融服务。2018 年公司共计清算信托项目 306 个,加上期间分配收益的信托项目,共向受益人分配信托收益 2 202 353.48 万元。

公司将公平对待金融消费者的观念融入公司治理和企业文化建设当中,努力建立、健全金融消费者保护机制,把关注和维护金融消费者的合法权益作为公司的重要职责使命之一。

公司在日常工作中,注重投资者教育工作的开展,在官网设置了“信托讲堂”专栏及“进一步打击非法集资活动”专题栏目,向投资者进行金融知识宣传。

**4.6.7 加强反洗钱工作**

公司重视反洗钱相关工作的开展,完善反洗钱内控制度,加强系统建设,在反洗钱领导小组的领导下,由专人负责落实反洗钱相关工作,按规定履行客户身份识别、可疑交易报告、客户身份资料和交易记录保存、开展反洗钱宣传、组织反洗钱培训等义务,并积极参与辖区内组织的反洗钱培训及交流,以适应新形势下反洗钱工作,及时掌握反洗钱工作的新动向、新要求。

**4.6.8 践行企业社会责任,关注民生工程**

公司在日常经营中,时时关注西藏地区发展和人民生活情况,积极帮助西藏当地有需要的居民解决实际困难。同时,公司对涉及民生的项目一贯采取大力支持的政策。2018 年,公司募集资金成立 1 个信托计划,向某从事危废收集处置、再生资源利用和环境服务的公司发放贷款,支持环保企业发展;成立 1 个信托计划向某学校发放贷款用于校区的改扩建。公司持续关注医疗、教育、环保行业发展情况,以期可以更深入地为民生工程贡献公司力量。

**4.6.9 关爱员工**

公司坚持“以人为本”的理念,关爱员工,与员工共同分享公司的发展成果。公司制定明确的薪酬激励机制及晋升制度,以帮助员工制定职业规划;为公司员工缴纳企业年金,补充商业保险;为员工提供丰富的内外部培训课程,鼓励员工进行进修,以加强员工业务能力,提高员工综合素质。

## 5. 报告期末及上一年度末的比较式会计报表

### 5.1 自营资产

**5.1.1 会计师事务所审计意见全文**

**审计报告**

天职业字[2019]3127 号

西藏信托有限公司全体股东:

一、审计意见

我们审计了西藏信托有限公司(以下简称西藏信托)财务报表,包括 2018 年 12 月 31 日的资产负债表,2018 年度的利润表、现金流量表、所有者权益变动表、资产减值准备情况表以及相关财务报表附注。

我们认为,后附的财务报表在所有重大方面按照企业会计准则的规定编制,公允反映了西藏信托 2018 年 12 月 31 日的财务状况以及 2018 年度的经营成果和现金流量。

二、形成审计意见的基础

我们按照中国注册会计师审计准则的规定执行了审计工作。审计报告的“注册会计师对财务报表审计的责任”部分进一步阐述了我们在这些准则下的责任。按照中国注册会计师职业道德守则,我们独立于西藏信托,并履行了职业道德方面的其他责任。我们相信,我们获取的审计证据是充分、适当的,为发表审计意见提供了基础。

三、管理层和治理层对财务报表的责任

管理层负责按照企业会计准则的规定编制财务报表,使其实现公允反映,并设计、执行和维护必要的内部控制,以使财务报表不存在由于舞弊或错误导致的重大错报。

在编制财务报表时,管理层负责评估西藏信托的持续经营能力,披露与持续经营相关的事项(如适用),并运用持续经营假设,除非管理层计划清算西藏信托、终止运营或别无其他现实的选择。

治理层负责监督西藏信托的财务报告过程。

四、注册会计师对财务报表审计的责任

我们的目标是对财务报表整体是否不存在由于舞弊或错误导致的重大错报获取合理保证,并出具包含审计意见的审计报告。合理保证是高水平的保证,但并不能保证按照审计准则执行的审计在某一重大错报存在时总能发现。错报可能由于舞弊或错误导致,如果合理预期错报单独或汇总起来可能影响财务报表使用者依据财务报表作出的经济决策,则通常认为错报是重大的。

在按照审计准则执行审计工作的过程中,我们运用了职业判断,并保持职业怀疑。同时,我们也执行以下工作:

(1)识别和评估由于舞弊或错误导致的财务报表重大错报风险,设计和实施审计程序以应对这些风险,并获取充分、适当的审计证据,作为发表审计意见的基础。由于舞弊可能涉及串通、伪造、故意遗漏、虚假陈述或凌驾于内部控制之上,未能发现由于舞弊导致的重大错报的风险高于未能发现由于错误导致的重大错报的风险。

（2）了解与审计相关的内部控制，以设计恰当的审计程序，但目的并非对内部控制的有效性发表意见。

（3）评价管理层选用会计政策的恰当性和作出会计估计及相关披露的合理性。

（4）对管理层使用持续经营假设的恰当性得出结论。同时，根据获取的审计证据，就可能导致对西藏信托持续经营能力产生重大疑虑的事项或情况是否存在重大不确定性得出结论。如果我们得出结论认为存在重大不确定性，审计准则要求我们在审计报告中提请报表使用者注意财务报表中的相关披露；如果披露不充分，我们应当发表非无保留意见。我们的结论基于截至审计报告日可获得的信息。然而，未来的事项或情况可能导致西藏信托不能持续经营。

（5）评价财务报表的总体列报、结构和内容（包括披露），并评价财务报表是否公允反映相关交易和事项。

我们与治理层就计划的审计范围、时间安排和重大审计发现等事项进行沟通，包括沟通我们在审计中识别出的值得关注的内部控制缺陷。

中国注册会计师：谭宪才

中国·北京　　中国注册会计师：任德军

二〇一九年二月二十六日

### 5.1.2　资产负债表

**资产负债表**

编制单位：西藏信托有限公司　　2018 年 12 月 31 日　　单位：万元

| 项目 | 期末余额 | 年初余额 |
|---|---|---|
| 资产： | | |
| 货币资金 | 37 913.48 | 58 572.78 |
| 结算备付金 | — | — |
| 拆出资金 | 41 321.47 | 30 634.70 |
| 以公允价值计量且其变动计入当期损益的金融资产 | 67 497.44 | 74 312.36 |
| 应收票据 | — | — |
| 应收账款 | — | — |
| 预付款项 | 91.87 | 74.11 |
| 应收保费 | — | — |
| 应收分保账款 | — | — |
| 应收分保合同备用金 | — | — |
| 应收利息 | 847.74 | 738.83 |
| 应收股利 | — | — |
| 买入返售金融资产 | — | — |
| 存货 | — | — |
| 划分为持有待售的资产 | — | — |
| 发放委托贷款及垫款 | 1 915.78 | 5 244.00 |
| 可供出售金融资产 | 3 528.33 | 2 978.32 |
| 持有至到期投资 | 61 748.42 | 48 802.08 |
| 长期应收款 | — | — |
| 长期股权投资 | — | — |
| 投资性房地产 | — | — |
| 固定资产 | 15 901.45 | 16 493.32 |
| 在建工程 | — | — |
| 工程物资 | — | — |
| 固定资产清理 | — | — |
| 生产性生物资产 | — | — |
| 油气资产 | — | — |
| 无形资产 | 188.56 | 138.82 |
| 开发支出 | — | — |
| 商誉 | — | — |
| 递延所得税资产 | 4 854.33 | 3 331.67 |
| 其他资产 | 29 853.12 | 4 844.58 |
| 其中：其他应收款 | 29 853.12 | 4 844.58 |
| 长期待摊费用 | — | — |
| 其他流动资产 | — | — |
| 资产总计 | 265 661.99 | 246 165.57 |

法定代表人：周贵庆　　主管会计工作负责人：吴嘉怡　　会计机构负责人：许锡澄

**资产负债表（续）**

编制单位：西藏信托有限公司　　2018 年 12 月 31 日　　单位：万元

| 项目 | 期末余额 | 年初余额 |
|---|---|---|
| 负债及所有者权益： | | |
| 短期借款 | — | — |
| 向中央银行借款 | — | — |
| 吸收存款及同业存款 | — | — |
| 拆入资金 | — | — |
| 以公允价值计量且其变动计入当期损益的金融负债 | — | — |
| 应付票据 | — | — |
| 应付账款 | — | — |
| 预收账款 | 8.89 | 580.89 |
| 卖出回购金融资产款 | — | — |

续表

| 项目 | 期末余额 | 年初余额 |
|---|---|---|
| 应付手续费及佣金 | — | — |
| 应付职工薪酬 | 12 929.95 | 11 344.44 |
| 应交税费 | 3 490.86 | 3 387.45 |
| 应付利息 | 51.18 | — |
| 应付股利 | 2 749.24 | — |
| 应付分保账款 | — | — |
| 保险合同准备金 | — | — |
| 代理买卖证券款 | — | — |
| 代理承销证券款 | — | — |
| 划分为持有待售的负债 | — | — |
| 长期借款 | — | — |
| 应付债券 | — | — |
| 长期应付职工薪酬 | — | — |
| 专项应付款 | — | — |
| 预计负债 | — | — |
| 递延所得税负债 | — | — |
| 其他负债 | 21 939.21 | 9 172.55 |
| 其中:其他应付款 | 21 939.21 | 9 172.55 |
| 递延收益 | — | — |
| 负债总计 | 41 169.33 | 24 485.33 |
| 实收资本 | 100 000.00 | 100 000.00 |
| 其他权益工具 | — | — |
| 资本公积 | 5 000.00 | 5 000.00 |
| 减:库存股 | — | — |
| 其他综合收益 | — | — |
| 专项储备 | — | — |
| 盈余公积 | 27 896.70 | 25 160.98 |
| 一般风险准备 | 28 090.32 | 26 722.46 |
| 未分配利润 | 63 505.64 | 64 796.80 |
| 归属于母公司所有者权益合计 | 224 492.66 | 221 680.24 |
| 少数股东权益 | — | — |
| 所有者权益总计 | 224 492.66 | 221 680.24 |
| 负债和所有者权益总计 | 265 661.99 | 246 165.57 |

法定代表人:周贵庆　　主管会计工作负责人:吴嘉怡　　会计机构负责人:许锡澄

### 5.1.3 利润表

**利润表**

编制单位:西藏信托有限公司　　2018 年 12 月 31 日　　单位:万元

| 项目 | 本期金额 | 上期金额 |
|---|---|---|
| 一、营业总收入 | 48 290.09 | 66 659.95 |
| 利息净收入 | 1 574.73 | 2 025.11 |
| 利息收入 | 2 089.98 | 2 031.11 |
| 利息支出 | 515.25 | 6.00 |
| 手续费及佣金净收入 | 48 807.52 | 62 375.34 |
| 手续费及佣金收入 | 48 897.53 | 62 554.29 |
| 手续费及佣金支出 | 90.01 | 178.95 |
| 投资收益(损失以"资收号"填列) | 1 097.97 | 7 706.48 |
| 公允价值变动损益(损失以"允价号"填列) | -17 045.21 | -5 597.14 |
| 汇兑损益(损失以"兑损号"填列) | — | — |
| 其他收益 | 13 709.96 | — |
| 其他业务收入 | 145.12 | 150.16 |
| 二、营业总支出 | 18 298.04 | 18 628.30 |
| 税金及附加 | 865.65 | 892.30 |
| 业务及管理费 | 18 511.97 | 14 262.43 |
| 资产减值损失 | -1 189.32 | 3 360.30 |
| 其他业务成本 | 109.74 | 113.27 |
| 三、营业利润 | 29 992.05 | 48 031.65 |
| 加:营业外收入 | — | 3 462.04 |
| 减:营业外支出 | — | 23.64 |
| 四、利润总额 | 29 992.05 | 51 470.05 |
| 减:所得税费用 | 2 634.89 | 4 573.26 |
| 五、净利润 | 27 357.16 | 46 896.79 |
| 归属于母公司所有者的净利润 | — | — |
| 少数股东损益 | — | — |
| 六、其他综合收益的税后净额 | — | — |
| (一)以后不能重分类进损益的其他综合收益 | — | — |
| (二)以后将重分类进损益的其他综合收益 | — | — |
| 其中:可供出售金融资产公允价值变动损益 | — | — |
| 七、综合收益总额 | 27 357.16 | 46 896.79 |
| 归属公司所有者的综合收益/(亏损)总额 | 27 357.16 | 46 896.79 |
| 归属少数股东的综合收益/(亏损)总额 | — | — |

法定代表人:周贵庆　　主管会计工作负责人:吴嘉怡　　会计机构负责人:许锡澄

### 5.1.4 所有者权益变动表

**所有者权益变动表**

2018 年度

编制单位：西藏信托有限公司　　　　单位：万元

| 项目 | 行次 | 本期金额 | | | | | | | | 上期金额 | | | | | | | |
|---|---|---|---|---|---|---|---|---|---|---|---|---|---|---|---|---|---|
| | | 实收资本 | 资本公积 | 减：库存股 | 其他综合收益 | 盈余公积 | 风险准备金 | 未分配利润 | 所有者权益合计 | 实收资本（或股本） | 资本公积 | 减：库存股 | 其他综合收益 | 盈余公积 | 风险准备金 | 未分配利润 | 所有者权益合计 |
| 一、上年年末余额 | 1 | 100 000.00 | 5 000.00 | — | — | 25 160.98 | 26 722.46 | 64 796.80 | 221 680.24 | 100 000.00 | 5 000.00 | — | — | 20 471.31 | 24 377.61 | 41 532.08 | 191 381.00 |
| 加：会计政策变更 | 2 | — | — | — | — | — | — | — | — | — | — | — | — | — | — | — | — |
| 前期差错更正 | 3 | — | — | — | — | — | — | — | — | — | — | — | — | — | — | — | — |
| 其他 | 4 | — | — | — | — | — | — | — | — | — | — | — | — | — | — | — | — |
| 二、本年年初余额 | 5 | 100 000.00 | 5 000.00 | — | — | 25 160.98 | 26 722.46 | 64 796.80 | 221 680.24 | 100 000.00 | 5 000.00 | — | — | 20 471.31 | 24 377.61 | 41 532.08 | 191 381.00 |
| 三、本年增减变动金额（减少以"－"号填列） | 6 | — | — | — | — | 2 735.72 | 1 367.86 | -1 291.16 | 2 812.42 | — | — | — | — | 4 689.67 | 2 344.85 | 23 264.72 | 30 299.24 |
| （一）净利润 | 7 | — | — | — | — | — | — | 27 357.16 | 27 357.16 | — | — | — | — | — | — | 46 896.79 | 46 896.79 |
| （二）其他综合收益 | 8 | — | — | — | — | — | — | — | — | — | — | — | — | — | — | — | — |
| 上述（一）和（二）小计 | 9 | — | — | — | — | — | — | 27 357.16 | 27 357.16 | — | — | — | — | — | — | 46 896.79 | 46 896.79 |
| （三）所有者投入和减少资本 | 10 | — | — | — | — | — | — | — | — | — | — | — | — | — | — | — | — |
| 1. 所有者投入资本 | 11 | — | — | — | — | — | — | — | — | — | — | — | — | — | — | — | — |
| 2. 股份支付计入所有者权益的金额 | 12 | — | — | — | — | — | — | — | — | — | — | — | — | — | — | — | — |
| 3. 其他 | 13 | — | — | — | — | — | — | — | — | — | — | — | — | — | — | — | — |
| （四）利润分配 | 14 | — | — | — | — | 2 735.72 | 1 367.86 | -28 648.32 | -24 544.74 | — | — | — | — | 4 689.67 | 2 344.85 | -23 632.07 | -16 597.55 |
| 1. 提取盈余公积 | 15 | — | — | — | — | 2 735.72 | — | -2 735.72 | — | — | — | — | — | 4 689.67 | — | -4 689.67 | — |
| 2. 提取一般风险准备 | 16 | — | — | — | — | — | 1 367.86 | -1 367.86 | — | — | — | — | — | — | 2 344.85 | -2 344.85 | — |
| 3. 对所有者（或股东）的分配 | 17 | — | — | — | — | — | — | -24 544.74 | -24 544.74 | — | — | — | — | — | — | -16 597.55 | -16 597.55 |
| 4. 其他 | 18 | — | — | — | — | — | — | — | — | — | — | — | — | — | — | — | — |
| （五）所有者权益内部结转 | 19 | — | — | — | — | — | — | — | — | — | — | — | — | — | — | — | — |
| 1. 资本公积转增资本（或股本） | 20 | — | — | — | — | — | — | — | — | — | — | — | — | — | — | — | — |
| 2. 盈余公积转增资本（或股本） | 21 | — | — | — | — | — | — | — | — | — | — | — | — | — | — | — | — |
| 3. 盈余公积弥补亏损 | 22 | — | — | — | — | — | — | — | — | — | — | — | — | — | — | — | — |
| 4. 其他 | 23 | — | — | — | — | — | — | — | — | — | — | — | — | — | — | — | — |
| （六）专项储备 | 24 | — | — | — | — | — | — | — | — | — | — | — | — | — | — | — | — |
| 1. 本期提取 | 25 | — | — | — | — | — | — | — | — | — | — | — | — | — | — | — | — |
| 2. 本期使用 | 26 | — | — | — | — | — | — | — | — | — | — | — | — | — | — | — | — |
| （七）其他 | 27 | — | — | — | — | — | — | — | — | — | — | — | — | — | — | — | — |
| 四、本年年末余额 | 28 | 100 000.00 | 5 000.00 | — | — | 27 896.70 | 28 090.32 | 63 505.64 | 224 492.66 | 100 000.00 | 5 000.00 | — | — | 25 160.98 | 26 722.46 | 64 796.80 | 221 680.24 |

法定代表人：周贵庆　　　　主管会计工作负责人：吴嘉怡　　　　会计机构负责人：许锡澄

## 5.2 信托资产

### 5.2.1 信托项目资产负债汇总表

信托项目资产负债汇总表

编制单位:西藏信托有限公司　　2018年12月31日　　单位:万元

| 信托资产 | 期末数 | 期初数 | 信托负债和信托权益 | 期末数 | 期初数 |
|---|---|---|---|---|---|
| 一、资产 | 32 189 666.45 | 42 445 820.88 | 一、信托负债 | 48 966.72 | 118 914.91 |
| 货币资金 | 386 700.25 | 582 040.29 | 应付账款 | — | — |
| 拆出资金 | — | — | 其他应付款 | 36 014.27 | 104 447.47 |
| 交易性金融资产 | 3 437 587.80 | 5 142 895.56 | 应交税费 | — | — |
| 应收账款 | 21 891.13 | 44 035.90 | 预计负债 | — | — |
| 应收票据 | — | — | 其他负债 | 12 952.45 | 14 467.44 |
| 其他应收款 | — | — | 二、信托权益 | 32 140 699.73 | 42 326 905.97 |
| 发放贷款及垫款 | 8 488 281.39 | 8 935 145.55 | 实收信托 | 32 353 148.64 | 42 162 674.93 |
| 长期股权投资 | 271 054.37 | 423 353.15 | 资本公积 | 198 631.19 | 40 434.20 |
| 持有至到期投资 | 1 622 283.34 | 2 934 697.04 | | | |
| 长期应收款 | 14 064 437.39 | 20 697 534.97 | | | |
| 其他资产 | 3 897 430.78 | 3 686 118.42 | 未分配利润 | −411 080.10 | 123 796.84 |
| 信托资产总计 | 32 189 666.45 | 42 445 820.88 | 信托负债及信托权益总计 | 32 189 666.45 | 42 445 820.88 |

### 5.2.2 信托项目利润及利润分配汇总表

信托项目利润及利润分配汇总表

编制单位:西藏信托有限公司　　2018年度　　单位:万元

| 项目 | 本年数 | 上年数 |
|---|---|---|
| 一、营业收入 | 1 803 986.93 | 3 081 454.52 |
| 利息收入 | 692 512.02 | 645 637.11 |
| 投资收入 | 1 550 908.17 | 2 445 514.27 |
| 租赁收入 | — | — |
| 公允价值变动损益 | −439 452.81 | −9 697.71 |
| 其他收入 | 19.55 | 0.85 |
| 二、营业费用 | 114 215.84 | 225 640.10 |
| 三、营业税金及附加 | 4 141.72 – | — |
| 四、扣除资产减值准备前的信托利润 | 1 685 629.37 | 2 855 814.42 |
| 减:资产减值损失 | 18 152.90 | — |
| 五、扣除资产减值准备后的信托利润 | 1 667 476.47 | 2 855 814.42 |
| 加:期初未分配信托利润 | 123 796.84 | 126 388.81 |
| 六、可供分配的信托利润 | 1 791 273.31 | 2 982 203.23 |
| 减:本期已分配信托利润 | 2 202 353.41 | 2 858 406.39 |
| 七、期末未分配信托利润 | −411 080.10 | 123 796.84 |

# 6. 会计报表附注

## 6.1 简要说明会计报表年度会计报表编制基准、会计政策、会计估计和核算方法发生的变化

本财务报表以企业持续经营假设为基础,根据实际发生的交易事项,按照财政部最新颁布的企业会计准则及其应用指南的有关规定,并基于以下所述重要会计政策、会计估计进行编制。

## 6.2 重要会计政策和会计估计说明

### 6.2.1 金融工具

6.2.1.1 金融资产和金融负债的分类

金融资产在初始确认时划分为以下四类:以公允价值计量且其变动计入当期损益的金融资产(包括交易性金融资产和指定为以公允价值计量且其变动计入当期损益的金融资产)、持有至到期投资、贷款和应收款项、可供出售金融资产。

金融负债在初始确认时划分为以下两类:以公允价值计量且其变动计入当期损益的金融负债(包括交易性金融负债和指定为以公允价值计量且其变动计入当期损益的金融负债)、其他金融负债。

6.2.1.2 金融资产和金融负债的确认依据、计量方法和终止确认条件

公司成为金融工具合同的一方时,确认一项金融资产或金融负债。初始确认金融资产或金融负债时,按照公允价值计量;对于以公允价值计量且其变动计入当期损益的金融资产和金融负债,相关交易费用直接计入当期损益;对于其他类别的金融资产或金融负债,相关交易费用计入初始确认金额。

公司按照公允价值对金融资产进行后续计量,且不扣除将来处置该金融资产时可能发生的交易费用,但下列情况除外:(1)持有至到期投资以及贷款和应收款项采用实际利率法,按摊余成本计量;(2)在活跃市场中没有报价且其公允价值不能可靠计量的权益工具投资,以及与该权益工具挂钩并须通过交付该权益工具结算的衍生金融资产,按照成本计量。

公司采用实际利率法,按摊余成本对金融负债进行后续计量,但下列情况除外:(1)以公允价值计量且其变动计入当期损益的金融负债,按照公允价值计量,且不扣除将来结清金融负债时可能发生的交易费用;(2)与在活跃市场中没有报价、公允价值不能可靠计量的权益工具挂钩并须通过交付该权益工具结算的衍生金融负债,按照成本计量;(3)不属于指定为以公允价值计量且其变动计入当期损益的金融负债的财务担保合同,或没有指定为以公允价值计量且其变动计入当期损益并将以低于市场利率贷款的贷款承诺,在初始确认后按照下列两项金额之中的较高者进行后续计量:(1)按照《企业会计准则第13号——或有事项》确定的金额;(2)初始确认金额扣除按照《企业会计准则第14号——收入》的原则确定的累积摊销额后的余额。

金融资产或金融负债公允价值变动形成的利得或损失,除与套期保值有关外,按照如下方法处理:(1)以公允价值计量且其变动计入当期损益的金融资产或金融负债公允价值变动形成的利得或损失,计入公允价值变动损益;在资产持有期间所

取得的利息或现金股利，确认为投资收益；处置时，将实际收到的金额与初始入账金额之间的差额确认为投资收益，同时调整公允价值变动损益。（2）可供出售金融资产的公允价值变动计入资本公积；持有期间按实际利率法计算的利息，计入投资收益；可供出售权益工具投资的现金股利，于被投资单位宣告发放股利时计入投资收益；处置时，将实际收到的金额与账面价值扣除原直接计入资本公积的公允价值变动累计额之后的差额确认为投资收益。

当收取某项金融资产现金流量的合同权利已终止或该金融资产所有权上几乎所有的风险和报酬已转移时，终止确认该金融资产；当金融负债的现时义务全部或部分解除时，相应终止确认该金融负债或其一部分。

6.2.1.3　金融资产转移的确认依据和计量方法

公司已将金融资产所有权上几乎所有的风险和报酬转移给转入方的，终止确认该金融资产；保留了金融资产所有权上几乎所有的风险和报酬的，继续确认所转移的金融资产，并将收到的对价确认为一项金融负债。公司既没有转移也没有保留金融资产所有权上几乎所有的风险和报酬的，分别下列情况处理：（1）已放弃对该金融资产控制的，终止确认该金融资产；（2）未放弃对该金融资产控制的，按照继续涉入所转移金融资产的程度确认有关金融资产，并相应确认有关负债。

金融资产整体转移满足终止确认条件的，将下列两项金额的差额计入当期损益：（1）所转移金融资产的账面价值；（2）因转移而收到的对价，与原直接计入所有者权益的公允价值变动累计额之和。金融资产部分转移满足终止确认条件的，将所转移金融资产整体的账面价值，在终止确认部分和未终止确认部分之间，按照各自的相对公允价值进行分摊，并将下列两项金额的差额计入当期损益：（1）终止确认部分的账面价值；（2）终止确认部分的对价，与原直接计入所有者权益的公允价值变动累计额中对应终止确认部分的金额之和。

6.2.1.4　主要金融资产和金融负债的公允价值确定方法

存在活跃市场的金融资产或金融负债，以活跃市场的报价确定其公允价值；不存在活跃市场的金融资产或金融负债，采用估值技术（包括参考熟悉情况并自愿交易的各方最近进行的市场交易中使用的价格、参照实质上相同的其他金融工具的当前公允价值、现金流量折现法和期权定价模型等）确定其公允价值；初始取得或源生的金融资产或承担的金融负债，以市场交易价格作为确定其公允价值的基础。

6.2.1.5　金融资产的减值测试和减值准备计提方法

资产负债表日对以公允价值计量且其变动计入当期损益的金融资产以外的金融资产的账面价值进行检查，如有客观证据表明该金融资产发生减值的，计提减值准备。

对单项金额重大的金融资产单独进行减值测试；对单项金额不重大的金融资产，可以单独进行减值测试，或包括在具有类似信用风险特征的金融资产组合中进行减值测试；单独测试未发生减值的金融资产（包括单项金额重大和不重大的金融资产），包括在具有类似信用风险特征的金融资产组合中再进行减值测试。

按摊余成本计量的金融资产，期末有客观证据表明其发生了减值的，根据其账面价值与预计未来现金流量现值之间的差额确认减值损失。在活跃市场中没有报价且其公允价值不能可靠计量的权益工具投资，或与该权益工具挂钩并须通过交付该权益工具结算的衍生金融资产发生减值时，将该权益工具投资或衍生金融资产的账面价值，与按照类似金融资产当时市场收益率对未来现金流量折现确定的现值之间的差额，确认为减值损失。可供出售金融资产的公允价值发生较大幅度下降，或在综合考虑各种相关因素后，预期这种下降趋势属于非暂时性的，确认其减值损失，并将原直接计入所有者权益的公允价值累计损失一并转出计入减值损失。

**6.2.2　应收款项坏账准备的核算**

6.2.2.1　单项金额重大并单项计提坏账准备的应收款项

| | |
|---|---|
| 单项金额重大的判断依据或金额标准 | 金额为2 000万元（含）以上 |
| 单项金额重大并单项计提坏账准备的计提方法 | 单独进行减值测试，根据其未来现金流量现值低于其账面价值的差额计提坏账准备。 |

6.2.2.2　按组合计提坏账准备的应收款项

6.2.2.2.1　确定组合的依据及坏账准备的计提方法

| 确定组合的依据 | 风险资产分类法组合 |
|---|---|
| 按组合计提坏账准备的计提方法 | 风险资产分类法 |

6.2.2.2.2　风险资产分类法

| 应收款项五级分类 | 应收款项计提比例（%） |
|---|---|
| 正常类 | — |
| 关注类 | 2.00 |
| 次级类 | 25.00 |
| 可疑类 | 50.00 |
| 损失类 | 100.00 |
| 关联方应收款项 | — |

6.2.2.3　单项金额虽不重大但单项计提坏账准备的应收款项

| | |
|---|---|
| 单项计提坏账准备的理由 | 无法满足组合计提的要求，并且单项金额为2 000万元以下。 |
| 坏账准备的计提方法 | 根据其未来现金流量现值低于其账面价值的差额计提坏账准备。 |

对应收票据、预付款项、应收利息、长期应收款等其他应收款项，根据其未来现金流量现值低于其账面价值的差额计提坏账准备。

对确定不能收回的款项另行按法规程序报批后单项确认坏账损失。

**6.2.3　长期股权投资**

6.2.3.1　投资成本的确定

（1）同一控制下的企业合并形成的，合并方以支付现金、转让非现金资产、承担债务或发行权益性证券作为合并对价的，在合并日按照被合并方所有者权益在最终控制方合并财务报表中的账面价值的份额作为其初始投资成本。长期股权投资初始投资成本与支付的合并对价的账面价值或发行股份的面值总额之间的差额调整资本公积（资本溢价或股本溢价）；资本公积不足冲减的，调整留存收益。

分步实现同一控制下企业合并的，应当以持股比例计算的合并日应享有被合并方账面所有者权益份额作为该项投资的初始投资成本。初始投资成本与其原长期股权投资账面价值加上合并日取得进一步股份新支付对价的公允价值之和的差额，调整资本公积（资本溢价或股本溢价），资本公积不足冲减的，冲减留存收益。

（2）非同一控制下的企业合并形成的，在购买日按照支付的合并对价的公允价值作为其初始投资成本。

（3）除企业合并形成以外的：以支付现金取得的，按照实际支付的购买价款作为其初始投资成本；以发行权益性证券取得的，按照发行权益性证券的公允价值作为其初始投资成本；投资者投入的，按照投资合同或协议约定的价值作为其初始投资成本（合同或协议约定价值不公允的除外）。

6.2.3.2　后续计量及损益确认方法

公司能够对被投资单位实施控制的长期股权投资，在公司个别财务报表中采用成本法核算；对具有共同控制或重大影响的长期股权投资，采用权益法核算。

采用成本法时，长期股权投资按初始投资成本计价，除取得投资时实际支付的价款或对价中包含的已宣告但尚未发放的现金股利或利润外，按享有被投资单位宣告分派的现金股利或利润，确认为当期投资收益，并同时根据有关资产减值政策考虑长期投资是否减值。

采用权益法时，长期股权投资的初始投资成本大于投资时应享有被投资单位可辨认净资产公允价值份额的，归入长期股权投资的初始投资成本；长期股权投资的初始投资成本小于投资时应享有被投资单位可辨认净资产公允价值份额的，其差额计入当期损益，同时调整长期股权投资的成本。

采用权益法时，取得长期股权投资后，按照应享有或应分担的被投资单位实现的净损益的份额，确认投资损益并调整长期股权投资的账面价值。在确认应享有被投资单位净损益的份额时，以取得投资时被投资单位各项可辨认资产等的公允价值为基础，按照公司的会计政策及会计期间，并抵销与联营企业及合营企业之间发生的内部交易损益按照持股比例计算归属于投资企业的部分（但内部交易损失属于资产减值损失的，应全额确认），对被投资单位的净利润进行调整后确认。按照被投资单位宣告分派的利润或现金股利计算应分得的部分，相应减少长期股权投资的账面价值。公司确认被投资单位发生的净亏损，以长期股权投资的账面价值以及其他实质上构成对被投资单位净投资的长期权益减记至零为限，公司负有承担额外损失义务的除外。对于被投资单位除净损益以外所有者权益的其他变动，调整长期股权投资的账面价值并计入所有者权益。

6.2.3.3　确定对被投资单位具有控制、重大影响的依据

控制是指拥有对被投资方的权力，通过参与被投资方的相关活动而享有可变回报，并且有能力运用对被投资方的权力影响回报金额；重大影响是指投资方对被投资单位的财务和经营政策有参与决策的权力，但并不能够控制或者与其他方一起共同控制这些政策的制定。

6.2.3.4　长期股权投资的处置

6.2.3.4.1　部分处置对子公司的长期股权投资，但不丧失控制权的情形

部分处置对子公司的长期股权投资，但不丧失控制权时，应当将处置价款与处置投资对应的账面价值的差额确认为当期投资收益。

6.2.3.4.2　部分处置股权投资或其他原因丧失了对子公司控制权的情形

部分处置股权投资或其他原因丧失了对子公司控制权的，对于处置的股权，应结转与所售股权相对应的长期股权投资的账面价值，出售所得价款与处置长期股权投资账面价值之间差额，确认为投资收益（损失）；同时，对于剩余股权，应当按其账面价值确认为长期股权投资或其他相关金融资产。处置后的剩余股权能够对子公司实施共同控制或重大影响的，应按有关成本法转为权益法的相关规定进行会计处理。

6.2.3.5　减值测试方法及减值准备计提方法

对子公司、联营企业及合营企业的投资，在资产负债表日有客观证据表明其发生减值的，按照账面价值与可收回金额的差额计提相应的减值准备。

**6.2.4　固定资产的核算方法**

6.2.4.1　固定资产确认条件、计价和折旧方法

固定资产是指为生产商品、提供劳务、出租或经营管理而持有的，使用年限超过一个会计年度的有形资产。

固定资产以取得时的实际成本入账，并从其达到预定可使用状态的次月起采用年限平均法计提折旧。

6.2.4.2　各类固定资产的折旧方法

| 项目 | 折旧年限（年） | 预计净残值率（%） | 年折旧率（%） |
|---|---|---|---|
| 房屋建筑物 | 30 | — | 3.33 |
| 办公设备 | 3 | 5.00 | 31.67 |
| 运输设备 | 10 | 5.00 | 9.50 |

6.2.4.3　固定资产的减值测试方法、减值准备计提方法

资产负债表日，有迹象表明固定资产发生减值的，按照账面价值与可收回金额的差额计提相应的减值准备。

**6.2.5　无形资产的核算方法**

6.2.5.1　无形资产是指本公司拥有或控制的没有实物形态的可辨认非货币性资产。无形资产通常包括专利权、非专利权、商标权、著作权、特许权、土地使用权等，按成本进行初始计量。

6.2.5.2　使用寿命有限的无形资产，在使用寿命内按照与该项无形资产有关的经济利益的预期实现方式系统合理地摊销，无法可靠确定预期实现方式的，采用直线法摊销。

6.2.5.3　使用寿命确定的无形资产，在资产负债表日有迹象表明发生减值的，按照账面价值与可收回金额的差额计提相应的减值准备；使用寿命不确定的无形资产和尚未达到可使用状态的无形资产，无论是否存在减值迹象，每年均进行减值测试。

**6.2.6　长期待摊费用的核算方法**

长期待摊费用按实际发生额入账，在受益期或规定的期限内分期平均摊销。如果长期待摊的费用项目不能使以后会计期间受益则将尚未摊销的该项目的摊余价值全部转入当期损益。

**6.2.7　预计负债**

6.2.7.1　因对外提供担保、诉讼事项、产品质量保证、亏损合同等或有事项形成的义务成为公司承担的现时义务，履行该义务很可能导致经济利益流出公司，且该义务的金额能够可靠的计量时，公司将该项义务确认为预计负债。

6.2.7.2　公司按照履行相关现时义务所需支出的最佳估计数对预计负债进行初始计量，并在资产负债表日对预计负债的账面价值进行复核。

6.2.8　**职工薪酬**

公司的职工薪酬是指本公司为获得职工提供的服务或解除劳动关系而给予的各种形式的报酬或补偿，包括短期薪酬、离职后福利、辞退福利和其他长期职工福利。公司提供给职工配偶、子女、受赡养人、已故员工遗属及其他受益人等的福利，也属于职工薪酬。

6.2.8.1　短期薪酬是指公司在职工提供相关服务的年度报告期间结束后12个月内需要全部予以支付的职工薪酬，因解除与职工的劳动关系给予的补偿除外。公司的短期薪酬具体包括：职工工资、奖金、津贴和补贴、职工福利费、医疗保险费、工伤保险费和生育保险费等社会保险费、住房公积金、工会经费和职工教育经费。

公司在职工提供服务的会计期间，将实际发生的的短期薪酬确认为负债，并根据职工提供服务的受益对象计入当期损益或相关资产成本。

6.2.8.2　离职后福利是指公司为获得职工提供的服务而在职工退休或与公司解除劳动关系后，提供的各种形式的报酬和福利，属于短期薪酬和辞退福利的除外。

公司的设定提存计划是指按当地政府的相关规定为职工缴纳基本养老保险和失业保险，在职工为公司提供服务的会计期间，按以当地规定的缴纳基数和比例计算应缴纳金额，确认为负债，并计入当期损益或相关资产成本。

6.2.9　**收入确认核算**

6.2.9.1　手续费及佣金收入

提供劳务交易的结果在资产负债表日能够可靠估计的（同时满足收入的金额能够可靠地计量、相关经济利益很可能流入、交易的完工情况能够可靠地确定、交易中已发生和将发生的成本能够可靠地计量）。

手续费及佣金收入主要包括信托手续费收入和顾问费收入。信托手续费收入是根据信托合同规定的计提方法、计提标准确认应由信托项目承担的受托人报酬；顾问费收入于所提供的服务完成时予以确认。

6.2.9.2　利息净收入

利息收入和利息支出都按存出资金或让渡资金的使用权的时间及实际利率计算确定。

6.2.10　**政府补助**

6.2.10.1　政府补助包括与资产相关的政府补助和与收益相关的政府补助。

6.2.10.2　政府补助为货币性资产的，按照收到或应收的金额计量；政府补助为非货币性资产的，按照公允价值计量，公允价值不能可靠取得的，按照名义金额计量。

6.2.10.3　与资产相关的政府补助，确认为递延收益，在相关资产使用寿命内平均分配，计入当期损益。与收益相关的政府补助，用于补偿以后期间的相关费用或损失的，确认为递延收益，在确认相关费用的期间，计入当期损益；用于补偿已发生的相关费用或损失的，直接计入当期损益。

6.2.11　**递延所得税资产和递延所得税负债**

6.2.11.1　根据资产、负债的账面价值与其计税基础之间的差额（未作为资产和负债确认的项目按照税法规定可以确定其计税基础的，该计税基础与其账面数之间的差额），按照预期收回该资产或清偿该负债期间的适用税率计算确认递延所得税资产或递延所得税负债。

6.2.11.2　确认递延所得税资产以很可能取得用来抵扣可抵扣暂时性差异的应纳税所得额为限。资产负债表日，有确凿证据表明未来期间很可能获得足够的应纳税所得额用来抵扣可抵扣暂时性差异的，确认以前会计期间未确认的递延所得税资产。

6.2.11.3　资产负债表日，对递延所得税资产的账面价值进行复核，如果未来期间很可能无法获得足够的应纳税所得额用以抵扣递延所得税资产的利益，则减记递延所得税资产的账面价值。在很可能获得足够的应纳税所得额时，转回减记的金额。

6.2.11.4　公司当期所得税和递延所得税作为所得税费用或收益计入当期损益，但不包括下列情况产生的所得税：（1）企业合并；（2）直接在所有者权益中确认的交易或者事项。

6.2.12　**信托赔偿准备金**

根据中国银行业监督管理委员会颁布的《信托投资公司管理办法》（银监会令2007年第2号）有关规定，公司应当按税后利润的5%计提信托赔偿准备金，公司信托赔偿准备金累计额为公司注册资本的20%以上时，不再提取。提取的信托赔偿准备金主要用于弥补因管理操作不善而对信托财产造成的损失。

6.2.13　**一般风险准备**

根据《金融企业准备金计提管理办法》（财金[2012]20号）有关规定，金融企业应当根据自身实际情况，选择内部模型法或标准法对风险资产所面临的风险状况定量分析，确定潜在风险估计值。对于潜在风险估计值高于资产减值准备的差额，计提一般准备。当潜在风险估计值低于资产减值准备时，可不计提一般准备。一般准备余额原则上不得低于风险资产期末余额的1.5%。金融企业一般准备余额占风险资产期末余额的比例，难以一次性达到1.5%的，可以分年到位，原则上不得超过5年。

公司承担风险和损失的资产应计提准备金，具体包括发放贷款和垫款、可供出售类金融资产、持有至到期投资、长期股权投资、存放同业、拆出资金、抵债资产、其他应收款项等。

6.2.14　**信托业务核算办法**

根据《中华人民共和国信托法》《信托公司管理办法》及相关法规的规定，信托公司的固有财产与信托财产应分别管理、分别核算。公司管理的信托项目是指受托人根据信托文件的约定，单独或者集合管理、运用、处分信托财产的基本单位，信托项目作为独立的会计核算主体，独立核算信托财产的管理、运用和处分情况。

6.2.15　**持有待售**

公司将同时满足下列条件的企业组成部分（或非流动资产）划分为持有待售：（1）根据类似交易中出售此类资产或处置组的惯例，在当前状况下即可立即出售；（2）出售极可能发生，已经就一项出售计划作出决议且获得确定的购买承诺，预计出售将在1年内完成。已经获得按照有关规定需得到相关权力机构或者监管部门的批准。

公司将持有待售的预计净残值调整为反映其公允价值减去出售费用后的净额（但不得超过该项持有待售的原账面价值），原账面价值高于调整后预计净残值的差额，作为资产减值损失计入当期损益，同时计提持有待售资产减值准备。对于持有待售的处置组确认的资产减值损失金额,应当先抵减处置组中商誉的账面价值,再根据处置组中适用本准则计量规定的各项非流动资产账面价值所占比重,按比例抵减其账面价值。

后续资产负债表日持有待售的非流动资产公允价值减去出售费用后的净额增加的,以前减记的金额应当予以恢复,并在划分为持有待售类别后确认的资产减值损失金额内转回,转回金额计入当期损益。划分为持有待售类别前确认的资产减值损失不得转回。后续资产负债表日持有待售的处置组公允价值减去出售费用后的净额增加的,以前减记的金额应当予以恢复,并在划分为持有待售类别后适用本准则计量规定的非流动资产确认的资产减值损失金额内转回,转回金额计入当期损益。已抵减的商誉账面价值,以及适用本准则计量规定的非流动资产在划分为持有待售类别前确认的资产减值损失不得转回。持有待售的处置组确认的资产减值损失后续转回金额,应当根据处置组中除商誉外适用本准则计量规定的各项非流动资产账面价值所占比重,按比例增加其账面价值。

企业因出售对子公司的投资等原因导致其丧失对子公司控制权的,无论出售后企业是否保留部分权益性投资,应当在拟出售的对子公司投资满足持有待售类别划分条件时,在母公司个别财务报表中将对子公司投资整体划分为持有待售类别,在合并财务报表中将子公司所有资产和负债划分为持有待售类别。

#### 6.2.16 终止经营

终止经营是指企业满足下列条件之一的能够单独区分的组成部分,且该组成部分已经处置或划分为持有待售类别:

(1)该组成部分代表一项独立的主要业务或一个单独的主要经营地区。

(2)该组成部分是拟对一项独立的主要业务或一个单独的主要经营地区进行处置的一项相关联计划的一部分。

(3)该组成部分是专为转售而取得的子公司。

企业应当在利润表中分别列示持续经营损益和终止经营损益。不符合终止经营定义的持有待售的非流动资产或处置组,其减值损失和转回金额及处置损益应当作为持续经营损益列报。终止经营的减值损失和转回金额等经营损益及处置损益应当作为终止经营损益列报。

## 6.3 或有事项说明

截至2018年12月31日,公司无或有事项。

## 6.4 会计报表中重要项目的明细资料

### 6.4.1 自营资产经营情况

6.4.1.1 资产风险分类的结果披露资产的期初数、期末数

| 风险分类 | 正常类(万元) | 关注类(万元) | 次级类(万元) | 可疑类(万元) | 损失类(万元) | 信用风险资产合计(万元) | 不良资产合计(万元) | 不良资产率(%) |
|---|---|---|---|---|---|---|---|---|
| 期初数 | 244 155.27 | 2 051.33 | — | — | 23 952.73 | 270 159.33 | 23 952.73 | 8.87 |
| 期末数 | 263 651.69 | 2 051.33 | — | — | 22 763.41 | 288 466.43 | 22 763.41 | 7.89 |

注:正常类=正常类+关注类,不良资产类=次级类+可疑类+损失类。

6.4.1.2 资产损失准备的期初数、本期计提、本期转回、本期核销、期末数

单位:万元

| 项目 | 期初数 | 本期计提 | 本期转回 | 本期核销 | 期末数 |
|---|---|---|---|---|---|
| 持有至到期投资减值准备 | 12 041.85 | 1 000.00 | — | — | 13 041.85 |
| 其他减值准备 | 11 951.91 | 37.92 | 2 227.24 | — | 9 762.59 |

6.4.1.3 自营股票投资、基金投资、债券投资、长期股权投资等投资的期初数、期末数

单位:万元

| | 自营股票 | 基金 | 债券 | 长期股权投资 | 其他投资 | 合计 |
|---|---|---|---|---|---|---|
| 期初数 | 17 452.08 | 39 061.46 | 15 245.48 | — | 19 678.32 | 91 437.34 |
| 期末数 | 15 722.01 | — | 5 000.00 | — | 40 728.33 | 61 450.34 |

6.4.1.4 前五名的自营贷款

| 序号 | 企业名称 | 占自营贷款的比例(%) | 还款情况 |
|---|---|---|---|
| 1 | 北京金威中嘉科技有限公司 | 45.87 | 不良 |
| 2 | 深圳走秀网络科技有限公司 | 28.95 | 不良 |
| 3 | 北京梧桐藏山投资管理中心(有限合伙) | 13.91 | 正常 |
| 4 | 广东希荻微电子有限公司 | 7.34 | 正常 |
| 5 | 张巍 | 3.93 | 正常 |

6.4.1.5 公司当年的收入结构

| 收入结构 | 金额(万元) | 占比(%) |
|---|---|---|
| 手续费及佣金收入 | 48 897.53 | 100.00 |
| 其中:信托手续费收入 | 48 897.53 | 100.00 |
| 投资银行业务收入 | — | — |
| 利息收入 | 2 089.98 | 4.27 |
| 其他业务收入 | 145.12 | 0.30 |
| 其中:计入信托业务收入的部分 | — | — |
| 投资收益 | 1 097.97 | 2.25 |
| 其中:股权投资收益 | — | — |
| 证券投资收益 | -4 992.53 | -10.21 |
| 其他投资收益 | 6 090.50 | 12.46 |
| 公允价值变动收益 | -17 045.21 | -34.86 |
| 其他收益 | 13 709.96 | 28.04 |
| 收入合计 | 48 895.35 | 100.00 |

### 6.4.2 信托资产管理情况

6.4.2.1 信托资产的期初数、期末数

单位:万元

| 信托资产 | 期初数 | 期末数 |
|---|---|---|
| 集合 | 7 198 218.76 | 5 449 597.37 |
| 单一 | 14 232 966.12 | 12 677 946.51 |
| 财产管理类 | 21 014 636.00 | 14 062 122.57 |
| 合 计 | 42 445 820.88 | 32 189 666.45 |

6.4.2.1.1 主动管理型信托业务情况

单位:万元

| 主动管理型信托资产 | 期初数 | 期末数 |
|---|---|---|
| 证券投资类 | 876 146.00 | 1 009 541.58 |
| 股权及其他投资类 | 6 038 646.95 | 3 902 468.98 |
| 融资类 | 283 425.81 | 537 586.81 |
| 合 计 | 7 198 218.76 | 5 449 597.37 |

6.4.2.1.2 被动管理型信托业务情况

单位:万元

| 被动管理型信托资产 | 期初数 | 期末数 |
|---|---|---|
| 证券投资类 | 198 847.18 | 198 328.31 |
| 股权及其他投资类 | 848 756.37 | 757 434.60 |
| 融资类 | 2 948 991.68 | 2 157 163.70 |
| 事务管理类 | 31 251 006.89 | 23 627 142.47 |
| 合计 | 35 247 602.12 | 26 740 069.09 |

6.4.2.2　本年度已清算结束的信托项目情况

6.4.2.2.1　本年度已经清算结束的集合类、单一类资金信托项目和财产管理类信托项目个数、实收信托合计金额、加权平均年化收益率

| 信托资产 | 项目个数（个） | 实收信托合计金额（万元） | 加权平均年化收益率（%） |
|---|---|---|---|
| 集合 | 77 | 2 069 771.00 | 5.64 |
| 单一 | 130 | 4 571 952.00 | 6.71 |
| 财产管理类 | 99 | 4 683 422.00 | 5.49 |

6.4.2.2.2　本年度已经清算结束的主动管理型信托项目个数、实收信托合计金额、加权平均年化收益率

| 已清算结束的信托项目（主动管理型） | 项目个数（个） | 实收信托合计金额（万元） | 加权平均年化收益率（%） |
|---|---|---|---|
| 证券投资类 | 10 | 74 948.69 | -5.52 |
| 股权及其他投资类 | 56 | 1 883 051.81 | 3.12 |
| 融资类 | 7 | 111 770.00 | 12.39 |

6.4.2.2.3　本年度已经清算结束的被动管理型信托项目个数、实收信托合计金额、加权平均年化收益率

| 已清算结束的信托项目（被动管理型） | 项目个数（个） | 实收信托合计金额（万元） | 加权平均年化收益率（%） |
|---|---|---|---|
| 证券投资类 | 5 | 80 383.63 | -20.35 |
| 股权及其他投资类 | 7 | 129 100.00 | 6.22 |
| 融资类 | 8 | 1 271 500.00 | 5.42 |
| 事务管理类 | 213 | 7 774 390.87 | 6.30 |

6.4.2.3　本年度新增的集合类、单一类资金信托项目和财产管理类信托项目个数、实收信托合计金额

| 信托资产 | 项目个数（个） | 实收信托合计金额（万元） |
|---|---|---|
| 集合 | 29 | 1 170 257.50 |
| 单一 | 77 | 3 340 052.26 |
| 财产管理类 | 21 | 1 122 623.28 |
| 合计 | 127 | 5 632 933.04 |

6.4.2.4　本年度新增的融资类、投资类和事务管理类信托项目个数、实收信托合计金额

| 信托资产 | 项目个数（个） | 实收信托合计金额（万元） |
|---|---|---|
| 融资类 | 10 | 808 202.60 |
| 投资类 | 9 | 365 289.55 |
| 事务管理类 | 108 | 4 459 440.89 |
| 合计 | 127 | 5 632 933.04 |

6.4.2.5　公司已履行受托人义务，并未发生因本公司自身责任导致信托资产损失的情况

6.4.2.6　信托赔偿准备金的提取、使用和管理情况

2018 年公司计提信托赔偿准备金 1 367.86 万元，截至 2018 年 12 月 31 日，公司信托项目运行良好，未发生使用信托赔偿准备金情况，信托赔偿准备金余额为 15 617.99 万元。

### 6.5　关联方关系及其交易的披露

**6.5.1　关联交易方的数量、关联交易的总额及关联交易的定价政策**

6.5.1.1　关联交易方的数量

截至 2018 年 12 月 31 日，公司关联方共 1 个，为公司股东西藏自治区投资有限公司。

6.5.1.2　关联交易金额

2018 年，西藏自治区投资有限公司认购公司信托产品金额为 2 000.00 万元，截至 2018 年 12 月 31 日余额为 13 043.40 万元。

6.5.1.3　关联交易的定价政策

上述关联交易的定价政策为市场公允价格。

**6.5.2　关联交易方与本公司的关系性质、关联交易方的名称、法人代表、注册地址、注册资本及主营业务**

本公司股东的有关信息

| 母公司名称 | 注册地 | 业务性质 | 注册资本（万元） | 法人代表 |
|---|---|---|---|---|
| 西藏自治区财政厅 | 西藏拉萨 | 公共服务 | — | 云丹 |
| 西藏自治区投资有限公司 | 西藏拉萨 | 投资 | 300 000 | 王天昊 |

**6.5.3　公司与关联方的重大交易事项**

6.5.3.1　固有财产与关联方

公司无上述事项。

6.5.3.2　信托财产与关联方交易情况：贷款、投资、租赁、应收账款、担保、其他方式等期初汇总数、本期借方和贷方发生额汇总数、期末汇总数

单位：万元

| 信托财产与关联方相互交易 | | | |
|---|---|---|---|
| | 期初数 | 本期发生额 | 期末数 |
| 贷款 | — | — | — |
| 投资 | 30 511.20 | -17 467.80 | 13 043.40 |
| 租赁 | — | — | — |
| 担保 | — | — | — |
| 应收账款 | — | — | — |
| 其他 | — | — | — |
| 合计 | 30 511.20 | -17 467.80 | 13 043.40 |

6.5.3.3　信托公司自有资金运用于自己管理的信托项目、信托公司管理的信托项目之间的相互（信信交易）交易金额，包括余额和本报告年度的发生额

单位：万元

| 固有财产与信托财产相互交易 | | | |
|---|---|---|---|
| | 期初数 | 本期发生额 | 期末数 |
| 合计 | 102 458.73 | 14 356.97 | 116 815.70 |

单位：万元

| 信托资产与信托财产相互交易 | | | |
|---|---|---|---|
| | 期初数 | 本期发生额 | 期末数 |
| 合计 | 1 027 187.12 | 218 616.13 | 1 245 803.25 |

6.5.3.4　逐笔披露关联方逾期未偿还公司资金的详细情况以及公司为关联方担保发生或即将发生垫款的详细情况

公司无上述事项。

## 7. 财务情况说明

### 7.1　实现利润和分配情况

（1）利润总额为 29 992.05 万元。

（2）所得税费用为 2 634.89 万元。

（3）净利润为 27 357.16 万元。

（4）年初未分配利润为 64 796.80 万元。

(5)可供分配利润为 92 153.96 万元。
(6)向股东分配股利 19 374.24 万元。
(7)计提国有资本经营收益 5 170.50 万元。
(8)提取盈余公积 2 735.72 万元。
(9)提取信托赔偿准备金 1 367.86 万元。
(10)年末未分配利润为 63 505.64 万元。

## 7.2 主要财务指标

| 指标名称 | 指标值 |
|---|---|
| 资本利润率(%) | 12.26 |
| 信托报酬率(%) | 0.13 |
| 人均净利润(万元) | 263.05 |

注:1. 资本利润率 = 净利润/所有者权益平均余额 ×100%。
2. 信托报酬率 = 当年税前信托报酬收入/实收信托平均余额 ×100%。
3. 人均净利润 = 净利润/公司年平均人数。
4. 平均值采取年初及各季末余额移动算术平均法,公式为:a(平均) = (a0/2 + a1 + a2 + a3 + a4/2)/4。

## 7.3 对公司财务状况、经营成果有重大影响的其他事项

无。

# 8. 特别事项

## 8.1 前五名股东报告期内变动情况及原因

报告期内,公司前五名股东未发生变动。

## 8.2 董事、监事及高级管理人员变动情况

### 8.2.1 董事变动情况

因工作调整,公司董事朱永良同志辞去公司董事职务;公司股东会补选孙杰同志为公司第五届董事会董事。

### 8.2.2 监事变动情况

因工作调整,公司监事会主席汪建中同志辞去公司监事会主席职务;公司股东会补选宿城旺同志为公司第五届监事会监事,并由监事会选举其为公司第五届监事会主席。

### 8.2.3 高级管理人员变动情况

报告期内,公司高级管理人员未发生变动。

## 8.3 变更注册资本、变更注册地或公司名称、公司分立合并事项

报告期内,公司注册资本、注册地址、公司名称未发生变化,未发生分立合并事宜。

## 8.4 公司的重大诉讼事项

报告期内,公司无重大诉讼事项。

## 8.5 对会计师事务所出具的有保留意见、否定意见或无法表示意见的审计报告的,公司董事会应就所涉及事项作出说明

公司无上述情况。

## 8.6 公司及其董事、监事和高级管理人员受到处罚的情况

报告期内,公司及其董事、监事和高级管理人员均未受到处罚。

## 8.7 银保监会及其派出机构对公司检查后提出的整改意见及整改情况

2018 年 3 月 22 日,中国银行业监督管理委员会西藏监管局下发《中国银监会西藏监管局关于西藏信托有限公司 2017 年度监管意见书》(藏银监发[2018]42 号),对公司提出如下监管意见:第一,进一步完善公司治理建设;第二,强化资本实力,完善长远发展战略;第三,完善风险合规管理,强化内部问责力度;第四,要进一步提升风险项目处置质效;第五,严格防范银信类信托业务合规风险;第六,扎实做好市场乱象整治工作;第七,要进一步助推党风廉政工作有效落地。

2018 年 6 月 6 日,中国银行业监督管理委员会西藏监管局下发《西藏银监局办公室关于亟待加强合规管理的监管意见》(藏银监办发[2018]96 号),对公司提出如下监管意见:第一,加强规制建设;第二,防控风险隐患;第三,严控通道类业务规模。

2018 年 12 月 10 日,西藏银保监局筹备组下发《西藏银保监局筹备组关于西藏信托信息科技风险快速巡查的意见书》(藏银保监(筹)[2018]86 号),对公司提出如下监管意见:第一,完善信息科技治理结构,提升信息科技治理水平;第二,加强业务连续性管理,提升应急管理能力;第三,加强信息科技制度建设,提高信息科技管理水平;第四,提升对信息安全管理的认识,加强信息安全管理工作。

就西藏银保监局提出的上述整改意见,公司组织员工认真学习,明确了整改目标,落实整改的责任部门和责任人,目前各项整改措施均按照公司的既定目标有序进行。

## 8.8 本年度重大事项临时报告的简要内容、披露时间、披露的媒体及其版面

2018 年 12 月 21 日,公司在《上海证券报》第 22 版披露了《西藏信托有限公司关于修改〈公司章程〉的公告》。

## 8.9 银保监会及其省级派出机构认定的其他有必要让客户及相关利益人了解的重要信息

根据《信托公司净资本管理办法》规定,公司净资本监管风险控制指标执行情况如下:

净资本/各项业务风险资本之和 = 192 085.05 万元/120 003.15万元 ×100% =160.07% ≥100%(监管标准)。

净资本/净资产 = 192 085.05 万元/ 224 492.66 万元 × 100% = 85.56% ≥40%(监管标准)。

# 9. 公司监事会意见

监事会认为,报告期内,公司经营活动依法运作,操作规范,财务报告真实地反映了公司的财务状况和经营成果。

# 厦门国际信托有限公司

## 1. 重要提示

1.1 本公司董事会及董事保证本报告所载资料不存在任何虚假记载、误导性陈述或者重大遗漏,并对其内容的真实性、准确性和完整性承担个别及连带责任。

1.2 没有董事声明对年度报告内容的真实性、准确性、完整性无法保证或存在异议。

1.3 独立董事保证本报告所载资料不存在任何虚假记载、误导性陈述或者重大遗漏,并对其内容的真实性、准确性和完整性承担个别及连带责任。

1.4 中审众环会计师事务所(特殊普通合伙)厦门分所为本公司出具了标准无保留意见的审计报告。

1.5 公司董事长洪文瑾、总经理李自成和会计机构负责人财务部经理陈明雅保证年度报告中财务报告的真实、完整。

## 2. 公司概况

### 2.1 公司简介

2.1.1 公司历史沿革

厦门国际信托有限公司是经原中国银行业监督管理委员会批准设立的具有法人资格的非银行金融机构。公司前身厦门国际信托投资公司是由厦门市财政局下属的厦门经济特区财务公司组建而成,成立于1985年1月,已稳健成长了34年。2007年8月,经原中国银行业监督管理委员会核准换发新的金融许可证。目前,公司注册资本为37.5亿元(其中外汇资本金为1 500万美元),净资产为50.25亿元。股东为厦门金圆金控股份有限公司(占股80%)、厦门建发集团有限公司(占股10%)和厦门港务控股集团有限公司(占股10%),3家股东均是厦门市属国有企业。

2.1.2 公司的法定中文名称:厦门国际信托有限公司
公司的法定英文名称:Xiamen International Trust Co., Ltd.

2.1.3 法定代表人:洪文瑾

2.1.4 注册地址:厦门市思明区展鸿路82号厦门国际金融中心39-42层

2.1.5 邮政编码:361008

2.1.6 国际互联网网址:www.xmitic.com

2.1.7 电子邮箱:master@xmitic.com

2.1.8 信息披露事务负责人:李自成
联系人:苏东升
联系电话:0592-5311983
传真:0592-5311906
电子邮箱:suds@xmitic.com

2.1.9 公司本次信息披露报纸名称:《证券时报》

2.1.10 公司年度报告备置地点:厦门市思明区展鸿路82号厦门国际金融中心39-42层

2.1.11 公司聘请的会计师事务所:中审众环会计师事务所(特殊普通合伙)厦门分所
地址:厦门市湖滨东路319号人才市场C座4楼

2.1.12 公司信托事务聘请的律师事务所:
上海锦天城(厦门)律师事务所
地址:厦门市思明区环岛东路1801号中航紫金广场A栋18楼
福建远大联盟律师事务所
地址:厦门市思明区七星西路178号七星大厦22楼远大律所
北京中伦文德(厦门)律师事务所
地址:厦门市思明区展鸿路82号厦门国际金融中心27层
北京(大成)厦门律师事务所
地址:厦门市思明区展鸿路82号厦门国际金融中心9层
福建英合律师事务所
地址:福建省厦门市思明区湖滨南路55号禹洲广场5层
北京盈科(成都)律师事务所
地址:成都市锦江区锦华路三段88号汇融国际A座20-21楼
福建力衡律师事务所
地址:厦门市七星西路七星一号大厦10楼福建力衡律师事务所
福建闽翔律师事务所
地址:厦门市湖里区安岭路988号三楼B302

## 2.2 组织结构

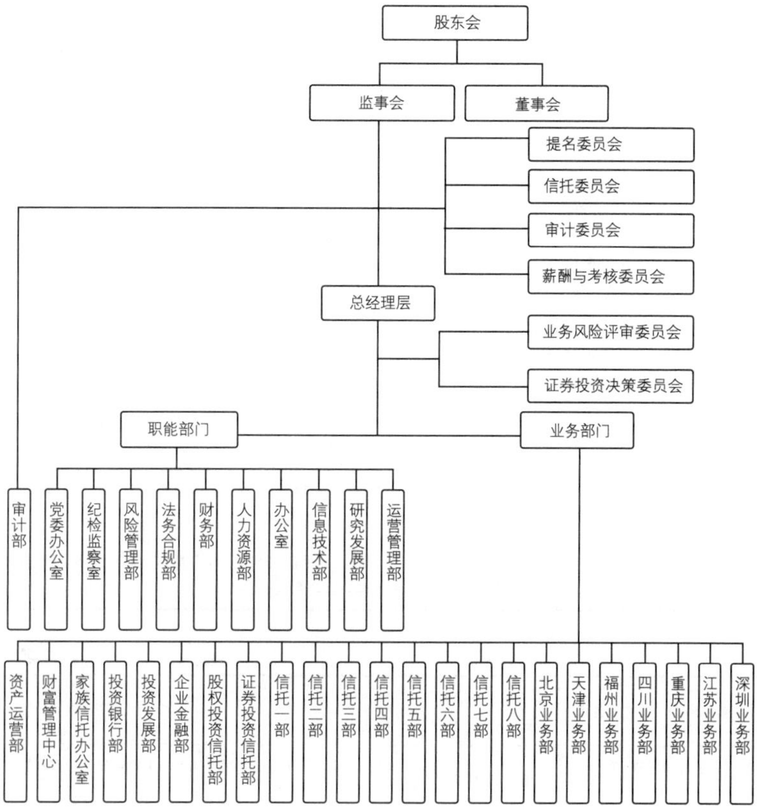


# 3. 公司治理

## 3.1 股东情况

公司现有3家股东。

| 股东名称 | 持股比例（%） | 法人代表 | 注册资本 | 注册地址 | 主要经营业务及主要财务情况 |
|---|---|---|---|---|---|
| ★厦门金圆金控股份有限公司 | 80 | 檀庄龙 | 452 973.4815万元 | 厦门市思明区展鸿路82号厦门国际金融中心46层4605－4609 | 对金融产业的投资，创业投资，产业投资，股权投资管理与运营。2018年末总资产超过130亿元。 |
| 厦门建发集团有限公司 | 10 | 黄文洲 | 63.5亿元 | 厦门市思明区环岛东路1699号建发国际大厦43楼 | 主营涉及供应链运营、房地产开发、旅游酒店、会展业以及投资等。2018年末总资产超过2 500亿元。 |
| 厦门港务控股集团有限公司 | 10 | 陈志平 | 31亿元 | 厦门市湖里区东港北路31号港务大厦25楼 | 以控股、参股方式从事资产投资、监管、经营；港口工程开发与建设；与港口建设经营有关的业务。2018年末总资产为445亿元。 |

3家股东均是厦门市属并授权经营的国有独资公司。

## 3.2 董事、董事会及其下属委员会

董事长、副董事长、董事

| 姓名 | 职务 | 性别 | 年龄（岁） | 选任日期 | 所推举的股东名称 | 该股东持股比例（%） | 简要履历 |
|---|---|---|---|---|---|---|---|
| 洪文瑾 | 董事长 | 女 | 55 | 2013年6月 | 厦门金圆金控股份有限公司 | 80 | 2007年7月毕业于厦门大学工商管理专业；现任厦门金圆投资集团有限公司党委委员、副总经理，厦门国际信托有限公司党委书记、董事长，圆信永丰基金管理有限公司董事长，厦门资产管理有限公司董事长。 |

续表

| 姓名 | 职务 | 性别 | 年龄（岁） | 选任日期 | 所推举的股东名称 | 该股东持股比例（%） | 简要履历 |
|---|---|---|---|---|---|---|---|
| 檀庄龙 | 董事 | 男 | 51 | 2017年4月 | 厦门金圆金控股份有限公司 | 80 | 1987年7月毕业于北京商学院储运管理专业，学士学位；现任厦门金圆投资集团有限公司党委书记、董事长兼厦门金圆金控股份有限公司董事长。 |
| 薛　荷 | 董事 | 女 | 53 | 2013年6月 | 厦门金圆金控股份有限公司 | 80 | 1986年7月毕业于南京大学经济系经济管理专业；现任厦门金圆投资集团有限公司副总经理兼厦门市创业投资有限公司董事长，金圆资本管理（厦门）有限公司董事长。 |
| 李云祥 | 董事 | 男 | 42 | 2018年3月 | 厦门金圆金控股份有限公司 | 80 | 2008年6月毕业于厦门大学工商管理专业；现任厦门金圆投资集团有限公司副总经理、厦门市担保有限公司总经理，兼任厦门博融典当有限公司董事长，厦门湖里诚泰小额贷款股份公司董事长。 |
| 王文怀 | 董事 | 男 | 46 | 2013年6月 | 厦门建发集团有限公司 | 10 | 经济师，1998年毕业于厦门大学企业管理专业，获硕士学位；现任厦门建发集团有限公司副总经理。 |
| 余明凤 | 董事 | 男 | 55 | 2013年6月 | 厦门港务控股集团有限公司 | 10 | 1985年毕业于广州暨南大学会计系会计专业；现任厦门港务控股集团有限公司财务总监，厦门港务金融控股有限公司董事。 |
| 刘持金 | 独立董事 | 男 | 56 | 2013年6月 | 独立董事 | — | 1997年7月毕业于美国哈佛大学工商管理专业，获硕士学位；现任北京泛太平洋管理咨询有限公司董事长，中国企业改革发展研究会副会长。 |
| 孙立坚 | 独立董事 | 男 | 56 | 2013年6月 | 独立董事 | — | 2000年3月毕业于日本一桥大学商学研究科，获博士学位；现任复旦大学金融研究中心主任、经济学院金融学教授。 |
| 陈　工 | 独立董事 | 男 | 60 | 2013年6月 | 独立董事 | — | 1999年7月毕业于厦门大学财金系，博士学历，经济学教授、博士生导师；现任厦门大学经济学院财政系教授。 |

独立董事

| 姓名 | 所在单位职务 | 性别 | 年龄（岁） | 选任日期 | 简要履历 |
|---|---|---|---|---|---|
| 刘持金 | 北京泛太平洋管理咨询有限公司董事长、中国企业改革发展研究会副会长 | 男 | 56 | 2013年6月 | 1997年7月毕业于美国哈佛大学工商管理专业，获硕士学位；现任北京泛太管理培训有限公司董事长。 |
| 孙立坚 | 复旦大学金融研究中心主任、经济学院金融学教授 | 男 | 56 | 2013年6月 | 2000年3月毕业于日本一桥大学商学研究科，获博士学位；现任复旦大学金融研究中心主任、经济学院金融学教授。 |
| 陈　工 | 厦门大学经济学院财政系教授 | 男 | 60 | 2013年6月 | 1999年7月毕业于厦门大学财金系，博士学历，经济学教授、博士生导师；现任厦门大学经济学院财政系教授。 |

董事会下属委员会

| 董事会下属委员会名称 | 职责 | 组成人员姓名 | 职务 |
|---|---|---|---|
| 信托委员会 | 组织拟定制定公司信托业务的发展规划；初审需由董事会审议的信托项目；检查和评估信托财产管理的风险状况，审议信托业务的重大风险事件；针对中国银保监会及其派出机构检查公司信托业务后要求董事会组织整改的问题，提出具体措施；当公司或股东利益与受益人利益发生冲突时，研究制定维护受益人权益的具体措施；指导信托业务部门开展业务创新；审核公司创新类信托计划；监督、检查、评估公司信托计划的实施情况，向董事会提出建议；董事会授予的其他职责。 | 陈　工 | 主任委员 |
| | | 洪文瑾 | 委　员 |
| | | 薛　荷 | 委　员 |
| | | 李云祥 | 委　员 |
| | | 王文怀 | 委　员 |
| 薪酬与考核委员会 | 审查公司董事、高管人员的年度薪酬、年度效益工资提取办法、基本（固定）薪酬管理制度、员工企业年金方案并提交董事会审定；对公司薪酬制度执行情况进行监督。 | 李云祥 | 主任委员 |
| | | 薛　荷 | 委　员 |
| | | 孙立坚 | 委　员 |
| 审计委员会 | 提议聘请和更换外部审计机构；审批公司年度审计工作计划；每季度听取并审议审计部的工作报告；审批公司年度审计工作报告，并报董事会审议；审议批准公司案防工作总体政策，推动案防管理体系建设；明确高级管理层有关案防职责及权限，确保高级管理层采取必要措施有效监测、预警和处置案件风险；提出案防工作整体要求，审议案防工作报告；考核评估公司案防工作有效性；确保内审稽核对案防工作进行有效审查和监督。 | 孙立坚 | 主任委员 |
| | | 陈　工 | 委　员 |
| | | 余明凤 | 委　员 |
| 提名委员会 | 研究并提出董事和高级管理人员选任程序和标准；对拟任董事和高级管理人员的任职资格进行初步审核，向董事会提出建议；董事会授权的其他职责。 | 檀庄龙 | 主任委员 |
| | | 李云祥 | 委　员 |
| | | 刘持金 | 委　员 |

### 3.3 监事会成员

| 姓名 | 职务 | 性别 | 年龄（岁） | 选任日期 | 所推举的股东名称 | 该股东持股比例(%) | 简要履历 |
|---|---|---|---|---|---|---|---|
| 黄威飘 | 监事长 | 男 | 54 | 2013年6月 | 厦门金圆金控股份有限公司 | 80 | 2003年12月毕业于中央党校法律专业;现任厦门金圆投资集团有限公司纪委书记,天马微电子股份有限公司监事。 |
| 吴　钢 | 外部监事 | 男 | 49 | 2015年2月 | 厦门金圆金控股份有限公司 | 80 | 1991年7月毕业于厦门大学企业管理专业;现任厦门金圆投资集团有限公司总经理助理,厦门金圆融资租赁有限公司董事长。 |
| 苏东升 | 职工监事 | 男 | 46 | 2013年6月 | | | 1994年7月毕业于厦门大学会计系;现任厦门国际信托有限公司办公室主任,厦门国际信托有限公司工会委员会副主席。 |

### 3.4 高级管理人员

| 姓名 | 职务 | 性别 | 年龄（岁） | 选任日期 | 金融从业年限（年） | 学历 | 专业 | 简要履历 |
|---|---|---|---|---|---|---|---|---|
| 洪文瑾 | 董事长 | 女 | 55 | 2008年11月 | 24 | 硕研 | 工商管理 | 1985年起历任厦门建发集团有限公司财务部业务主办、副经理,厦门建发信托投资公司副总经理、总经理,厦门国际信托有限公司总经理、董事长等职;现任厦门金圆投资集团有限公司党委委员、副总经理,厦门国际信托有限公司党委书记、董事长,圆信永丰基金管理有限公司董事长,厦门资产管理有限公司董事长。 |
| 李自成 | 总经理 | 男 | 57 | 2012年1月 | 29 | 硕研 | 历史 | 1989年起历任厦门国际信托投资公司办公室主任、总经理助理、副总经理等职;现任厦门国际信托有限公司党委副书记、总经理。 |
| 兰文伟 | 纪委书记 | 男 | 49 | 2018年2月 | 24 | 本科 | 法学 | 1993年起历任厦门国际信托投资公司法律顾问,厦门国际信托有限公司合规管理部副总经理、法务合规部总经理、风险总监等职;现任厦门国际信托有限公司党委委员、纪委书记。 |
| 胡荣炜 | 副总经理 | 男 | 44 | 2013年8月 | 12 | 硕研 | 工商管理 | 1997年起历任厦门中行副科长、科长,柯达中国区制造财务内控总监,磐基国际集团副总经理,厦门金圆集团投资经理,厦门市创业投资有限公司副总经理等职;现任厦门国际信托有限公司党委委员、副总经理。 |
| 蔡炎坤 | 副总经理 | 男 | 54 | 2013年8月 | 30 | 硕研 | 货币银行 | 1988年起历任厦门国际信托投资公司经理助理、部门经理,厦门国际信托有限公司信托一部经理、投资信托总部总经理、股权投资信托部总经理、公司总经理助理等职;现任厦门国际信托有限公司党委委员、副总经理。 |
| 郭韶红 | 副总经理 | 女 | 50 | 2013年8月 | 29 | 硕研 | 金融 | 1989年起历任厦门国际信托投资公司部门经理助理、部门经理,厦门国际信托有限公司信托二部经理、融资信托总部总经理、北京业务部总经理、公司总经理助理等职;现任厦门国际信托有限公司副总经理。 |
| 林漳龙 | 副总经理 | 男 | 53 | 2017年7月 | 19 | 硕研 | 工商管理 | 1988年起历任厦门国际信托投资公司计划财务部主办会计,厦门市人寿保险公司计划财务部经理助理,厦门国际信托投资公司部门经理助理、财务部副经理、经理,厦门市担保投资有限公司副总经理,厦门金圆投资集团有限公司财务管理部总经理、风控合规部总经理等职;现任厦门国际信托有限公司党委委员、副总经理。 |
| 苏荣坚 | 总经理助理 | 男 | 56 | 2013年11月 | 24 | 本科 | 经济管理 | 1982年起历任福建三明地区财政局科长、厦门信息信达总公司证券部经理助理、计划财务部副经理(主持工作),厦门国际信托有限公司财务部经理、自营业务部经理、公司财务总监等职;现任厦门国际信托有限公司党委委员、总经理助理。 |
| 郑　华 | 总经理助理 | 女 | 44 | 2010年7月 | 24 | 本科 | 行政管理 | 1994年起在厦门建发信托投资公司从事证券有关业务,2002年起历任厦门国际信托有限公司办公室副主任、人力资源部总经理、办公室主任、财富管理中心总经理等职;现任厦门国际信托有限公司总经理助理。 |

### 3.5 公司员工

报告期末公司职工数230人,平均年龄36.05岁,学历结构分布为博士0.43%、硕士41.30%、本科51.30%、专科5.22%、其他1.74%。

## 4. 经营管理

### 4.1 经营目标、经营方针、战略规划

#### 4.1.1 经营目标

在健全内部法人治理结构、完善和规范内控管理制度和业务流程的基础上,建立并形成一批高素质、专业化的投资管理与营销团队,实现公司信托资产规模和盈利水平的双增长,为信托受益人和公司股东谋求最大利益。

#### 4.1.2 经营方针

公司的经营方针是稳健经营、诚实守信、开拓创新、有效回报,即以稳健经营为前提,以诚实信用为根本,以开拓创新为动力,以有效回报为目标。

#### 4.1.3 战略规划

依托国务院关于支持福建省加快建设海峡西岸经济区的发展契机,在集团金融发展战略指引下,以开拓创新为先导,以专注主业为核心,以风险控制为保障,加强与银行、政府、集团成员机构以及海峡两岸其他金融机构和第三方机构之间开展各种形式的合作,逐步实现信托业务从平台型为主向自主管理型为主的转变,增强企业竞争力,提升公司在集团金融板块的

行业价值；建立健全有效的激励和约束机制，实施有效的人才战略，为公司可持续发展创造条件；着力提升公司的投融资能力、项目开发能力、资产管理能力和市场营销能力；在确保安全性的前提下适当调整自有资产结构，提高自有资产的运作效益，成为集团金融资源整合的重要平台；积极获得股东支持，提升公司净资本水平；规划期内确保在信托业务主要指标行业排名上有所进步，推动公司业务规模、经营效益、管理水平的全面提升，初步形成自身的核心盈利模式并成为国内具有一定竞争力的信托机构。

## 4.2 所经营业务的主要内容

目前公司经营的业务均围绕"一法两规"及银保监会的有关规定开展。在固有资产方面，开展贷款（流动资金贷款和固定资产贷款）、融资租赁、投资（金融股权投资和证券投资）等业务。在信托业务方面，按资金来源分类，有单一信托、集合信托及财产权信托业务；按信托功能分类，有融资类、投资类和事务管理类业务。目前信托业务主要开展了贷款信托、证券投资信托、股权投资信托和股权管理信托、财产信托（土地收益权、股权收益权、信贷资产）、消费金融信托等，信托资金投向涵盖了工商企业、基础产业、房地产、证券市场、金融机构等方面。

### 4.2.1 自营资产运用与分布表

| 资产运用 | 金额（万元） | 占比（%） | 资产分布 | 金额（万元） | 占比（%） |
|---|---|---|---|---|---|
| 货币资产 | 66 407 | 11.24 | 基础产业 | — | — |
| 贷款及应收款 | 4 875 | 0.83 | 房地产业 | — | — |
| 以公允价值计量且其变动计入当期损益的金融资产 | 62 395 | 10.56 | 证券市场 | 91 892 | 15.56 |
| 买入返售金融资产 | 1 729 | 0.29 | 金融机构 | 82 101 | 13.90 |
| 可供出售金融资产 | 229 353 | 38.83 | 实业 | 4 875 | 0.83 |
| 持有至到期投资 | 119 968 | 20.31 | 其他 | 411 739 | 69.71 |
| 长期股权投资 | 82 101 | 13.90 | | | |
| 其他 | 23 779 | 4.03 | | | |
| 资产总计 | 590 607 | 100.00 | 资产总计 | 590 607 | 100.00 |

### 4.2.2 信托资产运用与分布表

| 资产运用 | 金额（万元） | 占比（%） | 资产分布 | 金额（万元） | 占比（%） |
|---|---|---|---|---|---|
| 货币资产 | 211 342 | 1.08 | 基础产业 | 2 947 461 | 15.12 |
| 贷款 | 8 981 621 | 46.07 | 房地产 | 2 790 461 | 14.31 |
| 交易性金融资产 | 272 680 | 1.40 | 证券市场 | 413 782 | 2.12 |
| 可供出售金融资产 | 5 608 318 | 28.76 | 实业 | 7 980 948 | 40.93 |
| 持有至到期投资 | — | — | 金融机构 | 3 942 266 | 20.22 |
| 长期股权投资 | 825 103 | 4.23 | 其他 | 1 422 721 | 7.30 |
| 其他 | 3 598 575 | 18.46 | | | |
| 信托资产总计 | 19 497 639 | 100.00 | 信托资产总计 | 19 497 639 | 100.00 |

## 4.3 市场分析

### 4.3.1 有利因素

宏观层面。宏观经济持续践行习近平新时代中国特色社会主义经济思想，贯彻新发展理念，打好防范化解重大风险攻坚战，做好重点领域风险防范和处置、加强薄弱环节监管制度建设，逐步实现金融和实体经济、金融和房地产、金融体系内部的良性循环。2018 年，我国经济已由高速增长阶段转向高质量发展阶段，扩大减税降费规模、改善货币政策传导机制、深化国资国企等领域改革、支持民营企业和中小企业发展等经济政策相继出台，将进一步激发各类市场主体的活力，市场机遇显现。在错综复杂的市场环境下，机构客户和高净值客户投资趋于理性，选择正规金融机构意愿增强，财富管理需求强烈。

行业层面。银保监会合并后，重塑金融监管架构，信托业与银行业、保险业归口同一监管机构，有望进一步加深合作。2018 年，信托业通道业务压缩，资产规模有所下降，但行业受托管理资产结构持续优化，业务模式尝试创新，行业回归本源、转型发展意愿强烈。

公司层面。公司作为地方性国有金融机构，成立 34 年来稳健经营，连续 3 年获评《证券时报》"区域影响力信托公司"。面对复杂严峻的外部环境，公司围绕新形势、新业态创新转型，一是完善财富体系，加大直销团队建设力度，整合代销力量，积极开拓低成本资金新渠道，加大自主管理力度；二是挖掘资本市场业务潜力，在资产证券化、PE 等多领域寻找投资机会，进一步推进家族信托、消费信托、基金型信托等创新类信托模式的拓展，已相继落地"债转股"和供应链金融等创新业务；三是房地产和政信等传统业务做精做深，在符合监管要求的前提下转型创新，努力探索房地产股权投资等新模式。

### 4.3.2 不利因素

宏观层面。综合国内外形势，世界大变局加速深刻演变，全球动荡源和风险点增多。2018 年我国经济运行稳中有变、变中有忧，内部经济承压，正处在转变发展方式、优化经济结构、转换增长动力的攻关期，需要应对各种风险挑战。

行业层面。资管新规出台后，事务管理类业务受到较大冲击，信托管理规模普遍下滑。信托创新转型、回归本源成为最大共识，创新与强监管要求的平衡成为信托转型面临的最大压力。

公司层面。经济形势变化日趋复杂，对公司经营形成较大考验。一是公司的资本实力处于行业中下游水平，面对错综复杂的市场环境，需要进一步提高资本实力以增强抗风险能力；二是资金方面受政策因素影响，自主营销竞争日趋激烈，财富体系建设、高净值客户培养、代销渠道拓展日益迫切；三是资产证券化、消费金融、服务信托等新业态兴起，公司亟须加强新业态的团队建设和人才建设。

## 4.4 内部控制

### 4.4.1 内部控制环境和内部控制文化

公司的内部控制制度，是为实现经营目标和防范各种风险而采取的一系列方法、措施、程序的总和。公司内部控制的总体目标是要建立一个决策科学、运营规范、管理高效、监督到位、反馈及时和持续、稳定、健康发展的信托业经营机构。具体包括以下四项内部控制目标：一是确保国家法律法规、外部监管机构的监管要求和公司内部规章制度得到有效的贯彻执行；二是确保公司发展战略和经营目标的全面实施和充分实现；三是确保公司风险管理体系的有效性；四是确保业务记录、财务信息和其他管理信息的及时性、真实性、完整性。

公司建立了较为完善的法人治理结构，包括股东会、董事会、监事会和经营班子，各自职责明确并得到切实履行。董事会对公司建立内部控制系统和维持其有效性承担最终责任，经营班子对内部控制制度的有效执行承担责任，监事会对内部控制行使监督职责。公司董事会、监事会和经营管理层能充分认识自身对内部控制所承担的责任，并培育公司良好的内部控制文化和风险管理理念。董事会对经营层制定了明确的授权权限，总经理办公会具有明确的议事规则和决策程序。公司按照信托资产与固有资产隔离原则，分别设置不同的部门并由不同的高管人员负责管理，各个信托项目均建立独立账户和账套分别管理、分别记账。公司按照职责明确、相互制约的原则设置组织结构，各部门有明确的授权分工，严格遵守公司《部门工作职责》的规定，在各自职权范围内从事活动。这些设置为公司提供了一个良好的内控环境和氛围。

**4.4.2 内部控制措施**

公司根据全面性、审慎性、及时性、有效性等原则，主要以业务处理流程为基础，运用目标控制、组织控制、授权控制、程序控制、检查控制等多种控制方法，致力于形成一套包括前台、中台、后台三道防线的内部监督控制体系。

公司持续不断地完善制度建设，包括信贷业务、投资业务、资金业务、会计内部控制、信息系统内部控制等各个方面在内的规章制度，排除内控盲点，建立分类科学、内容全面的制度和流程体系，并编制了《内部流程控制规范手册》《内控管理手册》。2005 年以来，公司根据业务发展情况持续不断制定和修订管理制度 298 项，其中 2018 年制定和修订 44 项。一系列规章制度保证了公司各项业务规范、有序开展。各项制度得到良好执行。

公司内部控制职能主要通过法务合规部、风险管理部和审计部来履行。法务合规部、风险管理部主要履行事前、事中的控制职能。审计部主要履行事后检查监督职能。

**4.4.3 信息交流与反馈**

公司经营层与董事会保持良好的信息沟通，及时将经营管理中问题、国家法律法规、政策和监管意见向董事会传达；所有经营活动均严格按照董事会对经营层的授权进行，授权是明确而有效的；根据有关监管要求，对于集合资金信托业务、关联交易等重大事项，公司均履行了报备或报批手续。针对监管意见和稽核审计中发现的问题，向公司各部门发出整改通知，把有关监管意见落实到相关部门；公司通过内部网办公系统，保证全体员工及时了解国家法律法规和公司规章制度，使风险意识和内控措施贯穿到公司各个部门、各个岗位和各个环节；业务部门、内部审计部门和其他人员发现的内部控制的问题，均能有畅通的报告渠道并采取有效纠正措施；公司严格执行向委托人、受益人信息披露的有关制度，确保相关当事人的知情权。

**4.4.4 监督评价与纠正**

公司设立审计部门负责内部审计工作，审计工作按照审计署关于内部审计的规定和银保监会的有关规定进行，包括采取定期或不定期方式，范围涉及财务和业务的各个方面，对公司内部控制制度的执行情况进行持续的监督，评价内部控制的有效性，提出意见。各个信托项目结束以及关键岗位人员离职均必须经过审计部门的审计。2018 年，审计部共完成 27 项常规和专项审计，出具 41 份内部审计报告，提出整改意见和审计建议 53 条。内部审计工作始终得到公司董事会和高级管理层的重视，内部审计结果向审计委员会、董事会、监事会和经营层报告。对于内部审计中发现的问题，能得到及时有效的整改，并将整改落实情况向监管部门报告。

## 4.5 风险管理

**4.5.1 风险管理概况**

根据自有资金和信托资金在运作过程中自身的特点，通过对风险类型的分析，公司在经营过程中可能遇到的风险主要包括信用风险、市场风险、操作风险、道德风险、法律风险、政策风险、流动性风险、其他风险如不可抗力事件等，其中最主要的是信用风险、市场风险和操作风险。

公司总体风险管理战略是全力推进全面风险管理体系建设，深化风险管理组织架构改革，强化风险管理技术支持，推进风险管理专业团队建设，确保公司能够合理控制风险水平，安全、稳健地开展各项经营活动。

公司十分注重风险控制管理，坚持积极稳健的经营原则，规范运作，审慎经营；公司按照全面风险管理、集中风险管理、独立性、有效性、及时性、持续性的原则，通过自下而上的风险识别、自上而下的风险控制和上下结合的风险化解，将本公司业务运作和经营管理的所有内容都涵盖于风险管理制度之下；公司进一步运用现代风险管理控制手段和技术，不断改进和提高风险控制管理质量和水平。

公司建立了有效的风险管理组织结构，包括董事会、总办会、业务项目评审委员会、法务合规部、风险管理部、审计部。董事会对风险负最终责任，负责确立适当的风险管理原则和战略；总办会具体组织领导公司全面风险管理与内部控制工作的开展；业务项目评审委员会提供专业评审意见，发挥其应有民主决策的积极作用；法务合规部负责业务合规性审查、法律事务；风险管理部负责业务风险审查、投后督查和日常风险管理；审计部负责内部审计稽核等。

**4.5.2 风险状况**

4.5.2.1 信用风险状况

信用风险主要表现为公司交易对手不能履行合约义务带来的风险，其中包括业务合作伙伴、贷款对象的信用风险，资金往来银行的信用风险，从而导致公司资产价值发生变动遭受损失的风险。2018 年公司自营信用风险资产期末数为582 180 万元，其中正常类为572 128万元、关注类为10 052万元、次级类为零、可疑类和损失类为零。不良信用资产的期初数为零，期末数为零。公司固有资金所投资的固定收益类产品无一出现兑付问题。

4.5.2.2 市场风险状况

市场风险是指因市场波动而使得投资者不能获得预期收益的风险，包括股价、市场汇率、利率及其他价格因素产生的不利波动。

证券市场方面，2018 年证券市场持续低迷，公司的自有资金证券投资规模适度，尽管在如此严峻的市场环境下，公司固有资金所投资的权益类资产中的绝大多数因安全垫的保护亦未损失本金，有效防范了证券投资市场风险。因证券二级市场波动，公司证券投资类信托业务量萎缩。

由于公司无外汇业务，因此市场汇率的变动对公司暂时还没有影响。

4.5.2.3 操作风险状况

操作风险是指公司由于内部程序、人员、系统的不完善或失误，或外部事件造成的潜在损失。

公司目前已逐步建立和完善了一系列基本制度、管理规定和业务操作流程，公司高管和员工风险意识和责任心较强。自重新登记以来未发生过较大因员工不尽职或违规而给公司和信托财产造成损失的事件。公司基本能有效地防范各个环节的操作风险。

4.5.2.4　其他风险状况

其他风险例如政策风险，宏观政策以及监管政策的变动对公司经营环境和发展会造成的一定的影响。

**4.5.3　风险管理**

4.5.3.1　信用风险管理

公司根据《企业会计准则》关于资产减值准备确认、计量的规定，除发放贷款外参考财政部关于印发《金融企业准备金计提管理办法的通知》（财金［2012］20 号）对本公司资产提取资产减值准备及一般风险准备。截至报告期末公司应提的一般准备为7 706万元，已提一般准备为7 706万元。

本公司发放贷款执行《商业银行贷款损失准备管理办法》（银监会令 2011 年第 4 号）中第六条和第七条规定提取贷款损失准备。贷款拨备率为贷款损失准备与各项贷款余额之比，拨备覆盖率为贷款损失准备与不良贷款余额之比，贷款拨备率基本标准为 2.5%，拨备覆盖率基本标准为 150%，以两项标准中较高者为贷款损失准备的提取标准。其中划分为次级类、可疑类、损失类的贷款属于不良贷款。

针对融资对象企业的信用风险，公司主要通过严格贷款“三查”制度、审贷分离制度和逐级审批制度来加以防范，制定了统一的企业信用标准和详细的操作规程。

办理抵押贷款，注重对抵押物的权属、有效性和变现能力以及所设定抵押的合法性进行审查，完善登记手续；对抵押物确认的主要原则为根据抵押物评估值的不同情况合理确定贷款抵押比例。

办理保证贷款，主要对保证人的保证资格、资信状况及其还款记录进行审查，并签订保证合同；原则上提供保证的企业应属于经营良好的企业，有足够的偿债能力，在贷款期间没有可预见的经营风险存在，没有不良记录，历史上信用良好等。

4.5.3.2　市场风险管理

针对证券市场风险，公司注重对证券投资的策略研究，遵循组合投资、分散风险的原则，建立对各种市场风险暴露进行实时计量和评估机制，并根据所确认和计量的风险暴露，分别制定风险限额，设立止损措施等以有效防范证券市场风险。公司根据市场需求开发信托产品，一方面满足一般受益人的风险收益偏好，另一方面有效降低优先受益人的风险。公司严格选择投资顾问，确定合理的证券投资资产配置比例和止损线。公司运用投资管理信息系统实时控制投资比例限制和产品净值变动，严格执行有关止损点措施。

对贷款产品定价时，主要考虑客户信用、资金成本、盈利目标、市场竞争、期限、额度、担保等因素，确定适宜的价格。

4.5.3.3　操作风险管理

操作风险可以通过正确的管理程序得到控制。公司主要通过严格的授权制度与过程监控来防范操作风险。在制定和完善具体的风险管理制度时，以“一法两规”为依据，落实信托业务和自营业务分账管理、防止挪用或私自改变资金用途、规范关联交易、加强信息披露等业务操作守则和制度要求。特别是对信托经理人的道德水准和职业操守有明确的职责要求，要求其定期完成对信托业务执行风险控制点的监控报告，恪尽职守，履行诚实、信用、谨慎、有效管理的义务。

4.5.3.4　其他风险管理

其他风险例如政策风险，公司通过严格依法经营，根据法规和监管政策要求及时制定完善公司规章、内控制度和业务规程，加强业务合规性审查以规范和控制公司业务的政策风险。同时公司保持与监管当局紧密沟通、了解政策动向，把握业务方向。

## 5. 报告期末及上一年度末的比较式会计报表

### 5.1　自营资产

**5.1.1　会计师事务所审计结论**

**审 计 报 告**

众环鹭审字（2019）0022 号

厦门国际信托有限公司董事会：

一、审计意见

我们审计了厦门国际信托有限公司（以下简称厦门国际信托）财务报表，包括 2018 年 12 月 31 日的合并及母公司资产负债表，2018 年度的合并及母公司利润表、合并及母公司现金流量表、合并及母公司所有者权益变动表，以及财务报表附注。

我们认为，后附的财务报表在所有重大方面按照企业会计准则的规定编制，公允反映了厦门国际信托 2018 年 12 月 31 日的合并及母公司财务状况以及 2018 年度的合并及母公司经营成果和现金流量。

二、形成审计意见的基础

我们按照中国注册会计师审计准则的规定执行了审计工作。审计报告的“注册会计师对账务报表审计的责任”部分进一步阐述了我们在这些准则下的责任。按照中国注册会计师职业道德守则，我们独立于厦门国际信托，并履行了职业道德方面的其他责任，我们相信，我们获取的审计证据是充分、适当的，为发表审计意见提供了基础。

三、其他信息

厦门国际信托管理层对其他信息负责。其他信息包括厦门国际信托 2018 年年度报告中涵盖的信息，但不包括财务报表和我们的审计报告。

我们对财务报表发表的审计意见不涵盖其他信息，我们也不对其他信息发表任何形式的鉴证结论。

结合我们对财务报表的审计，我们的责任是阅读其他信息，在此过程中，考虑其他信息是否与财务报表或我们在审计过程中了解到的情况存在重大不一致或者似乎存在重大错报。

基于我们已执行的工作，如果我们确定其他信息存在重大错报，我们应当报告该事实。在这方面，我们无任何事项需要报告。

四、管理层和治理层对账务报表的责任

厦门国际信托管理层负责按照企业会计准则的规定编制财务报表，使其实现公允反映，并设计、执行和维护必要的内部控制，以使财务报表不存在由于舞弊或错误导致的重大错报。

在编制财务报表时，管理层负责评估厦门国际信托的持续经营能力，披露与持续经营相关的事项（如适用），并运用持续经营假设，除非管理层计划清算厦门国际信托、终止运营或别无其他现实的选择。

治理层负责监督厦门国际信托的账务报告过程。

五、注册会计师对账务报表审计的责任

我们的目标是对财务报表整体是否不存在由于舞弊或错误导致的重大错报获取合理保证，并出具包含审计意见的审计报告。合理保证是高水平的保证，但并不能保证按照审计准则执行的审计在某一重大错报存在时总能发现。错报可能由于舞弊或错误导致，如果合理预期错报单独或汇总起来可能影响财务报表使用者依据账务报表作出的经济决策，则通常认为错报是重大的。

在按照审计准则执行审计工作的过程中，我们运用职业判断，并保持职业怀疑。同时，我们也执行以下工作：

（1）识别和评估由于舞弊或错误导致的财务报表重大错报风险：设计和实施审计程序以应对这些风险：并获取充分、适当的审计证据，作为发表审计意见的基础。由于舞弊可能涉及串通、伪造、故意遗漏、虚假陈述或凌驾于内部控制之上，未能发现由于舞弊导致的重大错报的风险高于未能发现由于错误导致的重大错报的风险。

（2）了解与审计相关的内部控制，以设计恰当的审计程序，但目的并非对内部控制的有效性发表意见。

（3）评价管理层选用会计政策的恰当性和作出会计估计及相关披露的合理性。

（4）对管理层使用持续经营假设的恰当性得出结论。同时，根据获取的审计证据，就可能导致对厦门国际信托持续经营能力产生重大疑虑的事项或情况是否存在重大不确定性得出结论。如果我们得出结论认为存在重大不确定性，审计准则要求我们在审计报告中提请报表使用者注意财务报表中的相关披露；如果披露不充分，我们应当发表非无保留意见。我们的结论基于截至审计报告日可获得的信息。然而，未来的事项或情况可能导致厦门国际信托不能持续经营。

（5）评价财务报表的总体列报、结构和内容（包括披露），并评价财务报表是否公允反映相关交易和事项。

（6）就厦门国际信托中实体或业务活动的财务信息获取充分、适当的审计证据，以对财务报表发表审计意见。我们负责指导、监督和执行集团审计，并对审计意见承担全部责任。

我们与治理层就计划的审计范围、时间安排和重大审计发现等事项进行沟通，包括沟通我们在审计中识别出的值得关注的内部控制缺陷。

中审众环会计师事务所（特殊普通合伙）厦门分所　　中国注册会计师：

中国注册会计师：

中国·厦门　　2019年3月25日

5.1.2　合并及公司资产负债表

**合并及公司资产负债表**

编制单位：厦门国际信托有限公司（自营资产）　2018年12月31日　单位：万元

| 资产 | 年末数 | | 年初数 | |
|---|---|---|---|---|
| | 合并 | 公司 | 合并 | 公司 |
| 货币资金 | 77 474 | 66 407 | 44 485 | 39 003 |
| 存放同业款项 | — | — | — | — |
| 贵金属 | — | — | — | — |
| 拆出资金 | — | — | — | — |
| 以公允价值计量且其变动计入当期损益的金融资产 | 62 485 | 62 395 | 43 949 | 43 949 |
| 衍生金融资产 | — | — | — | — |
| 买入返售金融资产 | 1 729 | 1 729 | 1 000 | 1 000 |
| 发放贷款和垫款 | 4 875 | 4 875 | 9 795 | 9 795 |
| 可供出售金融资产 | 237 766 | 229 353 | 232 586 | 223 363 |
| 持有至到期投资 | 119 968 | 119 968 | 128 464 | 128 464 |
| 应收款项类投资 | — | — | — | — |
| 长期股权投资 | 71 901 | 82 101 | 105 064 | 115 264 |
| 投资性房地产 | — | — | — | — |
| 固定资产 | 4 550 | 4 281 | 4 847 | 4 546 |
| 无形资产 | 1 659 | 997 | 1 084 | 653 |
| 商誉 | — | — | — | — |
| 递延所得税资产 | 4 914 | 4 912 | 2 815 | 2 815 |
| 其他资产 | 16 450 | 13 589 | 11 416 | 8 850 |
| 资产总计 | 603 770 | 590 607 | 585 506 | 577 701 |

**合并及公司资产负债表（续）**

编制单位：厦门国际信托有限公司（自营资产）　2018年12月31日　单位：万元

| 负债 | 年末数 | | 年初数 | |
|---|---|---|---|---|
| | 合并 | 公司 | 合并 | 公司 |
| 向中央银行借款 | — | — | — | — |
| 同业及其他金融机构存放款项 | — | — | — | — |
| 拆入资金 | — | — | — | — |
| 以公允价值计量且其变动计入当期损益的金融负债 | 18 | — | — | — |
| 衍生金融负债 | — | — | — | — |
| 卖出回购金融资产款 | — | — | — | — |
| 吸收存款 | — | — | — | — |
| 应付职工薪酬 | 13 869 | 11 275 | 14 526 | 12 023 |
| 应交税费 | 18 785 | 18 528 | 5 797 | 5 692 |
| 预计负债 | 975 | 975 | 1 506 | 1 506 |
| 应付债券 | — | — | — | — |

续表

| 负债 | 年末数 | | 年初数 | |
|---|---|---|---|---|
| | 合并 | 公司 | 合并 | 公司 |
| 其中:优先股 | — | — | — | — |
| 永续债 | — | — | — | — |
| 递延所得税负债 | 373 | 373 | 2 137 | 2 137 |
| 其他负债 | 59 721 | 56 982 | 73 414 | 71 573 |
| 负债合计 | 93 741 | 88 133 | 97 379 | 92 930 |
| 所有者权益: | | | | |
| 实收资本 | 375 000 | 375 000 | 350 000 | 350 000 |
| 其他权益工具 | — | — | — | — |
| 其中:优先股 | — | — | — | — |
| 永续债 | — | — | — | — |
| 资本公积 | 1 450 | 1 450 | 1 535 | 1 535 |
| 减:库存股 | — | — | — | — |
| 其他综合收益 | -1 923 | -1 920 | 7 608 | 7 609 |
| 盈余公积 | 54 644 | 54 644 | 45 823 | 45 823 |
| 一般风险准备 | 10 148 | 7 706 | 8 858 | 7 832 |
| 信托赔偿准备 | 24 985 | 24 985 | 22 603 | 22 603 |
| 未分配利润 | 37 026 | 40 611 | 45 055 | 49 367 |
| 归属于母公司所有者权益合计 | 501 329 | 502 475 | 481 484 | 484 771 |
| 少数股东权益 | 8 700 | — | 6 642 | — |
| 所有者权益合计 | 510 029 | 502 475 | 488 126 | 484 771 |
| 负债及所有者权益总计 | 603 770 | 590 607 | 585 506 | 577 701 |

法定代表人:洪文瑾　　主管会计工作的负责人:胡荣炜　会计机构负责人:陈明雅

### 5.1.3 合并及公司利润表

**合并及公司利润表**

编制单位:厦门国际信托有限公司(自营资产)　　2018年度　　单位:万元

| 项目 | 本年金额 | | 上年金额 | |
|---|---|---|---|---|
| | 合并 | 公司 | 合并 | 公司 |
| 一、营业收入 | 102 267 | 80 190 | 118 436 | 104 370 |
| 利息净收入 | 171 | -2 | 451 | 121 |
| 利息收入 | 3 849 | 3 676 | 3 838 | 3 509 |
| 利息支出 | 3 678 | 3 678 | 3 387 | 3 387 |
| 手续费及佣金净收入 | 79 287 | 57 529 | 82 694 | 69 093 |
| 手续费及佣金收入 | 79 287 | 57 529 | 82 694 | 69 093 |
| 手续费及佣金支出 | — | — | — | — |
| 投资收益/(损失) | 22 790 | 22 388 | 34 723 | 34 597 |
| 其中:对联营企业和合营企业的投资收益/(损失) | 4 479 | 4 479 | 14 054 | 14 054 |
| 公允价值变动收益/(损失) | -369 | -2 | -84 | -84 |
| 汇兑收益/(损失) | — | — | — | — |
| 资产处置收益(损失以“-”号填列) | 31 | 31 | -11 | -11 |
| 其他收益 | 202 | 91 | 27 | 17 |
| 其他业务收入 | 155 | 155 | 635 | 635 |
| 二、营业支出 | 35 378 | 17 521 | 33 135 | 20 402 |
| 税金及附加 | 575 | 458 | 693 | 631 |
| 业务及管理费 | 34 101 | 16 612 | 31 102 | 18 453 |
| 资产减值损失 | 406 | 155 | -33 | -33 |
| 其他业务成本 | 296 | 296 | 1 373 | 1 351 |
| 三、营业利润 | 66 889 | 62 669 | 85 301 | 83 968 |
| 加:营业外收入 | 964 | 958 | 54 | 54 |
| 减:营业外支出 | -407 | -418 | 1 532 | 1 531 |
| 四、利润总额 | 68 260 | 64 046 | 83 823 | 82 491 |
| 减:所得税费用 | 16 429 | 16 418 | 17 574 | 17 574 |
| 五、净利润 | 51 831 | 47 628 | 66 249 | 64 918 |
| (一)按经营持续性分类 | | | | |
| 持续经营净利润(净亏损以“-”号填列) | 51 831 | 47 628 | 66 249 | 64 918 |
| 终止经营净利润(净亏损以“-”号填列) | — | — | — | — |
| (二)按所有权归属分类 | | | | |
| 归属于母公司所有者的净利润 | 49 772 | — | 65 077 | — |
| 少数股东损益 | 2 059 | — | 1 173 | — |
| 六、其他综合收益的税后净额 | -9 534 | -9 529 | -7 632 | -7 584 |
| 归属于母公司所有者的其他综合收益的税后净额 | -9 531 | -9 529 | -7 608 | -7 584 |
| 归属于少数股东的其他综合收益的税后净额 | -2 | — | -24 | — |
| 七、综合收益总额 | 42 297 | 38 099 | 58 617 | 57 334 |
| 归属于母公司所有者的综合收益总额 | 40 240 | — | 57 468 | — |
| 归属于少数股东的综合收益总额 | 2 057 | — | 1 149 | — |

法定代表人:洪文瑾　　主管会计工作的负责人:胡荣炜　会计机构负责人:陈明雅

### 5.1.4 合并所有者权益变动表

**合并所有者权益变动表**

编制单位:厦门国际信托有限公司　　2018 年度　　单位:万元

| 项目 | 本年金额 | | | | | | | | | | | | |
|---|---|---|---|---|---|---|---|---|---|---|---|---|---|
| | 归属于母公司所有者权益 | | | | | | | | | | | 少数股东权益 | 所有者权益合计 |
| | 实收资本 | 其他权益工具 | | | 资本公积 | 减:库存股 | 其他综合收益 | 盈余公积 | 一般风险准备 | 信托赔偿准备 | 未分配利润 | | |
| | | 优先股 | 永续债 | 其他 | | | | | | | | | |
| 一、上年年末余额 | 350 000 | | | | 1 535 | | 7 608 | 45 823 | 8 858 | 22 603 | 45 055 | 6 642 | 488 126 |
| 加:会计政策变更 | | | | | | | | | | | | | |
| 前期差错更正 | | | | | | | | | | | | | |
| 同一控制下企业合并 | | | | | | | | | | | | | |
| 其他 | | | | | | | | | | | | | |
| 二、本年年初余额 | 350 000 | | | | 1 535 | | 7 608 | 45 823 | 8 858 | 22 603 | 45 055 | 6 642 | 488 126 |
| 三、本年增减变动金额(减少以"－"号填列) | 25 000 | | | | −86 | | −9 531 | 8 821 | 1 289 | 2 381 | −8 029 | 2 057 | 21 902 |
| (一)综合收益总额 | | | | | −86 | | −9 531 | | | | 49 772 | 2 057 | 42 212 |
| (二)所有者投入和减少资本 | 25 000 | | | | | | | | | | | | 25 000 |
| 1. 所有者投入的普通股 | 25 000 | | | | | | | | | | | | 25 000 |
| 2. 其他权益工具持有者投入资本 | | | | | | | | | | | | | |
| 3. 股份支付计入所有者权益的金额 | | | | | | | | | | | | | |
| 4. 其他 | | | | | | | | | | | | | |
| (三)利润分配 | | | | | | | | 8 821 | 1 289 | 2 381 | −57 801 | | −45 309 |
| 1. 提取盈余公积 | | | | | | | | 8 821 | | | −8 821 | | |
| 2. 提取一般风险准备 | | | | | | | | | 1 289 | | −1 289 | | |
| 3. 提取信托赔偿准备 | | | | | | | | | | 2 381 | −2 381 | | |
| 4. 对所有者的分配 | | | | | | | | | | | −45 309 | | −45 309 |
| 5. 其他 | | | | | | | | | | | | | |
| (四)所有者权益内部结转 | | | | | | | | | | | | | |
| 1. 资本公积转增资本 | | | | | | | | | | | | | |
| 2. 盈余公积转增资本 | | | | | | | | | | | | | |
| 3. 盈余公积弥补亏损 | | | | | | | | | | | | | |
| 4. 一般风险准备弥补亏损 | | | | | | | | | | | | | |
| 5. 结转重新计量设定受益计划净负债或净资产所产生的变动 | | | | | | | | | | | | | |
| 6. 其他 | | | | | | | | | | | | | |
| (五)其他 | | | | | | | | | | | | | |
| 四、本年年末余额 | 375 000 | | | | 1 450 | | −1 923 | 54 644 | 10 148 | 24 985 | 37 026 | 8 700 | 510 029 |

法定代表人:洪文瑾　　主管会计工作的负责人:胡荣炜　　会计机构负责人:陈明雅

## 合并所有者权益变动表（续）

编制单位：厦门国际信托有限公司　　2018 年度　　单位：万元

| 项目 | 上年金额 | | | | | | | | | | | | |
|---|---|---|---|---|---|---|---|---|---|---|---|---|---|
| | 归属于母公司所有者权益 | | | | | | | | | | | 少数股东权益 | 所有者权益合计 |
| | 实收资本 | 其他权益工具 | | | 资本公积 | 减：库存股 | 其他综合收益 | 盈余公积 | 一般风险准备 | 信托赔偿准备 | 未分配利润 | | |
| | | 优先股 | 永续债 | 其他 | | | | | | | | | |
| 一、上年年末余额 | 230 000 | | | | 1 535 | | 15 217 | 39 331 | 6 948 | 19 357 | 58 255 | 5 494 | 376 137 |
| 加：会计政策变更 | | | | | | | | | | | | | |
| 前期差错更正 | | | | | | | | | | | | | |
| 同一控制下企业合并 | | | | | | | | | | | | | |
| 其他 | | | | | | | | | | | | | |
| 二、本年年初余额 | 230 000 | | | | 1 535 | | 15 217 | 39 331 | 6 948 | 19 357 | 58 255 | 5 494 | 376 137 |
| 三、本年增减变动金额（减少以“－”号填列） | 120 000 | | | | | | −7 608 | 6 492 | 1 911 | 3 246 | −13 200 | 1 149 | 111 989 |
| （一）综合收益总额 | | | | | | | −7 608 | | | | 65 077 | 1 149 | 58 617 |
| （二）所有者投入和减少资本 | 100 000 | | | | | | | | | | | | 100 000 |
| 1. 所有者投入的普通股 | 100 000 | | | | | | | | | | | | 100 000 |
| 2. 其他权益工具持有者投入资本 | | | | | | | | | | | | | |
| 3. 股份支付计入所有者权益的金额 | | | | | | | | | | | | | |
| 4. 其他 | | | | | | | | | | | | | |
| （三）利润分配 | | | | | | | | 12 960 | 1 911 | 3 246 | −64 744 | | −46 628 |
| 1. 提取盈余公积 | | | | | | | | 12 960 | | | −12 960 | | |
| 2. 提取一般风险准备 | | | | | | | | | 1 911 | | −1 911 | | |
| 3. 提取信托赔偿准备 | | | | | | | | | | 3 246 | −3 246 | | |
| 4. 对所有者的分配 | | | | | | | | | | | −46 628 | | −46 628 |
| 5. 其他 | | | | | | | | | | | | | |
| （四）所有者权益内部结转 | 20 000 | | | | | | | −6 468 | | | −13 532 | | |
| 1. 资本公积转增资本 | | | | | | | | | | | | | |
| 2. 盈余公积转增资本 | 6 468 | | | | | | | −6 468 | | | | | |
| 3. 盈余公积弥补亏损 | | | | | | | | | | | | | |
| 4. 一般风险准备弥补亏损 | | | | | | | | | | | | | |
| 5. 结转重新计量设定受益计划净负债或净资产所产生的变动 | | | | | | | | | | | | | |
| 6. 其他 | 13 532 | | | | | | | | | | −13 532 | | |
| （五）其他 | | | | | | | | | | | | | |
| 四、本年年末余额 | 350 000 | | | | 1 535 | | 7 608 | 45 823 | 8 858 | 22 603 | 45 055 | 6 642 | 488 126 |

法定代表人：洪文瑾　　主管会计工作的负责人：胡荣炜　　会计机构负责人：陈明雅

# 公司所有者权益变动表

编制单位：厦门国际信托有限公司　　2018 年度　　单位：万元

| 项目 | 本年金额 | | | | | | | | | | |
|---|---|---|---|---|---|---|---|---|---|---|---|
| | 实收资本 | 其他权益工具 | | | 资本公积 | 减：库存股 | 其他综合收益 | 盈余公积 | 一般风险准备 | 信托赔偿准备 | 未分配利润 | 所有者权益合计 |
| | | 优先股 | 永续债 | 其他 | | | | | | | | |
| 一、上年年末余额 | 350 000 | | | | 1 535 | | 7 609 | 45 823 | 7 832 | 22 603 | 49 367 | 484 771 |
| 加：会计政策变更 | | | | | | | | | | | | |
| 前期差错更正 | | | | | | | | | | | | |
| 其他 | | | | | | | | | | | | |
| 二、本年年初余额 | 350 000 | | | | 1 535 | | 7 609 | 45 823 | 7 832 | 22 603 | 49 367 | 484 771 |
| 三、本年增减变动金额（减少以"－"号填列） | 25 000 | | | | −86 | | −9 529 | 8 821 | −127 | 2 381 | −8 757 | 17 704 |
| （一）综合收益总额 | | | | | −86 | | −9 529 | | | | 47 628 | 38 013 |
| （二）所有者投入和减少资本 | 25 000 | | | | | | | | | | | 25 000 |
| 1. 所有者投入的普通股 | 25 000 | | | | | | | | | | | 25 000 |
| 2. 其他权益工具持有者投入资本 | | | | | | | | | | | | |
| 3. 股份支付计入所有者权益的金额 | | | | | | | | | | | | |
| 4. 其他 | | | | | | | | | | | | |
| （三）利润分配 | | | | | | | | 8 821 | −127 | 2 381 | −56 385 | −45 309 |
| 1. 提取盈余公积 | | | | | | | | 8 821 | | | −8 821 | |
| 2. 提取一般风险准备 | | | | | | | | | −127 | | 127 | |
| 3. 提取信托赔偿准备 | | | | | | | | | | 2 381 | −2 381 | |
| 4. 对所有者的分配 | | | | | | | | | | | −45 309 | −45 309 |
| 5. 其他 | | | | | | | | | | | | |
| （四）所有者权益内部结转 | | | | | | | | | | | | |
| 1. 资本公积转增资本 | | | | | | | | | | | | |
| 2. 盈余公积转增资本 | | | | | | | | | | | | |
| 3. 盈余公积弥补亏损 | | | | | | | | | | | | |
| 4. 一般风险准备弥补亏损 | | | | | | | | | | | | |
| 5. 结转重新计量设定受益计划净负债或净资产所产生的变动 | | | | | | | | | | | | |
| 6. 其他 | | | | | | | | | | | | |
| （五）其他 | | | | | | | | | | | | |
| 四、本年年末余额 | 375 000 | | | | 1 450 | | −1 920 | 54 644 | 7 706 | 24 985 | 40 611 | 502 475 |

法定代表人：洪文瑾　　主管会计工作的负责人：胡荣炜　　会计机构负责人：陈明雅

## 公司所有者权益变动表(续)

2018 年度

编制单位:厦门国际信托有限公司　　单位:万元

| 项目 | 上年金额 | | | | | | | | | | | |
|---|---|---|---|---|---|---|---|---|---|---|---|---|
| | 实收资本 | 其他权益工具 | | | 资本公积 | 减:库存股 | 其他综合收益 | 盈余公积 | 一般风险准备 | 信托赔偿准备 | 未分配利润 | 所有者权益合计 |
| | | 优先股 | 永续债 | 其他 | | | | | | | | |
| 一、上年年末余额 | 230 000 | | | | 1 535 | | 15 193 | 39 331 | 6 662 | 19 357 | 61 986 | 374 065 |
| 加:会计政策变更 | | | | | | | | | | | | |
| 前期差错更正 | | | | | | | | | | | | |
| 其他 | | | | | | | | | | | | |
| 二、本年年初余额 | 230 000 | | | | 1 535 | | 15 193 | 39 331 | 6 662 | 19 357 | 61 986 | 374 065 |
| 三、本年增减变动金额(减少以"－"号填列) | 12 000 | | | | | | −7 584 | 6 492 | 1 171 | 3 246 | −12 619 | 110 706 |
| (一)综合收益总额 | | | | | | | −7 584 | | | | 64 918 | 57 334 |
| (二)所有者投入和减少资本 | 100 000 | | | | | | | | | | | 100 000 |
| 1. 所有者投入的普通股 | 100 000 | | | | | | | | | | | 100 000 |
| 2. 其他权益工具持有者投入资本 | | | | | | | | | | | | |
| 3. 股份支付计入所有者权益的金额 | | | | | | | | | | | | |
| 4. 其他 | | | | | | | | | | | | |
| (三)利润分配 | | | | | | | | 12 960 | 1 171 | 3 246 | −64 004 | −46 628 |
| 1. 提取盈余公积 | | | | | | | | 12 960 | | | −12 960 | |
| 2. 提取一般风险准备 | | | | | | | | | 1 171 | | −1 171 | |
| 3. 提取信托赔偿准备 | | | | | | | | | | 3 246 | −3 246 | |
| 4. 对所有者的分配 | | | | | | | | | | | −46 628 | −46 628 |
| 5. 其他 | | | | | | | | | | | | |
| (四)所有者权益内部结转 | 20 000 | | | | | | | −6 468 | | | −13 532 | |
| 1. 资本公积转增资本 | | | | | | | | | | | | |
| 2. 盈余公积转增资本 | 6 468 | | | | | | | −6 468 | | | | |
| 3. 盈余公积弥补亏损 | | | | | | | | | | | | |
| 4. 一般风险准备弥补亏损 | | | | | | | | | | | | |
| 5. 结转重新计量设定受益计划净负债或净资产所产生的变动 | | | | | | | | | | | | |
| 6. 其他 | 13 532 | | | | | | | | | | −13 532 | |
| (五)其他 | | | | | | | | | | | | |
| 四、本年年末余额 | 350 000 | | | | 1 535 | | 7 609 | 45 823 | 7 832 | 22 603 | 49 367 | 484 771 |

法定代表人:洪文瑾　　主管会计工作的负责人:胡荣炜　　会计机构负责人:陈明雅

## 5.2 信托资产

**信托项目资产负债汇总表**

编制单位：厦门国际信托有限公司　　2018 年 12 月 31 日　　单位：万元

| 资产 | 期末数 | 期初数 | 负债与所有者权益 | 期末数 | 期初数 |
|---|---|---|---|---|---|
| 资产： | | | 负债： | | |
| 货币资金 | 211 342 | 625 495 | 应付受托人报酬 | 1 028 | 460 |
| 拆出资金 | — | — | 应付受益人收益 | 10 103 | 9 281 |
| 交易性金融资产 | 272 680 | 1 527 138 | 应交税金 | 215 | — |
| 衍生金融资产 | — | — | 衍生金融负债 | — | — |
| 买入返售金融资产 | 3 217 114 | 5 362 446 | 其他负债 | 31 768 | 43 329 |
| 发放贷款 | 8 981 621 | 13 537 635 | 负债合计 | 43 113 | 53 070 |
| 可供出售金融资产 | 5 608 318 | 7 806 266 | 所有者权益： | | |
| 持有至到期投资 | — | 6 740 | 实收信托 | 19 738 970 | 29 969 611 |
| 应收款项 | 49 883 | 2 507 | 其中：集合资金信托 | 7 117 417 | 12 465 839 |
| 长期股权投资 | 825 103 | 1 202 331 | 单一资金信托 | 12 296 778 | 17 128 184 |
| 其他资产 | 331 579 | 39 451 | 财产信托 | 324 776 | 375 587 |
| | | | 资本公积 | -86 188 | 7 911 |
| | | | 未分配利润 | -198 256 | 79 417 |
| | | | 所有者权益合计 | 19 454 526 | 30 056 939 |
| 资产总计 | 19 497 639 | 30 110 009 | 负债和所有者权益总计 | 19 497 639 | 30 110 009 |

法定代表人：洪文瑾　　主管会计工作的负责人：胡荣炜　　会计机构负责人：陈明雅

**信托项目利润及利润分配汇总表**

编制单位：厦门国际信托有限公司(信托业务汇总)　2018 年度　单位：万元

| 项目 | 当年数 | 上年数 |
|---|---|---|
| 一、营业收入 | 664 757 | 1 751 013 |
| 利息净收入 | 1 094 159 | 1 386 959 |
| 利息收入 | 1 094 159 | 1 386 959 |
| 利息支出 | — | — |
| 投资收益(损失以“-”号填列) | -285 423 | 405 145 |
| 公允价值变动收益 | -147 038 | -41 364 |
| 其他业务收入 | 3 059 | 274 |
| 二、营业支出 | 222 734 | 359 134 |
| 营业税金及附加 | 4 192 | — |
| 信托费用 | 218 542 | 359 134 |
| 资产减值损失 | — | — |
| 三、利润总额(损失以“-”号填列) | 442 023 | 1 391 879 |
| 加：期初未分配信托利润 | 79 417 | 322 240 |
| 损益平准金 | 1 182 | 5 553 |
| 四、可供分配的信托利润 | 522 622 | 1 719 673 |
| 减：本期已分配信托利润 | 720 878 | 1 640 256 |
| 五、期末未分配信托利润 | -198 256 | 79 417 |

法定代表人：洪文瑾　　主管会计工作的负责人：胡荣炜　　会计机构负责人：陈明雅

# 6. 会计报表附注(母公司)

## 6.1 会计报表编制基准不符合会计核算基本前提的说明

### 6.1.1 会计报表不符合会计核算基本前提的事项

公司会计报表没有不符合会计核算基本前提的事项。

### 6.1.2 纳入合并报表范围子公司的说明

本年度公司纳入合并报表范围的子公司为本公司子公司圆信永丰基金管理有限公司。

## 6.2 重要会计政策和会计估计说明

### 6.2.1 计提一般准备、资产减值准备的范围和方法

6.2.1.1 一般准备

一般准备金期末余额按照期末风险资产的 1.5% 计提，作利润分配处理。

6.2.1.2 资产减值准备

资产减值准备包括可供出售金融资产减值准备、持有至到期投资减值准备、贷款损失准备、坏账准备和长期投资减值准备、固定资产减值准备等。资产减值准备采用备抵法核算。

6.2.1.2.1 可供出售金融资产的减值准备

年末如果可供出售金融资产的公允价值发生较大幅度下降，或在综合考虑各种相关因素后，预期这种下降趋势属于非暂时性的，就认定其已发生减值，将原直接计入所有者权益的

公允价值下降形成的累计损失一并转出，确认减值损失。

6.2.1.2.2　持有至到期投资的减值准备

持有至到期投资减值损失的计量比照应收款项减值损失计量方法处理。

6.2.1.2.3　贷款损失准备

参照《商业银行贷款损失储备管理办法》（银监会令2011年第4号）中第六条和第七条规定提取贷款损失准备。贷款拨备率为贷款损失准备与各项贷款余额之比，拨备覆盖率为贷款损失准备与不良贷款余额之比，贷款拨备率基本标准为2.5%，拨备覆盖率基本标准为150%，以两项标准中较高者为贷款损失准备的提取标准。其中划分为次级类、可疑类、损失类的贷款属于不良贷款。

6.2.1.2.4　应收款项坏账准备的确认标准和计提方法

年末如果有客观证据表明应收款项发生减值，则将其账面价值减记至可收回金额，减记的金额确认为资产减值损失，计入当期损益。可收回金额是通过对其的未来现金流量（不包括尚未发生的信用损失）按原实际利率折现确定，并考虑相关担保物的价值（扣除预计处置费用等）。原实际利率是初始确认该应收款项时计算确定的实际利率。短期应收款项的预计未来现金流量与其现值相差很小，在确定相关减值损失时，不对其预计未来现金流量进行折现。

年末对于单项金额重大的应收款项（包括应收账款、应收票据、预付账款、其他应收款、长期应收款等）单独进行减值测试。如有客观证据表明其发生了减值的，根据其未来现金流量现值低于其账面价值的差额，确认减值损失，计提坏账准备。

6.2.1.2.5　除上述金融资产外的其他主要资产的减值

对联营企业的长期股权投资、固定资产、在建工程等长期非金融资产，公司在每年末判断相关资产是否存在可能发生减值的迹象。

资产存在减值迹象的，估计其可收回金额。可收回金额根据资产的公允价值减去处置费用后的净额与资产预计未来现金流量的现值两者之间较高者确定。

当资产的可收回金额低于其账面价值的，将资产的账面价值减记至可收回金额，减记的金额确认为资产减值损失，计入当期损益，同时计提相应的资产减值准备。

资产减值损失确认后，减值资产的折旧或者摊销费用在未来期间作相应调整，以使该资产在剩余使用寿命内，系统地分摊调整后的资产账面价值（扣除预计净残值）。

长期非金融资产的减值损失一经确认，在以后会计期间不再转回。

有迹象表明一项资产可能发生减值的，企业以单项资产为基础估计其可收回金额。难以对单项资产的可收回金额进行估计的，以该资产所属的资产组为基础确定资产组的可收回金额。资产组的认定，以资产组产生的主要现金流入是否独立于其他资产或者资产组的现金流入为依据。同时，在认定资产组时，考虑公司管理层管理经营活动的方式和对资产的持续使用或者处置的决策方式等。资产组一经确定，各个会计期间保持一致。

公司按照6.2.1.2.1—6.2.1.2.5所述原则，并参考财政部关于印发《金融企业准备金计提管理办法》的通知（财金［2012］20号）提取资产减值准备。《金融企业准备金计提管理办法》建议的提取比例如下：

| 资产情况 | 提取比例（%） |
|---|---|
| 正常类 | — |
| 关注类 | 3.00 |
| 次级类 | 30.00 |
| 可疑类 | 60.00 |
| 损失类 | 100.00 |

**6.2.2　金融资产四分类的范围和标准**

公司结合自身业务特点和风险管理要求，根据公司对金融资产的持有意图和持有能力，将取得的金融资产于初始确认时分为以下四类：以公允价值计量且其变动计入当期损益的金融资产，包括交易性金融资产和直接指定为以公允价值计量且其变动计入当期损益的金融资产；持有至到期投资；贷款和应收款项；可供出售金融资产。

6.2.2.1　交易性金融资产和直接指定为以公允价值计量且其变动计入当期损益的金融资产

满足以下条件之一的金融资产，划分为交易性金融资产：

（1）取得金融资产的目的，主要是为了近期内出售、回购或赎回。

（2）属于进行集中管理的可辨认金融工具组合的一部分，且有客观证据表明公司近期采用短期获利方式对该组合进行管理。

（3）属于衍生工具。

满足以下条件之一的金融资产，直接指定为以公允价值计量且其变动计入当期损益的金融资产：

（1）该指定可以消除或明显减少由于该金融资产或金融负债的计量基础不同所导致的相关利得或损失在确认或计量方面不一致的情况。

（2）企业风险管理或投资策略的正式书面文件已载明，该金融资产组合以公允价值为基础进行管理、评价并向关键管理人员报告。

6.2.2.2　持有至到期投资

同时满足以下条件的非衍生金融资产，划分为持有至到期投资：

（1）到期日固定、回收金额固定或可确定。

（2）有明确意图持有至到期。

（3）有能力持有至到期。

6.2.2.3　贷款和应收款项

公司将在活跃市场中没有报价、回收金额固定或可确定的非衍生金融资产划分为贷款和应收款项，主要是公司发放的贷款和其他债权。

6.2.2.4　可供出售金融资产

公司将初始确认时即被指定为可供出售的非衍生金融资产以及除以公允价值计量且其变动计入当期损益的金融资产、持有至到期投资、贷款和应收款项三类外的金融资产划分为可供出售金融资产。

**6.2.3　交易性金融资产核算办法**

取得时，以公允价值（扣除已宣告但尚未发放的现金股利或已到付息期但尚未领取的债券利息）作为初始确认金额，相关的交易费用计入当期损益。支付的价款中包含已宣告但尚未发放的现金股利或已到付息期但尚未领取的债券利息产，单独确认为应收项目。

持有期间，将取得的利息或现金股利确认为投资收益，资产负债表日，将该金融资产的公允价值变动计入当期损益。

处置时，其公允价值与初始入账金额之间的差额确认为投资收益，同时调整公允价值变动损益。

**6.2.4　可供出售金融资产核算办法**

取得时，按公允价值（扣除已宣告但尚未发放的现金股利或已到付息期但尚未领取的债券利息）和相关交易费用之和作为初始确认金额。支付的价款中包含已宣告但尚未发放的现金股利或已到付息期但尚未领取的债券利息，单独确认为应收项目。

持有期间将取得的利息或现金股利确认为投资收益。资产负债表日，可供出售金融资产以公允价值计量，其公允价值变动确认为其他综合收益并计入资本公积。

处置时，将取得的价款与该金融资产账面价值之间的差额，计入投资损益；同时，将原直接计入所有者权益的公允价值变动累计额对应处置部分的金额转出，计入投资损益。

**6.2.5　持有至到期投资核算办法**

取得时，按公允价值（扣除已到付息期但尚未领取的债券利息）和相关交易费用之和作为初始确认金额。支付的价款中包含已到付息期但尚未领取的债券利息，单独确认为应收项目。

持有期间，按照摊余成本和实际利率（如实际利率与票面利率差别较小的，按票面利率）计算确认利息收入，计入投资收益。实际利率在取得时确定，在该预期存续期间或适用的更短期间内保持不变。

处置时，将所取得价款与该投资账面价值之间的差额计入投资收益。

**6.2.6　长期股权投资核算方法**

6.2.6.1　初始计量

6.2.6.1.1　企业合并形成的长期股权投资

同一控制下的企业合并：公司以支付现金、转让非现金资产或承担债务方式以及以发行权益性证券作为合并对价的，在合并日按照取得被合并方所有者权益账面价值的份额作为长期股权投资的初始投资成本。长期股权投资初始投资成本与支付合并对价之间的差额，调整资本公积；资本公积不足冲减的，调整留存收益。合并发生的各项直接相关费用，包括为进行合并而支付的审计费用、评估费用、法律服务费用等，于发生时计入当期损益。

非同一控制下的企业合并：合并成本为购买日购买方为取得对被购买方的控制权而付出的资产、发生或承担的负债以及发行的权益性证券的公允价值，以及为企业合并而发生的各项直接相关费用。通过多次交换交易分步实现的企业合并，合并成本为每一单项交易成本之和。在合并合同中对可能影响合并成本的未来事项作出约定的，购买日如果估计未来事项很可能发生并且对合并成本的影响金额能够可靠计量的，也计入合并成本。

6.2.6.1.2　其他方式取得的长期股权投资

以支付现金方式取得的长期股权投资，按照实际支付的购买价款作为初始投资成本。

以发行权益性证券取得的长期股权投资，按照发行权益性证券的公允价值作为初始投资成本。初始投资成本包括与取得长期股权投资直接相关的费用、税金及其他必要支出。

在非货币性资产交换具备商业实质和换入资产或换出资产的公允价值能够可靠计量的前提下，非货币性资产交换换入的长期股权投资以换出资产的公允价值为基础确定其初始投资成本，除非有确凿证据表明换入资产的公允价值更加可靠；不满足上述前提的非货币性资产交换，以换出资产的账面价值和应支付的相关税费作为换入长期股权投资的初始投资成本。

通过债务重组取得的长期股权投资，其初始投资成本按照公允价值为基础确定。

6.2.6.2　被投资单位具有共同控制、重大影响的依据

按照合同约定对某项经济活动所共有的控制，仅在与该项经济活动相关的重要财务和经营决策需要分享控制权的投资方一致同意时存在，则视为与其他方对被投资单位实施共同控制；对一个企业的财务和经营决策有参与决策的权力，但并不能够控制或者与其他方一起共同控制这些政策的制定，则视为投资企业能够对被投资单位施加重大影响。

6.2.6.3　后续计量及收益确认

公司能够对被投资单位施加重大影响或共同控制的，初始投资成本大于投资时应享有被投资单位可辨认净资产公允价值份额的差额，不调整长期股权投资的初始投资成本；初始投资成本小于投资时应享有被投资单位可辨认净资产公允价值份额的差额，计入当期损益，同时调整长期股权投资的成本。

公司对子公司的长期股权投资，采用成本法核算，编制合并财务报表时按照权益法进行调整。

对被投资单位具有共同控制或重大影响的长期股权投资，采用权益法核算。

成本法下被投资单位宣告分派的现金股利或利润，确认为当期投资收益。

权益法下在公司确认应分担被投资单位发生的亏损时，按照以下顺序进行处理：首先，冲减长期股权投资的账面价值。其次，长期股权投资的账面价值不足以冲减的，以其他实质上构成对被投资单位净投资的长期权益账面价值为限继续确认投资损失，冲减长期应收项目等的账面价值。最后，经过上述处理，按照投资合同或协议约定企业仍承担额外义务的，按预计承担的义务确认预计负债，计入当期投资损失。

被投资单位以后期间实现盈利的，公司在扣除未确认的亏损分担额后，按与上述相反的顺序处理，减记已确认预计负债的账面余额、恢复其他实质上构成对被投资单位净投资的长期权益及长期股权投资的账面价值，同时确认投资收益。

被投资单位除净损益以外所有者权益其他变动的处理：对于被投资单位除净损益以外所有者权益的其他变动，在持股比例不变的情况下，公司按照持股比例计算应享有或承担的部分，调整长期股权投资的账面价值，同时增加或减少资本公积（其他资本公积）。

**6.2.7　投资性房地产核算方法**

投资性房地产的范围限定为已出租的土地使用权、持有并准备增值后转让的土地使用权、已出租的建筑物。

投资性房地产按其成本作为入账价值，外购投资性房地产的成本包括购买价款、相关税费和可直接归属于该资产的其他支出；自行建造投资性房地产的成本，由建造该项资产达到预

定可使用状态前所发生的必要支出构成。

投资性房地产采用成本模式进行后续计量，采用与固定资产和无形资产相同的方法计提折旧或进行摊销。

投资性房地产的用途改变为自用时，自改变之日起，本公司将该投资性房地产转换为固定资产或无形资产。自用房地产的用途改变为赚取租金或资本增值时，自改变之日起，本公司将固定资产或无形资产转换为投资性房地产。发生转换时，以转换前的账面价值作为转换后的入账价值。

投资性房地产被处置，或者永久退出使用且预计不能从其处置中取得经济利益时，终止确认该项投资性房地产。投资性房地产出售、转让、报废或毁损的处置收入扣除其账面价值和相关税费后的金额计入当期损益。

**6.2.8 固定资产计价及折旧方法**

6.2.8.1 固定资产确认条件

固定资产是指为生产商品、提供劳务、出租或经营管理而持有，并且使用寿命超过一个会计年度的有形资产。固定资产在同时满足下列条件时予以确认：

（1）与该固定资产有关的经济利益很可能流入企业；

（2）该固定资产的成本能够可靠地计量。

6.2.8.2 固定资产的分类

固定资产包括办公用楼、职工宿舍、电子计算机及外设、其他办公设备、交通运输设备。

6.2.8.3 固定资产的初始计量

固定资产取得时按照实际成本进行初始计量。

外购固定资产的成本，以购买价款、相关税费、使固定资产达到预定可使用状态前所发生的可归属于该项资产的运输费、装卸费、安装费和专业人员服务费等确定。

购买固定资产的价款超过正常信用条件延期支付，实质上具有融资性质的，固定资产的成本以购买价款的现值为基础确定。

自行建造固定资产的成本，由建造该项资产达到预定可使用状态前所发生的必要支出构成。

债务重组取得债务人用以抵债的固定资产，以该固定资产的公允价值为基础确定其入账价值，并将重组债务的账面价值与该用以抵债的固定资产公允价值之间的差额，计入当期损益。

在非货币性资产交换具备商业实质且换入资产或换出资产的公允价值能够可靠计量的前提下，换入的固定资产以换出资产的公允价值为基础确定其入账价值，除非有确凿证据表明换入资产的公允价值更加可靠；不满足上述前提的非货币性资产交换，以换出资产的账面价值和应支付的相关税费作为换入固定资产的成本，不确认损益。

以同一控制下的企业吸收合并方式取得的固定资产按被合并方的账面价值确定其入账价值；以非同一控制下的企业吸收合并方式取得的固定资产按公允价值确定其入账价值。

融资租入的固定资产，按租赁开始日租赁资产公允价值与最低租赁付款额现值两者中较低者作为入账价值。

6.2.8.4 固定资产折旧计提方法

固定资产折旧采用年限平均法分类计提，根据固定资产类别、预计使用寿命和预计净残值率确定折旧率。

各类固定资产预计使用寿命和年折旧率如下：

| 固定资产类别 | 预计使用寿命（年） | 预计净残值率（%） | 年折旧率（%） |
|---|---|---|---|
| 办公用楼 | 30 | 5 | 3.17 |
| 职工宿舍 | 20～35 | 3～5 | 2.77～4.75 |
| 电子设备 | 3 | 5 | 31.67 |
| 办公设备 | 5 | 5 | 19 |
| 运输设备 | 4～6 | 5 | 15.83～23.75 |

**6.2.9 长期应收款的核算方法**

长期应收款用来核算包括融资租赁产生的应收款项、采用递延方式具有融资性质的销售商品和提供劳务等产生的应收款项等，实质上构成对被投资单位净投资的长期权益，也通过本科目核算。

本公司长期应收款主要是用来核算融资租赁产生的应收款项。融资租赁中，在租赁期开始日，本公司按最低租赁收款额与初始直接费用之和作为“长期应收款（应收融资租赁款）”的入账价值，同时记录未担保余值；将最低租赁收款额、初始直接费用及未担保余值之和与其现值之和的差额确认为未实现融资收益。未实现融资收益在租赁期内各个期间采用实际利率法计算确认当期的融资收入。

**6.2.10 长期待摊费用的摊销政策**

本公司长期待摊费用是指已经支出，但受益期限在1年以上（不含1年）的办公室装修费。摊销方法采用直线法，在受益期内平均摊销。

**6.2.11 合并会计报表的编制方法**

公司将拥有实际控制权的子公司和特殊目的主体纳入合并财务报表范围。

公司合并财务报表按照《企业会计准则第33号——合并财务报表》及相关规定的要求编制。具体编制时，以本公司和子公司的财务报表为基础，若子公司与本公司采用的会计政策或会计期间不一致的，则按照本公司的会计政策或会计期间对子公司财务报表进行必要的调整，同时按照权益法调整对子公司的长期股权投资，并抵销合并范围内的所有重大内部交易和往来后进行合并。子公司的股东权益中不属于母公司所拥有的部分作为少数股东权益在合并财务报表中股东权益项下单独列示。

对于非同一控制下企业合并取得的子公司，在编制合并财务报表时，以购买日可辨认净资产公允价值为基础对其个别财务报表进行调整；对于同一控制下企业合并取得的子公司，视同该企业合并于合并当期的年初已经发生，从合并当期的年初起将其资产、负债、经营成果和现金流量纳入合并财务报表。

**6.2.12 收入确认原则和方法**

6.2.12.1 利息收入

在相关的收入金额能够可靠计量，相关的经济利益很可能流入时，按资金使用时间和实际利率确认利息收入。

6.2.12.2 手续费收入

在相关的收入金额能够可靠计量，相关的经济利益很可能流入时确认收入。

6.2.12.3 投资收益

公司持有交易性金融资产和可供出售金融资产期间取得的利息或现金股利确认为当期收益；处置交易性金融资产时其公允价值与初始入账金额之间的差额，确认为投资收益，同时调整公允价值变动收益。处置可供出售金融资产时，取得的价款与原直接计入所有者权益的公允价值变动累计额的和与该金融资产账面价值的差额，计入投资收益。

采用成本法核算的长期股权投资，被投资单位宣告分派的现金股利或利润，确认为当期投资收益；采用权益法核算的长期股权投资，根据被投资单位实现的净利润或经调整的净利润计算应享有的份额确认投资收益。

6.2.12.4 其他业务收入

其他业务收入主要是指除主营业务活动以外的其他经营活动实现的收入。在收入的金额能够可靠计量，且相关经济利益很可能流入企业时确认收入。

**6.2.13 所得税的会计处理方法**

本公司的所得税采用资产负债表债务法核算。资产、负债的账面价值与其计税基础存在差异的，按照规定确认所产生的递延所得税资产和递延所得税负债。

在资产负债表日，对于当期和以前期间形成的当期所得税负债（或资产），按照税法规定计算的预期应交纳（或返还）的所得税金额计量；对于递延所得税资产和递延所得税负债，根据税法规定，按照预期收回该资产或清偿该负债期间的适用税率计量。

递延所得税资产的确认以本公司很可能取得用来抵扣可抵扣暂时性差异、可抵扣亏损和税款抵减的应纳税所得额为限。在无法明确估计可抵扣暂时性差异预期转回期间可能取得的应纳税所得额时，不确认与可抵扣暂时性差异相关的递延所得税资产。对联营企业及合营企业投资相关的应纳税暂时性差异产生的递延所得税负债，予以确认，但同时满足能够控制应纳税暂时性差异转回的时间且该暂时性差异在可预见的未来很可能不会转回的，不予确认；对联营企业及合营企业投资相关的可抵扣暂时性差异产生的递延所得税资产，该可抵扣暂时性差异同时满足在可预见的未来很可能转回即在可预见的将来有处置该项投资的明确计划，且预计在处置该项投资时，除了有足够的应纳税所得以外，还有足够的投资收益用以抵扣可抵扣暂时性差异时，予以确认。

资产负债表日，对递延所得税资产的账面价值进行复核。除企业合并、直接在所有者权益中确认的交易或者事项产生的所得税外，本公司将当期所得税和递延所得税作为所得税费用或收益计入当期损益。

**6.2.14 信托报酬确认原则和方法**

按照信托合同约定，在相关的收入金额能够可靠计量，相关的经济利益很可能流入时确认收入。

## 6.3 或有事项的说明

公司的对外担保均为在重新登记前为厦门市一些市政项目提供的担保，2018 年期初数为 2 636 万元、期末数为 2 474 万元。由于以上担保均由厦门市财政局提供反担保，因此，上述或有事项对公司不构成重大影响。

## 6.4 重要会计政策、会计估计的变更

本公司执行《财政部关于修订印发 2018 年度一般企业财务报表格式的通知》（财会[2018]15 号）。

财政部于 2018 年颁布了《财政部关于修订印发 2018 年度一般企业财务报表格式的通知》（财会[2018]15 号），本公司已按照上述通知编制 2018 年度的财务报表，比较财务报表已相应调整，对财务报表的影响列示如下：

| 会计政策变更的内容和原因 | 受影响的报表项目名称 | 2017 年 12 月 31 日变更前 | 2017 年 12 月 31 日变更后 |
|---|---|---|---|
| 将应收利息和其他资产合并计入其他资产项目 | 应收利息 | 1 881 | — |
| | 其他资产 | — | 1 881 |
| 将应付利息和其他负债合并计入其他负债项目 | 应付利息 | 200 | — |
| | 其他负债 | — | 200 |

## 6.5 会计报表中重要项目的明细资料（母公司）

**6.5.1 自营资产经营情况**

6.5.1.1 信用风险资产分类情况表

| 信用风险资产五级分类 | 正常类（万元） | 关注类（万元） | 次级类（万元） | 可疑类（万元） | 损失类（万元） | 信用风险资产合计（万元） | 不良资产合计（万元） | 不良资产率（%） |
|---|---|---|---|---|---|---|---|---|
| 期初数 | 571 126 | 66 | — | — | — | 571 192 | — | — |
| 期末数 | 572 128 | 10 052 | — | — | — | 582 180 | — | — |

注：1. 资产数按照计提减值准备前的数字反映。

2. 不良资产合计＝次级类＋可疑类＋损失类。

3. 2018 年信用风险资产＝各项贷款＋政府债券（国债）＋地方政府债券＋央行票据＋非金融企业债券＋金融债券＋非金融企业股权（含股票）＋金融机构股权（含股票）＋存放同业＋拆放同业＋金融机构间买入返售资产＋购买同业存单＋购买银行非保本理财产品＋购买信托产品＋购买资产管理计划＋其他具有特定目的载体属性的产品投资＋应收利息和其他应收款＋其他表内信用风险资产＋不可撤销的承诺及或有负债（与监管局统计口径一致）。

6.5.1.2 资产减值损失准备

单位：万元

| | 期初数 | 本期计提 | 本期转回 | 本期核销 | 期末数 |
|---|---|---|---|---|---|
| 贷款损失准备 | 271 | — | －146 | — | 125 |
| 一般准备 | — | — | — | — | — |
| 专项准备 | 271 | — | －146 | — | 125 |
| 其他资产减值准备 | — | 302 | — | — | 302 |
| 可供出售金融资产减值准备 | — | — | — | — | — |
| 持有至到期投资减值准备 | — | 278 | — | — | 278 |
| 长期股权投资减值准备 | — | — | — | — | — |
| 坏账准备 | — | 24 | — | — | 24 |
| 投资性房地产减值准备 | — | — | — | — | — |
| 合计 | 271 | 302 | －146 | — | 427 |

6.5.1.3 自营投资情况

单价：万元

| | 自营股票 | 基金 | 债券 | 长期股权投资 | 其他投资 | 合计 |
|---|---|---|---|---|---|---|
| 期初数 | 27 892 | 39 321 | 3 586 | 115 264 | 325 978 | 512 041 |
| 期末数 | 28 727 | 59 968 | 1 469 | 82 101 | 323 282 | 495 546 |

6.5.1.4 前五名长期股权投资企业情况

| 企业名称 | 占被投资企业权益的比例（%） | 主要经营活动 | 投资损益（万元） |
|---|---|---|---|
| 1. 南方基金管理股份有限公司 | 15 | 基金募集、基金销售等 | 12 164 |
| 2. 圆信永丰基金管理有限公司 | 51 | 基金募集、基金销售、资产管理和中国证监会许可的其他业务 | — |

注：投资损益是指按照企业会计准则规定，核算股权投资确认损益并计入披露年度利润表的金额。

6.5.1.5 前五名自营贷款企业情况

| 企业名称 | 占贷款总额的比例(%) | 还款情况 |
|---|---|---|
| 盛屯矿业集团股份有限公司 | 100 | 贷款未到期 |

6.5.1.6 表外业务

单位:万元

| 表外业务 | 期初数 | 期末数 |
|---|---|---|
| 担保业务 | 2 636 | 2 474 |
| 代理业务(委托业务) | 3 308 | 3 308 |
| 其他 | — | — |
| 合计 | 5 944 | 5 782 |

注:代理业务主要反映因客观原因应规范而尚未完成规范的历史遗留委托业务,包括委托贷款和委托投资。

6.5.1.7 公司当年的收入结构

| 收入结构 | 金额(万元) | 占比(%) |
|---|---|---|
| 手续费及佣金收入 | 57 529 | 67.82 |
| 其中:信托手续费收入 | 57 529 | 67.82 |
| 投资银行业务收入 | — | — |
| 利息收入 | 3 676 | 4.33 |
| 其他业务收入 | 155 | 0.18 |
| 投资收益 | 22 388 | 26.39 |
| 其中:股权投资收益 | 4 479 | 5.28 |
| 证券投资收益 | 1 244 | 1.47 |
| 其他投资收益 | 16 664 | 19.65 |
| 公允价值变动收益 | −2 | — |
| 资产处置收益 | 31 | 0.04 |
| 其他收益 | 91 | 0.11 |
| 营业外收入 | 958 | 1.13 |
| 收入合计 | 84 827 | 100 |

注:手续费及佣金收入、利息收入、其他业务收入、投资收益、营业外收入均为损益表中的一级科目,其中手续费及佣金收入、利息收入、营业外收入为未抵减掉相应支出的全年累计实现收入数。

**6.5.2 信托资产管理情况**

6.5.2.1 信托资产的期初数、期末数

单位:万元

| 信托资产 | 期初数 | 期末数 |
|---|---|---|
| 集合 | 12 503 799 | 6 953 836 |
| 单一 | 17 229 046 | 12 216 988 |
| 财产权 | 377 164 | 326 815 |
| 合计 | 30 110 009 | 19 497 639 |

6.5.2.1.1 主动管理型信托业务情况

单位:万元

| 主动管理型信托资产 | 期初数 | 期末数 |
|---|---|---|
| 证券投资类 | 1 518 750 | 237 103 |
| 其他投资类 | 1 803 261 | 852 207 |
| 融资类 | 2 507 112 | 2 176 986 |
| 事务管理类 | 31 756 | 11 220 |
| 合计 | 5 860 879 | 3 277 516 |

6.5.2.1.2 被动管理型信托业务情况

单位:万元

| 被动管理型信托资产 | 期初数 | 期末数 |
|---|---|---|
| 证券投资类 | 122 252 | 37 779 |
| 其他投资类 | 545 460 | 84 228 |
| 融资类 | 2 622 043 | 1 269 098 |
| 事务管理类 | 20 959 375 | 14 829 017 |
| 合计 | 24 249 130 | 16 220 123 |

6.5.2.2 本年度已清算结束的信托项目情况

6.5.2.2.1 本年度已清算结束的集合类、单一类、财产管理类信托项目情况

| 已清算结束的信托项目 | 项目个数(个) | 实收信托合计金额(万元) | 加权平均实际年化收益率(%) |
|---|---|---|---|
| 集合类(非证券投资类) | 104 | 6 024 518 | 6.55 |
| 集合类(证券投资类) | 103 | 2 403 599 | −15.38 |
| 单一类 | 172 | 9 422 197 | 5.28 |
| 财产管理类 | 13 | 577 046 | 1.52 |

注:1. 收益率是指信托项目清算后,给受益人赚取的实际收益水平。

2. 加权平均实际年化收益率=(信托项目1的实际年化收益率×信托项目1的实收信托+信托项目2的实际年化收益率×信托项目2的实收信托+…+信托项目$n$的实际年化收益率×信托项目$n$的实收信托)/(信托项目1的实收信托+信托项目2的实收信托+…+信托项目$n$的实收信托)×100%。

6.5.2.2.2 本年度已清算结束的主动管理型信托项目情况

| 已清算结束的信托项目 | 项目个数(个) | 实收信托合计金额(万元) | 加权平均实际年化信托报酬率(%) | 加权平均实际年化收益率(%) |
|---|---|---|---|---|
| 投资类(非证券类) | 11 | 2 322 019 | 0.40 | 4.77 |
| 投资类(证券类) | 58 | 1 372 159 | 0.30 | −19.13 |
| 融资类 | 91 | 2 530 320 | 0.70 | 5.54 |
| 事务管理类 | 1 | 12 000 | 0.25 | 2.79 |

注:加权平均实际年化信托报酬率=(信托项目1的实际年化信托报酬率×信托项目1的实收信托+信托项目2的实际年化信托报酬率×信托项目2的实收信托+…+信托项目$n$的实际年化信托报酬率×信托项目$n$的实收信托)/(信托项目1的实收信托+信托项目2的实收信托+…+信托项目$n$的实收信托)×100%。

6.5.2.2.3 本年度已清算结束的被动管理型信托项目情况

| 已清算结束的信托项目 | 项目个数(个) | 实收信托合计金额(万元) | 加权平均实际年化信托报酬率(%) | 加权平均实际年化收益率(%) |
|---|---|---|---|---|
| 投资类(非证券类) | 3 | 501 000 | 0.44 | 9.76 |
| 投资类(证券类) | 1 | 500 000 | 0.04 | 2.42 |
| 融资类 | 19 | 1 062 896 | 0.20 | 6.19 |
| 事务管理类 | 208 | 10 126 966 | 0.18 | 4.11 |

6.5.2.3 本年度新增的信托项目情况

| 新增信托项目 | 项目个数(个) | 实收信托合计金额(万元) |
|---|---|---|
| 集合类 | 61 | 3 910 043 |
| 单一类 | 83 | 4 219 897 |
| 财产管理类 | 9 | 559 927 |
| 新增合计 | 153 | 8 689 867 |
| 其中:主动管理型 | 80 | 4 450 119 |
| 被动管理型 | 73 | 4 239 748 |

6.5.2.4 信托业务创新成果和特色业务情况

6.5.2.4.1 业务创新成果

基金型信托。公司设立对接优质供应链资产、服务实体经济的基金型信托——紫金票据供应链基金系列集合信托计划。该信托计划以商业票据为依托,结合票据监管、资产准入、负面清单等方式,实现信托公司供应链金融的创新。

慈善信托。公司积极响应国家精准扶贫的号召，开展厦门信托——临夏希望之旅慈善信托，赴甘肃省临夏回族自治州进行扶贫济困慈善活动，走出体验式扶贫新路子，创新性地变“输血式”扶贫为“造血式”扶贫，切实践行国有企业社会责任。

“债转股”项目。公司参与的大型现代化国有企业的债转股系列项目成功完成3个项目债转股全部操作，并在金融资产交易所成功挂牌债转股专项信托计划。

6.5.2.4.2 特色业务

纾困专项信托计划。公司积极响应国家支持民营企业发展的号召，成功发行厦门市首单纾困专项信托计划，采用无追索保理业务模式，受让企业债权人持有的应收账款债权，由公司负责应收账款回款电子票据管理，向企业提供流动资金的同时帮助企业优化资产结构，为化解民营企业流动性问题提供了良好的案例参考。

“一带一路”资产证券化。公司作为双SPV合作推动在交易所上市的“一带一路”公募资产证券化项目——亚中物流租金资产支持专项计划成功发行，为丝绸之路经济带核心节点城市乌鲁木齐的部分物流园区改造升级和运营管理提升提供资金支持。

6.5.2.5 本公司履行受托人义务情况及因本公司自身责任而导致的信托资产损失

公司严格按照信托法规要求，忠实履行信托合同的义务，至本年度末，没有因本公司自身责任而导致的信托资产损失。

6.5.2.6 信托赔偿准备金的提取、使用和管理情况

公司每年按照净利润的5%计提信托赔偿准备金。截至2018年12月31日，信托赔偿准备金期末余额为24 985万元。本公司提取的信托赔偿准备金尚未使用过。

## 6.6 关联方关系及其交易

### 6.6.1 关联交易的数量、交易总金额及交易的定价政策

| | 关联交易方数量（个） | 关联交易金额（万元） | 定价政策 |
|---|---|---|---|
| 合计 | 10 | 142 875 | 市场公允价格。对关联方的贷款利率定价依据参照其他商业银行对其同类贷款利率水平，及与公司发放给其他具有同等资信条件非关联方的贷款利率；其他交易方式均按公允交易价格执行。 |

### 6.6.2 关联交易方的基本情况

| 关系性质 | 关联方名称 | 法定代表人 | 注册地址 | 注册资本 | 主营业务 |
|---|---|---|---|---|---|
| 持有本公司10%股权的股东 | 厦门建发集团有限公司 | 黄文洲 | 厦门市思明区环岛东路1699号建发国际大厦43楼 | 63.5亿元 | 主营涉及供应链运营、房地产开发、旅游酒店、会展业以及投资等。 |
| 受同一母公司控制的其他企业 | 厦门市两岸金融中心建设开发有限公司 | 黄昆明 | 厦门市湖里区泗水道619号130室 | 6亿元 | 土地储备、土地综合开发与运营、房地产开发经营、项目投资、酒店管理。 |
| 受同一母公司控制的其他企业 | 厦门金圆置业有限公司 | 黄昆明 | 厦门市思明区展鸿路82号厦门金融中心大厦4层04、05、07单元 | 500万元 | 物业管理、房地产开发运营。 |
| 本公司子公司 | 圆信永丰基金管理有限公司 | 洪文瑾 | 厦门市思明区展鸿路82号厦门金融中心大厦21层2102单元 | 2亿元 | 基金募集、基金销售、资产管理和中国证监会许可的其他业务。 |
| 本公司有重大影响的联营公司 | 南方基金管理股份有限公司 | 吴万善 | 深圳市福田中心区福华一路6号免税商务大厦塔楼31－33层 | 3亿元 | 从事证券基金投资管理业务和发起设立证券投资基金。 |
| 受同一母公司控制的其他企业 | 厦门资产管理有限公司 | 洪文瑾 | 中国（福建）自由贸易试验区厦门片区海沧新大街27号473室 | 16亿元 | 金融资产管理（开展金融企业不良资产的批量收购、处置业务）；资产管理（法律、法规另有规定除外）；兼营与主营业务有关的商业保理业务；从事企业购并、投资、资产管理、产权转让的中介服务。 |
| 间接受本公司第二大股东控制 | 永安兆顺房地产有限公司 | 傅怀军 | 永安市南山路2号10幢201室 | 2 000万元 | 主要业务有房地产开发、经营与管理；装修、装饰工程施工；物业管理；工程项目代建；出租商业用房。 |
| 与本公司同属同一母公司 | 厦门市担保有限公司 | 李云祥 | 厦门市思明区展鸿路82号厦门国际金融中心22层 | 70 259.89万元 | 主营贷款担保、票据承兑担保、贸易融资担保、项目融资担保、信用证担保等担保业务和其他法律、法规许可的融资性担保业务。兼营范围为诉讼保全担保、履约担保以及与担保业务有关的融资咨询、财务顾问等中介服务和以自有资金进行的投资。 |
| 受同一母公司控制的其他公司 | 厦门景合资产管理有限公司 | 郭韶红 | 中国（福建）自由贸易试验区厦门片区象屿路97号厦门国际航运中心D栋8层05单元X | 1 000万元 | 资产管理；受托管理股权投资，提供相关咨询服务；在法律法规许可的范围内，运用本基金资产对未上市企业或股权投资企业进行投资；受托管理股权投资基金，提供相关咨询服务；对第一产业、第二产业、第三产业的投资；依法从事对非公开交易的企业股权进行投资以及相关咨询服务；投资管理；其他未列明企业管理服务；企业管理咨询；投资管理咨询；投资咨询。 |
| 受同一母公司控制的其他企业 | 厦门金圆产业发展有限公司 | 吴钢 | 厦门市思明区展鸿路82号44层01单元 | 574 186.2万元 | 贸易代理；批发与零售业。 |

6.6.3 **与关联方的重大交易事项**

6.6.3.1 固有与关联方交易情况

单位：万元

| 固有与关联方关联交易 | | | | |
|---|---|---|---|---|
| | 期初数 | 本期增加额 | 本期减少额 | 期末数 |
| 贷款 | — | — | — | — |
| 投资 | 55 981 | 41 174 | 49 007 | 48 148 |
| 租赁 | 243 | 970 | 970 | 243 |
| 担保 | — | — | — | — |
| 应收账款 | — | — | — | — |
| 其他 | 116 | 29 201 | 29 171 | 146 |
| 合计 | 56 340 | 71 345 | 79 148 | 48 537 |

6.6.3.2 信托与关联方交易

单位：万元

| 信托与关联方关联交易 | | | | |
|---|---|---|---|---|
| | 期初数 | 本期增加额 | 本期减少额 | 期末数 |
| 贷款 | 5 180 | — | — | 5 180 |
| 投资 | 168 174 | 24 700 | 103 716 | 89 158 |
| 租赁 | — | — | — | — |
| 担保 | — | — | — | — |
| 应收账款 | — | — | — | — |
| 其他 | — | — | — | — |
| 合计 | 173 354 | 24 700 | 103 716 | 94 338 |

6.6.3.3 固信交易、信信交易

6.6.3.3.1 固有与信托财产交易情况

单位：万元

| 固有财产与信托财产相互交易 | | | |
|---|---|---|---|
| 期初数 | 本期增加额 | 本期减少额 | 期末数 |
| 132 225 | 238 294 | 242 462 | 128 057 |

6.6.3.3.2 信托项目之间交易情况

单位：万元

| 信托资产与信托财产相互交易 | | |
|---|---|---|
| 期初数 | 本期净减少额 | 期末数 |
| 990 180 | 175 268 | 814 912 |

6.6.4 **关联方逾期未偿还本公司资金的情况以及本公司为关联方担保发生或即将发生垫款的情况**

报告期内无此情况。

### 6.7 会计制度的披露

本公司固有业务及信托业务均执行国家财政部颁布的《企业会计准则——基本准则》及42项具体会计准则及其相关规定。

## 7. 财务情况说明书

### 7.1 利润实现和分配情况

2018年公司实现净利润为47 628万元，合并净利润为51 831万元。根据《公司法》《信托公司管理办法》及本公司章程，公司对本年实现的母公司净利润为47 628万元进行分配，其中，提取10%的法定盈余公积4 763万元，提取任意盈余公积4 058万元，提取5%的信托赔偿准备2 381万元。

### 7.2 主要财务指标

| 指标名称 | 指标值 |
|---|---|
| 资本利润率(%) | 9.90 |
| 加权年化信托报酬率(%) | 0.30 |
| 人均净利润(万元) | 208.90 |

注：1. 资本利润率＝净利润/所有者权益平均余额×100%。

2. 所有者权益平均余额是指评级年度内年初及各季度末所有者权益余额的移动算术平均数，公式为A(平均)＝(A0/2＋A1＋A2＋A3＋A4/2)/4。

3. 加权年化信托报酬率＝(信托项目1的实际年化信托报酬率×信托项目1的实收信托＋信托项目2的实际年化信托报酬率×信托项目2的实收信托＋…＋信托项目$n$的实际年化信托报酬率×信托项目$n$的实收信托)/(信托项目1的实收信托＋信托项目2的实收信托＋…＋信托项目$n$的实收信托)×100%。

4. 人均净利润＝净利润/年平均人数。

5. 年平均人数＝∑每月末人数/12。

### 7.3 公司净资本管理情况

截至2018年12月31日，公司净资本各项监管指标符合监管要求，各监管指标具体情况如下：

(1)净资本＝44.90亿元≥2亿元。

(2)净资本/各项业务风险资本之和＝449 002.86/175 825.51＝255.37%≥100%。

(3)净资本/净资产＝449 002.86/502 474.52＝89.36%≥40%。

### 7.4 对本公司财务状况、经营成果有重大影响的其他事项

根据监管要求，公司于2018年10月完成对所持有的华夏国际电力发展有限公司20%股权的转让，该事项对公司当年度净利润影响为－9 631万元。

## 8. 特别事项揭示

### 8.1 前五名股东报告期内变动情况及原因

无。

### 8.2 董事、监事及高级管理人员变动情况及原因

2018年2月，因股东内部分工调整等原因，根据《中华人民共和国公司法》、公司章程、公司股东会议事规则等相关规定，经有权股东推荐、提名委员会审议、公司股东会决议通过，报中国银行保险监督管理委员会厦门监管局任职资格核准，2018年3月30日，公司原董事杨清榕变更为李云祥。2018年2月，公司召开全体党员大会选举产生第一届党委、纪委，公司风险总监兰文伟任党委委员、纪委书记，2018年5月，经控股股东党委研究决定，兰文伟担任公司副职领导。

### 8.3 变更营业场所事项

无。

### 8.4 公司的重大诉讼事项

8.4.1 **重大未决诉讼事项**

厦门国际信托有限公司与被执行人江苏宏图高科技股份

有限公司、三胞集团有限公司、袁亚非仲裁执行一案。

8.4.2 以前年度发生，于本报告年度终结的诉讼事项

无。

8.4.3 本报告年度发生，于本报告年度终结的诉讼事项

申请人厦门国际信托有限公司与被申请人江苏宏图高科技股份有限公司、三胞集团有限公司、袁亚非借款合同纠纷仲裁案。

## 8.5 公司董事会对审计报告提及事项的说明

无。

## 8.6 公司及其董事、监事和高级管理人员受到处罚的情况

公司于2018年1月9日收到《行政处罚决定书》(厦银监罚决字[2018]5号)，于2018年6月21日收到《行政处罚决定书》(厦银监罚决字[2018]6号)，公司已按要求执行。除前述事项外，公司及其董事、监事和高级管理人员没有其他受到处罚的情况。

## 8.7 银保监会及其派出机构对公司检查后提出整改意见及其整改情况

本年度厦门银保监局对公司开展了“进一步深化整治银行业市场乱象”的现场检查，并向公司下发《中国银保监会厦门监管局关于厦门国际信托有限公司深化整治市场乱象专项检查的现场检查意见书》(厦银保监发[2018]3号)。公司依照现场检查意见书所提问题逐一对照，认真落实和整改，并将有关整改计划和进展情况书面报告厦门银保监局。

## 8.8 本年度重大事项临时报告简要内容、披露时间、所披露的媒体及版面

2018年8月29日，在《证券时报》B004版发布《厦门国际信托有限公司关于增资及修订公司章程的公告》。2018年8月30日，在《厦门日报》B10版发布《厦门国际信托有限公司关于增资及修订公司章程的公告》。

## 8.9 本年度消费者权益保护工作开展情况

公司根据人民银行印发的《中国人民银行金融消费者权益保护实施办法》、银监会印发的《银行业消费者权益保护工作指引》等有关规定及公司章程，深化消费者权益保护相关制度的修订完善工作，加强消费者权益保护工作的体制机制建设。

公司财富管理中心作为消费者权益保护的专门职能部门，牵头组织、协调、督促相关部门开展消费者权益保护工作。公司消费者权益保护工作主要分为专题类与常规类两块，专题类围绕2018年“金融消费者权益日”活动、“2018年度厦门市银行业普及金融知识万里行”活动、2018年“金融知识进万家”宣传服务月活动、“金融知识进校园”等银行业金融知识宣传服务月展开活动；常规类通过日常柜面服务及宣传、现场宣讲、产品路演等活动推进，同时深化微信公众平台、网络媒体宣传。

## 8.10 银保监会及其省级派出机构认定的其他有必要让客户及相关利益人了解的重要信息

无。

# 新华信托股份有限公司

## 1. 重要提示

1.1 新华信托股份有限公司(以下简称公司)董事会及董事保证:本年度报告所载资料不存在任何虚假记载、误导性陈述或者重大遗漏,并对其内容的真实性、准确性和完整性承担个别及连带责任。

1.2 公司独立董事张玉敏女士、汪方军及黄志亮先生声明:保证本年度报告的内容真实、准确和完整。

1.3 公司法定代表人李桂林先生、总经理项琥先生、主管会计工作负责人夏亮先生声明:保证本年度报告中的财务报告真实、准确和完整。

## 2. 公司概况

### 2.1 公司简介

2.1.1 公司基本情况

公司始创于1979年。1986年5月,经中国人民银行《关于成立中国工商银行重庆信托投资公司的批复》(银复[1986]113号)批准,成立中国工商银行重庆信托投资公司。1992年3月,经中国人民银行重庆市分行和重庆市经济体制改革委员会《关于完善中国工商银行重庆信托投资公司股份制体制有关问题的批复》(重人行发[92]字第66号)同意改制为股份有限公司。1998年1月,经中国人民银行《关于中国工商银行重庆信托投资股份有限公司变更受让单位及更名等有关事宜的批复》批准,中国工商银行转让其所持公司股份给新产业投资股份有限公司,之后公司更名为重庆新华信托投资股份有限公司。2001年10月,公司按照中国人民银行的要求首批完成重新登记,同时报经中国人民银行批准,公司增资扩股至5亿元;同年12月,经中国人民银行重庆营业管理部批准,公司更名为新华信托投资股份有限公司。2007年9月,经中国银行业监督管理委员会批准,公司更名为新华信托股份有限公司。2008年8月,经中国银监会《关于新华信托股份有限公司吸收巴克莱银行有限公司入股及股权结构调整有关事项的批复》(银监复[2008]327号)批准,公司于2009年1月增资扩股至6.2112亿元。2012年8月,经重庆银监局《关于新华信托股份有限公司变更注册资本及修改〈公司章程〉等有关事项的批复》(渝银监复[2012]70号)批准,公司于2012年12月将部分未分配利润转增为注册资本,转增后公司注册资本为12亿元。2015年6月23日,经重庆银监局《关于新华信托增资扩股、股权结构调整及章程修订的批复》(渝银监复[2015]62号)核准,公司增加注册资本30亿元,注册资本达到42亿元。

2.1.2 公司法定中、英文名称及缩写

公司法定中文名称:新华信托股份有限公司

中文名简称:新华信托

公司法定英文名称:New China Trust Co., Ltd.

英文名缩写:NCT

2.1.3 公司法定代表人:李桂林

2.1.4 公司注册地址、邮政编码、国际互联网网址、电子邮箱

公司注册地址:重庆市江北区北城一路6号

邮政编码:400023

国际互联网网址:http://www.nct-china.com

电子邮箱:service@nct-china.com

2.1.5 公司信息披露事务人员

公司信息披露事务负责人:姜志暤

公司信息披露事务联系人:王文文

联系电话:(86)023-6379 9193

传　　真:(86)023-6379 2460

电子邮箱:board@nct-china.com

2.1.6 公司选定的信息披露报纸、公司年度报告备置地点

公司选定的信息披露报纸:《上海证券报》《金融时报》

公司年度报告备置地点:重庆市江北区北城一路6号

2.1.7 公司其他资料

公司聘请的会计师事务所:大信会计师事务所(特殊普通合伙)

住所:北京市海淀区知春路1号学院国际大厦22层

邮政编码:400010

### 2.2 组织结构

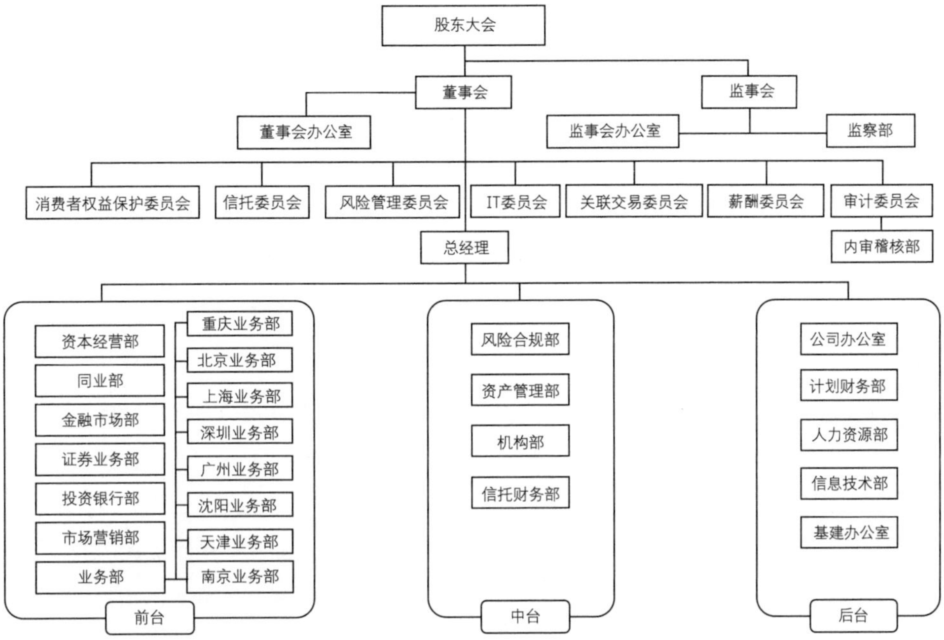


## 3. 公司治理

### 3.1 股东

报告期末,公司股东总数为6家,即上海珊瑚礁信息系统有限公司(以下简称珊瑚礁)、上海纪辉资产管理有限公司(以下简称纪辉)、新产业投资股份有限公司(以下简称新产业)、北京宏达信资产经营有限公司(以下简称宏达信)、人和投资控股股份有限公司(以下简称人和)、巴克莱银行有限公司(Barclays Bank PLC,以下简称巴克莱)。

股东间关联关系情况:无。

公司全部股东简要情况介绍

| 股东名称 | 持股比例(%) | 法定代表人 | 注册资本(万元) | 注册地址 | 主要经营业务及报告年度主要财务情况 |
|---|---|---|---|---|---|
| 珊瑚礁 | 40.00 | 杭　磊 | 170 000.00 | 上海市浦东上钢三村45号甲1043室 | 计算机、电子专业技术领域内的"四技"服务,电子设备及产品、电气设备的销售。(依法须经批准的项目,经相关部门批准后方可开展经营活动)。<br>主要财务情况:总资产为423 023.14万元,总负债为零,所有者权益为423 023.14万元。 |
| 纪　辉 | 21.43 | 吴军安 | 100 000.00 | 中国(上海)自由贸易试验区浦东大道2123号3E－1795室 | 资产管理(除金融业务),投资管理,投资咨询、企业管理咨询(除经纪),贸易经纪与代理(除拍卖),企业形象策划,市场信息咨询与调查(不得从事社会调查、社会调研、民意调查、民意测验),实业投资,产权经纪。(依法须经批准的项目,经相关部门批准后方可开展经营活动)。<br>主要财务情况:总资产为402 980.63万元,总负债为2.21万元,所有者权益为402 978.42万元。 |
| 新产业 | 17.33 | 翁先定 | 190 000.00 | 深圳市福田区振兴路3号建艺大厦17楼 | 投资兴办实业(具体项目另行申报);投资咨询;工程咨询(凭工程咨询资质证书开展咨询业务)。<br>主要财务情况:总资产为410 901.83万元,总负债为86 510.46万元,所有者权益为324 391.37万元。 |
| 宏达信 | 10.00 | 管莉 | 230 000.00 | 北京市东城区王府井大街218－1号B401 | 资产管理;投资管理;技术咨询、技术开发、技术转让、技术服务。<br>主要财务情况:总资产为465 498.64万元,总负债为38 510.10万元,所有者权益为426 988.54万元。 |

续表

| 股东名称 | 持股比例（%） | 法定代表人 | 注册资本（万元） | 注册地址 | 主要经营业务及报告年度主要财务情况 |
|---|---|---|---|---|---|
| 人　和 | 5.67 | 尹建宏 | 150 000.00 | 北京市朝阳区光华路甲8号1号楼13层1605 | 投资及投资管理；经济贸易咨询；销售机械设备、建材、五金交电、日用品、电子产品、化工产品（不含危险化学品和一类易制毒化学品）、金属材料、电器机械、文具用品、体育用品、工艺品；汽车租赁（不含九座以上客车）。<br>主要财务情况：总资产为831 559.75万元，总负债为172 961.69万元，所有者权益为658 598.06万元。 |
| 巴克莱 | 5.57 | 不适用 | 已发行普通股实收资本为2 342百万英镑；已发行累计可赎回英镑优先股本为1 000英镑；已发行欧元优先股本为3 185 600欧元；已发行美元优先股本为5 813 | 1 Churchill Place，London，E14 5HP，UK | 信用卡、批发银行、投资银行；财富管理、投资管理。<br>主要财务情况：总资产为877 700百万英镑，总负债为829 989百万英镑，总所有者权益为47 711百万英镑 。 |

## 3.2 董事

根据《公司章程》的规定，公司董事会由9人组成，其中独立董事3人。公司董事任期为3年，可连选连任，独立董事累计任职不超过6年。

董事会成员基本情况

| 姓名 | 职务 | 性别 | 年龄（岁） | 选任日期 | 所推举的股东名称 | 该股东持股比例（%） | 简要履历 |
|---|---|---|---|---|---|---|---|
| 李桂林 | 董事长 | 男 | 55 | 2015年8月 | 公司提名 | — | 曾任人民银行长春市分行金融研究所副所长、调统处副处长、计划处副处长，人民银行沈阳分行货币信贷处副处长，人民银行白城中心支行党委书记、行长，人民银行沈阳分行股份制银行监管处处长，辽宁银监局股份制银行监管处处长、统计信息处处长、现场检查一处处长，哈尔滨银行沈阳分行党委书记、行长；现任新华信托股份有限公司党委书记、董事长。 |
| 项　珑 | 董事 | 男 | 47 | 2016年12月 | 珊瑚礁 | 40.00 | 曾任中国国际信托投资公司天津分公司干部，中信证券天津证券业务部经理、天津解放北路营业部总经理，天津协通咨询中心国债服务部副经理，天津未来保险代理有限公司总经理，新华信托股份有限公司天津业务部总经理、公司副总经理（代为履行总经理职责）；现任新华信托股份有限公司董事、总经理。 |
| 李春莉 | 董事 | 女 | 47 | 2015年12月 | 珊瑚礁 | 40.00 | 曾任天津市红桥区企业管理局（后改制为天津天宝工贸集团公司）职员，香港京华山一企业融资有限公司北京代表处项目经理，北京博瑞胜智咨询有限公司项目经理，北京智通昌荣咨询有限公司咨询顾问；现任上海珊瑚礁信息系统有限公司战略发展部副总裁，新华信托股份有限公司董事。 |
| 吴军安 | 董事 | 男 | 42 | 2015年12月 | 纪辉 | 21.43 | 曾任上海浪潮工贸有限公司工程师、技术部经理、副总经理，太平洋证券股份公司人力资源部高级经理、投资银行总部筹备组成员；现任上海纪辉资产管理有限公司执行董事，新华信托股份有限公司董事。 |
| 金洪伟 | 董事 | 男 | 42 | 2015年12月 | 宏达信 | 10.00 | 曾任佳木斯大学历史系教师，北京嘉润律师事务所律师，北京建龙重工集团有限公司律师；现任北京宏达信资产经营有限公司副总裁、法务部经理，新华信托股份有限公司董事。 |
| 魏相永 | 董事 | 男 | 49 | 2015年12月 | 新产业 | 17.33 | 曾任山东铝业公司会计、财务主管，中能发展电力集团公司财务总监，华资实业股份有限公司董事会秘书；现任新产业投资股份有限公司副总裁，新华信托股份有限公司董事。 |

独立董事简要情况

| 姓名 | 所在单位及职务 | 性别 | 年龄（岁） | 选任日期 | 所推举的股东名称 | 该股东持股比例（%） | 简要履历 |
|---|---|---|---|---|---|---|---|
| 张玉敏 | 西南政法大学教授 | 女 | 72 | 2015年12月 | 公司提名 | — | 曾任贵州省纳雍县政法机关工作人员，贵州省纳雍县公安局副局长，贵州省纳雍县法院副院长；现任西南政法大学教授，新华信托股份有限公司独立董事。 |
| 汪方军 | 西安交通大学副教授 | 男 | 43 | 2015年12月 | 纪辉 | 21.43 | 曾受聘恒泰证券股份有限公司独立董事，担任董事会审计委员会主任委员、薪酬委员会委员，西安交通大学会计与财务系副教授、博士生导师；现任新华信托股份有限公司独立董事。 |
| 黄志亮 | 重庆工商大学教授 | 男 | 63 | 2015年12月 | 公司提名 | — | 曾任贵州大学教师，重庆市政府办公厅财经办主任科员，重庆商学院讲师、副教授、教授、系副主任、系主任、副院长，重庆工商大学党委副书记、副校长、教授、硕士生导师（期间，任民丰农化、建峰化工独立董事），重庆工商大学党委常委、副校长、教授、博士生导师，重庆工商大学经济学教授、博导、《西部论坛》主编；现任新华信托股份有限公司独立董事。 |

## 3.3 监事

根据《公司章程》的规定，公司监事会由5人组成，其中员工监事2人。公司监事任期3年，可连选连任。监事会未设立专门委员会。

监事会成员简要情况

| 姓名 | 职务 | 性别 | 年龄（岁） | 选任日期 | 所推举的股东名称 | 该股东持股比例(%) | 简要履历 |
|---|---|---|---|---|---|---|---|
| 刘建良 | 监事会主席、员工监事 | 男 | 50 | 2015年1月 | 公司提名 | — | 曾任北京燕山石化公司车间主任、公司营销管理部部长、公司综合办公室主任、公司技术开发部部长、公司副总经理及下属多家企业董事长、总经理，内蒙古乌达发电集团公司总经理，包头明天科技股份有限公司副总裁、总裁，内蒙古西水创业股份有限公司董事长、总经理；现任新华信托股份有限公司监事会主席、党委副书记、纪委书记、工会主席。 |
| 肖　磊 | 员工监事 | 男 | 47 | 2012年12月 | 公司提名 | — | 曾任中国重型汽车集团公司财务部财务管理岗位、资产管理处副处长、综合室主任(期间任中国重汽与沃尔沃客车公司合资项目财务组负责人)，浙江金融租赁股份有限公司计划财务部总经理，北京鸿智慧通有限公司副总经理等职；现任新华信托股份有限公司监事、稽核总监、内审稽核部总经理。 |
| 王永卫 | 监事 | 男 | 50 | 2015年11月 | 珊瑚礁 | 40.00 | 曾任包头市精胶厂员工，北京康海天达科技有限公司监察员、经理、负责人；现任新华信托股份有限公司监事、监察部总经理、监事会办公室主任。 |
| 郑福成 | 监事 | 男 | 51 | 2015年11月 | 纪　辉 | 21.43 | 曾任内蒙古赤峰市元宝山区人民检察院工作人员，北京正皓律师事务所律师；现任北京有因律师事务所律师，新华信托股份有限公司监事。 |
| 田爱学 | 监事 | 男 | 45 | 2016年10月 | 宏达信 | 10.00 | 曾任北京建筑材料机械制造厂财务部出纳、会计、主管会计、财务经理，紫光股份有限公司财务部财务经理，外派控股子公司财务总监、副总经理，清华控股有限公司控股子公司财务总监、副总经理、董事会秘书、监事；现任北京宏达信资产经营有限公司财务总监、新华信托股份有限公司监事。 |

## 3.4 高级管理人员

高级管理人员简要情况

| 姓名 | 职务 | 性别 | 年龄(岁) | 选任日期 | 金融从业年限(年) | 学历 | 专业 |
|---|---|---|---|---|---|---|---|
| 项　琥 | 总经理 | 男 | 47 | 2016年10月 | 26 | 研究生 | 经济法 |
| 胡立新 | 副总经理 | 男 | 54 | 2014年3月 | 18 | 研究生 | 经济学 |
| 罗建华 | 副总经理 | 男 | 51 | 2017年4月 | 18 | 研究生 | 航空宇航系统工程与管理工程 |
| 夏　亮 | 首席财务官 | 男 | 45 | 2012年11月 | 11 | 研究生 | 工商管理 |
| 彭光萍 | 副总经理 | 女 | 43 | 2017年5月 | 20 | 研究生 | 工商管理 |

## 3.5 公司员工

报告期末，公司职工人数为155人，公司平均年龄为37岁，学历分布如下：

| 学历 | 人数(人) | 分布比率(%) |
|---|---|---|
| 博士 | 1 | 0.65 |
| 硕士 | 62 | 40.00 |
| 本科 | 85 | 54.84 |
| 专科 | 6 | 3.86 |
| 其他 | 1 | 0.65 |

# 4. 经营管理

## 4.1 经营目标、经营方针、战略规划

全面提升经营管理水平，加强风险防范与化解能力，优化业务结构，最终形成公司的核心竞争优势，从而不断提高经营绩效，真正成长为优秀的金融资产管理机构。

公司秉承“珍视所托、专业理财”的经营理念，贯彻“信托为本、面向市场、勇于创新”的经营方针，以客户为中心、市场为导向，树立公司一流的品牌形象，确保公司长期可持续发展。

全面深化改革，加强公司治理，切实加强执行力建设，提升存续项目管理能力，审慎开展新业务，根据公司治理状况、风险管理水平、人才团队建设和软硬件支撑等情况，制定不同业务模式的发展规划，优化业务结构，强化责任意识，树立良好社会形象。

## 4.2 经营业务的主要内容

### 4.2.1 自营资产运用与分布表

自营资产运用与分布表

| 资产运用 | 金额(万元) | 占比(%) | 资产分布 | 金额(万元) | 占比(%) |
|---|---|---|---|---|---|
| 货币资产 | 3 417.85 | 0.44 | 基础产业 | 16 925.54 | 2.18 |
| 贷款及应收款 | 298 610.05 | 38.36 | 房地产业 | 387 504.85 | 49.78 |
| 交易性金融资产 | — | — | 证券市场 | 4 526.23 | 0.58 |
| 可供出售金融资产 | 342 399.42 | 43.99 | 实业 | 1 979.01 | 0.25 |
| 持有至到期投资 | — | — | 金融机构 | 53 103.80 | 6.82 |
| 长期股权投资 | 36 535.35 | 4.69 | 其他 | 314 335.61 | 40.39 |
| 其他 | 97 412.37 | 12.52 | | | |
| 资产总计 | 778 375.04 | 100.00 | 资产总计 | 778 375.04 | 100.00 |

4.2.2 信托资产运用与分布表

信托资产运用与分布表

| 资产运用 | 金额（万元） | 占比（%） | 资产分布 | 金额（万元） | 占比（%） |
|---|---|---|---|---|---|
| 货币资产 | 13 180.44 | 0.07 | 基础产业 | 3 715 923.85 | 20.76 |
| 贷款 | 10 056 499.39 | 56.18 | 房地产 | 3 145 883.50 | 17.57 |
| 交易性金融资产 | 465 515.42 | 2.60 | 证券市场 | 515 932.62 | 2.88 |
| 可供出售金融资产 | 14 608.66 | 0.08 | 实业 | 6 646 542.09 | 37.13 |
| 持有至到期投资 | 3 880 820.94 | 21.68 | 金融机构 | 3 363 626.08 | 18.79 |
| 长期股权投资 | 1 086 839.35 | 6.07 | 其他 | 513 794.48 | 2.87 |
| 其他 | 2 384 238.42 | 13.32 | | | |
| 信托资产总计 | 17 901 702.62 | 100.00 | 信托资产总计 | 17 901 702.62 | 100.00 |

## 4.3 市场分析

2018 年，中国经济呈现出质量提升、结构优化的积极趋势。其主要表现在：提前一个季度完成 2018 年新增就业 1 100 万人的目标；民间投资回升强劲，民营企业加杠杆意愿提升；制造业投资重新成为投资的主动力，投资结构不断优化；房地产投资保持韧性。

在我国居民收入快速稳定增长和消费结构不断升级的大背景下，伴随着互联网金融业务的大爆发和国家对消费金融领域的政策鼓励和引导，居民消费转型升级加快，财富资产配置需求提升，家族信托、消费金融信托发展前景广阔。

中美贸易冲突给世界经济笼罩上阴影，贸易战将对全球经济构成严重挑战。贸易紧张局势升级破坏商业和金融市场情绪，削弱投资和贸易，从而扰乱全球供应链，减缓新技术的传播，降低生产率。我国经济仍然面临汇率、利率、贸易出口等多元挑战。

## 4.4 内部控制

公司建立了由股东大会、董事会、监事会、高级管理层组成的“三会一层”法人治理结构。“三会一层”分工明确、权责清晰、制衡合理。董事会下设薪酬委员会、风险管理委员会、信托委员会、关联交易委员会、审计委员会、IT 委员会和消费者权益保护委员会。公司不断完善尽职管理、科学激励、约束监督的治理机制。

公司不断加强内部控制文化建设，重塑了风险和合规体系建设，在公司治理、财务、行政、合规法律、信息技术、人力资源和内部审计等方面，对相关规则、办法、细则、流程等进行了较为全面的修订、改造、完善，并通过印发《新华信托股份有限公司员工合规手册（试行）》《员工执业行为禁令（试行）》，签署《合规承诺书》《案防目标责任书》等措施，强化公司员工的风险控制与合规管理意识和职业操守，提高内部控制人员的综合素质，改善内部控制环境。

## 4.5 风险管理

在风险管理上，针对经营活动中可能遇到的市场风险、操作风险、流动性风险、信用风险、洗钱风险、政策风险等，公司坚持独立化解、全面控制、责任追究的基本管理原则，实行“分类管理、分级防范、分级管控”的风险管理政策。

董事会负责风险管理体系的建立健全及有效实施，保证公司合法合规审慎经营；董事会下设薪酬委员会、信托委员会、风险管理委员会、审计委员会、关联交易委员会、IT 委员会和消费者权益保护委员会七个专门委员会，按照职责管理、协调、监督公司的日常经营活动；监事会根据公司章程、法律法规和监管要求，监督董事会、总经理及高级管理层履行内部控制职责，检查监督公司的财务活动，维护投资者和公司的利益；总经理及高级管理层则认真落实董事会与内部控制相关的决策，以及相关工作计划，全面加强内部控制的建设。

公司风险管理措施的核心是实现以防范风险传递为目标的“三个分离”，即对信托业务系统和固有业务系统实施分离；信托业务的前台、中台、后台进行分离；信托财务和固有财务的人员、账表、资产分离，对每项信托业务单独开户、单独核算、单独管理。另外，公司内部管理有明确的授权制度和报告路线，公司于本年度内对各部门的职责进一步进行了优化，明确了主办和协办部门的工作职责，实现了公司各部门和人员有明确的工作目标、职责和权限。公司通过部门职责重构、流程再造，在内部控制的环境、程序和措施上防范经营管理风险事件的发生。

# 5. 报告期末及上一年度末的比较式会计报表

## 5.1 自营资产

5.1.1 会计师事务所审计结论

大信会计师事务所（特殊普通合伙）认为，公司财务报表在所有重大方面按照企业会计准则的规定编制，公允反映了公司 2018 年 12 月 31 日的财务状况以及 2018 年度的经营成果和现金流量。

5.1.2 资产负债表

资产负债表

编制单位：新华信托股份有限公司　　2018 年 12 月 31 日　　单位：万元

| 资　产 | 期末数 | 期初数 | 负债及所有者权益 | 期末数 | 期初数 |
|---|---|---|---|---|---|
| 资　产： | | | 负　债： | | |
| 现金及存放中央银行款项 | 1.21 | 12.67 | 拆入资金 | 19 000.00 | — |
| 存放同业款项 | 3 416.65 | 3 000.31 | 预收款项 | 2 650.45 | 2 621.87 |
| 拆出资金 | — | — | 应付职工薪酬 | 14 549.83 | 17 886.28 |
| 以公允价值计量且其变动计入当期损益的金融资产 | — | — | 应交税费 | 1 260.96 | 1 638.28 |
| 买入返售金融资产 | — | — | 应付利息 | — | — |
| 应收手续费及佣金 | 160.29 | 299.80 | 预计负债 | — | — |

续表

| 资　产 | 期末数 | 期初数 | 负债及所有者权益 | 期末数 | 期初数 |
|---|---|---|---|---|---|
| 其他应收款 | 298 149. 76 | 262 157. 43 | 递延所得税负债 | 5 686. 35 | 4 760. 24 |
| 发放贷款和垫款 | 300. 00 | — | 其他负债 | 140 681. 04 | 29 060. 79 |
| 可供出售金融资产 | 342 399. 42 | 294 831. 46 | 负债合计 | 183 828. 63 | 55 967. 46 |
| 持有至到期投资 | — | — | 所有者权益: | — | — |
| 长期股权投资 | 36 535. 35 | 33 696. 68 | 实收资本(或股本) | 420 000. 00 | 420 000. 00 |
| 投资性房地产 | 41 751. 01 | — | 资本公积 | 12 639. 56 | 12 639. 56 |
| 固定资产 | 19 034. 98 | 167. 51 | 其他综合收益 | 4. 26 | 14 320. 58 |
| 在建工程 | — | 33 380. 77 | 盈余公积 | 24 105. 14 | 23 520. 40 |
| 无形资产 | 328. 16 | 196. 77 | 一般风险准备 | 12 252. 93 | 9 883. 85 |
| 长期待摊费用 | 13. 20 | 45. 26 | 信托赔偿准备金 | 110 236. 17 | 110 236. 17 |
| 递延所得税资产 | 36 183. 71 | 31 031. 01 | 未分配利润 | 15 308. 35 | 12 414. 75 |
| 其他资产 | 101. 30 | 163. 10 | 所有者权益合计 | 594 546. 41 | 603 015. 31 |
| 资产总计 | 778 375. 04 | 658 982. 77 | 负债和所有者权益总计 | 778 375. 04 | 658 982. 77 |

### 5. 1. 3　利润表

**利润表**

编制单位:新华信托股份有限公司　　2018 年度　　单位:万元

| 项目 | 本年数 | 上年数 |
|---|---|---|
| 营业收入 | 51 911. 05 | 82 522. 88 |
| 手续费及佣金净收入 | 25 654. 08 | 25 090. 32 |
| 手续费及佣金收入 | 25 654. 08 | 25 090. 32 |
| 手续费及佣金支出 | — | — |
| 利息净收入 | -4 136. 18 | -217. 39 |
| 利息收入 | 195. 57 | 94. 04 |
| 利息支出 | 4 331. 75 | 311. 43 |
| 投资损益 | 7 168. 33 | 57 641. 92 |
| 公允价值变动损益 | 22 745. 39 | -22. 69 |
| 汇兑损益 | -0. 48 | -0. 33 |
| 资产处置收益 | 10. 52 | -21. 48 |
| 其他收益 | 469. 39 | 52. 53 |
| 营业支出 | 45 037. 75 | 35 375. 81 |
| 税金及附加 | 1 027. 61 | 615. 44 |
| 业务及管理费 | 14 187. 43 | 39 339. 52 |
| 资产减值损失 | 29 822. 71 | -4 579. 15 |
| 营业利润 | 6 873. 30 | 47 147. 07 |
| 加:营业外收入 | 740. 80 | 11. 18 |
| 减:营业外支出 | 417. 87 | 33 531. 00 |
| 利润总额 | 7 196. 23 | 13 627. 25 |
| 减:所得税费用 | 1 348. 81 | 2 724. 55 |
| 净利润 | 5 847. 42 | 10 902. 70 |
| 其他综合收益的税后净额 | -14 316. 32 | 14 244. 61 |
| 以后将重分类进损益的其他综合收益 | -14 316. 32 | 14 244. 61 |
| 1. 权益法下在被投资单位以后将重分类进损益的其他综合收益中享有的份额 | -68. 24 | -36. 10 |
| 2. 可供出售金融资产公允价值变动损益 | -14 248. 08 | 14 280. 71 |
| 综合收益总额 | -8 468. 90 | 25 147. 31 |

### 5. 1. 4　所有者权益变动表

**所有者权益变动表**

编制单位:新华信托股份有限公司　　2018 年度　　单位:万元

| 项目 | 股本 | 资本公积 | 其他综合收益 | 盈余公积 | 一般风险准备 | 信托赔偿准备 | 未分配利润 | 股东权益合计 |
|---|---|---|---|---|---|---|---|---|
| 2018 年 1 月 1 日余额 | 420 000. 00 | 12 639. 56 | 14 320. 58 | 23 520. 40 | 9 883. 85 | 110 236. 17 | 12 414. 75 | 603 015. 31 |
| 本年增减变动金额 | — | — | -14 316. 32 | 584. 74 | 2 369. 08 | — | 2 893. 60 | -8 468. 90 |
| 1. 净利润 | — | — | — | — | — | — | 5 847. 42 | 5 847. 42 |
| 2. 其他综合收益 | — | — | -14 316. 32 | — | — | — | — | -14 316. 32 |
| 3. 所有者投入资本 | — | — | — | — | — | — | | |
| 4. 利润分配 | — | — | — | 584. 74 | 2 369. 08 | — | -2 953. 82 | — |
| -提取盈余公积 | — | — | — | 584. 74 | — | — | -584. 74 | — |

续表

| 项目 | 股本 | 资本公积 | 其他综合收益 | 盈余公积 | 一般风险准备 | 信托赔偿准备 | 未分配利润 | 股东权益合计 |
|---|---|---|---|---|---|---|---|---|
| -提取一般风险准备金 | — | — | — | — | 2 369. 08 | — | -2 369. 08 | — |
| -提取信托赔偿准备 | — | — | — | — | — | — | — | — |
| 2018 年 12 月 31 日余额 | 420 000. 00 | 12 639. 56 | 4. 26 | 24 105. 14 | 12 252. 93 | 110 236. 17 | 15 308. 35 | 594 546. 41 |
| 2017 年 1 月 1 日余额 | 420 000. 00 | 12 639. 56 | 75. 97 | 22 430. 13 | 8 345. 73 | 110 236. 17 | 4 140. 44 | 577 868. 00 |
| 本年增减变动金额 | | | 14 244. 61 | 1 090. 27 | 1 538. 12 | — | 8 274. 31 | 25 147. 31 |
| 1. 净利润 | — | — | — | — | — | — | 10 902. 70 | 10 902. 70 |
| 2. 其他综合收益 | — | — | 14 244. 61 | — | — | — | — | 14 244. 61 |
| 3. 所有者投入资本 | — | — | — | — | — | — | — | — |
| 4. 利润分配 | | | | 1 090. 27 | 1 538. 12 | | -2 628. 39 | |
| -提取盈余公积 | — | — | — | 1 090. 27 | — | — | -1 090. 27 | — |
| -提取一般风险准备金 | — | — | — | — | 1 538. 12 | — | -1 538. 12 | — |
| -提取信托赔偿准备 | — | — | — | — | — | — | — | — |
| 2017 年 12 月 31 日余额 | 420 000. 00 | 12 639. 56 | 14 320. 58 | 23 520. 40 | 9 883. 85 | 110 236. 17 | 12 414. 75 | 603 015. 31 |

## 5. 2　信托资产

### 5. 2. 1　信托项目资产负债汇总表

**信托项目资产负债汇总表**

编制单位：新华信托股份有限公司　　2018 年 12 月 31 日　　单位：万元

| 信托资产 | 年初余额 | 期末余额 | 信托负债和信托权益 | 年初余额 | 期末余额 |
|---|---|---|---|---|---|
| 信托资产： | | | 信托负债： | | |
| 货币资金 | 44 872. 39 | 13 180. 44 | 交易性金融负债 | — | — |
| 拆出资金 | — | — | 衍生金融负债 | — | — |
| 存出保证金 | — | — | 应付受托人报酬 | 59 880. 31 | 53 206. 68 |
| 交易性金融资产 | 631 322. 22 | 465 515. 42 | 应付托管费 | 1 265. 61 | 1 361. 74 |
| 衍生金融资产 | — | — | 应付受益人收益 | 156 032. 59 | 141 391. 32 |
| 买入返售金融资产 | 584 088. 66 | 326 550. 57 | 应交税费 | — | 514. 9 |
| 应收款项 | 2 217 186. 96 | 2 057 678. 44 | 应付销售服务费 | 1 169. 14 | 1 169. 14 |
| 发放贷款 | 7 613 939. 28 | 10 056 499. 39 | 其他应付款项 | 242 663. 17 | 216 880. 33 |
| 可供出售金融资产 | 15 380. 81 | 14 608. 66 | 预计负债 | — | — |
| 持有至到期投资 | 4 930 226. 96 | 3 880 820. 94 | 其他负债 | — | — |
| 长期应收款 | — | — | 信托负债合计 | 461 010. 82 | 414 524. 11 |
| 长期股权投资 | 1 585 603. 68 | 1 086 839. 35 | | | |
| 投资性房地产 | — | — | 信托权益： | | |
| 固定资产 | — | — | 实收信托 | 16 299 071. 42 | 16 713 448. 84 |
| 无形资产 | — | — | 资本公积 | -799. 25 | 2 030. 36 |
| 长期待摊费用 | 60. 05 | 9. 41 | 损益平准金 | — | — |
| 其他资产 | — | — | 未分配利润 | 863 398. 02 | 771 699. 31 |
| 减：各项资产减值准备 | — | — | 信托权益合计 | 17 161 670. 19 | 17 487 178. 51 |
| 信托资产总计 | 17 622 681. 01 | 17 901 702. 62 | 信托负债及信托权益总计 | 17 622 681. 01 | 17 901 702. 62 |
| 表外项目： | | | | | |
| 1. 原有委贷业务 | 年初余额 | 1 188. 79 | 期末余额 | 1 188. 79 | |
| 2. 应收未收利息 | 年初余额 | 94 758. 51 | 期末余额 | — | |
| 3. 代保管信托财产 | 年初余额 | 250 154. 98 | 期末余额 | 107 187. 54 | |
| 4. 信托项目申购款 | 年初余额 | — | 期末余额 | — | |

### 5. 2. 2　信托项目利润及利润分配汇总表

**信托项目利润及利润分配汇总表**

编制单位：新华信托股份有限公司　　2018 年度　　单位：万元

| 项　目 | 本年数 | 上年数 |
|---|---|---|
| 1. 营业收入 | 833 513. 35 | 1 885 927. 27 |
| 1. 1 利息收入 | 616 907. 36 | 699 090. 17 |
| 1. 2 投资收益（损失以“ - ”号填列） | 227 586. 59 | 800 820. 43 |
| 1. 2. 1 其中：对联营企业和合营企业的投资收益 | — | — |
| 1. 3 公允价值变动收益（损失以“ - ”号填列） | -8 869. 32 | -8 691. 36 |
| 1. 4 租赁收入 | — | — |
| 1. 5 汇兑损益（损失以“ - ”号填列） | -74. 8 | -100. 16 |
| 1. 6 其他收入 | -2 036. 48 | 394 808. 19 |
| 2. 支出 | 73 458. 24 | 116 953. 08 |
| 2. 1 营业税金及附加 | 2711. 02 | — |
| 2. 2 受托人报酬 | 19 421. 29 | 44 348. 73 |

续表

| 项　目 | 本年数 | 上年数 |
|---|---|---|
| 2. 3 托管费 | 5 940. 97 | 5 564. 57 |
| 2. 4 投资管理费 | — | — |
| 2. 5 销售服务费 | -540. 32 | 709. 23 |
| 2. 6 交易费用 | 540. 55 | 517. 76 |
| 2. 7 资产减值损失 | — | — |
| 2. 8 其他费用 | 45 384. 73 | 65 812. 79 |
| 3. 信托净利润（净亏损以“ - ”号填列） | 760 055. 11 | 1 768 974. 19 |
| 4. 其他综合收益 | 45 720. 13 | 5 111. 31 |
| 5. 综合收益 | 805 775. 24 | 1 774 085. 50 |
| 6. 加：期初未分配利润 | 863 398. 02 | 10 921. 94 |
| 7. 可供分配的信托利润 | 1 669 173. 26 | 1 785 007. 44 |
| 8. 减：本期已分配信托利润 | 897 473. 96 | 921 609. 42 |
| 9. 期末未分配信托利润 | 771 699. 30 | 863 398. 02 |

# 6. 会计报表附注

## 6.1 简要说明报告年度会计报表编制基准、会计政策、会计估计和核算方法发生的变化

无。

## 6.2 或有事项说明

无锡汇鑫项目诉讼为无锡市任墅水泥有限公司(以下简称任墅公司)诉公司债权转让合同纠纷一案,以本公司曾作为无锡汇鑫置业有限公司(以下简称汇鑫公司)股东,以抽逃出资(信托资金退出)为由对其债务不能清偿部分承担补充赔偿责任。根据江苏省无锡市中级人民法院民事判决书[(2017)苏02民终825号],汇鑫公司应支付任墅公司款项为1 480.00万元及相应利息和承担任墅公司律师费为40.00万元,本公司需要在未出资范围内对汇鑫公司前述债务不能清偿部分承担补充赔偿责任。本公司已向江苏省高院申请再审,已受理,再审结果无法预计。该诉讼需承担的受理费为11.06万元于2018年支付并计入业务及管理费用诉讼费。

杏花村项目诉讼为江阴市金凤凰投资有限公司诉公司营业信托纠纷,江苏省靖江市人民法院作出一审判决,判决公司赔偿原告4 369.00万元,律师费80.00万元,合计4 449.00万元,并承担26.925万元诉讼费用。本公司已向泰州市中级人民法院申请再审,泰州市中级人民法院于2018年11月23日作出民事裁定,撤销一审靖江法院民事判决,发回靖江市人民法院重审,诉讼结果无法预计。截至2018年12月31日,该诉讼对本公司2018年经营影响主要为冻结公司银行账户,冻结账户2018年12月31日余额为27.72万元。

松原博翔项目诉讼是乔东辉与吉林松原博翔房地产公司债权纠纷执行程序中,乔东辉以本公司作为松原博翔公司的股东抽逃出资为由,申请将本公司追加为被执行人。松原市中院判本公司不得被追加为被执行人,无须承担诉讼费。目前吉林省高院已经将相关案件发回原审法院重审,诉讼结果无法预计。

庄士凯与新华信托股份有限公司劳动人事争议案诉讼为庄士凯诉公司劳动人事争议一案,庄士凯以本公司单方面违法解除双方《劳动合同》为由,要求公司向其返还2016年1月至2018年10月被克扣的工资为328 262.14元,支付违法解除劳动关系赔偿金为16 080.00元。目前在上海市浦东新区劳动人事争议仲裁委员会尚未裁决,诉讼结果无法预计。

## 6.3 重要资产转让及其出售的说明

无。

## 6.4 会计报表中重要项目的明细资料

### 6.4.1 自营资产经营情况

6.4.1.1 资产风险分类情况

**资产风险分类情况表**

| 信用风险资产五级分类 | 正常类(万元) | 关注类(万元) | 次级类(万元) | 可疑类(万元) | 损失类(万元) | 信用风险资产合计(万元) | 不良资产合计(万元) | 不良资产率(%) |
|---|---|---|---|---|---|---|---|---|
| 期初数 | 416 488.63 | 180 598.86 | 10 550.00 | 27 976.47 | 23 309.64 | 658 923.60 | 61 836.11 | 9.38 |
| 期末数 | 493 463.25 | 164 549.99 | 31 456.89 | 62 031.3 | 23 619.73 | 775 121.16 | 117 107.92 | 15.11 |

注:不良资产合计=次级类+可疑类+损失类。

6.4.1.2 资产损失准备情况

**资产损失准备情况**

单位:万元

| | 期初数 | 本期计提 | 本期转回 | 本期核销 | 期末数 |
|---|---|---|---|---|---|
| 贷款损失准备 | 3 441.43 | — | — | — | 3 441.43 |
| 一般准备 | — | — | — | — | — |
| 专项准备 | — | — | — | — | — |
| 其他资产减值准备 | 61 496.49 | 35 049.57 | 5 827.82 | — | 90 718.24 |
| 可供出售金融资产减值准备 | 20 651.74 | 10 000.00 | 318.44 | — | 30 333.30 |
| 持有至到期投资减值准备 | — | — | — | — | — |
| 长期股权投资减值准备 | — | — | — | — | — |
| 坏账准备 | 40 844.75 | 25 049.57 | 5 509.38 | — | 60 384.94 |
| 投资性房地产减值准备 | — | — | — | — | — |

6.4.1.3 固有业务股票投资、基金投资、债券投资、长期股权投资等情况

**公司固有业务投资情况**

单位:万元

| | 自营股票 | 基金 | 债券 | 长期股权投资 | 其他投资 | 合计 |
|---|---|---|---|---|---|---|
| 期初数 | 69 040.94 | — | — | 33 696.68 | 225 790.52 | 328 528.14 |
| 期末数 | 103.23 | — | — | 36 535.35 | 342 296.19 | 378 934.77 |

6.4.1.4 前五名自营长期股权投资企业情况

**公司自营长期股权投资企业情况**

| 企业名称 | 占被投资企业权益的比例(%) | 主要经营活动 | 投资收益(万元) |
|---|---|---|---|
| 新华基金管理有限公司 | 35.31 | 基金 | 2 906.91 |

6.4.1.5 前五名自营贷款企业情况

**公司自营贷款企业情况**

| 企业名称 | 占贷款总额的比例(%) | 还款情况 |
|---|---|---|
| 湖北盈科房地产开发有限公司 | 91.98 | 已逾期 |
| 佛山市南海区吉鸿房地产开发有限公司 | 8.02 | 正常 |

6.4.1.6 表外业务情况

**公司表外业务情况**

单位:万元

| 表外业务 | 期初数 | 期末数 |
|---|---|---|
| 担保业务 | — | — |
| 代理业务(委托业务) | 1 188.79 | 1 188.79 |
| 其他 | — | — |
| 合　计 | 1 188.79 | 1 188.79 |

6.4.1.7 公司当年的收入结构

**当年收入结构**

| 收入结构 | 金额(万元) | 占比(%) |
|---|---|---|
| 手续费及佣金收入 | 25 654.08 | 45.02 |
| 其中:信托手续费收入 | 25 654.08 | 45.02 |
| 投资银行业务收入 | — | — |
| 利息收入 | 195.57 | 0.34 |
| 其他业务收入 | 479.91 | 0.84 |
| 其中:计入信托业务收入部分 | — | — |

续表

| 收入结构 | 金额(万元) | 占比(%) |
|---|---|---|
| 投资收益 | 7 168.33 | 12.58 |
| 其中:股权投资收益 | 2 906.91 | 5.10 |
| 证券投资收益 | 4 261.42 | 7.48 |
| 其他投资收益 | — | — |
| 公允价值变动收益 | 22 745.39 | 39.92 |
| 营业外收入 | 740.80 | 1.30 |
| 收入合计 | 56 984.08 | 100.00 |

### 6.4.2 信托财产管理情况

6.4.2.1 信托资产的期初数、期末数

**公司信托资产的期初数和期末数**

单位:万元

| 信托资产 | 期初数 | 期末数 |
|---|---|---|
| 集合 | 2 783 913.65 | 2 597 515.41 |
| 单一 | 12 839 164.71 | 13 462 493.98 |
| 财产权 | 1 999 602.65 | 1 841 693.23 |
| 合　计 | 17 622 681.01 | 17 901 702.62 |

6.4.2.1.1 主动管理型信托资产

**公司主动管理型信托资产**

单位:万元

| 主动管理型信托资产 | 期初数 | 期末数 |
|---|---|---|
| 证券投资类 | 3 585.84 | — |
| 股权投资类 | 2 324 251.78 | 2 307 546.63 |
| 融资类 | 246 254.89 | 217 034.73 |
| 事务管理类 | 192 063.10 | 14 874.66 |
| 合计 | 2 766 155.61 | 2 539 456.02 |

6.4.2.1.2 被动管理型信托资产

**公司被动管理型信托资产**

单位:万元

| 被动管理型信托资产 | 期初数 | 期末数 |
|---|---|---|
| 证券投资类 | — | — |
| 股权投资类 | 6 045.26 | — |
| 融资类 | 6 369.79 | 4 508.72 |
| 事务管理类 | 14 844 110.35 | 15 357 737.88 |
| 合计 | 14 856 525.40 | 15 362 246.60 |

6.4.2.2 本年度已清算结束的信托项目情况

6.4.2.2.1 本年度已清算结束的集合类、单一类资金信托项目和财产管理类信托项目情况

**本年度已清算结束的集合类、单一类资金信托项目和财产管理类信托项目情况**

| 已清算结束的信托项目 | 项目个数(个) | 实收信托合计金额(万元) | 加权平均实际年化收益率(%) |
|---|---|---|---|
| 集合类 | 18 | 116 685.19 | 5.49 |
| 单一类 | 119 | 3 482 358.96 | 5.67 |
| 财产管理类 | 11 | 302 379.13 | 0.70 |

注:1. 收益率是指信托项目清算后,给受益人赚取的实际收益水平。

2. 加权平均实际年化收益率=(信托项目1的实际年化收益率×信托项目1的实收信托+信托项目2的实际年化收益率×信托项目2的实收信托+…+信托项目n的实际年化收益率×信托项目n的实收信托)/(信托项目1的实收信托+信托项目2的实收信托+…+信托项目n的实收信托)×100%。

6.4.2.2.2 本年度已清算结束的主动管理型信托项目情况

**本年度已清算结束的主动管理型信托项目情况**

| 已清算结束的信托项目 | 项目个数(个) | 实收信托合计金额(万元) | 加权平均实际年化信托报酬率(%) | 加权平均实际年化收益率(%) |
|---|---|---|---|---|
| 证券投资类 | 1 | 3 980.19 | 1.81 | 10.96 |
| 股权投资类 | 10 | 18 041.17 | 1.03 | 5.92 |
| 融资类 | 2 | 13 320.00 | 2.65 | 9.93 |
| 事务管理类 | 7 | 78 009.49 | 0.16 | 0.96 |

注:加权平均实际年化信托报酬率=(信托项目1的实际年化信托报酬率×信托项目1的实收信托+信托项目2的实际年化信托报酬率×信托项目2的实收信托+…+信托项目n的实际年化信托报酬率×信托项目n的实收信托)/(信托项目1的实收信托+信托项目2的实收信托+…+信托项目n的实收信托)×100%。

6.4.2.2.3 本年度已清算结束的被动管理型信托项目情况

**本年度已清算结束的被动管理型信托项目情况**

| 已清算结束的信托项目 | 项目个数(个) | 实收信托合计金额(万元) | 加权平均实际年化信托报酬率(%) | 加权平均实际年化收益率(%) |
|---|---|---|---|---|
| 证券投资类 | — | — | — | — |
| 股权投资类 | — | — | — | — |
| 融资类 | — | — | — | — |
| 事务管理类 | 128 | 3 788 072.43 | 0.23 | 5.36 |

6.4.2.3 本年度新增信托项目情况

**本年度新增信托项目情况**

| 新增信托项目 | 项目个数(个) | 实收信托合计金额(万元) |
|---|---|---|
| 集合类 | 2 | 53 249.71 |
| 单一类 | 175 | 6 976 207.37 |
| 财产管理类 | 7 | 512 919.00 |
| 新增合计 | 184 | 7 542 376.08 |
| 其中:主动管理型 | 9 | 23 156.83 |
| 被动管理型 | 175 | 7 519 219.25 |

注:本年新增信托项目指在本报告年度内累计新增的信托项目个数和金额,包含本年度新增并于本年度内结束的项目和本年度新增至报告期末仍在持续管理的信托项目。

6.4.2.4 公司履行受托人义务情况及因公司自身责任而导致的信托资产损失情况

无。

## 6.5 关联方关系及其交易的披露

### 6.5.1 关联交易方的数量、关联交易的总金额及关联交易的定价政策等

**公司关联交易方的数量、关联交易的总金额及关联交易的定价政策**

| | 关联交易方的数量 | 关联交易的金额(万元) | 定价政策 |
|---|---|---|---|
| 合计 | 1 | 150 504.07 | 按市场定价 |

注:关联交易定义应以《公司法》《企业会计准则第36号——关联方披露》有关规定为准。

6.5.2　关联交易方情况

关联交易方情况

| 关联性质 | 关联方名称 | 法定代表人 | 注册地址 | 注册资本（万元） | 主营业务 |
|---|---|---|---|---|---|
| 股东 | 新产业投资股份有限公司 | 翁先定 | 深圳市福田区振兴路3号建艺大厦17楼 | 190 000.00 | 投资兴办实业（具体项目另行申报）；投资咨询；工程咨询（凭工程咨询资质证书开展咨询业务）。 |

6.5.3　公司与关联方的重大交易事项

6.5.3.1　固有财产与关联方关联交易

公司固有财产与关联方关联交易情况

单位：万元

| | 固有财产与关联方关联交易 | | | |
|---|---|---|---|---|
| | 期初数 | 借方发生额 | 贷方发生额 | 期末数 |
| 贷款 | — | — | — | — |
| 投资 | — | — | — | — |
| 租赁 | — | — | — | — |
| 担保 | — | — | — | — |
| 应收账款 | 228.03 | 31.40 | — | 259.43 |
| 其他 | — | — | — | — |
| 合计 | 228.03 | 31.40 | — | 259.43 |

6.5.3.2　信托财产与关联方关联交易

无。

6.5.3.3　信托公司自有资金运用于自己管理的信托项目（固信交易）、信托公司管理的信托项目之间的相互交易（信信交易）金额

6.5.3.3.1　固有财产与信托财产相互交易情况

公司固有财产与信托财产相互交易情况

单位：万元

| | 固有财产与信托财产相互交易 | | |
|---|---|---|---|
| | 期初数 | 本期发生额 | 期末数 |
| 合　计 | 231 470.45 | 126 926.36 | 358 396.81 |

注：以固有资金投资公司自己管理的信托项目受益权，或购买自己管理的信托项目的信托资产均应纳入统计披露范围 。

6.5.3.3.2　信托资产与信托财产相互交易情况

公司信托资产与信托财产相互交易情况

单位：万元

| | 信托资产与信托财产相互交易 | | |
|---|---|---|---|
| | 期初数 | 本期发生额 | 期末数 |
| 合　计 | 309 533.14 | 23 546.31 | 285 986.83 |

注：以公司受托管理的一个信托项目的资金购买自己管理的另一个信托项目的受益权或信托项下资产均应纳入统计披露范围。

**6.5.4　逐笔披露关联方逾期未偿还本公司资金的详细情况以及公司为关联方担保发生或即将发生垫款的详细情况**

无。

## 6.6　会计制度的披露

固有业务（自营业务）、信托业务执行会计制度的名称及颁布的年份。

公司固有业务执行2006年颁布的《企业会计准则》。

公司于2014年7月1日起执行下述财政部新修订或颁布的企业会计准则：《企业会计准则第2号——长期股权投资》《企业会计准则第9号——职工薪酬》《企业会计准则第30号——财务报表列报》《企业会计准则第33号——合并财务报表》《企业会计准则第39号——公允价值计量》《企业会计准则第40号——合营安排》《企业会计准则第41号——在其他主体中权益的披露》。

公司于2017年起执行下述财政部新修订或颁布的企业会计准则：《企业会计准则第42号——持有待售的非流动资产、处置组和终止经营》《企业会计准则第16号——政府补助》《财政部关于修订印发一般企业财务报表格式的通知》。

# 7. 财务情况说明书

## 7.1　利润实现和分配情况

利润实现和分配情况

单位：万元

| 项　目 | 本年数 | 上年数 |
|---|---|---|
| 本年净利润 | 5 847.42 | 10 902.70 |
| 加：年初未分配利润 | 12 414.75 | 4 140.44 |
| 可供分配的利润 | 18 262.17 | 15 043.14 |
| 减：提取法定盈余公积 | 584.74 | 1 090.27 |
| 提取信托赔偿准备金 | — | — |
| 提取一般准备金 | 2 369.08 | 1 538.12 |
| 提取职工奖励及福利基金 | — | — |
| 提取储备基金 | — | — |
| 提取企业发展基金 | — | — |
| 利润归还投资 | — | — |
| 可供投资者分配的利润 | 15 308.35 | 12 414.75 |
| 减：应付优先股股利 | — | — |
| 提取任意盈余公积 | — | — |
| 股利分配 | — | — |
| 未分配利润转增股本 | — | — |
| 年末未分配利润 | 15 308.35 | 12 414.75 |

## 7.2　主要财务指标

| 指标名称 | 指标值 |
|---|---|
| 资本利润率（%） | 0.98 |
| 加权年化信托报酬率（%） | 0.31 |
| 人均净利润（万元） | 36.32 |

注：1. 资本利润率＝净利润/所有者权益平均余额×100%。

2. 加权年化信托报酬率＝（信托项目1的实际年化信托报酬率×信托项目1的实收信托＋信托项目2的实际年化信托报酬率×信托项目2的实收信托＋…＋信托项目 $n$ 的实际年化信托报酬率×信托项目 $n$ 的实收信托）/（信托项目1的实收信托＋信托项目2的实收信托＋…＋信托项目 $n$ 的实收信托）×100%。

3. 人均净利润＝净利润/年平均人数。

4. 平均值采取年初、年末余额简单平均法，公式为：a（平均）＝（年初数＋年末数）/2。

## 7.3　对公司财务状况、经营成果有重大影响的其他事项

无。

### 7.4 公司净资本情况

| 指标名称 | 期末余额 | 监管标准 |
|---|---|---|
| 净资本(万元) | 363 759.31 | ≥2 亿元 |
| 各项业务风险资本之和(万元) | 181 825.81 | — |
| 净资本/各项业务风险资本之和(%) | 200.06 | ≥100 |
| 净资本/净资产(%) | 61.18 | ≥40 |

## 8. 特别事项简要揭示

### 8.1 前五名股东报告期内变动情况及原因

无。

报告期末，公司各股东持股情况如下：

| 股东名称 | 股份份额(股) | 股份比例(%) |
|---|---|---|
| 上海珊瑚礁信息系统有限公司 | 1 680 000 000 | 40.00 |
| 上海纪辉资产管理有限公司 | 900 000 000 | 21.43 |
| 新产业投资股份有限公司 | 727 812 462 | 17.33 |
| 北京宏达信资产经营有限公司 | 420 000 000 | 10.00 |
| 人和投资控股股份有限公司 | 238 185 938 | 5.67 |
| 巴克莱银行有限公司(Barclays Bank PLC) | 234 001 600 | 5.57 |
| 合计 | 4 200 000 000 | 100.00 |

### 8.2 董事、监事及高级管理人员变动情况及原因

#### 8.2.1 董事变动情况

无。

报告期末，公司董事会由李桂林(董事长)、项琥、李春莉、吴军安、金洪伟、魏相永、张玉敏(独立董事)、汪方军(独立董事)、黄志亮(独立董事)组成。

#### 8.2.2 监事变动情况

无。

报告期末，公司监事会由刘建良(监事会主席、员工监事)、肖磊(员工监事)、王永卫、郑福成、田爱学组成。

#### 8.2.3 高级管理层变动情况

无。

### 8.3 公司的重大诉讼事项

#### 8.3.1 本年度重大未决诉讼事项

本年度重大未决诉讼事项共计 2 项，其中涉及信托业务的诉讼 2 项，起诉案件 1 个，被诉案件 1 个。

| 序号 | 案件名称 | 诉讼类别 | 发生时间 | 涉诉金额(万元) | 原告 | 被告 |
|---|---|---|---|---|---|---|
| 1 | 新华信托诉松原市博翔房地产开发有限公司债权人执行异议案 | 信托业务 | 2017 年 2 月 | 20 000 | 新华信托 | 华宇广泰、乔东辉、姜秀华、邓红梅等。 |
| 2 | 江阴市金凤凰投资有限公司诉新华信托营业信托纠纷案 | 信托业务 | 2017 年 10 月 | 4 476 | 江阴市金凤凰投资有限公司 | 新华信托 |

#### 8.3.2 以前年度发生，于本报告年度终结的重大诉讼事项

以前年度发生，于本报告年度终结的重大诉讼事项 1 项，涉及信托业务诉讼 1 项，被诉案件 1 个。

| 序号 | 案件名称 | 诉讼类别 | 发生时间 | 涉诉金额(万元) | 原告 | 被告 | 审理情况 |
|---|---|---|---|---|---|---|---|
| 1 | 李洪伟诉新华信托营业信托纠纷案 | 信托业务 | 2017 年 3 月 | 6 850 | 李洪伟 | 新华信托 | 二审驳回李洪伟上诉，维持原判。 |

#### 8.3.3 本年度发生并于本年度终结的诉讼事项

本年度发生并于本年度终结的诉讼事项共 1 项，涉及信托业务 1 项，被诉案件 1 个。

| 序号 | 案件名称 | 诉讼类别 | 发生时间 | 涉诉金额(万元) | 原告 | 被告 | 审理情况 |
|---|---|---|---|---|---|---|---|
| 1 | 新华信托诉偃师中迈置业发展有限公司、河南中迈集团有限公司、河南中迈东方重工集团有限公司、洛阳中迈置业有限公司、曹相春借款纠纷案 | 信托业务 | 2018 年 1 月 | 24 150 | 新华信托 | 偃师中迈置业发展有限公司、河南中迈集团有限公司、河南中迈东方重工集团有限公司、洛阳中迈置业有限公司、曹相春 | 和解结案。 |

### 8.4 对会计师事务所出具的有保留意见、否定意见或无法表示意见的审计报告的，公司董事会应就所涉及事项作出说明

无。

### 8.5 公司及其董事、监事和高级管理人员受到处罚的情况

报告期内，公司董事、监事及高级管理人员勤勉履职，未发生公司及董事、监事和高级管理人员受到中国银保监会或相关部门处罚的情况。

### 8.6 公司对银保监会及其派出机构整改意见的整改情况

报告期内，重庆银保监局对公司法人治理、经营管理、业务开展及落实监管要求情况进行了提示，公司已按照监管意见或要求逐笔开展整改工作。

### 8.7 公司重大事项临时报告的简要内容

无。

### 8.8 社会责任履行情况

#### 8.8.1 企业公民职责履行

公益事业是扶危济困、凝聚人心、增强正能量的事业。2018 年，新华信托继续秉承“回报社会、服务社会”的理念，不断探索公益新模式，按照“专业化、品牌化”的运作思路，通过“慈善信托＋明天公益基金会”两大平台持续推进慈善公益发展，走出了一条具有自身特色的慈善之路，不断成长为一家有社会责任，不断回馈社会、传递爱心的金融企业。

8.8.1.1 开展了系列品牌公益活动

公司与重庆团市委合作开展“少年英才”公益项目，对重庆市范围内100余名品学兼优的贫困学子进行资助，该项目为期5年，目前已经开展了两年，通过发放书籍、组织夏令营、冬令营活动，推动公司中高层员工与受助青少年结成“一对一”帮扶等，帮助贫困青少年开拓眼界、增强自信、培养自尊自信的良好品格。

公司与重庆市检察院合作开展“青春再出发—涉案未成年人帮教与维权公益项目”，对社会关注度较高涉案青少年开展帮助与维权，帮助他们重新回归社会，充分体现司法温情及社会责任。该项目2017年首期启动后，在重庆主城六区检察院进行试点，2018年8月该项目进入第二期实施阶段。项目合作范围由试点阶段6个检察院扩大至全市4个检察分院和26个基层检察院，覆盖全部主城区及17个区县；合作社会组织由试点的5家增加至28家；项目服务内容进一步延伸至社会调查、合适成年人到场、亲职教育、临界预防、训诫教育等。

公司与重庆团市委、重庆国学院合作开展“国学经典·薪火传承”扶贫助学公益项目，为101名热爱国学的贫困学子提供资助，并连续两年举办“重庆青少年公益国学夏令营”，在青少年中弘扬优秀传统文化。

公司与重庆团市委、重庆国学院合作开展“国学润乡土”教育扶贫公益项目。2018年12月，重庆明天公益基金会联合共青团重庆市委、重庆国学院共同开展了“国学润乡土”教育扶贫公益项目，该公益项目旨在提升贫困乡村小学语文教师的国学素养、知识储备和授课能力，培育一批国学志愿教师，帮助贫困地区乡村小学学生启蒙国学知识，传播、继承和发扬中华传统文化。

8.8.1.2 慈善信托

继2017年重庆市第一单慈善信托——新华信托·华恩1号成功落地并取得民政备案以来，新华信托继续努力开展慈善信托业务，经过不断努力与多方沟通协调，2018年成功设立了3笔慈善信托，分别为华恩5号西藏民族教育扶贫慈善信托（以下简称华恩5号）、华恩6号西部生态扶贫慈善信托（以下简称华恩6号）和华恩8号重庆青年志愿服务组织精准帮扶慈善信托（以下简称华恩8号）。

上述慈善信托各具特色，华恩5号与重庆市慈善总会合作，投向民族教育事业，华恩6号响应国家生态环境建设和扶贫政策，支持西部贫困地区荒山造林，帮助山区农民增收、实现绿色脱贫梦；华恩8号则是与重庆市青年志愿服务基金会合作，成立全国首家支持公益组织建设的慈善信托，为重庆市志愿服务组织搭建平台。

企业发展离不开社会，回报社会是一家金融机构应尽的社会责任，创立之初，新华信托就积极投入公益事业，坚持不懈地履行社会责任，捐资助学、扶贫济困、抗震救灾、支持文化体育等公益事业。未来，新华信托将一如既往地秉承“回馈社会、服务社会”的公益之心，传播公益文化理念，打造公益服务平台，在践行企业社会责任之路上不断前行。

**8.8.2 消费者权益保护**

公司为进一步提高消费者权益保护工作水平，在遵照监管要求基础上，结合公司实际，认真贯彻执行消费者权益保护各项措施，持续深入开展消费者权益保护工作。一方面做好消费者权益保护的规定动作和日常工作；另一方面公司积极整改落实，加强公司及全员的重视程度，齐心协力进一步夯实基础。

2018年，公司通过召开消费者权益保护委员会，制定年度消费者权益保护工作计划，多次开展系列宣传活动，对2017年消费者权益保护考评结果进行整改补短板，将消费者权益保护纳入公司综合绩效考评并开展两次考核工作，开展消费者权益保护征文活动、开展消费者权益保护培训及考试，对客户投诉处理流程进行自查并提出整改方案、宣导宏观监管政策、开展2018年消费者权益保护自评、搭建金融消费者投诉分类统计与编码等11个方面的工作，全面提升公司的消费者权益保护水平。

## 8.9 银保监会及其派出机构认定的其他有必要让客户及相关利益人了解的重要信息

2018年10月22日，根据北京市高级人民法院《协助执行通知书》［（2018）京民初169号］，该院对原告厦门麟真贸易有限公司诉被告人和投资控股股份有限公司股权转让纠纷一案的民事裁定书已经发生法律效力，根据《中华人民共和国民事诉讼法》相关规定：冻结人和投资控股股份有限公司持有的新华信托股份有限公司股份238 185 938股（人和投资控股股份有限公司共计持有公司238 185 938股，占5.67%）；冻结期限为3年，自2018年10月22日起至2021年10月21日止；在本案审理期间至执行程序终结前，未经该院准许，被冻结或查封的财产，不得转移、变卖，不得设定抵押担保等权利负担，不得转让过户或进行其他任何形式的变更。

2019年1月17日，根据北京市高级人民法院《民事裁定书》［（2018）京民初169号之一］《民事裁定书》［（2018）京民初169号之二］，因原告厦门麟真贸易有限公司撤回对人和投资控股股份有限公司的起诉，并解除对人和投资控股股份有限公司采取的全部财产保全措施。据此，上述股权冻结事项终结。

# 9. 公司监事会意见

公司依法经营，决策程序符合法律法规和公司章程等有关规定，公司董事、总经理等高级管理人员履行职责时，尚未发现有违法和故意损害公司利益的行为。

本年度财务报告真实反映了公司的财务状况及经营成果；本年度财务报告已经大信会计师事务所（特殊普通合伙）根据中国注册会计师独立审计准则审计，并出具了无保留意见的审计报告。

# 新时代信托股份有限公司

## 1. 重要提示

1.1　本公司董事会及董事保证本报告所载资料不存在任何虚假记载、误导性陈述或者重大遗漏，对其内容的真实性、准确性和完整性承担个别及连带责任。

1.2　公司董事长赵利民先生、主管会计工作负责人闫锋先生及会计机构（自营）负责人张美荣女士、会计机构（信托）负责人常永丽女士声明：保证年度报告中财务报告的真实、完整。

## 2. 公司概况

### 2.1　公司简介

新时代信托股份有限公司前身为包头市信托投资公司，初创于1987年，2003年12月，经中国银行业监督管理委员会核准重新登记并更名为新时代信托投资股份有限公司，2009年6月，经中国银行业监督管理委员会批复，公司名称变更为新时代信托股份有限公司并变更公司业务范围，目前注册资本金为60亿元。

公司以"为客户创造价值"为使命，坚持"抱诚守拙，谨行致远"的核心理念，积极拓展以资产管理业务为基础，以资金信托和投资银行业务为两翼的业务架构，为投资者提供全面、优质的理财服务。

2.1.1　公司法定中文名称：新时代信托股份有限公司
公司法定中文名称缩写：新时代信托
公司法定英文名称：New Times Trust Co. ,Ltd.
公司法定英文名称缩写：NTTC

2.1.2　公司法定代表人：赵利民

2.1.3　公司注册地址：内蒙古包头市钢铁大街甲5号信托金融大楼
公司邮政编码：014030
公司国际互联网网址：www. xsdxt. com
公司电子邮箱：xsdxt@ xsdxt. com

2.1.4　公司负责信息披露事务人：陈永利
联系电话：0472-6969996
传真电话：0472-6969996
电子邮箱：chenyongli@ xsdxt. com

2.1.5　公司选定的信息披露报刊：《证券日报》
公司年报报告备置地点：内蒙古包头市钢铁大街甲5号信托金融大楼

2.1.6　公司聘请的会计师事务所名称：大信会计师事务所
办公地址：北京市海淀区知春路一号学院国际大厦15层
公司聘请的律师事务所名称：内蒙古炳鸿律师事务所
办公地址：包头市青山区恒源银座25层

### 2.2　组织结构

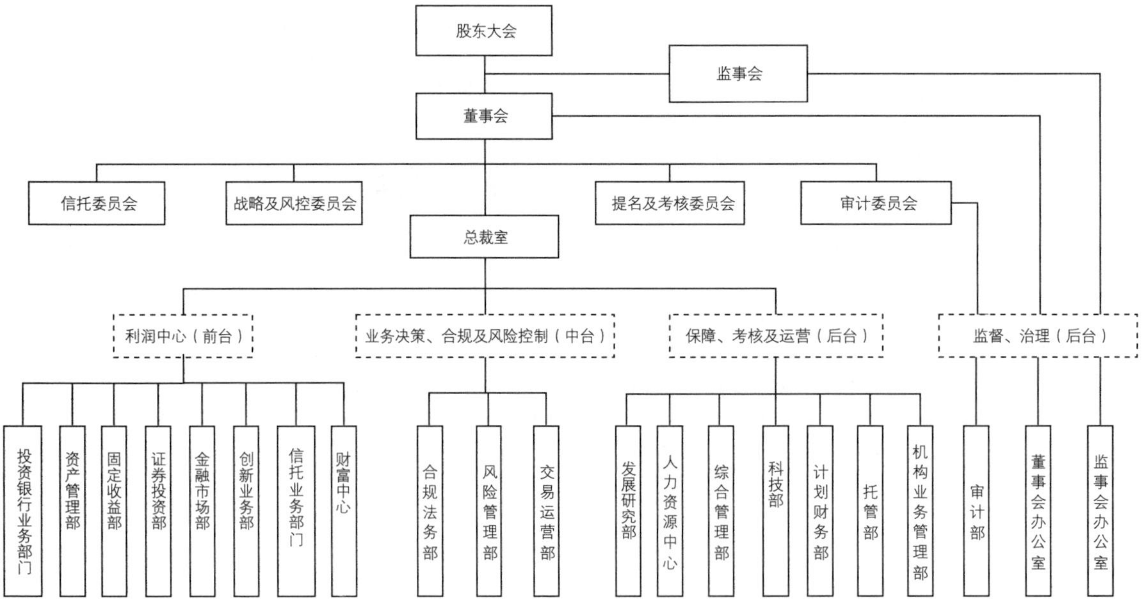

# 3. 公司治理

## 3.1 股东情况

报告期末新时代信托股份有限公司股份总数共计60亿股,共有4家股东。

| 股东名称 | 持股比例(%) | 法人代表 | 注册资本(万元) | 注册地址 | 主要经营业务 |
|---|---|---|---|---|---|
| 新时代远景(北京)投资有限公司 | 58.54 | 赵利民 | 355 000 | 北京市朝阳区东三环北路38号3号楼2309室 | 项目投资、投资管理、投资咨询。 |
| 上海人广实业发展有限公司 | 24.39 | 郭庆明 | 185 000 | 上海市浦东新区长青路92号306室 | 计算机软硬件开发、投资咨询、园林绿化,室内装潢及设计、国内贸易。 |
| 潍坊科微投资有限公司 | 14.63 | 张辉 | 77 500 | 潍坊高新技术开发区华都写字楼909室 | 以企业自有资金对外投资(未经金融监管部门批准,不得从事吸收存款、融资担保、代客理财等金融业务);财务顾问(依法须经批准的项目,经相关部门批准后方可开展经营活动) |
| 包头市鑫鼎盛贸易有限责任公司 | 2.44 | 王三平 | 30 000 | 内蒙古自治区包头稀土高新区幸福南路41号(天龙商务写字楼704室) | 稀土产品、化工产品、钢材、建材、计算机软、硬件及外围设备、配料、办公设备的销售。 |

## 3.2 董事

董事长、副董事长、董事

| 姓名 | 职务 | 性别 | 年龄(岁) | 选任日期 | 所推举的股东 | 该股东持股比例(%) | 简要履历 |
|---|---|---|---|---|---|---|---|
| 赵利民 | 董事长 | 男 | 55 | 2015年4月 | 高管董事 | | 曾在天津大港石化公司、新时代证券有限责任公司等机构任职。 |
| 李树新 | 副董事长 | 女 | 51 | 2015年4月 | 高管董事 | | 曾在人民银行包头市中心支行等机构任职。 |
| 陈祥盛 | 董事 | 男 | 42 | 2015年4月 | 高管董事 | | 曾在北京林业大学外语学院任职。 |
| 于 雷 | 董事 | 男 | 42 | 2015年4月 | 新时代远景(北京)投资有限公司 | 58.54 | 曾在天健正信会计师事务所任职;现任新时代远景(北京)投资有限公司推举董事。 |
| 丹常彤 | 董事 | 男 | 52 | 2015年4月 | 上海人广实业发展有限公司 | 24.39 | 曾在北京优仕行技术咨询有限公司任职;现任上海人广实业发展有限公司推举董事。 |
| 向开润 | 董事 | 男 | 35 | 2015年4月 | 潍坊科微投资有限公司 | 14.63 | 曾在宝钢集团北方公司、天相投资顾问有限公司任职;现任潍坊科微投资有限公司推举董事。 |

独立董事

| 姓名 | 所在单位及职务 | 性别 | 年龄(岁) | 选任日期 | 所推举的股东 | 该股东持股比例(%) | 简要履历 |
|---|---|---|---|---|---|---|---|
| 潘慧峰 | 对外经济贸易大学教授 | 男 | 44 | 2017年12月 | 无 | | 现在对外经济贸易大学任教。 |
| 徐 勇 | 深圳市汉华投资有限公司总裁 | 男 | 41 | 2017年12月 | 无 | | 曾在中科创金融控股集团有限公司任职。 |
| 吴振平 | 北京市金励律师事务所主任、律师 | 男 | 51 | 2017年12月 | 无 | | 曾在内蒙古大学任教、北京市普华律师事务所任职。 |

注:公司股东大会已同意聘任潘慧峰先生、徐勇先生、吴振平先生为董事会独立董事,目前3人任职资格正处于监管部门审批中。

## 3.3 监事

| 姓名 | 职务 | 性别 | 年龄(岁) | 选任日期 | 所推举的股东名称 | 该股东持股比例(%) | 简要履历 |
|---|---|---|---|---|---|---|---|
| 胡宇峰 | 监事长 | 男 | 56 | 2015年4月 | 新时代远景(北京)投资有限公司 | 58.54 | 曾在中国兵器工业五二研究所、《证券日报》内蒙古记者站任职。 |
| 申 洋 | 监事 | 女 | 35 | 2015年4月 | 包头市鑫鼎盛贸易有限责任公司 | 2.44 | 现在包头市鑫鼎盛贸易有限责任公司任职。 |
| 张红权 | 监事 | 男 | 50 | 2015年4月 | 职工代表 | | 曾在包头绿远控股有限公司任职;现在公司人力资源中心工作。 |

### 3.4 高级管理人员

| 姓名 | 职务 | 性别 | 年龄（岁） | 选任日期 | 从业年限（年） | 学历 | 专业 | 简要履历 |
|---|---|---|---|---|---|---|---|---|
| 陈祥盛 | 总裁 | 男 | 42 | 2015 年 3 月 | 14 | 硕士 | 经济管理 | 曾在北京林业大学外语学院任职。 |
| 闫　锋 | 副总裁 | 男 | 44 | 2013 年 8 月 | 22 | 本科 | 金融 | 曾在内蒙古网通计算机有限责任公司任职。 |
| 边风杰 | 副总裁 | 男 | 53 | 2009 年 3 月 | 28 | 硕士 | 商业经济 | 曾在工商银行包头分行任职。 |
| 李永丰 | 总裁助理 | 男 | 47 | 2011 年 9 月 | 23 | 本科 | 数学 | 曾在海口市建设银行、海南港澳国际信托投资有限公司、中银国际证券、新时代证券等机构任职。 |
| 陈永明 | 总裁助理 | 男 | 56 | 2012 年 7 月 | 31 | 本科 | 金融 | 曾在内蒙古师范大学财务处、华宸信托有限责任公司任职。 |
| 崔延辉 | 总裁助理 | 男 | 41 | 2013 年 8 月 | 18 | 硕士 | 工商管理 | 曾在北京元恒时代科技有限公司、新时代信托股份有限公司任职 |
| 徐　建 | 首席信息官 | 男 | 46 | 2016 年 9 月 | 21 | 本科 | 水利工程 | 曾在北京罗格因科技发展有限公司、北京远龙阳光科技有限公司任职 |

### 3.5 公司员工

| 项目 | | 2018 年度 | | 2017 年度 | | 2016 年度 | |
|---|---|---|---|---|---|---|---|
| | | 人数（人） | 比例（%） | 人数（人） | 比例（%） | 人数（人） | 比例（%） |
| 年龄分布 | 20 岁以下 | — | — | — | — | — | — |
| | 20～29 岁 | 49 | 21 | 60 | 25.64 | 83 | 33.74 |
| | 30～39 岁 | 117 | 50 | 101 | 43.16 | 95 | 38.62 |
| | 40 岁以上 | 69 | 29 | 73 | 31.20 | 68 | 27.64 |
| 学历分布 | 博士 | — | — | 3 | 1.28 | 4 | 1.63 |
| | 硕士 | 38 | 16 | 52 | 22.22 | 63 | 25.61 |
| | 本科 | 145 | 62 | 137 | 58.55 | 138 | 56.10 |
| | 专科 | 43 | 18 | 34 | 14.53 | 31 | 12.60 |
| | 其他 | 9 | 4 | 8 | 3.42 | 10 | 4.06 |
| 岗位分布 | 董事、监事及其高管人员 | 11 | 5 | 14 | 5.98 | 15 | 6.10 |
| | 自营业务人员 | 5 | 2 | 4 | 1.71 | 4 | 1.63 |
| | 信托业务人员 | 118 | 50 | 112 | 47.86 | 115 | 46.75 |
| | 其他人员 | 101 | 43 | 104 | 44.45 | 112 | 45.52 |

## 4. 经营管理

### 4.1 经营目标、经营方针、战略规划

#### 4.1.1 核心理念

抱诚守拙：信托公司是经营信用的机构，诚信当为经营的第一要义。坚守受益人利益最大化的原则，并追求股东稳定的回报，是信托业不可逾越、不可取巧的拙朴之道。

谨行致远：唯有审慎稳健，持续加强基础管理、质量管理、合规管理和风险管理；唯有前瞻性的决策和判断，我们才能更远更久，历经风雨而基业长青。

#### 4.1.2 经营方针

合规经营，管控风险：依法合规是公司经营活动的前提和宗旨，管控风险贯穿于经营活动的全过程。

有效激励，稳健发展：以卓有成效的绩效考核和薪酬体系激励员工和团队的积极性、创造性。公司更加追求的是快速增长和可持续发展之间的均衡状态。

#### 4.1.3 战略规划

公司在 2018 年制定了 3 年期发展规划。规划明确 2018—2020 年新时代信托将顺应国家经济结构调整趋势，顺应监管政策要求，回归信托本源，做好风险防控，以差异化的定位和专业化的能力拓展公司业务范围，保证公司在未来竞争中能够保持优势。公司将坚持以信托作为主业的定位，围绕财富管理、资产管理、业务创新等领域，根据自身资源禀赋、人力资源结构以及风险偏好特征，确立自身的转型方向和定位，并在部分领域取得相对优势。

### 4.2 所经营业务的主要内容

**自营资产运用与分布表**

| 资产运用 | 金额（万元） | 占比（%） | 资产分布 | 金额（万元） | 占比（%） |
|---|---|---|---|---|---|
| 货币资金 | 63 558.99 | 5.52 | 金融 | 801 888.99 | 69.70 |
| 应收账款 | 22 964.04 | 2.00 | 证券 | 49 636.92 | 4.31 |
| 贷款 | — | — | 实业 | 71 444.04 | 6.21 |
| 以公允价值计量且其变动计入当期损益的金融资产 | 1 136.63 | 0.10 | 其他 | 227 562.78 | 19.78 |
| 可供出售金融资产 | 827 510.29 | 71.92 | | | |
| 固定资产（投资性房地产） | 9 301.99 | 0.81 | | | |
| 其他资产 | 226 060.79 | 19.65 | | | |
| 合计 | 1 150 532.73 | 100.00 | | 1 150 532.73 | 100.00 |

信托资产运用与分布表

| 资产运用 | 金额(万元) | 占比(%) | 资产分布 | 金额(万元) | 占比(%) |
|---|---|---|---|---|---|
| 货币资产 | 63 159.28 | 0.18 | 基础产业 | — | — |
| 贷款及应收款 | 2 739 911.16 | 7.76 | 房地产 | 147 420.00 | 0.42 |
| 交易性金融资产 | 1 323 371.61 | 3.75 | 证券 | — | — |
| 可供出售金融资产投资 | — | — | 实业 | 33 259 269.51 | 94.19 |
| 持有至到期投资 | 22 243 152.75 | 62.99 | 金融机构 | 300.00 | — |
| 长期股权投资 | 72 076.00 | 0.20 | 其他 | 581 961.26 | 1.64 |
| 买入返售金融资产 | — | — | 债券 | 1 323 371.61 | 3.75 |
| 其他 | 8 870 651.58 | 25.12 | 基金 | — | — |
| 资产总计 | 35 312 322.38 | 100.00 | 资产总计 | 35 312 322.38 | 100.00 |

## 4.3 市场分析

### 4.3.1 影响公司发展的有利因素

从全球范围内对比来看,我国经济依然处于较高速增长阶段,居民财富规模继续扩大,投资理财需求更加旺盛,推动资产管理市场持续保持快速发展。

资管新规的颁布及信托相关法律法规修订工作的启动,将进一步促进信托业由粗放式发展转向高质量发展,为信托业今后发展奠定基础。

公司组织结构合理,人力资源结构符合业务开展需求,品牌知名度提升、资本实力雄厚、净资本远高于监管要求,为公司发展提供有力支持,公司在产品创新、新业务拓展等方面能力不断加强,推动公司继续保持稳步发展。

### 4.3.2 影响公司发展的不利因素

我国经济依然面临较大的下行压力,外部环境严峻复杂,充满不确定性,金融行业如何更好地服务于实体经济,实现高质量发展,仍是需不断探索的课题。

回归信托本源,加速市场化转型,加快创新业务落地,将是行业发展重点,对信托公司项目研发能力、筛选能力、风险控制能力等提出了更高的要求,这也将推动公司继续致力于综合能力的提升。

## 4.4 风险管理

### 4.4.1 风险管理概况

风险管理能力是决定信托公司能否健康发展的重要指标,公司风险管理工作遵循全面性、持续性、前瞻性、审慎性、独立性和一致性原则,通过风险制度建设、风险文化教育、风险管理流程设置、风险处置预案及应对、风险管理指标体系设立等措施,全面有效地识别风险、防范风险、控制风险、化解风险,保证公司的良性发展。

4.4.1.1 公司风险管理的组织结构和职责划分

董事会是公司风险管理的最高决策机构,负责全面监督、指导公司风险管理工作,负责确定风险管理战略、政策和程序,对公司风险管理负有最终责任。

战略及风控委员会负责对公司长期发展战略规划、重大战略性投资进行可行性研究,负责全面监督、指导公司风险管理工作,检查公司管理层贯彻和执行董事会确立的风险取向和管理战略的情况,并根据董事会授权进行业务决策的常设机构,对公司董事会负责。

审计委员会专门负责对公司财务活动及其有关经济活动的真实、合法、合规、准确和效益依法审计、拟定内部监督活动方案,指导审计部门实施稽核审计。其主要职责是:对公司董事、总裁及高级管理人员履行职务时,执行法规或公司章程的行为进行监督;制定、检查、指导、评价内部审计部门的职责、要求、实施目标;审定、拟定公司有关重大事项的提审方案及审计政策;审查公司年度工作计划;聘请外部注册会计师进行审计;定期与内部审计部门负责人会面并交换意见。

业务决策及风控委员会主要职责是建立包括风险管理流程、风险处理方案等完善的风险管理架构和风险管理体系;建立有效的内部控制报告和纠正机制,对发现的内部控制问题,均有畅通的报告渠道和有效的纠正措施。根据《公司授权管理制度》对公司经营范围内的业务出具风险控制审查意见,揭示风险水平,并进行审核和决策;对正在实施项目的投资运用等事项跟踪,进行定期或不定期的检查、监督,在充分了解风险控制相关信息的基础上,提出整改意见和措施,并监督执行;评审各项业务管理制度、办法及信托新产品开发方案及操作规程;对提交业务决策及风控委员会的公司经营范围内的各类业务进行审议、决策;对业务发展战略的落实、信托项目的实施及相关管理制度的执行情况等重要事项进行分析和评价;指导各业务部门树立客观科学的投资理念,明确合理科学的发展方向和业务重点,建立高效可靠的内部决策系统;决定信托项目授权、信托资金和自有资金运作授权等事项,在授权范围内由有关部门自行决定,超出授权范围提交董事会审议;决定禁止的业务及投资事项;董事会委托的其他风险管理和重大投资事项。

公司管理层是依照董事会拟定的公司风险管理战略、政策和程序,负责确定公司风险管理制度。

合规法务部、风险管理部作为合规管理和风险管理的专职部门,其主要职责是负责制定公司各类业务的合同文本以及风险管理过程中需要的相关文件;起草公司风险管理政策、制度及业务操作流程;负责各类项目的综合风险审核与评估;监督各业务部门风险管理工作的执行情况;定期安排和实施项目中后期检查;识别和评估新产品、新业务中包含的风险因素,制定相应的操作和风险管理程序;向公司管理层和业务决策及风控委员会及时提交风险管理报告;负责公司法律事务方面的处理工作。

公司各业务部门根据业务流程标准对项目进行初审与评价,开展尽职调查,充分调查了解开展业务中包含的各类风险因素,落实各项风险控制措施,监督业务运行情况,直接负责业务的过程管理。

审计部是独立于业务部门以外的监督部门,其主要职责是检查公司各部门执行国家有关法律法规和金融政策的情况;检查公司各部门执行公司各项规章制度及内部监控程序的情况;稽查资金营运的情况及其经营效益;稽查财务收支的合法性、合理性;受理并调查公司内部的违规、违法事件并向公司审计委员会报告;审计委员会授权稽核的其他事项。

4.4.1.2 公司风险管理的基本原则和政策

公司风险管理坚持全面性、持续性、前瞻性、审慎性、独立性和一致性的原则。风险管理涵盖公司的各项业务、各个部门和各级人员，渗透到决策、执行、监督、反馈各个环节；风险管理是一项长期持续性工作，贯穿于公司整个存续期；风险管理工作要做到与时俱进的同时需要进行风险预判，提前发现风险隐患，提前制定应对方案；风险管理的核心是有效防范风险，风险管理以审慎经营为各项工作的出发点；公司各专业委员会、风险管理部门具有相对独立性，对各部门业务风险评估、风险检查不受非正常因素干扰；公司风险管理制度是按照国家有关法律、法规、监管机关的政策要求，结合公司实际制定的，具有权威性、有效性，是所有员工严格遵守的行动指南，执行风险控制制度不存在例外情况，任何人不得拥有超越制度或违反规章的权力。

公司风险管理主要是由内部规章、组织架构、授权制度、技术手段以及稽核与事后评价等部分组成，形成研究、决策、操作、稽核与评价相互制衡的风险管理机制。并通过事前、事中、事后控制三者结合进行综合防范，其中尤其强调过程控制，使公司在出现风险苗头后能够立即作出反应，并采取有效措施进行控制。

4.4.1.3　经营活动中可能遇到的风险

公司在经营活动中可能遇到的风险包括信用风险、市场风险、操作风险、洗钱风险、政策风险、经营风险和道德风险。无论是自营业务活动还是信托业务活动，都有产生上述风险的可能性。

**4.4.2　风险状况**

4.4.2.1　信用风险状况

信用风险主要表现为信托业务交易对手的信用状况，资金往来的信用风险等。交易对手及其担保人根据自身的经营状况，结合各类外部因素，综合而成的影响其还款能力或担保能力的风险。

4.4.2.2　市场风险状况

市场风险主要表现为一是信托业所涉及的货币、资本、实业三大领域，其各自受政策、市场规律等因素影响所形成的波动风险；二是受其他金融机构激烈竞争与挤压，导致公司市场环境与客户资源恶化的风险。

4.4.2.3　操作风险状况

操作风险主要表现在公司内部人员在处理信托业务过程中因操作失误而出现的风险。

4.4.2.4　洗钱风险状况

洗钱风险主要表现为是否将毒品犯罪、黑社会性质的组织犯罪、恐怖活动犯罪、走私犯罪、贪污贿赂犯罪、破坏金融管理秩序犯罪、金融诈骗犯罪等犯罪所得及收益，通过各种手段隐瞒或掩饰其性质和来源，进入信托公司使其合法化的行为及过程。

4.4.2.5　其他风险状况

4.4.2.5.1　政策风险状况

政策风险主要表现为宏观政策以及监管政策的变动对公司经营环境和发展所造成的风险。

4.4.2.5.2　经营风险状况

经营风险主要表现为在经营过程中因管理与经营能力造成的风险。

4.4.2.5.3　道德风险状况

道德风险主要表现为公司内部人员是否诚信经营、恪尽职守的道德风险。

**4.4.3　风险管理**

4.4.3.1　信用风险管理

对于信用风险的防范，公司主要是通过对交易对手的信用调查，合规法务部、风险管理部以及业务决策及风控委员会对项目的审核、信托项目抵押、质押、保证担保等条款的科学设计等来进行风险事前防范；通过项目实施过程中的业务跟踪以及资产分类评级来进行风险事中控制；通过项目结束后的稽查与评价进行事后控制。在防范银行和券商信用风险方面，公司制定系列选择标准，选择实力雄厚、信誉卓著、业绩优良的金融机构作为合作伙伴，同时以对合作伙伴定期与不定期的压力测试来及时发现问题，对风险加以控制。担保物确认原则为：(1)合法性原则，即要求抵押物和质押物必须符合国家法律规定，抵押人、出质人对抵押物和质押物享有完整的所有权；(2)充足性原则，即公司根据抵押物、质押物的保值能力和变现难易程度对不同抵押、质押物设置不同的抵押率，对于需要估价的抵（质）押财产，必须经过公司认可的资产评估公司进行估价；(3)可操作性原则，即要求抵（质）押财产标的权属明确、易于保管、转让和变现。

公司保证担保管理原则：保证人应具有独立的法人资格，并对其拥有的财产享有所有权或依法处分权；担保人应具备良好的资信状况，近3年经营业绩稳定，财务状况良好，具备足够的担保能力。

4.4.3.2　市场风险管理

对于市场风险的防范，公司主要是通过加强业务决策及风控委员会的运作力度，通过研究、决策、操纵、评价相互制衡的机制，结合严格的授权制度，以防范市场风险。加强对多种信息资料的收集、整理、研究，正确把握市场的整体走势；建立健全市场风险的预警系统，对风险及其程度进行量化预测，包括主要业务的风险评估和监测办法、重要部门风险考核指标体系等，定期对公司的市场风险进行检查和监控。公司坚持不以风险换业务，而以诚信换市场的原则。

4.4.3.3　操作风险管理

对于操作风险的防范，主要通过严格的授权制度与过程控制以及定期的员工业务培训来实施。一是指导、协助各部门建立健全内部风险控制制度，检查各项业务的作业流程和部门衔接可能存在的风险；二是明确界定部门的目标、职责和权限，确保其在授权范围内行使经营管理职能；三是在各主要业务部门之间建立健全防火墙制度，确保信托业务与自有业务相对独立；四是定期组织员工进行业务培训以及对外的同业交流活动。

4.4.3.4　洗钱风险管理

对于洗钱风险的防范，公司根据自身特点和经营情况建立一整套反洗钱内部控制制度，利用有关措施、程序和方法对洗钱及相关犯罪风险进行事前防范、事中控制、事后监督和纠正的工作机制，实现有效管控洗钱风险、合法审慎经营和稳健发展等合规性目标。事前防范措施，包括客户身份识别措施、客户洗钱风险等级划分和管理、反洗钱和反恐怖融资名单的监控；事中控制措施，包括客户行为分析和交易监控、报告大额和可疑交易、配合开展反洗钱行政调查；事后纠正措施，包括开展反洗钱内部审计、对反洗钱工作进行考核和责任追究等措施，全面管控信托公司业务开展中客户带来的洗钱风险。

4.4.3.5　其他风险管理

4.4.3.5.1　政策风险管理

对于政策风险的防范，公司通过严格依法经营，并根据国家法律法规和银保监会要求制定公司章程和内控制度，以规范与控制公司业务范围和行为。加强对各种政策及其变动趋势的研究，并按照研究结果来决定或调整信托项目及自有业务的投融资计划；实行信托项目的分散化和期限结构的均衡化，以降低系统性政策风险；对突如其来的政策变化可能产生的较大风险建立一整套应急措施；加强与银保监会（局）、政府有关部门的联络和沟通。公司及时学习新出台的法律法规以及监管政策，并向公司员工通告发布。

4.4.3.5.2　经营风险管理

对于经营风险的防范，公司有健全的法人治理结构，股东会、董事会和监事会职责明确，对经营层有严格的约束，保证其合法合规经营。公司依据自身经营特点设立顺序递进、权责统一、严密有效的三道监控防线：建立一线岗位双人、双职、双责，业务内容至少双人知道为基础的第一道监控防线；建立相关部门、相关岗位之间相互监督制衡的第二道监控防线；建立对风险现场全面实施监督、检查和反馈的第三道监控防线。严格按照内部规章与流程开展各项业务，同时通过事后稽核与评价来对其进行正负激励，以防范经营风险。

4.4.3.5.3　道德风险管理

对于道德风险的防范，公司主要通过完善的法人治理结构对高管进行约束，使其经营行为符合委托人利益和股东利益，并通过严格的规章制度与内控体系对公司员工行为进行规范。在组织架构方面，公司严格按照信托法规的要求对自营资产与信托资产分别管理，并由不同高管分管，以保护委托人的利益。加强内部廉政建设，坚守行业自律，不断完善自身职业道德的提升。与此同时，接受监管部门定期或不定期的检查，构成了外部监督体系。

### 4.5　企业履行社会责任情况

公司按照金融机构履行社会责任要求，建立健全落实社会责任机制，形成了从董事长、总裁到各职能部门的社会责任工作层层落实，决策、目标和执行分工职责明确的组织体系，并将社会责任内容分解到各项工作之中。公司落实社会责任的重点放在致力于作为金融机构的社会责任长效机制的健全和完善方面，即如何通过构建公司可持续发展体系，为公众提供更加安全、优质的金融服务，为投资人创造财富保值升值，与利益相关方形成共赢、和谐的关系，为股东谋求价值最大化，最大限度地增进公司的社会责任，使公司的社会责任发挥更大价值和影响。

公司竭尽全力践行信托机构的社会责任，公司信托计划从决策到运营严格贯彻落实国家当前的宏观调控政策和产业政策，信托资金投向与国家当前产业政策保持一致，并且所有集合信托产品均实现到期足额兑付。公司通过信息披露诚实表达信托资金投向的行业性质和用途，明确提示可能产生的风险因素；披露的内容与实际责任相一致，杜绝虚假描述和溢美之词。公司把支持当地经济建设和发展，参与当地重点领域重大工程项目作为业务拓展的重点。从战略规划、业务决策，到业务拓展等诸方面着重加强信托业务与当地重点领域、支柱产业的多方面合作。持续重点关注内蒙古全区各地重点领域经济发展信息和重大项目建设的信息，积极加强与各地政府部门、大企业的紧密联系与沟通；鼓励业务部门在防范风险的前提下进行金融创新，探索开展多种信托方式与实体经济进行对接，开展金融服务创新。鼓励开展差异化的金融服务，对于重大工程项目建设，综合考虑项目特点，实施精细化、差别化的信托方案，有侧重地对重大工程项目建设予以支持。

公司不断提升社会公众的金融素质和安全意识，建设和谐稳定的金融环境，认真以“普及金融知识，提升金融素养，共建和谐金融”为主题，积极开展“金融知识进万家”宣传服务月活动；有组织、成建制地开展“金融知识万里行”活动，坚持常年持续进社区开展防范金融诈骗、电信网络诈骗，警惕非法集资等金融知识和法律法规等宣传活动。公司紧跟人民银行颁布的反洗钱计划，持续开展反洗钱宣传活动，积极宣传反洗钱知识，采取培训、视频、标识、路演等多种方式深入宣传，将宣传活动常态化，积极推动公司反洗钱工作的制度化、规范化。

## 5. 报告期末及上一年度末的比较式会计报表

### 5.1　自营资产

#### 5.1.1　会计师事务所审计意见全文

**审计报告**

大信审字［2019］第1－02795号

新时代信托股份有限公司全体股东：

一、审计意见

我们审计了新时代信托股份有限公司（以下简称贵公司）的财务报表，包括2018年12月31日的资产负债表，2018年度的利润表、现金流量表、股东权益变动表，以及财务报表附注。

我们认为，后附的财务报表在所有重大方面按照企业会计准则的规定编制，公允反映了贵公司2018年12月31日的财务状况以及2018年度的经营成果和现金流量。

二、形成审计意见的基础

我们按照中国注册会计师审计准则的规定执行了审计工作。审计报告的“注册会计师对财务报表审计的责任”部分进一步阐述了我们在这些准则下的责任。按照中国注册会计师职业道德守则，我们独立于贵公司，并履行了职业道德方面的其他责任。

我们相信，我们获取的审计证据是充分、适当的，为发表审计意见提供了基础。

三、管理层和治理层对财务报表的责任

管理层负责按照企业会计准则的规定编制财务报表，使其实现公允反映，并设计、执行和维护必要的内部控制，以使财务报表不存在由于舞弊或错误导致的重大错报。

在编制财务报表时，管理层负责评估贵公司的持续经营能力，披露与持续经营相关的事项（如适用），并运用持续经营假设，除非管理层计划清算贵公司、终止运营或别无其他现实的选择。

治理层负责监督贵公司的财务报告过程。

四、注册会计师对财务报表审计的责任

我们的目标是对财务报表整体是否不存在由于舞弊或错误导致的重大错报获取合理保证，并出具包含审计意见的审计报告。合理保证是高水平的保证，但并不能保证按照审计准则执行的审计在某一重大错报存在时总能发现。错报可能由于舞弊或错误导致，如果合理预期错报单独或汇总起来可能影响财务报表使用者依据财务报表作出的经济决策，则通常认为错报是重大的。

在按照审计准则执行审计工作的过程中，我们运用职业判断，并保持职业怀疑。同时，我们也执行以下工作：

(1)识别和评估由于舞弊或错误导致的财务报表重大错报风险，设计和实施审计程序以应对这些风险，并获取充分、适当的审计证据，作为发表审计意见的基础。由于舞弊可能涉及串通、伪造、故意遗漏、虚假陈述或凌驾于内部控制之上，未能发现由于舞弊导致的重大错报的风险高于未能发现由于错误导致的重大错报的风险。

(2)了解与审计相关的内部控制，以设计恰当的审计程序，但目的并非对内部控制的有效性发表意见。

(3)评价管理层选用会计政策的恰当性和作出会计估计及相关披露的合理性。

(4)对管理层使用持续经营假设的恰当性得出结论。同时，根据获取的审计证据，就可能导致对贵公司持续经营能力产生重大疑虑的事项或情况是否存在重大不确定性得出结论。如果我们得出结论认为存在重大不确定性，审计准则要求我们在审计报告中提请报表使用者注意财务报表中的相关披露；如果披露不充分，我们应当发表非无保留意见。我们的结论基于截至审计报告日可获得的信息。然而，未来的事项或情况可能导致贵公司不能持续经营。

(5)评价财务报表的总体列报、结构和内容(包括披露)，并评价财务报表是否公允反映相关交易和事项。

我们与治理层就计划的审计范围、时间安排和重大审计发现等事项进行沟通，包括沟通我们在审计中识别出的值得关注的内部控制缺陷。

大信会计师事务所(特殊普通合伙)

中国注册会计师：郭颖涛

中 国 · 北 京　　中国注册会计师：于海亭

二〇一九年四月二十六日

### 5.1.2 资产负债表

**资产负债表**

编制单位：新时代信托股份有限公司　　2018 年 12 月 31 日　　单位：元

| 项目 | 附注 | 期末余额 | 期初余额 |
|---|---|---|---|
| 资产： | | | |
| 现金及存放中央银行款项 | | | |
| 存放同业款项 | 五(一) | 635 589 856.33 | 484 380 008.14 |
| 贵金属 | | | |
| 拆出资金 | | | |
| 以公允价值计量且其变动计入当期损益的金融资产 | 五(二) | 11 366 313.60 | 107 136 797.86 |
| 衍生金融资产 | | | |
| 买入返售金融资产 | | | |

续表

| 项目 | 附注 | 期末余额 | 期初余额 |
|---|---|---|---|
| 应收款项 | 五(三) | 229 640 434.07 | 1 954 428 892.40 |
| 应收利息 | | | |
| 持有待售资产 | | | |
| 发放贷款及垫款 | | | |
| 可供出售金融资产 | 五(四) | 8 275 102 855.76 | 6 307 293 062.76 |
| 持有至到期投资 | | | |
| 应收款项类投资 | | | |
| 长期股权投资 | | | |
| 投资性房地产 | 五(五) | 3 801 104.44 | 4 359 705.40 |
| 固定资产 | 五(六) | 89 218 806.19 | 96 256 361.07 |
| 无形资产 | 五(七) | 9 643 030.51 | 8 979 796.55 |
| 递延所得税资产 | 五(八) | 81 905 072.69 | 62 759 984.11 |
| 其他资产 | 五(九) | 2 169 059 849.66 | 1 321 953 819.84 |
| 资产总计 | | 11 505 327 323.25 | 10 347 548 428.13 |

**资产负债表(续)**

编制单位：新时代信托股份有限公司　　2018 年 12 月 31 日　　单位：元

| 项目 | 附注 | 期末余额 | 期初余额 |
|---|---|---|---|
| 负债： | | | |
| 向中央银行借款 | | | |
| 同业及其他金融机构存放款项 | | | |
| 拆入资金 | 五(十) | 350 000 000.00 | 380 000 000.00 |
| 以公允价值计量且其变动计入当期损益的金融负债 | | | |
| 衍生金融负债 | | | |
| 卖出回购金融资产款 | | | |
| 吸收存款 | | | |
| 应付职工薪酬 | 五(十一) | 129 147 464.88 | 154 394 611.14 |
| 应交税费 | 五(十二) | 98 573 204.82 | 186 547 466.78 |
| 应付利息 | | | |
| 持有待售负债 | | | |
| 预计负债 | | | |
| 应付债券 | | | |
| 其中：优先股 | | | |
| 永续债 | | | |
| 递延所得税负债 | | | |
| 其他负债 | 五(十三) | 2 474 631 149.05 | 1 546 126 411.23 |
| 负债合计 | | 3 052 351 818.75 | 2 267 068 489.15 |
| 股东权益： | | | |
| 股本 | 五(十四) | 6 000 000 000.00 | 6 000 000 000.00 |
| 其他权益工具 | | | |
| 其中：优先股 | | | |
| 永续债 | | | |
| 资本公积 | 五(十五) | 637 319 111.21 | 637 319 111.21 |
| 减：库存股 | | | |
| 其他综合收益 | | | |
| 盈余公积 | 五(十六) | 308 050 310.95 | 270 800 754.40 |
| 一般风险准备 | 五(十七) | 172 673 370.14 | 150 320 766.05 |
| 信托赔偿准备金 | 五(十八) | 401 016 473.61 | 345 142 138.78 |
| 未分配利润 | 五(十九) | 933 916 238.59 | 676 897 168.54 |
| 股东权益合计 | | 8 452 975 504.50 | 8 080 479 938.98 |
| 负债和股东权益总计 | | 11 505 327 323.25 | 10 347 548 428.13 |

### 5.1.3 利润表

**利润表**

编制单位:新时代信托股份有限公司　　2018 年度　　单位:元

| 项目 | 附注 | 本期发生额 | 上期发生额 |
|---|---|---|---|
| 一、营业收入 | | 714 444 032.38 | 1 118 178 591.72 |
| 利息净收入 | 五(二十) | -23 243 879.12 | -64 478 320.88 |
| 利息收入 | | 9 889 443.08 | 3 126 001.33 |
| 利息支出 | | 33 133 322.20 | 67 604 322.21 |
| 手续费及佣金净收入 | 五(二十一) | 414 846 874.96 | 1 015 613 810.68 |
| 手续费及佣金收入 | | 414 846 874.96 | 1 015 613 810.68 |
| 手续费及佣金支出 | | | |
| 投资收益(损失以“-”号填列) | 五(二十二) | 318 691 439.64 | 164 156 456.92 |
| 其中:对联营企业和合营企业的投资收益 | | | |
| 公允价值变动收益(损失以“-”号填列) | 五(二十三) | 1 325 371.97 | -1 954 118.96 |
| 汇兑收益(损失以“-”号填列) | | — | — |
| 其他业务收入 | 五(二十四) | 2 833 058.89 | 4 845 390.38 |
| 资产处置收益(损失以“-”号填列) | 五(二十五) | -8 833.96 | -4 626.42 |
| 其他收益 | | | |
| 二、营业支出 | | 236 210 577.27 | 417 147 422.29 |
| 税金及附加 | 五(二十六) | 4 290 620.03 | 9 136 772.39 |
| 业务及管理费 | 五(二十七) | 198 674 469.18 | 248 388 791.68 |
| 资产减值损失(转回以“-”号填列) | 五(二十八) | 32 686 887.10 | 159 067 489.10 |
| 其他业务成本 | 五(二十九) | 558 600.96 | 554 369.12 |
| 三、营业利润(亏损以“-”号填列) | | 478 233 455.11 | 701 031 169.43 |
| 加:营业外收入 | 五(三十) | 422 574.69 | 18 800.00 |
| 减:营业外支出 | 五(三十一) | 24 983.92 | 5 371.13 |
| 四、利润总额(亏损以“-”号填列) | | 478 631 045.88 | 701 044 598.30 |
| 减:所得税费用 | 五(三十二) | 106 135 480.36 | 153 053 737.22 |
| 五、净利润(亏损以“-”号填列) | | 372 495 565.52 | 547 990 861.08 |
| 持续经营净利润 | | 372 495 565.52 | 547 990 861.08 |
| 终止经营净利润 | | | |
| 六、其他综合收益的税后净额 | | | 157 560 925.20 |
| (一)以后不能重分类进损益的其他综合收益 | | — | — |
| 1. 重新计量设定受益计划净负债或净资产的变动 | | | |
| 2. 权益法下在被投资单位不能重分类进损益的其他综合收益中享有的份额 | | | |
| (二)以后将重分类进损益的其他综合收益 | | | 157 560 925.20 |
| 1. 权益法核算的在被投资单位以后将重分类进损益的其他综合收益中所享有的份额 | | | |
| 2. 可供出售金融资产公允价值变动损益 | | | 157 560 925.20 |
| 3. 持有至到期投资重分类为可供出售金融资产损益 | | | |
| 4. 现金流量套期损益的有效部分 | | | |
| 5. 外币财务报表折算差额 | | | |
| 6. 其他 | | | |
| 七、综合收益总额 | | 372 495 565.52 | 705 551 786.28 |
| 八、每股收益 | | | |
| (一)基本每股收益 | | | |
| (二)稀释每股收益 | | | |

### 5.1.4 现金流量表

**现金流量表**

编制单位:新时代信托股份有限公司　　2018 年度　　单位:元

| 项目 | 附注 | 本期发生额 | 上期发生额 |
|---|---|---|---|
| 一、经营活动产生的现金流量: | | | |
| 收取利息、手续费及佣金的现金 | | 512 239 387.83 | 1 163 702 108.34 |
| 处置交易性金融资产净增加额 | | | 2 534 623 693.26 |
| 金融企业往来收到的现金 | | 12 364 809.08 | 36 609 913.14 |
| 其他业务收到的现金 | | 877 124.33 | 5 085 634.03 |
| 收到的税费返还 | | | |
| 收到其他与经营活动有关的现金 | 五(三十三) | 3 508 557 446.18 | 2 898 891 672.24 |
| 经营活动现金流入小计 | | 4 034 038 767.42 | 6 638 913 021.01 |
| 客户贷款及垫款净增加额 | | | 15 000 000.00 |
| 支付利息、手续费及佣金的现金 | | | |
| 购买交易性金融资产净增加额 | | | |
| 支付给职工以及为职工支付的现金 | | 151 590 002.42 | 96 632 118.79 |
| 支付的各项税费 | | 452 975 487.33 | 177 366 812.63 |
| 支付其他与经营活动有关的现金 | 五(三十三) | 1 278 757 600.50 | 4 896 825 174.17 |
| 经营活动现金流出小计 | | 1 883 323 090.25 | 5 185 824 105.59 |
| 经营活动产生的现金流量净额 | | 2 150 715 677.17 | 1 453 088 915.42 |
| 二、投资活动产生的现金流量: | | | |
| 收回投资收到的现金 | | 11 947 955 005.47 | 2 369 215 001.51 |
| 取得投资收益收到的现金 | | 318 691 439.64 | |
| 处置子公司及其他营业单位收到的现金净额 | | | |
| 处置固定资产、无形资产和其他长期资产所收到的现金 | | 1 400.00 | 4 407.48 |
| 收到其他与投资活动有关的现金 | | | |
| 投资活动现金流入小计 | | 12 266 647 845.11 | 2 369 219 408.99 |
| 投资支付的现金 | | 14 198 274 451.80 | 2 594 002 120.00 |
| 购建固定资产、无形资产和其他长期资产支付的现金 | | 4 745 900.09 | 2 589 224.22 |
| 取得子公司及其他营业单位支付的现金净额 | | | |
| 支付其他与投资活动有关的现金 | | | |
| 投资活动现金流出小计 | | 14 203 020 351.89 | 2 596 591 344.22 |
| 投资活动产生的现金流量净额 | | -1 936 372 506.78 | -227 371 935.23 |
| 三、筹资活动产生的现金流量: | | | |
| 吸收投资收到的现金 | | | |
| 其中:子公司吸收少数股东投资收到的现金 | | | |
| 取得借款收到的现金 | | 36 830 000 000.00 | 780 000 000.00 |
| 发行债券收到的现金 | | | |
| 收到其他与筹资活动有关的现金 | | | |
| 筹资活动现金流入小计 | | 36 830 000 000.00 | 780 000 000.00 |
| 偿还债务支付的现金 | | 36 860 000 000.00 | 1 800 000 000.00 |
| 分配股利、利润或偿付利息支付的现金 | | 33 133 322.20 | 67 604 322.21 |
| 其中:子公司支付给少数股东的股利、利润 | | | |
| 支付其他与筹资活动有关的现金 | | | |
| 筹资活动现金流出小计 | | 36 893 133 322.20 | 1 867 604 322.21 |
| 筹资活动产生的现金流量净额 | | -63 133 322.20 | -1 087 604 322.21 |
| 四、汇率变动对现金及现金等价物的影响 | | | |
| 五、现金及现金等价物净增加额 | | 151 209 848.19 | 138 112 657.98 |
| 加:期初现金及现金等价物余额 | | 484 380 008.14 | 346 267 350.16 |
| 六、期末现金及现金等价物余额 | | 635 589 856.33 | 484 380 008.14 |

## 5. 1. 5　所有者权益变动表

### 股东权益变动表

编制单位:新时代信托股份有限公司　　2018 年度　　单位:元

| 项目 | 本期 | | | | | | | | |
|---|---|---|---|---|---|---|---|---|---|
| | 归属于母公司股东权益 | | | | | | | | 所有者(股东)权益合计 |
| | 股本 | 资本公积 | 减:库存股 | 其他综合收益 | 盈余公积 | 一般风险准备 | 信托赔偿准备金 | 未分配利润 | |
| 一、上年年末余额 | 6 000 000 000. 00 | 637 319 111. 21 | — | — | 270 800 754. 40 | 150 320 766. 05 | 345 142 138. 78 | 676 897 168. 54 | 8 080 479 938. 98 |
| 加:会计政策变更 | | | | | | | | | |
| 前期差错更正 | | | | | | | | | |
| 其他 | | | | | | | | | |
| 二、本年年初余额 | 6 000 000 000. 00 | 637 319 111. 21 | — | — | 270 800 754. 40 | 150 320 766. 05 | 345 142 138. 78 | 676 897 168. 54 | 8 080 479 938. 98 |
| 三、本期增减变动金额(减少以"－"号填列) | — | — | — | — | 37 249 556. 55 | 22 352 604. 09 | 55 874 334. 83 | 257 019 070. 05 | 372 495 565. 52 |
| (一)综合收益总额 | | | | | | | | 372 495 565. 52 | 372 495 565. 52 |
| (二)股东投入和减少资本 | — | — | — | — | — | — | — | — | — |
| 1. 股东投入的普通股 | | | | | | | | | |
| 2. 其他权益工具持有者投入资本 | | | | | | | | | |
| 3. 股份支付计入所有者权益的金额 | | | | | | | | | |
| 4. 其他 | | | | | | | | | |
| (三)利润分配 | — | — | | — | 37 249 556. 55 | 22 352 604. 09 | 55 874 334. 83 | －115 476 495. 47 | — |
| 1. 提取盈余公积 | | | | | 37 249 556. 55 | | | －37 249 556. 55 | |
| 2. 提取一般风险准备 | | | | | | 22 352 604. 09 | | －22 352 604. 09 | |
| 3. 提取信托赔偿准备金 | | | | | | | 55 874 334 . 83 | －55 874 334. 83 | |
| 4. 对所有者(或股东)的分配 | | | | | | | | | |
| 5. 其他 | | | | | | | | | — |
| (四)股东权益内部结转 | — | — | — | — | — | | | | 372 495 565. 52 |
| 1. 资本公积转增资本(或股本) | | | | | | | | | — |
| 2. 盈余公积转增资本(或股本) | | | | | | | | | — |
| 3. 盈余公积弥补亏损 | | | | | | | | | |
| 4. 一般风险准备弥补亏损 | | | | | | | | | |
| 5. 其他 | | | | | | | | | |
| (五)其他 | | | | | | | | | |
| 四、本期期末余额 | 6 000 000 000. 00 | 637 319 111. 21 | | | 308 050 310. 95 | 172 673 370. 14 | 401 016 473. 61 | 933 916 238. 59 | 8 452 975 504. 50 |

# 股东权益变动表

编制单位：新时代信托股份有限公司　　2018 年度　　单位：元

| 项目 | 上期 | | | | | | | | |
|---|---|---|---|---|---|---|---|---|---|
| | 归属于母公司股东权益 | | | | | | | | 所有者（股东）权益合计 |
| | 股本 | 资本公积 | 减：库存股 | 其他综合收益 | 盈余公积 | 一般风险准备 | 信托赔偿准备金 | 未分配利润 | |
| 一、上年年末余额 | 6 000 000 000. 00 | 637 319 111. 21 | | -157 560 925. 20 | 216 001 668. 29 | 143 482 934. 88 | 262 943. 509. 62 | 272 741 853. 90 | 7 374 928 152. 70 |
| 加：会计政策变更 | | | | | | | | | |
| 前期差错更正 | | | | | | | | | |
| 其他 | | | | | | | | | |
| 二、本年年初余额 | 6 000 000 000. 00 | 637 319 111. 21 | — | -157 560 925. 20 | 216 001 668. 29 | 143 482 934. 88 | 262 943 509. 62 | 272 741 853. 90 | 7 374 928 152. 70 |
| 三、本期增减变动金额（减少以“-”号填列） | | | | 157 560 925. 20 | 54 799 086. 11 | 6 837 831. 17 | 82 198 629. 16 | 404 155 314. 64 | 705 551 786. 28 |
| （一）综合收益总额 | | | | 157 560 925. 20 | | | | 547 990 861. 08 | 705 551 786. 28 |
| （二）股东投入和减少资本 | — | — | — | — | — | — | — | — | — |
| 1. 股东投入的普通股 | | | | | | | | | |
| 2. 其他权益工具持有者投入资本 | | | | | | | | | |
| 3. 股份支付计入所有者权益的金额 | | | | | | | | | |
| 4. 其他 | | | | | | | | | |
| （三）利润分配 | — | — | — | — | 54 799 086. 11 | 6 837 831. 17 | 82 198 629. 16 | -143 835 546. 44 | — |
| 1. 提取盈余公积 | | | | | 54 799 086. 11 | | | -54 799 086. 11 | |
| 2. 提取一般风险准备 | | | | | | 6 837 831. 17 | | -6 837 831. 17 | |
| 3. 提取信托赔偿准备金 | | | | | | | 82 198 629. 16 | -82 198 629. 16 | |
| 4. 对所有者（或股东）的分配 | | | | | | | | | |
| 5. 其他 | | | | | | | | | |
| （四）股东权益内部结转 | — | — | — | — | — | — | — | — | — |
| 1. 资本公积转增资本（或股本） | | | | | | | | | |
| 2. 盈余公积转增资本（或股本） | | | | | | | | | |
| 3. 盈余公积弥补亏损 | | | | | | | | | |
| 4. 一般风险准备弥补亏损 | | | | | | | | | |
| 5. 其他 | | | | | | | | | |
| （五）其他 | | | | | | | | | |
| 四、本期期末余额 | 6 000 000 000. 00 | 637 319 111. 21 | — | — | 270 800 754. 40 | 150 320 766. 05 | 345 142 138. 78 | 676 897 168. 54 | 8 080 479 938. 98 |

## 5.2 信托资产

### 5.2.1 信托项目资产负债汇总表

**信托项目资产负债表**

编制单位:新时代信托股份有限公司　　2018 年 12 月 31 日　　单位:万元

| 信托资产 | 期末数 | 年初数 |
|---|---|---|
| 信托资产: | | |
| 货币资金 | 63 159. 28 | 166 656. 35 |
| 拆出资金 | — | — |
| 存出保证金 | — | — |
| 交易性金融资产 | 1 323 371. 61 | 1 619 204. 31 |
| 衍生金融资产 | — | — |
| 买入返售金融资产 | — | 30 340. 00 |
| 应收款项 | 216 950. 96 | 195 370. 30 |
| 发放贷款 | 2 522 960. 20 | 1 097 106. 26 |
| 可供出售金融资产 | — | — |
| 持有至到期投资 | 22 243 152. 75 | 17 438 570. 08 |
| 长期应收款 | — | — |
| 长期股权投资 | 72 076. 00 | 72 076. 00 |
| 投资性房地产 | — | — |
| 固定资产 | — | — |
| 无形资产 | — | — |
| 长期待摊费用 | — | — |
| 其他资产 | 8 870 651. 58 | 12 266 591. 81 |
| 信托资产总计 | 35 312 322. 38 | 32 885 915. 11 |

**信托项目资产负债表(续)**

编制单位:新时代信托股份有限公司　　2018 年 12 月 31 日　　单位:万元

| 信托负债和信托权益 | 期末数 | 年初数 |
|---|---|---|
| 信托负债: | — | — |
| 交易性金融负债 | — | — |
| 衍生金融负债 | — | — |
| 应付受托人报酬 | 7 588. 44 | 12 522. 06 |
| 应付托管费 | 41. 94 | 98. 00 |
| 应付受益人收益 | 2. 35 | 60. 67 |
| 应缴税费 | 2 315. 21 | 227. 59 |
| 应付销售服务费 | — | — |
| 其他应付款项 | 21 388. 90 | 197 660. 06 |
| 预计负债 | — | — |
| 其他负债 | — | 217 000. 00 |
| 信托负债合计 | 31 336. 84 | 427 568. 38 |
| 信托权益: | — | — |
| 实收信托 | 32 931 225. 97 | 30 131 718. 32 |
| 资本公积 | 2 256 000. 00 | 2 265 625. 74 |
| 其中:损益平准金 | — | — |
| 未分配利润 | 93 759. 57 | 61 002. 67 |
| 信托权益合计 | 35 280 985. 54 | 32 458 346. 73 |
| 信托负债及信托权益总计 | 35 312 322. 38 | 32 885 915. 11 |

### 5.2.2 信托项目利润及利润分配汇总表

**信托项目利润及利润分配表**

编制单位:新时代信托股份有限公司　　2018 年 12 月　　单位:万元

续表

| 项　　目 | 本年累计数 | 上年累计数 |
|---|---|---|
| 一、营业收入 | 1 570 925. 85 | 1 699 737. 03 |
| 利息收入 | 228 960. 59 | 295 088. 03 |
| 投资收益 | 1 303 742. 95 | 1 583 700. 74 |
| 公允价值变动收益 | 38 156. 54 | -179 305. 89 |
| 租赁收入 | — | — |
| 其他收入 | 65. 77 | 254. 15 |
| 二、营业支出 | 79 381. 65 | 197 618. 03 |
| 三、信托净利润 | 1 491 544. 20 | 1 502 119. 00 |
| 四、扣除资产损失前的信托利润 | 1 491 544. 20 | 1 502 119. 00 |
| 五、其他综合收益 | — | — |
| 六、扣除资产损失后的信托利润 | 1 491 544. 20 | 1 502 119. 00 |
| 七、综合收益 | — | — |
| 八、加:期初未分配信托利润 | 61 002. 67 | 132 566. 89 |
| 九、可供分配的信托利润 | 1 552 546. 87 | 1 634 685. 89 |
| 减:本期已分配信托利润 | 1 458 787. 30 | 1 573 683. 22 |
| 十、期末未分配信托利润 | 93 759. 57 | 61 002. 67 |

## 6. 会计报表附注

### 6.1 会计报表编制基准不符合会计核算基本前提的说明

无。

### 6.2 主要会计政策、会计估计和会计核算方法说明

财政部于 2018 年 6 月 15 日发布了《财政部关于修订印发 2018 年度一般企业财务报表格式的通知》(财会[2018]15 号),执行企业会计准则的企业应按照企业会计准则和该通知要求编制 2018 年度及以后期间的财务报表。

本公司执行财会[2018]15 号文的主要影响如下:

| 会计政策变更内容和原因 | 受影响的报表项目名称 | 本期受影响的报表项目金额(元) | 上期重述金额(元) | 上期列报的报表项目及金额(元) |
|---|---|---|---|---|
| 1. 应收票据和应收账款合并列示 | 应收款项 | 229 640 434. 07 | 1 954 428 892. 40 | 应收款项:1 954 428 892. 40 |
| 2. 应收利息、应收股利并其他应收款项目列示 | 其他资产 | 2 091 059 849. 66 | 1 321 953 819. 84 | 其他资产:1 321 953 819. 84 |
| 3. 应付利息、应付股利计入其他应付款项目列示 | 其他负债 | 2 474 631 149. 05 | 1 546 126 411. 23 | 其他负债:1 546 126 411. 23 |

### 6.3 或有事项说明

截至 2018 年 12 月 31 日,本公司无须要披露的或有事项。

### 6.4 重要资产转让及其出售的说明

报告期内,本公司未发生重大资产转让及出售情况。

## 6.5　会计报表中重大项目的明细资料

### 6.5.1　披露自营资产经营情况

6.5.1.1　按资产五级分类披露期初数、期末数

| 风险分类 | 年末数 | | | | |
|---|---|---|---|---|---|
| | 账面余额(元) | 比例(%) | 坏账准备(元) | 坏账准备计提比例(%) | 账面价值(元) |
| 正常类 | 91 329 844.10 | 38.63 | | — | 91 329 844.10 |
| 关注类 | 141 133 255.06 | 59.69 | 2 822 665.09 | 2.00 | 138 310 589.97 |
| 次级类 | — | — | — | — | — |
| 可疑类 | — | — | — | — | — |
| 损失类 | 3 965 000.00 | 1.68 | 3 965 000.00 | 100.00 | — |
| 合计 | 236 428 099.16 | 100.00 | 6 787 665.09 | — | 229 640 434.07 |

续表

| 风险分类 | 年初数 | | | | |
|---|---|---|---|---|---|
| | 账面余额(元) | 比例(%) | 坏账准备(元) | 坏账准备计提比例(%) | 账面价值(元) |
| 正常类 | 1 816 322 490.94 | 92.61 | — | — | 1 816 322 490.94 |
| 关注类 | 140 924 899.45 | 7.19 | 2 818 497.99 | 2.00 | 138 106 401.46 |
| 次级类 | — | — | — | 25.00 | — |
| 可疑类 | — | — | — | 50.00 | — |
| 损失类 | 3 965 000.00 | 0.20 | 3 965 000.00 | 100.00 | — |
| 合计 | 1 961 212 390.39 | 100.00 | 6 783 497.99 | — | 1 954 428 892.40 |

本年计提、收回或转回的坏账准备情况：本年计提坏账准备金额4 167.10元，本期无转回的坏账准备情况。

本年无核销的应收款项。

6.5.1.2　资产减值损失准备的期初数、本期发生数 、期末数

单位：元

| 项目 | 期初数 | 本期发生数 | 期末数 |
|---|---|---|---|
| 坏账准备 | 6 783 497.99 | 4 167.10 | 6 787 665.09 |
| 可供出售金融资产减值准备 | 158 562 880.00 | 32 682 720.00 | 191 245 600.00 |
| 合计 | 165 346 377.99 | 32 686 887.10 | 198 033 265.09 |

6.5.1.3　可供出售金融资产情况

6.5.1.3.1　可供出售金融资产情况

单位：元

| 项目 | 期末余额 | | | 期初余额 | | |
|---|---|---|---|---|---|---|
| | 账面余额 | 减值准备 | 账面价值 | 账面余额 | 减值准备 | 账面价值 |
| 可供出售债务工具 | 7 790 100 000.00 | — | 7 790 100 000.00 | 5 789 607 487.00 | — | 5 789 607 487.00 |
| 可供出售权益工具 | 676 248 455.76 | 191 245 600.00 | 485 002 855.76 | 676 248 455.76 | 158 562 880.00 | 517 685 575.76 |
| 其中：按公允价值计量的 | 243 569 760.00 | 191 245 600.00 | 52 324 160.00 | 243 569 760.00 | 158 562 880.00 | 85 006 880.00 |
| 按成本计量的 | 432 678 695.76 | — | 432 678 695.76 | 432 678 695.76 | — | 432 678 695.76 |
| 合计 | 8 466 348 455.76 | 191 245 600.00 | 8 275 102 855.76 | 6 465 855 942.76 | 158 562 880.00 | 6 307 293 062.76 |

6.5.1.3.2　期末按公允价值计量的可供出售金融资产

单位：元

| 可供出售金融资产分类 | 可供出售权益工具 | 合计 |
|---|---|---|
| 权益工具的成本/债务工具的摊余成本 | 243 569 760.00 | 243 569 760.00 |
| 公允价值 | 52 324 160.00 | 52 324 160.00 |
| 累计计入其他综合收益的公允价值变动金额 | — | — |
| 已计提减值金额 | 191 245 600.00 | 191 245 600.00 |
| 合计 | 52 324 160.00 | 52 324 160.00 |

6.5.1.3.3　期末以成本计量的重要权益工具投资明细

单位：元

| 项目 | 期末余额 | | 期初余额 | |
|---|---|---|---|---|
| | 账面余额 | 跌价准备 | 账面余额 | 跌价准备 |
| 新时代证券有限责任公司 | 432 678 695.76 | — | 432 678 695.76 | — |
| 合计 | 432 678 695.76 | — | 432 678 695.76 | — |

6.5.1.3.4　报告期内可供出售金融资产减值的变动情况

单位：元

| 可供出售金融资产分类 | 可供出售权益工具 | 合计 |
|---|---|---|
| 期初已计提减值余额 | 158 562 880.00 | 158 562 880.00 |
| 本期计提 | 32 682 720.00 | 32 682 720.00 |
| 其中：从其他综合收益转入 | — | — |
| 本期减少 | — | — |
| 其中：期后公允价值回升转回 | — | — |
| 期末已计提减值余额 | 191 245 600.00 | 191 245 600.00 |

6.5.1.4　前五名自营贷款企业名称、占贷款比例、还款情况

无。

6.5.1.5　公司当年的收入结构

| 收入结构 | 金额(万元) | 占比(%) |
|---|---|---|
| 手续费及佣金收入 | 41 484.69 | 58.03 |
| 其中:信托业务收入 | 41 484.69 | — |
| 利息收入 | -2 324.39 | -3.25 |
| 其他业务收入 | 283.31 | 0.40 |
| 投资收益 | 31 869.14 | 44.58 |
| 公允价值变动收益 | 132.54 | 0.19 |
| 资产处置收益 | -0.88 | — |
| 营业外收入 | 42.26 | 0.06 |
| 收入合计 | 71 486.67 | 100.00 |

## 6.5.2　披露信托资产管理情况

6.5.2.1　信托资产的期初数、期末数

单位:万元

| 信托资产 | 期初数 | 期末数 |
|---|---|---|
| 集合 | 16 587 868.28 | 22 375 597.04 |
| 单一 | 4 010 136.28 | 4 048 614.78 |
| 财产权 | 12 287 910.55 | 8 888 110.56 |
| 合计 | 32 885 915.11 | 35 312 322.38 |

6.5.2.1.1　主动管理型信托业务期初数、期末数

单位:万元

| 主动管理型信托资产 | 期初数 | 期末数 |
|---|---|---|
| 证券投资类 | 137 687.18 | — |
| 股权投资类 | — | — |
| 其他投资 | 8 743 166.11 | 1 762 413.51 |
| 融资类 | 7 361 155.77 | 821 117.17 |
| 事务管理类 | — | — |
| 合计 | 16 242 009.06 | 2 583 530.68 |

6.5.2.1.2　被动管理型信托业务期初数、期末数

单位:万元

| 被动管理型信托资产 | 期初数 | 期末数 |
|---|---|---|
| 证券投资类 | 2 825 994.58 | — |
| 股权投资类 | — | — |
| 其他投资 | 195 003.41 | — |
| 融资类 | 1 335 144.78 | — |
| 事务管理类 | 12 287 763.28 | 32 728 791.70 |
| 合计 | 16 643 906.05 | 32 728 791.70 |

6.5.2.2　本年度已清算结束的信托项目个数、实收信托合计金额、加权平均实际年化收益率

6.5.2.2.1　本年度已清算结束的信托项目个数、实收信托合计金额、加权平均实际年化收益率

| 已清算结束的信托项目 | 项目个数(个) | 实收信托合计金额(万元) | 加权平均实际年化收益率(%) |
|---|---|---|---|
| 集合类 | 153 | 3 071 529.27 | 7.35 |
| 单一类 | 215 | 7 616 839.60 | 6.83 |
| 财产权 | 45 | 3 919 954.59 | 5.53 |

6.5.2.2.2　本年度已清算结束的主动管理型信托项目个数、实收信托合计金额、加权平均实际信托报酬率、加权平均实际年化收益率

| 已清算结束的信托项目 | 项目个数(个) | 实收信托合计金额(万元) | 加权平均实际信托报酬率(%) | 加权平均实际年化收益率(%) |
|---|---|---|---|---|
| 其他投资 | 15 | 811 230.74 | 1.76 | 5.65 |
| 融资类 | 105 | 902 910.00 | 0.40 | 6.95 |
| 事务管理类 | — | — | — | — |

6.5.2.2.3　本年度已清算结束的被动管理型信托项目个数、实收信托合计金额 、加权平均实际信托报酬率、加权平均实际年化收益率

| 已清算结束信托项目 | 项目个数(个) | 实收信托合计金额(万元) | 加权平均实际信托报酬率(%) | 加权平均实际年化收益率(%) |
|---|---|---|---|---|
| 事务管理类 | 293 | 12 894 182.72 | 0.05 | 6.91 |

6.5.2.3　本年度新增的集合类、单一类、财产类信托项目个数、实收信托合计金额

| 新增信托项目 | 项目个数(个) | 实收信托合计金额(万元) |
|---|---|---|
| 集合类 | 160 | 9 078 990.00 |
| 单一类 | 63 | 7 644 211.15 |
| 财产管理类 | 3 | 684 629.96 |
| 新增合计 | 226 | 17 407 831.11 |
| 其中:主动管理型 | 92 | 1 935 890.00 |
| 被动管理型 | 134 | 15 471 941.11 |

6.5.2.4　本公司履行受托人义务情况及因本公司自身责任而导致的信托资产损失情况(合计金额、原因等)

无。

6.5.2.5　信托赔偿准备金的提取、使用和管理情况

公司当年提取盈余公积 3 724.96 万元,提取一般风险准备 2 235.26 万元,提取信托赔偿准备金 5 587.43 万元。截至 2018 年 12 月 31 日,信托赔偿准备金余额为 40 101.65 万元。

## 6.6　关联方关系及其交易的披露

### 6.6.1　关联关系

本公司的母公司

| 股东名称 | 注册地 | 业务性质 | 注册资本(元) | 对本公司的持股比例(%) | 对本公司的表决权比例(%) |
|---|---|---|---|---|---|
| 新时代远景(北京)投资有限公司 | 北京市朝阳区 | 投资管理、投资咨询 | 3 550 000 000.00 | 58.54 | 58.54 |

本公司的子公司情况:无。

本公司的其他关联方情况

| 其他关联方名称 | 与本公司关系 |
|---|---|
| 上海人广实业发展有限公司 | 本公司第二大股东 |
| 潍坊科微投资有限公司 | 本公司第三大股东 |

6.6.2 关联交易

关键管理人员报酬

单位:元

| 姓名 | 本期发生额 | 上期发生额 |
|---|---|---|
| 关键管理人员 | 8 645 018.27 | 12 413 595.87 |
| 合计 | 8 645 018.27 | 12 413 595.87 |

本期无其他关联交易。

6.6.3 本公司与关联方的重大交易事项

6.6.3.1 固有财产与关联方:贷款、投资、租赁、应收账款、担保、其他方式等

无。

6.6.3.2 信托资产与关联方:贷款、投资、租赁、应收账款、担保、其他方式等

无。

**6.6.4 逐笔披露关联方逾期未偿还本公司资金的详细情况以及本公司为关联方担保发生或即将发生垫款的详细情况**

无。

## 7. 财务情况说明书

### 7.1 利润实现和分配情况

经大信会计师事务所(特殊普通合伙)审计,公司2018年实现净利润为37 249.56万元,根据企业会计准则及本公司章程规定,提取10%的法定公积金3 724.96万元;提取15%的信托赔偿准备5 587.43万元,截至2018年末,公司可供股东分配利润为93 391.62万元。

公司本年度未进行利润分配。

### 7.2 主要财务指标

| 指标名称 | 指标值 | 指标计算说明 |
|---|---|---|
| 资本利润率(%) | 4.51 | 资本利润率=净利润/所有者权益 |
| 信托报酬率(%) | 0.13 | 信托报酬率=信托业务收入/实际信托平均余额 |
| 人均净利润(万元) | 158.51 | 人均净利润=净利润/职工人数 |

报告期末公司净资本为715 284.39万元,风险资本为394 022.53万元,净资本/各项业务风险资本之和为181.53%,净资本/净资产为84.62%。

### 7.3 对本公司财务状况、经营成果有重大影响的其他事项

无。

## 8. 特别事项揭示

### 8.1 前五名股东报告期内变动情况及原因

无。

### 8.2 董事、监事及高级管理人员变动情况及原因

2017年,董事于雷先生、向开润先生申请辞去董事职务,因其离职将导致董事会履职人数低于法定人数要求,因此,以上两位董事2018年度继续履职。报告期内,副总裁王晓滨先生、总裁助理边涛先生因个人原因辞职;因工作调整,公司免去郑大刚先生副总裁、董事会秘书职务。公司聘请张亮先生为董事会秘书,其任职资格目前处于监管部门核准过程中。

### 8.3 变更注册资本、变更注册地或公司名称、公司分立合并事项

无。

### 8.4 公司的重大诉讼事项

2018年度公司重大涉诉案件共计2件,涉案本金合计16 700万元,均为事务管理类单一信托计划发生的案件。其中,一被诉案件涉案本金为6 700万元,等待二审法院开庭审理;一被诉案件涉案本金为10 000万元,已开庭审理,正在等待法院判决。

### 8.5 公司及其董事、监事和高级管理人员受到处罚的情况

无。

### 8.6 银保监会及其派出机构对公司检查后提出整改意见的,应简单说明整改情况

报告期内,中国银行保险监督管理委员会包头监管分局(原中国银行业监督管理委员会包头监管分局)对公司进行了档案和重空管理现场检查,并统一对辖内金融机构就非法集资风险专项排查、整治银行业市场乱象、金融机构客户信息保护等进行了工作部署。

公司按照中国银行保险监督管理委员会包头监管分局要求,组织开展了各项工作的自查,结合检查、自查反映的问题,公司通过完善业务制度、优化管控流程、强化规范操作、严肃责任追究等措施,着力强化业务、内控、系统、人员执业行为等方面的规范管理。公司将进一步围绕落实金融监管意见,提高服务意识,严防风险,加大创新力度,全面认真落实各项专项治理工作,努力尽到金融服务者的职责,促进国家经济健康稳定的发展。

### 8.7 本年度重大事项临时报告的简要内容、披露时间、所披露的媒体及其版面

| 披露时间 | 简要内容 | 披露媒体 | 版面 |
|---|---|---|---|
| 2018年3月17日 | 刊登关于更换会计师事务所的公告 | 《证券日报》 | B2版 |
| 2018年4月28日 | 刊登2017年度报告摘要 | 《证券日报》 | C171版 |

### 8.8 银保监会及其省级派出机构认定的其他有必要让客户及相关利益人了解的重要信息

无。

## 9. 公司监事会意见

公司监事会认为,2018年度财务报表按照中国会计准则编制,会计处理方法遵循了一贯性原则;本报告年度,报表数据真实、公允地反映了新时代信托的财务状况和经营业绩。

# 兴业国际信托有限公司

## 1. 重要提示

1.1　本公司董事会及董事保证本报告所载资料不存在任何虚假记载、误导性陈述或者重大遗漏，并对其内容的真实性、准确性和完整性承担个别及连带责任。

1.2　没有个别董事的异议声明。

1.3　本公司独立董事保证本报告所载资料不存在任何虚假记载、误导性陈述或者重大遗漏，并对其内容的真实性、准确性和完整性承担个别及连带责任，没有异议声明。

1.4　本公司2018年度财务报表已经德勤华永会计师事务所（特殊普通合伙）根据中国注册会计师审计准则审计，并出具了标准无保留意见的审计报告。

1.5　本公司董事长沈卫群、总裁薛瑞锋及财务部门负责人张荻声明：保证2018年年度报告中财务报告的真实、完整。

## 2. 公司概况

### 2.1　本公司基本情况

2.1.1　法定中文名称：兴业国际信托有限公司
中文名称简称：兴业信托
英文名称全称：China Industrial International Trust Limited
英文名称简称：Industrial Trust
英文名称缩写：CIIT

2.1.2　法定代表人：沈卫群

2.1.3　注册地址：福州市鼓楼区五四路137号信和广场25－26层
邮政编码：350003
国际互联网网址：www.ciit.com.cn
电子邮箱：contact@ciit.com.cn

2.1.4　信息披露负责人：杨刚强
联系地址：福州市鼓楼区五四路137号信和广场25－26层
电话：(86)591－88263888
传真：(86)591－87824530
电子邮箱：yanggq@ciit.com.cn

2.1.5　选定的信息披露报纸：《上海证券报》《证券时报》
年度报告备置地点：福州市鼓楼区五四路137号信和广场26层

2.1.6　本公司聘请的国内会计师事务所：德勤华永会计师事务所（特殊普通合伙）
办公地址：中国上海市延安东路222号外滩中心30楼
邮编：200002
电话：(86)21－61418888

### 2.2　组织结构

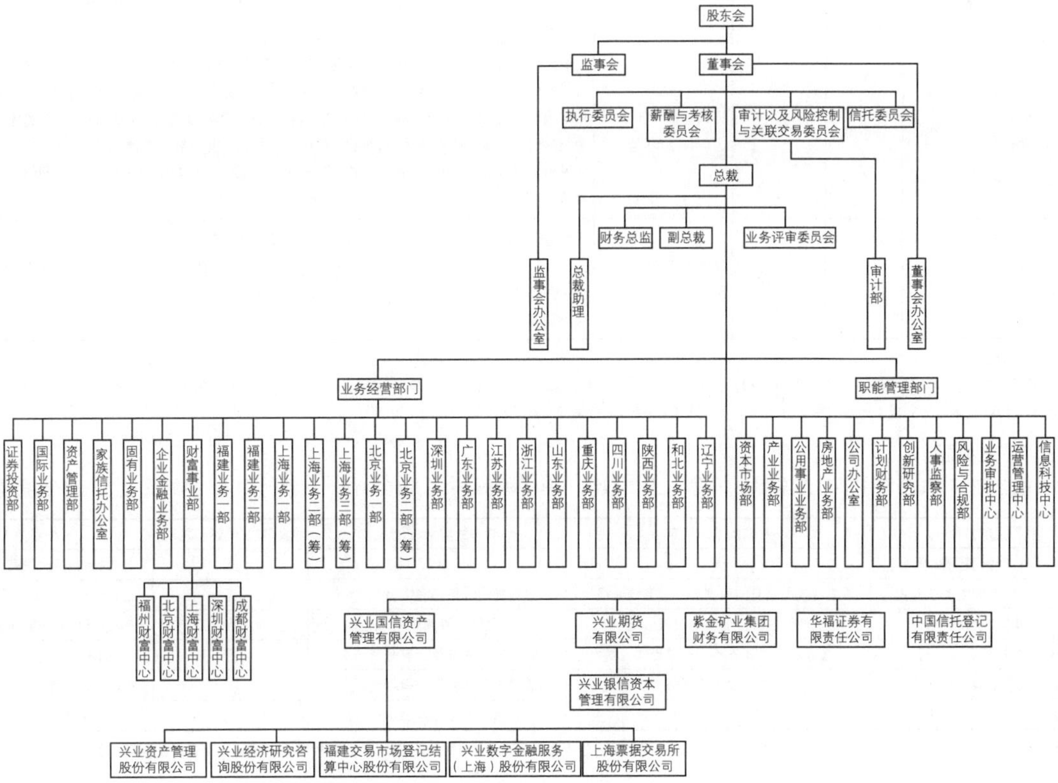

## 3. 公司治理结构

### 3.1 股东

#### 3.1.1 股东

截至报告期末，本公司股东总数为6家。

| 股东名称 | 持股比例（%） | 法人代表 | 注册资本（亿元） | 注册地址 | 主要经营业务及主要财务情况 |
|---|---|---|---|---|---|
| 兴业银行股份有限公司★ | 73.0000 | 高建平 | 207.74 | 福建省福州市湖东路154号 | 主要经营业务：商业银行业务。<br>主要财务情况（经审计）：截至2018年末，资产总额为67 116.57亿元，负债总额为62 390.73亿元，所有者权益为4 725.84亿元。 |
| 福建省能源集团有限责任公司 | 8.4167 | 林金本 | 100 | 福州市省府路1号 | 主要经营业务：对能源、矿产品、金属矿、非金属矿、建筑、房地产、港口、民爆化工、酒店、旅游、金融（不含证券、期货投资咨询）、药品、贸易、环境保护、建筑材料、装修材料、金属材料、普通机械、电器机械及器材、水泥包装的投资、技术服务、咨询服务；矿产品、化工产品（不含危险品）、建筑材料、装修材料、金属材料、普通机械、电器机械及器材的销售；房地产开发；对外贸易（依法须经批准的项目，经相关部门批准后方可开展经营活动）。<br>主要财务情况（未经审计）：截至2018年末，资产总额为1 343.63亿元，负债总额为784.44亿元，所有者权益为559.19亿元。 |
| 厦门国贸集团股份有限公司 | 8.4167 | 许晓曦 | 18.16 | 厦门市湖里区仙岳路4688号国贸中心2801单元 | 主要经营业务：金属及金属矿批发（不含危险化学品和监控化学品）；经营各类商品和技术的进出口（不另附进出口商品目录），但国家限定公司经营或禁止进出口的商品及技术除外；其他未列明批发业（不含需经许可审批的经营项目）；工艺美术品及收藏品零售（不含文物、象牙及其制品）；其他未列明零售业（不含需经许可审批的项目）；珠宝首饰零售；房地产开发经营；国际货运代理；国内货运代理；其他未列明运输代理业务（不含须经许可审批的事项）；机械设备仓储服务；其他仓储业（不含需经许可审批的项目）；黄金现货销售；白银现货销售；对第一产业、第二产业、第三产业的投资（法律法规另有规定除外）；投资管理（法律法规另有规定除外）；第二类医疗器械零售；第三类医疗器械零售。<br>主要财务情况（经审计）：截至2018年末，资产总额为759.75亿元，负债总额为499.98亿元，所有者权益为259.77亿元。 |
| 福建华投投资有限公司 | 4.8085 | 苏文生 | 2.10 | 福建省福州市湖东路152号华信大厦1－6层 | 主要经营业务：对金融、基础设施、高新技术产业、服务业的投资。（依法须经批准的项目，经相关部门批准后方可开展经营活动）<br>主要财务情况（经审计）：截至2018年末，资产总额为20.53亿元，负债总额为4.75亿元，所有者权益总额为15.78亿元。 |
| 福建省华兴集团有限责任公司 | 4.5248 | 陈建武 | 17.30 | 福建省福州市鼓楼区华林路69号 | 主要经营业务：从事政府委托的国有资产的产、股权的管理和营运。对高新技术、房地产、酒店服务、融资担保、融资租赁、典当、小额贷款行业的投资。物业管理、咨询服务、实物租赁；办理政府委托的采购招标业务；工业生产资料、农业生产资料、电子计算机及配件、建筑材料、工艺美术品、百货、五金、交电（依法须经批准的项目，经相关部门批准后方可开展经营活动）。<br>主要财务情况（未经审计）：截至2018年末，资产总额为44.93亿元，负债为31.88亿元，所有者权益为13.05亿元。 |
| 南平市投资担保中心 | 0.8333 | 冯开猛 | 0.73 | 福建省南平市解放路93号 | 主要经营业务：为南平市的重点项目和城市建设筹措资金，授权经营与管理政府或财政委托资产；委托、证券、实业投资；房地产开发；担保、见证、租赁、典当、拍卖等，经主管部门批准的其他业务。<br>主要财务情况（经审计）：截至2018年末，资产总额为0.99亿元，负债总额为0.03亿元，所有者权益为0.96亿元。 |

注：1. ★为本公司控股股东。

2018年12月11日，经原福建银保监局筹备组以闽银保监筹复[2018]106号文核准，同意厦门国贸集团股份有限公司受让澳大利亚国民银行持有的本公司8.4167%股权。2019年1月25日，本公司完成上述股权变更事项的工商变更登记手续，并换发营业执照。

#### 3.1.2 主要股东

截至报告期末，本公司主要股东总数为6家。主要股东及其控股股东、实际控制人、一致行动人、最终受益人等情况具体如下：

| 主要股东名称 | 股东的控股股东 | 股东的实际控制人 | 股东的一致行动人 | 最终受益人 |
|---|---|---|---|---|
| 兴业银行股份有限公司 | 无 | 无 | 无 | 兴业银行股份有限公司 |
| 福建省能源集团有限责任公司 | 福建省人民政府国有资产监督管理委员会 | 福建省能源集团有限责任公司 | 无 | 福建省能源集团有限责任公司 |
| 厦门国贸集团股份有限公司 | 厦门国贸控股集团有限公司 | 厦门国贸控股集团有限公司 | 无 | 厦门国贸集团股份有限公司 |
| 福建华投投资有限公司 | 福建省投资开发集团有限责任公司 | 福建省投资开发集团有限责任公司 | 无 | 福建华投投资有限公司 |
| 福建省华兴集团有限责任公司 | 福建省投资开发集团有限责任公司 | 福建省投资开发集团有限责任公司 | 无 | 福建省华兴集团有限责任公司 |
| 南平市投资担保中心 | 南平市财政局 | 南平市投资担保中心 | 无 | 南平市投资担保中心 |

注：主要股东、控股股东、实际控制人、一致行动人、最终受益人等根据《商业银行股权管理暂行办法》有关规定填报；实际控制人穿透识别至最终的国有控股主体或自然人为止。

## 3.2 董事

截至报告期末，本公司董事会共有9名董事，其中股权董事6名，独立董事3名。

董事长、股权董事

| 姓名 | 职务 | 性别 | 年龄（岁） | 选任日期 | 所推举的股东名称 | 该股东持股比例（%） | 简要履历 |
|---|---|---|---|---|---|---|---|
| 沈卫群 | 董事长 | 男 | 51 | 2019年2月 | 兴业银行股份有限公司 | 73 | 现任兴业国际信托有限公司党委书记、董事长、法定代表人，曾任兴业银行上海分行副行长，兴业银行南宁分行行长，兴业银行杭州分行行长等职务。 |
| 林榕辉 | 董事 | 男 | 49 | 2019年2月 | 兴业银行股份有限公司 | 73 | 现任兴业银行总行同业金融部总经理，曾任兴业银行总行计划资金部副总经理、信用审查部总经理、漳州分行行长、同业业务部总经理、风险管理部总经理、研究规划部总经理、企业金融总部副总裁、金融市场总部副总裁等职务。 |
| 薛瑞锋 | 董事 | 男 | 56 | 2019年2月 | 兴业银行股份有限公司 | 73 | 现任兴业国际信托有限公司党委委员、董事、总裁，曾任兴业银行计划财务部副总经理、资金营运中心副总经理、资产托管部总经理，华福证券公司董事，兴业基金管理有限公司董事、总经理，兴业银行私人银行部总经理等职务。 |
| 林　中 | 董事 | 男 | 43 | 2019年4月 | 福建省能源集团有限责任公司 | 8.4167 | 现任福建省能源集团有限责任公司总经理助理、金融管理办公室主任，曾任福建省能源集团有限责任公司财务与资产管理部副经理、资本运营部副经理等职务。 |
| 吴　军 | 董事 | 男 | 47 | 2019年4月 | 厦门国贸集团股份有限公司 | 8.4167 | 现任厦门国贸集团股份有限公司金融事业一部副总经理、厦门国贸投资有限公司总经理，曾任厦门国贸集团股份有限公司资本运营部副总经理、总经理等职务。 |
| 苏文生 | 董事 | 男 | 53 | 2019年2月 | 福建华投投资有限公司 | 4.8085 | 现任福建华投投资有限公司总经理、福建省闽投资产管理有限公司董事长，曾任中闽国贸发展公司业务三部副经理，福建投资开发总公司投资管理部科长，福建省国有资产管理有限公司董事、副总经理，福建华投投资有限责任公司副总经理等职务。 |

注：1. 本公司第五届董事会任期原定于2018年9月21日届满。因本公司原股东澳大利亚国民银行所持本公司股权转让工作等因素，经本公司2018年第二次临时股东会审议通过，第五届董事会任期到期换届选举工作延期至本项股权转让工作完成后举行。

2. 2019年2月2日，本公司原董事蓝玉权先生向本公司董事会提交书面辞呈。因本公司原股东澳大利亚国民银行已转让其所持有的本公司全部股权，根据《中华人民共和国公司法》和本公司章程规定，蓝玉权先生作为澳大利亚国民银行提名的董事，辞去本公司第五届董事会董事及董事会下设专业委员会委员职务。

3. 2019年2月24日，本公司2019年第二次临时股东会选举产生了本公司第六届董事会及成员，林艳女士不再担任本公司董事及董事会下设专业委员会委员职务。

4. 经福建银保监局以闽银保监复[2019]163号、闽银保监复[2019]164号文件批复，核准林中、吴军兴业国际信托有限公司董事的任职资格。

独立董事

| 姓名 | 所在单位及职务 | 性别 | 年龄（岁） | 选任日期 | 提名方 | 简要履历 |
|---|---|---|---|---|---|---|
| 卢东斌 | — | 男 | 71 | 2019年2月 | 本公司 | 已退休，历任中国人民大学商学院教研室主任、系主任、副院长等职务。 |
| 吴世农 | 厦门大学教授、博士生导师 | 男 | 63 | 2019年2月 | 本公司 | 现任厦门大学管理学院教授、博士生导师，历任厦门大学中加MBA教育中心主任，厦门大学工商管理学院院长，厦门大学管理学院常务副院长和院长，厦门大学副校长等职务。 |
| 田　力 | 纽金国际控股集团执行董事兼行政总裁 | 男 | 51 | 2019年2月 | 本公司 | 现任纽金国际控股集团执行董事兼行政总裁、纽约金融学院执行董事、纽约温莎学校董事，香港国际金融资源服务有限公司董事长兼CEO，兼任中国长城华西银行、兴证国际金融集团（香港）独立董事，中国银行业协会顾问、亚洲金融合作协会战略发展CEO及中银协东方高管研修院投资银行资深专家等职务，曾任荷兰银行集团（香港）执行董事兼中国区金融机构业务主管，中银国际（香港）执行董事兼投资银行金融机构部主管，美国摩根大通银行（纽约）投资银行部金融机构部高级经理等职务。 |

## 3.3 监事

截至报告期末，本公司监事会共有3名监事，其中包括1名职工监事。

监事长、监事

| 姓名 | 职务 | 性别 | 年龄（岁） | 选任日期 | 所推举的股东名称 | 该股东持股比例（%） | 简要履历 |
|---|---|---|---|---|---|---|---|
| 吕　伟 | 监事长 | 男 | 49 | 2019年2月 | 兴业银行股份有限公司 | 73 | 现任兴业国际信托有限公司党委委员、纪委书记、监事长、工会主席，曾任兴业银行人事部副总经理，北京分行纪委副书记、综合部总经理，审计部副总经理，研究规划部副总经理，计划财务部副总经理，投资银行部副总经理，石家庄分行行长，重庆分行行长，济南分行行长等职务。 |
| 冯开猛 | 监事 | 男 | 50 | 2019年2月 | 南平市投资担保中心 | 0.8333 | 现任南平市金融控股有限公司（南平资产投资运营管理有限公司）党委书记、董事长、总经理，南平市投资担保中心法定代表人，曾任南平市财政局会计集中核算中心副主任科员、南平市财政局会计集中管理办公室副主任、南平市财政局驻南平市交通局财务专员，政和县外屯乡党委书记，南平市审计局纪检组长，南平市国资委副主任，南平绿发集团有限公司党委书记、董事长等职务。 |

续表

| 姓名 | 职务 | 性别 | 年龄（岁） | 选任日期 | 所推举的股东名称 | 该股东持股比例（%） | 简要履历 |
|---|---|---|---|---|---|---|---|
| 谢炳华 | 职工监事 | 男 | 46 | 2019年2月 | 本公司职工代表大会 | — | 现任兴业国际信托有限公司审计部总经理，曾任兴业国际信托有限公司直属业务总部总经理等职务。 |

注：本公司第五届监事会任期原定于2018年9月21日届满。因本公司原股东澳大利亚国民银行所持本公司股权转让工作等因素，经本公司2018年第二次临时股东会审议通过，第五届监事会任期到期换届选举工作延期。2019年2月24日，本公司2019年第二次临时股东会选举产生了本公司第六届监事会及成员，叶美秀女士不再担任本公司监事职务。

## 3.4 高级管理人员

本公司共有6名高级管理人员。

高级管理人员

| 姓名 | 职务 | 性别 | 年龄（岁） | 选任日期 | 金融从业年限（年） | 学历/学位 | 专业 | 简要履历 |
|---|---|---|---|---|---|---|---|---|
| 薛瑞锋 | 总裁 | 男 | 56 | 2019年2月 | 22 | 博士研究生/经济学博士学位 | 企业管理 | 现任兴业国际信托有限公司党委委员、董事、总裁，曾任兴业银行计划财务部副总经理、资金营运中心副总经理、资产托管部总经理，华福证券公司董事，兴业基金管理有限公司董事、总经理，兴业银行私人银行部总经理等职务。 |
| 司　斌 | 副总裁 | 男 | 46 | 2019年2月 | 24 | 大学本科/经济学学士 | 金融 | 现任兴业国际信托有限公司党委委员、副总裁，曾任兴业银行公司业务部总经理助理、郑州分行副行长等职务。 |
| 徐　静 | 副总裁 | 女 | 49 | 2019年2月 | 27 | 大学本科/经济学学士 | 金融 | 现任兴业国际信托有限公司党委委员、副总裁，曾任兴业银行福州分行福兴支行副行长、行长，福州分行华林支行行长，福州分行总行营业部总经理，福州分行副行长等职务。 |
| 张小坚 | 总裁助理 | 男 | 49 | 2019年4月 | 17 | 大学本科/工商管理硕士 | 工商管理硕士 | 现任兴业国际信托有限公司党委委员、总裁助理，兴业国信资产管理有限公司总经理，曾任兴业证券有限公司投资银行总部副总经理，国盛证券有限公司北京管理总部总经理，国海证券有限公司副总裁，国海富兰克林基金公司代理董事长，广西有色金属集团有限公司总经理助理等职务。 |
| 杨刚强 | 董事会秘书 | 男 | 40 | 2019年2月 | 18 | 大学本科/经济学学士 | 国际金融 | 现任兴业国际信托有限公司董事会秘书兼董监事会办公室总经理，曾任兴业银行总行办公室综合处高级副理，兴业国际信托有限公司办公室总经理、人力资源部总经理等职务。 |
| 郑桦舒 | 总裁助理 | 男 | 36 | 2019年2月 | 13 | 大学本科/经济学学士 | 国际会计 | 现任兴业国际信托有限公司总裁助理，曾任职于澳门国际银行风险管理部、兴业银行总行风险管理部，曾任兴业国际信托有限公司直属业务总部副总经理、厦门业务部总经理、直属业务总部总经理等职务。 |

注：2019年2月24日，本公司第六届董事会第一次会议聘任了本公司高级管理层成员。经福建银保监局以闽银保监复［2019］176号文件批复，核准张小坚兴业国际信托有限公司总裁助理的任职资格。

## 3.5 员工情况

截至报告期末，本公司在职正式员工576人，平均年龄为34岁。其中，博士学历11人，占1.9%；硕士学历302人，占52.4%；本科学历258人，占44.8%；专科学历5人，占0.9%。

# 4. 经营管理

## 4.1 经营目标、经营方针、战略规划

### 4.1.1 经营目标

认真贯彻落实中央经济工作会议精神和金融监管要求，立足内外部形势变化，围绕公司发展战略规划，抓住“效益优先、强化转型、优化结构、严防风险”的工作主线，立足服务实体经济，主动回归信托本源，加快提升主动管理能力，持续优化信托业务结构，继续大力夯实客户基础、业务基础和管理基础，以产品模式创新带动资产结构调整，以业务方向创新形成差异化竞争格局，以客户服务创新提升业务综合收益，不断强化风险管控水平，全面提升公司经营发展的质量和效益，持续推动建设综合性、多元化、有特色的全国一流信托公司。

### 4.1.2 经营方针

公司的经营方针是以市场为导向、以客户为中心、以人才为根本、以创新为动力，综合化经营，专业化服务。

### 4.1.3 战略规划

本公司发展战略规划是围绕建设成为“综合性、多元化、有特色的全国一流信托公司”的战略目标，充分发挥兴业银行等主要股东资源优势，战略聚焦主动管理类业务和股权投资类业务，保持管理资产规模稳健增长，加快推动业务转型创新，持续提升盈利能力；以客户为中心，战略聚焦高净值客户群体，构建综合金融服务能力；充分利用互联网技术，探索具有特色的信托公司轻型发展创新之路；积极发挥对外股权投资制度优势，持续打造综合化经营平台，致力于发展成为具有行业领先的投资管理能力、资源整合能力、业务创新能力、风险管理能力和综合经营能力的一流信托公司。

## 4.2 所经营业务的主要内容

自营资产运用与分布表

| 资产分布 | 金额(万元) | 占比(%) | 资产分布 | 金额(万元) | 占比(%) |
|---|---|---|---|---|---|
| 货币资产 | 120 817.13 | 6.58 | 基础产业 | 32 796.00 | 1.79 |
| 应收账款 | 19 780.39 | 1.08 | 房地产业 | 86 696.99 | 4.72 |
| 交易性金融资产 | — | — | 证券市场 | 633 701.95 | 34.52 |
| 可供出售金融资产 | 517 206.31 | 28.17 | 实业 | 58 144.86 | 3.17 |
| 持有至到期投资 | — | — | 金融机构 | 120 518.58 | 6.56 |
| 贷款和应收款项类投资 | 733 029.50 | 39.93 | 其他 | 903 930.46 | 49.24 |
| 长期股权投资 | 404 516.48 | 22.04 | | | |
| 其他 | 40 439.03 | 2.20 | | | |
| 资产总计 | 1 835 788.84 | 100.00 | 资产总计 | 1 835 788.84 | 100.00 |

信托资产运用与分布表

| 资产运用 | 金额(万元) | 占比(%) | 资产分布 | 金额(万元) | 占比(%) |
|---|---|---|---|---|---|
| 货币资产 | 678 311.08 | 0.93 | 基础产业 | 5 335 851.47 | 7.32 |
| 贷款 | 21 406 432.62 | 29.37 | 房地产 | 6 593 769.48 | 9.05 |
| 交易性金融资产投资 | 7 051 531.24 | 9.67 | 证券市场 | 6 879 812.71 | 9.44 |
| 可供出售金融资产投资 | 30 042 421.19 | 41.21 | 实业 | 25 308 279.61 | 34.72 |
| 持有至到期投资 | 4 176.80 | 0.01 | 金融机构 | 28 576 744.67 | 39.20 |
| 长期股权投资 | 7 877 491.39 | 10.81 | 其他 | 200 382.21 | 0.27 |
| 其他 | 5 834 475.83 | 8.00 | | | |
| 信托资产总计 | 72 894 840.15 | 100.00 | 信托资产总计 | 72 894 840.15 | 100.00 |

## 4.3 市场分析

2018 年,我国面临了多年来少有的严峻复杂形势,外部有美联储持续加息和中美贸易摩擦带来的不确定性,国内有经济周期结构性问题叠加,还有强化监管、规范地方政府债务等“几碰头”,导致社会信用收缩,小微企业、民营企业融资难融资贵问题比较突出,经济下行压力加大。

从行业发展看,2018 年信托行业顺应经济金融形势变化,较好地把握了行业发展的节奏和力度,提质增效,回归本源,积极服务实体经济,夯实财富管理与资产管理能力。推动体制机制改革,优化业务结构,提升主动管理能力成为行业共识。服务实体经济是防范系统性金融风险的根本举措。信托业按照“六稳”要求,妥善地平衡信托资产规模下降与适当稳定流入实体经济部门资金数量的比率关系,积极支持国家重大战略实施,提高金融服务效率,着重在引导资金进入工商企业和加大基础设施领域补短板方面下功夫,为创设新的增长动能发挥信托资金的跨界优势,形成经济与金融政策合力。

展望 2019 年,虽然国际经济金融形势依然错综复杂,不确定性仍然较多,但国内经济金融领域的结构调整出现积极变化,经济增长保持韧性,增长动力加快转换,金融服务实体经济的质量和效率逐步提升。从信托行业来说,与实体经济紧密结合是信托业的立业之基,不断推行改革创新是信托公司发展的活力源泉,坚持市场化导向是信托业发展的关键所在,不断深化信托发展规律的认识是信托业发展的重要保障。信托公司需要兼顾防风险与稳增长,合理选择自身定位,在激烈的市场竞争中,行业龙头竞争优势将更加突出,行业分化也愈加明显。预计在监管政策的支持引导下,具有直接融资特点的资金信托和以受托管理为特点的服务信托将成为行业发展的新方向,而回归本源的公益信托、家族信托等产品地位愈加凸显。在复杂的经济环境下,信托公司的产品创新能力、自主投资能力、自主获客能力与财富销售能力将成为信托公司转型发展过程中重要的抓手;加强金融科技建设、提升风险管理能力成为信托公司稳健的可持续发展的核心要求。

## 4.4 内部控制

### 4.4.1 内部控制环境和内部控制文化

根据国家有关法律和本公司章程,本公司已构建了较为完善的法人治理结构,“三会一层”合理分工、有效制衡的运行机制持续健全,公司治理、业务治理、风险治理机制持续完善。事前防范、事中控制和事后监督形成防范风险有效机制,为本公司营造良好的内部控制环境。

本公司高度重视内部控制文化建设,通过完善内部控制制度、组织业务培训及从业资格认证、开展各类检查和内控自评、遴选宣导业务案例等方式,传导贯彻内部控制理念,培养员工合规理念与风险防范意识,内部控制文化深入人心。

### 4.4.2 内部控制措施

本公司董事会负责建立并实施充分而有效的内部控制体系。董事会下设审计以及风险控制与关联交易委员会,负责监督公司内部控制的有效实施和内部控制自我评价情况。报告期内,本公司内部控制工作机制持续完善,经营部门及业务管理职能部门、风险管理部门、内部审计部门三道风险防御体系持续加强,分级授权机制明确有效,风险管理报告体系完整规范,在内部控制环境、程序和措施上遏制各类潜在风险。

本公司严格执行前台、中台、后台分立运行的业务流程。前台负责对业务进行前期立项、初步论证、尽职调查、方案设计和材料收集;中台贯穿业务的决策程序和管理环节,负责业务的合法合规性审核、项目评估和业务审批,负责对业务的运营维护;后台负责对信托业务和自营业务的支持保障,包括财务管理和会计核算、科技支持、审计监督等,对前中台提供支持服务和监督评价等。前台、中台、后台形成高效配合和有效制衡运行机制。

报告期内,本公司规章制度体系持续完善,累计新制定或修订规章制度 129 项,形成现行有效的规章制度 384 项;组织开展深化整治市场乱象暨信贷文化建设工作,组织开展内控检查工作,开展“兴航程”合规内控强化执行年活动,建立全流程风险管控机制,加强风险应急预案及处置研究;每年度定期开展内控自评工作,根据评估结果,优化风险控制措施,确保风险可控;积极发挥内部审计监督作用,提高审计工作质量,充分发挥内部审计在防范风险、完善管理和提高前中后台运营效率等方面的作用;进一步加强内部控制管理,定期发布法律法规汇编、有效制度清单，不定期组织开展法律法规、内部控制制度和内部控制流程、风险管理等方面培训，全面强化内部控制制度及操作流程的有效贯彻和执行。

4.4.3 监督评价与纠正

本公司对内部控制建立和执行情况进行定期或不定期的监督检查，评价内部控制有效性，发现内部控制缺陷并及时加以改进，确保内部控制有效运行。

本公司各业务部门对各项业务的经营状况和风险管理情况进行经常性自我评估，及时发现内部控制缺陷并切实整改落实到位。风险与合规部作为内控管理职能部门，负责内控评价工作的牵头组织实施，结合内外部监督检查情况，对业务部门的内控自评结果进行抽查、复评，验证内控评价结果的有效性，促进内控评价的客观性、全面性。审计部依照内部审计工作程序开展独立的审计监督活动，出具内部审计报告，督促各部门对审计发现问题进行及时整改并跟踪落实。

## 4.5 风险管理

4.5.1 风险管理概况

本公司在经营活动中可能遇到的风险主要包括信用风险、市场风险、操作风险、合规风险、声誉风险、外包风险、信息科技风险、战略风险等。

本公司风险管理遵循合规性、全面性、独立性、制衡性、程序性等基本原则。合规性，即本公司经营活动应遵守所涉及的法律法规、监管规定及公司规章制度；全面性，即本公司风险管理涵盖各项业务管理各环节，并渗透到各项业务过程中；独立性，即本公司风险管理部门与各业务部门及支持保障部门保持相互独立，可直接向董事会和高级管理层报告，保证风险管理得到切实有效的执行；制衡性，即明确划分相关部门、岗位之间的职责，建立职责分离、横向与纵向相互监督制约的机制；程序性，即本公司风险管理组织系统的安排遵循事前授权审批、事中控制和事后监督三道程序。

在风险管理组织架构建设方面，本公司分别在董事会、经营管理层面设立了相应的风险管理机构，风险防范制度贯穿于业务全过程。

（1）在董事会层面设立了审计以及风险控制与关联交易委员会，负责指导本公司的风险控制、管理、监督和评估工作。

（2）在经营管理层面设立了业务评审委员会，作为本公司管理层决定自营业务与信托业务项目的决策机构；设立了风险管理委员会，作为本公司管理层决定各类风险管理政策及重大风险事项的决策机构。

（3）本公司设立专业管理部门，负责所属板块业务的项目立项管理工作；设立业务审批中心，负责对所有拟开展的业务项目进行初审，向业务评审委员会提交审查意见；设立风险与合规部，负责履行业务风险管理和合规管理职责；设立运营管理中心，负责履行业务项目存续期事务的集中运营管理职责。

（4）本公司设立审计部，负责对公司内部控制和业务风险管理状况进行监督评价，并直接向董事会报告。

4.5.2 风险状况

4.5.2.1 信用风险状况

信用风险是指交易对手未能履行合同所带来的经济损失风险。本公司高度关注交易对手的履约能力，针对各类业务特点制定了相应的业务评审指引和操作规程，将信用风险管理运用于贷前调查、贷中审查和贷后管理阶段。

信用风险资产分类情况：（1）信托业务方面，截至报告期末，本公司信托资产为7 289.48亿元，无不良资产。（2）固有业务方面，截至报告期末，本公司信用风险资产总计144.68亿元，其中不良资产金额合计为8.08亿元。

本公司一般准备、资产减值准备的计提和信托赔偿准备金提取方法如下：（1）一般准备：根据国家财政部《关于印发〈金融企业准备金计提管理办法〉的通知》（财金［2012］20号）规定，本公司从当年净利润中提取一般风险准备作为利润分配处理，用于弥补尚未识别的可能性损失的准备。一般风险准备按风险资产期末余额的1.5%提取。（2）资产减值准备：计提资产减值准备的范围和方法见会计报表附注。（3）信托赔偿准备金：根据《信托公司管理办法》第四十九条规定，从税后利润中提取5%作为信托赔偿准备金。

对于抵押品确认原则：抵押品必须是抵押人合法所有的或依法有处分权的财产，且须经过有资质的中介机构评估，抵押贷款应签订抵押合同，并按规定到有关部门登记。本公司在参考中介机构评估价值的基础上，结合业务实际情况，综合评判抵押物价值。

4.5.2.2 市场风险状况

市场风险是指因为股价、房价、市场汇率、利率或其他价格因素变动而产生的或可能产生的风险。市场风险具有很强的传导性，某些信用风险的根源可能也来自交易对手的市场风险。

信托资产方面，截至报告期末，本公司房地产信托业务规模为651.75亿元，占本公司信托业务总规模的8.98%，该类项目受国家宏观政策影响相对较大，房地产市场价格与销售状况将影响信托项目的资金回笼。本公司集合类房地产信托融资担保较为充足，抵押率均控制在较低水平，融资人违约成本高，各项风险控制措施设置得当。截至报告期末，本公司证券投资信托业务（含股票、债券、基金）规模为665.82亿元，主要运用为债券、二级市场股票和基金投资等。

固有资产方面，截至2018年末，本公司证券投资（含股票、债券、基金）公允价值为15.74亿元，其中债券投资公允价值为3.06亿元，基金投资公允价值为12.68亿元，市场风险相对较小；应收款项类投资余额为73.30亿元，主要为信托产品投资及垫付的信保基金；长期股权投资余额为40.45亿元，包括兴业国信资产管理有限公司的34.00亿元，兴业期货有限公司的6.45亿元。

4.5.2.3 操作风险状况

操作风险主要是指因内部控制系统不完善、管理失误、控制缺失或其他一些人为错误而导致的风险。本公司内控制度和操作规程涵盖了所有的业务领域，合理调整组织架构设置，建立岗位相互制衡机制。本公司制定了《兴业国际信托有限公司操作风险管理办法》，不断完善操作规程，持续优化业务流程，开展业务连续性管理工作，加强案件风险管控，严格按照本公司问责制度的有关规定对违规操作的人员进行问责，操作风险控制良好。

4.5.2.4 其他风险状况

本公司可能面临的其他风险主要包括合规风险、声誉风险、外包风险、信息科技风险、战略风险等。报告期内本公司未发生此类风险。

4.5.3 风险管理

4.5.3.1 信用风险管理

本公司信用风险管理策略:一是针对各类业务特点制定了相应的评审指引、准入标准和操作规程等管理办法;二是加强事前对交易对手的尽职调查,进行事前控制;三是严格落实担保措施,客观、公正地评估抵(质)押物,并通过关注交易对手抵(质)押物情况和资信状况,持续跟踪进行事中和事后控制;四是对所购入的债券进行信用级别限制;五是风险管理部门对业务项目信用风险情况进行全面风险排查,及时发现问题并采取相应措施;六是遵照监管机构及风险管控的要求,进行资产风险分类,实施动态管理;七是严格按财政部和中国银保监会的要求,足额提取包括资产减值准备、一般准备和信托赔偿准备金在内的各项准备金。

4.5.3.2 市场风险管理

本公司市场风险管理策略:一是加强宏观经济形势和重大经济政策的分析预测,评估宏观因素变化可能给投资带来的系统性风险,提出业务主要发展方向和调整方案;二是根据市场行情,加强对交易对手在其所处行业的市场竞争能力分析,准确把握资金进入时机,密切跟踪市场变化,及时调整投资策略,通过资产或投资的合理组合实现风险的有效对冲和补偿,以规避市场风险;三是在业务决策和业务流程管理过程中,通过压力测试和动态监控,对项目进行严格管理;四是积极贯彻落实监管部门有关法律法规精神,及时对相关业务作出风险提示,密切关注市场变化,加强风险防范,确保风险可控。

4.5.3.3 操作风险管理

本公司操作风险管理策略:一是不断健全完善各项规章制度和业务操作流程,构建了职责分离、相互监督制约的组织架构,制定了科学的业务审批程序,并切实加强执行力度;二是实行严格的业务流程审核、复核程序,采用全流程管理系统,严格防范操作风险;三是加强员工教育培训,全面推行内部从业资格考试上岗制度,提升员工的专业知识和专业技能;严格执行问责制度,提高业务合规管理和风险管理质量;四是对内控执行情况和项目合规情况进行定期或不定期检查,并督促及时整改。

4.5.3.4 其他风险管理

针对可能面临的其他风险如合规风险、声誉风险、外包风险、信息科技风险、战略风险等,本公司通过制定并执行相应的风险控制制度加以防范和化解。

## 4.6 子公司经营情况

### 4.6.1 全资子公司:兴业国信资产管理有限公司

兴业国信资产管理有限公司成立于2013年4月,是经原中国银监会批准,由本公司全资设立的一人有限责任公司,注册资本34亿元,主要经营范围为资产管理、股权投资(项目符合国家宏观经济政策和产业政策要求)、实业投资、投资管理、投资顾问。截至报告期末,兴业国信资产管理有限公司(合并口径)资产总额为185.70亿元,所有者权益为51.89亿元,报告期内累计实现营业收入为11.17亿元,实现利润总额为4.21亿元,实现净利润为3.04亿元。

报告期内,兴业国信资产管理有限公司以主动管理和股权投资为重点的业务转型继续稳步推进。主动管理业务方面,提供多元化融资服务方案,满足客户多层次融资需要;股权投资业务领域,继续聚焦汽车、高端制造、节能环保、医疗健康、人工智能行业,丰富公司投资行业布局,树立公司股权投资品牌优势;在投贷联动业务推进上,积极探索投贷联动模式,提升核心企业客户数,创造更多附加效益。

### 4.6.2 全资子公司:兴业期货有限公司

兴业期货有限公司前身是1993年成立的宁波杉立期货经纪有限公司,现有注册资本为5亿元,本公司的持股比例为100%。经营范围包括商品期货经纪、金融期货经纪、期货投资咨询、资产管理。

报告期内,兴业期货有限公司充分依托股东资源背景优势,持续优化法人治理结构;坚持全国化发展战略,不断拓宽业务辐射半径,已设立17家分公司、5个总部直属期货业务部、资产管理部及风险管理子公司——兴业银信资本管理有限公司,全国化、专业化经营布局基本完成;着力强化业务拓展能力和创新能力,经纪业务稳步发展,资管主动管理业务取得良好起步,核心研发能力持续增强,信息科技建设进一步完善,合规内控水平不断提高,各项业务实现持续健康发展。截至报告期末,兴业期货有限公司资产总额达39.52亿元,客户权益总额达33.15亿元,分别同比增长16.86%、13.71%,行业排名各主要指标均符合监管要求。

# 5. 报告期末及上一年度末的比较式会计报表

## 5.1 自营资产

### 5.1.1 会计师事务所审计意见全文

审计报告

德师报(审)字(19)第P02574号

兴业国际信托有限公司董事会:

一、审计意见

我们审计了兴业国际信托有限公司(以下简称贵公司)的财务报表,包括2018年12月31日的合并及母公司资产负债表,2018年度的合并及母公司利润表、合并及母公司现金流量表、合并及母公司所有者权益变动表以及相关财务报表附注。

我们认为,后附的财务报表在所有重大方面按照企业会计准则的规定编制,公允反映了贵公司2018年12月31日的合并及母公司财务状况以及2018年度的合并及母公司经营成果和合并及母公司现金流量。

二、形成审计意见的基础

我们按照中国注册会计师审计准则的规定执行了审计工作。审计报告的“注册会计师对财务报表审计的责任”部分进一步阐述了我们在这些准则下的责任。按照中国注册会计师职业道德守则,我们独立于贵公司,并履行了职业道德方面的其他责任。我们相信,我们获取的审计证据是充分、适当的,为发表审计意见提供了基础。

三、管理层和治理层对财务报表的责任

贵公司管理层负责按照企业会计准则的规定编制财务报表，使其实现公允反映，并设计、执行和维护必要的内部控制，以使财务报表不存在由于舞弊或错误导致的重大错报。

在编制财务报表时，管理层负责评估贵公司的持续经营能力，披露与持续经营相关的事项（如适用），并运用持续经营假设，除非管理层计划清算贵公司、终止运营或别无其他现实的选择。

治理层负责监督贵公司的财务报告过程。

四、注册会计师对财务报表审计的责任

我们的目标是对财务报表整体是否不存在由于舞弊或错误导致的重大错报获取合理保证，并出具包含审计意见的审计报告。合理保证是高水平的保证，但并不能保证按照审计准则执行的审计在某一重大错报存在时总能发现。错报可能由于舞弊或错误导致，如果合理预期错报单独或汇总起来可能影响财务报表使用者依据财务报表作出的经济决策，则通常认为错报是重大的。

在按照审计准则执行审计工作的过程中，我们运用职业判断，并保持职业怀疑。同时，我们也执行以下工作：

1. 识别和评估由于舞弊或错误导致的财务报表重大错报风险，设计和实施审计程序以应对这些风险，并获取充分、适当的审计证据，作为发表审计意见的基础。由于舞弊可能涉及串通、伪造、故意遗漏、虚假陈述或凌驾于内部控制之上，未能发现由于舞弊导致的重大错报的风险高于未能发现由于错误导致的重大错报的风险。

2. 了解与审计相关的内部控制，以设计恰当的审计程序，但目的并非对内部控制的有效性发表意见。

3. 评价管理层选用会计政策的恰当性和作出会计估计及相关披露的合理性。

4. 对管理层使用持续经营假设的恰当性得出结论。同时，根据获取的审计证据，就可能导致对贵公司持续经营能力产生重大疑虑的事项或情况是否存在重大不确定性得出结论。如果我们得出结论认为存在重大不确定性，审计准则要求我们在审计报告中提请报表使用者注意财务报表中的相关披露；如果披露不充分，我们应当发表非无保留意见。我们的结论基于截至审计报告日可获得的信息。然而，未来的事项或情况可能导致贵公司不能持续经营。

5. 评价财务报表的总体列报、结构和内容（包括披露），并评价财务报表是否公允反映相关交易和事项。

6. 就贵公司中实体或业务活动的财务信息获取充分、适当的审计证据，以对财务报表发表审计意见。我们负责指导、监督和执行集团审计，并对审计意见承担全部责任。

我们与治理层就计划的审计范围、时间安排和重大审计发现等事项进行沟通，包括沟通我们在审计中识别出的值得关注的内部控制缺陷。

德勤华永会计师事务所（特殊普通合伙） 中国注册会计师

中国•上海 李冰雯

刘书旸

2019 年 4 月 15 日

5.1.2 资产负债表

**合并资产负债表**

编制单位：兴业国际信托有限公司　　2018 年 12 月 31 日　　单位：万元

| 项目 | 2018 年 12 月 31 日 | 2017 年 12 月 31 日（已重述） |
|---|---|---|
| 资产 | | |
| 货币资金 | 419 541.81 | 281 638.62 |
| 以公允价值计量且其变动计入当期损益的金融资产 | 894 515.02 | 406 807.70 |
| 买入返售金融资产 | 61 990.90 | 13 600.00 |
| 应收账款 | 28 491.50 | 28 412.15 |
| 应收期货保证金 | 95 859.34 | 104 467.31 |
| 可供出售金融资产 | 867 970.26 | 1 131 255.92 |
| 贷款和应收款项类投资 | 1 166 920.58 | 1 474 175.37 |
| 长期股权投资 | 33 585.01 | 35 401.59 |
| 固定资产 | 12 410.66 | 13 565.37 |
| 在建工程 | 1 568.73 | 205.69 |
| 无形资产 | 3 457.37 | 2 389.68 |
| 递延所得税资产 | 35 291.10 | 15 871.15 |
| 商誉 | 8 602.27 | 8 602.27 |
| 其他资产 | 130 249.23 | 83 152.59 |
| 资产总计 | 3 760 453.78 | 3 599 545.41 |

**合并资产负债表（续）**

编制单位：兴业国际信托有限公司　　2018 年 12 月 31 日　　单位：万元

| 项目 | 2018 年 12 月 31 日 | 2017 年 12 月 31 日（已重述） |
|---|---|---|
| 负债 | | |
| 金融机构借款 | 879 371.93 | 1 047 638.93 |
| 拆入资金 | 150 000.00 | — |
| 衍生金融负债 | 12.81 | — |
| 应付职工薪酬 | 57 652.19 | 48 838.09 |
| 应交税费 | 69 773.29 | 22 560.51 |
| 应付债券 | 100 000.00 | — |
| 应付期货保证金 | 324 346.69 | 281 489.18 |
| 期货风险准备金 | 1 461.81 | 1 412.67 |
| 递延收益 | 1 067.23 | 1 432.31 |
| 递延所得税负债 | 17.06 | 127.23 |
| 其他负债 | 422 506.23 | 527 182.73 |
| 负债合计 | 2 006 209.24 | 1 930 681.65 |
| 所有者权益 | | |
| 实收资本 | 500 000.00 | 500 000.00 |
| 资本公积 | 285 478.49 | 315 478.49 |
| 其他综合收益 | （27 769.57） | （8 037.13） |
| 盈余公积 | 90 424.83 | 79 863.98 |
| 信托赔偿准备 | 45 101.15 | 39 820.72 |
| 一般风险准备 | 19 709.87 | 21 342.55 |
| 未分配利润 | 710 659.75 | 593 442.80 |
| 归属于母公司股东权益合计 | 1 623 604.52 | 1 541 911.41 |
| 少数股东权益 | 130 640.02 | 126 952.35 |
| 所有者权益合计 | 1 754 244.54 | 1 668 863.76 |
| 负债和所有者权益总计 | 3 760 453.78 | 3 599 545.41 |

**母公司资产负债表**

编制单位:兴业国际信托有限公司　　2018 年 12 月 31 日　　单位:万元

| 项目 | 2018 年 12 月 31 日 | 2017 年 12 月 31 日 |
|---|---|---|
| 资产 | | |
| 货币资金 | 120 817. 13 | 21 776. 26 |
| 以公允价值计量且其变动计入当期损益的金融资产 | — | 18 659. 15 |
| 买入返售金融资产 | — | 8 600. 00 |
| 应收账款 | 19 780. 39 | 17 507. 46 |
| 可供出售金融资产 | 517 206. 31 | 585 803. 84 |
| 贷款和应收款项类投资 | 733 029. 50 | 836 105. 14 |
| 长期股权投资 | 404 516. 48 | 374 516. 48 |
| 固定资产 | 2 298. 71 | 2 492. 60 |
| 无形资产 | 2 088. 75 | 1 298. 32 |
| 递延所得税资产 | 24 961. 55 | 12 803. 20 |
| 其他资产 | 11 090. 02 | 16 638. 15 |
| 资产总计 | 1 835 788. 84 | 1 896 200. 60 |
| 负债 | | |
| 拆入资金 | 150 000. 00 | — |
| 应付职工薪酬 | 42 817. 85 | 33 351. 40 |
| 应交税费 | 57 894. 02 | 16 357. 33 |
| 其他负债 | 8 063. 60 | 367 978. 06 |
| 负债合计 | 258 775. 47 | 417 686. 79 |
| 所有者权益 | | |
| 实收资本 | 500 000. 00 | 500 000. 00 |
| 资本公积 | 289 428. 00 | 289 428. 00 |
| 其他综合收益 | (15 510. 41) | (8 401. 50) |
| 盈余公积 | 90 424. 83 | 79 863. 98 |
| 信托赔偿准备 | 45 101. 15 | 39 820. 72 |
| 一般风险准备 | 19 438. 75 | 21 068. 43 |
| 未分配利润 | 648 131. 05 | 556 734. 18 |
| 所有者权益合计 | 1 577 013. 37 | 1 478 513. 81 |
| 负债和所有者权益总计 | 1 835 788. 84 | 1 896 200. 60 |

### 5. 1. 3　利润表

**合并利润表**

编制单位:兴业国际信托有限公司　　2018 年度　　单位:万元

| 项目 | 2018 年度 | 2017 年度(已重述) |
|---|---|---|
| 一、营业收入 | | |
| 利息收入 | 9 142. 20 | 7 803. 58 |
| 利息支出 | (59 550. 05) | (20 796. 43) |
| 利息净收入 | (50 407. 85) | (12 992. 85) |
| 手续费及佣金收入 | 267 499. 15 | 216 729. 72 |
| 手续费及佣金支出 | (33 974. 42) | (1 062. 54) |
| 手续费及佣金净收入 | 233 524. 73 | 215 667. 18 |
| 公允价值变动损益 | (6 186. 61) | (2 299. 90) |
| 投资收益 | 146 878. 90 | 83 733. 63 |
| 其中:对联营企业的投资收益 | 834. 78 | 431. 37 |
| 汇兑损益 | (0. 77) | (0. 10) |
| 其他业务收入 | 31 744. 86 | 26 586. 40 |
| 资产处置收益 | 27. 82 | 0. 09 |
| 其他收益 | 3 612. 12 | 2 674. 90 |
| 营业收入合计 | 359 193. 20 | 313 369. 35 |
| 二、营业支出 | | |
| 税金及附加 | (2 624. 78) | (3 270. 72) |
| 业务及管理费 | (124 018. 48) | (106 190. 06) |
| 研发费用 | (5 252. 91) | (6 944. 97) |
| 资产减值损失 | (46 324. 43) | (5 199. 28) |
| 其他业务成本 | (252. 70) | (62. 83) |

续表

| 项目 | 2018 年度 | 2017 年度(已重述) |
|---|---|---|
| 营业支出合计 | (178 473. 30) | (121 667. 86) |
| 三、营业利润 | 180 719. 90 | 191 701. 49 |
| 加:营业外收入 | 15. 52 | 2 188. 84 |
| 减:营业外支出 | (117. 34) | (33. 60) |
| 四、利润总额 | 180 618. 08 | 193 856. 73 |
| 减:所得税费用 | (44 579. 63) | (46 461. 47) |
| 五、净利润 | 136 038. 45 | 147 395. 26 |
| 按经营持续性分类: | | |
| 1. 持续经营净利润 | 136 038. 45 | 147 391. 13 |
| 2. 终止经营净利润 | — | 4. 13 |
| 按所有权归属分类: | | |
| 1. 归属于母公司所有者的净利润 | 132 350. 78 | 146 640. 39 |
| 2. 少数股东损益 | 3 687. 67 | 754. 87 |
| 六、其他综合收益 | (19 732. 44) | (4 589. 00) |
| 以后将重分类进损益的其他综合收益 – 可供出售金融资产公允价值变动损益 | (19 732. 44) | (4 589. 00) |
| 七、综合收益总额 | 116 306. 01 | 142 806. 26 |
| 归属于母公司股东综合收益总额 | 112 618. 34 | 142 051. 39 |
| 归属于少数股东的综合收益总额 | 3 687. 67 | 754. 87 |

**母公司利润表**

编制单位:兴业国际信托有限公司　　2018 年度　　单位:万元

| 项目 | 2018 年度 | 2017 年度 |
|---|---|---|
| 一、营业收入 | | |
| 利息收入 | 1 173. 73 | 2 800. 22 |
| 利息支出 | (12 228. 38) | (12 991. 83) |
| 利息净收入 | (11 054. 65) | (10 191. 61) |
| 手续费及佣金收入 | 214 491. 03 | 165 977. 22 |
| 手续费及佣金支出 | (253. 66) | (136. 40) |
| 手续费及佣金净收入 | 214 237. 37 | 165 840. 82 |
| 公允价值变动损益 | 2 116. 52 | (2 319. 38) |
| 投资收益 | 32 609. 91 | 85 358. 32 |
| 其中:对联营企业的投资收益 | 535. 00 | 207. 86 |
| 其他业务收入 | 136. 28 | 119. 24 |
| 资产处置收益 | 37. 69 | — |
| 其他收益 | — | 220. 77 |
| 营业收入合计 | 238 083. 12 | 239 028. 16 |
| 二、营业支出 | | |
| 税金及附加 | (2 020. 46) | (2 368. 90) |
| 业务及管理费 | (58 271. 01) | (52 365. 64) |
| 资产减值损失 | (39 084. 34) | 124. 87 |
| 其他业务成本 | — | (6. 80) |
| 营业支出合计 | (99 375. 81) | (54 616. 47) |
| 三、营业利润 | 138 707. 31 | 184 411. 69 |
| 加:营业外收入 | — | 5. 45 |
| 减:营业外支出 | (108. 54) | (0. 01) |
| 四、利润总额 | 138 598. 77 | 184 417. 13 |
| 减:所得税费用 | (32 990. 30) | (37 449. 13) |
| 五、净利润 | 105 608. 47 | 146 968. 00 |
| 按经营持续性分类: | | |
| – 持续经营净利润 | 105 608. 47 | 146 968. 00 |
| 六、其他综合收益 | (7 108. 91) | (4 953. 37) |
| 以后将重分类进损益的其他综合收益 – 可供出售金融资产公允价值变动损益 | (7 108. 91) | (4 953. 37) |
| 七、综合收益总额 | 98 499. 56 | 142 014. 63 |

### 5.1.4 所有者权益变动表

**所有者权益变动表（合并）**

编制单位：兴业国际信托有限公司　　2018 年度　　单位：万元

| | 归属于母公司所有者权益 | | | | | | | 少数股东权益 | 所有者权益合计 |
|---|---|---|---|---|---|---|---|---|---|
| | 实收资本 | 资本公积 | 其他综合收益 | 盈余公积 | 信托赔偿准备 | 一般风险准备 | 未分配利润 | | |
| 一、2017 年 12 月 31 日余额 | 500 000.00 | 285 478.49 | (8 037.13) | 79 863.98 | 39 820.72 | 21 342.55 | 592 517.57 | 126 952.35 | 1 637 938.53 |
| 同一控制下企业合并的影响 | — | 30 000.00 | — | — | — | — | 925.23 | — | 30 925.23 |
| 二、2018 年 1 月 1 日余额 | 500 000.00 | 315 478.49 | (8 037.13) | 79 863.98 | 39 820.72 | 21 342.55 | 593 442.80 | 126 952.35 | 1 668 863.76 |
| 三、本年增减变动金额 | | | | | | | | | |
| (一)净利润 | — | — | — | — | — | — | 132 350.78 | 3 687.67 | 136 038.45 |
| (二)其他综合收益 | — | — | (19 732.44) | — | — | — | — | — | (19 732.44) |
| 本年增减变动小计 | — | — | (19 732.44) | — | — | — | 132 350.78 | 3 687.67 | 116 306.01 |
| (三)利润分配 | | | | | | | | | |
| 1. 提取盈余公积 | — | — | — | 10 560.85 | — | — | (10 560.85) | — | — |
| 2. 提取信托赔偿准备 | — | — | — | — | 5 280.43 | — | (5 280.43) | — | — |
| 3. 提取一般风险准备 | — | — | — | — | — | (1 632.68) | 1 632.68 | — | — |
| 4. 对股东的分红 | — | — | — | — | — | — | (832.71) | — | (832.71) |
| (四)同一控制下合并 | — | (30 000.00) | — | — | — | — | (92.52) | — | (30 092.52) |
| 四、2018 年 12 月 31 日余额 | 500 000.00 | 285 478.49 | (27 769.57) | 90 424.83 | 45 101.15 | 19 709.87 | 710 659.75 | 130 640.02 | 1 754 244.54 |

**所有者权益变动表（母公司）**

编制单位：兴业国际信托有限公司　　2018 年度　　单位：万元

| | 实收资本 | 资本公积 | 其他综合收益 | 盈余公积 | 信托赔偿准备 | 一般风险准备 | 未分配利润 | 所有者权益合计 |
|---|---|---|---|---|---|---|---|---|
| 一、2018 年 1 月 1 日余额 | 500 000.00 | 289 428.00 | (8 401.50) | 79 863.98 | 39 820.72 | 21 068.43 | 556 734.18 | 1 478 513.81 |
| 二、本年增减变动金额 | | | | | | | | |
| (一)净利润 | — | — | — | — | — | — | 105 608.47 | 105 608.47 |
| (二)其他综合收益 | — | — | (7 108.91) | — | — | — | — | (7 108.91) |
| (一)和(二)小计 | — | — | (7 108.91) | — | — | — | 105 608.47 | 98 499.56 |
| (三)利润分配 | | | | | | | | |
| 1. 提取盈余公积 | — | — | — | 10 560.85 | — | — | (10 560.85) | — |
| 2. 提取信托赔偿准备 | — | — | — | — | 5 280.43 | — | (5 280.43) | — |
| 3. 提取一般风险准备 | — | — | — | — | — | (1 629.68) | 1 629.68 | — |
| 三、2018 年 12 月 31 日余额 | 500 000.00 | 289 428.00 | (15 510.41) | 90 424.83 | 45 101.15 | 19 438.75 | 648 131.05 | 1 577 013.37 |

## 5.2 信托资产

### 5.2.1 信托项目资产负债汇总表

**信托项目资产负债汇总表**

编制单位：兴业国际信托有限公司　　2018 年 12 月 31 日　　单位：万元

| 信托资产 | 期初数 | 期末数 | 信托负债和信托权益 | 期初数 | 期末数 |
|---|---|---|---|---|---|
| 信托资产 | | | 信托负债 | | |
| 货币资金 | 498 879.08 | 678 311.08 | 交易性金融负债 | — | — |
| 拆出资金 | — | — | 衍生金融负债 | 13.75 | — |
| 交易性金融资产 | 11 162 334.03 | 7 051 531.24 | 应付受益人收益 | 33 228.29 | 59 898.17 |
| 衍生金融资产 | 0.65 | 5.02 | 应交税费 | 292.62 | 6 422.65 |
| 买入返售金融资产 | 2 238 228.19 | 5 443 666.08 | 其他应付款项 | 154 783.44 | 129 886.68 |
| 应收款项 | 616 130.95 | 390 804.73 | 其他负债 | | |
| 发放贷款 | 26 666 398.13 | 21 406 432.62 | 信托负债合计 | 188 318.10 | 196 207.50 |
| 可供出售金融资产 | 42 692 142.42 | 30 042 421.19 | | | |
| 持有至到期投资 | 12 690.34 | 4 176.80 | | | |
| 长期应收款 | — | — | 信托权益 | | |
| 长期股权投资 | 9 329 708.54 | 7 877 491.39 | 实收信托 | 91 662 742.36 | 72 562 508.91 |
| 投资性房地产 | — | — | 资本公积 | — | — |
| 固定资产 | — | — | 未分配利润 | 1 365 451.87 | 136 123.74 |
| 无形资产 | — | — | 信托权益合计 | 93 028 194.23 | 72 698 632.65 |
| 其他资产 | — | — | | | |
| | | | | | |
| 信托资产总计 | 93 216 512.33 | 72 894 840.15 | 信托负债及权益总计 | 93 216 512.33 | 72 894 840.15 |

5.2.2 信托项目利润及利润分配汇总表

**信托项目利润及利润分配表**

编制单位：兴业国际信托有限公司　　单位：万元

| 项目 | 2018 年度 | 2017 年度 |
|---|---|---|
| 一、营业收入 | 3 537 567.26 | 5 850 909.57 |
| 利息收入 | 2 354 413.64 | 2 499 630.80 |
| 投资收益 | 2 063 582.65 | 3 244 856.76 |
| 公允价值变动损益 | (877 735.14) | 106 269.85 |
| 租赁收入 | — | — |
| 汇兑损益 | (2 697.74) | — |
| 其他收入 | 3.85 | 152.16 |
| 二、营业支出 | 416 461.32 | 323 908.10 |
| 三、信托净利润 | 3 121 105.94 | 5 527 001.47 |
| 四、其他综合收益 | — | — |
| 五、综合收益 | 3 121 105.94 | 5 527 001.47 |
| 加：期初未分配信托利润 | 1 365 451.87 | 752 371.74 |
| 六、可供分配的信托利润 | 4 486 557.81 | 6 279 373.21 |
| 减：本期已分配信托利润 | 4 350 434.07 | 4 913 921.34 |
| 七、期末未分配信托利润 | 136 123.74 | 1 365 451.87 |

# 6. 会计报表附注

## 6.1 会计报表编制基准说明

### 6.1.1 本公司编制的会计报表存在不符合会计核算基本前提的事项

无。

### 6.1.2 纳入本公司合并报表范围的子公司情况

| 子公司名称 | 业务性质 | 注册地 | 注册资本（万元） | 实际投资额（万元） | 持股比例（%） | 合并期间 |
|---|---|---|---|---|---|---|
| 兴业国信资产管理有限公司 | 资产管理 | 上海 | 340 000 | 340 000 | 100.00 | 2018 年度 |
| 兴业期货有限公司 | 期货代理 | 宁波 | 50 000 | 64 516 | 100.00 | 2018 年度 |

## 6.2 截至资产负债表日，本公司需要披露的重大或有事项

无。

## 6.3 报告期内重要资产转让及其出售的说明

报告期内，本公司无重要资产转让及出售。

## 6.4 会计报表中重要项目的明细资料

### 6.4.1 自营资产经营情况

6.4.1.1 信用风险资产情况

| 信用风险资产五级分类 | 正常类（万元） | 关注类（万元） | 次级类（万元） | 可疑类（万元） | 损失类（万元） | 信用风险资产合计（万元） | 不良资产合计（万元） | 不良资产率（%） |
|---|---|---|---|---|---|---|---|---|
| 期初数 | 1 451 358 | — | — | 3 000 | — | 1 454 358 | 3 000 | 0.21 |
| 期末数 | 1 175 684 | 190 354 | 80 777 | — | — | 1 446 815 | 80 777 | 5.58 |

6.4.1.2 各项资产减值损失准备情况

单位：万元

| | 期初数 | 本期计提 | 本期转回 | 本期核销 | 期末数 |
|---|---|---|---|---|---|
| 贷款损失准备 | — | — | — | — | — |
| 一般准备 | — | — | — | — | — |
| 专项准备 | — | — | — | — | — |
| 其他资产减值准备 | 1 937 | 39 085 | — | 2 251 | 38 771 |
| 可供出售金融资产减值准备 | 1 937 | 33 374 | — | 2 251 | 33 060 |
| 贷款和应收款项类投资减值准备 | — | 5 711 | — | — | 5 711 |
| 长期股权投资减值准备 | — | — | — | — | — |
| 坏账准备 | — | — | — | — | — |
| 投资性房地产减值准备 | — | — | — | — | — |

6.4.1.3 固有业务股票投资、基金投资、债券投资、股权投资等投资业务情况

单位：万元

| | 自营股票 | 基金 | 债券 | 长期股权投资 | 其他投资 | 合计 |
|---|---|---|---|---|---|---|
| 期初数 | 14 159 | 117 715 | 65 393 | 374 516 | 1 243 302 | 1 815 085 |
| 期末数 | — | 126 830 | 30 625 | 404 516 | 1 213 598 | 1 775 569 |

6.4.1.4 自营长期股权投资情况

| 企业名称 | 占被投资企业权益的比例（%） | 主要经营活动 | 投资收益（万元） |
|---|---|---|---|
| 兴业期货有限公司 | 100 | 期货的代理买卖 | — |
| 兴业国信资产管理有限公司 | 100 | 资产管理 | — |

6.4.1.5 自营贷款情况

无。

6.4.1.6 表外业务情况

单位：万元

| 表外业务 | 期初数 | 期末数 |
|---|---|---|
| 担保业务 | — | — |
| 代理业务（委托业务） | — | — |
| 其他 | — | — |
| 合计 | — | — |

6.4.1.7 2018 年度收入结构

| 收入结构 | 合并 | | 母公司 | |
|---|---|---|---|---|
| | 金额（万元） | 占比（%） | 金额（万元） | 占比（%） |
| 手续费及佣金收入 | 267 499 | 59.09 | 214 491 | 85.60 |
| 其中：信托手续费收入 | 211 755 | 46.77 | 213 699 | 85.29 |
| 投资银行业务收入 | 24 179 | 5.34 | 747 | 0.30 |
| 资产管理业务管理费收入 | 27 570 | 6.09 | — | — |
| 期货业务手续费收入 | 3 468 | 0.77 | — | — |
| 其他 | 528 | 0.12 | 45 | 0.02 |
| 利息收入 | 9 142 | 2.02 | 1 174 | 0.47 |
| 其他业务收入 | 35 384 | 7.82 | 174 | 0.07 |
| 其中：计入信托业务收入部分 | — | — | — | — |
| 投资收益 | 146 879 | 32.44 | 32 610 | 13.01 |
| 其中：股权投资收益 | 835 | 0.18 | 535 | 0.21 |
| 证券投资收益 | 483 | 0.11 | -2 028 | -0.81 |
| 其他投资收益 | 145 561 | 32.15 | 34 103 | 13.61 |
| 公允价值变动收益 | (6 187) | -1.37 | 2 117 | 0.84 |
| 营业外收入 | 16 | — | — | — |
| 收入合计 | 452 733 | 100.00 | 250 565 | 100 |

6.4.2 信托财产管理情况

6.4.2.1 信托资产情况

单位：万元

| 信托资产 | 期初数 | 期末数 |
|---|---|---|
| 集合 | 21 510 372 | 18 262 107 |
| 单一 | 57 934 236 | 41 563 797 |
| 财产权 | 13 771 904 | 13 068 936 |
| 合计 | 93 216 512 | 72 894 840 |

6.4.2.1.1 主动管理型信托业务情况

单位：万元

| 主动管理型信托资产 | 期初数 | 期末数 |
|---|---|---|
| 证券投资类 | 706 892 | 448 145 |
| 股权及其他投资类 | 19 011 | 1 228 620 |
| 融资类 | 8 943 770 | 9 358 371 |
| 事务管理类 | — | — |
| 合计 | 9 669 673 | 11 035 136 |

6.4.2.1.2 被动管理型信托业务情况

单位：万元

| 被动管理型信托资产 | 期初数 | 期末数 |
|---|---|---|
| 证券投资类 | 8 289 403 | 5 710 411 |
| 股权及其他投资类 | 4 054 925 | 6 095 444 |
| 融资类 | 30 518 138 | 19 998 609 |
| 事务管理类 | 40 684 373 | 30 055 240 |
| 合计 | 83 546 839 | 61 859 704 |

6.4.2.2 报告期内已清算结束的信托项目情况

报告期内，本公司已清算结束的信托项目691个，实收信托金额为39 440 024万元，加权平均实际年化收益率为4.84%。

6.4.2.2.1 报告期内已清算结束的集合类、单一类资金信托项目和财产管理类信托项目情况

| 已清算结束的信托项目 | 项目个数（个） | 实收信托合计金额（万元） | 加权平均实际年化收益率（%） |
|---|---|---|---|
| 集合类 | 217 | 9 456 293 | 4.53 |
| 单一类 | 413 | 22 387 366 | 4.98 |
| 财产管理类 | 61 | 7 596 365 | 4.84 |

6.4.2.2.2 报告期内已清算结束的主动管理型信托项目情况

| 已清算结束的信托项目（主动管理型） | 项目个数（个） | 实收信托合计金额（万元） | 加权平均实际年化信托报酬率（%） | 加权平均实际年化收益率（%） |
|---|---|---|---|---|
| 证券投资类 | 28 | 691 239 | 0.54 | 3.55 |
| 股权及其他投资类 | 55 | 38 791 | 0.16 | 5.28 |
| 融资类 | 142 | 8 265 887 | 1.07 | 5.54 |
| 事务管理类 | — | — | — | — |

6.4.2.2.3 报告期内已清算结束的被动管理型信托项目情况

| 已清算结束的信托项目（被动管理型） | 项目个数（个） | 实收信托合计金额（万元） | 加权平均实际年化信托报酬率（%） | 加权平均实际年化收益率（%） |
|---|---|---|---|---|
| 证券投资类 | 15 | 790 967 | 0.18 | 0.64 |
| 股权及其他投资类 | 35 | 1 265 678 | 0.09 | 3.62 |
| 融资类 | 135 | 9 574 444 | 0.10 | 5.09 |
| 事务管理类 | 281 | 18 813 018 | 0.14 | 4.72 |

6.4.2.3 报告期内新增集合类、单一类和财产管理类信托项目情况

| 新增信托项目 | 项目个数（个） | 实收信托合计金额（万元） |
|---|---|---|
| 集合类 | 176 | 5 896 313 |
| 单一类 | 133 | 6 102 976 |
| 财产管理类 | 47 | 5 938 905 |
| 新增合计 | 356 | 17 938 194 |
| 其中：主动管理型 | 247 | 7 432 532 |
| 被动管理型 | 109 | 10 505 662 |

6.4.2.4 信托业务创新成果和特色业务有关情况

报告期内，本公司认真贯彻落实国家宏观政策和金融监管要求，以推动业务转型与结构调整为契机，开展实施了行业内首单主动管理资产支持票据产品、公司首单定开债基类产品等多项创新信托业务，其中典型创新产品和特色业务如下。

（1）成功获批中国银行间市场交易商协会“新增非金融企业债务融资工具承销商”资格。2018年4月8日，本公司成为首批获批“新增非金融企业债务融资工具承销商”资格的六家信托公司之一，成功获得了ABN的承销资格。

（2）发行信托业内首单主动管理资产支持票据产品。本公司与兴业银行合作开展资产支持票据业务，信托型ABN产品的发行能够有效降低中小企业直接融资门槛及融资成本，同时有效保护资产支持票据投资者权益。

（3）实现开放式现金管理类元丰产品的全面标准化投资改造。本公司率先按照资管新规相关要求实现开放式现金管理类元丰产品的全面标准化投资改造，资产收益水平有效提升，2018年期末时点元丰产品的7日年化收益率达4.932%，高于大部分同业现金管理类产品收益（含货币基金）。

（4）设立行业内首个净值型定期开放的标准化固定收益集合信托。该项目是本公司首单定开债基类产品，在投资领域通过直销和代销募集资金投向债券、ABS等标准化固定收益类资产，实现了符合资管新规的中短期现金管理产品的净值化运作。

（5）打造绿色信托业务品牌。报告期内，本公司绿色信托业务规模持续增长。截至2018年末，本公司绿色信托存续规模为596.71亿元，比年初增长20.09%。

6.4.2.5 本公司履行受托人义务情况及因本公司自身责任而导致的信托资产损失情况（合计金额、原因等）

无。

## 6.5 关联方关系及其交易的披露

### 6.5.1 关联交易方的数量、关联交易总金额及定价政策等

固有业务关联方情况

| | 关联交易方数量（个） | 关联交易金额（万元） | 定价政策 |
|---|---|---|---|
| 合计 | 5 | -29 959.75 | 依照法律法规、监管要求，以及本公司关于关联交易的内部规定进行定价。 |

信托业务关联方情况

| | 关联交易方数量（个） | 关联交易金额（万元） | 定价政策 |
|---|---|---|---|
| 合计 | 10 | 27 696 651.20 | 依照法律法规、监管要求，以及本公司关于关联交易的内部规定进行定价。 |

### 6.5.2 关联交易方情况

| 关联性质 | 关联方名称 | 法定代表人 | 注册地址 | 注册资本（亿元） | 主营业务 |
|---|---|---|---|---|---|
| 股东 | 兴业银行股份有限公司 | 高建平 | 福建省福州市湖东路154号 | 207.74 | 商业银行业务。 |
| 子公司 | 兴业期货有限公司 | 吴若曼 | 宁波市中山东路796号11楼1至8室 | 5 | 商品期货经纪、金融期货经纪、期货投资咨询、资产管理。 |
| 子公司 | 兴业国信资产管理有限公司 | 林　艳 | 上海市虹口区广纪路738号2幢430室 | 34 | 资产管理，股权投资（项目符合国家宏观经济政策和产业政策要求），实业投资，投资管理，投资顾问。 |
| 子公司 | 宁波梅山保税港区远晟投资管理有限公司 | 李　刚 | 宁波市北仑区梅山大道商务中心2号办公楼1303室 | 0.05 | 投资管理、实业投资、投资咨询。 |
| 子公司 | 福建交易市场登记结算中心股份有限公司 | 薛瑞锋 | 平潭综合实验区金井湾片区台湾创业园 | 1.00 | 为交易场所提供交易品种、投资者信息、交易合约、票据、仓单等信息的登记服务；为交易场所交易提供清算结算、资金管理及相关综合服务；以及上述相关业务的咨询、培训、信息技术等综合服务。 |
| 子公司 | 兴业资产管理有限公司 | 郑常美 | 福建省福州市马尾区快安路8号6A号（自贸试验区内） | 19.5 | 投资与资产管理；参与省内金融机构不良资产的批量收购、转让和处置业务；收购、转让和处置非金融机构不良资产；债务重组及企业重组；债权转股权，对股权资产进行管理、投资和处置；破产管理；资产证券化业务；企业托管和清算业务；买卖有价证券；同业往来及向金融机构进行商业融资；受托管理各类基金；金融通道业务；财务、投资、风险管理、资产及项目评估咨询和顾问；省政府授权和批准的其他业务。 |
| 子公司 | 兴业数字金融服务（上海）股份有限公司 | 陈　翀 | 中国（上海）自由贸易试验区杨高南路729号第41层 | 5 | 金融数据处理，经济信息咨询服务，应用软件开发和运营服务，系统集成服务，创业投资，资产管理，投资管理，投资咨询，计算机软硬件开发及销售，从事计算机技术、网络技术、信息技术、机电科技领域内的技术开发、技术咨询、技术转让、技术服务。 |
| 子公司 | 兴业经济研究咨询股份有限公司 | 黄煜琛 | 上海市黄浦区延安东路175号24楼35室 | 0.6 | 投资咨询（除经纪），财务咨询，商务咨询，企业管理咨询，金融数据处理，金融软件开发，市场营销策划，实业投资，投资管理，资产管理，计算机软件领域内的技术开发、技术咨询、技术服务与技术转让，计算机系统集成，利用自有媒体发布广告。 |
| 受控股股东重大影响的公司 | 九江银行股份有限公司 | 刘羡庭 | 江西省九江市长虹大道619号 | 20 | 商业银行业务。 |
| 受控股股东控制的公司 | 兴业消费金融股份公司 | 郑海清 | 福建省泉州市丰泽区丰泽街213号兴业银行大厦第17层 | 12 | 发放个人消费贷款；接受股东境内子公司及境内股东的存款；向境内金融机构借款；经批准发行金融债券；境内同业拆借；与消费金融相关的咨询、代理业务；固定收益类证券投资业务；经银保监会批准的其他业务。 |
| 受控股股东控制的公司 | 兴业金融租赁有限责任公司 | 薛鹤峰 | 天津经济技术开发区南港工业区创业路综合服务区办公楼D座一层110—111 | 90 | 金融租赁业务；转让和受让融资租赁资产；固定收益类证券投资业务；接受承租人的租赁保证金；吸收非银行股东3个月（含）以上定期存款；同业拆借；向金融机构借款；境外借款；租赁物变卖及处理业务；经济咨询；在境内保税地区设立项目公司开展融资租赁业务；为控股子公司、项目公司对外融资提供担保；银保监会批准的其他业务；公司经营业务中涉及外汇管理事项的，应当遵守国家外汇管理的有关规定；自营和代理货物进出口、技术进出口。 |

注：兴业资产管理股份有限公司于2019年2月变更组织企业类型、注册资本及股权结构，并更名为兴业资产管理有限公司，换发新的营业执照。

### 6.5.3 本公司与关联方的重大交易事项

#### 6.5.3.1 固有财产与关联方交易情况

单位：万元

| 固有财产与关联方关联交易 | | | | |
|---|---|---|---|---|
| | 期初数 | 借方发生额 | 贷方发生额 | 期末数 |
| 贷款 | — | — | — | — |
| 投资 | — | — | — | — |
| 租赁 | — | 542.50 | 542.50 | — |
| 担保 | — | — | — | — |
| 应收账款 | — | — | — | — |
| 其他 | 20 486.34 | 9 083 230.41 | 9 133 676.50 | -29 959.75 |
| 合计 | 20 486.34 | 9 083 772.91 | 9 134 219.00 | -29 959.75 |

#### 6.5.3.2 信托资产与关联方交易情况

单位：万元

| 信托与关联方关联交易 | | | | |
|---|---|---|---|---|
| | 期初数 | 借方发生额 | 贷方发生额 | 期末数 |
| 贷款 | — | — | — | — |
| 投资 | — | — | — | — |
| 租赁 | — | — | — | — |
| 担保 | — | — | — | — |
| 应收账款 | — | — | — | — |
| 其他 | 31 959 418.42 | 15 663 165.40 | 11 400 398.17 | 27 696 651.20 |
| 合计 | 31 959 418.42 | 15 663 165.40 | 11 400 398.17 | 27 696 651.20 |

6.5.3.3 固有财产与信托财产、信托资产与信托财产之间交易情况

6.5.3.3.1 固有财产与信托财产之间的交易情况

单位：万元

| 固有财产与信托财产相互交易 | | | |
|---|---|---|---|
| | 期初数 | 本期发生额 | 期末数 |
| 合计 | 659 816.08 | -60 891.84 | 598 924.24 |

6.5.3.3.2 信托资产与信托财产之间的交易情况

单位：万元

| 信托资产与信托财产相互交易 | | | |
|---|---|---|---|
| | 期初数 | 本期发生额 | 期末数 |
| 合计 | 2 200 762.11 | -1 076 911.25 | 1 123 850.86 |

**6.5.4 报告期内，公司发生关联方逾期未偿还本公司资金的情况以及公司为关联方担保发生或即将发生垫款的情况**

无。

### 6.6 会计制度的披露

本公司固有业务从2008年1月1日起执行财政部2006年2月发布的《企业会计准则》；信托业务从2010年1月1日起执行《企业会计准则》。

## 7. 财务情况说明书

### 7.1 利润实现和分配情况

单位：万元

| 项目 | 合并（2018年度） | 母公司（2018年度） |
|---|---|---|
| 利润总额 | 180 618.08 | 138 598.77 |
| 减：所得税 | 44 579.63 | 32 990.30 |
| 净利润 | 136 038.45 | 105 608.47 |
| 减：少数股东损益 | 3 687.67 | — |
| 归属于母公司股东的净利润 | 132 350.78 | 105 608.47 |
| 加：年初未分配利润 | 593 442.80 | 556 734.18 |
| 减：已分配利润 | — | — |
| 可供分配利润 | 725 793.58 | 662 342.65 |
| 减：提取法定盈余公积金 | 10 560.85 | 10 560.85 |
| 减：提取信托赔偿准备金 | 5 280.43 | 5 280.43 |
| 减：提取（转回）一般准备金 | （1 632.68） | （1 629.68） |
| 减：对股东的分红 | 832.71 | — |
| 同一控制下合并 | （92.52） | — |
| 可供股东分配的利润 | 710 659.75 | 648 131.05 |

### 7.2 主要财务指标

| 指标名称 | 合并 | 母公司 |
|---|---|---|
| 资本利润率（%） | 7.95 | 6.91 |
| 信托报酬率（%） | — | 0.26 |
| 人均净利润（万元） | 96.11 | 184.95 |

注：1. 资本利润率＝净利润/所有者权益平均余额×100%。
2. 信托报酬率＝信托业务收入/实收信托平均余额×100%。
3. 人均净利润＝净利润/年平均人数。
4. 平均值采取年初、年末余额简单平均法。

### 7.3 对本公司财务状况、经营成果有重大影响的其他事项

无。

## 8. 特别事项简要揭示

### 8.1 报告期内股东变动情况及原因

报告期内，本公司股东发生以下变动：

2018年12月11日，原福建银保监局筹备组以闽银保监筹复[2018]106号文核准，同意厦门国贸集团股份有限公司受让澳大利亚国民银行持有的本公司8.4167%股权。2019年1月25日，本公司完成上述股权变更事项的工商变更登记手续，并换发新的营业执照。

### 8.2 董事、监事及高级管理人员变动情况及原因

报告期内，本公司高级管理人员发生以下变动：

经本公司第五届董事会第十次会议审议通过，林艳女士因工作调整原因辞去本公司财务总监职务。

报告期内，本公司董事、监事及其他高级管理人员未发生变动。

### 8.3 报告期内本公司重大未决诉讼事项

**8.3.1 报告期内，公司重大未决诉讼事项（包括固有和信托）**

报告期内，本公司新增重大未决诉讼事项3笔，均是按照委托人指令办理相关诉讼工作

**8.3.2 报告期内公司以前年度发生并于本报告年度内终结的诉讼事项（包括固有及信托）**

无。

**8.3.3 报告期内公司本年度发生并于本报告年度内终结的诉讼事项（包括固有及信托）**

无。

### 8.4 报告期内，所出具的审计报告

报告期内，德勤华永会计师事务所（特殊普通合伙）出具了标准无保留意见的审计报告

### 8.5 报告期内，本公司及董事、监事和高级管理人员受到处罚的情况

无。

### 8.6 银保监会及其派出机构对本公司的检查意见及本公司整改情况

报告期内，中国银保监会福建监管局通过对本公司的非现场监管及现场监管，对本公司进一步加强信托业务合规管理、加强风险防控、提升服务实体经济质效、深化体制机制改革等提出了监管意见。本公司认真按照监管要求，稳步推进业务转型，逐步回归信托本源，强化风险合规管控，严守金融风险底线，深化党的领导体制，完善公司治理，持续推进深化整治市场乱象工作及信贷文化建设工作，确保合规稳健经营。

### 8.7 报告期内重大事项临时报告

2018年10月30日，本公司在《证券时报》《上海证券报》

发布《兴业国际信托有限公司关于公司章程变更的公告》，主要内容为：经兴业国际信托有限公司第五届董事会第二十五次临时会议、2018年第二次临时股东会审议通过，并经原中国银保监会福建监管局筹备组以闽银保监筹复[2018]1号文核准，本公司就落实党建工作总体要求、加强公司股权管理、调整完善董事会和监事会职权等方面对公司章程进行了相应的修改。

### 8.8 银保监会及其省级派出机构认定的其他有必要让客户及相关利益人了解的重要信息

无。

## 9. 消费者权益保护情况

本公司坚持以受益人利益为根本出发点，坚持依法合规经营，守住风险底线，规范信息披露，组织做好消费者权益保护工作，切实保障受益人的利益，为维护金融市场稳定和行业稳健发展切实承担好主体责任。报告期内，本公司消费者权益保护工作主要围绕完善消费者权益保护体制机制建设、提高产品服务与管理水平、强化客户个人信息保护、提升客户投诉处理效率、扩大公众金融知识宣传教育范围、增加内部消保培训频次、加强与监管的工作沟通与汇报、严抓内部消保考核与消保审计等内容开展。

内部管理方面，本公司进一步强化董事会对消费者权益保护工作的指导，通过健全完善董事会在消费者权益保护工作方面的相关制度，夯实消费者权益保护工作的纲领性制度规定及运作机制；通过制定客户管理、投诉、信息披露、专区"双录"、个人信息保护、金融知识宣传教育、员工行为管理等各类制度，切实保护消费者合法权益；通过内部培训、消保考核评价与审计制度，定期开展有关消费者权益保护的内部培训、考评和专项审计工作，充分体现本公司对消费者权益保护工作的重视。

投诉处理方面，本公司建立电话、来访、电子、信访等多种投诉渠道，本着以客户为中心的服务理念，坚持客户至上、实事求是、及时高效、力求满意、落实整改的投诉处理原则，做好客户的投诉处理工作。

投资者教育方面，本公司除常态化的利用宣传折页、展板或宣传视频的方式为投资者开展金融知识宣教外，还按照监管部门及公司的统一宣传工作部署，通过公司外宣平台、营业网点、客户活动等渠道，开展专项投资者宣教活动。2018年开展了包括"3·15"银行业消费者保护宣传日、上半年及下半年打击非法集资宣传教育活动、7~9月金融知识万里行活动、9月金融知识进万家宣传服务月、11~12月金融知识宣传工作、12月国家宪法宣传周等多场宣传教育活动。通过向社会公众普及金融知识，有效提升了消费者的金融素质和依法维权意识。

## 10. 本公司监事会独立意见

报告期内，本公司监事会按照本公司章程、监事会议事规则有关规定，通过列席公司股东会、董事会会议及高级管理层相关会议、组织开展调研和审计调查、调阅文件资料等方式，依法对公司依法经营、财务情况、内部控制等事项进行了监督，对下列事项发表独立意见。

### 10.1 依法经营情况

2018年，本公司依照《公司法》及有关信托业法律法规、本公司章程等相关规定规范管理运作，董事会能够严格按照有关法律法规和公司治理规则履行职责，董事会决策程序合法有效，股东会、董事会决议能够得到有效贯彻落实，经营业绩客观真实。报告期内，本公司各董事、高级管理人员认真勤勉履职，未发现董事、高级管理人员在履职时违反国家有关法律法规、本公司章程以及其他损害公司利益、股东利益和委托人、受益人利益的行为。

### 10.2 财务情况

2018年，本公司财务会计内控制度健全，管理规范；财务收支真实、合法，自营资产质量良好，风险可控；公司依法履行受托人职责，信托财产管理状况良好。德勤华永会计师事务所（特殊普通合伙）对本公司2018年度财务报告进行了审计，并出具了标准无保留意见的审计报告，该报告能真实、公允、完整地反映公司报告期内财务状况和经营成果，不存在虚假记载、误导性陈述或者重大遗漏。

### 10.3 内部控制情况

2018年，本公司持续加强全面风险管理，健全完善内部控制体系，切实夯实三道风险防线，内部控制情况总体良好。报告期内，本公司《关联交易管理办法》执行情况良好，各项关联交易依法合规，诚实公允。本公司现有内部控制制度符合我国有关法律法规和监管要求，符合公司当前经营管理实际，在公司重大投资、业务开展、风险控制、内部管理等方面发挥了积极的作用。本公司"三会一层"的职责和运行机制规范有效，决策程序和议事规则民主、科学，内部监督和反馈体系进一步健全。本公司法人治理结构符合法律和监管要求，在组织控制、信息披露、财务管理、业务开展、风险管理、内部审计等方面制定了健全的规章制度并得到了有效而良好的执行，保障了公司内部控制体系完整、有效和公司规范、安全、顺畅运营。

## 11. 净资本管理情况

报告期内，本公司按照中国银保监会《信托公司净资本管理办法》，积极贯彻落实监管要求，优化净资本相关绩效考核指标，引导经营部门加强净资本和风险资本管理意识，加强业务转型和结构调整，提高资本使用效率，各项净资本指标均符合监管要求。截至报告期末，本公司净资产为157.70亿元，净资本为130.46亿元（监管要求为≥2亿元），各项风险资本之和为76.83亿元，净资本/各项风险资本之和为170%（监管要求为≥100%），净资本/净资产为83%（监管要求为≥40%）。

## 12. 社会责任履行情况

报告期内，本公司围绕建设"综合性、多元化、有特色的全国一流信托公司"的发展战略目标，大力倡导以"可持续发展为导向，实施社会责任管理，提升核心竞争力"的发展理念，注重发挥信托制度功能优势，加强金融创新与履行社会责任相结合，积极承担信托公司的经济功能和社会责任，将社会责任工作融入企业价值观、企业文化、战略规划和经营管理当中，推动公司积极服务国家战略导向、服务实体经济，并在推动开展社会保障事业、社会公益事业发展等方面积极发挥作用。截至2018年末，公司存续信托规模为7 256.25亿元，其中服务实体经济规模为6 590.43亿元，占比为90.82%。2018年，本公司在注册地缴纳各类税费为8.75亿元，积极支持地方经济社会发展。

本公司致力于成为信托行业绿色金融业务的探索者和引领者，积极探索运用多元金融工具创设丰富的绿色信托产品，通过绿色非标债权融资、绿色产业基金、绿色资产证券化等业务模式，为绿色环保企业发展提供综合金融服务。截至2018年末，本公司存续绿色信托业务规模为596.71亿元，比年初增长20.09%，涵盖交通、水利、新能源、节能环保等领域。

本公司积极响应国家关于打赢脱贫攻坚战的号召，积极履行企业社会责任，助力贫困地区精准脱贫。2018年，公司与福州市鼓楼区慈善总会合作，向“2018年鼓楼区·岷县东西部扶贫协作”项目捐资10万元，推动福建省对甘肃岷县定向扶贫工作。本公司通过捐资助学，对援建的3所希望小学年度优秀师生共计66人发放奖励金为4.2万元，激励山区贫困学生奋发向上，并对在贫困地区教育事业中无私奉献的教育工作者表达敬意和感谢。

# 英大国际信托有限责任公司

## 1. 重要提示

1.1 本公司董事会及董事保证本报告所载资料不存在任何虚假记载、误导性陈述或者重大遗漏，并对其内容的真实性、准确性和完整性承担个别及连带责任。

1.2 本公司董事长王剑波、总经理张传良、财务负责人周丰收声明：保证年度报告中财务报告的真实、完整。

1.3 独立董事马林、林伯强、杨健声明：保证年度报告中财务报告的真实、准确、完整。

## 2. 公司概况

### 2.1 公司简介

英大国际信托有限责任公司的前身为济南市国际信托投资公司，成立于1987年5月。2000年6月，经山东省政府和中国人民银行正式核准予以单独保留。2001年12月31日，经中国人民银行银复[2001]264号文批复，获得中华人民共和国信托机构法人许可证，注册资本增至5亿元，名称变更为英大国际信托投资有限责任公司。2003年11月26日，经中国银行业监督管理委员会山东监管局核准，获得《中华人民共和国金融许可证》。2006年，公司实施增资扩股，国家电网公司成为第一大股东，注册资本增至15亿元。2007年9月，经中国银监会的审批，换发了新金融许可证，公司名称变更为英大国际信托有限责任公司。2009年9月，国家电网公司将持有的公司股权划转至国网资产管理有限公司（现已更名为国网英大国际控股集团有限公司），国网资产管理有限公司成为控股股东。2010年7月，经监管及政府部门批准，公司注册地迁址北京。2012年12月，公司注册资本由15亿元增加至18.22亿元。2015年8月，公司注册资本变更为30.22亿元。2018年公司引入战略投资者，中国南方电网有限责任公司成功入股，公司股权和治理结构进一步优化，为改革发展带来了新机遇。2018年2月，公司注册资本增加至40.29亿元。

成立以来，公司秉承“诚信为本、依法理财”的经营理念，充分发挥信托链接资本、货币和实业三大市场的独特金融功能，积极创造社会财富，努力服务实体经济和社会发展。在各级政府、监管部门以及股东的帮助和支持下，逐步走出了一条服务大企业集团、服务广大社会投资者的特色经营之路，取得了良好业绩。2018年，公司行业评级继续保持A级，获得“2018年度中债优秀发行机构”称号，再次获评北京市A级纳税企业，再次当选信托业协会监事长单位。

2.1.1 公司中文名称：英大国际信托有限责任公司
英文：Yingda International Trust Co. ,Ltd.
缩写：英大信托

2.1.2 法定代表人：王剑波

2.1.3 注册地址：北京市东城区建国门内大街乙18号院1号楼英大国际大厦4层
邮编：100005

2.1.4 国际互联网网址：www. yditc. sgcc. com. cn

2.1.5 电子邮箱：ydite@ yditc. sgcc. com. cn

2.1.6 信息披露负责人：翟红卫
联系电话：010-51960321
传　　真：010-51960222
电子邮箱：hongwei - zhai@ yditc. sgcc. com. cn

2.1.7 信息披露媒体：金融时报

2.1.8 公司年报备置地点：北京市东城区建国门内大街乙18号院1号楼

2.1.9 聘请的会计师事务所：天健会计师事务所（特殊普通合伙）
住所：浙江省杭州市西湖区西溪路128号6楼
聘请的律师事务所：北京市兰台律师事务所
住所：北京市朝阳区曙光西里甲1号第三置业大厦B座29层

### 2.2 组织结构

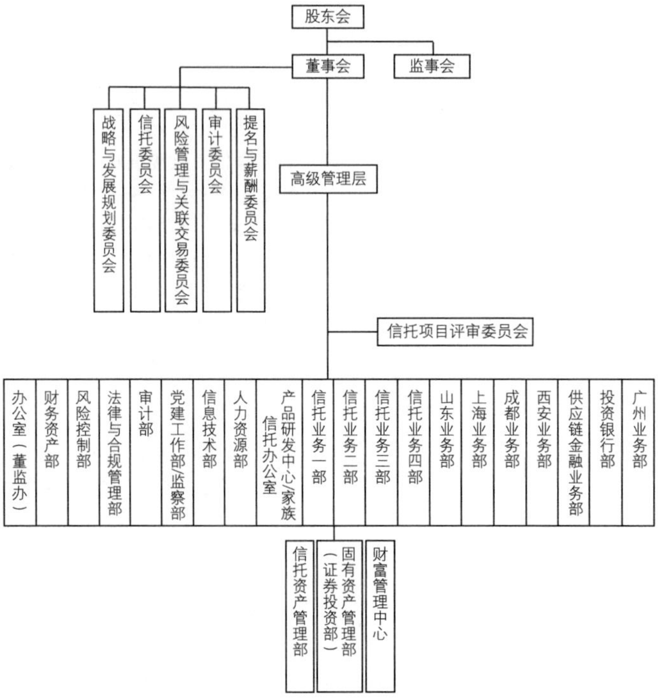


## 3. 公司治理

### 3.1 公司治理结构

#### 3.1.1 股东

股东总数7家，前三名股东的情况

| 股东名称 | 持股比例(%) | 法人代表 | 注册资本(亿元) | 注册地址 | 主要经营业务 |
|---|---|---|---|---|---|
| 国网英大国际控股集团有限公司 | 63.41 | 李荣华 | 199 | 北京市东城区建国门内大街乙18号院1号楼 | 投资与资产经营管理；资产托管；为企业重组、并购、战略配售、创业投资提供服务；投资咨询、投资顾问。 |
| 中国南方电网有限责任公司 | 25.00 | 孟振平 | 600 | 广东省广州市萝岗区科学城科翔路11号 | 投资、建设和经营管理南方区域电网，经营相关的输配电业务；参与投资、建设和经营相关的跨区域输变电和联网工程；从事电力购销业务，负责电力交易和调度，管理南方区域电网电力调度交易中心；根据国家有关规定，经有关部门批准，从事国内外投融资业务；经国家批准，自主开展外贸流通经营、国际合作、对外工程承包和对外劳务合作等业务；从事与电网经营和电力供应有关的科学研究、技术开发、电力生产调度信息通信、咨询服务和培训业务；经营国家批准或允许的其他业务。 |
| 中国电力财务有限公司 | 3.91 | 盖永光 | 130 | 北京市东城区建国门内大街乙18号院1号楼 | 对成员单位办理财务和融资顾问、信用鉴证及相关的咨询、代理业务；协助成员单位实现交易款项的收付；对成员单位提供担保；办理成员单位之间的委托贷款及委托投资；对成员单位办理票据承兑与贴现；办理成员单位之间的内部转账结算及相应的结算、清算方案设计；吸收成员单位的存款；对成员单位办理贷款及融资租赁；从事同业拆借；经批准发行财务公司债券；承销成员单位的企业债券；对金融机构的股权投资；有价证券投资；成员单位产品的消费信贷、买方信贷及融资租赁。 |

股东之间关联关系说明：国网英大国际控股集团有限公司投资于第三位股东中国电力财务有限公司。

### 3.1.2 董事、董事会及其下属委员会

董事长及董事

| 姓名 | 职务 | 性别 | 年龄（岁） | 选任日期 | 所推举的股东名称 | 该股东持股比例（%） | 任职单位及职务 |
|---|---|---|---|---|---|---|---|
| 王剑波 | 董事长 | 男 | 54 | 2015 年 3 月 | 国网英大国际控股集团有限公司 | 63.41 | 英大国际信托有限责任公司董事长。 |
| 张传良 | 职工董事 | 男 | 51 | 2013 年 12 月 | 工会会员大会 | — | 英大国际信托有限责任公司总经理。 |
| 马晓燕 | 董事 | 女 | 49 | 2012 年 4 月 | 国网英大国际控股集团有限公司 | 63.41 | 国网英大国际控股集团有限公司总会计师。 |
| 范海荣 | 董事 | 男 | 49 | 2016 年 11 月 | 国网英大国际控股集团有限公司 | 63.41 | 国网英大国际控股集团产业基金筹备工作办公室主任。 |
| 张彤宇 | 董事 | 男 | 49 | 2008 年 12 月 | 国网英大国际控股集团有限公司 | 63.41 | 国网英大国际控股集团有限公司资产管理部主任。 |
| 张守合 | 董事 | 男 | 54 | 2010 年 5 月 | 济南市能源投资有限责任公司 | 3.29 | 济南产业发展投资集团有限公司风控法务部总经理。 |

独立董事

| 姓名 | 性别 | 年龄（岁） | 选任日期 | 所推举的股东名称 | 该股东持股比例（%） | 任职单位及职务 |
|---|---|---|---|---|---|---|
| 马　林 | 男 | 65 | 2012 年 4 月 | 国网英大国际控股集团有限公司 | 63.41 | 退休干部，原国家税务总局干部。 |
| 林伯强 | 男 | 61 | 2015 年 3 月 | 国网英大国际控股集团有限公司 | 63.41 | 厦门大学中国能源经济研究中心主任。 |
| 杨　健 | 男 | 57 | 2015 年 3 月 | 国网英大国际控股集团有限公司 | 63.41 | 中国人民大学金融信息中心主任。 |

董事会下属委员会

| 董事会下属委员会名称 | 职责 | 组成人员姓名 | 任职单位及职务 |
|---|---|---|---|
| 战略与发展规划委员会 | 负责公司长期发展战略规划，对公司重大投资、重大资本运作和资产运营等事项进行研究，提出建议。 | 王剑波（主任） | 英大国际信托有限责任公司董事长。 |
| | | 林伯强 | 厦门大学中国能源经济研究中心主任。 |
| | | 范海荣 | 国网英大国际控股集团产业基金筹备工作办公室主任。 |
| 信托委员会 | 督促公司依法履行受托职责，当公司或股东利益与受益人利益发生冲突时，保证公司为受益人的最大利益服务。 | 杨健（主任） | 中国人民大学金融信息中心主任。 |
| | | 张传良 | 英大国际信托有限责任公司总经理。 |
| | | 范海荣 | 国网英大国际控股集团产业基金筹备工作办公室主任。 |
| 风险管理和关联交易委员会 | 监督、评估公司的风险管理状况，提出完善风险管理意见，监督、评估公司风险管理部门的工作。 | 张彤宇（主任） | 国网英大国际控股集团有限公司资产管理部主任。 |
| | | 张传良 | 英大国际信托有限责任公司总经理。 |
| | | 马　林 | 退休干部，原国家税务总局干部。 |
| 审计委员会 | 负责监督公司内、外部审计工作。 | 马晓燕（主任） | 国网英大国际控股集团有限公司总会计师。 |
| | | 张守合 | 济南产业发展投资集团有限公司风控法务部总经理。 |
| | | 范海荣 | 国网英大国际控股集团产业基金筹备工作办公室主任。 |
| 提名与薪酬委员会 | 负责审核公司的人事与薪酬管理制度，监督公司人力资源管理工作，对人力资源管理及绩效考核等工作提出建议和意见。 | 张传良（主任） | 英大国际信托有限责任公司总经理。 |
| | | 张彤宇 | 国网英大国际控股集团有限公司资产管理部主任。 |
| | | 张守合 | 济南产业发展投资集团有限公司风控法务部总经理。 |

### 3.1.3 监事、监事会及其下属委员会

监事会成员

| 姓名 | 职务 | 性别 | 年龄（岁） | 选任日期 | 所推举的股东名称 | 该股东持股比例（%） | 任职单位及职务 |
|---|---|---|---|---|---|---|---|
| 史厚云 | 监事长 | 男 | 47 | 2015 年 3 月 | 国网英大国际控股集团有限公司 | 63.41 | 国家电网有限公司审计部副主任。 |
| 金嘉民 | 监事 | 男 | 49 | 2012 年 4 月 | 国网上海市电力公司 | 2.88 | 国网上海市电力公司机关委员会常务副书记（主任级）。 |
| 马亚军 | 职工监事 | 男 | 47 | 2018 年 8 月 | 工会会员大会 | — | 英大国际信托有限责任公司纪委书记、工会主席。 |

3.1.4 高级管理人员

| 姓名 | 职务 | 性别 | 年龄（岁） | 选任日期 | 金融从业年限（年） | 学历 | 专业 | 任职单位及职务 |
|---|---|---|---|---|---|---|---|---|
| 张传良 | 总经理 | 男 | 51 | 2013 年 12 月 | 18 | 研究生 | 工商管理 | 英大国际信托有限责任公司总经理。 |
| 刘卫东 | 副总经理 | 男 | 56 | 2015 年 3 月 | 7 | 研究生 | 工商管理 | 英大国际信托有限责任公司副总经理。 |
| 王迎新 | 副总经理 | 男 | 50 | 2013 年 12 月 | 18 | 研究生 | 工商管理 | 英大国际信托有限责任公司副总经理。 |
| 周丰收 | 总会计师 | 女 | 55 | 2015 年 3 月 | 12 | 大学 | 会计专业 | 英大国际信托有限责任公司总会计师。 |
| 乔发栋 | 副总经理 | 男 | 44 | 2015 年 9 月 | 7 | 研究生 | 金融学 | 英大国际信托有限责任公司副总经理。 |
| 时　凯 | 总经理助理 | 男 | 56 | 2015 年 9 月 | 14 | 研究生 | 科学技术哲学 | 英大国际信托有限责任公司总经理助理。 |
| 李翔宇 | 总经理助理 | 男 | 37 | 2016 年 3 月 | 10 | 研究生 | 工商管理 | 英大国际信托有限责任公司总经理助理。 |
| 翟红卫 | 董事会秘书 | 女 | 51 | 2018 年 6 月 | 30 | 研究生 | 工商管理 | 英大国际信托有限责任公司董事会秘书。 |

3.1.5 公司员工

最近两个年度职工人数、年龄分布、学历分布、岗位分布，所有层级加总整体为 100%。

| 项目 | | 报告期年度 | | 上年度 | |
|---|---|---|---|---|---|
| | | 人数（人） | 比例（%） | 人数（人） | 比例（%） |
| 年龄分布 | 20 岁及以下 | — | — | — | — |
| | 20 ~29 岁 | 45 | 27.78 | 40 | 25.16 |
| | 30 ~39 岁 | 52 | 32.10 | 54 | 33.96 |
| | 40 岁及以上 | 65 | 40.12 | 65 | 40.88 |
| 学历分布 | 博士 | 7 | 4.32 | 6 | 3.77 |
| | 硕士 | 107 | 66.05 | 100 | 62.89 |
| | 本科 | 35 | 21.60 | 39 | 24.53 |
| | 专科 | 7 | 4.32 | 8 | 5.03 |
| | 其他 | 6 | 3.70 | 6 | 3.77 |
| 岗位分布 | 董事、监事及其他高管人员 | 8 | 4.94 | 7 | 4.40 |
| | 自营业务人员 | 8 | 4.94 | 7 | 4.40 |
| | 信托业务人员 | 70 | 43.21 | 74 | 46.54 |
| | 其他人员 | 76 | 46.91 | 71 | 44.65 |

注：自营业务人员是指按照岗位分工，专门或至少主要从事固有资金使用和固有资产管理有关业务的职工；信托业务人员是指按照岗位分工，专门或主要从事信托资金使用和信托资产管理各项业务的职工；对于人力资源部等类似无法明确区分的综合部门归为其他人员。

3.1.6 根据《商业银行股权管理暂行办法》需要披露的相关信息

3.1.6.1 报告期末公司前十大股东持股情况

| 序号 | 股东名称 | 增资后 | |
|---|---|---|---|
| | | 出资额（万元） | 持股比例（%） |
| 1 | 国网英大国际控股集团有限公司 | 255 482.06 | 63.41 |
| 2 | 中国南方电网有限责任公司 | 100 725.15 | 25.00 |
| 3 | 中国电力财务有限公司 | 15 757.70 | 3.91 |
| 4 | 济南市能源投资有限责任公司 | 13 238.95 | 3.29 |
| 5 | 国网上海市电力公司 | 11 610.94 | 2.88 |
| 6 | 济钢集团有限公司 | 3 317.41 | 0.82 |
| 7 | 山东网瑞物产有限公司 | 2 768.38 | 0.69 |
| | 合计 | 402 900.59 | 100 |

3.1.6.2 报告期末主要股东及其控股股东、实际控制人、关联方、一致行动人、最终受益人情况

公司主要股东包括国网英大国际控股集团有限公司、中国南方电网有限责任公司、济南市能源投资有限责任公司、国网上海市电力公司。

国网英大国际控股集团有限公司出资比例为 63.41%，对信托公司经营管理存在重大影响。认定依据为持有公司 63.41%股权。

中国南方电网有限责任公司出资比例为 25.00%，对信托公司经营管理存在重大影响。认定依据为持有公司 25.00%股权。

济南市能源投资有限责任公司出资比例为 3.29%，对信托公司经营管理存在重大影响。认定依据为向公司派驻董事。

国网上海市电力公司出资比例为 2.88%，对信托公司经营管理存在重大影响。认定依据为向公司派驻监事。

3.1.6.2.1 国网英大国际控股集团有限公司

控股股东：国家电网有限公司。

实际控制人：国家电网有限公司。

关联方：同受国家电网有限公司控制的华北电网有限公司、国网北京市电力公司等 58 家企业；国网英大国际控股集团有限公司子公司英大泰和财产保险股份有限公司等 7 家企业。

一致行动人：无。

最终受益人：国家电网有限公司。

3.1.6.2.2 中国南方电网有限责任公司

控股股东：国务院国资委。

实际控制人：国务院国资委。

关联方：子公司广东电网有限责任公司等 32 家企业；拥有表决权不足半数但能对其形成控制的云南文山电力股份有限公司等 8 家企业。

一致行动人：无。

最终受益人：国务院国资委。

3.1.6.2.3 济南市能源投资有限责任公司

控股股东：济南产业发展投资集团有限公司。

实际控制人：济南产业发展投资集团有限公司。

关联方：子公司济南吉华大厦运营管理有限责任公司等 3 家企业；同受济南产业发展投资集团有限公司控制的济南经贸实业投资总公司等 2 家企业。

一致行动人：无。

最终受益人：济南产业发展投资集团有限公司。

3.1.6.2.4 国网上海市电力公司

控股股东：国家电网有限公司。

实际控制人：国家电网有限公司。

关联方：同受国家电网有限公司控制的华北电网有限公司、国网北京市电力公司等 58 家企业；子公司上海闸电燃气轮机发电有限公司等 9 家企业；合营企业上海电气输配电集团有限公司；国家电网（上海）智能电网研发投资有限公司等 4 家联营企业。

一致行动人：无。

最终受益人：国家电网有限公司。

3.1.6.3 股东提名董事监事情况

董事提名情况：报告期内，董事王剑波先生、马晓燕女士、

张彤宇先生、范海荣先生，独立董事马林先生、杨健先生、林伯强先生由国网英大国际控股集团有限公司提名；董事张守合先生由济南市能源投资有限责任公司提名。

报告期内，监事史厚云先生由国网英大国际控股集团有限公司提名，监事金嘉民先生由国网上海市电力公司提名。

## 3.2 公司治理信息

### 3.2.1 年度内召开股东会情况

本年度公司共召开了 3 次股东会会议，其中股东年会 1 次，另两次为临时股东会会议。

| 会议序号 | 时间 | 召开方式 | 会议议题 | |
|---|---|---|---|---|
| 2018 年股东年会 | 2018 年 4 月 23 日 | 现场方式 | 1 | 2017 年度董事会工作报告 |
| | | | 2 | 2017 年度监事会工作报告 |
| | | | 3 | 2017 年度公司工作报告 |
| | | | 4 | 2017 年度信托财产尽职管理报告 |
| | | | 5 | 2017 年公司财务预算执行情况和 2018 年财务预算安排报告 |
| | | | 6 | 2017 年度公司利润分配方案 |
| | | | 7 | 2018 年度固有资产投资计划 |
| 2018 年第一次临时股东会 | 2018 年 7 月 31 日 | 通信方式 | 1 | 关于公司董事会换届选举的议案 |
| | | | 2 | 关于公司监事会换届选举的议案 |
| | | | 3 | 关于第十一届董事会独立董事津贴的议案 |
| 2018 年第二次临时股东会 | 2018 年 10 月 29 日 | 通信方式 | 1 | 关于修改公司章程的议案 |

### 3.2.2 董事会及其下属委员会履行职责情况

本年度公司共召开了 3 次董事会会议。

| 会议序号 | 时间 | 召开方式 | 会议议题 | |
|---|---|---|---|---|
| 十届十四次董事会 | 2018 年 4 月 11 日 | 通讯方式 | 1 | 关于变更董事会秘书的议案 |
| | | | 2 | 关于《资产风险分类管理办法》的议案 |
| 十届十五次董事会 | 2018 年 4 月 23 日 | 现场方式 | 1 | 2017 年度董事会工作报告 |
| | | | 2 | 2017 年度公司工作报告 |
| | | | 3 | 2017 年度内部审计报告 |
| | | | 4 | 2017 年度风险管理报告 |
| | | | 5 | 2017 年度净资本管理报告 |
| | | | 6 | 2017 年度信托财产尽职管理报告 |
| | | | 7 | 2017 年公司财务预算执行情况和 2018 年财务预算安排报告 |
| | | | 8 | 2017 年度利润安排方案 |
| | | | 9 | 2018 年固有资产投资计划 |
| | | | 10 | 2017 年度品牌建设和声誉风险管理报告 |
| | | | 11 | 2017 年度消费者权益保护工作报告 |
| | | | 12 | 董事会战略与发展规划委员会工作报告 |
| | | | 13 | 董事会风险管理和关联交易委员会工作报告 |
| | | | 14 | 董事会审计委员会工作报告 |
| | | | 15 | 董事会信托委员会工作报告 |
| | | | 16 | 董事会提名与薪酬委员会工作报告 |
| | | | 17 | 关于公司 2017 年度企业负责人业绩考核的议案 |
| | | | 18 | 关于公司 2018 年度企业负责人业绩考核方案的议案 |
| | | | 19 | 公司 2017 年年度报告 |
| | | | 20 | 关于 2018 年信托业务总体风控要求的议案 |
| 十届十六次董事会 | 2018 年 12 月 25 日 | 通信方式 | 1 | 关于英大信托开展业务合作相关事项的报告 |

报告期内，公司独立董事马林先生、林伯强先生、杨健先生严格按照《公司法》《信托法》《英大国际信托有限责任公司章程》《独立董事工作制度》等国家有关法律、法规及公司内控制度行使独立董事职责，按时参加了 3 次董事会，认真履行相关职责，对公司战略发展、利润分配、投资计划、风险管理等重大决策、重大经营活动提出意见和建议，促进了公司法人治理水平的提高和完善。

### 3.2.3 监事会及其下属委员会履行职责情况

本年度公司共召开了 1 次监事会会议，即十届七次监事会。

| 会议序号 | 时间 | 召开方式 | | 会议议题 |
|---|---|---|---|---|
| 十届七次监事会 | 2018 年 4 月 23 日 | 现场方式 | 1 | 2017 年度监事会工作报告 |
| | | | 2 | 2017 年度内部审计报告 |
| | | | 3 | 2017 年度风险管理报告 |

报告期内，监事会认真履行职责，对公司董事会和高级管理人员依法运作情况、重大决策、重大经营活动以及公司财务状况进行有效监督，督促公司合法、合规经营，为公司快速、健康和可持续发展发挥了重要作用。

3.2.4 公司监事会独立意见

报告期内，公司认真贯彻执行国家经济金融政策，按照监管要求加强法人治理和内部控制建设。董事会严格履职，着力提高执行力，规范信息披露，加强合规建设，有效保障了公司依法合规经营、规范管理，切实维护了公司、公司股东和信托受益人的合法权益。公司财务报告真实准确地反映了公司的财务管理状况和经营成果。

3.2.5 高级管理人员履职情况

报告期内，公司高级管理层认真贯彻落实董事会工作部署，团结奋进、攻坚克难，进一步校准发展定位和思路，优化业务布局，改善经营管理，强化风险防控，加强党的建设，经受诸多急难险重任务的考验，各项工作取得了积极成效，公司行业评级继续保持 A 级，获得“2018 年度中债优秀发行机构”称号，再次获评北京市 A 级纳税企业，再次当选中国信托业协会监事长单位。

## 4. 经营管理

### 4.1 所经营业务的主要内容

**自营资产运用与分布表**

2018 年 12 月 31 日

| 资产运用 | 金额(万元) | 占比(%) | 资产分布 | 金额(万元) | 占比(%) |
|---|---|---|---|---|---|
| 货币资产 | 22 925.34 | 2.54 | 基础产业 | 3 947.00 | 0.44 |
| 贷款及应收款 | 3 947.00 | 0.44 | 房地产业 | — | — |
| 交易性金融资产 | — | — | 证券市场 | 10 809.53 | 1.20 |
| 可供出售金融资产 | 843 194.23 | 93.52 | 实业 | — | — |
| 持有至到期投资 | — | — | 金融机构 | 875 911.94 | 97.14 |
| 长期股权投资 | — | — | 其他 | 10 991.93 | 1.22 |
| 其他 | 31 593.83 | 3.50 | | | |
| 资产总计 | 901 660.41 | 100.00 | 资产总计 | 901 660.41 | 100.00 |

注：资产分布中的“其他”栏目主要为货币资产。

**信托资产运用与分布表**

2018 年 12 月 31 日

| 资产运用 | 金额(万元) | 占比(%) | 资产分布 | 金额(万元) | 占比(%) |
|---|---|---|---|---|---|
| 货币资产 | 96 845.60 | 0.30 | 基础产业 | 21 794 402.94 | 68.33 |
| 贷款 | 2 954 521.45 | 9.26 | 房地产 | 744 385.55 | 2.33 |
| 交易性金融资产 | — | — | 证券市场 | 29 730.20 | 0.09 |
| 可供出售金融资产 | 35 529.50 | 0.11 | 实业 | 2 131 255.65 | 6.68 |
| 持有至到期投资 | 2 588 734.86 | 8.12 | 金融机构 | 2 756 616.82 | 8.65 |
| 长期股权投资 | 1 137 526.00 | 3.57 | 其他 | 4 438 969.13 | 13.92 |
| 其他 | 25 082 202.88 | 78.64 | | | |
| 信托资产总计 | 31 895 360.29 | 100.00 | 信托资产总计 | 31 895 360.29 | 100.00 |

注：资产分布中的“其他”栏目主要为公司受托管理的财产权信托和货币资产。

### 4.2 内部控制

4.2.1 内部控制环境和内部控制文化

公司高度重视内控文化建设、制度建设和队伍建设。坚持“抓合规、控风险、促发展”的管理理念，努力营造“全员参与内控，业务发展坚持内控优先”的内控文化氛围。通过学习培训、月度例会、专题讲座、交流与研讨会等多种形式，剖析案例，解读监管法律法规；通过修订和完善公司制度、不断优化业务指引及决策审批流程，不断增强全体员工依法合规的意识，提高风险识别能力和风险防范能力；通过完善内部管理制度和责任追究制度，加强公司内控人员队伍建设，把内控建设和执行落到实处，提升公司内控文化。

4.2.2 内部控制措施

报告期内，进一步加强制度体系建设，根据经营管理需求，严格执行年度制度建设计划，全面升级完善规章制度体系，修订、新增 33 项规章制度，公司现行补充制度体系扩容至 173 项。

4.2.3 信息交流与反馈

通过各项制度确立了清晰完整的报告线，明确公司股东会、董事会、监事会、高级管理层、专业委员会、各部门和员工的职责范围和报告路径。

4.2.4 监督评价与纠正

公司法律与合规管理部和财务资产部行使内部控制职能，监察审计部对内部控制进行再监督，负责常规及专项稽核工作的实施，督促相关整改建议的落实，独立向董事会及高管层报告。

### 4.3 风险管理

4.3.1 风险管理概况

公司按照职责清晰、纵向延伸、横向覆盖的原则，逐步建立了与业务结构相适应的风险管理组织体系。首先，按照信托法规和监管政策的要求，完善以董事会为核心的全方位、多层次的风险管理组织体系。董事会负责制定风险管理战略，下设风险管理委员会，对重大风险事项进行审议。高级管理层负责组织实施经董事会批准的风险管理战略。其次，建立适合业务发展的全面风险管理体系，根据全面风险管理体系建设的初步方案，分别从风险管理战略、流程、组织、策略、主要业务风险及管理措施等方面，梳理风险管理体系现状，查找主要问题，提出较为清晰的体系建设阶段性目标及建议。同时，公司内部建立并不断完善覆盖前台、中台、后台的风险管理组织架构，具体执行风险管理战略、策略和制度，落实风险管理“三道防线”责任。董事会和管理层坚持审慎经营，以先进风险管理手段指导业务发展，积极推进全员的风险管理文化。

4.3.2 风险状况

公司风险管理的对象包括在经营过程中可能遇到的信用风险、市场风险、操作风险以及政策风险、流动性风险、法律风险、声誉风险等。

4.3.2.1 信用风险状况

报告期内，公司进一步优化业务结构，深化项目风险管理，资产质量保持平稳增长，自营业务与信托业务的风险敞口均保持在可接受的范围内，信托和固有业务信用风险基本可控。

4.3.2.2 市场风险状况

报告期内，公司积极探索一系列应对策略，提升核心竞争力，做到与国家经济的市场化特别是利率市场化进程同步，投资业绩良好，各项业务均实现了不同程度的业绩增长。

4.3.2.3　操作风险状况

报告期内，公司通过加强内控体系建设，严格执行岗位分离控制、授权审批、业务流程控制等，未发生因操作风险造成的损失。

4.3.2.4　其他风险状况

报告期内，公司通过全面有效的风险管理，未发生因上述风险所造成的损失。

### 4.4　2018年净资本、风险资本及风险控制指标状况

按照《信托公司净资本管理办法》要求，对净资本和风险资本进行有效管理。报告期内，公司净资本风险控制指标不断优化，全部达到监管要求。截至2018年12月31日，净资本额为69.10亿元，净资本/各项业务风险资本之和为437%，净资本/净资产为82%。

### 4.5　社会责任履行情况

公司积极响应国家号召，主动承担社会责任，在依法合规经营、保护消费者合法权益、服务实体经济发展、创新绿色金融、参与公益慈善事业、促进人本发展等方面积极实践，特别是在服务电网发展、清洁能源开发消纳方面进行了积极尝试，作出了有益贡献。同时，公司高度重视消费者权益保护工作，依法合规为投资创造安全稳定的收益，未发生损害投资者权益的事件。

## 5. 报告期末及上一年度末的比较式会计报表

### 5.1　自营资产

#### 5.1.1　会计师事务所审计意见全文

**审 计 报 告**

天健审〔2019〕2－101号

英大国际信托有限责任公司：

一、审计意见

我们审计了英大国际信托有限责任公司（以下简称英大信托公司）财务报表，包括2018年12月31日的资产负债表，2018年度的利润表、现金流量表和所有者权益变动表，以及相关财务报表附注。

我们认为，后附的财务报表在所有重大方面按照企业会计准则的规定编制，公允反映了英大信托公司2018年12月31日的财务状况，以及2018年度的经营成果和现金流量。

二、形成审计意见的基础

我们按照中国注册会计师审计准则的规定执行了审计工作。审计报告的“注册会计师对财务报表审计的责任”部分进一步阐述了我们在这些准则下的责任。按照中国注册会计师职业道德守则，我们独立于英大信托公司，并履行了职业道德方面的其他责任。我们相信，我们获取的审计证据是充分、适当的，为发表审计意见提供了基础。

三、管理层和治理层对财务报表的责任

英大信托公司管理层（以下简称管理层）负责按照企业会计准则的规定编制财务报表，使其实现公允反映，并设计、执行和维护必要的内部控制，以使财务报表不存在由于舞弊或错误导致的重大错报。

在编制财务报表时，管理层负责评估英大信托公司的持续经营能力，披露与持续经营相关的事项（如适用），并运用持续经营假设，除非计划进行清算、终止运营或别无其他现实的选择。

英大信托公司治理层（以下简称治理层）负责监督英大信托公司的财务报告过程。

四、注册会计师对财务报表审计的责任

我们的目标是对财务报表整体是否不存在由于舞弊或错误导致的重大错报获取合理保证，并出具包含审计意见的审计报告。合理保证是高水平的保证，但并不能保证按照审计准则执行的审计在某一重大错报存在时总能发现。错报可能由于舞弊或错误导致，如果合理预期错报单独或汇总起来可能影响财务报表使用者依据财务报表作出的经济决策，则通常认为错报是重大的。

在按照审计准则执行审计工作的过程中，我们运用职业判断，并保持职业怀疑。同时，我们也执行以下工作：

（1）识别和评估由于舞弊或错误导致的财务报表重大错报风险，设计和实施审计程序以应对这些风险，并获取充分、适当的审计证据，作为发表审计意见的基础。由于舞弊可能涉及串通、伪造、故意遗漏、虚假陈述或凌驾于内部控制之上，未能发现由于舞弊导致的重大错报的风险高于未能发现由于错误导致的重大错报的风险。

（2）了解与审计相关的内部控制，以设计恰当的审计程序，但目的并非对内部控制的有效性发表意见。

（3）评价管理层选用会计政策的恰当性和作出会计估计及相关披露的合理性。

（4）对管理层使用持续经营假设的恰当性得出结论。同时，根据获取的审计证据，就可能导致对英大信托公司持续经营能力产生重大疑虑的事项或情况是否存在重大不确定性得出结论。如果我们得出结论认为存在重大不确定性，审计准则要求我们在审计报告中提请报表使用者注意财务报表中的相关披露；如果披露不充分，我们应当发表非无保留意见。我们的结论基于截至审计报告日可获得的信息。然而，未来的事项或情况可能导致英大信托公司不能持续经营。

（5）评价财务报表的总体列报、结构和内容（包括披露），并评价财务报表是否公允反映相关交易和事项。

我们与治理层就计划的审计范围、时间安排和重大审计发现等事项进行沟通，包括沟通我们在审计中识别出的值得关注的内部控制缺陷。

天健会计师事务所（特殊普通合伙）　　中国注册会计师：

中国注册会计师：

二〇一九年三月十日

### 5.1.2 资产负债表

**资产负债表**

编制单位：英大国际信托有限责任公司　　2018 年 12 月 31 日　　单位：万元

| 资产 | 期末余额 | 年初余额 | 负债和所有者权益（或股东权益） | 期末余额 | 年初余额 |
|---|---|---|---|---|---|
| 资产： | | | 负债： | | |
| 现金及存放中央银行款项 | 0.09 | 0.09 | 向中央银行借款 | | |
| 存放同业款项 | 22 925.25 | 75 398.37 | 同业及其他金融机构存放款项 | | |
| 贵金属 | | | 拆入资金 | | |
| 拆出资金 | | | 以公允价值计量且其变动计入当期损益的金融负债 | | |
| 以公允价值计量且其变动计入当期损益的金融资产 | | | 衍生金融负债 | | |
| 衍生金融资产 | | | 卖出回购金融资产款 | | |
| 买入返售金融资产 | 20 000.00 | 21 500.08 | 吸收存款 | | |
| 应收利息 | 601.90 | 25.52 | 应付职工薪酬 | 1 483.84 | 1 078.66 |
| 发放贷款和垫款 | 3 947.00 | | 应交税费 | 17 217.05 | 7 728.42 |
| 持有待售资产 | | | 应付利息 | | |
| 可供出售金融资产 | 843 194.23 | 497 716.21 | 持有待售负债 | | |
| 持有至到期投资 | | 8 500.00 | 预计负债 | | |
| 应收款项类投资 | | | 应付债券 | | |
| 长期股权投资 | | 9 800.00 | 其中：优先股 | | |
| 投资性房地产 | | | 永续债 | | |
| 固定资产 | 1 446.31 | 1 193.76 | 递延所得税负债 | | |
| 无形资产 | 427.11 | 344.63 | 其他负债 | 38 691.26 | 789.70 |
| 递延所得税资产 | 6 841.79 | 1 733.31 | 负债合计 | 57 392.14 | 9 596.78 |
| 其他资产 | 2 276.72 | 3 989.94 | 股东权益： | | |
| | | | 实收资本 | 402 900.60 | 302 175.45 |
| | | | 其他权益工具 | | |
| | | | 其中：优先股 | | |
| | | | 永续债 | | |
| | | | 资本公积 | 146 161.25 | 17 686.40 |
| | | | 减：库存股 | | |
| | | | 其他综合收益 | -5 104.18 | 605.17 |
| | | | 盈余公积 | 54 195.31 | 48 264.19 |
| | | | 一般风险准备 | 39 514.12 | 32 121.37 |
| | | | 未分配利润 | 206 601.16 | 209 752.53 |
| | | | 股东权益合计 | 844 268.26 | 610 605.11 |
| 资产总计 | 901 660.41 | 620 201.89 | 负债和股东权益总计 | 901 660.41 | 620 201.89 |

### 5.1.3 利润表

**利润表**

编制单位：英大国际信托有限责任公司　　2018 年度　　单位：万元

| 项目 | 本期金额 | 上期金额 |
|---|---|---|
| 一、营业收入 | 113 157.87 | 106 712.56 |
| 利息净收入 | 1 332.52 | 3 956.36 |
| 利息收入 | 1 332.52 | 3 956.36 |
| 利息支出 | — | — |
| 手续费及佣金净收入 | 89 695.63 | 82 076.71 |
| 手续费及佣金收入 | 89 696.03 | 82 077.14 |
| 手续费及佣金支出 | 0.40 | 0.43 |
| 投资收益（损失以“-”号填列） | 22 048.37 | 20 675.76 |
| 其中：对联营企业和合营企业的投资收益 | — | — |
| 公允价值变动收益（损失以“-”号填列） | — | — |
| 汇兑收益（损失以“-”号填列） | 30.22 | -36.84 |
| 其他业务收入 | 11.74 | 3.00 |
| 资产处置收益（损失以“-”号填列） | — | — |

续表

| 项目 | 本期金额 | 上期金额 |
|---|---|---|
| 其他收益 | 39.39 | 37.56 |
| 二、营业支出 | 36 375.56 | 26 105.87 |
| 税金及附加 | 812.30 | 700.42 |
| 业务及管理费 | 20 222.65 | 19 177.71 |
| 资产减值损失 | 15 340.62 | 6 227.73 |
| 其他业务成本 | — | — |
| 三、营业利润（亏损总额以“-”号填列） | 76 782.31 | 80 606.68 |
| 加：营业外收入 | 77.60 | 107.00 |
| 减：营业外支出 | 1.48 | 1.65 |
| 四、利润总额（净亏损以“-”号填列） | 76 858.42 | 80 712.03 |
| 减：所得税费用 | 17 547.18 | 19 822.05 |
| 五、净利润（净亏损以“-”号填列） | 59 311.25 | 60 889.98 |
| 六、其他综合收益的税后净额 | -5 709.35 | 1 805.24 |
| 七、综合收益总额 | 53 601.90 | 62 695.22 |
| 八、每股收益： | — | — |
| （一）基本每股收益 | — | — |
| （二）稀释每股收益 | — | — |

## 5.1.4 所有者权益变动表

### 所有者权益变动表

编制单位:英大国际信托有限责任公司　　2018 年度　　单位:万元

| 项目 | 本期金额 | | | | | | | | | | |
|---|---|---|---|---|---|---|---|---|---|---|---|
| | 实收资本 | 其他权益工具 | | | 资本公积 | 减:库存股 | 其他综合收益 | 盈余公积 | 一般风险准备 | 未分配利润 | 股东权益合计 |
| | | 优先股 | 永续债 | 其他 | | | | | | | |
| 一、上年年末余额 | 302 175. 45 | | | | 17 686. 40 | | 605. 17 | 48 264. 19 | 32 121. 37 | 209 752. 53 | 610 605. 11 |
| 会计政策变更 | | | | | | | | | | | |
| 前期差错更正 | | | | | | | | | | | |
| 其他 | | | | | | | | | | | |
| 二、本年年初余额 | 302 175. 45 | | | | 17 686. 40 | | 605. 17 | 48 264. 19 | 32 121. 37 | 209 752. 53 | 610 605. 11 |
| 三、本期增减变动金额(减少以“-”号填列) | 100 725. 15 | | | | 128 474. 85 | | -5 709. 35 | 5 931. 12 | 7 392. 75 | -3 151. 37 | 233 663. 15 |
| (一)综合收益总额 | | | | | | | -5 709. 35 | | | 59 311. 25 | 53 601. 90 |
| (二)股东投入和减少股本 | 100 725. 15 | | | | 128 474. 85 | | | | | | 229 200. 00 |
| 1. 股东投入股本 | 100 725. 15 | | | | 128 474. 85 | | | | | | 229 200. 00 |
| 2. 其他权益工具持有者投入资本 | | | | | | | | | | | |
| 3. 股份支付计入股东权益的金额 | | | | | | | | | | | |
| 4. 其他 | | | | | | | | | | | |
| (三)利润分配 | | | | | | | | 5 931. 12 | 7 392. 75 | -62 462. 62 | -49 138. 74 |
| 1. 提取盈余公积 | | | | | | | | 5 931. 12 | | -5 931. 12 | |
| 2. 提取一般风险准备 | | | | | | | | | 7 392. 75 | -7 392. 75 | |
| 3. 对股东的分配 | | | | | | | | | | -49 138. 74 | -49 138. 74 |
| 4. 其他 | | | | | | | | | | | |
| (四)股东权益内部结转 | | | | | | | | | | | |
| 1. 资本公积转增股本 | | | | | | | | | | | |
| 2. 盈余公积转增股本 | | | | | | | | | | | |
| 3. 盈余公积弥补亏损 | | | | | | | | | | | |
| 4. 一般风险准备弥补亏损 | | | | | | | | | | | |
| 5. 其他 | | | | | | | | | | | |
| (五)其他 | | | | | | | | | | | |
| 四、本年年末余额 | 402 900. 60 | | | | 146 161. 25 | | -5 104. 18 | 54 195. 31 | 39 514. 12 | 206 601. 16 | 844 268. 26 |

## 所有者权益变动表

2018 年度

编制单位：英大国际信托有限责任公司　　　　单位：万元

| 项目 | 上期金额 | | | | | | | | | | |
|---|---|---|---|---|---|---|---|---|---|---|---|
| | 实收资本 | 其他权益工具 | | | 资本公积 | 减：库存股 | 其他综合收益 | 盈余公积 | 一般风险准备 | 未分配利润 | 股东权益合计 |
| | | 优先股 | 永续债 | 其他 | | | | | | | |
| 一、上年年末余额 | 302 175.45 | | | | 17 686.40 | | -1 200.07 | 42 175.19 | 28 253.02 | 167 885.16 | 556 975.15 |
| 会计政策变更 | | | | | | | | | | | |
| 前期差错更正 | | | | | | | | | | | |
| 其他 | | | | | | | | | | | |
| 二、本年年初余额 | 302 175.45 | | | | 17 686.40 | | -1 200.07 | 42 175.19 | 28 253.02 | 167 885.16 | 556 975.15 |
| 三、本期增减变动金额（减少以“-”号填列） | | | | | | | 1 805.24 | 6 089.00 | 3 868.35 | 41 867.37 | 53 629.96 |
| （一）综合收益总额 | | | | | | | 1 805.24 | | | 60 889.98 | 62 695.22 |
| （二）股东投入和减少股本 | | | | | | | | | | | |
| 1. 股东投入股本 | | | | | | | | | | | |
| 2. 其他权益工具持有者投入资本 | | | | | | | | | | | |
| 3. 股份支付计入股东权益的金额 | | | | | | | | | | | |
| 4. 其他 | | | | | | | | | | | |
| （三）利润分配 | | | | | | | | 6 089.00 | 3 868.35 | -19 022.61 | -9 065.26 |
| 1. 提取盈余公积 | | | | | | | | 6 089.00 | | -6 089.00 | |
| 2. 提取一般风险准备 | | | | | | | | | 3 868.35 | -3 868.35 | |
| 3. 对股东的分配 | | | | | | | | | | -9 065.26 | -9 065.26 |
| 4. 其他 | | | | | | | | | | | |
| （四）股东权益内部结转 | | | | | | | | | | | |
| 1. 资本公积转增股本 | | | | | | | | | | | |
| 2. 盈余公积转增股本 | | | | | | | | | | | |
| 3. 盈余公积弥补亏损 | | | | | | | | | | | |
| 4. 一般风险准备弥补亏损 | | | | | | | | | | | |
| 5. 其他 | | | | | | | | | | | |
| （五）其他 | | | | | | | | | | | |
| 四、本年年末余额 | 302 175.45 | | | | 17 686.40 | | 605.17 | 48 264.19 | 32 121.37 | 209 752.53 | 610 605.11 |

## 5.2 信托资产

### 5.2.1 信托项目资产负债汇总表

**信托项目资产负债表**

编制单位:英大国际信托有限责任公司　　2018年12月31日　　单位:万元

| 信托资产 | 年初数 | 期末数 | 信托负债和信托权益 | 年初数 | 期末数 |
|---|---|---|---|---|---|
| 信托资产: | | | 信托负债: | | |
| 货币资金 | 97 579. 14 | 96 845. 60 | 交易性金融负债 | — | — |
| 其他货币资金 | — | — | —衍生金融负债 | — | — |
| 存出保证金 | — | — | 应付受托人报酬 | 0. 26 | — |
| 交易性金融资产 | — | — | 应付托管费 | 32. 17 | — |
| 衍生金融资产 | — | — | 应付受益人收益 | — | — |
| 买入返售金融资产 | — | — | 应交税费 | — | — |
| 应收款项 | 15 778 645. 96 | 21 086 155. 88 | 应付销售服务费 | — | — |
| 发放贷款 | 5 004 494. 22 | 2 954 521. 45 | 其他应付款项 | 10 120. 46 | 21 202. 81 |
| 可供出售金融资产 | 95 962. 32 | 35 529. 50 | 其他负债 | — | — |
| 持有至到期投资 | 3 301 665. 91 | 2 588 734. 86 | 信托负债合计 | 10 152. 88 | 21 202. 81 |
| 长期应收款 | 2 685 131. 00 | 3 996 047. 00 | | — | — |
| 长期股权投资 | 1 200 674. 00 | 1 137 526. 00 | 信托权益: | | |
| 投资性房地产 | — | — | 实收信托 | 28 125 253. 84 | 31 858 148. 76 |
| 固定资产 | — | — | 资本公积 | — | — |
| 无形资产 | — | — | 外币报表折算差额 | — | — |
| 长期待摊费用 | — | — | 未分配利润 | 28 745. 83 | 16 008. 73 |
| 其他资产 | — | — | 信托权益合计 | 28 153 999. 67 | 31 874 157. 48 |
| 信托资产总计 | 28 164 152. 55 | 31 895 360. 29 | 信托负债及信托权益总计 | 28 164 152. 55 | 31 895 360. 29 |

### 5.2.2 信托项目利润及利润分配汇总表

**信托项目利润及利润分配汇总表**

编制单位:英大国际信托有限责任公司　　单位:万元

| 项目 | 行次 | 2018年 | 2017年 |
|---|---|---|---|
| 一、营业收入 | 1 | 1 262 707. 71 | 1 438 894. 17 |
| 利息收入 | 2 | 939 765. 20 | 1 085 620. 56 |
| 投资收益 | 3 | 322 304. 75 | 351 964. 13 |
| 公允价值变动损益 | 4 | — | -102. 05 |
| 租赁收入 | 5 | — | 231. 24 |
| 汇兑损益 | 6 | — | — |
| 其他收入 | 7 | 637. 76 | 1 180. 29 |
| 二、支出 | 8 | 107 833. 37 | 94 786. 79 |
| 营业税金及附加 | 9 | 4 121. 35 | — |
| 受托人报酬 | 10 | 90 609. 97 | 86 580. 27 |
| 保管费 | 11 | — | — |
| 投资管理费 | 12 | — | — |
| 销售服务费 | 13 | — | 849. 93 |
| 交易费用 | 14 | — | — |
| 资产减值损失 | 15 | — | — |
| 其他费用 | 16 | 13 102. 05 | 7 356. 59 |
| 三、信托净利润 | 17 | 1 154 874. 35 | 1 344 107. 38 |
| 四、其他综合收益 | 18 | — | — |
| 五、综合收益 | 19 | 1 154 874. 35 | 1 344 107. 38 |
| 加:期初未分配信托利润 | 20 | 28 968. 85 | 42 139. 68 |
| 六、可供分配的信托利润 | 21 | 1 183 843. 20 | 1 377 041. 89 |
| 减:本期已分配信托利润 | 22 | 1 167 834. 48 | 1 348 296. 06 |
| 七、期末未分配信托利润 | 23 | 16 008. 73 | 28 745. 83 |

# 6. 会计报表附注

## 6.1 会计报表编制基准不符合会计核算基本前提的说明

### 6.1.1 公司会计报表编制基准不符合会计核算基本前提的情况

无。

### 6.1.2 公司拥有表决权超过半数但未纳入合并范围的被投资单位

无。

## 6.2 重要会计政策和会计估计说明

### 6.2.1 计提资产减值准备的范围和方法

本公司采用备抵法核算资产损失,根据中国银行业监督管理委员会《关于非银行金融机构全面推行资产质量五级分类管理的通知》(银监发[2004]4号)、《非银行金融机构资产风险分类指导原则(试行)》及《企业会计准则》对资产分类的要求,按照承担风险和损失程度进行五级分类,并按财政部财金[2012]20号《金融企业准备金计提管理办法》的要求计提资产减值准备。

### 6.2.2 金融资产核算方法

按照投资目的和经济实质将本公司拥有的金融资产划分为四类:(1)以公允价值计量且其变动计入当期损益的金融资产,包括交易性金融资产和指定为以公允价值计量且其变动计入当期损益的金融资产;(2)持有至到期投资;(3)贷款和应收款项;(4)可供出售金融资产。

本公司初始确认金融资产，按照公允价值计量。对于以公允价值计量且其变动计入当期损益的金融资产，相关交易费用直接计入当期损益；对于其他类别的金融资产，相关交易费用计入初始确认金额。

本公司对金融资产的后续计量主要方法：

（1）以公允价值计量且其变动计入当期损益的金融资产，按照公允价值进行后续计量，公允价值变动计入当期损益。

（2）持有至到期投资和应收款项，采用实际利率法，按摊余成本计量。

（3）可供出售金融资产按照公允价值进行后续计量，公允价值变动形成的利得或损失，除减值损失和外币货币性金融资产形成的汇兑损益外，直接计入所有者权益，在该金融资产终止确认时转出，计入当期损益。

**6.2.3　长期股权投资核算方法**

长期股权投资在取得时以初始投资成本计价。能够对被投资单位实施控制的长期股权投资，采用成本法核算；对被投资单位具有共同控制或重大影响的长期股权投资，采用权益法核算。

采用成本法核算时，除取得投资时实际支付的价款或者对价中包含的已宣告但尚未发放的现金股利或者利润外，当期投资收益按照享有被投资单位宣告发放的现金股利或利润确认。

采用权益法核算时，当期投资损益为应享有或应分担的被投资单位当年实现的净损益的份额。在确认应分担被投资单位发生的净亏损时，以长期股权投资的账面价值和其他实质上构成对被投资单位净投资的长期权益减记至零为限。

**6.2.4　固定资产计价和折旧方法**

6.2.4.1　固定资产确认条件

固定资产是指为生产商品、提供劳务、出租或经营管理而持有的，使用寿命超过一个会计年度的有形资产。

6.2.4.2　固定资产的分类、计价方法及折旧方法

固定资产按成本并考虑预计弃置费用因素的影响进行初始计量。固定资产从达到预定可使用状态的次月起，在使用寿命内计提折旧。各类固定资产的使用寿命、预计净残值和年折旧率、折旧方法如下：

| 固定资产类别 | 折旧年限（年） | 预计净残值率（%） | 年折旧率（%） | 折旧方法 |
|---|---|---|---|---|
| 房屋建筑物 | 20 | 5 | 4.75 | 年限平均法 |
| 运输工具 | 6 | 5 | 15.83 | 年限平均法 |
| 电子设备 | 5～7 | 5 | 13.57～19.00 | 年限平均法 |
| 其他设备 | 7 | 5 | 13.57 | 年限平均法 |

**6.2.5　无形资产计价及摊销政策**

无形资产按照成本进行初始计量。无形资产按照其能为本公司带来经济利益的期限确定使用寿命，无法预见其为本公司带来经济利益期限的作为使用寿命不确定的无形资产。使用寿命有限的无形资产，其应摊销金额在使用寿命内系统合理摊销。无形资产的应摊销金额为其成本扣除预计残值后的金额。已计提减值准备的无形资产，还应扣除已计提的无形资产减值准备累计金额。无形资产的摊销金额计入当期损益。本公司每年年度终了对使用寿命有限的无形资产的使用寿命及摊销方法进行复核，必要时进行调整。

**6.2.6　长期待摊费用的摊销政策**

长期待摊费用是指公司已经发生但应由本期和以后各期分担的分摊期限在1年以上（不含1年）的各项费用。包括以经营租赁方式租入的固定资产改良支出等，长期待摊费用按实际支出入账，在项目受益期内平均摊销。

**6.2.7　合并会计报表的编制方法**

企业合并分为同一控制下企业合并和非同一控制下企业合并。合并财务报表的合并范围以控制为基础予以确定。控制是指投资方拥有对被投资方的权利，通过参与被投资方的相关活动而享有可变回报，并且有能力运用对被投资方的权力影响其回报金额。相关活动是指对被投资方的回报产生重大影响的活动，根据具体情况进行判断，通常包括商品或劳务的销售和购买、金融资产的管理、资产的购买和处置、研究与开发活动以及融资活动等。本公司在综合考虑所有相关事实和情况的基础上对是否控制被投资方进行判断。一旦相关事实和情况变化导致对控制所涉及的相关要素发生变化，则进行重新评估。合并范围包括本公司及全部子公司。子公司是指被本公司控制的主体。合并财务报表以母公司和纳入合并范围的子公司的财务报表为基础，根据其他有关资料，按照权益法调整对子公司的长期股权投资，在抵销母公司权益性资本投资与子公司所有者权益中母公司所持有的份额和公司内部之间重大交易及内部往来后编制而成。少数股东权益在合并资产负债表中所有者权益项目下以“少数股东权益”项目列示，少数股东损益，在合并利润表中净利润项目下以“少数股东损益”项目列示。公司在编制合并财务报表时，如果子公司所采用的会计政策、会计期间与母公司不一致的，需要按照母公司的会计政策和会计期间对子公司财务报表进行必要的调整；或者要求子公司按照母公司的会计政策和会计期间另行编报财务报表。

母公司在报告期内因同一控制下企业合并增加的子公司，编制合并资产负债表时，调整合并资产负债表的期初数。因非同一控制下企业合并增加的子公司，编制合并资产负债表时，不调整合并资产负债表的期初数。母公司在报告期内处置子公司，若属于同一控制下企业合并减少的子公司，编制合并资产负债表时，应当调整合并资产负债表的期初数。对其他原因减少的子公司，编制合并资产负债表时，不调整合并资产负债表的期初数。母公司在报告期内因同一控制下企业合并增加的子公司，将该子公司合并当期期初至报告期末的收入、费用、利润纳入合并利润表。因非同一控制下企业合并增加的子公司，将该子公司购买日至报告期末的收入、费用、利润纳入合并利润表。母公司在报告期内处置子公司，若属于同一控制下企业合并减少的子公司，该子公司合并当期期初至报告期末的收入、费用、利润不再纳入合并利润表。对其他原因减少的子公司，将该子公司期初至处置日的收入、费用、利润纳入合并利润表。母公司在报告期内因同一控制下企业合并增加的子公司，将该子公司合并当期期初至报告期末的现金流量纳入合并现金流量表。因非同一控制下企业合并增加的子公司，将该子公司购买日至报告期末的现金流量纳入合并现金流量表。母公司在报告期内处置子公司，若属于同一控制下企业合并减少的子公司，合并当期期初至报告期末的现金流量不再纳入合并现金流量表；对其他原因减少的子公司，将该子公司期初至处置日的现金流量纳入合并现金流量表。

**6.2.8　收入确认原则和方法**

本公司的收入主要包括利息收入、金融企业往来收入、手

续费佣金收入、其他收入等。收入在满足以下条件时予以确认:与交易相关的经济利益很可能流入企业,并且该收入的金额能够可靠地计量时,确认收入的实现。

**6.2.9 所得税的会计处理方法**

本公司所得税的会计核算采用资产负债表债务法。本公司在取得资产、负债时,确定其计税基础。资产、负债的账面价值与其计税基础存在的暂时性差异,按照《企业会计准则第18号——所得税》的有关规定,确认所产生的递延所得税资产或递延所得税负债。

本公司所得税分月预缴,在年终汇算清缴时,少缴的所得税税额,在下一年度内缴纳;多缴纳的所得税税额,在下一年度退税。

**6.2.10 信托报酬确认原则和方法**

在与信托业务相关的经济利益能够流入公司,收入金额能够可靠计量的情况下,按信托文件约定的时间和方法确认。

**6.2.11 会计政策、会计估计变更及重大前期差错更正的说明**

6.2.11.1 会计政策变更

无。

6.2.11.2 会计估计变更

无。

6.2.11.3 重大前期差错更正事项

无。

## 6.3 或有事项

无。

## 6.4 重要资产转让及其出售的说明

无。

## 6.5 会计报表中重要项目的明细资料

**6.5.1 自营资产经营情况**

6.5.1.1 资产风险分类

| 信用风险资产五级分类 | 正常类(万元) | 关注类(万元) | 次级类(万元) | 可疑类(万元) | 损失类(万元) | 信用风险资产合计(万元) | 不良资产合计(万元) | 不良资产率(%) |
|---|---|---|---|---|---|---|---|---|
| 期初数 | 613 882.40 | — | — | — | 1 519.90 | 615 402.30 | 1 519.90 | 0.25 |
| 期末数 | 814 098.48 | 77 317.47 | — | — | 1 352.70 | 892 768.65 | 1 352.70 | 0.15 |

6.5.1.2 资产损失准备

单位:万元

| 项目 | 期初数 | 本期计提 | 本期转回 | 本期核销 | 期末数 |
|---|---|---|---|---|---|
| 贷款损失准备 | 7.50 | — | — | — | 7.50 |
| 一般准备 | — | — | — | — | — |
| 专项准备 | 7.50 | — | — | — | 7.50 |
| 其他资产减值准备 | 7 740.12 | 15 340.62 | — | 2 519.14 | 20 561.60 |
| 可供出售金融资产减值准备 | 7 740.12 | 15 225.67 | — | 2 519.14 | 20 446.65 |
| 持有至到期投资减值准备 | — | — | — | — | — |
| 长期股权投资减值准备 | — | — | — | — | — |
| 坏账准备 | — | 114.95 | — | — | 114.95 |
| 投资性房地产减值准备 | — | — | — | — | — |

6.5.1.3 投资

单位:万元

| 项目 | 自营股票 | 基金 | 债券 | 长期股权投资 | 其他投资 | 合计 |
|---|---|---|---|---|---|---|
| 期初数 | 9 631.00 | 180 641.59 | 10 393.80 | 9 800.00 | 305 549.82 | 516 016.21 |
| 期末数 | 10 809.53 | 209 998.82 | 72 915.85 | — | 549 470.03 | 843 194.23 |

6.5.1.4 前五名自营长期股权投资情况

无。

6.5.1.5 前五名自营贷款情况

| 企业名称 | 占贷款总额的比例(%) | 还款情况 |
|---|---|---|
| 中天电气技术有限公司 | 100 | 正常 |

6.5.1.6 表外业务的期初数、期末数;按照代理业务、担保业务和其他类型表外业务分别披露

单位:万元

| 表外业务 | 期初数 | 期末数 |
|---|---|---|
| 担保业务 | — | — |
| 代理业务(委托业务) | — | — |
| 其他 | — | — |
| 合计 | — | — |

注:代理业务主要反映因客观原因应规范而尚未完成规范的历史遗留委托业务,包括委托贷款和委托投资。

6.5.1.7 公司当年的收入结构

| 收入结构 | 金额(万元) | 占比(%) |
|---|---|---|
| 手续费及佣金收入 | 89 696.03 | 79.26 |
| 其中:信托手续费收入 | 89 664.90 | 79.23 |
| 投资银行业务收入 | 31.13 | 0.03 |
| 利息收入 | 1 332.52 | 1.18 |
| 其他业务收入 | 11.74 | 0.01 |
| 其中:计入信托业务收入部分 | — | — |
| 投资收益 | 22 048.37 | 19.48 |
| 其中:股权投资收益 | 188.52 | 0.17 |
| 公允价值变动收益 | — | — |
| 其他投资收益 | 21 859.85 | 19.32 |
| 营业外收入 | 77.60 | 0.07 |
| 收入合计 | 113 166.26 | 100.00 |

注:手续费及佣金收入、利息收入、其他业务收入、投资收益、营业外收入均应为损益表中的科目,其中手续费及佣金收入、利息收入、营业外收入为未抵减掉相应支出的全年累计实现收入数。报告期内公司无超过总收入的5%的“其他业务收入”“营业外收入”。

#### 6.5.2 信托资产管理情况

6.5.2.1 信托资产的期初数、期末数

单位:万元

| 信托资产 | 期初数 | 期末数 |
|---|---|---|
| 集合 | 2 909 470.99 | 2 133 651.64 |
| 单一 | 5 818 664.17 | 4 442 816.70 |
| 财产权 | 19 436 017.39 | 25 318 891.95 |
| 合计 | 28 164 152.55 | 31 895 360.29 |

6.5.2.1.1 主动管理型信托业务的信托资产期初数、期末数,分证券投资类、股权投资类、融资类、事务管理类分别披露

单位:万元

| 主动管理型信托资产 | 期初数 | 期末数 |
|---|---|---|
| 证券投资类 | — | — |
| 股权投资类 | 383 150.00 | 234 838.00 |
| 融资类 | 1 182 392.91 | 1 031 580.56 |
| 事务管理类 | — | 42 670.00 |
| 合计 | 2 687 851.57 | 1 493 192.56 |

注:1. “合计”行要求填主动管理型信托项目的总额,它包含所有运用方式的主动型产品,“证券投资类”“股权投资类”“融资类”“事务管理类”是主动管理型中重点的几个类别,包含在“合计”中,但是与“合计”行没有勾稽关系,合计应大于或等于这四类之和。
2. 按照实收信托分类。
3. 期末数中,合计项除了表格中的四类外主要包括融资租赁、权益投资等投资类业务。

6.5.2.1.2 被动管理型信托业务期初数、期末数,分证券投资类、股权投资类、融资类、事务管理类分别披露

单位:万元

| 被动管理型信托资产 | 期初数 | 期末数 |
|---|---|---|
| 证券投资类 | — | 30 000.00 |
| 股权投资类 | 729 200.00 | 668 520.00 |
| 融资类 | 5 261 588.00 | 476 161.66 |
| 事务管理类 | 19 211 467.27 | 28 605 401.97 |
| 合计 | 25 437 402.27 | 30 364 956.20 |

注:1. 合计数与主动管理型部分同理。
2. 按照实收信托分类。

6.5.2.2 本年度已清算结束的信托项目个数、实收信托合计金额、加权平均实际年化收益率

6.5.2.2.1 本年度已清算结束的集合类、单一类资金信托项目和财产管理类信托项目个数、实收信托合计金额、加权平均实际年化收益率

| 已清算结束的信托项目 | 项目个数(个) | 实收信托合计金额(万元) | 加权平均实际年化收益率(%) |
|---|---|---|---|
| 集合类 | 19 | 832 116.55 | 8.98 |
| 单一类 | 36 | 2 622 957.56 | 5.43 |
| 财产管理类 | 53 | 5 153 338.94 | 4.57 |

注:1. 收益率是指信托项目清算后,给受益人赚取的实际收益水平。
2. 加权平均实际年化收益率 =(信托项目 1 的实际年化收益率 × 信托项目 1 的资产总计 + 信托项目 2 的实际年化收益率 × 信托项目 2 的资产总计 + … + 信托项目 $n$ 的实际年化收益率 × 信托项目 $n$ 的资产总计)/(信托项目 1 的资产总计 + 信托项目 2 的资产总计 + … + 信托项目 $n$ 的资产总计)×100%。

6.5.2.2.2 本年度已清算结束的主动管理型信托项目个数、实收信托合计金额、加权平均实际年化信托报酬率、加权平均实际年化收益率

| 已清算结束的信托项目 | 项目个数(个) | 实收信托合计金额(万元) | 加权平均实际年化信托报酬率(%) | 加权平均实际年化收益率(%) |
|---|---|---|---|---|
| 证券投资类 | — | — | — | — |
| 股权投资类 | 1 | 100 000.00 | 0.53 | 7.49 |
| 融资类 | 1 | 60 000.00 | 0.24 | 7.3 |
| 事务管理类 | — | — | — | — |

注:加权平均实际年化信托报酬率 =(信托项目 1 的实际年化信托报酬率 × 信托项目 1 的资产总计 + 信托项目 2 的实际年化信托报酬率 × 信托项目 2 的资产总计 + … + 信托项目 $n$ 的实际年化信托报酬率 × 信托项目 $n$ 的资产总计)/(信托项目 1 的资产总计 + 信托项目 2 的资产总计 + … + 信托项目 $n$ 的资产总计)×100%。

6.5.2.2.3 本年度已清算结束的被动管理型信托项目个数、实收信托合计金额、加权平均实际年化信托报酬率、加权平均实际年化收益率

| 已清算结束的信托项目 | 项目个数(个) | 实收信托合计金额(万元) | 加权平均实际年化信托报酬率(%) | 加权平均实际年化收益率(%) |
|---|---|---|---|---|
| 证券投资类 | 1 | 60000.00 | 0.3 | 5.3 |
| 股权投资类 | 2 | 100 000.00 | 0.3 | 3.915 |
| 融资类 | 41 | 2 615 092.05 | 0.33 | 5.96 |
| 事务管理类 | 60 | 5 503 321.00 | 0.14 | 5.11 |

6.5.2.3 本年度新增的集合类、单一类和财产管理类信托项目个数、实收信托合计金额

| 新增信托项目 | 项目个数(个) | 实收信托合计金额(万元) |
|---|---|---|
| 集合类 | 9 | 125 984.00 |
| 单一类 | 11 | 1 508 778.26 |
| 财产管理类 | 51 | 20 195 672.77 |
| 新增合计 | 71 | 21 830 435.03 |
| 其中:主动管理型 | 13 | 137 298.61 |
| 被动管理型 | 58 | 21 693 136.42 |

注:本年新增信托项目指在本报告年度内累计新增信托项目个数和金额,包含本年度新增并于本年度内结束的项目和本年度新增至报告期末仍在持续管理的信托项目。

6.5.2.4 信托业务创新成果和特色业务有关情况

一是电网业务质效明显提升。服务电网业务规模创历史最高水平,达到 2 598 亿元,较年初增长 37.8%。二是产融协同力度持续加大。紧抓政策机遇,打通关键环节,供应链金融业务存量规模达到 9.5 亿元,完成储备 30 亿元。三是业务领域逐步拓宽。资产证券化业务新增规模 132 亿元。

6.5.2.5 本公司履行受托人义务情况及因本公司自身责任而导致的信托资产损失情况(合计金额、原因等)

公司不断完善制度建设,加强合规管理,严格落实监管要求,完善风险控制闭环管理。公司受托人对受托管理的全部信托财产均履行了尽职管理义务:公司按照“诚实、信用、谨慎、有效”原则,以受益人利益最大化为目标,对受托管理的全部信托财产均履行了尽职管理义务,对信托财产与固有财产实行了分账管理,对每个信托项目实现了专户核算,不存在受托人侵占信托财产或利用信托财产谋取利益的情况,并对信托项目的经营状况及存续期间发生的重大事项均进行披露。

## 6.6 关联方关系及其交易

### 6.6.1 关联交易方的数量、关联交易的总金额及关联交易的定价政策

| | 关联交易数量 | 关联交易金额(万元) | 定价政策 |
|---|---|---|---|
| 合计 | 136 | 26 151 493.96 | 市场公允 |

### 6.6.2 关联交易方与本公司的关系性质、关联交易方的名称、法定代表人、注册地址、注册资本及主营业务

| 关联性质 | 关联方名称 | 法人代表 | 注册地址 | 注册资本(亿元) | 主营业务 |
|---|---|---|---|---|---|
| 股东单位及受同一单位控制 | 国家电网公司及下属企业 | 寇伟等 | 北京 | 8 295 | 电力 |

### 6.6.3 逐笔披露本公司与关联方的重大交易事项

6.6.3.1 固有财产与关联方：贷款、投资、租赁、应收账款、担保、其他方式等期初汇总数、本期借方和贷方发生额汇总数、期末汇总数

单位：万元

| 固有财产与关联方关联交易 | | | | |
|---|---|---|---|---|
| | 期初数 | 借方发生额 | 贷方发生额 | 期末数 |
| 贷款 | — | — | — | — |
| 投资 | 132 576.69 | 46 970.95 | 26 561.41 | 152 986.22 |
| 租赁 | — | — | — | — |
| 担保 | — | — | — | — |
| 应收账款 | — | — | — | — |
| 其他 | — | — | — | — |
| 合计 | 132 576.69 | 46 970.95 | 26 561.41 | 152 986.22 |

6.6.3.2 信托与关联方：贷款、投资、租赁、应收账款、担保、其他方式等期初汇总数、本期发生额汇总数、期末汇总数

单位：万元

| 信托与关联方关联交易 | | | | |
|---|---|---|---|---|
| | 期初数 | 借方发生额(清算) | 贷方发生额(新增) | 期末数 |
| 贷款 | 2 355 646.97 | 2 034 497.77 | 1 570 465.00 | 1 891 614.20 |
| 投资 | — | — | — | — |
| 租赁 | — | — | — | — |
| 担保 | — | — | — | — |
| 应收账款 | — | — | — | — |
| 其他 | 16 728 377.00 | 23 598 297.00 | 31 129 799.76 | 24 259 879.76 |
| 合计 | 19 084 023.97 | 25 632 794.77 | 32 700 264.76 | 26 151 493.96 |

6.6.3.3 信托公司自有资金运用于自己管理的信托项目(固信交易)、信托公司管理的信托项目之间的相互(信信交易)交易金额，包括余额和本报告年度的发生额

6.6.3.3.1 固有财产与信托财产之间的交易金额期初汇总数、本期发生额汇总数、期末汇总数

单位：万元

| 固有财产与信托财产相互交易 | | | |
|---|---|---|---|
| | 期初数 | 本期发生额 | 期末数 |
| 合计 | 83 740 | 10 800 | 94 540 |

6.6.3.3.2 信托资产与信托财产之间的交易金额期初汇总数、本期发生额汇总数、期末汇总数

单位：万元

| 信托资产与信托财产相互交易 | | | |
|---|---|---|---|
| | 期初数 | 本期发生额 | 期末数 |
| 合计 | 303 050.00 | −96 110.00 | 206 940.00 |

注：以公司受托管理的一个信托项目的资金购买自己管理的另一个信托项目的受益权或信托项下资产均应纳入统计披露范围。

### 6.6.4 逐笔披露关联方逾期未偿还本公司资金的详细情况以及本公司为关联方担保发生或即将发生垫款的详细情况

报告期内公司无关联方逾期未偿还本公司资金的情况及本公司为关联方担保发生或即将发生垫款的情况。

## 6.7 会计制度的披露

公司固有业务、信托业务均执行财政部2006年颁布的《企业会计准则》。

# 7. 财务情况说明书

## 7.1 利润实现和分配情况

2018年公司实现利润总额为76 858.42万元，净利润为59 311.25万元，提取盈余公积5 931.12万元，提取一般风险准备7 392.75万元，向股东分配利润49 138.74万元，未分配利润余额为206 601.16万元。

## 7.2 主要财务指标

| 指标名称 | 指标值 |
|---|---|
| 资本利润率(%) | 8.15 |
| 加权年化信托报酬率(%) | 0.34 |
| 人均净利润(万元) | 373.03 |

注：1 资本利润率=净利润/所有者权益平均余额×100%。

2. 加权年化信托报酬率=(信托项目1的实际年化信托报酬率×信托项目1的资产总计+信托项目2的实际年化信托报酬率×信托项目2的资产总计+…+信托项目$n$的实际年化信托报酬率×信托项目$n$的资产总计)/(信托项目1的资产总计+信托项目2的资产总计+…+信托项目$n$的资产总计)×100%。

3. 该指标是要反映公司实际的信托报酬水平，因此只能计算在报告年度真正清算结束了的项目。

4. 人均净利润=净利润/年平均人数。

5. 平均值采取年初、年末余额简单平均法，公式为：a(平均)=(年初数+年末数)/2。

## 7.3 本报告期内发生对本公司财务状况、经营成果有重大影响的其他事项

无。

# 8. 特别事项揭示

## 8.1 前五名股东变动情况及原因

2017年，公司前五名股东为国网英大控股集团有限公司、中国电力财务有限公司、济南市新能源投资有限责任公司、国网上海市电力公司、济钢集团有限公司。2018年前五名股东

变更为：国网英大控股集团有限公司、中国南方电网有限责任公司、中国电力财务有限公司、济南市新能源投资有限责任公司、国网上海市电力公司。

变动原因：2018 年，中国南方电网有限责任公司作为战略投资者成功入股公司，持有公司 25% 股权，成为第二大股东。

### 8.2　董事、监事及高级管理人员变动情况及原因

2018 年 6 月，经北京银监局核准，翟红卫担任公司董事会秘书。

### 8.3　变更注册资本、变更注册地或公司名称、公司分立合并事项

2018 年 1 月，北京银监局发布了《北京银监局关于英大国际信托有限责任公司变更注册资本并调整股权结构的批复》（京银监复[2018]27 号），公司注册资本增加至 40.29 亿元。

2018 年 2 月，公司完成相应工商变更程序。

### 8.4　公司的重大诉讼事项

无。

### 8.5　公司及其董事、监事和高级管理人员受到处罚的情况

无。

### 8.6　银保监会及其派出机构对公司检查后提出整改意见的，应简单说明整改情况

无。

### 8.7　本年度重大事项临时报告的简要内容、披露时间、所披露的媒体及其版面

简要内容：英大国际信托有限责任公司变更注册资本并调整股权结构，公司注册资本增值 40.29 亿元，中国南方电网有限责任公司持股 25%，成为公司第二大股东。

披露时间：2018 年 2 月 12 日。

披露媒体及版面：《金融时报》，2018 年 2 月 12 日 08 版。

### 8.8　银保监会及其省级派出机构认定的其他有必要让客户及相关利益人了解的重要信息

无。

# 云南国际信托有限公司

## 1. 重要提示

1.1 本公司董事会及董事保证本报告所载资料不存在任何虚假记载、误导性陈述或者重大遗漏,并对其内容的真实性、准确性和完整性承担个人及连带责任。本年度报告摘要摘自年度报告全文,客户及相关利益人欲了解详细内容,应阅读年度报告全文。

1.2 独立董事意见

本公司独立董事梁旻松、沈思、龙超对本报告内容的真实性、准确性和完整性表示认可。

1.3 本公司负责人董事长刘刚、总裁及主管会计工作负责人舒广、主管信托会计工作负责人李峥及会计机构负责人杨春和、雷瑗保证:本年度报告中的财务报告真实、完整。

## 2. 公司概况

### 2.1 公司简介

2.1.1 公司历史沿革

云南国际信托有限公司(以下简称云南信托)是2003年经中国人民银行"银复[2003]33号"文批准,由原云南省国际信托投资公司增资改制后重新登记的非银行金融机构。公司注册资本为4亿元。2007年,根据《信托公司管理办法》的有关规定,公司经原中国银行业监督管理委员会"银监复[2007]315号"文批准同意,换领中华人民共和国金融许可证。2013年,经原中国银行业监督管理委员会云南监管局以"云银监复[2013]293号"文批准同意,公司变更注册资本为10亿元。2017年,经原中国银行业监督管理委员会云南监管局以"云银监复[2017]249号"文批准同意变更注册资本为12亿元。

2.1.2 公司法定名称

中文名称:云南国际信托有限公司

中文缩写:云南信托

英文名称:Yunnan International Trust Co.,Ltd.

英文缩写:YNTRUST

2.1.3 公司法定代表人:刘刚

2.1.4 公司注册地址:云南省昆明市南屏街(云南国托大厦)

邮政编码:650021

公司国际互联网网址:http://www.yntrust.com

电子邮箱:ynxt@yntrust.com

2.1.5 公司信息披露事务负责人:舒广

联系人:秦少敏

联系电话:0871-63173981

传真:0871-63152142

电子邮箱:ynxt@yntrust.com

2.1.6 公司选定的信息披露报纸名称:《金融时报》

2.1.7 公司年度报告备置地点:云南省昆明市南屏街4号A座33层

2.1.8 公司聘请的会计师事务所:中审众环会计师事务所(特殊普通合伙)云南亚太分所

住所:云南省昆明市盘龙区131号汇都国际C座6层

2.1.9 公司聘请的律师事务所:云南八谦律师事务所

住所:云南省昆明市滇池路914号摩根道5栋

### 2.2 组织结构

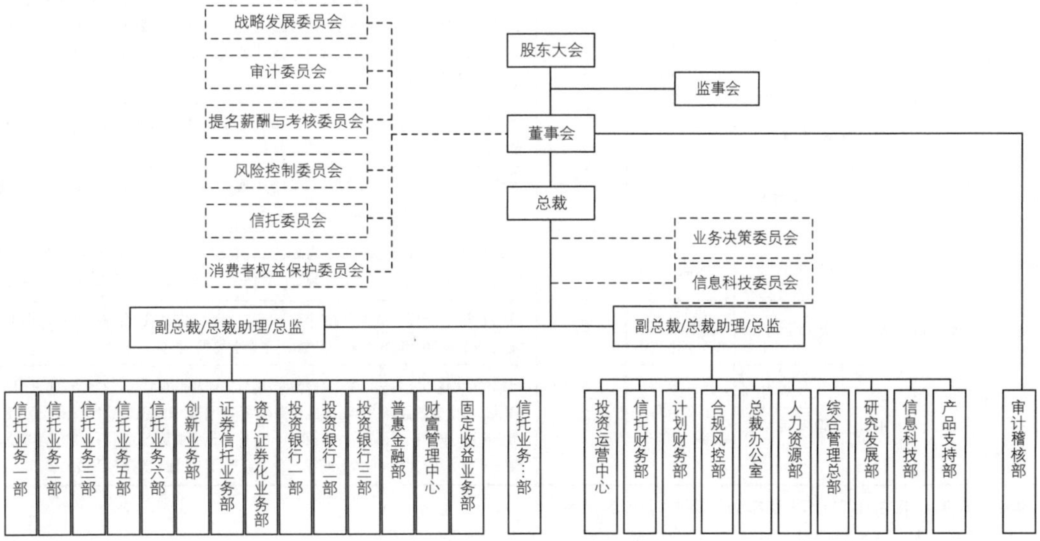

# 3. 公司治理

## 3.1 股东

本报告期末，公司共有6家股东，持有本公司10%以上（含10%）股份的股东情况如下：

| 股东名称 | 持股比例（%） | 法人代表 | 注册资本（亿元） | 注册地址 | 主要经营业务及主要财务情况 |
|---|---|---|---|---|---|
| 云南省财政厅 | 25 | 张岩松 | | 昆明市五华山云南省政府内 | |
| ★涌金实业（集团）有限公司 | 24.5 | 杨利华 | 2 | 中国（上海）自由贸易试验区陆家嘴环路958号1711室 | 主营业务：物业管理，旅游资源开发，国内贸易（除国家明令禁止经营的商品），室内装潢，实业投资咨询，农业产品的购销（除专项审批外）[依法须经批准的项目，经相关部门批准后方可开展经营活动]。<br>主要财务情况：截至2018年末，总资产为1 610 975 019.46元，所有者权益为1 301 624 194.97元。 |
| 上海纳米创业投资有限公司 | 23 | 刘　明 | 3 | 中国（上海）自由贸易试验区陆家嘴环路958号1701室 | 主营业务：实业投资、资产管理（非金融业务）、科技项目开发及以上相关业务的咨询服务，国内贸易（专项、专控商品除外）[依法须经批准的项目，经相关部门批准后方可开展经营活动]。<br>主要财务情况：截至2018年末，总资产为761 051 171.77元，所有者权益为759 993 297.08元。 |
| 北京知金科技投资有限公司 | 17.5 | 杨利华 | 1.5 | 北京市怀柔区雁栖工业开发区三区16号 | 主营业务：投资管理；投资咨询（企业依法自主选择经营项目，开展经营活动；依法须经批准的项目，经相关部门批准后依批准的内容开展经营活动；不得从事本市产业政策禁止和限制类项目的经营活动）。<br>主要财务情况：截至2018年末，总资产为556 110 371.59元，所有者权益为555 279 308.61元。 |

注：★为控股股东。

本公司股东之中，涌金实业（集团）有限公司、上海纳米创业投资有限公司及北京知金科技投资有限公司之间存在关联关系。

公司前三位股东的主要情况：

（1）云南省财政厅（政府部门）。

（2）涌金实业（集团）有限公司主要股东：陈金霞持股比例为50%。

（3）上海纳米创业投资有限公司主要股东：陈金霞持股比例为75%。

## 3.2 董事、董事会及其下属委员会

本报告期末，公司共有9名董事与1名拟任董事。

董事长、副董事长、董事

| 姓名 | 职务 | 性别 | 年龄（岁） | 选任日期 | 所推举的股东名称 | 该股东持股比例（%） | 简要履历 |
|---|---|---|---|---|---|---|---|
| 刘　刚 | 董事长 | 男 | 53 | 2018年5月 | 涌金实业（集团）有限公司 | 24.5 | 研究生学历，历任云南国际信托有限公司副董事长兼常务副总经理；现任云南国际信托有限公司董事长。 |
| 甘　煜 | 董事、董事长（拟任） | 男 | 42 | 2018年11月 | 涌金实业（集团）有限公司 | 24.5 | 博士研究生，曾就职于中国人民银行银行管理司准入一处、原中国银监会银行二部，历任非现场监管处主任科员、现场检查处副处长、市场准入处副处长，原中国银监会国际部国际研究处处长，原中国银监会办公厅秘书处正处级秘书，平安银行法律合规部总经理、监事、纪委委员。 |
| 田泽望 | 副董事长 | 男 | 47 | 2018年5月 | 涌金实业（集团）有限公司 | 24.5 | 研究生学历，历任云南国际信托有限公司总裁助理、总裁；现任云南国际信托有限公司副董事长。 |
| 赵　煜 | 董事 | 男 | 49 | 2018年5 | 涌金实业（集团）有限公司 | 24.5 | 本科学历，历任职于上海浦东中软科技发展有限公司、北京顶峰贸易公司；现任涌金实业（集团）有限公司董事长助理。 |
| 赵志清 | 董事 | 男 | 35 | 2018年5月 | 云南省财政厅 | 25 | 研究生学历，高级会计师，云南省高级会计管理人才，历任云南省财经学校会计、讲师；现就职于云南省注册会计师管理与资产评估中心，同时担任云南国际信托有限公司董事。 |
| 舒　广 | 董事 | 男 | 40 | 2018年5月 | 上海纳米创业投资有限公司 | 23 | 研究生学历，历任云南国际信托有限公司总裁办公室主任、合规工作部总经理、公司副总裁；现任云南国际信托有限公司总裁、董事会秘书、董事。 |
| 刘　峥 | 董事 | 女 | 47 | 2018年5月 | 北京知金科技投资有限公司 | 17.5 | 研究生学历，历任北京涌金财经顾问有限公司研发部经理、副总经理，北京知金科技投资有限公司业务总监、总经理，国金证券有限公司（现国金证券股份有限公司）监察稽核部副总经理、投资银行部副总经理及公司内核委员会委员，云南国际信托有限公司副总裁；现任涌金实业（集团）有限公司投资部总经理，云南国际信托有限公司董事。 |

注：1. 2019年3月22日经云银保监复[2019]121号文批准，甘煜先生担任公司董事及董事长。

2. 赵煜先生已于2018年11月辞去公司董事职务，但在新选派董事任职资格获得监管批复之前仍继续履职。

独立董事

| 姓名 | 所在单位及职务 | 性别 | 年龄（岁） | 选任日期 | 所推举的股东名称 | 该股东持股比例（%） | 简要履历 |
|---|---|---|---|---|---|---|---|
| 龙　超 | 云南财经大学金融学院教授，博士生导师 | 男 | 54 | 2018年5月 | 云南省财政厅 | 25 | 经济学博士，历任云南财经大学图书馆副馆长（主持工作）、金融发展研究所副所长、金融学院院长；现任云南财经大学金融学院教授，博士生导师，云南国际信托有限公司独立董事。 |
| 沈　思 | 无 | 男 | 65 | 2018年5月 | 涌金实业（集团）有限公司 | 24.5 | 经济学硕士，历任浙江省人民银行金融研究所副所长、办公室副主任、金管处副处长、调统处处长，人民银行总行调统司副司长，浦发银行杭州分行副行长，浦发银行董秘、董事会办公室主任、战略发展部总经理，浦发银行董秘、董事、执行董事、董事会战略委员会、资本经营委员会委员；现任云南国际信托有限公司独立董事。 |
| 梁旻松 | 北京弘松投资咨询有限责任公司合伙人 | 男 | 50 | 2018年5月 | 上海纳米创业投资有限公司 | 23 | 经济学、法学博士，历任美国纽约Kelly Drye & Warren LIP公司/项目融资部律师，美国贝克·麦肯斯国际律师事务所香港办公室中国业务部律师，北京博雅新港资本投资咨询有限公司首席执行官；现任北京弘松投资咨询有限责任公司合伙人，云南国际信托有限公司独立董事。 |

董事会下属委员会

| 委员会名称 | 职责 | 组成人员姓名及职务 |
|---|---|---|
| 董事会战略发展委员会 | 对公司的发展战略规划进行研究并提出建议 | 主任委员：田泽望<br>成员：沈思、赵志清 |
| 董事会审计委员会 | 监督公司的内部审计制度及其实施 | 主任委员：龙超<br>成员：赵煜、卢柯科（审计稽核部负责人） |
| 董事会风险控制委员会 | 研究、考核公司的风险控制制度，并提出建议 | 主任委员：沈思<br>成员：刘刚、舒广 |
| 董事会提名、薪酬与考核委员会 | 研究董事、高管、董事会秘书以及由总裁提请董事会认定的其他管理人员的选择标准和程序及考核标准，并提出建议 | 主任委员：刘刚<br>成员：刘峥、舒广 |
| 董事会信托委员会 | 督促公司依法履行受托人职责，当公司或股东利益与受益人利益发生冲突时保证公司为受益人的最大利益服务 | 主任委员：梁旻松<br>成员：刘峥、田泽望 |
| 董事会消费者权益保护委员会 | 制定消费者权益保护工作战略、指导督促高管有效执行和落实消费者权益保护相关工作 | 主任委员：梁旻松<br>成员：赵煜、李峥（消保工作牵头部门分管高管） |

## 3.3 监事、监事会及其下属委员会

监事会成员

| 姓名 | 职务 | 性别 | 年龄（岁） | 选任时间 | 所推举的股东名称 | 该股东持股比例（%） | 简要履历 |
|---|---|---|---|---|---|---|---|
| 李国青 | 监事长 | 男 | 46 | 2018年5月 | 云南省财政厅 | 25 | 在职研究生，历任云南省财政厅预算局联络处处长（副处级）、云南省财政厅债务管理处副处长；现任云南国际信托有限公司监事长。 |
| 穆　越 | 监事 | 女 | 28 | 2018年5月 | 涌金实业（集团）有限公司 | 24.5 | 研究生学历；现任涌金实业（集团）有限公司投资经理，云南国际信托有限公司监事。 |
| 许　悦 | 监事 | 女 | 28 | 2018年5月 | 上海纳米创业投资有限公司 | 23 | 研究生学历；现任涌金实业（集团）有限公司法律部经理，云南国际信托有限公司监事。 |
| 文　俊 | 监事 | 男 | 32 | 2018年5月 | 云南合和（集团）股份有限公司 | 2.5 | 经济学硕士，历任红云红河集团昆明卷烟厂生产三部生产运行室科员，红云红河集团市场营销中心黑龙江市场部营销员，云南中烟营销中心黑龙江市场部市场经理，云南合和（集团）股份有限公司金融资产部挂职科员；现任云南合和（集团）股份有限公司金融资产部项目管理专员，云南国际信托有限公司监事。 |
| 苏　颖 | 职工监事 | 女 | 40 | 2018年5月 | — | — | 大专学历，现任云南国际信托有限公司北京联络处行政经理、职工监事。 |
| 杨永忠 | 职工监事 | 男 | 50 | 2018年5月 | — | — | 大专学历，现任云南国际信托有限公司综合管理总部高级行政经理、工会主席、职工监事。 |
| 朱炜明 | 职工监事 | 男 | 37 | 2018年5月 | — | — | 本科学历，现任云南国际信托有限公司普惠金融部总经理、职工监事。 |

### 3.4 高级管理人员

高级管理人员

| 姓名 | 职务 | 性别 | 年龄（岁） | 选任日期 | 金融从业年限（年） | 学历 | 专业 | 简要履历 |
|---|---|---|---|---|---|---|---|---|
| 舒 广 | 总裁 | 男 | 40 | 2018年5月 | 11 | 硕士研究生 | 法律 | 研究生学历，历任云南国际信托有限公司总裁办公室主任、合规工作部总经理、公司副总裁；现任云南国际信托有限公司总裁、董事会秘书、董事。 |
| 许荣华 | 副总裁 | 男 | 53 | 2018年5月 | 28 | 硕士研究生 | 经济系统工程 | 研究生学历，历任兴业银行厦门分行海沧支行行长，兴业银行文滨支行行长，兴业银行温州分行行长，兴业银行南平分行行长，兴业银行总行同业部副总经理；现任云南国际信托有限公司副总裁。 |
| 贾 岩 | 总裁助理 | 男 | 41 | 2018年5月 | 11 | 硕士研究生 | 管理学 | 研究生学历，历任云南国际信托有限公司信托业务总部信托经理，云晨期货有限公司信息部主管，国金证券昆明营业部大客户部经理，昆明玖言理财咨询有限公司副总经理，云南国际信托有限公司信托业务二部总经理；现任云南国际信托有限公司总裁助理。 |
| 李 峥 | 总裁助理 | 女 | 45 | 2018年5月 | 21 | 本科学历 | 金融学 | 本科学历，历任云南国际信托有限公司信托财务部及投资运营中心部门负责人；现任云南国际信托有限公司总裁助理。 |

### 3.5 公司员工

本报告期内，公司实有员工320人，平均年龄为32岁。其中具有大专以上学历的员工315人（博士1人，硕士178人，本科125人，大专11人），占总人数的98.44%；其他学历的员工5人，占总人数的1.56%。

## 4. 经营管理

### 4.1 经营目标、经营方针、战略规划

#### 4.1.1 经营目标

我们秉承“客户第一、拥抱变化、团结协助、敬业进取、信诚重诺、平等尊重”的价值理念，提供优质、高效、特色的资产管理服务，致力于实现客户价值、员工价值、股东价值和社会价值的最大化。公司的使命是用科技让金融更简单，愿景是成为卓越的科技金融服务平台，实现细分市场领先、特色业务突出、专业能力精深，在国内独树一帜。

#### 4.1.2 经营方针

遵循“紧跟市场步伐、深耕可持续业务、坚持风险与收益对等、聚焦重点领域”的基本原则，以新技术与新产业为核心，不断创新进取，坚持服务实体经济，回归金融机构本源，追求风险可控下的最大投资回报。充分整合运用多种金融工具，重点布局医疗、农业、金融科技、高端制造、教育、物流等实体行业，为消费升级、中小企业发展等领域提供全方位金融服务。

#### 4.1.3 战略规划

充分利用信托灵活制度属性、深度发挥信托横跨覆盖多市场优势，通过深入整个金融体系服务供给不足和资产管理市场产品供应稀缺的领域，用科技手段致力于金融资产数据化和可交易化。坚持以客户为中心，深耕实体行业，服务实体经济。重点打造科技力、产品力、服务力，构建数字化全面风控体系，以高品质、高效率、高附加值和专业精深的资产管理服务，实现公司长期持续发展。公司准确把握宏观经济与资管机构变革的趋势背景，顺应机构功能重建和混业竞合态势，坚持塑造资产管理核心竞争能力，打造聚焦后的差异化服务体系，利用数据和金融科技，服务实体经济细分行业，链接内外部资源，给客户提供综合服务。

### 4.2 公司经营业务的主要内容

报告期内，公司经营的业务主要包括自营业务和信托业务。

#### 4.2.1 自营业务

自营业务包括证券一级市场投资、股权投资、债券投资、信托受益权投资、经营性租赁业务等方面。

#### 4.2.2 信托业务

信托业务包括证券投资类信托业务、贷款融资类信托业务、财产权类信托业务、消费金融类信托业务、股权投资类信托业务、信贷资产转让类信托业务、房地产及基础设施类信托业务等。

#### 4.2.3 自营资产及信托资产运用与分布情况

自营资产运用与分布表

| 资产运用 | 金额（万元） | 占比（%） | 资产分布 | 金额（万元） | 占比（%） |
|---|---|---|---|---|---|
| 货币资产 | 62 934.20 | 20.46 | 基础产业 | — | — |
| 贷款 | — | — | 房地产业 | — | — |
| 短期投资 | 17 300.00 | 5.62 | 证券 | 14 000.00 | 4.55 |
| 长期投资 | — | — | 实业 | — | — |
| 其他 | 227 428.18 | 73.92 | 其他 | 293 662.38 | 95.45 |
| 资产总计 | 307 662.38 | 100.00 | 资产总计 | 307 662.38 | 100.00 |

信托资产运用与分布表

| 资产运用 | 金额（万元） | 占比（%） | 资产分布 | 金额（万元） | 占比（%） |
|---|---|---|---|---|---|
| 货币资产 | 535 133.86 | 2.27 | 基础产业 | 2 446 348.74 | 10.36 |
| 贷款 | 9 097 261.36 | 38.53 | 房地产业 | 574 509.00 | 2.43 |
| 交易性金融资产 | 2 019 554.92 | 8.55 | 证券 | 2 291 752.92 | 9.71 |
| 长期投资 | 914 966.64 | 3.87 | 金融机构 | 68 109.28 | 0.29 |
| 买入返售资产 | 816 692.43 | 3.46 | 工商企业 | 5 893 713.29 | 24.96 |
| 其他 | 10 228 952.17 | 43.32 | 其他 | 12 338 128.15 | 52.25 |
| 资产总计 | 23 612 561.38 | 100.00 | 资产总计 | 23 612 561.38 | 100.00 |

## 4.3 市场分析

### 4.3.1 影响本公司业务发展的有利因素

中央定调“六稳”，统一资管格局形成，给转型带来机会。2018年7月31日，中央政治局会议提出要做好“六稳”工作，“稳”成为了2018年下半年和2019年上半年经济工作的主基调，同时资管新规正式出台标志着统一资管格局的形成，有利于信托公司优化业务结构，提升业务质量，平衡信托公司业务规模与质量，进一步提升信托在金融体系中的地位。

经济发展长期向好，新经济发展迅速。2018年GDP同比增长6.6%，经济总量首次突破90万亿元，预期中国经济长期将维持中高速增长，实体经济转型仍有较大需求，信托仍有较大的市场机会。同时，新经济领域发展迅速，医疗器械行业、教育行业、物流等新兴领域的崛起，为信托公司发展提供了新的机会。

金融科技发展迅猛，促进资产管理能力提升。金融科技是基于数据分析、信息系统乃至各类互联网新兴技术驱动的创新金融业务，具体到公司层面是指基于数据和科技运营，发掘不可交易金融资产并使之可交易化的创新信托业务。公司紧跟科技浪潮，投入资金、人力支持进行金融科技体系建设，自主开发普惠金融服务系统，实现覆盖贷前、贷中、贷后的全闭环操作，为业务提供强力支撑，保障普惠金融业务获得长足发展；同时强化可视化数据建设，提供PC端登录界面，配备手机公众号，详细披露所投资特定资产的运营情况。

### 4.3.2 影响本公司业务发展的不利因素

中美贸易摩擦使得中国经济面临较大的外部压力，不确定性较高。中美贸易局势紧张一方面影响中国进出口贸易总额，对实体经济的增长带来一定影响；另一方面，中美贸易摩擦对国家的资本市场，包括股票、债券、基金、利率和汇率的波动都有着较大的影响，带来较大的金融风险。信托行业作为金融体系的重要组成部分，也面临着较高的不确定性，这对信托公司的宏观经济预判能力提出了更高的要求。

消费疲软、实体经济低迷及债务风险加剧，中国经济内部风险隐现。2018年消费数据表现不佳，消费品零售总额增速放缓，汽车销量28年来首次出现负增长；受去杠杆及去产能政策影响，企业融资难度加大，流动性趋紧，实体经济下行；地方和企业面临着较大的债务压力，居民杠杆率持续提升，不利于长期金融稳定。信托公司应不断提升风险控制能力，实现信托行业的稳定发展。

传统信托业务面临发展瓶颈，创新类业务尚需培育周期时间。监管政策趋严，市场竞争加剧，合规风控要求提高，证券投资信托业务、银信合作等传统业务受到较大冲击，信托公司实现稳定可持续信托业务收入的难度增加。为实现传统业务的升级改造，信托公司需要加速对于创新型业务的孵化，强化对传统业务的改造升级，寻找新的业务盈利点。

## 4.4 内部控制

### 4.4.1 内部控制环境和内部控制文化

公司遵循“诚信、谨慎、勤勉、高效”的原则，依法经营、科学管理，以维护信托财产及股东权益为经营宗旨；秉承“诚信引领未来、专业创造价值”的企业经营理念，以“资产管理、功能信托、投资银行”为核心竞争力，致力于最大化地实现客户价值、社会价值、员工价值和股东价值，创造良好的公司治理文化和股东信用文化。

公司董事会负责督促、检查、评价公司风险管理工作，专设信托委员会、风险控制委员会两个专业委员会对公司重大信托项目的合规及风险控制进行督导，对公司风险管理负最终责任。公司监事会通过列席公司业务决策会、不受限制参与公司业务流全过程，监督检查并督促落实公司风险管理体系的建立和实施及相关事项的整改，就涉及公司风险的重大事项向股东会汇报，充分发挥了监事会的独立监督职能。

公司倡导合规经营和风险管理的理念，努力培养全体员工遵纪守法和风险防范意识，通过定期内部培训学习保证全体员工及时了解国家法律法规和公司规章制度，使合规和风险防范意识贯穿到公司各个部门、岗位和环节。

### 4.4.2 内部控制措施

4.4.2.1 健全有效议事决策机制

公司建立了以总裁为主任委员的公司业务决策委员会并制定具体的《业务决策委员会工作细则》。对于公司拟实施的每个项目，都必须经由公司业务决策委员会讨论通过后才能组织实施。超出业务决策委员会审议权限的业务项目，业务决策委员会通过后，还需提请董事会风险控制委员会行使对该项目的最终风险审查权，从而加强对公司项目的事前风险控制。

4.4.2.2 建立内部分工明确、相互监督制衡的职责构架

公司设立相对独立的内部审计稽核部门，直接对董事会负责，由其负责对公司自营业务每半年至少进行一次稽核，对终止或结束的信托项目逐月进行审计稽核，对业务开展过程中发现的问题随时进行稽核，并将稽核情况及时向董事会报告。

公司的合规风控部独立行使职能，对公司业务开展事前、事中、事后的风险防范、控制和监督并出具独立意见。

4.4.2.3 强化行业政策贯彻与业务同步

公司严格按照中国银行保险监督管理委员会规定，执行信托业务与自营业务分岗、分账独立运行，分别对自营业务和信托业务制定业务流程、操作规程和风险控制制度，保证各项业务的前台、中台、后台相对独立，建立健全内外部防火墙。

2018年，公司继续深化内控体系建设，加强对业务制度、流程、岗位职责、操作规程等各项制度的梳理与完善，确保各项制度的规范性、实用性和有效性，并着力抓好各项制度的监督执行与落实，从整体上提高了工作效率。制度约束力覆盖所有部门、所有业务，并贯彻落实到每个具体岗位，有效提升了公司内控能力。

### 4.4.3 信息交流与反馈

2018年，公司进一步优化了内部信息交流和反馈机制的平台，公司股东会、董事会、监事会、经营管理层可及时了解公司的经营状况和风险情况。员工的工作情况信息能顺畅到达高管层，高管层的相关反馈信息也能够及时传递给相关的员工和部门。

### 4.4.4 监督评价与纠正

为了确保公司稳定发展，在坚持做好业务决策委员会事前控制机制的基础上，公司进一步加强对各运行项目的事中和事后管理，定期与不定期地开展对各业务操作流程和风险控制措

施的自我检查和评价，做到自查、自省、自纠和自律。

## 4.5 风险管理

### 4.5.1 风险管理概况

风险管理是指围绕公司战略目标，由公司各职能部门和业务部门共同实施，在管理环节和经营活动中通过识别、评估、管理各类风险、执行风险管理基本流程、培育良好风险管理文化、建立健全风险管理体系，把风险控制在公司可承受范围内的系统管理过程。

4.5.1.1 公司经营活动中可能遇到的风险

根据信托行业的风险特性以及公司自身情况，公司在经营活动中可能遇到的风险包括法律与合规风险、声誉风险、信用风险、操作风险、道德风险、市场风险以及其他风险等。

4.5.1.2 公司风险管理的基本原则与政策

公司的风险管理遵循以下原则：(1)全面性原则，即风险管理涵盖公司的所有部门和岗位，渗透到各项业务和环节中，贯穿于每项业务全过程。通过不断提高员工对风险的识别和防范能力，树立全员风险意识。(2)有效性原则，即在全面风险管理的理念下，建设全面反映公司风险状况的风险控制体系，确保该体系能有效指导业务，并能有效防范和化解风险。(3)防范和控制原则，即风险控制关口前移，努力在前期做好风险管理工作，加强风险的事前预防和统筹管理，并能在风险发生时及时识别和处理。(4)独立性原则，即承担风险管理监督检查职能的部门独立于公司其他部门，确保监督检查工作的独立性。(5)审慎性原则，即风险管理策略及方法根据公司经营战略、经营方针等内部环境的变化和国家法律法规等外部环境的改变及时进行完善，对各项创新业务及产品方案审慎出具风险评估意见。(6)成本效益原则，即风险管理充分考虑成本与效益的关系，公司保持足够的风险管理投入以降低风险损失。同时在保证风险可控的前提下，尽量减少冗余步骤，提高处理效率。

4.5.1.3 公司风险管理组织结构及职责划分

公司根据各内部机构在全面风险管理中的作用和功能不同，建立健全一个职责明确、功能健全、信息沟通顺畅的四道全面风险管理体系。

公司的风险管理工作实行分级管理，风险管理组织体系如下：

第一层级：董事会风险控制委员会。公司在董事会层面设立风险控制委员会，负责进行公司风险控制制度的建设、审查公司重大业务的风险、在公司内部长期进行风险教育等。

第二层级：业务决策委员会。公司的业务决策委员会是董事会领导授权下的负责日常业务决策的最高机构，由总裁召集，负责讨论并通过公司的各项业务管理制度、业务流程、审核决定公司拟推出的各项信托产品。

第三层级：风险管理部门。公司承担风险管理职能的部门主要是合规风控部、审计稽核部、信托财务部。合规风控部是公司全面风险管理工作的归口管理部门，负责建立健全公司风险防范制度体系，负责公司风险管理制度执行情况的监督，对公司拟推出的各项信托产品进行合规与风险审查，对公司经营管理活动中的各类风险实施有效的事前评估和过程监控，有效防范、化解和降低公司运营风险。审计稽核部负责对公司内部控制和各项业务风险管理状况进行监督评价，并按照公司规定向董事会报告。信托财务部负责信托项目的资金划拨、清算、收益计算、到期兑付以及公司规定的其他职责。

第四层级：各业务部门及投资运营中心。公司各信托业务部门以及投资运营中心承担一线风险管理职责，负责按照公司风险管理制度与业务操作流程开展信托业务、固有业务，在尽职调查、产品设计、资金募集、贷后投后管理、信息披露、终止清算等整个业务过程中对主要业务风险进行识别和管理。

### 4.5.2 风险分类

4.5.2.1 法律与合规风险

法律与合规风险是指公司因没有遵循法律、规则、准则和法律文件约定，可能遭受法律制裁、监管处罚、重大财务损失和声誉损失的风险。

4.5.2.2 声誉风险

声誉风险是指由于公司内部管理、信托产品出现问题等而引起公司的外部社会名声、信誉和公众信任度下降，从而对公司的外部市场地位产生消极和不良影响的风险。

4.5.2.3 信用风险

信用风险是指由于交易对手违约造成损失的风险。其主要表现为公司在开展固有业务和信托业务时，可能会因交易对手违约而给公司或信托财产带来风险。

4.5.2.4 操作风险

操作风险是指因公司的内部控制系统不完善、管理失误、控制缺失、或其他一些人为错误而导致的风险。操作风险具体可以细分为执行风险、流程风险、信息风险、人员风险、系统事件风险等。

4.5.2.5 道德风险

道德风险是指公司员工在执行业务过程中，由于法律意识淡漠、自律性差、责任心不强等因素的影响，可能存在的违法违规、操作失误等行为而给公司造成损失损害的风险。

4.5.2.6 市场风险

市场风险是指公司在运营过程中可能因市场的利率、汇率或所投资的产品价格的波动而引起投资亏损的风险。这些风险可能影响信托财产的价值及信托收益水平，也可能影响公司固有资产价值或导致损失。

4.5.2.7 其他风险

其他风险主要包括流动性风险等。

流动性风险是指信托财产、信托受益权或以信托财产为基础开发的具体信托产品的流动性不足导致的风险。

### 4.5.3 风险管理

4.5.3.1 法律与合规风险管理

公司坚持“合规人人有责，风控创造价值”的基本理念，通过事前调查、事中控制、事后检查实现对每笔业务时间、空间上的全程管理，按照国家法律法规和监管部门的有关要求开展业务，在识别和管理法律与合规风险过程中，注重将原则性和灵活性相结合。2018 年，公司加强了对业务可行性分析、交易结构设计、法律文件审查等环节的法律与合规风险的审查和管理，确保公司在依法合规的前提下审慎展业。

4.5.3.2 声誉风险管理

公司重视声誉风险管理，将其纳入公司治理和全面风险管理体系，强调在依法合规经营和健康有序发展的基础上，主动、有效、灵活地防范和管理声誉风险。报告期内，公司采取了一系列具体措施加强声誉风险及舆情管理。针对媒体因误解、信息不对称而导致的误报、错报等新闻舆情，公司主动对接媒体进行了沟通，减少后续蔓延态势。公司强化媒体关系管理，加大了对媒体记者、中高层的拜访和沟通力度，定期举办高管参与的媒体见面会，同时强化媒体信息互通的机制，增进互信。目前，部分主流财经媒体已经增强了对公司业务合规情况的了解，且主动、正面对公司服务实体经济的亮点业务进行了报道，一定程度上提升了品牌声誉。

4.5.3.3 信用风险管理

公司高度重视交易对手的信用情况，通过多种措施加强信用风险管理：一是结合公司业务开展的实际情况，针对特定业务类型制定了相应的业务审批指引、准入标准和操作规程等风控制度；二是结合项目具体情况，加强对交易对手的事前尽职调查和项目可行性分析，审慎选择交易对手，进行事前控制；三是严格落实项目审批条件和担保措施，客观、公正地评估抵（质）押物，并通过关注交易对手担保物情况和资信状况，持续跟踪进行事中和事后控制；四是风险管理归口部门对公司开展项目的信用风险情况进行不定期的风险排查，及时发现问题并采取相应措施；五是遵照外部监管机关及公司内部风险管控的要求，进行资产风险分类，实施动态管理；六是严格按财政部和中国银保监会的要求，足额提取包括呆账准备金、信托赔偿准备金在内的各项准备金，足额计提资产减值准备。

4.5.3.4 操作风险管理

公司通过完善规章制度、细化业务操作流程、加强员工专业培训及奖惩激励、设定计算机业务系统操作权限、制定应急预案等措施控制操作风险。

公司通过多种措施加强操作风险管理：一是不断完善各项规章制度和业务操作流程，持续完善操作风险管理机制，切实提高业务管理的精细化水平；二是实行严格的发起、复核、审核程序，严格防范操作风险；三是加强对员工的培训、教育，增强员工责任感和道德水平，执行问责制度，提高操作风险管理质量。

4.5.3.5 道德风险管理

公司通过完善公司治理结构、健全内控制度、规范合理分工及有效制衡的操作流程、加强员工职业道德的培养、提高员工对公司的热爱和对岗位的热情，来控制道德风险，并强化审计监督，完善风险预警机制。

4.5.3.6 市场风险管理

公司的市场风险管理策略：一是注重研究和防范宏观经济、金融形势等系统性风险，制定公司的主要业务发展方向；二是根据市场行情，密切跟踪市场变化，及时调整业务开展策略，通过资产或投资的合理组合实现风险的有效对冲和补偿，以规避市场风险；三是在业务审批决策和业务存续期管理过程中，通过压力测试和动态监控，对项目进行严格管理；四是积极贯彻落实监管部门下发的有关法律法规和监管政策，及时对特定业务作出风险提示，加强风险防范，确保风险可控。

4.5.3.7 其他风险管理

其他风险主要是流动性风险。公司在流动性风险的管理工作中，采取多种有效手段检测流动性风险，如通过压力测试检测公司、产品的承压能力，识别判断公司的流动性风险。

# 5. 财务会计报表

## 5.1 自营资产

### 5.1.1 会计师事务所审计意见全文

**审 计 报 告**

众环云审字（2019）0505 号

云南国际信托有限公司：

一、审计意见

我们审计了云南国际信托有限公司（以下简称云南信托）财务报表，包括 2018 年 12 月 31 日的资产负债表，2018 年度的利润表、现金流量表、股东权益变动表，以及财务报表附注。

我们认为，后附的财务报表在所有重大方面按照企业会计准则的规定编制，公允反映了云南信托 2018 年 12 月 31 日的财务状况以及 2018 年度的经营成果和现金流量。

二、形成审计意见的基础

我们按照中国注册会计师审计准则的规定执行了审计工作。审计报告的“注册会计师对财务报表审计的责任”部分进一步阐述了我们在这些准则下的责任。按照中国注册会计师职业道德守则，我们独立于云南信托，并履行了职业道德方面的其他责任。我们相信，我们获取的审计证据是充分、适当的，为发表审计意见提供了基础。

三、其他信息

云南信托管理层对其他信息负责。其他信息包括云南信托 2018 年年度报告中涵盖的信息，但不包括财务报表和我们的审计报告。云南信托 2018 年年度报告预期将在审计报告日后提供给我们。

我们对财务报表发表的审计意见不涵盖其他信息，我们也不对其他信息发表任何形式的鉴证结论。

结合我们对财务报表的审计，我们的责任是在能够获取上述其他信息时阅读这些信息，在此过程中，考虑其他信息是否与财务报表或我们在审计过程中了解到的情况存在重大不一致或者似乎存在重大错报。

当我们阅读云南信托 2018 年年度报告后，如果确定其中存在重大错报，审计准则要求我们与治理层沟通该事项并采取以下措施：如果其他信息得以更正，将根据具体情形实施必要的程序；如果与治理层沟通后其他信息未得到更正，将考虑其法律权利和义务，并采取恰当的措施，以提醒审计报告使用者恰当关注未更正的重大错报。

四、管理层和治理层对财务报表的责任

云南信托管理层负责按照企业会计准则的规定编制财务报表，使其实现公允反映，并设计、执行和维护必要的内部控制，以使财务报表不存在由于舞弊或错误导致的重大错报。

在编制财务报表时，管理层负责评估云南信托的持续经营能力，披露与持续经营相关的事项，并运用持续经营假设，除非管理层计划清算云南信托、终止运营或别无其他现实的选择。

治理层负责监督云南信托的财务报告过程。

五、注册会计师对财务报表审计的责任

我们的目标是对财务报表整体是否不存在由于舞弊或错误导致的重大错报获取合理保证，并出具包含审计意见的审计报告。合理保证是高水平的保证，但并不能保证按照审计准则执行的审计在某一重大错报存在时总能发现。错报可能由于舞弊或错误导致，如果合理预期错报单独或汇总起来可能影响财务报表使用者依据财务报表作出的经济决策，则通常认为错报是重大的。

在按照审计准则执行审计工作的过程中，我们运用职业判断，并保持职业怀疑。同时，我们也执行以下工作：

（1）识别和评估由于舞弊或错误导致的财务报表重大错报风险，设计和实施审计程序以应对这些风险，并获取充分、适当的审计证据，作为发表审计意见的基础。由于舞弊可能涉及串通、伪造、故意遗漏、虚假陈述或凌驾于内部控制之上，未能发现由于舞弊导致的重大错报的风险高于未能发现由于错误导致的重大错报的风险。

（2）了解与审计相关的内部控制，以设计恰当的审计程序，但目的并非对内部控制的有效性发表意见。

（3）评价管理层选用会计政策的恰当性和作出会计估计及相关披露的合理性。

（4）对管理层使用持续经营假设的恰当性得出结论。同时，根据获取的审计证据，就可能导致对云南信托持续经营能力产生重大疑虑的事项或情况是否存在重大不确定性得出结论。如果我们得出结论认为存在重大不确定性，审计准则要求我们在审计报告中提请报表使用者注意财务报表中的相关披露；如果披露不充分，我们应当发表非无保留意见。我们的结论基于截至审计报告日可获得的信息。然而，未来的事项或情况可能导致云南信托不能持续经营。

（5）评价财务报表的总体列报、结构和内容（包括披露），并评价财务报表是否公允反映相关交易和事项。

我们与治理层就计划的审计范围、时间安排和重大审计发现等事项进行沟通，包括沟通我们在审计中识别出的值得关注的内部控制缺陷。

中审众环会计师事务所（特殊普通合伙）

中国注册会计师：杨漫辉（项目合伙人）

中国注册会计师：伏兴祥

中国·昆明

二〇一九年三月二十六日

### 5.1.2 资产负债表

**资产负债表**

编制单位：云南国际信托有限公司　　2018 年 12 月 31 日　　单位：元

| 资　　产 | 注释号 | 行次 | 期末数 | 期初数 | 负债和所有者权益 | 注释号 | 行次 | 期末数 | 期初数 |
|---|---|---|---|---|---|---|---|---|---|
| 货币资金 | 十三.1 | 1 | 629 341 959.38 | 1 266 452 555.26 | 短期借款 | | 25 | — | — |
| 拆出资金 | | 2 | — | — | 拆入资金 | | 26 | — | — |
| 交易性金融资产 | 十三.2 | 3 | 140 000 000.00 | 141 908 704.68 | 交易性金融负债 | | 27 | — | — |
| 衍生金融资产 | | 4 | — | — | 衍生金融负债 | | 28 | — | — |
| 买入返售金融资产 | | 5 | — | — | 代理承销证券款 | | 29 | — | — |
| 应收账款 | 十三.3 | 6 | 102 675 981.40 | 70 216 552.19 | 应付账款 | | 30 | — | — |
| 其他应收款 | 十三.4 | 7 | 10 000.00 | 50 000.00 | 其他应付款 | 十三.13 | 31 | 26 316 967.38 | 164 453 554.29 |
| 预付款项 | 十三.5 | 8 | 2 191 216.33 | 2 237 391.67 | 预收账款 | | 32 | — | — |
| 应收股利 | | 9 | — | — | 应付职工薪酬 | 十三.14 | 33 | 288 116 979.09 | 246 495 492.70 |
| 应收利息 | | 10 | 17 852 039.28 | 10 746 108.87 | 应交税费 | 十三.15 | 34 | 130 368 963.77 | 49 960 608.90 |
| 长期应收款 | | 11 | — | — | 应付股利 | 十三.16 | 35 | 12 500 000.00 | 12 500 000.00 |
| 贷款 | | 12 | — | — | 持有待售负债 | | 36 | — | — |
| 持有待售资产 | | 13 | — | — | 预计负债 | | 37 | — | — |
| 可供出售金融资产 | 十三.6 | 14 | 93 000 000.00 | 35 000 000.00 | 长期应付款 | | 38 | — | — |
| 持有至到期投资 | | 15 | — | — | 递延所得税负债 | | 39 | — | — |
| 长期股权投资 | | 16 | — | — | 其他负债 | | 40 | — | — |
| 投资性房地产 | 十三.7 | 17 | 31 627 236.86 | 34 346 438.06 | 负债合计 | | 41 | 457 302 910.24 | 473 409 655.89 |
| 固定资产 | 十三.8 | 18 | 19 381 282.97 | 22 222 929.77 | 所有者权益 | | 42 | — | — |
| 无形资产 | 十三.9 | 19 | 13 136 682.64 | 9 486 017.29 | 实收资本 | 十三.17 | 43 | 1 200 000 000.00 | 1 200 000 000.00 |
| 信托受益权 | 十三.10 | 20 | 1 954 994 350.53 | 1 141 592 537.65 | 资本公积 | 十三.18 | 44 | 174 345.00 | 174 345.00 |
| 递延所得税资产 | 十三.12 | 21 | 70 284 180.03 | 60 619 237.10 | 盈余公积 | 十三.19 | 45 | 248 914 650.41 | 219 343 485.95 |

续表

| 资　　产 | 注释号 | 行次 | 期末数 | 期初数 | 负债和所有者权益 | 注释号 | 行次 | 期末数 | 期初数 |
|---|---|---|---|---|---|---|---|---|---|
| 长期待摊费用 | 十三.11 | 22 | 2 128 830.04 | 2 140 387.95 | 信托赔偿准备 | 八.5 | 46 | 131 931 892.08 | 114 189 193.40 |
| 其他资产 | | 23 | — | — | 一般风险准备 | 八.6 | 47 | 46 149 356.39 | 41 955 282.91 |
| | | | | | 未分配利润 | 十三.20 | 48 | 992 150 605.34 | 747 946 897.34 |
| | | | | | 其中:本年利润 | | 49 | — | — |
| | | | | | 所有者权益合计 | | 50 | 2 619 320 849.22 | 2 323 609 204.60 |
| 资产总计 | | 24 | 3 076 623 759.46 | 2 797 018 860.49 | 负债及股东权益总计 | | 51 | 3 076 623 759.46 | 2 797 018 860.49 |

法定代表人:刘刚　　主管会计工作负责人:舒广　　会计机构负责人:杨春和

### 5.1.3　利润表

**利润表**

编制单位:云南国际信托有限公司　　2018 年度　　单位:元

| 报表项目名称 | 注释号 | 行次 | 本年累计数 | 上年累计数 |
|---|---|---|---|---|
| 营业收入 | 十三.21 | 1 | 679 252 427.14 | 552 353 295.99 |
| 利息净收入 | | 2 | 13 622 467.40 | 35 327 186.25 |
| 利息收入 | | 3 | 13 622 467.40 | 35 327 186.25 |
| 利息支出 | | 4 | — | — |
| 手续费及佣金净收入 | | 5 | 557 985 637.00 | 457 961 912.14 |
| 手续费及佣金收入 | | 6 | 565 321 157.41 | 471 123 578.44 |
| 其中:信托项目手续费及佣金收入 | | 7 | 559 964 710.25 | 470 493 882.97 |
| 手续费及佣金支出 | | 8 | 7 335 520.41 | 13 161 666.30 |
| 其中:信托项目手续费及佣金支出 | | 9 | 6 629 003.80 | 11 979 928.47 |
| 投资收益 | | 10 | 103 165 611.33 | 55 785 561.44 |
| 汇兑损益 | | 11 | — | — |
| 公允价值变动损益 | | 12 | — | -970 436.93 |
| 资产处置收益 | | 13 | — | — |
| 其他收益 | | 14 | — | — |
| 其他业务净收入 | | 15 | 4 478 711.41 | 4 249 073.09 |
| 其他业务收入 | | 16 | 4 971 135.18 | 4 716 248.68 |
| 其他业务支出 | | 17 | 492 423.77 | 467 175.59 |
| 营业支出 | 十三.22 | 18 | 292 678 497.27 | 224 131 075.97 |
| 税金及附加 | | 19 | 4 174 853.88 | 4 474 036.39 |
| 业务及管理费 | | 20 | 288 503 643.39 | 219 657 039.58 |
| 资产减值损失 | | 21 | — | — |
| 营业利润 | | 22 | 386 573 929.87 | 328 222 220.02 |
| 加:营业外收入 | 十三.23 | 23 | 0.37 | 2 891 903.46 |
| 减:营业外支出 | 十三.24 | 24 | 546 285.89 | 117 878.75 |
| 利润总额 | | 25 | 385 027 644.35 | 330 996 244.73 |
| 减:所得税费用 | 十三.25 | 26 | 90 315 999.73 | 83 695 636.61 |
| 净利润 | | 27 | 295 711 644.62 | 247 300 608.12 |
| 持续经营净利润 | | 28 | 295 711 644.62 | 247 300 608.12 |
| 终止经营净利润 | | 29 | — | — |
| 其他综合收益 | | 30 | — | — |
| 综合收益总额 | | 31 | 295 711 644.62 | 247 300 608.12 |
| 每股收益: | | 32 | — | — |
| 基本每股收益 | | 33 | — | — |
| 稀释每股收益 | | 34 | — | — |

法定代表人:刘刚　　主管会计工作负责人:舒广　　会计机构负责人:杨春和

### 5.1.4 所有者权益变动表

**所有者权益变动表**

编制单位：云南国际信托有限公司　　2018 年度　　单位：元

| 项目 | 本年金额 | | | | | | | |
|---|---|---|---|---|---|---|---|---|
| | 实收资本（或股本） | 资本公积 | 减：库存股 | 盈余公积 | 一般风险准备 | 信托赔偿准备 | 未分配利润 | 所有者权益合计 |
| 一、上年年末余额 | 1 200 000 000.00 | 174 345.00 | — | 219 343 485.95 | 41 955 282.91 | 114 189 193.40 | 747 946 897.34 | 2 323 609 204.60 |
| 加：会计政策变更 | — | — | — | — | — | — | — | — |
| 前期差错变更 | — | — | — | — | — | — | — | — |
| 二、本年年初余额 | 1 200 000 000.00 | 174 345.00 | — | 219 343 485.95 | 41 955 282.91 | 114 189 193.40 | 747 946 897.34 | 2 323 609 204.60 |
| 三、本年增减变动金额（减少以"－"号填列） | — | — | — | 29 571 164.46 | 4 194 073.48 | 17 742 698.68 | 244 203 708.00 | 295 711 644.62 |
| （一）净利润 | — | — | — | — | — | — | 295 711 644.62 | 295 711 644.62 |
| （二）直接计入所有者权益的利得和损失 | — | — | — | — | — | — | — | — |
| 1. 可供出售金融资产公允价值变动净额 | — | — | — | — | — | — | — | — |
| （1）计入所有者权益的金额 | — | — | — | — | — | — | — | — |
| （2）转入当期损益的金额 | — | — | — | — | — | — | — | — |
| 2. 现金流量套期工具公允价值变动净额 | — | — | — | — | — | — | — | — |
| （1）计入所有者权益的金额 | — | — | — | — | — | — | — | — |
| （2）转入当期损益的金额 | — | — | — | — | — | — | — | — |
| （3）计入被套期项目初始确认金额中的金额 | — | — | — | — | — | — | — | — |
| 3. 权益法下被投资单位其他所有者权益变动的影响 | — | — | — | — | — | — | — | — |
| 4. 与计入所有者权益项目相关的所得税影响 | — | — | — | — | — | — | — | — |
| 5. 其他 | — | — | — | — | — | — | — | — |
| 上述（一）和（二）小计 | — | — | — | — | — | — | — | — |
| （三）所有者投入和减少资本 | — | — | — | — | — | — | — | — |
| 1. 所有者投入资本 | — | — | — | — | — | — | — | — |
| 2. 股份支付计入所有者权益的金额 | — | — | — | — | — | — | — | — |
| 3. 其他 | — | — | — | — | — | — | — | — |
| （四）利润分配 | — | — | — | 29 571 164.46 | 4 194 073.48 | 17 742 698.68 | -51 507 936.62 | — |
| 1. 提取盈余公积 | — | — | — | 29 571 164.46 | — | — | -29 571 164.46 | — |
| 2. 提取一般风险准备 | — | — | — | — | 4 194 073.48 | — | -4 194 073.48 | — |
| 3. 提取信托赔偿准备 | — | — | — | — | — | 17 742 698.68 | -17 742 698.68 | — |
| 4. 对所有者（或股本）的分配 | — | — | — | — | — | — | — | — |
| 5. 其他 | — | — | — | — | — | — | — | — |
| （五）信托赔偿准备弥补信托项目亏损 | — | — | — | — | — | — | — | — |
| （六）所有者权益内部结转 | — | — | — | — | — | — | — | — |
| 1. 资本公积转增资本（或股本） | — | — | — | — | — | — | — | — |
| 2. 盈余公积转增资本（或股本） | — | — | — | — | — | — | — | — |
| 3. 未分配利润转增资本（或股本） | — | — | — | — | — | — | — | — |
| 4. 盈余公积弥补亏损 | — | — | — | — | — | — | — | — |
| 5. 一般风险准备弥补亏损 | — | — | — | — | — | — | — | — |
| 6. 其他 | — | — | — | — | — | — | — | — |
| 四、本年年末余额 | 1 200 000 000.00 | 174 345.00 | — | 248 914 650.41 | 46 149 356.39 | 131 931 892.08 | 992 150 605.34 | 2 619 320 849.22 |

法定代表人：刘刚　　主管会计工作负责人：舒广　　会计机构负责人：杨春和

## 所有者权益变动表(续)

编制单位:云南国际信托有限公司　　2018 年度　　单位:元

| 项目 | 上年金额 | | | | | | | |
|---|---|---|---|---|---|---|---|---|
| | 实收资本(或股本) | 资本公积 | 减:库存股 | 盈余公积 | 一般风险准备 | 信托赔偿准备 | 未分配利润 | 所有者权益合计 |
| 一、上年年末余额 | 1 000 000 000. 00 | 174 345. 00 | — | 194 613 425. 14 | 36 116 791. 93 | 99 351 156. 91 | 746 052 877. 50 | 2 076 308 596. 48 |
| 加:会计政策变更 | — | — | — | — | — | — | — | — |
| 前期差错变更 | — | — | — | — | — | — | — | — |
| 二、本年年初余额 | 1 000 000 000. 00 | 174 345. 00 | — | 194 613 425. 14 | 36 116 791. 93 | 99 351 156. 91 | 746 052 877. 50 | 2 076 308 596. 48 |
| 三、本年增减变动金额(减少以" - "号填列) | 200 000 000. 00 | — | — | 24 730 060. 81 | 5 838 490. 98 | 14 838 036. 49 | 1 894 019. 84 | 247 300 608. 12 |
| (一)净利润 | — | — | — | — | — | — | 247 300 608. 12 | 247 300 608. 12 |
| (二)直接计入所有者权益的利得和损失 | — | — | — | — | — | — | — | — |
| 1. 可供出售金融资产公允价值变动净额 | — | — | — | — | — | — | — | — |
| (1)计入所有者权益的金额 | — | — | — | — | — | — | — | — |
| (2)转入当期损益的金额 | — | — | — | — | — | — | — | — |
| 2. 现金流量套期工具公允价值变动净额 | — | — | — | — | — | — | — | — |
| (1)计入所有者权益的金额 | — | — | — | — | — | — | — | — |
| (2)转入当期损益的金额 | — | — | — | — | — | — | — | — |
| (3)计入被套期项目初始确认金额中的金额 | — | — | — | — | — | — | — | — |
| 3. 权益法下被投资单位其他所有者权益变动的影响 | — | — | — | — | — | — | — | — |
| 4. 与计入所有者权益项目相关的所得税影响 | — | — | — | — | — | — | — | — |
| 5. 其他 | — | — | — | — | — | — | — | — |
| 上述(一)和(二)小计 | — | — | — | — | — | — | — | — |
| (三)所有者投入和减少资本 | — | — | — | — | — | — | — | — |
| 1. 所有者投入资本 | — | — | — | — | — | — | — | — |
| 2. 股份支付计入所有者权益的金额 | — | — | — | — | — | — | — | — |
| 3. 其他 | — | — | — | — | — | — | — | — |
| (四)利润分配 | — | — | — | 24 730 060. 81 | 5 838 490. 98 | 14 838 036. 49 | -45 406 588. 28 | — |
| 1. 提取盈余公积 | — | — | — | 24 730 060. 81 | — | — | -24 730 050. 81 | — |
| 2. 提取一般风险准备 | — | — | — | — | 5 838 490. 98 | — | -5 838 490. 98 | — |
| 3. 提取信托赔偿准备 | — | — | — | — | — | 14 838 036. 49 | -14 838 036. 49 | — |
| 4. 对所有者(或股本)的分配 | — | — | — | — | — | — | — | — |
| 5. 其他 | — | — | — | — | — | — | — | — |
| (五)信托赔偿准备弥补信托项目亏损 | — | — | — | — | — | — | — | — |
| (六)所有者权益内部结转 | 200 000 000. 00 | — | — | — | — | — | -200 000 000. 00 | — |
| 1. 资本公积转增资本(或股本) | — | — | — | — | — | — | — | — |
| 2. 盈余公积转增资本(或股本) | — | — | — | — | — | — | — | — |
| 3. 未分配利润转增资本(或股本) | 200 000 000. 00 | — | — | — | — | — | -200 000 000. 00 | — |
| 4. 盈余公积弥补亏损 | — | — | — | — | — | — | — | — |
| 5. 一般风险准备弥补亏损 | — | — | — | — | — | — | — | — |
| 6. 其他 | — | — | — | — | — | — | — | — |
| 四、本年年末余额 | 1 200 000 000. 00 | 174 345. 00 | — | 219 343 485. 95 | 41 955 282. 91 | 114 189 193. 40 | 747 945 897. 34 | 2 323 609 204. 60 |

法定代表人:刘刚　　主管会计工作负责人:舒广　　会计机构负责人:杨春和

### 5.1.5 现金流量表

现金流量表

编制单位：云南国际信托有限公司　　2018 年度　　单位：元

| 项目 | 本年金额 | 上年金额 |
|---|---|---|
| 一、经营活动产生的现金流量： | | |
| 卖出交易性金融资产收到的现金 | 826 770 598.26 | 13 265 021.24 |
| 收到的利息、手续费及佣金 | 618 898 033.16 | 491 351 471.07 |
| 收到的信托受益权收益 | 52 440 959.92 | 47 777 919.94 |
| 收到的税费返还 | — | — |
| 收到的其他与经营活动有关的现金 | 1 042 024 387.19 | 1 502 927 170.21 |
| 经营活动现金流入小计 | 2 540 133 978.53 | 2 055 321 582.46 |
| 买入交易性金融资产支付的现金 | 824 026 944.00 | 152 791 600.00 |
| 支付的手续费及佣金 | 4 429 501.40 | 12 282 153.08 |
| 支付给职工以及为职工支付的现金 | 184 146 952.68 | 141 095 870.68 |
| 支付的各项税费 | 386 384 133.54 | 99 437 352.67 |
| 取得信托受益权支付的现金净额 | 812 588 641.65 | 279 758 120.08 |
| 支付的其他与经营活动有关的现金 | 574 702 467.25 | 2 130 860 884.46 |
| 经营活动现金流出小计 | 2 786 278 640.52 | 2 816 225 980.97 |
| 经营活动产生的现金流量净额 | -246 144 661.99 | -760 904 398.51 |
| 二、投资活动产生的现金流量 | — | — |
| 收回投资收到的现金 | — | — |
| 取得投资收益收到的现金 | — | — |
| 处置固定资产、无形资产和其他长期资产收回的现金净额 | 1 093.73 | — |
| 收到的其他与投资活动有关的现金 | — | — |
| 投资活动现金流入小计 | 1 093.73 | — |
| 投资支付的现金 | 25 000 000.00 | 25 000 000.00 |
| 购建固定资产、无形资产和其他长期资产支付的现金 | 12 491 643.05 | 13 444 471.30 |
| 支付的其他与投资活动有关的现金 | — | — |
| 投资活动现金流出小计 | 37 491 643.05 | 38 444 471.30 |
| 投资活动产生的现金流量净额 | -37 490 549.32 | -38 444 471.30 |
| 三、筹资活动产生的现金流量 | — | — |
| 吸收投资收到的现金 | — | — |
| 发行债券收到的现金 | — | — |
| 收到的其他与筹资活动有关的现金 | — | — |
| 筹资活动现金流入小计 | — | — |
| 分配股利、利润或偿付利息支付的现金 | — | — |
| 支付的其他与筹资活动有关的现金 | — | — |
| 筹资活动现金流出小计 | — | — |
| 筹资活动产生的现金流量净额 | — | — |
| 四、汇率变动对现金及现金等价物的影响 | — | — |
| 五、现金及现金等价物净增加额 | -283 635 211.31 | -799 348 869.81 |
| 加：期初现金及现金等价物余额 | 345 089 756.11 | 1 144 438 625.92 |
| 六、期末现金及现金等价物余额 | 61 454 544.80 | 345 089 756.11 |

法定代表人：刘刚　　主管会计工作负责人：舒广　　会计机构负责人：杨春和

## 5.2 信托业务

信托项目资产负债汇总表

编制单位：云南国际信托有限公司　　单位：万元

| 项目 | 2018 年末数 | 2018 年初数 |
|---|---|---|
| 信托资产： | | |
| 货币资金 | 535 133.86 | 1 077 942.07 |
| 拆出资金 | — | — |
| 存出保证金 | 48 145.43 | 80 615.75 |
| 交易性金融资产 | 2 019 554.92 | 7 851 399.29 |
| 衍生金融资产 | — | — |
| 买入返售金融资产 | 816 692.43 | 1 292 362.19 |
| 其中：买入返售证券 | 236 400.33 | 1 017 409.49 |
| 买入返售信贷资产 | — | — |
| 应收款项 | 70 622.63 | 51 238.57 |
| 贷款 | 9 097 261.36 | 9 476 539.03 |
| 可供出售金融资产 | 3 781 378.81 | 7 356 256.85 |
| 持有至到期投资 | 670 464.26 | 836 489.95 |
| 长期应收款 | — | — |
| 长期股权投资 | 914 966.64 | 836 271.78 |
| 投资性房地产 | — | — |
| 固定资产 | — | — |
| 无形资产 | — | — |
| 长期待摊费用 | — | — |
| 其他资产 | 5 658 341.03 | 8 104 875.69 |
| 信托资产总计 | 23 612 561.37 | 36 963 991.17 |
| 信托负债： | | |
| 交易性金融负债 | — | — |
| 衍生金融负债 | — | — |
| 应付受托人报酬 | 6 011.22 | 5 309.23 |
| 应付托管费 | 1 334.44 | 1 196.41 |
| 应付受益人收益 | 58 364.23 | 55 183.83 |
| 应交税费 | 2 530.28 | — |
| 应付销售服务费 | 12.63 | 13.54 |
| 其他应付款项 | 68 895.48 | 47 835.45 |
| 其他负债 | — | — |
| 信托负债合计 | 137 148.28 | 109 538.46 |
| 信托权益： | — | — |
| 实收信托 | 24 276 470.01 | 36 684 979.39 |
| 其中：资金信托 | 18 712 087.28 | 28 640 767.68 |
| 财产信托 | 5 564 382.73 | 8 044 211.71 |
| 资本公积 | -453 623.29 | 14 731.07 |
| 外币报表折算差额 | — | — |
| 未分配利润 | -347 433.63 | 154 742.25 |
| 信托权益合计 | 23 475 413.09 | 36 854 452.71 |
| 信托负债及信托权益总计 | 23 612 561.37 | 36 963 991.17 |

法定代表人：刘刚　　主管会计工作负责人：李峥　　财务经理：雷瑗　　制表：靳佳慧

**信托项目利润及利润分配汇总表**

编制单位:云南国际信托有限公司　　单位:万元

| 项目 | 2018 年度 | 2017 年度 |
|---|---|---|
| 一、营业收入 | -1 003 825. 25 | 1 067 726. 29 |
| 利息收入 | 734 101. 23 | 664 910. 16 |
| 投资收益 | -1 278 699. 49 | 678 235. 08 |
| 公允价值变动损益 | -459 518. 86 | -277 111. 94 |
| 租赁收入 | — | — |
| 汇兑损益 | — | — |
| 其他收入 | 291. 86 | 1 692. 99 |
| 二、营业支出 | 167 958. 08 | 156 705. 99 |
| 营业税金及附加 | 3 815. 71 | — |
| 受托人报酬 | 56 108. 95 | 47 391. 88 |
| 托管费 | 14 742. 40 | 17 370. 22 |
| 投资管理费 | 14 264. 94 | 23 169. 63 |
| 销售服务费 | 1 362. 21 | 200. 11 |
| 交易费用 | 19 217. 52 | 31 157. 40 |
| 资产减值损失 | 3 978. 77 | — |
| 其他费用 | 54 467. 58 | 37 416. 75 |
| 三、信托净利润 | -1 171 783. 33 | 911 020. 30 |
| 四、其他综合收益 | -551 986. 06 | 14 463. 06 |
| 五、综合收益 | -1 723 769. 39 | 925 483. 36 |
| 加:期初未分配信托利润 | 154 742. 27 | 142 119. 76 |
| 加:未分配信托利润平准金 | 2 175 094. 22 | 528 617. 59 |
| 六、可供分配的信托利润 | 1 158 053. 16 | 1 581 757. 65 |
| 减:本期已分配信托利润 | 1 505 486. 79 | 1 427 015. 38 |
| 七、期末未分配信托利润 | -347 433. 63 | 154 742. 27 |

法定代表人:刘刚　　主管会计工作负责人:李峥　　财务经理:雷瑗　　制表:靳佳慧

## 6. 财务报表附注

### 6.1 会计报表编制基准不符合会计核算基本前提的说明

本公司的财务报表编制以持续经营假设作为基础,根据实际发生的交易和事项,按照财政部颁布的企业会计准则及其他相关法规的有关规定,并基于"主要会计政策和会计估计"进行编制。本财务报告编制不存在不符合会计核算基本前提的事项。

#### 6.1.1 会计报表不符合会计核算基本前提的事项

无。

### 6.2 或有事项说明

本公司本期无对外担保及其他重大的或有事项。

### 6.3 重要资产转让及其出售的说明

本公司本期无重要资产转让及出售事项。

### 6.4 会计报表中重要项目的说明

#### 6.4.1 自营资产经营情况

6.4.1.1 按信用风险五级分类结果披露信用风险资产的期初数、期末数

以下注释中期末余额是指 2018 年 12 月 31 日的余额,期初余额是指 2017 年 12 月 31 日的余额;本期数是指 2018 年 1 月 1 日至 2018 年 12 月 31 日的发生额,上期数是指 2017 年 1 月 1 日至 2017 年 12 月 31 日的发生额。

| 信用风险资产五级分类 | 正常类（万元） | 关注类（万元） | 次级类（万元） | 可疑类（万元） | 损失类（万元） | 信用风险资产合计（万元） | 不良资产合计（万元） | 不良资产率（%） |
|---|---|---|---|---|---|---|---|---|
| 期初数 | 134 970. 26 | — | — | — | — | 134 970. 26 | — | — |
| 期末数 | 75 207. 12 | — | — | — | — | 75 207. 12 | — | — |

注:本公司信用风险资产的范围包括报表项目货币资金、应收账款、预付账款、其他应收款、应收利息。

6.4.1.2 各项风险减值损失准备

单位:万元

| | 期初余额 | 本期计提 | 本期转回 | 本期核销 | 期末余额 |
|---|---|---|---|---|---|
| 贷款损失准备 | — | — | — | — | — |
| 一般准备 | — | — | — | — | — |
| 专项准备 | — | — | — | — | — |
| 其他资产减值准备 | — | — | — | — | — |
| 可供出售金融资产减值准备 | — | — | — | — | — |
| 持有至到期投资减值准备 | — | — | — | — | — |
| 长期股权投资减值准备 | — | — | — | — | — |
| 坏账准备 | — | — | — | — | — |
| 投资性房地产减值准备 | — | — | — | — | — |
| 合计 | — | — | — | — | — |

注:本公司 2018 年以上各项资产未发生减值,无须计提资产减值损失。

6.4.1.3 自营股票投资、基金投资、债券投资、股权投资、信托产品投资等投资业务的期初数、期末数

单位:万元

| | 股票 | 基金 | 债券 | 可供出售金融资产 | 信托受益权 | 合计 |
|---|---|---|---|---|---|---|
| 期初数 | 190. 87 | — | 14 000. 00 | 3 500. 00 | 114 159. 25 | 131 850. 12 |
| 期末数 | — | — | 14 000. 00 | 9 300. 00 | 195 499. 44 | 218 799. 44 |

6.4.1.4 本公司 2018 年度自营长期股权投资

无。

6.4.1.5 本公司 2018 年度自营贷款业务

无。

6.4.1.6 本公司 2018 年度表外业务

无。

6.4.1.7 本公司当年的收入结构

| 项目 | 本期发生额（万元） | 占比（%） |
|---|---|---|
| 手续费及佣金净收入 | 55 798. 56 | 82. 15 |
| 其中:信托业务净收入 | 55 333. 57 | 81. 46 |
| 利息净收入 | 1 362. 25 | 2. 01 |
| 其他业务净收入 | 447. 87 | 0. 66 |
| 投资收益 | 10 316. 56 | 15. 18 |
| 其中:股权投资收益 | — | — |
| 证券投资收益 | 84. 52 | 0. 12 |
| 其他投资收益 | 10 232. 04 | 15. 06 |
| 公允价值变动收益 | — | — |
| 合计 | 67 925. 24 | 100. 00 |

6.4.2 **披露信托资产管理情况**

6.4.2.1 信托资产的期初数、期末数

单位:万元

| 信托资产 | 期初数 | 期末数 |
|---|---|---|
| 集合类 | 11 689 715.00 | 5 641 191.41 |
| 单一类 | 17 088 466.35 | 12 267 920.56 |
| 财产权类 | 8 185 809.82 | 5 703 449.41 |
| 合计 | 36 963 991.17 | 23 612 561.38 |

6.4.2.1.1 主动管理型信托业务的信托资产期初数、期末数,分证券投资类、股权投资类、其他投资类、融资类、事务管理类分别披露

单位:万元

| 主动管理型信托资产 | 期初数 | 期末数 |
|---|---|---|
| 证券投资类 | 9 971 441.70 | 2 901 100.51 |
| 股权投资类 | 42 275.60 | — |
| 其他投资类 | 3 992 720.02 | 2 217 618.02 |
| 融资类 | 1 222 569.10 | 2 395 753.59 |
| 事务管理类 | — | — |
| 合计 | 15 229 006.42 | 7 514 472.12 |

6.4.2.1.2 被动管理型信托业务的信托资产期初数、期末数,分证券投资类、股权投资类、其他投资类、融资类、事务管理类分别披露

单位:万元

| 被动管理型信托资产 | 期初数 | 期末数 |
|---|---|---|
| 证券投资类 | — | — |
| 股权投资类 | — | — |
| 其他投资类 | — | — |
| 融资类 | — | — |
| 事务管理类 | 21 734 984.75 | 16 098 089.26 |
| 合计 | 21 734 984.75 | 16 098 089.26 |

6.4.2.2 本年度已清算结束的信托项目个数、实收信托合计金额、加权平均实际年化收益率

6.4.2.2.1 本年度已清算结束的集合类、单一类资金信托项目和财产管理类信托项目个数、实收信托合计金额、加权平均实际年化收益率

| 已清算结束的信托项目 | 项目个数(个) | 实收信托合计金额(万元) | 加权平均实际年化收益率(%) |
|---|---|---|---|
| 集合类 | 265 | 7 145 508.30 | -3.51 |
| 单一类 | 252 | 8 886 474.23 | 2.03 |
| 财产管理类 | 38 | 1 327 407.68 | 7.33 |

注:1. 收益率是指信托项目清算后,给受益人赚取的实际收益水平。

2. 加权平均实际年化收益率 =(信托项目 1 的实际年化收益率 × 信托项目 1 的实收信托 + 信托项目 2 的实际年化收益率 × 信托项目 2 的实收信托 + … + 信托项目 $n$ 的实际年化收益率 × 信托项目 $n$ 的实收信托)/(信托项目 1 的实收信托 + 信托项目 2 的实收信托 + … + 信托项目 $n$ 的实收信托)×100%。

6.4.2.2.2 本年度已清算结束的主动管理型信托项目个数、实收信托合计金额、加权平均实际年化信托报酬率、加权平均实际年化收益率,分证券投资类、股权投资类、其他投资类、融资类、事务管理类分别计算并披露

| 已清算结束的信托项目 | 项目个数(个) | 实收信托合计金额(万元) | 加权平均实际年化信托报酬率(%) | 加权平均实际年化收益率(%) |
|---|---|---|---|---|
| 证券投资类 | 268 | 7 955 881.05 | 0.23 | -5.84 |
| 股权投资类 | — | — | — | — |
| 其他投资类 | 68 | 1 473 033.07 | 0.35 | -3.26 |
| 融资类 | 42 | 619 844.23 | 0.90 | 8.66 |
| 事务管理类 | — | — | — | — |

注:加权平均实际年化信托报酬率 =(信托项目 1 的实际年化信托报酬率 × 信托项目 1 的实收信托 + 信托项目 2 的实际年化信托报酬率 × 信托项目 2 的实收信托 + … + 信托项目 $n$ 的实际年化信托报酬率 × 信托项目 $n$ 的实收信托)/(信托项目 1 的实收信托 + 信托项目 2 的实收信托 + … + 信托项目 $n$ 的实收信托)×100%。

6.4.2.2.3 本年度已清算结束的被动管理型信托项目个数、实收信托合计金额、加权平均实际年化信托报酬率、加权平均实际年化收益率,分证券投资类、股权投资类、其他投资类、融资类、事务管理类分别计算并披露

| 已清算结束的信托项目 | 项目个数(个) | 实收信托合计金额(万元) | 加权平均实际年化信托报酬率(%) | 加权平均实际年化收益率(%) |
|---|---|---|---|---|
| 证券投资类 | — | — | — | — |
| 股权投资类 | — | — | — | — |
| 其他投资类 | — | — | — | — |
| 融资类 | — | — | — | — |
| 事务管理类 | 177 | 7 310 631.86 | 0.12 | 7.17 |

6.4.2.3 本年度新增的集合类、单一类和财产管理类信托项目个数、实收信托合计金额

| 新增信托项目 | 项目个数(个) | 实收信托合计金额(万元) |
|---|---|---|
| 集合类 | 137 | 1 704 334.46 |
| 单一类 | 159 | 5 580 964.93 |
| 财产管理类 | 34 | 820 052.61 |
| 新增合计 | 330 | 8 105 352.00 |
| 其中:主动管理型 | 254 | 3 267 030.04 |
| 被动管理型 | 76 | 4 838 321.96 |

注:本年新增信托项目指在本报告年度内累计新增的信托项目个数和金额,包含本年度新增并于本年度内结束的项目和本年度新增至报告期末仍在持续管理的信托项目。

6.4.2.4 信托业务创新成果和特色业务有关情况

2018 年,云南信托顺应强监管态势,深耕服务金融、科技金融、产业金融,一方面在传统业务上,保持稳健有序合规发展,并积极进行结构调整和业务优化;另一方面在转型创新业务上,坚持主动管理方向和服务实体经济原则,在资产证券化、消费金融、供应链金融、"三农"金融服务等多领域进行深度布局。

(1)"三农"项目专注普惠金融服务。公司积极响应国家政策要求,深耕普惠金融领域,并把"三农"领域作为普惠金融服务的重点对象。通过开展"三农"金融业务,公司已经逐步形成了专业化的团队,培养了一批在"三农"领域具有一定经验水

平、行业洞察力的业务人员。截至2018年12月末，公司在助力“三农”金融服务领域取得明显的成效。截至2018年末，云南信托已累计发放“三农”金融领域贷款78.54亿元。目前业务模式已经初步成形，金融与科技相结合，对于农民而言，申请便利、放款迅速。回顾云南信托2018年的“三农”贷款用途，信托贷款的种类涉及农户购买种子、农药、化肥、农机，甚至喷洒农药的无人机，农户贷款种类丰富，贷款覆盖多个省市。

（2）小微贷款快速发展，惠泽多行业领域。公司通过信托贷款方式与多家银行、券商合作，为中小企业提供资金支持。2018年，公司向近30个小微企业进行放款近3 000笔，服务的小微企业涉及餐饮、物流、医药、零售、综合服务等领域。公司信托实实在在参与到实体经营，服务于实体经济。

（3）资产证券化业务方面，公司2018年继续深入布局，人员储备丰富，制度和风控措施更加完善。截至2018年末，公司在ABN领域共计发行7只产品，规模合计111.35亿元，在所有信托公司中排名第六，其中中金同盛商业保理有限公司2018年度第一期资产支持票据成为银行间市场首单服务农村金融的资产支持票据，具有较高的社会意义。在消费金融、供应链金融、小微金融的资产证券化等方面持续深耕并获得了一定的突破，支持普惠金融事业发展。

（4）紧扣国民经济消费拉动新趋势，消费金融业务覆盖场景广泛。2018年，公司通过完善技术系统与运营支持体系，吸引数十个资产方建立合作关系，放款超过1 000万笔，覆盖农业场景、汽车分期、医药分期、租房分期等细分领域。公司积极顺应国内经济发展形势，从消费者需求出发，通过发行消费金融产品，将投资者理财需求与消费需求有机结合。

（5）探索供应链金融服务小微企业，多角度发力主动管理业务。在风险可控的情况下，2018年公司大力拓展消费、医药、汽车、农业领域的供应链金融资产，通过金融资源的引入、有效的产品设计，实现对重点行业细分领域的金融服务，借助核心企业信用为产业链上中小企业提供融资。

为提升公司的主动管理能力，回归“受人之托，代人理财”的信托金融服务本质，2018年公司还积极推进交换债业务、固定收益类产品、并购基金等各类业务。

6.4.2.5　本公司履行受托人义务情况及因公司自身责任而导致的信托资产损失情况

本公司根据《信托法》《信托公司管理办法》《信托公司集合资金信托计划管理办法》等相关法律法规的规定，在管理或处置信托财产时，恪尽职守，履行了诚实、信用、谨慎、有效管理的义务。

（1）遵守信托文件的规定，为受益人的最大利益处理信托事务的义务。

（2）将受托人的固有财产与信托财产进行分别管理、分别记账，并将不同委托人的信托财产分别管理、分别记账的义务。

6.4.2.6　信托赔偿准备金的提取、使用和管理情况

单位：万元

| 项目 | 期初余额 | 本期增加 | 本期减少 | 期末余额 |
|---|---|---|---|---|
| 信托赔偿准备金 | 11 418.92 | 1 774.27 | — | 13 193.19 |

注：本公司按税后利润的6%计提信托赔偿准备金，本公司2018年度税后利润为29 571.16万元，按6%计提信托赔偿准备金1 774.27万元。

## 6.5　关联方关系及交易

### 6.5.1　关联交易方的数量、关联交易的总金额及定价政策

| | 关联交易方数量 | 关联交易金额（万元） | 定价政策 |
|---|---|---|---|
| 合计 | 2 | 110 290.00 | 市价 |

注：关联交易是指信托公司以自有资产、信托资产为关联方提供投融资等服务，或以担保等方式为关联方融资提供便利的业务，以上关联交易金额为存量余额。

### 6.5.2　关联交易方与本公司的关系性质、关联交易方的名称、法人代表、注册地址、注册资本及主营业务等

| 关系性质 | 关联方名称 | 法定代表人 | 注册地址 | 注册资本（万元） | 主营业务 |
|---|---|---|---|---|---|
| 股东 | 涌金实业（集团）有限公司 | 杨利华 | 上海 | 20 000 | 物业管理、旅游资源开发、国内贸易、室内装潢、实业投资咨询、农产品的购销。 |
| 股东 | 上海纳米创业投资有限公司 | 刘　明 | 上海 | 30 000 | 实业投资、资产管理（非金融业务）、科技项目开发以及相关业务的咨询，国内贸易。 |
| 股东 | 北京知金科技投资有限公司 | 杨利华 | 北京 | 15 000 | 投资管理、投资咨询。 |
| 股东关联企业 | 国金证券股份有限公司 | 冉　云 | 成都市青羊区东城根上街95号 | 302 435.93 | 证券经纪；证券投资咨询；与证券交易、证券投资活动有关的财务顾问；证券承销与保荐；证券自营；融资融券；证券资产管理；证券投资基金代销；为期货公司提供中间介绍业务；代销金融产品。 |

### 6.5.3　本年度公司与关联方重大交易事项

6.5.3.1　固有财产与关联方关联情况：贷款、投资、租赁、担保、应收账款及其他方式等期初汇总数、本期借方和贷方发生额汇总数、期末汇总数

**固有财产与关联方关联交易**

单位：万元

| | 期初数 | 借方发生额 | 贷方发生额 | 期末数 |
|---|---|---|---|---|
| 贷款 | — | — | — | — |
| 投资 | — | — | — | — |
| 租赁 | — | — | — | — |
| 担保 | — | — | — | — |
| 应收账款 | — | — | — | — |
| 其他 | 2 500.00 | 2 500.00 | — | 5 000.00 |
| 合计 | 2 500.00 | 2 500.00 | — | 5 000.00 |

注：本年度内，公司追加投资宁波梅山保税港区涌云铧信创业投资合伙企业（有限合伙）股权投资2 500万（FinTech股权投资（PE）-LP），该项累计投资余额5 000万元，该企业的GP为上海涌新投资合伙企业（有限合伙），上海涌新投资合伙企业（有限合伙）的GP为上海涌铧投资管理有限公司，上海涌铧投资管理有限公司的控股股东为涌金实业（集团）有限公司。公司非投融资的其他关联交易情况如下：（1）固有业务——存放同业（存放证券机构）。公司在国金证券开立的自营证券投资交易资金账户买卖变动数据：期初余额为99万元、借方发生额为139 388万元、贷方发生额为139 454万元、期末余额为33万元；（2）固有业务——手续费及佣金支出。公司支付上海国金理益财富基金销售有限公司服务费148万元；（3）固有业务——应付职工薪酬。公司委托涌金实业（集团）有限公司和北京知金科技投资有限公司代缴部分异地员工社保公积金等115万元；（4）固有业务——业务及管理费。公司向上海涌禾农业科技有限公司购买农产品支付费用2万元。

6.5.3.2 信托与关联方交易情况：贷款、投资、租赁、应收账款、担保以及其他方式等期初汇总数、本期借方和贷方发生额汇总数、期末汇总数

**信托财产与关联方关联交易**

单位：万元

| 信托与关联方关联交易 | | | | |
|---|---|---|---|---|
| | 期初数 | 借方发生额 | 贷方发生额 | 期末数 |
| 贷款 | — | — | — | — |
| 投资 | 105 000.00 | 840.00 | 550.00 | 105 290.00 |
| 租赁 | — | — | — | — |
| 担保 | — | — | — | — |
| 应收账款 | — | — | — | — |
| 其他 | — | — | — | — |
| 合计 | 105 000.00 | 840.00 | 550.00 | 105 290.00 |

注：本年度信托与关联方关联交易的情况为公司发行的三个信托计划的信托资金投资国金证券股份有限公司资产管理计划，合计金额105 290.00万元。其他关联情况如下：(1)国金证券股份有限公司以其合法资金加入公司管理的信托产品，年初余额为79 728.97万元，年内申购实收信托62 425.00万元，年内赎回实收信托110 716.33万元，年末余额为31 437.64万元，年内分配信托收益共计5 993.73万元；(2)国金创新投资有限公司以其合法资金加入公司管理的信托产品，年初余额为1 000.00万元，年内认购19 090.00万元，年内赎回实收信托2 721.66万元，年末余额为17 368.34万元，年内分配信托收益1 372.99万元；(3)上海国金理益财富基金销售有限公司以其合法资金加入公司管理的信托产品，年内认购2 410.00万元，年内赎回实收信托950.00万元，年末余额为1 460.00万元，年内分配信托收益18.67万元；(4)国金道富投资服务有限公司以其合法资金加入公司管理的信托产品，年内认购10 000.00万元，年内赎回实收信托5 000.00万元，年末余额为5 000.00万元，年内分配信托收益285.17万元；(5)涌金实业(集团)有限公司以其合法资金加入公司管理的信托产品，年内认购19 544.32万元，年内赎回实收信托18 804.32万元，年末余额为740.00万元，年内分配信托收益729.28万元；(6)涌金投资控股有限公司以其合法资金加入公司管理的信托产品，年初余额为811.76万元，年内赎回实收信托811.76万元，年末无余额，年内分配信托收益2.84万元；(7)北京知金科技投资有限公司以其合法资金加入公司管理的信托产品，年内认购1 200.00万元，年末余额为1 200.00万元；(8)公司信托产品委托国金证券作为证券交易经纪商，共向国金证券支付交易佣金209.52万元；(9)公司信托产品委托国金证券股份有限公司、上海国金理益财富基金销售有限公司作为销售机构，共计支付销售服务费471.72万元；(10)公司信托产品聘请北京千石创富资本管理有限公司、国金证券股份有限公司作为投资顾问，共向其支付投资顾问费112.40万元。

6.5.3.3 信托公司自有资金运用于自己管理的信托项目(固信交易)、信托公司管理的信托项目之间的相互(信信交易)交易金额，包括余额和本报告年度的发生额

6.5.3.3.1 固有财产与信托财产之间的交易金额期初汇总数、本期发生额汇总数、期末汇总数

**固有财产与信托财产相互交易**

单位：万元

| 期初余额 | 借方发生额 | 贷方发生额 | 期末余额 |
|---|---|---|---|
| 114 159.25 | 182 580.00 | 101 239.82 | 195 499.43 |

注：以上交易均为固有资金投资公司自己管理的信托项目受益权。

6.5.3.3.2 信托项目之间的交易金额期初汇总数、本期发生额汇总数、期末汇总数

**信托资产与信托财产相互交易**

单位：万元

| 期初数 | 借方发生额 | 贷方发生额 | 期末数 |
|---|---|---|---|
| 1 741 245.35 | 87 191.56 | 907 259.26 | 921 177.66 |

注：以公司受托管理的一个信托项目的资金购买自己管理的另一个信托项目的受益权或信托项下资产均应纳入统计披露范围。

**6.5.4 关联方逾期未偿还本公司资金的详细情况以及本公司为关联方担保发生或即将发生垫款的详细情况**

本公司无上述情况。

### 6.6 会计制度的披露

公司固有业务及信托业务均执行2006年财政部颁布的《企业会计准则》。

## 7. 财务情况说明书

### 7.1 利润的实现和分配情况

单位：万元

| 项目 | 期末余额 |
|---|---|
| 本年净利润 | 29 571.16 |
| 加：年初未分配利润 | 74 794.69 |
| 减：提取法定盈余公积 | 2 957.12 |
| 减：提取任意盈余公积金 | — |
| 减：信托赔偿准备金 | 1 774.27 |
| 减：一般风险准备 | 419.40 |
| 减：应付普通股股利 | — |
| 减：未分配利润转增实收资本 | — |
| 年末未分配利润 | 99 215.06 |

### 7.2 主要财务指标

| 指标名称 | 指标值 |
|---|---|
| 资本利润率(%) | 11.97 |
| 加权年化信托报酬率(%) | 0.22 |
| 人均净利润(万元) | 101 |

注：1. 资本利润率=净利润/所有者权益平均余额×100%。

2. 加权年化信托报酬率=(信托项目1的实际年化信托报酬率×信托项目1的实收信托+信托项目2的实际年化信托报酬率×信托项目2的实收信托+…+信托项目$n$的实际年化信托报酬率×信托项目$n$的实收信托)/(信托项目1的实收信托+信托项目2的实收信托+…+信托项目$n$的实收信托)×100%。

3. 人均净利润=净利润/年平均人数。

4. 平均值采取年初、年末余额简单平均法，公式为：a(平均)=(年初数+年末数)/2。

### 7.3 对本公司财务状况、经营成果有重大影响的其他事项

无。

## 8. 特别事项揭示

### 8.1 前五名股东报告期内变动情况及原因

无。

### 8.2 董事、监事及高级管理人员变动情况及原因

**8.2.1 本报告期内，董事变动情况**

2018年9月18日经《中国银监会云南监管局关于龙超任职资格的批复》(云银监复[2018]160号)批准，龙超先生正式履行公司独立董事职责。

2018年11月15日经《中国银监会云南监管局关于田泽

望任职资格的批复》(云银监复[2018]219号)批准,田泽望先生正式履行公司副董事长职责。

2019年3月22日经《云南银保监局关于甘煜任职资格的批复》(云银保监复[2019]121号)批准,甘煜先生正式获批公司董事及董事长资格。工商变更登记手续正在办理过程中。

#### 8.2.2 本报告期内,监事变动情况

公司于2018年5月31日召开2017年年度股东会会议,审议通过了《关于监事会换届选举股东监事的议案》,公司股东涌金实业(集团)有限公司选派监事由王润稣先生变更为穆越女士;公司股东上海纳米创业投资有限公司选派监事由曲舒心女士变更为许悦女士;公司股东云南合和(集团)股份有限公司选派监事由华士国先生变更为文俊先生。

#### 8.2.3 本报告期内,高管变动情况

2018年3月1日经《中国银监会云南监管局关于许荣华任职资格的批复》(云银监复[2018]26号)批准,许荣华先生正式履行公司副总裁职责。

公司原总裁田泽望先生因个人原因辞去总裁职务,2018年9月6日经《中国银监会云南监管局关于舒广任职资格的批复》(云银监复[2018]153号)批准,舒广先生正式履行公司总裁职责。

### 8.3 变更注册资本、变更注册地或公司名称、公司分立合并事项

无。

### 8.4 公司重大诉讼事项

无。

### 8.5 公司及其董事、监事和高级管理人员受到处罚的情况

2018年9月,因结构化证券投资信托产品优先受益人与劣后受益人投资资金配置比例超过规定比例要求、违规委托非金融机构推介信托产品,经《中国银监会云南监管局行政处罚决定书》(云银监罚决字[2018]20号)对公司作出罚款50万元的行政处罚。

### 8.6 银保监会及其派出机构对公司检查后的整改情况

2018年6月,公司收到《中国银监会云南监管局办公室关于2018年云南国际信托有限公司监管工作的意见》(云银监办发[2018]62号,以下简称《2018年监管意见》)。对于《2018年监管意见》提出的各项要求,公司高度重视,结合公司经营管理实际,落实了《2018年监管意见》各项要求,并已将有关落实情况书面报告云南银保监局。

### 8.7 本年度净资本管理情况

2018年度,公司按照中国银保监会《信托公司净资本管理办法》规定,积极推进净资本管理,进一步确立了以净资本管理为核心的业务发展模式和管理体系,各项净资本指标均符合监管要求。

截至2018年末,本公司净资产为26.19亿元,净资本为22.39亿元(监管要求为≥2亿元),各项风险资本之和为11.05亿元,净资本/各项风险资本之和为203%(监管要求为≥100%),净资本/净资产为85%(监管要求为≥40%)。

### 8.8 本年度重大事项临时报告的简要内容、披露时间、所披露的媒体及其版面

2018年4月21日《金融时报》第7、第8版刊登《云南国际信托有限公司2017年年度报告摘要》。

2018年9月12日《金融时报》第7版刊登《云南国际信托有限公司关于总裁变更的公告》。

2019年1月26日《金融时报》第7版刊登《云南国际信托有限公司关于修改公司章程的公告》。

### 8.9 银保监会及其省级派出机构认定的其他有必要让客户及相关利益人了解的重要信息

**社会责任履行情况**

云南信托以履行社会责任为重要导向,不仅利用信托制度优势向实体企业提供金融服务,还在信托法律文件的签署过程中履行社会责任告知义务。同时,将履行社会责任纳入内部控制体系,从制度层面、业务开展层面确立其重要地位。报告期内,公司在多方面践行企业的社会责任。

公司严格遵守国家法律法规、监管部门规章、规范性文件以及公司章程,并主动接受监管部门和社会公众的监督。积极按照国家货币政策、财政政策、产业政策及其他政策适时调整经营战略,关注社会整体利益,维护国家金融秩序和金融安全。

公司坚决履行反洗钱义务,报告年度公司进一步完善了反洗钱数据报送管理、完善监测模型、完善反洗钱系统功能建设,并强化可疑交易数据人工分析工作。2018年累计完成2 218名自然人客户、318名机构客户身份识别工作。报告年度累计发现45个委托人客户证照过期,其中机构客户19个,个人客户26个。客户的过期证照均已补正。

公司主动开展案件防控工作,报告年度累计完成项目案件风险排查549个,规模共计14 461 000.79万元;累计开展4次员工异常行为排查,排查正式员工80人,签署《合规责任承诺书》80份。

公司诚信经营,自觉履行纳税义务,依法及时足额纳税,为国家及地方财政收入和经济发展作贡献。

公司作为专业化财富管理机构,充分发挥信托制度优势,积极开发符合社会和市场需求的信托业务及信托理财产品,不断创新服务方式,积极探索盈利模式,以信托功能满足社会理财需求,秉承“受人之托、忠人之事”的原则开展信托业务,恪尽职守,履行诚实、信用、谨慎、有效管理的义务,维护受益人的合法权益。2018年,公司向受益人兑付的信托本金及收益共计2 360.13亿元,其中信托收益为51.75亿元,涉及信托项目1 309个。

公司积极强化资本金管理与运用,努力创造利润,提高投资回报,为股东创造合理投资价值。2018年,公司实现营业收入6.79亿元,同比增长22.97%,实现净利润2.96亿元,同比增长19.58%。

公司始终把消费者权益保护工作作为公司经营发展的重要战略,近年来已逐步建立起了较为完善的消费者权益保护体系。董事会消费者权益保护委员会带领高级管理层组织协调,消保职能部门落实开展消保工作。报告年度新增、修定各类消保制度9篇,完善消费者权益保护内部考核机制,组织开展了

“3·15”消保主题宣传、全员消保培训、金融普及进校园等专项活动，取得了较好的社会反响。

公司坚持以员工为本，构建企业文化。培育了一支高素质、高学历、年轻化、专业化的人才队伍。公司积极开展员工培训，提高员工职业素质和从业技能，为员工提供充分的职业发展机会。

公司每年开展“大爱星火”主题公益活动。“大爱星火”不仅带去大家需要的物资，教会大家学习基础金融知识，也带去公司对社会弱势群体的关爱，提高公司职工对于社会的责任感和认同感。同时，公司通过专业的投资管理经验与信托制度完美结合，自 2006 年开始与云南省青少年发展基金会合作，推出了爱心稳健收益型集合资金信托计划，并运营至今。

2018 年，公司继续推进系统化办公，创建节约型社会。在全社会树立节约意识、节约观念，倡导节约文化、节约文明的大背景下云南信托积极创建节约型企业，推进无纸化办公，节约成本，降低能耗，提高效率；同时运用金融机构专业优势开展绿色碳权信托，进一步发展碳资产管理能力，力求把自身打造成绿色金融产业的先驱和领导者。

## 9. 监事会对公司运作及财务报告的独立意见

### 9.1 公司依法运作情况

报告期内，监事会严格按照《公司法》、公司章程和有关法律，从切实维护公司利益和股东权益出发，认真履行了监督职责，列席、出席了所有股东会和董事会会议，认为董事会能够忠实勤勉履行股东会的有关决议，未出现损害公司、股东及受益人利益的行为。

### 9.2 财务报告的真实性

报告期内，监事会对公司的财务制度和财务状况进行了认真、细致地检查，公司年度财务报告客观公允，真实反映了公司报告期内的财务状况和经营成果。年度财务报告的编制和审议程序符合国家法律、法规和公司章程，报告的内容和格式符合中国银保监会的规定。年度财务报告经中审众环会计师事务所（特殊普通合伙）云南亚太分所出具了“标准无保留审计意见”的审计报告结论，符合公司的客观实际情况。

### 9.3 高级管理人员履职情况

报告期内，公司高级管理人员均认真履行了《公司法》和公司章程所规定的各项职责，严格贯彻执行股东会、董事会决议，积极承担社会责任。公司高级管理人员职责清晰、分工明确。在抓好各自分管工作的前提下，积极参与公司的重大决策，谨慎、认真、勤勉地履行了各项职责，保证了公司各项业务和工作的顺利开展。报告期内，未发现高级管理人员在执行公司职务时违反法律法规和公司章程的行为，也没有损害公司、股东和受益人利益的行为。

# 浙商金汇信托股份有限公司

## 1. 重要提示

1.1 本公司董事会及董事保证本报告所载资料不存在任何虚假记载、误导性陈述或者重大遗漏，并对其内容的真实性、准确性和完整性承担个别及连带责任。

1.2 本公司独立董事认为，本报告的内容真实、准确、完整。

1.3 大华会计师事务所（特殊普通合伙）为本公司出具了标准无保留意见的审计报告。

1.4 董事长余艳梅女士①、总经理战伟宏先生、财务总监朱晓平先生声明：保证年度报告中财务报告的真实、完整。

## 2. 公司概况

### 2.1 公司简介

| | |
|---|---|
| 中文名称 | 浙商金汇信托股份有限公司（简称浙金信托） |
| 英文名称 | Zheshangjinhui Trust Co. ,Ltd.（简称 ZHEJIN TRUST） |
| 法定代表人 | 余艳梅 |
| 注册地址 | 浙江省杭州市庆春路 199 号 6－8 层、1－2 层西面商铺 |
| 邮政编码 | 310006 |
| 国际互联网网址 | http://www.zhejintrust.com |
| 电子邮箱 | zjtrust@zjtrust.com |
| 负责信息披露事务的高管 | 戴俊 |
| 负责信息披露联系人 | 汪友鹏 |
| 联系电话 | 0571－86030807 |
| 传真 | 0571－87386123 |
| 电子邮箱 | wangyp@zjtrust.com |
| 选定的信息披露报纸名称 | 《金融时报》《证券时报》《中国证券报》《上海证券报》 |
| 年度报告备置地点 | 公司董事会办公室 |

续表

| | |
|---|---|
| 聘请的会计师事务所名称及住所 | 大华会计师事务所（特殊普通合伙）<br>北京市海淀区西四环中路 16 号院 7 号楼 1101 |
| 聘请的律师事务所名称及住所 | 上海市锦天城律师事务所<br>上海市浦东新区银城中路 501 号上海中心大厦 11 层、12 层 |

### 2.2 组织结构

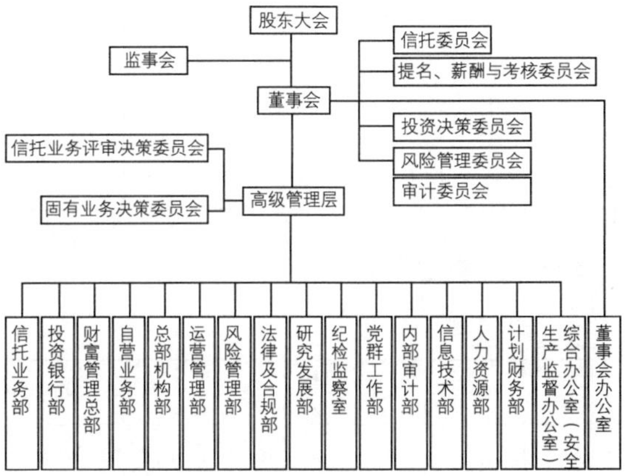


## 3. 公司治理

### 3.1 股东

| 股东名称 | 持股比例（%） | 法人代表 |
|---|---|---|
| 浙江东方金融控股集团股份有限公司 | 78 | 金朝萍 |
| 中国国际金融股份有限公司 | 17.5 | 毕明建注 |
| 传化集团有限公司 | 4.5 | 徐冠巨 |

注：因工作调动，丁学东先生自 2017 年 2 月 27 日起辞任董事长和法定代表人职务，经董事会批准，自 2017 年 3 月 1 日起执行董事兼首席执行官毕明建先生代为履行董事长和法定代表人职责。

### 3.2 董事会成员

董事长、董事

| 姓名 | 职务 | 性别 | 年龄（岁） | 选任日期 | 所推举的股东名称 | 该股东持股比例（%） | 简要履历 |
|---|---|---|---|---|---|---|---|
| 余艳梅 | 董事长 | 女 | 48 | 2018 年 11 月 | 浙江东方金融控股集团股份有限公司 | 78 | 现任浙江东方金融控股集团股份有限公司董事，浙商金汇信托股份有限公司党委书记、董事长。 |
| 战伟宏 | 董事 | 男 | 46 | 2016 年 8 月 | 浙江东方金融控股集团股份有限公司 | 78 | 现任浙商金汇信托股份有限公司董事、总经理。 |
| 洪　峰 | 董事 | 男 | 47 | 2016 年 9 月 | 浙江东方金融控股集团股份有限公司 | 78 | 现任浙江省国际贸易集团有限公司总经理助理、财务管理部（资金运营中心）总经理，浙商金汇信托股份有限公司董事。 |

① 2019 年 1 月 16 日，中国银保监会浙江监管局核准余艳梅女士的公司董事长任职资格。

续表

| 姓名 | 职务 | 性别 | 年龄（岁） | 选任日期 | 所推举的股东名称 | 该股东持股比例（%） | 简要履历 |
|---|---|---|---|---|---|---|---|
| 戴　俊 | 董事 | 男 | 42 | 2011年6月 | 浙江东方金融控股集团股份有限公司 | 78 | 现任浙商金汇信托股份有限公司党委副书记、董事、董事会秘书。 |
| 辛　洁 | 董事 | 男 | 44 | 2012年4月 | 中国国际金融股份有限公司 | 17.5 | 现任中国国际金融股份有限公司董事总经理，中金佳成投资管理有限公司总经理，浙商金汇信托股份有限公司董事。 |
| 张逢伟 | 董事 | 男 | 51 | 2016年4月 | 中国国际金融股份有限公司 | 17.5 | 现任中国国际金融股份有限公司首席风险官兼中投证券首席风险官，浙商金汇信托股份有限公司董事。 |
| 肖　枫 | 董事 | 男 | 46 | 2017年11月 | 中国国际金融股份有限公司 | 17.5 | 现任中国国际金融股份有限公司中金资本管理部执行负责人，中金启元国家引导基金管理公司总经理，中金资本运营有限公司副总裁，浙商金汇信托股份有限公司董事。 |
| 杨柏樟 | 董事 | 男 | 61 | 2011年6月 | 传化集团有限公司 | 4.5 | 现任传化集团有限公司监事长，浙江传化江南大地发展有限公司副总裁，浙商金汇信托股份有限公司董事。 |

独立董事

| 姓名 | 职务 | 性别 | 年龄（岁） | 选任日期 | 所推举的股东名称 | 该股东持股比例（%） | 简要履历 |
|---|---|---|---|---|---|---|---|
| 周小明 | 中国人民大学信托与基金研究所所长 | 男 | 52 | 2011年6月 | 浙江东方金融控股集团股份有限公司 | 78 | 现任中国人民大学信托与基金研究所所长，浙商金汇信托股份有限公司独立董事。 |
| 王维安 | 浙江大学金融研究所所长 | 男 | 53 | 2016年12月 | 浙江东方金融控股集团股份有限公司 | 78 | 现任浙江大学经济学院教授、博士生导师，浙江大学金融研究所所长，浙商金汇信托股份有限公司独立董事。 |

## 3.3 监事会成员

监事会成员

| 姓名 | 职务 | 性别 | 年龄（岁） | 选任日期 | 所推举的股东名称 | 该股东持股比例（%） | 简要履历 |
|---|---|---|---|---|---|---|---|
| 李庆玲 | 监事会主席 | 女 | 44 | 2018年11月 | 浙江东方金融控股集团股份有限公司 | 78 | 现任浙商金汇信托股份有限公司党委委员、纪委书记、监事会主席。 |
| 王利生 | 监事 | 女 | 71 | 2011年6月 | 中国国际金融股份有限公司 | 17.5 | 现任浙商金汇信托股份有限公司监事。 |
| 文舟 | 职工监事 | 女 | 38 | 2016年11月 | 公司职工大会 |  | 现任浙商金汇信托股份有限公司职工监事、内部审计部助理总监。 |

## 3.4 高级管理人员

高级管理人员

| 姓名 | 职务 | 性别 | 年龄（岁） | 选任日期 | 金融从业年限（年） | 学历 | 专业 |
|---|---|---|---|---|---|---|---|
| 战伟宏 | 总经理 | 男 | 46 | 2016年8月 | 22 | 硕士研究生 | 管理科学 |
| 李杰 | 副总经理 | 男 | 39 | 2017年8月 | 15 | 硕士研究生 | 金融学 |
| 朱晓平 | 财务总监 | 男 | 50 | 2011年6月 | 24 | 本科 | 金融学 |
| 江赛民 | 风险总监 | 男 | 37 | 2017年6月 | 8 | 硕士研究生 | 法学 |
| 张颖锋 | 总经理助理 | 男 | 39 | 2018年8月 | 11 | 硕士研究生 | 经济与金融管理 |

## 3.5 公司员工

报告期内职工总数311人，平均年龄34周岁。

公司员工学历分布比率

| 项目 | | 报告期年度 | | 上年度 | |
|---|---|---|---|---|---|
| | | 人数（人） | 比例（%） | 人数（人） | 比例（%） |
| 学历分布 | 博士 | 2 | 0.64 | 3 | 0.82 |
| | 硕士 | 138 | 44.37 | 145 | 39.84 |
| | 本科 | 167 | 53.70 | 205 | 56.32 |
| | 专科 | 4 | 1.29 | 11 | 3.02 |
| | 其他 | — | — | — | — |

# 4. 经营管理

## 4.1 经营目标、经营方针、战略规划

### 4.1.1 经营目标

把公司建设成为一家行业领先、特色鲜明、经营稳健、品牌卓越、能够为当地经济发展提供强大支持、具有核心竞争力和独特价值、效益领先、创新领先的一流信托公司。

### 4.1.2 经营方针

公司经营方针是诚信经营、创新发展、互利共赢。

### 4.1.3 战略规划

公司将坚持立足信托理念，围绕信托本源，践行信托制度，

服务实体经济，在浙江东方总体战略的指引下，顺应行业发展和监管政策趋势，依托浙江东方金控平台等股东优势，结合所处区域特点及自身资源禀赋，进一步明确业务定位和方向，大力培养主动管理和创新能力，不断提升合规风控和内部管理水平，坚定不移地走高质量发展之路，以受益人利益最大化为原则，诚实守信，勤勉尽职，致力于发展成为一家效益领先、创新领先的一流信托公司。

## 4.2 所经营业务的主要内容

自营资产运用与分布表

| 资产运用 | 金额（万元） | 占比（%） | 资产分布 | 金额（万元） | 占比（%） |
|---|---|---|---|---|---|
| 货币资产 | 5 304.94 | 1.78 | 基础产业 | — | — |
| 贷款及应收款 | 161 294.41 | 54.04 | 房地产业 | — | — |
| 交易性金融资产 | — | — | 证券市场 | 64 880.00 | 9.40 |
| 可供出售金融资产 | 24 558.30 | 8.23 | 实业 | — | — |
| 持有至到期投资 | — | — | 金融机构 | 191 157.64 | 78.09 |
| 长期股权投资 | — | — | 其他 | 42 424.00 | 12.51 |
| 其他 | 107 303.99 | 35.95 | | | |
| 资产总计 | 298 461.64 | 100.00 | 资产总计 | 298 461.64 | 100.00 |

信托资产运用与分布表

| 资产运用 | 金额（万元） | 占比（%） | 资产分布 | 金额（万元） | 占比（%） |
|---|---|---|---|---|---|
| 货币资产 | 162 855.48 | 1.51 | 基础产业 | 796 920.00 | 7.38 |
| 贷款 | 4 474 879.78 | 41.41 | 房地产 | 3 476 163.67 | 32.17 |
| 以公允价值计量且其变动计入当期损益的金融资产投资 | 110 371.63 | 1.02 | 证券市场 | 119 247.73 | 1.10 |
| 可供出售金融资产投资 | 632 777.34 | 5.86 | 实业 | 2 644 486.24 | 24.47 |
| 持有至到期投资 | 3 343 358.87 | 30.94 | 金融机构 | 3 647 572.36 | 33.76 |
| 长期股权投资 | 1 095 032.14 | 10.13 | 其他 | 120 816.45 | 1.12 |
| 其他 | 985 931.21 | 9.13 | | | |
| 信托资产总计 | 10 805 206.45 | 100.00 | 信托资产总计 | 10 805 206.45 | 100.00 |

## 4.3 市场分析

### 4.3.1 有利因素

一方面，2018 年中国经济稳中有进，供给侧结构性改革不断深化，实体经济活力逐渐提升，创新驱动发展战略效果明显，国家经济继续保持平稳健康发展势头，我国仍然是世界经济增长的重要引擎；另一方面，我国社会和私人财富持续增长，信托业的需求基础继续增强；与宏观经济转型调整相适应，中国金融改革将进一步深化，信托制度的独特功能和优势将使其在改革发展中发挥越来越重要的作用；同时，经过多年发展，信托公司的生态环境日益改善，已培育和积累了良好基础。

### 4.3.2 不利因素

尽管信托业在过去几年得到了长足发展，但宏观经济发展模式转变，中美经贸摩擦不断，国内消费增速减慢，有效投资增长乏力，经济金融环境更为复杂多变。同时，信托业在发展中也遇到了强监管趋势明显、市场竞争激烈、核心业务模式尚未形成、行业品牌效应偏弱、配套法律法规需进一步完善、信托市场意识不够成熟、信托理念有待培育等困难。

## 4.4 内部控制概况

### 4.4.1 内部控制环境和内部控制文化

公司建立了较为完善的法人治理结构，形成了各治理主体之间分工合作、相互协调、互为制衡的运行机制。公司的股东大会、董事会、监事会均按照相关法律法规、规范性文件及公司章程的规定，规范有效地运作。

公司高度重视内控文化建设，全力打造以信任文化为前提，以人本思想为核心，以制度规范为原则，以诚信尽责为准则，以激情创新为源泉的文化体系，创造内部效率、激情、和谐的氛围，树立外部信誉、品牌形象，为实现公司宗旨和发展目标构筑良好的发展环境。

### 4.4.2 内部控制措施

公司董事会负责内控机制的建立健全和有效实施。董事会下设风险管理委员会，作为董事会风险管理工作的专门议事机构。公司设有独立的风险管理部、法律及合规部和内部审计部，对公司内部控制的执行情况进行监督和检查。风险管理部协助公司高级管理层有效预防、识别、评估和管理各类风险。法律及合规部负责识别公司经营活动中的合规风险，计量、检测和评估公司合规政策和程序的适当性。内部审计部负责涉及经营目标、内部控制及财务管理等各方面的审计与稽核工作。公司基本形成了事前、事中、事后“三位一体”的风险管理和监督检查体系。

公司制定了《业务分级授权管理办法》《风险管理办法》《合规风险管理办法》《内部审计管理办法》《信息披露管理办法》《关联交易管理办法》《反洗钱工作办法》《信息安全管理办法》《信息科技管理办法》《固有业务管理办法》《固有业务财务管理办法》《信托业务管理办法》《信托业务财务管理办法》《统计管理办法》《案件处置工作办法》《资产风险分类管理办法》《突发事件应对处置管理办法》《舆情管理办法》等规范性文件，公司内控制度已渗透到各项业务过程和各个操作环节，并覆盖所有部门和岗位。公司业务运作基本实现了前台、中台、后台严格分离及各部门之间高效衔接与密切合作。

### 4.4.3 监督评价与纠正

报告期内，公司内部审计部按计划开展各类专项审计和检查工作，及时发现问题并督促整改。相关审计报告及时送达董事会、监事会和监管机构。

此外，在案件防控工作方面，公司通过建立案件防控制度，加强员工的案防意识。报告期内未发生任何案件风险事件。

## 4.5 风险管理概况

### 4.5.1 风险状况

公司在经营中可能遇到的风险主要包括信用风险、市场风险、法律及合规风险、操作风险、流动性风险、声誉风险等。

4.5.1.1 信用风险状况

信用风险是指交易对手不能或不愿按时履约从而造成损失的风险。公司严格落实监管政策和要求，严格执行公司各项业务流程标准，强化信后管理和风险监测。

4.5.1.2 市场风险状况

市场风险是指公开市场金融产品或其他产品价格波动导致损失的风险。公司通过严格的业务操作管理、良好的结构化安排和选择合适的投资顾问，能够基本保障资金安全。

4.5.1.3 操作风险状况

操作风险主要是指因为失效的或有缺陷的内部程序、系统和人员而导致损失的风险。公司通过规范各项业务流程、加强内控等手段，高度警惕、严格管理操作风险。

4.5.1.4 法律及合规风险状况

法律风险是指因公司违反法律规定、监管规则或者因交易对手产生的合同纠纷，致使公司遭受处罚或者诉讼的风险。

合规风险是指因没有遵循法律、规则和准则可能遭受法律制裁、监管处罚、重大财务损失和声誉损失的风险。

4.5.1.5 流动性风险状况

流动性风险是指无法以市场正常价格成交（市场流动性风险）或者不能履行到期负债支付义务的风险（融资流动性风险）。

4.5.1.6 声誉风险状况

声誉风险主要表现为缺少声誉应急处理能力、不能妥善处理媒体关系及未建立声誉风险管理机制等造成的风险。

**4.5.2 风险管理**

4.5.2.1 信用风险管理

公司通过以下措施加强信用风险管理：

（1）从源头管控风险，实施准入关口把控，完善各类信托业务的准入要求、展业模式和风控措施，严格依照相关指引和标准筛选合适的项目，强化对重点涉足行业的研究与分析，适时动态调整相关业务指引。

（2）规范尽职调查的目的、内容、方法，通过全面、翔实、客观的尽职调查获取充足可靠的信息，识别、评估各项风险，分析判断项目的合理性、可行性。

（3）加强对实质性风险的审查，重视还款来源的管控，科学设定增信措施和风险处置预案。

（4）充分发挥集体决策的有效机制，全面审议项目风险、收益、运营管理等各个方面。

（5）规范和加强存续项目管理，根据差别化、专业化、联动化、动态化管理原则，针对不同的项目类型、不同的风险分类对项目实施不同的风险监控措施及监管频率，一旦发现风险预警信号，及时采取有效措施防范和化解信用风险。

4.5.2.2 市场风险管理

努力建立与公司业务发展相匹配的市场风险管理系统、模型和工具，根据市场风险情况动态调整投资策略，有效管理市场风险。公司对影响市场变化的各项因素进行持续分析和研究，按严格的流程进行投资决策，设定投资规模、投资范围、集中度、止损点等风险控制指标并密切监控。

4.5.2.3 操作风险管理

公司加强内控制度建设，不断细化相互制衡的岗位职责和操作规程，强化流程管控，重点防范尽职调查、项目签约、产品推介、划款支付、抵（质）押办理和抵（质）押物管理等案件防控重点领域和关键环节的操作风险。

4.5.2.4 法律及合规风险管理

公司对所有拟开展业务进行合规性审查，与律师事务所等外部机构密切合作，并严格按照公司规定程序进行法律文件的审核、签约等手续，与监管部门保持密切沟通，确保公司业务开展符合国家相关法律法规和监管政策的规定。

4.5.2.5 流动性风险管理

公司努力保持合理的资产负债结构和较为充足的长期资本，做好流动性储备和应急资金融资安排，并将逐步建立与公司发展相匹配的流动性风险管理监测体系，主动管理流动性风险。

4.5.2.6 声誉风险管理

公司坚决回避可能影响公司声誉的业务，尽职履行受托人责任，充分披露信息，塑造良好的社会形象。

## 5. 报告期末及上一年度末的比较式会计报表

### 5.1 自营资产

**5.1.1 会计师事务所审计意见**

大华会计师事务所（特殊普通合伙）审计了浙金信托2017年度的财务报表，包括2018年12月31日的资产负债表、2018年度的利润表、现金流量表以及财务报表附注，并对母公司财务报表出具了大华审字[2019]003421号审计报告；浙金信托以固有资金认购自己发行的信托计划中，有4个项目达到了《企业会计准则第33号——合并财务报表》规定的“控制”条件，须纳入合并报表范围，因此，对合并财务报表出具了大华审字[2019]003420号审计报告。

两份审计报告的审计意见均为浙金信托公司的财务报表在所有重大方面按照企业会计准则的规定编制，公允反映了浙金信托公司2018年12月31日的财务状况及2018年度的经营成果和现金流量。

**5.1.2 资产负债表**

**资产负债表**

编制单位：浙商金汇信托股份有限公司　　2018年12月31日　　单位：万元

| 项目 | 合并 | | 母公司 | |
|---|---|---|---|---|
| | 期末余额 | 年初余额 | 期末余额 | 年初余额 |
| 资产： | | | | |
| 现金及存放中央银行款项 | — | — | — | — |
| 贵金属 | — | — | — | — |
| 存放联行款项 | — | — | — | — |
| 存放同业款项 | 6 087.42 | 15 393.34 | 5 304.94 | 11 855.02 |
| 拆出资金 | — | — | — | — |

续表

| 项目 | 合并 | | 母公司 | |
|---|---|---|---|---|
| | 期末余额 | 年初余额 | 期末余额 | 年初余额 |
| 以公允价值计量且其变动计入当期损益的金融资产 | — | 33 155. 22 | — | 5 914. 25 |
| 衍生金融资产 | — | — | — | — |
| 买入返售金融资产 | 64 880. 00 | 17 770. 00 | 64 880. 00 | 17 770. 00 |
| 应收款项类金融资产 | 46 933. 99 | 35 315. 53 | 161 294. 41 | 157 225. 53 |
| 应收利息 | 11 699. 40 | 1 125. 30 | 5 902. 81 | 1 668. 80 |
| 其他应收款 | 8 602. 12 | 10 840. 11 | 8 602. 12 | 10 840. 11 |
| 发放贷款及垫款 | 40 571. 26 | 80 000. 00 | — | — |
| 可供出售金融资产 | 103 518. 46 | 94 382. 41 | 24 558. 30 | 40 586. 41 |
| 持有至到期投资 | — | — | — | — |
| 长期股权投资 | — | 35 000. 00 | — | — |
| 固定资产 | 1 048. 79 | 1 141. 63 | 1 048. 79 | 1 141. 63 |
| 在建工程 | 4 649. 76 | 3 673. 01 | 4 649. 76 | 3 673. 01 |
| 无形资产 | 7 785. 03 | 7 268. 27 | 7 785. 03 | 7 268. 27 |
| 商誉 | — | — | — | — |
| 长期待摊费用 | 634. 90 | 456. 90 | 634. 90 | 456. 90 |
| 递延所得税资产 | 9 175. 64 | 5 187. 42 | 9 175. 64 | 5 187. 42 |
| 其他资产 | 4 505. 24 | 20 081. 21 | 4 624. 94 | 3 135. 87 |
| 资产总计 | 310 092. 01 | 360 790. 35 | 298 461. 64 | 266 723. 22 |

## 资产负债表(续)

编制单位:浙商金汇信托股份有限公司　　2018 年 12 月 31 日　　单位:万元

| 项目 | 合并 | | 母公司 | |
|---|---|---|---|---|
| | 期末余额 | 年初余额 | 期末余额 | 年初余额 |
| 负债: | | | | |
| 向中央银行借款 | — | — | — | — |
| 拆入资金 | 55 000. 00 | 54 000. 00 | 55 000. 00 | 54 000. 00 |
| 以公允价值计量且其变动计入当期损益的金融负债 | 11 174. 47 | 93 825. 77 | — | — |
| 应付职工薪酬 | 15 542. 86 | 12 272. 13 | 15 542. 86 | 12 272. 13 |
| 应交税费 | 7 155. 78 | 4 956. 43 | 6 881. 66 | 4 956. 43 |
| 应付利息 | 160. 42 | 175. 67 | 160. 42 | 175. 67 |
| 其他应付款 | 13 932. 41 | 3 826. 12 | 13 909. 30 | 3 794. 36 |
| 预计负债 | — | — | — | — |
| 应付债券 | — | — | — | — |
| 递延所得税负债 | — | — | — | — |
| 其他负债 | — | — | — | — |
| 负债合计 | 102 965. 94 | 169 056. 12 | 91 494. 24 | 75 198. 59 |
| 所有者权益: | — | — | | |
| 实收资本(或股本) | 170 000. 00 | 170 000. 00 | 170 000. 00 | 170 000. 00 |
| 其他权益工具 | — | — | — | — |
| 资本公积 | — | — | — | — |
| 减:库存股 | — | — | — | — |
| 其他综合收益 | — | — | — | — |
| 盈余公积 | 6 129. 54 | 4 585. 26 | 6 129. 54 | 4 585. 26 |
| 一般风险准备 | 7 150. 73 | 5 942. 82 | 7 150. 73 | 5 942. 82 |
| 未分配利润 | 23 845. 80 | 11 206. 15 | 23 687. 13 | 10 996. 55 |
| 所有者权益合计 | 207 126. 07 | 191 734. 23 | 206 967. 40 | 191 524. 63 |
| 负债和所有者权益总计 | 310 092. 01 | 360 790. 35 | 298 461. 64 | 266 723. 22 |

企业负责人:余艳梅　　财务负责人:朱晓平　　会计机构负责人:王凤毅　　制表人:连鹏

### 5.1.3 利润和利润分配表

**利润表**

编制单位：浙商金汇信托股份有限公司　　2018 年度　　单位：万元

| 项目 | 合并 | | 母公司 | |
|---|---|---|---|---|
| | 本期金额 | 上期金额 | 本期金额 | 上期金额 |
| 一、营业收入 | 74 051.02 | 52 282.33 | 74 068.44 | 51 896.92 |
| （一）利息净收入 | 566.15 | -2 603.11 | -915.81 | -902.70 |
| 利息收入 | 3 495.09 | 3 322.13 | 1 304.97 | 1 260.30 |
| 利息支出 | 2 928.94 | 5 925.24 | 2 220.78 | 2 163.00 |
| （二）手续费及佣金净收入 | 64 420.61 | 44 008.13 | 64 846.38 | 46 204.76 |
| 手续费及佣金收入 | 64 429.10 | 44 014.88 | 64 854.87 | 46 211.51 |
| 手续费及佣金支出 | 8.49 | 6.75 | 8.49 | 6.75 |
| （三）投资收益（损失以"-"号填列） | 8 962.23 | 6 451.81 | 10 035.84 | 6 391.43 |
| 其中：对联营企业和合营企业的投资收益 | — | — | — | — |
| （四）公允价值变动收益（损失以"-"号填列） | 54.51 | 4 394.30 | 54.51 | 172.23 |
| （五）资产处置收益（损失以"-"号填列） | — | — | — | — |
| （六）汇兑收益（损失以"-"号填列） | — | — | — | — |
| （七）其他收益 | 47.52 | 31.20 | 47.52 | 31.20 |
| （八）其他业务收入 | — | — | — | — |
| 二、营业支出 | 53 379.36 | 31 683.72 | 53 345.87 | 31 507.91 |
| （一）营业税金及附加 | 406.50 | 324.35 | 398.62 | 324.35 |
| （二）业务及管理费 | 42 221.27 | 30 689.37 | 42 195.66 | 30 513.56 |
| （三）资产减值损失 | 10 751.59 | 670.00 | 10 751.59 | 670.00 |
| （四）其他业务成本 | — | — | — | — |
| 三、营业利润（亏损以"-"号填列） | 20 671.66 | 20 598.61 | 20 722.57 | 20 389.01 |
| 加：营业外收入 | 11.67 | 1.76 | 11.67 | 1.76 |
| 减：营业外支出 | 30.11 | 2.50 | 30.11 | 2.50 |
| 四、利润总额（亏损总额以"-"号填列） | 20 653.22 | 20 597.87 | 20 704.13 | 20 388.27 |
| 减：所得税费用 | 5 261.38 | 5 158.26 | 5 261.38 | 5 158.26 |
| 五、净利润（净亏损以"-"号填列） | 15 391.84 | 15 439.61 | 15 442.75 | 15 230.01 |
| 六、其他综合收益的税后净额 | — | — | — | — |
| 七、综合收益总额 | 15 391.84 | 15 439.61 | 15 442.75 | 15 230.01 |
| 八、每股收益： | — | — | — | — |
| （一）基本每股收益 | — | — | — | — |
| （二）稀释每股收益 | — | — | — | — |

企业负责人：余艳梅　　财务负责人：朱晓平　　会计机构负责人：王凤毅　　制表人：连鹏

### 5.1.4 所有者权益变动表

**合并所有者权益变动表**

编制单位：浙商金汇信托股份有限公司　　2018 年度　　单位：万元

| 项目 | 行次 | 本年金额 | | | | | | | | |
|---|---|---|---|---|---|---|---|---|---|---|
| | | 实收资本（或股本） | 其他权益工具 | 资本公积 | 减：库存股 | 其他综合收益 | 盈余公积 | 一般风险准备 | 未分配利润 | 所有者权益合计 |
| 栏次 | | 1 | 2 | 3 | 4 | 5 | 6 | 7 | 8 | 9 |
| 一、上年年末余额 | 1 | 170 000.00 | — | — | — | — | 4 585.26 | 5 942.82 | 11 206.15 | 191 734.23 |
| 加：会计政策变更 | 2 | — | — | — | — | — | — | — | — | — |
| 前期差错更正 | 3 | — | — | — | — | — | — | — | — | — |
| 其他 | 4 | — | — | — | — | — | — | — | — | — |
| 二、本年年初余额 | 5 | 170 000.00 | — | — | — | — | 4 585.26 | 5 942.82 | 11 206.15 | 191 734.23 |
| 三、本年增减变动金额（减少以"-"号填列） | 6 | — | — | — | — | — | 1 544.28 | 1 207.91 | 12 639.65 | 15 391.84 |
| （一）综合收益总额 | 7 | — | — | — | — | — | — | — | 15 391.84 | 15 391.84 |
| （二）所有者投入和减少资本 | 8 | — | — | — | — | — | — | — | — | — |
| 1. 所有者投入的普通股 | 9 | — | — | — | — | — | — | — | — | — |
| 2. 其他 | 12 | — | — | — | — | — | — | — | — | — |
| （三）利润分配 | 13 | — | — | — | — | — | 1 544.28 | 1 207.91 | -2 752.19 | — |
| 1. 提取盈余公积 | 14 | — | — | — | — | — | 1 544.28 | — | -1 544.28 | — |
| 2. 提取一般风险准备 | 15 | — | — | — | — | — | — | 1 207.91 | -1 207.91 | — |
| 3. 对所有者（或股东）的分配 | 16 | — | — | — | — | — | — | — | — | — |
| 4. 其他 | 17 | — | — | — | — | — | — | — | — | — |
| （四）所有者权益内部结转 | 18 | — | — | — | — | — | — | — | — | — |
| 1. 资本公积转增资本（或股本） | 19 | — | — | — | — | — | — | — | — | — |
| 2. 盈余公积转增资本（或股本） | 20 | — | — | — | — | — | — | — | — | — |
| 3. 其他 | 24 | — | — | — | — | — | — | — | — | — |
| 四、本年年末余额 | 25 | 170 000.00 | — | — | — | — | 6 129.54 | 7 150.73 | 23 845.80 | 207 126.07 |

| 项目 | 行次 | 上年金额 | | | | | | | | |
|---|---|---|---|---|---|---|---|---|---|---|
| | | 实收资本（或股本） | 其他权益工具 | 资本公积 | 减:库存股 | 其他综合收益 | 盈余公积 | 一般风险准备 | 未分配利润 | 所有者权益合计 |
| 栏次 | | 10 | 11 | 12 | 13 | 14 | 15 | 16 | 17 | 18 |
| 一、上年年末余额 | 1 | 50 000.00 | — | — | — | — | 3 062.26 | 2 596.01 | 24 964.35 | 80 622.62 |
| 加:会计政策变更 | 2 | — | — | — | — | — | — | — | — | — |
| 前期差错更正 | 3 | — | — | — | — | — | — | — | — | — |
| 其他 | 4 | — | — | — | — | — | — | — | — | — |
| 二、本年年初余额 | 5 | 50 000.00 | — | — | — | — | 3 062.26 | 2 596.01 | 24 964.35 | 80 622.62 |
| 三、本年增减变动金额（减少以“－”号填列） | 6 | 120 000.00 | — | — | — | — | 1 523.00 | 3 346.81 | -13 758.20 | 111 111.61 |
| （一）综合收益总额 | 7 | — | — | — | — | — | — | — | 15 439.61 | 15 439.61 |
| （二）所有者投入和减少资本 | 8 | 50 000.00 | — | 45 672.00 | — | — | — | — | — | 95 672.00 |
| 1. 所有者投入的普通股 | 9 | 50 000.00 | — | 45 672.00 | — | — | — | — | — | 95 672.00 |
| 2. 其他 | 12 | — | — | — | — | — | — | — | — | — |
| （三）利润分配 | 13 | — | — | — | — | — | 1 523.00 | 3 346.81 | -29 197.81 | -24 328.00 |
| 1. 提取盈余公积 | 14 | — | — | — | — | — | 1 523.00 | — | -1 523.00 | — |
| 2. 提取一般风险准备 | 15 | — | — | — | — | — | — | 3 346.81 | -3 346.81 | — |
| 3. 对所有者（或股东）的分配 | 16 | — | — | — | — | — | — | — | -24 328.00 | -24 328.00 |
| 4. 其他 | 17 | — | — | — | — | — | — | — | — | — |
| （四）所有者权益内部结转 | 18 | 70 000.00 | — | -45 672.00 | — | — | — | — | — | 24 328.00 |
| 1. 资本公积转增资本（或股本） | 19 | 45 672.00 | — | -45 672.00 | — | — | — | — | — | — |
| 2. 盈余公积转增资本（或股本） | 20 | — | — | — | — | — | — | — | — | — |
| 3. 其他 | 24 | 24 328.00 | — | — | — | — | — | — | — | 24 328.00 |
| 四、本年年末余额 | 25 | 170 000.00 | — | — | — | — | 4 585.26 | 5 942.82 | 11 206.15 | 191 734.23 |

企业负责人:余艳梅　　财务负责人:朱晓平　　会计机构负责人:王凤毅　　制表人:连鹏

## 母公司所有者权益变动表

编制单位:浙商金汇信托股份有限公司　　2018 年度　　单位:万元

| 项目 | 行次 | 本年金额 | | | | | | | | |
|---|---|---|---|---|---|---|---|---|---|---|
| | | 实收资本（或股本） | 其他权益工具 | 资本公积 | 减:库存股 | 其他综合收益 | 盈余公积 | 一般风险准备 | 未分配利润 | 所有者权益合计 |
| 栏次 | | 1 | 2 | 3 | 4 | 5 | 6 | 7 | 8 | 9 |
| 一、上年年末余额 | 1 | 170 000.00 | — | — | — | — | 4 585.26 | 5 942.82 | 10 996.55 | 191 524.63 |
| 加:会计政策变更 | 2 | — | — | — | — | — | — | — | — | — |
| 前期差错更正 | 3 | — | — | — | — | — | — | — | — | — |
| 其他 | 4 | — | — | — | — | — | — | — | — | — |
| 二、本年年初余额 | 5 | 170 000.00 | — | — | — | — | 4 585.26 | 5 942.82 | 10 996.55 | 191 524.63 |
| 三、本年增减变动金额（减少以“－”号填列） | 6 | — | — | — | — | — | 1 544.28 | 1 207.91 | 12 690.58 | 15 442.77 |
| （一）综合收益总额 | 7 | — | — | — | — | — | — | — | 15 442.75 | 15 442.75 |
| （二）所有者投入和减少资本 | 8 | — | — | — | — | — | — | — | — | — |
| 1. 所有者投入的普通股 | 9 | — | — | — | — | — | — | — | — | — |
| 2. 其他 | 12 | — | — | — | — | — | — | — | — | — |
| （三）利润分配 | 13 | — | — | — | — | — | 1 544.28 | 1 207.91 | -2 752.17 | 0.02 |
| 1. 提取盈余公积 | 14 | — | — | — | — | — | 1 544.28 | — | -1 544.27 | 0.01 |
| 2. 提取一般风险准备 | 15 | — | — | — | — | — | — | 1 207.91 | -1 207.90 | 0.01 |
| 3. 对所有者（或股东）的分配 | 16 | — | — | — | — | — | — | — | — | — |
| 4. 其他 | 17 | — | — | — | — | — | — | — | — | — |
| （四）所有者权益内部结转 | 18 | — | — | — | — | — | — | — | — | — |
| 1. 资本公积转增资本（或股本） | 19 | — | — | — | — | — | — | — | — | — |
| 2. 盈余公积转增资本（或股本） | 20 | — | — | — | — | — | — | — | — | — |
| 3. 其他 | 24 | — | — | — | — | — | — | — | — | — |
| 四、本年年末余额 | 25 | 170 000.00 | — | — | — | — | 6 129.54 | 7 150.73 | 23 687.13 | 206 967.40 |

| 项目 | 行次 | 上年金额 | | | | | | | | |
|---|---|---|---|---|---|---|---|---|---|---|
| | | 实收资本（或股本） | 其他权益工具 | 资本公积 | 减：库存股 | 其他综合收益 | 盈余公积 | 一般风险准备 | 未分配利润 | 所有者权益合计 |
| 栏次 | | 10 | 11 | 12 | 13 | 14 | 15 | 16 | 17 | 18 |
| 一、上年年末余额 | 1 | 50 000.00 | — | — | — | — | 3 062.26 | 2 596.01 | 24 964.35 | 80 622.62 |
| 加：会计政策变更 | 2 | — | — | — | — | — | — | — | — | — |
| 前期差错更正 | 3 | — | — | — | — | — | — | — | — | — |
| 其他 | 4 | — | — | — | — | — | — | — | — | — |
| 二、本年年初余额 | 5 | 50 000.00 | — | — | — | — | 3 062.26 | 2 596.01 | 24 964.35 | 80 622.62 |
| 三、本年增减变动金额（减少以“－”号填列） | 6 | 120 000.00 | — | — | — | — | 1 523.00 | 3 346.81 | -13 967.80 | 110 902.01 |
| （一）综合收益总额 | 7 | — | — | — | — | — | — | — | 15 230.01 | 15 230.01 |
| （二）所有者投入和减少资本 | 8 | 50 000.00 | — | 45 672.00 | — | — | — | — | — | 95 672.00 |
| 1. 所有者投入的普通股 | 9 | 50 000.00 | — | 45 672.00 | — | — | — | — | — | 95 672.00 |
| 2. 其他 | 12 | — | — | — | — | — | — | — | — | — |
| （三）利润分配 | 13 | — | — | — | — | — | 1 523.00 | 3 346.81 | -29 197.81 | -24 328.00 |
| 1. 提取盈余公积 | 14 | — | — | — | — | — | 1 523.00 | — | -1 523.00 | — |
| 2. 提取一般风险准备 | 15 | — | — | — | — | — | — | 3 346.81 | -3 346.81 | — |
| 3. 对所有者（或股东）的分配 | 16 | — | — | — | — | — | — | — | -24 328.00 | -24 328.00 |
| 4. 其他 | 17 | — | — | — | — | — | — | — | — | — |
| （四）所有者权益内部结转 | 18 | 70 000.00 | — | -45 672.00 | — | — | — | — | — | 24 328.00 |
| 1. 资本公积转增资本（或股本） | 19 | 45 672.00 | — | -45 672.00 | — | — | — | — | — | — |
| 2. 盈余公积转增资本（或股本） | 20 | — | — | — | — | — | — | — | — | — |
| 3. 其他 | 24 | 24 328.00 | — | — | — | — | — | — | — | 24 328.00 |
| 四、本年年末余额 | 25 | 170 000.00 | — | — | — | — | 4 585.26 | 5 942.82 | 10 996.55 | 191 524.63 |

企业负责人：余艳梅　　财务负责人：朱晓平　　会计机构负责人：王凤毅　　制表人：连鹏

## 5.2 信托资产

### 5.2.1 信托项目资产负债汇总表

**信托项目资产负债汇总表**

编制单位：浙商金汇信托股份有限公司　　2018 年 12 月 31 日　　单位：万元

| 信托资产 | 年初数 | 年末数 | 信托负债和信托权益 | 年初数 | 年末数 |
|---|---|---|---|---|---|
| 信托资产： | | | 信托负债： | | |
| 货币资金 | 76 521.97 | 162 855.48 | 交易性金融负债 | — | — |
| 拆出资金 | — | — | 衍生金融负债 | — | — |
| 存出保证金 | — | — | 应付受托人报酬 | 2 997.00 | 4 622.76 |
| 以公允价值计量且其变动计入当期损益的金融资产 | 173 981.70 | 110 371.63 | 应付托管费 | 19.82 | 22.51 |
| 衍生金融资产 | — | — | 应付受益人收益 | 10.31 | 1 697.13 |
| 买入返售金融资产 | 949 628.78 | 964 889.09 | 应交税费 | 237.81 | 5 175.50 |
| 应收款项 | 29 587.36 | 21 042.12 | 应付销售服务费 | — | — |
| 发放贷款 | 4 912 881.25 | 4 474 879.78 | 其他应付款项 | 11 622.16 | 90 964.54 |
| 可供出售金融资产 | 888 721.96 | 632 777.34 | 预计负债 | — | — |
| 持有至到期投资 | 7 663 837.47 | 3 343 358.87 | 其他负债 | — | — |
| 长期应收款 | — | — | 信托负债合计 | 14 887.10 | 102 482.44 |
| 长期股权投资 | 1 155 905.83 | 1 095 032.14 | | — | — |
| 投资性房地产 | — | — | 信托权益： | | |
| 固定资产 | — | — | 实收信托 | 15 821 158.65 | 10 771 773.61 |
| 无形资产 | — | — | 资本公积 | -151.83 | 32 030.85 |
| 长期待摊费用 | — | — | 损益平准金 | — | — |
| 其他资产 | — | — | 未分配利润 | 15 172.40 | -101 080.45 |
| 减：各项资产减值准备 | — | — | 信托权益合计 | 15 836 179.22 | 10 702 724.01 |
| 信托资产总计 | 15 851 066.32 | 10 805 206.45 | 信托负债及信托权益总计 | 15 851 066.32 | 10 805 206.45 |

企业负责人：余艳梅　　财务负责人：朱晓平　　会计机构负责人：王凤毅　　制表人：倪春晖

5.2.2 信托项目利润及利润分配汇总表

信托项目利润及利润分配汇总表

编制单位:浙商金汇信托股份有限公司　　2018 年度　　单位:万元

| 项目 | 本年金额 | 上年金额 |
|---|---|---|
| 1. 营业收入 | 956 865.45 | 761 362.80 |
| 1.1 利息收入 | 484 462.77 | 330 596.32 |
| 1.2 投资收益(损失以"-"号填列) | 555 895.35 | 450 937.36 |
| 其中:对联营企业和合营企业的投资收益 | — | — |
| 1.3 公允价值变动收益(损失以"-"号填列) | -83 502.94 | -20 170.88 |
| 1.4 租赁收入 | — | — |
| 1.5 汇兑损益(损失以"-"号填列) | — | — |
| 1.6 其他收入 | 10.27 | — |
| 2. 支出 | 89 812.37 | 57 305.56 |
| 2.1 税金及附加 | 1 974.72 | 80.18 |
| 2.2 受托人报酬 | 63 734.36 | 45 476.43 |
| 2.3 托管费 | 2 470.17 | 2 006.64 |
| 2.4 投资管理费 | — | — |
| 2.5 销售服务费 | 9 440.14 | 672.09 |
| 2.6 交易费用 | 28.44 | 68.54 |
| 2.7 资产减值损失 | — | — |
| 2.8 其他费用 | 12 164.54 | 9 001.68 |
| 3. 信托净利润(净亏损以"-"号填列) | 867 053.08 | 704 057.24 |
| 4. 其他综合收益 | -6 264.70 | -1 674.50 |
| 5. 综合收益 | 860 788.38 | 702 382.73 |
| 6. 加:期初未分配信托利润 | 15 172.40 | 13 392.05 |
| 7. 可供分配的信托利润 | 882 225.48 | 717 449.29 |
| 8. 减:本期已分配信托利润 | 983 305.93 | 702 276.89 |
| 9. 期末未分配信托利润 | -101 080.45 | 15 172.40 |

企业负责人:余艳梅　财务负责人:朱晓平　会计机构负责人:王凤毅　制表人:倪春晖

# 6. 会计报表附注

## 6.1 会计报表编制基准、会计政策、会计估计和核算方法等情况

### 6.1.1 会计报表不符合会计核算基本前提的事项

无。

### 6.1.2 合并会计报表范围

公司对结构化主体是否应纳入合并范围进行判断,包括本公司作为受托人的结构化主体和本公司投资的由其他机构发行的结构化主体。本期公司认购或受让的信托计划,综合考虑本公司对该等结构化主体拥有的权利及参与该等结构化主体的相关活动而享有可变回报等控制因素,认定将本公司控制的4个结构化主体纳入合并范围。

### 6.1.3 重要会计政策和会计估计说明

公司执行新企业会计准则,本期未发生会计政策和会计估计变更。

## 6.2 重要资产转让及其出售的说明

报告期内公司无重大资产转让及出售事项。

## 6.3 会计报表中重要项目的明细资料

### 6.3.1 披露自营资产经营情况

6.3.1.1 按信用风险五级分类结果披露信用风险资产的期初数、期末数

| 信用风险资产五级分类 | 正常类(万元) | 关注类(万元) | 次级类(万元) | 可疑类(万元) | 损失类(万元) | 信用风险资产合计(万元) | 不良资产合计(万元) | 不良资产率(%) |
|---|---|---|---|---|---|---|---|---|
| 期初数 | 193 059.34 | — | 20 472.26 | — | — | 213 531.60 | 20 472.26 | 9.59 |
| 期末数 | 164 334.80 | 97 590.00 | 10 472.26 | — | — | 272 397.06 | 10 472.26 | 3.84 |

注:不良资产合计=次级类+可疑类+损失类。

6.3.1.2 各项资产减值损失准备的期初数、本期计提、本期转回、本期核销、期末数

单位:万元

| | 期初数 | 本期计提 | 本期转回 | 本期核销 | 其他变化 | 期末数 |
|---|---|---|---|---|---|---|
| 贷款损失准备 | | | | | | |
| 一般准备 | — | — | — | — | — | — |
| 专项准备 | — | — | — | — | — | — |
| 其他资产减值准备 | | | | | | |
| 可供出售金融资产减值准备 | — | — | — | — | — | — |
| 持有至到期投资减值准备 | — | — | — | — | — | — |
| 应收款项类金融资产 | — | 15 665.59 | — | — | — | 15 665.59 |
| 长期股权投资减值准备 | — | — | — | — | — | — |
| 坏账准备 | 11 036.26 | — | -4 914.00 | — | — | 6 122.26 |
| 投资性房地产减值准备 | — | — | — | — | — | — |

6.3.1.3 自营股票投资、基金投资、债券投资、股权投资等投资业务的期初数、期末数

单位:万元

| | 自营股票 | 基金 | 债券 | 长期股权投资 | 其他投资 | 合计 |
|---|---|---|---|---|---|---|
| 期初数 | — | — | 7 299.78 | — | 214 196.41 | 221 496.19 |
| 期末数 | — | — | — | — | 250 732.71 | 250 732.71 |

6.3.1.4 前三名的自营长期股权投资的企业名称、占被投资企业权益的比例及投资收益情况等

无。

6.3.1.5 前三名的自营贷款的企业名称、占贷款总额的比例和还款情况等

无。

6.3.1.6 表外业务的期初数、期末数;按照代理业务、担保业务和其他类型表外业务分别披露

无。

6.3.1.7　公司当年的收入结构

| 收入结构 | 合并 | | 母公司 | |
|---|---|---|---|---|
| | 金额（万元） | 占比（%） | 金额（万元） | 占比（%） |
| 手续费及佣金收入 | 64 429.10 | 83.67 | 64 854.87 | 84.99 |
| 其中：信托手续费收入 | 60 920.46 | 79.12 | 61 346.23 | 80.39 |
| 投资银行业务收入 | — | — | — | — |
| 利息收入 | 3 495.09 | 4.54 | 1 304.97 | 1.71 |
| 其他收益 | 47.52 | 0.06 | 47.52 | 0.06 |
| 其中：计入信托业务收入部分 | — | — | — | — |
| 投资收益 | 8 962.23 | 11.64 | 10 035.84 | 13.15 |
| 其中：股权投资收益 | — | — | — | — |
| 证券投资收益 | 121.58 | 0.16 | 121.58 | 0.16 |
| 其他投资收益 | 8 840.65 | 11.48 | 9 914.26 | 12.99 |
| 公允价值变动收益 | 54.51 | 0.07 | 54.51 | 0.07 |
| 营业外收入 | 11.67 | 0.02 | 11.67 | 0.02 |
| 收入合计 | 77 000.12 | 100.00 | 76 309.38 | 100.00 |

**6.3.2　披露信托资产管理情况**

6.3.2.1　信托资产的期初数、期末数

单位：万元

| 信托资产 | 期初数 | 期末数 |
|---|---|---|
| 集合类 | 4 339 500.84 | 4 454 602.07 |
| 单一类 | 6 627 160.74 | 3 862 071.68 |
| 财产权类 | 4 884 404.74 | 2 488 532.70 |
| 合计 | 15 851 066.32 | 10 805 206.45 |

6.3.2.1.1　主动管理型信托业务的信托资产期初数、期末数

单位：万元

| 主动管理型信托资产 | 期初数 | 期末数 |
|---|---|---|
| 证券投资类 | 174 785.44 | 121 113.70 |
| 股权投资类 | 1 118 520.72 | 746 504.50 |
| 融资类 | 1 994 370.06 | 2 745 307.67 |
| 事务管理类 | — | — |
| 合计 | 3 287 676.22 | 3 612 925.87 |

6.3.2.1.2　被动管理型信托业务的信托资产期初数、期末数

单位：万元

| 被动管理型信托资产 | 期初数 | 期末数 |
|---|---|---|
| 证券投资类 | — | — |
| 股权投资类 | — | — |
| 融资类 | — | — |
| 事务管理类 | 12 563 390.10 | 7 192 280.58 |
| 合计 | 12 563 390.10 | 7 192 280.58 |

6.3.2.2　本年度已清算结束的信托项目个数、实收信托合计金额、加权平均实际年化收益率

6.3.2.2.1　本年度已清算结束的集合类、单一类资金信托项目和财产管理类信托项目个数、实收信托合计金额、加权平均实际年化收益率

| 已清算结束信托项目 | 项目个数（个） | 实收信托合计金额（万元） | 加权平均实际年化收益率（%） |
|---|---|---|---|
| 集合类 | 78 | 2 752 980.72 | 6.89 |
| 单一类 | 76 | 7 470 642.28 | 10.30 |
| 财产管理类 | 13 | 2 032 264.54 | 5.97 |

注：加权平均实际年化收益率＝（信托项目1的实际年化收益率×信托项目1的资产总计＋信托项目2的实际年化收益率×信托项目2的资产总计＋…＋信托项目$n$的实际年化收益率×信托项目$n$的资产总计）/（信托项目1的资产总计＋信托项目2的资产总计＋…＋信托项目$n$的资产总计）×100%。

6.3.2.2.2　本年度已清算结束的主动管理型信托项目个数、实收信托合计金额、加权平均实际年化信托报酬率、加权平均实际年化收益率

| 已清算结束信托项目 | 项目个数（个） | 实收信托合计金额（万元） | 加权平均实际年化信托报酬率（%） | 加权平均实际年化收益率（%） |
|---|---|---|---|---|
| 证券投资类 | — | — | — | — |
| 股权投资类 | 32 | 931 998.00 | 0.72 | 6.07 |
| 融资类 | 39 | 1 527 482.72 | 1.88 | 7.28 |
| 事务管理类 | — | — | — | — |

6.3.2.2.3　本年度已清算结束的被动管理型信托项目个数、实收信托合计金额、加权平均实际年化信托报酬率、加权平均实际年化收益率

| 已清算结束信托项目 | 项目个数（个） | 实收信托合计金额（万元） | 加权平均实际年化信托报酬率（%） | 加权平均实际年化收益率（%） |
|---|---|---|---|---|
| 证券投资类 | — | — | — | — |
| 股权投资类 | — | — | — | — |
| 融资类 | — | — | — | — |
| 事务管理类 | 96 | 9 796 406.82 | 0.14 | 9.31 |

6.3.2.3　本年度新增的集合类、单一类、财产管理类信托项目个数、实收信托合计金额

| 新增信托项目 | 项目个数（个） | 实收信托合计金额（万元） |
|---|---|---|
| 集合类 | 70 | 2 541 530.00 |
| 单一类 | 56 | 1 035 423.44 |
| 财产管理类 | 3 | 51 763.00 |
| 新增合计 | 129 | 3 628 716.44 |
| 其中：主动管理型 | 69 | 2 425 130.00 |
| 被动管理型 | 60 | 1 203 586.44 |

注：本年新增信托项目指在本报告年度内累计新增的信托项目个数和金额，包含本年度新增并于本年度内结束的项目和本年度新增至报告期末仍在持续管理的信托项目。

## 6.4　关联方关系及其交易的披露

**6.4.1　关联交易方的数量、关联交易的总金额及关联交易的定价政策等**

| | 关联交易方数量 | 关联交易金额（万元） | 定价政策 |
|---|---|---|---|
| 合计 | 7 | 5 125.92 | 市场交易价格 |

6.4.2 关联交易方与本公司的关系性质、关联交易方的名称、法定代表人、注册地址、注册资本及主营业务等

| 关系性质 | 关联方名称 | 法定代表人 | 注册地址 | 注册资本（亿元） | 主营业务 |
|---|---|---|---|---|---|
| 母公司 | 浙江东方金融控股集团股份有限公司 | 金朝萍 | 杭州市西湖大道12号 | 8.74 | 进出口贸易、经济技术咨询等。 |
| 实际控制人 | 浙江省国际贸易集团有限公司 | 楼晶 | 杭州市庆春路199号 | 9.8 | 进出口业务、国内贸易、实业投资、咨询服务等。 |
| 受同一母公司控制 | 浙江国贸东方房地产有限公司 | 陈新忠 | 杭州市西湖区文三路453号 | 5 | 房地产开发经营。 |
| 受同一实际控制人控制 | 浙江省五金矿产进出口有限公司 | 陈霖 | 杭州市中山北路310号 | 0.5 | 经营进出口业务、矿产品、金属材料、机电设备、五金、汽车、摩托车配件等。 |
| 本公司母公司的合营企业 | 中韩人寿保险有限公司 | 叶秀昭 | 杭州市江干区新业路8号华联时代大厦23-24层 | 10 | 人寿保险、健康保险和意外伤害保险等保险业务。 |
| 受同一实际控制人控制 | 浙江省浙商资产管理有限公司 | 孙建华 | 杭州市西湖大道193号301室 | 60.18 | 参与省内金融企业不良资产的批量转让业务（凭浙江省人民政府文件经营）资产管理，资产投资及资产管理相关的重组、兼并、投资管理咨询服务，企业管理、财务咨询及服务。 |
| 受同一实际控制人控制 | 浙江中大技术进出口集团有限公司 | 范之江 | 杭州市西湖大道58号华顺大厦13-22层 | 0.5 | 自营和代理除国家组织统一联合经营的16种出口商品和国家实行核定公司经营的14种进口商品以外的商品及技术的进出口业务；开展"三来一补"、进料加工业务；经营对销贸易和转口贸易；出口商品的外转内和进口商品的国内销售业务。 |

6.4.3 本公司与关联方的重大交易事项

6.4.3.1 固有财产与关联方：贷款、投资、租赁、担保、应收账款、其他方式等期初汇总数、本期发生额汇总数、期末汇总数

单位：万元

| 固有财产与关联方关联交易 | | | | |
|---|---|---|---|---|
| | 期初数 | 借方发生额 | 贷方发生额 | 期末数 |
| 贷款 | — | — | — | — |
| 投资 | — | — | — | — |
| 租赁 | — | 707.51 | 707.51 | — |
| 担保 | — | — | — | — |
| 应收账款 | — | — | — | — |
| 其他 | 3 339.50 | 6 104.08 | 1 962.42 | 7 481.16 |
| 合计 | 3 339.50 | 6 811.59 | 2 669.93 | 7 481.16 |

6.4.3.2 信托资产与关联方：贷款、投资、租赁、担保、应收账款、其他方式等期初汇总数、本期发生额汇总数、期末汇总数

单位：万元

| 信托资产与关联方关联交易 | | | | |
|---|---|---|---|---|
| | 期初数 | 借方发生额 | 贷方发生额 | 期末数 |
| 贷款 | 15 500.00 | — | 8 800.00 | 6 700.00 |
| 投资 | — | — | — | — |
| 租赁 | — | — | — | — |
| 担保 | — | — | — | — |
| 应收账款 | — | — | — | — |
| 其他 | — | 77 000.00 | 77 000.00 | — |
| 合计 | 15 500.00 | 77 000.00 | 85 800.00 | 6 700.00 |

6.4.3.3 固有财产与信托财产之间的交易金额期初汇总数、本期发生额汇总数、期末汇总数

单位：万元

| 固有财产与信托财产相互交易 | | | |
|---|---|---|---|
| | 期初数 | 本期发生额 | 期末数 |
| 合计 | 155 840.00 | 21 120.00 | 176 960.00 |

注：以固有资金投资公司自己管理的信托项目受益权，或购买自己管理的信托项目的信托资产均应纳入统计披露范围。

6.4.3.4 信托资产与信托财产之间的交易金额期初汇总数、本期发生额汇总数、期末汇总数

单位：万元

| 信托资产与信托财产相互交易 | | | |
|---|---|---|---|
| | 期初数 | 本期发生额 | 期末数 |
| 合计 | 611 424.06 | -309 530.18 | 301 893.88 |

注：以公司受托管理的一个信托项目的资金购买自己管理的另一个信托项目的受益权或信托项下资产均应纳入统计披露范围。

## 6.5 会计制度的披露

公司执行中华人民共和国财政部颁布的《企业会计准则——基本准则》和41项具体会计准则、应用指南、解释、修订以及其他相关规定。

# 7. 财务情况说明书

## 7.1 利润实现和分配情况

2018年度公司母公司报表层面实现利润总额为20 704.13万元，所得税费用为5 261.38万元，实现净利润为15 442.75万元。本年提取信托赔偿准备金772.14万元，提取一般风险准备435.77万元，提取法定公积金1 544.28万元，

剩余可供分配利润未向公司股东分配。

### 7.2 主要财务指标(按母公司口径)

| 指标名称 | 指标值 |
|---|---|
| 资本利润率(%) | 7.75 |
| 信托报酬率(%) | 0.46 |

注:1. 资本利润率 = 净利润/所有者权益平均余额 ×100%。
2. 信托报酬率 = 信托业务收入/实收信托年平均余额 ×100%。
3. 平均值采取年初及各季度末余额移动算术平均法,公式为:a(平均) = ($a_0$/2 + $a_1$ + $a_2$ + $a_3$ + $a_4$/2)/4。

### 7.3 对本公司财务状况、经营成果有重大影响的其他事项

报告期内未发生对本公司财务状况、经营成果有重大影响的其他事项。

### 7.4 公司净资本情况

**信托公司风险控制指标监管报表**

2018 年 12 月 31 日

| 项目 | 期末余额 | 监管标准 |
|---|---|---|
| 净资本(万元) | 153 749.84 | ≥2 亿元 |
| 固有业务风险资本(万元) | 42 989.28 | — |
| 信托业务风险资本(万元) | 96 699.80 | — |
| 其他业务风险资本(万元) | — | — |
| 各项业务风险资本之和(%) | 139 689.08 | — |
| 净资本/各项业务风险资本之和(%) | 110.07 | ≥100 |
| 净资本/净资产(%) | 74.29 | ≥40 |

## 8. 特别事项揭示

### 8.1 前五名股东报告期内变动情况及原因

报告期内,本公司股东未发生变动:

| 股东名称 | 期初持股比例(%) | 期末持股比例(%) |
|---|---|---|
| 浙江东方金融控股集团股份有限公司 | 56 | 78 |
| 中国国际金融股份有限公司 | 35 | 17.5 |
| 传化集团有限公司 | 9 | 4.5 |
| 合计 | 100 | 100 |

### 8.2 董事、监事及高级管理人员变动情况及原因

#### 8.2.1 董事变动情况及原因

因蓝翔先生辞去公司董事职务,2018 年 11 月 30 日,公司股东大会选举余艳梅女士为公司董事,余艳梅女士的董事任职资格已获中国银监会浙江监管局核准。

#### 8.2.2 监事变动情况及原因

因余艳梅女士辞去公司监事职务,2018 年 11 月 30 日,公司股东大会选举李庆玲女士为公司监事。

#### 8.2.3 高级管理人员变动情况及原因

经公司董事会审议通过,同意聘任张颖锋先生为公司总经理助理。中国银保监会浙江监管局于 2018 年 11 月 6 日核准张颖锋先生的总经理助理任职资格。

因工作调动需要,2018 年 11 月 15 日刘伟先生辞去副总经理职务。

因工作调动需要,2018 年 11 月 15 日曹学文先生辞去副总经理职务。

### 8.3 变更注册资本、变更注册地或公司名称、公司分立合并事项

无。

### 8.4 公司及其董事、监事和高级管理人员受到处罚的情况

无。

### 8.5 本年度重大事项临时报告的简要内容、披露时间、所披露的媒体及其版面

《浙商金汇信托股份有限公司 2017 年度报告摘要》在《金融时报》2018 年 4 月 28 日第 11 版及第 12 版刊登。

《浙商金汇信托股份有限公司金融许可证公告》在《浙江日报》2018 年 12 月 10 日第 7 版刊登。

《浙商金汇信托股份有限公司关于变更住所和修改公司〈章程〉的公告》在《金融时报》2018 年 12 月 14 日第 8 版刊登。

《浙商金汇信托股份有限公司关于董事长、法定代表人变更的公告》在《金融时报》2019 年 2 月 2 日第 7 版刊登。

## 9. 公司监事会意见

监事会认为,报告期内公司依法合规经营,本报告的财务报告真实、客观地反映了公司的财务状况和经营结果。

# 中诚信托有限责任公司

## 1. 重要提示

1.1 本公司董事会及董事保证本报告所载资料不存在任何虚假记载、误导性陈述或者重大遗漏，并对其内容的真实性、准确性和完整性承担个别及连带责任。

1.2 未出席董事会董事情况：董事王天忠未出席第五届董事会第四次会议，授权其他董事行使表决权；董事王天忠、赵荣哲未出席第五届董事会第五次会议，授权其他董事行使表决权。

1.3 本公司独立董事对年度报告的真实性、准确性、完整性无异议。

1.4 公司董事长牛成立、总裁张树忠、财务负责人沈树忠声明：保证年度报告中财务报告的真实、完整。

## 2. 公司概况

### 2.1 公司简介

中诚信托有限责任公司(以下简称公司)初创于1995年11月，原名称为中煤信托投资有限责任公司，注册资本金为4亿元(含1 500万美元)；2001年9月，公司成为首家获准重新登记的信托公司；2004年2月，完成增资扩股后，公司注册资本金增加到12亿元，名称变更为中诚信托投资有限责任公司；2007年7月，根据新颁布实施的《信托公司管理办法》，公司完成了重新登记，首批获准直接换发金融许可证，名称变更为中诚信托有限责任公司；2010年10月，公司完成增资扩股后，注册资本金增加到24.57亿元。

| | |
|---|---|
| 法定中文名称 | 中诚信托有限责任公司 |
| 法定中文缩写名称 | 中诚信托 |
| 公司法定英文名称 | China Credit Trust Co.,Ltd. |
| 法定英文缩写名称 | CCT |
| 法定代表人 | 牛成立 |
| 注册地址 | 北京市东城区安外大街2号 |
| 邮政编码 | 100013 |
| 国际互联网网址 | http://www.cctic.com.cn/ |
| 电子信箱 | contactus@cctic.com.cn |
| 信息披露事务负责人 | 魏青，电话:010-84267098；传真:010-84267118<br>电子信箱:weiqing@cctic.com.cn |
| 选定的信息披露报纸 | 《金融时报》 |
| 公司年报备置地点 | 北京市东城区安外大街2号 |
| 聘请的会计师事务所 | 天职国际会计师事务所(特殊普通合伙) |
| 聘请的会计师事务所住所 | 北京市海淀区车公庄西路19号68号楼A-1和A-5区域 |

### 2.2 组织结构

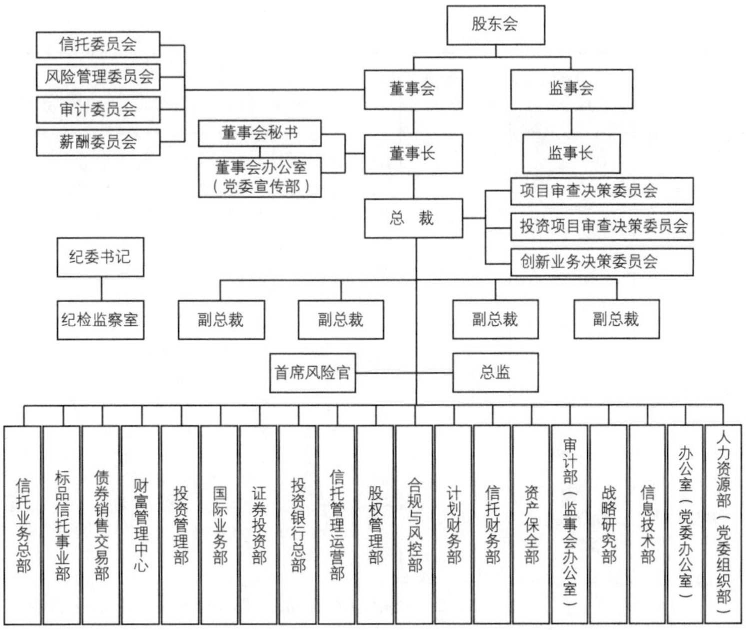

# 3. 公司治理

## 3.1 股东

股东总数:15 家。

| 股东名称 | 持股比例(%) | 法人代表 | 注册资本(万元) | 注册地址 | 主要经营业务及主要财务情况 |
|---|---|---|---|---|---|
| 中国人民保险集团股份有限公司★ | 32.92 | 缪建民 | 4 242 399.06 | 北京市西城区西长安街 88 号 1 至 13 层 | 投资并持有上市公司、保险机构和其他金融机构的股份;监督管理控股投资企业的各种国内、国际业务;国家授权或委托的政策性保险业务;经中国保监会和国家有关部门批准的其他业务(依法须经批准的项目,经相关部门批准后方可开展经营活动;不得从事本市产业政策禁止和限制类项目的经营活动)。 |
| 国华能源投资有限公司 | 20.35 | 谢友泉 | 477 872.58 | 北京市东城区东直门南大街 3 号楼 | 管理和经营煤代油资金形成的所有资产;对能源、交通项目投资;对金融、医疗卫生行业投资;对信息、生物、电子、环保、新材料高新技术产业投资;对房地产业投资;自有房屋的租赁和物业管理;对燃油的电站锅炉、工业锅炉、工业窑炉设备的改造进行投资;新能源技术的开发、生产;洁净煤技术及相关产品的开发、生产、销售;信息咨询服务(以上项目国家有专项专营规定的除外)(企业依法自主选择经营项目,开展经营活动;依法须经批准的项目,经相关部门批准后依批准的内容开展经营活动;不得从事本市产业政策禁止和限制类项目的经营活动)。 |
| 兖矿集团有限公司 | 10.18 | 李希勇 | 776 920.00 | 邹城市凫山南路 298 号 | 以自有资金对外投资、管理及运营;投资咨询;期刊出版,有线广播及电视的安装、开通、维护和器材销售;许可证批准范围内的增值电信业务;对外承包工程资质证书批准范围内的承包与实力、规模、业绩相适应的国外工程项目及对外派遣实施上述境外工程所需的劳务人员;以下仅限分支机构经营:煤炭开采、洗选、销售;热电、供热及发电余热综合利用;公路运输;木材加工;水、暖管道安装、维修;餐饮、旅馆;水的开采及销售;黄金、贵金属、有色金属的地质探矿、开采、选冶、加工、销售及技术服务;广告业务;机电产品、服装、纺织及橡胶制品的销售;备案范围内的进出口业务;园林绿化;房屋、土地、设备的租赁;煤炭、煤化工及煤电铝技术开发服务;建筑材料、硫酸铵(白色结晶粉末)生产、销售;矿用设备、机电设备、成套设备及零配件的制造、安装、维修、销售;装饰装修;电器设备安装、维修、销售;通用零部件、机械配件、加工及销售;污水处理及中水的销售;房地产开发、物业管理;日用百货、工艺品、金属材料、燃气设备销售;铁路货物(区内自备)运输(依法须经批准的项目,经相关部门批准后方可开展经营活动)。 |

## 3.2 董事、董事会及其下属委员会

董事长、董事

| 姓名 | 职务 | 性别 | 年龄(岁) | 选任日期 | 所推举的股东名称 | 该股东持股比例(%) | 简要履历 |
|---|---|---|---|---|---|---|---|
| 牛成立 | 董事长 | 男 | 53 | 2015 年 12 月 | — | — | 曾任中国人民银行非银行金融机构监管司副处长、处长,中国银行厦门分行党委委员、副行长(挂职),中国银行业监督管理委员会(以下简称银监会)非银行金融机构监管部处长,银监会新疆监管局党委委员、副局长,银监会银行监管四部副主任,银监会黑龙江监管局党委书记、局长,银监会融资性担保业务工作部主任,中诚信托有限责任公司党委委员、总裁,中诚信托有限责任公司党委书记、董事长兼总裁;现任中诚信托有限责任公司党委书记、董事长,嘉实基金管理有限公司联席董事长,中国信托业保障基金有限责任公司董事。 |
| 张树忠 | 董事 | 男 | 58 | 2015 年 3 月 | — | — | 曾任华夏证券公司投资银行部总经理、研究发展部总经理,光大证券公司总裁助理、北方部总经理、资产管理总监,光大保德信基金管理公司董事、副总经理,大通证券股份有限公司总经理,中国人保资产管理公司副总裁,大成基金管理有限公司董事长,中国人民保险集团股份有限公司首席投资执行官;现任中诚信托有限责任公司党委副书记、总裁、董事。 |
| 杨　俊 | 董事 | 女 | 48 | 2017 年 3 月 | 中国人民保险集团股份有限公司 | 32.92 | 曾任中国人民财产保险股份有限公司资金运营部投资研究与管理处副处长、处长,中国人民保险集团股份有限公司投资金融管理部投资管理处高级经理、中国人民保险集团股份有限公司投资金融管理部副总经理;现任华夏银行股份有限公司挂职副行长,中诚信托有限责任公司董事。 |
| 刘瑞生 | 董事 | 男 | 51 | 2017 年 12 月 | 国华能源投资有限公司 | 20.35 | 曾任国家审计署固定资产投资审计司科员、副主任科员、主任科员,国华能源投资有限公司审计部副总经理、总经理,国华能源投资有限公司副总工程师,中诚信托有限责任公司董事、监事;现任国华能源投资有限公司总经理助理、风险控制部总经理,中诚信托有限责任公司董事。 |

续表

| 姓名 | 职务 | 性别 | 年龄(岁) | 选任日期 | 所推举的股东名称 | 该股东持股比例(%) | 简要履历 |
|---|---|---|---|---|---|---|---|
| 吕海鹏 | 董事 | 男 | 49 | 2017年4月 | 兖矿集团有限公司 | 10.18 | 曾任兖矿集团职工大学讲师，兖矿集团财务处副科长，山东新联谊会计师事务所副所长，兖矿集团资本部科长，兖矿集团改制办公室主任经济师，兖矿集团投资部副部长，兖矿集团财务管理部副部长，兖矿集团资本管理中心副主任、部委委员；现任上海中期期货经纪有限公司董事长，上海金谷裕丰投资有限公司总经理，日照港股份有限公司董事，中诚信托有限责任公司董事。 |
| 王效钉 | 董事 | 男 | 50 | 2015年3月 | 招商局中国基金有限公司 | 3.33 | 曾任香港海域金融集团投资银行部分析员，Wellkent International Corp.(Vancouver)财务部经理，SmartSources Technologies(Vancouver)软件工程师，ThriveMedia Corporation(Vancouver)高级软件工程师，广西丰林集团股份有限公司首席财务官，广西百合化工股份有限公司副总经理、总裁，招商局中国投资管理有限公司首席投资官；现任招商局中国投资管理有限公司董事及总经理，招商局中国基金有限公司执行董事，中诚信托有限责任公司董事。 |
| 王天忠 | 董事 | 男 | 50 | 2017年4月 | 永城煤电控股集团有限公司 | 5.09 | 曾任河南矿建三公司财务出纳、会计主管，永煤集团陈四楼矿主管会计，永煤集团城郊矿主管会计，正龙煤业财务部副部长，洛阳龙门煤业财务负责人、财务部部长，明珠热电财务负责人，永贵能源副总会计师、总会计师，黔金煤业财务总监，贵州永煤科技董事会董事、董事长，永煤控股财务部部长，永城职业学院财务负责人；现任鹤壁煤业(集团)有限责任公司总会计师，中诚信托有限责任公司董事。 |
| 赵荣哲 | 董事 | 男 | 53 | 2008年9月 | 中国中煤能源集团有限公司 | 3.3921 | 曾任中国煤炭工业进出口集团公司资产财务部副主任，中国中煤能源集团有限公司资产财务部主任、财务管理总部总经理、副总会计师、纪委委员；现任中国中煤能源集团有限公司党委常委、总会计师，中煤财务有限公司董事长，中诚信托有限责任公司董事。 |
| 肖祥云 | 董事 | 男 | 52 | 2018年7月 | 贵州盘江投资控股(集团)有限公司 | 3.3921 | 曾任贵州省人民检察院工作员、书记员、助理检察、渎职侵权检察处副处长、助理检察员、检察员、办公室副主任、主任、检察员、渎职侵权局综合指导处处长、检察员，铜仁市人民检察院副检察长，安顺市人民检察院副检察长，贵州盘江投资控股(集团)有限公司总法律顾问，贵州盘江国有资本运营有限公司总法律顾问，贵州盘江煤电集团有限责任公司总法律顾问，贵州盘江集团财务有限公司董事；现任贵州旅游投资控股(集团)有限公司责任公司党委委员、副总经理，贵州盘江集团财务有限公司董事长，中诚信托有限责任公司董事。 |
| 赵海龙 | 董事 | 男 | 54 | 2006年5月 | 中国平煤神马能源化工集团有限责任公司 | 3.3921 | 曾任平顶山煤业(集团)有限责任公司会计、科长、内部银行行长、结算中心主任、处长、集团副总会计师、平煤集团总会计师；现任中国平煤神马集团总会计师、董事，中诚信托有限责任公司董事。 |

注：董事的“选任日期”以监管机构批复为准。

独立董事

| 姓名 | 职务 | 性别 | 年龄(岁) | 选任日期 | 所推举的股东名称 | 该股东持股比例(%) | 简要履历 |
|---|---|---|---|---|---|---|---|
| 李秉祥 | 独立董事 | 男 | 60 | 2015年3月 | — | — | 长期从事金融学领域的教学科研工作，有过两年学习考察和研究欧洲与美国金融市场的经历，曾任数家银行、信托与证券等金融机构的独立董事或顾问；现任百年资管股份有限公司独立董事，葫芦岛银行股份有限公司外部监事，中诚信托有限责任公司独立董事。 |
| 刘宗义 | 独立董事 | 男 | 60 | 2015年3月 | — | — | 曾任贵州省毕节地区劳动人事局干部科科员，贵州财经学院讲师，贵阳新华会计师事务所所长，亚太中汇会计师事务所有限公司贵州分所所长；现任中审亚太会计师事务所(特殊普通合伙)贵州分所所长，中诚信托有限责任公司独立董事。 |
| 张晓森 | 独立董事 | 男 | 60 | 2008年9月 | — | — | 曾任中国政法大学副教授、系副主任，香港胡关李罗律师事务所中国法顾问，天达律师事务所合伙人；现任中咨律师事务所合伙人，北京仲裁委员会仲裁员，最高人民检察院民事行政诉讼监督案件专家委员会委员，中诚信托有限责任公司独立董事。 |

注：独立董事的“选任日期”以监管机构批复为准。

董事会下属委员会

| 董事会下属委员会名称 | 职责 | 组成人员姓名 | 职务 |
|---|---|---|---|
| 信托委员会 | (1)对公司信托业务的发展战略规划提出建议；<br>(2)对公司信托创新业务发展方案设计等提供指导意见；<br>(3)关注公司信托业务开展情况，负责督促公司依法履行受托职责；<br>(4)当公司和股东与受益人利益发生冲突时，保证公司为受益人的最大利益服务；<br>(5)负责积极倡导和培育诚信文化建设工作；<br>(6)负责督促经营层有效执行和落实消费者权益保护的相关工作，监督和评价消费者权益保护工作的全面性、及时性、有效性；<br>(7)负责审议拟提交董事会审议的消费者权益保护方面的方案并向董事会提出建议；<br>(8)监管部门要求或董事会授权的其他事项。 | 李秉祥 | 主任委员 |
| | | 刘瑞生 | 委员 |
| | | 赵荣哲 | 委员 |
| 风险管理委员会 | (1)建立企业风险文化，监督管理层开展全面风险管理，拟定风险偏好，确保风险限额的设立；<br>(2)向董事会提交公司全面风险管理年度报告，并对完善公司风险管理和内部控制提出建议；<br>(3)审议决策公司应对和处置风险事件、风险项目的方案；<br>(4)审议评价公司风险管理策略、政策、程序、组织机构设置及其职责；<br>(5)审议公司经营班子制定的公司内部风险控制制度，并对其完备性和有效性进行评价；<br>(6)对公司信托业务、自营业务及创新业务的风险控制及管理情况进行监督；<br>(7)对公司信息披露的真实、准确、完整和合规性等进行监督；<br>(8)审议批准公司案防工作总体政策、推动案防管理体系建设，明确高级管理层有关案防的职责及权限，审议案防工作报告，评估公司案防工作有效性；<br>(9)董事会授权的其他风险管理事项。 | 杨　俊 | 主任委员 |
| | | 王天忠 | 委员 |
| | | 赵海龙 | 委员 |
| 审计委员会 | (1)对聘请或更换外部审计机构提出建议；<br>(2)审议评价公司的内部审计制度，并对其执行情况进行检查；<br>(3)审议评价公司重要的会计及财务政策并提出意见和建议；<br>(4)审议评价公司的财务报告及其信息披露状况；<br>(5)必要时对公司经营活动提出专项审计建议；<br>(6)审议公司内部重大违反财经纪律的事项，并提出处理建议；<br>(7)公司董事会授权的其他相关事项。 | 刘宗义 | 主任委员 |
| | | 吕海鹏 | 委员 |
| | | 王效钉 | 委员 |
| 薪酬委员会 | (1)根据董事及高级管理人员管理岗位的主要范围、职责、重要性以及其他相关企业相关岗位的薪酬水平拟定薪酬计划或方案；<br>(2)根据公司的经营情况比较全国同行业平均业绩水平，对公司提出的经营目标及奖惩办法进行评价并提出建议；<br>(3)审查公司董事及高级管理人员的履行职责情况并对公司董事及高级管理人员的奖惩提出建议；<br>(4)审议公司绩效考核制度、薪酬管理制度，提交董事会决定，并负责对绩效考核制度、薪酬管理制度执行情况进行监督；<br>(5)根据公司的经营成果对董事长、总裁等高级管理人员的特殊贡献奖励提出意见和建议；<br>(6)董事会授权的其他事项。 | 张晓森 | 主任委员 |
| | | 肖祥云 | 委员 |
| | | 张树忠 | 委员 |

## 3.3 监事、监事会

监事会成员

| 姓名 | 职务 | 性别 | 年龄（岁） | 选任日期 | 所推举的股东名称 | 该股东持股比例（%） | 简要履历 |
|---|---|---|---|---|---|---|---|
| 刘耀民 | 监事长 | 男 | 57 | 2017年2月 | — | — | 曾任审计署审计科研所科研二室副主任，审计署办公厅副处级秘书、值班室副主任兼正处级秘书，审计署金融审计司二处处长、一处处长，中央金融工委监事会工作部银行处处长、副部长，中国银行业监督管理委员会监事会工作部副主任（2007年3月起负责部门工作），国有重点金融机构监事会正局级专职监事，驻中国进出口银行监事会正局级专职监事兼办公室主任；现任中诚信托有限责任公司党委副书记、监事长、工会主席。 |
| 袁管华 | 副监事长 | 男 | 54 | 2016年11月 | — | — | 曾任中国人民银行外资金融机构管理司副处长，中国人民银行银行监管一司处长、银监会财务会计部处长，银监会江西监管局副局长、党委委员，银监会财务会计部正局级巡视员，中诚信托有限责任公司第四届监事会副监事长；现任中诚信托有限责任公司副监事长。 |

续表

| 姓名 | 职务 | 性别 | 年龄(岁) | 选任日期 | 所推举的股东名称 | 该股东持股比例(%) | 简要履历 |
|---|---|---|---|---|---|---|---|
| 潘红霞 | 监事 | 女 | 44 | 2017年8月 | 国华能源投资有限公司 | 20.35 | 曾任中日友好医院财务部科员,国华实业有限公司财务部会计,国华能源投资有限公司财务部财务分析专员兼国华河北分公司财务总监;现任国华能源投资有限公司财务部副总经理,中诚信托有限责任公司监事。 |
| 曹剑锋 | 监事 | 男 | 41 | 2018年4月 | 冀中能源邢台矿业集团有限责任公司 | 3.39 | 曾任冀中能源股份有限公司邢东矿副总经济师、总经济师;<br>现任冀中能源邢台矿业集团有限责任公司财务部部长,中诚信托有限责任公司监事。 |
| 李家正 | 监事 | 男 | 50 | 2017年4月 | 山西焦煤集团有限责任公司 | 3.39 | 曾任西山矿务局财务科科员、副科长、科长,西山煤电计划处副处长,西山煤电五麟煤焦开发公司项目开发部部长、计划发展部部长;现任西山煤电审计处处长,中诚信托有限责任公司监事。 |
| 杨广玉 | 监事 | 男 | 50 | 2016年11月 | 山西潞安矿业(集团)有限责任公司 | 2.54 | 曾任潞安矿业集团财务处会计科科长,潞安环能股份公司财务部副部长、部长、财务负责人,山西潞安矿业(集团)有限责任公司财务处处长;潞安集团财务公司监事;现任潞安集团副总会计师,潞安集团财务公司董事长,中诚信托有限责任公司监事。 |
| 郑建新 | 监事 | 男 | 52 | 2016年11月 | 福建省能源集团有限责任公司 | 2.54 | 曾任福建建材学校教师,福建省建材工业总公司基建处科员、投资部副主任,福建省建材(控股)有限公司资产财资部主任科员、副经理,福建省能源集团有限责任公司改革与综合产业部副经理、经理;现任福建省能源集团有限责任公司资本运营部经理,中诚信托有限责任公司监事。 |
| 战彦领 | 监事 | 男 | 43 | 2018年6月 | 淮北矿业(集团)有限责任公司 | 1.70 | 曾任淮北矿业(集团)有限责任公司董事会秘书处副科长、科长、副主任经济师、主任经济师,淮北矿业(集团)有限责任公司督查室主任、办公室副主任、办公室(董事会办公室)副主任;现任淮北矿业集团皖淮投资公司总经理,中诚信托有限责任公司监事。 |
| 吉祥 | 监事 | 男 | 33 | 2016年11月 | 内蒙古兴业矿业股份有限公司 | 1.63 | 曾任内蒙古兴业集团股份有限公司副总裁、副董事长、副总经理;现任内蒙古兴业集团股份有限公司董事,中诚信托有限责任公司监事。 |
| 王桂华 | 监事 | 女 | 54 | 2016年11月 | — | — | 曾任煤炭科学研究总院财务处会计,中煤信托计财部会计、负责人、副总经理;现任中诚信托有限责任公司审计部(监事会办公室)总经理,中诚信托有限责任公司监事。 |
| 王玉国 | 监事 | 男 | 40 | 2016年11月 | — | — | 曾任中诚信托有限责任公司战略研究部研究员、副经理、总经理;现任中诚信托有限责任公司监事。 |
| 赵　明 | 监事 | 女 | 41 | 2016年11月 | — | — | 曾任中建装饰工程公司项目经理,北京太合嘉园房地产开发有限责任公司业务主管、设计主管、工程部主管,中诚信托有限责任公司投资管理部项目经理、高级经理,中诚信托有限责任公司董事会办公室副主任;现任中诚信托有限责任公司董事会办公室主任,中诚信托有限责任公司监事。 |

## 3.4 高级管理人员

| 姓名 | 职务 | 性别 | 年龄(岁) | 选任日期 | 从业年限(年) | 学历 | 专业 | 简要履历 |
|---|---|---|---|---|---|---|---|---|
| 牛成立 | 董事长 | 男 | 53 | 2015年12月 | 33 | 硕士研究生 | 货币银行学 | 曾任中国人民银行非银行金融机构监管司副处长、处长,中国银行厦门分行党委委员、副行长(挂职),中国银行业监督管理委员会(以下简称银监会)非银行金融机构监管部处长,银监会新疆监管局党委委员、副局长,银监会银行监管四部副主任,银监会黑龙江监管局党委书记、局长,银监会融资性担保业务工作部主任,中诚信托有限责任公司党委委员、总裁,中诚信托有限责任公司党委书记、董事长兼总裁;现任中诚信托有限责任公司党委书记、董事长,嘉实基金管理有限公司联席董事长,中国信托业保障基金有限责任公司董事。 |
| 张树忠 | 总裁 | 男 | 58 | 2016年8月 | 26 | 博士研究生 | 世界经济 | 曾任华夏证券公司投资银行部总经理,研究发展部总经理,光大证券公司总裁助理、北方部总经理、资产管理总监,光大保德信基金管理公司董事、副总经理,大通证券股份有限公司总经理,中国人保资产管理公司副总裁,大成基金管理有限公司董事长,中国人民保险集团股份有限公司首席投资执行官;现任中诚信托有限责任公司党委副书记、总裁、董事。 |
| 赵建平 | 纪委书记 | 男 | 55 | 2006年3月 | 18 | 硕士研究生 | 经济 | 曾任内蒙古自治区党委组织部研究室主任,中央金融工委组织处副处长(正处级),中国银监会组织处处长;现任中诚信托有限责任公司纪委书记、党委委员。 |

续表

| 姓名 | 职务 | 性别 | 年龄（岁） | 选任日期 | 从业年限（年） | 学历 | 专业 | 简要履历 |
|---|---|---|---|---|---|---|---|---|
| 罗学东 | 副总裁 | 男 | 52 | 2011年10月 | 30 | 本科 | 金融 | 曾在中国人民银行江苏省南通市分行、中国人民银行稽核局、监管一司、营业管理部、银监会监管一、三、四部、银监会山西监管局工作；现任中诚信托有限责任公司党委委员、副总裁。 |
| 汤淑梅 | 副总裁 | 女 | 53 | 2011年10月 | 23 | 博士研究生 | 法学 | 曾在中国人民大学任教，在中煤信托投资有限责任公司工作；曾任中诚信托有限责任公司风险控制部副经理、总经理、首席风险控制官。现任中诚信托有限责任公司党委委员、副总裁。 |
| 刘孟革 | 副总裁 | 男 | 52 | 2016年5月 | 27 | 本科 | 金融 | 曾任江苏商业管理干部学院财经系教师，南京国际信托投资公司基金经理，中诚信托有限责任公司研究发展部副总经理、投资银行部总经理；现任中诚信托有限责任公司党委委员、副总裁。 |
| 秦　岭 | 副总裁 | 男 | 44 | 2016年5月 | 16 | 硕士研究生 | 工商管理 | 曾任中诚信托有限责任公司信托部业务组负责人，综合管理部总经理、信托部总经理，中诚资本管理有限公司总经理；现任中诚信托有限责任公司党委委员、副总裁。 |
| 魏　青 | 董事会秘书 | 男 | 52 | 2016年5月 | 27 | 本科 | 经济信息 | 曾任中国新技术企业投资公司金融部项目经理，南方证券公司海南分公司部门经理，华夏证券公司基金投资部副总经理，富国基金管理公司副总经理，深圳中欧瑞博投资管理公司总经理；现任中诚信托有限责任公司董事会秘书。 |
| 敖　磊 | 首席风险官 | 女 | 46 | 2017年3月 | 22 | 硕士研究生 | 法律 | 曾任中诚信托有限责任公司证券总部项目经理，国都证券有限责任公司法律事务部业务经理、副总经理、风险管理部副总经理、合规审计与风险管理部总经理，中诚信托有限责任公司合规与风险管理部总经理；现任中诚信托有限责任公司首席风险官。 |
| 沈树忠 | 财务总监 | 男 | 50 | 2018年7月 | 1 | 硕士研究生 | 金融 | 曾任中国糖业酒类集团公司财务部科员、财务部副经理、审计部经理、财务部经理、财务总监、副总经理、常务副总经理（主持工作）、法定代表人，北京华堂商场有限公司董事，中日合资成都伊藤洋华堂商场有限公司副董事长，酒鬼酒股份有限公司董事；现任中诚信托有限责任公司财务总监、计划财务部总经理。 |

注：高管选任日期以监管部门批复为准，专职党务高管选任日期以上级党委任命日期为准。

### 3.5 公司员工

| 项目 | | 报告期年度 | | 上年度 | |
|---|---|---|---|---|---|
| | | 人数（人） | 比例（%） | 人数（人） | 比例（%） |
| 年龄分布 | 25岁以下 | 4 | 1.22 | 4 | 1.23 |
| | 25～29岁 | 56 | 17.02 | 70 | 21.47 |
| | 30～39岁 | 179 | 54.41 | 170 | 52.15 |
| | 40岁以上 | 90 | 27.35 | 82 | 25.15 |
| 学历分布 | 博士 | 15 | 4.56 | 16 | 4.91 |
| | 硕士 | 218 | 66.26 | 215 | 65.95 |
| | 本科 | 84 | 25.53 | 83 | 25.46 |
| | 专科 | 10 | 3.04 | 10 | 3.07 |
| | 其他 | 2 | 0.61 | 2 | 0.61 |
| 岗位分布 | 董事、监事及高管人员 | 15 | 4.56 | 14 | 4.29 |
| | 自营业务人员 | 17 | 5.17 | 20 | 6.13 |
| | 信托业务人员 | 168 | 51.06 | 164 | 50.31 |
| | 其他人员 | 129 | 39.21 | 128 | 39.26 |

## 4. 经营管理

### 4.1 经营目标、经营方针、战略规划

#### 4.1.1 经营目标

公司坚持市场化、专业化导向，强化创新意识和创新思维，优化和提升战略基础业务，有重点地培育和壮大战略性新兴业务，长远布局战略培植业务，着力构建和完善以“九大体系”为核心的组织运营体系，通过创新转型将公司发展成为国内具有核心竞争优势的、相对领先的上市信托公司，实现客户价值、社会价值、股东价值和员工价值“四位一体”的共赢发展。

报告期内，公司合理把握了业务发展与风险管控的平衡，积极推动业务转型发展，经营管理各项工作平稳有序推进，较好地实现了当期目标。

#### 4.1.2 经营方针

公司的经营方针是创新、规范、效率、精细化。

#### 4.1.3 战略规划

公司坚持稳中求进，优化业务结构，回归信托本源，服务实体经济，具体措施包括：一是巩固和提升传统业务优势，提升主动管理能力，保持主动管理信托业务规模的持续增长，实现信托业务收入占比逐年优化，信托主业地位更加巩固；二是有步骤地构建和完善业务组织体系、管理运营体系、财富管理体系、风险管理体系、风险处置体系、品牌文化体系、研究创新体系、人力资源体系和信息科技体系“九大体系”，不断完善公司的组织化运营系统，优化成本费用结构，保持成本收入比处于合理水平，支撑战略规划落地；三是坚持合法、合规、审慎、稳健经营，逐步建立和完善全面风险管理体系，保持公司各项监管指标处于合理水平；四是规范公司治理和管理运作，关注监管政策动向。

## 4.2 所经营业务的主要内容

自营资产运用与分布表

| 资产运用 | 金额（万元） | 占比（%） | 资产分布 | 金额（万元） | 占比（%） |
|---|---|---|---|---|---|
| 货币资产 | 145 777.70 | 6.49 | 基础产业 | 65 730.00 | 2.93 |
| 贷款及应收款 | 236 497.06 | 10.53 | 房地产业 | 438 056.76 | 19.50 |
| 交易性金融资产 | 24 504.56 | 1.09 | 证券市场 | 32 201.16 | 1.43 |
| 可供出售金融资产 | 1 368 266.14 | 60.91 | 实业 | 34 679.94 | 1.54 |
| 持有至到期投资 | — | — | 金融机构 | 1 181 578.66 | 52.60 |
| 长期股权投资 | 450 210.78 | 20.04 | 其他 | 494 084.82 | 22.00 |
| 其他 | 21 075.10 | 0.94 | | | |
| 资产总计 | 2 246 331.34 | 100.00 | 资产总计 | 2 246 331.34 | 100.00 |

信托资产运用与分布表

| 资产运用 | 金额（万元） | 占比（%） | 资产分布 | 金额（万元） | 占比（%） |
|---|---|---|---|---|---|
| 货币资产 | 382 451.95 | 1.22 | 基础产业 | 884 498.90 | 2.82 |
| 贷款 | 8 901 361.72 | 28.42 | 房地产 | 9 572 439.48 | 30.57 |
| 交易性金融资产 | 2 923 544.15 | 9.33 | 证券市场 | 2 326 410.90 | 7.43 |
| 可供出售金融资产 | — | — | 实业 | 11 975 829.57 | 38.24 |
| 持有至到期投资 | — | — | 金融机构 | 4 736 808.61 | 15.12 |
| 长期股权投资 | 5 192 165.81 | 16.58 | 其他 | 1 822 538.97 | 5.82 |
| 买入返售金融资产 | 390.02 | 0.01 | | | |
| 应收账款 | 13 840 286.27 | 44.19 | | | |
| 其他 | 78 326.51 | 0.25 | | | |
| 信托资产总计 | 31 318 526.43 | 100.00 | 信托资产总计 | 31 318 526.43 | 100.00 |

## 4.3 市场分析

### 4.3.1 有利因素

我国宏观经济的稳定持续增长为信托业的稳健发展创造了有利的基础。稳定持续增长的宏观经济环境，打造了快速发展的金融市场，助力了信托资产规模的快速增长，同时较好地控制了信托资产的质量。我国经济已由高速增长阶段转向稳中有进的高质量发展阶段，信托业作为金融行业的重要组成部分，在宏观经济发展模式转变和强监管形势下，也已处于向高质量发展转向的关键时期。

信托公司不断加强能力建设提升了信托业的可持续发展能力。一方面，信托公司的主动管理能力不断提高，信托公司加大了产业研究和资产下沉力度，不断提高风险控制能力、资产配置能力，主动管理规模和收入占比也不断提高；另一方面，信托公司受托服务能力不断提升，信托公司不断丰富本源业务，持续加大受托服务类业务的开拓力度，全面提升受托服务的个性化和独特性，包括资产证券化、家族信托、慈善信托等在内的多类业务都取得了巨大的进步，本源业务的持续性和规模化，又进一步促进了受托服务业务的快速发展。

高净值人士及中产阶级的财富规模不断增长，带来长期增长可持续的财富管理需求。中国经济持续数十年的高速增长使得中国高净值人士和中产阶级的财富规模逐年扩大，未来仍将保持高速增长的趋势，带来财富管理的巨大需求。与此同时，随着国民理财意识的不断觉醒，信托制度赋予的财产独立、风险隔离，以及我国现代信托业长久发展中形成的独特的风险收益特性，都使得信托成为值得中产阶级及高净值人士信赖的理财产品、值得超高净值人士及家族客户信赖的家族治理及传承工具。

### 4.3.2 不利因素

宏观经济增速下滑，中美贸易争端影响深远。拉动经济增长的“三驾马车”动力放缓，我国传统经济增长动能衰减，产业新旧动能转换正在进行中，新的增长动能仍在培育。中美贸易争端逐步升级，其高度的复杂性和两面性决定了两国冲突的长期性，加大了市场的不确定性和波动性。

金融市场的波动性加大。受经济增速换挡、中美贸易争端、人民币贬值等多重因素的冲击，2018 年股市持续下跌，影响了固有业务投资和资本市场信托业务的开展，并在一定程度上打击了市场资金对资本市场业务的积极性。

信托公司的转型和经营压力加大。资产端，由于经济下行，市场风险、信用风险、流动性风险等交织出现，实体经济下行带来的风险向金融领域传导，信托公司业务风险暴露率出现一定的抬升，市场的风险偏好有所下降，加重了优质资产的稀缺；资金端，在对资产管理市场严监管下，表外业务出现了负增长，社会融资转向银行信贷、票据和债券，加重了信托公司展业难度，这也是 2018 年各信托公司加大财富端建设的重要原因。

## 4.4 内部控制

### 4.4.1 内部控制环境和内部控制文化

完善的公司治理结构是内部控制环境建设的基础。公司已经按照法律规定和公司章程要求建立了以股东会、董事会、监事会以及经营管理层为核心的治理结构，“三会一层”之间分工明确，职责清晰，治理机制规范有效。内部审计部门独立运作，审计部依照国家有关法律法规和公司内部规定，围绕公司整体战略转型目标，加大审计力度，积极履行审计监督与服务职责，独立行使内部审计监督权。

内控文化建设不断深化。公司倡导务实高效的风险管理文化，把诚信经营、合规经营作为内控文化的主旋律，并通过合规宣传、制度建设、员工培训、激励安排、责任追究等方式将其融入日常工作和企业行为中，使恪守信用原则成为员工基本的职业道德和行为准则。

### 4.4.2 内部控制措施

严格实施授权审批控制。为进一步规范公司授权管理，加强内部控制和风险管控，提高经营管理效率，保障公司平稳有序运营，公司制定授权管理办法等制度，根据业务授权开展相关业务，董事会、管理层及公司业务人员都在业务权限范围内开展工作，对于重大决策、重要人事任免、重大项目安排和大额度资金运作等“三重一大”事项，坚持集体决策原则；对大额采购工作制定了专门制度，并结合公司大额采购实际运行情况及时进行完善，集体决策，分级管理，确保大额采购符合法律规定和公司相关制度要求。

建立岗位分离和资产隔离制度。岗位分离制度主要表现在：一是自营业务部门和信托业务部门单独设立，在管理上隶属于不同的公司主管领导，内部人员不相互兼岗；二是财务部门中会计、出纳岗位相互独立，且出纳不得兼顾稽核、会计档案保管等工作；三是业务开展与风险管理相互分离，各职能部门和流程设置明晰，前台、中台、后台既相互分离，又相互制约。资产隔离制度主要表现在：公司对自营业务和信托业务单独建账、独立核算，对公司信托业务的管理遵循“分类管理、专户核算”原则，每项信托业务都要单独设立账户和编制管理报告。

加强运营分析控制。公司管理层定期、不定期地根据业务部门、合规与风控部、计划财务部提交的有关报告，对公司运营情况及风险状况进行分析，制定相应解决方案并实施。为了应对经营中可能出现的突发事件和引起公众广泛关注的重大事件，公司还专门制定了突发事件应急预案制度和舆情管理制度。

实施绩效考评控制。公司建立了科学的绩效考评制度，合理设定岗位系列，按照岗位职责、任职资格等进行职位价值评估，制定并完善了适合不同专业技术工作特点和岗位特点的考核指标体系。

**4.4.3　信息交流与反馈**

根据监管要求和规章制度规定，公司制定并实施了信息披露制度，建立了顺畅有效的信息交流与反馈机制。公司根据内部组织之间的关系和各自的职责权限，建立了从上到下的授权流程和从下到上的汇报路径。根据国家有关法规和公司有关文件要求，公司建立了反舞弊机制，对于员工举报的潜在舞弊或违规行为，审计部、纪检监察部门都会及时跟进和调查，并在公司范围内建立并实施了投诉举报机制。公司按监管要求按时报送各类财务及业务报表、报告等，及时向投资者披露信托项目信息，规范投诉受理和处理流程，积极履行受托人职责。

**4.4.4　监督评价与纠正**

公司建立了多层次的内控监督体系：监事会依法履行监督职能，对公司董事、高级管理层履职情况进行监督；审计部独立行使内部审计监督权；合规与风控部等部门在对内部控制的实施情况进行持续监督的基础上，会开展有针对性的专项检查，对于发现的问题提出整改意见和建议。

## 4.5　风险管理

**4.5.1　风险管理概况**

公司建立了以风险管理委员会、经营管理层、合规与风控部为主线的风险管理组织体系，制定了以《风险管理办法》为核心的风险管理规章制度，遵循全面、审慎、及时、有效和独立性的风险管理原则，将风险管理贯穿到公司前台、中台以及后台的各个环节，并根据业务类别制定相应的风险控制措施，形成了“事前防范、事中控制、事后评价”的风险管理机制，逐步形成了体现“稳健、审慎”经营理念的风险管理文化。

**4.5.2　风险状况**

公司经营活动中面临的风险主要包括合规风险、信用风险、市场风险、操作风险及其他风险等。

4.5.2.1　合规风险状况

合规风险是指公司因没有遵守法律法规和准则而可能遭受法律制裁、监管处罚，从而给公司发展带来重大损失的风险。监管部门不仅持续关注信托公司在房地产、信政等领域的业务风险，提出规范性要求，还通过净资本管理加强对信托公司的资本约束。

4.5.2.2　信用风险状况

信用风险是公司面临的主要风险之一。如果经济增速下降或交易对手所处行业受政府调控等原因，导致交易对手流动性困难，履约能力下降，从而使公司业务开展面临一定风险，或因交易对手经营不善、资金周转不灵甚至恶意欺诈等原因不按期履行合约义务，而给信托财产或公司财产造成损失的风险。

4.5.2.3　市场风险状况

市场风险是指由于市场价格的波动而给信托财产或公司财产带来损失的可能性，常见的风险表现形式包括利率风险、证券价格波动风险、商品价格波动风险和汇率风险等。如果利率变化与公司预期相反，将对公司的贷款及收益产生不利影响；证券价格、商品价格下跌会对公司相关项目担保物价值带来不利影响；汇率变化也可能使公司外汇资本金和 QDII 信托资产发生损失的风险。

4.5.2.4　操作风险状况

操作风险是指在经营管理过程中，由于内控机制不健全、内部业务操作程序不完善或操作系统发生故障，从而给公司经营带来隐患的风险。同时，在业务开展过程中，业务人员未能充分获得准确的市场信息，不熟悉市场交易涉及的法律法规，或者工作失误和效率低下都可能会产生操作风险。

4.5.2.5　其他风险状况

其他风险主要包括法律风险、声誉风险、洗钱及恐怖融资风险等。法律风险是由于公司在经营过程中，因为无法满足或违反法律要求，导致不能履行合同而发生争议、诉讼或其他法律纠纷，可能给公司或投资人造成经济损失的风险。声誉风险主要是指由于公司经营、管理及其他行为或外部事件导致利益相关方对公司负面评价的风险。洗钱及恐怖融资风险是指因客户从事或意图从事洗钱及恐怖融资活动而导致的违反国家反洗钱、反恐怖融资法规，而对公司经营管理带来的风险。

**4.5.3　风险管理**

4.5.3.1　合规风险管理

公司重视合规文化宣导，通过宣传并解读监管政策、合规培训等方式，来营造良好的合规文化氛围，提高全体员工防范风险、合规展业的意识；结合监管部门要求和实际情况，搭建了董事会—经营管理层—合规与风控部—合规岗四个层次的合规管理组织体系；重视内部制度制定过程中的合规审查，确保制度体系的合规有效；根据监管规定，制定了净资本管理的相关制度，成立了净资本管理委员会，对公司净资本管理指标进行动态监督；继续加强业务的合规管理和项目的合规性审查，及时制定和更新公司审查指引和法律文本，贯彻落实法律法规、行业和监管政策的最新要求；不断完善反洗钱相关制度，加强反洗钱系统建设，提升反洗钱工作水平。报告期内，银保监局组织开展了“进一步深化整治银行业市场乱象”专项治理工作，公司及时跟进监管政策要求，扎实开展学制度，自评估、自查自纠相关工作，积极贯彻“回归本源”的监管要求。

4.5.3.2　信用风险管理

公司不断加强对员工业务能力的培训，提高项目甄别和筛选能力；根据业务发展情况，逐步制定各类业务的准入及尽职调查要求，规范重点项目提交审查的报告内容及格式，建立了不同类型项目的审查决策机制，完善了差异化、相对独立的项目准入、审查决策机制；严格审查项目资金使用，逐步推行按风险等级分类对项目运行进行差异化管理；加大对重点项目进行监督检查力度，并逐步建立风险预警制度，有效防范信用风险。

4.5.3.3 市场风险管理

公司通过设置合理的交易结构,实现对风险的有效对冲和补偿,以规避市场风险;通过加强对证券投资产品单位净值、抵(质)押物价格变化的日常监控,以防范市场价格波动带来的风险;定期对房地产业务进行压力测试,分析在不同风险程度下房地产项目的抗风险能力,从而及时发现并预防市场风险;合理配置外汇资产,防范汇率波动给公司外汇资本金和 QDII 业务带来的市场风险。

4.5.3.4 操作风险管理

公司定期对业务操作流程进行修订和完善,以业务流程为主线,不断完善前台、中台、后台的内部控制体系,对重要的业务环节,实行双人双岗复核、审批;建立集中统一的数据备份与验证系统,并及时对业务管理系统和证券交易系统进行升级和测验,更新相关数据;同时加强对新员工在制定合同文本、熟悉业务流程等方面的培训,有效防范操作风险;重视项目的抵(质)押担保及股权变更手续办理工作,对承担主动管理职责项目由风险管理部门或律师事务所、公证机构参与办理相关手续。

4.5.3.5 其他风险管理

法律风险管理方面,公司高度重视法律风险的防范,定期对合同文本进行更新;不断加强对合同的审查力度,制定合同文本的审核指引,规范事务类等重要项目审核要求;出台担保办理相关制度,提高担保措施办理的质量和效率,有效防范相关风险;修订协助执行制度,使协助执行工作更加规范化、程序化;公司聘请外部律师对重大项目出具法律意见,从业务源头和操作环节防范和化解法律风险。

声誉风险管理方面,公司加强舆情管理,制定了舆情管理制度,规范对引发公众广泛关注的重大事件的管理;及时向投资者和监管层进行信息披露,持续关注新闻舆情,还借助信托业协会的《每日舆情》等做好舆情监测,就重点事件积极采取应对措施,防范和化解声誉风险。

洗钱及恐怖融资风险管理方面,公司根据监管最新要求,不断修订完善公司反洗钱反恐怖融资的相关制度,通过修订信托合同文本,优化业务系统等方式,持续规范客户尽职调查相关工作的开展。

## 5. 报告期末及上一年度末的比较式会计报表

### 5.1 自营资产

#### 5.1.1 会计师事务所审计意见全文

**审 计 报 告**

天职业字[2019]12570 号

中诚信托有限责任公司全体股东:

一、审计意见

我们审计了后附的中诚信托有限责任公司(以下简称中诚信托)财务报表,包括 2018 年 12 月 31 日的合并及母公司资产负债表,2018 年度的合并及母公司利润表、合并及母公司现金流量表、合并及母公司所有者权益变动表,以及财务报表附注。

我们认为,后附的财务报表在所有重大方面按照企业会计准则的规定编制,公允反映了中诚信托 2018 年 12 月 31 日的合并及母公司财务状况以及 2018 年度的合并及母公司经营成果和现金流量。

二、形成审计意见的基础

我们按照中国注册会计师审计准则的规定执行了审计工作。审计报告的“注册会计师对财务报表审计的责任”部分进一步阐述了我们在这些准则下的责任。按照中国注册会计师职业道德守则,我们独立于中诚信托,并履行了职业道德方面的其他责任。我们相信,我们获取的审计证据是充分、适当的,为发表审计意见提供了基础。

三、管理层和治理层对财务报表的责任

管理层负责按照企业会计准则的规定编制财务报表,使其实现公允反映,并设计、执行和维护必要的内部控制,以使财务报表不存在由于舞弊或错误导致的重大错报。

在编制财务报表时,管理层负责评估中诚信托的持续经营能力,披露与持续经营相关的事项(如适用),并运用持续经营假设,除非计划进行清算中诚信托、终止运营或别无其他现实的选择。

治理层负责监督中诚信托的财务报告过程。

四、注册会计师对财务报表审计的责任

我们的目标是对财务报表整体是否不存在由于舞弊或错误导致的重大错报获取合理保证,并出具包含审计意见的审计报告。合理保证是高水平的保证,但并不能保证按照审计准则执行的审计在某一重大错报存在时总能发现。错报可能由于舞弊或错误导致,如果合理预期错报单独或汇总起来可能影响财务报表使用者依据财务报表作出的经济决策,则通常认为错报是重大的。

在按照审计准则执行审计工作的过程中,我们运用职业判断,并保持职业怀疑。同时,我们也执行以下工作:

(1)识别和评估由于舞弊或错误导致的财务报表重大错报风险,设计和实施审计程序以应对这些风险,并获取充分、适当的审计证据,作为发表审计意见的基础。由于舞弊可能涉及串通、伪造、故意遗漏、虚假陈述或凌驾于内部控制之上,未能发现由于舞弊导致的重大错报的风险高于未能发现由于错误导致的重大错报的风险。

(2)了解与审计相关的内部控制,以设计恰当的审计程序,但目的并非对内部控制的有效性发表意见。

(3)评价管理层选用会计政策的恰当性和作出会计估计及相关披露的合理性。

(4)对管理层使用持续经营假设的恰当性得出结论。同时,根据获取的审计证据,就可能导致对中诚信托持续经营能力产生重大疑虑的事项或情况是否存在重大不确定性得出结论。如果我们得出结论认为存在重大不确定性,审计准则要求我们在审计报告中提请报表使用者注意财务报表中的相关披露;如果披露不充分,我们应当发表非无保留意见。我们的结论基于截至审计报告日可获得的信息。然而,未来的事项或情况可能导致中诚信托不能持续经营。

(5)评价财务报表的总体列报、结构和内容,并评价财务报表是否公允反映相关交易和事项。

（6）就中诚信托中实体或业务活动的财务信息获取充分、适当的审计证据，以对财务报表发表审计意见。我们负责指导、监督和执行集团审计，并对审计意见承担全部责任。

我们与治理层就计划的审计范围、时间安排和重大审计发现等事项进行沟通，包括沟通我们在审计中识别出的值得关注的内部控制缺陷。

天职国际会计师事务所（特殊普通合伙）　中国注册会计师：迟文洲
中国·北京　中国注册会计师：谭宪才
二〇一九年四月二十六日

5.1.2　资产负债表

**合并及公司资产负债表**

编制单位：中诚信托有限责任公司　2018 年 12 月 31 日　单位：万元

| 项目 | 合并 | | 公司 | |
|---|---|---|---|---|
| | 2018 年 12 月 31 日 | 2017 年 12 月 31 日 | 2018 年 12 月 31 日 | 2017 年 12 月 31 日 |
| 资产 | | | | |
| 货币资金 | 183 013.56 | 150 766.70 | 145 777.70 | 121 917.47 |
| 以公允价值计量且其变动计入当期损益的金融资产 | 25 250.29 | 46 552.71 | 24 504.55 | 45 852.71 |
| 买入返售金融资产 | 10 240.15 | 63 561.16 | 10 240.15 | 63 561.16 |
| 应收账款 | 154 005.67 | 120 489.93 | 132 068.69 | 100 053.51 |
| 预付款项 | 502.22 | 305.21 | 129.71 | — |
| 其他应收款 | 32 022.95 | 17 342.45 | 31 268.51 | 17 400.43 |
| 存货 | 69.27 | 64.60 | — | — |
| 发放贷款和垫款 | 82 390.00 | 111 989.00 | 62 790.00 | 87 009.00 |
| 可供出售金融资产 | 1 355 422.50 | 1 334 892.19 | 1 368 266.14 | 1 349 616.54 |
| 长期股权投资 | 407 179.02 | 372 630.72 | 450 210.78 | 413 234.67 |
| 投资性房地产 | 26 475.95 | 27 852.82 | — | — |
| 固定资产 | 8 581.07 | 8 470.20 | 1 265.13 | 1 288.28 |
| 无形资产 | 813.71 | 470.24 | 407.21 | 245.98 |
| 商誉 | — | — | — | — |
| 长期待摊费用 | 918.56 | 301.60 | 122.23 | 235.16 |
| 递延所得税资产 | 18 124.71 | 10 299.21 | 19 280.54 | 12 287.87 |
| 资产总计 | 2 305 009.62 | 2 265 988.74 | 2 246 331.34 | 2 212 702.78 |
| 负债 | | | | |
| 短期借款 | 300 000.00 | 75 000.00 | 300 000.00 | 75 000.00 |
| 拆入资金 | — | — | — | — |
| 以公允价值计量且其变动计入当期损益的金融负债 | 7 718.14 | 11 189.27 | — | — |
| 应付账款 | 159.84 | 21.51 | 24.36 | — |
| 预收款项 | 161.39 | 171.28 | — | 114.58 |
| 应付职工薪酬 | 71 570.56 | 66 907.41 | 58 707.35 | 57 939.91 |
| 应交税费 | 45 886.69 | 24 151.82 | 43 318.90 | 21 997.68 |
| 应付利息 | 962.03 | — | 962.03 | — |
| 应付股利 | 54 076.87 | 2 027.27 | 54 076.87 | 767.20 |
| 其他应付款 | 17 398.01 | 5 956.42 | 13 062.24 | 3 051.91 |
| 长期借款 | 93 800.00 | 393 800.00 | 93 800.00 | 393 800.00 |
| 长期应付款 | 1 750.00 | 2 250.00 | — | — |
| 递延所得税负债 | 173.17 | 2 231.10 | — | 2 231.10 |
| 负债合计 | 593 656.70 | 583 706.08 | 563 951.75 | 554 902.38 |
| 所有者权益 | | | | |
| 实收资本 | 245 666.67 | 245 666.67 | 245 666.67 | 245 666.67 |
| 资本公积 | 270 518.60 | 269 252.51 | 270 518.60 | 269 252.51 |
| 其他综合收益 | −2 729.70 | 11 012.70 | −2 742.99 | 11 012.70 |
| 盈余公积 | 127 833.34 | 127 833.34 | 127 833.34 | 127 833.34 |
| 一般风险准备 | 62 198.49 | 62 198.49 | 62 198.49 | 62 198.49 |
| 未分配利润 | 1 001 637.34 | 961 312.09 | 978 905.48 | 941 836.69 |
| 归属于母公司所有者权益合计 | 1 705 124.74 | 1 677 275.80 | 1 682 379.59 | 1 657 800.40 |
| 少数股东权益 | 6 228.18 | 5 006.86 | — | — |
| 所有者权益合计 | 1 711 352.92 | 1 682 282.66 | 1 682 379.59 | 1 657 800.40 |
| 负债及所有者权益合计 | 2 305 009.62 | 2 265 988.74 | 2 246 331.34 | 2 212 702.78 |

法定代表人：牛成立　主管会计工作负责人：沈树忠　制表人：吴静玲

### 5.1.3 利润表

**合并及公司利润表**

编制单位：中诚信托有限责任公司　　2018 年度　　单位：万元

| 项目 | 合并 | | 公司 | |
|---|---|---|---|---|
| | 2018 年度 | 2017 年度 | 2018 年度 | 2017 年度 |
| 一、营业收入 | 248 221.10 | 226 358.72 | 208 672.09 | 190 994.56 |
| （一）利息净收入 | −20 186.00 | −6 565.83 | −21 131.30 | −8 505.11 |
| 利息收入 | 4 951.10 | 11 359.56 | 4 005.80 | 9 420.28 |
| 利息支出 | 25 137.10 | 17 925.39 | 25 137.10 | 17 925.39 |
| （二）手续费及佣金净收入 | 174 988.37 | 120 701.96 | 140 258.60 | 92 686.04 |
| 手续费及佣金收入 | 175 140.34 | 120 758.20 | 140 410.22 | 92 742.28 |
| 手续费及佣金支出 | 151.97 | 56.24 | 151.62 | 56.24 |
| （三）投资收益（损失以“－”号填列） | 85 328.47 | 102 538.37 | 90 486.00 | 105 093.54 |
| 其中：对联营企业和合营企业的投资收益 | 44 302.10 | 56 388.39 | 44 302.10 | 56 363.88 |
| （四）公允价值变动收益（损失以“－”号填列） | −1 091.07 | 1 464.70 | −1 091.07 | 1 464.70 |
| （五）资产处置收益（损失以“－”号填列） | — | — | — | — |
| （六）汇兑收益 | −63.69 | −21.83 | −45.81 | −34.14 |
| （七）其他业务收入 | 9 245.02 | 8 241.35 | 195.67 | 289.53 |
| 二、营业支出 | 105 466.89 | 62 084.82 | 76 447.48 | 36 977.89 |
| （一）税金及附加 | 2 507.73 | 1 471.55 | 1 034.22 | 693.04 |
| （二）业务及管理费 | 75 249.72 | 67 849.36 | 50 528.45 | 47 131.41 |
| （三）资产减值损失 | 25 991.97 | −9 982.75 | 24 884.81 | −10 846.56 |
| （四）其他业务成本 | 1 717.47 | 2 746.66 | — | — |
| 三、营业利润 | 142 754.21 | 164 273.90 | 132 224.61 | 154 016.67 |
| 加：营业外收入 | 306.30 | 224.18 | 147.69 | 96.34 |
| 减：营业外支出 | 216.18 | 1 752.70 | 184.69 | 1 698.01 |
| 四、利润总额（亏损以“－”号填列） | 142 844.33 | 162 745.38 | 132 187.61 | 152 415.00 |
| 减：所得税费用 | 23 254.99 | 27 223.32 | 18 962.15 | 23 776.25 |
| 五、净利润（亏损以“－”号填列） | 119 589.34 | 135 522.06 | 113 225.46 | 128 638.75 |
| 归属于母公司所有者的净利润 | 116 481.91 | 133 303.11 | 113 225.46 | 128 638.75 |
| 少数股东损益 | 3 107.43 | 2 218.95 | — | — |
| 持续经营净利润（净亏损以“－”号填列） | 119 589.34 | 135 522.06 | 113 225.46 | 128 638.75 |
| 终止经营净利润（净亏损以“－”号填列） | | | | |
| 六、其他综合收益的税后净额 | −13 742.40 | −3 067.36 | −13 755.69 | −3 067.36 |
| 将重分类进损益的其他综合收益 | −13 742.40 | −3 067.36 | −13 755.69 | −3 067.36 |
| 1. 权益法下可转损益的其他综合收益 | −5 566.30 | −6 355.90 | −5 566.30 | −6 355.90 |
| 2. 可供出售金融资产公允价值变动损益 | −8 176.10 | 3 288.54 | −8 189.39 | 3 288.54 |
| 3. 外币财务报表折算差额 | — | — | — | — |
| 归属于母公司股东的其他综合收益的税后净额 | −13 742.40 | −3 067.36 | −13 755.69 | −3 067.36 |
| 归属于少数股东的其他综合收益的税后净额 | | | | |
| 七、综合收益总额 | 105 846.94 | 132 454.70 | 99 469.77 | 125 571.39 |
| 归属于母公司所有者的综合收益总额 | 102 739.51 | 130 235.75 | 99 469.77 | 125 571.39 |
| 归属于少数股东的综合收益总额 | 3 107.43 | 2 218.95 | — | — |

法定代表人：牛成立　　主管会计工作负责人：沈树忠　　制表人：吴静玲

### 5.1.4 合并所有者权益变动表

**合并所有者权益变动表**

编制单位：中诚信托有限责任公司　　2018 年度　　单位：万元

| 项目 | 归属于母公司所有者权益合计 | | | | | | 少数股东权益 | 所有者权益合计 |
|---|---|---|---|---|---|---|---|---|
| | 实收资本 | 资本公积 | 其他综合收益 | 盈余公积 | 一般风险准备 | 未分配利润 | | |
| 2017 年 1 月 1 日年初余额 | 245 666.67 | 267 973.69 | 14 080.06 | 127 833.34 | 62 198.49 | 841 924.78 | 3 987.99 | 1 563 665.02 |
| 会计政策变更 | | | | | | | | |
| 会计差错更正 | | | | | | −13 915.80 | | −13 915.80 |
| 其他 | | | | | | | | |
| 一、2017 年 1 月 1 日调整后年初余额 | 245 666.67 | 267 973.69 | 14 080.06 | 127 833.34 | 62 198.49 | 828 008.98 | 3 987.99 | 1 549 749.22 |
| 二、2017 年度增减变动金额 | | 1 278.82 | −3 067.36 | | | 133 303.11 | 1 018.87 | 132 533.44 |
| （一）综合收益总额 | | | −3 067.36 | | | 133 303.11 | 2 218.95 | 132 454.70 |
| 1. 净利润 | | | | | | 133 303.11 | 2 218.95 | 135 522.06 |
| 2. 其他综合收益 | | | −3 067.36 | | | | | −3 067.36 |
| （二）所有者投入和减少资本 | | | | | | | 200.00 | 200.00 |

续表

| 项目 | 归属于母公司所有者权益合计 | | | | | | 少数股东权益 | 所有者权益合计 |
|---|---|---|---|---|---|---|---|---|
| | 实收资本 | 资本公积 | 其他综合收益 | 盈余公积 | 一般风险准备 | 未分配利润 | | |
| (三) 利润分配 | | | | | | | -1 400.08 | -1 400.08 |
| 1. 提取盈余公积 | | | | | | | | |
| 2. 提取一般风险准备 | | | | | | | | |
| 3. 对所有者的分配 | | | | | | | -1 400.08 | -1 400.08 |
| (四) 权益法核算被投资单位其他权益变动 | | 1 278.82 | | | | | | 1 278.82 |
| 三、2017 年 12 月 31 日年末余额 | 245 666.67 | 269 252.51 | 11 012.70 | 127 833.34 | 62 198.49 | 961 312.09 | 5 006.86 | 1 682 282.66 |
| 一、2018 年 1 月 1 日年初余额 | 245 666.67 | 269 252.51 | 11 012.70 | 127 833.34 | 62 198.49 | 961 312.09 | 5 006.86 | 1 682 282.66 |
| 二、2018 年度增减变动金额 | | 1 266.09 | -13 742.40 | | | 40 325.25 | 1 221.32 | 29 070.26 |
| (一) 综合收益总额 | | | -13 742.40 | | | 116 481.92 | 3 107.43 | 105 846.95 |
| 1. 净利润 | | | | | | 116 481.92 | 3 107.43 | 119 589.35 |
| 2. 其他综合收益 | | | -13 742.40 | | | | | -13 742.40 |
| (二) 所有者投入和减少资本 | | | | | | | | |
| (三) 利润分配 | | | | | | -76 156.67 | -1 886.11 | -78 042.78 |
| 1. 提取盈余公积 | | | | | | | | |
| 2. 提取一般风险准备 | | | | | | | | |
| 3. 对所有者的分配 | | | | | | -76 156.67 | -1 886.11 | -78 042.78 |
| (四) 权益法核算被投资单位其他权益变动 | | 1 266.09 | | | | | | 1 266.09 |
| 三、2018 年 12 月 31 日年末余额 | 245 666.67 | 270 518.60 | -2 729.70 | 127 833.34 | 62 198.49 | 1 001 637.34 | 6 228.18 | 1 711 352.92 |

法定代表人：牛成立　　主管会计工作负责人：沈树忠　　制表人：吴静玲

### 5.1.5 母公司所有者权益变动表

**母公司所有者权益变动表**

编制单位：中诚信托有限责任公司　　2018 年度　　单位：万元

| 项目 | 实收资本 | 资本公积 | 其他综合收益 | 盈余公积 | 一般风险准备 | 未分配利润 | 所有者权益合计 |
|---|---|---|---|---|---|---|---|
| 2017 年 1 月 1 日年初余额 | 245 666.67 | 267 973.69 | 14 080.06 | 127 833.34 | 62 198.49 | 813 197.94 | 1 530 950.19 |
| 会计政策变更 | | | | | | | |
| 会计差错更正 | | | | | | | |
| 一、2017 年 1 月 1 日调整后年初余额 | 245 666.67 | 267 973.69 | 14 080.06 | 127 833.34 | 62 198.49 | 813 197.94 | 1 530 950.19 |
| 二、2017 年度增减变动金额 | | 1 278.82 | -3 067.36 | | | 128 638.75 | 126 850.21 |
| (一) 综合收益总额 | | | -3 067.36 | | | 128 638.75 | 125 571.39 |
| 1. 净利润 | | | | | | 128 638.75 | 128 638.75 |
| 2. 其他综合收益 | | | -3 067.36 | | | | -3 067.36 |
| (二) 所有者投入和减少资本 | | | | | | | |
| (三) 利润分配 | | | | | | | |
| 1. 提取盈余公积 | | | | | | | |
| 2. 提取一般风险准备 | | | | | | | |
| 3. 对所有者的分配 | | | | | | | |
| (四) 权益法核算被投资单位其他权益变动 | | 1 278.82 | | | | | 1 278.82 |
| 三、2017 年 12 月 31 日年末余额 | 245 666.67 | 269 252.51 | 11 012.70 | 127 833.34 | 62 198.49 | 941 836.69 | 1 657 800.40 |
| 一、2018 年 1 月 1 日年初余额 | 245 666.67 | 269 252.51 | 11 012.70 | 127 833.34 | 62 198.49 | 941 836.69 | 1 657 800.40 |
| 二、2018 年度增减变动金额 | | 1 266.09 | -13 755.69 | | | 37 068.79 | 24 579.19 |
| (一) 综合收益总额 | | | -13 755.69 | | | 113 225.46 | 99 469.77 |
| 1. 净利润 | | | | | | 113 225.46 | 113 225.46 |
| 2. 其他综合收益 | | | -13 755.69 | | | | -13 755.69 |
| (二) 所有者投入和减少资本 | | | | | | | |
| (三) 利润分配 | | | | | | -76 156.67 | -76 156.67 |
| 1. 提取盈余公积 | | | | | | | |
| 2. 提取一般风险准备 | | | | | | | |
| 3. 对所有者的分配 | | | | | | -76 156.67 | -76 156.67 |
| (四) 权益法核算被投资单位其他权益变动 | | 1 266.09 | | | | | 1 266.09 |
| 三、2018 年 12 月 31 日年末余额 | 245 666.67 | 270 518.60 | -2 742.99 | 127 833.34 | 62 198.49 | 978 905.48 | 1 682 379.59 |

法定代表人：牛成立　　主管会计工作负责人：沈树忠　　制表人：吴静玲

## 5.2 信托资产

### 5.2.1 信托项目资产负债汇总表

信托项目资产负债汇总表

编制单位：中诚信托有限责任公司　　2018 年 12 月 31 日　　单位：万元

| 资产 | 行次 | 期末余额 | 期初余额 | 负债和所有者权益 | 行次 | 期末余额 | 期初余额 |
|---|---|---|---|---|---|---|---|
| 信托资产： | | | | 信托负债： | | | |
| 银行存款 | 1 | 382 451.95 | 384 031.54 | 应付受托人报酬 | 18 | 132 060.40 | 100 059.38 |
| 交易性金融资产 | 2 | 2 923 544.15 | 4 136 013.00 | 应付受益人收益 | 19 | 27.26 | 131.76 |
| 买入返售金融资产 | 3 | 390.02 | 2 900.15 | 应付托管费 | 20 | 10.38 | 2.52 |
| 应收账款 | 4 | 13 840 286.27 | 11 468 951.85 | 应交税费 | 21 | 1 919.72 | 64.09 |
| 应收利息 | 5 | | | 其他应付款 | 22 | 212 250.43 | 181 654.83 |
| 拆出资金 | 6 | | | | | | |
| 其他应收款 | 7 | 78 326.51 | 12 174.85 | 信托负债合计 | 23 | 346 268.19 | 281 912.58 |
| 贷款 | 8 | 8 901 361.72 | 10 832 667.18 | | | | |
| 持有至到期投资 | 9 | | | | | | |
| 可供出售金融资产 | 10 | | | 信托权益： | | | |
| 长期股权投资 | 11 | 5 192 165.81 | 5 765 194.22 | 实收信托 | 24 | 30 476 813.47 | 31 769 367.94 |
| 固定资产 | 12 | | | 资本公积 | 25 | 8 852.00 | 5 615.40 |
| 在建工程 | 13 | | | 未分配利润 | 26 | 486 592.77 | 545 036.87 |
| 无形资产 | 14 | | | 信托权益合计 | 27 | 30 972 258.24 | 32 320 020.21 |
| 长期待摊费用 | 15 | | | | | | |
| 其他资产 | 16 | | | | | | |
| 资产总计 | 17 | 31 318 526.43 | 32 601 932.79 | 负债和所有者权益合计 | 28 | 31 318 526.43 | 32 601 932.79 |

### 5.2.2 信托项目利润及利润分配汇总表

信托项目利润及利润分配表

编制单位：中诚信托有限责任公司　　2018 年度　　单位：万元

| 项目 | 行次 | 本年金额 | 上年金额 |
|---|---|---|---|
| 一、营业收入 | 1 | 2 056 045.91 | 1 304 992.89 |
| 利息收入 | 2 | 943 983.41 | 614 167.00 |
| 投资收益 | 3 | 167 860.78 | 318 810.65 |
| 公允价值变动损益 | 4 | -33 578.66 | 6 980.17 |
| 租赁收入 | 5 | — | — |
| 其他业务收入 | 6 | 978 664.40 | 364 490.34 |
| 汇兑损益 | 7 | -884.02 | 544.73 |
| 二、手续费及佣金支出 | | — | — |
| 三、业务及管理费 | 8 | 238 306.49 | 116 794.90 |
| 四、营业税金及附加 | 9 | 5 640.10 | 987.12 |
| 五、扣除财产损失前的信托利润 | 10 | 1 812 099.32 | 1 187 210.87 |
| 加：以前年度损益调整 | | — | — |
| 六、扣除资产损失后的信托利润 | 11 | 1 812 099.32 | 1 187 210.87 |
| 加：期初未分配信托利润 | 12 | 545 036.87 | 830 787.46 |
| 七、可供分配的信托利润 | 13 | 2 357 136.19 | 2 017 998.33 |
| 减：本期已分配的信托利润 | 14 | 1 870 543.42 | 1 472 961.46 |
| 八、期末未分配利润 | 15 | 486 592.77 | 545 036.87 |

# 6. 会计报表附注

## 6.1 会计报表编制基准不符合会计核算基本前提的说明

### 6.1.1 会计核算基本前提的说明

公司以持续经营为基础，根据实际发生的交易和事项，按照《企业会计准则——基本准则》和其他各项具体会计准则、应用指南及准则解释的规定进行确认和计量，在此基础上编制财务报表。

公司所编制的会计报表符合企业会计准则的要求，真实、完整地反映了公司的财务状况、经营成果、股东权益变动和现金流量等有关信息。

### 6.1.2 编制合并会计报表的说明

本期本公司将所有控股公司和结构化主体纳入合并会计报表范围。本公司纳入合并报表范围的控股公司如下：

| 公司名称 | 业务性质 | 注册地 | 注册资本 | 公司持有的权益性资本的比例（%） | 关联方关系 |
|---|---|---|---|---|---|
| 北京三侨物业管理有限责任公司 | 物业管理 | 中国北京 | 2.5 亿元 | 100.00 | 全资子公司 |
| 北京安贞大厦物业管理有限责任公司 | 物业管理 | 中国北京 | 1 000 万元 | 100.00 | 三侨物业全资子公司 |
| 中诚宝捷思货币经纪有限公司 | 境内外货币经纪业务 | 中国北京 | 5 000 万元 | 67.00 | 控股子公司 |
| 中诚资本管理（北京）有限公司 | 项目投资、资本管理 | 中国北京 | 1 亿元 | 100.00 | 全资子公司 |
| 深圳市中诚云领厚润德投资企业（有限合伙） | 企业管理咨询 | 中国深圳 | 5 230 万元 | 99.04 | 控股子公司 |
| 北京鼎泰裕华投资管理有限公司 | 资产管理 | 中国北京 | 1 000 万元 | 100.00 | 中诚资本全资子公司 |
| 中诚新川（成都）股权投资基金管理有限公司 | 股权投资管理 | 中国成都 | 2 000 万元 | 66.67 | 中诚资本控股子公司 |
| 2013 年中诚信托无锡锦绣商业广场集合信托 | 信托计划 | 中国北京 | | 100.00 | 本公司发行的信托计划 |
| 2013 年中诚信托重庆典雅西区贷款项目集合资金信托计划 | 信托计划 | 中国北京 | | 100.00 | 本公司发行的信托计划 |
| 2012 年中诚信托青山金矿项目 | 信托计划 | 中国北京 | | 62.37 | 本公司发行的信托计划 |
| 2013 年中诚信托乐清屹泰贷款项目集合资金信托计划 | 信托计划 | 中国北京 | | — | 本公司发行的信托计划，年末已清算 |

## 6.2 或有事项说明

无。

## 6.3 重要资产转让及其出售的说明

本年公司无重要资产转让及出售事项。

## 6.4 会计报表中重要事项的明细资料

### 6.4.1 披露自营资产经营情况

6.4.1.1 按信用风险五级分类的结果披露资产的期初数、期末数

按照《中国银行业监督管理委员会关于非银行金融机构全面推行资产质量五级分类管理的通知》的分类标准，2018 年度公司固有五级分类资产质量情况如下：

| 信用风险资产五级分类 | 正常类（万元） | 关注类（万元） | 次级类（万元） | 可疑类（万元） | 损失类（万元） | 信用风险资产合计（万元） | 不良资产合计（万元） | 不良资产率（%） |
|---|---|---|---|---|---|---|---|---|
| 期初数 | 1 302 541. 46 | 759 337. 18 | 59 891. 93 | — | 7 709. 19 | 2 129 479. 76 | 67 601. 12 | 1. 18 |
| 期末数 | 1 393 754. 53 | 602 135. 18 | 158 561. 50 | — | 7 709. 19 | 2 162 160. 40 | 166 270. 69 | 3. 97 |

注：1. 不良资产率按净值计算，与报送有关部门的统计口径一致。

2. 不良资产合计 = 次级类 + 可疑类 + 损失类。

6.4.1.2 各项资产减值损失准备的期初数、本期计提、本期转回、本期核销、期末数

单位：万元

| | 期初数 | 本期计提 | 本期转回 | 本期核销 | 期末数 |
|---|---|---|---|---|---|
| 贷款损失准备 | 2 691. 00 | 24 219. 00 | — | — | 26 910. 00 |
| 一般准备 | — | — | — | — | — |
| 专项准备 | 2 691. 00 | 24 219. 00 | — | — | 26 910. 00 |
| 其他资产减值准备 | — | — | — | — | — |
| 可供出售金融资产减值准备 | 37 975. 83 | 417. 32 | — | — | 38 393. 14 |
| 持有至到期投资减值准备 | — | — | — | — | — |
| 长期股权投资减值准备 | 1 591. 60 | — | — | — | 1 591. 60 |
| 坏账准备 | 7 790. 05 | 248. 49 | — | — | 8 038. 55 |
| 投资性房地产减值准备 | — | — | — | — | — |

6.4.1.3 按照投资品种分类，分别披露固有业务股票投资、基金投资、债券投资、股权投资等投资业务的期初数、期末数

单位：万元

| | 自营股票 | 基金 | 债券 | 股权投资 | 其他投资 | 合计 |
|---|---|---|---|---|---|---|
| 期初数 | 50 963. 00 | 133 281. 59 | 3 585. 86 | 548 010. 80 | 1 072 862. 68 | 1 808 703. 93 |
| 期末数 | 12 672. 35 | 194 473. 04 | | 929 886. 91 | 705 949. 17 | 1 842 981. 47 |

6.4.1.4 按投资入股金额排序，前五名的自营长期股权投资的企业名称，占被投资企业权益的比例，主要经营活动及投资收益情况

| 企业名称 | 占被投资企业权益的比例（%） | 主要经营活动 | 投资收益（万元） |
|---|---|---|---|
| 1. 嘉实基金管理有限公司 | 40. 00 | 基金管理 | 46 781. 27 |
| 2. 国都证券股份有限公司 | 13. 3264 | 证券服务 | －1 950. 59 |
| 3. 北京三侨物业管理有限责任公司 | 100. 00 | 物业管理 | 3 000. 00 |
| 4. 北京丰悦泰和股权投资合伙企业（有限合伙） | 40. 00 | 项目投资；投资咨询；投资管理；企业管理咨询 | 242. 82 |
| 5. 珠海鼎宇股权投资基金合伙企业（有限合伙） | 42. 553 | 创业投资业务 | －125. 34 |

注：投资损益是指按照企业会计准则规定，核算股权投资确认损益并计入披露年度利润表的金额。

6.4.1.5 前五名的自营贷款的企业名称，占贷款总额的比例和还款情况

| 企业名称 | 占贷款总额的比例（%） | 还款情况 |
|---|---|---|
| 1. 福建顺华置业发展有限公司 | 60. 09 | 逾期 |
| 2. 重庆金阳房地产开发有限公司 | 39. 91 | 逾期 |

6.4.1.6 表外业务的期初数、期末数；按照代理业务担保业务和其他类型表外业务分别披露

单位：万元

| 表外业务 | 期初数 | 期末数 |
|---|---|---|
| 担保业务 | — | — |
| 代理业务（委托业务） | — | — |
| 其他 | — | — |
| 合计 | — | — |

注：本公司无因客观原因应规范而尚未完成规范的历史遗留委托业务。

6.4.1.7 公司当年的收入结构

| 收入结构 | 母公司 | | 合并 | |
|---|---|---|---|---|
| | 金额（万元） | 占比（%） | 金额（万元） | 占比（%） |
| 手续费及佣金收入 | 140 410. 22 | 59. 98 | 175 140. 34 | 63. 96 |
| 其中：信托手续费收入 | 126 469. 21 | 54. 02 | 126 469. 21 | 46. 19 |
| 投资银行业务收入 | 0. 78 | — | 0. 78 | — |
| 利息收入 | 4 005. 80 | 1. 71 | 4 951. 10 | 1. 81 |
| 其他业务收入 | 149. 86 | 0. 07 | 9 181. 32 | 3. 35 |
| 其中：计入信托业务收入部分 | — | — | — | — |
| 投资收益 | 90 486. 00 | 38. 65 | 85 328. 47 | 31. 17 |
| 其中：股权投资收益 | 60 232. 01 | 25. 73 | 44 316. 31 | 16. 18 |
| 证券投资收益 | 4 415. 52 | 1. 89 | 713. 85 | 0. 26 |
| 其他投资收益 | 25 838. 47 | 11. 04 | 40 298. 32 | 14. 72 |
| 公允价值变动收益 | －1 091. 07 | －0. 47 | －1 091. 07 | －0. 40 |
| 营业外收入 | 147. 69 | 0. 06 | 306. 30 | 0. 11 |
| 收入合计 | 234 108. 50 | 100. 00 | 273 816. 46 | 100. 00 |

### 6.4.2 披露信托资产管理情况

6.4.2.1 信托资产的期初数、期末数

单位：万元

| 信托资产 | 期初数 | 期末数 |
|---|---|---|
| 集合类 | 8 581 995. 91 | 13 208 573. 16 |
| 单一类 | 20 208 914. 11 | 15 540 886. 05 |
| 财产权类 | 3 811 022. 77 | 2 569 067. 22 |
| 合计 | 32 601 932. 79 | 31 318 526. 43 |

6.4.2.1.1　主动管理型信托业务的信托资产期初数、期末数

单位：万元

| 主动管理型信托资产 | 期初数 | 期末数 |
|---|---|---|
| 证券投资类 | 675 790.52 | 44 333.79 |
| 股权投资类 | 2 804 470.11 | 1 488 166.31 |
| 其他投资类 | 1 292 912.45 | 5 986 507.54 |
| 融资类 | 3 863 033.55 | 2 440 967.64 |
| 事务管理类 | 370 633.54 | 204.50 |
| 合计 | 9 006 840.17 | 9 960 179.78 |

6.4.2.1.2　被动管理型信托业务的信托资产期初数、期末数

单位：万元

| 被动管理型信托资产 | 期初数 | 期末数 |
|---|---|---|
| 证券投资类 | 5 078 371.97 | 2 629 195.91 |
| 股权投资类 | 1 902 618.51 | 1 036 648.41 |
| 其他投资类 | 3 483 937.51 | 6 560 718.44 |
| 融资类 | 9 405 860.02 | 8 538 462.58 |
| 事务管理类 | 3 724 304.61 | 2 593 321.31 |
| 合计 | 23 595 092.62 | 21 358 346.65 |

6.4.2.2　本年度已清算结束的信托项目个数、实收信托合计金额、加权平均实际年化收益率

6.4.2.2.1　本年度已清算结束的集合类，单一类资金信托项目和财产管理类信托项目个数、实收信托合计金额、加权平均实际年化收益率

| 已清算结束信托项目 | 项目个数（个） | 实收信托合计金额（万元） | 加权平均实际年化收益率（%） |
|---|---|---|---|
| 集合类 | 170 | 3 759 558.21 | 3.06 |
| 单一类 | 74 | 8 425 037.26 | 4.75 |
| 财产管理类 | 28 | 2 405 375.56 | 3.44 |

6.4.2.2.2　本年度已清算结束的主动管理型信托项目个数、实收信托合计金额、加权平均实际年化收益率

| 已清算结束信托项目 | 项目个数（个） | 实收信托合计金额（万元） | 加权平均实际年化收益率（%） |
|---|---|---|---|
| 证券投资类 | 118 | 3 576 153.31 | 4.45 |
| 股权投资类 | 2 | 129 720.00 | 7.21 |
| 其他投资类 | — | — | — |
| 融资类 | 10 | 1 903 510.00 | 1.71 |
| 事务管理类 | 2 | 54 700.00 | — |

6.4.2.2.3　本年度已清算结束的被动管理型信托项目个数、实收信托合计金额、加权平均实际年化收益率

| 已清算结束信托项目 | 项目个数（个） | 实收信托合计金额（万元） | 加权平均实际年化收益率（%） |
|---|---|---|---|
| 证券投资类 | 37 | 4 220 242.76 | 4.52 |
| 股权投资类 | 2 | 33 900.00 | 5.75 |
| 其他投资类 | — | — | — |
| 融资类 | 56 | 1 977 116.70 | 5.69 |
| 事务管理类 | 45 | 2 694 628.26 | 3.40 |

6.4.2.3　本年度新增的集合类、单一类资金信托项目和财产管理类信托项目个数、实收信托合计金额

| 新增信托项目 | 项目个数（个） | 实收信托合计金额（万元） |
|---|---|---|
| 单一类 | 60 | 2 156 831.87 |
| 集合类 | 193 | 5 676 011.00 |
| 财产管理类 | 14 | 206 059.97 |
| 新增合计 | 267 | 8 038 902.84 |
| 其中：主动管理型 | 195 | 5 645 201.00 |
| 被动管理型 | 72 | 2 393 701.84 |

6.4.2.4　信托业务创新成果和特色业务有关情况

2018 年，公司顺应经济环境的变化和监管部门的监管导向，在原有优势业务的基础上积极推进转型创新，不断探索新的业务方向，着力开展信托本源业务，在房地产业务优化升级、家族信托、债券分销、慈善信托等领域都取得了一定的进展。2018 年，公司新开发的特色产品如下。

公司与大型房地产企业合作购房尾款融资业务。该类业务与大型房地产企业合作，信托资金用于投资大型房地产企业因销售商品房形成的对购房者的应收购房尾款，标的项目购房尾款对应的应收账款在人民银行征信中心动产融资统一登记公示系统做转让登记并公示。

公司开发落地家族信托业务，打造专业家族信托服务。为顺应市场发展，满足客户财富传承需求，公司推出赤诚传家、挚诚世家及悦诚颂家三大系列家族信托，帮助高净值客户实现财富保全、财富增值及财富传承的目标。

公司获得承销业务资格，不断落地债券分销业务。2018 年 4 月，公司成为首批获得银行间市场交易商协会承销业务资格的信托公司之一，可开展非金融企业债务融资工具承销业务。2018 年，公司已成功实现三类债务融资工具的分销落地，既开辟了新的收入来源，又有助于公司通过与公募、标准化市场的互动向标品领域转型发展，为开展标品资产主动管理提供切入空间。

公司持续落地慈善信托，不断创新业务模式。2018 年，公司成功设立并备案 4 只慈善信托，在慈善信托领域取得较为领先的行业地位。其中，临洮扶贫慈善信托以附转股权的债权投资模式支持临洮地区特色产业发展，对当地困难群众开展日常生活、文化教育帮扶，慈善扶贫效果精准高效；阿拉善生态扶贫慈善信托是内蒙古自治区首个备案的慈善信托，取得了历史突破；内蒙古察右中旗、后旗两单扶贫慈善信托，构建了“慈善信托＋保险”的全新扶贫模式。

6.4.2.5　本公司发生履行受托人义务情况及因本公司自身责任而导致的信托财产损失情况

无。

## 6.5　关联方关系及其交易的披露

**6.5.1　关联交易方的数量、关联交易的总金额及关联交易的定价政策等**

| | 关联交易方数量 | 关联交易金额（万元） | 定价政策 |
|---|---|---|---|
| 自营与关联 | 12 | 25 145.68 | 双方协议确定 |
| 信托与关联 | 29 | -654 716.27 | 双方协议确定 |
| 信托与固有 | 12 | -303 325.00 | 双方协议确定 |
| 信托与信托 | 12 | -23 750.00 | — |
| 合计 | 65 | -956 645.59 | — |

关联交易定价政策以不损伤第三方利益为首要原则，主要定价政策如下：(1)根据中国人民银行颁布的指导利率及上下浮动范围确定贷款利率；(2)双方协议确定交易价格；(3)双方参照证券市场成交价格，协商确定交易价格；(4)根据资产账面价值进行交易；(5)根据信托委托人指定价格进行交易；(6)根据原始投资额及持有期间的应获取的收益确定交易价格；(7)依据中介机构评估报告，确定交易价格。

**6.5.2 关联交易方与本公司的关系性质、关联交易方的名称、法定代表人、注册地址、注册资本及主营业务等**

6.5.2.1 存在控制关系的关联方及联营企业

| 关系性质 | 关联方名称 | 法定代表人/委派代表 | 注册地址 | 注册资本 | 主营业务 |
|---|---|---|---|---|---|
| 全资子公司 | 北京三侨物业管理有限责任公司 | 罗学东 | 中国北京 | 2.5 亿元 | 物业管理 |
| 控股子公司 | 中诚宝捷思货币经纪有限公司 | 朱蕾 | 中国北京 | 5 000 万元 | 境内外货币经纪业务 |
| 全资子公司 | 中诚资本管理(北京)有限公司 | 张树忠 | 中国北京 | 1 亿元 | 资产管理 |
| 三侨物业全资子公司 | 北京安贞大厦物业管理有限责任公司 | 张伟 | 中国北京 | 1 000 万元 | 物业管理 |
| 中诚资本子公司 | 北京鼎泰裕华投资管理有限公司 | 刘向军 | 中国北京 | 1 000 万元 | 资产管理 |
| 控股子公司 | 深圳市中诚云领厚润德投资企业(有限合伙) | 王梦驰 | 中国深圳 | 5 230 万元 | 项目投资;投资咨询;投资管理;企业管理咨询 |
| 合营企业 | 中诚新川(成都)股权投资基金管理有限公司 | 刘向军 | 中国成都 | 600 万元 | 资产管理 |
| 联营企业 | 中诚国际资本有限公司 | | 中国香港 | 16 814.83 万港元 | 项目投资、资本管理 |
| 联营企业 | 国都证券有限责任公司 | | 中国北京 | 530 000 万元 | 证券服务 |
| 联营企业 | 嘉实基金管理有限公司 | 赵学军 | 中国上海 | 15 000 万元 | 基金管理 |
| 联营企业 | 国都期货有限公司 | 叶晓 | 中国北京 | 20 000 万元 | 期货服务 |
| 联营企业 | 中关村兴业(北京)投资管理有限公司 | 董建邦 | 中国北京 | 16 182 万元 | 资产管理、项目投资 |
| 联营企业 | 旭诚(上海)股权投资基金管理有限公司 | 张子牛 | 中国上海 | 10 000 万元 | 股权投资管理、资产管理、财务咨询 |
| 联营企业 | 北京银汉兴业创业投资中心(有限合伙) | 何浩 | 中国北京 | 23 500 万元 | 创业投资业务 |
| 联营企业 | 北京丰悦泰和股权投资合伙企业(有限合伙) | 邹世英 | 中国北京 | 53 500 万元 | 项目投资;投资咨询;投资管理;企业管理咨询 |
| 联营企业 | 南通金信灏清投资中心(有限合伙) | 薛嘉麟 | 中国南通 | 18 390 万元 | 项目投资;投资咨询;投资管理;企业管理咨询 |
| 联营企业 | 杭州仰健投资合伙企业(有限合伙) | 陈越孟 | 中国杭州 | 47 500 万元 | 项目投资;投资咨询;投资管理;企业管理咨询 |

6.5.2.2 本公司的其他关联方

单位：万元

| 其他关联方的名称 | 关联方关系的性质 |
|---|---|
| 中国人民人寿保险股份有限公司 | 股东人保集团之子公司 |
| 深圳前海中诚股权投资基金管理有限公司 | 中诚国际全资子公司 |

**6.5.3 逐笔披露本公司与关联方的重大交易事项**

6.5.3.1 固有财产与关联方：贷款、投资、租赁、应收账款、担保、其他方式等期初汇总数、本期发生额汇总数、期末汇总数

单位：万元

| 固有财产与关联方关联交易 | | | | |
|---|---|---|---|---|
| | 期初数 | 借方发生额 | 贷方发生额 | 期末数 |
| 贷款 | — | — | — | — |
| 投资 | 276 134.43 | — | 13 089.84 | 263 044.59 |
| 租赁 | — | 2 309.64 | 2 309.64 | — |
| 担保 | — | — | — | — |
| 应收账款 | — | — | — | — |
| 其他 | — | 2 023.77 | 2 023.77 | — |
| 合计 | 276 134.43 | 4 333.41 | 17 423.25 | 263 044.59 |

6.5.3.2 信托公司自有资金运用于自己管理的信托项目(固信交易)、信托公司管理的信托项目之间的相互(信信交易)交易金额，包括余额和本报告年度的发生额

固有与信托财产之间的交易金额期初汇总数、本期发生额汇总数、期末汇总数

单位：万元

| 固有财产与信托财产相互交易 | | | |
|---|---|---|---|
| | 期初数 | 本期发生额 | 期末数 |
| 合计 | 492 894.91 | -303 325.00 | 189 569.91 |

**6.5.4 本年度发生关联方逾期未偿还本公司资金的情况以及本公司为关联方担保发生或即将发生垫款的情况**

无。

## 6.6 会计制度的披露

公司固有业务自 2008 年 1 月 1 日起执行财政部 2006 年 2 月 15 日颁布的《企业会计准则》(财会[2006]3 号)及其后续规定。以持续经营为基础，根据实际发生的交易和事项，按照《企业会计准则——基本准则》和其他各项具体会计准则、应用指南及准则解释的规定进行确认和计量，在此基础上编制财务报表。

## 7. 财务情况说明书

### 7.1 利润实现和分配情况

单位:万元

| 项目 | 母公司 | 合并 |
|---|---|---|
| 税前利润 | 132 187.61 | 142 844.33 |
| 减:所得税 | 18 962.15 | 23 254.99 |
| 净利润 | 113 225.46 | 119 589.34 |
| 其中:归属于母公司所有者的净利润 | 113 225.46 | 116 481.91 |
| 少数股东损益 | — | 3 107.43 |
| 加:年初未分配利润 | 941 836.69 | 966 318.95 |
| 其中:归属于母公司所有者的未分配利润 | 941 836.69 | 961 312.09 |
| 少数股东损益 | — | 5 006.86 |
| 减:提取法定盈余公积 | — | — |
| 减:提取一般准备 | — | — |
| 减:股利分配 | 76 156.67 | 78 042.77 |
| 年末未分配利润 | 978 905.48 | 1 007 865.52 |
| 其中:归属于母公司所有者的未分配利润 | 978 905.48 | 1 001 637.34 |
| 少数股东损益 | — | 6 228.18 |

### 7.2 主要财务指标

| 指标名称 | 母公司 | 合并 |
|---|---|---|
| 资本利润率(%) | 6.78 | 7.05 |
| 人均净利润(万元) | 343.11 | 362.39 |

### 7.3 本年度对本公司财务状况、经营成果有重大影响的其他事项

无。

## 8. 特别事项揭示

### 8.1 报告期内前五名股东发生变动情况

无。

### 8.2 董事、监事及高级管理人员变动情况及原因

2018年7月16日,公司收到《北京银监局关于核准肖祥云中诚信托有限责任公司董事任职资格的批复》(京银监复[2018]338号),核准肖祥云为中诚信托有限责任董事,尹新全先生不再担任公司董事职务。

2018年7月16日,公司收到《北京银监局关于核准沈树忠中诚信托有限责任公司财务总监任职资格的批复》(京银监复[2018]333号),核准沈树忠为中诚信托有限责任财务总监。

2018年4月27日,中诚信托2017年度股东会选举曹剑锋先生为中诚信托第五届监事会监事,王玉江先生不再担任中诚信托监事职务。

2018年6月21日,中诚信托2018年第一次临时股东会选举战彦领先生为中诚信托第五届监事会监事,殷召峰先生不再担任中诚信托监事职务。

### 8.3 报告期内公司发生变更注册资本、变更注册地或公司名称、公司分立合并事项

无。

### 8.4 报告期内公司发生重大诉讼事项

无。

### 8.5 报告期内公司及其董事、监事和高级管理人员受到的处罚

无。

### 8.6 银保监会及其派出机构现场检查情况

报告期内,北京银保监局对公司进行了专项现场检查工作。公司结合现场检查及自查工作反映的情况,通过梳理制度体系、规范业务操作流程、优化系统功能、严肃内部问责等方式,进一步提升了公司内部控制及风险管理水平。

### 8.7 报告期内公司重大事项临时报告披露

无。

### 8.8 公司净资本管理情况

截至2018年12月31日,公司净资本余额115.17亿元(≥2亿元),净资本/各项业务风险资本之和为201.24%(≥100%),净资本/净资产的比例为68.65%(≥40%),各项指标均符合监管要求。

### 8.9 履行社会责任情况

2018年,公司切实履行社会责任,努力实现经济、社会和环境的全面协调可持续发展。一是公司充分发挥信托功能,积极服务实体经济;二是公司继续响应国家号召,积极参与定点扶贫工作;三是利用慈善信托机制,做好金融精准扶贫;四是创新公益形式,打造中诚公益跑品牌,支持教育事业;五是树立绿色发展理念,积极开展节能降耗绿色办公活动,努力打造资源节约型和环境友好型企业。

### 8.10 消费者权益保护工作情况

2018年,公司对消费者权益保护工作进行了全面的调整与制度完善,修订完善了《消费者权益保护工作管理办法》《消费者权益保护工作委员会工作细则》《金融知识宣传教育培训管理办法》《客户投诉管理暂行办法》等公司级制度及管理办法。同时新增《代理推介机构准入及管理办法》。《财富管理中心部门日常工作管理制度》《中诚信托录音录像管理办法》《消费者权益保护内部考核评价制度》等部门级相关制度,对于消费者权益保护方面的工作职责、议事决策规程及董事会下设的信托委员会履行消费者权益保护工作职责作出了明确的规定,确保了全面有效地开展消费者权益保护工作,切实维护消费者的合法权益。

## 9. 公司监事会意见

监事会认为,本报告期内,公司决策程序合法,内部控制制度较为完善,没有发现公司董事、经理和其他高级管理人员在执行公司职务时有违法违纪和有损公司及股东利益的行为。公司财务报告真实地反映了公司的财务状况和经营成果。

# 中国对外经济贸易信托有限公司

## 1. 重要提示

1.1 中国对外经济贸易信托有限公司(以下简称公司、中国外贸信托或外贸信托)董事会及董事保证本报告所载资料不存在任何虚假记载、误导性陈述或者重大遗漏,并对其内容的真实性、准确性和完整性承担个别及连带责任。本年度报告摘要摘自年度报告全文,客户及相关利益人欲了解详细内容,应阅读年度报告全文。

1.2 个别董事声明

无。

1.3 独立董事意见

成长青、卢力平、孙向东作为中国对外经济贸易信托有限公司的独立董事,保证本报告内容的真实性、准确性、完整性。

1.4 毕马威华振会计师事务所对本公司年度财务报告进行审计,出具了标准无保留意见的审计报告。

1.5 本公司董事长杨林、总经理伊力扎提、财务总监帅立新声明:保证年度报告中财务报告的真实、完整。

## 2. 公司概况

### 2.1 公司简介

2.1.1 公司法定名称

中文:中国对外经济贸易信托有限公司(缩写:中国外贸信托/外贸信托)

英文:China Foreign Economy and Trade Trust Co., Ltd.(缩写:FOTIC)

2.1.2 法定代表人:杨林

2.1.3 注册地址:北京市西城区复兴门内大街28号凯晨世贸中心中座6层

邮政编码:100031

2.1.4 国际互联网网址:www.fotic.com.cn

电子信箱:fotic@sinochem.com

2.1.5 信息披露事务负责人:王大为

联系电话:010-59569299

传　　真:010-59569888

电子信箱 wangdawei@sinochem.com

2.1.6 信息披露报纸:《上海证券报》

2.1.7 年度报告备置地点:中国外贸信托总经理办公室

2.1.8 聘请会计师事务所:毕马威华振会计师事务所(特殊普通合伙)

办公地址:中国北京市东长安街1号东方广场毕马威大楼8层

### 2.2 组织结构

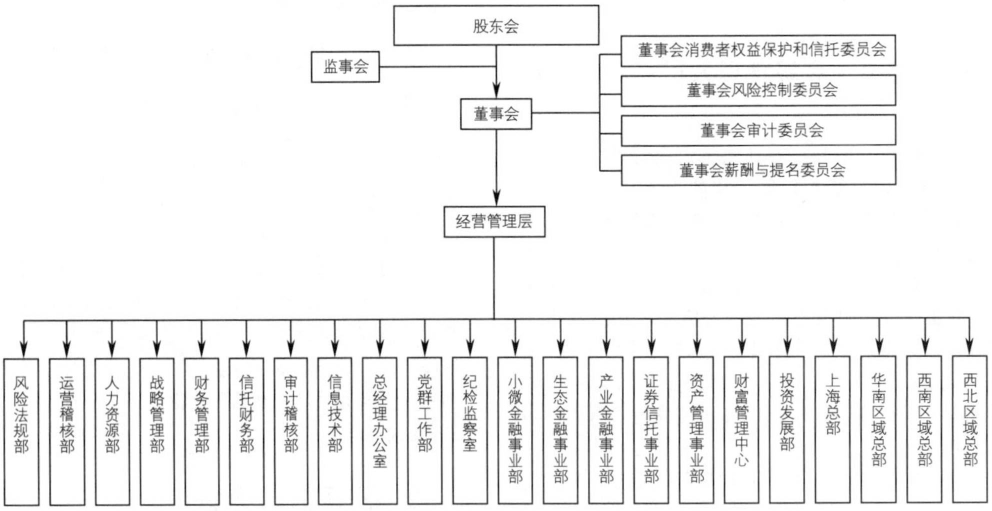

# 3. 公司治理

## 3.1 股东

股东总数:2 家。

| 股东名称 | 持股比例(%) | 法人代表 | 注册资本(万元) | 注册地址 | 主要经营业务及主要财务情况 |
|---|---|---|---|---|---|
| 中化资本有限公司 | 96.97 | 杨林 | 2 657 468 896.20 元(其中包含 34 000 728.61 美元) | 中国(上海)自由贸易试验区华申路 218 号 B3 楼东南部位 | 投资管理;资产管理;实业投资;企业管理咨询;投资咨询。<br>截至 2018 年 12 月 31 日,公司合并资产总额为 172.37 亿元。2018 年,公司实现合并营业收入 30.11 亿元,利润总额为 25.27 亿元。 |
| 中化集团财务有限责任公司 | 3.03 | 杨林 | 83 152 244.13 元 | 北京市西城区复兴门内大街 28 号凯晨世贸中心中座 | 对成员单位办理财务和融资顾问、信用鉴证及相关的咨询、代理业务;协助成员单位实现交易款项的收付;对成员单位提供担保;办理成员单位之间的委托贷款及委托投资;对成员单位办理票据承兑与贴现;办理成员单位之间的内部转账结算及相应的结算、清算方案设计;吸收成员单位的存款;对成员单位办理贷款及融资租赁;从事同业拆借;承销成员单位的企业债券;经批准发行财务公司债券;对金融机构的股权投资;有价证券投资;成员单位产品的买方信贷。代理企业财产保险、货物运输保险;建筑、安装工程保险;特约标的保险;责任保险类。<br>截至 2018 年 12 月 31 日,公司资产总额为 270.97 亿元。2018 年,公司实现营业收入 7.38 亿元,利润总额为 6.37 亿元。 |

## 3.2 董事

### 3.2.1 董事会成员

| 姓名 | 职务 | 性别 | 年龄(岁) | 选任日期 | 所推举的股东名称 | 该股东持股比例(%) | 简要履历 |
|---|---|---|---|---|---|---|---|
| 杨　林 | 董事长 | 男 | 55 | 2014 年 8 月 | 中化资本有限公司 | 96.97 | 曾任商业部管理干部培训中心教员,德国西门子公司西南分公司职员,德国威拉公司中国总部产品部经理,中国化工进出口总公司计财本部财务处科员、财务科科长、总经理助理,中国化工进出口总公司财务部副总经理,中国化工进出口总公司资金管理部总经理,中国中化集团公司资金管理部总经理兼投资发展部副总经理,中国中化集团公司副总会计师兼中国中化股份有限公司财务副总监;现任中国中化集团公司总会计师兼中国中化股份有限公司财务总监,中化集团金融事业部总裁,中国对外经济贸易信托有限公司董事长。 |
| 伊力扎提 | 董事 | 男 | 43 | 2017 年 2 月 | 中化资本有限公司 | 96.97 | 曾任吉通网络通信股份有限公司人力资源部副总经理,中国中化集团公司石油中心人力资源部副总经理、总经理,中化国际石油公司总经理助理、副总经理,中国对外经济贸易信托有限公司副总经理;现任中国对外经济贸易信托有限公司总经理、党委书记、董事,中化集团金融事业部副总裁。 |
| 张宝红 | 董事 | 男 | 52 | 2012 年 7 月 | 中化资本有限公司 | 96.97 | 曾任中国化工进出口总公司财务部职员,中化日本有限公司财务部财务经理,中国化工进出口总公司财会部国内财务科副经理,中化国际化肥贸易有限公司财务部总经理,化肥中心财务总经理兼化肥公司财务部总经理,化肥中心财务总经理、中化国际化肥贸易公司副总经理兼财务部总经理,化肥中心副主任兼中化化肥公司副总经理、中化化肥控股有限公司(HK:00297)首席财务官,中化蓝天集团有限公司常务副总经理,浙江英特集团股份有限公司(SZ:000411)副董事长兼浙江英特药业有限责任公司董事长,中国中化集团公司、中国中化股份有限公司风险管理部总经理,中国中化集团有限公司党组纪检组成员、职工监事,审计合规部总监;现任中国中化集团有限公司董事会秘书、党组秘书、办公厅主任(享受集团总裁助理待遇),中国对外经济贸易信托有限公司董事。 |
| 贾　彤 | 董事 | 女 | 52 | 2015 年 8 月 | 中化资本有限公司 | 96.97 | 曾任中国化工进出口总公司公共关系部职员、石油三处职员、石油公司职员、风险管理部市场风险管理科经理、资产管理部办公室主任、人力资源部综合科经理,中国对外经济贸易信托有限公司资产管理总部办公室主任、人力资源部总经理、总经理助理,中化石油勘探开发有限公司副总经理,中国中化集团公司、中国中化股份有限公司人力资源部副总经理;现任中国中化集团有限公司人力资源部副总监,中国对外经济贸易信托有限公司董事。 |

3.2.2 独立董事

| 姓名 | 所在单位及职务 | 性别 | 年龄（岁） | 选任日期 | 所推举的股东名称 | 该股东持股比例（%） | 简要履历 |
|---|---|---|---|---|---|---|---|
| 孙向东 | 杭州久利投资有限责任公司董事长 | 男 | 56 | 2012 年 7 月 | 中化资本有限公司 | 96.97 | 曾任建设银行浙江省分行投资研究所研究室副主任、副所长、市场开发部主任，浙江省信托投资有限责任公司副总经理，国民信托有限责任公司董事、副总经理、执行董事；现任杭州久利投资有限责任公司董事长，中国对外经济贸易信托有限公司独立董事。 |
| 成长青 | 驰卓投资有限公司执行董事 | 男 | 57 | 2015 年 4 月 | 中化资本有限公司 | 96.97 | 曾任美国亚历山大咨询有限公司管理咨询员，加拿大多伦多道明银行客户经理，美国第一银行大中华信贷审批主管、中国市场部总经理，英国渣打银行北京分行副行长、中国企业部主管、企业咨询董事总经理，高盛高华证券有限责任公司董事总经理；现任驰卓投资有限公司执行董事，中国对外经济贸易信托有限公司独立董事。 |
| 卢力平 | 北京国家会计学院教授、金融系主任 | 男 | 63 | 2015 年 4 月 | 中化资本有限公司 | 96.97 | 曾任天津电子仪表局公务员、处长，天津中环集团处长；现任北京国家会计学院教授，中国对外经济贸易信托有限公司独立董事。 |

## 3.3 监事

监事会成员

| 姓名 | 职务 | 性别 | 年龄（岁） | 选任日期 | 所推举的股东名称 | 该股东持股比例（%） | 简要履历 |
|---|---|---|---|---|---|---|---|
| 宋玉增 | 监事会主席 | 男 | 56 | 2014 年 4 月 | 中化资本有限公司 | 96.97 | 曾任中华全国总工会财务部职员，中国化工进出口总公司财会处职员，中国化工进出口总公司威洛基公司财务部经理，中化国际橡胶公司财务部副经理，中国化工进出口总公司审计处一科副科长、审计部海外科副经理、石油中心审计分部经理，中国中化集团公司审计稽核部副总经理，中国中化集团公司/中国中化股份有限公司审计稽核部总经理；现任中国中化股份有限公司纪检监察部主任、巡视办主任，中国对外经济贸易信托有限公司监事。 |
| 刘　剑 | 监事 | 男 | 53 | 2012 年 7 月 | 中化资本有限公司 | 96.97 | 曾任中国机械进出口总公司工业机械进出口公司财会部、中国机械进出口总公司工业机械进出口公司财会科副科长，中化化肥公司财务部、中国中化集团公司化肥中心财务部副总经理，中国中化集团公司保险部副总经理，中国中化集团公司保险部总经理；现任中化集团财务有限责任公司总经理，中化集团金融事业部副总裁，中国对外经济贸易信托有限公司监事。 |
| 梁　虹 | 监事 | 男 | 55 | 2008 年 6 月 | 职工代表 | — | 现任职于中国对外经济贸易信托有限公司证券信托事业部、交易部总经理，中国对外经济贸易信托有限公司监事。 |

## 3.4 高级管理人员

| 姓名 | 职务 | 性别 | 年龄（岁） | 选任日期 | 金融从业年限（年） | 学历 | 专业 | 简要履历 |
|---|---|---|---|---|---|---|---|---|
| 伊力扎提 | 总经理 | 男 | 43 | 2017 年 2 月 | 8 | 硕士研究生 | 工商管理 | 曾任吉通网络通信股份有限公司人力资源部副总经理，中国中化集团公司石油中心人力资源部副总经理、总经理，中化国际石油公司总经理助理、副总经理，中国对外经济贸易信托有限公司副总经理；现任中国对外经济贸易信托有限公司总经理，中化集团金融事业部副总裁，中共中国对外经济贸易信托有限公司委员会委员、书记。 |
| 黄文波 | 纪委书记 | 男 | 56 | 2015 年 8 月 | 3 | 大专 | 会计学 | 曾任北京油泵油嘴厂财务部会计，副科长，中化海南有限公司计财部经理、公司总经理助理、副总经理、常务副总经理，中国化工进出口总公司财务本部风险管理部副总经理、清欠办公室主任、财务部特派巡视员，中国中化集团公司/中国中化股份有限公司财务综合部总经理；现任中共中国对外经济贸易信托有限公司纪律检查委员会委员、书记，中共中化集团金融事业部纪律检查委员会委员、书记，中共中国对外经济贸易信托有限公司委员会委员。 |
| 帅立新 | 财务总监 | 女 | 52 | 2009 年 7 月 | 10 | 硕士研究生 | 工商管理 | 曾任中国化工进出口总公司石油财会处会计科科长，中化香港石油国际有限公司财务部总经理，中国中化集团公司会计管理部副总经理；现任中国对外经济贸易信托有限公司财务总监、绩效评价委员会主任（兼），中共中国对外经济贸易信托有限公司委员会委员。 |

续表

| 姓名 | 职务 | 性别 | 年龄(岁) | 选任日期 | 金融从业年限(年) | 学历 | 专业 | 简要履历 |
|---|---|---|---|---|---|---|---|---|
| 齐　斌 | 副总经理 | 男 | 50 | 2014年8月 | 11 | 硕士研究生 | 货币银行学 | 曾任中国人民银行总行管理干部学院团委书记，对外贸易经济合作部计划财务司股份制处主任科员，中国国际贸易中心有限公司企划部总监助理，董事会秘书，中国驻新加坡使馆商务参赞处一等秘书，中国中化集团公司投资部副总经理，浙江石化建材集团有限公司副总经理，中国中化集团公司/中国中化股份有限公司战略规划部副总经理；现任中国对外经济贸易信托有限公司副总经理，中共中国对外经济贸易信托有限公司委员会委员。 |
| 李银熙 | 副总经理 | 女 | 54 | 2010年11月 | 33 | 本科 | 国民经济管理 | 曾任职于中国人民银行北京分行计划处、中国华阳租赁有限公司金融财务部，1992年5月起至今任职于中国对外经济贸易信托有限公司，历任综合计划部副总经理、理财中心副总经理(主持工作)、总经理、资产管理总部副总经理(兼)、公司总经理助理，1999年10月至2001年12月借调到厦华电子公司南非公司；现任中国对外经济贸易信托有限公司副总经理，中共中国对外经济贸易信托有限公司委员会委员。 |
| 张一冰 | 副总经理 | 女 | 51 | 2018年11月 | 28 | 硕士研究生 | 金融学 | 曾就职于中国华大理工技术公司任计财部职员，1990年起至今就职于中国对外经济贸易信托有限公司，先后担任证券部总经理助理、综合业务部经营管理科副科长、投资银行部总经理助理、总经理、稽核法律部总经理、投资发展部总经理，董事会秘书，1999年6月至2001年3月期间担任香港第一太平银行投资银行部副总裁；现任中共中国对外经济贸易信托有限公司委员会委员、副书记，中国对外经济贸易信托有限公司副总经理(兼)。 |
| 赵　照 | 副总经理 | 男 | 45 | 2017年12月 | 24 | 博士研究生 | 金融学 | 曾任中国电力信托投资有限公司投资发展部项目经理，北京证券营业部交易部经理，中国电力财务有限公司四川业务部副主任、总经理工作部副主任、法律及合规部主任、发展策划部主任，英大国际控股集团有限公司发展策划部主任，英大基金管理有限公司副总经理、常务副总经理，兼任英大资本管理有限公司总经理；现任中国对外经济贸易信托有限公司副总经理，中共中国对外经济贸易信托有限公司委员会委员。 |
| 王晓丽 | 总经理助理 | 女 | 37 | 2017年11月 | 16 | 硕士研究生 | 工商管理 | 曾任中国对外经济贸易信托有限公司计划财务部职员、总经理助理、金融产品二部副总经理、副总经理(主持工作)、总经理，金融市场总部常务副总经理，金融市场事业部总经理；现任中国对外经济贸易信托有限公司总经理助理。 |
| 卫濛濛 | 总经理助理 | 女 | 37 | 2017年11月 | 13 | 硕士研究生 | 金融学 | 曾任中国对外经济贸易信托有限公司理财服务中心职员、资产管理五部职员、产品管理部总经理助理(主持工作)、副总经理(主持工作)、证券产品部总经理、证券信托事业部总经理(期间曾兼任证券信托事业部综合部总经理)、财富管理中心总经理(期间曾兼任财富中心管理部总经理)；现任中国对外经济贸易信托有限公司总经理助理，财富管理中心总经理(兼)。 |
| 秦江卫 | 总法律顾问、首席风控官 | 男 | 46 | 2018年11月 | 15 | 硕士研究生 | 法学 | 曾在太原双喜轮胎工业股份有限公司全面质量管理处任职，2004年7月起至今任职于中国对外经济贸易信托有限公司，历任稽核法律部职员、稽核法律部总经理助理、稽核法律部副总经理、风险法规部总经理(期间曾兼任公司第二总部副总经理)、公司副总法律顾问；现任中国对外经济贸易信托有限公司总法律顾问，首席风控官，风控合规总部总经理(兼)。 |
| 王大为 | 董事会秘书 | 男 | 39 | 2018年11月 | 8 | 硕士研究生 | 市场营销 | 曾任中化国际冶金能源事业总部销售经理，中化集团战略规划部企业管理部职员，2011年7月起任职于中国对外经济贸易信托有限公司，历任财富管理二部职员、财富管理中心山西分部总经理助理、资产保全工作组副组长、西北区域总部总经理；现任中国对外经济贸易信托有限公司董事会秘书，总经理办公室主任(兼)。 |
| 柳元鑫 | 首席信息官(CIO) | 男 | 41 | 2017年11月 | 17 | 硕士研究生 | 计算机软件与理论 | 曾任中国工商银行数据中心(北京)应用部开放平台职员、部门副经理、测试二部部室总经理，中国工商银行数据中心(上海)总经理助理；现任中国对外经济贸易信托有限公司首席信息官(CIO)。 |

### 3.5 公司员工

| 项目 | | 报告期年度 | | 上年度 | |
|---|---|---|---|---|---|
| | | 人数（人） | 比例（%） | 人数（人） | 比例（%） |
| 年龄分布 | 25岁以下 | 11 | 2.18 | 10 | 2.41 |
| | 25~29岁 | 213 | 42.18 | 186 | 44.82 |
| | 30~39岁 | 240 | 47.52 | 181 | 43.61 |
| | 40岁以上 | 41 | 8.12 | 38 | 9.16 |
| 学历分布 | 博士 | 7 | 1.39 | 7 | 1.69 |
| | 硕士 | 308 | 60.99 | 258 | 62.17 |
| | 本科 | 178 | 35.25 | 141 | 33.98 |
| | 专科 | 12 | 2.38 | 9 | 2.16 |
| | 其他 | — | — | — | — |
| 岗位分布 | 董事、监事及其高管人员 | 11 | 2.18 | 9 | 2.17 |
| | 自营业务人员 | 8 | 1.58 | 6 | 1.45 |
| | 信托业务人员 | 347 | 68.71 | 283 | 68.19 |
| | 其他人员 | 139 | 27.52 | 117 | 28.19 |

## 4. 经营管理

### 4.1 经营目标、经营方针、战略规划

公司以“创新引领、服务实体、以人为本的现代金融公司”作为发展目标。创新引领方面，公司将以新技术与新产业为核心，通过科技创新赋能金融、产业创新培育新业务、协同创新实现共赢、组织创新激发内生动力。服务实体方面，充分整合运用多种金融工具，在国家重大战略性新兴产业、供给侧改革、消费结构升级、中小微企业发展等领域提供全方位金融服务。以人为本方面，公司将以客户为中心，践行人本理念，实现客户利益、员工发展和组织发展三者相互协同。最终打造业务领先、管理有效、组织结构灵活、风险管理全面有效、资源配置合理高效的现代金融公司。

公司将推动“金融好社会”实现作为提升服务力与实现价值创造的根本宗旨，继续深化“以客户为中心的产品力和组织力”，回归信托业的市场本源与制度本源，积极服务实体经济发展和人民美好生活需要。公司将继续强化“服务+”能力，促进业务间的协同，逐步实现系统化、综合性的金融服务能力。

### 4.2 所经营业务的主要内容

公司目前聚焦小微金融、产业金融、资本市场、财富管理四大领域，打造链式竞争优势。

小微金融方面，公司抓住消费金融市场发展机遇，坚持“平台+数据”策略，构建绿色、共享、开放小微金融生态圈，为小微金融终端服务商提供融资、运营等全流程服务体系，并培养自身对底层资产的把控能力，逐渐形成以风控能力为核心的竞争力。同时，公司积极助力中小微企业的健康发展，围绕中小微企业在生产经营、销售流通等环节的上下游融资需求，开展多元化、创新性金融服务，打造中小微企业新型融资模式，构建数字时代的生态金融服务能力，切实支持实体经济发展。

产业金融方面，公司坚持聚焦头部客户，丰富产业金融内涵，为实体经济注入金融活力，致力于成为细分领域领先的资产管理者。公司在地产、环保等领域不断提升产业理解能力，坚持增量地产业务做强做大、存量地产探索升级、新兴产业深入挖潜的业务策略，通过直接融资进一步服务实体经济。

资本市场方面，经过多年积累，公司已逐步构建证券信托服务类业务加资管类业务双翼发展的体系。证券信托服务类业务以渠道客户和私募管理人客户为根基，植入科技基因，开展受托人服务、基金行政服务、大数据服务、大类资产配置服务等多元化综合服务体系，打造中国领先的资本市场行政服务商。同时，公司还致力于构建以FOF管理、研究支持和大数据产品为核心的增值服务产品线，提升增值服务能力。除此之外，公司以证券市场投研能力为基础，不断深化资产管理内涵，从投资研究、资产配置、产品研发、品牌营销全面开展资产管理服务，打造“精品资管”。

财富管理方面，伴随着中国经济增长，高净值客户财富管理意识逐步增强，公司持续以客户为中心，扩展区域布局，升级线上营销，打造行业领先的财富管理平台。同时，通过培养自身投资咨询水平和资产配置能力，公司构建以增值服务为主要内涵的家族信托业务模式，实现由产品销售向财富管理的转型。

**自营资产运用与分布表**

| 资产运用 | 金额（万元） | 占比（%） | 资产分布 | 金额（万元） | 占比（%） |
|---|---|---|---|---|---|
| 货币资产 | 43 367.85 | 2.89 | 基础产业 | 14 736.59 | 0.98 |
| 贷款及应收款 | 56 508.33 | 3.77 | 房地产 | 90 909.26 | 6.06 |
| 交易性金融资产 | 27 138.05 | 1.81 | 证券市场 | 173 098.86 | 11.54 |
| 可供出售金融资产 | 1 239 009.55 | 82.58 | 实业 | 67 853.81 | 4.52 |
| 持有至到期投资 | — | — | 金融机构 | 115 772.24 | 7.72 |
| 长期股权投资 | 87 382.06 | 5.82 | 其他 | 1 037 947.79 | 69.18 |
| 其他 | 46 912.71 | 3.13 | | | |
| 资产总计 | 1 500 318.55 | 100.00 | 资产总计 | 1 500 318.55 | 100.00 |

**信托资产运用与分布表**

| 资产运用 | 金额（万元） | 占比（%） | 资产分布 | 金额（万元） | 占比（%） |
|---|---|---|---|---|---|
| 货币资产 | 1 910 045.69 | 4.25 | 基础产业 | 342 182.44 | 0.76 |
| 贷款 | 12 667 523.10 | 28.21 | 房地产 | 2 741 543.06 | 6.11 |
| 交易性金融资产 | 18 550 079.90 | 41.31 | 证券市场 | 20 153 944.82 | 44.88 |
| 可供出售金融资产 | 576 000.00 | 1.28 | 实业 | 912 250.14 | 2.03 |
| 持有至到期投资 | 9 054 653.37 | 20.16 | 金融机构 | 12 142 144.27 | 27.04 |
| 长期股权投资 | 468 508.80 | 1.04 | 其他 | 8 613 914.04 | 19.18 |
| 买入返售金融资产 | 889 003.42 | 1.98 | | | |
| 其他 | 790 164.49 | 1.77 | | | |
| 信托资产总计 | 44 905 978.77 | 100.00 | 信托资产总计 | 44 905 978.77 | 100.00 |

### 4.3 市场分析

#### 4.3.1 宏观环境

2018年，中国经济总量达90万亿元，GDP同比增长6.6%，增速放缓，但保持在合理区间。货币政策稳健适度，

2018年末广义货币(M2)余额同比增长8.1%,增速与2017年同期持平。融资增速整体回落,社会融资规模存量同比增长9.8%,增速较2017年低3.6个百分点。

2018年,金融监管平衡"防风险"与"稳增长"。2018年初,防范化解重大风险被列为"三大攻坚战"之首,金融监管以守住风险底线为目标,陆续出台资管新规等多项政策,有效防控金融风险,金融机构的合规意识不断增强。同时,各项宏观政策与监管制度引导社会资金流向实体经济,更好地支持经济结构调整和转型升级。

在监管政策的引导下,信托行业提高风险防控意识,主动调整业务结构,资产规模稳中趋降,资产质量有所优化,回归本源、服务实体经济成为行业共识。未来信托行业处于转型发展的关键期,信托公司应充分发挥信托业跨市场、创新力强等优势,明确市场定位,在细分领域深耕细作,更好地服务实体经济发展和人民需求。

**4.3.2 影响公司发展的因素**

4.3.2.1 有利因素

新兴产业蓬勃发展、传统产业转型升级,催生了新的金融服务需求;消费驱动型经济增长为消费金融创造了广阔的市场空间,信托公司应运用多元化金融工具包括股权、债券、基金化、ABS等方式提供多样化的金融服务。

未来高净值人群及个人可投资资产规模持续增长,进一步释放财富管理增量需求。目前我国财富管理处于发展初期,难以满足高净值及超高净值人群在风险隔离、合理避税、灵活传承、慈善运作和综合投融资配置等多方面的需求,随着我国富裕人群持续增长及财富管理需求日趋多元化,信托公司应把握先机,深耕其间,实现业务模式的转型升级。

互联网、移动互联的普及,以及大数据、云计算等新技术广泛应用,为金融业带来巨大而深远的影响。未来信托公司可充分利用大数据、云计算、智能投顾等技术进行信托产品和服务创新。

4.3.2.2 不利因素

我国金融风险总体可控,但隐患仍不容忽视。宏观层面,外部环境复杂,不确定因素较多,国内结构性矛盾突出,经济仍面临下行压力。实体经济领域,部分实体经济行业仍处于结构调整期,企业易形成信用风险;金融领域,我国金融体系仍然处于风险易发期。"稳金融",要求金融机构把防控金融风险和服务实体经济结合起来,以解决实体经济融资难融资贵为抓手,提升服务能力,深化服务内涵、改善服务质量,脱虚向实,更好地满足实体经济综合金融服务需求。

## 4.4 内部控制概况

公司已建立比较完善的公司治理机制,股东会、董事会、独立董事、监事会及高管层之间权责分明、各司其职。

股东会是公司的最高权力机构,代表股东对公司行使最终的控制权和决策权。

董事会是经营决策的最高权力机构,对股东会负责。

董事会下设风险控制委员会、消费者权益保护和信托委员会、审计委员会、薪酬与提名委员会等专业委员会。其中,风险控制委员会负责制定公司业务决策授权范围,审批超出公司管理层权限的业务事项,审议公司主要风险管理制度,并监督、检查公司风险管理制度、业务流程规范的执行情况;消费者权益保护和信托委员会负责消费者权益保护工作并监督、评价消费者权益工作的全面性、及时性和有效性,督促公司依法履行受托职责,对公司信托业务运行情况进行定期评估,当股东利益、公司利益与受益人利益发生冲突时,应保证公司为受益人利益服务,研究提出维护受益人利益的具体措施;审计委员会负责公司内部及外部审计工作,对公司内部控制管理工作进行监督,核查财务信息披露,并协同董事会风险控制委员会工作,指导内部审计部门开展风险管理评价审计等;薪酬与提名委员会代表董事会行使高级管理人员人选提名、考核及薪酬管理等管理职能。

监事会是公司的监督机构。公司监事会向股东会负责,对公司财务以及公司董事、经理和其他高级管理人员履行职责的合法性进行监督,维护公司及股东的合法权益。监事会依法享有法律法规赋予的知情权、建议权和报告权。公司采取有效措施保障监事的知情权,及时向监事提供必要的信息和资料,以便监事会对公司财务状况和经营管理情况进行有效的监督、检查和评价。

公司高管层是公司的决策执行机构,对董事会负责,在公司章程和董事会授权范围内行使职权,牢固树立了内控优先的风险管理理念,使风险防范意识贯穿到公司各个部门、各个岗位和工作的各个环节。

公司所构建的股东会、董事会、监事会和高管层之间的权力制衡结构,能切实发挥科学激励和约束监督的治理机制,有效抑制"道德风险"的发生,为公司内部控制建设提供良好的环境。

公司始终秉承"稳健思变,诚客礼才"的经营理念,树立"国内理财市场的金字招牌,国际金融市场的百年老店"的愿景,强化合规经营和尽职管理,重视全面风险管理、内部控制以及相关文化的建设,建立充分的信息交流和共享机制,强化内控制度约束。2018年,公司持续完善内部控制体系,包括根据业务实际不断滚动修订和完善相关体系文件,大力提升公司风险管理能力,以及提升员工经营管理的质量意识和程序意识,对巩固和提高公司经营质量发挥积极作用。

公司通过培训和学习等多种途径,不断提升员工的风控合规意识和职业道德,使全体员工熟悉监管法律法规和公司规章制度以及业务操作流程。通过建立实施风险管理问责制,公司对风险管理过程中的违规、不尽职以及过失等行为进行责任追究。公司将风险管理的执行情况与绩效评价相结合,强化"合规先行"的内控导向。全体员工对内控制度和机制已充分理解并达成共识。

公司内部控制的主要政策导向为合规经营、严控风险,在提升业务开拓能力、实现公司经营战略目标的同时,不断提高公司的业务风险管控能力。结合全面风险管理、内部控制体系建设工作,公司已建立一套以战略管理、业务管理、财务管理、信息系统、风险管理与内部审计为核心的较为完善的包括规章制度和操作规范在内的内部控制体系,形成职责明确、分工合理、相互制衡的组织结构和内部牵制机制。

公司高度重视消费者权益保护工作,将实现客户利益及保护消费者合法权益融入企业文化建设和公司治理,构建与公司组织架构、经营业务相匹配的消费者权益保护机制体制,建立健全消费者权益保护规章制度,在产品服务管理、投诉处理应对、宣教培训、内部监督等方面切实贯彻落实消费者权益保护工作要求。

公司审计稽核部负责内部审计工作，独立行使对公司内部控制情况的监督、评价和纠正职责。在审计过程中发现的内部控制缺陷，向被审计部门提出改进建议并敦促被审计部门及时改进。审计稽核部有权直接向董事会及审计委员会、监事会和公司高管层报告质量管理和内部控制的审计情况。

公司通过项目审计，对项目尽职调查、项目和合同审批、资金拨付、执行过程管理等全过程进行分析和复核，评价项目是否达到预期效果，分析项目执行的实际情况与预测的差别及原因，找出存在的问题，总结经验教训，提出改进措施与建议。

## 4.5 风险管理概况

2018 年公司始终贯彻“合规先行、稳中求进”的风控文化，坚守底线，不碰红线。持续深化全面风险管理，建立合规统筹管理机制，大风控管理体系初步建立。公司遵循全覆盖、相匹配与动态调整、审慎性等风险管理基本原则，建立了比较健全的风险管理治理架构，形成了较为明晰的风险管理三道风险防线，设立事前审批、事中执行和事后监督三道程序，为风险管理提供三道防火墙。

### 4.5.1 信用风险管理

2018 年，公司颁布《信用风险管理办法》，规范信用风险管理思路和实施路径。

一是摸清风险底数。公司已严格按照监管法规和内控机制，落实信托产品的分类标准和操作流程，真实、准确和动态地反映资产风险状况；建立健全信用风险预警体系，密切监测分析重点领域信用风险的生成和迁徙变化情况，定期开展房地产等项目信用风险压力测试。

二是严控增量风险。公司已实行统一管理，严格不同层级的审批权限；加强信用风险审查，有效甄别高风险客户。在信用风险多发业务领域，严格业务准入并落实监管要求，确保业务合法合规开展。

三是处置存量风险。公司综合运用多种手段加快处置存量不良资产，并缓释潜在风险，提升风险缓释能力。

### 4.5.2 市场风险管理

在自营证券方面，公司由专业部门负责境内外权益类投资业务管理，严格按照公司规章制度开展相关业务。同时，持续加强对宏观经济、证券市场的研究和持仓标的的投后管理，在 2018 年资本市场的不利环境中通过控制投资预算、放缓新增投资以及侧重投资标的基本面等措施，将证券市场下行风险保持在可控范围内。

在证券投资类信托业务方面，公司调整组织架构，采取对业务开发、交易和运营管理进行专业化划分，分设团队，实现全流程管理的专业化，提高工作效率。通过对业务流程中的潜在风险事件定制通知和实时针对性复核或监控的方式防范和管理市场风险，不断提高业务信息系统对业务的支持水平，提高系统监控的覆盖面，有力地保障了证券信托业务合法、合规运行。

### 4.5.3 操作风险管理

外贸信托已建立了一套以战略管理、业务管理、财务管理、信息系统、风险管理和稽核为核心的较为完善的内部控制制度和操作流程，形成职责明确、分工合理、相互制衡的组织结构和内部牵制机制。明确执行风险的责任部门和监督部门，并对业务实施环节、事项作出明确的规范。

外贸信托在建立健全内部控制体系的同时，强化对内部控制有效性的监控与评价，通过内部审计、流程优化、执行过程管理等手段实现对公司操作风险及内部控制体系及时、有效地监控，并以此为基础形成内部控制的持续改进机制。

2018 年制定《外贸信托操作风险管理办法》，结合公司操作风险、内部控制与合规“三合一”管理体系建设开展情况，在原有内控体系框架的基础上，引入操作风险管理框架，对内控体系架构层级进行重新梳理，精简规章制度层面的文件，调整内控规范层面的文件编制模板，针对公司各业务流程梳理，组织各部门对所有内控文件进行全面修订，并着手建立操作风险与内控管理政策，引入操作风险识别和管理工具，强化检查跟踪落实。

公司定期开展业务操作流程执行状况检查，跟踪检查公司的各项操作流程的执行情况，保障业务操作流程的有效执行。在项目执行过程中，采取现场检查和非现场检查相结合的方式，持续跟踪项目运行情况，强化尽职管理。

### 4.5.4 流动性风险管理

对于固有资金层面的流动性管理，公司建立完善的流动性风险管理相关制度，包括《固有资金流动性管理办法》《融资管理办法》等。在流动性风险管理的具体操作中，主要通过提前规划资产资金结构、逐日盘点流动性余缺、强化头寸管理、拓宽外源融资渠道、提高应急处理能力等途径，管理流动性风险。

对于信托项目层面的流动性管理，公司制定了《外贸信托信托项目流动性风险管理办法》。对于证券类项目，结合投资者风险偏好与潜在流动性要求，设定投资于各类资产的比例限制，严格按照约定投资范围与比例限制实施投资管理；同时进行资产流动性与申赎安排匹配管理，并建立巨额赎回管理机制。对于非证券项目，在交易结构设计上要求资金与资产一一匹配，要求主要还款来源持续、稳定、可覆盖；在存续期间，持续监测所投资产质量与变现能力，必要时以穿透原则监测底层资产流动性情况。

### 4.5.5 法律合规风险管理

作为央企下属全资信托公司，公司高度重视合规价值培养和合规文化塑造，积极倡导“合规优先、主动合规、全员合规、全过程合规”的合规文化，在公司上下树立合规经营理念。严格遵守各项政策法规开展合规管理工作，坚持合规统筹管理，合规要求覆盖所有业务类型，贯穿业务开展全流程，并追求各项工作的持续合规。合规审查中按照“实质重于形式”审查原则，审慎判断项目合规风险，明确合规是底线并要求全员坚守。

合规管理方面，公司建设性提出合规法律意见建议，积极支持业务合规发展。严格执行法律及监管政策要求，公司通过持续补充、修订内部规定确保外规内化及时、全面，将各项监管要求通过项目合规审查落实为具体执行前提，加强合同文本管理，持续完善业务合规管理制度流程，保障业务开展事前、事中和事后全过程合规。同时，公司定期或不定期发布监管动态及政策解读，通过移动端推送、内部分享、专题培训、全员竞赛等方式持续推进合规文化宣贯，加强合规知识学习。

法律风险管理方面，公司围绕专业化、可视化、体系化诉讼管理及风险防范机制建设，通过强化专业支持、加强体系管理、引导全员学习，在能力提升、体系管理、资源协同、风险宣贯、团队建设上痛下功夫、加强探索，综合运用债务重组、和解调解、司法处置等手段，充分发挥诉讼保全工作的“灭火器”和“防火墙”作用，有序推进风险资产处置工作，筑牢风险防控长城。

**4.5.6　交叉金融产品风险管理**

针对交叉金融产品风险和创新业务，公司通过全面风险管理三道防线层层把控，坚守合规底线，把握实质风险，同时，规范业务开展，未发生交叉金融产品风险。公司已发布《外贸信托交叉金融产品业务管理办法》，为有效把控交叉金融产品风险提供制度依据。

一是控制业务增量。公司已完善同业业务内部管理架构，确保业务复杂程度与风险管理能力相匹配，审慎开展交叉金融业务。公司制定了同业业务交易对手负面清单，审慎选择交易对手，并对法律法规及监管政策禁止的业务领域，公司在业务开展过程中均予以回避。

二是做实穿透管理。公司根据业务开展事前、事中、事后的规范审慎的操作，能准确掌握业务规模、业务品种、基础资产性质、风险状况、资本和拨备等相关信息。新开展的同业投资业务均未进行多层嵌套，已根据基础资产性质，准确计量风险，足额计提资本和拨备。

三是消化存量风险。公司已全面排查存量同业业务，所有业务均按照信托合同规范化开展，不存在多层架构、复杂程度高的业务。对风险高的同业投资业务，公司持续关注运营情况，必要时制定应对策略和退出时间表。

**4.5.7　信息科技风险管理**

公司网络安全及整体信息安全管理工作统一由公司信息化委员会作为领导机构开展。公司总经理担任委员会主任，公司首席信息官担任委员会常委。同时，可根据具体议题邀请专业方面具备发言权的公司有职务的人员，或者外部专家作为临时委员，以保证决策的有效性。委员会不定期召开会议对公司有关信息化工作进行讨论、部署、指导和监督。

公司对应用信息系统开展渗透测试评估自查工作。另外，公司根据实际工作开展需要制定与网络安全有关的具体项目和预算，2018 年完成服务器区生产、测试网络安全隔离。根据公司整体规划要求设立西安灾备中心，完成灾备中心基础设施环境搭建及证券资管交易系统、财富五行生财 APP 系统、小微金融信贷、支付核心业务系统部分功能的搭建工作。针对网络安全风险评估工作，公司综合分析重要基础设施安全可靠性、信息系统持续提供服务能力、客户信息和数据安全保护有效性、系统软硬件安全可控能力等方面的现状并制订完善计划。

**4.5.8　声誉风险管理**

公司进一步加强信息披露及舆情管理。第一，公司严格按照监管要求，按季度向北京银保监局上报公司声誉风险排查情况报告和舆情形势研判报告，并坚持每日舆情报告制度。第二，公司继续完善日常舆情监测和专项舆情监测机制。每日由专人专岗监测与公司、重要项目和信托行业相关的舆情，及时掌握舆情动态。一旦发现敏感舆情，立即启动应急流程，进行 7×24 小时专项舆情监测，按照公司对于应急事件的相关规定，统筹组织相关部门展开应对，并及时上报监管部门和行业协会。2018 年未发生重大声誉风险事件。第三，对于公司重大临时事项，及时进行信息披露。因变更股东、增加注册资本和变更公司章程，公司在事项完成后于 2018 年 12 月 26 日在《上海证券报》信息披露，发布《中国对外经济贸易信托有限公司关于变更股权、增加注册资本及修改公司章程的公告》。第四，公司一贯重视宣传报道工作，加强与监管部门和行业协会的沟通，加强正面舆论引导，在互联网新媒体、自媒体等渠道逐步加大发声力度，提高发声频率，增强舆论引导工作的协同性、前瞻性和有效性。一方面减少负面舆情的影响；另一方面积极释放“正能量”，提升公司声誉形象和品牌价值。

## 4.6　公司履行社会责任情况

报告期内，公司严格遵守国家法律法规、监管部门规章、规范性文件及公司章程；坚持诚信经营，自觉履行纳税义务；关注社会整体利益，坚决履行反洗钱义务，维护国家金融秩序和金融安全。公司始终恪守社会公德和商业道德，自觉遵守信托业自律规则和业务相关领域的各项规定，积极维护信托业市场竞争秩序，秉承“受人之托，代人理财”的信托精神，积极履行应尽的社会责任。公司积极响应党和国家有关打赢脱贫攻坚战的号召，切实履行中央企业政治责任和社会责任，积极践行“金融好社会”宗旨，将设立一家公益基金会作为 2018 年公司党建“一年一大事”的重要目标之一。2018 年 12 月 26 日，公司获得北京市民政局关于同意设立北京信诺公益基金会的行政申请许可受理决议书。该基金会将成为信托行业内第三家公益基金会。

# 5. 报告期末及上一年度末的比较式会计报表

## 5.1　自营资产

**5.1.1　会计师事务所审计结论**

**审计报告**

毕马威华振审字第 1902695 号

中国对外经济贸易信托有限公司董事会：

一、审计意见

我们审计了后附的第 1 页至第 44 页的中国对外经济贸易信托有限公司（以下简称贵公司）财务报表，包括 2018 年 12 月 31 日的资产负债表，2018 年度的利润表、现金流量表、所有者权益变动表和资产减值准备情况表以及财务报表附注。

我们认为，后附的财务报表在所有重大方面按照附注二所述的编制基础编制。

二、形成审计意见的基础

我们按照中国注册会计师审计准则（以下简称审计准则）的规定执行了审计工作。审计报告的“注册会计师对财务报表审计的责任”部分进一步阐述了我们在这些准则下的责任。按照中国注册会计师职业道德守则，我们独立于贵公司，并履行了职业道德方面的其他责任。我们相信，我们获取的审计证据是充分、适当的，为发表审计意见提供了基础。

三、强调事项——编制基础以及对分发和使用的限制

我们提醒财务报表使用者关注附注二对编制基础的说明。贵公司财务报表仅为报送相关监管机构以及母公司和最终控制方编制合并财务报表之目的而编制。因此，该财务报表可能

不适用于其他用途。

本报告仅为相关监管机构用于监督管理以及母公司和最终控制方编制合并财务报表之目的而编制。除此之外，本报告不应被任何其他人士所依赖用于任何其他目的。我们对任何其他人士使用本报告产生的一切后果概不承担任何责任或义务。未经本所的事先书面同意，不得披露、提及或引用本报告的全部或部分内容。

本部分内容不影响已发表的审计意见。

四、其他信息

贵公司管理层对其他信息负责。其他信息包括贵公司2018年年度报告中涵盖的信息，但不包括财务报表和我们的审计报告。

我们对财务报表发表的审计意见不涵盖其他信息，我们也不对其他信息发表任何形式的鉴证结论。

结合我们对财务报表的审计，我们的责任是阅读其他信息，在此过程中，考虑其他信息是否与财务报表或我们在审计过程中了解到的情况存在重大不一致或者似乎存在重大错报。

基于我们已执行的工作，如果我们确定其他信息存在重大错报，我们应当报告该事实。在这方面，我们无任何事项需要报告。

五、管理层和治理层对财务报表的责任

管理层负责按照附注二所述的编制基础编制财务报表，并设计、执行和维护必要的内部控制，以使财务报表不存在由于舞弊或错误导致的重大错报。

在编制财务报表时，管理层负责评估贵公司的持续经营能力，披露与持续经营相关的事项（如适用），并运用持续经营假设，除非贵公司计划进行清算、终止运营或别无其他现实的选择。

治理层负责监督贵公司的财务报告过程。

六、注册会计师对财务报表审计的责任

我们的目标是对财务报表整体是否不存在由于舞弊或错误导致的重大错报获取合理保证，并出具包含审计意见的审计报告。合理保证是高水平的保证，但并不能保证按照审计准则执行的审计在某一重大错报存在时总能发现。错报可能由于舞弊或错误导致，如果合理预期错报单独或汇总起来可能影响财务报表使用者依据财务报表作出的经济决策，则通常认为错报是重大的。

在按照审计准则执行审计工作的过程中，我们运用职业判断，并保持职业怀疑。同时，我们也执行以下工作：

（1）识别和评估由于舞弊或错误导致的财务报表重大错报风险，设计和实施审计程序以应对这些风险，并获取充分、适当的审计证据，作为发表审计意见的基础。由于舞弊可能涉及串通、伪造、故意遗漏、虚假陈述或凌驾于内部控制之上，未能发现由于舞弊导致的重大错报的风险高于未能发现由于错误导致的重大错报的风险。

（2）了解与审计相关的内部控制，以设计恰当的审计程序，但目的并非对内部控制的有效性发表意见。

（3）评价管理层选用会计政策的恰当性和作出会计估计及相关披露的合理性。

（4）对管理层使用持续经营假设的恰当性得出结论。同时，根据获取的审计证据，就可能导致对贵公司持续经营能力产生重大疑虑的事项或情况是否存在重大不确定性得出结论。如果我们得出结论认为存在重大不确定性，审计准则要求我们在审计报告中提请报表使用者注意财务报表中的相关披露；如果披露不充分，我们应当发表非无保留意见。我们的结论基于截至审计报告日可获得的信息。然而，未来的事项或情况可能导致贵公司不能持续经营。

我们与治理层就计划的审计范围、时间安排和重大审计发现等事项进行沟通，包括沟通我们在审计中识别出的值得关注的内部控制缺陷。

毕马威华振会计师事务所（特殊普通合伙）

中国·北京

中国注册会计师

王文鹏

杜晓燕

2019年4月24日

5.1.2 资产负债表

资产负债表

编制单位：中国对外经济贸易信托有限公司　　2018年12月31日　　单位：万元

| 项目 | 期末余额 | 期初余额 |
|---|---|---|
| 流动资产： | — | — |
| 货币资金 | 43 367.85 | 72 081.84 |
| △结算备付金 | — | — |
| △拆出资金 | — | — |
| 以公允价值计量且其变动计入当期损益的金融资产 | 27 138.05 | 7 703.72 |
| 衍生金融资产 | — | — |
| 应收票据及应收账款 | 49 185.50 | 50 294.45 |
| 其中：应收票据 | — | — |
| 应收账款 | 49 185.50 | 50 294.45 |
| 预付款项 | 1 056.39 | 777.51 |
| △应收保费 | — | — |
| △应收分保账款 | — | — |
| △应收分保准备金 | — | — |
| 其他应收款 | 6 266.44 | 7 298.02 |
| 其中：应收利息 | — | — |
| 应收股利 | — | — |
| 其他应收款 | 6 266.44 | 7 298.02 |
| △买入返售金融资产 | — | — |
| 存货 | — | — |
| 其中：原材料 | — | — |
| 库存商品（产成品） | — | — |
| 持有待售的资产 | — | — |
| 一年内到期的非流动资产 | — | — |
| 其他流动资产 | — | — |
| 流动资产合计 | 127 014.23 | 138 155.54 |
| 非流动资产： | — | — |

续表

| 项目 | 期末余额 | 期初余额 |
|---|---|---|
| △发放贷款及垫款 | — | — |
| 可供出售金融资产 | 1 239 009.55 | 999 389.42 |
| 持有至到期投资 | — | — |
| 长期应收款 | — | — |
| 长期股权投资 | 87 382.06 | 84 883.48 |
| 投资性房地产 | — | — |
| 固定资产 | 2 883.22 | 2 024.74 |
| 其中:固定资产净额 | 2 883.22 | 2 024.74 |
| 固定资产清理 | — | — |
| 在建工程 | — | — |
| 工程物资 | — | — |
| 固定资产清理 | — | — |
| 生产性生物资产 | — | — |
| 油气资产 | — | — |
| 无形资产 | 11 566.68 | 8 337.53 |
| 开发支出 | — | — |
| 商誉 | — | — |
| 长期待摊费用 | 1 272.54 | 599.41 |
| 递延所得税资产 | 31 190.27 | 19 784.65 |
| 其他非流动资产 | — | — |
| 其中:特准储备物资 | — | — |
| 非流动资产合计 | 1 373 304.32 | 1 115 019.23 |
| 资产总计 | 1 500 318.55 | 1 253 174.77 |
| 流动负债: | — | — |
| 短期借款 | 70 000.00 | 70 000.00 |
| △向中央银行借款 | — | — |
| △吸收存款及同业存放 | — | — |
| △拆入资金 | — | — |
| 以公允价值计量且其变动计入当期损益的金融负债 | — | — |
| 衍生金融负债 | — | — |
| 应付票据及应付账款 | — | — |
| 其中:应付票据 | — | — |
| 应付账款 | — | — |
| 预收款项 | 512.66 | 599.39 |
| △卖出回购金融资产款 | — | — |
| △应付手续费及佣金 | — | — |
| 应付职工薪酬 | 4 099.64 | 1 670.08 |
| 其中:应付工资 | — | — |
| 应付福利费 | — | — |
| #其中:职工奖励及福利基金 | — | — |
| 应交税费 | 14 640.20 | 5 138.68 |
| 其中:应交税金 | 14 397.64 | 4 988.63 |
| 其他应付款 | 152 201.03 | 280 500.11 |
| 其中:应付利息 | 183.92 | 231.56 |
| 应付股利 | — | — |
| 其他应付款 | 152 017.11 | 280 268.55 |
| △应付分保账款 | — | — |
| △保险合同准备金 | — | — |
| △代理买卖证券款 | — | — |
| △代理承销证券款 | — | — |
| 划分为持有待售的负债 | — | — |

续表

| 项目 | 期末余额 | 期初余额 |
|---|---|---|
| 一年内到期的非流动负债 | — | — |
| 其他流动负债 | — | — |
| 流动负债合计 | 241 453.53 | 357 908.26 |
| 非流动负债: | — | — |
| 长期借款 | — | — |
| 应付债券 | — | — |
| 长期应付款 | — | — |
| 其中:长期应付款 | — | — |
| 专项应付款 | — | — |
| 长期应付职工薪酬 | — | — |
| 预计负债 | — | — |
| 递延收益 | — | — |
| 递延所得税负债 | — | — |
| 其他非流动负债 | — | — |
| 其中:特准储备基金 | — | — |
| 非流动负债合计 | — | — |
| 负债合计 | 241 453.53 | 357 908.26 |
| 所有者权益(或股东权益): | — | — |
| 实收资本(或股本) | 274 062.11 | 220 000.00 |
| 国有资本 | 274 062.11 | 220 000.00 |
| 其中:国有法人资本 | 274 062.11 | 220 000.00 |
| 集体资本 | — | — |
| 民营资本 | — | — |
| 其中:个人资本 | — | — |
| 外商资本 | — | — |
| #减:已归还投资 | — | — |
| 实收资本(或股本)净额 | 274 062.11 | 220 000.00 |
| 其他权益工具 | — | — |
| 其中:优先股 | — | — |
| 永续债 | — | — |
| 资本公积 | 170 903.65 | 4 965.77 |
| 减:库存股 | — | — |
| 其他综合收益 | -26 729.37 | 19 129.57 |
| 其中:外币报表折算差额 | — | — |
| 专项储备 | — | — |
| 盈余公积 | 124 382.83 | 104 921.46 |
| 其中:法定公积金 | 124 382.83 | 104 921.46 |
| 任意公积金 | — | — |
| #储备基金 | — | — |
| #企业发展基金 | — | — |
| #利润归还投资 | — | — |
| △一般风险准备 | 83 214.86 | 69 716.35 |
| 未分配利润 | 633 030.94 | 476 533.36 |
| 归属于母公司所有者权益合计 | 1 258 865.02 | 895 266.51 |
| *少数股东权益 | — | — |
| 所有者权益(或股东权益)合计 | 1 258 865.02 | 895 266.51 |
| 负债和所有者权益(或股东权益)总计 | 1 500 318.55 | 1 253 174.77 |

### 5.1.3 利润表

**利润表**

编制单位：中国对外经济贸易信托有限公司　　2018 年度　　单位：万元

| 项目 | 本年数 | 上年数 |
| --- | --- | --- |
| 一、营业收入 | 299 775.72 | 258 446.50 |
| 利息净收入 | -1 496.47 | -62.29 |
| 利息收入 | 1 693.45 | 1 663.13 |
| 利息支出 | 3 189.92 | 1 725.42 |
| 手续费及佣金净收入 | 237 693.94 | 194 854.46 |
| 手续费及佣金收入 | 237 693.94 | 194 854.46 |
| 手续费及佣金支出 | — | — |
| 租赁收益 | — | — |
| 投资收益（损失以"-"号填列） | 62 927.75 | 64 929.34 |
| 公允价值变动损益（损失以"-"号填列） | 363.71 | -1 274.18 |
| 汇兑损益（损失以"-"填列） | 42.73 | -57.44 |
| 其他业务收入 | 237.93 | 57.39 |
| 其他收益 | 3.67 | — |
| 资产处置收益（损失以"-"号填列） | 2.46 | -0.78 |
| 二、营业支出 | 43 979.45 | 46 587.90 |
| 税金及附加 | 1 486.97 | 1 378.71 |
| 业务及管理费 | 47 771.81 | 38 895.66 |
| 资产减值损失 | -7 038.29 | 4 358.65 |
| 其他业务成本 | 1 758.96 | 1 954.88 |
| 三、营业利润（亏损以"-"号填列 | 255 796.27 | 211 858.60 |
| 加：营业外收入 | 8.67 | 10.56 |
| 减：营业外支出 | 205.14 | 2.00 |
| 四、利润总额（亏损总额以"-"号填列） | 255 599.80 | 211 867.16 |
| 减：所得税费用 | 60 986.11 | 49 723.15 |
| 五、净利润（净亏损以"-"号填列） | 194 613.69 | 162 144.01 |

续表

| 项目 | 本年数 | 上年数 |
| --- | --- | --- |
| （一）按所有权归属分类： | — | — |
| 归属于母公司所有者的净利润 | 194 613.69 | 162 144.01 |
| *少数股东损益 | — | — |
| （二）按经营持续性分类： | — | — |
| 持续经营净利润 | 194 613.69 | 162 144.01 |
| 终止经营净利润 | — | — |
| 六、其他综合收益的税后净额 | -45 858.94 | 10 100.32 |
| （一）以后不能重分类进损益的其他综合收益 | — | — |
| 其中：1. 重新计量设定受益计划净负债或净资产导致的变动 | — | — |
| 2. 权益法下在被投资单位不能重分类进损益的其他综合收益中所享有的份额 | — | — |
| （二）以后将重分类进损益的其他综合收益 | -45 858.94 | 10 100.32 |
| 其中：1. 权益法下在被投资单位以后将重分类进损益的其他综合收益中所享有的份额 | -3 929.84 | 640.77 |
| 2. 可供出售金融资产公允价值变动损益 | -41 929.10 | 9 459.55 |
| 3. 持有至到期投资重分类为可供出售金融资产损益 | — | — |
| 4. 现金流量套期损益的有效部分 | — | — |
| 5. 外币财务报表折算差额 | — | — |
| 七、综合收益总额 | 148 754.75 | 172 244.33 |
| 归属于母公司所有者的综合收益总额 | 148 754.75 | 172 244.33 |
| *归属于少数股东的综合收益总额 | — | — |
| 八、每股收益： | — | — |
| 基本每股收益 | — | — |
| 稀释每股收益 | — | — |

### 5.1.4 所有者权益变动表

**所有者权益变动表**

编制单位：中国对外经济贸易信托有限公司　　2018 年 12 月 31 日　　单位：万元

| 项目 | 本年金额 | | | | | | | | |
| --- | --- | --- | --- | --- | --- | --- | --- | --- | --- |
| | 实收资本（或股本） | 资本公积 | 减：库存股 | 其他综合收益 | 专项储备 | 盈余公积 | △一般风险准备 | 未分配利润 | 所有者权益合计 |
| 一、上年年末余额 | 220 000.00 | 4 965.77 | — | 19 129.57 | — | 104 921.46 | 69 716.35 | 476 533.36 | 895 266.51 |
| 加：会计政策变更 | — | — | — | — | — | — | — | — | — |
| 前期差错更正 | — | — | — | — | — | — | — | — | — |
| 其他 | — | — | — | — | — | — | — | — | — |
| 二、本年年初余额 | 220 000.00 | 4 965.77 | — | 19 129.57 | — | 104 921.46 | 69 716.35 | 476 533.36 | 895 266.51 |
| 三、本年增减变动金额（减少以"-"号填列） | 54 062.11 | 165 937.89 | — | -45 858.94 | — | 19 461.37 | 13 498.51 | 156 497.58 | 363 598.52 |
| （一）综合收益总额 | — | — | — | -45 858.94 | — | — | — | 194 613.69 | 148 754.75 |
| （二）所有者投入和减少资本 | 54 062.11 | 165 937.89 | — | — | — | — | — | — | 220 000.00 |
| 1. 所有者投入的普通股 | 54 062.11 | 165 937.89 | — | — | — | — | — | — | 220 000.00 |
| 2. 其他权益工具持有者投入资本 | — | — | — | — | — | — | — | — | — |
| 3. 股份支付计入所有者权益的金额 | — | — | — | — | — | — | — | — | — |
| 4. 其他 | — | — | — | — | — | — | — | — | — |

续表

| 项目 | 本年金额 | | | | | | | | |
|---|---|---|---|---|---|---|---|---|---|
| | 实收资本（或股本） | 资本公积 | 减：库存股 | 其他综合收益 | 专项储备 | 盈余公积 | △一般风险准备 | 未分配利润 | 所有者权益合计 |
| （三）专项储备提取和使用 | — | — | — | — | — | — | — | — | — |
| 1. 提取专项储备 | — | — | — | — | — | — | — | — | — |
| 2. 使用专项储备 | — | — | — | — | — | — | — | — | — |
| （四）利润分配 | — | — | — | — | — | 19 461. 37 | 13 498. 51 | -38 116. 11 | -5 156. 23 |
| 1. 提取盈余公积 | — | — | — | — | — | 19 461. 37 | — | -19 461. 37 | — |
| 其中：法定公积金 | — | — | — | — | — | 19 461. 37 | — | -19 461. 37 | — |
| 任意公积金 | — | — | — | — | — | — | — | — | — |
| #储备基金 | — | — | — | — | — | — | — | — | — |
| #企业发展基金 | — | — | — | — | — | — | — | — | — |
| #利润归还投资 | — | — | — | — | — | — | — | — | — |
| 2. 提取一般风险准备 | — | — | — | — | — | — | 13 498. 51 | -13 498. 51 | — |
| 3. 对所有者（或股东）的分配 | — | — | — | — | — | — | — | -5 156. 23 | -5 156. 23 |
| 4. 其他 | — | — | — | — | — | — | — | — | — |
| （五）所有者权益内部结转 | — | — | — | — | — | — | — | — | — |
| 1. 资本公积转增资本（或股本） | — | — | — | — | — | — | — | — | — |
| 2. 盈余公积转增资本（或股本） | — | — | — | — | — | — | — | — | — |
| 3. 盈余公积弥补亏损 | — | — | — | — | — | — | — | — | — |
| 4. 结转重新计量设定受益计划净负债或净资产所产生的变动 | — | — | — | — | — | — | — | — | — |
| 5. 其他 | — | — | — | — | — | — | — | — | — |
| 四、本年年末余额 | 274 062. 11 | 170 903. 66 | — | -26 729. 37 | — | 124 382. 83 | 83 214. 86 | 633 030. 94 | 1 258 865. 03 |

## 5.2 信托资产

### 5.2.1 信托项目资产负债汇总表

**信托项目资产负债汇总表**

编制单位：中国对外经济贸易信托有限公司　　2018 年 12 月 31 日　　单位：万元

| 信托资产 | 年末数 | 年初数 | 信托负债和信托权益 | 年末数 | 年初数 |
|---|---|---|---|---|---|
| 信托资产： | | | 信托负债： | | |
| 现金及存放中央银行款项 | — | — | 拆入资金 | — | — |
| 存放同业款项 | 1 910 045. 69 | 1 655 007. 01 | 交易性金融负债 | — | — |
| 拆出资金 | 23 000. 00 | 470 000. 00 | 衍生金融负债 | — | — |
| 交易性金融资产 | 18 550 079. 90 | 19 676 544. 73 | 卖出回购金融资产款 | — | — |
| 衍生金融资产 | — | — | 应付职工薪酬 | — | — |
| 买入返售金融资产 | 889 003. 42 | 1 346 494. 98 | 应交税金 | 22 424. 19 | 95. 40 |
| 应收票据 | — | — | 应付利息 | — | — |
| 应收账款 | 29 413. 55 | 124 400. 16 | 应付股利 | 91 845. 20 | 111 525. 73 |
| 预付账款 | — | — | 应付账款 | 71 744. 88 | 57 540. 23 |
| 应收利息 | 118 924. 48 | 123 793. 58 | 其他应付款 | 733 611. 47 | 120 765. 92 |
| 应收股利 | 30 723. 59 | 21 290. 93 | 代理业务负债 | — | — |
| 其他应收款 | 35 557. 49 | 21 090. 87 | 长期应付款 | — | — |
| 发放贷款及垫款 | 12 667 523. 10 | 13 212 841. 81 | 预计负债 | — | — |
| 代理业务资产 | — | — | 递延所得税负债 | — | — |
| 可供出售金融资产 | 576 000. 00 | 120 415. 20 | 信托负债合计 | 919 625. 74 | 289 927. 28 |
| 长期应收款 | — | — | | | |
| 持有至到期投资 | 9 054 653. 37 | 11 778 381. 75 | | | |
| 长期股权投资 | 468 508. 80 | 482 987. 04 | 信托权益： | | |
| 固定资产 | — | — | 实收信托 | 42 906 857. 24 | 45 599 089. 74 |
| 固定资产清理 | — | — | 资本公积 | 102 651. 85 | 91 536. 90 |
| 无形资产 | — | — | 其他综合收益 | — | — |
| 商誉 | — | — | 盈余公积 | — | — |
| 长期待摊费用 | — | — | 信托赔偿准备金 | — | — |
| 递延所得税资产 | — | — | 未分配利润 | 976 843. 94 | 4 080 328. 13 |
| 其他资产 | 552 545. 38 | 1 027 633. 99 | 信托权益合计 | 43 986 353. 03 | 49 770 954. 77 |
| 信托资产合计 | 44 905 978. 77 | 50 060 882. 05 | 信托负债和信托权益合计 | 44 905 978. 77 | 50 060 882. 05 |

5.2.2 信托项目利润及利润分配表

信托项目利润及利润分配表

编制单位：中国对外经济贸易信托有限公司　　2018 年度　　单位：万元

| 项目 | 本年实际数 | 上年实际数 |
|---|---|---|
| 一、营业收入 | -153 908.12 | 4 544 671.14 |
| 利息收入 | 1 784 227.94 | 1 169 131.23 |
| 租赁收益 | — | — |
| 投资收益（损失以"-"号填列） | 759 979.61 | 1 687 469.14 |
| 其中：对联营企业和合营企业的投资收益 | 5 391.59 | 18 807.84 |
| 公允价值变动损益（损失以"-"号填列） | -2 704 390.09 | 1 677 195.20 |
| 汇兑损益（损失以"-"填列） | 535.60 | 4 595.03 |
| 其他业务收入 | 5 738.82 | 6 280.54 |
| 二、营业支出 | 686 361.76 | 452 285.66 |
| 税金及附加 | 6 757.97 | — |
| 业务及管理费 | 670 607.13 | 448 285.66 |
| 资产减值损失 | 8 996.66 | 4 000.00 |
| 其他业务成本 | — | — |
| 三、营业利润（亏损以"-"号填列 | -840 269.88 | 4 092 385.48 |
| 加：营业外收入 | 35 466.95 | 31 655.69 |
| 减：营业外支出 | 2 066.59 | 4 238.62 |
| 四、利润总额（亏损总额以"-"号填列） | -806 869.52 | 4 119 802.55 |
| 减：所得税费用 | — | — |
| 五、净利润（净亏损以"-"号填列） | -806 869.52 | 4 119 802.55 |
| 六、其他综合收益 | — | 25 366.54 |
| 七、综合收益总额 | -806 869.52 | 4 145 169.09 |
| 加：期初未分配信托利润 | 4 080 328.13 | 1 882 006.34 |
| 八、可供分配的信托利润 | 3 273 458.61 | 6 027 175.43 |
| 减：本期已分配的信托利润 | 2 296 614.67 | 1 946 847.30 |
| 九、期末未分配信托利润 | 976 843.94 | 4 080 328.13 |

注：公司证券业务占比较高，受 2018 年资本市场大幅下跌影响，信托项目汇总利润下滑。

# 6. 会计报表附注

## 6.1 会计报表编制基准说明

本报表按照中华人民共和国财政部 2006 年 2 月 15 日颁布的《企业会计准则》编制。本公司报告期内会计报表编制基准无不符合会计核算基本前提的事项。本公司无合并会计报表。

## 6.2 或有事项说明

本公司报告期内无或有事项。

## 6.3 重要资产转让及其出售的说明

本公司报告期内无重要资产转让及其出售的事项。

## 6.4 会计报表中重要项目的明细资料

### 6.4.1 自营资产经营情况

6.4.1.1 资产风险分类结果（以净值列示）

| 信用风险资产五级分类 | 正常类（万元） | 关注类（万元） | 次级类（万元） | 可疑类（万元） | 损失类（万元） | 信用风险资产合计（万元） | 不良资产合计（万元） | 不良资产率（%） |
|---|---|---|---|---|---|---|---|---|
| 期初数 | 1 220 387.76 | 1 599.36 | 357.48 | 83.85 | — | 1 222 428.45 | 441.33 | 0.04 |
| 期末数 | 1 536 955.48 | 4 452.44 | 305.62 | 131.35 | — | 1 541 844.89 | 436.97 | 0.03 |

6.4.1.2 资产损失准备计提转回情况

单位：万元

| | 期初数 | 本期计提 | 本期转回 | 本期核销 | 期末数 |
|---|---|---|---|---|---|
| 贷款损失准备 | — | — | — | — | — |
| 一般准备 | — | — | — | — | — |
| 专项准备 | — | — | — | — | — |
| 其他资产减值准备 | — | — | — | — | — |
| 可供出售金融资产减值准备 | 96 821.66 | — | 7 135.00 | 1 649.30 | 88 037.36 |
| 持有至到期投资减值准备 | — | — | — | — | — |
| 长期股权投资减值准备 | 401.79 | — | — | — | 401.79 |
| 坏账准备 | 1 101.21 | 96.71 | — | — | 1 197.92 |
| 投资性房地产减值准备 | — | — | — | — | — |

6.4.1.3 金融资产和长期股权投资

单位：万元

| | 自营股票 | 基金 | 债券 | 持有至到期投资 | 长期股权投资 |
|---|---|---|---|---|---|
| 期初数 | 109 446.88 | 45 865.02 | — | — | 84 883.48 |
| 期末数 | 119 765.73 | 40 863.98 | — | — | 87 382.06 |

注：净值列示。

6.4.1.4 前三名的自营长期股权投资的企业名称、占被投资企业权益的比例、主要经营活动及投资收益情况（按持股比例排列）

| 企业名称 | 占被投资企业权益的比例（%） | 主要经营活动 | 投资收益（万元） |
|---|---|---|---|
| 1. 冠通期货股份有限公司 | 48.72 | 期货 | 899.86 |
| 2. 诺安基金管理有限公司 | 40.00 | 基金管理 | 12 501.56 |
| 3. 宝盈基金管理有限公司 | 25.00 | 基金管理 | 1 352.00 |

6.4.1.5 前五名的自营贷款的企业名称、占贷款总额的比例和还款情况

| 企业名称 | 占贷款总额的比例 | 还款情况 |
|---|---|---|
| — | — | — |

6.4.1.6 代理业务的期初数、期末数

单位：万元

| | 期初数 | 期末数 |
|---|---|---|
| 代理业务（委托业务） | — | — |
| 其他 | — | — |
| 合计 | — | — |

6.4.1.7 公司当年的收入结构

单位：万元

| 收入结构 | 金额 |
|---|---|
| 手续费及佣金收入 | 237 693.94 |
| 其中：信托手续费收入 | 234 351.96 |
| 投资银行业务收入 | 3 341.98 |
| 利息收入 | 1 693.45 |
| 其他业务收入 | 237.93 |
| 其中：计入信托业务收入部分 | — |
| 投资收益 | 62 927.75 |
| 其中：股权投资收益 | 14 753.42 |
| 证券投资收益 | -1 588.55 |
| 其他投资收益 | 49 762.88 |
| 公允价值变动收益 | 363.71 |
| 其他收益 | 3.67 |
| 资产处置收益 | 2.46 |
| 营业外收入 | 8.67 |
| 收入合计 | 302 931.58 |

#### 6.4.2 信托资产管理情况

6.4.2.1 信托资产情况

单位:万元

| 信托资产 | 期初数 | 期末数 |
|---|---|---|
| 集合类 | 35 971 839.73 | 32 548 350.40 |
| 单一类 | 8 481 137.76 | 7 680 797.30 |
| 财产权类 | 5 607 904.56 | 4 676 831.07 |
| 合计 | 50 060 882.05 | 44 905 978.77 |

6.4.2.1.1 主动管理型信托业务情况

单位:万元

| 主动管理型信托资产 | 期初数 | 期末数 |
|---|---|---|
| 证券投资类 | 2 521 773.12 | 1 552 121.18 |
| 股权投资类 | 8 442 082.10 | 7 748 372.16 |
| 融资类 | 6 950 877.53 | 7 561 139.13 |
| 事务管理类 | 682 299.78 | 992 617.86 |
| 合计 | 18 597 032.53 | 17 854 250.33 |

6.4.2.1.2 被动管理型信托业务情况

单位:万元

| 被动管理型信托资产 | 期初数 | 期末数 |
|---|---|---|
| 证券投资类 | 19 878 236.24 | 18 601 822.09 |
| 股权投资类 | 584 137.46 | 144 558.51 |
| 融资类 | 224 114.11 | — |
| 事务管理类 | 10 777 361.71 | 8 305 347.84 |
| 合计 | 31 463 849.52 | 27 051 728.44 |

6.4.2.2 本年度已清算结束的信托项目情况

6.4.2.2.1 本年度已清算结束的信托项目情况

| 已清算结束的信托项目 | 项目个数(个) | 实收信托合计金额(万元) | 加权平均实际年化收益率(%) |
|---|---|---|---|
| 集合类 | 532 | 5 610 108.37 | 4.35 |
| 单一类 | 70 | 4 079 821.67 | 3.79 |
| 财产管理类 | 30 | 2 199 478.67 | 5.52 |

6.4.2.2.2 本年度已清算结束的主动管理型信托项目情况

| 已清算结束的信托项目 | 项目个数(个) | 实收信托合计金额(万元) | 加权平均实际年化信托报酬率(%) | 加权平均实际年化收益率(%) |
|---|---|---|---|---|
| 证券投资类 | 34 | 227 379.53 | 0.75 | -3.78 |
| 股权投资类 | 17 | 318 799.19 | 1.48 | 5.71 |
| 融资类 | 14 | 391 089.36 | 1.41 | 6.18 |
| 事务管理类 | 17 | 296 552.28 | 0.48 | 6.44 |

6.4.2.2.3 本年度已清算结束的被动管理型信托项目情况

| 已清算结束的信托项目 | 项目个数(个) | 实收信托合计金额(万元) | 加权平均实际年化信托报酬率(%) | 加权平均实际年化收益率(%) |
|---|---|---|---|---|
| 证券投资类 | 444 | 6 896 681.85 | 0.16 | 3.41 |
| 股权投资类 | 8 | 240 248.71 | 0.22 | 4.95 |
| 融资类 | — | — | — | — |
| 事务管理类 | 98 | 3 518 657.77 | 0.26 | 6.16 |

6.4.2.3 本年度新增信托项目情况

续表

| 新增信托项目 | 项目个数(个) | 实收信托合计金额(万元) |
|---|---|---|
| 集合类 | 693 | 8 436 215.59 |
| 单一类 | 46 | 1 333 115.01 |
| 财产管理类 | 123 | 3 132 722.68 |
| 新增合计 | 862 | 12 902 053.28 |
| 其中:主动管理型 | 183 | 2 099 928.80 |
| 被动管理型 | 679 | 10 802 124.48 |

6.4.2.4 本公司履行受托人义务情况及因本公司自身责任而导致的信托资产损失情况

公司管理信托财产恪尽职守,履行诚实、信用、谨慎、有效管理的义务,没有因公司自身责任而导致信托资产损失的情况。

6.4.2.5 信托赔偿准备金的提取、使用和管理情况

本公司按照税后利润的5%计提信托赔偿准备金。截至2018年12月31日,信托赔偿准备金余额为9 730.68万元。2018年公司未发生信托赔偿准备金使用情况。

### 6.5 关联方关系及其交易的披露

#### 6.5.1 关联交易方的数量、关联交易的总金额及关联交易的定价政策

**固有业务关联方情况**

| | 关联交易数量 | 关联交易金额(万元) | 定价政策 |
|---|---|---|---|
| 合计 | 6 | 5 255.27 | 公允价值定价 |

**信托业务关联方情况**

| | 关联交易数量 | 关联交易金额(万元) | 定价政策 |
|---|---|---|---|
| 合计 | — | — | — |

#### 6.5.2 关联交易方与本公司的关系性质、关联交易方的名称、法定代表人、注册地址、注册资本及主营业务

**固有业务关联方情况**

| 关系性质 | 关联方名称 | 法定代表人 | 注册地 | 注册资本(万元) | 主营业务 |
|---|---|---|---|---|---|
| 实际控制人 | 中国中化股份有限公司 | 宁高宁 | 北京 | 3 980 000.00 | 石油、化肥、化工、金融等行业投资 |
| 股东 | 中化资本有限公司 | 杨林 | 上海 | 560 000.00 | 投资管理;资产管理;实业投资;企业管理咨询;投资咨询 |
| 股东 | 中化集团财务有限责任公司 | 杨林 | 北京 | 300 000.00 | 财务和融资顾问 |
| 同受母公司控制 | 北京凯晨置业有限公司 | 李从瑞 | 北京 | 美元 10 240.00 | 房地产开发 |
| 同受母公司控制 | 中化金茂物业管理(北京)有限公司 | 谢炜 | 北京 | 500.00 | 物业管理 |
| 同受母公司控制 | 中化国际物业酒店管理有限公司 | 谢炜 | 北京 | 38 760.00 | 房地产开发 |
| 同受母公司控制 | 中化聚缘企业管理(北京)有限公司 | 杨宝建 | 北京 | 1 000.00 | 物业管理、餐饮服务、其他企业服务 |

信托业务关联方情况

| 关系性质 | 关联方名称 | 法定代表人 | 注册地 | 注册资本（万元） | 主营业务 |
|---|---|---|---|---|---|
| — | — | — | — | — | — |

6.5.3 本公司与关联方的重大交易事项

6.5.3.1 固有财产与关联方：贷款、投资、租赁、应收账款、担保、其他方式等期初汇总数、本期发生额汇总数、期末汇总数

固有财产与关联方关联交易

单位：万元

| | 期初数 | 借方发生额 | 贷方发生额 | 期末数 |
|---|---|---|---|---|
| 贷款 | — | — | — | — |
| 投资 | — | — | — | — |
| 租赁 | — | — | — | — |
| 担保 | — | — | — | — |
| 应收账款 | — | — | — | — |
| 其他 | 1 647.07 | — | 165.83 | 1 481.24 |
| 合计 | 1 647.07 | — | 165.83 | 1 481.24 |

注：固有财产与关联方关联交易主要是房屋租赁费用等。

6.5.3.2 信托资产与关联方：贷款、投资、租赁、担保、应收账款、其他方式等期初汇总数、本期发生额汇总数、期末汇总数

信托资产与关联方关联交易

单位：万元

| | 期初数 | 借方发生额 | 贷方发生额 | 期末数 |
|---|---|---|---|---|
| 贷款 | — | — | — | — |
| 投资 | — | — | — | — |
| 租赁 | — | — | — | — |
| 担保 | — | — | — | — |
| 应收账款 | — | — | — | — |
| 其他 | — | — | — | — |
| 合计 | — | — | — | — |

6.5.3.3 信托公司自有资金运用于自己管理的信托项目（固信交易）、信托公司管理的信托项目之间的相互交易金额

6.5.3.3.1 固有财产与信托财产之间的交易金额期初汇总数、本期发生额汇总数、期末汇总数

固有财产与信托财产相互交易

单位：万元

| | 期初数 | 本期发生额 | 期末数 |
|---|---|---|---|
| 合计 | 741 541.20 | 122 056.20 | 863 627.40 |

6.5.3.3.2 信托资产与信托财产之间的交易金额期初汇总数、本期发生额汇总数、期末汇总数

信托资产与信托财产相互交易

单位：万元

| | 期初数 | 本期发生额 | 期末数 |
|---|---|---|---|
| 合计 | 4 031 132.35 | −1 418 218.35 | 2 612 914.00 |

6.5.4 关联方逾期未偿还本公司资金的详细情况以及本公司为关联方担保发生或即将发生垫款的详细情况

固有财产没有关联方逾期未偿还本公司资金及本公司为关联方担保发生或即将发生垫款的事项。

### 6.6 会计制度的披露

本公司固有业务和信托业务自2008年1月1日起均执行中华人民共和国财政部于2006年2月15日颁布的《企业会计准则》。

## 7. 财务情况说明书

### 7.1 利润实现和分配情况

2018年本公司实现净利润194 613.69万元，分配方案如下：

（1）按当年净利润的10%提取法定公积金19 461.37万元；

（2）按当年净利润的5%提取信托赔偿准备金9 730.68万元；

（3）提取一般准备3 767.82万元。

可供股东分配的利润为5 156.23万元。

### 7.2 主要财务指标

| 指标名称 | 指标值 |
|---|---|
| 资本利润率（%） | 18.07 |
| 加权年化信托报酬率（%） | 0.51 |
| 人均利润（万元） | 555.65 |

注：1. 资本利润率＝净利润/所有者权益平均余额×100%。

2. 人均利润＝利润总额/年平均人数。

### 7.3 对本公司财务状况、经营成果有重大影响的其他事项

本公司没有对财务状况、经营成果有重大影响的其他事项。

## 8. 特别事项揭示

### 8.1 前五名股东报告期内变动情况及原因

经中国外贸信托2018年第三次股东会议审议通过，并经北京银监局核准（京银监复[2018]450号），中国中化股份有限公司将其持有的中国外贸信托96.22%股权无偿划转给中化资本有限公司。中国外贸信托已就上述事项完成工商变更登记备案手续。调整后，中国外贸信托控股股东由中国中化股份有限公司变动为中化资本有限公司。

### 8.2 董事、监事及高级管理人员变动情况及原因

2018年10月17日，中国外贸信托第六届董事会第二十三次会议通过决议：提名张一冰任中国外贸信托副总经理；提名秦江卫任中国外贸信托首席风控官、总法律顾问；提名王大为任中国外贸信托董事会秘书；免去李银熙担任的中国外贸信

托总法律顾问职务;免去张一冰担任的中国外贸信托董事会秘书职务。张一冰、王大为的任职资格于2018年11月26日获北京银保监局筹备组核准;秦江卫的任职资格于2018年11月29日获北京银保监局筹备组核准。

2018年12月13日,中国外贸信托2018年第二次股东决定书通过决议:李广存、於乐民不再担任中国外贸信托董事职务。

### 8.3 本公司报告期内变更注册资本金、变更注册地或公司名称、公司分立合并事项

经中国外贸信托2018年第三次股东会议审议通过,并经北京银监局核准(京银监复[2018]450号),中国外贸信托注册资本由22亿元增至2 740 621 140.33元,增加的注册资本由中化资本有限公司出资。中国外贸信托已就上述事项完成工商变更登记备案手续。增资后,中国外贸信托的股东名称、出资金额和出资比例为:中化资本有限公司出资2 657 468 896.20元,出资比例96.97%;中化集团财务有限责任公司出资83 152 244.13元,出资比例3.03%。

### 8.4 公司重大诉讼事项

#### 8.4.1 重大未决诉讼事项

无。

#### 8.4.2 以前年度发生,于本报告年度内终结的诉讼事项

无。

#### 8.4.3 本报告年度发生,于本报告年度内终结的诉讼事项

无。

### 8.5 公司及其董事、监事和高级管理人员受到处罚的情况

公司于2017年7月7日收到国家外汇管理局北京外汇管理部的行政处罚决定书,因2014年9月取得境外投资额度后,在20个工作日内未到注册所在地外汇局办理合格投资者基本信息登记,被处以行政处罚2万元。公司已于2016年完成合格投资者基本信息登记。

公司无董事、监事或高级管理人员受到处罚。

### 8.6 银保监会及其派出机构对公司检查情况

无。

### 8.7 本报告期内公司重大事项临时报告

因公司变更股东、增加注册资本和变更公司章程,公司在事项完成后于2018年12月26日在《上海证券报》和公司官网同时进行重大临时事项的信息披露,发布《中国对外经济贸易信托有限公司关于变更股权、增加注册资本及修改公司章程的公告》。

### 8.8 本报告期内银保监会及其省级派出机构认定的其他有必要让客户及相关利益人了解的重要信息

无。

## 9. 公司监事会意见

### 9.1 公司依法运作情况

报告期内,公司的决策程序符合国家法律、法规和公司的章程及相关制度,建立健全了比较有效的内控制度,董事会全体成员及董事会聘任的高级管理人员认真履行了职责,未发现有违法违规、违章的行为,也没有损害公司利益、股东利益和委托人利益的行为。

### 9.2 财务报告的真实性

报告期内,公司财务报告真实反映了公司财务状况和经营成果。

# 中国金谷国际信托有限责任公司

## 1. 重要提示

1.1 本公司董事会及董事保证本报告所载资料不存在任何虚假记载、误导性陈述或者重大遗漏,并对其内容的真实性、准确性和完整性承担个别及连带责任。

1.2 本公司独立董事对本报告的真实性、准确性和完整性无异议。

1.3 安永华明会计师事务所(特殊普通合伙)为本公司出具了标准无保留意见的审计报告。

1.4 本公司董事长彭新、总经理周思良声明:保证年度报告中财务会计报告的真实、完整。

## 2. 公司概况

### 2.1 公司简介

中国金谷国际信托有限责任公司(以下简称公司或金谷信托,原名中国金谷国际信托投资有限责任公司)是1993年4月经中国人民银行批准成立的非银行金融机构。2008年7月30日,经国务院及财政部同意,中国银监会批准了中国信达资产管理公司(后改名为中国信达资产管理股份有限公司,以下简称中国信达)对金谷信托实施重组并增资。2009年9月1日,金谷信托经中国银监会批准重新登记,更名为中国金谷国际信托有限责任公司。2009年9月15日,公司在国家工商行政管理总局完成变更登记手续,并换领新的营业执照,注册资本为12亿元。2013年12月20日,金谷信托完成增资,公司注册资本增至22亿元。2013年12月23日,公司在国家工商行政管理总局完成注册资本变更登记手续,股东持股比例:中国信达持有92.29%的股权,中国妇女活动中心持有6.25%的股权,中国海外工程有限责任公司(以下简称中国海外)持有1.46%的股权。

2.1.1 公司名称

法定中文名称:中国金谷国际信托有限责任公司

中文名称缩写:金谷信托

英文名称:China Jingu International Trust Co. ,Ltd.

英文名称缩写:Jingu Trust

2.1.2 公司法定代表人:彭新

2.1.3 公司注册资本:22亿元

2.1.4 公司注册地址:北京市西城区金融大街33号通泰大厦C座10层

邮政编码:100033

2.1.5 公司官方网站网址:www. jingutrust. com

2.1.6 公司信息披露事务负责人:王崇

电话:010-88086819

传真:010-88086546

电子信箱:wangchong@ cinda. com. cn

2.1.7 公司选定的信息披露报纸名称:《金融时报》

2.1.8 公司年度报告备置地点:北京市西城区金融大街33号通泰大厦C座10层

2.1.9 公司聘请的会计师事务所:安永华明会计师事务所(特殊普通合伙)

住所:北京市东城区东长安街1号东方广场安永大楼16层

2.1.10 公司聘请的律师事务所

北京市中伦律师事务所

住所:北京市朝阳区建国门外大街甲6号SK大厦31/36/37层

北京市环球律师事务所

住所:北京市朝阳区建国路81号华贸中心1号写字楼15层

北京市京都律师事务所

住所:北京市朝阳区景华南街5号远洋光华国际C座23层

北京植德律师事务所

住所:北京市东城区东直门南大街1号来福士中心办公楼5层

北京市中凯律师事务所

住所:北京市东城区安德路大街甲61号红都商务中心6层B1-616室

2.1.11 其他有关资料

公司统一社会信用代码:91110000100013642K

公司金融许可证:K0075H111000001

## 2.2 组织结构

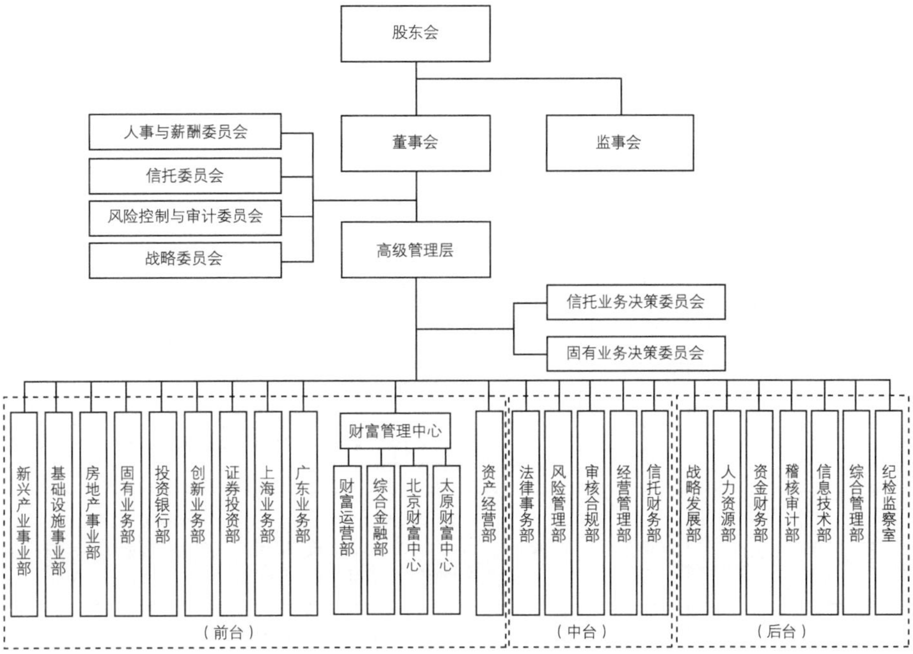


# 3. 公司治理

## 3.1 股东

| 股东名称 | 持股比例（%） | 法人代表 | 注册资本（亿元） | 注册地址 | 主要经营业务 |
|---|---|---|---|---|---|
| 中国信达资产管理股份有限公司 | 92.29 | 张子艾 | 381.6454 | 北京市西城区闹市口大街9号院1号楼 | 收购、受托经营金融机构和非金融机构不良资产，对不良资产进行管理、投资和处置；债权转股权，对股权资产进行管理、投资和处置；破产管理；对外投资；买卖有价证券；发行金融债券、同业拆借和向其他金融机构进行商业融资；经批准的资产证券化业务、金融机构托管和关闭清算业务；财务、投资、法律及风险管理咨询和顾问；资产及项目评估；国务院银行业监督管理机构批准的其他业务（依法须经批准的项目，经相关部门批准后方可开展经营活动）。 |
| 中国妇女活动中心 | 6.25 | 宋胜菊 | 0.3 | 北京市东城区建国门内大街19号 | 特大型餐馆；饭店投资管理；承接国际、国内会议；文化艺术、科技交流活动等。 |
| 中国海外工程有限责任公司 | 1.46 | 赵兴业 | 11.59537 | 北京市海淀区紫竹院路1号7号楼 | 向境外派遣各类劳务人员（不含港澳台地区，有效期至2023年8月3日）；承包各类国外工程和境内外资工程；外派劳务人员培训；承担各类海外工业、民用建筑工程的勘查、设计和咨询；利用外方资源、资金和技术在境内开展劳务合作；进出口业务；工业与民用建筑工程的总承包；市政工程、装饰工程、水力电力工程、港口建设、道路桥梁工程施工；设备安装；建筑材料、工程机械的销售；自有房屋出租；房地产的开发经营及物业管理（企业依法自主选择经营项目，开展经营活动；依法须经批准的项目，经相关部门批准后依批准的内容开展经营活动；不得从事本市产业政策禁止和限制类项目的经营活动）。 |

## 3.2 董事、董事会及其下属委员会

### 3.2.1 董事长、副董事长及董事

| 姓名 | 职务 | 性别 | 年龄（岁） | 选任日期 | 所推举的股东名称 | 该股东持股比例（%） | 简要履历 |
|---|---|---|---|---|---|---|---|
| 彭　新 | 董事长 | 男 | 56 | 2014年6月 | 中国信达 | 92.29 | 1983年参加工作至今，先后担任淮阴市金湖县黎城镇副镇长，建设银行江苏省信托投资公司科长，江苏省建设租赁有限公司副总经理，中国信达南京办事处副主任、党委委员、纪委书记，中国信达南昌办事处主任、党委书记，中国信达江西分公司总经理、党委书记，中国信达山东分公司总经理、党委书记，中国信达江苏分公司总经理、党委书记，中国信达纪委委员等职务；现任金谷信托党委书记、董事长。 |

续表

| 姓名 | 职务 | 性别 | 年龄（岁） | 选任日期 | 所推举的股东名称 | 该股东持股比例(%) | 简要履历 |
|---|---|---|---|---|---|---|---|
| 周思良 | 董事、总经理 | 男 | 51 | 2014年12月 | 中国信达 | 92.29 | 1990年至今，先后担任农业部工程研究设计院规划室助理经济师，中国农业物资供销总公司非金属材料部项目经理，中国信达股权管理部重组业务部经理、高级副经理、高级经理（期间兼任赛特集团有限公司董事会秘书），信达金融租赁有限公司副总经理，中国信达投融资业务部总经理、资产管理业务部总经理；现任金谷信托党委副书记、董事兼总经理，兼任信达资本管理有限公司总经理。 |
| 刘学敬 | 副董事长 | 男 | 61 | 2013年6月 | 中国妇女活动中心 | 6.25 | 1976年参军入伍，1980年至今，先后担任国家审计署金融审计司副处长、处长、沈阳特派办特派员助理，金谷信托副总裁、总裁、监事会主席、总经理等职务；现任金谷信托副董事长。 |
| 林承群 | 董事 | 男 | 47 | 2015年6月 | 中国海外 | 1.46 | 1996年至今，先后担任中国海外工程有限责任公司财务部职员、境外财务经理、审计部部长、财务部部长；现任中国海外工程有限责任公司总会计师。 |
| 陈义斌 | 董事 | 男 | 45 | 2017年6月 | 中国信达 | 92.29 | 1993年至今，先后担任轻工业部规划设计院工程师，中国信达股权管理部副经理、经理、资产管理部经理、总裁办公室经理、高级副经理、高级经理、股权管理部高级经理，中国信达河南分公司党委委员、总经理助理、副总经理，资产管理业务部副总经理；现任中国信达投资与资管部副总经理。 |
| 沈洪溥 | 董事 | 男 | 43 | 2017年2月 | 中国信达 | 92.29 | 1998年至今，先后担任河北经贸大学经济学系教师，中国信达金融风险研究中心发展组主管、经理、高级副经理、高级经理，战略发展部（金融风险研究中心、博士后管理办公室）研究处处长、高级经理；现任中国信达资金市场部总经理助理。 |
| 李玉萍 | 董事 | 男 | 55 | 2017年2月 | 中国信达 | 92.29 | 1984年至今，先后担任江西省煤田地质局职工子弟学校教师，建设银行海口分行东湖办事处职员，建设银行海口分行筹资科副科长，建设银行海南省分行直属海府支行办公室副主任，建设银行海南省分行财会处系统财务科科长、资金清算中心副处长，中国信达海口办事处综合管理部高级副经理、资金财务部高级副经理、高级经理，中国信达资本金办公室高级经理、集团协同部高级经理、公司管理部高级经理，中国信达吉林分公司总经理助理、党委委员、副总经理、纪委书记；现任中国信达集团管理部副总经理。 |

### 3.2.2 独立董事

| 姓名 | 职务 | 性别 | 年龄（岁） | 选任日期 | 简要履历 |
|---|---|---|---|---|---|
| 夏执东 | 独立董事 | 男 | 64 | 2014年12月 | 1984年至今，先后担任财政部科学研究所会计研究室副主任，建设银行总行国际业务部资金处副处长，安永华明会计师事务所副总经理，天华会计师事务所合伙人、董事长，京都天华（后更名为致同）会计师事务所副董事长等职务；现任致同（北京）工程造价咨询有限公司董事长。 |
| 郭　光 | 独立董事 | 男 | 61 | 2015年4月 | 1986年至今，先后担任中国政法大学助教、讲师，德国慕尼黑克伙尔律师事务所职员，德国克虏伯公司法律部职员，德国年利达律师事务所雇员，北京建元律师事务所合伙人，北京市天睿律师事务所主任合伙人；现任北京光汉律师事务所主任合伙人。 |

### 3.2.3 董事会下属委员会

| 委员会名称 | 职责 | 组成人员 |
|---|---|---|
| 人事与薪酬委员会 | 负责制定、审查公司高级管理人员（以下简称高管人员）的薪酬政策与方案，拟定公司高管人员的考核标准并进行考核，接受董事会授权的其他事项。 | 彭新（主任）<br>夏执东<br>郭光 |
| 战略委员会 | 主要负责对公司总体发展战略、重大投资方案及其他影响公司发展的重大事项进行研究并提出建议。 | 彭新（主任）<br>李玉萍<br>夏执东 |
| 信托委员会 | 督促公司依法履行受托职责。当公司或股东利益与受益人利益发生冲突时，信托委员会应保证公司为受益人的最大利益服务。 | 郭光（主任）<br>陈义斌<br>刘学敬 |
| 风险控制与审计委员会 | 负责公司的风险控制、管理、监督和评估以及公司内外部审计的沟通、监督和核查等工作。 | 夏执东（主任）<br>周思良<br>林承群 |

注：中国妇女活动中心提名的董事刘学敬对担任信托委员会委员持保留意见。

### 3.3 监事、监事会

| 姓名 | 职务 | 性别 | 年龄（岁） | 选任日期 | 所推举的股东名称 | 该股东持股比例（%） | 简要履历 |
|---|---|---|---|---|---|---|---|
| 展　鸣 | 监事会主席 | 男 | 60 | 2015年1月 | 中国信达 | 92.29 | 1982年至今，先后担任建设银行北京分行建筑经济处主任科员、副处长，北京市建筑机械联合租赁公司董事、副总经理、总经理，建设银行北京分行信贷一处、二处处长，建设银行总行资产保全部筹备组组长（部门副主任级），浦发银行北京翠微路支行行长、北京分行公司业务部总经理、北京首体支行行长，信达金融租赁有限公司副总经理、党委委员、董事，金谷信托党委副书记、纪委书记；现任金谷信托监事会主席。 |
| 吕晓清 | 监事 | 女 | 53 | 2015年1月 | 中国信达 | 92.29 | 1988年至今，先后担任中国建设银行山东省分行副科长、科长、副处长，中国信达山东分公司资金财务部副处长、高级经理、计划财务部高级经理、总经理助理，审计部总经理助理；现任中国信达审计部副总经理。 |
| 任侠 | 监事 | 女 | 50 | 2011年6月 | 中国妇女活动中心 | 6.25 | 1987年至今，先后担任地质矿产部航空物探遥感中心，金谷信托主管会计、处级经理、高级副经理；现任中国妇女活动中心财务部部长。 |
| 王军民 | 监事 | 男 | 63 | 2008年10月 | 中国海外 | 1.46 | 1988年至今，先后担任中国海外工程有限责任公司企管部、进出口部、成套设备部、法务合约部、企业风险管理办公室等部门副经理、部长、公司总法律顾问、副总经济师等职务。 |
| 王　娜 | 职工监事 | 女 | 45 | 2011年6月 | — | — | 1991年至今，先后担任北京赛特集团管理有限责任公司主管，中国信达业务经理、经理、团委委员，金谷信托人力资源部高级副经理、工会副主席（部门总经理级）；现任金谷信托综合管理部副总经理、工会副主席（部门总经理级）。 |

### 3.4 高级管理人员

| 姓名 | 职务 | 性别 | 年龄（岁） | 选任日期 | 金融从业年限（年） | 学历/学位 | 专业 |
|---|---|---|---|---|---|---|---|
| 周思良 | 总经理 | 男 | 51 | 2014年12月 | 21 | 硕士 | 工商管理 |
| 吴杰 | 副总经理 | 男 | 48 | 2017年3月 | 25 | 硕士 | 世界经济 |
| 武泽平 | 副总经理 | 男 | 45 | 2017年3月 | 11 | 硕士 | 工商管理 |
| 王崇 | 董事会秘书 | 男 | 51 | 2015年12月 | 23 | 硕士 | 国民经济 |

### 3.5 公司员工

| 项目 | | 2017年度 | | 2018年度 | |
|---|---|---|---|---|---|
| | | 人数（人） | 比例（%） | 人数（人） | 比例（%） |
| 年龄分布 | 25岁以下 | — | — | 2 | 1 |
| | 25～29岁 | 36 | 25 | 32 | 21 |
| | 30～39岁 | 65 | 45 | 68 | 45 |
| | 40岁以上 | 44 | 30 | 49 | 33 |
| 学历分布 | 博士 | 5 | 4 | 5 | 3 |
| | 硕士 | 90 | 62 | 96 | 64 |
| | 本科 | 44 | 30 | 44 | 29 |
| | 专科及其他 | 6 | 4 | 6 | 4 |
| 岗位分布 | 董事、监事及高管人员 | 8 | 6 | 8 | 5 |
| | 自营业务人员 | 7 | 5 | 8 | 5 |
| | 信托业务人员 | 78 | 54 | 72 | 48 |
| | 其他 | 52 | 35 | 63 | 42 |

## 4. 经营管理

### 4.1 经营目标、经营方针、战略规划

#### 4.1.1 经营目标

努力成为在资产管理、资金融通、投资理财等领域具有竞争力的专业理财服务机构和具有创新能力及持续盈利能力的信托公司。

#### 4.1.2 经营方针

公司秉承诚信、融合、创新、卓越的经营理念，恪守谨慎、稳健的经营方针，以受益人的利益最大化为宗旨，专注于信托产品的创新与推广。

#### 4.1.3 战略规划

抓住行业转型发展的战略机遇，坚持以价值创新为目标，以客户需求为导向，以防风险、谋发展、促转型为主线，以合规经营、开拓创新为保障，从自身实际出发，引进战略投资者，增强公司资本实力，改善股东结构，依托股东优势，构建独具特色、可持续发展的业务架构和盈利模式，为将公司打造成为具有核心竞争优势的现代金融服务企业奠定坚实基础。

利用信托的制度特点，充分发挥信托“跨市场、跨行业、跨

产品”的功能优势，将公司打造为集团公司金融控股架构下的重要资产管理平台、财富管理平台，实现特色化发展。

## 4.2 所经营业务的主要内容

### 4.2.1 自营资产运用与分布表

| 资产运用 | 金额（万元） | 占比（%） | 资产分布 | 金额（万元） | 占比（%） |
|---|---|---|---|---|---|
| 货币资产 | 87 691.59 | 18.51 | 基础产业 | | |
| 贷款及应收款 | 102 315.97 | 21.60 | 房地产业 | 1 574.04 | 0.33 |
| 以公允价值计量且其变动计入当期损益的金融资产 | 68 099.81 | 14.37 | 证券市场 | — | — |
| 以摊余成本计量的金融资产 | 185 686.71 | 39.19 | 实业 | 15 919.00 | 3.36 |
| 长期股权投资 | — | — | 金融机构 | 341 478.11 | 72.08 |
| 其他 | 29 994.62 | 6.33 | 其他 | 114 817.55 | 24.23 |
| 资产总计 | 473 788.70 | 100 | 资产总计 | 473 788.70 | 100 |

### 4.2.2 信托资产运用与分布表

| 资产运用 | 金额（万元） | 占比（%） | 资产分布 | 金额（万元） | 占比（%） |
|---|---|---|---|---|---|
| 货币资产 | 296 385.30 | 2.12 | 基础产业 | 1 405 785.21 | 10.03 |
| 贷款 | 3 537 784.80 | 25.25 | 房地产 | 1 602 773.74 | 11.44 |
| 交易性金融资产 | 68 687.57 | 0.49 | 证券市场 | 346 034.34 | 2.47 |
| 可供出售金融资产 | 1 667 882.72 | 11.90 | 实业 | 989 668.36 | 7.06 |
| 持有至到期投资 | 225 124.76 | 1.61 | 金融机构 | 839 289.12 | 5.99 |
| 长期股权投资 | 1 100 766.45 | 7.86 | 其他 | 8 826 059.20 | 63.01 |
| 其他 | 7 112 978.37 | 50.77 | | | |
| 信托资产总计 | 14 009 609.97 | 100.00 | 信托资产总计 | 14 009 609.97 | 100.00 |

## 4.3 市场分析

### 4.3.1 影响公司业务发展的有利因素

2018 年是全面贯彻党的十九大精神的开局之年，我国经济发展面临多年少有的国内外复杂严峻形势。党和政府坚持稳中求进工作总基调，统筹稳增长、促改革、调结构、惠民生、防风险，稳妥应对中美经贸摩擦，着力稳就业、稳金融、稳外贸、稳外资、稳投资、稳预期。2018 年，金融业密集出台一系列有关资产管理、深化治理金融乱象等法规性文件，体现了监管层“去杠杆、去通道、破刚兑”的决心。这些制度和规定进一步补齐了制度短板，引导信托行业健康发展，规范了各类资管机构的业务准则。《信托公司受托责任尽职指引》进一步规范信托公司的经营行为，将促进信托公司认真履行受托人义务，维护信托业健康有序发展。

### 4.3.2 影响公司业务发展的不利因素

外部环境复杂严峻，不确定因素较多。习近平总书记在中央经济工作会议上指出，当前经济运行稳中有变、变中有忧，外部环境复杂严峻。2018 年以来，随着中美贸易摩擦持续升级，国内宏观调控去杠杆政策实施，全年 GDP 同比增长 6.6%，主要宏观经济指标中投资和消费均有所减弱，“黑天鹅”事件时有发生，经济下行压力加大，实体企业流动性问题凸显，信用风险暴露、市场违约事件增加、资本市场下行压力加大，经济动能逐渐转向扩内需、坚持供给侧结构性改革。在资管新规等一系列监管政策影响下，行业发展效益水平小幅下滑，风险暴露有所上升，总体保持平稳回落格局。同时，行业资本实力继续增强、资产结构不断优化、主动管理能力持续提高、转型发展步伐更加坚定，开始从高速增长阶段向高质量发展阶段转变。对于公司这样的中小信托公司而言，堵塞了通过同业合作扩大规模、通过放大信托贷款规模博取信托利益的路径，迫使其尽快走上转型发展的路径。

## 4.4 内部控制概况

### 4.4.1 内部控制环境和内部控制文化

按照现代企业制度的要求，公司建立了由股东会、董事会、监事会以及经营管理层组成的法人治理结构，努力构建分工明确、权责明晰、合理制衡的内控运行机制。董事会下设信托委员会、人事与薪酬委员会、风险控制与审计委员会、战略委员会等专门机构。同时，还建立了独立董事制度。公司经营管理层下设前台事业部和专业业务部以及中台、后台等相关职能部门，努力构建权责明确，合理制衡的内部控制体系。信托业务与固有业务在人员配置、经营决策、会计核算和账务处理上相互独立。

公司建立并培育符合公司发展特点的内控文化。通过业务研讨、讲座、交流和培训等多种形式，不断将最新的制度、经验和理念传递给公司员工，并将内控工作切实落实到各业务岗位和各操作环节中，以强化员工的合规意识和风险防范意识。同时，公司制定的员工行为规范，鼓励并要求大家爱岗敬业、诚实守信、遵纪守法。

### 4.4.2 内部控制措施

为确保实现公司经营目标，防范风险，公司制定了一套比较完整的内部控制制度与操作流程。

#### 4.4.2.1 内控制度规范

公司的基本制度对治理结构、机构设置、权责分配、内部审计等做出了规定，基本满足了内部控制各方面的要求；公司制定并实施了基本涵盖前台、中台、后台的内部控制制度和操作流程，如业务经营、业务授权、合规管理、法律管理、风险管理、业务决策、期间管理、稽核审计、财务管理、人力资源、信息技术以及综合管理等制度，并随着业务的开展正在持续地补充、修订和完善。

#### 4.4.2.2 业务流程管理

公司实施了全方位的业务流程内控管理，对于尽职调查、立项审批、合规审查、风险审查、法律审查、项目中后期管理、清算等关键环节实行多人或多部门的交叉审核制，基本保障了公司业务内部控制的有效性。2018 年，公司根据业务需要不断优化业务流程，使项目决策审批程序更趋细化严谨，期间管理和审计监督等更趋科学规范。

### 4.4.3 监督评价与纠正

报告期内，公司继续按照财政部等发布的《企业内部控制基本规范》和上级要求，组织开展了年度内控评价工作，对 31 个管理流程进行测试评价，未发现内部控制缺陷。

## 4.5 风险管理

### 4.5.1 风险管理概况

公司以全面、审慎和有效为原则，积极构建和营造全面风险管理文化，主动完善全面风险管理体制机制和业务指标体系建设。同时，进一步加大风险管理绩效考核机制的落实，保证公司各项业务的稳健开展。公司建立了包括董事会、经营层、职能管理部门和各业务部门组成的四级风险管理体系，并形成了事前、事中、事后三条风险管理的主线，针对战略风险、政策风险、合规风险、集中度风险、流动性风险、信用风险、市场风险、操作风险以及声誉风险等多个方面进行了有效的管理和防控。

**4.5.2　风险状况**

4.5.2.1　信用风险状况

信用风险主要是指由于债务人或交易对手未能或者不愿意按时履行偿债义务，或者其信用状况的不利变动而使公司业务发生损失的风险。信用风险是指公司经营过程中面临的主要风险，表现为交易对手、担保人等义务主体在贷款偿还、资产（权益）回购、担保等交易环节中不履行或不全面履行合同义务，从而造成信托、固有财产遭受损失的可能性。

4.5.2.2　市场风险状况

市场风险是公司经营过程中面临的风险之一。市场风险是指公司在资产管理业务中，投资具有公开市场价值的金融产品或者其他产品时，由于价格波动导致资产遭受损失的可能性。

4.5.2.3　操作风险状况

操作风险是公司经营过程中面临的风险因素。其主要表现为公司内部人员在相关业务办理中，因错误、疏忽或操作失误而出现的风险，以及由于内部控制制度不完善引发的缺乏监控、监督的风险。

4.5.2.4　其他风险状况

其他风险主要是指政策风险和声誉风险。政策风险主要是国家政策变化对公司业务发展可能产生的不利影响。声誉风险是指由于经营、管理及其他行为或外部事件导致利益相关方对公司作出负面评价的风险，从而影响公司正常运营和发展。

**4.5.3　风险管理**

4.5.3.1　信用风险管理

对于可能发生的信用风险，公司主要采取以下方式进行控制和防范：一是以公司的产品准入标准及信用评级体系作为重要参考依据，注重项目的前期尽职调查，审慎选择交易对手。同时，通过强化期间管理等方式持续关注交易对手的履约能力变化，防范项目信用风险；二是注重通过合理设置交易结构等方式分散信用风险；三是通过在交易结构中设定抵（质）押担保等方式控制信用风险。

2018年，公司开展了多轮次的风险排查工作，重点检查了主动管理类信托业务的各类风险，并根据项目风险排查情况，对未到期项目进行了风险识别和研判，制定了相应的应急处置预案，强化了项目期间管理措施等。根据市场变化，及时更新了产品准入标准及风险审查标准，优化完善了风险管理措施等。同时，公司在固有业务和信托业务操作中强化了抵（质）押物的担保措施，抵（质）押品的价值由第三方评估机构的评估价值确定，并将抵押率控制在合理的范围之内。

另外，公司按照监管要求和《固有资产风险分类管理暂行办法》等，将固有资产划分为正常类、关注类、次级类、可疑类和损失类。公司按照财政部《金融企业准备金计提管理办法》（财金[2012]20号）的规定计提了相关准备金等，包括一般准备和资产减值准备。其中，一般准备余额不低于风险资产期末余额的1.5%。公司按照净利润的5%提取信托赔偿准备。

4.5.3.2　市场风险管理

为了规避可能出现的市场风险，公司着重从以下几个方面采取措施进行防范和控制：第一，注重定期对国家宏观经济形势的研判，把握国家重点调控政策，防范可能发生的市场风险；第二，加强对不同行业和区域的市场风险分析，注意建立与公司规模和管理能力相适应的风险管理制度；第三，开展与公司发展阶段相适应的业务品种，积极探索组合投资方案，分散市场风险；第四，尽量在贷款合同及相关文件中对利率变动进行事前约定，规避利率风险。

4.5.3.3　操作风险管理

公司采取了不同的管理策略和解决方案，应对和完善操作风险管理。通过构建内部控制制度和体系加强尽职风险管理，以严谨的制度流程和清晰的授权体系明确责任，形成了不同部门、不同岗位之间相互监督制约的关系，从而做到职责明确，各尽其责。在具体项目运作时，公司要求各业务部门严格按照公司内部业务流程操作，以实现委托人的意愿及受益人利益。2018年，公司对核心业务系统进行了完善升级，为公司业务流程的标准化和规范化提供技术保障，减少了操作风险发生的可能性。公司还根据各信托产品的具体情况，要求信托专户开户行协助对资金进行监管，以防范和控制操作风险的出现。

4.5.3.4　其他风险管理

公司通过密切关注和研究国家经济形势和政策变化，及时调整经营思路、业务方向和业务策略等，减少政策风险的影响；通过审慎选择交易对手，尽职尽责履行受托人义务，加强和规范全员从业技能与职业道德培训等，维护委托人和受益人的利益，并以此防控声誉风险。

## 4.6　社会责任

金谷信托始终坚持党的领导，坚守“为客户创造价值、为股东增加效益、为员工搭建舞台、为社会贡献力量”的使命和愿景，充分发挥信托制度优势，积极履行企业社会责任。

公司积极贯彻落实国家宏观经济和产业政策，围绕“一带一路”“京津冀”一体化及粤港澳大湾区建设等方面，设立多只信托产品，以实际行动服务实体经济。

公司在加快自身发展的同时，坚持开展公益慈善。2018年，公司设立金谷信托2018信达大爱1号（扶贫及教育）慈善信托，致力于贫困地区群众生活改善和教育支持，信托规模合计347万元，受益地区涵盖新疆、青海、云南、甘肃、贵州等多个贫困地区。同年，公司设立金谷信托2018丝绸之路（科研）1号慈善信托，通过慈善信托方式支持“一带一路”课题研究，推进“一带一路”科学研究发展，该项目已对“加强中国城镇化经验共享推进海上丝绸之路城市群建设”等课题给予了资助。

公司坚持普及金融知识，维护消费者合法权益。2018年，公司开展“金融知识普及月　金融知识进万家”暨“提升金融素养　争做金融好网民”宣传活动。针对金融产品投资者金融知识的薄弱环节和金融需求，重点向公众普及常见防骗招数、非法集资活动常见手段，引导公众合理选择金融产品和服务，提高防范金融风险的能力，切实维护金融消费者合法权益。该活动共现场宣传 5 次，受众消费者 500 余人，累计发放宣传材料 10 余种，累计 5 300 余份。

公司不断完善员工关爱体系，推动员工与企业共同成长。通过开展员工培训、保障员工职业健康、开展员工文体活动及员工帮扶等，切实增强员工福利，保障员工权益。

公司倡导“绿色经营”“绿色办公”“绿色出行”。积极设立信托产品，践行绿色金融服务。不断完善信息系统建设，基本实现无纸化办公，有效减少纸张用量；在办公场所设置回收废旧电池纸箱，在打印室、卫生间张贴“请节约用纸”“节约用水”“节约用电”标识，引导员工树立节能环保理念；充分利用视频系统，降低出行成本，公务用车建立维修、燃油使用台账，有效降低公务车油品消耗。

## 5. 报告期末及上一年度末的比较式会计报表

### 5.1 自营资产

#### 5.1.1 会计师事务所审计意见全文

**审 计 报 告**

安永华明（2019）审字第 61236512 _ A01 号

中国金谷国际信托有限责任公司：

一、审计意见

我们审计了中国金谷国际信托有限责任公司的财务报表，包括 2018 年 12 月 31 日的资产负债表，2018 年度的利润表、所有者权益变动表和现金流量表以及相关财务报表附注。

我们认为，后附的中国金谷国际信托有限责任公司的财务报表在所有重大方面按照企业会计准则的规定编制，公允反映了中国金谷国际信托有限责任公司 2018 年 12 月 31 日的财务状况以及 2018 年度的经营成果和现金流量。

二、形成审计意见的基础

我们按照中国注册会计师审计准则的规定执行了审计工作。审计报告的“注册会计师对财务报表审计的责任”部分进一步阐述了我们在这些准则下的责任。按照中国注册会计师职业道德守则，我们独立于中国金谷国际信托有限责任公司，并履行了职业道德方面的其他责任。我们相信，我们获取的审计证据是充分、适当的，为发表审计意见提供了基础。

三、管理层和治理层对财务报表的责任

中国金谷国际信托有限责任公司管理层负责按照企业会计准则的规定编制财务报表，使其实现公允反映，并设计执行和维护必要的内部控制，以使财务报表不存在由于舞弊或错误导致的重大错报。

在编制财务报表时，管理层负责评估中国金谷国际信托有限责任公司的持续经营能力，披露与持续经营相关的事项（如适用），并运用持续经营假设，除非计划进行清算、终止运营或别无其他现实的选择。

治理层负责监督中国金谷国际信托有限责任公司的财务报告过程。

四、注册会计师对财务报表审计的责任

我们的目标是对财务报表整体是否不存在由于舞弊或错误导致的重大错报获取合理保证，并出具包含审计意见的审计报告。合理保证是高水平的保证，但并不能保证按照审计准则执行的审计在某一重大错报存在时总能发现。错报可能由于舞弊或错误导致，如果合理预期错报单独或汇总起来可能影响财务报表使用者依据财务报表作出的经济决策，则通常认为错报是重大的。

在按照审计准则执行审计工作的过程中，我们运用职业判断，并保持职业怀疑。同时，我们也执行以下工作：

（1）识别和评估由于舞弊或错误导致的财务报表重大错报风险，设计和实施审计程序以应对这些风险，并获取充分、适当的审计证据，作为发表审计意见的基础。由于舞弊可能涉及串通、伪造、故意遗漏、虚假陈述或凌驾于内部控制之上，未能发现由于舞弊导致的重大错报的风险高于未能发现由于错误导致的重大错报的风险。

（2）了解与审计相关的内部控制，以设计恰当的审计程序。

（3）评价管理层选用会计政策的恰当性和作出会计估计及相关披露的合理性。

（4）对管理层使用持续经营假设的恰当性得出结论。同时，根据获取的审计证据，就可能导致对中国金谷国际信托有限责任公司持续经营能力产生重大疑虑的事项或情况是否存在重大不确定性得出结论。如果我们得出结论认为存在重大不确定性，审计准则要求我们在审计报告中提请报表使用者注意财务报表中的相关披露；如果披露不充分，我们应当发表非无保留意见。我们的结论基于截至审计报告日可获得的信息。然而，未来的事项或情况可能导致非上市有限公司不能持续经营。

（5）评价财务报表的总体列报、结构和内容（包括披露），并评价财务报表是否公允反映相关交易和事项。

我们与治理层就计划的审计范围、时间安排和重大审计发现等事项进行沟通，包括沟通我们在审计中识别出的值得关注的内部控制缺陷。

安永华明会计师事务所（特殊普通合伙）　　中国注册会计师 孙玲玲

中国·北京　　中国注册会计师 康　艳

2019 年 3 月 28 日

### 5.1.2 资产负债表

**资产负债表**

编制单位:中国金谷国际信托有限责任公司　　截至 2018 年 12 月 31 日　　单位:万元

| 项目 | 2018 年末数 | 2017 年末数 | 项目 | 2018 年末数 | 2017 年末数 |
|---|---|---|---|---|---|
| 资产 | | | 负债 | | |
| 货币资金 | 87 691.59 | 47 430.40 | 应付职工薪酬 | 12 981.18 | 13 176.16 |
| 发放贷款和垫款 | 68 870.27 | 27 439.27 | 应交税费 | 5 735.67 | 12 719.21 |
| 金融投资 | — | — | 其他负债 | 53 774.17 | 227.77 |
| 以公允价值计量且其变动计入当期损益的金融资产 | 68 099.81 | 10 109.06 | 负债合计 | 72 491.02 | 26 123.14 |
| 以摊余成本计量的金融资产 | 185 686.71 | — | 所有者权益 | — | — |
| 可供出售金融资产 | — | 245 491.24 | | | |
| 固定资产 | 369.14 | 602.40 | 实收资本 | 220 000.00 | 220 000.00 |
| 无形资产 | 191.41 | 190.35 | 资本公积 | 23 064.78 | 23 064.78 |
| 递延所得税资产 | 29 242.83 | 32 633.68 | 盈余公积 | 16 985.72 | 15 267.25 |
| 其他资产 | 33 636.94 | 46 759.86 | 风险准备金 | 16 426.24 | 15 567.00 |
| | | | 未分配利润 | 124 820.94 | 110 634.09 |
| | | | 所有者权益合计 | 401 297.68 | 384 533.12 |
| 资产总计 | 473 788.70 | 410 656.26 | 负债及所有者权益总计 | 473 788.70 | 410 656.26 |

### 5.1.3 利润表

**利润表**

编制单位:中国金谷国际信托有限责任公司　　2018 年度　　单位:万元

| 项目 | 本年累计数 | 上年累计数 |
|---|---|---|
| 一、营业收入 | 51 179.42 | 80 234.50 |
| (一)利息净收入 | 4 118.51 | -2 803.03 |
| 利息收入 | 7 922.26 | 1 758.50 |
| 利息支出 | 3 803.75 | 4 561.53 |
| (二)手续费及佣金净收入 | 36 300.69 | 51 162.79 |
| 手续费及佣金收入 | 36 303.69 | 51 167.98 |
| 手续费及佣金支出 | 3.00 | 5.19 |
| (三)投资收益(损失以"-"号填列) | 7 534.19 | 32 168.93 |
| (四)公允价值变动损益 | 3 191.69 | -302.26 |
| (五)资产处置收益 | -10.49 | 8.07 |
| (六)其他收益 | 38.69 | — |
| (七)其他业务收入 | 6.14 | — |
| 二、营业支出 | 28 178.27 | 42 581.05 |
| (一)税金及附加 | 326.80 | 476.60 |
| (二)业务及管理费 | 14 320.56 | 15 081.33 |
| (三)资产减值损失 | 13 530.91 | 27 023.12 |
| 三、营业利润(亏损以"-"号填列) | 23 001.15 | 37 653.45 |
| 加:营业外收入 | 0.06 | 36.28 |
| 减:营业外支出 | 33.20 | 63.21 |
| 四、利润总额(亏损以"-"号填列) | 22 968.01 | 37 626.52 |
| 减:所得税费用 | 5 783.27 | 9 521.07 |
| 五、净利润(亏损以"-"号填列) | 17 184.74 | 28 105.45 |
| 六、按经营持续性分类 | — | — |
| 持续经营净利润 | 17 184.74 | 28 105.45 |
| 七、其他综合收益 | | |
| 八、综合收益总额 | 17 184.74 | 28 105.45 |

### 5.1.4 所有者权益变动表

**所有者权益变动表**

编制单位：中国金谷国际信托有限责任公司　　2018年度　　单位：万元

| 项目 | 本年金额 | | | | | | 上年金额 | | | | | |
|---|---|---|---|---|---|---|---|---|---|---|---|---|
| | 实收资本 | 资本公积 | 盈余公积 | 风险准备金 | 未分配利润 | 所有者权益合计 | 实收资本 | 资本公积 | 盈余公积 | 风险准备金 | 未分配利润 | 所有者权益合计 |
| 一、上年年末余额 | 220 000.00 | 23 064.78 | 15 267.25 | 15 567.00 | 110 634.09 | 384 533.12 | 220 000.00 | 23 064.78 | 12 456.70 | 14 161.73 | 86 744.46 | 356 427.67 |
| 加：会计政策变更 | | | | | -420.18 | -420.18 | | | | | | |
| 前期差错变更 | | | | | | | | | | | | |
| 二、本年年初余额 | 220 000.00 | 23 064.78 | 15 267.25 | 15 567.00 | 110 213.91 | 384 112.94 | 220 000.00 | 23 064.78 | 12 456.70 | 14 161.73 | 86 744.46 | 356 427.67 |
| 三、本年增减变动金额（减少以"-"号填列） | | | 1 718.47 | 859.24 | 14 607.03 | 17 184.74 | | | 2 810.55 | 1 405.27 | 23 889.63 | 28 105.45 |
| （一）综合收益总额 | | | | | 17 184.74 | 17 184.74 | | | | | 28 105.45 | 28 105.45 |
| （二）利润分配 | | | 1 718.47 | 859.24 | -2 577.71 | | | | 2 810.55 | 1 405.27 | -4 215.82 | |
| 1. 提取盈余公积 | | | 1 718.47 | | -1 718.47 | | | | 2 810.55 | | -2 810.55 | |
| 2. 提取风险准备金 | | | | 859.24 | -859.24 | | | | | 1 405.27 | -1 405.27 | |
| 3. 对所有者的分配 | | | | | | | | | | | | |
| 四、本年年末余额 | 220 000.00 | 23 064.78 | 16 985.72 | 16 426.24 | 124 820.94 | 401 297.68 | 220 000.00 | 23 064.78 | 15 267.25 | 15 567.00 | 110 634.09 | 384 533.12 |

## 5.2 信托资产

### 5.2.1 信托项目资产负债汇总表

**信托项目资产负债汇总表**

编制单位：中国金谷国际信托有限责任公司　　2018年12月31日　　单位：万元

| 资产 | 期末余额 | 期初余额 | 负债和所有者权益 | 期末余额 | 期初余额 |
|---|---|---|---|---|---|
| 信托资产： | | | 信托负债： | | |
| 银行存款 | 296 385.30 | 481 638.54 | 应付受托人报酬 | 36.31 | 104.01 |
| 交易性金融资产 | 68 687.57 | 973 847.39 | 应付托管费 | 18.72 | 35.03 |
| 买入返售金融资产 | 94 156.15 | 243 118.23 | 应付受益人收益 | 8 382.78 | 4 099.64 |
| 应收账款 | 6 973 114.56 | 489 586.30 | 应交税费 | 3.74 | |
| 应收利息 | | | 其他应付款 | 89 711.21 | 83 692.11 |
| 拆出资金 | | | | | |
| 其他应收款 | | | 信托负债合计 | 98 152.76 | 87 930.79 |
| 贷款 | 3 537 784.80 | 5 177 778.26 | | | |
| 持有至到期投资 | 225 124.76 | 189 473.52 | | | |
| 可供出售金融资产 | 1 667 882.72 | 2 529 565.40 | 信托权益： | | |
| 长期股权投资 | 1 100 766.45 | 1 490 219.97 | 实收信托 | 13 833 939.01 | 11 323 487.33 |
| 固定资产 | | | 资本公积 | | |
| 在建工程 | | | 未分配利润 | 77 518.20 | 209 517.15 |
| 无形资产 | | | 信托权益合计 | 13 911 457.21 | 11 533 004.48 |
| 长期待摊费用 | | | | | |
| 其他资产 | 45 707.66 | 45 707.66 | | | |
| 资产总计 | 14 009 609.97 | 11 620 935.27 | 负债和所有者权益合计 | 14 009 609.97 | 11 620 935.27 |

5.2.2　信托项目利润及利润分配汇总表

信托项目利润及利润分配汇总表

编制单位:中国金谷国际信托有限责任公司　　2018 年度　　单位:万元

| 项目 | 本年金额 | 上年金额 |
|---|---|---|
| 一、营业收入 | 571 297.72 | 674 093.63 |
| 利息收入 | 694 780.31 | 375 974.76 |
| 投资收益 | -286 073.26 | 288 757.46 |
| 公允价值变动损益 | -62 877.93 | 3 335.92 |
| 租赁收入 | — | — |
| 其他业务收入 | 225 468.60 | 6 025.49 |
| 二、支出 | 111 902.50 | 99 292.63 |
| (一)税金及附加 | 14 487.01 | — |
| (二)受托人报酬 | 37 712.06 | 48 913.00 |
| (三)保管费 | 8 171.17 | 7 239.46 |
| (四)资产减值损失 | — | — |
| (五)其他费用 | 51 532.26 | 43 140.17 |
| 三、信托净利润(净亏损以"-"号填列) | 459 395.22 | 574 801.00 |
| 四、其他综合收益 | — | — |
| 五、综合收益 | 459 395.22 | 574 801.00 |
| 六、加:期初未分配信托利润 | 209 517.15 | 196 426.05 |
| 七、可供分配的信托利润 | 668 912.37 | 771 227.05 |
| 八、减:本期已分配信托利润 | 591 394.17 | 561 709.90 |
| 九、期末未分配信托利润 | 77 518.20 | 209 517.15 |

## 6. 会计报表附注

### 6.1　会计报表编制基准不符合会计核算基本前提的说明

本公司无上述情况。

### 6.2　重要会计政策和会计估计说明

#### 6.2.1　计提资产减值准备的范围和方法

计提资产减值准备的范围包括金融资产、长期股权投资、固定资产、无形资产。

计提资产减值准备的方法:金融资产,公司在资产负债表日对除了以公允价值计量且其变动计入当期损益的金融资产外的其他金融资产,以预期信用损失为基础进行减值处理并确认损失准备。非金融资产,公司在资产负债表日检查长期股权投资、固定资产、使用寿命确定的无形资产是否存在可能发生减值的迹象。如果该等资产存在减值迹象,则估计其可收回金额。估计资产的可收回金额以单项资产为基础,如果难以对单项资产的可收回金额进行估计的,则以该资产所属的资产组为基础确定资产组的可收回金额。可收回金额为资产或者资产组的公允价值减去处置费用后的净额与其预计未来现金流量的现值两者之中的较高者。如果资产的可收回金额低于其账面价值,按其差额计提资产减值准备,并计入当期损益。非金融资产减值损失一经确认,在以后会计期间不予转回。

#### 6.2.2　金融资产分类的范围和标准

金融资产于初始确认时根据本公司管理金融资产的业务模式和金融资产的合同现金流量特征分类为以公允价值计量且其变动计入当期损益的金融资产、以摊余成本计量的金融资产、以公允价值计量且其变动计入其他综合收益的金融资产。金融资产在初始确认时以公允价值计量。对于以公允价值计量且其变动计入当期损益的金融资产,相关交易费用直接计入当期损益,其他类别的金融资产相关交易费用计入其初始确认金额。

6.2.2.1　公允价值的确定方法

公允价值是市场参与者在计量日发生的有序交易中,出售资产所能收到或者转移一项负债所需支付的价格。无论公允价值是可观察到的还是采用估值技术估计的,在财务报表中计量和(或)披露的公允价值均在此基础上予以确定。

6.2.2.2　金融资产的转移

本公司已将金融资产所有权上几乎所有的风险和报酬转移给转入方的,终止确认该金融资产;保留了金融资产所有权上几乎所有的风险和报酬的,不终止确认该金融资产。

满足下列条件之一的,终止确认金融资产即从其账户和资产负债表内予以转销:

(1)收取金融资产现金流量的权利终止。

(2)转移了收取金融资产现金流量的权利,或在"过手协议"下承担了及时将收取的现金流量全额支付给第三方的义务;并且实质上转让了金融资产所有权上几乎所有的风险和报酬,或虽然实质上既没有转移也没有保留金融资产所有权上几乎所有的风险和报酬,但放弃了对该金融资产的控制。

金融资产整体转移满足终止确认条件的,将所转移金融资产的账面价值及因转移而收到的对价与原计入其他综合收益的公允价值变动累计额之和的差额计入当期损益。

金融资产部分转移满足终止确认条件的,将所转移金融资产的账面价值在终止确认及未终止确认部分之间按其相对的公允价值进行分摊,并将因转移而收到的对价与应分摊至终止确认部分的原计入其他综合收益的公允价值变动累计额之和与分摊的前述账面金额之差额计入当期损益。

#### 6.2.3　以摊余成本计量的金融资产核算方法

公司管理该金融资产的业务模式是以收取合同现金流量为目标;该金融资产的合同条款规定,在特定日期产生的现金流量仅为对本金和以未偿付本金金额为基础的利息的支付。此类金融资产以摊余成本进行后续计量,采用实际利率法确认利息收入,其终止确认、修改或减值产生的利得或损失,均计入当期损益。此类金融资产主要包括货币资金、应收账款、其他应收款和债权投资等。

#### 6.2.4　以公允价值计量且其变动计入其他综合收益的金融资产核算方法

分类为以公允价值计量且其变动计入其他综合收益的金融资产为本公司管理该金融资产的业务模式是既以收取合同现金流量为目标又以出售金融资产为目标;该金融资产的合同条款规定,在特定日期产生的现金流量仅为对本金和以未偿付本金金额为基础的利息的支付。此类金融资产后续以公允价值计量,采用实际利率法确认利息收入。除利息收入、减值损失及汇兑差额确认为当期损益外,其余公允价值变动计入其他综合收益。当金融资产终止确认时,之前计入其他综合收益的累计利得或损失从其他综合收益转出,计入当期损益。

#### 6.2.5　以公允价值计量且其变动计入当期损益的金融资产核算方法

上述以摊余成本计量的金融资产及以公允价值计量且其

变动计入其他综合收益的金融资产之外的金融资产，分类为以公允价值计量且其变动计入当期损益的金融资产。对于此类金融资产，采用公允价值进行后续计量，所有公允价值变动计入当期损益。

**6.2.6 长期股权投资核算方法**

6.2.6.1 长期股权投资的初始计量

长期股权投资在取得时按初始投资成本计量。初始投资成本一般为取得该项投资而付出的资产、发生或承担的负债以及发行的权益性证券的公允价值，并包括直接相关费用。但同一控制下的企业合并形成的长期股权投资，其初始投资成本为合并日取得的被合并方所有者权益在最终控制方合并财务报表中的账面价值的份额。

6.2.6.2 长期股权投资的后续计量

对被投资单位实施控制的长期股权投资采用成本法核算；对联营企业和合营企业的长期股权投资采用权益法核算。长期股权投资采用权益法核算时，对长期股权投资初始投资成本大于投资时应享有被投资单位可辨认净资产公允价值份额的，不调整长期股权投资的初始投资成本；对长期股权投资初始投资成本小于投资时应享有被投资单位可辨认净资产公允价值份额的，其差额计入当期损益，同时调整长期股权投资的成本。投资方在确认应享有被投资单位净损益的份额时，应当以取得投资时被投资单位可辨认净资产的公允价值为基础，对被投资单位的净利润进行调整后确认。

**6.2.7 固定资产计价和折旧方法**

固定资产是指为生产商品、提供劳务、出租或经营管理而持有的，使用寿命超过 1 个会计年度的有形资产。固定资产仅在与其有关的经济利益很可能流入本公司，且其成本能够可靠地计量时才予以确认。固定资产按成本进行初始计量。固定资产从达到预定可使用状态的次月起，采用年限平均法在使用寿命内计提折旧。各类固定资产的使用寿命、预计净残值和年折旧率如下：

| 资产类别 | 使用年限（年） | 残值率（%） | 年折旧率（%） |
|---|---|---|---|
| 1. 房屋建筑物 | 20 | — | 5 |
| 2. 运输设备 | 6 | 3 | 16.17 |
| 3. 电子设备 | 3 | 3 | 32.33 |
| 4. 其他设备 | 5 | 3 | 19.40 |

预计净残值是指假定固定资产预计使用寿命已满并处于使用寿命终了时的预期状态，本公司目前从该项资产处置中获得的扣除预计处置费用后的金额。

当固定资产处于处置状态或预期通过使用或处置不能产生经济利益时，终止确认该固定资产。固定资产出售、转让、报废或毁损的处置收入扣除其账面价值和相关税费后的差额计入当期损益。

本公司至少于年度终了对固定资产的使用寿命、预计净残值和折旧方法进行复核，如发生改变则作为会计估计变更处理。

**6.2.8 无形资产计价及摊销政策**

无形资产按成本进行初始计量。使用寿命有限的无形资产自可供使用时起，对其原值减去预计净残值和已计提的减值准备累计金额在其预计使用寿命内采用直线法分期平均摊销。使用寿命不确定的无形资产不予摊销。

期末，对使用寿命有限的无形资产的使用寿命和摊销方法进行复核，必要时进行调整。

**6.2.9 收入确认原则和方法**

本公司在履行了合同中的履约义务，即在客户取得相关商品或服务控制权时确认收入。取得相关商品或服务的控制权是指能够主导该商品的使用或该服务的提供并从中获得几乎全部的经济利益。

手续费收入主要是本公司发行信托产品及提供的财务顾问服务取得的收入，根据相关合同约定按履约进度确认。

利息收入按照相关金融资产和金融负债的摊余成本采用实际利率法计算，并计入当期损益。实际利率与合同利率差异较小的，也可按合同利率计算。金融资产确认减值损失后，确认利息收入所使用的利率为计量减值损失时对未来现金流进行贴现时使用的利率。

**6.2.10 所得税的会计处理方法**

6.2.10.1 当期所得税

资产负债表日，对于当期和以前期间形成的当期所得税负债（或资产），以按照税法规定计算的预期应交纳（或返还）的所得税金额计量。本公司适用的所得税税率为 25%。

6.2.10.2 递延所得税资产及递延所得税负债

本公司根据资产与负债于资产负债表日的账面价值与其计税基础之间的差额，以及未作为资产和负债确认但按照税法规定可以确定其计税基础的项目的账面价值与计税基础之间的差额产生的暂时性差异，采用资产负债表债务法确认递延所得税资产及递延所得税负债。

资产负债表日，对于递延所得税资产和递延所得税负债，依据税法规定，按照预期收回该资产或清偿该负债期间的适用税率计量，并反映资产负债表日预期收回资产或清偿负债方式的所得税影响。

**6.2.11 信托报酬的确认原则和方法**

在收入确认原则基础上，信托业务手续费收入按照信托合同约定的方法确认。

**6.2.12 长期待摊费用的摊销政策**

长期待摊费用为已经发生但应由本期和以后各期负担的分摊期限在 1 年以上的各项费用。长期待摊费用在预计受益期间分期平均摊销。

**6.2.13 会计政策变更说明**

2017 年 3 月，财政部修订并颁布了《企业会计准则第 22 号——金融工具确认和计量》《企业会计准则第 23 号——金融资产转移》及《企业会计准则第 24 号——套期会计》三项金融工具相关会计准则，为金融工具的分类与计量、减值和套期会计提供了新的指引。本公司于 2018 年 1 月 1 日起采用上述新金融工具准则。

根据《关于修订印发 2018 年度金融企业财务报表格式的通知》（财会［2018］36 号）要求，本公司将基于实际利率法计提的金融工具的利息归入相应金融工具的账面价值中，不再单独列示“应收利息”项目或“应付利息”项目。

下表将按照原金融工具准则计量的金融资产账面价值调整为 2018 年 1 月 1 日按新金融工具准则进行分类和计量的账面价值。

单位：万元

| | 按原金融工具准则列示 | 重分类 | 重新计量 | 按新金融工具准则列示 |
|---|---|---|---|---|
| | 账面价值 | | | 账面价值 |
| 金融资产 | — | — | — | — |
| 货币资金 | 47 430 | — | — | 47 430 |
| 发放贷款和垫款 | 27 439 | — | — | 27 439 |
| 金融投资——以公允价值计量且其变动计入当期损益的金融资产 | 10 109 | 88 338 | -560 | 97 887 |
| 转自：可供出售金融资产 | — | 88 338 | — | — |
| 金融投资——以摊余成本计量的金融资产 | — | 157 153 | — | 157 153 |
| 转自：可供出售金融资产 | — | 157 153 | — | — |
| 可供出售金融资产 | 245 491 | -245 491 | — | — |
| 转至：以公允价值计量且其变动计入损益的金融资产 | — | -88 338 | — | — |
| 转至：以摊余成本计量的金融资产 | — | -157 153 | — | — |
| 其他金融资产 | 46 396 | — | — | 46 396 |
| 非金融资产 | 33 791 | — | 140 | 33 931 |
| 其中：递延所得税资产 | 32 634 | — | 140 | 32 774 |
| 总资产 | 410 656 | — | -420 | 410 236 |
| 金融负债 | 60 | — | — | 60 |
| 非金融负债 | 26 063 | — | — | 26 063 |
| 其中：递延所得税负债 | — | — | — | — |
| 总负债 | 26 123 | — | — | 26 123 |

## 6.3 或有事项说明

截至 2018 年 12 月 31 日，本公司共有 7 起作为被告方的诉讼。诉讼主要为本公司发行的信托产品发生本金或利息违约的诉讼案件。经向专业法律顾问咨询后，本公司管理层认为目前该等法律诉讼不会对本公司的财务状况或经营成果产生重大影响。

## 6.4 重要资产转让及其出售的说明

无。

## 6.5 会计报表中重要事项的明细资料

### 6.5.1 自营资产经营情况

6.5.1.1 信用风险资产五级分类情况

| 信用风险资产五级分类 | 正常类（万元） | 关注类（万元） | 次级类（万元） | 可疑类（万元） | 损失类（万元） | 风险资产合计（万元） | 不良资产合计（万元） | 不良资产率（%） |
|---|---|---|---|---|---|---|---|---|
| 期初数 | 86 752.73 | 47 847.76 | 919 | 4 733.00 | 376.21 | 140 628.70 | 6 028.21 | 4.29 |
| 期末数 | 158 494.13 | 30 611.67 | 2 666.76 | 4 333.14 | 376.21 | 196 481.91 | 7 376.11 | 3.75 |

6.5.1.2 资产减值准备情况

单位：万元

| | 期初数 | 本期计提 | 本期转回 | 本期核销 | 期末数 |
|---|---|---|---|---|---|
| 贷款损失准备 | 14 527.49 | 9 744.96 | | 23 300.00 | 972.45 |
| 其他资产减值准备 | 105 553.81 | 3 952.19 | 166.25 | — | 109 339.75 |
| 以摊余成本计量金融资产的减值准备 | 100 717.45 | 3 952.19 | 39.1 | — | 104 630.54 |
| 以公允价值计量且其变动计入其他综合收益金融资产的减值准备 | — | — | — | — | — |
| 其他减值准备 | 4 836.36 | — | 127.15 | — | 4 709.21 |

6.5.1.3 固有业务股票投资、基金投资、债券投资、长期股权投资等投资业务情况

单位：万元

| | 自营股票 | 基金 | 债券 | 长期股权投资 | 其他投资 | 合计 |
|---|---|---|---|---|---|---|
| 期初数 | 10 109.06 | — | — | — | 245 491.24 | 255 600.30 |
| 期末数 | — | — | — | — | 253 786.52 | 253 786.52 |

6.5.1.4 长期股权投资情况

无。

6.5.1.5 自营贷款业务情况

| 企业名称 | 占贷款总额的比例（%） | 还款情况 |
|---|---|---|
| 嘉兴志行投资管理有限公司 | 39.43 | 正常 |
| 天津滨海发展投资控股有限公司 | 34.77 | 展期 |
| 宏远控股集团有限公司 | 21.90 | 正常 |
| 安顺山城房地产开发有限公司 | 1.53 | 逾期 |
| 大连大岿生态渔业有限公司 | 1.34 | 逾期 |

6.5.1.6 表外业务情况

无。

6.5.1.7 公司当年的收入结构

| 收入结构 | 金额（万元） | 占比（%） |
|---|---|---|
| 手续费及佣金收入 | 36 303.69 | 66.02 |
| 其中：信托手续费收入 | 33 086.71 | 60.17 |
| 投资银行业务收入 | — | — |
| 利息收入 | 7 922.26 | 14.41 |
| 其他业务收入 | 34.34 | 0.06 |
| 其中：计入信托业务收入部分 | — | — |
| 投资收益 | 7 534.19 | 13.70 |
| 其中：股权投资收益 | — | — |
| 证券投资收益 | -1 407.18 | -2.56 |
| 其他投资收益 | 8 941.37 | 16.26 |
| 公允价值变动收益 | 3 191.69 | 5.81 |
| 营业外收入 | 0.06 | — |
| 收入合计 | 54 986.23 | 100 |

### 6.5.2 信托资产管理情况

6.5.2.1 信托资产的期初数、期末数

单位：万元

| 信托资产 | 期初数 | 期末数 |
|---|---|---|
| 集合类 | 5 851 574.95 | 3 709 891.24 |
| 单一类 | 2 360 461.13 | 1 978 958.45 |
| 财产权类 | 3 408 899.19 | 8 320 760.28 |
| 合计 | 11 620 935.27 | 14 009 609.97 |

6.5.2.1.1　主动管理型信托业务的信托资产期初数、期末数

单位：万元

| 主动管理型信托资产 | 期初数 | 期末数 |
|---|---|---|
| 证券投资类 | 83 103.80 | 159 898.93 |
| 股权投资类 | 2 003 535.20 | 1 219 865.88 |
| 融资类 | 1 486 941.68 | 850 203.27 |
| 事务管理类 | 2 331 600.96 | 1 229 242.18 |
| 合计 | 5 905 181.64 | 3 459 210.26 |

6.5.2.1.2　被动管理型信托业务的信托资产期初数、期末数

单位：万元

| 被动管理型信托资产 | 期初数 | 期末数 |
|---|---|---|
| 证券投资类 | 1 321 520.96 | 186 135.41 |
| 股权投资类 | 306 039.67 | 239 775.27 |
| 融资类 | 394 250.25 | 333 485.56 |
| 事务管理类 | 3 693 942.75 | 9 791 003.47 |
| 合计 | 5 715 753.63 | 10 550 399.71 |

6.5.2.2　本年度已清算结束的信托项目个数、实收信托合计金额、加权平均实际年化收益率

6.5.2.2.1　本年度已清算结束的集合类、单一类资金信托项目和财产管理类信托项目

| 已清算结束信托项目 | 项目个数（个） | 实收信托合计金额（万元） | 加权平均实际年化收益率（%） |
|---|---|---|---|
| 集合类 | 62 | 2 922 724.32 | 3.18 |
| 单一类 | 22 | 902 496.02 | 8.12 |
| 财产管理类 | 8 | 2 890 885.27 | 4.03 |

6.5.2.2.2　本年度已清算结束的主动管理型信托项目

| 已清算结束信托项目 | 项目个数（个） | 实收信托合计金额（万元） | 加权平均实际年化收益率（%） |
|---|---|---|---|
| 证券投资类 | 2 | 6 030.00 | — |
| 股权投资类 | 5 | 257 266.31 | 6.78 |
| 融资类 | 16 | 632 218.00 | 6.45 |
| 事务管理类 | 4 | 2 533 662.00 | 5.07 |

6.5.2.2.3　本年度已清算结束的被动管理型信托项目

| 已清算结束信托项目 | 项目个数（个） | 实收信托合计金额（万元） | 加权平均实际年化收益率（%） |
|---|---|---|---|
| 证券投资类 | 42 | 1 737 300.00 | 0.94 |
| 股权投资类 | 5 | 108 910.00 | 6.14 |
| 融资类 | 4 | 280 000.00 | 11.83 |
| 事务管理类 | 14 | 1 160 719.30 | 3.54 |

6.5.2.3　本年度新增的集合类、单一类资金信托项目和财产管理类信托项目

| 新增信托项目 | 项目个数（个） | 实收信托合计金额（万元） |
|---|---|---|
| 集合类 | 28 | 1 349 870.00 |
| 单一类 | 13 | 908 271.76 |
| 财产管理类 | 8 | 6 661 816.29 |
| 新增合计 | 49 | 8 919 958.05 |
| 其中：主动管理型 | 13 | 879 357.66 |
| 被动管理型 | 36 | 8 040 600.39 |

6.5.2.4　信托业务创新成果和特色业务有关情况

2018年，公司仍将业务创新及转型发展作为重要战略，认真贯彻中央各项金融政策，持续优化金融资源配置、盘活存量资金，充分发挥信托制度优势，支持实体经济发展，以资产证券化、慈善信托作为重点特色创新业务持续推进。截至2018年末，公司资产证券化业务累计发行规模超过1 700亿元，其中信贷资产证券化累计发行规模突破千亿元，位居行业前列。报告期内，公司在企业资产证券化（ABN、交易所ABS项目）、银行业信贷资产登记流转中心和私募资产证券化等业务领域均有所突破，业务品种进一步丰富；基础资产方面向信用卡贷款、个人汽车抵押贷款、个人住房抵押贷款和租赁资产等多个领域扩展，进一步覆盖资产证券化业务主要品类。公司先后获得了中央国债登记结算有限责任公司评选的“2018年度中国债券市场优秀成员”“资产支持证券优秀ABS发行人”称号，并荣获银行业信贷资产登记流转中心“2018年度信贷资产登记流转业务先进机构专业服务奖”。在慈善信托方面，2018年公司设立的“信达大爱”系列慈善信托已累计完成对11个贫困地区的资助，同时贴合国家“一带一路”倡议，创设“丝路1号”慈善信托，信托资金专项用于支持“一带一路”领域科研项目，目前已完成对“加强中国城镇化经验共享推进海上丝绸之路城市群建设”等研究课题的资助。

6.5.2.5　披露信托财产的损失情况

无。

6.5.2.6　本公司履行受托人义务情况及因公司自身责任而导致的信托资产损失情况

本公司勤勉尽责履行受托人义务，未发生因公司自身责任而导致的信托资产损失情况。

6.5.2.7　信托赔偿准备金的提取、使用和管理情况

公司按2018年净利润的5%提取信托赔偿准备金859.24万元。2018年公司未使用信托赔偿准备金。

## 6.6　关联方关系及其交易的披露

### 6.6.1　关联交易方的数量、关联交易的总金额及关联交易的定价政策等

| | 关联交易方数量 | 关联交易金额（万元） | 定价政策 |
|---|---|---|---|
| 合计 | 4 | 353 866.96 | 按照市场公允价格定价 |

6.6.2 关联交易方与本公司的关系性质、关联交易方的名称、法定代表人、注册地址、注册资本及主营业务等

| 关系性质 | 关联方名称 | 法定代表人 | 注册地址 | 注册资本（亿元） | 主营业务 |
|---|---|---|---|---|---|
| 母公司 | 中国信达资产管理股份有限公司 | 张子艾 | 北京市西城区闹市口大街9号院1号楼 | 381.6454 | 收购、受托经营金融机构和非金融机构不良资产，对不良资产进行管理、投资和处置；债权转股权，对股权资产进行管理、投资和处置；破产管理；对外投资；买卖有价证券；发行金融债券、同业拆借和向其他金融机构进行商业融资；经批准的资产证券化业务、金融机构托管和关闭清算业务；财务、投资、法律及风险管理咨询和顾问；资产及项目评估；国务院银行业监督管理机构批准的其他业务（依法须经批准的项目，经相关部门批准后方可开展经营活动）。 |
| 联营企业 | 北京银泰物业管理有限责任公司 | 闫丽红 | 北京市西城区金融大街25号 | 0.103556 | 物业管理（含写字间出租）；经济信息咨询；家庭劳务服务；销售机械电器设备、日用品、建筑材料、金属材料、五金交电、化工轻工材料、木材、工艺品、针纺织品、计算机、软件及辅助设备；安装调试制冷空调设备、智能控制设备；安装、调试、维修电子计算机及外部设备；机动车公共停车场服务；代理、发布广告（企业依法自主选择经营项目，开展经营活动；依法须经批准的项目，经相关部门批准后依批准的内容开展经营活动；不得从事本市产业政策禁止和限制类项目的经营活动）。 |
| 联营企业 | 国任财产保险股份有限公司 | 徐兴建 | 北京市东城区东中街29号东环广场B座3层 | 30 | 财产损失保险；责任保险；信用保险和保证保险；短期健康保险和意外伤害保险；上述业务的再保险业务；国家法律法规允许的保险资金运用业务；经中国保监会批准的其他业务。 |
| 同一母公司 | 南洋商业银行（中国）有限公司 | 陈孝周 | 中国（上海）自由贸易试验区世纪大道800号三层、六层至九层 | 95 | 经营对各类客户的外汇业务和人民币业务：吸收公众存款；发放贷款；办理票据承兑与贴现；买卖政府债券、金融债券；买卖股票以外的其他外币有价证券；提供信用证服务及担保；办理国内外结算；买卖、代理买卖外汇；代理保险；从事同业拆借；从事银行卡业务；提供保险箱业务；提供资信调查和咨询服务。 |

6.6.3 公司与关联方的重大交易事项

6.6.3.1 固有财产与关联方交易情况

单位：万元

| | 期初数 | 借方发生额 | 贷方发生额 | 期末数 |
|---|---|---|---|---|
| 贷款 | — | — | — | — |
| 投资 | — | — | — | — |
| 租赁 | — | — | — | — |
| 担保 | — | — | — | — |
| 应收账款 | — | — | — | — |
| 其他 | 46 004.25 | 7 894.94 | 1 433.99 | 52 465.20 |
| 合计 | 46 004.25 | 7 894.94 | 1 433.99 | 52 465.20 |

6.6.3.2 信托资产与关联方交易情况

单位：万元

| | 期初数 | 借方发生额 | 贷方发生额 | 期末数 |
|---|---|---|---|---|
| 贷款 | — | — | — | — |
| 投资 | — | — | — | — |
| 租赁 | — | — | — | — |
| 担保 | — | — | — | — |
| 应收账款 | — | — | — | — |
| 其他 | 132 360.00 | 186 371.76 | 17 330.00 | 301 401.76 |
| 合计 | 132 360.00 | 186 371.76 | 17 330.00 | 301 401.76 |

6.6.3.3 信托公司自有资金运用于自己管理的信托项目（固信交易）、信托公司管理的信托项目之间的相互交易（信信交易）金额，包括余额和本报告年度的发生额

6.6.3.3.1 固有与信托财产之间的交易金额

无。

6.6.3.3.2 信托财产与信托财产之间的交易金额

无。

6.6.4 关联方逾期未偿还本公司资金的详细情况以及本公司为关联方担保发生或即将发生垫款的情况

无。

# 7. 财务情况说明书

## 7.1 利润实现和分配情况

2018年公司实现净利润17 184.74万元，根据公司章程、《信托公司管理办法》《金融企业准备金计提管理办法》规定，公司对本年实现的净利润17 184.74万元进行分配，其中按照净利润的10%提取法定盈余公积金1 718.47万元，按照净利润的5%提取信托赔偿准备金859.24万元。2019年4月25日，经本公司股东会审议通过2018年利润分配方案，决定按持股比例向股东进行利润分配2 191.05万元。

## 7.2 主要财务指标

| 指标名称 | 指标值 |
|---|---|
| 资本利润率（%） | 4.38 |
| 信托报酬率（%） | 0.26 |
| 人均净利润（万元） | 116.11 |

注：1. 资本利润率 = 净利润/所有者权益平均余额 ×100%。

2. 信托报酬率 = 信托业务收入/实收信托平均余额 ×100%。

3. 实收信托平均余额是指年初及各季度末实收信托余额的移动算数平均数，公式为 $a(平均)=(a_0/2+a_1+a_2+a_3+a_4/2)/4$。

4. 人均利润 = 净利润/平均职工人数。

## 7.3 公司净资本监管指标

| 指标名称 | 指标值 | 监管标准 |
|---|---|---|
| 净资本（亿元） | 29.68 | ≥2亿元 |
| 各项业务风险资本之和（亿元） | 13.06 | — |
| 净资本/各项业务风险资本之和（%） | 227.33 | ≥100 |
| 净资本/净资产（%） | 73.97 | ≥40 |

### 7.4 本年度对本公司财务状况、经营成果有重大影响的其他事项

无。

## 8. 特别事项揭示

### 8.1 前五名股东发生变动情况及原因

无。

### 8.2 董事、监事及高级管理人员变动情况及原因

#### 8.2.1 董事变动情况及原因

无。

#### 8.2.2 监事变动情况及原因

无。

#### 8.2.3 高级管理人员变动情况及原因

无。

### 8.3 变更注册资本、变更注册地或公司名称、公司分立合并事项

无。

### 8.4 公司的重大诉讼事项

#### 8.4.1 新增重大未决诉讼事项

2018年度，公司新增重大诉讼事项4起。

因阳光凯迪新能源集团有限公司2018年6月未按时支付债券利息，公司于2018年6月向湖北省高级人民法院提起诉讼，诉讼金额为8亿元，2018年12月，湖北省高级人民法院一审判决公司胜诉。

公司作为“金谷·广西利海股权财产事务管理类信托”受托人，委托人冯隆陆于2018年2月起诉公司。北京市西城区人民法院已于2018年10月一审判决公司胜诉。委托人上诉，案件正在二审审理程序中。

公司作为“中国金谷-惠州海宸股权代持事务管理单一信托”受托人，委托人北京世宸房地产开发有限公司于2018年2月起诉公司，案件正在一审审理程序中。

公司股东中国妇女活动中心、中国海外工程有限责任公司于2018年3月起诉公司，要求判令公司于2017年12月5日作出的第六次股东会会议决议无效，案件正在一审审理程序中。

#### 8.4.2 以前年度发生，于本报告年度内终结的诉讼事项

2017年9月公司股东中国妇女活动中心、中国海外工程有限责任公司起诉公司，请求法院撤销公司有关引战增资的董事会决议、股东会决议。2017年12月北京市西城区人民法院一审判决公司胜诉。2018年5月北京市第二中级人民法院二审判决公司胜诉。与股东单位两起诉讼都是因为引战增资一事引发的。

2016年1月原公司两位员工因劳动合同争议起诉公司，2018年9月北京市第二中级人民法院作出二审判决，对其中一员工的诉讼请求全部驳回，对另一员工的诉讼请求部分驳回。

#### 8.4.3 本报告年度发生，于本报告年度内终结的诉讼事项

无。

### 8.5 公司及高级管理人员受到处罚的情况

#### 8.5.1 公司受到处罚的情况

根据北京银监局（京银监罚决字[2018]3号）文件处罚要求，公司已按要求执行。

#### 8.5.2 公司高级管理人员受到处罚的情况

无。

### 8.6 银保监会及其派出机构现场检查情况

无。

### 8.7 本年度重大事项临时报告的简要内容、披露时间、所披露的媒体及其版面

无。

### 8.8 中国银保监会及其省级派出机构认定的其他有必要让客户及相关利益人了解的重要信息

无。

## 9. 监事会意见

报告期内，公司高级管理层能认真执行股东会、董事会决议，内部管理得到进一步加强，日常经营过程中，能坚持依法合规经营，符合公司章程的有关规定，未发现公司董事、高级管理人员在履行职务时有违犯法律、法规和损害公司利益的行为。2018年度财务报告已经安永华明会计师事务所审计并出具无保留意见，并真实反映了公司财务状况和经营成果。

# 中国民生信托有限公司

## 1. 重要提示

1.1　本公司董事会及董事保证本报告所载资料不存在任何虚假记载、误导性陈述或者重大遗漏，并对其内容的真实性、准确性和完整性承担个别及连带责任。

1.2　公司独立董事齐逢昌先生、田忠华先生、刘纪鹏先生、严法善先生声明：保证本年度报告内容的真实性、准确性和完整性。

1.3　公司董事长卢志强先生、总裁张博先生、首席财务总监赵东先生声明：保证本年度报告中财务报告的真实、完整。

## 2. 公司概况

### 2.1　公司简介

2.1.1　公司的法定名称
中文：中国民生信托有限公司（简称中国民生信托）
英文：China MinSheng Trust Co.，Ltd.（缩写：CMT）

2.1.2　公司法定代表人：卢志强

2.1.3　公司注册地址：北京市东城区建国门内大街 28 号民生金融中心 C 座 19 层
邮政编码：100005
公司网址：www.msxt.com
公司电子信箱：minshengtrust@msxt.com

2.1.4　公司负责信息披露事务的高级管理人员：李永平
公司信息披露事务联系人：吴斌
办公电话：8610-85259066
办公传真：8610-85259080
电子信箱：dshbgs@msxt.com

2.1.5　公司选定的信息披露报纸：《证券时报》《上海证券报》

2.1.6　公司年度报告备置地点：公司董事会办公室

2.1.7　公司聘请的会计师事务所：中兴华会计师事务所（特殊普通合伙）
住所：北京市西城区阜外大街 1 号东塔楼 15 层

### 2.2　组织结构

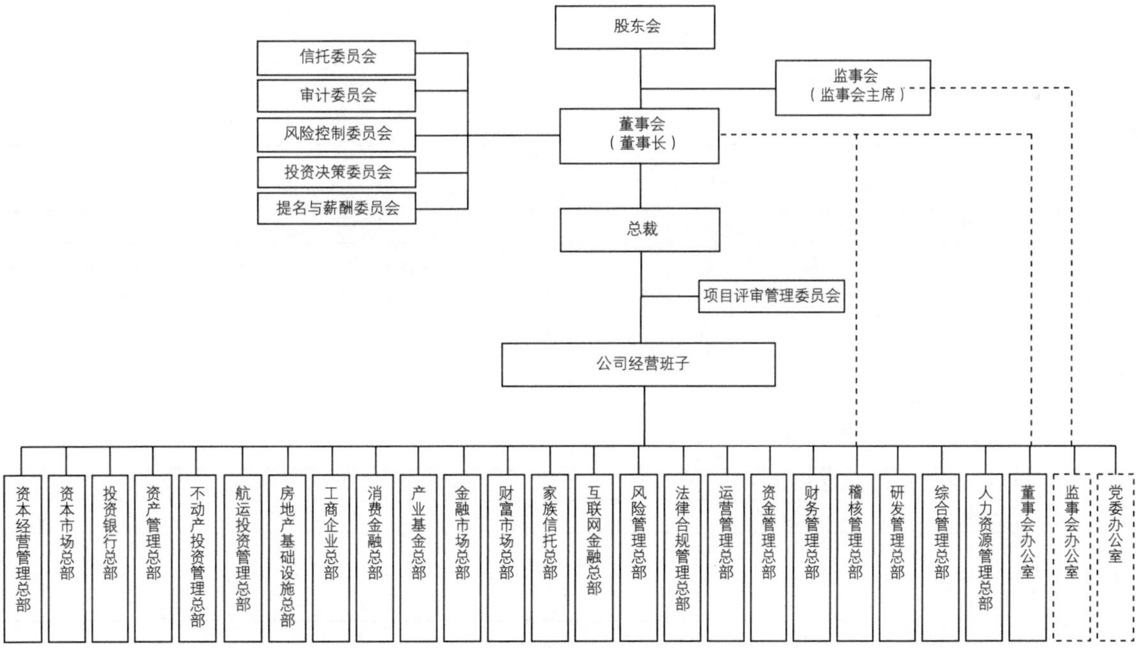

# 3. 公司治理

## 3.1 公司股东

### 3.1.1 持有公司10%以上(含10%)出资比例的股东

截至2018年12月31日,公司共有6家股东,持有本公司10%以上(含10%)出资比例的股东情况:

| 股东名称 | 持股比例(%) | 法定代表人 | 注册资本(万元) | 注册地址 | 主要经营业务 |
|---|---|---|---|---|---|
| 武汉中央商务区股份有限公司★ | 82.7071 | 卢志强 | 3 566 334 | 武汉市江汉区云彩路198号泛海城市广场12层 | 房地产开发、商品房销售;对科技、文化、教育、金融等产业项目投资;装饰工程、装修工程;建筑及装饰材料销售;基础设施建设;设计、制作、代理、发布国内各类广告;货物进出口、技术进出口、代理进出口业务(国家限制或禁止进出口的货物和技术除外);商业房屋租赁;停车场服务(依法须经审批的项目,经相关部门审批后方可开展经营活动)。<br>财务状况:截至2018年12月31日,总资产为15 831 376.78万元,净资产为4 662 187.04万元,净利润为295 604.53万元。 |
| 浙江泛海建设投资有限公司 | 10.7143 | 李强 | 180 000 | 杭州市江干区五星路185号泛海国际中心6幢1单元401室 | 房地产及基础设施投资、开发、经营,新技术、新产品的投资,酒店管理,物业管理,通信设备、办公自动化设备、建筑装饰材料的销售,经济信息咨询服务。<br>财务状况:截至2018年12月31日,总资产为526 149.06万元,净资产为219 950.95万元,净利润为12 889.88万元。 |

注:1. ★为本公司控股股东。

2. 上述股东之间存在关联关系。

### 3.1.2 公司前三位股东的主要股东情况

#### 3.1.2.1 武汉中央商务区股份有限公司主要股东情况

| 股东名称 | 出资比例(%) | 法定代表人 | 注册地址 | 主要经营业务 |
|---|---|---|---|---|
| 泛海控股股份有限公司 | 97.50 | 卢志强 | 北京市东城区建国门内大街28号民生金融中心C座22层 | 投资及投资管理;资产管理;经营房地产业务及物业管理;自有物业租赁;企业管理咨询;销售建筑材料、装饰材料、机械设备(企业依法自主选择经营项目,开展经营活动;依法须经批准的项目,经相关部门批准后依批准的内容开展经营活动;不得从事本市产业政策禁止和限制类项目的经营活动)。<br>财务状况:截至2018年12月31日,总资产为21 209 666.82万元,净资产为2 843 000.01万元,净利润为103 309.76万元。 |

#### 3.1.2.2 浙江泛海建设投资有限公司主要股东情况

| 股东名称 | 出资比例(%) | 法定代表人 | 注册地址 | 主要经营业务 |
|---|---|---|---|---|
| 泛海建设控股有限公司 | 100 | 李强 | 上海市黄浦区西藏中路18号(实际楼层8层)名义楼层第10层1006A室 | 房地产及基础设施投资、开发、经营,酒店管理,物业管理,企业收购及兼并,资产管理,新技术、新产品的投资;通信设备,办公自动化设备,建筑、装饰材料,经济信息咨询,商务咨询(依法须经批准的项目,经相关部门批准后方可开展经营活动)。<br>财务状况:截至2018年12月31日,总资产为7 229 662.74万元,净资产为1 300 653.39万元,净利润为48 837.36万元。 |

#### 3.1.2.3 北京首都旅游集团有限责任公司主要股东情况

| 股东名称 | 出资比例(%) | 法定代表人 | 注册地址 | 主要经营业务 |
|---|---|---|---|---|
| 北京市人民政府 | 100 | — | — | — |

## 3.2 公司董事

| 姓名 | 职务 | 性别 | 年龄(岁) | 选任日期 | 所推举的股东名称 | 该股东持股比例(%) | 简要履历 |
|---|---|---|---|---|---|---|---|
| 卢志强 | 董事长 | 男 | 67 | 2016年5月6日 | 武汉中央商务区股份有限公司 | 82.7071 | 经济学硕士,研究员;现任泛海集团有限公司董事长兼总裁,中国泛海控股集团有限公司董事长兼总裁,泛海控股股份有限公司董事长,中国民生银行股份有限公司副董事长,复旦大学校董,中国民生信托有限公司董事长。 |

续表

| 姓名 | 职务 | 性别 | 年龄（岁） | 选任日期 | 所推举的股东名称 | 该股东持股比例（%） | 简要履历 |
|---|---|---|---|---|---|---|---|
| 李明海 | 副董事长 | 男 | 52 | 2016年5月6日 | 武汉中央商务区股份有限公司 | 82.7071 | 经济学博士，副研究员；现任中国泛海控股集团有限公司执行董事、执行副总裁，泛海控股股份有限公司副董事长、执行董事，泛海股权投资管理有限公司董事长，中国民生信托有限公司副董事长。 |
| 张　博 | 副董事长 | 男 | 45 | 2016年5月6日 | 武汉中央商务区股份有限公司 | 82.7071 | 工商管理硕士，西方经济学在读博士；现任泛海控股股份有限公司董事，民生证券股份有限公司董事，亚太财产保险有限公司董事，中国通海国际金融有限公司副主席、执行董事、执行委员会主席，中国民生银行股份有限公司监事，武汉中央商务区股份有限公司董事，中国民生信托有限公司副董事长、总裁。 |
| 王　彤 | 董事 | 女 | 47 | 2016年5月6日 | 武汉中央商务区股份有限公司 | 82.7071 | 经济学学士，会计师职称，注册会计师资格；现任泛海控股股份有限公司职工监事，泛海股权投资管理有限公司监事，中国民生信托有限公司执行董事。 |
| 张喜芳 | 董事 | 男 | 46 | 2016年5月6日 | 武汉中央商务区股份有限公司 | 82.7071 | 工商管理硕士，高级经济师；现任泛海控股股份有限公司董事、副总裁，泛海股权投资管理有限公司董事、总裁，中泛控股有限公司执行董事，中国通海国际金融有限公司执行董事，民生证券股份有限公司董事，中国民生信托有限公司执行董事。 |
| 陈怀东 | 董事 | 男 | 41 | 2016年5月6日 | 武汉中央商务区股份有限公司 | 82.7071 | 经济学学士，董事会秘书任职资格；现任泛海控股股份有限公司董事、副总裁、董事会秘书，泛海股权投资管理有限公司董事，民生证券股份有限公司董事，中国民生信托有限公司董事。 |
| 陈基建 | 董事 | 男 | 56 | 2016年5月6日 | 武汉中央商务区股份有限公司 | 82.7071 | 工商管理（金融）硕士；现任泛海控股股份有限公司董事，副总裁，泛海股权投资管理有限公司监事，民生证券股份有限公司副董事长，民生期货有限公司监事会主席，民生金服控股有限公司董事长，北京民金所金融信息服务有限公司董事长，中国民生信托有限公司董事。 |
| 李源光 | 董事 | 男 | 49 | 2016年5月6日 | 北京首都旅游集团有限责任公司 | 6.4286 | 经济学硕士；现任北京首都旅游集团有限责任公司运营总监，中国民生信托有限公司董事。 |
| 齐逢昌 | 独立董事 | 男 | 72 | 2016年5月6日 | 武汉中央商务区股份有限公司 | 82.7071 | 高级经济师；现任中国民生信托有限公司独立董事。 |
| 田忠华 | 独立董事 | 男 | 70 | 2016年5月6日 | 武汉中央商务区股份有限公司 | 82.7071 | 经济学硕士，高级经济师；现任中国民生信托有限公司独立董事。 |
| 刘纪鹏 | 独立董事 | 男 | 62 | 2016年5月6日 | 武汉中央商务区股份有限公司 | 82.7071 | 经济学硕士、高级研究员、高级经济师、注册会计师；现任中国政法大学商学院院长、资本金融研究院院长、二级教授、博士生导师，中泛控股有限公司独立非执行董事，中国通海国际金融有限公司独立非执行董事，中国民生银行股份有限公司独立董事，中国民生信托有限公司独立董事。 |
| 严法善 | 独立董事 | 男 | 67 | 2016年10月18日 | 武汉中央商务区股份有限公司 | 82.7071 | 经济学博士；现任复旦大学经济学院教授，博士生导师，中泛控股有限公司独立非执行董事，中国民生信托有限公司独立董事。 |

注：统计截至日期为2018年12月31日。

## 3.3　董事会下属专门委员会

| 董事会下属专门委员会名称 | 职责 | 组成人员姓名 | 职务 |
|---|---|---|---|
| 信托委员会 | （1）组织制定公司信托业务发展专项规划；<br>（2）重大信托项目的审核与批准；<br>（3）对公司信托业务运行情况进行定期评估；<br>（4）针对中国银监会及其派出机构检查公司信托业务后要求董事会组织整改的问题，研究提出具体措施；<br>（5）指导信托业务部门开展信托业务创新；<br>（6）当公司或股东利益与受益人利益发生冲突时，研究提出维护受益人权益的具体措施；<br>（7）研究公司信托业务部门设置方案；<br>（8）指导对信托从业人员的培训等；<br>（9）审查公司是否侵占受益人利益，获取不当信托报酬行为；<br>（10）关注信托业务的信息披露情况；<br>（11）董事会授予的其他职责。 | 齐逢昌 | 主任委员 |
| | | 严法善 | 副主任委员 |
| | | 张　博 | 委员 |
| | | 陈怀东 | 委员 |
| | | 李源光 | 委员 |

续表

| 董事会下属专门委员会名称 | 职责 | 组成人员姓名 | 职务 |
|---|---|---|---|
| 风险控制委员会 | (1)向董事会提交公司全面风险管理年度报告;<br>(2)确定公司风险管理的总体目标、风险偏好、风险承受度、风险管理策略和重大风险管理解决方案;<br>(3)对公司信托业务和自营业务的风险控制及管理情况进行监督;<br>(4)对公司自有财产和信托财产的风险状况进行定期评估;<br>(5)对公司关联交易业务风险进行评估,对重大关联交易事项进行审查并提交董事会审议;<br>(6)提出完善公司风险管理和内部控制的建议;<br>(7)审议公司风险管理组织机构设置及其职责;<br>(8)为董事会督导公司风险管理文化建设提供建议;<br>(9)董事会授予的其他职责。 | 刘纪鹏 | 主任委员 |
| | | 田忠华 | 副主任委员 |
| | | 陈基建 | 委员 |
| | | 张喜芳 | 委员 |
| | | 王　彤 | 委员 |
| 投资决策委员会 | (1)对公司章程规定须经董事会批准的重大投资融资、资金运用和资产处置等方案进行研究并提出建议;<br>(2)对公司章程规定须经董事会批准的固有资产投资、重大资本运作、资产经营项目和合作开发等项目进行研究并提出建议;<br>(3)对其他影响公司发展的重大事项进行研究并提出建议;<br>(4)对以上事项的实施进行检查,并对公司资金使用的调度、贷款担保、对外投资、设立全资或合资公司(包括但不限于控股子公司、重大控股子公司以及重大子公司)、产权转让、资产重组等重大决策活动进行研究并提出建议;<br>(5)研究、建议公司的长期发展战略规划;<br>(6)董事会授权的其他职权;<br>(7)针对上述(1)至(6)项的工作成果,形成书面意见或解决方案并报请董事会审批通过;若公司章程规定需要股东会审议批准的,则报股东会审议批准。 | 卢志强 | 主任委员 |
| | | 齐逢昌 | 副主任委员 |
| | | 李明海 | 委员 |
| | | 张　博 | 委员 |
| | | 张喜芳 | 委员 |
| 提名与薪酬委员会 | (1)研究董事、监事、总裁和其他高级管理人员的薪酬标准,根据董事、监事、总裁和其他高级管理人员的职责与重要性,参考同业相关岗位的薪酬水平,制定薪酬计划或方案并监督薪酬计划或方案的实施;<br>(2)拟定考核标准,审查董事、总裁和其他高级管理人员履行职责情况并对其进行年度绩效考评,提交考核评价意见;<br>(3)负责对公司薪酬制度执行情况进行监督;<br>(4)研究董事、经理层人员的选择标准和程序,并向董事会提出建议;<br>(5)广泛搜寻合格的董事和经理层人员的人选;<br>(6)对董事、经理层人员人选进行审查并提出建议;<br>(7)董事会授权的其他职权。 | 严法善 | 主任委员 |
| | | 卢志强 | 副主任委员 |
| | | 田忠华 | 委员 |
| | | 陈怀东 | 委员 |
| | | 李源光 | 委员 |
| 审计委员会 | (1)对公司信息披露的真实、准确、完整和合规性等进行监督;<br>(2)监督公司内部审计制度及其实施;<br>(3)负责内部审计与外部审计之间的沟通;<br>(4)审核公司的财务信息及其披露;<br>(5)提议聘请或更换外部审计机构;<br>(6)董事会授予的其他职责。 | 田忠华 | 主任委员 |
| | | 李明海 | 副主任委员 |
| | | 陈基建 | 委员 |
| | | 刘纪鹏 | 委员 |
| | | 王　彤 | 委员 |

## 3.4 监事

| 姓名 | 职务 | 性别 | 年龄(岁) | 选任日期 | 所推举的股东名称 | 该股东持股比例(%) | 简要履历 |
|---|---|---|---|---|---|---|---|
| 赵英伟 | 监事会主席 | 男 | 47 | 2018年6月25日 | 武汉中央商务区股份有限公司 | 82.7071 | 工程硕士,高级会计师;现任中国泛海控股集团有限公司执行董事、执行副总裁、财务总监,泛海控股股份有限公司执行董事,民生控股股份有限公司监事会主席,泛海股权投资管理有限公司董事,中泛控股有限公司非执行董事,民生证券股份有限公司监事会副主,中国民生信托有限公司监事会主席。 |
| 宋宏谋 | 监事会副主席 | 男 | 46 | 2018年6月25日 | 武汉中央商务区股份有限公司 | 82.7071 | 管理学博士;现任泛海控股股份有限公司执行副总裁,中国民生信托有限公司监事会副主席。 |
| 刘　冰 | 监事 | 男 | 61 | 2016年5月6日 | 武汉中央商务区股份有限公司 | 82.7071 | 工商管理硕士;现任中国泛海控股集团有限公司执行董事、执行副总裁,泛海控股股份有限公司监事会主席,民生控股股份有限公司副董事长,美国国际数据集团全球总裁、董事兼执委会主席,泛海股权投资管理有限公司董事,中泛控股有限公司执行董事,中国通海国际金融有限公司非执行董事,民生证券股份有限公司董事,中国民生信托有限公司监事。 |

续表

| 姓名 | 职务 | 性别 | 年龄（岁） | 选任日期 | 所推举的股东名称 | 该股东持股比例（%） | 简要履历 |
|---|---|---|---|---|---|---|---|
| 刘国升 | 监事 | 男 | 50 | 2016年5月6日 | 武汉中央商务区股份有限公司 | 82.7071 | 经济学硕士，高级会计师；现任泛海控股股份有限公司财务总监，泛海股权投资管理有限公司董事，中泛控股有限公司执行董事，中国民生信托有限公司监事。 |
| 李　能 | 监事 | 男 | 48 | 2016年5月6日 | 武汉中央商务区股份有限公司 | 82.7071 | 经济学学士，高级人力资源管理师；现任泛海控股股份有限公司人力行政总监，民生控股股份有限公司监事会副主席，中国民生信托有限公司监事。 |
| 石　磊 | 监事 | 女 | 40 | 2016年5月6日 | 北京首都旅游集团有限责任公司 | 6.4286 | 会计硕士，注册会计师，高级会计师；现任中国全聚德（集团）股份有限公司副总经理兼财务总监，中国民生信托有限公司监事。 |
| 吴　斌 | 职工监事 | 男 | 37 | 2016年5月6日 | — | — | 法学学士；现任中国民生信托有限公司职工监事、董事会办公室部门总经理。 |
| 欧阳燕红 | 职工监事 | 女 | 45 | 2016年5月6日 | — | — | 理学硕士；现任中国民生信托有限公司职工监事、风险管理总部副总裁。 |
| 马世崧 | 职工监事 | 男 | 43 | 2018年6月7日 | — | — | 工商管理硕士；现任中国民生信托有限公司职工监事、运营管理总部副总裁。 |

注：统计截至日期为2018年12月31日。

## 3.5　高级管理人员

| 姓名 | 职务 | 性别 | 年龄（岁） | 选任日期 | 金融从业年限（年） | 学历 | 专　业 |
|---|---|---|---|---|---|---|---|
| 张　博 | 总裁 | 男 | 45 | 2016年5月6日 | 23 | 本科学历，硕士学位 | 工商管理专业 |
| 王　彤 | 首席稽核总监 | 女 | 47 | 2016年5月6日 | 6 | 本科学历，学士学位 | 审计专业 |
| 林德琼 | 执行副总裁 | 男 | 55 | 2016年5月6日 | 14 | 博士研究生学历，博士学位 | 金融工程学专业 |
| 赵　东 | 首席财务总监 | 男 | 48 | 2016年5月6日 | 20 | 本科学历，硕士学位 | 会计硕士专业 |
| 田吉申 | 首席风险控制总监 | 男 | 39 | 2016年5月6日 | 12 | 研究生学历，硕士学位 | 金融学专业 |
| 裘骆红 | 首席法律合规总监 | 女 | 50 | 2017年7月25日 | 26 | 本科学历，学士学位 | 金融学专业 |
| 黄明芳 | 首席运营总监 | 女 | 46 | 2017年8月11日 | 20 | 本科学历，硕士学位 | 会计硕士专业 |
| 易宏伟 | 副总裁 | 男 | 60 | 2016年5月6日 | 25 | 本科学历，硕士学位 | 经济学专业 |
| 董　军 | 副总裁 | 女 | 49 | 2016年5月6日 | 16 | 本科学历，硕士学位 | 经济学专业 |
| 石俊鹏 | 副总裁 | 男 | 42 | 2017年7月25日 | 16 | 研究生学历，硕士学位 | 金融与投资专业 |
| 罗苓宁 | 副总裁 | 女 | 38 | 2018年5月4日 | 14 | 研究生学历，硕士学位 | 国际经济法专业 |
| 李永平 | 助理总裁 | 男 | 48 | 2016年5月6日 | 14 | 研究生学历，硕士学位 | 工商管理专业 |

## 3.6　公司员工

| 项目 | | 报告期年度 | | 上年度 | |
|---|---|---|---|---|---|
| | | 人数（人） | 比例（%） | 人数（人） | 比例（%） |
| 年龄分布 | 20岁以下 | — | — | — | — |
| | 20～29岁 | 124 | 25 | 118 | 30 |
| | 30～39岁 | 315 | 65 | 247 | 63 |
| | 40岁以上 | 48 | 10 | 29 | 7 |
| 学历分布 | 博士 | 10 | 2 | 15 | 4 |
| | 硕士 | 253 | 52 | 207 | 53 |
| | 本科 | 194 | 40 | 151 | 38 |
| | 专科 | 13 | 3 | 8 | 2 |
| | 其他 | 17 | 3 | 13 | 3 |
| 岗位分布 | 高管人员 | 12 | 3 | 12 | 3 |
| | 固有业务人员 | 5 | 1 | 4 | 1 |
| | 信托业务人员 | 148 | 30 | 134 | 34 |
| | 其他人员 | 322 | 66 | 244 | 62 |
| 合计 | | 487 | — | 394 | — |

注：统计截至日期为2018年12月31日。

# 4. 经营管理

## 4.1　经营目标、经营方针和战略规划

公司以保障委托人的合法权益为最高准则，秉承合规、稳健的经营思路，着力开发优质项目，追求风险可控的经济利益；公司以服务实体经济为目标，为优质企业和客户提供多样化的金融服务。

公司继续坚持财富、投资、投行、资管、融资五大市场定位，重点打造好“自主投资能力、资产管理能力、财富管理能力”三台公司发展的“发动机”，将公司打造成为具有差异化、专业化、盈利化特征的投资银行管理型金融机构。

## 4.2　所经营业务的主要内容

公司目前经营的业务品种主要包括信托业务和固有业务。

信托业务品种主要包括单一资金信托、集合资金信托、财产信托等。信托财产的运用方式主要有贷款和投资。

固有业务主要是自有资金的同业存款、发放贷款和投资信托产品、资管计划等。

报告期内，公司业务保持平稳较快发展。截至 2018 年末，公司实际管理信托资产为 1 813.89 亿元，管理契约型私募基金资产为 181.50 亿元，公司固有资产总额达到 152.33 亿元。

报告期内，公司累计向信托受益人支付的投资收益总额达 102.13 亿元。公司严格履行了受托人的尽职管理职责，实现了信托业务的主要预期目标，最大化地维护受益人利益。

4.2.1 信托业务

报告期内，公司上年存续信托项目 215 个，上年存续信托本金规模为 1 855.16 亿元，本年新增信托项目 53 个，新增信托本金规模为 2 562.60 亿元；清算信托项目 90 个，到期信托本金规模为 2 631.48 亿元。报告期末，存续信托项目 178 个，存续信托本金余额为 1 786.28 亿元，信托资产总额为 1 813.89亿元。

公司信托资产运用与分布表如下：

信托资产运用与分布表

| 资产运用 | 金额（万元） | 占比（%） | 资产分布 | 金额（万元） | 占比（%） |
|---|---|---|---|---|---|
| 货币资产 | 319 236.01 | 1.76 | 基础产业 | 915 128.94 | 5.05 |
| 贷款 | 4 473 211.85 | 24.66 | 房地产 | 2 066 764.66 | 11.38 |
| 交易性金融资产 | 348 538.33 | 1.92 | 证券市场 | 389 598.19 | 2.15 |
| 可供出售金融资产 | 8 909 660.65 | 49.12 | 工商企业 | 5 263 650.59 | 29.02 |
| 长期股权投资 | 1 685 133.39 | 9.29 | 金融机构 | 8 796 512.28 | 48.50 |
| 其他 | 2 403 130.99 | 13.25 | 其他 | 707 256.56 | 3.90 |
| 信托资产总计 | 18 138 911.22 | 100.00 | 信托资产总计 | 18 138 911.22 | 100.00 |

4.2.2 私募基金业务

截至 2018 年末，公司存续基金项目 38 个，存续基金本金余额为 183.10 亿元。

4.2.3 固有业务

公司固有业务主要包括自有资金的同业存款、发放贷款和投资信托产品、资管计划等。报告期内，公司继续秉承谨慎稳健原则，在提高资金运用效率的同时，进一步强化业务风险防范与风险监控，确保公司资产的稳健增长。报告期末，公司固有资产运用与分布表如下：

固有资产运用与分布表

| 资产运用 | 金额（万元） | 占比（%） | 资产分布 | 金额（万元） | 占比（%） |
|---|---|---|---|---|---|
| 货币资产 | 135 775.23 | 8.91 | 基础产业 | 128 406.46 | 8.43 |
| 交易性金融资产 | 6 768.36 | 0.44 | 房地产业 | 72 239.39 | 4.74 |
| 可供出售金融资产 | 1 331 128.38 | 87.39 | 工商企业 | 1 130 328.59 | 74.20 |
| 贷款 | 19 800.00 | 1.30 | 金融机构 | 156 632.88 | 10.28 |
| 其他 | 29 789.55 | 1.96 | 其他 | 35 654.18 | 2.34 |
| 资产总计 | 1 523 261.51 | 100.00 | 资产总计 | 1 523 261.51 | 100.00 |

## 4.3 市场分析

4.3.1 宏观经济金融形势

目前，全球经济扩张正在减弱，并且减弱的速度稍微快于预期。国际货币基金组织（IMF）2019 年 1 月 21 日发布《世界经济展望报告》，将 2019 年、2020 年两年的全球经济增长预期分别下调 0.2 个百分点和 0.1 个百分点至 3.5% 和 3.6%；联合国 2019 年 1 月 21 日发布的《2019 年世界经济形势与展望》报告也认为，由于贸易争端、金融压力和波动风险显现、地缘政治关系紧张，2019 年许多国家的经济增长势头将会减弱，全球经济下行风险增加。

2018 年，我国国内生产总值为 90.03 万亿元，按可比价格计算，比 2017 年增长 6.6%，完成预期目标。2018 年，我国经济增长内生动力进一步增强，消费对经济增长的基础作用更加显著。产业结构持续优化，服务业对经济增长的贡献继续提升。中央经济工作会议指出，我国发展仍处于并将长期处于重要战略机遇期，2019 年将坚持稳中求进的工作总基调，以供给侧结构性改革为主线，继续统筹推进稳增长、促改革、调结构、惠民生、防风险工作，保持经济运行在合理区间，进一步稳就业、稳金融、稳外贸、稳外资、稳投资、稳预期，提振市场信心，保持经济持续健康发展。2019 年中国经济需要应对来自三方面的压力：外部环境仍然错综复杂、国内经济增速持续回落以及中国高杠杆现状所可能引发的潜在风险。短期需要宏观调控政策进行调整对冲，尤其是财政政策和货币政策的积极发力；中长期内则迫切需要进一步深化改革和扩大开放，以提振市场情绪，增强投资者对中国经济的信心。

4.3.2 影响信托公司业务发展的有利因素

2019 年是中华人民共和国成立 70 周年，也是决胜全面建成小康社会关键之年，党中央、国务院高度重视做好经济工作，积极主动应对经济金融发展过程中出现的压力和风险，要求增强人民群众获得感、幸福感、安全感，保持经济持续健康发展和社会大局稳定。

随着市场对资管新规的逐步深入实施，以及“一委一行两会 + 地方金融监管局”的金融监管架构基本搭建完成和磨合运转，我国金融去杠杆和控制系统性风险效果明显。各监管机构的分工更为明确，人民银行的宏观审慎管理职能得到加强，机构监管、功能监管和行为监管并重的思路更加清晰，金融监管政策也将更加成熟稳健。

先进制造业和现代服务业深度融合，制造业技术创新能力不断增强。5G 商用步伐加快，人工智能、工业互联网、物联网等新型基础设施建设不断推进；京津冀、粤港澳大湾区、长三角等地区发展规模经济效应开始显现，基础设施密度和网络化程度全面提升，有利于形成引领高质量发展的重要动力源。信托公司在先进制造业、新型基础设施以及区域协调发展方面有望获得较好的业务机会。

改革开放 40 年来，随着经济社会的快速发展，我国社会财富规模累积效应明显，大众富裕人群和高净值人群数量均大量呈现。中国银保监会发布的资管新规过渡实施文件第一次对“家族信托”进行了官方界定，并明确家族信托不适用资管新规规定。因此，通过信托客户分层，创设适合大众富裕人群的信托产品和针对高净值家族的家族信托产品，信托公司财富管理业务有望得到进一步发展，并成为信托公司新的重要盈利点。

4.3.3 影响信托公司业务发展的不利因素

中美贸易战的长期性、复杂性将对我国外贸和其他领域产生重要影响。美国发起的贸易战和“制造业回流”将重构全球产业链，破坏当前全球分工。中美贸易战在 2019 年下半年存在再度升级的风险，短期边打边谈，但向长期性、复杂性发展的趋势明显。中美贸易战，在逐渐衍变为两国经济、政治、文化、科技、网络、意识形态等领域的全方位综合实力较量。

信托公司风险管理形势依然严峻。实体经济绩效面临较大压力，金融整体去杠杆监管导向不变，部分企业实体短期内偿债能力减弱。同时，由于融资渠道有限及融资成本抬高，部分实体企业经营压力将进一步传导至金融业，信托公司风险管理形势依然严峻。

资管统一后，资管行业竞争更加激烈。随着资管新规的逐步深入实施，特别是商业银行理财子公司的推出，信托公司将在资产端和资金端面临更大的竞争压力。信托公司在资产端主动管理能力有待进一步提升，特别是针对成立时间较短的信托公司来说，应围绕某几项创新业务培育稳定的核心竞争力。同时，传统融资类业务也亟须进行转型优化。在金融"去杠杆、去通道"的背景下，信托公司的资金端压力增加明显，财富管理业务仍主要表现为单一信托产品的销售，缺乏投资顾问和资产配置能力，以家族信托为代表的综合金融服务水平仍处于初期发展阶段。

## 4.4 内部控制

### 4.4.1 内部控制环境和内部控制文化

根据《信托公司治理指引》，公司已建立包括股东会、董事会、监事会、经营层在内的"三会一层"治理结构。股东会下设董事会和监事会，董事会下设信托委员会、审计委员会、风险控制委员会、投资决策委员会、提名与薪酬委员会。各个层级和机构按照公司章程及授权体系在各自职权范围内开展工作，履行职能。

公司建立了以《公司章程》《股东会议事规则》《董事会议事规则》《监事会议事规则》为基础的公司治理制度体系；明确了股东会、董事会、监事会和经营层在决策、执行、监督等方面的职责权限、程序以及应履行的义务，建立了权力机构、决策机构、监督机构和经营机构完备的治理结构。

公司在董事会及专门委员会授权指导下建立了较为完整的制度及流程管理体系，覆盖法人治理结构、信托和固有业务管理、风险管理、法律合规管理、项目运营管理、发行和销售等财富管理、信息化管理、人力资源及考核管理、合同档案等综合管理、稽核审计管理等前、中、后各个环节。各项规章制度的建立确保了内部控制有章可循。公司高度重视内部控制环境的改善和内部控制文化的建设，根据经济环境、金融环境、公司市场定位、公司内部管理潜力挖掘等需要，建立动态调整机制。

公司强调"内部控制环境全覆盖"，认真培育内部控制环境中的全程管理、全员管理、全面管理的内部控制文化，确保公司内部控制全覆盖。

### 4.4.2 内部控制措施

4.4.2.1 履行内部控制职能的部门

公司构建了较为完备的内部控制职能体系，实现内部控制职能的分层控制：公司建立了首席风险控制总监、首席法律合规总监和首席运营总监管理下的风险控制组织体系，并具体由风险管理总部、法律合规管理总部、运营管理总部根据部门职能分工合作；同时，公司也建立了首席稽核总监负责下的稽核管理体系，并负责对公司经营、管理的各项活动实施稽核管理，由稽核管理总部具体负责。

4.4.2.2 内部控制的主要政策、制度、程序及执行情况

4.4.2.2.1 内部控制的主要政策

按照各项政策内容，分别由股东会审批、董事会审批、公司审批、各管理总部审批，其中公司治理层面的相关制度及议事规则由股东会审批；公司经营方面的制度，根据具体内容分别由董事会或公司内部审批；在上述审批制度规定的范围内，各管理总部（风险管理总部、财务管理总部等）可制定相关操作规则、指引，明确具体要求。

4.4.2.2.2 业务控制制度

在项目和合同文本审核、资金拨付和执行过程管理方面，公司制定固有和信托两大体系的管理制度。在业务前期审核、资金拨付和执行过程管理等环节，依据《主动类房地产信托项目操作指引》《私募股权投资类业务操作指引》《不动产投资业务操作指引》《固定收益类投资业务操作指引》《上市公司定向增发类业务操作指引》《合同管理办法》《投后管理办法》《档案管理制度》等制度，规范相关工作流程和标准，并能根据信托行业发展及时予以修订和完善。

4.4.2.2.3 对外担保制度

为规范公司对外担保行为，防范公司对外担保风险，公司在公司章程及业务审批授权体系中对对外担保的权限和信息披露作出明确规定。

4.4.2.2.4 内部监督与问责制度

公司依据《稽核审计管理制度》《内部审计管理办法》，定期开展内部审计工作，并及时将内部审计报告报送公司经营层及董事会。

公司根据宏观经济环境的变化和监管政策的调整以及业务和管理的实际需要，对上述制度进行修订。

### 4.4.3 信息交流与反馈

在公司内部信息交流与反馈方面，公司通过建立各项规章制度，涵盖了相应制度规范报告责任主体、报告形式、报告流程、报告频率等事项，明确了公司自上而下的授权机制和自下而上的报告机制。报告期内，根据监管要求，公司对于信托业务、基金业务、高级管理人员更替等重大事项，均履行了完备的报备或报批手续，对于监管部门提出的问题、意见和建议，均给予及时、详细的信息反馈。通过公开信息披露机制，增进了公司与监管部门、委托人及受益人之间的信息交流和沟通，增强了公司管理运行的透明度。

### 4.4.4 监督评价与纠正

根据公司的治理结构，公司监督评价与纠正体系体现在多个层次：监事会作为独立的监督机构对公司股东会负责，对公司经营管理层和公司运营情况进行监督；公司首席稽核总监负责监督检查公司运作的合法合规情况及公司内部风险控制情况，并对董事会和董事会审计委员会负责；稽核管理总部独立行使内部审计监督权；风险管理总部、法律合规管理总部和运营管理总部主要通过现场调查、法律文本审核、资金拨付审核、过程管理等措施对业务全过程进行监督，并及时提出存在的问题和改进措施。

## 4.5 风险管理

### 4.5.1 风险管理概况

4.5.1.1 公司经营活动中可能遇到的风险

基于金融业运营环境和信托业特征，公司在经营活动中可能遇到的主要风险包括信用风险、市场风险和操作风险，同时还可能承担合规风险、流动性风险、法律风险和声誉风险及战

略风险等其他风险。

4.5.1.2　公司风险管理的基本原则和控制政策

公司围绕总体经营和发展战略目标持续推进全面风险管理体系建设，将风险管理工作贯穿到公司经营管理的各个环节中去，对业务经营的全过程进行风险识别、评估、监测和控制，确保稳健经营。在董事会的领导下，公司确立了如下风险管理基本原则和政策。

1. 匹配性原则。风险管理策略与业务发展战略有机结合，与公司长期发展目标相一致。公司的全面风险管理体系须与风险状况和系统重要性等相适应，并根据环境变化予以调整。

2. 全覆盖原则。风险管理工作覆盖各项业务条线和各种业务类型，覆盖所有分支机构、附属机构、部门、岗位和人员，覆盖所面临的所有风险种类和不同风险之间的相互影响，贯穿到各项业务的决策、执行和监督全部管理环节。

3. 独立性原则。风险管理部门独立于业务部门，负责对各项业务独立开展风险管理，各部门和岗位设置权责分明、相互牵制，各项业务操作环节交叉控制或监督，防止操作失误或舞弊发生。

4. 有效性原则。各项风险管理规章制度应根据公司经营战略、经营方针、经营理念等内部环境和国家法律法规、市场变化等外部环境的变化进行及时的修改和完善。

5. 定性与定量相结合原则。公司逐步建立完备的风险控制指标体系，设定定性与定量相结合的评估标准，使风险管理工作更具科学性和可操作性。

4.5.1.3　公司风险管理的组织结构和职责划分

公司的风险管理组织架构是在公司目前的组织结构上，根据不同职能构建而成，形成了股东会、董事会、监事会和高级管理层“三会一层”管理架构下，业务线、风险合规管理线、稽核审计线三道主要防线的风险管理体系。

公司以“三会一层”为基本管理架构，充分发挥股东会、董事会、监事会以及公司管理层各方职能，建立了良好有效的沟通机制和高度统一的战略共识，为公司的合规经营和风险管理创造良好前提。公司董事会对股东会负责并承担风险管理最终责任和最高决策职能，负责制定公司风险管理总体战略、风险偏好、风险容忍度、发展规划和重大政策，保障风险管理所需资源，掌握公司总体风险状况，制定重大风险的解决方案，对公司高级管理层风险管理履职情况进行监督。公司监事会承担全面风险管理的监督责任，负责监督检查董事会和高级管理层在风险管理方面的履职尽责情况。公司高级管理层承担全面风险管理的实施责任，根据董事会确定的风险管理战略，设立首席稽核总监、首席风险控制总监、首席法律合规总监、首席运营总监。首席稽核总监负责监督检查公司运作的合法合规情况及公司内部风险控制情况，对公司贯彻执行国家法律法规、行业监管规定和公司本级各项规章制度的情况、对公司主要经营管理活动、对各级主要管理人员在日常经营管理过程中的履职情况等进行审计监督，并定期向董事会或其下设的审计委员会报告工作。首席风险控制总监负责制定并执行具体的风险管理政策、管理程序和控制制度，指导、协调和监督各管理部门和各业务机构开展风险管理工作，并定期向董事会或其下设的风险控制委员会提交风险管理报告。首席法律合规总监负责组织建立公司法律事务管理和合法合规审核体系及相关制度、政策，指导、协调和监督各管理部门和各业务机构开展法律合规管理工作。首席运营总监负责监督公司固有、信托和基金项目评审及通过后实施过程的管理和审查，组织制定包括项目持续检查、评价、预警和处置的风险监控制度，指导、协调和监督项目风险排查、紧急预案、风险化解工作，并定期向董事会或公司管理层报送风险排查报告。

公司风险管理中，业务条线承担风险管理的直接责任；风险管理条线承担制定政策和流程，日常监测和管理风险的责任；稽核管理部门承担业务部门和风险管理部门履责情况的稽核管理和审计责任。在业务管理方面，公司实施专业化评审和审批执行相分离制度，提高风险识别及把控能力，规范业务审批及决策管理。公司设立项目评审管理委员会，负责对董事会授权范围内的信托业务和固有业务等进行独立评审，并根据审批权限规定最终报有权审批人审批。公司设立独立的风险管理总部、法律合规管理总部及运营管理总部负责全面风险管理，对公司经营和业务活动具体开展风险识别、评估、监控和报告等风险管理日常工作。公司设立稽核管理总部对公司的风险管理工作进行独立的监督和检查，并将全面风险管理纳入内部稽核审计范畴，定期审查和评价全面风险管理的充分性和有效性，从而改善公司经营管理和风险控制的效果，促进公司稳健发展。

**4.5.2　风险状况**

4.5.2.1　信用风险状况

信用风险是公司信托项目面临的主要风险，主要是指因交易对手违约而造成财产损失的风险，又称违约风险，主要表现为客户交易违约或借款人信用等级下降等原因，造成交易对手不能或不愿履行合约承诺而使信托财产和固有财产遭受潜在损失的可能性。信用风险的产生主要来自经济运行周期以及企业自身经营特殊事件的影响。当信用风险发生时，如受托人没有尽职管理、安排预算不恰当时，或信托项目违法违规未能如期执行时，会导致发生流动性风险。信用风险压力主要表现在融资类业务中，对于此类风险，公司严格要求前期的详细尽调、中期的独立审查与评估、后期的及时跟踪管理，同时针对交易对手信用资质情况，要求提供相应的抵押、质押、保证以及其他一些增信措施，防范信用风险；投资业务相关的信用风险，主要体现在交易对手的履约意愿和履约能力，公司严格按照内部决策流程对投资类业务进行信用评估，选取具有较高信用资质的交易对手，同时从多个维度对投资业务设定风险额度来控制信用风险。

4.5.2.2　市场风险状况

市场风险是指因市场价格（利率、汇率、股票价格和商品价格）的不利变动而使公司所开展业务发生损失的风险。公司市场风险主要涉及证券投资和股权投资自营业务、信托业务以及上市公司股权质押融资、不动产投资信托业务等。对于此类业务，公司本着审慎原则，合理配置资产，通过合理的交易安排和严密的管理措施，勤勉、尽职履行受托人职责，最大限度地保障受益人的资金安全。同时，市场风险还具有很强的传导效应，如销售下降、成本上升等因素导致交易对手的信用风险，因此对于此类业务同样采取严格的流程要求以及尽可能取得有效增信措施来防范风险。

4.5.2.3　操作风险状况

操作风险是指由于不完善或有问题的内部程序、员工、信息科技系统或外部事件所造成损失的风险，主要表现为由于公司治理机制、内部控制失效或者有关责任人出现失误、欺诈等问题，公司没有充分及时地做好尽职调查、持续监控、信息披露等工作，未能及时作出应有的反应，或作出的反应明显有失专业和常理，甚至违规违约；公司没有履行勤勉尽职管理的义务，或者无法出具充分有效的证据和记录，证明自己已履行勤勉尽职管理的义务。对于此类风险，公司建立了有效的风险内控体系，明确并不断优化各项业务的操作规程，同时，由稽核管理总部按期对公司业务开展情况进行稽核，对各职能部门进行管理审计，通过规范各项业务流程、加强内控等手段有效防控操作风险，报告期内未发生重大操作风险事件。

4.5.2.4　其他风险状况

公司面临的其他风险主要还有法律风险、合规风险、流动性风险、声誉风险、战略风险等。法律风险是指公司因没有遵守法律法规或监管规定而可能遭受法律制裁、监管处罚，从而给公司或投资人带来经济损失的风险。合规风险是指因没有遵循法律、规则和准则可能遭受法律制裁、监管处罚、重大财务损失和声誉损失的风险。流动性风险是指公司短期内资金周转困难无力偿付到期负债而造成损失的风险。声誉风险是指公司经营管理行为导致外部负面评价的风险。战略风险是指因公司作出不利的经营决策、未妥当地执行决策或未能对宏观经济及行业变化作出准确反应而可能造成损失的风险。

**4.5.3　风险管理**

公司风险管理工作紧密围绕公司战略及业务特点，持续优化风险管理体系，强化风险策略的适应性；把握业务风险特征，采取差异化管控措施；加强资产准入管理，严守风险底线。

4.5.3.1　信用风险管理

公司严格按照业务流程、制度规定和相应程序开展各项业务，确保决策者充分了解业务涉及的信用风险。公司强调全流程风险管理、强调风险管理关口前置、强调完善信用风险管理的制度体系、强调业务政策的及时调整、强调对交易对手履约情况的持续跟踪，依托严谨的风险管理体系，以各类业务准入政策、业务报审及审批流程等为抓手，持续完善和优化信用风险的事前防范、事中控制和事后检查制度，严控资产质量水平。由业务部门对交易对手进行全面、深入的信用调查与分析，形成客观、翔实的尽职调查报告；法律合规管理总部、风险管理总部和运营管理总部根据业务部门的尽职调查情况，独立开展有关调查，对项目信用风险进行充分的评估和审核，对于融资类业务严格落实贷款担保等措施，对抵(质)押物权属有效性、合法性进行审查，并借助外部专业机构力量客观、公允评估抵押物价值；对于投资类业务严格按照内部决策流程进行信用评估，选取具有较高资质的交易对手，从多个维度对投资业务设定风险限额，通过分散投资、设置合理投资节点、设置对赌条款等多项措施对信用风险进行防范；业务部门和运营管理总部在项目实施过程中共同负责对项目进行日常跟踪管理，同时密切关注交易对手的信用状况、抵(质)押物价值和保证人担保能力的变化、投资标的经营情况变化和价值变动，并根据具体情况采取有效的应对措施，在项目发生风险预警时，业务部门和运营管理总部及时制定应对措施以防范风险的发生或扩大；项目结束后稽核管理总部进行稽核审计和项目评价，以进一步提高对项目的信用风险管理水平。

本公司参照《非银行金融机构资产风险分类指导原则》(试行)对风险资产进行五级分类。

4.5.3.2　市场风险管理

公司建立健全市场风险的识别、计量、监测和控制程序，以确保市场风险管理能够与业务的性质、规模、复杂程度和风险特征相适应，与能够承担的总体市场风险水平相一致；同时，加强对宏观经济和市场的研究，及时跟踪市场价格波动情况，对每项业务和产品中的市场风险因素进行分解和分析，及时准确识别所有业务中市场风险的类别和性质。公司市场风险管理目标是通过将市场风险控制在公司可承受的合理范围内，实现经风险调整后的收益最大化，主要通过设置合理的收益率对风险进行定价，实现对风险的有效补偿。公司通过严密设计风控条款，取得有效增信措施，以缓释和对冲可能发生的市场风险；加强对证券投资产品单位净值、抵(质)押物价格变化、投资标的价值变化的日常监控，以防范市场价格波动带来的风险；定期对房地产业务进行压力测试，分析在不同风险程度下房地产项目的抗风险能力，从而及时发现并预防市场风险。

4.5.3.3　操作风险管理

公司通过规范业务流程，强化内控基础，优化内控措施，持续提升风险管理体系的运行效率和效果。公司定期对公司内部控制规章制度及业务流程进行梳理和完善，以业务流程为主线，不断完善前台、中台、后台的协作与制约体系，对重要的业务环节，实行双人双岗复核，及时对业务管理系统进行升级，并加强对操作流程的监督、检查，及时排除操作风险隐患，有效防范操作风险。

4.5.3.4　其他风险管理

法律风险管理方面，公司高度重视法律风险的防范，定期对合同范本进行修订，不断加强对合同的审查力度。对于创新及重大项目，公司要求聘请外部律师出具法律意见，从业务源头和操作环节防范和化解法律风险。

合规风险管理方面，公司积极稳妥地推进合规管理体系建设，充分借鉴银行业、证券业和保险业良好的合规管理经验，按照监管机构政策，结合自身合规工作积累，持续完善合规管理的组织框架、管理范围、运行机制和工作流程。

流动性风险管理方面，公司严格遵守相关监管规定，持续完善流动性风险管理体系，并通过定期压力测试、及时调整流动性风险偏好等手段，实现对公司整体和产品承压能力的监测，并根据监测结果制定相应的应急措施。

声誉风险管理方面，公司及时向投资者和监管层进行信息披露，持续关注新闻舆情，还借助信托业协会的《信托资讯》《每日舆情》等做好舆情监测，就重点事件积极采取应对措施，防范和化解声誉风险。

战略风险管理方面，公司强调以当前宏观环境、自身实际经营情况及未来发展潜力为基础，建立以风险为导向的战略规划和实施方案，并定期进行修订。同时通过完善治理架构、明确战略导向和风险偏好、设定授权体系、制定调整并充分落实各项内部议事和内控程序等，确保各项政策依程序制定和调整，并得到充分有效执行，确保公司长期战略、短期目标、风险管理措施和相关资源紧密结合。

目前，公司整体经营情况和风险管理情况良好。

# 5. 2018 年度及上年度比较式会计报表

## 5. 1 固有资产

### 5. 1. 1 会计师事务所审计意见全文

**审 计 报 告**

中兴华审字(2019)第 010681 号

中国民生信托有限公司全体股东：

一、审计意见

我们审计了中国民生信托有限公司(以下简称贵公司)财务报表，包括 2018 年 12 月 31 日的合并及母公司资产负债表(固有)，2018 年度的合并及母公司利润表(固有)、合并及母公司现金流量表(固有)、合并及母公司所有者权益变动表(固有)以及相关财务报表附注(固有)。

我们认为，后附的财务报表在所有重大方面按照企业会计准则的规定编制，公允反映了贵公司 2018 年 12 月 31 日合并及母公司的财务状况以及 2018 年度合并及母公司的经营成果和现金流量。

二、形成审计意见的基础

我们按照中国注册会计师审计准则的规定执行了审计工作。审计报告的“注册会计师对财务报表审计的责任”部分进一步阐述了我们在这些准则下的责任。按照中国注册会计师职业道德守则，我们独立于贵公司，并履行了职业道德方面的其他责任。我们相信，我们获取的审计证据是充分、适当的，为发表审计意见提供了基础。

三、管理层和治理层对财务报表的责任

管理层负责按照企业会计准则的规定编制财务报表，使其实现公允反映，并设计、执行和维护必要的内部控制，以使财务报表不存在由于舞弊或错误导致的重大错报。

在编制财务报表时，管理层负责评估贵公司的持续经营能力，披露与持续经营相关的事项(如适用)，并运用持续经营假设，除非管理层计划清算贵公司、终止运营或别无其他现实的选择。

治理层负责监督贵公司的财务报告过程。

四、注册会计师对财务报表审计的责任

我们的目标是对财务报表整体是否不存在由于舞弊或错误导致的重大错报获取合理保证，并出具包含审计意见的审计报告。合理保证是高水平的保证，但并不能保证按照审计准则执行的审计在某一重大错报存在时总能发现。错报可能由舞弊或错误导致，如果合理预期错报单独或汇总起来可能影响财务报表使用者依据财务报表作出的经济决策，则通常认为错报是重大的。

在按照审计准则执行审计的过程中，我们运用了职业判断，保持了职业怀疑。同时，我们也执行以下工作：

(1)识别和评估由于舞弊或错误导致的财务报表重大错报风险，设计和实施审计程序以应对这些风险，并获取充分、适当的审计证据，作为发表审计意见的基础。由于舞弊可能涉及串通、伪造、故意遗漏、虚假陈述或凌驾于内部控制之上，未能发现由于舞弊导致的重大错报的风险高于未能发现由于错误导致的重大错报的风险。

(2)了解与审计相关的内部控制，以设计恰当的审计程序。

(3)评价管理层选用会计政策的恰当性和作出会计估计及相关披露的合理性。

(4)对管理层使用持续经营假设的恰当性得出结论。同时，根据获取的审计证据，就可能导致对贵公司持续经营能力产生重大疑虑的事项或情况是否存在重大不确定性得出结论。如果我们得出结论认为存在重大不确定性，审计准则要求我们在审计报告中提请报表使用者注意财务报表中的相关披露；如果披露不充分，我们应当发表非无保留意见。我们的结论基于截至审计报告日可获得的信息。然而，未来的事项或情况可能导致贵公司不能持续经营。

(5)评价财务报表的总体列报、结构和内容(包括披露)，并评价财务报表是否公允反映相关交易和事项。

(6)就贵公司实体或业务活动的财务信息获取充分、适当的审计证据，以对财务报表发表意见。我们负责指导、监督和执行集团审计。我们对审计意见承担全部责任。

我们与治理层就计划的审计范围、时间安排和重大审计发现等事项进行沟通，包括沟通我们在审计中识别出的值得关注的内部控制缺陷。

中兴华会计师事务所（特殊普通合伙）　　中国注册会计师：

中国·北京　　中国注册会计师：

2019 年 3 月 26 日

### 5. 1. 2 资产负债表

**资产负债表(母公司)**

编制单位：中国民生信托有限公司　　2018 年 12 月 31 日　　单位：万元

| 资产 | 期末余额 | 年初余额 | 负债和所有者权益 | 期末余额 | 年初余额 |
|---|---|---|---|---|---|
| 流动资产： | | | 流动负债： | | |
| 货币资金 | 135 168. 90 | 277 429. 26 | 拆入资金 | 372 000. 00 | 100 000. 00 |
| 以公允价值计量且其变动计入当期损益的金融资产 | | | 预收款项 | 638. 38 | 4 926. 04 |
| 应收票据及应收账款 | 7 846. 63 | 7 618. 54 | 应付职工薪酬 | 65 537. 11 | 87 348. 46 |
| 其他应收款 | 3 553. 79 | 5 526. 64 | 应交税费 | 10 980. 10 | 35 899. 16 |

续表

| 资产 | 期末余额 | 年初余额 | 负债和所有者权益 | 期末余额 | 年初余额 |
|---|---|---|---|---|---|
| 一年内到期的非流动资产 | 19 800.00 | 48 213.00 | 其他应付款 | 1 229.07 | 723.30 |
| 其他流动资产 | 32.62 | 44.47 | 其他流动负债 | | |
| 流动资产合计 | 166 401.93 | 338 831.90 | 流动负债合计 | 450 384.67 | 228 896.96 |
| 非流动资产: | | | 非流动负债: | | |
| 发放贷款及垫款 | | | 递延所得税负债 | | |
| 可供出售金融资产 | 1 331 128.38 | 979 978.00 | 其他非流动负债 | | |
| 持有至到期投资 | | | 非流动负债合计 | | |
| 长期股权投资 | | | 负债合计 | 450 384.67 | 228 896.96 |
| 固定资产 | 1 608.71 | 1 309.01 | 所有者权益: | | |
| 在建工程 | 920.86 | 684.98 | 实收资本 | 700 000.00 | 700 000.00 |
| 无形资产 | 1 251.72 | 821.76 | 资本公积 | 168 720.00 | 168 720.00 |
| 长期待摊费用 | 1 918.27 | 1 341.17 | 其他综合收益 | | |
| 递延所得税资产 | 12 655.95 | 10 682.98 | 盈余公积 | 45 097.12 | 34 017.29 |
| 其他非流动资产 | 10 050.00 | | 一般风险准备 | 20 985.48 | 15 629.34 |
| | | | 信托赔偿准备 | 22 548.56 | 17 008.64 |
| | | | 未分配利润 | 118 200.00 | 169 377.57 |
| 非流动资产合计 | 1 359 533.89 | 994 817.90 | 所有者权益合计 | 1 075 551.15 | 1 104 752.84 |
| 资产总计 | 1 525 935.82 | 1 333 649.80 | 负债和所有者权益总计 | 1 525 935.82 | 1 333 649.80 |

## 资产负债表(合并)

编制单位:中国民生信托有限公司　　2018 年 12 月 31 日　　单位:万元

| 资产 | 期末余额 | 年初余额 | 负债和所有者权益 | 期末余额 | 年初余额 |
|---|---|---|---|---|---|
| 流动资产: | | | 流动负债: | | |
| 货币资金 | 135 775.23 | 277 429.26 | 拆入资金 | 372 000.00 | 100 000.00 |
| 以公允价值计量且其变动计入当期损益的金融资产 | 6 768.36 | | 预收款项 | 638.38 | 4 926.04 |
| 应收票据及应收账款 | 7 846.63 | 7 618.54 | 应付职工薪酬 | 65 537.11 | 87 348.46 |
| 其他应收款 | 3 554.80 | 5 526.64 | 应交税费 | 10 980.10 | 35 899.16 |
| 一年内到期的非流动资产 | 19 800.00 | 48 213.00 | 其他应付款 | 1 271.11 | 723.30 |
| 其他流动资产 | 32.62 | 44.47 | 其他流动负债 | | |
| 流动资产合计 | 173 777.63 | 338 831.90 | 流动负债合计 | 450 426.71 | 228 896.96 |
| 非流动资产: | | | 非流动负债: | | |
| 发放委托贷款及垫款 | | | 递延所得税负债 | | |
| 可供出售金融资产 | 1 331 128.38 | 979 978.00 | 其他非流动负债 | 87.34 | |
| 持有至到期投资 | | | 非流动负债合计 | 87.34 | |
| 长期股权投资 | | | 负债合计 | 450 514.05 | 228 896.96 |
| 固定资产 | 1 608.71 | 1 309.01 | 所有者权益: | | |
| 在建工程 | 920.86 | 684.98 | 实收资本 | 700 000.00 | 700 000.00 |
| 无形资产 | 1 251.72 | 821.76 | 资本公积 | 168 720.00 | 168 720.00 |
| 长期待摊费用 | 1 918.27 | 1 341.17 | 其他综合收益 | | |
| 递延所得税资产 | 12 655.95 | 10 682.98 | 盈余公积 | 45 097.12 | 34 017.29 |
| 其他非流动资产 | | | 一般风险准备 | 20 985.48 | 15 629.34 |
| | | | 信托赔偿准备 | 22 548.56 | 17 008.64 |
| | | | 未分配利润 | 115 396.30 | 169 377.57 |
| | | | 少数股东权益 | | |
| 非流动资产合计 | 1 349 483.89 | 994 817.90 | 所有者权益合计 | 1 072 747.46 | 1 104 752.84 |
| 资产总计 | 1 523 261.51 | 1 333 649.80 | 负债和所有者权益总计 | 1 523 261.51 | 1 333 649.80 |

### 5.1.3 利润表

**利润表（母公司）**

编制单位：中国民生信托有限公司　　2018 年度　　单位：万元

| 项目 | 本期金额 | 上期金额 |
|---|---|---|
| 一、营业收入 | 239 663.12 | 330 938.79 |
| 利息净收入 | -17 978.87 | -6 730.95 |
| 利息收入 | 4 717.55 | 5 011.52 |
| 利息支出 | 22 696.42 | 11 742.47 |
| 手续费及佣金净收入 | 183 786.93 | 164 609.11 |
| 手续费及佣金收入 | 183 792.69 | 164 610.02 |
| 手续费及佣金支出 | 5.76 | 0.92 |
| 投资收益（损失以"－"号填列） | 54 021.87 | 123 219.40 |
| 其中：对联营企业和合营企业的投资收益 | | |
| 公允价值变动收益（损失以"－"号填列） | | |
| 其他业务收入 | 19 575.14 | 49 702.58 |
| 其他收益 | 258.05 | 138.65 |
| 资产处置收益（损失以"－"号填列） | | |
| 二、营业成本 | 91 742.78 | 88 277.73 |
| 税金及附加 | 1 500.74 | 1 459.03 |
| 业务及管理费用 | 64 208.59 | 86 304.42 |
| 资产减值损失 | 26 033.44 | 499.54 |
| 其他业务成本 | | 14.74 |
| 三、营业利润（亏损以"－"号填列） | 147 920.35 | 242 661.06 |
| 加：营业外收入 | 613.50 | 520.00 |
| 减：营业外支出 | 42.05 | |
| 四、利润总额（亏损总额以"－"号填列） | 148 491.80 | 243 181.06 |
| 减：所得税费用 | 37 693.49 | 61 667.30 |
| 五、净利润（净亏损以"－"号填列） | 110 798.31 | 181 513.76 |
| （一）持续经营净利润（净亏损以"－"号填列） | | |
| （二）终止经营净利润（净亏损以"－"号填列） | | |
| 六、其他综合收益的税后净额 | | |
| 七、综合收益总额 | 110 798.31 | 181 513.76 |

**利润表（合并）**

编制单位：中国民生信托有限公司　　2018 年度　　单位：万元

| 项目 | 本期金额 | 上期金额 |
|---|---|---|
| 一、营业收入 | 236 901.48 | 330 938.79 |
| 利息净收入 | -17 928.27 | -6 730.95 |
| 利息收入 | 4 755.49 | 5 011.52 |
| 利息支出 | 22 683.76 | 11 742.47 |
| 手续费及佣金净收入 | 183 786.93 | 164 609.11 |
| 手续费及佣金收入 | 183 792.69 | 164 610.02 |
| 手续费及佣金支出 | 5.76 | 0.92 |
| 投资收益（损失以"－"号填列） | 54 022.86 | 123 219.40 |
| 其中：对联营企业和合营企业的投资收益 | | |
| 公允价值变动收益（损失以"－"号填列） | -2 813.22 | |
| 其他业务收入 | 19 575.14 | 49 702.58 |
| 其他收益 | 258.05 | 138.65 |
| 资产处置收益（损失以"－"号填列） | | |
| 二、营业成本 | 91 784.83 | 88 277.73 |
| 其中：营业成本 | | |
| 税金及附加 | 1 500.74 | 1 459.03 |
| 销售费用 | | |
| 业务及管理费用 | 64 250.65 | 86 304.42 |
| 资产减值损失 | 26 033.44 | 499.54 |
| 其他业务成本 | | 14.74 |
| 三、营业利润（亏损以"－"号填列） | 145 116.65 | 242 661.06 |
| 加：营业外收入 | 613.50 | 520.00 |
| 减：营业外支出 | 42.05 | |
| 四、利润总额（亏损总额以"－"号填列） | 145 688.11 | 243 181.06 |
| 减：所得税费用 | 37 693.49 | 61 667.30 |
| 五、净利润（净亏损以"－"号填列） | 107 994.62 | 181 513.76 |
| （一）按经营持续性分类： | | |
| 1. 持续经营净利润（净亏损以"－"号填列） | 107 994.62 | 181 513.76 |
| 2. 终止经营净利润（净亏损以"－"号填列） | | |
| （二）按所有权归属分类： | | |
| 1. 少数股东损益（净亏损以"－"号填列） | | |
| 2. 归属于母公司股东的净利润（净亏损以"－"号填列） | 107 994.62 | 181 513.76 |
| 六、其他综合收益的税后净额 | | |
| 归属母公司所有者的其他综合收益的税后净额 | | |
| （一）不能重分类进损益的其他综合收益 | | |
| （二）将重分类进损益的其他综合收益 | | |
| 归属于少数股东的其他综合收益的税后净额 | | |
| 七、综合收益总额 | 107 994.62 | 181 513.76 |
| 归属于母公司所有者的综合收益总额 | 107 994.62 | 181 513.76 |
| 归属于少数股东的综合收益总额 | | |

### 5.1.4 所有者权益变动表

**所有者权益变动表(母公司)**

编制单位:中国民生信托有限公司　　2018 年度　　单位:万元

| 项目 | 实收资本 | 资本公积 | 盈余公积 | 一般风险准备 | 信托赔偿准备 | 未分配利润 | 所有者权益合计 |
|---|---|---|---|---|---|---|---|
| 2017 年 1 月 1 日余额 | 700 000.00 | 168 720.00 | 15 865.91 | 15 190.92 | 7 932.96 | 85 529.29 | 993 239.08 |
| 2017 年增减变动金额 | | | 18 151.38 | 438.42 | 9 075.69 | 83 848.28 | 111 513.76 |
| 综合收益总额 | | | | | | 181 513.76 | 181 513.76 |
| 利润分配 | | | 18 151.38 | 438.42 | 9 075.69 | -97 665.48 | -70 000.00 |
| 提取盈余公积 | | | 18 151.38 | | | -18 151.38 | |
| 提取一般风险准备 | | | | 438.42 | | -438.42 | |
| 提取信托赔偿准备 | | | | | 9 075.69 | -9 075.69 | |
| 对所有者的分配 | | | | | | -70 000.00 | -70 000.00 |
| 2017 年 12 月 31 日余额 | 700 000.00 | 168 720.00 | 34 017.29 | 15 629.34 | 17 008.64 | 169 377.57 | 1 104 752.84 |
| 2018 年 1 月 1 日余额 | 700 000.00 | 168 720.00 | 34 017.29 | 15 629.34 | 17 008.64 | 169 377.57 | 1 104 752.84 |
| 2018 年增减变动金额 | | | 11 079.83 | 5 356.14 | 5 539.92 | -51 177.57 | -29 201.69 |
| 综合收益总额 | | | | | | 110 798.31 | 110 798.31 |
| 利润分配 | | | 11 079.83 | 5 356.14 | 5 539.92 | -161 975.89 | -140 000.00 |
| 提取盈余公积 | | | 11 079.83 | | | -11 079.83 | |
| 提取一般风险准备 | | | | 5 356.14 | | -5 356.14 | |
| 提取信托赔偿准备 | | | | | 5 539.92 | -5 539.92 | |
| 对所有者的分配 | | | | | | -140 000.00 | -140 000.00 |
| 2018 年 12 月 31 日余额 | 700 000.00 | 168 720.00 | 45 097.12 | 20 985.48 | 22 548.56 | 118 200.00 | 1 075 551.15 |

**所有者权益变动表(合并)**

编制单位:中国民生信托有限公司　　2018 年度　　单位:万元

| 项目 | 实收资本 | 资本公积 | 盈余公积 | 一般风险准备 | 信托赔偿准备 | 未分配利润 | 所有者权益合计 |
|---|---|---|---|---|---|---|---|
| 2017 年 1 月 1 日余额 | 700 000.00 | 168 720.00 | 15 865.91 | 15 190.92 | 7 932.96 | 85 529.29 | 993 239.08 |
| 2017 年增减变动金额 | | | 18 151.38 | 438.42 | 9 075.69 | 83 848.28 | 111 513.76 |
| 综合收益总额 | | | | | | 181 513.76 | 181 513.76 |
| 利润分配 | | | 18 151.38 | 438.42 | 9 075.69 | -97 665.48 | -70 000.00 |
| 提取盈余公积 | | | 18 151.38 | | | -18 151.38 | |
| 提取一般风险准备 | | | | 438.42 | | -438.42 | |
| 提取信托赔偿准备 | | | | | 9 075.69 | -9 075.69 | |
| 对所有者的分配 | | | | | | -70 000.00 | -70 000.00 |
| 2017 年 12 月 31 日余额 | 700 000.00 | 168 720.00 | 34 017.29 | 15 629.34 | 17 008.64 | 169 377.57 | 1 104 752.84 |
| 2018 年 1 月 1 日余额 | 700 000.00 | 168 720.00 | 34 017.29 | 15 629.34 | 17 008.64 | 169 377.57 | 1 104 752.84 |
| 2018 年增减变动金额 | | | 11 079.83 | 5 356.14 | 5 539.92 | -53 981.27 | -32 005.38 |
| 综合收益总额 | | | | | | 107 994.62 | 107 994.62 |
| 利润分配 | | | 11 079.83 | 5 356.14 | 5 539.92 | -161 975.89 | -140 000.00 |
| 提取盈余公积 | | | 11 079.83 | | | -11 079.83 | |
| 提取一般风险准备 | | | | 5 356.14 | | -5 356.14 | |
| 提取信托赔偿准备 | | | | | 5 539.92 | -5 539.92 | |
| 对所有者的分配 | | | | | | -140 000.00 | -140 000.00 |
| 2018 年 12 月 31 日余额 | 700 000.00 | 168 720.00 | 45 097.12 | 20 985.48 | 22 548.56 | 115 396.30 | 1 072 747.46 |

## 5.2 信托资产

### 5.2.1 信托项目资产负债汇总表

信托项目资产负债汇总表

编制单位：中国民生信托有限公司　　2018 年 12 月 31 日　　单位：万元

| 信托资产 | 2018 年 12 月 31 日 | 2017 年 12 月 31 日 |
|---|---|---|
| 信托资产： | | |
| 货币资金 | 319 236. 01 | 93 865. 37 |
| 拆出资金 | — | — |
| 存出保证金 | — | — |
| 交易性金融资产 | 348 538. 33 | 1 908 928. 40 |
| 衍生金融资产 | — | — |
| 买入返售金融资产 | — | 56 960. 56 |
| 应收款项 | 213 662. 84 | 137 270. 01 |
| 发放贷款 | 4 473 211. 85 | 5 659 195. 09 |
| 可供出售金融资产 | 8 909 660. 65 | 6 727 333. 32 |
| 持有至到期投资 | — | — |
| 长期应收款 | 659 276. 23 | 831 480. 38 |
| 长期股权投资 | 1 685 133. 39 | 1 073 257. 45 |
| 投资性房地产 | — | — |
| 固定资产 | — | — |
| 无形资产 | — | — |
| 长期待摊费用 | — | — |
| 其他资产 | 1 530 191. 93 | 2 222 850. 00 |
| 减：各项资产减值准备 | — | — |
| 信托资产总计 | 18 138 911. 23 | 18 711 140. 58 |
| 信托负债和信托权益 | 2018 年 12 月 31 日 | 2017 年 12 月 31 日 |
| 信托负债： | | |
| 交易性金融负债 | — | — |
| 衍生金融负债 | — | — |
| 应付受托人报酬 | 7 542. 71 | 7 262. 61 |
| 应付托管费 | 257. 37 | 167. 6 |
| 应付受益人收益 | 46 979. 19 | 58 556. 14 |
| 应交税费 | 6 137. 04 | — |
| 应付销售服务费 | 24. 52 | 3. 77 |
| 其他应付款项 | 272 729. 99 | 34 559. 12 |
| 预计负债 | — | — |
| 其他负债 | — | — |
| 信托负债合计 | 333 670. 82 | 100 549. 24 |
| 信托权益： | | |
| 实收信托 | 17 862 825. 86 | 18 551 551. 88 |
| 资本公积 | 45 064. 31 | 139 005. 16 |
| 外币报表折算差额 | — | — |
| 未分配利润 | -102 649. 76 | -79 965. 70 |
| 信托权益合计 | 17 805 240. 41 | 18 610 591. 34 |
| 信托负债及信托权益总计 | 18 138 911. 23 | 18 711 140. 58 |

### 5.2.2 信托项目利润及利润分配汇总表

信托项目利润及利润分配汇总表

编制单位：中国民生信托有限公司　　2018 年度　　单位：万元

| 项目 | 2018 年度 | 2017 年度 |
|---|---|---|
| 1. 营业收入 | 1 057 786. 04 | 1 237 308. 23 |
| 1. 1 利息收入 | 431 739. 20 | 404 708. 48 |
| 1. 2 投资收益 | 613 176. 98 | 751 956. 45 |
| 对联营企业和合营企业的投资收益 | — | — |
| 1. 3 公允价值变动损益 | 5 221. 82 | 80 394. 86 |
| 1. 4 租赁收入 | — | — |
| 1. 5 汇兑损益 | — | — |
| 1. 6 其他收入 | 7 648. 04 | 248. 44 |
| 2. 支出 | 250 990. 44 | 265 154. 06 |
| 2. 1 营业税金及附加 | 2 375. 80 | — |
| 2. 2 受托人报酬 | 175 016. 68 | 154 169. 05 |
| 2. 3 托管费 | 4 759. 21 | 5 222. 47 |
| 2. 4 投资管理费 | — | — |
| 2. 5 销售服务费 | 19 984. 46 | 7 437. 39 |
| 2. 6 交易费用 | 6 905. 17 | 7 955. 13 |
| 2. 7 资产减值损失 | — | — |
| 2. 8 其他费用 | 41 949. 12 | 90 370. 02 |
| 3. 信托净利润 | 806 795. 60 | 972 154. 17 |
| 4. 其他综合收益 | -89 089. 66 | 73 958. 35 |
| 5. 综合收益 | 717 705. 94 | 1 046 112. 52 |
| 6. 加：期初未分配信托利润 | -79 965. 70 | -39 749. 36 |
| 7. 可供分配的信托利润 | 918 604. 46 | 951 980. 11 |
| 8. 减：本期已分配信托利润 | 1 021 254. 23 | 1 031 945. 81 |
| 9. 期末未分配信托利润 | -102 649. 77 | -79 965. 70 |

# 6. 会计报表附注

## 6.1 会计报表编制基准不符合会计核算基本前提的说明

公司会计报表编制基准不存在不符合会计核算基本前提的情况。

公司执行财政部 2006 年 2 月 15 日颁布的《企业会计准则》（财会[2006]3 号）及其后续规定。公司以持续经营为基础，根据实际发生的交易和事项，按照《企业会计准则——基本准则》和其他各项会计准则的规定进行确认和计量，在此基础上编制 2018 年度财务报表。

## 6.2 重要会计政策和会计估计说明

### 6.2.1 计提资产减值准备的范围和方法

6.2.1.1 本公司计提减值准备范围

以公允价值计量且其变动计入当期损益的金融资产以外的金融资产、长期股权投资、投资性房地产、固定资产、无形资产等。

6.2.1.2 计提减值准备的方法

6.2.1.2.1 金融资产的减值

本公司在资产负债表日对以公允价值计量且其变动计入当期损益的金融资产以外的金融资产的账面价值进行检查，有客观证据表明该金融资产发生减值的，将确认减值损失，计入当期损益。对于预期未来事项可能导致的损失，无论其发生的可能性有多大，均不作为减值损失予以确认。

(1)持有至到期投资、贷款和应收款项减值损失的计量。持有至到期投资、贷款和应收款项(以摊余成本后续计量的金融资产)的减值准备，按该金融资产预计未来现金流量现值低于其账面价值的差额计提，计入当期损益。

本公司对单项金额重大的金融资产单独进行减值测试，对单项金额不重大的金融资产，单独或包括在具有类似信用风险特征的金融资产组合中进行减值测试。单独测试未发生减值的金融资产，无论单项金额重大与否，仍将包括在具有类似信用风险特征的金融资产组合中再进行减值测试。已单独确认减值损失的金融资产，不包括在具有类似信用风险特征的金融资产组合中进行减值测试。本公司对以摊余成本计量的金融资产确认资产减值损失后，如有客观证据表明该金融资产价值已经恢复，且客观上与确认该损失后发生的事项有关，原确认的减值损失予以转回，计入当期损益。

(2)可供出售金融资产。可供出售金融资产的公允价值发生非暂时性下跌时，即使该金融资产没有终止确认，原直接计入资本公积的因公允价值下降形成的累计损失，亦予以转出，计入当期损益。

在活跃市场中没有报价且其公允价值不能可靠计量的可供出售权益工具投资，或与该权益工具挂钩并须通过交付该权益工具结算的衍生金融资产发生减值时，本公司将该权益工具投资或衍生金融资产的账面价值，与按照类似金融资产当时市场收益率对未来现金流量折现确定的现值之间的差额，确认为减值损失，计入当期损益。

对可供出售债务工具确认资产减值损失后，如有客观证据表明该金融资产价值已经恢复，且客观上与确认损失后发生的事项有关，原确认的减值损失予以转回，计入当期损益。

可供出售权益工具投资发生的减值损失，不得通过损益转回。同时，在活跃市场中没有报价且其公允价值不能可靠计量的权益工具投资或与该权益工具挂钩并须通过交付该权益工具结算的衍生金融资产发生的减值损失，不予转回。

6.2.1.2.2 长期股权投资的减值

长期股权投资运用个别方法评估减值损失。长期股权投资发生减值时，本公司将此长期股权投资的账面价值，与按照类似金融资产当时市场收益率对未来现金流量折现确定的现值之间的差额，确认为减值损失，计入当期损益。

6.2.1.2.3 其他非金融长期资产的减值

本公司在资产负债表日根据内部及外部信息以确定下列资产是否存在减值的迹象，包括固定资产、无形资产、采用成本模式计量的投资性房地产。

本公司对存在减值迹象的资产进行减值测试，估计资产的可收回金额。可收回金额的估计结果表明，资产的可收回金额低于其账面价值的，资产的账面价值会减记至可收回金额，减记的金额确认为资产减值损失，计入当期损益，同时计提相应的资产减值准备。

**6.2.2 金融资产四分类的范围和标准**

本公司在初始确认时按取得资产的目的，把金融资产分为以公允价值计量且其变动计入当期损益的金融资产、持有至到期投资、贷款及应收款项以及可供出售金融资产。

6.2.2.1 金融资产、金融负债公允价值的确定

存在活跃市场的金融资产或金融负债，以活跃市场的报价确定其公允价值，活跃市场的报价包括易于定期从交易所、经纪商、行业协会、定价服务机构等获得的价格，且代表了在公平交易中实际发生的市场交易额的价格；不存在活跃市场的金融资产或金融负债，采用估值技术确定其公允价值。估值技术包括参考熟悉情况并自愿交易的各方最近进行的市场交易中使用的价格、参照实质上相同的其他金融资产或金融负债的当前公允价值、现金流量折现法和期权定价模型等。

6.2.2.2 金融资产转移确认依据和计量

本公司在已将金融资产所有权上几乎所有的风险和报酬转移给转入方时终止对该项金融资产的确认。本公司在金融资产整体转移满足终止确认条件时，将下列两项的差额计入当期损益：

(1)所转移金融资产的账面价值；

(2)因转移而收到的对价，与原直接计入所有者权益的公允价值变动累计额(涉及转移的金融资产为可供出售金融资产的情形)之和。

本公司的金融资产部分转移满足终止确认条件的，将所转移金融资产整体的账面价值，在终止确认部分和未终止确认部分之间，按照各自的相对公允价值进行分摊，并将下列两项金额的差额计入当期损益：

(1)终止确认部分的账面价值；

(2)终止确认部分的对价，与原直接计入所有者权益的公允价值变动累计额中对应终止确认部分的金额(涉及转移的金融资产为可供出售金融资产的情形)之和。

原直接计入所有者权益的公允价值变动累计额中对应终止确认部分的金额，应当按照金融资产终止确认部分和未终止确认部分的相对公允价值，对该累计额进行分摊后确定。

金融资产转移不满足终止确认条件的，继续确认所转移金融资产整体，并将所收到的对价确认为一项金融负债。

对于继续涉入条件下的金融资产转移，公司根据继续涉入所转移金融资产的程度确认有关金融资产和金融负债，以充分反映企业所保留的权利和承担的义务。

**6.2.3 交易性金融资产核算方法**

以公允价值计量且其变动计入当期损益的金融资产，包括交易性金融资产和直接指定为以公允价值计量且其变动计入当期损益的金融资产。

公司购入的股票、债券、基金等，确定以公允价值计量且其变动计入当期损益的金融资产，按照取得时的公允价值作为初始确认金额，相关的交易费用在发生时计入当期损益。支付的价款中包含已宣告但尚未发放的现金股利或债券利息，单独确认为应收项目。

公司在持有该等金融资产期间取得的利息或现金股利，应当确认为投资收益。

资产负债表日，公司将该等金融资产的公允价值变动计入当期损益。

处置该等金融资产时，该等金融资产公允价值与初始入账金额之间的差额确认为投资收益，同时调整公允价值变动损益。

6.2.4　**持有至到期投资**

持有至到期投资是指到期日固定、回收金额固定或可确定，且公司有明确意图和能力持有至到期的非衍生金融资产。

公司购入的固定利率国债、浮动利率公司债券等持有至到期投资，按取得时的公允价值和相关交易费用之和作为初始确认金额。支付的价款中包含已宣告发放债券利息的，单独确认为应收项目。

持有至到期投资在持有期间按照摊余成本和实际利率确认利息收入，计入投资收益。实际利率在取得持有至到期投资时确定，在随后期间保持不变。实际利率与票面利率差别很小的，也可按票面利率计算利息收入，计入投资收益。

处置持有至到期投资时，将所取得价款与该投资账面价值之间的差额确认为投资收益。

如公司因持有意图或能力发生改变，使某项投资不再适合作为持有至到期投资，则将其重分类为可供出售金融资产，并以公允价值进行后续计量。重分类日，该投资的账面价值与公允价值之间的差额计入所有者权益，在该可供出售金融资产发生减值或终止确认时转出，计入当期损益。

6.2.5　**可供出售金融资产**

可供出售金融资产是指初始确认时即被指定为可供出售的非衍生金融资产，以及除下列各类资产以外的金融资产：（1）以公允价值计量且其变动计入当期损益的金融资产；（2）持有至到期投资；（3）贷款和应收款项。

公司可供出售金融资产按取得时的公允价值和相关交易费用之和作为初始确认金额。支付的价款中包含已到付息期但尚未领取的债券利息或已宣告但尚未发放的现金股利，单独确认为应收项目。

公司可供出售金融资产持有期间取得的利息或现金股利，应当确认为投资收益。

资产负债表日，可供出售金融资产按公允价值计量，其公允价值变动计入其他综合收益。

处置可供出售金融资产时，将取得的价款和该金融资产的账面价值之间的差额，计入投资损益，同时，将原直接计入所有者权益的公允价值变动累计额对应处置部分的金额转出，计入投资损益。

6.2.6　**长期股权投资**

长期股权投资按取得时的初始投资成本入账，初始投资成本的确定遵循《企业会计准则第2号——长期股权投资》的有关规定。

根据《企业会计准则第2号——长期股权投资》的规定，本公司对于纳入合并范围的子公司采用成本法核算，编制合并报表时按照权益法进行调整；对于具有共同控制和重大影响的长期股权投资，采用权益法核算。

长期股权投资的后续计量，遵循《企业会计准则第2号——长期股权投资》的有关规定。

6.2.7　**投资性房地产核算方法**

公司为赚取租金或资本增值，或两者兼有而持有的房地产，包括已出租的土地使用权、持有并准备增值后转让的土地使用权和已出租的建筑物。

投资性房地产按其取得时的成本进行初始计量，与投资性房地产有关的后续支出，如果与该资产有关的经济利益很可能流入且其成本能够可靠地计量的，则计入投资性房地产成本。其他后续支出，在发生时计入当期损益。

公司采用成本模式对投资性房地产进行后续计量，采用成本模式计量的建筑物，采用直线法平均计算折旧；采用成本模式计量的土地使用权，采用直线法，按土地使用权的使用年限进行摊销。

6.2.8　**固定资产计价和折旧方法**

本公司固定资产是指为生产商品、提供劳务、出租或经营管理而持有的使用寿命超过一个会计年度的有形资产。

6.2.8.1　固定资产在同时满足下列条件时，按照成本进行初始计量：

（1）与该固定资产有关的经济利益很可能流入企业；

（2）固定资产的成本能够可靠地计量。

6.2.8.2　固定资产折旧

与固定资产有关的后续支出，符合规定的固定资产确认条件的计入固定资产成本；不符合规定的固定资产确认条件的在发生时直接计入当期损益。

本公司的固定资产折旧方法为年限平均法。

各类固定资产的使用年限、残值率、年折旧率列示如下：

| 类　别 | 预计使用年限（年） | 残值率（%） | 年折旧率（%） |
|---|---|---|---|
| 办公电子设备 | 3 | 5 | 31.67 |
| 办公用具 | 3 | 5 | 31.67 |
| 器具工具家具 | 5 | 5 | 19.00 |

本公司在每个会计年度终了，对固定资产的使用寿命、预计净残值和折旧方法进行复核。使用寿命与原先估计数有差异的，调整固定资产使用寿命；预计净残值预计数与原先估计数有差异的，调整预计净残值；与固定资产有关的经济利益预期实现方式有重大改变的，改变固定资产折旧方法。固定资产使用寿命、预计净残值和折旧方法的改变作为会计估计变更。

6.2.9　**无形资产计价及摊销政策**

6.2.9.1　无形资产的确认

公司将企业拥有或者控制的没有实物形态，并且与该资产相关的预计未来经济利益很可能流入企业、该资产的成本能够可靠计量的可辨认非货币性资产确认为无形资产。

6.2.9.2　初始计量

外购无形资产的成本包括购买价款、进口关税和其他税费以及直接归属于使该项资产达到预定用途所发生的其他支出。

投资者投入的无形资产，按照投资合同或协议约定的价值作为成本，但合同或协议预定价值不公允的除外。

6.2.9.3　无形资产的摊销

土地使用权按土地使用权证所列的使用年限平均摊销；外购的专业软件在估计的其能够带来经济利益的期限内平均摊销。

资产负债表日公司将对使用寿命有限的无形资产的使用寿命及摊销方法进行复核。无形资产的使用寿命及摊销方法与以前估计不同的，可改变其摊销期限和摊销方法。

6.2.10　**长期待摊费用核算方法**

长期待摊费用是指已经支出且金额大于3万元，且受益期限在1年以上（不含1年）的各项费用，长期待摊费用在受益期限内平均摊销，受益期限不能预测的，按3年摊销。如果长期待摊费用项目不能使以后会计期间受益的，则将其尚未摊销的摊余价值全部转入当期损益。

6.2.11 收入确认原则和方法

本公司收入是在与交易相关的经济利益很可能流入本企业,且有关收入的金额可以可靠地计量时,按以下原则确认。

6.2.11.1 利息收入

6.2.11.1.1 发放贷款和垫款利息收入

按照客户使用本公司货币资金的时间和实际利率计算确定。实际利率与合同约定利率差别较小的,按合同约定利率确认为当期收入。

6.2.11.1.2 存放同业利息收入

活期存款按结息日实际收到的金额计入利息收入;定期存款按存款利率和存款时间计算确认利息收入。

6.2.11.2 中间业务收入

按照有关合同或协议约定,在向客户提供相关服务并收到款项时确认收入。

6.2.11.3 投资收益

公司持有交易性金融资产和可供出售金融资产期间取得的利息或现金股利确认为当期收益;处置交易性金融资产时其公允价值与初始入账金额之间的差额,确认为投资收益,同时调整公允价值变动损益。处置可供出售金融资产时,取得的价款与原直接计入所有者权益的公允价值变动累计额的和与该金融资产账面价值的差额,计入投资收益。

采用成本法核算的长期股权投资,被投资单位宣告分派的现金股利或利润,确认为当期投资收益;采用权益法核算的长期股权投资,根据被投资单位实现的净利润或经调整的净利润计算应享有的份额确认投资收益。

6.2.12 所得税的会计处理方法

公司的所得税采用资产负债表债务法核算。当公司的可抵扣暂时性差异在可预见的未来很可能转回且未来很可能获得用来抵扣可抵扣暂时性差异的应纳税所得额时,确认递延所得税资产;当公司存在应纳税暂时性差异时,确认为递延所得税负债。

在资产负债表日,对于当期和以前期间形成的当期所得税负债(或资产),按照税法规定计算的预期应交纳(或返还)的所得税金额计量;对于递延所得税资产和递延所得税负债,根据税法规定,按照预期收回该资产或清偿该负债期间的适用税率计量。

资产负债表日,公司对递延所得税资产的账面价值进行复核。除企业合并、直接在所有者权益中确认的交易或者事项产生的所得税外,公司当期所得税和递延所得税作为所得税费用或收益计入当期损益。

6.2.13 信托报酬确认原则和方法

事务类信托业务的报酬收入按有关合同、协议规定的时间和方法确认信托报酬收入的实现。

主动管理型信托业务的报酬收入按信托存续期间平均分摊确认收入。

## 6.3 或有事项说明

报告期内本公司无对外担保及其他或有事项。

## 6.4 重要资产转让及其出售的说明

报告期内本公司无重要资产转让及出售事项。

## 6.5 会计报表中重要项目的明细资料

6.5.1 固有资产经营情况

6.5.1.1 信用风险资产五级分类情况

| 信用风险资产五级分类 | 正常类(万元) | 关注类(万元) | 次级类(万元) | 可疑类(万元) | 损失类(万元) | 信用风险资产合计(万元) | 不良资产合计(万元) | 不良资产率(%) |
|---|---|---|---|---|---|---|---|---|
| 期初数 | 339 996.00 | — | — | — | — | 339 996.00 | — | — |
| 期末数 | 669 599.03 | — | — | — | — | 669 599.03 | — | — |

6.5.1.2 资产损失准备情况

单位:万元

| | 期初数 | 本期计提 | 本期转回 | 本期注销 | 期末数 |
|---|---|---|---|---|---|
| 贷款损失准备 | 487.00 | -287.00 | — | — | 200.00 |
| 一般准备 | 487.00 | -287.00 | — | — | 200.00 |
| 专项准备 | — | — | — | — | — |
| 其他资产减值准备 | 132.78 | 26 320.44 | — | — | 26 453.22 |
| 可供出售金融资产减值准备 | — | 26 338.06 | — | — | 26 338.06 |
| 持有至到期投资减值准备 | — | — | — | — | — |
| 长期股权投资减值准备 | — | — | — | — | — |
| 坏账准备 | 132.78 | -17.62 | — | — | 115.16 |
| 投资性房地产减值准备 | — | — | — | — | — |

6.5.1.3 股票投资、基金投资、债券投资、股权投资等投资业务情况

单位:万元

| | 自营股票 | 基金 | 债券 | 长期股权投资 | 其他投资 | 合计 |
|---|---|---|---|---|---|---|
| 期初数 | — | — | — | — | 979 978.00 | 979 978.00 |
| 期末数 | — | — | — | — | 688 097.71 | 688 097.71 |

6.5.1.4 公司当年的收入结构

6.5.1.4.1 母公司收入结构

| 收入结构 | 金额(万元) | 占比(%) |
|---|---|---|
| 手续费及佣金收入 | 183 786.93 | 76.69 |
| 其中:信托手续费收入 | 183 786.93 | 76.69 |
| 投资银行业务收入 | — | — |
| 利息净收入 | -17 978.87 | -7.50 |
| 其他业务收入 | 19 575.14 | 8.17 |
| 其中:计入信托业务收入部分 | 19 575.14 | 8.17 |
| 投资收益 | 54 021.87 | 22.54 |
| 其中:股权投资收益 | — | — |
| 证券投资收益 | — | — |
| 其他投资收益 | 54 021.87 | 22.54 |
| 公允价值变动收益 | — | — |
| 其他收益 | 258.05 | 0.11 |
| 营业收入合计 | 239 663.12 | 100.00 |
| 营业外收支净额 | 571.45 | — |
| 收入合计 | 239 976.52 | — |

6.5.1.4.2　合并收入结构

| 收入结构 | 金额(万元) | 占比(%) |
| --- | --- | --- |
| 手续费及佣金收入 | 183 786.93 | 77.58 |
| 其中：信托手续费收入 | 183 786.93 | 77.58 |
| 投资银行业务收入 | — | — |
| 利息净收入 | -17 928.27 | -7.57 |
| 其他业务收入 | 19 575.14 | 8.26 |
| 其中：计入信托业务收入部分 | 19 575.14 | 8.26 |
| 投资收益 | 54 022.86 | 22.80 |
| 其中：股权投资收益 | — | — |
| 证券投资收益 | — | — |
| 其他投资收益 | 54 022.86 | 22.80 |
| 公允价值变动收益 | -2 813.22 | -1.19 |
| 其他收益 | 258.05 | 0.11 |
| 营业收入合计 | 236 901.48 | 100.00 |
| 营业外收支净额 | 571.45 | |
| 收入合计 | 237 214.88 | |

**6.5.2　信托资产管理情况**

6.5.2.1　信托资产的期初数、期末数

单位：万元

| 信托资产 | 期初数 | 期末数 |
| --- | --- | --- |
| 集合类 | 11 798 476.67 | 13 320 164.19 |
| 单一类 | 6 665 521.66 | 4 818 103.50 |
| 财产权类 | 247 142.25 | 643.53 |
| 合计 | 18 711 140.58 | 18 138 911.22 |

6.5.2.1.1　主动管理型信托业务的信托资产期初数、期末数

单位：万元

| 主动管理型信托资产 | 期初数 | 期末数 |
| --- | --- | --- |
| 证券投资类 | 2 010 623.00 | 316 004.55 |
| 股权投资类 | 1 591 228.37 | 1 886 259.32 |
| 融资类 | 4 282 642.34 | 3 455 567.20 |
| 事务管理类 | — | — |
| 其他投资 | 6 154 910.61 | 8 499 460.47 |
| 合计 | 14 039 404.32 | 14 157 291.54 |

6.5.2.1.2　被动管理型信托业务的信托资产期初数、期末数

单位：万元

| 被动管理型信托资产 | 期初数 | 期末数 |
| --- | --- | --- |
| 证券投资类 | — | — |
| 股权投资类 | — | — |
| 融资类 | — | — |
| 事务管理类 | 4 671 736.25 | 3 981 619.68 |
| 其他投资 | — | — |
| 合计 | 4 671 736.25 | 3 981 619.68 |

6.5.2.2　本年度已清算结束的信托项目个数、实收信托合计金额、加权平均实际年化收益率

6.5.2.2.1　本年度已清算结束的集合类、单一类资金信托项目和财产管理类信托项目个数、实收信托合计金额、加权平均实际年化收益率

| 已清算结束信托项目 | 项目个数(个) | 实收信托合计金额(万元) | 加权平均实际年化收益率(%) |
| --- | --- | --- | --- |
| 集合类 | 54 | 2 886 312.00 | 3.4544 |
| 单一类 | 32 | 2 322 888.00 | 4.2024 |
| 财产管理类 | 4 | 274 500.00 | 7.8395 |

注：1. 收益率是指信托项目清算后，给受益人赚取的实际收益水平。

2. 加权平均实际年化收益率＝（信托项目1的实际年化收益率×信托项目1的实收信托＋信托项目2的实际年化收益率×信托项目2的实收信托＋…＋信托项目n的实际年化收益率×信托项目n的实收信托）/（信托项目1的实收信托＋信托项目2的实收信托＋…＋信托项目n的实收信托）×100%。

6.5.2.2.2　本年度已清算结束的主动管理型信托项目个数、实收信托合计金额、加权平均实际年化收益率

| 已清算结束信托项目 | 项目个数(个) | 实收信托合计金额(万元) | 加权平均实际年化收益率(%) |
| --- | --- | --- | --- |
| 证券投资类 | 25 | 1 822 000.00 | -1.0052 |
| 股权投资类 | 6 | 343 015.50 | 5.9832 |
| 融资类 | 26 | 1 986 158.50 | 7.3253 |
| 其他投资 | 12 | 151 390.00 | 14.9521 |
| 事务管理类 | — | — | — |

6.5.2.2.3　本年度已清算结束的被动管理型信托项目个数、实收信托合计金额、加权平均实际年化收益率

| 已清算结束信托项目 | 项目个数(个) | 实收信托合计金额(万元) | 加权平均实际年化收益率(%) |
| --- | --- | --- | --- |
| 证券投资类 | — | — | — |
| 股权投资类 | — | — | — |
| 融资类 | — | — | — |
| 事务管理类 | 21 | 1 181 136.00 | 4.1066 |

6.5.2.3　本年度新增的集合类、单一类和财产管理类信托项目个数、实收信托合计金额

| 新增信托项目 | 项目个数(个) | 实收信托合计金额(万元) |
| --- | --- | --- |
| 集合类 | 46 | 22 493 641.52 |
| 单一类 | 7 | 3 132 432.47 |
| 财产管理类 | — | — |
| 新增合计 | 53 | 25 626 073.99 |
| 其中：主动管理型 | 45 | 25 013 916.58 |
| 被动管理型 | 8 | 612 157.41 |

注：本年新增信托项目指在本报告年度内累计新增的信托项目个数和金额，包含本年度新增并于本年度内结束的项目和本年度新增至报告期末仍在持续管理的信托项目。

## 6.6　关联方关系及其交易的披露

**6.6.1　关联交易方的数量、关联交易的总金额及关联交易的定价原则等**

| 项目 | 关联交易方数量(个) | 关联交易金额(万元) | 定价原则 |
| --- | --- | --- | --- |
| 合　计 | 19 | 2 589 372.84 | 市场公允价格 |

### 6.6.2 关联交易方情况

| 关系 | 关联方名称 | 法定代表人 | 注册地 | 注册资本(万元) | 主营业务 |
|---|---|---|---|---|---|
| 控股股东 | 武汉中央商务区股份有限公司 | 卢志强 | 武汉市江汉区 | 3 566 334.00 | 房地产开发、商品房销售等 |
| 非控股股东 | 浙江泛海建设投资有限公司 | 李强 | 杭州市江干区 | 180 000.00 | 房地产开发 |
| 非控股股东 | 北京首都旅游集团有限责任公司 | 段强 | 北京市朝阳区 | 442 523.23 | 旅游业及现代化服务业 |
| 间接控股股东 | 泛海控股股份有限公司 | 卢志强 | 北京市东城区 | 519 620.07 | 投资及投资管理;资产管理;经营房地产业务及物业管理等 |
| 间接控股股东 | 通海控股有限公司 | 卢志强 | 北京市朝阳区 | 21 000.00 | 实业投资、资产管理;经济技术管理咨询等 |
| 间接控股股东 | 中国泛海控股集团有限公司 | 卢志强 | 北京市东城区 | 2 000 000.00 | 资本经营、资产管理 |
| 与本公司受同一控股股东控制 | 泛海建设控股有限公司 | 李强 | 上海市黄浦区 | 1 192 607.84 | 房地产开发 |
| 与本公司受同一控股股东控制 | 亚太财产保险有限公司 | 臧炜 | 深圳市福田区 | 400 138.30 | 财产损失保险等 |
| 与本公司受同一控股股东控制 | 武汉泛海城市广场开发投资有限公司 | 吴立峰 | 武汉市江汉区 | 100 000.00 | 房地产开发,商品房销售 |
| 与本公司受同一实际控制人控制 | 泛海物业管理有限公司 | 陈家华 | 北京市朝阳区 | 5 000.00 | 物业管理 |
| 与本公司受同一实际控制人控制 | 泛海能源控股股份有限公司 | 韩晓生 | 北京市东城区 | 200 000.00 | 能源、资源投资及管理 |
| 与本公司受同一实际控制人控制 | 民生财富投资管理有限公司 | 苏刚 | 上海市黄浦区 | 200 000.00 | 资产管理、投资管理 |
| 与本公司受同一实际控制人控制 | 北京经观文化传媒有限公司 | 刘坚 | 北京市房山区 | 5000.00 | 广告服务 |
| 与本公司受同一实际控制人控制 | 泛海物业管理武汉有限公司 | 郑翼龙 | 武汉市江汉区 | 1000.00 | 物业管理 |
| 与本公司受同一实际控制人控制 | 泛海经观广告传媒有限公司 | 吴立峰 | 武汉市江汉区 | 5000.00 | 传媒项目策划,媒体广告的设计、制作、发布 |
| 与本公司受同一实际控制人控制 | 泛海实业股份有限公司 | 卢志壮 | 潍坊市高新区 | 2 400 000 | 自有资产投资、参股、控股;房地产及基础设施项目的投资、开发经营 |
| 与本公司受同一实际控制人控制 | 泛海酒店投资管理有限公司 | 刘金燕 | 北京市东城区 | 10 000 | 投资管理、酒店管理、企业管理、经济信息咨询 |
| 与本公司受同一实际控制人控制 | 武汉中央商务区运营发展有限公司 | 张喜芳 | 武汉市江汉区 | 100 000 | 办公用房、商业用房租赁、物业管理、酒店管理 |
| 公司董事任职 | 中国民生银行股份有限公司 | 洪崎 | 北京市西城区 | 2 836 558.52 | 吸收公众存款;发放短期、中期和长期贷款等 |

### 6.6.3 本公司与关联方的重大交易事项

6.6.3.1 固有与关联方交易情况

单位:万元

| 项目 | 期初数 | 借方发生数 | 贷方发生数 | 期末数 |
|---|---|---|---|---|
| 贷款 | — | — | — | — |
| 投资 | — | — | — | — |
| 租赁 | 1 183.50 | 5 273.41 | 5 029.00 | 1 427.91 |
| 担保 | — | — | — | — |
| 应收账款 | — | — | — | — |
| 其他 | -109.45 | 792.10 | 638.03 | 44.63 |
| 合计 | 1 074.05 | 6 065.52 | 5 667.03 | 1 472.54 |

6.6.3.2 信托与关联方交易情况

单位:万元

| 项目 | 期初数 | 本期发生额 | 期末数 |
|---|---|---|---|
| 关联方投入信托本金 | 1 405 646.33 | 293 805.67 | 1 699 452.00 |
| 向关联方分配信托收益 | — | 93 126.08 | — |
| 向关联方支付费用 | — | 329.66 | — |

6.6.3.3 公司固有资金运用于本公司管理的信托项目和基金(固信交易)交易金额,本公司管理的信托、基金项目之间的相互(信信交易)交易金额,包括余额和本报告年度的发生额

6.6.3.3.1 固有资金与本公司管理的信托财产之间的交易

单位:万元

| 项目 | 期初数 | 本期发生额 | 期末数 |
|---|---|---|---|
| 投资本金 | 403 336.00 | 401 034.00 | 804 370.00 |
| 投资收益 | — | 44 539.71 | — |

6.6.3.3.2 固有资金与本公司管理的基金财产之间的交易

单位:万元

| 项目 | 期初数 | 本期发生额 | 期末数 |
|---|---|---|---|
| 投资本金 | 141 442.00 | 383 074.44 | 524 516.44 |
| 投资收益 | — | 379.84 | — |

6.6.3.3.3 本公司管理的信托、基金项目之间的交易

单位:万元

| 项目 | 期初数 | 本期发生额 | 期末数 |
|---|---|---|---|
| 合计 | 1 351 991.49 | 1 367 017.92 | 2 719 009.41 |

# 7. 财务情况说明书

## 7.1 利润实现和分配情况

### 7.1.1 母公司情况

2018 年公司实现净利润 110 798.31 万元，根据公司章程《金融企业准备金计提管理办法》《信托公司管理办法》的规定，提取法定盈余公积金 11 079.83 万元，提取风险资产一般准备金 5 356.14 万元，提取信托赔偿准备金 5 539.92 万元；2018 年末，可供股东分配利润累计为 118 200.00 万元。

### 7.1.2 合并口径情况

2018 年公司实现合并报表口径净利润 107 994.62 万元，提取法定盈余公积金 11 079.83 万元，提取风险资产一般准备金 5 356.14 万元，提取信托赔偿准备金 5 539.92 万元。

## 7.2 主要财务指标

| 指标名称 | 指标值（母公司） | 指标值（合并） |
|---|---|---|
| 资本利润率（ROE）（%） | 10.46 | 10.20 |
| 信托年化报酬率（%） | 1.09 | 1.09 |
| 人均净利润（万元） | 262.24 | 255.61 |

注：1. 资本利润率 = 净利润/所有者权益平均余额 ×100%。
2. 信托报酬率 = 信托业务收入/实收信托平均余额 ×100%。
3. 人均净利润 = 净利润/年平均人数。
4. 平均值采取年初、年末余额简单平均法，公式为 A（平均）=（$A_0/2 + A_1 + A_2 + A_3 + A_4/2$）/4。

## 7.3 对本公司财务状况、经营成果有重大影响的其他事项

报告期内无上述事项。

# 8. 特别事项揭示

## 8.1 前五名股东报告期内变动情况及原因

报告期内无上述事项。

## 8.2 董事、监事及高级管理人员变动情况及原因

2018 年 3 月 14 日，解玉平因个人原因，不再担任公司副总裁职务。

2018 年 5 月 1 日，冯宗苏因年龄原因退休，不再担任公司监事会主席职务。

2018 年 5 月 4 日，经第二届董事会第十二次会议审议通过，聘任罗苓宁为公司副总裁。

2018 年 6 月 7 日，经职工代表大会 2018 年第一次会议审议通过，补充选举马世崧为公司第二届监事会职工代表监事。

2018 年 6 月 20 日，经 2018 年第二次临时股东会审议通过，选举宋宏谋为公司第二届监事会监事，苏刚不再担任监事职务。

2018 年 6 月 25 日，经第二届监事会第六次会议审议通过，选举赵英伟为公司第二届监事会主席，选举宋宏谋为公司第二届监事会副主席。

除上述事项外，报告期内无其他应揭示事项。

## 8.3 变更注册资本、注册地或公司名称及公司分立合并事项

报告期内无上述事项。

## 8.4 公司的重大诉讼事项

报告期内无上述事项。

## 8.5 公司及其董事、监事和高级管理人员受到处罚的情况

报告期内无上述事项。

## 8.6 对银保监会及其派出机构所提监管意见的整改情况

2018 年 9 月 17 日至 2018 年 9 月 30 日，原北京银监局对公司开展了深化整治银行业市场乱象专项现场检查，并出具了《北京银保监局关于中国民生信托有限公司深化整治银行业市场乱象的现场检查意见书》（京银保监发[2018]15 号，以下简称《监管意见书》）。收到《监管意见书》后，公司高度重视，组织相关部门召开专题会议并制定整改方案，以整改促提升。截至 2018 年 12 月 31 日，整改工作仍在进行中。

## 8.7 重大事项临时报告情况

2018 年 5 月 11 日，公司在《证券时报》A16 版发布《中国民生信托有限公司修改公司章程的公告》。

## 8.8 消费者权益保护工作

2018 年，公司高度重视消费者权益保护工作，多措并举、持续加强消费者权益保护工作。公司进一步完善了消费者权益保护工作相关制度，多次组织开展内部员工的培训与学习，产品销售过程中严格要求销售人员向消费者充分进行风险提示，严格执行信托产品销售过程录音录像的要求，切实保障消费者合法权益；同时，公司组织开展了多种形式的客户宣传教育活动，多渠道受理和解决各类客户问题，不断提升公司客户服务水平和客户满意度。2018 年无重大投诉事件发生。

## 8.9 社会责任履行情况

公司始终秉持“得益于社会，奉献于社会”的核心价值观。2018 年以来，在严防风险底线的前提下，公司以服务实体经济为目标，进一步打造主动管理能力，旨在为优质企业和客户提供多样化金融服务，同时积极拥抱新兴产业，响应国家扶贫号召，在慈善信托等公益领域取得突破。

2018 年，为切实响应服务实体经济的发展战略，公司积极投身国家船舶工业和航运事业、高端制造业、新能源汽车、新一代信息技术产业、乡村振兴项目等实体经济中，不懈探索金融资本与产业资本高质量协同发展的道路。

为落实习主席关于“坚决打赢脱贫攻坚战”指示精神，响应中国银保监会关于积极支持精准扶贫工作的号召，在中国信托业协会的组织引导下，公司设立首只慈善信托：中国民生信托·甘肃临洮民生精准扶贫慈善信托，旨在支持临洮县困难群众帮扶及助学等。通过固有资金捐赠与设立慈善信托的有效

结合，公司实现了利用信托工具进行金融扶贫工作的有益尝试。金融扶贫工作预计持续5年，从2018年开始，公司将每年捐赠资金40万元用于精准扶贫工作，共计200万元。公司在中国互联网新闻中心主办的2018年度“中国网之优秀金融扶贫先锋榜”评选中获评“精准扶贫先锋机构”。

在职工权益保护方面，公司2018年共组织培训59次，1 940人次参与培训。其中，内部培训25次，总计1 788人次参与线下培训活动；外部培训34次，共涵盖152人次。在培训内容上，紧跟监管政策调整，并持续关注市场环境的变化，配合推进业务的创新与发展。为增加团队凝聚力、为员工提供展示平台，公司举办了丰富多彩的活动，新春联欢会、“悠悠夏日”摄影比赛、2018年运动会、羽毛球比赛、篮球比赛等。同时，公司切实做好员工福利关怀，生日祝福、疾病慰问、新生贺礼等，公司为员工投保了补充医疗保险、意外伤害险两种商业保险，每年组织员工进行健康检查，每月为员工提供午餐补贴和通讯补贴。

在客户和消费者权益保护方面，公司始终坚持“以客户为中心”的服务理念，积极开展内部员工培训，改善服务态度，强化客户服务意识，建立客服工作标准化和专业化，不断提升客户服务品质。通过不断优化现有的工作流程，有效改善了认购(申购)确认函出具、财产证明出具及各类信息披露的时效性问题；通过收益分配方案设置增加复核节点、受益权转让款项经过公司账户、开通产品转投业务等一系列创新，不断提高客户资金安全性和业务便捷性。在2018年对新老客户进行的抽样客户满意度调查中，经过加权计算，整体客户满意度得分为93.8，达到公司客户满意度90分的服务质量目标。

### 8.10 银保监会及其省级派出机构认定的其他有必要让客户及相关利益人了解的重要信息

报告期内无上述事项。

## 9. 公司监事会意见

公司建立了较为完善的公司法人治理结构，进一步加强了内部控制和风险管理的体系建设，优化了内部管理制度、业务流程和审计稽核制度。公司决策事项程序合法，公司董事及高级管理人员能够按照有关法律法规、公司章程及监管部门的要求，认真履行相关职责，勤勉工作，积极维护股东利益、公司利益和客户利益。

公司财务管理制度及会计制度运行规范，会计处理严格遵循《企业会计准则》和国家有关法规的规定。公司审计稽核制度运行有效，能够及时预防、发现及纠正公司经营过程中可能出现的重大问题。

# 中海信托股份有限公司

## 1. 重要提示

1.1　本公司董事会及董事保证本报告所载资料不存在任何虚假记载、误导性陈述或者重大遗漏，并对其内容的真实性、准确性和完整性承担个别及连带责任。

1.2　公司独立董事声明：保证本报告内容的真实、准确、完整。

1.3　立信会计师事务所对本公司出具了标准无保留意见的审计报告。

1.4　公司董事长黄晓峰先生、总裁张德荣先生、财务总监刘显忠先生、会计机构负责人朱玲女士声明：保证年度报告中财务报告的真实、完整。

## 2. 公司概况

### 2.1　公司简介

中海信托股份有限公司（以下简称中海信托或公司）是由中国海洋石油集团有限公司（以下简称中国海油）和中国中信有限公司（以下简称中信有限）共同投资设立的国有非银行金融机构。

中海信托秉承“诚信稳健、忠人所托”的经营理念，坚持“风控优先”的业务发展路径，经过多年的探索和实践，资产管理能力持续提升。2018 年，中海信托管理信托资产余额为 3 701.28亿元，全年累计管理信托资产规模为 7 423.90 亿元，实现营业收入为 12.05 亿元，实现利润总额为 19.95 亿元，人均净利润为 830.25 万元，继续保持新增不良资产为零。

#### 2.1.1　公司情况简表

| | |
|---|---|
| 公司名称（简称） | 中海信托股份有限公司（中海信托） |
| 公司英文名称（缩写） | Zhonghai Trust Co., Ltd.（ZHTRUST） |
| 公司法定代表人 | 张德荣 |
| 主要注册地址 | 上海市蒙自路 763 号 36 楼 |
| 公司网站 | http://www.zhtrust.com |

#### 2.1.2　主要联系人及联系方式

| | |
|---|---|
| 信息披露负责人 | 刘显忠 |
| 联系电话 | 021-23191966 |
| 传真 | 021-63086070 |
| 电子信箱 | zhtrust@cnooc.com.cn |
| 联系地址 | 上海市蒙自路 763 号 36 楼 |
| 邮政编码 | 200023 |

#### 2.1.3　其他事项

2.1.3.1　公司选定《中国证券报》《上海证券报》《证券时报》作为本次信息披露的报纸。公司年报全文将备置在公司营业场所及网站供查询。

2.1.3.2　公司年报审计会计师事务所：立信会计师事务所（特殊普通合伙）

联系地址：北京市西城区北三环中路 29 号院 3 号楼 28 层

邮政编码：100029

2.1.3.3　公司常年法律顾问：上海市锦天城律师事务所

联系地址：上海市浦东新区银城中路 501 号上海中心大厦 9 楼、11 楼、12 楼

邮政编码：200120

### 2.2　组织结构

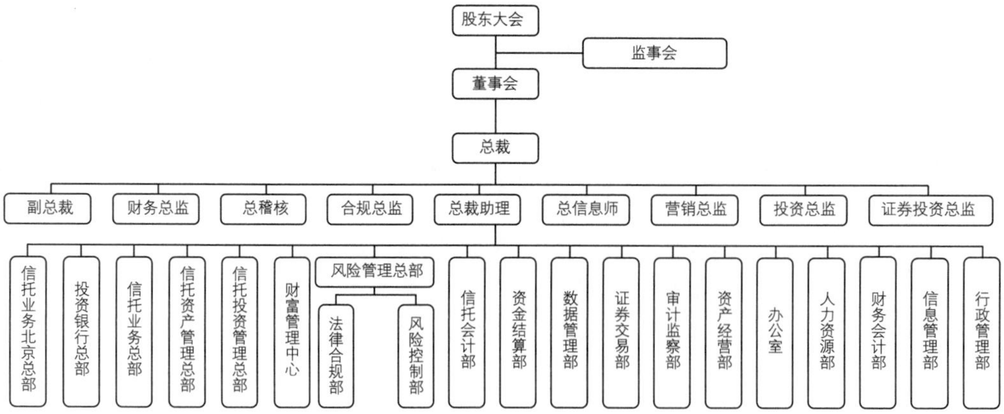

# 3. 公司治理

## 3.1 股东

股东总数:2 家。

股东

| 股东名称 | 持股比例(%) | 法人代表 | 注册资本(亿元) | 注册地址 | 主要经营业务 |
|---|---|---|---|---|---|
| 中国海洋石油集团有限公司 | 95 | 杨华 | 1 138 | 北京市东城区朝阳门北大街25号 | 组织石油、天然气、煤层气、页岩油、页岩气勘探、开发、生产及销售,石油炼制,石油化工和天然气的加工利用及产品的销售和仓储,液化天然气项目开发、利用,石油、天然气管道管网输送,化肥、化工产品的开发、生产和销售及相关业务,为石油、天然气及其他地矿产品的勘探、开采提供服务,工程总承包,与石油天然气的勘探、开发和生产相关的科技研究、技术咨询、技术服务和技术转让,原油、成品油进口,补偿贸易、转口贸易;汽油、煤油、柴油的批发(限销售分公司经营,有效期至 2022 年 2 月 20 日);承办中外合资经营;合作生产;机电产品国际招标;风能、生物质能、水合物、煤化工和太阳能等新能源生产、销售及相关服务。 |
| 中国中信有限公司 | 5 | 常振明 | 1 390 | 北京市朝阳区新源南路6号 | 投资和管理金融业,包括:投资和管理境内外银行、证券、保险、信托、资产管理、期货、租赁、基金、信用卡等金融类企业及相关产业;<br>投资和管理非金融业,包括:(1)能源、交通等基础设施;(2)矿产、林木等资源开发和原材料工业;(3)机械制造;(4)房地产开发;(5)信息产业:信息基础设施、基础电信和增值电信业务;(6)商贸服务及其他产业:环境保护;医药、生物工程和新材料;航空、运输、仓储、酒店、旅游业;国际贸易和国内贸易、进出口业务、商业;教育、出版、传媒、文化和体育;咨询服务;<br>向境内外子公司发放股东贷款;资本运营;资产管理;境内外工程设计、建设、承包及分包和劳务输出,及经批准的其他业务。 |

注:本公司最终实际控制人为中国海洋石油集团有限公司。

## 3.2 董事、董事会及其下属委员会

董事长、副董事长、董事

| 姓名 | 职务 | 性别 | 年龄(岁) | 选任日期 | 所推举的股东名称 | 该股东持股比例(%) | 简要履历 |
|---|---|---|---|---|---|---|---|
| 黄晓峰 | 董事长 | 男 | 54 | 2018 年 9 月 | 中国海洋石油集团有限公司 | 95 | 2003 年 4 月至 2004 年 10 月任中海石油有限公司资金融资部副总监;2004 年 10 月至 2005 年 4 月任中国海洋石油有限公司资金融资部代理总监;2005 年 4 月至 2011 年 12 月任中国海洋石油有限公司资金融资部总经理;2011 年 12 月至 2015 年 7 月任中海石油财务有限责任公司总经理;2015 年 7 月至今任公司党委书记;2016 年 3 月起,任公司总裁;2018 年 12 月至今任公司董事长。 |
| 王　华 | 董事 | 女 | 43 | 2017 年 9 月 | 中国中信有限公司 | 5 | 2001 年 7 月至 2004 年 5 月任中信公司财务部财务管理处副主管;2004 年 5 月至 2011 年 12 月任中国中信集团公司财务部财务计划处高级财务分析师;2011 年 12 月至 2012 年 8 月任中国中信股份有限公司财务部财务计划处高级财务分析师;2012 年 8 月至 2016 年 8 月任中国中信集团有限公司财务部税务处处长;2016 年 8 月至今任中国中信集团有限公司财务部总经理助理兼税务处处长。 |
| 田文学 | 董事 | 男 | 47 | 2017 年 9 月 | 中国海洋石油集团有限公司 | 95 | 2008 年 4 月至 2009 年 6 月任中国海洋石油总公司销售分公司党委委员、办公室主任,香港华达化工有限公司总经理;2009 年 6 月至 2012 年 2 月任中国海洋石油总公司销售分公司党委委员、人力资源部总经理,香港华达化工有限公司总经理;2012 年 2 月至 2013 年 12 月任中国海洋石油总公司销售分公司党委副书记、纪委书记、工会主席;2013 年 12 月至 2017 年 11 月任中国海洋石油总公司(有限公司)人力资源部副总经理;2017 年 11 月至今任中国海洋石油集团有限公司(有限公司)人力资源部副总经理。 |
| 张德荣 | 董事 | 男 | 55 | 2018 年 10 月 | 中国海洋石油集团有限公司 | 95 | 2007 年 12 月起,任中海信托股份有限公司独立董事(2011 年 2 月离任);2010 年 8 月至 2013 年 7 月任大业信托有限责任公司副总经理兼首席风控官;2013 年 7 月至 2016 年 8 月任公司副总裁;2016 年 8 月至 2019 年 3 月兼任公司合规总监;2017 年起任公司党委委员;2018 年 12 月起,任公司总裁。 |
| 刘显忠 | 董事 | 男 | 54 | 2017 年 9 月 | 中国海洋石油集团有限公司 | 95 | 2001 年 9 月至 2005 年 7 月任中国海洋石油总公司财务部信息经理、信息管理经理;2005 年 7 月至 2012 年 6 月任中海石油(中国)有限公司投资者关系部资本市场管理经理;2012 年 6 月至 2014 年 11 月任中海石油(中国)有限公司投资者关系部资本市场处处长兼媒体及公共关系处处长;2014 年 11 月至 2016 年 12 月任中海石油(中国)有限公司投资者关系部(董事会办公室)媒体与公共关系处处长;2016 年 12 月至今任中海信托股份有限公司党委委员、财务总监。 |

注:"选任日期"以公司内部有权机关选任董事、监事、高管时间为口径进行统计。下同。

独立董事

| 姓名 | 所在单位及职务 | 性别 | 年龄（岁） | 选任日期 | 所推举的股东名称 | 该股东持股比例（%） | 简要履历 |
|---|---|---|---|---|---|---|---|
| 张秉训 | 退休 | 男 | 70 | 2017 年 9 月 | — | — | 1993 年 11 月至 1997 年 7 月任中国证券市场研究设计中心（联办）研究开发部主任；1997 年 7 月至 1998 年 7 月任中国银行发展规划部副总经理；1998 年 7 月至 2001 年 1 月任中银国际研究公司（香港）总经理；2001 年 1 月至 2002 年 11 月任中银国际英国公司（伦敦）总经理；2002 年 11 月至 2004 年 1 月任中银国际研究公司（香港）总经理；2004 年 1 月至 2006 年 11 月任中国银行重组上市办公室副总经理；2006 年 11 月至 2008 年 5 月任中国银行金融机构部总经理；2008 年 5 月至 2012 年 10 月任中国银行董事会秘书；2012 年 10 月正式退休。 |
| 徐　丹 | 退休 | 女 | 65 | 2017 年 9 月 | — | — | 1993 年 12 月至 1997 年 10 月任中国石化上海金山实业公司财务处副处长；1997 年 10 月至 1999 年 12 月任上海金山实业投资发展有限公司总会计师；1999 年 12 月至 2000 年 4 月任上海市金山区财政局党组成员、副局长；2000 年 4 月至 2003 年 10 月任中国石化上海浦东开发办财务处长；2003 年 10 月至 2006 年 1 月任上海工业投资（集团）有限公司副总会计师；2006 年 1 月至 2010 年 7 月任上海工业投资（集团）有限公司总会计师；2010 年 7 月正式退休。 |
| 刘凯湘 | 北京大学法学院教授、博士生导师 | 男 | 55 | 2018 年 4 月 | — | — | 1984 年毕业于西南政法大学，获法学学士学位；1987 年毕业于北京大学，获法学硕士学位；2001 年毕业于北京大学，获法学博士学位；1987 年至 1999 年 5 月在北京工商大学法学院任教；1999 年 5 月起至今在北京大学法学院任教，现为北京大学法学院教授、博士生导师。 |

董事会下属委员会

| 董事会下属委员会 | 职责 | 组成人员姓名 | 职务 |
|---|---|---|---|
| 审计委员会 | 提议聘请或更换外部审计机构；监督公司的内部审计制度及其实施；负责内部审计与外部审计之间的沟通；审核公司的财务信息及其披露；审查公司内控制度等。 | 徐　丹 | 委员会主席 |
| | | 张秉训 | 委员 |
| | | 田文学 | 委员 |
| 薪酬与考核委员会 | 研究董事与总裁人员考核的标准，进行考核并提出建议；研究和审查董事、高级管理人员的薪酬政策与方案等。 | 张秉训 | 委员会主席 |
| | | 田文学 | 委员 |
| | | 刘凯湘 | 委员 |
| 发展与战略委员会 | 对公司长期发展与战略规划进行研究并提出建议；对其他影响公司发展战略的重大事项进行研究并提出建议；研究金融市场及金融专项工具，并提出建议等。 | 黄晓峰 | 委员会主席 |
| | | 张德荣 | 委员 |
| | | 张秉训 | 委员 |
| | | 徐　丹 | 委员 |
| | | 王　华 | 委员 |
| 提名委员会 | 研究董事和总裁的选择标准和程序并提出建议；广泛搜寻合格的董事和总裁人选；对董事候选人和总裁人选进行审查并提出建议。 | 刘凯湘 | 委员会主席 |
| | | 田文学 | 委员 |
| | | 徐　丹 | 委员 |
| 信托委员会 | 调查研究信托行业的发展变化；对公司信托业务的发展方向和战略规划进行研究和提出建议；初审需由董事会审议的信托项目；针对中国银保监会及其派出机构检查公司信托业务后要求董事会组织整改的问题，研究提出具体措施；当公司或股东利益与受益人利益发生冲突时，研究提出维护受益人权益的具体措施等。 | 张秉训 | 委员会主席 |
| | | 张德荣 | 委员 |
| | | 刘显忠 | 委员 |
| 风险管理与关联交易控制委员会 | 研究公司发生重大、突发性事项的对策；研究制定总体风险管理、关联交易控制政策供董事会审议；研究公司风险管理的战略结构和资源，并使之与公司的内部风险管理政策相兼容；研究重要的风险边界；对相关的风险管理、关联交易控制政策进行监督、审查和向董事会提出建议等。 | 刘凯湘 | 委员会主席 |
| | | 刘显忠 | 委员 |
| | | 王　华 | 委员 |

## 3.3　监事、监事会及其下属委员会

监事会成员

| 姓名 | 职务 | 性别 | 年龄（岁） | 选任日期 | 所推举的股东名称 | 该股东持股比例（%） | 简要履历 |
|---|---|---|---|---|---|---|---|
| 王宇凡 | 监事会主席 | 女 | 44 | 2017 年 9 月 | 中国海洋石油集团有限公司 | 95 | 2016 年 6 月至 2018 年 3 月任原中国海洋石油总公司审计部副总经理兼审计中心主任；2018 年 3 月起，任中国海洋石油国际有限公司首席财务官。 |
| 陈素婷 | 监事 | 女 | 49 | 2017 年 9 月 | 中国中信有限公司 | 5 | 2011 年 5 月至 2015 年 7 月任中国中信集团有限公司稽核审计部主任助理兼审计管理处处长；2015 年 7 月至今，任中国中信集团有限公司稽核审计部海外分部总经理。 |
| 石　枫 | 职工监事 | 女 | 37 | 2017 年 7 月 | 职工监事 | — | 2007 年加入中海信托股份有限公司，曾任稽核审计部副经理兼党委秘书；2015 年 5 月至今，担任中海信托审计监察部总经理。 |

## 3.4 高级管理人员

高级管理人员

| 姓名 | 职务 | 性别 | 年龄（岁） | 选任日期 | 金融从业年限（年） | 学历 | 专业 | 简要履历 |
|---|---|---|---|---|---|---|---|---|
| 张德荣 | 党委委员<br>总裁 | 男 | 55 | 2018年9月 | 30 | 硕士研究生 | 北京大学<br>法学理论专业 | 2007年12月至2011年2月任中海信托股份有限公司独立董事；2010年8月至2013年7月任大业信托有限责任公司副总经理兼首席风控官；2013年7月至2016年8月任公司副总裁；2016年8月至2019年3月兼任公司合规总监；2017年起任公司党委委员；2018年12月起，任公司总裁。 |
| 刘显忠 | 党委委员<br>财务总监 | 男 | 54 | 2016年12月 | 3 | 硕士研究生 | 中央财经大学<br>财政学专业 | 1994年5月至2005年6月任中国海洋石油总公司计划财务部国资处资产评估岗职员、主管、信息处长、信息管理经理；2005年7月至2016年10月历任中海石油（中国）有限公司投资者关系部资本市场管理经理、处长；2016年12月起，任公司党委委员、财务总监。 |
| 卓新桥 | 党委委员<br>副总裁 | 男 | 49 | 2017年4月 | 20 | 硕士研究生 | 暨南大学<br>产业经济学专业 | 1997年起，曾任工商银行广东省分行项目信贷处副主任科员、业务部副科长，中海石油财务公司惠州代表处经理、中海石油财务公司信贷租赁部经理、客户服务部经理等职务；2013年5月起，任公司总裁助理；2017年5月起，任公司党委委员、副总裁。 |
| 杨　楠 | 党委副书记<br>副总裁<br>总信息师 | 男 | 44 | 2017年11月 | 14 | 硕士研究生 | 梅西大学<br>金融专业 | 1997起先后担任解放军空军航材设备研究所助理工程师，北京万发企业发展公司办公室副主任，中海石油财务有限责任公司综合协调主管、综合管理部经理、总经理助理、总信息师、工会主席；2017年9月起，任公司党委副书记；2018年2月起，任公司副总裁、总信息师。 |
| 张　悦 | 党委委员<br>合规总监<br>（拟任） | 女 | 50 | 2019年3月 | 14 | 硕士研究生 | 中国石油大学<br>管理工程专业 | 2005年9月进入公司，历任计划财务部会计、计划财务部经理、稽核审计部经理、党办主任、信托事务管理总部总经理、纪委副书记、合规总监、总稽核；现拟任公司合规总监，其任职资格待上海银保监局核准后生效。 |
| 余庆军 | 总裁助理 | 男 | 48 | 2013年2月 | 24 | 硕士研究生 | 南开大学<br>工商管理专业 | 1995年起，先后任平安人寿天津分公司市场营销部业务主任、分公司经理，平安集团电子商务公司销售部北区区域总经理，平安人寿总公司银行保险事业部渠道合作室主任，海康人寿助理副总经理、团险总监、首席银保事业执行官；2013年6月起，任公司总裁助理、信托业务总部总经理。 |
| 李　健 | 营销总监 | 男 | 45 | 2013年6月 | 17 | 硕士研究生 | 中国人民大学<br>投资银行专业 | 2008年10月进入中海信托股份有限公司，历任信托业务一部部门副经理、经理，信托业务总部副总经理；现任公司营销总监、信托业务北京总部总经理。 |
| 王一曼 | 投资总监 | 女 | 41 | 2013年6月 | 14 | 硕士研究生 | 英国邓迪大学<br>石油财税专业 | 2005年3月进入中海信托股份有限公司，历任信托业务部项目经理、托管部经理助理、部门经理、自有资金及信息管理部部门经理；现任公司投资总监、信托投资管理总部总经理。 |
| 舒小辛 | 证券投资总监 | 男 | 59 | 2017年4月 | 23 | 博士研究生 | 中国地质大学<br>岩石学专业 | 历任上海申信房产公司项目副经理，公司投资管理部业务经理、企业发展部业务经理、业务一部业务经理、资产管理一部信托高级经理、资产管理一部信托业务总监、资产管理一部部门经理、资产管理总部副总经理、信托资产管理总部总经理；2017年4月起，任公司证券投资总监兼信托资产管理总部总经理。 |

## 3.5 公司员工

公司员工

| 项目 | | 报告期年度 | | 上年度 | |
|---|---|---|---|---|---|
| | | 人数（人） | 比例（%） | 人数（人） | 比例（%） |
| 年龄分布 | 20岁以下 | — | — | — | — |
| | 20～29岁 | 57 | 29.24 | 61 | 32.44 |
| | 30～39岁 | 101 | 51.79 | 93 | 49.47 |
| | 40岁以上 | 37 | 18.97 | 34 | 18.09 |
| 学历分布 | 博士 | 4 | 2.05 | 4 | 2.12 |
| | 硕士 | 116 | 59.49 | 107 | 56.92 |
| | 本科 | 73 | 37.44 | 74 | 39.36 |
| | 专科 | 2 | 1.02 | 3 | 1.6 |
| | 其他 | — | — | — | — |

续表

| 项目 | | 报告期年度 | | 上年度 | |
|---|---|---|---|---|---|
| | | 人数（人） | 比例（%） | 人数（人） | 比例（%） |
| 岗位分布 | 董事长、高管人员 | 10 | 5.13 | 10 | 5.32 |
| | 自营业务人员 | 3 | 1.53 | 2 | 1.06 |
| | 信托业务人员 | 91 | 46.67 | 89 | 47.34 |
| | 其他人员 | 91 | 46.67 | 87 | 46.28 |

注：自营业务人员是指按照岗位分工，专门或至少主要从事固有资金使用和固有资产管理有关业务的职工；信托业务人员是指按照岗位分工，专门或主要从事信托资金使用和信托资产管理各项业务的职工；对于人力资源部等综合部门归为其他人员。

# 4. 经营管理

## 4.1 经营目标、经营方针、战略规划

### 4.1.1 经营目标

中海信托将结合自身特点和竞争优势，以服务实体经济、

回归信托本源和提升主动管理能力为战略发展方向，稳步推进业务转型和产品创新，努力把公司打造成具有鲜明业务特色和产品优势、受人信赖和尊敬的国内一流信托公司。

4.1.2　经营方针

以保障委托人、受益人合法利益为最高准则，秉承“诚信稳健、忠人所托”的经营理念，建立和完善全面风险管理体系，完善金融服务功能，走创新型金融发展道路，追求风险可控的经济效益。

4.1.3　战略规划

公司确定了创新驱动、人才兴企、风控优先、文化保障、品牌发展等策略，结合行业特点和自身优势，分别制定了信托业务、风险管理、信息技术、人力资源发展规划，稳步推进战略目标的实现。

## 4.2　所经营业务的主要内容

公司经营原中国银行业监督管理委员会核准的信托业务及自有业务。信托业务主要包括信托贷款、信贷资产证券化、结构化证券投资、私募股权基金、股权信托、财务顾问等业务。自有业务包括金融股权投资、证券投资、特定金融产品投资、存放同业、自用固定资产投资、贷款等业务。

4.2.1　自营资产运用与分布表

| 资产运用 | 金额（万元） | 占比（%） | 资产分布 | 金额（万元） | 占比（%） |
|---|---|---|---|---|---|
| 货币资金 | 39 652.24 | 5.53 | 基础产业 | — | — |
| 发放贷款 | 40 000.00 | 5.57 | 房地产业 | — | — |
| 交易性金融资产 | 63 315.18 | 8.82 | 证券市场 | 83 806.81 | 11.68 |
| 可供出售金融资产 | 215 464.21 | 30.03 | 实业 | 40 000.00 | 5.57 |
| 长期股权投资 | 289 732.59 | 40.38 | 金融机构 | 396 070.66 | 55.19 |
| 其他资产 | 69 424.41 | 9.67 | 其他 | 197 711.16 | 27.55 |
| 资产总计 | 717 588.63 | 100.00 | 资产总计 | 717 588.63 | 100.00 |

注：资产分布“其他”项主要包括信托产品投资 128 286.75 万元、买入返售金融资产 59 995.20 万元和递延所得税资产 6 596.02 万元等。

4.2.2　信托资产运用与分布表

| 资产运用 | 金额（万元） | 占比（%） | 资产分布 | 金额（万元） | 占比（%） |
|---|---|---|---|---|---|
| 货币资产 | 929 551.66 | 2.51 | 基础产业 | 3 560 971.00 | 9.62 |
| 贷款 | 5 698 762.82 | 15.40 | 房地产 | 190 200.00 | 0.51 |
| 交易性金融资产投资 | 9 507 166.50 | 25.69 | 其他实业 | 4 551 443.49 | 12.30 |
| 可供出售金融资产投资 | 18 045 341.07 | 48.75 | 证券市场 | 13 582 389.00 | 36.70 |
| 持有至到期投资 | — | — | 金融机构 | 14 810 011.20 | 40.01 |
| 长期股权投资 | 1 775 985.11 | 4.80 | 其他 | 317 827.82 | 0.86 |
| 其他 | 1 056 035.35 | 2.85 | — | — | — |
| 信托资产总计 | 37 012 842.51 | 100.00 | 信托资产总计 | 37 012 842.51 | 100.00 |

## 4.3　市场分析

4.3.1　有利因素

坚持服务实体经济、回归信托本源的基本定位为信托业务市场发展壮大提供了强大的推动力。

随着金融市场改革的有序推进、金融监管政策的日益完善、金融供给侧改革的不断深化以及信托行业创新转型升级的持续探索，为公司提供了更广阔的业务拓展空间。

公司秉承“诚信稳健、忠人所托”的经营理念，风险控制体系日趋完善，专业化的资产管理团队成为公司可持续发展的基础。

公司以稳健经营和专业理财能力树立了良好的公司品牌，积累了一批优质的机构客户和高净值个人客户资源，客户忠诚度较高。

4.3.2　不利因素

伴随行业监管趋严的态势，信托业将面临深度转型的压力。

随着资产管理业务监管规则和标准的统一，金融同业、行业内部的竞争日益激烈，公司原有业务模式将受到较大冲击。

## 4.4　内部控制

4.4.1　内部控制环境和内部控制文化

公司坚持“全面风险管理”和“只有风险可控的发展才是真正的可持续发展”的风险管理理念，并在制度设计、决策执行、业务开展等各个层面加以深入贯彻，在责任明晰、运行高效的“全面、全员、全程”风险管理机制基本建成的基础上，形成了科学、清晰、合理的组织架构，前台、中台、后台形成有效的制衡机制，为公司营造了健康的内部控制环境。

公司法人治理结构完善，股东不干涉公司经营，董事会、监事会、董事会下设各专业委员会以提高业务的安全性和维护委托人的利益为根本出发点，不以利润作为对管理层的唯一考核指标，追求风险可控前提下业务的稳步发展，在公司形成了良好的内部控制文化。

4.4.2　内部控制措施

公司根据业务发展、外部环境变化以及监管要求实时滚动修订制度和流程，建立了一套由“制度—办法—细则”构成的相对完善的三级内部控制制度体系，具体包括党（团）建制度、公司治理制度、基本管理制度、自有资金运用管理制度、信托业务管理制度、财务会计管理制度、行政及综合管理制度、人力资源管理制度、信息系统管理制度、审计及纪检监察制度、相关业务指引等。同时，公司还建立了内部控制优化机制，在日常经营中不断改进风险管理手段与方法，完善风险识别、评估和控制措施。公司的内部控制措施不断完善，建立了多层次的分级有限授权制度；在开展具体业务时遵循前台、中台、后台分离的原则；在开办新业务前，均在公司内外部进行充分论证、沟通和调研，并遵循制度和流程先行的原则，确保了对潜在风险的有效防范和控制；通过明晰各部门职责，保证了内部运营体系的健康有效；加大信息化投入，完善灾备系统；以信息化建设为依托，逐步建立起覆盖各个业务领域的数据库和业务支持系统，有力地支持了公司业务的快速发展。

2018 年，立足公司“管理提升年”，以公司战略目标为指引，以提高制度运行效率为核心，按照科学、规范、效率、合规的原则，理顺制度内在的逻辑关系，厘清管理层级与权限，推进内控体系持续改进，全年共新增制度 21 项，修订制度 40 项，废止制度 12 项，并同步修订《权限手册》，进一步规范公司主要业务和管理事项审批程序，明确审批权限，使得公司制度在总体上更加系统化和更具可操作性，内部控制体系更加完善。

**4.4.3 信息交流与反馈**

公司建立起信息交流与反馈机制，搭建起畅通的信息交流渠道，建立了内部审计的报告制度和报告路线，由专人负责，切实做到有效执行。

公司作为首批进行年报披露的信托公司，已连年在指定权威媒体公开公司年度经营信息和经营业绩。同时，通过公司官网及时、准确地披露公司经营的重大事项。

根据有关监管要求，对于集合资金信托业务、关联交易、董事高管更替等重大事项，公司均履行了完备的报备或报批手续。对于监管机构提出的问题或建议，公司均给予及时、详细的信息反馈或制定整改措施。

公司能够严格执行向委托人、受益人披露信托事务处理信息的有关制度，确保相关当事人的知情权。

**4.4.4 监督评价与纠正**

公司建立了有效的内控监督评价与纠正制度，对公司内控制度的执行情况进行持续的监督，保证了内控的实际效果；建立了重大事故或案件责任人追究制度，通过风险教育使各部门和员工明确了有关风险和职责关系。公司对内部审计和外部审计中发现的问题能够及时整改，做好反馈工作，不断提升管理水平。

公司风险管理和内部控制能够贯穿、覆盖到每一个部门、每一类业务和每一个员工，同时保持随时跟踪和监控。公司针对信托和自有业务制定了风险识别、计量、监测和控制的具体制度、程序和方法，风险管理总部和审计监察部在业务运作的各个阶段予以通盘考量和全程监控。审计监察部定期开展内部审计，对公司的经营活动和风险状况进行独立、客观的监督和评价，通过监督和检查发挥督导作用。公司重视外部审计对公司运营的促进作用，通过相关制度和措施，保证外部审计的有效性，借助外部审计改善公司经营。

## 4.5 风险管理

**4.5.1 风险管理概况**

风险控制体系和风险管理能力是金融企业最核心的技术和最重要的能力之一，公司的理念是“只有风险可控的发展才是真正的可持续发展”。公司建立了较健全的风险控制组织结构和机制，形成了前台、中台、后台相分离、信托资金运作与自有资金运作相分离的风险管理框架。

风险管理组织结构见下图。

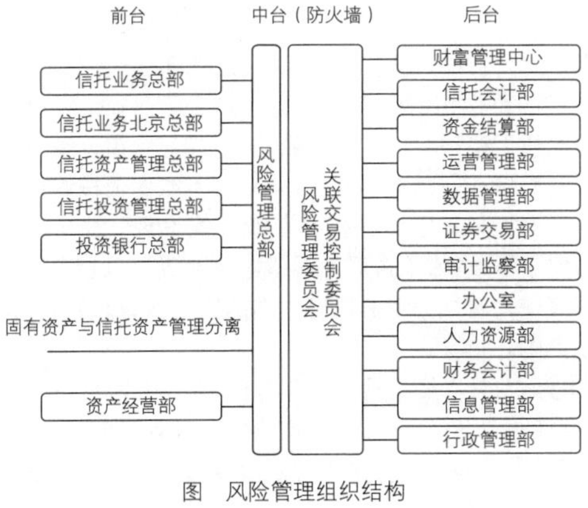


图 风险管理组织结构

公司的前台由信托业务总部、信托业务北京总部、信托资产管理总部、信托投资管理总部、投资银行总部和资产经营部构成，分别负责信托业务开拓和固有资产管理。

公司的中台由风险管理总部和两个非常设的委员会组成，主要作用是集体决策和事中控制。风险管理总部的职责是建立健全内部风险管理体系，业务风险防控，风险环境评估等。两个委员会的主要职责是对公司业务和关联交易事项进行审议，并在相关授权范围内进行决策。公司制定了上述两个委员会的议事规则，明确了职责和议事程序。

公司的后台由信托会计部、资金结算部、运营管理部、数据管理部、证券交易部、审计监察部、财富管理中心、办公室、人力资源部、财务会计部、信息管理部和行政管理部构成，其职责是完成信托资金托管清算、财务核算、项目管理、数据管理、证券交易、审计监督、客户服务与维护、信托项目直销、行政人事等后台支持。

截至2018年末，公司净资本为54.44亿元，风险资本为24.80亿元，净资本/各项业务风险资本之和为219.55%，净资本/净资产为86.74%。

**4.5.2 风险状况**

4.5.2.1 信用风险状况

信用风险是指交易对手未能履行约定契约中的义务而造成经济损失的风险。公司面临的信用风险具体表现为在开展信托业务或固有业务时，交易对手或融资方违约造成的风险。2018年，信托行业风险频发，各家信托公司面临的信用风险主要是宏观经济政策的变化加大了公司对融资方信用风险判断的难度；国际、国内复杂的经济形势加大了交易对手的信用风险；公司选择项目、甄别客户、识别信用风险的工作量及压力大增，公司信用风险管理能力在复杂的经济形势中面临考验；交易对手经营活动出现较大变化，公司进行贷投后管理难度加大。

4.5.2.2 市场风险状况

市场风险是指由于证券价格波动、商品价格波动、利率变化、汇率变动等金融市场波动而导致公司自营或信托资产损失的风险。2018年，伴随中国经济供给侧改革的持续深入，传统经济动能有所减弱，新经济动能还需培育；宏观经济整体运行依然存在一些不确定的因素，金融风险持续暴露的压力依然存在，信托行业经营压力和风险不断加大。

4.5.2.3 操作风险状况

操作风险是指公司由于内部程序、人员、系统的不完善或失误，以及外部事件而造成公司自营或信托资产损失的风险。2018年，公司未发生因操作风险造成的直接或间接损失，也未发现滥用操作权，追求私利的情况。

4.5.2.4 其他风险状况

公司面临的其他风险主要表现为法律风险与合规风险。法律风险是指由于违反有关法律法规、监管规定及合同等原因可能造成经济损失或企业信誉损失的风险。合规风险是指因未能遵循法律、监管规定、规则、自律性组织制定的有关准则以及适用于自身业务活动的行为准则而可能遭受法律制裁或监管处罚、重大财务损失或声誉损失的风险。

公司于2018年9月收到中国银行业监督管理委员会上海监管局（原上海银监局）下达的《中国银监会上海监管局行政处罚意见决定书》（沪银监罚决字［2018］35号）（以下简称《决定书》），《决定书》指出,2016年9月公司某信托贷款违规投向资本金比例不足的项目,原上海银监局责令改正并处罚款50万元。

**4.5.3 风险管理**

4.5.3.1 信用风险管理

公司按工作职能划分,分别设立信托业务部门、风险管理总部、审计监察部等部门,通过机构分离强化制衡机制;通过流程再造,标准化程序设计,完善了事前评估、事中控制、事后检查的风险控制流程;通过建立客户关系管理系统,持续关注交易对手的资信状况、履约能力及其变化,防范信用风险;通过实行重点客户、区域倾斜、保持一定程度的客户集中度,在依托各种信用增级手段的基础上,切实降低了信用风险;通过法律条款的设定,借助外部律师的专业意见,提高抵御信用风险的能力。

4.5.3.2 市场风险管理

对市场风险的控制主要通过定期对宏观经济运行和政策趋势、证券市场发展政策等方面进行跟踪研究,及时作出相关的研究报告,为投资决策提供依据等方式实现。公司对证券投资业务采用限额管理,确保市场风险控制在可以承受的合理范围内。市场风险限额包括交易限额、止损限额等,风险限额设定后不得随意突破。公司通过压力测试评估市场风险亏损承受能力。证券交易部门在制定主动管理的投资方案中明确各证券品种止损线、警示线、止盈线等量化指标,当证券类项目出现异常交易、跌破预警线或止损线时,由信托会计部发起通知流程,由各相关部门及时采取处置措施。

4.5.3.3 操作风险管理

公司已经建立了以恒生估值系统、SAP系统等为核心的业务管理平台,业务开展及后台支持均通过上述平台完成,减少了手工操作失误可能导致的损失;逐步完善公司的内控制度,制定了各种业务管理办法和岗位职责制度,对公司每一项业务内容,均制定了操作细则和操作流程,明确流程中每一环节的责任及权限;对各个环节规定了严格的岗位标准,在强化目标管理的同时坚持过程控制,防范人为因素带来的经营风险。同时,公司依据行业监管要求从每年的税后利润中充分计提信托赔偿准备金,用以弥补由于公司的可能过失而导致的信托业务损失,充分保证受益人利益。

4.5.3.4 其他风险管理

公司所有重大合同均通过法律合规部审核同意,并出具独立的法律意见;重大、创新和复杂项目均聘请专业外部律师事务所进行审查,并出具无保留意见的法律意见书后方予实施。公司设有合规总监和风控总监,把握公司整体运营风险,并设立专门的法律合规部与内控办公室,负责业务的合规审查和制度完善。

2018年,公司不断完善金融消费者权益保护相关内控制度,积极开展多种形式的宣传教育活动,认真配合监管机构的各项工作。通过年度金融消费者权益保护工作增强全体员工金融消费者权益保护意识,进一步提高公司的服务质量,促进了公司理财服务与项目管理质量的提高,有利于维护金融消费者权益、防范金融风险。

2018年,公司持续做好反洗钱各项相关工作,不断完善反洗钱组织机构的职能,进一步优化反洗钱内控制度体系,并开展了多项形式丰富的宣传培训活动,积极开展监管机构要求的各项工作。通过年度反洗钱各项相关工作,进一步提高公司反洗钱岗位人员的履职能力,强化公司全体员工反洗钱意识,为公司营造知法守法的反洗钱氛围,有利于预防和打击洗钱活动、防范金融风险。

## 5. 报告期末及上一年度末的比较式会计报表

### 5.1 自营资产

**5.1.1 会计师事务所审计意见全文**

**审 计 报 告**

信会师报字[2019]第ZG30006号

中海信托股份有限公司全体股东:

一、审计意见

我们审计了中海信托股份有限公司(以下简称中海信托)财务报表,包括2018年12月31日的资产负债表,2018年度的利润表、现金流量表、所有者权益变动表、资产减值准备情况表以及相关财务报表附注。

我们认为,后附的财务报表在所有重大方面按照企业会计准则的规定编制,公允反映了中海信托2018年12月31日的财务状况以及2018年度的经营成果和现金流量。

二、形成审计意见的基础

我们按照中国注册会计师审计准则的规定执行了审计工作。审计报告的"注册会计师对财务报表审计的责任"部分进一步阐述了我们在这些准则下的责任。按照中国注册会计师职业道德守则,我们独立于中海信托,并履行了职业道德方面的其他责任。我们相信,我们获取的审计证据是充分、适当的,为发表审计意见提供了基础。

三、管理层和治理层对财务报表的责任

中海信托管理层(以下简称管理层)负责按照企业会计准则的规定编制财务报表,使其实现公允反映,并设计、执行和维护必要的内部控制,以使财务报表不存在由于舞弊或错误导致的重大错报。

在编制财务报表时,管理层负责评估中海信托的持续经营能力,披露与持续经营相关的事项(如适用),并运用持续经营假设,除非计划进行清算、终止运营或别无其他现实的选择。

治理层负责监督中海信托的财务报告过程。

四、注册会计师对财务报表审计的责任

我们的目标是对财务报表整体是否不存在由于舞弊或错误导致的重大错报获取合理保证,并出具包含审计意见的审计报告。合理保证是高水平的保证,但并不能保证按照审计准则执行的审计在某一重大错报存在时总能发现。错报可能由于舞弊或错误导致,如果合理预期错报单独或汇总起来可能影响财务报表使用者依据财务报表作出的经济决策,则通常认为错报是重大的。

在按照审计准则执行审计工作的过程中,我们运用职业判断,并保持职业怀疑。同时,我们也执行以下工作:

(1)识别和评估由于舞弊或错误导致的财务报表重大错报风险,设计和实施审计程序以应对这些风险,并获取充分、适当的审计证据，作为发表审计意见的基础。由于舞弊可能涉及串通、伪造、故意遗漏、虚假陈述或凌驾于内部控制之上，未能发现由于舞弊导致的重大错报的风险高于未能发现由于错误导致的重大错报的风险。

(2)了解与审计相关的内部控制，以设计恰当的审计程序，但目的并非对内部控制的有效性发表意见。

(3)评价管理层选用会计政策的恰当性和作出会计估计及相关披露的合理性。

(4)对管理层使用持续经营假设的恰当性得出结论。同时，根据获取的审计证据，就可能导致对中海信托持续经营能力产生重大疑虑的事项或情况是否存在重大不确定性得出结论。如果我们得出结论认为存在重大不确定性，审计准则要求我们在审计报告中提请报表使用者注意财务报表中的相关披露；如果披露不充分，我们应当发表非无保留意见。我们的结论基于截至审计报告日可获得的信息。然而，未来的事项或情况可能导致中海信托不能持续经营。

(5)评价财务报表的总体列报、结构和内容(包括披露)，并评价财务报表是否公允反映相关交易和事项。

我们与治理层就计划的审计范围、时间安排和重大审计发现等事项进行沟通，包括沟通我们在审计中识别出的值得关注的内部控制缺陷。

立信会计师事务所（特殊普通合伙）　中国注册会计师：

中国注册会计师：

2019年2月11日

5.1.2　资产负债表

**资产负债表**

编制单位：中海信托股份有限公司　　2018年12月31日　　单位：万元

| 项目 | 2018年12月31日 | 2017年12月31日 | 项目 | 2018年12月31日 | 2017年12月31日 |
|---|---|---|---|---|---|
| 流动资产： | | | 流动负债： | | |
| 现金及存放中央银行存款 | 0.59 | 0.42 | 向中央银行借款 | | |
| 存放同业存款 | 39 651.65 | 220 433.98 | 同业及其他金融机构存放款项 | | |
| 贵金属 | — | — | 拆入资金 | | |
| 拆出资金 | — | — | 以公允价值计量且其变动计入当期损益的金融负债 | | |
| 以公允价值计量且其变动计入当期损益的金融资产 | 63 315.18 | 283 807.04 | 衍生金融负债 | | |
| 应收账款 | — | — | 卖出回购金融资产款 | | |
| 应收利息 | 420.36 | 596.16 | 应付职工薪酬 | 23 997.79 | 25 933.26 |
| 其他应收款 | 915.62 | 861.83 | 应交税费 | 63 432.25 | 18 115.37 |
| 衍生金融资产 | — | — | 应付利息 | — | — |
| 买入返售金融资产 | 59 995.20 | 59 850.00 | 应付股利 | — | 50 000.00 |
| 一年内到期的非流动资产 | — | — | 其他应付款 | 2 230.10 | 501 926.19 |
| 流动资产合计 | 164 298.61 | 565 549.43 | 流动负债合计 | 89 660.14 | 595 974.82 |
| 非流动资产： | — | — | 非流动负债： | — | — |
| 发放贷款和垫款 | 40 000.00 | — | 预计负债 | — | — |
| 可供出售金融资产 | 215 464.21 | 227 031.58 | 应付债券 | — | — |
| 持有至到期投资 | — | — | 递延所得税负债 | 280.75 | 1 285.99 |
| 长期股权投资 | 289 732.59 | 271 412.01 | 非流动负债合计 | 280.75 | 1 285.99 |
| 固定资产 | 487.54 | 528.79 | 负债合计 | 89 940.89 | 597 260.81 |
| 在建工程 | 88.24 | — | 所有者权益： | — | — |
| 无形资产 | 619.12 | 259.87 | 股本 | 250 000.00 | 250 000.00 |
| 长期待摊费用 | 302.30 | 128.81 | 其他权益工具 | — | — |
| 递延所得税资产 | 6 596.02 | 6 984.90 | 资本公积 | — | — |
| 非流动资产合计 | 553 290.03 | 506 345.97 | △减：库存股 | — | — |
| | — | — | 其他综合收益 | 20.35 | 6 415.31 |
| | — | — | 专项储备 | — | — |
| | — | — | 盈余公积 | 95 537.25 | 79 596.44 |
| | — | — | △一般风险准备 | 58 993.83 | 53 397.17 |
| | — | — | 未分配利润 | 223 096.31 | 85 225.66 |
| | — | — | 所有者权益合计 | 627 647.74 | 474 634.58 |
| 资产总计 | 717 588.63 | 1 071 895.40 | 负债和所有者权益总计 | 717 588.63 | 1 071 895.40 |

### 5.1.3 利润表

**利润表**

编制单位：中海信托股份有限公司　　2018年度　　单位：万元

| 项目 | 2018年度 | 2017年度 | 项目 | 2018年度 | 2017年度 |
|---|---|---|---|---|---|
| 一、营业总收入 | 120 489.55 | 118 109.50 | 四、利润总额（亏损总额以“-”号填列） | 199 517.86 | 98 734.41 |
| 利息净收入 | 9 311.11 | 20 362.41 | 减：所得税费用 | 40 109.73 | 20 101.24 |
| 利息收入 | 9 311.11 | 20 362.41 | 五、净利润（净亏损以“-”号填列） | 159 408.13 | 78 633.18 |
| 利息支出 | — | — | 归属于母公司所有者的净利润 | 159 408.13 | 78 633.18 |
| 手续费及佣金净收入 | 62 070.18 | 63 113.87 | 少数股东损益 | — | — |
| 手续费及佣金收入 | 62 070.18 | 63 113.87 | 持续经营损益 | 159 408.13 | 78 633.18 |
| 手续费及佣金支出 | — | — | 终止经营损益 | — | — |
| 其他收益 | 4 152.17 | 2 470.32 | 六、其他综合收益的税后净额 | -6 394.97 | 1 259.46 |
| 投资收益（损失以“-”号填列） | 46 568.45 | 31 261.31 | （一）以后不能重分类进损益的其他综合收益 | — | — |
| 其中：对联营企业和合营企业的投资收益 | 24 102.69 | 15 981.40 | 其中：1. 重新计量设定受益计划净负债或净资产的变动 | — | — |
| 公允价值变动收益（损失以“-”号填列） | -2 268.00 | 1 718.34 | 2. 权益法下在被投资单位不能重分类进损益的其他综合收益中享有的份额 | — | — |
| 资产处置收益（损失以“-”号填列） | -31.34 | 0.07 | （二）以后能重分类进损益的其他综合收益 | -6 394.97 | 1 259.46 |
| 汇兑收益（损失以“-”号填列） | 686.99 | -816.82 | 其中：1. 权益法下在被投资单位以后将重分类进损益的其他综合收益中享有的份额 | -4 612.11 | -656.64 |
| 其他业务收入 | — | — | 2. 可供出售金融资产公允价值变动损益 | -1 782.86 | 1 916.10 |
| 二、营业成本 | 20 918.15 | 19 389.92 | 3. 持有至到期投资重分类为可供出售金融资产损益 | — | — |
| 税金及附加 | 382.76 | 421.83 | 4. 现金流量套期损益的有效部分 | — | — |
| 业务及管理费 | 20 557.77 | 18 924.14 | 5. 外币财务报表折算差额 | — | — |
| 资产减值损失 | -77.83 | — | 6. 一揽子交易处置对子公司股权投资在丧失控制权之前产生的投资收益 | — | — |
| 其他业务成本 | 55.45 | 43.95 | 七、综合收益总额 | 153 013.16 | 79 892.64 |
| 三、营业利润（亏损以“-”号填列） | 99 571.40 | 98 719.58 | 八、每股收益： | — | — |
| 加：营业外收入 | 100 000.89 | 23.26 | 基本每股收益 | — | — |
| 其中：非流动资产处置损失 | — | — | 稀释每股收益 | — | — |
| 减：营业外支出 | 54.43 | 8.43 |  | — | — |
| 其中：非流动资产处置损失 | — | — |  | — | — |

### 5.1.4 所有者权益变动表

**所有者权益变动表**

编制单位：中海信托股份有限公司　　2018年度　　单位：万元

| 项目 | 2018年度 | | | | | | | | | | |
|---|---|---|---|---|---|---|---|---|---|---|---|
| | 股本 | 其他权益工具 | 资本公积 | 减：库存股 | 其他综合收益 | 专项储备 | 盈余公积 | 一般风险准备 | 未分配利润 | 其他 | 所有者权益合计 |
| 栏次 | 1 | 2 | 3 | 4 | 5 | 6 | 7 | 8 | 9 | 10 | 11 |
| 一、上年年末余额 | 250 000.00 | | | | 6 415.31 | | 79 596.44 | 53 397.17 | 85 225.66 | | 474 634.58 |
| 加：会计政策变更 | | | | | | | | | | | |
| 前期差错更正 | | | | | | | | | | | |
| 其他 | | | | | | | | | | | |
| 二、本年年初余额 | 250 000.00 | | | | 6 415.31 | | 79 596.44 | 53 397.17 | 85 225.66 | | 474 634.58 |
| 三、本年增减变动金额（减少以“-”号填列） | | | | | -6 394.97 | | 15 940.81 | 5 596.66 | 137 870.65 | | 153 013.16 |
| （一）综合收益总额 | | | | | -6 394.97 | | | | 159 408.13 | | 153 013.16 |
| （二）所有者投入和减少资本 | | | | | | | | | | | |
| 1. 所有者投入资本 | | | | | | | | | | | |
| 2. 其他权益工具持有者投入资本 | | | | | | | | | | | |
| 3. 股份支付计入所有者权益的金额 | | | | | | | | | | | |
| 4. 其他 | | | | | | | | | | | |
| （三）专项储备提取和使用 | | | | | | | | | | | |
| 1. 提取专项储备 | | | | | | | | | | | |
| 2. 使用专项储备 | | | | | | | | | | | |
| （四）利润分配 | | | | | | | 15 940.81 | 5 596.66 | -21 537.47 | | — |

续表

| 项目 | 2018 年度 | | | | | | | | | | |
|---|---|---|---|---|---|---|---|---|---|---|---|
| | 股本 | 其他权益工具 | 资本公积 | 减:库存股 | 其他综合收益 | 专项储备 | 盈余公积 | 一般风险准备 | 未分配利润 | 其他 | 所有者权益合计 |
| 1. 提取盈余公积 | | | | | | | 15 940. 81 | | -15 940. 81 | | |
| 其中:法定公积金 | | | | | | | 15 940. 81 | | -15 940. 81 | | |
| 任意公积金 | | | | | | | | | | | |
| #储备基金 | | | | | | | | | | | |
| #企业发展基金 | | | | | | | | | | | |
| #利润归还投资 | | | | | | | | | | | |
| 2. 提取一般风险准备 | | | | | | | | 5 596. 66 | -5 596. 66 | | |
| 3. 对所有者(或股东)的分配 | | | | | | | | | | | — |
| 4. 其他 | | | | | | | | | | | |
| (五)所有者权益内部结转 | | | | | | | | | | | |
| 1. 资本公积转增资本(或股本) | | | | | | | | | | | |
| 2. 盈余公积转增资本(或股本) | | | | | | | | | | | |
| 3. 盈余公积弥补亏损 | | | | | | | | | | | |
| 4. 结转重新计量设定受益计划净负债或净资产所产生的变动 | | | | | | | | | | | |
| 5. 其他 | | | | | | | | | | | |
| 四、本年年末余额 | 250 000. 00 | | | | 20. 35 | | 95 537. 25 | 58 993. 83 | 223 096. 31 | | 627 647. 74 |

| 项目 | 2017 年度 | | | | | | | | | | |
|---|---|---|---|---|---|---|---|---|---|---|---|
| | 股本 | 其他权益工具 | 资本公积 | 减:库存股 | 其他综合收益 | 专项储备 | 盈余公积 | 一般风险准备 | 未分配利润 | 其他 | 所有者权益合计 |
| 栏次 | 1 | 2 | 3 | 4 | 5 | 6 | 7 | 8 | 9 | 10 | 11 |
| 一、上年年末余额 | 250 000. 00 | | | | 5 155. 85 | | 71 733. 12 | 53 276. 58 | 64 576. 39 | | 444 741. 94 |
| 加:会计政策变更 | | | | | | | | | | | |
| 前期差错更正 | | | | | | | | | | | |
| 其他 | | | | | | | | | | | |
| 二、本年年初余额 | 250 000. 00 | | | | 5 155. 85 | | 71 733. 12 | 53 276. 58 | 64 576. 39 | | 444 741. 94 |
| 三、本年增减变动金额(减少以“-”号填列) | | | | | 1 259. 46 | | 7 863. 32 | 120. 59 | 20 649. 27 | | 29 892. 64 |
| (一)综合收益总额 | | | | | 1 259. 46 | | | | 78 633. 18 | | 79 892. 64 |
| (二)所有者投入和减少资本 | | | | | | | | | | | |
| 1. 所有者投入资本 | | | | | | | | | | | |
| 2. 其他权益工具持有者投入资本 | | | | | | | | | | | |
| 3. 股份支付计入所有者权益的金额 | | | | | | | | | | | |
| 4. 其他 | | | | | | | | | | | |
| (三)专项储备提取和使用 | | | | | | | | | | | |
| 1. 提取专项储备 | | | | | | | | | | | |
| 2. 使用专项储备 | | | | | | | | | | | |
| (四)利润分配 | | | | | | | 7 863. 32 | 120. 59 | -57 983. 91 | | -50 000. 00 |
| 1. 提取盈余公积 | | | | | | | 7 863. 32 | | -7 863. 32 | | |
| 其中:法定公积金 | | | | | | | 7 863. 32 | | -7 863. 32 | | |
| 任意公积金 | | | | | | | | | | | |
| #储备基金 | | | | | | | | | | | |
| #企业发展基金 | | | | | | | | | | | |
| #利润归还投资 | | | | | | | | | | | |
| 2. 提取一般风险准备 | | | | | | | | 120. 59 | -120. 59 | | |
| 3. 对所有者(或股东)的分配 | | | | | | | | | -50 000. 00 | | -50 000. 00 |
| 4. 其他 | | | | | | | | | | | |
| (五)所有者权益内部结转 | | | | | | | | | | | |
| 1. 资本公积转增资本(或股本) | | | | | | | | | | | |
| 2. 盈余公积转增资本(或股本) | | | | | | | | | | | |
| 3. 盈余公积弥补亏损 | | | | | | | | | | | |
| 4. 结转重新计量设定受益计划净负债或净资产所产生的变动 | | | | | | | | | | | |
| 5. 其他 | | | | | | | | | | | |
| 四、本年年末余额 | 250 000. 00 | | | | 6 415. 31 | | 79 596. 44 | 53 397. 17 | 85 225. 66 | | 474 634. 58 |

## 5.2 信托资产

### 5.2.1 信托项目资产负债汇总表

**信托项目资产负债表**

编制单位：中海信托股份有限公司　　2018 年 12 月 31 日　　单位：万元

| 信托资产 | 期末数 | 期初数 | 信托负债和信托权益 | 期末数 | 期初数 |
|---|---|---|---|---|---|
| 信托资产 | | | 一、信托负债 | | |
| 货币资金 | 929 551.66 | 540 241.17 | 交易性金融负债 | — | — |
| 拆出资金 | — | — | 应付利息 | — | — |
| 交易性金融资产 | 9 507 166.50 | 16 245 505.03 | 应付受托人报酬 | 56 484.99 | 55 857.13 |
| 买入返售金融资产 | 740 791.74 | 1 716 694.42 | 应付托管费 | 5 574.72 | 6 359.24 |
| 应收款项 | 308 139.34 | 393 455.04 | 应付受益人收益 | 37 595.37 | 37 031.06 |
| 发放贷款和垫款 | 5 698 762.82 | 4 799 581.03 | 其他应付款 | 134 740.90 | 65 466.88 |
| 可供出售金融资产 | 18 045 341.07 | 16 689 559.07 | 应交税费 | 17 282.78 | — |
| 持有至到期投资 | — | — | 卖出回购金融资产款 | — | — |
| 长期股权投资 | 1 775 985.11 | 1 479 051.91 | 信托负债合计 | 251 678.76 | 164 714.31 |
| 固定资产 | — | — | 二、信托权益 | | |
| 无形资产 | — | — | 实收信托 | 36 733 352.86 | 40 707 443.19 |
| 长期应收款 | — | — | 资本公积 | 104 052.44 | 222 878.88 |
| 其他资产 | 7 104.27 | 2 219.44 | 未分配利润 | -76 241.55 | 771 270.73 |
| | | | 信托权益合计 | 36 761 163.75 | 41 701 592.80 |
| 信托资产总计 | 37 012 842.51 | 41 866 307.11 | 信托负债及信托权益总计 | 37 012 842.51 | 41 866 307.11 |
| 信托资产 | | | 一、信托负债 | | |

### 5.2.2 信托项目利润及利润分配汇总表

**信托项目利润及利润分配表**

编制单位：中海信托股份有限公司　　2018 年度　　单位：万元

| 项目 | 本年数 | 上年数 |
|---|---|---|
| 一、营业收入 | 1 657 746.81 | 1 833 089.26 |
| 利息收入 | 1 779 358.53 | 838 352.19 |
| 投资收益 | 465 259.08 | 949 062.94 |
| 公允价值变动损益 | -589 455.05 | 45 674.13 |
| 租赁收入 | — | — |
| 其他收入 | 2 584.25 | — |
| 二、营业费用 | 258 420.98 | 189 603.35 |
| 三、营业税金及附加 | 6 440.34 | 313.92 |
| 四、扣除资产损失前的信托利润 | 1 392 885.49 | 1 643 171.99 |
| 减：资产减值损失 | — | — |
| 五、扣除资产损失后的信托利润 | 1 392 885.49 | 1 643 171.99 |
| 加：期初未分配信托利润 | 771 270.73 | 965 879.56 |
| 六、可供分配的信托利润 | 2 164 156.22 | 2 609 051.55 |
| 减：本期已分配信托利润 | 2 240 397.77 | 1 837 780.82 |
| 七、期末未分配信托利润 | -76 241.55 | 771 270.73 |

## 6. 会计报表附注

## 6.1 会计报表编制基准不符合会计核算基本前提的说明

### 6.1.1 会计报表不符合会计核算基本前提的事项

本公司会计报表不存在不符合会计核算基本前提的情况。

### 6.1.2 本年度未纳入合并报表范围的公司

本公司本年度无未纳入合并报表范围的公司。

## 6.2 或有事项说明

截至 2018 年 12 月 31 日，本公司不存在应披露的或有事项。

## 6.3 重要资产转让及其出售的说明

2018 年 11 月，经双方协商一致，公司与四川濠吉食品集团有限公司解除四川信托有限公司股权转让协议。

## 6.4 会计报表中重要项目的明细资料

以下项目除特别注明外，“年初”是指 2018 年 1 月 1 日，“年末”是指 2018 年 12 月 31 日，“上年”是指 2017 年度，“本年”是指 2018 年度。以下金额单位若未特别注明者均为人民币万元。

### 6.4.1 披露自营资产经营情况

6.4.1.1 按信用风险五级分类结果披露信用风险资产的期初数、期末数

| 信用风险资产五级分类 | 正常类（万元） | 关注类（万元） | 次级类（万元） | 可疑类（万元） | 损失类（万元） | 信用风险资产合计（万元） | 不良信用风险资产合计（万元） | 不良信用风险资产率（%） |
|---|---|---|---|---|---|---|---|---|
| 期初数 | 571 502.40 | — | — | — | — | 571 502.40 | — | — |
| 期末数 | 698 110.70 | 11 478.01 | — | — | — | 709 588.71 | — | — |

注：不良信用风险资产合计 = 次级类 + 可疑类 + 损失类。

6.4.1.2 各项资产减值损失准备的期初数、本期计提、本期转回、本期核销、期末数；贷款的一般准备、专项准备和其他资产减值准备应分别披露

单位：万元

| | 期初数 | 本期增加 | 本期转回 | 本期核销 | 期末数 |
|---|---|---|---|---|---|
| 贷款损失准备 | — | — | — | — | — |
| 一般准备 | — | — | — | — | — |
| 专项准备 | — | — | — | — | — |
| 其他资产减值准备 | 2 174.43 | -77.83 | — | — | 2 096.60 |
| 可供出售金融资产减值准备 | 2 002.70 | — | — | — | 2 002.70 |
| 持有至到期投资减值准备 | — | — | — | — | — |
| 长期股权投资减值准备 | — | — | — | — | — |
| 坏账准备 | 171.73 | -77.83 | — | — | 93.90 |
| 投资性房地产减值准 | — | — | — | — | — |

6.4.1.3 自营股票投资、基金投资、债券投资、股权投资等投资业务的期初数、期末数

单位：万元

| | 自营股票 | 基金 | 债券 | 长期股权投资 | 其他投资 | 合计 |
|---|---|---|---|---|---|---|
| 期初数 | 7 210.14 | 283 806.22 | | 271 412.01 | 509 467.03 | 1 071 895.40 |
| 期末数 | 6 525.38 | 63 314.39 | | 289 732.59 | 358 016.27 | 717 588.63 |

6.4.1.4 前五名的自营长期股权投资的企业名称、占被投资企业权益的比例、主要经营活动及投资收益情况等（从大到小顺序排列）

| 企业名称 | 占被投资企业权益的比例（%） | 主要经营活动 | 投资收益（万元） |
|---|---|---|---|
| 1. 中海基金管理有限公司 | 41.591 | 基金募集、基金销售、资产管理、中国证监会许可的其他业务（涉及行政许可的凭许可证经营）。 | -1 020.24 |
| 2. 国联期货股份有限公司 | 39 | 商品期货经纪、金融期货经纪、期货投资咨询、期货资产管理及中国证监会批准的其他业务。 | 1 395.59 |
| 3. 四川信托有限公司 | 30.2534 | 信托、投资基金业务。 | 23 727.34 |

6.4.1.5 前五名的自营贷款的企业名称、占贷款总额的比例和还款情况等（从大到小顺序排列）

截至报告期末，公司共发放4亿元贷款。

| 企业名称 | 占贷款总额的比例（%） | 还款情况 |
|---|---|---|
| 淮安市水利控股集团有限公司 | 50 | 正常 |
| 太原市龙城发展投资有限公司 | 50 | 正常 |

6.4.1.6 表外业务的期初数、期末数；按照代理业务、担保业务和其他类型表外业务分别披露

单位：万元

| 表外业务 | 期初数 | 期末数 |
|---|---|---|
| 担保业务 | — | — |
| 代理业务（委托业务） | — | — |
| 其他 | — | — |
| 合计 | — | — |

注：代理业务主要反映因客观原因应规范而尚未完成规范的历史遗留委托业务，包括委托贷款和委托投资。

6.4.1.7 公司当年的收入结构

| 收入结构 | 金额（万元） | 占比（%） |
|---|---|---|
| 手续费及佣金收入 | 62 070.18 | 28.24 |
| 利息收入 | 9 311.11 | 4.24 |
| 其他业务收入 | — | — |
| 其他收益 | 4 152.17 | 1.89 |
| 投资收益 | 46 568.45 | 21.19 |
| 其中：股权投资收益 | 24 102.69 | 10.97 |
| 证券投资收益 | 11 703.99 | 5.32 |
| 其他投资收益 | 10 761.77 | 4.90 |
| 公允价值变动收益 | -2 268.00 | -1.03 |
| 资产处置收益 | -31.34 | -0.01 |
| 营业外收入 | 100 000.89 | 45.50 |
| 收入合计 | 219 803.46 | 100.00 |

注：手续费及佣金收入、利息收入、其他业务收入、投资收益、营业外收入均应为损益表中的科目，其中手续费及佣金收入、利息收入、营业外收入为未抵减掉相应支出的全年累计实现收入数。

**6.4.2 披露信托资产管理情况**

6.4.2.1 信托资产的期初数、期末数

单位：万元

| 信托资产 | 期初数 | 期末数 |
|---|---|---|
| 集合类 | 24 858 744.00 | 15 916 273.00 |
| 单一类 | 11 280 112.00 | 7 184 535.00 |
| 财产权类 | 5 727 451.00 | 13 912 035.00 |
| 合计 | 41 866 307.00 | 37 012 843.00 |

6.4.2.1.1 主动管理型信托业务期初数、期末数，分证券投资、股权投资、融资、事务管理类分别披露

单位：万元

| 主动管理型信托资产 | 期初数 | 期末数 |
|---|---|---|
| 证券投资类 | 8 281 678.00 | 5 077 710.00 |
| 股权投资类 | — | — |
| 融资类 | 7 225 320.00 | 5 531 553.00 |
| 事务管理类 | — | — |
| 合计 | 15 506 998.00 | 10 609 263.00 |

6.4.2.1.2 被动管理型信托业务期初数、期末数，分证券投资、股权投资、融资、事务管理类分别披露

单位：万元

| 被动管理型信托资产 | 期初数 | 期末数 |
|---|---|---|
| 证券投资类 | — | — |
| 股权投资类 | — | — |
| 融资类 | — | — |
| 事务管理类 | 26 359 309.00 | 26 403 580.00 |
| 合计 | 26 359 309.00 | 26 403 580.00 |

6.4.2.2 本年度已清算结束的信托项目个数、实收信托合计金额

6.4.2.2.1 本年度已清算结束的集合类、单一类资金信托项目和财产管理类信托项目个数、实收信托合计金额

| 已清算结束信托项目 | 项目个数（个） | 实收信托合计金额（万元） | 加权平均年化收益率（%） |
|---|---|---|---|
| 集合类 | 118 | 6 383 292.16 | 5.3879 |
| 单一类 | 59 | 5 339 347.00 | 6.0044 |
| 财产管理类 | 54 | 3 737 610.60 | 5.1418 |

6.4.2.2.2 本年度已清算结束的主动管理型信托项目个数、实收信托合计金额，分证券投资类、股权投资类、融资类、事务管理类分别披露

| 已清算结束信托项目 | 项目个数(个) | 实收信托合计金额(万元) |
|---|---|---|
| 证券投资类 | 4 | 466 174.44 |
| 股权投资类 | — | — |
| 融资类 | 32 | 2 784 668.10 |
| 事务管理类 | — | — |

6.4.2.2.3 本年度已清算结束的被动管理型信托项目个数、实收信托合计金额，分证券投资类、股权投资类、融资类、事务管理类分别披露

| 已清算结束信托项目 | 项目个数(个) | 实收信托合计金额(万元) |
|---|---|---|
| 证券投资类 | — | — |
| 股权投资类 | — | — |
| 融资类 | — | — |
| 事务管理类 | 195 | 12 209 407.22 |

6.4.2.3 本年度新增的集合类、单一类和财产管理类信托项目个数、实收信托合计金额

| 新增信托项目 | 项目个数(个) | 实收信托合计金额(万元) |
|---|---|---|
| 集合类 | 50 | 1 730 416.40 |
| 单一类 | 33 | 1 156 099.13 |
| 财产管理类 | 39 | 11 938 322.50 |
| 新增合计 | 122 | 14 824 838.03 |
| 其中：主动管理型 | 45 | 1 462 414.39 |
| 被动管理型 | 77 | 13 362 423.64 |

注：本年新增信托项目指在报告年度内累计新增的信托项目个数和金额，包含本年度新增并于本年度内结束的项目和本年度新增至报告期末仍在持续管理的信托项目。

6.4.2.4 信托业务创新成果和特色业务有关情况

报告期内，公司坚持"稳中求进，服务市场"的原则，坚持转型创新，培育新利润增长点。一是大力发展小微金融信托。完成20多个城市房管及公证部门房屋抵押登记备案，制定小微企业主经营贷业务操作指引，上线小微业务系统，落地主动管理项目蓝海1号、蓝海2号，为2019年业务发展开好局起好步。二是积极开拓受托境外理财业务。充分利用合格境内机构投资者(QDII)资格，成功落地公司首只参与港股定向增发的QDII项目。2018年4月，凭借丰富投资经验及良好市场形象，获得外管局新增2亿美元投资额度的批复，成为首家之前已有额度又获批新增额度的信托公司。三是保险金信托取得突破。经过近两年酝酿，密切与中信保诚人寿合作，成功落地保险金信托项目。通过加强对保险营销人员培训，扩大营销范围，落地10个保险金信托项目，缴费客户累计31人，为公司探索完整的家族信托业务模式奠定基础。

6.4.2.5 本公司履行受托人义务情况及因本公司自身责任而导致的信托资产损失情况

本公司无因自身责任而导致信托资产损失的情况。

6.4.2.6 信托赔偿准备金的提取、使用和管理情况

根据《信托公司管理办法》规定，公司每年从税后利润中提取5%作为信托赔偿准备金。截至报告期末，信托赔偿准备金累计总额已达到公司注册资本的20%，即5亿元。截至报告期末，公司未动用信托赔偿准备金。

## 6.5 关联方关系及其交易的披露

以下明细表格除特别注明外，金额单位为人民币万元，"期初"是指2018年1月1日，"期末"是指2018年12月31日。

**6.5.1 关联交易方数量、关联交易的总金额及关联交易的定价政策等**

| | 关联交易方数量(个) | 关联交易金额(万元) | 定价政策 |
|---|---|---|---|
| 合计 | 10个 | 6 407 843.19 | 本公司的关联交易以公平的市场价格定价 |

注："关联交易"定义应以《公司法》《企业会计准则第36号——关联方披露》有关规定为准。上述关联交易金额系本年度固有、信托与关联方的发生额。

**6.5.2 关联交易方与本公司的关系性质、关联交易方的名称、法定代表人、注册地址、注册资本及主营业务等**

| 关系性质 | 关联方名称 | 法定代表人 | 注册地址 | 注册资本(亿元) | 主营业务 |
|---|---|---|---|---|---|
| 母公司 | 中国海洋石油集团有限公司 | 杨　华 | 中国北京 | 1 138 | 组织石油、天然气、煤层气、页岩油、页岩气勘探、开发、生产及销售，石油炼制，石油化工和天然气的加工利用及产品的销售和仓储，液化天然气项目开发、利用，石油、天然气管道管网输送，化肥、化工产品的开发、生产和销售及相关业务，为石油、天然气及其他地矿产品的勘探、开采提供服务，工程总承包，与石油天然气的勘探、开发和生产相关的科技研究、技术咨询、技术服务和技术转让，原油、成品油进口，补偿贸易、转口贸易；汽油、煤油、柴油的批发(限销售分公司经营，有效期至2022年2月20日)；承办中外合资经营；合作生产；机电产品国际招标；风能、生物质能、水合物、煤化工和太阳能等新能源生产、销售及相关服务。 |
| 同受一方控制 | 中海投资管理有限公司 | 刘显忠 | 中国上海 | 2.375 | 企业投资与资产管理，企业管理信息咨询，社会经济信息咨询(除中介)。 |
| 同受一方控制 | 中海石油气电集团有限责任公司 | 武文来 | 中国北京 | 356.59 | 投资及投资管理；组织和管理以下经营项目：石油天然气[含液化天然气(LNG)]、油气化工有关的技术开发、技术服务和咨询；石油天然气[含液化天然气(LNG)]工程设计、开发、管理、维护和运营有关的承包服务；石油天然气及其副产品的加工、储运、利用和销售；石油天然气管网建设、管理和运营；煤层气、煤化工项目的开发、利用及经营管理；电力开发、生产、供应及相关承包服务、技术开发、技术服务和咨询；自营和代理液化天然气(LNG)及油气相关产品、相关设备和技术及劳务的进出口(国家限定公司经营或禁止进出口的商品和技术除外)；新能源和可再生能源的研究、开发、利用及相关业务；船舶租赁；以下项目限分公司经营：批发(无存储、租赁仓储及物流行为)工业生产二类1项易燃气体(剧毒、监控、一类易制毒化学品除外)；技术转让；机械设备租赁。 |
| 同受一方控制 | 中海油(北京)贸易有限责任公司 | 刘松 | 中国北京 | 1 | 销售化工产品(不含危险化学品)；货物进出口；技术进出口；代理进出口；仓储服务；货运代理；经济贸易咨询；投资咨询；不带有储存设施经营成品油：汽油，煤油；其他危险化学品：石脑油，石油原油，苯(危险化学品经营许可证有效期至2020年5月22日)；原油销售(原油销售经营批准证书有效期至2019年8月29日)。 |

续表

| 关系性质 | 关联方名称 | 法定代表人 | 注册地址 | 注册资本 | 主营业务 |
|---|---|---|---|---|---|
| 同受一方控制 | 中海石油化工进出口有限公司 | 刘　松 | 中国北京 | 11.3243 | 成品油(柴油、汽油、航空煤油、蜡油、石脑油、燃料油等)国营贸易进口经营业务;成品油及其他化学品共计73种(有效期至2018年12月6日);自营和代理各类商品及技术的进出口业务(国家限定公司经营或禁止进出口的商品及技术除外);经营进料加工和"三来一补"业务;经营对销贸易和转口贸易;经济贸易咨询。 |
| 同受一方控制 | 中海油中石化联合国际贸易有限责任公司 | 刘　松 | 中国北京 | 2 | 经营原油进口业务;经营成品油出口业务;货物进出口;技术进出口;代理进出口。 |
| 同受一方控制 | 中海油大榭贸易有限公司 | 杨　勇 | 中国浙江 | 1.3612 | 低闪点液体、中闪点液体、高闪点液体、易燃固体、自燃物品、遇湿易燃物品、氧化剂、有机过氧化物、毒害品、酸性腐蚀品、碱性腐蚀品、其他腐蚀品(除易制爆、剧毒品、一类易制毒化学品、成品油外)的批发;原油的批发(以上经营项目在许可证件有效期内经营);化工原料与产品、燃料油的批发、零售;自营或代理货物和技术的进出口业务,但国家禁止或限制进出口的货物和技术除外;国际货运代理、国内陆路货运代理;商品信息咨询、投资咨询服务(除证券、期货)。 |
| 同受一方控制 | 中海油(山东)贸易有限责任公司 | 刘　松 | 中国山东 | 500万元 | 柴油、汽油、石油气、易燃液体:1,2-二甲苯、1,3-二甲苯、1,4-二甲苯、二甲苯异构体混合物、甲醇汽油、甲基叔丁基醚、石脑油、石油原油、乙醇汽油批发(禁止储存),国内一般贸易,自营和代理各类商品及技术的进出口业务,经营对销贸易和转口贸易,贸易咨询服务。 |
| 同受一方控制 | 中海石油财务有限责任公司 | 陈浩鸣 | 中国北京 | 40 | 对成员单位办理财务和融资顾问、信用鉴证及相关的咨询、代理业务;协助成员单位实现交易款项的收付;对成员单位提供担保;办理成员单位之间的委托贷款及委托投资;对成员单位办理票据承兑与贴现;办理成员单位之间的内部转账结算及相应的结算、清算方案设计;吸收成员单位的存款;对成员单位办理贷款及融资租赁;从事同业拆借;经批准发行财务公司债券;承销成员单位的企业债券;对金融机构的股权投资;有价证券投资;成员单位产品的买方信贷及融资租赁。 |
| 同受一方控制 | 中海福建天然气有限责任公司 | 朱建文 | 中国福建 | 28.89 | 压缩气体和液化气体:天然气(富含甲烷的)带有储存设施经营危险化学品;对燃气生产和供应业、天然气开采业的投资;对外贸易。 |

**6.5.3　逐笔披露本公司与关联方的重大交易事项**

6.5.3.1　固有与关联方交易情况

单位:万元

| 固有与关联方关联交易 | | | | |
|---|---|---|---|---|
| | 期初数 | 借方发生额 | 贷方发生额 | 期末数 |
| 贷款 | — | — | — | — |
| 投资 | — | — | — | — |
| 租赁 | — | — | — | — |
| 担保 | — | — | — | — |
| 应收账款 | — | — | — | — |
| 其他 | — | — | — | — |
| 合计 | — | — | — | — |

6.5.3.2　信托与关联方交易情况:贷款、投资、租赁、担保、应收账款、其他方式等期初汇总数、本期借方和贷方发生额汇总数、期末汇总数

单位:万元

| 信托与关联方关联交易 | | | | |
|---|---|---|---|---|
| | 期初数 | 借方发生额 | 贷方发生额 | 期末数 |
| 贷款 | — | — | — | — |
| 投资 | — | — | — | — |
| 租赁 | — | — | — | — |
| 担保 | — | — | — | — |
| 应收账款 | — | — | — | — |
| 其他 | 5 967 021.71 | 6 407 843.19 | 7 565 079.82 | 4 809 785.08 |
| 合计 | 5 967 021.71 | 6 407 843.19 | 7 565 079.82 | 4 809 785.08 |

6.5.3.3　信托公司自有资金运用于自己管理的信托项目(固信交易)、信托公司管理的信托项目之间的相互(信信交易)交易金额,包括余额和本报告年度的发生额

6.5.3.3.1　固有与信托财产之间的交易金额期初汇总数、本期发生额汇总数、期末汇总数

单位:万元

| 固有财产与信托财产相互交易 | | | |
|---|---|---|---|
| | 期初数 | 本期发生额 | 期末数 |
| 合计 | 141 810.30 | -13 520.30 | 128 290.00 |

注:以固有资金投资公司自己管理的信托项目受益权,或购买自己管理的信托项目的信托资产均应纳入统计披露范围。本期购买67 500.00万元,清算结束81 020.30万元。

6.5.3.3.2　信托项目之间的交易金额期初汇总数、本期发生额汇总数、期末汇总数

单位:万元

| 信托财产与信托财产相互交易 | | | |
|---|---|---|---|
| | 期初数 | 本期发生额 | 期末数 |
| 合计 | 1 452 129.30 | -756 828.72 | 695 300.58 |

注:以公司受托管理的一个信托项目的资金购买自己管理的另一个信托项目的受益权或信托项下资产均应纳入统计披露范围。本期清算结束691 434.81万元。

**6.5.4　逐笔披露关联方逾期未偿还本公司资金的详细情况以及本公司为关联方担保发生或即将发生垫款的详细情况**

报告期内,公司关联方无逾期未偿还本公司资金的情况,无本公司为关联方担保发生或即将发生垫款的情况。

## 6.6　会计制度的披露

本公司财务报表以持续经营为基础列报。本公司财务报

表按照财政部颁布的企业会计准则及其应用指南、解释及其他有关规定（统称企业会计准则）编制。

## 7. 财务情况说明书

### 7.1 利润实现和分配情况

本公司2018年共实现利润总额199 517.86万元，税后净利润为159 408.13万元。

公司年末按净利润的10%计提盈余公积15 940.81万元。2018年，公司根据相关股东会决议，按照股东持股比例向股东划付应付利润5亿元人民币。

### 7.2 主要财务指标

| 指标名称 | 指标值 |
|---|---|
| 信托资产规模（亿元） | 3 701.28 |
| 人均信托资产规模（亿元） | 19.28 |
| 资本利润率（%） | 28.92 |
| 人均净利润（万元） | 830.25 |
| 不良资产率（%） | — |

注：1. 资本利润率 = 净利润/所有者权益平均余额 × 100%。
2. 人均净利润 = 净利润/年平均人数。
3. 平均值采取年初、年末简单平均法，公式为：a（平均）=（年初数 + 年末数）/2。

### 7.3 对本公司财务状况、经营成果有重大影响的其他事项

报告期内，公司无其他对财务状况、经营成果有重大影响的事项。

## 8. 特别事项揭示

### 8.1 前五名股东报告期内变动情况及原因

报告期内，公司股东未有变动情况。

### 8.2 董事、监事及高级管理人员变动情况及原因

#### 8.2.1 董事变更

2018年4月13日，公司年度股东大会审议同意选举刘凯湘担任公司独立董事职务，其任职资格已获上海银保监局筹备组核准。

2018年9月18日，公司第四届董事会第八次会议审议同意选举黄晓峰董事担任公司董事长职务，其任职资格已获上海银保监局筹备组核准。

2018年10月8日，公司股东大会2018年第三次临时会议审议同意免去温冬芬公司董事、董事长职务，选举张德荣担任公司董事职务，其任职资格已获上海银保监局筹备组核准。

#### 8.2.2 监事变更

报告期内，公司监事未有变动情况。

#### 8.2.3 高级管理人员变更

2018年9月18日，经公司第四届董事会第八次会议审议通过，免去黄晓峰公司总裁职务，聘任张德荣担任公司总裁职务。张德荣总裁任职资格已获上海银保监局筹备组核准。

### 8.3 变更注册资本、变更注册地或公司名称、公司分立合并事项

报告期内，公司无变更注册资本、变更注册地或公司名称、公司分立合并等事项。

### 8.4 公司的重大诉讼事项

#### 8.4.1 重大未决诉讼事项

报告期内，公司无重大未决诉讼事项。

#### 8.4.2 以前年度发生，于本报告期内终结的重大诉讼事项

报告期内，公司无以前年度发生、于本报告期内终结的重大诉讼事项。

### 8.5 公司及其董事、监事和高级管理人员受到处罚的情况

因公司原副总裁魏志刚涉嫌受贿，2016年7月26日，江苏省人民检察院决定对其指定居所监视居住；2016年9月8日，江苏省人民检察院决定对其刑事拘留；2016年9月23日，江苏省人民检察院决定对其逮捕；2017年11月6日，魏志刚被正式提起公诉；2018年5月8日，魏志刚案件开庭审理。

2016年7月29日起，公司党委会决定中止魏志刚在党内的表决权、选举权和被选举权等党员权利，暂停其行政、管理职务。

### 8.6 银保监会及其派出机构对公司检查后提出整改意见的，应简单说明整改情况

报告期内，上海银保监局未对公司进行现场检查。

### 8.7 本年度重大事项临时报告的简要内容、披露时间、所披露的媒体及其版面

2018年12月7日，公司在《中国证券报》A11版、《上海证券报》信息披露9版、《证券时报》B61版发布《中海信托关于董事长、总裁职务变更的公告》，披露黄晓峰董事长与张德荣总裁的任职资格获原上海银保监局筹备组核准。

2018年12月7日，公司在《中国证券报》A11版、《上海证券报》信息披露9版、《证券时报》B61版发布《中海信托关于修改公司章程的公告》，披露公司将股东管理的相关监管要求写入公司章程，并获原上海银保监局筹备组核准。

### 8.8 银保监会及其省级派出机构认定的其他有必要让客户及相关利益人了解的重要信息

2018年1月，公司荣获中央国债登记结算有限责任公司颁发的“2017年中债优秀ABS发行人”奖项。

2018年4月，公司荣获黄浦区政府颁发的“2017年度上海市黄浦区高端服务业100强企业”荣誉称号，这是公司第七次获得该荣誉。

2018年4月，经国家外汇管理局审批，公司新增合格境内机构投资者（QDII）投资额度2亿美元，成为首批之前已有额度又获批新增额度的信托公司。

2018年6月，公司远航1号集合资金信托计划项目在《证券时报》举办的“优秀信托公司”奖项评选中荣获“优秀证券投资信托计划奖”。

2018 年 7 月，公司远航 1 号集合资金信托计划项目在《上海证券报》举办的“诚信托”奖项评选中荣获“最佳证券投资信托产品奖”。

2018 年 11 月，公司正式取得公司个人征信系统的信用报告查询权限，成为上海首家唯一一家上线此功能的信托公司。

### 8.9　社会责任履行情况报告

公司始终坚持把维护受益人的合法权益放在首位，切实履行诚实、信用、谨慎、有效管理的义务，把好风险关，承担起了国有金融企业维护金融稳定的社会责任。自 2004 年以来，公司累计管理信托资产规模达到 57 000 亿元，未发生一笔因公司违反信托目的处分信托财产或者因违背管理职责、处理信托事务不当而损害委托人、受益人利益的情况，未新增任何不良资产。同时，公司发挥信托制度优势，成立了一批规模大、期限长、回报高的项目，有效支持了实体经济发展。

公司深入贯彻落实全国金融工作会议、中央经济工作会议、习近平总书记在民营企业座谈会重要讲话精神，致力于缓解小微企业金融服务供给不充分问题，在 2017 年落地首单服务于小微金融的小微之星 1 号项目基础上，继续耕耘小微金融业务。2018 年，公司落地小微企业主经营贷项目 5 个，累计发放贷款 19.52 亿元，支持小微企业主 1 708 户，遍及江苏、广东、重庆、河南、陕西、湖北、天津、四川等多个省、市，以优质金融服务履行了信托公司社会责任，有效促进了地方经济可持续发展。

公司建立起较为完善的公司治理架构和健全的内部监督制约机制。公司设置有多层次分级授权制度，形成了科学、清晰、合理的组织架构，为公司营造了健康的内部控制环境。

公司持续完善风险控制体系，确保各项业务发展风险可控。结合业务发展实际，公司实施动态的制度管理，从加强全程风控、完善量化风控标准入手，着重提高项目管理各环节的风险防范，形成了有效的管理标准并贯彻实施。

## 9. 公司监事会意见

监事会认为，公司建立了较为完善的内部控制制度，决策程序符合法律法规和公司章程的规定。公司董事、管理层认真履行职责，未发现其在执行职务时有违反法律法规、公司章程或损害公司利益的行为。公司财务报告经立信会计师事务所审计，监事会认可其出具的标准无保留意见的 2018 年度审计报告。

# 中航信托股份有限公司

## 1. 重要提示

1.1 本公司董事会及董事保证本报告所载资料不存在任何虚假记载、误导性陈述或者重大遗漏,并对其内容的真实性、准确性和完整性承担个别及连带责任。

1.2 本公司独立董事对年度报告内容的真实性、准确性、完整性无异议。

1.3 本公司董事长姚江涛、总会计师周祺保证年度报告中财务报告的真实和完整。

## 2. 公司概况

### 2.1 公司简介

2.1.1 公司法定名称
中文:中航信托股份有限公司
英文:AVIC Trust Co. ,Ltd.

2.1.2 公司法定代表人:姚江涛

2.1.3 公司注册地址:江西省南昌市红谷滩新区赣江北大道1号中航广场24—25层
邮编:330038
互联网网址:www. avictc. com
电子邮箱:zhxt@ avictc. com

2.1.4 公司负责信息披露事务的高级管理人员:罗国华
办公电话:0791-86667992
办公传真:0791-86772268
电子邮箱: zhxt@ avictc. com

2.1.5 公司选定的信息披露报纸:《金融时报》《证券时报》

2.1.6 年报备置地点:江西省南昌市红谷滩新区赣江北大道1号中航广场24-25层

2.1.7 公司聘请的会计师事务所:中审众环会计师事务所(特殊普通合伙)
办公地址:北京市朝阳区工体北路甲2号盈科中心A座25层

2.1.8 公司聘请的律师事务所:北京市君泽君律师事务所
办公地址:北京市西城区金融大街9号金融街中心南楼六层

### 2.2 组织结构

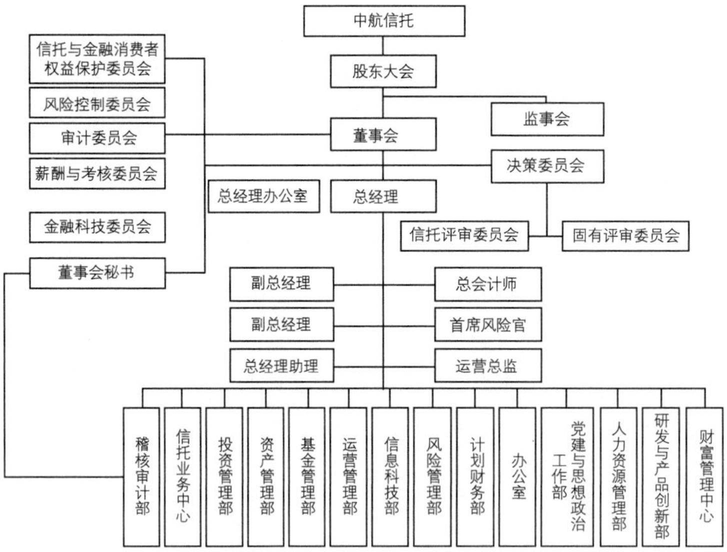

# 3. 公司治理

## 3.1 股东

报告期末,公司总股本为 465 726.71 万股,实收资本为 465 726.71 万元,股东单位共 2 家。

| 股东名称 | 持股数(万股) | 比例(%) | 法人代表 | 注册资本 | 注册地址 |
|---|---|---|---|---|---|
| 中航投资控股有限公司 | 385 286.05 | 82.73 | 录大恩 | 88.43 亿元 | 北京市朝阳区东三环中路乙 10 号 20 层 |
| 华侨银行有限公司 | 80 440.66 | 17.27 | 黄三光 | 137.5 亿新加坡元 | 65 Chulia Street, #09 -00 OCBC Centre, Singapore 049513 |
| 合计 | 465 726.71 | 100 | — | — | |

注:中国航空工业集团公司是本公司的实际控制人。中航投资控股有限公司为中航资本控股股份有限公司(600705)的全资子公司,中航资本控股股份有限公司为中国航空工业集团公司控股子公司。

## 3.2 董事及董事会下属委员会

报告期末,公司董事情况

| 姓名 | 职务 | 性别 | 年龄(岁) | 任该职务日期 | 所推举的股东名称 | 该股东持股比例(%) | 工作单位 |
|---|---|---|---|---|---|---|---|
| 姚江涛 | 董事长 | 男 | 56 | 2016 年 4 月 | 中航投资控股有限公司 | 82.73 | 中航信托股份有限公司 |
| 章建康 | 董事 | 男 | 39 | 2013 年 10 月 | 中航投资控股有限公司 | 82.73 | 中航投资控股有限公司 |
| 张戈 | 董事 | 男 | 44 | 2013 年 1 月 | 中航投资控股有限公司 | 82.73 | 中航投资控股有限公司 |
| 贾鸿鹏 | 董事 | 男 | 39 | 2018 年 5 月 | 中航投资控股有限公司 | 82.73 | 中航投资控股有限公司 |
| 林文坚 | 董事 | 男 | 55 | 2018 年 1 月 | 华侨银行有限公司 | 17.27 | 华侨银行有限公司 |
| 康慧珍 | 董事 | 女 | 53 | 2016 年 12 月 | 华侨银行有限公司 | 17.27 | 华侨银行有限公司 |
| 朱武祥 | 独立董事 | 男 | 52 | 2014 年 8 月 | — | — | 清华大学 |
| 胡援成 | 独立董事 | 男 | 65 | 2018 年 4 月 | — | — | 江西财经大学 |
| 杨涛 | 独立董事 | 男 | 44 | 2018 年 4 月 | — | — | 中国社会科学院 |

## 3.3 监事、监事会

报告期末,公司监事情况

| 姓名 | 职务 | 性别 | 年龄(岁) | 任该职务时间 | 所推举的股东名称 | 该股东持股比例(%) | 工作单位 |
|---|---|---|---|---|---|---|---|
| 吴壮 | 监事会主席 | 男 | 51 | 2017 年 4 月 | 中航投资控股有限公司 | 82.73 | 中航投资控股有限公司 |
| 廖晓春 | 监事 | 男 | 56 | 2017 年 4 月 | 职工监事 | — | 中航信托股份有限公司 |
| 杨志芳 | 监事 | 男 | 38 | 2017 年 4 月 | 职工监事 | — | 中航信托股份有限公司 |

注:本公司监事会未下设专业委员会。

## 3.4 高级管理人员

| 姓名 | 性别 | 职务 | 分管领域 | 任该职务时间 | 金融从业年限(年) | 国别 | 学位 | 专业 | 年龄(岁) |
|---|---|---|---|---|---|---|---|---|---|
| 余萌 | 男 | 总经理 | 主持公司日常经营管理工作 | 2016 年 4 月 | 38 | 中国 | 硕士 | 西方经济学 | 56 |
| 周祺 | 男 | 总会计师 | 协助管理计划财务工作 | 2018 年 7 月 | 21 | 中国 | 硕士 | 工商管理 | 53 |
| 魏颖晖 | 男 | 副总经理 | 协助管理信托业务 | 2013 年 10 月 | 23 | 中国 | 硕士 | 工商管理 | 47 |
| 范华 | 女 | 副总经理 | 协助管理财富管理业务 | 2017 年 10 月 | 31 | 中国 | 学士 | 货币银行学 | 53 |
| 罗国华 | 男 | 董事会秘书 | 协助管理稽核审计,负责股东会、董事会、监事会具体工作 | 2009 年 12 月 | 31 | 中国 | 硕士 | 工商管理 | 55 |
| 郭若强 | 男 | 首席风险官 | 协助管理风险与合规、信息系统建设工作 | 2010 年 9 月 | 27 | 中国 | 硕士 | 应用金融 | 54 |
| 严固 | 女 | 总经理助理 | 协助管理信托业务 | 2012 年 12 月 | 31 | 中国 | 学士 | 农业财务 | 51 |
| 李鹏 | 男 | 总经理助理 | 协助管理信托业务 | 2014 年 8 月 | 22 | 中国 | 硕士 | MBA | 42 |
| 刘文庆 | 男 | 总经理助理 | 协助管理行政办公、党建文化工作 | 2015 年 8 月 | 30 | 中国 | 本科 | 经济学 | 50 |
| 叶海涛 | 女 | 运营总监 | 协助管理业务运营管理工作 | 2017 年 4 月 | 23 | 中国 | 本科 | 经济管理 | 49 |

### 3.5 公司员工

报告期末，公司信托业务从业人员405人，具体分布如下：

| 项目 | | 报告期年度 | |
|---|---|---|---|
| | | 人数（人） | 比例（%） |
| 年龄分布 | 20～30岁 | 135 | 33.33 |
| | 30～40岁 | 196 | 48.40 |
| | 40～50岁 | 54 | 13.33 |
| | 50岁以上 | 20 | 4.94 |
| 学历分布 | 博士 | 8 | 1.98 |
| | 硕士 | 245 | 60.50 |
| | 本科 | 135 | 33.33 |
| | 专科 | 15 | 3.70 |
| | 其他 | 2 | 0.49 |
| 岗位分布 | 董事、监事及高管人员 | 11 | 2.72 |
| | 固有业务人员 | 5 | 1.23 |
| | 信托业务人员 | 269 | 66.42 |
| | 其他人员 | 120 | 29.63 |

## 4. 经营管理

### 4.1 经营目标、经营方针、战略规划

#### 4.1.1 经营目标

公司经营目标是成为备受信赖的专业领先的广获尊重的金融整合服务商，依托私募投行业务、资产管理业务和财富管理业务，通过智慧与资源的整合，为核心客户提供全方位的金融解决方案。

#### 4.1.2 经营方针

公司营方针是高起点、高境界、可持续、快发展。

#### 4.1.3 战略规划

塑造公司三大战略业务即私募投行业务、资产管理业务和财富管理业务的核心品牌以及公司整体品牌形象；依托信托科技的核心赋能，建立与之匹配的组织运营体系，成为国内具有领先竞争优势的金融整合服务商，实现客户价值、社会价值、股东价值和员工价值"四位一体"的分享型价值创造和价值增长。

### 4.2 所经营业务的主要内容

报告期内，公司主要开展业务分为信托业务和固有业务两部分。其中，信托业务主要包括私募投行、资产管理和财富管理业务；固有业务主要包括贷款、金融产品投资和金融股权投资业务。

#### 4.2.1 固有资产运用与分布表

| 资产运用 | 金额（万元） | 占比（%） | 资产分布 | 金额（万元） | 占比（%） |
|---|---|---|---|---|---|
| 货币资产 | 164 121.19 | 10.67 | 基础产业 | 55 906.51 | 3.63 |
| 交易性金融资产 | 4 306.48 | 0.28 | 房地产业 | 47 314.00 | 3.08 |
| 贷款及应收款项等 | 92 290.23 | 6.00 | 证券市场 | 52 905.79 | 3.44 |
| 可供出售金融资产 | 1 258 908.31 | 81.85 | 实业 | 112 350.74 | 7.30 |
| 固定资产 | 4 695.01 | 0.31 | 金融机构 | 816 484.21 | 53.08 |
| 其他 | 13 760.38 | 0.89 | 其他 | 453 120.35 | 29.47 |
| 资产合计 | 1 538 081.60 | 100.00 | 资产合计 | 1 538 081.60 | 100.00 |

#### 4.2.2 信托资产运用与分布表

| 资产运用 | 金额（万元） | 占比（%） | 资产分布 | 金额（万元） | 占比（%） |
|---|---|---|---|---|---|
| 货币资产 | 870 073.08 | 1.38 | 基础产业 | 8 719 561.14 | 13.78 |
| 贷款 | 24 965 219.35 | 39.46 | 房地产 | 7 735 516.04 | 12.23 |
| 交易性金融资产 | 809 236.61 | 1.28 | 证券市场 | 4 606 218.79 | 7.28 |
| 可供出售金融资产 | 21 132 278.47 | 33.40 | 实业 | 15 165 854.58 | 23.97 |
| 持有至到期投资 | 1 233 984.08 | 1.95 | 金融机构 | 7 845 141.66 | 12.40 |
| 长期股权投资 | 10 909 632.13 | 17.24 | 其他 | 19 197 575.02 | 30.34 |
| 其他 | 3 349 443.51 | 5.29 | — | — | — |
| 信托总资产 | 63 269 867.23 | 100.00 | 信托总资产 | 63 269 867.23 | 100.00 |

### 4.3 市场分析

#### 4.3.1 宏观环境分析

2018年中国经济运行稳中有进，经济结构调整和转型升级均取得新进展。国际环境发生了深刻的变化，国内改革进入攻坚期，中国经济正从高速增长向高质量增长转变。

#### 4.3.2 影响公司发展的因素

随着信托法配套政策以及与资管新规配套政策等陆续出台，行业制度建设不断完善，公司治理水平不断提高，为行业回归本源，提升主动管理能力、创新业务模式保驾护航。

### 4.4 风险管理

#### 4.4.1 风险管理概况

公司高度重视风险控制和管理，坚持积极稳健的经营原则，通过规范运作，逐步形成"事前防范、事中控制、事后监督"的风险管理规程，制定了系统的风险控制制度。

#### 4.4.2 风险状况

公司在经营过程中可能遇到的风险主要包括信用风险、市场风险、操作风险、合规风险、流动性风险、其他风险等。其中，信用风险是公司存续项目面临的主要风险。在加强信用风险管理方面，公司坚持严格落实监管政策和指导要求，及时调整和持续推动制度建设，严把业务流程标准，强化存续期管理和风险监测、分析。报告期内，未发生因信用风险、市场风险、操作风险、合规风险等风险造成的损失。

#### 4.4.3 净资本管理状况

2018年末公司净资产为117.95亿元，净资本为101.48亿元，各项业务风险资本为74.41亿元，净资本与各项业务风险资本之和之比为136.38%，净资本与净资产之比为86.04%。各项净资本风险控制指标均符合监管政策要求。

### 4.5 绿色信托

2018年，公司绿色信托的发展围绕战略布局、经营发展、公司治理、企业文化四个维度继续深化，并取得了阶段性的成果。一是公司在理论端持续深耕，作为牵头单位组织完成"绿色信托研究"课题，成功入选2018年度信托行业十大重点研究课题，并在信托业协会的组织带领下，持续研究出品《绿色信托系列发展报告》，研究并发布《2018中航信托绿色行业精选报告》，探索绿色信托与实体产业的融合创新，为信托行业发展绿色信托提供研究及实务参考。二是致力于打造"绿色产业＋金

融生态圈”，通过持续性的绿色投融资活动，用实际行动为绿色产业提供专业化金融服务。三是注重培养绿色信托业务专业能力，将绿色发展理念充分融入自身组织体系，把节能减排效果作为业务评价指标的重要因素，教育并引导员工在注重经济责任的同时还要勇于承担绿色责任，引进新能源产业领域的资深专家及研究学者作为外部专家，通过专题讲座和业务研讨培训，提高员工的绿色信托业务知识和业务能力。四是营造绿色发展的企业文化，公司全面推行“绿航行动”，通过碳排量核算、低碳小程序使用等措施，将绿色低碳理念融入公司文化。

### 4.6 企业社会责任

2018 年公司积极践行中央企业社会责任，不断加强社会责任管理，以实际行动为社会、为客户、为股东创造价值。一是充分发挥信托制度优势，以信托贷款、供应链金融模式、支持小微企业发展，2018 年向小微企业投放信贷规模为 79.41 亿元；发起设立“中慈联科技扶贫”“青年返乡创业扶贫”“中扶贫临洮百合百家”等慈善信托项目，助力公益慈善事业发展。二是助力打好精准脱贫攻坚战，加大对定点扶贫点永新县曲白乡浆坑村的扶贫力度，从种、产、育、销等多维度支持黄桃产业基地和九岭安居工程，2018 年永新县顺利实现脱贫摘帽，综合贫困发生率控制在 1.02%。三是积极投身社会公益实践，持续开展各类扶贫助困献爱心活动，赴四川雅安开展“点滴真情　航空大爱”学雷锋志愿服务活动；组织“吴大观”志愿者服务队赴萍乡市上栗县鸡冠山乡中心小学开展“爱心・航空”志愿服务活动；组织开展“航空科普进校园”活动；组织 180 名“员工 + 客户”参加成都善行者公益徒步活动，为留守儿童募集善款 38.2 万元等。四是健全客户权益保障机制，全年组织开展了 75 场金融消费者权益保护、反洗钱、防范和打击非法集资等主题的进社区、进福利院、进高校、进企业宣传活动，累计向 7.2 万余人次进行宣传。

## 5. 报告期末及上一年度末的比较式会计报表

### 5.1 固有资产

#### 5.1.1 中审众环会计师事务所（特殊普通合伙）审计意见

中航信托股份有限公司财务报表在所有重大方面按照企业会计准则的规定编制，公允反映了中航信托股份有限公司 2018 年 12 月 31 日的财务状况以及 2018 年度的经营成果和现金流量。

#### 5.1.2 资产负债表

**资产负债表**

编制单位：中航信托股份有限公司　　2018 年 12 月 31 日　　单位：万元

| 项目 | 2018 年 12 月 31 日 | | 2017 年 12 月 31 日 | |
|---|---|---|---|---|
| | 合并 | 母公司 | 合并 | 母公司 |
| 资产： | | | | |
| 现金及存放中央银行款项 | 2.49 | 2.49 | 2.68 | 2.68 |
| 存放同业款项 | 164 118.70 | 163 801.62 | 50 979.28 | 50 906.65 |
| 应收账款 | 10 411.99 | 10 411.99 | 7 962.91 | 7 962.91 |
| 预付账款 | 359.29 | 359.29 | 334.00 | 334.00 |
| 贵金属 | — | — | — | — |
| 拆出资金 | — | — | — | — |
| 以公允价值计量且其变动计入当期损益的金融资产 | 4 306.48 | | 17 019.26 | 17 001.80 |
| 其他应收款 | 16 908.57 | 16 908.57 | 5 793.95 | 5 793.95 |
| 衍生金融资产 | — | — | — | — |
| 买入返售金融资产 | — | — | — | — |
| 持有待售资产 | — | — | — | — |
| 应收利息 | 6 695.38 | 6 695.37 | 3 574.09 | 3 574.09 |
| 发放贷款和垫款 | 57 915.00 | 57 915.00 | 66 330.00 | 66 330.00 |
| 可供出售金融资产 | 1 258 908.31 | 1 262 302.31 | 1 018 601.67 | 1 017 152.68 |
| 持有至到期投资 | — | — | — | — |
| 长期股权投资 | — | — | — | — |
| 投资性房地产 | — | — | — | — |
| 固定资产 | 4 695.01 | 4 695.01 | 4 924.40 | 4 924.40 |
| 无形资产 | 366.38 | 366.38 | 304.24 | 304.24 |
| 长期待摊费用 | 951.39 | 951.39 | 1 028.85 | 1 028.85 |
| 商誉 | — | — | — | — |
| 递延所得税资产 | 7 323.93 | 7 386.83 | 5 869.25 | 5 886.67 |
| 其他资产 | 5 118.68 | 5 118.68 | 1 297.97 | 1 272.21 |
| 资产总计 | 1 538 081.60 | 1 536 914.93 | 1 184 022.56 | 1 182 475.13 |

公司法定代表人：姚江涛　主管会计工作公司负责人：周祺　会计机构负责人：刘燕

**资产负债表（续）**

编制单位：中航信托股份有限公司　　2018 年 12 月 31 日　　单位：万元

| 项目 | 2018 年 12 月 31 日 | | 2017 年 12 月 31 日 | |
|---|---|---|---|---|
| | 合并 | 母公司 | 合并 | 母公司 |
| 负债： | | | | |
| 向中央银行借款 | — | — | — | — |
| 同业及其他金融机构存放款项 | — | — | — | — |
| 预收账款 | 9 956.23 | 9 956.23 | 40 365.87 | 40 365.87 |
| 拆入资金 | — | — | — | — |
| 以公允价值计量且其变动计入当期损益的金融负债 | — | — | — | — |
| 衍生金融负债 | — | — | — | — |
| 卖出回购金融资产款 | — | — | — | — |
| 吸收存款 | — | — | — | — |
| 应付职工薪酬 | 20 704.40 | 20 704.40 | 20 704.40 | 20 704.40 |
| 应交税费 | 41 938.95 | 41 938.95 | 41 717.43 | 41 717.43 |
| 应付利息 | — | — | — | — |
| 应付股利 | — | — | — | — |
| 其他应付款 | 257 718.01 | 257 708.29 | 100 532.72 | 100 530.13 |
| 持有待售负债 | — | — | — | — |
| 预计负债 | 8 017.26 | 8 017.26 | 4 564.96 | 4 564.96 |
| 应付债券 | — | — | — | — |
| 递延所得税负债 | 19 136.47 | 19 140.48 | 0.45 | 0.45 |
| 其他负债 | 1 219.85 | — | 1 562.26 | — |
| 负债合计 | 358 691.17 | 357 465.61 | 209 448.09 | 207 883.23 |
| 股东权益： | — | — | — | — |

续表

| 项目 | 2018 年 12 月 31 日 | | 2017 年 12 月 31 日 | |
|---|---|---|---|---|
| | 合并 | 母公司 | 合并 | 母公司 |
| 股本 | 465 726. 71 | 465 726. 71 | 465 726. 71 | 465 726. 71 |
| 资本公积 | 117 474. 98 | 117 474. 98 | 117 474. 98 | 117 474. 98 |
| 减:库存股 | — | — | — | — |
| 其他综合收益 | 57 409. 40 | 57 232. 74 | — | -52. 26 |
| 盈余公积 | 84 529. 38 | 84 529. 38 | 66 046. 33 | 66 046. 33 |
| 一般风险准备 | 66 462. 18 | 66 462. 18 | 50 588. 18 | 50 588. 18 |
| 未分配利润 | 387 787. 79 | 388 023. 33 | 274 738. 28 | 274 807. 96 |
| 归属于母公司股东权益合计 | 1 179 390. 44 | | 974 574. 48 | |
| 少数股东权益 | — | | — | |
| 股东权益合计 | 1 179 390. 44 | 1 179 449. 32 | 974 574. 48 | 974 591. 90 |
| 负债及股东权益总计 | 1 538 081. 60 | 1 536 914. 93 | 1 184 022. 56 | 1 182 475. 13 |

公司法定代表人:姚江涛　主管会计工作公司负责人:周祺　会计机构负责人:刘燕

### 5. 1. 3　利润表

**利润表**

编制单位:中航信托股份有限公司　2018 年度　单位: 万元

| 项目 | 2018 年度 | | 2017 年度 | |
|---|---|---|---|---|
| | 合并 | 母公司 | 合并 | 母公司 |
| 一、营业收入 | 339 910. 05 | 340 006. 31 | 294 090. 35 | 294 103. 66 |
| 利息净收入 | -9 670. 60 | -9 672. 27 | -561. 97 | -573. 60 |
| 利息收入 | 6 160. 82 | 6 159. 15 | 9 619. 06 | 9 607. 43 |
| 利息支出 | 15 831. 42 | 15 831. 42 | 10 181. 03 | 10 181. 03 |
| 手续费及佣金净收入 | 293 182. 34 | 293 182. 34 | 264 404. 44 | 264 404. 44 |
| 手续费及佣金收入 | 293 214. 31 | 293 214. 31 | 264 444. 73 | 264 444. 73 |
| 手续费及佣金支出 | 31. 97 | 31. 97 | 40. 29 | 40. 29 |
| 投资收益/(损失) | 56 556. 26 | 56 495. 43 | 30 305. 50 | 30 260. 86 |
| 其中:对联营企业和合营企业的投资收益/(损失) | — | — | — | — |

续表

| 项目 | 2018 年度 | | 2017 年度 | |
|---|---|---|---|---|
| | 合并 | 母公司 | 合并 | 母公司 |
| 公允价值变动收益/(损失) | -160. 57 | -1. 80 | -67. 79 | 1. 80 |
| 其他业务收入 | — | — | — | — |
| 资产处置收益(损失以“-”号填列) | 2. 06 | 2. 06 | 9. 87 | 9. 87 |
| 汇兑收益/(损失) | 0. 56 | 0. 56 | 0. 30 | 0. 30 |
| 二、营业支出 | 94 745. 00 | 94 675. 40 | 78 548. 27 | 78 491. 90 |
| 税金及附加 | 2 238. 11 | 2 238. 09 | 2 020. 20 | 2 020. 20 |
| 业务及管理费 | 90 262. 34 | 90 192. 75 | 80 022. 07 | 79 965. 70 |
| 资产减值损失 | 2 244. 55 | 2 244. 55 | -3 494. 00 | -3 494. 00 |
| 其他业务成本 | — | — | — | — |
| 三、营业利润 | 245 165. 05 | 245 330. 91 | 215 542. 08 | 215 611. 76 |
| 加:营业外收入 | 0. 04 | 0. 04 | 235. 17 | 235. 17 |
| 减:营业外支出 | 555. 97 | 555. 97 | 504. 25 | 504. 25 |
| 四、利润总额 | 244 609. 12 | 244 774. 98 | 215 273. 00 | 215 342. 68 |
| 减:所得税费用 | 59 944. 42 | 59 944. 42 | 52 447. 91 | 52 447. 91 |
| 五、净利润 | 184 664. 70 | 184 830. 56 | 162 825. 10 | 162 894. 77 |
| (一)按经营持续性分类: | | | | |
| 1. 持续经营净利润(净亏损以"-"号填列) | 184 664. 70 | 184 830. 56 | 162 825. 10 | 162 894. 77 |
| 2. 终止经营净利润(净亏损以"-"号填列) | — | — | — | — |
| (二)按所有权归属分类: | | | | |
| 1. 少数股东损益(净亏损以"-"号填列) | — | — | — | — |
| 2. 归属于母公司股东的净利润(净亏损以“-”号填列) | 184 664. 70 | 184 830. 56 | 162 825. 10 | 162 894. 77 |

公司法定代表人:姚江涛　主管会计工作公司负责人:周祺　会计机构负责人:刘燕

### 5. 1. 4　所有者权益变动表

**所有者权益变动表(合并)**

编制单位:中航信托股份有限公司　2018 年度　单位: 万元

| 项目 | 2018 年度(合并) | | | | | | |
|---|---|---|---|---|---|---|---|
| | 股本 | 资本公积 | 其他综合收益 | 盈余公积 | 一般风险准备 | 未分配利润 | 所有者权益合计 |
| 一、本年年初余额 | 465 726. 71 | 117 474. 98 | — | 66 046. 33 | 50 588. 18 | 274 738. 28 | 974 574. 47 |
| 二、本年增减变动金额 | — | — | 57 409. 40 | 18 483. 06 | 15 874. 00 | 113 049. 50 | 204 815. 96 |
| (一)综合收益总额 | — | — | 57 409. 40 | — | — | 184 664. 70 | 242 074. 10 |
| (二)股东投入和减少资本 | — | — | — | — | — | — | — |
| 股东投入的普通股 | — | — | — | — | — | — | — |
| (三)利润分配 | — | — | — | 18 483. 05 | 15 874. 00 | -71 615. 19 | -37 258. 14 |
| 1. 提取盈余公积 | — | — | — | 18 483. 05 | — | -18 483. 06 | — |
| 2. 提取风险准备 | — | — | — | — | 15 874. 00 | -15 874. 00 | — |
| 3. 对股东的分配 | — | — | — | — | — | -37 258. 14 | -37 258. 14 |
| 4. 其他 | — | — | — | — | — | — | — |
| (四)股东权益内部结转 | — | — | — | — | — | — | — |
| 资本公积转增股本 | — | — | — | — | — | — | — |
| 三、本年末余额 | 465 726. 71 | 117 474. 98 | 57 409. 40 | 84 529. 38 | 66 462. 18 | 387 787. 79 | 1 179 390. 44 |

公司法定代表人:姚江涛　主管会计工作公司负责人:周祺　会计机构负责人:刘燕

## 所有者权益变动表(合并)(续)

编制单位:中航信托股份有限公司　　2018 年度　　单位:万元

| 项目 | 2017 年度(合并) | | | | | | |
|---|---|---|---|---|---|---|---|
| | 股本 | 资本公积 | 其他综合收益 | 盈余公积 | 一般风险准备 | 未分配利润 | 所有者权益合计 |
| 一、本年年初余额 | 402 226.72 | — | — | 49 756.85 | 38 208.99 | 140 581.85 | 630 774.41 |
| 二、本年增减变动金额 | 63 499.99 | 117 474.98 | — | 16 289.48 | 12 379.19 | 134 156.43 | 343 800.07 |
| (一)综合收益总额 | — | — | — | — | — | 162 825.10 | 162 825.10 |
| (二)股东投入和减少资本 | 63 499.99 | 117 474.98 | — | — | — | — | 180 974.97 |
| 股东投入的普通股 | 63 499.99 | 117 474.98 | — | — | — | — | 180 974.97 |
| (三)利润分配 | — | — | — | 16 289.48 | 12 379.19 | -28 668.67 | — |
| 1. 提取盈余公积 | — | — | — | 16 289.48 | — | -16 289.48 | — |
| 2. 提取风险准备 | — | — | — | — | 12 379.19 | -12 379.19 | — |
| 3. 对股东的分配 | — | — | — | — | — | — | — |
| 4. 其他 | — | — | — | — | — | — | — |
| (四)股东权益内部结转 | — | — | — | — | — | — | — |
| 资本公积转增股本 | — | — | — | — | — | — | — |
| 三、本年末余额 | 465 726.71 | 117 474.98 | — | 66 046.33 | 50 588.18 | 274 738.28 | 974 574.47 |

公司法定代表人:姚江涛　　主管会计工作公司负责人:周祺　　会计机构负责人:刘燕

## 所有者权益变动表(母公司)

编制单位:中航信托股份有限公司　　2018 年度　　单位:万元

| 项目 | 2018 年度(母公司) | | | | | | |
|---|---|---|---|---|---|---|---|
| | 股本 | 资本公积 | 其他综合收益 | 盈余公积 | 一般风险准备 | 未分配利润 | 所有者权益合计 |
| 一、本年年初余额 | 465 726.71 | 117 474.98 | —52.26 | 66 046.33 | 50 588.18 | 274 807.96 | 974 591.89 |
| 二、本年增减变动金额 | — | — | 57 285.00 | 18 483.06 | 15 874.00 | 113 215.37 | 204 857.43 |
| (一)综合收益总额 | — | — | 57 285.00 | | — | 184 830.56 | 242 115.56 |
| (二)股东投入和减少资本 | — | | — | — | — | — | — |
| 股东投入的普通股 | — | — | — | — | — | — | — |
| (三)利润分配 | — | — | — | 18 483.06 | 15 874.00 | -71 615.19 | -37 258.14 |
| 1. 提取盈余公积 | — | — | — | 18 483.06 | — | -18 483.06 | — |
| 2. 提取风险准备 | — | — | — | — | 15 874.00 | -15 874.00 | — |
| 3. 对股东的分配 | — | — | — | — | — | -37 258.14 | -37 258.14 |
| 4. 其他 | — | — | — | — | — | — | — |
| (四)股东权益内部结转 | — | — | — | — | — | — | — |
| 资本公积转增股本 | — | — | — | — | — | — | — |
| 三、本年末余额 | 465 726.71 | 117 474.98 | 57 232.74 | 84 529.38 | 66 462.18 | 388 023.33 | 1 179 449.32 |

法定代表人:姚江涛　　主管会计工作的负责人:周祺　　会计机构负责人:刘燕

## 所有者权益变动表(母公司)(续)

编制单位:中航信托股份有限公司　　2018 年度　　单位:万元

| 项目 | 2017 年度(母公司) | | | | | | |
|---|---|---|---|---|---|---|---|
| | 股本 | 资本公积 | 其他综合收益 | 盈余公积 | 一般风险准备 | 未分配利润 | 所有者权益合计 |
| 一、本年年初余额 | 402 226.72 | — | — | 49 756.85 | 38 208.99 | 140 581.85 | 630 774.41 |
| 二、本年增减变动金额 | 63 499.99 | 117 474.98 | -52.26 | 16 289.48 | 12 379.19 | 134 226.10 | 343 817.49 |
| (一)综合收益总额 | — | — | -52.26 | — | — | 162 894.77 | 162 842.52 |
| (二)股东投入和减少资本 | 63 499.99 | 117 474.98 | — | — | — | — | 180 974.97 |
| 股东投入的普通股 | 63 499.99 | 117 474.98 | — | — | — | — | 180 974.97 |
| (三)利润分配 | — | — | — | 16 289.48 | 12 379.19 | -28 668.67 | — |
| 1. 提取盈余公积 | — | — | — | 16 289.48 | — | -16 289.48 | — |
| 2. 提取风险准备 | — | — | — | — | 12 379.19 | -12 379.19 | — |
| 3. 对股东的分配 | — | — | — | — | — | — | — |
| 4. 其他 | — | — | — | — | — | — | — |
| (四)股东权益内部结转 | — | — | — | — | — | — | — |
| 资本公积转增股本 | — | — | — | — | — | — | — |
| 三、本年末余额 | 465 726.71 | 117 474.98 | -52.26 | 66 046.33 | 50 588.18 | 274 807.96 | 974 591.90 |

法定代表人:姚江涛　　主管会计工作的负责人:周祺　　会计机构负责人:刘燕

## 5.2 信托资产

### 5.2.1 信托项目资产负债表

**信托项目资产负债表**

编制单位：中航信托股份有限公司　　2018 年 12 月 31 日　　单位：万元

| 信托资产 | 2018 年 12 月 31 日 | 信托负债和信托权益 | 2018 年 12 月 31 日 |
|---|---|---|---|
| 信托资产： | — | 信托负债： | — |
| 货币资金 | 870 073.08 | 交易性金融负债 | — |
| 拆出资金 | — | 衍生金融负债 | — |
| 存出保证金 | — | 应付受托人报酬 | 18 783.94 |
| 交易性金融资产 | 809 236.61 | 应付托管费 | 2 574.07 |
| 衍生金融资产 | — | 应付受益人收益 | 11 726.71 |
| 买入返售金融资产 | 782 818.54 | 应交税费 | 25 888.52 |
| 应收款项 | 332 404.11 | 应付销售服务费 | 23 775.63 |
| 发放贷款 | 24 965 219.35 | 其他应付款项 | 282 364.68 |
| 可供出售金融资产 | 21 132 278.47 | 预计负债 | — |
| 持有至到期投资 | 1 233 984.08 | 其他负债 | 0.9 |
| 长期应收款 | 1 025 271.42 | | — |
| 长期股权投资 | 10 909 632.13 | 信托负债合计 | 365 114.45 |
| 投资性房地产 | — | | — |
| 固定资产 | — | 信托权益： | — |
| 无形资产 | — | 实收信托 | 62 387 667.80 |
| 长期待摊费用 | — | 资本公积 | 36 859.21 |
| 其他资产 | 1 208 949.44 | 未分配利润 | 480 225.77 |
| 减：各项资产减值准备 | — | 信托权益合计 | 62 904 752.78 |
| 信托资产总计 | 63 269 867.23 | 信托负债及信托权益总计 | 63 269 867.23 |

注：实收信托合计金额是信托本金累计给付额。

### 5.2.2 信托项目利润及利润分配表

**信托项目利润及利润分配表**

编制单位：中航信托股份有限公司　　2018 年度　　单位：万元

| 项目 | 2018 年度 |
|---|---|
| 1. 营业收入 | 3 770 910.46 |
| 1.1 利息收入 | 2 011 963.73 |
| 1.2 投资收益（损失） | 1 861 766.91 |
| 其中：对联营企业和合营企业的投资收益 | — |
| 1.3 公允价值变动收益（损失） | -104 436.99 |
| 1.4 租赁收入 | — |
| 1.5 汇兑损益（损失） | — |
| 1.6 其他收入 | 1 616.81 |
| 2. 支出 | 396 356.43 |
| 2.1 营业税金及附加 | 8 477.69 |
| 2.2 受托人报酬 | 242 808.30 |
| 2.3 托管费 | 23 476.49 |
| 2.4 投资管理费 | 1 808.41 |
| 2.5 销售服务费 | 42 992.85 |
| 2.6 交易费用 | 113.91 |
| 2.7 资产减值损失 | 522.09 |
| 2.8 其他费用 | 76 156.69 |
| 3. 信托净利润（净亏损） | 3 374 554.03 |
| 4. 其他综合收益 | -26 615.55 |
| 5. 综合收益 | 3 347 938.48 |
| 6. 加：期初未分配信托利润 | 530 804.32 |
| 7. 可供分配的信托利润 | 3 878 742.80 |
| 8. 减：本期已分配信托利润 | 3 398 517.03 |
| 9. 期末未分配信托利润 | 480 225.77 |

# 6. 会计报表附注

## 6.1 自营资产经营情况

### 6.1.1 信用风险资产五级分类情况

| 信用资产五级分类 | 正常类（万元） | 关注类（万元） | 次级类（万元） | 可疑类（万元） | 损失类（万元） | 信用风险资产合计（万元） | 不良资产合计（万元） | 不良资产率（%） |
|---|---|---|---|---|---|---|---|---|
| 期初数 | 1 168 724.76 | — | — | — | — | 1 168 724.76 | — | — |
| 期末数 | 1 502 950.36 | 12 215.14 | 7 500.00 | — | — | 1 522 665.50 | 7 500.00 | 0.49 |

注：不良资产合计 = 次级类 + 可疑类 + 损失类。

### 6.1.2 资产减值准备情况

单位：万元

| 项目 | 期初数 | 本期计提 | 本期转回 | 本期核销 | 期末数 |
|---|---|---|---|---|---|
| 贷款损失准备 | 670.00 | — | 85.00 | — | 585.00 |
| 一般准备 | 670.00 | — | 85.00 | — | 585.00 |
| 专项准备 | — | — | — | — | — |
| 其他资产减值准备 | 1 330.83 | 2 329.55 | — | — | 3 660.38 |
| 可供出售金融资产减值准备 | — | 994.30 | — | — | 994.30 |
| 持有至到期投资减值准备 | — | — | — | — | — |
| 长期股权投资减值准备 | — | — | — | — | — |
| 坏账准备 | 1 330.83 | 1 335.25 | — | — | 2 666.08 |
| 投资性房地产减值准备 | — | — | — | — | — |

### 6.1.3 固有股票投资、基金投资、债券投资、长期投资等投资情况

单位：万元

| | 自营股票 | 基金 | 债券 | 长期投资 | 其他投资 | 合计 |
|---|---|---|---|---|---|---|
| 期初数 | — | 17 001.80 | — | 203 522.00 | 813 630.68 | 1 034 154.48 |
| 期末数 | — | — | — | 285 249.69 | 977 052.62 | 1 262 302.31 |

### 6.1.4 长期投资的前五名

| 企业名称 | 占被投资企业权益的比例（%） | 主要经营活动 | 投资收益（万元） |
|---|---|---|---|
| 嘉合信基金管理有限公司 | 27.27 | 基金管理 | — |
| 中国信托业保障基金有限责任公司 | 8.70 | 保障基金管理 | 5 000.00 |
| 景德镇农村商业银行股份有限公司 | 8.25 | 银行服务 | 325.15 |
| 吉安农村商业银行 | 4.50 | 银行服务 | 130.39 |
| 南昌农村商业银行股份有限公司 | 4.42 | 银行服务 | 194.99 |
| 新余农村商业银行股份有限公司 | 4.42 | 银行服务 | 237.60 |

### 6.1.5 固有贷款前五名

| 企业名称 | 占贷款总额的比例（%） | 还款情况 |
|---|---|---|
| 爱康健康科技集团有限公司 | 68.38 | 正常 |
| 湖南棕榈浔龙河生态城镇发展有限公司 | 25.64 | 正常 |
| 宁波贝斯美投资控股有限公司 | 4.27 | 正常 |
| 江西省真赏轩工艺制品有限公司 | 1.71 | 正常 |

### 6.1.6 表外业务的期初数、期末数

报告期内,本公司未开展除信托业务以外的表外业务及担保、代理等其他业务。

### 6.1.7 公司当年的收入结构

| 收入结构 | 合并 | | 母公司 | |
|---|---|---|---|---|
| | 金额（万元） | 占比（%） | 金额（万元） | 占比（%） |
| 手续费及佣金收入 | 293 214. 31 | 82. 42 | 293 214. 31 | 82. 39 |
| 其中:信托手续费收入 | 293 214. 31 | 82. 42 | 293 214. 31 | 82. 39 |
| 投资银行业务收入 | — | — | — | — |
| 利息收入 | 6 160. 82 | 1. 73 | 6 159. 15 | 1. 73 |
| 其他业务收入 | — | — | — | — |
| 投资收益 | 56 556. 26 | 15. 90 | 56 495. 43 | 15. 88 |
| 其中:股权投资收益 | 6 146. 82 | 1. 73 | 6 146. 82 | 1. 73 |
| 证券投资收益 | — | — | — | — |
| 其他投资收益 | 50 409. 44 | 14. 17 | 50 348. 61 | 14. 15 |
| 公允价值变动收益 | -160. 57 | -0. 05 | -1. 8 | — |
| 资产处置收益 | 2. 06 | — | 2. 06 | — |
| 收入合计 | 355 772. 89 | 100. 00 | 355 869. 15 | 100. 00 |

## 6.2 信托资产管理情况

### 6.2.1 信托资产的期初数、期末数对比分析

| 信托资产 | 2018 年 12 月 31 日 | 2017 年 12 月 31 日 | 增减变动额（万元） | 增减幅度（%） |
|---|---|---|---|---|
| 集合类 | 37 522 938. 62 | 34 743 757. 05 | 2 779 181. 57 | 8. 00 |
| 单一类 | 24 371 651. 99 | 29 181 585. 36 | -4 809 933. 37 | -16. 48 |
| 财产权类 | 1 375 276. 62 | 1 851 313. 80 | -476 037. 18 | -25. 71 |
| 合 计 | 63 269 867. 23 | 65 776 656. 21 | -2 506 788. 98 | -3. 81 |

6.2.1.1 主动管理型信托业务的信托资产期初数、期末数对比分析

| 主动管理型信托资产 | 2018 年 12 月 31 日 | 2017 年 12 月 31 日 | 增减变动额（万元） | 增减幅度（%） |
|---|---|---|---|---|
| 投资类 | 23 526 369. 81 | 21 776 388. 65 | 1 749 981. 16 | 8. 04 |
| 融资类 | 13 032 309. 91 | 7 527 508. 59 | 5 504 801. 32 | 73. 13 |
| 事务管理类 | — | — | — | — |
| 合 计 | 36 558 679. 72 | 29 303 897. 24 | 7 254 782. 48 | 24. 76 |

6.2.1.2 被动管理型信托业务的信托资产期初数、期末数对比分析

| 被动管理型信托资产 | 2018 年 12 月 31 日 | 2017 年 12 月 31 日 | 增减变动额（万元） | 增减幅度（%） |
|---|---|---|---|---|
| 投资类 | — | 2 302 595. 56 | -2 302 595. 56 | -100 |
| 融资类 | — | 536 541. 43 | -536 541. 43 | -100 |
| 事务管理类 | 26 711 187. 51 | 33 633 621. 98 | -6 922 434. 47 | -20. 58 |
| 合 计 | 26 711 187. 51 | 36 472 758. 97 | -9 761 571. 46 | -26. 76 |

### 6.2.2 本年已清算结束的信托项目情况

6.2.2.1 本年度已清算结束的集合类、单一类资金信托项目和财产管理类信托项目情况

| 已清算结束信托项目 | 项目个数（个） | 实收信托合计金额（万元） | 加权平均实际年化收益率（%） |
|---|---|---|---|
| 集合 | 180 | 6 690 157. 14 | 7. 33 |
| 单一 | 215 | 13 870 004. 27 | 6. 26 |
| 财产权 | 16 | 1 380 565. 24 | 6. 95 |

6.2.2.2 本年度已清算结束的主动管理型信托项目情况

| 已清算结束信托项目 | 项目个数（个） | 实收信托合计金额（万元） | 加权平均实际年化报酬率（%） | 加权平均实际年化收益率（%） |
|---|---|---|---|---|
| 投资类 | 72 | 7 733 651. 84 | 0. 63 | 6. 05 |
| 融资类 | 77 | 2 957 188. 75 | 1. 54 | 6. 97 |
| 事务管理类 | — | — | — | — |

6.2.2.3 本年度已清算结束的被动管理型信托项目情况

| 已清算结束信托项目 | 项目个数（个） | 实收信托合计金额（万元） | 加权平均实际年化报酬率（%） | 加权平均实际年化收益率（%） |
|---|---|---|---|---|
| 投资类 | — | — | — | — |
| 融资类 | — | — | — | — |
| 事务管理类 | 262 | 11 249 886. 06 | 0. 17 | 6. 3 |

### 6.2.3 本年度新增的集合类、单一类资金信托项目和财产管理类信托项目情况

| 新增信托项目 | 项目个数（个） | 实收信托合计金额（万元） |
|---|---|---|
| 集合类 | 254 | 16 437 282. 89 |
| 单一类 | 243 | 5 715 080. 48 |
| 财产权类 | 8 | 854 165. 24 |
| 合计 | 505 | 23 006 528. 61 |
| 其中:主动管理型 | 391 | 18 527 366. 89 |
| 被动管理型 | 128 | 4 479 161. 72 |

### 6.2.4 信托业务创新成果和特色业务有关情况

近年来,中航信托持续推动业务转型与创新,进一步形成以专业化驱动的私募投行、以策略驱动的资产管理及以服务驱动的财富管理三大业务板块。报告期内,公司不断加强模式创新、产品创新,取得了多项成果。在董事会下设立了金融科技委员会,创新研究“信托科技”的内涵、应用及意义;设立独立数字研究院,推动围绕数据管理、应用、经营、服务等方面的研究,打造公司在数据信托方面的领先优势;依托股东背景,承办“中国通用航空创新创业大赛”,建设通用航空产业创新发展平台,成为促进通航产业发展的项目孵化器、资源聚合器和产融助推器;设立天资 ABS 产品,打通了在资管新规下信托产品非标转标的新路径。取得“非金融债承销商”创新业务资格,为深度参与资产证券化全产业链发展奠定基础。探索搭建财富管理账户体系,推出六合·增值服务体系,增强客户黏性;成立百家百合、青年返乡创业、中慈联科技等多个慈善信托项目,助力公益慈善事业发展;倡导并践行“绿色信托”发展理念,参与信托行业的绿色信托标准制定,创新性打造“绿色产业 + 金融生态圈”,促进绿色产业与绿色金融良性互动、协同发展。

### 6.2.5 本公司履行受托人义务情况及因公司自身责任而导致的信托资产损失情况

报告期内,未发生因公司自身责任导致信托资产损失及赔付等情况。

### 6.2.6 信托赔偿准备的提取、使用和管理情况

公司从 2017 年税后利润中提取 5% 的信托赔偿准备金 9 241. 5万元,累计提取 42 264. 69 万元。报告期内公司未使用信托赔偿准备金。

### 6.3 关联方及其交易的披露

**6.3.1 关联交易方的数量、关联交易的总金额及关联交易的定价原则等**

**固有业务关联方情况**

| | 关联交易方数量(个) | 关联交易金额(万元) | 定价政策 |
|---|---|---|---|
| 合计 | 9 | 1 543.99 | 按市场价格交易,或按公允原则,以不优于对非关联方同类交易的条件定价。 |

**信托业务关联方情况**

| | 关联交易方数量(个) | 关联交易金额(万元) | 定价政策 |
|---|---|---|---|
| 合计 | 7 | 370 477 | 按市场价格交易,或按公允原则,以不优于对非关联方同类交易的条件定价 |

**6.3.2 公司与关联方的重大交易事项**

6.3.2.1 固有财产与关联方

单位:万元

| | 期初数 | 借方发生额 | 贷方发生额 | 期末数 |
|---|---|---|---|---|
| 贷款 | — | — | — | — |
| 投资 | — | — | — | — |
| 租赁 | — | — | — | — |
| 担保 | — | — | — | — |
| 其他应收款 | — | — | — | 366.20 |
| 其 他 | — | 1 193.91 | 350.08 | — |
| 合计 | — | 1 193.91 | 350.08 | — |

注:固有财产与关联方关联交易主要是咨询费和业务收入。

6.3.2.2 信托与关联方交易情况

单位:万元

| 项目 | 期初数 | 借方发生额 | 贷方发生额 | 期末数 |
|---|---|---|---|---|
| 贷款 | 134 000.00 | 226 477.00 | 100 000.00 | 260 477.00 |
| 投资 | 150 800.00 | 60 000.00 | 100 800.00 | 110 000.00 |
| 合计 | 284 800.00 | 286 477.00 | 200 800.00 | 370 477.00 |

6.3.2.3 固有财产和信托财产之间的交易金额期初汇总数、本期发生额汇总数、期末汇总数

单位:万元

| 固有财产与信托财产相互交易 | | | |
|---|---|---|---|
| 项目 | 期初数 | 本期发生额 | 期末数 |
| 合计 | 751 753.66 | 156 057.83 | 907 811.49 |

**6.3.3 关联方逾期未偿还本公司资金的详细情况以及本公司为关联方担保发生或即将发生垫款的情况:**

报告期内本公司无关联方逾期未偿还本公司资金的情况,没有为关联方提供担保。

### 6.4 会计制度的披露

公司固有业务、信托业务均按照财政部于2006年2月15日及以后期间颁布的《企业会计准则——基本准则》、各项具体会计准则及相关规定编制。

## 7. 财务情况说明书

### 7.1 利润实现和分配情况

公司2018年初未分配利润为274 807.96万元,2018年实现净利润为184 830.56万元,计提法定盈余公积金18 483.06万元,计提一般风险准备金6 632.47万元 计提信托赔偿准备金9 241.53万元,分配现金股利37 258.14万元。截至2018年12月31日,公司未分配利润为388 023.33万元。

### 7.2 主要财务指标

| 指标名称 | 合并 | 母公司 | 计算公式 |
|---|---|---|---|
| 净资产收益率(%) | 17.15 | 17.16 | 净利润/所有者权益平均数×100% |
| 信托报酬率(%) | 0.59 | | [∑项目合同总收入(信托报酬+财务顾问收入)/信托项目总月份×12]/信托资产总规模 |
| 人均利润(万元) | 603.97 | 604.38 | 利润总额/年平均人数 |

## 8. 特别事项揭示

### 8.1 股东报告期内变动情况及原因

报告期内无。

### 8.2 董事、监事及高级管理人员变动情况及原因

**8.2.1 董事、监事变动情况及原因**

2018年1月,经公司股东大会审议通过,公司换届产生了第三届董事会与第三届监事会。

2018年4月,经江西银监局核准拟任董事任职资格,第三届董事会正式履职,成员为姚江涛、章建康、张戈、贾鸿鹏、林文坚、康慧珍、朱武祥、胡援成、杨涛,董事会选举姚江涛担任董事长。

第三届监事会自换届之日起正式履职,成员为吴壮、廖晓春、杨志芳,监事会选举吴壮担任监事会主席。

**8.2.2 高级管理人员变动情况及原因**

2018年7月,经三届董事会二次会议审议通过及江西银监局核准,周祺担任公司总会计师。

### 8.3 变更注册资本、注册地或公司名称、公司分立合并事项

报告期内无。

### 8.4 公司的重大诉讼事项

报告期内无。

### 8.5 公司及其董事、监事和高级管理人员受到处罚情况

2018年12月,江西银保监局对公司出具了《行政处罚决定书》(赣银监罚决字[2018]25号)。针对公司存在个别固有资金投资信托计划受托人为唯一受益人、固有资金受让劣后信托收益权成为信托计划劣后受益人、优先委托人与劣后委托人投资资金比例超过2∶1的结构化股票投资信托计划屡次延期

且比例不断扩大等三项违法违规行为,处以行政罚款。

### 8.6 对银保监会提出的整改意见简要说明整改情况

报告期内,江西银保监局对公司下发了监管意见书,公司高度重视,严格落实监管意见要求,向江西银保监局反馈了公司在压缩通道业务、规范并加强固有业务管理、加强开放式证券投资信托产品管理及房地产信托业务规模管控等方面的工作措施及成效,切实提升了业务发展质量,增强了风险防控能力。

### 8.7 银保监会及其省级派出机构认定的其他有必要让客户及相关利益人了解的重要信息

报告期内无。

### 8.8 报告期内重大事项临时报告

2018年7月16日,公司在《证券时报》刊登《中航信托股份有限公司关于变更公司章程的公告》

## 9. 监事会意见

公司监事会认为,本报告期内,公司依法运作,决策程序合法有效,没有发现公司董事、高级管理层履行职务时有违法违规、违反公司章程或损害公司及股东利益的行为。公司2018年度财务报告中披露的财务信息,真实反映了公司的财务状况和经营成果。

## 10. 备查文件

载有公司印章的年度报告正本;载有董事会决议的报告正本;载有监事会独立意见的报告正本;载有会计师事务所盖章的审计报告正本;以上文件均完整地备置于本公司注册所在地。

# 中建投信托股份有限公司

## 1. 重要提示

1.1 本公司董事会及董事保证本报告所载资料不存在任何虚假记载、误导性陈述或者重大遗漏,并对其内容的真实性、准确性和完整性承担个别及连带责任。

1.2 独立董事袁志刚、钱毅、严宁声明:保证本年度报告的内容真实、完整、准确。

1.3 董事长王文津、总经理谭硕、主管会计工作负责人张晀及财务部负责人吕深远声明:保证本年度报告中财务会计报告的真实、完整、准确。

## 2. 公司概况

### 2.1 公司简介

中建投信托股份有限公司的前身是浙江省国际信托投资公司。浙江省国际信托投资公司创建于1979年8月,1983年12月经中国人民银行批准成为非银行金融机构,是国内最早经营信托投资业务的公司之一。2002年6月,公司更名为浙江省国际信托投资有限责任公司,成为浙江省首家获准重新登记的信托公司。

2007年3月,中国建银投资有限责任公司收购浙江省国际信托投资有限责任公司原股东持有的全部股权。2007年11月,经中国银监会批准,浙江省国际信托投资有限责任公司更名为中投信托有限责任公司,注册资本为5亿元。2010年1月,公司股东中国建银投资有限责任公司对公司增资,公司注册资本增至15亿元。2013年6月,经中国银行业监督管理委员会浙江监管局批复同意,公司正式更名为中建投信托有限责任公司。2013年10月,经中国银行业监督管理委员会浙江监管局批复同意,公司英文名称更名为JIC Trust Co., Ltd.,英文名称简称更名为JIC Trust。

2013年12月,经中国银行业监督管理委员会浙江监管局批复同意,公司注册资本增至16.6574亿元。其中,中国建银投资有限责任公司出资金额为15亿元,持有公司90.05%的股权;建投控股有限责任公司出资金额为1.6574亿元,持有公司9.95%的股权。2014年1月,公司在浙江省工商行政管理局完成工商登记变更手续,领取新的营业执照。2014年12月,经中国银行业监督管理委员会浙江监管局批复同意,公司住所变更为浙江省杭州市教工路18号世贸丽晶城欧美中心1号楼(A座)18-19层C区、D区及1层C区103室、105室。

2018年4月,经中国银行业监督管理委员会浙江监管局批复同意,公司名称由中建投信托有限责任公司更名为中建投信托股份有限公司(英文名称为JIC Trust Co., Ltd.)。注册资本由16.6574亿元增至50亿元。增资后,各股东持股比例保持不变。其中:中国建银投资有限责任公司持有股份数为45.025亿股,持股比例为90.05%;建投控股有限责任公司持有股份数为4.975亿股,持股比例为9.95%。公司住所由浙江省杭州市教工路18号世贸丽晶城欧美中心1号楼(A座)18—19层C区、D区及1层C区103室、105室变更为"杭州市教工路18号世贸丽晶城欧美中心1号楼(A座)18—19层C区、D区"。2018年5月,公司在浙江省工商行政管理局完成工商登记变更手续,领取新的营业执照。

| | |
|---|---|
| 中文名称 | 中建投信托股份有限公司 |
| 英文名称 | JIC Trust Co., Ltd. |
| 英文名称简称 | JIC Trust |
| 法定代表人 | 王文津 |
| 注册地址 | 杭州市教工路18号世贸丽晶城欧美中心1号楼(A座)18—19层C区、D区 |
| 邮政编码 | 310012 |
| 国际互联网网址 | http://www.jictrust.cn/ |
| 电子信箱 | gs_zh@jictrust.cn |
| 负责信息披露的高管 | 谭硕 |
| 负责信息披露联系人 | 陆琴琴 |
| 联系电话 | 0571-89891501 |
| 传真 | 0571-85154216 |
| 电子信箱 | luqinqin@jictrust.cn |
| 公司信息披露报纸名称 | 《上海证券报》 |
| 年度报告备置地点 | 中建投信托股份有限公司综合办公室 |
| 聘请的会计师事务所及住所 | 安永华明会计师事务所(特殊普通合伙)<br>住所:北京市东城区东长安街1号东方广场安永大楼16层 |
| 聘请的律师事务所及住所 | 浙江天册律师事务所<br>住所:浙江省杭州市杭大路1号黄龙世纪广场A座11楼 |

## 2.2 组织结构

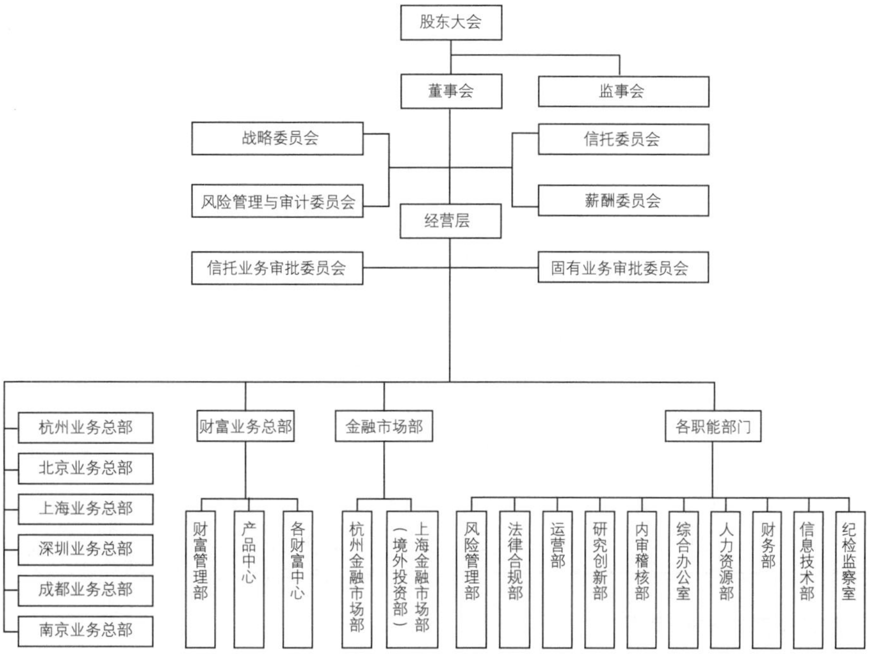


# 3. 公司治理

## 3.1 股东

报告期末，公司股东数为2家。

| 股东名称 | 持股比例(%) | 法人代表 | 注册资本(万元) | 注册地址 | 主要经营业务及主要财务情况 |
|---|---|---|---|---|---|
| ★中国建银投资有限责任公司 | 90.05 | 仲建安 | 2 069 225 | 北京市西城区闹市口大街1号院2号楼7-14层 | 投资与投资管理；资产管理与处置；企业管理；房地产租赁；咨询。2018年，中国建投实现合并营业收入106亿元，归属于母公司净利润为43.44亿元。 |
| 建投控股有限责任公司 | 9.95 | 张英广 | 200 000 | 北京市西城区闹市口大街1号院4号楼9F、9G | 项目投资；投资管理；酒店管理；房地产开发；物业管理；企业管理咨询；设备租赁。2018年，建投控股实现合并营业收入14.51亿元，归属于母公司净利润为1.1亿元。 |

注：报告期末，公司控股股东中国建银投资有限责任公司由中央汇金投资有限责任公司100%控股，实际控制人、最终受益人均为中国投资有限责任公司；公司股东建投控股有限责任公司是中国建银投资有限责任公司的控股子公司，实际控制人、最终受益人均为中国建银投资有限责任公司。

报告期末，中国建银投资有限责任公司关联方[①]

| 关联方 | 类型 |
|---|---|
| 中央汇金投资有限责任公司 | 母公司 |
| 建投投资有限责任公司 | 主要子公司 |
| 建投嘉昱（上海）投资有限公司 | |
| 中建投信托股份有限公司 | |
| 中建投租赁股份有限公司 | |
| 建投控股有限责任公司 | |
| 建投华文投资有限责任公司 | |
| 建投华科投资股份有限公司 | |
| 国泰基金管理有限公司 | |
| 中国投资咨询有限责任公司 | |
| 中投财富辛卯（天津）创业投资合伙企业（有限合伙） | |
| 建投嘉奂（上海）投资有限公司 | |
| 中国建投（香港）有限公司 | |
| 安徽建投嘉信投资有限公司 | |
| JICFirmina S. A. S | |
| 申万宏源集团股份有限公司 | 合营及联营企业 |
| 上海银行股份有限公司 | |
| Nature's Care Holdings Pty Limited | |
| 安徽江淮汽车股份有限公司 | |
| 西南证券股份公司 | |
| Bright Food Global Distribution Company Limited | |
| 南京莱斯信息技术股份有限公司 | |
| 江苏龙蟠石化有限公司 | |
| Bright Food（Spain）Holding Co.，Limited | |
| 中粮（北京）农业产业股权投资基金（有限合伙） | |
| 西安向阳航天材料股份有限公司 | |
| 建银国际医疗产业股权投资有限公司 | |
| 长沙三诺健康管理有限公司 | |

① 根据股东2018年审计报告整理，下同。

续表

| 关联方 | 类型 |
|---|---|
| 中国建设银行股份有限公司 | 与本公司同受一母公司控制的其他企业 |
| 中国银行股份有限公司 | |
| 中国国际金融有限公司 | |
| 国家开发银行股份有限公司 | 本公司之母公司重大影响的其他企业 |
| 中国工商银行股份有限公司 | |
| 中国农业银行股份有限公司 | |
| 中国光大银行股份有限公司 | |
| 新华人寿保险股份有限公司 | |
| 中信建投证券有限责任公司 | |

报告期末，建投控股有限责任公司关联方如下：

| 关联方 | 类型 |
|---|---|
| 中国建银投资有限责任公司 | 母公司 |
| 建投华科投资股份有限公司 | 本公司股东 |
| 厦门建投建业资产管理有限公司 | 主要子公司 |
| 天津市金银泰物业管理服务中心 | |
| 青海建投金融服务有限公司 | |
| 武汉建银房地产开发有限责任公司 | |

续表

| 关联方 | 类型 |
|---|---|
| 常州市建投经济发展有限公司 | 主要子公司 |
| 北京金虹达航空机票代售中心 | |
| 建投嘉昱置地股份有限公司 | |
| 建投嘉昱实业投资发展股份有限公司 | |
| 建投嘉昱置业股份有限公司 | |
| 建投嘉浩（天津）股权投资基金管理有限责任公司 | |
| 建银饭店有限责任公司 | |
| 建投享老有限责任公司 | |
| 香港嘉浩有限公司 | |
| 北京建投嘉昱资产管理有限公司 | |
| 广东建投金服投资有限公司 | |
| 重庆嘉昱建筑工程有限公司 | |
| 无锡嘉昱酒店 | |
| 中建投信托股份有限公司 | 联营企业 |
| 中国工商银行股份有限公司 | 同受中央汇金控制 |
| 中国光大银行股份有限公司 | |
| 中国建设银行股份有限公司 | |

报告期内，公司股东均未在公司股权设置任何抵（质）押或其他第三方权益。

## 3.2 董事、董事会及其专门委员会

董事长、董事

| 姓名 | 职务 | 性别 | 年龄（岁） | 选任日期 | 所推举的股东名称 | 该股东持股比例（%） | 简要履历 |
|---|---|---|---|---|---|---|---|
| 王文津 | 董事长 | 男 | 50 | 2017 年 12 月 | 中国建银投资有限责任公司 | 90.05 | 曾任职于中国建设银行、中国建银投资有限责任公司、宏源证券股份有限公司、中建投咨询有限责任公司、建投控股有限责任公司；现任中建投信托股份有限公司党委书记、董事长。 |
| 谭硕 | 董事 | 男 | 47 | 2018 年 6 月 | 中国建银投资有限责任公司 | 90.05 | 曾任职于中国建设银行等；现任中建投信托股份有限公司党委委员、董事、总经理。 |
| 王勇华 | 董事 | 男 | 39 | 2017 年 12 月 | 中国建银投资有限责任公司 | 90.05 | 曾任职于中国出口信用保险公司、中国建银投资有限责任公司、中投科信科技股份有限公司；现任中建投信托股份有限公司董事。 |
| 王新宇 | 董事 | 女 | 50 | 2017 年 12 月 | 中国建银投资有限责任公司 | 90.05 | 曾任职于中国建设银行；现任中国建银投资有限责任公司财务资金部系统财务处处长、中建投信托股份有限公司董事。 |
| 张亚平 | 董事 | 女 | 52 | 2017 年 12 月 | 建投控股有限责任公司 | 9.95 | 曾任职于中国建设银行、中国建银投资有限责任公司；现任建投控股有限责任公司总经理助理，建投嘉昱实业投资发展股份有限公司董事长，中建投信托股份有限公司董事。 |

注：1. 2018 年 8 月，谭硕董事的任职资格经监管机构核准（浙银监复［2018］243 号）。
2. 2018 年 6 月，王新宇董事的任职资格经监管机构核准（浙银监复［2018］185 号）。

独立董事

| 姓名 | 职务 | 性别 | 年龄（岁） | 选任日期 | 所推举的股东名称 | 该股东持股比例（%） | 简要履历 |
|---|---|---|---|---|---|---|---|
| 袁志刚 | 独立董事 | 男 | 60 | 2017 年 12 月 | 中国建银投资有限责任公司 | 90.05 | 曾任职于复旦大学；现任中建投信托股份有限公司独立董事。 |
| 钱毅 | 独立董事 | 男 | 62 | 2017 年 12 月 | 中国建银投资有限责任公司 | 90.05 | 曾任职于湖北财经学院、中南政法学院、中国工商银行；现任中建投信托股份有限公司独立董事。 |
| 严宁 | 独立董事 | 男 | 61 | 2017 年 12 月 | 中国建银投资有限责任公司 | 90.05 | 曾任职于中国银行、中国农村信托投资公司、中国投资银行、国家开发银行、中信银行等；现任中建投信托股份有限公司独立董事。 |

注：2018 年 10 月，严宁独立董事的任职资格经监管机构核准（浙银保监筹复［2018］1 号）。

职工董事

| 姓名 | 职务 | 性别 | 年龄（岁） | 选任日期 | 所推举的股东名称 | 该股东持股比例（%） | 简要履历 |
|---|---|---|---|---|---|---|---|
| 陈枫 | 职工董事 | 女 | 36 | 2017 年 12 月 | — | — | 曾任职于中国银行、上海国际信托有限公司；现任中建投信托股份有限公司风险管理部、运营部总经理，职工董事。 |

董事会专门委员会

| 董事会下属委员会名称 | 职责 | 组成人员姓名 | 职务 |
|---|---|---|---|
| 战略委员会 | （1）研究国家经济金融政策变化和行业发展趋势等对公司经营、业务发展等的影响；（2）组织拟定公司发展规划，对公司年度经营计划提出建议；（3）组织评估公司发展规划执行情况；（4）董事会授权的其他事宜。 | 王文津 | 主任委员 |
| | | 谭硕 | 委员 |
| | | 王勇华 | 委员 |
| | | 张亚平 | 委员 |
| | | 钱毅 | 委员 |
| 信托委员会 | （1）审议公司信托业务发展规划，提出意见和建议；（2）对公司依法履行受托人职责情况进行督促，提出改进意见和建议；（3）当公司或公司股东利益与受益人利益的冲突时，确保优先保障受益人利益；（4）董事会授权的其他职责。 | 袁志刚 | 主任委员 |
| | | 谭硕 | 委员 |
| | | 王新宇 | 委员 |
| | | 钱毅 | 委员 |
| | | 陈枫 | 委员 |
| 风险管理与审计委员会 | （1）根据公司发展战略，制定、审核公司风险管理工作规划，评价公司战略目标和经营计划所涉及的风险因素，并向董事会提出建议；（2）定期审核、评议公司风险管理政策，促进风险管理政策的合法合规和及时有效；（3）从风险控制角度，监督公司各项规章制度的执行情况，并对公司重大经营决策进行风险监测和评价；（4）审阅公司风险管理工作报告，对风险管理工作提出改善意见和建议；（5）审核、批准公司的风险控制流程与风险计量模型和方法的监测、调整等相关工作；（6）审核、评议公司年度审计工作规划；（7）负责对公司内部审计制度的有效性及其执行情况进行监督；（8）负责内部审计与外部审计之间的沟通与协调；（9）对公司关联交易业务风险进行评估，对重大关联交易事项进行审查并提交董事会审议；（10）提议聘请或更换外部审计机构；（11）董事会授权的其他事宜。 | 钱毅 | 主任委员 |
| | | 谭硕 | 委员 |
| | | 王勇华 | 委员 |
| | | 严宁 | 委员 |
| | | 陈枫 | 委员 |
| 薪酬委员会 | （1）研究、拟定董事及高级管理人员业绩考核办法和薪酬管理办法并提交董事会；（2）研究并提出董事及高级管理人员的年度薪酬方案，依据公司高级经营管理人员的业绩，拟订薪酬及奖惩建议方案并提交董事会；（3）监督董事及高级管理人员薪酬制度与奖惩制度的执行情况；（4）董事会授权的其他事宜。 | 严宁 | 主任委员 |
| | | 王文津 | 委员 |
| | | 王新宇 | 委员 |
| | | 张亚平 | 委员 |
| | | 袁志刚 | 委员 |

## 3.3 监事、监事会

监事会成员

| 姓名 | 职务 | 性别 | 年龄（岁） | 选任日期 | 所推举的股东名称 | 该股东持股比例（%） | 简要履历 |
|---|---|---|---|---|---|---|---|
| 崔建 | 监事会主席 | 男 | 53 | 2018 年 3 月 | 中国建银投资有限责任公司 | 90.05 | 曾任职于中国建设银行、中国建银投资有限责任公司；现任中建投信托股份有限公司纪委书记、监事会主席。 |
| 梁家琦 | 监事 | 男 | 36 | 2017 年 12 月 | 中国建银投资有限责任公司 | 90.05 | 曾任职于毕马威会计师事务所、昆吾九鼎投资管理有限公司；现任中国建银投资有限责任公司审计部审计二处处长，中建投信托股份有限公司监事。 |
| 李爱玲 | 监事 | 女 | 43 | 2017 年 12 月 | 建投控股有限责任公司 | 9.95 | 曾任职于山东莱芜市经济技术协作办公室、山东莱芜市招商局、中华财务咨询有限公司；现任建投控股有限责任公司财务部总经理，中建投信托股份有限公司监事。 |
| 谢悦 | 职工监事 | 女 | 47 | 2017 年 12 月 | — | — | 曾任职于浙江省水利水电高等专科学校、浙江省国信集团、浙江省国际信托投资有限责任公司；现任中建投信托股份有限公司法律合规部总经理、职工监事。 |
| 袁路 | 职工监事 | 男 | 35 | 2017 年 12 月 | — | — | 曾任职于工信部软件与集成电路促进中心、Intel（上海）技术开发有限公司；现任中建投信托股份有限公司研究创新部总经理、职工监事。 |

注：本届监事会未设下属委员会。

### 3.4 高级管理人员

高管层

| 姓名 | 职务 | 性别 | 年龄（岁） | 选任日期 | 金融从业年限（年） | 学历 | 专业 | 简要履历 |
|---|---|---|---|---|---|---|---|---|
| 谭 硕 | 总经理 | 男 | 47 | 2018 年 11 月 | 26 | 博士 | 经济学 | 曾任职于中国建设银行等；现任中建投信托股份有限公司党委委员、董事、总经理。 |
| 余 海 | 副总经理 | 男 | 44 | 2013 年 3 月 | 19 | 硕士研究生 | 国际银行及金融学 | 曾任职于中信银行、平安信托；现任中建投信托股份有限公司副总经理。 |
| 张 昳 | 董事会秘书、副总经理 | 男 | 47 | 2013 年 12 月 | 26 | 本科 | 金融学 | 曾任职于浙江省国际信托投资有限责任公司；现任中建投信托股份有限公司董事会秘书、副总经理。 |
| 侯春枫 | 首席风险官 | 男 | 45 | 2015 年 12 月 | 21 | 硕士研究生 | 工商管理 | 曾任职于中国建设银行、金信信托等；现任中建投信托股份有限公司首席风险官。 |
| 高峻峰 | 总经理助理 | 男 | 42 | 2018 年 7 月 | 10 | 硕士研究生 | 工商管理 | 曾任职于中粮集团、平安信托等；现任中建投信托股份有限公司总经理助理。 |
| 邱旭天 | 总经理助理 | 男 | 39 | 2018 年 7 月 | 20 | 本科 | 金融学 | 曾任职于中国建设银行、招商银行、中国民生银行；现任中建投信托股份有限公司总经理助理。 |

### 3.5 公司员工

| 项目 | | 报告期年度 | |
|---|---|---|---|
| | | 人数（人） | 比例（%） |
| 年龄分布 | 25 岁以下 | 16 | 3.73 |
| | 25～29 岁 | 118 | 27.51 |
| | 30～39 岁 | 249 | 58.04 |
| | 40 岁以上 | 46 | 10.72 |
| 学历分布 | 博士 | 9 | 2.1 |
| | 硕士 | 235 | 54.78 |
| | 本科 | 171 | 39.86 |
| | 专科 | 13 | 3.03 |
| | 其他 | 1 | 0.23 |
| 岗位分布 | 董事、监事及其高管人员 | 11 | 2.56 |
| | 自营业务人员 | 12 | 2.8 |
| | 信托业务人员 | 140 | 32.63 |
| | 其他人员 | 266 | 62.01 |

## 4. 经营管理

### 4.1 经营目标、经营方针、战略规划

#### 4.1.1 经营目标

塑造“值得信赖的专业受托人”形象，发展成为一家有价值、值得信赖的品牌资产管理机构。

公司以受益人利益为核心履行受托管理职责，将“忠诚、诚信、尽责”等道德标准贯穿于经营实践过程中。

公司将基于对信托制度的深刻理解，通过信托金融工具的综合运用和创新发展，培育在重点行业的价值提升能力，最终成为具有突出经济价值、社会价值和品牌价值的资产管理机构。

#### 4.1.2 经营方针

合规经营。让公司成为值得信赖的专业受托机构，切实维护信托关系各方当事人的合法利益，牢固树立“诚信为本、合规经营”的理念，在经营管理活动中全面深入贯彻依法合规经营的基本原则，用制度和流程规范经营行为，使各项业务始终在监管的要求内规范发展。

创新发展。公司通过体制机制的创新提高经营能力和管理水平；利用信托的制度优势，通过产品创新为投资者提供更加多样化、个性化的金融服务；加强行业发展前沿研究，积极探索信托行业发展规律及新的发展领域。

专业化经营。公司顺应信托行业发展的趋势，坚持专业化经营的发展方向，在产业投资等领域探索形成自身的经营特色。

#### 4.1.3 战略规划

积极利用信托制度优势，整合内外部资源，提升服务实体经济质效，促进实体经济高质量发展。

实现资产管理能力和财富管理能力相匹配平衡发展，提升综合金融服务能力，打造国内一流的资产管理平台。

实现治理结构规范化、企业管理现代化，树立较强市场影响力，力争进入行业前列，抓住资本市场机遇，成为投资能力专业、风险管控匹配、客户基础雄厚、值得信赖的专业信托公司。

### 4.2 所经营业务的主要内容

**自营资产运用与分布表**

| 资产运用 | 金额（万元） | 占比（%） | 资产分布 | 金额（万元） | 占比（%） |
|---|---|---|---|---|---|
| 货币资产 | 35 943.88 | 4.18 | 基础产业 | — | — |
| 贷款及应收款 | 543 622.90 | 63.17 | 房地产业 | 123 239.34 | 14.32 |
| 交易性金融资产 | — | — | 证券市场 | 6 529.25 | 0.76 |
| 可供出售金融资产 | 210 737.78 | 24.49 | 实业 | — | — |
| 持有至到期投资 | — | — | 金融机构 | 471 360.81 | 54.77 |
| 长期股权投资 | 33 965.75 | 3.95 | 其他 | 259 488.76 | 30.15 |
| 其他 | 36 347.85 | 4.21 | | | |
| 资产总计 | 860 618.16 | 100.00 | 资产总计 | 860 618.16 | 100.00 |

**信托资产运用与分布表**

| 资产运用 | 金额（万元） | 占比（%） | 资产分布 | 金额（万元） | 占比（%） |
|---|---|---|---|---|---|
| 货币资产 | 268 104.71 | 1.58 | 基础产业 | 1 677 727.40 | 9.90 |
| 贷款 | 11 074 718.20 | 65.38 | 房地产 | 9 060 799.17 | 53.49 |
| 交易性金融资产 | 8 116.88 | 0.05 | 证券市场 | 316 286.98 | 1.87 |
| 可供出售金融资产 | 1 621 866.08 | 9.57 | 实业 | 1 385 993.54 | 8.18 |
| 持有至到期投资 | 1 002 587.02 | 5.92 | 金融机构 | 1 541 395.76 | 9.10 |
| 长期股权投资 | 856 367.69 | 5.06 | 其他 | 2 956 744.27 | 17.46 |
| 其他 | 2 107 186.54 | 12.44 | | | |
| 信托资产总计 | 16 938 947.12 | 100.00 | 信托资产总计 | 16 938 947.12 | 100.00 |

## 4.3 市场分析

### 4.3.1 有利因素

供给侧结构性改革持续推进，财政政策积极有效，货币政策稳健中性，注重疏导货币和信贷的传导机制，防范化解重点领域金融风险，加强实体经济、科技创新、现代金融、人力资源协同发展的产业体系建设，实现实体经济与现代金融的促进互补。

深化改革加速推行，行政管理体制更加市场化，要素市场进一步健全，政府加强创新激励，紧抓战略性新兴产业，注重全面改造提升传统产业。新旧动能转换顺利推进，服务业和高新制造业的稳步发展为经济注入活力和韧性。

资管行业统一监管格局确定，2018 年 3 月 21 日，银保监会成立；同年 4 月 26 日，中国人民银行、银保监会、证监会、外汇局联合发布《关于规范金融机构资产管理业务的指导意见》(银发[2018]106 号)，金融市场的监管套利空间压缩，信托制度的风险隔离价值更加凸显。

信托行业完整的监管体系、保障体系和业务分类体系逐步建立，《中国信托登记有限责任公司信托登记管理细则》生效，《信托公司受托责任尽职指引》正式发布。

### 4.3.2 不利因素

世界经济复苏仍有隐忧，国际经济政治存在不确定性，中美贸易摩擦并未结束，不明朗预期拖累国内经济表现。

投资增速持续放缓，房地产、基础设施等信托传统投资领域分化趋势加速，以信托贷款为主的传统模式展业空间收窄，信托公司转型压力持续增加。

驱动经济增长的关键动能仍持续趋弱，居民消费增长乏力，经济运行仍面临较大压力，处于增速下行轨道，信托公司的整体业务风险有上升趋势。

以资管新规为首的统一监管要求进一步明确，新的监管环境对信托公司的主动管理能力、风险应对能力和资金募集能力提出更高要求。

## 4.4 内部控制

### 4.4.1 内部控制环境和内部控制文化

公司治理结构完善，建立了各项决策、执行、监督和激励约束机制，实现股东大会、董事会、监事会、经营层“三会一层”的治理体系规范运作。内部机构设置健全，前台、中台、后台，各部门权责明晰，已建立风险管理部、法律合规部、运营部、内审稽核部等多部门联动的内部控制格局和风险隔离机制，有效防范各类风险。

公司高度重视企业内控文化的建设，以合规、稳健和专业化经营为基本原则，秉承“诚信为本，合规经营”的核心理念，发挥信托制度优势，提升资产管理能力和风险管理能力，积极构建资本充实、内控严密、管理规范、具有较强发展能力和竞争能力的金融信托机构。

### 4.4.2 内部控制措施

4.4.2.1 流程控制

公司风险管理流程分为前台业务部门、中台风控部门、后台职能支持三大模块，实行前台、中台、后台分离原则。现行的内部控制制度覆盖了公司全业务流程。其中，前台业务人员按照公司各项业务受理、审查和操作规程拓展业务，实现内控流程的前端落实；中台人员以公司业务指引和风险偏好为准绳，对业务进行决策和事中控制，认真做好项目存续期间风险的动态监控；后台人员通过公司内控制度和流程管理对公司业务和经营活动进行后台维护和支持，实现内控流程的后端控制。

4.4.2.2 组织控制

公司董事会下设风险管理与审计委员会，作为董事会风险管理与审计工作的专门议事机构；下设信托委员会，保障公司依法履行受托职责，为受益人的利益最大化服务。

公司风险管理部为风险管理的具体职能部门，识别、评估和管理业务风险；法律合规部负责识别公司经营活动中的法律合规风险，监测和评估公司合规政策和程序的适当性，提出改进意见和建议，负责组织公司申报项目的立项及设立审批，不断完善业务受理及审批规程；运营部负责对信托项目实行标准化的集中管理；内审稽核部负责对公司经营活动进行审计监督和评价。

公司基本形成了事前防范、事中控制、事后监督和纠正健全的内控机制，相互监督制衡的运行机制贯穿于全业务流程。

4.4.2.3 制度控制

公司建立较为完整的内控制度体系，由法律合规部归口管理，通过规范的制度审查、审批流程，保障制度体系的规范性、完整性及有效性。2018 年，公司启动全面制度评价工作，通过梳理制度层级和脉络，从完整性、适用性、合理性及准确性等维度切入开展评估，形成阶段性及最终评价报告 2 份。在评价报告指导下，2018 年共完成制度修订 133 部、新增制度 23 部、废止制度 17 部。截至 2018 年末，公司现行有效制度(含指引)196 部，基本覆盖公司业务范围及管理事项，有效保障内部管理的规范性和业务发展的合规性。

### 4.4.3 信息交流与反馈

4.4.3.1 完整的报告体系

公司建立多层次、多途径的报告体系，通过划分部门和人员职责、确立清晰完整的报告线路，明确员工、部门、经营层、董事会和监事会的职责范围及报告路径。

4.4.3.2 信息交流与共享平台的搭建

公司通过 OA 平台、综合业务系统、CRM 系统、财务管理系统等电子化信息交流渠道，建立综合管理信息技术系统，实现“统一平台、信息共享、操作简便、安全高效”的管理目标，保障公司董事会和经营层及时了解和掌握公司的经营和内控情况。

4.4.3.3 外部信息共享机制

公司通过建立公开信息披露机制在官方网站发布公告或书面文件等方式，畅通公司与委托人、受益人及社会公众的信息沟通与交流。

4.4.3.4 监管信息沟通机制

公司通过定期报告、临时报告、事前报备、信托计划成立报告、非现场监管报告等方式，及时向监管部门报告公司相关信息，认真落实监管部门政策要求，建立良好的监管信息交流体系。

### 4.4.4 监督评价与纠正

4.4.4.1 外部监督与评价

公司接受监管部门的监督和评价，按年进行会计师事务所的年报审计，积极落实检查意见和建议，及时完善和优化各项制度及流程。

4.4.4.2 内部监督与评价

公司严格按照风险管理的事前调查和审查，事中、事后跟踪管理和监控的不同阶段管理特征，规范相应的内部审批、操作和风险管理的程序，细化和完善内控制度。

公司内审稽核部坚持以风险为导向，对主要业务条线及管理控制活动的重点领域和关键环节进行审计，提出切实可行的意见和建议，并不断加大审计整改落实的跟踪和督促力度，提升审计成果的运用效果，有效识别、评估和预防各类风险的发生，积极发挥审计“第三道防线”的作用。

## 4.5 风险管理

公司建立了较为完整的风险管理体系来识别、评估、监控以及管理公司的各类风险。风险主要包括市场风险、信用风险和操作风险。报告期内，公司重点搭建全面风险管理体系，提高风险管理工作的科学性。通过推进风险管理政策制定、审批流程优化、客户准入标准设定、尽职调查制度搭建、业务风险排查、项目风险预警和应对、风险管理先进工具运用等重要措施，为业务快速平稳发展提供了有力的保障。截至2018年末，公司各存续业务运行稳健，到期终止的信托项目能够按照交易文件约定履行受托人义务，在约定期限内按照合同约定向信托受益人分配信托利益，业务风险得到有效的防范与控制。

### 4.5.1 风险管理概况

公司风险管理遵循全面性、独立性、有效性及匹配性的原则，根据业务类别及风险类型，制定相应的风险控制措施和政策，建立系统的内部控制制度和风险管理规程。在项目选择上，实行尽职调查制度，由风险、法律、业务等部门员工组成尽调小组参与项目尽职调查，并引入外部律师和外部信用评级机构的专业服务；在项目决策上，实行分级、分类审批制度，针对不同类型的业务与交易对手的特性，实施差异化的审批流程；在项目执行上，实行信托经理双人负责制；在项目运作过程中，实行项目后续运营管理专人全程跟踪制度；在财务管理方面，实行信托财产与自有财产分户管理、不同信托财产开立不同账户的管理制度。

报告期内，公司着力推进全面风险管理体系建设，并明确各板块重点工作，主要表现在以下几个层面。

在组织架构层面，公司建立健全全面风险管理体系，明确各专项风险主责部门的职责。进一步优化中台职能部门组织结构，持续完善专业化分工。其中，风险管理部下设综合管理组，负责研究推进全面风险管理体系建设工作；运营部下设资产保全岗，重点负责不良资产处置工作，持续提升风险化解能力。同时结合客户分类管理，实行核心地产客户专人负责制，通过专人评审、动态跟踪，进一步提升风险管理效率。

在管控机制层面，公司持续优化核心风险管控机制，优化房地产业务抵押物脱押及销售现金流管控机制，建立操作风险事件管理机制，完善销售风险分级及投资者适当性管理机制，并持续优化其他核心风险管控机制。

在管理工具层面，公司持续深化对先进风险管理工具的研究和运用。公司优化与外部评级机构、评估机构、数据库和券商研究所的合作，为风险评估和管理提供高质量的数据支持；通过完善集中授信工具，减弱单一客户风险对总体信用风险的冲击；通过引入操作风险自我评估工具，梳理核心业务管理流程中可能存在的操作风险。

在管理文化层面，公司通过培训、宣导、轮岗、书面测试等方式方法，持续提升全员的风险管理意识和责任感，并借助公司微信公众号、内网平台等媒介传递公司风险管理理念。

4.5.1.1 公司经营活动中可能遇到的风险

公司经营活动中可能遇到的风险包括信用风险、市场风险、操作风险、法律风险、流动性风险、声誉风险、战略风险。

4.5.1.2 风险管理的基本原则与政策

公司全面风险管理坚持全面性、独立性、有效性及匹配性的原则，以科学发展观为指导，以建立完善的风险管理机制为目标，以核心业务和创新业务的风险管理为重点，不断引入科学的风险管理技术和先进的风险管理工具，实现风险有效控制与业务发展的协调统一，提升公司风险管理能力。

4.5.1.3 风险管理组织结构与职责划分

董事会风险管理与审计委员会是董事会下设负责风险管理与审计工作的专门委员会，作为董事会授权的风险管理和审计监督最高协调及议事机构，履行董事会授权的部分风险管理职责。其具体职责为：根据公司发展战略，制定、审核公司风险管理工作规划，评价公司战略目标和经营计划所涉及的风险因素，并向董事会提出建议；定期审核、评议公司风险管理政策，促进风险管理政策的合法合规和及时有效；从风险控制角度，监督公司各项规章制度的执行情况，并对公司重大经营决策进行风险监测和评价；审阅公司风险管理工作报告，对风险管理工作提出改善意见和建议；审核、批准公司的风险控制流程与风险计量模型和方法的监测、调整等相关工作；审核、评议公司年度审计工作规划；负责对公司内部审计制度的有效性及其执行情况进行监督；负责内部审计与外部审计之间的沟通与协调；对公司关联交易业务风险进行评估，对重大关联交易事项进行审查并提交董事会审议；提议聘请或更换外部审计机构；董事会授权的其他事宜。

风险管理部是公司履行全面风险管理职责的主责部门，具体职责为牵头建设和优化全面风险管理体系；组织各专项风险主责部门对全面风险涵盖的各专项风险进行识别、评估、监测、应对或处置；监控风险管理策略、风险偏好、风险容忍度、风险限额及风险管理政策和程序的执行情况，对突破风险偏好以及违反风险管理政策的情况及时预警、报告并提出处理建议；根据风险管理报告制度的规定进行风险管理相关情况报告；定期评估各部门风险管理绩效，及时发现风险隐患和管理漏洞，持续提高风险管理工作的有效性；公司经营层交办的其他工作。

法律合规部是公司管理法律合规风险的主责部门，具体职责包括负责公司合规风险政策的拟定，公司合规政策和程序适当性的评估，并提出改进意见和建议；负责公司合规风险管理和监管政策法律法规方面的研究、宣传与培训工作；负责公司内控管理机制的评估与优化；负责公司规章体系的规范管理，参与起草公司的基本规章，对除人力资源相关规章外的公司综合事务规章及业务管理规章进行审查；负责对公司固有业务与信托业务的合规性审查与咨询工作，并提出书面合规意见和建议；公司经营层交办的其他工作。

运营部是公司管理操作风险的主责部门，主要负责对涉及信托业务存续期的各类工作进行归口管理，加强对业务管理的过程控制，开展相应的协调沟通、监督跟踪及运营分析工作。

其具体职责包括参与信托项目的面签与核保；负责信托项目存续期间的资金收付、信息披露及档案管理；按项目的风险评级定期开展现场与非现场检查，跟踪交易对手资信变化、用款项目进度以及增信措施的落实；参与信托项目操作环节的设计与沟通，对项目设立的SPV进行归口管理；拟定公司运营管理制度，定期出具运营分析报告，对操作流程、系统建设不断提出优化建议；公司经营层交办的其他工作。

内审稽核部负责对公司经营活动进行全面审计，对公司内控管理、风险管理的健全性和有效性进行评价及分析，并提出整改建议。其具体职责包括对公司内控制度执行情况实行严格的检查和监督；对各部门的业务活动和财务活动进行审计、稽核；出具内部审计稽核报告，并在监督检查过程中对公司内控制度适时作出评价；公司经营层交办的其他工作。

**4.5.2　风险状况**

2018年，受信用违约事件频发、严监管政策持续、房地产市场风险积聚等因素的影响，公司面临的信用风险、市场风险等各类风险加剧，风险管理压力加大。在此外部环境下，公司持续建设全面风险管理体系、优化核心业务风险管控措施，并提升精细化风险管理能力，全年公司业务经营稳健，主动管理能力增强，主动管理不良资产率虽较往年有所增长，但仍持续控制在合理水平，全年未发生重大不利风险事件。

4.5.2.1　信用风险状况

信用风险是指交易对方不能履行合约义务而带来的风险。对公司而言，它指的是信托当事人各自承担的对他方的责任不能全部或部分按时履行的风险。公司严格按照《中国银行业监督管理委员会关于非银行金融机构全面推行资产质量五级分类管理的通知》的要求，定期对公司资产质量进行五级分类。

2018年，公司固有信用风险资产余额为85.55亿元，其中不良资产期初数为2.8亿元，期末数为3.54亿元。公司按照法律法规的相关规定提取了相应比例的风险准备金，全年未发生因重大信用风险所造成的损失。

4.5.2.2　市场风险状况

市场风险是指由于市场因素变动造成损失的风险，主要表现为市场环境、行业状况、供求关系、价格、利率、汇率等宏观因素发生变化对项目价值产生负面影响，导致信托财产或公司利益遭受损失的可能性。目前，公司信托业务主要承担信用风险，市场风险敞口较小，公司对涉及市场风险的信托产品做好风险揭示，通过逐日盯市、价值跟踪等措施监控市场风险敞口，做好缓释市场风险准备。公司固有业务持有一定数量股权类资产，其中股票为6 529万元，长期股权投资为3.40亿元，市场风险敞口小，整体市场风险可控。

4.5.2.3　操作风险状况

操作风险主要是指因交易系统不完善、管理失误、控制缺失或其他一些人为的错误而导致损失的可能性，尤其是因管理失误和内部控制缺失带来的损失。公司主要操作风险管理方法包括流程管理和系统控制。流程管理通过分层授权、流程系统控制、业务复核、审批会决策等方式落实；系统控制通过建立综合业务管理系统、按照授权管理原则，确立系统节点控制。2018年，公司未发生因操作风险所造成的损失。

4.5.2.4　其他风险状况

除以上三种风险外，公司还可能面临的风险包括法律风险、流动性风险、声誉风险、战略风险等。法律风险主要是指因合约的内容在法律上有缺陷或不完善而发生法律纠纷甚至无法履约的情况。流动性风险是指公司虽然有清偿能力，但无法及时获得充足资金或无法以合理成本及时获得充足资金以应对资产增长或支付到期债务的风险。声誉风险是指因内部经营管理不善或是外部事件等原因，导致利益相关方、媒体或是其他公开信息平台对公司负面评价的风险。战略风险是指公司因缺乏战略规划、战略错误、战略未有效执行或及时调整等因素，导致无法实现经营目标或是遭受重大损失的风险。2018年，公司未发生因其他风险所造成的损失。

**4.5.3　风险管理策略**

针对信托公司经营过程中可能存在的各类风险，公司结合全面风险管理体系建设工作，在认真分析风险成因和影响方式的基础上，均制定相应的风险管理策略和防范控制措施。

4.5.3.1　信用风险管理策略

报告期内，公司进一步优化信用风险评审机制，加强信用风险管理工具运用，提升日常精细化风险管理能力。

在评审机制优化上，公司继续实施客户分类管理，对不同类别客户实施差异性内部风险管理策略和展业策略，对30余家核心客户实施专人负责制，通过专人覆盖和报告制度提高对客户的持续跟踪和全面风险评价。

在管理工具运用上，公司对核心业务采用集中授信制度，减弱个体信用风险对总体信用风险的冲击。此外，公司组织开展了房地产业务信用风险压力测试，分析各压力情景下对公司拨备及资本金水平的影响。

在授信后管理机制上，针对日常精细化风险管理，公司坚持按日实行舆情监测，按月对未来3个月到期项目开展风险排查，按季做好存续项目监控和报告工作，提前发现到期兑付风险、制定预案，实现存续期信用风险动态跟踪和控制。

在不良资产处置上，公司增设资产保全岗，由公司领导牵头推进相关工作，提高风险事件处置质效，通过总结不良资产处置经验，提升信用风险管理能力。

4.5.3.2　市场风险管理策略

报告期内，公司通过采用数据库和管理系统，实时跟踪证券市场走向；通过优化评审机制和管理办法，提升对房地产市场风险的管控能力。

在证券市场方面，公司业务主要为现金管理类产品，投向债券等标准债权类资产。该类业务受利率变动影响较大，为此公司对接了万得资讯、QB系统等，以实时获得债券收益率和市场交易数据，为市场走势预判奠定基础。此外，公司上线了固收投资系统以及债券投资信用评级系统，对固收投资类业务初步形成了系统化管理，一定程度上提高了公司市场风险管理的信息化程度。

在房地产市场方面，公司基于传统地产业务管理经验，以地产股权投资业务为切入点进一步优化公司业务结构。公司设立了地产股权业务评审组，牵头对该类业务投资策略进行研究分析，并对项目准入条件制定初步筛选标准，逐步完善该类业务初审机制。同时，公司也出台相关细则对地产股权投后管理进行了规范。

4.5.3.3　操作风险管理策略

报告期内，根据全面风险管理体系建设规划，公司明确运营部为操作风险的主责部门，并成立操作风险管理团队，重点牵头负责相关工作的推进。公司通过引入管理工具和优化流程机制等途径，系统性地加强对操作风险的管控力度。

在管理工具方面，公司以房地产债权信托业务为流程试点，借助外部咨询机构专业意见，完成了操作风险自我评估，同时制定了操作风险事件管理制度，明确操作风险事件管理职责，落实相应的管控流程。

在流程机制方面，公司在诸多核心管理环节如增信措施落实、面签核保、信息披露、征信管理、投决组管理及逾期事件应对等方面均出具了制度或操作手册，加强了相关节点管控要求。同时公司新增贷后首次检查，强化项目审批条件落实，重点防范项目操作风险。

4.5.3.4　法律风险管理策略

报告期内，公司定期对监管政策进行解读和宣导，并出台了《房地产业务合规指引》《房地产债权项目法律风险管控指引》等制度；公司启动制度体系全面评价和完善工作，进一步提升了制度的针对性和有效性；同时公司组织开展信托业务人员合规测试、全员资管新规测试等，持续加强员工对监管政策的动态学习和理解运用。

4.5.3.5　其他风险管理策略

针对其他类型风险管理，公司在报告期内建立流动性风险监控机制，每月对流动性覆盖率等指标进行监测，防范流动性风险；建立较为完善的声誉风险管理机制，通过建立舆情监测与应急处理、投诉管理、客户服务规范等机制，提升声誉风险管理能力；根据外部监管要求和环境变化，结合公司发展实际，更新了2015—2020 年发展规划，有效防范和抵御面临的战略风险。

### 4.6　企业社会责任

公司秉承“价值创造、以人为本、和谐发展”的社会责任理念，立足于公司发展中各利益相关方的普遍诉求，服务于经济发展、产业转型、结构升级与社会进步的可持续发展大局，致力于实现企业发展、员工发展、社会发展的和谐统一。

一是坚持新发展理念，积极履行企业发展责任。2018 年，公司积极提升资本运营和资产经营能力，截至 2018 年末，公司净资产为 73.97 亿元，同比增长 10.9%，实现净利润 9.16 亿元，较好地实现了国有资产保值增值；积极发挥信托制度优势，设立政信类信托计划规模超过 90 亿元，进一步发挥社会资本对民生工程和地方经济建设的支持作用。

二是重视现代企业治理文化，推动公司治理规范。公司积极贯彻落实中央关于深化国企改革的工作要求，2018 年正式获准设立股份公司并完成工商变更登记，注册资本增至 50 亿元；积极落实股东关于公司引战工作各项要求，扎实做好前期尽调材料准备、引战方案要点、经营亮点提炼等工作，为公司下一步对接资本市场，推动实现股权多元化夯实基础。

三是认真履行受托责任，提升金融综合服务水平。公司积极推进消费者权益保护工作，通过强化信托产品与服务的信息披露义务，持续做好“双录”工作，积极推进理财经理内部培训与投资者宣传教育工作，切实提升投资者的满意度和忠诚度；通过多维度组织举办系列品牌客户活动、优化客户积分商城建设等方式，不断提升高净值客户服务能力。2018 年，公司实现客户投资者收益 110 亿元，同比增长 33%。

四是坚持以人为本，认真履行员工发展责任。公司持续优化员工职业素质和专业能力培训体系，针对不同层级（类别）的员工开展各类专题培训，推出“森林”系列人才培养计划。公司进一步研究完善员工社会保障体系，为员工提供稳定的就业岗位和合理的薪酬福利待遇，连续第二年组织实施“员工入司周年”（星辰计划）文化纪念活动，推动和提升企业文化凝聚力。

五是举办特色公益项目，积极践行社会公益。公司连续第三年开展“银信封”计划年度公益项目，通过走访寻找最美教师，传播教师的可贵品质和师生间的动人情义。2018 年，累计组织 43 人次青年员工走访吉林延边、贵州毕节、山东曲阜、重庆万州等地，与当地师生开展爱心互动。

六是积极参与慈善信托，在慈善公益事业中发挥专业价值和履行社会责任。2018 年，公司正式成立首单慈善信托——中建投信托・银信封慈善信托 1 号，募集资金规模为 13.1977 万元，全部用于对“银信封”计划践行过程中所发现的、需要帮助的乡村教师及学校进行捐助。此外，联合发起设立之江 1 号生态保护慈善信托，首批资金将用于乌兰布和生态保护项目中近百亩防护林的认养。

## 5. 2018 年度及 2017 年度的比较式会计报表

### 5.1　自营资产

#### 5.1.1　会计师事务所审计意见全文

**审 计 报 告**

安永华明（2019）审字第 61316039_A01 号

中建投信托股份有限公司董事会：

一、审计意见

我们审计了中建投信托股份有限公司的财务报表，包括 2018 年 12 月 31 日的合并及公司资产负债表，2018 年度的合并及公司利润表、所有者权益变动表和现金流量表以及相关财务报表附注。

我们认为，后附的中建投信托股份有限公司的财务报表在所有重大方面按照企业会计 准则的规定编制，公允反映了中建投信托股份有限公司 2018 年 12 月 31 日的合并及公司财务状况以及 2018 年度的合并及公司经营成果和现金流量。

二、形成审计意见的基础

我们按照中国注册会计师审计准则的规定执行了审计工作。审计报告的“注册会计师对财务报表审计的责任”部分进一步阐述了我们在这些准则下的责任。按照中国注册会计师职业道德守则，我们独立于中建投信托股份有限公司，并履行了职业道德方面的其他责任。我们相信，我们获取的审计证据是充分、适当的，为发表审计意见提供了基础。

三、管理层和治理层对财务报表的责任

中建投信托股份有限公司管理层负责按照企业会计准则的规定编制财务报表，使其实现公允反映，并设计、执行和维护必要的内部控制，以使财务报表不存在由于舞弊或错误导致的重大错报。

在编制财务报表时，管理层负责评估中建投信托股份有限公司的持续经营能力，披露与持续经营相关的事项（如适用），并运用持续经营假设，除非计划进行清算、终止运营 或别无其他现实的选择。

治理层负责监督中建投信托股份有限公司的财务报告过程。

四、注册会计师对财务报表审计的责任

我们的目标是对财务报表整体是否不存在由于舞弊或错误导致的重大错报获取合理保证，并出具包含审计意见的审计报告。合理保证是高水平的保证，但并不能保证按照审计准则执行的审计在某一重大错报存在时总能发现。错报可能由于舞弊或错误导致，如果合理预期错报单独或汇总起来可能影响财务报表使用者依据财务报表作出的经济决策，则通常认为错报是重大的。

在按照审计准则执行审计工作的过程中，我们运用职业判断，并保持职业怀疑。同时，我们也执行以下工作：

1. 识别和评估由于舞弊或错误导致的财务报表重大错报风险，设计和实施审计程序以应对这些风险，并获取充分、适当的审计证据，作为发表审计意见的基础。由于舞弊可能涉及串通、伪造、故意遗漏、虚假陈述或凌驾于内部控制之上，未能发现由于舞弊导致的重大错报的风险高于未能发现由于错误导致的重大错报的风险。

2. 了解与审计相关的内部控制，以设计恰当的审计程序，但目的并非对内部控制的有效性发表意见。

3. 评价管理层选用会计政策的恰当性和作出会计估计及相关披露的合理性。

4. 对管理层使用持续经营假设的恰当性得出结论。同时，根据获取的审计证据，就可能导致对中建投信托股份有限公司持续经营能力产生重大疑虑的事项或情况是否存在重大不确定性得出结论。如果我们得出结论认为存在重大不确定性，审计准则要求我们在审计报告中提请报表使用者注意财务报表中的相关披露；如果披露不充分，我们应当发表非无保留意见。我们的结论基于截至审计报告日可获得的信息。然而，未来的事项或情况可能导致中建投信托股份有限公司不能持续经营。

5. 评价财务报表的总体列报、结构和内容（包括披露），并评价财务报表是否公允反映相关交易和事项。

6. 就中建投信托股份有限公司中实体或业务活动的财务信息获取充分、适当的审计证据，以对财务报表发表审计意见。我们负责指导、监督和执行集团审计，并对审计意见承担全部责任。

我们与治理层就计划的审计范围、时间安排和重大审计发现等事项进行沟通，包括沟通我们在审计中识别出的值得关注的内部控制缺陷。

安永华明会计师事务所（特殊普通合伙）

中国注册会计师：吴 军

中国注册会计师：杨一伟

中国·北京

2019年4月18日

5.1.2 资产负债表

**资产负债表**

编制单位：中建投信托股份有限公司　　2018 年 12 月 31 日　　单位：万元

| | 年末数 | 年初数 |
|---|---|---|
| 资产 | | |
| 货币资金 | 35 943.88 | 29 414.79 |
| 应收账款 | 31 000.97 | 13 963.74 |
| 应收利息 | 7 105.01 | 5 124.60 |
| 以公允价值计量且其变动计入当期损益的金融资产 | — | 3.35 |
| 发放贷款和垫款 | 192 085.90 | 19 800.00 |
| 可供出售金融资产 | 210 737.78 | 244 415.89 |
| 应收款项类投资 | 313 431.01 | 536 761.30 |
| 长期股权投资 | 33 965.75 | 6 337.37 |
| 投资性房地产 | 15 886.00 | 16 351.66 |
| 固定资产 | 481.58 | 701.21 |
| 无形资产 | 2 790.92 | 2 441.85 |
| 递延所得税资产 | 13 235.86 | 2 986.85 |
| 其他资产 | 3 953.50 | 6 136.10 |
| 资产总计 | 860 618.16 | 884 438.71 |
| 负债 | | |
| 拆入资金 | 14 000.00 | 145 000.00 |
| 应付账款 | 174.05 | 174.05 |
| 预收款项 | 1 474.54 | 954.41 |
| 应付利息 | 43.17 | 250.86 |
| 应付职工薪酬 | 41 240.54 | 38 568.19 |
| 应交税费 | 33 027.57 | 25 632.63 |
| 递延所得税负债 | — | — |
| 其他负债 | 30 953.49 | 6 825.64 |
| 负债合计 | 120 913.36 | 217 405.78 |
| 所有者权益 | | |
| 股本 | 500 000.00 | 166 574.00 |
| 资本公积 | 19 398.36 | 14 442.85 |
| 其他综合收益 | −1 870.96 | 17 040.29 |
| 盈余公积 | 19 156.19 | 49 934.09 |
| 信托赔偿准备 | 29 546.20 | 24 967.04 |
| 一般风险准备 | 12 181.64 | 12 181.64 |
| 未分配利润 | 161 293.37 | 381 893.02 |
| 所有者权益合计 | 739 704.80 | 667 032.93 |
| 负债和所有者权益总计 | 860 618.16 | 884 438.71 |

法定代表人：王文津　　主管会计工作负责人：张昳　　会计机构负责人：吕深远

### 5.1.3 利润表

**利润表**

编制单位：中建投信托股份有限公司　　2018 年 12 月 31 日　　单位：万元

| 项目 | 本年累计数 | 上年累计数 |
|---|---|---|
| 一、营业收入 | 189 280.34 | 181 954.42 |
| 利息净收入 | 5 684.12 | -6 575.74 |
| 利息收入 | 10 678.55 | 4 076.10 |
| 利息支出 | 4 994.43 | 10 651.84 |
| 手续费及佣金净收入 | 128 696.22 | 128 923.37 |
| 手续费及佣金收入 | 130 269.91 | 129 179.85 |
| 手续费及佣金支出 | 1 573.69 | 256.48 |
| 投资收益 | 54 477.21 | 59 149.83 |
| 公允价值变动损益 | -1.30 | 1.09 |
| 汇兑收益 | 5.85 | -7.19 |
| 资产处置收益 | -6.56 | 4.26 |
| 其他业务收入 | 424.80 | 458.80 |

续表

| 项目 | 本年累计数 | 上年累计数 |
|---|---|---|
| 二、营业支出 | 68 540.40 | 48 380.57 |
| 税金及附加 | 1 297.69 | 1 079.23 |
| 业务及管理费 | 52 100.06 | 50 994.48 |
| 资产减值损失 | 14 677.00 | -4 051.20 |
| 其他业务成本 | 465.65 | 358.06 |
| 三、营业利润 | 120 739.94 | 133 573.85 |
| 加：营业外收入 | — | — |
| 减：营业外支出 | 25.00 | 68.65 |
| 四、利润总额 | 120 714.94 | 133 505.20 |
| 减：所得税费用 | 29 131.82 | 33 526.38 |
| 五、净利润 | 91 583.12 | 99 978.82 |
| 六、其他综合收益 | -18 911.25 | -10 890.49 |
| 七、综合收益总额 | 72 671.87 | 89 088.33 |

法定代表人：王文津　　主管会计工作负责人：张昳　　会计机构负责人：吕深远

### 5.1.4 所有者权益变动表

**所有者权益变动表**

编制单位：中建投信托股份有限公司　　2018 年度　　单位：万元

| 2018 年度 | 股本 | 资本公积 | 其他综合收益 | 盈余公积 | 信托赔偿准备 | 一般风险准备 | 未分配利润 | 所有者权益合计 |
|---|---|---|---|---|---|---|---|---|
| 一、2018 年 1 月 1 日余额 | 166 574.00 | 14 442.85 | 17 040.29 | 49 934.09 | 24 967.04 | 12 181.64 | 381 893.02 | 667 032.93 |
| 二、本年增减变动金额 | 333 426.00 | 4 955.51 | -18 911.25 | -30 777.90 | 4 579.16 | — | -220 599.65 | 72 671.87 |
| (一) 综合收益总额 | — | — | -18 911.25 | — | — | — | 91 583.12 | 72 671.87 |
| (二)利润分配 | — | — | — | 9 158.31 | 4 579.16 | — | -13 737.47 | — |
| 1. 提取盈余公积 | — | — | — | 9 158.31 | — | — | -9 158.31 | — |
| 2. 提取信托赔偿准备 | — | — | — | — | 4 579.16 | — | -4 579.16 | — |
| 3. 提取一般风险准备 | — | — | — | — | — | — | — | — |
| 4. 对股东的分配 | — | — | — | — | — | — | — | — |
| (三)所有者权益内部结转 | 333 426.00 | 4 955.51 | — | -39 936.21 | — | — | -298 445.30 | — |
| 三、2018 年 12 月 31 日余额 | 500 000.00 | 19 398.36 | -1 870.96 | 19 156.19 | 29 546.20 | 12 181.64 | 161 293.37 | 739 704.80 |
| 2017 年度 | 实收资本 | 资本公积 | 其他综合收益 | 盈余公积 | 信托赔偿准备 | 一般风险准备 | 未分配利润 | 所有者权益合计 |
| 一、2017 年 1 月 1 日余额 | 166 574.00 | 14 383.96 | 27 930.78 | 39 936.21 | 19 968.10 | 10 647.36 | 298 445.30 | 577 885.71 |
| 二、本年增减变动金额 | — | 58.89 | -10 890.49 | 9 997.88 | 4 998.94 | 1 534.28 | 83 447.72 | 89 147.22 |
| (一) 综合收益总额 | — | — | -10 890.49 | — | — | — | 99 978.82 | 89 088.33 |
| (二)利润分配 | — | — | — | 9 997.88 | 4 998.94 | 1 534.28 | -16 531.10 | — |
| 1. 提取盈余公积 | — | — | — | 9 997.88 | — | — | -9 997.88 | — |
| 2. 提取信托赔偿准备 | — | — | — | — | 4 998.94 | — | -4 998.94 | — |
| 3. 提取一般风险准备 | — | — | — | — | — | 1 534.28 | -1 534.28 | — |
| 4. 对股东的分配 | — | — | — | — | — | — | — | — |
| (三)其他 | — | 58.89 | — | — | — | — | — | 58.89 |
| 三、2017 年 12 月 31 日余额 | 166 574.00 | 14 442.85 | 17 040.29 | 49 934.09 | 24 967.04 | 12 181.64 | 381 893.02 | 667 032.93 |

法定代表人：王文津　　主管会计工作负责人：张昳　　会计机构负责人：吕深远

## 5.2 信托资产

### 5.2.1 信托项目资产负债汇总表

**信托项目资产负债汇总表**

编制单位：中建投信托股份有限公司　　2018 年 12 月 31 日　　单位：万元

| 信托资产 | 年末数 | 年初数 | 信托负债和信托权益 | 年末数 | 年初数 |
|---|---|---|---|---|---|
| 信托资产 | | | 信托负债 | | |
| 货币资金 | 268 104.71 | 209 804.13 | 交易性金融负债 | — | — |
| 拆出资金 | — | — | 衍生金融负债 | — | — |

续表

| 信托资产 | 年末数 | 年初数 | 信托负债和信托权益 | 年末数 | 年初数 |
|---|---|---|---|---|---|
| 存出保证金 | — | — | 应付受托人报酬 | 645.84 | 625.07 |
| 交易性金融资产 | 8 116.88 | 44 980.72 | 应付托管费 | 103.94 | 85.45 |
| 衍生金融资产 | — | — | 应付受益人收益 | 49.69 | 119.67 |
| 买入返售金融资产 | 280 803.10 | 381 396.00 | 应交税费 | 451.49 | — |
| 应收款项 | 1 292 967.14 | 543 577.52 | 应付销售服务费 | 16.91 | — |
| 发放贷款 | 11 074 718.20 | 10 951 028.12 | 其他应付款项 | 90 010.25 | 92 992.78 |
| 可供出售金融资产 | 1 621 866.08 | 1 795 978.78 | 预计负债 | — | — |
| 持有至到期投资 | 1 002 587.02 | 1 485 429.29 | 其他负债 | — | — |
| 长期应收款 | — | — | 信托负债合计 | 91 278.12 | 93 822.97 |
| 长期股权投资 | 856 367.69 | 575 090.42 | | | |
| 投资性房地产 | — | — | 信托权益 | | |
| 固定资产 | — | — | 实收信托 | 16 709 832.43 | 16 811 974.47 |
| 无形资产 | 2 082.50 | 121 478.25 | 资本公积 | 1 764.39 | 624.82 |
| 长期待摊费用 | — | — | 损益平准金 | — | — |
| 其他资产 | 531 333.80 | 915 883.54 | 未分配利润 | 136 072.18 | 118 224.51 |
| 减:各项资产减值准备 | — | — | 信托权益合计 | 16 847 669.00 | 16 930 823.80 |
| 信托资产总计 | 16 938 947.12 | 17 024 646.77 | 信托负债和信托权益总计 | 16 938 947.12 | 17 024 646.77 |

法定代表人:王文津　　主管会计工作负责人:张昳　　会计机构负责人:吕深远

#### 5.2.2 信托项目利润及利润分配汇总表

**信托项目利润及利润分配汇总表**

编制单位:中建投信托股份有限公司　　2018 年 12 月 31 日　　单位:万元

| 项目 | 本年累计数 | 上年累计数 |
|---|---|---|
| 1. 营业收入 | 1 282 665.74 | 1 000 768.03 |
| 1.1 利息收入 | 951 795.94 | 750 407.34 |
| 1.2 投资收益(损失以"-"号填列) | 277 634.52 | 184 644.39 |
| 其中:对联营企业和合营企业的投资收益 | — | — |
| 1.3 公允价值变动收益(损失以"-"号填列) | -2 445.98 | 2 440.72 |
| 1.4 租赁收入 | — | — |
| 1.5 汇兑损益(损失以"-"号填列) | — | — |
| 1.6 其他收入 | 55 681.26 | 63 275.58 |
| 2. 支出 | 160 495.91 | 153 576.29 |
| 2.1 税金及附加 | 3 570.31 | — |
| 2.2 受托人报酬 | 118 513.10 | 126 300.35 |
| 2.3 托管费 | 4 590.04 | 4 281.91 |
| 2.4 投资管理费 | 6 221.94 | 437.69 |
| 2.5 销售服务费 | 22 644.96 | 8 506.48 |
| 2.6 交易费用 | 70.07 | 23.52 |
| 2.7 资产减值损失 | — | — |
| 2.8 其他费用 | 4 885.49 | 14 026.34 |
| 3. 信托净利润(净亏损以"-"号填列) | 1 122 169.83 | 847 191.74 |
| 4. 其他综合收益 | — | — |
| 5. 综合收益 | 1 122 169.83 | 847 191.74 |
| 6. 加:期初未分配信托利润 | 118 224.51 | 98 996.60 |
| 7. 可供分配的信托利润 | 1 240 394.34 | 946 188.34 |
| 8. 减:本期已分配信托利润 | 1 104 322.16 | 827 963.83 |
| 9. 期末未分配信托利润 | 136 072.18 | 118 224.51 |

法定代表人:王文津　　主管会计工作负责人:张昳　　会计机构负责人:吕深远

## 6. 会计报表附注

### 6.1 会计报表编制基准不符合会计核算基本前提的说明

公司会计报表编制基准无不符合会计核算基本前提的事项。

### 6.2 重要会计政策和会计估计说明

无。

### 6.3 或有事项说明

无。

### 6.4 重要资产转让及其出售的说明

无。

### 6.5 会计报表中重要项目的明细资料

#### 6.5.1 自营资产经营情况

6.5.1.1 按信用风险五级分类结果披露信用风险资产的期初数、期末数

| 信用资产五级分类 | 正常类(万元) | 关注类(万元) | 次级类(万元) | 可疑类(万元) | 损失类(万元) | 信用风险资产合计(万元) | 不良资产合计(万元) | 不良资产率(%) |
|---|---|---|---|---|---|---|---|---|
| 期初数 | 817 768.26 | 15 180.00 | 28 002.06 | — | — | 860 950.32 | 28 002.06 | 3.25 |
| 期末数 | 690 236.27 | 129 797.86 | 20 618.06 | 7 540.00 | 7 280.99 | 855 473.18 | 35 439.05 | 4.14 |

注:不良资产合计=次级类+可疑类+损失类。

6.5.1.2 各项资产减值损失准备的期初数、本期计提、本期转回、本期核销、期末数

单位:万元

| | 期初数 | 本期计提 | 本期转回 | 本期核销 | 期末数 |
|---|---|---|---|---|---|
| 贷款损失准备 | 920.00 | 3 084.10 | 200.00 | — | 3 804.10 |
| 其中:一般准备 | 200.00 | 1 665.50 | 200.00 | — | 1 665.50 |
| 专项准备 | 720.00 | 1 418.60 | — | — | 2 138.60 |
| 应收款项类投资减值准备 | 11 433.33 | 2 888.99 | | — | 14 322.32 |
| 可供出售金融资产减值准备 | 1 205.00 | 7 200.00 | — | — | 8 405.00 |
| 持有至到期投资减值准备 | — | — | — | — | — |
| 长期股权投资减值准备 | — | 1 540.85 | — | — | 1 540.85 |
| 坏账准备 | — | 163.06 | — | — | 163.06 |
| 投资性房地产减值准备 | — | — | — | — | — |

6.5.1.3 按照投资品种分类，分别披露固有业务股票投资、基金投资、债券投资、股权投资等投资业务的期初数、期末数

单位：万元

| | 自营股票 | 基金 | 债券 | 长期股权投资 | 其他投资 | 合计 |
|---|---|---|---|---|---|---|
| 期初数 | 17 736.24 | 25 000.00 | — | 6 337.37 | 738 444.30 | 787 517.91 |
| 期末数 | 6 529.25 | 65 347.57 | — | 33 965.75 | 452 291.98 | 558 134.55 |

6.5.1.4 按投资入股金额排序，前五名的自营长期股权投资的企业名称、占被投资企业权益的比例、主要经营活动及投资收益情况等（从大到小顺序排列）

| 企业名称 | 占被投资企业权益的比例（%） | 主要经营活动 | 2018 年度投资收益（万元） |
|---|---|---|---|
| 国泰元鑫资产管理有限公司 | 24.30 | 特定客户资产管理业务以及中国证监会许可的其他业务。 | 612.90 |
| 宁波梅山保税港区如创股权投资合伙企业（有限合伙） | 96.21 | 股权投资及相关咨询服务。 | — |
| 深圳市卓越睿诚股权投资合伙企业（有限合伙） | 99.98 | 股权投资及相关咨询服务。 | 2 088.70 |

6.5.1.5 前五名的自营贷款的企业名称、占贷款总额的比例和还款情况等（从贷款金额大到小顺序排列）

| 企业名称 | 占贷款总额的比例（%） | 还款情况 |
|---|---|---|
| 四川蓝光美尚饮品股份有限公司 | 24.50 | 已于 2019 年 1 月归还。 |
| 陕西明珠佳顺实业有限公司 | 15.31 | 已于 2019 年 1 月归还 10 000 万元。 |
| 泉州华大泰禾广场投资有限公司 | 13.96 | — |
| 连江中庚房地产开发有限公司 | 10.21 | — |
| 无锡协信远岚房地产开发有限公司 | 10.21 | — |

6.5.1.6 代理业务（委托业务）期初数、期末数

单位：万元

| | 期初数 | 期末数 |
|---|---|---|
| 担保业务 | — | — |
| 代理业务（委托业务） | 4 449.30 | 4 538.86 |
| 其他 | — | — |
| 合计 | 4 449.30 | 4 538.86 |

6.5.1.7 公司当年的收入结构

| 收入结构 | 金额（万元） | 占比（%） |
|---|---|---|
| 手续费及佣金收入 | 128 696.22 | 67.99 |
| 其中：信托手续费收入 | 128 696.22 | 67.99 |
| 投资银行业务收入 | — | — |
| 利息收入 | 5 684.12 | 3.00 |
| 其他业务收入 | 424.09 | 0.23 |
| 其中：计入信托业务收入部分 | — | — |
| 投资收益 | 54 477.21 | 28.78 |
| 其中：股权投资收益 | 3 419.40 | 1.81 |
| 证券投资收益 | 13 446.25 | 7.10 |
| 其他投资收益 | 37 611.56 | 19.87 |
| 公允价值变动收益 | -1.30 | — |
| 营业外收入 | — | — |
| 收入合计 | 189 280.34 | 100.00 |

**6.5.2 信托财产管理情况**

6.5.2.1 信托资产的期初数、期末数

单位：万元

| 信托资产 | 期初数 | 期末数 |
|---|---|---|
| 集合类 | 10 121 664.11 | 10 083 033.03 |
| 单一类 | 4 982 745.75 | 4 321 418.22 |
| 财产权类 | 1 920 236.91 | 2 534 495.87 |
| 合计 | 17 024 646.77 | 16 938 947.12 |

6.5.2.1.1 主动管理型信托业务的信托资产期初数、期末数，分证券投资类、股权投资类、融资类、事务管理类分别披露

单位：万元

| 主动管理型信托资产 | 期初数 | 期末数 |
|---|---|---|
| 证券投资类 | 341 060.40 | 305 250.02 |
| 股权投资类 | 1 598 555.50 | 1 189 070.30 |
| 融资类 | 7 082 632.91 | 7 971 546.38 |
| 事务管理类 | 1 441 095.01 | 1 855 523.10 |
| 合计 | 10 463 343.82 | 11 321 389.80 |

6.5.2.1.2 被动管理型信托业务的信托资产期初数、期末数，分证券投资类、股权投资类、融资类、事务管理类分别披露

单位：万元

| 被动管理型信托资产 | 期初数 | 期末数 |
|---|---|---|
| 证券投资类 | 2 000.00 | 2 000.00 |
| 股权投资类 | 7 501.11 | 13 541.08 |
| 融资类 | 215 702.15 | — |
| 事务管理类 | 6 336 099.69 | 5 602 016.24 |
| 合计 | 6 561 302.95 | 5 617 557.32 |

6.5.2.2 本年度已清算结束的信托项目个数、实收信托合计金额、加权平均实际年化收益率

6.5.2.2.1 本年度已清算结束的集合类、单一类资金信托项目和财产管理类信托项目个数、实收信托合计金额、加权平均实际年化收益率

| 已清算结束的信托项目 | 项目个数（个） | 实收信托合计金额（万元） | 加权平均实际年化收益率（%） |
|---|---|---|---|
| 集合类 | 125 | 4 828 879.84 | 7.17 |
| 单一类 | 61 | 1 959 017.00 | 7.20 |
| 财产管理类 | 12 | 727 105.57 | 2.47 |

6.5.2.2.2 本年度已清算结束的主动管理型信托项目个数、实收信托合计金额、加权平均实际年化收益率，分证券投资类、股权投资类、融资类、事务管理类分别计算并披露

| 已清算结束的信托项目 | 项目个数（个） | 实收信托合计金额（万元） | 加权平均实际年化收益率（%） |
|---|---|---|---|
| 证券投资类 | 5 | 81 646.54 | 4.82 |
| 股权投资类 | 13 | 925 260.00 | 6.59 |
| 融资类 | 92 | 3 322 284.30 | 7.09 |
| 事务管理类 | 32 | 1 058 794.44 | 5.16 |

6.5.2.2.3　本年度已清算结束的被动管理型信托项目个数、实收信托合计金额、加权平均实际年化收益率，分证券投资类、股权投资类、融资类、事务管理类分别计算并披露

| 已清算结束的信托项目 | 项目个数(个) | 实收信托合计金额(万元) | 加权平均实际年化收益率(%) |
|---|---|---|---|
| 证券投资类 | — | — | — |
| 股权投资类 | 1 | 6 500.00 | 8.99 |
| 融资类 | 6 | 322 990.00 | 4.73 |
| 事务管理类 | 49 | 1 797 527.13 | 7.47 |

6.5.2.3　本年度新增的集合类、单一类和财产管理类信托项目个数、实收信托合计金额

| 新增信托项目 | 项目个数(个) | 实收信托合计金额(万元) |
|---|---|---|
| 集合类 | 138 | 7 285 949.44 |
| 单一类 | 31 | 1 845 206.35 |
| 财产管理类 | 18 | 1 822 083.20 |
| 新增合计 | 187 | 10 953 238.99 |
| 其中:主动管理型 | 153 | 8 758 952.83 |
| 被动管理型 | 34 | 2 194 286.16 |

6.5.2.4　信托业务创新成果和特色业务有关情况

2018年，公司进一步加大行业研究及业务创新投入力度，连续6年编撰出版《中国信托业研究报告》，并首次与中国社会科学院金融所合作出版。

2018年，公司紧密把握宏观经济形势及信托行业发展变化，积极响应监管导向，在稳步拓展传统信托业务的同时，积极推动产品创新，在资产证券化、股权投资、现金管理等领域取得较大突破。

资产证券化方面，公司积极发掘优质基础资产，基础资产类型包括融资租赁、商业物业、购房尾款、物业费、信托受益权等。截至2018年末，公司存续资产证券化规模达310亿元，同比增长142%。

债券投资标品信托业务方面，公司持续强化在标品信托业务领域的主动管理能力，在债券市场产品设计、投资研究、信用分析等方面获得较大的提升。目前已形成投前研究、组合策略、投资交易、投后跟踪、归因分析的债券投资主动管理闭环，并开发出覆盖地产、基建、电子等10个领域的行业信用评价模型和以等级锚为代表的主体信用评价工具。截至2018年末，公司累计管理规模99.9亿元，同比增长78.6%。

同时，公司积极参与慈善信托，在慈善公益事业中发挥专业价值和履行社会责任。2018年公司正式设立首单慈善信托——中建投信托·银信封慈善信托1号，用于支持落后地区的学校在科教文卫方面的发展，以慈善信托为载体保障贫困地区基层教师享有最低生活标准，资助贫困生一定的学杂费和生活费，支持基层教育事业健康发展。此外，由中建投信托联合发起设立的之江1号生态保护信托也于2018年8月成立。

6.5.2.5　本公司履行受托人义务情况及因本公司自身责任而导致的信托资产损失情况(合计金额、原因等)

公司严格按照国家法律、法规和信托文件的约定管理、运用和处分信托财产，按期进行信息披露；对委托人、受益人以及处理信托事务的情况和资料依法保密；以信托财产为限向受益人支付信托利益。2018年，未发生因本公司自身责任而导致的信托资产损失情况。

6.5.2.6　信托赔偿准备金的提取、使用和管理情况

单位:万元

| 项目 | 期初数 | 本年增加 | 本年减少 | 期末数 |
|---|---|---|---|---|
| 信托赔偿准备金 | 24 967.04 | 4 579.16 | — | 29 546.20 |
| 合计 | 24 967.04 | 4 579.16 | — | 29 546.20 |

## 6.6　关联方关系及其交易的披露

### 6.6.1　关联交易方的数量、关联交易的总金额及关联交易的定价政策等

| | 关联交易方数量(个) | 关联交易金额(万元) | 定价政策 |
|---|---|---|---|
| 合计 | 2 | 3 011.94 | 按商业原则，协商确定 |

### 6.6.2　关联交易方与本公司的关系性质、关联交易方的名称、法定代表人、注册地址、注册资本及主营业务等

| 关系性质 | 关联方名称 | 法定代表人 | 注册地址 | 注册资本(万元) | 主营业务 |
|---|---|---|---|---|---|
| 控股股东 | 中国建银投资股份有限公司 | 仲建安 | 北京市西城区闹市口大街1号院2号楼7－14层 | 2 069 225 | 投资与投资管理；资产管理与处置；企业管理；房地产租赁；咨询。 |
| 控股股东之子公司 | 建投嘉昱(上海)投资有限公司 | 余真 | 上海市虹口区公平路18号8号楼三层B单元 | 500 000 | 实业投资，投资管理，资产管理，房地产经营，物业管理，自有房屋租赁，商务咨询，企业管理及咨询。 |

### 6.6.3　逐笔披露本公司与关联方的重大交易事项

6.6.3.1　固有与关联方交易情况：贷款、投资、租赁、应收账款、担保、其他方式等期初汇总数、本期借方和贷方发生额汇总数、期末汇总数

单位:万元

| 固有与关联方关联交易 | | | | |
|---|---|---|---|---|
| | 期初数 | 借方发生额 | 贷方发生额 | 期末数 |
| 贷款 | — | — | — | — |
| 投资 | — | — | — | — |
| 租赁 | — | 2 893.32 | — | — |
| 担保 | | — | — | — |
| 应收账款 | — | — | — | — |
| 其他 | — | 118.62 | — | — |
| 合计 | — | 3 011.94 | — | — |

业务及管理费中关联交易金额合计2 893.32万元。具体组成如下：

(1)建投嘉昱(上海)投资有限公司1 378.87万元；

(2)中国建银投资股份有限公司1 514.45万元；

(3)预付账款中关联交易金额118.62万元，是向建投嘉昱(上海)投资有限公司预付的房租等118.62万元。本公司与上述关联方按一般企业关系进行业务往来。

6.6.3.2　信托与关联方交易情况：贷款、投资、租赁、应收账款、担保、其他方式等期初汇总数、本期借方和贷方发生额汇总数、期末汇总数

无。

6.6.3.3 信托公司自有资金运用于自己管理的信托项目(固信交易)、信托公司管理的信托项目之间的相互(信信交易)交易金额,包括余额和本报告年度的发生额

6.6.3.3.1 固有资产与信托财产之间的交易金额期初汇总数、本期发生额汇总数、期末汇总数

单位:万元

| 固有资产与信托财产相互交易 | | | |
|---|---|---|---|
| | 期初数 | 本期发生额 | 期末数 |
| 合计 | 512 291.80 | -194 437.70 | 317 854.10 |

6.6.3.3.2 信托项目之间的交易金额期初汇总数、本期发生额汇总数、期末汇总数

单位:万元

| 信托资产与信托财产相互交易 | | | |
|---|---|---|---|
| | 期初数 | 本期发生额 | 期末数 |
| 合计 | 1 377 671.50 | -223 078.12 | 1 154 593.38 |

**6.6.4 逐笔披露关联方逾期未偿还本公司资金的详细情况以及本公司为关联方担保或即将发生垫款的详细情况**

无。

## 6.7 会计制度的披露

公司固有业务、信托业务均执行财政部颁布的企业会计准则及相关规定。

# 7. 财务情况说明书

## 7.1 利润实现和分配情况

公司2018年初未分配利润为381 893.02万元,2018年度实现净利润91 583.12万元。按净利润的10%提取法定盈余公积9 158.31万元,按净利润的5%提取信托赔偿准备金4 579.16万元,未分配利润转增资本298 445.30万元。截至2018年12月31日,公司未分配利润为161 293.37万元。

## 7.2 主要财务指标

| 指标名称 | 指标值 |
|---|---|
| 资本利润率(%) | 13.05 |
| 人均净利润(万元) | 220.55 |

## 7.3 对本公司财务状况、经营成果有重大影响的其他事项

无。

## 7.4 公司净资本情况

| 指标名称 | 指标值 | 监管标准 |
|---|---|---|
| 净资产(万元) | 739 704.80 | — |
| 净资本(万元) | 603 984.78 | ≥2亿元 |
| 各项业务风险资本之和(万元) | 321 343.88 | — |
| 净资本/各项业务风险资本之和(%) | 187.96 | ≥100 |
| 净资本/净资产(%) | 81.65 | ≥40 |

以上指标均符合《信托公司净资本管理办法》(中国银监会令[2010]第5号)各项监管要求。

# 8. 特别事项揭示

## 8.1 本报告期内股东变动的情况

无。

## 8.2 本报告期内董事、监事及高级管理人员变动情况

**8.2.1 董事变动情况**

2018年6月,公司收到浙江银监局下发的浙银监复[2018]184号、浙银监复[2018]185号文件,分别核准张昳董事会秘书、王新宇董事任职资格。

2018年8月,公司收到浙江银监局下发的浙银监复[2018]243号文件,核准谭硕董事任职资格。

2018年10月,公司收到浙江银保监局筹备组下发的浙银保监筹复[2018]1号文件,核准严宁独立董事任职资格。

**8.2.2 监事变动情况**

2018年3月,经公司股东会2018年第一次会议审议批准、第三届监事会第十一次会议审议通过,选举崔建为公司第三届监事会主席,杜文和不再担任监事会主席职务。

**8.2.3 高级管理人员变动情况**

2018年3月,经公司第三届董事会第四十次会议审议,同意解聘江峡公司副总经理职务。

2018年4月,公司原总经理刘屹因个人原因向公司提出辞去总经理职务的申请。2018年5月,经公司第三届董事会第四十二次会议审议,同意刘屹辞去总经理职务,暂由副总经理谭硕代为履职。

2018年6月,公司收到浙江银监局下发的浙银监复[2018]184号文件,核准张昳董事会秘书任职资格。

2018年7月,公司收到浙江银监局下发的浙银监复[2018]201号文件,核准高峻峰、邱旭天总经理助理任职资格。

2018年8月,公司收到浙江银监局下发的浙银监复[2018]238号文件,核准侯春枫首席风险官任职资格。

2018年11月,公司收到浙江银保监局筹备组下发的浙银保监筹复[2018]151号文件,核准谭硕总经理任职资格。

上述事项均属正常人事变动。

## 8.3 本报告期内变更注册资本、变更注册地、公司名称变更事项

2018年4月,经中国银行业监督管理委员会浙江监管局批复同意,公司名称由中建投信托有限责任公司更名为中建投信托股份有限公司(英文名称为JIC Trust Co., Ltd.),注册资本由1 665 740 000元增至5 000 000 000元。增资后,各股东持股比例保持不变。其中,中国建银投资有限责任公司持有股份数4 502 500 000股,持股比例为90.05%;建投控股有限责任公司持有股份497 500 000股,持股比例为9.95%。公司住所由浙江省杭州市教工路18号世贸丽晶城欧美中心1号楼(A座)18—19层C区、D区及1层C区103室、105室变更为杭州市教工路18号世贸丽晶城欧美中心1号楼(A座)18—19层C区、D区。上述变更公司名称、增加注册资本、变更住所事项、修改公司章程事项于2018年5月在浙江省工商行政管理

局完成了变更登记及备案手续。

## 8.4 公司的重大诉讼事项

2018 年,公司新增信托业务涉及的以公司为原告的诉讼案件 2 件,暂未开庭审理。

## 8.5 本报告期内公司及其董事、监事和高级管理人员受到处罚的情况

无。

## 8.6 本报告期内中国银保监会及其派出机构对公司检查后提出监管意见的情况

2018 年,中国银行业监督管理委员会浙江监管局对公司下发了《中国银监会浙江监管局关于中建投信托有限责任公司 2017 年度监管的意见》,认为公司 2017 年不断丰富和健全业务体系,进一步增强主动管理能力,交易对手层级整体提升,创新业务转型步伐加快;公司着力强化中后台建设,持续推进制度流程和系统建设,强化风险管理和内控管理,各类风险总体可控。同时,认为公司存在公司治理不够完善、合规管理有待加强、风险管控能力待提升、消费者权益保护工作有待提高等问题。

公司认真落实监管提出的各项意见,多次召开专题会议学习、讨论监管问题和整改措施,部署和安排整改落实工作,通过进一步加强合规管理等多项整改措施,从完善体制机制及强化制度执行方面切实落实长效机制建设,保证公司业务快速发展的同时,管理水平不断提升,为公司持续发展提供坚实保障。

## 8.7 本报告期内重大事项临时报告

2018 年 5 月 8 日,公司在《上海证券报》发布《中建投信托有限责任公司关于总经理变动的公告》。公司总经理刘屹先生因个人原因向公司提出辞去总经理职务的申请。经公司第三届董事会第四十二次会议审议,同意刘屹先生辞去总经理职务,暂由副总经理谭硕先生代为履职。

2018 年 5 月 11 日,公司在《上海证券报》发布《中建投信托股份有限公司关于变更公司名称、增加注册资本、变更住所、修改公司章程的公告》。经中建投信托股份有限公司 2017 年第一次临时股东大会审议,并报中国银行业监督管理委员会浙江监管局批准(浙银监复[2018]97 号),公司名称由中建投信托有限责任公司更名为中建投信托股份有限公司(英文名称为 JIC Trust Co., Ltd.)。注册资本由 1 665 740 000 元增至 5 000 000 000元。增资后,各股东持股比例保持不变。其中,中国建银投资有限责任公司持有股份4 502 500 000股,持股比例为 90.05%;建投控股有限责任公司持有股份497 500 000股,持股比例为 9.95%。公司住所由浙江省杭州市教工路 18 号世贸丽晶城欧美中心 1 号楼(A 座)18—19 层 C、D 区及 1 层 C 区 103 室、105 室变更为杭州市教工路 18 号世贸丽晶城欧美中心 1 号楼(A 座)18—19 层 C、D 区。《中建投信托股份有限公司章程》已经核准,涉及上述条款也已作相应修改。

2018 年 11 月 23 日,公司在《上海证券报》发布《中建投信托股份有限公司关于总经理聘任的公告》。经公司第一届董事会第七次会议审议,并报中国银行业监督管理委员会浙江银保监局筹备组核准(浙银保监筹复[2018]151 号),聘任谭硕先生为公司总经理。

## 8.8 本报告期内中国银保监会及其省级派出机构认定的其他有必要让客户及相关利益人了解的重要信息

无。

# 中江国际信托股份有限公司

## 1. 重要提示

1.1　本公司董事会及董事保证报告所载资料不存在任何虚假记载、误导性陈述或者重大遗漏，并对其内容的真实性、准确性和完整性承担个别及连带责任。

1.2　江西信德会计师事务所有限责任公司为本公司出具了无保留意见的审计报告，本公司董事会对相关事项亦有详细说明，请客户及相关利益人注意阅读。

1.3　本公司负责人贾俊、主管会计工作负责人曾海及财务负责人彭缅良声明：保证年度报告中财务报告的真实、完整。

## 2. 公司概况

### 2.1　公司简介

中江国际信托股份有限公司（以下简称中江信托或本公司）的前身是成立于1981年6月的江西省国际信托投资公司。2003年3月，江西省国际信托投资公司、江西省发展信托投资股份有限公司、赣州地区信托投资公司以新设合并方式重新登记成立江西国际信托投资股份有限公司。2009年3月，经中国银监会核准换发新牌，本公司名称变更为江西国际信托股份有限公司。2012年10月，本公司更名为中江国际信托股份有限公司。报告期末，本公司注册资本为30.05亿元。

| | |
|---|---|
| 法定中文名称（缩写） | 中江国际信托股份有限公司（中江信托） |
| 法定英文名称（缩写） | ZhongJiang International Trust Co.，LTD（ZJI） |
| 法定代表人 | 裘强 |
| 注册地址 | 南昌市北京西路88号江信国际金融大厦 |
| 邮政编码 | 330046 |
| 国际互联网网址 | http://www.jxi.cn |
| 电子信箱 | http://www.jxi.cn |
| 负责信息披露事务的高管人员 | 贾俊 |
| 联系人姓名 | 胡玉雯、喻辉 |
| 联系电话 | 0791-86304635 |
| 传真电话 | 0791-86304500 |
| 电子信箱 | hywen@zjgjxt.com、yhui@zjgjxt.com |
| 公司信息披露的报纸名称 | 《证券时报》 |
| 公司年度报告备置地点 | 南昌市北京西路88号江信国际金融大厦26楼 |
| 公司聘请的会计师事务所名称及住所 | 江西信德会计师事务所有限责任公司，江西南昌 |
| 公司聘请的律师事务所名称及住所 | 江西豫章律师事务所，江西南昌 |

### 2.2　组织结构

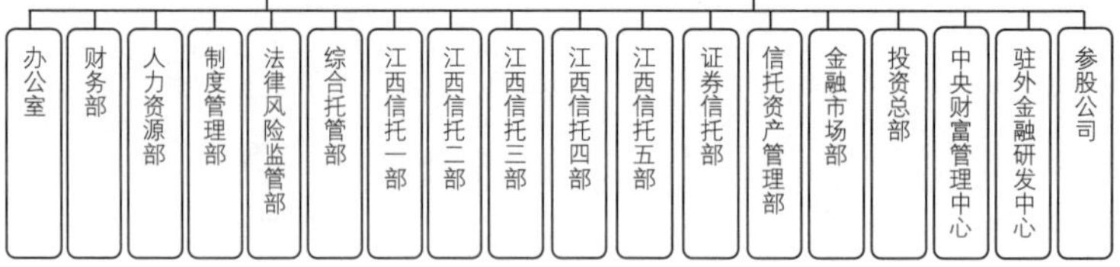


## 3. 公司治理

### 3.1　股东

2018年末，本公司股东总数13家，本公司前三位股东的名称、出资比例如下：

| 股东名称 | 法人代表 | 持股比例（%） | 注册资本（亿元） | 注册地址 | 主要经营业务及主要财务情况 |
|---|---|---|---|---|---|
| 领锐资产管理股份有限公司 | 张霄静 | 32.74 | 35.8 | 天津市华苑产业区 | 对工业、基础设施开发建设、金融、房地产业、物流业、酒店进行投资；资产投资；债务重组与企业重组咨询等。 |

续表

| 股东名称 | 法人代表 | 持股比例(%) | 注册资本(亿元) | 注册地址 | 主要经营业务及主要财务情况 |
|---|---|---|---|---|---|
| 大连昱辉科技发展有限公司 | 赵霖 | 25.11 | 16 | 辽宁大连 | 计算机软硬件技术开发、技术转让、技术服务;计算机系统集成;计算机硬件及自动化仪表销售;经济信息咨询;国内一般贸易等。 |
| 江西省金融控股集团有限公司 | 温治明 | 20.76 | 30 | 江西南昌 | 金融投资及咨询服务;对银行、证券、保险、信托、基金、租赁、典当、担保行业的投资;对非公开交易的股权进行投资以及相关咨询服务;受托管理股权投资企业,从事投资管理及相关咨询服务;投融资及金融研究,企业重组、并购咨询等经营业务;实业经营;资本运作及资产管理;省人民政府或省财政厅安排的重大项目投资,包括重大产业化项目、上市公司培育等项目的引导性投资,科技风险投资及科技成果产业化等项目的开发性投资,重大基础设施建设、能源项目及市政等项目的基础性投资;投资咨询服务;房地产开发经营;物业管理;国内贸易;其他行业的投资及管理。 |

## 3.2 董事

本公司董事会由9名董事组成。

| 姓名 | 职务 | 性别 | 年龄(岁) | 所推举的股东名称 | 该股东持股比例(%) | 简要履历 |
|---|---|---|---|---|---|---|
| 裘强 | 董事 | 男 | 60 | 江西省财政厅 | 20.44 | 1974年至1978年任江西省清江县昌付公社知青办主任;1978年至1981年任空军十一航校警卫排副排长;1981年至1989年任宜春市委组织部正科级组织员、上高县政府县长助理;1989年至1990年任江西省委农工部副处长;后调江西省展览中心任主任,期间曾兼任南昌佳盛典当行有限公司副董事长主持全面工作;1997年后曾任江西省人民政府办公厅副主任,协助副省长分管商贸、金融工作;2000年至2004年任江西省民政厅党组副书记、副厅长;2004年6月至今任中江国际信托股份有限公司党委书记、董事长、董事,先后在南昌大学、中央党校、上海浦东干部管理学院、长江商学院学习,获得哲学硕士、高级管理人员工商管理硕士。 |
| 贾俊 | 代理董事长 | 男 | 56 | 江西省江信国际大厦有限公司、江西金麒麟信用担保有限公司和江西省金象投资有限公司联合推荐 | 6.89 | 1981年至1988年在南昌铁路局工作;1988年至1997年任江西省工商银行信托投资股份有限公司部门副经理 ;1997年至2003年任江西省发展信托投资股份有限公司总经理助理、办公室主任 ;2003年起历任中江国际信托股份有限公司办公室副主任 、董事会秘书、战略中心主任、行政总管、行政总监、总稽核、董事、副董事长、代理董事长。 |
| 吴伟光 | 董事 | 男 | 62 | 江西省财政厅 | 20.44 | 1983年至1986年任赣州地区公路局宣传部干部;1986年起历任公司员工、业务部门经理、办公室主任、副总经理、总经理、董事。 |
| 康毅 | 董事 | 男 | 63 | 江西江信国际大厦有限公司 | 5.29 | 1973年至1976年在南昌县东新乡大洲村插队;1976年至1983年任福州军区独立防化学营战士、排长、政治指导;1983年至1998年任武警江西省总队司令部直政处正连职干事、副营职干事、正营职干事、副处长、处长,萍乡市支队政治委员;1998年至今历任中江国际信托股份有限公司监察室副主任、办公室副主任、江信置业有限责任公司董事长、经营总监、总经理助理、副总经理、常务副总经理、天安保险股份有限公司副董事长、中江信托董事。 |
| 陈林芳 | 董事 | 男 | 63 | 江西省财政厅 | 20.44 | 1976年至1978年在宜丰县敖桥公社农机厂任会计;1980年至1993年历任江西省财政厅农财处干部、组长、副处长;1993年至1995年任高安市人民政府挂职副市长;1995年至1996年任江西省财政厅条法税政处处长;1996年至今在江西省财政投资管理公司任负责人(主持工作)、董事长,期间曾任江西省发展信托投资股份有限公司董事长、江西省财政厅副巡视员。 |
| 曾福星 | 董事 | 男 | 56 | 江西省财政厅 | 20.44 | 1983年至1990年在江西省财政厅农税处工作任主任科员;1993年至1995年在井冈山财政干部培训基地挂职锻炼,任基地主任兼支部书记;1995年至1996年在江西省财政厅预算处工作;1996年7月起任江西省财政投资管理中心副主任;期间曾担任江西省发展信托投资股份有限公司监事会召集人。 |
| 陈出新 | 董事 | 男 | 55 | 江西省财政厅 | 20.44 | 1982年至1986年在江西财经学院计统系国民经济专业学习;1986年至1989年在四川省财政厅预算处工作;1989年至2009年任江西省财政厅会计处助调、副处长;2001年获得华中科技大学硕士学位;2006年至2007年派驻天津滨海新区筹建天津锦绣置业公司;2007年12月组织安排到江西博苑房地产公司工作;现任江西省财政厅投资管理中心(公司)主任(总经理)。 |
| 钟镰斧 | 董事 | 男 | 49 | 江西省金象投资有限公司 | 0.90 | 1987年至1991年在南昌航空工业学电子工程系本科毕业;1991年至1993年在江西大茅山企业集团开发部工作;1993年至1996年任江西省江信房地产公司贸易部经理;1996年至2009年任江信置业有限责任公司副总经理、总经理、董事长;2006年至2017年5月19日历任中江国际信托股份有限公司总监、总经理助理、副总经理、代理总经理、总经理、党委副书记、董事。 |
| 缪恒生 | 独立董事 | 男 | 70 | — | — | 1969年至1978年在江西省乐安县坪溪公社插队;1979年至1984年任中国人民银行上海分行南市区支行副科长;1984年至1992年任中国人民银行上海分行南市区支行副行长;1992年至1996年任上海申银证券公司副总裁;1996年至2007年任申银万国证券股份有限公司副总裁,现退休。 |

## 3.3 监事

本公司监事会由3名监事组成，其中江西省财政厅和江西省金象投资有限公司各推荐1名，职工代表监事1名，设1名监事会召集人。

| 姓名 | 职务 | 性别 | 年龄（岁） | 所推举的股东名称 | 该股东持股比例（%） | 简要履历 |
| --- | --- | --- | --- | --- | --- | --- |
| 周志宏 | 监事会召集人 | 男 | 60 | 江西省金象投资有限公司 | 0.90 | 1975年至1976年为吉林省东辽县渭津公社福民大队知青；1976年至1981年为兰州军区空军高炮14师40团3营8连士兵；1981年至1991年任兰州军区空军混成4旅军官；1991年至1993年任兰州军区空军政治部秘书处少校；1993年至今任中江国际信托股份有限公司科长、人事处处长、制度管理部部长、制度总监督。 |
| 万国钦 | 监事 | 男 | 59 | 职代会 | — | 1977年2月至1979年3月为江西省上高县镇渡公社知青；1979年4月至1993年5月任江西省南昌市市政工程处监察科副科长；1993年6月至今先后任中江国际信托股份有限公司人事处劳资科长、办公室主任助理、人力资源部部长、行政总部总管。 |

注：免去贾俊监事后未增补。

## 3.4 高级管理人员

截至报告期末，有6名高管人员。

| 姓名 | 职务 | 性别 | 年龄（岁） | 选任日期 | 金融从业年限（年） | 学历 | 专业 | 简要履历 |
| --- | --- | --- | --- | --- | --- | --- | --- | --- |
| 易勤华 | 总经理 | 男 | 52 | 2017年10月20日 | 25 | 博士 | 中国古代文学 | 1986年至1989年任江西安福中学教师；1992年至1993年任江西经济技术信息开发公司办公室主任、江西经济管理干部学院财会系行政干事兼教师；1993年至2002年任江西省国际信托投资公司秘书科科长、经济研究所所长助理；2002年至2005年任宜春市袁州区政府挂职副区长；2005年至2017年10月任中江国际信托股份有限公司战略投资开发部副部长、部长、党办副主任、办公室主任、行政总监、副总经理；2017年10月至今任中江国际信托股份有限公司总经理。 |
| 曾海 | 副总经理 | 男 | 55 | 2011年10月 | 23 | 在职研究生 | 产业经济学 | 1983年至1989年在江西木材厂工作；1989年至1992年任江西省林化公司（原江西省林业工业公司林产品供应站）财务科科长；1992年至1995年任江西省木材公司财务科副科长、科长；1995年至今历任中江国际信托股份有限公司计划财务处综合管理科科长、计划处处长助理、副处长、财务部总经理、财务总监、副总会计师、总会计师、总经理助理、副总经理。 |
| 陈华玲 | 副总经理、首席风险官 | 男 | 53 | 2011年7月 | 25 | 研究生 | 自然辩证法 | 1984年至1987年在江西龙南师范学校任教；1990年至1993年为江西中医学院社科部讲师；1993年至今先后任中江国际信托股份有限公司办公室秘书、国际金融部信贷员、信贷科副科长、江信律师事务所副主任、法律事务中心主任、法律风险监管部部长、风险控制委员会委员副主任、主任、总法律顾问、副风险控制官、法务总监、首席风险官、副总经理。 |
| 黄雪梅 | 副总经理 | 女 | 54 | 2011年10月 | 18 | 大学 | 电子 | 1986年8月至1993年7月为南昌洪都无线电厂工程师；1993年8月至2000年3月为江西省瑞德改革咨询中心职员、江西省瑞德资产评估事务所职员、江西省中昊会计师事务所职员；2000年3月至2003年5月为国盛证券有限责任公司职员；2003年6月至今任中江国际信托股份有限公司信托二部总经理助理、信托四部副总经理、金融理财中心总经理、总监、副总经理。 |
| 周跃明 | 副总经理 | 男 | 60 | 2012年12月 | 38 | 大学 | 会计学 | 1975年6月至1978年2月被下放南昌县；1978年2月至1980年1月为江西银校学生；1980年1月至1985年8月为人民银行南昌市支行四交办，干部；1985年7月至1998年12月任人民银行南昌市分行历任稽核处副主任科员、副处长、安义县支行行长、科技处处长；1998年12月至2003年10月任人民银行南昌中心支行历任科技处副处长、清算中心副主任、合作金融处副处长；2003年10月至2011年10月任江西银监局历任农行处副处长、股份处副处长、处长、非银行金融机构处处长。2011年10月至今任中江国际信托股份有限公司总经理助理、副总经理。 |
| 黄昊 | 副总经理 | 男 | 41 | 2014年10月 | 23 | 大学 | 工商管理 | 1992年9月至1995年7月就读于江西省银行学校；1995年8月至今在中江国际信托股份有限公司工作，历任信托业务部执行经理、副经理、北京信托业务一部经理、总经理助理，副总经理。 |

## 3.5 公司员工

| 项目 | | 2018 年末 | | 2017 年末 | |
|---|---|---|---|---|---|
| 人数(人) | | 287 | | 265 | |
| 平均年龄(岁) | | 38 | | 38 | |
| | | 人数(人) | 比例(%) | 人数(人) | 比例(%) |
| 年龄分布 | 20 岁以下 | — | — | — | — |
| | 20~30 岁 | 70 | 24.40 | 75 | 28.30 |
| | 31~40 岁 | 110 | 38.32 | 102 | 38.49 |
| | 41 岁以上 | 107 | 37.28 | 88 | 33.21 |
| 学历分布 | 博士 | 1 | 0.3 | 1 | 0.38 |
| | 硕士 | 63 | 22 | 62 | 23.40 |
| | 本科 | 178 | 62.02 | 162 | 61.13 |
| | 专科 | 45 | 15.68 | 40 | 15.09 |
| | 其他 | — | — | — | — |
| 岗位分布 | 董事、监事及其他高管人员 | 8 | 2.8 | 8 | 3.02 |
| | 自营业务人员 | 10 | 3.48 | 9 | 3.40 |
| | 信托业务人员 | 178 | 62.02 | 151 | 56.98 |
| | 其他人员 | 91 | 31.7 | 97 | 36.60 |

# 4. 经营管理

## 4.1 经营目标、经营方针、战略规划

### 4.1.1 经营目标

公司的经营目标是立足信托本业，发挥地方金融机构的职能，优化资源配置，实现项目风险的妥善处置，推进公司的转型，保持公司稳健经营和可持续发展。

### 4.1.2 经营方针

公司的经营方针是坚持“为了共同利益”的核心价值观，立足合规经营、稳健发展，努力构建风险可控、长期稳定的盈利新模式。

### 4.1.3 战略规划

通过不懈的努力，把本公司发展成为地方性金融(控股)集团，进入全国信托业先进行列。

## 4.2 所经营业务的主要内容

本公司所经营业务主要分为固有业务和信托业务两大块，其中固有业务包括自有资金投资等业务，各种业务所形成的资产组合与分布情况如下：

### 4.2.1 自营资产运用与分布

| 资产运用 | 金额(万元) | 占比(%) | 资产分布 | 金额(万元) | 占比(%) |
|---|---|---|---|---|---|
| 货币资产 | 19 727.52 | 2.09 | 基础产业 | — | — |
| 拆出资金 | — | — | 房地产业 | — | — |
| 交易性金融资产 | 82 370.71 | 8.74 | 金融业 | 728 974.62 | 77.35 |
| 其他流动资产 | 167 325.71 | 17.75 | 实业 | — | — |
| 可供出售金融资产 | 646 603.91 | 68.61 | 其他 | 213 474.27 | 22.65 |
| 持有至到期投资 | — | — | | | |
| 长期股权投资 | — | — | | | |
| 其他 | 26 421.04 | 2.80 | | | |
| 资产合计 | 942 448.89 | 100.00 | 资产合计 | 942 448.89 | 100.00 |

### 4.2.2 信托资产运用与分布

| 资产运用 | 金额(万元) | 占比(%) | 资产分布 | 金额(万元) | 占比(%) |
|---|---|---|---|---|---|
| 货币资产 | 155 129.95 | 1.13 | 基础产业 | 1 976 422.73 | 14.44 |
| 交易性金融资产 | 281 686.66 | 2.06 | 房地产业 | 1 395 220.56 | 10.16 |
| 贷款 | 6 986 103.55 | 51.04 | 证券 | 188 735.99 | 1.38 |
| 应收账款 | 149 158.48 | 1.09 | 金融机构 | 852 351.65 | 6.23 |
| 可供出售金融资产 | 386 553.53 | 2.82 | 工商企业 | 7 242 976.70 | 52.92 |
| 长期股权投资 | 2 304 765.11 | 16.84 | 其他 | 2 030 472.48 | 14.84 |
| 其他 | 3 422 782.83 | 25.01 | | | |
| 资产合计 | 13 686 180.11 | 100.00 | 资产合计 | 13 686 180.11 | 100.00 |

## 4.3 市场分析(影响本公司业务发展的主要因素)

### 4.3.1 有利因素

一是区域环境优势。江西省委、省政府的支持和帮助及监管部门的科学监管为本公司的发展提供了较好的区域发展环境。

二是股东资源优势。通过股权多元化，有利于依托股东资源优势进一步做强做大。

三是经营管理团队优势。本公司领导班子有很强的凝聚力和战斗力，在中江信托企业文化的熏陶和引领下，打造了一支“忠诚拼搏、艰苦创业”的经营管理团队。

### 4.3.2 不利因素

一是在宏观经济下行，以及金融“去杠杆、严监管”的大背景下，资本市场低迷，债券等市场违约风险上升，信托行业项目风险频发，公司经营面临较大挑战。

二是行业竞争加剧，面临周期性调整压力。

三是公司地处欠发达地区，客户资源相对有限，尤其是高端客户缺乏，合格投资者的培育拓展难度相对较大。

## 4.4 内部控制概况

### 4.4.1 内部控制环境和内部控制文化

本公司建立健全了以股东会、董事会、监事会及经营管理层为主体的组织架构和公司治理结构。董事会下设信托委员会、项目决策委员会、风险管理委员会、薪酬与考核委员会、制度与审计委员会、顾问委员会，构建了一个相对完整的决策和风险控制体系。通过前台、中台、后台不同职能部门及岗位的设置，赋予相应的权、责，并建立和完善各项业务操作规程与制度，从而形成了各岗位和人员之间相互独立、相互制衡和相互协调的监督管理机制。

本公司形成了一整套完善的制度体系，建立了相关机构组织及议事制度、具体业务风险防控内部控制制度，相关主体的行为均纳入内部控制范围。为保证制度有效性和可执行性，本公司定期进行制度清理，形成制度汇编。

报告期内，本公司根据国家政策、法律法规、监管导向及业务发展变化，实施“内控第一、全员遵守”内控文化，继续践行“风险第一、效益第一”的经营理念，并更为突出风险控制；继续完善业务规范、内控制度和操作流程，防范经营及管理风险。

### 4.4.2 内部控制措施

强化机构及部门间分工管控。本公司董事会下设的各委员会在分级授权范围内通过体系建设和及时完整的过程控制，使决策、研发、操作、审核及监督评价程序化、体系化。本公司

进一步明确内控制度和风险管理的职责，董事会和管理层负责风险政策的制定，法律风险监管部对风险管理状况进行监督评估，制度管理部负责执行程序检查，其他有关部门负责项目前期的风险防范和项目执行的风险报告。本公司进一步完善风险管理体系和有关制度，将风险管理贯穿到项目尽职调查、法律风险预审查、独立调查、“两会一组”审议、核准审批、制度流程督察审查、管理执行等各个环节。加强各项操作规程的制定和完善，强化责任认定和追究制度，从制度上防范风险的发生。完善数据信息系统、风险预警系统、项目分类评级办法，全面提升项目衡量、评价和控制风险的技能。此外，发挥会计师事务所、律师事务所、行业专家的优势，建立内外结合的审核机制。

完善业务运作管控体系。明确前台、中台、后台业务的工作职责，规范程序，形成有监督、有制衡的业务运作体系。通过具体、明确、合理的分工与授权，建立业务操作规程，在内部界定各责任主体的目标、职责和权限，分别在授权范围内各司其职，相互独立。本公司主要职能部门之间建立健全了防火墙制度，不同部门人员不得相互兼职，保证了自营、信托业务各成体系，独立运行。

强化内控文化。本公司树立了“风险第一、效益第一”的经营理念，制定了“十八支持、十八反对”的员工行为准则、职业道德规范，建立诚信记录，营造本公司合规经营的制度、文化环境；坚持企业文化的宣传教育，利用封闭培训、晨会制度等潜移默化地引导员工理解和践行企业文化；注重对员工的持续教育，通过中江国际金融大学的封闭式轮训、周末专题讲座及定期培训，宣传合法合规经营的理念，使员工树立起合规经营优先、风险控制优先的意识；充分发挥激励约束机制效用，优化内部控制人员的评价与激励，使内部控制效果与经济效益挂钩，驱动员工依法合规经营。

**4.4.3 信息交流与反馈**

通过强有力的制度执行，向风险管理委员会、高级管理层和董事会报告，及时披露业务开展和内控过程中的实质性缺陷或失控情况，以完善的信息系统确保报告程序的有效性和保密性。同时，定期披露或通报各责任主体或责任人履行职责情况、制度执行情况。各有关部门对项目运作、公司决议的执行实行跟踪，按照公司制度规定的流程及时将跟踪信息反馈，保证本公司对项目和合同履行等的控制。本公司建立了舆情监测和报告机制，成立了声誉风险管理小组，及时获取与公司经营相关的外部信息，并及时作出相应反馈。

**4.4.4 监督评价与纠正**

本公司董事会和高级管理层定期或不定期听取稽核审计部、法律风险监管部、综合托管部、财务部在稽核审计、内控检查、财务执行及风险监督过程中有关情况的汇报，对内控工作定期评价，对有关问题及时处理，切实防范各类风险。监事会依据公司章程规定负责实施对董事会、高级管理人员进行监督。

本公司管理层和内控部门对存在的问题进行现场检查和督促，及时有效地纠正运行中的偏差。

## 4.5 风险管理

**4.5.1 风险管理概况**

4.5.1.1 面临的主要风险

本公司经营活动中主要面临信用风险、市场风险、操作风险、政策和法律风险、道德风险、声誉风险等。

4.5.1.2 风险管理的基本原则与政策

本公司严格遵守国家有关的法律法规、行业规章及公司各项制度的规定，自觉树立规范运作、稳健经营的风险管理理念，坚持全面性、全员性、独立性、相互制衡、防火墙、适时有效、风险控制与业务发展同等重要、定性与定量相结合等原则，建立健全了信托赔偿准备金、防火墙、恢复与处置计划、绩效薪酬延期分配等方面的风险管理制度，建立行之有效的风险控制机制，不断提高风险管理水平和风险控制能力，保障公司健康、稳定经营和发展。

4.5.1.3 风险管理组织结构与职责划分

本公司建立健全了董事会、监事会、高级管理层、风险管理部门、内审部门及业务部门各司其职的风险管理组织架构，通过分离决策层、执行层、监督层职能，实现风险管理各层级、各职能部门相互独立、相互制衡。

董事会对公司总体风险进行识别、评价和管理，审议重大风险管理事项，下设风险管理委员会及首席风险官，主要负责制定和实施风险管理政策和措施，进行全面风险评估和控制。

监事会对公司董事、经理及其他人员的风险管理履职行为的监督，保障风险控制制度得到有效执行和遵守。

法律风险监管部、稽核审计部作为主要的风险控制和内审机构，负责风险的识别、评估、审查、稽核、审计等工作，各业务部门设立相关的风险管理对口岗位配合专职部门的风险管理。

同时，本公司注重发挥独立的外部机构在风险管理中的作用，聘请了专门的律师事务所、会计师事务所、资产评估事务所等第三方专业机构，为本公司风险管理提供常年和专项服务。

**4.5.2 风险状况**

4.5.2.1 信用风险状况

信用风险是指交易对方不履行约定义务而形成的风险。在经济运行持续承压和融资环境变化的影响下，部分企业尤其是民企融资难度加大，公司固有及信托业务面临的交易对手信用风险防控压力总体有所增加，公司积极采取各项信用风险防控措施，严格按照法律法规、监管政策及公司业务制度要求操作，按信托文件及交易文件的约定履行受托人管理职责，恪尽职守，保障受益人利益最大化。

4.5.2.2 市场风险状况

市场风险是指在固有及信托业务经营中所面临的因市场参数的波动而产生的风险。报告期内，受人民币汇率、利率、证券、大宗商品等市场波动及金融“去杠杆”等政策的影响，本公司固有和信托业务面临的市场风险有所增加。本公司通过加强市场研判，及时采取各类市场风险应对措施，进一步加强了对市场风险的管理。

4.5.2.3 操作风险状况

操作风险是指因不完善或有问题的内部程序、人员及系统或外部事件所造成损失的风险。操作风险可能产生在本公司固有业务和信托业务的各个环节及各流程，主要来自于内部管理风险、决策风险及信息技术系统风险。报告期内，公司通过风险排查和评估，进一步加强操作风险识别；继续强化操作风险管理，完善操作规程与管理职责，规范决策与执行程序，保障公司平稳运营及信托财产的安全。

4.5.2.4 政策和法律风险状况

政策和法律风险是指国家有关政策和法律法规发生重大变化或新出台有关政策和法律法规，引起市场的波动，从而给投资者带来的风险。报告期内，《关于规范金融机构资产管理业务的指导意见》（银发[2018]106号）等影响信托公司经营的多项重要资管新规先后出台，对资产管理行业的发展产生深远影响。本公司坚持以宏观调控为导向，深入学习和贯彻法律法规和行业监管政策，评估公司业务经营中的政策和法律风险，采取相应措施保障依法合规开展固有业务和信托业务。

4.5.2.5 道德风险状况

道德风险是指市场交易方内部人员违反行业行为准则、道德规范的要求，从而引起或故意导致公司业务处于风险状态的可能性。2018年，本公司继续加强企业文化、员工思想及职业道德教育，加强案防工作，定期开展制度执行检查与通报，加强风险警示，防范内部道德风险的发生。

4.5.2.6 声誉风险状况

声誉风险是指因公司经营、管理及其他行为或外部事件导致利益相关方对公司负面评价的风险。本公司制定并实施了《声誉风险管理规定》、新闻发言人制度等声誉风险控制制度。报告期内，本公司进一步加强声誉风险的管控，规范产品销售和信息披露管理，加强舆情监测引导，及时准确报告或发布信息，加强消费者权益保护，积极主动化解声誉风险。

**4.5.3 风险管理**

本公司风险管理工作坚持"匹配性、全覆盖、独立性和有效性"的风险管理基本原则要求，深入贯彻落实国家法律法规、金融监管政策，以事前防范为主，事中控制及事后补救为辅，对公司经营中的信用风险、市场风险、操作风险等各类风险进行全面风险管理，增强风险承受能力，提高风险防控水平。

4.5.3.1 信用风险管理

本公司采取的信用风险管理措施主要包括：（1）进一步完善信用风险管理制度。通过业务制度的完善，对交易对手准入标准进一步细化，控制和限制与高风险领域和行业交易对手的交易。（2）继续优化和执行风险限额管理和投资集中度管理策略。（3）进一步强化项目尽职调查及评审。审慎调查和评估项目还款来源的充足性及可替代性，加强对交易对手的舆情收集与分析，建立和完善交易对手负面清单管理制度。（4）根据项目情况采取不同的信用增级措施，降低风险敞口。采用信用担保的，优先选择代为清偿债务能力强、信誉状况好的保证人；需要提供物的担保的，坚持抵（质）押品确认原则，明确权属，评估价值及流通性，设置合理的抵（质）押率或预警及平仓线，建立风险缓冲；采取优先和劣后的结构化设计的，合理确定优先及劣后资金配比。（5）进一步加强信用风险监测和评估。加强重点领域和重点行业存续项目交易对手的信用风险排查和防控，对信用风险情况进行评估，制定信用风险防控方案，作好预判与应对。（6）严格按有关规定足额计提资产减值准备，依据相关规定足额计提一般及专项准备金。

4.5.3.2 市场风险管理

本公司建立了与公司业务性质、规模和复杂程度相适应的市场风险管理体系，管理和控制市场风险的主要措施包括（1）加强市场风险识别、计量与分析。对每项业务和产品中的市场风险因素进行分解和分析，及时、准确地识别交易和非交易业务中市场风险的类别和性质，全面了解股价、利率、汇率等市场要素，尽量规避市场风险。对于较复杂的特定市场且本公司不能有效了解和把握其风险的，一般采取谨慎原则，稳健操作。（2）业务开展中注重投资组合，分散风险。固有资金运用主要以可供出售金融资产、交易性金融资产、其他流动性资产等形式使用管理，股票、基金等资产受市场波动影响较大，其他资产整体市场风险较小。证券投资采用专业交易管理系统，通过系统参数设置，实现对证券价格、市值进行监控。信托业务中，根据不同业务类型、不同市场、不同交易对手采取相应的市场风险管理措施。（3）业务开展中实行限额管理制度，严格执行交易限额、风险限额和止损制度。信用收缩、债市违约风险频繁爆发的背景下，公司通过压缩存量、控制新增等措施稳健操作，规避特定市场风险。

4.5.3.3 操作风险管理

为最大限度地避免操作风险的发生，本公司采取如下主要措施：（1）进一步完善内部控制制度及相关机构组织议事制度，规范相关决策、审批及操作程序，加强制度执行的检查监督，形成独立、制衡、协作的管理机制，做到责任落实、跟踪有效，最大限度地控制内部管理方面的风险。（2）进一步完善信息管理系统，使审批流程标准化、系统化，信息处理、经营管理和内部控制系统功能更加完备；明确信息科技工作主管部门及人员职责，杜绝信息安全管理职能交叉、责任不清、管理真空的情况。（3）以进一步深化整治银行业市场乱象等各类专项治理活动为契机进行操作风险排查，结合金融案件风险警示教育活动、员工培训、制度执行检查评比等多项活动的开展，提高员工操作风险防控意识。

4.5.3.4 政策和法律风险管理

本公司以依法合规经营为第一要务，管理政策和法律风险的主要措施包括：（1）坚持遵纪守法的经营方针和经营宗旨，加强对宏观政策、监管政策和法律法规的调查研究，深入解读和贯彻经济政策、产业政策和法律法规。（2）根据国家政策、法律法规、监管导向及业务的发展变化，及时进行相关内控制度修订，使内控制度与国家政策、法律法规和监管要求相统一。（3）严格按照监管机构部署以及公司风控管理需要，通过开展进一步深化整治银行业市场乱象、贯彻落实资管新规等专项检查或自查整改活动，加强合规风险排查和案件防控工作。（4）严格项目评审，从合法、合规的视角审视评价每笔业务，加强公司内部审查和监督。（5）公司聘请声誉良好的律师事务所提供常年和专项法律服务，保障项目操作符合国家政策、法律法规及监管要求。

4.5.3.5 道德风险管理

本公司继续加强道德风险的管控，主要措施包括：（1）进一步完善内控制度，建立健全各项规章制度，进一步规范调查评审、产品推介、财产管理、信息披露、产品分配和清算等环节职责。（2）进一步明确道德风险管理机构职责，加强道德风险监控。公司道德风险防范委员会全面指导道德风险防控工作，完善道德风险管理制度规定，加强道德风险的识别与监测，综合分析道德风险状况并提出防控意见；稽核部门负责通过制度监察、跟踪审计等方式协助道德风险防范委员会进行道德风险管理。（3）继续加强员工的忠诚教育，开展了进一步深化整治银行业市场乱象等专项检查活动、银行业涉嫌非法集资风险专项排查、风险警示教育等活动，进一步加大案防工作力度，排查案件风险隐患，堵塞管理漏洞。

4.5.3.6 声誉风险管理

本公司继续加强声誉风险管控，采取的主要措施包括：(1)进一步建立、健全声誉风险管理制度，完善有关声誉风险管理部门及岗位的职责、权限和报告路径。(2)进一步完善声誉风险预警机制，全面了解与重点监测相结合，为公司生产经营情况提供及时、充分的决策信息。(3)通过企业文化教育及风险警示活动的开展，进一步培育员工的声誉风险防控意识，提高员工对声誉风险的识别和管控能力。(4)进一步规范信息披露，主动接受舆论监督。根据法律法规的要求、信息披露管理制度及信托文件的规定或约定，及时准确地向公众和投资者发布信息，与客户保持良好的沟通，妥善处理客户诉求，保障客户合法权益。(5)加强声誉风险排查及处置，及时稳妥化解风险。

## 5. 报告期末及上一年度末的比较式会计报表

### 5.1 自营资产(经审计)

#### 5.1.1 会计师事务所审计结论

**审 计 报 告**

赣信德审字[2019]第001号

中江国际信托股份有限公司全体股东：

一、审计意见

我们审计了中江国际信托股份有限公司(以下简称中江信托公司)的财务报表，包括2018年12月31日中江信托公司的资产负债表，2018年度中江信托公司的利润表和现金流量表以及财务报表附注。

我们认为，后附的财务报表在所有重大方面按照企业会计准则的规定编制，公允反映了中江信托公司2018年12月31日的财务状况以及2018年度中江信托公司经营成果。

二、形成审计意见的基础

我们按照中国注册会计师审计准则的规定执行了审计工作。审计报告的"注册会计师对财务报表审计的责任"部分进一步阐述了我们在这些准则下的责任。按照中国注册会计师职业道德守则，我们独立于中江信托公司，并履行了职业道德方面的其他责任。我们相信，我们获取的审计证据是充分、适当的，为发表审计意见提供了基础。

三、其他信息

管理层对其他信息负责。其他信息包括中江信托公司2017年年度报告中涵盖的信息，但不包括财务报表和我们的审计报告。

我们对财务报表发表的审计意见不涵盖其他信息，我们也不对其他信息发表任何形式的鉴证结论。

结合我们对财务报表的审计，我们的责任是阅读其他信息，在此过程中，考虑其他信息是否与财务报表或我们在审计过程中了解到的情况存在重大不一致或者似乎存在重大错报。

基于我们已经执行的工作，如果我们确定其他信息存在重大错报，我们应当报告该事实。在这方面，我们无任何事项需要报告。

四、管理层和治理层对财务报表的责任

管理层负责按照企业会计准则的规定编制财务报表，使其实现公允反映，并设计、执行和维护必要的内部控制，以使财务报表不存在由于舞弊或错误导致的重大错报。

在编制财务报表时，管理层负责评估中江信托公司的持续经营能力，披露与持续经营相关的事项(如适用)，并运用持续经营假设，除非管理层计划清算中江信托公司、终止运营或别无其他现实的选择。

治理层负责监督中江信托公司的财务报告过程。

五、注册会计师对财务报表审计的责任

我们的目标是对财务报表整体是否不存在由于舞弊或错误导致的重大错报获取合理保证，并出具包含审计意见的审计报告。合理保证是高水平的保证，但并不能保证按照审计准则执行的审计一定会发现存在的重大错报。错报可能由于舞弊或错误导致，如果合理预期错报单独或汇总起来可能影响财务报表使用者依据财务报表作出的经济决策，则通常认为错报是重大的。

在按照审计准则执行审计工作的过程中，我们运用职业判断，并保持职业怀疑。同时，我们也执行以下工作：

(1)识别和评估由于舞弊或错误导致的财务报表重大错报风险；设计和实施审计程序以应对这些风险，并获取充分、适当的审计证据，作为发表审计意见的基础。由于舞弊可能涉及串通、伪造、故意遗漏、虚假陈述或凌驾于内部控制之上，未能发现由于舞弊导致的重大错报的风险高于未能发现由于错误导致的重大错报的风险。

(2)了解与审计相关的内部控制，以设计恰当的审计程序。

(3)评价管理层选用会计政策的恰当性和作出会计估计及相关披露的合理性。

(4)对管理层使用持续经营假设的恰当性得出结论。同时，根据获取的审计证据，就可能导致对中江信托公司持续经营能力产生重大疑虑的事项或情况是否存在重大不确定性得出结论。如果我们得出结论认为存在重大不确定性，审计准则要求我们在审计报告中提请报表使用者注意财务报表中的相关披露；如果披露不充分，我们应当发表非无保留意见。我们的结论基于截至审计报告日可获得的信息。然而，未来的事项或情况可能导致中江信托公司不能持续经营。

(5)评价财务报表的总体列报、结构和内容(包括披露)，并评价财务报表是否公允反映相关交易和事项。

(6)就中江信托公司中实体或业务活动的财务信息获取充分、适当的审计证据，以对财务报表发表审计意见。我们负责指导、监督和执行中江信托公司审计，并对审计意见承担全部责任。

我们与治理层就计划的审计范围、时间安排和重大审计发现等事项进行沟通，包括沟通我们在审计中识别出的值得关注的内部控制缺陷。

江西信德会计师事务所有限责任公司　　　　中国注册会计师：

中国　南昌　　　　　　　　　　　　　　　中国注册会计师：

二〇一九年三月十二日

### 5.1.2 资产负债表

**资产负债表**

编制单位：中江国际信托股份有限公司　　2018 年 12 月 31 日　　单位：元

| 项目 | 附注七 | 期末余额 | 年初余额 |
|---|---|---|---|
| 资产： | | | |
| 货币资金 | （一） | 197 275 182.57 | 625 586 517.64 |
| 其中：客户存款 | | | |
| 结算备付金 | | | |
| 其中：客户备付金 | | | |
| 拆出资金 | | | |
| 融出资金 | | | |
| 交易性金融资产 | （二） | 823 707 085.90 | 1 102 565 354.34 |
| 衍生金融资产 | | | |
| 买入返售金融资产 | | | |
| 应收款项 | （三） | 1 673 257 054.66 | 801 649 917.22 |
| 应收利息 | | | |
| 存出保证金 | | | |
| 可供出售金融资产 | （四） | 6 466 039 095.36 | 8 222 239 157.86 |
| 持有待售资产 | | | |
| 持有至到期投资 | | | |
| 长期股权投资 | | | |
| 投资性房地产 | | | |
| 固定资产 | （五） | 3 018 790.44 | 6 043 735.26 |
| 在建工程 | | | |
| 无形资产 | （六） | 1 253 500.00 | 1 323 500.00 |
| 长期待摊费用 | | 1 706 565.61 | |
| 递延所得税资产 | （七） | 258 231 671.19 | 236 952 288.43 |
| 其他资产 | | | |
| 资产合计 | | 9 424 488 945.73 | 10 996 360 470.75 |

法定代表人：裘强　　主管会计工作负责人：曾海　　会计机构负责人：彭缅良

**资产负债表（续）**

编制单位：中江国际信托股份有限公司　　2018 年 12 月 31 日　　单位：元

| 项目 | 附注七 | 期末余额 | 年初余额 |
|---|---|---|---|
| 负债： | | | |
| 短期借款 | （八） | 680 000 000.00 | 350 000 000.00 |
| 拆入资金 | | | |
| 以公允价值计量且变动计入当期损益的金融负债 | | | |
| 衍生金融负债 | | | |
| 卖出回购金融资产款 | | | |
| 代理买卖证券款 | | | |
| 持有待售负债 | | | |
| 应付职工薪酬 | （九） | 78 824 825.88 | 154 710 600.14 |
| 应交税费 | （十） | 101 235 762.71 | 128 053 369.05 |
| 其他应付款 | （十二） | 6 870 157.24 | 9 356 899.89 |
| 应付利息 | | | |
| 预计负债 | （十三） | 821 120 000.00 | 821 120 000.00 |
| 应付债券 | | | |
| 递延所得税负债 | （七） | 289 549 547.29 | 827 663 854.76 |
| 其他负债 | | | |
| 负债合计 | | 1 977 600 293.12 | 2 290 904 723.84 |
| 所有者权益： | | | |
| 实收资本（或股本） | （十四） | 3 005 051 748.00 | 3 005 051 748.00 |
| 其他权益工具 | | | |
| 其中：优先股 | | | |
| 永续债 | | | |
| 资本公积 | （十五） | 624 288 591.42 | 624 288 591.42 |
| 减：库存股 | | | |
| 其他综合收益 | （十六） | 361 234 751.68 | 1 721 870 728.95 |
| 盈余公积 | （十七） | 484 877 169.67 | 477 120 090.38 |
| 一般风险准备 | （十八） | 313 469 286.58 | 284 063 318.23 |
| 未分配利润 | （十九） | 2 657 967 105.26 | 2 593 061 269.93 |
| 外币报表折算差额 | | | |
| 所有者权益合计 | | 7 446 888 652.61 | 8 705 455 746.91 |
| 负债和所有者权益总计 | | 9 424 488 945.73 | 10 996 360 470.75 |

法定代表人：裘强　　主管会计工作负责人：曾海　　会计机构负责人：彭缅良

### 5.1.3 利润表

**利润表**

编制单位：中江国际信托股份有限公司　　2018 年度　　单位：元

| 项目 | 附注七 | 本期金额 | 上期金额 |
|---|---|---|---|
| 一、营业收入 | | 350 277 449.14 | 944 713 873.59 |
| 手续费及佣金净收入 | （二十） | 520 539 461.51 | 698 680 278.81 |
| 其中：信托手续费净收入 | | 520 539 461.51 | 698 680 278.81 |
| 经纪业务手续费净收入 | | | |
| 投资银行业务手续费净收入 | | | |
| 投资咨询业务手续费净收入 | | | |
| 资产管理业务手续费净收入 | | | |
| 利息净收入 | （二十一） | -30 720 486.50 | 16 540 670.06 |
| 其中：存放金融同业利息收入 | | | |
| 融资融券利息收入 | | | |
| 投资收益（损失以"-"填列） | （二十二） | 9 508 717.81 | 261 474 653.65 |

续表

| 项目 | 附注七 | 本期金额 | 上期金额 |
|---|---|---|---|
| 其中：对联营企业和合营企业的投资收益 | | | |
| 金融工具投资收益 | | 9 508 717.81 | 261 474 653.65 |
| 公允价值变动收益(损失以"－"填列) | (二十三) | －149 132 925.60 | －32 119 709.30 |
| 汇兑收益(损失以"－"填列) | | | |
| 其他业务收入 | | 1 085.73 | 1 371.47 |
| 资产处置收益 | (二十四) | 81 596.19 | 136 608.90 |
| 其他收益 | | | |
| 二、营业支出 | | 239 948 606.35 | 310 618 863.27 |
| 税金及附加 | (二十五) | 3 714 102.66 | 6 526 157.25 |
| 业务及管理费用 | (二十六) | 232 974 221.94 | 278 576 246.66 |
| 资产减值损失 | (二十七) | 75 546.98 | 84 546.74 |
| 其他业务成本 | (二十八) | 3 184 734.77 | 25 431 912.62 |
| 三、营业利润(亏损以"－"号填列) | | 110 328 842.79 | 634 095 010.32 |
| 加：营业外收入 | (二十九) | 2 322 714.58 | 5 016 748.70 |
| 减：营业外支出 | (三十) | 5 385 457.59 | 442 241 767.04 |
| 四、利润总额(亏损总额以"－"号填列) | | 107 266 099.78 | 196 869 991.98 |
| 减：所得税费用 | (三十一) | 29 695 306.96 | 24 250 691.88 |
| 五、净利润(净亏损以"－"号填列) | | 77 570 792.82 | 172 619 300.10 |
| 持续经营收益 | | 77 570 792.82 | 172 619 300.10 |
| 终止经营收益 | | | |
| 六、其他综合收益的税后净额 | (三十二) | －1 360 635 977.27 | －168 034 024.76 |
| (一)以后不能重分类进损益的其他综合收益 | | | |
| (二)以后将重分类进损益的其他综合收益 | | －1 360 635 977.27 | －168 034 024.76 |
| 1. 权益法下在被投资单位以后将重分类进损益的其他综合收益中享有的份额 | | | |
| 2. 可供出售金融资产公允价值变动损益 | | －1 360 635,977.27 | －168 034 024.76 |
| 3. 持有至到期投资重分类为可供出售金融资产损益 | | | |
| 4. 现金流量套期损益的有效部分 | | | |
| 5. 外币财务报表折算差额 | | | |
| 七、综合收益总额 | | －1 283 065,184.45 | 4 585 275.34 |
| 八、每股收益： | | | |
| (一)基本每股收益 | | | |
| (二)稀释每股收益 | | | |

法定代表人：裘强　　主管会计工作负责人：曾海　　会计机构负责人：彭缅良

### 5.1.4 现金流量表

**现金流量表**

编制单位：中江国际信托股份有限公司　　2018 年度　　单位：元

| 项目 | 附注七 | 本期金额 | 上期金额 |
|---|---|---|---|
| 一、经营活动产生的现金流量： | | | |
| 处置交易性资产净增加额 | | | |
| 收取利息、手续费及佣金的现金 | | 532 161 840.59 | 984 443 214.53 |
| 拆入资金净增加额 | | | |

续表

| 项目 | 附注七 | 本期金额 | 上期金额 |
|---|---|---|---|
| 回购业务资金净增加额 | | | |
| 融出资金净增加额 | | | |
| 代理买卖证券收到的现金净额 | | | |
| 收到其他与经营活动有关的现金 | (三十四) | 461 146 980. 03 | 124 693 834. 19 |
| 经营活动现金流入小计 | | 993 308 820. 62 | 1 109 137 048. 72 |
| 处置交易性金融资产净减少额 | | 3 410 495. 91 | 397 204 857. 66 |
| 融出资金净减少额 | | | |
| 代理买卖证券支付的现金净额 | | | |
| 支付利息、手续费及佣金的现金 | | | |
| 支付给职工以及为职工支付的现金 | | 139 775 113. 89 | 282 059 323. 13 |
| 支付的各项税费 | | 302 151 433. 07 | 635 604 625. 76 |
| 支付其他与经营活动有关的现金 | | 1 263 982 503. 22 | 507 884 481. 16 |
| 经营活动现金流出小计 | | 1 709 319 546. 09 | 1 822 753 287. 71 |
| 经营活动产生的现金流量净额 | | −716 010 725. 47 | −713 616 238. 99 |
| 二、投资活动产生的现金流量: | | | |
| 收回投资收到的现金 | | 290 783 682. 26 | 149 631 996. 72 |
| 取得投资收益收到的现金 | | 36 765 339. 77 | 33 205 098. 72 |
| 处置固定资产、无形资产和其他长期资产收回的现金净额 | | 944 032. 03 | 149 048. 54 |
| 收到其他与投资活动有关的现金 | | 26 766 500. 69 | |
| 投资活动现金流入小计 | | 355 259 554. 75 | 182 986 143. 98 |
| 购建固定资产、无形资产和其他长期资产支付的现金 | | 394 093. 67 | 1 541 703. 57 |
| 投资支付的现金 | | 349 200 000 | 440 000 000. 00 |
| 可供出售金融资产净额 | | | |
| 支付其他与投资活动有关的现金 | (三十五) | 3 157 848. 46 | 49 618 090. 15 |
| 投资活动现金流出小计 | | 352 751 942. 13 | 491 159 793. 72 |
| 投资活动产生的现金流量净额 | | 2 507 612. 62 | −308 173 649. 74 |
| 三、筹资活动产生的现金流量: | | | |
| 吸收投资收到的现金 | | | |
| 取得借款收到的现金 | | 850 000 000. 00 | 350 000 000. 00 |
| 发行债券收到的现金 | | | |
| 收到其他与筹资活动有关的现金 | | | |
| 筹资活动现金流入小计 | | 850 000 000. 00 | 350 000 000. 00 |
| 偿还债务支付的现金 | | 520 000 000. 00 | |
| 分配股利、利润或偿付利息支付的现金 | | 44 808 222. 22 | |
| 支付其他与筹资活动有关的现金 | | | |
| 筹资活动现金流出小计 | | 564 808 222. 22 | |
| 筹资活动产生的现金流量净额 | | 285 191 777. 78 | 350 000 000. 00 |
| 四、汇率变动对现金及现金等价物的影响 | | | |
| 五、现金及现金等价物净增加额 | | −428 311 335. 07 | −671 789 888. 73 |
| 加:期初现金及现金等价物余额 | | 625 586 517. 64 | 1 297 376 406. 37 |
| 六、期末现金及现金等价物余额 | | 197 275 182. 57 | 625 586 517. 64 |

法定代表人:裘强　　　　主管会计工作负责人:曾海　　　　会计机构负责人:彭缅良

## 5.1.5 股东权益变动表

### 股东权益变动表

编制单位：中江国际信托股份有限公司　　2018 年度　　单位：元

| 项　　目 | 本年金额 | | | | | | | | | | |
|---|---|---|---|---|---|---|---|---|---|---|---|
| | 股本 | 其他权益工具 | | | 资本公积 | 减：库存股 | 其他综合收益 | 盈余公积 | 一般风险准备 | 未分配利润 | 所有者权益合计 |
| | | 优先股 | 永续债 | 其他 | | | | | | | |
| 一、上年年末余额 | 3 005 051 748. 00 | | | | 624 288 591. 42 | | 1 721 870 728. 95 | 477 120 090. 38 | 284 063 318. 23 | 2 593 061 269. 93 | 8 705 455 746. 91 |
| 加：会计政策变更 | | | | | | | | | | | |
| 前期差错更正 | | | | | | | | | | | |
| 其他 | | | | | | | | | | | |
| 二、本年年初余额 | 3 005 051 748. 00 | | | | 624 288 591. 42 | | 1 721 870 728. 95 | 477 120 090. 38 | 284 063 318. 23 | 2 593 061 269. 93 | 8 705 455 746. 91 |
| 三、本年增减变动金额（减少以"－"号填列） | | | | | | | −1 360 635 977. 27 | 7 757 079. 29 | 29 405 968. 35 | 64 905 835. 33 | −1 258 567 094. 30 |
| （一）综合收益总额 | | | | | | | −1 360 635 977. 27 | | | 7 757 079. 29 | −1 283 065 184. 45 |
| （二）所有者投入和减少资本 | | | | | | | | | | | |
| 1. 股东投入的普通股 | | | | | | | | | | | |
| 2. 其他权益工具持有者投入资本 | | | | | | | | | | | |
| 3. 股份支付计入所有者权益的金额 | | | | | | | | | | | |
| 4. 其他 | | | | | | | | | | | |
| （三）利润分配 | | | | | | | | 7 757 079. 29 | 4 907 878. 20 | −12 664 957. 49 | |
| 1. 提取盈余公积 | | | | | | | | 7 757 079. 29 | | −7 757 079. 29 | |
| 2. 对所有者的分配 | | | | | | | | | | | |
| 3. 提取一般风险准备 | | | | | | | | | 4 907 878. 20 | −4 907 878. 20 | |
| 4. 其他 | | | | | | | | | | | |
| （四）所有者权益内部结转 | | | | | | | | | | | |
| 1. 资本公积转增资本（或股本） | | | | | | | | | | | |
| 2. 盈余公积转增资本（或股本） | | | | | | | | | | | |
| 3. 盈余公积弥补亏损 | | | | | | | | | | | |
| 4. 其他 | | | | | | | | | | | |
| （五）专项储备 | | | | | | | | | | | |
| 1. 提取专项储备 | | | | | | | | | | | |
| 2. 使用专项储备 | | | | | | | | | | | |
| （六）其他 | | | | | | | | | 24 498 090. 15 | | 24 498 090. 15 |
| 四、本年年末余额 | 3 005 051 748. 00 | | | | 624 288 591. 42 | | 361 234 751. 68 | 484 877 169. 67 | 313 469 286. 58 | 2 657 967 105. 26 | 7 446 888 652. 61 |

法定代表人：裘强　　主管会计工作负责人：曾海　　会计机构负责人：彭缅良

## 股东权益变动表（续）

编制单位:中江国际信托股份有限公司　　2018 年度　　单位:元

| 项　目 | 上期金额 | | | | | | | | | | |
|---|---|---|---|---|---|---|---|---|---|---|---|
| | 股本 | 其他权益工具 | | | 资本公积 | 减:库存股 | 其他综合收益 | 盈余公积 | 一般风险准备 | 未分配利润 | 所有者权益合计 |
| | | 优先股 | 永续债 | 其他 | | | | | | | |
| 一、上年年末余额 | 3 005 051 748.00 | | | | 624 288 591.42 | | 1 889 904 753.71 | 459 858 160.37 | 314 374 169.77 | 2 457 011 138.45 | 8 750 488 561.72 |
| 加:会计政策变更 | | | | | | | | | | | |
| 前期差错更正 | | | | | | | | | | | |
| 其他 | | | | | | | | | | | |
| 二、本年年初余额 | 3 005 051 748.00 | | | | 624 288 591.42 | | 1 889 904 753.71 | 459 858 160.37 | 314 374 169.77 | 2 457 011 138.45 | 8 750 488 561.72 |
| 三、本年增减变动金额(减少以“-”号填列) | | | | | | | -168 034 024.76 | 17 261 930.01 | -30 310 851.54 | 136 050 131.48 | -45 032 814.81 |
| (一)综合收益总额 | | | | | | | -168 034 024.76 | | | 172 619 300.10 | 4 585 275.34 |
| (二)所有者投入和减少资本 | | | | | | | | | | | |
| 1. 股东投入的普通股 | | | | | | | | | | | |
| 2. 其他权益工具持有者投入资本 | | | | | | | | | | | |
| 3. 股份支付计入所有者权益的金额 | | | | | | | | | | | |
| 4. 其他 | | | | | | | | | | | |
| (三)利润分配 | | | | | | | | 17 261 930.01 | 19 307 238.61 | -36 569 168.62 | |
| 1. 提取盈余公积 | | | | | | | | 17 261 930.01 | | -17 261 930.01 | |
| 2. 对所有者的分配 | | | | | | | | | | | |
| 3. 提取一般风险准备 | | | | | | | | | 19 307 238.61 | -19 307 238.61 | |
| 4. 其他 | | | | | | | | | | | |
| (四)所有者权益内部结转 | | | | | | | | | | | |
| 1. 资本公积转增资本(或股本) | | | | | | | | | | | |
| 2. 盈余公积转增资本(或股本) | | | | | | | | | | | |
| 3. 盈余公积弥补亏损 | | | | | | | | | | | |
| 4. 其他 | | | | | | | | | | | |
| (五)专项储备 | | | | | | | | | | | |
| 1. 提取专项储备 | | | | | | | | | | | |
| 2. 使用专项储备 | | | | | | | | | | | |
| (六)其他 | | | | | | | | | -49 618 090.15 | | -49 618 090.15 |
| 四、本年年末余额 | 3 005 051 748.00 | | | | 624 288 591.42 | | 1 721 870 728.95 | 477 120 090.38 | 284 063 318.23 | 2 593 061 269.93 | 8 705 455 746.91 |

法定代表人:裘强　　主管会计工作负责人:曾海　　会计机构负责人:彭缅良

## 5.2 信托资产

### 5.2.1 信托项目资产负债汇总表

**信托项目资产负债表**

编制单位：中江国际信托股份有限公司　　2018 年 12 月 31 日　　单位：万元

| 信托资产 | 行次 | 期末数 | 期初数 | 信托负债和信托权益 | 行次 | 期末数 | 期初数 |
|---|---|---|---|---|---|---|---|
| 信托资产： | | | | 信托负债： | | | |
| 货币资金 | 1 | 155 129.95 | 181 418.96 | 应付受托人报酬 | 1 | — | — |
| 拆出资金 | 2 | — | — | 应付托管费 | 2 | — | — |
| 交易性金融资产 | 3 | 281 686.66 | 360 176.51 | 衍生金融负债 | 3 | — | — |
| 应收款项 | 4 | 149 158.48 | 146 233.08 | 应付受益人收益 | 4 | 1 581.78 | 1 069.89 |
| 买入返售资产 | 5 | — | — | 其他应付款 | 5 | 247 169.08 | 173 815.39 |
| 短期投资 | 6 | — | — | 应交税金 | 6 | 7 665.67 | — |
| 长期债权投资 | 7 | — | — | 卖出回购资产款 | 7 | — | — |
| 长期股权投资 | 8 | 2 304 765.11 | 2 431 338.11 | 应付账款 | 8 | 102.08 | |
| 客户贷款 | 9 | 6 986 103.55 | 8 040 821.77 | 其他负债 | 9 | — | — |
| 可供出售金融资产 | 10 | 386 553.53 | 466 225.20 | 信托负债合计 | 10 | 256 518.61 | 174 885.28 |
| 应收融资租赁款 | 11 | — | — | 信托权益： | 11 | — | — |
| 固定资产 | 12 | — | — | 实收信托 | 12 | 13 147 733.90 | 15 273 000.56 |
| 无形资产 | 13 | — | — | 资本公积 | 13 | — | — |
| 长期待摊费用 | 14 | — | — | 未分配利润 | 14 | 281 927.60 | 308 943.29 |
| 其他资产 | 15 | 3 422 782.83 | 4 130 615.50 | 信托权益合计 | 15 | 13 429 661.49 | 15 581 943.85 |
| 信托资产总计 | 16 | 13 686 180.11 | 15 756 829.13 | 信托负债和信托权益总计 | 16 | 13 686 180.11 | 15 756 829.13 |

公司负责人：贾俊　　主管会计工作负责人：曾海　　综合托管部负责人：赵国缨

### 5.2.2 信托项目利润及利润分配汇总表

**信托项目利润及利润分配汇总表**

编制单位：中江国际信托股份有限公司　　2018 年度　　单位：万元

| 项目 | 行次 | 本年数 | 上年数 |
|---|---|---|---|
| 一、营业收入 | 1 | 1 110 506.46 | 1 371 199.39 |
| 利息收入 | 2 | 621 291.51 | 680 135.98 |
| 投资收益 | 3 | 505 669.09 | 691 038.24 |
| 公允价值变动损益 | 4 | -16 459.77 | 22.35 |
| 其他收入 | 5 | 5.63 | 2.82 |
| 二、营业费用 | 6 | 82 698.64 | 97 952.69 |
| 三、营业税金及附加 | 7 | 2 408.49 | — |
| 四、扣除资产损失前的信托利润 | 8 | 1 025 399.33 | 1 273 246.70 |
| 减：资产减值损失 | 9 | — | — |
| 五、扣除资产损失后的信托利润 | 10 | 1 025 399.33 | 1 273 246.70 |
| 加：期初未分配信托利润 | 11 | 308 943.29 | 204 011.91 |
| 六、可供分配的信托利润 | 12 | 1 334 342.62 | 1 477 258.62 |
| 减：本期已分配信托利润 | 13 | 1 052 415.02 | 1 168 315.33 |
| 七、期末未分配信托利润 | 14 | 281 927.60 | 308 943.29 |

公司负责人：贾俊　　主管会计工作负责人：曾海　　综合托管部负责人：赵国缨

## 6. 会计报表附注

### 6.1 会计报表编制基准、会计政策、会计估计和核算方法发生的变化情况

本公司以持续经营为基础，根据实际发生的交易和事项，按照《企业会计准则——基本准则》和其他各项会计准则的规定进行确认和计量，在此基础上编制财务报表。本公司 2007 年以前执行《企业会计制度》，2008 年 1 月 1 日起执行新的企业会计准则。

### 6.2 或有事项的说明

报告期内，本公司无新增需披露的或有事项。

### 6.3 会计报表中重要项目的明细资料

#### 6.3.1 自营资产情况

6.3.1.1 按信用风险五级分类结果披露信用风险资产的期初数、期末数

| 信用风险资产五级分类 | 正常类（万元） | 关注类（万元） | 次级类（万元） | 可疑类（万元） | 损失类（万元） | 信用风险资产合计（万元） | 不良资产合计（万元） | 不良资产率（%） |
|---|---|---|---|---|---|---|---|---|
| 年初数 | 1 099 577.59 | — | — | — | 58.45 | 1 099 636.04 | 58.45 | 0.01 |
| 年末数 | 748 451.06 | 125 814.10 | — | — | 50.00 | 874 315.16 | 50.00 | 0.01 |

注：不良资产合计 = 次级类 + 可疑类 + 损失类。

6.3.1.2 资产损失准备

单位：万元

| 项目 | 期初数 | 本年计提 | 本年转回 | 本期核销 | 期末数 |
|---|---|---|---|---|---|
| 专项准备 | 58.45 | 7.45 | — | — | 66.00 |
| 合计 | 58.45 | 7.45 | — | — | 66.00 |

6.3.1.3 自营股票投资、基金投资、债券投资、股权投资等投资业务的期初数、期末数

单位：万元

| 项目 | 期末数 | 期初数 |
|---|---|---|
| 权益工具 | 720 265.12 | 901 974.54 |
| 其中：基金 | 52 999.88 | 101 507.53 |
| 债券及信托产品 | 66 420.00 | 46 819.00 |
| 长期金融股权投资 | 112 974.82 | 112 974.82 |
| 股票 | 394 687.64 | 552 353.20 |

6.3.1.4 本年的收入结构

| 收入结构 | 金额（元） | 占比（%） |
|---|---|---|
| 手续费及佣金收入 | 520 539 461.51 | 148.61 |
| 其中：信托手续费 | 520 539 461.51 | 148.61 |
| 投资银行业务收入 | — | — |
| 利息收入 | -30 720 486.50 | -8.77 |
| 其他业务收入 | 1 085.73 | — |
| 其中：计入信托业务收入部分 | | |
| 投资收益 | 9 508 717.81 | 2.71 |
| 其中：股权投资收益 | — | — |
| 证券投资收益 | -8 509 200.29 | -2.43 |
| 其他投资收益 | 18 017 918.10 | 5.14 |
| 公允价值变动收益 | -149 132 925.60 | -42.58 |
| 资产处置收益 | 81 596.19 | 0.02 |
| 合计 | 350 277 449.14 | 100.00 |

6.3.1.5 表外业务

单位：万元

| 表外业务 | 期初数 | 期末数 |
|---|---|---|
| 担保业务 | 无 | 无 |
| 代理业务（委托业务） | 无 | 无 |
| 其他 | 无 | 无 |
| 合计 | 无 | 无 |

**6.3.2 信托资产管理情况**

6.3.2.1 信托资产的期初数、期末数

单位：万元

| 信托资产 | 期初数 | 期末数 |
|---|---|---|
| 集合类 | 5 066 038.95 | 3 916 083.69 |
| 单一类 | 10 101 316.51 | 8 078 238.61 |
| 财产权类 | 589 473.67 | 1 691 857.81 |
| 合计 | 15 756 829.13 | 13 686 180.11 |

6.3.2.1.1 非事务管理型信托业务的信托资产期初数、期末数

单位：万元

| 非事务管理型信托资产 | 期初数 | 期末数 |
|---|---|---|
| 证券投资类 | 362 486.69 | 93 575.28 |
| 股权及其他投资类 | 256 487.49 | 290 899.28 |
| 融资类 | 3 761 905 | 2 737 490.42 |
| 货币资金 | 111 101.63 | 346 520.07 |
| 合计 | 4 491 980.81 | 3 468 485.05 |

6.3.2.1.2 事务管理型信托业务的信托资产期初数、期末数

单位：万元

| 事务管理型信托资产 | 期初数 | 期末数 |
|---|---|---|
| 证券投资类 | — | — |
| 股权及其他投资类 | 3 878 351.00 | 4 081 035.74 |
| 融资类 | 7 384 467.08 | 5 944 733.18 |
| 货币资金 | 2 030.24 | 191 926.14 |
| 合计 | 11 264 848.32 | 10 217 695.06 |

6.3.2.2 本年度已清算结束的信托项目个数、实收信托合计金额、加权平均实际年化收益率

6.3.2.2.1 本年度已清算结束的集合类、单一类资金信托项目和财产管理类信托项目个数、实收信托合计金额、加权平均实际年化收益率

| 已清算结束的信托项目 | 项目个数（个） | 实收信托合计金额（万元） | 加权平均实际年化收益率（%） |
|---|---|---|---|
| 集合类 | 75 | 1 564 099.44 | 6.67 |
| 单一类 | 80 | 2 953 242.00 | 6.35 |
| 财产管理类 | 3 | 191 223.40 | 0.61 |
| 合计 | 158 | 4 708 564.84 | 6.23 |

6.3.2.2.2 本年度已清算结束的非事务管理型信托项目个数、实收信托合计金额、加权平均实际年化信托报酬率、加权平均实际年化收益率

| 已清算结束信托项目 | 项目个数（个） | 实收信托合计金额（万元） | 加权平均实际年化信托报酬率（%） | 加权平均实际年化收益率（%） |
|---|---|---|---|---|
| 证券投资类 | 4 | 99 482.76 | 0.25 | -4.41 |
| 股权及其他投资类 | 6 | 36 899.00 | 0.19 | 6.33 |
| 融资类 | 63 | 1 214 854.00 | 1.51 | 7.88 |

6.3.2.2.3 本年度已清算结束的事务管理型信托项目个数、实收信托合计金额、加权平均实际年化信托报酬率、加权平均实际年化收益率

| 已清算结束信托项目 | 项目个数（个） | 实收信托合计金额（万元） | 加权平均实际年化信托报酬率（%） | 加权平均实际年化收益率（%） |
|---|---|---|---|---|
| 证券投资类 | — | — | — | — |
| 股权及其他投资类 | 8 | 417 351.40 | 0.10 | 3.36 |
| 融资类 | 77 | 2 939 977.68 | 0.19 | 6.31 |

6.3.2.3 本年度新增项目

| 新增信托项目 | 项目个数（个） | 实收信托合计金额（万元） |
|---|---|---|
| 集合类 | 28 | 853 178.00 |
| 单一类 | 21 | 1 287 461.00 |
| 财产管理类 | 17 | 1 244 276.90 |
| 新增合计 | 66 | 3 384 915.90 |
| 其中：事务管理型 | 38 | 2 531 737.90 |
| 非事务管理型 | 28 | 853 178.00 |

注：新增实收信托规模包括已成立项目的部分新增部分。

6.3.2.4　信托业务创新情况

在业务创新上，2018 年中江信托从三个方面尝试业务创新。一是探索调整业务方向。公司探索研究从传统融资业务向证券投资、股权投资业务的转型，调整了传统城乡发展业务的操作模式。二是平稳推进城乡发展业务。在严控风险的前提下，始终发挥自身优势，致力于振兴、服务实体经济。三是积极谋划营销转型。虽然因风险项目导致公司声誉受到影响，但全年积极营销产品，并开展了财富管理业务创新，正积极筹备首单家族信托业务——金凤凰 11 号单一资金家族信托计划。

6.3.2.5　本公司履行受托人义务情况及因本公司自身责任而导致的信托资产损失情况

本公司按照《中华人民共和国信托法》《信托公司管理办法》《信托公司集合资金信托计划管理办法》的规定，严格履行受托人的义务：严格遵守信托文件的规定，恪尽职守，履行诚实、信用、谨慎、有效管理的义务，为受益人的最大利益处理信托事务。

每个信托计划设立后，按照信托合同的规定，定期将信托资金运用及收益情况告知信托文件规定应当告知的人。

将信托财产与本公司固有财产分别管理、分别记账；并对不同的信托财产分别管理、分别记账；根据不同的信托资金分别开设独立的银行账户，以及在证券交易机构分别开设独立的证券账户与资金账户。

信托合同到期、集合信托计划终止时，根据信托合同的规定，以信托财产为限向受益人支付信托利益。同时，本公司严格根据银保监会的要求，在信托终止后 10 个工作日内作出处理信托事务的清算报告，并进行公告。

根据《信托公司集合资金信托计划管理办法》要求，妥善保管处理信托事务的完整记录、原始凭证及资料，保存期自信托计划终止之日起 15 年。同时对委托人、受益人及处理信托事务的情况和资料依法保密。

根据信托合同及信托计划约定履行其他管理义务。

2018 年未发生因本公司自身责任导致的信托资产损失。

## 6.4　关联方关系及其交易

**6.4.1　关联交易方的数量、关联交易的总金额及关联交易的定价政策等**

| | 关联交易方数量（个） | 关联交易金额（万元） | 定价政策 |
|---|---|---|---|
| 合计 | 1 | 10 000 | 公允价格 |

**6.4.2　本公司与关联方的重大交易事项**

6.4.2.1　固有财产与关联方：贷款、投资、租赁、应收账款、担保、其他方式等期初汇总数、本期发生额汇总数、期末汇总数

单位：万元

| 投资 | | | 担保 | | | 其他应收款 | | | 合计 | | |
|---|---|---|---|---|---|---|---|---|---|---|---|
| 期初数 | 本期发生额 | 期末数 | 期初数 | 本期发生额 | 期末数 | 期初数 | 本期发生额 | 期末数 | 期初数 | 本期发生额 | 期末数 |
| — | — | — | — | — | — | — | — | — | — | — | — |

6.4.2.2　信托资产与关联方：贷款、投资、租赁、应收账款、担保、其他方式等期初汇总数、本期发生额汇总数、期末汇总

单位：万元

| 贷款 | | | 投资及附加回购 | | | 其他 | | | 合计 | | |
|---|---|---|---|---|---|---|---|---|---|---|---|
| 期初数 | 本期发生额 | 期末数 | 期初数 | 本期发生额 | 期末数 | 期初数 | 本期发生额 | 期末数 | 期初数 | 本期发生额 | 期末数 |
| 10 000 | — | 10 000 | — | — | — | — | — | — | 10 000 | — | 10 000 |

6.4.2.3　固有财产与信托财产之间的交易金额期初汇总数、本期发生额汇总数、期末汇总数

单位：万元

| 贷款 | | | 投资及附加回购 | | | 其他 | | | 合计 | | |
|---|---|---|---|---|---|---|---|---|---|---|---|
| 期初数 | 本期发生额 | 期末数 | 期初数 | 本期发生额 | 期末数 | 期初数 | 本期发生额 | 期末数 | 期初数 | 本期发生额 | 期末数 |
| — | — | — | 27 319.00 | 31 601.00 | 58 920.00 | — | — | — | 27 319.00 | 31 601.00 | 58 920.00 |

6.4.2.4　信托财产与信托财产之间的交易金额期初汇总数、本期发生额汇总数、期末汇总数

信托财产与信托财产之间未发生交易。

**6.4.3　关联方逾期未偿还本公司资金的详细情况以及本公司为关联方担保发生或即将发生垫款的详细情况**

报告期内，本公司无上述情况发生。

## 6.5　会计制度

本公司自营业务（固有业务）和信托业务均执行财政部 2006 年颁布的《企业会计准则》和后续更新的准则及其相关解释。

# 7. 财务情况说明书

## 7.1　利润实现和分配情况

经江西信德会计师事务所审计，本公司 2018 年实现利润总额为 10 726.61 万元，净利润为 7 757.08 万元。按规定提取信托赔偿准备金 102.93 万元，提取一般风险准备 387.85 万元，提取盈余公积 775.71 万元，加上年初未分配 259 306.13 万元，年末未分配利润为 265 796.71 万元。

## 7.2　主要财务指标

| 指标名称 | 指标值 |
|---|---|
| 净资产收益率（%） | 0.96 |
| 信托报酬率（%） | 0.52 |
| 净资本（万元） | 474 083.35 |
| 风险资本（万元） | 172 497.09 |
| 人均净利润（万元） | 27.03 |

## 7.3　对本公司财务状况、经营成果有重大影响的其他事项

报告期末，公司代垫信托产品本金及利息 117 641.40 万元挂账其他应收款，如代垫款项最终不能收回，则公司可能存

在损失。

## 8. 特别事项简要揭示

### 8.1 前五名股东报告期内变动情况及原因

报告期内,根据江西省政府《关于印发江西省金融控股集团重组方案的通知》(赣府发[2014]31号)及江西省政府办公厅抄告单(赣府厅抄字[2016]8号)文件精神,并经江西银监局批复同意(赣银监复[2018]6号),江西省财政厅所持有的中江国际信托股份有限公司全部股权61436.4876万股(占比为20.4444%),江西省财政投资管理公司所持有的中江国际信托股份有限公司全部股权936万股(占比为0.3115%)划转给江西省金融控股集团有限公司。

### 8.2 董事、监事及高管人员变动情况及原因

报告期内,本公司裘强董事长辞去董事长职务,为公司董事;贾俊任代理董事长。

除上述人员变更外,无其他董事、监事及高级管理人员变动。

### 8.3 公司的重大诉讼事项

经中国证券监督管理委员会《关于核准广东华声电器股份有限公司向中江国际信托股份有限公司等发行股份购买资产并募集配套资金的批复》(证监许可[2016]657号)核准,国盛金控向本公司等9家单位合计发行258 196 717股股份购买国盛证券100%股权,同时非公开发行477 931 033股股份募集配套资金。2016年4月12日,国盛证券完成工商变更;同年5月19日,本次重组新增股份上市交易。

2016年1月13日,国盛金控、本公司、杜力、张巍签订《广东华声电器股份有限公司与中江国际信托股份有限公司、杜力、张巍签署之业绩承诺补偿协议》(以下简称《业绩承诺补偿协议》),本公司承诺国盛证券2016年度、2017年度、2018年度经审计的归属于母公司所有者的净利润分别不低于74 000万元(含本数)、79 000万元(含本数)、85 000万元(含本数),净利润以扣除非经常性损益前后孰低值为准。如国盛证券在业绩承诺期当年度未实际完成上述承诺净利润数,中江信托、杜力和张巍须按照业绩承诺补偿协议中的约定履行补偿义务。

2018年11月30日,本公司起诉张巍、国盛金融控股集团股份有限公司、杜力(以下简称三被告)侵权责任纠纷一案已经江西省高级人民法院受理,受理通知书号为(2018)赣民初170号。起诉理由为:国盛金融控股集团股份有限公司取得国盛证券100%的股权后,三被告非但未保持国盛证券经营管理团队稳定,反而将国盛证券经营管理团队进行了全面替换和改组,原有管理团队不得已退出国盛证券的经营管理。三被告的上述行为,本公司曾多次向三被告提出异议,但三被告仍然继续掌控国盛证券的经营管理权。本公司认为三被告保证本公司在业绩承诺期内实际经营和管理国盛证券系其明确公开承诺,也是业绩承诺补偿协议的应有之义,更是本公司当时作出业绩补偿承诺的前提和基础。而三被告的上述行为严重违反了其承诺及约定。故本公司现提起诉讼,要求三被告将国盛证券交由本公司进行经营管理并自其交国盛证券经营管理权后重新起算3年业绩承诺期,以维护本公司的合法权益。

截至报告日,上述诉讼还未经江西高院判决。

此外,本公司自主管理信托业务项下存续民事诉讼18起,其中已决诉讼共计6起,未决诉讼12起。本公司代表相关信托计划作为原告(或申请执行人)积极依法主张债权,并聘请了专业法律服务机构代理诉讼事务。

### 8.4 会计师事务所审计意见

江西信德会计师事务所注册会计师汤敖生和陈青如对本公司出具了无保留意见的审计报告。

### 8.5 公司及其董事、监事和高级管理人员受到处罚的情况

2018年4月16日,江西银监局作出行政处罚决定书(赣银监罚决字[2018]1号)。涉及本公司于2016年9月20日成立的金马491号景东县银生水务公司贷款集合资金信托计划,江西银监局认定本公司开展此笔贷款集合资金信托计划违规要求地方政府提供担保,属于违反审慎经营规则的行为,处以30万元罚款。

公司严格遵照法律法规及江西银监局有关规定,及时对该事项进行了整改。

### 8.6 银保监会及其派出机构对公司的检查意见及公司整改情况

报告期内,银保监会及其派出机构未对公司开展现场检查。

### 8.7 本年度重大事项临时报告的简要内容、披露时间、所披露的媒体及版面

无。

### 8.8 其他有必要让客户及相关利益人了解的重要信息

经中国银保监会于2018年11月29日批复(银保监复[2018]306号),同意雪松控股集团有限公司受让领锐资产管理股份有限公司、大连昱辉科技发展有限公司、天津瀚晟同创科技发展有限公司和深圳市振辉利科技有限公司合计持有的本公司71.3005%的股权。

报告期内,股权转让工作尚在进行中。

## 9. 公司监事会意见

报告期内本公司董事会决策程序合法,业务经营符合《信托法》等有关法律和银监会有关监管规定的要求,内部控制制度完善,未发现本公司董事及高级管理人员在执行职务时发生违反法律法规、本公司章程、损害本公司利益和股东、受益人权益的行为。

本公司经江西信德会计师事务所有限责任公司审计后的2018年度财务报告公允反映了本公司2018年12月31日的财务状况以及2018年度的经营成果。

# 中粮信托有限责任公司

## 1. 重要提示

1.1 公司董事会及董事保证本报告所载资料不存在任何虚假记载、误导性陈述或者重大遗漏,并对其内容的真实性、准确性和完整性承担个别及连带责任。本年度报告摘要摘自年度报告全文,客户及相关利益人欲了解详细内容,应阅读年度报告全文。

1.2 公司独立董事对年度报告内容的真实性、准确性和完整性无异议。

1.3 信永中和会计师事务所(特殊普通合伙)对公司出具了标准无保留意见的审计报告。

1.4 公司董事长孙彦敏先生、总经理吴浩军先生、财务总监张雪女士声明:保证年度报告中财务会计报告的真实、完整。

## 2. 公司概况

### 2.1 公司简介

中粮信托有限责任公司(以下简称中粮信托、公司或本公司)是2009年7月经中国银行业监督管理委员会(以下简称中国银监会或银监会)批准设立的非银行金融机构,注册地为北京市。

2012年经中国银监会批准,公司成功引进战略投资者——蒙特利尔银行。公司于2012年、2013年分别增资29 981.2523万元、80 018.7477万元,目前公司注册资本金为23亿元。公司现有股东3家,分别为:中粮资本投资有限公司,持股比例为76.0095%;蒙特利尔银行,持股比例为19.99%;中粮财务有限责任公司,持股比例为4.0005%。

#### 2.1.1 公司情况简表

| | |
|---|---|
| 公司名称(简称) | 中粮信托有限责任公司(中粮信托) |
| 公司英文名称(缩写) | COFCO Trust Co., Ltd.(COFCO TRUST) |
| 公司法定代表人 | 孙彦敏 |
| 注册地址 | 北京市朝阳区朝阳门南大街8号中粮福临门大厦11层 |
| 邮政编码 | 100020 |
| 公司网站 | http://www.cofco-trust.com |

#### 2.1.2 主要联系人及联系方式

| | |
|---|---|
| 信息披露负责人 | 吴浩军 |
| 联系人 | 马建泽 |
| 联系电话 | 010-86378003 |
| 传真 | 010-85638655 |
| 电子信箱 | majz@cofco.com |

#### 2.1.3 其他事项

公司选定《金融时报》作为本次信息披露的报纸。公司年报全文将备置在公司注册地址及网站供查询。

公司聘请的会计师事务所:信永中和会计师事务所(特殊普通合伙)

联系地址:北京市东城区朝阳门北大街8号富华大厦A座8层

公司聘请的律师事务所:(1)北京市君泽君律师事务所,联系地址:北京市西城区金融大街9号金融街中心南楼6层;(2)北京市君泽君(上海)律师事务所,联系地址:上海市杨高南路729号陆家嘴世纪金融广场13楼

### 2.2 组织结构

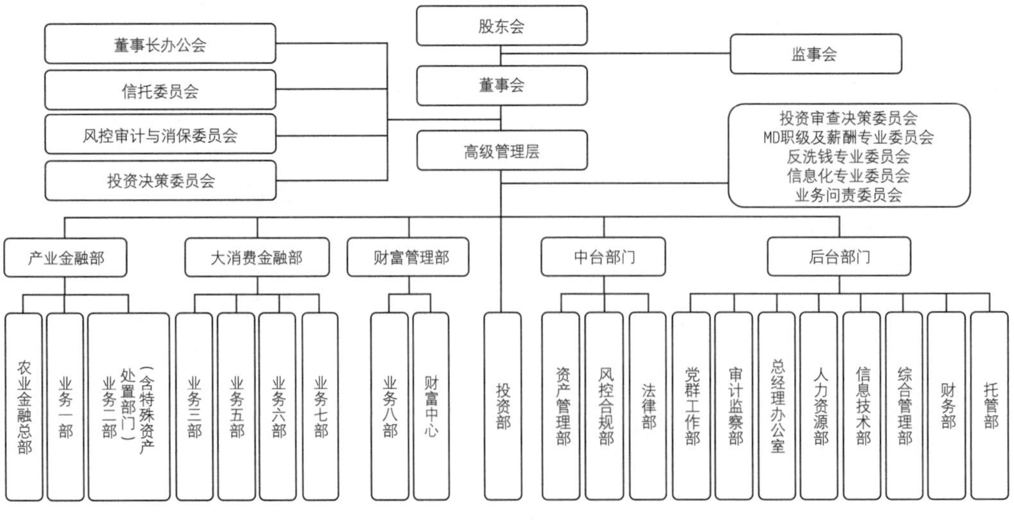

# 3. 公司治理

## 3.1 股东

报告期末股东总数3家，主要股东为中粮资本投资有限公司、蒙特利尔银行。

| 股东名称 | 出资比例(%) | 法定代表人 | 注册资本(万元) | 注册地址 | 主要经营业务 |
|---|---|---|---|---|---|
| 中粮资本投资有限公司 | 76.0095 | 孙彦敏 | 133 700.1376 | 北京市东城区建国门内大街8号中粮广场A座209 | 投资与资产管理；企业管理；投资策划及咨询服务等。 |
| 中粮财务有限责任公司 | 4.0005 | 马王军 | 100 000.00 | 北京市朝阳区朝阳门南大街8号中粮福临门大厦19层 | 集团内存贷款、资金管理、融资咨询、债券承销等。 |
| 蒙特利尔银行 | 19.99 | 不适用 | — | 加拿大安大略省多伦多市帝王西街100号第一加拿大广场 | 商业银行业务。 |

报告期末，中粮资本投资有限公司的控股股东为中粮集团有限公司，持股比例为64.5063%，实际控制人为国务院国有资产监督管理委员会。中粮资本投资有限公司在报告期内不存在将其所持有的中粮信托股权进行质押的情况。

蒙特利尔银行注册地为加拿大，是上市公司，无控股股东或实际控制人。蒙特利尔银行在报告期内不存在将其所持有的中粮信托股权进行质押的情况。

中粮集团有限公司持有公司第三大股东中粮财务有限责任公司83.74%的股权；中粮财务有限责任公司与中粮资本投资有限公司为关联方。

## 3.2 董事会

董事会成员

| 姓名 | 职务 | 性别 | 年龄(岁) | 选任日期 | 所推举的股东名称 | 该股东持股比例(%) | 简要履历 |
|---|---|---|---|---|---|---|---|
| 孙彦敏 | 董事长 | 男 | 52 | 2018年2月 | 中粮资本投资有限公司 | 76.0095 | 曾任中粮财务有限责任公司总经理，中粮集团有限公司财务部总监；现任中粮资本董事长、总经理，中粮信托有限责任公司董事长。 |
| 俞宁 | 董事 | 男 | 48 | 2016年3月 | 中粮资本投资有限公司 | 76.0095 | 曾任中英人寿保险有限公司资深副总裁；现任中英人寿保险有限公司总裁，中粮信托有限责任公司董事。 |
| 吴浩军 | 董事 | 男 | 50 | 2018年6月 | 中粮资本投资有限公司 | 76.0095 | 曾任中粮期货有限公司总经理助理、副总经理、总经理；现任中粮信托有限责任公司董事、总经理。 |
| 陈德彪 | 董事 | 男 | 47 | 2016年3月 | 中粮资本投资有限公司 | 76.0095 | 曾任中国食品有限公司财务部总经理，2014年7月至2019年1月任中粮信托有限责任公司副总经理；现任中粮信托有限责任公司董事。 |
| Edgar Normund Legzdins(李凯昇) | 董事 | 男 | 60 | 2016年3月 | 蒙特利尔银行 | 19.99 | 2008年至今任BMO国际业务集团高级副总裁及董事总经理；2012年10月至今兼任中粮信托有限责任公司董事。 |
| Albert Chun-Ming Yu(余俊明) | 董事 | 男 | 57 | 2016年3月 | 蒙特利尔银行 | 19.99 | 2009年至今任BMO银行金融集团亚洲区首席执行官，蒙特利尔银行(中国)有限公司行长；2012年10月至今兼任中粮信托有限责任公司董事。 |

独立董事

| 姓名 | 职务 | 性别 | 年龄(岁) | 选任日期 | 所推举的股东名称 | 该股东持股比例(%) | 简要履历 |
|---|---|---|---|---|---|---|---|
| 毕仲华 | 独立董事 | 女 | 66 | 2016年3月 | 中粮资本投资有限公司 | 76.0095 | 曾任兴业银行国际业务部总经理、行长助理、副行长、监事长、监事会主席；现任中粮信托有限责任公司独立董事。 |
| 柯卡生 | 独立董事 | 男 | 54 | 2017年11月 | 中粮资本投资有限公司 | 76.0095 | 曾任中国银监会广东监管局筹备组成员、副局长、非银行金融机构监管部主任，中国华融资产管理股份有限公司董事、总裁；现任中粮信托有限责任公司独立董事。 |
| 陈国钢 | 独立董事 | 男 | 59 | 2017年11月 | 中粮资本投资有限公司 | 76.0095 | 曾任中国中化集团公司副总会计师、财务部总经理、总会计师，新华人寿保险股份有限公司副总裁、首席财务官，中民投资本管理有限公司董事长；现任中国民生投资集团副总裁，中民投亚洲资产管理有限公司董事长，中国民生金融控股有限公司执行董事，中国民生金融控股有限公司首席执行官；现任中粮信托有限责任公司独立董事。 |

## 3.3 监事会

监事会成员

| 姓名 | 职务 | 性别 | 年龄（岁） | 选任日期 | 所推举的股东名称 | 该股东持股比例（%） | 简要履历 |
|---|---|---|---|---|---|---|---|
| 许良 | 监事会主席、职工监事 | 男 | 46 | 2016 年 3 月 | 职工代表大会 | — | 曾任中粮集团审计监察部主管、主任助理、副主任、副总经理及总经理；现任中粮信托有限责任公司监事会主席。 |
| 初丰城 | 监事 | 男 | 55 | 2016 年 3 月 | 中粮财务有限责任公司 | 4.0005 | 曾任中粮集团财务部会计管理部总经理；现任中粮集团财务部副总监，兼任中粮信托有限责任公司监事。 |
| 王伟 | 监事 | 男 | 52 | 2016 年 3 月 | 中粮资本投资有限公司 | 76.0095 | 曾任中英人寿保险有限公司助理总裁；现任中英人寿保险有限公司副总裁，兼任中粮信托有限责任公司监事。 |
| 张晓燕 | 监事 | 女 | 54 | 2017 年 11 月 | 蒙特利尔银行 | 19.99 | 2014 年至今担任蒙特利尔银行亚洲区和蒙特利尔银行（中国）有限公司首席风险官；2017 年 11 月至今兼任中粮信托有限责任公司监事。 |

目前公司监事会暂未设下属委员会。

## 3.4 高级管理人员

| 姓名 | 职务 | 性别 | 年龄（岁） | 选任日期 | 金融从业年限（年） | 学历学位 | 专业 | 简要履历 |
|---|---|---|---|---|---|---|---|---|
| 吴浩军 | 总经理 | 男 | 50 | 2018 年 6 月 | 21 | 硕士 | EMBA | 曾任中粮期货有限公司总经理助理、副总经理、总经理；现任中粮信托有限责任公司总经理。 |
| 李永东 | 副总经理兼首席风险官 | 男 | 47 | 2018 年 8 月 | 16 | 硕士研究生 | 会计学 | 曾任北京银监局非银行金融机构监管处处长、兼现场检查大队副大队长、兼现场检查大队三组组长、非银行金融机构监管一处处长、国有银行监管处处长，恒大金融控股集团（深圳）有限公司信托中心总经理；现任中粮信托有限责任公司副总经理兼首席风险官。 |
| 马建泽 | 副总经理 | 男 | 46 | 2016 年 3 月 | 22 | 本科 | 国际金融 | 曾任中粮（美国）金融资本公司投资部经理，中粮集团有限公司金融事业部项目发展部总经理助理；现任中粮信托有限责任公司副总经理。 |
| 陆吕佳 | 副总经理 | 女 | 46 | 2016 年 3 月 | 13 | 本科 | 经济学 | 曾任中粮集团金融中心综合办公室主任助理；现任中粮集团有限公司金融事业部综合管理部副总经理，2009 年 7 月至 2019 年 1 月任中粮信托有限责任公司副总经理。 |
| 陈德彪 | 副总经理 | 男 | 45 | 2016 年 3 月 | 24 | 硕士研究生 | EMBA | 曾任中国食品有限公司财务部总经理；2014 年 7 月至 2019 年 1 月任中粮信托有限责任公司副总经理；现任公司董事。 |
| 张勇 | 副总经理 | 男 | 45 | 2018 年 1 月 | 17 | 博士研究生 | 政治经济学 | 曾任生命人寿保险股份公司机构发展部助理总经理，兼任生命养老保险股份有限公司筹备组成员，中粮信托有限责任公司总经理助理；现任中粮信托有限责任公司副总经理。 |
| 陈众 | 副总经理 | 男 | 46 | 2018 年 1 月 | 22 | 博士研究生 | 会计学 | 曾任安徽丰原生物化学股份有限公司财务副总监，中粮信托有限责任公司总经理助理；现任中粮信托有限责任公司副总经理。 |
| 张文生 | 副总经理 | 男 | 45 | 2018 年 1 月 | 12 | 硕士研究生 | EMBA | 曾任幸福人寿总裁助理级高管人员，信达财险客户服务部总经理（总裁助理级）、市场总监兼重要客户部总经理，中粮信托有限责任公司总经理助理；现任中粮信托有限责任公司副总经理。 |
| 张雪 | 财务总监 | 女 | 44 | 2018 年 1 月 | 18 | 硕士研究生 | 会计学 | 曾任中粮集团有限公司财务部会计管理部副总经理；现任中粮信托有限责任公司财务总监。 |
| 吴江 | 总经理助理 | 男 | 45 | 2016 年 3 月 | 22 | 本科 | 国际金融 | 曾任渤海银行总行金融同业部总经理；现任中粮信托有限责任公司总经理助理。 |

### 3.5 公司员工

| 项目 | | 报告期年度 | | 上年度 | |
|---|---|---|---|---|---|
| | | 人数(人) | 比例(%) | 人数(人) | 比例(%) |
| 年龄分布 | 20 岁以下 | — | — | — | — |
| | 20~29 岁 | 62 | 26.84 | 60 | 27.91 |
| | 30~39 岁 | 108 | 46.75 | 105 | 48.84 |
| | 40 岁以上 | 61 | 26.41 | 50 | 23.26 |
| 学历分布 | 博士 | 10 | 4.33 | 8 | 3.72 |
| | 硕士 | 144 | 62.34 | 120 | 55.81 |
| | 本科 | 70 | 30.30 | 79 | 36.74 |
| | 专科 | 7 | 3.03 | 7 | 3.26 |
| | 其他 | — | — | 1 | 0.47 |
| 岗位分布 | 董事、监事及其高管人员 | 9 | 3.90 | 10 | 4.65 |
| | 自营业务人员 | 9 | 3.90 | 6 | 2.79 |
| | 信托业务人员 | 147 | 63.64 | 134 | 62.33 |
| | 其他人员 | 66 | 28.57 | 65 | 30.23 |
| 合计 | | 231 | 100 | 215 | 100 |

## 4. 经营管理

### 4.1 经营目标、经营方针、战略规划

#### 4.1.1 愿景

中粮信托的愿景是成为有产业特色、有行业美誉的一流资产管理和财富管理平台。

#### 4.1.2 短期经营策略

2018 年,中粮信托顺应国家战略,结合集团产业,体现中粮特色,首次明确三大核心竞争力方向:产业金融服务能力、消费金融服务能力以及财富专业管理能力。公司按照核心竞争力架构,将业务团队调整为产业金融部、大消费金融部以及财富管理部三大部门,实现公司资源的重组优化,提升公司的运营效率。此外,公司成立薪酬委员会、信息化委员会、问责委员会,设立联络专员制度,提升执行效率。

同时,中粮信托不断完善风险管控体系、推进市场化机制建设、强化后台保障体系,通过完善风险闭环管理架构、设立全面风险管理办公室、开展风险排查"自查自纠"、改革投决会机制、建立 MD 职级体系、加强人才引进与培训、升级信息技术系统等一系列改革举措和制度建设,为公司的发展提供内生动力,推进公司的可持续发展。

### 4.2 所经营业务的主要内容

固有资产运用与分布表(母公司)

| 资产运用 | 金额(万元) | 占比(%) | 资产分布 | 金额(万元) | 占比(%) |
|---|---|---|---|---|---|
| 货币资产 | 8 409.00 | 1.80 | 基础产业 | — | — |
| 贷款及应收款 | 4 955.62 | 1.06 | 房地产业 | — | — |
| 交易性金融资产 | — | — | 证券市场 | 111 192.65 | 23.75 |
| 可供出售金融资产 | 309 709.91 | 66.16 | 实业 | — | — |
| 持有至到期投资 | — | — | 金融机构 | 211 083.94 | 45.09 |
| 长期股权投资 | 2 510.00 | 0.54 | 其他 | 145 852.52 | 31.16 |
| 其他 | 142 544.58 | 30.45 | — | — | — |
| 资产总计 | 468 129.11 | 100.00 | 资产总计 | 468 129.11 | 100.00 |

信托资产运用与分布表(母公司)

| 资产运用 | 金额(万元) | 占比(%) | 资产分布 | 金额(万元) | 占比(%) |
|---|---|---|---|---|---|
| 货币资产 | 184 200.70 | 1.12 | 基础产业 | 2 480 650.51 | 15.15 |
| 贷款 | 4 458 349.44 | 27.23 | 房地产 | 671 800.00 | 4.10 |
| 交易性金融资产 | 82 100.33 | 0.50 | 证券市场 | 182 408.53 | 1.11 |
| 可供出售金融资产 | 2 575 429.09 | 15.73 | 实业 | 6 598 488.81 | 40.30 |
| 持有至到期投资 | — | — | 金融机构 | 4 169 108.86 | 25.46 |
| 长期股权投资 | 6 099 589.33 | 37.25 | 其他 | 2 273 251.44 | 13.88 |
| 其他 | 2 976 039.26 | 18.17 | — | — | — |
| 信托总资产 | 16 375 708.15 | 100.00 | 信托总资产 | 16 375 708.15 | 100.00 |

### 4.3 市场分析

面对错综复杂的国际国内环境下,我国供给侧结构性改革不断深入,改革开放力度加大,国内经济运行总体平稳。作为全面贯彻党的十九大精神的开局之年,金融业服务实体经济,深化金融体制改革,防范系统性金融风险的重要使命继续推进。同时,《关于规范金融机构资产管理业务的指导意见》(银发[2018]106 号)(以下简称资管新规)正式落地,意义深远,影响广泛;相关配套文件陆续出台,资产管理行业变革持续有序。

过去一年里,信托公司的运营受到宏观微观各层次经济变量的影响。

#### 4.3.1 有利因素

(1)供给侧结构性改革不断深入,行业发展迎来机遇。供给侧改革背景下,经济发展的质量效益不断提高,新产业、新业态、新商业模式层出不穷,新技术、新产品、新服务不断涌现,为资产管理行业带来业务机会。同时,随着国内高净值客户人群与相关人群的日益增长,资产管理需求也更加多样,财富管理行业前景广阔。

(2)严监管态势下,资产管理行业在过去快速发展期积累的历史问题逐步得到解决,整个行业更加健康稳定。2018 年,中央经济工作会议将防范化解重大风险列为三大攻坚战之首,并明确重点是防控金融风险。在此基础上,资管新规等监管文件密集出台,"去杠杆、去嵌套、去通道、破刚兑"的监管原则已逐步形成。

#### 4.3.2 不利因素

国内经济下行压力仍旧较大,中美经贸摩擦复杂多变,给我国经济发展带来了巨大挑战,2018 年国内生产总值增速为 6.6%,较 2017 年回落 0.2 个百分点。同时,防范化解重大风险任务艰巨,信托行业监管力度空前,信托公司的主动管理能力、风险管控能力、资金募集能力遭受考验。

### 4.4 内部控制概况

#### 4.4.1 内部控制环境和内部控制文化

公司高度重视内部控制建设与完善,以保证经营管理合法合规、资产安全、财务报告及相关信息真实完整,提升公司的经营效率和效果,维护公司的信誉和形象,促进公司战略发展目标的实现。

公司严格按照《公司法》《信托法》《信托公司管理办法》等法律法规,建立完善了公司的治理结构、议事规则和运行模式,形成股东会、董事会、监事会和经营管理层相互分离、合理制衡

的机制，明确划分治理层和管理层间的权限；董事会下设董事长办公会、信托委员会、风控审计与消保委员会、投资决策委员会，各自履行相应职责；公司设立投资审查决策委员会、风控合规部、法律部、审计监察部、资产管理部，负责风险控制、合规审核、内部审计和纪检监察等方面工作。

公司持续加强内部控制文化的建设，组织高管和员工参加行业培训，吸取同业先进经验；通过定期举办内部培训讲座、发放内部宣传刊物、线上学习等形式，增进员工对合规及风险知识的掌握，有效提升员工合规观念和职业道德操守。通过多种途径使内部控制的有效性得到保障。

**4.4.2 内部控制措施**

4.4.2.1 内控制度体系

公司建立了权责分明、分工明确的内部控制体系，实现了对公司决策层、管理层和操作层的全面监督和控制。内部控制相关组织架构及职能部门主要包括股东会、董事会、管理层、投资审查决策委员会、风控合规部、法律部、审计监察部和资产管理部。

4.4.2.2 内部控制措施

机制保障。构建完善的公司内部控制体系，明确各部门的权限与职责，设置严格的内部管控流程，实现业务操作和内部管理的规范化、科学化。

制度完善。根据市场环境变化及业务发展情况，对公司现行的制度及操作流程中与公司现阶段发展不符或不适合的规定、要求及时修订。

强化监督。审计监察部结合外部监管要求及公司实际业务发展情况，以风险为导向开展年度内部控制独立评价，加强对公司内部控制的监督。

推动整改。积极推进公司内部控制缺陷整改工作，定期对内部控制工作中发现的缺陷，逐个确认相关风险点并制定相应的整改措施，并对缺陷整改情况进行核实，推进公司内部控制工作的健全和完善。

信息化建设。公司不断加强信息化建设，通过对财务系统、信托业务管理系统等逐步优化，提升审批效率，将关键控制点纳入系统管理，提高公司风险控制能力。

**4.4.3 信息交流与反馈**

公司定期召开股东会、董事会、监事会，以定期报告的形式将公司经营管理信息传递给股东、董事和监事；通过召开经营及项目评审会议，各管理部门和业务部门将经营管理动态向高级管理人员进行及时汇报。

公司按照监管部门要求，认真按时报送各类业务信息、报告和报表，对监管机构提出的问题或建议，公司均给予及时、详细的信息反馈或制定整改措施。

公司严格按照相关法规中有关信息披露的要求，真实、准确、完整地向外部利益相关者披露信息。在公司官方网站等媒体上及时发布公司年报、披露重大事项；同时公司通过热线电话系统，加强与外部客户的交流，接受客户意见反馈。

**4.4.4 监督评价与纠正**

公司通过各项日常会议，实现管理层对业务的持续监管。董事会通过听取高管层工作报告、月度、季度运行分析报告等，检查公司的日常工作，监督高管层的日常经营；监事（会）列席董事会、投资审查决策委员会、总经理办公会，对董事、高管层的行为实施监督；高管层通过各部门月度、季度运行分析报告、部门日常汇报、签署业绩合同、绩效考核等形式，保障公司各部门的正常运转。

审计监察部作为公司独立监督部门，负责对公司内部控制制度、业务经营、财务活动等实施评价监督。根据《企业内部控制基本规范》及其配套应用指引的要求，参照《信托公司管理办法》《商业银行内部控制指引》等制度规定，审计监察部制定了年度内部控制独立评价工作计划，对公司重点内控环节开展全面评价工作，关注内控风险、操作风险、合规风险和信托项目实质性风险等，排查公司经营管理中存在的漏洞和不足，提出切实可行的意见和建议。通过整改追踪核查，对问题整改逐一落实。

## 4.5 风险管理

**4.5.1 风险管理概况**

4.5.1.1 公司经营活动中可能遇到的风险

公司经营活动中可能遇到的风险主要包括信用风险、市场风险、操作风险、合规风险、其他风险。

4.5.1.2 风险控制原则

公司在风险管理方面确立了合规优先、全程监控、风险与效益平衡三个导向。具体执行上，公司坚持不懂不做、信息透明、适度分散、集体决策四个原则。

4.5.1.3 风险管理组织结构与职责划分

（1）董事会。公司董事会是公司的经营决策机构，也是公司风险管理方面的最高决策机构。公司董事会由 9 名董事组成，设董事长 1 名。董事会对公司建立全面风险管理体系和维持其有效性承担最终责任，下设信托委员会、风控审计与消保委员会、投资决策委员会和董事长办公会四个下属委员会。

（2）监事会。公司监事会由 4 名监事组成，设监事会主席一名。监事会行使下列职权：对董事会编制的公司定期报告进行审核并出审核意见；检查公司财务；对公司董事、高管执行公司职务进行监督等。

（3）投资审查决策委员会。投资审查决策委员会根据国家有关法律法规、金融政策和公司经营计划，对公司重大决策事项、重大风险管理解决方案、各项业务方案等事项进行审查。

（4）风控合规部及法律部。负责适时修订风控指引，对信托计划和固有业务投资计划进行全面风险审查，提供审查意见供投资审查决策委员会参考，法律部负责合同及其他法律文本的复核，以防范、降低法律及合规风险。

（5）资产管理部。资产管理部负责放款审核、项目动态管理、压力测试、风险排查。

（6）审计监察部。审计监察部负责对公司内部控制制度的执行情况、项目风险状况进行监督检查，向公司风控审计与消保委员会或董事会报告。

公司建立了以“三道防线”为核心、全员参与的风险管理机制，前台、中台、后台分别构成风险管理的三道防线。

公司的前台由农业金融总部、业务一部、业务二部、业务三部、业务五部、业务六部、业务七部、业务八部、财富中心、投资部等构成，分别负责信托业务开拓和固有资产管理。

公司的中台由风控合规部、法律部、资产管理部组成，构成风险管控的二道防线。

公司的后台由托管部、财务部、审计监察部、综合管理部、信息技术部、人力资源部、总经理办公室组成,其重点职责为财务核算、内控监督、风险核查、信息系统建设、人事管理、行政服务支持等。

**4.5.2 风险状况**

4.5.2.1 信用风险状况

信用风险是指交易对手不能履约而带来的风险。因宏观调控、经济周期引发政府融资平台、各类企业偿债能力下降、房地产及资本市场价格下跌,公司可能面临此类风险。

2018年宏观经济形势和金融市场复杂多变,实体经济面临供给侧改革和“去杠杆”的压力,金融业面临“去杠杆”和强化监管的环境,风险事件多发,信托行业面临的信用风险不断加大。报告期内公司信用风险管控压力较往年有所增加。

4.5.2.2 市场风险状况

市场风险是指公司在运营过程中可能因股价、市场汇率、利率及其他价格因素等变动而产生的风险。

报告期内,公司未发生此类市场风险。

4.5.2.3 操作风险状况

操作风险是由于内部程序、人员、系统的不完善或失误,或外部事件造成的风险。

报告期内,公司未发生此类操作风险。

4.5.2.4 合规风险状况

合规风险是指公司开展信托和固有业务时,业务要素、业务方案、业务文件及事务执行等不符合法律、行政法规和有关监管规定,导致业务方案、业务文件面临无效或被撤销,或公司权利保障面临重大瑕疵的法律风险,甚至存在可能遭受监管机构行政处罚的合规风险,进而给公司带来经济和声誉损失。

报告期内,公司未发生此类合规风险。

4.5.2.5 其他风险状况

公司面临的其他风险主要表现为宏观经济与政策风险等。宏观经济与政策风险是指宏观政策与产业政策发生变化,影响公司战略的有效制定、实施和目标达成。政策风险发生的原因在于宏观经济形势不确定性因素增多、调控难度增大,从而引发宏观经济政策和产业政策变化难以预测,导致原本可以开展的信托业务难以开展、无法开展或已开展的信托业务必须提前终止。政策风险发生后,可能使得公司投入没有收益或者遭受损失,并可能对本公司商誉及企业形象造成严重不良影响,进而影响公司战略的有效制定、实施和目标达成。

报告期内,公司未发生其他风险。

**4.5.3 风险管理**

4.5.3.1 信用风险管理

公司一贯坚持加强项目动态检查,及时制定风险预案,集中力量防范和处置单体项目信用风险。

在开展业务过程中,公司坚持完成“情景分析和压力测试”及“净资本”计算。对已运行项目在管理过程中及时评估融资人、担保人和抵(质)押物状况变化对项目的影响程度,并制定有关预案以降低损失。公司所有信托项目均根据《信托业务风险控制操作指引》《中粮信托有限责任公司信托业务中后期管理制度》《中粮信托有限责任公司信托资产五级分类管理办法》等制度,完善事前评估、事中控制、事后检查的风险控制流程,严选交易对手。各职能部门通过高效沟通合作,控制信用风险。

4.5.3.2 市场风险管理

公司在项目日常运营管理中,对自有资金配置加强比例和额度管理,落实相关风险管理措施及VAR值等量化指标监控管理;证券类相关业务,均设定专人、专岗跟踪证券市场、房地产、金融市场的变化,加强止损点预警和中后台强制执行等措施;对股票投资类项目逐日盯市,严格执行预警、平仓机制;对房地产等集合信托项目,均做到定期现场检查,提前制定风险处置预案,增强可操作性并严格执行;公司各相关部门实时关注国家宏观政策变化,进行相应的资产组合及项目中后期管理,有效降低可能发生的市场风险。

4.5.3.3 操作风险管理

公司为提高操作风险管理水平,开展内部控制体系持续改进工作,将风险管理和内部控制有机融合,对公司每一项业务内容,均制定了操作细则和操作流程,明确流程中每一环节的责任主体及岗位权限。在《信托业务风险控制操作指引》中,对业务流程中的内控标准、权限指引进行了明确,供各职能部门查询参考。同时,公司不断加强信息化系统建设,充分利用信息技术,全面推行OA系统、盈丰系统进行审批和风险管理。通过深入推广审批流程信息系统化,在提高审批效率的同时充分保证审批意见留痕,实现了关键风险点纳入盈丰系统管理,有效降低了公司项目运营管理中的操作风险。

4.5.3.4 合规风险管理

中粮信托开展各项业务均符合信托行业法律法规的规定和公司制定的《信托业务风险控制操作指引》,业务部、风控合规部和法律部均须对项目是否合规进行反复评估、论证。同时,根据《中粮信托有限责任公司信托业务中后期管理制度(试行)》,在项目中后期管理过程中及时评估各项法规变化对项目的影响程度,并制定有关预案降低损失。如发生重大法规变化,将由公司各业务部、风控合规部及法律部对合规风险进行判断,对业务发展方向进行调整,形成报告后报公司投资审查决策委员会通过。公司严格执行《中国银监会关于印发信托登记管理办法的通知》(银监发[2017]47号)的各项文件要求,确保信托登记上报工作的及时性和准确性。此外,公司所有关联交易均逐笔上报监管,得到明确批复后方可开展;涉及异地推介的,事先上报属地和推介地银保监局。

整体上看,公司预期能够做到有序展业、合法合规经营,公司面临的合规风险基本可控。

4.5.3.5 其他风险管理

针对宏观经济与政策风险,中粮信托将认真研究政策变化,根据宏观政策导向并结合公司实际,适时调整业务发展方向、制定相应的业务策略。通过定期回顾等多种风控手段、多层次管控政策风险。

在管理策略上,公司管理层不断推动业务转型,进一步降低通道类业务,增强主动管理能力,加大集合信托的发展力度。在资产管理能力、财富管理两个领域打造自主管理的核心竞争力,并匹配相应的风险管控能力,做好事前、事中、事后的全面风险管理。

在公司制度上,公司主要根据《信托业务风险控制操作指引》《中粮信托有限责任公司信托业务中后期管理制度(试行)》应对政策风险,据此制定相关预案以降低损失。

在部门职责上，公司总经理办公室专门就宏观政策进行研究并出具报告，同时结合实际情况制定公司发展战略，降低宏观政策变化对公司运营带来的潜在风险。风控合规部和法律部定期回顾、梳理上一阶段报审项目的行业政策动态，形成判断后提出对业务发展方向的调整建议，形成报告后报公司投资审查决策委员会通过后实施。

整体上看，公司积极关注宏观政策并进行梳理，评估宏观政策对公司业务的潜在风险，充分发挥各职能部门的专业能力，预先制定应急预案，力求有效把控可能面临的政策风险。

### 4.6 净资本管理概况

公司净资本风险控制指标

| 指标 | 期末数 | 监管指标 |
| --- | --- | --- |
| 净资本（万元） | 380 779.33 | ≥2 亿元 |
| 各项业务风险资本之和（万元） | 242 931.33 | — |
| 净资本/ 各项业务风险资本之和（%） | 157 | ≥100 |
| 净资本/ 净资产（%） | 89 | ≥40 |

## 5. 报告期末及上一年度末的比较式会计报表

### 5.1 自营资产

#### 5.1.1 会计师事务所审计意见全文

审 计 报 告

XYZH/2019BJA90192

中粮信托有限责任公司全体股东：

一、审计意见

我们审计了中粮信托有限责任公司（以下简称中粮信托公司）财务报表，包括 2018 年 12 月 31 日的合并资产负债表，2018 年度合并利润表、合并现金流量表、合并所有者权益变动表，以及相关财务报表附注。

我们认为，后附的财务报表在所有重大方面按照企业会计准则的规定编制，公允反映了中粮信托公司 2018 年 12 月 31 日的合并财务状况以及 2018 年度的合并经营成果和现金流量。

二、形成审计意见的基础

我们按照中国注册会计师审计准则的规定执行了审计工作。审计报告的“注册会计师对财务报表审计的责任”部分进一步阐述了我们在这些准则下的责任。按照中国注册会计师职业道德守则，我们独立于中粮信托公司，并履行了职业道德方面的其他责任。我们相信，我们获取的审计证据是充分、适当的，为发表审计意见提供了基础。

三、其他信息

中粮信托公司管理层（以下简称管理层）对其他信息负负。其他信息包括中粮信托公司 2018 年年度报告中涵盖的信息，但不包括财务报表和我们的审计报告。

我们对财务报表发表的审计意见不涵盖其他信息，我们也不对其他信息发表任何形式的鉴证结论。

结合我们对财务报表的审计，我们的责任是阅读其他信息，在此过程中，考虑其他信息是否与财务报表或我们在审计过程中了解到的情况存在重大不一致或者似乎存在重大错报。

基于我们已经执行的工作，如果我们确定其他信息存在重大错报，我们应当报告该事实。在这方面，我们无任何事项需要报告。

四、管理层和治理层对财务报表的责任

管理层负责按照企业会计准则的规定编制财务报表，使其实现公允反映，并设计执行和维护必要的内部控制，以使财务报表不存在由于舞弊或错误导致的重大错误。

在编制财务报表时，管理层负责评估中粮信托公司的持续经营能力，披露与持续经营相关的事项（如适用），并运用持续经营假设，除非管理层计划清算中粮信托公司、终止运营或别无其他现实的选择。

治理层负责监督中粮信托公司的财务报告过程。

五、注册会计师对财务报表审计的责任

我们的目标是对财务报表整体是否不存在由于舞弊或错误导致的重大错报获取合理保证，并出具包含审计意见的审计报告。合理保证是高水平的保证，但并不能保证按照审计准则执行的审计在某一重大错报存在时总能发现。错报可能由于舞弊或错误导致，如果合理预期错报单独或汇总起来可能影响财务报表使用者依据财务报表作出的经济决策，则通常认为错报是重大的。

在按照审计准则执行审计工作的过程中，我们运用职业判断，并保持职业怀疑。同时，我们也执行以下工作：

（1）识别和评估由于舞弊或错误导致的财务报表重大错报风险，设计和实施审计程序以应对这些风险，并获取充分、适当的审计证据，作为发表审计意见的基础。由于舞弊可能涉及串通、伪造、故意遗漏、虚假陈述或凌驾于内部控制之上，未能发现由于舞弊导致的重大错报的风险高于未能发现由于错误导致的重大错报的风险。

（2）了解与审计相关的内部控制，以设计恰当的审计程序，但目的并非对内部控制的有效性发表意见。

（3）评价管理层选用会计政策的恰当性和作出会计估计及相关披露的合理性。

（4）对管理层使用持续经营假设的恰当性得出结论。同时，根据获取的审计证据，就可能导致对中粮信托公司持续经营能力产生重大疑虑的事项或情况是否存在重大不确定性得出结论。如果我们得出结论认为存在重大不确定性，审计准则要求我们在审计报告中提请报表使用者注意财务报表中的相关披露；如果披露不充分，我们应当发表非无保留意见。我们的结论基于截至审计报告日可获得的信息。然而，未来的事项或情况可能导致中粮信托公司不能持续经营。

（5）评价财务报表的总体列报、结构和内容（包括披露），并评价财务报表是否公允反映相关交易和事项。

（6）就中粮信托公司中实体或业务活动的财务信息获取充分、适当的审计证据，以对财务报表发表审计意见。我们负责指导、监督和执行集团审计，并对审计意见承担全部责任。

我们与治理层就计划的审计范围、时间安排和重大审计发现等事项进行沟通，包括沟通我们在审计中识别出的值得关注的内部控制缺陷。

信永中和会计师事务所（特殊普通合伙）　　中国注册会计师：

中国注册会计师：

中国·北京　　二〇一九年三月二十五日

### 5.1.2　资产负债表

**合并资产负债表**

编制单位：中粮信托有限责任公司　　2018 年 12 月 31 日　　单位：元

| 资产 | 年末金额 | 年初金额 |
| --- | --- | --- |
| 资产： | | |
| 货币资金 | 137 694 710. 03 | 79 791 900. 96 |
| 结算备付金 | | |
| 拆出资金 | | |
| 以公允价值计量且其变动计入当期损益的金融资产 | | 57 752 172. 00 |
| 买入返售金融资产 | 160 101 456. 80 | 472 004 720. 00 |
| 应收票据及应收账款 | 45 935 567. 28 | 54 509 841. 37 |
| 预付账款 | 5 116 434. 78 | 2 971 501. 27 |
| 其他应收款 | 1 127 609 675. 96 | 998 858 942. 20 |
| 其中：应收利息 | 49 140 989. 49 | |
| 可供出售金融资产 | 1 636 343 562. 37 | 2 489 460 705. 67 |
| 发放贷款及垫款 | 2 216 782 092. 02 | 1 779 000 000. 00 |
| 持有至到期投资 | | |
| 长期应收款 | | |
| 长期股权投资 | 2 535 499. 14 | 2 166 200. 57 |
| 固定资产 | 4 110 456. 50 | 4 294 665. 43 |
| 在建工程 | | |
| 生产性生物资产 | | |
| 无形资产 | 6 571 310. 99 | 4 064 580. 80 |
| 商誉 | | |
| 递延所得税资产 | 151 760 573. 83 | |
| 长期待摊费用 | 1 300 982. 07 | 1 289 444. 09 |
| 其他资产 | | 365 000 000. 00 |
| 资产总计 | 5 495 862 321. 78 | 6 311 164 674. 36 |

法定代表人：孙彦敏　　主管会计工作负责人：张雪　　会计机构负责人：张雪

**合并资产负债表（续）**

编制单位：中粮信托有限责任公司　　2018 年 12 月 31 日　　单位：元

| 负债和所有者权益 | 年末金额 | 年初金额 |
| --- | --- | --- |
| 负债： | | |
| 短期借款 | | |
| 应付货币保证金 | | |
| 应付质押保证金 | | |
| 以公允价值计量且其变动计入当期损益的金融负债 | 50 856 643. 98 | 82 337 503. 51 |
| 应付票据及应付账款 | | 845 725. 00 |
| 预收账款 | 13 500 607. 95 | 29 405 087. 55 |
| 衍生金融负债 | | |
| 期货风险准备金 | | |
| 应付期货投资者保障基金 | | |
| 应付职工薪酬 | 67 746 304. 21 | 161 258 778. 86 |
| 应交税费 | 38 464 695. 39 | 49 440 411. 95 |
| 应付手续费及佣金 | | |
| 其他应付款 | 319 124 752. 81 | 308 649 286. 08 |
| 其中：应付利息 | 379 166. 67 | 825 000. 00 |
| 应付股利 | | |
| 预计负债 | | |
| 长期借款 | | |
| 递延所得税负债 | | 55 165 646. 42 |
| 卖出回购金融资产款 | | |
| 其他负债 | 616 532 357. 58 | 866 341 146. 75 |
| 负债合计 | 1 106 225 361. 92 | 1 553 443 586. 12 |
| 所有者权益： | | |
| 实收资本 | 2 300 000 000. 00 | 2 300 000 000. 00 |
| 资本公积 | 430 203 568. 68 | 430 203 568. 68 |
| 减：库存股 | | |
| 其他综合收益 | −162 461 420. 63 | 229 832 556. 29 |
| 专项储备 | | |
| 盈余公积 | 203 728 344. 85 | 198 948 820. 97 |
| 一般风险准备 | 536 646 457. 04 | 536 646 457. 04 |
| 未分配利润 | 1 013 513 461. 94 | 998 185 220. 62 |
| 归属于母公司股东权益合计 | 4 321 630 411. 88 | 4 693 816 623. 60 |
| 少数股东权益 | 68 006 547. 98 | 63 904 464. 64 |
| 所有者权益合计 | 4 389 636 959. 86 | 4 757 721 088. 24 |
| 负债和所有者权益合计 | 5 495 862 321. 78 | 6 311 164 674. 36 |

法定代表人：孙彦敏　　主管会计工作负责人：张雪　　会计机构负责人：张雪

**资产负债表**

编制单位：中粮信托有限责任公司　　2018 年 12 月 31 日　　单位：元

| 资产 | 年末金额 | 年初金额 |
|---|---|---|
| 资产： | | |
| 货币资金 | 84 089 981.72 | 43 281 773.12 |
| 结算备付金 | | |
| 拆出资金 | | |
| 应收股利 | | |
| 买入返售金融资产 | 160 101 456.80 | 56 700 567.00 |
| 应收票据及应收账款 | 49 556 217.78 | 17 264 383.69 |
| 预付账款 | 5 116 434.78 | 2 971 501.27 |
| 其他应收款 | 1 096 419 279.80 | 998 858 582.20 |
| 其中：应收利息 | | |
| 可供出售金融资产 | 3 097 099 118.09 | 2 291 101 830.86 |
| 发放贷款及垫款 | | 594 000 000.00 |
| 持有至到期投资 | | |
| 应收款项类投资 | | |
| 长期股权投资 | 25 100 000.00 | 811 496 016.00 |
| 固定资产 | 4 032 671.61 | 4 177 388.31 |
| 在建工程 | | |
| 生产性生物资产 | | |
| 无形资产 | 6 571 310.99 | 4 064 580.80 |
| 递延所得税资产 | 152 024 878.18 | |
| 长期待摊费用 | 1 179 763.70 | 1 019 164.48 |
| 其他资产 | | 365 000 000.00 |
| 资产总计 | 4 681 291 113.45 | 5 189 935 787.73 |

法定代表人：孙彦敏　　主管会计工作负责人：张雪　　会计机构负责人：张雪

**资产负债表（续）**

编制单位：中粮信托有限责任公司　　2018 年 12 月 31 日　　单位：元

| 负债和所有者权益 | 年末金额 | 年初金额 |
|---|---|---|
| 负债： | | |
| 短期借款 | | |
| 以公允价值计量且其变动计入当期损益的金融负债 | | |
| 应付票据及应付账款 | | |
| 预收账款 | 13 587 839.79 | 29 405 087.55 |
| 应付职工薪酬 | 62 064 789.67 | 153 366 555.23 |
| 应交税费 | 34 924 733.79 | 46 565 316.44 |
| 应付手续费及佣金 | | |
| 其他应付款 | 315 891 343.00 | 308 142 791.49 |
| 其中：应付利息 | 379 166.67 | 825 000.00 |
| 预计负债 | | |
| 长期借款 | | |
| 递延所得税负债 | | 54 765 694.96 |
| 其他负债 | | |
| 负债合计 | 426 468 706.25 | 592 245 445.67 |
| 所有者权益： | | |
| 实收资本 | 2 300 000 000.00 | 2 300 000 000.00 |
| 资本公积 | 430 187 477.00 | 430 187 477.00 |

续表

| 负债和所有者权益 | 年末金额 | 年初金额 |
|---|---|---|
| 减：库存股 | | |
| 其他综合收益 | −161 432 944.30 | 229 230 229.38 |
| 盈余公积 | 203 728 344.85 | 198 948 820.97 |
| 一般风险准备 | 536 646 457.04 | 536 646 457.04 |
| 未分配利润 | 945 693 072.61 | 902 677 357.67 |
| 所有者权益合计 | 4 254 822 407.20 | 4 597 690 342.06 |
| 负债和所有者权益合计 | 4 681 291 113.45 | 5 189 935 787.73 |

法定代表人：孙彦敏　　主管会计工作负责人：张雪　　会计机构负责人：张雪

### 5.1.3 利润和利润分配表

**合并利润表**

编制单位：中粮信托有限责任公司　　2018 年度　　单位：元

| 项目 | 2018 年度 | 2017 年度 |
|---|---|---|
| 一、营业收入 | 585 532 236.26 | 1 127 211 799.64 |
| 手续费收入 | 452 943 720.67 | 481 869 774.01 |
| 佣金净收入 | | |
| 利息净收入 | 132 244 596.24 | 220 100 360.91 |
| 其中：利息收入 | 149 302 276.90 | 228 765 360.91 |
| 利息费用 | 17 057 680.66 | 8 665 000.00 |
| 投资收益（损失以“－”号填列） | 1 687 928.90 | 378 888 259.42 |
| 其中：对联营企业和合营企业的投资收益 | 369 298.57 | 166 200.57 |
| 公允价值变动收益（损失以“－”号填列） | −4 559 676.62 | 6 406 823.03 |
| 汇兑收益（损失以“－”号填列） | 708 505.42 | −716 754.46 |
| 其他业务收入 | 1 458 186.75 | 40 102 674.29 |
| 资产处置收益（损失以“－”号填列） | 44 185.47 | |
| 其中：非流动资产处置收益（损失以“－”号填列） | 44 185.47 | |
| 其他收益 | 1 004 789.43 | 560 662.44 |
| 二、营业支出 | 544 028 453.67 | 372 272 959.99 |
| 税金及附加 | 4 036 256.37 | 5 257 995.60 |
| 业务及管理费 | 164 679 675.25 | 275 777 249.67 |
| 资产减值损失 | 590 146 710.37 | |
| 其他业务成本 | −214 834 188.32 | 91 237 714.72 |
| 三、营业利润 | 41 503 782.59 | 754 938 839.65 |
| 加：营业外收入 | 14 636.01 | |
| 减：营业外支出 | 56 306.84 | 257 195.40 |
| 四、利润总额 | 41 462 111.76 | 754 681 644.25 |
| 减：所得税费用 | 15 634 454.42 | 164 510 398.71 |
| 五、净利润 | 25 827 657.34 | 590 171 245.54 |
| （一）按经营持续性分类： | 25 827 657.34 | 590 171 245.54 |
| 1. 持续经营净利润（净亏损以“－”号填列） | 25 827 657.34 | 590 171 245.54 |

续表

| 项目 | 2018 年度 | 2017 年度 |
|---|---|---|
| 2. 终止经营净利润(净亏损以"－"号填列) | | |
| (二)按所有权归属分类: | 25 827 657. 34 | 590 171 245. 54 |
| 1. 归属于母公司股东的净利润(净亏损以"－"号填列) | 20 107 765. 20 | 579 687 905. 29 |
| 2. 少数股东损益(净亏损以"－"号填列) | 5 719 892. 14 | 10 483 340. 25 |
| 六、其他综合收益的税后净额 | －393 911 785. 72 | 283 677 642. 73 |
| 归属于母公司所有者的其他综合收益的税后净额 | －392 293 976. 92 | 283 848 039. 08 |
| (一)不能重分类进损益的其他综合收益 | | |
| 1. 重新计量设定受益计划变动额 | | |
| 2. 权益法下不能转损益的其他综合收益 | | |
| (二)将重分类进损益的其他综合收益 | －392 293 976. 92 | 283 848 039. 08 |
| 1. 权益法下可转损益的其他综合收益 | | |
| 2. 可供出售金融资产公允价值变动损益 | －392 293 976. 92 | 283 848 039. 08 |
| 3. 持有至到期投资重分类为可供出售金融资产损益 | | |
| 4. 现金流量套期损益的有效部分 | | |
| 5. 外币财务报表折算差额 | | |
| 6. 其他 | | |
| 归属于少数股东的其他综合收益的税后净额 | －1 617 808. 80 | －170 396. 35 |
| 七、综合收益总额 | －368 084 128. 38 | 873 848 888. 27 |
| 归属于母公司所有者的综合收益总额 | －372 186 211. 72 | 863 535 944. 37 |
| 归属于少数股东的综合收益总额 | 4 102 083. 34 | 10 312 943. 90 |

法定代表人:孙彦敏　　主管会计工作负责人:张雪　　会计机构负责人:张雪

## 利润表

编制单位:中粮信托有限责任公司　　2018 年度　　单位:元

| 项目 | 本年金额 | 上年金额 |
|---|---|---|
| 一、营业收入 | 547 904 393. 05 | 914 169 155. 33 |
| 手续费收入 | 447 324 455. 61 | 507 131 329. 19 |
| 佣金净收入 | | |
| 利息净收入 | 33 210 109. 69 | 64 443 995. 21 |
| 其中:利息收入 | 50 261 609. 69 | 73 108 995. 21 |
| 利息费用 | 17 051 500. 00 | 8 665 000. 00 |

续表

| 项目 | 本年金额 | 上年金额 |
|---|---|---|
| 投资收益(损失以"－"号填列) | 66 363 769. 54 | 341 912 245. 90 |
| 公允价值变动收益(损失以"－"号填列) | | |
| 汇兑收益(损失以"－"号填列) | | |
| 其他业务收入 | | 167 521. 37 |
| 资产处置收益(损失以"－"号填列) | 44 185. 47 | |
| 其中:非流动资产处置收益(损失以"－"号填列) | 44 185. 47 | |
| 其他收益 | 961 872. 74 | 514 063. 66 |
| 二、营业支出 | 489 394 137. 38 | 260 255 847. 45 |
| 税金及附加 | 3 621 460. 40 | 4 965 069. 12 |
| 业务及管理费 | 142 553 724. 45 | 255 290 778. 33 |
| 资产减值损失 | 343 218 952. 53 | |
| 其他业务成本 | | |
| 三、营业利润 | 58 510 255. 67 | 653 913 307. 88 |
| 加:营业外收入 | 14 634. 00 | |
| 减:营业外支出 | 56 306. 84 | 257 195. 40 |
| 四、利润总额 | 58 468 582. 83 | 653 656 112. 48 |
| 减:所得税费用 | 10 673 344. 01 | 157 640 816. 56 |
| 五、净利润 | 47 795 238. 82 | 496 015 295. 92 |
| 1. 持续经营净利润(净亏损以"－"号填列) | 47 795 238. 82 | 496 015 295. 92 |
| 2. 终止经营净利润(净亏损以"－"号填列) | | |
| 六、其他综合收益 | －390 663 173. 68 | 284 019 804. 08 |
| (一)不能重分类进损益的其他综合收益 | | |
| 1. 重新计量设定受益计划变动额 | | |
| 2. 权益法下不能转损益的其他综合收益 | | |
| (二)将重分类进损益的其他综合收益 | －390 663 173. 68 | 284 019 804. 08 |
| 1. 权益法下可转损益的其他综合收益 | | |
| 2. 可供出售金融资产公允价值变动损益 | －390 663 173. 68 | 284 019 804. 08 |
| 3. 持有至到期投资重分类为可供出售金融资产损益 | | |
| 4. 现金流量套期损益的有效部分 | | |
| 5. 外币财务报表折算差额 | | |
| 6. 其他 | | |
| 七、综合收益总额 | －342 867 934. 86 | 780 035 100. 00 |

法定代表人:孙彦敏　　主管会计工作负责人:张雪　　会计机构负责人:张雪

## 5.1.4 所有者权益变动表

### 合并所有者权益变动表

编制单位：中粮信托有限责任公司　　2018 年度　　单位：元

| 项目 | 行次 | 本年金额 | | | | | | | | | | | |
|---|---|---|---|---|---|---|---|---|---|---|---|---|---|
| | | 归属于母公司所有者权益 | | | | | | | | | | 少数股东权益 | 所有者权益合计 |
| | | 实收资本 | 其他权益工具 | 资本公积 | 减：库存股 | 其他综合收益 | 专项储备 | 盈余公积 | 一般风险准备 | 未分配利润 | 其他 | 小计 | | |
| 栏次 | — | 1 | 2 | 2 | 3 | 5 | 4 | 5 | 6 | 7 | 8 | 9 | 10 | 11 |
| 一、上年年末余额 | 1 | 2 300 000 000. 00 | | 430 203 568. 68 | | 229 832 556. 29 | | 198 948 820. 97 | 536 646 457. 04 | 998 185 220. 62 | | 4 693 816 623. 60 | 63 904 464. 64 | 4 757 721 088. 24 |
| 加：会计政策变更 | 2 | | | | | | | | | | | | | |
| 前期差错更正 | 3 | | | | | | | | | | | | | |
| 其他 | 4 | | | | | | | | | | | | | |
| 二、本年年初余额 | 5 | 2 300 000 000. 00 | | 430 203 568. 68 | | 229 832 556. 29 | | 198 948 820. 97 | 536 646 457. 04 | 998 185 220. 62 | | 4 693 816 623. 60 | 63 904 464. 64 | 4 757 721 088. 24 |
| 三、本年增减变动金额（减少以“－”号填列） | 6 | | | | | −392 293 976. 92 | | 4 779 523. 88 | | 15 328 241. 32 | | −372 186 211. 72 | 4 102 083. 34 | −368 084 128. 38 |
| （一）综合收益总额 | 7 | | | | | −392 293 976. 92 | | | | 20 107 765. 20 | | −372 186 211. 72 | 4 102 083. 34 | −368 084 128. 38 |
| （二）所有者投入和减少资本 | 8 | | | | | | | | | | | | | |
| 1. 所有者投入的普通股 | 9 | | | | | | | | | | | | | |
| 2. 其他权益工具持有者投入资本 | 10 | | | | | | | | | | | | | |
| 3. 股份支付计入所有者权益的金额 | 11 | | | | | | | | | | | | | |
| 4. 其他 | 12 | | | | | | | | | | | | | |
| （三）专项储备提取和使用 | 13 | | | | | | | | | | | | | |
| 1. 提取专项储备 | 14 | | | | | | | | | | | | | |
| 2. 使用专项储备 | 15 | | | | | | | | | | | | | |
| （四）利润分配 | 16 | | | | | | | 4 779 523. 88 | | −4 779 523. 88 | | | | |
| 1. 提取盈余公积 | 17 | | | | | | | 4 779 523. 88 | | −4 779 523. 88 | | | | |
| 其中：法定公积金 | 18 | | | | | | | 4 779 523. 88 | | −4 779 523. 88 | | | | |
| 任意公积金 | 19 | | | | | | | | | | | | | |
| #储备基金 | 20 | | | | | | | | | | | | | |
| #企业发展基金 | 21 | | | | | | | | | | | | | |
| #利润归还投资 | 22 | | | | | | | | | | | | | |
| 2. 提取一般风险准备 | 23 | | | | | | | | | | | | | |
| 3. 对所有者（或股东）的分配 | 24 | | | | | | | | | | | | | |
| 4. 其他 | 25 | | | | | | | | | | | | | |
| （五）所有者权益内部结转 | 26 | | | | | | | | | | | | | |
| 1. 资本公积转增资本（或股本） | 27 | | | | | | | | | | | | | |
| 2. 盈余公积转增资本（或股本） | 28 | | | | | | | | | | | | | |
| 3. 盈余公积弥补亏损 | 29 | | | | | | | | | | | | | |
| 4. 结转重新计量设定受益计划净负债或净资产所产生的变动 | 30 | | | | | | | | | | | | | |
| 5. 其他 | 31 | | | | | | | | | | | | | |
| 四、本年年末余额 | 32 | 2 300 000 000. 00 | | 430 203 568. 68 | | −162 461 420. 63 | | 203 728 344. 85 | 536 646 457. 04 | 1 013 513 461. 94 | | 4 321 630 411. 88 | 68 006 547. 98 | 4 389 636 959. 86 |

法定代表人：孙彦敏　　主管会计工作负责人：张雪　　会计机构负责人：张雪

## 合并所有者权益变动表(续)

编制单位:中粮信托有限责任公司　　2018 年度　　单位:元

| 项目 | 行次 | 上年金额 | | | | | | | | | | | | |
|---|---|---|---|---|---|---|---|---|---|---|---|---|---|---|
| | | 归属于母公司所有者权益 | | | | | | | | | | | 少数股东权益 | 所有者权益合计 |
| | | 实收资本 | 其他权益工具 | 资本公积 | 减:库存股 | 其他综合收益 | 专项储备 | 盈余公积 | 一般风险准备 | 未分配利润 | 其他 | 小计 | | |
| 栏次 | — | 1 | 2 | 3 | 4 | 5 | 6 | 7 | 8 | 9 | 10 | 11 | 12 | 13 |
| 一、上年年末余额 | 1 | 2 300 000 000. 00 | | 430 203 568. 68 | | -54 015 482. 79 | | 149 347 291. 38 | 245 902 715. 70 | 855 113 588. 22 | | 3 926 551 681. 19 | 63 551 520. 74 | 3 990 103 201. 93 |
| 加:会计政策变更 | 2 | | | | | | | | | | | | | |
| 前期差错更正 | 3 | | | | | | | | | | | | | |
| 其他 | 4 | | | | | | | | | | | | | |
| 二、本年年初余额 | 5 | 2 300 000 000. 00 | | 430 203 568. 68 | | -54 015 482. 79 | | 149 347 291. 38 | 245 902 715. 70 | 855 113 588. 22 | | 3 926 551 681. 19 | 63 551 520. 74 | 3 990 103 201. 93 |
| 三、本年增减变动金额(减少以"-"号填列) | 6 | | | | | 283 848 039. 08 | | 49 601 529. 59 | 290 743 741. 34 | 143 071 632. 40 | | 767 264 942. 41 | 352 943. 90 | 767 617 886. 31 |
| (一)综合收益总额 | 7 | | | | | 283 848 039. 08 | | | | 579 687 905. 29 | | 863 535 944. 37 | 10 312 943. 90 | 873 848 888. 27 |
| (二)所有者投入和减少资本 | 8 | | | | | | | | | | | | | |
| 1. 所有者投入的普通股 | 9 | | | | | | | | | | | | | |
| 2. 其他权益工具持有者投入资本 | 10 | | | | | | | | | | | | | |
| 3. 股份支付计入所有者权益的金额 | 11 | | | | | | | | | | | | | |
| 4. 其他 | 12 | | | | | | | | | | | | | |
| (三)专项储备提取和使用 | 13 | | | | | | | | | | | | | |
| 1. 提取专项储备 | 14 | | | | | | | | | | | | | |
| 2. 使用专项储备 | 15 | | | | | | | | | | | | | |
| (四)利润分配 | 16 | | | | | | | 49 601 529. 59 | 290 743 741. 34 | -436 616 272. 89 | | -96 271 001. 96 | -9 960 000. 00 | -106 231 001. 96 |
| 1. 提取盈余公积 | 17 | | | | | | | 49 601 529. 59 | | -49 601 529. 59 | | | | |
| 其中:法定公积金 | 18 | | | | | | | 49 601 529. 59 | | -49 601 529. 59 | | | | |
| 任意公积金 | 19 | | | | | | | | | | | | | |
| #储备基金 | 20 | | | | | | | | | | | | | |
| #企业发展基金 | 21 | | | | | | | | | | | | | |
| #利润归还投资 | 22 | | | | | | | | | | | | | |
| 2. 提取一般风险准备 | 23 | | | | | | | | 290 743 741. 34 | -290 743 741. 34 | | | | |
| 3. 对所有者(或股东)的分配 | 24 | | | | | | | | | -96 271 001. 96 | | -96 271 001. 96 | -9 960 000. 00 | -106 231 001. 96 |
| 4. 其他 | 25 | | | | | | | | | | | | | |
| (五)所有者权益内部结转 | 26 | | | | | | | | | | | | | |
| 1. 资本公积转增资本(或股本) | 27 | | | | | | | | | | | | | |
| 2. 盈余公积转增资本(或股本) | 28 | | | | | | | | | | | | | |
| 3. 盈余公积弥补亏损 | 29 | | | | | | | | | | | | | |
| 4. 结转重新计量设定受益计划净负债或净资产所产生的变动 | 30 | | | | | | | | | | | | | |
| 5. 其他 | 31 | | | | | | | | | | | | | |
| 四、本年年末余额 | 32 | 2 300 000 000. 00 | | 430 203 568. 68 | | 229 832 556. 29 | | 198 948 820. 97 | 536 646 457. 04 | 998 185 220. 62 | | 4 693 816 623. 60 | 63 904 464. 64 | 4 757 721 088. 24 |

法定代表人:孙彦敏　　主管会计工作负责人:张雪　　会计机构负责人:张雪

## 所有者权益变动表

编制单位:中粮信托有限责任公司　　2018 年度　　单位:元

| 项目 | 行次 | 本年金额 | | | | | | | | | | |
|---|---|---|---|---|---|---|---|---|---|---|---|---|
| | | 实收资本 | 其他权益工具 | 资本公积 | 减:库存股 | 其他综合收益 | 专项储备 | 盈余公积 | △一般风险准备 | 未分配利润 | 其他 | 所有者权益合计 |
| 栏次 | — | 1 | 2 | 3 | 4 | 5 | 6 | 7 | 8 | 9 | 10 | 11 |
| 一、上年年末余额 | 1 | 2 300 000 000. 00 | | 430 187 477. 00 | | 229 230 229. 38 | | 198 948 820. 97 | 536 646 457. 04 | 902 677 357. 67 | | 4 597 690 342. 06 |
| 加:会计政策变更 | 2 | | | | | | | | | | | |
| 前期差错更正 | 3 | | | | | | | | | | | |
| 其他 | 4 | | | | | | | | | | | |
| 二、本年年初余额 | 5 | 2 300 000 000. 00 | | 430 187 477. 00 | | 229 230 229. 38 | | 198 948 820. 97 | 536 646 457. 04 | 902 677 357. 67 | | 4 597 690 342. 06 |
| 三、本年增减变动金额(减少以“-”号填列) | 6 | | | | | -390 663 173. 68 | | 4 779 523. 88 | | 43 015 714. 94 | | -342 867 934. 86 |
| (一)综合收益总额 | 7 | | | | | -390 663 173. 68 | | | | 47 795 238. 82 | | -342 867 934. 86 |
| (二)所有者投入和减少资本 | 8 | | | | | | | | | | | |
| 1. 所有者投入的普通股 | 9 | | | | | | | | | | | |
| 2. 其他权益工具持有者投入资本 | 10 | | | | | | | | | | | |
| 3. 股份支付计入所有者权益的金额 | 11 | | | | | | | | | | | |
| 4. 其他 | 12 | | | | | | | | | | | |
| (三)专项储备提取和使用 | 13 | | | | | | | | | | | |
| 1. 提取专项储备 | 14 | | | | | | | | | | | |
| 2. 使用专项储备 | 15 | | | | | | | | | | | |
| (四)利润分配 | 16 | | | | | | | 4 779 523. 88 | | -4 779 523. 88 | | |
| 1. 提取盈余公积 | 17 | | | | | | | 4 779 523. 88 | | -4 779 523. 88 | | |
| 其中:法定公积金 | 18 | | | | | | | 4 779 523. 88 | | -4 779 523. 88 | | |
| 任意公积金 | 19 | | | | | | | | | | | |
| #储备基金 | 20 | | | | | | | | | | | |
| #企业发展基金 | 21 | | | | | | | | | | | |
| #利润归还投资 | 22 | | | | | | | | | | | |
| 2. 提取一般风险准备 | 23 | | | | | | | | | | | |
| 3. 对所有者(或股东)的分配 | 24 | | | | | | | | | | | |
| 4. 其他 | 25 | | | | | | | | | | | |
| (五)所有者权益内部结转 | 26 | | | | | | | | | | | |
| 1. 资本公积转增资本(或股本) | 27 | | | | | | | | | | | |
| 2. 盈余公积转增资本(或股本) | 28 | | | | | | | | | | | |
| 3. 盈余公积弥补亏损 | 29 | | | | | | | | | | | |
| 4. 结转重新计量设定受益计划净负债或净资产所产生的变动 | 30 | | | | | | | | | | | |
| 5. 其他 | 31 | | | | | | | | | | | |
| 四、本年年末余额 | 32 | 2 300 000 000. 00 | | 430 187 477. 00 | | -161 432 944. 30 | | 203 728 344. 85 | 536 646 457. 04 | 945 693 072. 61 | | 4 254 822 407. 20 |

法定代表人:孙彦敏　　主管会计工作负责人:张雪　　会计机构负责人:张雪

## 所有者权益变动表(续)

编制单位:中粮信托有限责任公司　　2018 年度　　单位:元

| 项目 | 行次 | 上年金额 | | | | | | | | | | |
|---|---|---|---|---|---|---|---|---|---|---|---|---|
| | | 实收资本 | 其他权益工具 | 资本公积 | 减:库存股 | 其他综合收益 | 专项储备 | 盈余公积 | △一般风险准备 | 未分配利润 | 其他 | 所有者权益合计 |
| 栏次 | — | 1 | 2 | 3 | 4 | 5 | 6 | 7 | 8 | 9 | 10 | 11 |
| 一、上年年末余额 | 1 | 2 300 000 000. 00 | | 430 187 477. 00 | | -54 789 574. 70 | | 149 347 291. 38 | 245 902 715. 70 | 843 278 334. 64 | | 3 913 926 244. 02 |
| 加:会计政策变更 | 2 | | | | | | | | | | | |
| 前期差错更正 | 3 | | | | | | | | | | | |
| 其他 | 4 | | | | | | | | | | | |
| 二、本年年初余额 | 5 | 2 300 000 000. 00 | | 430 187 477. 00 | | -54 789 574. 70 | | 149 347 291. 38 | 245 902 715. 70 | 843 278 334. 64 | | 3 913 926 244. 02 |
| 三、本年增减变动金额(减少以"-"号填列) | 6 | | | | | 284 019 804. 08 | | 49 601 529. 59 | 290 743 741. 34 | 59 399 023. 03 | | 683 764 098. 04 |
| (一)综合收益总额 | 7 | | | | | 284 019 804. 08 | | | | 496 015 295. 92 | | 780 035 100. 00 |
| (二)所有者投入和减少资本 | 8 | | | | | | | | | | | |
| 1. 所有者投入的普通股 | 9 | | | | | | | | | | | |
| 2. 其他权益工具持有者投入资本 | 10 | | | | | | | | | | | |
| 3. 股份支付计入所有者权益的金额 | 11 | | | | | | | | | | | |
| 4. 其他 | 12 | | | | | | | | | | | |
| (三)专项储备提取和使用 | 13 | | | | | | | | | | | |
| 1. 提取专项储备 | 14 | | | | | | | | | | | |
| 2. 使用专项储备 | 15 | | | | | | | | | | | |
| (四)利润分配 | 16 | | | | | | | 49 601 529. 59 | 290 743 741. 34 | -436 616 272. 89 | | -96 271 001. 96 |
| 1. 提取盈余公积 | 17 | | | | | | | 49 601 529. 59 | | -49 601 529. 59 | | |
| 其中:法定公积金 | 18 | | | | | | | 49 601 529. 59 | | -49 601 529. 59 | | |
| 任意公积金 | 19 | | | | | | | | | | | |
| #储备基金 | 20 | | | | | | | | | | | |
| #企业发展基金 | 21 | | | | | | | | | | | |
| #利润归还投资 | 22 | | | | | | | | | | | |
| 2. 提取一般风险准备 | 23 | | | | | | | | 290 743 741. 34 | -290 743 741. 34 | | |
| 3. 对所有者(或股东)的分配 | 24 | | | | | | | | | -96 271 001. 96 | | -96 271 001. 96 |
| 4. 其他 | 25 | | | | | | | | | | | |
| (五)所有者权益内部结转 | 26 | | | | | | | | | | | |
| 1. 资本公积转增资本(或股本) | 27 | | | | | | | | | | | |
| 2. 盈余公积转增资本(或股本) | 28 | | | | | | | | | | | |
| 3. 盈余公积弥补亏损 | 29 | | | | | | | | | | | |
| 4. 结转重新计量设定受益计划净负债或净资产所产生的变动 | 30 | | | | | | | | | | | |
| 5. 其他 | 31 | | | | | | | | | | | |
| 四、本年年末余额 | 32 | 2 300 000 000. 00 | | 430 187 477. 00 | | 229 230 229. 38 | | 198 948 820. 97 | 536 646 457. 04 | 902 677 357. 67 | | 4 597 690 342. 06 |

法定代表人:孙彦敏　　主管会计工作负责人:张雪　　会计机构负责人:张雪

## 5.2 信托资产

### 5.2.1 信托项目资产负债汇总表

**信托项目资产负债表**

编制单位：中粮信托有限责任公司　　2018 年 12 月 31 日　　单位：万元

| 信托资产 | 年初数 | 年末数 | 信托负债和信托权益 | 年初数 | 年末数 |
|---|---|---|---|---|---|
| 信托资产： | | | 信托负债： | | |
| 货币资金 | 181 254.74 | 184 200.70 | 交易性金融负债 | — | — |
| 拆出资金 | — | — | 衍生金融负债 | — | — |
| 存出保证金 | — | — | 应付受托人报酬 | 38.37 | 11.93 |
| 交易性金融资产 | 159 575.41 | 82 100.33 | 应付托管费 | 10.14 | 4.11 |
| 衍生金融资产 | — | — | 应付受益人收益 | 1 531.97 | 214.27 |
| 买入返售金融资产 | 701 965.34 | 109 613.75 | 应交税费 | — | 6 622.14 |
| 应收款项 | 407 876.53 | 442 436.03 | 应付销售服务费 | 149.59 | 67.34 |
| 发放贷款 | 6 347 270.05 | 4 458 349.44 | 其他应付款项 | 24 603.48 | 27 385.71 |
| 可供出售金融资产 | 3 487 345.35 | 2 575 429.09 | 预计负债 | — | — |
| 持有至到期投资 | — | — | 其他负债 | — | — |
| 长期应收款 | — | — | 信托负债合计 | 26 333.55 | 34 305.50 |
| 长期股权投资 | 6 129 132.08 | 6 099 589.33 | | | |
| 投资性房地产 | — | — | 信托权益： | — | — |
| 固定资产 | — | — | 实收信托 | 19 137 630.74 | 16 141 757.22 |
| 无形资产 | — | — | 资本公积 | 302.40 | 4 184.72 |
| 长期待摊费用 | — | — | 损益平准金 | — | — |
| 其他资产 | 2 111 064.47 | 2 423 989.48 | 未分配利润 | 361 217.29 | 195 460.71 |
| 减：各项资产减值准备 | — | — | 信托权益合计 | 19 499 150.43 | 16 341 402.65 |
| 信托资产总计 | 19 525 483.98 | 16 375 708.15 | 信托负债及信托权益总计 | 19 525 483.98 | 16 375 708.15 |

### 5.2.2 信托项目利润及利润分配汇总表

**信托项目利润及利润分配表**

编制单位：中粮信托有限责任公司　　2018 年度　　单位：万元

| 项目 | 本年累计数 | 上年累计数 |
|---|---|---|
| 1. 营业收入 | 999 741.62 | 1 230 323.76 |
| 1.1 利息收入 | 309 758.06 | 686 647.15 |
| 1.2 投资收益（损失以“-”号填列） | 681 211.91 | 532 627.68 |
| 其中：对联营企业和合营企业的投资收益 | — | — |
| 1.3 公允价值变动收益（损失以“-”号填列） | 8 723.58 | 4 894.54 |
| 1.4 租赁收入 | — | — |
| 1.5 汇兑损益（损失以“-”号填列） | — | — |
| 1.6 其他收入 | 48.07 | 6 154.38 |
| 2. 支出 | 76 694.50 | 87 261.70 |
| 2.1 营业税金及附加 | 3 020.29 | — |
| 2.2 受托人报酬 | 40 518.10 | 41 533.94 |
| 2.3 托管费 | 1 809.17 | 3 540.08 |
| 2.4 投资管理费 | 86.88 | 145.04 |
| 2.5 销售服务费 | 2.63 | — |
| 2.6 交易费用 | 568.54 | 1 568.41 |
| 2.7 资产减值损失 | — | — |
| 2.8 其他费用 | 30 688.89 | 40 474.24 |
| 3. 信托净利润（净亏损以“-”号填列） | 923 047.12 | 1 143 062.06 |
| 4. 其他综合收益 | — | — |
| 5. 综合收益 | 923 047.12 | 1 143 062.06 |
| 6. 加：期初未分配信托利润 | 361 217.29 | 49 868.84 |
| 7. 可供分配的信托利润 | 1 284 264.41 | 1 192 930.89 |
| 8. 减：本期已分配信托利润 | 1 088 803.69 | 831 713.60 |
| 9. 期末未分配信托利润 | 195 460.72 | 361 217.29 |

## 6. 会计报表附注

### 6.1 会计报表编制基准不符合会计核算基本前提的说明

会计报表编制无不符合会计核算基本前提的事项。

### 6.2 重要会计政策和会计估计说明

（1）会计政策变更情况

财政部于 2018 年 6 月 15 日发布《关于修订印发 2018 年度一般企业财务报表格式的通知》（财会［2018］15 号），对一般企业财务报表格式进行了修订。执行企业会计准则的金融企业应当根据金融企业经营活动的性质和要求，比照一般企业财务报表格式进行相应调整。

财政部于 2018 年 9 月 7 日发布《关于 2018 年度一般企业财务报表格式有关问题的解读》，规定了企业作为个人所得税的扣缴义务人，根据《中华人民共和国个人所得税法》收到的扣缴税款手续费，应作为其他与日常活动相关的项目在利润表的“其他收益”项目中填列。企业财务报表的列报项目因此发生变更的，应当按照《企业会计准则第 30 号——财务报表列报》等的相关规定，对可比期间的比较数据进行调整，追溯调整对列报项目的具体影响如下：

| 受影响的项目 | 2017 年度 | | |
|---|---|---|---|
| | 调整前 | 调整金额 | 调整后 |
| 其他收益 | — | 514 063.66 | 514 063.66 |
| 营业外收入 | 514 063.66 | -514 063.66 | — |

对于上述列报项目的变更,本公司对上年比较数据进行了追溯调整。

(2)会计估计变更情况

公司报告期内无需要披露的重大会计估计变更事项。

(3)前期会计差错更正情况

公司报告期内无需要披露的前期差错更正事项。

## 6.3 或有事项说明

无。

## 6.4 重要资产转让及其出售的说明

公司报告期内无重要资产转让及出售情况。

## 6.5 会计报表中重要项目的明细资料

### 6.5.1 披露自营资产经营情况

6.5.1.1 按信用风险五级分类结果披露信用风险资产的年初数、年末数

| 信用风险资产五级分类 | 正常类(万元) | 关注类(万元) | 次级类(万元) | 可疑类(万元) | 损失类(万元) | 信用风险资产合计(万元) | 不良资产合计(万元) | 不良资产率(%) |
|---|---|---|---|---|---|---|---|---|
| 年初数 | 139 000.00 | — | — | — | — | 139 000.00 | — | — |
| 年末数 | 77 998.21 | 77 178.30 | 1 525.00 | 42 350.00 | — | 199 051.51 | 43 875.00 | 22.04 |

注:不良资产合计=次级类+可疑类+损失类。

6.5.1.2 各项资产减值损失准备的年初数、本年计提、本年转回、本年核销、年末数;贷款的一般准备、专项准备和其他资产减值准备应分别披露

单位:万元

| | 年初数 | 本年计提 | 本年转回 | 本年核销 | 年末数 |
|---|---|---|---|---|---|
| 贷款损失准备 | 600.00 | — | 600.00 | — | — |
| 一般准备 | — | — | — | — | — |
| 专项准备 | 600.00 | — | 600.00 | — | — |
| 其他资产减值准备 | — | — | — | — | — |
| 可供出售金融资产减值准备 | — | 32 214.98 | — | — | 32 214.98 |
| 持有至到期投资减值准备 | — | — | — | — | — |
| 长期股权投资减值准备 | — | — | — | — | — |
| 坏账准备 | — | 2 706.92 | — | — | 2 706.92 |
| 投资性房地产减值准备 | — | — | — | — | — |

6.5.1.3 自营股票投资、基金投资、债券投资、股权投资等投资业务的年初数、年末数

单位:万元

| | 自营股票 | 基金 | 债券 | 长期股权投资 |
|---|---|---|---|---|
| 年初数 | 174 700.35 | 33 152.43 | — | 81 149.60 |
| 年末数 | 111 192.65 | 9 178.66 | — | 2 510.00 |

6.5.1.4 前五名的自营长期股权投资的企业名称、占被投资企业权益的比例、主要经营活动及投资收益情况等

| 企业名称 | 占被投资企业权益的比例(%) | 主要经营活动 | 投资收益(万元) |
|---|---|---|---|
| 中粮农业产业基金管理有限责任公司 | 50.20 | 基金管理 | — |

6.5.1.5 前五名的自营贷款的企业名称、占贷款总额的比例和还款情况等

无。

6.5.1.6 表外业务的年初数、年末数,按照代理业务、担保业务和其他类型表外业务分别披露

单位:万元

| 表外业务 | 年初数 | 年末数 |
|---|---|---|
| 担保业务 | — | — |
| 代理业务(委托业务) | — | — |
| 其他 | — | — |
| 合计 | — | — |

注:代理业务主要反映因客观原因应规范而尚未完成规范的历史遗留委托业务,包括委托贷款和委托投资。

6.5.1.7 公司当年的收入结构

| 收入结构 | 金额(万元) | 占比(%) |
|---|---|---|
| 利息净收入 | 3 321.01 | 6.06 |
| 手续费收入 | 44 732.44 | 81.64 |
| 投资收益 | 6 636.38 | 12.11 |
| 资产处置收益 | 4.42 | 0.01 |
| 其他收益 | 96.19 | 0.18 |
| 收入合计 | 54 790.44 | 100.00 |

### 6.5.2 披露信托资产管理情况

6.5.2.1 信托资产的年初数、年末数

单位:万元

| 信托资产 | 年初数 | 年末数 |
|---|---|---|
| 集合类 | 8 740 474.56 | 6 261 539.62 |
| 单一类 | 7 308 988.50 | 7 115 202.11 |
| 财产权类 | 3 476 020.92 | 2 998 966.42 |
| 合计 | 19 525 483.98 | 16 375 708.15 |

6.5.2.1.1 主动管理型信托业务年初数、年末数,分证券投资类、股权投资类、融资类、事务管理类分别披露

单位:万元

| 主动管理型信托资产 | 年初数 | 年末数 |
|---|---|---|
| 证券投资类 | 912 530.28 | 1 103 634.68 |
| 股权投资类 | 239 051.87 | 214 858.62 |
| 融资类 | 3 806 674.17 | 3 932 003.96 |
| 事务管理类 | 2 793 229.22 | — |
| 其他投资类 | 818 614.97 | 660 926.66 |
| 合计 | 8 570 100.51 | 5 911 423.92 |

6.5.2.1.2 被动管理型信托业务年初数、年末数,分证券投资类、股权投资类、融资类、事务管理类分别披露

单位:万元

| 被动管理型信托资产 | 年初数 | 年末数 |
|---|---|---|
| 证券投资类 | 1 044 670.73 | 100 047.36 |
| 股权投资类 | 6 348 214.65 | 6 154 584.33 |
| 融资类 | 94 524.07 | 2.98 |
| 事务管理类 | 3 277 532.52 | 4 093 466.21 |
| 其他类 | 190 441.50 | 116 183.35 |
| 合计 | 10 955 383.47 | 10 464 284.23 |

6.5.2.2　本年度已清算结束的信托项目个数、实收信托合计金额、加权平均实际年化收益率

6.5.2.2.1　本年度已清算结束的集合类、单一类资金信托项目和财产管理类信托项目个数、实收信托合计金额、加权平均实际年化收益率

| 已清算结束的信托项目 | 项目个数（个） | 实收信托合计金额（万元） | 加权平均实际年化收益率（%） |
|---|---|---|---|
| 集合类 | 52 | 2 269 401.45 | 5.21 |
| 单一类 | 36 | 1 765 287.88 | 6.89 |
| 财产管理类 | 13 | 805 037.87 | 5.34 |

注：1. 加权平均实际年化收益率 =（信托项目 1 的实际年化收益率 × 信托项目 1 的资产总计 + 信托项目 2 的实际年化收益率 × 信托项目 2 的资产总计 + … + 信托项目 $n$ 的实际年化收益率 × 信托项目 $n$ 的资产总计）/（信托项目 1 的资产总计 + 信托项目 2 的资产总计 + … + 信托项目 $n$ 的资产总计）×100%。
2. 包含已完成兑付但截至 2018 年末尚未完成银行销户手续的项目。

6.5.2.2.2　本年度已清算结束的主动管理型信托项目个数、实收信托合计金额、加权平均实际年化收益率，分证券投资类、股权投资类、融资类、事务管理类分别披露

| 已清算结束的信托项目 | 项目个数（个） | 实收信托合计金额（万元） | 加权平均实际年化收益率（%） |
|---|---|---|---|
| 证券投资类 | 11 | 699 579.38 | 1.64 |
| 股权投资类 | 3 | 22 961.07 | 8.77 |
| 融资类 | 29 | 1 149 246.00 | 6.86 |
| 事务管理类 | 3 | 167 602.70 | 5.24 |
| 其他投资类 | 4 | 189 640.00 | 6.19 |

6.5.2.2.3　本年度已清算结束的被动管理型信托项目个数、实收信托合计金额、加权平均实际年化收益率，分证券投资类、股权投资类、融资类、事务管理类分别披露

| 已清算结束的信托项目 | 项目个数（个） | 实收信托合计金额（万元） | 加权平均实际年化收益率（%） |
|---|---|---|---|
| 证券投资类 | — | — | — |
| 股权投资类 | 1 | 129 166.67 | 6.03 |
| 融资类 | 4 | 40 000.00 | 6.25 |
| 事务管理类 | 46 | 2 441 531.39 | 6.55 |
| 其他投资类 | — | — | — |

6.5.2.3　本年度新增的集合类、单一类和财产管理类信托项目个数、实收信托合计金额

| 新增信托项目 | 项目个数（个） | 实收信托合计金额（万元） |
|---|---|---|
| 集合类 | 27 | 1 210 573.09 |
| 单一类 | 24 | 616 459.71 |
| 财产管理类 | 5 | 2 240 999.72 |
| 新增合计 | 56 | 4 068 032.52 |
| 其中：主动管理型 | 22 | 1 394 692.24 |
| 被动管理型 | 34 | 2 673 340.28 |

6.5.2.4　信托业务创新成果和特色业务有关情况

农业金融是中粮信托的特色化战略业务，历经多年探索与创新，打造有供应链金融、农地金融等特色业务模式；同时，公司农金团队在普惠金融服务中小微企业、金融服务“三农”等方面也有着突出贡献与表现，多次获得监管部门与中粮集团内外的好评和奖项。截至 2018 年末，中粮信托已成立农业金融信托项目 273 个，累计发行规模为 351 亿元，涉及耕地面积累计近 43 万亩，惠及上万户农户。

“宁安模式”落地是中粮信托重点推进的农地金融业务。2018 年中粮信托协同中粮贸易，在黑龙江宁安政府支持下，在当地打造的农业全产业生态闭环实验区。通过引入中粮集团内中粮期货、中粮贸易及外部三聚环保、一重集团等，为当地玉米种植业从“种”到“收”到“售”提供一条龙服务。目前，已扶持当地 4 个玉米种植专业合作社标准化建设、解决秸秆处理和绿色肥料供应、土地翻耕问题，并引入中粮期货与当地合作社签署了期货报价协议，中粮贸易已在宁安当地开展收粮工作，中粮信托的农业产业化系统已完成全部合作社的农业流程可视化，可满足不同主体的远程监测需求，实现年初既定目标——“宁安模式”的落地与复制。

此外，中粮信托在资产证券化业务方面，具备一定的业务积累和沉淀；特别是汽车金融资产证券化业务，公司处于行业前列。2018 年，公司成立的资产证券化业务规模达 220 亿元。

6.5.2.5　公司履行受托人义务情况及因公司自身责任而导致的信托资产损失情况（合计金额、原因等）

公司在报告期内无上述情况。

## 6.6　关联方关系及其交易的披露

**6.6.1　关联交易方的数量、关联交易的总金额及关联交易的定价政策等**

| | 关联交易方数量（个） | 关联交易金额（万元） | 定价政策 |
|---|---|---|---|
| 合计 | 32 | 179 422.36 | 本公司与关联方之间的交易采用市场价格进行定价。 |

注：关联交易是指信托公司以自有资产、信托资产为关联方提供投融资等服务，或以担保等方式为关联方融资提供便利的业务。关联交易的统计范围应基本与银保监会非现场监管信息系统中关于关联交易的范围和口径一致，也可增加为关联方提供咨询等其他非投融资类业务服务的信息。

**6.6.2　关联交易方与公司的关系性质、关联交易方的名称、法定代表人、注册地址、注册资本及主营业务等**

| 关系性质 | 关联方名称 | 法定代表人 | 注册地址 | 注册资本（万元） | 主营业务 |
|---|---|---|---|---|---|
| 母公司 | 中粮资本投资有限公司 | 孙彦敏 | 北京 | 133 700.1376 | 投资与资产管理。 |
| 子公司 | 中粮农业产业基金管理有限责任公司 | 孙彦敏 | 北京 | 5 000.00 | 投资管理及咨询。 |
| 同一母公司 | 中粮期货有限公司 | 王庆 | 北京 | 84 620.00 | 商品期货经纪、金融期货经纪、期货投资咨询、资产管理。 |
| 受公司之母公司的重大影响 | 龙江银行股份有限公司 | 张建辉 | 哈尔滨 | 436 000.00 | 商业银行业务。 |
| 受公司之母公司的重大影响 | 深圳中粮商贸服务有限公司 | 杨超 | 深圳 | 5 000.00 | 投资咨询、物流信息咨询、风险管理咨询。 |

续表

| 关系性质 | 关联方名称 | 法定代表人 | 注册地址 | 注册资本（万元） | 主营业务 |
|---|---|---|---|---|---|
| 与公司同一实际控制人 | 中粮海优（北京）有限公司 | 张东风 | 北京 | 239 880.00 | 餐饮服务；预包装食品销售；特殊食品销售；普通货运、货物专用运输（冷藏保鲜）。 |
| 与公司同一实际控制人 | 深圳市明诚金融服务有限公司 | 孙彦敏 | 深圳 | 2 500.00 | 金融信息咨询、提供金融中介服务、接受金融机构委托从事金融服务外包。 |
| 与公司同一实际控制人 | 内蒙古爱养牛科技有限公司 | 刘晓江 | 内蒙古呼和浩特市 | 800.00 | 畜牧业电子商务平台；畜牧业服务云平台；畜牧业服务业。 |

**6.6.3 逐笔披露公司与关联方的重大交易事项**

6.6.3.1 固有财产与关联方：贷款、投资、租赁、担保、应收账款、其他方式等年初汇总数、本年发生额汇总数、年末汇总数

单位：万元

| 固有财产与关联方关联交易 | | | | |
|---|---|---|---|---|
| | 年初数 | 借方发生额 | 贷方发生额 | 年末数 |
| 贷款 | — | — | — | — |
| 投资 | — | — | — | — |
| 租赁 | — | 1 596.48 | 1 596.48 | — |
| 担保 | — | — | — | — |
| 应收账款 | — | — | — | — |
| 其他应收 | 332.79 | 394.92 | — | 727.71 |
| 其他应付 | — | — | 1.04 | 1.04 |
| 合计 | 332.79 | 1 991.40 | 1 597.52 | 728.75 |

6.6.3.2 信托资产与关联方：贷款、投资、租赁、应收账款、担保、其他方式等年初汇总数、本年发生额汇总数、年末汇总数

单位：万元

| 信托资产与关联方关联交易 | | | | |
|---|---|---|---|---|
| | 年初数 | 借方发生额 | 贷方发生额 | 年末数 |
| 贷款 | 117 000.00 | 1 030.00 | 50 030.00 | 68 000.00 |
| 投资 | 30 000.00 | 735.00 | 30 500.00 | 235.00 |
| 租赁 | — | — | — | — |
| 担保 | — | — | — | — |
| 应收账款 | — | — | — | — |
| 其他 | 110 851.91 | 146 355.09 | 65 350.00 | 60 137.00 |
| 合计 | 257 851.91 | 16 400.09 | 145 880.00 | 128 372.00 |

6.6.3.3 固有财产与信托财产之间的交易金额年初汇总数、本年发生额汇总数、年末汇总数

单位：万元

| 固有财产与信托财产相互交易 | | | | |
|---|---|---|---|---|
| | 年初数 | 本年增加额 | 本年减少额 | 年末数 |
| 合计 | 77 700.00 | 163 022.27 | 52 450.00 | 188 272.27 |

6.6.3.4 信托资产与信托财产之间的交易金额年初汇总数、本年发生额汇总数、年末汇总数

单位：万元

| 信托资产与信托财产相互交易 | | | |
|---|---|---|---|
| | 年初数 | 本年发生额 | 年末数 |
| 合计 | 99 000.00 | -99 000.00 | — |

**6.6.4 逐笔披露关联方逾期未偿还公司资金的详细情况以及公司为关联方担保发生或即将发生垫款的详细情况**

无。

### 6.7 会计制度的披露

公司固有业务和信托业务，同时执行财政部 2006 年 2 月 15 日颁布的《企业会计准则》及 2014 年颁布的八项具体准则和一项基本准则的有关规定。

## 7. 财务情况说明书

### 7.1 利润实现和分配情况

2018 年，公司实现净利润 47 795 238.82 元。提取法定盈余公积 4 779 523.88 元，年末可供分配的利润为945 693 072.61元。

### 7.2 主要财务指标

| 指标名称 | 指标值 |
|---|---|
| 资本利润率（%） | 1.08 |
| 人均净利润（万元） | 20.56 |

注：1. 资本利润率 = 净利润/所有者权益平均余额 × 100%。
2. 人均净利润 = 净利润/年平均人数。

### 7.3 对公司财务状况、经营成果有重大影响的其他事项

公司无上述事项。

## 8. 特别事项揭示

### 8.1 前五名股东报告期内变动情况及原因

无。

### 8.2 董事、监事及高级管理人员变动情况及原因

**8.2.1 董事变动情况及原因**

2018 年 3 月经监管部门核准，公司增聘柯卡生、陈国钢担任公司独立董事；因股权董事人数调减、退休原因，马建平、秦涛不再担任公司董事。

因上级决定并工作安排的原因，2018 年 5 月经监管部门核准，公司董事长由邬小蕙更换为孙彦敏。

因上级决定并工作安排原因，2018 年 9 月经监管部门核准，公司董事由邬小蕙、马王军更换为吴浩军、陈德彪。

**8.2.2 监事变动情况及原因**

报告期内监事未发生变动。

8.2.3 高级管理人员变动情况及原因

2018 年 1 月，经公司董事会同意，拟增聘卢勇、宗亮、米佳担任公司总经理助理，该任职资格尚需监管部门核准。

2018 年 5 月，因上级决定并工作安排原因，辛伟不再担任公司总经理，选聘吴浩军担任公司总经理，吴浩军总经理任职资格获得核准前，由公司时任副总经理陈德彪代为履行总经理职责。吴浩军总经理任职资格于 2018 年 9 月获得核准。

2018 年 6 月，因工作调整，张瑜不再担任公司董事会秘书；公司董事会于 2018 年 12 月同意公司现任副总经理马建泽兼任董事会秘书，该任职资格尚需监管部门核准。

2018 年 9～10 月，经监管部门核准，公司提拔公司原总经理助理张勇、陈众、张文生担任副总经理，增聘张雪担任财务总监。

2018 年 12 月，经监管部门核准，李永东担任公司副总经理兼首席风险官，陈德彪不再分管公司风控合规部、法律部及资产管理部事务。

2019 年 1 月，因工作调整，陆吕佳、陈德彪均不再担任公司副总经理。

## 8.3 公司的重大诉讼事项

### 8.3.1 重大未决诉讼事项

2018 年，公司信托业务共涉及 12 起重大未决诉讼，其中起诉案件 11 起，被诉案件 1 起，固有业务未涉及诉讼事项，具体情况如下表：

| 序号 | 原告/申请人 | 被告/被申请人 | 起诉日期 | 案由 | 涉案金额（万元） | 案件情况 |
|---|---|---|---|---|---|---|
| 1 | 北京信诚达融资产管理有限公司 | 中粮信托 | 2016 年 4 月 | 单一资金信托合同纠纷 | 11 805 | 2015 年 11 月，北京信诚达融资产管理有限公司通过中粮信托设立单一事务管理类信托，向中瑞澳银公司进行股权投资，并通过中瑞澳银公司投资北京新中实公司的博士苑项目，对该项目进行资产重组。项目期间，信诚达融不仅未促使中瑞澳银开展任何与重组北京新中实博士苑项目有关的工作，还对中粮信托发出一系列偏离信托设立初衷、超出信托文件约定且不符合本公司法律地位的若干指令，故中粮信托对委托人发出的约定项目外的资金使用指令不予执行。2016 年 4 月，北京信诚达融资产管理有限公司以此为由起诉中粮信托，要求中粮信托执行其指令，后续变更诉讼请求，要求中粮信托赔偿损失 11 805 万元。<br>后该案移送北京市第二中级人民法院处理，北京市第二中级人民法院于 2018 年 7 月 10 日作出一审判决，判定确认双方于 2015 年 10 月 14 日签订的单一资金信托合同中止履行、中粮信托赔偿原告经济损失 4 万元，中粮信托向原告原状分配涉案信托财产，驳回其他诉讼请求。2018 年 7 月 22 日，北京信诚达融资产管理有限公司上诉至北京市高级人民法院，11 月 23 日二审开庭，目前本案尚等待判决在二审审理中。 |
| 2 | 中粮信托 | 华信中能高新技术产业有限公司（被告一）、广东金控华信投资有限公司（被告二）、上海华信国际集团有限公司（被告三） | 2018 年 4 月 28 日 | 股权转让纠纷（信托项目纠纷） | 20 559.23 | 中粮信托成立中粮信托—华信港口股权投资集合资金信托计划，规模 2.4 亿元，信托资金用于向华信（厦门）港口投资管理有限公司增资。2018 年 3 月，中国华信能源有限公司董事长叶简明被调查，融资人停止对外付息。出于履行受托人职责，中粮信托向北京市第二中级人民法院提起诉讼及财产保全申请，法院已于 2018 年 5 月 2 日受理本案并于 2018 年 6 月 5 日出具财产保全情况告知书完成财产保全。<br>诉讼阶段，上海华信国际集团有限公司提出管辖权异议，北京市第二中级人民法院于 2018 年 6 月 19 日裁定驳回其管辖权异议。上海华信国际集团有限公司于 2018 年 7 月 18 日向北京市高级人民法院提起管辖权异议上诉，北京市高级人民法院于 2018 年 10 月 29 日裁定驳回其管辖权异议上诉。本案已于 2018 年 12 月 19 日开庭审理，目前尚待法院出具判决。 |
| 3 | 中粮信托 | 北京黄金交易中心有限公司（被告一）、中国青旅实业发展有限责任公司（被告二）、深圳市天启成商业保理有限公司（被告三） | 2018 年 5 月 4 日 | 债权转让合同纠纷（信托项目纠纷） | 6 270.47 | 中粮信托设立的中粮信托—黄金保理系列集合资金信托计划项目，涉案的为该系列第二期和第三期，发行规模共计 6.04 亿元，对应的应收账款约为 6.32 亿元。应收账款债务人均为北京黄金交易中心有限公司，其控股股东中国青旅实业发展有限责任公司为保证人。2018 年 4 月因应收账款债务人未还款，构成实质性违约。出于履行受托人职责，中粮信托向北京市第二中级人民法院提起诉讼及财产保全申请，根据应收账款转让合同分为 5 个案件进行审理。<br>2018 年 5 月 4 日中粮信托向北京市第二中级人民法院提起诉讼及财产保全申请，2018 年 12 月 10 日，北京市第二中级人民法院对本案作出一审判决：（1）被告一于判决生效之日起 10 日内向中粮信托支付应收账款 5 720.98 万元及违约金；（2）被告二对被告一前述责任承担连带清偿责任；（3）驳回中粮信托其他诉讼请求。2018 年 12 月 25 日被告二向北京市高级人民法院提出上诉，目前二审尚未开庭审理。 |
| 4 | 中粮信托 | 北京黄金交易中心有限公司（被告一）、中国青旅实业发展有限责任公司（被告二）、深圳市天启成商业保理有限公司（被告三） | 2018 年 5 月 4 日 | 债权转让合同纠纷（信托项目纠纷） | 5 084.22 | 信托计划基本情况同案件 3，2018 年 5 月 4 日中粮信托向北京市第二中级人民法院提起诉讼及财产保全申请，2018 年 11 月 30 日北京市第二中级人民法院作出一审判决：（1）被告一于判决生效之日起 10 日内向中粮信托支付应收账款 5 084.22 万元及违约金；（2）被告三于判决生效之日起 10 日内向中粮信托支付增加的税费成本 3.73 万元；（3）被告二对被告一、被告三前述责任承担连带清偿责任；（4）驳回中粮信托其他诉讼请求。2018 年 12 月 12 日，被告二向北京市高级人民法院提出上诉，目前二审尚未开庭审理。 |

续表

| 序号 | 原告/申请人 | 被告/被申请人 | 起诉日期 | 案由 | 涉案金额（万元） | 案件情况 |
|---|---|---|---|---|---|---|
| 5 | 中粮信托 | 北京黄金交易中心有限公司（被告一）、中国青旅实业发展有限责任公司（被告二）、深圳市天启成商业保理有限公司（被告三） | 2018年5月4日 | 债权转让合同纠纷（信托项目纠纷） | 8 064 | 信托计划基本情况同案件3，2018年5月4日中粮信托向北京市第二中级人民法院提起诉讼及财产保全申请，2018年11月30日，北京市第二中级人民法院作出一审判决：（1）被告一于判决生效之日起10日内向中粮信托支付应收账款7 613.48万元及违约金（因2018年5月2日，中粮信托收到被告一还款450.51万元，股从应收账款本金中予以扣减，各方确认应收账款本金为7 613.48万元）；（2）被告三于判决生效之日起10日内向中粮信托支付增加的税费成本846万元；（3）被告二对被告一、被告三前述责任承担连带清偿责任；（4）驳回中粮信托其他诉讼请求。2018年12月12日，被告二向北京市高级人民法院提出上诉，目前二审尚未开庭审理。 |
| 6 | 中粮信托 | 北京黄金交易中心有限公司（被告一）、中国青旅实业发展有限责任公司（被告二） | 2018年5月7日 | 债权转让合同纠纷（信托项目纠纷） | 10 402.04 | 信托计划基本情况同案件3，2018年5月7日中粮信托向北京市第二中级人民法院提起诉讼及财产保全申请，2018年11月7日北京市第二中级人民法院作出一审判决：（1）被告一于判决生效后10日内向中粮信托支付应收账款10 402.04万元及逾期付款违约金；（2）被告二对被告一前述责任承担连带清偿责任；（3）驳回中粮信托其他诉讼请求。2018年11月16日，被告二向北京市高级人民法院提起上诉，目前二审尚未开庭审理。 |
| 7 | 中粮信托 | 北京黄金交易中心有限公司（被告一）、中国青旅实业发展有限责任公司（被告二） | 2018年5月7日 | 债权转让合同纠纷（信托项目纠纷） | 33 366.40 | 信托计划基本情况同案件3，2018年5月7日中粮信托向北京市第二中级人民法院提出诉讼及财产保全申请，2018年11月7日，北京市第二中级人民法院作出一审判决：（1）被告一于判决生效后10日内向中粮信托支付应收账款33 366.40万元及逾期付款违约金；（2）被告二对被告一前述责任承担连带清偿责任；（3）驳回中粮信托其他诉讼请求。2018年11月16日，被告二向北京市高级人民法院提起上诉，目前二审尚未开庭审理。 |
| 8 | 中粮信托 | 山东龙力生物科技股份有限公司（被告一）、程少博（被告二） | 2018年5月23日 | 金融借款合同纠纷 | 11 121.40 | 中粮信托发起设立的中粮信托·龙力生物项目贷款集合资金信托计划，信托资金用于向山东龙力生物科技股份有限公司发放信托贷款。融资人逾期未付利息，构成实质性违约。出于履行受托人职责，中粮信托向北京市第四中级人民法院提起诉讼及财产保全申请。案件审理期间，山东龙力生物科技股份有限公司提出管辖权异议，经过二审北京市高级人员法院裁定驳回管辖权异议上诉，维持原裁定。2018年12月20日，北京市第四中级人民法院开庭审理本案，目前本案尚待一审判决。 |
| 9 | 中粮信托 | 凯迪生态环境科技股份有限公司（被告一）、阳光凯迪新能源集团有限公司（被告二） | 2018年5月18日 | 金融借款合同纠纷 | 50 000 | 中粮信托发起设立的中粮信托·凯迪生态信托贷款集合资金信托计划，规模为5亿元，资金用于向凯迪生态环境科技股份有限公司（以下简称凯迪生态）发放贷款，阳光凯迪新能源集团有限公司提供连带责任保证担保。2018年5月，凯迪生态中票违约，也未按期偿还信托计划贷款本息，构成实质性违约。中粮信托出于履行受托人职责，向北京市高级人民法院提起诉讼和财产保全申请。2018年11月23日，北京市高级人民法院作出一审判决：（1）被告一于判决生效之日起10日内支付给中粮信托借款本金5亿元，并支付利息及相应罚息、复利；（2）被告二对前述被告一应承担的债务承担连带保证责任；（3）被告三向中粮信托支付违约金15万元；（4）驳回中粮信托其他诉讼请求。案件受理费中粮信托承担2 550元，被告一和被告二共同负担2 540 000元，财产保全费为5 000元二被告共同负担。目前，一审判决已生效，案件进入执行程序。 |
| 10 | 中粮信托 | 东方金钰股份有限公司（被告一）、云南兴龙实业有限公司（被告二）、赵宁（被告三）、王瑛琰（被告四） | 2018年7月11日 | 金融借款合同纠纷 | 33 660.86 | 中粮信托发起设立的中粮信托—宝融1号信托贷款集合资金信托计划，规模3亿元，资金向东方金钰股份有限公司（以下简称东方金钰）发放信托贷款，保证人为大股东云南兴龙实业有限公司、实际控制人赵宁夫妇。东方金钰2018年5月18日发布公告显示其部分银行账户及资产被中睿泰信申请司法冻结，后续东方金钰未偿付信托计划应付利息。中粮信托出于履行受托人职责，于2018年6月15日向深圳市中级人民法院申请诉前财产保全，同日深圳市中级人民法院作出保全裁定。2018年7月11日，中粮信托向北京市高级人民法院提起诉讼。北京市高级人民法院于2018年7月24日立案，并向被告公告送达，目前本案尚未开庭审理。 |
| 11 | 中粮信托 | 中科建飞投资控股集团有限公司（被申请人一）、上海意邦置业有限公司（被申请人二）、中科建设开发总公司（被申请人三） | 2018年9月4日 | 公证债权文书执行 | 43 834.83 | 中粮信托设立的中粮信托·上海中科建飞集合资金信托计划，规模4亿元，资金用于支付融资人中科建飞投资控股集团有限公司（原名上海中科建飞投资控股有限公司）并购上海意邦置业有限公司的股权转让价款。上海意邦置业有限公司提供商业房地产抵押担保，中科建设开发总公司提供连带责任保证担保。因融资人未偿还贷款利息，中粮信托出于履行受托人职责，宣布贷款提前到期，向公证处申请出具执行证书，并持执行证书向上海市高级人民法院申请强制执行。上海市高级人民法院指定上海市第二中级人民法院具体执行，上海市第二中级人民法院于2018年9月5日出具执行裁定书，目前案件尚在执行中。 |
| 12 | 中粮信托 | 上海际大实业发展有限公司（被告一）、中科建设开发总公司（被告二）、中科惠瑞实业投资（上海）有限公司（被告三） | 2018年9月19日 | 债权转让合同纠纷 | 10 564.52 | 中粮信托设立的中粮信托·中科供应链1号集合资金信托计划，规模9 300万元，信托资金用于购买融资人上海际大实业发展有限公司持有的应收账款债权。融资人到期回购该等债权，应收账款债务人为中科惠瑞实业投资（上海）有限公司和中科建设开发总公司，在融资人不履行回购义务时偿付应收账款。中科建设开发总公司为保证人。因融资人等实质性违约，中粮信托出于履行受托人职责，向北京市第二中级人民法院提起诉讼及财产保全申请，法院已受理并于2018年11月6日出具财产保全情况告知书完成财产保全。北京市第二中级人民法院于2018年11月23日开庭审理本案，目前尚待法院出具判决。 |

8.3.2 以前年度发生，于本报告期内终结的诉讼事项

无。

8.3.3 本报告年度发生，于本报告期内终结的诉讼事项

无。

### 8.4 对会计师事务所出具的有保留意见、否定意见或无法表示意见的审计报告的，公司董事会应就所涉及事项作出说明

会计师事务所对公司出具了标准无保留意见的审计报告。

### 8.5 公司及其董事、监事和高级管理人员受到处罚的情况

无。

### 8.6 银保监会及其派出机构对公司检查后提出整改意见的，应简单说明整改情况

无。

### 8.7 本年度重大事项临时报告的简要内容、披露时间、所披露的媒体及其版面

2018 年 2 月 9 日，公司在《金融时报》第 8 版刊登了修改公司章程的公告。

2018 年 3 月 6 日，公司在《金融时报》第 7 版刊登了关于董事长变更的公告。

2018 年 5 月 15 日，公司在《金融时报》第 6 版刊登了关于变更总经理的公告。

2018 年 9 月 14 日，公司在《金融时报》第 8 版刊登了关于总经理任职的公告。

### 8.8 银保监会及其省级派出机构认定的其他有必要让客户及相关利益人了解的重要信息

无。

## 9. 社会责任履行情况

报告期内，公司坚持服务实体经济、服务民生、服务投资者，认真贯彻国家经济金融政策和监管要求，加快转型和创新步伐，满足客户多样化金融需求，积极践行企业社会责任；公司始终坚持依法合规、稳健经营，不断完善风险防控体系，有效履行受托人职责和义务，维护受益人利益最大化。报告期内，公司向受益人分配信托利益 109.2 亿元。

公司在客户服务及消费者权益保护、扶贫、反洗钱等方面积极履行相应社会责任。公司秉持“忠实良益，信任托付”的消费者权益保护理念，本年度在相关制度建设和具体措施落实方面均取得较大进步。第一，建立健全消费者权益保护各项规章制度。公司对部分现行制度进行修订，对缺失制度进行补充，为保护投资者合法权益提供了有力的制度保障。第二，进一步落实消费者权益保护工作的责任分工。在公司内形成董事会风控审计与消保委员会授权监督、高级管理层有效指导、各部门协同配合的组织架构。第三，强化消费者权益保护工作职能。在产品与服务管理中纳入消费者权益保护工作内容，要求消费者权益保护责任部门对项目发行可行性进行评议。第四，多渠道开展金融知识宣传工作。公司积极组织宣传教育活动，广泛宣传金融知识，提高社会公众防范风险和金融消费者权益保护意识。

扶贫工作方面，2018 年公司与安徽省农业信贷融资担保有限公司签署战略合作协议，并合作发行信托计划向国家级贫困县安徽金寨 11 个猕猴桃种植专业合作社、3 个家庭农场、1 个农业龙头企业发放信托贷款 2 050 万元，开拓金融扶贫新模式，通过临时和固定用工、土地流转和入股的方式，带动建档立卡贫困户 267 人。公司通过信托计划给国家扶贫地区金寨县的猕猴桃合作社提供了信托资金支持，从而有助于该产业做优做强，创新金融产品，支持了大别山革命老区农业发展农村建设，助力国家扶贫战略，践行金融扶贫的企业责任。

反洗钱工作方面，公司自开业以来按照中国人民银行的工作要求，逐步贯彻执行《反洗钱法》及配套规定，不断完善及改进反洗钱工作机制，不断推动公司反洗钱工作发展。报告期内，公司陆续修订、制定了一系列反洗钱制度，使得制度短板得到弥补，反洗钱工作开展有据可依；公司于 2018 年 4 月 9 日设立反洗钱工作委员会，负责贯彻落实中国人民银行等监管部门制定的反洗钱工作方针、政策，监督指导反洗钱工作，并对反洗钱工作中的重大问题做出决策，组织架构建设进一步完善。此外，报告期内，公司继续做好客户身份识别与交易记录保存工作，完善反洗钱系统建设，加强与监管部门的沟通与交流，并将客户服务活动与反洗钱宣传工作相结合，通过制作宣传海报、利用公司网站、微信公众号等渠道，强化反洗钱宣传工作，不断提升客户对反洗钱工作的认识，取得了良好的宣传效果。

## 10. 公司监事会意见

监事会认为，报告期内，公司依法运作、决策程序合法有效，没有发现公司董事、高级管理层履行职务时有违法违规、违反公司章程或损害公司股东利益的行为。公司财务报告经信永中和会计师事务所（特殊普通合伙）审计，真实反映了公司财务状况和经营成果。

# 中融国际信托有限公司

## 1. 重要提示

1.1 本公司董事会及董事保证本报告所载资料不存在任何虚假记载、误导性陈述或者重大遗漏，并对其内容的真实性、准确性和完整性承担个别及连带责任。本年度报告摘要摘自年度报告全文，客户及相关利益人欲了解详细内容，请阅读年度报告全文。

1.2 本公司独立董事保证本报告所载资料不存在任何虚假记载、误导性陈述或者重大遗漏，并对其内容的真实性、准确性和完整性承担个别及连带责任。

1.3 公司董事长刘洋先生、财务总监连晋华先生声明：保证年度报告中财务报告的真实、完整。

## 2. 公司概况

### 2.1 公司简介

2.1.1 法定中文名称：中融国际信托有限公司（简称中融信托，以下简称公司或本公司）
法定英文名称：Zhongrong International Trust Co., Ltd.（缩写：ZRT）

2.1.2 法定代表人：刘洋

2.1.3 注册地址：哈尔滨市松北区科技创新城创新二路277号
邮政编码：150028
公司国际互联网网址：www.zritc.com
电子邮箱：zritc@zritc.com

2.1.4 公司信息披露事务负责人：游宇
信息披露事务联系人：朱熹妍
联系电话：010-50860127
传真：010-50861299
电子信箱：zritc@zritc.com

2.1.5 公司选定的信息披露报纸名称：《金融时报》《上海证券报》

2.1.6 年度报告备置地点：黑龙江省哈尔滨市松北区科技创新城创新二路277号哈投大厦25层　北京市朝阳区东风南路三号院中融信托北京园区B座

2.1.7 公司聘请的会计师事务所名称：大信会计师事务所（特殊普通合伙）
住所：北京市海淀区知春路1号学院国际大厦1504室

2.1.8 公司聘请的律师事务所名称：中伦律师事务所上海分所
住所：上海市浦东新区世纪大道8号国金中心二期10－11层

### 2.2 组织结构

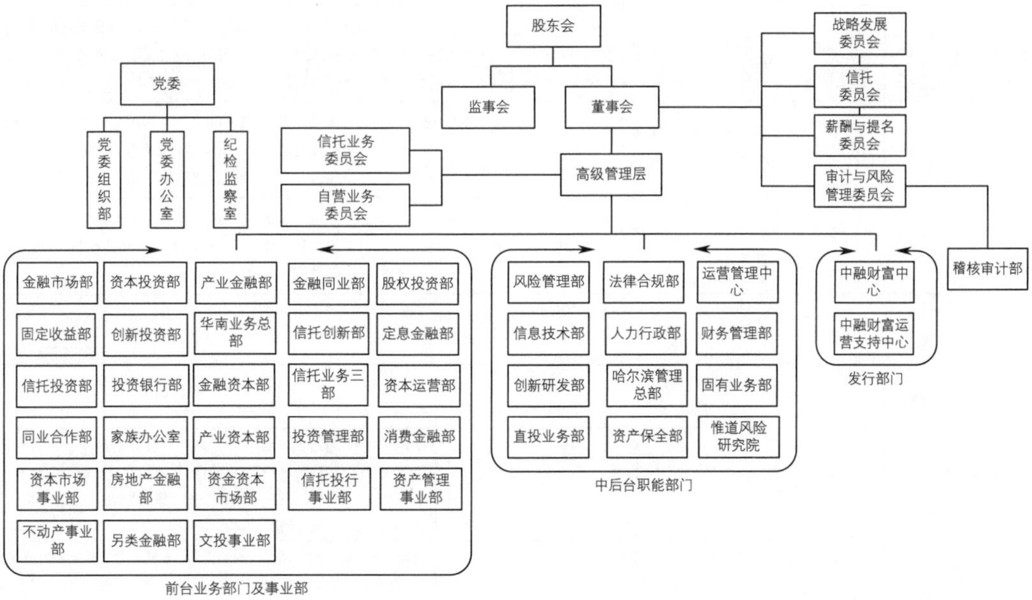

# 3. 公司治理

## 3.1 股东

### 3.1.1 持股股东情况

2018年度，本公司由4家股东共同出资构成，经纬纺织机械股份有限公司为实际控制人。出资比例达10%以上的股东情况如下：

| 股东名称 | 出资比例(%) | 法人代表 |
|---|---|---|
| ★经纬纺织机械股份有限公司 | 37.47 | 叶茂新 |
| 中植企业集团有限公司 | 32.99 | 刘秀坤 |
| 哈尔滨投资集团有限责任公司 | 21.54 | 赵洪波 |

注：★号代表本公司最终实际控制人。

### 3.1.2 公司第一大股东的主要股东情况

公司第一大股东为经纬纺织机械股份有限公司，其主要股东情况如下：

| 股东名称 | 出资比例(%) | 法定代表人 |
|---|---|---|
| 中国纺织机械(集团)有限公司 | 31.13 | 刘红 |

## 3.2 董事

董事长、副董事长、董事

| 姓名 | 职务 | 性别 | 年龄(岁) | 选任日期 | 所推举的股东名称 | 所推举的股东持股比例(%) | 简要履历 |
|---|---|---|---|---|---|---|---|
| 刘洋 | 董事长 | 男 | 43 | 2016年3月 | 经纬纺织机械股份有限公司 | 37.47 | 自2016年3月起任本公司董事长，曾任中植高科技投资有限公司负责人，上海中植金智科技投资有限公司财务总监，中植企业集团有限公司副总裁兼财务总监，中植企业集团有限公司首席执行官兼财务总监，中融国际信托有限公司董事长、党委书记，中植企业集团有限公司董事局主席。 |
| 姚育明 | 副董事长 | 男 | 57 | 2010年7月 | 经纬纺织机械股份有限公司 | 37.47 | 自2010年7月起任本公司副董事长；现任经纬纺织机械股份有限公司总经理，中国恒天集团有限公司党委委员，曾任经纬纺机厂厂长助理兼金融办公室主任，中国纺机集团财务有限公司董事长，内蒙古日信证券有限责任公司董事长，经纬纺织机械股份有限公司常务副总经理。 |
| 张向晖 | 副董事长 | 女 | 41 | 2015年12月 | 经纬纺织机械股份有限公司 | 37.47 | 自2015年12月起任本公司副董事长，曾任兴业银行上海分行同业业务部副科长，兴业银行资金营运中心财富管理处副处长，兴业银行投资银行部发行承销处处长，兴业银行投资银行部副总经理。 |
| 张东 | 董事 | 男 | 46 | 2015年5月 | 经纬纺织机械股份有限公司 | 37.47 | 自2015年5月起任本公司董事，曾任哈尔滨铁路局工程师，天元证券经纪有限公司信息技术部总经理，江海证券经纪有限公司信息技术部副总经理，本公司信息技术部总经理、人力资源部总经理(兼行政管理部总经理)、行政总监、副总裁。 |
| 张宪军 | 董事 | 男 | 44 | 2015年1月 | 哈尔滨投资集团有限责任公司 | 21.54 | 自2015年1月起任本公司董事，现任哈尔滨投资集团有限责任公司金融业务部部长，曾任哈尔滨投资集团有限责任公司长远发展规划处科长、办公室秘书、办公室副主任、办公室正部级员、董事会办公室主任。 |

独立董事

| 姓名 | 所在单位及职务 | 性别 | 年龄(岁) | 选任日期 | 所推举的股东名称 | 所推举的股东持股比例(%) | 简要履历 |
|---|---|---|---|---|---|---|---|
| 李　辉 | 北京赢动投资有限公司总经理 | 男 | 47 | 2010年7月 | — | — | 自2010年7月起任本公司独立董事；现任北京赢动投资有限公司总经理，曾任联合证券投资银行部高级经理，汉唐证券投资银行部副总经理，银河证券投资银行部业务总监，安信证券投资银行部业务总监，瑞信方正证券有限责任公司企业融资部执行董事。 |
| 李华杰 | 北京永拓会计师事务所管理合伙人 | 男 | 54 | 2015年8月 | — | — | 自2015年8月起任本公司独立董事；现任北京永拓会计师事务所管理合伙人，曾任哈尔滨阀门厂财务主管，黑龙江会计师事务所部门经理，黑龙江兴业会计师事务所部门经理，利安达信隆会计师事务所副所长，北京永拓会计师事务所有限责任公司副主任会计师。 |

## 3.3 监事

监事

| 姓名 | 职务 | 性别 | 年龄（岁） | 选任日期 | 所推举的股东名称 | 该股东持股比例（%） | 简要履历 |
|---|---|---|---|---|---|---|---|
| 张　磊 | 监事长 | 男 | 47 | 2016年3月 | 中植企业集团有限公司 | 32.99 | 自2016年3月起任本公司监事长，曾任北京市税务局海淀分局新技术产业开发试验税务所科员，北京市海淀区国家税务局第九税务所、第四税务所科员，北京市海淀区国家税务局税政管理一科科员，北京市海淀区国家税务局征收管理科副科长、科长，北京市海淀区国家税务局办公室主任，北京市国家税务局第五直属税务分局（大企业税收管理局）党组成员、副局长，北京市国家税务局办公室副主任，中植企业集团有限公司财税管理中心总经理。 |
| 毛发青 | 监事 | 男 | 49 | 2010年7月 | 经纬纺织机械股份有限公司 | 37.47 | 自2010年7月起任本公司监事；现任经纬纺织机械股份有限公司副总经理、财务总监，曾任经纬纺织机械股份有限公司会计室主任、财务部部长。 |
| 侯春琳 | 监事 | 女 | 43 | 2016年3月 | 职工监事 | — | 自2016年3月起任本公司职工监事，现任本公司稽核总监，曾任宁夏长城须崎机床铸造有限公司财务部会计，宁夏天华会计师事务所审计部经理，天健会计师事务所审计部高级审计员，德勤会计师事务所北京分所审计经理，现同时兼任本公司稽核审计部总经理。 |

## 3.4 高级管理人员

高级管理人员

| 姓名 | 职务 | 性别 | 年龄（岁） | 选任日期 | 金融从业年限（年） | 学历 | 专业 | 简要履历 |
|---|---|---|---|---|---|---|---|---|
| 张　东 | 总裁 | 男 | 46 | 2015年5月 | 20 | 本科 | 焊接工艺及设备专业 | 自2015年5月起任本公司总裁，曾任哈尔滨铁路局工程师，天元证券经纪有限公司信息技术部总经理，江海证券经纪有限公司信息技术部副总经理，本公司信息技术部总经理、人力资源部总经理（兼行政管理部总经理）、行政总监、副总裁。 |
| 游　宇 | 常务副总裁 | 男 | 44 | 2013年6月 | 21 | 硕士 | 金融管理 | 自2013年6月起任本公司常务副总裁、2017年1月起任本公司董事会秘书，曾任中国银监会副处长。 |
| 何志强 | 副总裁 | 男 | 43 | 2011年10月 | 13 | 硕士 | 工商管理 | 自2011年10月起任本公司副总裁，曾任北京盟科置业有限公司工程部总经理助理，本公司金融市场部总经理、总裁助理。 |
| 胡　猛 | 副总裁 | 男 | 38 | 2015年5月 | 11 | 本科 | 金融学 | 自2015年5月起任本公司副总裁，曾任德勤会计师事务所高级审计员，中国中化集团财务公司财务主管，本公司风险管理部副总经理、直投业务部总经理、资金资本市场部总经理。 |
| 金庆浩 | 副总裁 | 男 | 49 | 2016年11月 | 26 | 硕士 | 工商管理 | 自2016年11月起任本公司副总裁，曾任哈尔滨市人民银行金融研究室、调统处科员，人民银行哈尔滨市中心支行调统处科员，人民银行哈尔滨金融监管办事处综合处科员、综合处副主任科员，黑龙江银监局办公室副主任科员、政策法规处副处长、准入处副处长、非银行金融机构监管处处长。 |
| 刘　炜 | 副总裁 | 男 | 46 | 2017年2月 | 22 | 本科 | 国际经济 | 自2017年2月起任本公司副总裁，曾任交通银行北京分行国际贸易部业务经理、计划信贷业务经理、分理处主任、中心管辖支行副行长、分行投资银行部处长、中心管辖支行行长，本公司信托投资部总经理。 |
| 庚　磊 | 副总裁 | 男 | 34 | 2016年6月 | 10 | 本科 | 法学 | 自2016年6月起任本公司副总裁，曾任兰鹏律师事务所律师助理，中国人寿财产保险股份有限公司北京市分公司办公室法务主管，本公司合规管理部总经理助理、产业资本部副总经理、信托业务一部副总经理、金融资本部副总经理、总经理。 |
| 解　弘 | 副总裁 | 男 | 44 | 2018年7月 | 20 | 硕士 | 国际银行与金融 | 自2018年7月起任本公司副总裁，曾任国泰君安证券股份有限公司证券投资部项目经理，时瑞资产管理有限公司高级经理，信达澳银基金管理有限公司市场部销售管理中心副总经理，泰康资产管理有限公司渠道及年金业务部负责人、总监，南方基金管理有限公司养老金业务部总经理、机构业务部总监。 |
| 连晋华 | 财务总监 | 男 | 59 | 2010年6月 | 10 | 本科 | 会计学 | 自2010年6月起任本公司财务总监，曾任经纬纺机厂审计室主任，经纬机械集团山西纺织机械有限公司总会计师，经纬纺织机械股份有限公司战略管理部部长。 |
| 刘香玉 | 行政总监 | 女 | 43 | 2013年3月 | 8 | 硕士 | 工商管理 | 自2013年3月起任本公司行政总监，2016年5月起任本公司工会主席，曾任万立通全国联网寻呼台话务台长，宇卫通信负责人，中铁通信网络技术有限公司客户服务中心客服主任，北京鸿联九五信息产业有限公司信息处理中心品质经理、总经理助理、职工代表大会主席、综合部人力资源经理，本公司人力资源部总经理、人力行政部总经理。 |
| 王强 | 合规总监 | 男 | 42 | 2017年6月 | 12 | 博士 | 经济法 | 自2017年6月起任本公司合规总监、2018年3月起任本公司总法律顾问，曾任中国证监会法律部主任科员、副处长、处长，挂职任兰州市西固区区委常委、副区长，蚂蚁金融服务集团总裁办总监。 |
| 侯春琳 | 稽核总监 | 女 | 43 | 2018年11月 | 8 | 硕士 | 工商管理 | 自2018年11月起任本公司稽核总监，曾任宁夏长城须崎机床铸造有限公司财务部会计，宁夏天华会计师事务所审计部经理，天健会计师事务所审计部高级审计员，德勤会计师事务所北京分所审计经理，现同时兼任本公司稽核审计部总经理。 |
| 高全 | 总裁助理 | 男 | 44 | 2018年4月 | 13 | 硕士 | 法学 | 自2018年4月起任本公司总裁助理，曾任职于中国银行北京市分行、中信信托、五矿信托。 |

## 3.5 公司员工

公司员工

| 项目 | | 2018 年度 | | 2017 年度 | |
|---|---|---|---|---|---|
| | | 人数(人) | 比例(%) | 人数(人) | 比例(%) |
| 年龄分布 | 25 岁以下 | 10 | 1.24 | 54 | 2.74 |
| | 25~29 岁 | 181 | 22.51 | 514 | 26.04 |
| | 30~39 岁 | 487 | 60.57 | 1 162 | 58.86 |
| | 40 岁以上 | 126 | 15.67 | 244 | 12.36 |
| 学历分布 | 博士 | 6 | 0.75 | 7 | 0.35 |
| | 硕士 | 387 | 48.13 | 564 | 28.57 |
| | 本科 | 367 | 45.65 | 1202 | 60.89 |
| | 专科 | 39 | 4.85 | 190 | 9.63 |
| | 其他 | 5 | 0.62 | 11 | 0.56 |
| 岗位分布 | 董事、监事及高管人员 | 22 | 2.72 | 20 | 0.81 |
| | 自营业务人员 | 4 | 0.50 | 10 | 0.51 |
| | 信托业务人员 | 743 | 91.96 | 761 | 38.55 |
| | 其他人员 | 39 | 4.83 | 1187 | 60.13 |

注：自营业务人员是指按照岗位分工，专门或至少主要从事固有资金使用和固有资产管理有关业务的职工；信托业务人员是指按照岗位分工，专门从事或者主要从事信托资金使用和信托资产管理各项业务的职工；对于人力行政部等类似无法明确区分的综合部门归为其他人员。另，董事、监事及高管人员的 22 人中有 4 人不包含在正式编制 804 人中，岗位分布总人数应为正式编制＋编制外董事/监事共计 808 人。

# 4. 经营管理

## 4.1 经营目标、经营方针、战略规划

公司秉承与优秀企业共同成长的投资理念，依托专业的资产管理和投资研发团队，为企业提供个性化投融资解决方案，并致力于为投资者创造长期价值，推动建立理性成熟的价值投资理念。公司深入推进“一个目标，三组动力，十五大举措”的实施方案，力争成为业务全面优化、管理大幅提升、创新持续推进的国内一流综合资产管理机构。

## 4.2 所经营业务的主要内容

### 4.2.1 经营概况

2018 年，公司按照既定的战略转型方案，积极推动各业务板块稳健发展，取得良好的经营效果。截至 2018 年末，公司自有资产为 307.27 亿元（合并），管理信托资产为 6 546.65 亿元。公司实现营业总收入 58.89 亿元（合并）。公司本部净资产为 172.08 亿元，净资本为 157.05 亿元，净资本覆盖率为 243.72%，净资本盈余为 92.61 亿元。

### 4.2.2 信托业务

2018 年，公司坚持传统业务和创新业务两条腿走路，持续调整并优化业务结构，深入推进传统业务挖潜，支持拓展资本市场创新业务，并重点关注八个业务方向。2018 年，存续信托计划 708 个，受托管理资产为 6 546.65 亿元，规模同比略有降低，业务结构进一步优化，风险整体可控。报告期末，信托资产运用与投向的明细情况如下。

信托资产运用与分布表

| 资产运用 | 金额（万元） | 占比（%） | 资产分布 | 金额（万元） | 占比（%） |
|---|---|---|---|---|---|
| 货币资产 | 1 322 830.55 | 2.02 | 基础产业 | 3 174 847.62 | 4.85 |
| 贷款 | 21 259 514.32 | 32.47 | 房地产 | 7 191 971.10 | 10.99 |
| 交易性金融资产投资 | 1 557 308.97 | 2.38 | 证券市场 | 3 202 325.93 | 4.89 |
| 可供出售金融资产投资 | 16 363 052.15 | 24.99 | 实业 | 27 416 435.82 | 41.88 |
| 持有至到期投资 | 141 939.30 | 0.22 | 金融机构 | 23 795 027.28 | 36.35 |
| 长期股权投资 | 8 404 524.25 | 12.84 | 其他 | 685 891.21 | 1.04 |
| 其他 | 16 417 329.42 | 25.08 | | | |
| 信托资产总计 | 65 466 498.96 | 100.00 | 信托资产总计 | 65 466 498.96 | 100.00 |

### 4.2.3 自营业务

2018 年，公司自有资金主要以高流动性的资产形式进行管理，同时为满足自有资金保值和增值的需要，还在一定范围内进行了投资管理，主要用于交易性金融产品及可供出售金融产品的投资。

自营资产运用与分布表

| 资产运用 | 金额（万元） | 占比（%） | 资产分布 | 金额（万元） | 占比（%） |
|---|---|---|---|---|---|
| 货币资产 | 1 150 057 | 37.43 | 基础产业 | — | — |
| 贷款及应收款 | 169 672 | 5.52 | 房地产业 | 59 041 | 1.92 |
| 交易性金融资产投资 | 1 041 303 | 33.89 | 证券市场 | 937 639 | 30.51 |
| 可供出售金融资产投资 | 405 290 | 13.19 | 实业 | 67 788 | 2.21 |
| 持有至到期投资 | — | — | 金融机构 | 254 763 | 8.29 |
| 长期股权投资 | 221 453 | 7.21 | 其他 | 1 753 511 | 57.07 |
| 其他 | 84 968 | 2.77 | | | |
| 资产总计 | 3 072 743 | 100.00 | 资产总计 | 3 072 743 | 100.00 |

## 4.3 市场分析

### 4.3.1 有利因素

2018 年，全球经济总体延续复苏态势，我国经济保持较强韧性，仍处于并将长期处于重要战略机遇期。三大攻坚战开局良好，供给侧结构性改革深入推进，改革开放力度加大，宏观政策的效果正在逐步显现。伴随着资管新规落地实施，整个金融业正在向脱虚向实、去伪存真的方向发生转变，有利于信托行业的健康发展、可持续发展。基于当前的宏观经济环境和监管环境，我国信托行业正在从高度依赖房地产、政府平台类企业融资与牌照通道套利的业务模式向回归信托本源、服务实体经济、强调主动管理能力的方向转变，业务结构逐步优化。此外，随着我国家族财富的不断积累，国民消费逐渐升级，未来消费金融、供应链金融、财富管理类信托具有较大的发展潜力，将为信托行业带来稳定的利润增长点。

### 4.3.2 不利因素

当前我国外部环境发生明显变化，不确定因素增多。我国经济虽然保持较强的韧性，但仍然面临一定下行压力。在稳中有变、变中有忧的内外部形势下，信托行业也面临着一些挑战。一是行业发展仍然处于新旧动能转换的阶段，传统业务规模持

续萎缩,但创新业务的运作模式、盈利能力仍有待市场检验,信托业务的创新压力增加,调整转型仍面临诸多困难;二是随着金融创新的不断推进,以及监管法规的持续健全,信托公司对合规管理与风险控制的要求越来越高,合规风控体系的建设需要不断加强,并与市场环境、监管政策的变化保持统一步调;三是资管市场竞争进一步加剧,银行理财子公司等主体的加入,未来可能会与信托公司构成竞争关系,进而挤占部分市场份额,信托公司将面临一定的挑战。

## 4.4 内部控制

### 4.4.1 内部控制环境和内部控制文化

公司严格落实各项监管要求,以合规运营为基础,风险识别为导向,信息技术建设为支撑,构建以规章制度体系和内控评价体系为主要内容的内部控制体系。公司十分关注并逐步培育"管理层高度重视、内控人人有责、违规必受追究"的内控文化,积极引进金融同行先进的管理经验,通过不定期开展宣导教育,优化和完善内部控制制度与流程,坚决贯彻内控问责制度等方式,努力培育内部控制文化,内部控制的有效性得到提升。

### 4.4.2 内部控制措施

公司逐步建立科学、严谨的内部控制体系,持续健全完善内部控制制度,进一步完善公司治理制度,加强企业文化建设,优化内部控制环境;结合业务发展和经营特点,持续健全各类业务制度和操作规程,完善各项业务的内部控制机制。公司内部控制制度体系形成了以《公司内部控制制度》为总体制度,《公司内部控制管理手册》为具体内容,《公司内部控制评价手册》为评价标准的三个层次。

### 4.4.3 信息交流与反馈

本报告期内,根据监管要求,对信托计划的设立、高级管理人员变更等重要事项,公司均按要求履行了报备或报批程序;对于监管部门提出的意见,均予以及时详细地反馈,并报告了整改措施与落实情况;对内外部经营管理信息、创新业务和行业研究报告等进行定期收集和分析,并通过网络平台、会议交流等方式实现信息广泛共享;对于客户投诉渠道建设,公司进一步明确各部门职责,加强客服人员专业化培训。公司通过公开信息披露机制,接受社会公众的监督,增进了公司与委托人之间的信息交流和沟通。

### 4.4.4 监督评价与纠正

公司内审部门作为公司监督检查和评价的执行部门,本着客观、公正的原则,围绕公司经营管理开展全面审计。通过审计,能够及时发现公司内部控制体系中存在的缺陷和不足,与公司各职能部门进行沟通,提出有针对性的管理建议,要求限期进行整改,并对整改情况持续跟进,积极推动整改措施落到实处,有效提升了公司的内控水平和风险防范能力。同时,内审部门向董事会审计与风险管理委员会、监事会定期汇报工作,向监管部门定期报送业务稽核报告。

## 4.5 风险管理概况

### 4.5.1 风险状况

4.5.1.1 信用风险状况

4.5.1.1.1 信用风险主要集中领域

根据2018年末的统计,公司融资类信托资产占全部信托资产的23.72%。

4.5.1.1.2 抵押品确认的主要原则

最大限度地降低价格变动对第二还款来源造成的不利影响,选择质地优良的证券作为质押物,并根据股票质地设置合适的质押率,如果证券价格下跌到一定程度,则要求融资方或出质人追加质押;以价格稳定的土地和房产作为抵押,一般设置不高于50%的抵(质)押率;保证贷款要求担保人财务状况、经营效益良好,按银行信用等级评定标准核定,原则上信用等级必须为A级(含)以上。

4.5.1.1.3 一般准备与专项准备的计提方法

依据《信托公司管理办法》,信托赔偿准备金按净利润的5%提取,报告期公司提取信托赔偿准备金8 753.73万元,期末余额为87 576.34万元;依据财政部2012年20号文《金融企业准备金计提管理办法》,报告期计提一般风险准备4 361.53万元,期末余额为34 828.89万元。

4.5.1.2 市场风险状况

公司市场风险主要涉及证券投资自营业务、信托业务及上市公司股权收益权信托业务等。2018年末,证券投资信托资产规模占全部信托资产的4.89%。对于此类业务,公司本着审慎原则,合理配置资产,通过结构化信托安排和严密管理措施,勤勉、尽职履行受托人职责,始终确保优先受益人的资金安全。

4.5.1.3 操作风险状况

公司不断梳理和规范业务流程,加强内部控制,从制度上尽可能避免操作风险的产生;同时,公司也注重培养员工的责任心,提升其业务水平和专业素质,尽量杜绝因为员工自身能力或责任心不足而导致的操作风险。报告期内,公司未发生因操作风险所导致的损失,未发现较大的操作风险事件暴露。

4.5.1.4 其他风险状况

其他风险主要包括法律风险、合规风险及声誉风险等。法律风险是指因公司违反法律规定、监管协议或者因交易对手产生合同纠纷,致使公司遭受处罚或者诉讼的风险。合规风险是指因公司没有遵循法律、规则和准则而遭受法律制裁、监管处罚、出现重大损失的风险。公司面临的声誉风险是指因缺少声誉应急处理能力、不能妥善处理媒体关系以及未建立声誉风险管理机制而导致声誉损失的风险。目前,公司的法律风险、合规风险及声誉风险均处于较低水平。

### 4.5.2 风险管理

4.5.2.1 信用风险管理

公司信用风险管理的具体措施包括:一是完善信用风险管理制度体系;二是完善信用风险限额管理;三是完善行业研究和准入机制;四是加大存续项目信用风险的监控力度;五是完善投资业务的信用风险防范措施。

4.5.2.2 市场风险管理

运营管理中心标品业务组负责对证券业务市场风险进行管理,实际风险管理严格遵循组合投资、分散风险的原则,制定投资范围、比例,采用逐日盯市的方法,实时掌控风险状况;选择经验丰富、业绩优秀的投资顾问,以更好地识别市场变化中的潜在风险;设置科学、操作性强的警戒与止损机制并严格执行,确保风险始终处于可控状态。

4.5.2.3 操作风险管理

一是进一步完善操作风险管理制度,通过梳理制度与流程，降低了项目后续管理中的操作风险；二是对项目管理、会计管理等系统的持续更新跟进，信息系统的改善提高了对项目运行、资金使用监控等重要风险点的识别、预警和应对处理水平，逐步形成了实时监测、定向预警、定量控制的风险管理流程；三是通过强化内控基础，优化内控措施，持续提升三道防线体系的运行效率和效果。

4.5.2.4　其他风险管理

4.5.2.4.1　法律风险

公司成立了专门负责业务类合同文本审查的风险管理部法律审查中心，极大地提高了法律审查的工作效率，提高了业务类合同文本的质量，从而从合同层面防范法律风险，并根据相关法律法规制定了覆盖各类项目“募”“投”“管”“退”等关键环节的一系列规章制度。

4.5.2.4.2　合规风险

2018 年，公司先后发布了《上市公司股票质押业务操作规程》《基础设施投融资业务推进指引》等多项制度，补充了合规性风险管理的内涵和外延，并加强对员工的合规培训。此外，公司积极配合监管部门工作，确保监管政策得以贯彻落实。

4.5.2.4.3　声誉风险

公司建立了纵向报告机制和横向协调机制，有效落实声誉风险管理，做到全面监测、主动防范、有效处理，形成声誉风险防控联动效应。

## 5. 报告期末及上一年度末的比较式会计报表

### 5.1　自营资产

#### 5.1.1　会计师事务所审计意见

大信审字[2019]第 1－01193 号审计报告审计意见：“中融信托财务报表在所有重大方面按照企业会计准则的规定编制，公允反映了 2018 年 12 月 31 日的合并及母公司财务状况以及 2018 年度的合并及母公司经营成果和现金流量。”

#### 5.1.2　资产负债表

**资产负债表**

编制单位：中融国际信托有限公司　　2018 年 12 月 31 日　　单位：元

| 项目 | 行次 | 合并 | | 母公司 | |
|---|---|---|---|---|---|
| | | 期末余额 | 年初余额 | 期末余额 | 年初余额 |
| 流动资产： | | | | | |
| 货币资金 | 八(一) | 11 500 569 549.81 | 9 031 278 954.43 | 10 122 381 489.80 | 6 106 194 939.39 |
| 结算备付金 | 八(二) | 161 994.81 | 845 454.55 | | |
| 拆出资金 | | | | | |
| 以公允价值计量且其变动计入当期损益的金融资产 | 八(三) | 10 413 029 482.91 | 4 752 129 818.02 | 7 452 027 486.47 | 2 923 057 654.21 |
| 衍生金融资产 | | | | | |
| 应收票据 | | | | | |
| 应收账款 | 八(四) | 125 922 617.74 | 168 304 186.08 | 69 167 419.63 | 49 894 201.20 |
| 预付款项 | 八(五) | 7 855 768.75 | 277 474.30 | | |
| 应收利息 | 八(六) | 38 356 704.28 | 49 805 585.60 | 11 052 503.12 | 28 340 087.29 |
| 应收股利 | | | | | |
| 其他应收款 | 八(七) | 100 738 513.74 | 173 951 902.68 | 55 724 983.49 | 114 624 425.05 |
| 买入返售金融资产 | 八(八) | 100 000.00 | 38 000 000.00 | | |
| 存货 | | 34 238.99 | 34 039.85 | | |
| 持有待售资产 | 八(九) | 5 021 093.59 | | | |
| 发放贷款及垫款 | 八(十) | 1 431 705 488.28 | 3 544 052 778.70 | | 1 500 000 000.00 |
| 可供出售金融资产 | 八(十一) | 4 052 901 901.76 | 8 115 691 430.13 | 955 229 166.51 | 4 503 987 523.31 |
| 一年内到期的非流动资产 | | | | | |
| 持有至到期投资 | | | | | |
| 长期应收款 | | | | | |
| 长期股权投资 | 八(十二) | 2 214 529 944.35 | 2 146 752 079.42 | 4 553 681 548.18 | 5 088 959 984.07 |
| 投资性房地产 | | | | | |
| 固定资产净额 | 八(十三) | 25 608 759.25 | 21 820 448.04 | 16 387 013.28 | 13 429 733.01 |
| 在建工程 | | | | | |
| 工程物资 | | | | | |
| 固定资产清理 | | | | | |
| 无形资产 | 八(十四) | 67 458 171.70 | 52 555 569.17 | 52 629 113.71 | 41 548 194.52 |
| 开发支出 | 八(十五) | | 287 819.71 | | |
| 商誉 | 八(十六) | 23 947 504.99 | 23 947 504.99 | | |
| 长期待摊费用 | 八(十七) | 81 645 628.86 | 23 946 211.63 | 68 805 312.27 | 15 657 444.95 |
| 递延所得税资产 | 八(十八) | 620 555 550.16 | 632 615 941.08 | 569 726 742.58 | 603 824 789.37 |
| 其他资产 | 八(十九) | 17 289 265.04 | 11 997 830.36 | 7 453 888.95 | |
| 资产合计 | | 30 727 432 179.01 | 28 788 295 028.74 | 23 934 266 667.99 | 20 989 518 976.37 |

法定代表人：刘洋　　主管会计工作负责人：连晋华　　会计机构负责人：汪松

## 资产负债表(续)

编制单位:中融国际信托有限公司　　2018 年 12 月 31 日　　单位:元

| 项目 | 行次 | 合并 | | 母公司 | |
|---|---|---|---|---|---|
| | | 期末余额 | 年初余额 | 期末余额 | 年初余额 |
| 流动负债: | | | | | |
| 短期借款 | | | | | |
| 拆入资金 | 八(二十) | 3 400 000 000. 00 | 2 000 000 000. 00 | 3 400 000 000. 00 | 2 000 000 000. 00 |
| 以公允价值计量且其变动计入当期损益的金融负债 | | | | | |
| 衍生金融负债 | | | | | |
| 应付票据 | | | | | |
| 应付账款 | 八(二十一) | 45 020 805. 94 | 62 893 808. 85 | | |
| 预收款项 | 八(二十二) | 30 791 471. 91 | 51 401 696. 60 | 8 868 783. 54 | 12 290 122. 58 |
| 卖出回购金融资产款 | | 5 300 000. 00 | | | |
| 应付手续费及佣金 | | | | | |
| 应付职工薪酬 | 八(二十三) | 2 383 481 550. 07 | 2 484 098 786. 97 | 2 216 732 921. 08 | 2 345 089 391. 85 |
| 应交税费 | 八(二十四) | 590 844 573. 26 | 359 647 875. 25 | 526 172 802. 89 | 307 836 515. 62 |
| 应付利息 | 八(二十五) | 20 891 814. 05 | 15 020 166. 28 | 9 589 611. 11 | 5 026 666. 66 |
| 应付股利 | | | | | |
| 其他应付款 | 八(二十六) | 112 929 301. 51 | 96 683 820. 35 | 70 632 424. 89 | 22 246 974. 28 |
| 持有待售负债 | 八(二十七) | 913 860. 79 | | | |
| 一年内到期的非流动负债 | 八(二十八) | 2 848 409 858. 81 | 1 467 943 494. 48 | | |
| 长期借款 | | | | | |
| 应付债券 | 八(二十九) | 1 366 970 186. 20 | 3 255 369 704. 68 | | |
| 长期应付款 | | | | | |
| 长期应付职工薪酬 | 八(三十) | 491 164 170. 22 | 425 342 698. 02 | 491 164 170. 22 | 425 342 698. 02 |
| 专项应付款 | | | | | |
| 预计负债 | | | | | |
| 递延收益 | | | | | |
| 递延所得税负债 | 八(十八) | 24 771 340. 83 | 29 746 250. 00 | 2 712 026. 98 | |
| 其他负债 | | | | | |
| 负 债 合 计 | | 11 321 488 933. 59 | 10 248 148 301. 48 | 6 725 872 740. 71 | 5 117 832 369. 01 |
| 所有者权益(或股东权益): | | | | | |
| 实收资本(或股本) | 八(三十一) | 12 000 000 000. 00 | 12 000 000 000. 00 | 12 000 000 000. 00 | 12 000 000 000. 00 |
| 其他权益工具 | | | | | |
| 资本公积 | 八(三十二) | 245 697 471. 42 | 236 423 868. 22 | 238 680 495. 22 | 236 239 848. 81 |
| 其他综合收益 | 八(五十) | 41 591 568. 33 | 167 940 680. 43 | -3 829 976. 95 | 12 649 219. 90 |
| 其中:外币报表折算差额 | | 19 163 280. 39 | 7 169 637. 11 | | |
| 盈余公积 | 八(三十三) | 1 696 566 327. 07 | 1 521 491 740. 03 | 1 696 566 327. 07 | 1 521 491 740. 03 |
| 一般风险准备 | 八(三十四) | 1 224 052 264. 36 | 1 092 899 624. 72 | 1 224 052 264. 36 | 1 092 899 624. 72 |
| 未分配利润 | 八(三十五) | 3 312 567 071. 76 | 1 953 539 632. 41 | 2 052 924 817. 58 | 1 008 406 173. 90 |
| 归属于母公司所有者权益合计 | | 18 520 474 702. 94 | 16 972 295 545. 81 | 17 208 393 927. 28 | 15 871 686 607. 36 |
| ※少数股东权益 | | 885 468 542. 48 | 1 567 851 181. 45 | | |
| 所有者权益(或股东权益)合计 | | 19 405 943 245. 42 | 18 540 146 727. 26 | 17 208 393 927. 28 | 15 871 686 607. 36 |
| 负债和所有者权益(或股东权益)总计 | | 30 727 432 179. 01 | 28 788 295 028. 74 | 23 934 266 667. 99 | 20 989 518 976. 37 |

法定代表人:刘洋　　主管会计工作负责人:连晋华　　会计机构负责人:汪松

### 5.1.3 利润表

**利润表**

编制单位：中融国际信托有限公司　　2018 年度　　单位：元

| 项目 | 行次 | 合并 | | 母公司 | |
|---|---|---|---|---|---|
| | | 本期金额 | 上期金额 | 本期金额 | 上期金额 |
| 一、营业总收入 | | 5 888 845 749. 21 | 6 534 604 295. 49 | 4 654 070 010. 39 | 4 868 874 956. 84 |
| 利息净收入 | | 315 104 034. 43 | 376 592 076. 56 | 126 233 299. 76 | 246 603 094. 74 |
| 利息收入 | 八(三十六) | 526 033 812. 21 | 500 924 021. 00 | 337 163 077. 54 | 370 935 039. 18 |
| 利息支出 | 八(三十六) | 210 929 777. 78 | 124 331 944. 44 | 210 929 777. 78 | 124 331 944. 44 |
| 手续费及佣金净收入 | | 2 365 755 590. 06 | 3 074 460 289. 86 | 2 173 730 801. 43 | 2 880 122 338. 25 |
| 手续费及佣金收入 | 八(三十七) | 2 365 755 590. 06 | 3 074 460 289. 86 | 2 173 730 801. 43 | 2 880 122 338. 25 |
| 手续费及佣金支出 | | | | | |
| 营业收入 | 八(三十八) | 552 208 543. 68 | 587 785 815. 50 | | |
| 投资收益(损失以"－"号填列) | 八(三十九) | 1 147 817 782. 29 | 1 380 008 447. 58 | 871 113 587. 19 | 639 784 847. 51 |
| 其中:对联营企业和合营企业的投资收益 | | 175 850 596. 11 | 171 698 636. 69 | 175 794 295. 29 | 171 195 151. 95 |
| 公允价值变动收益(损失以"－"号填列) | 八(四十) | 13 966 819. 55 | －1 973 390. 31 | 1 053 622. 40 | |
| 汇兑收益(损失以"－"号填列) | 八(四十一) | 215 351. 07 | －351 845. 82 | 215 351. 07 | －351 845. 82 |
| 其他业务收入 | 八(三十八) | 1 479 535 911. 38 | 1 113 936 512. 36 | 1 471 839 750. 47 | 1 100 790 533. 96 |
| 资产处置收益(损失以"—"号填列) | 八(四十五) | 893 671. 06 | 476 418. 21 | 897 797. 18 | 476 418. 21 |
| 其他收益 | 八(四十六) | 13 348 045. 69 | 3 669 971. 55 | 8 985 800. 89 | 1 449 569. 99 |
| 二、营业总支出 | | 3 193 313 093. 53 | 2 917 741 940. 27 | 2 424 733 561. 32 | 2 050 810 042. 97 |
| 税金及附加 | 八(四十二) | 31 749 985. 12 | 40 310 868. 77 | 28 199 374. 41 | 35 170 575. 02 |
| 业务及管理费 | 八(四十三) | 3 078 010 722. 82 | 2 856 932 530. 57 | 2 313 145 755. 40 | 2 015 639 467. 95 |
| 资产减值损失 | 八(四十四) | 83 388 431. 51 | 20 335 251. 99 | 83 388 431. 51 | |
| 其他业务成本 | 八(三十八) | 163 954. 08 | 163 288. 94 | | |
| 三、营业利润(亏损以"－"号填列) | | 2 695 532 655. 68 | 3 616 862 355. 22 | 2 229 336 449. 07 | 2 818 064 913. 87 |
| 加:营业外收入 | 八(四十七) | 16 982 177. 13 | 14 613 560. 59 | 580 152. 76 | 2 701 300. 16 |
| 减:营业外支出 | 八(四十八) | 6 407 097. 71 | 10 724 540. 77 | 6 244 226. 42 | 7 785 474. 08 |
| 四、利润总额(亏损以"－"号填列) | | 2 706 107 735. 10 | 3 620 751 375. 04 | 2 223 672 375. 41 | 2 812 980 739. 95 |
| 减:所得税费用 | 八(四十九) | 563 876 297. 82 | 815 369 042. 07 | 472 926 505. 05 | 643 374 323. 28 |
| 五、净利润(净亏损以"－"号填列) | | 2 142 231 437. 28 | 2 805 382 332. 97 | 1 750 745 870. 36 | 2 169 606 416. 67 |
| 归属于母公司所有者的净利润 | | 2 065 654 242. 05 | 2 747 369 279. 87 | 1 750 745 870. 36 | 2 169 606 416. 67 |
| ※少数股东损益 | | 76 577 195. 23 | 58 013 053. 10 | | |
| 持续经营损益 | | 2 142 231 437. 28 | 2 805 382 332. 97 | 1 750 745 870. 36 | 2 169 606 416. 67 |
| 终止经营损益 | | | | | |
| 六、其他综合收益的税后净额 | | －105 039 012. 42 | 68 555 358. 48 | －16 479 196. 85 | －10 297 821. 19 |
| 1. 以后不能重分类进损益的其他综合收益 | | | | | |
| (1)重新计量设定受益计划净负债或净资产的变动 | | | | | |
| (2)权益法下在被投资单位不能重分类进损益的其他综合收益中享有的份额 | | | | | |
| 2. 以后将重分类进损益的其他综合收益 | | －126 349 112. 10 | 67 937 005. 85 | －16 479 196. 85 | －10 297 821. 19 |
| (1)权益法核算的在被投资单位以后将重分类进损益的其他综合收益中所享有的份额 | | | | | |
| (2)可供出售金融资产公允价值变动损益 | | －138 342 755. 38 | 79 184 367. 46 | －16 479 196. 85 | －10 297 821. 19 |
| (3)持有至到期投资重分类为可供出售金融资产损益 | | | | | |
| (4)现金流量套期损益的有效部分 | | | | | |
| (5)外币财务报表折算差额 | | 11 993 643. 28 | －11 247 361. 61 | | |
| 归属余少数股东的其他综合收益的税后净额 | | 21 310 099. 68 | 618 352. 63 | | |
| 七、综合收益总额 | | 2 037 192 424. 86 | 2 873 937 691. 45 | 1 734 266 673. 51 | 2 159 308 595. 48 |
| 归属于母公司所有者的综合收益总额 | | 1 939 305 129. 95 | 2 815 306 285. 72 | 1 734 266 673. 51 | 2 159 308 595. 48 |
| ＊归属于少数股东的综合收益总额 | | 97 887 294. 91 | 58 631 405. 73 | | |

法定代表人：刘洋　　主管会计工作负责人：连晋华　　会计机构负责人：汪松

## 5.2 信托资产

### 5.2.1 信托项目资产负债汇总表

信托项目资产负债汇总表

编制单位：中融国际信托有限公司　2018 年 12 月 31 日　单位：万元

| 项目 | 2018 年 12 月 31 日 | 2017 年 12 月 31 日 |
|---|---|---|
| 信托资产： | | |
| 货币资金 | 1 322 830.55 | 728 939.42 |
| 交易性金融资产 | 1 557 308.97 | 3 151 508.55 |
| 买入返售金融资产 | 548 062.89 | 305 728.76 |
| 应收款项 | 1 725 815.39 | 1 630 489.37 |
| 发放贷款 | 21 259 514.32 | 19 098 809.19 |
| 可供出售金融资产 | 16 363 052.15 | 20 410 789.12 |
| 长期股权投资 | 8 404 524.25 | 9 526 767.65 |
| 长期待摊费用 | 6 462.38 | 1 130.78 |
| 其他资产 | 14 278 928.06 | 12 136 542.24 |
| 信托资产总计 | 65 466 498.96 | 66 990 705.08 |
| 信托负债： | | |
| 应付受托人报酬 | 6 916.74 | 3 719.93 |
| 应付托管费 | 4 751.55 | 8 099.46 |
| 应付受益人收益 | 360 258.99 | 412 313.52 |
| 应付销售服务费 | 207.73 | 74.93 |
| 其他应付款项 | 1 126 294.11 | 1 284 953.09 |
| 其他负债 | 66 734.31 | 346 311.24 |
| 信托负债合计 | 1 565 163.43 | 2 055 472.17 |
| 信托权益： | | |
| 实收信托 | 64 983 553.11 | 64 857 470.74 |
| 资本公积 | −175 503.45 | 137 834.07 |
| 未分配利润 | −906 714.13 | −60 071.90 |
| 信托权益合计 | 63 901 335.53 | 64 935 232.91 |
| 信托负债和信托权益总计 | 65 466 498.96 | 66 990 705.08 |

### 5.2.2 信托项目利润及利润分配汇总表

信托项目利润及利润分配汇总表

编制单位：中融国际信托有限公司　2018 年度　单位：万元

| 项目 | 2018 年度 | 2017 年度 |
|---|---|---|
| 营业收入 | 3 552 568.54 | 4 987 828.28 |
| 利息收入 | 1 576 872.37 | 1 839 705.19 |
| 投资收益 | 2 160 025.71 | 3 092 469.49 |
| 公允价值变动收益 | −197 565.36 | 42 999.05 |
| 其他收入 | 13 235.82 | 12 654.55 |
| 支出 | 605 276.54 | 661 653.52 |
| 受托人报酬 | 118 344.33 | 326 477.33 |
| 托管费 | 15 438.93 | 19 083.68 |
| 投资管理费 | 13 040.55 | 31 630.00 |
| 销售服务费 | 291 685.65 | 161 123.69 |
| 交易费用 | 8 983.41 | 8 197.13 |
| 其他费用 | 157 783.67 | 115 141.69 |
| 信托净利润 | 2 947 292.00 | 4 326 174.76 |
| 其他综合收益 | −271 810.03 | 107 402.36 |
| 综合收益 | 2 675 481.97 | 4 433 577.12 |
| 加：期初未分配信托利润 | −60 071.90 | −38 751.24 |
| 可供分配的信托利润 | 2 978 961.58 | 4 772 460.16 |
| 减：本期已分配信托利润 | 3 885 675.71 | 4 832 532.06 |
| 期末未分配信托利润 | −906 714.13 | −60 071.90 |

# 6. 会计报表附注

## 6.1 会计报表编制基准、会计政策等情况

本公司财务报表以持续经营为基础，根据实际发生的交易和事项，按照财政部颁布的《企业会计准则——基本准则》和具体会计准则等规定（以下合称企业会计准则），并基于相应重要会计政策、会计估计进行编制。

## 6.2 或有事项说明

无。

## 6.3 重要资产转让及其出售的说明

无。

## 6.4 会计报表中重要项目的明细资料

### 6.4.1 自营资产经营情况

6.4.1.1 按信用风险五级分类结果披露信用风险资产的期初数、期末数

| 信用风险资产五级分类 | 正常类（万元） | 关注类（万元） | 次级类（万元） | 可疑类（万元） | 损失类（万元） | 信用风险资产合计（万元） | 不良资产合计（万元） | 不良资产率（%） |
|---|---|---|---|---|---|---|---|---|
| 期初数 | 1 296 767 | — | — | — | — | 1 296 767 | — | — |
| 期末数 | 1 320 515 | — | — | — | — | 1 320 515 | — | — |

注：不良资产合计＝次级类＋可疑类＋损失类。

6.4.1.2 各项资产减值损失准备的期初数、本期计提、本期转回、本期核销、期末数

单位：万元

| | 期初数 | 本期计提 | 本期转回 | 本期核销 | 期末数 |
|---|---|---|---|---|---|
| 贷款损失准备 | — | — | — | — | — |
| 一般准备 | — | — | — | — | — |
| 专项准备 | — | — | — | — | — |
| 其他资产减值准备 | — | — | — | — | — |
| 可供出售金融资产减值准备 | 10 044 | 8 339 | — | 11 340 | 7 044 |
| 持有至到期投资减值准备 | — | — | — | — | — |
| 长期股权投资减值准备 | — | — | — | — | — |
| 坏账准备 | 47 | — | — | — | 47 |

6.4.1.3 自营股票投资、基金投资、债券投资、股权投资等投资业务的期初数、期末数

单位：万元

| | 自营股票 | 基金 | 债券 | 长期股权投资 |
|---|---|---|---|---|
| 期初数 | 60 439.16 | 604 903.47 | 146 366.90 | 214 675.21 |
| 期末数 | 30 453.84 | 1 048 316.83 | 126 851.50 | 221 452.99 |

6.4.1.4 前五名的自营长期股权投资的企业名称、占被投资企业权益的比例、主要经营活动及投资收益情况

| 企业名称 | 占被投资企业权益的比例（%） | 主要经营活动 | 投资收益（万元） |
|---|---|---|---|
| 中国信托业保障基金有限责任公司 | 13.04 | 基金管理服务 | 12 479.97 |
| 哈尔滨农村商业银行股份有限公司 | 9.90 | 银行 | 5 030.19 |
| 中国信托登记有限责任公司 | 3.33 | 信托登记业务 | 69.27 |
| 上海融欧股权投资基金管理有限公司 | 40.00 | 基金管理服务 | 5.03 |
| 深圳市瑞源宝兴基金管理有限公司 | 49.00 | 基金管理服务 | 0.07 |

注：投资损益是指按照企业会计准则规定，核算股权投资确认损益并计入披露年度利润表的金额。

6.4.1.5 前五名的自营贷款的企业名称、占贷款总额的比例和还款情况

| 序号 | 企业名称 | 贷款企业名称 | 贷款金额（万元） | 占贷款总额的比例（%） | 还本付息情况 |
|---|---|---|---|---|---|
| 1 | 中融平和财务有限公司 | 京基实业香港有限公司 | 93 397.91 | 65.24 | 按合约付息及还本 |
| 2 | 中融平和财务有限公司 | Beta Asset Management Limited | 15 568.49 | 10.87 | 按合约付息及还本 |
| 3 | 中融平和财务有限公司 | Baida Holdings Limited | 14 079.88 | 9.83 | 按合约付息及还本 |
| 4 | 中融平和财务有限公司 | Hong Kong Jianyuan Investment Limited | 10 095.66 | 7.05 | 按合约付息及还本 |
| 5 | 中融平和财务有限公司 | Huge Group Holdings Limited / Huge Auto Investment Holdings Limited | 6 432.28 | 4.49 | 按合约付息及还本 |

6.4.1.6 表外业务的期初数、期末数；按照代理业务、担保业务和其他类型表外业务分别披露

单位：万元

| 表外业务 | 期初数 | 期末数 |
|---|---|---|
| 担保业务 | — | — |
| 代理业务（委托业务） | — | — |
| 其他 | — | — |
| 合计 | — | — |

6.4.1.7 公司当年的收入结构

| 收入结构 | 金额（万元） | 占比（%） |
|---|---|---|
| 手续费及佣金收入 | 236 576 | 38.68 |
| 其中：信托手续费收入 | 209 202 | 34.20 |
| 投资银行业务收入 | — | — |
| 利息收入 | 52 603 | 8.60 |
| 其他业务收入 | 147 954 | 24.19 |
| 其中：计入信托业务收入部分 | 147 449 | 24.11 |
| 营业收入 | 55 221 | 9.03 |
| 投资收益 | 116 178 | 18.99 |
| 其中：股权投资收益 | 17 530 | 2.87 |
| 公允价值变动收益 | 1 397 | 0.23 |
| 其他投资收益 | 97 252 | 15.90 |
| 汇兑损益 | 22 | — |
| 资产处置收益 | 89 | 0.01 |
| 其他收益 | 1 335 | 0.22 |
| 营业外收入 | 1 698 | 0.28 |
| 收入合计 | 611 676 | 100.00 |

注：手续费及佣金收入、利息收入、其他业务收入、投资收益、营业外收入均应为损益表中的一级科目，其中手续费及佣金收入、利息收入、营业外收入为未抵减掉相应支出的全年累计实现收入数。报告年度实现信托业务收入的总额，其中以手续费及佣金确认的信托业务收入金额，以业绩报酬形式确认的信托业务收入金额和以其他形式确认的信托业务收入金额。

6.4.2 **披露信托资产管理情况**

6.4.2.1 信托资产的期初数、期末数

单位：万元

| 信托资产 | 期初数 | 期末数 |
|---|---|---|
| 集合类 | 43 950 897.30 | 45 267 279.24 |
| 单一类 | 14 425 924.31 | 12 477 702.33 |
| 财产权类 | 8 613 883.47 | 7 721 517.39 |
| 合计 | 66 990 705.08 | 65 466 498.96 |

6.4.2.1.1 主动管理型信托业务的信托资产期初数、期末数

单位：万元

| 主动管理型信托资产 | 期初数 | 期末数 |
|---|---|---|
| 证券投资类 | 2 849 032.86 | 1 869 634.75 |
| 股权投资类 | 3 216 215.90 | 4 688 816.37 |
| 其他投资类 | 22 098 554.74 | 20 685 229.16 |
| 融资类 | 15 010 132.80 | 15 526 689.14 |
| 事务管理类 | 54 087.41 | 139 954.54 |
| 合计 | 43 228 023.71 | 42 910 323.96 |

6.4.2.1.2 被动管理型信托业务的信托资产期初数、期末数

单位：万元

| 被动管理型信托资产 | 期初数 | 期末数 |
|---|---|---|
| 证券投资类 | 1 643 996.55 | — |
| 股权投资类 | 3 561 524.00 | — |
| 其他投资类 | 1 835 573.95 | — |
| 融资类 | 8 160 272.14 | — |
| 事务管理类 | 8 561 314.72 | 22 556 175.00 |
| 合计 | 23 762 681.36 | 22 556 175.00 |

6.4.2.2 本年度已清算结束的信托项目情况

6.4.2.2.1 本年度已清算信托项目情况

| 已清算结束的信托项目 | 项目个数（个） | 实收信托合计金额（万元） | 加权平均实际年化收益率（%） |
|---|---|---|---|
| 集合类 | 122 | 4 483 129.51 | 9.75 |
| 单一类 | 106 | 4 174 071.04 | 3.78 |
| 财产管理类 | 53 | 3 713 556.15 | 7.46 |

注：加权平均实际年化收益率 =（信托项目 1 的实际年化收益率 × 信托项目 1 的资产总计 + 信托项目 2 的实际年化收益率 × 信托项目 2 的资产总计 + … + 信托项目 $n$ 的实际年化收益率 × 信托项目 $n$ 的资产总计）/（信托项目 1 的资产总计 + 信托项目 2 的资产总计 + … + 信托项目 $n$ 的资产总计）×100%。

6.4.2.2.2 本年度已清算结束的主动管理型信托情况

| 已清算结束的信托项目 | 项目个数（个） | 实收信托合计金额（万元） | 加权平均实际年化信托报酬率（%） | 加权平均实际年化收益率（%） |
|---|---|---|---|---|
| 证券投资类 | 41 | 118 502.47 | 0.74 | 15.27 |
| 股权投资类 | 9 | 387 128.00 | 1.47 | 25.52 |
| 其他投资类 | 24 | 1 911 916.74 | 0.43 | 6.46 |
| 融资类 | 61 | 2 735 630.87 | 2.53 | 8.49 |
| 事务管理类 | 1 | — | 0.45 | 9.94 |

6.4.2.2.3 本年度已清算结束的被动管理型信托项目情况

| 已清算结束的信托项目 | 项目个数(个) | 实收信托合计金额(万元) | 加权平均实际年化信托报酬率(%) | 加权平均实际年化收益率(%) |
|---|---|---|---|---|
| 证券投资类 | 19 | 360.02 | 0.13 | 3.33 |
| 股权投资类 | 3 | 115 000.00 | 0.11 | 7.19 |
| 其他投资类 | 5 | 117 163.80 | 0.26 | 19.17 |
| 融资类 | 32 | 1 080 264.45 | 0.27 | 7.72 |
| 事务管理类 | 86 | 5 904 790.35 | 0.20 | 5.47 |

6.4.2.3 本年度新增信托项目情况

| 新增信托项目 | 项目个数(个) | 合计金额(万元) |
|---|---|---|
| 集合类 | 89 | 4 655 051.69 |
| 单一类 | 50 | 3 589 993.77 |
| 财产管理类 | 52 | 4 782 061.06 |
| 新增合计 | 191 | 13 027 106.52 |
| 其中:主动管理型 | 119 | 4 162 518.60 |
| 被动管理型 | 72 | 8 864 587.92 |

6.4.2.4 信托业务创新成果和特色业务有关情况

公司高度重视创新研发能力建设,不断加大创新产品开发力度,持续提升研发团队研究水平,紧跟资管行业前沿动态,充分挖掘创新产品的潜在机会,以模式创新、风险可控、投资者认可作为产品设计的基础,将产品创新提升到新的战略高度,树立公司资产管理、财富管理的品牌优势。

6.4.2.5 本公司履行受托人义务情况及因本公司自身责任而导致的信托资产损失情况

报告期内,本公司严格履行受托人义务,不存在因本公司自身责任而导致的信托资产损失情况。

## 6.5 关联方关系及其交易的披露

### 6.5.1 关联交易方的数量、关联交易的总金额及关联交易的定价政策

| | 关联交易方数量(个) | 关联交易金额(万元) | 定价政策 |
|---|---|---|---|
| 合计 | 22 | 319 939.22 | 本公司2018年度发生的关联方交易均根据一般正常的交易条件进行,并以市场价格作为定价依据。 |

### 6.5.2 关联交易方基本情况

报告期涉及关联交易的关联方情况如下:

| 关联性质 | 关联方名称 | 法定代表人 | 注册地址 | 注册资本(万元) | 主营业务 |
|---|---|---|---|---|---|
| 非控股联营企业 | 中国信托业保障基金有限责任公司 | 刘宏宇 | 北京市西城区月坛南街1号院5号楼20层-23层 | 1 150 000 | 受托管理保障基金等经相关部门批准后依批准的内容开展经营活动。 |
| 股东控股子公司 | 哈尔滨哈投物业有限责任公司 | 张滨生 | 哈尔滨经开区南岗集中区燕山路3号3层 | 1 000 | 物业管理等。 |
| 股东单位 | 哈尔滨投资集团有限责任公司 | 赵洪波 | 哈尔滨市南岗区汉水路172号 | 500 000 | 从事固定资产、基础设施、能源、供热、高新技术产业、资源开发项目投资与投资信息咨询等。 |
| 股东单位 | 中植企业集团有限公司 | 刘秀坤 | 北京市朝阳区东四环中路39号A单元1515 | 500 000 | 资产投资及资产管理等。 |
| 控股子公司 | 北京中融稳达资产管理有限公司 | 马镇 | 北京市石景山区实兴大街30号院3号楼2层D-0605房间 | 10 000 | 资产管理、项目投资、投资咨询等。 |
| 控股子公司 | 中融汇兴资产管理有限公司 | 刘香玉 | 北京市石景山区实兴大街30号院3号楼2层D-0560房间 | 5 000 | 资产管理、项目投资、投资咨询等。 |
| 控股子公司 | 中融基金管理有限公司 | 王瑶 | 深圳市福田区福田街道岗厦社区金田路3088号中洲大厦3202、3203B | 115 000 | 基金募集、基金销售、特定客户资产管理、资产管理和中国证监会许可的其他业务。 |
| 控股子公司 | 北京中融汇智人力资源有限公司 | 刘香玉 | 北京市石景山区实兴大街30号院3号楼11层东南区域 | 1 000 | 劳务派遣、人才推荐、人才招聘等。 |
| 控股子公司 | 上海辉致人力资源有限公司 | 刘香玉 | 中国(上海)自由贸易试验区银城中路8号801、812室 | 200 | 人才中介、劳务派遣、商务信息咨询等。 |
| 控股子公司 | 中融汇今资产管理有限公司 | 高远 | 中国(上海)自由贸易试验区富特北路211号302部位368室 | 10 000 | 投资管理、资产管理等。 |
| 控股子公司 | 中融汇智金融服务(上海)有限公司 | 高远 | 上海市宝山区蕴川路5475号2792室 | 6 250 | 金融信息服务(除金融业务)、接受金融机构委托从事金融信息技术外包、金融业务流程外包等。 |
| 控股子公司 | 上海长昆投资管理有限公司 | 张东 | 中国(上海)自由贸易试验区富特北路211号302部位368室 | 5 000 | 投资管理、资产管理、投资咨询、企业管理咨询、商务咨询等。 |
| 控股子公司 | 中融(北京)资产管理有限公司 | 王瑶 | 北京市门头沟区石龙经济开发区永安路20号3号楼1层107室 | 30 000 | 特定客户资产管理业务以及中国证监会许可的其他业务。 |
| 股东关联子公司 | 横琴人寿保险有限公司 | 兰亚东 | 珠海市横琴新区十字门中央商务区珠海横琴金融产业发展基地2号楼 | 200 000 | 普通型保险,包括人寿保险和年金保险、健康保险、意外伤害保险等。 |

续表

| 关联性质 | 关联方名称 | 法定代表人 | 注册地址 | 注册资本（万元） | 主营业务 |
|---|---|---|---|---|---|
| 控股子公司 | 达孜县鼎诚资本投资有限公司 | 张东 | 西藏拉萨市达孜县工业园区珠峰实业203号房 | 200 | 投资管理、投资顾问等。 |
| 控股子公司 | 北京中融鼎新投资管理有限公司 | 张东 | 北京市石景山区八大处高科技园区西井路3号2号楼268号房 | 150 000 | 项目投资、资产管理、投资咨询等。 |
| 控股子公司 | 北京中融鼎泓投资有限公司 | 张东 | 北京市石景山区实兴大街30号院3号楼2层D-0532号房 | 200 | 项目投资、资产管理、投资咨询等。 |
| 控股子公司 | 绍融投资管理（上海）有限公司 | 高远 | 中国（上海）自由贸易试验区富特北路211号302部位368室 | 200 | 投资管理、资产管理、投资咨询等。 |
| 控股子公司 | 达孜县鼎瑞资本投资有限公司 | 张东 | 西藏拉萨市达孜县工业园区创业基地大楼6-2-23号 | 200 | 投资管理、投资顾问等。 |
| 控股子公司 | 哈尔滨农村商业银行股份有限公司 | 郭俊秋 | 哈尔滨市道里区经纬二道街65号 | 200 000 | 吸收公众存款、发放贷款、办理国内结算等。 |
| 股东关联子公司 | 漳州恒天物流有限公司 | 谷景虎 | 福建省漳州市龙文区朝阳镇龙江北路海峡农博汇 | 5 000 | 道路运输、仓储、货物包装、货运代理等。 |
| 股东关联子公司 | 北京恒天明泽基金销售有限公司 | 周斌 | 北京市北京经济技术开发区宏达北路10号五层5122室 | 5 000 | 基金销售。 |

6.5.3 本公司与关联方的重大交易事项

6.5.3.1 固有财产与关联方关联交易

单位：万元

| 固有财产与关联方关联交易 | | | | |
|---|---|---|---|---|
| | 期初数 | 借方发生额 | 贷方发生额 | 期末数 |
| 贷款 | | | | |
| 投资 | 292 305.77 | 1 577 349.51 | 1 223 557.89 | 646 097.39 |
| 租赁 | | 245.11 | 121.93 | |
| 担保 | | | | |
| 应收账款 | | | | |
| 拆入资金 | 200 000.00 | 200 000.00 | 340 000.00 | 340 000.00 |
| 其他 | 62.17 | 12 686.94 | 2 509.75 | 0.90 |
| 合计 | 492 367.93 | 1 790 281.56 | 1 566 189.57 | 986 098.29 |

6.5.3.2 信托资产与关联方关联交易

单位：万元

| 信托资产与关联方关联交易 | | | | |
|---|---|---|---|---|
| | 期初数 | 借方发生额 | 贷方发生额 | 期末数 |
| 贷款 | — | — | — | — |
| 投资 | 212 138.76 | 153 821.66 | 119 049.37 | 246 911.04 |
| 租赁 | — | — | — | — |
| 担保 | — | — | — | — |
| 应收账款 | — | — | — | — |
| 其他 | — | 6 205.16 | — | — |
| 合计 | 212 138.76 | 160 026.81 | 119 049.37 | 246 911.04 |

6.5.3.3 固有财产与信托财产相互交易

单位：万元

| 固有财产与信托财产相互交易 | | | |
|---|---|---|---|
| | 期初数 | 本期发生额 | 期末数 |
| 合计 | 462 495 | -234 033 | 228 462 |

6.5.3.4 信托项目之间相互交易

单位：万元

| 信托资产与信托财产相互交易 | | | |
|---|---|---|---|
| | 期初数 | 本期发生额 | 期末数 |
| 合计 | 428 383.01 | 288 902.78 | 717 285.79 |

6.5.4 关联方逾期未偿还本公司资金的详细情况以及本公司为关联方担保发生或即将发生垫款的详细情况

本公司无关联方逾期未偿还本公司资金的情况以及为关联方担保发生或即将发生垫款的情况。

### 6.6 会计制度的披露

本公司执行财政部2006年颁布的《企业会计准则》及2014年财政部颁布的八项具体准则和一项基本准则的有关规定。

## 7. 财务情况说明书

### 7.1 利润实现和分配情况

2018年共实现利润总额270 611万元，净利润为214 223万元，计提盈余公积17 507万元，计提信托赔偿准备金8 754万元，计提一般风险准备4 362万元。

### 7.2 主要财务指标

| 指标名称 | 指标值 |
|---|---|
| 资本利润率（%） | 11.48 |
| 人均净利润（万元） | 113.12 |

注：1. 资本利润率=净利润/所有者权益平均余额×100%。
2. 人均净利润=净利润/年平均人数。
3. 平均值采取年初及各季末余额移动算术平均法。公式为：a（平均）=（$a_0/2+a_1+a_2+a_3+a_4/2$）/4。

### 7.3 对本公司财务状况、经营成果有重大影响的其他事项

无。

## 8. 特别事项揭示

### 8.1 前五名股东报告期内变动情况及原因

无。

## 8.2 董事、监事及高级管理人员变动情况及原因

### 8.2.1 董事变动情况及原因

无。

### 8.2.2 监事变动情况及原因

无。

### 8.2.3 高级管理人员变动情况及原因

报告期内,高级管理人员离任一人,具体情况如下:

离任高级管理人员情况表

| 姓名 | 前任职位 | 离任时间 | 离职原因及内部决议 |
|---|---|---|---|
| 刘伟器 | 副总裁 | 2018 年 6 月 | 工作变动,第五届董事会第三十三次会议 |

## 8.3 公司的重大诉讼事项

无。

## 8.4 公司及其董事、监事和高级管理人员受到处罚的情况

无。

## 8.5 银保监会及其派出机构对公司检查后提出的整改意见及公司整改情况

2018 年,中国银行保险监督管理委员会黑龙江监管局对公司开展了“影子银行和交叉金融”的专项检查,公司积极配合检查工作。根据检查情况,银保监局对公司提出了银信合作业务存在尽调及贷后管理不完善等问题。对于监管发现的问题,公司完善了银信合作业务的操作标准,并进一步加强了对银信合作业务的合规性审核要求,针对违规项目制订了相应的整改计划,根据监管要求逐步落实整改。同时,公司进一步提升银信合作业务的合规性要求,优化业务合规管控手段,以加强公司风险合规管理体系建设,为业务持续健康发展奠定基础。

## 8.6 本年度重大事项临时报告的简要内容、披露时间、所披露的媒体

报告期内,公司重大事项临时报告的披露媒体为《上海证券报》,2018 年度合计刊登各类公告一则,具体如下:

临时披露重大事项

| 披露时间 | 披露公告名称 | 披露内容 | 披露媒体 |
|---|---|---|---|
| 2018 年 6 月 5 日 | 中融国际信托有限公司关于变更住所及修改公司章程的公告 | 经公司股东会审议通过,并报经中国银行业监督管理委员会黑龙江监管局批准(黑银监复[2017]201 号),公司住所由哈尔滨市南岗区嵩山路 33 号变更为哈尔滨市松北区科技创新城创新二路 277 号,公司章程相应条款已进行修改。以上事项已完成工商变更登记。 | 《上海证券报》 |

## 8.7 银保监会及其省级派出机构认定的其他有必要让客户及相关利益人了解的重要信息

报告期内,公司相继得到新闻媒体及社会各方的积极评价,获得主要荣誉如下:中央国债登记结算有限责任公司颁发“优秀资产管理机构”;银行业信贷资产登记流转中心有限公司颁发“专业服务奖”;《上海证券报》“诚信托——卓越公司奖”;《经济观察报》“卓越家族财富管理信托公司奖”;《证券时报》“2018 年度中国优秀信托公司”;《证券时报》“2018 年度优秀财富管理品牌”;《金融时报》“2018 年度最佳风险管理信托公司”。

# 9. 监事会意见

监事会认为,公司的财务数据资料真实、客观和准确地反映了公司的财务状况和经营成果。

# 中泰信托有限责任公司

## 1. 重要提示

1.1　本公司董事会及董事保证本报告所载资料不存在任何虚假记载、误导性陈述或者重大遗漏，并对其内容的真实性、准确性和完整性承担个别及连带责任。本年度报告摘要摘自年度报告全文，客户及相关利益人欲了解详细内容，应阅读年度报告全文。

1.2　史亚政董事根据其代表利益的深圳市易建科技有限公司和桥润资产管理有限公司的要求无法保证本报告内容的真实性、准确性和完整性，理由是：(1)审计报告并未对财务数据的合理性采取审慎原则；(2)年度报告没有就经营业绩的下滑和经营风险的发生进行认真和实质总结分析。请客户及相关利益人特别关注。

注：本报告按照《中国银监会办公厅关于修订信托公司年报披露格式、规范信息披露有关问题的通知》(银监办发[2009]407号)及《商业银行股权管理暂行办法》(中国银监会令[2018]1号)相关要求编制。为公司提供审计服务的专业机构具有相关监管规定要求的中国人民银行批准的从事金融相关业务的审计资格和财政部及中国证监会批准的从事证券、期货相关业务的审计资格，具有较为良好的执业质量和信誉。

1.3　独立董事袁东生、熊焰、朱青、鲍治认为本年度报告真实、准确、完整。

1.4　中审亚太会计师事务所(特殊普通合伙)对本公司2018年度财务会计报告出具了标准无保留意见的审计报告。

1.5　公司董事长吴庆斌、总裁陈乃道，主管会计工作负责人陈乃道及财务会计部负责人隋新声明：保证年度报告中财务会计报告的真实、完整。

## 2. 公司概况

### 2.1　公司简介

2.1.1　公司的法定中文名称：中泰信托有限责任公司
公司的法定英文名称：Zhonggtai Trust Co., Ltd.

2.1.2　法定代表人：吴庆斌

2.1.3　注册地址：上海市中华路1600号黄浦中心大厦17层、18层
邮政编码：200021
国际互联网网址：www. zhongtaitrust. com
电子信箱：zhongtai@ zhongtaitrust. com

2.1.4　信息披露事务负责人：李颖
信息披露事务联系人：赵凤英
联系电话：021-63871888-2058
传真：021-63872700
电子信箱：zhaofengying@ zhongtaitrust. com

2.1.5　公司选定的信息披露报纸名称：《证券时报》

2.1.6　公司年度报告备置地点：上海市黄浦区中华路1600号黄浦中心大厦18层办公室

2.1.7　公司聘请的会计师事务所：中审亚太会计师事务所(特殊普通合伙)
地址：北京市海淀区青云里满庭芳园小区9号楼青云当代大厦22层

2.1.8　公司聘请的律师事务所：上海市锦天城律师事务所
地址：上海市浦东新区银城中路501号上海中心大厦11层、12层

## 2.2 组织结构

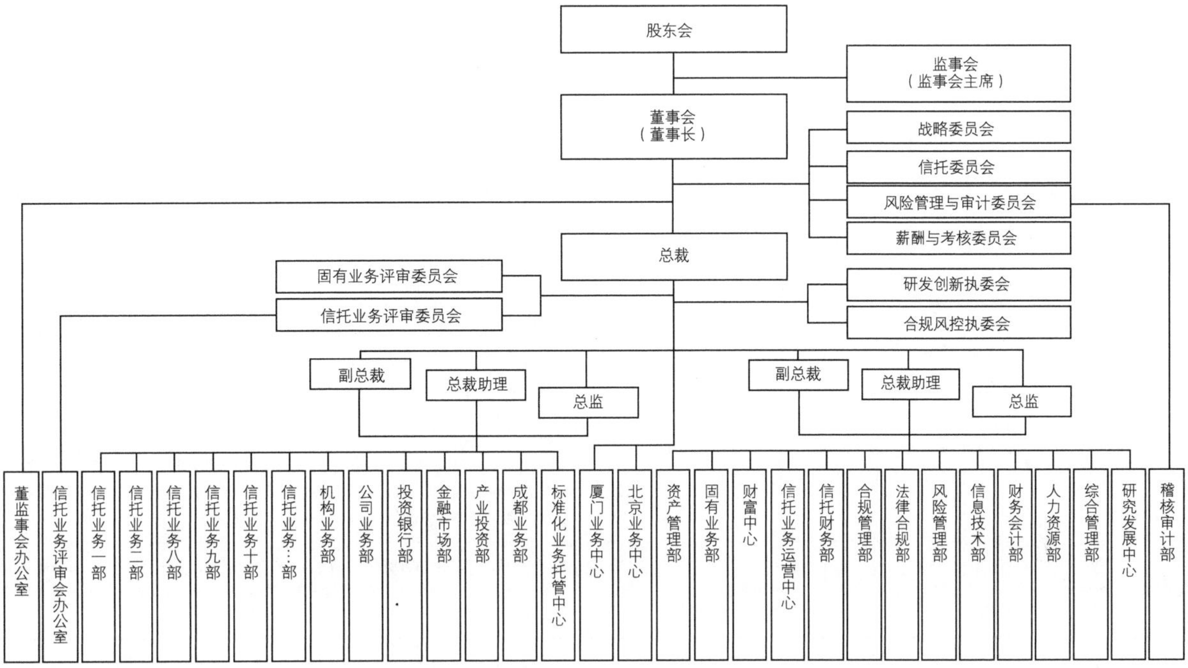


# 3. 公司治理

## 3.1 股东

报告期末，股东总数6家，持有公司15%以上股份的股东情况：

| 股东名称 | 持股比例（%） | 法人代表 |
|---|---|---|
| 中国华闻投资控股有限公司 | 31.57 | 幸宇晖 |
| 上海新黄浦置业股份有限公司 | 29.97 | 仇瑜峰 |
| 广联（南宁）投资股份有限公司 | 20 | 吴庆斌 |

公司前三位股东的主要股东情况：

| 股东名称 | 主要股东 | 出资比例（%） | 法人代表 | 注册资本（万元） | 注册地址 | 主要经营业务及主要财务情况 |
|---|---|---|---|---|---|---|
| 中国华闻投资控股有限公司（华闻控股） | 北京国际信托有限公司（德瑞股权投资基金集合资金信托计划） | 100 | 李民吉 | 220 000 | 北京市朝阳区安立路30号院1、2号楼 | 资金信托；动产信托；不动产信托；企业资产重组等。 |
| 上海新黄浦置业股份有限公司（新黄浦置业） | 上海新华闻投资有限公司 | 25.07 | 幸宇晖 | 50 000 | 上海市闸北区天目中路383号501室 | 实业投资，资产经营及管理（非金融业务），国内贸易等。 |
| 广联（南宁）投资股份有限公司（广联投资） | 中国华闻投资控股有限公司 | 65.37 | 幸宇晖 | 120 000 | 北京市朝阳区东三环北路38号院1号泰康金融大厦25层2501内5室 | 实业投资等；财务状况一般。 |

公司股东华闻控股、广联投资与新黄浦置业存在关联关系：北京国际信托有限公司（德瑞股权投资基金集合资金信托计划）持有华闻控股100%的股权，华闻控股持有广联投资65.37%的股权，华闻控股及广联投资分别持有上海新华闻投资有限公司（上海新华闻）50%的股权，上海新华闻持有新黄浦置业25.07%的股权，为其第一大股东。

## 3.2 董事

董事

| 姓名 | 职务 | 性别 | 年龄（岁） | 选任日期 | 所推举的股东名称 | 该股东持股比例（%） | 简要履历 |
|---|---|---|---|---|---|---|---|
| 吴庆斌 | 董事长 | 男 | 45 | 2014年7月15日 | 华闻控股、广联投资 | 31.57<br>20 | 毕业于清华大学水利水电工程系水利水电建筑工程专业及法学专业，获得双学士学位，先后任职于北京国际信托有限公司等机构，并担任重要管理职务，具有近20年金融工作及管理经验。 |
| 穆瞳 | 董事 | 女 | 35 | 2014年11月21日 | 华闻控股、广联投资 | 31.57<br>20 | 毕业于西北工业大学自动化专业和宾夕法尼亚大学电子工程专业，先后任职于Gro-Group投资管理公司、天行国际集团、日盛嘉富证券及华闻控股，并担任管理职务，积累了相当的市场及金融相关领域工作经验。 |
| 叶桂峰 | 董事 | 男 | 40 | 2014年7月15日 | 华闻控股、广联投资 | 31.57<br>20 | 毕业于江西财经大学法律系国际经济法专业，获得学士学位，后毕业于中国人民大学法学院民商法专业，并先后获得硕士及博士学位。长期从事经济及金融法律实践工作，先后任职于北京市创天律师事务所、北京市宝盈律师事务所及华闻控股等机构，且具有多年金融及法律合规管理工作经验。 |
| 史亚政 | 董事 | 男 | 48 | 2014年7月15日 | 华闻控股、广联投资 | 31.57<br>20 | 毕业于浙江大学无线电系无线电技术专业，获得学士学位，后毕业于电子科技大学计算机学院软件工程领域工程专业，获得硕士学位，长期从事金融及经济管理工作，实践经验深厚，先后任职于江泰保险经纪有限公司、中惠保险经纪有限公司及广联投资等机构，并担任高级管理职务，具有近20年的金融及企业管理工作经验。 |
| 陆却非 | 董事 | 男 | 63 | 2014年7月15日 | 新黄浦置业 | 29.97 | 毕业于中国科技大学，博士研究生学历，先后在中科院上海生理研究所、上海新黄浦置业股份有限公司等机构工作，并担任高级管理职务，具有30余年的经济及管理工作经验。 |

独立董事

| 姓名 | 所在单位及职务 | 性别 | 年龄（岁） | 选任日期 | 所推举的股东名称 | 该股东持股比例（%） | 简要履历 |
|---|---|---|---|---|---|---|---|
| 袁东生 | 已退休 | 男 | 67 | 2014年11月12日 | 华闻控股 | 31.57 | 先后于中共山西省委党校、西安交通大学管理学院学习，取得工商管理硕士学位，长期从事金融及企业管理工作，先后任职于山西信托有限责任公司、山西国信投资（集团）公司等机构，并担任高级管理职务，具有近20年的金融及企业管理工作经验。 |
| 熊焰 | 北京国富资本有限公司董事长 | 男 | 62 | 2015年7月9日 | 华闻控股 | 31.57 | 毕业于哈尔滨工业大学无线电工程系通信专业，获得学士学位，后毕业于该校管理学院经济学专业，获得硕士学位。长期从事金融及企业管理工作，实践经验深厚，先后任职于中国共产主义青年团中央委员会、北京产权交易所有限公司、北京金融资产交易所有限公司及北京国富资本有限公司等机构，并担任高级管理职务，具有20余年的金融及企业管理工作经验。 |
| 朱青 | 中国人民大学财政金融学院教授、博士生导师 | 男 | 61 | 2014年7月15日 | 华闻控股 | 31.57 | 毕业于北京经济学院财贸系财政专业获得学士学位，后就读于中国人民大学财政金融学院财政系财政专业，先后获得经济学硕士及博士学位，长期从事财政金融和社会保障领域的教学和研究工作，具有相当的财税知识，先后任职于中国人民大学财政金融学院等单位，担任学术委员会主任、教授、博士生导师等重要职务，积累了深厚的财政金融和社会保障领域工作经验。 |
| 鲍治 | 北京奋迅律师事务所合伙人 | 男 | 41 | 2014年7月15日 | 华闻控股 | 31.57 | 毕业于安徽大学法学院法律系法学专业，获得学士学位，后先后毕业于华东政法大学研究生院民商法学专业及美国加州大学伯克利分校法学院法学硕士专业，并分别获得硕士学位，长期从事金融、贸易相关法律领域工作，先后任职于中华人民共和国商务部、北京市君合律师事务所以及北京市奋迅律师事务所，积累了相当的金融法律相关领域工作经验。 |

## 3.3 监事

| 姓名 | 职务 | 性别 | 年龄（岁） | 选任日期 | 所推举的股东名称 | 该股东持股比例（%） | 简要履历 |
|---|---|---|---|---|---|---|---|
| 刘卓 | 监事会主席 | 男 | 53 | 2014年4月9日 | 华闻控股<br>广联投资 | 31.57<br>20 | 毕业于武汉水运工程学院船机制造专业，先后在哈尔滨团市委、中泰信托有限责任公司等机构任职，并担任重要管理职务，具备近30年的管理工作经验。 |

续表

| 姓名 | 职务 | 性别 | 年龄（岁） | 选任日期 | 所推举的股东名称 | 该股东持股比例(%) | 简要履历 |
|---|---|---|---|---|---|---|---|
| 王红梅 | 股东代表监事 | 女 | 49 | 2016年11月7日 | 华闻控股 | 31.57 | 毕业于华中科技大学、武汉工业大学，获得工学学士、硕士学位，后毕业于新加坡国立大学，获得工商管理硕士（EMBA）学位，先后于建设银行、武汉三镇实业控股股份有限公司等机构任职，并担任重要管理职务，具备20余年经济及管理工作经验。 |
| 隋新 | 职工代表监事 | 女 | 39 | 2018年4月12日 | — | — | 毕业于东北林业大学、上海理工大学，获经济学学士、硕士学位，先后在东北林业大学、深圳农村商业银行、平安集团内控管理中心、上海国际信托、中泰信托等机构任职。 |

## 3.4 高级管理人员

| 姓名 | 职务 | 性别 | 年龄(岁) | 任职日期 | 金融从业年限(年) | 学历 | 专业 |
|---|---|---|---|---|---|---|---|
| 陈乃道 | 总裁 | 男 | 57 | 2018年11月29日 | 20 | 博士 | 经济学 |
| 余钧 | 副总裁 | 男 | 51 | 2015年4月9日 | 29 | 本科 | 国际金融学 |
| 沈烁 | 副总裁 | 男 | 46 | 2015年4月9日 | 21 | 本科 | 经济法 |
| 万刚 | 副总裁 | 男 | 45 | 2018年11月7日 | 21 | 硕士 | 应用经济学 |

注：报告期内，公司原总裁周雄先生因个人原因向董事会提出辞职，原副总裁周旭先生、原财务总监李旻先生因个人健康原因向董事会提出辞职。经公司董事会审议通过，周雄先生不再担任公司总裁职务，公司副总裁陈乃道先生代为履行总裁职责，周旭先生不再担任公司副总裁职务，李旻先生不再担任公司财务总监职务。报告期内，经公司董事会会议决定，并经上海银保监局筹备组核准，陈乃道先生就任公司总裁、万刚先生就任公司副总裁。

## 3.5 公司员工

截至2018年12月31日，公司共有员工130人（不含外部董事、监事），平均年龄36岁，大部分员工具有大学本科以上学历。

| 项目 | | 报告年度 | | 上年度 | |
|---|---|---|---|---|---|
| | | 人数(人) | 比例(%) | 人数(人) | 比例(%) |
| 年龄分布 | 25岁以下 | 4 | 3.08 | 3 | 1.72 |
| | 25~29岁 | 27 | 20.77 | 46 | 26.44 |
| | 30~39岁 | 63 | 48.46 | 79 | 45.40 |
| | 40岁以上 | 36 | 27.69 | 46 | 26.44 |
| 学历分布 | 博士 | 1 | 0.77 | 2 | 1.15 |
| | 硕士 | 66 | 50.77 | 77 | 44.25 |
| | 本科 | 40 | 30.77 | 68 | 39.08 |
| | 专科 | 17 | 13.08 | 20 | 11.50 |
| | 其他 | 6 | 4.62 | 7 | 4.02 |
| 岗位分布 | 董事、监事及其他高管 | 5 | 3.85 | 7 | 4.02 |
| | 自营业务人员 | 3 | 2.31 | 3 | 1.72 |
| | 信托业务人员 | 51 | 39.23 | 69 | 39.66 |
| | 其他人员 | 71 | 54.62 | 95 | 54.60 |

# 4. 经营管理

## 4.1 经营目标、经营方针、战略规划

公司秉承“诚信服务、专业理财、创新思维、理性投资”的精神，坚持“与新老客户、核心产业和区域经济一起成长”的理念，注重提高创新能力，正确处理发展与规范管理、规模结构与效益之间的关系。在信托业务、创新产品构建、资产管理业务、信托产品销售能力建设、基础管理工作方面充分发展的基础上，深化公司治理及运营体系的优化调整工作。

公司将认真贯彻落实国家宏观经济政策和金融监管要求，建立规范、高效的公司内控体系，不断提高对各种风险的识别、防范和控制能力。以深化信托行业转型、强化创新和夯实管理为抓手，促进业务转型升级和结构调整。始终坚持市场化、差异化、规模化的发展路线，致力于在明细的发展战略指导下，依托优秀的企业文化和价值观、人力资本体系、法人治理结构，构建运转流畅的资产管理体系和财富管理体系，着力提升资产管理能力、风险控制能力和财富管理能力，真正将“受人之托、代人理财”的理念注入业务实践当中，形成多层次多维度的信托产品，推动公司信托业务回归信托本源，为实体经济服务，为各利益相关者创造价值。。

公司未来将继续贴近市场，加强研发，以业务和产品创新为核心，提高创新能力，形成新的创新业务布局，强化对市场的前瞻性判断和对业务的准确把握，为今后的发展创造条件。在充分发展传统信托业务、资产管理业务、投行业务的基础上，努力实现向专业的、高品质财富管理者的身份转变。将公司建设成为制度健全、内控到位、管理科学、经营规范的，具有核心竞争力的专业金融机构。

## 4.2 所经营业务的主要内容

报告期内，固有业务除长期金融股权投资外，主要运用是活期存款、固定收益类产品投资、国债回购等。2018年实现投资收益16 991.28万元、利息净收入132.13万元、其他业务收入57.21万元。

截至2018年12月31日，公司资产总计45.58亿元，负债总计2.07亿元，所有者权益为43.51亿元，净资产收益率为3.31%，净资本为33.31亿元，净资本/净资产的比率为77.00%，净资本/各项风险资本之和的比率为512.71%，均远高于40%及100%的监管标准。公司的净资产保持稳定和充足，公司资产保持较高的流动性水平，信托业务运行平稳，为公司下一步大力拓展业务奠定了良好的基础。

2018 年，在企业社会责任方面，公司在以专业能力支持实体经济发展、支持民生保障类事业发展、保护投资者权益等工作的基础上，中泰信托员工第四年参与“鞋盒礼物”公益项目，为乡村儿童准备新年礼物。

报告期内，公司消费者权益保护工作委员会和消费者权益保护小组积极工作，组织包括“3·15”消费者权益保护日、反洗钱宣传教育活动等，并在日常工作中审慎、妥善履行企业的社会责任，及时处理投资者的咨询、投诉和建议意见。

**自营资产运用与分布表**

| 资产运用 | 金额（万元） | 占比（%） | 资产分布 | 金额（万元） | 占比（%） |
|---|---|---|---|---|---|
| 货币资产 | 47 545.15 | 10.43 | 基础产业 | — | — |
| 贷款及应收款 | 27 864.95 | 6.11 | 房地产业 | — | — |
| 交易性金融资产投资 | 48 709.72 | 10.69 | 证券市场 | 30 708.00 | 6.75 |
| 可供出售金融资产投资 | 69 145.30 | 15.17 | 实业 | — | — |
| 持有至到期投资 | 47 492.64 | 10.42 | 金融机构 | 200 892.20 | 44.07 |
| 长期股权投资 | 200 892.20 | 44.07 | 其他 | 224 190.70 | 49.18 |
| 其他 | 14 212.64 | 3.12 | | | |
| 资产总计 | 455 862.90 | 100.00 | 资产总计 | 455 862.90 | 100.00 |

2018 年，公司新发行信托产品 14 个，成立信托本金 45.78 亿元，包括存续产品分期发行和开放式产品申购在内本年新增信托本金合计 59.77 亿元；清算信托产品 47 个，清算信托本金 117.71 亿元，包括存续产品部分结束和开放式产品赎回在内本年兑付信托本金合计 149.13 亿元。全年向受益人分配信托收益 22.63 亿元。

**信托资产运用与分布表**

| 资产运用 | 金额（万元） | 占比（%） | 资产分布 | 金额（万元） | 占比（%） |
|---|---|---|---|---|---|
| 货币资产 | 18 141.70 | 0.63 | 基础产业 | 481 394.25 | 16.74 |
| 贷款 | 1 114 708.91 | 38.76 | 房地产 | 24 1650 | 8.40 |
| 交易性金融资产投资 | 81 584.89 | 2.84 | 证券市场 | 96 693.09 | 3.36 |
| 可供出售金融资产投资 | 558 425.01 | 19.42 | 实业 | 1 529 121.96 | 53.18 |
| 持有至到期投资 | 217 393.00 | 7.56 | 金融机构 | 267 393.00 | 9.30 |
| 长期股权投资 | 517 618.9 | 18.00 | 其他 | 259 322.41 | 9.02 |
| 其他 | 367 702.30 | 12.79 | | | |
| 信托资产总计 | 2 875 574.71 | 100.00 | 信托资产总计 | 2 875 574.71 | 100.00 |

注："资产分布"项下"其他"主要为对固定收益类金融产品投资。

## 4.3 市场分析

### 4.3.1 有利因素

（1）经济结构转型为信托提供新机会。经济结构转型为新常态下信托业的转型创新和加速发展提出了全新的要求，同时带来了难得的历史机遇。信托业既应着眼于长远的体制机制创新，又要满足“产业优化、消费升级、财富管理、新型城镇化、经济出海”等新兴发展主题持续产生的投融资需求，协调推进自身发展模式改革的深化，提高服务实体经济的效率。在中国经济逐步由高速增长转向高质量增长的过程中，伴随着发展方式转变、经济结构优化、增长动力转换及供给侧改革的进一步深化，未来的产业发展将出现新一轮的结构调整，企业将出现并购重组潮流。对于信托而言，研发产业引导基金与并购基金能够有效对接经济转型中企业的需求，推动资产证券化等创新业务有效地盘活存量，为企业发展注入流动性。信托业应站在战略发展的高度，发挥制度优势，积极探索创新业务模式，为实业转型提供全方位的投融资服务，在服务实体经济的同时，完成自身转型升级的历史性飞跃。

（2）国内居民财富的快速积累 信托财富管理前景广阔。得益于中国经济持续数十年的高速增长，中国高净值客户数量迅猛增长，已成为全球仅次于美国的高净值家庭数量第二多的国家和地区。通过近年数据比较，中国高净值人群数量及其可投资资产规模均呈现快速扩张的态势。这预示着信托业长期发展的周期还没有结束，在未来相当长的时间内，信托业财富管理发展具有广阔前景。

（3）金融监管重塑金融生态。近年来，金融监管政策纷纷出台，意在推进金融体系内部“去通道、去嵌套、去杠杆”，遏制金融空转，引导资金脱虚向实，让金融机构回归本源，服务于实体经济。信托公司将在监管政策的指引下，回归本源，进一步提升主动管理能力，履行主动管理职责，加强风险监管，合规经营，坚持市场化导向，进行资源的优化配置，更好地服务于实体经济。

（4）科技赋能金融服务。全球经济发展正在向数字化进行转型，金融是现代经济的血脉，在金融领域“互联网 +”形成的金融科技的新优势，对金融服务的效率、服务的模式，金融消费者体验带来了全新的提升。金融科技从用户维护，产品定价、营销渠道、运营模式等进行全方面优化，对金融的服务链条进行了赋能。

### 4.3.2 不利因素

（1）国内外经济形势均严峻复杂。中国经济和美国经济增速均将放缓，由此带动全球经济增长减速。贸易摩擦和货币政策收紧是全球经济下行风险的主要诱因。由于美国实施贸易保护主义政策，使得来自贸易摩擦的下行风险提升。在外部不利因素不断增加的情况下，最近的一些指标表明，包括中国在内的东亚大型经济体的增长正在放缓。尽管出口表现依然稳健，但有迹象表明，美国加征关税可能对中国经济产生更大的实质性影响。不过，尽管中国面临去杠杆和贸易保护主义的挑战，但稳定的消费支出增长和积极的财政政策将有助于经济保持稳健。

（2）汇率变动将对国内金融体系产生影响。受美联储加息的影响，人民币汇率小幅承压，但大幅度贬值概率仍小。虽然中美货币政策差异给人民币汇率带来贬值压力，但总体影响可控。汇率最终还是决定于经济基本面，虽然国内经济短期稳定，但下行压力依然未消，资产价格仍处于高位。美联储加息可能导致 A 股的资金面受到一定影响，外资持有 A 股自由流通市值占比接近 6%，这些外资可能会因为加息离开 A 股。从全球看，可能会让资金部分回归至美国市场，对其他市场的资金会形成一定的压力。此外，由于国际加息周期、汇率变动及国内监管趋严，资本市场预计流动性进一步趋紧。

（3）严监管时代 行业短期需作出相应调整。2018 年，强监管、严监管的趋势进一步加强，以资管新规为基础，“去通道、去刚兑、去杠杆”、回归服务实体经济是 2018 年信托业监管的主要内容。资管新规对行业的规范发展具有正确的指导意义，并且影响深远。但从短期来看，行业将面临一定程度的阵痛，并且作出相应调整。

(4)金融机构面临着较大的转型压力。本轮稳杠杆背景下的强监管政策体现了监管层意在督促信托业回归本源、积极支持实体经济发展的清晰政策导向。信托业实际已经全面进入转型期，这意味着靠通道业务为支撑的外延式发展模式将成为过去，信托公司业务转型已经势在必行，不可逆转。信托业当前的发展步入拐点，行业的发展受到了来自多方因素的影响，包括经济新常态背景下实体经济增速放缓带来的资产质量下降风险，泛资管行业兴起背景下的资管机构竞争和行业内业务竞争风险，以及供给侧改革背景之下监管趋严所带来的合规风险和流动性风险，这使得当前信托业的发展总体上面临着较大的转型压力。

## 4.4 内部控制概况

### 4.4.1 内部控制环境和内部控制文化

公司根据法律法规和公司章程，建立了较为完备的法人治理结构，通过建立规范的公司治理结构和议事规则，明确决策、执行、监督等方面的职责权限，形成较为科学有效的职责分工和制衡机制。

股东会、董事会和监事会依照法律和公司章程分别履行决策、执行和监督职责。股东会是公司的权力机构，在股东会的授权下，董事会是公司的决策及执行机构，监事会是公司的监督机构。董事会下设战略委员会、信托委员会、风险管理与审计委员会、薪酬与考核委员会四个专门委员会，在公司发展战略、受益人利益保护、重要岗位人员任职与考核、风险控制、信息披露等方面发挥专业作用，为进一步完善治理结构、促进董事会科学高效决策提供支持。

公司明确界定各部门、各岗位的目标、职责和权限，建立相应的授权、检查和逐级问责制度，确保不相容岗位的相互分离及其在授权范围内履行职能，完善各层级间的授权与管理体系，保证各项决策能够被有效执行。

公司内部树立合规优先，严守风险底线的内控文化，并结合业务特点和内部控制的要求来设置公司各内部机构，明确职责权限分配，落实各部门权利与责任。公司内部控制的目标是合理保证经营合法合规、资产安全、财务报告及相关信息真实完整，提高经营效率，促进公司发展战略的实现。

### 4.4.2 内部控制措施

风险管理部、合规管理部、法律事务部和稽核审计部作为公司内控管理的主要职能部门，负责拟定和修订内控制度，监督检查和评价内部控制措施的科学性、规范性和可操作性。公司通过修订并不断完善各项管理制度，针对不同业务和管理事项优化内部控制措施，形成事前、事中、事后紧密衔接的内控防线。

公司按照前台、中台、后台划分，制定了相应的规章制度、操作规程和风险管理制度，使得各项业务开展都具备比较详细的业务流程规范。在业务流程上，公司通过事前、事中、事后控制三者结合防范风险，强调即时过程控制。各部门发生异常情况后即时汇报，识别风险并采取相应措施，确保公司内部控制的有效性。

公司固有业务和信托业务相互分离，部门设置和业务人员、业务信息相互独立，分别建账，分别核算。针对信托业务和固有业务的业务特性，分别成立信托业务评审委员会和固有业务评审委员会进行项目评审，根据具体业务的不同特点，采取既有共性又有个性的具体内部控制对策。通过内部控制的环境、程序和措施防范各项业务风险。经营授权方面，实行逐级授权体系，公司内部相关的不同级次、不同部门之间有明确的授权关系和报告关系。

报告期内，公司根据经营发展环境的变化，结合内部控制管理的实际，进一步加强公司内部控制制度及流程建设，制定、梳理和修订了内部控制制度及各类业务指引。公司开展了系统性的风险管理体系自评估工作，以“中泰信托”的法律人格为基本范畴，从可能导致公司经营损失的现实风险点出发，从项目开展生命周期中存在的点状问题切入，进行从问题到危害再到解决措施的系统性分析。随着制度的不断完善，公司董事会、管理层、各相关部门和人员能够按照公司各项制度和业务操作流程履行风险的管理和监控职责，各项业务基本做到前中后台操作上的相对独立和相互制衡。

### 4.4.3 信息交流与反馈

公司建立了信息传递、披露和反馈的机制，明确内部控制相关信息的处理和传递程序，确保信息及时沟通，促进内部控制有效运行。

公司明确管理层、各部门和员工的职责范围和报告路径，通过定期工作报告和会商，确保经营管理层及时了解经营信息和风险状况。通过OA系统和业务管理系统建立了贯穿各部门的共享信息平台，及时准确地传递管理信息和数据。加大对信息化系统的投入力度，在业务流程、行政审批流程等方面的系统集成功能不断改进和完善。

公司严格按照监管要求，建立对外信息披露制度，规范对投资者、公众、监管部门等的披露方式和流程。定期或及时披露年度报告、年度报告摘要、重大事项临时报告等公司信息。通过网站公告、书面通知等多种方式，依法对委托人和受益人披露信托产品信息。事前向监管部门报送拟开展信托业务的基本信息、关联交易信息、集合资金信托异地推介信息。定期提交非现场监管报告，及时报送临时事项报告等经营信息。报告期内，公司信息交流与反馈机制规范。

### 4.4.4 监督评价与纠正

公司稽核审计部独立行使对公司内部控制情况的监督和评价职能。每半年对公司开展一次全面审计，囊括公司财务、业务、人事行政及综合等各个方面，对公司经营活动全过程实施监督；信托项目稽核是通过对项目整体所有环节运作的动态审计并进行合规性评价；专项审计则针对重点风险项目或监管要求不定期开展；公司中高级管理人员及公司要求的关键岗位人员的离职必须经过稽核审计部门的审计。

通过公司核心业务系统中稽核审计流程审批节点的控制，持续对审计项目的整改情况进行监督检查及复核直至整改结束，公司的跟踪检查及纠正机制得以持续执行。

公司各项审计工作均通过审计报告提出意见和建议，并对整改情况进行持续跟踪检查，督促整改落实，使公司能够及时、有的放矢地对各项工作进行规范和管理，有效提升内部控制管理水平，为公司持续稳健运营保驾护航。

### 4.5 风险管理概况

公司严格执行银监会关于信托公司风险监管的指导意见，坚持防范化解风险和推动转型发展并重的原则，切实加强潜在风险防控，加强尽职管理，加强风险评估，优化业务管理，严防道德风险和案件风险，建立风险防控长效机制。

公司经营活动面临的主要风险包括信用风险、市场风险、操作风险和其他风险。公司风险管理坚持全面性、独立性、连续性、审慎性、有效性等基本原则，以风险最小化、风险成本最低化为目标，坚持以风险管理为核心开展经营活动，平衡业务发展与风险管理之间的关系，建立并逐步完善了基于制度规范和流程控制的风险管理制度体系。基本形成了前台、中台、后台相分离、信托资金运作与自有资金运作相分离的风险管理框架，力求将风险管理制度与措施贯穿到公司各项业务、各个部门、各个岗位，实现风险管理覆盖公司运营的全过程。同时，通过建立有效的风险管理组织体系，保障风险管理制度的有效适用，并根据国家政策、法律及公司经营发展战略的变化，定期对公司相关风险管理制度进行修订和补充。

公司的风险管理组织架构由公司董事会、风险管理与审计委员会、管理层、固有/信托业务评审委员会、风险管理部门、各业务部门及相关职能部门组成。具体来说，形成了由董事会及管理层直接领导，以风险管理部门为依托，相关职能部门配合，与各个业务部门全面联系的风险管理机制。具体风险管理职责划分情况如下：

董事会主要负责进行公司风险管理战略、偏好、政策、最高风险承受水平设定和风险管理决策制定，监控和评价风险管理的全面性、有效性以及高级管理层在风险管理方面的履职情况，审批重大业务项目实施方案，倡导公司全员风险管理意识和风险管理文化，并对公司风险管理承担最终责任。

风险管理与审计委员会主要负责针对公司总体风险管理体系的建立和运行情况向董事会提供咨询意见；对公司业务风险控制及管理情况进行监督。

管理层负责定期审查和监督执行公司风险管理政策、程序及具体操作规程，不断完善公司各项风险管理措施，确保公司风险管理体系的有效性；及时了解公司各类风险水平及其管理状况，确保通过恰当的风险管理战略、政策和程序来有效地识别、计量、监测和控制各项业务所承担的各类风险。

固有/信托业务评审委员会具体负责公司各项业务风险的事前管理和控制，与承担风险的业务部门保持相对独立。对公司所有经立项的固有/信托业务项目进行评审，识别其各项风险水平，在综合风险分析和可行性论证后给出评审意见，通过集体决策实现业务项目风险的事前管理和有效控制。

风险管理部是根据公司发展战略，定位于中端、前端风险管控，建立集中型的风险管理模式，将信用风险、市场风险、操作风险等纳入统一的风险管理体系。其负责公司各类投融资业务的风险审查，实现业务决策与风险管理的适度分离，风险管理覆盖公司的全部经营活动与过程，与业务部门的风险自律形成制衡。对公司经营管理活动中的各类风险实施有效的事前评估和过程监控，有效化解和降低公司运营风险。

稽核审计部负责通过实行重大业务项目流程稽核，对单个业务项目进行事中和事后风险管理监督，开展定期全流程的全面内部审计，对公司各项经营管理活动进行检查，并向公司董事会及上级监管单位提交内部审计报告。

合规管理部负责监管部门（包括但不限于银监局、金融办、人民银行）的监管要求、监管文件、监管意见和公司内部各类业务的合规准入标准、操作规范等事务的牵头、组织、优化、落实等工作。

法律事务部负责围绕信托业务项目全生命周期开展工作，并为公司固有业务开展提供法律事务服务。

业务部门是公司风险管理的第一道防线，研判项目风险和设计风险控制措施，构建调研、决策和管理职责相互分离的风险自律体系，承担与其项目相关的风险管理责任。

#### 4.5.1 信用风险状况

信用风险主要来自于债务人或交易对手未能或不愿履行其承诺，或者其信用等级下降时给公司权益或金融产品持有人造成损失的风险。

公司 2018 年末信用风险资产账面余额共计 495 355.28 万元，不良信用风险资产期初数为 47 912.34 万元，期末数为 47 912.34万元，贷款损失准备为 30 716.06 万元，其他各项减值准备为 7 824.07 万元，均已按《资产五级分类管理办法》的规定足额计提。故上述不良信用风险资产不影响公司资产质量。

公司通过事前评估、事中控制、事后监督的风险管理体系来防范和规避信用风险。具体来说，对交易对手进行前期现场风险尽调、综合信用分析，对信托资金的投向区域、行业进行合理布局，避免信用风险的规模化爆发。通过定期风险评估等手段，监控交易对手信用风险的变化，对交易对手进行动态管理。在资金发放后，业务部门、风险管理部等定期或不定期的进行贷后检查和抽查，形成检查报告，发现问题及时预警、及时处理。报告期内，公司各类业务均履行了严格的内部评审程序，合法合规，担保措施充足，交易对手信用等级较高，信用风险可控。

#### 4.5.2 市场风险状况

公司制定与业务性质、规模、复杂程度和风险特征相适应的，与公司总体业务发展战略、管理能力、资本实力和能够承担的总体风险水平相一致的市场风险管理战略。信托业务方面，通过信托产品的结构化设计和组合投资，严格执行权限设定和止损操作，最大限度地降低市场风险对投资人权益的影响。另外，公司建立充足的风险准备金，制定风险处置预案、锁定项目退出风险。公司本着审慎的原则，对固有资金进行合理配置。公司固有业务及信托业务尚未涉及外汇业务，受市场汇率变动的直接影响不明显。其他风险，如利率风险、通货膨胀等因素，对公司经营无明显影响。

报告期内，公司密切关注各类市场风险，及时调整投资策略，积极发展创新业务，勤勉尽职地履行受托人职责，市场风险可控。

#### 4.5.3 操作风险状况

操作风险是指公司履行受托人勤勉、审慎和尽职责任，在运营和业务开展各个环节可能面临的最为普遍的风险。公司操作风险管理主要是加强内控制度建设，坚持内控优先、制度先行，全面分析公司经营环节和业务流程，合理设置体现制衡原则的前台、中台、后台岗位职责。通过管理层专项调研会，汇总前台、中台、后台对流程优化的意见和建议，持续总结整理各项业务规范，梳理操作流程。通过加强资源配置、完善制度建设、优化系统建设等举措全面提高风险管理能力。

报告期内，公司操作风险管控能力不断提升，内控制度体系基本覆盖公司经营的每一个过程和环节，各项制度和流程能够得到有效的执行，并通过“大运营”体系的建立进一步提高了信托业务管控水平。报告期内，公司无该类风险的发生。

#### 4.5.4 其他风险状况

除上述风险类型外，公司还可能面临合规与法律风险、声誉风险等其他风险。

公司合规与法律风险管理包括严格按照相关法律法规、监管规定，对所有拟开展的业务进行合规性审查，明确各类业务合规标准。重视交易安排和法律文件的有效性，强调各类救济措施的可操作性。在信托产品运行和管理过程中，根据信托资金的具体管理、运用和处分方式，严格遵守法律规定和监管要求。提高公司全员的法律合规意识，及时掌握外部金融法律动态和监管政策，严格在现有政策允许范围内开展业务。报告期内，业务整体合规和法律风险管理水平持续提升。

公司声誉风险管理策略包括将公司声誉风险管理机制的构建与公司发展战略、企业文化建设等进行结合，提升专业能力，强化风险意识，审慎经营和诚信发展。公司高度重视防范在业务开展过程中出现的各种声誉风险，强调在稳健经营和持续发展的基础上，主动有效地进行声誉风险管控和应对，进行充分的信息披露，积极履行公司的社会责任，提升公司的社会形象。

## 5. 报告期末及上年度末的比较式会计报表

### 5.1 自营资产(经审计)

#### 5.1.1 会计师事务所审计全文

**审计报告**

中审亚太审字(2019)010043 号

中泰信托有限责任公司:

一、审计意见

我们审计了中泰信托有限责任公司(以下简称贵公司)财务报表，包括 2018 年 12 月 31 日的资产负债表，2018 年度的利润表、现金流量表、所有者权益变动表以及相关财务报表附注。

我们认为，后附的财务报表在所有重大方面按照企业会计准则的规定编制，公允反映了贵公司 2018 年 12 月 31 日的财务状况以及 2018 年度的经营成果和现金流量。

二、形成审计意见的基础

我们按照中国注册会计师审计准则的规定执行了审计工作。审计报告的“注册会计师对财务报表审计的责任”部分进一步阐述了我们在这些准则下的责任。按照中国注册会计师职业道德守则，我们独立于贵公司，并履行了职业道德方面的其他责任，我们相信，我们获取的审计证据是充分、适当的，为发表审计意见提供了基础。

三、管理层和治理层对财务报表的责任

贵公司管理层(以下简称管理层)负责按照企业会计准则的规定编制财务报表，使其实现公允反映，并设计、执行和维护必要的内部控制，以使财务报表不存在由于舞弊或错误导致的重大错报。

在编制财务报表时，管理层负责评估贵公司的持续经营能力，披露与持续经营相关的事项(如适用)，并运用持续经营假设，除非管理层计划清算贵公司、终止运营或别无其他实现的选择。

治理层负责监督贵公司的财务报告过程。

四、注册会计师对财务报表审计的责任

我们的目标是对财务报表整体是否不存在由于舞弊或错误导致的重大错报获取合理保证，并出具包含审计意见的审计报告。合理保证是高水平的保证，但并不能保证按照审计准则执行的审计在某一重大错报存在时总能发现。错报可能由于舞弊或错误所导致，如果合理预期错报单独或汇总起来可能影响财务报表使用者依据财务报表作出的经济决策，则通常认为错报是重大的。

在按照审计准则执行审计的过程中，我们运用职业判断，并保持职业怀疑。同时，我们也执行以下工作:

(1)识别和评估由于舞弊或错误导致的财务报表重大错报风险，设计和实施审计程序以应对这些风险，并获取充分、适当的审计证据，作为发表审计意见的基础。由于舞弊可能涉及串通、伪造、故意遗漏、虚假陈述或凌驾于内部控制之上，未能发现由于舞弊导致的重大错报的风险高于未能发现由于错误导致的重大错报的风险。

(2)了解与审计相关的内部控制，以设计恰当的审计程序。

(3)评价管理层选用会计政策的恰当性和作出会计估计及相关披露的合理性。

(4)对管理层使用持续经营假设的恰当性得出结论。同时，根据获取的审计证据，就可能导致对贵公司持续经营能力产生重大疑虑的事项或情况是否存在重大不确定性得出结论。如果我们得出结论认为存在重大不确定性，审计准则要求我们在审计报告中提请报表使用者注意财务报表中的相关披露:如果披露不充分，我们应当发表非无保留意见。我们的结论基于截至审计报告日可获得的信息。然而，未来的事项或情况可能导致贵公司不能持续经营。

(5)评价财务报表的总体列报、结构和内容(包括披露)，并评价财务报表是否公允反映相关交易和事项。

我们与治理层就计划的审计范围、时间安排和重大审计发现等事项进行沟通，包括沟通我们在审计中识别出的值得关注的内部控制缺陷。

中审亚太会计师事务所（特殊普通合伙）

中国注册会计师：袁振湘（项目合伙人）

中国注册会计师：崔伟英

中国·北京

二〇一九年三月二十五日

### 5.1.2 资产负债表

**资产负债表**

编制单位：中泰信托有限责任公司　　2018 年 12 月 31 日　　单位：万元

| 项目 | 期末余额 | 年初余额 | 项目 | 期末余额 | 年初余额 |
|---|---|---|---|---|---|
| 资产： | | | 负债： | | |
| 现金 | 7.17 | 1.95 | 拆入资金 | — | — |
| 银行存款 | 47 287.75 | 6 505.78 | 交易性金融负债 | — | — |
| 其他货币资金 | 250.23 | 114.46 | 衍生金融负债 | — | — |
| 拆出资金 | — | — | 卖出回购金融资产款 | — | — |
| 交易性金融资产 | 48 709.72 | 66 889.13 | 应付手续费及佣金 | — | — |
| 衍生金融资产 | — | — | 应付职工薪酬 | 8 842.55 | 8 248.00 |
| 买入返售金融资产 | — | — | 应交税费 | 5 266.30 | 3 343.09 |
| 应收手续费及佣金 | 28.05 | — | 应付利息 | — | — |
| 应收利息 | 80.47 | 68.53 | 应付股利 | 470.63 | 470.63 |
| 应收股利 | 17 622.00 | 12 276.00 | 其他应付款 | 975.32 | 683.70 |
| 其他应收款 | 10 134.43 | 9 138.88 | 预计负债 | — | — |
| 存货 | — | — | 递延收益 | — | — |
| 持有待售资产 | — | — | 递延所得税负债 | 5 186.06 | 5 573.69 |
| 发放贷款和垫款 | — | — | 其他负债 | — | — |
| 可供出售金融资产 | 69 145.30 | 74 036.41 | 负债合计 | 20 740.85 | 18 319.10 |
| 持有至到期投资 | 47 492.64 | 60 879.18 | 所有者权益： | — | — |
| 长期股权投资 | 200 892.20 | 197 228.28 | 实收资本 | 51 660.00 | 51 660.00 |
| 投资性房地产 | — | — | 资本公积 | 3 367.40 | 3 367.40 |
| 固定资产 | 1 337.31 | 1 502.09 | 减：库存股 | — | — |
| 无形资产 | 833.97 | 760.63 | 其他综合收益 | 13 960.74 | 16 052.43 |
| 商誉 | — | — | 盈余公积 | 27 584.18 | 27 584.18 |
| 长期待摊费用 | 526.04 | 674.69 | 一般风险准备 | 6 497.72 | 6 894.82 |
| 递延所得税资产 | 11 515.63 | 11 042.90 | 信托赔偿准备金 | 10 332.00 | 10 332.00 |
| 其他资产 | — | — | 未分配利润 | 321 720.01 | 306 908.97 |
| | — | — | 外币报表折算差额 | — | — |
| | — | — | 归属于母公司所有者权益合计 | 435 122.05 | 422 799.81 |
| | — | — | 少数股东权益 | — | — |
| | — | | 所有者权益合计 | 435 122.05 | 422 799.81 |
| 资产总计 | 455 862.91 | 441 118.91 | 负债和所有者权益总计 | 455 862.91 | 441 118.91 |

法定代表人：吴庆斌　　主管会计工作负责人：陈乃道　　会计机构负责人：隋新

### 5.1.3 利润表

**利润表**

编制单位：中泰信托有限责任公司　　2018 年度　　单位：万元

| 项目 | 本期金额 | 上期金额 |
|---|---|---|
| 一、营业收入 | 28 769.13 | 43 621.41 |
| 利息净收入 | 132.13 | -690.28 |
| 利息收入 | 132.13 | 162.63 |
| 利息支出 | — | 852.92 |
| 手续费及佣金净收入 | 11 097.13 | 24 847.39 |
| 手续费及佣金收入 | 11 108.44 | 24 876.70 |
| 手续费及佣金支出 | 11.31 | 29.31 |
| 投资收益（损失以“-”号填列） | 16 991.28 | 19 494.21 |
| 其中：对联营企业和合营企业的投资收益 | 10 645.11 | 11 356.50 |
| 公允价值变动收益（损失以“-”号填列） | 463.49 | -120.24 |
| 汇兑收益（损失以“-”号填列） | — | — |
| 其他业务收入 | 57.21 | 46.59 |
| 资产处置收益 | -0.19 | -7.73 |
| 其他收益 | 28.08 | 51.48 |
| 二、营业支出 | 13 902.17 | 16 723.56 |
| 税金及附加 | 71.35 | 181.48 |
| 业务及管理费 | 13 759.60 | 12 954.46 |
| 资产减值损失 | -33.14 | 3 480.30 |
| 其他业务成本 | 104.37 | 107.33 |
| 三、营业利润（亏损以“-”号填列） | 14 866.95 | 26 897.85 |
| 加：营业外收入 | 747.00 | 1 317.51 |
| 减：营业外支出 | 0.02 | 95.64 |
| 四、利润总额（亏损总额以“-”号填列） | 15 613.93 | 28 119.71 |
| 减：所得税费用 | 1 199.99 | 4 102.53 |
| 五、净利润（净亏损以“-”号填列） | 14 413.94 | 24 017.19 |
| 其中：持续经营净利润 | 14 413.94 | 24 017.19 |
| 终止经营净利润 | — | — |
| 六、其他综合收益的税后净额 | -2 091.69 | -288.00 |
| （一）以后不能重分类进损益的其他综合收益 | — | — |
| 1. 重新计量设定受益计划净负债净资产的变动 | — | — |
| 2. 权益法下在被投资单位不能重分类进损益的其他综合收益中享有的份额 | — | — |
| （二）以后将重分类进损益的其他综合收益 | -2 091.69 | -288.00 |
| 1. 权益法下在被投资单位以后将重分类进损益的其他综合收益中享有的份额 | -581.19 | 567.00 |
| 2. 可供出售金融资产公允价值变动损益 | -1 510.50 | -855.00 |
| 3. 持有至到期投资重分类为可供出售金融资产损益 | — | — |
| 4. 现金流量套期损益的有效部分 | — | — |
| 5. 外币财务报表折算差额 | — | — |
| 七、综合收益总额 | 12 322.24 | 23 729.19 |

法定代表人：吴庆斌　　主管会计工作负责人：陈乃道　　会计机构负责人：隋新

## 5.1.4 所有者权益变动表

**所有者权益变动表**

编制单位：中泰信托有限责任公司　　2018 年度　　单位：万元

| 项目 | 本期发生额 | | | | | | | | | |
|---|---|---|---|---|---|---|---|---|---|---|
| | 实收资本 | 资本公积 | 减：库存股 | 其他综合收益 | 专项储备 | 盈余公积 | 一般风险准备 | 信托赔偿准备 | 未分配利润 | 所有者权益合计 |
| 一、上年期末余额 | 51 660.00 | 3 367.40 | — | 16 052.43 | — | 27 584.18 | 6 894.82 | 10 332.00 | 306 908.97 | 422 799.81 |
| 加：会计政策变更 | — | — | — | — | — | — | — | — | — | — |
| 前期差错更正 | — | — | — | — | — | — | — | — | — | — |
| 其他 | — | — | — | — | — | — | — | — | — | — |
| 二、本年期初余额 | 51 660.00 | 3 367.40 | | 16 052.43 | | 27 584.18 | 6 894.82 | 10 332.00 | 306 908.97 | 422 799.81 |
| 三、本期增减变动金额（减少以“－”号填列） | — | — | — | −2 091.69 | — | — | −397.10 | — | 14 811.03 | 12 322.24 |
| （一）综合收益总额 | — | — | — | −2 091.69 | — | — | — | — | 14 413.94 | 12 322.24 |
| （二）所有者投入和减少资本 | — | — | — | — | — | — | — | — | — | — |
| 1. 股东投入的普通股 | — | — | — | — | — | — | — | — | — | — |
| 2. 其他权益工具持有者投入资本 | — | — | — | — | — | — | — | — | — | — |
| 3. 股份支付计入所有者权益的金额 | — | — | — | — | — | — | — | — | — | — |
| 4. 其他 | — | — | — | — | — | — | — | — | — | — |
| （三）利润分配 | — | — | — | — | — | — | −397.10 | | 397.10 | — |
| 1. 提取盈余公积 | — | — | — | — | — | — | — | — | — | — |
| 2. 提取一般风险准备金 | — | — | — | — | — | — | −397.10 | | 397.10 | — |
| 3. 提取信托赔偿准备金 | — | — | — | — | — | — | — | — | — | — |
| 4. 对所有者（或股东）的分配 | — | — | — | — | — | — | — | — | — | — |
| 5. 其他 | — | — | — | — | — | — | — | — | — | — |
| （四）所有者权益内部结转 | — | — | — | — | — | — | — | — | — | — |
| 1. 资本公积转增资本（或股本） | — | — | — | — | — | — | — | — | — | — |
| 2. 盈余公积转增资本（或股本） | — | — | — | — | — | — | — | — | — | — |
| 3. 盈余公积弥补亏损 | — | — | — | — | — | — | — | — | — | — |
| 4. 其他 | — | — | — | — | — | — | — | — | — | — |
| （五）专项储备 | — | — | — | — | — | — | — | — | — | — |
| 1. 本期提取 | — | — | — | — | — | — | — | — | — | — |
| 2. 本期使用 | — | — | — | — | — | — | — | — | — | — |
| （六）其他 | — | — | — | — | — | — | — | — | — | — |
| 四、本期期末余额 | 51 660.00 | 3 367.40 | | 13 960.74 | | 27 584.18 | 6 497.72 | 10 332.00 | 321 720.01 | 435 122.05 |

法定代表人：吴庆斌　　主管会计工作负责人：陈乃道　　会计机构负责人：隋新

## 5.2 信托资产

### 5.2.1 信托项目资产负债汇总表

信托项目资产负债汇总表

编制单位：中泰信托有限责任公司　　2018 年 12 月 31 日　　单位：万元

| 信托资产 | 期末数 | 期初数 | 信托负债和信托收益 | 期末数 | 期初数 |
|---|---|---|---|---|---|
| 信托资产： | | | 信托负债： | | |
| 货币资金 | 18 141.70 | 31 003.70 | 交易性金融负债 | — | — |
| 拆出资金 | — | — | 衍生金融负债 | — | — |
| 存出保证金 | — | — | 应付受托人报酬 | 25.33 | — |
| 交易性金融资产 | 81 584.89 | 108 454.32 | 应付托管费 | 17.27 | — |
| 衍生金融资产 | — | — | 应付受益人收益 | — | — |
| 买入返售资产 | 15 108.20 | 8 894.00 | 应交税费 | 1 268.38 | — |
| 应收款项 | 265 094.10 | 326 515.07 | 应付销售服务费 | — | — |
| 发放贷款 | 1 114 708.91 | 1 637 577.22 | 其他应付款项 | 20 710.71 | 46 607.71 |
| 可供出售金融资产 | 558 425.01 | 794 724.41 | 其他负债 | — | — |
| 持有至到期投资 | 217 393.00 | 362 980.00 | 信托负债合计 | 22 021.70 | 46 607.71 |
| 长期应收款 | 45 000.00 | — | | | |
| 长期股权投资 | 517 618.90 | 410 788.90 | 信托权益： | | |
| 投资性房地产 | — | — | 实收信托 | 2 681 650.06 | 3 575 271.96 |
| 固定资产 | — | — | 资本公积 | 81 041.40 | 4 565.60 |
| 无形资产 | 42 500.00 | 42 500.00 | 外币报表折算差额 | — | — |
| 长期待摊费用 | — | — | 未分配利润 | 90 861.55 | 96 992.34 |
| 其他资产 | — | — | 信托权益合计 | 2 853 553.01 | 3 676 829.90 |
| 信托资产总计 | 2 875 574.71 | 3 723 437.61 | 信托负债及信托权益总计 | 2 875 574.71 | 3 723 437.61 |

法定代表人：吴庆斌　　财务负责人：陈乃道　　会计人员：龚小云

### 5.2.2 信托项目利润及利润分配汇总表

信托项目利润及利润分配汇总表

编制单位：中泰信托有限责任公司　2018 年度　　单位：万元

| 信托资产 | 本年数 | 上年数 |
|---|---|---|
| 一、营业收入 | 243 267.23 | 491 352.96 |
| 利息收入 | 103 257.72 | 255 001.11 |
| 投资收益 | 132 714.16 | 232 527.98 |
| 其中：对联营企业和合营企业的投资收益 | — | — |
| 公允价值变动收益（损失以“-”号填列） | -461.50 | -706.02 |
| 租赁收入 | 5 177.25 | — |
| 汇兑损益（损失以“-”号填列） | — | — |
| 其他收入 | 2 579.60 | 4 529.89 |
| 二、营业支出 | 23 057.20 | 40 884.30 |
| 营业税金及附加 | — | — |
| 受托人报酬 | 11 775.03 | 26 369.54 |
| 托管费 | 1 120.22 | 2 212.80 |
| 投资管理费 | — | — |
| 销售服务费 | 4 476.50 | 4 042.08 |
| 交易费用 | — | — |
| 资产减值损失 | — | — |
| 其他费用 | 5 685.45 | 8 259.88 |
| 三、信托净利润（净亏损以“-”号填列） | 220 210.03 | 450 468.66 |
| 四、其他综合收益 | — | — |
| 五、综合收益 | 220 210.03 | 450 468.66 |
| 加：期初未分配信托利润 | 96 992.34 | 72 925.91 |
| 六、可供分配的信托利润 | 317 202.37 | 523 394.57 |
| 减：本期已分配信托利润 | 226 340.82 | 426 402.22 |
| 七、期末未分配信托利润 | 90 861.55 | 96 992.34 |

法定代表人：吴庆斌　　财务负责人：陈乃道　　会计人员：龚小云

# 6. 会计报表附注

## 6.1 本会计报表无不符合会计核算基本前提的事项

## 6.2 或有事项说明

本公司对发放的已逾期的贷款提起诉讼，全部已判决并胜诉，公司正积极对相关债权进行追讨。

单位：万元

| 或有事项项目 | 期初金额 | 期末金额 |
|---|---|---|
| 合计 | 33 805.98 | 33 805.98 |

## 6.3 重要资产转让及其出售的有关说明

报告期内公司无重要资产转让或出售。

## 6.4 会计报表中重要项目的明细资料

### 6.4.1 自营资产经营情况

6.4.1.1 信用风险资产情况

中国银行业监督管理委员会自 2016 年 1 月起调整了信用风险资产的统计范围，主要为将长期股权投资、交易性金融资产、可供出售金融资产和持有至到期投资等新纳入信用风险资产范围。按信用风险资产五级分类，报告期末，公司不良信用风险资产合计为 47 912.34 万元，信用风险资产合计为 481 050.10（其中正常类为 414 856.35 万元、关注类为 18 281.41万元、次级类为 12 496.28 元、可疑类为零、损失类为35 416.06万元)。公司已足额计提拨备,全面覆盖不良信用风险资产,故上述不良信用风险资产不影响公司资产质量。2018年度信用风险资产不良率为9.96%。信用风险资产不良率仅反映报告期内公司信用风险资产相关情况。

注:1. 不良信用风险资产合计=次级类+可疑类+损失类。

2. 信用风险资产合计=正常类+关注类+次级类+可疑类+损失类。

3. 信用风险资产不良率=不良信用风险资产合计/信用风险资产合计x100%。

6.4.1.2 资产减值损失准备情况

单位:万元

| | 期初数 | 本期计提 | 本期转回 | 本期核销 | 期末数 |
|---|---|---|---|---|---|
| 贷款损失准备 | 30 716.06 | — | — | — | 30 716.06 |
| 一般准备 | — | — | — | — | — |
| 专项准备 | 30 716.06 | — | — | — | 30 716.06 |
| 其他资产减值准备 | — | — | — | — | — |
| 可供出售金融资产减值准备 | 3 434.42 | — | 84.94 | — | 3 349.48 |
| 持有至到期投资减值准备 | — | — | — | — | — |
| 长期股权投资减值准备 | — | — | — | — | — |
| 坏账准备 | 4 987.82 | — | 12.20 | — | 4 975.62 |
| 投资性房地产减值准备 | — | — | — | — | — |

6.4.1.3 投资业务情况

单位:万元

| | 自营股票 | 基金 | 债券 | 长期股权投资 | 其他投资 | 合计 |
|---|---|---|---|---|---|---|
| 期初数 | 32 794.00 | 10 015.08 | — | 197 228.28 | 162 430.07 | 402 467.43 |
| 期末数 | 30 780.00 | — | 10 684.51 | 200 892.20 | 127 232.63 | 369 589.34 |

6.4.1.4 自营长期股权投资情况

| 企业名称 | 占被投资企业权益的比例(%) | 主要经营活动 | 投资损益(万元) |
|---|---|---|---|
| 大成基金管理有限公司 | 50.00 | 公募基金的募集和管理 | 11 507.55 |
| 都邦财产保险股份有限公司 | 19.07 | 保险业务 | -1 141.48 |

6.4.1.5 前三名的自营贷款的企业名称、占贷款总额的比例和还款情况等

| 企业名称 | 占贷款总额的比例(%) | 还款情况 |
|---|---|---|
| 深圳市凯泰隆实业发展有限公司 | 22.79 | 逾期 |
| 海南金盟发实业有限公司 | 22.79 | 逾期 |
| 黄山长江徽杭高速公路有限公司 | 22.79 | 逾期 |

6.4.1.6 表外业务情况

单位:万元

| 表外业务 | 期初数 | 期末数 |
|---|---|---|
| 担保业务 | — | — |
| 代理业务(委托业务) | — | — |
| 其他 | — | — |
| 合计 | — | — |

6.4.1.7 本公司当年的收入结构

| 收入结构 | 金额(万元) | 占比(%) |
|---|---|---|
| 利息收入 | 132.13 | 0.45 |
| 手续费及佣金收入 | 11 097.13 | 37.63 |
| 其中:信托手续费收入 | 11 097.13 | 37.63 |
| 投资收益 | 16 991.28 | 57.62 |
| 公允价值变动收益 | 463.49 | 1.57 |
| 汇兑损益 | — | — |
| 其他业务收入 | 57.21 | 0.19 |
| 资产处置收益 | -0.19 | -0.00 |
| 营业外收入 | 747 | 2.53 |
| 合计 | 29 488.05 | 100 |

2018年本公司信托业务收入为11 097.13万元,均为以手续费及佣金确认的信托业务收入。

**6.4.2 披露信托财产管理情况**

6.4.2.1 信托资产的期初数、期末数

单位:万元

| 信托资产 | 期初数 | 期末数 |
|---|---|---|
| 集合类 | 2 489 762.23 | 964 435.45 |
| 单一类 | 1 191 050.77 | 1 868 514.20 |
| 财产权类 | 42 624.61 | 42 625.06 |
| 合计 | 3 723 437.61 | 2 875 574.71 |

6.4.2.1.1 主动管理型信托业务

单位:万元

| 主动管理型信托资产 | 期初数 | 期末数 |
|---|---|---|
| 证券投资类 | 19 334.07 | 551.76 |
| 股权投资类 | — | — |
| 融资类 | 609 600.91 | 438 800.47 |
| 事务管理类 | 50 105.60 | 30.81 |
| 其他类 | 266 261.34 | 236 469.73 |
| 合计 | 945 301.92 | 675 852.77 |

6.4.2.1.2 被动管理型信托业务

单位:万元

| 被动管理型信托资产 | 期初数 | 期末数 |
|---|---|---|
| 证券投资类 | 102 679.79 | 99 318.09 |
| 股权投资类 | 155 474.00 | 215 388.64 |
| 融资类 | 217 574.62 | 148 841.43 |
| 事务管理类 | 2 282 279.08 | 1 736 173.78 |
| 其他类 | 20 128.20 | — |
| 合计 | 2 778 135.69 | 2 199 721.94 |

6.4.2.2 本年度已清算结束的信托项目个数、实收信托合计金额、加权平均实际年化收益率

6.4.2.2.1 本年度已清算结束的集合类、单一类资金信托项目和财产管理类信托项目个数、实收信托合计金额、加权平均实际年化收益率

| 已清算结束的信托项目 | 项目个数(个) | 实收信托合计金额(万元) | 加权平均实际年化收益率(%) |
|---|---|---|---|
| 集合类 | 18 | 323 996.00 | 7.66 |
| 单一类 | 29 | 853 065.11 | 7.02 |
| 财产管理类 | — | — | — |

6.4.2.2.2　本年度已清算结束的主动管理型信托项目个数、实收信托合计金额、加权平均实际年化信托报酬率、加权平均实际年化收益率

| 已清算结束的信托项目 | 项目个数（个） | 实收信托合计金额（万元） | 加权平均实际年化信托报酬率（%） | 加权平均实际年化收益率（%） |
|---|---|---|---|---|
| 证券投资类 | 1 | 18 000.00 | 0.18 | -15.34 |
| 股权投资类 | — | — | — | — |
| 融资类 | 9 | 222 230.00 | 2.71 | 8.06 |
| 事务管理类 | — | — | — | — |
| 其他类 | 4 | 35 000.00 | 0.29 | 7.77 |

注：其他类指除投向证券及股权外的其他投资类业务。

6.4.2.2.3　本年度已清算结束的被动管理型信托项目个数、实收信托合计金额、加权平均实际年化信托报酬率、加权平均实际年化收益率

| 已清算结束的信托项目 | 项目个数（个） | 实收信托合计金额（万元） | 加权平均实际年化信托报酬率（%） | 加权平均实际年化收益率（%） |
|---|---|---|---|---|
| 证券投资类 | 3 | 5 387.86 | 9.07 | 60.52 |
| 股权投资类 | — | — | — | — |
| 融资类 | 4 | 23 927.25 | 0.14 | 6.81 |
| 事务管理类 | 25 | 852 416.00 | 0.12 | 6.42 |
| 其他类 | 1 | 20 100.00 | 0.01 | 7.22 |

6.4.2.3　本年度新增的集合类、单一类和财产管理类信托项目个数、实收信托合计金额

| 新增信托项目 | 项目个数（个） | 实收信托合计金额（万元） |
|---|---|---|
| 集合类 | 1 | 45 000.00 |
| 单一类 | 13 | 412 800.00 |
| 财产管理类 | — | — |
| 新增合计 | 14 | 457 800.00 |
| 其中：主动管理型 | 3 | 67 800.00 |
| 被动管理型 | 11 | 390 000.00 |

6.4.2.4　信托业务创新成果和特色业务有关情况

2018 年，公司基于业务发展外部环境和自身能力，升级拓展传统业务，积极探索业务创新。围绕监管新要求，公司将信托回归本源作为信托业务发展的主要方向。公司先后发布了财产权信托、消费金融信托、证券投资信托、房地产信托等产品说明书，完善各类信托产品的标准化、体系化建设，并设立了标准化业务托管中心专门从事债券、便利金融等业务的运营管理。同时，公司大力开拓家族信托业务，完善产品线设置，抓住业务发展的新机遇。

6.4.2.5　报告期内，因本公司自身责任导致信托资产损失的情况

本公司依法依规审慎履行受托人职责，未发生因本公司自身责任导致信托资产损失的情况。

截至 2018 年 12 月 31 日，本公司信托赔偿准备金累计金额为 10 332 万元，已达注册资本的 20%。根据《信托公司管理办法》第四十九条，信托赔偿金累计金额达到公司注册资本的 20%时，可不再提取。因未发生管理失职的情况，本年度未使用信托赔偿准备金。公司按照银保监会的有关规定管理信托赔偿准备金。

## 6.5　关联方关系及其交易的披露

### 6.5.1　关联交易方的数量、关联交易的总金额及关联交易的定价政策等

| | 关联交易方数量（个） | 关联交易金额（万元） | 定价政策 |
|---|---|---|---|
| 合计 | 4 | 29 483.30 | 按照市场公允价格确定 |

注：1. "关联交易"定义以《公司法》《企业会计准则第 36 号——关联方披露》有关规定为准。具体定价政策：按照市场公允价格确定；如果缺乏市场公允价格的，比照相关类似业务或资产的市价确定；如果上述两种价格都不存在，则按照中介机构出具的评估价确定。

2. 关联交易均为历史形成，2018 年无新增关联交易。

### 6.5.2　关联交易方与本公司的关系性质、关联交易方的名称、法定代表人、注册地址、注册资本及主营业务等

| 关系性质 | 关联方名称 | 法人代表 | 注册地址 | 注册资本（万元） | 主营业务 |
|---|---|---|---|---|---|
| 受同一股东控制 | 上海新华闻投资有限公司 | 幸宇晖 | 上海市闸北区天目中路 383 号 501 室 | 50 000 | 实业投资、资产经营及管理等。 |
| 受同一股东控制 | 厦门联信投资管理有限公司 | 余钧 | 厦门思明区湖滨南路 299 -309 号裙楼 201 室 | 500 | 投资咨询。 |
| 受同一股东控制 | 上海久峰投资咨询有限公司 | 吴艳芸 | 上海市松江区松汇西路 1558 号 A -287 | 1 000 | 企业投资咨询、商务咨询、财务管理咨询、企业管理咨询服务。 |
| 受同一股东控制 | 中达资产管理有限公司 | 程齐鸣 | 北京市朝阳区东三环北路 38 号院 1 号楼 21 层 2501 内 1 室 | 5 000 | 资产管理；项目投资；投资管理；企业管理咨询；投资咨询。 |
| 受同一股东控制 | 沈阳弘泰投资有限公司 | 马威 | 沈阳市和平区中山路 111 号 1106 室 | 5 000 | 产业投资及对所投资资产进行管理，投资信息、财务信息咨询。 |
| 子公司 | 大成基金管理有限公司 | 刘卓 | 深圳市福田区深南大道 7088 号招商银行大厦 32 层 | 20 000 | 基金募集；基金销售；资产管理及中国证监会许可的其他业务。 |
| 合营企业 | 上海中泰鑫隆投资有限公司 | 王政 | 中国（上海）自由贸易试验区浦东大道 720 号 22 层 G 座 | 10 000 | 实业投资，企业资产委托管理及并购，国内贸易（除专项审批），咨询服务。 |

6.5.3　本公司与关联方的重大交易事项

6.5.3.1　固有与关联方交易情况

单位:万元

| 固有与关联方关联交易 | | | | |
|---|---|---|---|---|
| | 期初数 | 借方发生额 | 贷方发生额 | 期末数 |
| 贷款 | — | — | — | — |
| 投资 | — | — | — | — |
| 租赁 | — | — | — | — |
| 担保 | — | — | — | — |
| 应收账款 | 24 120.14 | 6 400.00 | 1 085.00 | 29 435.14 |
| 其他 | 48.16 | — | — | 48.16 |
| 合计 | 24 168.30 | 6 400.00 | 1 085.00 | 29 483.30 |

6.5.3.2　信托与关联方交易情况

单位:万元

| 信托与关联方关联交易 | | | | |
|---|---|---|---|---|
| | 期初数 | 借方发生额 | 贷方发生额 | 期末数 |
| 贷款 | 5 315.50 | — | — | 5 315.50 |
| 投资 | 8 342.50 | — | — | 8 342.50 |
| 租赁 | — | — | — | — |
| 担保 | — | — | — | — |
| 应收账款 | — | — | — | — |
| 其他 | — | — | — | — |
| 合计 | 13 658.00 | — | — | 13 658.00 |

6.5.3.3　信托公司自有资金运用于自己管理的信托项目(固信交易)、信托公司管理的信托项目之间的相互(信信交易)交易金额,包括余额和本报告年度的发生额

6.5.3.3.1　固信交易情况

单位:万元

| 固有财产与信托财产相互交易 | | | | |
|---|---|---|---|---|
| | 期初数 | 本期发生额 | | 期末数 |
| | | 借方发生额 | 贷方发生额 | |
| 合计 | 12 496.29 | 12 000.00 | — | 24 496.29 |

6.5.3.3.2　信信交易情况

单位:万元

| 信托资产与信托财产相互交易 | | | |
|---|---|---|---|
| | 期初数 | 本期发生额 | 期末数 |
| 合计 | — | — | — |

6.5.4　本公司本期关联方逾期未偿还本公司资金的情况,且为关联方担保发生垫款的事项

无。

## 6.6　会计制度的披露

6.6.1　固有业务执行的会计制度

本公司固有业务从2008年1月1日起执行财政部发布的《企业会计准则——基本准则》(财政部令第33号发布、财政部令第76号修订)、于2006年2月15日及其后颁布和修订的42项具体会计准则、企业会计准则应用指南、企业会计解释以及其他相关规定(统称企业会计准则)。

6.6.2　信托业务执行会计制度

本公司信托业务从2010年1月1日起执行财政部2006年2月颁布的《企业会计准则——基本准则》和38项具体会计准则、其后颁布的应用指南、解释以及其他相关规定(统称企业会计准则)。

# 7. 财务情况说明书

## 7.1　利润实现和分配情况

7.1.1　利润实现情况

2018年度实现利润总额为15 613.93万元,实现净利润为14 413.94万元。

单位:万元

| 项目 | 金额 |
|---|---|
| 营业利润 | 14 866.95 |
| 利润总额 | 15 613.93 |
| 所得税 | 1 199.99 |
| 净利润 | 14 413.94 |

7.1.2　利润分配情况

单位:万元

| 项目 | 金额 |
|---|---|
| 本年度净利润 | 14 413.94 |
| 上年未分配利润 | 306 908.98 |
| 本年其他转入 | — |
| 可供分配的利润 | 321 322.91 |
| 提取法定盈余公积 | — |
| 提取法定公益金 | — |
| 提取信托赔偿准备金 | — |
| 提取一般准备金 | -391.10 |
| 可供投资者分配利润 | 321 720.01 |
| 未分配利润 | 321 720.01 |

## 7.2　主要财务指标

| 指标名称 | 指标值 |
|---|---|
| 资本利润率(%) | 3.36 |
| 加权年化信托报酬率(%) | 0.49 |
| 人均净利润(万元) | 94.83 |

注:1. 资本利润率=净利润/所有者权益平均余额×100%。

2. 加权年化信托报酬率=(信托项目1的实际年化信托报酬率×信托项目1的实收信托+信托项目2的实际年化信托报酬率×信托项目2的实收信托+…+信托项目$n$的实际年化信托报酬率×信托项目$n$的实收信托)/(信托项目1的实收信托+信托项目2的实收信托+…+信托项目$n$的实收信托)。

3. 人均净利润=净利润/平均人数。

4. 平均值采取年初、年末余额简单平均法,公式为:a(平均)=(年初数+年末数)/2。

## 7.3　对本公司财务状况、经营成果有重大影响的其他事项

无。

## 8. 特别事项简要揭示

### 8.1 报告期内本公司股东变动情况

无。

### 8.2 董事、监事及高级管理人员变动情况及原因

报告期内，公司原总裁周雄先生因个人原因向董事会提出辞职，原副总裁周旭先生、原财务总监李旻先生因个人健康原因向董事会提出辞职。经公司董事会审议通过，周雄先生不再担任公司总裁职务，公司副总裁陈乃道先生代为履行总裁职责，周旭先生不再担任公司副总裁职务，李旻先生不再担任公司财务总监职务。

报告期内，经公司董事会会议决定，并经上海银保监局筹备组核准，陈乃道先生就任公司总裁、万刚先生就任公司副总裁。

报告期内，董事周雄先生因工作调整原因向董事会提出辞职。经公司董事会、股东会审议通过，周雄先生不再担任公司董事。

### 8.3 公司的重大诉讼事项

#### 8.3.1 信托项下诉讼

2016 年，公司"中泰·天地缘实业信托贷款集合资金信托计划"因融资方山东天地缘实业有限公司出现违约情形，公司于当年 12 月向上海二中院提起对保证人和股权出质人的诉讼并申请财产保全，2017 年公司获得一审胜诉，上海高院二审于 2018 年 6 月 28 日维持原判，10 月 10 日进入强制执行程序，目前正在执行中。

报告期内，公司"中泰·瑞泰 1 号应收账款投资集合资金信托计划"因融资方江苏中瑞路桥建设有限公司出现违约情形，公司向上海二中院提起对融资方和应收账款债务人灌云县交通运输局及抵押人江苏全泰交通工程有限公司的诉讼并申请财产保全，上海二中院于 2018 年 7 月 17 日一审判决公司胜诉，抵押人上诉至上海高院，目前正在二审审理中。

#### 8.3.2 固有项下诉讼

报告期内，财富证券有限责任公司因争议向湖南高院对公司提起诉讼并申请财产保全。该案件已于 2018 年 4 月 9 日一审开庭，目前案件仍处于审理阶段，尚未结案。

### 8.4 公司及其董事、监事和高级管理人员在报告期内受到处罚情况

无。

### 8.5 银保监会及其派出机构对公司检查整改意见落实情况

2018 年 4 月 23 日，上海银监局向公司下发了《上海银监局关于中泰信托有限责任公司 2017 年度的监管意见》（沪银监发[2018]100 号）（以下简称《监管意见》）。公司收到上述《监管意见》后高度重视，迅速向董事会、股东单位、北京信托等相关各方进行了报告，同时组织相关部门和人员进行了专题研究，针对《监管意见》，拟定了贯彻落实监管要求的方案，将贯彻落实监管部门监管意见的具体工作进行了任务分解，明确落实整改的部门分工和责任，持续推进后续整改措施。公司专门组织"三会一层"成员现场讨论学习相关监管文件精神，提升合规意识。目前公司已按照整改计划完成了大部分整改工作，剩下部分将依计划推进完成。对于监管机关关注的实际控制人阳光化工作，公司高度重视，积极推进股权事务管理工作，并为北京信托和股东推进实际控制人阳光化工作提供股权事务管理层面的工作支持，已进行了股东信息梳理、关联交易核查等工作，后续公司将继续敦促股东单位完成整改，尽快落实监管要求。

### 8.6 本年度公司重大事项临时报告

公司于 2018 年 3 月 2 日在《上海证券报》09 版、《证券时报》B6 版、《金融时报》08 版发布《关于总裁变动的公告》；于同年 12 月 3 日在《上海证券报》06 版、《证券时报》B002 版、《金融时报》03 版发布《关于总裁变更的公告》；于 2018 年 12 月 17 日在《上海证券报》09 版、《证券时报》B2 版、《金融时报》07 版发布《关于公司章程变更的公告》。

### 8.7 中国银保监会及其省级派出机构认定的其他有必要让客户及相关利益人了解的重要信息

无。

## 9. 监事会意见

公司监事会认为，报告期内，公司决策程序合法，内部控制实施符合监管要求，公司董事、高级管理人员履职行为过程中未见违法违纪或有损公司及股东利益的行为。

中审亚太会计师事务所（特殊普通合伙）为公司 2018 年度财务报告出具了标准无保留意见的审计报告。监事会认为该财务报告真实反映公司的财务状况和经营成果。

# 中铁信托有限责任公司

## 1. 重要提示

1.1 本公司董事会及董事保证本报告所载资料不存在任何虚假记载、误导性陈述或者重大遗漏,并对其内容的真实性、准确性和完整性承担个别及连带责任。本年度报告摘要摘自年度报告全文,客户及相关利益人欲了解详细内容,应阅读年度报告全文。

1.2 本公司全部董事均出席了审议本次年报的董事会会议,公司监事、高管列席了会议。

1.3 本公司独立董事周国华先生、陈永生先生、龙宗智先生声明:保证年度报告内容的真实性、准确性和完整性。

1.4 普华永道中天会计师事务所(特殊普通合伙)北京分所根据中国注册会计师独立审计准则对本公司年度财务报告进行审计,出具了无保留意见的审计报告。

1.5 本公司董事长马永红先生、总经理陈赤先生、财务负责人李正斌先生和会计机构负责人(会计主管人员)马东开女士声明:保证年度报告中财务报告的真实、完整。

## 2. 公司概况

### 2.1 公司简介

2.1.1 公司法定中文名称:中铁信托有限责任公司
中文名称缩写:中铁信托
公司法定英文名称:China Railway Trust Co. ,Ltd.
英文名称缩写:CRTC

2.1.2 法定代表人:马永红
注册地址:成都市武侯区航空路1号国航世纪中心B座20层、21层、22层
邮政编码:610041
公司国际互联网网址:www. crtrust. com
电子信箱:crtc@ crtrust. com

2.1.3 公司负责信息披露事务的高级管理人员:舒军华
联系人:邹纯余
电话/传真:028-82570977
电子信箱:zcy1002@ 163. com

2.1.4 公司选定的信息披露报纸:《证券时报》《上海证券报》

2.1.5 公司年度报告备置地点:成都市航空路1号国航世纪中心B座26楼

2.1.6 公司聘请的会计师事务所名称:普华永道中天会计师事务所(特殊普通合伙)北京分所
住所:北京市朝阳区东三环中路7号4号楼22层、23层、25层、26层

2.1.7 公司聘请的律师事务所名称:泰和泰律师事务所
住所:成都市高新区天府大道中段199号棕榈泉国际中心16楼、17楼

### 2.2 组织结构

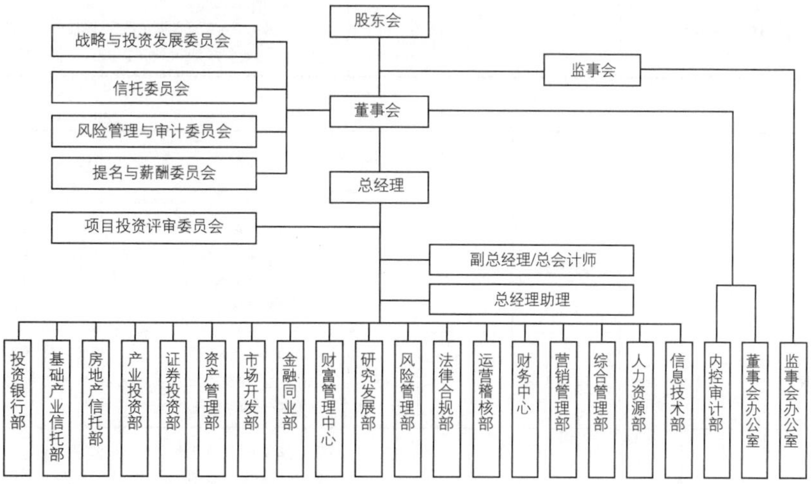

# 3. 公司治理

## 3.1 股东

### 3.1.1 股东持股情况

报告期末股东总数为 17 家，出资比例 15% 以上的股东情况：

| 股东名称 | 出资比例（%） | 法人代表 |
|---|---|---|
| 中国中铁股份有限公司 | 78.911 | 李长进 |

### 3.1.2 公司第一大股东的主要股东情况

| 公司第一大股东名称 | 第一大股东的主要股东 | 出资比例（%） | 法人代表 |
|---|---|---|---|
| 中国中铁股份有限公司 | 中国铁路工程集团有限公司 | 50.70 | 李长进 |

## 3.2 董事

### 3.2.1 董事会成员

| 姓名 | 职务 | 性别 | 年龄（岁） | 选任日期 | 所推举的股东名称 | 该股东持股比例（%） | 简要履历 |
|---|---|---|---|---|---|---|---|
| 马永红 | 董事长 | 男 | 52 | 2018 年 1 月 | 中国中铁股份有限公司 | 78.911 | 历任铁道部第三工程局处长，中铁三局集团有限公司董事、副总会计师、总会计师、总法律顾问，中铁置业集团有限公司董事、财务总监、副总经理，中铁信托有限责任公司党委书记、纪委书记、监事长；现任中铁信托有限责任公司党委书记、董事长。 |
| 陈赤 | 董事 | 男 | 52 | 2018 年 12 月 | 中国中铁股份有限公司 | 78.911 | 历任西南财经大学政治经济学教研室副主任，四川省信托投资公司峨眉山办事处总经理助理，衡平信托有限责任公司总经理助理，中铁信托有限责任公司副总经理、董事会秘书；现任中铁信托有限责任公司党委副书记、总经理。 |
| 何文 | 董事 | 男 | 54 | 2018 年 1 月 | 中国中铁股份有限公司 | 78.911 | 历任中铁四局集团有限公司财务处副处长、资金部部长、副总会计师、总会计师、董事、党委常委，中铁信托有限责任公司党委书记、纪委书记、监事长；现任中国中铁股份有限公司董事会秘书、财务部部长。 |
| 冯晓群 | 董事 | 女 | 52 | 2018 年 7 月 | 成都工投资产经营有限公司 | 3.429 | 历任成都投资项目经济技术咨询公司、蜀都大厦管理公司职员，成都市国有资产投资经营公司投资部经理、资产经营部经理，成都工投资产经营有限公司投资管理部经理、投资总监，成都工业投资集团有限公司资产管理部部长、审计风控部部长；现任成都工投资产经营有限公司副总经理。 |
| 邹纯余 | 职工董事 | 男 | 48 | 2018 年 8 月 | — | — | 历任铁二局建筑处团委书记，中铁二局集团有限公司党办秘书科科长，衡平信托有限责任公司综合管理部副总经理；现任中铁信托有限责任公司纪委副书记、工会副主席、董监办主任、党群工作部（纪检监察部）部长。 |

### 3.2.2 独立董事

| 姓名 | 所在单位及职务 | 性别 | 年龄（岁） | 选任日期 | 所推举的股东名称 | 该股东持股比例（%） | 简要履历 |
|---|---|---|---|---|---|---|---|
| 周国华 | 西南交通大学教授 | 男 | 52 | 2018 年 1 月 | — | — | 历任西南交通大学经济管理学院院长助理、副院长；现任西南交通大学企业与项目管理研究所所长，中国高铁国际化发展协同创新中心（四川省 2011 计划）执行主任，教授、博士生导师，中铁信托有限责任公司独立董事、董事会提名与薪酬委员会主任委员。 |
| 陈永生 | 西南财经大学教授 | 男 | 55 | 2018 年 1 月 | — | — | 历任西南财经大学经济研究所助理研究员、副研究员，西南财经大学金融学院副教授、教授；现任西南财经大学金融学院教授，中铁信托有限责任公司独立董事、董事会信托委员会主任委员。 |
| 龙宗智 | 四川大学教授 | 男 | 64 | 2018 年 1 月 | — | — | 历任解放军 38 师班长、排长，成都军区直属军事检察院检察员、副检察长、检察长，成都军区检察院副检察长，四川大学法学院教授，西南政法大学校长，重庆市人大内司委副主任；现任四川大学法学院教授、博士生导师，中铁信托有限责任公司独立董事、董事会风险管理与审计委员会主任委员。 |

## 3.3 监事

| 姓名 | 职务 | 性别 | 年龄（岁） | 选任日期 | 所推举的股东名称 | 该股东持股比例（%） | 简要履历 |
| --- | --- | --- | --- | --- | --- | --- | --- |
| 解义才 | 监事长 | 男 | 49 | 2018 年 1 月 | 中国中铁股份有限公司 | 78.911 | 历任中铁二局股份有限公司财务部副部长、证券部部长，中铁二局集团有限公司财务部部长、副总会计师，中铁信托有限责任公司董事、职工董事、总会计师、副总经理；现任中铁信托有限责任公司党委副书记、纪委书记、工会主席、监事长。 |
| 侯社中 | 监事 | 男 | 45 | 2018 年 1 月 | 中国中铁股份有限公司 | 78.911 | 历任中铁电气化局一处助理工程师，中铁工程公安局第八公安处干警，中铁电气化局纪委监察员、法律顾问室主任，中国铁路工程总公司上市办法律组组员，中铁置业集团有限公司法律合约经理、副部长、部长，青岛中金渝能公司总法律顾问，中铁置业集团有限公司总法律顾问、董事会秘书，四川新锐投资有限公司董事长；现任中国中铁股份有限公司法律事务部副部长（主持工作）。 |
| 游勇进 | 监事 | 男 | 48 | 2018 年 1 月 | 成都高新发展股份有限公司 | 0.692 | 历任四川省五金交电化工总公司外经贸处科员，成都倍新咨询有限公司发展部经理，倍特期货有限公司重庆营业部总经理，成都倍特投资有限公司总经理助理，成都攀特实业有限公司副总经理；现任成都高新发展股份有限公司投资发展部部长。 |
| 马东开 | 职工监事 | 女 | 43 | 2018 年 1 月 | — | — | 历任中铁二局集团有限公司生活处会计员，中铁二局财会部资金中心会计员，中铁八局集团有限公司财务部会计师，中铁信托有限责任公司财务中心会计师、总经理助理、副总经理、总经理；现任中铁信托有限责任公司运营稽核部总经理。 |

## 3.4 高级管理人员

| 姓名 | 职务 | 性别 | 年龄（岁） | 选任日期 | 金融从业年限（年） | 学历 | 专业 |
| --- | --- | --- | --- | --- | --- | --- | --- |
| 陈　赤 | 总经理 | 男 | 52 | 2018 年 12 月 | 20 | 博士 | 金融学 |
| 王　兴 | 副总经理 | 男 | 50 | 2013 年 12 月 | 20 | 博士 | 会计学 |
| 舒军华 | 副总经理 | 男 | 45 | 2014 年 4 月 | 14 | 研究生 | 管理学 |
| 严　震 | 副总经理 | 男 | 42 | 2019 年 1 月 | 17 | 研究生 | 金融学 |
| 李正斌 | 总会计师 | 男 | 45 | 2017 年 7 月 | 9 | 本科 | 会计学 |

## 3.5 公司员工

报告期内在岗员工人数 240 人，平均年龄：36 岁。学历分布比例如下：

| 学历分布 | 人数（人） | 比例（%） |
| --- | --- | --- |
| 博士 | 9 | 3.75 |
| 硕士 | 94 | 39.17 |
| 本科 | 121 | 50.41 |
| 专科 | 12 | 5.00 |
| 其他 | 4 | 1.67 |

# 4. 经营管理

## 4.1 经营目标、经营方针、战略规划

### 4.1.1 经营目标

公司坚持稳中求进、强基固本，在控制风险的前提下开拓创新，加快公司转型升级。按照前中后台协同的思路，建设精细化的管理机制和支持创新的制度，深入推进成本管理、精准营销、全员风控和品牌建设等战略，提升公司可持续发展能力。

### 4.1.2 经营方针

公司所秉承的经营方针是稳健进取、合作共赢。

### 4.1.3 战略规划

公司抓住国家"十三五"战略发展的历史性机遇，加快改革转型步伐，提升创新风控能力，把中铁信托建设成为沿信托业价值链纵向一体化发展，具有以城市功能产业为核心，贯通上中下游产业闭环运行的投行和资产管理业务特色的、行业一流的现代综合金融企业。

## 4.2 所经营业务主要内容

公司业务分为自营业务和信托业务。

### 4.2.1 自营业务

自营业务主要包括自营贷款、自营证券、金融产品投资等。

**自营资产运用与分布表**

| 资产运用 | 金额（万元） | 占比（%） | 资产分布 | 金额（万元） | 占比（%） |
| --- | --- | --- | --- | --- | --- |
| 货币资产 | 263 389 | 19.95 | 基础产业 | — | — |
| 贷款及应收款 | — | — | 房地产业 | — | — |
| 交易性金融资产 | 147 756 | 11.19 | 证券市场 | 65 987 | 5.00 |
| 其他非流动性金融资产 | 345 931 | 26.21 | 实业 | — | — |
| 长期股权投资 | 469 899 | 35.60 | 金融机构 | 450 858 | 34.15 |
| 递延所得税资产 | 57 761 | 4.38 | 其他 | 803 203 | 60.85 |
| 其他 | 35 311 | 2.67 | | — | — |
| 资产总计 | 1 320 047 | 100.00 | 资产总计 | 1 320 047 | 100.00 |

### 4.2.2 信托业务

信托业务是本公司的主营业务和主要收入来源，主要包括集合资金信托、单一资金信托、财产信托等。

信托资产运用与分布表

| 资产运用 | 金额（万元） | 占比（%） | 资产分布 | 金额（万元） | 占比（%） |
|---|---|---|---|---|---|
| 贷款 | 16 248 289 | 38.09 | 基础产业 | 1 081 777 | 2.54 |
| 交易性金融资产 | 55 489 | 0.13 | 房地产 | 5 999 910 | 14.06 |
| 可供出售及持有至到期投资 | 13 441 771 | 31.51 | 证券市场（股票） | 14 754 | 0.03 |
| 长期股权投资 | 4 069 139 | 9.54 | 证券市场（债券） | — | — |
| 租赁 | 228 360 | 0.54 | 证券市场（基金） | 80 741 | 0.19 |
| 买入返售 | 150 000 | 0.35 | 金融机构 | 7 894 217 | 18.50 |
| 存放同业 | 868 134 | 2.03 | 工商企业 | 9 273 840 | 21.74 |
| 其他 | 7 599 645 | 17.81 | 其他 | 18 315 588 | 42.93 |
| 信托资产总计 | 42 660 827 | 100.00 | 信托资产总计 | 42 660 827 | 100.00 |

## 4.3 市场分析

### 4.3.1 外部环境机遇和挑战并存

（1）国际环境。中美贸易战加剧了全球经济和政治不确定性，对国内货币政策、财政政策的制定、调整都产生波动，降低了预期确定性。全球经济增长也面临人口增速放缓、老龄化加速和环境保护日益严格等诸多约束，全球经济整体增速将在很长一段时间放缓。同时，全球经济格局也将更加多极化，越来越多的经济体进入到国际货币体系当中，国际货币体系的覆盖范围也大大拓展，国际货币有逐渐多元化的趋势。

（2）国内环境。我国经济正处在转变发展方式、优化经济结构、转换增长动力的攻关期。供给侧结构性改革扎实推进，财税金融改革深入实施，混合所有制改革、产权保护等一系列措施都进一步完善了市场主体的公平竞争和参与，开放型经济新体制正不断完善。同时，随着金融脱虚向实各项政策推动，法律制度完善，为实体经济发展创造良好条件，国内营商环境愈发吸引国内外投资者。

### 4.3.2 信托行业发展面临转型

制度层面，《信托公司受托责任尽职指引》正式发布，为信托行业规范展业指引了方向，要求信托公司开展信托业务应以受益人利益最大化为宗旨，不仅要做好自身的制度建设，流程管理，也要充分做好信息披露工作。

监管层面，资管行业统一监管的趋势要求信托行业转型、打破刚兑，促使信托行业深刻认识信托本源的重要性，合法合规开展业务，在短期内可能给信托行业带来压力。

业务层面，信托公司提高资产质量，合理控制资产规模增长，提高主动管理类信托规模，收缩单一信托比例。同时信托公司防控金融风险意识逐渐增强，投资领域也逐渐多元化，信托公司从传统行业逐渐转向新兴领域，产业投资基金、资产证券化、慈善信托等创新业务将渐次开展。

## 4.4 内部控制概况

### 4.4.1 内部控制环境和内部控制文化

公司按照国家有关法律法规和自身实际，构建了层次清晰、覆盖完整的内部控制体系。通过建立和完善治理结构、授权体系、组织机构、内部规章及监测评价体系，形成了研究、决策、操作、稽核与评价相互制衡的风险控制机制，并通过事前、事中、事后控制三者结合进行综合防范，营造了合规、完整、有序的内控环境。

第一，建立了规范的公司治理结构，股东会、党委会、董事会、监事会、经理层分工明确并相互制衡、各司其职、规范运作。各治理主体议事规则完备，职责规定明确，并根据发展情况及时修订，为公司法人治理结构的规范化运行提供了制度保证。

第二，公司建立了分级授权管理制度。经理层在董事会授权范围内，对日常业务进行风险管理和控制。公司经理层下设投资评审委员会，主要负责公司总经理授权范围内的信托项下、自营项下等业务的审查和决策，以及需要报董事会审批事项的初审。

第三，公司合理划分各经营管理部门的职责分工，加强各业务线的内部管理、监督检查及信息传递，形成了业务管理、合规检查和内部审计有序分工的内部控制三道防线及全流程、全方位覆盖各层级的内部控制监督体系。

公司建立了"诚信敬业，共建共享"的核心价值观、"创新、服务、可持续"的经营理念和"重合规、控风险、守底线"的风控理念，积极倡导和推进合规风控文化建设，持续、有效地实施多层次的合规宣导、培训，开展廉洁从业教育活动，提高员工的合规意识，形成全员参与的合规风控文化。

### 4.4.2 内部控制措施

公司在内部控制体系框架下，采用不相容职务分离控制、授权审批控制措施，明确各部门及岗位的权限范围、审批程序及相应的责任，形成各司其职、各负其责、相互制约的工作机制；采用预算控制措施，制定全面预算管理办法，明确预算的各责任单位在预算管理中的职责权限，规范预算的编制、批准、下达和执行、调整、监督与考核程序；采用绩效考评控制措施，对公司各部门和全体员工的业绩进行定期考核和客观评价；公司建立重大风险预警机制和突发事件应急处理机制，对可能发生的重大风险或突发事件制定应急预案、明确责任人，规范处理程序，确保突发事件得到及时妥善处理；公司逐步建立起信息化基础设施建设和管理的长效机制，满足公司业务开展及内部管理的信息化需求。

报告期内，公司严格执行各项内控制度，操作规范，措施有效。

### 4.4.3 监督评价与纠正

公司建立了多层次的内控监督体系：监事会依法履行监督职责，并就监督过程中发现的公司治理及经营管理中需要关注的问题，及时与董事会和经理层沟通；董事会及其风险管理与审计委员会不定期召开会议，责成有关部门提交书面报告检查监督内部控制体系的运行情况；内控审计部负责对公司各职能部门经营管理活动及有关工作人员的经营管理行为开展专项审计及检查，并对检查中发现的不规范行为逐个给予问责处理。

## 4.5 风险管理

### 4.5.1 风险状况

4.5.1.1 信用风险状况

信用风险是指交易对手未能履行合同所带来的经济损失风险。公司所面临的信用风险主要表现为在信托融资、资产回购、后续资金安排、担保、履约承诺等交易过程中，借款人、担保人、保管人（托管人）等交易对手不履行承诺，不能或不愿履行合约承诺而使信托财产和固有财产遭受潜在损失的可能性。

报告期内，自营资产采用以风险等级为基础的分类方法评估资产质量，将其分为正常类、关注类、次级类、可疑类和损失类五类，其中后三类称为不良资产，公司自营不良资产的期初数和期末数都为零。报告期内，公司信托资产无不良资产。

4.5.1.2 市场风险状况

市场风险是指公司在信托和自营业务中，因股价、汇率、利率及其他价格因素变动对公司盈利能力和财务状况的影响，其可以分为金融资产价格风险、汇率风险、利率风险等。2018年，公司在证券二级市场开展的业务量在信托总规模中占比仍然维持在较小的比例，因此证券市场的股价变动对公司的盈利和财务状况的影响有限；同时公司大多数证券信托业务的市场风险最终由受益人承担，公司依靠收取受托人固定报酬作为盈利主要渠道，故股价变动不对公司造成直接影响。公司目前暂未开展外汇业务，不会给公司的盈利和财务状况造成影响。公司信贷业务的执行利率多数为固定利率，因此利率变动对公司盈利能力和财务状况的直接影响较小。公司的主营业务之一是信托业务，主要业务收入来源于信托报酬收入，因而其行业费率的变动（特别是监管政策的变化及同业竞争）对公司的盈利能力和财务状况具有一定影响。

4.5.1.3 操作风险状况

操作风险是指由于不完善或有问题的内部操作过程、人员、系统或外部事件而造成的直接或间接损失的风险，包含了法律风险。

2018年，公司继续加强业务操作流程化、标准化和规范化，构建了合规管理体系，在操作层面进一步防范合规性风险；对信托合同及项目合同进行了全面修改，进一步提高合同标准化程度，并配套发布相关指引指导实施，降低合同风险；对法律服务供应商及公证处的选聘机制进一步完善，提高工作效率，梳理优化业务审批流程、用印等流程管控以及制度，严格业务、反洗钱等各项合规审查。

在政策法律风险管理方面，公司根据法律法规和银保监会要求制定公司规章和内控制度，针对监管政策以及信托行业的各项变化，及时调整经营策略，以规范业务行为，控制业务范围，确保业务部门严格按照现有法规进行信托业务创新。

4.5.1.4 其他风险状况

其他风险主要是指公司业务开展中的声誉风险、道德风险等。

声誉风险是指因机构经营、管理及其他行为或外部事件导致利益相关方对机构负面评价的风险。声誉对信托公司市场价值的影响非常深远，并且可能引发多种严重后果。

道德风险是指公司员工在获取信息不对称的情况下，采取以自身效用最大化的自私行为，侵占公司和客户的利益，给公司财产和信托财产带来的损失。

报告期内，公司未发生因其他风险所造成的损失。

**4.5.2 风险管理**

4.5.2.1 信用风险管理

公司的信用风险控制策略是通过规范对交易对手的尽职调查进行事前控制；通过设定抵（质）押担保措施、引入风险转移措施、风险定价等手段规避或减少信用风险。公司强调积极实施主动管理类信托业务，将风险管理深入前移，加大信息化系统建设，创新审计及风险管理模式以控制信用风险。

4.5.2.2 市场风险管理

公司市场风险管理的策略：一是通过多领域的业务组合来分散风险。业务开展中，在公司较为精通的业务领域内，逐渐建立有固定业务关系的目标客户群，减少因不熟悉行业情况而造成的风险和损失。二是加强对交易对手在其所处行业的市场竞争能力的分析，准确把握资金进入时机，密切跟踪市场，及时调整投资策略和投资组合，密切关注经济运行状况，严格规避宏观政策调控带来的不良影响。三是根据项目的期限长短以及交易对手的财务状况和资金调剂能力，合理约定信托资金的还款方式、价格、期限及有效的内控措施，避免市场风险带来的信托财产收益的不确定性。

4.5.2.3 操作风险管理

公司操作风险管理的策略：一是建立科学的风险内控体系，明确各项业务的操作规程，对操作风险形成一个良好的、定期的操作风险监测和报告线路。二是继续完善法人治理结构，从体制上严防操作风险的产生。三是积极培育全员风险管理文化，在公司树立强化风险防范的理念。四是优化内部风险管控模式，努力建立覆盖全业务、各部门的信息管理系统。

4.5.2.4 其他风险管理

公司从完善内部控制体系、强化声誉风险管理意识、健全声誉风险预警机制和应急机制以及积极维护传播渠道等入手，实现对声誉风险的识别、预警、监测和控制。公司通过多种形式的培训和宣传，让员工知悉声誉风险管理的重要性，并积极投入声誉风险防范工作中来。

在道德风险管理方面，一是继续强化合法合规经营的理念，建立健全各项规章制度，通过严格的内控体系对员工的行为进行规范。二是完善人事管理制度，建立合理的奖惩制度并严格执行，落实责任追究制度。三是加强政治思想和职业道德教育，增强员工的工作责任心，树立勤勉尽责的思想。四是加强内部稽核。

## 4.6 社会责任

**4.6.1 主动服务实体经济，履行企业经济责任**

公司始终坚持服务实体经济的根本方向，为国家重大发展战略提供专业的金融服务，引导社会资金投向实体企业、基础设施建设、城镇化建设、养老产业等重要领域，成为实体经济发展的有力支持者，积极发挥川内金融机构的功能，全面参与天府新区、成渝城市群、西部金融中心、四川自贸区等建设。2018年末，公司在四川省内业务规模为1 463.00亿元，占业务总规模的34.29%。同时，公司积极顺应国家政策和监管导向，投身于供给侧结构性改革之中，践行协调发展理念，及时转向拓展低风险业务，实现了业务健康发展与收益、风险的动态平衡；践行创新理念，通过企业资产支持票据创新业务，有效协助实体企业盘活存量资产；践行绿色发展理念，推出的明德1号宜化环保慈善信托资助了深圳市零废弃环保公益事业发展中心、共护三秦水等环保项目19个，金额共计147.60万元，在推进生态文明建设等方面发挥了积极作用。

**4.6.2 关注社会事业发展，实现和谐共赢**

公司积极响应中央精准扶贫号召，对口帮扶泸州市叙永县枧槽乡九龙村；捐资39万元用于甘孜州德格县八邦乡色地村100户贫困家庭购买藏式锅炉；向金川县安宁镇、撒瓦脚乡等贫困乡镇捐赠电脑50台，改善当地贫困乡镇办公硬件设施，普及中小学校信息化教学。

#### 4.6.3 深度参与公益慈善，塑造品牌声誉

公司积极参与四川省慈善总会组织的“百企扶贫”活动，通过公司爱心基金向万源市茶垭乡老洼坪村、青花镇田湾村捐款，助力当地脱贫攻坚。公司高度重视消费者权益保护工作，不断加强员工培训、开展宣传教育活动，帮助员工和公众提高风险识别和防范能力，受到客户的一致好评。

## 5. 报告期末及上一年度末的比较式会计报表

### 5.1 自营资产

#### 5.1.1 会计师事务所审计结论

普华永道中天会计师事务所（特殊普通合伙）北京分所认为，中铁信托财务报表在所有重大方面按照企业会计准则的规定编制，公允反映了中铁信托2018年12月31日的公司及合并财务状况以及2018年度的公司及合并经营成果和公司及合并现金流量。

#### 5.1.2 资产负债表

**公司及合并资产负债表**

编制单位：中铁信托有限责任公司　　2018年12月31日　　单位：元

| 项目 | 合并 | |
|---|---|---|
| | 2018年12月31日 | 2017年12月31日 |
| 资产 | | |
| 货币资金 | 3 428 685 228.13 | 2 879 740 132.11 |
| 买入返售金融资产 | 15 500 000.00 | 19 950 129.98 |
| 发放贷款和垫款 | 3 062 854 508.24 | 5 014 943 500.00 |
| 金融投资： | | |
| 以公允价值计量且其变动计入当期损益的金融资产 | 不适用 | 294 076 407.97 |
| 交易性金融资产 | 7 328 181 381.64 | 不适用 |
| 可供出售金融资产 | 不适用 | 5 775 150 394.82 |
| 债权投资 | 2 811 123 870.56 | 不适用 |
| 应收款项类投资 | 不适用 | 2 243 377 100.00 |
| 长期股权投资 | 55 295 402.94 | 75 031 245.77 |
| 投资性房地产 | 15 006 746.00 | 16 077 799.28 |
| 固定资产 | 42 780 929.98 | 47 362 591.45 |
| 无形资产 | 65 720 211.30 | 66 908 892.34 |
| 递延所得税资产 | 693 586 381.01 | 399 944 993.96 |
| 其他资产 | 436 052 446.82 | 331 739 331.04 |
| 资产总计 | 17 954 787 106.62 | 17 164 302 518.72 |
| 负债 | | |
| 合同负债 | 1 952 624 047.27 | 不适用 |
| 预收账款 | — | 2 611 390 691.72 |
| 以公允价值计量且其变动计入当期损益的金融负债 | 不适用 | 14 385 520.09 |
| 交易性金融负债 | 69 340 128.51 | 不适用 |
| 应付职工薪酬 | 175 725 276.15 | 204 559 028.86 |
| 应交税费 | 945 941 015.47 | 615 452 265.75 |
| 其他负债 | 5 701 342 130.03 | 5 328 721 442.11 |
| 负债合计 | 8 844 972 597.43 | 8 774 508 948.53 |
| 所有者权益 | | |
| 实收资本 | 5 000 000 000.00 | 5 000 000 000.00 |
| 资本公积 | 15 563 200.00 | 15 563 200.00 |
| 其他综合收益 | — | （245 157 740.46） |
| 盈余公积 | 928 943 014.08 | 798 107 241.24 |
| 一般风险准备 | 1 676 168 244.17 | 1 510 019 283.55 |
| 未分配利润 | 1 282 877 345.43 | 1 107 268 930.37 |
| 归属于母公司所有者权益合计 | 8 903 551 803.68 | 8 185 800 914.70 |
| 少数股东权益 | 206 262 705.51 | 203 992 655.49 |
| 所有者权益合计 | 9 109 814 509.19 | 8 389 793 570.19 |
| 负债和所有者权益总计 | 17 954 787 106.62 | 17 164 302 518.72 |

**公司及合并资产负债表（续）**

编制单位：中铁信托有限责任公司　　2018年12月31日　　单位：元

| 项目 | 公司 | |
|---|---|---|
| | 2018年12月31日 | 2017年12月31日 |
| 资产 | | |
| 货币资金 | 2 633 892 034.31 | 1 980 507 615.26 |
| 以公允价值计量且其变动计入当期损益的金融资产 | 不适用 | 152 197 797.13 |
| 金融投资： | | |
| 交易性金融资产 | 4 936 874 832.78 | 不适用 |
| 可供出售金融资产 | 不适用 | 5 096 312 801.52 |
| 长期股权投资 | 4 698 989 269.34 | 4 999 444 495.95 |
| 固定资产 | 34 478 315.89 | 37 833 492.21 |
| 无形资产 | 60 918 585.23 | 64 114 231.64 |
| 递延所得税资产 | 577 610 551.67 | 372 852 612.92 |
| 其他资产 | 257 710 882.65 | 187 717 504.61 |
| 资产总计 | 13 200 474 471.87 | 12 890 980 551.24 |
| 负债 | | |
| 合同负债 | 2 048 278 243.35 | 不适用 |
| 预收账款 | — | 2 700 185 626.96 |
| 以公允价值计量且其变动计入当期损益的金融负债 | 不适用 | 14 385 520.09 |
| 应付职工薪酬 | 116 502 089.37 | 116 573 132.18 |
| 应交税费 | 940 726 404.42 | 596 869 754.59 |
| 其他负债 | 1 489 913 046.58 | 1 811 583 343.46 |
| 负债合计 | 4 595 419 783.72 | 5 239 597 377.28 |
| 所有者权益 | | |
| 实收资本 | 5 000 000 000.00 | 5 000 000 000.00 |
| 资本公积 | 15 563 200.00 | 15 563 200.00 |
| 其他综合收益 | — | （262 451 984.38） |
| 盈余公积 | 930 579 366.28 | 799 743 593.44 |
| 一般风险准备 | 1 387 386 905.11 | 1 253 129 047.84 |
| 未分配利润 | 1 271 525 216.76 | 845 399 317.06 |
| 所有者权益合计 | 8 605 054 688.15 | 7 651 383 173.96 |
| 负债和所有者权益总计 | 13 200 474 471.87 | 12 890 980 551.24 |

法定代表人：马永红　　主管会计工作负责人：李正斌　　会计机构负责人：马东开

### 5.1.3 利润和利润分配表

**公司及合并利润表**

编制单位:中铁信托有限责任公司　　2018 年度　　单位:元

| 项目 | 合并 | |
|---|---|---|
| | 2018 年度 | 2017 年度 |
| 一、营业收入 | | |
| 利息净收入 | 18 567 238. 83 | 429 798 460. 77 |
| 利息收入 | 164 025 709. 53 | 756 251 782. 79 |
| 利息支出 | (145 458 470. 70) | (326 453 322. 02) |
| 手续费及佣金净收入 | 2 247 270 040. 10 | 2 282 483 296. 64 |
| 手续费及佣金收入 | 2 259 746 402. 97 | 2 312 122 032. 92 |
| 手续费及佣金支出 | (12 476 362. 87) | (29 638 736. 28) |
| 投资收益 | 579 249 972. 40 | 57 530 441. 04 |
| 其中:对联营企业的投资损失 | (19 735 842. 83) | (11 853 703. 60) |
| 公允价值变动损益 | (34 112 896. 81) | 19 912 959. 50 |
| 其他业务收入 | 54 061 065. 69 | 74 313 676. 41 |
| 合计 | 2 865 035 420. 21 | 2 864 038 834. 36 |
| 二、营业支出 | | |
| 税金及附加 | (15 370 997. 53) | (21 776 089. 16) |
| 业务及管理费 | (499 568 612. 77) | (511 305 098. 48) |
| 研发费用 | (2 090 072. 79) | (1 388 033. 77) |
| 信用减值损失 | (801 679 399. 67) | 不适用 |
| 资产减值损失 | — | (272 763 748. 27) |
| 其他业务成本 | (1 141 053. 28) | (2 415 866. 33) |
| 合计 | (1 319 850 136. 04) | (809 648 836. 01) |
| 三、资产处置损益 | (297 679. 57) | 2 458 282. 71 |
| 四、其他收益 | 20 532 384. 66 | 25 307 479. 77 |
| 五、营业利润 | 1 565 419 989. 26 | 2 082 155 760. 83 |
| 加:营业外收入 | 864 853. 01 | 507 701. 03 |
| 减:营业外支出 | 49 664 494. 25 | (120 452 322. 42) |
| 六、利润总额 | 1 615 949 336. 52 | 1 962 211 139. 44 |
| 减:所得税费用 | (386 280 259. 68) | (484 313 069. 84) |
| 七、净利润 | 1 229 669 076. 84 | 1 477 898 069. 60 |
| 归属于母公司所有者的净利润 | 1 216 149 026. 82 | 1 465 291 373. 36 |
| 少数股东损益 | 13 520 050. 02 | 12 606 696. 24 |
| 八、其他综合收益的税后净额 | | |
| 归属于母公司所有者的其他综合收益的税后净额 | (11 005 373. 97) | (325 035 549. 84) |
| 将重分类进损益的其他综合收益 | (11 005 373. 97) | (325 035 549. 84) |
| 可供出售金融资产公允价值变动 | 不适用 | (325 035 549. 84) |
| 其他债权投资公允价值变动 | (11 005 373. 97) | 不适用 |
| 归属于少数股东的其他综合收益的税后净额 | — | (94 202. 01) |
| 其他综合收益税后净额 | (325 129 751. 85) | (11 005 373. 97) |
| 九、综合收益总额 | 1 218 663 702. 87 | 1 152 768 317. 75 |
| 归属于母公司所有者的综合收益总额 | 1 205 143 652. 85 | 1 140 255 823. 52 |
| 归属于少数股东的综合收益总额 | 13 520 050. 02 | 12 512 494. 23 |

**公司及合并利润表(续)**

编制单位:中铁信托有限责任公司　　2018 年度　　单位:元

| 项目 | 公司 | |
|---|---|---|
| | 2018 年度 | 2017 年度 |
| 一、营业收入 | | |
| 利息净收入 | 42 849 432. 41 | 461 733 213. 30 |
| 利息收入 | 93 804 333. 10 | 532 027 335. 17 |
| 利息支出 | (50 954 900. 69) | (70 294 121. 87) |
| 手续费及佣金净收入 | 1 964 611 488. 65 | 1 879 934 642. 90 |
| 手续费及佣金收入 | 1 976 144 415. 11 | 1 909 329 782. 80 |
| 手续费及佣金支出 | (11 532 926. 46) | (29 395 139. 90) |
| 投资收益 | 674 603 380. 30 | 70 392 396. 71 |
| 其中:对联营企业的投资损失 | (19 735 842. 83) | (11 853 703. 60) |
| 公允价值变动损益 | 152 020 116. 32 | 19 107 424. 62 |
| 其他业务收入 | 1 725 641. 39 | 3 426 236. 90 |
| 合计 | 2 835 810 059. 07 | 2 434 593 914. 43 |
| 二、营业支出 | | |
| 税金及附加 | (13 093 803. 78) | (19 778 592. 32) |
| 业务及管理费 | (227 915 827. 96) | (201 014 572. 94) |
| 研发费用 | (2 090 072. 79) | (1 388 033. 77) |
| 信用减值损失 | (69 779 871. 30) | 不适用 |
| 资产减值损失 | (647 625 583. 77) | (199 712 500. 00) |
| 其他业务成本 | — | (623 078. 62) |
| 合计 | (960 505 159. 60) | (422 516 777. 65) |
| 三、资产处置损益 | (139 193. 51) | 2 378 034. 40 |
| 四、其他收益 | 19 959 592. 45 | 22 048 207. 55 |
| 五、营业利润 | 1 895 125 298. 41 | 2 036 503 378. 73 |
| 加:营业外收入 | 864 853. 01 | 507 700. 98 |
| 减:营业外支出 | (183 322 707. 50) | (119 608 213. 12) |
| 六、利润总额 | 1 712 667 443. 92 | 1 917 402 866. 59 |
| 减:所得税费用 | (404 309 715. 56) | (465 733 898. 93) |
| 七、净利润 | 1 308 357 728. 36 | 1 451 668 967. 66 |
| 八、其他综合收益的税后净额 | | |
| 将重分类进损益的其他综合收益 | (11 005 373. 97) | (341 509 420. 16) |
| 可供出售金融资产公允价值变动 | 不适用 | (341 509 420. 16) |
| 其他债权投资公允价值变动 | (11 005 373. 97) | 不适用 |
| 其他综合收益税后净额 | (11 005 373. 97) | (341 509 420. 16) |
| 九、综合收益总额 | 1 297 352 354. 39 | 1 110 159 547. 50 |

法定代表人:马永红　　主管会计工作负责人:李正斌　　会计机构负责人:马东开

### 5.1.4 公司及合并现金流量表

**公司及合并现金流量表**

编制单位:中铁信托有限责任公司　　2018 年度　　单位:元

| 项目 | 合并 | |
|---|---|---|
| | 2018 年度 | 2017 年度 |
| 经营活动产生的现金流量 | | |
| 收到利息、咨询费和手续费取得的现金 | 1 491 099 845. 15 | 2 024 030 652. 58 |

续表

| 项目 | 合并 | |
|---|---|---|
| | 2018 年度 | 2017 年度 |
| 收到基金管理费取得的现金 | 304 601 235. 79 | 326 558 523. 57 |
| 收到贷款利息取得的现金 | 26 431 059. 92 | 367 517 674. 07 |
| 收到金融企业往来利息取得的现金 | 128 863 764. 52 | 101 560 668. 68 |
| 客户贷款及垫款净减少额 | 340 586 886. 96 | 1 644 741 651. 73 |
| 收到其他与经营活动有关的现金 | 1 149 873 975. 10 | 662 435 113. 56 |
| 经营活动现金流入小计 | 3 441 456 767. 44 | 5 126 844 284. 19 |
| 支付利息、手续费及佣金的现金 | (106 979 932. 88) | (285 797 936. 43) |
| 支付给职工以及为职工支付的现金 | (339 079 607. 85) | (283 118 735. 18) |
| 支付的各项税费 | (775 364 642. 70) | (795 395 378. 75) |
| 债权投资净增加额 | (567 260 000. 00) | 不适用 |
| 支付其他与经营活动有关的现金 | (1 016 823 335. 76) | (3 493 508 965. 61) |
| 经营活动现金流出小计 | (2 805 507 519. 19) | (4 857 821 015. 97) |
| 经营活动产生的现金流量净额 | 635 949 248. 25 | 269 023 268. 22 |
| 投资活动产生的现金流量 | | |
| 收回投资收到的现金 | 3 304 228 000. 02 | 3 012 922 596. 26 |
| 取得投资收益收到的现金 | 611 569 522. 52 | 300 897 786. 12 |
| 处置固定资产、无形资产和其他长期资产收回的现金净额 | 3 719 560. 87 | 23 579 533. 19 |
| 处置子公司及其他营业单位收到的现金净额 | — | (74 492 159. 34) |
| 投资活动现金流入小计 | 3 919 517 083. 41 | 3 262 907 756. 23 |
| 投资支付的现金 | (3 825 288 492. 27) | (4 306 184 336. 71) |
| 购建固定资产、无形资产和其他长期资产支付的现金 | (789 950. 07) | (11 689 293. 86) |
| 投资活动现金流出小计 | (3 826 078 442. 34) | (4 317 873 630. 57) |
| 投资活动产生的现金流量净额 | 93 438 641. 07 | (1 054 965 874. 34) |
| 筹资活动产生的现金流量 | | |
| 借款所收到的现金 | 860 000 000. 00 | 2 000 000 000. 00 |
| 筹资活动现金流入小计 | 860 000 000. 00 | 2 000 000 000. 00 |
| 偿还债务所支付的现金 | (1 380 000 000. 00) | (1 720 000 000. 00) |
| 分配股利、利润或偿付利息支付的现金 | (396 335 499. 69) | (87 185 455. 87) |
| 其中:子公司支付给少数股东的股利 | (11 250 000. 00) | (10 000 000. 00) |
| 筹资活动现金流出小计 | (1 776 335 499. 69) | (1 807 185 455. 87) |
| 筹资活动产生的现金流量净额 | (916 335 499. 69) | 192 814 544. 13 |
| 现金及现金等价物的变动净额 | (186 947 610. 37) | (593 128 061. 99) |
| 加:年初现金及现金等价物余额 | 2 317 169 146. 30 | 2 910 297 208. 29 |
| 年末现金及现金等价物余额 | 2 130 221 535. 93 | 2 317 169 146. 30 |

**公司及合并现金流量表(续)**

编制单位:中铁信托有限责任公司　　2018 年度　　单位:元

| 项目 | 公司 | |
|---|---|---|
| | 2018 年度 | 2017 年度 |
| 经营活动产生的现金流量 | | |
| 收到利息、咨询费和手续费取得的现金 | 1 419 379 250. 29 | 2 255 070 833. 62 |
| 收到金融企业往来利息取得的现金 | 93 804 333. 10 | 78 319 021. 17 |
| 收到其他与经营活动有关的现金 | 855 398 077. 14 | 508 041 862. 85 |
| 经营活动现金流入小计 | 2 368 581 660. 53 | 2 841 431 717. 64 |
| 支付利息、手续费及佣金的现金 | (11 532 926. 46) | (29 395 139. 90) |
| 支付给职工以及为职工支付的现金 | (189 388 373. 29) | (136 830 669. 50) |
| 支付的各项税费 | (719 815 335. 62) | (746 677 992. 77) |
| 支付其他与经营活动有关的现金 | (604 259 592. 19) | (579 502 938. 35) |
| 经营活动现金流出小计 | (1 524 996 227. 56) | (1 492 406 740. 52) |
| 经营活动产生的现金流量净额 | 843 585 432. 97 | 1 349 024 977. 12 |
| 投资活动产生的现金流量 | | |
| 收回投资收到的现金 | 5 699 573 937. 66 | 5 197 688 136. 80 |
| 取得投资收益收到的现金 | 687 330 550. 11 | 374 712 505. 86 |
| 处置固定资产、无形资产和其他长期资产收回的现金净额 | — | 22 341 467. 19 |
| 投资活动现金流入小计 | 6 386 904 487. 77 | 5 594 742 109. 85 |
| 投资支付的现金 | (6 458 284 788. 54) | (7 445 439 422. 24) |
| 购建固定资产、无形资产和其他长期资产支付的现金 | (3 818 597. 83) | (6 184 793. 84) |
| 投资活动现金流出小计 | (6 462 103 386. 37) | (7 451 624 216. 08) |
| 投资活动产生的现金流量净额 | (75 198 898. 60) | (1 856 882 106. 23) |
| 筹资活动产生的现金流量 | | |
| 借款所收到的现金 | 860 000 000. 00 | 2 000 000 000. 00 |
| 筹资活动现金流入小计 | 860 000 000. 00 | 2 000 000 000. 00 |
| 偿还债务所支付的现金 | (1 380 000 000. 00) | (1 720 000 000. 00) |
| 分配股利、利润或偿付利息支付的现金 | (385 085 499. 69) | (77 185 455. 87) |
| 其中:子公司支付给少数股东的股利 | — | — |
| 筹资活动现金流出小计 | (1 765 085 499. 69) | (1 797 185 455. 87) |
| 筹资活动产生的现金流量净额 | (905 085 499. 69) | 202 814 544. 13 |
| 现金及现金等价物的变动净额 | (136 698 965. 32) | (305 042 584. 98) |
| 加:年初现金及现金等价物余额 | 1 892 507 615. 26 | 2 197 550 200. 24 |
| 年末现金及现金等价物余额 | 1 755 808 649. 94 | 1 892 507 615. 26 |

法定代表人:马永红　　主管会计工作负责人:李正斌　　会计机构负责人:马东开

### 5.1.5 所有者权益变动表

**所有者权益变动表(合并)**

编制单位:中铁信托有限责任公司 2018 年度 单位:元

| 项目 | 归属于母公司所有者权益 | | | | | | 少数股东权益 | 合计 |
|---|---|---|---|---|---|---|---|---|
| | 实收资本 | 资本公积 | 其他综合收益 | 盈余公积 | 一般风险准备 | 未分配利润 | | |
| 一、2017 年 12 月 31 日余额 | 5 000 000 000.00 | 15 563 200.00 | (245 157 740.46) | 798 107 241.24 | 1 510 019 283.55 | 1 107 268 930.37 | 203 992 655.49 | 8 389 793 570.19 |
| 会计政策变更 | — | — | 256 163 114.43 | — | — | (411 374 878.30) | — | (155 211 763.87) |
| 二、2018 年 1 月 1 日余额 | 5 000 000 000.00 | 15 563 200.00 | 11 005 373.97 | 798 107 241.24 | 1 510 019 283.55 | 695 894 052.07 | 203 992 655.49 | 8 234 581 806.32 |
| 三、本年增减变动金额 | | | | | | | | |
| (一)净利润 | — | — | — | — | — | 1 216 149 026.82 | 13 520 050.02 | 1 229 669 076.84 |
| (二)其他综合收益 | — | — | (11 005 373.97) | — | — | — | — | (11 005 373.97) |
| 综合收益总额 | — | — | (11 005 373.97) | — | — | 1 216 149 026.82 | 13 520 050.02 | 1 218 663 702.87 |
| (三)利润分配 | | | | | | | | |
| 1. 提取盈余公积 | — | — | — | 130 835 772.84 | — | (130 835 772.84) | — | — |
| 2. 提取信托赔偿准备金 | — | — | — | — | 130 835 772.84 | (130 835 772.84) | — | — |
| 3. 提取风险准备金 | — | — | — | — | 35 313 187.78 | (35 313 187.78) | — | — |
| 4. 对股东的分配 | — | — | — | — | — | (332 181 000.00) | (11 250 000.00) | (343 431 000.00) |
| 四、2018 年 12 月 31 日余额 | 5 000 000 000.00 | 15 563 200.00 | — | 928 943 014.08 | 1 676 168 244.17 | 1 282 877 345.43 | 206 262 705.51 | 9 109 814 509.19 |

**所有者权益变动表(合并)(续)**

编制单位:中铁信托有限责任公司 2018 年度 单位:元

| 项目 | 归属于母公司所有者权益 | | | | | | 少数股东权益 | 合计 |
|---|---|---|---|---|---|---|---|---|
| | 实收资本 | 资本公积 | 其他综合收益 | 盈余公积 | 一般风险准备 | 未分配利润 | | |
| 一、2017 年 1 月 1 日余额 | 3 200 000 000.00 | 15 580 106.38 | 79 877 809.38 | 652 940 344.47 | 1 256 836 105.73 | 1 840 327 631.60 | 925 621 446.40 | 7 971 183 443.96 |
| 二、本年增减变动金额 | | | | | | | | |
| (一)净利润 | — | — | — | — | — | 1 465 291 373.36 | 12 606 696.24 | 1 477 898 069.60 |
| (二)其他综合收益 | — | — | (325 035 549.84) | — | — | — | (94 202.01) | (325 129 751.85) |
| 综合收益总额 | — | — | (325 035 549.84) | — | — | 1 465 291 373.36 | 12 512 494.23 | 1 152 768 317.75 |
| (三)所有者权益内部结转 | | | | | | | | |
| 未分配利润转增资本 | 1 800 000 000.00 | — | — | — | — | (1 800 000 000.00) | — | — |
| (四)与股东的交易 | — | (16 906.38) | — | — | — | — | (724 141 285.14) | (724 158 191.52) |
| (五)利润分配 | | | | | | | | |
| 1. 提取盈余公积 | — | — | — | 145 166 896.77 | — | (145 166 896.77) | — | — |
| 2. 提取信托赔偿准备金 | — | — | — | — | 145 166 896.77 | (145 166 896.77) | — | — |
| 3. 提取风险准备金 | — | — | — | — | 108 016 281.05 | (108 016 281.05) | — | — |
| 4. 对股东的分配 | — | — | — | — | — | — | (10 000 000.00) | (10 000 000.00) |
| 三、2017 年 12 月 31 日余额 | 5 000 000 000.00 | 15 563 200.00 | (245 157 740.46) | 798 107 241.24 | 1 510 019 283.55 | 1 107 268 930.37 | 203 992 655.49 | 8 389 793 570.19 |

**所有者权益变动表(公司)**

编制单位:中铁信托有限责任公司 2018 年度 单位:元

| 项目 | 实收资本 | 资本公积 | 其他综合收益 | 盈余公积 | 一般风险准备 | 未分配利润 | 合计 |
|---|---|---|---|---|---|---|---|
| 一、2017 年 12 月 1 日余额 | 5 000 000 000.00 | 15 563 200.00 | (262 451 984.38) | 799 743 593.44 | 1 253 129 047.84 | 845 399 317.06 | 7 651 383 173.96 |
| 会计政策变更 | — | — | 273 457 358.35 | — | — | (284 957 198.55) | (11 499 840.20) |
| 二、2018 年 1 月 1 日余额 | 5 000 000 000.00 | 15 563 200.00 | 11 005 373.97 | 799 743 593.44 | 1 253 129 047.84 | 560 442 118.51 | 7 639 883 333.76 |
| 三、本年增减变动金额 | | | | | | | |
| (一)净利润 | — | — | — | — | — | 1 308 357 728.36 | 1 308 357 728.36 |
| (二)其他综合收益 | — | — | (11 005 373.97) | — | — | — | (11 005 373.97) |
| 综合收益总额 | — | — | (11 005 373.97) | — | — | 1 308 357 728.36 | 1 297 352 354.39 |
| (三)利润分配 | | | | | | | |
| 1. 提取盈余公积 | — | — | — | 130 835 772.84 | — | (130 835 772.84) | — |
| 2. 提取信托赔偿准备金 | — | — | — | — | 130 835 772.84 | (130 835 772.84) | — |
| 3. 提取风险准备金 | — | — | — | — | 3 422 084.43 | (3 422 084.43) | — |
| 4. 对股东的分配 | — | — | — | — | — | (332 181 000.00) | (332 181 000.00) |
| 四、2018 年 12 月 31 日余额 | 5 000 000 000.00 | 15 563 200.00 | — | 930 579 366.28 | 1 387 386 905.11 | 1 271 525 216.76 | 8 605 054 688.15 |

**所有者权益变动表（公司）（续）**

编制单位：中铁信托有限责任公司　　2018 年度　　单位：元

| 项目 | 实收资本 | 资本公积 | 其他综合收益 | 盈余公积 | 一般风险准备 | 未分配利润 | 合计 |
|---|---|---|---|---|---|---|---|
| 一、2017 年 1 月 1 日余额 | 3 200 000 000. 00 | 15 563 200. 00 | 79 057 435. 78 | 652 940 344. 47 | 1 034 804 571. 40 | 1 542 494 552. 80 | 6 524 860 104. 45 |
| 二、本年增减变动金额 | | | | | | | |
| （一）净利润 | — | — | — | — | — | 1 451 668 967. 66 | 1 451 668 967. 66 |
| （二）其他综合收益 | — | — | （341 509 420. 16） | — | — | — | （341 509 420. 16） |
| 综合收益总额 | — | — | （341 509 420. 16） | — | — | 1 451 668 967. 66 | 1 110 159 547. 50 |
| （三）所有者权益内部结转 | | | | | | | |
| 未分配利润转增资本 | 1 800 000 000. 00 | — | — | — | — | （1 800 000 000. 00） | — |
| （四）与股东的交易 | — | — | — | 1 636 352. 20 | — | 14 727 169. 81 | 16 363 522. 01 |
| （五）利润分配 | | | | | | | |
| 1. 提取盈余公积 | — | — | — | 145 166 896. 77 | — | （145 166 896. 77） | — |
| 2. 提取信托赔偿准备金 | — | — | — | — | 145 166 896. 77 | （145 166 896. 77） | — |
| 3. 提取风险准备金 | — | — | — | — | 73 157 579. 67 | （73 157 579. 67） | — |
| 三、2017 年 12 月 31 日余额 | 5 000 000 000. 00 | 15 563 200. 00 | （262 451 984. 38） | 799 743 593. 44 | 1 253 129 047. 84 | 845 399 317. 06 | 7 651 383 173. 96 |

法定代表人：马永红　　主管会计工作负责人：李正斌　　会计机构负责人：马东开

## 5.2 信托资产

### 5.2.1 信托项目资产负债汇总表

**信托项目资产负债汇总表**

编制单位：中铁信托有限责任公司　　2018 年 12 月 31 日　　单位：万元

| 信托资产 | 期初数 | 期末数 | 信托负债和信托权益 | 期初数 | 期末数 |
|---|---|---|---|---|---|
| 信托资产 | — | — | 信托负债 | — | — |
| 货币资金 | 1 040 872 | 868 134 | 应付受托人报酬 | 3 | — |
| 拆出资金 | — | — | 应付保管费 | — | — |
| 交易性金融资产 | 59 399 | 55 489 | 应付受益人收益 | 634 | 634 |
| 买入返售金融资产 | 8 754 | 150 000 | 其他应付款项 | 61 869 | 51 815 |
| 应收款项 | 3 654 350 | 7 599 645 | 应交税费 | — | — |
| 发放贷款 | 12 421 334 | 16 248 289 | 应付销售服务费 | — | — |
| 可供出售金融资产 | 18 234 395 | 12 192 149 | 其他负债 | — | — |
| 持有至到期投资 | 3 176 232 | 1 249 622 | 信托负债合计 | 62 506 | 52 449 |
| 长期应收款 | — | — | | — | — |
| 长期股权投资 | 4 839 420 | 4 069 139 | 信托权益 | — | — |
| 固定资产 | — | — | 实收信托 | 42 830 031 | 42 185 841 |
| 无形资产 | — | — | 资本公积 | — | — |
| 长期待摊费用 | — | — | 未分配利润 | 542 219 | 422 537 |
| 其他资产 | — | 228 360 | 信托权益合计 | 43 372 250 | 42 608 378 |
| 信托资产总计 | 43 434 756 | 42 660 827 | 信托负债及信托权益总计 | 43 434 756 | 42 660 827 |

法人代表：马永红　　信托财务部负责人：邓文英　　制表：李涛

注：非上市公司报表，暂未采用新金融工具准则与新金融企业财务报表格式，详见 6. 3。

### 5.2.2 信托项目利润及利润分配汇总表

**信托项目利润及利润分配表**

编制单位：中铁信托有限责任公司　　2018 年度　　单位：万元

| 项目 | 本期数 | 上期数 |
|---|---|---|
| 项目 | 本期数 | 上期数 |
| 一、营业收入 | 2 372 713 | 2 710 217 |
| 利息收入 | 936 277 | 844 821 |
| 投资收益 | 1 078 089 | 1 687 291 |
| 公允价值变动收益 | −13 374 | −24 515 |
| 其他收入 | 371 721 | 202 620 |
| 二、营业支出 | 220 164 | 244 610 |
| 三、扣除资产减值准备前的信托利润 | 2 152 549 | 2 465 607 |

续表

| 项目 | 本期数 | 上期数 |
|---|---|---|
| 减：资产减值损失 | | |
| 四、扣除资产减值准备后的信托利润 | 2 152 549 | 2 465 607 |
| 五、损益平准金 | — | — |
| 六、综合收益 | 2 152 549 | 2 465 607 |
| 加：期初未分配利润 | 542 219 | 227 253 |
| 七、可供分配的信托利润 | 2 694 768 | 2 692 860 |
| 减：本期已分配信托利润 | 2 272 231 | 2 150 641 |
| 八、期末未分配信托利润 | 422 537 | 542 219 |

法人代表：马永红　　信托财务部负责人：邓文英　　制表：李涛

注：非上市公司报表，暂未采用新金融工具准则与新金融企业财务报表格式，详见 6. 3。

# 6. 会计报表附注

## 6.1 简要说明报告年度会计报表编制基准、会计政策、会计估计和核算方法发生的变化

本公司于2018年1月1日开始采用财政部于2017年新颁布的《企业会计准则第14号——收入》《企业会计准则第22号——金融工具确认和计量》《企业会计准则第23号——金融资产转移》及《企业会计准则第37号——金融工具列报》,以及于2018年颁布的《关于修订印发2018年度金融企业财务报表格式的通知》(财会[2018]36号)及其解读。本报告期会计报表编制基准不存在不符合会计核算基本前提的事项。

## 6.2 或有事项说明

截至2018年12月31日,本公司并无其他重大的担保事项及其他需要说明的或有事项。

## 6.3 重要资产转让及其出售的说明

本年无重要资产转让及出售事宜。

## 6.4 会计报表中重要项目的明细资料

### 6.4.1 自营资产经营情况

6.4.1.1 按信用风险五级分类结果披露信用风险资产的期初数、期末数

| 信用风险资产五级分类 | 正常类(万元) | 关注类(万元) | 次级类(万元) | 可疑类(万元) | 损失类(万元) | 信用风险资产合计(万元) | 不良资产合计(万元) | 不良资产率(%) |
|---|---|---|---|---|---|---|---|---|
| 期初数 | 1 318 480 | 5 595 | — | — | — | 1 324 075 | — | — |
| 期末数 | 1 399 828 | 5 595 | — | — | — | 1 405 423 | — | — |

注:不良资产合计=次级类+可疑类+损失类。

6.4.1.2 各项资产减值损失准备的期初数、本期计提、本期转回、本期核销、期末数

单位:万元

| | 期初数 | 本期计提 | 本期转回 | 本期核销/处置 | 期末数 |
|---|---|---|---|---|---|
| 贷款损失准备 | — | — | — | — | — |
| 一般准备 | — | — | — | — | — |
| 专项准备 | — | — | — | — | — |
| 其他资产减值准备 | 82 523 | 71 740 | — | — | 154 263 |
| 长期股权投资减值准备(并表结构化主体) | 76 968 | 64 762 | — | — | 141 730 |
| 坏账准备 | 5 555 | 6 978 | — | — | 12 533 |
| 投资性房地产减值准备 | — | — | — | — | — |

6.4.1.3 自营股票投资、基金投资、债券投资、股权投资等投资业务的期初数、期末数

单位:万元

| | 自营股票 | 基金 | 债券 | 长期股权投资 |
|---|---|---|---|---|
| 期初数 | 10 220 | — | — | 228 957 |
| 期末数 | 65 987 | 40 021 | — | 96 534 |

6.4.1.4 按投资入股金额排序,前五名的自营长期股权投资的企业名称、占被投资企业权益的比例、主要经营活动及投资收益情况等(从大到小顺序排列)

| 企业名称 | 占被投资企业权益的比例(%) | 主要经营活动 | 投资收益(万元) |
|---|---|---|---|
| 1. 中国信托业保障基金有限责任公司 | 4.35 | 其他金融业 | 2 500 |
| 2. 宝盈基金管理有限公司 | 75 | 基金管理 | 3 375 |
| 3. 富滇银行股份有限公司 | 1.05 | 银行金融业 | 200 |
| 4. 上海中胜达资产管理公司 | 30 | 资本投资 | -1 974 |

6.4.1.5 前五名的自营贷款的企业名称、占贷款总额的比例和还款情况等(从大到小顺序排列)

无。

6.4.1.6 表外业务的期初数、期末数;按照代理业务、担保业务和其他类型表外业务分别披露

单位:万元

| 表外业务 | 期初数 | 期末数 |
|---|---|---|
| 担保业务 | — | — |
| 代理业务(委托业务) | 3 666 | 3 668 |
| 其他 | | |
| 合计 | 3 666 | 3 668 |

6.4.1.7 公司当年的收入结构

| 收入结构 | 金额(万元) | 占比(%) |
|---|---|---|
| 手续费及佣金收入 | 197 614 | 71.93 |
| 利息收入 | 9 380 | 3.41 |
| 其他业务收入 | 173 | 0.06 |
| 投资收益 | 67 461 | 24.57 |
| 其中:股权投资收益 | 4 474 | 1.63 |
| 营业外收入 | 86 | 0.03 |
| 收入合计 | 274 714 | 100 |

### 6.4.2 信托资产管理情况

6.4.2.1 信托资产的期初数、期末数

单位:万元

| 信托资产 | 期初数 | 期末数 |
|---|---|---|
| 集合类 | 21 586,096 | 14 764 592 |
| 单一类 | 15 459 534 | 18 655 271 |
| 财产权类 | 6 389 126 | 9 240 964 |
| 合计 | 43 434 756 | 42 660 827 |

6.4.2.1.1 主动管理型信托业务期初数、期末数,分证券投资类、股权投资类、融资类、事务管理类分别披露

单位:万元

| 主动管理型信托资产 | 期初数 | 期末数 |
|---|---|---|
| 证券投资类 | 50 127 | 30 740 |
| 股权投资类 | 887 527 | 641 043 |
| 其他投资类 | 820 853 | 2 515 231 |
| 融资类 | 4 124 273 | 3 051 339 |
| 事务管理类 | — | — |
| 合计 | 5 882 780 | 6 238 353 |

6.4.2.1.2 被动管理型信托业务期初数、期末数，分证券投资类、股权投资类、融资类、事务管理类分别披露

单位：万元

| 被动管理型信托资产 | 期初数 | 期末数 |
|---|---|---|
| 证券投资类 | — | — |
| 股权投资类 | — | — |
| 其他投资类 | — | — |
| 融资类 | — | — |
| 事务管理类 | 37 551 976 | 36 422 474 |
| 合计 | 37 551 976 | 36 422 474 |

6.4.2.2 本年度已清算结束的信托项目个数、实收信托合计金额、加权平均实际年化收益率

6.4.2.2.1 本年度已清算结束的集合类、单一类资金信托项目和财产管理类信托项目个数、实收信托合计金额、加权平均实际年化收益率

| 已清算结束的信托项目 | 项目个数（个） | 实收信托合计金额（万元） | 加权平均实际年化收益率（%） |
|---|---|---|---|
| 集合类 | 245 | 8 701 275 | 5.70 |
| 单一类 | 110 | 7 600 888 | 5.71 |
| 财产管理类 | 20 | 1 521 252 | 5.41 |

6.4.2.2.2 本年度已清算结束的主动管理型信托项目个数、实收信托合计金额、加权平均实际年化信托报酬率、加权平均实际年化收益率，分证券投资类、股权投资类、融资类、事务管理类分别披露

| 已清算结束的信托项目 | 项目个数（个） | 实收信托合计金额（万元） | 加权平均实际年化信托报酬率（%） | 加权平均实际年化收益率（%） |
|---|---|---|---|---|
| 证券投资类 | 4 | 144 000 | 0.15 | 3.87 |
| 股权投资类 | 9 | 505 359 | 4.77 | 7.02 |
| 其他投资类 | 43 | 193 409 | 0.55 | 6.41 |
| 融资类 | 151 | 2 023 169 | 2.07 | 7.19 |
| 事务管理类 | — | — | — | — |

6.4.2.2.3 本年度已清算结束的被动管理型信托项目个数、实收信托合计金额、加权平均实际年化信托报酬率、加权平均实际年化收益率，分证券投资类、股权投资类、融资类、事务管理类分别披露

| 已清算结束的信托项目 | 项目个数（个） | 实收信托合计金额（万元） | 加权平均实际年化信托报酬率（%） | 加权平均实际年化收益率（%） |
|---|---|---|---|---|
| 证券投资类 | — | — | — | — |
| 股权投资类 | — | — | — | — |
| 其他投资类 | — | — | — | — |
| 融资类 | — | — | — | — |
| 事务管理类 | 168 | 14 957 478 | 0.13 | 5.44 |

6.4.2.3 本年度新增的集合类、单一类、财产管理类信托项目个数、实收信托合计金额

| 新增信托项目 | 项目个数（个） | 实收信托合计金额（万元） |
|---|---|---|
| 集合类 | 327 | 5 149 089 |
| 单一类 | 192 | 12 082 582 |
| 财产管理类 | 55 | 6 979 259 |
| 新增合计 | 574 | 24 210 930 |
| 其中：主动管理型 | 327 | 3 843 663 |
| 被动管理型 | 247 | 20 367 267 |

6.4.2.4 本公司履行受托人义务情况及因本公司自身责任而导致的信托资产损失情况（合计金额、原因等）

本公司遵守信托法和信托文件对受托人义务的规定，为受益人的最大利益处理信托事务。管理信托财产时，恪尽职守，履行诚实、信用、谨慎、有效管理的义务，没有因本公司自身责任而导致的信托资产损失情况。

## 6.5 关联方关系及其交易的披露

**6.5.1 关联交易方的数量、关联交易的总金额及关联交易的定价政策**

| | 关联交易方数量（个） | 关联交易金额（万元） | 定价政策 |
|---|---|---|---|
| 合计 | 10 | 196 661 | 按市场公允价格定价 |

**6.5.2 关联交易方与本公司的关系性质、关联交易方的名称、法定代表人、注册地址、注册资本及主营业务等**

| 关系性质 | 关联方名称 | 法定代表人 | 注册地址 | 注册资本（万元） | 主营业务 |
|---|---|---|---|---|---|
| 控股股东 | 中国中铁股份有限公司 | 李长进 | 北京市丰台区南四环西路128号院1号楼918 | 2 284 430.15 | 基建建设、勘察设计与咨询服务、工程设备和零部件制造、房地产开发以及其他业务。 |
| 控股股东的子公司 | 成都中铁天圆房地产有限公司 | 刘仁智 | 四川省成都市天府新区正兴街道步行街39号 | 5 000.00 | 房地产开发、物业管理、房屋租赁、土地整理。 |
| 控股子公司 | 宝盈基金管理有限公司 | 李文众 | 深圳市福田区深圳特区报业大厦第15层 | 10 000.00 | 发起设立基金，基金管理业务。 |
| 控股股东的子公司 | 中铁建工集团有限公司 | 段永传 | 北京市丰台区南四环西路128号诺德中心1号楼 | 337 109.68 | 基建建设、房地产开发与经营、工程设备和零部件制造等。 |
| 控股股东的子公司 | 中铁高新工业股份有限公司 | 易铁军 | 北京市丰台区汽车博物馆东路1号院3号楼43层4301 | 999 044.04 | 道岔、钢结构制造与安装、隧道施工设备、工程施工机械等装备的研发、制造和配套服务。 |
| 控股股东的子公司 | 中铁南方投资集团有限公司 | 温德智 | 深圳市南山区中心路3333号中铁大厦 | 150 000.00 | 项目投资、建设项目管理、基础设施建设、房地产开发、设计咨询、工程咨询、股权投资及其他业务。 |
| 控股股东的子公司 | 中铁一局集团有限公司 | 马海民 | 陕西省西安市碑林区雁塔北路1号 | 450 000.00 | 基建建设及其他业务。 |

续表

| 关系性质 | 关联方名称 | 法定代表人 | 注册地址 | 注册资本(万元) | 主营业务 |
|---|---|---|---|---|---|
| 控股股东的子公司 | 中铁五局集团有限公司 | 徐忠义 | 贵州省贵阳市云岩区枣山路23号 | 410 000.00 | 基建建设及其他业务。 |
| 控股股东的子公司 | 中铁二局建设有限公司 | 邓元发 | 成都市金牛区通锦路16号 | 629 292.04 | 基建建设、房地产开发以及其他业务。 |

6.5.3 本公司与关联方的重大交易事项

6.5.3.1 固有财产与关联方交易情况:贷款、投资、租赁、应收账款、担保、其他方式等期初汇总数、本期借方和贷方发生额汇总数、期末汇总数

单位:万元

| 固有与关联方关联交易 | | | | |
|---|---|---|---|---|
| | 期初数 | 借方发生额 | 贷方发生额 | 期末数 |
| 贷款 | — | — | — | — |
| 投资 | 8 491.30 | 1 031.30 | — | 7 460.00 |
| 租赁 | — | — | — | — |
| 担保 | — | — | — | — |
| 应收款项 | — | — | — | — |
| 其他 | — | — | — | — |
| 合计 | 8 491.30 | 1 031.30 | — | 7 460 |

6.5.3.2 信托资产与关联方交易情况:贷款、投资、租赁、应收账款、担保、其他方式等期初汇总数、本期借方和贷方发生额汇总数、期末汇总数

单位:万元

| 信托与关联方关联交易 | | | | |
|---|---|---|---|---|
| | 期初数 | 借方发生额 | 贷方发生额 | 期末数 |
| 贷款 | 70 000.00 | 30 000.00 | — | 40 000.00 |
| 投资 | 38 266.00 | — | 110 935.00 | 149 201.00 |
| 租赁 | — | — | — | — |
| 担保 | — | — | — | — |
| 应收款项 | — | — | — | — |
| 其他 | — | — | — | — |
| 合计 | 108 266.00 | 30 000.00 | 110 935.00 | 189 201.00 |

6.5.3.3 信托公司自有资金运用于自己管理的信托项目(固信交易)、信托公司管理的信托项目之间的相互(信信交易)交易金额,包括余额和本报告年度的发生额

6.5.3.3.1 固有财产与信托财产之间的交易金额期初汇总数、本期发生额汇总数、期末汇总数

单位:万元

| 固有财产与信托财产相互交易 | | | |
|---|---|---|---|
| | 期初数 | 本期发生额 | 期末数 |
| 合计 | — | — | — |

6.5.3.3.2 信托项目之间的交易金额:期初汇总数、本期发生额汇总数、期末汇总数

单位:万元

| 信托资产与信托财产相互交易 | | | |
|---|---|---|---|
| | 期初数 | 本期发生额 | 期末数 |
| 合计 | — | — | — |

6.5.4 关联方逾期未偿还本公司资金的详细情况以及本公司为关联方担保发生或即将发生垫款的详细情况

无。

### 6.6 会计制度的披露

本财务报表按照财政部于2006年2月15日及以后期间颁布的《企业会计准则——基本准则》、各项具体会计准则及相关规定(合称企业会计准则)编制。

## 7. 财务情况说明书

### 7.1 利润实现和分配情况

母公司2017年末未分配利润为84 540万元,因变更金融工具相关的会计政策,对2018年期初数进行调整,调减未分配利润28 496万元。调整后,2018年初未分配利润为56 044万元。2018年实现税后净利润130 836万元,按规定计提法定盈余公积13 084万元、一般风险准备金342万元、信托赔偿准备金13 084万元,分配股利33 218万元。2018年年末,公司未分配利润为127 152万元。

2018年末,公司合并资产总额为1 795 479万元,负债总额为884 497万元,所有者权益910 982万元。所有者权益中实收资本为500 000万元,资本公积为1 556万元,盈余公积为92 895万元,风险准备金为167 617元,未分配利润为128 288万元,少数股东权益为20 626万元。2018年12月31日,合并未分配利润余额中包括子公司已提取的盈余公积3 750万元(2017年12月31日:3 750万元)。

2018年,公司合并净利润为122 967万元,合并归属母公司净利润为121 615万元。

### 7.2 主要财务指标

| 指标名称 | 指标值 |
|---|---|
| 资本利润率(%) | 16.11 |
| 加权年化信托报酬率(%) | 0.49 |
| 人均净利润(万元) | 557 |

### 7.3 对本公司财务状况、经营成果有重大影响的其他事项

报告期内,公司未发生对财务状况、经营成果有重大影响的其他事项。

## 8. 特别事项揭示

### 8.1 前五名股东报告期内变动情况及原因

8.1.1 前五名股东变更

报告期内,股东中铁二局集团有限公司名称变更为中铁二

局建设有限公司。

8.1.2 控股股东变更

无。

## 8.2 董事、监事、高级管理人员变动情况及原因

8.2.1 董事变更

2018 年 1 月，公司股东会 2018 年第一次会议审议通过了《关于选举第五届董事会董事、独立董事的议案》，选举马永红、景开强、何文、蒲良海、董晖为第五届董事会董事；选举周国华、陈永生、龙宗智为第五届董事会独立董事。2018 年 8 月，新任董事蒲良海任职资格获得原中国银监会四川监管局核准。

根据相关规定，公司于 2018 年 1 月召开一届五次职代会联席会议 2018 年第一次（扩大）会议，选举邹纯余为第五届董事会职工董事，其任职资格于 2018 年 8 月获得原中国银监会四川监管局核准。

经公司第五届董事会第三次会议审议通过，同意董晖不再担任本公司董事。

经公司第五届董事会第十一次会议审议通过，同意景开强不再担任本公司董事、退休；蒲良海不再担任本公司董事。

经公司股东会 2018 年第二次会议选举，原中国银监会四川监管局核准冯晓群中铁信托有限责任公司董事的任职资格，冯晓群正式履行公司董事职责。

经公司股东会 2018 年第三次（临时）会议选举，中国银保监会四川监管局核准陈赤中铁信托有限责任公司董事的任职资格，陈赤正式履行公司董事职责。

8.2.2 监事变更

2018 年 1 月，公司股东会 2018 年第一次会议审议通过了《关于选举第五届监事会监事的议案》，选举解义才、侯社中、游勇进为第五届监事会监事。

根据相关规定，公司于 2018 年 1 月召开一届五次职代会联席会议 2018 年第一次（扩大）会议，选举严震、马东开为第五届监事会职工监事。

经公司二届一次职代会联席会议 2018 年第二次（扩大）会议审议通过，同意严震不再担任本公司职工监事。

8.2.3 高级管理人员变更

经公司第五届董事会第一次会议审议通过，李文众不再担任本公司副总经理，任副巡视员。

经公司第五届董事会第十一次会议审议通过，景开强不再担任本公司总经理、退休；王石不再担任本公司副总经理，任副巡视员；陈赤不再担任本公司副总经理。

经公司第五届董事会第十一次会议审议通过，聘任陈赤为公司总经理，严震为公司副总经理。2018 年 12 月，中国银保监会四川监管局核准陈赤中铁信托有限责任公司总经理的任职资格；2019 年 1 月，中国银保监会四川监管局核准严震中铁信托有限责任公司副总经理的任职资格。

## 8.3 变更注册资本、变更注册地或公司名称、公司分立合并事项

无。

## 8.4 公司的重大未决诉讼事项

本年度无新发生重大诉讼和被诉案件。

## 8.5 公司及其董事、监事和高级管理人员受到处罚的情况

报告期内，公司董事、监事和高级管理人员未受到处罚。

## 8.6 银保监会及其派出机构对公司检查后提出整改意见的整改情况说明

2018 年 9 月至 2018 年 11 月，原四川银监局对公司实施了现场检查，提出了如下整改意见：严格按照市场化要求规范融资管理，切实加强风险识别和防范，落实企业举债准入条件，按商业化原则履行相关程序，审慎评估举债人财务能力和还款来源。为融资平台公司等企业提供融资时，不得要求或接受地方政府及其所属部门以担保函、承诺函、安慰函等任何形式提供担保。严格遵照执行中央关于政府债务管控最新要求。

报告期内，针对上述监管意见，公司高度重视，董事会、经理层及各部门都组织了学习和讨论，对存在的问题进行了及时纠正，并制定了如下整改措施。

（1）进一步推进项目风险管控。一是对现有制度、流程进行再梳理、再优化，全面推行项目的标准化、模板化、信息化和规范化，建立健全从项目申报、尽调可研、项目评审、贷后管理、后期清算等的全过程有效管控机制。二是全面提高业务的准入门槛，注重合作方的实力，加强项目商业判断，在提高项目质量的源头上防范风险。三是强化贷中审查和贷后管理，提高项目运行过程中的主动管理和主动监控，建立“早识别、早预警、早发现、早处置”的风险识别处置机制，从过程中监控风险。

（2）全面打造合规经营长效机制。一是树牢合规经营思想，把合规经营自律意识转换为自觉行动，以监管导向把脉业务拓展方向，扎实推进资管新规过渡方案，认真开展专项检查与整改，持续开展治理金融乱象活动，经常开展合规自查和违规警示教育。二是以企业文化为引领，从组织架构、制度体系、内控防线、合规评价、培训提升等方面扎实推进合规文化建设；把监管合规要求嵌入到业务的贷前调查、贷中审查和贷后管理的各个环节，全面提升合规经营管理能力和水平。三是强化项目风险防控、运营稽核、内控审计监督，严格风险合规问责，建立健全集教育、预警、防范、处置和追责一体化的风控合规体系，推动形成全员不敢违规、不能违规、不想违规的长效机制。

## 8.7 本年度重大事项临时报告的简要内容、披露时间、所披露的媒体及其版面

公司于 2018 年 4 月 27 日在《证券时报》B12 版和《上海证券报》53 版进行了 2017 年年度报告摘要的公开信息披露。

## 8.8 本年度净资本管理情况

| 项目 | 期初余额 | 期末余额 | 监管标准 |
|---|---|---|---|
| 净资本（万元） | 617 795.38 | 698 447.96 | ≥20 000 |
| 净资产（万元） | 765 138.32 | 860 505.47 | ≥30 000 |
| 固有业务风险资本（万元） | 106 780.32 | 107 857.63 | — |

续表

| 项目 | 期初余额 | 期末余额 | 监管标准 |
| --- | --- | --- | --- |
| 信托业务风险资本(万元) | 163 239.41 | 140 088.99 | — |
| 其他业务风险资本(万元) | — | — | — |
| 各项业务风险资本之和(万元) | 270 019.73 | 247 946.63 | — |
| 净资本/各项业务风险资本之和(%) | 228.80 | 281.69 | ≥100 |
| 净资本/净资产(%) | 80.74 | 81.17 | ≥40 |

### 8.9 银保监会及其省级派出机构认定的其他有必要让客户及相关利益人了解的重要信息

无。

## 9. 公司监事会意见

公司监事会认为，本报告期内，董事会运作规范、决策合理、程序合法；公司董事、高管人员能够认真执行董事会、股东会决议，忠实履行诚信勤勉义务，未发现公司董事、高管人员在执行公司职务时违反法律法规、公司章程或损害公司、股东、员工和信托受益人利益的行为；公司建立了较为完善的内部控制体系，并具有合法性、合理性和有效性；公司关联交易公平、公正，交易价格合理，未发现违规关联交易；公司财务报告真实地反映了公司财务状况和经营成果，聘请的会计师事务所出具的审计报告客观真实；公司严格执行信息披露的相关规定，认真履行信息披露人的义务和责任，真实、准确、完整、及时披露公司应披露的信息。

# 中信信托有限责任公司

## 1. 重要提示

1.1 本公司董事会及董事保证本报告所载资料不存在任何虚假记载、误导性陈述或者重大遗漏，并对其内容的真实性、准确性和完整性承担个别及连带责任。

1.2 本公司独立董事林义相、徐经长、张宏久对年度报告内容的真实性、准确性、完整性无异议。

1.3 本公司董事长陈一松、副董事长兼总经理李子民、主管会计工作的常务副总经理王道远保证年度报告中财务报告的真实和完整。

## 2. 公司概况

### 2.1 公司简介

2.1.1 公司历史沿革

中信信托有限责任公司是经中国人民银行批准设立的非银行金融机构，成立于1988年3月1日，注册地为北京市。其前身是中信兴业信托投资公司，2002年经中国人民银行批复，中信集团公司将中信兴业信托投资公司重组、改制、更名为中信信托投资有限责任公司，并承接中信集团公司信托类资产、负债及业务。2007年，根据中国银行业监督管理委员会《关于中信信托投资有限责任公司变更公司名称和业务范围的批复》（银监复[2007]240号），公司名称变更为中信信托有限责任公司。

公司于2005年、2006年、2014年分别增资2.92亿元、4亿元、88亿元，目前公司注册资本为100亿元(其中外汇2 300万美元)。

2.1.2 公司的法定名称
中文：中信信托有限责任公司（缩写：中信信托）
英文：CITIC Trust Co.，Ltd.

2.1.3 公司法定代表人：陈一松

2.1.4 公司注册地址：北京市朝阳区新源南路6号京城大厦
邮政编码：100004
公司互联网网址：http://trust.ecitic.com
公司电子信箱：citict@citictrust.com.cn

2.1.5 公司负责信息披露事务的高级管理人员：戴家凯
公司信息披露事务联系人：王珂
办公电话：8610-59902108
办公传真：8610-84861380
电子信箱：djb@citictrust.com.cn

2.1.6 公司选定的信息披露报纸：《金融时报》

2.1.7 年报备置地点：北京市朝阳区新源南路6号京城大厦316

2.1.8 公司聘请的会计师事务所：信永中和会计师事务所（特殊普通合伙）
地址：北京市东城区朝阳门北大街8号富华大厦A座9层

2.1.9 公司聘请的律师事务所：北京市嘉源律师事务所
地址：北京市西城区复兴门内大街158号远洋大厦F407室

### 2.2 组织结构

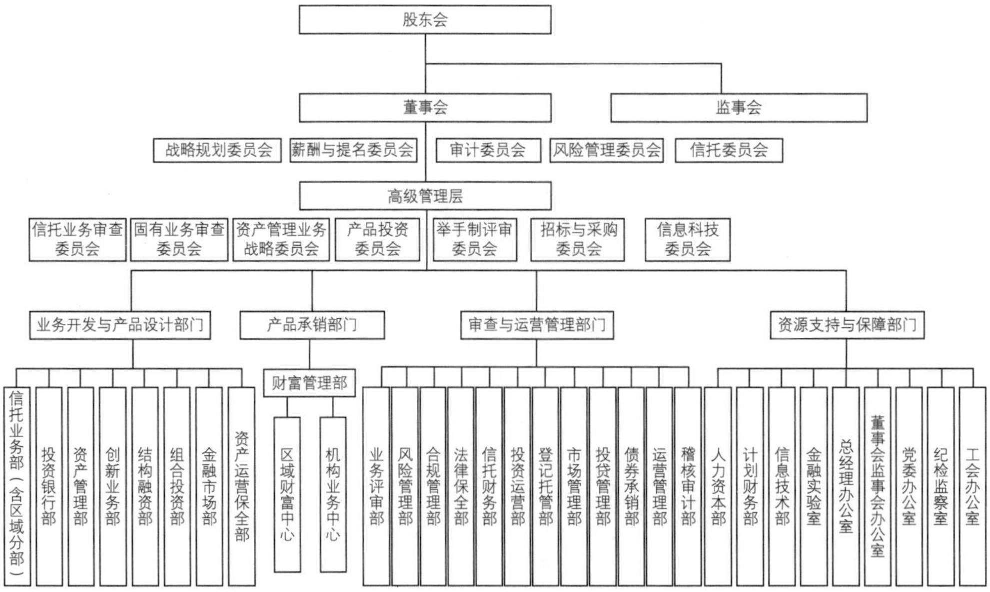

# 3. 公司治理

## 3.1 股东

股东总数:2 家。

| 股东名称 | 持股比例(%) | 法定代表人 | 注册资本(亿元) | 注册地址 | 主要经营业务及主要财务情况 |
|---|---|---|---|---|---|
| 中国中信有限公司 | 80 | 常振明 | 1 390.00 | 北京市朝阳区新源南路6号 | 金融、实业,2018年末净资产为6 060亿元。 |
| 中信兴业投资集团有限公司 | 20 | 蔡希良 | 26.00 | 上海市虹口区四川北路859号55楼 | 实业投资与贸易,2018年末净资产为234亿元。 |

注:中信兴业投资集团有限公司是中国中信有限公司的全资子公司。中国中信集团有限公司为本公司最终实际控制人。

## 3.2 董事、董事会及其下属委员会

董事长、董事

| 姓名 | 职务 | 性别 | 年龄(岁) | 选任日期 | 所推举的股东名称 | 该股东持股比例(%) | 简要履历 |
|---|---|---|---|---|---|---|---|
| 陈一松 | 董事长 | 男 | 50 | 2014年7月 | 中国中信有限公司 | 80 | 湖南大学经济学硕士,1990年9月参加工作,先后在中信实业银行、中信证券公司、中国建设银行就职,2006年8月入职本公司,历任公司副总经理、总经理、副董事长;现任职公司董事长。 |
| 李子民 | 副董事长 | 男 | 47 | 2017年5月 | 中国中信有限公司 | 80 | 中国科学院大学管理学博士,1994年7月参加工作并入职本公司,历任部门总经理、业务总监、公司副总经理;现任职公司副董事长、总经理。 |
| 薄伟康 | 董事 | 男 | 48 | 2017年9月 | 中国中信有限公司 | 80 | 中国人民大学经济学博士,1996年7月参加工作,先后在农业部、国务院办公厅就职,2015年2月入职本公司任公司副总经理;现任公司董事。 |
| 任　霞 | 董事 | 女 | 49 | 2017年2月 | 中国中信有限公司 | 80 | 中国科学院硕士,1990年12月参加工作,先后在中国建设银行、国家开发银行、中信国安信息产业股份有限公司、中国中信集团有限公司、中国中信股份有限公司就职;现任中国中信集团有限公司战略发展部副总经理。 |
| 张　立 | 董事 | 女 | 46 | 2012年5月 | 中信兴业投资集团有限公司 | 20 | 中央财经大学经济学硕士,1997年4月参加工作,先后在中信证券公司、中信兴业投资集团有限公司就职;现任中信兴业投资集团有限公司副总经理。 |

独立董事

| 姓名 | 职务 | 性别 | 年龄(岁) | 选任日期 | 所推举的股东名称 | 该股东持股比例(%) | 简要履历 |
|---|---|---|---|---|---|---|---|
| 林义相 | 独立董事 | 男 | 54 | 2012年5月 | 中国中信有限公司 | 80 | 法国巴黎第十大学应用宏观经济学博士,天相投资顾问有限公司董事长兼总经理。 |
| 徐经长 | 独立董事 | 男 | 53 | 2012年5月 | 中国中信有限公司 | 80 | 中国人民大学经济学博士,中国人民大学商学院教授、博士生导师。 |
| 张宏久 | 独立董事 | 男 | 64 | 2016年6月 | 中国中信有限公司 | 80 | 北京大学法学硕士,北京市竞天公诚律师事务所合伙人。 |

董事会下属专门委员会

| 董事会下属专门委员会名称 | 职责 | 组成人员姓名 | 职务 |
|---|---|---|---|
| 战略规划委员会 | 负责拟定公司中长期发展战略规划,审阅公司年度经营计划,增加或减少注册资本的方案,对公司合并、分立、解散、清算和变更组织形式的方案进行研究,并依据内外部发展状况对上述问题予以调整和完善等。 | 陈一松 | 主任委员 |
| | | 徐经长 | 委员 |
| | | 任霞 | 委员 |
| 审计委员会 | 审核和监督风险控制和内部审计年度计划的制定和执行,评估风险控制和审计结果,并提出改进建议等。 | 徐经长 | 主任委员 |
| | | 张宏久 | 委员 |
| | | 张立 | 委员 |
| 风险管理委员会 | 负责拟定风险管理战略、风险管理政策和内部控制原则,监督风险管理和内部控制系统的健全性、合理性和执行的有效性,指导公司全面风险管理和内部控制工作。 | 陈一松 | 主任委员 |
| | | 林义相 | 委员 |
| | | 李子民 | 委员 |
| 薪酬与提名委员会 | 负责拟定董事、高级管理人员、员工的薪酬、福利和其他激励计划,并监督方案的实施;拟定高级管理人员的选择标准、选择程序;对高级管理人员人选的任职资格和条件进行初步审核等。 | 林义相 | 主任委员 |
| | | 徐经长 | 委员 |
| | | 薄伟康 | 委员 |
| 信托委员会 | 负责拟定公司信托业务发展专项规划;初审拟提请董事会审议的信托项目;对公司日常合规管理工作进行监督;对公司信托业务运行情况进行定期评估等。 | 张宏久 | 主任委员 |
| | | 林义相 | 委员 |
| | | 张立 | 委员 |

### 3.3 监事、监事会

| 姓名 | 职务 | 性别 | 年龄（岁） | 选任日期 | 所推举的股东名称 | 该股东持股比例（%） | 简要履历 |
|---|---|---|---|---|---|---|---|
| 吕君芳 | 监事会主席 | 女 | 47 | 2013 年 7 月 | 中国中信有限公司 | 80 | 浙江大学文学博士，1992 年 8 月参加工作，先后在浙江教育学院、浙江工商大学、中信资产管理有限公司就职，2013 年 5 月入职本公司；现任职公司监事会主席。 |
| 关 颐 | 监事 | 男 | 50 | 2012 年 5 月 | 中国中信有限公司 | 80 | 对外经济贸易大学毕业，1990 年 7 月参加工作，先后在中国国际信托投资公司、中信集团公司就职，2006 年 1 月任职公司监事；现任中国中信集团有限公司稽核审计部总经理助理。 |
| 李 东 | 监事 | 女 | 45 | 2015 年 10 月 | 职工代表 | — | 中央财经大学经济学硕士，1994 年 7 月参加工作并进入国家审计署，2013 年 11 月入职本公司；现任职稽核审计部总经理。 |

注：本届监事会未设立下属委员会。

### 3.4 高级管理人员

| 姓名 | 职务 | 性别 | 年龄（岁） | 选任日期 | 金融从业年限（年） | 学历 | 专业 | 简要履历 |
|---|---|---|---|---|---|---|---|---|
| 李子民 | 总经理 | 男 | 47 | 2014 年 7 月 | 24 年 | 博士 | 管理科学与工程 | 1994 年 7 月入职本公司，历任部门总经理、业务总监、公司副总经理；现任公司副董事长、总经理。 |
| 王道远 | 常务副总经理 | 男 | 49 | 2017 年 6 月 | 22 年 | 硕士 | 工商管理 | 1995 年 3 月入职本公司，历任部门总经理、董事会秘书、公司总经理助理兼信托业务审查委员会主任；现任公司常务副总经理。 |
| 蔡成维 | 副总经理 | 男 | 49 | 2015 年 3 月 | 14 年 | 硕士 | 法学 | 1991 年 8 月参加工作，先后在山东某市农业局、检察院、建设银行山东省分行、中国中期投资有限公司就职，2006 年 7 月入职本公司，历任部门副总经理、总经理、合规总监；现任公司副总经理。 |
| 刘 寅 | 副总经理 | 男 | 43 | 2017 年 7 月 | 19 年 | 硕士 | 经济学 | 1999 年 4 月参加工作，先后在中国银行、国泰君安证券公司、中国银监会就职，2017 年 7 月入职本公司；现任公司副总经理。 |
| 涂一锴 | 副总经理 | 男 | 42 | 2015 年 3 月 | 15 年 | 硕士 | 企业管理 | 2002 年 4 月参加工作并进入中信银行，2009 年 2 月入职本公司，历任部门副总经理、总经理、业务总监；现任公司副总经理。 |
| 刘小军 | 副总经理 | 男 | 42 | 2016 年 5 月 | 15 年 | 硕士 | 金融学 | 2002 年 7 月参加工作并进入中国建设银行，2006 年 4 月入职本公司，历任高级经理、部门副总经理、总经理、业务总监；现任公司副总经理。 |
| 戴家凯 | 副总经理、董事会秘书 | 男 | 46 | 2018 年 7 月 | 25 年 | 硕士 | 工商管理 | 1992 年 7 月参加工作并进入北京市粮食局，1993 年 11 月入职本公司，历任部门副总经理、总经理、公司风险总监、财务总监；现任公司副总经理、董事会秘书。 |

### 3.5 公司员工

报告期末，公司职工人数为 683 人。

| 项目 | | 2018 年度 | | 2017 年度 | |
|---|---|---|---|---|---|
| | | 人数（人） | 比例（%） | 人数（人） | 比例（%） |
| 年龄分布 | 25 岁以下 | 18 | 3 | 18 | 3 |
| | 25～29 岁 | 170 | 25 | 167 | 26 |
| | 30～39 岁 | 375 | 55 | 344 | 53 |
| | 40 岁以上 | 120 | 17 | 117 | 18 |
| 性别分布 | 男 | 382 | 56 | 366 | 57 |
| | 女 | 301 | 44 | 280 | 43 |
| 学历分布 | 博士 | 24 | 4 | 23 | 3 |
| | 硕士 | 453 | 66 | 424 | 66 |
| | 本科 | 188 | 28 | 179 | 28 |
| | 专科 | 18 | 2 | 20 | 3 |
| 岗位分布 | 董事、监事及高管人员 | 16 | 3 | 18 | 3 |
| | 固有业务人员 | 20 | 3 | 18 | 3 |
| | 信托业务人员 | 583 | 85 | 546 | 84 |
| | 其他人员 | 64 | 9 | 64 | 10 |
| 合计 | | 683 | 100 | 646 | 100 |

## 4. 经营管理

### 4.1 经营目标、经营方针、战略规划

#### 4.1.1 经营目标

公司致力于成为国内行业领先、综合实力卓越、富有品牌影响力的综合金融解决方案的提供商和多种金融功能的集成者。

#### 4.1.2 经营方针

公司追求和谐、科学的价值文化，秉承“无边界服务、无障碍运行”的经营理念，遵循市场规律，超前适变应变，持续学习创新，统筹价值实现。

#### 4.1.3 战略规划

以信托资产管理为主业，以客户为中心，以资本为基石，以人才为驱动，以金融科技为途径，以价值创造和风险管理为目标。深挖细分市场服务能力，做深投资银行，做精服务信托，做实资产管理，做强财富管理，打造综合金融服务能力。

### 4.2 经营业务的主要内容

公司经营业务包括信托业务、固有业务和专业子公司资产管理业务。

4.2.1　信托业务

信托业务是指公司作为受托人，按照委托人的意愿，基于受益人利益或特定目的，对信托财产进行管理、处分的业务。2018年末，公司信托资产余额为16 522亿元；手续费及佣金收入为55.67亿元，实现15年来行业最高水平；为受益人分配信托利润813亿元，同比增长11%，创历史新高；年内新增信托项目948个，实收信托为3 813亿元。公司积极推进业务转型升级，信托资产中主动管理型信托资产规模占比为33.52%，同比上升9.12个百分点，涵盖基础设施、房地产、金融市场、文化科技等领域。报告期末，公司直接或间接投入实体经济的信托资金约11 500亿元，参与并推动“一带一路”建设，以及基础设施、民生工程、新兴产业等国家战略和政策引导的重点领域的发展，其中基础建设领域投入信托资金超过2 500亿元；积极支持中小企业发展，参与创设总规模为400亿元的国家新兴产业创业投资引导基金，运营“中信·北京中小企业发展信托基金”系列，累计为中小企业发放贷款近700笔。

投资银行业务是指主要利用债务、权益等投融资工具，为企业、政府部门、金融同业机构等卖方客户，提供灵活多元的综合金融方案。2018年，中信信托深化产融结合，服务实体经济，进一步深耕贵州、江苏、四川、云南、湖南、山东、浙江、广东、重庆等传统优势市场，深化与当地政府及企业大客户的合作。资产管理业务是指公司为满足买方客户的投资需求，按照约定的投资范围和策略，将客户交付的信托资金配置到各类金融产品的业务。报告期内，公司为满足客户不同需求，采取多元化资产配置策略，提供不同组合的产品，主要包括权益型、混合型等。

财富管理业务是面向高端个人客户和机构客户提供的多元化的资产配置与理财服务，金融产品配置包括货币、固定收益、权益类投资等，并根据不同的客户类群提供家族信托、保险金信托、专户理财等差异化的细分服务。2018年，公司家族信托与保险金信托业务领跑全行业，服务客户近1 500位，受托资产规模超过180亿元；公司继续加大财富中心建设，完善销售团队，拓宽客户服务渠道，直销活跃客户数同比增长14%，主动管理型信托产品直销规模大幅增长49%。

服务信托业务是指以信托财产独立性为前提，以资产账户和权益账户为载体，以信托财产安全持有为基础，为客户提供账户管理、财产保管/登记、交易、监督、结算/清算、估值、权益登记/分配、信息披露、合同保管等托管运营类金融服务的信托业务。2018年，公司大力拓展资产证券化业务，获得首批非金融企业债务融资工具承销商资格和交易所ABS业务管理人资格，资产证券化业务规模1 129亿元，连续6年稳居行业领军地位；首次作为承销商与定向投资人开展ABN业务，债券承销规模超过30亿元；在账户服务领域，通过资金清结算服务信托体系打造“工业版淘宝”商品通；在消费金融领域，组建中信消费金融公司，构建产业链闭环。

报告期末，公司信托资产运用与分布表如下：

| 资产运用 | 金额（万元） | 占比（%） | 资产分布 | 金额（万元） | 占比（%） |
|---|---|---|---|---|---|
| 货币资产 | 13 748 670.41 | 8.32 | 基础产业 | 31 181 201.41 | 18.87 |
| 贷款 | 60 115 622.58 | 36.39 | 房地产 | 35 300 052.93 | 21.37 |
| 交易性金融资产投资 | 8 704 478.68 | 5.27 | 证券市场 | 6 040 769.19 | 3.66 |

续表

| 资产运用 | 金额（万元） | 占比（%） | 资产分布 | 金额（万元） | 占比（%） |
|---|---|---|---|---|---|
| 可供出售金融资产投资 | 45 213 345.67 | 27.37 | 工商企业 | 21 384 871.12 | 12.94 |
| 持有至到期投资 | 1 982 472.47 | 1.20 | 金融机构 | 34 340 133.36 | 20.78 |
| 长期股权投资 | 18 320 004.03 | 11.09 | 其他 | 36 972 676.36 | 22.38 |
| 其他 | 17 135 110.53 | 10.36 | | | |
| 信托资产总计 | 165 219 704.37 | 100.00 | 信托资产总计 | 165 219 704.37 | 100.00 |

4.2.2　固有业务

固有业务的展业原则是在净资本充足率和杠杆率的约束下，制定公司资产配置策略，处理好资产与负债、风险与收益、短期目标与中长期战略之间的关系，实现固有资产增值目标，支持信托业务及子公司业务发展，为股东创造更大价值。2018年，中信信托固有资产总额为275亿元，固定收益投资收益保持平稳。

| 资产运用 | 金额（万元） | 占比（%） | 资产分布 | 金额（万元） | 占比（%） |
|---|---|---|---|---|---|
| 货币资产 | 321 537.16 | 12 | 基础产业 | 193 358.62 | 7 |
| 发放贷款和垫款 | 511 577.09 | 19 | 房地产业 | 612 455.30 | 22 |
| 买入返售金融资产 | 55 500.00 | 2 | 证券市场 | 99 635.13 | 4 |
| 交易性金融资产 | 424 297.68 | 15 | 实业 | — | — |
| 债权投资 | 487 282.71 | 18 | 金融机构 | 302 899.23 | 11 |
| 其他权益工具投资 | 174 942.96 | 6 | 其他 | 1 544 830.97 | 56 |
| 长期股权投资 | 295 853.44 | 11 | | | |
| 其他 | 482 188.20 | 18 | | | |
| 资产总计 | 2 753 179.24 | 100 | 资产总计 | 2 753 179.24 | 100.00 |

4.2.3　专业子公司资产管理业务

专业子公司业务是中信信托构建综合金融服务平台的重要组成部分。公司通过中信聚信（北京）资本管理有限公司、中信信惠国际资本有限公司、中信保诚基金管理有限公司、天津信唐货币经纪有限责任公司等下属公司，开展股权投资基金、海外投资、公募基金、货币经纪等业务，投向军民融合、高端制造、文化教育、医疗健康等多个产业领域。中信信惠通过创设各类交易平台为境内企业和机构“走出去”提供海外投融资服务，旗下全球机遇基金获得彭博社亚洲对冲基金第八名。

## 4.3　市场分析

4.3.1　影响业务发展的有利因素

（1）宏观政策强化逆周期调节，释放稳增长、稳杠杆的政策信号，在一定程度上提振了市场信心，对冲经济增速下行的不利影响。

（2）2018年第四季度开始，市场违约情况得到一定程度的缓解，2019年流动性或将进一步改善；房地产市场继续差异化调控，地方政府债务风险化解工作持续推进，信托公司展业思路和方法将随之调整，发现新的展业机会。

（3）随着监管机构着力引导信托回归本源，信托公司本源业务——服务信托与慈善信托将迎来发展机遇。未来基于金融科技的消费信托、资金清结算等服务信托业务的展业空间得以打开。

（4）随着中国家族财富的不断积累，高净值客户日益增多，社会对财富管理的需求持续上涨，未来以家族信托、保险金信托为代表的财富管理业务发展潜力较大，将成为行业新的利润增长来源。

#### 4.3.2 影响业务发展的不利因素

（1）经济下行压力加大。宏观经济运行稳中有变、变中有忧。我国发展面临多年少有的国内外复杂严峻形势，经济出现新的下行压力。

（2）市场违约风险增加。在“降杠杆、去通道、去嵌套”的影响下，社会融资总额下降，市场信用收缩，违约率上升。

（3）强监管态势持续。2018 年，监管机构对信托公司继续保持强监管态势；资管新规要求信托公司须在 2020 年末前完成整改工作，信托业务面临重新定位，信托公司经营挑战凸显。

（4）市场竞争加剧。随着资管新规及其配套实施细则次第落实，监管标准将逐渐统一，市场竞争将进一步加剧。商业银行理财及理财子公司等，在股东背景、业务协同能力、产品销售渠道、投资门槛等方面具有比较优势，给信托公司带来挑战。

### 4.4 内部控制

#### 4.4.1 内部控制环境和内部控制文化

公司按照《公司法》《信托公司管理办法》《信托公司治理指引》《企业内部控制基本规范》等法律法规以及公司章程相关要求，建立了由股东会、董事会、监事会、高级管理层组成的分工明确、权责对应、合理制衡的公司治理结构，以及组成各业务部门、风险合规等管理部门、审计监察部门等各层级报告关系清晰的组织架构体系。

公司重视内部控制文化建设，以合规经营和维护受益人利益为出发点，坚持“业务发展、内控先行”的管理理念，建立了涵盖企业价值观、经营理念、运行原则、操守规范的文化体系；坚持可持续发展的人力资源政策，建立了包括“举手制”在内的具有信托特色、激励与约束并重的人力资本管理体系；从环境文化、制度文化、组织文化、行为文化等多层次切入，通过制度规范、考核激励、讲座培训、执纪问责等多种方式倡导和实践内部控制核心理念，营造良好的合规经营和风险防范的内部控制文化氛围。

#### 4.4.2 内部控制措施

公司内控制度体系涵盖公司治理、风险合规、稽核审计、财务管理、人力资本、市场销售、信息技术、行政管理等，明确了各部门及岗位的职责权限、各业务流程的控制节点及控制要求。公司建立起涵盖各个业务类型的业务管理制度和实施细则，并按照《制度管理办法》定期进行评估，同时根据业务发展创新及时调整、更新管理制度，发出规范性通知以及新业务内部操作指引。2018 年新颁布或修订制度共计 33 项，涵盖履职监督、财务监督、业务评审、销售管理、消费者权益保护、违规违纪处理、反洗钱以及品牌管理等方面。

公司始终遵循前台、中台、后台分离的原则，将相互监督制衡的运行机制贯穿于全业务流程；加大信息系统投入，完善综合业务管理平台，升级财务管理、资金清算等系统，将自动控制与人工控制相结合，加强关键风险点的自动化管控和监督。

公司坚持“防火墙”机制，在信托业务和固有业务之间实行部门、人员、财务和管理的有效分离；设立信托业务审查委员会和固有业务审查委员会，对信托业务和固有业务进行独立的评审。

#### 4.4.3 信息交流与反馈

公司建立起高效通畅的内外部信息交流与反馈机制。内部各层级之间明确报告路线，上下级之间、前中后台之间通过定期经营分析会议、各类业务系统、财务管理系统、OA 办公系统、视频会议、电子邮件等渠道，以事务管理报告、管理月报、业务快报、专项报告、问责通报等方式在公司确立信息交流与共享机制。通过公司领导接待日、谈心谈话等机制广泛听取意见，并通过监督工作委员会研究协调各类意见建议。

公司按监管要求，及时报送各类财务及业务报表、事前及事后报告、关联交易报告等；积极履行受托人职责，通过过程监测与不定期监督检查，督促向投资者准确地披露各类业务信息；加强消费者权益保护工作管理，规范投诉受理和处理流程，设立投诉邮箱、400 电话及现场投诉等渠道，接受投资者监督；通过建立重大突发事件应急处置办法、公共关系管理办法、声誉风险管理办法、新闻发言人制度，及时、完整地向各类利益相关者披露相关信息，并发挥信息技术和自媒体优势，通过官方网站、APP、微信公众号等渠道，确保公司对外交流的及时性、有效性、规范性。

#### 4.4.4 监督评价与纠正

公司创新内控管理模式，积极推进多层次大监督体系建设，通过监督工作委员会，实现党内监督、行政监察、经营监督的全覆盖，形成以监督工作委员会为统领，以监督信息采集、调研分析、整改落实、执纪问责等机制体系为支撑的工作模式；监事会负责监督董事会、高级管理层及其成员履职情况，检查、监督公司的财务活动；纪检监察部门聚焦党风廉政建设和廉洁从业，强化监督执纪问责；稽核审计部以风险为导向独立行使监督评价职能，通过常规审计与专项审计相结合的方式持续对各类经营管理活动进行监督评价。

报告期内，公司继续加强对重点业务、重点子公司的审计，开展各类信托项目风险审计，对管理人员实施任期经济责任审计，对内控的有效性开展专项审计，注重问题的整改跟踪与问责，确保审计建议的有效落实。

### 4.5 风险管理

公司坚持“以风险管理服务业务发展，以风险管理促进价值提升”的核心理念，持续完善全面风险管理体系，推行全员风险管理文化，构建了以“四道防线”（业务拓展、风险合规、稽核审计、纪检监察）为组织基础，覆盖公司战略风险、业务风险、人力风险、财务风险、声誉风险的全面风险管理体系，通过制度规章和管理流程的有效运行，保障公司经营目标的实现。报告期内，公司有效管理信用风险、操作风险、市场风险以及声誉风险等业务风险，未新增存在兑付风险的信托项目，获得《财经》杂志颁发的“可持续发展风控奖”。

#### 4.5.1 信用风险

信托业务的信用风险主要来自融资类信托业务。报告期内，公司顺利完成 95 个融资类信托项目的终止清算，分配信托本金 807 亿元，实现了信托业务的预期目标，履行了受托人的尽职管理职责。

固有业务信用风险主要来自固定收益类资产。报告期末，公司投资的具有融资属性的金融产品安全性较好，各产品均处于正常运行状态。

4.5.2　市场风险

信托业务的市场风险主要来自直接投资和金融投资信托业务。2018 年股市大幅震荡下行，债券市场违约频出，市场风险整体偏大，但公司严格依据信托合同进行投资运营，确保各项风险控制措施有效执行，使得有价证券投资类信托产品整体运行平稳。

固有业务的市场风险主要来自固有权益类资产。报告期内，公司权益类投资收益下降 93%，主要受资本市场大幅波动影响。

4.5.3　操作风险

操作风险是指信托公司作为受托人，因尽职管理存在瑕疵，而导致的直接或间接财务、声誉损失的风险。报告期内，公司在业务全生命周期各环节不断规范操作流程和细化岗位职责，并强化监督、执纪、问责机制，操作风险得到有效防范和控制。

4.5.4　合规与法律风险

公司坚持以“实质重于形式、合法有效”的原则开展业务，在制度建设、流程优化、措施管控、队伍建设等方面扎实做好合规与法律风险管理，报告期内，公司密切关注监管形势变化，及时跟进监管政策要求，接受监管机构现场检查，全面落实“资管新规”整改，大幅提升反洗钱工作能力，未因开展违法违规业务或受托履职不当受到监管处罚，也未因法律风险管控不当导致交易无效或发生重大财务损失。

4.5.5　道德风险

公司通过组织全员培训和宣导教育活动，增加内部监察和审计频率，提高全体员工的职业操守和道德水平。报告期内，公司未发生因员工道德问题导致受托管理资产或固有财产遭到损失的情形。

4.5.6　声誉风险

声誉是信托公司赖以生存的重要资产。信托业备受公众关注，同时监管机构持续加强对行业声誉风险管理的监督力度。报告期内，公司进一步规范、统一公司品牌管理，完善声誉管理制度，制定《中信信托品牌传播管理办法》，未发生重大负面舆情、案件和群体事件，维护了良好的品牌声誉。

### 4.6　净资本管理概况

公司高度重视净资本管理，保证资本扩充与业务发展的匹配和平衡。2018 年末，公司净资本充足率达 190.18%，净资本余额为 168 亿元。充裕的资本实力构筑了公司可持续发展的坚实基础。报告期末，净资本各项指标均处于符合监管要求的较好水平。

| 指标 | 期末数 | 监管标准 |
|---|---|---|
| 净资本(亿元) | 168 | ≥2 |
| 各项风险资本之和(亿元) | 88 | — |
| 净资本/各项风险资本之和(%) | 190.18 | ≥100 |
| 净资本/净资产(%) | 69.25 | ≥40 |

## 5. 报告期末及比较式会计报表

### 5.1　固有资产

5.1.1　会计师事务所审计意见

信永中和会计师事务所认为，公司财务报表在所有重大方面按照企业会计准则的规定编制，公允反映了中信信托公司 2018 年 12 月 31 日的合并及母公司财务状况以及 2018 年度的合并及母公司经营成果和现金流量。

5.1.2　资产负债表

**资产负债表**

编制单位：中信信托有限责任公司　　2018 年 12 月 31 日　　单位：万元

| 项目 | 合并 | | 母公司 | |
|---|---|---|---|---|
| | 2018 年 12 月 31 日 | 2018 年 1 月 1 日 | 2018 年 12 月 31 日 | 2018 年 1 月 1 日 |
| 资产： | | | | |
| 货币资金 | 19 104.02 | 4 396.10 | 1.98 | 2.96 |
| 存放同业款项 | 376 447.27 | 911 177.63 | 321 535.18 | 893 492.92 |
| 应收款项 | 191 227.80 | 23 328.25 | 21 915.66 | 9 102.15 |
| 其他应收款 | 341 713.73 | 371 145.93 | 349 886.90 | 383 896.67 |
| 买入返售金融资产 | 55 980.02 | — | 55 500.00 | — |
| 发放贷款和垫款 | 539 674.97 | 263 824.03 | 511 577.09 | 263 324.35 |
| 金融投资： | — | — | — | — |
| 交易性金融资产 | 520 090.18 | 1 003 788.02 | 424 297.68 | 184 588.40 |
| 债权投资 | 709 191.07 | 665 936.01 | 487 282.71 | 524 855.70 |
| 其他权益工具投资 | 174 942.96 | 141 672.19 | 174 942.96 | 141 672.19 |
| 长期股权投资 | 738 602.99 | 125 094.98 | 295 853.44 | 152 455.61 |
| 固定资产 | 1 655.43 | 1 508.70 | 1 491.84 | 1 306.18 |
| 无形资产 | 3 449.84 | 2 479.30 | 3 449.84 | 2 479.30 |
| 商誉 | 36.21 | 36.21 | — | — |
| 递延所得税资产 | 85 584.41 | 78 210.90 | 79 098.90 | 72 362.96 |
| 其他资产 | 33 552.34 | 26 280.48 | 26 345.07 | 20 548.73 |
| 资产总计 | 3 791 253.24 | 3 618 878.73 | 2 753 179.25 | 2 650 088.12 |

续表

| 项目 | 合并 | | 母公司 | |
|---|---|---|---|---|
| | 2018 年 12 月 31 日 | 2018 年 1 月 1 日 | 2018 年 12 月 31 日 | 2018 年 1 月 1 日 |
| 负债: | | | | |
| 借款 | 551 015. 25 | 632 485. 54 | — | — |
| 交易性金融负债 | 32 400. 98 | — | — | — |
| 应付职工薪酬 | 133 858. 20 | 125 084. 10 | 129 096. 22 | 117 594. 51 |
| 应交税费 | 82 913. 12 | 64 545. 88 | 79 577. 61 | 62 338. 26 |
| 其他应付款 | 166 001. 21 | 332 640. 53 | 110 792. 69 | 310 425. 90 |
| 预计负债 | 82 264. 78 | 66 516. 70 | — | — |
| 应付债券 | 207 441. 51 | 115 132. 19 | — | — |
| 合同负债 | 6 123. 69 | 11 368. 02 | 5 847. 69 | 10 412. 03 |
| 递延所得税负债 | 17. 52 | 16. 72 | — | — |
| 其他负债 | 7 872. 39 | 5 502. 28 | 577. 50 | — |
| 负债合计 | 1 269 908. 65 | 1 353 291. 96 | 325 891. 71 | 500 770. 70 |
| 所有者权益: | | | | |
| 实收资本 | 1 000 000. 00 | 1 000 000. 00 | 1 000 000. 00 | 1 000 000. 00 |
| 资本公积 | 2 134. 09 | 2 134. 09 | — | — |
| 其他综合收益 | 15 169. 41 | -17 568. 51 | 12 889. 65 | -11 976. 42 |
| 盈余公积 | 274 815. 72 | 238 210. 74 | 274 815. 72 | 238 210. 74 |
| 一般风险准备 | 42 148. 65 | 41 915. 85 | 42 148. 65 | 41 915. 85 |
| 信托赔偿准备 | 135 481. 18 | 117 178. 69 | 135 481. 18 | 117 178. 69 |
| 未分配利润 | 1 051 176. 46 | 883 444. 95 | 961 952. 34 | 763 988. 56 |
| 归属于母公司所有者权益合计 | 2 520 925. 51 | 2 265 315. 81 | 2 427 287. 54 | 2 149 317. 42 |
| 少数股东权益 | 419. 08 | 270. 96 | — | — |
| 所有者权益合计 | 2 521 344. 59 | 2 265 586. 77 | 2 427 287. 54 | 2 149 317. 42 |
| 负债和所有者权益合计 | 3 791 253. 24 | 3 618 878. 73 | 2 753 179. 25 | 2 650 088. 12 |

公司法定代表人:陈一松　　主管会计工作的公司负责人:王道远　　公司会计机构负责人:胡楠

### 5. 1. 3　利润表

**利润表**

编制单位:中信信托有限责任公司　　2018 年度　　单位:万元

| 项目 | 合并 | | 母公司 | |
|---|---|---|---|---|
| | 2018 年度 | 2017 年度 | 2018 年度 | 2017 年度 |
| 一、营业收入 | 536 524. 36 | 739 895. 86 | 614 466. 57 | 574 951. 48 |
| 手续费及佣金收入 | 556 674. 97 | 454 848. 12 | 545 000. 76 | 444 770. 70 |
| 利息净收入 | 77 119. 98 | 81 830. 02 | 85 397. 04 | 77 373. 31 |
| 投资收益 | 90 891. 13 | 62 905. 38 | 38 205. 89 | 54 754. 33 |
| 公允价值变动收益 | -187 648. 28 | 140 589. 18 | -54 081. 72 | -1 899. 24 |
| 汇兑净收益 | -461. 83 | -235. 98 | 5. 27 | -6. 76 |
| 资产处置损失 | -60. 67 | -46. 85 | -60. 67 | -46. 85 |
| 其他业务收入 | 9. 05 | 5. 99 | — | 5. 99 |
| 二、营业支出 | 191 759. 34 | 302 292. 11 | 132 518. 65 | 258 272. 86 |
| 税金及附加 | 4 186. 56 | 3 262. 78 | 4 149. 98 | 3 232. 60 |
| 业务及管理费 | 157 682. 14 | 163 201. 54 | 128 130. 11 | 117 168. 86 |
| 信用减值损失 | 29 457. 05 | — | 116. 21 | — |
| 资产减值损失 | — | 135 788. 95 | — | 137 832. 57 |
| 其他业务支出 | 433. 59 | 38. 84 | 122. 35 | 38. 84 |
| 三、营业利润 | | | | |
| 加:营业外收入 | 110 062. 94 | 17. 03 | 337. 96 | 0. 08 |
| 减:营业务支出 | 862. 75 | 206. 51 | 287. 62 | 0. 47 |
| 四、利润总额 | 453 965. 21 | 437 414. 26 | 481 998. 26 | 316 678. 22 |
| 减:所得税费用 | 118 098. 61 | 78 377. 65 | 115 948. 44 | 74 165. 82 |
| 五、净利润 | 335 866. 59 | 359 036. 61 | 366 049. 82 | 242 512. 40 |
| 归属于母公司所有者的净利润 | 335 817. 56 | 358 558. 02 | — | — |
| 少数股东损益 | 49. 03 | 478. 59 | — | — |

公司法定代表人:陈一松　　主管会计工作的公司负责人:王道远　　公司会计机构负责人:胡楠

### 5.1.4 所有者权益变动表

**所有者权益变动表**

编制单位：中信信托有限责任公司　　2018年度　　单位：万元

| 项目 | 2018年度（合并） | | | | | | | | | 2018年度（母公司） | | | | | | |
|---|---|---|---|---|---|---|---|---|---|---|---|---|---|---|---|---|
| | 归属于母公司所有者权益 | | | | | | | 少数股东权益 | 所有者权益合计 | 实收资本 | 其他综合收益 | 盈余公积 | 一般风险准备 | 信托赔偿准备 | 未分配利润 | 所有者权益合计 |
| | 实收资本 | 资本公积 | 其他综合收益 | 盈余公积 | 一般风险准备 | 信托赔偿准备 | 未分配利润 | | | | | | | | | |
| 2018年1月1日余额 | 1 000 000.00 | 2 134.09 | 5 668.76 | 235 684.52 | 42 009.16 | 115 915.58 | 868 569.30 | 270.96 | 2 270 252.37 | 1 000 000.00 | 17 951.40 | 235 684.52 | 42 009.16 | 115 915.58 | 742 422.36 | 2 153 983.02 |
| 会计政策变更 | — | — | -23 237.27 | 2 526.22 | -93.31 | 1 263.11 | 14 875.65 | — | -4 665.60 | — | -29 927.82 | 2 526.22 | -93.31 | 1 263.11 | 21 566.20 | -4 665.60 |
| 2018年1月1日余额 | 1 000 000.00 | 2 134.09 | -17 568.51 | 238 210.74 | 41 915.85 | 117 178.69 | 883 444.95 | 270.96 | 2 265 586.77 | 1 000 000.00 | -11 976.42 | 238 210.74 | 41 915.85 | 117 178.69 | 763 988.56 | 2 149 317.42 |
| 本年增减变动金额 | | | | | | | | | | | | | | | | |
| 1. 综合收益总额 | — | — | 32 737.92 | — | — | — | 335 817.56 | 49.03 | 368 604.51 | — | 24 866.07 | — | — | — | 366 049.82 | 390 915.89 |
| 2. 利润分配 | — | — | — | 36 604.98 | 232.80 | 18 302.49 | -168 086.05 | — | -112 945.78 | — | — | 36 604.98 | 232.80 | 18 302.49 | -168 086.04 | -112 945.77 |
| 提取盈余公积 | — | — | — | 36 604.98 | — | — | -36 604.98 | — | — | — | — | 36 604.98 | — | — | -36 604.98 | — |
| 对所有者的分配 | — | — | — | — | — | — | -112 945.78 | — | -112 945.78 | — | — | — | — | — | -112 945.78 | -112 945.78 |
| 提取一般风险准备 | — | — | — | — | — | 18 302.49 | -18 302.49 | — | — | — | — | — | — | 18 302.49 | -18 302.49 | — |
| 提取信托赔偿准备 | — | — | — | — | 232.80 | — | -232.80 | — | — | — | — | — | 232.80 | — | -232.80 | — |
| 3. 非同一控制下企业合并 | — | — | — | — | — | — | — | 99.09 | 99.09 | — | — | — | — | — | — | — |
| 上述1至3小计 | — | — | 32 737.92 | 36 604.98 | 232.80 | 18 302.49 | 167 731.51 | 148.12 | 255 757.82 | — | 24 866.07 | 36 604.98 | 232.80 | 18 302.49 | 197 963.78 | 277 970.12 |
| 2018年12月31日余额 | 1 000 000.00 | 2 134.09 | 15 169.41 | 274 815.72 | 42 148.65 | 135 481.18 | 1 051 176.46 | 419.08 | 2 521 344.59 | 1 000 000.00 | 12 889.65 | 274 815.72 | 42 148.65 | 135 481.18 | 961 952.34 | 2 427 287.54 |

## 所有者权益变动表（续）

编制单位：中信信托有限责任公司　　2018 年度　　单位：万元

| 项目 | 2017 年度（合并） | | | | | | | | | 2017 年度（母公司） | | | | | | |
|---|---|---|---|---|---|---|---|---|---|---|---|---|---|---|---|---|
| | 归属于母公司所有者权益 | | | | | | | 少数股东权益 | 所有者权益合计 | 实收资本 | 其他综合收益 | 盈余公积 | 一般风险准备 | 信托赔偿准备 | 未分配利润 | 所有者权益合计 |
| | 实收资本 | 资本公积 | 其他综合收益 | 盈余公积 | 一般风险准备 | 信托赔偿准备 | 未分配利润 | | | | | | | | | |
| 2017 年 1 月 1 日余额 | 1 000 000. 00 | 2 441. 84 | 17 223. 11 | 211 433. 28 | 36 861. 15 | 103 789. 96 | 653 300. 70 | 4 142. 51 | 2 029 192. 56 | 1 000 000. 00 | 16 235. 62 | 211 433. 28 | 36 861. 15 | 103 789. 96 | 639 778. 84 | 2 008 098. 84 |
| 本年增减变动金额 | | | | | | | | | | | | | | | | |
| 1. 综合收益总额 | — | — | -11 554. 35 | — | — | — | 358 558. 02 | 478. 59 | 347 482. 26 | — | 1 715. 78 | — | — | — | 242 512. 40 | 244 228. 19 |
| 2. 利润分配 | — | — | — | 24 251. 24 | 5 148. 01 | 12 125. 62 | -141 511. 10 | -1 642. 22 | -101 628. 44 | — | — | 24 251. 24 | 5 148. 01 | 12 125. 62 | -139 868. 88 | -98 344. 01 |
| 提取盈余公积 | — | — | — | 24 251. 24 | — | — | -24 251. 24 | — | — | — | — | 24 251. 24 | — | — | -24 251. 24 | — |
| 对所有者的分配 | — | — | — | — | — | — | -99 986. 23 | -1 642. 22 | -101 628. 44 | — | — | — | — | — | -98 344. 01 | -98 344. 01 |
| 提取一般风险准备 | — | — | — | — | 5 148. 01 | — | -5 148. 01 | — | — | — | — | — | 5 148. 01 | — | -5 148. 01 | — |
| 提取信托赔偿准备 | — | — | — | — | — | 12 125. 62 | -12 125. 62 | — | — | — | — | — | — | 12 125. 62 | -12 125. 62 | — |
| 3. 同一控制下企业合并调整 | — | -307. 74 | — | — | — | — | -1 778. 33 | -2 707. 93 | -4 794. 00 | — | — | — | — | — | — | — |
| 上述 1 至 3 小计 | — | -307. 74 | -11 554. 35 | 24 251. 24 | 5 148. 01 | 12 125. 62 | 215 268. 59 | -3 871. 55 | 241 059. 81 | — | 1 715. 78 | 24 251. 24 | 5 148. 01 | 12 125. 62 | 102 643. 52 | 145 884. 18 |
| 2017 年 12 月 31 日余额 | 1 000 000. 00 | 2 134. 09 | 5 668. 76 | 235 684. 52 | 42 009. 16 | 115 915. 58 | 868 569. 29 | 270. 96 | 2 270 252. 37 | 1 000 000. 00 | 17 951. 40 | 235 684. 52 | 42 009. 16 | 115 915. 58 | 742 422. 36 | 2 153 983. 02 |

公司法定代表人：陈一松　　主管会计工作的公司负责人：王道远　　公司会计机构负责人：胡楠

## 5.2 信托资产

### 5.2.1 信托项目资产负债汇总表

**信托项目资产负债汇总表**

编制单位:中信信托有限责任公司　　2018 年 12 月 31 日　　单位:万元

| 信托资产 | 2018 年 12 月 31 日 | 2017 年 12 月 31 日 |
|---|---|---|
| 信托资产: | | |
| 存放同业款项 | 13 748 670.41 | 14 112 772.19 |
| 拆出资金 | — | — |
| 衍生金融资产 | — | — |
| 交易性金融资产 | 8 704 478.68 | 11 176 331.77 |
| 买入返售金融资产 | 575 930.09 | 686 471.07 |
| 应收票据 | — | — |
| 应收账款 | 15 020 574.03 | 17 151 777.77 |
| 应收利息 | 68 549.82 | 51 435.95 |
| 应收股利 | 89 701.49 | 84 413.00 |
| 其他应收款 | 1 342 013.39 | 1 855 429.64 |
| 贷款 | 60 115 622.58 | 88 711 546.64 |
| 可供出售金融资产 | 45 213 345.67 | 42 944 101.36 |
| 长期应收款 | — | — |
| 持有至到期金融资产 | 1 982 472.47 | 2 851 952.68 |
| 长期股权投资 | 18 320 004.03 | 18 998 935.55 |
| 其他资产 | 38 341.71 | 47 808.35 |
| 信托资产总计 | 165 219 704.37 | 198 672 975.97 |
| 信托负债和信托权益 | 2018.12.31 | 2017.12.31 |
| 信托负债: | | |
| 交易性金融负债 | — | — |
| 应交税费 | 71 345.68 | 727.88 |
| 其他应付款 | 1 899 781.06 | 2 397 766.82 |
| 应付账款 | 77 373.05 | 53 421.27 |
| 长期应付款 | — | — |
| 信托负债合计 | 2 048 499.79 | 2 451 915.97 |
| 信托权益: | | |
| 实收信托 | 159 471 685.10 | 189 845 682.67 |
| 资本公积 | 3 384 835.53 | 3 903 904.91 |
| 未分配利润 | 314 683.95 | 2 471 472.42 |
| 信托权益合计 | 163 171 204.58 | 196 221 060.00 |
| 信托负债及权益总计 | 165 219 704.37 | 198 672 975.97 |

法定代表人:陈一松　　主管信托财务负责人:王道远　　会计机构负责人:杜永生

### 5.2.2 信托项目利润及利润分配汇总表

**信托项目利润及利润分配汇总表**

编制单位:中信信托有限责任公司　　2018 年度　　单位:万元

| 项目 | 2018 年度 | 2017 年度 |
|---|---|---|
| 一、营业收入 | 7 024 115.05 | 7 807 201.41 |
| 利息收入 | 4 845 357.59 | 5 027 597.84 |
| 投资收益 | 2 982 161.09 | 1 485 991.08 |
| 租赁收入 | — | — |
| 公允价值变动损益 | -1 436 526.41 | 575 351.51 |
| 汇兑损益 | 196.04 | -1 677.04 |
| 其他收入 | 632 926.74 | 719 938.02 |
| 二、营业费用 | 1 018 551.05 | 825 250.99 |
| 三、税金及附加 | 28 824.31 | 442.49 |
| 四、扣除资产损失前的信托利润 | 5 976 739.69 | 6 981 507.93 |
| 减:资产减值损失 | 5 482.10 | -10 637.17 |
| 五、扣除资产损失后的信托利润 | 5 971 257.59 | 6 992 145.10 |
| 加:期初未分配信托利润 | 2 471 472.42 | 2 803 894.50 |
| 六、可供分配的信托利润 | 8 442 730.01 | 9 796 039.60 |
| 减:本期已分配信托利润 | 8 128 046.06 | 7 324 567.18 |
| 七、期末未分配信托利润 | 314 683.95 | 2 471 472.42 |

法定代表人:陈一松　　主管信托财务负责人:王道远　　会计机构负责人:杜永生

## 6. 会计报表附注

### 6.1 会计报表编制基准不符合会计核算基本前提的说明

#### 6.1.1 会计报表不符合会计核算基本前提的事项

本公司无上述情况。

#### 6.1.2 纳入公司合并会计报表范围的子公司情况

| 子公司名称 | 业务性质 | 注册地 | 注册资本 | 实际投资额(万元) | 母公司持有的权益性资本的比例(%) | 合并期间 |
|---|---|---|---|---|---|---|
| 中信聚信(北京)资本管理有限公司 | 服务业 | 北京 | 50 000 万元 | 50 000 | 100 | 2012 年 4 月至 2018 年 12 月 |
| 中信信惠国际资本有限公司 | 金融业 | 香港 | 164 657 万港元 | 144 096.89 | 100 | 2014 年 10 月至 2018 年 12 月 |

注:1. 2012 年,公司出资 20 000 万元设立全资子公司中信聚信(北京)资本管理有限公司(以下简称中信聚信),并将其纳入合并会计报表范围,纳入合并报表的基准日为 2012 年 4 月 17 日。2014 年,公司以现金方式向中信聚信增加注册资本20 000 万元,变更后注册资本为 40 000 万元。2017 年,公司以现金方式向中信聚信增加注册资本 10 000 万元,变更后注册资本为 50 000 万元。

2. 2014 年,公司出资 15.83 万元受让中信信惠国际资本有限公司(以下简称信惠国际)51% 股权,并将其纳入合并会计报表范围,纳入合并报表的基准日为 2014 年 10 月 31 日。2015 年 3 月,公司以现金 3 173.83 万元向信惠国际增资。2015 年 10 月,公司以现金 3 073.82 万元购买信惠国际少数股权(占该公司股份的 49%),由此取得对信惠国际 100% 控制权。2018 年公司以现金方式向中信信惠国际资本有限公司增加注册资本 137 833.40 万元。

### 6.2 重要会计政策和会计估计说明

公司自 2018 年 1 月 1 日起执行《企业会计准则第 14 号——收入》《企业会计准则第 22 号——金融工具确认和计量》《企业会计准则第 23 号——金融资产转移》《企业会计准则第 24 号——套期会计》《企业会计准则第 37 号——金融工具列报》等准则。《企业会计准则第 14 号——收入》的采用对本公司 2018 年 1 月 1 日的财务报表未产生重大影响,但《企业会计准则第 22 号——金融工具确认和计量》《企业会计准则第 23 号——金融资产转移》《企业会计准则第 24 号——套期会计》《企业会计准则第 37 号——金融工具列报》的采用对金融工具的分类和计量、金融资产的减值等方面产生三方面主要影响:(1)金融资产分类发生变化;(2)金融资产减值由原准则的已发生损失模型更改为预期信用损失模型;(3)采用《企业会计准则第 22 号——金融工具确认和计量》《企业会计准则第 23 号——金融资产转移》《企业会计准则第 24 号——套期会计》《企业会计准则第 37 号——金融工具列报》后,并根据 2018 年 12 月 26 日财政部发布的《关于修订印发 2018 年度金融企业财务报表格式的通知》(财会[2018]36 号)进行报表项目调整。

### 6.3 或有事项说明

报告期末,公司没有对外担保。

### 6.4 重要资产转让及其出售的说明

报告期内,公司没有重要资产转让及其出售。

## 6.5 会计报表中重要项目的明细资料

### 6.5.1 固有资产经营情况

6.5.1.1 信用风险资产五级分类情况

按照《中国银行业监督管理委员会关于非银行金融机构全面推行资产质量五级分类管理的通知》的分类标准，本年度公司固有资产质量情况如下：

| 信用风险资产五级分类 | 正常类（万元） | 关注类（万元） | 次级类（万元） | 可疑类（万元） | 损失类（万元） | 信用风险资产合计（万元） | 不良资产合计（万元） | 不良资产率（%） |
|---|---|---|---|---|---|---|---|---|
| 期初数 | 1 896 254. 86 | 179 431. 76 | 56 400. 00 | — | 62 794. 40 | 2 194 881. 02 | 119 194. 40 | 5. 43 |
| 期末数 | 1 481 940. 96 | 311 993. 58 | 56 400. 00 | — | 64 011. 90 | 1 914 346. 44 | 120 411. 90 | 6. 29 |

注：不良资产合计 = 次级类 + 可疑类 + 损失类。

6.5.1.2 资产减值准备情况

单位：万元

| | 期初数 | 本期计提 | 本期转回 | 本期核销 | 期末数 |
|---|---|---|---|---|---|
| 应收利息减值准备 | 4 291. 58 | — | 969. 97 | — | 3 321. 61 |
| 发放贷款和垫款减值准备 | 77 291. 57 | — | 7 222. 75 | — | 70 068. 82 |
| 金融资产投资减值准备 | 65 038. 36 | 8 308. 93 | — | — | 73 347. 29 |
| 其中：债权投资减值准备 | 65 038. 36 | 8 308. 93 | — | — | 73 347. 29 |
| 长期股权投资减值准备 | 713. 16 | — | — | 244. 00 | 469. 16 |
| 合计 | 147 334. 67 | 8 308. 93 | 8 192. 72 | 244. 00 | 147 206. 88 |

6.5.1.3 固有股票投资、基金投资、债券投资、长期股权投资等投资情况

单位：万元

| | 固有股票 | 基金 | 债券 | 长期股权投资 | 其他投资 | 合计 |
|---|---|---|---|---|---|---|
| 期初数 | 23 741. 68 | — | — | 152 455. 61 | 565 843. 25 | 742 040. 54 |
| 期末数 | 6 121. 57 | 5 446. 73 | 1 574. 09 | 295 853. 44 | 1 073 380. 97 | 1 382 376. 80 |

6.5.1.4 固有长期股权投资的前五名

| 企业名称 | 占被投资企业权益的比例（%） | 主要经营活动 | 投资收益（万元） |
|---|---|---|---|
| 中信聚信（北京）资本管理有限公司 | 100. 00 | 投资管理、经济信息咨询 | 并表子公司 |
| 中信信惠国际资本有限公司 | 100. 00 | 资产管理 | 并表子公司 |
| 中信保诚基金管理有限公司 | 49. 00 | 证券投资基金 | 7 094. 66 |
| 天津信唐货币经纪有限责任公司 | 48. 00 | 资产管理 | 1 855. 25 |
| 中信信诚资产管理有限公司 | 45. 00 | 资产管理 | 57. 45 |

6.5.1.5 固有贷款前五名

| 企业名称 | 占贷款总额的比例（%） | 还款情况 |
|---|---|---|
| 云南信亿投资有限公司 | 25. 12 | 正常 |
| 镇江交通产业集团有限公司 | 23. 21 | 正常 |
| 杭州御府园林绿化工程有限公司 | 10. 32 | 正常 |
| 昆明嘉丽泽旅游文化有限公司 | 9. 97 | 正常 |
| 杭州富文日用百货有限公司 | 8. 60 | 正常 |

6.5.1.6 表外业务的期初数、期末数

单位：万元

| 表外业务 | 期末数 | 期初数 |
|---|---|---|
| 担保业务 | — | — |
| 代理业务（委托业务） | 72 527. 79 | 72 870. 75 |
| 其他 | — | — |
| 合计 | 72 527. 79 | 72 870. 75 |

6.5.1.7 公司当年的收入结构

| | 合并 | | 母公司 | |
|---|---|---|---|---|
| 收入结构 | 金额（万元） | 占比（%） | 金额（万元） | 占比（%） |
| 手续费及佣金收入 | 558 020. 83 | 86. 04 | 545 000. 76 | 87. 00 |
| 其中：信托手续费收入 | 545 000. 76 | 84. 03 | 545 000. 76 | 87. 00 |
| 投资银行业务收入 | — | — | — | — |
| 利息收入 | 77 683. 90 | 11. 98 | 96 939. 56 | 15 . 48 |
| 其他业务收入 | 9. 05 | — | — | — |
| 其中：计入信托业务收入部分 | — | — | — | — |
| 投资收益 | 90 891. 13 | 14. 01 | 38 205. 89 | 6. 10 |
| 其中：股权投资收益 | 27 683. 20 | 4. 27 | 10 068. 71 | 1. 61 |
| 证券投资收益 | 5 407. 25 | 0. 83 | 5 407. 25 | 0. 86 |
| 其他投资收益 | 57 800. 68 | 8. 91 | 22 729. 94 | 3. 63 |
| 公允价值变动收益 | -187 648. 28 | -28. 93 | -54 081. 72 | -8. 63 |
| 营业外收入 | 110 062. 94 | 16. 97 | 342. 60 | 0. 05 |
| 汇兑损益 | -461. 83 | -0. 07 | 5. 27 | — |
| 收入合计 | 648 557. 75 | 100. 00 | 626 412. 36 | 100. 00 |

注：本年营业外收入主要来源于固有投资业务。

**6.5.2 信托资产管理情况**

6.5.2.1 信托资产的期初数、期末数

单位:万元

| 信托资产 | 期初数 | 期末数 |
|---|---|---|
| 集合类 | 62 213 650.34 | 64 783 762.03 |
| 单一类 | 80 602 048.86 | 68 692 105.14 |
| 财产权类 | 55 857 276.77 | 31 743 837.20 |
| 合计 | 198 672 975.97 | 165 219 704.37 |

6.5.2.1.1 主动管理型信托业务期初数、期末数

单位:万元

| 主动管理型信托资产 | 期初数 | 期末数 |
|---|---|---|
| 证券投资类 | 24 403 369.93 | 20 817 266.85 |
| 股权投资类 | 5 061 041.61 | 15 518 928.96 |
| 融资类 | 19 020 384.93 | 19 041 322.44 |
| 事务管理类 | — | — |
| 合计 | 48 484 796.47 | 55 377 518.25 |

6.5.2.1.2 非主动管理型信托业务期初数、期末数

单位:万元

| 非主动管理型信托资产 | 期初数 | 期末数 |
|---|---|---|
| 证券投资类 | — | — |
| 股权投资类 | — | — |
| 融资类 | — | — |
| 事务管理类 | 150 188 179.50 | 109 842 186.12 |
| 合计 | 150 188 179.50 | 109 842 186.12 |

6.5.2.2 本年度已清算结束的信托项目个数、实收信托合计金额、加权平均实际年化收益率

6.5.2.2.1 本年度已清算结束的集合类、单一类资金信托项目和财产管理类信托项目个数、实收信托合计金额、加权平均实际年化收益率

| 已清算结束的信托项目 | 项目个数(个) | 实收信托合计金额(万元) | 加权平均实际年化收益率(%) |
|---|---|---|---|
| 集合类 | 283 | 17 193 750.89 | 7.99 |
| 单一类 | 376 | 23 889 866.87 | 5.87 |
| 财产管理类 | 95 | 19 373 843.11 | 5.28 |

6.5.2.2.2 本年度已清算结束的主动管理型信托项目个数、实收信托合计金额、加权平均实际年化收益率,分证券投资类、股权投资类、融资类、事务管理类分别披露

| 已清算结束的信托项目 | 项目个数(个) | 实收信托合计金额(万元) | 加权平均实际年化收益率(%) |
|---|---|---|---|
| 证券投资类 | 166 | 3 135 951.28 | 13.94 |
| 股权投资类 | 21 | 3 543 030.63 | 6.71 |
| 融资类 | 95 | 8 069 823.27 | 7.12 |
| 事务管理类 | — | — | — |

6.5.2.2.3 本年度已清算结束的非主动管理型信托项目个数、实收信托合计金额、加权平均实际年化收益率,分证券投资类、股权投资类、融资类、事务管理类分别披露

| 已清算结束的信托项目 | 项目个数(个) | 实收信托合计金额(万元) | 加权平均实际年化收益率(%) |
|---|---|---|---|
| 证券投资类 | — | — | — |
| 股权投资类 | — | — | — |
| 融资类 | — | — | — |
| 事务管理类 | 472 | 45 708 655.69 | 5.58 |

6.5.2.3 本年度新增的集合类、单一类和财产管理类信托项目个数、实收信托合计金额

| 新增信托项目 | 项目个数(个) | 实收信托合计金额(万元) |
|---|---|---|
| 集合类 | 335 | 22 173 009.73 |
| 单一类 | 343 | 9 687 695.48 |
| 财产管理类 | 270 | 6 269 104.02 |
| 新增合计 | 948 | 38 129 809.23 |
| 其中:主动管理型 | 796 | 21 813 484.88 |
| 非主动管理型 | 152 | 16 316 324.35 |

注:上述统计未包括尚未清算的开放式信托项目本年度内发生的申购和赎回金额,故期初余额-本期清算+本期新增≠期末余额。

6.5.2.4 信托创新研究成果

公司积极推进业务创新,在资产证券化、国际业务、消费金融、家族信托与保险金信托、公益慈善等领域取得了较大进展,引领行业创新。

6.5.2.5 本公司履行受托人义务情况

公司以受益人利益最大化为原则,严格按照《信托法》《信托公司管理办法》《信托公司集合资金信托计划管理办法》等法律法规的规定及信托合同等文件的约定,恪尽职守,诚实、信用、谨慎、有效地管理信托财产,严格履行受托人的义务,为受益人的最大利益处理信托事务,公平、公正地处置信托财产,建立金融消费者权益保护机制和管理体系,为投资者提供了回报稳定且风险可控的投资产品。

6.5.2.6 信托赔偿准备的提取、使用和管理情况

公司从2018年的税后利润中提取5%的信托赔偿准备金,即18 302.49万元,余额达135 481.18万元。公司2018年未发生需要使用信托赔偿准备金的事件,也未使用信托赔偿准备金。

## 6.6 关联方关系及其交易的披露

**6.6.1 关联交易方的数量、关联交易的总金额及关联交易的定价原则等**

| | 关联交易方数量(个) | 关联交易金额(万元) | 定价政策 |
|---|---|---|---|
| 合计 | 29 | 1 412 886.50 | (1)遵循市场价格的原则,有客观的市场价格作为参照的一律以市场价格为准;<br>(2)如果没有市场价格,按照成本加成定价;<br>(3)如果既没有市场价格,也不适合采用成本加成价的,按照协议价定价 |

6.6.2 关联交易方与本公司的关系性质、关联交易方的名称、法定代表人、注册地址、注册资本及主营业务等

| 关系性质 | 关联方名称 | 法定代表人 | 注册地址 | 注册资本（亿元） | 主营业务 |
|---|---|---|---|---|---|
| 母公司 | 中国中信有限公司 | 常振明 | 北京市朝阳区新源南路6号 | 1 390.00 | 金融、实业 |
| 同一母公司 | 中信银行股份有限公司 | 李庆萍 | 北京东城区朝阳门北大街8号富华大厦C座 | 489.35 | 银行业务 |
| 母公司对其有重大影响 | 中信证券股份有限公司 | 张佑君 | 广东省深圳市福田区中心三路8号卓越时代广场（二期）北座 | 121.17 | 证券经纪、投行业务 |

注：公司本年度共有关联方29个，主要来自中信集团内部，表中为公司主要关联方。

6.6.3 公司与关联方的重大交易事项

6.6.3.1 固有财产与关联方：贷款、投资、租赁、应收账款、担保、其他方式等期初汇总数、本期发生额汇总数、期末汇总数

单位：万元

| 固有财产与关联方关联交易 | | | | |
|---|---|---|---|---|
| | 期初数 | 借方发生额 | 贷方发生额 | 期末数 |
| 贷款 | — | — | — | — |
| 投资 | 9 552.22 | 6 618.20 | 4 680.79 | 11 489.62 |
| 租赁 | 18.44 | 2 | — | 20.44 |
| 担保 | — | — | — | — |
| 应收账款 | 13 762.80 | 29 006.14 | 39 568.26 | 3 200.68 |
| 其他 | 310 074.38 | 411 032.47 | 104 057.00 | 3 098.91 |
| 合计 | 333 407.84 | 446 658.81 | 148 306.06 | 17 809.65 |

6.6.3.2 信托资产与关联方：贷款、投资、租赁、应收账款、担保、其他方式等期初汇总数、本期发生额汇总数、期末汇总数

单位：万元

| 信托资产与关联方关联交易 | | | | |
|---|---|---|---|---|
| | 期初数 | 借方发生额 | 贷方发生额 | 期末数 |
| 贷款 | 73 985.19 | — | — | 73 985.19 |
| 投资 | 110 981.41 | — | 46 834.96 | 64 146.45 |
| 合计 | 184 966.60 | — | 46 834.96 | 138 131.64 |

注：此外，还包括支付给关联方中信银行的托管费17 046.32万元。

6.6.3.3 固有财产和信托财产之间的交易金额期初汇总数、本期发生额汇总数、期末汇总数

单位：万元

| 固有财产与信托财产相互交易 | | | |
|---|---|---|---|
| | 期初数 | 本期发生额 | 期末数 |
| 合计 | 348 721.82 | 127 985.98 | 476 707.80 |

6.6.3.4 信托资产与信托财产之间的交易金额期初汇总数、本期发生额汇总数、期末汇总数

单位：万元

| 信托资产与信托财产相互交易 | | | |
|---|---|---|---|
| | 期初数 | 本期发生额 | 期末数 |
| 合计 | 5 189 488.09 | -512 125.53 | 4 677 362.56 |

6.6.4 关联方逾期未偿还本公司资金的详细情况以及本公司为关联方担保发生或即将发生垫款的情况

关联方无逾期不偿还本公司资金情况，本公司无为关联方担保发生或即将发生垫款情况。

## 6.7 会计制度的披露

本公司固有业务和信托业务均执行财政部颁布的企业会计准则及相关规定。

# 7. 财务情况说明书

## 7.1 利润实现和分配情况

2018年母公司净利润为366 049.82万元，合并净利润为335 866.59万元。

依据《公司法》《信托公司管理办法》和本公司章程，公司对2018年实现的母公司净利润366 049.82万元进行分配。其中，提取10%的法定盈余公积金36 604.98万元，提取5%的信托赔偿准备18 302.49万元。

## 7.2 主要财务指标

| 指标名称 | 指标值 | |
|---|---|---|
| | 合并 | 母公司 |
| 资本利润率（%） | 14.03 | 15.69 |
| 人均净利润（万元） | 462.71 | 540.31 |

注：1. 资本利润率＝净利润/所有者权益平均余额×100%。

2. 人均净利润＝净利润/年平均人数。

3. 平均值采取期初、期末余额简单平均法，公式为：a（平均）＝（期初数＋期末数）/2。

## 7.3 对本公司财务状况、经营成果有重大影响的其他事项

报告期内，公司没有对财务状况、经营成果产生重大影响的其他事项。

# 8. 特别事项揭示

## 8.1 股东报告期内变动情况及原因

报告期内，本公司没有发生股东变动。

## 8.2 董事、监事及高级管理人员变动情况及原因

2018年1月，董事会聘任戴家凯为董事会秘书；2018年8月，董事会聘任戴家凯为公司副总经理；上述任职资格已获得北京银保监局核准。

2018年7月，董事会选举薄伟康为公司副董事长；报告期末，任职资格尚在北京银保监局核准中。

2018年4月，张翔燕因工作变动不再担任公司副董事长、董事职务；赵娜因工作变动不再担任公司副总经理；2018年12月，任霞因工作变动不再担任公司董事职务。

### 8.3 变更注册资本、注册地或公司名称、公司分立合并事项

报告期内，注册资本、注册地或公司名称、公司分立合并事项均未发生。

### 8.4 公司的重大诉讼事项

报告期内，公司无重大诉讼事项。

### 8.5 公司及其董事、监事和高级管理人员受到处罚情况

报告期内无上述处罚情况。

### 8.6 银保监会及其派出机构对公司进行检查及提出整改意见的情况

报告期内，公司接受北京银保监局“影子银行和交叉金融业务专项检查”，按照监管要求上报整改工作方案，相关整改工作有序推进中。同期，公司按照北京银保监局要求，组织开展了深化整治市场乱象、扫黑除恶斗争等专项工作，进行了房地产资金信托、服务信托等业务自查，进一步提高并完善了公司内部控制与风险合规管理水平。

### 8.7 重大事项临时报告情况

报告期内，公司2018年度审计师由毕马威华振会计师事务所（特殊普通合伙）更换为信永中和会计师事务所（特殊普通合伙）。

### 8.8 其他有必要让客户及相关利益人了解的重要信息

无。

## 9. 公司监事会意见

监事会根据有关法律、法规监督检查了公司依法运作、重大决策、重大经营活动情况及财务状况，认为公司能够合规运作，公司董事、总经理等在履行公司职务时未有违反法律、法规、公司章程或损害公司利益的行为，公司年度报告真实反映了公司的财务状况和经营成果。

# 中原信托有限公司

## 1. 重要提示

1.1　本公司董事会及董事保证本报告所载资料不存在任何虚假记载、误导性陈述或者重大遗漏，并对其内容的真实性、准确性和完整性承担个别及连带责任。

1.2　独立董事于萍女士、徐长生先生认为本报告内容是真实、准确、完整的。

1.3　本公司总裁崔泽军、主管会计工作的副总裁李信凤及计划财务部总经理石翠云声明：保证年度报告中财务报告的真实、完整。

## 2. 公司概况

### 2.1　公司简介

中原信托有限公司于 1985 年 8 月经河南省人民政府和中国人民银行批准成立。2002 年 10 月中国人民银行《关于中原信托投资公司重新登记有关事项的批复》（银复［2002］285 号）批准公司重新登记，并改制为有限责任公司，成为专门从事信托业务的信托金融机构。2007 年 10 月中国银监会《关于中原信托投资有限公司变更公司名称和业务范围的批复》（银监复［2007］468 号）批准公司变更名称为现名，并核准了新的业务范围，换发了中华人民共和国金融许可证。2008 年 5 月中国银监会《关于批准中原信托有限公司增加注册资本及变更股权的批复》（银监复［2008］164 号）批准公司增资扩股，注册资本由 59 227.2 万元增加到 120 200 万元（其中外汇 1 500 万美元）。2008 年 8 月中国银监会《关于中原信托有限公司特定目的信托受托机构资格的批复》（银监复［2008］349 号）核准公司特定目的信托受托机构资格，2010 年 10 月获得固有资产从事股权投资业务资格。2012 年 6 月注册资本增加至 15 亿元。2014 年 12 月中国银行业监督管理委员会河南监管局《关于同意中原信托有限公司增加注册资本的批复》（豫银监复［2014］526 号）批准公司以利润转增形式将注册资本由 15 亿元增加至 25 亿元。2016 年 12 月中国银行业监督管理委员会河南监管局《关于同意中原信托有限公司增加注册资本、变更股权比例及核准股东资格的批复》（豫银监复［2016］425 号）批准公司注册资本金由 25 亿元变更为 36.5 亿元。

2.1.1　公司中文名称：中原信托有限公司
中文简称：中原信托
英文名称：Zhongyuan Trust Co.，Ltd.
英文缩写：Zhongyuan Trust

2.1.2　法定代表人：崔泽军

2.1.3　注册地址：中国河南省郑州市商务外环路 24 号中国人保大厦
邮政编码：450016
公司互联网网址：http://www.zyxt.com.cn
电子信箱：info@zyxt.com.cn

2.1.4　信息披露事务负责人：刘飞
信息披露联系人：张进
电话（传真）：0371－88861888　电子信箱：info@zyxt.com.cn

2.1.5　信息披露报纸：《上海证券报》《证券时报》

2.1.6　年度报告备置地点：总裁办公室（郑州市商务外环路 24 号中国人保大厦 27 层）

2.1.7　公司聘请的会计师事务所：中审华会计师事务所（特殊普通合伙）
地址：天津市和平区解放北路 188 号信达广场 52 层

2.1.8　公司聘请的律师事务所：北京市大成律师事务所郑州分所
地址：郑州市商务外环路 20 号海联大厦 4 层

### 2.2　组织结构

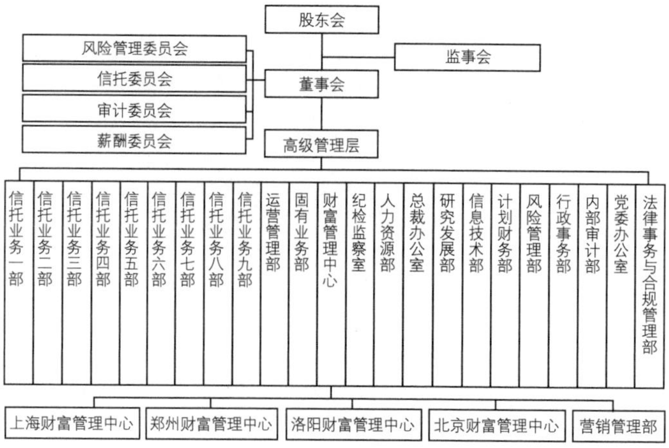

# 3. 公司治理

## 3.1 股东

截至报告期末，公司股东共3家。

| 股东名称 | 持股比例(%) | 法定代表人 |
|---|---|---|
| 河南投资集团有限公司 | 58.96536 | 刘新勇 |
| 河南中原高速公路股份有限公司 | 31.91032 | 金　雷 |
| 河南省豫粮粮食集团有限公司 | 9.12405 | 张培贤 |

以上股东不存在关联关系。

公司第一大股东的主要股东的情况

| 股东名称 | 其主要股东 | 出资比例(%) | 注册资本(万元) | 主要股东的主要经营业务及主要财务情况 |
|---|---|---|---|---|
| 河南投资集团有限公司 | 河南省人民政府 | 100% | — | — |

## 3.2 董事

公司董事会成员的基本情况：

| 姓名 | 职务 | 性别 | 年龄(岁) | 选任日期 | 所推举的股东名称 | 该股东持股比例(%) | 简要履历 |
|---|---|---|---|---|---|---|---|
| 崔泽军 | 董　事 | 男 | 55 | 2015年12月 | 职务董事职工董事 | — | 历任郑州粮食学院教师，中原信托有限公司财务部经理、副总经理、总经理；现任中原信托有限公司总裁，自2018年11月起代行董事长职责。 |
| 闫万鹏 | 董　事 | 男 | 54 | 2018年11月 | 河南投资集团有限公司 | 58.96563 | 历任河南省计委办公室办事员，河南省计经委办公室科员、副主任科员、主任科员，河南省计委办公室主任科员、人事处主任科员，河南省建设投资总公司总经理助理、总会计师；现任河南投资集团有限公司财务总监。 |
| 曹宗远 | 董　事 | 男 | 52 | 2015年12月 | 河南投资集团有限公司 | 58.96563 | 历任河南省财政厅财务开发公司信贷管理员，河南省经济技术开发公司信贷部副经理、主任、总经理助理、副总经理，河南投资集团有限公司资产管理八部主任，许平南高速公路有限责任公司总经理，河南投资集团有限公司资产管理二部、资产管理一部主任；现任河南投资集团有限公司金融管理部主任。 |
| 何运福 | 董　事 | 男 | 44 | 2015年12月 | 河南中原高速公路股份有限公司 | 31.91032 | 历任河南财政证券公司职员，河南中原高速公路股份有限公司投资部副经理，河南中原高速公路股份有限公司郑州分公司副总经理，河南中原高速公路股份有限公司投资发展部副经理，河南中原高速公路股份有限公司董事会秘书处主任；现任河南中原高速公路股份有限公司投资发展部经理。 |
| 袁顺兴 | 董　事 | 男 | 53 | 2016年12月 | 河南省豫粮粮食集团有限公司 | 9.12405 | 历任河南省郑州市建筑材料公司总经理办公室秘书，河南省经济技术开发公司干部，河南省经济技术开发公司业务一部副主任、投资开发部主任、总经理助理兼投资开发部主任、河南省经济技术开发公司副总经理、河南投资集团有限公司资产管理七部临时负责人，河南投资集团有限公司计划总监，河南投资集团有限公司副总经理；现任河南省国有资产控股运营集团有限公司董事长党委书记。 |

注：闫万鹏董事资格自监管部门核准后生效。

独立董事

| 姓名 | 所在单位及职务 | 性别 | 年龄(岁) | 所推举的股东名称 | 该股东持股比例(%) | 简要履历 |
|---|---|---|---|---|---|---|
| 于　萍 | 北京市大成律师事务所郑州分所高级律师 | 女 | 53 | — | — | 北京大成律师事务所高级合伙人，高级律师，法学硕士，河南省律师协会公司证券业务委员会副主任委员，河南省金融保险专业委员会委员，河南省招商引资律师服务团律师，郑州仲裁委仲裁员，具有上市公司独立董事资格、金融机构高级管理人资格和基金从业资格。 |
| 徐长生 | 华中科技大学教授 | 男 | 55 | — | — | 华中科技大学经济学院博士生导师，经济学院教授，兼任教育部经济学教学指导委员会委员，中华外国经济学研究会理事暨经济学分会副会长，曾任德国杜伊斯堡大学客座教授，并在美国哈佛大学做高级访问学者。 |

### 3.3 监事会成员

| 姓名 | 职务 | 性别 | 年龄（岁） | 选任日期 | 所推举的股东名称 | 该股东持股比例（%） | 简要履历 |
|---|---|---|---|---|---|---|---|
| 马沉重 | 监事会主席 | 男 | 51 | 2015 年 12 月 | 河南中原高速公路股份有限公司 | 31.91032 | 历任河南省公路工程处副处长兼总工程师，河南驻马店至信阳高速公路管理公司副总工程师、副总经理，路鑫项目公司董事长、总经理，河南高速公路发展责任有限公司商丘分公司副书记、经理，河南高速发展有限责任公司郑州分公司经理、党委副书记；现任河南中原高速公路股份有限公司董事、总经理、党委委员。 |
| 杨德伟 | 监　事 | 男 | 37 | 2018 年 11 月 | 河南投资集团有限公司 | 58.96563 | 历任郑州升达经贸管理学院教师，河南投资集团有限公司证券事务部、资本运营部职员；现任河南投资集团资本运营部副主任。 |
| 魏华阳 | 监　事 | 男 | 49 | 2016 年 12 月 | 河南省豫粮粮食集团有限公司 | 9.12405 | 历任河南省油脂公司副总经理，河南世通谷物贸易公司副总经理，河南长城粮油食品有限公司党总支书记，河南省国有资产控股运营有限公司发展规划部部长，河南国控租赁有限公司董事长，河南省国控基金管理有限公司董事长；现任河南省国有资产控股运营有限公司副总经理。 |
| 魏　磊 | 职工监事 | 男 | 44 | 2015 年 12 月 | — | — | 曾任河南农业大学讲师，历任中原信托有限公司风险管理部风控经理、部门总经理；现任中原信托有限公司总裁助理。 |
| 杨志勇 | 职工监事 | 男 | 48 | 2015 年 12 月 | — | — | 曾在河南省计划经济委员会经济研究所、中原信托有限公司计划财务部、内部审计部工作，历任中原信托有限公司计划财务部副经理、内部审计部副经理、内部审计部总经理；现任中原信托有限公司人力资源部总经理。 |

### 3.4 高级管理人员

| 姓名 | 职务 | 性别 | 年龄（岁） | 选任日期 | 金融从业年限（年） | 学历 | 专业 | 简要履历 |
|---|---|---|---|---|---|---|---|---|
| 崔泽军 | 总裁 | 男 | 55 | 2015 年 12 月 | 26 | 博士研究生 | 西方经济学 | 历任郑州粮食学院教师，中原信托有限公司财务部经理，副总经理、总经理；现任中原信托有限公司总裁。 |
| 姬宏俊 | 副总裁 | 男 | 55 | 2015 年 12 月 | 19 | 硕士研究生 | 工商管理 | 历任河南省计经委财金处、外经处副主任科员、主任科员、投资处、财金处副处长，国家开发银行河南省分行客户一处副处长，中原信托有限公司副总经理；现任中原信托有限公司副总裁。 |
| 薛怀宇 | 副总裁 | 男 | 50 | 2015 年 12 月 | 28 | 博士研究生 | 西方经济学 | 历任人行河南省分行货币信贷处副科长，人行郑州中心支行非银处信托科科长，中原信托有限公司副总经理；现任中原信托有限公司副总裁。 |
| 李信凤 | 副总裁 | 女 | 53 | 2015 年 12 月 | 30 | 硕士研究生 | 工商管理 | 历任中原信托有限公司金融部、财务部经理、总裁助理；现任中原信托有限公司副总裁兼总会计师。 |
| 赵　阳 | 副总裁 | 男 | 47 | 2015 年 12 月 | 23 | 硕士研究生 | 工商管理 | 历任中保信期货经纪有限公司郑州期货业务部总经理，中原信托有限公司证券营业部总经理、信托市场部经理、信托业务管理总部副总经理、信托综合部经理、风险管理部经理、总裁助理；现任中原信托有限公司副总裁。 |

### 3.5 公司员工

| 项目 | | 报告期年度 | | 上年度 | |
|---|---|---|---|---|---|
| 在职员工数 | | 257 | | 257 | |
| | | 人数（人） | 比例（%） | 人数（人） | 比例（%） |
| 年龄分布 | 20 岁以下 | — | — | — | — |
| | 20～29 岁 | 68 | 26.5 | 85 | 33.1 |
| | 30～39 岁 | 128 | 49.8 | 113 | 44.0 |
| | 40 岁以上 | 61 | 23.7 | 59 | 22.9 |
| 学历分布 | 博　士 | 5 | 2.0 | 5 | 2.0 |
| | 硕　士 | 182 | 70.8 | 181 | 70.4 |
| | 本　科 | 57 | 22.2 | 54 | 21.0 |
| | 专　科 | 12 | 4.6 | 15 | 5.8 |
| | 其　他 | 1 | 0.4 | 2 | 0.8 |
| 岗位分布 | 董事、监事及其高管人员 | 13 | 5.1 | 14 | 5.4 |
| | 自营业务人员 | 13 | 5.1 | 13 | 5.1 |
| | 信托业务人员 | 152 | 59.1 | 159 | 61.9 |
| | 其他人员 | 79 | 30.7 | 71 | 27.6 |

## 4. 经营管理

### 4.1 经营目标、经营方针、战略规划

#### 4.1.1 经营目标

公司经营目标是实现信托业务结构转型升级，产品创新能力提高，固有资产配置优化，经济效益和管理水平持续提升。

#### 4.1.2 经营方针

公司经营方针是实施“稳增长、促转型、强营销、控风险”战略，走“诚信、合规、创新、可持续”发展道路。

#### 4.1.3 战略规划

公司战略规划是有效整合资源，提供专业化资产配置和财富管理服务，服务中国机构和高端个人客户需求，切实履行消费者权益保护职责。

### 4.2 经营业务的主要内容

本公司的经营业务主要是资产管理类、财富管理类信托业务和自营资产管理业务。报告期内，信托业务项下提供的主要

理财产品有中原财富——成长系列、宏业系列、安益系列、安惠系列、安融系列、恒业系列信托产品及服务机构和高端个人客户特定需求的信托业务等；自营资产管理业务主要包括股权投资、金融产品投资、贷款等。

自营资产运用与分布表

| 资产运用 | 金额（万元） | 占比（%） | 资产分布 | 金额（万元） | 占比（%） |
|---|---|---|---|---|---|
| 货币资产 | 100 449.10 | 10.50 | 基础产业 | — | — |
| 贷款及应收款 | 77 425.06 | 8.09 | 房地产业 | 38 107.67 | 3.98 |
| 交易性金融资产投资 | — | — | 证券市场 | — | — |
| 可供出售金融资产投资 | 540 179.70 | 56.47 | 实业 | 2 433.84 | 0.25 |
| 持有至到期投资 | — | — | 金融机构 | 703 010.02 | 73.49 |
| 长期股权投资 | 217 053.36 | 22.69 | 其他 | 213 015.12 | 22.28 |
| 其他 | 21 459.43 | 2.25 | | | |
| 资产总计 | 956 566.65 | 100.00 | 资产总计 | 956 566.65 | 100.00 |

信托资产运用与分布表

| 资产运用 | 金额（万元） | 占比（%） | 资产分布 | 金额（万元） | 占比（%） |
|---|---|---|---|---|---|
| 货币资产 | 170 749.97 | 0.95 | 基础产业 | 3 089 594.80 | 17.21 |
| 贷款 | 11 887 227.60 | 66.20 | 房地产 | 5 245 968.48 | 29.21 |
| 交易性金融资产投资 | 7 683.24 | 0.04 | 证券市场 | 54 133.34 | 0.30 |
| 可供出售金融资产投资 | 1 703 367.60 | 9.49 | 实业 | 6 265 736.44 | 34.89 |
| 持有至到期投资 | — | — | 金融机构 | 1 389 887.50 | 7.74 |
| 长期股权投资 | 1 681 679.22 | 9.36 | 其他 | 1 911 862.11 | 10.65 |
| 其他 | 2 506 475.04 | 13.96 | | | |
| 信托资产总计 | 17 957 182.67 | 100.00 | 信托资产总计 | 17 957 182.67 | 100.00 |

## 4.3 市场分析

### 4.3.1 影响公司经营发展的有利条件

（1）国内经济发展保持稳中有进的态势，经济发展的质量和效益明显提高，为信托业的发展创造了良好的环境。

（2）传统产业提质增效，技术创新带来新兴产业崛起，将孕育新的业务投资机会。

（3）信托登记制度的完善，规范和强化了信息披露，增强了信托财产的独立性，加强了对信托受益人的保护，从而进一步增强了信托行业的公信力，提升了信托行业的整体竞争力。

（4）随着我国经济多年的高速发展，社会财富的绝对存量大幅度增加，因而社会对财富的传承、家族传承、税务筹划等需求逐渐增强，这为发挥信托优势，开展资产管理业务奠定了坚实基础。

### 4.3.2 影响公司经营发展的不利条件

（1）我国经济正处在新旧产业和发展动能转换的接续关键期，经济发展进入新时代，经济形势更加错综复杂。

（2）2018 年 4 月 27 日，人民银行、银保监会、证监会、国家外汇管理局联合发布《关于规范金融机构资产管理业务的指导意见》（银发［2018］106 号），要求统一资管产品的监管标准、打破刚性兑付、实行净值化管理，行业格局或将重塑，信托公司创新转型的压力加大。

（3）部分实体企业经营压力上升，盈利能力下降，违约事件增多，风险正从实体企业向金融机构蔓延，信托公司的风险管理压力增大。

## 4.4 内部控制

### 4.4.1 内部控制环境和内部控制文化

公司不断优化内部控制体系，持续强化科学、严谨的风控理念，内控制度已贯穿各部门、各岗位和工作的各个环节之中，并且通过考核制度和问责制度确保内部控制的各项要求得到监督和落实。

### 4.4.2 内部控制措施

公司建立了由公司章程、各项规章制度、岗位职责说明书等共同构建的内控制度体系。规章制度包括业务管理、公司治理、内部审计、计划财务、人力资源、党建、行政管理等各个方面，基本涵盖了业务发展、风险管理、资产管理、部门设置、人员安排、事前决策与防范、事中执行与控制、事后监督、反馈纠正、问责等管理环节，确保公司各项经营有规可依。

公司对各部门、各岗位制定了明确的职责和权限，严格按照不相容岗位相互分离的原则设定岗位职责，信托业务和固有业务部门分设，信托业务部门和固有业务全面实现人、财、物相互独立，确保内控制度有效实施。

2018 年公司继续坚持和优化“两级评审，五级审批”的审批决策机制。各级评审决策机制各司其职、各负其责，坚持业务发展和风险管控“双轮驱动”，准确把握业务发展和风险管理的辩证统一关系，既不因业务发展而放松风险管控，也不因畏惧风险而放弃发展，把业务风险控制在公司可承受的范围内。

### 4.4.3 信息交流与反馈

4.4.3.1 外部信息交流与反馈

公司建立了高效、畅通的外部信息交流与反馈机制。指定专职人员负责官方网站维护和信息收集整理，所有对外披露的业务信息和其他信息经公司审批后在外部网站发布，实现信息披露的及时、规范和完整；指定专人负责在微信平台上发布产品成立信息及公司新闻，增加信息发布及与客户沟通交流的渠道；与监管部门建立了良好的信息报告反馈机制，业务开展、风险状况、内外部审计情况及合规管理等方面的问题均能够及时完整地向监管部门报告，并及时按照监管部门意见执行落实；建立了舆情监测制度，及时收集舆情，解答客户疑问，不断提升金融服务水平；建立了新闻发言人制度，保持与外界及广大客户良好沟通；遵循受益人利益最大化处理信托事务的原则，通过问卷调查、客户面谈、电话沟通等方式，对委托人进行适应性调查，并对各信托产品进行了充分的风险揭示和信息披露。

4.4.3.2 内部信息交流与反馈

公司在各项业务活动中，根据相关制度规定了清晰、高效的报告路线，董事会、监事会、高管层能够及时获取相关信息，同时前台、中台、后台通过信息的交流形成监督制约机制；针对经营过程中可能发生的重大事项专门制定了请示报告制度，对请示报告的受理机构、请示报告的事项范围、请示报告的一般行文规则、项目管理内部报告制度、其他工作汇报制度、责任追究等内容作了明确规定；建立了信托业务信息管理系统、财务管理系统、CRM 系统和协同办公等应用系统，2018 年对核心系统进行了持续升级优化，新上线档案管理系统，进一步规范了信息交流与反馈机制。

4.4.4 监督评价与纠正

公司通过内控机制的动态调整和不断完善，形成了以风险管理、合规管理和内部审计为主，业务授权控制、会计控制、业务流程控制及信息化控制等相互作用的内控监督评价与纠正机制，实现了内控缺陷的及时发现和纠正。对于发现的问题，相关部门及时提出改进措施和管理建议并上报管理层。监督评价机制的适时跟进，不仅完善和优化了操作流程，提高了内部运行的合理性和工作效率，而且增强了对操作风险的实时掌控能力，使内部监督制约机制更加健全有效。在日常管理过程中，无论监管部门提出的监管意见，还是内部审计或有关部门提出改进工作、加强管理的建议，公司管理层均高度重视，并迅速责成相关部门进行整改落实，推动了内控制度的执行和完善，保证了整个内部控制体系的长效运行。

## 4.5 风险管理

4.5.1 风险管理概况

公司经营活动中面临的主要风险包括信用风险、市场风险、操作风险和其他风险等。公司风险管理的基本原则是强化风险管理意识，明确风险管理责任，提高识别、量化和控制风险的能力，建立涵盖公司业务发展、资产管理、部门设置、人员安排以及决策、执行、监督、反馈等各个内控环节的风险管理系统，实行全面风险管理，坚决杜绝重大、实质性风险。公司实行风险管理责任制，风险管理组织结构与职责划分按照信托业务部门与固有财产管理部门分设，信托业务操作过程前台、中台、后台分设的原则设置，横向与纵向相互监督制约，明确各个部门、各个环节风险管理的责任。

4.5.2 风险状况

4.5.2.1 信用风险状况

报告期末，公司固有业务信用风险资产（包括贷款、拆借、租赁）按照资产五级分类标准分类的情况为：正常类为42 500万元、关注类为零、次级类为零、可疑类为零、损失类为零。其中，不良信用资产的期初数为零，期末数为零，报告期末准备金余额为零。

4.5.2.2 市场风险状况

市场风险是指因证券价格、利率、汇率等的变动而导致价值未预料到的潜在损失的风险。公司面临的市场风险主要是股票价格风险。具体有两个方面：一是固有资金证券投资业务的市场风险。公司固有资金配置的股票及债券额度较少，证券市场波动对公司整体业绩基本无影响。二是股票质押信托融资业务。公司重点选择在行业或者细分领域中具有一定竞争优势、经营稳定的上市公司股票作为质押标的，审慎选择创业板股票，并综合考虑标的股票及二级市场波动风险等因素，合理设计保证金追加机制，确定质押价格，严格控制质押率。

4.5.2.3 操作风险状况

公司可能面临的操作风险主要是流程风险、执行风险、信息风险、人员风险等。目前公司实行规范化、标准化、制度化管理，各项内控制度比较健全，并能根据监管政策的变化不断修订和完善；实行岗位职责和相互监督检查相结合，并制定了相关制度对失职、越权或者违规操作的人员进行问责，强化执行力；不断加强各类业务系统的升级改造和人员培训，加强相关业务的信息化管理；强化项目事中监督与审计，及时发现、控制潜在风险，及时整改不规范的操作行为。总体上，公司操作风险管理工作比较扎实，报告期内未发生操作风险。

4.5.2.4 其他风险状况

本公司面临的其他风险主要有合规风险、法律风险、流动性风险、声誉风险等。公司能够根据外部监管政策和法律法规的变化及时调整公司相关制度，主动配合监管部门对公司业务的监管，没有发生重大合规风险和法律风险。截至2018年末，公司净资本对各项业务风险资本的覆盖率达243.46%，净资本/净资产指标为77.92%，净资本指标处于较好水平。公司重视品牌建设和声誉风险管理，勤勉尽职履行受托人责任，与受益人建立了良好的沟通渠道。

4.5.3 风险管理

4.5.3.1 信用风险管理

公司管理信用风险的主要策略：一是优选交易对手；二是优选抵（质）押物，审慎确定抵（质）押率；三是扎实开展项目风险排查。

根据2018年经营情况，公司未计提一般准备。公司按净利润的5%计提信托赔偿准备金，报告期内计提2018年信托赔偿准备金2 074.44万元、期末信托赔偿准备金累计27 923.32万元。报告期内未使用信托赔偿准备金，所提取信托赔偿准备金存放于商业银行。

4.5.3.2 市场风险管理

公司管理市场风险的主要策略：一是对市场风险实行限额管理，将固有资金投资股票的比重控制在与公司的投资管理和风险承受能力相适应的水平；二是加强对宏观经济形势和特定行业趋势、区域金融环境的整体判断研究，关注政策变化可能引发的风险，避免进入限制类行业和相关项目，同时增强证券投资决策的预见性和前瞻性，提高反应速度；三是利用证券投资及风险管理系统，提高证券估值效率和风险评估的科学性，强化止盈、止损等风险防范措施；四是建立股票质押融资项目风险预警台账，逐日盯市，动态监测项目安全边际，做实保证金、股票追加机制。

4.5.3.3 操作风险管理

公司管理操作风险的主要策略：一是根据监管政策变化，动态修订和完善内控制度体系，细化业务操作流程，明确岗位职责，规范管理要点；二是加强业务流程的信息化管理，通过证券投资和风险管理系统实现了证券交易的自动化，并能对操作风险进行有效防范，提升了风险防控能力和执行效力；三是持续加强员工培训，增强员工责任意识，提升员工道德水准；四是持续推进精细化管理，强化监督检查和处罚问责。

4.5.3.4 其他风险管理

报告期内，公司准确理解监管意图，严格遵守监管规定，突出抓好重点业务领域法律合规风险管控，依法合规经营能力进一步提升。2018年，公司对合规管理制度进行了全面评估，并在此基础上制定、完善、废止合规管理制度59项，构建了较为科学、完备的合规管理制度体系。公司严格做好合同风险、诉讼风险、劳动人事风险、知识产权风险等法律风险管理，进一步强化关键岗位和关键环节人员管理，努力形成各负其责、各司其职、互相配合、互相制约的工作格局。公司坚决贯彻落实中央扫黑除恶决策部署，深入开展金融乱象整治，持续推进防范和打击非法集资、非法放贷、金融诈骗等工作，全面加强员工行为管理，有效杜绝了违法案件的发生。

### 4.6 净资本管理指标

截至2018年末，公司净资本为65.55亿元，各项风险资本之和为26.92亿元，净资本对风险资本的覆盖率达到243.46%，净资本/净资产指标为77.92%，各项指标均达到监管标准。

### 4.7 履行社会责任

报告期内，公司努力构建分工合理、制衡有力、监督到位、运行顺畅的法人治理结构，完善了董事会对高级经营层、高级经营层对下属的授权体系，贯彻落实“三重一大”决策制度，细化了各个层级的职责边界、议事规则和决策程序；严格遵循有关法律要求，努力健全合规管理机制，积极开展合规管理工作；深入挖掘河南自贸区及国家中心城市等国家战略发展机遇，全年新增河南省内信托融资305亿元；在“稳增长、促转型、强营销、控风险”战略领导下，创新业务模式，推行营销体制改革，优化固有业务结构，推进信息化建设，提升研发能力；竭诚服务社会，普及信托知识，积极开展各种形式客户活动，举办客户活动30余次；贯彻以合规为基础、以风险为导向的反洗钱观念，以预防洗钱活动、维护金融秩序、遏制洗钱犯罪及相关犯罪为宗旨，开展反洗钱培训、考试和相关活动。

## 5. 报告期末及上一年度末的比较式会计报表

### 5.1 自营资产

#### 5.1.1 会计师事务所审计结论

中审华会计师事务所(特殊普通合伙)审计了中原信托有限公司2018年度财务报表，出具了标准无保留意见的审计报告书。

#### 5.1.2 资产负债表

**资产负债表**

编制单位：中原信托有限公司　　2018年12月31日　　单位：万元

| 资产 | 行次 | 期末数 | 期初数 | 负债及所有者权益 | 行次 | 期末数 | 期初数 |
|---|---|---|---|---|---|---|---|
| 流动资产： | 1 | | | 流动负债： | 36 | | |
| 货币资金 | 2 | 100 449.10 | 129 999.73 | 短期借款 | 37 | | |
| 拆出资金 | 3 | | | 拆入资金 | 38 | | |
| 交易性金融资产 | 4 | | | 交易性金融负债 | 39 | | |
| 衍生金融资产 | 5 | | | 衍生金融负债 | 40 | | |
| 买入返售金融资产 | 6 | | | 卖出回购金融资产款 | 41 | | |
| 应收账款 | 7 | 9 997.95 | 11 802.22 | 应付账款 | 42 | | |
| 预付款项 | 8 | | | 预收款项 | 43 | | |
| 应收利息 | 9 | 131.21 | 430.11 | 应付职工薪酬 | 44 | 15 427.57 | 14 961.03 |
| 应收股利 | 10 | | | 应交税费 | 45 | 9 630.54 | 13 938.00 |
| 其他应收款 | 11 | 24 795.90 | 14 813.91 | 应付利息 | 46 | | |
| 存货 | 12 | | | 应付股利 | 47 | | |
| 一年内到期的非流动资产 | 13 | | | 其他应付款 | 48 | 90 275.81 | 171 809.26 |
| 其他流动资产 | 14 | | | 一年内到期的非流动负债 | 49 | | |
| | 15 | | | 其他流动负债 | 50 | | |
| 流动资产合计 | 16 | 135 374.16 | 157 045.97 | 流动负债合计 | 51 | 115 333.92 | 200 708.29 |
| 非流动资产： | 17 | | | 非流动负债： | 52 | | |
| 发放贷款及垫款 | 18 | 42 500.00 | 154 400.00 | 长期借款 | 53 | | |
| 可供出售金融资产 | 19 | 540 179.70 | 469 001.14 | 应付债券 | 54 | | |
| 持有至到期投资 | 20 | | | 预计负债 | 55 | | |
| 长期应收款 | 21 | | | 递延所得税负债 | 56 | | |
| 长期股权投资 | 22 | 217 053.36 | 205 003.28 | 其他非流动负债 | 57 | | |
| 投资性房地产 | 23 | 1 968.05 | 2 107.46 | 非流动负债合计 | 58 | | |
| 固定资产 | 24 | 8 582.47 | 8 895.58 | 负债合计 | 59 | 115 333.92 | 200 708.29 |
| 在建工程 | 25 | 5 625.64 | 3 567.29 | 所有者权益： | 60 | | |
| 工程物资 | 26 | | | 实收资本 | 61 | 365 000.00 | 365 000.00 |
| 固定资产清理 | 27 | | | 资本公积 | 62 | 143 567.56 | 148 379.44 |
| 无形资产 | 28 | 4 691.52 | 4 791.67 | 减：库存股 | 63 | | |
| 递延所得税资产 | 29 | 146.37 | 103.75 | 其他综合收益 | 64 | -842.17 | -732.24 |
| 抵债资产 | 30 | 427.84 | 427.85 | 盈余公积 | 65 | 55 963.84 | 51 814.96 |
| 其他非流动资产 | 31 | 17.54 | 29.97 | 一般风险准备 | 66 | 28 205.12 | 26 130.67 |
| | 32 | | | 未分配利润 | 67 | 249 338.38 | 214 072.84 |
| 非流动资产合计 | 33 | 821 192.49 | 848 327.99 | 外币报表折算差额 | 68 | | |
| | 34 | | | 所有者权益合计 | 69 | 841 232.73 | 804 665.67 |
| 资产总计 | 35 | 956 566.65 | 1 005 373.96 | 负债及所有者权益总计 | 70 | 956 566.65 | 1 005 373.96 |

法定代表人：崔泽军　　财务经理：石翠云　　复核：鲁耀　　制表：邓燕

### 5.1.3 利润和利润分配表

**利润和利润分配表**

制表单位：中原信托有限公司　　2018 年度　　单位：万元

| 项目 | 行次 | 当年数 | 上年数 |
|---|---|---|---|
| 一、营业收入 | 1 | 118 510.43 | 176 035.68 |
| 利息净收入 | 2 | 3 949.33 | 9 451.23 |
| 利息收入 | 3 | 11 114.69 | 17 475.31 |
| 利息支出 | 4 | 7 165.36 | 8 024.08 |
| 手续费及佣金净收入 | 5 | 82 556.61 | 123 161.15 |
| 手续费及佣金收入 | 6 | 82 556.61 | 123 161.15 |
| 手续费及佣金支出 | 7 | | |
| 投资收益（损失以"－"号填列） | 8 | 31 643.19 | 43 066.18 |
| 其中：对联营企业和合营企业的投资收益 | 9 | | |
| 资产处置收益（损失以"－"号填列） | 10 | | 0.66 |
| 公允价值变动收益（损失以"－"号填列） | 11 | | |
| 汇兑收益（损失以"－"号填列） | 12 | | －0.46 |
| 其他业务收入 | 13 | 361.30 | 356.92 |

续表

| 项目 | 行次 | 当年数 | 上年数 |
|---|---|---|---|
| 二、营业支出 | 14 | 58 473.65 | 67 568.18 |
| 税金及附加 | 15 | 777.70 | 1 065.83 |
| 业务及管理费 | 16 | 25 114.26 | 21 393.54 |
| 资产减值损失 | 17 | 32 442.23 | 44 951.50 |
| 其他业务成本 | 18 | 139.46 | 157.31 |
| 三、营业利润（亏损以"－"号填列） | 19 | 60 036.78 | 108 467.50 |
| 加：营业外收入 | 20 | — | 120.10 |
| 减：营业外支出 | 21 | 61.45 | 2.36 |
| 四、利润总额（亏损以"－"号填列） | 22 | 59 975.33 | 108 585.24 |
| 减：所得税费用 | 23 | 18 486.45 | 32 273.65 |
| 五、净利润（净亏损以"－"号填列） | 24 | 41 488.88 | 76 311.59 |
| 六、每股收益 | 25 | | |
| （一）基本每股收益 | 26 | | |
| （二）稀释每股收益 | 27 | | |
| 减：其他调整事项 | 28 | | |
| 七、其他综合收益 | 29 | －109.93 | －62.41 |
| 八、综合收益总和 | 30 | 41 378.95 | 76 249.18 |

法定代表人：崔泽军　　财务经理：石翠云　　复核：鲁耀　　制表：邓燕

### 5.1.4 所有者权益变动表

**所有者权益变动表**

编制单位：中原信托有限公司　　2018 年度　　单位：万元

| 项目 | 行次 | 本年金额 | | | | | | |
|---|---|---|---|---|---|---|---|---|
| | | 实收资本 | 资本公积 | 其他综合收益 | 盈余公积 | 未分配利润 | 一般风险准备 | 所有者权益合计 |
| 一、上年年末余额 | 1 | 365 000.00 | 148 379.44 | －732.24 | 51 814.96 | 214 072.84 | 26 130.67 | 804 665.67 |
| 1. 会计政策变更 | 2 | | | | | | | |
| 2. 前期差错更正 | 3 | | | | | | | |
| 3. 其他调整项 | 4 | | | | | | | |
| 二、本年年初余额 | 5 | 365 000.00 | 148 379.44 | －732.24 | 51 814.96 | 214 072.84 | 26 130.67 | 804 665.67 |
| 三、本年增减变动金额（减少以"－"号填列） | 6 | | －4 811.89 | －109.93 | 4 148.88 | 35 265.56 | 2 074.44 | 36 567.06 |
| （一）本年净利润 | 7 | | | | | 41 488.88 | | 41 488.88 |
| （二）直接计入所有者权益的利得和损失 | 8 | | －4 811.89 | －109.93 | | | | －4 921.82 |
| 1. 可供出售金融资产公允价值变动净额 | 9 | | | －127.84 | | | | －127.84 |
| 2. 权益法下被投资单位其他所有者权益变动影响 | 10 | | －4 811.89 | 17.91 | | | | －4 793.98 |
| 3. 与计入所有者权益项目相关的所得税影响 | 11 | | | | | | | |
| 4. 其他 | 12 | | | | | | | |
| 小　计 | 13 | | －4 811.89 | －109.93 | | 41 488.88 | | 36 567.06 |
| （三）所有者投入资本 | 14 | | | | | | | |
| 1. 所有者本期投入资本 | 15 | | | | | | | |
| 2. 本年购回库存股 | 16 | | | | | | | |
| 3. 股份支付计入所有者权益的金额 | 17 | | | | | | | |
| （四）本年利润分配 | 18 | | | | 4 148.88 | 6 223.32 | 2 074.44 | |
| 1. 对所有者（或股东）的分配 | 19 | | | | | | | |
| 2. 提取盈余公积 | 20 | | | | 4 148.88 | 4 148.88 | | — |
| 3. 提取一般风险准备 | 21 | | | | | 2 074.44 | 2 074.44 | — |
| （五）所有者权益内部结转 | 22 | | | | | | | |
| 1. 未分配利润转增资本 | 23 | | | | | | | |
| 2. 资本公积转增资本 | 24 | | | | | | | |
| 3. 盈余公积转增资本 | 25 | | | | | | | |
| 4. 盈余公积弥补亏损 | 26 | | | | | | | |
| 四、本年年末余额 | 27 | 365 000.00 | 143 567.56 | －842.17 | 55 963.84 | 249 338.38 | 28 205.12 | 841 232.73 |

**所有者权益变动表(续)**

编制单位:中原信托有限公司　　2018 年度　　单位:万元

| 项目 | 行次 | 上年金额 | | | | | | |
|---|---|---|---|---|---|---|---|---|
| | | 实收资本 | 资本公积 | 其他综合收益 | 盈余公积 | 未分配利润 | 一般风险准备 | 所有者权益合计 |
| 一、上年年末余额 | 1 | 365 000.00 | 148 376.51 | -669.84 | 44 183.80 | 149 207.99 | 22 315.09 | 728 413.55 |
| 1. 会计政策变更 | 2 | | | | | | | |
| 2. 前期差错更正 | 3 | | | | | | | |
| 3. 其他调整项 | 4 | | | | | | | |
| 二、本年年初余额 | 5 | 365 000.00 | 148 376.51 | -669.84 | 44 183.80 | 149 207.99 | 22 315.09 | 728 413.55 |
| 三、本年增减变动金额(减少以"-"号填列) | 6 | | 2.93 | -62.40 | 7 631.16 | 64 864.85 | 3 815.58 | 76 252.12 |
| (一)本年净利润 | 7 | | | | | 76 311.59 | | 76 311.59 |
| (二)直接计入所有者权益的利得和损失 | 8 | | 2.93 | -62.40 | | | | -59.47 |
| 1. 可供出售金融资产公允价值变动净额 | 9 | | | 51.14 | | | | 51.14 |
| 2. 权益法下被投资单位其他所有者权益变动影响 | 10 | | 2.93 | -113.54 | | | | -110.61 |
| 3. 与计入所有者权益项目相关的所得税影响 | 11 | | | | | | | |
| 4. 其他 | 12 | | | | | | | |
| 小　计 | 13 | | 2.93 | -62.40 | | 76 311.59 | | 76 252.12 |
| (三)所有者投入资本 | 14 | | | | | | | |
| 1. 所有者本期投入资本 | 15 | | | | | | | |
| 2. 本年购回库存股 | 16 | | | | | | | |
| 3. 股份支付计入所有者权益的金额 | 17 | | | | | | | |
| (四)本年利润分配 | 18 | | | | 7 631.16 | 11 446.74 | 3 815.58 | |
| 1. 对所有者(或股东)的分配 | 19 | | | | | | | |
| 2. 提取盈余公积 | 20 | | | | 7 631.16 | 7 631.16 | | — |
| 3. 提取一般风险准备 | 21 | | | | | 3 815.58 | 3 815.58 | — |
| (五)所有者权益内部结转 | 22 | | | | | | | |
| 1. 未分配利润转增资本 | 23 | | | | | | | |
| 2. 资本公积转增资本 | 24 | | | | | | | |
| 3. 盈余公积转增资本 | 25 | | | | | | | |
| 4. 盈余公积弥补亏损 | 26 | | | | | | | |
| 四、本年年末余额 | 27 | 365 000.00 | 148 379.44 | -732.24 | 51 814.96 | 214 072.84 | 26 130.67 | 804 665.67 |

法定代表人:崔泽军　　财务经理:石翠云　　复核:鲁耀　　制表:邓燕

## 5.2 信托资产

### 5.2.1 信托项目资产负债汇总表

**信托项目资产负债表**

编制单位:中原信托有限公司　　2018 年 12 月 31 日　　单位:万元

| 信托资产 | 期末数 | 期初数 | 信托负债和信托权益 | 期末数 | 期初数 |
|---|---|---|---|---|---|
| 信托资产: | | | 信托负债: | | |
| 货币资金 | 170 749.97 | 152 516.58 | 交易性金融负债 | | |
| 拆出资金 | | | 衍生金融负债 | | |
| 存出保证金 | | | 应付受托人报酬 | 9 717.44 | 11 977.96 |
| 交易性金融资产 | 7 683.24 | 14 617.79 | 应付托管费 | 82.55 | 80.12 |
| 衍生金融资产 | | | 应付受益人收益 | 3 184.62 | 1 161.00 |
| 买入返售金融资产 | 786 819.59 | 777 937.05 | 应交税费 | 294.79 | |
| 应收款项 | 14 281.51 | 30 976.96 | 应付销售服务费 | | |
| 发放贷款 | 11 887 227.60 | 12 372 356.20 | 其他应付款项 | 184 640.16 | 132 149.40 |
| 可供出售金融资产 | 1 703 367.60 | 2 882 061.09 | 预计负债 | | |
| 持有至到期投资 | | | 其他负债 | | |
| 长期应收款 | 335 801.76 | 478 279.64 | 信托负债合计 | 197 919.56 | 145 368.48 |
| 长期股权投资 | 1 681 679.22 | 2 254 983.86 | | | |
| 投资性房地产 | | | 信托权益: | | |
| 固定资产 | | | 实收信托 | 17 707 109.43 | 19 325 243.07 |
| 无形资产 | | | 资本公积 | 1 380.31 | 1 380.31 |
| 长期待摊费用 | 608.06 | 699.27 | 外币报表折算差额 | | |
| 其他资产 | 1 368 964.12 | 587 609.78 | 未分配利润 | 50 773.37 | 80 046.36 |
| 减:各项资产减值准备 | | | 信托权益合计 | 17 759 263.11 | 19 406 669.74 |
| 信托资产总计 | 17 957 182.67 | 19 552 038.22 | 信托负债及信托权益总计 | 17 957 182.67 | 19 552 038.22 |

法定代表人:崔泽军　　财务经理:石翠云　　复核:王醒　　制表:付刚

5.2.2 信托项目利润及利润分配汇总表

信托项目利润及利润分配表

编制单位：中原信托有限公司　　2018 年度　　单位：万元

| 项目 | 当年数 | 上年数 |
|---|---|---|
| 1. 营业收入 | 1 381 357.47 | 1 131 423.54 |
| 1.1 利息收入 | 1 024 392.61 | 817 514.82 |
| 1.2 投资收益（损失以“－”号填列） | 298 858.73 | 283 559.08 |
| 其中：对联营企业和合营企业的投资收益 | — | — |
| 1.3 公允价值变动收益（损失以“－”号填列） | －1 887.48 | 496.81 |
| 1.4 租赁收入 | — | — |
| 1.5 汇兑损益（损失以“－”号填列） | — | — |
| 1.6 其他收入 | 59 993.61 | 29 852.83 |
| 2. 支出 | 143 818.01 | 180 544.13 |
| 2.1 营业税金及附加 | 3 796.00 | — |
| 2.2 受托人报酬 | 81 584.35 | 124 770.25 |
| 2.3 托管费 | 26 797.21 | 32 872.53 |
| 2.4 投资管理费 | — | — |
| 2.5 销售服务费 | — | — |
| 2.6 交易费用 | 70.48 | 60.14 |
| 2.7 资产减值损失 | — | — |
| 2.8 其他费用 | 31 569.97 | 22 841.21 |
| 3. 信托净利润（损失以“－”号填列） | 1 237 539.46 | 950 879.41 |
| 4. 其他综合收益 | — | — |
| 5. 综合收益 | 1 237 539.46 | 950 879.41 |
| 6. 加：期初未分配信托利润 | 80 046.36 | 51 356.48 |
| 7. 可供分配的信托利润 | 1 317 585.82 | 1 002 235.89 |
| 8. 减：本期已分配信托利润 | 1 266 812.45 | 922 189.53 |
| 9. 期末未分配信托利润 | 50 773.37 | 80 046.36 |

法定代表人：崔泽军　财务经理：石翠云　复核：王醒　制表：付刚

# 6. 会计报表附注

## 6.1 简要说明报告年度会计报表编制基准、会计政策、会计估计和核算方法发生的变化

本公司于 2008 年 1 月 1 日起执行新《企业会计准则》，按照新《企业会计准则》要求进行会计核算。

## 6.2 或有事项说明

本会计期未发生对外担保及其他或有事项。

## 6.3 重要资产转让及其出售的说明

本会计期无重要资产转让及其出售。

## 6.4 会计报表中重要项目的明细资料

### 6.4.1 自营资产经营情况

6.4.1.1 按信用风险五级分类结果披露信用风险资产的期初数、期末数

| 信用风险资产五级分类 | 正常类（万元） | 关注类（万元） | 次级类（万元） | 可疑类（万元） | 损失类（万元） | 信用风险资产合计（万元） | 不良资产合计（万元） | 不良资产率（%） |
|---|---|---|---|---|---|---|---|---|
| 期初数 | 154 400 | — | — | — | — | 154 400 | — | — |
| 期末数 | 42 500 | — | — | — | — | 42 500 | — | — |

6.4.1.2 各项资产减值损失准备的期初数、本期计提、本期转回、本期核销、期末数；贷款的一般准备、专项准备和其他资产减值准备

单位：万元

| | 期初数 | 本期计提 | 本期转回 | 本期核销 | 期末数 |
|---|---|---|---|---|---|
| 贷款损失准备 | — | — | — | — | — |
| 一般准备 | — | — | — | — | — |
| 专项准备 | — | — | — | — | — |
| 其他资产减值准备 | 101 750.455 | 32 442.23 | — | — | 134 192.68 |
| 可供出售金融资产减值准备 | 99 109.61 | 28 440.00 | — | — | 127 549.61 |
| 持有至到期投资减值准备 | — | — | — | — | — |
| 长期股权投资减值准备 | — | — | — | — | — |
| 坏账准备 | 2 640.84 | 4 002.23 | — | — | 6 643.07 |
| 投资性房地产减值准备 | — | — | — | — | — |
| 抵债资产减值准备 | — | — | — | — | — |

6.4.1.3 自营股票投资、基金投资、债券投资、股权投资等投资业务的期初数、期末数

单位：万元

| | 自营股票 | 基金 | 债券 | 其他投资 |
|---|---|---|---|---|
| 期初数 | — | — | 182.89 | 468 818.25 |
| 期末数 | — | — | 91.45 | 540 088.25 |

6.4.1.4 前五名的自营长期股权投资的企业名称、占被投资企业权益的比例、主要经营活动及投资收益情况

| 企业名称 | 占被投资企业权益的比例（%） | 主要经营活动 | 投资收益（万元） |
|---|---|---|---|
| 长城基金管理有限公司 | 17.6470 | 基金管理 | 882.35 |
| 上海临芯投资管理有限公司 | 15.0000 | 投资管理 | — |
| 洛银金融租赁股份有限公司 | 10.0000 | 金融租赁 | 4 154.64 |
| 河南资产管理有限公司 | 10.0000 | 资产管理 | 3 062.85 |
| 郑州银行股份有限公司 | 4.0430 | 商业银行 | 11 226.57 |

6.4.1.5 前五名的自营贷款的企业名称、占贷款总额的比例和还款情况

| 企业名称 | 占贷款总额的比例（%） | 还款情况 |
|---|---|---|
| 河南嘉园房地产开发有限公司 | 89.41 | 正常 |
| 河南天鹰集团股份有限公司 | 10.59 | 正常 |

6.4.1.6 表外业务的期初数、期末数；按照代理业务、担保业务和其他类型表外业务

单位：万元

| 表外业务 | 期初数 | 期末数 |
|---|---|---|
| 担保业务 | — | — |
| 代理业务（委托业务） | — | — |
| 其他 | — | — |
| 合计 | — | — |

6.4.1.7　公司当年的收入结构

| 收入结构 | 金额(万元) | 占比(%) |
|---|---|---|
| 手续费及佣金收入 | 82 556.61 | 65.69 |
| 其中:信托手续费收入 | 82 556.61 | 65.69 |
| 投资银行业务收入 | — | — |
| 利息收入 | 11 114.69 | 8.84 |
| 其他业务收入 | 361.30 | 0.29 |
| 其中:计入信托业务收入部分 | — | — |
| 投资收益 | 31 643.19 | 25.18 |
| 其中:股权投资收益 | 19 414.55 | 15.45 |
| 公允价值变动收益 | — | — |
| 其他投资收益 | 12 228.64 | 9.73 |
| 营业外收入 | — | — |
| 收入合计 | 125 675.79 | 100 |

**6.4.2　信托资产管理情况**

6.4.2.1　信托资产的期初数、期末数

单位:万元

| 信托资产 | 期初数 | 期末数 |
|---|---|---|
| 集合类 | 10 861 064.95 | 9 166 808.95 |
| 单一类 | 8 031 350.90 | 7 465 923.37 |
| 财产权类 | 659 622.37 | 1 324 450.35 |
| 合计 | 19 552 038.22 | 17 957 182.67 |

6.4.2.1.1　主动管理型信托业务的期初数、期末数,分证券投资类、其他投资类、融资类、事务管理类分别披露

单位:万元

| 主动管理型信托资产 | 期初数 | 期末数 |
|---|---|---|
| 证券投资类 | 16 583.13 | 52 035.51 |
| 其他投资类 | 3 017 533.04 | 2 519 424.95 |
| 融资类 | 2 476 093.87 | 2 977 921.14 |
| 事务管理类 | 11 660.56 | 32 136.47 |
| 合计 | 5 521 870.60 | 5 581 518.07 |

6.4.2.1.2　被动管理型信托业务的期初数、期末数,分证券投资类、其他投资类、融资类、事务管理类分别披露

单位:万元

| 被动管理型信托资产 | 期初数 | 期末数 |
|---|---|---|
| 证券投资类 | — | — |
| 其他投资类 | 1 198 386.49 | 451 215.40 |
| 融资类 | 1 504 302.73 | 756 766.69 |
| 事务管理类 | 11 327 478.40 | 11 167 682.51 |
| 合计 | 14 030 167.62 | 12 375 664.60 |

6.4.2.2　本年度已清算结束的信托项目个数、实收信托合计金额、加权平均实际年化收益率

6.4.2.2.1　本年度已清算结束的集合类、单一类资金信托项目和财产管理类信托项目个数、实收信托合计金额、加权平均实际年化收益率

| 已清算结束的信托项目 | 项目个数(个) | 实收信托合计金额(万元) | 加权平均实际年化收益率(%) |
|---|---|---|---|
| 集合类 | 81 | 2 642 020.07 | 6.56 |
| 单一类 | 73 | 2 098 802.00 | 9.06 |
| 财产管理类 | 4 | 136 300.00 | 1.08 |

6.4.2.2.2　本年度已清算结束的主动管理型信托项目个数、实收信托合计金额、加权平均实际年化收益率,分证券投资类、其他投资类、融资类、事务管理类分别披露

| 已清算结束的信托项目 | 项目个数(个) | 实收信托合计金额(万元) | 加权平均实际年化收益率(%) |
|---|---|---|---|
| 证券投资类 | — | — | — |
| 其他投资类 | 22 | 567 027.89 | 6.52 |
| 融资类 | 20 | 489 077.00 | 6.86 |
| 事务管理类 | 1 | 1 000.00 | 6.32 |

6.4.2.2.3　本年度已清算结束的被动管理型信托项目个数、实收信托合计金额、加权平均实际年化收益率,分证券投资类、其他投资类、融资类、事务管理类分别披露

| 已清算结束的信托项目 | 项目个数(个) | 实收信托合计金额(万元) | 加权平均实际年化收益率(%) |
|---|---|---|---|
| 证券投资类 | — | — | — |
| 其他投资类 | 9 | 285 300.00 | 7.44 |
| 融资类 | 20 | 627 692.00 | 7.79 |
| 事务管理类 | 86 | 2 907 025.18 | 7.89 |

6.4.2.3　本年度新增的集合类、单一类和财产管理类信托项目个数、实收信托合计金额

| 新增信托项目 | 项目个数(个) | 实收信托合计金额(万元) |
|---|---|---|
| 集合类 | 54 | 2 705 103.45 |
| 单一类 | 69 | 3 131 284.72 |
| 财产管理类 | 9 | 1 012 011.25 |
| 新增合计 | 132 | 6 848 399.42 |
| 其中:主动管理型 | 54 | 2 015 322.83 |
| 被动管理型 | 78 | 4 833 076.59 |

6.4.2.4　信托业务创新成果和特色业务有关情况

报告期内,公司高度重视转型发展及创新工作,深度挖掘信托制度优势,探索创新业务增长点,不断提升发展质量。采取优先评审、优先销售、提高考核系数等政策措施,大力发展消费信托、供应链信托、资产证券化、家族信托等转型创新业务。其中消费信托规模达到24.1亿元,比上年同期增长78%,成为公司业务转型的成功案例。

6.4.2.5　信托赔偿准备金的提取、使用和管理情况

公司按净利润的5%计提信托赔偿准备金,报告期内计提2018年信托赔偿准备金2 074.44万元、期末信托赔偿准备金27 923.32万元。报告期内未使用信托赔偿准备金,公司所提取信托赔偿准备金存放于商业银行。

## 6.5　关联方关系及其交易的披露

**6.5.1　关联交易方的数量、关联交易的总金额及关联交易的定价政策等**

| | 关联交易方数量(个) | 关联交易金额(万元) | 定价政策 |
|---|---|---|---|
| 合计 | 79 | 1 151 848.24 | 市场公平价格 |

6.5.2 关联交易方与本公司的关系性质、关联交易方的名称、法定代表人、注册地址、注册资本及主营业务等

| 关系性质 | 关联方名称 | 法定代表人 | 注册地址 | 注册资本（万元） | 主营业务 |
|---|---|---|---|---|---|
| 公司股东 | 河南投资集团有限公司 | 刘新勇 | 郑州市 | 1 200 000 | 项目投资管理 |
| 公司股东 | 河南中原高速公路股份有限公司 | 金雷 | 郑州市 | 224 737 | 交通设施投资 |
| 公司股东 | 河南省豫粮粮食集团有限公司 | 张培贤 | 郑州市 | 100 000 | 粮食收购、加工 |

6.5.3 本公司与关联方的重大交易事项

6.5.3.1 固有财产与关联方：贷款、投资、租赁、应收账款、担保、其他方式等期初汇总数、本期发生额汇总数、期末汇总数

单位：万元

| 固有财产与关联方关联交易 | | | |
|---|---|---|---|
| | 期初数 | 本期发生额 | 期末数 |
| 贷款 | — | — | — |
| 投资 | — | — | — |
| 租赁 | — | — | — |
| 担保 | — | — | — |
| 应收账款 | — | — | — |
| 其他 | — | — | — |
| 合计 | — | — | — |

6.5.3.2 信托资产与关联方：贷款、投资、租赁、应收账款、担保、其他方式等期初汇总数、本期发生额汇总数、期末汇总数

单位：万元

| 信托资产与关联方关联交易 | | | |
|---|---|---|---|
| | 期初数 | 本期发生额 | 期末数 |
| 贷款 | 139 500.00 | -46 500.00 | 93 000.00 |
| 投资 | — | — | — |
| 租赁 | — | — | — |
| 担保 | — | — | — |
| 应收账款 | — | — | — |
| 其他 | — | 20 000.00 | 20 000.00 |
| 合计 | 139 500.00 | -26 500.00 | 113 000.00 |

6.5.3.3 固有财产与信托财产之间的交易金额期初汇总数、本期发生额汇总数、期末汇总数

单位：万元

| 固有财产与信托财产相互交易 | | | |
|---|---|---|---|
| | 期初数 | 本期发生额 | 期末数 |
| 合计 | 436 836.60 | 53 791.64 | 490 628.24 |

6.5.3.4 信托资产与信托财产之间的交易金额期初汇总数、本期发生额汇总数、期末汇总数

单位：万元

| 信托资产与信托财产相互交易 | | | |
|---|---|---|---|
| | 期初数 | 本期发生额 | 期末数 |
| 合计 | 718 660.00 | -170 440.00 | 548 220.00 |

6.5.4 逐笔披露关联方逾期未偿还本公司资金的详细情况以及本公司为关联方担保发生或即将发生垫款的详细情况

无。

### 6.6 会计制度的披露

6.6.1 自营业务

本公司执行2006年财政部颁发的《企业会计准则》及相关规定。

6.6.2 信托业务

本公司执行2006年财政部颁发的《企业会计准则》及相关规定。

## 7. 财务情况说明书

### 7.1 利润实现和分配情况

2018年本公司实现利润总额59 975.33万元，所得税费用为18 486.45万元，实现净利润41 488.88万元，按10%计提法定盈余公积4 148.88万元，按5%计提信托赔偿准备金2 074.44万元，加上以前年度未分配利润后，期末未分配利润余额为249 338.38万元。

### 7.2 主要财务指标

| 指标名称 | 指标值 |
|---|---|
| 资本利润率（%） | 5.02 |
| 加权年化信托报酬率（%） | 0.42 |
| 人均净利润（万元） | 160.81 |

### 7.3 对本公司财务状况、经营成果有重大影响的其他事项

无。

## 8. 特别事项揭示

### 8.1 前五名股东报告期内变动情况及原因

因股东方经营战略调整，经股东会2018年第八次会议审议通过和中国银行保险监督管理委员会河南监管局《河南银保监局关于中原信托有限公司变更股权比例及调整股权结构的批复》（豫银保监复[2019]10号）批准，由河南投资集团有限公司受让河南盛润控股集团有限公司持有的中原信托股权。转受让后，河南投资集团有限公司持有中原信托58.96563%股权，河南盛润控股集团有限公司不再持有公司股权。另外两家股东持股比例不变。

### 8.2 董事、监事及高级管理人员变动情况及原因

因董事长黄曰珉同志达到退休年龄，经股东会2018年第六次会议和董事会五届二十次会议审议通过，黄曰珉同志辞去董事、董事长、董事会风险管理委员会主任委员等职务，由崔泽军董事在董事长缺位期间代为履行董事长职责。

经股东方河南投资集团有限公司推荐和公司股东会2018年第六次会议选举，闫万鹏同志当选公司第五届董事会董事。

### 8.3 变更注册资本、变更注册地或公司名称、公司分立合并事项

无。

### 8.4 公司的重大诉讼事项

报告期内,本公司作为原告提起重大诉讼案件4件,该等法律诉讼主要为本公司向相关交易对手客户就未能偿还本公司债权而提起的诉讼。该等法律诉讼(无论个别或共同)预期不会对本公司财务状况或经营业绩造成重大不利影响。

### 8.5 公司及其高级管理人员受到处罚的情况

报告期内,本公司收到中国银行保险监督管理委员会河南监管局下发的《行政处罚决定书》(豫银监罚决字[2018]26号)、《行政处罚决定书》(豫银监罚决字[2018]27号),因公司未按监管要求计提拨备及以固有财产与信托财产进行交易给予行政处罚并处以60万元罚款。目前本公司已完成整改。除前述事项外,公司及董事、监事和高级管理人员没有受到处罚的情况。

### 8.6 银保监会及其派出机构对公司检查后提出整改意见的整改情况

报告期内,本公司按照中国银保监会河南监管局的要求,组织开展了"银行业市场乱象排查与整治"工作,有效完成了"三套利""三违反""四不当""十大乱象"专项治理、信用风险排查的全面评估工作,并将排查发现的问题进行了全面的整改;进一步排查了公司在内控制度、日常管理方面的短板和不足,通过完善业务制度、管控流程、强化精细化管理等措施,着力强化了业务、内控、系统、人员执业行为方面的规范管理,公司整体风险、合规管理水平进一步提高。

### 8.7 本年度重大事项临时报告的简要内容、披露时间、所披露的媒体及其版面

2018年12月22日,在《证券时报》B27版、《上海证券报》111版发布《中原信托有限公司关于变更法定代表人及修改〈章程〉的公告》,董事长黄曰珉先生因达到退休年龄不再担任董事长职务,《公司章程》中法人一栏修改为"总经理",崔泽军为公司法人。经董事会审议通过并报中国银行保险监督管理委员会河南行保险监督管理委员会河南监管局备案,由崔泽军董事代行董事长职责。

### 8.8 银保监会及其省级派出机构认定的其他有必要让客户及相关利益人了解的重大信息

无。

## 9. 公司监事会意见

监事会认为,本报告期内,公司经营活动依法运作,操作规范,未发现违反《公司法》《公司章程》、财务会计制度及国家法律法规的行为,财务报告真实地反映了公司的财务状况和经营成果。公司董事、高级管理人员勤勉履职、守法经营、规范管理、开拓创新,维护了公司全体股东的根本利益,未发现严重违反《公司法》公司章程及国家法律法规的行为。

# 紫金信托有限责任公司

## 1. 重要提示

1.1　紫金信托有限责任公司董事会及董事保证本报告所载资料不存在任何虚假记载、误导性陈述或者重大遗漏，并对其内容的真实性、准确性和完整性承担个别及连带责任。

1.2　公司股东会已建立独立董事制度，独立董事保证本报告内容真实、完整和准确。

1.3　公司编制的2018年度财务报告已经立信会计师事务所（特殊普通合伙）审计，并出具了标准无保留意见的审计报告。

1.4　公司法定代表人陈峥、主管会计部门负责人高晓俊和会计部门负责人杨黎文声明并保证年度报告中财务报告的真实、完整。

## 2. 公司概况

### 2.1　公司简介

紫金信托有限责任公司（简称紫金信托）前身为南京市信托投资公司，成立于1992年。在历经股权变更后，2010年经中国银行业监督管理委员会批准公司实施增资重组，公司控股股东为国资全资设立的南京紫金投资集团有限责任公司（简称紫金投资集团），引入了国际著名的信托金融机构日本三井住友信托银行股份有限公司（Sumitomo Mitsui Trust Bank, Limited）（简称三井住友信托）以及多家国内知名企业作为战略投资者。2010年10月，经中国银行业监督管理委员会批准重新登记并正式更名为紫金信托有限责任公司（《中国银监会关于南京市信托投资公司重新登记等有关事项的批复》银监复[2010]485号），同时经中国银监会江苏监管局颁发金融许可证，公司于2010年11月28日在南京开业，公司注册资本为24.53亿元。

紫金信托秉承“行远者，必有信”的经营理念，充分发挥“受人之托、代人理财”的信托功能，着力打造“责任、专业、开放、分享”的企业文化，围绕做“定制式服务的财富管理人”，积极探索转型时代下的信托公司发展之道。公司立足信托主业，探索金融创新，为企业提供全方位的综合金融解决方案，为投资者提供立体化的资产管理、财富管理方案。

2.1.1　公司法定中文名称：紫金信托有限责任公司
中文缩写：紫金信托
公司法定英文名称：Zijin Trust Co.，Ltd.
英文缩写：ZJT

2.1.2　法定代表人：陈峥

2.1.3　注册地址：江苏省南京市鼓楼区中山北路2号紫峰大厦30层
邮编：210008
公司国际互联网网址：http://www.zjtrust.com.cn
公司电子邮箱：BGS@ZJTRUST.COM.CN

2.1.4　公司负责信息披露事务的高级管理人员：高晓俊
联系人姓名：高晓俊
联系电话：025－66775859
传真：025－66770666
电子信箱：guoxiaojun@zjtrust.com.cn

2.1.5　公司选定的信息披露报纸名称：《证券时报》

2.1.6　公司年度报告备置地点：南京市鼓楼区中山北路2号紫峰大厦30层

2.1.7　公司聘请的会计师事务所：
立信会计师事务所（特殊普通合伙）
地址：上海市黄浦区南京东路61号四楼

2.1.8　公司聘请的律师事务所：
上海市锦天城律师事务所
地址：上海市浦东新区银城中路501号上海中心大厦9层、11层、12层
北京市中伦律师事务所
地址：北京市建国门外大街甲6号SK大厦36－37层

### 2.2　组织结构

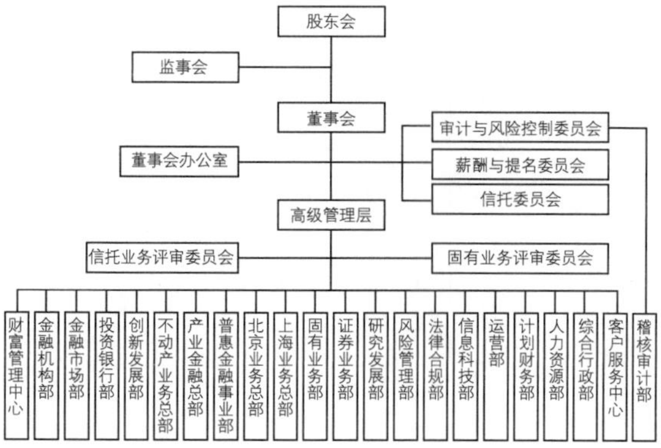

# 3. 公司治理

## 3.1 股东

报告期末公司股东总数为6家，最终实际控制人为南京紫金投资集团有限责任公司。出资比例在10%及以上的股东及出资情况如下：

| 股东名称 | 持股比例(%) | 法人代表 | 注册资本 | 注册地址 | 主要经营业务 |
|---|---|---|---|---|---|
| ★南京紫金投资集团有限责任公司 | 60.01 | 王海涛 | 50亿元 | 南京市建邺区江东中路377号金融城一期10号楼27F | 股权投资；实业投资；资产管理；财务咨询、投资咨询（依法须经批准的项目，经相关部门批准后方可开展经营活动）。 |
| 三井住友信托银行股份有限公司 | 19.99 | 桥本胜 | 3 420亿日元 | 东京都千代田区丸之内1-4-1 | 信托业务；商业银行业务；证券投资咨询；资产管理运用；房地产咨询及中介业务等。 |

## 3.2 董事

董事长、副董事长、董事

| 姓名 | 职务 | 性别 | 年龄(岁) | 选任日期 | 所推举的股东名称 | 该股东出资比例(%) | 简要履历 |
|---|---|---|---|---|---|---|---|
| 陈 峥 | 董事长 | 女 | 51 | 2018年1月 | 南京紫金投资集团有限责任公司 | 60.01 | 1968年5月出生，硕士，高级经济师，历任上海星火制浆造纸厂技术员、助理工程师，南京国际信托投资公司部门经理，南京市国有资产投资管理控股（集团）有限责任公司部门经理、总经理助理、副总经理，南京紫金投资控股有限责任公司副总经理；现任南京紫金投资集团有限责任公司董事、总经理，紫金信托有限责任公司董事长，南京证券股份有限公司董事，南京银行股份有限公司董事。 |
| 山胁徹哉 | 副董事长 | 男 | 57 | 2018年1月 | 三井住友信托银行股份有限公司 | 19.99 | 1962年1月出生，MBA，历任住友信托银行首尔代表处首席代表，住友信托财务香港公司总经理，住友信托银行信用投资业务部副部长，住友信托银行新加坡分行行长，三井住友信托银行新加坡分行行长、亚洲地区支配人；现任三井住友信托银行上席理事，紫金信托有限责任公司副董事长。 |
| 刘燕松 | 董事 | 男 | 39 | 2018年3月 | 南京紫金投资集团有限责任公司 | 60.01 | 1980年11月出生，学士，历任中国对外经济贸易信托有限公司理财服务中心总经理助理、副总经理，中国对外经济贸易信托有限公司投资银行部副总经理，中国对外经济贸易信托有限公司金融产品一部总经理，中国对外经济贸易信托有限公司房地产信托业务部总经理，中国对外经济贸易信托有限公司副总经理；现任紫金信托有限责任公司总经理。 |
| 王 瑞 | 董事 | 女 | 46 | 2018年1月 | 南京紫金投资集团有限责任公司 | 60.01 | 1973年5月出生，硕士，高级经济师，历任南京市投资公司项目经理、投资部经理、副总经理，南京市国有资产投资管理控股（集团）有限责任公司投资管理部副经理，南京市国资委综合处副处长，南京市投资公司副总经理；现任南京紫金资产管理有限公司总经理，紫金信托有限责任公司董事。 |
| 赵 磊 | 董事 | 男 | 39 | 2018年1月 | 三胞集团有限公司 | 5.11 | 1980年11月出生，学士，历任日本瑞穗投资咨询有限公司咨询业务部投资分析师，三胞集团有限公司董事长助理，三胞集团有限公司投资管理中心总监，南京万商商务服务有限公司法人总经理，三胞集团有限公司金融事业部副总裁；现任三胞集团有限公司助理总裁，三胞集团南京投资管理有限公司总经理，南京摩诺百货贸易有限公司总经理，紫金信托有限责任公司董事。 |

独立董事

| 姓名 | 职务 | 性别 | 年龄(岁) | 选任日期 | 所推举的股东名称 | 该股东出资比例(%) | 简要履历 |
|---|---|---|---|---|---|---|---|
| 夏亮 | 上海市通力律师事务所律师、合伙人 | 男 | 44 | 2018年1月 | 南京紫金投资集团有限责任公司 | 60.01 | 1975年1月出生，硕士，历任上海市毅石律师事务所律师助理，中伦金通律师事务所上海分所律师助理，上海市通力律师事务所律师，北京市金杜律师事务所上海分所律师；现任上海市通力律师事务所律师、合伙人，紫金信托有限责任公司独立董事。 |

### 3.3 监事

监事会成员

| 姓名 | 职务 | 性别 | 年龄（岁） | 选任日期 | 所推举的股东名称 | 该股东出资比例（%） | 简要履历 |
|---|---|---|---|---|---|---|---|
| 陈　玲 | 监事会主席 | 女 | 48 | 2018年1月 | 南京紫金投资集团有限责任公司 | 60.01 | 1971年3月出生，会计学本科，高级会计师，注册会计师，历任南京友谊华联集团财务部主办会计、内审主管、部长助理，南京市太平商场财务部副部长，南京市国资集团计划财务部项目经理、高级项目经理、经理助理，南京紫金控股有限公司财务负责人、董事会秘书、综合部经理，南京市国资集团计划财务部副总经理、总经理，南京紫金投资集团计划财务部总经理、副总会计师；现任南京紫金投资集团有限责任公司总会计师，紫金信托有限责任公司第三届监事会主席。 |
| 渠　泉 | 监事 | 男 | 50 | 2018年1月 | 南京江北新区产业投资集团有限公司 | 5.00 | 1969年10月出生，大专，工程师，历任南京科技创业服务中心综合管理部经理、招商中心经理、海外学子办公室主任，南京高新技术经济开发总公司南京软件园分公司副总经理，南京高新区管委会经发局综合科科长，南京高新创业投资有限公司总经理助理；现任南京江北新区科技投资集团副总经理、南京高新创业投资有限公司执行董事、南京高新融资担保有限公司执行董事，紫金信托有限责任公司第三届监事会监事。 |
| 李　薇 | 职工代表监事 | 女 | 40 | 2018年1月 | — | — | 1979年2月出生，硕士，历任南京证券投资银行一部职员，南京市国有资产投资管理控股（集团）有限责任公司资产管理部、投资管理部、金融资产部高级业务经理、总经理助理，南京紫金投资控股有限责任公司投资运营部经理；现任紫金信托有限责任公司法律合规部总经理、合规总监，紫金信托有限责任公司第三届监事会职工代表监事。 |

监事会未下设委员会。

### 3.4 高级管理人员情况

| 姓名 | 职务 | 性别 | 年龄（岁） | 选任日期 | 金融从业年限（年） | 学历 | 专业 |
|---|---|---|---|---|---|---|---|
| 刘燕松 | 总裁、董事 | 男 | 39 | 2018年3月28日 | 16 | 本科 | 金融学 |
| 高晓俊 | 副总裁 | 男 | 48 | 2015年4月1日 | 17 | 硕士研究生 | 工商管理 |
| 顾怀宇 | 副总裁 | 男 | 46 | 2015年11月9日 | 23 | 本科 | 货币银行学 |
| 长谷川宽树 | 副总裁 | 男 | 49 | 2018年10月8日 | 26 | 本科 | 经济学 |
| 伍　兵 | 总裁助理 | 男 | 53 | 2013年9月23日 | 30 | 博士研究生 | 技术经济及管理 |

### 3.5 公司员工

| 项目 | | 报告期年度 | | 上年度 | |
|---|---|---|---|---|---|
| | | 人数（人） | 比例（%） | 人数（人） | 比例（%） |
| 年龄分布 | 20岁以下 | — | — | — | — |
| | 20～29岁 | 39 | 22.29 | 36 | 22.80 |
| | 30～39岁 | 101 | 57.71 | 89 | 56.30 |
| | 40岁以上 | 35 | 20.00 | 33 | 20.90 |
| 学历分布 | 博士研究生 | 4 | 2.29 | 2 | 1.30 |
| | 硕士研究生 | 78 | 44.57 | 80 | 50.60 |
| | 本科 | 89 | 50.86 | 73 | 46.20 |
| | 专科 | 2 | 1.14 | 2 | 1.30 |
| | 其他 | 2 | 1.14 | 1 | 0.60 |
| 岗位分布 | 董事、监事及高管人员 | 7 | 4.00 | 6 | 3.80 |
| | 自营业务人员 | 6 | 3.43 | 6 | 3.80 |
| | 信托业务人员 | 99 | 56.57 | 91 | 57.60 |
| | 其他人员 | 63 | 36.00 | 55 | 34.80 |

## 4. 经营概况

### 4.1 经营目标、经营方针、战略规划

#### 4.1.1 公司2018年的经营目标

以党的十九大精神为指引，按照“两赋能、两变革”的整体思路，谋划新发展，培育新动能，焕发新活力，开创新局面，实现企业经营与国家总体战略融合统一。

#### 4.1.2 经营方针

实施“两赋能、两变革”，即专业赋能、科技赋能、组织变革、模式变革。推进专业赋能，通过划分业务领域、设置专业化审批岗位、集中运营管理等提升专业化水平；实施科技赋能，不断加大金融科技的投入力度，支持新业务开展、提高运营管理效率；开展组织变革，明确界定各业务总部、事业部的业务领域，促进业务内聚；实施模式变革，以客户为中心改进产品与服务模式。

#### 4.1.3 公司的战略规划

坚持“为客户提供定制式服务的财富管理人”的发展愿景，深耕固定收益领域，打造卓越的产品与服务供给能力，成为中小金融机构服务供应商，中产家庭理财好伙伴。

### 4.2 经营业务的主要内容

#### 4.2.1 公司经营业务和品种

经中国银行保险监督管理委员会批准，公司许可经营项目为：资金信托；动产信托；不动产信托；有价证券信托；其他财产或财产权信托；作为投资基金或者基金管理公司的发起人从事投资基金业务；经营企业资产的重组、购并及项目融资、公司理财、财务顾问等业务；受托经营国务院有关部门批准的证券承销业务；办理居间、咨询、资信调查等业务；代保管

及保管箱业务；以存放同业、拆放同业、贷款、租赁、投资方式运用固有财产；以固有财产为他人提供担保；从事同业拆借；中国法律法规规定或中国银保监会批准的其他业务（外资比例低于25%）。

一般经营项目：无。

4.2.2 公司资产组合和分布

自营资产运用与分布表

| 资产运用 | 金额（万元） | 占比（%） | 资产分布 | 金额（万元） | 占比（%） |
|---|---|---|---|---|---|
| 货币资产 | 9 463.10 | 2.24 | 基础产业 | — | — |
| 贷款及应收款 | 1 264.54 | 0.30 | 房地产业 | — | — |
| 交易性金融资产 | 94 207.67 | 22.35 | 证券市场 | 35 567.77 | 8.44 |
| 可供出售金融资产 | 233 206.43 | 55.33 | 实业 | — | — |
| 持有至到期投资 | 75 851.34 | 18.00 | 金融机构 | 378 641.40 | 89.84 |
| 长期股权投资 | 1 470.63 | 0.35 | 其他 | 7 269.08 | 1.72 |
| 其他 | 6 014.54 | 1.43 | | | |
| 资产总计 | 421 478.25 | 100.00 | 资产总计 | 421 478.25 | 100.00 |

信托资产运用与分布表

| 资产运用 | 金额（万元） | 占比（%） | 资产分布 | 金额（万元） | 占比（%） |
|---|---|---|---|---|---|
| 货币资产 | 89 477.75 | 0.57 | 基础产业 | 1 960 960.97 | 12.47 |
| 贷款 | 6 441 306.10 | 40.95 | 工商业 | 6 889 312.13 | 43.80 |
| 交易性金融资产 | — | — | 房地产业 | 1 016 139.00 | 6.46 |
| 买入返售金融资产 | 19 292.60 | 0.12 | 证券业 | 547 562.71 | 3.48 |
| 可供出售金融资产 | 8 008 128.12 | 50.92 | 金融机构 | 5 308 803.13 | 33.75 |
| 持有至到期投资 | 55 048.38 | 0.35 | 其他 | 5 930.00 | 0.04 |
| 长期投资 | 1 106 931.00 | 7.04 | | | |
| 其他 | 8 523.99 | 0.05 | | | |
| 信托资产总计 | 15 728 707.94 | 100.00 | 信托资产总计 | 15 728 707.94 | 100.00 |

## 4.3 市场分析

### 4.3.1 影响公司发展的有利因素

（1）信托行业面临新的发展空间。伴随着中国经济由高速增长阶段转向高质量发展阶段，新的市场机遇不断涌现。信托行业通过精准定位，积极参与到基础产业领域补短板、城市群发展、产业转型升级、国有企业混合所有制改革等中，为信托业务转型开拓了新的发展空间。

（2）普惠金融市场得到规范，为信托行业带来了新的展业机遇。近年来，国务院、人民银行、银保监会等部委出台了系列政策，旨在促进普惠金融市场规范健康发展。信托与普惠金融的融合互补为信托行业开展创新业务提供了重要机遇。信托行业主动布局个人消费贷款、小微经营性贷款等领域，提供优质、高效的综合金融服务，发挥了信托自身优势服务实体经济。

（3）金融科技引领创新发展，促进资产管理能力提升。在技术革新的驱动下，信息化对企业转型的推动作用已被提升至战略高度。金融机构顺应发展趋势，积极探索金融科技，拥抱数字化变革和智能化升级。信托行业加大人力、物力、财力投入力度，有效用科技为业务发展和运营管理赋能。

### 4.3.2 影响公司发展的不利因素

（1）宏观经济运行复杂多变。2018年GDP增速虽然处于年初预定增长区间，但各季度数据渐次走低，反映出经济面临的下行压力。

（2）风险管控难度加大。截至2018年末，信托行业风险项目872个，规模为2 221.89亿元，信托资产风险率为0.98%。与2017年末相比，风险项目数量和规模增加，全行业不良率水平上升。行业风险项目情况的变化反映出信用违约风险上升的影响。信托行业虽整体风险可控，但是风险项目时有发生，行业发展面临诸多困难与挑战。

## 4.4 内部控制

### 4.4.1 内部控制环境和内部控制文化

公司按照《公司法》《信托公司管理办法》、《信托公司治理指引》和监管部门的要求，明确了股东会、董事会和监事会的权责和制约关系，董事会、监事会、经营班子的权责和授权制约关系。公司高级管理层与下属部门形成了有效的授权分责关系。

公司坚持“风险管理创造价值”的风险文化理念，建立“平衡、奇正、预防、权变”的内控体系，坚守风险底线，顺应业务发展需要和市场变化，将防范风险作为风险管控的核心，实现风险管控与业务发展的平衡。面对各类风险高发的外部环境，始终秉承“风控至上、合规于心”的内控文化底色，不断引导提升全员风险防控能力。公司坚持依法合规经营的理念和风险控制优先的原则，形成业务不断发展和风险有效控制的运行机制，建立起员工职业道德规范和诚信记录，营造良好的合规经营文化环境。

### 4.4.2 内部控制措施

公司董事会下设审计与风险控制委员会负责内部控制体系的建设、完善、有效实施。公司的内部控制职能部门为风险管理部、法律合规部。

公司坚持“内控优先、稳健运行”管理理念，持续加强内控制度体系建设和完善细化工作，不断完善有关基础管理和业务管理制度，全面覆盖信托业务、固有业务和基础管理工作。公司建立健全各项业务决策机构和决策程序。公司加强对投资策略、规模、品种、结构、期限等的决策管理。公司主要业务部门之间建立并逐步健全严格的隔离制度，实现四个分离：即信托业务与固有业务相分离；不同的信托财产之间相分离；同一信托财产运用与保管相分离；业务操作岗与风险管控岗相分离。

对于信托业务，在信托项目尽职调查、业务审批、产品销售、存续管理、信息披露、清算核算、风险管控等各环节分别制定了管理办法和操作规程，业务运行规范化程度明显提高。在设立环节，公司通过制定各专项业务项目的尽职调查指引，建立科学有效的信托业务决策机制，严格按照公司制度和流程开展信托项目审查审批，根据法律法规制定规范的信托文件等措施实现内部控制；在运用环节，公司对信托财产运用严格遵守法律法规规定，实现信托财产的审批、运用和保管（托管）分离等措施；在管理环节，公司初步建立各类信托业务风险识别、评估、监测、报告控制体系，公司信托业务的前台、中台、后台信息交流保持渠道畅通和信息对称，建立信托项目及时分析、跟踪检查的管理制度，设立业务管理台账做好记录，实现内部控制；在清算终止环节，公司严格依据法律法规、信托文件制作处理信托事务的清算报告，及时向委托人、受益人进行披露，同时规范信托业务档案管理机制，以实现内部控制。

对于固有业务，公司全面加强资金投放的事前、事中和事后管理，业务运行继续保持良好。遵循谨慎原则，建立健全固有业务决策机构和决策程序，制定年度自有资金配置计划与风险容忍度，严格按照董事会的有关规定及公司相关制度规定的程序与决策权限进行报审与审批，加强对固有业务的投资策略、规模、品种、结构、期限等的决策管理；公司坚持自有资金"低风险、高流动"的配置要求，根据经济形势、市场情况的变化，适时进行固有业务投资策略的调整。公司通过合理的预警机制、严密的账户管理、严格的资金审批调度、规范的交易操作及完善的业务档案管理制度等，控制固有业务的运作风险。

#### 4.4.3 监督评价与纠正

公司的稽核审计部独立行使公司内部控制的监督、评价与纠正职责。在审计过程中发现的内部控制缺陷，向被审部门提出改进建议并敦促被审部门及时改进完善。稽核审计部有权直接向董事会、监事会和公司高管层报告内部控制审计情况。

公司实行事前、事中与事后"三位一体"的风险管理和监督评价体系，对业务环节和经营管理进行持续性的全方位、全过程的监督、评价、后评价与纠正。事前监督主要从制度建设、流程设计与完善，风险信息收集、识别、评估与监测等方面开展，对公司的内部控制进行事前管理；事中监控，包括风险管理部门定期适时的业务监控、业务部门持续性监控以及稽核审计平台的过程监控；事后监督通过常规稽核、专项稽核、离任稽核等形式发现、评价公司经营中存在的制度和流程缺陷，并建立规范的后续整改跟踪机制，确保合理建议得到落实和改进，持续提升公司的内控水平。2018 年，稽核审计部紧紧围绕公司年度经营目标，认真履行审计与风险控制委员会赋予的职责，全面完成了内部控制检查评价工作。

### 4.5 风险管理

#### 4.5.1 风险管理概况

报告期内，公司紧跟国家经济、金融政策方向，按照监管部门全面风险管理指引的要求，密切围绕年初董事会制定的风险管理目标，统一部署，审慎经营管理，总体风险可控，圆满完成了风险管理目标任务。

公司业务运行平稳，没有出现新增风险违约事件，各项管控业务均在限额指标以内，总体风险可控。公司形成"全面、全员、全覆盖、全流程、全市场"的风险管控体系，对风险的管控包含在项目投前、投中、投后全流程，覆盖信用风险、市场风险、流动性风险、操作风险、声誉风险。

#### 4.5.2 风险状况

4.5.2.1 信用风险状况

信用风险是由于交易对手不履行义务而给公司带来潜在损失的风险。主要表现为：在贷款、资产回购、后续资金安排、担保、履约承诺等交易过程中，借款人、担保人、保管人（托管人）等交易对手不履行承诺，不能或不愿履行合约承诺而使信托财产和固有财产遭受潜在损失的可能性。

报告期内，按照贷款五级分类标准，公司存续信托项目及固有项目均为正常类，无不良资产，资产风险分类真实、准确。无预期损失及资产风险迁徙，风险可控。

4.5.2.2 市场风险状况

市场风险主要指市场利率、汇率或金融产品等价格变动给公司造成损失的风险。其主要表现为：股票、债券、票据、外汇等资产因价格变动而带来损失的风险。

报告期内，公司通过优选交易对手、谨慎选择项目或标的物、严格的投后管理措施、对股票类标的物进行实时盯盘及设置预警机制，确保市场风险可控。

4.5.2.3 操作风险状况

操作风险是指由不完善或有问题的内部程序、员工和信息科技系统，以及外部事件所造成损失的风险。

报告期内，公司未出现重大操作风险事项。

4.5.2.4 其他风险状况

其他风险包括流动性风险、声誉风险和集中度风险。

4.5.2.4.1 流动性风险

报告期内，公司面临的兑付集中度和清算压力较小，流动性风险低。

4.5.2.4.2 声誉风险

报告期内，公司未有任何信托项目赔付，存量信托项目运行正常，潜在赔偿责任风险较小。

4.5.2.4.3 集中度风险

信托资金运用涉及公共设施管理业、城市公共交通业、商务服务业、环境管理业、水利管理业、批发业、零售业、银行业、房地产业、其他金融活动等行业，资金运用投向较为丰富，集中度风险低。

#### 4.5.3 风险管理

4.5.3.1 信用风险管理

（1）完善信用风险管理制度体系。公司执行标准化的管理流程，覆盖从客户尽职调查、信用评估、风险资本测算、风险审查审批、资金划拨至融资后监控的全部环节，业务种类覆盖产业金融、不动产、普惠金融、资本市场、投资银行、金融同业等不同业务品种。

（2）完善信用风险限额管理。为减少单一主体信用恶化对公司的财务影响，降低集中度风险，公司在融资业务领域中的基础产业板块设置了严格的区域限额管控，在不动产业务板块则尝试推行了单一主体风险限额管理。根据交易对手信用状况，严格控制抵（质）押率，保证足够的安全边际，合理设置交易结构，确保抵（质）押品安全可控。

（3）严格按照国家宏观调控政策和产业政策导向，研究行业发展趋势、市场机会及风险特征，制定内部行业投融资政策，充分利用客户分类、名单制管理和行业限额等多种手段，严格审查行业和客户的准入资质，防范行业风险。

（4）加大存续项目信用风险的监控力度。设置科学合理的监控指标，提高监控频度，通过多方面信息的监控和整合，及时掌握交易对手信用状况的变化，并根据监控信息采取不同的应对措施，有效防范和化解风险。

（5）多方位引入新型风险管理工具。

4.5.3.2 市场风险管理

(1)关注宏观经济及金融市场对业务的影响,遵循组合投资、分散风险的投资原则,注意防范系统性风险。

(2)审慎推进有市场风险敞口的投资业务,对投资类业务设置准入门槛及禁入领域,并由评审会授权证券投资决策小组对证券投资业务进行专家把关。

(3)在资本市场中,对股票质押类、证券投资类等业务进行了专项风险排查,从风控阈值安全边际、价格波动性、质押率、风险影响等多个角度进行风险评估。

4.5.3.3 操作风险管理

(1)完善各项制度规定并优化业务流程。针对关键操作环节和跨部门协同环节,重点强化操作风险防控。

(2)结合公司发展战略,法律合规部全程参与新业务、新产品的开发和设计,确保各环节、各步骤的合规性,预防操作风险。在操作风险首问负责制基础上,法律合规部对操作风险管理内容、操作风险报告进行扎口管理,及时报告操作风险事件。

(3)进一步完善计算机系统及管理机制,不断完善核心业务系统、CRM系统和财务系统的功能性建设和优化,加强网络安全管理。

(4)对重点业务和流程进行专项检查监督,通过法律合规部的扎口管理、稽核审计部的定期检查,做到操作风险早发现、早处理。

(5)从内部举报、案件防控、合规问责等各个层面,加强案件防控及员工行为的管理和监督,切实防范和降低操作风险。

4.5.3.4 其他风险管理

其他风险包括流动性风险管理、声誉风险管理和集中度风险管理。

4.5.3.4.1 流动性风险管理

(1)在充分研究、实证求验、利用多种流动性管理工具基础上,形成风险管理部牵头负责,多部门统一协作的公司流动性管理的整体框架,多管理阀值、多层次的流动性管理的处理机制。

(2)定期对存续项目的偿付风险进行排查,对交易对手的资金安排情况进行调查评估,做到流动性风险的尽早掌握和及时预防。

(3)关注资金市场变化,及时根据资金面的变化调整业务期限策略。

(4)针对现金管理产品,进行重点流动性监控,实时测算现金缺口,审慎评估每笔投资实施后的流动性风险变化情况,加强对资金和资产的期限匹配管理。

4.5.3.4.2 声誉风险管理

(1)全面培养以声誉为导向的公司文化,从产品设计到产品的审查审批、投放、投后管理全流程中高度重视公司的声誉风险,在公司内部形成自上而下的声誉风险管理意识,实行声誉风险积极管理的策略。

(2)制度建设方面,公司的《风险管理办法》,将声誉风险管理纳入公司全面风险管理体系,明确声誉风险监控、管理和应对的流程与职责。

(3)完善舆情监测机制,聘请专业公司对公司信息和存续信托项目信息进行全面的舆情监测,并根据公司业务发展需要及时更新,有效识别、监测、评估、报告声誉风险事项,加强舆情监测、研判、识别以及处置能力。

(4)通过及时全面的信息披露,提升公司信息的透明度,实现公司与投资者的良性沟通,有效防控声誉风险。

(5)坚持依法合规稳健经营,积极履行社会责任。公司成立慈善信托工作室,负责公司慈善信托业务的研究、拓展、管理,推广公司慈善品牌,扩大公司慈善信托社会影响力。公司在以往连续七年成功开展"紫金·厚德"系列慈善公益信托的基础上,成功落地"紫金·厚德8号"慈善信托,得到社会各界广泛关注和好评,进一步提升公司的知名度、美誉度。

4.5.3.4.3 集中度风险管理

(1)结合公司的经营特点,适度进行分散化、多元化的经营策略,对单一客户、单一区域实行限额管理,避免业务过度集中。

(2)加强数量统计分析和市场监测,实行更新数据及扩大监控范围,有效防范和控制因集中度风险引致的损失。

**4.5.4 净资本管理概况**

报告期末,公司净资本为319 973.01万元,符合该项指标需大于或等于2亿元的监管要求。净资产为382 469.49万元,各项业务风险资本之和为174 187.86万元。净资本/各项业务风险资本之和为183.69%,符合该项指标需大于或等于100%的监管要求,净资本/净资产为83.66%,符合该项指标需大于或等于40%的监管要求。

公司净资本和风险资本满足所有监管指标要求,抵御风险能力良好。基于业务发展的前瞻性考虑,加强了各项业务以及未来业务发展耗用净资本的管理,安排了专人进行净资本的测算及复核,根据净资本承载能力制定相应业务策略,审慎进行净资本耗用的预测,为业务发展提供前置引导。

## 5. 报告期末及上一年末的比较式会计报表

### 5.1 自营资产

**5.1.1 会计师事务所审计结论**

立信会计师事务所(特殊普通合伙)审计了紫金信托有限责任公司财务报表,包括2018年12月31日的资产负债表,2018年度的利润表、现金流量表、股东权益变动表以及相关财务报表附注,出具《审计报告》(信会师报字[2019]第ZH30001号),认为:紫金信托有限责任公司财务报表在所有重大方面按照企业会计准则的规定编制,公允反映了紫金信托2018年12月31日的财务状况以及2018年度的经营成果和现金流量。

立信会计师事务所(特殊普通合伙)

中国注册会计师:张爱国

中国注册会计师:杨俊玉

中国·上海　　2019年2月20日

### 5.1.2　资产负债表

**资产负债表**

编制单位：紫金信托有限责任公司　　2018 年 12 月 31 日　　单位：万元

| 资　产 | 期末余额 | 年初余额 |
|---|---|---|
| 资产： | | |
| 现金及存放中央银行款项 | 0.29 | 0.68 |
| 存放同业款项 | 9 462.81 | 28 670.74 |
| 贵金属 | — | — |
| 拆出资金 | — | — |
| 以公允价值计量且其变动计入当期损益的金融资产 | 94 207.67 | 113 990.62 |
| 衍生金融资产 | — | — |
| 买入返售金融资产 | 10.00 | — |
| 应收利息 | — | — |
| 发放贷款和垫款 | — | — |
| 可供出售金融资产 | 233 206.43 | 190 244.00 |
| 持有至到期投资 | 75 851.34 | 83 113.34 |
| 长期股权投资 | 1 470.63 | 1 470.63 |
| 投资性房地产 | — | — |
| 固定资产 | 5 581.18 | 5 912.44 |
| 无形资产 | 126.36 | 176.41 |
| 长期待摊费用 | 297.00 | 315.00 |
| 递延所得税资产 | — | — |
| 其他资产 | 1 264.54 | 1 347.76 |
| 资产总计 | 421 478.25 | 425 241.62 |

法定代表人：陈峥　　主管会计工作负责人：高晓俊　　会计机构负责人：杨黎文

**资产负债表（续）**

编制单位：紫金信托有限责任公司　　2018 年 12 月 31 日　　单位：万元

| 负债及股东权益 | 期末余额 | 年初余额 |
|---|---|---|
| 负债： | | |
| 向中央银行借款 | — | — |
| 同业及其他金融机构存放款项 | — | — |
| 拆入资金 | — | — |
| 以公允价值计量且其变动计入当期损益的金融负债 | — | — |
| 衍生金融负债 | — | — |
| 卖出回购金融资产款 | — | — |
| 吸收存款 | — | — |
| 应付职工薪酬 | 23 419.71 | 21 223.04 |
| 应交税费 | 15 327.50 | 9 921.52 |
| 应付利息 | — | — |
| 预计负债 | — | — |
| 应付债券 | — | — |
| 递延所得税负债 | — | — |
| 其他负债 | 261.55 | 30 878.95 |

续表

| 负债及股东权益 | 期末余额 | 年初余额 |
|---|---|---|
| 负债合计 | 39 008.76 | 62 023.51 |
| 股东权益： | | |
| 股本 | 245 300.00 | 245 300.00 |
| 资本公积 | — | — |
| 减：库存股 | — | — |
| 盈余公积 | 22 205.33 | 17 728.99 |
| 一般风险准备 | 6 282.56 | 6 282.56 |
| 信托赔偿准备 | 11 102.66 | 8 864.49 |
| 未分配利润 | 97 578.94 | 85 042.07 |
| 股东权益合计 | 382 469.49 | 363 218.11 |
| 负债和股东权益总计 | 421 478.25 | 425 241.62 |

法定代表人：陈峥　　主管会计工作负责人：高晓俊　　会计机构负责人：杨黎文

### 5.1.3　利润表

**利润表**

编制单位：紫金信托有限责任公司　　2018 年度　　单位：万元

| 项目 | 本期发生额 | 上期发生额 |
|---|---|---|
| 一、营业收入 | 80 432.18 | 80 062.39 |
| 利息净收入 | −1 314.55 | −80.85 |
| 利息收入 | 178.51 | 610.10 |
| 利息支出 | 1 493.06 | 690.95 |
| 手续费及佣金净收入 | 71 605.28 | 60 784.26 |
| 手续费及佣金收入 | 71 605.28 | 60 784.26 |
| 手续费及佣金支出 | — | — |
| 投资收益 | 20 111.82 | 11 865.98 |
| 其中：对联营企业和合营企业的投资收益 | — | — |
| 公允价值变动收益 | −9 918.64 | 9 017.15 |
| 汇兑收益 | −51.73 | −1 524.15 |
| 其他业务收入 | — | — |
| 二、营业支出 | 20 457.55 | 21 628.03 |
| 营业税金及附加 | 639.45 | 275.51 |
| 业务及管理费 | 19 028.60 | 18 984.02 |
| 资产减值损失 | 789.50 | 2 368.50 |
| 其他业务成本 | — | — |
| 三、营业利润 | 59 974.63 | 58 434.36 |
| 加：营业外收入 | 1 160.00 | 1 289.08 |
| 减：营业外支出 | 100.00 | 160.00 |
| 四、利润总额 | 61 034.63 | 59 563.44 |
| 减：所得税费用 | 16 271.25 | 16 548.99 |
| 五、净利润 | 44 763.38 | 43 014.45 |
| 六、其他综合收益 | — | — |
| 七、综合收益总额 | 44 763.38 | 43 014.45 |

法定代表人：陈峥　　主管会计工作负责人：高晓俊　　会计机构负责人：杨黎文

### 5.1.4 所有者权益变动表

所有者权益变动表

编制单位:紫金信托有限责任公司　　2018 年度　　单位:万元

| 项目 | 本期金额 | | | | | | | |
|---|---|---|---|---|---|---|---|---|
| | 股本 | 资本公积 | 减:库存股 | 盈余公积 | 一般风险准备 | 信托赔偿准备 | 未分配利润 | 所有者权益合计 |
| 一、上年年末余额 | 245 300.00 | — | — | 17 728.99 | 6 282.56 | 8 864.49 | 85 042.07 | 363 218.11 |
| 加:会计政策变更 | — | — | — | — | — | — | — | — |
| 前期差错更正 | — | — | — | — | — | — | — | — |
| 二、本年期初余额 | 245 300.00 | — | — | 17 728.99 | 6 282.56 | 8 864.49 | 85 042.07 | 363 218.11 |
| 三、本期增减变动金额(减少以"-"号填列) | — | — | — | 4 476.34 | — | 2 238.17 | 12 536.87 | 19 251.38 |
| (一)净利润 | — | — | — | — | — | — | 44 763.38 | 44 763.38 |
| (二)其他综合收益 | — | — | — | — | — | — | — | — |
| 上述(一)和(二)小计 | — | — | — | — | — | — | 44 763.38 | 44 763.38 |
| (三)所有者投入和减少资本 | — | — | — | — | — | — | — | — |
| 1. 所有者投入资本 | — | — | — | — | — | — | — | — |
| 2. 股份支付计入所有者权益的金额 | — | — | — | — | — | — | — | — |
| 3. 其他 | — | — | — | — | — | — | — | — |
| (四)利润分配 | — | — | — | 4 476.34 | — | 2 238.17 | -32 226.51 | -25 512.00 |
| 1. 提取盈余公积 | — | — | — | 4 476.34 | — | — | -4 476.34 | — |
| 2. 提取一般风险准备 | — | — | — | — | — | — | — | — |
| 3. 提取信托赔偿准备 | — | — | — | — | — | 2 238.17 | -2 238.17 | — |
| 4. 对所有者(或股东)的分配 | — | — | — | — | — | — | -25 512.00 | -25 512.00 |
| 5. 其他 | — | — | — | — | — | — | — | — |
| (五)所有者权益内部结转 | — | — | — | — | — | — | — | — |
| 1. 资本公积转增资本(或股本) | — | — | — | — | — | — | — | — |
| 2. 盈余公积转增资本(或股本) | — | — | — | — | — | — | — | — |
| 3. 盈余公积弥补亏损 | — | — | — | — | — | — | — | — |
| 4. 其他(未分配利润转增资本) | — | — | — | — | — | — | — | — |
| (六)专项储备 | — | — | — | — | — | — | — | — |
| 1. 本期提取 | — | — | — | — | — | — | — | — |
| 2. 本期使用 | — | — | — | — | — | — | — | — |
| (七)其他 | — | — | — | — | — | — | — | — |
| 四、本期期末余额 | 245 300.00 | — | — | 22 205.33 | 6 282.56 | 11 102.66 | 97 578.94 | 382 469.49 |
| 后附的财务报表附注为财务报表的组成部分。 | | | | | | | | |

法定代表人:陈峥　　主管会计工作负责人:高晓俊　　会计机构负责人:杨黎文

## 5.2 信托资产

### 5.2.1 信托项目资产负债汇总表

信托项目资产负债汇总表

编制单位:紫金信托有限责任公司　　2018 年 12 月 31 日　　单位:万元

| 信托资产 | 期末余额 | 年初余额 | 信托负债和信托权益 | 期末余额 | 年初余额 |
|---|---|---|---|---|---|
| 信托资产: | | | 信托负债: | | |
| 货币资金 | 89 477.75 | 221 855.17 | 交易性金融负债 | — | — |
| 拆出资金 | — | — | 衍生金融负债 | — | — |
| 存出保证金 | — | — | 应付受托人报酬 | — | 7 715.04 |
| 交易性金融资产 | — | 4 539.87 | 应付托管费 | 99.40 | 0.39 |
| 衍生金融资产 | — | — | 应付受益人收益 | 332.17 | 2.54 |
| 买入返售金融资产 | 19 292.60 | — | 应交税费 | — | — |
| 应收款项 | 8 523.99 | 16 196.13 | 应付销售服务费 | — | — |
| 发放贷款 | 6 441 306.10 | 8 718 159.10 | 应付手续费及佣金 | — | — |
| 可供出售金融资产 | 8 008 128.12 | 10 518 821.17 | 其他应付款项 | 6 452.68 | 5 108.28 |

续表

| 信托资产 | 期末余额 | 年初余额 | 信托负债和信托权益 | 期末余额 | 年初余额 |
|---|---|---|---|---|---|
| 持有至到期投资 | 55 048. 38 | 56 248. 37 | 其他负债 | — | — |
| 长期应收款 | — | — | 信托负债合计 | 6 884. 25 | 12 826. 25 |
| 长期股权投资 | 1 106 931. 00 | 1 510 424. 48 | | | |
| 投资性房地产 | — | — | 信托权益： | | |
| 固定资产 | — | — | 实收信托 | 15 587 222. 65 | 20 876 623. 82 |
| 无形资产 | — | — | 资本公积 | — | — |
| 长期待摊费用 | — | — | 损益平准金 | — | — |
| 其他资产 | — | — | 未分配利润 | 134 601. 04 | 156 794. 22 |
| 减：各项资产减值准备 | — | — | 信托权益合计 | 15 721 823. 69 | 21 033 418. 04 |
| 信托资产总计 | 15 728 707. 94 | 21 046 244. 29 | 信托负债和信托权益总计 | 15 728 707. 94 | 21 046 244. 29 |

法定代表人：陈峥　　主管会计工作负责人：高晓俊　　会计机构负责人：沈心怡

#### 5. 2. 2　信托项目利润及利润分配汇总表

**信托项目利润及利润分配汇总表**

编制单位：紫金信托有限责任公司　　2018 年度　　单位：万元

| 项目 | 本期发生额 | 上期发生额 |
|---|---|---|
| 1. 营业收入 | 1 154 457. 74 | 1 089 107. 61 |
| 1. 1 利息收入 | 461 241. 62 | 414 329. 99 |
| 1. 2 投资收益 | 693 212. 85 | 674 441. 61 |
| 其中：对联营企业和合营企业的投资收益 | — | — |
| 1. 3 公允价值变动收益 | 3. 27 | 336. 01 |
| 1. 4 租赁收入 | — | — |
| 1. 5 汇兑损益（损失以“-”号填列） | — | — |
| 1. 6 其他收入 | — | — |
| 2. 支出 | 112 285. 90 | 88 601. 79 |
| 2. 1 营业税金及附加 | 2 868. 38 | 311. 62 |
| 2. 2 受托人报酬 | 68 045. 48 | 60 786. 72 |
| 2. 3 托管费 | 5 164. 89 | 7 777. 11 |
| 2. 4 手续费及佣金 | 0. 88 | 2. 17 |
| 2. 5 销售服务费 | — | — |
| 2. 6 交易费用 | 22. 07 | 271. 78 |
| 2. 7 资产减值损失 | — | — |
| 2. 8 其他费用 | 36 184. 20 | 19 452. 39 |
| 3. 信托净利润（净亏损以“-”号填列） | 1 042 171. 84 | 1 000 505. 82 |
| 4. 其他综合收益 | — | — |
| 5. 综合收益 | — | — |
| 6. 加：期初未分配信托利润 | 156 794. 22 | 47 618. 12 |
| 7. 可供分配的信托利润 | 1 198 966. 06 | 1 048 123. 94 |
| 8. 减：本期已分配信托利润 | 1 064 365. 02 | 891 329. 72 |
| 9. 期末未分配信托利润 | 134 601. 04 | 156 794. 22 |

法定代表人：陈峥　　主管会计工作负责人：高晓俊　　会计机构负责人：沈心怡

## 6. 会计报表附注

### 6. 1　会计报表编制基准、会计政策、会计估计和核算方法发生的变化

#### 6. 1. 1　会计报表编制基础

（1）公司会计报表编制基准不存在不符合会计核算基本前提的情况。

（2）本公司以持续经营为基础，根据实际发生的交易和事项，按照《企业会计准则——基本准则》和其他各项会计准则的规定进行确认和计量，在此基础上编制财务报表。

#### 6. 1. 2　会计政策和会计估计的变更

本期无需要披露的变更。

### 6. 2　或有事项说明

本公司无需要披露的或有事项。

### 6. 3　重要资产转让及出售的说明

报告期内，公司未发生重要资产转让及出售行为。

### 6. 4　会计报表中重要项目的明细资料

#### 6. 4. 1　披露自营资产经营情况

6. 4. 1. 1　按信用风险五级分类结果披露信用风险资产的期初数、期末数

| 信用风险资产五级分类 | 正常类（万元） | 关注类（万元） | 次级类（万元） | 可疑类（万元） | 损失类（万元） | 信用风险资产合计（万元） | 不良资产合计（万元） | 不良资产率（%） |
|---|---|---|---|---|---|---|---|---|
| 期初数 | 418 837. 09 | — | — | — | — | 418 837. 09 | — | — |
| 期末数 | 415 473. 42 | — | — | — | — | 415 473. 42 | — | — |

注：不良资产合计＝次级类＋可疑类＋损失类。

6. 4. 1. 2　各项资产减值损失准备的期初、本期计提、本期转回、本期核销、期末数；贷款的一般准备和专项准备和其他资产减值准备

单位：万元

| | 期初数 | 本期计提 | 本期转回 | 本期核销 | 期末数 |
|---|---|---|---|---|---|
| 贷款损失准备 | — | — | — | — | — |
| 一般准备 | — | — | — | — | — |
| 专项准备 | — | — | — | — | — |
| 其他资产减值准备 | — | — | — | — | — |
| 可供出售金融资产减值准备 | 2 368. 50 | 789. 50 | — | — | 3 158. 00 |
| 持有至到期投资减值准备 | — | — | — | — | — |
| 长期股权投资减值准备 | — | — | — | — | — |
| 坏账准备 | — | — | — | — | — |
| 投资性房地产减值准备 | — | — | — | — | — |

6.4.1.3 自营股票投资、基金投资、债券投资、长期股权投资等投资的期初数、期末数

单位:万元

| | 自营股票 | 基金 | 债券 | 长期股权投资 | 其他投资 | 合计 |
|---|---|---|---|---|---|---|
| 期初数 | 27 267.43 | 5 706.76 | 10 010.64 | 1 470.63 | 344 363.13 | 388 818.59 |
| 期末数 | 21 612.08 | 635.45 | 10.09 | 1 470.63 | 381 017.82 | 404 746.07 |

6.4.1.4 自营长期股权投资的企业名称、占被投资企业权益的比例、主要经营活动及投资收益情况

| 企业名称 | 占被投资企业权益的比例(%) | 主要经营活动 | 投资收益(万元) |
|---|---|---|---|
| 南京证券股份有限公司 | 0.35 | 证券经纪、证券承销、证券自营、客户资产管理、财务顾问等。 | — |

注:投资损益是指按照企业会计准则规定,核算股权投资确认损益并计入披露年度利润表的金额。

6.4.1.5 自营贷款的企业名称、占贷款总额的比例和还款情况

| 企业名称 | 贷款金额(万元) | 占贷款总额的比例(%) | 还款情况 |
|---|---|---|---|
| — | — | — | — |

6.4.1.6 表外业务

单位:万元

| 表外业务 | 期初数 | 期末数 |
|---|---|---|
| 担保业务 | — | — |
| 代理业务 | — | — |
| 其他 | — | — |
| 合计 | — | — |

6.4.1.7 公司当年的收入结构

| 收入结构 | 金额(万元) | 占比(%) |
|---|---|---|
| 手续费及佣金收入 | 71 605.28 | 86.18 |
| 其中:信托手续费收入 | 71 605.28 | 86.18 |
| 投资银行业务收入 | — | — |
| 利息收入 | 178.51 | 0.21 |
| 其他业务收入 | — | — |
| 其中:计入信托业务收入部分 | — | — |
| 投资收益 | 20 111.82 | 24.21 |
| 其中:股权投资收益 | 60.00 | 0.07 |
| 证券投资收益 | 6 151.91 | 7.41 |
| 其他投资收益 | 13 899.91 | 16.73 |
| 公允价值变动收益 | -9 918.64 | -11.94 |
| 汇兑损益 | -51.73 | -0.06 |
| 营业外收入 | 1 160.00 | 1.40 |
| 收入合计 | 83 085.24 | 100.00 |

注:手续费及佣金收入、其他业务收入、投资收益、营业外收入均为损益表中的一级科目,其中手续费及佣金收入、利息收入、营业外收入为未抵减掉相应支出的全年累计实现收入数。

报告年度实现信托业务收入的总额为 71 605.28 万元,均为以手续费及佣金确认的信托业务收入。

6.4.2 **信托资产管理情况**

6.4.2.1 信托资产的期初数、期末数

单位:万元

| 信托资产 | 期初数 | 期末数 |
|---|---|---|
| 集合类 | 9 613 731.20 | 8 514 560.03 |
| 单一类 | 5 780 871.47 | 3 563 893.93 |
| 财产权类 | 5 651 641.62 | 3 650 253.98 |
| 合计 | 21 046 244.29 | 15 728 707.94 |

6.4.2.1.1 主动管理型信托业务期初数、期末数

单位:万元

| 主动管理型信托资产 | 期初数 | 期末数 |
|---|---|---|
| 证券投资类 | 1 550.20 | — |
| 股权投资类 | 48 000.00 | — |
| 融资类 | 2 120 017.58 | 3 033 228.98 |
| 事务管理类 | — | 130.01 |
| 合计 | 4 643 964.36 | 5 078 525.90 |

注:"合计"行为主动管理型信托项目的总额,它包含所有运用方式的主动型产品。"证券投资类""股权投资类""融资类""事务管理类"是主动管理型信托中的几个重点类别,包含在"合计"中,但是与"合计"行没有钩稽关系,"合计"行大于或等于这四类之和。

6.4.2.1.2 被动管理型信托业务期初数、期末数

单位:万元

| 被动管理型信托资产 | 期初数 | 期末数 |
|---|---|---|
| 证券投资类 | 2 989.67 | — |
| 股权投资类 | — | — |
| 融资类 | 70 332.87 | 50 380.98 |
| 事务管理类 | 15 228 466.19 | 10 184 926.42 |
| 合计 | 16 402 279.93 | 10 650 182.04 |

注:"合计"行为被动管理型信托项目的总额,它包含所有运用方式的被动型产品。"证券投资类""股权投资类""融资类""事务管理类"是被动管理型信托中的几个重点类别,包含在"合计"中,但是与"合计"行没有钩稽关系,"合计"行大于或等于这四类之和。

6.4.2.2 本年度已清算信托项目个数、实收信托合计金额、加权平均实际年化收益率

6.4.2.2.1 本年度已清算结束的集合类、单一类资金信托项目和财产管理类信托项目个数、实收信托合计金额、加权平均实际年化收益率

| 已清算结束的信托项目 | 项目个数(个) | 实收信托合计金额(万元) | 加权平均实际年化收益率(%) |
|---|---|---|---|
| 集合类 | 42 | 1 826 998.52 | 6.2454 |
| 单一类 | 62 | 2 788 908.86 | 6.1474 |
| 财产管理类 | 24 | 1 339 304.01 | 6.6527 |

注:1. 收益率是指信托项目清算后,给受益人赚取的实际收益水平。

2. 加权平均实际年化收益率 =(信托项目 1 的实际年化收益率 × 信托项目 1 的实收信托 + 信托项目 2 的实际年化收益率 × 信托项目 2 的实收信托 +… + 信托项目 $n$ 的实际年化收益率 × 信托项目 $n$ 的实收信托)/(信托项目 1 的实收信托 + 信托项目 2 的实收信托 +… + 信托项目 $n$ 的实收信托)×100%。

6.4.2.2.2 本年度已清算结束的主动管理型信托项目个数、实收信托合计金额、加权平均实际年化信托报酬率、加权平均实际年化收益率

| 已清算结束的信托项目 | 项目个数（个） | 实收信托合计金额（万元） | 加权平均实际年化信托报酬率（%） | 加权平均实际年化收益率（%） |
|---|---|---|---|---|
| 证券投资类 | 1 | 2 836.74 | 0.9685 | 4.0205 |
| 股权投资类 | 1 | 100 000.00 | 0.4051 | 10.7001 |
| 融资类 | 34 | 1 040 755.00 | 1.6262 | 6.6062 |
| 事务管理类 | 1 | 102.66 | 0.0000 | 0.0000 |

注：加权平均实际年化信托报酬率=（信托项目1的实际年化信托报酬率×信托项目1的实收信托+信托项目2的实际年化信托报酬率×信托项目2的实收信托+…+信托项目n的实际年化信托报酬率×信托项目n的实收信托）/（信托项目1的实收信托+信托项目2的实收信托+…+信托项目n的实收信托）×100%。

6.5.2.2.3 本年度已清算结束的被动管理型信托项目个数、实收信托合计金额、加权平均实际年化信托报酬率、加权平均实际年化收益率

| 已清算结束的信托项目 | 项目个数（个） | 实收信托合计金额（万元） | 加权平均实际年化信托报酬率（%） | 加权平均实际年化收益率（%） |
|---|---|---|---|---|
| 证券投资类 | — | — | — | — |
| 股权投资类 | — | — | — | — |
| 融资类 | 1 | 40 000.00 | 2.4311 | 7.8822 |
| 事务管理类 | 80 | 4 061 566.99 | 0.1091 | 5.9088 |

6.4.2.3 本年度新增的集合类、单一类和财产管理类信托项目个数、实收信托合计金额

| 新增信托项目 | 项目个数（个） | 实收信托合计金额（万元） |
|---|---|---|
| 集合类 | 55 | 2 058 438.30 |
| 单一类 | 15 | 401 119.52 |
| 财产权类 | 7 | 1 144 357.92 |
| 新增合计 | 77 | 3 603 915.74 |
| 其中：主动管理型 | 65 | 2 449 618.54 |
| 被动管理型 | 12 | 1 154 297.20 |

注：本年新增信托项目指在本报告年度内累计新增的信托项目个数和金额。包含本年度新增并于本年度内结束的项目和本年度新增至报告期末仍在持续管理的信托项目。

6.4.2.4 信托业务创新成果和特色业务有关情况

（1）普惠金融推进体系建设，布局“车、房、人”三大领域。2018年普惠金融业务积极推进“组织体系、制度体系、信息体系”三大体系建设，夯实展业基础；形成了“车、房、人”三大细分普惠金融领域的产品布局，实现了直接向C端放款的个人经营贷款业务，迈出了成为综合性小微金融服务商的第一步。

（2）设立员工持股信托计划，助力地方国企混改。公司创造性地设计了地方国企混改的信托方案，助力江苏省首单国企混改项目实施。通过员工持股信托计划参与国企混合所有制改革，有助于企业建立起员工与企业利益共享、风险共担的市场化机制；有助于进一步完善公司治理，更好地维护员工的合法权益。该项目是地方国企混改的创新探索，也是公司回归信托业务本源的重要尝试。

（3）“受托+引入境外资金”综合资产证券化服务模式。公司以受托服务为抓手，通过专业化的团队建设，不断提升主动管理能力、创新能力和综合服务能力。公司抓住我国向境外金融机构放开银行间债券市场投资的政策机遇，发挥外资股东优势，以境外投资人对资产证券化产品的配置需求为起点，针对性地提供了“受托+引入境外资金”的综合服务方案。境外金融机构以外币投资我国资产证券化产品，有利于加快人民币国际化进程和中国金融市场的进一步对外开放，积极响应了中国对外开放的国家政策精神。境外金融机构的低成本资金也有利于降低实体经济的融资成本。

（4）创新慈善信托业务模式，持续支持慈善事业。公司与艺术培训学校合作，创新慈善信托模式，以艺术培训课程为财产权设立助学慈善信托，为贫困家庭女童提供艺术教育课程服务。该慈善信托业务模式的创新对于慈善信托业务的推广和贫困学生的全面发展有着积极的意义。此外，公司持续开展公益慈善信托，自成立之初就发起设立“紫金·厚德”系列公益慈善信托，该系列公益慈善信托计划已累计成立8期，募集资金超过670万元，救助困难家庭患儿430余人次。厚德八年，公司始终坚守自己的承诺，保障每一分善款都落到了实处。

6.4.2.5 本公司履行受托人义务情况及因本公司自身责任而导致的信托资产损失情况。

本公司以为受益人最大利益行事为基本职责，认真履行以下义务：（1）诚实信用、谨慎和有效管理义务；（2）忠实义务；（3）分别管理义务；（4）亲自管理义务；（5）保存记录义务；（6）定期报告义务；（7）依法保密的义务；（8）向受益人支付信托利益的义务。

截至2018年12月31日，本公司未发生因自身责任而导致的信托资产损失情况。

## 6.5 关联方关系及其交易的披露

**6.5.1 关联交易方的数量、关联交易的总金额及关联交易的定价政策等**

| | 关联交易方数量（个） | 关联交易金额（万元） | 定价政策 |
|---|---|---|---|
| 合计 | 5 | 230 284.48 | |

**6.5.2 关联交易方与本公司的关系性质、关联交易方的名称、法人代表、注册地址、注册资本及主营业务等**

| 关系性质 | 关联方名称 | 法定代表人 | 注册地址 | 注册资本（亿元） | 主营业务 |
|---|---|---|---|---|---|
| 本公司股东 | 南京紫金投资集团有限责任公司 | 王海涛 | 江苏省南京市 | 50 | 实业投资、资产管理、财务咨询、投资咨询 |
| 本公司股东在中国设立的分支机构 | 三井住友信托银行股份有限公司上海分行 | 大谷力 | 上海市 | 34 | 在银保监会批准范围之内，经营对各类客户的外汇业务以及人民币业务 |
| 受同一母公司控制 | 南京银行股份有限公司 | 胡昇荣 | 江苏省南京市 | 84.82 | 吸收存款、发放贷款等 |
| 受同一母公司控制 | 南京紫金融资租赁有限责任公司 | 张亚波 | 江苏省南京市 | 3 | 以融资租赁等租赁业务为主营业务等 |
| 受同一母公司控制 | 南京证券股份有限公司 | 步国旬 | 江苏省南京市 | 27.49 | 证券经纪、证券承销、证券自营、客户资产管理、财务顾问等 |

6.5.3　逐笔披露本公司与关联方的重大交易事项

6.5.3.1　固有财产与关联方:贷款、投资、租赁、应收账款担保、其他方式等期初汇总数、本期借方和贷方发生额汇总数、期末汇总数

单位:万元

| 固有财产与关联方关联交易 | | | | |
|---|---|---|---|---|
| | 期初数 | 借方发生额 | 贷方发生额 | 期末数 |
| 贷款 | — | — | — | — |
| 投资 | 1 470.63 | — | — | 1 470.63 |
| 租赁 | — | — | — | — |
| 担保 | — | — | — | — |
| 应收账款 | — | — | — | — |
| 其他 | — | — | — | — |
| 合计 | 1 470.63 | — | — | 1 470.63 |

6.5.3.2　信托资产与关联方:贷款、投资、租赁、应收账款、担保、其他方式等期初汇总数、本期借方和贷方发生额汇总数、期末汇总数

单位:万元

| 信托资产与关联方关联交易 | | | | |
|---|---|---|---|---|
| | 期初数 | 借方发生额 | 贷方发生额 | 期末数 |
| 贷款 | 160 000.00 | 123 700.00 | 150 000.00 | 133 700.00 |
| 投资 | — | — | — | — |
| 租赁 | — | — | — | — |
| 担保 | — | — | — | — |
| 应收账款 | — | — | — | — |
| 其他 | 211 672.24 | — | 116 558.56 | 95 113.68 |
| 合计 | 371 672.24 | 123 700.00 | 266 858.56 | 228 813.68 |

6.5.3.3　信托公司自有资金运用于自己管理的信托项目(固信交易)、信托公司管理的信托项目之间的相互(信信交易)交易金额,包括余额和本报告年度的发生额

6.5.3.3.1　固有财产与信托财产之间的交易金额期初汇总数、本期发生额汇总数、期末汇总数

单位:万元

| 固有财产与信托财产相互交易 | | | |
|---|---|---|---|
| | 期初数 | 本期发生额 | 期末数 |
| 合计 | 127 976.95 | 60 393.25 | 188 370.20 |

注:以上固有财产与信托财产之间的交易主要是以固有资金购买本公司管理的信托计划的受益权。

6.5.3.3.2　信托资产与信托财产之间的交易金额期初汇总数、本期发生额汇总数、期末汇总数

单位:万元

| 信托资产与信托财产相互交易 | | | |
|---|---|---|---|
| | 期初数 | 本期发生额 | 期末数 |
| 合计 | 1 648 259.30 | -752 052.10 | 896 207.20 |

**6.5.4　逐笔披露关联方逾期未偿还本公司资金的详细情况以及本公司为关联方担保发生或即将发生垫款的详细情况**

截至2018年12月31日,本公司未发生关联方逾期未偿还本公司资金的情况,也无本公司为关联方担保发生或即将发生垫款的情况。

### 6.6　会计制度的披露

本公司固有业务、信托业务执行的会计制度为财政部2006年新修订颁布的《企业会计准则》及其应用指南。

## 7. 财务情况说明书

### 7.1　利润实现和分配情况

经立信会计师事务所(特殊普通合伙)审计,2018年公司实现净利润44 763.38万元。按规定计提法定盈余公积4 476.34万元、计提信托赔偿准备2 238.17万元,加上调整后年初未分配利润85 042.07万元,扣除2018年已分配现金股利25 512万元,2018年末可供股东分配的利润余额为97 578.94万元。

根据股东大会审议通过的2018年度利润分配方案,分配现金红利为2018年末可供分配利润的30%,取整后为29 274万元。

### 7.2　主要财务指标

| 指标名称 | 指标值 |
|---|---|
| 资本利润率(%) | 12.01 |
| 加权年化信托报酬率(%) | 0.4660 |
| 人均净利润(万元) | 234.36 |

注:1. 资本利润率=净利润/所有者权益平均余额×100%。

2. 所有者权益平均余额=($a_0/2+a_1+a_2+a_3+a_4/2$)/4。

3. 加权年化信托报酬率=(信托项目1的实际年化信托报酬率×信托项目1的实收信托+信托项目2的实际年化信托报酬率×信托项目2的实收信托+…+信托项目$n$的实际年化信托报酬率×信托项目$n$的实收信托)/(信托项目1的实收信托+信托项目2的实收信托+…+信托项目$n$的实收信托)×100%。

4. 人均净利润=净利润/年平均人数,公式为:a(平均)=(年初数+年末数)/2。

### 7.3　对本公司财务状况、经营成果有重大影响的其他事项

无。

## 8. 特别事项提示

### 8.1　前五名股东在报告期内变动情况及原因

2018年8月1日,公司2018年度股东会第三次临时会议审议通过《关于三胞集团有限公司转让部分股权的议案》,南京紫金投资集团有限责任公司、三井住友信托银行股份有限公司、南京江北新区产业投资集团有限公司、江苏金智科技股份有限公司同意放弃该部分股权的优先受让权,三胞集团有限公司将其持有公司4.89%的出资(对应出资额1.2亿元)转让给南京新工投资集团有限责任公司。

2018年8月3日,中国银保监会江苏监管局核准三胞集团有限公司将持有公司4.89%的出资转让给南京新工投资集团有限责任公司(苏银监复[2018]67号)。股权转让后,公司股东构成、出资比例:南京紫金投资集团有限责任公司出资比例为60.01%,三井住友信托银行股份有限公司出资比例为

19.99%，三胞集团有限公司出资比例为5.11%，南京江北新区产业投资集团有限公司出资比例为5.00%，江苏金智科技股份有限公司出资比例为5.00%及南京新工投资集团有限责任公司出资比例为4.89%。

### 8.2 董事、监事及高级管理人员变动情况及原因

2018年1月15日，公司2018年度股东会第一次临时会议审议通过《关于第三届董事会换届选举的议案》，选举陈峥女士、山胁徹哉先生、刘燕松先生、王瑞女士、赵磊先生为公司第三届董事会董事，选举夏亮先生为公司第三届董事会独立董事。2018年10月26日，公司2018年度股东会第四次临时会议审议通过《关于选举公司独立董事的议案》，选举陈景善女士为公司独立董事。公司第三届董事会由以上7名当选董事组成。陈景善女士的任职资格尚须获得中国银保监会或其派出机构的核准。

2018年1月15日，公司2018年度股东会第一次临时会议审议通过《关于第三届监事会换届选举的议案》，选举陈玲女士、渠泉先生为公司第三届监事会监事（非职工代表监事）。根据公司2017年11月29日职工代表大会决议，李薇女士被选举为公司职工代表监事。公司第三届监事会由以上3名当选监事组成。

2018年1月15日，公司第三届董事会第一次会议，通过《关于选举第三届董事会董事长的议案》，选举陈峥女士担任公司第三届董事会董事长，选举山胁徹哉先生担任公司第三届董事会副董事长。

2018年3月28日，中国银保监会江苏监管局核准刘燕松先生紫金信托有限责任公司董事、总裁任职资格（苏银监复[2018]71号）。

2018年3月22日，公司第三届董事会第四次会议，通过《关于聘任公司副总裁的议案》，聘任长谷川宽树先生为公司副总裁。2018年10月8日，中国银保监会江苏监管局核准长谷川宽树先生紫金信托有限责任公司副总裁任职资格（苏银监复[2018]213号）。

### 8.3 变更注册资本、变更注册地或公司名称、公司分立合并事项

无。

### 8.4 公司的重大诉讼事项

无。

### 8.5 报告期内公司及其董事、监事和高级管理人员受到处罚情况

2018年1月17日，中国银监会江苏监管局下发《行政处罚决定书》（苏银监罚决字[2018]5号），认定公司存在违规以固有资产进行股权投资的事实，对公司作出罚款60万元的行政处罚。截至报告期末，公司已全部缴纳该罚款。

### 8.6 报告期内银保监会及其派出机构提出整改意见的整改情况

报告期内，中国银保监会江苏监管局对公司日常经营管理提出一些意见和要求，公司已严格按要求落实。

### 8.7 本年度重大事项临时报告的简要内容、披露时间、所披露的媒体及版面

2018年2月14日，在《证券时报》B6版对《紫金信托有限责任公司关于修订公司章程的公告》进行了相应信息披露。

2018年4月3日，在《证券时报》B121版对《紫金信托有限责任公司关于总裁变更的公告》进行了相应信息披露。

2018年12月10日，在《证券时报》B37版对《紫金信托有限责任公司关于章程修订的公告》进行了相应信息披露。

### 8.8 银保监会及其省级派出机构认定的其他有必要让客户及相关利益人了解的重要信息

无。

## 9. 公司监事会意见

（1）公司股东会、董事会、监事会、经营管理层职责明确，有效行使了公司权力机构、决策机构、监督机构和执行机构的职能。

（2）2018年公司董事会认真加强科学决策和风险管理，严格遵守《公司法》、公司章程和相关法规开展工作。公司能够严格按照《信托法》《信托公司管理办法》《信托公司集合资金信托计划管理办法》和中国银保监会有关规定，规范运作，依法决策，依法管理。本报告期内董事会认真执行了股东会的决议，忠实履行了诚信义务，未出现董事及高级管理人员在执行公司职务时存在违法违纪和有损公司及股东利益的行为。

（3）公司2018年度财务报告客观真实地反映了公司的实际财务状况和经营成果。